ESTRUCTURA Y USO DEL DICCIONARIO

English-Spanish

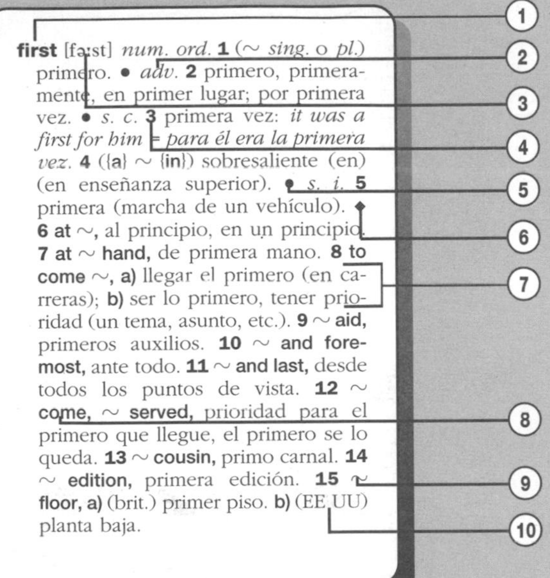

first [fɜːst] *num. ord.* **1** (~ *sing.* o *pl.*) primero. • *adv.* **2** primero, primeramente, en primer lugar; por primera vez. • *s. c.* **3** primera vez: *it was a first for him = para él era la primera vez.* **4** ({a} ~ {in}) sobresaliente (en) (en enseñanza superior). • *s. i.* **5** primera (marcha de un vehículo). ◆ **6 at ~,** al principio, en un principio. **7 at ~ hand,** de primera mano. **8 to come ~, a)** llegar el primero (en carreras); **b)** ser lo primero, tener prioridad (un tema, asunto, etc.). **9 ~ aid,** primeros auxilios. **10 ~ and foremost,** ante todo. **11 ~ and last,** desde todos los puntos de vista. **12 ~ come, ~ served,** prioridad para el primero que llegue, el primero se lo queda. **13 ~ cousin,** primo carnal. **14 ~ edition,** primera edición. **15 ~ floor, a)** (brit.) primer piso. **b)** (EE UU) planta baja.

1 Voz de entrada
2 Categoría gramatical
3 Transcripción fonética
4 Número de acepción
5 Cambio de categoría gramatical
6 Símbolo que introduce formas compuestas y locuciones
7 Traducciones o equivalencias
8 Locuciones
9 Símbolo que sustituye a la voz de entrada
10 Inglés americano

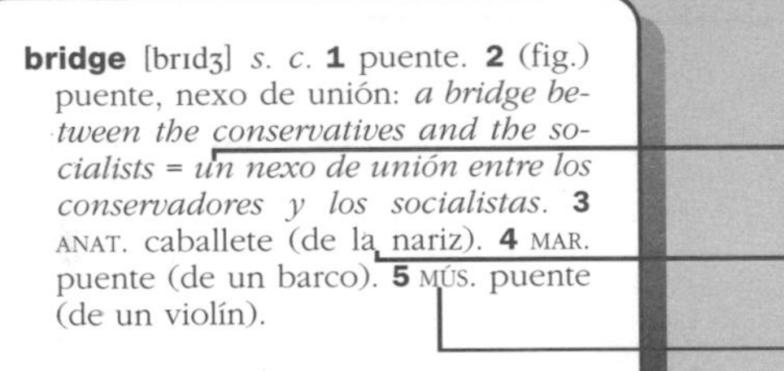

bridge [brɪdʒ] *s. c.* **1** puente. **2** (fig.) puente, nexo de unión: *a bridge between the conservatives and the socialists = un nexo de unión entre los conservadores y los socialistas.* **3** ANAT. caballete (de la nariz). **4** MAR. puente (de un barco). **5** MÚS. puente (de un violín).

1 Ejemplos de uso
2 Precisiones aclaratorias
3 Marcas de materia

mechanisation *s. i.* ⇒ **mechanization.**

may [meɪ] (*pret.* **might**) *v. i.* **1** poder, ser posible: *he may come soon = puede que venga pronto.* **2** (form.) poder; tener permiso para: *may I ask you a question? = ¿puedo hacerte una pregunta?* **3** (~ + *suj.*) (form.) ¡ojalá...! **4** DER. deber, tener obligación de (en documentos, estatutos). • *s. i.* **5** (brit.) flor de espino, flor del marjoleto. **6** (fig.) juventud, primavera, flor de la vida.

OBS. **May** es un *v.* defectivo que sólo tiene *presente* y *pret.* y siempre va con un infinitivo sin **to.**

1 Remisiones
2 Formas irregulares
3 Marcas de nivel de uso de la lengua
4 Indicación de la construcción gramatical
5 Inglés británico
6 Observaciones de uso

SMART

DICCIONARIO

ESPAÑOL-INGLÉS
ENGLISH-SPANISH

EDICIÓN DEL MILENIO

con CD-ROM

OCEANO

Es una obra de

OCEANO

GRUPO EDITORIAL

EQUIPO EDITORIAL

Dirección: Carlos Gispert

Subdirección y Dirección de Producción: José Gay

Dirección de Edición: José A. Vidal

REALIZACIÓN

El diccionario SMART ESPAÑOL/INGLÉS - ENGLISH/SPANISH ha sido compilado bajo la dirección del INSTITUTO IBÉRICO DE LEXICOGRAFÍA con la participación del siguiente equipo:

Dirección de la obra: Enrique Fontanillo Merino, María Isabel Riesco Prieto

Coordinación de redactores: José Luis Haering

Redactores principales: José Luis Haering, M.ª Luz García González, Félix Sanz González, Miguel Ángel Lafuente Rosales, Davis Rixhman, Keith Towle, Michael C. Varey, Laura García Lucas

Otros redactores: Anthony S. Dawson, Ruty Fiddes, Andrea Smith, Ana M.ª Román, Silvia Clavel

Revisión: E. Fontanillo, M.I. Riesco, J.L. Haering, Graham Thomson

Redactores de apéndices: M.L. García González, M.I. Riesco, E. Fontanillo

PARA ESTA EDICIÓN

Edición: Juan Pérez, María Villalba

Cordinación: Elvira de Moragas

Colaboradores: Lidia Bayona, Dominic Currin, Mark N. Waudby, Eduardo Vallejo, Stephen Waller

Diagramación: Manuela Carrasco

Diseño cubiertas: Eduardo Palos

Milanesat, 21-23
EDIFICIO OCEANO
08017 Barcelona (España)
Teléfono: 932 802 020*
Fax: 932 041 073
http://www.oceano.com
e-mail: info@oceano.com

ISBN 84-494-1536-5

Impreso en España - Printed in Spain

Depósito legal: B-49056-XLII

9000121060700

Prólogo

Crear un diccionario resulta una larga tarea que consiste principalmente en observar la lenta evolución de la lengua y muy especialmente de su léxico, y aportar en cada nuevo trabajo aquellos nuevos usos que se han descubierto y se han incorporado al patrimonio de la lengua.

El *Diccionario Smart Español/Inglés-English/Spanish* es un diccionario bilingüe, pensado, escrito y estructurado para personas de habla española que quieran perfeccionar y ampliar sus conocimientos de inglés. Es fundamental el tratamiento que en el *Diccionario Smart* se hace de la lengua viva.

El lector encontrará un exhaustivo vocabulario rigurosamente actualizado del inglés y del español, el lenguaje técnico, el literario, el de cortesías formales y el usual académico tienen la más alta representación como corresponde estadísticamente a su peso específico y numérico dentro de la lengua. Del mismo modo, el *Diccionario Smart* incorpora las diferencias entre el inglés británico y el americano y reúne todas las precisiones, correspondencias y entradas propias del español usado en Latinoamérica. Además incluye apéndices gramaticales e instrucciones de uso para resolver cualquier tipo de duda.

El *Diccionario Smart* tiene, en conclusión, cualidades que lo convierten en excepcional: por un lado, la claridad de planteamientos que viene dada, en gran parte, por su intención didáctica de servir eficazmente a los lectores de habla española; por otro, la riqueza y amplitud de entradas, subentradas, expresiones idiomáticas, modismos, precisiones de uso y correspondencias –ilustrados con numerosos ejemplos– que ayudan al consultante a captar y comprender gran variedad de contextos y situaciones, y, por último reflejar la lengua que se habla y se escribe hoy en día.

Como complemento el diccionario se acompaña de un CD-Rom, que añade nuevas posibilidades de consulta y permite acceder rápidamente a la definición de los conceptos, así como realizar búsquedas complejas. Además está dotado de un sintetizador de voz que reproduce las voces inglesas, para conocer su pronunciación exacta.

LOS EDITORES

Abreviaturas

abrev.	abreviatura
adj.	adjetivo
adv.	adverbio, adverbial
AER.	Aeronáutica
AGR.	Agricultura
ANAT.	Anatomía
ANTR.	Antropología
ARQ.	Arquitectura
art.	artículo
ART.	Bellas Artes
ASTR.	Astronomía
ASTRON.	Astronáutica
atr.	atributo, atributivo
AUT.	Automovilismo
BIOL.	Biología
BIOQ.	Bioquímica
BOT.	Botánica
card.	cardinal
COM.	Comercio
comp.	comparativo
conj.	conjunción
contr.	contracción
cuant.	cuantificador
def.	definido
DEP.	Deportes
DER.	Derecho
DER. MAR.	Derecho Marítimo
ECOL.	Ecología
ECON.	Economía
ELEC.	Electricidad
ELECTR.	Electrónica
f.	femenino
FIL.	Filosofía
FILOL.	Filología
FIN.	Finanzas
FÍS.	Física
FISIOL.	Fisiología
FON.	Fonética
FOT.	Fotografía
fr.	frase
GAST.	Gastronomía
gener.	generalmente
GEOG.	Geografía
GEOL.	Geología
GEOM.	Geometría
ger.	gerundio
GRAM.	Gramática
HIST.	Historia
imp.	impersonal
ind.	indefinido
indic.	indicativo
inf.	infinitivo

INF.	Informática/ Computación	RAD.	Radio
		rel.	relativo
int.	intensificador	REL.	Religión
interj.	interjección	RET.	Retórica
interr.	interrogativo	*s.*	sustantivo
inv.	invariable	*s. c.*	sustantivo contable
irreg.	irregular	*s. i.*	sustantivo incontable
LIT.	Literatura		
loc.	locución	*sing.*	singular
LÓG.	Lógica	*suj.*	sujeto
m.	masculino	*super.*	superlativo
MAR.	Marina/Marítimo	TEC.	Tecnología, Tecnicismo
MAT.	Matemáticas		
MEC.	Mecánica	TV.	Televisión
MED.	Medicina	*v.*	verbo
MET.	Metalurgia	*v. pron.*	verbo pronominal
MIL.	Militar	*v. t.*	verbo transitivo
MIN.	Minería	*v. i.*	verbo intransitivo
MÚS.	Música	ZOOL.	Zoología
num.	numeral	(Am.)	América Latina
OBS.	observaciones	(arc.)	arcaísmo
o. d.	objeto directo	(brit.)	británico (inglés británico)
ÓPT.	Óptica		
ord.	ordinal	(desp.)	despectivo
p. p.	participio pasado	(EE UU)	Americanismo (del inglés)
pers.	personal		
pl.	plural	(euf.)	eufemismo
POL.	Política	(fam.)	familiar (lenguaje) / familiarmente
pos.	posesivo		
pred.	predicativo	(fig.)	figuradamente/ figurado
prep.	preposición		
pres.	presente	(form.)	formal (nivel de lengua)
pret.	pretérito		
pron.	pronombre/ pronominal	(hum.)	humorístico
		(juv.)	juvenil (lenguaje)
PSIC.	Psicología		
PSIQ.	Psiquiatría	(lit.)	literario
QUÍM.	Química	(p.u.)	poco usado
r.	reflexivo	(vulg.)	vulgarismo/vulgar

Instrucciones de uso

Español-Inglés

En todos los artículos se puede encontrar la categoría gramatical a que corresponde cada acepción y cuando una entrada tiene varias categorías, los grupos de acepciones de cada una de ellas van separados por un topo:

hacer *v. t.* **1** to do (...) • *v. i.* **17** to act, to behave (...) • *v. pron.* **20** to pretend, to pretend to be

Cuando una voz puede ofrecer dificultad de construcción o presenta significados o un usos específicos, se ha consignado al final del artículo un apartado dedicado a las peculiaridades gramaticales:

ir *v. i.* y *pron.* **1** to go: *me voy a Madrid mañana = I'm going to Madrid tomorrow.* **2** to leak, (...)
OBS. Este verbo tiene varios usos gramaticales: **29** intencionalidad, especialmente futura o con sentido de futuro dentro del pasado: *voy a pegarte un tiro = I'm going to shoot you; iba a comprarlo, pero no pude = I was going to buy it but I couldn't.* **30** expresa que la acción se desarrolla lentamente: *iba oscureciendo cuando llegó el tren = it was already getting dark when the train arrived.* **31** con distintas preposiciones el verbo indica (...)

Para ayudar a solucionar casos conflictivos en relación con las correspondencias, se ofrecen aclaraciones sobre la traducción con el objeto de matizar el sentido y ayudar a decidir en qué casos es apropiado o no el uso de determinado término:

hacer *v. t.* **1** to do (...) **9** to do, to perform (una obra de teatro, un milagro, etc.). **10** to make, to lay (una apuesta). **11** to make, to earn (dinero). **12** to make (la cama, la cena, etc.). **13** to make (el amor). (...)

Los abundantes ejemplos para los casos más especiales son de gran utilidad para lograr una idea más precisa de los usos:

hacer *v. t.* **1** to do (en general): *haré algo sobre tu problema = I'll do something about your problem.* **2** to make (fabricar): *hacer una mesa = to make a table.* **3** to make (obligar): *mi madre siempre me hizo estudiar = my mother always made me study.* (...)

Por otro lado, este diccionario incluye gran cantidad de formas compuestas, locuciones y frases hechas con sus correspondientes traducciones:

hacer *v. t.* **1** to do ... ◆ **29 haberla hecho buena,** to have put one's foot in it. **30** ~ **a todo,** to be useful for many things. **31** ~ **bien/mal,** to be right/wrong, to do the right/wrong thing. **32** ~ **buena una cosa a otra,** to make something good by comparison. **33** ~ **de,** to play, to play the part of: *hizo de pirata en la obra = he played the part of a pirate in the play.* **34** ~ **por,** to do one's best to (...)

Para situar al consultante en los contextos en que suelen usarse las distintas palabras, cuando se trata de términos cuyo uso no es general, se han anotado entre paréntesis los registros correspondientes, tanto en los casos relativos al nivel de la lengua como en aquellos en que la diferencia se da entre el inglés americano y el inglés británico:

pringar o **empringar** *v. t.* **1** to dip in fat (mojar). **4** (fam.) to slander (infamar). **5** (fam.) to get mixed up (in), (...) • *v. i.* **6** (fam.) to get involved (in), (...) **8** (fig.) to make money dishonestly, (fam.) to be on the make (forrarse). **9** (fig.) to be put upon, to be the unlucky one, (fam.) to be the fall guy (fastidiarse).

kilómetro *s. m.* kilometre (brit.), (EE UU) kilometer.

Así mismo, se incluye la marca de materia correspondiente cuando un vocablo o una acepción son propios de determinado ámbito profesional o técnico:

desplazamiento *s. m.* **1** trip, journey (viaje). **2** MAR. y FÍS. displacement. **3** GEOL. movement, displacement. **4** swing, change (de opinión, voto). **5** move, removal (traslado).

Además de todas las especificaciones expuestas hasta aquí, y para evitar en lo posible errores de traducción, se ha procurado situar en primer lugar las acepciones más usuales y por otro lado, incluir como entrada las variantes menos usadas de una voz con remisión a la forma más usual:

siquiatría *s. f.* ⇒ **psiquiatría.**

valorizar *v. t.* ⇒ **valorar.**

English-Spanish

Inmediatamente después de la entrada se consigna la transcripción fonética de la voz inglesa. Además se indica, cuando se da el caso, la diferencia de pronunciación entre el inglés británico y el americano:

> **make** [meɪk] (*pret.* y *p. p. irreg.* **made**) *v. t.* (...)

> **badinage** ['bædɪnɑːʒ ‖ ˌbædən'ɑːʒ] *s. i.* (lit.) chanza.

En todos los artículos se puede encontrar la categoría gramatical a que corresponde cada acepción y cuando una entrada tiene varias categorías, los grupos de acepciones de cada una de ellas van separados por un topo:

> **make** (...) *v. t.* **1** hacer, fabricar, manufacturar, (...) • *v. i.* **31** comportarse, actuar. • *s. c.* **32** marca, modelo, (...)

Cuando una voz puede ofrecer dificultad o cuando un tipo determinado de construcción implica un significado o un uso específico se han consignado entre paréntesis anotaciones sobre las irregularidades gramaticales y el tipo de construcción correcto; igualmente, algunas voces presentan al final del artículo un apartado dedicado a las peculiaridades de uso:

> **clip** [klɪp] (*ger.* **clipping,** *pret.* y *p. p.* **clipped**) *v. t.* **1** recortar, (...)

> **make** (...) **3** (**to** ~ **+** *s.*) hacer (un esfuerzo, un descubrimiento, (...)

> **back** [bæk] *s. c.* **1** ANAT. espalda. **2** lomo (de animal).
> OBS. Esta partícula detrás de verbos añade las siguientes matizaciones: **44** posición alejada de otro punto especial: *keep those children back from the door = mantén a esos niños alejados de la puerta.* **45** respuesta o reacción similar a un estímulo mediante el mismo medio por el que ha venido ese estímulo: *I'll phone you back in a few minutes = te llamaré yo dentro de unos minutos.* **46** posición (...)

Para ayudar a solucionar casos conflictivos en relación con las correspondencias, se ofrecen aclaraciones sobre la traducción con el objeto de matizar el sentido y ayudar a decidir en qué casos es apropiado o no el uso de determinado término:

> **make** (...) *v. t.* **1** hacer, fabricar, manufacturar, construir, elaborar, confeccionar, crear (un objeto, un vestido, etc.). **2** hacer, preparar, aderezar (una comida, una bebida). (...) **8** instituir, establecer (una ley). **9** redactar (un testamento, (...)

Los abundantes ejemplos para los casos más especiales son de gran utilidad para lograr una idea más precisa de los usos:

> **make** (...) **10** (**to** ~ **+** *o.* **+** *adj.*) poner, hacer, volver: *it makes me crazy = me vuelve loco.* (...) **13** (**to** ~ **+** *o.* **+** *inf.*) obligar a, inducir a, forzar a, causar,

motivar: *you made me do it = me obligaste a hacerlo.* **14 (to ~ +** *o.* **+** *inf.*) representar, hacer parecer, suponer: *the story is made to take place in India = se supone que la historia tiene lugar en la India.*

Por otro lado, este diccionario incluye gran cantidad de formas compuestas, locuciones y frases hechas con sus correspondientes traducciones:

make (...) ◆ **36 (to ~ +** *adv./prep.*) **to ~ away with something /someone,** robar algo, llevarse algo. **37 to ~ for something,** dirigirse a, encaminarse a, ir hacia; contribuir a, servir para, resultar. **38 to ~ into,** convertir en. **39 to ~ it,** triunfar. (...) **55 to ~ one's way,** (form.) progresar, avanzar, abrirse camino. **56 on the ~,** decidido a triunfar, a sacar partido (social o económicamente). **57 to ~ up one's mind,** ⇒ **mind.**

Para situar al consultante en los contextos en que suelen usarse las distintas palabras, cuando se trata de términos cuyo uso no es general, se han anotado entre paréntesis los registros correspondientes, tanto en los casos relativos al nivel de la lengua como en aquellos en que la diferencia se da entre el inglés americano y el inglés británico:

make (...) **15** (fam.) llegar a, alcanzar (un lugar, un tren). ... **24** (lit. y arc.) estar a punto de, disponerse a. ... **50 to ~ with,** (EE UU) (argot) traer, poner, sacar (algo de comer). (...) **55 to ~ one's way,** (form.) progresar, avanzar, abrirse camino.

gear (...) ◆ **13** (brit.) **bottom ~,** (EE UU) **low ~,** primera velocidad. (...) **15** (brit.) **~ lever,** (EE UU) **~ shift,** palanca de cambios (de velocidades).

Así mismo, se incluye la marca de materia correspondiente cuando un vocablo o una acepción son propios de determinado ámbito profesional o técnico:

bronchitis [brɒŋ'kaɪtɪs] *s. i.* MED. bronquitis.

sparking plug ['spɑːkɪŋplʌg] *s. c.* (brit.) MEC. bujía.

pilot [,paɪlət] *s. c.* **1** AER. piloto, aviador. **2** MAR. práctico. **3** MAR. timonel. **4** guía, director, consejero. **5** MEC. pieza guía. **6** ELEC. piloto. **7** TV. programa piloto (...)

Además de todas las especificaciones expuestas hasta aquí, y para evitar en lo posible errores de traducción, se ha procurado situar en primer lugar las acepciones más usuales y por otro lado, incluir, como entrada, formas irregulares de verbos, plurales irregulares, remisiones a la voz más usual, etc.:

made [meɪd] *pret.* y *p. p.* de **make** (...)

spectra ['spektrə] *pl.* de **spectrum.**

pilaf [pɪ'læf] *s. i.* ⇒ **pilau.**

Símbolos Fonéticos

CONSONANTES

Símbolo	Sonido que representa	Ejemplo	
[b]	como la *b* en *mambo* (aspirada)	be	[bɪ]
[k]	como la *c* en *caso* (aspirada)	cold	[kəʊld]
[d]	como la *d* en *conde* (aspirada)	deed	[diːd]
[f]	como la *f* en el español	fee	[fiː]
[g]	como la *g* en *goma* (aspirada)	game	[geɪm]
[h]	como la *j* en *jerga,* pero mucho más grave	heed	[hiːd]
[l]	como la *l* en el español	leaf	[lif]
[m]	como la *m* en el español	me	[miː]
[ni]	como la *n* en *nota*	need	[ni]
[p]	como la *p* en *pan* (aspirada)	pea	[piː]
[r]	(la *r* norteamericana es un sonido semivocal que se articula elevando la lengua hacia la bóveda palatina) (la *r* británica, prevocálica o intervocálica, es un sonido fricativo parecido a la *r* en *perro*)	around	[ə'raʊnd]
[s]	como la *s* en el espáñol	see	[siː]
[t]	como la *t* en *tos* (aspirada)	tea	[tiː]
[v]	v fuerte y definida	veal	[viːl]
[w]	como la *hu* en *huevo*	wine	[waɪn]
[z]	como la *s* en *mismo,* pero más sonora y vibrada	zeal	[ziːl]
[ð]	como la *d* en nada	then	[ðen]
[θ]	como la *c* en *dice* y la *z* en *zapato* en la pronunciación del Sur de España	theme	[θiːm]
[ʒ]	como la *ll* en *llegar* y la *y* en *ayer* en la pronunciación argentina	measure	['meʒər]
[dʒ]	como el sonido anterior, pero mucho más fuerte y con un vestigio de *ch*	jeep	[dʒiːp]
[ʃ]	sonido parecido al que hacemos al callar a alguien, como la *ch* en la palabra francesa *chez*	sheet	[ʃiːt]
[tʃ]	como la *ch* en *lucha*	chest	[tʃest]
[j]	como la *y* en *yo* y la *i* en *ionosfera*	yield	[jiːld]
[hw]	como *ju* en *jungla,* pero mucho más suave	wheel	[hwiːl]

Símbolos Fonéticos

VOCALES Y DIPTONGOS

Símbolo	Sonido que representa	Ejemplo	
[ŋ]	como la *n* en *vengo*	sing	[sɪŋ]
[i]	sonido largo como la *i* en *misma*	beet	[biːt]
[ɪ]	sonido breve, abierto como la *i* en *afirmar*	bit	[bɪt]
[eɪ]	como *ei* en *seis*	bait	[beɪt]
[e]	sonido breve, bastante abierto, como la *e* en *perro*	bet	[bet]
[æ]	sonido intermedio entre la *a* en *caso* y la *e* en *perro*	bat	[bæt]
[ʌ]	sonido intermedio entre la *o* y la *e*, parecido al de la *o* en la palabra francesa *homme*	but	[bʌt]
[ə]	sonido intermedio entre la *e* y la *o*, parecido al de la *e* en el artículo definido francés *le*	ago	[ə'gəʊ]
[əː]	sonido parecido a *eu* en la palabra francesa *leur* (se omite la *r* en el inglés británico)	bird	[bəːd]
[ər]	versión corta del sonido norteamericano [ʒr] en sílabas átonas	pepper	['pepər]
[u]	sonido de la *u* en *sumo,* prolongado	boot	[buːt]
[ʊ]	sonido de la *u* en *burro,* acortado	book	[bʊk]
[əʊ]	sonido de la *o* en *bola* seguido de la *u* en *burro*	boat	[bəʊt]
[ɔ]	sonido de la *o* en *por,* prolongado	bought	[bɔːt]
[ɑ]	sonido de la *a* en *bajo,* prolongado	balm	[bɑːm]
[aɪ]	como *ai* en *baile*	bite	[baɪt]
[aʊ]	como *au* en *causa*	bout	[baʊt]
[ɔɪ]	como *oi* en *roi*	boil	[bɔɪl]
[ɪə]	como *ia* en *tía*	beer	[bɪər]
[eə]	como *ea* en *fea*	bare	[beər]
[ʊə]	como *uo* en *búho*	boor	[bʊər]
[ɔː]	como *oa* en *boa*	bore	[bɔː]
[eɪə]	como *eie* en *reyes*	payer	[peɪər]
[aɪə]	como *aie* en *aire*	buyer	[baɪər]
[ɔɪə]	como *oie* en *oye*	employer	[ɪm'plɔɪər]
[aʊə]	como *aue* en *fraude*	bower	[baʊər]
[oʊə]	como *ó-i-e* en *incólume*	blower	[bloʊər]

Gramática inglesa

EL ARTÍCULO

El artículo indeterminado (a/an)

Es invariable en cuanto al género. La forma **a** se utiliza ante palabras que comienzan por sonidos consonánticos *(a coat)*. La forma **an**, ante las que comienzan por sonidos vocálicos *(an idea; an hour)*.

• **Se utiliza:**
Ante sustantivos contables en singular.
Ante nombres de profesiones, religiones, clases o nacionalidades: *he's a doctor and a catholic, but he is also a fool.*
En ciertas expresiones de cantidad: *a hundred; a dozen; a metre.*
Ante los nombres de enfermedades: *to have a toothache.*
En frases exclamativas delante de sustantivos en singular: *What a pity! / Such a price!*
Delante o detrás de **rather:** *it's rather a; a rather interesting job.*

• **No se utiliza:**
Ante sustantivos contables en plural: *dogs, papers,...*
Ante sustantivos incontables: *advice, news,...*
Ante sustantivos abstractos: *beauty, happiness,...*

El artículo determinado (the)

El artículo determinado **the** precede a un sustantivo singular o plural. Es invariable en género y número.

• **Se utiliza:**
Ante sustantivos contables.
Cuando acompaña a un sustantivo considerado único: *the moon; the sea.*
Ante sustantivo definido por una frase o proposición: *the man in blue; the place where I met him; the Ivory Coast.*

• **No se utiliza:**
Ante nombres abstractos: *freedom is a preciated thing; Men fear death.*
Ante nombres de personas, materiales o comidas: *coal is something we use very much; I'm having lunch.*
Ante sustantivos plurales indefinidos o usados en sentido general (a diferencia de la práctica común, sobre todo, en los idiomas latinos): *women are expected to like housework; you can get magazines at the newsagent's.*
Ante nombres de lugares, cuando uno se refiere a su función: *Mary goes to school* (para aprender).

EL SUSTANTIVO

Los sustantivos en inglés no se diferencian por el género, es decir, no tienen terminaciones masculinas o femeninas. Algunos, no obstante, tienen una forma distinta para el femenino y para el masculino: *actor, actress; king, queen; uncle, aunt; waiter, waitress.*

Los sustantivos contables

Los sustantivos contables hacen mención a cosas que se pueden contar o numerar. Tienen singular y plural: *house, houses; book, books; egg, eggs; tube, tubes.* En singular, deben ir precedidos por un artículo (*a, an* o *the*).

Los sustantivos no contables

Los sustantivos incontables se refieren a sustancias o cosas abstractas, que no se pueden contar pero sí medir o hablar de su cantidad, intensidad, etc.: *freedom, power, education, music, wine*. No tienen plural. En singular aparecen sin artículo o llevan únicamente el artículo determinado *the*.

Formación del plural

La mayoría de los sustantivos forman el plural añadiendo **s** al singular: *girl, girls; photo, photos*.
Sin embargo, hay algunas normas particulares y algunas excepciones:

- Se añade **es** en los terminados en **ch, ss, sh** o **x**, y algunos terminados en **o**: *church, churches; dish, dishes; glass, glasses; box, boxes; tomato, tomatoes; potato, potatoes; hero, heroes*.
- La **y** final tras consonante se convierte en **ies**: *lady, ladies; country, countries*.
- El plural de algunos sustantivos implica un cambio vocálico: *man, m**e**n; foot, f**ee**t; mouse, m**i**ce*.
- Algunos sustantivos terminados en **f** o **fe** pierden esta terminación y añaden **ves**: *wife, wives; leaf, leaves; knife, knives*.

Concordancias

- Los sustantivos colectivos (*people, cattle, public*, etc.) concuerdan con el verbo en plural: *people are innerly good*.
- Lo mismo ocurre con expresiones que indican pluralidad (**a number of, a group of,** etc.): *a number of houses were demolished*.
- Algunos sustantivos se utilizan siempre en plural al tener un componente semántico dual: *glasses, clothes, trousers, spectacles*.

EL ADJETIVO

Es invariable en género, número, persona y caso, y en cuanto a su situación en la frase, preceden al sustantivo al que modifican. Cuando se utilizan varios adjetivos, se sigue el siguiente orden:
tamaño + edad + forma + color + origen + material + propósito + sustantivo.
Algunos sustantivos se pueden adjetivar por sufijación usando **-y**, **-ly, -ful, -en, -ous, -able, -some, -ic, -ed, -like, -al, -an, ian, ical, ish:** *cloudy, friendly, useful, golden, luxurious, childlike, atomic,...*
En otros casos, la anteposición de ciertos afijos **(un-, in-, im-, ir-, il-, is-)** da lugar a adjetivos negativos: *unhappy, inaccurate, impossible, disagreeable*. La misma función cumple el sufijo **-less**: *careless*.

Los adjetivos posesivos

Preceden al nombre que modifican. Únicamente se refieren al poseedor, y no a la cosa poseída, por lo que no tienen variación de género y número. Son **my, your, his, her, its, our, your, their** y se refieren al poseedor, no a la cosa poseída: *my book, my books*.

Los adjetivos demostrativos

Las formas **this/these, that/those** pueden actuar como adjetivos o como pronombres: *those islands used to be inhabitated; these are the new classrooms, those are the new ones*.

EL ADVERBIO

Los adverbios sirven para modificar un verbo. Nos permiten concretar el modo, el lugar, el tiempo, etc. con que transcurre una acción. Existen diversas clases de adverbios, cada una de las cuales sirve para matizar las circunstancias en que se produce un hecho. Son los llamados adverbios de modo, lugar, tiempo, frecuencia, grado, probabilidad e interrogación.

Adverbios de modo

Salvo excepciones (**well, high, fast, hard, fine, near,** etc.), los adverbios de modo se forman añadiendo **ly** a los adjetivos correspondientes: *easily, beautifully, quickly*, etc. Pueden ir ante el verbo, al principio o al final de la frase, pero nunca entre el verbo y el objeto directo.

Adverbios de lugar

Los adverbios de lugar (**here, there, near, behind, above, below,** etc.) suelen colocarse inmediatamente después del objeto directo. Se deben poner al final de la frase si aparecen junto a un adverbio de modo: *he played well there*.

Adverbios de tiempo

Los adverbios de tiempo más comunes (**today, tomorrow, afterwards, now, soon, then,** etc.) se colocan, normalmente, al principio o al final de la frase. Cuando coexisten con otros adverbios siguen el orden siguiente: modo - lugar - tiempo *(I'll see you there tomorrow)*.
Algunos adverbios de tiempo **(already, just)** suelen aparecer después del auxiliar de la forma verbal: *I've just seen him*. **Yet** se utiliza únicamente en frases interrogativas y negativas y se coloca en posición final: *have you done the shopping yet? no, not yet*.

Adverbios de frecuencia

Los adverbios de frecuencia (**always, never, ever, often, sometimes, usually, generally,** etc.) suelen colocarse antes del verbo o, en el caso de los verbos auxiliares, después: *we frequently go to Rome; he has always been in time for meals.*

Adverbios de grado o modificaciones

Los adverbios de grado (**almost, nearly, quite, just, too, really, so,** etc.) se colocan delante del adjetivo, verbo o adverbio que modifican a excepción de **enough**, que aparece siempre detrás: *it was too hot to work; I know him quite well; I quite understand; the box isn't big enough.*

Adverbios de probabilidad

La mayoría de adverbios de probabilidad (**certainly, definitely, probably, obviously,** etc.) aparecen delante de los verbos léxicos y detrás de los auxiliares: *they probably know each other; we are obviously not going.* También pueden colocarse al principio o a final de la oración.

Adverbios interrogativos

Son adverbios interrogativos **why?** (contestado normalmente con *because*), **when?**, **where?** y **how?**: *why was he late? because he missed the bus; how do you start the engine? you press this button.* **How** también puede utilizarse con adjetivos: *how old is he?*; con **much** y **many**: *how much do you want?; how many pictures did you buy?*, y con adverbios: *how fast does he drive? much too fast.*

FORMACIÓN DE COMPARATIVOS Y SUPERLATIVOS

Adjetivos

Como norma general, si el adjetivo es monosilábico, se añade **er** para el comparativo y **est** para el superlativo: *tall, taller, the tallest.*
Cuando los adjetivos acaban en **e**, sólo se añade **r** en la forma comparativa y **st** en el caso del superlativo: *brave, braver, the bravest.* Si acaban en **consonante + y**, y el adjetivo es monosilábico o bisilábico, la **y** se convierte en **ier** o **iest**: *funny, funnier, the funniest.*
En el caso de los adjetivos de tres o más sílabas, y de los bisilábicos terminados en **ful** o **re**, el comparativo se forma anteponiendo **more**. Para el superlativo, se utiliza **the most**: *more intelligent, the most intelligent; careful, more careful, the most careful.*
Adjetivos comparativos y superlativos irregulares:
good - better - the best
bad - worse - the worst
little - less - the least
many - more - the most
much - more - the most
far - further - the furthest (distancia y tiempo)
far - farther - the farthest (distancia literal)
old - older - oldest (de personas y cosas)
old - elder - eldest (de personas antes del nombre)

Adverbios

Los adverbios de dos o más sílabas forman el comparativo anteponiendo **more** al mismo adverbio. El superlativo añade **most**: *most quickly.*
Los adverbios monosilábicos y el adverbio **early**, en cambio, añaden **er** y **est** para el comparativo y el superlativo respectivamente: *hard, harder, hardest; early, earlier, earliest* (note el cambio de **y** a Æ **i**)
Adverbios comparativos y superlativos irregulares
well - better - best
badly - worse - worst
little - less - least
much - more - most
far - farther - farthest (sólo de distancia)
far - further - furthest (distancia figurada y tiempo)

Uso del comparativo

- Se utiliza el **comparativo + than** para expresar la comparación de superioridad: *John is older than Anne; they arrived earlier than she did/ than her.*
- Se utiliza el **comparativo + and + comparativo** para expresar que algo aumenta o decrece: *petrol is getting more and more expensive these days; he drove faster and faster.*
- Para expresar que dos cosas cambian al mismo tiempo, o que una depende de la otra, se utiliza **the + comparativo ... the + comparativo:** *thee smaller the house, the less it will cost us to heat; the earlier you start the sooner you'll be back.*
- El comparativo de igualdad se construye según la estructura **as/so + adjetivo/adverbio + as :** *John is as tall as Mary; I'm driving as fast as I can.*

En el caso de negar la comparación de igualdad, la estructura a utilizar varía según se comparen adjetivos o adverbios. Para los adjetivos, se utiliza la forma **not as/not so + adjetivo + as:** *your coffee is not as/so good as the one my mother makes.*
En el caso de los adverbios, se niega el verbo y se añade **as/so + adverbio + as:** *he doesn't snore as/so loudly as you do.*

LOS PRONOMBRES

Los pronombres se usan en sustitución de los sustantivos, sobre todo para evitar la repetición de éstos.

Los pronombres personales

Los pronombres personales pueden cumplir la función de sujeto (*subject*) o complemento (*object*) de la frase.

• **Pronombres personales de sujeto**
Las formas del singular son **I, you, he/she/it;** las del plural, **we, you, they**. **It** se emplea cuando el sujeto es una cosa o un animal cuyo sexo se desconoce, y en frases impersonales: i*t's raining; it's getting dark.* De igual modo, **it** suele utilizarse cuando el sujeto de una oración es una proposición: i*t struck me that everyone was silent.* En el caso de los animales domésticos, también es frecuente el uso de **he** o **she.**

• **Pronombres personales de objeto**
Las formas del singular son **me, you, him/her/it;** las del plural, **us, you, them:** I don't like it; he'll write to us; give me the keys.
La posición de los pronombres de objeto dentro de la oración varía según la forma en que aparezcan. Como norma general, el objeto que vaya en forma pronominal va delante, sea éste objeto directo o indirecto: *I told him a story; I told it to John.*
Sin embargo, si los dos objetos se expresan de forma pronominal, el objeto directo aparece inmediatamente detrás del verbo y el objeto indirecto va precedido de **to** o **for:** *I made it for her; I sent it to him.*

Los pronombres interrogativos

Se refieren sólo a personas las formas **who**, **whom** y **whose**; **what** se refiere únicamente a cosas, y **which** a ambas. **Who** se utiliza como sujeto u objeto: *who took my car? Tom took it; who did they speak to?* **Whom**, como objeto, y con connotaciones muy arcaicas o formales: *to whom did they speak?*
Whose puede usarse como pronombre o adjetivo posesivos: *whose books are these?; whose are these?*
What aparece como pronombre sujeto u objeto o como adjetivo objeto: *what delayed you?; what did they eat?; what paper do you read?*
Por último, **which** se utiliza según los mismos parámetros que se aplican en el caso de *what*: *which of them arrived first?* (pro. Suj.); *which do you like best?* (pro. Obj.*); which university did they go?* (adj. Obj.).

Los pronombres relativos

Los pronombre relativos sirven para calificar a un sustantivo, y actúan de nexo entre la oración principal y la subordinada. Son los siguientes: **who** y **whom** cuando el referente es una persona: *Peter, who had been driving all day, suggested stopping at the next town* (suj.)*; the man whom I saw told me to come back today* (obj.). Cuando el referente es una cosa, se utiliza **which**: *this is the picture which caused such a sensation* (suj.); *the car which I hired broke down* (obj.).
En el caso de las oraciones subordinadas de relativo determinativas, **that** y **whose** pueden aparecer tanto si el referente es una persona como una cosa y funcionando como sujeto u objeto. En las de tipo incidental (separadas de la proposición principal por comas), **that** no puede utilizarse, pero **whose** mantiene los mismos parámetros de uso que en las determinativas.
En general, cuando el pronombre relativo funciona como objeto de la proposición de relativo determinativa, éste puede omitirse: *the man (that/who) I saw told me to come back today.*
Otros pronombres pueden ser también considerados como **relativos** cuando cumplen esa función: **where, when, why, whose, what.**

Los pronombres reflexivos o enfáticos

Funcionan como pronombres reflexivos cuando aparecen como objeto del verbo principal y coinciden en persona con el sujeto: *I cut myself.* Se forman añadiendo los sufijos **-self** o **-selves** al posesivo correspondiente. Son **myself, yourself, himself, herself, itself, ourselves, yourselves, themselves**.
Cuando se utilizan como enfáticos, estos pronombres pueden omitirse sin variar el significado de la oración. Se colocan detrás del sintagma nominal que enfatizan o al final de la oración: *Tom himself went to London; my sister did it herself.* En algunos casos, el pronombre reflexivo está precedido de una preposición: *I was angry with myself.*

Los pronombres posesivos

Los pronombres posesivo suelen usarse en lugar de un adjetivo posesivo seguido de un sustantivo. Por esta razón, se puede establecer una equivalencia entre los pronombres adjectivos y los posesivos. Son **mine, yours, his, hers, its, ours, yours, theirs** y se utilizan para sustituir al adjetivo posesivo y el nombre al que acompaña: *this is your pen Æ this is yours.*

LAS CONJUNCIONES

Suelen unir una o varias proposiciones subordinadas adverbiales a la proposición principal.

- De tiempo: **after, as soon as, before, since, when, whenever, while, until, till.**
- De lugar: **where, whenever.**
- Explicativas: **as, because, since.**
- Finales: **in order that, so that.**
- Resultativas: **so and so, therefore, such.**
- Concesivas: **although, though, even though, despite, however, while, whereas.**
- Modales: **as, as if.**
- Condicionales: **if.**

LAS PREPOSICIONES

Las preposiciones sirven para establecer una relación, generalmente de espacio o tiempo, entre dos partes de la oración. Son:

- De lugar y movimiento: **about, above, across, against, along, among, at, by, before, behind, below, beneath, beside, between, beyond, down, from, in, inside, into, near, off, on, onto, over, past, round, through, to, towards, under, underneath, up.**
- De tiempo: **about, after, at, by, before, between, during, for, from, in, on, since, till, through, throughout, to.**

EL VERBO

Los verbos en inglés se dividen en dos categorías: la de los comunes (*ordinary verbs*) y la de los auxiliares (*auxiliary verbs*).

Los verbos comunes (ordinary verbs)

Las formas impersonales

Las formas impersonales son tres: infinitivo, gerundio y participio. Entre las formas tres suman un total de siete: infinitivo presente, *to talk;* presente continuo infinitivo, *to be talking;* infinitivo perfecto, *to have talked*; infinitivo continuo perfecto, *to have been talking*; gerundio, *talking*; gerundio perfecto, *having talked,* y participio pasado, *talked.*

Las formas personales

INDICATIVO

- El **presente** tiene la misma forma que el infinitivo sin **to**, salvo la tercera persona del singular, que añade una **s:** *I like, she likes.* Si el infinitivo acaba en **ch, sh, s** o **x**, se añade **es:** *I fix, he fixes.* Se usa para hablar sobre estados permanentes o habituales y acciones repetidas. También expresa verdades objetivas.
- **Presente continuo:** presente de **to be** + gerundio: *I'm driving.* Se utiliza para hacer referencia a cosas que están sucediendo en el preciso instante en el que se escribe o se habla.
- **Pasado simple:** añade **ed** al infinitivo si el verbo es regular: *I walk, I walked.* Si éste termina en **consonante** + **y**, **y** se convierte en **ied**: *I carry, I carried.* Los monosílabos que acaban en **consonante**, salvo los acabados en **y** o **w**, duplican la consonante: *I stop, I stopped.* Se emplea para expresar una acción realizada en un momento concreto del pasado. También sirve para expresar acciones habituales o repetidas en el pasado.
- **Pasado continuo:** pasado de **to be** + gerundio: *I was driving.* Se usa para expresar una acción en progreso en un determinado momento del pasado: *I lost my money when I was travelling from Rome to Paris.* En una narración se emplea para describir una situación o una escena, sin especificación de límites de tiempo.
- **Pretérito perfecto:** presente de **to have** + participio pasado: *he has arrived.* En el caso de los verbos regulares, el participio acaba en **-ed**. Se emplea para expresar el resultado en el presente de un hecho sucedido en el pasado.
- **Pretérito perfecto continuo: have/has been** + gerundio: *they have been driving.* Indica que un hecho sucedido en el pasado ha durado un cierto tiempo o bien que continúa en el presente. También se utiliza para enfatizar la duración del hecho sucedido.
- **Pretérito pluscuamperfecto: had** + participio pasado: *she had arrived.* Se utiliza para expresar una acción puntual que ocurrió en el pasado antes de otra acción pasada: *they had arrived when I came home.*
- **Pretérito pluscuamperfecto continuo: had been** + gerundio: *I had been driving.* Designa una actividad de cierta duración en el pasado que sucedió antes de un momento dado, ocurrido también en el pasado: *he knew I had been driving all night long.*
- **Futuro simple: will/shall** (sólo en la primera persona del singular y del plural)+ infinitivo sin **to**: *I shall/will speak.* Se utiliza para hacer referencia a acontecimientos futuros decididos en el mismo momento en que hablamos.
- **Futuro simple continuo: will/shall** be + gerundio: *I shall be driving; they will be driving.* Se usa para expesar una actividad no concluida que continuará durante un cierto tiempo en el futuro *(this time tomorrow you'll be lying on the beach),* o para indicar hechos que sucederán con toda probabilidad: *mister Smith will be leaving the company next year.*
- **Futuro perfecto: will/shall + have** + participio pasado: *I shall have drived.* Se utiliza para expresar que una acción finalizará antes de un determinado momento en el futuro: *I'll have been here for five months Monday.*
- **Futuro perfecto continuo: will/shall + have been** + gerundio: *he will have been driving.* Expresa acciones que empiezan en el futuro y terminan o se desarrollan en un futuro todavía más lejano.

SUBJUNTIVO

Se utiliza raramente.

- **Presente:** infinitivo sin **to**: *Long live the Queen!*
- **Pasado:** sólo para *I, he, she, it was* que puede aparecer, opcionalmente, como **I, he, she, it were**. El resto de verbos mantienen las mismas formas que para los pasados del indicativo.

IMPERATIVO

Presenta la misma forma que el infinitivo pero sin **to**: *stop it now!*

Los verbos auxiliares (auxiliary verbs)

– **to do,** como auxiliar, se utiliza para formar la interrogativa y la negativa en presente simple (*do you like fish?; he doesn't speak English)* y en pasado simple (*did you work yesterday?; did he go?).* También en las respuestas cortas: *do you like chocolate? Yes, I do; no I don't.*

– **to be** sirve para formar los tiempos continuos (*he is having lunch at the moment)* y la voz pasiva **(to be + participio pasado)**: *she was taken to hospital by her father.*

– **to have** se utiliza para formar los tiempos de perfectos (*she has read the whole book)* y es el que recibe los cambios propios de la negación y de la interrogación: *has she read it, already?; he hasn't been to Paris ever.*

Los verbos modales (modal verbs)

Son los verbos **can/could**, **may/might**, **shall/should, will/would** y **must.**

Sirven como auxiliares de otros verbos, y expresan duda, certeza, posibilidad, disposición, habilidad, obligación, consejo y permiso: *she may bring the book we need.*
No experimentan variación en ninguna persona: *I can, you can, she can, we can,...*
Las formas **interrogativa** y **negativa** se construyen como en los verbos auxiliares: *could you come tomorrow?; I can't swim.*

La voz pasiva

En inglés, la voz pasiva se construye utilizando el tiempo correspondiente del verbo **to be** + el participio pasado del verbo en cuestión: *the house is being painted by Mr. Smith.*

La concordancia en las oraciones condicionales

Las oraciones condicionales se introducen con **if**. La relación entre los tiempos verbales en este tipo de oraciones es la siguiente:

- **if + presente... futuro simple:** *if I go to London I'll bring you a present.*
- **if + pasado simple... would + infinitivo:** *if I won the lotery, I would travel round the world.*
- **if + pasado pluscuamperfecto... would + have + participio pasado**: *if I had talked to her, this wouldn't have happened.*

En ciertas ocasiones se utilizan oraciones condicionales que no van introducidas por **if.** En estos casos se usan palabras como **unless** (= if + verbo negado), **in case, so long as, provided, providing (that) ...** (= únicamente si...), **suppose, supposing (that) ...** (= si...).

Verbos irregulares

Difieren de los regulares únicamente en las formas que adoptan para el pasado simple y el participio pasado. La siguiente es una lista de las tres formas distintas que presentan cada uno de los verbos irregulares en inglés; parte de la forma infinitiva, sigue con el pasado simple y termina con el participio pasado.

Infinitivo	Pasado simple	Participio pasado
abide	abode	abode
arise	arose	arisen
awake	awoke/awaked	awoken/awaked
be	was	been
bear	bore	borne/born
beat	beat	beaten
become	became	become
befall	befell	befallen
beget	begot	begotten
begin	began	begun
behold	beheld	beheld
bend	bent	bent
bereave	bereaved	bereaved/bereft
beseech	besought	besought
bet	bet, betted	bet, betted
bid (ordenar)	bade	bidden
bid (ofrecer)	bid	bid
bind	bound	bound
bite	bit	bitten
bleed	bled	bled
blow	blew	blown
break	broke	broken
breed	bred	bred

Infinitivo	Pasado simple	Participio pasado
bring	brought	brought
broadcast	broadcast	broadcast
build	built	built
burn	burned/burnt	burned/burnt
burst	burst	burst
buy	bought	bought
cast	cast	cast
catch	caught	caught
chide	chid	chidden
choose	chose	chosen
cleave	clove/cleft	cloven/cleft
cling	clung	clung
clothe	clothed/clad	clothed/clad
come	came	come
cost	cost	cost
creep	crept	crept
crow	crowed/crew	crowed
cut	cut	cut
dare	dared/durst	dared/durst
deal	dealt	dealt
dig	dug	dug
dive	dived, (EE UU) dove	dived
do	did	done
draw	drew	drawn
dream	dreamed/dreamt	dreamed/dreamt
drink	drank	drunk
drive	drove	driven
dwell	dwelt	dwelt
eat	ate	eaten
fall	fell	fallen
feed	fed	fed
feel	felt	felt
fight	fought	fought
find	found	found
flee	fled	fled
fling	flung	flung
fly	flew	flown
forbear	forbore	forborne
forbid	forbade, forbad	forbidden
forget	forgot	forgotten
forgive	forgave	forgiven
forsake	forsook	forsaken
freeze	froze	frozen
get	got	got, (EE UU) gotten
gild	gilded/gilt	gilded/gilt

Infinitivo	Pasado simple	Participio pasado
gird	girded/girt	girded/girt
give	gave	given
go	went	gone
grind	ground	ground
grow	grew	grown
hang	hanged/hung	hanged/hung
have	had	had
hear	heard	heard
hew	hewed	hewed/hewn
hide	hid	hidden
hit	hit	hit
hold	held	held
hurt	hurt	hurt
keep	kept	kept
kneel	knelt	knelt
knit	knit	knit
know	knew	known
lay	laid	laid
lead	led	led
lean	leaned/leant	leaned/leant
leap	leaped/leapt	leaped/leapt
learn	learned/learnt	learned/learnt
leave	left	left
lend	lent	lent
let	let	let
lie	lay	lain
light	lighted/lit	lighted/lit
lose	lost	lost
make	made	made
mean	meant	meant
meet	met	met
mow	mowed	mowed/mown
pay	paid	paid
put	put	put
read	read	read
rend	rent	rent
rid	rid, ridded	rid, ridded
ride	rode	riden
ring	rang	rung
rise	rose	risen
run	ran	run
saw	sawed	sawed/sawn
say	said	said
see	saw	seen
seek	sought	sought

Infinitivo	Pasado simple	Participio pasado
sell	sold	sold
send	sent	sent
set	set	set
sew	sewed	sewed/sewn
shake	shook	shaken
shear	sheared/shore	sheared/shorn
shed	shed	shed
shine	shone	shone
shit	shit/shat	shit/shat
shoe	shoed/shod	shoed/shod
shoot	shot	shot
show	showed	showed/shown
shrink	shrank	shrunk
shut	shut	shut
sing	sang	sung
sink	sank	sunk
sit	sat	sat
slay	slew	slain
sleep	slept	slept
slide	slid	slid
sling	slung	slung
slink	slunk	slunk
slit	slit	slit
smell	smelled/smelt	smelled/smelt
smite	smote	smitten
sow	sowed	sowed/sown
speak	spoke	spoken
speed	speeded/sped	speeded/sped
spell	spelled/spelt	spelled/spelt
spend	spent	spent
spill	spilled/spilt	spilled/spilt
spin	spun	spun
spit	spat	spat
split	split	split
spoil	spoiled/spoilt	spoiled/spoilt
spread	spread	spread
spring	sprang	sprung
stand	stood	stood
steal	stole	stolen
stick	stuck	stuck
sting	stung	stung
stink	stank/stunk	stunk
strew	strewed	strewed/strewn
stride	strode	stridden
strike	struck	struck

Infinitivo	Pasado simple	Participio pasado
string	strung	strung
strive	strove	striven
swear	swore	sworn
sweep	swept	swept
swell	swelled	swelled/swollen
swim	swam	swum
swing	swung	swung
take	took	taken
teach	taught	taught
tear	tore	torn
tell	told	told
think	thought	thought
thrive	thrived/throve	thrived/thriven
throw	threw	thrown
thrust	thrust	thrust
tread	trod	trodden/trod
understand	understood	understood
undertake	undertook	undertaken
wake	waked/woke	waked/woken
wear	wore	worn
weave	wove	woven
wed	wedded	wedded, wed
weep	wept	wept
wet	wetted/wet	wetted/wet
win	won	won
wind	wound	wound
wring	wrung	wrung
write	wrote	written

ESPAÑOL-INGLÉS

a & z

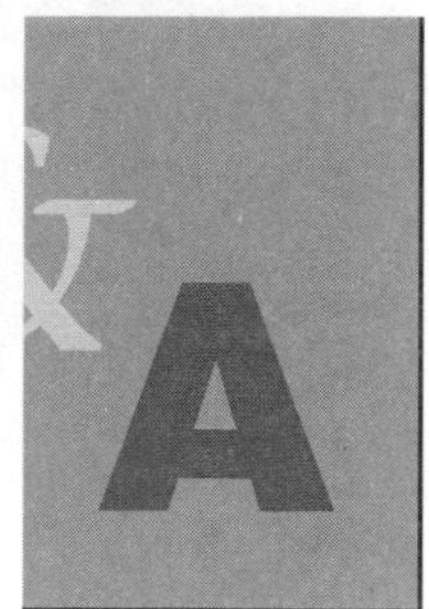

a, A *s. f.* **1** a, A (primera letra del alfabeto español). • *prep.* **2** to (dirección): *voy a París = I'm going to Paris.* **3** in, at (lugar): *llegar al hotel = to arrive at the hotel; llegar a Londres = to arrive in London.* **4** at (tiempo): *a las dos = at two o'clock; al final = at the end.* **5** to (marca intervalos y distancia): *de seis a siete = from six to seven; de esquina a esquina = from corner to corner.* **6** to (seguida de infinitivo): *vamos a comer = we are going to eat.* **7** to (marca una orden o decisión): *¡a la calle! = to the street!* **8** by, on, in (modo de hacer algo): *a pie = on foot; a sangre fría = in cold blood.* **9** on (al): *al salir = on leaving.* **10** to (complemento indirecto): *me lo dieron = they gave it to me.* **11** (distancia, sin traducir): *está a 10 km de aquí = it's 10 km from here.* **12** at (precio): *galletas a 100 pesetas = biscuits at 100 pesetas.* **13** a, per (frecuencia): *dos veces al mes = twice a month.* ◆ **14 ~ casa,** home. **15 ~ no ser por,** were it not for. **16 ~ que,** I bet: *a que no vienen = I bet they don't come.* **17 ~ tiempo,** on time. **18 ~ ver,** let's see. **19 ~ eso de,** at about.

abacería *s. f.* grocer's, grocery store.

abacial *adj.* REL. abbatial.

ábaco *s. m.* abacus.

abacorar *v. t.* (Am.) to pester, to harass (acosar).

abad *s. m.* REL. abbot.

abadejo *s. m.* **1** cod (bacalao). **2** firecrest (ave).

abadengo, -ga *adj.* REL. abbatial.

abadesa *s. f.* REL. abbess.

abadía *s. f.* **1** REL. abbey (edificio). **2** abbacy (oficio).

abajeño, -ña *adj.* **1** (Am.) lowland. • *s. m.* y *f.* **2** lowlander.

abajo *adv.* **1** below: *hay gente abajo = there are people below.* **2** down, downwards (dirección): *vamos abajo = let's go down.* **3** downstairs (en casa): *los que viven abajo = those who live downstairs.* ◆ **4 aquí ~,** down here. **5 desde ~,** from below. **6 la parte de ~,** the lower part. **7 más ~,** below. **8 por ~,** underneath.

abalanzar *v. t.* **1** to fling, to hurl (lanzar con violencia). **2** to balance (equilibrar). • *v. pron.* **3** to throw oneself (echarse).

abalaustrado, -da *adj.* balustered.

abalear *v. t.* **1** AGR. to winnow. **2** (Am.) to shoot, to fire (disparar). **3** (Am.) to wound with a bullet (herir con bala).

abaleo *s. m.* **1** winnowing (acción de abalear). **2** hayfork (herramienta).

abalorio *s. m.* **1** bead (cuentecilla). **2** beads (conjunto de cuentecillas).

abaluartar *v. t.* to fortify with a bulwark.

abanderado *s. m.* MIL. standard bearer.

abanderamiento *s. m.* MAR. registering.

abanderar *v. t.* MAR. to register (matricular un barco).

abandonado, -da *adj.* **1** abandoned. **2** neglected (jardín). **3** derelict (casa). **4** deserted (lugar).

abandonar *v. t.* **1** to abandon (dejar desamparado). **2** DEP. to pull out, to retire (de una competición). **3** to give up (renunciar). **4** to stop, to give up (desistir). • *v. pron.* **5** to give in (dejar de oponer resistencia). **6** to slacken (aflojar en el rendimiento). **7** to give in to (entregar la voluntad).

abandonismo *s. m.* defeatism.

abandonista *adj./s. m.* y *f.* defeatist.

abandono *s. m.* **1** abandonment (acción de abandonar). **2** DEP. withdrawal. **3** giving up (acción de dejar): *el abandono de mis estudios = the giving up of my studies.* **4** neglect, moral abandon (de uno mismo). **5** dereliction (de una casa). **6** neglect (de un jardín). ◆ **7 con ~,** carelessly; without care (sin cuidado).

abanicar *v. t.* **1** to fan. • *v. pron.* **2** to fan oneself.

abanico *s. m.* **1** fan. **2** sabre (sable). **3** (fig.) gamma, range (surtido).

abaniqueo *s. m.* fanning.

abaniquería *s. f.* fan shop.

abanto *s. m.* **1** ZOOL. African vulture (ave). • *adj.* **2** cowardly (toro).

abaratamiento *s. m.* price reduction.

abaratar *v. t.* **1** to lower, to reduce (rebajar el precio). • *v. pron.* **2** to come down, to drop (productos).

abarcamiento *s. m.* embracing.

abarcar *v. t.* **1** to embrace (rodear con los brazos). **2** to cover, to embrace (comprender). **3** to undertake (muchos trabajos). **4** to be able to see (poder ver). **5** (Am.) to monopolize, to corner (acaparar).

abarrancar *v. t.* y *pron.* to get bogged down (atascarse).

abarrancadero *s. m.* tight spot, jam (atascadero).

abarrotado, -da *adj.* packed.

abarrotamiento *s. m.* filling, stowing.

abarrotar o **embarrotar** *v. t.* **1** MAR. to stow. **2** to fill up (llenar).

abarrotero, -ra *s. m.* y *f.* (Am.) shopkeeper (tendero).

abarrotes *s. m. pl.* (Am.) groceries (comestibles).

abastecedor, -ra *s. m.* y *f.* supplier.

abastecer *v. t.* y *pron.* to supply, to provide.

abastecimiento *s. m.* supplying, provision.

abastero *s. m.* (Am.) cattle trader (comprador de reses).

abasto *s. m.* **1** supply (provisión). **2** (Am.) supplies (víveres). ◆ **3 dar ~ a,** to supply.

abatanar *v. t.* to beat (golpear).

abatatado, -da *adj.* **1** (Am.) ashamed (avergonzado). **2** (Am.) upset (turbado).

abate *s. m.* REL. father (clérigo).

abatible *adj.* **1** folding (hacia adelante). **2** reclining (respaldo).

abatidero *s. m.* drain.

abatido, -da *adj.* **1** downcast, dejected (desanimado). **2** humble (humilde). **3** contemptible, mean (despreciable). **4** COM. depreciated (depreciado).

abatimiento *s. m.* **1** demolition (acción de abatir). **2** dejection, depression (desánimo, desaliento). **3** lowering (bajada).

abatir *v. t.* y *pron.* **1** to demolish, to pull down (derribar). **2** to humiliate (humillar). **3** to discourage, to lose heart (desalentar). • *v. t.* **4** to take down (bajar). • *v. i.* **5** MAR. to change course (apartarse un barco de su rumbo). • *v. pron.* **6** to swoop, to dive (aves).

abdicación *s. f.* abdication.

abdicar *v. t.* **1** to abdicate (reyes). **2** to relinquish (renunciar). **3** to give up, to abandon (abandonar una idea, creencia, etc.).

abdomen *s. m.* ANAT. abdomen.

abdominal *adj.* **1** abdominal. • *s. m. pl.* **2** sit-ups.
abducción *s. f.* **1** abduction. **2** abduction (rapto).
abductor *s. m.* **1** ANAT. abductor. **2** abductor (raptor).
abecé *s. m.* **1** alphabet (abecedario). **2** (fig.) rudiments (rudimentos).
abecedario *s. m.* **1** alphabet (alfabeto). **2** spelling book (libro).
abedul *s. m.* birch (árbol).
abeja *s. f.* **1** bee. ◆ **2** ~ **carpintera,** carpenter bee. **3** ~ **machiega, maesa** o **maestra,** queen bee. **4** ~ **obrera,** worker. **5** ~ **reina,** queen bee.
abejarrón *s. m.* bumble bee.
abejaruco *s. m.* bee-eater (ave).
abejero, -ra *s. m.* y *f.* **1** beekeeper, apiarist. • *s. m.* **2** bee-eater (ave).
abejón *s. m.* **1** drone (zángano). **2** bumble bee (abejorro).
abejorreo *s. m.* buzz, buzzing (zumbido).
abejorro *s. m.* **1** bumble bee (abejarrón). **2** cockchafer (insecto coleóptero). **3** pest, nuisance (persona molesta).
aberración *s. f.* aberration.
aberrante *adj.* aberrant.
abertura *s. f.* **1** opening (boquete). **2** hole (agujero). **3** crack (grieta). **4** fissure (hendidura). **5** wide valley, pass (valle ancho). **6** aperture (del diafragma). **7** (fig.) openness.
abetal o **abetar** *s. m.* fir wood.
abeto *s. m.* **1** fir (árbol). ◆ **2** ~ **blanco,** silver fir.
abierto, -ta *adj.* **1** open: *ventana abierta = open window.* **2** open, frank (franco). **3** sincere (sincero). **4** clear (claro). **5** open, clear (raso, llano). **6** DEP. open (competiciones). ◆ **7** ~ **de par en par,** wide-open. **8** **sonidos abiertos,** GRAM. open sounds.
abigarrado, -da *adj.* **1** motley (mezcla rara). **2** multicoloured (de muchos colores). **3** heterogeneous (heterogéneo).
abigarrar *v. t.* to paint in many colours.
abisal *adj.* **1** abysmal (abismal). **2** abyssal (lo más profundo del mar).
abisinio, -nia *adj.* y *s.* Abyssinian.
abismal *adj.* abysmal.
abismar *v. t.* **1** to throw into an abyss (sumir algo en un abismo). • *v. pron.* **2** to sink (sumergirse). **3** to become absorbed (en estudios, etc.). **4** (Am.) to be amazed o surprised (admirarse).
abismo *s. m.* **1** abyss (profundidad inmensa). **2** hell (infierno). **3** depths (cosa inmensa e incomprensible). ◆ **4** **hay un** ~ **entre nuestras ideas,** there's a world of difference between our ideas.
abjuración *s. f.* abjuration.
abjurar *v. t.* to abjure, to forswear.
ablación *s. f.* **1** MED. ablation. **2** GEOL. ablation, erosion.
ablandar *v. t.* y *pron.* **1** to soften (poner blando). **2** to mitigate (mitigar). • *v. t.* **3** to loosen (laxar). • *v. i.* **4** to slacken (lluvia). **5** to warm up (hacer menos frío). • *v. i.* y *pron.* **6** to drop (viento).
ablande *s. m.* (Am.) running-in (de automóvil).
ablativo *s. m.* GRAM. ablative: *ablativo absoluto = ablative absolute.*
ablución *s. f.* ablution.
abnegación *s. f.* abnegation, self-denial.
abnegadamente *adv.* with abnegation.
abnegado, -da *adj.* unselfish.
abnegar *v. t.* **1** to abnegate. • *v. pron.* **2** to deny oneself.
abocado, -da *adj.* smooth (vino).
abocar *v. i.* **1** to bring one's mouth nearer (ir a dar con la boca). **2** to enter (entrar). • *v. t.* y *pron.* **3** to move nearer (aproximar). • *v. t.* **4** to pour (verter). • *v. pron.* **5** to meet (reunirse).
abochornado, -da *adj.* embarrassed (avergonzado).
abochornar *v. t.* **1** to get close (producir bochorno). **2** to blush (sonrojar). • *v. t.* **3** to become parched (las plantas). • *v. pron.* **4** to feel embarrassed.
abocinado, -da *adj.* trumpet-shaped (atrompetado).
abocinar *v. t.* **1** to shape like a trumpet (dar forma de bocina). **2** to fall flat on one's face (caer de bruces).
abofetear *v. t.* to slap.
abogacía *s. f.* legal profession.
abogado, -da *s. m.* y *f.* **1** DER. lawyer, solicitor (licenciado en derecho). **2** mediator (intercesor). **3** patron saint (santo protector). ◆ **4** ~ **defensor,** defending counsel. **5** ~ **del diablo,** devil's advocate. **6** ~ **del Estado,** public prosecutor. **7** ~ **de secano,** shady lawyer.
abogar *v. i.* **1** DER. to defend (defender). ◆ **2** ~ **por,** (fig.) to plead for.
abolengo *s. m.* ancestry.
abolición *s. f.* abolition.
abolicionismo *s. m.* abolitionism.
abolicionista *adj./s. m.* y *f.* abolitionist.
abolir *v. t.* to abolish.
abollado, -da *adj.* dented.
abolladura *s. f.* dent.
abollar *v. t.* **1** to dent. • *v. pron.* **2** to get dented.
abollón *s. m.* large dent.
abolsarse *v. pron.* to get baggy.
abombado, -da *adj.* **1** bulging, rounded (curvado). **2** (Am.) rotten (podrido). **3** (Am.) (fam.) dazed (aturdido).
abombar *v. t.* **1** to make convex (dar forma convexa). **2** to daze, to stun (aturdir). • *v. i.* **3** to bang (dar a la bomba). • *v. pron.* **4** to bulge (tomar la forma convexa). **5** to rot (pudrirse). **6** to be tipsy (estar un poco borracho).
abominable *adj.* abominable.
abominación *s. f.* abomination.
abominar *v. t.* **1** to abominate, to detest (odiar). **2** to curse (maldecir).
abonado, -da *adj.* **1** AGR. fertilized: *terreno abonado = fertilized land.* **2** paid (acreditado). • *s. m.* y *f.* **3** subscriber (de teléfono, club, etc.). **4** season-ticket holder (de teatro, ferrocarril, etc.).
abonanzar *v. i.* to calm down (calmarse el tiempo).
abonar *v. t.* **1** to pay (pagar). **2** to pay off (pagar una parte del pago total). **3** to credit (en las cuentas corrientes). **4** AGR. to fertilize. **5** to vouch for (salir fiador). **6** to guarantee (dar por seguro). **7** to accredit (acreditar). • *v. pron.* **8** to subscribe (inscribir).
abono *s. m.* **1** AGR. fertilizer (fertilizante). **2** season ticket (para el teatro, tren, etc.). **3** credit (en los bancos). **4** subscription (a una revista, etc.). **4** (Am.) instalment (plazo).
abordaje *s. m.* **1** MAR. boarding. **2** (fig.) approach.
abordable *adj.* attainable, approachable.
abordar *v. t.* e *i.* **1** MAR. to board (a un enemigo). **2** MAR. to come alongside (juntarse una embarcación a otra). **3** MAR. to collide (chocar). • *v. t.* **4** MAR. to dock (atracar). **5** to get down to (empezar a tratar una cuestión). **6** to tackle (emprender algo difícil). **7** to approach (acercarse). • *v. i.* **8** to dock (tomar puerto).
aborigen *adj./s. m.* y *f.* aboriginal, native.
aborrascarse *v. pron.* to blow up a storm, to get stormy.
aborrecer *v. t.* **1** to loathe, to detest (odiar). **2** ZOOL. to abandon. • *v. t.* y *pron.* **3** to annoy (hartar). **4** to anger (enfadar). **5** to bore (aburrir).
aborrecible *adj.* loathsome, detestable.
aborrecimiento *s. m.* **1** loathing, hatred (odio). **2** annoyance (fastidio).
aborregarse *v. pron.* to cloud over (el cielo).
abortar *v. t.* e *i.* **1** MED. to miscarry (malparir). **2** to abort (voluntariamente). • *v. i.* **3** to fail (fallar).
abortivo, -va *adj.* abortive.
aborto *s. m.* **1** MED. miscarriage (malparto). **2** abortion (voluntario). **3** (fig.) failure (fallo).
abotagamiento *s. m.* swelling, lump.
abotargado, -da *adj.* swollen.
abotagarse o **abotargarse** *v. pron.* to swell up, to become swollen.
abotonar *v. t.* y *pron.* **1** to button up, to do up (abrochar). • *v. i.* **2** BOT. to bud. • *v. t.* **3** (Am.) to adulate (adular).
abovedar o **embovedar** *v. t.* ARQ. to arch, to vault.
abracadabra *s. m.* abracadabra.
abracadabrante *adj.* strange, weird, unusual.
abrasador, -ra *adj.* burning, scorching.
abrasar *v. t.* y *pron.* **1** to burn (quemar). **2** to dry up (plantas). • *v. t.* **3** to squander, to waste (malgastar). **4** to shame, to fill with shame (avergonzar). • *v. pron.* **5** to burn (quemarse). **6** (fig.) to burn (estar vivamente agitado por una pasión).

abrasión *s. f.* **1** abrasion, graze. ◆ **2 ~ marina,** marine erosion.
abrasivo, -va *adj.* y *s. m.* abrasive.
abrazadera *s. f.* clasp.
abrazar *v. t.* **1** to embrace (ceñir con los brazos). **2** to envelop, to enclose (rodear ciñendo). **3** to include (incluir). **4** to adopt, to embrace (una doctrina). **5** to take charge (encargarse de algo). ● *v. pron.* **6** to embrace each other.
abrazo *s. m.* **1** embrace, hug. ◆ **2 un ~,** best wishes (en las cartas).
abrecartas *s. m.* letter opener.
abrelatas *s. m.* tin opener, can opener.
abrevadero *s. m.* water trough, watering place.
abrevar *v. t.* **1** to water (dar de beber). **2** to soak (remojar). **3** to sate, to satiate (saciar). ● **4** *v. i.* to drink (animal).
abreviadamente *adv.* briefly, in short.
abreviado, -da *adj.* **1** brief (breve). **2** shortened (un texto). **3** abbreviated (palabra).
abreviar *v. t.* **1** to abbreviate (palabras). **2** to cut short (acortar). **3** to reduce (reducir). **4** to accelerate (acelerar). **5** to hurry up (apresurar).
abreviatura *s. f.* abbreviation.
abridor *s. m.* opener: *abridor de latas = tin opener, can opener.*
abrigado, -da *adj.* **1** wrapped up (persona). **2** sheltered, protected (lugar).
abrigar *v. t.* y *pron.* **1** to shelter, to take shelter (resguardar del mal tiempo). **2** to wrap up (con abrigo). ● *v. t.* **3** to help, to protect (amparar). **4** to hold (opinión). **5** to have (una idea).
abrigo *s. m.* **1** overcoat (prenda). **2** shelter (refugio). **3** (fig.) shelter, protection (protección). **4** haven (para los barcos). **5** help, support (amparo). ◆ **6 estar al ~ de,** to be free from.
abril *s. m.* **1** April (mes). ● *pl.* **2** youth, salad days. ◆ **3 estar hecho un ~,** to look beautiful.
abrillantador *s. m.* polish.
abrillantar *v. t.* **1** to cut (labrar las piedras preciosas). **2** to polish (sacar brillo). **3** to embellish, to enhance (dar brillantez a un acto).
abrir *v. t.* **1** to open (puerta, boca, negocio, cuenta, ventana, fuego, botella, etc.). **2** to build (construir). **3** to open out (extender lo plegado). **4** to unblock, to clear (desobstruir). **5** to turn on (el agua). **6** to open (dar comienzo a un plazo). **7** to open (inaugurar). **8** to lead, to head (ir en cabeza). **9** to sink (un pozo). **10** MED. to open up, to cut open. **11** to engrave (grabar). **12** to whet (el apetito). ● *v. t.* y *pron.* **13** to reveal (dejar al descubierto). **14** to split open (rajar, hender). **15** to unstick, to open (despegar). **16** to rip (rasgar). **17** to clear up (despejarse la atmósfera). ● *v. i.* y *pron.* **18** to open (flores). ● *v. pron.* **19** to get wider, to open out (ensancharse). **20** to split open (agrietarse). **21** to open up, to relax (relajarse). **22** to be open, to be frank (manifestarse sincero). ◆ **23 ~ con llave,** to unlock. **24 en un ~ y cerrar de ojos,** in the twinkling of an eye.
abrochar *v. t.* y *pron.* **1** to button up, to do up, to fasten (cerrar). ● *v. t.* **2** (Am.) to reproach, to tell off (reprochar). **3** (Am.) to grab (agarrar). ● *v. pron.* **4** (Am.) to lock together, to struggle, wrestle (en una pelea).
abrogar *v. t.* to annul, to abrogate (anular, cancelar).
abrojal *s. m.* BOT. thistle patch.
abrojero *s. m.* (Am.) ⇒ **abrojo.**
abrojo *s. m.* **1** BOT. thistle. **2** MIL. caltrop. ● *pl.* **3** MAR. reef.
abrumador, -ra *adj.* **1** tiresome, tiring (calor, trabajo). **2** crushing, overwhelming, humiliating (victoria). **3** overwhelming (mayoría).
abrumadoramente *adv.* overwhelmingly, crushingly.
abrumar *v. t.* **1** to overwhelm, to crush (oprimir). **2** to overwhelm (agobiar con atenciones, etc.). **3** to exhaust (producir gran molestia). ● *v. pron.* **4** to get foggy o misty.
abrupto, -ta *adj.* **1** steep, sheer (escarpado). **2** (fig.) abrupt.
ABS *adj.* **1** antilock. ● *s. m.* **2** antilock brakes.
absceso *s. m.* MED. abscess.
abscisa *s. f.* MAT. abscissa.
abscisión *s. f.* incision.
absentismo o **ausentismo** *s. m.* absenteeism.
ábside *s. m.* o *f.* **1** ARQ. apse. ● *s. m.* **2** ASTR. apsis.
absolución *s. f.* **1** REL. absolution. **2** DER. acquittal.
absolutamente *adv.* **1** absolutely, completely. ◆ **2 ~ nada,** nothing at all.
absolutismo *s. m.* absolutism.
absolutista *adj./s. m.* y *f.* absolutist.
absoluto, -ta *adj.* **1** absolute: *poder absoluto = absolute power.* **2** (fig.) domineering (dominante). **3** absolute, unlimited (ilimitado). ◆ **4 en ~, a)** not at all (de ninguna manera); **b)** absolutely (de un modo total). **5 una mayoría ~,** an absolute majority.
absolutorio, -ria *adj.* **fallo ~,** verdict of not guilty, aquittal.
absolver *v. t.* **1** DER. to acquit, to clear (confirmar la inocencia). **2** REL. to forgive, to absolve (perdonar). **3** to free, to release (liberar).
absorbente *adj.* **1** absorbent. **2** (fig.) absorbing, fascinating (interesante). ● *s. m.* **3** absorbent.
absorber *v. t.* **1** to absorb (captar). **2** to absorb, to attract (atraer la atención). **3** to take up, to absorb (consumir): *el trabajo absorbe una gran parte de mi tiempo = work takes up a lot of my time.*
absorbible *adj.* absorbable.
absorción *s. f.* **1** absorption. ◆ **2 ~ atmosférica,** atmospheric absorption.
absorto, -ta *adj.* **1** absorbed (con el pensamiento fijo). **2** absorbed, captivated, amazed (que queda admirado ante una cosa).
abstemio, -mia *adj.* **1** abstemious, teetotal. ● *s. m.* **2** teetotaller, abstainer.
abstención *s. f.* abstention.
abstencionismo *s. m.* abstentionism, non-participation.
abstencionista *adj./s. m.* y *f.* abstentionist.
abstenerse *v. pron.* **1** to abstain, to refrain (prescindir de algo). **2** POL. to abstain. ◆ **3 ~ de,** to abstain from.
abstinencia *s. f.* **1** abstinence. **2** REL. fasting, fast (de comer).
abstinente *adj.* abstinent.
abstracción *s. f.* **1** abstraction (hecho y resultado de abstraer). **2** abstraction (modo de pensar). **3** absorption, engrossment (concentración).
abstracto, -ta *adj.* abstract: *arte abstracto = abstract art.*
abstraer *v. t.* **1** to abstract. **2** to consider separately (separar mentalmente). ● *v. pron.* **3** to be absorbed (abismarse en los pensamientos).
abstraído, -da *adj.* **1** absorbed (absorto). **2** absent-minded (distraído).
abstruso, -sa *adj.* abstruse.
absuelto, -ta *adj.* **1** DER. acquitted. **2** REL. absolved, forgiven.
absurdamente *adv.* absurdly.
absurdo, -da *adj.* **1** absurd, illogical (carente de lógica). **2** absurd, ridiculous (ridículo). ● *s. m.* **3** absurdity. ◆ **4 reducción al ~,** reduction to absurdity.
abubilla *s. f.* hoopoe (ave).
abuchear *v. t.* to boo, to jeer.
abucheo *s. m.* booing, jeering.
abuela *s. f.* **1** grandmother. ◆ **2 no tener ~,** to blow one's own trumpet.
abuelo *s. m.* **1** grandfather. ● *pl.* **2** grandparents.
abulia *s. f.* lack of willpower.
abúlico, -ca *adj.* weak-willed, (fam.) spineless.
abultamiento *s. m.* **1** bulkiness (bulto). **2** increase (incremento). **3** exaggeration (exageración).
abultar *v. t.* **1** to exaggerate (exagerar). ● *v. i.* **2** to be bulky (presentar un cierto bulto).
abundamiento *s. m.* **1** abundance. ◆ **2 a mayor ~,** furthermore (además).
abundancia *s. f.* **1** abundance, plenty. ◆ **2 cuerno de la ~,** horn of plenty. **3 en ~,** in abundance.
abundante *adj.* abundant, plentiful.
abundar *v. i.* **1** to abound, to be plentiful (haber gran cantidad). **2** to share: *abundar en la opinión de alguien = to share someone's opinion.*
aburguesarse *v. pron.* to become bourgeois o middle class.
aburrarse *v. pron.* (Am.) to become brutalized (embrutecerse).
aburrición *s. f.* (Am.) unfriendliness (antipatía).
aburridamente *adv.* (Am.) boringly, tediously.
aburrido, -da *adj.* **1** bored: *estar aburrido = to be bored.* **2** boring: *ser aburrido = to be boring.* **3** sick, fed up (harto).
aburrimiento *s. m.* boredom, tedium.

aburrir *v. t.* **1** to bore (causar aburrimiento). **2** to tire (hartar). • *v. pron.* **3** to be bored, to get bored. **4** to get o be tired (cansarse).

abusar *v. i.* **1** to abuse, to overuse (usar excesivamente). **2** to abuse, to go over the top (tratar con rigor injusto). **3** to take advantage, to abuse (aprovechar): *abusar de alguien más débil = to take advantage of someone weaker.*

abusivamente *adv.* improperly.

abusivo, -va *adj.* **1** improper (impropio). **2** excessive, outrageous (excesivo): *precios abusivos = excessive prices.*

abuso *s. m.* **1** abuse (acción que no se considera legal o normal). **2** betrayal (de la amistad, confianza, etc.).

abusón, -na *adj.* **1** selfish, greedy (avaricioso). **2** abusive (que abusa). • *s. m.* y *f.* **3** selfish o greedy person (egoísta). **4** abusive person (persona que abusa).

abyección *s. f.* abjection, abjectness, wretchedness.

abyecto, -ta *adj.* abject, wretched.

acá *adv.* **1** here, over here: *ven acá = come here.* ◆ **2** ~ **y allá,** here and there. **3 desde entonces** ~**,** since then. **4 más** ~**,** nearer. **5 muy** ~**,** very near.

acabado, -da *adj.* **1** completed, finished (terminado). **2** perfect (perfecto). **3** finished (producto). **4** worn out (cansado). • *s. m.* **5** finish (de un coche, etc.).

acabar *v. t.* **1** to put the finishing touches to (perfeccionar): *voy a acabar el cuadro = I'm going to put the finishing touches to the painting.* • *v. t.* y *pron.* **2** to finish, to conclude (terminar algo): *he acabado el libro = I've finished the book.* • *v. i.* **3** to end (finalizar). **4** to die (morirse). • *v. pron.* **5** to run out (agotarse). **6** to end up (con gerundio): *acabé comprándolo = I ended up buying it.* ◆ **7** ~ **bien,** to turn out all right. **8** ~ **con,** to finish with; to end with: *la obra acaba con una canción = the play ends with a song.* **9** ~ **de,** to have just: *acaba de llegar = he's just arrived.* **10** ~ **mal,** to come to a bad end. **11** ~ **por,** finally; in the end: *acabó por hacerlo = she finally did it.* **12 no acabo de entenderlo,** I just can't understand it. **13 para** ~ **de arreglarlo,** to top it all; on top of everything. **14 ¡se acabó!,** well, that's that.

acabe *s. m.* (Am.) end (fin).

acabóse *s. m.* limit, last straw, end (colmo).

acacia *s. f.* acacia (árbol y madera).

academia *s. f.* **1** academy: *academia militar = military academy.* **2** academy school: ◆ **3** ~ **privada,** private school. **4** ~ **de baile,** dancing school, school of dance. **5** ~ **de música,** conservatoire; music school.

academicismo *s. m.* academicism.

académico, -ca *adj.* **1** academic. • *s. m.* y *f.* **2** academician, member of an academy.

acaecer *v. i.* to happen, to occur.

acaecimiento *s. m.* occurrence.

acallar *v. t.* **1** to quieten, to silence (hacer callar). **2** to calm down (calmar los ánimos).

acaloradamente *adv.* excitedly, excitedly.

acaloramiento *s. m.* **1** heat (calor). **2** enthusiasm, eagerness, keenness, passion (pasión).

acalorar *v. t.* **1** to make hot, to warm up (producir calor). **2** to excite, to arouse (enardecer). • *v. pron.* **3** to get tired, to be worn out (fatigarse). **4** to get worked up, to get heated (exaltarse).

acampanado, -da *adj.* **1** bell-shaped. **2** bell-bottomed (pantalones).

acampar *v. i.* y *pron.* to camp, to camp out.

acanalado, -da *adj.* **1** grooved. **2** corrugated (hierro). **3** ARQ. fluted.

acanalar *v. t.* **1** to groove (hacer estrías). **2** ARQ. to flute.

acanelado, -da *adj.* **1** cinnamon-flavoured (con sabor a canela). **2** cinnamon-coloured (con color de canela).

acantilado *s. m.* cliff.

acantilar *v. t.* y *pron.* MAR. to go aground (encallar).

acanto *s. m.* BOT. y ARQ. acanthus.

acantonar *v. t.* y *pron.* MIL. to billet, to quarter.

acaparador, -ra *adj.* **1** acquisitive. • *s. m.* y *f.* **2** hoarder.

acaparamiento *s. m.* hoarding, monopolizing.

acaparar *v. t.* **1** COM. to monopolize, to corner (monopolizar). **2** to hoard (comida, existencias).

acápite *s. m.* (Am.) paragraph.

acaracolado, -da *adj.* spiral, twisting.

acaramelar *v. t.* **1** to coat o cover with caramel (cubrir). • *v. pron.* **2** (fam.) to be an angel, to be a darling (mostrarse muy galante).

acariciar *v. t.* **1** to caress (hacer caricias). **2** to stroke (rozar con suavidad). **3** (fig.) to cherish (proyectos, ideas, etc.). • *v. pron.* **4** to stroke.

ácaro *s. m.* (Am.) mite.

acarrear *v. t.* **1** to carry, to haul, to transport (transportar). **2** to cause, to lead to (causar).

acarreo *s. m.* **1** carrying, transporting (acción de acarrear). **2** transport costs (coste del transporte).

acartonarse *v. pron.* **1** to become like cardboard. **2** (fig.) to become wizened (personas muy ancianas).

acaso *s. m.* **1** accident, chance (suceso casual). • *adv.* **2** perhaps, maybe: *acaso me vaya mañana = perhaps I'll go tomorrow.* ◆ **3 al** ~**,** to chance. **4 por si** ~**,** just in case.

acatamiento *s. m.* **1** respect (de las leyes). **2** reverence (reverencia).

acatar *v. t.* to respect, to observe (respetar).

acatarrarse *v. pron.* to catch o get a cold.

acaudalado, -da *adj.* wealthy, rich (rico, poderoso).

acaudalar *v. t.* to accumulate, to acquire.

acaudillar *v. t.* **1** MIL. to send (mandar). **2** POL. to lead, to head (conducir, guiar). **3** to be in charge (estar al mando).

acceder *v. i.* to accede, to assent.

accesible *adj.* **1** accessible (lugares). **2** attainable (objetivos). **3** approachable (personas).

accesión *s. f.* **1** assent, agreement (acción de acceder). **2** DER. accession. **3** MED. attack. **4** POL. accession (al poder). **5** accessory (accesorio).

accésit *s. m.* consolation prize.

acceso *s. m.* **1** access, entry (camino de entrada). **2** approach (avión). **3** way, approach (acción de aproximarse). **4** MED. attack, fit (ataque). **5** outburst, fit (de violencia, enfado, etc.).

accesorio, -ria *adj.* **1** accessory. • *s. m.* **2** accessory (que se puede cambiar). • *s. m. pl.* **3** spare parts (para coches). **4** props (del teatro).

accidentado, -da *adj.* **1** rough, uneven (superficie). **2** hilly (terreno). **3** injured (herido). **4** damaged (tren, coche, etc.). **5** troubled, agitated, eventful (vida). **6** eventful (vacaciones, viaje). **7** upset (turbado).

accidental *adj.* **1** accidental. **2** unexpected, circumstantial (circunstancial). • *s. m.* **3** MÚS. accidental.

accidentalmente *adv.* accidentally, by chance.

accidentarse *v. pron.* to have an accident.

accidente *s. m.* **1** accident (suceso fortuito): *sufrir un accidente = to have an accident.* **2** GEOG. roughness, hilliness (de terreno). **3** unevenness (de superficie). **4** MED. faint. **5** MÚS. accidental. **6** GRAM. accidence. ◆ **7** ~ **de carretera,** road accident. **8 por** ~**,** by accident.

acción *s. f.* **1** action (hecho y resultado de hacer): *acción militar = military action.* **2** act, deed (acto): *buena acción = good deed.* **3** MIL. action, engagement. **4** gesture (ademán). **5** FIN. share: *acción ordinaria = ordinary share.* **6** DER. shares, stocks. ◆ **7** ~ **de gracias,** thanksgiving. **8 hombre de** ~**,** man of action. **9 mala** ~**,** evil deed.

accionar *v. t.* **1** MEC. to work, to drive (dar movimiento). • *v. i.* **2** to gesticulate (hacer gestos).

accionariado *s. m.* FIN. shareholders.

accionista *s. m.* y *f.* FIN. shareholder.

acebo *s. m.* **1** BOT. holly. **2** holly tree (árbol).

acebuche *s. m.* BOT. wild olive tree.

acechante *adj.* waiting.

acechanza *s. f.* observing, watching.

acechar *v. t.* e *i.* to observe, to watch.

acecho *s. m.* watching, observing.

acedía *s. f.* **1** acidity, sourness (propiedad de acedo). **2** MED. heartburn. **3** abrasiveness (aspereza en el trato). **4** ZOOL. plaice (pez).

acedo, -da *adj.* acidic, sour.

aceitada *s. f.* olive-oil cake (torta).

aceitar *v. t.* to add oil.
aceite *s. m.* **1** oil. ◆ **2 ~ de oliva,** olive oil. **3 ~ de motor,** motor oil. **4 ~ lubricante,** lubricating oil. **5 ~ vegetal,** vegetable oil. **6 echar ~ al fuego,** to add fuel to the fire.
aceitera *s. f.* oil bottle.
aceitero, -ra *adj.* **1** oil. ● *s. m.* **2** oil dealer.
aceitoso, -sa *adj.* oily.
aceituna *s. f.* olive.
aceitunado, -da *adj.* olive, olive-coloured.
aceitunero, -ra *s. m.* y *f.* **1** olive seller (vendedor). **2** olive picker (persona que recoge aceitunas). ● *s. f.* **3** olive-picking season (época de la recolección).
aceituno *s. m.* olive tree (olivo).
aceleración *s. f.* acceleration.
aceleradamente *adv.* quickly, fast.
acelerado, -da *adj.* quick, fast.
acelerador, -ra *adj.* **1** accelerating. ● *s. m.* **2** accelerator.
acelerar *v. t.* y *pron.* to accelerate, to speed up.
acelga *s. f.* BOT. chard, beet (planta).
acémila *s. f.* **1** mula (mula). **2** (fig.) dolt, ass (persona ruda).
acendrado, -da *adj.* **1** pure (puro). **2** clean (limpio). **3** refined (refinado).
acendradamente *adv.* purely.
acendrar *v. t.* **1** to purify (purificar). **2** to clean (limpiar). **3** to refine (metales).
acento *s. m.* **1** GRAM. accent (signo ortográfico). **2** stress, emphasis (mayor intensidad al pronunciar). **3** accent (modulación de la voz o tono peculiar): *un acento gallego = a Galician accent.*
acentuación *s. f.* accentuation.
acentuadamente *adv.* clearly.
acentuar *v. t.* **1** to put an accent on, to accent (escrito). **2** to stress (hablado). **3** to emphasize (enfatizar). ● *v. pron.* **4** to become more important (tomar importancia).
acepción *s. f.* GRAM. meaning, sense (significado).
aceptabilidad *s. f.* acceptability.
aceptable *adj.* acceptable.
aceptablemente *adv.* acceptably.
aceptación *s. f.* **1** acceptance (acción de aceptar). **2** success (éxito).
aceptante *adj.* **1** accepting. ● *s. m.* y *f.* **2** acceptor.
aceptar *v. t.* **1** to accept (recibir). **2** to approve (aprobar). **3** to agree (acordar): *acepto hacerlo = I agree to do it.* **4** COM. to accept (obligarse al pago de una letra).
acequia *s. f.* irrigation ditch o channel (canal).
acera *s. f.* **1** pavement (para peatones). **2** row (fila).
acerado, -da *adj.* **1** steel (de acero). **2** strong (fuerte). **3** biting, mordant (mordaz).
acerar *v. t.* **1** to turn into steel (convertir en acero). **2** to coat with steel, to steel (dar un baño de acero). ● *v. t.* y *pron.* **3** to strengthen (fortalecer).
acerbamente *adv.* bitterly, harshly, acerbically.
acerbidad *s. f.* acerbity, harshness, bitternes.
acerbo, -ba *adj.* **1** bitter, sour (de sabor). **2** (fig.) cruel, harsh (cruel).
acerca *adv.* about, concerning: *un documental acerca de la droga = a documentary about drugs.*
acercamiento *s. m.* **1** approach: *el acercamiento de las vacaciones = the approach of the holidays.* **2** (fig.) reconciliation (entre personas). **3** POL. rapprochement.
acercar *v. t.* **1** to bring near (poner cerca). **2** to give, to pass (pasar): *acércame la botella = pass me the bottle.* ● *v. pron.* **3** to draw near, to approach (estar próxima a suceder una cosa): *se acerca el día de la boda = the day of the wedding is drawing near.* **4** to approach (aproximarse): *nos acercamos al pueblo = we're approaching the village.*
acería o **acerería** *s. f.* steelworks (fábrica).
acerico *s. m.* pin cushion (para agujas y alfileres).
acero *s. m.* **1** steel (metal). **2** sword (espada). **3** (fig.) steel, bravery (valor). ◆ **4 ~ inoxidable,** stainless steel. **5 tener buenos aceros,** to be made of steel.
acérrimamente *adv.* steadfastly, staunchly, firmly.
acérrimo, -ma *adj.* steadfast, staunch, firm.
acertadamente *adv.* correctly.
acertado, -da *adj.* **1** right, correct (correcto). **2** clever, wise (sabio, listo). **3** fitting, apt (apto). **4** well-aimed, accurate (tiro). **5** good (bueno). **6** well-thought-out (plan, táctica, estrategia).
acertante *s. m.* y *f.* **1** winner (ganador). ● *adj.* **2** winning.
acertar *v. t.* **1** to hit (diana). **2** to be correct, to guess (adivinar). ● *v. t.* e *i.* **3** to find (encontrar). **4** to find out (averiguar). **5** to be successful, to succeed (hacer algo con acierto). ● *v. i.* **6** BOT. to do well (plantas). ◆ **7 ~ a,** to happen to: *acerté a encontrarlo = I happened to find it.* **8 ~ con,** to hit on: *han acertado con el regalo perfecto = they've hit on the perfect present.*
acertijo *s. m.* riddle, puzzle.
acervo *s. m.* **1** pile, heap (montón). **2** stock, store (provisión). **3** common property (bienes comunes).
acetato *s. m.* acetate.
acético, -ca *adj.* acetic.
acetileno *s. m.* acetylene.
acetona *s. f.* acetone.
achacable *adj.* attributable.
achacar *v. t.* **1** to attribute (atribuir). **2** to put on, to lay on (culpa, responsabilidad, etc.).
achacosamente *adv.* weakly.
achacoso, -sa *adj.* sickly (enfermizo).
achancharse *v. pron.* (Am.) to get lazy (apoltronarse).
achantar *v. t.* **1** to squash, to flatten (apabullar). ● *v. pron.* **2** to hide away (esconderse). **3** to back down (achicarse). **4** (Am.) to stay, to linger (detenerse).
achaparrado, -da *adj.* **1** tubby, plump (rechoncho). **2** squat, stocky (bajo y grueso).
achaque *s. m.* **1** complaint, ailment (enfermedad habitual). **2** vice (vicio). **3** fault (defecto). **4** excuse (excusa). **5** pretext (pretexto). **6** appearance (apariencia). **7** reputation (reputación). **8** fine (multa).
achatar *v. t.* y *pron.* to squash, to flatten (aplastar).
achicar *v. t.* y *pron.* **1** to reduce, to make smaller (reducir). **2** to humiliate (humillar). ● *v. t.* **3** to drain (una mina). **4** to bale out (un barco).
achicharrar o **chicharrar** *v. t.* **1** to burn (quemar). **2** to overheat (calentar demasiado). **3** to overcook (asar o cocer demasiado). ● *v. t.* **4** to bother, to pester (importunar). ● *v. pron.* **5** to get frazzled (persona). **6** to be burned to a cinder (comida).
achicoria *s. f.* BOT. chicory.
achinado, -da *adj.* slanting.
achique *s. m.* **1** MAR. baling (un barco). **2** draining (una mina).
achispado, -da *adj.* tipsy, squiffy.
acholado, -da *adj.* (Am.) intimidated, frightened (acobardado).
achuchar *v. t.* **1** to squash, to flatten (aplastar). **2** to push (empujar). **3** to squeeze (estrujar). **4** to set on, to urge on (perros).
achuchón *s. m.* **1** push, shove (empujón). **2** squeeze (abrazo). **3** squashing (aplastamiento).
achucutado, -da *adj.* withered (marchito).
achumado, -da *adj.* (Am.) drunk (borracho).
achurar *v. t.* (Am.) to kill, to stab to death.
aciago, -ga *adj.* fateful, ill-fated (infausto).
acíbar *s. m.* **1** BOT. aloe. **2** bitterness (amargura).
acicalado, -da *adj.* **1** polished (metales). **2** smart, neat (persona).
acicalamiento *s. m.* **1** polishing (de metales). **2** dressing up (persona).
acicalar *v. t.* **1** to clean (limpiar). **2** to polish, to burnish (bruñir). ● *v. t.* y *pron.* **3** to decorate, to adorn (adornar).
acicate *s. m.* **1** spur (espuela). **2** incentive, spur (incentivo).
acícula *s. f.* BOT. needle.
acidez *s. f.* acidity.
acidia *s. f.* laziness, idleness (pereza).
acidificar *v. t.* y *pron.* to acidify.
acidímetro *s. m.* acidimeter.
ácido, -da *adj.* **1** sour, bitter, acid. ● *s. m.* **2** acid. ◆ **3 ~ acético,** acetic acid. **4 ~ bórico,** boric acid. **5 ~ cianhídrico,** hydrocyanic acid. **6 ~ clorhídrico,** hydrochloric acid. **7 ~ desoxirribonucleico (ADN),** deoxyribonucleic acid (DNA). **8 ~ fórmico,** formic acid. **9 ~ nítrico,** nitric acid. **10 ~ sulfúrico,** sulphuric acid. **11 ~ úrico,** uric acid.
acidosis *s. f.* MED. acidosis.
acídulo, -la *adj.* acidulous.

acierto *s. m.* **1** skill, ability (habilidad). **2** common sense, prudence (prudencia). **3** coincidence (casualidad). **4** success (éxito). **5** correct answer (respuesta correcta). **6** good hit (buen tiro). **7** good idea (buena idea). **8** wisdom (sabiduría).

ácimo, -ma *adj.* unleavened.

acimut o **azimut** *s. m.* ASTR. azimuth.

aclamación *s. f.* **1** acclamation, acclaim. **2** applause (aplauso).

aclamar *v. t.* **1** to acclaim, to applaud (aplaudir). **2** to hail (conferir algún honor por voz común). **3** to name (nombrar).

aclaración *s. f.* **1** clarification, explanation (explicación). **2** rinse, rinsing (de la ropa). **3** brightening, clearing up (del tiempo).

aclarado *s. m.* rinse (de la ropa).

aclarar *v. t.* y *pron.* **1** to clarify, to explain (explicar). **2** to clear away (para dejar espacio libre). • *v. pron.* **3** to rinse (la ropa). **4** to explain (explicar). • *v. i.* **5** to clear up (disipar las nubes). **6** to break (amanecer). **7** to clear (purificarse un líquido).

aclaratorio, -ria *adj.* explanatory.

aclimatación *s. f.* acclimatization.

aclimatar *v. t.* **1** to acclimatize, to adapt. • *v. pron.* **2** to become acclimatized, to adapt oneself.

acmé *s. m.* acme.

acné *s. m.* MED. acne.

acobardar *v. t.* **1** to frighten, to scare (causar miedo). • *v. pron.* **2** to get frightened, to get scared.

acodado, -da *adj.* bent, elbowed.

acodar *v. t.* y *pron.* **1** to lean, to rest (apoyar). • *v. t.* **2** to bend (doblar).

acogedor, -ra *adj.* **1** cosy, snug (casa). **2** friendly, warm (persona, ambiente).

acoger *v. t.* **1** to welcome (admitir en su casa o compañía). **2** to accept, to receive. **3** to give refuge (refugiar). • *v. t.* y *pron.* **4** to shelter, to protect (proteger). **5** to agree (estar de acuerdo con opiniones). • *v. pron.* **6** to take refuge (en un pretexto).

acogida *s. f.* **1** welcome, greeting, reception (recibimiento). **2** agreement, acceptance (aceptación). **3** withdrawal (retirada).

acogido, -da *adj.* **1** welcomed. • *s. m.* **2** resident (persona pobre que vive en establecimientos benéficos).

acogotar *v. t.* **1** to kill with a rabbit punch (matar con golpes en el cogote). **2** to dominate (dominar).

acolchado, -da *adj.* padded, quilted.

acolchar o **colchar** *v. t.* to pad, to quilt.

acólito *s. m.* **1** REL. acolyte. **2** (fig.) acolyte, follower.

acometedor, -ra *adj.* **1** aggressive (agresivo). **2** enterprising (emprendedor).

acometer *v. t.* **1** to attack, to assail (atacar). **2** to undertake (emprender). **3** to try (intentar). **4** to overcome (sobrevenir). **5** to join (empalmar).

acometida *s. f.* **1** attack, offensive (ataque). **2** connection (de cables, cañerías, etc.).

acometividad *s. f.* **1** aggression (agresión). **2** enterprise, energy (brío).

acomodable *adj.* adaptable.

acomodación *s. f.* accommodation, adaptation (proceso de adaptación).

acomodado, -da *adj.* **1** comfortable, well-off (de buena posición económica). **2** reasonable (precio). **3** suitable (apto). **4** arranged, tidy (colocado).

acomodador, -ra *s. m.* y *f.* usher (hombre); usherette (mujer) (en un espectáculo).

acomodamiento *s. m.* **1** suitability (comodidad). **2** agreement (acuerdo, arreglo).

acomodar *v. t.* **1** to adjust (ajustar). **2** to adapt, to accommodate (adaptar, amoldar). **3** to arrange (arreglar). **4** to place, to order (ordenar). **5** to supply, to provide (proveer). **6** to give work (dar empleo). **7** to seat, to show to a seat (colocar en sus sitios en un espectáculo). • *v. pron.* **8** to agree, to come to an agreement (avenirse).

acomodo *s. m.* **1** job, post (empleo). **2** convenience (conveniencia). **3** (Am.) bribe (soborno).

acompañado, -da *adj.* **1** accompanied: *estar acompañado = to be accompanied.* **2** busy (concurrido). • *s. m.* **3** aid, assistant (ayudante).

acompañanta *s. f.* companion.

acompañante *adj.* **1** accompanying. • *s. m.* y *f.* **2** companion. **3** MÚS. accompanist.

acompañamiento *s. m.* **1** accompaniment (acción de acompañar). **2** company, retinue (la gente que acompaña). **3** MÚS. accompaniment. **4** extras (en el teatro). **5** wedding party (en una boda).

acompañar *v. t.* y *pron.* **1** to accompany, to go with (ir en compañía). **2** to take: *acompañar a casa = to take home.* **3** to accompany, to go with (ir una cosa junto con otra). **4** MÚS. to accompany. • *v. t.* **5** to share (participar en los sentimientos de otro). ◆ **6 te acompaño en el sentimiento,** please accept my condolences.

acompasadamente *adv.* **1** MÚS. rhythmically. **2** calmly, deliberately (pausadamente). **3** slowly (lentamente).

acompasado, -da *adj.* **1** MÚS. rhythmic. **2** calm, deliberate (pausado). **3** slow, steady (lento).

acompasar o **compasar** *v. t.* **1** MÚS. to mark the rhythm of. **2** MAT. to measure with a compass. **3** to keep in time (mantener el ritmo).

acomplejar *v. t.* **1** to give a complex (producir un complejo). • *v. pron.* **2** to have a complex (padecer un complejo).

aconchabamiento *s. m.* grouping o ganging together.

aconchabarse *v. pron.* to plot, to gang up, to conspire.

acondicionado, -da *adj.* **1** equipped: *bien acondicionado = well equipped; mal acondicionado = badly equipped.* ◆ **2 aire ~,** air conditioning.

acondicionador *s. m.* conditioner: *acondicionador de aire = air conditioning.*

acondicionamiento *s. m.* conditioning.

acondicionar *v. t.* y *pron.* **1** to arrange (organizar). **2** to prepare (preparar). **3** to condition (el aire). • *v. t.* **4** to create an atmosphere (crear un ambiente propicio).

acongojadamente *adv.* distressingly, upsettingly.

acongojante *adj.* distressing, upsetting.

acongojar *v. t.* **1** to distress, to upset. • *v. pron.* **2** to become distressed, to get upset.

aconsejable *adj.* **1** advisable: *es aconsejable no fumar = it's advisable not to smoke.* **2** sensible (sensato).

aconsejar *v. t.* **1** to advise (dar consejo). • *v. pron.* **2** to take advice (tomar consejo).

acontecer *v. i.* to happen, to occur.

acontecimiento *s. m.* event.

acopiar *v. t.* **1** to gather, to collect (recoger). **2** to store, to stock (almacenar).

acopio *s. m.* **1** collecting, gathering (acción de recoger). **2** storing, stocking (acción de almacenar).

acoplado, -da *adj.* **1** matched. • *s. m.* **2** (Am.) trailer (vehículo).

acoplamiento *s. m.* **1** MEC. joint, coupling (pieza). **2** joining, coupling (acción de acoplar). **3** ELEC. connection. **4** assembly (montaje).

acoplar *v. t.* **1** to couple, to join (encajar). **2** to combine (combinar). **3** ELEC. to connect. **4** to yoke (caballos, bueyes, etc.). **5** to couple (tren) • *v. t.* y *pron.* **6** ZOOL. to mate (unión sexual de animales). • *v. pron.* **7** to get attached to, to take a liking to (encariñarse mutuamente).

acoquinamiento *s. m.* intimidation, coercion.

acoquinar *v. t.* **1** to intimidate, to hassle. • *v. pron.* **2** to be intimidated.

acorazado, -da *adj.* **1** armour-plated, ironclad, armoured. • *s. m.* **2** MAR. battleship.

acorazamiento *s. m.* armour-plating.

acorazar *v. t.* to armour-plate, to armour.

acorchado, -da *adj.* cork-like.

acorchamiento *s. m.* sponginess.

acorcharse *v. pron.* **1** to become spongy (ponerse esponjoso). **2** to go numb (insensibilizarse).

acordado, -da *adj.* agreed: *lo acordado = that which has been agreed.*

acordar *v. t.* **1** to agree (decidir de común acuerdo). **2** to resolve, to sort out (resolver). **3** to reconcile, to conciliate (conciliar). **4** MÚS. to tune (afinar). • *v. t.* y *pron.* **5** to remember, to recall (recordar).

acorde *adj.* **1** in agreement, agreed (conforme): *estamos acordes = we're in agreement.* **2** MÚS. in harmony, in tune. • *s. m.* **3** MÚS. chord.

acordeón *s. m.* MÚS. accordion.

acordeonista *s. m.* y *f.* accordionist.

acordonado, -da *adj.* **1** ribbed (superficies). **2** cordoned-off (sitio). **3** milled (moneda).

acordonamiento *s. m.* **1** ribbing (de ropa). **2** cordoning-off (de policía). **3** milling (de monedas).

acordonar *v. t.* **1** to tie up, to lace up (zapatos). **2** to mill (monedas). **3** to surround (rodear de gente). **4** to cordon off (un sitio).

acorralar *v. t.* y *pron.* **1** to corral, to round up (encerrar el ganado). • *v. t.* **2** to corner (reducir a estrechos límites a alguien). **3** to intimidate (acobardar).

acortamiento *s. m.* **1** shortening (acción de acortar). **2** reduction (acción de reducir).

acortar *v. t.* **1** to shorten (la longitud). **2** to reduce (reducir). **3** to shorten (un texto). • *v. pron.* **4** to get shorter (los días). **5** to be shy (quedarse corto en hablar).

acosado, -da *adj.* hounded, hunted.

acosar *v. t.* **1** to pursue, to hound (perseguir). **2** to harass, to pester (importunar).

acoso *s. m.* **1** pursuit, hounding. **2** (fig.) pestering, harassment. ◆ **3** ~ **sexual,** sexual harassment.

acostar *v. t.* **1** to put to bed (meter en la cama). **2** MAR. to come alongside. • *v. i.* y *pron.* **3** to lean (inclinarse). • *v. i.* **4** MAR. to reach land (llegar a la costa). • *v. pron.* **5** to go to bed (irse a la cama). **6** (Am.) to give birth (dar a luz).

acostumbradamente *adv.* usually, normally.

acostumbrar *v. i.* **1** to be in the habit (tener costumbre). • *v. t.* y *pron.* **2** to get accustomed, to get into the habit, to get used to: *me he acostumbrado a madrugar = I've got used to getting up early.*

acotación *s. f.* **1** note (note). **2** marginal note (nota en el margen). **3** comment (comentario). **4** stage direction (en el teatro). **5** elevation mark, boundary mark (topografía).

acotar *v. t.* **1** to demarcate, to delimit (señalar límites). **2** to annotate (anotar). **3** to lop (árbol). **4** to accept (aceptar). • *v. pron.* **5** to reach safety (ponerse a salvo).

acracia *s. f.* anarchy.

ácrata *adj./s. m.* y *f.* anarchist.

acre *adj.* **1** acrid (olor). **2** bitter, sour (sabor). **3** acre (medida). **4** biting, mordant (mordaz).

acremente *adv.* bitterly.

acrecentador, -ra *adj.* rising, increasing.

acrecentamiento *s. m.* rise, increase.

acrecentar *v. t.* y *pron.* **1** to rise, to increase (aumentar). • *v. t.* **2** to improve (mejorar).

acrecimiento *s. m.* DER. accretion.

acreditado, -da *adj.* **1** reputable (fama de bueno): *un abogado acreditado = a reputable lawyer.* **2** accredited (embajador).

acreditar *v. t.* y *pron.* **1** to do credit to (hacer digno de crédito). **2** to prove (probar). **3** to add to the reputation of (dar fama o crédito). • *v. t.* **4** to accredit (embajador). **5** to vouch for (avalar). **6** to authorize (autorizar). **7** COM. to credit.

acreedor, -ra *adj.* **1** deserving, worthy (de mérito). • *s. m.* y *f.* **2** COM. creditor.

acribillar *v. t.* **1** to riddle, to pepper (abrir muchos agujeros o hacer muchas heridas): *acribillar a balazos = to riddle with bullets.* **2** to pester, to bug (molestar).

acrimonia *s. f.* **1** acridness, pungency (olor). **2** bitterness (sabor). **3** (fig.) acrimony, bitterness.

acriollarse *v. pron.* (Am.) to adopt Latin American ways.

acrisolar *v. t.* **1** to purify (metales). **2** to perfect (perfeccionar). • *v. t.* y *pron.* **3** to prove, to test (probar).

acristalar *v. t.* to glaze (puerta, ventana); to glass in (terraza).

acritud *s. f.* **1** acridness, pungency (olor). **2** bitterness (sabor). **3** bitterness, sharpness (de carácter).

acrobacia *s. f.* acrobatics.

acróbata *s. m.* y *f.* acrobat.

acrofobia *s. f.* acrophobia.

acrópolis *s. f.* Acropolis.

acróstico, -ca *adj./s. m.* y *f.* acrostic.

acta *s. f.* **1** minutes, record (relación escrita). ◆ **2 levantar** ~, to take the minutes.

actinia *s. f.* ZOOL. sea anemone.

actitud *s. f.* **1** position, posture, pose (postura del cuerpo). **2** attitude (disposición de ánimo): *actitud agresiva = aggressive attitude.*

activamente *adv.* actively.

activar *v. t.* **1** to activate: *activar un mecanismo = to activate a mechanism.* **2** to quicken (acelerar).

actividad *s. f.* **1** activity: *actividad en la calle = activity in the street.* **2** active (activo): *estar en actividad = to be active.*

activista *s. m.* y *f.* activist.

activo, -va *adj.* **1** active (que obra). **2** active, lively (animado). **3** GRAM. active: *voz activa = active voice.* **4** busy (ocupado). **5** GEOL. active. • *s. m.* **6** COM. assets. ◆ **7 estar en** ~, MIL. to be on active service.

acto *s. m.* **1** act, action (acción). **2** act (teatro). **3** ceremony, function (ceremonia): *acto de clausura = closing ceremony.* ◆ **4** ~ **seguido,** immediately afterwards. **5 en el** ~, on the spot. **6 salón de actos,** assembly hall.

actor *s. m.* **1** actor (teatro, cine). **2** DER. plaintiff.

actriz *s. f.* actress.

actuación *s. f.* **1** performance: *la actuación del grupo = the performance of the group.* **2** behaviour, conduct (conducta). **3** action (acción).

actual *adj.* **1** present, present-day (de hoy): *moda actual = present-day fashion.* **2** topical, current (problema, cuestión).

actualidad *s. f.* **1** present (tiempo presente): **2** current situation (situación actual): *la actualidad económica del país = the current economic situation of the country.* **3** current importance (cosa del momento): *un problema de actualidad = a problem of current importance.* ◆ **4 en la** ~, nowadays, at the moment, at the present time.

actualización *s. f.* **1** modernization. **2** update (información).

actualizar *v. t.* to modernize, to bring up to date.

actuante *adj.* **1** acting. • *s. m.* y *f.* **2** performer.

actuar *v. i.* **1** to act, to perform (teatro, cine). **2** to operate, to work (funcionar). **3** MÚS. to perform. **4** DER. to take proceedings.

actuario *s. m.* DER. actuary.

acuarela *s. f.* ART. watercolour (pintura).

acuarelista *s. m.* y *f.* watercolourist.

acuario *s. m.* **1** aquarium (para peces). **2** ASTR. Aquarius.

acuartelado, -da *adj.* HIST. quartered.

acuartelamiento *s. m.* **1** MIL. quartering, billeting (tropas). **2** quartering (de un escudo).

acuartelar *v. t.* y *pron.* **1** MIL. to quarter, to billet (tropas). • *v. t.* **2** to divide into quarters (dividir en cuarteles).

acuático, -ca *adj.* aquatic: *esquí acuático = water-skiing.*

acuchillado, -da *adj.* **1** slashed (ropa). **2** hardened, experienced (persona).

acuchillador, -ra *adj.* **1** slashing. • *s. m.* **2** stabber (persona). **3** floor dresser (que acuchilla los suelos).

acuchillamiento *s. m.* surfacing (de los suelos de madera).

acuchillar *v. t.* **1** to knife, to stab (apuñalar). **2** to surface (alisar). **3** to slash (ropa).

acucia *s. f.* **1** haste (prisa). **2** desire, longing (deseo).

acuciadamente *adv.* **1** hastily (de prisa). **2** longingly (con anhelo).

acuciamiento *s. m.* **1** stimulation (estímulo). **2** desire (deseo).

acuciante *adj.* urgent.

acuciar *v. t.* **1** to urge, to press (estimular). **2** to long for (anhelar).

acuclillarse *v. pron.* to squat down (ponerse en cuclillas).

acudir *v. i.* **1** to turn up, to go along (ir a un sitio). **2** to go (ir). **3** to come (venir). **4** to turn to someone (recurrir a alguien). **5** to use, to make use of (valerse de algo).

acueducto *s. m.* aqueduct.

acuerdo *s. m.* **1** agreement, resolution (resolución). **2** agreement, pact (pacto). **3** agreement, understanding (entendimiento): *tenemos un acuerdo mutuo = we have a mutual understanding.* **4** harmony (armonía). **5** advice, opinion (consejo, opinión). ◆ **6 ¡de** ~**!,** O.K.; alright. **7 de** ~ **con,** in accordance with. **8 estar de** ~, to agree. **9 llegar a un** ~, to reach an agreement. **10 ponerse de** ~, to come to an agreement.

acuilmarse *v. pron.* (Am.) to be sad (entristecerse).

acullá *adv.* over there.

acumulable *adj.* accumulative.
acumulación *s. f.* accumulation.
acumulador, -ra *adj.* **1** accumulative. • *s. m.* **2** acumulator.
acumular *v. t.* y *pron.* **1** to accumulate, to amass (amontonar). **2** to blame, to impute (culpar). **3** to gather, to collect (recoger). **4** to join (unir).
acumulativamente *adv.* accumulatively.
acumulativo, -va *adj.* accumulative.
acunar *v. t.* to rock (mecer en la cuna).
acuñar *v. t.* **1** to mint, to coin (fabricar monedas). **2** to wedge (meter cuñas).
acuoso, -sa *adj.* **1** watery (abundante en agua). **2** juicy (jugoso).
acupuntor, -ra *s. m.* y *f.* acupuncturist.
acupuntura *s. f.* acupuncture.
acurrucarse *v. pron.* **1** to huddle up (debido al frío). **2** to shrink (por miedo).
acusación *s. f.* accusation.
acusado, -da *adj.* **1** DER. accused. • *s. m.* y *f.* **2** DER. accused, defendant.
acusador, -ra *adj.* **1** accusing. • *s. m.* y *f.* **2** accuser.
acusar *v. t.* **1** to accuse (imputar): *acusar de asesinato = to accuse of murder.* **2** to acknowledge (avisar el recibo de algo). **3** DER. to charge (resumir en un juicio). **4** to blame (culpar). **5** to show (mostrar): *acusar dolor = to show pain.* • *v. t.* y *pron.* **6** to report (denunciar). **7** to confess (confesar).
acusativo *s. m.* GRAM. accusative.
acusatorio, -ria *adj.* accusatory.
acuse *s. m.* acknowledgement: *acuse de recibo = acknowledgement of receipt.*
acusica *s. m.* y *f.* sneak, snitch, telltale.
acusón, -na *s. m.* y *f.* ⇒ **acusica.**
acústica *s. f.* acoustics.
acústico, -ca *adj.* acoustic.
acutángulo, -la *adj.* acute-angled.
adagio *s. m.* **1** adage, proverb (máxima). **2** MÚS. adagio.
adalid *s. m.* leader.
adamascado, -da *adj.* damask.
adamascar *v. t.* to damask.
adamismo *s. m.* Adamism.
adamita *s. m.* y *f.* Adamite.
adán *s. m.* **1** sloven (descuidado). **2** apathetic person (apático). **3** indifferent person (persona indiferente).
adaptable *adj.* adaptable.
adaptación *s. f.* adaptation.
adaptado, -da *adj.* integrated.
adaptador, -ra *adj.* **1** adapting. • *s. m.* **2** adapter.
adaptar *v. t.* **1** to adapt (acomodar). **2** to adjust (ajustar). **3** to agree, to come to an agreement (avenirse). • *v. pron.* **4** to adapt oneself.
adarga *s. f.* shield (escudo).
adecentar *v. t.* **1** to make decent (poner decente). **2** to decorate (adornar). • *v. pron.* **3** to make oneself decent.
adecuación *s. f.* adequacy, suitability.
adecuadamente *adv.* adequately, suitably.
adecuado, -da *adj.* **1** adequate (suficiente). **2** appropriate, suitable (apto).
adecuar *v. t.* to adapt, to make suitable.
adefesio *s. m.* **1** absurdity (disparate). **2** ridiculous person (persona ridícula). **3** ridiculous thing (cosa ridícula). **4** ridiculous clothes (ropa ridícula). **5** extravagance (extravagancia). **6** monstrosity, eyesore (cosa fea). ◆ **7 ir hecho un ~,** to look a fright.
adelantado, -da *adj.* **1** advanced (niño). **2** early (temprano). **3** fast (reloj): *estar adelantado = to be fast.* **4** advanced (desarrollado). • *s. m.* **5** HIS. governor (gobernador). ◆ **6 por ~,** in advance.
adelantamiento *s. m.* **1** advance (adelanto). **2** overtaking (en coche). **3** progress (progreso). **4** promotion (promoción).
adelantar *v. t.* y *pron.* **1** to move forward (mover hacia adelante). **2** to put forward (reloj). **3** to anticipate (anticipar). • *v. t.* **4** to speed up, to quicken (acelerar). **5** to advance, to pay in advance (dinero). • *v. i.* y *pron.* **6** to overtake (pasar delante de algo o alguien): *adelantar un coche = to overtake a car.* **7** to improve (mejorar). **8** to progress (progresar). **9** to get ahead, to outstrip (aventajar).
adelante *adv.* **1** forward (hacia adelante): *ir adelante = to go forward.* **2** further (más allá): *ir un poco más adelante = to go a little further.* • *interj.* **3 ¡adelante!, a)** come in! (¡pase!); **b)** MIL. forward!; **c)** carry on! (¡siga!) ◆ **4 en ~; hoy en ~,** from now on. **5 llevar ~,** to carry out. **6 más ~,** later on (luego). **7 salir ~,** to get by/on.
adelanto *s. m.* **1** advance, improvement (avance): *los adelantos técnicos = the technical advances.* **2** progress, advancement (progreso). **3** advance, loan (anticipo). **4** DEP. lead: *un adelanto de diez segundos = a lead of ten seconds.*
adelfa *s. f.* BOT. rosebay, oleander.
adelgazamiento *s. m.* slimming, weight loss.
adelgazante *adj.* slimming.
adelgazar *v. t.* **1** to make thin, to thin (poner delgado). **2** to purify (depurar). **3** to subtilize (sutilizar). • *v. i.* **4** to slim, to lose weight (perder peso). • *v. pron.* **5** to get thin (enflaquecer).
ademán *s. m.* **1** expression, look (de la cara). **2** gesture (con las manos). **3** posture (postura). **4** attitude (actitud). • *pl.* **5** manners (modales). ◆ **6 en ~ de,** as if to. **7 hacer ~ de,** to make as if to; to look as if: *hicieron ademán de disparar = they looked as if they were going to fire.*
además *adv.* **1** besides, moreover, furthermore, in addition: *y además fui al teatro = and in addition I went to the theatre.* ◆ **2 ~ de eso,** on top of that; besides that.
adenitis *s. f.* MED. adenitis.
adentrarse *v. pron.* **1** to go inside (entrar). **2** to go deeper (profundizar). **3** to go deeply (penetrar).
adentro *adv.* **1** inside: *vamos adentro = let's go inside.* • *s. m. pl.* **2** heart (corazón): *en mis adentros = in my heart.* ◆ **3 mar ~,** out to sea. **4 tierra ~,** inland. **5 decir para sus adentros,** to say to oneself.
adepto, -ta *adj.* **1** supporting, in favour. • *s. m.* **2** follower, supporter.
aderezado, -da *adj.* favourable.
aderezar *v. t.* **1** to cook (guisar). **2** to season (condimentar). **3** to prepare (preparar). **4** to direct, to run (dirigir). • *v. t.* y *pron.* **5** to decorate (adornar). **6** to beautify (hermosear).
aderezo *s. m.* **1** seasoning (condimento). **2** set of jewels (juego de joyas). **3** decoration (adorno). **4** preparation (preparación). **5** curing, pickling (pieles).
adeudar *v. t.* **1** to owe (tener deudas). • *v. pron.* **2** to get into debt, to run into debt (endeudarse).
adeudo *s. m.* **1** debt (deuda). **2** duty (en las aduanas). **3** debit (banco).
adherencia *s. f.* **1** sticking (accion de pegar), adherence (acción de adherir). **2** road-holding ability (de coches). **3** adhesion (adhesión).
adherente *s. m.* y *f.* **1** adherent, follower. • *adj.* **2** adherent.
adherir *v. i.* y *pron.* **1** to adhere, to stick (pegar). **2** to adhere, to follow (partido, idea, doctrina).
adhesión *s. f.* **1** adhesion (adherencia). **2** support, adherence (a un partido, doctrina, etc.).
adhesivo, -va *adj.* **1** adhesive, sticky. • *s. m.* **2** adhesive.
ad hoc *adj.* ad hoc.
ad hominem *adv.* y *adj.* ad hominem: *argumento ad hominem = ad hominem argument.*
adicción *s. f.* addiction.
adición *s. f.* **1** MAT. addition. **2** addition (hecho y resultado de añadir). **3** sum (suma).
adicional *adj.* additional.
adicionar *v. t.* **1** MAT. to add, to add up (sumar). **2** to add (añadir).
adicto, -ta *adj.* **1** fond, attached (aficionado): *adicto a = fond of/attached to.* • *s. m.* y *f.* **2** supporter, follower (adepto). **3** addict (drogas).
adiestrable *adj.* trainable.
adiestrado, -da *adj.* **1** trained (animales). **2** trained, instructed (personas).
adiestrador, -ra *s. m.* y *f.* **1** trainer (de animales). **2** trainer, instructor (de personas).
adiestramiento *s. m.* **1** training (de animales). **2** training, instructing (de personas).
adiestrar *v. t.* y *pron.* **1** to train (animales). **2** to train, to instruct (personas). **3** to teach (enseñar). • *v. t.* **4** to guide (guiar).
adinerado, -da *adj.* wealthy, moneyed rich (rico).
adintelado, -da *adj.* ARQ. flat: *arco adintelado = flat arch.*
adiós *interj.* **1** good-bye, bye, bye-bye. • *s. m.* **2** good-bye, farewell. ◆ **3 decir ~,** to say good-bye.

adiposidad *s. f.* MED. obesity, (p.u.) adiposity.
adiposo, -sa *adj.* fat, obese, adipose.
aditamento *s. m.* addition.
aditivo, -va *adj.* y *s. m.* additive.
adivinación *s. f.* **1** solution (solución). **2** guessing (acción de adivinar). **3** divination, prophecy (profecía).
adivinanza *s. f.* riddle, puzzle (acertijo).
adivinar *v. t.* **1** to predict, to prophecy (predecir). **2** to unravel, to solve (un enigma). **3** to guess (acertar). **4** to guess (intuir). **5** to read (los pensamientos).
adivinatorio, -ria *adj.* divinatory.
adivino, -na *s. m.* y *f.* fortune-teller.
adjetivación *s. f.* adjectival use.
adjetivar *v. t.* **1** GRAM. to use adjectivally. **2** to describe (calificar). • *v. pron.* **3** to use adjectivally (dar valor de adjetivo).
adjetivo, -va *adj.* **1** adjectival. • *s. m.* **2** adjective.
adjudicación *s. f.* **1** DER. adjudication. **2** award (acción de conceder).
adjudicar *v. t.* **1** DER. to adjudicate. **2** to sell (en una subasta). **3** to award (en un concurso). **4** to distribute (distribuir). • *v. pron.* **5** to appropriate something (apropiarse de algo). **6** to win (triunfar).
adjuntar *v. t.* **1** to enclose (en una carta): *te adjunto mi dirección = I enclose my address.* **2** to attach (a un documento).
adjuntía *s. f.* assistant.
adjunto, -ta *adj.* **1** attached (que está unido). **2** enclosed (en una carta). **3** assistant: *profesor adjunto = assistant teacher.* • *s. m.* **4** assistant.
adlátere *s. m.* assistant.
ad libitum *adv.* ad libitum.
ad limina *adv.* ad limina.
ad litteram o **ad pedem litterae** *adv.* ad litteram.
administración *s. f.* **1** administration (acción de administrar). **2** running, administration (gestión). **3** management (directores). ◆ **4 consejo de ~,** board of directors.
administrador, -ra *adj.* **1** administrating. • *s. m.* y *f.* **2** administrator. **3** manager (de una granja, finca, etc.). ◆ **4 ~ de correos,** postmaster.
administrativamente *adv.* administratively.
administrar *v. t.* **1** to administer, to manage (regir). **2** REL. to administer (los sacramentos, medicinas). **3** to give (dar).
administrativo, -va *adj.* **1** administrative, managerial. • *s. m.* y *f.* **2** office worker, clerk.
admirable *adj.* admirable.
admirablemente *adv.* admirably.
admiración *s. f.* **1** admiration (acción de admirar): *causar admiración = to inspire admiration.* **2** GRAM. exclamation mark (signo ortográfico). **3** wonder, surprise (sorpresa).
admirador, -ra *s. m.* y *f.* admirer.
admirar *v. t.* **1** to admire: *te admiro mucho = I admire you a lot.* **2** to surprise (sorprender). **3** to respect (respetar). • *v. pron.* **4** to be amazed, to be astonished (maravillarse).
admirativamente *adv.* admiringly.
admirativo, -va *adj.* admiring.
admisibilidad *s. f.* admissibility.
admisible *adj.* admissible, acceptable.
admisión *s. f.* **1** admission. **2** acceptance (aceptación). **3** MEC. intake, induction.
admitir *v. t.* **1** to admit, to accept (aceptar): *admito que soy un poco torpe = I admit that I quite clumsy.* **2** to permit, to allow (permitir). **3** to recognize (reconocer).
admonición *s. f.* warning, admonition, rebuke.
admonitor *s. m.* admonisher, rebuker.
admonitorio, -ria *adj.* warning: *voz admonitoria = warning voice.*
ADN *s. m.* DNA.
adobado, -da *adj.* marinated.
adobamiento *s. m.* marinating.
adobar *v. t.* **1** to cook (cocinar). **2** to marinate (carne). **3** to tan (curtir las pieles). **4** to prepare (preparar).
adobe *s. m.* adobe.
adocenado, -da *adj.* **1** ordinary, common (corriente). **2** (Am.) ignorant, thick (inculto).
adocenar *v. t.* **1** to divide into dozens (ordenar por docenas). • *v. t.* y *pron.* **2** (fam.) to become a stick-in-the-mud (estancarse).
adoctrinamiento *s. m.* indoctrination.
adoctrinar o **doctrinar** *v. t.* to indoctrinate.
adolecer *v. i.* **1** to be ill. • *v. pron.* **2** to feel sorry, to pity, to feel pity (condolerse).
adolescencia *s. f.* adolescence.
adolescente *adj.* **1** adolescent, teenage. • *s. m.* y *f.* **2** adolescent, teenager.
adonde *conj.* where.
adónde *adv. interr.* where?
adondequiera *adv.* wherever, (p.u.) wheresoever.
adonis *s. m.* Adonis.
adopción *s. f.* adoption.
adoptable *adj.* adoptable.
adoptante *adj./s. m.* y *f.* adopting.
adoptar *v. t.* **1** to adopt (a un niño). **2** (fig.) to adopt: *adoptar la costumbre = to adopt the custom.*
adoptivo, -va *adj.* **1** adopted, adoptive (hijo). **2** adoptive (padres). ◆ **3 patria adoptiva,** country of adoption.
adoquín *s. m.* **1** paving stone (para pavimentos). **2** (fam.) dunce, dope, dolt (persona torpe).
adoquinado, -da *adj.* **1** paved. • *s. m.* **2** paving.
adoquinar *v. t.* to pave.
adorable *adj.* adorable.
adoración *s. f.* **1** adoration, worship (de Dios o personas). ◆ **2 ~ de los Reyes,** REL. Epiphany.
adorador, -ra *adj.* **1** adoring, worshipping. • *s. m.* y *f.* **2** adorer, worshipper.
adorar *v. t.* **1** to adore, to worship. **2** REL. to worship (reverenciar). • *v. i.* **3** to pray (rezar).
adormecedor, -ra *adj.* soporific.
adormecer *v. t.* **1** to send to sleep (causar sueño). **2** to calm (calmar). • *v. pron.* **3** to get sleepy, to fall asleep (empezar a dormirse).
adormecimiento *s. m.* sleepiness, drowsiness.
adormidera *s. f.* BOT. poppy.
adormilarse *v. pron.* to doze, to drowse.
adornado, -da *adj.* **1** decorated, adorned (decorado, embellecido). **2** garnished (comida).
adornamiento *s. m.* adornment, decoration.
adornar *v. t.* y *pron.* **1** to adorn, to decorate (decorar). **2** to garnish (la comida). • *v. t.* **3** to endow (dotar de grandes cualidades).
adorno *s. m.* **1** decoration, adornment. **2** garnishing (de comida).
adosar *v. t.* to lean (apoyar).
adquirente *adj.* **1** acquiring (acción de adquirir). **2** buying, purchasing (acción de comprar). • *s. m.* y *f.* **3** buyer, purchaser (comprador).
adquirible *adj.* acquirable.
adquirir *v. t.* **1** to acquire, to obtain (obtener). **2** to purchase, to buy (comprar). **3** to incorporate (incorporar).
adquisición *s. f.* **1** acquisition. **2** purchase (compra).
adquisitivo, -va *adj.* **1** acquisitive. ◆ **2 poder ~,** purchasing power.
adrede *adv.* on purpose, deliberately, intentionally.
adrenalina *s. f.* adrenalin.
adscribir *v. t.* **1** to assign, to attach (asignar). **2** to attribute (atribuir). • *v. t.* y *pron.* **3** to appoint, to assign (destinar).
adscripción *s. f.* **1** appointment (destino). **2** attribution (atribución).
adscrito, -ta *adj.* appointed (destinado).
aduana *s. f.* **1** customs. ◆ **2 oficial de ~,** customs officer.
aduanero, -ra *adj.* **1** customs. • *s. m.* y *f.* **2** customs officer.
aducción *s. f.* adduction.
aducir *v. t.* to adduce.
aductor, -ra *adj.* **1** ANAT. adductive. • *s. m.* **2** ANAT. adductor.
adueñarse *v. pron.* to take possession.
adulación *s. f.* adulation.
adulador, -ra *adj.* **1** adulating. • *s. m.* y *f.* **2** adulator.
adulante *adj.* adulating.
adular *v. t.* to adulate.
adulatorio, -ria *adj.* adulating.
adúltera *s. f.* adulteress.
adulteración *s. f.* adulteration.
adulterante *adj.* adulterating.
adulterar *v. t.* **1** to adulterate (falsificar). • *v. i.* **2** to commit adultery (cometer adulterio).
adulterio *s. m.* **1** adultery (sexual). **2** adulteration (falsificación).
adúltero, -ra *adj.* **1** adulterous (infiel). **2** corrupt (corrompido). • *s. m.* y *f.* **3** adulterer.
adulto, -ta *adj.* **1** adult, grown-up. • *s. m.* y *f.* **2** adult, grown-up.

adusto, -ta *adj.* **1** serious (serio). **2** austere, severe (austero). **3** burnt (quemado).
advenedizo, -za *adj.* **1** foreign (desconocido). **2** upstart (nuevo rico). • *s. m.* y *f.* **3** upstart (nuevo rico). **4** stranger (desconocido).
advenimiento *s. m.* **1** arrival, coming (llegada). **2** REL. advent. **3** accession (al trono).
adventicio *adj.* adventitious.
adventismo *s. m.* adventism.
adverbial *adj.* adverbial.
adverbialización *s. f.* adverbialization.
adverbializar *v. t.* to use adverbially.
adverbialmente *adv.* adverbially.
adverbio *s. m.* adverb.
adversamente *adv.* adversely.
adversario, ria *adj.* **1** opposing. • *s. m.* y *f.* **2** adversary, opponent.
adversativo, -va *adj.* GRAM. adversative.
adversidad *s. f.* adversity, setback (contrariedad).
adverso, -sa *adj.* **1** adverse (un resultado, situación). **2** bad (suerte). **3** opposite, facing (opuesto).
advertencia *s. f.* **1** warning (aviso). **2** piece of advice (consejo). **3** note (nota). **4** foreword (en un libro).
advertidamente *adv.* knowingly.
advertido, -da *adj.* **1** warned (avisado). **2** wary (que no ignora los peligros).
advertimiento *s. m.* warning.
advertir *v. t.* **1** to warn (avisar). **2** to advise (aconsejar). **3** to notice (notar). **4** to feel (sentir). **5** to observe (observar). • *v. i.* **6** to attend (atender).
adviento *s. m.* REL. Advent.
advocación *s. f.* REL. dedication, name.
advocar *v. t.* to advocate.
adyacencia *s. f.* adjacency.
adyacente *adj.* adjacent.
aéreo, -a *adj.* **1** aerial, air: *tráfico aéreo = air traffic.* **2** flimsy, light (ligero). **3** subtle (sutil). **4** illusory (ilusorio).
aero *prefijo* aero-.
aerodinámica *s. f.* aerodynamics.
aerodinámico, -ca *adj.* **1** aerodynamic. **2** streamlined (coche, tren, etc.).
aeródromo *s. m.* aerodrome, airfield.
aerogenerador *s. m.* wind generator.
aerografía *s. f.* air-brushing.
aerolito *s. m.* meteorite.
aerómetro *s. m.* aerometer.
aeromodelismo *s. m.* model aeroplane making.
aeromotor *s. m.* aeromotor.
aeromozo, -za *s. m.* y *f.* (Am.) air steward (hombre), air stewardess (mujer).
aeronauta *s. m.* y *f.* aeronaut.
aeronáutica *s. f.* aeronautics.
aeronáutico, -ca *adj.* aeronautical.
aeronave *s. f.* airship.
aeroplano *s. m.* aeroplane.
aeropuerto *s. m.* airport.
aerosól *s. m.* aerosol.
aerostación *s. f.* ballooning.
aerostática *s. f.* aerostatics.
aerostático, -ca *adj.* aerostatic.
aeróstato *s. m.* aerostat.
aerotrén *s. m.* suspended railway, overhead railway.
aerovía *s. f.* airway.
afabilidad *s. f.* affability, pleasantness.
afabilísimo *adj.* extremely affable o pleasant.
afable *adj.* affable, pleasant.
afablemente *adv.* affably, pleasantly.
afamado, -da *adj.* famous.
afamar *v. t.* **1** to make famous. • *v. pron.* **2** to become famous.
afán *s. m.* **1** hard work, toil (trabajo excesivo). **2** enthusiasm, eagerness (entusiasmo). **3** urge, longing (anhelo). **4** desire (deseo). ♦ **5 con ~,** enthusiastically. **6 el ~ de,** the desire for. **7 poner ~,** to give everything.
afanadamente *adv.* enthusiastically, eagerly.
afanar *v. i.* y *pron.* **1** to labour, to toil (trabajar corporalmente). • *v. t.* **2** to work hard (trabajar mucho). **3** (fam.) to swipe, to pinch (hurtar). **4** to pester, to bother (importunar). • *v. pron.* **5** to give everything, to strive (esforzarse).
afanoso, -sa *adj.* **1** tough, hard (trabajo, tarea). **2** enthusiastic, eager (entusiasta). **3** worried (preocupado). **4** industrious (carácter).
afasia *s. f.* aphasia.
afear *v. t.* **1** to make ugly (poner feo). **2** to censure, to tell off (censurar). • *v. pron.* **3** to lose one's looks.
afección *s. f.* **1** MED. illness, disease (enfermedad). **2** affection (cariño). **3** propensity (propensión).
afectable *adj.* affectable.
afectación *s. f.* affectation.
afectadamente *adv.* affectedly.
afectado, -da *adj.* **1** affected (con artificio). **2** upset (perturbado). ♦ **3 estar ~ de los riñones,** MED. to have kidney trouble.
afectar *v. t.* **1** to affect (tener afecto): *su muerte me afectó mucho = his death affected me a lot.* **2** to pretend (fingir). **3** to concern, to affect (atañer). **4** to damage (dañar). • *v. t.* y *pron.* **5** to cause a sensation (causar sensación).
afectividad *s. f.* affectivity.
afectivo, -va *adj.* affective.
afecto, -ta *adj.* **1** affectionate (cariñoso). • *s. m.* **2** affection, liking (cariño). ♦ **3 ~ a,** fond of. **4 ~ a,** DER. subject to. **5 ~ de,** MED. suffering from.
afectuosamente *adv.* affectionately.
afectuosidad *s. f.* affection.
afectuoso, -sa *adj.* affectionate.
afeitado *s. m.* shave.
afeitadora *s. f.* razor, shaver.
afeitar *v. t.* **1** to shave. • *v. pron.* **2** to have a shave, to shave.
afeite *s. m.* make up, cosmetics (cosmético).
afelpado, -da *adj.* plush, velvety.
afelpar *v. t.* to make plush (como felpa o terciopelo).
afeminación *s. f.* effeminacy.
afeminadamente *adv.* effeminately.
afeminado, -da *adj.* **1** effeminate. • *s. m.* **2** effeminate person.
afeminamiento *s. m.* effeminacy.
afeminar *v. t.* y *pron.* to become effeminate.
aferradamente *adv.* stubbornly, (fam.) pig-headedly.
aferrado, -da *adj.* stubborn, (fam.) pig-headed.
aferramiento *s. m.* **1** grasping (acción de agarrar). **2** anchoring (acción de anclar). **3** (fig.) obstinacy, stubbornness, pig-headedness.
aferrar *v. t.* e *i.* **1** to grab (asir). • *v. i.* **2** MAR. to anchor (anclar). • *v. i.* y *pron.* **3** to stick to (insistir). • *v. pron.* **4** to take in (las velas).
Afganistán *s. f.* Afghanistan.
afgano, -na *adj./s. m.* y *f.* Afghan.
afianzamiento *s. m.* **1** FIN. guarantee, security. **2** DER. surety. **3** strengthening (refuerzo). **4** consolidation (consolidación).
afianzar *v. t.* **1** to guarantee (dar fianza). • *v. t.* y *pron.* **2** to grasp, to clutch (agarrar). **3** to hold (sujetar). **4** to stick to, to cling to (sostener firmemente una opinión).
afiche *s. m.* (Am.) poster.
afición *s. f.* **1** fondness, liking (amor a algo). **2** inclination (inclinación). **3** DEP. fans, public (amantes, adeptos). **4** fondness (cariño). **5** hobby, pastime (pasatiempo). ♦ **6 por ~,** as a hobby. **7 tener ~ a,** to be fond of; to like.
aficionadamente *adv.* enthusiastically, keenly.
aficionado, -da *adj.* **1** enthusiastic (entusiasta). **2** fond, keen: *aficionado a los toros = fond of bullfighting.* • *s. m.* y *f.* **3** fan, supporter (del cine, teatro, deportes). **4** lover (amante): *aficionado a la ópera = opera-lover.*
aficionar *v. t.* **1** to encourage an interest in. • *v. pron.* **2** to become fond, to be keen, to take a liking: *aficionarse a la música = to become fond of music.*
afijo, -ja *adj.* **1** GRAM. affixed. • *s. m.* **2** GRAM. affix.
afiladera *s. f.* grindstone.
afilado, -da *adj.* **1** sharp: *una navaja afilada = a sharp knife.* **2** pointed (puntiagudo). **3** high-pitched (voz).
afilador, -ra *s. m.* y *f.* **1** knife-grinder (persona). **2** sharpener (utensilio). **3** strop (correa).
afiladura *s. f.* sharpening (acción de afilar).
afilar *v. t.* **1** to sharpen (cuchillo, lapicero). **2** to strop (afeitadora). • *v. pron.* **3** to get thin (adelgazarse).
afiliación *s. f.* affiliation.
afiliado, -da *adj.* **1** affiliated: *afiliado a un club = affiliated to a club.* **2** member: *los países afiliados = the member countries.* • *s. m.* y *f.* **3** member, affiliate.
afiliar *v. t.* y *pron.* to become affiliated, to become a member.
afilón *s. m.* **1** strop (correa). **2** sharpener (chaira).
afín *adj.* **1** adjacent (adyacente). **2** similar (semejante). **3** related (emparentado). • *s. m.* **4** relations, relatives (parientes).

afinación *s. f.* **1** MÚS. tuning. **2** refining (afinado). **3** completion (acción de completar).
afinador, -ra *s. m.* y *f.* **1** MÚS. tuning key (llave). **2** MÚS. tuner (persona).
afinamiento *s. m.* **1** MÚS. tuning. **2** refining (depuración). **3** polishing, refining (de una persona).
afinar *v. t.* y *pron.* **1** MÚS. to tune. **2** TEC. to refine (depurar). **3** to refine, to polish (perfeccionar). **4** to purify (purificar). **5** to complete (completar). **6** to sing in tune (al cantar). **7** to play in tune (al tocar).
afincar *v. i.* y *pron.* **1** to settle (fijar residencia). **2** to buy property (fincar).
afinidad *s. f.* **1** affinity, similarity (semejanza). **2** relationship, kinship (relación de parentesco). **3** QUÍM. affinity.
afirmación *s. f.* affirmation, assertion.
afirmado *s. m.* road surface.
afirmante *adj.* asserting, affirming.
afirmar *v. t.* **1** to affirm, to state (asegurar). **2** to ratify (ratificar). • *v. t.* y *pron.* **3** to make firm, to secure (dar firmeza).
afirmativamente *adv.* affirmatively.
afirmativo, -va *adj.* affirmative.
aflicción *s. f.* affliction, sorrow, sadness (tristeza).
aflictivo, -va *adj.* grievous, distressing.
afligidamente *adv.* sadly.
afligir *v. t.* y *pron.* to afflict, to distress.
aflojar *v. t.* **1** to loosen (corbata, cuerda, tuerca, nudo, etc.). **2** to slacken, to get slack (soltar o entregar de mala gana). • *v. i.* **3** to weaken (perder fuerza). **4** to relent, to give in (ceder). • *v. pron.* **5** to come loose.
aflorar *v. i.* **1** to crop out, to appear (aparecer). **2** to arise (surgir). **3** to break out (brotar).
afluencia *s. f.* **1** flow (acción de afluir). **2** plenty, abundance (abundancia). **3** verbosity (verbosidad). **4** flow (movimiento de gente). **5** attendance, turnout (de público).
afluente *adj.* **1** flowing (que afluye). **2** fluent, eloquent (de palabra). • *s. m.* **3** tributary.
afluir *v. i.* **1** to flock (concurrir en gran número). **2** to flow (ríos).
aflujo *s. m.* MED. afflux.
afonía *s. f.* MED. loss of voice, (p.u.) aphony (falta de voz).
afónico, -ca *adj.* hoarse, (p.u.) aphonic: *estar afónico = to be hoarse.*
aforado, -da *adj.* privileged.
aforamiento *s. m.* **1** gauging, measuring (acción de medir). **2** evaluation (evaluación). **3** assessment (en aduanas).
aforar *v. t.* **1** to grant a privilege (dar fueros). **2** to value, to assess (valuar). **3** to gauge, to measure (medir). **4** to calculate (calcular).
aforismo *s. m.* aphorism.
aforo *s. m.* **1** gauging, measuring (acción de medir). **2** valuation (acción de valuar). **3** calculation (acción de calcular). **4** capacity (capacidad): *el teatro tiene un aforo de 2.000 localidades = the theatre has a capacity of 2,000.*
afortunadamente *adv.* fortunately, luckily.
afortunado, -da *adj.* **1** fortunate, lucky (con buena suerte). **2** happy (feliz).
afrancesado, -da *adj.* **1** francophile, (desp.) Frenchified. • *s. m.* y *f.* **2** francophile, (desp.) Frenchified-person.
afrenta *s. f.* **1** shame, disgrace (vergüenza). **2** affront, insult (ofensa).
afrentar *v. t.* **1** to shame, to disgrace (causar afrenta). **2** to humiliate (humillar). **3** to insult, to affront (insultar). **4** to offend (ofender). • *v. pron.* **5** to be ashamed (avergonzarse).
afrentosamente *adv.* insultingly, offensively.
afrentoso, -sa *adj.* insulting, offensive.
africado, -da *adj.* GRAM. affricative.
africanismo *s. m.* Africanism.
africanista *adj./s. m.* y *f.* Africanist.
africanizar *v. t.* to Africanize.
afrodisiaco, -ca o **afrodisíaco, -ca** *adj.* y *s. m.* aphrodisiac.
afrodita *s. f.* Aphrodite.
afrontar *v. t.* e *i.* **1** to place opposite (poner enfrente). • *v. t.* **2** to bring face to face (carear). **3** to face up to (hacer frente).
afta *s. f.* MED. aphtha.
afuera *adv.* **1** outside, out: *vamos afuera = let's go outside.* • *s. f. pl.* **2** outskirts, suburbs. • *interj.* **3** get out!; out!
afuetear *v. t.* (Am.) to whip (azotar).
afusilar *v. t.* (Am.) to shoot (fusilar).
agachado, -da *adj.* **1** bent (inclinado o doblado). **2** crouching (en cuclillas) **3** (Am.) sly, cunning (astuto). **4** (Am.) servile (servil).
agachar *v. t.* e *i.* **1** to bend, to bow (inclinar una parte del cuerpo). • *v. pron.* **2** to bend down, to stoop (encogerse). **3** to squat, to crouch (en cuclillas). **4** to lie low, to go into hiding (estar ocultado cierto tiempo). **5** (Am.) to give in, to submit (someterse). **6** (Am.) to keep maliciously quiet (callar con malicia). ♦ **7 agacharse con algo,** (Am.) to pinch, to make off with (robar).
agalla *s. f.* **1** BOT. gall (excrecencia). **2** gill (branquia de los peces). **3** guts (valor). **4** (Am.) greed (codicia). • *pl.* **5** tonsils (amígdalas). ♦ **6 tener agallas,** to have guts.
ágape *s. m.* **1** HIST. love feast. **2** feast, banquet (banquete).
agarrada *s. f.* row, quarrel (riña).
agarradera *s. f.* **1** (Am.) handle (agarradero). **2** influence (influencia).
agarradero *s. m.* **1** handle (mango). **2** help, influence (amparo).
agarrado, -da *adj.* **1** mean, tight (tacaño). ♦ **2 baile ~,** slow dance.
agarrar *v. t.* y *pron.* **1** to grab, to seize (asir). • *v. t.* **2** to catch an illness (contraer una enfermedad). **3** BOT. to take root (arraigar). **4** to stick (quedar adherido). • *v. pron.* **5** to quarrel, to row (reñir).
agarrotado, -da *adj.* **1** tied, bound (atado). **2** stiff (rígido). **3** seized up, broken (motor).
agarrotamiento *s. m.* **1** tying, binding (acción de atar). **2** strangling, garrotting (acción de estrangular). **3** seizing up (de un motor).
agarrotar *v. t.* **1** to tie up, to bind (atar). **2** to garrotte (criminal). **3** to torment, to dispirit (oprimir moralmente). • *v. pron.* **4** to stiffen, to tighten, to go stiff (ponerse rígido un miembro). **5** to seize up (un motor).
agasajador, -ra *adj.* welcoming, warm.
agasajar *v. t.* **1** to put up (hospedar). **2** to treat well (tratar bien).
agasajo *s. m.* good treatment, warm welcome.
ágata *s. f.* agate.
agazapar *v. t.* **1** to grab (agarrar). • *v. pron.* **2** to hide (esconderse). **3** to crouch (agacharse).
agencia *s. f.* **1** agency (oficina para gestiones, etc.): *agencia de viajes = travel agency.* **2** office (oficina): *agencia de patentes = patents office.* ♦ **3 ~ de prensa,** news agency. **4 ~ de publicidad,** advertising agency.
agenciar *v. t.* e *i.* **1** to manage (gestionar). • *v. t.* y *pron.* **2** to procure (conseguir algo con diligencia).
agenda *s. f.* **1** agenda (libro de memorias). **2** diary (cuadernillo de uso diario).
agente *s. m.* **1** agent (persona): *agente secreto = secret agent.* **2** QUÍM. agent. ♦ **3 ~ de cambio y bolsa,** stockbroker. **4 ~ de policía,** policeman. **5 ~ fiscal,** tax inspector.
agigantado, -da *adj.* huge, enormous, gigantic.
agigantar *v. t.* y *pron.* **1** to enlarge, to increase enormously. • *v. pron.* **2** to be encouraged (crecerse en ánimo).
ágil *adj.* agile, nimble.
agilidad *s. f.* agility, nimbleness.
agilizar *v. t.* to speed up, to make agile.
ágilmente *adv.* with agility, nimbly.
agitación *s. f.* **1** agitation, shaking (de líquidos, máquinas, etc.). **2** movement, hustle and bustle (en la calle). **3** roughness (del mar). **4** roll (de un barco). **5** waving (de telas, banderas, etc.). **6** POL. restlessness.
agitador, -ra *s. m.* y *f.* **1** agitator (persona). • *s. m.* **2** MEC. shaker, agitator.
agitar *v. t.* y *pron.* **1** to shake (sacudir): *agitar una botella = to shake a bottle.* **2** to agitate, to disturb (turbar). • *v. t.* **3** to agitate, to rouse (alborotar). **4** to wave (bandera, mano, pañuelo).
aglomeración *s. f.* **1** agglomeration, mass. **2** crowd (de gente). **3** build-up (tránsito).
aglomerado, -da *adj.* **1** crowded together. • *s. m.* **2** agglomerate (combustible). **3** chipboard (madera).
aglomerante *s. m.* binding substance.
aglomerar *v. t.* y *pron.* **1** to pile, to amass (amontonar). **2** to crowd together (juntar).
aglutinación *s. f.* agglutination.

aglutinante *adj.* y *s. m.* agglutinant, binder.
aglutinar *v. t.* y *pron.* to agglutinate, to bind.
aglutinativo, -va *adj.* MED. agglutinative.
agnosticismo *s. m.* agnosticism.
agnóstico, -ca *adj./s. m.* y *f.* agnostic.
agobiado, -da *adj.* **1** tired, exhausted (fatigado). **2** weighed down (una carga). **3** snowed under (con problemas).
agobiante *adj.* **1** oppressive (calor). **2** tiring, exhausting, tiresome (trabajo, niño, etc.). **3** overwhelming (dolor).
agobiar *v. t.* y *pron.* **1** to weigh down (una carga). **2** to exhaust (calor, trabajo, niño). **3** to overwhelm (dolor, responsabilidad).
agolpamiento *s. m.* **1** crowd, throng (gente). **2** pile, heap (cosas).
agolparse *v. pron.* **1** to throng, to crowd together (gente). **2** to pile up, to amass (cosas).
agonía *s. f.* **1** agony (dolor grave). **2** death throes (antes de la muerte). **3** longing, desire (deseo). **4** knell, toll (toque de campana).
agónico, -ca *adj.* **1** dying (moribundo): *estar agónico = to be dying.* **2** in agony (angustiado).
agonizante *adj.* **1** dying. • *s. m.* y *f.* **2** dying person.
agonizar *v. i.* to be dying (estar muriéndose).
ágora *s. f.* agora.
agorafobia *s. f.* agoraphobia.
agorero, -ra *adj.* **1** ominous, of ill-omen: *ave agorera = bird of ill-omen.* **2** prophetic (profético). • *s. m.* y *f.* **3** prophet, soothsayer.
agostamiento *adj.* withering.
agostar *v. t.* y *pron.* **1** to dry up, to wither (secarse). • *v. t.* **2** to plough in August (labrar la tierra). • *v. i.* **3** to graze, to pasture (pastar).
agosto *s. m.* **1** August (mes). ◆ **2 hacer uno su ~,** to make one's fortune.
agotado, -da *adj.* **1** exhausted, worn out (persona). **2** sold out, out of stock (cosas). **3** flat, dead (pila).
agotador, -ra *adj.* tiring, exhausting.
agotamiento *s. m.* exhaustion, tiredness.
agotar *v. t.* **1** to exhaust, to tire out, to wear out (fatigar). **2** to empty (vaciar). **3** to exhaust (recursos, paciencia, tema, tierra). • *v. pron.* **4** to exhaust oneself (cansarse). **5** to run out (existencias).
agracejo *s. m.* **1** BOT. berberry. **2** unripe grape (uva no madurada).
agraciadamente *adv.* attractively, prettily.
agraciado, -da *adj.* **1** pretty, attractive, good-looking (atractivo). **2** graceful (elegante). ◆ **3 salir ~,** to be the winner.
agraciar *v. t.* **1** to award (premiar). **2** to pardon (dar merced). **3** to grace (dar gracia). **4** to make beautiful (dar belleza).
agradable *adj.* nice (carácter), pleasant, nice (sensación).
agradablemente *adv.* pleasantly, nicely.
agradar *v. i.* **1** to please, to be pleasing to (complacer). • *v. pron.* **2** to be pleased. **3** to like each other (gustarse).
agradecer *v. t.* **1** to thank (mostrar gratitud). **2** to be grateful (sentir gratitud): *te lo agradezco mucho = I'm very grateful to you.* • *v. pron.* **3** to be welcome, to be appreciated.
agradecido, -da *adj.* grateful: *estoy muy agradecido = I'm very grateful.*
agradecimiento *s. m.* gratitude, gratefulness, thanks.
agrado *s. m.* **1** friendliness, affability (afabilidad). **2** pleasure (complacencia). **3** liking, taste (gusto): *el vino no era de mi agrado = the wine wasn't to my liking.*
agrandamiento *s. m.* expansion, enlargement.
agrandar *v. t.* **1** to enlarge, to make bigger. • *v. pron.* **2** to get bigger.
agrario, -ria *adj.* agrarian, agricultural.
agravamiento *s. m.* **1** worsening, aggravation.
agravante *adj.* **1** aggravating. • *s. m.* y *f.* **2** unpleasant circumstances.
agravar *v. t.* **1** to increase the weight (aumentar el peso). **2** to overwhelm, to weigh down (oprimir con tributos). **3** to aggravate (hacer más grave). • *v. t.* y *pron.* **4** to worsen, to get worse (aumentar la gravedad).
agraviante *adj.* **1** insulting, offensive. • *s. m.* **2** insulter.
agraviar *v. t.* **1** to insult (insultar). **2** to offend (ofender). **3** DER. to wrong (perjudicar). • *v. pron.* **4** to take offence.
agravio *s. m.* **1** offence, insult (ofensa). **2** slight, affront (afrenta). **3** wrong, injury (perjuicio). ◆ **4 deshacer agravios,** to take revenge.
agravioso, -sa *adj.* insulting, offensive.
agraz *s. m.* **1** unripe grape (uva sin madurar). **2** sour grape juice (zumo). **3** bitterness (amargura).
agrazón *s. m.* **1** wild grape (uva silvestre). **2** BOT. gooseberry bush (grosellero). **3** (fig.) annoyance.
agredir *v. t.* to attack, to assault.
agregación *s. f.* aggregation.
agregado, -da *s. m.* y *f.* **1** aggregate (conjunto). **2** assistant (adjunto).
agregar *v. t.* **1** to add (añadir). **2** to join (juntar). **3** to amass (reunir). **4** to appoint (destinar). • *v. pron.* **5** to be added.
agresión *s. f.* aggression.
agresivamente *adv.* aggressively.
agresividad *s. f.* aggresiveness.
agresivo, -va *adj.* aggressive.
agresor, -ra *s. m.* y *f.* aggressor.
agreste *adj.* **1** rural (campestre). **2** rough, uncouth (tosco).
agriado, -da *adj.* **1** rural (campestre). **2** rough, uncouth (tosco). **3** (Am.) resentful (resentido).
agriar *v. t.* y *pron.* **1** to turn sour (poner agrio). **2** to irritate (irritar).
agricultor, -ra *s. m.* y *f.* farmer.
agricultura *s. f.* agriculture, farming.
agridulce *adj.* bittersweet.
agridulcemente *adv.* bittersweetly.
agrietamiento *s. m.* cracking.
agrietar *v. t.* y *pron.* to crack (pintura), to chap (piel).
agriamente *adv.* sourly, bitterly.
agrimensor, -ra *s. m.* y *f.* land surveyor.
agrio, -gria *adj.* **1** sour, bitter (sabor). **2** (fig.) sharp, bitter (persona). **3** rough (áspero). • *s. m. pl.* **4** citrus fruits.
agriparse *v. pron.* (Am.) to catch (the) flu.
agrisado, -da *adj.* grey.
agro *s. m.* agriculture.
agroalimentario, -ria *adj.* food and agriculture.
agronomía *s. f.* agronomy.
agronómico, -ca *adj.* agronomic, agronomical.
agrónomo, -ma *s. m.* y *f.* **1** agronomist. • *adj.* **2** agricultural.
agropecuario, -ria *adj.* agricultural, farming.
agrupable *adj.* able to be grouped.
agrupación *s. f.* **1** group (grupo). **2** MÚS. group. **3** grouping (acción de agrupar). **4** association (asociación).
agrupar *v. t.* **1** to group, to group together. • *v. pron.* **2** to form a group, to group together.
agua *s. f.* **1** water (líquido). **2** tide (marea). **3** leak (abertura en un barco). • *pl.* **4** rain (lluvia). **5** waters (las del río o mar). **6** waters (aguas medicinales). **7** wake (que deja atrás un buque). **8** water (de una piedra). ◆ **9 ~ bendita,** holy water. **10 ~ blanda,** soft water. **11 ~ de colonia,** eau de cologne. **12 ~ de azahar,** orange-flower water. **13 ~ de Seltz,** soda water. **14 ~ de socorro,** emergency baptism. **15 ~ dulce,** fresh water. **16 ~ dura,** hard water. **17 ~ fuerte,** nitric acid. **18 ~ mineral,** mineral water. **19 ~ natural,** tap water. **20 ~ oxigenada,** oxygenated water. **21 ~ pesada,** heavy water. **22 ~ potable,** drinking water. **23 ~ regia,** aqua regia. **24 ~ salada,** salt water. **25 ~ termal,** spring water. **26 aguas abajo,** downstream. **27 aguas arriba,** upstream. **28 aguas jurisdiccionales,** territorial waters. **29 aguas mayores,** high tides. **30 aguas muertas,** neap tide. **31 aguas residuales,** sewage. **32 aguas territoriales,** territorial waters. **33 ~ pasada, no mueve molino,** it's no use crying over spilt milk. **34 bailar el ~ a uno,** to dance attendance on someone. **35 bañarse en ~ de rosas,** to see everything through rose-coloured spectacles. **36 cubrir aguas,** to put the roof on. **37 echarse al ~,** to take the plunge. **38 estar con el ~ al cuello,** to be up to one's neck in problems. **39 estar entre dos aguas,** to be in two minds. **40 hacer ~,** MAR. to leak. **41 hacerse la boca ~,** to make one's mouth water. **42 llevar uno el ~ a su molino,** to look after number one. **43 romper aguas,**

MED. to brake water. **44 tomar las aguas,** to take the waters. **45 volver las aguas a su cauce,** to return to normal.

aguacate *s. m.* **1** BOT. avocado (árbol). **2** avocado pear (fruto). **3** (Am.) dope, fool (persona floja).

aguacero *s. m.* heavy shower (chubasco).

aguacil *s. m.* ⇒ **alguacil.**

aguador, -ra *s. m.* y *f.* **1** water carrier (transportador). **2** water seller (vendedor).

aguaducho *s. m.* **1** water stall (puesto). **2** aquaduct (acueducto). **3** noria, waterwheel (noria).

aguafiestas *s. m.* y *f.* wet blanket, killjoy.

aguafuerte *s. f.* **1** nitric acid (ácido). • *s. m.* **2** etching (lámina).

aguaitar *v. t.* **1** (Am.) to spy on. • *v. i.* **2** (Am.) to peep.

aguamanil *s. m.* **1** water jug (jarro). **2** washstand (palanganero).

aguamarina *s. f.* aquamarine.

aguantable *adj.* tolerable.

aguantaderas *s. f. pl.* tolerance, patience: *tener aguantaderas = to have the patience of a Job.*

aguantar *v. t.* **1** to bear, to stick, to stand, to endure (soportar): *no lo aguanto más = I can't stand it any longer.* **2** to hold back (contener). **3** to hold (sujetar). **4** to last (durar). **5** to swallow (insultos). **6** to tolerate (tolerar). • *v. pron.* **7** to keep quiet (callar). **8** to hold oneself back (reprimirse).

aguar *v. t.* **1** to water down, to dilute (diluir). **2** to spoil, to put a damper on (estropear). • *v. pron.* **3** to be flooded (llenarse de agua un lugar).

aguardar *v. t., i.* y *pron.* to wait for, to await (esperar).

aguardentoso, -sa *adj.* **1** alcoholic. **2** hoarse, husky (voz).

aguardiente *s. m.* eau-de-vie, schnapps.

aguarrás *s. m.* turpentine, (fam.) turps.

agudeza *s. f.* **1** vivacity (viveza). **2** wit, humour (ingenio). **3** sharpness (perspicacia de los sentidos). **4** witticism (dicho ingenioso). **5** sharpness, acuteness (de dolores).

agudizar *v. t.* **1** to sharpen (hacer agudo). • *v. pron.* **2** to intensify (intensificarse). **3** to worsen, to get worse (agravarse).

agudo, -da *adj.* **1** sharp (afilado). **2** witty, funny (gracioso). **3** sharp, acute (perspicaz). **4** acute (dolores). **5** high (sonido). **6** keen (sentidos). **7** GRAM. oxytone. **8** shrewd, clever (listo). • *s. m. pl.* treble (en equipo de música).

agüero *s. m.* **1** omen (presagio). **2** prediction (predicción). ◆ **3 de buen/mal ~,** good/ill omen.

aguerrido, -da *adj.* hardened.

aguijón *s. m.* **1** goad (aguijada). **2** sting (de los insectos). **3** spine (de las plantas). **4** (fig.) spur (estímulo).

aguijonear *v. t.* **1** to goad (picar con el aguijón). **2** to spur, to gnaw at (estimular, apremiar).

águila *s. f.* **1** eagle (ave). **2** eagle (insignia). **3** eagle (moneda). **4** genius (genio). **5** ASTR. aquila, eagle. ◆ **6 ~ imperial,** imperial eagle. **7 ~ real,** golden eagle. **8 ~ ratonera,** buzzard.

aguileña *s. f.* BOT. columbine.

aguileño, -ña *adj.* **1** ANAT. aquiline (nariz). **2** sharp-featured (cara).

aguilón *s. m.* **1** ZOOL. large eagle (águila grande). **2** jib (brazo de grúa).

aguilucho *s. m.* ZOOL. eaglet (pollo del águila).

aguinaldo *s. m.* Christmas box, Christmas hamper (regalo de Navidad).

aguja *s. f.* **1** needle (de coser, tocadiscos). **2** hand (de reloj, brújula, indicador). **3** ARQ. steeple, spire (de una torre). **4** ZOOL. needlefish (pez). **5** hatpin (de sombrero). **6** ANAT. rib (costilla). • *pl.* **7** points (riel movible). ◆ **8 ~ de media,** knitting needle. **9 buscar una ~ en un pajar,** to look for a needle in a haystack.

agujazo *s. m.* prick, jab.

agujerear *v. t.* **1** to make holes. **2** to perforate (perforar).

agujero *s. m.* **1** hole (abertura). **2** needle maker (fabricante). **3** needle seller (vendedor). **4** pin cushion (alfiletero).

agujeta *s. f.* **1** lace, cord (cinta). • *pl.* **2** stiffness. ◆ **3 tener ~,** to be stiff.

agusanarse *v. pron.* to get maggoty.

agustinianismo *s. m.* Augustinism.

agustino, -na *adj./s. m.* y *f.* Augustinian.

aguzar *v. t.* **1** to sharpen (sacar punta o filo). **2** to spur (estimular). **3** (fig.) to sharpen (afinar los sentidos).

¡ah! *interj.* ah!

aherrojar *v. t.* **1** to shackle (con grilletes). **2** to oppress (oprimir).

ahí *adv.* **1** there: *ahí está = there it is.* ◆ **2 ~ arriba/abajo,** up there/down there. **3 de ~,** hence: *de ahí su silencio = hence her silence.* **4 por ~, a)** that way (en esa dirección); **b)** more or less, about (más o menos); **c)** around. **(d)** somewhere (por alguna parte). **5 !fuera de ~¡,** out of there!

ahijada *s. f.* goddaughter.

ahijado *s. m.* godson.

ahijar *v. t.* **1** to adopt (adoptar). • *v. i.* **2** to have children (tener hijos). **3** BOT. to shoot, to sprout (retoñar).

ahincadamente *adv.* insistently.

ahínco *s. m.* **1** effort (esfuerzo). **2** insistence (empeño). **3** enthusiasm, keenness (entusiasmo). **4** earnestness (diligencia).

ahíto, -ta *adj.* **1** full, full up (lleno). **2** fed up, tired (harto).

ahogado, -da *adj.* **1** drowned (en agua). **2** suffocated (por falta de aire). **3** stuffy (una habitación). **4** pent-up (emoción). **5** muffled, smothered (ruido, grito). ◆ **6 verse ~,** to be in a jam, to be in a tight spot.

ahogamiento *s. m.* **1** drowning (agua). **2** suffocation (aire).

ahogar *v. t.* y *pron.* **1** to drown (en el agua). **2** to put out, extinguish (apagar). **3** to soak (plantas, por exceso de agua). **4** to choke (plantas, por estar muy juntas). • *v. t.* e *i.* **5** to oppress (oprimir). **6** to tire, to wear out (fatigar).

ahogo *s. m.* **1** tight spot (aprieto). **2** anguish, distress (congoja). **3** tightness of the chest. **4** scarcity (escasez). **5** haste (prisa).

ahondamiento *s. m.* deepening.

ahondar *v. t.* **1** to deepen (hacer más hondo). **2** to excavate, to dig (excavar). • *v. t.* e *i.* **3** to go deeply into, to probe (escudriñar).

ahora *adv.* **1** now: *ahora mismo = right now.* **2** soon (pronto). • *conj.* **3** now then, on the other hand, now: *ahora, yo pienso... = on the other hand, I think...* ◆ **4 ~ bien, a)** but (pero); **b)** on the other hand (por otra parte). **5 ¡~ vengo!,** coming! **6 desde ~,** from now on. **7 hasta ~,** up till now (hasta la fecha). **8 ¡hasta ~!,** see you soon! (hasta luego). **9 por ~,** at the moment.

ahorcar *v. t.* **1** to hang (colgar). **2** to block (en el dómino). **3** to give up (abandonar). • *v. pron.* **4** to hang oneself (colgarse).

ahorita *adv.* (Am.) right now.

ahormar *v. t.* **1** to persuade (persuadir). **2** to break in (zapatos). **3** to wear in (ropa). **4** to adjust (ajustar).

ahornar *v. t.* to put in an oven (enhornar).

ahorrar *v. t.* y *pron.* **1** to save: *ahorrarse tiempo = to save time; ahorrar dinero = to save money.* **2** to avoid (evitar). • *v. t.* **3** to free (un esclavo).

ahorratividad *s. f.* thriftiness.

ahorrativo, -va *adj.* thrifty.

ahorro *s. m.* **1** saving (acción de ahorrar). **2** *pl.* savings (cantidad ahorrada).

ahuecar *v. t.* **1** to hollow out (poner hueco). **2** to soften (poner más blando). **3** to deepen (la voz). • *v. i.* **4** to plump up (cojín). **5** (fam.) to beat it (irse). • *v. pron.* **6** to become conceited (engreírse).

ahumado, -da *adj.* **1** smoked (carne, pescado). **2** smoky (sabor, ventana). • *s. m.* **3** smoking.

ahumar *v. t.* **1** to smoke (poner al humo). **2** to fill with smoke (llenar de humo). • *v. i.* **3** to smoke (echar humo). • *v. pron.* **4** to taste smoky (saber a humo). **5** to blacken (ennegrecerse). **6** to get drunk (emborracharse).

ahuyentar *v. t.* **1** to drive away (hacer huir). • *v. pron.* **2** to flee, to run away (huir).

airadamente *adv.* angrily, crossly.

airado, -da *adj.* **1** angry, cross, annoyed (enfadado). **2** seething, violent (violento). **3** immoral, loose (inmoral). ◆ **4 joven ~,** angry young man.

airar *v. t.* **1** to anger (enfadar). • *v. pron.* **2** to get angry.

airbag *s. m.* AUT. airbag.

aire *s. m.* **1** air: *aire fresco = fresh air.* **2** draught (viento). **3** air, atmosphere (atmósfera). **4** appearance (aspecto). **5** likeness (parecido). **6** poise, grace (garbo). **7** air, tune (canción). **8** movement, air (movimiento). ◆ **9 ~ acondicionado,** air conditioning. **10 al ~ libre,** in the open air. **11 darse ~,** to put on airs. **12 estar de buen ~,** to be in a good mood. **13 estar de mal ~,** to be in a bad mood. **14 estar en el ~,** to be in the air. **15 mudar o cambiar de aires,** to have a change of air.

aireación *s. f.* ventilation.

aireado, -da *adj.* ventilated.

airear *v. t.* **1** to air (ropa). **2** to ventilate, to air (ventilar). **3** to air (un asunto, idea, tema, etc.). ● *v. t.* **4** to reveal (hacer público). ● *v. pron.* **5** to catch a cold (resfriarse).

airosamente *adv.* elegantly, gracefully (con elegancia).

airoso, -sa *adj.* **1** draughty (habitación). **2** windy (ventoso). **3** ventilated (ventilado). **4** elegant, graceful (elegante). ◆ **5 salir ~ de algo,** to acquit oneself well in something.

aislable *adj.* isolable.

aislacionismo *s. m.* isolationism.

aislacionista *adj./s. m.* y *f.* isolationist.

aisladamente *adv.* alone.

aislado, -da *adj.* **1** isolated (pueblo, casa, etc.). **2** in solitary confinement (por castigo).

aislador, -ra *adj.* **1** ELEC. insulating. ● *s. m.* **2** ELEC. insulator.

aislamiento *s. m.* **1** isolation. **2** ELEC. insulation.

aislante 1 *adj.* insulating. ● *s. m.* **2** ELEC. insulator.

aislar *v. t.* **1** to isolate. **2** ELEC. to insulate. ● *v. pron.* **3** to isolate oneself. **4** to cut oneself off (retirar de la vida).

ajar *v. t.* **1** to crumple (vestidos, telas, etc.). **2** to offend (ofender). **3** to humiliate (humillar). ● *v. pron.* **4** to get old, to age (envejecer).

ajardinado, -da *adj.* landscaped.

ajardinar *v. t.* to landscape.

ajedrecista *s. m.* y *f.* chess player.

ajedrez *s. m.* **1** chess (juego). **2** chess set (fichas y tablero).

ajenjo *s. m.* **1** BOT. wormwood (planta). **2** absinthe (bebida).

ajeno, -na *adj.* **1** someone else's, other people's (perteneciente a otro): *una casa ajena = someone else's house.* **2** free from (libre de algo): *ajeno de preocupaciones = free from worries.* **3** alien, foreign (alienado). **4** unaware of (inconsciente de algo). **5** outside (fuera). **6** not in keeping (no conforme).

ajerezado *adj.* sherry-flavoured.

ajetrear *v. t.* **1** (Am.) to tire out (cansar). ● *v. pron.* **2** to tire oneself out (cansarse). **3** to rush around (moverse mucho). **4** to be busy (estar ocupado).

ajetreo *s. m.* **1** tiredness (cansancio). **2** hustle and bustle (actividad). **3** rush (prisa). **4** hard work (mucho trabajo).

ají *s. m.* **1** (Am.) chilli (pimiento). **2** chilli sauce (salsa).

ajiaco *s. m.* **1** (Am.) spicy stew (sopa). **2** chilli sauce (salsa).

ajo *s. m.* **1** garlic (planta y diente). **2** intrigue (intriga). **3** swearword (palabrota). ◆ **4 diente de ~,** clove of garlic. **5 soltar ajos,** to swear. **6 estar en el ~,** to be in the thick of something.

ajonje o **ajonjo** *s. m.* birdlime.

ajonjolí *s. m.* BOT. sesame.

ajuar *s. m.* **1** furnishings (conjunto de muebles). **2** trousseau (de novia).

ajumarse *v. pron.* to get drunk (emborracharse).

ajustadamente *adv.* **1** correctly (correctamente). **2** tightly (ropa).

ajustado, -da *adj.* **1** correct, right (correcto). **2** tight: *una camisa ajustada = a tight shirt.* **3** adjusted (resultado de ajustar).

ajustador, -ra *adj.* **1** adjuster. ● *s. m.* **2** tight waistcoat (jubón ajustado). **3** fitter (operario).

ajustamiento *s. m.* ⇒ **ajuste.**

ajustar *v. t.* y *pron.* **1** to fit (encajar). **2** to adapt (adapt). **3** to adjust (regular). **4** to arrange, to sort out (arreglar). ● *v. t.* **5** to settle (concertar). **6** to pay, to settle (liquidar el importe de una cuenta). **7** to contract, to engage (contratar). **8** to fix (un precio). **9** (Am.) to be (cumplir años). ● *v. pron.* **10** to adapt oneself (adaptarse). **11** to conform (conformar). **12** to come to an agreement (llegar a un acuerdo). ◆ **13 ~ cuentas,** to settle scores.

ajuste *s. m.* **1** adjustment (acción de ajustar). **2** fitting (ropa). **3** agreement (acuerdo). **4** hiring, taking on (acción de contratar). **5** FIN. settlement. **6** fixing (de precios). **7** TEC. fitting (ensamblaje). **8** arrangement (arreglo). ◆ **9 ~ de cuentas,** settling of scores.

ajusticiado, -da *s. m.* y *f.* executed person.

ajusticiamiento *s. m.* execution.

ajusticiar *v. t.* to execute.

al *contr.* **1** on, when (con infinitivo): *al levantarme = on getting up, when I got up.* ◆ **2 al mediodía,** at midday. **3 al menos,** at least.

ala *s. f.* **1** wing (de aves, aviones, insectos). **2** brim (de sombrero). **3** eaves (del tejado). **4** wing (parte lateral de una casa). **5** wing, flank (flanco). **6** MIL. flank, wing. **7** DEP. wing. **8** POL. wing. ◆ **9 ahuecar el ~,** to beat it (marcharse). **10 cortar a uno las alas,** to clip someone's wings.

alabanza *s. f.* praise: *en alabanza de = in praise of.*

alabar *v. t.* **1** to praise. ● *v. pron.* **2** to boast (vanagloriarse).

alabarda *s. f.* halberd.

alabardero, -ra *s. m.* y *f.* **1** HIST. halberdier. **2** paid applauder (en el teatro).

alabastro *s. m.* alabaster.

alabearse *v. pron.* to warp.

alacena *s. f.* built-in cupboard.

alacrán *s. m.* **1** scorpion (insecto). **2** toadfish (pejesapo).

alado, -da *adj.* **1** winged, flying (con alas). **2** (fig.) swift, winged, quick, rapid (rápido).

alagar *v. t.* to flood.

alambicadamente *adv.* subtly.

alambicado, -da *adj.* **1** distilled (destilado). **2** subtle (sutil).

alambicamiento *s. m.* **1** distillation (destilación). **2** sutlety (sutileza).

alambicar *v. t.* **1** to distil (destilar). **2** to scrutinize (examinar). **3** to subtilize (hablar o escribir con sutileza).

alambrada *s. f.* **1** wire netting (reja). **2** wire fence (valla). **3** MIL. barbed-wire entanglement.

alambrado *s. m.* **1** wire netting (reja). **2** wire fence (valla). **3** ELEC. wiring.

alambrar *v. t.* **1** to wire (cercar con alambre). ● *v. i.* **2** to clear up (despejarse el cielo).

alambre *s. m.* wire (hilo): *alambre de espino = barbed wire.*

alameda *s. f.* **1** boulevard (avenida). **2** BOT. poplar grove.

álamo *s. m.* poplar (árbol y madera).

alancear *v. t.* **1** to spear (dar lanzadas). **2** to reprimand (zaherir).

alano, -na *adj./s. m.* y *f.* mastiff (perro).

alar *s. m.* **1** eaves (alero de tejado). **2** pavement (acera).

alarde *s. m.* **1** display, show (ostentación). **2** MIL. review, parade.

alardear *v. i.* **1** to show off. **2** to boast.

alargadera *s. f.* **1** TEC. extensión. **2** QUÍM. adapter.

alargado, -da *adj.* long and thin, elongated.

alargador *adj.* lengthening.

alargamiento *s. m.* **1** lengthening, extension. **2** prolongation (de tiempo).

alargar *v. t.* y *pron.* **1** to lengthen (dar más longitud). **2** to stretch (estirar). **3** to prolong (prolongar). **4** to put off (tratar con detenimiento). ● *v. t.* **5** to pass, to give (dar). **6** to stretch (el cuello). **7** to spin out (discurso, historia, chiste).

alarido *s. m.* **1** scream, yell (grito). **2** war cry (grito de guerra).

alarife *s. m.* **1** bricklayer (albañil). **2** master builder (maestro de obras).

alarma *s. f.* **1** alarm (señal o aviso). **2** alarm (inquietud, susto). ◆ **3 dar la ~,** to give the alarm. **4 falsa ~,** false alarm.

alarmado, -da *adj.* alarmed.

alarmante *adj.* alarming.

alarmar *v. t.* **1** to alarm (dar la alarma). **2** to alarm (asustar). **3** MIL. to call to arms. ● *v. pron.* **4** to be o get alarmed, to take fright.

alarmista *s. m.* y *f.* **1** alarmist. ● *adj.* **2** alarming, alarmist.

alazán, -na o **alazano, -na** *adj./s. m.* y *f.* sorrel (caballo).

alba *s. f.* dawn, daybreak: *al alba = at dawn.*

albacea *s. m.* y *f.* **1** executor (hombre). **2** executrix (mujer).

albahaca *s. f.* basil.

albaicín *s. m.* hilly district.

albanés, -sa *adj./s. m.* y *f.* Albanian.

Albania *s. f.* Albania.

albañil *s. m.* bricklayer, mason.

albañilería *s. f.* bricklaying.
albarán *s. m.* invoice (recibo).
albarca *s. f.* ⇒ **abarca**.
albarda *s. f.* packsaddle (aparejo).
albardero, -ra *s. m.* y *f.* saddle maker.
albardilla *s. f.* **1** saddle (silla). **2** ARQ. coping. **3** lard (capa de tocino).
albardón *s. m.* **1** packsaddle (aparejo). **2** ARQ. coping.
albaricoque *s. m.* apricot.
albaricoquero *s. m.* apricot tree.
albatros *s. m.* albatross.
albear *v. i.* to whiten (blanquear).
albedrío *s. m.* **1** free will (libertad). **2** whim, caprice (capricho).
alberca *s. f.* tank (depósito de agua).
albergar *v. t.* y *pron.* **1** to give shelter (dar albergue). **2** to take shelter (recibir albergue).
albergue *s. m.* **1** shelter, refuge (refugio). **2** lodgings (lugar de hospedaje). **3** orphanage (para huérfanos). **4** lair, den (para animales). ◆ **5** ~ **de jóvenes,** youth hostel.
albinismo *s. m.* albinismo.
albino, -na *adj./s. m.* y *f.* albino.
albo, -ba *adj.* white (blanco).
albóndiga *s. f.* meatball.
albor *s. m.* **1** whiteness (blancura). **2** beginning (principio). ● *pl.* **3** daylight, dawn light (luz del alba). **4** youth (juventud).
alborada *s. f.* **1** daybreak, dawn (alba). **2** MIL. reveille (toque militar). **3** MÚS. aubade.
alborear *v. i.* to dawn (amanecer).
albornoz *s. m.* bathrobe (bata).
alborotadamente *adv.* noisily.
alborotadizo, -za *adj.* excitable, jumpy.
alborotado, -da *adj.* **1** excited (excitado). **2** reckless (aturdido). **3** noisy (ruidoso).
alborotador, -ra *adj.* **1** noisy, rowdy (ruidoso). **2** rebellious (rebelde). ● *s. m.* y *f.* **3** rebel (rebelde). **4** troublemaker (agitador).
alborotar *v. t.* y *pron.* **1** to make a noise, to make a racket (hacer ruido). **2** to incite, to rouse (sublevar). **3** to trouble, to disturb (inquietar). **4** to excite (excitar). ● *v. pron.* **5** to get rough (encresparse el mar).
alboroto *s. m.* **1** din, racket (estrépito). **2** uproar, disturbance (jaleo). **3** rebellion (rebelión). **4** mutiny (motín). **5** scare (sobresalto). ● *pl.* **6** (Am.) popcorn (palomitas de maíz).
alborozadamente *adv.* jubilantly, joyfully.
alborozado, -da *adj.* jubilant, overjoyed.
alborozar *v. t.* **1** to make happy, to fill with joy. ● *v. pron.* **2** to be overjoyed.
alborozo *s. m.* joy, jubilation.
albricias *s. f. pl.* **1** reward (recompensa, regalo). ◆ **2** **¡albricias!,** fantastic!, great!
albufera *s. f.* lagoon.
álbum *s. m.* album.
albumen *s. m.* BOT. albumen.
albúmina *s. f.* QUÍM. albumin.
albur *s. m.* **1** dace (pez). **2** risk, chance (azar).
alcachofa *s. f.* **1** artichoke (planta). **2** shower head (ducha). **3** rose (regadera).
alcahuete, -ta *s. m.* y *f.* **1** go-between (persona que concierta o encubre). **2** pimp, procurer (correveidile). ● *s. m.* **3** drop-curtain (telón).
alcahuetear *v. i.* **1** to procure, to pimp (ser chulo de prostitutas). **2** to act as a go-between (concertar).
alcaide *s. m.* governor.
alcaldada *s. f.* abuse of authority.
alcalde, -desa *s. m.* y *f.* **1** mayor, mayoress (de un ayuntamiento). **2** DER. justice of the peace.
alcaldía *s. f.* **1** mayoralty (oficio). **2** mayor's office (oficina).
álcali *s. m.* **1** QUÍM. alkali. ◆ **2** ~ **volátil,** ammonia.
alcalinidad *s. f.* QUÍM. alkalinity.
alcalino, -na *adj.* QUÍM. alkaline.
alcaloide *adj.* y *s. m.* QUÍM. alkaloid.
alcance *s. m.* **1** reach (acción de). **2** reach (distancia): *estar al alcance* = *to be within reach.* **3** pursuit, chase (persecución). **4** deficit (saldo deudor). **5** importance (importancia). **6** consequence (consecuencia). **7** stop-press (noticias de última hora). **8** MIL. range (distancia a que llega el tiro de un arma). ◆ **9** **al** ~ **del oído,** within earshot. **10** **al** ~ **de la voz,** within call. **11** **estar fuera del** ~ **de uno,** to be out of someone's reach.
alcancía *s. f.* moneybox, (fam.) piggy bank (hucha).
alcanfor *s. m.* camphor.
alcantarilla *s. f.* **1** sewer, drain (cloaca). **2** small bridge (puentecillo).
alcantarillado *s. m.* drains, drainage system.
alcantarillar *v. t.* to lay drains.
alcanzado, -da *adj.* **1** in debt (endeudado); (fam.) short of money. **2** in need (necesitado).
alcanzar *v. t.* **1** to catch up with, to catch (unirse al que va delante). **2** to reach (tocar o coger lo que está alejado). **3** to perceive (percibir). **4** to get, to manage (conseguir). **5** to be enough (ser suficiente). **6** to live at the same time as (ser contemporáneo). **7** to know (saber). **8** to understand (entender). **9** to hit (una bala). **10** to see (ver). ● *v. i.* **11** to reach (llegar). **12** to be enough (ser suficiente). **13** to last (durar).
alcaparra *s. f.* **1** BOT. caper (planta). **2** caper (botón de la flor).
alcaparrón *s. m.* BOT. caper.
alcaraván *s. m.* stone curlew (ave).
alcarraza *s. f.* jar, jug (vasija).
alcarria *s. f.* barren highland.
alcatraz *s. m.* **1** gannet (ave). **2** BOT. arum (planta).
alcaudón *s. m.* shrike (ave).
alcayata *s. f.* hook (escarpia).
alcazaba *s. f.* citadel.
alcázar *s. m.* **1** fortress, citadel (fortaleza). **2** royal palace (palacio real). **3** MAR. quarter-deck.
alce *s. m.* **1** ZOOL. moose, elk. **2** cut (naipes). **3** (Am.) collecting, gathering (acción de recoger la caña).
alcista *s. m.* y *f.* **1** FIN. speculator, (fam.) bull. ● *adj.* **2** upward (tendencia). **3** bull (mercado búrsatil).
alcoba *s. f.* **1** bedroom (dormitorio). **2** box (caja).
alcohol *s. m.* **1** alcohol. ◆ **2** ~ **absoluto,** pure alcohol. **3** ~ **amílico,** amylic alcohol. **4** ~ **metílico,** methylated spirits.
alcohólico, -ca *adj./s. m.* y *f.* alcoholic.
alcoholismo *s. m.* alcoholism.
alcoholizado, -da *s. m.* y *f.* alcoholic.
alcoholizar *v. t.* to alcoholize (mezclar con alcohol). ● *v. pron.* to become an alcoholic.
alcor *s. m.* hill (colina).
alcornoque *s. m.* **1** cork oak (árbol y madera). **2** (fig.) idiot, dope (persona ignorante).
alcorque *s. m.* shallow pit.
alcotán *s. m.* lanner (ave).
alcurnia *s. f.* lineage, ancestry (linaje).
aldaba *s. f.* **1** doorknocker (para llamar). **2** bolt, latch (para cerrar). ● *pl.* **3** influence.
aldabón *s. m.* large doorknocker.
aldabonazo *s. m.* bang, knock.
aldea *s. f.* hamlet, small village.
aldeano, -na *adj.* **1** rustic (rústico). **2** hamlet, village (de aldea). ● *s. m.* y *f.* **3** villager.
aldehuela *s. f.* hamlet.
aldeorrio o **aldeorro** *s. m.* rural backwater.
aleación *s. f.* alloy.
aleatorio, -ria *adj.* lucky, fortuitous.
aleccionar *v. t.* **1** to teach (enseñar). **2** to instruct (instruir).
aledaño, -ña *adj.* **1** bordering, adjacent (contiguo). ● *s. m.* **2** limit, border (límite). ● *pl.* **3** surrounding area.
alegación *s. f.* **1** DER. allegation. **2** assertion (aserción).
alegar *v. t.* **1** to allege (citar algo que sirve de prueba). **2** DER. to plead, to put forward (aportar razones en favor de su caso). **3** (Am.) to argue, to dispute (discutir).
alegato *s. m.* **1** DER. plea (escrito). **2** declaration, statement (declaración).
alegoría *s. f.* allegory.
alegóricamente *adv.* allegorically.
alegórico, -ca *adj.* allegorical.
alegorización *s. f.* allegorization.
alegorizar *v. t.* allegorize.
alegrar *v. t.* **1** to cheer up, to make happy (causar alegría): *me alegraron con su visita* = *they cheered me up with their visit.* **2** to make beautiful (hermosear). **3** to liven up (avivar). **4** to poke (avivar el fuego). **5** to rouse (toro). **6** to scrape (legrar). ● *v. pron.* **7** to be glad, to be pleased (sentir alegría): *me alegro de que hayas venido* = *I'm glad you've come.* **8** to get merry (achisparse). **9** to cheer up (animarse).
alegre *adj.* **1** happy, cheerful (feliz). **2** cheerful (de temperamento). **3** lively, fun (divertido). **4** bright (color, tiempo). **5** lively (música). **6** good, cheering (noticia). **7** frivolous (frívolo). **8** immoral (inmoral). **9** tipsy, merry (achispado).

alegremente *adv.* happily, cheerfully.
alegreto *adj.* y *s. m.* MÚS. allegretto.
alegría *s. f.* **1** joy, happiness (felicidad). **2** cheerfulness (de buen humor). **3** brightness (colores, tiempo, etc.). **4** BOT. sesame (ajonjolí). • *pl.* **5** festivities. ◆ **6 saltar de ~,** to jump for joy.
alegro *adj.* y *s. m.* MÚS. allegro.
alegrón *s. m.* extreme happiness (alegría muy intensa).
alejandrino *s. m.* y *f.* Alexandrine.
alejar *v. t.* **1** to move away (colocar más lejos). **2** to keep away (mantener lejos). • *v. pron.* **3** to go away (irse). **4** to move away (colocar más lejos).
alelado, -da *adj.* bewildered.
alelar *v. t.* **1** to stun, to bewilder. • *v. pron.* **2** to be stunned, to be bewildered.
alelí *s. f.* BOT. wallflower (planta).
aleluya *interj.* **1** hallelujah. • *s. m.* **2** (p.u.) Easter time (tiempo pascual). **3** witticism (dicho ingenioso). • *s. f.* **4** BOT. wood sorrel (planta). **5** joy (alegría). **6** doggerel (verso despreciable). **7** daub (pintura despreciable).
alemán, -na *adj./ s. m.* y *f.* German.
Alemania *s. f.* Germany.
alentado, -da *adj.* **1** brave (valiente). **2** proud (orgulloso).
alentar *v. i.* **1** to breathe (respirar). • *v. t.* y *pron.* **2** to encourage, to cheer (animar).
alerce *s. m.* BOT. larch (árbol y madera).
alergia *s. f.* **1** allergy. ◆ **2 tener ~ a,** (fig.) to be allergic to.
alérgico, -ca *adj.* allergic: *alérgico al polvo = allergic to dust.*
alero *s. m.* **1** eaves (borde del tejado). **2** mudguard (de los coches). **3** DEP. wing.
alerón *s. m.* aileron (de un avión).
alerta *adv.* **1** alertly, watchfully. • *adj.* **2** alert, watchful. • *interj.* **3** look out!, careful! ◆ **4 estar ~,** to be on the alert.
alertado, -da *p. p.* **1** de **alertar.** • *adj.* **2** alerted.
alertamente *adv.* alertly.
alertar *v. t.* **1** to alert, to put on one's guard (poner alerta). • *v. pron.* **2** to suspect (sospechar).
aleta *s. f.* **1** fin (de pez). **2** flipper (de foca, etc.). **3** wing (ala). **4** wing (de coche). **5** blade (de hélice).
aletargar *v. t.* **1** to make lethargic (producir letargo). • *v. pron.* **2** to feel lethargic (padecer letargo).
aletazo *s. m.* **1** wingbeat (de aves). **2** flick (de peces).
aletear *v. i.* **1** to flap its wings (aves). **2** to move its fins (peces).
aleteo *s. m.* **1** flapping (aves). **2** flicking (peces). **3** beating (corazón).
alevín *s. m.* **1** small fish, fry (cría del pez). **2** beginner (principiante).
alevosía *s. f.* **1** treachery (traición). **2** caution (antes de un delito).
alevoso, -sa o **aleve** *adj.* **1** treacherous. • *s. m.* y *f.* **2** traitor.
alexia *s. f.* MED. alexia.
alfa *s. f.* **1** alpha (letra griega). ◆ **2 partículas ~,** FÍS. alpha particles. **3 rayos ~,** FÍS. alpha rays.
alfabéticamente *adv.* alphabetically.
alfabético, -ca *adj.* alphabetical.
alfabetizado, -da *adj.* literate.
alfabetizar *v. t.* **1** to put in alphabetical order (ordenar). **2** to teach to read and write (enseñar a leer y escribir).
alfabeto *s. m.* alphabet.
alfaguara *s. f.* spring (manantial).
alfalfa *s. f.* BOT. alfalfa.
alfanje *s. m.* **1** swordfish (pez espada). **2** cutlass (sable corvo).
alfarería *s. f.* **1** pottery (arte del alfarero). **2** pottery shop (tienda). **3** pottery workshop (lugar de fabricación).
alfarero *s. m.* potter.
alfarje *s. m.* oil-stone (piedra).
alféizar *s. m.* ARQ. sill, ledge.
alfeñique *s. m.* weakling (persona débil).
alférez *s. m.* **1** standard bearer (abanderado). **2** subaltern (oficial). ◆ **3 ~ de fragata,** midshipman. **4 ~ de navío,** sub-lieutenant.
alfil *s. m.* bishop (ajedrez).
alfiler *s. m.* **1** pin (clavillo). **2** brooch, pin (joya). • *pl.* **3** pin money (dinero). ◆ **4 estar prendido con alfileres,** to be wobbly.
alfiletero *s. m.* pin case.
alfombra *s. f.* **1** carpet (para el suelo). **2** rug, mat (alfombrilla).
alfombrado, -da *adj. p. p.* **1** de **alfombrar.** • *s. m.* **2** carpeting.
alfombrar *v. t.* to carpet.
alfombrilla *s. f.* rug, mat.
alforja *s. f.* **1** saddlebag (bolsa doble). **2** provisions (provisiones).
alga *s. f.* **1** weed (de agua dulce). **2** seaweed (de agua salada). **3** BOT. alga.
algarabía *s. f.* **1** Arabic (lengua árabe). **2** gibberish, gobbledygook (lenguaje incomprensible). **3** racket (griterío). **4** BOT. broom.
algarada *s. f.* uproar, din (alboroto).
algarroba *s. f.* **1** BOT. vetch (planta). **2** vetch seed (semilla). **3** carob bean (fruto).
algarrobal *s. m.* **1** vetch plantation (de algarroba). **2** carob tree plantation (de algarrobo).
algarrobilla *s. f.* **1** alga (alga). **2** vetch (algarroba).
algarrobo *s. m.* carob tree (árbol).
álgebra *s. f.* MAT. algebra.
algebraico, -ca *adj.* algebraic.
algebrista *s. m.* y *f.* algebraist.
algidez *s. f.* MED. algidity.
álgido, -da *adj.* **1** cold, icy; (p.u.) algid. ◆ **2 punto ~,** critical moment.
algo *pron. indef.* **1** something: *deberías comer algo = you should eat something; es algo diferente = it's something different.* **2** anything (negativo, condicional e interrogativo): *¿quieres algo para beber? = do you want anything to drink?* • *adv.* **3** rather, quite, somewhat: *es algo caro = it's somewhat expensive.* ◆ **4 ~ es ~,** it's better than nothing. **5 tomar ~,** to have a drink.
algodón *s. m.* **1** cotton (tejido): *hecho de algodón = made of cotton.* **2** BOT. cotton plant (planta). **3** MED. swab. ◆ **4 ~ hidrófilo,** cotton wool. **5 ~ pólvora,** guncotton. **6 estar criado entre algodones,** to be mollycoddled.
algodonal *s. m.* cotton plantation.
algodonar *v. t.* to pack with cotton wool.
algodoncillo *s. m.* BOT. milkweed.
algodonero, -ra *adj.* **1** cotton. • *s. m.* y *f.* **2** cotton dealer (vendedor). **3** cotton worker (obrero). • *s. m.* **4** BOT. cotton plant (planta).
algodonoso, -sa *adj.* cottony.
algoritmo *s. m.* MAT. algorism.
alguacil o **aguacil** *s. m.* DER. bailiff.
alguacilillo *s. m.* alguazil (toros).
alguien *pron. indef.* **1** someone, somebody: *alguien viene = someone is coming.* **2** anyone, anybody (interrogativo y condicional): *¿alguien fuma? = does anyone smoke?* ◆ **3 ser ~,** to be someone.
algún *adj.* (apócope de **alguno**) **1** any, some: *algún día = some day.* ◆ **2 ~ tanto,** a bit; a little (un poco).
alguno, -na *adj.* **1** some (afirmativo): *compré algunos discos = I bought some records.* **2** any (interrogativo y condicional): *¿quieres alguno? = do you want any?* **3** a few (unos pocos, bastante): *hemos tenido algunos problemas = we've had a few problems.* • *pron. indef.* **4** one (singular): *alguno de nosotros = one of us.* **5** some (plural). **6** someone, somebody (alguien). ◆ **7 ~ que otro,** a few; one or two.
alhaja *s. f.* **1** jewel (joya). **2** decoration (adorno). **3** (fig.) treasure, jewel (cosa muy valiosa). **4** (fig.) treasure (persona).
alhajado, -da *adj.* rich, wealthy.
alhajar *v. t.* **1** to furnish (amueblar). **2** to adorn with jewels (enjoyar).
alharaca *s. f.* fuss.
alhelí o **alelí** *s. m.* **1** BOT. wallflower. ◆ **2 ~ de Mahón,** Virginia stock.
alhóndiga *s. f.* corn exchange.
aliado, -da *adj.* **1** allied. • *s. m.* y *f.* **2** ally.
alianza *s. f.* **1** alliance (convenio, unión). **2** engagement ring (anillo de compromiso).
aliar *v. t.* **1** to ally (concordar). • *v. pron.* **2** to form an alliance (formar una alianza).
alias *adv.* **1** alias (por otro nombre). • *s. m.* **2** alias.
alicaído, -da *adj.* **1** weak (débil). **2** sad (triste). **3** depressed (desalentado). **4** drooping (con alas caídas).
alicatar *v. t.* to tile.
alicates *s. m. pl.* pliers.
aliciente *s. m.* **1** incentive, inducement (incentivo). **2** spur, stimulus (estímulo). **3** attraction (atracción).
alícuota *adj.* aliquot.
alienable *adj.* alienable.
alienación *s. f.* alienation.
alienado, -da *adj.* **1** insane, demented (demente). • *s. m.* y *f.* **2** lunatic.

alienar *v. t.* to **1** alienate. • *v. pron.* **2** to become alienated.
alienígena *adj./s. m.* y *f.* alien.
alienismo *s. m.* alienism.
aliento *s. m.* **1** breath (aire expulsado). **2** breathing (acción de alentar, respiración). **3** courage, bravery (valentía). **4** encouragement (ánimo). ◆ **5 de un ~,** in one breath. **6 mal ~,** bad breath.
aligeramiento *s. m.* **1** lightening (de un peso). **2** alleviation (alivio).
aligerar *v. t.* y *pron.* **1** to lighten (quitar peso). • *v. t.* **2** to quicken (acelerar). **3** to put back, to defer (diferir).
alijo *s. m.* **1** unloading (de un barco). **2** contraband (contrabando). ◆ **3 un ~ de drogas,** a consignment of drugs.
alimaña *s. f.* vermin, pest.
alimentación *s. f.* **1** food (comida). **2** feeding (acción de alimentar). **3** TEC. feed: *bomba de alimentación = feed pump.*
alimentante *adj.* nourishing.
alimentar *v. t.* y *pron.* **1** to feed (dar alimento). • *v. t.* **2** to supply (suministrar). **3** TEC. to feed (dar energía). **4** to feed (fomentar vicios, etc.). **5** to maintain, to support (a una familia).
alimenticio, -cia *adj.* **1** nourishing (que alimenta). **2** food: *valor alimenticio = food value.*
alimento *s. m.* **1** food (comida). **2** (fig.) food. **3** encouragement (ánimo). **4** fuel (para las pasiones). • *pl.* **5** DER. alimony.
alimoche *s. m.* ZOOL. African vulture (ave).
alimón (al) *loc. adv.* together.
alineación *s. f.* **1** TEC. alignment: *fuera de alineación = out of alignment.* **2** DEP. line-up.
alineado, -da *adj.* aligned: *país no alineado = non-aligned country.*
alinear *v. t.* **1** to align, to line up (poner en línea). **2** MIL. to form. • *v. pron.* **3** to line up (poner en línea). **4** MIL. to fall in.
aliñar *v. t.* **1** to decorate, to adorn (aderezar). **2** to govern (gobernar). **3** to administer (administrar). **4** to season (condimentar). **5** to dress (ensaladas). **6** (Am.) to set (arreglar los huesos).
aliño *s. m.* **1** adornment (adorno). **2** preparation (preparación). **3** seasoning (condimento). **4** dressing (de ensaladas).
alioli *s. m.* garlic and oil vinaigrette.
alisar *v. t.* **1** to smooth (poner liso). **2** to smooth (el pelo). • *v. pron.* **3** to smooth down (el pelo). • *s. m.* **4** alder grove (sitio con alisos).
aliseda *s. f.* **alisal** o **alisar** *s. m.* alder grove.
alisios *adj. pl.* **1** trade: *los vientos alisios = the trade winds.* • *s. m. pl.* **2** trade winds.
aliso *s. m.* alder (árbol).
alistado, -da *adj.* **1** MIL. enlisted. **2** enrolled (inscrito).
alistamiento *s. m.* **1** MIL. enlistment. **2** enrollment (en un colegio, etc.).
alistar *v. t.* **1** to put on a list (poner en lista). **2** MIL. to recruit, to enlist. **3** to prepare (preparar). **4** to take up (espabilar). • *v. i.* **5** to wake up, to liven up (espabilarse). • *v. pron.* **6** MIL. to join up, to enlist (como soldado). **7** to enrol (inscribirse). **8** (Am.) to get ready (arreglarse).
aliteración *s. f.* alliteration.
aliviadero *s. m.* overflow channel.
aliviar *v. t.* **1** MED. to alleviate, to relieve (dolores). **2** to lighten (aligerar). **3** to quicken (avivar el paso). **4** to help (ayudar). • *v. pron.* **5** to diminish (disminuir). **6** to get better, to improve (mejorar).
alivio *s. m.* **1** relief: *¡qué alivio! = what a relief!* **2** lightening (de una carga). **3** MED. relief.
aljaba *s. f.* quiver (caja para flechas).
aljibe *s. m.* **1** tank, cistern (cisterna). **2** MAR. tanker (barco).
aljofaina *s. f.* washbasin (jofaina).
aljófar *s. m.* **1** pearl (perla). **2** (lit.) dewdrop (rocío).
allá *adv.* **1** there, over there (lugar). **2** long ago, back (tiempo): *allá en verano = back in the summer.* ◆ **3 en el más ~,** in the beyond. **4 más ~,** further on. **5 más ~ de,** beyond. **6 por ~,** there or thereabouts.
allanamiento *s. m.* **1** levelling, flattening (acción de allanar). **2** DER. submission. ◆ **3 ~ de morada,** housebreaking.
allanar *v. t.* **1** to level, to flatten (poner llano). **2** to overcome (vencer una dificultad). **3** to pacify (pacificar). **4** to burgle, to break into (una casa). • *v. pron.* **5** to submit, to agree (conformarse).
allegado, -da *adj.* **1** immediate (inmediato). • *s. m.* y *f.* **2** relative, relation (pariente). **3** supporter (partidario).
allegamiento *s. m.* gathering, collecting.
allegar *v. t.* **1** to gather, to collect (reunir). **2** to add (añadir). • *v. i.* **3** to arrive (llegar). • *v. pron.* **4** to agree (ponerse de acuerdo).
allende *adv.* **1** over there (de la parte de allá). **2** beyond (más allá de). **3** besides (además).
allí *adv.* **1** there, over there (en o a aquel lugar). **2** then (entonces). ◆ **3 ~ dentro,** in there. **4 por ~,** that way.
alma *s. f.* **1** soul. **2** spirit, heart (espíritu). **3** soul, person (individuo). **4** crux, heart (parte principal de una cosa): *el alma del problema = the crux of the problem.* **5** scaffold pole (madero vertical). **6** (fig.) heart and soul, lifeblood (lo que vitaliza o da fuerza a una cosa). **7** MÚS. sound post. **8** hollow (hueco). ◆ **9 ~ de cántaro,** insensitive person. **10 ~ de Dios,** good soul. **11 doler el ~,** to be weary. **12 encomendar el ~,** to commend one's soul to God. **13 entregar el ~,** to pass away. **14 estar con el ~ en un hilo,** to have one's heart in one's mouth. **15 no tener ~,** to have a heart of stone.
almacén *s. m.* **1** warehouse (para guardar mercancías). **2** store, department store (tienda grande). **3** MEC. y MIL. magazine.
almacenaje *s. m.* **1** storage (almacenamiento). **2** storage charges, storage fee (gastos).
almacenamiento *s. m.* storage.
almacenar *v. t.* **1** to store, to put into store (guardar). **2** to collect, to keep (reunir muchas cosas).
almacenero, -ra *s. m.* warehouseman.
almacenista *s. m.* y *f.* warehouse owner.
almácigo *s. m.* **1** BOT. mastic tree (árbol). **2** nursery (semillero).
almadraba *s. f.* **1** tunny net (red). **2** tunny-fishing ground (lugar).
almadreña o **madreña** *s. f.* clog (zueco).
almanaque *s. m.* almanac.
almazara *s. f.* oil mill (molino de aceite).
almeja *s. f.* clam.
almena *s. f.* battlements.
almenado, -da *adj.* battlemented.
almenar *v. t.* to construct battlements.
almenara *s. f.* **1** beacon (fuego hecho como señal). **2** candelabra (candelabro); chandelier (araña).
almendra *s. f.* **1** BOT. almond. **2** pebble (piedra pequeña). **3** cut-glass drop (diamante en forma de almendra). ◆ **4 ~ amarga,** bitter almond. **5 ~ dulce,** sweet almond.
almendrada *s. f.* almond milk shake (bebida).
almendrado, -da *adj.* **1** almond-shaped. • *s. m.* **2** macaroon.
almendral *s. m.* almond orchard.
almendrero *s. m.* BOT. almond tree (árbol).
almendrilla *s. f.* gravel (piedra machacada).
almendro *s. m.* almond tree (árbol).
almendruco *s. m.* green almond.
almete *s. m.* helmet (casco).
almiar *s. m.* AGR. haystack (pajar).
almíbar *s. m.* **1** syrup. ◆ **2 estar hecho un ~,** to be as sweet as pie.
almibarado, -da *adj.* syrupy.
almibarar *v. t.* **1** to cover with syrup (cubrir). **2** to use sweet words (efectuar dulzura).
almidón *s. m.* starch.
almidonado, -da *adj.* starched.
almidonar *v. t.* to starch.
almimbar *s. m.* mimbar, minbar.
alminar *s. m.* minaret.
almiranta *s. f.* MAR. vice-admiral's ship (barco).
almirantazgo *s. m.* admiralty.
almirante *s. m.* MIL. admiral.
almirez *s. m.* mortar (mortero).
almizcle *s. m.* musk.
almizcleño, -ña *adj.* musky.
almohada *s. f.* **1** pillow (de la cama). **2** cushion (para sentarse). ◆ **3 consultar con la ~,** to sleep on it.
almohadazo *s. m.* blow with a cushion.
almohade *s. m.* y *f.* Almohad.
almohadilla *s. f.* **1** small cushion (cojín pequeño). **2** cushion (de la voluta

del capitel jónico). **3** hardness pad (de un sillar).
almohadillado, -da *adj.* padded.
almohadillar *v. t.* to pad (acolchar).
almohadón *s. m.* pillowcase, pillowslip (funda).
almóndiga o **almondiguilla** *s. f.* meatball.
almoneda *s. f.* **1** auction (subasta). **2** sale (venta de objetos a poco precio).
almorrana *s. f.* MED. piles, haemorrhoids.
almorzar *v. i.* **1** to have lunch. • *v. t.* **2** to have for lunch.
almuecín o **almuédano** *s. m.* REL. muezzin.
almuerzo *s. m.* **1** lunch (al mediodía). **2** breakfast (desayuno).
¡aló! *interj.* (Am.) hello! (al teléfono).
alocado, -da *adj.* **1** mad, crazy (loco). **2** irresponsible (falto de cordura).
alocución *s. f.* allocution.
áloe, aloe o **aloes** *s. m.* **1** BOT. aloe. **2** MED. aloes.
alojado, -da *adj.* **1** housed. **2** (Am.) guest, lodger (invitado).
alojamiento *s. m.* **1** lodgings, accommodation (lugar). **2** MIL. billeting (acción). **3** billet, quarters (lugar).
alojar *v. t.* **1** to lodge, to accommodate (hospedar). **2** MIL. to quarter, to billet. • *v. pron.* **3** to lodge, to be accommodated. **4** MIL. to be billeted, to be quartered. **5** to lodge (encajar).
alondra *s. f.* ZOOL. lark (ave).
alopecia *s. f.* MED. alopecia.
alpaca *s. f.* alpaca.
alpargata *s. f.* espadrille.
alpargatería *s. f.* **1** espadrille factory (fábrica). **2** shoe shop selling espadrilles (tienda).
alpestre *adj.* **1** Alpine (alpino). **2** wild (silvestre).
alpinismo *s. m.* climbing, mountaineering.
alpinista *s. m.* y *f.* climber, mountaineer.
alpino *adj.* Alpine.
alpiste *s. m.* **1** BOT. canary grass (planta). **2** birdseed (semilla).
alquería *s. f.* **1** farm (granja). **2** farmstead (conjunto de casas).
alquilable *adj.* rentable, for rent.
alquilar *v. t.* **1** to rent (casa, piso, televisión). **2** to hire (coche). **3** to charter (avión, barco).
alquiler *s. m.* **1** renting, hiring (acción de alquilar). **2** rent, hire charge (precio). ◆ **3 de ~,** for rent. **4 pagar el ~,** to pay the rent.
alquimia *s. f.* alchemy.
alquímico, -ca *adj.* alchemic.
alquimista *s. m.* y *f.* alchemist.
alquitrán *s. m.* **1** tar. ◆ **2 ~ mineral,** coal tar.
alrededor *adv.* **1** around, round, about (en círculo): *alrededor de la ciudad = around the city.* **2** about, around (con aproximación): *alrededor de cien = about a hundred.* • *s. m. pl.* **3** surroundings (cercanías, afueras).
alta *s. f.* **1** enrollment (ingreso). **2** MED. discharge. ◆ **3 dar de ~,** to discharge. **4 darse de ~,** MIL. to enrol.
altamente *adv.* highly, extremely.
altanería *s. f.* **1** height (altura). **2** pride (orgullo). **3** falconry (caza con aves).
altanero, -ra *adj.* **1** arrogant, haughty (arrogante). **2** proud (orgulloso).
altar *s. m.* **1** REL. altar. ◆ **2 ~ mayor,** high altar.
altavoz *s. m.* speaker, loudspeaker.
alterabilidad *s. f.* changeability.
alterable *adj.* changeable.
alteración *s. f.* **1** alteration. **2** MED. deterioration. **3** dispute, quarrel (riña).
alteradizo, -za *adj.* changeable.
alterante *adj.* changing.
alterar *v. t.* y *pron.* **1** to change, to alter (cambiar). **2** to adulterate, to spoil (adulterar). **3** to change for the worse (empeorar). **4** to upset, to disturb (producir un trastorno).
altercado *s. m.* altercation, quarrel, row.
altercador, -ra *adj.* **1** argumentative. • *s. m.* y *f.* **2** argumentative person.
altercante *adj.* argumentative, captious.
altercar *v. i.* to argue, to quarrel.
alter ego *s. m.* alter ego.
alternación *s. f.* alternation.
alternadamente *adv.* alternately.
alternado, -da *adj.* alternate.
alternador *s. m.* ELEC. alternator.
alternancia *s. f.* alternation.
alternante *adj.* alternating.
alternar *v. t.* **1** to alternate (por turno). • *v. i.* **2** to alternate (por turnos). **3** to take turns, to change (hacer cambios). **4** to vary (variar). **5** to mix, to associate, to go around (tener amistad con personas muy consideradas). • *v. pron.* **6** to take turns.
alternativa *s. f.* **1** alternation (alternación). **2** alternative, option (opción). **3** shift work (trabajo por turnos). **4** AGR. rotation.
alternativamente *adv.* alternately.
alternativo, -va *adj.* alternating.
alterno, -na *adj.* **1** alternating (alternativo). **2** BOT. alternate. ◆ **3 corriente alterna,** alternating current.
alteza *s. f.* **1** height (altura). **2** sublimity (sublimidad). ◆ **3 Alteza,** Highness (tratamiento).
altibajos *s. m. pl.* **1** bumps, ups and downs (de un terreno). **2** (fig.) ups and downs.
altillo *s. m.* **1** hill (cerro). **2** boot (maletero). **3** (Am.) attic (desván).
altímetro *s. m.* altimeter (de aeronave).
altipampa *s. f.* high plateau.
altiplanicie *s. f.* high plateau.
altísimo, -ma *adj.* **1** very high. ◆ **2 el Altísimo,** the Almighty.
altisonante o **altísono** *adj.* high-sounding, pompous.
altitud *s. f.* altitude, height.
altivamente *adv.* arrogantly, haughtily.
altivecer *v. t.* to be haughty.
altivez o **altiveza** *s. f.* arrogance, haughtiness.
altivo, -va *adj.* arrogant, haughty.
alto, -ta *adj.* **1** tall (persona, árbol). **2** high, tall (edificio). **3** high (montaña, precio, puesto, muro, río, etc.). **4** upper (piso, planta). **5** high (voz). **6** loud (fuerte): *la música está muy alta = the music is very loud.* **7** late (hora). **8** MÚS. sharp (nota). **9** MÚS. alto (instrumento o voz). **10** difficult (difícil). **11** deep, profound (profundo). **12** noble (noble). • *s. m.* **13** height (altura). • *adv.* **14** high up (en un lugar elevado). **15** loud, loudly (con voz fuerte): *cantar muy alto = to sing very loudly.* ◆ **16 alta sociedad,** high society. **17 clase alta,** upper class. **18 desde lo ~,** from the top. **19 pasar por ~,** to ignore.
altoparlante *s. m.* (Am.) loudspeaker.
altozano *s. m.* **1** hillock (pequeña elevación). **2** (Am.) parvis (atrio).
altramuz *s. m.* **1** lupin (planta). **2** lupin seed (semilla).
altruismo *s. m.* altruism.
altruista *adj.* **1** altruistic. • *s. m.* y *f.* **2** altruist.
altura *s. f.* **1** height, altitude (elevación sobre la tierra). **2** height (altura). **3** MAT. height. **4** GEOG. latitude. **5** summit (cumbre). • *pl.* **6** heaven (cielo). ◆ **7 a estas alturas,** at this stage; at this time. **8 estar a la ~ de algo,** to be equal to something. **9 tomar ~,** to climb.
alubia *s. f.* bean.
alucinación *s. f.* hallucination.
alucinadamente *adv.* (fam.) amazingly, incredibly.
alucinado, -da *adj.* amazed (pasmado): *estar o quedar alucinado = to be amazed.*
alucinador, -ra *adj.* hallucinatory.
alucinamiento *s. m.* hallucination.
alucinante *adj.* **1** hallucinatory. **2** (fam.) amazing, incredible (impresionante).
alucinar *v. t.* **1** to hallucinate (por drogas, etc.). **2** to deceive (engañar). **3** (fam.) to be amazed (estar pasmado). • *v. pron.* **4** to delude oneself.
alucinógeno *s. m.* **1** hallucinogen. • *adj.* **2** hallucinogenic.
alud *s. m.* avalanche (de nieve).
aludir *v. i.* to allude.
alumbrado, -da *adj.* **1** lit up, lighted. **2** (fam.) tipsy (achispado). • *s. m.* y *f.* **3** REL. illuminist. • *s. m.* **4** lighting (conjunto de luces).
alumbrar *v. i.* **1** to shed light (lucir). • *v. t.* **2** to illuminate, to light (iluminar). **3** to give light (dar luz). **4** to restore the sight of (dar vista al ciego). **5** to teach (enseñar). **6** to give birth (dar a luz). **7** to hit (golpear). • *v. pron.* **8** (fam.) to get sloshed (emborracharse).
alúmina *s. f.* QUÍM. alumina.
aluminio *s. m.* aluminium.
alumnado *s. m.* student body.
alumno, -na *s. m.* y *f.* **1** pupil (de colegio). **2** student (de universidad).
alunizar *v. i.* to land on the moon.
alusión *s. f.* allusion, reference.
aluvial *adj.* alluvial.
aluvión *s. m.* flood (inundación).
alveolado *adj.* honeycombed.
alveolar *adj.* alveolar.

alvéolo o **alveolo** *s. m.* **1** cell (celdilla). **2** ANAT. alveolus.
alverja *s. f.* (Am.) pea.
alza *s. f.* **1** price rise (subida de precio). **2** MIL. sight (de un arma). **3** sluice gate (de una presa). ◆ **4 en ~,** rising. **5 estar en ~,** to rise.
alzacuello *s. m.* collar, (fam.) dog collar.
alzada *s. f.* **1** height (altura de un caballo). **2** summer grazing (lugar de pastos para el verano).
alzado, -da *adj.* **1** fixed (precio). **2** fraudulent (fraudulento). **3** (Am.) insolent (insolente). **4** (Am.) on heat (encelamiento de un animal).
alzamiento *s. m.* **1** lifting, raising (acción de alzar). **2** bid (puja). **3** rebellion, revolt (sublevación). **4** rise, increase (de precios).
alzar *v. t.* **1** to raise, to lift (levantar). **2** to steal, to lift (robar). **3** to gather in (la cosecha). **4** to gather (los pliegos). • *v. t.* e *i.* **5** REL. to elevate (la hostia). • *v. pron.* **6** POL. to revolt, to rise (sublevarse). **7** DER. to make an appeal (apelar). **8** COM. to go fraudulently bankrupt (quebrar fraudulentamente). **9** to stick out (sobresalir).
ama *s. f.* **1** owner of the house (dueña de la casa). **2** lady of the house (señora de la casa). **3** owner (dueña). **4** mistress (mujer, respeto de los criados). **5** housekeeper (criada de una casa). ◆ **6 ~ de cría** o **de leche,** wet nurse. **7 ~ de llaves** o **de gobierno,** housekeeper. **8 ~ seca,** nurse.
amabilidad *s. f.* **1** kindness. **2** amiability (afabilidad).
amabilísimo, -ma *adj.* very friendly.
amable *adj.* **1** kind, pleasant (afable). **2** friendly, nice (simpático). **3** loveable (que merece ser amado).
amablemente *adv.* kindly.
amachinarse *v. pron.* (Am.) to live together (amancebarse).
amacho, -cha *adj.* (Am.) strong, vigorous (vigoroso).
amado, -da *adj.* **1** beloved. • *s. m.* y *f.* **2** lover.
amadrinar *v. t.* **1** to yoke (caballerías). **2** to sponsor (apadrinar).
amaestrar *v. t.* **1** to train (adiestrar). **2** to teach (enseñar).
amagar *v. t.* **1** to threaten (amenazar). **2** to show signs (hacer intención de hacer o decir algo). **3** MED. to show the first signs. **4** DEP. to feint. • *v. pron.* **5** to hide away (esconderse).
amago *s. m.* **1** first signs, symptom (principio de algo). **2** threat (amenaza). **3** DEP. feint.
amainar *v. t.* **1** MAR. to take in (las velas). • *v. i.* **2** to slacken, to drop (viento). **3** (fig.) to moderate, to ease off (perder intensidad).
amaine *s. m.* **1** MAR. taking in (velas). **2** slackening (viento). **3** calming down, abating (emociones, etc.).
amalgama *s. f.* amalgam.
amalgamación *s. f.* amalgamation.
amalgamador, -ra *s. m.* y *f.* amalgamator.
amalgamamiento *s. m.* amalgamation.
amalgamar *v. t.* y *pron.* to amalgamate.
amamantar *v. t.* to suckle, to breastfeed.
amancebamiento *s. m.* living together.
amancebarse *v. pron.* to live together.
amanecer *s. m.* **1** dawn, daybreak. • *v. i.* **2** to dawn, to get light (comenzar el día). **3** to appear (aparecer). **4** to find oneself at dawn (estar en un lugar al comenzar el día).
amanecida *s. f.* dawn, daybreak.
amaneradamente *adv.* affectedly.
amanerado, -da *adj.* affected, mannered.
amaneramiento *s. m.* affectation.
amanerarse *v. pron.* to become affected.
amanita *s. f.* BOT. amanito.
amansar *v. t.* **1** to tame (domesticar). **2** to calm (calmar). • *v. pron.* **3** to calm down.
amante *adj.* **1** loving. • *s. m.* y *f.* **2** lover. • *pl.* **3** lovers.
amanuense *s. m.* scribe (escribiente).
amañar *v. t.* **1** to do skilfully (disponer con maña). • *v. pron.* **2** to be skilful, to be expert.
amapola *s. f.* BOT. poppy (planta).
amar *v. t.* to love (querer): *te amo = I love you.*
amaranto *s. m.* BOT. amaranth (planta).
amaraje *s. m.* landing.
amarar *v. i.* to land on the sea.
amargamente *adv.* bitterly.
amargar *v. t.* **1** to sour, to make bitter (poner amargo). **2** to embitter (una relación, persona). **3** to spoil (estropear). **4** to grieve (apenar). • *v. i.* **5** to taste bitter (tener sabor amargo). • *v. pron.* **6** to become bitter, (cosa). **7** to embitter, to become embittered (persona).
amargo, -ga *adj.* **1** bitter, sour. **2** (fig.) bitter: *una experiencia amarga = a bitter experience.* **3** harsh, unpleasant (desapacible). • *s. m.* **4** bitterness (amargor). **5** bitters (licor).
amargor *s. m.* bitterness.
amargosamente *adv.* bitterly.
amargoso, -sa *adj.* bitter.
amargura *s. f.* **1** bitterness (amargor). **2** grief, distress (pena).
amarillear *v. i.* to go yellow, to turn yellow (ponerse amarillo).
amarillecer *v. i.* to go o turn yellow.
amarillento, -ta *adj.* **1** yellowish (color). **2** sallow (piel).
amarillejo *adj.* **1** yellowish (color). **2** sallow (piel).
amarilleo *s. m.* yellowing.
amarillez *s. f.* **1** yellowness (color). **2** sallowness (piel).
amarillismo *s. m.* sensationalism.
amarillo, -lla *adj.* **1** yellow. • *s. m.* **2** yellow.
amarilloso, -sa *adj.* yellowish.
amariposado, -da *adj.* effeminate, camp (afeminado).
amarra *s. f.* **1** MAR. cable, mooring line (cuerda). **2** martingale (correa de caballo). • *pl.* **3** influence, connections (influencia).
amarradero *s. m.* **1** MAR. bollard (poste). **2** mooring (lugar donde se ata el barco). **3** mooring ring (argolla).
amarrado, -da *adj.* tied (atado).
amarraje *s. m.* mooring charge (impuesto).
amarrar *v. t.* **1** MAR. to moor, to tie up. **2** to fasten (sujetar).
amarre *s. m.* MAR. mooring.
amartelar *v. t.* **1** to make jealous (dar celos). **2** to make fall in love (enamorar). • *v. pron.* **3** to fall in love (enamorarse).
amartillar *v. t.* **1** to hammer (martillar). **2** to cock (un arma).
amasado, -da *adj.* doughy.
amasar *v. t.* **1** to knead (pan). **2** to mix (mezclar). **3** to amass (dinero).
amasijo *s. m.* **1** kneading (acción de amasar el pan). **2** mixture (mezcla). **3** job, task (tarea). **4** plot (confabulación).
amateur *adj./s. m.* y *f.* amateur.
amatista *s. f.* amethyst.
amatorio, -ria *adj.* love, (p.u.) amatory.
amazacotado, -da *adj.* **1** heavy (pesado). **2** shapeless (confuso). **3** out of proportion (desproporcionado).
amazona *s. f.* **1** HIST. amazon. **2** rider, horsewoman (que monta a caballo).
amazónico, -ca o **amazonio, -nia** *adj.* Amazon.
ambages *s. m. pl.* **1 andar/venir con ~,** to beat about the bush. **2 sin ~,** straight.
ámbar *s. m.* amber.
ambarino, -na *adj.* amber.
ambición *s. f.* ambition.
ambicionar *v. t.* to strive after, to pursue.
ambiciosamente *adv.* ambitiously.
ambicioso, -sa *adj.* **1** ambitious. • *s. m.* y *f.* **2** ambitious person.
ambidextro, -tra o **ambidiestro, -tra** *adj.* ambidextrous.
ambientación *s. f.* **1** orientation (orientación). **2** atmosphere (ambiente). **3** setting (en el teatro, cine).
ambiental *adj.* environmental.
ambientar *v. t.* **1** to create an atmosphere (crear ambiente). **2** to set (tener lugar). • *v. pron.* **3** to adjust, to become acclimatized.
ambiente *adj.* **1** ambient, surrounding. • *s. m.* **2** atmosphere, air (aire que rodea los cuerpos). **3** (fig.) atmosphere (de un bar, ciudad, etc.). **4** (Am.) room (habitación). ◆ **5 medio ~,** environment.
ambiguamente *adv.* ambiguously.
ambigüedad *s. f.* ambiguity.
ambiguo, -gua *adj.* **1** ambiguous (no muy claro). **2** doubtful (dudoso).
ámbito *s. m.* **1** ambit, field (espacio encerrado). **2** atmosphere (ambiente).
ambliopía *s. f.* amblyopia.
ambos *adj. pl.* both: *ambos estudian = they both study.*
ambrosía *s. f.* ambrosia.

ambulancia *s. f.* **1** ambulance (vehículo). **2** field hospital (hospital ambulante). ◆ **3 ~ de correos,** post-office coach.
ambular *v. i.* to wander around.
ambulante *adj.* **1** travelling: *vendedor ambulante = travelling salesman.* **2** strolling (actor, músico). **3** walking (que anda).
ambulatorio, -ria *adj.* **1** ambulatory. ● *s. m.* **2** MED. clinic.
ameba o **amiba** *s. f.* ZOOL. amoeba.
amedrentar *v. t.* **1** to terrify, to scare (atemorizar). ● *v. pron.* **2** to be terrified, to be scared.
amén *s. m.* **1** REL. amen. ● *interj.* **2** amen! ◆ **3 en un ~,** in a trice.
amenaza *s. f.* threat.
amenazador, -ra *adj.* threatening.
amenazadoramente *adv.* threateningly.
amenazante *adj.* threatening.
amenazar *v. t.* **1** to threaten, to menace: *amenazar de muerte = to threaten with death.* ● *v. t.* e *i.* **2** to presage (presagiar).
amenguamiento *s. m.* diminishing, lessening.
amenguar *v. t.* e *i.* **1** to reduce, to diminish (acortar). ● *v. t.* **2** to dishonour (deshonrar).
amenidad *s. f.* pleasantness, amenability.
amenizar *v. t.* **1** to make more pleasant (hacer más agradable). **2** to liven up (avivar). **3** to make more interesting (hacer más interesante).
ameno, -na *adj.* **1** pleasant, nice (agradable). **2** entertaining (entretenido). **3** charming (placentero).
amenorrea *s. f.* MED. amenorrhoea.
América *s. f.* **1** America (continente). **2** Latin America.
americana *s. f.* jacket, coat.
americanismo *s. m.* Americanism.
americanista *adj./s. m.* y *f.* Americanist.
americanización *s. f.* Americanization.
americanizar *v. t.* **1** to Americanize. ● *v. pron.* **2** to become Americanized.
americano, -na *adj./s. m.* y *f.* American.
amerindio, -dia *adj.* **1** Amerindian, Amerind. ● *s. m.* y *f.* **2** Amerindian, Amerind.
ameritar *v. t.* (Am.) to deserve (merecer).
amerizaje *s. m.* landing.
amerizar *v. i.* to land on the sea.
ametralladora *s. f.* machine gun.
ametrallar *v. t.* to machine-gun.
amianto *s. m.* asbestos.
amigable *adj.* amicable, friendly.
amigablemente *adv.* amicably.
amigacho *s. m.* chum, pal, mate.
amigar *v. t.* to make friends.
amigazo *s. m.* great friend.
amígdala *s. f.* ANAT. tonsil.
amigdalitis *s. m.* tonsillitis.
amigo, -ga *adj.* **1** friendly (amistoso). **2** fond: *ser amigo de los caballos = to be fond of horses.* ● *s. m.* y *f.* **3** friend: *amigo íntimo = close friend.* **4** boyfriend (novio). **5** girlfriend (novia). ◆ **6 hacerse amigos,** to make friends.
amigote *s. m.* old mate, old friend.
amiguismo *s. m.* nepotism, old-boy network.
amilanado, -da *adj.* frightened, scared.
amilanamiento *s. m.* fear (miedo).
amilanar *v. t.* **1** to scare, to frighten (atemorizar). ● *v. pron.* **2** to be discouraged (desanimar). **3** to be intimidated (acobardar).
aminorar o **minorar** *v. t.* to diminish, to get smaller.
amistad *s. f.* **1** friendship. ● *pl.* **2** friends. ◆ **3 hacer las amistades,** to make it up.
amistar *v. t.* **1** to make friends. ● *v. pron.* **2** to make it up (reconciliar). **3** to become friends (hacerse amigos).
amistosamente *adv.* amicably.
amistoso, -sa *adj.* friendly, amicable.
amito *s. m.* REL. amice.
amnesia *s. f.* amnesia, loss of memory.
amnésico, -ca *adj.* **1** amnesic. ● *s. m.* y *f.* **2** amnesiac.
amniótico, -ca *adj.* ANAT. amniotic.
amnistía *s. f.* amnesty.
amnistiar *v. t.* to amnesty, to give amnesty.
amo *s. m.* **1** master. **2** master of the house (dueño de la casa). **3** owner (propietario). **4** head of the family (cabeza de familia). **5** foreman (capataz). **6** boss (jefe). ◆ **7 ser el ~,** to be the boss.
amodorrado, -da *adj.* drowsy, sleepy (con sueño).
amodorramiento *s. m.* drowsiness, sleepiness (sueño).
amodorrarse *v. pron.* **1** to get sleepy (empezar a tener sueño). **2** to go to sleep (dormirse).
amohinar *v. t.* **1** to annoy, to irritate (molestar). ● *v. pron.* **2** to get annoyed (enfadarse).
amojamiento *s. m.* wizening, drying up.
amojamar *v. t.* **1** to dry and salt (pescado). ● *v. pron.* **2** to become wizened (apergaminarse).
amolar *v. t.* **1** to sharpen, to grind (afilar un cuchillo, etc.). **2** (fig.) to get on someone's nerves (molestar).
amoldamiento *s. m.* fitting, adaption, adjustment (ajuste).
amoldar *v. t.* **1** to mould. **2** (fig.) to mould, to shape (el comportamiento, etc.). ● *v. pron.* **3** to adapt oneself (adaptarse).
amonedado, -da *adj.* (Am.) rich (rico).
amonedar *v. t.* to coin, to mint.
amonestación *s. f.* **1** warning (advertencia). **2** reprimand, rebuke (reprensión). **3** piece of advice (consejo). **4** REL. marriage banns.
amonestar *v. t.* **1** to warn, to caution (advertir). **2** to advise (aconsejar). **3** to reprove, to admonish (reprender). **4** REL. to publish the banns (anunciar una boda).
amoniacal *adj.* QUÍM. ammoniacal.
amoníaco, -ca o **amoniaco, -ca** *adj.* **1** QUÍM. ammoniac. ● *s. m.* **2** QUÍM. ammonia.
amontillado *s. m.* amontillado (jerez).
amontonadamente *adv.* in a pile, in a heap.
amontonador, -ra *adj.* **1** heaping. ● *s. f.* **2** heaping machine (máquina).
amontonamiento *s. m.* **1** piling, heaping (acción). **2** hoarding (de riquezas). **3** collection (de datos). **4** crowding (de personas).
amontonar *v. t.* **1** to pile up, to heap (poner en un montón). **2** to bank up (nieve, nubes). **3** to gather, to collect (datos, etc.). **4** (Am.) to insult (insultar). ● *v. pron.* **5** to pile up, to get piled up (ponerse en un montón). **6** to drift (nieve). **7** to accumulate (acumularse). **8** to crowd together (gente).
amor *s. m.* **1** love. **2** devotion (devoción). **3** lover (amante). **4** love (persona amada). ◆ **5 ~ con ~ se paga,** one good turn deserves another. **6 ~ pasajero,** passing fancy. **7 ~ propio,** self-respect; self-esteem. **8 hacer el ~,** to make love. **9 por el ~ de Dios,** for God's sake; for the love of God. **10 ~ fraternal,** brotherly love.
amoral *adj.* amoral.
amoralidad *s. f.* amorality.
amoralismo *s. m.* amoralism.
amoratarse *v. pron.* **1** (Am.) to turn purple (ponerse color morado). **2** to get bruised (contusionarse).
amorcillo *s. m.* **1** flirtation. **2** Cupid (figura).
amordazamiento *s. m.* **1** gagging (de personas). **2** muzzling (de perros). **3** (fig.) silencing (de la prensa, etc.).
amordazar *v. t.* **1** to gag (a una persona). **2** to muzzle (a un perro). **3** (fig.) to silence (la prensa, etc.).
amorfo, -fa *adj.* amorphous.
amoroso, -sa *adj.* **1** loving, affectionate, tender (tierno). **2** (fig.) workable (la tierra). **3** (fig.) MET. malleable. **4** (fig.) mild (el tiempo). ◆ **5 en tono ~,** in an affectionate tone.
amortajar *v. t.* to shroud.
amortiguación *s. f.* **1** deadening, muffling (del sonido). **2** subduing, dimming (de la luz). **3** damping (de un golpe). **4** toning down (de colores).
amortiguador *s. m.* **1** MEC. shock-absorber. **2** buffer (tren). **3** ELEC. damper. **4** dimmer (de una luz). ● *adj.* **5** muffling, deadening.
amortiguar *v. t.* **1** to deaden, to muffle (sonido). **2** to dim, to subdue (la luz). **3** to cushion (un golpe). **4** to absorb (choque). **5** to soften, to tone down (color). **6** ELEC. to dampen. ● *v. pron.* **7** (Am.) to wither (marchitarse). **8** to get depressed (deprimirse).
amortizable *adj.* COM. redeemable.
amortización *s. f.* **1** DER. amortization. **2** COM. redemption. **3** abolition (de un empleo).
amortizar *v. t.* **1** DER. to amortize. **2** COM. to redeem. **3** to pay off, to repay (un préstamo, etc.).
amoscarse *v. pron.* (fam.) to get cross, to get angry (enfadarse).
amostazar *v. t.* **1** to make cross, to make angry (enfadar). ● *v. pron.* **2** to

get cross, to get angry (enfadarse). **3** (Am.) to blush (sonrojarse). **4** (Am.) to get embarrassed (avergonzarse).
amotinado, -da *s. m.* y *f.* **1** MIL. mutineer. **2** rebel (rebelde). • *adj.* **3** mutinous. **4** rebellious (rebelde).
amotinador, -ra *adj.* ⇒ **amotinado.**
amotinamiento *s. m.* **1** riot (disturbio). **2** POL. uprising, insurrection. **3** MIL. mutiny (en un barco, etc.).
amotinar *v. t.* **1** to stir up, to incite a mutiny (incitar un amotinamiento). • *v. pron.* **2** to riot (alborotarse). **3** POL. to rise up, to revolt (rebelarse). **4** to mutiny (en un barco, etc.).
amover *v. t.* to dismiss, to remove (despedir de un empleo).
amparar *v. t.* **1** to protect (proteger). **2** to shelter (de los elementos). **3** to help (ayudar). • *v. pron.* **4** to seek protection (buscar protección). **5** to seek help (buscar ayuda). **6** to protect oneself (protegerse). **7** to defend oneself (defenderse).
amperaje *s. m.* ELEC. amperage.
amperímetro *s. m.* ELEC. ammeter.
amperio *s. m.* ELEC. ampere, amp.
ampliable *adj.* which can be enlarged, enlargeable.
ampliación *s. f.* **1** extension, enlargement (de una casa, etc.). **2** enlargement (de una foto). **3** expansion (expansión). **4** amplification (amplificación).
ampliadora *s. f.* enlarger (para las fotos).
ampliar *v. t.* **1** to enlarge, to extend (hacer más grande). **2** to enlarge (una foto). **3** to amplify (sonido).
amplificación *s. f.* **1** amplification (sonido). **2** (Am.) enlargement (de fotos).
amplificador *s. m.* ELEC. amplifier.
amplificar *v. t.* **1** ELEC. to amplify. **2** (Am.) to enlarge (una foto).
amplio, -plia *adj.* **1** spacious (con mucho espacio). **2** extensive (investigación, etc.). **3** ample, wide (poderes). **4** broad, wide (ancho).
amplitud *s. f.* **1** spaciousness (espacio). **2** extent (de daños, conocimiento, etc.). **3** expanse, size (de un terreno, etc.).
ampo *s. m.* **1** whiteness (blancura). **2** snowflake (copo de nieve).
ampolla *s. f.* **1** MED. blister. **2** flask, bottle (frasco).
ampolleta *s. f.* **1** phial, small bottle (botella pequeña). **2** hourglass (reloj). **3** bulb (de un termómetro, etc.).
ampulosidad *s. f.* bombast, pomposity.
ampuloso, -sa *adj.* bombastic, pompous.
amputación *s. f.* MED. amputation.
amputado, -da *adj.* MED. amputated.
amputar *v. t.* MED. to amputate.
amueblar *v. t.* to furnish.
amuermar *v. t.* y *pron.* (fam.) to bore stiff (aburrir).
amularse *v. pron.* **1** to get angry (enfadarse). • *v. i.* **2** to be sterile (ser estéril).
amuleto *s. m.* amulet, charm.
amura *s. f.* MAR. **1** width, beam. ◆ **2 cambiar de ~,** MAR. to go about, to tack.
amurallar *v. t.* to wall, to wall in.
anabaptismo *s. m.* REL. anabaptism.
anacarado, -da *adj.* mother-of-pearl.
anacardo *s. m.* cashew (fruto seco).
anacoluto *s. m.* GRAM. anacoluthon.
anaconda *s. f.* ZOOL. anaconda (serpiente).
anacoreta *s. m.* y *f.* anchorite, hermit.
anacreóntico, -ca *adj.* anacreontic.
anacrónico, -ca *adj.* anachronistic.
anacronismo *s. m.* anachronism.
ánade *s. m.* ZOOL. mallard (pato).
anadón *s. m.* duckling (patito).
anaerobio, -bia *adj.* **1** BIOL. anaerobic. • *s. m.* **2** BIOL. anaerobe.
anafase *adj.* BIOL. anaphase.
anáfora *s. f.* anaphora (repetición).
anafrodisia *s. f.* anaphrodisia.
anagogía o **anagoge** *s. f.* REL. anagoge, anagogy.
anagrama *s. f.* anagram.
anal *adj.* anal.
analectas *s. f. pl.* analects, analecta, florilegium.
anales *s. m. pl.* anals.
analfabetismo *s. m.* illiteracy.
analfabeto, -ta *s. m.* y *f.* illiterate.
analgesia *s. f.* MED. analgesia.
analgésico, -ca *adj.* y *s. m.* MED. analgesic.
análisis *s. m.* **1** analysis. **2** MED. test: *análisis de sangre = blood test.* **3** MED. analysis: *análisis de orina = urine analysis.*
analista *s. m.* y *f.* **1** analyst (el que hace análisis). **2** annalist (el que escribe anales).
analítico, -ca *adj.* analytic, analytical.
analizador, -ra *adj.* **1** analysing, analyzing. • *s. m.* **2** FÍS. analyser.
analizar *v. t.* to analyse, to analyze.
analogía *s. f.* **1** analogy. **2** similarity (semejanza).
analógico, -ca *adj.* GRAM. analogical.
análogo, -ga *adj.* similar, analogous.
ananá o **ananás** *s. m.* BOT. pineapple (piña).
anapesto *s. m.* anapest.
anaquel *s. m.* shelf.
anaquelería *s. f.* shelves (pl.), shelving.
anaranjado, -da *adj.* **1** orange. • *s. m.* **2** orange.
anarquía *s. f.* anarchy.
anárquicamente *adv.* anarchistically.
anárquico, -ca *adj.* anarchic.
anarquismo *s. m.* anarchism.
anarquista *adj./s. m.* y *f.* anarchist.
anatema *s. m.* REL. anathema.
anatomía *s. f.* **1** anatomy (ciencia). **2** anatomy (cuerpo).
anatómico, -ca *adj.* anatomic, anatomical.
anatomista *s. m.* y *f.* anatomist.
anatomizar *v. t.* e *i.* to anatomize, to dissect.
anca *s. f.* **1** haunch (parte posterior lateral de un caballo). **2** rump (parte posterior superior). ◆ **3 ancas de rana,** frog's legs.
ancestral *adj.* ancestral.
ancho, -cha *adj.* **1** broad, wide. **2** full (falda). **3** thick (espeso). **4** too wide (demasiado ancho). **5** satisfied, smug (satisfecho). • *s. m.* **6** width, breadth (anchura). **7** gauge (ferrocarril). ◆ **8 estar a sus anchas,** to be comfortable. **9 quedarse tan ~,** to behave as if nothing has happened.
anchoa *s. f.* ZOOL. anchovy (pez).
anchura *s. f.* **1** width, breadth. **2** (fig.) freedom (libertad). **3** (fig.) ease, comfort (comodidad).
ancianidad *s. f.* old age.
anciano, -na *adj.* **1** old, elderly, aged (de edad). • *s. m.* **2** old man, elderly man. • *s. f.* **3** old woman, elderly woman.
ancla *s. f.* **1** MAR. anchor. ◆ **2 echar anclas,** MAR. to drop anchor.
anclaje *s. m.* MAR. anchorage.
anclar *v. t.* MAR. to anchor, to drop anchor.
áncora *s. f.* **1** MAR. anchor. ◆ **2 ~ de protección,** last hope (última esperanza).
andada *s. f.* (Am.) long walk (paseo largo).
andaderas *s. f. pl.* baby walker.
¡ándale! *interj.* (Am.) come on!
andalucismo *s. m.* **1** Andalusian word (palabra). **2** Andalusian expression (expresión). **3** love of things typical of Andalusia (afición a las cosas andaluzas).
andaluz, -za *adj./s. m.* y *f.* Andalusian.
andamiaje *s. m.* scaffolding.
andamio *s. m.* **1** TEC. scaffolding. **2** stage, platform (tablado).
andana *s. f.* **1** row, line (fila). ◆ **2 llamarse ~,** to go back on one's word.
andanada *s. f.* **1** MIL. broadside. **2** big rocket (fuegos artificiales). **3** (fig.) telling off, reprimand (reprimenda). ◆ **4 por andanadas,** (Am.) in abundance (en abundancia).
andante *adv.* y *s. m.* **1** MÚS. andante. • *adj.* **2** errant: *caballero andante = knight-errant.*
andantino *adv.* y *s. m.* MÚS. andantino.
andanza *s. f.* **1** fortune, fate (destino). ◆ **2 andanzas,** achievements (logros).
andar *v. i.* **1** to walk (caminar). **2** to move (moverse). **3** to work (funcionar): *la radio no anda = the radio doesn't work.* **4** to go, to run, to work (una máquina). **5** to be: *anda por aquí = she's around here.* **6** to pass (el tiempo). • *v. t.* **7** to walk. **8** to cover, to travel (cubrir distancias). • *v. pron.* **9** to leave, to go away (irse). • *interj.* **10 ¡anda!,** come on! (para animar); you're joking! (desconfianza); my word! (admiración). ◆ **11 ~ a caballo,** (Am.) to ride (on horseback). **12 ~ a golpes,** to fight. **13 ~ bien de salud,** to be in good health. **14 ~ con cuidado,** to be careful. **15 ~ con rodeos,** to beat about the bush. **16 ~ de puntillas,** tiptoe; to walk on tiptoe. **17 ~ mal de la cabeza,** not to be right in the head. **18 ~ tras,** to be after. **19 andarse con bromas,** to joke; to make jokes.

andariego, -ga *s. m.* y *f.* **1** wanderer, rover (errante). **2** keen walker (que le gusta andar). • *adj.* **3** fond of walking (que le gusta andar). **4** wandering, roving (errante).

andarín, -na *s. m.* y *f.* **1** walker. • *adj.* **2** keen on walking: *es muy ~ = he is keen on walking.*

andas *s. f.* **1** stretcher (camilla). **2** litter, sedan chair (silla de manos). **3** bier (féretro).

andén *s. m.* **1** platform (de estación). **2** hard shoulder (de autopista). **3** quayside (muelle).

andinismo *s. m.* (Am.) mountaineering.

andinista *s. m.* y *f.* (Am.) mountaineer.

andino, -na *adj.* Andean, of the Andes.

andorrano, -na *adj./s. m.* y *f.* Andorran.

andrajo *s. m.* **1** rag, tatter (de ropa vieja). ♦ **2 estar en andrajos,** to be in rags.

andrajoso, -sa *adj.* ragged.

andrino *s. m* ⇒ **endrino.**

androceo *s. m.* BOT. androecium.

androide *s. m.* android.

andurrial *s. m.* **1** (Am.) muddy place, quagmire (sitio fangoso). • *pl.* **2** out-of-the-way place (paraje alejado).

anécdota *s. f.* anecdote.

anecdótico, -ca *adj.* anecdotal, anecdotic.

anecdotario *s. m.* collection of anecdotes.

anegable *adj.* subject to flooding.

anegadizo, -za *adj.* subject to flooding, frequently flooded.

anegar *v. t.* **1** to flood (inundar). **2** (fig.) to destroy (destrozar). • *v. pron.* **3** to flood, to be flooded (inundarse). **4** MAR. to sink (hundirse).

anejo, -ja *adj.* **1** attached, dependent (dependiente). • *s. m.* **2** ARQ. annex (de un edificio).

anemia *s. f.* MED. anaemia, anemia.

anémico, -ca *adj.* MED. anaemic, anemic.

anemómetro *s. m.* FÍS. anemometer.

anémona *s. f.* **1** BOT. anemone (planta). ♦ **2 ~ de mar,** ZOOL. sea anemone.

anemoscopio *s. m.* anemoscope, wind direction indicator.

anestesia *s. f.* MED. anaesthesia.

anestesiar *v. t.* MED. to anaesthetize.

anestésico, -ca *adj.* y *s. m.* MED. anaesthetic.

aneurisma *s. m.* MED. aneurysm, aneurism.

anexar *v. t.* to annex.

anexión *s. f.* annexation.

anexionar o **anexar** *v. t.* to annex.

anexionismo *s. m.* annexationism.

anexionista *adj./s. m.* y *f.* annexationist.

anexo, -xa *adj.* **1** ARQ. attached, annexed (edificio). **2** attached (documento). • *s. m.* **3** ARQ. annex, annexe (de un edificio). **4** annex, annexe, appendix (de un libro).

anfibio, -bia *adj.* **1** amphibious. • *s. m.* **2** amphibian.

anfibolita *s. f.* MIN. amphibolite.

anfiteatro *s. m.* amphitheatre.

anfitrión, -na *s. m.* y *f.* host (hombre); hostess (mujer).

ánfora *s. f.* amphora (cántaro).

angarillas *s. f. pl.* **1** stretcher (camilla). **2** panniers (para los caballos). **3** portable platform (para transportar cosas a mano).

ángel *s. m.* **1** angel: *ángel de la guarda = guardian angel.* **2** charm (encanto). ♦ **3 ~ caído,** fallen angel.

angélica *s. f.* BOT. angelica.

angelical *adj.* angelic, angelical.

angélico, -ca *adj.* angelic, angelical.

angelito *s. m.* **1** little angel, cherub. ♦ **2 que sueñes con los angelitos,** sleep well.

angelote *s. m.* **1** chubby child (niño gordo). **2** angel (estatua). **3** ZOOL. angelfish (pez). **4** BOT. type of clover (especie de trébol).

ángelus *s. m.* angelus.

angina *s. f.* **1** MED. angina, quinsy. **2** ANAT. tonsil. ♦ **3 ~ de pecho,** angina pectoris. **4 tener anginas,** to have a sore throat.

angioma *s. m.* MED. angioma.

angiosperma *s. f.* BOT. angiosperm.

angiospermo, -ma *adj.* BOT. angiospermous.

anglicanismo *s. m.* REL. Anglicanism.

anglicanizar *v. t.* to Anglicize.

anglicano, -na *adj./s. m.* y *f.* REL. Anglican: *La Iglesia Anglicana = The Church of England; The Anglican Church.*

anglicismo *s. m.* Anglicism.

anglicista *s. m.* y *f.* Anglicist.

anglo *adj.* **1** Anglian. • *s. m.* y *f.* **2** Angle, Anglian.

angloamericano, -na *adj./s. m.* y *f.* Angloamerican.

anglófilo, -la *adj./s. m.* y *f.* Anglophile.

anglófobo, -ba *adj./s. m.* y *f.* Anglophobe.

anglosajón, -na *adj./s. m.* y *f.* Anglo-Saxon.

angora *s. f.* **1** angora. **2** mohair.

angostamente *adv.* narrowly.

angostar *v. t.* **1** to narrow (estrechar). • *v. pron.* **2** to narrow, to get narrower (estrecharse).

angosto, -ta *adj.* narrow (estrecho).

angostura *s. f.* **1** narrowness (estrechez). **2** narrow part (parte estrecha). **3** GEOG. narrow pass (entre montañas).

anguila *s. f.* **1** ZOOL. eel (pez). ♦ **2 ~ de mar,** ZOOL. conger eel (pez).

angula *s. f.* ZOOL. elver (cría de la anguila).

angular *adj.* **1** angular. • *s. m.* **2** TEC. angle iron. ♦ **3 piedra ~,** ARQ. cornerstone.

angularidad *s. f.* angularity.

ángulo *s. m.* **1** MAT. angle: *ángulo agudo = acute angle.* **2** corner (esquina). **3** curve, bend (curva). **4** TEC. angle iron (angular). ♦ **5 ~ facial,** ANAT. facial angle. **6 desde este ~,** (fig.), from this angle. **7 formar ~ con,** to be at an angle to.

angurria *s. f.* **1** MED. strangury. **2** (Am.) starvation, hunger (hambre). **3** (Am.) stinginess, miserliness, meanness (tacañería).

angustia *s. f.* **1** anguish, distress (psíquica). **2** anguish (física). ♦ **3 dar ~ a,** to trouble; to distress.

angustiadamente *adv.* distressedly, with anguish.

angustiado, -da *adj.* **1** anguished, distressed (psíquicamente). **2** worried (preocupado).

angustiar *v. t.* **1** to cause anguish to, to distress. **2** to worry (preocupar). • *v. pron.* **3** to become distressed. **4** to get anxious, to worry (preocuparse).

angustioso, -sa *adj.* **1** distressing (una situación, etc.). **2** agonizing (una espera, etc.). **3** anguished, distressed (angustiado). ♦ **4 un momento ~,** a moment of anguish.

anhelante *adj.* longing, eager (deseoso).

anhelar *v. t.* to long o yearn for (desear que pase algo).

anhelo *s. m.* **1** yearning, craving (deseo). • *pl* **2** aspirations (aspiraciones).

anhídrido *s. m.* QUÍM. anhydride.

anidar *v. t.* **1** to take in, to shelter (acoger). • *v. i.* y *pron.* **2** to nest, to make one's nest (las aves).

anilina *s. f.* aniline.

anilla *s. f.* **1** ring (anillo). **2** curtain ring (de cortinas). **3** ring (de un ave).

anillo *s. m.* **1** ring: *anillo de boda = wedding ring.* **2** ARQ. annulet (de una columna). **3** ZOOL. annulus (de un gusano). **4** BOT. ring (de un árbol). ♦ **5 ~ de compromiso,** engagement ring. **6 sienta como ~ al dedo,** it's just what the doctor ordered.

ánima *s. f.* **1** soul (alma). **2** bore (de un cañón). **3** soul in purgatory (alma que se purifica en el purgatorio).

animación *s. f.* **1** animation (acción de animar). **2** life (de una persona). **3** liveliness (de una situación, etc.). **4** movement, bustle, activity (en la calle, etc.). **5** animation (cine). **6** starting (puesta en marcha).

animadamente *adv.* animatedly, in a lively way.

animado, -da *adj.* **1** lively, full of life (una fiesta, etc.). **2** busy, lively, bustling (una calle, etc.). **3** inspired, driven (inspirado). ♦ **4 dibujos animados,** cartoons.

animador, -ra *adj.* **1** encouraging, inspiring (que inspira). • *s. m.* y *f.* **2** entertainer (en un bar, etc.).

animadversión *s. f.* ill-will.

animal *s. m.* **1** animal. **2** (fig.) brute, animal (bruto). • *adj.* **3** animal. **4** (fig.) rough, brutish (bruto).

animalada *s. f.* **1** gross language (grosería). **2** gluttonous behaviour (gula). ♦ **3 decir animaladas,** to be crude/vulgar.

animalidad *s. f.* animality.

animar *v. t.* **1** to animate, to give life to (dar vida). **2** to encourage (a una persona). **3** to liven up, to enliven (una fiesta, etc.). **4** to brighten up

(un sitio, etc.). **5** to cheer up (a una persona deprimida). • *v. pron.* **6** to pluck up courage (cobrar ánimo). **7** to liven up, to get livelier (una fiesta, etc.). **8** to cheer up (una persona deprimida). **9** to decide (decidirse). ◆ **10 ¡anímate!,** cheer up! (para dar ánimos); make up your mind! (decídete). **11 ¿te animas?,** do you fancy it?
anímico, -ca *adj.* **1** psychic. ◆ **2 estado ~,** state of mind.
animismo *s. m.* animism.
animista *adj.* **1** animistic. • *s. m.* y *f.* **2** animist.
ánimo *s. m.* **1** mind (mente). **2** soul (alma). **3** spirit (espíritu). **4** courage, pluck (valor). **5** energy (energía). **6** intention (intención): *con ánimo de = with the intention of* ◆ **7 ¡ánimo!,** come on! (en deporte, etc.). **8 dar ánimos a,** to encourage. **9 estado de ~,** state of mind. **10 estar sin ~,** to be in low spirits.
animosidad *s. f.* animosity, enmity (antipatía).
animoso, -sa *adj.* **1** brave, daring (valiente). **2** determined (decidido).
aniñadamente *adv.* childishly.
aniñado, -da *adj.* childish.
aniñarse *v. pron.* to become childish.
aniquilar *v. t.* **1** annihilate, to wipe out, to destroy. **2** to overwhelm, to overcome (anonadar). • *v. pron.* **3** to deteriorate (la salud).
anís *s. m.* **1** BOT. anise (planta). **2** aniseed (semilla). **3** anis, anisette (bebida). **4** (Am.) strength, energy (energía). ◆ **5 estar hecho un ~,** (Am.) to be dressed up to the nines.
anisete *s. m.* anisette.
aniversario *s. m.* anniversary.
ano *s. m.* ANAT. anus.
anoche *adv.* **1** last night, yesterday evening. ◆ **2 antes de ~,** the night before last.
anochecer *v. i.* **1** to get dark. **2** to arrive at night (llegar al anochecer). • *s. m.* **3** nightfall, dusk. ◆ **4 al ~,** at nightfall; at dusk.
anochecida *s. f.* nightfall, dusk.
anodinia *s. f.* MED. anodynia.
anodino, -na *adj.* **1** MED. anodyne. **2** insignificant (insignificante). **3** uninteresting, anodyne (sin interés).
ánodo *s. m.* ELEC. anode.
anomalía *s. f.* anomaly.
anómalo, -la *adj.* anomalous.
anonadación *s. f.* o **anonadamiento** *s. m.* annihilation, destruction (aniquilación).
anonadar *v. t.* **1** to annihilate, to destroy (aniquilar). **2** to overwhelm, to overcome (apocar).
anonimato *s. m.* anonymity.
anónimo, -ma *adj.* **1** anonymous. • *s. m.* **2** anonymity (anonimato). **3** anonymous person (persona). **4** anonymous letter (carta). **5** anonymous work (obra).
anorak *s. m.* anorak.
anorexia *s. f.* MED. anorexia.
anormal *adj.* **1** abnormal. • *s. m.* y *f.* **2** (desp.) idiot, fool.
anormalidad *s. f.* abnormality.
anovulatorio *s. m.* anovulatory.
anquilosamiento *s. m.* MED. ankylosis, anchylosis.
anquilosar *v. t.* **1** to ankylose, to anchylose. • *v. pron.* **2** to ankylose.
ansia *s. f.* **1** MED. anxiety (ansiedad). **2** longing, yearning (deseo). • *pl.* **3** MED. sick-feeling (náusea).
ansiar *v. t.* to long for, to yearn for.
ansiedad *s. f.* **1** anxiety, worry (preocupación). **2** MED. anxiety.
ansiosamente *adv.* **1** longingly. **2** anxiously (con inquietud).
ansioso, -sa *adj.* **1** anxious, worried (inquieto). **2** eager (deseoso). **3** MED. anxious.
anta *s. f.* **1** ZOOL. elk, moose. **2** (Am.) ZOOL. tapir.
antagónico, -ca *adj.* antagonistic.
antagonismo *s. m.* antagonism.
antagonista *adj.* **1** antagonistic. • *s. m.* y *f.* **2** antagonist.
antaño *adv.* **1** long ago, formerly (hace mucho tiempo). **2** last year (el año pasado).
antártico, -ca *s. m.* y *adj.* antarctic.
ante *s. m.* **1** ZOOL. elk, moose. **2** suede (piel).
ante *prep.* **1** before, in the presence of (una persona). **2** in the face of (el enemigo, un peligro, etc.). **3** with regard to (un asunto). ◆ **4 ~ esta posibilidad,** in view of this possibility. **5 ~ todo,** above all.
anteanoche *adv.* the night o evening before last.
anteayer *adv.* the day before yesterday.
antebrazo *s. m.* ANAT. forearm.
antecámara *s. f.* antechamber, anteroom, lobby (vestíbulo).
antecedente *s. m.* **1** GRAM. antecedent. • *adj.* **2** previous, preceding (previo). • *s. m.pl.* **3** record, history; background. **4 antecedentes penales,** criminal record.
anteceder *v. t.* to precede, to go before.
antecesor, -ra *adj.* **1** preceding, former (anterior). • *s. m.* y *f.* **2** predecessor. **3** ancestor, forefather (antepasado).
antedecir *v. t.* to predict, to foretell.
antedicho, -cha *adj.* above-mentioned.
antediluviano, -na *adj.* **1** antediluvian, before the Flood. **2** antediluvian, antiquated (anticuado).
antelación *s. f.* **1** precedence, priority (prioridad). ◆ **2 con ~,** in advance, beforehand.
antemano (de) *loc. adv.* beforehand.
antena *s. f.* **1** feeler, antenna. **2** RAD. aerial, antenna.
anteojera *s. f.* **1** blinker (para los caballos). **2** glasses case (estuche para gafas).
anteojo *s. m.* **1** telescope. • *pl.* **2** opera glasses (para la ópera). **3** binoculars (prismáticos). **4** blinkers (para los caballos). **5** glasses (gafas).
antepasado, -da *adj.* **1** before last, previous. • *s. m.* **2** ancestor, forefather (ascendiente).
antepecho *s. m.* **1** guardrail, handrail (en un puente, edificio, etc.). **2** ledge, sill (de una ventana). **3** MIL. breastwork (de la guarnición de las caballerías).
anteponer *v. t.* **1** to place in front. **2** (fig.) to prefer (preferir). • *v. pron.* **3** to be in front (estar delante). **4** (fig.) to overcome (vencer).
anteproyecto *s. m.* **1** draft. ◆ **2 ~ de ley,** draft bill.
antepuerta *s. f.* **1** storm door (de una casa). **2** second gate, inner door (de una fortaleza).
antepuerto *s. m.* MAR. outer harbour.
anterior *adj.* **1** front, fore, anterior (parte, pata, etc.). **2** preceding, previous, former (previo).
anterioridad *s. f.* **1** anteriority (de tiempo). **2** priority (prioridad). ◆ **3 con ~,** before, previously (antes); beforehand, in advance (con antelación).
anteriormente *adv.* **1** before, previously (antes). **2** beforehand, in advance (con antelación).
antes *adv.* **1** before: *una semana antes = a week before.* **2** first (primero). **3** earlier: *le vi antes = I saw him earlier.* **4** rather, better: *antes muerto que esclavo = better dead than enslaved.* • *adj.* **5** before, previous: *el día antes = the day before; the previous day.* ◆ **6 ~ de / ~ de que,** before. **7 ~ hoy que mañana,** the sooner the better (cuanto antes mejor). **8 mucho ~,** a long time before.
anti- (prefijo) anti-.
antiabortista *adj.* **1** anti-abortion. • *s. m.* y *f.* **2** anti-abortionist.
antiaéreo, -a *adj.* **1** anti-aircraft. • *s. m.* **2** anti-aircraft gun (cañón).
antiarrugas *adj.* y *s. m.* anti-wrinkle.
antibiótico *s. m.* MED. antibiotic.
anticiclón *s. m.* anticyclone, high.
anticipación *s. f.* **1** bringing forward (de una fecha, etc.). **2** anticipation, prediction (predicción). **3** COM. advance.
anticipadamente *adv.* in advance.
anticipado, -da *adj.* **1** advance, in advance. ◆ **2 pago ~,** advance payment.
anticipar *v. t.* **1** to bring forward, to advance (una fecha, etc.). **2** to predict, to foretell (pronosticar). **3** to pay in advance (dinero). **4** (fig.) to anticipate (prever). • *v. pron.* **5** to be early (llegar temprano). **6** to anticipate, to be one step ahead of (a un rival, etc.). **7** to be premature, to be born prematurely (un bebé). **8** to anticipate (adivinar).
anticipo *s. m.* **1** beginning: *fue el anticipo del fin = it was the beginning of the end.* **2** COM. advance (dinero anticipado). **3** COM. loan (préstamo). **4** DER. retaining fee.
anticlerical *adj./s. m.* y *f.* anticlerical.
anticlericalismo *s. m.* anticlericalism.
anticlímax *s. m.* anticlimax.
anticlinal *s. m.* **1** (Am.) watershed. **2** GEOL. anticline.

anticonceptivo, -va *adj.* y *s. m.* **1** contraceptive. ◆ **2 métodos anticonceptivos,** birth control methods. **3 píldora anticonceptiva,** contraceptive pill; (fam.) the pill.
anticongelante *s. m.* antifreeze (solución).
anticonstitucional *adj.* unconstitutional.
anticristo *s. m.* Antichrist.
anticuado, -da *adj.* **1** out-of-date, antiquated, (una máquina, etc.). **2** outdated, out of fashion (pasado de moda). **3** antiquated, old-fashioned (una persona). ◆ **4 quedarse ~,** to go out of fashion.
anticuar *v. t.* **1** to declare out-of-date. ● *v. pron.* **2** to go out of fashion (la ropa, etc.). **3** to become obsolete (una máquina, etc.).
anticuario, -ria *s. m.* y *f.* **1** antique dealer (vendedor). ● *s. m.* **2** antique shop (tienda).
antídoto *s. m.* MED. antidote.
antiespasmódico, -ca *adj.* y *s. m.* MED. antispasmodic.
antiestético, -ca *adj.* unsightly, offensive (to the eye), ugly.
antifaz *s. m.* **1** mask (máscara). **2** veil (velo).
antífona *s. f.* REL. antiphon.
antígeno *s. m.* MED. antigen.
antigualla *s. f.* **1** antique. **2** has-been (persona). **3** old news, old hat (noticia, información, etc.).
antiguamente *adv.* **1** before, formerly (antes). **2** in the olden days (en la antigüedad).
antigubernamental *adj.* anti-government.
antigüedad *s. f.* **1** seniority. **2** antiquity, age (cualidad). ◆ **3** *pl.* antiques (objetos antiguos). ◆ **4 tienda de antigüedades,** antique shop.
antiguo, -gua *adj.* **1** antique (objeto). **2** old (viejo). **3** old, former (anterior). **4** old-fashioned, out-of-date (pasado de moda). ◆ **5 Antiguo Testamento,** REL. Old Testament. **6 desde muy ~,** from time immemorial.
antihéroe *s. m.* antihero.
antihistamínico, -ca *adj.* **1** antihistaminic. ● *s. m.* **2** antihistamine.
antílope *s. m.* ZOOL. antelope.
antimateria *s. f.* antimatter.
antinatural *adj.* unnatural.
antinomia *s. f.* antinomy.
antinómico, -ca *adj.* antinomic, antinomical.
antioxidante *adj.* **1** anti-rust, rustproof. ● *s. m.* **2** rustproofing.
antipalúdico, -ca *adj.* antimalarial.
antipapa *s. m.* antipope.
antipapista *s. m.* y *f.* antipapist.
antiparras *s. f. pl.* (fam.) specs, glasses.
antipatía *s. f.* antipathy, unfriendliness.
antipirético, -ca *adj.* y *s. m.* MED. antipyretic.
antípoda *adj.* **1** antipodal. ● *s. m.* **2** antipode. ◆ **3 las antípodas,** the antipodes.
antiquísimo, -ma *adj.* very old, ancient.
antisemita *adj.* **1** anti-semetic. ● *s. m.* y *f.* **2** anti-semite.
antisemítico, -ca *adj.* anti-semitic.
antisemitismo *s. m.* anti-semitism.
antisepsia *s. f.* MED. antisepsis.
antiséptico, -ca *adj.* y *s. m.* MED. antiseptic.
antisocial *adj.* antisocial.
antítesis *s. f.* antithesis.
antitético, -ca *adj.* antithetic(al).
antivirus *s. m.* antivirus software.
antojadizo, -za *adj.* **1** whimsical, capricious (caprichoso). **2** unpredictable, fickle (cambiadizo).
antojado, -da *adj.* longing, eager.
antojarse *v. pron.* (apetecer): *se le antojó un helado = she fancied an ice-cream, she felt like an ice-cream; se me antoja ver la película = I have a mind to see the film.*
antojo *s. m.* **1** whim, fancy, caprice. **2** sudden craving (de una mujer embarazada). **3** birthmark (mancha en la piel). ◆ **4 cada uno a su ~,** each to his own. **5 vivir a su ~,** to live one's own life.
antología *s. f.* anthology.
antónimo *s. m.* antonym.
antonomasia *s. f.* antonomasia.
antonomástico, -ca *adj.* antonomastic.
antorcha *s. f.* **1** torch. **2** (fig.) guiding light (persona). ◆ **3 ~ a soplete,** blowlamp.
antracita *s. f.* MIN. anthracite.
ántrax *s. m.* MED. anthrax.
antro *s. m.* **1** cavern. ◆ **2 ~ de corrupción,** den of iniquity.
antropocéntrico, -ca *adj.* anthropocentric.
antropocentrismo *s. m.* anthropocentricity.
antropofagia *s. f.* cannibalism.
antropófago, -ga *s. m.* y *f.* **1** cannibal. ● *adj.* **2** man-eating, cannibalistic.
antropoide *adj.* anthropoid.
antropoideo *s. m.* anthropoid.
antropología *s. f.* anthropology.
antropológico, -ca *adj.* anthropological.
antropólogo, -ga *s. m.* y *f.* anthropologist.
antropometría *s. f.* anthropometry.
antropomorfismo *s. m.* anthropomorphism.
antropomorfo, -fa *adj.* **1** anthropomorphous. ● *s. m.* y *f.* **2** anthropomorph.
antroponimia *s. f.* anthroponymy.
anual *adj.* annual.
anualidad *s. f.* annuity, annual payment (pago).
anualmente *adv.* annually, yearly.
anuario *s. m.* yearbook, annual (libro).
anubarrado, -da *adj.* cloudy, overcast.
anudadura *s. f.* **1** knotting. **2** fastening, tying (de cordones, etc.). **3** tying (de corbata). **4** knot (nudo).
anudar *v. t.* **1** to knot, to tie in a knot (una cuerda, etc.). **2** to tie (la corbata). **3** to tie, to fasten (los cordones, etc.). **4** to begin (empezar). ● *v. pron.* **5** to get into knots, to get tied up (enredarse). **6** BOT. to remain stunted (no crecer). ◆ **7 anudarse la voz,** to get a lump in one's throat.
anuencia *s. f.* consent.
anulación *s. f.* **1** cancellation (de un acontecimiento). **2** annulment, termination (de un contrato). **3** annulment (de un testamento).
anular *adj.* **1** annular, ring-shaped. ● *s. m.* **2** ring-finger (dedo). ● *v. t.* **3** DER. to terminate, to rescind (un contrato); to annul (matrimonio). **4** to cancel (un acontecimiento, etc.). **5** to overrule (una decisión). **6** DEP. to disallow (un tanto). **7** MAT. to cancel out.
anulativo, -va *adj.* annulling, cancelling.
anunciación *s. f.* **1** announcement (anuncio). **2** REL. Annunciation.
anunciador, -ra *s. m.* y *f.* **1** announcer. **2** advertiser (en un periódico).
anunciante *s. m.* y *f.* advertiser.
anunciar *v. t.* **1** to announce (una noticia, etc.). **2** to announce (contar). **3** to advertise (en un periódico, etc.).
anuncio *s. m.* **1** announcement (de una noticia). **2** advertisement (en un periódico, etc.).
anuria *s. f.* MED. anuria.
anverso *s. m.* obverse.
anzuelo *s. m.* hook (de pescar).
añada *s. f.* year.
añadido, -da *adj.* **1** added. ● *s. m.* **2** hairpiece (de cabello).
añadidura *s. f.* **1** addition (en un texto). **2** piece added on (de un vestido, etc.).
añadir *v. t.* **1** to add. **2** to increase (aumentar). ● *v. pron.* **3** to be added (a un texto).
añagaza *s. f.* **1** decoy (en la caza). **2** (fig.) lure, bait.
añal *adj.* **1** year-old (edad). ● *s. m.* **2** year-old animal, yearling (animal de un año).
añejo, -ja *adj.* **1** old (viejo). **2** mellow, mature (vino).
añicos *s. m. pl.* **1** bits, pieces, fragments (trozos). ◆ **2 estar hecho ~,** (fig.) to be shattered. **3 hacer ~,** to smash (cristal, etc.); to tear to pieces (papel).
añil *s. m.* **1** BOT. indigo plant (planta). **2** indigo (color).
año *s. m.* **1** year: *el año pasado = last year.* ● *pl.* **2** days: *en aquellos años = in those days.* ◆ **3 ~ luz,** ASTR. light year. **4 ~ económico,** fiscal o financial year. **5 Año Nuevo,** New Year. **6 ~ tras ~,** year after year; year in year out. **7 ¡Feliz Año Nuevo!,** Happy New Year! **8 en los años sesenta,** in the sixties. **9 ¿cuántos años tienes?,** how old are you? **10 tener muchos años,** to be very old.
añojal *s. m.* break, strip of land (terreno).
añojo *s. m.* yearling (de un año).
añoranza *s. f.* **1** longing, yearning. **2** nostalgia (nostalgia).
añorar *v. t.* **1** to long for (desear). **2** to grieve (llorar a un muerto). ● *v. i.* **3** to yearn, to pine.

aorta *s. f.* ANAT. aorta.
apabullar *v. t.* to overwhelm.
apacentamiento *s. m.* **1** grazing (acción). **2** pasture (pasto).
apacentar *v. t.* **1** to pasture, to graze (el ganado). **2** (fig.) to feed (el intelecto). **3** to gratify, to satisfy (deseos, etc.). • *v. pron.* **4** to pasture, to graze.
apache *adj./s. m.* y *f.* apache.
apacibilidad *s. f.* **1** gentleness, even temper (de carácter). **2** calmness (del tiempo).
apacible *adj.* **1** gentle, mild, placid (de carácter). **2** calm, peaceful (de vida). **3** calm (tiempo, mar).
apaciguar *v. t.* **1** to calm (down), to quieten down (a una persona). **2** to relieve, to soothe (un dolor). • *v. pron.* **3** to become calm (el mar). **4** to die down (una tormenta). **5** to calm down, to quieten down (personas).
apadrinador, -ra *adj.* **1** sponsoring. • *s. m.* y *f.* **2** sponsor.
apadrinamiento *s. m.* sponsorship, sponsoring (de un deportista, escritor, etc.).
apadrinar *v. t.* **1** to be godfather to (en un bautizo). **2** to be best man to (en una boda). **3** to sponsor (patrocinar). **4** to support (apoyar).
apagable *adj.* extinguishable.
apagado, -da *adj.* **1** extinguished, out (un fuego). **2** dull, lifeless (color). **3** weak (voz). **4** muffled (ruido). ◆ **5 cal ~,** slaked lime.
apagador *s. m.* MÚS. damper (del piano).
apagar *v. t.* **1** to put out, to extinguish (un fuego, incendio). **2** to turn o switch off (una luz, una radio). **3** to deaden, to muffle (sonido). **4** to quench (la sed). **5** to soften (color). **6** MÚS. to damp, to mute (sonido). • *v. pron.* **7** to go out (un fuego). **8** to go out (una luz). **9** to fade away (sonido).
apagón *s. m.* blackout.
apaisado, -da *adj.* landscape.
apalabrar *v. t.* to make a verbal agreement on, to agree to.
apalancamiento *s. m.* leverage.
apalancar *v. t.* **1** to lever up, to move (levantar). **2** to lever open (abrir).
apaleamiento *s. m.* **1** threshing (del grano). **2** beating (de una alfombra). **3** beating, thrashing (de una persona).
apalear *v. t.* **1** to thresh (el grano). **2** to beat (una alfombra). **3** to beat, to thrash (a una persona).
apandillar *v. t.* **1** to form into a gang (formar una pandilla). • *v. pron.* **2** to band together, to form a gang.
apañado, -da *adj.* **1** skilful, clever (habilidoso). **2** handy (conveniente). ◆ **3 estamos apañados,** we're done for; we've had it.
apañamiento *s. m.* repairing, mending.
apañar *v. t.* **1** to patch, to mend (unos pantalones, etc.). **2** to suit (convenir). **3** to wrap up (abrigar). **4** to pick up (coger). **5** (fam.) to rip off, to pinch (robar). • *v. pron.* **6** to manage, to get by. ◆ **7 apañárselas,** to manage, to get by: *me las apañaré = I'll get by.*
apaño *s. m.* **1** repair, mend (arreglo). **2** skill (habilidad). **3** mistress (concubina).
aparador *s. m.* **1** sideboard (mueble). **2** (Am.) shop window (escaparate).
aparato *s. m.* **1** set (de radio, etc.). **2** device (dispositivo). **3** (fam.) phone (teléfono). **4** ANAT. system: *aparato digestivo = digestive system.* **5** FÍS. apparatus. ◆ **6 ponerse al ~,** (fam.) to come to the phone.
aparatosidad *s. f.* showiness, ostentation.
aparatoso, -sa *adj.* **1** showy, ostentatious (vistoso). **2** spectacular: *un accidente aparatoso = a spectacular accident.* **3** pompous (pomposo).
aparcacoches *s. m.* y *f.* employee who parks guests' cars.
aparcamiento *s. m.* **1** parking (acción de aparcar). **2** car park (lugar). **3** lay-by (en la carretera).
aparcar *v. t.* e *i.* to park.
aparcería *s. f.* AGR. agricultural tenancy.
aparcero, -ra *s. m.* y *f.* **1** tenant farmer, sharecropper. **2** part owner (copropietario). **3** (Am.) companion (compañero).
apareamiento *s. m.* **1** pairing off, matching up (de cosas). **2** mating (animales).
aparear *v. t.* **1** to match up (cosas). **2** to mate (animales). **3** to make equal (hacer igual). • *v. pron.* **4** to mate (animales). **5** to match (cosas).
aparecer *v. i.* **1** to appear. **2** to be, to appear (en una lista, etc.). **3** (fam.) to show up, to turn up (una persona, cosa): *hoy no ha aparecido el cartero = the postman hasn't shown up today.* • *v. pron.* **4** to appear.
aparecido *s. m.* ghost (fantasma).
aparejado, -da *adj.* **1** fit, ready (preparado). **2** suitable (apropiado).
aparejador, -ra *s. m.* y *f.* **1** quantity surveyor (ayudante del arquitecto). **2** MAR. rigger.
aparejar *v. t.* **1** to get ready, to prepare (preparar). **2** to saddle (un caballo). **3** MAR. to fit out, to rig (un barco). • *v. pron.* **4** to get ready (prepararse). **5** (Am.) to mate (aparear).
aparejo *s. m.* **1** preparation (preparación). **2** equipment, gear (conjunto de cosas). **3** MAR. rigging (jarcia). **4** TEC. block and tackle (sistema de poleas).
aparentar *v. t.* **1** to feign (fingir). **2** to look, to seem to be (edad): *no aparenta los años que tiene = she doesn't look her age.* • *v. i.* **3** to show off (presumir).
aparente *adj.* **1** apparent. **2** visible, apparent (visible). **3** evident (patente).
aparentemente *adv.* apparently.
aparición *s. f.* apparition.
apariencia *s. f.* **1** appearance, aspect (aspecto). ◆ **2 juzgar por las apariencias,** to judge by appearances.
apartadamente *adv.* apart.
apartadero *s. m.* **1** lay-by (en una carretera). **2** siding (para los trenes).
apartado, -da *adj.* **1** separated (separado). **2** isolated, remote (un pueblo, etc.). **3** aloof, solitary (persona). • *s. m.* **4** paragraph, section (párrafo). ◆ **5 ~ de correos,** post-office box.
apartamento *s. m.* flat, apartment.
apartar *v. t.* **1** to separate, to part (a dos personas que riñen). **2** to put aside (dejar a un lado). **3** (fam.) to begin, to start (empezar). **4** MIN. to extract (extraer). **5** to dissuade, to put off (disuadir). • *v. pron.* **6** to go away, to leave (marcharse). **7** to part, to separate (separarse). **8** to move aside (quitarse de en medio). **9** to cut oneself off (del mundo, etc.). ◆ **10 apartarse de,** to wander off, to go off (un tema); to stray from, to go off (un camino).
aparte *adj.* **1** separate. • *adv.* **2** aside, apart: *poner aparte = to put aside.* **3** besides (además). **4** separately (por separado). ◆ **5 ~ de,** apart from; besides. **6 dejando ~,** leaving aside; not to mention.
apasionadamente *adv.* passionately, fervently.
apasionado, -da *adj.* **1** passionate. **2** biased, prejudiced (parcial). **3** interested (interesado).
apasionar *v. t.* **1** to fill with passion, to excite (excitar). • *v. pron.* **2** to get excited, to get worked up (excitarse). **3** to become interested (interesarse). **4** to fall madly in love (enamorarse locamente).
apatía *s. f.* apathy, indifference.
apático, -ca *adj.* **1** apathetic, indifferent. **2** listless (perezoso).
apátrida *adj.* **1** stateless. • *s. m.* y *f.* **2** stateless person.
apeadero *s. m.* **1** stopping place (lugar de descanso en el camino). **2** halt (de ferrocarril).
apeamiento *s. m.* **1** dismounting (de un caballo). **2** getting off (de un tren, autobús, etc.). **3** getting out (de un coche).
apear *v. t.* **1** to help down (ayudar a bajar de un caballo). **2** to take down, to get down (bajar un objeto). **3** to help out (de un coche). **4** to hobble (trabar un caballo). • *v. pron.* **5** to dismount, to get off (de un caballo). **6** to get off (de un tren, autobús, etc.). **7** to get out (de un coche). **8** (fig. y fam.) to back down (de una confrontación).
apechugar o **apechar** *v. i.* (fam.) ~ o **~ con,** to shoulder (un trabajo, responsabilidades, etc.); to put up with (las consecuencias).
apedreamiento *s. m.* stoning (castigo).
apedrear *v. t.* **1** to throw stones at (lanzar piedras). **2** to stone to death (matar a pedradas). • *v. pron.* **3** to be damaged by hail (cosechas).
apego *s. m.* **1** affection (cariño). **2** interest (interés). ◆ **3 tener ~ a,** to be fond of, to be attached to.

apelable *adj.* DER. appealable.
apelación *s. f.* **1** DER. appeal. **2** consultation (entre médicos). ◆ **3 sin ~,** irremediable (sin arreglo).
apelante *adj./s. m.* y *f.* DER. appellant.
apelar *v. i.* **1** DER. to appeal. **2** (fig.) to appeal. **3** to resort to (recurrir).
apelativo, -va *adj.* y *s. m.* appellative.
apellidar *v. t.* **1** to call (someone) by his/her surname (llamar por su apellido). ● *v. pron.* **2** to be called (llamarse).
apellido *s. m.* surname.
apelmazado, -da *adj.* compact, compressed.
apelmazar *v. t.* to compress (compactar).
apelotonar *v. t.* **1** to roll into a ball (hacer una bola de algo). ● *v. pron.* **2** to go lumpy. **3** to pill (la lana, etc.).
apenado, -da *adj.* **1** sad (triste). **2** (Am.) ashamed (avergonzado).
apenar *v. t.* **1** to cause grief to, to sadden (causar pena). ● *v. pron.* **2** to be grieved (sentir pena).
apenas *adv.* **1** hardly. **2** with difficulty (con dificultad). ◆ **3 apenas... cuando...,** no sooner... than...
apencar *v. i.* (fam.): ~ **con,** to take on, to shoulder (un trabajo, responsabilidad, etc.); *to face, to put up with* (aceptar).
apéndice *s. m.* appendix.
apendicitis *s. f.* MED. appendicitis.
apendicular *adj.* appendicular.
apensionado, -da adj. (Am.) sad, unhappy (triste).
apeo *s. m.* **1** surveying (de tierras). **2** ARQ. propping up (con puntales). **3** support (apoyo, puntal). **4** scaffolding (andamios).
apepsia *s. f.* MED. indigestion, dyspepsia.
apercepción *s. f.* preparation (preparación).
apercibimiento *s. m.* **1** warning (aviso). **2** preparation (preparación).
apercibir *v. t.* **1** to prepare, to get ready (preparar). **2** to provide (proveer). **3** to realize (darse cuenta). **4** to warn (advertir). ● *v. pron.* **5** to get ready (prepararse).
apergaminado, -da *adj.* **1** parchment-like. **2** (fig.) wizened (la cara, etc.).
apergaminarse *v. pron.* (fig. y fam.) to become wizened o wrinkled (la cara, etc.).
aperitivo *s. m.* apéritif.
aperos *s. m. pl.* **1** agricultural equipment (conjunto de implementos para trabajar la tierra). **2** tools, equipment (herramientas). **3** (Am.) riding outfit (útiles de montar a caballo).
apertura *s. f.* **1** opening (de una sesión, etc.). **2** beginning (comienzo).
apesadumbrar *v. t.* **1** to trouble, to upset (entristecer). ● *v. pron.* **2** to get upset (entristecerse).
apestar *v. i.* **1** to stink, to smell (oler mal). ● *v. t.* **2** to infect with the plague (infectar con la peste).
apetecedor, -ra *adj.* tempting.
apetecer *v. t.* **1** to long for, to crave (desear). ● *v. i.* **2** *¿te apetece un helado? = do you fancy an ice-cream?; no me apetece salir = I don't feel like going out.*
apetecible *adj.* tempting, attractive.
apetencia *s. f.* longing, craving, desire (deseo).
apetito *s. m.* appetite.
apetitoso, -sa *adj.* **1** appetizing, tempting. **2** (fig. y fam.) tempting, attractive (atractivo).
apiadar *v. t.* **1** to move to pity (causar pena). ● *v. pron.* **2** to take pity (sentir pena).
ápice *s. m.* **1** apex, point, tip (extremo). **2** crux (de un problema, etc.). **3** iota (pizca). ◆ **4 ni un ~,** not an ounce.
apícola *adj.* apicultural (de las abejas).
apicultor, -ra *s. m.* y *f.* beekeeper.
apilamiento *s. m.* piling up, heaping.
apilar *v. t.* y *pron.* to pile up, to heap up.
apilonar *v. t.* (Am.) ⇒ **apilar.**
apiñado, -da *adj.* crammed, packed (apretado).
apiñamiento *s. m.* cramming, jamming.
apiñar *v. t.* **1** to pile up (amontonar). **2** to jam, to cram (apretar). ● *v. pron.* **3** to crowd together (la gente).
apiparse *v. pron.* (fam.) to scoff, to guzzle (la comida).
apisonadora *s. f.* MEC. steamroller.
apisonamiento *s. m.* **1** rolling (con una apisonadora). **2** ramming (con un pisón).
apisonar *v. t.* **1** to roll, to roll flat (con la apisonadora). **2** to ram (con el pisón).
aplacamiento *s. m.* appeasement, calming, placating.
aplacar *v. t.* **1** to appease, to placate, to calm (calmar). **2** to quench (la sed). **3** to satisfy (el hambre). ● *v. pron.* **4** to calm down (calmarse).
aplanador, -ra *adj.* **1** smoothing, levelling, flattening. ● *s. f.* **2** leveller (máquina). ◆ **3 ~ de calles,** (Am.) layabout, idler (perezoso).
aplanamiento *s. m.* smoothing, levelling, flattening.
aplanar *v. t.* **1** to smooth, to level, to flatten (allanar). **2** (fig. y fam.) to knock out (pasmar). ● *v. pron.* **3** to collapse, to fall down (un edificio).
aplastamiento *s. m.* **1** squashing, flattening, crushing. **2** (fig.) crushing (de argumentos, etc.).
aplastante *adj.* (fig.) crushing (victoria, etc.).
aplastar *v. t.* **1** to squash, to flatten, to crush. **2** (fig.) to crush, to destroy (un argumento, etc.). ● *v. pron.* **3** to be crushed o squashed o flattened. **4** (Am.) to collapse (en un sillón, etc.).
aplaudir *v. t.* **1** to applaud. ● *v. i.* **2** to applaud, to clap.
aplauso *s. m.* applause.
aplazamiento *s. m.* **1** postponement. **2** deferment (de un pago).
aplazar *v. t.* to postpone, to put off (posponer).
aplicación *s. f.* **1** application. **2** putting into practice/action (de un plan, etc.). **3** use, application (uso). **4** (Am.) request (petición).
aplicable *adj.* applicable.
aplicar *v. t.* **1** to apply (un medicamento, etc.). **2** to put into effect (una ley). ● *v. pron.* **3** to work hard (trabajar). **4** to devote oneself (a hacer algo). **5** to be used (usarse). **6** to come into effect (entrar en vigor).
aplique *s. m.* wall lamp (lámpara).
aplomo *s. m.* aplomb.
apocado, -da *adj.* timid (tímido).
apocalipsis *s. m.* apocalypse.
apocalíptico, -ca *adj.* apocalyptic(al).
apocamiento *s. m.* **1** shyness (timidez). **2** lowliness (bajeza).
apocar *v. t.* **1** to make smaller, to diminish (disminuir). **2** (fig.) to belittle (humillar). **3** to intimidate. ● *v. pron.* **4** (fig.) to humble oneself (humillarse). **5** to feel humble (sentirse humillado).
apocopar *v. t.* GRAM. to apocopate.
apócope *s. f.* GRAM. apocope.
apócrifo, -fa *adj.* apocryphal.
apoderado, -da *adj.* **1** authorized. ● *s. m.* y *f.* **2** agent, representative (representante). **3** manager (de un deportista). **4** businessman (empresario).
apoderamiento *s. m.* **1** empowering (acción de apoderar). **2** seizure (acción de apoderarse).
apodar *v. t.* to nickname (dar un apodo).
apodo *s. m.* nickname.
apófisis *s. f.* ANAT. apophysis.
apofonía *s. f.* ablaut.
apogeo *s. m.* **1** ASTR. apogee. **2** (fig.) summit, height, peak: *está en el apogeo de su carrera = she is at the peak of her career.*
apolillar *v. t.* **1** to eat o make holes in (la polilla). ◆ **2 estar apolillando,** (Am.) to be taking a nap (durmiendo).
apolíneo, -a *adj.* Apollonian.
apolítico, -ca *adj.* apolitical.
apologético, -ca *adj.* apologetic.
apología *s. f.* vindication, apology.
apológico, -ca *adj.* apological.
apólogo *s. m.* apologue.
apoltronarse *v. pron.* to become lazy o idle (vago).
apoplejía *s. f.* MED. apoplexy.
apoplético, -ca *adj.* y *s. m.* apoplectic.
apoquinar *v. t.* to pay cash.
aporreado, -da *p. p.* **1** de **aporrear.** ● *adj.* **2** wretched.
aporrear *v. t.* to beat o pound on: *aporrear la puerta = to pound on the door.*
aportación *s. f.* contribution (normalmente de dinero).
aportar *v. t.* **1** to contribute (con dinero). **2** to bring, to present (pruebas o similar en un caso o discusión).
aporte *s. m.* supply, contribution: *aporte de vitaminas = supply of vitamins.*

aposentamiento *s. m.* lodging.
aposentar *v. t.* y *pron.* to settle: *se aposentaron felizmente en el interior = they finally settled happily inland.*
aposento *s. m.* room, apartment, lodging.
aposición *s. f.* apposition.
apósito *s. m.* MED. bandage.
aposta *adv.* on purpose.
apostador, -ra *s. m.* y *f.* punter, better.
apostar *v. t.* **1** to bet: *apostar mucho dinero al mismo caballo = to bet a lot of money on one horse.* **2** to station, to post. • *v. pron.* **3** to take up position (poner para vigilar): *me aposté en la ventana y esperé = I took up position by the window and waited.*
apostasía *s. f.* REL. apostasy.
apóstata *s. m.* y *f.* REL. apostate.
apostatar *v. i.* REL. to apostatize.
a posteriori *adv.* a posteriori.
apostilla *s. f.* marginal note, annotation.
apóstol *s. m.* apostle.
apostolado *s. m.* apostolate.
apostólico, -ca *adj.* apostolic.
apostrofar *v. t.* **1** to apostrophize. **2** to scold (regañar).
apóstrofo *s. m.* apostrophe.
apostura *s. f.* handsomeness, good looks.
apotema *s. f.* GEOM. apothem.
apoteosis *s. f.* apotheosis.
apoyar *v. t.* **1** to lean (físicamente). **2** to back up, to support (un plan, idea, etc.). **3** to confirm, to uphold (confirmar). **4** MIL. to reinforce (reforzar).
apoyatura *s. f.* basis, foundation.
apoyo *s. m.* **1** support (físico). **2** basis, foundation (de una teoría o parecido). **3** support, backing (respaldo).
apreciable *adj.* **1** worthy, estimable (persona). **2** considerable, substantial (una cantidad, cifra, actitud, acción): *una apreciable suma de dinero = a considerable sum of money.*
apreciación *s. f.* appraisal, appreciation (valoración).
apreciar *v. t.* **1** to assess, to value (poner precio). **2** to esteem, to like, to be fond of (tener aprecio). **3** to observe, to notice (percibir). **4** to appreciate (una obra de arte o similar).
aprecio *s. m.* **1** esteem, regard, liking (estima hacia una persona). **2** valuation, appraisal (en términos monetarios).
aprehender *v. t.* **1** to apprehend, to seize (coger). **2** to apprehend, to understand (entender).
aprehensión *s. f.* **1** apprehension, capture (captura). **2** comprehension, understanding (acto de entender algo).
apremiante *adj.* urgent, pressing.
apremiantemente *adv.* urgently.
apremiar *v. t.* to press (a alguien para hacer algo): *las circunstancias nos apremian = the situation presses us.*
apremio *s. m.* **1** pressure, urgency. **2** DER. judicial order, writ.
aprender *v. t.* e *i.* to learn: *aprendí a leer a los 3 años = I learned how to read when I was three.*
aprendiz, -za *s. m.* y *f.* apprentice.
aprendizaje *s. m.* **1** apprenticeship (como aprendiz). **2** learning (en general). **3** capture, seizure (acción).
aprensión *s. f.* **1** apprehension, dread (temor). **2** squeamishness (escrúpulo). **3** odd idea (idea tonta).
aprensivo, -va *adj.* apprehensive, nervous, worried.
apresamiento *s. m.* capture, seizure.
apresar *v. t.* **1** to capture, to seize (especialmente un barco). **2** to catch, to seize (un animal, especialmente): *el tigre apresó al pequeño cervatillo = the tiger caught the small deer.* **3** to take prisoner (tomar prisionero a alguien).
aprestar *v. t.* y *pron.* to get ready, to prepare.
apresuradamente *adv.* hurriedly, in a hurry.
apresurado, -da *p. p.* **1** de **apresurar.** • *adj.* **2** hasty, hurried.
apresuramiento *s. m.* hurry, haste.
apresurar *v. t.* y *pron.* to hurry: *me apresuré a darle las gracias = I hurried to thank him.*
apretadamente *adv.* tightly, closely.
apretado, -da *p. p.* **1** de **apretar.** • *adj.* **2** cramped (con poco espacio). **3** difficult, dangerous (peligroso). **4** dense, thick (compacto). **5** tight (fuertemente ensamblado): *un tornillo muy apretado = a very tight screw.* **6** contested (reñido, especialmente en el contexto deportivo).
apretar *v. t.* **1** to tighten (un nudo, etc.). **2** to press (un botón). **3** to hug, to squeeze (contra uno mismo). **4** to push hard: *un profesor que nos aprieta mucho = a teacher who pushes us hard.* **5** to squash, to squeeze (aplastar). • *v. i.* **6** to pinch, to be too tight: *me aprietan los zapatos = my shoes are too tight.* **7** to get worse, to get more severe: *el calor aprieta = the heat is getting worse.* • *v. pron.* **8** to huddle together (unos contra otros).
apretón *s. m.* **1** squeeze (físico). **2** difficulty, jam, fix (aprieto). **3** cramp (dolor, sobre todo en el estómago).
apretujar *v. t.* **1** to squeeze, to press hard. • *v. pron.* **2** to cram, to crowd (agolparse).
aprieto *s. m.* difficulty, jam, fix: *estar en un aprieto = to be in a fix.*
a priori *adv.* a priori.
apriorismo *s. m.* apriorism.
aprisa *adv.* quickly, swiftly.
aprisco *s. m.* sheepfold, pen.
aprisionar *v. t.* **1** to put into prison. **2** to capture (coger).
aprobación *s. f.* approval, consent: *doy mi aprobación = I give my approval.*
aprobado, -da *p. p.* **1** de **aprobar.** • *adj.* **2** approved. • *s. m.* **3** pass (nota académica).
aprobar *v. t.* **1** to approve. **2** to pass (asignatura).
apropiación *s. f.* appropriation.
apropiadamente *adv.* appropriately, fittingly.
apropiado, -da *p. p.* **1** de **apropiar.** • *adj.* **2** suitable, appropriate, fitting.
apropiar *v. t.* **1** (Am.) to earmark, to assign. • *v. pron.* **2** to take, to appropriate, to seize.
aprovechable *adj.* usable.
aprovechadamente *adv.* profitably.
aprovechado, -da *p. p.* **1** de **aprovechar.** • *adj.* **2** opportunistic.
aprovechamiento *s. m.* exploitation (de cualquier cosa).
aprovechar *v. t.* **1** to use, to take advantage of. • *v. i.* **2** to improve, to progress (progresar). • *v. pron.* **3** to avail oneself of, to take advantage of.
aprovisionamiento *s. m.* **1** supplying (acción). **2** supply (suministro).
aprovisionar *v. t.* to supply.
aproximación *s. f.* approximation.
aproximadamente *adv.* approximately.
aproximado, -da *p. p.* **1** de **aproximar.** • *adj.* **2** approximate, rough.
aproximar *v. t.* **1** to bring closer. • *v. pron.* **2** to come closer.
aptitud *s. f.* aptitude, ability.
apto, -ta *adj.* **1** apt, fit. **2** able, competent (capaz).
apuesta *s. f.* ⇒ **apuesto.**
apuestamente *adv.* smartly, attractively.
apuesto, -ta *adj.* **1** good-looking. • *s. f.* **2** bet.
apunarse *v. pron.* (Am.) to get altitude sickness/mountain sickness.
apuntador, -ra *s. m.* y *f.* prompter (en el teatro).
apuntalamiento *s. m.* propping, underpinning.
apuntalar *v. t.* to prop up, to underpin.
apuntar *v. t.* **1** to aim (con arma). **2** to point at (señalar, normalmente con el dedo). **3** to note down (escribir). **4** to suggest (sugerir, una solución, por ejemplo). **5** to sketch (bosquejar). **6** to mend, to stitch loosely (coser muy ligeramente). **7** to enter (reflejar un dato, etc.). **8** to sharpen (sacar punta). • *v. i.* **9** to peep through, to begin to show (el sol, la barba, etc.). **10** to break (el día). • *v. pron.* **11** to get sour (agriarse, el vino o parecido). **12** to get tight (emborracharse).
apunte *s. m.* **1** note (escrito). **2** COM. entry (de algún artículo o producto). **3** prompter (dado, por el apuntador, en el teatro).
apuñalar *v. t.* to knife, to stab.
apuñalear *v. t.* (Am.) to knife, to stab.
apuradamente *adv.* with difficulty: *lo he hecho apuradamente = I did it with difficulty.*
apurado, -da *p. p.* **1** de **apurar.** • *adj.* **2** in a hurry.
apurar *v. t.* **1** to finish up: *apura el vaso de vino = finish up your glass of wine.* **2** to force; to rush: *hazlo sin apurar a tu pobre hermano = do it without rushing your poor brother.* • *v. pron.* **3** (Am.) to hurry (darse prisa). **4** to worry, to fret (preocuparse): *no te apures = don't worry.*

apuro *s. m.* difficulty, jam (normalmente económico).
aquejar *v. t.* **1** to afflict (enfermedad). **2** to distress, to grieve (afligir).
aquel *s. m.* attraction: *tiene un aquél difícil de definir = she has an attraction that is difficult to define.*
aquel, -lla *adj.* **1** that, that... over there: *aquel hombre no es el policía = that man is not the policeman.* • *pl.* **2** aquellos, -llas, those: *aquellas cerillas están húmedas = those matches are wet.*
aquél, -lla *pron.* that one: *este coche es bonito pero aquél es mejor = this car is nice, but that one is better.* • *pl.* **2** aquéllos, -llas, those ones: *aquéllas son mías = those ones are mine.*
aquelarre *s. m.* witches' sabbath.
aquí *adv.* **1** here: *aquí llega el doctor = here comes the doctor.* **2** now: de *aquí al miércoles = between now and Wednesday.* **3** at this point (en un relato): *y aquí se echó a llorar = and at this point he burst out crying.* ◆ **4 ~ y allí,** here and there.
aquiescencia *s. f.* acquiescence.
aquiescente *adj.* acquiescent.
aquietar *v. t.* y *pron.* to calm, to soothe.
aquilatar *v. t.* **1** to appraise (los quilates de una joya); to assay (oro). **2** to weigh up, to test (comprobar). **3** to improve (mejorar).
árabe *adj.* **1** Arab (país). • *s. m.* y *f.* **2** Arabic (lengua). **3** Arabian (de Arabia). • *s. m.* **4** Arabic (idioma). **5** Arab.
arábigo, -ga o **arábico, -ca** *adj.* **1** Arabic. • *s. m.* **2** Arabic.
arabismo *s. m.* Arabism.
arabista *s. m.* y *f.* Arabist.
arabizar *v. t.* to Arabize.
arable *adj.* (Am.) arable.
arácnido, -da *adj.* ZOOL. arachnid, arachnidan.
arada *s. f.* AGR. (brit.) ploughing; (EE UU) plowing.
arado, -da *p. p.* **1** de **arar.** • *s. m.* **2** (brit.) plough; (EE UU) plow (instrumento).
aragonés, -sa *adj./s. m.* y *f.* Aragonese.
arancel *s. m.* customs tariff, duty.
arancelario, -ria *adj.* tariff: *protección arancelaria = tariff protection.*
arándano *s. m.* BOT. bilberry, whortleberry.
arandela *s. f.* MEC. washer.
arandillo *s. m.* ZOOL. marsh warbler.
araña *s. f.* **1** ZOOL. spider. **2** chandelier (candelabro). **3** BOT. love-in-the-mist. **4** resourceful person. ◆ **5 ~ de mar,** ZOOL. spider crab.
arañar *v. t.* y *pron.* **1** to scratch (cuerpo). • *v. t.* **2** to scrape together (especialmente dinero). **3** to scratch (una superficie).
arañazo *s. m.* scratch.
arar *v. t.* **1** AGR. (brit.) to plough; (EE UU) to plow. **2** to crumple, to wrinkle (arrugar).
arbitraje *s. m.* **1** arbitration (especialmente antes de una huelga). **2** DEP. refereeing (en fútbol); umpiring (en tenis).
arbitramento o **arbitramiento** *s. m.* arbitration.
arbitrar *v. t.* **1** to arbitrate (juzgar). **2** to allot, to assign (medios, recursos, etc.). • *v. t.* e *i.* **3** DEP. to referee (en fútbol); to umpire (en tenis).
arbitrariamente *adv.* arbitrarily.
arbitrariedad *s. f.* arbitrariness (cualidad); arbitrary act (acción).
arbitrario, -ria *adj.* arbitrary.
arbitrio *s. m.* **1** will, free will. • *pl.* **2** municipal taxes (tasas).
arbitrista *s. m.* y *f.* utopic planner or schemer, idealist.
árbitro *s. m.* **1** DEP. referee (en fútbol); umpire (en tenis). **2** arbitrator (en cuestiones comerciales).
árbol *s. m.* **1** BOT. tree. **2** MEC. axle. **3** MAR. mast.
arboladura *s. f.* MAR. masting, mast and yards.
arboleda *s. f.* grove, wooded land.
arboledo *s. m.* woodland.
arbolista *s. m.* y *f.* arborist.
arbollón *s. m.* sewer, drain.
arborecer *v. i.* to grow into a tree.
arbóreo, -a *adj.* BOT. arboreal.
arbusto *s. m.* shrub, bush.
arca *s. f.* **1** chest (donde guardar cosas). • *pl.* **2** coffers (donde se guarda el dinero). ◆ **3 ~ de agua,** water tank. **4 ~ de la alianza,** REL. Ark of the Covenant. **5 el ~ de Noé,** Noah's Ark.
arcabucero *s. m.* HIST. harquebusier.
arcabuz *s. m.* harquebus.
arcada *s. f.* **1** retch, heave (antes de vomitar). **2** ARQ. arcade.
arcaduz *s. m.* pipe, conduit.
arcaico, -ca *adj.* archaic.
arcaísmo *s. m.* archaism.
arcaizar *v. t.* to archaize.
arcángel *s. m.* REL. archangel.
arcano, -na *adj.* **1** arcane. • *s. m.* **2** arcanum.
arce *s. m.* BOT. maple tree.
arcediano *s. m.* REL. archdeacon.
arcén *s. m.* **1** hard shoulder (de carretera). **2** curbstone (de un pozo).
archicofradía *s. f.* REL. brotherhood.
archidiócesis *s. f.* archdiocese.
archiducal *adj.* archducal.
archiduque *s. m.* archduke.
archiduquesa *s. f.* archduchess.
archiducado *s. m.* archduchy, archdukedom.
archimandrita *s. m.* archimandrite.
archipiélago *s. m.* GEOG. archipelago.
archivador *s. m.* **1** filing cabinet (mueble). **2** box file (carpeta).
archivador, -ra *adj.* **1** filing. • *s. m.* y *f.* **2** archivist (archivero). **3** filing clerk (administrativo). • *s. f.* **4** school notebook.
archivar *v. t.* **1** to file (ordenar). **2** to shelve (una idea, plan, proyecto, etc.).
archivero, -ra *s. m.* y *f.* archivist.
archivo *s. m.* **1** archives, records. **2** INF. file.
arcilla *s. f.* clay.
arcilloso, -sa *adj.* clayey, clay-like.
arcipreste *s. m.* REL. archpriest.
arciprestazgo *s. m.* archpriesthood.
arco *s. m.* **1** DEP., MIL. y MÚS. bow. **2** GEOM. arc. **3** ARQ. arch. **4** DEP. goal.
arcoiris *s. m.* rainbow.
arder *v. i.* **1** to burn. **2** to glow (resplandecer). **3** to burn (arder con alguna pasión o similar).
ardid *s. m.* stratagem, trick, artifice.
ardiente *adj.* **1** burning (quemando). **2** glowing, shining (que brilla). **3** ardent, burning (pasión).
ardientemente *adv.* ardently, passionately, fervently: *he deseado eso ardientemente = I have wanted that passionately.*
ardilla *s. f.* ZOOL. squirrel.
ardor *s. m.* **1** warmth (de calor). **2** MED. burning sensation: *ardor de estómago = heartburn.* **3** (fig.) ardour, eagerness, zeal (celo).
ardoroso, -sa *adj.* ardent.
arduamente *adv.* arduously.
arduo, -dua *adj.* ardous, hard, difficult.
área *s. f.* **1** GEOM. area. **2** area (tipo de medida). **3** area: *en esta área no hay bares = in this area there are no bars.*
arena *s. f.* **1** sand. **2** bullring (de la plaza de toros). **3** (fig.) arena (política, especialmente).
arenero *s. m.* sandbox.
arenga *s. f.* harangue, speech, address.
arenilla *s. f.* MED. gravel (en el riñón).
arenisca *s. f.* sandstorm.
arenisco, -ca *adj.* sandy.
arenoso, -sa *adj.* sandy.
arenque *s. m.* ZOOL. herring.
areola o **aréola** *s. f.* areola.
areómetro *s. m.* MEC. hydrometer.
areópago *s. m.* Aeropagus.
arete *s. m.* earring.
argamasa *s. f.* mortar.
Argelia *s. f.* Algeria.
argelino, -na *adj./s. m.* y *f.* Algerian.
argénteo, -tea *adj.* silvery, silver-white.
argentería *s. f.* embroidery in gold or silver.
Argentina *s. f.* Argentina.
argentino, -na *adj./s. m.* y *f.* Argentinian.
argentinismo *s. m.* Argentinism.
argolla *s. f.* shackles.
argón *s. m.* QUÍM. argon.
argot *s. m.* slang, jargon.
argucia *s. f.* sophistry, subtlety.
argüir *v. i.* **1** to argue. • *v. t.* **2** to reproach, to accuse (acusar). **3** to deduce, to infer (deducir).
argumentación *s. f.* argumentation.
argumentar *v. t.* to argue, to reason.
argumento *s. m.* **1** argument. **2** plot (de una novela o similar).
aria *s. f.* MÚS. aria.
aridez *s. f.* aridity, aridness.
árido, -da *adj.* **1** arid, dry (especialmente el terreno). **2** (fig.) dull, dry: *un tema muy árido = a very dry topic.*
Aries *s. m.* ASTR. Aries.
ariete *s. m.* **1** HIST. battering ram. **2** DEP. centre forward (delantero centro).
ario, -ria *adj.* Aryan.
arisco, -ca *adj.* unsociable, surly.

arista *s. f.* **1** edge (borde). **2** GEOM. edge.
aristocracia *s. f.* aristocracy.
aristócrata *s. m.* y *f.* aristocrat.
aristocrático, -ca *adj.* aristocratic.
aristotélico, -ca *adj./s. m.* y *f.* Aristotelian.
aristotelismo *s. m.* FIL. Aristotelianism.
aritmética *s. f.* arithmetic.
aritmético, -ca *adj.* **1** arithmetic, arithmetical. • *s. m.* y *f.* **2** arithmetician.
aritmómetro *s. m.* TEC. arithmometer, calculating machine.
arlequín *s. m.* harlequin.
arlequinado, -da *adj.* party-coloured (ropa).
arma *s. f.* **1** arm, weapon (instrumento, aparato). **2** MIL. arm (división sección). • *pl.* **3** MIL. armed forces (ejército). **4** weapon (medios): *las armas para luchar contra la pobreza son los libros = the weapons to fight against poverty are books.* ◆ **5 ~ blanca,** bladed weapon, sharp instrument. **6 ~ de fuego,** firearm. **7 ~ de doble filo,** double-edged sword.
armada *s. f.* MAR. **1** navy, naval forces (marina). **2** fleet (flota).
armadía *s. f.* raft, float.
armadillo *s. m.* ZOOL. armadillo.
armado, -da *p. p.* **1** de **armar.** • *adj.* **2** armed.
armador, -ra *s. m.* y *f.* MAR. **1** shipowner. **2** shipbuilder.
armadura *s. f.* **1** HIST. armour. **2** frame (de algunos objetos).
armamento *s. m.* weaponry, armaments.
armar *v. t.* **1** to arm, to provide with arms (dar armas). **2** to prime (cebar un arma antigua). **3** to assemble (montar, ensamblar). **4** to fit out, to equip (equipar). **5** to make, to cause (follón o similar). ◆ **6 armarla,** to make trouble, to start a row. **7 armarse de valor/paciencia,** to gather up one's courage/to arm oneself with patience.
armario *s. m.* wardrobe (para ropa); cabinet (de baño), cupboard (EE UU); closet (de cocina).
armatoste *s. m.* contraption: *vaya armatoste = what a contraption.*
armazón *s. m.* frame, framework, skeleton.
armella *s. f.* eyebolt.
armenio, -nia *adj.* Armenian.
armería *s. f.* **1** gunsmith's shop. **2** MIL. armoury.
armero, -ra *s. m.* y *f.* gunsmith.
armiño *s. m.* ZOOL. ermine.
armisticio *s. m.* armistice.
armónicamente *adv.* harmonically.
armonio *s. m.* harmonium.
armoniosamente *adv.* harmoniously.
armonioso, -sa *adj.* harmonious.
armonizable *adj.* harmonizable.
armonización *s. f.* harmonization.
armonizar *v. t.* e *i.* to harmonize.
ARN *s. m.* RNA.
árnica *s. f.* BOT. arnica.
aro *s. m.* **1** hoop. **2** (Am.) ring, wedding ring. **3** BOT. arum. ◆ **4 entrar por el ~,** to knuckle under.
aroma *s. m.* **1** scent, aroma. **2** bouquet (de vinos).
aromático, -ca *adj.* aromatic.
aromatizante *adj.* y *s. m.* GAST. flavouring.
aromatizar *v. t.* to perfume, to scent.
arpa *s. f.* **1** MÚS. harp. ◆ **2 tocar el ~,** (Am.) to steal.
arpegio *s. m.* MÚS. arpeggio.
arpillera *s. f.* burlap, sackcloth.
arponear o **arponar** *v. t.* to harpoon.
arponero, -ra *s. m.* y *f.* harpooner.
arquear *v. t.* **1** to arch, to curve (un objeto o parte del cuerpo). **2** to gauge (medir la capacidad de un barco). **3** to beat (batir lana). • *v. pron.* **4** to arch one's back.
arqueo *s. m.* **1** arching, curving (curvatura). **2** MAT. gauging (medición de la capacidad de un barco). **3** COM. audit.
arqueología *s. f.* archaeology.
arqueológico, -ca *adj.* archaeological.
arqueólogo, -ga *s. m.* y *f.* archaeologist.
arquería *s. f.* arcade.
arquero *s. m.* **1** HIST. archer. **2** DEP. goalkeeper (portero).
arqueta *s. f.* small coffer.
arquetipo *s. m.* archetype.
arquitecto, -ta *s. m.* y *f.* architect.
arquitectónico, -ca *adj.* architectonic.
arquitectura *s. f.* architecture.
arquitectural *adj.* architectural.
arquitrabe *s. m.* ARQ. architrave.
arrabal *s. m.* suburb.
arrabalero, -ra *adj.* **1** suburban. **2** uncouth, coarse (burdo).
arracimarse *v. pron.* to cluster, to bunch.
arraclán *s. m.* BOT. alder buckthorn.
arraigado, -da *p. p.* **1** de **arraigar.** • *adj.* **2** deep-rooted (en un lugar).
arraigar *v. i.* y *pron.* **1** to take root (plantas o similares). **2** DER. to post bail, to post bond. • *v. t.* **3** to fix, to establish (fijar). • *v. pron.* **4** to settle (personas). **5** to take root (costumbres, etc.).
arraigo *s. m.* **1** rooting (de plantas). **2** hold, influence: *tengo mucho arraigo sobre él = I've got quite a hold over him.*
arramblar *v. t.* **1** to cover with sand (después de una inundación o crecida). **2** to sweep away (arrastrar). • *v. i.* **3 ~ con,** to make off with: *el tío arrambló con toda la cerveza = the bloke made off with all the beer.*
arrancada *s. f.* sudden burst, burst of speed.
arrancar *v. t.* **1** to uproot, to pull up. **2** to get out (apartar): *la música nos arrancó de nuestros asientos = the music got us out of our seats.* **3** to tear, to rip up (quitar, separar). • *v. t.* e *i.* **4** to start, (un vehículo). • *v. i.* **5** to originate, to stem (una idea, un proyecto, etc.): *la teoría arranca de los estudios de John Lavern = the theory stems from the studies by John Lavern.* • *v. i.* y *pron.* **6** to start (a hacer algo): *ella se arrancó a cantar = she started to sing.*
arranque *s. m.* **1** uprooting (acción de arrancar). **2** starting (de un vehículo). **3** fit, outburst (arrebato). **4** start, beginning (comienzo de algo).
arras *s. f. pl.* **1** coins given by the bridegroom to the bride as a symbol. **2** pledge (prenda).
arrasado, -da *adj.* satin-like, satiny.
arrasar *v. t.* **1** to level (un terreno). **2** to raze, to devastate (destruir totalmente). **3** to fill to the brim (llenar hasta arriba). • *v. pron.* **4** to fill with tears (llenarse de lágrimas los ojos). • *v. i.* y *pron.* **5** to clear (despejarse de nubes el cielo). • *v. i.* to be a huge success (obra, grupo, película, etc.).
arrastrar *v. t.* **1** to drag (algo, físicamente). **2** to rouse (entusiasmar con palabras o ejemplo). • *v. i.* **3** to play a trump (en las cartas). • *v. pron.* **4** to crawl, to grovel.
arrastre *s. m.* **1** pulling, dragging. ◆ **2 estar uno para el ~,** to be useless, to be washed-up.
¡arre! *interj.* giddyap, gee up.
¡arrea! *interj.* my God, jeepers.
arrear *v. t.* **1** to drive (ganado). **2** to hurry: *no me arrees tanto = don't keep hurrying me.*
arrebatadamente *adv.* **1** thoughtlessly, carelessly (sin cuidado). **2** hastily (con prisa).
arrebatado, -da *p. p.* **1** de **arrebatar.** • *adj.* **2** impetuous (característica personal). **3** very bright, blazing (de color).
arrebatador, -ra *adj.* **1** captivating, charming (de gran belleza, especialmente mujeres): *está arrebatadora = she's truly captivating.* **2** violent (violento).
arrebatar *v. t.* **1** to snatch, to seize (quitar con fuerza). **2** to move, to stir: *su discurso nos arrebató de una manera impresionante = his speech stirred us very deeply.* • *v. pron.* **3** to get carried away, to be seized (por una pasión).
arrebato *s. m.* **1** fit. **2** rapture.
arrebol *s. m.* red glow.
arrebujadamente *adv.* confusedly.
arrebujar *v. t.* **1** to throw in a heap, to leave in a mess (ropa, libros, etc.). • *v. pron.* **2** to wrap oneself up, to bundle oneself up (por el frío, especialmente).
arrecharse *v. pron.* (Am.) to make an effort, to try hard.
arrechucho *s. m.* fit, attack: *le dio un arrechucho = he had a fit.*
arreciar *v. i.* to grow worse, to intensify (tormenta, lluvia, etc.).
arrecife *s. m.* GEOL. reef (en el mar).
arredramiento *s. m.* backing out, fright, intimidation.
arredrar *v. t.* to frighten away, to scare away.
arregladamente *adv.* neatly, in an orderly way.
arreglado, -da *p. p.* **1** de **arreglar.** • *adj.* **2** neat, tidy (ordenado). **3** made up (maquillado, especialmente mujeres). **4** fixed, mended (reparado). **5**

reasonable (especialmente, hablando de precios).

arreglar *v. t.* **1** to fix, to mend (reparar). **2** to arrange, to put in the right order (ordenar). **3** to resolve, to settle (problema, dificultad, etc.). ◆ **4 arreglárselas,** to manage (salir adelante).

arreglo *s. m.* **1** arrangement. **2** repair (reparación). **3** solution (de un problema). **4** MÚS. arrangement. ◆ **5 con ~ a,** according to, in accordance with.

arrellanarse *v. pron.* to sit back comfortably, to lounge.

arremangado, -da *p. p.* **1** de **arremangar.** ● *adj.* **2** with one's sleeves rolled up.

arremangar *v. t.* ⇒ **remangar.**

arremeter *v. i.* to attack, to charge.

arremetida *s. f.* attack, assault.

arremolinarse *v. pron.* **1** to mill about. **2** to swirl, to eddy (el agua).

arrendador, -ra *s. m.* y *f.* landlord.

arrendajo *s. m.* **1** ZOOL. jay. **2** (fig.) mimic.

arrendamiento *s. m.* renting (acción); rental, rent (precio).

arrendar *v. t.* to rent, to let.

arrendatario, -ria *adj.* **1** rental. ● *s. m.* y *f.* **2** tenant.

arreo *s. m.* **1** ornament (adorno). ● *pl.* **2** harness, trappings (para los caballos).

arrepentido, -da *adj.* **1** repentant, sorry. ● *s. m.* y *f.* **2** reformed terrorist.

arrepentimiento *s. m.* repentance, regret.

arrepentirse *v. pron.* **1** to repent, to regret: *se arrepintió al final = he repented at the end.* **2** to be sorry (sentirlo).

arrestado, -da *p. p.* **1** de **arrestar.** ● *adj.* **2** arrested (detenido).

arrestar *v. t.* **1** to arrest, to detain. ● *v. pron.* **2** to rush boldly, not to be afraid at all.

arresto *s. m.* **1** arrest. **2** MIL. arrest (arresto militar). ● *pl.* **3** daring, boldness (valentía).

arrevesado, -da *adj.* (Am.) complicated, intricate.

arrianismo *s. m.* Arianism.

arriar *v. t.* MAR. to lower, to haul down (las velas).

arriate *s. m.* flower bed.

arriba *adv.* **1** above: *el piso de arriba está vació = the flat above is empty.* **2** upstairs (en una casa): *ven arriba para ayudarme = come upstairs to help me.* **3** above (arriba citado). ◆ **4 de ~ abajo,** from top to bottom.

arribar *v. i.* to arrive, to land (en barco).

arribista *s. m.* arriviste, social climber.

arriendo *s. m.* rent, renting.

arriero *s. m.* muleteer.

arriesgado, -da *adj.* **1** risky, dangerous. **2** daring, bold.

arriesgar *v. t.* y *pron.* **1** to risk. ● *v. pron.* **2** to take the risk: *no te arriesgues a perderlo todo = don't risk losing everything.*

arrimadero *s. m.* support, prop.

arrimar *v. t.* **1** to pull up: *arrima una silla = pull up a chair.* **2** to put aside, to shelve (arrinconar un plan, proyecto, etc.). ● *v. pron.* **3** to lean, to snuggle up (apoyarse). **4** to seek protection (buscar protección). **5** (Am.) to shack up, to live together (vivir amancebados).

arrimón *s. m.* loafer, idler.

arrinconar *v. t.* **1** to put away, to leave in a corner. **2** to corner (perseguir hasta un rincón). **3** to abandon, to neglect (no hacer caso). ● *v. pron.* **4** to withdraw, to retreat (aislarse).

arritmia *s. f.* MED. arrhythmia.

arrítmico, -ca *adj.* MED. arrhythmic.

arroba *s. f.* **1** arroba (unit of weight). **2** at (symbol) (en correo electrónico). ◆ **3 echar por arrobas,** to exaggerate.

arrobado, -da *p. p.* **1** de **arrobar.** ● *adj.* **2** ecstatic, enraptured.

arrobar *v. t.* **1** to enchant, to enrapture. ● *v. pron.* **2** to become enraptured.

arrobo *s. m.* ecstasy, rapture.

arrodillamiento *s. m.* kneeling.

arrodillar *v. t.* **1** to make kneel. ● *v. pron.* **2** to kneel, to kneel down.

arrogación *s. f.* arrogation.

arrogancia *s. f.* arrogance.

arrogante *adj.* arrogant.

arrogantemente *adv.* arrogantly.

arrogarse *v. pron.* to arrogate (derecho o similar).

arrojadamente *adv.* daringly, boldly.

arrojadizo, -za *adj.* **arma arrojadiza,** projectile.

arrojado, -da *adj.* bold, daring.

arrojo *s. m.* boldness, daring.

arrollador, -ra *adj.* overwhelming (fuerza, victoria).

arrollar *v. t.* **1** to carry away (quitar de enmedio). **2** to trample (muchedumbre). **3** to run over (atropellar). **4** (fig.) to overwhelm.

arropamiento *s. m.* wrapping up, bundling up.

arropar *v. t.* **1** to tuck in (en la cama). **2** (fig.) to protect: *su hermano mayor siempre le arropa = his elder brother always protects him.*

arrostrar *v. t.* **1** to face (up to), confront. ● *v. pron.* **2** to face (up to), confront.

arroyo *s. m.* **1** stream, brook. **2** (fig.) gutter (como sitio donde va gente perdida). ◆ **3 poner en el ~ a alguien,** to put someone on the street, to turn someone out of the house.

arroyuelo *s. m.* rill, small brook.

arroz *s. m.* rice.

arrozal *s. m.* rice field, rice paddy.

arrufianado, -da *adj.* villainous.

arruga *s. f.* **1** wrinkle (en la cara). **2** crease, rumple, crumple (en la ropa). **3** crease, crinkle (en el papel).

arrugamiento *s. m.* **1** wrinkling (en la piel). **2** creasing (en la ropa, en el papel).

arrugar *v. t.* **1** to wrinkle, to line (la cara). **2** to crease, rumple (ropa). **3** to crumple (papel o similar). **4** (Am.) to bother, to annoy. ● *v. pron.* **5** to coil up, to shrink (encogerse). **6** to get frightened, to lose one's bottle: *el pobrecillo se arrugó cuando vio a la policía = the poor fellow got frightened when he saw the police.* ◆ **7 ~ la frente/el ceño/el entrecejo,** to frown, to knit one's brow (con sentido de enfado).

arruinado, -da *adj.* ruined.

arruinador, -ra *adj.* ruinous (por ejemplo, negocio).

arruinamiento *s. m.* ruin, ruination.

arrullador, -ra *adj.* **1** cooing. **2** lulling.

arrullar *v. t.* **1** to coo, to lull, to sing to sleep. **2** (fig.) to speak lovingly to (los enamorados).

arrullo *s. m.* cooing, lullaby.

arrumaco *s. m.* caress, cuddle.

arrumbar *v. t.* **1** to put aside, to put away, to cast aside, to lay aside. **2** to abandon, to neglect (cosa o persona).

arsenal *s. m.* **1** MAR. navy yard, shipyard. **2** MIL. arsenal.

arsénico *s. m.* arsenic.

arte *s. m.* o *f.* **1** art (cualquiera de ellos). **2** gift (habilidad): *este hombre tiene un arte especial para cocinar = this man has a gift for cooking.* ◆ **3 malas artes,** trickery.

artefacto *s. m.* device.

artemisa *s. f.* BOT. mugwort, sagebrush.

arteramente *adv.* craftily, cunningly, slyly.

arteria *s. f.* ANAT. artery.

arterial *adj.* arterial.

arteriola *s. f.* ANAT. arteriole.

arteriosclerosis *s. f.* arteriosclerosis.

artero, -ra *adj.* cunning, artful, crafty, sly.

artesa *s. f.* trough (para abrevar, comer, lavar); kneading trough (para amasar el pan).

artesanado *s. m.* ARQ. craftsmen.

artesanía *s. f.* craftsmanship.

artesano, -na *s. m.* y *f.* craftsman; craftswoman (forma femenina).

artesiano, -na *adj.* artesian.

artesón *s. m.* kitchen tub.

artesonado, -da *adj.* **1** coffered (techos). ● *s. m.* **2** ARQ. coffering.

ártico, -ca *adj.* Arctic.

articulación *s. f.* **1** FON. articulation (de sonidos). **2** ANAT. articulation, joint.

articulado, -da *p. p.* **1** de **articular.** ● *adj.* **2** articulate (lenguaje). ● *s. m.* **3** DER. articles (de una ley): *el articulado está muy bien escrito = the articles are very well written.*

articular *v. t.* **1** to enunciate, to articulate (palabras). **2** DER. to divide into articles (una ley). **3** to join (piezas de mecanismo).

articulatorio, -ria *adj.* enunciatory, articulatory.

articulista *s. m.* y *f.* writer of articles.

artículo *s. m.* **1** article (de prensa). **2** GRAM. article (de prensa). **3** DER. article. **4** item, article (especialmente desde el punto de vista del comercio). ◆ **5 ~ de fe,** REL. article of faith. **6 ~ de la muerte,** one's last breath, one's last moments. **7 ~ de primera**

necesidad, basic commodity. **8 ~ determinado,** GRAM. definite article. **9 ~ indeterminado,** GRAM. indefinite article.
artífice *s. m.* y *f.* **1** artificer, craftsman, artist. **2** maker.
artificial *adj.* artificial.
artificiero, -ra explosives expert (pirotécnico); bomb disposal expert (desactivador de explosivos).
artificio *s. m.* device, contrivance.
artificioso, -sa *adj.* cunning, crafty.
artillería *s. f.* artillery.
artillero *s. m.* gunner, artilleryman.
artilugio *s. m.* contraption.
artimaña *s. f.* trick, stratagem.
artista *s. m.* y *f.* **1** artist (pintor, escultor, etc.). **2** actor, actress (actor). **3** artiste, artist (de variedades).
artístico, -ca *adj.* artistic.
artrítico, -ca *adj./s. m.* y *f.* arthritic.
artritis *s. f.* arthritis.
artritismo *s. m.* arthritism.
artrosis *s. f.* arthrosis.
arveja *s. f.* **1** vetch. **2** (Am.) pea.
arzobispado *s. m.* archbishopric.
arzobispal *adj.* archiepiscopal.
arzobispo *s. m.* archbishop.
as *s. m.* **1** ace (naipe o dado). **2** ace, star (experto).
asa *s. f.* handle, grip.
asado, -da *p. p.* **1** de **asar.** • *adj.* **2** roast (con muchísimo calor). • *s. m.* **3** GAST. roast.
asaduras *s. f. pl.* offal, innards.
asaetear *v. t.* to shoot arrows at (con un arco).
asainetado, -da *adj.* funny, comical (parecido a un sainete).
asalariado, -da *adj.* **1** salaried. • *s. m.* y *f.* **2** wage-earner.
asaltante *s. m.* y *f.* attacker, assailant.
asaltar *v. t.* **1** to attack, to assault. **2** to overtake (de repente, una duda, un pensamiento, un temor, etc.). **3** to rob: *asaltar un banco = to rob a bank.*
asalto *s. m.* **1** assault, attack. **2** DEP. round (en el boxeo). **3** DEP. bout (en la esgrima). **4** robbery (robo).
asamblea *s. f.* assembly, meeting.
asambleísta *s. m.* y *f.* member of an assembly.
asaz *adv.* very (muy).
asbesto *s. m.* asbestos.
ascendencia *s. f.* ancestry.
ascendente *adj.* ascending, upward.
ascender *v. i.* **1** to ascend, to rise. **2** to be promoted (en el trabajo, ejército, etc.). **3** to amount to (cantidad): *asciende a 24.000 pesetas = it amounts to 24.000 pesetas.*
ascendiente *s. m.* **1** influence: *tiene ascendiente sobre mí = he has influence over me.* • *s. m.* y *f.* **2** ancestor (antepasado).
ascensión *s. f.* **1** ascension, rise. ◆ **2 la Ascensión,** REL. the Ascension.
ascensional *adj.* ascensional.
ascensionista *s. m.* y *f.* balloonist.
ascenso *s. m.* **1** promotion (especialmente en el trabajo). **2** ascent, rise.
ascensor *s. m.* lift, elevator.
ascensorista *s. m.* y *f.* elevator operator.
asceta *s. m.* y *f.* ascetic.
ascético, -ca *adj.* ascetic.
ascetismo *s. m.* asceticism.
asco *s. m.* **1** disgust. **2** (fig.) fear (miedo). ◆ **3 estar hecho un ~,** to be filthy, to be a mess. **4 hacer ascos,** to turn up one's nose. **5 ser un ~,** to be disgusting.
ascua *s. f.* **1** ember. ◆ **2 arrimar el ~ a su sardina,** to look out for number one. **3 ~ de oro,** glittering object. **4 estar en ascuas,** to be on edge.
aseadamente *adv.* cleanly, neatly.
aseado, -da *adj.* clean, neat.
asear *v. t.* **1** to clean (limpiar). • *v. pron.* **2** to wash.
asechanza *s. f.* trap, snare.
asechar *v. t.* to trap, to snare.
asediar *v. t.* **1** to besiege, to lay siege to. **2** (fig.) to pester, to besiege.
asedio *s. m.* **1** siege, blockade. **2** (fig.) persecution.
asegurado, -da *adj.* **1** insured. • *s. m.* y *f.* **2** policyholder.
asegurador, -ra *adj.* **1** insuring (de seguros de todo tipo). • *s. m.* y *f.* **2** insurance company.
aseguramiento *s. m.* **1** securing. **2** insurance.
asegurar *v. t.* **1** to secure (sujetar). **2** to assure, to reassure: *te aseguro que no te miento = I assure you I'm not lying to you.* **3** to insure (a través de compañía de seguros). • *v. pron.* **4** to insure oneself (contra incendios, accidentes, etc.). **5** to make sure: *asegúrate de que todo está cerrado = make sure that everything is locked.*
asemejar *v. t.* **1** to liken, to compare. • *v. pron.* **2** to be like: *esto casi se asemeja a la guerra = this is almost like war.*
asenso *s. m.* assent, approbation.
asentada *s. f.* sitting.
asentaderas *s. f. pl.* buttocks.
asentado, -da *p. p.* **1** de **asentar.** • *adj.* **2** sensible (de carácter): *un hombre serio y asentado = a serious and sensible man.* **3** stable, established (negocio, empresa, etc.).
asentador *s. m.* **1** razor strop. **2** wholesaler.
asentamiento *s. m.* **1** settlement (pueblo). **2** settlement, settling (acción).
asentar *v. t.* **1** to note, to write down. **2** to suppose, to take for granted (dar por sabido). **3** to fix (fijar, un precio). • *v. pron.* **4** to settle (como colonos). **5** to alight (posarse).
asentimiento *s. m.* consent, assent.
asentir *v. i.* to assent, to agree.
aseo *s. m.* **1** cleanliness. **2** washroom (lugar).
asepsia *s. f.* asepsis.
aséptico, -ca *adj.* aseptic.
asequible *adj.* **1** affordable (precio). **2** accessible (persona). **3** attainable (objetivo). **4** accessible (fácil de entender).
aserradero *s. m.* sawmill.
aserrado, -da *p. p.* **1** de **aserrar.** • *adj.* **2** serrated.
aserrar *v. t.* to saw.
aserrín o **serrín** *s. m.* sawdust.
asertivo, -va *adj.* assertive.
aserto *s. m.* assertion.
asesinar *v. t.* **1** to murder. **2** POL. to assassinate.
asesinato *s. m.* **1** murder. POL. assassination.
asesino *s. m.* y *f.* **1** killer, murderer. **2** POL. assassin. • *adj.* **3** murderous.
asesor, -ra *s. m.* y *f.* adviser, consultant.
asesoramiento *s. m.* advice, counsel.
asesorar *v. t.* to advise, to counsel.
asesoría *s. f.* consultancy, firm of consultants (negocio).
asestar *v. t.* to deal, to deliver (un golpe).
aseveración *s. f.* assertion, asseveration.
aseverar *v. t.* to assert, to declare, to asseverate.
aseverativo, -va *adj.* assertive, asseverative.
asexual *adj.* asexual.
asfaltado, -da *p. p.* **1** de **asfaltar.** • *adj.* **2** asphalted.
asfaltadora *s. f.* road surfacing machine.
asfaltar *v. t.* to asphalt.
asfáltico, -ca *adj.* asphaltic.
asfalto *s. m.* asphalt.
asfixia *s. f.* asphyxia, asphyxiation, suffocation.
asfixiar *v. t.* **1** to asphyxiate, to smother, to suffocate. • *v. pron.* **2** to suffocate, to be asphyxiated.
así *adv.* **1** like this, like that: *se hace así = it's done like this.* • *conj.* **2** therefore (por lo tanto). **3** so: *estoy ocupado, así que no puedo ayudarte ahora = I'm busy, so I can't help you now.* ◆ **4 ~, ~,** so so. **5 ~ como ~,** any which way, any way. **6 ~ que,** when, as soon as: *así que llegue, házmelo saber = when he arrives, let me know.*
asiático, -ca *adj.* Asian, Asiatic. • *s. m.* y *f.* Asian.
asidero *s. m.* **1** handle. **2** (fig.) pretext.
asiduamente *adv.* assiduously.
asiduidad *s. f.* assiduity, frequency.
asiduo, -dua *adj.* assiduous, frequent.
asiento *s. m.* **1** seat. **2** COM. entry (apunte contable). **3** maturity (del carácter). **4** ARQ. settling.
asignación *s. f.* **1** allocation (de recursos, etc.). **2** allowance (paga).
asignado, -da *adj.* assigned, allocated.
asignatario, -ria *s. m.* y *f.* (Am.) DER. legatee, heir.
asignatura *s. f.* subject.
asilar *v. t.* **1** to give shelter to (dar protección). **2** to give political asylum to (dar asilo político). • *v. pron.* **3** to take shelter (protegerse). **4** to seek political asylum (buscar asilo político).
asilo *s. m.* **1** shelter, place of refuge (refugio). **2** home (especialmente de ancianos).
asimetría *s. f.* asymmetry.
asimétrico, -ca *adj.* asymmetric.
asimiento *s. m.* **1** grasping, holding. **2** (fig.) attachment (afecto).

asimilable *adj.* assimilable.
asimilación *s. f.* assimilation.
asimilar *v. t.* **1** to assimilate. • *v. pron.* **2** to be similar to.
asimilativo, -va *adj.* assimilative.
asimismo o **así mismo** *adv.* likewise, also.
asir *v. t.* **1** to grasp, to seize. **2** to grab (agarrarse, especialmente cuando se va uno a caer). • *v. i.* **3** to take root (plantas).
asistencia *s. f.* **1** attendance (a un espectáculo, clase, etc.). **2** assistance (ayuda médica o de socorro).
asistenta *s. f.* maid, home help.
asistente *adj.* **1** attending. • *s. m.* y *f.* **2** assistant. **3** MIL. aid. ◆ **4 ~ social,** social worker.
asistir *v. i.* **1** to be present, to attend (a espectáculo, clase, etc.). • *v. t.* **2** to work as a maid for (especialmente como criada por horas). **3** to accompany (acompañar). **4** to give assistance to (ayudar).
asma *s. f.* asthma.
asmático, -ca *adj./s. m.* y *f.* asthmatic.
asnal *adj.* donkey-like, asinine.
asno, -na *s. m.* y *f.* **1** ZOOL. donkey, ass, jack-ass. **2** (fig.) jack-ass (persona).
asociación *s. f.* association.
asociado, -da *p. p.* **1** de **asociar.** • *adj.* **2** associated. • *s. m.* y *f.* **3** member (de una asociación).
asociativo, -va *adj.* associative.
asolador, -ra *adj.* ravaging, devastating.
asolar *v. t.* **1** to ravage, to devastate. **2** to parch, to scorch (plantas, por la acción del sol).
asomar *v. i.* **1** to show; to stick out (por una abertura); to begin to appear: *ya asoman los dientes del pequeño = the baby's teeth are beginning to appear.* • *v. t.* **2** to stick out (especialmente la cara por algún lugar). • *v. pron.* **3** to lean out (normalmente, por la ventana o similar).
asombrar *v. t.* **1** to amaze, to astonish. • *v. pron.* **2** to be amazed, to be astonished.
asombro *s. m.* amazement, astonishment.
asombrosamente *adv.* amazingly, astonishingly.
asombroso, -sa *adj.* amazing, astonishing.
asomo *s. m.* **1** trace, hint: *ni asomo de duda = not a trace of a doubt.* ◆ **2 ni por ~,** not at all, not by a long shot.
asonancia *s. f.* FON. assonance.
asonante *adj.* FON. assonant.
aspa *s. f.* **1** X-shaped cross. **2** vane, sail (de molino). **3** MAT. multiplication sign.
aspaviento *s. m.* exaggerated gesture.
aspecto *s. m.* **1** appearance (apariencia). **2** aspect (faceta).
ásperamente *adv.* roughly, harshly, rudely.
aspereza *s. f.* **1** roughness, ruggedness (de una superficie cualquiera). **2** harshness (en el trato humano o social). **3** sourness, bitterness (en el gusto o sabor).
áspero, -ra *adj.* **1** rough (superficie); rugged (terreno). **2** harsh (en el trato). **3** sour, bitter (en el gusto o sabor). **4** harsh (voz, sonido).
asperón *s. m.* sandstone, grindstone.
aspersión *s. f.* sprinkling.
áspid *s. m.* ZOOL. asp, aspic.
aspillera *s. f.* loophole.
aspiración *s. f.* **1** inhalation, breathing in (respiración hacia dentro). **2** suction (succión). **3** aspiration, desire (anhelo). **4** FON. aspiration.
aspirador, -ra *s. m.* y *f.* vacuum cleaner.
aspirante *s. m.* y *f.* candidate (candidato).
aspirar *v. t.* **1** to inhale, to breathe in (inspirar). **2** to suck up, to draw in (succionar). **3** FON. aspirate. • *v. i.* **4** to aspire to.
aspirina *s. f.* aspirin.
asqueado, -da *p. p.* **1** de **asquear.** • *adj.* **2** sickened: *estoy asqueado de la avaricia de los hombres = I am sickened by men's greediness.*
asquear *v. t.* **1** to sicken, to disgust. • *v. i.* **2** to be sickening, to be disgusting.
asquerosamente *adv.* sickeningly, disgustingly.
asquerosidad *s. f.* **1** filth (suciedad). **2** (fig.) vileness (vileza).
asqueroso, -sa *adj.* **1** disgusting, revolting. **2** filthy (sucio).
asta *s. f.* **1** horn (de toro). **2** shaft (de una lanza). **3** flagpole, flagstaff (de la bandera). ◆ **4 a media ~,** at half mast.
astado *s. m.* bull (toro).
astenia *s. f.* MED. asthenia.
asténico, -ca *adj.* asthenic, weak.
asterisco *s. m.* asterisk.
asterismo *s. m.* ASTR. asterism.
asteroide *s. m.* ASTR. asteroid.
astigmático, -ca *adj.* astigmatic.
astigmatismo *s. m.* astigmatism.
astilla *s. f.* chip; splinter (muy pequeña).
astillar *v. t.* to splinter.
astillero *s. m.* MAR. shipyard, dockyard.
astracán *s. m.* astrakhan.
astracanada *s. f.* farce.
astral *adj.* astral.
astricción *s. f.* astriction.
astringente *adj.* astringent, binding.
astringir *v. i.* to bind.
astro *s. m.* **1** ASTR. heavenly body, star. **2** (fig.) star, celebrity.
astrofísica *s. f.* astrophysics.
astrolabio *s. m.* astrolabe.
astrología *s. f.* astrology.
astrológico, -ca *adj.* astrological.
astrólogo, -ga *s. m.* y *f.* astrologer.
astronauta *s. m.* y *f.* astronaut.
astronáutica *s. f.* astronautics.
astroso, -sa *adj.* shabby, ragged.
astronave *s. f.* spaceship.
astronomía *s. f.* astronomy.
astronómicamente *adv.* astronomically.
astronómico, -ca *adj.* **1** astronomic. **2** (fig.) astronomical, enormous.
astrónomo, -ma *s. m.* y *f.* astronomer.
astucia *s. f.* **1** astuteness; (desp.) cunning (habilidad). **2** ruse, artifice (treta).
astutamente *adv.* astutely, cleverly, shrewdly.
asturiano, -na *adj./s. m.* y *f.* Asturian.
astuto, -ta *adj.* astute, clever; (desp.) cunning, sly, crafty.
asueto *s. m.* **1** brief vacation. ◆ **2 un día de ~,** a day off.
asumir *v. t.* to assume, to take on: *no sabe asumir sus responsabilidades = he is unable to assume his own responsibilities.*
asunción *s. f.* assumption.
asunto *s. m.* **1** matter, topic. **2** affair, concern (tema de cierta preocupación). **3** love affair (amoroso).
asustadizo, -za *adj.* **1** jittery, jumpy, easily startled. **2** skittish (animal).
asustar *v. t.* **1** to frighten, to scare. • *v. pron.* **2** to be frightened, to be scared.
atacante *adj.* attacking, assaulting.
atacar *v. t.* **1** to attack. **2** to criticize (criticar).
atadero *s. m.* tie fastener, hook, loop.
atado *s. m.* **1** bundle. **2** (Am.) cigarette pack (cajetilla).
atado, -da *p. p.* **1** de **atar.** • *adj.* **2** tied. **3** rigged (unas elecciones o similar): *todo está bien atado = everything is rigged (to our advantage).*
atadura *s. f.* **1** tying, binding (acción). **2** bond (ligadura). **3** (fig.) tie: *ataduras sociales = social ties.*
atajar *v. t.* **1** to stop, to check: *atajaron las críticas = they stopped the criticism.* **2** to parry (un golpe). • *v. i.* **3** to take a short cut (coger un atajo). • *v. pron.* **4** (Am.) to get drunk (emborracharse).
atajo *s. m.* **1** short cut (en el camino). **2** (fig.) short cut, quick method (de hacer las cosas).
atalaya *s. f.* **1** ARQ. watch tower. **2** (fig.) vantage point.
atañer *v. i* to concern.
ataque *s. m.* **1** attack, assault (especialmente de tipo militar). **2** MED. attack. **3** fit (acceso).
atar *v. t.* **1** to tie, to bind, to fasten. • *v. pron.* **2** (fig.) to be joined in wedlock, to tie the knot (casarse, para siempre). ◆ **3 ~ corto,** to keep on a short leash, to keep a tight rein on. **4 no ~ ni desatar,** to get nowhere.
atardecer *v. i.* **1** to get dark. • *s. m.* **2** dusk.
atareado, -da *adj.* busy.
atarear *v. t.* **1** to assign work to. • *v. pron.* **2** to busy oneself, to occupy oneself (ocuparse).
atascadero *s. m.* **1** mudhole. **2** tight spot, jam.
atascamiento *s. m.* blockage, obstruction.
atasco *s. m.* **1** traffic jam. **2** blockage, obstruction (en un conducto).
ataúd *s. m.* coffin.
ataviar *v. t.* to adorn, to deck out.
atávico, -ca *adj.* atavistic.
atavío *s. m.* **1** decoration, adornment. **2** (fig.) dress, attire.

atavismo *s. m.* atavism.
ateísmo *s. m.* FIL. atheism.
atemorizar *v. t.* **1** to frighten, to terrify. • *v. pron.* **2** to be frightened, to be terrified.
atemperar *v. t.* to temper, to moderate: *debes atemperar tu apetito = you must moderate your appetite.*
atenazar *v. t.* **1** to hold down, to immobilize (inmovilizar). **2** to torment; to grip: *me atenazó el miedo = I was gripped by fear.*
atención *s. f.* **1** attention, care, heed. **2** kindness (amabilidad). • *pl.* **3** duties, responsibilities (deberes). ◆ **4 ~!,** (your) attention, please. **5 en ~ a,** bearing in mind, in view of. **6 llamar la ~,** to attract attention.
atender *v. t.* e *i.* **1** to pay attention to (hacer caso). **2** to take care of (cuidar). **3** to comply with (satisfacer). • *v. t.* **4** to wait for (esperar).
ateneo *s. m.* athenaeum.
atenerse *v. pron.* to abide by, to adhere to, to obey.
ateniense *adj./s. m.* y *f.* Athenian.
atentado, -da *p. p.* **1** de **atentar.** • *s. m.* **2** DER. illegal act (en contra de alguna ley). **3** attack, attempt (intento, de matar).
atentamente *adv.* attentively, politely.
atentar *v. t.* **1** to commit an illegal act. • *v. i.* **2** make an attempt on somebody's life (intentar matar a alguien): *atentaron contra mi vida en 1980 = they made an attempt on my life in 1980.*
atentatorio, -ria *adj.* threat (contra la moral o la ley).
atento, -ta *adj.* **1** observant, attentive. **2** courteous, considerate: *es un chico muy atento = he is a very courteous boy.*
atenuación *s. f.* attenuation, diminishing.
atenuante *adj.* **1** attenuating, palliative. • *s. f.* **2** extenuating circumstance.
atenuar *v. t.* to attenuate, to extenuate, to diminish.
ateo, -a *adj.* **1** atheistic. • *s. m.* y *f.* **2** atheist.
aterciopelado, -da *adj.* velvety.
aterido, -da *adj.* frozen stiff.
aterirse *v. pron.* to be frozen, to be numb with cold (de frío).
aterrar *v. t.* to terrify, to frighten: *la idea de la muerte le aterra = the thought of death terrifies him.*
aterrizaje *s. m.* AER. landing, touchdown.
aterrizar *v. t.* to land, to touch down.
aterrorizar *v. t.* to frighten, to terrorize.
atesorar *v. t.* **1** to store up, to hoard. **2** (fig.) to possess (virtues).
atestación *s. f.* attestation.
atestado, -da *p. p.* **1** de **atestar.** • *adj.* **2** crammed, packed: *el estadio estaba atestado de gente = the stadium was crammed with people.* • *s. m.* **3** DER. affidavit.
atestamiento *s. m.* stuffing, cramming.
atestar *v. t.* **1** to stuff (llenar hasta más no poder). **2** to witness (ser testigo de). • *v. pron.* **3** to stuff oneself (llenarse, de comida y bebida).
atestiguar *v. t.* to testify, to provide testimony.
atestiguación *s. f.* attestation, providing testimony.
atezado, -da *adj.* tanned, darkskinned.
atiborrar *v. t.* **1** to cram (la cabeza de ideas, el estómago de comida, etc.). • *v. pron.* **2** to stuff oneself, (fam.) to get stuck in (llenarse, normalmente de comida).
ático *s. m.* **1** ARQ. attic, garret. **2** top floor (último piso). **3** loft (desván).
atildado, -da *adj.* neat, elegant.
atildamiento *s. m.* **1** GRAM. placing of tildes. **2** neatness (pulcritud en el aspecto personal).
atildar *v. t.* to spruce up.
atinar *v. t.* **1** to find, to locate. **2** to hit upon, to discover.
atinado, -da *adj.* **1** sensible, wise, sound. **2** apt, fitting, relevant.
atinadamente *adv.* cautiously, sensibly.
atinente *adj.* relevant, pertinent.
atiplado, -da *adj.* high-pitched, shrill (voz).
atiplar *v. t.* to raise the pitch of (la voz o un instrumento). • *v. pron.* **2** to rise in pitch (un sonido).
atirantar *v. t.* to tighten, to make taut.
atisbar *v. t.* **1** to spy, to observe. • *v. i.* **2** to peep.
atisbo *s. m.* inkling, hint: *sin el menor atisbo del problema = without the slightest inkling about the problem.*
atizar *v. t.* **1** to stir, to poke (específicamente un fuego de leña o carbón). **2** to hit, to strike (golpear).
atizador *s. m.* poker (instrumento).
atlántico *s. m.* Atlantic.
atlas *s. m.* GEOG. atlas, book of maps.
atleta *s. m.* y *f.* athlete.
atlético, -ca *adj.* athletic.
atletismo *s. m.* athletics.
atmósfera *s. f.* atmosphere.
atmosférico, -ca *adj.* atmospheric.
atocinado, -da *adj.* (fam.) stupid (alelado).
atocinarse *v. pron.* **1** to get het up (enfadarse). **2** to fall madly in love (enamorarse locamente). **3** to get disgustingly fat (coger peso).
atolladero *s. m.* ⇒ **atascadero.**
atolón *s. m.* atoll.
atolondradamente *adv.* impulsively, recklessly.
atolondramiento *s. m.* recklessness, rashness.
atolondrado, -da *adj.* impulsive, reckless, rash.
atolondrarse *v. pron.* to rush.
atomicidad *s. f.* atomicity.
atomismo *s. m.* atomism.
atomista *s. m.* y *f.* FIL. atomist.
atomización *s. f.* atomization.
atomizar *v. t.* to atomize.
átomo *s. m.* FÍS. atom.
atonal *adj.* atonal.
atonalidad *s. f.* atonality.
atonía *s. f.* **1** sluggishness, slothfulness. **2** atony (de los músculos).
atónito, -ta *adj.* amazed, astounded, astonished.
átono, -na *adj.* GRAM. atonic.
atontamiento *s. m.* confusion, bewilderment.
atontar *v. t.* to confuse, to bewilder.
atoramiento *s. m.* obstruction, blockage.
atorar *v. t.* **1** to obstruct, to clog. • *v. pron.* **2** to choke (atragantarse).
atormentadamente *adv.* tormentedly, distressedly.
atormentar *v. t.* **1** to torment (atormentar). **2** to pester, bother (molestar continuamente): *deja de atormentarme y vete = stop pestering me and go away.*
atornillador *s. m.* screwdriver.
atornillamiento *s. m.* screwing.
atornillar *v. t.* to screw down, to screw on.
atorrante *adj.* **1** (fam.) tiresome, tedious (pesado). **2** (Am.) lazy (vago).
atortolar *v. t.* **1** to shake up, to confuse. • *v. pron.* **2** to fall in love.
atosigamiento *s. m.* urging, pressing.
atosigar *v. t.* **1** to poison. **2** (fig.) to press, to rush. • *v. pron.* **3** to get flustered.
atrabiliario, -ria *adj.* cranky, peevish.
atracada *s. f.* MAR. docking, berthing.
atracadero *s. m.* pier, dock.
atracador, -ra *s. m.* y *f.* **1** robber (de un banco). **2** mugger (de una persona).
atracar *v. t.* **1** to hold up (banco). **2** to mug (persona). • *v. pron.* **3** to gorge oneself (con comida). • *v. t.* e *i.* **4** MAR. to moor.
atracción *s. f.* attraction.
atraco *s. m.* **1** robbery, hold-up (banco). **2** mugging (persona).
atracón *s. m.* overeating, gorging, blow-out.
atractivo, -va *adj.* **1** attractive. • *s. m.* **2** attractiveness, attraction.
atraer *v. t.* to attract, to draw.
atragantarse *v. pron.* **1** to choke. **2** to take a strong dislike to: *se me han atragantado las matemáticas = I have taken a strong dislike to Maths.*
atrancar *v. t.* **1** to bar, to bolt (una puerta o ventana, especialmente). • *v. i.* **2** to take long steps (andar a pasos largos).
atrapar *v. t.* to catch, to trap: *te atrapé = I caught you.*
atrás *adv.* **1** back, behind: *se quedaron atrás = they stayed behind.* **2** back, ago (en el tiempo): *tiempo atrás = some time ago.* • *interj.* **3** get back.
atrasado, -da *p. p.* **1** de **atrasar.** • *adj.* **2** behind (en los estudios). **3** slow (reloj). **4** delayed (con retraso en la llegada o salida). **5** backward (intelectual, económica, socialmente, etc.).
atrasar *v. t.* y *pron.* **1** to delay. **2** to put back (especialmente el reloj). • *v. i.* **3** to be slow (reloj): *este reloj se*

atrasa = this watch is slow. • *v. pron.* **4** to be delayed, to be late.
atraso *s. m.* **1** delay, slowness, tardiness. • *pl.* **2** back payment (de dinero).
atravesado, -da *p. p.* **1** de **atravesar.** • *adj.* **2** (fig.) wicked (malo).
atravesar *v. t.* **1** to pierce (el cuerpo, una superficie, etc.). **2** to cross, to go through: *atravesamos la ciudad en 10 minutos = we crossed the city in ten minutes.* • *v. pron.* **3** to get in the way, to block one's way: *se me atravesó un camión = a lorry blocked my way.* **4** not to be able to stand (no aguantar a alguien): *lo siento, pero se me ha atravesado Juan = I'm sorry but I can't stand Juan.*
atrayente *adj.* attractive.
atreverse *v. pron.* to dare: *¿a que no te atreves a tirarte desde aquí? = I bet you daren't dive from here?*
atrevidamente *adv.* daringly, boldly, impudently, brazenly.
atrevido, -da *adj.* **1** daring, bold. **2** forward, impudent, cheeky.
atrevimiento *s. m.* **1** daring, boldness. **2** forwardness, effrontery, impudence.
atrezo *s. m.* props.
atribución *s. f.* attribution.
atribuible *adj.* attributable.
atribular *v. t.* **1** to distress, to afflict. • *v. pron.* **2** to become distressed.
atributivo, -va *adj.* attributive.
atributo *s. m.* attribute.
atril *s. m.* **1** music stand (partituras). **2** lectern (libros).
atrincheramiento *s. m.* entrenchment.
atrincherar *v. t.* **1** to entrench, to surround with trenches. • *v. pron.* **2** to entrench oneself, to dig in.
atrio *s. m.* ARQ. porch, entrance.
atrocidad *s. f.* atrocity, outrage.
atrofia *s. f.* atrophy.
atrofiar *v. t.* e *i.* **1** to atrophy. **2** to diminish (facultad). • *v. pron.* **3** to suffer atrophy.
atronador, -ra *adj.* thundering, deafening.
atronar *v. t.* to thunder, to deafen.
atropellar *v. t.* **1** to knock down, to run over. **2** to bully, to abuse (atacar los derechos de otros). • *v. pron.* **3** to act too hastily (no poner cuidado en cómo actúa uno).
atropelladamente *adv.* hastily, hurriedly.
atropello *s. m.* **1** attack, assault. **2** (fig.) violation, abuse.
atropina *s. f.* QUÍM. atropine.
atroz *adj.* **1** atrocious. **2** enormous, huge.
atrozmente *adv.* atrociously.
ATS *s. m.* y *f.* nursing auxiliary.
attrezzo *s. m.* ⇒ **atrezo.**
atuendo *s. m.* **1** outfit. **2** pomp, ostentation.
atufar *v. i.* to stink, to smell bad.
atún *s. m.* ZOOL. tuna, tunny.
atunero, -ra *s. m.* y *f.* **1** tunny dealer. • *s. m.* **2** tunny fisher.
aturdidamente *adv.* thoughtlessly, recklessly.
aturdimiento *s. m.* confusion, bewilderment.
aturullar *v. t.* **1** to baffle, to bewilder. • *v. pron.* **2** to become flustered, to become bewildered.
atusar *v. t.* to slick down, to smooth (los bigotes, el pelo, etc.).
audacia *s. f.* audacity, boldness.
audaz *adj.* audacious, bold.
audazmente *adv.* audaciously, boldly.
audible *adj.* audible.
audición *s. f.* **1** hearing (oído). **2** audition (prueba).
audiencia *s. f.* **1** hearing. **2** DER. high court. **3** PER. readership (los que leen un periódico determinado). **4** audience (programa de televisión) (autoridades).
audífono *s. m.* **1** hearing aid (para sordos). **2** earphone, headphone (de una radio).
audímetro *s. m.* audiometer.
audiovisual *adj.* audiovisual.
auditivo, -va *adj.* auditive.
auditor, -ra *s. m.* **1** FIN. auditor. **2** adviser, counsellor (oyente).
auditoría *s. f.* FIN. auditing.
auditorio *s. m.* **1** auditorium (lugar). **2** audience (gente).
auge *s. m.* **1** acme, culmination. **2** ASTR. apogee.
augur *s. m.* augur.
augural *adj.* augural.
augurar *v. t.* to augur, to predict, to foretell.
augurio *s. m.* augury, omen.
augusto, -ta *adj.* august.
aula *s. f.* **1** classroom (en un colegio). **2**. lecture hall (en la universidad).
aulaga *s. f.* BOT. furze, gorse.
áulico, -ca *adj.* **1** aulic, courtly. • *s. m.* y *f.* **2** courtier.
aullar *v. i.* to howl.
aullido *s. m.* howl.
aumentar *v. t.* e *i.* **1** to increase, to augment. • *v. t.* **2** FOT. to enlarge. **3** to magnify (hacerse más grande). **4** RAD. to amplify.
aumentativo, -va *adj.* augmentative.
aumento *s. m.* **1** increase. **2** FOT. enlargement. **3** RAD. amplification. **4** magnification (agrandamiento, normalmente de una imagen o similar).
aun *adv.* even, even though: *aun sabiendo el idioma lo pasarás mal = even though you speak the language you'll have a difficult time.*
aún *adv.* **1** still (afirmativo e interrogativo): *aún está aquí = he's still here; ¿está aún aquí? = is she still here?* **2** yet (negativo): *aún no han llegado = they haven't arrived yet.*
aunar *v. t.* **1** to join, to unite: *aunar esfuerzos = to join forces.* • *v. pron.* **2** to join together, unite.
aunque *conj.* **1** although: *aunque eres grande no sabes jugar bien = although you are big you can't play very well.* **2** even: *aunque llueva vendremos = we'll come even if it rains.*
¡aúpa! o **¡upa!** *interj.* up!, get up!
aupar *v. t.* to lift, to help up, to give a leg up.
aura *s. f.* aura.
áureo, -a *adj.* golden, gold, aureous.
aureola *s. f.* **1** aureole, halo. **2** (fig.) fame, aureole.
aurícula *s. f.* auricle.
auricular *adj.* **1** aural. • *s. m.* **2** receiver (del teléfono). • *s. m. pl* **3** headphones.
aurífero, -ra *adj.* auriferous, gold-bearing.
auriga *s. f.* HIST. charioteer.
aurora *s. f.* **1** dawn. **2** (fig.) beginning, dawn: *la aurora de una nueva época = the beginning of a new era.*
auscultación *s. f.* auscultation.
auscultar *v. t.* MED. to auscultate, to listen (para diagnóstico).
ausencia *s. f.* **1** absence. **2** lack.
ausentarse *v. pron.* to absent oneself, to go away.
ausente *adj.* **1** absent. **2** absent-minded (distraído).
ausentismo *s. m.* absenteeism.
auspiciar *v. t.* **1** to sponsor (patrocinar). **2** to back (apoyar un plan, etc.). **3** to predict, to foretell.
auspicio *s. m.* auspice, omen.
austeridad *s. f.* austerity.
austero, -ra *adj.* austere.
austral *adj.* austral, southern.
Australia *s. f.* Australia.
australiano, -na *adj./s. m.* y f. Australian.
Austria *s. f.* Austria.
austriaco, -ca o **austríaco, ca** *adj./s. m.* y f. Austrian.
austro *s. m.* south wind.
autarquía *s. f.* ECON. autarchy, self-sufficiency.
autárquico, -ca *adj.* autarchic.
auténticamente *adv.* authentically.
autenticar *v. t.* to authenticate.
autenticidad *s. f.* authenticity.
auténtico, -ca *adj.* authentic, genuine.
autentificar *v. t.* to authenticate.
autillo *s. m.* ZOOL. tawny owl (ave nocturna).
autismo *s. m.* PSIQ. autism.
autista *adj.* autistic.
auto *s. m.* **1** car. • *prefijo* **2** auto-, self-. ◆ **3** ~ **sacramental,** LIT. eucharistic play. **4** ~ **de fe,** auto-da-fé.
autobiografía *s. f.* autobiography.
autobiográfico, -ca *adj.* autobiographical.
autobombo *s. m.* self-glorification, self-praise, self-promotion.
autobús *s. m.* bus.
autocar *s. m.* coach, bus.
autoclave *s. f.* autoclave.
autocracia *s. f.* autocracy.
autócrata *s. m.* y *f.* autocrat.
autóctono, -na *adj.* **1** native, indigenous. • *s. m.* y *f.* **2** native.
autodestrucción *s. f.* self-destruction.
autodeterminación *s. f.* self-determination.
autodidacta *adj.* **1** self-taught. • *s. m.* y *f.* **2** self-taught person.
autódromo *s. m.* motor racing track, racetrack, speedway.
autógeno, -na *adj.* autogenous.
autogestión *s. f.* self-management.
autogiro *s. m.* autogiro.

autogobierno *s. m.* self-government, autonomy.
autogol *s. m.* own goal.
autografía *s. f.* autography.
autografiar *v. i.* to sign an autograph.
autógrafo, -fa *adj.* **1** autograph. • *s. m.* y *f.* **2** autograph.
autointoxicación *s. f.* auto-intoxication.
autómata *s. m.* automaton.
automáticamente *adv.* automatically.
automático, -ca *adj.* automatic.
automatismo *s. m.* automatism.
automatizar *v. t.* to automatize.
automoción *s. f.* self-propulsion.
automotor *s. m.* self-propelled vehicle.
automotriz *adj.* self-propelled.
automóvil *adj.* **1** self-driven, self-propelled, automotive. • *s. m.* **2** car, automobile.
automovilismo *s. m.* motoring.
automovilista *s. m.* y *f.* driver, motorist.
automovilístico, -ca *adj.* automobile.
autonomía *s. f.* POL. autonomy, self-government.
autonómico, -ca *adj.* of or relating to Spain's autonomous communities.
autónomo, -ma *adj.* autonomous, autonomic.
autonomista *s. m.* y *f.* autonomist.
autopista *s. f.* motorway, expressway.
autopsia *s. f.* autopsy.
autor, -ra *s. m.* y *f.* author, authoress, writer.
autoría *s. f.* responsibility (de crimen).
autoridad *s. f.* **1** authority. **2** expert (en alguna materia).
autoritario, -ria *adj.* **1** authoritarian, imperious. • *s. m.* y *f.* **2** authoritarian, despot.
autoritarismo *s. m.* authoritarianism.
autorización *s. f.* authorization.
autorizadamente *adv.* authoritatively.
autorizado, -da *adj.* authorized, official.
autorizar *v. t.* to authorize.
autorretrato *s. m.* self-portrait.
autoservicio *s. m.* self-service.
autostop *s. m.* **1** hitch-hiking. ◆ **2 hacer ~,** to hitch-hike.
autosugestión *s. f.* auto-suggestion.
auxiliar *v. t.* **1** to help. • *adj.* **2** auxiliary. **3** GRAM. auxiliary. • *s. m.* y *f.* **4** junior clerk (administrativo). **5** assistant.
auxilio *s. m.* help, aid, relief, assistance.
aval *s. m.* endorsement, guarantee.
avalancha *s. f.* avalanche.
avalar *v. t.* to endorse, to guarantee.
avalorar *v. t.* to value, to appraise.
avance *s. m.* **1** advance (en el espacio). **2** COM. balance sheet, estimate (de cuentas). **3** TV. preview. **4** MIL. attack.
avanzada o **avanzadilla** *s. f.* MIL. scout patrol,
avanzado, -da *p. p.* **1** de **avanzar.** • *adj.* **2** advanced. • *s. f.* **3** MIL. outpost.
avanzar *v. t.* y *pron.* to advance.
avaricia *s. f.* avarice, greediness.
avaricioso, -sa o **avariento, -ta** *adj.* **1** avaricious, miserly, greedy. • *s. m.* y *f.* **2** miser, greedy person.
avaro, -ra *adj.* **1** avaricious, miserly, greedy. • *s. m.* y *f.* **2** miser, greedy person.
avasallamiento *s. m.* subjugation.
avasallar *v. t.* to subjugate.
avatar *s. m.* **1** vagary (vicisitud). **2** avatar (en internet).
ave *s. m.* bird.
avecinarse *pron.* to come near: *se avecinan malos tiempos = bad times are coming.*
avefría *s. f.* lapwing.
avejentar *v. t.* y *pron.* to age prematurely.
avellana *s. f.* BOT. hazelnut.
avellanar *v. t.* **1** to countersink. • *v. pron.* **2** to shrivel.
avellano *s. m.* BOT. hazel, hazel tree, filbert.
avemaría *s. f.* REL. Ave Maria, Hail Mary.
avena *s. f.* AGR. oats.
avenencia *s. f.* agreement, compromise.
avenida *s. f.* avenue.
avenido, -da *p. p.* **1** de **avenir.** ◆ **2 bien ~,** in agreement, happy together. **3 mal ~,** in disagreement.
avenimiento *s. m.* reconciliation, conciliation, agreement.
avenir *v. i.* **1** to happen, to occur. • *v. pron.* **2** to be happy together, to get on well; to agree.
aventajar *v. t.* **1** to excel (a todos los demás). **2** to improve (mejorar).
aventajado, -da *p. p.* **1** de **aventajar.** • *adj.* **2** outstanding (especialmente en los estudios).
aventar *v. t.* AGR. to winnow.
aventura *s. f.* **1** adventure. **2** hazard, chance, risk.
aventurado, -da *adj.* venturesome, risky.
aventurar *v. t.* **1** to risk, to venture, to hazard. • *v. pron.* **2** to take a risk, to dare.
aventurero, -ra *adj.* **1** adventurous. • *s. m.* **2** adventurer. • *s. f.* **3** adventuress.
avergonzar *v. t.* **1** to make (someone) ashamed, to make (someone) blush. • *v. pron.* **2** to be ashamed: *me avergüenzo de haber robado el dinero = I am ashamed for having stolen the money.*
avería *s. f.* **1** damage (daños). **2** breakdown (vehículo, mecanismo).
averiarse *v. pron.* **1** to become damaged. **2** to break down.
averiguación *s. f.* inquiry, ascertainment.
averiguar *v. t.* **1** to ascertain. **2** to investigate, to enquire (investigar).
averno, -na *s. m.* y *f.* hell.
aversión *s. f.* aversion, dislike, loathing.
avestruz *s. f.* ZOOL. ostrich.
avetoro *s. m.* bittern.
avezar *v. t.* to accustom.
avezado, -da *p. p.* **1** de **avezar.** • *adj.* **2** accustomed.
aviación *s. f.* **1** aviation. **2** aviation corps, air force.
aviador, -ra *s. m.* y *f.* pilot.
aviar *v. t.* **1** to prepare. **2** to equip, to supply (especialmente comida). • *v. pron.* **3** to get ready.
avícola *adj.* bird-rearing.
avicultor, -ra *s. m.* y *f.* poultry farmer.
avicultura *s. f.* poultry farming.
ávidamente *adv.* avidly, eagerly.
avidez *s. f.* avidity, greed.
ávido, -da *adj.* avid, greedy.
avieso, -sa *adj.* malicious, perverse.
avinagrado, -da *adj.* vinegary, sour, (fig.) crabby (persona).
avinagrar *v. t.* **1** to make vinegary, to make sour. • *v. pron.* **2** to turn vinegary, to turn sour.
avío *s. m.* supplies, provisions (comida, normalmente).
avión *s. m.* aeroplane, airplane, plane, aircraft.
avioneta *s. f.* light aircraft.
avisado, -da *p. p.* **1** de **avisar.** • *adj.* **2** prudent, discreet.
avisar *v. t.* to inform, to notify.
aviso *s. m.* **1** notification, notice (un escrito). **2** warning (advertencia).
avispa *s. f.* ZOOL. wasp.
avispado, -da *adj.* keen-witted, clever, smart.
avispero *s. m.* wasps' nest.
avistar *v. t.* **1** to sight, to make out. • *v. pron.* **2** to meet.
avitaminosis *s. f.* avitaminosis.
avituallamiento *s. m.* provisioning, victualling.
avituallar *v. t.* to provision, to victual.
avivador, -ra *adj.* enlivening, stirring up.
avivar *v. t.* **1** to stoke (fuego). **2** to brighten (colores). **3** to arouse (interés, pasión). • *pron.* **4** to liven up.
avizor, -ra *adj.* **1** watching. ◆ **2 ojo ~,** on the lookout, with one's eyes open.
avutarda *s. f.* ZOOL. great bustard.
avizorar *v. t.* to watch, to spy on.
avoceta *s. f.* ZOOL. avocet.
axial o **axil** *adj.* axial.
axila *s. f.* armpit.
axiología *s. f.* axiology.
axioma *s. m.* axiom.
axiomático, -ca *adj.* axiomatic.
axis *s. m.* axis.
¡ay! *interj.* **1** oh! ouch! • *s. m.* **2** moan, groan.
ayer *adv.* y *s. m.* yesterday.
ayo *s. m.* tutor.
ayuda *s. f.* help, assistance, aid.
ayudante *s. m.* y *f.* assistant, aide.
ayudantía *s. f.* **1** assistantship. **2** adjutancy.
ayudar *v. t.* **1** to help, to assist, to aid. • *v. pron.* **2** to use.
ayunar *v. i.* to fast, to go without food.
ayunas (en) *loc. adv.* without having eaten anything, on an empty stomach.
ayuno *s. m.* fast, fasting.
ayuntamiento *s. m.* **1** POL. town hall. **2** joining (juntarse). ◆ **3 ~ carnal,** sexual intercourse.
ayuntar *v. t.* **1** to join, to unite. • *v. pron.* **2** to have sexual intercourse.
azabache *s. m.* jet.

azacán, -na *adj.* **1** menial, drudging. • *s. m.* y *f.* drudge.
azacanear *v. i.* to toil, to slave.
azada *s. f.* hoe.
azadón *s. m.* large hoe.
azafata *s. f.* **1** air stewardess, air hostess (de vuelo). **2** hostess (de congresos, de televisión). **3** (Am.) tray.
azafate *s. m.* flat wicker basket.
azafrán *s. m.* BOT. saffron.
azafranal *s. m.* saffron plantation.
azahar *s. m.* orange blossom.
azalea *s. f.* azalea.
azamboa *s. f.* BOT. kind of citron.
azar *s. m.* **1** chance. ♦ **2 al ~,** at random. **3 juegos de ~,** games of chance.
azararse *v. pron.* to get troubled, to get rattled, to get flustered.
azaroso, -sa *adj.* unfortunate, unlucky, risky.
ázimo *adj.* unleavened.
azimut *s. m.* azimuth.
azogar *v. t. r.* to quicksilver, to silver (espejos).
azogue *s. m.* MIN. mercury, quicksilver.
azor *s. m.* goshawk.
azoramiento *s. m.* **1** alarm. **2** embarrassment, confusion, fluster. **3** excitement.
azorante *adj.* alarming, startling, confusing.
azotaina *s. f.* flogging, spanking.
azotar *v. t.* y *pron.* **1** to beat (golpear repetidamente). **2** to flog, to whip (con látigo o parecido).
azote *s. m.* **1** whip (objeto). **2** spanking (típico de niños). **3** (fig.) scourge.
azotea *s. f.* flat roof.
azteca *adj./s. m.* y *f.* Aztec.
azúcar *s. m.* sugar.
azucarar *v. t.* **1** to sugar. **2** GAST. to coat or ice with sugar.
azucarero, -ra *adj.* **1** sugar. • *s. m.* **2** sugar bowl. • *s. f.* **3** sugar refinery.
azucarillo *s. m.* **1** type of lemon sponge cake. **2** sugar lump.
azucena *s. f.* BOT. Madonna lily, white lily.
azufrado, -da *p. p.* **1** de **azufrar.** • *adj.* **2** sulphurous (color o componente).
azufrar *v. t.* to sulphur.
azufre *s. m.* **1** QUÍM. sulphur, brimstone. ♦ **2 flor de ~,** flower of sulphur.
azul *s. m.* y *adj.* blue.
azulado, -da *adj.* blue, bluish.
azulejo *s. m.* glazed tile.
azulino, -na *adj.* bluish.
azur *s. m.* y *adj.* azure.
azuzar *v. t.* **1** to set (the dogs) on. **2** to incite.

b, B *s. f.* b, B (segunda letra del alfabeto español).

baba *s. f.* **1** saliva, spittle. **2** BIOL. slime. ◆ **3 caérsele a uno la ~,** (fig.) to be besotted with somebody.

babada *s. f.* BIOL. kneecap.

babaza *s. f.* **1** BIOL. slime. **2** ZOOL. slug.

babear *v. i.* to slaver, to slobber.

babel *s. m.* o *s. f.* **1** chaos, bedlam. **2** Babel, Babel. ◆ **3 Torre de Babel,** Tower of Babel.

babera *s. f.* beaver.

babero *s. m.* bib.

Babia (estar o **quedarse en)** *fr.* to daydream.

babieca *adj./s. m.* y *f.* stupid.

babilla *s. f.* BIOL. kneecap.

bable *s. m.* Asturian dialect.

babor *s. m.* port.

babosa *s. f.* **1** slug. **2** onion.

babucha *s. f.* slipper.

baca *s. f.* roof rack, luggage rack.

bacalada *s. f.* cured cod.

bacalao *s. m.* **1** ZOOL. cod. ◆ **2 cortar el ~,** to have the last word, to be the boss.

bacanal *adj.* **1** bacchanalian. ● *s. f.* **2** orgy.

bacante *s. f.* **1** bacchante. **2** (fig.) drunken woman.

bacará o **bacarrá** *s. m.* baccarat.

bache *s. m.* **1** hole, pothole. ◆ **2 ~ de aire,** air pocket.

bachear *v. t.* to repair potholes.

bachiller *s. m.* a person who has passed the school-leaving exam.

bachillerato *s. m.* school-leaving certificate.

bachillería *s. f.* nonsense, prattle.

bacía *s. f.* shaving bowl.

bacilar *adj.* bacillary.

bacilo *s. m.* bacillus.

bacín *s. m.* **1** chamber-pot, (fam.) potty. **2** bastard, wretch (person).

bacina *s. f.* begging bowl.

bacinica *s. f.* (Am.) chamber-pot.

bacon *s. m.* bacon.

bacteria *s. f.* BIOL. germ, bacterium.

bactericida *adj* **1** germ-killing. ● *s. m.* **2** germicide.

bacteriología *s. f.* bacteriology.

bacteriológico, -ca *adj.* bacteriological.

bacteriólogo, -ga *s. m.* y *f.* bacteriologist.

báculo *s. m.* **1** stick, walking stick. **2** (fig.) comfort. ◆ **3 báculo pastoral,** bishop's crook.

badajada *s. f.* **1** chime (de campana). **2** gossip, chit-chat.

badajo *s. m.* **1** clapper (de campana). **2** gossip, (fam.) chatterbox.

badal *s. m.* steak.

badana *s. f.* **1** tanned hide. ◆ **2 zurrar la ~,** (fam.) to tan someone's hide.

badea *s. f.* **1** melon, watermelon or cucumber of poor quality. **2** weakling (persona). **3** insubstantial thing.

badén *s. m.* **1** hollow, depression. **2** irrigation channel.

bafle *s. m.* MÚS. loudspeaker, speaker.

baga *s. f.* **1** linseed pod. **2** halter, rope (de caballos).

bagaje *s. m.* MIL. **1** equipment. **2** luggage, baggage. **3** pack animal.

bagar *v. i.* to go to seed (lino).

bagatela *s. f.* trinket, bagatelle.

bagre *s. m.* **1** catfish. ● *adj.* **2** ugly woman. **3** clever, astute.

bagual *adj.* **1** uncouth, rude. ● *s. m.* **2** wild horse.

¡bah! *interj.* bah!

baharí *s. m.* sparrowhawk.

bahía *s. f.* GEOG. bay.

bailador *s. m.* **1** dancer. **2** (fam.) thief.

bailar *v. t.* e *i.* **1** to dance. **2** (fig.) to jump around.

bailable *adj.* music that you can dance to, catchy.

bailarín, -na *s. m.* y *f.* ballet dancer, ballerina (mujer).

baile *s. m.* **1** dance. ◆ **2 ~ clásico,** ballet. **3 ~ de San Vito,** St. Vitus's dance.

bailotear *v. i.* to dance around.

bailoteo *s. m.* dancing around.

baivel *s. m.* bevel.

baja *s. m.* **1** drop, fall (en precio, en temperatura). **2** MIL. casualty. **3** MIL. slump. ◆ **4 darse de ~,** to leave (una sociedad, un club).

bajá *s. m.* governor (de Turquía).

bajada *s. f.* **1** slope. **2** descent.

bajalato *s. m.* governor (de Turquía).

bajamar *s. f.* low tide, low water.

bajar *v. t.* **1** to lower. **2** to take down (un objeto). **3** to help down (una persona). **4** to drop. **5** to turn down (radio, gas, luz, etc.). **6** to go down, to come down (escaleras, montañas, calles, etc.). **7** (fig.) to humiliate. ● *v. i.* **8** to go down, to come down. **9** to get out (de coches), to get off (de aviones, de trenes, etc.). ● *v. pron.* **10** to get out (de coches), to get off (de aviones, de trenes, etc.).

bajareque *s. m.* **1** shack, hut. **2** adobe wall.

bajel *s. m.* MAR. ship.

bajera *s. f.* **1** lower leaves (de la planta del tabaco). **2** blanket (para caballos).

bajeza *s. f.* meanness, small-mindedness.

bajial *s. m.* lowland.

bajinis (por lo) *loc. adv.* (fam.) to oneself (decir); secretly (hacer).

bajío *s. m.* sandbank.

bajista *adj.* **1** bear (cuando en la Bolsa se venden más acciones de las que se compran). ● *s. m.* y *f.* **2** FIN. bear. **3** MÚS. double-bass player (contrabajo), bass guitarist (guitarra).

bajo, -ja *adj.* **1** low (montaña, agua, etc.). **2** short (persona). **3** soft, low (voz, sonido). **4** humble (persona). **5** pale (color). **6** base (metal). **7** ground floor (edificio). **8** vulgar, common (persona). **9** MAR. sandbank. **10** hem (ropa). ● *adv.* **11** below. **12** softly, quietly (hablar, cantar). ● *prep.* **13** under, underneath.

bajón *s. m.* **1** fall, drop (precio, etc.). **2** worsening (salud).

bajorrelieve *s. m.* bas-relief.

bajuno, -na *adj.* **1** despicable, contemptible. **2** worthless.

bajura *s. f.* **1** lowness, smallness. ◆ **2 pesca de ~,** MAR. coastal fishing.

bala *s. f.* MIL. **1** bullet. **2** sweet. ◆ **3 ~ fría,** spent bullet. **4 ~ perdida,** stray bullet. **5 ~ rasa,** low shot. **6 ~ roja,** tracer bullet. **7 como una ~,** like a shot. **8 ni a ~,** no way.

balacera *s. f.* (Am.) shoot-out.

balada *s. f.* ballad.

baladí *adj.* insignificant, worthless, trivial.

baladrón, -na *adj.* boastful.

baladronada *s. f.* boast, brag.

bálago *s. m.* **1** AGR. thatch. **2** soapsuds.

balalaica *s. f.* balalaika.

balance *s. m.* **1** rocking, swinging. **2** (fig.) hesitation. **3** COM. balance.

balancear *v. t.* **1** to balance. ● *v. i.* **2** to swing, to rock, to oscillate. **3** (fig.)

to hesitate, to waver. • *v. pron.* **4** to swing, to rock.
balanceo *s. m.* rocking, swinging.
balancín *s. m.* **1** balance beam. **2** swingletree (de carros y diligencias). **3** balancing pole (de volatinero). **4** swing (columpio). **5** AGR. yoke.
balandra *s. f.* MAR. sloop.
balandrán *s. m.* cassock.
balandro *s. m.* MAR. small sloop.
bálano o **balano** *s. m.* **1** ANAT. glans penis. **2** acorn barnacle.
balanza *s. f.* **1** scales. **2** COM. balance. ◆ **3 ~ de pagos,** balance of payments. **4 en ~,** in the balance.
balanzón *s. m.* container, vessel.
balar *v. i.* **1** to baa, to bleat. ◆ **2 ~ por una cosa,** to dream of getting something.
balarrasa *s. m.* happy-go-lucky person.
balasto *s. m.* ballast.
balaustra *s. f.* pomegranate tree.
balaustrado, -da o **balaustral** *adj.* balustraded.
balaustre *s. m.* balustrade, banister.
balay *s. m.* wicker basket.
balazo *s. m.* **1** shot. **2** bullet wound.
balbucir o **balbucear** *v. t.* e *i.* to stammer, to stutter.
balbuciente *adj.* stammering, stuttering.
balcánico, -ca *adj.* Balkan.
balcón *s. m.* **1** balcony. **2** railing.
balconada *s. f.* row of balconies.
balconaje *s. m.* row of balconies.
balconcillo *s. m.* **1** gallery (teatro). **2** seat (plaza de toros). **3** cliff-top path.
balda *s. f.* **1** shelf. **2** knocker (de una puerta).
baldado, -da *adj.* crippled, disabled.
baldadura *s. f.* disability.
baldamiento *s. m.* disablement.
baldar *v. t.* **1** to cripple, to disable. **2** to trump (en cartas). **3** to cause somebody problems. **4** to leave something unfinished. **5** to bend, to twist.
balde *s. m.* **1** bucket. ◆ **2 de ~,** for nothing, free. **3 en ~,** in vain. **4 estar en ~,** to be in the way, to be out of work.
baldear *v. t.* to swill, to wash down.
baldeo *s. m.* swilling.
baldíamente *adv.* **1** uselessly.
baldío, -a *adj.* **1** AGR. uncultivated. **2** without foundation. **3** idle, lazy. • *s. m.* **4** wasteland.
baldón *s. m.* **1** insult, affront. **2** shame, disgrace.
baldonar o **baldonear** *v. t.* to insult, to affront.
baldosa *s. f.* floor tile.
baldosar *v. t.* to tile.
baldosín *s. m.* small tile.
balea *s. f.* brush, broom.
balear *adj.* **1** Balearic. **2** Balearic dialect. • *v. t.* **3** (Am.) to shoot, to fire.
baleo *s. m.* **1** doormat. **2** fan. **3** small brush. **4** shoot-out.
balería *s. f.* o **balerío** *s. m.* round of bullets.
balero *s. m.* **1** bullet mould. **2** toy.
balido *s. m.* baa, bleat.
balín *s. m.* pellet, small bullet.
balística *s. f.* ballistics.
baliza *s. f.* **1** MAR. buoy. **2** AER. beacon.
balizar *v. t.* to mark.
ballena *s. f.* **1** whale. **2** stay (de las camisas, vestidos, etc.).
ballenato *s. m.* whale calf.
ballenero, -ra *adj.* **1** whaling. • *s. m.* **2** MAR. whaler, whaling ship.
ballesta *s. f.* **1** HIST. crossbow. **2** MEC. spring.
ballestero *s. m.* HIST. crossbowman.
ballestilla *s. f.* **1** beam. **2** sign (cartas). **3** ASTR. device for measuring the height of the stars.
ballet *s. m.* ballet.
balneario, -ria *adj.* **1** medicinal, thermal. • *s. m.* **2** spa.
balompié *s. m.* DEP. football.
balompédico, -ca *adj.* football.
balón *s. m.* **1** ball, football. **2** balloon. **3** COM. bale.
baloncesto *s. m.* DEP. basketball.
balonmano *s. m.* DEP. handball.
balonvolea *s. m.* DEP. volleyball.
balsa *s. f.* **1** pond. **2** MAR. raft. **3** BOT. balsa wood.
balsadera *s. f.* o **balsadero** *s. m.* ferry.
balsamina *s. f.* BOT. balsam.
bálsamo *s. m.* **1** balsam. ◆ **2 ser una cosa un ~,** to be a comfort.
balsámico, -ca *adj.* balsamic.
balsear *v. t.* to cross (en balsa).
balsero, -ra *s. m.* y *f.* ferryman (hombre), ferrywoman (mujer).
báltico, -ca *adj.* **1** Baltic. • *s. m.* **2** Baltic.
baluarte *s. m.* **1** bastion. **2** (fig.) defence.
bamba *s. f.* **1** bun (con relleno). **2** hanging scaffolding.
bambalina *s. f.* **1** fly (teatro).◆ **2 entre bambalinas** (fig.) backstage.
bambochada *s. f.* painting of drunken scenes.
bamboche *s. m.* plump person with a fat, red face.
bambolear *v. i.* y *pron.* to sway, to reel, to roll.
bamboleo *s. m.* swaying, reeling, rolling.
bambú *s. f.* bamboo.
banal *adj.* banal, trivial.
banalidad *s. f.* banality, triviality.
banalmente *adv.* banally, trivially.
banana *s. f.* **1** banana (fruto). **2** banana tree (árbol).
bananar *s. m.* banana plantation.
bananero, -ra *adj.* **1** banana. • *s. m.* **2** banana tree (árbol).
banasta *s. f.* large basket.
banca *s. f.* **1** COM. banking. **2** bench. **3** stall. **4** card game.
bancal *s. m.* AGR. plot, patch.
bancario, -ria *adj.* banking, bank.
bancarrota *s. f.* **1** bankruptcy. **2** failure.
banco *s. m.* **1** FIN. bank. **2** bench (de sentarse). **3** MAR. shoal, bank. **4** sandbank. **5** GEOL. stratum.
banda *s. f.* **1** strip, band. **2** sash, ribbon (en vestidos). **3** side (de carretera, barco, montaña, etc.) **4** band, gang (de gente, de soldados) **5** POL. party. **6** flock (de pájaros). **7** MÚS. band, group. **8** RAD. band. ◆ **9 cerrarse uno en ~,** to be obstinate.
bandada *s. f.* **1** flock (de pájaros). **2** mob, crowd (de gente).
bandazo *s. m.* lurch, violent roll.
bandear *v. t.* **1** to change sides. • *v. pron.* **2** to look after oneself, to look after number one. • *v. t.* y *pron.* **3** to swing, to move to and fro.
bandeja *s. f.* tray.
bandera *s. f.* **1** flag, banner. **2** band (militar). ◆ **3 ~ blanca,** white flag. **4 ~ negra,** skull and crossbones. **5 a banderas desplegadas,** openly, freely. **6 arriar ~,** to strike the flag.
bandería *s. f.* band, faction: *no quiero más banderías en mi partido = I don't want any more factions in my party.*
banderilla *s. f.* **1** banderilla. ◆ **2 ~ de fuego,** banderilla with fireworks. **3 clavar/plantar/poner una ~,** to satirize, to taunt.
banderillazo *s. m.* hit, strike (con la banderilla).
banderillear *v. t.* to stick the banderilla in the neck of the bull.
banderillero *s. m.* banderillero.
banderín *s. m.* small flag, pennant.
banderola *s. f.* pennant (banderín).
bandidaje o **bandolerismo** *s. m.* banditry.
bando *s. m.* **1** edict, order. **2** party, side.
bandola *s. f.* MÚS. mandolin.
bandoleón o **bandoneón** *s. m.* MÚS. large accordion.
bandolero, -ra *s. m.* y *f.* bandit, outlaw.
bandolín *s. m.* MÚS. mandolin.
bandurria *s. f.* MÚS. bandurria.
banjo *s. m.* banjo.
banquero, -ra *s. m.* y *f.* banker.
banqueta *s. f.* stool.
banquete *s. m.* banquet, feast: *¡vaya banquete! = what a banquet!*
banquetear *v. t.* e *i.* to banquet.
banquillo *s. m.* **1** DER. prisoner's seat, dock. **2** DER. bench.
bantú *s. m.* y *f.* **1** Bantu. • *adj.* **2** Bantu.
bañadera *s. f.* (Am.) bath, bathtub.
bañador *s. m.* swimming costume, swimsuit.
bañar *v. t.* **1** to bath. **2** to cover. **3** to bathe (sol), to bathe (luz). • *v. pron.* **4** to have a bath. **5** to swim, to bathe (mar).
bañero, -ra *s. m.* y *f.* **1** lifeguard. • *s. f.* **2** bath, bath-tub.
bañista *s. m.* y *f.* bather, swimmer.
baño *s. m.* **1** bath. **2** bathroom. **3** bath, bath-tub. **4** coat (of paint). • *pl.* **5** spa, baths. ◆ **6 ~ María,** bain-marie.
baobab *s. m.* BOT. baobab.
baptisterio *s. m.* **1** baptist(e)ry. **2** font.
baquear *v. i.* to float.
baquelita *s. f.* bakelite.
baqueta *s. f.* **1** drumstick. **2** BOT. jonquil. **3** MIL. ramrod. ◆ **4 correr baquetas,** to run the gauntlet. **5 tratar a ~,** to treat cruelly.
baquetazo *s. m.* hit, strike (de una baqueta).

baqueteado, -da *adj.* experienced.
baquetear *v. t.* **1** to make someone run the gauntlet. **2** to hassle, to annoy.
baqueteo *s. m.* nuisance, bind.
baquetero *s. m.* ramrod holder.
báquico, -ca *adj.* Bacchanalian, Bacchic.
baquio *s. m.* foot (de la poesía clásica).
bar *s. m.* **1** bar. **2** FÍS. bar.
barahúnda *s. f.* din, racket.
baraja *s. f.* **1** pack of cards. ♦ **2 jugar con dos barajas,** to cheat, to play dirty.
barajar *v. t.* **1** to shuffle (cartas). **2** (fig.) to mix up, to jumble up. **3** to catch (en el aire). **4** to whittle (madera). • *v. pron.* **5** to be considered (cifras, datos).
barajada o **barajadura** *s. f.* shuffle.
baranda *s. f.* **1** balustrade (de balcón). **2** cushion (de billar). **3** boss, chief.
barandado, barandajo o **barandaje** *s. m.* railing, balustrade.
barandal *s. m.* **1** bar (de una balaustrada). **2** balustrade.
barandilla *s. f.* **1** balustrade. **2** bannister (de una escalera). **3** side (de un carro). **4** wooden bridge.
baratador, -ra *s. m.* y *f.* dealer.
baratar o **baratear** *v. t.* to lower, reduce (precios).
baratería *s. f.* fraud, bribery.
baratija *s. f.* trinket.
baratillera, -ra *s. m.* y *f.* secondhand dealer.
baratillo *s. m.* **1** cheap goods. **2** discount store.
barato, -ta *adj.* **1** cheap, inexpensive. • *s. m.* **2** cheapness. **3** change. • *s. f.* **4** (Am.) sale. **5** money given by winning gamblers. **6** (Am.) cockroach (cucaracha). • *adv.* **7** cheaply, cheap, inexpensively. ♦ **8 irse de barato,** to get off scot-free. **9 echar a barato,** to shun.
báratro *s. m.* hell.
baratura *s. f.* cheapness.
baraúnda *s. f.* ⇒ **barahúnda.**
baraustar *v. t.* **1** to fire, shoot. **2** to deflect.
barba *s. f.* **1** chin. **2** beard. **3** tuft (de cabras). • *pl.* **4** BOT. roots. **5** gills (de pez). **6** actor who plays old male characters. ♦ **7 ~ honrada,** respected person. **8 hacer la ~,** to have a shave, to shave. **9 hacer la ~ a uno,** to flatter somebody. **10 a ~ regalada,** plentifully. **11 por ~,** per head. **12 en mis barbas,** in my presence, face to face.
barbacana *s. f.* barbican.
barbacoa *s. f.* **1** bed. **2** roast meat. **3** barbecue. **4** loft.
barbado, -da *adj.* **1** bearded. • *s. m.* **2** BOT. seedling.
barbar *v. i.* **1** to grow a beard. **2** BOT. to take root.
barbaridad *s. f.* **1** barbarity. **2** atrocity. **3** exaggeration. **4** enormous quantity. ♦ **5 ¡qué ~!,** (fam.) how terrible!
barbáricamente *adv.* barbarically.
barbarie *s. f.* barbarity, barbarism, cruelty.
barbarismo *s. m.* **1** barbarity, savagery. **2** incorrect use of foreign or Spanish words.
barbarizar *v. t.* e *i.* to barbarize, to corrupt.
bárbaro, -ra *adj.* **1** HIST. barbarian. **2** cruel, barbarous, savage (fig.). **3** (fam.) fantastic, tremendous. • *s. m.* y *f.* **4** HIST. barbarian. **5** (fam.) uncouth, rough.
barbear *v. t.* to shave.
barbechar *v. t.* to plough (antes de sembrar).
barbecho *s. m.* **1** fallow land. **2** ploughing. **3** ploughed land. ♦ **4 firmar en ~,** to sign something without looking.
barbería *s. f.* barber's, barber's shop.
barbero *s. m.* **1** barber. **2** creep, flatterer.
barbián, -na *adj.* **1** bold, daring. **2** (desp.) forward, brazen.
barbicano, -na *adj.* white-bearded, grey-bearded.
barbilampiño *adj.* beardless, smooth-faced.
barbilindo o **barbilucio** *adj.* **1** flash, dapper, well-dressed. • *s. m.* **2** dandy, fop.
barbilla *s. f.* **1** chin. • *pl.* **2** lightly-bearded man.
barbillera *s. f.* o **barboquejo** o **barbuquejo** *s. m.* chin strap.
barbitonto, -ta *adj.* stupid-looking, stupid-faced.
barbitúrico *adj.* y *s. m.* barbiturate.
barbo *s. m.* **1** barbel. ♦ **2 ~ de mar,** red mullet.
barbón *s. m.* **1** bearded man. **2** ZOOL. billy goat. **3** BOT. bearded vine shoot.
barbotar o **barbotear** *v. i.* to mumble, to mutter.
barbudo, -da *adj.* long-bearded, bushy-bearded.
barbulla *s. f.* uproar, rumpus.
barbullar *v. i.* to chatter, to babble.
barca *s. f.* small boat.
barcada *s. f.* **1** boatload. **2** trip.
barcaje *s. m.* **1** boat-charge. **2** transport by boat.
barcarola *s. f.* barcarole.
barcaza *s. f.* barge, lighter.
barcia *s. f.* chaff.
barcino, -na o **barceno, -na** *adj.* **1** white, brown, reddish (aplicado a animales de estos colores). **2** POL. party-swapper.
barco *s. m.* **1** boat, ship. **2** GEOL. small ravine, gully.
barda *s. f.* **1** thatch. **2** hedge, fence. **3** storm cloud.
bardaguera *s. f.* BOT. osier.
bardal *s. m.* thatched wall.
bardana *s. f.* burdock.
bardo *s. m.* bard.
baremo *s. m.* **1** scale. **2** ready reckoner. **3** MAT. table.
barí *adj.* excellent.
barimetría *s. f.* measure of gravity.
bario *s. m.* barium.
barisfera *s. f.* FÍS. barysphere.
barita *s. f.* barium sulphate.
barítono *s. m.* baritone.
barjuleta *s. f.* rucksack.
barloventear *v. i.* **1** MAR. to tack. **2** (fig.) to roam, to wander.
barlovento *s. m.* windward.
barman *s. m.* barman.
barniz *s. m.* **1** varnish. **2** (fig.) vague idea, smattering.
barnizar *v. t.* to varnish, to gloss.
barógrafo *s. m.* barograph.
barométrico, -ca *adj.* barometric.
barómetro *s. m.* **1** barometer. ♦ **2 ~ de mercurio,** mercury barometer. **3 ~ de aneroide,** aneroid barometer. **4 ~ registrador,** barograph.
barón, -nesa *s. m.* y *f.* baron (hombre), baroness (mujer).
baronía *s. f.* barony.
barquero, -ra *s. m.* y *f.* boatman (hombre), boatwoman (mujer).
barquía *s. f.* skiff.
barquilla *s. f.* **1** mould (para hacer pasteles). **2** small boat. **3** basket (de un globo). **4** MAR. log.
barquillero, -ra *s. m.* y *f.* wafer seller.
barquillo *s. m.* **1** wafer (galleta). **2** cornet (helado).
barquín *s. m.* large bellows.
barquinazo *s. m.* bump, jolt.
barquinera *s. f.* large bellows.
barquino *s. m.* wineskin.
barra *s. f.* **1** bar. **2** MEC. lever. **3** ingot, bar (de oro o plata). **4** DER. bar, rail. **5** counter (de un bar). **6** MAR. sandbank. **7** bar (de jabón). **8** loaf of bread. ♦ **9 ~ americana,** hostess-bar. **10 llevar a uno a la ~,** to take someone to court. **11 sin pararse en barras,** to stop at nothing.
barrabás *s. m.* **1** evil person. • *adj.* **2** cheeky, naughty.
barrabasada *s. f.* thoughtless action.
barraca *s. f.* **1** shack, hut. **2** thatched cottage (en Valencia y Murcia).
barracón *s. m.* large shack, cabin.
barrado, -da *adj.* striped.
barragán *s. m.* **1** wool cloth. **2** woollen overcoat. **3** single man (hombre soltero).
barragana *s. f.* concubine.
barranca *s. f.* ravine, gorge.
barrancal *s. m.* area full of ravines.
barranco *s. m.* **1** ravine, gorge. **2** rill. **3** (fig.) problem, fix.
barrancoso, -sa *adj.* full of ravines.
barranquera *s. f.* ravine, gully.
barraquero, -ra *s. m.* y *f.* shack-builder.
barreda *s. f.* barrier, wooden fence.
barredero, -ra *s. m.* y *f.* **1** sweeping. • *s. f.* **2** brush. **3** street-cleaning machine, road sweeper.
barrena *s. f.* **1** drill. ♦ **2 entrar en ~,** AER. to go into a spin.
barrenar *v. t.* **1** to drill. **2** MAR. to scuttle. **3** to spoil (los planes de alguien). **4** to break the law.
barrendero, -ra *s. m.* y *f.* street-sweeper.
barrenero *s. m.* driller.
barrenillo *s. m.* **1** lava. **2** tree disease.
barreno *s. m.* **1** large drill. **2** bore-hole. **3** blast-hole. ♦ **4 dar ~,** MAR. to scuttle.
barreño, -ña *s. m.* y *f.* large bowl, container.

barrer *v. t.* **1** to sweep. **2** (fam.) to clear out. ◆ **3** ~ **hacia dentro,** to look after number one.
barrera *s. f.* **1** barrier, fence. **2** fence (en una plaza de toros). **3** ~ **del sonido**, sound barrier. **4** clay-pit. **5** crockery, cupboard.
barrero *s. m.* **1** potter. **2** clay-pit. **3** mire, bog.
barriada *s. f.* **1** district, area. **2** part of a district.
barrial *s. m.* mire, bog.
barrica *s. f.* barrel (de tamaño medio).
barricada *s. f.* **1** barricade. **2** POL. hide-out. **3** riot.
barriga *s. f.* **1** stomach, belly. **2** bulge (de una pared). **3** bulge (de una botella).
barrigón, -na *adj.* paunchy, pot-bellied.
barrigudo, -da *adj.* paunchy, pot-bellied.
barriguera *s. f.* girth.
barril *s. m.* **1** barrel, cask. **2** earthenware mug.
barrilero *s. m.* cooper.
barrilete *s. m.* **1** MEC. clamp. **2** chamber (de una pistola). **3** barrel, cask.
barrio *s. m.* **1** district, area, suburb. **2** hamlet, settlement. ◆ **3 irse al otro** ~, to kick the bucket.
barrizal *s. m.* mire, bog.
barro *s. m.* **1** mud. **2** clay. **3** worthless object. **4** ANAT. pimple, spot. ◆ **5 tener uno** ~ **a mano,** to have money.
barroco, -ca *adj.* **1** baroque. ● *s. m.* **2** ART... baroque.
barroquismo *s. m.* **1** baroque. **2** (desp.) in bad taste.
barrosa, -sa *adj.* **1** muddy, muddy-coloured. **2** ANAT. spotty.
barrote *s. m.* thick bar.
barrueco *s. m.* imperfect pearl.
barruntar *v. t.* to foresee.
barrunto *s. m.* suspicion, premonition, sign.
bartola (a la) *loc. adv.* carelessly.
bartulear o **bartular** *v. i.* to think over, to mull over, to ponder.
bártulos *s. m. pl.* **1** everyday things. ◆ **2 liar/preparar los** ~, to get ready, to pack one's bags (para un viaje o similar).
barullero, -ra *adj./s. m.* y *f.* complicated, confused, disorganized.
barullo *s. m.* disturbance, uproar.
barzón *s. m.* **1** wander, stroll. **2** BOT. saddle tree. **3** MAR. ring.
barzonear *v. i.* to wander about, to stroll around.
basa *s. f.* ARQ. base (de una columna).
basáltico, -ca *adj.* basaltic.
basalto *s. m.* MIN. basalt.
basamento *s. m.* ARQ. base.
basanita *s. f.* basalt.
basar *v. t.* **1** to base. ● *v. pron.* **2** to be based upon.
basca *s. f.* **1** MED. nausea, sick feeling. **2** fit of temper, tantrum. **3** impetus.
bascosidad *s. f.* dirt.
báscula *s. f.* scales, weighing machine.
basculador *s. m.* tilter.
basculante *s. m.* tip-up lorry (camión).
bascular *v. i.* to swing.
base *s. f.* **1** base. **2** POL. power base. ◆ **3** ~ **de operaciones,** base camp. **4** ~ **imponible,** taxable income. **5** ~ **militar,** military base.
basicidad *s. f.* basicity.
básico, -ca *adj.* basic.
basidio *s. m.* BIOL. cell.
basílica *s. f.* **1** basilica.
basilisco *s. m.* **1** basilisk. ◆ **2 estar hecho un** ~, to be seething.
basquear *v. i.* **1** to be nauseous, to feel sick. ● *v. t.* **2** to make someone sick.
bastante *adj.* **1** enough, sufficient. ● *adv.* **2** enough, sufficiently.
bastar *v. i.* y *pron.* **1** to be enough, to be sufficient: *bastan 600 pesetas para entrar en el zoo = 600 pesetas are enough to get into the zoo.* ● *v. i.* **2** to be abundant.
bastardear *v. i.* to bastardize, to debase.
bastardía *s. f.* bastardry, baseness.
bastardilla *adj./s. f.* italic letter.
baste *s. m.* **1** tacking. **2** cushion (caballos).
bastear *v. t.* to sew, to tack.
bastero *s. m.* saddle-maker or seller.
basteza *s. f.* roughness, coarseness.
bastidor *s. m.* **1** frame. **2** wing (teatro). **3** MEC. axle. ◆ **4 entre bastidores**, in private.
bastilla *s. f.* hem.
bastimentar *v. t.* to provide, to supply.
bastimento *s. m.* **1** provision, supply. **2** MAR. boat.
bastión *s. m.* bastion, fortress.
basto, -ta *adj.* **1** rough, coarse. **2** rude, uncouth (persona). ● *interj.* **3** ¡basta!, that's enough, stop it! ● *s. m.* **4** saddle. ● *s. m. pl.* **5** clubs (palo de la baraja). **6** stitch.
bastón *s. m.* **1** walking stick. **2** (fig.) control. **3** vertical bar. ◆ **4 empuñar uno el** ~, to take over, to take command.
bastoncillo *s. m.* **1** narrow stripe. **2** cotton bud.
bastonear *v. t.* **1** to hit, beat (con un palo). **2** to stir (vino).
bastonera *s. f.* umbrella stand.
bastonero *s. m.* **1** stick-maker or seller. **2** dance director. **3** warder, gaoler (de prisiones).
basura *s. f.* rubbish, refuse.
basural *s. m.* (Am.) rubbish tip, refuse dump.
basurero, -ra *s. m.* y *f.* **1** refuse collector (persona), dustman (hombre). ● *s. m.* **2** rubbish dump (lugar).
bata *s. f.* **1** dressing gown. **2** MED. white coat.
batacazo *s. m.* thud, bump, thump.
batahola, bataola o **tabaola** *s. f.* uproar, din, rumpus.
batalla *s. f.* **1** MIL. battle. **2** HIST. joust. **3** agitation (mental). **4** seat (de la silla de montar) **5** MEC. wheelbase. ◆ **6** ~ **campal,** pitched battle. **7 perder la** ~, to lose the battle.
batallar *v. i.* **1** to battle, to fight. **2** to argue, to dispute. **3** to hesitate, to waver.
batallón, -na *adj.* **1** problematic. ● *s. m.* **2** MIL. battalion.
batán *s. m.* fulling machine.
batanar o **batanear** *v. t.* **1** TEC. to full. **2** (fam.) to hit, to beat.
batanero *s. m.* fuller.
bataola *s. f.* racket, uproar, din.
batata *s. f.* BOT. yam, sweet potato.
bate *s. m.* baseball bat.
bateador, -ra *s. m.* y *f.* batter.
batear *v. i.* to bat.
batea *s. f.* **1** tray. **2** bowl. **3** MAR. small boat. **4** low-sided wagon, cart.
batel *s. m.* small boat.
batelero, -ra *s. m.* y *f.* boatman (hombre), boatwoman (mujer).
batería *s. f.* **1** MIL. battery. **2** MIL. fortification. **3** MÚS. drums. **4** ELEC. battery. **5** footlights (teatro). **6** kitchen utensils. ● *s. m.* y *f.* **7** MÚS. drummer (persona). ◆ **8 en** ~, parallel parking.
batiburrillo, batiborrillo o **baturrillo** *s. m.* pot-pourri, hotchpotch.
batida *s. f.* **1** beating, beat. **2** search, combing (de la policía).
batidera *s. f.* **1** MEC. concrete mixer. **2** MEC. panel cutter.
batidero *s. m.* **1** banging, knocking. **2** uneven, bumpy ground. **3** MAR. strengthening, reinforcement.
batido, -da *adj.* **1** well-trodden. **2** shot (seda). ● *s. m.* **3** dough (de pasteles). **4** milk shake (de chocolate, vainilla, etc.).
batidor, -ra *s. m.* y *f.* **1** mixer, beater. ● *s. m.* **2** MIL. scout. **3** outriders (caballería). **4** beater (cacería). **5** large-toothed comb. ◆ **6 batidor de oro,** o **plata,** goldsmith or silversmith.
batiente *s. m.* **1** frame (de puerta, ventana). **2** damper (de un piano). **3** gun carriage wheel-guard. ◆ **4 reír a mandíbula** ~, to laugh heartily, to split one's sides laughing.
batihoja *s. m.* smith (que lamina metales).
batimetría *s. f.* MAR. bathometry.
batímetro *s. m.* MAR. bathometre.
batimiento *s. m.* beating.
batín *s. m.* short dressing gown.
batintín *s. m.* gong.
batir *v. t.* **1** to beat. **2** to beat, to whisk (al cocinar). **3** to demolish, to knock down (casas). **4** to take down (tienda de campaña). **5** to beat down (el sol, la lluvia, etc.). **6** to hammer, to beat (metales). **7** to mint (monedas). **8** to adjust (resmas de papel). **9** to stalk (animales). **10** MIL. to reconnoitre. **11** MIL. to attack, to combat. ◆ **12** ~ **una marca** o **record,** to break a record.
batíscafo *s. m.* bathyscaph.
batista *s. f.* batiste.
batracio, -cia *adj./s. m.* batrachian.
batuda *s. f.* leaps, jumps.
batuta *s. f.* **1** MÚS. baton. ◆ **2 llevar uno la** ~, to be in command, to be the boss.
baúl *s. m.* **1** trunk, chest. **2** ANAT. stomach, belly. ◆ **3** ~ **mundo,** large trunk. **4 henchir** o **llenar el** ~, to eat a lot.
bausán, -na *s. m.* y *f.* **1** dummy. **2** idiot, fool. **3** lazybones, loafer.

bautismal *adj.* baptismal.
bautismo *s. m.* **1** baptism, christening. ◆ **2 romper a uno el ~,** to hit someone over the head.
bautista *s. m.* **1** baptist. ◆ **2 el Bautista,** St. John the Baptist.
bautisterio o **baptisterio** *s. m.* baptist(e)ry.
bautizar *v. t.* **1** REL. to baptise, to christen. **2** (fig.) to christen (poner mote). **3** to water, to dilute (vino).
bautizo *s. m.* baptism, christening.
bauxita *s. f.* MIN. bauxite.
baya *s. f.* berry.
bayadera *s. f.* Indian dancer and singer.
bayal *adj.* **1** long-stalked. ● *s. m.* **2** lever.
bayeta *s. f.* **1** cloth. **2** baize.
bayoneta *s. f.* **1** bayonet. ◆ **2 a la ~,** to fight with fixed bayonets. **3 calar la ~,** to fix bayonets.
bayonetazo *s. m.* bayonet thrust, wound.
baza *s. f.* **1** trick (cartas). **2** (fig.) opportunity. ◆ **3 hacer ~,** to prosper, to thrive. **4 meter ~,** to butt in. **5 no dejar meter ~,** not to let someone get a word in edgeways.
bazar *s. m.* bazaar.
bazo, -za *adj.* **1** reddish. ● *s. m.* **2** ANAT. spleen.
bazoca o **bazuca** *s. f.* bazooka.
bazofia *s. f.* **1** rubbish, left-overs. **2** nonsense, rubbish.
bazucar o **bazuquear** *v. t.* to shake.
bazuqueo *s. m.* shaking.
be *s. f.* **1** baa (sound of sheep). **2 ~ por ~,** meticulously.
beatería *s. f.* false piety, cant.
beaterio *s. m.* beguine convent.
beatificación *s. f.* beatification.
beatificar *v. t.* to beatify.
beatífico, -ca *adj.* beatific.
beatísimo *s. m.* beatism.
beatitud *s. f.* **1** beatitude. **2** eternal happiness, blessedness.
beato, -ta *adj.* **1** content, happy. **2** REL. blessed. **3** *adj./s. m.* y *f.* canting, hypocritical (desp.).
bebé *s. m.* baby.
bebedero, -ra *adj.* **1** drinkable. ● *s. m.* **2** drinking trough. **3** spout (of jugs, etc.).
bebedizo *s. m.* drinkable.
bebedor, -ra *s. m.* y *f.* **1** drinker. ● *adj.* **2** hard-drinking.
beber *v. t.* **1** to drink. **2** to toast. ● *s. m.* **3** drink.
bebible *adj.* drinkable.
bebido, -da *adj.* **1** half-drunk, merry. ● *s. f.* **2** drink, alcoholic drink.
bebistrajo *s. m.* **1** unpleasant drink. **2** strange concoction (de bebida): *siempre estás tomando bebistrajos = you're always drinking strange concoctions.*
beca *s. f.* **1** insignia (de estudiante). **2** grant (dinero). **3** sash (adorno de vestimenta).
becado, -da *s. m.* y *f.* grant holder.
becario, -ria *s. m.* y *f.* grant holder.
becerra *s. f.* **1** yearling calf. **2** dragon (planta).
becerrada *s. f.* bullfight (con becerros).
becerrillo *s. m.* calfskin.
becerro *s. m.* **1** yearling calf. **2** calfskin. **3** REL. cartulary, register. ◆ **4 ~ de oro,** (fig.) golden calf, money. **5 ~ marino,** ZOOL. seal.
bechamel *s. f.* GAST. bechamel, white sauce.
becuadro *s. m.* MÚS. natural sign.
bedel *s. m.* **1** porter, (p.u.) beadle. **2** watchman, guard.
beduino, -na *adj./s. m.* y *f.* Bedouin.
befa *s. f.* jibe, taunt.
befar *v. i.* to taunt, to jeer.
befo, -fa *adj.* **1** ANAT. thick-lipped. **2** ANAT. knock-kneed. ● *s. m.* **3** lip (de animales).
begonia *s. f.* BOT. begonia.
beige *adj.* **1** beige. ● *s. m.* **2** beige.
béisbol *s. m.* DEP. baseball.
bejín *s. m.* **1** BOT. fungus. **2** temperamental person, turbulent person. **3** cry-baby.
bejuco *s. m.* liana.
bejuquear *v. t.* to thrash, to beat.
bejuquillo *s. m.* gold necklace.
bel *s. m.* FÍS. bel.
beldad *s. f.* **1** beauty. **2** beautiful woman.
beldar o **bieldar** *v. t.* AGR. to winnow (con rastrillo o bieldo).
belduque *s. m.* large, sharp knife.
belén *s. m.* **1** Bethlehem. **2** nativity scene. **3** (fig.) chaos, mess, madhouse. **4** risky business.
beleño *s. m.* BOT. henbane.
belesa *s. f.* BOT. leadwort.
belez o **belezo** *s. m.* **1** pot, container. **2** household furnishing. **3** vat (para vino o aceite).
belfo, -fa *adj.* **1** thick-lipped. ● *s. m.* **2** lip.
Bélgica *s. f.* Belgium.
belicismo *s. m.* warmongering.
belicista *adj.* **1** militaristic, war-loving. ● *s. m.* y *f.* **2** militarist, warmonger.
bélico, -ca *adj.* bellicose, warlike.
belicosidad *s. f.* bellicosity, aggressiveness.
belicosa, -sa *adj.* bellicose, warlike, aggressive.
beligerancia *s. f.* **1** belligerancy. ◆ **2 conceder/dar ~ a uno,** to give credit to someone.
beligerante *adj.* belligerant, aggressive.
beligero, -ra *adj.* bellicose.
belio *s. m.* FÍS. bel.
bellacada *s. f.* dirty trick, mean thing.
bellaco, -ca *adj.* **1** evil, wicked. **2** cunning, sly. ● *s. m.* y *f.* **3** rogue, scoundrel.
belladona *s. f.* BOT. belladona, deadly nightshade.
bellamente *adv.* beautifully.
bellaquear *v. i.* **1** to play a mean trick, to cheat. **2** to rear (caballos).
bellaquería *s. f.* **1** mean trick, dirty trick. **2** slyness, cunning.
belleza *s. f.* **1** beauty. ◆ **2 crema de ~,** beauty cream. **3 concurso de ~,** beauty contest. **4 una ~,** a beautiful woman. **5 decir bellezas,** to speak elegantly.
bellido, -da *adj.* beautiful (mujer), handsome (hombre).
bello, -lla *adj.* beautiful, lovely, pretty; fine.
bellota *s. f.* **1** BOT. acorn. **2** tassle (en pasamanería, etc.). ◆ **3 ~de mar,** MAR. sea urchin.
bellote *s. m.* large nail.
bellotear *v. i.* to eat acorns.
bellotero, -ra *s. m.* y *f.* **1** acorn-gatherer or seller. **2** acorn season. **3** acorn crop. **4** acorn tree.
bemba *s. f.* (Am.) thick lower lip (labio).
bembón, -na *adj.* (Am.) thick-lipped (de labios gruesos).
bemol *s. m.* y *adj.* **1** MÚS. flat. ◆ **2 tener bemoles/tres bemoles,** to be hard, difficult.
bemolado, -da *adj.* MÚS. flat.
ben *s. m.* BOT. horseradish.
benceno *s. m.* QUÍM. benzene.
bencina *s. f.* QUÍM. benzine.
bendecir *v. t.* **1** to praise. **2** to consecrate. **3** to bless.
bendición *s. f.* **1** blessing, benediction. ◆ **2 echar la ~ a uno,** to give one's blessing to someone. **3 hacer con ~ algo,** to do something gladly. **4 ser una ~,** to be a godsend.
bendito, -ta *adj.* **1** saintly, holy. **2** lucky, fortunate. **3** simple, simple-minded. ● *s. m.* y *f.* **4** saint.
benedictino, -na *adj./s. m.* y *f.* **1** Benedictine. ● *s. m.* **2** benedictine (bebida).
benefactor, -ra *adj.* **1** beneficent, charitable. ● *s. m.* y *f.* **2** benefactor.
beneficencia *s. f.* **1** welfare. **2** charity.
beneficiado, -da *p. p.* **1** de **beneficiar.** ● *adj.* **2** benefitted. ● *s. m.* y *f.* **3** beneficiary.
beneficial *adj.* beneficed.
beneficiar *v. t.* **1** to benefit, to be of benefit. **2** AGR. to cultivate. **3** to work, exploit (minas). **4** to process (minerales). **5** to sell at a discount. **6** to cut into pieces (animales). ● *v. pron.* **7** to benefit, to profit from.
beneficiario, -ria *s. m.* y *f.* beneficiary.
beneficio *s. m.* **1** benefit. **2** COM. profit. **3** AGR. cultivation. **4** extraction (de las minas). **5** benefit, charity performance. ◆ **6 a ~ de,** for the benefit of. **7 a ~ de inventario,** with reservations. **8 ~ bruto/neto,** gross/net profit.
beneficioso, -sa *adj.* beneficial, profitable.
benéfico, -ca *adj.* beneficent, charitable.
benemérito, -ta *adj.* **1** meritorious, worthy. ◆ **2 la Benemérita,** The Civil Guard.
beneplácito *s. m.* approval, consent.
benevolencia *s. f.* benevolence, kindliness.
benevolente *adj.* benevolent, kind.
benévolo, -la *adj.* kind, benevolent.
bengala *s. f.* **1** flare. **2** BOT. rattan. **3** military badge.
benignidad *s. f.* **1** kindness. **2** mildness (clima). **3** benignancy (de un tumor).

benigno, -na *adj.* **1** kindly, benign. **2** mild (tiempo). ◆ **3 tumor ~,** benign tumour.
benjamín, -na *s. m.* y *f.* **1** youngest child, baby. ● *s. m.* **2** small Champagne bottle.
bentos *s. m.* BIOL. benthos.
benzoico, -ca *adj.* QUÍM. benzoic.
benzol *s. m.* QUÍM. benzol.
beodo, -da *adj.* **1** drunk. ● *s. m.* y *f.* **2** drunk, drunkard.
berberecho *s. m.* cockle.
berberís *s. m.* BOT. barberry, berberry.
bérbero o **bérberos** *s. m.* BOT. barberry, berberry.
berbiquí *s. m.* carpenter's brace.
beréber o **bereber** *adj./s. m.* y *f.* Berber.
berenjena *s. f.* aubergine, eggplant.
berenjenal *s. m.* **1** aubergine field. ◆ **2 meterse uno en buen/en mal/en un ~,** to get into a mess.
bergamonte, bergamoto *s. m.* o **bergamota** *s. f.* BOT. bergamot.
bergante *s. m.* rogue, scoundrel.
bergantín *s. m.* MAR. brig, brigantine.
beriberi *s. f.* MED. beriberi.
berilio *s. m.* QUÍM. beryllium.
berilo *s. m.* MIN. beryl.
berkelio *s. m.* berkelium.
berlanga *s. f.* three of a kind (naipes).
berlina *s. f.* **1** saloon car. ◆ **2 en ~,** in ridicule.
berlinés, -sa *adj.* **1** of/from Berlin. ● *s. m.* y *f.* **2** Berliner.
berlinga *s. f.* stick.
bermejear *v. i.* to be reddish.
bermejo, -ja *adj.* reddish.
bermellón *s. m.* vermilion.
berrear *v. i.* **1** ZOOL. to low. **2** to shout, to bellow. **3** MÚS. to sing off key.
berrenchín *s. m.* **1** ZOOL. breath of the wild boar. **2** (fam.) temper, rage.
berrendo, -da *adj.* **1** two-coloured, two-toned. **2** mottled (toro).
berreo *s. m.* howl, screech.
berrera *s. f.* o **berro** *s. m.* watercress.
berrido *s. m.* **1** ZOOL. lowing. **2** bellowing (de persona). **3** MÚS. screeching.
berrinche *s. m.* tantrum, rage.
berrocal *s. m.* rocky area, place.
berroqueña *adj.* granite.
berrueco *s. m.* **1** MED. tumour of the eye. **2** GEOG. crag.
berza *s. f.* cabbage.
berzal *s. m.* cabbage patch, cabbage field.
besamanos *s. m. pl.* **1** royal audience. **2** hand kissing.
besamel o **besamela** *s. f.* GAST. bechamel.
besana *s. f.* **1** first furrow. **2** AGR. ploughed field.
besar *v. t.* **1** to kiss. **2** (fig.) to touch, to brush against. ● *v. pron.* **3** to kiss each other. **4** stumble, to trip.
beso *s. m.* **1** kiss. **2** trip, fall (fig.) ◆ **3 ~ de Judas,** kiss of Judas. **4 ~ de paz,** kiss of peace. **5 comerse a uno a besos,** to smother someone with kisses.
bestia *s. f.* **1** beast, animal. **2** (fam.) brute, idiot. ◆ **3 ¡qué ~!,** what a brute!
bestial *adj.* **1** beastly, bestial. **2** (fam.) fantastic, terrific.
bestialidad *s. f.* bestiality, beastliness.
bestializarse *v. pron.* to become an animal.
bestiario *s. m.* **1** bestiary. **2** HIST. gladiator.
best-séller *s. m.* best seller.
besucón, -na *adj.* **1** fond of kissing. ● *s. m.* y *f.* **2** person fond of kissing.
besugo *s. m.* **1** sea bream. **2** (fam.) idiot.
besuguera *s. f.* **1** fish kettle (para cocinar). **2** MAR. fishing boat.
besuquear *v. t.* **1** to smother with kisses. ● *v. pron.* **2** to snog.
besuqueo *s. m.* kissing, (fam.) necking.
beta *s. f.* GRAM. **1** beta. **2** piece of rope or string. ◆ **3 rayos ~,** beta rays.
betarraga o **betarrata** *s. f.* BOT. beetroot.
betón *s. m.* mixture of cement and small stones.
betuminoso, -sa *adj.* bituminous.
betún *s. m.* QUÍM. **1** bitumen, asphalt. **2** shoe polish. **3** TEC. lute. ◆ **4 ~ de Judea** o **judaico,** asphalt.
betunería *s. f.* **1** shoe-polish factory. **2** shoe-polish shop. **3** shoeshine shop.
betunero *s. m.* **1** shoe-polish maker (fabricante). **2** shoe-polish seller (vendedor). **3** bootblack, shoeshine boy.
bezo *s. m.* **1** thick lip. **2** MED. proud flesh.
bi *prefijo* bi-.
biberón *s. m.* feeding bottle.
Biblia *s. f.* REL. Bible.
bíblico, -ca *adj.* biblical.
biblioteconomía *s. f.* library science, librarianship.
bibliofilia *s. f.* bibliophily.
bibliófilo, -la *s. m.* y *f.* bibliophile.
bibliografía *s. f.* bibliography.
bibliográfico, -ca *adj.* bibliographic, bibliographical.
bibliógrafo, -fa *s. m.* y *f.* bibliographer.
bibliología *s. f.* bibliology.
bibliomanía *s. f.* bibliomania.
bibliómano, -na *s. m.* y *f.* bibliomaniac.
biblioteca *s. f.* **1** library. **2** book collection. **3** bookcase. **4** index. ◆ **5 ~ circulante,** mobile library.
bibliotecario, -ria *s. m.* y *f.* librarian.
bicarbonato *s. m.* QUÍM. bicarbonate.
bicéfalo, -la *adj.* two-headed.
bíceps *s. m.* ANAT. biceps.
bicerra *s. f.* mountain goat.
bicho *s. m.* **1** small animal. **2** (fam.) bug. **3** beast. **4** (fam.) bull. **5** odd-looking person. ◆ **6 mal ~,** rogue, villain. **7 matar el ~,** to drink spirits.
bicicleta *s. f.* bicycle.
biciclo *s. m.* velocipede.
bicoca *s. f.* bargain.
bicorne *adj.* two-horned.
bicornio *s. m.* two-cornered hat.
bidé *s. m.* bidet.
bidente *s. m.* two-forked hoe.
bidón *s. m.* **1** tin, can. **2** drum (grande), oil drum.
biela *s. f.* connecting rod.
bielda *s. f.* AGR. winnowing fork.
bieldar *v. i.* AGR. to winnow.
bieldo o **bielgo** *s. m.* **1** pitchfork. **2** AGR. winnowing fork.
bien *s. m.* **1** good. **2** benefit. ● *pl.* **3** goods. ● *adv.* **4** well. ◆ **5 bienes de consumo y uso,** consumer goods. **6 bienes de fortuna,** profits. **7 bienes de producción,** manufactured goods. **8 bienes gananciales,** goods acquired during a marriage. **9 bienes inmuebles,** real estate. **10 bienes nullis,** ownerless goods. **11 bienes raíces,** real estate. **12 cantar ~,** to sing well. **13 si ~,** while, although. **14 tener uno a ~ o por ~,** to see fit to.
bienal *adj.* y *s. f.* biennial.
bienandanza *s. f.* happiness.
bienaventurado, -da *adj.* **1** happy, fortunate. **2** REL. blessed.
bienaventuranza *s. f.* REL. **1** bliss, blessedness. **2** prosperity, happiness. ● *pl.* **3** the Beatitudes.
bienestar *s. m.* **1** well-being, welfare: *estado de bienestar social = welfare state.* **2** comfort. **3** peace, satisfaction.
bienhablado, -da *adj.* well-spoken.
bienhechor, -ra *adj.* **1** beneficial, beneficent. ● *s. m.* y *f.* **2** benefactor.
bienio *s. m.* two-year period, biennium.
bienllegado, -da *adj.* safely-arrived.
bienmandado, -da *adj.* obedient.
bienoliente *adj.* pleasant-smelling, fragrant.
bienquerer *v. t.* to be fond of, to like.
bienquistar *v. t.* to reconcile, to bring people together.
bienvenido, -da *adj.* y *s. f.* welcome.
bienvivir *v. i.* to live comfortably, to lead a decent life.
bies *s. m.* bias.
bifásico, -ca *adj.* ELEC. two-phase.
bife *s. m.* (Am.) steak (bistec).
bífero, -ra *adj.* BOT. biannual, biennial.
bífido, -da *adj.* BOT. bifid.
biforme *adj.* with two forms.
bifronte *adj.* double-faced.
bifurcación *s. f.* bifurcation (p.u.), junction, fork.
bifurcado, -da *adj.* forked.
bifurcarse *v. pron.* to bifurcate (p.u.), to fork, to branch.
bigamia *s. f.* bigamy.
bígamo, -ma *s. m.* y *f.* **1** bigamist. ● *adj.* **2** bigamous.
bigardear *v. i.* to wander about, to roam around.
bigardía *s. f.* taunt, jibe.
bigardo, -da *s. m.* y *f.* loafer, idler.
bígaro *s. m.* winkle.
bigarrado, -da *adj.* mottled.
bigornia *s. f.* two-headed anvil.
bigote *s. m.* **1** moustache. **2** rule (en tipografía). **3** tap hole (de un horno). ● *pl.* **4** flames. ◆ **5 tener uno bigotes,** to be steadfast. **6 no tener malos bigotes,** to be beautiful. **7 de bigotes,** fantastic, terrific.
bigotera *s. f.* **1** moustache-lifter. **2** moustache (en el labio después de beber). **3** folding seat (en coches). **4** bow compass. **5** toecap (de zapato).

◆ **6 pegar a uno una ~,** to cheat, swindle someone.
bigotudo, -da *adj.* with a big-moustache.
bigudí *s. m.* hair-curler.
bilabial *adj./s. f.* FON. bilabial.
bilateral *adj.* bilateral.
bilingüe *adj.* bilingual.
bilingüismo *s. m.* bilingualism.
bilioso, -sa *adj.* bilious.
bilis *s. f.* **1** bile. ◆ **2 echar** o **segregar ~,** to be irritated.
bilítero, -ra *adj.* two-lettered, double-lettered.
billar *s. m.* **1** billiards. **2** billiard room.
billetaje *s. m.* wad of tickets, tickets.
billete *s. m.* **1** note, brief letter. **2** ticket. **3** FIN. banknote. **4** HIST. billet. ◆ **5 ~ kilométrico,** roundabout ticket. **6 ~ de ida,** single ticket. **7 ~ de ida y vuelta,** return ticket. **8 ~ amoroso,** love letter. **9 sacar un ~,** to buy a ticket.
billetera *s. f.* wallet (cartera).
billetero *s. m.* wallet.
billón *s. m.* **1** (brit.) billion. **2** (EE UU) trillion.
billonésimo -a *adj./s. m.* y *f.* **1** (brit.) billionth. **2** (EE UU) trillionth.
bilocación *s. f.* being in two places at once.
bilocarse *v. pron.* to be in two different places at the same time.
bimensual *adj.* twice-monthly, fortnightly.
bimestral *adj.* two-monthly, bimonthly.
bimestre *adj.* **1** two-monthly, bimonthly. ● *s. m.* **2** two months.
bimetalismo *s. m.* bimetallism.
binar *v. t.* **1** to plough a second time. **2** to hoe a second time. **3** to celebrate mass twice in a day.
binario *adj.* binary.
binoculares *s. m, pl.* binoculars.
binóculo *s. m.* **1** binoculars. **2** opera glasses. **3** pince-nez.
binomio *s. m.* MAT. binomial.
binza *s. f.* **1** BIOL. membrane. **2** skin (de una cebolla).
biodinámica *s. f.* biodynamics.
biodiversidad *s. f.* biodiversity.
bioelemento *s. m.* bioelement.
bioética *s. f.* bioethics.
biogenético, -ca *adj.* biogenetic.
biografía *s. f.* biography.
biografiar *v. t.* to write a biography.
biográfico, -ca *adj.* biographic, biographical.
biógrafo, -fa *s. m.* y *f.* biographer.
biología *s. f.* biology.
biológico, -ca *adj.* biological.
biólogo, -ga *s. m.* y *f.* biologist.
biombo *s. m.* folding screen.
biomecánica *s. f.* biomechanics.
biopsia *s. f.* MED. biopsy.
biopsíquico, -ca *adj.* biopsychic.
bioquímica *s. f.* biochemistry.
biorritmo *s. m.* biorhythm.
biosfera *s. f.* biosphere.
biotecnología *s. f.* biotechnology.
biotipo *s. m.* biotype.
bióxido *s. m.* dioxide.
bipartidismo *s. m.* two-party system.
bipartito, -ta *adj.* bipartite.
bípedo, -da o **bípede** *adj* y *s. m.* biped.
biplano *s. m.* biplane.
biquini o **bikini** *s. m.* bikini.
birlar *v. t.* **1** to throw a second time. **2** (fam.) to pinch, to nick. **3** to swindle, to cheat. **4** to kill or knock down with one blow.
birlo *s. m.* **1** ball, bowl. **2** thief, robber.
birlibirloque (por arte de) *loc. adv.* as if by magic.
birlocha *s. f.* kite.
birmano, -na *adj./s. m.* y *f.* Burmese.
birome *s. m.* (Am.) biro.
birrefringencia *s. f.* FÍS. birefringence.
birrefringente *adj.* FÍS. birefringent.
birreme *adj.* MAR. bireme.
birreta *s. f.* biretta.
birrete *s. m.* **1** biretta. **2** cap. **3** bonnet.
birretina *s. f.* MIL. Hussar's cap.
birria *s. f.* **1** useless thing. **2** (fam.) monstrosity. **3** rubbish. **4** mania, fixed idea.
bis *adv.* **1** *vive en el 6 bis = she lives at 6a.* **2** MÚS. bis, repeat (en partitura). ● *s. m* **3** MÚS. encore.
bisabuelo, -la *s. m.* y *f.* **1** great-grandfather (*m.*), great-grandmother (*f.*). ● *s. m. pl.* **2** great-grandparents.
bisagra *s. f.* hinge.
bisbisar o **bisbisear** *v. t.* to mumble, to mutter.
bisecar *v. t.* MAT. bisect.
bisección *s. f.* MAT. bisection.
bisector, -triz *adj.* **1** bisecting. ● *s. m.* y *f.* **2** bisector, bisectrix.
bisel *s. m.* bevel, bevelled edge.
biselado, -da *adj.* bevelled.
biselador, -ra *s. m.* y *f.* beveller.
biselar *v. t.* to bevel.
bisemanal *adj.* bi-weekly, twice-weekly.
bisexual *adj.* bisexual.
bisiesto *adj.* **1** bisextile. ◆ **2 año ~,** leap year.
bismuto *s. m.* QUÍM. bismuth.
bisnieto, -ta o **biznieto, -ta** *s. m. y f.* **1** great-grandson (*m.*); great-granddaughter (*f.*) ● *s. m. pl.* **2** great-grandchildren.
bisojo, -ja *adj.* cross-eyed, squinting.
bisonte *s. m.* bison.
bisoñada o **bisoñería** *s. f.* naive mistake.
bisoñé *s. m.* toupee.
bisoño, -ña *adj.* green, inexperienced.
bistec *s. m.* steak, beefsteak.
bistorta *s. f.* BOT. bistort.
bisturí *s. m.* MED. scalpel, bistoury.
bisulco, -ca *adj.* ZOOL. cloven-hoofed, bisulcate.
bisulfito *s. m.* bisulphate.
bisutería *s. f.* imitation jewellery.
bita *s. f.* bitt, bollard.
bitácora *s. f.* binnacle.
bitoque *s. m.* **1** spigot, bung. **2** MED. cannula. **3** drain. **4** tap.
bitor *s. m.* ZOOL. bittern.
bituminoso, -sa o **betuminoso, -sa** *adj.* bituminous.
bivalvo, -va *adj.* BIOL. bivalve.
bizantinismo *s. m.* Byzantinism.
bizantino, -na *adj./s. m.* y *f.* Byzantine.
bizarría *s. f.* **1** courage, bravery. **2** generosity. **3** dash.
bizarro, -rra *adj.* **1** courageous, brave. **2** generous. **3** dashing.
bizaza o **biaza** *s. f.* leather bag.
bizcar *v. i.* to be cross-eyed, to squint.
bizco, -ca *adj.* **1** cross-eyed. ● *s. m.* y *f.* **2** a cross-eyed person.
bizcochada *s. f.* **1** pieces of sponge cake soaked in milk and eaten as a porridge. **2** bread roll.
bizcochar *v. t.* **1** to make sponge. **2** to rebake bread.
bizcochero *s. m.* biscuit tin, biscuit barrel.
bizcocho *s. m.* **1** sponge. **2** sponge cake. **3** TEC. biscuit. ◆ **4 ~ borracho,** rum baba.
bizma *s. f.* poultice.
bizmar *v. t.* to poultice.
biznaga *s. f.* BOT. bishop's weed.
biznieto, -ta *s. m.* y *f.* ⇒ **bisnieto.**
bizquear *v. i.* to squint, to be cross-eyed.
bizquera *s. f.* squint.
blanco, -ca *adj.* **1** white (color). **2** white-skinned (gente). ● *s. m.* **3** target. **4** white patch (de un animal). **5** gap (entre dos objetos). **6** blank space (espacio en blanco). **7** interval, interlude (teatro o similar). **8** aim, goal (objetivo). ● *s. f.* **9** ancient Spanish coin. **10** MÚS. minim. ◆ **11 arma blanca,** knife. **12 blanca morfea,** type of leprosy. **13 ~ de España,** whiting. **14 ~ de huevo,** egg-white. **15 ~ de plomo,** white lead. **16 estar en ~,** to understand nothing. **17 estar sin blanca, no tener blanca,** to be broke/skint. **18 en ~,** blank. **19 guante ~, con guante ~,** with kid gloves. **20 lo ~ del ojo,** the white of the eye. **21 pasar la noche en ~,** to have a sleepless night. **22 votar en ~,** to spoil one's vote.
blancura o **blancor** *s. m.* o *f.* whiteness.
blancuzco, -ca *adj.* whitish.
blandamente *adv.* softly, gently.
blandear *v. i.* **1** to weaken. ● *v. t.* **2** to convince. **3** to brandish (un arma).
blandengue *adj.* **1** soft, feeble. ● *s. m.* y *f.* **2** weakling, softie.
blandicia o **blandeza** *s. f.* **1** softness. **2** adulation, flattery.
blandir *v. t.* **1** to brandish (arma). ● *v. i.* y *pron.* **2** to rock, to swing.
blando, -da *adj.* **1** soft. **2** tender (carne o similar). **3** weak. **4** cowardly. **5** flat. ● *adv.* **6** softly, gently.
blanducho, -cha *adj.* **1** soft. **2** (desp.) flabby.
blandura *s. f.* **1** softness, gentleness. **2** blandishment, flattery. **3** mildness (tiempo).
blanduzco, -ca *adj.* softish.
blanqueador, -ra *s. m.* y *f.* **1** whitener. **2** bleach (con lejía). **3** whitewasher (con cal).
blanqueamiento *s. m.* **1** whitening. **2** bleaching (con lejía).
blanquear *v. t.* **1** to whiten. **2** to whitewash (con cal). **3** to bleach (con lejía). **4** (fig.) to launder (dinero). ●

v. i. **5** to appear white. **6** to turn white, to whiten.
blanquecedor *s. m.* metal blancher.
blanquecer *v. t.* **1** to blanch (metales). **2** to whiten.
blanquecino, -na *adj.* whitish.
blanqueo *s. m.* **1** laundering (de dinero). **2** whitewashing (de pared).
blanquición *s. f.* blanching (metales).
blanquillo, -lla *adj.* whitish.
blasfemar *v. i.* **1** to blaspheme. **2** (fig.) to curse, to swear.
blasfemia *s. f.* **1** blasphemy. **2** (fig.) curse, oath.
blasfemo, -ma *adj.* **1** blasphemous. • *s. m.* y *f.* **2** blasphemer.
blasón *s. m.* **1** coat of arms. **2** armorial bearings. **3** (fig.) glory, fame.
blasonador, -ra *adj.* boaster, show-off.
blasonar *v. i.* **1** to boast, to brag. • *v. t.* **2** to emblazon.
blasonería *s. f.* boasting, bragging.
blastodermo *s. m.* BIOL. blastoderm.
blástula *s. f.* BIOL. blastula.
bledo *s. m.* BOT. **1** blite. ◆ **2 no dársele/importarle a uno un ~,** not to give a damn about something, not to care two hoots about something. **3 no valer** o **no importar un ~ una cosa,** to be unimportant.
blefaritis *s. f.* MED. blepharitis.
blenda *s. f.* MIN. blende.
blenorragia *s. f.* MED. blennorrhagia.
blenorrea *s. f.* MED. blennorrhoea.
blinda *s. f.* **1** beam. **2** MIL. trench board.
blindaje *s. m.* MIL. armour-plating.
blindar *v. t.* to armour, to armour-plate.
blíster *s. m.* blister pack, bubble pack.
bloc *s. m.* pad, writing-pad, notebook.
blocao *s. m.* blockhouse.
blondo, -da *adj.* blond, fair.
bloque *s. m.* **1** block. **2** concrete bench. **3** block of houses. **4** TEC. cylinder block. **5** POL. bloc.
bloquear *v. t.* **1** to block. **2** MIL. to besiege. **3** FIN. to freeze, to block. **4** MEC. to jam, to block. • *v. pron.* **5** to get blocked up, to get jammed; to freeze (persona).
bloqueo *s. m.* **1** MIL. blockade. **2** FIN. freezing, blocking. ◆ **3 romper, forzar el ~,** to run the blockade.
blues *s. m.* MÚS. blues.
blusa *s. f.* blouse.
blusón *s. m.* long shirt, blouse.
boa *s. f.* **1** ZOOL. boa. **2** boa (ropa).
boardilla *s. f.* attic, garret.
boato *s. m.* show, showiness, ostentation.
bobada *s. f.* **1** silly, foolish thing. ◆ **2 decir una ~,** to say something stupid. **3 ¡qué ~!,** how stupid!
bobalicón *adj.* **1** idiotic, very stupid. • *s. m.* y *f.* **2** idiot, clot.
bobamente *adv.* stupidly, foolishly.
bobático, -ca *adj.* silly, foolish.
bobear *v. i.* **1** to say silly things, to talk nonsense. **2** to be silly, to fool around.
bobería *s. f.* silly, foolish thing, stupidity.
bóbilis (de) *loc. adv.* **1** for nothing, free. **2** (fam.) without lifting a finger.
bobillo *s. m.* glass jug, pitcher.
bobina *s. f.* **1** bobbin. **2** FOT. reel, spool. **3** ELEC. coil.
bobo, -ba *adj.* **1** silly, foolish, stupid. • *s. m.* y *f.* **2** fool, idiot. **3** bufoon, clown (theatre). **4** MAR. fish. **5** BOT. bush. ◆ **6 ~ de Coria,** village idiot. **7 a los bobos se les aparece la madre de Dios,** fortune favours fools.
boca *s. f.* **1** ANAT. mouth. **2** ZOOL. pincer (de crustáceos). **3** GEOG. mouth (de un río, por ejemplo). **4** MIL. muzzle (de un arma). **5** entrance, opening (en un espacio, edificio, etc.). **6** (fig.) mouth, person: *hay demasiadas bocas que alimentar = there are too many mouths to feed.* **7** edge, cutting edge (filo de ciertos objetos). **8** bouquet (sabor del vino). ◆ **9 a ~,** by word of mouth. **10 a ~ de cañón,** at close range, at point-blank range. **11 a ~ de jarro/a bocajarro, a)** at close range, at point-blank range; **b)** point-blank; without any warning, bluntly: *me dijo que no quería saber de mí a boca de jarro = he said pointblank that he didn't want to have anything to do with me.* **12 a ~ llena,** frankly, openly. **13 abrir ~,** to whet the appetite. **14 andar de ~ en ~,** to be the talk of the town. **15 andar en ~ de alguien,** to be the subject of gossip. **16 a pedir de ~,** exactly as one pleases, according to one's wish; like a dream. **17 blando de ~,** sensitive to the bit (caballerías). **18 ~ abajo, a)** on one's stomach, face down, face downward; **b)** on the wrong side (un escrito). **19 ~ arriba, a)** on one's back, face up, face upward; **b)** on the right side (un escrito). **20 ~ de dragón,** BOT. snapdragon. **21 ~ de escorpión,** wicked tongue, evil tongue (de una persona). **22 ~ de fuego,** firearm. **23 ~ del estómago, a)** pit of the stomach; **b)** ANAT. cardiac opening. **24 ~ de lobo,** pitch-dark, pitch-black. **25 ~ de riego,** hydrant. **26 ~ de verdades,** frank person, outspoken person. **27 calentársele a uno la ~, a)** to get worked up; **b)** to talk too much. **28 callar la ~,** to shut up, to be quiet. **29 callar la ~ a alguien,** to shut someone up. **30 cerrar la ~ a alguien,** to silence someone, to shut someone up. **31 con la ~ abierta,** open-mouthed, dumbfounded. **32 de ~,** doubtful, not very true. **33 de ~ en ~,** from mouth to mouth. **34 decir una cosa con la ~ chica,** to say something without really meaning it. **35 despegar la ~,** to open one's mouth, to talk: *el tipo ese no despega la boca para nada = that fellow doesn't talk at all.* **36 duro de ~,** insensitive to the bit (caballerías). **37 hablar por ~ de ganso,** to repeat what one has heard, to say what one is told. **38 hablar por ~ de otro,** to adopt another person's opinions, to express someone else's opinions. **39 hacer ~,** to whet the appetite. **40 hacer la ~ a una caballería,** to accustom a horse to the bit. **41 írsele la ~ a uno,** to talk too much, to say things one was not supposed to say. **42 mentir con toda la ~,** to lie through one's teeth. **43 meterse en la ~ del lobo,** to step into the lion's den, to take one's life in one's hands. **44 no abrir uno la ~,** to keep silent. **45 no caérsele a uno de la ~ alguna cosa,** to mention continuously. **46 no decir uno esta ~ es mía,** not to open one's mouth, not to say boo, not to speak a word. **47 quitar a alguien de la ~ alguna cosa,** to say something before anybody else, to speak first. **48 quitarse uno algo de la ~,** not to eat something, to give it to another person. **49 tapar la ~ a alguien,** to silence someone, to shut someone's mouth. **50 traer en ~ a alguien,** to mention someone all the time. **51 traer siempre en la ~ una cosa,** to mention something repeatedly, to talk about something all the time.
bocacalle *s. f.* **1** intersection, entrance (a una calle). ◆ **2 la primera ~,** the first turning.
bocacha *s. f.* **1** (euf.) loud-mouth. **2** MIL. blunderbuss.
bocadear *v. t.* to divide into pieces.
bocadillo *s. m.* **1** sandwich, roll. **2** narrow ribbon.
bocado *s. f.* **1** mouthful, bite. **2** piece, bit. **3** bridle, bit (de los caballos). ◆ **4 ~ de Adán,** Adam's apple. **5 buen ~,** profit. **6 ~ sin hueso,** easy job, sinecure. **7 contarle a uno los bocados,** to give someone a bite to eat. **8 no haber para un ~,** to be in short supply.
bocajarro (a) *loc. adv.* **1** at point-blank range. **2** to say something without warning.
bocal *s. m.* jug, pitcher.
bocamanga *s. f.* **1** cuff. ◆ **2 una carta en la ~,** a card up one's sleeve.
bocana *s. f.* mouth (río).
bocanada *s. f.* **1** mouthful, swallow. **2** puff (de humo, de viento). ◆ **3 ~ de aire** o **de viento,** a gust, rush of wind.
bocarte *s. m.* **1** young sardine. **2** MIN. ore crusher. **3** stone-cutter's hammer.
bocateja *s. f.* first tile (del alero del tejado).
bocaza(s) *adj.* loud-mouth.
bocazo *s. m.* dud explosion.
bocel *s. m.* **1** ARQ. torus. ◆ **2 cuarto ~,** quarter round.
bocelar *v. t.* to make mouldings on.
bocera *s. f.* moustache, smear on the lips.
boceto *s. m.* sketch, outline, design.
bocezar *v. i.* to move the lips (animales).
bocha *s. f.* **1** bowl. • *pl.* **2** DEP. bowls.
boche *s. m.* small hole.
bochinche *s. m.* row, din, riot.
bochinchero, -ra *adj.* rowdy.
bochorno *s. m.* **1** sultry, stifling atmosphere. **2** hot summer breeze. **3** blush, hot flush. **4** embarrassment.
bochornoso, -sa *adj.* **1** sultry, stifling, stuffy. **2** shameful (fig.).
bocina *s. f.* **1** horn (de coche). **2** megaphone. **3** MÚS. horn. **4** speaker. **5** MAR.

whelk. **6** ASTR. Ursa Minor (Osa menor).
bocinar *v. i.* **1** to sound one's horn. **2** MÚS. to play the horn.
bocinero *s. m.* hornblower.
bocio *s. m.* goitre.
bocón, -na *adj.* **1** loud-mouthed. • *s. m.* y *f.* **2** loud mouth, braggart.
bocoy *s. m.* cask.
bocudo, -da *adj.* loud-mouthed.
boda *s. f.* **1** wedding, marriage. ◆ **2 bodas de diamante,** diamond wedding. **3 bodas de oro,** golden wedding. **4 bodas de plata,** silver wedding.
bodega *s. f.* **1** wine cellar. **2** vine crop. **3** wine shop. **4** granary. **5** cellar. **6** MAR. hold.
bodegón *s. m.* **1** cheap restaurant. **2** inn, tavern. **3** ART. still life.
bodegonero, -ra o **bodeguero, -ra** *s. m.* y *f.* owner (de un bodegón).
bodijo o **bodorrio** *s. m.* **1** unequal marriage, mismatch, misalliance. **2** quiet wedding.
bodón *s. m.* pond, pool (que se seca en el verano).
bodoque *s. m.* **1** pellet, ball (tirado desde ballesta). **2** MED. lump. **3** (fam.) dunce, dolt.
bodoquera *s. f.* **1** pellet mould. **2** blowpipe.
bodrio *s. m.* **1** soup. **2** hotchpotch (comida). **3** (fig.) muddle, mess, mix-up.
bóer *adj./s. m.* y *f.* HIST. Boer.
bofe *s. m.* **1** ZOOL. lung. **2** light. ◆ **3 echar uno el** ~ o **los bofes,** to overwork, to slog away.
bofetada *s. f.* **1** slap. **2** (fig.) punch.
bofetón *s. m.* hard slap, punch.
boga *s. f.* **1** rowing. **2** fashion, vogue. **3** MAR. rower.
bogada *s. f.* stroke (de un remo).
bogar *v. i.* to row.
bogavante *s. m.* **1** stroke. **2** ZOOL. lobster.
bogotano, -na *adj./s. m.* y *f.* of or from Bogotá.
bohardilla *s. f.* attic, garret.
bohemio, -mia o **bohemo, -ma** *adj./s. m.* y *f.* **1** Bohemian. **2** gypsy.
bohena *s. f.* ANAT. lung.
bohordo *m.* scape, stem.
bohío *s. m.* cabin, shack.
boicot o **boicoteo** *s. m.* boycott.
boicotear *v. t.* to boycott.
boina *s. f.* beret.
boira *s. f.* fog.
boj o **boje** *s. m.* **1** box (árbol). **2** boxwood (madera).
bojar *v. t.* to measure the perimeter of an island, cape, etc.
bojeo o **bojo** *s. m.* **1** measurement of the perimeter of an island, cape, etc. **2** coasting.
bol *s. m.* **1** bowl. **2** MAR. net, dragnet. ◆ **3** ~ **arménico** o **de Armenia,** Armenian bole.
bola *s. f.* **1** ball. **2** slam (en el bridge, etc.). **3** large, round kite. **4** (fam.) fib, lie (mentira). **5** (Am.) rumour (rumor). ◆ **6 contar/decir bolas,** to tell lies. **7** ~ **de cristal,** crystal ball. **8** ~ **de nieve,** snowball. **9 dejar que ruede la** ~, to let things take their course. **10 estar como** ~ **de billar,** to be as bald as a coot. **11 escurrir la** ~, to escape, to run away.
bolardo *s. m.* bollard.
bolazo *s. m.* **1** hit, blow. **2** silly remark. **3** lie. ◆ **4 de** ~, hastily.
bolchevique *adj.* **1** POL.Bolshevik. • *s. m.* y *f.* **2** Bolshevik.
bolcheviquismo o **bolchevismo** *s. m.* POL. Bolshevism.
boleadoras *s. f. pl.* bolas.
bolear *v. t.* **1** to throw. • *v. i.* **2** to play dirty. **3** to lie, to tell lies.
boleo *s. m.* **1** throwing. ◆ **2 a** ~, without thinking, unthinkingly.
bolero, -ra *adj.* **1** lying, fibbing (mentiroso). **2** truant (pillo). • **3** *s. m.* y *f.* bolero dancer. • *s. m.* **4** bolero (baile). **5** bolero jacket (chaqueta).
boleta *s. f.* **1** ticket. **2** MIL. pass, permit. **3** voucher.
boletaje *s. m.* (Am.) tickets (billetes).
boletería *s. f.* (Am.) ticket office.
boletero, -ra *s. m.* y *f.* ticket seller.
boletín *s. m.* **1** bulletin. **2** journal, review. **3** ticket. **4** form.
boleto *s. m.* ticket.
boliche *s. m.* **1** jack (en el juego). **2** skittles, bowls (juego). **3** cup-and-ball (juguete). **4** bad-quality tobacco. **5** small furnace. **6** small fry (fish).
bólido *s. m.* **1** FÍS. meteorite. **2** racing car. ◆ **3 como un** ~, like greased lightning.
bolígrafo *s. m.* pen, ball-point pen.
bolillo *s. m.* **1** bobbin. **2** fetlock (de caballo). • *pl.* **3** toffee bars.
bolina *s. f.* **1** MAR. bowline. **2** sounding line. ◆ **3** MAR. **navegar** o **ir de** ~, to sail close to the wind.
bolineador, -ra *adj.* sailing close to the wind.
bolinear *v. i.* to sail close to the wind.
bolinero, -ra *adj.* **1** sailing close to the wind. **2** troublemaker.
bolita *s. f.* (Am.) marble (canica).
Bolivia *s. f.* Bolivia.
boliviano, -na *adj./s. m.* y *f.* Bolivian.
bollar *v. t.* **1** to emboss. **2** to dent.
bollería *s. f.* **1** pastry shop, baker's (tienda). **2** pastries (productos).
bollero, -ra *s. m.* y *f.* baker.
bollo *s. m.* **1** bun, roll. **2** dent. **3** MED. lump, swelling. **4** puff (en ropa). ◆ **5 armarse** o **hacerse un** ~, to cause a rumpus, to make a fuss.
bollón *s. m.* **1** stud. **2** stud earring.
bollonado *adj.* studded.
bolo *s. m.* **1** skittle, ninepin. **2** slam (naipes). **3** dunce, dimwit. **4** MED. large pill. • *pl.* **5** skittles. ◆ **6** ~ **alimenticio,** alimentary bolus. **7 echar uno a rodar los bolos,** to cause a fight, to create a disturbance. **8 jugar a los bolos,** to play skittles.
bolonio *s. m.* dunce, dimwit.
bolsa *s. f.* **1** bag. **2** purse (para dinero). **3** crease (ropa). **4** COM. stock market, stock exchange. **5** wealth. **6** grant (education). **7** MIN. pocket. ◆ **8** ~ **de corporales,** stock file. **9** ~ **de comercio,** commodity exchange. **10** ~ **negra,** black market. **11** ~ **de trabajo,** employment exchange. **12** ~ **de agua caliente,** hot-water bottle. **13** ~ **de la compra,** shopping bag. **14** ~ **de papel,** paper bag. **15** ~ **de aire,** air pocket. **16** ~ **para tabaco,** tobacco pouch. **17 jugar a la** ~, to play the market. **18 ¡la** ~ **o la vida!,** your money or your life!
bolsear o **bolsiquear** *v. t.* to pick pockets.
bolsero, -ra *s. m.* y *f.* **1** purse-maker (fabricante). **2** purse seller (vendedor).
bolsillo *s. m.* **1** pocket. **2** purse (money). ◆ **3 consultar uno con el** ~, to check if one has enough money. **4 de** ~, pocket, pocket-size. **5 meterse a uno en el** ~, to have someone eating out of one's hand. **6 no echarse uno nada en el** ~, not to take advantage of something. **7 rascarse el** ~, to pay up. **8 tener uno en el** ~ **a otro,** to have someone wrapped around one's little finger.
bolsín *s. m.* street market (de la Bolsa).
bolsiquear *v. t.* to pick pockets.
bolsista *s. m.* y *f.* **1** FIN. stockbroker. **2** (fam.) pickpocket.
bolso *s. m.* **1** purse. **2** bag. ◆ **3** ~ **de mano,** handbag. **4** ~ **de viaje,** overnight bag.
bolsón *s. m.* **1** satchel (para la escuela). **2** handbag (para mujeres). **3** MIN. lump of ore. **4** (fam.) fool, dimwit.
boludo, -da *adj.* **1** (Am.) (vulg.) bloody stupid, jerk (imbécil). • *s. m.* y *f.* **2** (Am.) (vulg.) (brit.) arsehole, (EE UU) asshole, wanker (imbécil).
bomba *s. f.* **1** MIL. bomb. **2** TEC. pump. **3** globe, glass (de lámparas). **4** MÚS. slide. **5** bombshell (noticia). **6** poetry. **7** drunkenness. ◆ **8** ~ **atómica** o **nuclear,** atomic bomb, nuclear bomb. **9** ~ **de alimentación,** feed pump. **10** ~ **de cobalto,** cobalt bomb. **11** ~ **de mano,** hand grenade, grenade. **12** ~ **neumática,** pneumatic pump. **13** ~ **de aire,** air pump. **14** ~ **aspirante,** suction pump. **15** ~ **de bicicleta,** bicycle pump. **16** ~ **de humo,** smoke bomb. **17** ~ **de incendios,** fire engine. **18** ~ **fétida,** stink bomb. **19** ~ **de profundidad,** depth charge. **20** ~ **de relojería,** time bomb. **21 caer como una** ~, (fig.) to be a bombshell. **22 pasarlo** ~, to have a great time, to have a whale of a time.
bombacho, -cha *adj.* **1** baggy. • *s. m. pl.* **2** baggy trousers.
bombarda *s. f.* **1** MIL. bombard. **2** MÚS. bombardon.
bombardear *v. t.* **1** to bomb (ciudad). **2** to bombard (con artillería), to shell.
bombardero *s. m.* **1** gunboat. **2** bomber (avión). • *adj.* **3** bombing, bomber.
bombardino *s. m.* MÚS. saxhorn.
bombardón *s. m.* MÚS. bombardon.
bombear *v. t.* **1** MIL. to shell, to bomb. **2** to lob (a ball). **3** to pump (liquids). **4** (fig.) to blow one's own trumpet.
bombeo *s. m.* **1** bulge. **2** camber (carretera). **3** convexity.

bombero, -ra *s. m.* y *f.* **1** fireman. ◆ **2 cuerpo de bomberos,** fire brigade.
bombilla *s. f.* **1** ELEC. bulb. **2** MAR. lantern. **3** pipe (para beber mate). **4** ~ **de flash,** flash bulb.
bombillo *s. m.* **1** MAR. small pump. **2** TEC. Ubend. **3** pipette.
bombín *s. m.* bowler-hat.
bombo *s. m.* **1** MÚS. large drum. **2** drummer. **3** MAR. barge. **4** lottery drum. **5** exaggerated praise, flattery. ◆ **6 dar** ~, to hype. **7 darse** ~, to blow one's own trumpet. **8 sin bombos ni platillos,** without a fuss. **9 tener la cabeza como un** ~, to have a splitting headache.
bombón *s. m.* **1** sweet, chocolate. **2** (fam.) beauty, cracker (persona guapísima).
bombona *s. f.* **1** gas bottle, cylinder. **2** carboy.
bombonera *s. f.* **1** sweet tin, sweet box. **2** cosy place.
bombonería *s. f.* sweetshop.
bonachón, -na *adj./s. m.* y *f.* honest, easy-going.
bonancible *adj.* calm, settled.
bonanza *s. f.* MAR. **1** calm, fair weather. **2** COM. bonanza, boom. **3** MIN. rich vein of ore. ◆ **4 ir en** ~, MAR. to sail with the wind.
bondad *s. f.* **1** goodness, kindliness, kindness. ◆ **2 tenga la** ~ **de,** be so kind as to, be kind enough to.
bondadoso, -sa *adj.* good, kind, kindly.
bonete *s. m.* **1** REL. biretta, hat. **2** lay priest. **3** sweet jar. **4** MIL. bonnet. **5** ZOOL. reticulum. ◆ **6 bravo** ~, fool, idiot. **7 gran** ~, (fam.) big cheese. **8 a tente** ~, determinedly, doggedly. **9 tirarse los bonetes,** to bicker, to quarrel.
bonetería *s. f.* hat factory.
bonetero, -ra *s. m.* y *f.* **1** hatter. ● *s. m.* **2** BOT. spindle tree.
bongó *s. m.* bongo.
boniato o **buniato** *s. m.* sweet potato.
bonificación *s. f.* **1** rise, improvement. **2** bonus. **3** discount.
bonificar *v. t.* **1** AGR. to improve, to better. **2** COM. to discount.
bonitamente *adv.* **1** nicely. **2** cunningly.
bonitera *s. f.* **1** tuna fishing. **2** tuna-fishing season.
bonito, -ta *adj.* **1** pretty, nice. ● *s. m.* **2** MAR. tuna.
bono *s. m.* **1** voucher. **2** FIN. bond.
bonsai *s. m.* bonsai.
bonzo *s. m.* bonze.
boñiga *s. f.* dung.
boñigo *s. m.* cow-pat.
boom *s. m.* ECON. boom: *el boom de la construcción = the building boom.*
boomerang *s. m.* boomerang.
boqueada *s. f.* **1** last gasp, last breath. ◆ **2 dar las últimas boqueadas,** to be at death's door, to breath one's last.
boquear *v. t.* **1** to utter, to pronounce. ● *v. i.* **2** to gasp, to gape. **3** (fig.) to be on one's last legs, to be at death's door.
boquera *s. f.* **1** AGR. sluice. **2** hayloft window. **3** MED. cold sore.
boquerón *s. m.* **1** ZOOL. anchovy. **2** wide opening, hole.
boquete *s. m.* **1** narrow entrance, opening. **2** breach.
boquiabierto, -ta *adj.* **1** open-mouthed. **2** amazed, agog.
boquilla *s. f.* **1** MÚS. mouthpiece. **2** cigarette holder. **3** mouthpiece (de pipa). **4** filter tip (de cigarrillo). **5** AGR. sluice. **6** mortice. **7** bracket, clasp. **8** burner (lámparas, etc.). **9** nozzle (de manguera). ◆ **10 de** ~, as a joke, in jest.
boquillero, -ra *adj./s. m.* y *f.* rogue, charlatan.
boquín *s. m.* rough cloth.
bora *s. m.* bora.
borato *s. m.* borate.
bórax *s. m.* borax.
borbollar o **borbollear** *v. i.* to bubble.
borbollón *s. m.* **1** bubbling. ◆ **2 a borbollones,** gushingly.
borbollonear *v. i.* to bubble.
borbónico, -ca *adj.* Bourbon.
borbor *s. m.* bubbling.
borborigmo *s. m.* rumbling.
borboritar *v. i.* to bubble.
borbotar o **borbotear** *v. i.* to bubble.
borboteo *s. m.* bubbling.
borbotón *s. m.* **1** bubbling. ◆ **2 a borbotones,** gushingly.
borceguí *s. m.* **1** half-boot. **2** laced boot.
borda *s. f.* **1** gunwale. **2** MAR. mainsail. **3** shack, cabin. ◆ **4 echar** o **tirar algo por la** ~, to throw something overboard. **5 motor de fuera** ~, outboard motor.
bordada *s. f.* **1** MAR. tack. ◆ **2 dar bordadas,** to tack.
bordado, -da *adj.* **1** embroidered. **2** finished. ● *s. m.* **3** embroidery, needlework.
bordador, -ra *s. m.* **1** embroiderer. ● *s. f.* **2** embroideress.
bordadura *s. f.* needlework, embroidery.
bordar *v. t.* **1** to embroider. **2** to do something perfectly.
borde *s. m.* **1** edge (de una cama, mesa). **2** side (de carreteras). **3** rim, lip (de tazas, vasijas, etc.). **4** MAR. board. **5** hem (de vestidos). ◆ **6 al** ~ **de,** on the brink, verge of. **7** ~ **del mar,** seaside. **8** bastard.
bordear *v. t.* **1** to border. **2** to skirt. ● *v. i.* **3** MAR. to tack.
bordillo *s. m.* kerb.
bordo *s. m.* **1** MAR. side, board. **2** MAR. tack. ◆ **3 a** ~, on board. **4 dar bordos,** MAR. to tack. **5 de alto** ~, ocean-going. **6 ir a** ~, to go on board. **7 persona de alto** ~, distinguished person.
bordón *s. m.* **1** pilgrim's staff. **2** guide. **3** LIT. refrain. **4** MÚS. bass string. **5** omission (en imprenta). **6** youngest child. **7** (fam.) pet phrase.
bordoncillo *s. m.* pet phrase.
bordonear *v. t.* **1** MÚS. to strum. ● *v. i.* **2** to wander, to roam.
bordonería *s. f.* strumming.
bordura *s. f.* bordure.
boreal *adj.* **1** northern. ◆ **2 aurora** ~, aurora borealis.
bóreas *s. m.* boreas, north wind.
borgoña *s. m.* **1** GEOG. Burgundy. **2** burgundy (vino).
bórico *adj.* boric, boracic.
borla *s. f.* **1** tassel, pompom. ◆ **2 tomar uno la** ~, to graduate as a doctor.
borne *s. m.* ELEC. terminal.
bornear *v. t.* **1** to turn, to twist. **2** to place, to align. ● *v. i.* **3** to swing anchor. ● *v. pron.* **4** to warp (madera).
boro *s. m.* QUÍM. boron.
borona *s. f.* **1** millet. **2** corn, maize. **3** cornbread.
borra *s. f.* **1** lamb. **2** coarse wool. **3** flock. **4** fluff. **5** sediment. **6** padding (relleno).
borrachear *v. i.* to get drunk.
borrachera *s. f.* **1** drunkenness. **2** spree, binge. ◆ **3 agarrar una** ~, to get drunk. **4 ir de** ~, to go on a binge/spree.
borrachín, -na *s. m.* y *f.* drunkard, wino (fam.).
borracho, -cha *adj.* **1** drunk: *borracho como una cuba = as drunk as a lord; borracho perdido = blind drunk.* ● *s. m.* y *f.* **2** drunk, drunkard. ◆ **3 bizcocho** ~, GAST. rum baba.
borrador *s. m.* **1** first draft, rough draft. **2** sketch pad. **3** COM. daybook. **4** board rubber, board duster.
borradura *s. f.* crossing-out.
borraja *s. f.* **1** BOT. borage. ◆ **2 quedar algo en agua de borrajas,** to come to nothing.
borrajear o **borronear** *v. t.* **1** to doodle. **2** to scribble.
borrar *v. t.* **1** to rub out, to erase, to wipe out. **2** to cross out, to delete, to erase. ● *v. t.* y *pron.* **3** to fade, to vanish, to disappear: *el recuerdo se ha borrado de mi mente = the memory has disappeared from my mind.*
borrasca *s. f.* **1** storm, squall. **2** orgy. **3** danger, hazard.
borrascoso, -sa *adj.* **1** stormy, squally. **2** (fig.) stormy.
borrasquero, -ra *adj.* wild, rowdy.
borregada *s. f.* flock of lambs.
borrego, -ga *s. m.* y *f.* **1** lamb (de uno o dos años). **2** dope, fool. ● *adj.* **3** foolish.
borreguero, -ra *s. c.* shepherd (de ovejas).
borreguil *adj.* **1** (fig.) sheplike. ◆ **2 vivir/estar en una situación** ~, to vegetate, to stagnate. **3 tener un espíritu** ~, to follow the crowd.
borrica *s. f.* **1** she-donkey, donkey. **2** silly woman (fam.).
borricada *s. f.* **1** drove of asses. **2** silly thing, nonsense.
borrico *s. m.* **1** donkey, ass. **2** (fam.) fool, ass, dunce. **3** trestle table, sawhorse.
borriqueta *s. f.* trestle (para mesa); sawhorse (en carpintería).
borrón *s. m.* **1** smudge, blot. **2** (fig.) blemish, stain. **3** TEC. first draft, rough draft. **4** sketch pad. ◆ **5** ~ **y cuenta nueva,** let's start again, let's forget about it.
borronear *v. t.* **1** to scribble. **2** to doodle.

borroso, -sa *adj.* **1** blurred, fuzzy, hazy: *lo veo todo borroso = it all looks blurred to me.* **2** muddy.
boscaje *s. m.* **1** wood, grove. **2** ART. woodland scene.
boscoso, -sa *adj.* wooded: *zona boscosa = wooded area.*
bosnio, -nia *adj./s. m.* y *f.* Bosnian.
bosque *s. m.* **1** wood, forest. **2** (fig.) beard. ◆ **3** ~ **maderable,** timber-yielding forest.
bosquejar *v. t.* **1** to sketch, to make an outline. **2** to make a rough model. **3** to outline (un plan, proyecto, etc.).
bosquejo *s. m.* **1** sketch, outline. **2** rough model. **3** outline.
bosquete *s. m.* grove, copse.
bostezar *v. i.* to yawn.
bostezo *s. m.* yawn.
bota *s. f.* **1** boot. **2** wineskin. **3** barrel. **4** liquid measure (516 litres). ◆ **5 botas de montar,** riding boots. **6 morir con las botas puestas,** to die with one's boots on. **7 ponerse uno las botas,** to stuff oneself (fam.) (de comida); to strike it rich (hacer fortuna).
botador *s. m.* **1** MAR. pole. **2** nail-puller. **3** shooting stick. **4** spendthrift.
botadura *s. f.* MAR. launching.
botafuego *s. m.* **1** MIL. linstock. **2** quick-tempered person.
botafumeiro *s. m.* censer, incense burner.
botalón *s. c.* MAR. boom.
botana *s. c.* **1** patch. **2** stopper. **3** plaster. **4** scar.
botánico, -ca *adj.* **1** botanic, botanical. ● *s. m.* y *f.* **2** botanist. ● *s. f.* **3** Botany.
botanista *s. m.* y *f.* botanist.
botar *v. t.* **1** to throw, to fling. **2** MAR. to launch. **3** MAR. to turn the helm. ● *v. i.* **4** to bounce (pelota). **5** to buck. **6** to rebound.
botarate *s. m.* y *f.* **1** fool, dolt, idiot. **2** spendthrift.
bote *s. m.* **1** tin, can. **2** pot, jar. **3** bounce (de pelota). **4** MAR. boat. **5** box (para propinas). ◆ **6** ~ **de remos,** rowing boat. **7** ~ **salvavidas,** lifeboat. **8 darse el** ~, to scram, to beat it. ◆ **9 dar un** ~, to jump. **10 estar de** ~ **en** ~, to be packed out. **11 estar en el** ~, to be in the bag. **12 pegar un** ~, to start, to jump. **13 tener a uno en el** ~, to have someone in one's pocket.
botella *s. f.* **1** bottle. **2** sinecure, soft job. ◆ **3** ~ **de Leyden,** Leyden jar. **4 en** ~, bottled. **5** ~ **termos,** thermos flask.
botellero *s. m.* **1** bottle rack. **2** bottle maker (fabricante). **3** bottle seller (vendedor).
botellín *s. m.* small bottle.
botero *s. m.* **1** wineskin maker. **2** shoemaker. **3** MAR. skipper, captain.
botica *s. f.* **1** chemist's, pharmacy. **2** medicines. ◆ **3 hay de todo como en** ~, there is everything under the sun.
boticario, -ria *s. m.* y *f.* chemist, pharmacist.
botijero, -ra *s. m.* y *f.* **1** jug maker (fabricante). **2** jug seller (vendedor).
botijo *s. m.* earthenware jug, pitcher.
botillería *s. f.* refreshment stall, drinks stand.
botillo *s. m.* small wineskin.
botín *s. m.* **1** ankle boot (bota corta). **2** bootee (de bebé). **3** MIL. plunder, booty, loot.
botinería *s. f.* shoe shop, cobbler's.
botinero, -ra *s. m.* y *f.* shoemaker, shoe seller.
botiquín *s. m.* **1** medicine cabinet o chest. **2** first-aid kit.
boto *s. m.* **1** riding boot. **2** wineskin. ● *adj.* **3** dim, dense.
botón *s. m.* **1** button. **2** BOT. bud. **3** doorknob, door handle. **4** RAD. knob. **5** tip (en esgrima). **6** MÚS. key. ◆ **7** ~ **de fuego,** ignipuncture. **8** ~ **de oro,** BOT. buttercup. **9** ~ **de muestra,** sample.
botonadura *s. f.* buttons, set of buttons.
botonería *s. f.* button shop.
botonero, -ra *s. m.* y *f.* **1** button seller (vendedor). **2** button maker (fabricante).
botones *s. m. pl.* **1** bellboy. **2** messenger, errandboy.
botulismo *s. m.* botulism, food poisoning.
bouquet *s. f.* ⇒ **buqué.**
boutique *s. f.* boutique.
bóveda *s. f.* **1** ARQ. vault. **2** crypt. ◆ **3** ~ **celeste,** vault of heaven, celestial vault. **4** ~ **claustral,** cloister vault. **5** ~ **craneal,** cranial cavity. **6** ~ **de cañón,** barrel vault. **7** ~ **palatina,** roof of the mouth, palate. **8** ~ **por arista,** groin vault.
bovedilla *s. f.* **1** small vault. **2** curved part of the stern. **3** MAR. space between the beams of roofs.
bóvido *adj.* **1** bovine. ● *s. m. pl.* **2** ZOOL. bovines.
bovino, -na *adj.* **1** bovine. ● *s. m. pl.* **2** bovines.
boxeador *s. m.* boxer.
boxear *v. i.* to box.
boxeo *s. m.* DEP. boxing.
boya *s. f.* **1** MAR. buoy. **2** float (de una red).
boyante *adj.* **1** MAR. buoyant. **2** prosperous. **3** cheerful.
boyar *v. i.* to float.
boyero, -ra *s. m.* y *f.* **1** oxherd. ● *s. f.* **2** ox pen.
bozal *s. m.* **1** learner, novice. **2** muzzle. **3** fool, idiot.
bozo *s. m.* **1** down. **2** ANAT. mouth. **3** halter (de caballos).
bracamarte *s. m.* sword.
braceada *s. f.* frenetic movement of the arms.
braceador, -ra *adj.* high-stepping.
braceaje *s. m.* **1** minting (monedas). **2** MAR. depth.
bracear *v. i.* **1** to wave one's arms about. **2** to swim, to do breaststroke. **3** to struggle, to fight. **4** to step high (de caballos).
bracero, -ra *s. m.* y *f.* **1** labourer, worker. **2** helper.
bráctea *s. f.* BOT. bract.
braga *s. f.* **1** rope, guy. **2** nappy. ● *pl.* **3** knickers, panties (mujeres). ◆ **4 estar hecho una** ~, to be knackered (fam.).
bragado, -da *adj.* **1** tough, hard. **2** evil, wicked (desp.).
bragazas *s. m.* henpecked husband.
braguero *s. m.* MED. truss.
bragueta *s. f.* fly.
braguetazo *s. m.* **1** marriage of convenience, (fam.). ◆ **2 dar un braguetazo,** to marry into money.
brahmán, bracmán o **brahmín** *s. m.* Brahman, Brahmin.
brahmanismo *s. m.* REL. Brahmanism, Brahminism.
bramante *s. m.* string, twine.
bramar *v. i.* **1** to bellow, to roar (toros). **2** to low (vacas). **3** to trumpet (elefantes). **4** to bawl, to bellow (fig.). **5** to howl, to roar (el mar, viento, etc.).
bramido *s. m.* **1** bellowing, roaring (toros). **2** lowing (vacas). **3** trumpeting (elefantes). **4** bawling, bellowing (fig.). **5** howling, roaring (el mar, viento, etc.): *me encanta escuchar el bramido del viento = I love listening to the howling of the wind.*
brandy *s. m.* brandy, cognac.
branquia *s. f.* gill.
braña *s. f.* meadow, pasture.
brasa *s. f.* **1** ember, hot coal. ◆ **2 a la** ~, charcoal-grilled.
brasero *s. m.* **1** brazier. **2** stake (hoguera).
brasier *s. m.* (Am.) bra.
brasil *s. m.* **1** BOT. brazil wood. ◆ **2 palo** ~, brazil.
Brasil *s. m.* Brazil.
brasileño, -ña o **brasilero, -ra** *adj./s. m.* y *f.* Brazilian.
bravata *s. f.* **1** boasting, bragging. ◆ **2 echar bravatas,** to boast, to brag.
bravear *v. i.* to boast, to brag, to show off.
braveza *s. f.* **1** bravery. **2** ferocity. **3** fury (de los elementos).
bravío, -a *adj.* **1** wild, fierce. **2** BOT. wild. **3** coarse, rough. ● *s. m.* **4** ferocity, savageness.
bravo, -va *adj.* **1** brave, fearless. **2** fierce, ferocious (animal). **3** excellent, marvellous. **4** boastful, swaggering. **5** rough (mar). **6** angry (enojado). **7** brave (toro). **8** rugged (paisaje). ● *interj.* **9 ¡bravo!,** well done!, fantastic!
bravonel *adj.* **1** boastful. ● *s. m.* **2** show-off, braggart.
bravucón, -na *adj.* **1** boastful, big-headed. ● *s. m.* y *f.* **2** boaster, show-off, big-head.
bravuconada o **bravuconería** *s. f.* **1** boasting, showing off. **2** boast, brag.
bravura *s. f.* **1** wildness, fierceness (de los animales). **2** bravery, courage. **3** boasting, bragging (bravata).
braza *s. f.* **1** MAR. fathom. **2** MAR. brace. **3** breaststroke. ◆ **4** ~ **de espalda,** backstroke. **5** ~ **de mariposa,** butterfly stroke. **6 nadar a la** ~, to do breaststroke.
brazada *s. f.* **1** movement of the arms. **2** stroke (de un nadador o de un remo). **3** fathom (medida).

brazal *s. m.* **1** brassard (armadura). **2** armband. **3** irrigation channel.
brazalete *s. m.* **1** armband. **2** bracelet. **3** brassard (armadura).
brazo *s. m.* **1** ANAT. arm. **2** ZOOL. foreleg. **3** arm (de las sillas). **4** arm (de las balanzas, tocadiscos, palancas, anclas, etc.). **5** BOT. branch, limb. • *pl.* **6** protectors. **7** workers (mano de obra). ◆ **8 ~ de cruz,** limb of the cross. **9 ~ de gitano,** swiss roll. **10 ~ de mar,** inlet. **11 ~ de río,** branch of a river. **12 ~ real, secular** o **seglar,** secular arm. **13 a ~ partido,** hand to hand (sin armas), for all one is worth (con gran empeño). **14 con los brazos abiertos,** with open arms. **15 cruzarse de brazos,** to fold one's arms. **16 dar uno su ~ a torcer,** to give in. **17 hecho un ~ de mar,** dressed to kill, dressed up to the nines. **18 ser el ~ derecho de uno,** to be someone's right-hand man.
brazuelo *s. m.* ZOOL. shoulder.
brea *s. f.* **1** pitch, tar. ◆ **2 ~ mineral,** mineral pitch. **3 ~ líquida,** tar.
brear *v. t.* **1** to insult, to abuse. **2** to beat up, to thrash. **3** to ill-treat (maltratar).
brebaje o **brebajo** *s. m.* concoction, brew.
breca *s. f.* **1** bleak (albur). **2** sea bream (pagel).
brecha *s. f.* **1** MIL. breach, gap. **2** opening, gap (en una pared o muro). **3** MED. wound. ◆ **4 abrir ~,** to break through. **5 batir en ~,** to batter. **6 estar uno siempre en la ~,** to be always in the thick of it. **7 montar la ~,** to weather the storm.
brécol, bróculi *s. m.* o **bracolera** *s. f.* BOT. broccoli.
brega *s. f.* **1** fight, struggle. **2** row, quarrel (riña). **3** trick, practical joke (burla).
bregar *v. i.* **1** to fight, to struggle. **2** to overwork, to slog away. **3** to row, to quarrel. • *v. t.* **4** to knead (amasar).
breña *s. f.* scrub, brush.
breñal o **breñar** *s. m.* scrub, brush.
bresca *s. f.* honeycomb.
brescar *v. t.* to uncap (las colmenas).
brete *s. m.* **1** shackles, fetters. **2** (fig.) tight spot, corner. ◆ **3 estar en un ~,** to be in a corner/a tight spot.
bretel *s. m.* (Am.) strap.
bretón, -na *adj./s. m.* y *f.* **1** Breton. • *s. m.* **2** BOT. tree cabbage.
breva *s. f.* **1** BOT. early fig. **2** BOT. early acorn (bellota). **3** flattened cigar (puro). **4** (fam.) stroke of luck. ◆ **5 es una ~,** (fam.) it's a piece of cake. **6 ¡no caerá esa ~!,** no such luck!
breval *adj.* fig-bearing.
breve *adj.* **1** short, brief. **2** GRAM. short. • *s. m.* **3** REL. papal brief. **4** MÚS. breve. ◆ **5 en ~,** shortly, before long.
brevedad *s. f.* **1** brevity, shortness. ◆ **2 con ~,** briefly, concisely. **3 con la mayor ~,** as soon as possible. **4 para mayor ~,** to be brief.
breviario *s. m.* **1** REL. breviary. **2** compendium.
brezal *s. m.* moor, heath.
brezo *s. m.* BOT. heather.
briba o **bribia** *s. f.* **1** idle life, tramp's life. ◆ **2 andar** o **echarse uno a la ~,** to idle around, to loaf about.
bribón, -na *adj.* **1** roguish, rascally. **2** idle, lazy. • *s. m.* y *f.* **3** rogue, rascal. **4** tramp, beggar (mendigo).
bribonada *s. f.* **1** dirty trick. **2** roguishness (cualidad de bribón).
bribonear *v. i.* **1** to loaf about, to idle around. **2** to be a rogue, rascal. **3** to play a dirty trick.
bribonería *s. f.* **1** roguishness. **2** idle life, tramp's life.
bribonesco, -ca *adj.* roguish, rascally.
bricolaje *s. m.* do-it-yourself, DIY.
brida *s. f.* **1** bridle, rein. **2** MED. bride. **3** TEC. clamp. **4** flange (de un tubo). ◆ **5 a toda ~,** at full speed, flat out.
bridge *s. m.* bridge (naipes).
bridón *s. m.* **1** small bridle, snaffle. **2** MIL. bridoon. **3** steed (caballo).
brigada *s. f.* **1** MIL. brigade. **2** gang, squad (de trabajadores). **3** squad (de policías). ◆ **4 ~ móvil,** flying squad. **5 general de ~,** brigadier.
brigadier *s. m.* brigadier.
brillante *adj.* **1** brilliant, bright, shining. **2** (fig.) brilliant. **3** shining (superficie). **4** sparkling, brilliant (conversación). **5** bright (colores). **6** brilliant (compañía). **7** sparkling (joyas). **8** brilliant (estudiante). • *s. m.* **9** diamond.
brillantemente *adv.* brilliantly, brightly.
brillantez *s. f.* brilliance, brightness.
brillantina *s. f.* brilliantine.
brillar *v. i.* **1** to shine (en general). **2** to sparkle (los ojos). **3** to glow, to light up (de felicidad). **4** to sparkle, to shine (joyas, luna, estrellas, etc.). **5** to shine (en conversación). **6** to blaze (llamas). **7** (fig.) to stand out, to shine out (en los estudios).
brillo *s. m.* **1** brilliance, brightness, shine, sparkle. **2** lustre, shine (de superficies). **3** (fig.) brilliance. ◆ **4 sacar ~ a,** to polish, to shine.
brilloso, -sa *adj.* (Am.) shining.
brincar *v. i.* **1** to jump. **2** to jump up and down (niños). **3** to gambol (ovejas, etc.). **4** to omit, to miss out. **5** (fig.) to get angry. ◆ **6 está que brinca,** (fam.) he's hopping mad.
brinco *s. m.* **1** jump, leap, hop. ◆ **2 a brincos,** by fits and starts. **3 de un ~,** with one leap. **4 en un ~,** in no time at all.
brincotear *v. i.* to jump up and down, to leap about.
brindar *v. i.* **1** to toast, to drink a toast. • *v. t.* **2** to offer, to present. ◆ **3 ~ el toro a alguien,** to dedicate the bull to someone. • *v. pron.* **4** to offer oneself.
brindis *s. m.* **1** toast. **2** dedication ceremony (en los toros). ◆ **3 echar un ~,** to toast, to drink a toast.
brío *s. m.* **1** spirit, dash, brio. **2** energy, verve. **3** daring. **4** elegance. **5** determination, resolution. ◆ **6 hombre de bríos,** a man of spirit. **7 cortar los bríos a uno,** to clip someone's wings.
brioso, -sa *adj.* **1** spirited, dashing. **2** energetic. **3** daring. **4** elegant. **5** determined, resolute.
briozoo *s. m.* BOT. bryozoan, bryozoon.
briqueta *s. f.* briquette.
brisa *s. f.* breeze.
briscado, -da *adj.* **1** brocaded. • *s. m.* **2** brocade-work.
briscar *v. t.* to brocade.
británico, -ca *adj./s. m.* y *f.* British.
britano, -na *adj.* **1** British. • *s. m.* y *f.* **2** HIST. Briton.
brizna *s. f.* **1** strand, filament. **2** blade (de hierba). **3** string (de judía). **4** piece, bit (trozo).
briznoso, -sa *adj.* drizzly.
broca *s. f.* **1** MEC. bit, drill. **2** tack (de zapatos). **3** reel, bobbin (de bordadora).
brocado *s. m.* **1** brocade. • *adj.* **2** brocaded.
brocal *s. m.* **1** curb (de un pozo). **2** rim (de cerco). **3** edge, border (de un escudo).
brocatel *s. m.* **1** brocatelle (tela). **2** brocatello (mármol).
brocearse *v. pron.* to dry up, to run out (una mina).
brocha *s. f.* **1** paintbrush. **2** shaving brush (de afeitar). ◆ **3 de ~ gorda,** painter and decorator (de casa); dauber (mal pintor).
brochada *adj.* **1** brocaded. • *s. f.* **2** brushstroke.
brochazo *s. m.* brushstroke.
broche *s. m.* **1** brooch. **2** clip, fastener.
broma *s. f.* **1** joke: prank: *le hemos gastado una broma = we played a trick on him.* **2** ZOOL. shipworm (molusco). **3** fun, merriment: *lo dije en broma = I said it in fun, I was only joking.*
bromar o **abromar** *v. t.* to gnaw.
bromatología *s. f.* food science, bromatology.
bromazo *s. m.* stupid joke, unpleasant trick.
bromear *v. i.* to joke.
bromista *s. m.* y *f.* **1** joker. **2** practical joker. • *adj.* **3** fond of joking.
bromo *s. m.* QUÍM. bromine.
bromuro *s. m.* **1** bromide. ◆ **2 ~ de plata,** bromide paper.
bronca *s. f.* **1** quarrel, row. **2** telling-off, ticking-off. **3** boos, jeers (protestas). ◆ **4 armar una ~,** to create a row, to make a big fuss: *se armó una bronca = there was a tremendous row.* **5 buscar ~,** to look for trouble. **6 dar una ~,** to hiss, to boo. **7 echar una ~,** to give a telling-off, a ticking-off.
bronce *s. m.* **1** MET. bronze. **2** bronze (estatua). **3** copper coin. ◆ **4 ser un ~** o **de ~,** to work like a horse.
bronceado *adj.* **1** bronze, bronze-coloured. **2** sunburnt, tanned (tostado). • *s. m.* **3** suntan, tan. **4** TEC. bronzing, bronze finish.
bronceador, -ra *adj.* **1** tanning. • *s. m.* **2** suntan lotion.
broncear *v. t.* **1** TEC. to bronze. **2** to suntan, to tan (sol).

bronco, -ca *adj.* **1** coarse, rough. **2** brittle (metales). **3** harsh, gruff (sonido, voz). **4** gruff, surly (carácter).
bronconeumonía *s. f.* MED. bronchopneumonia.
bronquedad *s. f.* **1** coarseness, roughness. **2** MET. brittleness. **3** harshness, gruffness (sonido, voz). **4** gruffness, surliness (carácter).
bronquial *adj.* ANAT. bronchial.
bronquio *s. m.* ANAT. bronchus, bronchial tube.
bronquítico, -ca *adj.* bronchitic.
bronquitis *s. f.* MED. bronchitis.
broquel *s. m.* **1** shield. **2** (fig.) shield.
broquelarse *v. pron.* **1** to shield oneself. **2** (fig.) to protect/defend/shield oneself.
brotar *v. i.* **1** BOT. to germinate, to sprout. **2** to sprout, to bud (raíces). **3** (fig.) to sprout. **4** to flow, to gush (agua). **5** to rise (ríos). **6** MED. to appear, to break out. **7** to flow (lágrimas). **8** to produce, to throw out (renuevos). **9** to break out (tumultos). • *v. t.* **10** to produce.
brote *s. m.* **1** BOT. bud, shoot. **2** budding (brotadura). **3** rise (de fiebre). **4** MED. appearance, outbreak. **5** outbreak (de huelgas, etc.). **6** welling-up (de lágrimas). **7** (fig.) outbreak.
broza *s. f.* **1** dead leaves. **2** rubbish (desperdicio). **3** thicket, undergrowth (maleza). **4** (fig.) nonsense, rubbish. **5** printer's brush (imprenta).
bruces *s. m. pl.* **1** lips. ◆ **2 caer de ~,** to fall flat on one's face, to fall headlong. **3 de ~,** face down.
bruja *s. f.* **1** witch. **2** ZOOL. barn owl. **3** (fig.) old hag, witch.
brujear *v. i.* to practise witchcraft.
brujería *s. f.* **1** witchcraft, sorcery. **2** magic, black magic.
brujo *s. m.* **1** wizard, sorcerer. **2** witch doctor (en las tribus).
brújula *s. f.* **1** compass. ◆ **2 perder la ~,** to lose one's bearings.
brujulear *v. t.* **1** to turn over (cartas). **2** to guess (fam.). **3** to investigate. **4** to scheme, to plot (tramar).
brujuleo *s. m.* **1** (fam.) guessing.
brulote *s. m.* **1** MAR. fire-ship. **2** swear word (palabrota).
bruma *s. f.* **1** mist. **2** sea mist (en el mar).
brumal *adj.* wintry, wintery.
brumo *s. m.* white wax.
brumoso, -sa *adj.* misty.
bruno, -na *adj.* **1** dark brown. • *s. m.* **2** BOT. black plum.
bruñido, -da *adj.* **1** polished. • *s. m.* **2** polishing.
bruñidor, -ra *s. m.* y *f.* polisher.
bruñir *v. t.* **1** to polish, to shine. **2** to make up. **3** (Am.) to annoy, to pester.
bruscamente *adv.* suddenly, abruptly, brusquely.
brusco, -ca *adj.* **1** abrupt, sudden. **2** sharp (cambio de temperatura, curva). **3** sharp, brusque (de carácter).
brusquedad *s. f.* **1** abruptness, brusqueness (persona). **2** brusqueness, suddenness (de cosas).
brutal *adj.* **1** brutal, brutish. **2** (fam.) fantastic, terrific. **3** (fam.) enormous, huge.
brutalidad *s. f.* **1** brutality, savagery. **2** stupidity.
brutalmente *adv.* brutally.
bruteza *s. f.* **1** brutality. **2** stupidity.
bruto, -ta *adj.* **1** stupid, thick. **2** ignorant. **3** brutal, brutish. **4** rough, coarse (tosco). **5** uncut (diamante, piedra). **6** crude (petróleo, hierro). • *s. m.* y *f.* **7** beast (animal). **8** (*fig.*) brute, beast. ◆ **9 peso ~,** gross weight. **10 producto ~,** ECON. gross product. **11 producto nacional ~,** ECON. gross national product.
bruza *s. f.* **1** horse brush (para caballos). **2** printer's brush (en imprenta).
bruzar *v. t.* to brush.
bubónico, -ca *adj.* **1** MED. bubonic. ◆ **2 peste bubónica,** bubonic plague.
bucal *adj.* **1** ANAT. buccal, oral. ◆ **2 higiene ~,** oral hygiene.
bucanero *s. m.* buccaneer.
búcaro *s. m.* **1** odoriferous clay (arcilla). **2** vase, jar.
buccino *s. m.* ZOOL. whelk.
bucear *v. i.* **1** to swim under water (nadar). **2** to dive (sumergirse). **3** (fig.) to explore, to delve into.
bucéfalo *s. m.* (fig. y fam.) dolt, idiot.
buchada *s. f.* mouthful.
buche *s. m.* **1** craw, crop (de aves). **2** maw (de animales). **3** (fam.) stomach, belly. **4** mouthful (de líquido). **5** pucker, bag (en la ropa). **6** newly-born donkey (borrico). ◆ **7 llenarse el ~,** to fill one's belly.
buchón, -na *adj.* **1** pot-bellied (barrigón). ◆ **2 paloma buchona**, pouter (pigeon).
bucle *s. m.* curl, ringlet.
bucólico, -ca *adj.* **1** bucolic, pastoral. • *s. f.* **2** bucolic, pastoral poem (poesía). **3** (fam.) food, grub.
budín *s. m.* pudding (dulce); pie (salado).
budión *s. m.* ZOOL. wrasse.
budismo *s. m.* REL. Buddhism.
budista *s. m.* y *f.* REL. Buddhist.
buen *adj.* apócope de **bueno.**
buenamente *adv.* **1** effortlessly, easily. **2** simply. **3** willingly.
buenaventura *s. f.* **1** good luck, fortune (suerte). **2** fortune. ◆ **3 decir** o **echar la ~ a alguien,** to tell someone's fortune.
buenazo, -za *adj.* **1** good-natured. • *s. m.* y *f.* **2** good-natured person.
bueno, -na *adj.* **1** good (persona o cosa). **2** kind, benevolent (de buen corazón). **3** healthy: *este niño no está bueno últimamente = this child hasn't been very healthy lately.* **4** of good quality, of a good make (especialmente hablando de un producto u objeto). **5** good (conveniente): *no es un buen momento para invertir en Bolsa = it's not a good time to invest on the Stock Exchange.* **6** good, fair (tiempo atmosférico). **7** funny (divertido): *eso sí que es bueno = that's very funny.* **8** considerable: *una buena cantidad de cerveza = a considerable amount of beer.* **9** innocent, naive (bonachón). • *interj.* **10** all right (basta): *bueno, no me des tantos besos = all right, that's enough kisses.* **11** well (duda, incertidumbre). ◆ **12 de buenas a primeras,** all of a sudden.
buey *s. m.* **1** ox, bullock. ◆ **2 ~ marino,** sea cow.
bufa *s. f.* **1** joke. **2** drunkenness. • *adj.* **3** drunk.
bufador *s. m.* GEOL. fissure, crack.
búfalo *s. m.* ZOOL. buffalo.
bufanda *s. f.* scarf.
bufar *v. i.* **1** to snort (toro). **2** to spit (gato). ◆ **3 ~ de rabia,** to snort with rage.
bufete *s. m.* **1** writing desk. **2** lawyer's office. **3** lawyer's practice. ◆ **4 abrir ~,** to set up a legal practice.
buffet *s. m.* **1** sideboard. **2** buffet (de comida).
bufido *s. m.* **1** snort (toro). **2** hiss (gato). **3** (fig.) snort.
bufo, -fa *adj.* **1** comic, ridiculous, farcical. • *s. m.* **2** clown, buffoon. **3** comic-opera singer. • *s. f.* **4** buffoonery. ◆ **5 opera bufa,** comic opera.
bufón *adj.* **1** comical, farcical. • *s. m.* **2** buffoon, clown. **3** HIST. jester.
bufonada *s. f.* buffoonery, clowning.
bufonearse *v. i.* **1** to play the clown. • *v. pron.* **2** to make fun of, to laugh at (burlarse de).
bufonesco, -ca *adj.* comical, funny, farcical.
buganvilla *s. f.* BOT. bougainvillea.
bugle *s. m.* MÚS. bugle.
buglosa *s. f.* BOT. bugloss.
buharda *s. f.* dormer window.
buhardilla, bohardilla o **boardilla** *s. f.* attic, garret.
buharro *s. m.* ZOOL. scops owl.
buhedera *s. f.* opening, hole.
buhedo *s. m.* pond, pool.
buhero *s. m.* owl-keeper.
búho *s. m.* **1** ZOOL. owl. **2** (fig.) recluse, hermit.
buhonería *s. f.* **1** pedlar's goods (objetos). **2** peddling.
buhonero *s. m.* pedlar, hawker.
buido, -da *adj.* **1** sharp (afilado). **2** grooved (acanalado).
buitre *s. m.* ZOOL. **1** vulture. ◆ **2 gran ~ de las Indias,** condor.
buitrero, -ra *s. m.* y *f.* vulture hunter.
buitrón *s. m.* fish trap.
buje *s. m.* axle casing.
bujería *s. f.* trinket, knick-knack.
bujía *s. f.* **1** MEC. spark plug. **2** candle (vela). **3** ELEC. candle power.
bula *s. f.* **1** papal bull (del papa). **2** bulla (medalla romana). **3** seal (sello). ◆ **4 no poder con la ~,** to be done in.
bulario *s. m.* papal bulls.
bulbo *s. m.* BOT. bulb.
bulboso, -sa *adj.* bulbous.
buldog *s. m.* bulldog.
bulerías *s. f. pl.* traditional Andalusian song/dance.
buleto *s. m.* papal brief.
bulevar *s. m.* boulevard.
Bulgaria *s. f.* Bulgaria.
búlgaro, -ra *adj./s. m.* y *f.* Bulgarian.

bulimia *s. f.* bulimia.
bulla *s. f.* **1** racket, din, uproar, noise. **2** crowd, mob. ◆ **3 meter** o **armar ~,** to make a racket, etc.
bullabesa *s. f.* bouillabaisse.
bullanga *s. f.* **1** racket, uproar. **2** disturbance, riot (tumulto).
bullanguero, -ra *adj.* **1** noisy, riotous. • *s. m.* y *f.* **2** noisy person. **3** rioter, troublemaker.
bulldozer *s. m.* bulldozer.
bullicio *s. m.* **1** din, racket, uproar (ruido). **2** bustle. **3** riot, confusion.
bullicioso, -sa *adj.* **1** noisy, rowdy. **2** busy, bustling. **3** riotous.
bullir *v. i.* **1** to boil. **2** to bubble (a borbotones). **3** to swarm (insectos). **4** (fig.) to boil. **5** to bustle about (agitarse). • *v. t.* **6** to move, to stir. • *v. pron.* **7** to move, to budge.
bulo *s. m.* unfounded story, false rumour.
bulto *s. m.* **1** size, volume (volumen). **2** shape, form (forma). **3** vague shape, form (forma confusa). **4** bundle, parcel (fardo). **5** bump (chichón). **6** MED. swelling, lump. **7** ART. statue, sculpture. ◆ **8 a ~,** roughly, broadly. **9 buscar a uno el ~,** to pester/ hassle someone. **10 escurrir uno el ~,** to avoid/dodge something. **11 poner de ~ una cosa,** to exaggerate. **12 ser de ~,** to be obvious.
bumerán *s. m.* boomerang.
bungalow *s. m.* bungalow.
buniato *s. m.* BOT. sweet potato.
búnker *s. m.* **1** bunker. **2** bunker (golf). **3** shelter (contra bombas). ◆ **4 estar en el ~,** to be bunkered.
buñolería *s. f.* doughnut shop.
buñolero, -ra *s. m.* y *f.* **1** doughnut seller (vendedor). **2** doughnut maker (fabricante).
buñuelo *s. m.* **1** doughnut. **2** mess, botched-up job.
buque *s. m.* **1** boat, ship. **2** hull (casco). **3** tonnage, capacity (capacidad). ◆ **4 ~ carguero,** cargo ship o freighter. **5 ~ costero,** coaster. **6 ~ de desembarco,** landing craft. **7 ~ de guerra,** warship. **8 ~ insignia,** flagship. **9 ~ de pasajeros,** passenger ship. **10 ~ de ruedas,** paddle steamer. **11 ~ de vapor,** steam ship. **12 ~ de vela,** sailing ship. **13 ~ escuela,** training ship. **14 ~ nodriza,** mother ship. **15 ir en ~,** to go by boat.
buqué *s. m.* bouquet.
burbuja *s. f.* **1** bubble. ◆ **2 hacer burbujas,** to bubble, to make bubbles.
burbujeante *adj.* bubbly, fizzy.
burbujear *v. i.* to bubble.
burbujeo *s. m.* bubbling.
burda *s. f.* **1** MAR. backstay. • *adj.* **2** rough, coarse.
burdégano *s. m.* ZOOL. hinny.
burdel *s. m.* brothel.
burdo, -da *adj.* **1** rough (tosco). **2** clumsy (torpe).
bureta *s. f.* burette.
burga *s. f.* hot spring.
burgado *s. m.* snail.
burgo *s. m.* hamlet.
burgomaestre *s. m.* burgomaster, mayor.
burgués, -sa *adj.* **1** middle-class, bourgeois. • *s. m.* y *f.* **2** middle-class person, bourgeois.
burguesía *s. f.* middle-class, bourgeoisie.
buriel *adj.* dark red.
buril *s. m.* burin.
burilada o **buriladura** *s. f.* burin stroke.
burilar *v. t.* to chisel, to engrave (con un buril).
burla *s. f.* **1** taunt, jibe. **2** joke (broma). **3** trick, hoax (engaño). ◆ **4 ~ burlando,** without realising. **5 de burlas,** in fun. **6 entre burlas y veras,** half jokingly. **7 gastar burlas,** to play tricks. **8 hacer ~ de,** to make fun of, to mock.
burladero *s. m.* refuge.
burlador, -ra *s. m.* y *f.* **1** mocker. **2** hoaxer, joker. ◆ **3** *m.* seducer, libertine, Don Juan. • *adj.* **4** mocking.
burlar *v. t.* **1** to fool, to deceive, to trick. **2** to deceive (a una mujer). **3** to outwit (chasquear). **4** to flout the laws (burlar las leyes). **5** to frustrate. • *v. pron.* **6** make fun of, to ridicule. **7** to joke.
burlería *s. f.* **1** fun, mockery. **2** trick, hoax. **3** tall story (historia difícil de creer).
burlesco, -ca *adj.* **1** burlesque. **2** (fig.) comic, funny.
burlete *s. m.* draught excluder.
burlón, -na *adj.* **1** mocking, joking. • *s. m.* y *f.* **2** joker, leg-puller.
buró *s. m.* bureau, writing desk.
burocracia *s. f.* **1** civil service. **2** (desp.) bureaucracy.
burócrata *s. m.* y *f.* **1** civil servant. **2** (desp.) bureaucrat.
burocrático, -ca *adj.* bureaucratic.
burrada *s. f.* **1** drove of donkeys. **2** (fam.) stupid thing, nonsense. **3** silly or stupid remark (necedad). ◆ **4 decir burradas,** to talk nonsense. **5 una ~,** an enormous amount, a lot: *cuesta una burrada = it costs an enormous amount.*
burrajo, -ja *adj.* foolish, stupid.
burrero *s. m.* donkey driver.
burro *s. m.* **1** donkey. **2** (fig.) idiot, ass. **3** hard worker. **4** TEC. sawhorse. **5** brute, lout (tosco). ◆ **6 ~ de carga,** drudge, dogsbody. **7 caerse del ~,** to back down, to admit one's mistake. **8 no ver tres en un ~,** to be as blind as a bat.
bursátil *adj.* stock-exchange, financial.
burujo *s. m.* **1** cattle cake (comida de los animales). **2** lump.
burujón *s. m.* lump, bump.
bus *s. m.* bus.
busca *s. f.* **1** hunt, search. **2** group of hunters. ◆ **3 en ~ de,** in search of.
buscador, -ra *s. m.* y *f.* **1** searcher. • *adj.* **2** searching, seeking. ◆ **3 ~ de oro,** gold prospector.
buscapersonas *s. m.* pager.
buscapié *s. m.* feeler, hint.
buscapiés *s. m.* jumping jack.
buscapleitos *s. m.* y *f.* troublemaker.
buscar *v. t.* **1** to look for, to search for. **2** to seek (ayuda, amistad, consejo). **3** to look up (consultar). **4** to look for, to ask for (buscar problemas, dificultades, etc.). • *v. i.* **5** to look, to hunt. • *v. pron.* **6 buscársela,** to ask for it, to look for trouble. ◆ **7 buscarse la vida,** to look after oneself, to earn one's living. **8 ~ una aguja en un pajar,** to look for a needle in a haystack. **9 ir a ~,** to pick up, to fetch. **10 buscarle tres pies al gato,** to quibble, to split hairs.
buscarruidos *s. m.* y *f.* troublemaker, rabble-rouser.
buscavidas *s. m.* y *f.* **1** busybody, nosy parker. **2** hustler (habilidoso para encontrar medios de subsistencia). **3** social climber (ambicioso).
busco *s. m.* threshold.
buscón, -na *s. m.* y *f.* **1** searcher. **2** thief (ladrón). **3** crook (estafador). • *s. f.* **4** prostitute (ramera). • *adj.* **5** thieving.
busilis *s. m.* **1** snag, hitch. **2** core (el punto central). ◆ **3 ahí está el ~,** there's the catch. **4 dar en el ~,** to put one's finger on the problem.
búsqueda *s. f.* hunt, search.
busto *s. m.* bust.
butaca *s. f.* **1** armchair, easy chair. **2** seat (teatro). • *pl.* **3** stalls (teatro).
butacón *s. m.* large armchair.
butano *s. m.* **1** QUÍM. butane. **2** butane gas (gas butano). ◆ **3 una bombona de ~,** a butane cylinder.
butanero, -ra *s. m.* y *f.* Butane cylinder delivery person.
buten (de) *loc. adj.* (vulg.) terrific.
butifarra *s. f.* Catalan sausage.
butiondo, -da *adj.* lewd, lustful.
butírico *adj.* QUÍM. butyric.
butiro *s. m.* butter.
buzamiento *s. m.* GEOL. dip.
buzar *v. i.* GEOL. to dip.
buzo *s. m.* **1** diver. ◆ **2 campana de ~,** diving bell.
buzón *s. c.* **1** letter box. **2** canal, sluice (canal). **3** stopper, plug (tapón). **4** drain, sewer (sumidero).
buzoneo *s. m.* door-to-door distribution of advertising material.

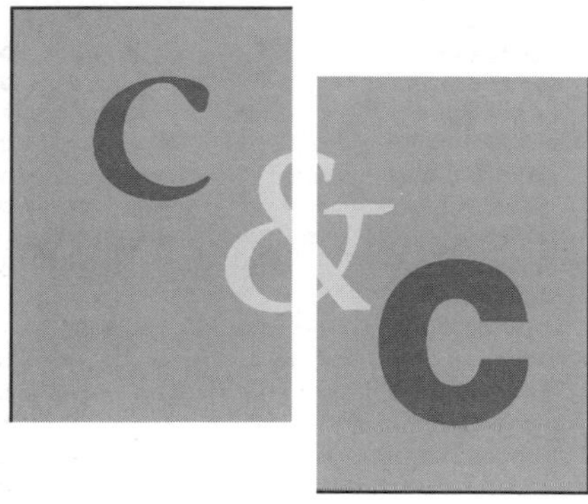

c, C *s. f.* **1** c, C, (tercera letra del alfabeto español). **2** 100 (numeración romana).
¡ca! *interj.* come off it!
cabal *adj.* **1** right, proper. **2** complete, perfect. ◆ **3 no estar en sus cabales,** to be mad, to be out of one's mind.
cábala *s. f.* **1** supposition, guess. **2** cabbala.
cabalmente *adv.* completely, perfectly.
cabalístico, -ca *adj.* cabbalistic.
cabalgadura *s. f.* **1** mount. **2** beast of burden. **3** troop of riders.
cabalgar *v. t.* e *i.* **1** to ride. **2** to mount.
cabalgata *s. f.* **1** group of riders. **2** mounted procession.
caballa *s. f.* mackerel.
caballada *s. f.* **1** team of horses. **2** (Am.) stupid thing.
caballar *adj.* equine.
caballeresco, -ca *adj.* knightly, chivalric.
caballerete *s. m.* young show-off.
caballería *s. f.* **1** mount. **2** MIL. cavalry. **3** HIST. chivalry, knighthood. ◆ **4 ~ andante,** knight errantry. **5 andarse en ~,** to overdo compliments.
caballeriza *s. f.* **1** stable. **2** stable hands.
caballerizo *s. m.* groom.
caballero *s. m.* **1** rider. **2** gentleman. **3** HIST. knight. **4** sir (término de tratamiento). ◆ **5 ~ andante,** knight errant. **6 armar ~,** to dub a knight.
caballerosidad *s. f.* gentlemanliness.
caballeroso, -sa *adj.* gentlemanly.
caballete *s. m.* **1** ridge (tejado). **2** bridge (nariz). **3** easel (pintura). **4** trestle (soporte).
caballista *s. m.* horseman.
caballito *s. m.* **1** rocking horse. ● *pl.* **2** merry-go-round, carousel. ◆ **3 ~ del diablo,** dragonfly.
caballo *s. m.* **1** horse. **2** knight (ajedrez). **3** queen (naipe). ◆ **4 ~ de agua,** sea horse. **5 ~ de batalla,** main point. **6 ~ de Frisa,** mace. **7 ~ del diablo,** dragonfly. **8 ~ de vapor,** horsepower. **9 a mata ~,** flat out.
caballón *s. m.* ridge.
cabaña *s. f.* **1** hut, shack. **2** complete herd (ganado). **3** (Am.) cattle-breeding ranch.
cabañal *s. m.* cattle track.
cabañero, -ra *s. m.* y *f.* shepherd.
cabaret *s. m.* cabaret.
cabaretera *s. f.* **1** cabaret dancer. **2** night-club hostess.
cabás *s. m.* satchel.
cabe *prep.* next to, near to.
cabecear *v. i.* **1** to shake the head. **2** to nod off (sueño). **3** MAR. to pitch. **4** to slip (mercancías). **5** to head the ball (fútbol). ● *v. t.* **5** to strengthen (vino). **6** to bind (coser). **7** (Am.) to top (puros).
cabeceo *s. m.* **1** nodding of head. **2** shaking of head. **3** MAR. pitching. **4** slipping (mercancías).
cabecera *s. f.* **1** head (mesa). **2** headboard (cama). **3** POL. administrative centre. **4** heading (libro).
cabecero *s. m.* headboard.
cabecilla *s. m.* y *f.* ringleader.
cabellera *s. f.* **1** head of hair. **2** wig. **3** ASTR. tail (de un cometa).
cabello *s. m.* **1** hair. ◆ **2 ~ merino,** woolly hair. **3 ~ de ángel,** sweet pumpkin preserve.
cabelludo, -da *adj.* hairy, shaggy.
caber *v. i.* **1** to fit. **2** to befall. **3** to be possible (ser posible). **a) cabe la posibilidad de que se haya perdido,** she might have got lost. **b) no cabe duda de que,** there's no doubt that. ◆ **6 no ~ un alfiler,** to be jam-packed (fam.). **7 no me cabe en la cabeza,** I can't get my head round it (fam.).
cabero, -ra *adj.* last.
cabestrante *s. m.* capstan.
cabestrillo *s. m.* sling.
cabestro *s. m.* **1** halter. **2** bullock.
cabeza *s. f.* **1** head. **2** chief. **3** talent, intellect. **4** origin (de una cosa). **5** administrative centre (de un territorio). ◆ **6 ~ de chorlito,** birdbrain. **7 ~ de puente,** bridgehead. **8 ~ de turco,** scapegoat. **9 alzar ~,** to be on the mend. **10 bajar la ~,** to conform. **11 dar de ~,** to go bust. **12 dar en la ~ a uno,** to annoy. **13 de ~,** very worried. **14 ir ~ abajo,** to go downhill. **15 írsele a uno la ~,** to feel dizzy. **16 llenar a uno la ~ de viento,** to praise down to the ground. **17 metérsele algo a uno en la ~,** to get something into one's head. **18 no levantar ~,** to be hard-pressed. **19 perder la ~,** to lose one's head. **20 quitar de la ~,** to dissuade. **21 sentar ~,** to come to one's senses. **22 tocado de la ~,** soft in the head.
cabezada *s. f.* **1** butt. **2** nod (sueño).
cabezal *s. m.* **1** bolster. **2** head-strap (caballos).
cabezalero, -ra *s. m.* y *f.* DER. executor.
cabezo *s. m.* **1** peak. **2** MAR. reef.
cabezota *s. m.* **1** big-head. ● *s. m.* y *f.* **2** pig-headed person.
cabezudo, -da *adj.* **1** big-headed. **2** pig-headed, stubborn. **3** heady (vino).
cabezuela *s. f.* BOT. head.
cabida *s. f.* **1** space, room, capacity. **2** area.
cabildear *v. i.* **1** to lobby. **2** to intrigue.
cabildeo *s. m.* **1** lobbying. **2** intrigue.
cabildo *s. m.* **1** REL. chapter. **2** POL. town council.
cabillo *s. m.* tip (planta).
cabina *s. f.* **1** cabin. **2** cockpit (de avión). ◆ **3 ~ telefónica,** telephone box.
cabio *s. m.* rafter.
cabizbajo, -ja *adj.* downcast.
cabizcaído, -da *adj.* downcast.
cable *s. m.* **1** cable, rope. **2** cable length (medida). ◆ **3 echar un ~,** to lend a hand.
cableado *s. m.* wiring.
cablegrafiar *v. i.* to cable.
cablegrama *s. f.* cable, cablegram.
cablero *s. m.* cable ship.
cabo *s. m.* **1** end. **2** GEOG. cape. **3** bit, butt. **4** thread, strand. **5** MIL. corporal. ◆ **6 ~ suelto,** loose end. **7 al ~,** finally. **8 atar cabos,** to tie up the loose ends. **9 de ~ a rabo,** from beginning to end. **10 estar al ~ de la calle,** to be in the know. **11 llevar a ~ una cosa,** to carry through.
cabotaje *s. m.* coastal traffic, coastal trading.
cabra *s. f.* **1** she-goat, nanny goat. ◆ **2 ~ montés,** wild goat. **3 como una ~,** mad, crazy. **4 la ~ tira al monte,** a leopard can't change its spots.
cabrear *v. t.* **1** to annoy. ● *v. pron.* **2** to get angry.
cabrería *s. f.* goat pen.
cabrerizo, -za *adj.* **1** goatish. **2** goatherd.
cabrero, -ra *adj.* **1** (Am.) bad-tempered ● *s. m.* y *f.* **2** goatherd.

cabrestrante o **cabestrante** *s. m.* capstan, winch.
cabrilla *s. f.* workbench (carpintería).
cabrillear *v. i.* **1** to ripple (mar). **2** to shimmer (luz).
cabrilleo *s. m.* rippling.
cabrío, -a *adj.* **1** caprine, goatish. ◆ **2 macho** ~, male goat.
cabriola *s. f.* **1** skip, leap. **2** somersault.
cabriolé *s. m.* cabriolet.
cabritilla *s. f.* kidskin.
cabrito *s. m.* kid.
cabro, -bra *adj.* (Am.) kid.
cabrón, -na *adj. /m.* y *f.* **1** (vulg.) bastard (insulto) ● *s. m.* **2** male goat (macho cabrío). **3** cuckold (cornudo). ● *s. f.* **4** (vulg.) cow.
caca *s. f.* **1** (fam.) pooh (de persona). **2** muck, mess (de animal). ◆ **3 hacer** ~, to do (a) pooh. **4 hacerse** ~, to dirty one's nappy (bebé); to dirty one's pants.
cacahual o **cacaotal** *s. m.* cocoa plantation.
cacahuete *s. m.* peanut, monkey nut.
cacao *s. m.* **1** BOT. cacao, cocoa tree. **2** cocoa (bebida). **3** lipsalve (para los labios). **4** (fam.) mess (lío).
cacaraña *s. f.* pockmark.
cacarear *v. i.* **1** to cackle (persona). **2** to crow (gallo). ● *v. t.* **3** to boast about.
cacareo *s. m.* **1** cackling. **2** crowing, boasting.
cacatúa *s. f.* cockatoo.
cacear *v. t.* to ladle.
cacera *s. f.* irrigation ditch.
cacería *s. f.* **1** hunting, shooting. **2** animals bagged.
cacerola *s. f.* saucepan.
cachar *v. t.* **1** to smash. **2** to saw grainwise. **3** to plough.
cacharpas *s. f. pl.* (Am.) junk.
cacharrazo *s. m.* **1** (fam.) whack. **2** (Am.) swig (trago).
cacharrería *s. f.* kitchenware shop.
cacharrero, -ra *s. m.* y *f.* kitchenware seller.
cacharro *s. m.* **1** pot (de cocina). **2** (desp.) old banger, crock (vehículo). **3** useless thing, piece of junk (objeto inútil).
cachava *s. f.* stick.
cachaza *s. f.* **1** calmness, phlegm, forbearance. **2** type of rum.
cachazudo, -da *adj.* **1** calm, phlegmatic. ● *s. m.* y *f.* **2** phlegmatic person.
caché *s. m.* **1** cachet (prestigio). **2** fee (tarifa de artista).
cachear *v. t.* to frisk.
cachemira *s. f.* cashmere.
cacheo *s. m.* frisking.
cachera *s. f.* **1** woollen garment. **2** artificial spur (riñas de gallos). **3** (Am.) cow's skull. **4** (Am.) whore.
cachetada *s. f.* (Am.) (fam.) smack.
cachete *s. m.* **1** slap, whack. **2** chubby cheek. **3** dagger. **4** (Am.) favour. ◆ **5 dar un** ~, (Am.) to lend a hand.
cachetero *s. m.* **1** dagger. **2** stabber (tauromaquia). **3** the final nail in the coffin.
cachetudo, -da *adj.* chubby-cheeked.
cachicán *s. m.* **1** AGR. foreman. ● *adj.* **2** crafty.
cachimba *s. f.* pipe (pipa).
cachipolla *s. f.* mayfly.
cachiporra *s. f.* **1** truncheon. ● *adj.* **2** (Am.) boastful.
cachiporrazo *s. m.* truncheon blow.
cachivache *s. m.* **1** pot, utensil. **2** good-for-nothing.
cacho *s. m.* **1** bit. **2** (Am.) horn. **3** (Am.) dice holder. **4** dice game. ● *adj.* **5** bent.
cachón *s. m.* breaker.
cachondearse *v. pron.* **1** to mess about. **2** ~ **de alguien,** to take the mickey out of somebody.
cachondeo *s. m.* **1** joke (broma). **2** messing about (jaleo). ◆ **3 estar de** ~, to have somebody on.
cachondez *s. f.* randiness.
cachondo, -da *adj.* **1** ZOOL. on heat. **2** (vulg.) randy (brit.); horny (EE UU).
cachorrillo *s. m.* pocket revolver.
cachorro *s. m.* **1** pup, puppy. **2** pocket revolver.
cachucha *s. f.* **1** cap. **2** boat. **3** popular dance (Andalucía).
cachudo, -da *adj.* long-horned.
cachuela *s. f.* **1** gizzard. **2** stew.
cachupín, -na *s. m.* y *f.* (Am.) (fam.) Spanish immigrant (español que se establece en América).
cacique *s. m.* **1** (Am.) chief. **2** political boss.
caciquil *adj.* of a chief.
caciquismo *s. m.* **1** power of a chief. **2** despotism.
caco *s. m.* **1** thief. **2** coward.
cacofonía *s. f.* cacophony.
cacofónico, -ca *adj.* cacophonous.
cada *adj.* **1** each (refiriéndose a una persona o cosa en concreto): *escogieron una persona para cada equipo = they chose a person for each team.* **2** every (refiriéndose a un conjunto de personas o cosas): *había policías en cada esquina = there were police on every corner.* **3** every (antes de número): *cada dos días = every two days; uno de cada diez = one out of every ten.* ◆ **4** ~ **vez mejor,** better and better. **5 ¡tienes** ~ **idea!** the things you think of!
cadalso *s. m.* **1** platform. **2** scaffold.
cadarzo *s. m.* floss silk.
cadáver *s. m.* corpse.
cadena *s. f.* **1** chain. **2** succession. **3** bond. ◆ **4** ~ **de montañas,** mountain range. **5** ~ **de música,** music system. **6** ~ **perpetua,** life imprisonment. **7** ~ **de fabricación,** production line. **8 reacción en** ~, chain reaction.
cadencia *s. f.* **1** cadence. **2** rhythm. **3** MÚS. cadenza.
cadenciado, -da *adj.* cadenced, rhythmic.
cadencioso, -sa *adj.* cadenced, rhythmic.
cadenero *s. m.* **1** surveyor. **2** (Am.) chained horse.
cadeneta *s. f.* **1** chain stitch. **2** flourish (cabecera de libro). **3** ~ **de papel,** paper chain.
cadenilla *s. f.* small chain.
cadente *adj.* **1** ruinous. **2** cadenced.
cadera *s. f.* hip.
cadetada *s. f.* thoughtless act.
cadete *s. m.* **1** cadet. **2** (Am.) errand boy.
cadí *s. m.* magistrate (juez musulmán).
cadmio *s. m.* cadmium.
cadozo *s. m.* whirlpool.
caducar *v. i.* **1** to become senile. **2** to expire. **3** to wear out.
caduceo *s. m.* caduceum.
caducidad *s. f.* **1** expiry. ◆ **2 fecha de** ~, expiry date (medicamento); use-by date (alimento).
caducifolio, -lia *adj.* deciduous.
caduco, -ca *adj.* **1** very old. **2** perishable. **3.** BOT. deciduous.
caduquez *s. f.* senility.
caedizo, -za *adj.* unstable, weak.
caer *v. i.* **1** to fall. **2** to befall. **3** to fall, to collapse (autoridad, etc.). **4** to be situated. **5** to suit (una prenda de vestir). **6** to die. ● *v. pron.* **7** to fall. ◆ **8 estar una cosa al** ~, to be about to happen. **9** ~ **bien una cosa,** to create a good effect. **10** ~ **bien una persona,** to create a good impression. **11** ~ **muy bajo,** to come right down in the world. **12 ¡ya caigo!,** now I understand!
café *s. m.* **1** coffee. **2** café. ◆ **3** ~ **cantante,** café with live music. **4** ~ **teatro,** nightspot.
cafeína *s. f.* caffeine.
cafetal *s. m.* coffee plantation.
cafetalero, -ra *adj.* **1** coffee. ● *s. m.* y *f.* **2** coffee grower.
cafetera *s. f.* coffee pot.
cafetería *s. f.* **1** café, coffee house. **2** buffet bar (estación de trenes).
cafetero, -ra *adj.* **1** coffee. ● *s. m.* y *f.* **2** coffee grower. **3** café owner.
cafetín *s. m.* small café.
cafeto *s. m.* coffee tree.
cafre *adj.* **1** Kaffir. **2** cruel, savage. **3** coarse, uncouth.
caftán *s. m.* kaftan.
cagada *s. f.* **1** (vulg.) shit. **2** (fig.) balls-up.
cagadero *s. m.* (vulg.) bog, loo (brit.), john (EE UU) (fam.).
cagafierro *s. m.* iron slag.
cagajón *s. m.* horse dung.
cagalera *s. f.* (vulg.) the shits, (fam.) the runs.
cagar *v. i.* **1** (vulg.) to shit, (vulg.) to have a shit. ● *v. t.* **2** (vulg.) to balls up, (vulg.) to make a balls of.
cagarruta *s. f.* droppings.
cagatorio *s. m.* (vulg.o fam.) bog.
caguama *s. f.* **1** ZOOL. green turtle. **2** shell (de esta tortuga).
cagueta *s. m.* y *f.* coward.
cahíz *s. m.* grain measure.
cahizada *s. f.* measure of land.
caíd *s. m.* kaid.
caída *s. f.* **1** fall (de persona, objeto). **2** loss (del cabello). **3** fall (de gobierno, imperio, ciudad). **4** fall, drop (de precios, cotizaciones). **5** slope (de terreno, carretera). **6** hang (de abrigo, falda, cortinas).
caído, -da *adj.* **1** fallen. **2** crestfallen. **3** drooping (cabeza). ◆ **4** ~ **del cielo,**

heaven-sent. • *s. m.* **5 los caídos,** the fallen.
caimán *s. m.* **1** caiman, alligator. **2** crafty person.
caimiento *s. m.* **1** fall, falling. **2** decline.
cairel *s. m.* **1** wig. **2** fringe.
caito *s. m.* (Am.) coarse wool.
caja *s. f.* **1** box. **2** coffin (ataúd). **3** MÚS. case. **4** body (coche). **5** COM. cash desk. **6** stock (arma de fuego). **7** drum (instrumento). ◆ **8 ~ de ahorros,** savings bank. **9 ~ del cuerpo,** thorax. **10 ~ del tambor/~ del tímpano,** eardrum. **11 ~ de música,** musical box. **12 ~ de reclutamiento,** recruiting office. **13 ~ registradora,** till. **14 ~ fuerte,** safe. **15 despedir/echar a uno a cajas destempladas,** to send someone packing. **16 entrar en ~,** to be called up.
cajero, -ra *s. m.* y *f.* **1** cashier. ◆ **2 ~ automático,** cash dispenser.
cajetilla *s. f.* **1** cigarette packet. **2** (Am.) dandy, dude.
cajetín *s. m.* **1** small box. **2** rubber stamp.
cajista *s. m.* y *f.* typesetter.
cajo *s. m.* edging (libro).
cajón *s. m.* **1** big box. **2** drawer. **3** COM. stall. **4** (Am.) ravine. **5** muddle-headed person. ◆ **6 ~ de sastre,** hotchpotch. **7 ser de ~ una cosa,** to be quite common.
cajonera *s. f.* chest of drawers.
cajonería *s. f.* drawers.
cajuela *s. f.* (Am.) (brit.) boot, (EE UU) trunk.
cal *s. f.* **1** lime. ◆ **2 ~ anhidra/viva,** quicklime. **3 ~ muerta,** slaked lime. **4 ~ hidráulica,** cement.
cala *s. f.* **1** cove. **2** slice (fruta). **3** plug. **4** suppository. **5** MAR. hold.
calabacear *v. i.* (fam.) to flunk.
calabacero, -ra *s. m.* y *f.* pumpkin seller. • *s. f.* **2** pumpkin plant.
calabacín *s. m.* **1** courgette (brit.), zucchini (EE UU). **2** (fam.) blockhead.
calabacino *s. m.* hollow gourd.
calabaza *s. f.* **1** pumpkin. **2** gourd. **3** head. **4** blockhead. ◆ **5 dar calabazas,** to fail (examen). **6 dar** o **recibir calabazas,** to jilt, to give (a un pretendiente).
calabobos *s. m.* drizzle.
calabozo *s. m.* cell, dungeon.
calabriada *s. f.* mix-up.
calabriar *v. t.* to mix up.
calabrote *s. m.* MAR. cable.
calada *s. f.* **1** soaking. **2** swoop (ave de rapiña). **3** drag (de cigarrillo).
caladero *s. m.* fishing ground.
calado *s. m.* **1** drawnwork (costura). **2** draught (barco). **3** depth (mar).
calador *s. m.* **1** sounder. **2** MED. probe.
caladura *s. f.* **1** slicing. **2** soaking.
calafate *s. m.* shipwright.
calafateador *s. m.* shipwright.
calafatear *v. t.* to seal.
calafateo *s. m.* sealing.
calamar *s. m.* squid.
calambre *s. m.* **1** cramp (muscular). **2** shock (de electricidad).
calambuco *s. m.* BOT. calaba.
calambur *s. m.* pun.
calamento *s. m.* calamint.
calamidad *s. f.* calamity.
calamiforme *adj.* cane-shaped.
calamina *s. f.* calamine.
calamita *s. f.* **1** lodestone. **2** compass.
cálamo *s. m.* **1** cane. **2** pen. ◆ **3 ~ currente,** off the cuff.
calamocha *s. f.* yellow ochre.
calamón *s. m.* **1** ORN. purple gallinule. **2** round-headed nail.
calamorra *adj.* **1** woolly-faced (oveja). • *s. f.* **2** (fam.) nut.
calamorrada *s. f.* (fam.) head butt.
calandrar *v. t.* TEC. to press in a calender.
calandria *s. f.* **1** ORN. lark. **2** TEC. calender, mangle. **3** hypochondriac.
calaña *s. f.* **1** sample. **2** nature. **3** fan.
calañés *s. m.* wide-brimmed hat.
cálao *s. m.* ORN. hornbill.
calar *v. t.* **1** to penetrate. **2** to perforate. **3** to do drawn work (costura). **4** to slice (fruta). **5** to fix (bayoneta). **6** to size up (intenciones, secreto). **7** MAR. to lower. **8** MAR. to draw (profundidad). • *v. pron.* **9** to pull right down (sombrero). **10** to get soaked (empaparse). **11** to stall (motor). **12** ORN. to swoop.
calavera *s. f.* **1** skull. • *s. m.* **2** (desp.) crazy person, madcap.
calaverada *s. f.* crazy act.
calaverar *v. i.* to live it up.
calboche *s. m.* chestnut roaster.
calcado, -da *adj.* **1** identical (idéntico). • *s. m.* **2** tracing.
calcáneo *s. m.* calcaneum.
calcañal o **calcañar** o **calcaño** *s. m.* heel.
calcar *v. t.* **1** to trace. **2** to copy.
calcáreo, -a *adj.* calcareous.
calce *s. m.* **1** steel tyre. **2** shim. **3** wedge.
calcedonia *s. f.* chalcedony.
calceta *s. f.* **1** stocking. **2** shackle.
calcetear *v. i.* to knit.
calcetería *s. f.* **1** knitting (acto). **2** knitwear shop.
calcetero, -ra *s. m.* y *f.* **1** knitwear worker. **2** knitwear salesman.
calcetín *s. m.* sock.
cálcico, -ca *adj.* **1** calcic. **2** QUÍM. calcic.
calcificación *s. f.* QUÍM. calcification.
calcificar *v. t.* e *i.* to calcify.
calcina *s. f.* concrete.
calcinación *s. f.* QUÍM. calcination.
calcinamiento *s. m.* calcination.
calcinar *v. t.* **1** QUÍM. to calcine. **2** to burn.
calcio *s. m.* QUÍM. calcium.
calco *s. m.* **1** traced copy. **2** tracing paper. ◆ **3 ~ lingüístico,** calque, loan translation.
calcografía *s. f.* chalcography, copperplate engraving.
calcografiar *v. t.* to do copperplate engraving.
calcógrafo *s. m.* copperplate engraver.
calcomanía o **calcamonía** *s. f.* transfer, decalcomania.
calcopirita *s. f.* copper pyrite.
calculable *adj.* MAT. calculable.
calculador, -ra *s. f.* **1** calculator. • *adj.* **2** calculating.
calcular *v. t.* **1** to calculate. **2** to think (suponer).
calculatorio, -ria *adj.* calculatory.
calculista *s. m.* y *f.* designer.
cálculo *s. m.* **1** calculation. **2** MAT. calculus. **3** MED. calculus. ◆ **4 ~ mental,** mental arithmetic. **5 un ~ aproximado,** a rough calculation. **6 según mis cálculos,** according to my calculations.
calculoso *adj.* containing gravel.
calda *s. f.* **1** heating. • *pl.* **2** hot springs.
caldario *s. m.* spa.
caldeamiento *s. m.* TEC. heating.
caldear *v. t.* to heat up.
caldeo *s. m.* warming.
caldera *s. f.* **1** boiler. **2** crater. ◆ **3 ~ de vapor,** MEC. steam boiler.
calderada *s. f.* TEC. boiler contents.
calderería *s. f.* TEC. boiler-making.
calderero *s. m.* TEC. boiler-maker.
caldereta *s. f.* **1** small boiler. **2** holy-water vessel. **3** GAST. lamb stew (de cordero). **4** GAST. fish stew (de pescado): *me encanta la caldereta = I love fish stew.*
calderilla *s. f.* **1** holy-water vessel. **2** loose change: *¿tienes calderilla? = have you got any loose change?*
caldero *s. m.* cauldron.
calderón *s. m.* **1** large pot. **2** MÚS. pause.
caldo *s. m.* **1** stock. **2** salad dressing. ◆ **3 ~ de cultivo,** BIOL. culture medium; (fig.) favourable environment, breeding ground.
caldoso, -sa *adj.* with a lot of stock.
cale *s. m.* smack.
calé *s. m.* y *f.* gypsy.
calecer *v. i.* to heat up.
calefacción *s. f.* **1** heating. ◆ **2 ~ central,** central heating.
calefactor *adj.* **1** heating. • *s. m.* y *f.* **2** heating installer.
caleidoscopio o **calidoscopio** *s. m.* kaleidoscope.
calendar *v. t.* to date (documento).
calendario *s. m.* **1** calendar. ◆ **2 ~ juliano,** Julian calendar. **3 ~ gregoriano,** Gregorian calendar. **4 ~ perpetuo,** life-long calendar.
calendarista *s. m.* y *f.* calendar-maker.
calendas *s. f. pl.* calends.
caléndula *s. f.* calendula, pot marigold.
calentador *s. m.* heater.
calentamiento *s. m.* **1** warming. ◆ **2 ~ del planeta,** global warming.
calentar *v. t.* **1** to heat. **2** to hit. **3** to speed up. • *v. pron.* **4** to heat, to heat up.
calentón *s. m.* warming up.
calentura *s. f.* high temperature.
calenturiento, -ta *adj.* **1** MED. feverish. **2** (fig.) heated.
calenturón *s. m.* MED. high fever.
caleño, -ña *adj.* limey.
calepino *s. m.* Latin dictionary.
calera *s. f.* **1** limestone quarry. **2** lime kiln.
calesa *s. f.* calash.
calesero *s. m.* calash driver.

calesín *s. m.* covered chaise.
caleta *s. f.* cove, inlet.
caletre *s. m.* (fam.) brains.
calibración *s. f.* calibration.
calibrador *s. m.* calibrator, gauge.
calibrar *v. t.* **1** to calibrate, to gauge.
calibre *s. m.* **1** calibre. **2** size. **3** importance.
calicanto *s. m.* masonry.
caliche *s. m.* **1** chip of whitewash. **2** crack. **3** (Am.) saltpetre.
calidad *s. f.* **1** quality. **2** position. **3** stipulation (contrato). ◆ **4 a ~ de que,** provided that. **5 en ~ de,** in the capacity of.
cálido, -da *adj.* hot.
calidoscópico, -ca *adj.* kaleidoscopic.
calientapiés *s. m.* foot-warmer.
caliente *adj.* **1** hot. **2** heated. ◆ **3 en ~,** straightaway.
califa *s. m.* HIST. caliph.
califato *s. m.* HIST. caliphate.
calífero, -ra *adj.* lime.
calificable *adj.* qualifiable.
calificación *s. f.* **1** qualification. **2** mark.
calificado, -da *adj.* **1** qualified. **2** authorized.
calificador, -ra *adj.* qualifying.
calificar *v. t.* **1** to qualify. **2** to mark (examen). **3** to ennoble.
calificativo, -va *adj.* qualifying.
californiano, -na *adj.* Californian.
calígine *s. f.* **1** darkness, mist. **2** sultry weather.
caligrafía *s. f.* calligraphy.
caligrafiar *v. t.* to write beautifully.
caligráfico, -ca *adj.* calligraphic.
calígrafo, -fa *s. m.* y *f.* calligrapher.
calilla *s. f.* (Am.) nuisance.
calima o **calina** *s. f.* haze.
calimba *s. f.* (Am.) branding-iron.
calimoso, -sa o **calinoso, -sa** *adj.* hazy.
cáliz *s. m.* **1** chalice. **2** BOT. calyx.
caliza *s. f.* **1** limestone. ◆ **2 ~ lenta,** dolomite.
callada *s. f.* **1** silence. ◆ **2 dar la ~ por respuesta,** to say nothing.
callado, -da *adj.* **1** quiet. **2** reserved.
callahuaya *s. m.* (Am.) herb-doctor.
callandico *adv.* stealthily.
callandito, -ta *adv.* stealthily.
callar *v. i.* **1** to keep quiet. ● *v. t.* **2** not to mention. ● *v. pron.* **3** to be quiet. **4** to shut up (dejar de hablar). ◆ **5 ¡calla!,** you don't say! **6 calla callando,** on the quiet. **7 al buen ~ llaman Sancho,** mind what you say. **8 quien calla otorga,** silence implies consent.
calle *s. f.* **1** street. **2** lane. ◆ **3 el hombre de la ~,** the man in the street. **4 ~ arriba/abajo,** up/down the street. **5 poner/dejar a uno en la ~,** to put/leave somebody out on the street. **6 tomar la ~,** to take to the streets.
calleja *s. f.* alley.
callejear *v. i.* to wander around the streets.
callejeo *s. m.* wandering around the streets.
callejero, -ra *adj.* **1** street. **2** fond of going out. ● *s. m.* **3** street map.
callejón *s. m.* **1** alleyway. ◆ **2 ~ sin salida,** cul-de-sac; (fig.) impasse (conflicto, problema).
callejuela *s. f.* **1** alley. **2** pretext.
callicida *s. m.* o *f.* corn remover.
callista *s. m.* y *f.* chiropodist.
callo *s. m.* **1** corn (en el pie). **2** callus (en la mano). ● *pl.* **3** tripe.
callosidad *s. f.* callus.
calloso, -sa *adj.* hard-skinned.
calma *s. f.* **1** calm. **2** inactivity. **3** calmness. ◆ **4 ~ chicha,** dead calm. **5 en ~,** calm (mar).
calmante *adj.* **1** shooting. ● *s. m.* **2** sedative.
calmar *v. t.* **1** to calm. ● *v. pron.* **2** to become calm, to calm down.
calmo, -ma *adj.* **1** fallow (terreno). **2** resting.
calmoso *adj.* **1** calm. **2** sluggish.
caló *s. m.* **1** gypsy language. **2** slang.
calología *s. f.* aesthetics.
calón *s. m.* **1** fathometer. **2** fishing-net support.
calor *s. m.* **1** heat. **2** warmth. **3** fervour. ◆ **4 ~ canicular,** stifling heat. **5 entrar en ~,** to warm up, to get warm. **6 ¡qué ~!** it's so hot! **7 tener ~,** to be hot.
caloría *s. f.* calorie.
calórico, -ca *adj.* caloric.
calorífero, -ra *adj.* heat-producing.
calorificación *s. f.* calorification.
calorífico, -ca *adj.* calorific.
calorífugo, -ga *adj.* **1** heat-resistant. **2** non-inflammable.
calorimetría *s. f.* calorimetry.
calorímetro *s. m.* calorimeter.
calostro *s. m.* colostrum.
caloyo *s. m.* **1** new-born lamb. **2** kid.
calumnia *s. f.* slander.
calumniar *v. t.* to slander.
calumnioso, -sa *adj.* slanderous.
calurosa, -sa *adj.* warm, hot.
calva *s. f.* bald patch.
calvario *s. m.* **1** Calvary. **2** series of adversities.
calvero *s. m.* **1** clearing. **2** claypit.
calvicie *s. f.* baldness.
calvinismo *s. m.* Calvinism.
calvinista *adj.* **1** Calvinistic. ● *s. c.* **2** Calvinist.
calvo, -va *adj.* **1** bald. **2** barren (terreno).
calza *s. f.* **1** stocking. **2** distinguishing ribbon (animales). **3** chock, wedge. ● *pl.* **4** breeches.
calzada *s. f.* road.
calzadera *s. f.* thick lace (abarcas).
calzado, -da *adj.* **1** wearing shoes. ● *s. m.* **2** footwear.
calzador *s. m.* shoehorn.
calzadura *s. f.* putting on shoes.
calzar *v. t.* **1** to put on shoes. **2** to take: *¿qué número calza? = what size do you take?* **3** to wedge, to chock. **4** to take (escopeta). **5** to underlay (imprenta). **6** (Am.) to fill (diente). **7** (Am.) to sign (escrito). **8** (Am.) AGR. to earth up. ● *v. pron.* **9** to put one's shoes on. ◆ **10 ~ poco,** to be a little thick. **11 calzarse a uno,** to dominate someone. **12 calzarse uno alguna cosa,** to get something.
calzo *s. m.* **1** chock, wedge. **2** fulcrum. ● *pl.* **3** legs (caballo).
calzón *s. m.* **1** shorts. **2** three-piece suite.
calzonazos o **calzorras** *s. m.* wimp.
calzoncillos *s. m.* underpants.
calzoneras *s. f. pl.* (Am.) side-fastening trousers.
calzonudo, -da *adj.* (Am.) wimpish.
cama *s. f.* **1** bed. ◆ **2 ~ turca,** daybed. **3 caer en ~,** to fall ill. **4 estar en ~/guardar ~/hacer ~,** to be confined to bed, to stay in bed.
camada *s. f.* **1** litter. **2** gang (ladrones). **3** GEOL. layer.
camafeo *s. m.* cameo.
camal *s. m.* **1** halter. **2** (Am.) abattoir.
camaleón *s. m.* chameleon.
camama *s. f.* lie.
camamila o **camomila** *s. f.* camomile.
camándula *s. f.* **1** rosary. **2** slyness.
camandulear *v. i.* **1** to feign devotion. **2** to be hypocritical.
camandulería *s. f.* hypocrisy.
camandulero, -ra *adj.* hypocritical.
cámara *s. f.* **1** room. **2** chamber. **3** MAR. cabin. **4** ÓPT. camera. **5** granary. **6** inner tube (rueda). **7** ANAT. cavity. **8** cameraman. ● *pl.* **9** MED. diarrhoea. ◆ **10 ~ frigorífica,** cold-storage room. **11 ~ mortuoria,** funeral chamber. **12 ~ oscura,** camera obscura. **13 ~ fotográfica,** camera. **14 de ~,** in-waiting. **15 música de ~,** chamber music. **16 ~ de gas,** gas chamber. **17 ~ lenta,** slow motion.
camarada *s. m.* y *f.* comrade.
camaradería *s. f.* comradeship, camaraderie.
camaraje *s. m.* granary rent.
camaranchón *s. m.* lumber room.
camarera *s. f.* **1** waitress (bar, restaurante). **2** maid (hotel). ◆ **3 ~ mayor,** lady-in-waiting.
camarero *s. m.* **1** waiter. ◆ **2 ~ mayor,** royal chamberlain.
camarilla *s. f.* coterie.
camarín *s. m.* **1** REL. niche for an image. **2** dressing room (teatro). **3** closet.
camarlengo *s. m.* papal chamberlain.
camarón *s. m.* **1** shrimp. **2** (Am.) timber cart. **3** (Am.) tip.
camaronero, -ra *s. m.* y *f.* shrimp seller.
camarote *s. m.* birth, cabin.
camarotero *s. m.* cabin attendant.
camastro *s. m.* rickety bed.
camastrón, -na *adj.* cunning.
camastronería *s. f.* cunning.
cambado, -da *adj.* (Am.) bow-legged.
cambalache *s. m.* bartering.
cambalachear *v. t.* to barter.
cambar *v. t.* (Am.) to bend.
cámbaro *s. m.* crab.
cambera *s. f.* crab net.
cambiante *adj.* changing, changeable.
cambiar *v. t.* **1** to change. **2** to exchange. ● *v. i.* **3** to veer (viento). ● *v. pron.* **4** to change one's clothes.
cambiavía *s. m.* (Am.) switchman.
cambio *s. m.* **1** change. **2** exchange rate (de moneda extranjera). **3** exchange (canje). ◆ **4 ~ democrático,**

shift to democracy. **5 libre ~,** free trade. **6 en ~,** on the other hand.
cambista *s. m.* y *f.* money-changer.
cambrón *s. m.* bramble.
cambronal *s. m.* bramble bushes.
cambucho *s. m.* **1** (Am.) cornet. **2** basket. **3** den.
cambur *s. m.* (Am.) job (trabajo).
camelar *v. t.* y *pron.* to cajole.
camelia *s. f.* camellia.
camelista *s. m.* y *f.* cajoler.
camellero *s. m.* camel herd.
camello *s. m.* camel.
camellón *s. m.* ridge.
camelo *s. m.* **1** (fam.) humbug, con (timo, engaño). **2** hoax, lie (mentira).
camelote *s. m.* camlet.
cameraman *s. m.* cameraman.
camerino *s. m.* dressing room.
camero, -ra *adj.* full-sized (de cama).
Camerún *s. m.* Cameroon.
camilla *s. f.* **1** stretcher. **2** round table.
camillero, -ra *s. m.* y *f.* stretcher-bearer.
caminante *s. m.* y *f.* **1** walker. **2** traveller, wayfarer.
caminar *v. i.* **1** to walk. **2** to progress. • *v. t.* **3** to cover. ♦ **4 ir caminando,** to walk, to go on foot.
caminata *s. f.* hike.
caminero, -ra *adj.* of the road.
camino *s. m.* **1** road. **2** way. **3** means. ♦ **4 ~ de cabaña,** cattle track. **5 ~ de herradura,** bridle path. **6 ~ de hierro,** railway. **7 ~ de Santiago,** Milky Way. **8 ~ de sirga,** towpath. **9 ~ real,** national highway. **10 ~ trillado,** (fam.) the beaten track. **11 ~ vecinal,** municipal road. **12 abrir ~,** to make headway. **13 de ~,** on the way. **14 ir cada cual por su ~,** to go one's own way. **15 ir fuera de ~,** to take a wrong turning. **16 llevar ~,** to be justifiable. **17 ponerse en ~,** to start out.
camión *s. m.* lorry.
camionaje *s. m.* haulage.
camionero, -ra *s. m.* y *f.* lorry driver.
camioneta *s. f.* van.
camisa *s. f.* **1** shirt. **2** covering. **3** slough (culebra). ♦ **4 ~ de fuerza,** straightjacket. **5 meterse uno en ~ de once varas,** to meddle in other people's business. **6 no llegarle a uno la ~ al cuerpo,** to be dead scared.
camisería *s. f.* shirtmaker's.
camisero, -ra *s. m.* y *f.* shirtmaker.
camiseta *s. f.* **1** vest. **2** T-shirt.
camisola *s. f.* camisole, shirt.
camisolín *s. m.* dicky.
camisón *s. m.* **1** nightgown. **2** (Am.) dress.
camita, camítico, -ca *adj.* Hamitic.
camón *s. m.* **1** portable throne. **2** balcony. ♦ **3 ~ de vidrios,** glass partition.
camorra *s. f.* **1** row. ♦ **2 armar ~,** to start a fight. **3 buscar ~,** to be looking for trouble.
camorrear *v. i.* to row, to quarrel, to argue.
camorrero, -ra *adj.* quarrelsome.
camorrista *adj.* quarrelsome.
camote *s. m.* **1** (Am.) sweet potato. **2** bulb. **3** infatuation. **4** lover. **5** lie. **6** fool. **7** ANAT. calf. **8** weal.
campa *adj.* treeless.
campal *adj.* **1** country. **2** pitched (battle).
campamento *s. m.* **1** camp. **2** camping.
campana *s. f.* **1** bell. ♦ **2 ~ de buzo,** diving bell. **3 echar las campanas al vuelo,** to shout from the rooftops, to be overcome with joy. **4 oír uno campanas y no saber dónde,** to get hold of the wrong end of the stick.
campanada *s. f.* peal.
campanario *s. m.* belfry.
campanear *v. i.* to peal.
campaneo *s. m.* pealing.
campanero, -ra *s. m.* y *f.* bell-ringer.
campaniforme *adj.* bell-shaped.
campanil *adj.* **1** bell (metal). • *s. c.* **2** belfry.
campanilla *s. f.* **1** handbell. **2** bubble. **3** uvula. **4** bell flower. ♦ **5 de campanillas,** grand, important.
campanillazo *s. m.* loud ring.
campanillear *v. i.* to ring.
campanilleo *s. m.* ringing.
campano *s. m.* **1** cowbell. **2** big glass.
campanología *s. f.* bell-ringing, campanology.
campanólogo, -ga *s. m.* y *f.* bell-ringer, campanologist.
campante *adj.* **1** outstanding. **2** self-satisfied.
campanudo, -da *adj.* **1** bell-shaped. **2** pompous.
campánula *s. f.* bell flower.
campaña *s. f.* **1** plain. **2** campaign. ♦ **3 ~ electoral,** election campaign.
campar *v. i.* **1** to stand out. **2** to camp. ♦ **3 ~ por sus respetos,** to act independently.
campeador *adj.* y *s. m.* champion.
campear *v. i.* **1** to go to pasture. **2** to become green (sembrado). **3** to stand out. **4** MIL. to be in the field.
campechanía *s. f.* openness.
campechano, -na *adj.* down-to-earth.
campeche *s. m.* BOT. campeachy wood.
campeón, -na *s. m.* y *f.* champion.
campeonato *s. m.* championship.
campero, -ra *adj.* **1** country. **2** outdoor. • *s. f.* **3** tight jacket.
campesino, -na *adj.* **1** country. • *s. m.* y *f.* **2** farmer.
campestre *adj.* country.
camping *s. m.* **1** campsite. ♦ **2 ~ gas,** gas bottle.
campiña *s. f.* open land.
campo *s. m.* **1** countryside. **2** field. **3** DEP. ground. ♦ **4 ~ de concentración,** concentration camp. **5 ~ eléctrico,** electric field. **6 ~ visual,** field of vision. **7 ~ gravitatorio terrestre,** Earth's gravitational field. **8 ~ magnético,** magnetic field. **9 ~ santo,** graveyard. **10** MIT. **Campos Elíseos,** Elysian Fields; Champs Elysées (en París). **11 a ~ traviesa,** across country. **12 levantar el ~,** to raise camp.
camposanto *s. m.* graveyard.
campus *s. m.* campus.
camuflaje *s. m.* camouflage.
camuflar *v. t.* to camouflage.
camuñas *s. f. pl.* **1** seeds. **2 el Camuñas,** the Bogeyman.
can *s. m.* **1** dog. **2** trigger (arma de fuego). **3** ARQ. corbel. ♦ **4 Can Mayor,** Canis Major. **5 Can Menor,** Canis Minor.
cana *s. f.* **1** grey hair. ♦ **2 echar una ~ al aire,** to let one's hair down. **3 peinar canas,** to be getting on.
canáceo, -a *adj.* cannaceous.
Canadá *s. m.* Canadá.
canadiense *adj./s. m.* y *f.* Canadian.
canal *s. m.* y *f.* **1** canal. **2** channel. **3** narrow valley. **4** conduit. **5** cleaned carcass. **6** ARQ. fluting. ♦ **7 abrir en ~,** to cut right down the middle.
canalado, -da *adj.* fluted.
canaladura *s. f.* flute.
canaleja *s. f.* mill spout.
canalete *s. m.* paddle.
canalización *s. f.* channelling.
canalizar *v. t.* **1** to channel. **2** to canalize (río).
canalizo *s. m.* MAR. narrow channel.
canalla *s. f.* **1** rabble. • *s. m.* **2** good-for-nothing.
canallada *s. f.* rotten trick.
canallesco, -ca *adj.* rotten.
canalón *s. m.* **1** roof gutter. • *pl.* **2** cannelloni.
canana *s. f.* cartridge belt.
canapé *s. m.* **1** divan. **2** GAST. canapé.
canariera *s. f.* canary cage.
canario, -ria *adj.* **1** from the Canary Islands. • *s. m.* y *f.* **2** canary.
canasta *s. f.* **1** wicker basket. **2** canasta.
canastada *s. f.* basketful.
canastero, -ra *s. m.* y *f.* wicker-basket maker.
canastilla *s. m.* **1** layette. **2** small basket.
canastillero, -ra *s. m.* y *f.* wicker-tray maker.
canastillo *s. m.* wicker tray.
canasto o **canastro** *s. m.* **1** large basket. ♦ **2 ¡canastos!,** (fam.) good grief!
cáncamo *s. m.* eyebolt.
cancamurria *s. f.* (fam.) the blues.
cancamusa *s. f.* trick.
cancán o **can can** *s. m.* cancan.
cáncano *s. m.* louse.
cancel *s. m.* **1** storm door. **2** (Am.) partition.
cancela *s. f.* lattice gate.
cancelación *s. f.* cancellation.
cancelar *v. t.* to cancel.
cancelaria *s. f.* papal chancery.
cancelario *s. m.* university chancellor.
cáncer *s. m.* **1** MED. cancer. **2** ASTR. Cancer.
cancerado, -da *adj.* cancerous.
cancerar *v. pron.* to get cancer.
cancerbero o **cerbero** *s. m.* **1** strict watchman. **2** goalkeeper (fútbol).
cancerígeno, -na *adj.* cancer-producing.
canceroso, -sa *adj.* cancerous.
cancha *s. f.* **1** DEP. ground. **2** widest part (río). **3** (Am.) knack. **4** (Am.) popcorn. • *interj.* **5** clear the way! ♦ **6 dar ~ a uno,** to give someone an advantage.
canchero, -ra *adj.* talented.
canciller *s. m.* chancellor.
cancilleresco, -ca *adj.* of the chancellery.

cancillería *s. f.* chancellery.
canción *s. f.* **1** song. ◆ **2** ~ **de cuna,** lullaby. **3 volver a la misma** ~, to repeat the same old story.
cancionero *s. m.* song-book.
cancionista *s. m.* y *f.* songwriter.
cancro *s. m.* **1** MED. cancer. **2** canker.
cancroide *s. m.* cancroid tumour.
candado *s. m.* padlock.
cande o **candi** *adj.* crystallized.
candeal o **candial** *adj.* white (pan).
candela *s. f.* **1** candle power. **2** candle. **3** candlestick. **4** light.
candelabro *s. m.* candelabrum.
candelada *s. f.* bonfire.
candelaria *s. f.* **1** Candlemas. **2** BOT. great mullein.
candelejón *adj.* (Am.) naïve.
candelero *s. m.* **1** candlestick. **2** oil lamp. **3** MAR. stanchion. ◆ **4 en el** ~, in a position of authority.
candelilla *s. f.* (Am.) glow-worm.
candencia *s. f.* incandescence.
candente *adj.* incandescent.
cándidamente *adv.* innocently.
candidato, -ta *s. m.* y *f.* candidate.
candidez *s. f.* innocence.
cándido, -da *adj.* candid.
candiel *s. m.* egg sweet.
candil *s. m.* **1** oil lamp. **2** ZOOL. tine.
candileja *s. f.* **1** oil-lamp reservoir. **2** oil lamp. ● *pl.* **3** footlights (teatro).
candiota *adj.* **1** Candiot. ● *s. f.* **2** wine cask.
candiotero *s. m.* cooper.
candongo, -ga *s. m.* y *f.* shirker.
candonguear *v. i.* to shirk work.
candongueo *s. m.* shirking.
candonguero, -ra *adj.* **1** crafty. **2** lazy.
candor *s. m.* **1** pure whiteness. **2** innocence.
candoroso, -sa *adj.* innocent.
caneca *s. f.* earthenware drinking vessel.
canecillo *s. m.* corbel.
canela *s. f.* **1** cinnamon. **2** (fam.) peach.
canelado, -da *adj.* cinnamon-flavoured.
canelero *s. m.* cinnamon.
canelo *s. m.* **1** cinamon-coloured. ◆ **hacer el** ~, (fam.) to be a dupe.
canelón *s. m.* **1** icicle. **2** curled fringe (pelo). **3** cannelloni (comida).
canesú *s. m.* decorative facing.
caney *s. m.* (Am.) **1** river bend. **2** hut.
cangilón *s. m.* bucket.
cangrejera *s. f.* nest of crabs.
cangrejero, -ra *s. m.* y *f.* crab seller.
cangrejo *s. m.* **1** crab. **2** MAR. gaff. ◆ **3** ~ **de mar,** crab. **4** ~ **de río,** crayfish.
cangrena *s. f.* gangrene.
canguelo *s. m.* (fam.) wind up.
canguro *s. m.* **1** ZOOL. kangaroo. **2** babysitter (persona).
caníbal *s. m.* y *f.* cannibal.
canibalismo *s. m.* cannibalism.
canica *s. f.* marble.
canicie *s. f.* grey hair.
canícula *s. f.* **1** dog days. **2** ASTR. Sirius.
canicular *adj.* canicular.
caniculario *s. m.* dog keeper.
cánido, -da *adj.* canine.
canijo, -ja *adj.* sickly.
canil *s. m.* dog bread.
canilla *s. f.* **1** long bone. **2** barrel tap. **3** bobbin (tejer). **4** rib (tejido).
canillera *s. f.* **1** shin-pad. **2** (Am.) cowardice.
canillero *s. m.* bunghole.
canillita *s. m.* y *f.* (Am.) newspaper vendor.
canilludo, -da *adj.* (Am.) long-legged.
canino, -na *adj.* **1** canine. ● *s. m.* **2** canine tooth. ● *s. f.* dog excrement.
caninez *s. f.* ravenous hunger.
canje *s. m.* exchange.
canjeable *adj.* exchangeable.
canjear *v. t.* to exchange.
cannáceo, -a *adj.* cannaceous.
canoso, -sa *adj.* white-haired.
canoa *s. f.* **1** canoe. **2** (Am.) canal.
canódromo *s. m.* dog track.
canon *s. m.* **1** canon. **2** FIN. levy. **3** canon (parte de la misa).
canónico, -ca *adj.* REL. canonical: *derecho canónico = canonic law.*
canóniga *s. f.* pre-lunch nap.
canónigo *s. m.* REL. canon.
canonista *s. m.* y *f.* expert in canon law.
canonizable *adj.* worthy of canonizing.
canonización *s. f.* canonization.
canonizar *v. t.* to canonize.
canonjía *s. f.* **1** canonry. **2** cushy job.
canoro, -ra *adj.* tuneful.
cansado, -da *adj.* **1** tired (fatigado): **estar** ~, to be tired. **2** tiring (trabajo, viaje): **ser** ~, to be tiring.
cansador, -ra *adj.* (Am.) boring, tedious.
cansancio *s. m.* **1** tiredness (fatiga). **2** boredom (aburrimiento). **3** MED. exhaustion. ◆ **4 estar muerto de** ~, to be worn out.
cansar *v. t.* **1** to tire, to make tired. ● *v. i.* **2** to be tiring. ● *v. pron.* **3** to get tired (fatigarse): *se cansa en seguida = he soon gets tired.* **4** to get bored (aburrirse).
cansino, -na *adj.* tiring.
cantable *adj.* singable.
cantador, -ra *s. m.* y *f.* singer.
cantal *s. m.* boulder.
cantaletear *v. t.* **1** to make fun of. **2** to chant.
cantante *s. m.* y *f.* singer.
cantar *v. t.* **1** to sing. **2** to chant. ● *s. m.* **3** song. ◆ **4** ~ **de plano,** to tell all. **5** ~ **de gesta,** epic poem. **6 eso es otro** ~, that's another kettle of fish.
cántara *s. f.* **1** pitcher. **2** liquid measure.
cantarada *s. f.* pitcher contents.
cantarela *s. f.* **1** treble string. **2** chanterelle (hongo).
cantarera *s. f.* pottery stand.
cantarería *s. f.* **1** pottery. **2** pottery shop.
cantarero, -ra *s. m.* y *f.* **1** pot dealer. **2** potter.
cantarín, -na *adj.* song-loving.
cántaro *s. m.* **1** pitcher. ◆ **2 a cántaros,** (fam.) in bucketfuls.
cantata *s. f.* MÚS. cantata.
cantatriz *s. f.* female singer.
cantautor, -ra *adj.* singer-songwriter.
cantazo *s. m.* blow with a stone.
cante *s. m.* **1** singing. ◆ **2** ~ **hondo/**~ **jondo/**~ **flamenco,** gypsy singing.
cantear *v. t.* to border.
cantera *s. f.* **1** quarry. **2** talent.
cantería *s. f.* stonework.
cantero *s. m.* **1** stonemason. **2** brittle end. **3** plot (terreno).
cántico *s. m.* canticle.
cantidad *s. f.* **1** quantity. **2** amount (personas, objetos). **3** sum, amount (dinero). ● *adv.* **4** loads (fam.) (mucho).
cantiga o **cántiga** *s. f.* carol.
cantil *s. m.* ledge.
cantilena *s. f.* chant.
cantillo *s. m.* small pebble.
cantimplora *s. f.* water bottle.
cantina *s. f.* **1** canteen. **2** refreshment room. **3** wine cellar. **4** lunch box.
cantinela *s. f.* chant.
cantinero, -ra *s. m.* y *f.* barman (hombre), barwoman (mujer), barkeeper.
cantizal *s. m.* stony area.
canto *s. m.* **1** singing. **2** song. **3** edge. **4** pebble.
cantón *s. m.* **1** corner. **2** canton.
cantonal *adj.* cantonal.
cantonar *v. t.* to billet.
cantonear *v. i.* to loaf around.
cantonero, -ra *adj.* **1** idle, lazy (holgazán, vago). ● *s. m.* y *f.* **2** loafer (holgazán). ● *s. f.* **3** corner-plate (pieza). **4** cupboard (rinconera).
cantor, -ra *s. m.* y *f.* singer.
cantoral *s. m.* choir book.
canturrear *v. t.* e *i.* to hum.
canturreo *s. m.* humming.
canturriar *v. t.* e *i.* to hum.
cánula *s. f.* cannula.
canutero *s. m.* **1** pincushion. **2** (Am.) pen barrel.
canutillo *s. m.* small tube.
canuto *s. m.* **1** small tube. **2** (Am.) pen barrel.
caña *s. f.* **1** BOT. stem. **2** long bone. **3** leg (bota). **4** marrow (hueso). **5** glass. **6** tipstock (arma de fuego). **7** shaft (columna). ◆ **8** ~ **de azúcar,** sugar cane.
cañada *s. f.* **1** ravine. **2** cattle track.
cañadú o **cañadulce** o **cañaduz** *s. f.* sugar cane.
cañal o **cañaveral** *s. m.* reedbed.
cañamar *s. m.* sugar-cane plantation.
cañamazo *s. m.* **1** burlap. **2** sketch.
cañamelar *s. m.* sugar-cane plantation.
cañameño, -ña *adj.* hempen.
cañamiel *s. f.* sugar cane.
cáñamo *s. m.* hemp.
cañamón *s. m.* hempseed.
cañamoncillo *s. m.* mixing sand.
cañariego, -ga *adj.* migrating.
cañavera *s. f.* reed grass.
cañaveral *s. m.* **1** reedbed (de juncos). **2** sugar cane plantation (de caña de azucar).
cañería *s. f.* piping.
cañero, -ra *adj.* **1** cane. ● *s. m.* y *f.* **2** plumber.
cañista *s. m.* y *f.* hurdle maker.
cañivano, -na *adj.* hollow.
cañiza *adj.* **1** long-grained. ● *s. f.* **2** canvas.

cañizo *s. m.* AGR. hurdle.
caño *s. m.* **1** tube. **2** spout. **3** sewer. **4** navigation channel.
cañón *s. m.* **1** long tube. **2** barrel (arma de fuego). **3** quill (pluma). **4** GEOL. canyon. **5** MIL. cannon.
cañonazo *s. m.* cannon shot.
cañonear *v. t.* to shell.
cañoneo *s. m.* shelling.
cañonera *s. f.* embrasure.
cañonería *s. f.* **1** cannonry. **2** pipework (órgano).
cañonero *s. m.* gunboat.
cañucela *s. f.* reed pen.
cañutazo *s. m.* hearsay.
cañutería *s. f.* **1** piping. **2** embroidery.
cañutero *s. m.* pincushion.
cañutillo *s. m.* **1** small pipe. **2** bugle (de bordar).
cañuto *s. m.* **1** internode. **2** short tube.
caoba *s. f.* mahogany.
caolín *s. m.* kaolin, china clay.
caos *s. m.* chaos.
caótico, -ca *adj.* chaotic.
capa *s. f.* **1** cape. **2** layer (recubrimiento). **3** layer (estrato). **4** GEOL. stratum. **5** colour (animal). ◆ **6 ~ aguadera,** waterproof cape. **7 ~ pluvial,** chasuble. **8 de ~ caída,** going through a bad patch. **9 hacer de su ~ un sayo,** to do as one pleases in one's own affairs.
capecha *s. f.* (Am.) (fam.) slammer, jail.
capachero, -ra *s. m.* y *f.* basket maker.
capacho *s. m.* basket.
capacidad *s. f.* capacity.
capacitación *s. f.* enabling.
capacitado, -da *adj.* qualified.
capacitar *v. t.* to capacitate.
capar *v. t.* to castrate.
caparazón *s. m.* **1** shell. **2** covering. **3** nosebag.
caparra *s. f.* **1** ZOOL. tick. **2** earnest (dinero).
caparrón *s. m.* **1** bud. **2** bean.
caparrosa *s. f.* **1** vitriol. ◆ **2 ~ azul,** blue vitriol. **3 ~ blanco,** white vitriol. **4 ~ verde,** copperas.
capataz *s. m.* foreman.
capaz *adj.* **1** capable (competente). ◆ **2 ser ~ de,** to be able to do something (poder); to be capable of something (de una acción): *es capaz de cualquier cosa = she's capable of anything.*
capazo *s. m.* large basket.
capciosidad *s. f.* captiousness.
capcioso, -sa *adj.* captious.
capea *s. f.* **1** waving the cape (tauromaquia). **2** amateur bullfight.
capear *v. t.* **1** to steal a cape. **2** to wave the cape. **3** to trick. **4** to ride out the storm.
capellada *s. f.* toe piece.
capellán *s. m.* chaplain.
capellanía *s. f.* chaplaincy.
capelo *s. m.* **1** cardinal's hat. **2** cardinalate.
capeón *s. m.* young bull.
capero *s. m.* **1** priest. **2** hallstand.
caperuza *s. f.* hood.
capialzado, -da *adj.* splayed.
capialzar *v. t.* to splay.
capicúa *adj.* **1** palindromic. ● *s. m.* **2** palindromic number (número). **3** palindrome (palabra).
capilar *adj.* hair.
capilaridad *s. f.* capillarity.
capilla *s. f.* **1** cowl. **2** chapel. **3** choir. **4** proof sheet (prueba de imprenta). ◆ **5 ~ ardiente,** funeral chapel. **6 estar en ~,** to be on death row. **7 hacer capillas,** to fragment.
capillejo *s. m.* bonnet.
capillero *s. m.* churchwarden.
capilleta *s. f.* tiny chapel.
capillo *s. m.* **1** baby's bonnet. **2** hood. **3** toe-piece support. **4** rabbit net. **5** wax strainer.
capirotazo *s. m.* click.
capirote *s. m.* **1** mozetta. **2** hood.
capirucho *s. m.* cowl.
capisayo *s. m.* **1** bishop's gown. **2** vest.
capital *adj.* **1** capital. ● *s. f.* **2** capital.
capitalidad *s. f.* capital status.
capitalismo *s. m.* capitalism.
capitalista *adj./s. m.* y *f.* capitalist.
capitalización *s. f.* capitalization.
capitalizar *v. t.* to capitalize.
capitalmente *adv.* seriously.
capitán *s. m.* **1** captain. ◆ **2 ~ general,** field marshal.
capitana *s. f.* captain's wife.
capitanear *v. t.* to captain.
capitanía *s. f.* **1** captaincy. ◆ **2 ~ general,** commander's jurisdiction.
capitel *s. m.* ARQ. capital.
capitolio *s. m.* **1** capitol. **2** (fam.) palace.
capitonné *s. m.* removal lorry.
capitoste *s. m.* (desp.) chief, boss.
capítula *s. f.* REL. chapter.
capitulación *s. f.* **1** capitulation. ● *pl.* **2** marriage contract.
capitular *adj.* **1** chapter. ● *v. t.* **2** to pact. **3** to decree. ● *v. i.* **4** to capitulate.
capítulo *s. m.* **1** chapter. **2** charge.
capó *s. m.* o **capota** *s. f.* bonnet (coche).
capón *adj.* **1** castrated. ● *s. m.* **2** capon. **3** bundle of vines. **4** smack on the head.
caponar *v. t.* to tie up vines.
caporal *s. m.* **1** corporal. **2** foreman.
capota *s. f.* bonnet (sombrero femenino).
capotar *v. i.* to nose over.
capotazo *s. m.* pass (tauromaquia).
capote *s. m.* **1** cloak. **2** cape. **3** scowl. **4** heavy sky. ◆ **5 echar un ~,** to lend a hand.
capotear *v. t.* **1** to use the cape (tauromaquia). **2** to fool. **3** to dodge.
capoteo *s. m.* using the cape.
capricho *s. m.* **1** whim, caprice.
caprichosamente *adv.* whimsically, capriciously.
caprichoso, -sa *adj.* whimsical, capricious.
caprichudo, -da *adj.* whimsical, capricious.
Capricornio *s. m.* ASTR. Capricorn.
caprino, -na *adj.* caprine.
cápsula *s. f.* **1** cap. **2** capsule. ◆ **3 ~ espacial,** space capsule.
capsular *adj.* capsular.
captación *s. f.* securing.
captar *v. t.* **1** to captivate. **2** to collect. **3** to receive.
captura *s. f.* capture.
capturar *v. t.* to capture.
capuana *s. f.* thrashing.
capucha *s. f.* **1** hood. **2** circumflex.
capuchina *s. f.* **1** nasturtium. **2** oil lamp.
capuchino, -na *s. m.* y *f.* **1** REL. Capuchin. ● *s. m.* **2** capuccino (café).
capullo *s. m.* **1** bud. **2** cocoon. **3** prepuce.
capuz *s. m.* hood.
caquexia *s. f.* cachexia.
caqui *s. m.* **1** persimmon. **2** khaki.
cara *s. f.* **1** face. **2** side. ◆ **3 dar la ~,** to face the consequences of one's actions. **4 de ~,** opposite. **5 echar en ~,** to reproach. **6 hacer ~ a,** to confront. **7 jugar a ~ o cruz,** to toss for something. **8 tener ~,** to have a cheek. **9 tener buena/mala ~,** to look well/ill.
caraba *s. f.* **1** (fam.) the end. ◆ **2 ser la ~,** (fam.) to be the limit, be too much.
carabela *s. f.* MAR. caravel.
carabina *s. f.* **1** carbine. **2** chaperon. ◆ **3 ser una cosa la ~ de Ambrosio,** to be useless.
carabinazo *s. m.* carbine shot.
carabinero *s. m.* carabineer.
cárabo *s. m.* tawny owl.
caracha *s. f.* o **carache** *s. m.* mange.
caracol *s. m.* **1** snail. **2** snail shell. **3** curl (pelo). ◆ **4 ¡caracoles!,** good heavens!
caracola *s. f.* spiral shell.
caracolear *v. i.* to prance in circles (caballo).
carácter *s. m.* **1** character (temperamento). **2** BIOL. characteristic. **3** nature (índole). ◆ **4 con ~ de,** in the role of.
característica *s. f.* characteristic.
característico, -ca *adj.* **1** characteristic. ● *s. m.* y *f.* **2** character actor.
caracterización *s. f.* characterization.
caracterizado, -da *adj.* distinguished.
caracterizar *v. t.* **1** to characterize. ● *v. pron.* **2** to dress up (actor).
caracú *s. m.* (Am.) **1** marrow bone. **2** marrow.
caradura *adj.* **1** (fam.) cheeky. **2** (fam.) cheeky devil.
caramanchel *s. m.* **1** MAR. hatchway covering. **2** attic. **3** canteen. **4** stall. **5** dug-out.
¡caramba! *interj.* good grief!
carambanado, -da *adj.* icicle-shaped.
carámbano *s. m.* icicle.
carambola *s. f.* **1** cannon. **2** chance. **3** trick.
caramelizar *v. t.* to caramelize.
caramelo *s. m.* **1** sweet (brit.); candy (EE UU). **2** caramel (azúcar quemado).
caramillo *s. m.* **1** flageolet. **2** rustic flute. **3** untidy heap. **4** piece of gossip.
caramilloso, -sa *adj.* fussy.
carantamaula *s. f.* **1** ugly mask. **2** (fam.) ugly person.

carantoña *s. f.* **1** ugly person. • *pl.* **2** cajolery.
carantoñero, -ra *adj.* cajoling.
carapacho *s. m.* **1** tortoise shell. **2** (Am.) shellfish stew.
¡carape! *interj.* good grief!
carasol *s. m.* suntrap.
carátula *s. f.* **1** mask. **2** the stage (teatro). **3** cover (libro). **4** title page (página).
caravana *s. f.* **1** caravan. **2** traffic jam (tráfico). • *pl.* (Am.) **3** long earrings.
caravanero *s. m.* caravan guide.
caravasar *s. m.* caravanserai.
¡caray! *interj.* good grief!
carbodinamita *s. f.* QUÍM. carbodynamite.
carbol *s. m.* phenol.
carbón *s. m.* **1** coal. **2** carbon. **3** charcoal. ♦ **4** ~ **animal,** animal charcoal. **5** ~ **de piedra,** coal. **6** ~ **vegetal,** charcoal.
carbonada *s. f.* **1** coal load. **2** (Am.) stew.
carbonado *s. m.* black diamond.
carbonatar *v. t.* to carbonate.
carbonato *s. m.* QUÍM. carbonate.
carboncillo *s. m.* charcoal.
carbonear *v. t.* to convert into charcoal.
carboneo *s. m.* charcoal making.
carbonero, -ra *adj.* **1** coal. • *s. m.* y *f.* **2** coal merchant. **3** coal tit.
carbónico, -ca *adj.* carbonic.
carbonífero, -ra *adj.* carboniferous.
carbonilla *s. m.* **1** fine coal. **2** cinders.
carbonización *s. f.* carbonization.
carbonizar *v. t.* y *pron.* to carbonize.
carborundo *s. m.* carborundum.
carbunclo o **carbunco** *s. m.* carbuncle.
carbúnculo o **carbunclo** *s. m.* ruby.
carburación *s. f.* carburation.
carburador *s. m.* carburettor.
carburante *s. m.* fuel.
carburar *v. t.* **1** to carburet. • *v. i.* **2** to go smoothly.
carca *adj.* **1** old-fashioned. • *s. m.* y *f.* **2** fuddy-duddy.
carcaj o **carcax** *s. m.* o **carcaza** *s. f.* **1** quiver. **2** holder.
carcajada *s. f.* guffaw.
carcamal *s. m.* old fogey.
carcamán *s. m.* MAR. heavy old boat.
carcasa *s. f.* **1** incendiary bomb. **2** chassis.
cárcava *s. f.* **1** rill. **2** grave.
carcavina *s. f.* **1** ditch. **2** grave.
cárcavo *s. m.* cavity of a water-wheel.
carcelario, -ria *adj.* prison.
carcelera *s. f.* Andalusian prison song.
carcelero, -ra *s. m.* y *f.* jailer.
carcinoma *s. m.* carcinoma.
carcoma *s. f.* **1** woodworm. **2** dust. **3** gnawing concern. **4** spendthrift.
carcomer *v. t.* **1** to gnaw away (carcoma). **2** to consume (envidia). **3** to riddle (cáncer).
carda *s. f.* **1** carding. **2** teasel. **3** reproof.
cardamina *s. f.* pepper cress.
cardar *v. t.* to card.
cardenal *s. m.* **1** cardinal. **2** cardinal bird. **3** bruise.
cardencha *s. f.* teasel.
cardenillo *s. m.* verdigris.
cárdeno, -na *adj.* purple.
cardiáceo, -a *adj.* heart-shaped.
cardiaco, -ca *adj.* cardiac.
cardialgia *s. f.* cardialgia.
cardias *s. m.* cardiac orifice.
cardillo *s. m.* golden thistle.
cardinal *adj.* cardinal.
cardiofobia *s. f.* cardiophobia.
cardiografía *s. f.* cardiography.
cardiógrafo, -fa *s. m.* y *f.* cardiographer.
cardiograma *s. m.* cardiogram.
cardiología *s. f.* cardiology.
cardiopatía *s. f.* cardiopathy.
carditis *s. f.* MED. carditis.
cardizal *s. m.* thistle field.
cardo *s. m.* **1** thistle. ♦ **2** ~ **ajonjero,** carline thistle. **3** ~ **borriqueño,** cotton thistle. **4** ~ **estrellado,** star thistle.
cardón *s. m.* **1** BOT. teasel. **2** carding.
cardoncillo *s. m.* milk thistle.
cardume *s. m.* shoal.
carduzar *v. t.* ⇒ **cardar.**
carear *v. t.* **1** to bring face to face. **2** to compare. • *v. pron.* **3** to come together.
carecer *v. i.* to lack.
careciente *adj.* lacking.
carecimiento *s. m.* lack.
carel *s. m.* top edge (barca).
carena *s. f.* **1** careening. **2** ribbing. **3** submerged hulk.
carenar *v. t.* to careen.
carencia *s. f.* **1** lack, shortage (escasez). **2** need (necesidad).
carente *adj.* lacking.
careo *s. m.* confrontation.
carestía *s. f.* **1** scarcity. **2** high cost.
careto, -ta *adj.* **1** white-faced (caballo, res vacuna, etc.). • *s. f.* **2** mask.
carey *s. m.* **1** ZOOL. turtle. **2** tortoiseshell. **3** (Am.) polishing cloth.
carga *s. f.* **1** load (cargamento). **2** weight (peso). **3** cargo (mercancías). **4** tax. **5** duty. **6** burden (responsabilidad). **7** charge (explosivos). **8** refill (bolígrafo, etc.). **9** attack (asalto). ♦ **10** ~ **de un río,** head. **11 cargas familiares,** family responsibilities.
cargadero *s. m.* loading point.
cargado, -da *adj.* **1** loaded. **2** close (tiempo). **3** strong (café, etc.).
cargador, -ra *s. m.* y *f.* loader.
cargamento *s. m.* **1** loading. **2** shipment.
cargante *adj.* boring.
cargar *v. t.* **1** to load. **2** to burden. **3** to annoy. **4** to charge. • *v. i.* **5** ~ **con,** to assume. **6** ~ **en,** to fall on. **7** ~ **hacia,** to incline towards. **8** ~ **sobre,** to lean on. **9** ~ **contra,** MIL. to attack. • *v. pron.* **10** to do away with. **11** to become overcast (cielo). **12** to fill oneself up with. **13** to get into trouble.
cargazón *s. f.* **1** load. **2** heaviness (cabeza, etc.). **3** mass of heavy clouds.
cargo *s. m.* **1** loading (acción). **2** weight (peso). **3** post (puesto). **4** duty (deber). **5** charge (responsabilidad). ♦ **6 hacerse** ~ **de algo; a)** to take charge of something; **b)** to understand. **7 al** ~ **de algo,** in charge of something.
cargosear *v. t.* (Am.) to annoy.
cargoso, -sa *adj.* annoying.
carguero *s. m.* freighter.
carguío *s. m.* freight.
cariacontecido, -da *adj.* downcast, dejected.
cariado, -da *adj.* decayed.
cariadura *s. f.* decay.
cariaguileño, -ña *adj.* eagle-faced.
cariampollado, -da *adj.* chubby-cheeked.
cariampollar *adj.* chubby-cheeked.
cariar *v. pron.* to decay.
cariátide *s. f.* caryatid.
caribeño, -ña *s. m.* y *f.* Caribbean.
caribú *s. m.* caribou.
caricato *s. m.* **1** comic actor. **2** (Am.) caricature.
caricatura *s. f.* caricature.
caricaturesco, -ca *adj.* caricatural.
caricaturista *s. m.* y *f.* caricaturist.
caricaturizar *v. t.* to caricature.
caricia *s. f.* **1** caress. **2** endearment.
caricioso, -sa *adj.* caressing.
caridad *s. f.* **1** charity. **2** alms. ♦ **3 instituciones de** ~**,** charitable institutions. **4 vivir de la** ~**,** to live on charity.
caries *s. f. pl.* **1** decay. **2** AGR. blight.
carilla *s. f.* **1** page. **2** mask.
carillón *s. m.* carillon.
carilucio, -cia *adj.* shiny-faced.
carimbo *s. m.* (Am.) branding iron.
cariño *s. m.* **1** affection. **2** tenderness. ♦ **3 con** ~**,** love (en cartas). **4 tener** ~ **a,** to be fond of. **5 ¡cariño!,** love.
cariñosamente *adv.* affectionately.
cariñoso, -sa *adj.* affectionate, loving, fond.
cariocinesis *s. f.* karyokinesis.
cariópside *s. f.* caryopsis.
carisma *s. m.* charisma.
carismático, -ca *adj.* charismatic.
cariz *s. m.* look.
carlanca *s. f.* **1** spiked collar. **2** cunning.
carlancón, -na *adj.* crafty.
carlear *v. i.* to pant.
carlinga *s. f.* **1** cabin. **2** MAR. mast step.
carlismo *s. m.* HIST. Carlism.
carlista *adj./s. m.* y *f.* HIST. Carlist.
carlovingio, -gia *adj.* HIST. Carlovingian.
carmelina *s. f.* vicuna wool.
carmelita *adj./s. m.* y *f.* Carmelite.
carmelitano, -na *adj.* Carmelite.
carmen *s. m.* **1** villa. **2** carmen (poesía). **3** Carmelite Order.
carmenador o **cardador** *s. m.* carder.
carmesí *adj.* crimson.
carmín *s. m.* **1** carmine. **2** rouge. **3** BOT. dog rose.
carminativo, -va *adj.* carminative.
carmíneo, -a *adj.* carmine-coloured.
carminoso, -sa *adj.* carmine-coloured.
carnada *s. f.* **1** bait. **2** lure.
carnadura *s. f.* **1** musculature. **2** healing flesh.
carnal *adj.* carnal.
carnalidad *s. f.* carnality.
carnaval *s. m.* carnival.

carnavalada *s. f.* carnival escapade.
carnavalesco, -ca *adj.* carnivalesque.
carnaza *s. f.* **1** bait. **2** inner skin. **3** fatness.
carne *s. f.* **1** flesh. **2** meat. ◆ **3** ~ **de cañón,** cannon fodder. **4** ~ **de gallina,** gooseflesh. **5** ~ **de membrillo,** quince jelly. **6 carnes blancas,** tender meat. **7 echar carnes,** to get fat. **8 en** ~ **viva,** raw.
carné o **carnet** *s. m.* identity card.
carnear *v. t.* (Am.) to slaughter.
carnerada *s. f.* flock of sheep.
carnero *s. m.* **1** ram. ◆ **2** ~ **del cabo,** albatross. **3** ~ **marino,** seal.
carneruno, -na *adj.* sheeplike.
carnestolendas *s. f. pl.* carnival.
carnicería *s. f.* butcher's shop.
carnicero *adj.* **1** carnivorous. **2** bloodthirsty. ● *s. m.* y *f.* **3** butcher.
carnificación *s. f.* MED. carnification.
carnívoro, -ra *adj.* carnivorous.
carniza *s. f.* **1** meat remains. **2** rotten flesh.
carnosidad *s. f.* obesity.
carnoso, -sa *adj.* **1** fleshy. **2** fat.
caro, -ra *adj.* **1** expensive. **2** dear.
carona *s. f.* **1** cushion. **2** back (caballo).
caroñoso, -sa *adj.* mangy (caballo).
carótida *s. f.* carotid artery.
carotina *s. f.* QUÍM. carotene.
carozo *s. m.* **1** corn cob. **2** (Am.) stone.
carpa *s. f.* **1** carp. **2** tent. **3** ZOOL. carp.
carpanel *adj.* ARQ. basket-handle.
carpanta *s. f.* **1** keen hunger. **2** laziness. **3** (Am.) rowdy crowd.
carpe *s. m.* hornbeam.
carpelar *adj.* carpel.
carpelo *s. m.* carpel.
carpeta *s. f.* **1** folder (para documentos). **2** table cover (tapete). **3** (Am.) savoir faire.
carpetazo *s. m.* **dar** ~, to shelve.
carpintear *v. t.* to carpenter.
carpintería *s. f.* carpentry.
carpintero, -ra *s. m.* y *f.* **1** carpenter, cabinet-maker. ◆ **2** ~ **de armar/de obra de afuera,** construction carpenter. **3** ~ **de blanco,** joiner. **4** ~ **de prieto,** cartwright. **5** ~ **de ribera,** shipwright.
carpo *s. m.* carpus.
carraca *s. f.* **1** MAR. carrack. **2** (desp.) old boiler. **3** rattle (matraca). **4** ratchet (trinquete).
carrasca *s. f.* BOT. kermes oak.
carrascal *s. m.* kermes-oak grove.
carrasco *s. m.* **1** kermes oak. **2** (Am.) forest.
carraspear *v. i.* to clear one's throat.
carraspeño, -ña *adj.* rough.
carraspeo *s. m.* clearing the throat.
carraspera *s. f.* hoarseness.
carrasqueño, -ña *adj.* rough.
carrera *s. f.* **1** running. **2** race. **3** career. **4** course of studies. **5** route. **6** row. **7** ladder (media, etc.). **8** parting (pelo). **9** ARQ. girder. **10** stroke (pistón). ◆ **11 hacer** ~, to get on.
carrerilla *s. f.* **1** run up. **2** MÚS. scale. ◆ **3 de** ~, straight off.
carrero *s. m.* cart driver.
carreta *s. f.* cart.
carretada *s. f.* **1** cartload. ◆ **2 a carretadas,** by the ton.
carrete *s. m.* **1** reel. **2** ELEC. coil. ◆ **3** ~ **de fotos,** roll of film.
carretear *v. t.* **1** to cart. ● *v. pron.* **2** to stoop.
carretera *s. f.* **1** road. ◆ **2** ~ **comarcal,** B-road. **3** ~ **nacional,** A-road. **4 por** ~, by road.
carretero, -ra *s. m.* y *f.* **1** carter, cart driver. **2** ◆ **fumar como un** ~, to smoke like a chimney.
carretilla *s. f.* **1** wheelbarrow. **2** go-kart (niños). **3** firecracker (petardo). **4** (Am.) jaw (quijada). ◆ **5 de** ~, by heart.
carretón *s. m.* **1** small cart. **2** wheeled box.
carricoche *s. m.* **1** wagon. **2** (desp.) crock.
carriel *s. m.* (Am.) briefcase.
carril *s. m.* **1** lane. **2** rut. **3** rail (ferrocarril).
carrilada *s. f.* track.
carrilera *s. f.* rut.
carrillada *s. f.* pig grease.
carrillera *s. f.* **1** jaw. **2** chin strap.
carrillo *s. m.* **1** small cart. **2** cheek. **3** pulley.
carrilludo, -da *adj.* round-cheeked.
carriola *s. f.* **1** truckle-bed (brit.); trundle-bed (EE UU). **2** cariole.
carrito *s. m.* trolley.
carrizal *s. m.* reedbed.
carrizo *s. m.* reed grass.
carro *s. m.* **1** cart. **2** cartload. **3** carriage (máquina de escribir). **4** tank. **5** (Am.) car. ◆ **6 Carro Mayor,** Great Bear. **7 Carro Menor,** Little Bear.
carrocería *s. f.* **1** bodywork. **2** coachbuilder's.
carrocero, -ra *s. m.* y *f.* coachbuilder.
carrocha *s. f.* eggs (insectos).
carrochar *v. i.* to lay eggs.
carromato *s. m.* cart.
carroño, -ña *adj.* rotten.
carroza *s. f.* carriage.
carruaje *s. m.* carriage.
carrujo *s. m.* treetop.
carrusel *s. m.* merry-go-round, roundabout.
carta *s. f.* **1** letter. **2** card. **3** map. **4** constitution. **5** charter. ◆ **6** ~ **abierta,** open letter. **7** ~ **blanca,** carte blanche. **8** ~ **credencial,** credentials. **9** ~ **de navegación,** marine chart. **10** ~ **de naturaleza,** naturalization papers. **11** ~ **pastoral,** pastoral letter. **12 a** ~ **cabal,** completely. **13 echar las cartas,** to tell someone's fortune. **14 tomar cartas en un asunto,** to intervene in an affair.
cartabón *s. m.* set square, drawing triangle.
cartapacio *s. m.* **1** notebook. **2** portfolio.
cartapel *s. m.* useless piece of writing.
cartear *v. i.* **1** to play low (cartas). ● *v. pron.* **2** to write to one another.
cartel *s. m.* **1** poster, bill. **2** pasquinade. **3** sardine net. **4** COM. cartel. ◆ **5 tener** ~, to be famous.
cartelera *s. f.* **1** hoarding. **2** listings (de espectáculos).
cartera *s. f.* **1** wallet. **2** POL. portfolio. **3** ECON. holdings. **4** pocket flap (coser). **5** handbag. **6** postwoman (persona).
cartería *s. f.* sorting room.
carterista *s. m.* pickpocket.
cartero *s. m.* postman.
cartesianismo *s. m.* FIL. Cartesianism.
cartesiano, -na *adj.* FIL. Cartesian.
cartilagíneo, -a *adj.* cartilaginous.
cartilaginoso, -sa *adj.* cartilaginous.
cartílago *s. m.* cartilage.
cartilla *s. f.* **1** primer. **2** information book. **3** liturgical calendar. ◆ **4** ~ **de ahorros,** savings book.
cartografía *s. f.* cartography, mapmaking.
cartógrafo, -fa *s. m.* y *f.* cartographer, mapmaker.
cartomancia *s. f.* fortune-telling.
cartomántico, -ca *s. m.* y *f.* fortuneteller.
cartometría *s. f.* cartometry.
cartómetro *s. m.* cartometre.
cartón *s. m.* **1** cardboard (material). **2** carton (envase, caja). **3** ART. cartoon. ◆ **4** ~ **piedra,** papier mâché.
cartoné *s. m.* **en** ~, hardback.
cartuchera *s. f.* cartridge belt.
cartucho *s. m.* **1** cartridge. **2** roll. **3** cone.
cartuja *s. f.* **1** Carthusian order. **2** Carthusian monastery.
cartujo, -ja *adj./s. m.* y *f.* Carthusian.
cartulina *s. f.* card.
carúncula *s. f.* caruncle.
carvallo *s. m.* oak.
casa *s. f.* **1** house (vivienda). **2** home (hogar). **3** establishment (empresa). ◆ **4** ~ **consistorial,** town hall. **5** ~ **cuna,** orphanage. **6** ~ **de Dios/del Señor,** church. **7** ~ **de expósitos,** foundling hospital. **8** ~ **de la moneda,** mint. **9** ~ **de socorro,** first-aid building. **10** ~ **de vecindad,** tenement block. **11** ~ **mortuaria,** house of mourning. **12** ~ **profesa,** convent. **13 echar la** ~ **por la ventana,** to splash out.
casabe o **cazabe** *s. m.* GAST. cassava.
casaca *s. f.* smock, overall.
casación *s. f.* cessation.
casadero, -ra *adj.* marriageable.
casado, -da *p. p.* **1** de **casar.** ● *adj.* **2** married.
casal *s. m.* country house.
casamentero, -ra *s. m.* y *f.* matchmaker.
casamiento *s. m.* wedding.
casar *s. m.* **1** hamlet. ● *v. pron.* **2** to get married. ● *v. t.* **3** to marry. **4** to match. ◆ **5 no casarse con nadie,** to be one's own boss.
casca *s. f.* **1** grape skin. **2** bark.
cascabel *s. m.* **1** tiny bell. ◆ **2 ser un** ~, to be happy-go-lucky.
cascabelear *v. t.* **1** to lead up the garden path. **2** to act recklessly.
cascabillo *s. m.* **1** tiny bell. **2** husk (cereales). **3** acorn cup.
cascado, -da *adj.* **1** worn out. **2** cracked (voice). ● *s. f.* **3** waterfall.
cascajal *s. m.* gravelly area.
cascajo *s. m.* **1** gravel. **2** crock. **3** copper (moneda).

cascanueces *s. m.* nutcracker.
cascar *v. t.* **1** to crack open. • *v. i.* **2** to chat.
cáscara *s. f.* **1** peel. • *interj.* **2 ¡cáscaras!,** good heavens!
cascarilla *s. f.* cinchona bark.
cascarón *s. m.* **1** shell. ◆ **2** ~ **de nuez,** cockleshell.
cascarrabias *adj.* **1** grumpy. • *s. m.* y *f.* **2** grousepot, grouch.
cascarrias *s. f. pl.* mud splashings.
casco *s. m.* **1** skull. **2** helmet. **3** hull (barco). **4** bottle. **5** ZOOL. hoof. **6** fragment (vasija). • *pl.* **7** headphones. ◆ **8 ligero de cascos,** muddle-headed. **9** ~ **de población,** city.
cascote *s. m.* piece of rubble.
caseína *s. f.* casein.
cáseo, -a o **caseoso, -sa** *adj.* cheesy.
caserío *s. m.* farmhouse.
casero, -ra *adj.* **1** domestic (trabajo). **2** home-loving (persona). **3** home-made (producto). • *s. m.* y *f.* **4** tenant (inquilino). **5** (Am.) customer (cliente). **6** (Am.) supplier (proveedor). • *s. m.* **7** landlord (propietario). • *s. f.* **8** landlady (propietaria).
casete *s. m.* o *f.* **1** cassette. • *s. m.* **2** cassette player.
casi *adv.* **1** almost, nearly: *son casi las dos = it's almost two o'clock; casi se caen = they nearly fell over.* **2** hardly: *no queda casi nada = there's hardly anything left; casi nunca le vemos = we hardly ever see him.*
casilla *s. f.* **1** cabin. **2** compartment (mueble, etc.). **3** pigeonhole (para documentos, cartas). **4** square (ajedrez). ◆ **5** ~ **postal,** (Am.) post office box. **6 sacar a uno de sus casillas,** to get on one's nerves.
casillero *s. m.* filing cabinet.
casimir o **cachemir** o **cachemira** *s. m.* **1** cashmere (tela). **2** Kashmir (estado del norte de la India).
casino *s. m.* casino.
casiterita *s. f.* MIN. cassiterite.
caso *s. m.* **1** case. ◆ **2** ~ **que/en** ~ **de que,** in the event of. **3 dado el** ~**,** this being so. **4 en todo** ~**,** at all events. **5 hacer/venir al** ~ **una cosa** to be appropriate. **6 hacer** ~**,** to pay attention. **7 hacer** ~ **omiso,** to ignore. **8** ~ **perdido,** hopeless case.
caspa *s. f.* dandruff.
¡cáspita! *interj.* good heavens!
casquería *s. f.* tripe shop.
casquete *s. m.* **1** skullcap. ◆ **2** ~ **esférico,** spherical segment. **3** ~ **glaciar,** ice cap.
casquillo *s. m.* **1** ferrule. **2** sleeve.
casquivano, -na *adj.* muddle-headed.
casta *s. f.* caste.
castaña *s. f.* **1** BOT. chestnut. **2** bump (choque). ◆ **3** ~ **pilonga,** dried chestnut **4 cogerse una** ~**,** (fam.) to get plastered. **5 sacarle a uno las castañas del fuego,** to bail somebody out. **6 ¡toma** ~ **!,** (fam.) so there!, woll!
castañar *s. m.* chestnut grove.
castañero, -ra *s. m.* y *f.* chestnut vendor.
castañeta *s. f.* **1** castanet. **2** snap (dedos).
castañeteado *s. m.* clicking.
castañetear *v. t.* **1** to play (castañuelas). • *v. i.* **2** to chatter (dientes). **3** to crack (rodillas).
castaño, -ña *adj.* **1** chestnut-coloured. • *s. m.* **2** chestnut tree. ◆ **3** ~ **de Indias,** horse chestnut tree. **4 pasar una cosa de** ~ **oscuro,** to have gone too far.
castañola *s. f.* pomfret.
castañuela *s. f.* **1** castanet. ◆ **2 estar como unas castañuelas,** to be as happy as a sandboy.
castellanizar *v. t.* to Castilianize.
castellano, -na *adj./s. m.* y *f.* Castilian. • *s. m.* Castilian (idioma).
casticismo *s. m.* purity.
casticista *s. m.* y *f.* purist.
castidad *s. f.* chastity.
castigador, -ra *s. m.* y *f.* punisher.
castigar *v. t.* to punish.
castigo *s. m.* punishment.
Castilla *s. f.* Castile.
castillejo *s. m.* **1** walking frame. **2** scaffolding.
castillo *s. m.* **1** castle. ◆ **2 hacer castillos de naipes/hacer castillos en el aire,** to build castles in the air.
castizo, -za *adj.* **1** traditional (costumbre). **2** pure (estilo).
casto, -ta *adj.* chaste.
castor *s. m.* beaver.
castoreño *adj.* beaver.
castóreo *s. m.* castor.
castra *s. f.* pruning.
castración *s. f.* castration.
castradera *s. f.* extracting blade.
castrar *v. t.* **1** to castrate (hombre, toro). **2** to neuter (gato). **3** to spay (gata). **4** to geld (caballo). **5** to extract honey. • *v. pron.* **6** to dry up (llagas).
castrense *adj.* military.
castro *s. m.* camp.
casual *adj.* unexpected.
casualidad *s. f.* **1** chance. **2** coincidence.
casualmente *adv.* by chance.
casuario *s. m.* cassowary.
casuísta *s. m.* y *f.* casuist.
casuística *s. f.* casuistry.
casuístico, -ca *adj.* casuistical.
casulla *s. f.* chasuble.
cata *s. f.* **1** tasting. **2** sample.
catabolismo *s. m.* BIOL. catabolism.
cataclismo *s. m.* cataclysm.
catacresis *s. f.* LIT. catachresis.
catacumbas *s. f. pl.* catacombs.
catadióptrico, -ca *adj.* ÓPT. catadioptric.
catador, -ra *s. m.* y *f.* taster.
catadura *s. f.* tasting.
catafalco *s. m.* catafalque.
catalán, -na *adj./s. m.* y *f.* Catalan.
catalanismo *s. m.* Catalanism.
catalejo *s. m.* telescope.
catalepsia *s. f.* catalepsy.
cataléptico, -ca *adj.* cataleptic.
catálisis *s. f.* catalysis.
catalizador, -ra *s. m.* y *f.* catalyzer.
catalogación *s. f.* cataloguing.
catalogar *v. t.* to catalogue.
catálogo *s. m.* catalogue.
cataplasma *s. f.* poultice.
catapulta *s. f.* catapult.
catapultar *v. t.* to catapult.
catar *v. t.* **1** to taste. **2** to examine. **3** to extract honeycombs.
cataraña *s. f.* heron.
catarata *s. f.* **1** waterfall. **2** cataract. • *pl.* **3** torrential rain.
cátaro, -ra *s. m.* y *f.* cathar.
catarral *adj.* catarrhal.
catarro *s. m.* cold.
catarroso, -sa *adj.* **1** prone to catching colds. **2** suffering from catarrh.
catarsis *s. f.* catharsis.
catastral *adj.* cadastral.
catastro *s. m.* cadaster.
catástrofe *s. f.* catastrophe.
catastróficamente *adv.* catastrophically.
catastrófico, -ca *adj.* catastrophic.
catastrofista *s. m.* y *f.* doomster.
cataviento *s. m.* burgee.
catavino *s. m.* **1** wineglass. • *s. m.* y *f. pl.* **2** wine taster.
cate *s. m.* thump.
catear *v. t.* **1** to sample. **2** (Am.) to prospect. **3** to go through (casa). **4** to fail (examen).
catecismo *s. m.* catechism.
catecúmeno, -na *s. m.* y *f.* catechumen.
cátedra *s. f.* **1** professorship. **2** lecture room. ◆ **3** ~ **de San Pedro,** Chair of Saint Peter. **4 sentar** ~**,** to hold forth.
catedral *s. f.* cathedral.
catedrático, -ca *s. m.* y *f.* professor.
categoremético, -ca *adj.* GRAM. meaningful.
categoría *s. f.* category.
categóricamente *adv.* categorically.
categórico, -ca *adj.* categorical.
catenaria *s. f.* catenary.
catenular *adj.* chain-like.
catequesis *s. f.* catechesis.
catequismo *s. m.* catechism.
catequista *s. m.* y *f.* catechist.
catequizar *v. t.* to catechize.
caterva *s. f.* crowd.
catéter *s. m.* catheter.
cateto, -ta *adj.* **1** boorish. • *s. m.* y *f.* **2** peasant (desp.). • *s. m. pl.* **2** catheti.
catilinaria *s. f.* scathing attack.
catinga *s. f.* (Am.) stink.
catión *s. m.* cation.
catire, -ra *adj./s. m.* y *f.* (Am.) blonde.
catirrino *adj.* catarrhine.
cátodo *s. m.* **1** cathode. ◆ **2** ~ **incandescente,** FÍS. incandescent cathode.
catódico, -ca *adj.* cathodic.
catolicismo *s. m.* Catholicism.
católico, -ca *adj./s. m.* y *f.* Catholic.
catón *s. m.* **1** censor. **2** primer.
catóptrica *s. f.* catoptrics.
catorce *adj.* fourteen.
catorceno, -na *adj.* fourteenth.
catorceavo, -va o **catorzavo, -va** *adj.* fourteenth (parte).
catre *s. m.* **1** cot. ◆ **2** ~ **de tijera,** folding bed.
caucáseo, -a o **causiano, -na,** o **caucásico, -ca** *adj.* Caucasian (raza blanca).
cauce *s. m.* riverbed.
cauchero, -ra *adj.* **1** rubber. • *s. m.* y *f.* **2** rubber worker.

caucho *s. m.* **1** rubber. ◆ **2** ~ **sintético,** synthetic rubber.
caución *s. f.* **1** caution. **2** DER. bail.
caudal *s. m.* **1** flow (río). **2** fortune. **3** property.
caudalosamente *adv.* copiously.
caudaloso, -sa *adj.* copious.
caudillaje *s. m.* leadership.
caudillo *s. m.* leader.
caula *s. f.* (Am.) trick.
cauliforme *adj.* stem-like.
causa *s. f.* cause.
causal *adj.* causal.
causalidad *s. f.* causality.
causante *adj.* **1** causing. ● *s. m.* y *f.* **2** originator.
causar *v. t.* to cause.
causear *v. i.* (Am.) to eat.
causticidad *s. f.* causticity.
cáustico, -ca *adj.* caustic.
cautela *s. f.* **1** cautiousness. **2** cunning.
cautelar *v. t.* to prevent.
cauteloso, -sa *adj.* cautious.
cauterio *s. m.* cautery.
cauterizar *v. t.* to cauterize.
cautivador, -ra *adj.* captivating.
cautivar *v. t.* to captivate.
cautiverio *s. m.* captivity.
cautividad *s. f.* captivity.
cautivo, -va *adj./s. m.* y *f.* captive.
cauto, -ta *adj.* cautious.
cava *s. f.* **1** wine cellar. **2** digging. ● *s. m.* **3** cava (vino espumoso).
cavador *s. m.* digger.
cavadura *s. f.* digging.
cavar *v. t.* **1** to dig. ● *v. i.* **2** to go deep.
cavatina *s. f.* cavatina.
cavazón *s. m.* digging.
caverna *s. f.* **1** cave. **2** cavity.
cavernícola *adj.* **1** cave-dwelling. ● *s. m.* y *f.* **2** caveman (hombre), cave woman (mujer).
cavernosidad *s. f.* cave.
cavernoso, -sa *adj.* cavernous.
cavia *s. f.* **1** hole. **2** guinea pig.
caviar *s. m.* caviar.
cavidad *s. f.* cavity.
cavilación *s. f.* rumination.
cavilar *v. t.* to ruminate.
cavilosidad *s. f.* unfounded apprehension.
caviloso, -sa *adj.* mistrustful.
caya *s. f.* (Am.) oca.
cayada *s. f.* o **cayado** *s. m.* **1** shepherd's hook. **2** bishop's crozier.
cayo *s. m.* key.
cayuco *s. m.* dugout canoe.
caz *s. m.* millrace.
caza *s. f.* **1** hunting. **2** game. ● *s. m.* **3** AER. fighter. ◆ **4** ~ **mayor,** big game. **5** ~ **menor,** small game.
cazadero *s. m.* hunting ground.
cazador, -ra *s. m.* y *f.* **1** hunter. ● *s. f.* **2** jacket (prenda).
cazadora *s. f.* jacket (chaqueta), coat (abrigo).
cazar *v. t.* **1** to hunt. **2** to catch. **3** to get.
cazatalentos *s. m.* y *f.* **1** headhunter (de ejecutivos). **2** talent scout (de deportistas, artistas).
cazatorpedero *s. m.* MAR., MIL. torpedo destroyer.
cazcalear *v. i.* (fam.) to faff about.
cazcarria *s. f.* mud splashing.
cazo *s. m.* **1** ladle (cucharón). **2** saucepan (cacerola). **3** back (cuchillo).
cazolada *s. f.* contents of the saucepan.
cazolero *s. m.* fusspot.
cazoleta *s. f.* **1** small saucepan (cacerola pequeña). **2** guard (espada). **3** bowl (pipa).
cazón *s. m.* dogfish.
cazuela *s. f.* **1** saucepan. **2** casserole.
cazumbrar *v. t.* to seal.
cazumbre *s. m.* oakum.
cazumbrón *s. m.* cooper.
cazurro, -rra *adj.* crafty.
CD (*abrev.* de **compact disc**) *s. m.* CD.
CD-ROM (*abrev.* de **compact disc read only memory**) *s.m.* CD-ROM.
ce *s. f.* **1** c. ◆ **2** ~ **por be/**~ **por** ~, meticulously.
ceba *s. f.* **1** fattening. **2** feeding (horno).
cebada *s. f.* barley.
cebadal *s. m.* barley field.
cebadera *s. f.* **1** barley container. **2** nosebag. **3** MAR. spritsail.
cebadero *s. m.* **1** barley dealer. **2** packhorse. **3** feeding place. **4** falconer. **5** furnace mouth.
cebadilla *s. f.* wall barley.
cebado, -da *adj.* (Am.) man-eating.
cebador, ra *adj./s. m.* y *f.* **1** priming. ● *s. m.* **2** gunpowder flask.
cebadura *s. f.* AGR. fattening.
cebar *v. t.* **1** to fatten. **2** to load. **3** to lure (caza). ● *v. pron.* **4 cebarse con alguien,** to take one's anger out on somebody.
cebo *s. m.* **1** food. **2** bait (caza). **3** charge (arma de fuego). **4** lure.
cebolla *s. f.* **1** onion. ◆ **2** ~ **albarrana,** squill. **3** ~ **escalonia,** shallot.
cebollar *s. m.* onion patch.
cebolleta *s. f.* chives.
cebollino *s. m.* **1** spring onion. ◆ **2 mandar a alguien a escardar cebollinos,** to tell someone to get lost.
cebón, -na *adj.* fattened.
cebra *s. f.* **1** zebra. ◆ **2 paso** ~, zebra crossing.
cebrado, -da *adj.* striped.
cebú *s. m.* ZOOL. zebu.
ceca *s. f.* **1** mint. ◆ **2 de la Ceca a la Meca,** from pillar to post.
cecal *adj.* ANAT. blind.
cecear *v. i.* to lisp.
cecina *s. f.* dried salted meat.
cecografía *s. f.* braille.
cecógrafo *s. m.* braille machine.
ceda *s. f.* **1** sow. **2** z.
cedacillo *s. m.* quack grass.
cedazo *s. m.* **1** sieve. **2** fishing net.
cedente *s. m.* y *f.* transferor.
ceder *v. i.* **1** to give in. ● *v. t.* **2** DEP. to give up. **3** to hand over (empresa). **4** to transfer, to cede (derecho, propiedad).
cedilla o **zedilla** *s. f.* cedilla.
cedizo, -za *adj.* stale.
cedria *s. f.* cedar resin.
cédride *s. f.* cedar cone.
cedrino, -na *adj.* cedar.
cedro *s. m.* cedar.
cédula *s. f.* **1** document. ◆ **2** ~ **ante diem,** summons. **3** ~ **real,** royal decree.
cefalalgia *s. f.* headache.
cefalea *s. f.* migraine.
cefalitis *s. f.* MED. encephalitis.
cefalópodo, -da *adj.* **1** cephalopod. ● *s. m. pl.* **2** cephalopods.
cefalorraquídeo *adj.* cephalospinal.
cefalotórax *s. m.* cephalothorax.
céfiro *s. m.* **1** LIT. zephyr; breeze. **2** west wind. **3** cotton cloth.
cefo *s. m.* monkey.
cegador, -ra *adj.* blinding.
cegajoso, -sa o **cegatoso, -sa** *adj.* bleary-eyed.
cegar *v. t.* **1** to blind. **2** to block up. ● *v. i.* **3** to go blind.
cegarra o **cegato, -ta** *adj.* short-sighted.
cegarrita *adj.* weak-eyed.
cegesimal *adj.* cgs, centimetre-gram-second.
cegrí *s. m.* y *f.* HIST. a member of the Zegris.
ceguedad *s. f.* blindness.
ceguera *s. f.* blindness.
ceja *s. f.* **1** eyebrow. **2** projection. **3** cloud cap. **4** MÚS. bridge. ◆ **5 fruncir las** ~, to frown. **6 quemarse las cejas,** to burn the midnight oil. **7 tener a uno entre** ~ **y** ~, to have it in for someone.
cejar *v. i.* **1** to go backwards. **2** to slacken.
cejijunto, -ta o **cejudo, -da** *adj.* bushy-eyebrowed.
cejilla *s. f.* MÚS. bridge.
cejo *s. m.* **1** river mist. **2** string.
cejuela *s. m.* MÚS. capo tasto.
celada *s. f.* **1** helmet. **2** ambush. **3** trick.
celador, -ra *s. m.* y *f.* **1** guard. **2** inspector.
celaje *s. m.* **1** red sky. **2** cloud mass. **3** skylight. **4** favourable omen.
celandés, -sa *adj.* from New Zealand. ● *s. m.* y *f.* New Zealander.
celar *v. t.* **1** to see to (obligación). **2** to watch over. **3** to keep a check on. **4** to hide.
celda *s. f.* **1** cell. ◆ **2** ~ **de castigo,** solitary confinement cell.
celdilla *s. f.* **1** tiny cell. **2** niche.
celebérrimo, -ma *adj.* extremely famous.
celebración *s. f.* celebration.
celebrado, -da *adj.* celebrated.
celebrante *s. m.* celebrant.
celebrar *v. t.* **1** to celebrate. **2** to say mass. ● *v. pron.* **3** to be held, to take place.
célebre *adj.* **1** famous. **2** funny.
celebridad *s. f.* **1** celebrity (persona). **2** fame (fama).
celemín *s. m.* half a peck (medida).
celeque *adj.* (Am.) tender (fruta).
celeridad *s. f.* speed.
celescopio *s. m.* FÍS. coelioscope.
celeste o **celestial** *adj.* celestial.
celestina *s. f.* go-between.
celíaco, -ca *adj.* coeliac.
celibato *s. m.* **1** celibacy. **2** bachelor.
célibe *adj.* unmarried.
celinda *s. f.* syringe.

cellisca *s. f.* sleet storm.
cellisquear *v. i.* to sleet.
celo *s. m.* **1** zeal, keenness. **2** fervour. **3** hoop (cuba). **4** sellotape (cinta adhesiva). **5** ZOOL. heat. • *pl.* **6** jealousy.
celofán *s. m.* cellophane.
celosamente *adv.* jealously.
celosía *s. f.* jalousie.
celoso, -sa *adj.* jealous.
celotipia *s. f.* jealousy.
celsitud *s. f.* **1** grandeur. **2** highness.
celta *adj.* **1** Celtic. • *s. m.* y *f.* **2** Celt.
celtibérico, -ca o **celtibero, -ra** *adj.* y *s. m.* y *f.* Celtiberian.
celtismo *s. m.* Celtism.
célula *s. f.* **1** cell. ♦ **2 ~ fotoeléctrica,** photoelectric cell.
celular *adj.* cellular.
celulitis *s. f.* cellulitis.
celuloide *s. m.* celluloid.
celulosa *s. f.* cellulose.
cementación *s. f.* cementation.
cementar *v. t.* to cement.
cementerio *s. m.* cemetery.
cemento *s. m.* **1** cement. ♦ **2 ~ armado,** reinforced concrete. **3 ~ Portland,** Portland cement.
cementoso, -sa *adj.* cement-like.
cena *s. f.* supper.
cenáculo *s. m.* **1** cenacle. **2** literary circle.
cenadero *s. m.* supper room.
cenador *s. m.* arbour.
cenaduría *s. f.* (Am.) cheap restaurant.
cenagal *s. m.* **1** bog. **2** (fig.) messy business.
cenar *v. i.* **1** to have supper. • *v. t.* **2** to have for supper.
cenceño, -ña *adj.* skinny.
cencerrada *s. f.* tin-pan serenade.
cencerrar *v. i.* to jingle.
cencerreo *s. m.* jingling.
cencerro *s. m.* **1** cowbell. ♦ **2 estar como un ~,** to have bats in the belfry.
cendal *s. m.* **1** sendal. **2** REL. humeral veil.
cenefa *s. f.* **1** edging, border (coser). **2** chasuble stripe. **3** ARQ. ornamental border, frieze.
cenestesia *s. f.* coenaesthesis.
cenicero *s. m.* ashtray.
cenicienta *s. f.* Cinderella.
ceniciento, -ta *adj.* ash-coloured.
cenit *s. m.* zenith.
cenital *adj.* zenithal.
ceniza *s. f.* **1** ash. • *pl.* **2** ashes. ♦ **3 tomar la ~,** REL. to receive ashes.
cenizo, -za *adj.* **1** ash-coloured. • *s. m.* **2** BOT. goosefoot. **3** jinx. **4** oidium (combustión).
cenobio *s. m.* monastery.
cenobita *s. m.* cenobite.
cenotafio *s. m.* cenotaph.
censar *v. t.* (Am.) to take a census of.
censo *s. m.* **1** census. **2** rent charge. ♦ **3 ~ electoral,** electoral roll.
censor *s. m.* y *f.* censor.
censorio, -ria *adj.* censorial.
censual *adj.* **1** census. **2** tax.
censualista *s. m.* y *f.* renter.
censura *s. f.* **1** censorship (de películas, la prensa). **2** criticism (reprobación).
censurable *adj.* censurable.
censurar *v. t.* **1** to censor (películas, la prensa). **2** to censure (reprobar).
centauro *s. m.* centaur.
centavo, -va *adj.* **1** hundredth. • *s. m.* **2** cent.
centella *s. f.* **1** flash (luz). **2** spark (chispa).
centellar *v. i.* to sparkle.
centellear *v. i.* to sparkle.
centelleo *s. m.* sparkling.
centena *s. f.* o **centenar** *s. m.* hundred.
centenario, -ria *adj.* **1** centennial. • *s. m.* y *f.* **2** centenarian (persona). • *s. m.* **3** centenary.
centenaza *s. f.* rye straw.
centeno *s. m.* **1** rye. **2** hundred. • *adj.* **3** hundredth.
centesimal *adj.* centesimal.
centésimo, -ma *adj.* **1** hundredth. **2** hundredth (parte).
centímetro *s. m.* **1** centimetre. ♦ **2 ~ cuadrado,** square centimetre. **3 ~ cúbico,** cubic centimetre.
centinela *s. m.* o *f.* sentinel.
centollo *s. m.* o **centolla** *s. f.* crab.
centón *s. m.* **1** patchwork quilt. **2** cento.
central *adj.* **1** central. • *s. f.* **2** headquarters. **3** power station. ♦ **4 gobierno ~,** central government.
centralismo *s. m.* centralism.
centralista *adj./s. m.* y *f.* centralist.
centralización *s. f.* centralization.
centralizar *v. t.* to centralize.
centrar *v. t.* **1** to centre. **2** DEP. to centre. • *v. pron.* **3** to focus.
céntrico, -ca *adj.* central.
centrifugador, -ra *adj.* **1** centrifugal. • *s. f.* **2** spin-dryer.
centrifugar *v. t.* **1** to centrifuge. **2** to spin (ropa).
centrífugo, -ga *adj.* centrifugal.
centrípeto, -ta *adj.* centripetal.
centrismo *s. m.* centralism.
centro *s. m.* **1** centre. **2** (Am.) waistcoat. ♦ **3 ~ de gravedad,** centre of gravity.
centroamericano, -na *adj.* **1** Central American. **2** *s. m.* y *f.* Central American.
centrocampista *s. m.* y *f.* midfielder.
centrosoma *s. m.* centrosome.
centuplicar *v. t.* to centuple.
céntuplo, -pla *adj.* hundredfold.
centuria *s. f.* century.
centurión *s. m.* centurion.
ceñido, -da *adj.* tight.
ceñidor *s. m.* sash.
ceñir *v. t.* **1** to wrap around. **2** to shorten. • *v. pron.* **3** to limit oneself to.
ceño *s. m.* **1** AGR. enclosure. **2** frown. **3** ominous appearance (cielo, mar).
cepa *s. f.* stock.
cepeda o **cepera** *s. f.* heather patch.
cepejón *s. m.* root.
cepellón *s. m.* ball.
cepillar *v. t.* y *pron.* to brush.
cepillo *s. m.* **1** brush. **2** plane (carpintería). **3** collection box (iglesia). ♦ **4 ~ bocel,** fluting plane.
cepo *s. m.* **1** lure. **2** collection box. **3** stocks (reos). **4** branch. **5** block (yunque).
ceporro *adj.* **1** thick. • *s. m.* **2** old stock (de viña). • *s. m.* y *f.* **3** berk, twit. ♦ **4 dormir como un ~,** to sleep like a log.
cequí *s. m.* zequin.
cera *s. f.* **1** wax. ♦ **2 ~ aleda,** bee glue. **3 ~ de los oídos,** earwax.
cerámica *s. f.* ceramics.
cerámico, -ca *adj.* ceramic.
ceramista *s. m.* y *f.* ceramicist, ceramist.
cerbatana *s. f.* **1** blowpipe (arma). **2** ear trumpet (trompetilla para sordos). **3** peashooter (juguete).
cerbero *s. m.* watchman.
cerca *s. f.* **1** fence. • *adv.* **2** near, close: *la escuela está muy cerca = the school is very near.* ♦ **3 de ~,** close up. **4 por aquí ~/aquí ~,** near here. **5 ~ de,** near (to), close to (sitio); nearly, almost (cantidad).
cercado, -da *adj.* fenced-in.
cercamiento *s. f.* fencing-in.
cercar *v. t.* **1** to enclose. **2** to besiege.
cercén *adv.* **cortar a ~,** to cut to the root.
cercenadura *s. f.* **1** clipping. **2** reducing.
cercenamiento *s. m.* **1** clipping. **2** reduction.
cercenar *v. t.* **1** to clip. **2** to reduce.
cerceta *s. f.* teal.
cercha *s. f.* template.
cerciorar *v. t.* **1** to ratify. • *v. pron.* **2** to make certain, to ensure.
cerco *s. m.* **1** siege (asedio). **2** ring (mancha de suciedad). **3** halo (halo). **4** frame (marco). **5** (Am.) fence (valla).
cerdear *v. i.* **1** to falter (animales). **2** to shirk.
cerda *s. f.* **1** horsehair. **2** bristle. **3** corn.
cerdo, -da *adj./s. m.* y *f.* **1** pig. ♦ **2 ~ marino,** porpoise.
cerdoso, -sa *adj.* bristly.
cereal *s. m.* cereal.
cerealista *adv.* **1** cereal. • *s. m.* y *f.* **2** grain producer.
cerebelo *s. m.* cerebellum.
cerebral *adj.* cerebral.
cerebro *s. m.* **1** ANAT. brain. **2** brains (persona). ♦ **3 ~ electrónico,** computer.
cerebroespinal *adj.* cerebrospinal.
ceremonia *s. f.* ceremony.
ceremonial *adj.* ceremonial.
ceremoniosamente *adv.* ceremoniously.
ceremonioso, -sa *adj.* ceremonious.
céreo, -a *adj.* waxen.
cerero, -ra *s. m.* y *f.* wax chandler.
ceresina *adj.* gum.
cerevisina *s. f.* brewer's yeast.
cereza *s. f.* **1** cherry. • *s. m.* **2** cerise (color).
cerezal *s. m.* cherry orchard.
cerezo *s. m.* cherry tree.
cerilla *s. f.* **1** thin candle. **2** match. **3** earwax.
cerillero, -ra *s. m.* y *f.* **1** matchbox. **2** matchbox seller.
cerillo *s. m.* (Am.) match.
cerina *s. f.* cork wax.
cerio *s. m.* cerium.
cermeño *s. m.* pear tree.
cerne *s. m.* heart (árbol).
cernedero *s. m.* sifting room.
cernedor *s. m.* sieve.

cerneja *s. f.* fetlock.
cerner *v. t.* **1** to sieve. **2** to observe. • *v. i.* **3** to drizzle. **4** to pollinate (flores). • *v. pron.* **5** to hover (ave). **6** to threaten. **7** to waddle.
cernícalo *s. m.* kestrel.
cernidillo *s. m.* **1** drizzle. **2** waddling (andar).
cernido *s. m.* sifting.
cernidura *s. f.* sifting.
cero *s. m.* **1** zero. **2** nil (en fútbol). **3** love (en tenis). • *adj.* **4** zero: *cero puntos = zero points.* ◆ **5 ~ absoluto,** absolute zero. **6 crecimiento ~,** zero growth. **7 ser un ~ a la izquierda,** to be a nobody.
cerollo, -lla *adj.* greenish (mies).
cerón *s. m.* wax scrapings.
ceroplástica *s. f.* wax modelling.
cerote *s. m.* shoemaker's wax.
cerquillo *s. m.* (Am.) (brit.) fringe, (EE UU) bangs (flequillo).
cerradero *adj.* **1** shuttable. • *s. m.* **2** lock. **3** purse strings.
cerrado, -da *adj.* **1** closed. **2** incomprehensible. **3** stupid. **4** quiet. **5** thick. **6** cloudy (cielo). • *s. m.* **7** fence. **8** skin (animal).
cerradura *s. f.* lock.
cerraja *s. f.* **1** lock. **2** sow thistle.
cerrajero *s. m.* locksmith.
cerrajón *s. m.* big hill.
cerramiento *s. m.* **1** closing. **2** enclosure. **3** partition.
cerrar *v. t.* **1** to close, to shut (puerta, ventana, cajón). **2** to lock (con llave, cerrojo, pestillo). **3** to close, to shut (ojos, boca); to clench (puño). **4** to put the top on (bote, botella, frasco); to put the lid on (olla). **5** to close (libro, periódico); to fold, to close (paraguas, abanico). **6** to shut, to pull (cortinas); to pull down (persianas). **7** to turn off (grifo); to close, to do up (cremallera); to shut off (válvula). **8** to turn off (agua, gas). **9** to close, to shut down (tienda, negocio, factoría). **10** to close (frontera, carretera). **11** to bring to a close, to end (conferencia, congreso, espectáculo, manifestación). • *v. i.* **12** to close, to shut. **13** to lock (con llave). • *v. pron.* **14** to close, to shut (puerta, ventana, ojos, cortinas, persianas). **15** to close up, to heal (herida). **16** to conclude, to end (conferencia, congreso, espectáculo). **17** to shut oneself away (aislarse).
cerrazón *s. m.* darkening (cielo).
cerrejón *s. m.* hillock.
cerrero, -ra *adj.* **1** untamed. **2** (Am.) bitter.
cerril *adj.* **1** rough, hilly, uneven. **2** untamed (animal).
cerrillear *v. t.* to mill (monedas).
cerro *s. m.* **1** hill. **2** back (animal). ◆ **3 irse/salir por los cerros de Úbeda,** to go off at a tangent.
cerrojazo *s. m.* abrupt end.
cerrojo *s. m.* bolt.
certamen *s. m.* **1** competition. **2** literary meeting.
certero, -ra *adj.* **1** right. **2** well-informed. **3** accurate.
certeza *s. f.* certainty.
certidumbre *s. f.* certainty.
certificación *s. f.* **1** certification. **2** registration (correos).
certificado, -da *adj.* **1** registered (carta, paquete): *registered letter = carta certificada.* • *s. m.* **2** certificate. ◆ **3 ~ de defunción,** death certificate. **4 ~ médico,** medical certificate.
certificar *v. t.* **1** to certify. **2** to register.
cerúleo, -a *adj.* cerulean blue.
cerumen *s. m.* earwax.
cerusa o **cerusita** *s. f.* ceruse.
cerval *adj.* **1** deer. ◆ **2 tener un miedo ~,** to be petrified.
cervantesco, -ca *adj.* Cervantine.
cervantino, -na *adj.* Cervantine.
cervantismo *s. m.* Cervantes studies.
cervantista *s. m.* y *f.* Cervantes specialist.
cervato *s. m.* fawn.
cervecería *s. f.* **1** brewery (fábrica). **2** bar.
cervecero, -ra *adj.* **1** beer. • **2** *s. m.* y *f.* brewer.
cerveza *s. f.* **1** beer. ◆ **2 ~ negra,** stout. **3 ~ rubia,** lager.
cervical *adj.* cervical.
cérvido, -da *adj.* cervine.
cervigudo, -da *adj.* **1** thick-necked. **2** pig-headed.
cerviguillo *s. m.* thick nape.
cerviz *s. f.* **1** nape. ◆ **2 bajar/doblar la ~,** to kowtow. **3 ser duro de ~,** to be a rebel.
cesación *s. f.* cessation.
cesamiento *s. m.* cessation.
cesante *adj.* out of a job.
cesantía *s. f.* **1** dismissal. **2** severance pay.
cesar *v. i.* **1** to cease. **2** to retire. • *v. t.* **3** to stop, to suspend.
césar *s. m.* Caesar.
cesáreo, -a *adj.* **1** imperial. **2** Caesarean. • *s. f.* **3** Caesarean.
cesarismo *s. m.* Caesarism.
cesarista *s. m.* y *f.* Caesarist.
cese *s. m.* cessation.
cesio *s. m.* cesium.
cesión *s. f.* cession.
cesionario *s. m.* cessionary, assignee.
césped *s. m.* lawn.
cesta *s. f.* basket.
cestada *s. f.* basketful.
cestería *s. f.* basketmaker's.
cestero, -ra *s. m.* y *f.* basketmaker.
cestodos *s. m. pl.* ZOOL. cestoids.
cestón *s. m.* gabion.
cesura *s. f.* caesura.
cetáceo, -a *adj.* **1** ZOOL. cetacean. • *s. m.* **2** cetacea.
cetaria o **cetarea** *s. f.* fish hatchery.
cetona *s. f.* acetone.
cetrería *s. f.* falconry.
cetrino, -na *adj.* **1** olive-coloured. **2** melancholic. **3** stern.
cetro *s. m.* **1** sceptre. **2** kingdom.
CFC *s. m.* CFC.
chabacanería *s. f.* **1** vulgar comment, crass remark. **2** vulgarity, bad taste, tackiness.
chabacano, -na *adj.* **1** common, tacky, ordinary (persona). **2** vulgar, coarse, tacky (apariencia). **3** rude, vulgar, crude, in bad taste, shoddy (acción).
chabola *s. f.* **1** shack, shanty (barraca). **2** hut, shed (cabaña).
chabolismo *s. m.* shanty developments.
chacal *s. m.* jackal.
chácara *s. f.* ⇒ **chacra.**
chacarero, -ra *s. m.* y *f.* (Am.) farmer (granjero).
chacha *s. f.* (fam.) maid, nursemaid, lass.
chachachá *s. m.* cha-cha-cha, cha-cha.
cháchara *s. f.* small talk, chatter, idle talk.
chacharear *v. i.* (fam.) to chatter, to chat, to gossip.
chacharero, -ra *adj.* **1** talkative. • *s. m.* y *f.* **2** chatterer.
chacina *s. f.* pork.
chacinería *s. f.* pork butcher's shop.
chacinero, -ra *s. m.* y *f.* pork butcher.
chacolí *s. m.* dry white wine from the Basque Country.
chacolotear *v. i.* to clatter (herradura).
chacota *s. f.* **1** joking, banter, noisy merriment. ◆ **2 echar/tomar a ~,** to make fun, to take as a joke. **3 estar de ~,** to be in a joking mood.
chacotear *v. i.* **1** to make fun, to mess around, to clown around. • *v. pron.* **2 chacotearse de algo/alguien,** to make fun of something/somebody.
chacoteo *s. m.* messing about, joking, clowning.
chacotero, -ra *s. m.* y *f.* joker, tease.
chacra *s. f.* (Am.) farm.
chafar *v. t.* **1** to flatten, to crush. **2** to crease, to crumple. **3** to cut someone short, to shut someone up, to take someone down a peg. • *v. pron.* **4** to get crushed.
chafarrinón *s. m.* spot, stain.
chaflán *s. m.* **1** bevelled edge, chamfer. **2** cant.
chaflanar *v. t.* to bevel, to chamfer.
chaira *s. f.* **1** steel, sharpener. **2** shoemaker's knife, paring knife.
chal *s. m.* shawl.
chala *s. f.* (Am.) tender leaf of maize, husk, shuck.
chalado, -da *adj.* dotty, crazy, mad, cranky.
chalán *s. m.* **1** (Am.) horse dealer. **2** huckster, sharp dealer, shark. **3** (Am.) horse breaker, broncobuster (fam.).
chalana *s. f.* barge, lighter, wherry.
chalanear *v. i.* **1** to be a sharp dealer, to bargain shrewdly, to haggle. • *v. i.* **2** to train, to break, to tame.
chalar *v. t.* **1** (fam.) to drive crazy, to drive round the bend. • *v. pron.* **2** to go off one's rocker, to go mad, to go crazy.
chalchihuite *s. m.* sorcery, witchcraft, spell, charm.
chaleco *s. m.* **1** waiscoat (brit.); vest (EE UU). ◆ **2 ~ salvavidas,** life jacket.
chalé o **chalet** *s. m.* **1** chalet (en una urbanización). **2** country house (en el campo).
chalina *s. f.* cravat.
chalote *s. m.* BOT. shallot.

chalupa *s. f.* **1** launch, boat (barca). **2** narrow canoe (canoa). **3** GAST. (Am.) maize cake. • *s. m.* y *f.* **4** nutcase, crackpot. • *adj.* **5** crazy.
chamaco, -ca *s. m.* y *f.* **1** boy, lad, kid. **2** girl, lass.
chamal *s. m.* (Am.) Araucanian cape.
chamarilero, -ra o **chamarillero, -ra** *s. m.* y *f.* secondhand dealer, junk dealer.
chamarra *s. f.* sheepskin jacket.
chamba *s. f.* **1** (fam.) fluke, lucky break (suerte). **2** (Am.) job, occupation (trabajo).
chambelán *s. m.* chamberlain.
chambergo *s. m.* broad-brimmed soft hat.
chambón *adj.* **1** (fam.) lucky, jammy. **2** awkward, clumsy.
chambonada *s. f.* **1** fluke, lucky shot. **2** blunder. **3** awkwardness, clumsiness.
chambra *s. f.* blouse, camisole.
chamiza *s. f.* chamiso (planta usada para techar), brushwood.
chamizo *s. m.* **1** shack, slum, hovel. **2** gambling den. **3** half-burnt tree.
chamorro, -rra *adj.* **1** shaved, shorn (persona). **2** beardless (trigo).
champán *s. m.* champagne.
champaña *s. m.* champagne.
champiñón *s. m.* mushroom.
champú *s. m.* shampoo.
chamuchina *s. f.* (Am.) rabble, riffraff, mob.
chamullar *v. t.* **1** (fam.) to speak, to talk (hablar). **2** to speak a little, to have a smattering of (chapurrear).
chamuscar *v. t.* **1** to scorch, to singe. • *v. pron.* **2** to get cross, to take offence.
chamusquina *s. f.* **1** singeing, scorching. **2** row, quarrel. ◆ **3 huele a ~,** there's something fishy going on.
chancar *v. t.* **1** (Am.) to crush, to grind, to triturate. **2** to beat, to ill-treat. **3** to bungle, to botch (hacer una chapuza).
chancear *v. i.* **1** to joke, to make jokes, to crack jokes. • *v. pron.* **2** to kid around. ◆ **3 chancearse de,** to make fun of.
chancha *s. f.* **1** sow. • *s. m.* **2** filthy woman, slovenly woman.
chanchada *s. f.* (Am.) dirty trick (jugarreta).
chanchería *s. f.* pork butcher's.
chancho, -cha *adj.* **1** (Am.) dirty, filthy. • *s. m.* **2** pig.
chanchullero, -ra *adj.* **1** dodgy, crooked. • *s. m.* y *f.* **2** crook, dodgy dealer.
chanchullo *s. m.* **1** racket, fiddle, dodgy deal. ◆ **2 andar en chanchullos,** to be on the fiddle, to be involved in something shady.
canciller *s. m.* chancellor.
cancillería *s. f.* chancery.
chancla *s. f.* **1** slipper (casa). **2** flip-flop (playa).
chancleta *s. f.* **1** old shoe. **2** flip-flop (playa). **3** (Am.) baby girl. **4** nincompoop.
chancletear *v. i.* to shuffle.
chanclo *s. m.* **1** clog (de madera). **2** galosh, overshoe, rubber shoe (de goma).
chancro *s. m.* **1** MED. chancre. **2** BOT. canker.
chándal *s. m.* tracksuit.
chanfaina *s. f.* offal stew.
changa *s. f.* (Am.) joke.
changador *s. m.* porter.
chanquete *s. m.* backgammon.
chantaje *s. m.* blackmail.
chantajista *s. m.* y *f.* blackmailer.
chantar *v. t.* **1** to thrust, to throw, to chuck. **2** to put on, to dress. ◆ **3 ~ algo a uno,** to tell someone something to their face.
chantilly o **chantilli** *s. m.* **1** whipped cream. **2** embroidered lace fabric.
chantre *s. m.* precentor.
chanza *s. f.* joke.
chapa *s. f.* **1** sheet, plate (de metal), panel (de madera). **2** bodywork (carrocería). **3** common sense, prudence. **4** (Am.) lock.
chapado, -da *adj.* **1** veneered (con madera). **2** plated (con metal): *chapado en oro = gold plated.* ◆ **3 ~ a la antigua,** old fashioned, of the old school.
chapaleteo *s. m.* **1** lap, lapping. **2** pattering.
chapapote *s. m.* (Am.) bitumen, asphalt.
chapar *v. t.* **1** to plate (con metal). **2** to veneer (con madera). **3** to throw out, to come up with (decir algo desagradable). **4** to study carefully.
chaparral *s. m.* chaparral, thicket.
chaparro, -rra *adj.* **1** tubby, plump • *s. m.* **2** holm oak, holy oak.
chaparrón *s. m.* downpour, cloudburst, shower.
chaparrear *v. i.* to pour in torrents, to pour down.
chapeado, -da *adj.* **1** plated (con metal). **2** veneered (con madera). **3** (Am.) rich.
chapear *v. t.* **1** to plate (con metal). **2** to veneer (con madera). **3** to clatter. • *v. pron.* **4** to become rich.
chapería *s. f.* veneering.
chaperón *s. m.* botched job, shoddy piece of work.
chapeta *s. f.* rosy cheek.
chapetón, -na *s. m.* y *f.* **1** novice, new in a job. **2** awkward, clumsy, unwieldy. **3** Spaniard newly arrived in America.
chapetonada *s. f.* awkwardness, clumsiness.
chapín *s. m.* chopine.
chapitel *s. m.* **1** ARQ. spire (torre). **2** ARQ. capital (de columna). **3** cap (de brújula).
chapotear *v. t.* **1** to moisten, to dampen, to damp, to wet. • *v. i.* **2** to splash about, to paddle, to dabble.
chapucería *s. f.* **1** botched job, shoddiness. **2** patching up.
chapucero, -ra *adj.* **1** careless, shoddy. • *s. m.* y *f.* **2** careless worker, botcher.
chapulín *s. m.* (Am.) grasshopper.
chapurrar *v. t.* ⇒ **chapurrear.**
chapurrear *v. t.* **1** to speak a little, to speak a few words of, to have a smattering of. **2** to mix (licores).
chapuza *s. f.* **1** odd job (trabajillo). **2** botched job, shoddy piece of work (chapucería). **3** patching up (apaño). **4** spare-time job. **5** (Am.) trick, swindle (engaño).
chapuzar *v. t.* **1** to duck, to dip, to plunge. • *v. i.* y *pron.* **2** to dive.
chaqué *s. m.* tail coat, morning coat.
chaqueta *s. f.* jacket.
chaquetear *v. i.* **1** to change sides, to be a turncoat, to turn traitor. **2** to back down, to go back on one's word, to rat (fam.).
chaquetero, -ra *s. m.* y *f.* turncoat.
chaquetilla *s. f.* short jacket, bolero.
chaquetón *s. m.* long jacket, reefer, shooting jacket.
charada *s. f.* charade.
charanga *s. f.* **1** brass band. **2** hullabaloo, din.
charca *s. f.* pond, pool.
charco *s. m.* **1** pool, puddle. ◆ **2 pasar el ~,** to cross the water, to cross the pond.
charcutería *s. f.* delicatessen.
charla *s. f.* chat, chatter, talk.
charlador, -ra *adj.* **1** talkative, garrulous, gossipy. • *s. m.* y *f.* **2** chatterbox.
charlar *v. i.* **1** to chat. **2** to chatter, to talk. (hablar mucho).
charlatán, -na *adj.* **1** talkative, garrulous (hablador). **2** gossipy (indiscreto). • *s. m.* y *f.* **3** chatterbox (hablador). **4** gossip (indiscreto). **5** hawker, pedlar (vendedor). **6** trickster, swindler, charlatan (embustero).
charlatanear *v. i.* to chatter, to prattle.
charlatanería *s. f.* talkativeness, verbosity, garrulity, spiel.
charlista *s. m.* y *f.* lecturer.
charlotear *v. i.* to chatter, to prattle.
charloteo *s. m.* chatter, prattle.
charlatanismo *s. m.* charlatanism.
charlestón *s. m.* MÚS. charleston.
charlotear *v. i.* to chatter, to prattle.
charnela o **charneta** *s. f.* hinge.
charol *s. m.* **1** patent leather, vanish. ◆ **2 darse ~,** to blow one's own trumpet.
charola *s. f.* **1** tray.
charolado, -da *adj.* **1** polished, varnished. **2** shiny, bright.
charolar *v. t.* to varnish, to japan.
charquear *v. t.* to jerk, to dry, to cure.
charqui o **charque** *s. m.* jerked meat, dried fruit.
charrada *s. f.* **1** charro/Mexican dance. **2** vulgar adornment, gaudy ornament. **3** boorishness, uncouthness.
charrán *adj.* rascal, villain, rogue, scoundrel.
charranada *s. f.* dirty trick.
charranería *s. f.* dirty trick.
charretera *s. f.* epaulette.
charro, -rra *adj.* **1** vulgar, rustic, coarse. **2** gaudy, flashy, showy. • *s. m.* y *f.* **3** peasant (de Salamanca). **4** rustic, boor. **5** Mexican horseman. **6** broad brimmed hat.
chárter *adj.* ⇒ **vuelo.**

chascar *v. i.* **1** to click, to snap (dedos). **2** to crack (látigo). **3** to click (lengua). **4** to swallow.
chascarrillo *s. m.* joke.
chasco *s. m.* **1** disappointment, failure. **2** trick, joke, prank.
chascón, -na *adj.* **1** matted, entangled. **2** slow, clumsy.
chasis *s. m.* **1** MEC. chassis. **2** FOT. plate holder.
chasquear *v. t.* **1** to play a trick, to play a joke, to make a fool of. • *v. i.* **2** to crack (látigo). **3** to click, to snap (dedos). • *v. pron.* **4** to be disappointed, to come to nothing. ◆ **5 ~ la lengua,** to click one's tongue.
chasquido *s. m.* **1** click, snap (dedos). **2** crack (látigo). **3** crack (rama seca). **4** click (lengua).
chatarra *s. f.* scrap iron, junk.
chatarrero, -ra *s. m.* y *f.* scrap merchant.
chato, -ta *adj.* **1** snub, flat: *nariz chata = snub nose.* **2** blunt, flattened. • *s. m.* y *f.* **3** snub-nosed person. • *s. m.* **4** small glass.
chauvinismo *s. m.* chauvinism.
chauvinista *adj.* **1** chauvinist(ic). • *s. m.* y *f.* **2** chauvinist.
chaval *s. m.* lad, boy, kid.
chavala *s. f.* girl, kid.
chavea *s. m.* (fam.) lad, boy, kid.
chaveta *s. f.* **1** cotter, broad-bladed knife. ◆ **2 perder la ~,** to go off one's rocker, to go round the bend.
che *s. f.* **1** name of the letter **ch.** • *interj.* **2 ¡che!** hey!, hi!, say!
checa *s. f.* solitary confinement cell.
Checa, República *s. f.* Czech Republic.
chécheres *s. m. pl.* bits and pieces, odds and ends, gear, things.
checo, -ca *adj./s. m.* y *f.* **1** Czech. • *s. m.* **2** Czech language.
checoslovaco, -ca *adj./s. m.* y *f.* Czechoslovakian, Czechoslovak.
chelín *s. m.* shilling.
chepa *s. f.* hump.
cheposo, -sa *s. m.* y *f.* hunchback.
cheque *s. m.* **1** cheque (brit.), check (EE UU). ◆ **2 ~ al portador,** cheque payable to bearer, open cheque. **3 ~ a la orden,** cheque to order, order cheque. **4 ~ cruzado,** crossed cheque. **5 ~ de viaje/viajero,** traveller's cheque. **6 ~ sin fondos,** bad cheque.
chequear *v. t.* **1** to check, to compare. **2** to give a check-up.
chequeo *s. m.* **1** check, checking-up, comparison. **2** MEC. checking, overhauling, servicing. **3** MED. check-up.
chequera *s. f.* chequebook.
chérif *s. m.* (EE UU) sheriff.
chévere *adj.* (Am.) **1** nice, smashing, super. **2** benevolent, indulgent, lenient.
cheviot *s. m.* Cheviot.
chibalete *s. m.* composing frame.
chicano, -na *adj./s. m.* y *f.* chicano (suramericano emigrado a los EE UU).
chicarrón, -na *adj.* **1** strapping. • *s. m.* y *f.* **2** strapping kid.
chicha *s. f.* **1** meat. **2** chicha, maize liquor. ◆ **3 calma ~,** dead calm. **4 no ser ni ~ ni limonada,** to be neither fish nor fowl. **5 tener pocas chichas,** to be weak, to be all skin and bone.
chícharo *s. m.* (Am.) pea.
chicharra *s. f.* **1** cicada, harvest bug. **2** heat. **3** (fig.) chatterbox.
chicharrar *v. t.* **1** to scorch, to burn. • *v. pron.* **2** to get scorched, to get burnt.
chicharro *s. m.* horse mackerel, caranx.
chicharrón *s. m.* **1** crackling, piece of burnt meat. **2** sunburnt person.
chiche *s. m.* (Am.) breast, teat.
chichear *v. i.* to hiss.
chichera *s. f.* (Am.) jail.
chichón *s. m.* bump, lump, swelling.
chichonera *s. f.* helmet (para niños).
chicle *s. m.* chewing gum.
chico, -ca *adj.* **1** small, little, tiny. • *s. m.* y *f.* **2** boy (m.), girl (f.), kid, youngster.
chicote *s. m.* piece of rope, rope end; whip.
chicotear *v. t.* e *i.* to whip, to lash, to fight, to beat up.
chifla *s. f.* hissing, whistling.
chiflado, -da *adj.* **1** daft, barmy, cranky, cracked. **2** crazy person, crank, crackpot.
chifladura *s. f.* **1** craziness, craze, whim, mania. **2** whistle, whistling.
chiflar *v. i.* **1** to hiss, to whistle. **2** to drink, to knock back. **3** to be crazy about, to be mad about: *esa chica me chifla = I'm crazy about that girl.* • *v. pron.* **4** to be crazy about.
chiflato *s. m.* whistle.
chifle *s. m.* **1** whistle, bird call. **2** powder horn, powder flask.
chiflido *s. m.* whistle, whistling.
chiflo *s. m.* whistle.
chigre *s. m.* cider shop.
chilaba *s. f.* jellab, jellaba, djellaba.
chile *s. m.* **1** chilli, red pepper. **2** lie.
Chile *s. m.* Chile.
chileno, -na *adj./s. m.* y *f.* Chilean.
chilindrina *s. f.* **1** trifle. **2** joke, story.
chillar *v. i.* **1** to shout, to yell (gritar). **2** to scream (de dolor). **3** to shriek, to scream (de miedo). **4** to get angry, to be annoyed (enfadarse). **5** to squeal (cerdo), to squeak (ratón), to screech (pájaro). **6** to protest, to complain (quejarse).
chillarse *v. i.* **1** to complain, to protest. **2** to get cross, to take offence.
chillido *s. m.* **1** squeak (de un ratón). **2** squeal (de un cerdo). **3** screech (de un pájaro). **4** shout, yell (grito). **5** scream, shriek (de miedo). **6** scream (de dolor).
chillón, -na *adj./s. m.* y *f.* **1** loud, shrill, noisy, screaming (persona). **2** shrill, strident, screechy, piercing (sonido). **3** gaudy, loud, lurid (color).
chimenea *s. f.* **1** chimney (brit.); smokestack (EE UU). **2** hearth, fireplace. **3** funnel (barco); shaft (minería); chimney (montaña). **4** nipple (armas).
chimpancé *s. m.* chimpanzee.
chimpín *adj.* **1** drunk, inebriated. • *s. m.* **2** brandy, liquor.
china *s. f.* ⇒ **chino.**
China *s. f.* China.
chinarro *s. m.* stone, large pebble.
chinchar *v. t.* **1** to pester, to bother, to bug, to annoy. **2** to do in, to kill. • *v. pron.* **3** to get on with it, to get cross, to get upset. **4 ¡chínchate!,** get stuffed, so there!
chinche *s. f.* **1** bug, bedbug. **2** thumbtack. **3** (fig.) nuisance, pest, naughty child, bore.
chincheta *s. f.* drawing pin (brit.); thumbtack (EE UU).
chinchilla *s. f.* chinchilla.
chinchona *s. f.* quinine.
chinchoso, -sa *adj.* **1** full of bugs. **2** tiresome, annoying, boring. **3** touchy, irritable.
chiné *adj.* chine (tela).
chinela *s. f.* **1** slipper, mule. **2** clog (chanclo).
chinero *s. m.* china cupboard, dresser.
chinesco, -ca *adj.* Chinese.
chingar *v. t.* **1** (fam.) to knock back (beber con exceso); (fam.) to get pissed. • *v. t.* y *i.* **2** to fuck (vulg.), to screw (vulg.) (acto sexual). **3** to screw (vulg.) (fastidiar) • *v. pron.* **4** to fail, to fall through, to come to nothing.
chinita *s. f.* (Am.) ladybird (mariquita).
chino, -na *adj.* **1** Chinese. • *s. m.* y *f.* **2** Chinese man (hombre), Chinese woman (mujer). • *s. m.* **3** stone, pebble. **4** (Am.) half-breed. **5** servant. ◆ **6 cuento ~,** tall story. **7 engañar como a un ~,** to take someone for a ride. **8 esto es ~ para mí,** that's Greek to me. **9 tocarle a uno la china,** to fall to someone to do something, to carry the can.
chipichipi *s. m.* (Am.) continuous drizzle.
chipirón *s. m.* ZOOL. small squid.
Chipre *s. m.* Cyprus.
chipriota o **chipriote** *adj.* y *s. m.* y *f.* Cypriot.
chiquero *s. m.* pen (para toros).
chiquillo, -lla *adj.* **1** stupid, childish. • *s. m.* y *f.* **2** lad, boy (chico); girl (chica); kid.
chiquitura *adj.* small thing, insignificant detail.
chiribita *s. f.* **1** spark. **2** daisy. **3** (pl.) spots before the eyes.
chiribitil *s. m.* small room.
chirigota *s. f.* **1** joke, laughing stock: *hacer de uno una chirigota = to make a laughing stock out of someone.* ◆ **2 estar de ~,** to be in a joking mood. **3 tomar algo a ~,** to take something as a joke.
chirimbolo *s. m.* **1** thingumyjig, thingummy. • *pl.* **2** gear, equipment, stuff, odd and ends.
chirimía *s. f.* MÚS. chirimia, chirimilla, shawn, hornpipe.
chirimiri *s. m.* drizzle.
chirimoya *s. f.* custard apple.
chirimoyo *s. m.* custard-apple tree.
chiringuito *s. m.* refreshments stall.
chiripa *s. f.* **1** lucky break, fluke (billar). **2** fluke, stroke of luck.
chirivía *s. f.* BOT. parsnip.

chirla *s. f.* clam.
chirle *adj.* **1** tasteless, insipid, wishy-washy. ◆ **2 agua ~,** dishwater (fig.): *esta sopa sabe a agua chirle = this soup tastes like dishwater.*
chirlo *s. m.* scar, slash, gash.
chirona *s. f.* (argot) jail, nick, prison, clink.
chirote *adj.* (Am.) nice, brave.
chirriar *v. i.* **1** to chirp (el grillo). **2** to screech, to squawk (pájaros). **3** to creak, to squeak (gozne, rueda, etc.). **4** to screech, to squeal (frenos). **5** to sizzle, to crackle (freír). **6** (Am.) to go on a spree, to go drinking.
chirrión *s. m.* (Am.) whip.
¡chis! *interj.* ssh!, hush!
chiscón *s. m.* cubbyhole.
chisgarabís *s. m.* meddler, good-for-nothing, nosey parker.
chisguete *s. m.* **1** drink, swig. **2** jet, spur, squirt.
chisme *s. m.* **1** gadget, jigger, knick-knack, thingummyjig. **2** piece of gossip, tale (chismorreo). • *pl.* **3** things, stuff, gear, tackle, odds and ends. **4** gossip, tales (habladurías).
chismear *v. i.* to gossip, to tell tales, to spread scandal.
chismería *s. f.* gossip, tittle-tattle, scandal.
chismero, -ra *adj.* **1** gossipy, gossiping. • *s. m.* y *f.* **2** gossip, scandal-monger.
chismorrear *v. i.* ⇒ **chismear.**
chismorreo *s. m.* ⇒ **chismería.**
chismoso, -sa *adj.* ⇒ **chismero.**
chispa *s. f.* **1** spark. **2** (fig.) sparkle, gleam. **3** drop, sprinkling (lluvia). **4** small diamond. **5** small particle, flake, tiny amount. **6** wit, life, sparkle. **7** drunk, drunkenness. **8** flash, thunderbolt. ◆ **9 ~ eléctrica,** electric spark. **10 echar uno chispas,** to be hopping mad, to spit fire (EE UU). **11 tener ~,** to be witty/funny, to be lively, to be a live wire. **12 tener una ~,** to be tipsy.
chispazo *s. m.* spark, burn.
chispeante *adj.* sparkling.
chispear *v. i.* **1** to spark, to give off sparks. **2** to drizzle, to spot with rain, to spit. **3** to sparkle, to scintillate. **4** to be brilliant.
chispero *s. m.* **1** bungler, clumsy worker. **2** blacksmith. **3** character from the working classes of Madrid.
chisporrotear *v. i.* to throw out sparks, to crackle, to spit, to hiss, to splutter.
chisquero *s. m.* tinder lighter.
¡chist! *interj.* ⇒ ¡chis!
chistar *v. i.* **1** to open one's mouth to speak, to say a word: *nadie chistó = nobody said a word.* ◆ **2 sin ~,** without saying a word.
chiste *s. m.* **1** joke, funny story. **2** gibe, taunt, jeer. ◆ **3 caer uno en el ~,** to get the joke. **4 contar un ~,** to tell a joke. **5 dar uno en el ~,** to guess right.
chistera *s. f.* **1** fish basket, angler's basket. **2** (fam.) top hat, topper.
chistorra *s. f.* cured pork sausage.
chistoso, -sa *adj.* funny, amusing, witty.
chistu *s. m.* Basque flute.
chistulari *s. m.* Basque flute player.
chiticallando *adv.* **1** quietly, unobtrusively. **2** on the quiet, on the sly.
chitón *interj.* sh!, hush!
chivar *v. t.* **1** to annoy, to upset, to swindle. • *v. pron.* **2** to get annoyed. **3** to tell, to split. **4** to inform, to squeal.
chivatazo *s. m.* **1** tip-off, telling, informing. ◆ **2 dar el ~,** to inform, to give a tip-off, to split, to spill the beans.
chivato, -ta *s. m.* y *f.* **1** informer. **2** kid, young goat.
chivo, -va *s. m.* y *f.* **1** kid, goat, billy-goat. ◆ **2 hacer de ~ expiatorio,** to be the scapegoat. **3 barba de ~,** goatee, pointed beard.
choc *s. m.* shock.
chocante *adj.* startling, striking, shocking, surprising.
chocantería *s. f.* impertinence, coarse joke.
chocar *v. i.* **1** to hit, to run into, to collide with. **2** to clash, to fall out with. **3** to argue. **4** to be surprising, to surprise. **5** to be out of place, not to fit in: *sus modales chocaban con su educación = his manners didn't fit in with his upbringing.* **6** to clink (vasos), to shake (manos): *¡chócala! = put it there!, shake on it!*
chocarrería *s. f.* coarseness, vulgarity, dirty joke, coarse story.
chochear *v. i.* **1** to dodder, to be in one's dotage, to be senile. **2** to be soft, to go all sentimental.
chochera *s. f.* **1** dotage, senility. **2** doting, favourite. **3** sentimental act.
chochez *s. f.* ⇒ **chochera.**
chocho, -cha *adj.* **1** doting, soft, sentimental. **2** doddery, senile. ◆ **3 estar ~,** to dote on, to be soft about/on, to have a crush on.
choclo *s. m.* (Am.) cob, corncob (mazorca).
choco *adj.* (Am.) one-eyed.
chocolate *s. m.* chocolate, drinking chocolate.
chocolatera *s. f.* **1** chocolate-pot. **2** old thing, old crock, hulk.
chocolatería *s. f.* chocolate factory, chocolate shop.
chocolatero, -ra *adj.* **1** fond of chocolate, chocolate-loving. • *s. m.* y *f.* **2** chocolate maker (fabricante). **3** chocolate seller (vendedor). **4** (fam.) chocolate lover, chocaholic (aficionado al chocolate).
chocolatina *s. f.* bar of chocolate.
chófer *s. m.* chauffeur, driver.
cholla o **chola** *s. f.* **1** nut, block, head, brains. **2** wound, sore.
chollo *s. m.* **1** cushy job, good number (trabajo). **2** bargain, snip (ganga).
cholo, -la *adj./s. m.* y *f.* **1** half-breed, mestizo. **2** civilized Indian.
chompa *s. f.* sweater, jumper.
chompipe *s. m.* (Am.) turkey (pavo).
chopera *s. f.* poplar grove.
chopo *s. m.* **1** black poplar. **2** MIL. (fam.) gun.
choque *s. m.* **1** crash, collision (de vehículos). **2** shock (golpe). **3** conflict, clash (conflicto). **4** impact (explosión).
chorizo *s. m.* **1** sausage, salami. **2** balancing pole. **3** (fam.) thief, crook. **4** (Am.) fool, idiot.
chorlito *s. m.* **1** ZOOL. plover. **2** scatter-brain.
chorrear *v. i.* **1** to flow, to run, to drip. • *v. t.* **2** to pour, to drip with. **3** to tick off, to dress down. **4** to give in dribs and drabs.
chorrera *s. f.* **1** spout, channel. **2** mark. **3** frill, jabot, lace adornment. **4** rapids.
chorro *s. m.* **1** jet, spurt, squirt, spout. **2** dribble, trickle. **3** stream, shower, flood. **4** jet, blast. ◆ **5 salir a chorros,** to gush out, to pour out. **6 ~ de voz,** a verbal blast, a loud voice. **7 estar/ser limpia como los chorros del oro,** to be as clean as a whistle. **8 hablar a chorros,** to gabble, to jabber. **9 soltar el ~,** to burst out laughing. **10 propulsión a ~,** jet propulsion.
chotacabras *s. f.* nightjar.
chotear *v. i.* y *pron.* **1** to make fun of, to take the mickey out of. • *v. i.* **2** to joke, to take things as a joke. • *v. t.* **3** (Am.) to spoil, to pamper.
chotis *s. m.* MÚS. shottische.
choto, -ta *s. m.* y *f.* **1** kid, young goat, calf. • *s. m.* **2** (Am.) penis. ◆ **3 estar como una chota,** to be round the bend, to be barmy.
chotuno *adj.* **1** sucking, very young. **2** sickly.
chova *s. f.* ZOOL. crow, rook, chough.
choza *s. f.* hut, shack, shanty.
christmas *s. m.* ⇒ **crismas.**
chubasco *s. m.* **1** shower, downpour. **2** stormcloud. **3** series of problems, setback, bad patch.
chubascoso, -sa *adj.* stormy, squally.
chubasquero *s. m.* raincoat, (brit.) mackintosh.
chúcaro *adj.* **1** wild, untamed (animal). **2** shy, unsociable.
chuchada *s. f.* trick, swindle.
chuchería *s. f.* **1** trinket, knick-knack, piece of jewellery. **2** titbit, sweet, piece of candy.
chucho *s. m.* **1** dog, hound, pooch (fam.). **2** (Am.) chill, fever, malaria, shiver.
chueco *adj.* **1** bowlegs, bandy legs. **2** ball (de hueso). **3** joke. **4** stump (árbol).
chufa *s. f.* **1** BOT. chufa, earth almond, groundnut. **2** boast, brag. ◆ **3 dar una ~,** to hit. **4 horchata de ~,** drink made from chufas.
chufla *s. f.* **1** joke, merry quip. ◆ **2 tomar algo a ~,** to take something as a joke.
chuflar *v. i.* **1** to whistle. • *v. pron.* **2** to make fun of, to make jokes.
chuicas *s. f. pl.* odds and ends.
chulapo, -pa *s. m.* y *f.* person epitomising the working classes of Madrid.
chulería *s. f.* cheekiness, insolence, sauce.

chuleta *s. f.* **1** chop, cutlet. **2** slap. **3** crib (de estudiantes). • *adj.* **4** flash. • *s. m.* y *f.* **5** flashy type (chulo).
chulo, -la *adj.* **1** cheeky, barefaced, insolent, saucy. **2** flashy. **3** nice, pretty. • *s. m.* y *f.* **4** flashy type. **5** someone from the working classes of Madrid.
chumbera *s. f.* prickly pear.
chunga *s. f.* joke, fun, banter.
chupa *s. f.* **1** tight-fitting waiscoat. ◆ **2 poner a uno como ~ de dómine,** to give someone a tremendous pasting, to call someone all the names under the sun.
chupado, -da *p. p.* de **chupar.** *adj.* **1** skinny, gaunt, thin. **2** very easy. **3** drunk. • *s. f.* **4** puff, drag (fam.) (de cigarrillo).
chupar *v. t.* e *i.* **1** to suck, to absorb, to soak up, to take in, to extract, to sip. **2** (fig.) to milk, to sap, to bleed. **3** to lick, to moisten. • *v. pron.* **4** to get thin, to lose weight, to waste away. **5** to spend: *se chupó seis años de cárcel = he spent six years in jail.* ◆ **6 ¡chúpate esa!,** put that in your pipe and smoke it.
chupatintas *s. m.* penpusher, scribe.
chupete *s. m.* **1** dummy, teat (biberón). **2** lollipop (caramelo).
chupinazo *s. m.* **1** loud bang, starting signal. **2** hard kick (fútbol).
chupón, -na *adj.* **1** sucking. **2** parasitic, sponging. • *s. m.* y *f.* **3** sucker. **4** parasite, leech, hanger-on, sponger. **5** sucking sweet, lollipop (caramelo). **6** dummy, teat. **7** baby's bottle, feeding bottle. **8** BOT. sucker, shoot.
chupóptero, -ra *adj./s. m.* y *f.* (fig.) parasite, sponger, leech.
churumbel *s. m.* (fam.) kid, nipper.
churre *s. m.* thick grease, filth, grime.
churrería *s. f.* shop or stall selling fritters (churros), potato crisps, etc.
churrete *s. m.* mark, streak, grease spot, dirty mark.
churretear *v. t.* to spot, to stain.
churriburri *s. m.* **1** turmoil, bustle, confusion, mess, mix-up, hubbub. **2** worthless individual, useless person.
churrigueresco, -ca *adj.* **1** ARQ. baroque, Churrigueresque. **2** (fig.) excessively ornate, flowery, flashy, overelaborate, florid.
churro *adj.* y *s. m.* **1** coarse. • *s. m.* **2** fritter; cruller (EE UU) **3** shoddy piece of work, botch, mess. **4** dead loss, flop. **5** fluke.
churruscar *v. t.* y *pron.* to burn.
churrusco *s. m.* piece of burnt toast.
chusco, -ca *adj.* **1** funny, droll, oddly amusing. **2** ordinary, ill-mannered (persona). **3** mongrel. • *m.* y *f.* **4** joker, wit. • *s. m.* **5** MIL. ration bread.
chusma *s. f.* **1** rabble, mob, riffraff. **2** gang of galley slaves.
chusmaje *s. m.* rabble, mob, riffraff.
chuspa *s. f.* (Am.) leather bag, pouch.
chusquero *adj.* y *s. m.* MIL. (fam.) ranker.
chutarse *v. pron.* (fam.) to mainline, to shoot up.
chuzar *v. t.* to prick, to sting, to hurt.
chuzo *s. m.* **1** pike, spiked stick, pointed stick. **2** metal-tipped stick. ◆ **3 caer/llover chuzos de punta,** to pour down, to rain cats and dogs.
chuzón *adj.* y *s. m.* **1** sharp, cunning, witty. **2** crafty, sly, amusing. **3** stubborn.
cía *s. f.* hip bone.
ciaboga *s. f.* putting about (embarcación).
cianógeno *s. m.* QUÍM. cyanogen.
cianosis *s. f.* MED. cyanosis.
cianuro *s. m.* cyanide.
ciática *s. f.* sciatica.
ciático, -ca *adj.* sciatic.
cibera *s. f.* fodder.
cibercultura *s. f.* cyberculture.
ciberespacio *s. m.* cyberspace.
cibernauta *s. m.* y *f.* cybernaut.
cibernética *s. f.* cybernetics.
cicatear *v. i.* to be a skinflint.
cicatería *s. f.* meanness.
cicatero, -ra *adj.* mean.
cicatriz *s. f.* scar.
cicatrización *s. f.* healing up.
cicatrizar *v. t.* **1** to heal. • *v. pron.* **2** to heal up.
cícero *s. m.* pica.
cicerone *s. m.* y *f.* guide.
ciceroniano, -na *adj.* ciceronian.
ciclamen *s. m.* cyclamen.
ciclamor *s. m.* Judas tree.
cíclico, -ca *adj.* cyclical.
ciclista *s. m.* y *f.* cyclist.
ciclo *s. m.* cycle.
cicloide *s. f.* cycloid.
ciclomotor *s. m.* moped.
ciclón *s. m.* cyclone.
ciclónico, -ca *adj.* cyclonic.
cíclope o **ciclope** *s. m.* Cyclops.
ciclópeo, -a *adj.* Cyclopean.
ciclostil *s. m.* cyclostyle.
ciclóstoma *s. m.* ZOOL. cyclostome.
ciclotrón *s. m.* FÍS. cyclotron.
cicloturismo *s. m.* cycle touring.
cicuta *s. f.* hemlock.
cidra *s. f.* citron.
cidro *s. m.* BOT. citron (árbol).
ciego, -ga *adj.* **1** blind. **2** blocked. **3** dark. • *s. m.* y *f.* **4** blind person.
cielo *s. m.* **1** sky. **2** heaven.
ciempiés *s. m.* ZOOL. centipede.
cien *adj./ s. m.* **1** hundred. **2** a/one hundred.
ciénaga *s. f.* marsh, swamp.
ciencia *s. f.* **1** science. **2** knowledge.
ciencia-ficción *s. f.* science fiction.
cieno *s. m.* mud, silt.
cienoso *adj.* muddy, silty.
científico, -ca *adj.* **1** scientific. • *s. m.* y *f.* scientist.
ciento *adj.* hundred.
cierre *s. m.* **1** closing, shutting. **2** fastener (vestido).
cierto, -ta *adj.* sure, certain.
cierva *s. f.* hind.
ciervo *s. m.* deer, stag.
cifosis *s. f.* kyphosis.
cifra *s. f.* **1** figure. **2** cipher (clave). **3** abbreviation. **4** monogram.
cifrado, -da *adj.* coded.
cifrar *v. t.* **1** to write in code. **2** to concentrate (en). **3** to summarize. • *v. pron.* **4** to amount (to, en).
cigala *s. f.* crayfish.
cigarra *s. f.* cicada.
cigarrería *s. f.* (Am.) tobacconist's.
cigarrero, -ra *s. m.* y *f.* **1** cigar maker (fabricante). **2** cigar dealer (vendedor).
cigarrillo *s. m.* cigarette.
cigarro *s. m.* **1** cigar. **2** cigarette. ◆ **3 ~ puro,** cigar.
cigoñal *s. m.* scoop.
cigoñino *s. m.* young stork.
cigoñuela *s. f.* stilt.
cigoto *s. m.* BIO. zygote.
cigüeña *s. f.* stork.
cigüeñal *s. m.* crankshaft.
cilantro *s. m.* coriander.
ciliado, -da *adj.* ciliate.
ciliar *adj.* ciliary.
cilicio *s. m.* hair shirt.
cilindrada *s. f.* cylinder capacity.
cilindrar *v. t.* to roll flat.
cilíndrico, -ca *adj.* cylindrical.
cilindro *s. m.* cylinder.
cilio *s. m.* ANAT. cilium.
cima *s. f.* **1** summit. **2** culmination. **3** BOT. cyme. ◆ **4 dar ~,** to conclude.
cimacio *s. m.* cymatium.
cimarrón, -na *adj.* **1** (Am.) wild. **2** bitter (mate).
cimarronada *s. f.* (Am.) wild herd.
cimarronear *v. i.* **1** to run away (esclavo). **2** to drink bitter maté.
címbalo *s. m.* cymbal.
cimbel *s. m.* **1** decoy. **2** (fam.) squealer.
cimborrio *s. m.* **1** dome base. **2** dome.
cimbra *s. f.* inner arch curvature.
cimbrado, -da *adj.* curved.
cimbrar *v. t.* **1** to swish (vara). **2** to bend. **3** to hit (con vara, etc.).
cimbrear *v. pron.* to sway.
cimbreño, -ña *adj.* flexible.
cimbreo *s. m.* swaying.
cimentación *s. f.* **1** foundation. **2** laying of foundations.
cimentar *v. t.* **1** to lay the foundations of. **2** to found.
cimero, -ra *adj.* topmost.
cimiento *s. m.* **1** foundation. **2** origin. ◆ **3 echar/poner los cimientos,** to lay the foundations.
cimitarra *s. f.* scimitar.
cinabrio *s. m.* cinnabar.
cinamomo *s. m.* bead tree.
cinc o **zinc** *s. m.* zinc.
cincel *s. m.* chisel.
cincelado *s. m.* chiselling.
cinceladura *s. f.* chiselling.
cincelar *v. t.* to chisel.
cincha *s. f.* strap.
cinchar *v. t.* **1** to girth. **2** to hoop. • *v. i.* **3** (Am.) to work hard.
cinchera *s. f.* girth part (caballería).
cincho *s. m.* **1** sash. **2** hoop (tonel). **3** ARQ. transverse rib.
cinco *adj.* y *s. m.* **1** five. **2** fifth (fecha).
cincuenta *adj.* y *s. m.* **1** fifty. **2** fiftieth.
cincuentavo, -va *adj.* fiftieth.
cincuentena *s. f.* group of fifty.
cincuentenario *s. m.* fiftieth anniversary.
cincuenteno, -na *adj.* fiftieth.
cincuentón, -na *adj./ s. m.* y *f.* fifty-year-old.
cine *s. m.* cinema.

cineasta *s. m.* y *f.* **1** film producer. **2** actor.
cinéfilo, -la *s. m.* y *f.* film buff.
cinegética *s. f.* hunting.
cinegético, -ca *adj.* hunting.
cinemascope o **cinemascopio** *s. m.* cinemascope.
cinemática *s. f.* kinematics.
cinematografía *s. f.* film-making.
cinematográfico, -ca *adj.* cinematographic.
cinematografiar *v. t.* to film.
cinematógrafo *s. m.* **1** cine projector. **2** cinema.
cinerama *s. m.* cinerama.
cinerario, -ria *adj.* cinerary.
cinética *s. f.* kinetics.
cinético, -ca *adj.* kinetic.
cíngaro, -ra *adj./s. m.* y *f.* gypsy.
cinglar *v. t.* MET. **1** to puddle. **2** MAR. to scull.
cíngulo *s. m.* cingulum.
cínico, -ca *adj.* **1** cynical. • *s. m.* y *f.* **2** cynic.
cínife *s. m.* mosquito.
cinismo *s. m.* cynicism.
cinquillo *s. m.* card game.
cinta *s. f.* **1** strip (material). **2** ARQ. fillet. **3** MÚS. tape. **4** film. **5** ribbon (pelo).
cintarazo *s. m.* sword blow.
cintero, -ra *s. m.* y *f.* **1** ribbon maker. **2** ribbon dealer. • *s. m.* **3** belt (prenda).
cinto *s. m.* **1** sash. **2** waist (persona).
cintra *s. f.* curvature.
cintura *s. f.* **1** waist. **2** waistband (prenda). ◆ **3 meter a uno en ~,** to take somebody in hand.
cinturón *s. m.* belt.
ciperáceo, -a *adj.* cyperaceous.
cipo *s. m.* **1** memorial stone. **2** signpost. **3** milestone.
cipote *s. m.* **1** club. **2** (desp.) cretin. **3** (vulg.) prick. **4** milestone. **5** (Am.) lad.
ciprés *s. m.* cypress.
cipresino, -na *adj.* cupressineous.
circense *adj.* circus.
circo *s. m.* circus.
circonio *s. m.* zirconium.
circuición *s. f.* encircling.
circuir *v. t.* to encircle.
circuito *s. m.* **1** circuit. **2** lap (carrera deportiva). ◆ **3 corto ~,** short circuit.
circulación *s. f.* **1** circulation. **2** traffic.
circular *adj.* **1** circular. • *s. f.* **2** circular. • *v. i.* **3** to circulate. **4** to drive (en un vehículo). **5** to run (transporte).
circulatorio, -ria *adj.* circulatory.
círculo *s. m.* **1** circle. ◆ **2 ~ vicioso,** vicious circle. **3 ~ polar,** polar circle.
circuncentro *s. m.* GEOM. circumcentre.
circuncidar *v. t.* **1** to circumcise. **2** to reduce.
circuncisión *s. f.* circumcision.
circunciso, -sa *adj.* circumcised.
circundante *adj.* surrounding.
circundar *v. t.* to surround.
circunferencia *s. f.* GEOM. circumference.
circunflejo, -ja *adj.* circumflex.
circunlocución *s. f.* circumlocution.
circunloquio *s. m.* circumlocution.
circunnavegación *s. f.* circumnavigation.
circunnavegar *v. t.* to circumnavigate.
circunscribir *v. t.* **1** to circumscribe. **2** to confine.
circunscripción *s. f.* **1** circumscription. **2** division (territorio).
circunscripto, -ta *adj.* circumscribed.
circunspección *s. f.* circumspection.
circunspecto, -ta *adj.* circumspect.
circunstancia *s. f.* **1** circumstance. **2** requisite. ◆ **3 circunstancias agravantes,** aggravating circumstances. **4 circunstancias atenuantes,** attenuating circumstances. **5 circunstancias eximentes,** exonerating circumstances.
circunstancial *adj.* circumstantial.
circunstante *adj.* **1** surrounding. • *s. m.* y *pl.* **2** those present.
circunvalación *s. f.* **carretera de ~,** ring road.
circunvalar *v. t.* to go round.
circunvecino, -na *adj.* neighbouring.
circunvolución *s. f.* circumvolution.
cireneo, -a o **cirineo, -a** *adj.* Cyrenaic. • *s. m.* y *f.* someone who helps someone else.
cirial *s. m.* processional candlestick.
cirio *s. m.* **1** candle. ◆ **2 ~ pascual,** Easter candle.
cirrípedo o **cirrópodo** *adj.* cirriped.
cirro *s. m.* **1** cirrus. **2** MED. scirrhus.
cirrosis *s. f.* cirrhosis.
cirroso, -sa *adj.* cirrus-like.
cirrótico, -ca *adj.* cirrhotic.
ciruela *s. f.* plum.
ciruelo *s. m.* **1** plum tree. • *adj.* **2** (desp.) thick.
cirugía *s. f.* surgery.
cirujano *s. m.* y *f.* surgeon.
ciscar *v. t.* to dirty.
cisco *s. m.* **1** slack (mineral). **2** commotion.
ciscón, -na *adj.* (Am.) touchy.
cisión *s. f.* incision.
cisma *s. m.* o *f.* **1** split. **2** discord.
cismático, -ca *adj.* schismatic.
cisne *s. m.* **1** swan. **2** (Am.) powder puff. • *adj.* **3** brownish (caballo).
císter o **cistel** *s. m.* Cistercian order.
cisterciense *adj./s. m.* y *f.* Cistercian.
cisterna *s. f.* **1** cistern. **2** tank (vehículo).
cisticerco *s. m.* tapeworm larva.
cistitis *s. f.* cystitis.
cisura *s. f.* fissure.
cita *s. f.* **1** appointment. **2** date (chico con chica, etc.). **3** LIT. quotation.
citación *s. f.* summons.
citar *v. t.* **1** to make an appointment with. **2** LIT. to quote. **3** to provoke (toro). **4** DER. to summon. • *v. pron.* **5** *citarse con alguien = to arrange to meet somebody.*
cítara *s. f.* zither.
citarista *s. m.* y *f.* zither player.
citerior *adj.* near.
citoplasma *s. m.* BIOL. cytoplasm.
citoplasmático, -ca *adj.* BIOL. cytoplasmic.
citrato *s. m.* QUÍM. citrate.
cítrico, -ca *adj.* citric.
citrón *s. m.* lemon.
ciudad *s. f.* **1** town. **2** city.
ciudadanía *s. f.* citizenship.
ciudadano, -na *s. m.* y *f.* citizen.
ciudadela *s. f.* citadel.
cívico, -ca *adj.* **1** civic. **2** civil (modales).
civil *adj.* **1** civil. • *s. m.* **2** civil guard. • *s. m.* y *f.* **3** civilian (no militar). ◆ **4 derecho ~,** DER. civil law.
civilidad *s. f.* civility.
civilista *s. m.* y *f.* civil-law teacher.
civilización *s. f.* civilization.
civilizado, -da *adj.* civilized.
civilizador, -ra *adj.* civilizing.
civilizar *v. t.* **1** to civilize. • *v. pron.* **2** to become civilized.
civismo *s. m.* **1** national pride. **2** public spirit.
cizalla *s. f.* **1** wire cutters. **2** metal cutters.
cizaña *s. f.* **1** BOT. darnel. **2** (desp.) fly in the ointment. **3** discord. ◆ **4 meter ~,** to sow discord, to sow dissent among people.
cizañar *v. t.* to sow discord among.
cizañero, -ra *s. m.* y *f.* troublemaker.
clamar *v. i.* to cry out.
clamor *s. m.* **1** clamour. **2** tolling (campana).
clan *s. m.* **1** clan. **2** sect.
clandestinidad *s. f.* secrecy.
clandestino, -na *adj.* **1** clandestine. **2** underground (ley).
claqué *s. f.* tap dancing.
clara *s. f.* **1** white (huevo). **2** bald patch (cabeza). **3** sunny interval (tiempo). ◆ **4 a las claras,** openly.
claraboya *s. f.* skylight.
clarear *v. i.* **1** to dawn. **2** to clear (nubes). • *v. t.* **3** to clarify. • *v. pron.* **4** to become clear. **5** (fam.) to show one's hand.
clarecer *v. i.* to dawn.
clareo *s. m.* clearing (de bosque).
clarete *adj.* rosé (vino).
claridad *s. f.* **1** clarity (de ideas). **2** clarity (de agua, sonido). **3** light (luz). **4** frankness (palabras).
clarificar *v. t.* **1** to light up. **2** (fig.) to clarify.
clarín *s. m.* **1** bugle. **2** bugler (persona).
clarinete *s. m.* **1** clarinet. • *s. m.* y *f.* **2** clarinetist (persona).
clarión *s. m.* chalk.
clarisa *adj.* y *s. f.* REL. Clare, nun of the Franciscan Order of Poor Clares.
clarividencia *s. f.* **1** clear-sightedness. **2** clairvoyance (vidente).
clarividente *adj.* clairvoyant.
claro, -ra *adj.* **1** bright (cielo). **2** clear (idea). **3** clean (sitio). **4** light, pale (color). **5** fair (piel). **6** clear (agua). **7** thin, watery (sopa). **8** outspoken (franqueza). **9** sunny interval: *habrá nubes y claros = it will be cloudy with sunny intervals.* **10** window.
claroscuro *s. m.* chiaroscuro.
clase *s. f.* **1** class (lección, asignatura, grupo de alumnos). **2** classroom (habitación). **3** kind, sort (tipo). ◆ **4 clases pasivas,** pensioners. **5 clases sociales,** social classes.

clásico, -ca *adj.* **1** classical (referido al mundo antiguo). **2** classic, classical. • *s. m.* **3** classic.
clasificar *v. t.* to classify.
clasismo *s. m.* classism, class discrimination.
claudia *s. f.* greengage.
claudicar *v. i.* **1** to abandon (una responsabilidad, etc.). **2** to give in (ceder).
claustro *s. m.* **1** ARQ. cloister. **2** academic staff (universidad).
claustrofobia *s. f.* claustrophobia.
cláusula *s. f.* clause (documento, oración).
clausura *s. f.* **1** REL. confinement. **2** confined part (convento). **3** closing ceremony (acto).
clausurar *v. t.* **1** to close. **2** to end.
clavadista *s. m.* y *f.* (Am.) diver.
clavado, -da *adj.* **1** just like: *es clavado a su padre = he looks just like his father.* **2** just right (ropa). **3** studded (clavos). • *s. m. pl.* **4** (Am.) somersault (de un trampolín).
clavar *v. t.* **1** to stick, to drive (cuchillo, palo); to hammer (clavo). **2** (fam.) to pull a fast one on; to rip off (estafar). **3** to fix (mirada).
clave *s. f.* **1** key. **2** ARQ. keystone. **3** MÚS. clef. • *s. m.* **4** clavichord (instrumento musical).
clavecín *s. m.* clavichord.
clavel *s. m.* **1** carnation. ◆ **2** ~ **reventón,** large carnation.
clavetear *v. t.* **1** to stud. **2** to finish (asunto).
clavicémbalo *s. m.* harpsichord.
clavicordio *s. m.* clavichord.
clavícula *s. f.* collar bone.
clavija *s. f.* **1** peg. **2** ELEC. plug.
clavijero *s. m.* MÚS. pegbox.
claviórgano *s. m.* harmonium.
clavo *s. m.* **1** nail. **2** MED. corn (callo). **3** BOT. clove. **4** MED. pin (tornillo) ◆ **5** **agarrarse a un ~ ardiendo,** to clutch at straws. **6** **como un ~,** spot on. **7** **dar en el ~,** to hit the nail on the head.
claxon *s. m.* hooter, horn.
clemencia *s. f.* **1** clemency. **2** DER. reduction of sentence.
clemole *s. m.* (Am.) hot tomato sauce.
clepsidra *s. f.* water clock.
cleptomanía *s. f.* cleptomania.
cleptómano, -na *s. m.* y *f.* kleptomaniac.
clerecía *s. f.* clergy.
clergyman *s. m.* REL. dark suit (de cura).
clericalismo *s. m.* clericalism.
clérigo *s. m.* **1** priest. **2** scholar (de la Edad Media).
clero *s. m.* **1** clergy. ◆ **2** ~ **regular,** regular clergy. **3** ~ **secular,** secular clergy.
cliché *s. m.* **1** negative (de foto). **2** stencil (en imprenta). **3** LIT. cliché. **4** stereotype.
cliente, -ta *s. m.* y *f.* **1** customer (de tienda, hotel). **2** client (de un abogado). **3** customer, client (de una empresa).
clientela *s. f.* clientele.
clima *s. m.* climate.
climatérico, -ca *adj.* climacteric.
climaterio *s. m.* sexual menopause.
climatizado, -da *adj.* **1** heated (piscina). **2** air-conditioned (edificio, local).
climatizar *v. t.* to air-condition.
climatología *s. f.* climatology.
clímax *s. m.* climax.
clínica *s. f.* **1** clinic (lugar). **2** clinical training (actividad).
clínico, -ca *adj.* clinical.
clinómetro *s. m.* TEC. clinometer.
clip *s. m.* paper clip.
clíper *s. m.* MAR. clipper.
clisar *v. t.* to stereotype.
clisé *s. m.* **1** negative (de foto). **2** stencil (en imprenta). **3** LIT. cliché. **4** stereotype.
clitelo *s. m.* clitellum.
clítoris *s. m.* clitoris.
cloaca *s. f.* **1** sewer. **2** ZOOL. cloaca.
cloque *s. m.* hook.
cloquear *v. i.* to cluck.
cloqueo *s. m.* clucking.
clorato *s. m.* QUÍM. chlorate.
clorhídrico, -ca *adj.* QUÍM. hydrochloric.
cloro *s. m.* QUÍM. chlorine.
clorofíceas *s. f. pl.* seaweed.
clorofila *s. f.* chlorophyll.
clorofluorocarbono *s. m.* chlorofluorocarbon.
cloroformo *s. m.* QUÍM. chloroform.
clorosis *s. f.* chlorosis.
cloruro *s. c.* QUÍM. **1** chloride. ◆ **2** ~ **de sodio,** sodium chloride, common salt.
clóset *s. m.* (Am.) fitted cupboard.
clown *s. m.* clown.
club *s. m.* club.
clueco, -ca *adj.* **1** broody (gallina). **2** (fam.) decrepit (referido a personas mayores).
coacción *s. f.* coercion.
coactivo, -va *adj.* coercive.
coadjutor, -ra *s. m.* y *f.* assistant.
coadyuvar *v. i.* to assist.
coagular *v. i.* y *pron.* to coagulate.
coalición *s. f.* coalition.
coartada *s. f.* alibi.
coartar *v. t.* to restrict.
coautor, -ra *s. m.* y *f.* co-author.
coaxial *adj.* TEC. coaxial.
coba *s. f.* **1** adulation. **2** (fam.) joke. ◆ **3** **dar ~ a,** to suck up to.
cobalto *s. m.* MIN. cobalt.
cobardía *s. f.* cowardice.
cobaya o **cobayo** *s. m.* guinea pig.
cobertizo *s. m.* shed.
cobertor *s. m.* **1** quilt (edredón). **2** blanket (manta).
cobertura *s. f.* **1** covering. **2** COM. hedge.
cobija *s. f.* **1** over tile (tejado). **2** covert (pluma). **3** covering. • *pl.* **4** (Am.) bedclothes.
cobijar *v. t.* **1** to cover. **2** to shelter.
cobijo *s. m.* shelter.
cobra *s. f.* **1** cobra. **2** retrieving (caza). **3** team of mares (trilla).
cobrador, -ra *s. m.* y *f.* **1** collector (de compañía de gas, eléctrica, de seguros). **2** conductor (de autobús).
cobrar *v. t.* **1** to charge (suma de dinero). **2** to earn (sueldo). **3** to charge for (hacer pagar). **4** to collect (deuda). **5** to acquire (importancia). **6** to claim (víctimas). **7** to recover (cosa prestada). **8** to retrieve (caza). **9** to pull in (cuerda). **10** to receive (golpe). • *v. pron.* **11** to earn (sueldo).
cobre *s. m.* **1** copper. **2** copper pans (perolas). **3** MÚS. brass section. ◆ **4** **batirse el ~,** to work flat out.
cobrizo, -za *adj.* **1** copper-coloured. **2** copper.
coca *s. c.* BOT. coca.
cocacho *s. m.* (Am.) tap on the head.
cocaína *s. f.* cocaine.
cocal *s. m.* (Am.) coca plantation.
cocción *s. f.* **1** cooking (de alimentos). **2** firing (de cerámica). ◆ **3** **tiempo de ~,** cooking time.
cóccix o **coxis** *s. m.* coccyx.
cocear *v. t.* to kick.
cocer *v. t.* **1** to cook. • *v. i.* **2** to boil. **3** to ferment. • *v. pron.* **4** to suffer a lot of pain.
cochambre *s. f.* filth.
cochambroso, -sa *adj.* filthy.
coche *s. m.* **1** car (automóvil). **2** car, carriage (de tren). **3** coach, bus (autocar). ◆ **4** ~ **bomba,** car bomb. **5** ~ **cama,** sleeping car, sleeper. **6** ~ **de bomberos,** fire engine.
cochera *s. f.* coach depot.
cochero, -ra *s. m.* y *f.* coach driver.
cochinilla *s. f.* **1** water skater (crustáceo de agua). **2** wood louse (de madera). **3** cochineal (colorante).
cochino, -na *s. m.* y *f.* **1** pig. **2** (fig. y fam.) pig. • *adj.* **3** dirty, filthy (sucio). **4** disgusting (asqueroso).
cochiquera *s. f.* pigsty.
cochura *s. f.* **1** cooking. **2** prepared dough.
cochitril *s. f.* **1** pigsty (pocilga). **2** (fig.) hover.
cocido *s. m.* stew.
cociente *s. m.* **1** MAT. quotient. ◆ **2** ~ **intelectual,** IQ.
cocimiento *s. m.* cooking.
cocina *s. f.* **1** kitchen (lugar). **2** cooking (el arte). **3** cooker (aparato).
cocinar *v. t.* e *i.* **1** to cook. • *v. i.* **2** (fig.) to meddle.
cocinilla *s. f.* **1** kitchenette (lugar). **2** small cooker (aparato).
coco *s. m.* **1** coconut (fruto). **2** grub (insecto). **3** coccus (bacteria). **4** (fam.) bogeyman (para asustar a niños). **5** grimace (expresión).
cocodrilo *s. m.* crocodile.
cocoliche *s. m.* (Am.) Italian immigrant slang.
cocoso, -sa *adj.* maggoty.
cocotal *s. m.* coconut plantation.
cocotero *s. m.* coconut palm.
cóctel o **cocktail** *s. m.* **1** cocktail. **2** cocktail party (reunión). ◆ **3** ~ **molotov,** Molotov cocktail.
coda *s. f.* **1** MÚS. coda. **2** joining block (carpintería).
codear *v. i.* **1** to elbow. **2** (Am.) to keep on asking. • *v. pron.* **3** to hobnob, to rub shoulders.
codeína *s. f.* QUÍM. codeine.
codera *s. f.* **1** elbow patch. **2** MAR. rope.

codeso *s. m.* BOT. laburnum.
códice *s. m.* codex.
codicia *s. f.* greed.
codicilo *s. m.* codicil.
codificar *v. t.* to codify.
código *s. m.* **1** code. **2** rules. ◆ **3 ~ de barras,** bar code. **4 ~ de señales,** signal code.
codillo *s. m.* **1** ZOOL. elbow. **2** BOT. stump. **3** brace (construcción). **4** stirrup (montar). **5** knuckle (de cerdo para guisar).
codo *s. m.* **1** elbow. **2** TEC. bend. ◆ **3 alzar, empinar el ~,** to drink a lot. **4 hablar por los codos,** to talk the hind legs off a donkey.
codorniz *s. f.* quail.
coeducación *s. f.* coeducation.
coeficiente *s. m.* **1** coefficient. ◆ **2 ~ de inteligencia,** IQ.
coercer *v. t.* to coerce.
coerción *s. f.* coercion, restraint.
coetáneo, -a *adj.* contemporary.
coevo, -va *adj.* coeval.
coexistencia *s. f.* **1** coexistence. ◆ **2 ~ pacífica,** peaceful coexistence.
cofia *s. f.* **1** cap. **2** hairnet (pelo). **3** coif (armadura).
cofradía *s. f.* brotherhood.
cofre *s. m.* chest.
cogedor *s. m.* picker.
coger *v. t.* **1** to take hold of (agarrar). **2** to catch (pelota). **3** to get. **4** to pick up (algo que se ha caído). **5** to catch out (por sorpresa). **6** to hold (capacidad). **7** to cover (extensión). **8** to acquire. **9** (Am.) (vulg.) to screw (acostarse con). ● *v. i.* **10** to fit. ◆ **11 no hay por donde cogerlo,** it's a complete mess.
cogestión *s. f.* co-partnership.
cogida *s. f.* **1** goring (tauromaquia). **2** AGR. harvest.
cogitabundo, -da *adj.* deep in thought.
cognación *s. f.* **1** blood relationship. **2** relationship.
cognición *s. f.* cognition.
cogollo *s. m.* **1** BOT. shoot. **2** (Am.) sugar cane. **3** (fig.) the cream. **4** heart (de lechuga).
cogorza *s. f.* (fam.) binge.
cogote *s. m.* nape.
cogulla *s. f.* cowl.
cohabitación *s. f.* cohabitation.
cohabitar *v. i.* **1** to live together. **2** to have sex.
cohechar *v. t.* **1** to bribe. **2** AGR. to plough up.
cohecho *s. m.* bribery.
coheredar *v. t.* to inherit jointly.
coherencia *s. f.* **1** coherence. **2** cohesion.
coherente *adj.* consistent, coherent.
cohesión *s. f.* cohesion.
cohete *s. m.* rocket.
cohibir *v. t.* **1** to inhibit. **2** to restrain.
cohombro *s. m.* **1** cucumber. ◆ **2 ~ de mar,** sea cucumber.
cohonestar *v. t.* to give an honest appearance to.
cohorte *s. f.* cohort.
coima *s. f.* **1** concubine. **2** (fam.) rake-off. **3** (Am.) bribe.
coime o **cominero** *s. m.* gambling organizer.
coincidencia *s. f.* coincidence.
coincidir *v. i.* **1** to agree. **2** to coincide.
coito *s. m.* coitus.
cojear *v. i.* **1** to limp. **2** to wobble (mueble). **3** (fig.) to go astray.
cojín *s. m.* cushion.
cojinete *s. m.* **1** small cushion. **2** chair, rail chair (en ferrocarril). **3** MEC. bearing.
cojitranco, -ca *adj.* (desp.) lame.
cojudo, -da *adj.* (Am.) (vulg.) stupid, dumb (idiota).
cok o **coke** *s. m.* coke.
col *s. f.* **1** BOT. cabbage. ◆ **2 ~ de Bruselas,** Brussels sprout.
cola *s. f.* **1** ZOOL. tail (end). **2** end (final). **3** queue (fila). **4** glue (pegamento). ◆ **5 ~ de pescado,** fish glue. **7 no pegar ni con ~,** not to go with. **7 tener/traer ~,** to have nasty consequences.
colaboracionismo *s. m.* (desp.) collaboration.
colaboracionista *s. m.* y *f.* collaborator.
colaborar *v. i.* to collaborate.
colación *s. f.* **1** light snack (comida). ◆ **2 sacar algo a ~,** to bring something up.
colactáneo, -a *s. m.* y *f.* brother (hermano de leche).
colágeno *s. m.* QUÍM. collagen.
colada *s. f.* **1** wash. **2** washing. **3** bleach (para colar). **4** cattle run (ganado). **5** GEOL. ravine. **6** tapping (de altos hornos). **7** lava flow (de volcán).
coladera *s. f.* **1** (Am.) colander, strainer (colador). **2** drain (sumidero).
colapso *s. m.* collapse.
colar *v. t.* **1** to strain (líquido). **2** to bleach (ropa). ● *v. i.* **3** (fig.) to be swallowed. ● *v. pron.* **4** to slip in (en reunión, espectáculo, etc.). **5** to push in, to jump the queue (saltarse el turno). **6** make a mistake (equivocarse). **7** (fam.) to drop a brick (en una conversación).
colateral *adj.* collateral.
colcha *s. f.* bedspread.
colchar *v. t.* to pad.
colchón *s. m.* mattress.
colchoneta *s. f.* **1** cushion. **2** airbed (de aire).
colear *v. i.* **1** to wag its tail (perro). **2** to be still unfinished (asunto). ● *v. t.* **3** to grab by the tail (toro).
colección *s. f.* collection.
coleccionable *adj.* y *s. m.* collectible.
colecta *s. f.* **1** collection (caridad). **2** REL. collect.
colectividad *s. f.* **1** whole group (personas). **2** community (pueblo).
colectivismo *s. m.* collectivism.
colectivo, -va *adj.* **1** collective. ● *s. m.* **2** group (de personas). **3.** GRAM. collective noun. **4** (Am.) bus (autobús).
colector *s. m.* **1** collector (persona). **2** water tank (de aguas residuales). ◆ **3 ~ de corriente,** current collector.
colega *s. m.* y *f.* **1** colleague (compañero). **2** (fam.) pal (amigo).
colegial, -la *s. m.* y *f.* schoolboy (chico), schoolgirl (chica).
colegiarse *v. pron.* **1** to become a society. **2** to become a member of a society.
colegiata *s. f.* collegiate church.
colegio *s. m.* **1** school. **2** college (profesional). ◆ **3 ~ electoral,** electoral college. **4 ~ mayor,** hall of residence.
colegir *v. t.* to deduce.
coleóptero, -ra *s. m.* y *f.* coleopteran.
cólera *s. f.* **1** anger. **2** MED. cholera.
colérico, -ca *adj.* choleric.
colerina *s. f.* diarrhoea.
colesterol *s. m.* cholesterol.
coleta *s. f.* **1** pigtail. **2** (fam.) postscript (a una carta). ◆ **3 cortarse la ~,** to retire from bullfighting; (fig.) to cease in an activity.
coletilla *s. f.* postscript.
coleto *s. m.* **1** inner self. **2** body. ◆ **3 echarse algo al ~,** to drink something down (bebida); to put something away (comida).
colgado, -da *adj.* **1** (fam.) out on a limb. **2** (fam.) spaced out (drogado).
colgante *adj.* **1** hanging. ● *s. m.* **2** pendant.
colgar *v. t.* **1** to hang. **2** to put, lay (culpa). **3** to drape (adornos). ● *v. i.* **4** to hang.
colibrí *s. m.* hummingbird.
cólico *s. m.* colic.
coliflor *s. f.* cauliflower.
coligar *v. t.* y *pron.* to bind.
colilla *s. f.* cigarette butt.
colimación *s. f.* ÓPT. collimation.
colimador *s. m.* collimator.
colina *s. f.* hill.
colindante *adj.* neighbouring, adjoining.
colindar *v. i.* to be adjacent.
colino *s. m.* **1** cabbage seed. **2** cabbage patch (área).
colirio *s. m.* eye-drops.
coliseo *s. m.* coliseum.
colisión *s. f.* **1** collision. **2** confrontation (ideas).
colista *s. m.* y *f.* tail-ender.
colitis *s. f.* colitis.
colla *adj.* **1** Bolivian. ● *s. f.* **2** MAR. gang of dockworkers. **3** dancing group (Cataluña).
collado *s. m.* **1** hill. **2** ravine (entre montañas).
collage *s. m.* collage.
collar *s. m.* **1** necklace, chain. **2** collar (para animales). **3** MEC. ring.
collarino *s. m.* ARQ. annulet.
collazo *s. m.* **1** farm hand. **2** HIST. vassal.
colleja *s. f.* slap on the back of the neck.
collera *s. f.* horse collar.
collerón *s. m.* light horse collar.
colmado, -da *adj.* **1** full. ● *s. m.* **2** cheap restaurant. **3** grocer's shop, grocery.
colmar *v. t.* **1** to fill to the brim. **2** to fulfil (un deseo, etc.).
colmena *s. f.* beehive.
colmillo *s. m.* **1** eye tooth, canine (de una persona). **2** fang (perro). **3** tusk (elefante). ◆ **4 enseñar los colmillos,** to bare one's teeth.

colmo *s. m.* **1** last drop. **2** culmination. ♦ **3 ser una cosa el ~,** to be the last straw.
colocar *v. t.* **1** to place. **2** to find a job for. • *v. pron.* **3** to get a job (encontrar trabajo).
colodra *s. f.* **1** wooden bucket. **2** drinking horn.
colodrillo *s. m.* back of the head.
colofón *s. m.* colophon.
coloide o **coloidal** *adj.* QUÍM. colloidal.
Colombia *s. f.* Colombia.
colombiano, -na *adj.* Colombian.
colombino, -na *adj.* of Columbus.
colombofilia *s. f.* pigeon rearing.
colon *s. m.* colon.
colón *s. m.* colon (moneda).
colonato *s. m.* tenant farming.
colonia *s. f.* **1** colony, settlement. **2** cologne (de perfumería). ♦ **3 ir de colonias,** to go on a summer camp.
coloniaje *s. m.* colonial period.
colonialismo *s. m.* colonialism.
colonizar *v. t.* to colonize.
colono *s. m.* **1** colonist. **2** AGR. tenant farmer.
coloquio *s. m.* discussion.
color *s. m.* **1** colour. **2** (fig.) nature. ♦ **3 sacarle a uno los colores,** to make someone blush. **4 subírsele a uno los colores,** he blushed. **4 subido de ~,** off-colour (chiste, discusión, etc.).
colorado, -da *adj.* **1** coloured. **2** red.
colorar *v. t.* to colour.
colorear *v. t.* **1** to colour. **2** (desp.) to camouflage. • *v. i.* **3** to redden.
colorete *s. m.* rouge.
colorido *s. m.* colouring.
colorimetría *s. f.* colorimetry.
colorín *s. m.* **1** linnet (pájaro). **2** gaudy colour (color).
colorismo *s. m.* floridity (de estilo).
colosal *adj.* colossal.
coloso *s. m.* colossus.
coludir *v. i.* to collude.
columbario *s. m.* HIST. cemetery.
columbino, -na *adj.* of a dove.
columbrar *v. t.* **1** to catch sight of. **2** to guess.
columbrete *s. m.* skerry.
columelar *adj.* canine (diente).
columna *s. f.* **1** column. ♦ **2 ~ vertebral,** spinal column. **3 desviación de ~,** curvature of the spine. **4 quinta ~,** fifth column.
columnata *s. f.* colonnade.
columnista *s. m.* y *f.* columnist.
columpio *s. m.* **1** swing (individual). **2** seesaw (balancín).
coma *s. f.* **1** comma (en ortografía, música). • *s. m.* **2** MED. coma.
comadre *s. f.* **1** godmother. **2** MED. midwife. **3** close neighbour.
comadreja *s. f.* weasel.
comadreo *s. m.* gossip.
comadrona *s. f.* midwife.
comal *s. m.* (Am.) earthenware dish.
comanche *adj.* Comanche.
comandancia *s. f.* **1** commandership (cargo). **2** command (área). **3** command (oficina).
comandante *s. m.* commander.
comandar *v. t.* to command.
comandita *s. f.* sleeping partnership.
comando *s. m.* **1** MIL. commando (unidad de combate, soldado). **2** MIL. command (mando). **3** INF. command.
comarca *s. f.* region.
comarcar *v. i.* to border on.
comatoso, -sa *adj.* comatose.
comba *s. f.* **1** bulge. **2** skipping (juego). **3** skipping rope (cuerda). **4** (Am.) sledge-hammer.
combar *v. t.* y *pron.* to bend.
combatir *v. i.* **1** to fight. • *v. t.* **2** to fight. **3** to combat (enfermedad, pobreza).
combatividad *s. f.* **1** combativeness. **2** tenacity.
combinación *s. f.* **1** combination. **2** slip (prenda de mujer). **3** QUÍM. compound.
combinado *s. m.* cocktail.
combinar *v. t.* **1** to combine. **2** to prepare.
comburente *adj.* combustion producing.
combustible *adj.* **1** combustible. • *s. m.* **2** fuel.
combustión *s. f.* combustion.
comedero *s. m.* AGR. trough.
comedia *s. f.* **1** comedy. ♦ **2 ~ de capa y espada,** cloak-and-dagger play. **3 ~ de caracteres,** character play. **4 ~ de enredo,** comedy of intrigue. **5 ~ de figurón,** caricature comedy. **6 hacer la ~,** (fig.) to swing the lead.
comedido, -da *adj.* **1** restrained, moderate (moderado). **2** (Am.) obliging (servicial).
comediógrafo, -fa *s. m.* y *f.* comedy writer.
comedirse *v. pron.* to show moderation.
comedor, -ra *adj.* **1** greedy. • *s. m.* **2** dining room. **3** restaurant.
comején *s. m.* **1** termite. **2** (Am.) anguish.
comelón, -na *adj.* greedy.
comendador *s. m.* knight commander.
comendatario, -ria *adj.* recommendatory.
comensal *s. m.* y *f.* fellow diner.
comensalismo *s. m.* commensalism.
comentario *s. m.* **1** comment. • *pl.* **2** rumours.
comentarista *s. m.* y *f.* commentator.
comenzar *v. t.* e *i.* to begin.
comer *v. t.* **1** to eat. **2** to corrode (materiales). **3** to consume. **4** to take (en ajedrez). • *s. m.* **5** food. ♦ **6 sin comerlo ni beberlo,** without having done anything to deserve it.
comercial *adj.* **1** commercial. • *s. m.* y *f.* **2** salesperson, sales rep; salesman (hombre); saleswoman (mujer). ♦ **3 director ~,** sales manager.
comerciar *v. i.* **1** to trade. **2** to have dealings with (personas).
comercio *s. m.* **1** trade. **2** shop (tienda). **3** commerce (de un país).
comestible *adj.* **1** edible, eatable. • *s. m.* **2** food item. • *pl.* **3** groceries.
cometa *s. m.* **1** ASTR. comet. • *s. f.* **2** kite (juguete).
cometer *v. t.* **1** to commit (delito). **2** to make (error). **3** to use (un solecismo, etc.).
cometido *s. m.* task.
comezón *s. f.* **1** itch. **2** unease (mental).
comicios *s. m. pl.* elections.
cómico, -ca *adj.* **1** comic. **2** funny. • *s. m.* y *f.* **3** comedian. ♦ **4 ~ de la legua,** travelling comedian.
comida *s. f.* **1** food (alimentos). **2** meal (cada vez que se come). **3** lunch (almuerzo).
comidilla *s. f.* **1** interest. **2** (fig.) main topic of conversation.
comienzo *s. m.* beginning.
comillas *s. f. pl.* inverted commas.
comilón, -na *adj.* **1** greedy. • *s. m.* y *f.* **2** greedy person. • *s. f.* **3** (fam.) blow-out, feast.
comineár *v. i.* to behave like a woman (un hombre).
comino *s. m.* **1** cumin seed. ♦ **2 no valer un ~,** (fam.) to be useless.
comisaría *s. f.* **1** MIL. commissariat. **2** police station.
comisario, -ria *s. m.* y *f.* **1** commissary. **2** police superintendent.
comisión *s. f.* **1** commission. **2** assignment (tarea). **3** committee (en el parlamento, etc.).
comisionado, -da *s. m.* y *f.* committee member.
comiso *s. m.* **1** confiscation. **2** confiscated item.
comisorio, -ria *adj.* valid for a certain time.
comistrajo *s. m.* (desp.) pigswill.
comisura *s. f.* corner (labios, etc.).
comité *s. m.* committee.
comitiva *s. f.* retinue.
cómitre *s. m.* **1** HIST. galley slave commander. **2** (desp.) slave-driver.
como *adv.* **1** like: *un hombre como él = a man like him.* **2** as: *como tú bien sabes = as you well know.* **3** since (sentido causal). **4** if (sentido condicional).
cómo *adv. interr.* **1** how? **2** what?: *¿cómo te llamas? = what is your name?* **3** why? *¿cómo no te has marchado todavía? = why haven't you gone yet?*
comodín *s. m.* **1** joker (cartas). **2** MEC. utility gadget.
cómoda *s. f.* chest of drawers.
cómodo, -da *adj.* **1** easy to use. **2** comfortable (un sofá, etc.).
comodoro *s. m.* commodore.
comoquiera *adv.* however, in whatever way.
compacto, -ta *adj.* **1** dense, compact (material, masa). **2** dense, solid (multitud).
compadecer *v. t.* **1** to feel sorry for, to feel sympathy for. • *v. pron.* **2** to feel sorry for.
compadraje *s. m.* brotherly affection.
compadrazgo *s. m.* **1** godfather status. **2** favouritism (en la solución de un problema). **3** (Am.) friendship.
compadre *s. m.* **1** godfather (padrino). **2** friend (amigo).
compaginar *v. t.* **1** to combine (conciliar). **2** to put in order (ordenar). • *v. pron.* **3** to go together with.
compañerismo *s. m.* **1** friendship. **2** solidarity. **3** conviviality.

compañero, -ra *s. m.* y *f.* **1** companion. ◆ **2** ~ **de clase,** schoolmate. **3** ~ **de trabajo,** workmate. **4** ~ **de viaje,** travelling companion.
compañía *s. f.* **1** company. ◆ **2** ~ **de Jesús,** Company of Jesus.
comparación *s. f.* comparison.
comparar *v. t.* to compare.
comparativo, -va *adj.* comparative.
comparecer *v. i.* to appear (ante una citación).
comparsa *s. m.* y *f.* **1** extra (teatro). ● *s. f.* **2** group of extras. **3** masquerade (fiestas, etc.).
compartimento o **compartimiento** *s. m.* **1** compartment (espacio, sección). **2** sharing (distribución). ◆ **3** ~ **estanco,** watertight compartment.
compartir *v. t.* to share.
compás *s. m.* **1** MAT. pair of compasses. **2** MAR. compass. **3** MÚS. beat. ◆ **4** ~ **de espera,** lull, short pause.
compasar *v. t.* **1** MÚS. to beat time to. **2** MAT. to measure with a pair of compasses.
compasillo *s. m.* MÚS. four-four time.
compasión *s. f.* **1** sympathy. **2** pity. ◆ **3** **¡por ~!,** for pity's sake!
compatible *adj.* compatible.
compatriota *s. m.* y *f.* compatriot.
compeler *v. t.* to compel.
compendiar *v. t.* to summarize, to make a summary of.
compendio *s. m.* **1** compendium. ◆ **2** **en ~,** in brief.
compenetrarse *v. pron.* **1** to understand each other very well, to be in tune with each other (dos personas). **2** to understand very well, to be in tune with (una persona con otra). **3** QUÍM. to fuse.
compensar *v. t.* **1** to compensate (una persona). **2** to make amends for, to redeem (error).
competencia *s. f.* **1** competition (rivalidad). **2** duty (responsabilidad). **3** competence (aptitud).
competente *adj.* **1** competent. **2** appropriate.
competir *v. i.* **1** to compete (en deporte, etc.) **2** to rival.
competitivo, -va *adj.* competitive.
compilador, -ra *s. m.* y *f.* **1** compiler (persona). ● *s. m.* **2** INF. compiler.
compilar *v. t.* to compile.
compinche *s. m.* **1** (fam.) mate. **2** accomplice (en un delito).
complacer *v. t.* **1** to please. ● *v. pron.* **2** to find pleasure in.
complejo, -ja *adj.* **1** complex. ● *s. m.* **2** complex. ◆ **3** ~ **de Edipo,** Oedipus complex. **4** ~ **turístico,** tourist resort.
complementario, -ria *adj.* complementary.
complemento *s. m.* complement.
completar *v. t.* to complete.
completas *s. f. pl.* REL. evensong.
completo, -ta *adj.* **1** complete. **2** full (sitio).
complexión *s. f.* build (físico).
complicar *v. t.* **1** to complicate. **2** to mix up (cosas diversas).
cómplice *s. m.* y *f.* accomplice.
complot *s. m.* conspiracy.
compluvio *s. m.* HIST. rainwater aperture.
componenda *s. f.* **1** (desp.) shady deal. **2** compromise.
componente *s. m.* **1** member (persona). **2** constituent (sustancia). **3** component (pieza).
componer *v. t.* **1** to compose. **2** to fix (algo roto). **3** to tidy up (algo desordenado). **4** to garnish (comida). **5** to reconcile (personas). **6** (Am.) to set (huesos dislocados). ● *v. pron.* **7** to dress up. ◆ **8** **componérselas,** to find a way, to manage.
comporta *s. f.* grape basket.
comportable *adj.* bearable.
comportamiento *s. m.* behaviour: *tu comportamiento deja mucho que desear = your behaviour leaves a lot to be desired.*
comportar *v. t.* **1** to involve, to entail. ● *v. pron.* **2** to behave.
composición *s. f.* **1** make-up, composition (de un comité, de una sustancia). **2** composition (obra, actividad). ◆ **3** ~ **de lugar,** study of the situation.
compositor, -ra *s. m.* y *f.* composer.
compostelano, na *adj.* of Santiago de Compostela.
compostura *s. f.* **1** make-up. **2** overhaul (de un coche). **3** tidying-up (de una habitación). **4** composure (mental). **5** arrangement (asunto).
compota *s. f.* compote, stewed fruit, jam.
compotera *s. f.* stewed fruit dish.
compra *s. f.* **1** buying, purchase (acción). **2** purchase (cosa comprada). **3** shopping: *hacer la compra = to do the shopping.*
comprador, -ra *s. m.* y *f.* buyer.
comprar *v. t.* **1** to buy. **2** (desp.) to buy, to bribe.
comprender *v. t.* **1** to understand (entender). **2** to include (incluir). ● *v. pron.* **3** to be included (un impuesto).
comprensibilidad *s. f.* comprehensibleness.
comprensible *adj.* understandable.
comprensión *s. f.* **1** understanding, grasp (facultad de comprender). **2** understanding (emociones).
comprensivo, -va *adj.* **1** comprehensive (que abarca mucho). **2** understanding (persona).
compresa *s. f.* **1** MED. compress. **2** sanitary towel (de mujeres).
compresible *adj.* TEC. compressible.
compresión *s. f.* **1** compression. **2** GRAM. synaeresis.
compresivo, -va *adj.* TEC. compressive.
compresor, -ra *adj.* **1** compressive. ● *s. m.* **2** compressor.
comprimido *s. m.* MED. tablet.
comprimir *v. t.* **1** to compress. ● *v. pron.* **2** to control oneself.
comprobación *s. f.* **1** proof (prueba). **2** check (verificación).
comprobar *v. t.* **1** to prove (un hecho). **2** to check (verificar).
comprobatorio *adj.* demonstratory.
comprometedor *adj.* compromising: *un documento comprometedor = a compromising document.*
comprometer *v. t.* **1** to compromise (persona). **2** to endanger (por un riesgo). ● *v. pron.* **3** to undertake, to take it upon oneself (a una tarea). **4** to be consistent (según sus principios).
compromisario, -ria *adj.* **1** arbitrating. ● *s. m.* y *f.* **2** representative.
compromiso *s. m.* **1** commitment, obligation (obligación). **2** difficult situation (apuro). **3** agreement (acuerdo).
compuerta *s. f.* **1** sluice gate (en canal). **2** hatch (en casa).
compuesto, -ta *adj.* **1** composed (persona). **2** composite (flores). ● *s. f. pl.* **3** composites. ● *s. m.* **4** compound.
compulsa *s. f.* **1** verification (acción). **2** attested copy (documento).
compulsación *s. f.* verification (de un documento).
compulsar *v. t.* to verify, to attest (documento).
compulsión *s. f.* compulsion.
compunción *s. f.* compunction.
compungido, -da *adj.* **1** sad (triste). **2** sorry, remorseful (arrepentido).
computable *adj.* MAT., etc. calculable.
computación *s. f.* calculation.
computador *s. m.* computer.
computadora *s. f.* computer.
computar *v. t.* **1** to calculate. **2** to compute.
comulgante *s. m.* y *f.* REL. communicant.
comulgar *v. i.* **1** REL. to receive communion. **2** (fig.) to share ideas.
comulgatorio *s. m.* REL. communion rail.
común *adj.* **1** common. **2** ordinary (corriente). **3** cheap (en calidad). ● *s. m.* **4** community; people in general. **5** toilet (habitación). ◆ **6** **en ~,** jointly.
comuna *s. f.* **1** commune. **2** (Am.) municipality.
comunal *adj.* **1** common. **2** communal (bienes).
comunero, -ra *adj.* HIST. communitarian (de Castilla).
comunicabilidad *s. f.* communicableness.
comunicable *adj.* communicable.
comunicación *s. f.* **1** communication. **2** contact (entre personas). **3** item of news. **4** telephone connection (telefónicamente). ● *pl.* **5** communications. ◆ **6** **medios de ~,** mass media.
comunicado *s. m.* communiqué.
comunicante *adj.* **1** communicating. ● *s. m.* y *f.* **2** PER. correspondent (periodismo).
comunicar *v. t.* **1** to communicate. **2** to inform. ● *v. pron.* **3** to be connected (una habitación con otra, etc.).
comunicativo, -va *adj.* communicative: *no estás muy comunicativo hoy = you're not very communicative today.*
comunidad *s. f.* **1** community. ◆ **2** ~ **autónoma,** autonomous region. **3** ~ **de bienes,** community of assets, community of property. **4** ~ **de vecinos,** neighbours association. **5** **de ~,** jointly. **6** **en ~,** together.

comunión *s. f.* communion.
comunismo *s. m.* communism.
comunista *s. m.* y *f.* POL. communist.
comúnmente *adv.* commonly: *comúnmente es conocido como zorro = it is commonly known as a fox.*
con *prep.* **1** with: *codearse con los famosos = to rub shoulderes with the famous.* **2** although: *con ser el último de la clase, sabe muchísimo = although he's the bottom of the class, he knows a great deal.* ◆ **3 ~ que,** as long as: *con que esté aquí mañana, basta = as long as he's here tomorrow, I don't mind.*
conato *s. m.* **1** attempt (algo no consumado). **2** small outbreak (de incendio, violencia).
concatenación *s. f.* concatenation (encadenamiento).
concatenar *v. t.* to string together.
cóncavo, -va *adj.* **1** concave. ● *s. m.* **2** hollow.
concebible *adj.* conceivable.
concebir *v. t.* **1** to conceive (idea). **2** BIOL. to conceive.
conceder *v. t.* to concede.
concejal, -la *s. m.* y *f.* councillor.
concejalía *s. f.* POL. council seat.
concejo *s. m.* **1** town council. **2** council meeting. **3** municipality.
concentración *s. f.* **1** concentration (mental). **2** concentration (de poder, de un sector industrial). **3** demonstration, rally (manifestación).
concentrado, -da *adj.* **1** concentrated. ● *s. m.* **2** concentrate.
concentrar *v. t.* to concentrate.
concéntrico, -ca *adj.* concentric.
concepción *s. f.* conception.
conceptismo *s. m.* LIT. witty, elaborate style.
conceptista *adj.* witty.
concepto *s. m.* **1** concept. **2** opinion (personal). **3** judgement (en un tribunal, etc.). ◆ **4 bajo ningún ~,** under no circumstances. **5 bajo todos los conceptos,** in all respects. **6 en ~ de,** as...
conceptual *adj.* conceptual.
conceptuoso, -sa *adj.* **1** ingenious. **2** (desp.) affected.
concerniente *adj.* concerning: *en lo concerniente a la vida de Cervantes = concerning Cervantes' life.*
concernir *v. i.* to concern.
concertar *v. t.* **1** to arrange. **2** to coordinate (esfuerzos). **3** to fix (precio). **4** to tune up (instrumentos musicales). ● *v. i.* **5** to agree.
concertina *s. f.* concertina.
concertino *s. m.* first violin.
concertista *s. m.* y *f.* solo performer.
concesión *s. f.* **1** concession. **2** privilege.
concesionario, -ria *adj.* **1** concessionary. ● *s. m.* **2** concessionaire.
concesivo, -va *adj.* concessive.
concha *s. f.* **1** shell (valva, caparazón). **2** tortoiseshell (carey). **3** prompter's recess (teatro). **4** GEOG. narrow creek.
conchabar *v. t.* **1** to join. **2** to combine (lana). **3** (Am.) to employ. ● *v. pron.* **4** to gang up (contra, on).
conchado, -da *adj.* ZOOL. shelled.
conchudo, -do *adj.* **1** covered with shells. **2** (fig. y fam.) crafty (astuto). **3** (Am.) shameless (sin vergüenza).
conciencia *s. f.* **1** conscience. **2** consciousness. ◆ **3 a ~,** scrupulously.
concienzudamente *adv.* conscientiously (con mucha atención).
concienzudo, -da *adj.* **1** conscientious. **2** thorough (un trabajo).
concierto *s. m.* **1** agreement. **2** MÚS. harmony. **3** concert (espectáculo). ◆ **4 ~ económico,** economic pact.
conciliábulo *s. m.* shady get-together.
conciliación *s. f.* **1** conciliation. ◆ **2 acto de ~,** act of reconciliation.
conciliar *adj.* **1** REL. conciliar. ● *s. m.* y *f.* **2** member of a council. ● *v. t.* **3** to reconcile (ideas). ● *v. pron.* **4** to obtain (la amistad de uno). **5 ~ el sueño,** to get to sleep.
conciliatorio, -ria *adj.* conciliatory.
concilio *s. m.* **1** council (eclesiástico). ◆ **2 ~ ecuménico/general,** ecumenical council.
concisión *s. f.* succinctness.
conciso, -sa *adj.* concise.
concitar *v. t.* to incite (a una persona contra otra).
conciudadano, -na *s. m.* y *f.* fellow citizen.
cónclave *s. m.* **1** conclave (de cardenales). **2** meeting.
concluir *v. i.* **1** to finish, to conclude. ● *v. t.* **2** to conclude. **3** to decide.
conclusión *s. f.* **1** conclusion (consecuencia). ◆ **2 en ~,** finally.
concluso, -sa *adj.* finished.
concluyente *adj.* conclusive.
concluyentemente *adv.* conclusively.
concoide o **concoideo, -a** *adj.* shell-like.
concomerse *v. pron.* **1** to be vexed (por enfado). **2** to mope (por tristeza). **3** to be uneasy. **4** to twitch (los hombros y la espalda).
concomimiento *s. m.* (fam.) fidgeting.
concomitancia *s. f.* accompaniment.
concomitante *adj.* concomitant (circunstancias, etc.).
concomitar *v. t.* to accompany.
concordancia *s. f.* **1** concordance. **2** MÚS. harmony. **3** GRAM. agreement. ● *pl.* **4** word index (de libro).
concordante *adj.* concordant.
concordar *v. i.* **1** to agree. ● *v. t.* **2** to settle.
concordato *s. m.* concordat.
concordatorio, -ria *adj.* REL. relating to the concordat.
concorde *adj.* in agreement: *los dos hermanos están concordes = the two brothers are in agreement.*
concordia *s. f.* **1** concord. **2** mutual agreement. **3** double ring (joyería).
concreción *s. i.* **1** concretion. **2** MED. gall-stone.
concrecionarse *v. pron.* **1** to concrete. **2** MED. to form stones.
concretamente *adv.* specifically: *quiero hablarles de Cervantes, más concretamente del Quijote = I want to talk to you about Cervantes, specifically about Don Quixote.*
concretar *v. t.* **1** to work out the details of, to make concrete (planes, etc.). **2** to specify (especificar). ● *v. pron.* **3** to limit oneself: *me voy a concretar a mencionar un solo nombre = I'm going to limit myself to mentioning only one name.*
concreto, -ta *adj.* **1** specific. ● *s. m.* **2** (Am.) concrete. ◆ **3 en ~,** to be precise.
concubina *s. f.* concubine.
concubinato *s. m.* HIST. concubinage.
conculcar *v. t.* **1** to trample on. **2** to infringe (ley).
concuñado, -da *s. m.* **1** brother-in-law's brother. ● *s. f.* **2** sister-in-law's sister.
concupiscencia *s. f.* **1** desire. **2** sexual appetite.
concupiscente *adj.* **1** greedy (codicioso). **2** lustful (lujurioso).
concurrencia *s. f.* **1** meeting (reunión). **2** concurrence (simultaneidad). **3** COM. competition. **4** audience (público).
concurrente *adj.* **1** concurrent. **2** COM. competing. ● *s. m.* y *f.* **3** COM. competitor. **4** person present (alguien que asiste a algo).
concurrir *v. i.* **1** to come together (confluir). **2** to contribute (contribuir). **3** to take part (participar).
concursante *s. m.* y *f.* **1** contestant (en un concurso). **2** examinee (el que se examina).
concursar *v. t.* **1** DER. to declare bankrupt. ● *v. i.* **2** to compete. **3** to take a professional exam (examinarse).
concurso *s. m.* **1** competition. **2** cooperation (colaboración). **3** concurrence (sucesos). **4** DER. bankruptcy proceedings.
concusión *s. f.* **1** MED. concussion. **2** FIN. extortion.
concusionario, -ria *adj.* FIN. extortionary.
condado *s. m.* GEOG. county.
condal *adj.* of a count.
conde *s. m.* count.
condecir *v. i.* **1** to agree. **2** to go with (una cosa con otra).
condecoración *s. f.* **1** MIL. decoration. **2** medal (insignia).
condecorar *v. t.* MIL. to decorate.
condena *s. f.* **1** conviction (acción). **2** sentence (pena).
condenación *s. f.* **1** condemnation. **2** DER. sentence (condena). **3** (fig.) disapproval (desaprobación).
condenado, -da *adj.* **1** condemned. **2** (desp.) damned. **3** (Am.) (fam.) clever. ● *s. m.* y *f.* **4** DER. convicted person.
condenar *v. t.* **1** to condemn. **2** to convict (reo). **3** to disapprove of. **4** REL. to damn. ● *v. pron.* **5** to be damned.
condenatorio, -ria *adj.* condemnatory.
condensabilidad *s. f.* condensability.
condensable *adj.* condensable.
condensación *s. f.* condensation.
condensador *s. m.* condenser.
condensar *v. t.* **1** to condense. **2** to summarize (texto).

condesa *s. f.* countess.
condescendencia *s. f.* **1** condescension, indulgence. **2** willingness (complacencia).
condescender *v. i.* to condescend.
condescendiente *adj.* amiable, easygoing.
condesil *adj.* of a countess.
condestable *s. m.* HIST. top-ranking officer.
condición *s. f.* **1** condition. **2** status (social).
condicionado, -da *adj.* conditioned.
condicional *adj.* conditional.
condicionante *s. m.* contributing factor.
condicionar *v. t.* **1** to condition. **2** to prepare (disponer).
condigno, -na *adj.* appropriate.
cóndilo *s. m.* MED. condyle.
condimentación *s. f.* seasoning (cocina).
condimentar *v. t.* **1** to season. **2** to add flavour to (dar sabor a).
condimento *s. m.* seasoning.
condiscípulo, -la *s. m.* y *f.* fellow pupil.
condolencia *s. f.* condolence.
condolerse *v. pron.* **1** to feel sorry for (sentir pena). **2** to offer one's condolences to (dar el pésame).
condominio *s. m.* **1** (Am.) apartment building, (EE UU) condominium (de apartamentos). **2** joint ownership (copropiedad). **3** condominium (territorio compartido).
condonación *s. f.* **1** forgiveness (disculpa). **2** cancellation (de deuda).
condonar *v. t.* **1** to cancel (deuda). **2** to remit (pena).
cóndor *s. m.* ORN. condor.
condotiero *s. m.* **1** mercenary leader. **2** mercenary soldier.
conducción *s. f.* **1** driving (de vehículo). **2** TEC. pipework.
conducente *adj.* conducive.
conducir *v. t.* **1** to lead. • *v. i.* **2** to drive (en un vehículo). • *v. pron.* **3** to behave.
conducta *s. f.* behaviour.
conductibilidad *s. f.* FÍS. conductivity.
conducto *s. m.* **1** conduit (para agua). **2** agent (persona).
conductor, -ra *adj.* **1** leading. **2** FÍS. conductive. • *s. m.* y *f.* **3** (Am.) conductor (de autobús). **4** driver. ♦ **5 ~ eléctrico,** electric cable.
condumio *s. m.* (fam.) grub.
conectador *s. m.* TEC. connecter.
conectar *v. t.* **1** to connect up (máquina). **2** to join.
conectivo, -va *adj.* GRAM. connective.
conejar *s. m.* warren.
conejal *s. m.* rabbit farm.
conejero, -ra *adj.* **1** rabbit. • *s. m.* y *f.* **2** rabbit breeder. • *s. f.* **3** rabbit farm. **4** (fam.) hutch.
conejillo *s. m.* **1** small rabbit. ♦ **2 ~ de Indias,** guinea-pig.
conejo, -ja *s. m.* y *f.* rabbit.
conejuno, -na *adj.* ZOOL. rabbit-like.
conexión *s. f.* connection.
conexionarse *v. pron.* to connect up.
conexo, -xa *adj.* connected.
confabulación *s. f.* **1** plot (complot). **2** made-up story (cuento inventado).
confabularse *v. pron.* to conspire.
confección *s. f.* **1** preparation (de un medicamento). **2** dressmaking, making-up (de una prenda de vestir).
confeccionar *v. t.* to make.
confederación *s. f.* confederation.
confederar *v. t.* to confederate.
confederativo, -va *adj.* confederative.
conferencia *s. f.* **1** conference (reunión). **2** lecture (académica). **3** call (teléfono). ♦ **4 poner una ~,** to make a call.
conferenciante *s. m.* y *f.* **1** speaker. **2** lecturer (académico).
conferenciar *v. i.* to be in conference.
conferir *v. t.* **1** to confer (a, on). **2** to compare (documentos).
confesar *v. t.* **1** to confess. **2** to hear somebody's confession (cura). • *v. i.* **3** to make one's confession (en la iglesia).
confesión *s. f.* confession.
confesional *adj.* REL. confessional.
confesionario *s. m.* confessional.
confeso, -sa *adj.* **1** confessed. **2** converted (judío). • *s. m.* **3** lay-monk.
confesor *s. m.* confessor.
confeti *s. m. pl.* confetti.
confiadamente *adv.* **1** confidently (con seguridad). **2** immodestly (vanidosamente).
confiado, -da *adj.* **1** confident (seguro). **2** immodest (vanidoso).
confianza *s. f.* **1** trust. **2** confidence (en sí mismo). **3** vanity. **4** familiarity (en el trato con alguien).
confiar *v. t.* **1** to entrust (a, to). • *v. i.* **2** to trust: *confío en ti = I trust you.*
confidencia *s. f.* **1** piece of confidential information. **2** confidence.
confidencial *adj.* confidential.
confidente *s. m.* y *f.* **1** confidant. **2** informer (de la policía). • *s. m.* **3** two-seater settee, love seat (mueble). • *adj.* **4** trustworthy.
configuración *s. f.* shape.
configurar *v. t.* to shape, to give form to.
confín *s. m.* **1** boundary. **2** horizon.
confinación *s. f.* restriction.
confinar *v. t.* **1** to banish. **2** to lock up (encerrar).
confirmación *s. f.* confirmation.
confirmando, -da *s. m.* y *f.* REL. confirmand.
confirmar *v. t.* **1** to confirm. • *v. pron.* **2** to be confirmed.
confirmatorio, -ria *adj.* confirmatory.
confiscación *s. f.* confiscation.
confiscar *v. t.* to confiscate.
confitar *v. t.* **1** to preserve (fruta en almíbar). **2** (fig.) to sweeten.
confite *s. m.* sweet.
confitería *s. f.* confectioner's shop.
confitero, -ra *s. m.* y *f.* confectioner.
confitura *s. f.* jam.
conflagración *s. f.* **1** conflagration. **2** (fig.) outbreak (estallido); war (guerra).
conflagrar *v. t.* to burn up.
conflicto *s. m.* **1** conflict, dispute. **2** impasse. ♦ **3 ~ de intereses,** conflict of interests. **4 ~ generacional,** generation gap.
confluencia *s. f.* confluence (de dos ríos, etc.).
confluir *v. i.* **1** to meet, to join (ríos). **2** to gather (personas).
conformación *s. f.* make-up (estructura).
conformar *v. t.* **1** to adapt. • *v. i.* **2** to be in agreement. • *v. pron.* **3** to accept, to be content with.
conforme *adj.* **1** in agreement (con, with) (opiniones). **2** consistent, in line (con, with). • *adv.* **3** in accordance (a, with).
conformidad *s. f.* **1** consent, approval (aprobación) **2** resignation. ♦ **3 de ~ con,** in accordance with.
conformismo *s. m.* conformism.
conformista *adj./s. m.* y *f.* conformist.
confort *s. m.* comfort.
confortable *adj.* comfortable (un sofá).
confortación *s. f.* comforting (consolación).
confortador, -ra *adj.* **1** comforting. • *s. m.* **2** comforter.
confortante *adj.* comforting: *palabras confortantes = comforting words.*
confortar *v. t.* **1** to comfort. **2** to console (a un afligido).
confraternidad *s. f.* camaraderie.
confraternizar *v. i.* to fraternize.
confrontación *s. f.* **1** confronting (de dos personas). **2** checking (comparación de dos cosas).
confrontar *v. t.* **1** to confront. **2** to compare (documentos). • *v. i.* **3** to border. • *v. pron.* **4** to face.
confulgencia *s. f.* effulgence.
confundible *adj.* easily mistakable.
confundido, -da *adj.* **1** mistaken (equivocado). **2** disconcerted, confused (desconcertado).
confundir *v. t.* **1** to confuse, to mix up. **2** to mistake (con, for). **3** to humiliate (al acusado). **4** to confuse (a un enemigo). • *v. pron.* **5** to become indistinct (difuminarse). **6** to make a mistake (en una acción).
confusión *s. f.* **1** confusion. **2** embarrassment (vergüenza).
confusionismo *s. m.* confusedness.
confuso, -sa *adj.* **1** confused. **2** hazy (imagen, idea). **3** embarrassed (avergonzado).
conga *s. f.* conga (baile).
congelación *s. f.* **1** freezing. ♦ **2 ~ de créditos,** COM. credit freeze.
congelador *s. m.* freezer.
congelar *v. t.* **1** to freeze. **2** to block (créditos). • *v. pron.* **3** to freeze up.
congénere *adj.* akin.
congeniar *v. i.* to get on well.
congénito, -ta *adj.* congenital.
congestión *s. f.* congestion.
congestionar *v. t.* **1** to congest. • *v. pron.* **2** to become congested (una parte del cuerpo).
congestivo, -va *adj.* ANAT. congestive.
conglomeración *s. f.* conglomeration.
conglomerado *s. m.* **1** TEC. conglomerate. **2** COM. conglomerate.
conglomerar *v. t.* y *pron.* to conglomerate.

conglutinación *s. f.* **1** joining (unión). **2** adhesion (acción de pegarse).
conglutinar *v. t.* **1** to stick together. • *v. pron.* **2** to gel.
conglutinoso, -sa *adj.* adhesive.
congoja *s. f.* grief.
congojoso, -sa *adj.* distressful.
congoleño, -ña *adj.* Congolese.
congosto *s. m.* mountain pass.
congraciar *v. t.* **1** to win over. • *v. pron.* **2** to ingratiate oneself.
congratulaciones *s. f. pl.* congratulations.
congratularse *v. pron.* to congratulate oneself.
congregación *s. f.* **1** assembly. **2** REL. congregation.
congregante, -ta *s. m.* y *f.* congregationalist.
congregar *v. t.* **1** to bring together. • *v. pron.* **2** to come together.
congresista *s. m.* y *f.* **1** member (de congreso). **2** POL. member of Congress.
congreso *s. m.* **1** congress. **2** assembly. **3** congress hall (edificio).
congrio *s. m.* conger eel.
congruencia o **congruidad** *s. f.* **1** congruence. **2** opportuneness (calidad). **3** MAT. congruence.
congruente *adj.* **1** appropriate (conveniente). **2** MAT. congruent.
congruo, -grua *adj.* **1** opportune. **2** MAT. congruent. • *s. f.* **3** personal stipend (sacerdote).
cónico, -ca *adj.* **1** conical. **2** MAT. conic.
conífero, -ra *adj.* **1** BOT. coniferous. • *s. f.* **2** conifer.
conirrostro, -tra *adj.* coniform-beaked (gorrión, cuervo, etc.).
conjetura *s. f.* conjecture.
conjetural *adj.* conjectural.
conjeturar *v. t.* to conjecture.
conjugable *adj.* GRAM. conjugable.
conjugación *s. f.* conjugation.
conjugar *v. t.* **1** to coordinate, to combine harmoniously. **2** GRAM. to conjugate.
conjunción *s. f.* **1** combination, conjunction. **2** GRAM. conjunction.
conjuntamente *adv.* **1** jointly. ◆ **2** ~ **con,** together with.
conjuntar *v. t.* **1** to combine, to join. **2** to make cohesive.
conjuntivitis *s. f.* conjunctivitis.
conjuntivo, -va *adj.* **1** conjunctive. • *s. f.* **2** ANAT. conjunctiva, mucous membrane of the eye.
conjunto, -ta *adj.* **1** joint, united. **2** adjoining (una cosa a otra). • *s. m.* **3** group. **4** set, outfit (prendas de vestir). **5** MAT. set.
conjura o **conjuración** *s. f.* conspiracy.
conjurado, -da *adj.* **1** plotting. **2** averted (alejado).
conjurar *v. i.* **1** to conspire. • *v. t.* **2** to swear in (en una asociación). **3** to ward off (un mal). **4** to implore (a una persona).
conjuro *s. m.* **1** incantation (sortilegio). **2** plea (súplica).
conllevar *v. t.* **1** to involve, to entail (comportar). **2** to tolerate (a una persona).
conmemoración *s. f.* commemoration.
conmemorar *v. t.* to commemorate.
conmemorativo, -va *adj.* commemorative.
conmensurable *adj.* MAT. commensurable.
conmensurar *v. t.* to measure by the same unit.
conmigo *pron.* with me.
conminación *s. f.* threat (amenaza).
conminar *v. t.* **1** to threaten. **2** to order (requerir).
conminatorio, -ria *adj.* threatening.
conmiseración *s. f.* commiseration.
conmistión *s. f.* **1** mixture. **2** hotchpotch (desorden).
conmisto, -ta *adj.* topsy-turvy.
conmoción *s. f.* **1** shaking (de la tierra). ◆ **2** ~ **cerebral,** concussion.
conmovedor, -ra *adj.* moving (emocionante).
conmover *v. t.* **1** to move (compasión). **2** to disturb. • *v. pron.* **3** to be moved, to be stirred.
conmovible *adj.* easily moved.
conmutabilidad *s. f.* convertibility.
conmutación *s. f.* **1** exchange (reemplazo). **2** DER. commutation. **3** LIT. play on words.
conmutador, -ra *adj.* **1** changing. • *s. m.* **2** ELEC. switch. **3** (Am.) telephone exchange (edificio).
conmutar *v. t.* **1** to exchange. **2** DER. to commute.
conmutativa *adj.* y *s. f.* MAT. commutative.
connatural *adj.* inherent (persona o cosa).
connivencia *s. f.* **1** connivance. **2** plotting (intriga).
connotación *s. f.* **1** connotation. **2** distant blood ties (parentesco).
connotar *v. t.* **1** to connote (dos ideas). **2** to relate.
connotativo, -va *adj.* GRAM. connotative.
connubio *s. m.* LIT. marriage.
cono *s. m.* BOT. y MAT. cone.
conocedor, -ra *adj.* **1** knowledgeable. • *s. m.* y *f.* **2** expert. **3** connoisseur (vinos, etc.). **4** AGR. cattle foreman.
conocer *v. t.* **1** to know. **2** to understand (entender). **3** to recognize (a alguien ya conocido). **4** to have experience in (un oficio). • *v. pron.* **5** to be acquainted, to know each other (dos personas).
conocido, -da *adj.* **1** well-known. • *s. m.* y *f.* **2** acquaintance.
conocidamente *adv.* clearly.
conocimiento *s. m.* **1** knowledge. **2** intelligence. **3** acquaintance (persona). **4** MED. consciousness: *perder el conocimiento = to lose consciousness.* • *pl.* **5** knowledge.
conoide *s. m.* GEOM. conoid.
conoideo, -a *adj.* GEOM. conical.
conopeo *s. m.* REL. sanctuary veil.
conque *conj.* **1** so. **2** so that.
conqué *s. m.* (Am.) money.
conquiliología *s. f.* ZOOL. conchology.
conquiliólogo, -ga *s. m.* y *f.* ZOOL. conchologist.
conquista *s. f.* conquest.
conquistable *adj.* **1** conquerable. **2** (fig.) easily obtainable.
conquistador, -ra *adj.* **1** conquering. • *s. m.* **2** HIST. conqueror.
conquistar *v. t.* **1** to conquer (por la fuerza). **2** (fig.) to win. **3** to win over (a una persona).
consabido, -da *adj.* usual, typical.
consagración *s. f.* consecration.
consagrar *v. t.* **1** to consecrate (en la comunión religiosa). **2** to confirm. • *v. pron.* **3** to devote oneself to.
consanguíneo, -a *adj.* **1** related by blood. • *s. m.* **2** half brother. • *s. f.* **3** half sister.
consanguinidad *s. f.* blood relationship.
consciencia *s. f.* **1** MED. consciousness. **2** (fig.) awareness.
consciente *adj.* **1** conscious, aware. **2** responsible (de sus acciones).
conscientemente *adv.* consciously.
consecución *s. f.* attainment.
consecuencia *s. f.* **1** consequence. ◆ **2 de** ~, important. **3 con** ~, consistently. **4 sacar la** ~ **de que,** to draw the conclusion that.
consecuente *adj.* **1** consequent. **2** consistent: *no eres consecuente contigo mismo = you always contradict yourself.*
consecutivamente *adv.* consecutively.
consecutivo, -va *adj.* consecutive.
conseguir *v. t.* **1** to get (obtener). **2** to achieve (una meta).
conseja *s. f.* cock-and-bull story.
consejero, -ra *adj.* **1** counselling. • *s. m.* y *f.* **2** POL. councillor. **3** COM. director. **4** adviser (asesor). ◆ **5** ~ **delegado,** CEO, chief executive officer, managing director.
consejo *s. m.* **1** piece of advice (dictamen). **2** council (grupo). ◆ **3** ~ **de administración,** board of directors. **4** ~ **de Estado,** Council of State. **5** ~ **de guerra,** council of war. **6** ~ **de ministros,** cabinet.
consenso *s. m.* **1** approval. **2** POL. consensus.
consentido, -da *adj.* **1** spoiled (mimado). **2** tolerant (marido).
consentimiento *s. m.* consent.
consentir *v. t.* **1** to permit. **2** to tolerate (ceder). **3** to spoil (a un niño). • *v. pron.* **4** to break up (romperse).
conserje *s. m.* y *f.* caretaker (de un edificio).
conserjería *s. f.* **1** post of caretaker (oficio). **2** caretaker's office (habitación).
conserva *s. f.* preserved food.
conservación *s. f.* **1** conservation. **2** preservation (protección).
conservacionista *s. m.* y *f.* conservationist.
conservador, -ra *adj.* **1** conservative. • *s. m.* y *f.* **2** POL. conservative. **3** curator (de un museo).
conservaduría *s. f.* **1** keeper's office (de una dependencia pública). **2** curatorship (de un museo).
conservadurismo *s. m.* POL. conservatism.

conservante *s. m.* preservative.
conservar *v. t.* **1** to conserve (energía, recursos). **2** to preserve (comida). • *v. pron.* **3** to keep (producto). **4** to keep well (persona).
conservatorio *s. m.* MÚS. conservatory.
conservero, -ra *adj.* preserves: *la industria conservera = the preserves industry.*
considerable *adj.* **1** considerable, substantial. **2** large.
considerablemente *adv.* considerably: *los precios han aumentado considerablemente = prices have increased considerably.*
consideración *s. f.* **1** consideration (reflexión). **2** respect (deferencia). ♦ **3 ser de ~,** to be important.
considerado, -da *adj.* **1** considered (estimado). **2** considerate (atento).
considerando *s. m.* DER. explanation.
considerar *v. t.* **1** to consider (reflexionar). **2** to respect, to show consideration for (mostrar deferencia). **3** to believe (estimar).
consigna *s. f.* **1** order (a un subordinado). **2** watchword (lema). **3** left-luggage office (en una estación).
consignación *s. f.* COM. consignment.
consignar *v. t.* **1** FIN. to assign. **2** to write (escribir). **3** to consign (una mercancía). **4** to entrust (algo a nombre de uno).
consignatario, -ria *s. m.* y *f.* **1** COM. consignee. **2** MAR. shipping agent.
consigo *pron.* **1** with him (hombre). **2** with her (mujer). **3** with you (Vd.). **4** with oneself (uno mismo). **5** with them (ellos, ellas).
consiguiente *adj.* **1** consequent. ♦ **2 por ~,** as a result.
consiguientemente *adv.* consequently.
consistencia *s. f.* **1** durability. **2** consistency (de un líquido).
consistente *adj.* **1** solid (material, objeto). **2** sound (teoría, argumentación). **3** (Am.) consistent (persona, comportamiento). **4** thick (salsa).
consistir *v. i.* **1** to consist (en, of). **2** to be based (residir).
consistorial *adj.* **1** REL. consistorial. ♦ **2 casa ~,** town hall.
consistorio *s. m.* **1** POL. town council. **2** REL. consistory.
consola *s. f.* **1** console-table (mueble). **2** TEC. console.
consolador, -ra *adj.* consoling.
consolar *v. t.* **1** to console. • *v. pron.* **2** to take comfort. to console oneself.
consolidación *s. f.* consolidation.
consolidar *v. t.* **1** to fortify (una estructura). **2** to consolidate (asegurar). **3** to fund (deuda).
consomé *s. m.* consommé (sopa).
consonancia *s. f.* **1** MÚS. consonance. **2** (fig.) harmony.
consonante *adj.* **1** MÚS. consonant. **2** GRAM. consonantal. • *s. f.* **3** GRAM. consonant. **4** rhyming word (poesía).
consonántico, -ca *adj.* FON. consonantal.
consonantización *s. f.* consonantization.
consonar *v. i.* **1** MÚS. to harmonize. **2** (fig.) to run parallel.
consorcio *s. m.* **1** COM. consortium. **2** union (de amigos).
consorte *s. m.* y *f.* **1** spouse (en matrimonio). **2** partner (compañero).
conspicuo, cua *adj.* famous.
conspiración *s. f.* conspiracy.
conspirador, -ra *s. m.* y *f.* POL., etc. conspirator.
conspirar *v. i.* to conspire, to plot.
constancia *s. f.* **1** perseverance, constancy (perseverancia). **2** proof (prueba). **3** (Am.) written evidence.
constante *adj.* **1** constant. **2** persevering (perseverante). • *s. f.* **3** MAT. constant.
constantemente *adv.* constantly.
constar *v. i.* **1** to consist, to be composed (de, of). **2** to be clear (un hecho). **3** to be recorded (en un catálogo). **4** to have correct stress (poesía).
constatación *s. f.* **1** confirmation. **2** substantiation (comprobación).
constatar *v. t.* to confirm (un hecho).
constelación *s. f.* ASTR. constellation.
consternación *s. f.* consternation.
consternar *v. t.* **1** to dismay. • *v. pron.* **2** to be dismayed.
constipado, -da • *adj.* **1 estar ~,** to have a cold • *s. m.* **2** cold.
constiparse *v. pron.* to catch a cold.
constitución *s. f.* **1** composition (de materia). **2** POL. constitution.
constitucional *adj.* constitutional.
constituir *v. t.* **1** to compose. **2** to set up (un negocio). **3** to constitute (representar).
constitutivo, -va *adj.* **1** elemental. • *s. m.* **2** constituent part.
constituyente *adj.* constituent.
constreñir *v. t.* **1** to force (a una persona). **2** MED. to constrict.
constricción *s. f.* constriction.
construcción *s. f.* ARQ. y GRAM. construction.
constructivo, -va *adj.* constructive: *una crítica constructiva = constructive criticism.*
constructor, -ra *adj.* **1** construction. • *s. m.* y *f.* **2** builder.
construir *v. t.* ARQ. y GRAM. to construct.
consubstanciación *s. f.* REL. consubstantiation.
consubstancial *adj.* REL. consubstantial.
consubstanciarse *v. pron.* (Am.) to be consubstantiated.
consuegro, -gra *s. m.* y *f. pl.* father-in-law/mother-in-law of one's son/daughter.
consuelo *s. m.* **1** consolation. **2** happiness (alegría).
consuetudinario, -ria *adj.* customary.
cónsul *s. m.* y *f.* POL. e HIST. consul.
consulado *s. m.* **1** consulate: *el consulado británico = the British consulate.* **2** consulship (oficio).
consular *adj.* consular.
consulta *s. f.* **1** consultation (dictamen). **2** MED. consulting room (estancia). **3** MED. surgery (sesión): *el médico tiene la consulta por la tarde = the doctor's surgery is in the afternoon.* ♦ **4 libro de ~,** LIT. reference work.
consultar *v. t.* **1** to consult. **2** to discuss (deliberar).
consultivo, -va *adj.* consultative (comité).
consultor, -ra *s. m.* y *f.* consultant.
consultoría *s. f.* consultancy, firm of consultants.
consultorio *s. m.* consulting room (de un médico).
consumación *s. f.* **1** consummation (de matrimonio). **2** extinction (fin).
consumado, -da *adj.* **1** consummated (matrimonio). **2** consummate (perfecto).
consumar *v. t.* **1** to carry out. **2** to consummate (matrimonio).
consumición *s. f.* **1** consumption (consumo). **2** drink (bebida).
consumido, -da *adj.* (fam.) **1** skinny (flaco). **2** scared (tímido).
consumidor, -ra *s. m.* y *f.* consumer.
consumir *v. t.* **1** to consume (mercancías). • *v. pron.* **2** to be destroyed (por fuego). **3** to be distressed.
consumismo *s. m.* consumerism.
consumo *s. m.* **1** consumption. • *pl.* **2** COM. goods tax.
consunción *s. f.* MED. consumption.
consuno (de) *adv.* with one accord.
consuntivo, -va *adj.* MED. consumptive.
consustancial *adj.* REL. consubstantial.
contabilidad *s. f.* **1** book-keeping. **2** accountancy (profesión). **3** (Am.) accounting department (de una empresa).
contabilizar *v. t.* to register in the accounts.
contable *adj.* **1** countable. • *s. m.* y *f.* **2** accountant, book-keeper (oficinista).
contactar *v. i.* to get in touch with: *contacta conmigo cuando llegues = get in touch with me when you arrive.*
contacto *s. m.* **1** contact. **2** ELEC. contact.
contado, -da *adj.* **1** few (escaso). **2** fixed (determinado). ♦ **3 al ~,** cash.
contador, -ra *adj.* **1** counter. • *s. m.* y *f.* **2** COM. book-keeper. • *s. m.* **3** meter (del agua). **4** counter (mostrador).
contadero, -ra *adj.* countable.
contaduría *s. f.* **1** accountancy (profesión). **2** accountant's office. **3** box office (espectáculo). **4** (Am.) pawnbroker's shop (para empeñar).
contagiar *v. t.* **1** to transmit (enfermedad). • *v. pron.* **2** to be transmitted.
contagio *s. m.* MED. contagion.
contagioso, -sa *adj.* contagious.
container *s. m.* container (para transportar).
contaminación *s. f.* **1** contamination. **2** pollution (del medio ambiente).
contaminar *v. t.* **1** to contaminate. **2** to pollute (medio ambiente). **3** to soil (ensuciar). **4** (fig.) to corrupt. • *v. pron.* **5** to become contaminated.
contante *adj.* **1** cash. ♦ **2 ~ y sonante,** cash down.

contar *v. t.* **1** to count (enumerar). **2** to tell (narrar). **3** to consider (tener cierta opinión de). ◆ **4 ~ con,** to have. **5** to rely on (poder disponer de).
contemplación *s. f.* **1** contemplation. • *pl.* **2** ceremony, indulgence.
contemplar *v. t.* **1** to contemplate (mirar). **2** to be indulgent with (complacer mucho). • *v. i.* **3** REL. to contemplate.
contemplativo, -va *adj.* **1** REL. contemplative. **2** gratifying (complaciente).
contemporaneidad *s. f.* contemporaneity.
contemporáneo, -a *adj.* contemporary, contemporaneous.
contemporización *s. f.* making compromises.
contemporizador, -ra *adj.* compromising, eager-to-please.
contemporizar *v. i.* to compromise readily.
contención *s. f.* **1** containing. **2** MIL. containment. **3** DER. litigation. **4** struggle (contienda).
contencioso, -sa *adj.* **1** contentious (persona). **2** DER. litigious. • *s. m.* **3** dispute, conflict. **4 ~ administrativo,** public administration litigation.
contender *v. i.* **1** to contend. **2** MIL. to fight.
contenedor *s. m.* container (para transportar).
contener *v. t.* **1** to contain. **2** to repress (emociones).
contenido, -da *adj.* **1** contained. **2** (fig.) temperate. • *s. m.* **3** content.
contentadizo, -za *adj.* pleased: *bien contentadizo = easily pleased.*
contentamiento *s. m.* contentment.
contentar *v. t.* **1** to satisfy. **2** to make happy (alegrar). • *v. pron.* **3** to be contented.
contento, -ta *adj.* **1** content (satisfecho). **2** happy (feliz). • *s. m.* **3** happiness. ◆ **4 estar más ~ que unas castañuelas,** (fam.) to be as pleased as Punch. **5 no caber uno de ~,** to be over the moon.
contera *s. f.* **1** ferrule (de bastón). **2** refrain (estribillo). ◆ **3 por ~,** to cap it all.
contertulio, -lia *s. m.* y *f.* fellow group member.
contestación *s. f.* **1** answer, reply. **2** argument (disputa).
contestador *s. m.* **~ automático** answering machine.
contestar *v. t.* **1** to answer (a una pregunta, al teléfono). **2** to reply to (a una persona). • *v. i.* **3** to confirm (comprobar).
contexto *s. m.* **1** LIT. context. **2** TEC. web.
contextura *s. f.* **1** contexture (estructura). **2** ANAT. constitution.
contienda *s. f.* **1** fight. **2** argument (discusión).
contigo *pron. pers.* with you.
contigüidad *s. f.* nearness.
contiguo, -gua *adj.* adjacent.
continencia *s. f.* **1** continence (de pasiones). **2** self-denial (sexual). **3** abstinence. **4** chastity (castidad). **5** graceful curtsy in dancing.
continental *adj.* continental.
continente *s. m.* **1** GEOG. continent. **2** container (contenedor). **3** (fig.) bearing (compostura).
contingencia *s. f.* **1** contingency. **2** risk (riesgo).
contingente *adj.* **1** contingent. • *s. m.* **2** contingency. **3** MIL. contingent. **4** COM. quota (contribución proporcional).
continuación *s. f.* continuation.
continuamente *adv.* **1** continuously. **2** always: *me da continuamente la misma contestación = he always gives me the same reply.*
continuar *v. t.* **1** to continue. • *v. i.* **2** to continue, to go on. • *v. pron.* **3** to extend.
continuativo, -va *adj.* continuing.
continuidad *s. f.* **1** continuity. ◆ **2 solución de ~,** interruption.
continuismo *s. m.* (Am.) continuism.
continuo, -nua *adj.* **1** continuous. **2** continual (ininterrumpido). ◆ **3 de ~,** continually.
contonear *v. t.* to go round.
contonearse *v. pron.* to swing one's hips.
contorno *s. m.* **1** GEOG. contour. **2** perimeter (cerco).
contorsión *s. f.* contortion.
contorsionarse *v. pron.* to writhe about.
contorsionista *s. m.* y *f.* contortionist (de circo).
contra *prep.* **1** against. **2** facing (enfrente). • *s. m.* **3** difficulty. ◆ **4 hacer o llevar la ~,** to oppose.
contraalisio *s. m.* counter trade wind (de la alta atmósfera).
contraalmirante *s. m.* MAR. rear admiral.
contraataque *s. m.* MIL. counter-attack.
contrabajo *s. m.* **1** MÚS. double bass. **2** double bass player (músico). **3** deep bass (cantor).
contrabandista *s. m.* y *f.* smuggler.
contrabando *s. m.* **1** smuggling (acción). **2** contraband (mercancías ilegales). ◆ **3 ~ de armas,** gun-running.
contrabarrera *s. f.* second barrier (plaza de toros).
contracción *s. f.* contraction.
contrachapado, -da *adj.* plywood.
contractibilidad *s. f.* contractibility.
contráctil *adj.* contractile (la fibra de los músculos).
contractual *adj.* contractual.
contractura *s. f.* spasm, contraction.
contracultura *s. f.* counter-culture.
contradecir *v. t.* **1** to contradict. • *v. pron.* **2** to contradict oneself.
contradicción *s. f.* **1** contradiction. ◆ **2 en ~,** incompatible. **3 tener espíritu de ~,** to be contradictory, to be contrary.
contradictorio, -ria *adj.* contradictory.
contraer *v. t.* **1** to contract. **2** to catch (enfermedad). • *v. pron.* **3** to contract (los músculos). **4** to limit oneself (limitarse).
contraespionaje *s. m.* counter-espionage.
contrafuero *s. m.* DER. regional law infraction.
contrafuerte *s. m.* **1** ARQ. buttress. **2** counter (de zapato). **3** GEOG. spur.
contrahecho, -cha *adj.* ANAT. deformed.
contrahierba *s. f.* (Am.) antidote (planta).
contrahuella *s. f.* riser.
contraindicación *s. f.* MED. contraindication.
contralmirante *s. m.* MAR. rear admiral.
contralor *s. m.* (Am.) comptroller.
contraloría *s. f.* (Am.) office of the comptroller.
contralto *s. m.* **1** MÚS. counter tenor. • *s. f.* **2** MÚS. contralto.
contraluz *s. m.* o *f.* **1** view facing the light. ◆ **2 a ~,** against the light.
contramaestre *s. m.* **1** TEC. foreman. **2** MAR. boatswain. **3** (Am.) skilled worker.
contramarca *s. f.* (Am.) second branding (ganadería).
contraofensiva *s. f.* MIL. counter-offensive.
contraorden *s. f.* counter-order.
contraparte *s. f.* (Am.) other party (en trámites judiciales).
contrapartida *s. f.* **1** COM. correcting entry (contabilidad). **2** (fig.) compensation. ◆ **3 como ~ de,** as compensation for.
contrapelo (a) *adv.* (fig.) against the grain.
contrapesar *v. t.* **1** to counterbalance. **2** (fig.) to offset.
contrapeso *s. m.* **1** counterweight (construcción). **2** (fig.) compensation. **3** balancing pole (de un volatinero).
contraponer *v. t.* **1** to compare (una cosa con otra). **2** to set against each other (oponer). • *v. pron.* **3** to be facing (una cosa a otra).
contraposición *s. f.* **1** contrasting. ◆ **2 en ~ a,** in contrast with.
contraproducente *adj.* counter-productive.
contrapuerta *s. f.* **1** double door. **2** (Am.) touting (reventa de entradas).
contrapuesto, -ta *adj.* opposed.
contrapunto *s. m.* **1** MÚS. counterpoint. **2** (Am.) MÚS. improvising.
contrariamente *adv.* contrary: *ellos han actuado contrariamente a lo que habían prometido = they have acted contrary to their promise.*
contrariar *v. t.* **1** to oppose. **2** to upset (alterar). **3** to hinder (estorbar).
contrariedad *s. f.* **1** opposition. **2** setback (contratiempo). **3** annoyance (disgusto).
contrario, -ria *adj.* **1** opposite. • *s. m.* y *f.* **2** enemy (enemigo). ◆ **3 al/por el ~,** on the contrary. **4 en ~,** against. **5 llevar la contraria,** to be contrary.
contrarreforma *s. f.* REL. Counter-Reformation.
contrarreloj *adj.* **1** time. • *s. f.* **2** time trial.

contrarrelojista *s. m.* y *f.* time trial specialist.
contrarrestar *v. t.* **1** to counter (resistir). **2** to balance (compensar).
contrasentido *s. m.* **1** non sequitur (conclusión). **2** absurdity (disparate).
contraseña *s. f.* **1** MIL. password. **2** countersign (firma).
contrastable *adj.* **1** contrastable. **2** resistible (resistible). **3** assayable (metales).
contrastar *v. t.* **1** to resist. **2** to assay (metales preciosos). • *v. i.* **3** to contrast.
contraste *s. m.* **1** contrast. **2** assay (de metales). **3** check (verificación). **4** weights and measures officer (almotacén).
contrata *s. f.* **1** agreement (para realizar una obra). **2** written agreement.
contratación *s. f.* **1** hiring (de personal). **2** contracting (de empresa). **3** trading (en la bolsa).
contratante *s. m.* y *f.* **1** COM. contractor. **2** DER. contracting party.
contratar *v. t.* **1** to contract (empresa). **2** to hire (trabajador). **3** DEP. to sign up.
contratiempo *s. m.* reverse; setback (obstáculo).
contratista *s. m.* y *f.* contractor (de una obra).
contrato *s. m.* contract.
contravenir *v. t.* to contravene (una ley).
contraventana *s. f.* ARQ. shutter.
contrayente *s. m.* y *f.* contracting party (de un matrimonio).
contribución *s. f.* **1** contribution. **2** FIN. tax. • *pl.* **3** taxation. ◆ **4** ~ **directa,** direct taxation. **5** ~ **municipal,** rates.
contribuir *v. t.* **1** to pay (impuestos). • *v. i.* **2** to contribute (ofrecer dinero).
contribuyente *adj.* **1** contributing. • *s. m.* y *f.* **2** contributor. **3** FIN. taxpayer.
contrición *s. f.* REL. contrition.
contrincante *s. m.* y *f.* rival (competidor).
contristar *v. t.* **1** to make sad. • *v. pron.* **2** to become sad.
contrito, -ta *adj.* **1** REL. contrite. **2** sad (triste).
control *s. m.* **1** control. ◆ **2** ~ **de calidad,** quality control. **3** ~ **de natalidad,** birth control. **4** ~ **remoto,** remote control.
controlador, -ra *s. m.* y *f.* **1** controller. ◆ **2** ~ **aéreo,** air-traffic controller.
controlar *v. t.* **1** to control. **2** to check (examinar). **3** to keep in check (dominar).
controversia *s. f.* controversy.
controvertible *adj.* **1** debatable (debatible). **2** controversial (polémico).
controvertido, -da *adj.* controversial.
controvertir *v. t.* **1** to debate (disputar). • *v. i.* **2** to argue (discutir).
contubernio *s. m.* **1** conspiracy (conjuración). **2** cohabitation (ilícita). **3** POL. body of conspirators.
contumacia *s. f.* **1** stubbornness. **2** DER. contumacy.
contumaz *adj.* **1** stubborn (terco). **2** MED. infected. • *s. m.* y *f.* **3** rebel.
contundente *adj.* **1** crushing (un golpe). **2** forceful (argumento).
contundir *v. t.* **1** to pound (golpear). **2** to bruise (magullar).
conturbar *v. t.* **1** to trouble. • *v. pron.* **2** to be troubled.
contusión *s. f.* MED. bruise.
contuso, -sa *adj.* bruised.
conturbación *s. f.* **1** uneasiness (inquietud). **2** dismay (consternación).
convalecencia *s. f.* MED. convalescence.
convalecer *v. i.* to convalesce.
convaleciente *adj.* convalescent.
convalidación *s. f.* **1** recognition (aceptación). **2** validation (de estudios).
convalidar *v. t.* to validate (estudios).
convección *s. f.* convection.
convecino, -na *adj.* **1** neighbouring. • *s. m.* y *f.* **2** close neighbour.
convencer *v. t.* **1** to convince. • *v. pron.* **2** to be persuaded.
convencimiento *s. m.* **1** persuasion. **2** firm belief (convicción).
convención *s. f.* convention (acuerdo, asamblea y conformidad).
convencional *adj.* **1** conventional. • *s. m.* y *f.* **2** member of a convention.
convencionalismo *s. m.* conventionalism.
convenible *adj.* **1** easy-going (persona). **2** reasonable (condición).
conveniencia *s. f.* **1** advisability (lo recomendable). **2** usefulness (utilidad). • *pl.* **3** conventions. **4** COM. property. ◆ **5 buscar su propia** ~, to look after one's own interests.
conveniente *adj.* **1** advisable (recomendable). **2** appropriate (apropiado).
convenientemente *adv.* conveniently.
convenio *s. m.* **1** agreement. ◆ **2** ~ **colectivo,** collective agreement (en relaciones laborales).
convenir *v. i.* **1** to agree. **2** to suit (ser útil). **3** to be advisable: *conviene actuar cuanto antes = it is advisable to act immediately.* **4** to come together (juntarse).
convento *s. m.* **1** monastery (de monjes). **2** convent (de monjas). **3** (Am.) priest's house.
conventual *adj.* **1** REL. conventual. • *s. m.* **2** monk. • *s. f.* **3** nun.
conventualidad *s. f.* REL. conventual existence.
convergencia *s. f.* **1** convergence. **2** (fig.) organized effort. **3** POL. association.
convergente *adj.* convergent.
converger *v. i.* **1** to converge. **2** to concur.
conversable *adj.* easy-going (persona).
conversación *s. f.* **1** conversation. ◆ **2 entablar** ~ **con,** to start a conversation with.
conversacional *adj.* conversational (lengua coloquial).
conversar *v. i.* to chat.
conversión *s. f.* **1** conversion (en, into). **2** MIL. wheel.
converso, -sa *adj.* **1** REL. converted. • *s. m.* y *f.* **2** REL. convert.
convertibilidad *s. f.* ECON. convertibility (de dinero).
convertidor *s. m.* MET., ELEC. converter.
convertir *v. t.* **1** to convert. • *v. pron.* **2** REL. to be converted. **3** to turn (en).
convexidad *s. f.* convexity.
convexo, -xa *adj.* GEOM. convex.
convicción *s. f.* conviction.
convicto, -ta *adj.* **1** DER. convicted. • *s. m.* y *f.* **2** convict (brit.).
convidado, -da *adj.* **1** invited. • *s. m.* y *f.* **2** guest.
convidar *v. t.* **1** to invite (a una persona a beber, comer algo). **2** to be conducive to (incitar). • *v. pron.* **3** to offer one's services.
convincente *adj.* convincing: *una respuesta convincente = a convincing answer.*
convite *s. m.* **1** invitation (a una fiesta). **2** banquet (comida). **3** (Am.) masquerade (mojiganga).
convivencia *s. f.* living together.
convivir *v. i.* to live together (amigablemente).
convocación *s. f.* **1** calling together. **2** convening, convoking (del parlamento).
convocar *v. t.* **1** to call (huelga, reunión). **2** to announce (concurso). **3** to convoke, to convene (a personas o instituciones).
convocatoria *s. f.* **1** summons (a una asamblea, etc.). **2** holding (de exámenes).
convoy *s. m.* **1** convoy. **2** train (ferrocarril). **3** cruet stand (vinagreras).
convoyar *v. t.* **1** to escort (escoltar). **2** (Am.) COM. to subsidize. • *v. pron.* **3** (Am.) to plot (confabularse).
convulsión *s. f.* **1** MED. convulsion. **2** tremor (terremoto). **3** POL. disturbance.
convulsionar *v. t.* MED. to convulse.
convulsivo, -va *adj.* MED. convulsive.
convulso, -sa *adj.* **1** convulsed (de, with). **2** (fig.) frenzied.
conyugal *adj.* marital, conjugal.
cónyuge *s. m.* y *f.* spouse.
coñac *s. m.* brandy.
coño *s. m.* **1** (vulg.) cunt, pussy. • *interj.* **2** (vulg.) for Christ's sake!
cooperación *s. f.* cooperation.
cooperador, -ra *adj.* **1** cooperative. • *s. m.* y *f.* **2** cooperator.
cooperar *v. i.* to cooperate (en, in; con, with).
cooperativamente *adv.* cooperatively.
cooperativismo *s. m.* ECON. cooperativism.
cooperativista *s. m.* y *f.* cooperative member.
cooperativo, -va *adj.* **1** cooperative. • *s. f.* **2** cooperative. ◆ **3 cooperativa de producción,** worker's cooperative. **4 cooperativa de consumo,** cooperative society.
coordinación *s. f.* **1** coordination. **2** ordering (ordenación).
coordenada *s. f.* MAT. coordinate.
coordinado, -da *adj.* **1** coordinated. **2** MIL. combined.

coordinar *v. t.* **1** to coordinate. **2** to combine (esfuerzos).
coordinativo, -va *adj.* coordinating.
copa *s. f.* **1** wine-glass. **2** drink (bebida). **3** top (de árbol). **4** crown (de sombrero). **5** DEP. cup (trofeo). • *pl.* **6** hearts (en naipes).
copal *s. m.* resin (para barniz).
copar *v. t.* **1** MIL. to cut off. **2** (fam.) to romp home (deporte). **3** to stake one's all (apostar). **4** (fam.) to hog, to corner.
copear *v. i.* **1** to sell wine. **2** (fam.) to booze.
copec *s. m.* kopeck (moneda rusa).
copela *s. f.* melting pot (crisol).
copelación *s. f.* melting (metales).
copelar *v. t.* to melt down (minerales o metales).
copero *s. m.* **1** drinks cabinet (mueble). **2** HIST. drinks server (persona).
copete *s. m.* **1** quiff (de persona). **2** crest (de ave). **3** forelock (de caballo). **4** head (de cerveza). **5** (fig.) haughtiness. **6** (Am.) goshawk. ♦ **7 de alto ~,** of aristocratic stock.
copetín *s. m.* (Am.) drink (copita).
copetudo, -da *adj.* **1** crested. **2** (fig.) cocky.
copia *s. f.* **1** copy. **2** abundance (gran cantidad).
copiar *v. t.* **1** to copy (escritos). **2** to imitate, to copy (imitar).
copiosamente *adv.* abundantly.
copiosidad *s. f.* abundance.
copioso, -sa *adj.* copious.
copista *s. m.* y *f.* copyist.
copla *s. f.* **1** MÚS. popular song. **2** LIT. verse. **3** (Am.) TEC. joint (tubería). • *pl.* **4** LIT. verses. ♦ **5 coplas de ciego,** doggerel verse.
coplero, -ra *s. m.* y *f.* **1** popular song writer. **2** (fig.) doggerel poet.
copo *s. m.* **1** snowflake (de nieve). **2** ball (de algodón). **3** lump (grumo). **4** (fam.) winning hands down (en deportes). **5** net (en pesca). **6** (Am.) tuft of clouds (nubes).
copón *s. m.* **1** REL. ciborium. **2** (Am.) net (pesca).
copra *s. f.* copra (en perfumería).
coproducción *s. f.* coproduction, joint production (en cine).
coprófago, -ga *adj.* coprophagous (insectos).
copto, -ta *adj.* Coptic (cristiano egipcio).
cópula *s. f.* **1** joining (unión). **2** copulation (sexual).
copulativo, -va *adj.* copulative (en especial, verbos y conjunciones).
coque *s. m.* coke (combustible).
coquear *v. i.* (Am.) to chew coca leaves.
coqueta *s. f.* **1** flirt (mujer). **2** dressing table (mueble).
coquetear *v. i.* to flirt (de mujeres).
coqueteo *s. m.* **1** flirtatiousness. **2** flirting (acto).
coquetón, -na *adj.* **1** attractive. • *s. m.* **2** ladykiller (hombre).
coquina *s. f.* type of clam.
coracero *s. m.* cavalryman (con coraza).
coracha *s. f.* **1** leather bag. ♦ **2 fumar más que una ~,** to smoke like a chimney.
coraje *s. m.* **1** courage (valor). **2** anger (ira).
corajina *s. f.* fit of temper.
corajudo, -da *adj.* **1** (fam.) short-tempered. **2** daring (valiente).
coral *s. m.* **1** ZOOL. coral. **2** coral snake (serpiente). • *s. f.* **3** MÚS. chorale. • *adj.* **4** MÚS. choral.
coralino, -na *adj.* coral.
corambre *s. f.* **1** skins (conjunto de cueros). **2** wineskin (bota).
Corán *s. m.* Koran.
coraza *s. f.* **1** breastplate (armadura). **2** ZOOL. shell. **3** MAR. armour-plating.
corazón *s. m.* **1** MED. heart. **2** spirit (ánimo). **3** BOT. core. • *pl.* **4** hearts (naipes). ♦ **5 buen ~,** kindness. **6 mal ~,** cruelty. **7 con el ~ en la mano,** with one's hand on one's heart. **8 decirle a uno el ~ de una cosa,** to feel something in one's bones. **9 encogérsele a uno el ~,** to feel one's heart shrink. **10 todo ~,** all heart (persona generosa).
corazonada *s. f.* **1** hunch, feeling (presentimiento). **2** rush of blood (impulso).
corbata *s. f.* **1** tie (prenda de vestir). **2** pennant (bandera).
corbatín *s. m.* bow tie (pajarita).
corbeta *s. f.* MAR. corvette.
corcel *s. m.* charger (caballo).
corchar *v. t.* **1** MAR. to splice. **2** to cork (botellas).
corchea *s. f.* MÚS. quaver.
corchera *s. f.* lane marker.
corchete *s. m.* **1** hook (de broche). • *pl.* **2** square brackets (signo gráfico).
corchetera *s. f.* (Am.) stapler.
corcho *s. m.* cork (árbol y material).
corcholata *s. f.* (Am.) bottle top.
¡córcholis! *interj.* Heavens!, gosh!
corcova *s. f.* **1** hump (joroba). **2** (Am.) all night party.
corcovado, -da *adj.* hunchbacked.
corcovar *v. t.* to make curved.
corcoveta *s. m.* y *f.* hunchback.
corcovo *s. m.* prance (salto de algunos animales).
cordada *s. f.* rope (en alpinismo).
cordelería *s. f.* **1** ropemaking (oficio). **2** ropemaker's (tienda). **3** ropes (conjunto de cordeles).
cordelero, -ra *s. m.* y *f.* ropemaker.
cordado, -da *adj.* notochordal (columna vertebral).
cordal *adj.* **1** wisdom (muela). • *s. m.* **2** MÚS. tailpiece (ceja). **3** MÚS. string fastener (ceja inferior).
cordel *s. m.* **1** cord (cuerda). **2** five steps (medida). **3** cattle track (ganadería trashumante). ♦ **4 a ~,** in a straight line.
cordero *s. m.* **1** lamb. **2** (fig.) angel. **3** lambskin (piel). ♦ **4 ~ de Dios,** Lamb of God (Jesucristo). **5 ~ lechal,** suckling lamb.
cordial *adj.* **1** cordial, friendly (afectuoso). **2** MED. tonic. • *s. m.* **3** MED. tonic.
cordialidad *s. f.* **1** friendliness (afabilidad). **2** genuineness (sinceridad).
cordiforme *adj.* heart-shaped.
cordillera *s. f.* **1** mountain range. ♦ **2** (Am.) **por ~,** from one to the other.
cordobán *s. m.* goatskin leather (de Córdoba).
cordón *s. m.* **1** string (cuerda pequeña). **2** cordon (p. ej., de policía). **3** (Am.) kerb (acera). ♦ **4 ~ de zapato,** shoelace. **5 ~ umbilical,** umbilical cord.
cordoncillo *s. m.* **1** braid (costura). **2** legend (en moneda).
cordonería *s. f.* **1** stringmaking (oficio). **2** stringmaker's (tienda). **3** strings (conjunto de cordones).
cordura *s. f.* **1** sensibleness. ♦ **2 con ~,** sensibly.
Corea *s. f.* Korea.
corear *v. t.* **1** to sing together (cantar). **2** to cheer (aprobar). **3** to compose choral music (componer).
coreo *s. m.* LIT. trochee.
coreografía *s. f.* choreography (baile).
coreográfico, -ca *adj.* choreographic.
coreógrafo, -fa *s. m.* y *f.* choreographer (baile).
coriáceo, -a *adj.* leathery.
corifeo *s. m.* **1** HIST. coryphaeus. **2** main character (en ópera). **3** POL. leader.
corindón *s. m.* MIN. corundum.
corista *s. m.* y *f.* **1** MÚS. member of a choir. • *s. m.* **2** REL. chorister. **3** *s. f.* chorus girl.
corladura *s. f.* metal polish (barniz).
corlear *v. t.* TEC. to polish up (objeto plateado).
corma *s. f.* **1** fetters (cepo). **2** (fig.) nuisance.
cornada *s. f.* goring (en tauromaquia, etc.).
cornamenta *s. f.* ZOOL. horns.
cornamusa *s. f.* **1** MÚS. bagpipe. **2** MAR. mooring device. **3** hunting horn (en caza al zorro, etc.).
corneja *s. f.* ZOOL. rook.
córneo, -a *adj.* **1** horn-like (de cuerno). • *s. f.* **2** ANAT. cornea.
córner *s. m.* DEP. corner (fútbol).
corneta *s. f.* **1** MÚS. cornet. **2** MIL. bugle. **3** burgee (bandera). • *s. m.* **4** MÚS. cornet player. **5** MIL. bugler, bugle player.
cornete *s. m.* **1** ZOOL. small horn. • *pl.* **2** ANAT. nostril walls.
cornetín *s. m.* **1** MÚS. tenor horn. **2** MÚS. tenor horn player (persona).
corneto, -ta *adj.* (Am.) knock-kneed (patizambo).
cornezuelo *s. m.* **1** BOT. ergot. **2** olive (aceituna).
cornijal *s. m.* corner (ángulo).
cornisa *s. f.* **1** ARQ. cornice. **2** ledge (en alpinismo).
cornisamiento *s. m.* ARQ. entablature.
cornucopia *s. f.* **1** horn of plenty (símbolo de abundancia). **2** ornamental mirror (espejo).
cornudo, -da *adj.* **1** ZOOL. horned. • *s. m.* **2** cuckold (marido).
cornúpeta *s. m.* (fam.) bull.
coro *s. m.* **1** MÚS. choir (cantantes). **2** chorus (canción). **3** ARQ. choir. **4** REL. chant. ♦ **5 hacer ~,** to echo (las palabras de alguien).

corocha *s. f.* **1** frock coat (casaca). **2** ZOOL. beetle larva.
corografía *s. f.* GEOG. toponymy.
coroideo *s. m.* ÓPT. chorioid.
corola *s. f.* corolla.
corolario *s. m.* corollary (inferencia).
corona *s. f.* **1** crown (de monarca). **2** ASTR. corona. **3** REL. tonsure. **4** garland (de flores). ◆ **5** ~ **funeraria,** wreath.
coronación *s. f.* **1** coronation (monarca). **2** (fig.) culmination.
coronamiento *s. m.* **1** completion (de una obra). **2** ARQ. top.
coronar *v. t.* **1** to crown (un rey). **2** ARQ. to top. **3** to complete (una obra). **4** to queen (ajedrez, damas). **5** (Am. y fam.) to make a cuckold of (poner los cuernos).
coronaria *s. f.* **1** TEC. second hand wheel (reloj). **2** BOT. carnation.
coronario, -ria *adj.* **1** heart-shaped (forma de corazón). **2** ANAT. coronary.
coronel *s. m.* MIL. colonel.
coronilla *s. f.* **1** crown (de la cabeza). ◆ **2 andar de** ~, to be hard at it. **3 estar hasta la** ~, to be cheesed off.
corotos *s. m. pl.* (Am.) (fam.) stuff, junk.
corpiño *s. m.* **1** bodice. **2** (Am.) bra (sostén).
corporación *s. f.* corporation (asociación; compañía).
corporal *adj.* **1** physical. ● *s. m. pl.* **2** REL. corporal.
corporativismo *s. m.* corporateness.
corporativo, -va *adj.* corporate.
corpóreo, -a *adj.* **1** corporeal (que tiene cuerpo). **2** physical (corporal).
corpulencia *s. f.* bulk (de un cuerpo).
corpus *s. m.* **1** LIT. corpus. ◆ **2 día del Corpus,** Corpus Christi.
corpuscular *adj.* ANAT. corpuscular.
corpúsculo *s. m.* FÍS. corpuscle.
corral *s. m.* **1** pen (de animales). **2** open-air theatre (de comedias). ◆ **3** ~ **de vacas,** ramshackle house.
correa *s. f.* **1** strap (de cuero). **2** stretch (elasticidad). ● *pl.* **3** duster (quitapolvos). ◆ **4 tener** ~, (fam.) to be long-suffering.
correaje *s. m.* **1** strap. **2** TEC. belting system.
correcaminos *s. m.* ORN. roadrunner (tipo de cuclillo).
corrección *s. f.* **1** correction. **2** punishment (reprensión). **3** punishment centre (lugar de castigo). ◆ **4** ~ **de pruebas,** proof-reading.
correccional *adj.* **1** corrective. ● *s. m.* **2** reformatory (prisión).
correctamente *adv.* correctly.
correctivo, -va *adj.* **1** corrective. ● *s. m.* **2** punishment (castigo).
correcto, -ta *adj.* **1** correct (sin errores). **2** well-mannered (educado).
corrector, -ra *adj.* **1** correcting. ● *s. m.* y *f.* **2** proof-reader (tipografía).
corredera *s. f.* **1** TEC. track. **2** MAR. log. **3** TEC. sluice valve. **4** upper millstone (de molino). **5** ZOOL. cockroach. ◆ **6 puerta** ~, sliding door.
corredero, -ra *adj.* sliding (puerta, ventana, mampara).
corredor, -ra *adj.* **1** running. ● *s. m.* y *f.* **2** DEP. runner. **3** COM. agent. **4** MIL. scout. ● *s. m.* **5** corridor (pasillo).
correduría *s. f.* **1** COM. brokerage. **2** commission (de corredor).
corregidor, -ra *adj.* **1** correcting. ● *s. m.* **2** HIST. chief magistrate. **3** HIST. mayor (alcalde).
corregir *v. t.* **1** to correct (un trabajo mal hecho). **2** to punish (reprender). ● *v. pron.* **3** (fam.) to turn over a new leaf.
correlación *s. f.* MAT., etc. correlation.
corredizo, -za *adj.* **1** sliding (puerta). **2** slip (nudo).
correlacionar *v. t.* to correlate.
correlativamente *adv.* correlatively.
correlativo, -va *adj.* correlative.
correligionario *s. m.* **1** REL. co-religionist. **2** POL. fellow supporter.
correlón, -na *adj.* **1** fast. ● *s. m.* **2** (Am.) (fam.) chicken.
correo *s. m.* **1** post. **2** (Am.) mail. **3** HIST. courier (persona). ● *pl.* **4** post office (oficina). ◆ **5 echar al** ~, to post. **6 a vuelta de** ~, by return of post. **7** ~ **aéreo,** airmail. **8** ~ **certificado,** registered post.
correoso, -sa *adj.* tough and flexible (como el cuero).
correpasillos *s. m.* baby walker.
correr *v. i.* **1** to run. **2** to go (extenderse). **3** to pass (tiempo). **4** to blow (viento). **5** to be payable (devengarse una paga). **6** to be valid (una moneda). ● *v. t.* **7** to cover (recorrer). **8** to chase (perseguir, a un animal). **9** to fight (tauromaquia). **10** to draw (cortinas). **11** to shoot (pestillo). **12** to embarrass (avergonzar). ● *v. pron.* **13** to move up (moverse, persona). **14** to run (emborronarse, desteñirse). **15** to get a ladder (medias). **16** (vulg.) to come (tener un orgasmo). **17** (Am.) to run away, to escape (escaparse). ◆ **18 ¡corre!,** hurry up! **19 ¡no corras tanto!,** not so fast! **20 correrla,** (fam.) to live it up. **21** ~ **con,** to be responsible for. **22 a todo** ~, at full speed.
correría *s. f.* **1** MIL. raid. **2** (fam.) whirlwind visit.
correspondencia *s. f.* **1** correspondence. **2** contact (enlaces). **3** communication (transporte). **4** reciprocation (armonía). **5** meaning (una palabra en dos idiomas).
corresponder *v. i.* **1** to correspond. **2** to concern (incumbir). **3** to repay (un favor). ● *v. pron.* **4** to correspond (cartas), to match (cuadrar, resultados).
correspondiente *adj.* **1** corresponding. **2** appropriate (apropiado). **3** respective (respectivo).
corresponsal *s. m.* y *f.* **1** correspondent (periodista). **2** representative (agente).
corresponsalía *s. f.* post of reporter (periódico).
corretaje *s. m.* **1** COM. brokerage. **2** commission (comisión).
corretear *v. i.* **1** (fam.) to roam the streets (errar). **2** to run about (jugando). **3** (Am.) to follow (perseguir). **4** (Am.) to frighten away (ahuyentar).
correveidile o **correvedile** *s. m.* y *f.* (fam.) gossiper.
corrida *s. f.* **1** run. **2** bullfight (tauromaquia). **3** (Am.) (fam.) rave-up. ◆ **4 de** ~, straight off.
corrido, -da *adj.* **1** extra, good (que excede peso o cantidad): *un kilo corrido = a good kilo.* **2** ashamed (avergonzado). **3** experienced (experimentado). **4** ARQ. adjoining. **5** (Am.) complete (acabado). ● *s. m.* **6** shed (cobertizo). **7** ballad (romance). **8** (Am.) fugitive (fugitivo).
corriente *adj.* **1** running (agua). **2** usual (normal). **3** present (fecha). ● *s. f.* **4** current (agua, electricidad, opinión). ◆ **5** ~ **alterna,** ELEC. alternating current. **6** ~ **continua,** ELEC. continuous current. **7 al** ~, up to date. **8 estar al** ~, to know about. **9** ~ **y moliente,** run-of-the-mill.
corrientemente *adv.* **1** normally. **2** easily (fácilmente).
corrillo *s. m.* small group (personas).
corrimiento *s. m.* **1** running (derretimiento). **2** sliding (tierra). **3** (fig.) bashfulness (vergüenza). **4** (Am.) MED. rheumatism.
corro *s. m.* **1** group (personas). **2** ring (círculo). **3** AGR. plot. ◆ **4 formar** ~ **aparte,** (fig.) to be on the other side.
corroboración *s. f.* corroboration.
corroborar *v. t.* **1** to corroborate (ratificar). **2** to fortify (fortificar).
corroer *v. t.* **1** to corrode (destruir, un metal). **2** (fig.) to eat up: *le corroe la envidia = he's eaten up by jealousy.*
corromper *v. t.* **1** to rot (descomponer). **2** (fig.) to corrupt. **3** to seduce (a una mujer). **4** (fam. y fig.) to bother. ● *v. i.* **5** to smell bad. ● *v. pron.* **6** to go bad.
corrosión *s. f.* **1** corrosion (metales). **2** AGR. erosión.
corrosivo, -va *adj.* corrosive.
corrupción *s. f.* **1** rottenness (putrefacción). **2** (fig.) corruption.
corruptela *s. f.* **1** corruption. **2** corrupt practice (abuso).
corruptible *adj.* **1** corruptible (persona). **2** perishable (fruta, etc.).
corruptibilidad *s. f.* **1** corruptibility (persona). **2** perishableness (alimentos).
corruptor, -ra *adj.* **1** corrupting. ● *s. m.* y *f.* **2** corrupter.
corrusco *s. m.* hard crust (pan).
corsario *s. m.* **1** MAR. corsair, privateer. **2** pirate (persona).
corsé *s. m.* **1** corset (prenda de mujer). ◆ **2** ~ **ortopédico,** MED. orthopaedic corset.
corsetería *s. f.* lingerie shop (tienda).
corso *s. m.* **1** MAR. privateering. **2** (Am.) cavalcade.
corso, -sa *adj./s. m.* y *f.* Corsican.
cortacircuitos *s. m.* ELEC. circuit breaker.
cortada *s. f.* **1** (Am.) cut (herida). **2** dead-end street (calle sin salida).
cortadera *s. f.* **1** chisel (para cortar hierro). **2** blade (apicultura).

cortadillo *s. m.* short tumbler (vaso).
cortado, -da *adj.* **1** cut. **2** disjointed (estilo). **3** right (ajustado). **4** (Am.) (fam.) broke. • *s. m.* **5** coffee with a little milk. **6** TEC. cutting.
cortador, -ra *adj.* **1** cutting. • *s. m.* **2** butcher (carnicero). **3** incisor (odontología). **4** TEC. cutter.
cortadura *s. f.* **1** cut (herida). **2** GEOG. narrow path. **3** cutting (periódico). • *pl.* **4** parings (desperdicios).
cortafrío(s) *s. m.* TEC. cold chisel.
cortafuego *s. m.* firebreak.
cortante *adj.* **1** cutting. • *s. m.* **2** butcher's knife.
cortapisa *s. f.* **1** restriction. ♦ **2 sin cortapisas,** with no limitations.
cortaplumas *s. m.* penknife (navaja pequeña).
cortar *v. t.* **1** to cut. **2** to interrupt (interrumpir). **3** to leave out (suprimir). **4** to cut through (hender). **5** to water down (suavizar un líquido). **6** to go right through (viento frío). • *v. i.* **7** to cut; to split up (relación). • *v. pron.* **8** to be lost for words (no poder hablar por turbación). **9** to become chapped (las manos por el frío). **10** to turn sour (leche). ♦ **11 ¡corta!,** come off it!
cortaúñas *s. m.* nail clippers (*pl.*)
corte *s. m.* **1** cut. **2** cutting (acto). **3** cutting edge (filo). **4** tailoring (confección). **5** piece (tela para hacer una prenda). **6** ARQ. section. **7** felling (árboles). **8** ELEC. failure. • *s. f.* **9** court (residencia real). **10** retinue (séquito). **11** AGR. farmyard. • *s. f. pl.* **12** POL. Spanish parliament. ♦ **13 ~ celestial,** heaven. **14 hacer la ~,** to woo. **15 Corte Suprema,** Supreme Court.
cortejar *v. t.* **1** (form.) to court, to woo. **2** to flatter (lisonjear).
cortejo *s. m.* **1** retinue (séquito). **2** (form.) courting, wooing. **3** flattery.
cortés *adj.* polite.
cortesanía *s. f.* common courtesy.
cortesano, -na *adj.* **1** courtly (de la corte). **2** polite. • *s. m.* y *f.* **3** courtier.
cortesía *s. f.* **1** courtesy. **2** grace (merced). **3** present (regalo). **4** reward (caza).
cortésmente *adv.* politely.
corteza *s. f.* **1** bark (árbol). **2** peel (fruta). **3** rind (queso). **4** crust (pan). **5** (fig. y fam.) coarseness (de una persona).
cortical *adj.* cortical (de la corteza).
corticoide *s. m.* corticosteroid.
cortijero *s. m.* squire.
cortijo *s. m.* farmhouse (Andalucía y Extremadura).
cortina *s. f.* **1** curtain. **2** (fig.) screen. **3** inner wall (caballería). ♦ **4 ~ de hierro,** iron curtain. **5 correr la ~,** (fig.) to lift the veil.
cortinaje *s. m.* curtaining.
cortinal *s. m.* kitchen garden (huerta).
cortisona *s. f.* MED. cortisone.
corto, -ta *adj.* **1** short. **2** scanty (escaso). **3** shy (tímido). **4** (fig.) slow (torpe). **5** tongue-tied (falto de palabras). • *s. m.* **6** short film (cine). • *s. f.* **7** felling (árboles). ♦ **8 quedarse ~,** to fall short (no calcular bien). **9 ~ de vista,** short-sighted. **10 ~ de oído,** hard of hearing. **11 a la corta,** in the short term.
cortocircuito *s. m.* **1** ELEC. short-circuit. ♦ **2 poner en ~,** to short-circuit.
cortometraje *s. m.* short film (cine).
coruja *s. f.* **1** owl (lechuza). **2** ace of diamonds (naipes).
corva *s. f.* MED. popliteal area.
corvadura *s. f.* **1** bend (dobladura). **2** curve (p. ej., de la tierra). **3** wreath (barandilla).
corvar *v. t.* to bend (encorvar).
corvejón *s. m.* **1** hock (caballo). **2** ORN. green cormorant.
corveta *s. f.* curvet (caballería).
corvo, -va *adj.* **1** curved. • *s. m.* **2** hook.
corzo *s. m.* ZOOL. roe deer.
corzuelo *s. m.* chaffy corn (trigo).
cosa *s. f.* **1** thing. **2** affair (asunto). **3** fancy (idea). ♦ **4 no ser ~ del otro jueves,** to be nothing out of the ordinary. **5 como si tal ~,** as if nothing had happened. **6 ~ de,** about (aproximadamente). **7 las cosas de palacio van despacio,** the mills of God grind slowly.
cosaco, -ca *adj./s. m.* y *f.* **1** Cossack. ♦ **2 beber como un ~,** (fig. y fam.) to drink like a fish.
coscarse *v. pron.* (fam.) to notice.
coscón, -na *adj./s. m.* y *f.* (desp.) clever.
coscorrón *s. m.* **1** bump on the head. **2** (fig.) let-down.
cosecante *s. f.* MAT. cosecant.
cosecha *s. f.* **1** AGR. harvest. **2** harvesting (acto). ♦ **3 de su propia ~,** (fig.) of one's own invention.
cosechadora *s. f.* AGR. combine-harvester.
cosechar *v. t.* **1** AGR. to harvest (recolectar). **2** to grow (cultivar). **3** (fig.) to glean (información). **4** (fig.) to achieve (éxito). **5** (fig.) to meet with (fracaso).
cosechero *s. m.* **1** harvester. **2** picker (uvas).
coselete *s. m.* **1** MIL. leather cuirass. **2** ZOOL. thorax (insecto).
coseno *s. m.* MAT. cosine.
coser *v. t.* **1** to sew. **2** to join (unir). ♦ **3 ser ~ y cantar,** (fam.) to be a piece of cake.
cosido, -da *adj.* **1** sewn. • *s. m.* **2** embroidery.
cosmético, -ca *adj.* y *s. m.* **1** cosmetic. • *s. f.* **2** cosmetics.
cósmico, -ca *adj.* **1** cosmic. ♦ **2 rayos cósmicos,** cosmic rays.
cosmogonía *s. f.* ASTR. cosmogony.
cosmografía *s. f.* ASTR. cosmography.
cosmología *s. f.* ASTR. cosmology.
cosmonauta *s. m.* y *f.* ASTR. cosmonaut.
cosmopolita *adj./s. m* y *f.* cosmopolitan.
cosmopolitismo *s. m.* POL. cosmopolitanism.
cosmos *s. m.* cosmos.
coso *s. m.* **1** arena. **2** bullring (tauromaquia). **3** ZOOL. woodworm (carcoma).
cosque *s. m.* (fam.) bump on the head.
cosquillas *s. f. pl.* **1** ticklishness. ♦ **2 hacer ~ a alguien,** to tickle someone. **3 buscar a alguien las ~,** (fig.) to wind someone up. **4 hacerle a uno ~ una cosa,** (fig.) to tickle someone's curiosity.
cosquillear *v. t.* to tickle.
cosquilleo *s. m.* tickling sensation.
cosquilloso, -sa *adj.* **1** ticklish. **2** (fig.) oversensitive.
costa *s. f.* **1** FIN. cost. **2** GEOG. coast. • *pl.* **3** DER. costs. ♦ **4 a ~ de,** at the expense of. **5 a toda ~,** at any price.
costado *s. m.* **1** ANAT. side. **2** MIL. flank. **3** (Am.) platform (ferrocarril). • *pl.* **4** ancestors (genealogía).
costal *adj.* **1** rib. • *s. m.* **2** sack (saco). **3** rammer (herramienta). **4** (Am.) carpet (alfombra).
costalada *s. f.* o **costalazo** *s. m.* bad fall.
costanera *s. f.* **1** slope. • *pl.* **2** ARQ. rafters.
costanero, -ra *adj.* **1** sloping. **2** MAR. coastal.
costar *v. i.* **1** to cost: *¿cuánto cuesta este libro? = how much does this book cost?* **2** to be difficult: *le cuesta hablar bien el español = he finds it difficult to speak Spanish well.* ♦ **3 ~ un ojo de la cara,** (fam.) to cost an arm and a leg. **4 cueste lo que cueste,** whatever the cost.
Costa Rica *s. f.* Costa Rica.
costarricense o **costarriqueño, -ña** *adj./s. m.* y *f.* Costa Rican.
coste *s. m.* price (en dinero).
costear *v. t.* **1** to pay for (pagar). **2** MAR. to skirt the coast. **3** (Am.), AGR. to pasture. • *v. pron.* **4** to pay one's way, to fund.
costeño, -ña *adj.* coastal.
costero, -ra *adj.* **1** coastal. • *s. m.* **2** coastal inhabitant (persona). **3** offcut (madera). **4** wall (horno alto). **5** girder (minería).
costilla *s. f.* **1** ANAT. rib. **2** (fig. y fam.) wife. • *pl.* **3** ANAT. back. ♦ **4 ~ verdadera,** true rib. **5 ~ falsa,** false rib. **6 medirle a uno las costillas,** (fam.) to give someone a going-over.
costillar *s. m.* ANAT. ribcage.
costo *s. m.* **1** FIN. cost. **2** (Am.) effort (trabajo). **3** (fam.) dope (droga).
costoso, -sa *adj.* **1** dear (caro). **2** costly (error).
costra *s. f.* **1** crust. **2** MED. scab.
costumbre *s. f.* **1** custom. • *pl.* **2** way of life. ♦ **3 como de ~,** as usual.
costumbrismo *s. m.* LIT. portrayal of local customs.
costumbrista *adj.* **1** LIT. relating to local customs. • *s. m.* y *f.* **2** author who writes about local customs.
costura *s. f.* **1** sewing. **2** seam (sutura de dos piezas).
costurera *s. f.* dressmaker.
costurero *s. m.* **1** sewing basket. **2** sewing room (cuarto).
cota *s. f.* **1** GEOG. height. **2** MIL. armour.
cotangente *s. f.* MAT. cotangent.
cotarro *s. m.* **1** doss-house (albergue). **2** GEOG. ravine slope. ♦ **3 alborotarse**

el ~, (fig. y fam.) to be thrown into disorder. **4 dirigir el** ~, to rule the roost.
cotejar *v. t.* to compare and contrast.
cotejo *s. m.* comparing and contrasting (textos).
cotense *s. m.* (Am.) hemp cloth.
cotidianamente *adv.* daily, every day.
cotidianidad *s. f.* everyday life.
cotidiano, -na *adj.* daily, everyday.
cotiledón *s. m.* BOT. cotyledon.
cotiledóneo, -a *adj.* BOT. of the cotyledon.
cotilla *s. m.* y *f.* (fam.) gossip.
cotillear *v. i.* to gossip.
cotillón *s. m.* **1** country dance. **2** (Am.) party.
cotización *s. f.* **1** FIN. quotation. **2** subscription (cuota). **3** taxation (impuesto). ◆ **4** ~ **a plazo,** forward price.
cotizante *s. m.* **1** contributor. **2** taxpayer (contribuyente).
cotizar *v. t.* **1** COM. to quote. **2** to price (valorar). ● *v. i.* **3** to pay one's dues. ● *v. pron.* **4** FIN. to be quoted. **5** (fig.) to be valued.
coto *s. m.* **1** game preserve (caza). **2** boundary stone (hito). **3** (fig.) limit (límite). **4** FIN. fixed price. **5** rubber (bridge, etc.).
cotón *s. m.* **1** printed cotton. **2** (Am.) working shirt (prenda de vestir).
cotorra *s. f.* **1** ZOOL. magpie (urraca). **2** parrot (loro). **3** (fam.) chatterbox (persona).
cotorrear *v. i.* (fam.) to chinwag.
cotorreo *s. m.* (fam.) chit-chat.
cotorrera *s. f.* **1** (fam.) chatterbox (mujer). **2** ZOOL. magpie.
cotufa *s. f.* **1** sweet (golosina). **2** BOT. tiger nut. ● *pl.* (Am.) popcorn.
coturno *s. m.* **1** HIST. buskin. ◆ **2 calzar el** ~, (fig. y fam.) to put on airs and graces.
covacha *s. f.* **1** small cave. **2** (Am.) greengrocer's (tienda de productos agrícolas). **3** (Am.) lumber-room (trastera).
covachuela *s. f.* **1** (fam.) public office (despacho). **2** (desp.) dive.
coxal *adj.* ANAT. hip: *hueso coxal = hip bone.*
coy *s. m.* MAR. hammock.
coyol *s. m.* BOT. palm tree.
coyote *s. m.* **1** ZOOL. coyote. **2** (Am.) COM. dealer.
coyunda *s. f.* **1** tether (de animal). **2** bond (matrimonial). **3** (fig.) oppression (dominio).
coyuntura *s. f.* **1** ANAT. joint. **2** (fig.) opportunity. **3** climate (económico).
coyuntural *adj.* **1** contemporary (situación actual). ◆ **2 medidas coyunturales,** ad hoc measures.
coz *s. f.* **1** kick (de un animal). **2** (fig.) insult.
crac *s. m.* **1** FIN. crash. **2** (Am.) star (deporte, etc.).
craneal *adj.* ANAT. skull.
cráneo *s. m.* **1** ANAT. skull. **2** (fam.) nut.
crápula *s. f.* **1** loose living, debauchery (libertinaje). **2** drunkenness (borrachera). ● *s. m.* **3** philanderer. ● *adj.* **4** debauched.
crapuloso, -sa *adj.* **1** sottish, drunken (borracho). **2** (fig.) loose-living, debauched (libertino).
craquear *v. t.* QUÍM. to crack.
craqueo *s. m.* QUÍM. cracking.
crasis *s. f.* GRAM. contraction.
crasitud *s. f.* obesity.
craso, -sa *adj.* **1** fat. **2** thick (líquido). **3** (fig.) stupid. **4** (Am.) vulgar.
cráter *s. m.* GEOL. crater.
crátera *s. f.* HIST. urn.
creación *s. f.* creation.
creacionismo *s. m.* FIL. creationism.
creador, -ra *adj.* **1** creative. ● *s. m.* y *f.* **2** creator.
crear *v. t.* **1** to create. **2** to invent (idear). **3** to found (fundar).
creativo, -va *adj.* **1** creative. ● *s. m.* y *f.* **2** creative (publicista).
crecer *v. i.* **1** to grow. **2** to grow up (hacerse mayor). **3** to rise (río, marea, precio). **4** to wax (luna). ● *v. pron.* **5** to become bolder (atreverse a más).
creces *s. f. pl.* **1** increase. ◆ **2 con** ~, more than expected.
crecida *s. f.* **1** rise (río). **2** flood (inundación).
crecido, -da *adj.* **1** tall (persona). **2** long (pelo, uña): *tiene el pelo muy crecido = his hair has grown very long.* **3** grown-up (adulto).
creciente *adj.* **1** growing. **2** waxing (luna). ● *s. m.* **3** crescent. ● *s. f.* **4** crescent moon (luna). ◆ **5** ~ **del mar,** high tide.
crecimiento *s. m.* **1** growth (físico). **2** increase (cuantitativo).
credencia *s. f.* REL. credence.
credencial *adj.* **1** certifying. ● *s. f.* **2** certifying document (para un puesto de trabajo).
credibilidad *s. f.* credibility.
crediticio, -cia *adj.* FIN. credit.
crédito *s. m.* **1** reputation (fama). **2** credit (fe, préstamo). ◆ **3 dar** ~ **a una cosa,** to believe something: *no podía dar crédito a mis ojos = I couldn't believe my eyes.*
credo *s. m.* REL., POL. creed.
credulidad *s. f.* credulousness.
crédulo, -la *adj.* unsuspecting.
creederas *s. f. pl.* (fam.) gullibility.
creencia *s. f.* **1** believing (acto). **2** belief (opinión). **3** REL. faith.
creer *v. t.* **1** to believe. **2** to consider (juzgar). ● *v. i.* **3** to believe in someone/something (tener fe). ● *v. pron.* **4** to believe, to think. ◆ **5 ¡ya lo creo!,** you can say that again! **6 creérselas,** to have a high opinion of oneself.
creíble *adj.* credible.
crema *s. f.* **1** cream (nata). **2** confectioner's custard (pastelería). **3** polish (calzado). **4** GRAM. diaeresis. ◆ **5 la** ~ **de la sociedad,** (fig.) the cream of society. **6** ~ **dentífrica,** tooth paste.
cremación *s. f.* **1** cremation (personas). **2** incineration (cosas).
cremallera *s. f.* **1** MEC. rack. **2** zip fastener (ropa). ● *s. m.* **3** rack railway (tren).
crematística *s. f.* ECON. political economy.
crematístico, -ca *adj.* ECON. economic.
crematorio, -ria *adj.* **1** crematorial. ● *s. m.* **2** crematorium.
crencha *s. f.* **1** parting (raya de pelo). **2** parted hair (pelo a cada lado de la raya).
crepe *s. m.* **1** crepe (tela). **2** crepe-soled (zapatos). **3** pancake (alimento).
crepitación *s. f.* **1** crackling (leña que arde, etc.). **2** MED. cracking (hueso).
crepitante *adj.* **1** crackling. **2** MED. cracking.
crepitar *v. i.* **1** to crackle (leña). **2** to sizzle (salchichas).
crepuscular *adj.* twilight.
crepúsculo *s. m.* twilight, dusk.
crescendo *s. m.* **1** MÚS. crescendo. ◆ **2 ir en** ~, to increase steadily (fig.).
creso *s. m.* **1** (fig.) rich person. **2** (Am.) disinfectant.
crespo, -pa *adj.* **1** curly (pelo). **2** tortuous (estilo). **3** sullen (hosco).
crespón *s. m.* **1** crepe (tela). **2** armband (señal de luto).
cresta *s. f.* crest.
crestería *s. f.* **1** ARQ. crenellations. **2** HIST. battlements.
crestomatía *s. f.* LIT. anthology.
creta *s. f.* GEOL. chalk.
cretáceo, -a *adj.* GEOL. cretaceous.
cretinismo *s. m.* **1** MED. cretinism. **2** (fig.) stupidity.
cretino, -na *adj.* **1** MED. cretinous. ◆ **2** (fam. y desp.) thick. ● *s. m.* y *f.* **3** moron.
cretona *s. f.* cretonne (tela).
creyente *adj.* **1** believing. ● *s. m.* y *f.* **2** believer.
cría *s. f.* **1** breeding (acto). **2** young animal. **3** brood (camada).
criada *s. f.* female servant.
criadero *s. m.* **1** BOT. nursery. **2** poultry farm (aves). **3** fish farm (peces). **4** GEOL. lode.
criadilla *s. f.* **1** ANAT. testicle. **2** BOT. potato. **3** small loaf (pan). ◆ **4** ~ **de tierra,** truffle.
criado, -da *adj.* **1** brought up. ● *s. m.* y *f.* **2** servant.
criandera *s. f.* (Am.) nursemaid, wetnurse.
crianza *s. f.* **1** breeding (animales). **2** growing (plantas). **3** aging (vino). ◆ **4 buena** ~, good upbringing.
criar *v. t.* **1** to create (crear). **2** to feed (alimentar). **3** to bring up, to raise, to rear (educar): *estos son tiempos difíciles para criar hijos = these are difficult times to bring children up in.* ● *v. pron.* **4** to grow.
criatura *s. f.* **1** child. **2** (fig.) creature.
criba *s. f.* **1** sieve (utensilio). **2** sifting (acto).
cribado, -da *adj.* **1** sifted. ● *s. m.* **2** AGR. sifting. **3** TEC. screening.
cribar *v. t.* **1** AGR. to sift. **2** TEC. to screen.
crimen *s. m.* crime.
criminal *adj.* **1** criminal. ● *s. m.* y *f.* **2** criminal.
criminalidad *s. f.* **1** crime. ◆ **2 índice de** ~, crime rate.
criminalista *adj./s. m.* y *f.* DER. criminologist.
criminología *s. f.* criminology.
criminoso, -sa *adj.* criminal.

crin *s. f.* **1** bristles. • *pl.* **2** mane (caballo).
crío, -a *s. m.* y *f.* child, kid.
criollo, -lla *adj.* **1** Creole. **2** (Am.) native. • *s. m.* y *f.* **3** Spanish descendant.
cripta *s. f.* REL. crypt.
criptografía *s. f.* cryptography.
criptograma *s. m.* cryptogram.
críquet *s. m.* DEP. cricket.
crisálida *s. f.* BIOL. chrysalis.
crisantemo *s. m.* BOT. chrysanthemum.
crisis *s. f.* **1** crisis. **2** shortage (escasez). ♦ **3 ~ nerviosa,** nervous breakdown.
crisma *s. f.* **1** (fam.y fig.) nut (cabeza). **2** REL. chirsm. ♦ **3 romperse la ~,** (fam.) to crak one's head open.
crismas *s. m.* Christmas card (tarjeta).
crisol *s. m.* **1** melting pot. **2** ladle (caldero del hierro crudo).
crispadura *s. f.* **1** twitching (músculos). **2** shivers (nervios).
crispar *v. t.* **1** to contract (músculos). **2** (fig.) to get on one's nerves: *esa voz le crispaba los nervios = that voice used to get on her nerves.*
cristal *s. m.* **1** glass. **2** pane of glass (de una ventana). **3** (fig.) mirror (espejo). **4** (fig.) water (agua). **5** (Am.) glass (copa).
cristalera *s. f.* **1** display cabinet (aparador). **2** shop window (vitrina). **3** glass door (puerta).
cristalería *s. f.* **1** glass-making (arte). **2** glassware shop (tienda). **3** glassware (vasos).
cristalino, -na *adj.* **1** crystalline. • *s. m.* **2** ANAT. crystalline lens.
cristalización *s. f.* **1** crystallization. • *pl.* **2** crystals.
cristalizar *v. i.* y *pron.* to crystallize.
cristalografía *s. f.* crystallography.
cristianamente *adv.* in a Christian way.
cristianar *v. t.* (fam.) to christen.
cristiandad *s. f.* **1** Christendom (territorio). **2** Christianity (fe).
cristaloide *s. m.* QUÍM. crystalloid.
cristianismo *s. m.* **1** Christianity **2** christening (bautizo).
cristianizar *v. t.* to Christianize.
cristiano, -na *adj.* **1** Christian. • *s. m.* y *f.* **2** Christian. **3** (fam.) Spanish: *¡háblame en cristiano! = speak to me in Spanish!* **4** (fam.) soul: *anoche no se veía un cristiano por la calle = there was not a soul about last night.*
Cristo *s. m.* Christ.
criterio *s. m.* **1** criterion (regla). **2** judgment (juicio). **3** viewpoint (opinión). ♦ **4 cambiar de ~,** to change one's mind.
crítica *s. f.* **1** criticism. **2** gossip (murmuración).
criticar *v. t.* to criticize.
crítico, -ca *adj.* **1** critical. • *s. m.* y *f.* **2** critic.
criticón, -na *adj.* **1** hypercritical. • *s. m.* y *f.* **2** fault-finder.
Croacia *s. m.* Croatia.
croar *v. i.* to croak (rana).
croata *adj./s. m.* y *f.* Croatian.
croché *s. m.* **1** crochet (labor). **2** hook (boxeo).
crocodiliano, -na *adj.* **1** crocodilian. • *s. m. pl.* **2** ZOOL. crocodilians.
croissant o **cruasán** *s. m.* croissant.
cromar *v. t.* to cover with chrome.
cromático, -ca *adj.* chromatic (color y sonido).
cromatismo *s. m.* FÍS. chromatics.
cromatografía *s. f.* cromatography.
cromo *s. m.* **1** MET. chrome. **2** picture card (estampa). ♦ **3 estar hecho un ~,** (fam.) to look a picture.
cromosoma *s. m.* ANAT. chromosome.
crónica *s. f.* **1** HIST. chronicle. **2** report (periodismo).
crónico, -ca *adj.* **1** MED. chronic. **2** long-lasting (duradero).
cronicón *s. m.* HIST. short chronicle.
cronista *s. m.* y *f.* **1** HIST. chronicler. **2** columnist (periodismo).
cronología *s. f.* chronology.
cronológico, -ca *adj.* chronological.
cronometrador *s. m.* y *f.* DEP. timekeeper.
cronometrar *v. t.* to time.
cronometría *s. f.* timing.
cronométrico, -ca *adj.* chronometric.
cronómetro *s. m.* **1** TEC. chronometer. **2** DEP. stopwatch.
croquet *s. m.* DEP. croquet.
croqueta *s. f.* croquette (cocina).
croquis *s. m.* sketch (diseño).
cross *s. m.* **1** DEP. cross-country running (actividad). **2** DEP. cross-country race (prueba).
crótalo *s. m.* **1** ZOOL. rattlesnake. • *pl.* **2** MÚS. castanets.
crotorar *v. i.* to screech (cigüeña).
cruce *s. m.* **1** crossing. **2** crossroads (carretera). **3** MAT. intersection. **4** ZOOL. cross.
crucería *s. f.* **1** ARQ. ribs. ♦ **2 bóveda de ~,** cross vault.
crucero *s. m.* **1** transept (iglesia). **2** crossroads (encrucijada). **3** MAR. cruiser (barco). **4** cruise (viaje en barco). **5** cross-bearer (procesión). **6** cruising speed (velocidad).
crucial *adj.* crucial.
crucífera *s. f.* BOT. stonecrop.
crucífero, -ra *adj.* (poet.) cross-bearing.
crucificar *v. t.* **1** to crucify. **2** (fig.) to mortify.
crucifijo *s. m.* REL. crucifix.
crucifixión *s. f.* crucifixion.
crucigrama *s. m.* crossword puzzle.
crudeza *s. f.* **1** unripeness (fruta). **2** rawness (carne). **3** uncouthness (vulgaridad). **4** harshness (rigor).
crudo, -da *adj.* **1** raw (no cocido). **2** unripe (no maduro). **3** hard (agua). **4** untreated (no elaborado). **5** raw (tiempo frío). **6** (fig.) cruel. **7** coarse (vulgar). • *s. m.* **8** crude (petróleo). **9** sackcloth (tela).
cruel *adj.* cruel.
crueldad *s. f.* cruelty.
cruelmente *adv.* cruelly.
cruento, -ta *adj.* (lit.) bloody.
crujía *s. f.* **1** ARQ. corridor. **2** MED. ward. **3** MAR. central gangway. **4** bay (área de carga).
crujido *s. m.* **1** crack (hueso). **2** creak (tabla del suelo). **3** crunch (al comer, p. ej., una manzana). **4** rustle (hojas).
crujiente *adj.* **1** cracking. **2** creaking. **3** crunchy, crisp. **4** rustling.
crujir *v. i.* **1** to rustle (tela). **2** to grind (dientes). **3** to creak (tablas del suelo). **4** to crackle (leña que arde). **5** to crunch (gravilla, pan, patatas fritas).
crustáceo *s. m.* ZOOL. crustacean.
cruz *s. f.* **1** cross. **2** (fig.) suffering. **3** tails (moneda). **4** ZOOL. withers. **5** lease rods (tejido). ♦ **6 Cruz Roja,** Red Cross. **7 ~ gamada,** swastika. **8 hacerse cruces,** (fig.) to be taken aback. **9 por esta ~,** by all that is holy. **10 en ~,** crossed.
cruzada *s. f.* **1** REL. crusade. **2** (fig.) campaign.
cruzado, -da *adj.* **1** crossed. • *s. m.* **2** HIST. crusader. **3** ZOOL. crossbred. **4** cruzeiro (moneda). • *pl.* **5** shading (dibujo).
cruzamiento *s. m.* crossing.
cruzar *v. t.* **1** to cross. **2** to invest (condecorar). **3** AGR. to plough again. • *v. i.* **4** MAR. to cruise. • *v. pron.* **5** to meet (p. ej., dos personas en la calle). **6** to intersect (dos caminos).
cu *s. f.* q (letra).
cuaderna *s. f.* **1** MAR. frame. • *pl.* **2** timbers.
cuadernillo *s. m.* **1** section (encuadernación). **2** REL. liturgical calendar. **3** booklet (de sellos, etc.).
cuaderno *s. m.* **1** notebook. ♦ **2 ~ de bitácora,** MAR. logbook.
cuadra *s. f.* **1** stable (de caballos). **2** MED. ward. **3** (Am.) ARQ. block.
cuadrado, -da *adj.* **1** MAT. square. **2** exact (perfecto, exacto). • *s. m.* **3** MAT. square. ♦ **4 raíz cuadrada,** MAT. square root.
cuadragésimo, -ma *adj.* fortieth.
cuadrangular *adj.* GEOM. quadrangular.
cuadrángulo *adj.* GEOM. quadrangular.
cuadrante *s. m.* **1** GEOM., MAR. quadrant. **2** sundial (solar). **3** face (relojería). **4** dial (contador).
cuadrar *v. t.* **1** MAT. to square. • *v. i.* **2** to tally: *estos números no cuadran = these numbers don't tally.* **3** (fig.) to please: *no me cuadra hacer esto = I don't like doing this.* • *v. pron.* **4** MIL. to stand to attention. **5** to stand one's ground (un torero, etc.). **6** (fig. y fam.) to dig one's heels in.
cuadratura *s. f.* MAT. quadrature.
cuádriceps *adj.* y *s. m.* quadriceps.
cuadriculación *s. f.* criss-crossing.
cuadrícula *s. f.* grid.
cuadricular *adj.* **1** divided into squares. **2** chequered (diseño). • *v. t.* **3** to divide into squares.
cuadriga *s. f.* HIST. chariot.
cuadrilátero *adj.* y *s. m.* GEOM. quadrilateral.
cuadrilla *s. f.* **1** group (grupo). **2** gang (banda). **3** MIL. squad. **4** team (tauromaquia). **5** quadrille (baile).
cuadro *s. m.* **1** MAT., etc. square. **2** ART. painting. **3** frame (marco). **4** scene (teatro). **5** LIT. description. **6** chart (datos). **7** staff (personal). **8** POL. cadre. ♦

9 en ~, square. **10 estar, quedarse en ~,** to lose everything.
cuadrúmano, -na *adj.* ZOOL. four-handed.
cuadrúpedo, -da *adj.* **1** ZOOL. four-footed. • *s. m.* **2** quadruped.
cuádruple *adj.* fourfold.
cuadruplicar *v. t.* y *pron.* to quadruple.
cuajada *s. f.* curds (producto lácteo).
cuajaleche *s. m.* BOT. bedstraw.
cuajar *s. m.* **1** ZOOL. last stomach (vaca). • *v. i.* **2** to become fixed. **3** to clot (sangre). **4** to curdle (leche). **5** to settle (nieve). **6** (fig.) to materialize. • *v. t.* **7** to thicken (espesar). **8** to cover (cubrir). • *v. pron.* **9** to clot (sangre). **10** to curdle (leche). **11** to fill up with (llenarse). **12** to fall fast asleep (dormirse profundamente).
cuajarón *s. m.* **1** clot (coágulo). **2** (fam.) lazy-bones.
cuajo *s. m.* **1** rennet (fermento). **2** clotting (sangre). **3** (fig. y fam.) phlegm. **4** (Am. y fam.) idle chitchat (charla ociosa). **5** (Am. y fam.) playtime (recreo). **6** (Am. y fam.) tale (embuste). ◆ **7 de ~,** completely. **8 coger un ~,** to cry one's eyes out.
cual *pron. relat.* **1** which: *el asunto del cual tratamos ayer está resuelto = the subject which we discussed yesterday is settled.* **2** who, whom (personas): *tengo cuatro primos, dos de los cuales son abogados = I've got four cousins, two of whom are lawyers.* • *adv.* **3** (lit.) like: *él hablaba cual rey = he spoke like a king.* ◆ **4 ~... tal...,** like... like...: *tal el padre, cual el hijo = like father, like son.*
cuál *pron. interr.* **1** which (one)?: *¿cuál de las dos casas te gusta más? = which (one) of the two houses do you like best?* **2** what: *¿cuál es tu teléfono? = what's your telephone number?* • *interj.* **3** (lit.) how!: *¡cuál triste estás hoy! = how sad you are today!*
cualidad *s. f.* **1** quality. **2** FÍS. property.
cualitativamente *adv.* qualitatively.
cualitativo, -va *adj.* QUÍM. qualitative.
cualquiera o **cualquier** (antes de nombre) *adj.* **1** any: *te lo dirá cualquier médico = any doctor will tell you that.* • *pron. indet.* **2** anybody: *lo puede hacer cualquiera = anybody can do that.* **3** whatever: *cualquiera que sea el resultado, dímelo = tell me, whatever the result may be.* • *s. m.* y *f.* **4** nobody (don nadie) • *s. f.* **5** floozie.
cuán *adv.* (lit.) how: *¡cuán alegre estuve cuando la vi! = how happy I was when I saw her!*
cuando *adv.* y *conj.* **1** when: *cuando lo vea le diré las buenas noticias = when I see him I shall tell him the good news.* **2** whenever: *cuando fui a verlo él estaba ocupado = whenever I went to see him he was busy.* **3** if: *cuando lo dice todo el mundo, será verdad = if everybody says so, it must be true.* **4** even if: *él seguiría trabajando, cuando estuviera rendido = he would keep on working, even if he was shattered.* ◆ **5 ~ menos,** at least. **6 ~ mucho,** at the most. **7 de ~ en ~,** from time to time.
cuándo *adv.* y *conj. interr.* **1** when?: *¿cuándo volverás? = when will you return?* ◆ **2 ¿desde ~?,** how long?: *¿desde cuándo trabajas en aquella empresa? = how long have you been working for that firm?* **3 ¿de ~ acá?,** since when?
cuantía *s. f.* **1** amount (cantidad). **2** value (valor).
cuantioso, -sa *adj.* **1** large (grande). **2** plentiful (abundante). **3** considerable (de gran importancia).
cuantitativamente *adv.* quantitatively.
cuantitativo, -va *adj.* QUÍM. quantitative.
cuanto, -ta *adj.* y *pron.* **1** all: *te diré cuanto quieras saber = I'll tell you all you want to know.* • *pl.* **2** all: *cuantos le conocen le toman por un hombre excelente = all who know him consider him an excellent person.* ◆ **3 en ~,** as soon as. **4 en ~ a,** as for. **5 ~ más,** the more: *cuanto más se lee, más se aprende = the more you read, the more you learn.* **6 por ~,** since: *no participarás en el éxito, por cuanto no has colaborado = since you haven't done anything, you won't share in the success.*
cuánto *adv.* **1** how: *¡cuánto me alegro de verte! = how happy I am to see you!* • *adj.* **2** what a lot of!: *¡cuánto pan has comido hoy! = what a lot of bread you have eaten today!* • *interr.* **3** how much?: *¿cuánto has gastado en la comida? = how much have you spent on the meal?* • *pl.* **4** how many?: *¿cuántos asistieron a la reunión? = how many attended the meeting?*
cuáquero, -ra *adj./s. m.* y *f.* REL. Quaker.
cuarcita *s. f.* GEOL. quartzite.
cuarenta *adj.* **1** forty (cardinal). **2** fortieth (ordinal). ◆ **3 cantarle a uno las ~,** (fig. y fam.) to tell someone a few home truths.
cuarentena *s. f.* **1** forty. **2** MED. quarantine. ◆ **3** (fig. y fam.) **ponerle a alguien en ~,** to send someone to Coventry.
cuarentón, -na *adj./s. m.* y *f.* in one's forties.
cuaresma *s. f.* REL. Lent.
cuaresmal *adj.* Lenten.
cuarta *s. f.* **1** quarter. **2** span (palmo). **3** run (cartas). **4** (Am.) whip (tralla). **5** (Am.) extra horse (caballería). **6** MAR. point of the compass. **7** MÚS. perfect fourth.
cuartana *s. f.* MED. quartan malaria.
cuartear *v. t.* **1** to cut into four. **2** to joint (carne). **3** to zigzag (conduciendo reses). **4** (Am.) to lash (azotar). • *v. i.* **5** to sidestep (tauromaquia). • *v. pron.* **6** to crack (agrietarse). **7** (Am. y fig.) to go back on one's word.
cuartel *s. m.* **1** MIL. barracks. **2** quarter (cuarta parte). **3** quartering (escudo). ◆ **4 ~ general,** MIL. headquarters. **5 de ~,** on reduced pay. **6 no dar ~,** to show no mercy.
cuartelero, -ra *adj.* **1** MIL. of the barracks. • *s. m.* **2** (Am.) waiter (camarero).
cuarteo *s. m.* **1** quartering (dividir). **2** jointing (carne). **3** crack (en una pared). **4** side-step (tauromaquia). **5** (Am.) whipping (azoteo).
cuarterón, -na *adj.* **1** of mixed race. • *s. m.* **2** quarter (peso).
cuarteta *s. f.* LIT. quatrain.
cuarteto *s. m.* **1** LIT. quatrain. **2** MÚS. quartet.
cuartilla *s. m.* **1** sheet (hoja de papel). **2** quarter (medida).
cuartillo *s. m.* half a litre.
cuarto, -ta *adj.* **1** fourth (ordinal). **2** quarter (cuarta parte). • *s. m.* **3** room (habitación). • *pl.* **4** money. ◆ **5 ~ delantero,** ZOOL. forequarters. **6 ~ trasero,** ZOOL. hindquarters. **7 cuatro cuartos,** (fam.) a few coppers. **8 de tres al ~,** two a penny. **9 echar uno su ~ a espadas,** (fig. y fam.) to have one's say. **10 dar un ~ al pregonero,** (fig. y fam.) to spill the beans. **11 no tener un ~,** (fig. y fam.) to be skint. **12 en ~,** quarto (papel).
cuarzo *s. m.* GEOL. quartz.
cuarzoso, -sa *adj.* GEOL. made of quartz.
cuate, -ta *adj./s. m.* y *f.* **1** (Am.) twin (gemelo). **2** similar. **3** mate (camarada).
cuaternario, -ria *adj.* **1** GEOL. quaternary. • *s. m.* **2** Quaternary.
cuatrero, -ra *adj.* **1** (Am.) cheating. • *s. m.* y *f.* **2** rustler (ganadería).
cuatrienio *s. m.* four-year period.
cuatro *adj.* **1** four (cardinal). **2** fourth (ordinal). **3** (fam.) very few: *sólo había cuatro espectadores = there were very few spectators.* • *s. m* **4** four.
cuatrocientos, -tas *adj.* **1** four hundred (cardinal). **2** four-hundredth (ordinal).
cuba *s. f.* **1** barrel. **2** barrelful (contenido). • *s. m.* **3** (Am.) youngest child. ◆ **4 ~ libre,** rum and coke (bebida). ◆ **5 estar como una ~,** (fam.) to be legless.
Cuba *s. f.* Cuba.
cuba libre *s. m.* gin and coke (de ginebra); rum and coke (de ron).
cubano, -na *adj./s. m.* y *f.* Cuban.
cubero *s. m.* cooper.
cubeta *s. f.* **1** keg (tonel). **2** FOT. developing tray. **3** MED. tray. **4** bulb (barómetro). **5** (Am.) (fam.) top hat.
cubicación *s. f.* **1** MAT. cubing. **2** GEOM. volume measurement.
cubicar *v. t.* **1** MAT. to cube. **2** GEOM. to measure the volume.
cúbico *adj.* **1** GEOM. cubic. ◆ **2 raíz cúbica,** cubed root.
cubículo *s. m.* **1** cubicle (cabina). **2** bedroom (alcoba).
cubierta *s. f.* **1** covering. **2** tyre (automóvil). **3** cover (libro). **4** MAR. deck. **5** ARQ. roof. **6** (fig.) claim. ◆ **7 a ~,** under cover.
cubierto, -ta *adj.* **1** covered. • *s. m.* **2** piece of cutlery (servicio de mesa). **3** set meal (comida). **4** roof (techum-

bre). • *pl.* **5** cutlery. ♦ **6 estar a ~,** to be under cover.
cubil *s. m.* **1** ZOOL. den. **2** stream (cauce).
cubilete *s. m.* **1** dice cup (juegos). **2** mould (cocina). **3** (Am.) top hat.
cubiletear *v. i.* (fig.) to be up to something (intrigar).
cubilote *s. m.* **1** TEC. melting furnace. **2** concrete bucket (construcción).
cubismo *s. m.* ART. cubism.
cubital *adj.* ANAT. elbow.
cubito *s. m.* ice cube (de hielo).
cúbito *s. m.* ANAT. ulna.
cubo *s. m.* **1** MAT. cube. **2** bucket (balde). **3** hub (bicicleta). **4** hod (de tejador). **5** drum (de reloj).
cubrecama *s. f.* bedspread.
cubrir *v. t.* **1** to cover. **2** to hide (ocultar). **3** to drown (ahogar). **4** to protect (proteger). **5** to make up for (compensar). **6** ZOOL. to serve. • *v. pron.* **7** to protect oneself: *cubrirse las espaldas = to take measures to protect oneself.* **8** to put one's hat on. **9** to become cloudy (ponerse nublado el cielo).
cucaña *s. f.* **1** slippery pole (juego). **2** (fig. y fam.) cinch.
cucaracha *s. f.* **1** ZOOL. cockroach. **2** loose tobacco (tabaco en polvo). **3** (Am. y fam.) old banger (coche viejo).
cuchara *s. f.* **1** spoon. **2** (Am.) trowel (construcción). **3** (Am. y fam.) pickpocket (ratero). ♦ **4 meter con ~,** (fam.) to spoon-feed. **5 hacer cucharas,** (Am. y fam.) to pout (hacer pucheros).
cucharada *s. f.* **1** spoonful. **2** (fig. y fam.) meddling.
cucharetear *v. i.* **1** (fam.) to stir (remover). **2** (fig. y fam.) to poke one's nose in.
cucharón *s. m.* ladle (cocina).
cuchichear *v. t.* e *i.* to whisper.
cuchicheo *s. m.* whispering.
cuchilla *s. f.* **1** cleaver. **2** blade (de arma blanca, etc.). **3** razorblade (de afeitar). **4** (fig.) sword. **5** (Am.) GEOG. mountain range. **6** (Am.) penknife (cortaplumas).
cuchillada *s. f.* **1** knife-wound. **2** (fig.) street-fight (riña).
cuchillería *s. f.* **1** cutlery making (oficio). **2** cutlery shop (tienda). **3** cutlery (cuchillos, etc.).
cuchillero *s. m.* **1** cutler. **2** (Am.) street-fighter (pendenciero).
cuchillo *s. m.* **1** knife. **2** gore (coser). **3** ARQ. support. **4** ZOOL. bottom fang. ♦ **5 pasar a ~,** to put to the sword.
cuchipanda *s. f.* (fam.) nosh-up.
cuchitril *s. m.* **1** AGR. pigsty. **2** (fig. y fam.) dump.
cuchufleta *s. f.* (fam.) lark.
cuclillas (en) *adv.* crouching.
cuclillo *s. m.* **1** ZOOL. cuckoo. **2** BOT. ragged robin.
cuco, -ca *adj.* **1** neat (bien arreglado). **2** crafty (astuto). • *s. m.* **3** ZOOL. cuckoo (pájaro). **4** ZOOL. caterpillar (oruga). **5** Moses basket (moisés).
cucurucho *s. m.* (ice-cream) cone, cornet (de helado, etc.).
cuello *s. m.* **1** ANAT. neck. **2** collar (prenda de vestir).
cuenca *s. f.* **1** bowl. **2** ANAT. socket. **3** GEOG. basin. ♦ **4 ~ minera,** coalfield.
cuenco *s. m.* **1** bowl. **2** hollow (concavidad).
cuenta *s. f.* **1** calculation (cálculo). **2** bill (restaurante, etc.). **3** COM. account. **4** business (incumbencia): *eso corre de mi cuenta = that's my business.* **5** REL. bead. ♦ **6 ~ corriente,** FIN. current account. **7 caer en la ~,** to realize what's going on. **8 tener en ~,** to bear in mind: *ten en cuenta que es un hombre mayor = bear in mind that he's an old man.*
cuentacorrentista *s. m.* y *f.* FIN. depositor.
cuentagotas *s. m.* MED. dropper.
cuentakilómetros *s. m.* **1** speedometer (velocidad). **2** milometer (distancia).
cuentarrevoluciones *s. m.* rev counter, tachometer.
cuentista *s. m.* **1** storyteller. **2** gossip (chismoso). **3** fibber (fantasioso).
cuento *s. m.* **1** tale. **2** piece of gossip (chisme). **3** lie (falsedad). **4** MAT. calculation. **5** ferrule (contera). **6** ARQ. girder. ♦ **7 a ~,** on purpose. **8 sin ~,** countless. **9 venir a ~,** to be relevant: *lo que dijo no venía a cuento = what he said had nothing to do with it.* **10 tener mucho ~,** (fam.) to make a fuss. **11 vivir del ~,** (fam.) to trade on one's reputation. **12 ~ chino,** (fam.) baloney.
cuerda *s. f.* **1** string. **2** rope (ensambladura más fuerte). **3** spring (relojería). **4** chain gang (presos). **5** MED. tendon. ♦ **6 cuerdas vocales,** vocal chords. **7 bajo ~,** stealthily, secretly. **8 andar/bailar en la ~ floja,** (fig.) to walk the tightrope.
cuerdo, -da *adj.* **1** sane (persona). **2** prudent (acción).
cuerno *s. m.* **1** ZOOL., MÚS. horn. **2** MIL. wing. **3** tip (punta). • *interj.* **4** blimey! ♦ **5 mandar al ~ a alguien,** (fam.) to tell someone to get lost. **6 ¡y un ~!,** (fam.) no way! **7 poner los cuernos a alguien,** (fam.) to be unfaithful.
cuero *s. m.* **1** leather. **2** wineskin (odre). ♦ **3 ~ cabelludo,** scalp. **4 en cueros,** naked **5 estar borracho como un ~,** (fig. y fam.) to be as drunk as a lord.
cuerpo *s. m.* **1** body: *este vino tiene cuerpo = this wine has body.* **2** QUÍM. substance. **3** thickness (grosor): *quiero una tela con más cuerpo = I want a thicker cloth.* **4** volume (libros). **5** MIL. corps. ♦ **6 ~ de guardia,** MIL. sentries. **7 ~ del delito,** DER. corpus delicti. **8 ~ a ~,** hand-to-hand (lucha).
cuervo *s. m.* **1** ZOOL. crow. ♦ **2 ~ marino,** cormorant.
cuesta *s. f.* **1** hill. ♦ **2 a cuestas,** on one's shoulders. **3 ir ~ abajo,** (fig.) to go downhill. **4 la ~ de enero,** (fig.) the post-Christmas lean period.
cuestación *s. f.* charity collection.
cuestión *s. f.* **1** question. **2** argument (riña). ♦ **3 ~ batallona,** (fam.) burning question. **4 ~ de confianza,** POL. vote of confidence.
cuestionable *adj.* doubtful.
cuestionar *v. t.* **1** to question, to challenge (una opinión). • *v. i.* **2** to have an argument.
cuestionario *s. m.* **1** questionnaire (encuesta). **2** examination paper (examen u oposición).
cuestor *s. m.* **1** HIST. magistrate. **2** charity collector.
cueva *s. f.* **1** cave. **2** wine-cellar (bodega).
cuévano *s. m.* dosser, pannier (viticultura).
cuezo *s. m.* **meter el ~,** (fam.) to poke/stick one's nose in.
cuidado *s. m.* **1** care. **2** worry (preocupación). **3** concern: *esto es cuidado mío = that's my concern.* • *interj.* **4** be careful! ♦ **5 estar de ~,** to be seriously ill. **6 tener ~ con,** to be careful with. **7 andarse con ~,** to go very carefully. **8 poner mucho ~,** to take great care. **9 traerle a uno sin ~,** (fam.) not to care less about, to be of no interest to someone: *eso sí que me trae sin cuidado = I just couldn't care less about it!* **10 de mucho ~,** (fam.) really fine: *es un atleta de mucho cuidado = he's a really fine athlete.*
cuidador, -ra *adj.* **1** caring. • *s. m.* **2** DEP. coach. **3** (Am.) male nurse.
cuidadosamente *adv.* **1** carefully (con atención). **2** apprehensively (con ansiedad).
cuidadoso, -sa *adj.* **1** careful (atento). **2** apprehensive (ansioso).
cuidar *v. t.* **1** to take care of. • *v. pron.* **2** to look after oneself: *cuídate mucho = look after yourself.* ♦ **3 cuidarse de algo,** to worry about something: *ella no se cuida de lo que dicen los vecinos = she doesn't worry about what the neighbours say.* **4 cuidarse de hacer algo,** to be careful/to make sure to do some-thing: *cuídate de escribirme = make sure you write to me.*
cuita *s. f.* **1** worry (preocupación). **2** grief (aflicción). **3** (Am.) birdlime (excremento de las aves).
cuitado, -da *adj.* **1** troubled (apenado). **2** shy (tímido).
cuitamiento *s. m.* shyness (timidez).
culantrillo *s. m.* BOT. brake.
culata *s. f.* **1** butt (fusil). **2** breech (canon). **3** MEC. cylinder head. **4** ZOOL. hindquarters. **5** (Am.) ARQ. gable end. **6** heel (guadaña). ♦ **7 salir el tiro por la ~,** (fam.) to backfire.
culebra *s. f.* **1** ZOOL. snake. **2** (Am., fig. y fam.) prank. **3** (fig.) disorder. ♦ **4 saber más que las culebras,** (fig. y fam.) to be a wise owl.
culebrear *v. i.* **1** to twist and turn. **2** (Am. y fig.) to gain time.
culebrón *s. m.* (fam.) soap opera (telenovela).
culera *s. f.* patch in the seat of one's trousers.
culinaria *s. f.* cuisine (arte).
culinario, -ria *adj.* culinary.

culmen *s. m.* summit.
culminación *s. f.* culmination.
culminante *adj.* **1** highest. **2** (fig.) paramount. **3** ASTR. culminant.
culminar *v. i.* **1** to culminate. **2** to reach its highest point (estrella).
culo *s. m.* **1** (fam.) bum (vulg.) arse, bottom. **2** bottom (de un recipiente, etc.). ◆ **3 a ~ pajarero,** (fam.) bare-bottomed. **4 ¡mueve el ~!,** (fam.) shift your bum!
culpa *s. f.* **1** offence (delito). **2** blame (responsabilidad). ◆ **3 echarle la ~ a alguien,** to blame someone.
culpabilidad *s. f.* guilt.
culpable *adj.* **1** to blame: *¿quién es el culpable? = who's to blame?* ● *s. m.* y *f.* **2** the guilty one.
cultismo *s. m.* **1** cultism, gongorism (estilo literario). **2** erudite word (palabra culta).
cultivador, -ra *s. m.* y *f.* AGR. farmer.
cultivar *v. t.* **1** AGR., etc., to cultivate. **2** to develop (aptitud).
cultivo *s. m.* **1** AGR. cultivation. **2** crop (producto cultivado). **3** BIOL. culture. ◆ **4 caldo de ~,** culture medium; (fig.) breeding ground. **5 ~ intensivo,** intensive farming.
culto, -ta *adj.* **1** learned. **2** cultured (que tiene cultura). ● *s. m.* **3** adoration. **4** REL. worship. ◆ **5 rendir ~ a,** to worship.
cultura *s. f.* **1** culture. **2** civilization (civilización). ◆ **3 ~ física,** physical culture.
cultural *adj.* cultural.
cumbre *s. f.* **1** summit (montaña). **2** POL. summit meeting. **3** (fig.) height, culmination: *ella está en la cumbre de su creatividad = she's at the height of her creative talent.*
cumpleaños *s. m.* birthday.
cumplidamente *adv.* **1** completely (completamente). **2** correctly (formalmente).
cumplido, -da *adj.* **1** finished. **2** long (largo). **3** well-mannered (cortés). ● *s. m.* **4** compliment, pleasantry: *me hizo un cumplido = he paid me a compliment.*
cumplidor, -ra *adj.* dependable.
cumplimentar *v. t.* **1** to congratulate (felicitar). **2** to carry out (orden).
cumplimiento *s. m.* **1** completion (acto). **2** honouring (responsabilidad). **3** compliment (cumplido).
cumplir *v. t.* **1** to carry out. **2** to turn (edad): *ella ha cumplido los 10 años = she has turned 10.* ● *v. i.* **3** to do right, to comply: *hemos cumplido como es debido = we've done exactly the right thing.* **4** to be one's job, to be fitting: *te cumple hacerlo = it's your job to do it.* ● *v. pron.* **5** to be up (plazo). **6** to materialize (proyecto, etc.). ◆ **7 por ~,** as a matter of form.
cúmulo *s. m.* **1** accumulation. **2** cumulus (nubes).
cuna *s. f.* **1** cradle (cama). **2** stock, family (linaje). **3** place of birth (lugar de nacimiento).
cundir *v. i.* **1** to spread (extenderse). **2** to give (dar de sí).
cuneiforme *adj.* **1** wedge-shaped. **2** HIST. cuneiform.
cuneta *s. f.* **1** ditch (foso). **2** gutter (desagüe).
cuña *s. f.* **1** wedge. **2** (Am. y fam.) friend in high places. ◆ **3 tener cuñas,** to have influence.
cuñada *s. f.* sister-in-law.
cuñado *s. m.* brother-in-law.
cuño *s. m.* **1** coining die (troquel). **2** (fig.) stamp.
cuota *s. f.* quota.
cupé *s. m.* **1** brougham (berlina). **2** coupé (automóvil).
cuplé *s. m.* popular, music-hall song.
cupletista *s. m.* y *f.* music-hall singer.
cupo *s. m.* **1** quota. **2** (Am.) capacity. **3** spare seat (coche).
cupón *s. m.* **1** coupon. **2** COM. dividend.
cúprico, -ca *adj.* QUÍM. cupric, copper.
cúpula *s. f.* **1** ARQ. dome. **2** BOT. shell, husk. **3** cup (árbol). **4** MAR. turret. **5** POL. party leaders.
cuquería *s. f.* (fam.) roguishness.
cura *s. m.* **1** REL. priest. ● *s. f.* **2** MED. cure. **3** remedy (pócima).
curación *s. f.* **1** MED. healing (acto). **2** cure (remedio).
curado, -da *adj.* **1** cured (jamón, embutido). **2** tanned (piel, cuero).
curanderismo *s. m.* **1** folk medicine (medicina popular). **2** quack medicine (de un charlatán).
curar *v. t.* **1** to cure, to treat. ● *v. pron.* **2** to recover, to heal (herida).
curativo, -va *adj.* healing.
curda *s. f.* **coger una ~,** (fam.) to get smashed, to get blind drunk.
curia *s. f.* Curia, papal Curia.
curiosamente *adv.* curiously.
curiosear *v. t.* **1** to pry. **2** to browse.
curiosidad *s. f.* **1** curiosity. **2** (desp.) meddling. **3** fastidiousness (limpieza). **4** curio (cosa curiosa).
curioso, -sa *adj.* **1** curious, eager. **2** inquisitive (indiscreto). **3** neat (aseado). ● *s. m. y f.* **4** onlooker (mirón). **5** busybody (indiscreto). ◆ **6 ¡que ~!,** how odd!
curita *s. f.* (Am.) plaster, (EE UU) Band-aid.
currante *s. m.* y *f.* worker, labourer.
currar *v. i.* **1** to work; **2** (fam.) to slog.
curro *s. m.* (fam.) work, job.
curricular *adj.* curricular.
currículo *s. m.* curriculum.
cursante *s. m.* y *f.* student.
cursar *v. t.* to send, to dispatch.
cursi *adj.* **1** twee (de mal gusto). **2** affected (habla, estilo).
cursilería *s. f.* **1** tweeness (mal gusto). **2** affectation (amaneramiento).
cursillista *s. m.* y *f.* fellow-student.
cursillo *s. m.* short course.
cursilón, -na *s. m.* y *f.* **1** (fam.) flash Harry. **2** (fam.) dude.
cursiva *s. f.* italics.
curso *s. m.* course, direction, flow (de río).
cursor *s. m.* **1** MAT. slide; **2** INF. cursor.
curtido, -da *adj.* **1** tanned (cuero). **2** hardened (piel). **3** (fig.) skilled (experto). ● *s. m.* **4** tanning (cuero).
curtidor, -ra *s. m.* y *f.* tanner.
curtiduría *s. f.* tannery (fábrica).
curtimiento *s. m.* tanning.
curtir *v. t.* **1** to tan. **2** (fig.) to harden. ● *v. pron.* **3** to become tanned (por el sol); to become hardened.
curva *s. f.* curve.
curvado, -da *adj.* **1** curved (un arco, etc.). **2** bent (varilla). **3** stooping (persona).
curvar *v. t.* **1** to curve. **2** to bend. **3** to warp (madera).
curvo, -va *adj.* curved.
cúspide *s. f.* **1** cusp. **2** summit, peak.
custodiar *v. t.* **1** to guard. **2** (fig.) to watch over.
custodio, -dia *adj.* **1** watchful. ● *s. m.* **2** keeper. ◆ **3 ángel ~,** REL. guardian angel.
cúter *s. m.* cutter.
cutícula *s. f.* cuticle.
cutis *s. m.* skin, complexion.
cutre *adj.* **1** mean, stingy (tacaño). **2** grotty (sucio, de pobre calidad).
cuyo *adj.* whose, of whom, of which: *el hombre, cuya identidad no ha sido revelada = the man, whose identity hasn't been disclosed.*
cuzqueño, -ña *adj.* of Cuzco, from Cuzco.

d, D *s. f.* d, D (cuarta letra del alfabeto español).
dable *adj.* viable, feasible.
dabuten o **dabuti** *adj.* (fam.) great, fantastic.
dactilar *adj.* **1** digital, finger. ◆ **2 huella ~,** fingerprint.
dáctilo *s. m.* dactyl.
dactilografía *s. f.* typing, typewriting.
dactilográfico, -ca *adj.* typing.
dactilógrafo, -fa *s. m.* y *f.* typist.
dactilología *s. f.* sign language, finger language.
dactiloscopia *s. f.* fingerprint identification.
dadaísmo *s. m.* ART. Dadaism.
dádiva *s. f.* **1** present, gift (regalo). **2** donation (donación).
dadivosidad *s. f.* generosity, lavishness with gifts.
dadivoso, -sa *adj.* generous, openhanded; liberal (con dinero, etc.).
dado, -da *p. p.* **1** de **dar.** • *s. m.* **2** dice (para jugar). **3** MIL. case-shot, grapeshot (parte que compone la metralla). **4** MEC. block (para soporte). **5** stud (refuerzo de una cadena). ◆ **6 cargar los dados,** to load the dice. **7 correr el ~,** to be in luck, to be lucky. **8 ~ ...,** in view of, considering: *dado el estado de las carreteras no saldremos hoy = in view of the state of the roads we won't set out today.* **9 ~ a,** given to: *mi hijo es muy dado a contestar con mala educación = my son is given to answering back.* **10 ~ falso,** false dice, loaded dice. **11 ~ que,** given that, as: *dado que no lo quieres, me lo comeré yo = as you don't want it, I'll eat it.* **12 dar/echar ~ falso,** to deceive, to trick.
dador, -ra *s. m.* y *f.* **1** giver, donor. **2** bearer (de una carta). **3** drawer (de una letra de cambio).
daga *s. f.* dagger.
daguerrotipia *s. f.* daguerreotypy.
daguerrotipo *s. m.* daguerreotype (imagen o aparato).
dalia *s. f.* BOT. dahlia.
dálmata *adj./s. m.* y *f.* Dalmatian (de Dalmacia y perro).
dalmática *s. f.* dalmatic.
daltoniano, -na *adj.* **1** colour-blind, daltonism. • *s. m.* y *f.* **2** sufferer from colour blindness.
daltónico, -ca *adj.* colour-blind.
daltonismo *s. m.* MED. colour blindness, daltonism.
dama *s. f.* **1** lady. **2** lady-in-waiting (de cámara). **3** leading lady (actriz principal). **4** queen (en ajedrez). **5** king (en las damas). **6** lover, mistress (manceba). • *pl.* **7** draughts (damas). ◆ **8 ~ cortesana,** courtesan. **9 ~ de honor,** bridesmaid (en una boda); lady-in-waiting (de una reina). **10 primera ~,** POL. first lady, leading lady (teatro). **11 tablero de damas,** draughtboard.
damajuana *s. f.* demijohn.
damascado, -da *adj.* damask.
damasco *s. m.* damask.
damasquinado, -da *adj.* damascene.
damasquinar *v. t.* to damascene, to damask.
damasquino, -na *adj.* damascene.
damisela *s. f.* **1** HIST. damsel **2** courtesan. **3** young lady.
damnación *s. f.* damnation.
damnificado, -da *adj.* **1** damned, condemned. **2** injured (herido). • *s. m.* y *f.* **3** victim: *los damnificados por la sequía = the victims of the drought.*
damnificar *v. t.* **1** to injure, to harm (herir). **2** to damage (dañar).
dandi *s. m.* dandy.
dandismo *s. m.* dandyism.
danés, -sa *adj.* **1** Danish. • *s. m.* y *f.* **2** Dane. • *s. m.* **3** Danish (idioma). ◆ **4 gran ~,** Great Dane.
dantesco, -ca *adj.* **1** Dantesque, Dantean. **2** horrific, macabre (fig.).
danza *s. f.* **1** dance. **2** shady deal, dubious affair (asunto sucio). **3** row, quarrel (riña). **4** mess (lío). ◆ **5 en ~,** full of activity. **6 entrar en ~,** to be one's turn (para iniciar una actividad o similar).
danzante, -ta *s. m.* y *f.* **1** dancer. **2** scatterbrain (despistado). **3** meddler, busybody (entrometido). • *adj.* **4** dancing.
danzar *v. t.* **1** to dance. • *v. i.* **2** to dance. **3** to meddle, to butt in (entremeterse).
danzarín, -na *s. m.* y *f.* dancer.
dañado, -da *adj.* **1** spoiled (podrido). **2** damaged. **3** evil, cruel.
dañar *v. t.* **1** to damage, to spoil, to harm. **2** to injure, to hurt (a una persona). **3** to damage (fruta). **4** to condemn (condenar). • *v. pron.* **5** MED. to hurt oneself. **6** to get damaged, to go off (estropearse).
dañino, -na *adj.* **1** harmful, damaging. ◆ **2 animales dañinos,** vermin.
daño *s. m.* **1** harm, injury. **2** damage. **3** MED. problem, trouble. ◆ **4 daños y perjuicios** DER. damages. **5 hacer ~,** to hurt, to cause pain. **6 hacerse ~,** to hurt oneself. **7 por mi ~,** to my cost.
dañoso, -sa *adj.* **1** harmful, bad. ◆ **2 ~ para,** bad for, harmful to.
dar *v. t.* **1** to give: *dame el libro = give me the book.* **2** to hand (dar en mano). **3** to produce, to bear (algún producto natural). **4** to make, to give (emociones): *me dio tristeza saber la noticia = it made me sad to hear the news.* **5** to cause, to give (enfermedad, reacción, etc.). **6** to show, to put on, to be on (como espectáculo): *dan la película nueva de Spielberg = they are showing Spielberg's new film.* **7** to emit, to give off (olor, sustancia, gas, etc.). **8** to give, to set (ejemplo, modelo, etc.). **9** to deal (cartas). **10** to give, to utter (grito, exclamación, etc.). **11** to give, to deal, to strike (golpe). **12** to strike (las horas del reloj). **13** to give (permiso). • *v. t.* y *pron.* **14** to take, to go for (paseo). • *v. i.* **15** to look out (a una parte u orientación). **16** to hit (contra un obstáculo). **17** to feel (dolor, mareo, ataque, etc.): *me ha dado una punzada en el costado = I felt a stabbing pain in my side.* **18** to strike (acertar): *el disparo dio en el mismo blanco = the shot hit the bull's-eye.* **19** to make (equivocación): *él finalmente dará en un error = in the long run he'll make a mistake.* **20** not to matter: *da igual = it doesn't matter.* **21** to tend to, to take a liking to: *los chicos han dado en ensuciarlo todo = the kids tend to get everything dirty.* • *v. pron.* **22** to happen, to take place: *se da el caso de que es alemán = it so happens that he's German.* **23** to surrender, to give in. **24** to be found: *este animal sólo se da en esta zona = this animal is only found in this region.* **25** to take to: *darse a la*

bebida = to take to drink. ◆ **26 ahí me las den todas,** I don't give a damn. **27 dale,** don't stop, go on (especialmente con vehículos). **28 dale que dale,** without stopping, keeping it up. **29 ~ a conocer algo,** to let everybody know about something, to inform about something. **30 ~ a entender algo,** to hint; to explain: *él me dio a entender que no me quería = he hinted that he didn't love me.* **31 ~ con, a)** to come across, to find (persona o cosa); **b)** to fall; to hit (con una parte del cuerpo): *dio con la cabeza en el suelo = he hit his head on the floor.* **32 ~ de sí,** to stretch (comida, ropa, etc.). **33 ~ por bien empleado,** to consider worth the trouble. **34 ~ por hecho,** to take for granted. **35 ~ que hablar/decir/pensar,** to give grounds for criticism/suspicion. **36 ~ que hacer,** to cause trouble. **37 darse bien/mal, a)** to be good/bad at (una asignatura, especialidad, habilidad, etc.); **b)** to come on well/poorly, to grow well/poorly (un fruto, producto, etc.): *en esta región se dan muy bien los tomates = tomatoes grow very well in this region.* **38 dársela a alguien,** to fool somebody. **39 dárselas de,** to pose as, to boast of being, to brag of being. **40 darse por aludido,** to take it personally. **41 darse por vencido,** to surrender. **42 darse uno a conocer, a)** to make oneself known; **b)** to open oneself. **43 ~ uno en,** to finish up in, to end up in. **44 ~ uno en blando,** to do something easily. **45 ~ uno en duro,** to meet resistance. **46 ~ y tomar,** to discuss. **47 dé donde dé,** without thinking, without stopping to think. **48 donde las dan las toman,** you reap what you sow.
OBS. Este verbo tiene una gran riqueza de expresiones que no se pueden incluir en el artículo anterior. Junto con algunos sustantivos, hacer, ejecutar, practicar, realizar la acción que éstos significan: **49** *darse prisa = to hurry; dar caza a = to chase; dar un grito = to give a cry.*

dardo *s. m.* **1** dart. **2** (fig.) jibe, barbed remark. **3** dace (pez).

dársena *s. f.* MAR. basin, dock.

darvinismo o **darwinismo** *s. m.* Darwinism.

darvinista o **darviniano, -na** *adj./s. m.* y *f.* Darwinist.

data *s. f.* **1** date (fecha). **2** COM. item. **3** outlet (en un depósito de agua).

datar *v. t.* **1** to date, to place a date on. **2** COM. to credit. ● *v. i.* **3** to date. ◆ **4 ~ de,** to date back to, to date from.

dátil *s. m.* **1** BOT. date. **2** date mussel (molusco).

datilera *s. f.* date palm.

dativo *s. m.* GRAM. dative.

dato *s. m.* **1** fact, datum, item of information. ● *pl.* **2** facts, data, information. ◆ **3 datos personales,** personal details.

de *prep.* Indica: **a)** (posesión o pertenencia). **1** *la ventana de la casa = the window of the house.* **2** *el libro de Ana = Ana's book.* **3** *es de ella = it's hers.* **4** *el tocador del dormitorio = the dressing table in the bedroom.* **b)** (procedencia). **1** *son de Londres = they're from London.* **2** *de Madrid a Valladolid hay 180 kms = it's 180 kms from Madrid to Valladolid.* **3** *ir de París a Londres = to go from Paris to London.* **4** *tres de ellos = three of them.* **5** *él tiene un niño de su primera mujer = he's got a child by his first wife.* **6** *de esto se supone que = from this one may suppose.* **7** *la carretera de León = the road to Leon.* **8** *de pueblo en pueblo = from village to village.* **c)** (composición). **1** *un abrigo de pieles = a fur coat.* **2** *un reloj de oro = a gold watch.* **3** *está hecho de madera = it's made of wood.* **d)** (contenido). **1** *un vaso de leche = a glass of milk.* **2** *una botella de vino = a bottle of wine.* **e)** (característica). **1** *el hombre del sombrero = the man with the hat.* **2** *mi ropa de verano = my summer clothes.* **3** *un libro de inglés = an English book.* **4** *una clase de arte = an art class.* **f)** (descripción). **1** *es profesor de profesión = he's a teacher by profession.* **2** *el niño de ojos azules = the boy with blue eyes/the blue-eyed boy.* **3** *con cara de cansancio = with a tired-looking face.* **4** *dos millas de ancho = two miles in width/two miles wide.* **5** *mejor de salud = better in health.* **g)** (tiempo). **1** *a las tres de la madrugada = three o'clock in the morning.* **2** *de noche = at night.* **3** *de día = by day, during the day.* **h)** (edad). *una mujer de 40 años = a 40-year-old woman/a woman of 40.* **i)** (aposición). **1** *el mes de mayo = the month of May.* **2** *la ciudad de Santander = the city of Santander.* **3** *la pobre de Ana = poor old Ana.* **4** *¿qué hay de comer? = what is there to eat?* **j)** (precio). **1** *una moneda de 100 pesetas = a 100-peseta coin.* **2** *un vino de 50 pesetas = a 50-peseta wine.* **k)** (modo). **1** *vestido de blanco = dressed in white.* **2** *de luto = in mourning.* **3** *de moda = in fashion.* **4** *de mal humor = in a bad mood.* **5** *de regalo = as a present.* **6** *de un salto = with a jump/with a leap/with a bound.* **7** *de un trago = in one gulp.* **8** *morir de hambre = to die of hunger.* **9** *saltar de alegría = to jump for joy.* **10** *trabajar de médico = to work as a doctor.* **11** *cubierto de hielo = covered in/with ice.* **l)** (uso). **1** *agua de beber = drinking water.* **2** *máquina de coser = sewing machine.* **3** *papel de baño = toilet paper.* **m)** (introduce el agente). **1** *una obra de Picasso = a painting by Picasso.* **2** *odiado de todos = hated by everybody.* **n)** (números). *uno de cada tres = one in every three.* **o)** (condicional). **1** *de haberlo hecho = if I had done it.* **2** *de no ser así = if it were not so.* **p)** (superlativo o comparativo). **1** *la persona más alta de la clase = the tallest person in the class.* **2** *más de 5 = more than 5.* **q)** (partitivo). *dos de ellos = two of them.*

deambular *v. i.* to saunter, to stroll.

deambulatorio *s. m.* REL. ambulatory.

deán *s. m.* dean.

deanato o **deanazgo** *s. m.* deanery.

debacle *s. m.* debacle.

debajo *adv.* **1** underneath, below. ◆ **2 ~ de,** under, underneath, below, beneath. **3 por ~ de,** under, below.

debate *s. m.* debate, discussion.

debatible *adj.* debatable.

debatir *v. t.* **1** to debate, to discuss. ● *v. pron.* **2** to struggle; to writhe.

debe *s. m.* **1** COM. debit side. ◆ **2 ~ y haber,** debit and credit.

debelación *s. f.* MIL. victory.

debelar *v. t.* MIL. to beat, to defeat.

deber *v. t.* **1** to owe: *me debes mucho dinero = you owe me a lot of money.* ● *v. i.* **2** must, to have to (con cierta obligación): *debes estudiar = you must study.* **3** should, ought to: *debía hacerlo ayer = I should have done it yesterday.* **4** must (con sentido de deducción más o menos probable): *he debido perderlo = I must have lost it.* **5** must, ought to, should (obligación moral): *no deberías fumar = you shouldn't smoke.* ● *v. pron.* **6** to be due to, to be on account of. ● *s. m.* **7** duty, obligation: *cumplir con su deber = to carry out one's duty.* ● *pl.* **8** homework (en el colegio). ◆ **9 ~ de,** must: *debe de ser rico = he must be rich.*

debidamente *adv.* **1** properly. **2** as it should be done. **3** duly (en debida forma).

debido, -da *adj.* **1** due, correct, proper: *con el debido respeto = with due respect.* ◆ **2 como es ~,** as is proper, properly. **3 ~ a (que),** due to (the fact that).

débil *adj.* **1** weak. **2** feeble, weak (físico). **3** poor (salud). **4** weak, dim (luz). **5** feeble (esfuerzo). **6** weak, faint (grito). **7** weak (carácter). ● *s. m.* y *f.* **8** weak person. ◆ **9 ~ mental,** mentally retarded.

debilidad *s. f.* **1** weakness, feebleness. **2** faintness (sonidos, voces). **3** dimness (luces). ◆ **4 ~ mental,** mental deficiency. ◆ **5 tener una ~ por uno,** to have a soft spot for someone.

debilitación *s. f.* debilitation, weakening.

debilitar *v. t.* **1** to weaken, to debilitate. ● *v. pron.* **2** to grow/get/become weak. **3** to weaken.

débito *s. m.* **1** debit (debe). **2** debt (deuda).

debut *s. m.* debut.

debutante *s. m.* y *f.* debutante.

debutar *v. i.* to make one's debut.

década *s. f.* **1** decade. **2** series of ten (serie de diez).

decadencia *s. f.* **1** decline, decay, decadence. ◆ **2 caer en ~,** to fall into decline/decay.

decadente *adj.* decadent, dissolute.

decaer *v. i.* **1** to decline, to decay. **2** COM. to fall off. **3** to weaken (fuerzas). **4** to sink, to decline (salud). **5** to lose heart (decaer de ánimo): *no decaigas = don't lose heart.* **6** to drop (el viento).

decágono *s. m.* decagon.

decaído, -da *adj.* **1** weak (débil). **2** downhearted, depressed (sin ánimos). **3** decayed (en decadencia).

decaimiento *s. m.* **1** weakness (físico). **2** COM. falling-off. **3** decline, decay (decadencia). **4** depression, dejection (sin aliento).

decalvar *v. t.* to crop.

decampar *v. i.* MIL. to decamp, to strike camp.

decanía *s. f.* ecclesiastical land.

decanato *s. m.* **1** deanship. **2** deanery (despacho).

decano *s. m.* **1** dean (de universidad, etc.). **2** senior member (persona más antigua en una asociación, institución, etc.).

decantación *s. f.* decantation, decanting.

decantar *v. t.* **1** to pour off, to decant (líquidos). **2** to laud, to praise (alabar). • *v. pron.* **3** to opt for (a favor de algo o alguien).

decapante *s. m.* stripping agent.

decapitación *s. f.* decapitation, beheading.

decapitar *v. t.* to decapitate, to behead.

decápodo *s. m.* ZOOL. decapod.

decatlón *s. m.* decathlon.

deceleración *s. f.* deceleration.

decena *s. f.* **1** ten. • *pl.* **2** tens. ◆ **3 decenas de miles,** tens of thousands. **4 por decenas,** in tens.

decenal *adj.* decennial.

decencia *s. f.* **1** decency. **2** honesty. **3** cleanness, tidiness. ◆ **4 faltar a la ~,** to offend against decency.

decenio *s. m.* decade.

decentar *v. t.* **1** to start spending, using (empezar a gastar o cortar). • *v. pron.* **2** to become sore (ulcerarse).

decente *adj.* **1** honest, honourable. **2** decent. **3** reputable, respectable. **4** clean, tidy (limpio).

decentemente *adv.* **1** honestly. **2** decently. **3** respectably. **4** cleanly.

decepción *s. f.* disappointment.

decepcionar *v. t.* to disappoint.

deceso *s. m.* death.

dechado *s. m.* **1** perfect example (ejemplar). **2** model (modelo). ◆ **3 un ~ de perfecciones/virtudes, etc.,** a model of perfection/virtue, etc.

decibel o **decibelio** *s. m.* decibel.

decididamente *adv.* **1** determinedly, resolutely. **2** definitely (realmente).

decidido, -da *adj.* determined, resolute.

decidir *v. t.* **1** to decide. **2** to settle, to decide (un asunto, un problema, una cuestión). • *v. i.* **3** to decide, to choose. ◆ **4** decidir entre dos cosas, to choose between two things. • *v. pron.* **5** to make up one's mind, to decide. ◆ **6 decidirse a,** to decide to. **7 decidirse por,** to decide on.

decidor, -ra *adj.* **1** funny, witty (gracioso). • *s. m.* y *f.* **2** wit, witty speaker.

decimal *adj.* **1** decimal. • *s. c.* **2** decimal.

décimo, -ma *adj./s. m.* y *f.* **1** tenth. • *s. m.* **2** tenth part (de una lotería). • *s. f.* **3 décima espinela,** LIT. ten-line stanza.

decimoctavo, -va *adj.* eighteenth.

decimocuarto, -ta *adj.* fourteenth.

decimonono, -na o **decimonoveno, -na** *adj.* nineteenth.

decimoquinto, -ta *adj.* fifteenth.

decimoséptimo, -ma *adj.* seventeenth.

decimosexto, -ta *adj.* sixteenth.

decimotercero, -ra *adj.* thirteenth.

decimotercio, -cia *adj.* thirteenth.

decir *v. t.* y *pron.* **1** to say, to tell: *yo te dije que no podía ir = I said to you I couldn't come/I told you I couldn't come.* • *v. t.* **2** to tell (revelar). **3** to say (misa, oración). **4** to say (algo): *di que no le quieres = say that you don't love him.* **5** to call (llamar): *le dicen Pepe = they call him Pepe.* • *s. m.* **6** saying, phrase: *es un decir = it's just a phrase.* ◆ **7 a ~ de todos,** by all accounts. **8 a ~ verdad,** to tell you the truth, being completely honest. **9 como quien no dice nada,** as if it didn't matter. **10 dar que ~,** to set tongues wagging. **11 ~ bien/mal,** to be right/wrong: *dices bien, es un idiota = you're right, he's stupid.* **12 ~ por ~,** to talk for the sake of talking, to talk for talking's sake. **13 ~ que no/nones,** to say no, to deny. **14 ~ que sí,** to say yes, to admit. **15 ~ uno para sí,** to say to oneself. **16 ~ y hacer,** no sooner said than done, to do very quickly. **17 ¡diga!,** hello! (especialmente en el lenguaje telefónico). **18 el qué dirán,** the concern for what people will think. **19 es ~,** that is, that is to say. **20 es mucho ~,** that's saying a lot.

decisión *s. f.* **1** decision. **2** DER. judgement. • *s. i.* **3** determination, decision. ◆ **4 tomar una ~,** to make a decision.

decisivamente *adv.* decisively, determinedly.

decisivo, -va *adj.* **1** decisive. ◆ **2 voto ~,** casting vote.

declamación *s. f.* **1** ART. declamation. **2** recital (recital).

declamar *v. t.* e *i.* **1** to declaim. **2** to recite (poesía). **3** to rant (con vehemencia). **4** to speak in public (en público).

declamatorio, -ria *adj.* **1** declamatory. **2** ranting (desp.).

declaración *s. f.* **1** declaration. **2** statement (a la prensa). **3** DER. statement, evidence. **4** bid, call (bridge). **5** proposal (de matrimonio). ◆ **6 ~ de culpabilidad,** confession of guilt. **7 ~ de derechos,** bill of rights. **8 ~ de guerra,** declaration of war. **9 ~ de renta,** income-tax return. **10 hacer una ~,** to make a statement. **11 prestar ~,** to give evidence.

declarado, -da *adj.* declared, open.

declarar *v. t.* **1** to declare, to state: *declaré su apoyo al partido = he declared his support for the party.* **2** to bid (bridge). **3** to declare (guerra). **4** to declare (en aduana). • *v. i.* **5** to declare. **6** DER. to testify, to give evidence. • *v. pron.* **7** to declare oneself. **8** to break out (guerra, fuego, epidemia). **9** to declare one's love (declarar su amor). **10 declararse culpable,** to plead guilty. **11 declararse por,** to come out in favour of.

declaratorio, -ria *adj.* declaratory.

declinable *adj.* GRAM. declinable.

declinación *s. f.* **1** FÍS. declination. **2** GRAM. declension. **3** (fig.) decline, decay. **4 ~ magnética,** magnetic variation.

declinar *v. t.* **1** to decline, to turn down. **2** GRAM. to decline. • *v. i.* **3** to decline, to slope down (tierra). **4** to diminish (fiebre, fuerzas). **5** to decay (decaer). **6** GRAM. to decline. **7** (fig.) to fade, to fall off. **8** to draw to an end (el día, una batalla). **9** to get weaker (debilitarse). **10** to sink (el sol).

declive *s. m.* **1** slope, incline (cuesta). **2** decline, decay (decadencia). ◆ **3 en ~,** on a slope, sloping.

decocción *s. f.* decoction.

decolaje *s. m.* (Am.) take-off.

decolar *v. i.* (Am.) to take off.

decoloración *s. f.* fading.

decolorar o **descolorar** *v. t.* **1** to discolour, to fade. • *v. pron.* **2** to fade, to become discoloured.

decomisar *v. t.* to confiscate, to seize.

decomiso *s. m.* confiscation, seizure.

decoración *s. f.* **1** decoration. **2** set, scenery (teatro). ◆ **3 ~ de interiores,** interior decoration.

decorado *s. m.* **1** set, scenery (teatro, cine). **2** decoration.

decorador, -ra *s. m.* y *f.* **1** decorator. **2** set designer (teatro).

decorativo, -va *adj.* decorative, ornamental.

decoro *s. m.* **1** decorum, decency (honra). **2** respect (respeto). **3** dignity (dignidad). **4** purity (pureza). ◆ **5 con ~,** modestly, decently (con pudor).

decorosamente *adv.* **1** decorously. **2** dignifiedly (con dignidad). **3** decently (decentemente).

decoroso, -sa *adj.* **1** decorous, decent. **2** respectable (respetable). **3** modest (modesto).

decrecer o **descrecer** *v. i.* **1** to decrease. **2** to go down (agua). **3** to get shorter (días). **4** to diminish (disminuir).

decreciente *adj.* decreasing, diminishing.

decrecimiento *s. m.* **1** decrease (disminución). **2** subsidence (agua).

decrepitación *s. f.* decrepitation.

decrepitar *v. i.* to decrepitate.

decrépito, -ta *adj.* decrepit.

decrepitud *s. f.* decrepitude.

decretar *v. t.* **1** to decree. **2** to order, to ordain (ordenar).

decreto *s. m.* **1** decree, order. **2** decree (del Papa). **3** POL. act. **4 por ~,** by decree. **5 real ~,** DER. royal decree.

decúbito *s. m.* **1** MED. decubitus. ◆ **2 ~ lateral,** side position. **3 ~ prono,** prone position. **4 ~ supino,** supine position.
décuplo, -pla *adj.* **1** tenfold, ten times. • *s. m.* y *f.* **2** tenfold.
decurso *s. m.* **1** course. ◆ **2 en el ~ del tiempo,** in the course of time.
dedal *s. m.* thimble.
dédalo *s. m.* labyrinth.
dedicación *s. f.* **1** dedication. **2** devotion, dedication to (dedicación a). ◆ **3 de ~ exclusiva,** full-time.
dedicar *v. t.* **1** to dedicate. **2** REL. to consecrate. **3** to dedicate (un libro). **4** to devote, to give (tiempo, esfuerzos, dinero, etc.). **5** to inscribe (fotos, libros, etc.). **6** to address (palabras). • *v. pron.* **7** to devote, dedicate oneself. **8** to take up (pasatiempo). **9** to spend one's time (pasar el tiempo). **10 ¿a qué te dedicas?,** what's your job?. **11 dedicarse a algo,** to take up something (a una actividad).
dedicatoria *s. f.* inscription, dedication.
dedicatorio, -ria *adj.* dedicatory.
dedil *s. m.* finger-stall.
dedillo *s. m.* **saberse algo al ~,** to have something down pat, to know something by heart.
dedo *s. m.* **1** finger (de la mano). **2** toe (del pie). ◆ **3 ~ anular,** ring finger. **4 ~ meñique,** little finger. **5 ~ del corazón,** middle finger. **6 ~ índice,** index finger, forefinger. **7 ~ pulgar,** thumb. **8 ~ gordo del pie,** big toe. **9 comerse los dedos,** to become nervous. **10 contar con los dedos,** to count on one's fingers. **11 estar a dedos de,** to be within an inch of, to be on the point of. **12 estar como para chuparse los dedos,** to be delicious. **13 hacer dedos,** to practise. **14 le das un ~ y se toma hasta el codo,** give him an inch and he takes a mile. **15 meter el ~ a uno,** to make someone talk. **16 no mover un ~,** not to lift a finger. **17 no tener dos dedos de frente,** to be as thick as two short planks. **18 poner el ~ en algo,** to put one's finger on something. **19 poner el ~ en la llaga,** to touch a nerve. **20 señalar con el ~,** to point.
deducción *s. f.* **1** deduction, inference. **2** COM. deduction.
deducir *v. t.* **1** to deduce, to infer. **2** COM. to deduct. **3** DER. to claim.
deductivo, -va *adj.* deductive.
defecación *s. f.* defecation.
defecar *v. i.* to defecate.
defección *s. f.* defection, desertion.
defectible *adj.* faulty, flawed.
defectivo, -va *adj.* **1** defective, faulty. **2** GRAM. defective.
defecto *s. m.* **1** defect, flaw. **2** ELEC. fault. **3** flaw (de una joya). **4** shortcoming, fault (moral). **5** flaw (argumentos). **6** lack, shortage (carencia). ◆ **7 ~ físico,** physical defect. **8 ~ de la palabra,** speech defect. **9 por ~ de,** for lack of.
defectuosamente *adv.* defectively, faultily.
defectuoso, -sa *adj.* defective, faulty.
defender *v. t.* **1** to defend against/from (de contra, de). **2** to protect (proteger). **3** DER. to defend. **4** to uphold, to defend (idea, causa, argumento, etc.). • *v. pron.* **5** to defend oneself. **6** to manage, to get by: *se defiende en inglés = he gets by in English.*
defendible *adj.* defensible.
defendido, -da *adj.* **1** DER. defendant. • *s. m.* y *f.* **2** defendant.
defenestrar *v. t.* to throw out of the window.
defensa *s. f.* **1** defence (deportes, ajedrez, derecho, militar). **2** fender (de un barco). **3** shin guard (para la pierna). **4** protection, shelter. • *pl.* **5** DEP. defenders. **6** MIL. defences.
defensiva *s. f.* **1** defensive. ◆ **2 estar a la ~,** to be on the defensive.
defensivo, -va *adj.* defensive.
defensor, -ra *s. m.* y *f.* **1** defender. **2** DER. counsel for the defence. **3** protector, champion (de una causa).
deferencia *s. f.* **1** deference. **2** regard (respeto).
deferente *adj.* deferential.
deferir *v. i.* **1** to defer. • *v. t.* **2** DER. to refer, to transfer.
deficiencia *s. f.* **1** deficiency. **2** lack (falta). **3** faultiness, defectiveness (imperfección). **4** shortcoming (de un equipo, argumento, etc.). **5** defect (defecto). ◆ **6 ~ mental,** MED. mental deficiency.
deficiente *adj.* **1** deficient, wanting. **2** lacking, insufficient (insuficiente). **3** faulty, defective (defectuoso). **4** weak, poor (alumno, trabajo). • *s. m.* y *f.* **5 ~ mental,** mentally retarded person, person with learning difficulties.
déficit *s. m.* **1** FIN. deficit. **2** (fig.) shortage, lack, shortfall.
deficitario, -ria *adj.* showing a deficit.
definible *adj.* definable.
definición *s. f.* **1** definition. ◆ **2 por ~,** by definition.
definido, -da *adj.* **1** definite. ◆ **2 artículo ~,** GRAM. definite article. **3 bien ~,** well-defined.
definir *v. t.* **1** to define. **2** to explain, to clarify (explicar). **3** to put the final touches to (una obra pictórica). • *v. pron.* to take a stand.
definitivamente *adv.* **1** finally. **2** for good: *se fue definitivamente = he went for good.*
definitivo, -va *adj.* **1** definitive, final. ◆ **2 en definitiva,** in short, finally.
deflación *s. f.* deflation.
deflagración *s. f.* deflagration.
deflagrador, -ra *adj.* y *s. m.* deflagrator.
deflagrar *v. i.* deflagrate.
defoliación *s. f.* defoliation.
deforestación *s. f.* deforestation.
deforestado, -da *adj.* deforested.
deformación *s. f.* **1** deformation. **2** distortion (televisión). **3** TEC. warping.
deformar *v. t.* **1** to deform. **2** to distort (televisión, la cara). **3** MEC. to strain. **4** to warp (madera, puertas, etc.). • *v. pron.* **5** to be deformed (el cuerpo, un miembro, etc.). **6** to become, get deformed. **7** to become, get distorted. **8** to lose one's shape (perder la forma). **9** to warp.
deforme o **disforme** *adj.* **1** deformed. **2** misshapen (cosas). **3** distorted (señal, cara, imagen, etc.).
deformidad *s. f.* **1** deformity. **2** (fig.) flaw, shortcoming.
defraudación *s. f.* **1** fraud (fraude). **2** disappointment (decepción). ◆ **3 ~ fiscal,** tax evasion.
defraudar *v. t.* **1** to defraud. **2** to dash (esperanzas). **3** to disappoint (decepcionar). **4** to deceive (engañar). **5** to evade (impuestos).
defunción *s. f.* **1** demise (fallecimiento). **2** death (muerte). ◆ **3 partida de ~,** death certificate.
degeneración *s. f.* **1** degeneration. **2** degeneracy (moral).
degenerado, -da *adj./s. m.* y *f.* degenerate.
degenerar *v. i.* **1** to degenerate. **2** to decay (decaer). • *v. pron.* **3** to become degenerate.
deglución *s. f.* swallowing.
deglutir *v. t.* e *i.* to swallow.
degollación *s. f.* **1** throat slitting. **2** beheading, decapitation (decapitación). **3** massacre, slaughter (masacre). ◆ **4 la ~ de los Inocentes,** REL. the Massacre of the Innocents.
degolladero *s. m.* **1** ANAT. throat, neck. **2** slaughterhouse (matadero). **3** HIST. scaffold. ◆ **4 llevarse al ~,** to expose oneself to great danger.
degollador, -ra *s. m.* y *f.* executioner.
degolladura *s. f.* **1** slit, cut (herida en la garganta). **2** joint (juntura entre ladrillos).
degollar *v. t.* **1** to slit/cut the throat of. **2** to behead, to decapitate (decapitar). **3** to destroy (destruir). **4** to murder (una obra de teatro, etc.). **5** to kill badly (en los toros). **6** MAR. to cut (una vela).
degollina *s. f.* massacre, slaughter.
degradación *s. f.* humiliation, degradation.
degradante *adj.* degrading, humiliating: *una tarea degradante = a humiliating task.*
degradar *v. t.* **1** to degrade, to humiliate. **2** ART. to gradate. **3** MIL. to demote. • *v. pron.* **4** to humiliate, to degrade oneself.
degüello *s. m.* **1** throat slitting, cutting. **2** decapitation, beheading (decapitación). ◆ **3** neck, shaft (de un arma, un dardo, etc.). **4** massacre, slaughter (masacre). ◆ **5 entrar a ~,** to put to the sword. **6 tirar a ~,** to be after someone's throat. **7 tocar a ~,** to give the order to attack (en caballería).
degustación *s. f.* sampling, tasting.
degustar *v. t.* to sample, to taste.
dehesa *s. f.* meadow, pasture.
deidad *s. f.* **1** deity, god. • *s. i.* **2** divinity, deity (divinidad).
deificación *s. f.* deification.
deificar *v. t.* **1** to deify. **2** to praise, to exalt (alabar).

deísmo *s. m.* deism.
deísta *adj.* **1** deistic, deistical. • *s. m.* y *f.* **2** deist.
dejación *s. f.* DER. abandonment, cession.
dejada *s. f.* **1** abandonment, relinquishment. **2** drop shot (en tenis, squash, etc.).
dejadez *s. f.* **1** laziness (pereza). **2** negligence, carelessness (negligencia).
dejado, -da *adj.* **1** untidy, disorderly (descuidado). **2** careless, negligent (negligente). **3** idle, lazy (perezoso). **4** depressed, dejected (desanimado). ◆ **5 ~ de la mano de Dios,** (fig.) godforsaken.
dejador *s. m.* **1** lender. **2** bequeather.
dejar *v. t.* **1** to leave, to forget. **2** to give up, to stop (de fumar, trabajar, etc.). **3** to drop off, to drop (depositar). **4** to abandon, to leave (abandonar). **5** to leave (empleo). **6** to produce, to make (beneficios). **7** to leave out, to omit (omitir). **8** to let, to allow (permitir). **9** to leave alone (no tocar). **10** to leave (esperar). **11** to leave (una herencia). **12** to finish, to stop (terminar una cosa). **13** to lend (prestar). ◆ **14 ~ aparte,** to leave aside. **15 ~ atrás,** to leave behind. **16 ~ caer,** to drop. **17 ~ para después,** to leave till later. **18 dejarlo por imposible,** to give it up as being too difficult. **19 ~ mucho que desear,** to leave a lot to be desired. **20 ~ las cosas así,** to leave things as they are. **21 ~ entrar,** to let in. **22 ~ plantado,** to stand up. **23 ¡déjalo!,** stop it! (¡para!), forget it! (¡no te preocupes!). **24 ¡déjame en paz!,** leave me alone! **25 como dejo dicho,** as I have said. **26 ~ en la estacada,** to leave in the lurch. **27 no ~ piedra por mover,** to leave no stone unturned. • *v. i.* **28 ~ de,** to give up, to stop (parar): *dejó de estudiar = he gave up studying; no deja de trabajar = he doesn't stop working.* **29 no ~ de,** not to fail to: *no dejes de leerlo = be sure to read it.*; *no puedo dejar de quererte = I can't help loving you, I can't stop loving you.* • *v. pron.* **30** to allow, let oneself (permitir): *no te dejes engañar = don't let yourself be fooled.* **31** to neglect oneself (abandonarse). **32** to forget, to leave (olvidar). **32 dejarse de hacer algo,** to stop. **33 ¡déjate de bobadas!,** stop fooling around! **34 dejarse crecer el pelo,** to let one's hair grow. **35 dejarse llevar por,** to get carried away with.
deje *s. m.* accent.
dejo *s. m.* **1** end, finish (fin). **2** accent (deje). **3** aftertaste (sabor). **4** carelessness, negligence (dejadez). **5** after-effect (sentimiento después de una acción).
del *contr.* **1** of the. **2** from the, ⇒ **de.**
delación *s. f.* **1** accusation. **2** denunciation.
delantal *s. m.* **1** apron. **2** pinafore (con peto).
delante *adv.* **1** in front, ahead. **2** opposite (en frente). ◆ **3 ~ de,** in front of, before, ahead of: *delante de mi casa = in front of my house.*
delantera *s. f.* **1** front, front part. **2** front row (de un teatro, cine, etc.). **3** DEP. forward line. **4** (fig.) advantage, lead. ◆ **5 coger a uno la ~,** to get ahead of someone. **6 llevar la ~,** to be in the lead. **7 sacar la ~ a uno,** to take a head start on someone. **8 tomar la ~,** to take the lead.
delantero, -ra *adj.* **1** front (fila, parte, rueda, etc.). **2** DEP. forward. **3** front, fore (pata). • *s. m.* **4** DEP. forward. **5** front (de prendas). ◆ **6 ~ centro,** centreforward.
delatar *v. t.* **1** to denounce, to accuse. **2** to grass on, to betray (soplar). **3** to reveal, to give away (revelar).
delator, -ra *adj.* **1** incriminating. *s. m.* y *f.* **2** informer (fam.) grass.
delco *s. m.* MEC. distributor.
dele *s. m.* dele.
delectación *s. f.* delight, delectation.
delegación *s. f.* **1** delegation (acción de delegar). **2** delegation (grupo). **3** COM. branch, local office. ◆ **4 ~ de Hacienda,** local tax office.
delegado, -da *s. m.* y *f.* **1** delegate. **2** COM. agent, representative.
delegar *v. t.* to delegate.
deleitable *adj.* delightful, pleasant, enjoyable.
deleitación *s. f.* delight, pleasure, delectation.
deleitar *v. t.* **1** to delight, to charm. • *v. pron.* **2** to delight in, to take pleasure in: *deleitarse en escuchar música = to delight in listening to music.*
deleite *s. m.* delight, pleasure.
deleitoso, -sa *adj.* delightful, charming, enjoyable.
deletéreo, -a *adj.* poisonous, deleterious.
deletrear *v. t.* **1** to spell, to spell out. **2** to decipher (descifrar).
deletreo *s. m.* **1** spelling. **2** deciphering (desciframiento).
deleznable *adj.* **1** fragile. **2** slippery (resbaladizo). **3** short, ephemeral (breve). **4** unstable (inestable). **5** weak (débil).
delfín *s. m.* **1** ZOOL. dolphin. **2** HIST. Dauphin.
delgadez *s. f.* **1** thinness (flacura). **2** slimness (esbeltez).
delgado, -da *adj.* **1** thin. **2** slim (esbelto). **3** thin (flaco). **4** poor (tierra). **5** narrow (estrecho). **6** delicate (delicado). **7** clever, sharp (ingenioso). • *s. m. pl.* **8** flanks (de animal). ◆ **9 hilar ~,** to split hairs.
deliberación *s. f.* deliberation.
deliberadamente *adv.* deliberately, on purpose.
deliberado, -da *adj.* deliberate.
deliberar *v. i.* **1** to deliberate, to ponder. • *v. t.* **2** to debate, to discuss.
deliberativo, -va *adj.* deliberative.
delicadeza *s. f.* **1** delicacy (finura). **2** tactfulness (tacto). **3** sensitivity (sensibilidad). **4** politeness (cortesía). **5** refinement (de modales). **6** scrupulousness (escrupulosidad). **7** frailty, delicacy (de salud). **8** squeamishness (remilgos). ◆ **9 falta de ~,** tactlessness. **10 tener la ~ de,** to be kind enough to.
delicado, -da *adj.* **1** delicate. **2** frail, delicate (salud). **3** soft, delicate (color). **4** thin, delicate (material). **5** sensitive (sensible). **6** delicate (situación). **7** refined (gustos). **8** fussy, hard to please (exigente). **9** scrupulous (escrupuloso). **10** squeamish (remilgado). **11** polite (cortés). **12** thoughtful (atento). **13** delicate (rasgos). **14** subtle (sutil). ◆ **15 hacerse el ~,** to be very hard to please.
delicia *s. f.* **1** delight: *su niño es una delicia = their child is a delight.* ◆ **2 hacer las delicias,** to delight. **3 no hay ~ comparable,** there's nothing to beat it.
deliciosamente *adv.* delightfully.
delicioso, -sa *adj.* **1** delicious (de sabor). **2** charming, pleasant (encantador). **3** delightful (deleitable).
delictivo, -va *adj.* criminal.
delicuescencia *s. f.* deliquescence.
delicuescente *adj.* deliquescent.
delimitación *s. f.* delimitation.
delimitar *v. t.* to delimit.
delincuencia *s. f.* **1** delinquency. ◆ **2 ~ juvenil,** juvenile delinquency.
delincuente *adj./s. m.* y *f.* **1** delinquent, criminal, offender: *delincuente juvenil = juvenile delinquent.* • *adj.* **2** delinquent, criminal.
delineación *s. f.* delineation.
delineante *s. m.* y *f.* draughtsman (hombre), draughtswoman (mujer).
delinear *v. t.* **1** to delineate, to outline. **2** to draw (dibujar).
delinquir *v. i.* to commit a crime; to break the law.
deliquio *s. m.* faint, fainting fit.
delirante *adj.* delirious.
delirar *v. i.* **1** to be delirious. **2** to talk nonsense (decir disparates). **3** to rant, to rave (desvariar): *está delirando = he's raving.*
delirio *s. m.* **1** MED. delirium. **2** ravings (ilusión). **3** nonsense (disparates). ◆ **4 con ~,** madly: *te amo con delirio = I love you madly.* **5 tener ~ por,** (fig.) to be mad about. **6 delirios de grandeza,** delusions of grandeur.
delírium trémens *s. m.* MED. delirium tremens.
delito *s. m.* crime, offence: *delito político = political crime.*
delta *s. f.* **1** GEOG. delta. **2** delta (letra).
deltoides *adj.* ANAT. **1** deltoid. • *s. m.* **2** deltoid.
demacración *s. f.* emaciation.
demacrarse *v. pron.* to become emaciated, to waste away.
demagogia *s. f.* demagogy.
demagógico, -ca *adj.* demagogic, demagogical.
demagogo, -ga *s. m.* y *f.* demagogue.
demanda *s. f.* **1** DER. claim, petition. **2** COM. demand. **3** lawsuit, action (acción). **4** search (búsqueda). **5** request, appeal (petición). **6** inquiry (pregunta). ◆ **7 presentar una ~,** to take legal action.
demandado, -da *s. m.* y *f.* DER. defendant.

demandante *adj./s. m.* y *f.* **1** plaintiff: *la parte demandante = the plaintiff.* **2** DER. plaintiff.

demandar *v. t.* **1** to desire (desear). **2** to request (pedir). **3** to ask (preguntar). **4** to sue, to take legal action against (entablar demanda judicial).

demarcación *s. f.* demarcation.

demarcar *v. t.* to demarcate.

demás *adj.* y *pron. indef.* **1** rest, remaining, other: *los demás deportistas se quedaron en el vestuario = the other athletes stayed in the changing room.* ◆ **2 los ~,** the others, the other people, others: *uno debe pensar en los demás = one must think of others.* **3 por ~,** uselessly. **4 por lo ~,** as to the rest. **5 ... y ~,** ... and so on.

demasía *s. f.* **1** surplus, excess. **2** audacity (atrevimiento). **3** insolence (insolencia). **4** outrage (atropello). ◆ **5 cometer demasías,** to go too far, to go over the top (fam.). **6 en ~,** excessively.

demasiado, -da *adj.* **1** too much: *demasiado dinero = too much money.* ● *pl.* **2** too many: *demasiadas plantas = too many plants.* ● *adv.* **3** too much: *beber demasiado = to drink too much.* **4** *pl.* too many. **5** too + *adj.* y *adv.* **~ tarde,** too late.

demencia *s. f.* madness, insanity, dementia.

demente *adj.* **1** demented, insane, mad. ● *s. m.* y *f.* **2** lunatic, madman (hombre), madwoman (mujer).

demérito *s. m.* demerit.

demisión *s. f.* demission.

demiurgo *s. m.* FIL. demiurge.

democracia *s. f.* democracy.

demócrata *s. m.* y *f.* democrat.

democrático, -ca *adj.* democratic.

democratización *s. f.* democratization.

democratizar *v. t.* to democratize.

demografía *s. f.* demography.

demográfico, -ca *adj.* **1** demographic. **2** population. ◆ **3 explosión demográfica,** population explosion.

demoledor, -ra *adj.* **1** demolishing (de un edificio). **2** forceful, powerful (argumento, carácter, etc.). **3** devastating (ataque).

demoler *v. t.* **1** to pull down, to demolish. **2** (fig.) to demolish.

demolición *s. f.* demolition.

demoniaco, -ca *adj.* demonic, demoniacal.

demonio *s. m.* **1** REL. devil. **2** evil spirit. ◆ **3 como el ~/como todos los demonios,** like the devil, like hell (en muchísimas combinaciones verbales): *corría como todos los demonios = he ran like hell.* **4 ¡~!,** the hell!: *¿qué demonio quieres? = what the hell do you want?* **5 ¡demonios!,** (vulg.) bloody hell!, damn it! **6 estudiar con el ~,** to be full of clever tricks. **7 llevarse a uno el ~/los demonios,** to go absolutely mad, to go up the wall. **8 ser uno un ~/ser uno el mismísimo ~,** to be a nasty piece of work. **9 tener uno el ~ en el cuerpo,** to be a live wire, to be always on the go.

demora *s. f.* delay: *sin demora = without delay.*

demorar *v. t.* **1** to delay. **2** to hold up: *el tren ha sido demorado = the train has been held up.* ● *v. i.* **3** to stay on, to linger (detenerse). ● *v. pron.* **4** to take a long time, to be a long time (retrasarse).

demoroso, -sa *adj.* overdue, late.

demostrable *adj.* demonstrable.

demostración *s. f.* **1** demonstration. **2** show, display: *una demostración de cariño/ira/fuerza = a show of affection/anger/force.*

demostrar *v. t.* **1** to demonstrate (hacer una demostración). **2** to show: *demostrar interés/ignorancia = to show interest/ignorance.* **3** to prove (probar). **4** to prove: *eso demuestra que tiene dinero = that proves that he's got money.*

demostrativo, -va *adj.* **1** demonstrative. ● *s. m.* **2** demonstrative.

demótico, -ca *adj.* demotic.

demudar *v. t.* **1** to change, to alter (cambiar). **2** to distort (desfigurar). ● *v. pron.* **3** to change colour (de color). **4** to change expression (de expresión). **5** to alter, to change oneself (alterarse).

denario, -ria *adj.* **1** denary. ● *s. m.* **2** denarius (moneda).

dendrita *s. f.* MIN. y BOT. dendrite.

denegación *s. f.* **1** refusal (rechazo). **2** denial (negación).

denegar *v. t.* **1** to refuse (negarse). **2** to reject (rechazar). **3** to deny (negar). **4** to turn down, to reject (un recurso).

denegrecer *v. t.* **1** to blacken, to turn black. ● *v. pron.* **2** to go black.

denegrido, -da *adj.* blackened.

denegrir *v. t.* **1** to blacken, to turn black. ● *v. pron.* **2** to go black.

dengoso, -sa *adj.* affected.

dengue *s. m.* **1** affectation (melindre). **2** MED. dengue, fever. ● *s. m.* **3** shawl (chal). ◆ **4 hacer dengues,** to act demurely. **5 no me vengas con dengues,** don't be so silly.

denigración *s. f.* denigration.

denigrar *v. t.* **1** to denigrate, to belittle. **2** to insult, to abuse (insultar).

denigrativo, -va *adj.* disparaging.

denodadamente *adv.* bravely, daringly.

denodado, -da *adj.* brave, daring.

denominación *s. f.* **1** denomination, name. ◆ **2** denomination, naming (acción).

denominado, -da *adj.* called, named.

denominador *s. m.* **1** MAT. denominator. ◆ **2 ~ común,** MAT. common denominator. ● *adj.* **3** denominative.

denominar *v. t.* to denominate, to name, to call.

denominativo, -va *adj.* denominative.

denostar *v. t.* to insult, to abuse.

denotación *s. f.* denotation.

denotar *v. t.* **1** to denote. **2** to mean (significar). **3** to show, to indicate.

densidad *s. f.* **1** density. **2** thickness (espesor). ◆ **3 ~ de población,** population density.

densímetro *s. m.* FÍS. densimeter.

denso, -sa *adj.* **1** dense, compact. **2** thick (humo, líquidos). **3** dry, heavy (libro, discurso, lectura, etc.). **4** dark, black (la noche).

dentado, -da *adj.* **1** toothed (con dientes). **2** cogged, toothed (rueda). **3** perforated (sello). **4** serrated (cuchillo). **5** BOT. dentate. ● *s. m.* **6** teeth (de una sierra). **7** cog (rueda).

dentadura *s. f.* **1** teeth, set of teeth. ◆ **2 ~ postiza,** false teeth.

dental *adj.* **1** dental. ● *s. m.* **2** dental. ◆ **3 crema ~,** toothpaste. **4 consonante ~,** FON. dental consonant.

dentar *v. t.* **1** to furnish with teeth. **2** to furnish with cogs (una rueda). **3** to perforate (un sello). **4** to serrate (un cuchillo). ● *v. i.* **5** to cut one's teeth, to teethe (un niño).

dentario, -ria *adj.* dental.

dentejón *s. m.* yoke.

dentellada *s. f.* **1** bite, nip (mordisco). **2** toothmark (señal). ◆ **3 a dentelladas,** with one's teeth.

dentellado, -da *adj.* HIST. engrailed.

dentellar *v. i.* to rattle, to chatter: *dentellar de miedo = to chatter with fear.*

dentellear *v. i.* to nibble, to peck.

dentellón *s. m.* **1** ARQ. dentil. **2** large tooth (diente).

dentera *s. f.* **1** setting on edge (dientes). **2** envy (envidia). ◆ **3 darle ~ a uno,** to set one's teeth on edge.

denticina *s. f.* teething medicine.

dentición *s. f.* **1** teething, dentition (acción). **2** ANAT. dentition, teeth (conjunto de dientes). ◆ **3 primera ~,** first o milk teeth. **4 segunda ~,** second teeth. **5 estar con la ~,** to be teething.

dentífrico *s. m.* **1** toothpaste. ● *adj.* **2** tooth.

dentina *s. f.* dentine.

dentista *s. m.* y *f.* MED. dentist.

dentística *s. f.* (Am.) dentistry.

dentón, -na *adj.* toothy, buck-toothed: *una persona dentona = a buck-toothed person.*

dentro *adv.* **1** inside, indoors. **2 ~ de, a)** within, in (en el tiempo): *dentro de unos días = in a few days;* **b)** inside (lugar): *dentro de la casa = inside the house.* **3 ~ de lo posible,** as far as is possible, as far as one can.

dentudo, -da *adj.* **1** toothy, buck-toothed. ● *s. m.* y *f.* **2** toothy o buck-toothed person.

denuedo *s. m.* bravery, daring.

denuesto *s. m.* insult.

denuncia *s. f.* **1** report (informe). **2** denunciation (delación). **3** report (documento). **4** DER. accusation. **5** denunciation (de un tratado).

denunciable *adj.* indictable.

denunciante *s. m.* y *f.* **1** informer, accuser. ● *adj.* **2** denouncing.

denunciar *v. t.* **1** to report (un robo, accidente, etc.). **2** to denounce (criticar). **3** to denounce, to report, to inform on (delatar). **4** to make public (promulgar). **5** to indicate (indicar). **6** to accuse, to denounce (acusar): *te denunciaré por muchas razones = I'll denounce you for many reasons.*

denunciatorio, -ria *adj.* **1** who denounces. **2** (p.u.) denunciatory.
deontología *s. f.* deontology.
deontológico, -ca *adj.* deontological.
deparar *v. t.* **1** to provide (suministrar). **2** to cause (causar). **3** to give (otorgar). **4** to give (satisfacción).
departamental *adj.* departmental.
departamento *s. m.* **1** department, section. **2** office. **3** district (distrito). **4** compartment (de un tren). **5** compartment (de una caja, un mueble, etc.).
departir *v. i.* to talk, to converse.
depauperado, -da *adj.* impoverished.
depauperar *v. t.* **1** to impoverish, to pauperise. • *v. t.* y *pron.* **2** MED. to weaken, to become weak.
dependencia *s. f.* **1** dependence, reliance. **2** POL. dependency. **3** staff, personnel (empleados). **4** office, branch office (sucursal). **5** section, department (sección). • *pl.* **6** outhouses, outbuildings.
depender *v. i.* **1** to depend (on): *depende de mi estado de salud = it depends on my health.* **2** to be under, to be dependent on (estar subordinado a). **3 depende,** it depends. **4 depende de ti,** it's up to you.
dependiente *adj.* **1** dependent, reliant. • *s. m.* y *f.* **2** employee (de un comercio). **3** shop assistant (en una tienda).
depilación *s. f.* **1** depilation, hair removal. ◆ **2 ~ a la cera,** waxing.
depilar *v. t.* **1** to wax, to shave (piernas). **2** to pluck (cejas). • *v. i.* **3** to remove hair. • *v. pron.* **4** to pluck (cejas). **5** to wax.
depilatorio, -ria *adj.* depilatory.
deplorable *adj.* deplorable.
deplorar *v. t.* to deplore, to regret something very much.
deponente *adj.* **1** GRAM. deponent. **2** DER. testifying: *la persona deponente = the person testifying.* • *s. m.* y *f.* **3** DER. witness, testifier. **4** GRAM. deponent verb.
deponer *v. t.* **1** to lay down (las armas). **2** to depose, to oust, to overthrow (derrocar). **3** to remove from office (de un cargo). **4** to take down (bajar). • *v. i.* **5** DER. to testify, to give evidence. **6** to defecate (defecar). **7** (Am.) to vomit.
depopulador, -ra *adj.* **1** devastating, desolating. • *s. m.* y *f.* **2** pillager, plunderer.
deportar *v. t.* to deport.
deporte *s. m.* **1** sport: *hacer deporte = to do sport.* ◆ **2 deportes de invierno,** DEP. winter sports. **3 ~ de vela,** DEP. sailing. **4 ~ de remo,** DEP. rowing.
deposición *s. f.* **1** removal, deposition (acción). **2** deposal (derrocamiento). **3** removal from office (de un cargo). **4** DER. evidence, testimony. **5** defecation (defecación).
depositar *v. t.* **1** to deposit. **2** to store, to store away, to put away (almacenar). **3** to place (poner). **4** to leave (dejar). • *v. pron.* **5** to settle (sedimentarse).
depositaría *s. f.* (form.) depository.
depositario, -ria *s. m.* y *f.* **1** trustee, depository. **2** repository (de una confianza, un secreto, etc.). **3** cashier (cajero). **4** treasurer (tesorero).
depósito *s. m.* **1** FIN. deposit. **2** warehouse, store (almacén). **3** tank (para líquidos). **4** MIL. depot. **5** dump (de basuras). **6** sediment, deposit (sedimento). ◆ **7 ~ bancario,** FIN. bank deposit. **8 ~ de basura,** rubbish dump. **9 ~ de cadáveres,** mortuary (brit.), morgue (EE UU). **10 ~ de gasolina,** petrol tank. **11 ~ de madera,** timber yard. **12 ~ de municiones,** ammunition dump. **13 ~ de objetos perdidos,** lost-property office.
depravar *v. t.* **1** to deprave, to corrupt. • *v. pron.* **2** to become depraved/corrupted: *se ha depravado en los últimos años = he has become corrupted in the last few years.*
deprecar *v. t.* **1** to beg. • *v. pron.* **2** to pray.
depreciar *v. t.* **1** to depreciate, to lower the price. • *v. pron.* **2** to depreciate, to lose value.
depredación *s. f.* **1** depredation. **2** pillaging (saqueo).
depredador, -ra *adj.* **1** predatory. • *s. m.* y *f.* **2** predator.
depresión *s. f.* **1** GEOL. depression, hollow. **2** ECON. slump, depression. **3** MED. depression. ◆ **4 ~ atmosférica,** atmospheric depression. **5 ~ nerviosa,** nervous breakdown.
deprimente *adj.* depressing.
deprimir *v. t.* **1** to depress, to flatten. **2** MED. to depress. **3** (fig.) to humiliate. • *v. pron.* **4** to get depressed.
deprisa o **de prisa** *adv.* quickly, fast.
depuradora *s. f.* sewage plant, sewage works.
depurar *v. t.* **1** to purify. **2** POL. to purge. **3** to cleanse (la sangre).
derecha *s. f.* **1** right, right-hand side, right side (lado). ◆ **2 a derechas,** rightly, correctly. **3 a la ~,** on the right-hand side, on the right. **4 a la ~ de,** on the right of. **5** POL. **la ~,** the right; the right wing. **6 torcer a la ~,** to turn/go right.
derechamente *adv.* **1** straight, directly. **2** (fig.) properly, correctly. ◆ **3 ir ~ al grano,** to go straight to the point. **4 portarse ~,** to behave properly.
derecho, -cha *adj.* **1** straight (en dirección). **2** upright, erect (vertical). **3** right (mano). **4** (Am.) honest, straight. **5** fair. • *s. f.* **6** right hand. **7** POL. right. • *s. m.* **8** law (estudio de leyes). **9** justice (concepto general). **10** right (como ley básica y natural): *no tiene derecho a decirte eso = he has no right to tell you that.* **11** claim, title (a algo concreto): *tengo derecho a esas tierras = I have a claim to that land.* • *s. m. pl.* **12** taxes, duties (impuestos). **13** fee (profesional). • *adv.* **14** straight. ◆ **15 a derechas,** correctly, in a proper way. **16 de ~,** according to law. **17 ~ administrativo,** DER. administrative law. **18 ~ canónico,** DER. canon law. **19 ~ civil,** ⇒ **civil. 20 ~ común,** DER. civil law. **21 ~ consuetudinario,** DER. common law. **22 ~ criminal,** DER. criminal law. **23 ~ de asilo,** right of asylum. **24 ~ de entrada,** COM. import duties. **25 ~ de gentes,** DER. international law. **26 ~ de pataleo,** (hum.) right to grumble. **27 ~ de pernada,** ⇒ **pernada. 28 ~ de regalía,** COM. tax on manufactured tobacco. **29 ~ divino,** divine right. **30 ~ eclesiástico,** DER. canon law. **31 ~ escrito,** DER. statute law, written law. **32 ~ internacional,** DER. international law. **33 ~ marítimo,** DER. maritime law. **34 ~ mercantil,** DER. business law. **35 ~ municipal,** DER. municipal law. **36 ~ natural,** DER. natural law. **37 ~ no escrito,** DER. unwritten law, common law. **38 ~ penal,** DER. penal law. **39 ~ político,** DER. constitutional law. **40 ~ positivo,** DER. statute law, positive law. **41 ~ procesal,** DER. procedural law. **42 ~ público,** DER. public law. **43 derechos reales,** FIN. death duties. **44 más ~ que una vela,** as straight as a rod, as straight as a die. **45 no hay ~,** it's not fair. **46 perder uno de su ~,** to yield one's rights, to give in (en algo donde tenía un derecho preferente).
derechura *s. f.* **1** straightness, directness. **2** fairness, justness (justicia). ◆ **3 en ~,** directly, straight.
deriva *s. f.* **1** deviation (desvío del rumbo). **2** drift (sin rumbo). ◆ **3 a la ~,** adrift.
derivación *s. f.* **1** derivation (de palabras). **2** source, origin (origen). **3** deviation (cambio). **4** ELEC. shunt.
derivado, -da *adj.* **1** GRAM. derived, derivative. • *s. m.* **2** QUÍM. by-product, derivative. **3** derivative (de palabras). • *s. f.* **4** MAT. derivative.
derivar *v. t.* **1** to derive from (de). **2** to divert (desviar). **3** MAT. to calculate. • *v. i.* **4** MAR. to drift. **5** to derive (de palabras). • *v. pron.* **6** to be derived (palabras).
dermatitis *s. f.* MED. dermatitis.
dermatoesqueleto *s. m.* dermoskeleton.
dermatología *s. f.* dermatology.
dermatosis *s. f.* dermatosis.
dermis *s. f.* dermis, cutis.
dermoprotector, -ra *adj.* skin protection, skin protective.
derogar *v. t.* **1** to abolish, to repeal (una ley). **2** to cancel (un contrato).
derrama *s. f.* distribution, apportionment.
derramado, -da *adj.* wasteful, spendthrift.
derramar *v. t.* **1** to spill (sin querer). **2** to pour, to pour out (echar). **3** to distribute, to share (impuestos). **4** to shed (sangre, lágrimas). **5** to spread (una noticia). • *v. pron.* **6** to spill (sin querer). **7** to pour, to pour out (echar). **8** to shed (sangre, lágrimas). **9** to spread (esparcirse). **10** to overflow (rebosar).
derrame *s. m.* **1** spilling (sin querer). **2** pouring (voluntario). **3** shedding (de sangre, lágrimas). **4** overflow (rebosamiento). **5** waste (pérdida). **6** MED. discharge. **7** ARQ. splay. **8** slope

(cuestas). ◆ **9** ~ **sinovial,** water on the knee.

derrapar *v. i.* to skid: *el coche derrapó = the car skidded.*

derredor *s. m.* **1** surroundings. ◆ **2 al ~ de,** round about, around. **3 en ~,** around.

derrengado, -da *adj.* exhausted.

derrengar *v. t.* **1** to damage (lesionar el espinazo). **2** to twist (torcer). **3** (fig.) to tire out (cansar). ● *v. pron.* **4** to damage one's back. **5** to tire oneself out (cansarse).

derretir *v. t.* **1** to melt (hielo, nieve, helado, manteca, etc.). **2** to thaw, to melt (nieve). **3** (fig.) to waste, to squander (derrochar los bienes). **4** to exasperate (exasperar). **5** to melt down (metales). ● *v. pron.* **6** to thaw, to melt (nieve). **7** to melt (hielo, nieve, helado, manteca, etc.). **8** to be always falling in love (enamorarse fácilmente). **9** (fam.) to get in a state (sentir impaciencia o inquietud). **10** to burn (consumirse de amor).

derribar *v. t.* **1** to demolish, to knock down (una casa). **2** to batter down (una puerta). **3** to knock down (una persona). **4** to floor, to lay out (en una lucha). **5** to throw (un caballo). **6** to shoot down (un avión). **7** to shoot (en la caza). **8** to blow down (el viento). **9** POL. to overthrow (derrocar). **10** to remove (a uno de su cargo). ● *v. pron.* **11** to fall down (caer). **12** to throw oneself to the ground (tirarse al suelo).

derribo *s. m.* **1** demolition (de una casa). **2** rubble (escombros). **3** demolition site (lugar). **4** POL. overthrow.

derrocadero *s. m.* rocky cliff.

derrocar *v. t.* **1** to demolish, to knock down (un edificio). **2** POL. to overthrow, to topple. **3** to remove (deponer). **4** to throw down, to fling down (despeñar).

derrochar *v. t.* **1** to waste, to squander (dinero, bienes, etc.). ◆ **2 ~ salud,** to be brimming with good health.

derrota *s. f.* **1** defeat. **2** setback (revés). **3** path (senda). **4** MAR. course (rumbo). **5** disaster, debacle (desastre).

derrotar *v. t.* **1** MIL. to defeat. **2** DEP. to beat, to defeat. **3** to squander (malgastar). **4** MAR. to change course. **5** to destroy (destruir). **6** to ruin (la salud).

derrote *s. m.* butt (de un toro).

derrotero *s. m.* **1** MAR. course (rumbo). **2** sailing instruction. **3** pilot book (libro). **4** (fig.) plan of action, course of action (camino para llegar a un fin).

derrotismo *s. m.* defeatism.

derrotista *adj./s. m.* y *f.* defeatist.

derruir *v. t.* to demolish, to knock down.

derrumbadero *s. m.* **1** cliff, precipice (precipicio). **2** (fig.) danger, hazard.

derrumbar *v. t.* **1** to knock down, to demolish (un edificio). **2** to overturn, to knock over (volcar). **3** to throw down, to fling down (tirar al suelo). ● *v. pron.* **4** to collapse, to fall down (una edificación). **5** to cave in, to fall in (el techo). **6** to throw, to fling oneself (tirarse). **7** (fig.) to collapse.

derviche *s. m.* dervish.

desabarrancar *v. t.* **1** to pull someone out of a gully, ravine. **2** (fig.) to get someone out of a tight spot.

desabastecido, -da *adj.* out of supplies.

desabollar *v. t.* to remove the dents from.

desabor *s. m.* tastelessness, insipidness.

desaborido, -da *adj.* **1** boring. ● *s. m.* y *f.* **2** bore.

desabordarse *v. pron.* to cast off.

desabotonar *v. t.* **1** to undo, to unbutton. ● *v. i.* **2** BOT. to open out, to blossom. ● *v. pron.* **3** to undo, to unbutton (desabrocharse). **4** to come undone (sin querer).

desabrido, -da *adj.* **1** tasteless, insipid (soso). **2** tasteless (de mal gusto). **3** unsettled (tiempo). **4** sullen, gruff (persona). **5** bitter (discusión, debate). **6** harsh, sharp (tono).

desabrigado, -da *adj.* **1** uncovered, without a coat (sin abrigo). **2** (fig.) unprotected, defenceless.

desabrochar *v. t.* **1** to undo, to unfasten. **2** (fig.) to open. ● *v. pron.* **3** to undo, to unfasten one's clothes. **4** (fig.) to lay oneself bare, to unburden oneself.

desacatar *v. t.* **1** to be disrespectful to, to show no respect for. **2** to disobey (desobedecer).

desacato *s. m.* DER. **1** disrespect. ◆ **2 ~ a la autoridad,** DER. contempt of court.

desacertar *v. t.* to get it wrong, to be wrong.

desacomodar *v. t.* **1** to inconvenience. **2** to sack, to fire (despedir de un trabajo). ● *v. pron.* **3** to be sacked, to be fired.

desaconsejado, -da *adj.* **1** unwise, ill-advised. **2** imprudent, foolish (imprudente). ● *s. m.* y *f.* **3** fool (imprudente).

desaconsejar *v. t.* **1** to dissuade, to warn against.

desacordar *v. t.* **1** MÚS. to put out of tune. ● *v. pron.* **2** MÚS. to be out of tune. **3** to forget something (olvidarse de una cosa).

desacostumbrado, -da *adj.* **1** unusual (inusual). **2** unused (poco acostumbrado).

desacostumbrar *v. t.* **1 ~ a uno de,** to break someone of the habit of. ● *v. pron.* **2** to give up, to break the habit of: *me he desacostumbrado del tabaco = I've given up smoking.*

desacreditar *v. t.* **1** to discredit, to harm the reputation of. **2** to disparage, to denigrate (denigrar). ● *v. pron.* **3** to disgrace, to discredit oneself.

desactivar *v. t.* to deactivate.

desacuerdo *s. m.* **1** disagreement, discord. **2** forgetfulness (olvido). ◆ **3 estar en ~ con,** to be in disagreement with.

desafección *s. f.* disaffection.

desafecto, -ta *adj.* **1** disaffected, hostile. ● *s. m.* **2** ill will, disaffection.

desafiar *v. t.* **1** to challenge, to dare: *desafiar a uno a hacer algo = to dare someone to do something.* **2** to defy, to face up to (oponer). **3** to compete (competir).

desafinar *v. i.* **1** MÚS. to be out of tune. **2** to go out of tune. **3** to play, sing out of tune (tocar, cantar). **4** (fig.) to say something out of turn (decir algo inoportuno). ● *v. pron.* **5** to go out of tune.

desaforar *v. t.* **1** to take away one's rights/ privileges (privar a uno del fuero o privilegio). **2** to violate the rights of (violar los fueros). ● *v. pron.* **3** to act outrageously. **4** to get irritated (irritarse).

desafortunado, -da *adj.* **1** unlucky (sin suerte). **2** unfortunate (desgraciado).

desafuero *s. m.* **1** outrage (abuso). **2** infringement of rights (privación de un fuero). ◆ **3 cometer un ~,** to break the law (violar la ley), to commit an outrage (cometer un abuso).

desagraciar *v. t.* to disfigure.

desagradar *v. t.* **1** to displease. **2** to dislike: *me desagrada beber = I dislike drinking.* ● *v. i.* **3** to be unpleasant.

desagradecer *v. t.* to be ungrateful for, to show no gratitude for/to (una cosa, una persona).

desagraviar *v. t.* **1** to make amends. **2** to apologize (pedir disculpas). **3** to indemnify (indemnizar).

desagregar *v. t.* to disintegrate.

desaguadero *s. m.* drain.

desaguar *v. t.* **1** to drain, to empty. **2** (fig.) to squander, to waste (derrochar). ● *v. i.* **3** to flow into (desembocar en).

desagüe *s. m.* **1** draining, drainage (hecho de desaguar). **2** drain, drainage channel.

desaguisado, -da *adj.* **1** illegal, criminal (contra la ley). **2** disgraceful, outrageous (contra la razón). ● *s. m.* **3** insult, offence (injuria). **4** outrage, disgrace (agravio).

desahogar *v. t.* **1** to relieve, to ease (aliviar). **2** to console (consolar). **3** (fig.) to vent (el enfado). ● *v. pron.* **4** to relieve one's feelings. **5** to let off steam (físicamente). **6** to relax, to rest (descansar). **7** to rid oneself of (librarse de un trabajo, deuda, problema, etc.). **8** to speak frankly (hablar con franqueza). **9** to confide (confiar).

desahogo *s. m.* **1** relief (alivio). **2** (fig.) outlet (escape). **3** relaxation (descanso). **4** (desp.) cheek, audacity (descaro). **5** freedom (libertad). ◆ **6 vivir en ~,** to live comfortably.

desahuciar *v. t.* **1** to deprive of all hope (quitar toda esperanza). **2** to give up all hope (declarar sin esperanza para la vida). **3** to evict, to eject (despedir a un inquilino).

desairado, -da *adj.* **1** ungainly, ungraceful (desgarbado). **2** unimpres-

sive, uninspiring (deslucido). **3** unsuccessful (sin éxito).
desairar *v. t.* **1** to offend (ofender). **2** to rebuff, to snub (desdeñar). **3** to disregard, to neglect (desatender).
desajustar *v. t.* **1** to upset the order of. **2** to disconnect (desacoplar). • *v. pron.* **3** to go wrong, to break down.
desaladora *s. f.* desalination plant.
desalar *v. t.* **1** to extract the salt from (quitar la sal). **2** to desalinate (el agua de mar). **3** to remove the wings of (quitar las alas). • *v. pron.* **4** to rush, to hurry (con mucha prisa). ◆ **5** ~ **por,** to long to, to yearn to.
desalentar *v. t.* **1** to make breathless. **2** (fig.) to discourage (desanimar). • *v. pron.* **3** to lose heart, to get disheartened.
desalinear *v. t.* **1** to go off line. • *v. pron.* **2** to go out of line.
desaliñar *v. t.* **1** to disorder, to disarrange (desarreglar). **2** to dirty (ensuciar). **3** (fam.) to make a mess. • *v. pron.* **4** to become untidy.
desaliño *s. m.* scruffiness.
desalmado, -da *adj.* **1** ruthless (despiadado). **2** cruel, heartless (cruel). **3** evil, wicked (malvado).
desalmar *v. t.* **1** to make uneasy, to disquiet (desasosegar). • *v. pron.* **2** to long (for), to crave (for).
desalojar *v. t.* **1** to eject, to evict (un inquilino). **2** MIL. to dislodge. **3** to abandon, to evacuate (abandonar). **4** to clear (hacer salir a la gente). • *v. pron.* **5** to change house, to move out (mudarse).
desalojo *s. m.* **1** ejection, eviction (expulsión). **2** house moving (cambio de casa). **3** MAR. displacement. **4** MIL. dislodging.
desalquilar *v. t.* **1** to stop renting. • *v. pron.* **2** to become vacant.
desalumbrado, -da *adj.* **1** dazzling (deslumbrado). **2** disconcerting, worrying (desconcertado).
desamar *v. t.* **1** to stop loving (dejar de amar). **2** to abhor, to detest (aborrecer). **3** to feel hostile (sentir desafecto).
desamarrar *v. t.* **1** MAR. to cast off. **2** to untie (desatar).
desamoblar *v. t.* to clear the furniture from.
desamor *s. m.* **1** indifference, coldness (indiferencia). **2** enmity, dislike (enemistad). **3** lack of love (falta de amor).
desamortizar *v. t.* to sell off.
desamparar *v. t.* **1** to desert, to abandon. **2** to absent oneself, to leave (ausentarse).
desamueblar *v. t.* to clear the furniture from.
desandar *v. t.* **1** to walk back, to go back. **2** ~ **lo andado o el camino,** to retrace one's steps.
desangelado, -da *adj.* dismal, unwelcoming.
desangrar *v. t.* **1** to bleed (sangrar). **2** (fig.) to bleed white. • *v. pron.* **3** to lose blood (perder sangre).
desanimar *v. t.* **1** to discourage. **2** to depress (deprimir). • *v. pron.* **3** to get discouraged, to lose heart (perder las ganas).
desanudar *v. t.* **1** to unknot, to disentangle. **2** (fig.) to sort out,
to clear up (aclarar un enredo).
desapacible *adj.* **1** unpleasant, disagreeable. **2** changeable, unsettled (el tiempo meteorológico).
desapadrinar *v. t.* to disapprove of.
desaparecer *v. i.* **1** to disappear, to vanish. **2** to wear off: *el dolor ha desaparecido = the pain has worn off.* **3** to hide (esconderse).
desaparecido, -da *adj.* **1** missing. • *s. m.* y *f.* **2** missing person.
desaparejar *v. t.* **1** to unhitch, to unharness. **2** MAR. to unrig. • *v. pron.* **3** to become unhitched.
desapasionar *v. t.* **1** to take away the passion. *v. pron.* **2** to lose interest, to become indifferent: *me he desapasionado del fútbol = I've lost interest in football.*
desapegar *v. t.* **1** to remove (desprender). **2** to unstick (despegar). • *v. pron.* **3** to lose interest in.
desapercibido, -da *adj.* **1** unprepared, unawares (no preparado). **2** unnoticed, unseen (inadvertido). ◆ **3 coger** ~, to catch unawares. **4 pasar** ~, to go unnoticed.
desaplicar *v. t.* **1** to become lazy. • *v. pron.* **2** to lose interest.
desaprensivo, -va *adj.* **1** unscrupulous. **2** immoral (inmoral). **3** unwise, imprudent (imprudente).
desaprobar *v. t.* **1** to disapprove of, to look down on. **2** to refuse, to reject (rechazar). **3** to be in disagreement (estar en desacuerdo).
desaprovechado, -da *adj.* **1** unfulfilled, unrealised. **2** slow, slack (persona vaga). **3** wasted (oportunidad, tiempo, dinero, etc.).
desapuntar *v. t.* **1** to unsew, to unstitch. **2** to shoot/fire off target (apuntar mal).
desarbolar *v. t.* **1** MAR. to dismast. **2** (fig.) to leave defenceless (dejar indefenso).
desarmar *v. t.* **1** MIL. to disarm. **2** to dismantle, to take apart (desmontar). **3** (fig.) to calm, to appease (templar). **4** MAR. to lay up. • *v. i.* **5** to disarm.
desarme *s. m.* **1** MIL. disarmament: *desarme nuclear = nuclear disarmament.* ◆ **2 conferencia sobre el** ~, conference on disarmament.
desarraigado, -da *adj.* rootless.
desarraigar *v. t.* **1** to uproot. **2** (fig.) to uproot. **3** to uproot, to banish (de un pueblo). **4** (fig.) to eliminate, to stamp out (criminalidad, la droga, el vicio, etc.). **5** to banish, to expel (desterrar).
desarrapado, -da *adj.* tattered, ragged.
desarreglar *v. t.* **1** to make untidy, to disarrange, to disorder. **2** to spoil (estropear). • *v. pron.* **3** to get disarranged, to get untidy.
desarrendar *v. t.* **1** to unbridle (un caballo). **2** to stop renting (dar fin a un arrendamiento).
desarrimar *v. t.* **1** to move away, to separate (separar). **2** (fig.) to dissuade (disuadir).
desarrollar *v. t.* **1** to unroll (un mapa, un rollo, etc.). **2** to unfold (desdoblar). **3** to develop (acrecentar). **4** to develop (economía, país). **5** to expound, to explain (una teoría, idea, etc.). **6** MAT. to develop, to expand. • *v. pron.* **7** to unroll. **8** to unfold. **9** to develop: *el país se está desarrollando rápidamente = the country's developing quickly.* **10** to take place (tener lugar): *la historia se desarrolla en Londres = the story takes place in London.*
desarrollo *s. m.* **1** development: *el desarrollo de la industria = the development of industry.* **2** MAT. expansión. **3** DEP. course: *durante el desarrollo del partido = during the course of the game.* **4** unrolling (de un papel, mapa, etc.). **5** evolution (evolución). **6** MÚS. development. **7** (fig.) unfolding, course, development: *el desarrollo de la crisis = the unfolding of the crisis.*
desarticular *v. t.* **1** to separate, to disconnect (separar). **2** to take apart, to take to pieces (desmontar). **3** (fig.) to break up (un complot, banda, etc.). • *v. t.* y *pron.* **4** to dislocate, to put out of joint (los huesos).
desarzonar *v. t.* to unsaddle, to throw, to unseat.
desasear *v. t.* **1** to soil, to dirty (ensuciar). **2** to mess up, to make untidy (desordenar).
desasentar *v. t.* **1** to remove, to move. • *v. pron.* **2** to stand up.
desasimilación *s. f.* dissimilation.
desasir *v. t.* **1** to release, to loosen (soltar). • *v. pron.* **2** to get rid of something (desprenderse de una cosa). **3** to free oneself of (librarse). **4** to lose interest (desinteresarse).
desasnar *v. t.* **1** to refine, to civilize. **2** (fam.) to polish.
desasosegar *v. t.* **1** to perturb, to make uneasy, to disquiet. • *v. pron.* **2** to become perturbed, to become uneasy.
desaspiración *s. f.* disaspiration.
desastrado, -da *adj.* **1** unlucky, unfortunate (desgraciado). **2** dirty (sucio). **3** untidy, scruffy (descuidado). **4** ragged, shabby (harapiento). • *s. m.* y *f.* **5** scruff, tramp.
desastre *s. m.* **1** disaster. **2** (fam.) disaster, mess: *¡qué desastre! = what a disaster!* **3 un** ~ **de película,** a rotten film.
desatar *v. t.* **1** to untie, to undo (nudo, paquete, etc.). **2** to unbutton (desabotonar). **3** to let go (un perro). **4** to unleash (represiones, pasiones, animales). **5** (fig.) to clear up, to sort out (aclarar, resolver). • *v. pron.* **6** to come untied, to come undone. **7** to get loose (animales). **8** to get out of (aprieto, compromiso). **9** (fig.) to burst (tormenta). **10** to break out (epidemia, motín, rebelión, etc.). **11** to get worked up (calentarse). **12** to

get carried away (hablar demasiado). **13** to go too far, to lose one's head (perder los estribos).

desatascar *v. t.* **1** to pull out of the mud (sacar de un atascadero). **2** to unblock, to clear (desobstruir). **3** (fig.) to get someone out of a fix o jam (sacar de un apuro).

desatención *s. f.* **1** inattention. **2** rudeness, discourtesy, disrespect (descortesía).

desatender *v. t.* **1** to ignore, to pay no attention to (no hacer caso). **2** to neglect (obligaciones, órdenes, el jardín, etc.). **3** to offend, to slight (ofender).

desatentar *v. t.* y *pron.* to bewilder, to confuse.

desatinar *v. t.* **1** to bewilder, to confuse. • *v. i.* **2** to talk nonsense (decir desatinos). **3** to do silly things (hacer desatinos).

desatino *s. m.* **1** foolishness (locura). **2** mistake, blunder (error).

desatollar *v. t.* y *pron.* to pull out of the mud.

desatornillador *s. m.* (Am.) screwdriver.

desatornillar *v. t.* to unscrew.

desatracar *v. t.* e *i.* MAR. to cast off.

desatrampar *v. t.* to unblock (un conducto).

desatrancar *v. t.* y *pron.* **1** to unblock, to clear (un conducto). **2** to unbolt, to unbar (una puerta). **3** to clean out (un pozo).

desautorizar *v. t.* **1** to disallow, to take away someone's authority. **2** to deny (desmentir). **3** to discredit (desacreditar).

desavenencia *s. f.* **1** disagreement, discord (discordia). **2** row, argument (riña).

desavenir *v. t.* **1** to cause a disagreement, to make trouble between. • *v. pron.* **2** to fall out.

desaviar *v. t.* y *pron.* **1** to show the wrong way (desviar). **2** to withhold necessities (desproveer).

desayunar *v. i.* y *pron.* **1** to have breakfast. • *v. t.* **2** to have ... for breakfast. ◆ **3 ~ con,** to have for breakfast.

desazón *s. f.* **1** tastelessness, insipidness (insipidez). **2** itch, itching (picor). **3** poorness (de la tierra).

desazonar *v. t.* **1** to take the taste away, to make tasteless (quitar el sabor). • *v. t.* y *pron.* **2** to upset, to get upset (disgustar). • *v. pron.* **3** to feel ill (sentirse enfermo).

desbancar *v. t.* **1** to replace, to oust (de un trabajo, posición). **2** to break the bank, to win the bank (en las cartas). **3** to take away the benches (quitar los bancos).

desbandada *s. f.* **1** stampede. ◆ **2 salir en ~,** to run off in confusion, to scatter (in disorder, in disarray).

desbandarse *v. pron.* **1** MIL. to disband (dispersarse). **2** to flee in disorder (huir en desorden). **3** to desert (desertar). **4** to keep one's distance, to remain aloof (alejarse de la compañía de otros).

desbarajuste *s. m.* chaos, disorder, mess: *¡qué desbarajuste! = what a mess!*

desbaratar *v. t.* **1** to spoil, to ruin (estropear). **2** to waste, to squander (derrochar). **3** to thwart, to frustrate (los planes de alguien, un complot, una intriga, etc.). **4** to destroy, to demolish (una teoría, argumento, etc.). **5** MIL. to rout, to put to flight. **6** to cause chaos. • *v. i.* **7** to talk nonsense, rubbish (disparatar). • *v. pron.* **8** (fam.) to go off the deep end, to get worked up (irritarse).

desbarrancar *v. t.* **1** (Am.) to throw into a chasm (tirar). • *v. pron.* **2** to fall into a chasm (caer).

desbarrar *v. i.* **1** to talk nonsense/rubbish (disparatar). **2** to slip, to slide (deslizarse). **3** to do stupid things, to mess about (hacer disparates).

desbastador *s. m.* **1** TEC. roughing chisel (herramienta para desbastar madera). **2** TEC. roughing mill (laminador).

desbastar *v. t.* **1** TEC. to rough-hew (piedra). **2** to plane (madera). **3** to smooth down (metal). **4** (fig.) to refine, to polish.

desbloquear *v. t.* **1** to reopen (paso, camino, carretera). **2** to free (dispositivo, mecanismo). **3** to unblock, to reopen (conversaciones, negociaciones). **4** to unblock, to unfreeze (cuenta bancaria).

desbocado, -da *adj.* **1** broken, chipped (de una herramienta). **2** foul-mouthed (mal hablado). **3** runaway (caballo). **4** with a broken rim (vasija de boca rota). **5** (Am.) overflowing (río).

desbordar *v. t.* **1** to pass, to go beyond (superar). **2** to exceed, to surpass (exceder): *eso desborda mis expectaciones = that surpasses my expectations.* • *v. i.* y *pron.* **3** to flood, to burst its banks, to overflow (ríos): *el río se desbordó = the river burst its banks.* **4** to spill over, to overflow (líquidos). ◆ **5 desbordarse de, a)** to be bursting with happiness (de alegría); **b)** to get carried away (entusiasmo).

desbravar *v. t.* **1** to tame (domesticar). **2** to break in (los caballos). • *v. pron.* **3** to get less wild, to become tamer (perder la braveza). • *v. i.* y *pron.* **4** to lose its strength (un licor).

desbridar *v. t.* **1** to unbridle (un caballo). **2** MED. to debride.

desbrozar o **desembrozar** *v. t.* **1** to clear the undergrowth (los matorrales). **2** to weed, to clear the weeds (la hierba). **3** to clear a path, to open the way (eliminar los obstáculos de un camino).

descabalar *v. t.* y *pron.* to leave unfinished o incomplete.

descabalgar *v. i.* to dismount.

descabellado, -da *adj.* **1** (fig.) wild, mad (loco). **2** ridiculous, absurd (absurdo).

descabellar *v. t.* **1** to ruffle (despeinar). **2** to finish off, to kill (with a blow to the neck).

descabezado, -da *adj.* **1** headless. **2** (fig.) wild, crazy (loco).

descabezar *v. t.* **1** to behead, to decapitate (decapitar). **2** to cut the top off, to lop off (cortar la parte superior). **3** to top (flores). **4** (fig.) to begin to get over a problem (empezar a superar una dificultad). • *v. pron.* **5** BOT. to shed the grain.

descachar *v. t.* (Am.) to dehorn (cortar los cuernos).

descafeinado, -da *adj.* **1** decaffeinated. **2** watered-down (desnaturalizado). • *s. m.* **3** decaffeinated coffee.

descalabrar *v. t.* **1** to hit on the head, to injure the head of (herir en la cabeza). ◆ **2** to injure, to hurt (herir). **3** to harm, to damage (perjudicar). • *v. pron.* **4** to injure one's head.

descalcificar *v. t.* **1** MED. to decalcify. • *v. pron.* **2** MED. to become decalcified.

descalificar *v. t.* **1** to disqualify. • *v. t.* **2** to discredit (desacreditar). • *v. pron.* **3** to be discredited.

descalzar *v. t.* **1** to take off (los zapatos). **2** to remove the chocks (quitar el calzo). **3** to dig under, to undermine (socavar). • *v. pron.* **4** to take off (guantes, zapatos, etc.). **5** to cast a shoe (caballo).

descamar *v. t.* **1** to scale (pescado). • *v. pron.* **2** MED. to flake off, to desquamate (la piel).

descambiar *v. t.* to change again.

descaminado, -da *adj.* **andar ~,** to be going the wrong way (en la dirección, el rumbo); to be on the wrong track (en las ideas).

descaminar o **desencaminar** *v. t.* **1** to send the wrong way, to misdirect. **2** (fig.) to mislead, to lead astray: *me están descaminando = they're leading me astray.* • *v. pron.* **3** to go the wrong way, to take the wrong road. **4** (fig.) to go astray.

descamisado, -da *adj.* **1** shirtless (sin camisa). **2** (fig.) tattered, ragged (desharrapado). • *s. m.* y *f.* **3** wretch (un pobre). **4** tramp, down-and-out (desharrapado).

descampado, -da o **escampado, -da** *adj.* **1** open (descubierto). • *s. m.* **2** open ground, open space. ◆ **3 en ~,** in the open country, in the wilds.

descansar *v. i.* **1** to rest (parar el trabajo). **2** to sleep, to have a sleep (dormir): *¡que descanses! = sleep tight!* **3** to rest, to lie (muertos): *aquí descansa... = here lies...* **4** to find relief (tener un alivio). **5** to rely on (contar con). **6** AGR. to lie fallow. **7** ARQ. to rest on, to be supported on. • *v. t.* **8** to rest: *descansar la vista = to rest one's eyes.* **9** to lean, to rest (apoyar). **10** to help (ayudar). • *v. pron.* **11** to rest, to have a rest. **12** to sleep (dormir).

descansillo *s. m.* landing (rellano).

descanso *s. m.* **1** rest (reposo). **2** relief (alivio). **3** holiday, leave, break (vacaciones). **4** break (pausa en trabajo, actividad). **5** half time (en encuentro deportivo). **6** interval, intermission

(en teatro, cine, televisión). **7** (Am.) landing (rellano).
descantillar o **descantonar** *v. t.* **1** to embezzle (desfalcar). **2** to deduct (rebajar).
descapotar *v. t.* to take the hood down (coches).
descaradamente *adv.* **1** insolently (comportarse, hablar). **2** brazenly, shamelessly (mentir, engañar).
descarado, -da *adj.* **1** insolent (persona, comentario, actitud). **2** barefaced, brazen (mentira, timo, engaño).
descararse *v. pron.* **1** to be cheeky, to be insolent. ◆ **2** ~ **a hacer algo,** to have the nerve to do something.
descarga *s. f.* **1** unloading. **2** MIL. firing, discharge. ◆ **3** ~ **cerrada,** volley, salvo. **4** ~ **eléctrica,** electrical discharge, electric shock.
descargadero *s. m.* wharf.
descargar *v. t.* **1** to unload (barco, camión, etc.). **2** MIL. to fire, to shoot. **3** (fig.) to beat, to hit (golpear). **4** to unload/to disarm (arma). **5** to free, to release (de una obligación, una deuda, etc.). **6** ELEC. to discharge. **7** to run down (una pila). **8** to go flat/dead (una batería). **9** to evacuate (el vientre). **10** to vent (ira, enfado, etc.). **11** to relieve, to release (aliviar). **12** to clear, to acquit (absolver). **13** to unburden (abrir el corazón). • *v. i.* **14** to flow into, to run into (un río). **15** to open, to burst (las nubes). • *v. pron.* **16** to resign (dimitir). **17** to delegate (delegar). **18** ELEC. to discharge. **19** to run down (una pila). **20** to go flat/dead (una batería). **21** to unburden oneself (abrir el corazón). **22** DER. to clear oneself.
descargo *s. m.* **1** unloading. **2** COM. credit (crédito). **3** receipt, voucher (recibo). **4** release (de una obligación). **5** (fig.) relief (alivio). ◆ **6 en su** ~**,** in his defence.
descariñarse *v. pron.* to lose one's affection/love.
descarnador *s. m.* **1** dental scraper (del dentista). **2** scraper (para pieles, etc.).
descarnar *v. t.* **1** to remove the flesh (quitar la carne del hueso). **2** (fig.) to strip (descubrir). **3** to erode, to wear away (erosionar).
descaro *s. m.* **1** cheek, nerve, impudence: *tuvo el descaro de decir que... = he had the nerve to say that...* ◆ **2 ¡qué** ~**!,** what a cheek!
descarriar *v. t.* **1** to misdirect, to send the wrong way (descaminar). **2** (fig.) to lead astray (apartar del buen camino). **3** to separate from the herd (animales). • *v. pron.* **4** to get lost, to lose one's way (perderse). **5** to go astray (apartarse del buen camino). **6** to get separated from the herd (animales).
descarrilar *v. i.* **1** to go off the rails, to be derailed (tren). **2** (fig.) to go off the track. • *v. t.* **3** to derail.
descartar *v. t.* **1** to discard, to put aside (desechar). **2** to reject (rechazar). **3** to rule out (una posibilidad, etc.). **4** to throw away, to discard (cartas). • *v. pron.* **5** to discard, to throw away (cartas). ◆ **6 descartarse de,** to get out of, to excuse oneself (abstenerse de hacer algo).
descasar *v. t.* **1** to dissolve a marriage. **2** (fig.) to disorder, to upset (desordenar). **3** to separate (separar).
descascarillar *v. t.* y *pron.* to remove the husk, to husk.
descastado, -da *adj.* **1** unaffectionate, unfeeling, cold (antipático). **2** alienated from one's family (apartado de la familia de uno). **3** ungrateful (ingrato). • *s. m.* y *f.* **4** pariah, outcast. **5** cold-hearted person.
descastar *v. t.* to make extinct (exterminar una casta de animales).
descendencia *s. f.* **1** origin, descent (linaje). **2** descendants, offspring (hijos). ◆ **3 morir sin dejar** ~**,** to die without issue.
descender *v. i.* **1** to descend, to go down, to come down (bajar). **2** to drop, to fall, to go down (fiebre, temperatura, etc.). **3** to hang (cortinas). **4** ~ **a,** (fig.) to stoop to, to lower oneself to. **5** to descend (from), to be descended (from): *descienden de nigerianos = they are descended from Nigerians.* **6** to get off (avión). • *v. t.* **7** to lower, to take down (equipaje, un cuadro, etc.). **8** to go down, to descend (las escaleras, una montaña, una cuesta, etc.): *descender una montaña = to go down the mountain.*
descendimiento *s. m.* **1** descent (una persona). **2** lowering (una cosa). ◆ **3** ~ **de la cruz,** REL. Descent from the Cross.
descenso *s. m.* **1** descent (por cuesta, pendiente, ladera). **2** fall (de fiebre, temperaturas, precios, cotizaciones, nivel). **3** downhill (prueba de esquí). **4** DEP. relegation (bajada de categoría).
descentralización *s. f.* decentralization.
descentralizar *v. t.* to decentralize.
descentrar *v. t.* **1** to put off-centre. **2** (fig.) to unbalance (desequilibrar). • *v. pron.* **3** to go off-centre.
desceñir *v. t.* to loosen, to unfasten, to undo (desatar).
descerrajar *v. t.* **1** to force open, to break open, to break the lock of. **2** to fire, to shoot (disparar un arma de fuego).
descervigar *v. t.* to break the neck of (desnucar).
deschavetado, -da *adj.* (Am.) crazy, daft (chiflado).
descifrar *v. t.* **1** to decipher (lo escrito). **2** to decode (un mensaje). **3** to work out, to figure out (un problema). **4** to solve, to crack (un misterio).
desclavar *v. t.* **1** to unnail, to pull out the nails from (quitar los clavos). **2** to remove (las piedras preciosas).
descocar *v. t.* **1** to pick coconuts (quitar los cocos). **2** to remove the insects from (quitar los insectos). • *v. pron.* **3** to be cheeky (descararse).
descoco *s. m.* cheek, nerve, impudence (descaro).
descodificador *s. m.* decoder.
descodificar *v. t.* to decode.
descolgar *v. t.* **1** to take down (un cuadro). **2** to lower, to let down (algo que cuelga de una cuerda). **3** to pick up, to lift (el teléfono). • *v. pron.* **4** to lower oneself, to let oneself down (por una cuerda, una pared, etc.). **5** to descend, to go down (descender una pendiente). **6** (fig.) to turn up, to pop up (presentarse inesperadamente): *se descolgó después de 2 semanas = he turned up after 2 weeks.* **7 descolgarse con,** to come out with: *se descolgó con una bobada = he came out with a silly comment.*
descollar *v. i.* y *pron.* **1** to stand out, to be outstanding, to stand head and shoulders above, to excel: *su libro descuella de entre los demás = his book stands out from the others.* **2** to rise above, to stand out from (un edificio, una montaña, etc.): *la montaña descuella sobre las otras = the mountain rises above the others.*
descolorar *v. t.* **1** to discolour. **2** to fade (poco a poco). **3** to bleach (dejar blanco). • *v. pron.* **4** to lose colour (perder el color). **5** to become faded (perder el color poco a poco). **6** to be bleached (quedar blanco).
descombrar *v. t.* to clear, to get rid of (despejar).
descomedido, -da *adj.* **1** excessive, immoderate (excesivo). **2** rude, impolite (descortés). • *s. m.* y *f.* **3** a rude person.
descompasarse *v. pron.* to be rude, to be impolite (faltar al respeto).
descompensar *v. t.* **1** to unbalance, to put off-balance (desequilibrar). • *v. pron.* **2** to go off-balance.
descomponer *v. t.* y *pron.* **1** to rot, to decompose (corromperse). **2** QUÍM. to break down. **3** to analyse, to break down (un argumento, una teoría, etc.). **4** GRAM. to split up. **5** MEC. to break down, to go out of order. **6** to disarrange, to upset (desorganizar). • *v. t.* **7** to separate into parts, to break down (separar). **8** to spoil, to mess up (estropear). **9** to upset (hacer perder la serenidad). **10** to annoy, to irritate (irritar). **11** to distort (deformar). • *v. pron.* **12** to get angry, to get worked up (irritarse). **13** to get upset (el estómago). **14** to break up (el tiempo). **15** to be distorted (deformarse). **16** to get annoyed (irritarse con alguien).
descompostura *s. f.* **1** breakdown (de un motor). **2** untidiness, slovenliness (descuido). **3** cheekiness, impudence (descaro). **4** disorganization, disorder (desorden). **5** distortion (de la cara). **6** breaking (rotura).
descompresor *s. m.* decompression valve.
descompuesto, -ta *adj.* **1** rotten, decomposed (podrido). **2** MEC. broken,

out of order. **3** distorted, twisted (el rostro). **4** chaotic, disorganized (desorganizado). **5** untidy (desordenado). **6** slovenly (desaliñado). **7** annoyed, angry (enfadado). **8** upset (trastornado). **9** impolite, rude (descortés). **10** impudent, cheeky (descarado). ◆ **11 estar ~,** (Am.) to be drunk (estar borracho).

descomulgar *v. t.* REL. to excommunicate (excomulgar).

descomunal *adj.* enormous, huge, gigantic.

desconcertado, -da *adj.* **1** disconcerted (perturbado). **2** confused (desorientado).

desconcertar *v. t.* **1** to put out, to upset (perturbar). **2** MED. to dislocate (un hueso). **3** to disorder, to disarrange (desordenar). **4** to surprise (sorprender). **5** to baffle, to confuse (desorientar). ● *v. pron.* **6** to be put out, to be upset (turbarse). **7** to be dislocated (un hueso). **8** to be confused, to be baffled (desorientarse). **9** MEC. to break down, to develop a fault. **10** to get angry, to lose one's temper (enfadarse).

desconchar *v. t.* **1** to peel off. ● *v. pron.* **2** to peel off, to flake off.

desconcierto *s. m.* **1** disorder, chaos (desorden). **2** discord, disagreement (desacuerdo). **3** trouble, disorder (desarreglo). **4** confusion, bewilderment (confusión).

desconectar *v. t.* **1** ELEC. to disconnect. **2** to switch off, to turn off (la luz, la radio, la televisión, etc.). **3** to unplug (desenchufar). ● *v. pron.* **4 desconectarse de algo,** to be out of touch with, to be out of contact with.

desconexión *s. f.* disconnection.

desconfianza *s. f.* mistrust, distrust, suspicion, lack of confidence.

descongelar *v. t.* **1** to defrost (nevera); to thaw (alimentos). **2** (fig.) to unfreeze (cuenta, salarios, etc.).

descongestionar *v. t.* y *pron.* **1** to clear (la cabeza). **2** to relieve the congestion (de coches, de gente, etc.). **3** to clear (despejar).

desconocer *v. t.* **1** not to know, to be ignorant of, to be unaware of: (ignorar) *desconozco las razones = I don't know the reasons.* **2** not to remember: *desconozco su cara = I don't remember his face.* **3** to deny (negar). **4** not to recognize (no reconocer). **5** to pretend (disimular). **6** to disown (repudiar).

desconocido, -da *adj.* **1** unknown: *una obra desconocida = an unknown work.* **2** strange, odd (raro). **3** ungrateful (ingrato). **4** much changed, much altered (muy cambiado). ● *s. m.* y *f.* **5** unknown person, stranger. ◆ **6 lo ~,** the unknown.

desconsiderar *v. t.* to be inconsiderate towards, to show a lack of consideration for.

desconsolar *v. t.* **1** to distress, to trouble. ● *v. pron.* **2** to lose hope (perder la esperanza). **3** to despair (desesperarse).

descontado, -da *adj.* **1** discounted. ◆ **2 por ~,** of course. **3 dar por ~,** to take for granted, to assume.

descontar *v. t.* **1** COM. to deduct, to discount. **2** to take away from (quitar). **3** to assume, to take for granted (dar por cierto). **4** (fig.) to disregard, to discount.

descontento, -ta *adj.* **1** unhappy, discontented, dissatisfied. ● *s. m.* y *f.* **2** unhappy/dissatisfied person. ● *s. m.* **3** displeasure, dissatisfaction. **4** POL. discontent, unrest.

desconveniencia *s. f.* inconvenience, trouble, bother.

desconvenir *v. i.* **1** to disagree, not to agree (personas). **2** not to fit, not to match (cosas). ● *v. pron.* **3** to be inconvenient (no convenir).

descorazonar *v. t.* **1** to pull o tear the heart out of (arrancar el corazón). **2** to dishearten, to discourage (desanimar). ● *v. pron.* **3** to get disheartened, to lose heart.

descorchador *s. m.* **1** corkscrew (sacacorchos). **2** cork stripper (el que descorcha).

descorchar *v. t.* **1** to uncork (botella). **2** to remove o strip the bark from (quitar el corcho). **3** (fig.) to force, to break open (abrir con fuerza).

descornar *v. t.* y *pron.* **1** to dehorn (quitar los cuernos). ● *v. pron.* **2** to slog one's guts out (fam.) (trabajar).

descorrer *v. t.* **1** to draw back, to open (cortinas). **2** to unbolt (cerrojo). **3** to drain, to drain away (líquidos).

descortés *adj.* impolite, rude, bad-mannered.

descortezar *v. t.* **1** to remove o strip the bark from (quitar la corteza). **2** to peel (pelar). **3** to cut the crust off (pan). **4** (fig.) to polish, to refine (desbastar).

descoser *v. t.* **1** to unsew, to unstitch (las costuras). ● *v. pron.* **2** to burst o to come apart at the seams (soltarse las puntadas de las cosas cosidas). ◆ **3 descoserse de risa,** (fig.) to split one's sides laughing.

descosido, -da *adj.* **1** unsewn, unstitched (de una prenda). **2** (fig.) disconnected, disjointed: *un libro descosido = a disjointed book.* **3** indiscreet, talkative (indiscreto). ● *s. m.* **4** unstitched seam, open seam (parte de una prenda con la costura suelta). ◆ **5 beber como un ~,** to drink like a fish. **6 comer como un ~,** to eat like a horse. **7 correr como un ~,** to run like the devil. **8 estudiar como un ~,** to study like mad. **9 gastar como un ~,** to spend money like water. **10 hablar como un ~,** to talk nineteen to the dozen. **11 reírse como un ~,** to laugh one's head off, to split one's sides laughing. **12 soltar tacos como un ~,** to swear like a trooper.

descotar *v. t.* **1** to cut out, to cut to fit (escotar). **2** to cut out the neckline. ● *v. i.* y *pron.* **3** to pay one's share, to pay one's way (pagar su escote).

descoyuntar *v. t.* y *pron.* **1** ANAT. to dislocate, to put out of joint. ◆ **2 descoyuntarse de risa,** (fam.) to split one's sides laughing. **3 estar descoyuntado,** to be double-jointed.

descrédito *s. m.* **1** discredit, disrepute. ◆ **2 caer en ~,** to fall into disrepute. **3 ir en ~ de,** to be to the discredit of, to harm the reputation of.

descreído, -da *adj.* **1** unbelieving, disbelieving. ● *s. m.* y *f.* **2** doubter, disbeliever.

describir *v. t.* **1** to describe. **2** to trace, to describe (trazar).

descripción *s. f.* description.

descriptivo, -va *adj.* **1** descriptive. ◆ **2 geometría ~,** descriptive geometry. **3 música ~,** descriptive music.

descuadernar *v. t.* **1** to unbind, to take off the binding. ● *v. pron.* **2** to come unbound.

descuajaringar o **descuajeringar** *v. t.* **1** to take to pieces, to dismount (descomponer). ● *v. pron.* **2** to fall to bits (deshacerse). ◆ **3 descuajaringarse de risa,** to split one's sides laughing. **4 estar descuajaringado,** to be worn out.

descuartizar *v. t.* **1** HIST. to quarter. **2** to cut up, to carve up (despedazar algo). **3** (fig.) to pull apart, to tear to pieces.

descubierta *s. f.* **1** MIL. scouting, reconnaissance. ◆ **2 a la ~,** openly (abiertamente); in the open (sin protección). **3 ir a la ~,** to scout, to reconnoitre.

descubierto, -ta *adj.* **1** uncovered, bare (un cuerpo). **2** cloudless, clear (el cielo). **3** open, exposed (expuesto). **4** bare, open (el terreno). **5** MIL. under fire. **6** bare (la cabeza). **7** hatless, bareheaded (sin sombrero). **8** open (un coche). ● *s. m.* **9** COM. deficit. **10** shortage (insuficiencia). **11** overdraft (sobregiro). ◆ **12 al ~,** in the open. **13 estar en ~,** to be overdrawn, to be in the red. **14 quedar al ~,** to be obvious, to be manifest.

descubrir *v. t.* **1** to discover: *descubrir un planeta nuevo = to discover a new planet.* **2** to find, to detect (detectar). **3** to uncover (destapar). **4** to take the lid off (una cacerola). **5** to find, to discover (una mina, un tesoro, una tribu, etc.). **6** to unveil (una placa, una estatua, etc.). **7** to strike, to find (petróleo, oro, etc.). **8** to reveal (revelar): *descubrir sus pensamientos = to reveal one's thoughts.* **9** to unearth, to uncover (un fraude, un complot, etc.). **10** to unmask (impostor). **11** to make out, to be able to see (divisar): *se puede descubrir el mar desde aquí = you can make out the sea from here.* **12** to bare (la cabeza, el cuerpo, etc.). **13** MAR. to sight (la tierra). **14** to show, to lay down (en las cartas). **15** to give away, to betray (traicionar): *le descubrieron sus huellas = his fingerprints gave him away.* ● *v. pron.* **16** to take off one's hat, cap, etc. (quitarse el sombrero, gorra, etc.). **17** to raise one's hat (para saludar). **18** to clear (despejar). **19** to come to light, to be discovered (un secreto, un fraude, un crimen, etc.). **20** to show/to reveal oneself (mostrarse). **21** to confide in someone, to confess to someone (con alguien).

descuello *s. m.* **1** superiority (superioridad). **2** arrogance, disdain (altanería).

descuento *s. m.* **1** discount: *con descuento = at a discount.* **2** reduction, discount (reducción): *hacer un descuento = to give a reduction.* **3** deduction (deducción): *descuento del salario = wage deduction.* ◆ **4 ~ por el pago al contado,** discount for cash payment.

descuidar *v. t.* **1** to neglect: *descuidar el jardín = to neglect the garden.* **2** to distract (distraer). ● *v. i.* **3** not to worry: *¡descuida! = don't worry!* ● *v. pron.* **4** to neglect: *se descuidan de su casa = they neglect their house.* **5** to be careless (no prestar atención). **6** not to worry, not to bother (no preocuparse): *se descuida de su apariencia = he doesn't worry about his appearance.* **7** not to be careful, not to be on guard (no tener cuidado): *si te descuidas te cobran demasiado = if you're not careful, they'll charge you too much.*

descuido *s. m.* **1** carelessness (falta de cuidado). **2** negligence (negligencia). **3** forgetfulness (olvido). **4** inattention, lack of attention (falta de atención): *un momento de descuido = a moment's inattention.* **5** untidiness, slovenliness (de la apariencia). **6** error, mistake (un error). ◆ **7 al ~,** casually, nonchalantly. **8 en un ~,** (Am.) when least expected. **9 por ~,** inadvertently, by an oversight.

descular *v. t.* to break the bottom of.

desde *prep.* **1** from (espacio): *sólo hay una milla desde aquí al colegio = it's only a mile from here to the school.* **2** from, since (tiempo): *desde el año pasado = since last year.* ◆ **3 ~ hace,** for: *lleva aquí desde hace 20 días = It's been here for 20 days.* **4 ~ que,** since: *te he querido desde que te vi por primera vez = I have loved you since the first time I saw you.*

desdecir *v. t.* **1** to deny, to repudiate (negar). ● *v. i.* **2** not to match, to clash with (no hacer juego). **3** to be unworthy of, to disappoint: *desdice de su familia = he's unworthy of his family.* **4** to decline, to deteriorate (decaer). ● *v. pron.* **5** to retract, to take back what one has said (retractarse). **6** to go back on, to withdraw (renunciar). **7 desdecirse de algo,** to go back on a promise.

desdén *s. m.* disdain, contempt (menosprecio).

desdentado, -da *adj.* **1** toothless. **2** ZOOL. edentate. ● *s. m. pl.* **3** ZOOL. edentata.

desdeñar *v. t.* to disdain, to scorn, to turn one's nose up at.

desdibujar *v. t.* **1** to blur, to fade (hacer confuso). ● *v. pron.* **2** to become blurred, to fade.

desdicha *s. f.* **1** misfortune, mishap: *sufrir una desdicha = to suffer a misfortune.* **2** misfortune, misery (desgracia). **3** poverty, wretchedness (pobreza extrema). ◆ **4 para colmo de desdichas,** on top of everything. **5 para ~,** unfortunately.

desdoblar *v. t.* **1** to unwind, to straighten (un alambre, etc.). **2** to unfold, to spread out (un mapa, papel, etc.). **3** QUÍM. to break down, to separate. ● *v. pron.* **4** to split in half.

desdoro *s. m.* dishonour, blemish, blot: *es un desdoro para la familia = it's a blot on the family.*

desear *v. t.* **1** to want (querer): *deseo que vengas = I want you to come.* **2** to desire, to long for (añorar): *deseamos la democracia = we long for democracy.* **3** to wish: *te deseo mucha suerte = I wish you good luck.* **4** to look forward to: *deseo que llegue el fin de semana = I'm looking forward to the weekend.* **5** to like (gustar): *desearía más dinero = I would like more money.* **6** desire (sexualmente). ◆ **7 dejar mucho que ~,** it leave a lot to be desired. **8 es de ~,** it's to be hoped.

desecar *v. t.* **1** to dry up. **2** QUÍM. to desiccate. **3** to drain (drenar). ● *v. pron.* **4** to dry up (secarse).

desechable *adj.* disposable.

desechar *v. t.* **1** to throw away/out (basura). **2** to get rid of, to scrap (cosas inútiles): *desechar un coche viejo = to get rid of an old car.* **3** to cast off, to discard (ropa vieja). **4** to reject, to turn down (rechazar): *desechar una sugerencia = to reject a suggestion.* **5** to drop, to discard (una idea, un plan, etc.). **6** to turn (una llave). **7** to undervalue, to think little of (menospreciar). **8** to expel, to eject (expeler).

desecho *s. m.* **1** waste, rubbish (basura). **2** residue (resto). **3** offal (de carnicero). **4** cast-off (prenda). **5** scrap, junk (de metal). **6** reject (después de elegir lo bueno). **7** contempt, scorn (desprecio). **8** (fig.) dregs, scum: *el desecho de la sociedad = the scum /dregs of society.* ◆ **9 desechos de metal,** scrap metal. **10 desechos radiactivos,** radioactive waste. **11 ser un ~ humano,** to be a social reject.

desembalaje *s. m.* unpacking.

desembalar *v. t.* to unpack.

desembarazar *v. t.* **1** to evacuate, to clear (evacuar). **2** to clear, to free (un camino, etc.). **3** to empty, to clear (vaciar). ● *v. pron.* **4** to get rid of something, to free oneself of: *se desembarazó del coche = he got rid of the car.* **5** (Am.) to give birth (parir).

desembarazo *s. m.* **1** clearing (acción de desembarazar). **2** ease, confidence (desenfado). **3** (Am.) childbirth (parto).

desembarcadero *s. m.* landing stage, quay, pier, wharf.

desembarcar *v. t.* **1** to land, to put ashore (personas). **2** to unload, to disembark (mercancías). ● *v. i.* y *pron.* **3** to go ashore, to land, to disembark. **4** (Am.) to get out of (salir de).

desembaular *v. t.* **1** to unpack (deshacer un baúl, maleta, etc.). **2** to take out, to get out (sacar). **3** (fig.) to empty (vaciar). **4** (fig.) to get something off one's chest, to unburden oneself of a problem (desahogarse).

desembocadura *s. f.* **1** outlet, exit (salida). **2** mouth (un río). **3** end, opening (de una calle). **4** outlet (de una cañería).

desembocar *v. i.* **1** to flow into, to run into (un río): *el río desemboca en el Pacífico = the river flows into the Pacific.* **2** to join, to meet (una calle, camino, etc.). **3** (fig.) to end in, to lead to: *desembocó en caos = it ended in chaos.*

desembolsar *v. t.* **1** to pay, to pay out (pagar). **2** (fig.) to lay out, to spend (gastar).

desemboscarse *v. pron.* **1** to leave the forest (salir del bosque). **2** to escape from an ambush (salir de una emboscada).

desembragar *v. t.* **1** to release/to disengage the clutch (soltar el embrague). **2** MEC. to disconnect, to disengage. ● *v. i.* **3** to declutch, to let the clutch out.

desembridar *v. t.* to unbridle.

desembrozar *v. t.* **1** to clear the undergrowth (quitar los matorrales). **2** to weed, to clear the weeds (la hierba). **3** to clear a path, to open the way (eliminar los obstáculos de un camino).

desembuchar *v. t.* **1** to disgorge (los pájaros). **2** (fig.) to let out, to reveal (revelar algo). ● *v. i.* **3** (fig.) to let out a secret, to spill the beans (confesar). ◆ **4 ¡desembucha!,** out with it!, spill the beans!

desemejar *v. i.* **1** to be unlike, to be dissimilar, to differ. ● *v. t.* **2** to disfigure, to deform (deformar). **3** to change, to alter (cambiar).

desempachar *v. t.* y *pron.* **1** to get rid of indigestion (quitar el empacho). ● *v. pron.* **2** to become outgoing, to come out of one's shell (adquirir desenvoltura).

desempacho *s. m.* **1** confidence, ease, composure (soltura). **2** (desp.) cheek, impudence (descaro).

desempañar *v. t.* **1** to clean (limpiar lo empañado). ● *v. t.* y *pron.* **2** to remove o to take off the nappies (quitar los pañales a los niños).

desemparejar *v. t.* y *pron.* **1** to break up a pair (deshacer una pareja). **2** to lose one of a pair (perder uno de una pareja).

desemparentado, -da *adj.* without relatives/relations.

desempatar *v. i.* **1** to break the deadlock (en competición, votación). ● *v. t.* **2** (Am.) to cast off (barca).

desempeñar *v. t.* **1** to get out of pawn, to redeem (recuperar la cosa empeñada). **2** to hold, to occupy, to fill (un cargo). **3** to perform, to carry out (un deber). **4** to play (un papel en el cine, teatro, etc.). **5** (fig.) to get someone out of a fix/jam (sacar a uno de un apuro). **6** to pay off someone's debts, to free someone from debt (librar a uno de sus deudas). • *v. pron.* **7** to get out of a fix/jam (salir de un apuro).

desempleado, -da *adj.* **1** unemployed, out of work. • *s. m.* y *f.* **2** unemployed person.

desempleo *s. m.* unemployment.

desempolvar o **desempolvorar** *v. t.* to dust, to remove the dust from (quitar el polvo).

desencadenar *v. t.* **1** to unchain (soltar las cadenas). **2** to unleash (un perro). **3** (fig.) to let loose, to unleash (las pasiones). **4** (fig.) to start, to trigger, to set off, to spark off: *la rebelión desencadenó una guerra = the rebellion sparked off a war.* • *v. pron.* **5** to break out (guerra, huelga, etc.). **6** to burst (una tormenta). **7** to rage (pasiones, el viento, el mar, etc.).

desencajar *v. t.* **1** MED. to dislocate (los huesos). **2** MEC. to disconnect, to disengage (desconectar). **3** to unblock, to free (desatascar). • *v. pron.* **4** to become distorted (el rostro). **5** to look crazy/wild (los ojos). **6** to break up, to fall to pieces (deshacerse).

desencallar *v. t.* MAR. to refloat.

desencaminar *v. t.* **1** to send the wrong way, to misdirect. **2** (fig.) to mislead, to lead astray: *me han desencaminado = I've been misled.* • *v. pron.* **3** to go the wrong way, to take the wrong road. **4** (fig.) to go astray.

desencantar *v. t.* **1** to disillusion, to disappoint (decepcionar). • *v. pron.* **2** to become disillusioned, to be disappointed.

desencapotar *v. t.* **1** to uncover, to reveal (descubrir). • *v. pron.* **2** to clear, to clear up (despejarse el cielo). **3** to cheer up, to brighten up (animarse). • *v. t.* y *pron.* **4** (p.u.) to take off one's cloak, to uncloak (quitarse el capote).

desencerrar *v. t.* **1** to unlock, to open (abrir lo encerrado). **2** to get out, to free (sacar del encierro). **3** to uncover, to unmask (descubrir lo oculto).

desenclavar *v. t.* **1** to unnail (desclavar). **2** (fig.) to throw out, to kick out (echar violentamente a uno de un lugar).

desenconar *v. t.* **1** to reduce/to relieve the inflammation. **2** (fig.) to soothe, to ease (moderar el enojo, etc.). • *v. pron.* **3** to calm down, to cool down (suavizarse una cosa).

desencuadernar o **descuadernar** *v. t.* **1** to take off the binding, to unbind (un libro). • *v. pron.* **2** to come unbound.

desenfadado, -da *adj.* **1** free-and-easy, carefree (desenvuelto). **2** uncaring, indifferent (sin excesivos respetos humanos).

desenfadar *v. t.* y *pron.* to calm down, to cool down.

desenfado *s. m.* **1** carefree manner, free-and-easy manner (desenvoltura). **2** openness, frankness (franqueza). **3** inhibition, freedom (despreocupación).

desenfilar *v. t.* **1** MIL. to put under cover o to cover from enemy fire (poner a cubierto del fuego enemigo). • *v. pron.* **2** to take cover.

desenfocar *v. t.* **1** FOT. to get out of focus. **2** to blur (problema, cuestión, asunto).

desenfrenar *v. pron.* **1** to release the brake (quitar el freno). • *v. pron.* **2** (fig.) to let oneself go, to go wild (entregarse a los vicios). **3** to run riot, to run wild (la multitud). **4** to burst, to rage (una tormenta). **5** to rage (el viento).

desengañar *v. t.* **1** to open the eyes of, to make someone see the truth, to enlighten: *su traición la desengañó = her betrayal made him see the truth.* **2** to disappoint (decepcionar). **3** to disillusion (desilusionar). • *v. pron.* **4** to get disillusioned (desilusionarse). **5** to see the truth (ver la verdad). **6** to realize (caer en la cuenta). **7** to see the light (ver la realidad). **8 ¡desengáñate!,** don't fool yourself!

desengrasar *v. t.* to remove the grease from.

desenlazar *v. t.* **1** to undo, to unfasten, to untie. **2** (fig.) to solve (un problema). **3** to unravel, to clear up (un asunto, la trama de una obra). • *v. pron.* **4** to come undone (desatarse). **5** to turn out, to end (un libro, una película, etc.).

desenmarañar *v. t.* **1** to unravel, to disentangle (desenredar). **2** to clear up, to clarify (aclarar un enredo).

desenmascarar *v. t.* **1** unmask (quitar la máscara). **2** (fig.) to unmask, to expose: *desenmascararon sus mentiras = they exposed his lies.*

desenredar *v. t.* **1** to unravel, to disentangle (desenmarañar). **2** (fig.) to straighten out, to put in order (poner en orden). • *v. pron.* **3** (fig.) to get out of a jam/fix (salir de un apuro).

desenredo *s. m.* **1** unravelling, disentanglement (resultado de desenredar). **2** solution (de un problema). **3** denouement, outcome (desenlace). **4** (fig.) way out (salida de un apuro).

desenroscar *v. t.* to unscrew.

desentenderse *v. pron.* **1** to pretend not to know, to give the impression of ignorance (fingir que no se entiende): *se desentiende del asunto = he pretends not to know about the subject.* **2** not to take part in, to want nothing to do with (no tomar parte en algo): *me desentiendo de eso = I want nothing to do with it.*

desenterrar *v. t.* **1** to disinter, to exhume (un cadáver). **2** (fig.) to dig up, to unearth (una cosa). **3** (fig.) to recall, to recollect (traer a la memoria).

desentonar *v. i.* **1** to be out of tune (voz o instrumento). **2** to sing out of tune (voz). • *v. i.* y *pron.* **3** (fig.) to clash, not to match, not to go with (ropa, colores, etc.). • *v. pron.* **4** to shout, to raise one's voice (levantar la voz).

desentrampar *v. t.* y *pron.* **1** to get out of debt (librar de las deudas). **2** to get out of pawn (desempeñar). **3** (fam.) to get out of the red (salir de los números rojos).

desentrañar *v. t.* **1** to disembowel. **2** (fig.) to work out, to puzzle out (resolver un problema). **3** to get to the bottom of, to unravel (un misterio). • *v. pron.* **4** to do/go without (privarse de algo).

desenvainar *v. t.* **1** to draw, to unsheathe (una espada). **2** to show, to uncover (descubrir lo oculto). **3** to shell (guisantes). **4** to show, to put out (un animal).

desenvoltura *s. f.* **1** grace, ease, naturalness (del cuerpo). **2** fluency, facility (facilidad de palabra). **3** assurance, self-confidence (confianza en sí mismo). **4** cheek, impudence, nerve (desvergüenza). **5** free-and-easy manner, carefreeness (despreocupación).

desenvolver *v. t.* **1** to unwrap (regalo, paquete, etc.). **2** to unroll, to unwind (un rollo, hilo, etc.). **3** to untangle (lana). **4** (fig.) to expound, to set out (una teoría, idea, etc.). **5** to unravel, to clear up (aclarar). **6** to develop, to expand (un negocio). • *v. pron.* **7** to get out of a fix/ jam (salir de una dificultad). **8** to prosper (prosperar). **9** to develop, to grow (desarrollarse). ◆ **10 desenvolverse en la vida,** to look after oneself.

deseo *s. m.* **1** desire, wish: *el deseo de dormir = the desire to sleep.* ◆ **2 buenos deseos,** good intentions. **3 deseos de felicidad,** good wishes. **4 arder en deseos de algo,** to long for, to yearn for. **5 tener ~ de hacer algo,** to long to do something, to want to do something. **6 es mi mayor ~,** it's my dearest wish. **7 según sus deseos,** according to his wishes.

desequilibrado, -da *adj.* **1** unbalanced, off balance. **2** (fig.) unbalanced, disturbed (de la mente). • *s. m.* y *f.* **3** mentally unbalanced person.

desequilibrar *v. t.* **1** to unbalance, to throw/knock/put off balance. **2** (fig.) to unbalance (perder el equilibrio mental): *el susto le desequilibró = the shock unbalanced him.* • *v. pron.* **3** to lose one's balance (perder el equilibrio). **4** to become unbalanced, to go mad (volverse loco).

deserción *s. f.* desertion.

desertar *v. i.* **1** MIL. to desert. **2** to abandon, to leave (de casa, un grupo, etc.). **3** DER. to drop, to give up.

desértico, -ca *adj.* **1** desert, desert-like (como un desierto). **2** empty, deserted (vacío). **3** GEOG. desert.

desertificación o **desertización** *s. f.* desertification.

desesperación *s. f.* **1** desperation (desesperanza). **2** exasperation (irritación).

desesperado, -da *adj.* **1** desperate. ◆ **2 a la desesperada,** in desperation.

desesperanzar *v. t.* **1** to deprive of hope (quitar la esperanza). ● *v. pron.* **2** to lose hope, to despair (quedarse sin esperanza).

desesperar *v. t.* **1** to drive to despair (llevar a uno a la desesperación). **2** (fam.) to drive crazy, to annoy (exasperar). ● *v. i.* **3** to give up hope, to despair (perder la esperanza): *no desesperes, aún puedes aprobar = don't give up hope, you can still pass.* ● *v. pron.* **4** to give up hope, to lose hope, to despair (quedarse sin esperanza). **5** to get impatient, to become impatient (impacientarse). **6** to get exasperated (irritarse).

desestimar *v. t.* **1** to underestimate (menospreciar). **2** to have a low opinion of, to have little respect for (despreciar). **3** to reject (denegar). **4** DER. to turn down, to reject: *me han desestimado la demanda = they have turned down my claim.*

desfachatez *s. f.* impudence, cheek, nerve (descaro): *¡qué desfachatez! = what a nerve!*

desfalcar *v. t.* **1** FIN. to embezzle. **2** to leave incomplete (dejar incompleto).

desfalco *s. m.* embezzlement.

desfallecer *v. i.* **1** to weaken (perder las fuerzas). **2** to faint (desmayarse). **3** to decline (venir a menos).

desfase *s. m.* **1** unadaptability (inadaptación de una persona o cosa). **2** gap (diferencia).

desfigurar *v. t.* **1** to disfigure (la cara). **2** to deform (el cuerpo). **3** to deface (un edificio, un cuadro, etc.). **4** to distort (la verdad, el significado, los hechos, etc.). **5** to blur (una foto). **6** to alter, to disguise (la voz). ● *v. pron.* **7** to change (inmutarse).

desfiladero *s. m.* narrow pass, defile.

desfilar *v. i.* **1** MIL. to march past, to parade. **2** to file past, to march past: *desfilaron ante el general = they marched past the general.* **3** (fam.) to file out (marcharse).

desfile *s. m.* **1** MIL. parade, march-past. **2** procession, parade (de carrozas). **3** fashion show (de modelos).

desflorar *v. t.* **1** to strip off the flower (quitar la flor). **2** to deflower (desvirgar). **3** to tarnish, to mar (quitar el lustre). **4** to touch superficially upon, to brush over (tratar superficialmente un asunto).

desfogar *v. t.* **1** to vent, to let fly: *desfogó su frustración en los demás = he vented his frustration on the others.* ● *v. i.* **2** to burst, to break (una tormenta). ● *v. pron.* **3** (fam.) to vent one's feelings, to let off steam (manifestar ardientemente una pasión).

desfondar *v. t.* **1** to knock the bottom out of (quitar el fondo). **2** to break the bottom of (romper el fondo). **3** AGR. to plough deeply. ● *v. pron.* **4** to wear/tire oneself out (agotarse).

desgaire *s. m.* **1** contemptuous/scornful gesture (ademán de desprecio). **2** carelessness, slovenliness (en el vestir, etc.). **3** affected carelessness, nonchalance (desaliño afectado). ◆ **4 al ~,** sloppily, carelessly (con descuido).

desgajar *v. t.* **1** to tear off, to rip off (las ramas). **2** to tear up (despedazar). **3** to tear o rip to pieces (desgarrar). ● *v. pron.* **4** to come away from, to break off (desprenderse una cosa de otra). **5** to tear oneself away (alejándose de algo).

desgalichado, -da *adj.* clumsy, awkward, ungainly.

desgana *s. f.* **1** lack of appetite (inapetencia). **2** lack of willpower (abulia). **3** unwillingness, reluctance (sin ganas). **4** repugnance, disgust (repugnancia).

desgañitarse *v. pron.* **1** to shout/scream one's head off. **2** to go hoarse (enronquecer).

desgarbado, -da *adj.* **1** clumsy, gawky, ungainly. **2** slovenly, careless (en el vestir).

desgarrado, -da *adj.* **1** impudent, cheeky, insolent (descarado). **2** scandalous (escandaloso). **3** reprobate, licentious (libertino).

desgarrar *v. t.* **1** to tear, to rip (rasgar). **2** (fig.) to crush, to shatter (causar mucha pena). **3** to break (el corazón). ● *v. pron.* **4** to rip, to tear.

desgarro *s. m.* **1** tear, rip (de papel, tela, etc.). **2** tear (de un músculo). **3** (fig.) boasting, bragging (fanfarronada). **4** cheek, impudence, nerve (desvergüenza).

desgarrón *s. m.* **1** large rip o tear (rotura grande). **2** tear (de un músculo). **3** tatter (jirón).

desgastar *v. t.* **1** to wear away, to wear down (gastar poco a poco). **2** to wear out (la ropa). **3** GEOL. to erode. **4** to fray, to wear (una cuerda, cortina, etc.). **5** to corrode (metal). **6** (fig.) to ruin, to spoil (estropear). ● *v. pron.* **7** to tire o to wear oneself out (agotarse). **8** to get weak (debilitarse). **9** to wear out, to get worn (ropa). **10** GEOL. to erode. **11** to wear away (gastarse poco a poco). **12** to corrode (metal).

desglosar *v. t.* **1** to remove, to detach (un escrito de otro). **2** to separate (separar).

desgobernar *v. t.* **1** POL. to misgovern, to misrule. **2** to dislocate (dislocar). **3** to mismanage, to manage badly (llevar un negocio, asunto, etc. mal).

desgoznar o **desengoznar** *v. t.* **1** to unhinge, to take something off its hinges (sacar de los goznes). ● *v. pron.* **2** to get upset, to become disturbed (desquiciar).

desgracia *s. f.* **1** misfortune (suceso adverso): *sufrir una desgracia = to have a misfortune.* **2** mishap (contratiempo). **3** bad luck (mala suerte). **4** disgrace, disfavour (pérdida del favoritismo). **5** awkwardness, lack of grace (falta de maña o gracia). ◆ **6 caer en ~,** to fall from favour. **7 estar en ~,** to be unfortunate. **8 no hay que lamentar desgracias personales,** no one was hurt, there were no casualties. **9 para colmo de desgracias,** on top of everything. **10 por ~,** unfortunately. **11 ¡qué ~!,** what a pity!, what a shame! **12 ser la ~ de la familia,** to be the disgrace of the family.

desgraciar *v. t.* **1** to ruin, to spoil (estropear). **2** to damage (dañar). ● *v. pron.* **3** to be ruined, to be spoilt (estropearse). **4** to be damaged (dañarse). **5** to fall through, to turn out badly (malograrse).

desgranar *v. t.* **1** to remove the grain (sacar el grano). **2** to remove the pips (sacar las pepitas). **3** to thresh (trigo). **4** to shell (guisantes, maíz). ● *v. pron.* **5** to shed its grain (maíz, trigo). **6** BOT. to fall. **7** to lose its grapes (uva). **8** to shed its seeds (otras plantas). **9** to come unstrung (cuentas de un collar). ◆ **10 ~ las cuentas de un rosario,** to tell one's beads.

desgreñar *v. t.* **1** to ruffle, to tousle, to dishevel (despeinar). ● *v. pron.* **2** to get ruffled/tousled/dishevelled (despeinarse).

desguarnecer *v. t.* **1** MEC. to strip down, to dismantle (desmontar). **2** to unharness (un caballo). **3** to untrim, to remove the trimmings (quitar los adornos). **4** to strip (instrumentos). **5** MIL. to abandon (abandonar).

desguazar *v. t.* **1** to rough-hew (un madero). **2** to break up, to scrap (barco). **3** to scrap (avión, coche).

deshabitado, -da *adj.* uninhabited.

deshacer *v. t.* **1** to undo (en general). **2** to damage (dañar). **3** to spoil (estropear). **4** to destroy (destruir). **5** to undo, to unpick (descoser). **6** to ruin (arruinar). **7** MEC. to take to pieces, to take apart (desmontar). **8** to strip down, to break up (desguazar). **9** to unmake (una cama). **10** to unwrap, to undo (un paquete). **11** to untie, to unfasten, to undo (desatar). **12** to unpack (una maleta). **13** to unknot, to untie (un nudo). **14** to wear down (metal). **15** to melt (derretir). **16** to dissolve (disolver). **17** to put to flight, to rout (un enemigo). **18** to beat, to defeat (ganar). **19** to break, to violate (un tratado). **20** to cancel (un contrato). **21** to wear/tire out (cansar). **22** to right (injusticias, males, etc.). **23** to shatter (una persona): *la noticia le deshizo = the news shattered him.* **24** to divide (dividir). **25** to damage, to harm (la vista). **26** to thwart (una intriga, complot, etc.). ● *v. pron.* **27** to come undone/unfastened (cordones, nudo, etc.). **28** to come unsewn (descoserse). **29** to come apart, to come to pieces (un objeto). **30** to break (romper). **31** to get spoilt (estropearse). **32** to get damaged (dañarse). **33** to melt (derretirse). **34** to vanish, to disappear (esfumarse). **35** to dissolve (disolver). **36** to break up (desguazar). **37** to be shattered, to go to pieces (una persona): *cuando oyó las noticias se deshizo = when he heard the news, he was shattered.* **38**

to get tired, to tire oneself out (cansarse). **39** to do one's utmost (hacer todo lo posible). **40** to get/grow weak (debilitarse). **41** to get/grow impatient (impacientarse). ◆ **42 deshacerse de algo,** to get rid of something, to part with something: *se deshizo del coche = he got rid of the car.* **43 deshacerse de alguien,** to get rid of someone. **44 deshacerse en lágrimas,** to burst into tears. **45 deshacerse en suspiros,** to sigh deeply. **46 deshacerse en cumplidos,** to be full of praise. **47 deshacerse en excusas,** to apologize profusely. **48 deshacerse como el humo,** to vanish into thin air. **49 deshacerse por algo,** to be crazy/mad about something. **50 deshacerse por el arte,** to be crazy about art. **51 deshacerse por hacer algo,** to do one's utmost to do something, to try one's hardest to do something.

desharrapado, -da *adj.* **1** ragged, tattered. • *s. m.* y *f.* **2** shabby person, down-and-out.

deshebrar *v. t.* **1** to unthread, to undo (una tela). **2** to tear into strips (dividir en partes muy delgadas).

deshecho, -cha *adj.* **1** tired out, worn out (muy cansado). **2** crushed, shattered (por una noticia, etc.). **3** destroyed (destrozado). **4** unsewn (descosido). **5** undone, unfastened (ropa, lazo, nudo). **6** broken (roto). **7** untied (desatado). **8** melted (nieve, hielo). **9** dissolved (disuelto). **10** unmade (una cama). **11** unpacked (una maleta). **12** in pieces, broken up (desmontado). **13** beaten, defeated (vencido). **14** unwrapped (un paquete). **15** ruined, spoilt (estropeado). **16** broken (salud). **17** violent (tormenta). • *s. m.* **18** (Am.) short cut (atajo).

desheredado, -da *adj.* **1** disinherited. **2** (fig.) underprivileged, poor (pobre). • *s. m.* y *f.* **3** a disinherited person. **4** (fig.) an underprivileged person.

desheredar *v. t.* to disinherit.

deshidratado, -da *adj.* **1** dehydrated (persona). **2** dry, dehydrated (piel).

deshidratar *v. t.* y *pron.* to dehydrate.

deshielo *s. m.* **1** thaw (nieve, hielo). **2** defrosting (del frigorífico). **3** (fig.) thawing: *el deshielo entre dos países = the thawing between two countries.*

deshilachar *v. t.* **1** to ravel, to fray. • *v. pron.* **2** to become frayed, to get frayed.

deshilar *v. t.* **1** to unravel (sacar hilos). **2** (fig.) to cut into shreds (cortar en partes muy delgadas). • *v. pron.* **3** to get worn, to fray (deshilacharse).

deshilvanado, -da *adj.* **1** disconnected, disjointed (inconexo). **2** incoherent (incoherente). **3** untacked (costura).

deshilvanar *v. t.* to untack, to unstitch.

desinhibirse *v. pron.* to shake off one's inhibitions.

deshojar *v. t.* **1** to pull/strip the leaves off (quitar las hojas). **2** to pull/strip the petals off (quitar los pétalos). **3** to tear the pages out of (libros). **4** QUÍM. to defoliate. • *v. pron.* **5** to lose its leaves (árbol). **6** to lose its petals (una flor).

deshollinador, -ra *adj.* **1** who sweeps chimneys (que quita el hollín). • *s. m.* **2** sweep, chimney sweep (persona). **3** chimney sweep's brush (cepillo). **4** brush (escoba).

deshonesto, -ta *adj.* **1** dishonest (no honrado). **2** indecent, lewd, obscene.

deshonor *s. m.* **1** dishonour, disgrace (pérdida del honor). **2** disgrace (descrédito): *vivir en el deshonor = to live in disgrace.* **3** insult, affront (un insulto, afrenta).

deshonrar *v. t.* **1** to dishonour, to disgrace. **2** to affront (afrontar). **3** to insult (insultar) **4** to ruin (a una mujer). **5** (form.) to deflower (desvirgar).

deshora *s. f.* **a ~, a deshoras** awkward moment, inconvenient time (tiempo inoportuno): *a deshora/a deshoras = at an awkward moment/at an inconvenient time.*

deshuesador, -ra *adj.* **1** stoning, pitting. • *s. f.* **2** stoning machine.

deshuesar o **desosar** *v. t.* **1** to bone (carne). **2** to stone, to pit (fruta).

desiderata *s. f.* desiderata.

desiderátum *s. m.* desideratum.

desidia *s. f.* **1** negligence, neglect (negligencia). **2** laziness, idleness (gandulería). **3** slovenliness (en el vestir).

desierto, -ta *adj.* **1** deserted, empty (vacío). **2** empty, bleak (un paisaje). **3** empty, uninhabited (deshabitado). **4** GEOG. desert. **5** (fig.) deserted: *el pueblo estaba desierto = the village was deserted.* **6** void: *el concurso ha sido declarado desierto = the competition has been declared void.* • *s. m.* **7** desert. ◆ **8 clamar en el ~,** to cry in the wilderness.

designar *v. t.* **1** to designate, to name, to appoint (nombrar). **2** to select (seleccionar). **3** to decide upon, to fix, to name (un día, fecha, lugar, etc.): *designar el día de un partido = to fix the day of a game.*

designio *s. m.* **1** plan. **2** project (proyecto). **3** intention (propósito): *con el designio de = with the intention of.*

desigual *adj.* **1** unequal, uneven: *un partido desigual = an uneven game.* **2** different (diferente): *dos culturas desiguales = two different cultures.* **3** unfair, injust (tratamiento). **4** changeable (el tiempo). **5** unpredictable (carácter). **6** rough, uneven (terreno). **7** uneven, irregular (escritura).

desigualar *v. t.* **1** to make unequal. **2** to make different (una cosa a otra). **3** to make uneven/rough (un terreno). • *v. pron.* **4** to excel, to surpass (aventajarse). **5** to get ahead (adelantarse). **6** to break the equality (deshacer la igualdad).

desigualdad *s. f.* **1** inequality: *la desigualdad entre los sexos = the inequality between the sexes.* **2** unevenness, roughness (de un terreno). **3** changeableness (del tiempo). **4** unpredictability, capriciousness (del carácter). **5** unevenness (de la escritura, estilo). **6** difference (diferencia): *la desigualdad entre dos países = the difference between two countries.* **7** inconsistency (inconsistencia). **8** MAT. inequality.

desinencia *s. f.* GRAM. ending.

desinfectar *v. t.* y *pron.* to disinfect.

desinsectar *v. t.* to fumigate.

desintegración *s. f.* **1** disintegration. ◆ **2 ~ nuclear,** FÍS. nuclear fission. **3 la ~ del átomo,** the splitting of the atom.

desintegrar *v. t.* y *pron.* **1** to disintegrate. **2** FÍS. to split (un átomo). **3** (fig.) to break up: *desintegrar un grupo = to break up a group.*

desinterés *s. m.* **1** lack of interest, disinterest. **2** impartiality (imparcialidad). **3** generosity, unselfishness (generosidad).

desinteresado, -da *adj.* **1** uninterested (indiferente). **2** disinterested, impartial (imparcial). **3** unselfish (generoso).

desistir *v. i.* **1** to desist, to stop. **2** to give up (dejar): *ha desistido de buscar trabajo = he's given up looking for work.* **3** DER. to waive (un derecho).

desjarretar *v. t.* **1** to hamstring (un animal). **2** MED. to debilitate, to weaken (debilitar).

deslavar o **deslavazar** *v. t.* **1** to wash gently, to half-wash (lavar ligeramente). **2** to fade (desteñir). **3** to weaken, to get weak (debilitar).

deslavazado, -da *adj.* **1** soft, bland, limp (blando). **2** discoloured, faded (desteñido). **3** wet, limp (persona). **4** colourless, bland (insípido). **5** incoherent, disjointed (un discurso).

desleír *v. t.* y *pron.* **1** to dissolve (disolver un sólido). **2** to dilute, to thin (un líquido espeso). **3** (fig.) to dilute. • *v. t.* **4** to be long-winded, to be verbose (hablar con demasiadas palabras).

deslenguar *v. t.* **1** to cut the tongue out/off. • *v. pron.* **2** to be foul-mouthed (ser mal hablado). **3** to talk too much (hablar demasiado). **4** to speak insolently (hablar con insolencia).

desliar *v. t.* **1** to untie, to undo (desatar). **2** to unwrap, to open (un paquete). • *v. pron.* **3** to come undone o untied (desatarse). **4** to come unwrapped (desenvolverse).

desligar *v. t.* **1** to undo, to unfasten, to untie (desatar). **2** to free, to release (dispensar de una obligación, promesa, etc.). **3** to sort out, to clear up (aclarar un problema, un enredo). **4** to separate, to detach (separar). **5** to extract (extraer). • *v. pron.* **6** to come undone, to come loose (desatarse). **7** to separate, to part company (separarse): *se desligó del grupo = he parted company from the group.* **8** to release/to free oneself: *desligarse de una obligación/promesa = to free oneself from an obligation/promise.*

deslindar *v. t.* **1** to fix, to mark out, to delimit (los límites, las fronteras, etc.). **2** (fig.) to define the limits (definir los límites): *deslindar las actividades de un grupo = to define the limits of the activities of a group.* **3** to spell out, to explain (aclarar).

desliz *s. m.* **1** slip (de personas). **2** slide (de cosas). **3** skid (de coches). **4** (fig.) slip, mistake, error (error). **5** lapse, slip (lapsus): *un desliz de lengua = a slip of the tongue.* ◆ **6 cometer un ~,** to slip up, to make a mistake.

deslizar *v. t.* **1** to slip: *deslizó la mano en el bolsillo = he slipped his hand into his pocket.* ● *v. i.* y *pron.* **2** to slide: *el coche se deslizó por el hielo = the car slid along the ice.* **3** to slip (resbalar). **4** to slide (patinar). **5** to skid (un coche, moto, etc.). **6** to slip out (un secreto). **7** to slip in, to find its way in (un error, una falta). **8** to slither (una serpiente). **9** to glide (un barco). **10** to glide, to slide (una bailarina). **11** to flow, to run (un líquido). **12** to pass, to slip by (el tiempo). **13** (fig.) to slip off/away (marcharse sin decir nada). **14** to slip up, to make a mistake (caer en una equivocación). **15** to fall into bad ways, to go off the straight and narrow (caer en una flaqueza).

deslomar *v. t.* **1** to break the back of (romper la espalda). **2** (fig.) to tire out, to exhaust (cansar). ● *v. pron.* **3** (fig.) to break one's back, to work like the devil (trabajar muchísimo).

deslucir *v. t.* **1** to spoil, to ruin (estropear). **2** to damage (dañar). **3** to tarnish (quitar el lustre): *deslucir la reputación = to tarnish the reputation.* **4** to discredit (desacreditar). **5** to dull (quitar brillantez). ● *v. pron.* **6** to get dull, to get tarnished (perder el lustre). **7** to do badly, to fail to shine, to fail (fracasar). **8** to discredit oneself (desacreditarse). **9** to be unsuccessful (no tener éxito).

deslumbrante *adj.* dazzling.

deslumbrar *v. t.* **1** to dazzle, to blind (cegar la vista): *las luces del coche nos deslumbraron = the lights of the car blinded us.* **2** (fig.) to confuse, to bewilder (confundir). **3** (fig.) to surprise (sorprender).

desmadejar *v. t.* y *pron.* to weaken, to debilitate (debilitar).

desmallar *v. t.* **1** to unravel, to untie (deshacer una malla). **2** to ladder (una media).

desmán *s. m.* **1** ZOOL. desman, muskrat. **2** abuse (abuso). **3** excess (exceso). **4** disgrace (desgracia). **5** outrage (tropelía): *cometer un desmán = to commit an outrage.*

desmandar *v. t.* **1** to annul, to revoke (anular). ● *v. pron.* **2** to go too far, to exceed the limits (propasarse). **3** to get out of hand, to get out of control (no someterse a la autoridad): *los niños se están desmandando = the children are getting out of hand.* **4** to misbehave (portarse mal). **5** to be unruly (desobedecer). **6** to rebel (rebelarse). **7** to run away, to bolt (echarse a correr un caballo). **8** to stray (otros animales).

desmanotado, -da *adj.* clumsy, ungainly.

desmantelar *v. t.* **1** to dismantle, to take down (fortificación, estructura, base, etc.). **2** to empty, to strip (una casa). **3** to dismantle, to take to pieces (una máquina). **4** MAR. to unrig (desaparejar). **5** MAR. to unmast (desarbolar).

desmañado, -da *adj.* **1** clumsy, ungainly. ● *s. m.* y *f.* **2** ungainly/clumsy person.

desmarcarse *v. pron.* **1** DEP. to escape one's marker. **2** (fig.) to dissociate oneself from (eludir contacto).

desmayar *v. i.* **1** to lose heart, to get discouraged (desanimar). ● *v. pron.* **2** to faint, to swoon.

desmayo *s. m.* **1** faint, fainting fit: *sufrir/tener un desmayo = to faint/to have a fainting fit.* **2** BOT. weeping willow (sauce). **3** (fig.) depression, dejection (desánimo). **4** flagging, waning (de la voz). **5** unconsciousness (inconsciencia). **6** limpness, listlessness (del cuerpo).

desmedido, -da *adj.* excessive, disproportionate.

desmedirse *v. pron.* to go over the top, to go too far.

desmejorado, -da *adj.* **estar ~,** to look haggard, to have lost one's good looks.

desmejorar *v. t.* **1** to spoil, to impair (estropear). **2** to deteriorate (deteriorar). **3** to damage (dañar). ● *v. i.* y *pron.* **4** to be spoiled, to be impaired (estar estropeado). **5** to deteriorate, to get worse (deteriorarse). **6** MED. to decline, to lose one's health, to get worse: *el paciente se ha desmejorado = the patient has got worse.*

desmelenar *v. t.* **1** to ruffle, to dishevel (el pelo). ● *v. pron.* **2** to become vain/conceited (crecerse). **3** to let one's hair down (desinhibirse).

desmembrar *v. t.* **1** to dismember. ● *v. t.* y *pron.* **2** (fig.) to split up, to break up (dividir): *desmembrar una compañía = to break up a company.* **3** to separate (separar).

desmemoriado, -da *adj.* forgetful, absent-minded.

desmentir *v. t.* **1** to deny, to refute: *desmintió la acusación = he denied the accusation.* **2** to contradict, to refute (contradecir). **3** to refute, to explode (una teoría, sospecha). **4** to go against (proceder uno en desacuerdo con su estado). ● *v. i.* **5** to be out of line, to go against the grain (desviarse una cosa de su línea).

desmenuzar *v. t.* **1** to chop up, to cut up (trocear). **2** to chop up (carne). **3** to grate (queso). **4** to crumble (pan). **5** (fig.) to scrutinize, to examine closely (examinar atentamente).

desmerecer *v. i.* **1** to degenerate, to deteriorate (degenerar). **2** to be inferior (ser inferior). **3** to lose in comparison, to compare badly with: *el libro desmerece de los otros = the book compares badly with the others.* **4** to lose value (perder valor). **5** to get worse, to decline (decaer). ● *v. t.* **6** to be unworthy of (hacerse indigno de algo).

desmesuradamente *adv.* inordinately, exaggeratedly.

desmesurado, -da *adj.* **1** enormous, oversize (muy grande). **2** inordinate, exaggerated (exagerado).

desmesurar *v. t.* **1** to disarrange, to disorder (desarreglar). ● *v. pron.* **2** to go too far, to forget oneself (excederse). **3** (fam.) to go over the top (pasarse).

desmineralización *s. f.* demineralization.

desmirriado, -da o **esmirriado, -da** *adj.* **1** thin, skinny (flaco). **2** weak, feeble (débil).

desmochar *v. t.* **1** to lop, to pollard (un árbol). **2** to cut the top off (cortar la parte superior). **3** to dismantle (desmantelar). **4** to blunt (los cuernos). **5** (fig.) to edit, to cut (un texto, un libro, etc.).

desmonetizar *v. t.* to demonetize.

desmontar *v. t.* **1** to fell, to cut (árboles). **2** to clear of trees (quitar los árboles). **3** to level (allanar). **4** to take off, to remove (quitar): *desmontar una rueda = to remove a wheel.* **5** to take to pieces, to take apart (en piezas). **6** to strip down, to dismantle (desmantelar). **7** ARQ. to demolish, to pull down (demoler). **8** to uncock (un arma de fuego). **9** MAR. to take down (una vela). **10** to throw, to dismount (un caballo al jinete). ● *v. t., i.* y *pron.* **11** to dismount (caballo). **12** to get out (un vehículo).

desmonte *s. m.* **1** clearing (de árboles). **2** levelling (de un terreno). **3** dismounting (de un motor, una máquina, etc.). **4** uncocking (de un arma). **5** dismounting (de un caballo). **6** rubble (escombros). **7** (Am.) waste (desechos).

desmoralizar *v. t.* **1** to demoralize. **2** to corrupt (corromper). ● *v. pron.* **3** to lose heart, to get demoralized (desanimarse). **4** to rebel (rebelarse).

desmoronar *v. t.* **1** to wear away (deshacerse lentamente). **2** (fig.) to erode. ● *v. pron.* **3** to decay (decaer). **4** to crumble, to fall to pieces: *el edificio se está desmoronando = the building is falling to pieces.* **5** to decline, to get worse (venir a menos). **6** (fig.) to crumble, to decline: *el imperio se desmorona = the empire is crumbling.*

desmovilizar *v. t.* to demobilize, (fam.) to demob.

desnarigado, -da *adj.* **1** noseless (sin nariz). **2** snub-nosed (chato).

desnatado, -da *adj.* skimmed.

desnatar *v. t.* **1** to skim, to take the cream off (quitar la nata). **2** to remove the top of (otros líquidos). **3** (fig.) to take the cream off, to cream off (escoger lo mejor). ◆ **4 leche sin ~,** full-cream milk, whole milk.

desnaturalización *s. f.* **1** denaturalization. **2** adulteration (adulteración).

desnaturalizado, -da *adj.* **1** denaturalized (sin nacionalidad). **2** adulterated (adulterado). **3** unnatural (no natural). **4** QUÍM. denatured. **5** ungrateful (ingrato). **6** inhuman (inhumano).

desnaturalizar *v. t.* **1** QUÍM. to denature. **2** to denaturalize. **3** to pervert, to corrupt (corromper). **4** to misrepresent, to distort (representar mal). **5** to adulterate (adulterar). ● *v. pron.* **6** to give up one's nationality.

desnivel *s. m.* **1** height difference (diferencia de altura). **2** slope (talud). **3** unevenness (falta de nivel). **4** (fig.) gap, difference, inequality: *hay un desnivel económico entre los dos países = there is an economic gap between the two countries.*

desnucar *v. t.* **1** to dislocate the neck (descoyuntar la nuca). ● *v. pron.* **2** to break one's neck (romperse la nuca).

desnudismo *s. m.* nudism.

desnudo, -da *adj.* **1** naked, nude, bare (cuerpo). **2** bare (un árbol, un brazo, una pared, etc.). **3** bare, barren (un paisaje). **4** ruined (arruinado). ● *s. m.* **5** ART. nude. ◆ **6 ~ de,** without: *desnudo de afecto = without love.*

desnutrición *s. f.* malnutrition, undernourishment.

desobediente *adj./s. m.* y *f.* disobedient.

desocupación *s. f.* **1** unemployment (desempleo). **2** spare time, leisure (tiempo libre). **3** vacation (de una casa). **4** MIL. evacuation.

desocupar *v. t.* **1** to vacate, to leave (una casa). **2** MIL. to evacuate. **3** to empty (vaciar). ● *v. pron.* **4** to free oneself, to get out of (librarse de algo).

desodorante *adj.* y *s. m.* deodorant.

desoír *v. t.* **1** to ignore, to disregard, not to pay attention to (no hacer caso). **2** not to take notice of (despreciar consejos, etc.).

desojarse *v. pron.* to strain one's eyes.

desolación *s. f.* **1** desolation (de lugar). **2** grief (de persona).

desolar *v. t.* **1** to desolate, to devastate, to lay waste to (devastar). ● *v. pron.* **2** to be disconsolate, to be distressed.

desollador, -ra *adj.* **1** skinning. ● *s. m.* y *f.* **2** skinner (que quita la piel). **3** (fig.) extortioner, swindler. ● *s. m.* **4** ORN. shrike.

desollar *v. t.* **1** to skin, to fleece (quitar la piel de un animal). **2** (fig.) to make someone pay through the nose (hacer pagar caro). **3** to criticize, to slate (criticar). **4** to discredit (desacreditar).

desorbitar *v. t.* **1** to leave orbit (satélite). **2** to exaggerate (exagerar). ● *v. pron.* **3** to lose one's sense of proportion (una persona). **4** to get out of control (un asunto). **5** to bulge (los ojos).

desorden *s. m.* **1** disorder, confusion. **2** POL. disorder, chaos. **3** excess (exceso en la vida, en general). ● *pl.* **4** riots, disorder. ◆ **5 en ~,** in a mess.

desorganizar *v. t.* **1** to disorganize, to disrupt. **2** to disband, to dissolve (desordenar una organización).

desorientar *v. t.* **1** to make someone lose his way, to disorientate. **2** (fig.) to confuse someone, to bewilder someone (confundir): *su complicada explicación me desorientó = his complicated explanation confused me.* ● *v. pron.* **3** to lose one's way, to get lost (perderse). **4** to get confused, to become bewildered (confundirse).

desorientación *s. f.* disorientation.

desorientador, -ra *adj.* disorientating, bewildering.

desovar *v. i.* BIOL. **1** to spawn (peces, anfibios). **2** to lay eggs (insectos).

desove *s. m.* BIOL. **1** spawning (de peces, anfibios). **2** egg-laying (insectos).

desoxidar *v. t.* **1** QUÍM. to deoxidize. **2** to remove the rust from (quitar el óxido).

desoxigenar *v. t.* y *pron.* QUÍM. to deoxygenate.

desoxigenación *s. f.* QUÍM. deoxygenation.

despabilado, -da *adj.* **1** awake, wide-awake (despierto). **2** (fig.) sharp, smart, bright (listo).

despabilar o **espabilar** *v. t.* **1** to snuff (una vela). **2** to trim (una mecha). **3** (fam.) to wake up (despertar). **4** to wake up, to liven up (avivar el ingenio): *debemos despabilarle = we must liven him up.* **5** to squander (derrochar). **6** (fam.) to pinch, to nick (robar). **7** (fam.) to do in, to do away with (matar). ● *v. pron.* **8** to wake up (despertarse). **9** (fig.) to liven up, to look sharp, to get a move on: *¡despabílate! = get a move on!* **10** (Am.) to vanish, to disappear (desaparecer).

despachado, -da *adj.* **1** efficient, quick (rápido). **2** (fig.) insolent, rude (insolente). **3** cheeky (descarado). ◆ **4 ir bien ~ de,** to have bags of, to be well off for.

despachar *v. t.* **1** to settle, to complete, to dispatch (terminar). **2** to deal with, to attend to (atender): *despachar la correspondencia = to deal with the mail.* **3** to serve, to attend (atender en una tienda). **4** to dispatch, to send (cartas, paquetes, etc.). **5** to sell, to issue (vender): *despachar entradas = to issue tickets.* **6** to sack, to fire (despedir). **7** to get rid of, to send packing (deshacerse de alguien): *despaché al mendigo = I sent the beggar packing.* **8** (fam.) to polish off, to put away: *despachamos dos botellas de vino = we polished off two bottles of wine.* **9** (fam.) to do in, to kill (matar). ● *v. i.* **10** to hurry along, to hurry up (darse prisa). **11** to do business: *no despachamos los domingos = we don't do business on Sundays.* **12** to serve (en una tienda). ● *v. pron.* **13** to finish, (fam.) to knock off (terminar): *nos despachamos a las tres = we knock off at three.* **14** to hurry up (darse prisa). ◆ **15 despacharse a gusto,** to speak one's mind, (fam.) not to beat about the bush.

despacho *s. m.* **1** sending, dispatch (envío). **2** settling, dispatch (de un negocio). **3** COM. sale (venta). **4** office (oficina). **5** study, den (en una casa). **6** store, shop (tienda). **7** message (mensaje). **8** MIL. dispatch. ◆ **9 ~ de billetes,** ticket office.

despachurrar *v. t.* **1** (fam.) to flatten, to crush (en un argumento). ● *v. t.* y *pron.* **2** to squash, to flatten (aplastar). **3** to mash (verduras).

despacio *adv.* **1** slowly: *andan despacio = they walk slowly.* **2** (Am.) softly, quietly (silenciosamente). ● *interj.* **3 ¡despacio!,** slowly!

despampanante *adj.* amazing, stunning (especialmente con sentido admirativo sobre la belleza física de una mujer).

despanzurrar *v. t.* y *pron.* **1** to to disembowel (romper la panza). **2** to crush, to squash (despachurrar). **3** to burst (reventar).

desparpajo *s. m.* **1** self-confidence, naturalness (desenvoltura). **2** nerve, cheek (descaro). **3** (Am.) chaos, disorder (desorden).

desparramado *adj.* **1** scattered (esparcido). **2** (fig.) scattered, spread-out: *un pueblo desparramado = a scattered village.*

desparramamiento *s. m.* **1** scattering (esparcimiento). **2** sprinkling (de líquidos). **3** (fig.) spreading (de una noticia, fama, etc.).

desparramar *v. t.* y *pron.* **1** to spread, to scatter (esparcir). **2** to spread (una noticia). **3** to spill (tirar sin querer): *desparramé el vino por el suelo = I spilled the wine on the floor.* **4** (fig.) to squander, to waste (derrochar). ● *v. pron.* **5** (fam.) to have a good time, to enjoy oneself (divertirse).

desparramo *s. m.* dispersion (dispersión).

despavorido, -da *adj.* very scared, terrified (atemorizado).

despavorir *v. i.* y *pron.* to be very scared, to be terrified (atemorizar).

despechar *v. t.* **1** (Am.) to wean (destetar). **2** to anger, to make angry (causar enfado). **3** to drive to despair (causar desesperación).

despecho *s. m.* **1** spite, malice. **2** desperation, despondency (desesperación). **3** (Am.) weaning (destete). ◆ **4 a ~ de,** in spite of. **5 por ~,** out of spite: *lo hizo por despecho = he did it out of spite.*

despechugar *v. t.* **1** to cut the breast off (quitar la pechuga a un ave). ● *v. pron.* **2** to bare one's chest (descubrir el pecho).

despectivamente *adv.* **1** scornfully, contemptuously. **2** GRAM. pejoratively.

despectivo, -va *adj.* **1** scornful, contemptuous. **2** GRAM. pejorative.
despedazar *v. t.* **1** to destroy, to smash (destruir). **2** to mistreat (maltratar). **3** to break (el corazón). • *v. pron.* **4** to tear to pieces, to tear apart (hacer pedazos).
despedida *s. f.* **1** good-bye, farewell: *un regalo de despedida = a farewell present.* **2** dismissal, (fam.) sacking, firing (de un trabajo). **3** send-off, farewell (en la estación, aeropuerto, etc.). **4** closing formula (de una carta). **5** LIT. closing couplet, final verse (de un poema).
despedir *v. t.* **1** to say goodbye, to see off: *vamos a despedirle a la estación = we are going to see him off at the station.* **2** to see out (de una habitación, una casa). **3** to dismiss, (fam.) to fire, to sack (echar de un empleo): *me han despedido = I've been sacked.* **4** to send away, to get rid of (librarse). **5** to evict (a un inquilino). **6** to throw, to unseat (a un jinete): *le despidió el caballo = the horse unseated him.* **7** to release, to give out (jugo). **8** to dismiss (una idea, una teoría, una sugerencia). **9** to throw out (echar). **10** to throw, to fling (arrojar). **11** to fire (un arma). **12** to give off, to give out (calor, un olor). • *v. pron.* **13** to say goodbye, to take one's leave: *sin despedirse = without saying goodbye.* **14** (fig.) to say goodbye: *te puedes despedir del dinero = you can say goodbye to the money.* **15** to see off (en la estación, etc.): *me despedí de ella = I saw her off.*
despegado, -da *adj.* **1** unstuck (no pegado). **2** (fig.) cold, detached, indifferent (poco cariñoso).
despegar *v. t.* y *pron.* **1** to unstick, to become unstuck (separar dos cosas pegadas). • *v. i.* **2** to take off (un avión): *el avión despega a las dos = the plane takes off at two.* • *v. pron.* **3** to break away, to lose contact (perder la amistad).
despego *s. m.* **1** separation, detachment (separación). **2** aloofness, coldness, indifference (indiferencia).
despegue *s. m.* **1** takeoff (un avión). **2** launch (un cohete espacial). **3** (fig.) launch. ◆ **4 pista de ~,** runway.
despejado, -da *adj.* **1** free, clear, unobstructed (un camino, vista, etc.). **2** clear, cloudless (el cielo). **3** unencumbered, clear (una habitación, plaza, etc.). **4** awake, wide-awake (sin sueño). **5** bright, clever, sharp (listo). **6** self-confident, natural (desenvuelto).
despejar *v. t.* **1** to clear, to free: *la policía despejó la calle = the police cleared the street.* **2** to sort out, to clear up (aclarar): *despejar un misterio = to clear up a mystery.* **3** DEP. to clear (el balón): *el defensa despejó el balón = the defender cleared the ball.* **4** to explain, to shed light upon (explicar). • *v. i.* y *pron.* **5** to clear, to clear up (el tiempo). **6** to clear (el cielo). • *v. pron.* **7** to liven up, to brighten up (despabilarse). **8** to wake oneself up (despertarse). **9** to enjoy oneself (divertirse). **10** to relax (relajarse). ◆ **11 ~ la incógnita,** MAT. to find the unknown number.
despeje *s. m.* DEP. clearance.
despejo *s. m.* **1** assurance, self-confidence (confianza en sí mismo). **2** brightness, clearness (claridad).
despellejar *v. t.* **1** to skin (quitar el pellejo). **2** (fig.) to slate, to flay, to criticize (criticar). **3** to murmur (murmurar). **4** (fig.) to ruin, to fleece (arruinar).
despelote *s. m.* **1** (fam.) shambles, mess (caos, desmadre). **2** striptease (destape).
despeluznante o **espeluznante** *adj.* **1** frightful, dreadful (pavoroso). **2** horrible, terrible (horrible).
despensa *s. f.* **1** larder, pantry (lugar para la comida). **2** supplies, stock of food (provisiones).
despensero, -ra *s. m.* y *f.* **1** steward (hombre). **2** stewardess (mujer). • *s. m.* **3** butler (mayordomo).
despeñadero *s. m.* **1** GEOG. precipice, cliff. **2** (fig.) danger, risk (riesgo).
despeñar *v. t.* y *pron.* **1** to throw over, to hurl (arrojar de lo alto): *se despeñaron por un precipicio = they threw themselves over a precipice.* • *v. pron.* **2** to throw oneself into vice, to plunge into vice (en el vicio).
despepitar *v. t.* **1** to remove the pips from (quitar las pepitas). • *v. pron.* **2** to bawl, to shriek (gritar). **3** to act wildly, to forget oneself (actuar con desenfreno). **4 despepitarse por algo,** to be crazy/mad about something. **5 despepitarse por hacer algo,** to long to do something.
desperdiciar *v. t.* **1** to waste, to squander (malgastar): *desperdiciar el tiempo = to waste time.* **2** to throw away, to waste (una oportunidad): *desperdiciar una ocasión = to waste an opportunity.*
desperdicio *s. m.* **1** waste: *desperdicio de dinero o tiempo = waste of money or time.* • *pl.* **2** rubbish, scraps (basura): *desperdicios de cocina = kitchen scraps.* ◆ **3 no tener ~,** to have no waste (en sentido físico o tangible): *esta carne no tiene desperdicio = this meat has no waste on it.* **4 no tener ~,** (fig.) to be excellent, to be faultless: *el libro no tiene desperdicio = the book is faultless.*
desperdigar *v. t.* y *pron.* **1** to scatter, to spread (dispersar): *las casas están desperdigadas por el valle = the houses are spread along the valley.* ◆ **2** to separate (separar).
desperezarse *v. pron.* to stretch (estirarse).
desperezo *s. m.* stretch.
desperfecto *s. m.* **1** flaw, imperfection, blemish: *el diamante tiene un desperfecto = the diamond has got a flaw.* **2** damage (daño): *sufrir desperfectos = to suffer slight damage.*
despersonalizar *v. t.* y *pron.* to depersonalize.
despertador *s. m.* **1** alarm clock (reloj). **2** (p.u.) knocker-up (persona). **3** (fig.) warning (aviso).
despertar *v. t.* **1** to wake, to wake up, to awake: *los niños nos despertaron = the children woke us up.* **2** to awake, to arouse (esperanza, deseo, pasión, etc.). **3** to bring back, to revive (recordar): *la foto despierta recuerdos = the photo brings back memories.* **4** to brighten up, to liven up (despabilar). • *v. i.* y *pron.* **5** to wake, to wake up, to awake: *nos despertamos a las ocho = we wake up at eight.* **6** (fig.) to wake up, to liven up (despabilarse): *despertar a la realidad = to wake up to reality.*
despestañarse *v. pron.* (Am.) to study eagerly (estudiar con ahínco).
despezar *v. t.* to break up, to split up (descomponer algo en sus piezas distintas).
despiadado, -da *adj.* heartless, cruel, merciless.
despido *s. m.* dismissal, (fam.) sacking, firing (extinción de un contrato de trabajo).
despiece *s. m.* cutting-up, carving-up (de un animal).
despierto, -ta *adj.* **1** awake, wide-awake. **2** (fig.) sharp, clever, bright (listo).
despiezar *v. t.* to break up, to split up.
despilfarrado, -da *adj.* **1** spendthrift, wasteful, lavish (con dinero). **2** wasteful (con cosas).
despilfarrador, -ra *adj.* **1** wasteful. • *s. m.* y *f.* **2** squanderer, spendthrift (con dinero). **3** waster (con cosas).
despilfarrar *v. t.* y *pron.* to waste, to squander (derrochar).
despilfarro *s. m.* **1** wasting, squandering (resultado de despilfarrar). **2** extravagance, wastefulness (extravagancia).
despintar *v. t.* **1** to take the paint off (quitar la pintura). **2** to alter, to change (cambiar). • *v. i.* **3** to be worse, to be inferior (ser inferior): *este libro no despinta de los otros = this book is not inferior to the others.* • *v. pron.* **4** to fade, to lose colour (desteñir). **5** (fig.) to fade from the memory: *su cara se me ha despintado = his face has faded from my memory.*
despiojar *v. t.* y *pron.* **1** to delouse (quitar los piojos). **2** (fig.) to pull/rescue someone from the gutter (sacar a uno de la miseria).
despioje *s. m.* delousing (de piojos).
despistar *v. t.* **1** to throw off the scent (en la caza): *el zorro les despistó = the fox threw them off the scent.* **2** to shake off, to throw off: *despistar a la policía = to shake off the police.* **3** to mislead, to lead the wrong way (hacer perder la pista): *la señal nos despistó = the sign misled us.* **4** (fig.) to mislead, to confuse (confundir): *tu explicación me ha despistado = your explanation has confused me.* • *v. i.* **5** to be misleading: *la película despista = the film is misleading.* • *v.*

pron. **6** to lose one's way, to get lost (perderse). **7** to get confused, to get in a muddle (confundirse). **8** to make a mistake (equivocarse).

despiste *s. m.* **1** swerve (viraje). **2** slip, error, mistake (error). **3** (fig.) confusion, mix-up (confusión). **4** absent-mindedness, forgetfulness (distracción): *tengo un despiste fatal = I'm terribly absent-minded.*

desplante *s. m.* **1** bad stance, incorrect position (postura irregular). **2** outspoken comment (dicho descarado). **3** insolent act (hecho descarado). **4** boast (jactancia). ◆ **5 dar un ~,** to interrupt someone rudely.

desplazamiento *s. m.* **1** trip, journey (viaje). **2** MAR. y FÍS. displacement. **3** GEOL. movement, displacement. **4** swing, change (de opinión, voto). **5** move, removal (traslado).

desplazar *v. t.* y *pron.* **1** to move, to shift (mover). **2** to move away, to remove (quitar). • *v. t.* **3** FÍS. to displace. **4** to transfer, to move (tropas). **5** to replace, to take the place of (sustituir): *los socialistas han desplazado a los liberales = the socialists have replaced the liberals.* • *v. pron.* **6** to travel, to go (viajar): *tengo que desplazarme 10 kms cada día = I have to travel 10 kms every day.* **7** to shift, to swing (votos, opiniones, tendencias).

desplegar *v. t.* **1** to show, to display (mostrar una cualidad): *desplegar entusiasmo = to show enthusiasm.* • *v. t.* y *pron.* **2** to unfold, to open out (lo plegado): *desplegar un mapa = to unfold a map.* **3** to spread, to open (alas). **4** to unfurl (velas, banderas). **5** MIL. to deploy. **6** to open, to open out (una flor).

despliegue *s. m.* **1** unfolding, opening (abertura). **2** MIL. deployment. **3** (fig.) show, display (ostentación).

desplomar o **desaplomar** *v. t.* **1** to put off the vertical (hacer perder la posición vertical). **2** (Am.) to tick off, to scold (regañar). • *v. pron.* **3** to collapse, to crash down, to fall down (caerse): *la casa se desplomó = the house came crashing down.* **4** to collapse, to crash to the floor (una persona). **5** to tumble, to crash (precios). **6** to collapse (gobierno). **7** (fam.) to belly-flop. **8** to make a pancake landing (un avión).

desplome *s. m.* **1** drop, fall (caída). **2** ARQ. overhang, projection (saliente). **3** tilting, leaning (acción de inclinar).

desplomo *s. m.* ⇒ **desplome.**

desplumar *v. t.* y *pron.* **1** to pluck (quitar las plumas). **2** (fig.) to fleece, to clean out (dejar sin dinero). • *v. pron.* **3** to moult (perder las plumas).

despoblación *s. f.* depopulation.

despoblado, -da *adj.* **1** uninhabited, deserted (sin habitantes). **2** depopulated (con poca gente). **3** deserted (desierto). **4** (fig.) desolate (desierto). • *s.m.* **5** wilderness, uninhabited place.

despoblar *v. t.* **1** to depopulate. **2** to devastate, to lay waste (devastar). **3** to clear (despojar): *despoblar de árboles = to clear of trees.* • *v. pron.* **4** to become depopulated (quedarse un lugar sin gente).

despojar *v. t.* **1** to strip, to divest, to deprive (privar): *despojar a uno de sus derechos = to deprive someone of their rights.* **2** DER. to dispossess. **3** (fig.) to denude, to strip (desnudar). **4** (fam.) to fleece, to clean out (dejar a uno sin dinero). • *v. pron.* **5** to undress, to strip (desnudarse): *despojarse de la ropa = to take off one's clothes.* **6** BOT. to shed (hojas). **7** to give up, to divest oneself of (privarse voluntariamente de algo): *despojarse de su fortuna = to give up one's fortune.*

despojo *s. m.* **1** depriving, stripping (resultado de despojar). **2** plundering, looting (robo). **3** plunder, spoils, loot (botín). • *pl.* **4** offal (de animales). **5** waste (basura). **6** debris, rubble (escombros). **7** leftovers (de la comida). ◆ **8 despojos mortales,** mortal remains.

desporrondingarse *v. pron.* **1** to be longwinded, (fam.) to go on and on (explayarse). **2** to confide (confiarse).

desportillar *v. t.* y *pron.* to chip (una vasija, etc.).

desposado, -da *adj.* **1** recently married, newly-wed (recién casado). **2** handcuffed (un preso). • *s. m.* y *f.* **3** newly-wed.

desposar *v. t.* **1** to marry (casar). • *v. pron.* **2** to get engaged (contraer esponsales). **3** to get married (casarse).

desposeer *v. t.* **1** to disposess. **2** to oust, to remove (de un puesto). • *v. pron.* **3** to renounce, to relinquish (renunciar uno a lo que posee).

desposeimiento *s. m.* dispossession.

desposorios *s. m. pl.* **1** engagement, betrothal (esponsales). **2** wedding (boda). **3** marriage (matrimonio).

déspota *s. m.* y *f.* despot.

despótico, -ca *adj.* despotic, tyrannical.

despotismo *s. m.* despotism.

despotizar *v. t.* (Am.) to tyrannise, to terrorise.

despotricar *v. i.* y *pron.* to rant, to rave (hablar sin reparo).

despreciable *adj.* **1** despicable, reprehensible, contemptible (persona). **2 nada ~,** significant, considerable (cantidades): *una cantidad nada despreciable = a significant amount.* **3** worthless, rubbishy (calidad): *una película despreciable = a worthless film.*

despreciar *v. t.* **1** to scorn, to look down on (tener en poco). **2** to despise (odiar). **3** to belittle, to disparage (menospreciar). **4** to reject (rechazar). **5** to underestimate (subestimar). **6** to ignore (no hacer caso). **7** to snub, to slight (desairar). • *v. pron.* **8** to be beneath oneself (hacer algo).

despreciativamente *adv.* scornfully.

despreciativo, -va *adj.* **1** contemptuous, scornful, disdainful: *una mirada despreciativa = a disdainful look.* **2** offensive, derogatory (comentario).

desprecio *s. m.* **1** disdain, contempt, scorn: *me trataron con desprecio = they treated me with contempt.* **2** cynicism (cinismo). **3** affront, slight, rebuff (desaire).

desprender *v. t.* **1** to loosen, to release (soltar). **2** to unfasten (desatar). **3** to take off (quitar). **4** to separate (separar). **5** to give off (un gas, un olor). • *v. pron.* **6** to come off, to become detached (soltarse): *el botón se ha desprendido = the button has come off.* **7** to come off, to be given off (un gas, un olor). **8** to shed (la piel). **9 desprenderse de algo,** (fig.) to part with something, to get rid of something: *se desprendió del coche = he got rid of the car.* **10** to be implied by, to follow from (deducirse): *se desprende de esto que... = it follows from this that...*

desprendido, -da *adj.* **1** loose, detached (una pieza). **2** generous, unselfish (generoso). **3** disinterested (desinteresado).

desprendimiento *s. m.* **1** detachment, separation (separación). **2** MED. detachment. **3** emission, release (de un gas, etc.). **4** shedding (de la piel). **5** (fig.) unselfishness, generosity (generosidad). **6** impartiality, disinterestedness (desinterés). ◆ **7 ~ de tierras,** landslide.

despreocupación *s. f.* **1** impartiality, open-mindedness (falta de prejuicios). **2** negligence, carelessness (negligencia). **3** unconcern, lack of worry (falta de preocupación).

despreocupado, -da *adj.* **1** impartial, neutral (imparcial). **2** informal, casual (en el vestir). **3** easy-going, carefree, (fam.) laid-back (libre de preocupaciones). **4** unconcerned, untroubled (sin inquietud). **5** negligent, lax (negligente). **6** indifferent, disinterested (indiferente).

despreocuparse *v. pron.* **1** to give up worrying, to stop worrying (librarse de una preocupación). **2** to want nothing to do with, to want no part (desentenderse): *me despreocupo del asunto = I want nothing to do with the business.* **3 ~ de,** to forget (olvidar).

desprestigiar *v. t.* y *pron.* **1** to discredit, to ruin the reputation (quitar el prestigio). **2** to lose prestige, to lose one's reputation (perder el prestigio).

desprestigio *s. m.* **1** loss of prestige (pérdida de prestigio). **2** loss of reputation (pérdida de reputación). **3** discredit (descrédito).

desprevenidamente *adv.* **1** without warning, (fam.) out of the blue (sin avisar). **2** by surprise, off guard (de improviso).

desprevenido, -da *adj.* unprepared, unready, unawares: *coger a alguien desprevenido = to catch someone unawares.*

despropósito *s. m.* nonsense, rubbish, irrelevant remark, silly remark (disparate): *decir despropósitos = to talk nonsense.*

desprovisto, -ta *adj.* **1** without, devoid, lacking. ◆ **2** ~ **de,** lacking, devoid of, without. **3** ~ **de méritos,** devoid of merit. **4** ~ **de forma,** without shape, lacking shape. **5 estar** ~ **de,** to lack, to be devoid of, to be lacking.

después *adv.* **1** afterward(s), later. **2** then, next (en una sucesión de acciones): *todos los días me levanto, me ducho y después desayuno = every day I get up, have a shower and then have breakfast.* ◆ **3** ~ **de, a)** after (en el tiempo): *después de la clase me fui al cine = after class I went to the cinema;* **b)** next to (en proximidad espacial): *correos está inmediatamente después del restaurante = the post office is just next to the restaurant.* **4** ~ **de que,** after: *después de que la reunión terminase decidí quedarme a revisar unos cuantos papeles = after the meeting had finished I decided to stay on to check some papers.*

despuntado, -da *adj.* blunt.

despuntar *v. t.* y *pron.* **1** to blunt (gastar la punta). **2** to break the point off (quitar la punta). **3** MAR. to round (pasar un barco por delante de una punta o cabo). ● *v. i.* **4** to sprout (las plantas). **5** to bud (las flores). **6** to break (empezar a amanecer). **7** to shine, to show intelligence (manifestar genio). **8** to stand out, to excel (sobresalir): *aquella niña despunta entre los otros = that girl stands out amongst the others.*

despunte *s. m.* blunting (acción de despuntar).

desquiciamiento *s. m.* **1** upsetting, worrying (perturbación). **2** upset, disturbance (trastorno).

desquiciar *v. t.* **1** to unhinge, to take off its hinges (una puerta). **2** to upset, to trouble (trastornar). **3** to distress, to disturb (perturbar). **4** to unhinge, to make one lose one's mind (afectar profundamente): *la muerte de su madre le desquició = his mother's death made him lose his mind.* ● *v. pron.* **5** to lose one's mind (persona). **6** to come off its hinges (puerta).

desquitar *v. t.* y *pron.* **1** to gain/obtain satisfaction (proporcionar(se) satisfacción). **2** to get/gain revenge (vengar(se)). **3** to recover, to get back (recuperar lo perdido).

desquite *s. m.* **1** retaliation, revenge (venganza). **2** DEP. return leg, return match (partido de vuelta). **3** compensation (compensación). ◆ **4 en** ~, in retaliation, in return. **5 tomar el** ~, to get revenge, (fam.) to get one's own back.

desratización *s. f.* deratting.

desratizar *v. t.* to clear of rats (exterminar las ratas).

desrielar *v. i.* **1** to go off the rails, to be derailed (descarrillar). **2** (fig.) to go off the track.

desriñonar *v. t.* **1** to break the back of (deslomar). ● *v. pron.* **2** to wear oneself out.

destacable *adj.* ⇒ **destacado.**

destacadamente *adv.* outstandingly, exceptionally.

destacado, -da *adj.* **1** prominent, distinguished (distinguido). **2** outstanding, exceptional (excepcional): *un alumno destacado = an outstanding student.*

destacamento *s. m.* MIL. detachment.

destacar *v. t., i.* y *pron.* **1** to make stand out, to bring out (hacer resaltar). **2** to throw into relief (poner de relieve). **3** to emphasize, to point out (recalcar): *me gustaría destacar que... = I would like to point out that...* **4** (fig.) to underline (subrayar). **5** (fig.) to stand out, to be outstanding (sobresalir): *nuestro hijo destaca sobre los demás = our son stands out from the rest.* ● *v. t.* y *pron.* **6** MIL. to detach, to detail (separar del cuerpo principal unas tropas).

destajo *s. m.* **1** piecework. ◆ **2 a** ~, **a)** eagerly, enthusiastically (con empeño); **b)** by the piece (por una cantidad determinada). **3 hablar a** ~, (fam.) to talk nineteen to the dozen. **4 pagar a** ~, to pay by the piece (por la pieza). **5 trabajar a** ~, to do piecework.

destalonar *v. t.* y *pron.* **1** to wear out the heel (estropear el talón al calzado). ● *v. t.* **2** to tear off, to remove (quitar el talón a un documento).

destapadura *s. f.* **1** uncorking (de una botella). **2** opening (acción de abrir). **3** uncovering (acción de descubrir).

destapar *v. t.* **1** to take the top off, to uncover (quitar la tapa). **2** to open, to uncork (una botella). **3** to open, to take the lid off (una caja). **4** to open (abrir). **5** (fig.) to uncover, to reveal (descubrir). ● *v. pron.* **6** to start talking (empezar a hablar). **7** to get uncovered (descubrirse). **8 destaparse con alguien,** to open one's heart to someone.

destartalado, -da *adj.* **1** dilapidated, ramshackle (una casa). **2** cluttered, untidy (una habitación). **3** broken-down, rickety (un coche).

destartalar *v. t.* y *pron.* to ruin, to spoil (estropear).

destellar *v. i.* **1** to flash (despedir una luz repentina). **2** to sparkle (los ojos, piedras preciosas, etc.). **3** to twinkle (las estrellas).

destello *s. m.* **1** flash (una luz repentina). **2** sparkle (de los ojos, de una piedra preciosa). **3** twinkling (de las estrellas). **4** (fig.) spark, flash: *un destello de inteligencia = a flash of intelligence.* **6** brilliance (brillo).

destemplado, -da *adj.* **1** harsh, intemperate (irritado). **2** irritable, ill-tempered (carácter). **3** MÚS. untuned, out of tune (desafinado). **4** unpleasant, unsettled (tiempo). **5** harsh, gruff (una voz). **6** inharmonious, badly-matched (colores). **7** unwell, off colour (indispuesto).

destemplanza *s. f.* **1** MÚS. tunelessness, disonance. **2** unsettledness, inclemency (del tiempo). **3** MED. feverish state. **4** ART. lack of harmony (de un cuadro). **5** lack of moderation (falta de moderación). **6** impatience, irritability (impaciencia).

destemplar *v. t.* **1** MÚS. to put out of tune (desafinar). **2** to untemper (los metales). **3** to disorder, to disturb (desordenar). ● *v. t.* y *pron.* **4** MÚS. to go out of tune (desafinarse). **5** to lose its temper (perder el temple los metales). ● *v. pron.* **6** MED. to become indisposed, to become unwell. **7** (fam.) to go too far, to be out of order (descomedirse). **8** to become irregular (el pulso). **9** to get upset (irritarse). **10** (Am.) to set one's teeth on edge (sentir dentera).

destemple *s. m.* **1** TEC. untempering, lack of temper (de los metales). **2** MÚS. dissonance, lack of harmony.

destensar *v. t.* to slacken.

desteñir *v. t.* y *pron.* **1** to discolour, to fade (decolorar). **2** to run (manchar): *el color no destiñe = the colour does not run, the fabric's colour fast.*

desternillarse *v. pron.* **1** to break one's cartilage (romperse la ternilla). ◆ **2** ~ **de risa,** to split one's sides laughing, to laugh one's head off.

desterrar *v. t.* **1** to exile, to banish (expulsar de un país). **2** to put aside, to dismiss (apartar de sí): *desterrar un pensamiento = to dismiss a thought.* **3** to ban, to prohibit (prohibir). **4** AGR. to remove the soil (quitar la tierra).

destetar *v. t.* y *pron.* to wean (hacer dejar de mamar).

destete *s. m.* weaning.

destiempo (a) *loc. adv.* at the wrong moment, at the wrong time: *lo hizo a destiempo = he did it at the wrong moment.*

destierro *s. m.* **1** exile, banishment (el castigo). **2** place of exile (lugar en que vive el desterrado). **3** (fig.) wilderness, remote place (lugar muy alejado del centro de una población). ◆ **4 en el** ~, in exile.

destilación *s. f.* distillation.

destiladera *s. f.* **1** still (el aparato). **2** (Am.) filter (filtro).

destilador, -ra *adj./s. m.* y *f.* **1** (Am.) still (aparato). **2** distiller (persona). **3** filter (filtro).

destilar *v. t.* **1** to distil (alcohol). **2** to purify (quitar las impurezas de un líquido). **3** (fig.) to exude, to ooze: *el poema destila pasiones muy fuertes = the poem exudes strong passions.* ● *v. t.* y *pron.* **4** to filter (filtrar). ● *v. i.* **5** to drip, to trickle (gotear). **6** to seep, to ooze (rezumar).

destilería *s. f.* **1** distillery. ◆ **2** ~ **de petróleo,** oil refinery.

destinación *s. f.* destination.

destinar *v. t.* **1** to destine, to allocate: *destinar el dinero a la compra de libros = to allocate the money for buying books.* **2** to send (enviar): *le han destinado a Italia = they have sent* *him to Italy.* **3** to appoint, to post (fijar el puesto donde uno va a trabajar): *me han destinado a Londres = I've been posted to London.* **4** MIL. to post. **5** to address (cartas): *una carta destinada a Vd. = a letter addressed to you.* **6** COM. to put aside, to earmark, to allot: *destinar fondos = to earmark funds.* ◆ **7 ir destinado a,** MAR. to be bound for.

destinatario, -ria *s. m.* y *f.* **1** addressee, consignee (de una carta, un paquete). **2** payee (de un cheque, un giro, etc.).

destino *s. m.* **1** destiny, fate (hado): *un destino triste = a sad fate.* ◆ **2** destination (de un viajero, una carta, etc.). **3** use, utility (uso). **4** job, position (empleo). **5** MIL. posting, station (lugar a que se dirige un militar). ◆ **6 con ~ a,** going to, bound for: *el tren con destino a Barcelona = the train bound for Barcelona.* **7 dar ~ a,** (fig.) to find a good use for something. **8 llegar a ~,** to arrive at one's destination. **9 salir con ~ a,** to leave for, to set out for.

destitución *s. f.* dismissal, removal: *la destitución del presidente = the removal of the President.*

destituir *v. t.* to dismiss, to remove, (fam.) to sack, to fire (despedir): *destituir a alguien de su cargo = to remove someone from their post.*

destornillado, -da *adj.* (fam.) crazy, nutty, potty, screwy, dotty (chiflado).

destornillador *s. m.* screwdriver.

destornillamiento *s. m.* unscrewing.

destornillar *v. t.* **1** to unscrew. • *v. pron.* **2** (fig.) to act wildly, to behave madly (actuar sin reflexión). **3** (fam.) to go round the bend, to go crazy (volverse loco). ◆ **4 destornillarse de risa,** to split one's sides with laughter.

destornudar *v. i.* (Am.) to sneeze (estornudar).

destrabar *v. t.* y *pron.* **1** to unfetter, to take the shackles off (quitar las trabas). **2** to separate, to detach (separar). **3** to become detached, to come apart (separarse).

destral *s. f.* hatchet.

destreza *s. f.* **1** skill (habilidad). **2** handiness, dexterity (agilidad).

destripamiento *s. m.* **1** disembowelling (de personas, animales). **2** gutting (del pescado).

destripar *v. t.* **1** to disembowel (una persona, un animal). **2** to gut (el pescado). **3** to crush, to flatten (despachurrar). **4** to ruin the end of (un relato, un chiste, etc.): *destripar un cuento = to ruin the end of a story.*

destripaterrones *s. m.* **1** farm labourer, farm worker (jornalero del campo). **2** (fam. y desp.) bumpkin, yokel (gañán).

destronamiento *s. m.* **1** dethronement. **2** (fig.) ousting, overthrow.

destronar *v. t.* **1** to dethrone (deponer al rey). **2** (fig.) to overthrow (derrocar). **3** to take away someone's authority (privar a uno de su autoridad).

destroncamiento *s. m.* **1** felling, chopping down (de un árbol). **2** maiming, mutilation (mutilación). **3** ruination, ruin (arruinamiento). **4** tiredness, exhaustion (cansancio).

destroncar *v. t.* **1** to fell, to chop down (un árbol). **2** to maim, to mutilate (mutilar). **3** to ruin (arruinar). **4** to exhaust, to tire out (cansar). **5** to spoil, to ruin (un plan, un proyecto, etc.). **6** to interrupt (un discurso). **7** (Am.) to up-root (arrancar plantas).

destronque *s. m.* (Am.) uprooting.

destrozar *v. t.* y *pron.* **1** to smash, to break into pieces, to shatter (hacer trozos una cosa). • *v. t.* **2** to ruin, to spoil (estropear). **3** to destroy (destruir). **4** to tear to pieces, to tear up (libros, papel, etc.): *destrozaron el contrato = they tore up the contract.* **5** MIL. to smash, to wipe out (un enemigo, un ejército). **6** to shatter, to destroy (los nervios). **7** to squander, to waste (derrochar): *destrozar una fortuna = to waste a fortune.* **8** to break (romper): *destrozar el corazón de uno = to break someone's heart.* **9** to tire out, to shatter, to exhaust (cansar): *estoy destrozado de tanto caminar = I'm shattered from so much walking.* **10** to crush (en un debate, discusión, etc.). **11** to destroy, to be a disaster (en una actuación, etc.).

destrozo *s. m.* **1** destruction. **2** MIL. rout, defeat (derrota). • *pl.* **3** damage (daño). **4** debris, rubble (escombros).

destrozón, -na *adj.* **1** destructive, damaging. **2** hard on one's shoes, clothes, etc. (que estropea mucho el calzado, la ropa, etc.). • *s. m.* y *f.* **3** destructive person.

destrucción *s. f.* destruction.

destructivo, -va *adj.* destructive.

destructor, -ra *adj.* **1** destructive. • *s. m.* y *f.* **2** destructive person (persona que destruye). • *s. m.* **3** MAR. destroyer (buque de guerra).

destruir *v. t.* **1** to destroy: *destruir una economía = to destroy an economy.* **2** to demolish, to knock down, to destroy (un edificio, una casa, etc.). **3** to ruin (estropear). **4** to destroy, to wreck (un plan, proyecto, etc.). **5** (fig.) to shatter, to dash (esperanza). **6** (fig.) to crush, to demolish (una teoría, argumento, etc.). • *v. pron.* **7** MAT. to cancel each other out (anularse).

desuello *s. m.* **1** skinning, flaying (hecho de desollar). **2** (fig.) cheek, nerve, impudence (descaro).

desuncir *v. t.* **1** to unyoke (quitar el yugo). • *v. pron.* **2** (fig.) to free oneself, to become independent (independizarse).

desunión *s. f.* **1** disunion, separation (separación). **2** discord, disunity (discordia).

desunir *v. t.* y *pron.* **1** to separate, to detach (separar). **2** to disunite, to foment trouble (provocar discordia).

desusado, -da *adj.* **1** old-fashioned, out of date, antiquated (anticuado): *máquinas desusadas = antiquated machines.* **2** obsolete, disused (caída en desuso): *expresión desusada = obsolete expression.* **3** strange, peculiar (extraño).

desusar *v. t.* (form.) to give up using, to stop using (dejar de usar).

desuso *s. m.* **1** disuse, obsolescence (falta de uso). ◆ **2 caer en ~,** to fall into disuse. **3 dejar una cosa en ~,** to stop using something. **4 una expresión caída en ~,** an obsolete expression.

desvaído, -da *adj.* **1** pale, dull (pálido). **2** blurred, vague (borroso). **3** lanky (larguirucho). **4** characterless, dull (de poca personalidad).

desvalido, -da *adj.* **1** abandoned, destitute (abandonado). • *s. m.* y *f.* **2** needy person, helpless person. ◆ **3 los desvalidos,** the needy.

desvalijamiento *s. m.* robbery, theft.

desvalijar *v. t.* **1** to rob (robar). **2** to burgle (una casa, tienda). **3** to rifle (un cajón, una maleta).

desvalimiento *s. m.* destitution, penury, neediness.

desván *s. m.* attic, loft.

desvanecedor *s. m.* FOT. mask.

desvanecer *v. t.* y *pron.* **1** to fade away (disminuir gradualmente). **2** to vanish, to disappear (desaparecer). **3** to dismiss, to dispel (un recuerdo, una duda, una idea, un temor, etc.). **4** to tone down (colores). **5** to become vain (inducir a vanidad). **6** to blur (los contornos). • *v. pron.* **7** to evaporate (evaporarse). **8** to faint, to swoon (desmayarse).

desvanecido, -da *adj.* **1** MED. faint, dizzy (mareado). **2** vain, proud (vanidoso). **3** superior, smug, self-righteous (presumido).

desvanecimiento *s. m.* **1** MED. faint, dizzy spell (desmayo). **2** RAD. fading. **3** disappearance, vanishing (desaparición). **4** FOT. masking. **5** dispersal, diffusion (de humo, etc.). **6** toning-down (de colores). **7** dismissal, removal (de dudas, problemas, etc.). **8** (fig.) pride, vanity (vanidad). **9** arrogance, conceit (arrogancia).

desvariado, -da *adj.* nonsensical, raving.

desvariar *v. i.* to talk nonsense, to talk rubbish (decir locuras).

desvarío *s. m.* **1** MED. delirium, derangement. **2** caprice, whim (capricho). **3** (fig.) silly comment, foolish remark (tontería). **4** act of madness (una locura): *sería un desvarío hacerlo = it would be an act of madness to do it.* • *pl.* **5** nonsense, ravings.

desvelar *v. t.* **1** to keep awake: *el café me ha desvelado = the coffee has kept me awake.* • *v. pron.* **2** to stay awake (quedarse despierto). **3** (fig.) to devote oneself, to dedicate oneself (dedicarse). **4** to take great pains, to take great care (esmerarse mucho en algo): *se desvela por hacerlo bien = he takes great pains to do it well.*

desvelo *s. m.* **1** insomnia, sleeplessness (insomnio). **2** attentiveness, vigilance (vigilancia). • *pl.* **3** endeavour, effort (esfuerzo). **4** concern, worry (preocupación).

desvenar *v. t.* **1** to extract the veins from meat (quitar las venas a la carne). **2** MIN. to extract mineral from a vein (extraer el mineral de la vena). **3** to strip (quitar las fibras a las hojas).

desvencijar *v. t.* y *pron.* **1** to loosen (aflojar). **2** to break (romper). **3** to fall apart, to come to pieces (desencajar las partes de una cosa). **4** to ruin, to spoil (estropear). **5** to weaken, to get weaker (debilitar). **6** to exhaust, to tire out (agotar).

desvendar o **desenvendar** *v. t.* y *pron.* to unbandage, to take off a bandage (quitar una venda).

desventaja *s. f.* **1** disadvantage. **2** drawback, snag (desconveniente). **3** handicap: *su falta de altura es una desventaja = his lack of height is a handicap.* ♦ **4 estar en ~,** to be at a disadvantage.

desventajoso, -sa *adj.* disadvantageous, detrimental.

desventura *s. f.* bad luck, misfortune (mala suerte).

desventurado, -da *adj.* **1** unlucky, hapless (de mala suerte). **2** ill-fated, ill-omened (de mal agüero). **3** dejected, wretched (desgraciado). **4** shy, timid (tímido). **5** poor (pobre). • *s. m.* y *f.* **6** wretch, poor devil.

desvergonzado, -da *adj.* **1** shameless, barefaced (sinvergüenza). **2** cheeky, impudent (descarado). • *s. m.* y *f.* **3** shameless o barefaced person. **4** cheeky o impudent person.

desvergonzarse *v. pron.* **1** to be insolent, to be impudent (ser impudente). **2** to lose one's scruples, to get into bad ways (perder la vergüenza). ♦ **3 ~ a decir algo,** (Am.) to have the nerve to say something.

desvergüenza *s. f.* **1** nerve, cheek, impudence (descaro). **2** insolence (insolencia). ♦ **3 es una ~,** it's disgraceful. **4 ¡qué ~!,** what a cheek! **5 tener la ~ de,** to have the nerve/cheek to: *tuvo la desvergüenza de llamar = he had the nerve to ring.*

desviación *s. f.* **1** deviation, variation, departure: *una desviación de sus principios = a departure from his principles.* **2** PSIQ. deviation (especialmente sexual). **3** POL. deviation. **4** detour, diversion (de carretera). **5** deflection (de un golpe, balón, etc.).

desviacionismo *s. m.* deviationism.

desviar *v. t.* **1** to deviate, to deflect: *desvió el balón = he deflected the ball.* **2** to deflect (un golpe, una flecha, etc.). **3** to divert (agua, un avión, el tráfico, un barco, etc.). **4** to parry (una pregunta, en esgrima). **5** to change (el tema de una conversación). **6** to avert, to look away (los ojos). **7** to alter (alterar). **8** (fig.) to put off, to dissuade (de una acción, un proyecto): *le desviaron de su propósito = they put him off his plan.* • *v. pron.* **9** to be deflected, to be swayed: *nunca se desvía de sus propósitos = he's never swayed from his objectives.* **10** to change course (avión, barco, etc.). ♦ **11 desviarse del camino,** to leave the road, to turn off the road. **12 desviarse de su rumbo,** MAR. to sail/go off course. **13** (fig.) to wander, to stray. **14 desviarse de un tema,** to wander from the point.

desvincularse *v. pron.* **~ de,** to break one's ties with, to dissociate oneself from.

desvío *s. m.* **1** deflection, deviation (desviación). **2** swerve (de un coche). **3** detour, diversion (en una carretera). **4** coldness, indifference, apathy (frial-dad).

desvirgar *v. t.* (form.) to deflower (quitar la virginidad a una mujer).

desvirtuar *v. t.* y *pron.* **1** to spoil, to impair (estropear). **2** to adulterate (adulterar). **3** to misrepresent, to distort (tergiversar): *desvirtuar una teoría = to distort a theory.* **4** (fig.) to detract from (quitar valor a): *el último capítulo desvirtúa el libro = the last chapter detracts from the book.* **5** to distort (viciar): *desvirtuar el contenido de un discurso = to distort the contents of a speech.*

desvivirse *v. pron.* **1** to long, to yearn: *desvivirse por hacer algo = to long to do something.* **2** to stay awake (desvelarse). ♦ **3 ~ por algo/alguien,** to be crazy about something/someone, to do one's utmost for someone.

detallado, -da *adj.* detailed.

detallar *v. t.* **1** to detail, to itemize (listas, etc.). **2** to give details, to tell in detail (contar con detalles). **3** COM. to retail, to sell at retail price, to sell retail.

detalle *s. m.* **1** detail: *con todos los detalles = with all the details.* **2** kind gesture, nice thought, sweet thing to do (cosa amable): *¡qué detalle! = what a kind gesture!* ♦ **3 al ~,** COM. retail. **4 tener el ~ de,** to be thoughtful enough to. **5 vender al ~,** to retail, to sell retail.

detallista *s. m.* y *f.* **1** COM. retailer (comerciante que vende al por menor). **2** perfectionist (persona que tiene en cuenta los detalles). • *adj.* **3** sweet, considerate, painstaking (cualidad personal).

detección *s. f.* detection.

detectar *v. t.* to detect.

detective *s. m.* y *f.* detective: *detective privado = private detective.*

detector *s. m.* **1** detector. ♦ **2 ~ de mentiras,** lie detector. **3 ~ de minas,** mine detector.

detención *s. f.* **1** DER. detention, arrest. **2** hold-up, delay (demora). **3** stop, halt (alto). **4** stopping (acción de parar). **5** DEP. stoppage: *hubo una detención de juego de 10 minutos = there was a 10-minute stoppage of play.*

detener *v. t.* **1** to stop (parar): *detener un balón/coche/persona, etc. = to stop a ball/car/person, etc.* **2** to arrest (arrestar). **3** to delay: *me detuvo dos horas = he delayed me for two hours.* **4** to detain, to hold up (retener): *me detuvo la tormenta = the storm held me up.* **5** to hold (la respiración). **6** to keep, to hold up (retrasar): *me detuvieron mucho tiempo = they kept me a long time.* • *v. pron.* **7** to stop (parar). **8** to linger, to hang about: *¡no te detengas! = don't hang about!* **9** to take a long time (estar mucho tiempo): *se detienen mucho en hacerlo = they're taking a long time to do it.*

detenidamente *adv.* **1** carefully, attentively (con cuidado). **2** at length, thoroughly: *estudiar algo detenidamente = to study something thoroughly.*

detenido, -da *adj.* **1** DER. under arrest, arrested (arrestado): *están detenidos = they're under arrest.* **2** timid, shy (tímido). **3** detailed, thorough (minucioso). **4** miserable, wretched (miserable). • *s. m.* y *f.* **5** prisoner (preso).

detenimiento *s. m.* care, attention.

detentación *s. f.* DER. illegal/unlawful possession.

detentador *s. m.* **1** illegal/unlawful possessor (poseedor ilegal). **2** holder, possessor (de un récord).

detentar *v. t.* **1** to hold illegally, unlawfully (retener algo sin derecho): *detentar un puesto = to occupy a post unlawfully.* **2** DEP. to hold (un récord).

detergente *s. m.* **1** detergent. • *adj.* **2** detergent.

deteriorar *v. t.* y *pron.* **1** to crack (resquebrajar). **2** to deteriorate (poner viejo o en mal estado). **3** to spoil, to impair (estropear). **4** to damage (dañar). **5** to wear out, to get worn (desgastar).

deterioro *s. m.* **1** deterioration. **2** damage (daño). **3** MEC. wear and tear, wear (con el uso).

determinación *s. f.* **1** determination (decisión): *demostrar determinación = to show determination.* **2** boldness, daring (atrevimiento). **3** fixing, settling (fijación): *la determinación de un acuerdo = the fixing of an agreement.* **4** decision, resolution (elección entre diversas cosas). ♦ **5 faltar ~,** to lack determination. **6 tomar una ~,** to make a decisión.

determinado, -da *adj.* **1** determined, resolute (resuelto). **2** decided, determined (decidido). **3** definite, certain (cierto). **4** fixed, set (fijado): *una hora determinada = a set time.* **5** specific, particular (preciso): *tenemos que estudiar un libro determinado = we have to study a specific book.* **6** MAT. determinate. **7** GRAM. definite: *el artículo determinado = the definite article.*

determinar *v. t.* **1** to determine: *determinar las razones = to determine the reasons.* **2** to set, to fix (fijar): *determinar el día = to fix the day.* **3** to decide, to make up one's mind: *determinaron comprarlo = they decided to* *buy it.* **4** to calculate (calcular): *determinar el precio = to calculate the price.* **5** to cause, to give rise to, to lead to (causar): *ese incidente determinó la guerra = that incident led to the war.* **6** to stipulate (estipular): *las reglas determinan que... = the rules stipulate that...* • *v. pron.* **7** to decide, to make up one's mind (decidir). **8 determinarse a hacer algo,** to decide to do something.

determinativo, -va *adj.* y *s. m.* GRAM. determinative.

determinismo *s. m.* FIL. determinism.

determinista *adj./s. m.* y *f.* FIL. determinist.

detestable *adj.* detestable, odious, vile.

detestación *s. f.* detestation, hatred, revulsion.

detestar *v. t.* to detest, to loathe.

detonación *s. f.* **1** detonation (el acto de detonar). **2** explosion, bang (el resultado de detonar).

detonador *s. m.* detonator.

detonante *adj.* **1** detonating, explosive. **2** (fig.) stunning, devastating. • *s. m.* **3** explosive.

detonar *v. t.* e *i.* to detonate, to explode, to blow up.

detorsión *s. f.* torn/ripped muscle.

detracción *s. f.* **1** detraction, vilification, (fam.) backbiting. **2** retreat, retraction (retiro).

detractar o **detraer** *v. t.* **1** to defame, to vilify, to denigrate (infamar). **2** (fam.) to knock, to slate (maldecir). **3** to separate (separar). **4** to remove, to take away (quitar).

detractor *s. m.* y *f.* **1** detractor, vilifier, (fam.) knocker. • *adj.* **2** defamatory, disparaging.

detraimiento *s. m.* disgrace, dishonour (deshonra).

detrás *adv.* **1** behind: *hay un enorme lago detrás = there's a huge lake behind.* **2** on the back: *el paquete lleva el precio detrás = the price is on the back of the packet.* **3** at the back: *la gente de detrás de la cola = the people at the back of the queue.* ◆ **4 por ~,** behind: *la foto fue tomada por detrás = the photo was taken from behind.* **5 por ~ de,** behind. **6 ~ de,** behind: *le critican detrás de él = they criticize him behind his back.*

detrimento *s. m.* **1** detriment: *en detrimento de = to the detriment of.* **2** damage, harm (daño).

detrito o **detritus** *s. m.* GEOL. detritus.

deuda *s. f.* **1** debt (moral o material): *mi abuelo murió lleno de deudas = my grandfather died heavily in debt.* ◆ **2 contraer deudas,** to get into debt. **3 ~ pública,** national debt. **4 perdónanos nuestras deudas,** REL. forgive us our trespasses.

deudo *s. m.* y *f.* relative, relation (pariente).

deudor, -ra *s. m.* y *f.* **1** debtor. • *adj.* **2** indebted. ◆ **3 saldo ~,** COM. debit balance, adverse balance. **4 ser ~ de alguien,** to be indebted to someone: *te soy muy deudor = I am enormously indebted to you.*

deuterio *s. m.* QUÍM. deuterium.

deuteronómico, -ca *adj.* GRAM. deuteronomic.

deutón *s. m.* QUÍM. deuteron.

devaluación *s. f.* FIN. devaluation.

devaluar *v. t.* FIN. to devalue.

devanar *v. t.* **1** to wind, to reel (hilo). **2** to spin (arañas, insectos). • *v. pron.* **3 devanarse los sesos,** to rack one's brains.

devanear *v. i.* to talk nonsense, to rave.

devaneo *s. m.* **1** MED. madness, delirium (locura). **2** time-wasting pastime, idle pursuit (pasatiempo vano). **3** flirtation, affair (flirteo). **4** silly comment, nonsense (disparate).

devastación *s. f.* devastation, ruination.

devastador, -ra *s. m.* y *f.* **1** devastator, destroyer. • *adj.* **2** devastating.

devastar *v. t.* to devastate, to destroy: *una zona devastada = a devastated area.*

devengar *v. t.* **1** to yield, to earn, to bring in (producir intereses). **2** to earn (ganar dinero).

devengo *s. m.* money to be paid, amount due.

devenir *v. i.* **1** to happen, to occur (suceder). **2** to become (llegar a ser). • *s. m.* **3** change, flux (cambio). **4** movement (movimiento). **5** evolution, development (evolución).

devoción *s. f.* **1** REL. devotion. **2** devoutness, piety (piedad). **3** habit, custom (costumbre): *tener por devoción hacer algo = to be in the habit of doing something.* • *pl.* **4** REL. devotions (oraciones). ◆ **5 sentir devoción por alquien,** to be devoted to someone.

devocionario *s. m.* prayer book.

devolución *s. f.* **1** return: *le pedí la devolución de los libros = I asked him for the return of the books.* **2** DEP. return (del balón, golpe, etc.). **3** COM. repayment, refund: *devolución de la entrada =refund of entrance fee.* **4** return (de una cosa a una tienda). **5** DER. devolution. **6** return (de una carta): *devolución al remitente = return to sender.* ◆ **7 no se admiten devoluciones,** goods cannot be returned. **8 sin ~,** non-returnable.

devolver *v. t.* **1** to return, to give back: *devolver un disco = to return a record.* **2** to return, to take back (a una tienda). **3** to send back, to return (una carta). **4** to repay, to pay back (dinero). **5** to throw up, to vomit (vomitar). **6** to return (un favor). **7** to put something back (en su sitio). **8** DEP. to return (un balón, golpe). **9** (fig.) to restore, to give back: *devolver la salud a alguien = to restore someone to health.* • *v. pron.* **10** (Am.) to return, to go back (regresar). ◆ **11 ~ el bien por el mal,** to pay back evil with good. **12 ~ la pelota a uno,** (fig.) to retaliate, (fam.) to give someone tit for tat. **13 ~ la palabra,** to give someone back the floor (en un debate, etc.).

devorar *v. t.* **1** to devour: *el león devoró a su presa =the lion devoured its prey.* **2** to devour, to eat up, to wolf (comérselo con ganas). **3** (fig.) to devour (leer con avidez): *devoran los libros =tthey devour books.* **4** (fig.) to consume (consumir): *el fuego lo devoró todo = the fire consumed everything.* **5** (fig.) to devour (abrasar): *la devoran los celos = she is consumed by jealousy.* **6** to destroy (destruir). **7** to squander, to waste (disipar): *devoró su fortuna = he squandered his fortune.*

devoto, -ta *adj.* **1** REL. devout, pious (piadoso). **2** devoted (admirador): *es muy devoto de su madre = he's very devoted to his mother; tu devoto amigo = your devoted friend.* ◆ **3 obra devota,** REL. devotional work. • *s. m.* y *f.* **4** REL. devout o pious person. **5** (fig.) devotee, fan, aficionado (aficionado): *los devotos del fútbol = the football fans.* **6** admirer (admirador). ◆ **7 los devotos,** the faithful.

devuelto *p. p.* de **devolver.**

dextrina *s. f.* QUÍM. dextrin.

dextrosa *s. f.* QUÍM. dextrose.

deyección *s. f.* **1** GEOL. debris. **2** ejecta (materias arrojadas de un volcán). **3** MED. defecation, motion (evacuación de los excrementos). **4** excrement (excrementos).

día *s. m.* **1** day: *estuve allí tres días = I was there for three days.* **2** date (como fecha): *¿qué día es hoy? = what date is it today?* **3** (fig.) day, time (momento de alguna significación): *el día de desenmascarar a los corruptos ya ha llegado = the time has arrived to unmask the crooks.* **4** day, daylight (en contraste con la noche). • *pl.* **5** (fig.) life, days: *al final de mis días = at the end of my days.* ◆ **6 abrir el ~, a)** to dawn; **b)** to clear up (después de que haya habido nubes). **7 a días,** sometimes, from time to time. **8 al ~,** up to date. **9 al otro ~,** the following day. **10 cerrarse el ~,** to get cloudy, to get dull. **11 coger a uno el ~ en una parte,** to wake up somewhere (un tanto inesperada o accidentalmente). **12 dar a uno el ~,** to give someone a bad day: *el bebé nos ha dado el día = the baby has given us an awful day.* **13 dar los buenos días,** to wish somebody good day, to bid somebody good day. **14 de ~ en ~,** day after day, everyday. **15 del ~, a)** fresh: *pan del día = fresh bread;* **b)** fashionable (ropa, costumbres, etc.). **16 despertar el ~,** to dawn. **17 ~ astronómico,** 24-hour day. **18 ~ de año nuevo,** New Year's Day. **19 ~ del juicio final,** Judgement Day. **20 ~ de precepto,** REL. holy day of obligation. **21 día del Señor, a)** Sunday; **b)** Judgement Day; **c)** the Feast of Corpus Christi. **22 ~ por ~,** daily. **23 ~ festivo,** holiday. **24 ~ hábil,** court day, working day. **25 ~ laborable,** working day. **26 ~ lectivo,** working day, teaching day, school day. **27 ~ puente,** working day between two holidays (que se suele tomar de vacaciones). **28 ~ y noche,** night and day, constantly. **29 el ~ de mañana,** the future, in the future. **30 el ~ menos pensado,** one of these days. **31 el otro ~,** the other day. **32 en su ~,** in due time. **33 entrado en días,** advanced in years. **34 estar al ~, a)** to keep up to date; **b)** to be in, to be trendy. **35 hasta otro ~,** so long. **36 hoy (en) ~,** nowadays, at present. **37 mañana será otro ~,** tomorrow it will be another story. **38 no pasar días por uno,** not to get old, not to look old, not to look a day older. **39 no tener más que el ~ y la noche,** to be utterly poor, to be destitute. **40 oscurecerse el ~,** to get cloudy. **41 romper el ~,** to dawn. **42 todo el santo ~,** all day long, the whole blessed day. **43 vivir al ~,** to live from hand to mouth.

diabetes *s. f.* MED. diabetes.

diabético *adj./s. m.* y *f.* diabetic.

diablesco, -ca *adj.* diabolical, devilish.

diablo *s. m.* **1** REL. devil, demon. **2** imp, rascal, rogue (especialmente niño). **3** rest (en el billar). • *interj.* **4 ¡diablos!,** hell! ◆ **5 así paga el ~ a quien le sirve,** that's what one gets for trying to help. **6 como el/un ~,** like the devil. **7 darse uno al ~,** to go wild, to become very angry. **8 del ~,** (fam.) a hell of a: *hace un frío del diablo = it is a hell of a cold day.* **9 ~ encarnado,** the devil himself (para referirse a una persona sin escrúpulos). **10 haber una de todos los diablos,** there is/etc. a great rumpus, there is/etc. a great uproar. **11 llevarse el ~ una cosa,** to turn out badly, to fall through. **12 más sabe el ~ por viejo que por ~,** age and experience is what really counts. **13 tener uno el diablo/los diablos en el cuerpo,** to have an itch.

diablura *s. f.* **1** devilment, devilry, mischief (travesura grande). **2** prank, escapade, practical joke (broma pesada). ◆ **3 hacer diabluras,** to get up to mischief, (fam.) to get up to monkey tricks.

diabólico *adj.* **1** devilish, diabolical, fiendish. **2** intricate, complicated (enrevesado).

diábolo *s. m.* diabolo (juguete).

diaconado *s. m.* REL. deaconate, deaconship.

diaconal *adj.* REL. diaconal.

diaconato *s. m.* REL. deaconate, deaconship.

diaconía *s. f.* REL. deaconry.

diaconisa *s. f.* REL. deaconess.

diácono *s. m.* REL. deacon.

diacrítico, -ca *adj.* **1** MED. diagnostic. **2** GRAM. diacritical, diacritic. ◆ **3 signo ~,** diacritical o diacritic sign.

diacronía *s. f.* diachronic.

diadema *s. f.* **1** diadem. **2** crown (corona).

diáfano, -na *adj.* **1** diaphanous. **2** (fig.) transparent (transparente).

diafragma *s. m.* ANAT. diaphragm.

diafragmático, -ca *adj.* diaphragmatic.

diagnosis *s. f.* MED. diagnosis.

diagnosticar *v. t.* MED. to diagnose.

diagnóstico, -ca *adj.* **1** MED. diagnostic. • *s. m.* **2** MED. diagnosis.

diagonal *adj.* **1** diagonal. • *s. m.* y *f.* **2** diagonal. ◆ **3 en ~,** diagonally.

diagrama *s. m.* diagram.

dial *s. m.* RAD. dial.

dialectal *adj.* dialectal, dialect: *una palabra dialectal = a dialect word.*

dialectalismo *s. m.* dialectalism.

dialéctica *s. f.* dialectics.

dialéctico, -ca *adj.* **1** dialectic, dialectical. • *s. m.* y *f.* **2** dialectician.

dialecto *s. m.* dialect.

dialectología *s. f.* dialectology.

diálisis *s. f.* MED. dialysis.

dialogar *v. t.* **1** to compose as a dialogue, to write in dialogue. • *v. i.* **2** to maintain a dialogue, to hold a dialogue. **3** to talk, to converse (conversar).

diálogo *s. m.* dialogue.

dialoguista *s. m.* y *f.* **1** dialogist (persona). **2** dialogue writer (escritor de diálogos).

diamante *s. m.* **1** diamond: *diamante brillante = cut diamond; diamante bruto = uncut/rough diamond.* **2** diamond (en las cartas). ◆ **3 bodas de ~,** diamond wedding.

diamantífero, -ra *adj.* diamond-bearing (terreno que tiene diamantes).

diamantino, -na *adj.* **1** diamond-like. **2** (fig.) adamantine.

diamantista *s. m.* y *f.* **1** diamond merchant (vendedor). **2** diamond cutter (el que labra diamantes).

diametral *adj.* diametrical, diametric.

diametralmente *adv.* diametrically.

diámetro *s. m.* GEOM. diameter.

diana *s. f.* **1** bull's eye, bull (blanco). **2** MIL. reveille (toque de corneta). ◆ **3 dar en la ~,** to hit the bull's eye, to score a bull's eye. **4 tocar ~,** to play reveille.

diantre *interj.* oh hell!, oh damn!

diapasón *s. m.* **1** MÚS. tuning fork, (p.u.) diapason (instrumento de afinar). **2** MÚS. finger board (de un violín). **3** MÚS. range, scale, diapason (escala). **4** tone (tono de la voz). ◆ **5 bajar el ~,** to lower one's tone of voice. **6 subir el ~,** to raise one's tone of voice.

diapositiva *s. f.* FOT. slide, transparency.

diariamente *adv.* daily, every day.

diario *adj.* **1** daily, everyday. • *s. m.* **2** newspaper, paper, daily (periódico). **3** diary (relación histórica). **4** COM. daybook. **5** daily expenses (gastos diarios de una casa). ◆ **6 de/a ~,** daily, every day. **7 ~ de a bordo,** MAR. logbook. **8 ~ dominical,** PER. Sunday newspaper. **9 ~ matinal** o **de la mañana,** morning newspaper. **10 ~ vespertino** o **de la noche,** evening newspaper. **11 para/de ~,** everyday. **12 ropa de ~,** everyday clothes.

diarismo *s. m.* (Am.) journalism (periodismo).

diarista *s. m.* y *f.* **1** (Am.) reporter, journalist (periodista). **2** diarist (el que escribe un diario).

diarrea *s. f.* MED. diarrhoea.

diáspora *s. f.* diaspora.

diástole *s. f.* **1** MED. diastole. **2** GRAM. diastole.

diatónico, -ca *adj.* MÚS. diatonic.

diatriba *s. f.* diatribe, invective.

dibujante *s. m.* y *f.* **1** ART. drawer, sketcher. **2** designer (de moda). **3** TEC. draughtsman (de dibujo lineal). **4** cartoonist (de dibujos animados).

dibujar *v. t.* **1** ART. to draw. **2** to design (diseñar). **3** to sketch (bosquejar). **4** (fig.) to describe, to depict (describir). • *v. pron.* **5** to stand out, to loom (destacar): *la montaña se dibuja contra el cielo = the mountain stands out against the sky.* **6** (fig.) to be written, to be evident: *sus problemas se dibujan en su cara = his problems are written on his face.*

dibujo *s. m.* **1** ART. drawing, sketch. **2** sketching, drawing (el arte). **3** TEC. design (diseño). **4** cartoon (en un periódico). **5** pattern, design (de ropa, tela, papel, etc.). **6** description (descripción). ◆ **7 ~ al carbón,** charcoal drawing. **8 ~ del natural,** drawing from life. **9 ~ lineal,** draughtsmanship. **10 dibujos animados,** cartoons.

dicción *s. f.* **1** diction (pronunciación). **2** word (palabra). **3** style (estilo). ◆ **4 figuras de ~,** figures of speech.

diccionario *s. m.* **1** dictionary. ◆ **2 ~ de bolsillo,** pocket dictionary.

díceres *s. m. pl.* **1** (Am.) gossip. **2** rumours (rumores).

dicha *s. f.* **1** happiness (felicidad). **2** good luck (buena suerte). ◆ **3 es una ~ poder...,** it's a pleasure to be able to... **4 hombre de ~,** lucky man. **5 para completar nuestra ~,** to complete our happiness. **6 por ~,** by chance, luckily, fortunately. **7 una ~,** a happy event.

dicharachero, -ra *adj.* **1** comical, witty, humorous (cómico). • *s. m.* y *f.* **2** comical, witty o humorous person (persona graciosa).

dicharacho *s. m.* **1** witty o humorous remark (dicho gracioso). **2** coarse remark, crude comment (comentario ofensivo).

dicho, -cha *p. p. irreg.* **1** de **decir.** • *s. m.* **2** saying, proverb. **3** witty remark. • *s. f.* **4** happiness, joy. **5** good luck; lucky event. ◆ **6 del ~ al hecho hay mucho trecho,** there's many a slip "twixt cup and lip". **7 ~ de las gentes,** talk, rumours. **8 ~ y hecho,** no sooner said than done. **9 lo ~,** OK, well that's it. **10 lo ~, ~,** I meant what I said. **11 por dicha, a)** by chance; **b)** out of sheer luck.

dichoso, -sa *adj.* **1** happy, content (feliz): *dichoso con la vida = happy with life.* **2** boring, tedious (aburrido): *¡dichosa película! = what a boring film!* **3** lucky, fortunate (afortunado). **4** wretched, blessed, damned (desventurado): *esa dichosa persona = that blessed person.*

diciembre *s. m.* December.
dicotomía *s. f.* dichotomy.
dicotómico, -ca *adj.* dichotomic.
dictado *s. m.* **1** GRAM. dictation: *hacer un dictado = to give a dictation; escribir al dictado = to take dictation.* **2** title, title of honour (título). • *pl.* **3** dictates: *los dictados de la conciencia = the dictates of conscience.* ◆ **4 al ~ de alguien,** inspired/influenced by someone.
dictador, -ra *adj.* **1** dictated. • *s. m.* y *f.* **2** dictator.
dictadura *s. f.* POL. dictatorship.
dictáfono *s. m.* dictaphone.
dictamen *s. m.* **1** opinion (opinión): *dar un dictamen = to give an opinion.* **2** judgement (juicio). **3** report (informe). **4** advice (consejo). **5** DER. legal opinion. ◆ **6 ~ médico,** diagnosis.
dictaminar *v. t.* **1** to consider, to regard (considerar): *la policía dictamina el caso cerrado = the police consider the case closed.* **2** DER. to pass (un fallo). • *v. i.* **3** DER. to pass judgement (fallar). **4** to give an opinion, to express an opinion (dar una opinión). **5** to advise, to give advice (aconsejar).
dictar *v. t.* **1** to dictate (una carta, etc.). **2** DER. to pass, to pronounce (una sentencia). **3** to issue, to proclaim (decretos). **4** to legislate, to enact (leyes). **5** to give, to issue (órdenes). **6** to suggest, to advise (aconsejar). **7** (Am.) to give (clases). **8** (Am.) to deliver (conferencia).
dictatorial *adj.* dictatorial.
dicterio *s. m.* insult, abuse.
didáctico, -ca *adj.* **1** didactic. • *s. f.* **2** didactics.
diecinueve *adj.* **1** nineteen. **2** nineteenth (para la fecha, el siglo, etc.). • *s. m.* **3** nineteen.
diecinueveavo, -va *adj.* nineteenth.
dieciochesco, -ca *adj.* eighteenth century.
dieciochavo, -va *adj.* y *s. m.* eighteenth.
dieciocho *adj.* **1** eighteen. **2** eighteenth (para la fecha, el siglo, etc.). • *s. m.* **3** eighteen.
dieciséis *adj.* **1** sixteen. **2** sixteenth (para la fecha, el siglo, etc.). • *s. m.* **3** sixteen.
dieciseisavo, -va *adj.* y *s. m.* sixteenth.
diecisiete *adj.* **1** seventeen. **2** seventeenth (para la fecha, el siglo, etc.). • *s. m.* **3** seventeen.
diecisieteavo, -va *adj.* y *s. m.* seventeenth.
diedro, -dra *adj.* **1** GEOM. dihedral. • *s. m.* **2** dihedron.
diente *s. m.* **1** tooth. **2** ARQ. toothing. **3** MEC. tooth, cog, prong (cualquier saliente de un mecanismo). ◆ **4 ~ canino/columelar,** eye-tooth (personas); fang (animal); tusk (elefante). **5 ~ de ajo,** clove of garlic. **6 ~ de leche,** milk tooth. **7 ~ de león,** BOT. dandelion. **8 ~ de perro,** MEC. chisel. **9 ~ incisivo,** incisor. **10 ~ molar,** molar. **11 dar uno ~ con ~,** to have one's teeth chattering (de miedo, frío, etc.). **12 de dientes afuera,** insincerely. **13 enseñar/mostrar los dientes,** to bare one's teeth (como amenaza). **14 estar a ~,** to be very hungry. **15 hablar uno entre dientes,** to mumble, to grumble. **16 hincar uno el ~,** to get one's hands on, to get one's teeth into. **17 no llegar a un ~/no tener para un ~,** to have very little food. **18 pelar el ~,** (Am.) **a)** to flatter; **b)** to smile enticingly. **19 armado hasta los dientes,** armed to the teeh. **20 ponerle a uno los dientes largos,** to make somebody green with envy. **21 rechinar los dientes,** to gnash one's teeth. **22 tener un buen ~,** to have a healthy appetite. **23 tomar/traer a uno entre dientes, a)** to run someone down, to speak ill of; **b)** to be hostile to someone.
diéresis *s. f.* **1** MED. diaeresis. **2** GRAM. diaeresis.
diesel *adj.* **1** diesel. • *s. m.* **2** diesel. ◆ **3 motor ~,** diesel engine.
diestra *s. f.* right hand.
diestro, -tra *adj.* **1** right (derecho). **2** clever, skilful (hábil): *diestro en el juego = a skilful player.* **3** astute, shrewd (astuto). **4** favourable (favorable). • *s. m.* **5** bullfighter, matador (torero). **6** bridle (correa). **7** halter (rienda). **8** (arc.) swordsman (espada). ◆ **9 a ~ y siniestro,** left, right and centre: *golpear a diestro y siniestro = to hit out wildly.*
dieta *s. f.* **1** HIST. diet (asamblea). **2** MED. diet: *estar a dieta = to be on a diet.* • *pl.* **3** expense allowance (remuneración de un empleado). **4** emoluments (paga que reciben diputados, jueces, etc.). ◆ **5 estar/ponerse a ~,** to be/to go on a diet.
dietario *s. m.* account book.
dietética *s. f.* dietetics.
dietético, -ca *adj.* **1** dietetic. • *s. f.* **2** dietetics.
dietista *s. m.* y *f.* dietician.
diez *adj.* **1** ten. **2** tenth (para la fecha, el siglo, etc.). • *s. m.* **3** ten. **4** decade (del rosario). **5** ten (en las cartas).
diezmar o **dezmar** *v. t.* **1** to decimate (causar muchas muertes). **2** to pay the tithe (pagar el diezmo). **3** to kill/punish one in ten people (matar o castigar a una persona de cada diez).
diezmo *s. m.* **1** tithe (impuesto). **2** tenth (décimo).
difamación *s. f.* **1** libel, defamation (por escrito). **2** slander, defamation (hablado).
difamador, -ra *s. m.* y *f.* **1** libeller, defamer (por escrito). **2** slanderer, defamer (de palabra). • *adj.* **3** slanderous, defamatory (hablando). **4** libellous, defamatory (escrito).
difamar *v. t.* **1** to libel, to defame (por escrito). **2** to slander, to defame (hablando). **3** (fig.) to malign, to denigrate.
difamatorio, -ria *adj.* **1** libellous, defamatory (por escrito). **2** slanderous, defamatory (de palabra).
diferencia *s. f.* **1** difference: *la diferencia entre dos personas = the difference between two people.* ◆ **2 a ~ de,** unlike, in contrast to: *ella es inteligente a diferencia de su hermano = she is intelligent unlike her brother.* **3 pagar la ~,** to pay the difference. **4 partir la ~,** to split the difference.
diferenciación *s. f.* differentiation.
diferenciado, -da *adj.* differentiated.
diferencial *adj.* **1** differential. • *s. f.* **2** MAT. differential. • *s. m.* **3** TEC. differential.
diferenciar *v. t.* **1** to differentiate. **2** to distinguish (distinguir): *diferenciar una persona de otra = to distinguish one person from another.* **3** MAT. to differentiate. • *v. i.* **4** to disagree, to differ (discrepar): *diferenciamos en las causas de la guerra = we disagree about the causes of the war.* • *v. pron.* **5** to be different, to differ (distinguirse una cosa de otra). **6** to distinguish oneself (distinguirse): *siempre se diferencia en los exámenes = she always distinguishes herself in her exams.* **7** to disagree, to be in disagreement (discrepar): *siempre nos diferenciamos = we always differ.* **8** to be different (ser diferente).
diferente *adj.* **1** different. • *pl.* **2** several, various: *diferentes causas = various causes.* ◆ **3 ~ a/de,** different to/from.
diferentemente *adv.* differently.
diferir *v. t.* **1** to postpone, to defer (aplazar): *han diferido el partido = the match has been postponed.* **2** DER. to reserve (un fallo). • *v. i.* **3** to differ, to disagree (no estar de acuerdo).
difícil *adj.* **1** difficult, hard: *difícil de entender = difficult to understand.* **2** difficult (persona): *una persona difícil de conocer = a difficult person to know.* **3** (fig.) odd, peculiar (la cara). **4** unlikely, doubtful (improbable): *es difícil que lleguen a la hora = it's unlikely that they will arrive on time.* **5** embarrassing, awkward (violento). ◆ **6 tenerlo ~,** to be in a difficult position. **7 verlo ~,** to see something as unlikely.
difícilmente *adv.* hard, with difficulty (con dificultad).
dificultad *s. f.* **1** difficulty: *sin dificultad = without difficulty.* **2** problem, difficulty (problema): *tuvimos unas dificultades en la frontera = we had some problems at the border.* **3** trouble (molestia). **4** obstacle (obstáculo): *crear o poner dificultades = to create obstacles.*
dificultador, -ra *adj.* difficult.
dificultar *v. t.* **1** to obstruct, to impede, to hinder (un camino, la circulación de tráfico, etc.). **2** to make difficult (hacer difícil).
dificultoso, -sa *adj.* **1** hard, difficult: *una carrera dificultosa = a difficult race.* **2** awkward, troublesome (molesto): *una persona dificultosa = an awkward person.* **3** (fam.) odd, peculiar (la cara). **4** demanding, difficult (exigente).

difracción *s. f.* FÍS. diffraction.
difractar *v. t.* FÍS. to diffract.
difteria *s. f.* MED. diphtheria.
diftérico, -ca *adj.* diphtheric, diphtheritic.
difuminar *v. t.* y *pron.* to fade away, to blur (contornos, formas, etc.).
difumino *s. m.* stump (utensilio).
difundir *v. t.* **1** to spread (extender). **2** to divulge, to spread (divulgar): *difundir las noticias = to spread the news.* **3** to give off, to emit (un gas, olor, etc.). **4** to broadcast, to transmit (la radio). **5** to spread, to disseminate (una doctrina, teoría, etc.). • *v. pron.* **6** to spread (una doctrina, noticia, etc.). **7** to get/become diffused (la luz, etc.).
difunto, -ta *adj.* **1** dead, deceased, (fig.) late: *mi difunto abuelo = my late grandfather.* • *s. m.* y *f.* **2** dead o deceased person (persona muerta). **3** corpse, body (cadáver). ◆ **4 día de los difuntos,** REL. All Souls' Day. **5 oler a ~,** (fam.) to smell dank/fusty (una casa, habitación, etc.).
difusión *s. f.* **1** diffusion (de calor, luz, gas, etc.). **2** spreading, dissemination (de opiniones, noticias, ideas, etc.). **3** RAD. transmission, broadcasting. **4** spreading (de enfermedades, epidemias, etc.). **5** FÍS. diffusion.
difuso, -sa *adj.* **1** wordy, prolix (estilo, forma de hablar, etc.). **2** diffused (luz). **3** widespread, extensive (extenso).
difusor, -ra *adj.* **1** spreading, broadcasting. • *s. m.* **2** diffuser.
digerible *adj.* digestible.
digerir *v. t.* **1** to digest (comida). **2** to swallow (tragar). **3** QUÍM. to digest, to absorb, to assimilate (absorber). **4** (fig.) to digest, to absorb (una lección, información, etc.). **5** (fam.) to stand, to stick (aguantar): *no le puedo digerir = I can't stand him.* **6** to think over, to ponder (meditar). **7** to simmer (cocer a fuego lento).
digestible *adj.* digestible.
digestión *s. f.* digestion.
digestivo, -va *adj.* y *s. m.* digestive.
digital *adj.* **1** digital. **2** finger. • *s. f.* **3** BOT. foxglove. **4** MED. digitalis (medicina). ◆ **5 huellas digitales,** fingerprints.
dígito *s. m.* MAT. digit.
dignamente *adv.* **1** with dignity (con dignidad). **2** properly, appropriately (como es debido). **3** honourably (honradamente).
dignarse *v. pron.* **1** to deign, to condescend: *no se dignaron a escribir = they didn't deign to write.* ◆ **2 dígnese llegar pronto,** please be so kind as to arrive early (fórmula de cortesía extremada).
dignatario, -ria *s. m.* y *f.* dignitary.
dignidad *s. f.* **1** dignity. **2** honour (honor). **3** self-respect, self-esteem, pride (amor propio): *herir la dignidad de alguien = to hurt someone's pride.* **4** post, office (puesto). **5** rank (rango): *tiene dignidad de presidente = he has the rank of president.*
dignificación *s. f.* dignification.
dignificar *v. t.* y *pron.* to dignify.
digno, -na *adj.* **1** worthy, deserving: *digno de consideración = worthy of consideration.* **2** appropriate, fitting (apropiado): *el digno final = the fitting end.* **3** honourable, upright (honorable): *una persona digna = an honourable person.* **4** decent (decente): *una vivienda digna = a decent home.* **5** dignified (de aspecto). ◆ **6 ~ de verse/mención/etc.,** worthy of seeing/mention, etc. **7 muy ~,** with great dignity.
digresión *s. f.* digression.
dilación *s. f.* delay (retraso).
dilapidación *s. f.* dissipation, squandering.
dilapidar *v. t.* to squander, to dissipate, to waste.
dilatación *s. f.* **1** MED. dilation. **2** FÍS. expansion. **3** prolongation, extension (del tiempo). **4** dilation (de la pupila).
dilatado, -da *adj.* **1** MED. dilated (la pupila). **2** FÍS. expanded. **3** vast, extensive (extenso). **4** long (largo). **5** (fig.) unlimited (ilimitado): *recursos dilatados = unlimited resources.*
dilatar *v. t.* **1** MED. to dilate. **2** FÍS. to expand, to enlarge (ampliar). **3** to spread, to extend (una noticia, la fama, una idea). **4** to defer, to put off, to postpone (posponer): *dilataron su salida = they put off their departure.* **5** to prolong, to draw out (prolongar): *dilató su estancia = he prolonged his stay.* • *v. pron.* **6** MED. to dilate (la pupila, etc.). **7** FÍS. to expand. **8** to spread, to stretch (extenderse): *los campos se dilatan hasta las montañas = the fields stretch as far as the mountains.* **9** to draw out, to drag on (alargar): *dilatar un cuento = to draw out a story.* **10** (Am.) to take a long time, to be slow (tardar): *dilatarse en hacer algo = to take a long time to do something.* **11** to be late (llegar tarde): *el tren se ha dilatado mucho = the train is very late.*
dilatorio, -ria *adj.* **1** DER. delaying, dilatory. • *s. f.* **2** delay (retraso). ◆ **3 andar con dilatorias,** to delay; to waste time.
dilección *s. f.* fondness, affection.
dilecto, -ta *adj.* beloved, cherished.
dilema *s. m.* dilemma.
diletante *s. m.* y *f.* dilettante.
diletantismo *s. m.* dilettantism.
diligencia *s. f.* **1** diligence, attention, care (cuidado). **2** speed, haste (prisa). **3** stagecoach (coche de caballos). **4** business (gestión): *hacer diligencias = to sort out some business.* ◆ **5 diligencias judiciales,** DER. judicial proceedings. **6 diligencias previas,** DER. inquiry. **7 hacer una ~,** to run an errand.
diligenciar *v. t.* to take the steps necessary to obtain (tramitar).
diligente *adj.* **1** diligent, conscientious: *un trabajador diligente = a diligent worker.* **2** quick, prompt (rápido).
dilogía *s. f.* ambiguity, double meaning (ambigüedad).
dilucidación *s. f.* elucidation.
dilucidar *v. t.* **1** to clarify, to elucidate (aclarar). **2** to clear up, to resolve (una duda, misterio, etc.).
dilución *s. f.* dilution.
diluir *v. t.* **1** to dilute (líquidos). **2** to water down, to thin (sopas, salsas, etc.). **3** to dissolve (un sólido). **4** (fig.) to water down. • *v. pron.* **5** to dilute.
diluvial *adj.* **1** diluvial. • *s. m.* **2** diluvium, drift.
diluviano, -na *adj.* diluvian.
diluviar *v. i.* to pour down, to pour with rain; (fam.) to rain cats and dogs (llover a cántaros).
diluvio *s. m.* **1** flood, deluge. **2** (fig.) flood, deluge, avalanche: *un diluvio de quejas = a flood of complaints.* ◆ **3 el Diluvio,** REL. the Flood.
dimanación *s. f.* **1** flowing, running (del agua). **2** (fig.) derivation, origin (origen).
dimanar *v. i.* **1** to spring (el agua). ◆ **2 ~ de,** (fig.) to stem from, to spring from (proceder de): *los problemas dimanan del mismo sitio = the problems stem from the same place.*
dimensión *s. f.* **1** dimension. **2** size (tamaño). **3** (fig.) standing, stature: *una persona de dimensión mundial = a person of world standing.* ◆ **4 tomar las dimensiones de,** to take the measurements of.
dimensional *adj.* dimensional.
dimes *s. m. pl.* **1 ~ y diretes,** squabbling, bickering (riñas). ◆ **2 andar en ~ y diretes,** to bicker, to squabble.
diminuendo *adj.* y *s. m.* MÚS. diminuendo.
diminuir *v. t.* y *pron.* to diminish, to dwindle (disminuir).
diminutivo, -va *adj.* y *s. m.* diminutive.
diminuto, -ta *adj.* minute, tiny, diminutive.
dimisión *s. f.* resignation: *presentar la dimisión = to hand in one's resignation.*
dimisionario, -ria *adj.* recently resigned, outgoing (que acaba de dimitir).
dimisorias *s. f. pl.* REL. dimissory letter.
dimisorio, -ria *adj.* recently resigned, outgoing (dimisionario).
dimitir *v. t.* e *i.* to resign.
dimorfismo *s. m.* ZOOL. dimorphism.
dina *s. f.* FÍS. dyne (unidad de fuerza).
Dinamarca *s. f.* Denmark.
dinámica *s. f.* FÍS. dynamics.
dinámico, -ca *adj.* **1** dynamic. **2** (fig.) dynamic, energetic (enérgico).
dinamismo *s. m.* dynamism, energy.
dinamita *s. f.* **1** dynamite. ◆ **2 volar con ~,** to blow up with dynamite, to dynamite.
dinamitar *v. t.* to dynamite.
dinamitazo *s. m.* explosion, dynamite explosion, blast.
dinamitero, -ra *s. m.* y *f.* dynamiter.
dinamizar *v. t.* to energize, to reinvigorate.

dinamo o **dínamo** *s. m.* ELEC. dynamo.
dinamómetro *s. m.* dynamometer.
dinastía *s. f.* dynasty.
dinástico, -ca *adj.* dynastic, dynastical.
dineral *s. m.* fortune, (fam.) bomb, packet: *cuesta un dineral = it costs a bomb/packet/fortune.*
dinero *s. m.* **1** money. **2** currency, money (moneda de un país). **3** (fig. y fam.) wealth, money (riqueza). **4** fortune (fortuna). ◆ **5 ~ contante y sonante,** cash; ready cash. **6 ~ de bolsillo,** pocket money. **7 ~ de curso legal,** legal tender. **8 ~ efectivo,** cash. **9 ~ en metálico** o **~ en tabla,** cash. **10 ~ suelto,** change. **11 los dineros del sacristán cantando se vienen y cantando se van,** easy come easy go. **12 el ~ llama al ~,** money makes money. ◆ **13 el ~ lo puede todo,** money is everything. **14 poderoso caballero es don Dinero,** money talks.
dinosaurio *s. m.* dinosaur.
dintel *s. m.* **1** ARQ. lintel. **2** (Am.) threshold (umbral).
diñar *v. t.* **diñarla,** (fam.) to kick the bucket, to snuff it.
diocesano, -na *adj.* y *s. m.* REL. diocesan.
diócesis *s. f.* REL. diocese.
diodo *s. m.* diode.
dionisíaco, -ca o **dionisiaco, -ca** *adj.* **1** Dionysiac, Dionysian. ● *s. f. pl.* **2** Dionysia.
dioptría *s. f.* dioptre.
dios, -sa *s. m.* **1** god. ● *s. f.* **2** goddess. **3** (fig.) goddess (mujer de gran belleza).
Dios *s. m.* **1** REL. God. **2 ¡gracias a ~!,** thank God!; thank heavens! **3 a la buena de ~,** at random; any old way. **4 armar la de ~ es Cristo,** to cause an almighty row; to raise hell. **5 clamar a ~,** to cry out to heaven. **6 ~ mediante,** God willing. **7 dar gracias a ~,** to thank God, to thank one's lucky stars. **8 estar de ~ una cosa,** to be inevitable. **9 gozar uno de ~,** to be in heaven. **10 irse uno con ~,** to leave. **11 llamar ~ a uno,** to die; to pass away. **12 no servir ni a ~ ni al diablo,** to be useless; to be a waste of time. **13 ofender uno a ~,** to sin (pecar). **14 ponerse uno a bien con ~,** to confess (confesarse). **15 recibir uno a ~,** to receive Holy Communion. **16 tentar uno a ~,** to do dangerous things. **17 venir ~ a ver a uno,** to have a stroke of luck. **18 ~ los cría y ellos se juntan,** birds of a feather flock together. **19 dar a ~ lo que es de ~ y al César lo que es del César,** to render unto Caesar that which is Caesar's and unto God that which is God's. **20 un lugar donde ~ pasó de largo,** a godforsaken place. **21 como ~ manda,** properly; correctly. **22 ~ sabe,** God knows. **23 sólo ~ sabe,** God alone knows. **24 a ~ rogando y con el mazo dando,** God helps those who help themselves. **25 cuando ~ quiera,** all in good time. **26 como ~ le da a entender,** as best one can. **27 ¡~ dirá!,** we shall see; time will tell. **28 ~ es testigo que...,** God knows that... **29 ¡~ te ayude!,** God help you! **30 ¡~ te bendiga!,** God bless you! **31 ¡~ me libre!,** heaven forbid! **32 ~ Todopoderoso,** almighty God. **33 no había ni ~,** there wasn't a soul. **34 pasar la de ~ es Cristo,** to go through hell; to have a lousy time. **35 ¡que ~ me perdone!,** God forgive me! **36 si ~ quiere,** God willing. **37 ¡válgame ~!,** good heavens! **38 ¡vaya con ~!,** goodbye; God be with you! **39 ¡vaya por ~!,** good lord!; good heavens!; my God! **40 ¡vive ~!,** good God! **41 ¡por ~!,** for God's sake!, for heaven's sake! **42 ¡~ te ampare!,** God protect you! **43 ¡~ mío!,** good heavens!, my God! **44 ¡~ santo!,** my God!; good God!; good heavens! **45 en el nombre de ~,** in the name of God.
dióxido *s. m.* **1** QUÍM. dioxide. ◆ **2 ~ de carbono,** carbon dioxide.
dioxina *s. f.* dioxin.
diplodoco o **diplodocus** *s. m.* diplodocus (fósil).
diploma *s. m.* diploma.
diplomacia *s. f.* diplomacy.
diplomado, -da *adj.* **1** qualified, trained. ● *s. m.* y *f.* **2** qualified person. **3** graduate (en la universidad).
diplomática *s. f.* diplomatics.
diplomáticamente *adv.* diplomatically.
diplomático, -ca *adj.* **1** diplomatic: *el cuerpo diplomático = the diplomatic corps.* **2** (fig.) diplomatic, tactful (sagaz). ● *s. m.* y *f.* **3** diplomat, diplomatist.
diplopía *s. f.* MED. double vision (visión doble).
dipsomanía *s. f.* dipsomania.
dipsómano, -na *adj.* **1** dipsomaniacal, dipsomaniac. ● *s. m.* y *f.* **2** dipsomaniac.
díptero, -ra *adj.* **1** ARQ. dipteral. **2** ZOOL. dipteran, dipterous. ● *s. m.* **3** ZOOL. dipteran.
díptico *s. m.* diptych.
diptongación *s. f.* GRAM. diphthongization.
diptongar *v. t.* e *i.* GRAM. to diphthongize.
diptongo *s. m.* diphthong.
diputación *s. f.* **1** delegation, deputation (delegación). **2** committee (comité). **3** post of member of parliament (cargo de diputado. **4** town hall (ayuntamiento). ◆ **5 ~ provincial,** provincial council.
diputado, -da *s. m.* y *f.* **1** representative, delegate (delegado). **2** POL. member of parliament (en Inglaterra). **3** POL. member of the Cortes (en España). **4** representative (en Estados Unidos). ◆ **5 ~ provincial,** provincial councillor.
diputar *v. t.* **1** to delegate (elegir para un fin). **2** to consider, to think (conceptuar).
dique *s. m.* **1** dike, breakwater, jetty (muro). **2** dike (en Holanda). ◆ **3 ~ de contención,** dam. **4 ~ flotante,** floating dock. **5 ~ seco,** dry dock. **6 hacer** o **entrar en ~,** to dock. **7 poner un ~ a,** to put a check on; to check (contener).
dirección *s. f.* **1** direction (rumbo): *vamos por la dirección correcta = we're going in the right direction.* **2** COM. management (de empresa). **3** guidance, control (control, mando): *tomó la dirección del proyecto = he took control of the project.* **4** POL. leadership. **5** headship (de centro docente). **6** address (domicilio). **7** editorship (de periódico). **8** MÚS. conductorship. **9** MEC. steering (de un vehículo). **10** office, administrative office.
direccional *s. m.* (Am.) indicator (de automóvil).
directa *s. f.* TEC. top gear (coche).
directamente *adv.* **1** directly. **2** immediately (inmediatamente).
directiva *s. f.* **1** board, board of directors (consejo de administración). **2** guideline (instrucción): *nos han dado una directiva = they have given us a guideline.*
directivo, -va *adj.* **1** directive. **2** COM. managing, managerial. **3** executive, managerial (clase). **4** administrative, managerial (función). ● *s. m.* y *f.* **5** COM. manager, executive. ◆ **6 junta directiva,** board of directors, board (de asociación); management committee (de una empresa).
directo, -ta *adj.* **1** direct. **2** straight (una línea). **3** GRAM. direct: *una traducción directa = a direct translation.* **4** direct (manera, carácter, acción, vuelo, etc.): *un vuelo directo = a direct flight.* **5** through, non-stop (tren): *un tren directo = a through train.* ● *s. m.* **6** straight, straight punch (boxeo). ◆ **7 en ~,** live.
director, -ra *adj.* **1** governing, controlling (de una junta, grupo, etc.). **2** master (idea). **3** guiding (principio). **4** directive (⇒ **directivo**). ● *s. m.* y *f.* **5** director. **6** COM. manager, director (de una empresa); manager (de unos almacenes, de un hotel). **7** headmaster (hombre, de un colegio). **8** headmistress (mujer, de un colegio). **9** governor (de una cárcel). **10** editor (de un periódico). **11** director (de cine, televisión). **12 ~ de escena,** stage director. **13 ~ de orquesta,** conductor. **14 ~ de producción,** director of production.
directorio, -ria *adj.* **1** directive, directory. ● *s. m.* **2** directory (de normas, reglas, direcciones). **3** directors, board of directors (junta directiva).
directriz *s. f.* **1** MAT. directrix. **2** guideline: *el ministro informó sobre las directrices que van a guiar la nueva ley = the minister gave details of the guidelines that will shape the new law.*
dirigente *adj.* **1** ruling: *la clase dirigente = the ruling class.* ● *s. m.* y *f.* **2** POL. leader: *el dirigente del partido = the leader of the party.*
dirigible *adj.* **1** AER. dirigible. **2** MAR. navigable. ● *s. m.* **3** AER. dirigible (globo).

dirigido, -da *adj.* guided (un misil).
dirigir *v. t.* **1** to direct (en general). **2** to aim, to point (un arma, telescopio, etc.): *dirigió el rifle hacia el policía = he pointed the rifle at the policeman.* **3** to drive, to steer (un coche). **4** to steer (un barco). **5** to edit (un periódico). **6** to pilot, to fly (un avión). **7** COM. to manage, to run (una empresa, tienda, negocio, etc.). **8** to address (una carta, protesta, comentario, observación, pregunta, etc.): *me dirigieron un comentario = they addressed a remark to me.* **9** to direct (el tráfico). **10** MÚS. to conduct (una orquesta). **11** to direct (una mirada). **12** to lead (un partido, expedición, rebelión). **13** to direct (esfuerzo): *dirige todos sus esfuerzos a ganar dinero = he directs all his efforts to making money.* **14** to direct (a un lugar): *me dirigió al hotel = he directed me to the hotel.* **15** to guide (guiar). **16** to direct (una película). **17** to direct, to produce (en teatro). **18** to supervise, to oversee (una obra, tesis, etc.). **19** to make, to level (una acusación). • *v. pron.* **20 dirigirse a** to head for, to make one's way to: *nos dirigimos a las montañas = we are heading for the mountains.* **21** COM. to be managed (un negocio). **22** to write (escribir una carta). **23** to apply (solicitar). **24 dirigirse a** to speak to, to address: *se dirigió a mí en la tienda = he spoke to me in the shop.* **25 diríjase a...,** apply to... (en anuncios).
dirigismo *s. m.* control: *dirigismo estatal = state control.*
dirimente *adj.* **1** DER. diriment (en contrato, matrimonio). **2** decisive (en un argumento, opinión, etc.). ◆ **3 impedimento ~,** DER. diriment impediment.
dirimir *v. t.* **1** to resolve, to settle (resolver): *dirimir un conflicto = to settle a dispute.* **2** to annul, to dissolve, to declare void (un matrimonio, contrato, decisión, etc.).
discapacidad *s. f.* disability, handicap.
discar *v. t.* e *i.* (Am.) to dial.
discernible *adj.* discernible.
discernidor, -ra *adj.* discerning, judicious.
discernimiento *s. m.* **1** discernment, judiciousness. **2** judgement (juicio). **3** perception (comprensión). **4** discrimination (discriminación).
discernir *v. t.* **1** to discern, to differentiate (distinguir): *discernir el bien del mal = to discern good from evil.* **2** DER. to appoint (la tutela de un menor). **3** (Am.) to award (un premio).
disciplina *s. f.* **1** discipline (conducta, actitud). **2** subject (asignatura). **3** whip (azote). • *pl.* **4** lashes.
disciplinado, -da *adj.* disciplined.
disciplinal *adj.* disciplinal.
disciplinar *v. t.* **1** to discipline. **2** to instruct, to teach (enseñar). **3** to whip, (p.u.) to scourge (azotar). **4** MIL. to drill, to train. • *v. pron.* **5** to discipline oneself. **6** to whip oneself (azotarse).
disciplinario, -ria *adj.* disciplinary: *castigo disciplinario = disciplinary punishment.*
discípulo, -la *s. m.* y *f.* **1** REL. y FIL. disciple, (fam.) follower. **2** student, pupil (alumno).
disco *s. m.* **1** disk, disc. **2** DEP. discus: *lanzamiento de disco = discus throwing.* **3** dial (del teléfono). **4** MÚS. record, disc: *poner un disco = to play a record.* **5** signal (de ferrocarriles). **6** MED. disk, disc. **7** TEC. disk, disc (de los coches, etc.). **8** traffic light (semáforo). **9** boring conversation (conversación monótona). ◆ **10 ~ compacto,** compact disk, CD. **11** INF. **~ duro,** hard disk. **12 ~ flexible,** floppy disk, diskette. **13 parecer un ~ rayado,** to be always going on about the same old thing.
discóbolo *s. m.* discus thrower (atleta).
díscolo, -la *adj.* disobedient, unruly.
disconforme *adj.* **1** in disagreement, at variance: *estar disconforme con alguien = to disagree with someone.* **2** differing (diferente).
disconformidad *s. f.* **1** disagreement (desacuerdo). **2** difference (falta de conformidad).
discontinuidad *s. f.* discontinuity, disruption.
discontinuo, -nua *adj.* **1** discontinuous (no continuo). **2** interrupted (interrumpido).
discordancia *s. f.* **1** discord (discordia). **2** MÚS. dissonance. **3** conflict, clash (de colores, ropa). **4** difference, disagreement (de opiniones).
discordante *adj.* **1** clashing (colores, ropa). **2** MÚS. dissonant. **3** discordant, differing (opiniones, teorías, etc.).
discordar *v. i.* **1** MÚS. to be dissonant, to be out of tune. **2** to disagree, to differ, not to agree (no estar de acuerdo). **3** to clash (colores, ropa, opiniones, etc.).
discorde *adj.* **1** MÚS. dissonant, discordant (voz, sonido). **2** MÚS. out of tune (instrumento). **3** clashing (colores, ropa). **4** differing, conflicting (opiniones). ◆ **5 estar discordes,** to disagree; not to be in agreement; not to agree: *están discordes = they're not in agreement/they don't agree.*
discordia *s. f.* discord, disagreement: *reina la discordia = discord reigns.*
discoteca *s. f.* **1** discotheque, (fam.) disco (salón de baile). **2** record collection (colección de discos).
discreción *s. f.* **1** discretion, good sense, prudence (prudencia). **2** tact (tacto). **3** wisdom, sagacity (sabiduría). ◆ **4 añadir sal a ~,** salt to taste. **5** MIL. **darse, entregarse** o **rendirse a ~,** to surrender unconditionally. **6 ¡fuego a ~!,** fire at will! **7 vino a ~,** as much wine as one likes.
discrecional *adj.* **1** discretional, discretionary: *facultades o poderes discrecionales = discretionary powers.* ◆ **2 parada ~,** request stop. **3 servicio ~,** special service.
discrecionalmente *adv.* at one's discretion.
discrepancia *s. f.* **1** discrepancy, difference: *hay una discrepancia de opiniones = there's a difference of opinion.* ◆ **2** disagreement (desacuerdo).
discrepar *v. i.* **1** to disagree (estar en desacuerdo). **2** to differ (ser diferente): *sus ideas discrepan = their ideas differ.*
discreto, -ta *adj.* **1** discreet, tactful (lleno de tacto). **2** sagacious, wise (sagaz). **3** shrewd, astute (astuto). **4** prudent (prudente). **5** sensible, sober (al vestir). **6** sober, subdued (color). **7** unremarkable, modest (inteligencia, habilidad). **8** unobtrusive, self-effacing (poco visible). **9** judicious (juicioso). **10** MAT., FÍS., MED. discrete. • *s. m.* y *f.* **11** REL. assistant to the superior (persona que ayuda al superior).
discriminación *s. f.* discrimination: *discriminación sexual = sexual discrimination.*
discriminar *v. t.* **1** to discriminate (contra, against). **2** to differentiate, to distinguish (diferenciar).
discriminatorio, -ria *adj.* discriminatory.
disculpa *s. f.* **1** excuse (excusa): *dar disculpas = to make excuses.* **2** apology (por una ofensa). ◆ **3 pedir disculpas,** to apologize, to offer an apology: *te pido disculpas = I apologize.*
disculpable *adj.* excusable, pardonable.
disculpar *v. t.* **1** to excuse: *sus años lo disculpan = his youth excuses him.* ◆ **2** to forgive, to pardon (perdonar): *discúlpame = forgive me.* • *v. pron.* **3** to apologize.
discurrir *v. i.* **1** to think, to reflect, to ponder (reflexionar). **2** to run (río, sendero, etc.). **3** to pass (el tiempo): *han discurrido dos años = two years have passed.* **4** to speak, to converse (hablar). • *v. t.* **5** to invent, to think up (inventar). **6** to conjecture, to surmise (conjeturar).
discursear *v. i.* to make a speech, to deliver a speech (pronunciar discursos).
discursivo, -va *adj.* discursive.
discurso *s. m.* **1** speech, address: *pronunciar un discurso = to make/deliver a speech.* **2** reasoning (facultad de discurrir). **3** treatise, dissertation (escrito). **4** course, period (espacio de tiempo): *en el discurso de dos años = in the course of two years.* **5** passage (paso del tiempo): *en el discurso del tiempo = with the passage of time.*
discusión *s. f.* **1** discussion (hecho y resultado de discutir): *estar en discusión = to be under discussion.* **2** argument (disputa): *tener una discusión = to have an argument.* **3** debate (debate).
discutible *adj.* **1** debatable, arguable: *es discutible si... = it's arguable whether...* **2** doubtful, questionable (dudoso): *las posibilidades de ganar son muy discutibles = the chances of winning are very doubtful.*

discutido, -da *adj.* controversial: *una decisión muy discutida = a very controversial decision.*

discutidor *s. m.* y *f.* **1** arguer. • *adj.* **2** argumentative.

discutir *v. t.* **1** to discuss, to debate (examinar una cuestión): *discutir las ventajas y desventajas = to discuss the advantages and disadvantages.* **2** to argue about (argumentar): *discutir la mejor forma de hacer algo = to argue about the best way of doing something.* • *v. i.* **3** to discuss, to talk about, to talk over (hablar): *discutir de/sobre el tiempo = to discuss the weather.* **4** to argue (enfrentarse, reñir).

disecar *v. t.* **1** to stuff (rellenar un animal). **2** to mount, to preserve (una planta).

disección *s. f.* **1** MED. dissection. **2** stuffing (el relleno de animales). **3** mounting (de plantas).

diseccionar *v. t.* **1** MED. to dissect (un cuerpo). **2** (fig.) to analyse, to dissect (analizar).

diseminación *s. f.* dissemination, spread: *la diseminación de información = the spread of information.*

diseminar *v. t.* y *pron.* to disseminate, to spread (esparcir).

disensión *s. f.* **1** row, quarrel, argument (riña). **2** dissension (desacuerdo). **3** dissent, disagreement (disentimiento).

disentería *s. f.* MED. dysentery.

disentérico, -ca *adj.* MED. dysenteric.

disentimiento *s. m.* disagreement, dissent.

disentir *v. i.* **1** to disagree, not to agree (no estar de acuerdo): *disentimos en todo = we disagree on everything.* **2** to dissent: *disiento de tu opinión = I dissent from your opinion.* **3** to differ (ser diferente).

diseñador, -ra *s. m.* y *f.* designer.

diseñar *v. t.* **1** to design. **2** to draw (dibujar).

diseño *s. m.* **1** design. **2** drawing, sketch (dibujo). ◆ **3 de** ~, designer (ropa, drogas).

disertación *s. f.* **1** dissertation (escrito). **2** lecture, discourse, dissertation (discurso).

disertar *v. i.* **1** to lecture, to discourse (hablar). **2** to dissertate, to discourse (escribir).

diserto, -ta *adj.* articulate, fluent, eloquent.

disfavor *s. m.* **1** snub, rebuff (desaire). **2** damage, harm (perjuicio).

disforme *adj.* **1** deformed (deformado). **2** disfigured (desfigurado). **3** enormous, huge (enorme). **4** ugly (feo). **5** ill-proportioned, (desproporcionado). **6** formless, shapeless (sin forma).

disfraz *s. m.* **1** disguise. **2** mask (máscara). **3** fancy dress (vestido): *baile de disfraces = fancy dress ball.* **4** simulation (simulación). **5** (fig.) pretext, ploy (pretexto). ◆ **6 ser un** ~, (fam.) to be out of place: *el cuadro es un disfraz allí = the picture is out of place there.*

disfrazado, -da *adj.* disguised, dressed up.

disfrazar *v. t.* **1** to disguise. **2** (fig.) to hide, to conceal, to disguise (ocultar): *disfrazar la verdad = to hide the truth.* • *v. pron.* **3** to dress up, to disguise oneself: *disfrazarse de payaso = to dress up as a clown.*

disfrutar *v. t.* **1** to enjoy (gozar): *disfrutar las vacaciones = to enjoy one's holidays.* **2** to own, to possess (poseer). **3** to take advantage of, to make the most of (aprovechar): *¡disfrútalo! = make the most of it!* • *v. i.* **4** to have a good time, to enjoy oneself (pasarlo bien): *disfrutamos mucho ayer = we had a good time yesterday.* ◆ **5** ~ **con algo,** to enjoy something: *disfruto con los discos = I enjoy listening to records.* **6** ~ **de,** to enjoy: *disfrutan de la presencia de sus nietos = they enjoy having their grandchildren.*

disfrute *s. m.* **1** enjoyment (resultado de disfrutar). **2** possession (posesión). **3** use (uso). **4** advantage (provecho).

disgregación *s. f.* **1** separation (separación). **2** disintegration (desintegración). **3** dispersal, break-up (dispersión).

disgregar *v. t.* y *pron.* **1** to disintegrate, to break up (desintegrar): *el imperio se disgregó = the empire disintegrated.* **2** to separate (separar). **3** to disperse (dispersar).

disgustado, -da *adj.* **1** irritated, annoyed, displeased: *estar disgustado con alguien = to be annoyed with someone.* **2** disappointed, unhappy (decepcionado): *disgustado con el resultado = disappointed by the result.*

disgustar *v. t.* **1** to annoy, to irritate, to displease (contrariar): *tu actitud me disgusta = your attitude annoys me.* **2** to dislike, not to like (no gustar): *me disgusta tener que hacerlo = I dislike having to do it.* • *v. pron.* **3** to get annoyed, to be displeased, to get angry (enfadarse): *se disgusta si no lo llamo = he gets annoyed if I don't ring him.* **4** to fall out, to get angry with each other (reñir dos personas).

disgusto *s. m.* **1** annoyance, displeasure, anger (enfado): *no puedo disimular mi disgusto = I can't hide my annoyance.* **2** misfortune, setback (revés): *hemos sufrido muchos disgustos = we've suffered many setbacks.* **3** grief, sorrow (pena). **4** trouble, problem, bother (problema). **5** quarrel, row, argument (riña): *tener un disgusto con alguien = to have a quarrel with someone.* **6** dispute, altercation (contienda). **7** shock, blow (susto). ◆ **8 a** ~, unwillingly, reluctantly, against one's will (de mala gana). **9 estar a** ~, to be unhappy, to be upset. **10 llevarse un** ~, to be upset, (fam.) to be put out. **11 matar a disgustos a uno,** (fig. y fam.) to make someone's life a misery. **12 tener disgustos con alguien,** to have problems with someone.

disidencia *s. f.* **1** dissidence, disagreement. **2** REL. dissent.

disidente *adj.* **1** dissident. • *s. m.* y *f.* **2** POL. dissident. **3** REL. nonconformist, dissenter.

disidir *v. i.* to dissent.

disimetría *s. f.* dissymmetry.

disimétrico, -ca *adj.* dissymmetric, dissymmetrical.

disímil *adj.* different, dissimilar.

disimilación *s. f.* dissimilation.

disimilitud *s. f.* dissimilarity, dissimilitude.

disimulación *s. f.* **1** dissimulation, concealment, hiding (ocultación). **2** excusing, forgiving, pardoning (disculpa). **3** cunning (astucia).

disimuladamente *adv.* **1** cunningly, slyly (astutamente). **2** furtively (furtivamente).

disimulado, -da *adj.* **1** concealed, hidden (oculto). **2** furtive (furtivo). **3** cunning, sly (astuto). **4** dissembling, hypocritical (hipócrita). ◆ **5 hacerse el** ~, to pretend o feign ignorance; to act dumb.

disimular *v. t.* **1** to hide, to conceal (esconder). **2** (fig.) to disguise, to hide, to conceal: *disimular sus problemas = to hide one's problems.* **3** to excuse, to forgive, to overlook (perdonar). • *v. i.* **4** to dissemble, to pretend (fingir).

disimulo *s. m.* **1** hiding, concealment (ocultación). **2** dissimulation (disimulación). **3** tolerance, allowance, indulgence (tolerancia). **4** slyness, cunning (astucia).

disipación *s. f.* **1** dissipation. **2** squandering, wasting, dissipation (de recursos, dinero, talento, etc.). **3** dispersion (de las nubes).

disipado, -da *adj.* **1** dissipated. **2** debauched, profligate, dissipated (una persona, una vida, una sociedad). **3** wasteful, extravagant, lavish (derrochador).

disipar *v. t.* **1** to dissipate, to scatter, to disappear (las nubes). **2** to dispel, to remove (una sospecha, duda, temor, etc.). **3** to shatter, to destroy (esperanzas). **4** to waste, to squander, (fam.) to fritter away (dinero, fortuna). **5** to waste (energía). • *v. pron.* **6** to dissipate, to disappear, to scatter (nubes). **7** to vanish (humo). **8** to evaporate (evaporarse). **9** to be removed, to be dispelled (una sospecha, duda, temor). **10** to be wasted, to be squandered, (fam.) to be frittered away (el dinero, una fortuna). **11** to clear up, to blow over (una tormenta).

dislalia *s. f.* dyslalia.

dislate *s. m.* **1** silly thing, stupid thing (tontería). **2** absurdity, foolishness (absurdo). • *pl.* **3** nonsense (disparates).

dislexia *s. f.* PSIC. dyslexia.

dislocación *s. f.* **1** MED. dislocation (de los huesos). **2** GEOL. fault, slip (falla). **3** (fig.) dislocation.

dislocar *v. t.* **1** MED. to dislocate (los huesos). **2** to distort, to twist (desfi-

gurar). • *v. pron.* **3** MED. to dislocate, to put out of joint (los huesos).
disloque *s. m.* (fam.) tops, limit.
disminuido, -da *adj.* **1** handicapped. • *s. m.* y *f.* **2** handicapped person.
disminuir *v. i.* **1** to decrease (las dimensiones, fuerzas, prestigio, población, etc.). **2** to fall, to drop (la temperatura, precios). **3** to draw in, to grow shorter (el día). **4** to fail (la memoria). **5** to decline (la salud). **6** to diminish, to dwindle (las posibilidades, el entusiasmo). • *v. t.* **7** to reduce.
disnea *s. f.* MED. dyspnea.
disociable *adj.* dissociable.
disociación *s. f.* dissociation.
disociar *v. t.* **1** to dissociate, to separate (separar). • *v. pron.* **2** to dissociate oneself.
disoluble *adj.* soluble, dissoluble, dissolvable.
disolución *s. f.* **1** dissolution (del parlamento, un club, una sociedad, un matrimonio, etc.). **2** QUÍM. dissolution, solution. **3** COM. liquidation (liquidación). **4** dissoluteness, profligacy, degeneracy (relajación moral y de costumbres).
disoluto, -ta *adj.* dissolute, degenerate, dissipated.
disolvente *s. m.* y *adj.* QUÍM. solvent, dissolvent.
disolver *v. t.* **1** to dissolve, to melt (pasar a estado líquido). **2** to dissolve (un parlamento, matrimonio, contrato, sociedad, grupo). **3** to break up (un mitin, disturbio, manifestación, reunión). • *v. pron.* **4** to dissolve, to melt (sólidos). **5** POL. to dissolve (parlamento). **6** to break up (manifestación, disturbio, reunión, etc.).
disonancia *s. f.* **1** MÚS. dissonance. **2** (fig.) disagreement, lack of agreement (desacuerdo). ♦ **3 hacer ~ con,** to be out of harmony with.
disonante *adj.* **1** MÚS. discordant, dissonant. **2** (fig.) discordant, (fam.) at odds, incongruous.
disonar *v. i.* **1** MÚS. to be out of tune, to be dissonant (desafinar). **2** to look strange, to look funny (parecer mal). **3** to clash, to conflict (no armonizar). **4** to disagree, not to agree (no estar de acuerdo).
dísono, -na *adj.* discordant, dissonant.
dispar *adj.* **1** disparate, different (diferente). **2** unequal, uneven (desigual).
disparada *s. f.* **1** (Am.) stampede, flight, rush (fuga). ♦ **2 a la ~,** (fam. y Am.) flat out, at full speed, like a shot (a todo correr). **3 irse a la ~,** to be off like a shot; to leave at full speed.
disparadero *s. m.* **1** trigger (gatillo de un arma). ♦ **2 poner a uno en el ~,** to make someone lose his patience; to make someone run out of patience (agotarle la paciencia).
disparado, -da *adj.* **salir ~,** to be off like a shot, to shoot off.
disparador *s. m.* **1** trigger (gatillo de un arma). **2** FOT. shutter release (de una cámara). **3** escapement (de un reloj).
disparar *v. t.* **1** to shoot, to fire (un arma). **2** to throw, to fling, to hurl (una piedra). **3** DEP. to shoot (un balón). • *v. pron.* **4** to go off (un arma). **5** to bolt, to run off (un caballo). **6** to shoot off; to rush off (irse de prisa). **7** to lose one's patience, to lose control (perder la paciencia). **8** (fig.) to talk nonsense o rubbish (decir tonterías); to act stupidly o foolishly (hacer tonterías). **9** to shoot up (cotizaciones, precios, temperaturas, etc.). ♦ **10 salir disparado,** to shoot off; to leave like a shot.
disparatadamente *adv.* ridiculously, absurdly, foolishly.
disparatado, -da *adj.* ridiculous, absurd, foolish (absurdo).
disparatar *v. i.* **1** to talk nonsense o rubbish (decir disparates). **2** to act foolishly; to do something silly (hacer disparates).
disparate *s. m.* **1** silly comment, foolish remark (comentario tonto): *soltar un disparate = to make a silly comment* o *foolish remark.* **2** stupid thing (hecho absurdo): *has cometido un disparate enorme = that was an incredibly stupid thing to do.* **3** mistake, blunder (metedura de pata): *fue un partido de muchos disparates = it was a game full of blunders.* • *pl.* **4** nonsense: *decir disparates = to talk nonsense.* ♦ **5 ¡qué ~!,** what nonsense!; how ridiculous! **6 un ~,** a lot, (fam.) a hell of a lot (mucho): *me costó un disparate = it cost me a hell of a lot.*
disparidad *s. f.* disparity.
disparo *s. m.* **1** shot (tiro). **2** DEP. shot (en fútbol). **3** firing (acción de disparar). **4** (fig.) silly o foolish thing (disparate). • *pl.* **5** shots, shooting. ♦ **6 ~ de aviso,** warning shot.
dispendio *s. m.* **1** waste, squandering (derroche). **2** extravagance (gasto excesivo).
dispendiosamente *adv.* expensively.
dispendioso, -sa *adj.* expensive, dear, costly (caro).
dispensa *s. f.* **1** dispensation, exemption. **2** REL. dispensation.
dispensación *s. f.* dispensation, exemption.
dispensar *v. t.* **1** to forgive, to excuse (perdonar una falta): *dispénsame por no venir ayer = forgive me for not coming yesterday.* **2** REL. to dispense. **3** to exempt, to excuse (librar de una obligación). **4** to grant, to give (honores, mercedes). **5** to pay (atención). **6** to give (ayuda). **7** to administer, to dispense (justicia).
dispensario *s. m.* MED. dispensary, clinic.
dispepsia *s. f.* MED. dyspepsia, indigestion.
dispersar *v. t.* y *pron.* **1** to disperse, to spread, to scatter (esparcir). **2** to break up (un disturbio, manifestación, etc.). **3** MIL. to rout, to disperse.
dispersión *s. f.* **1** dispersion, dispersal. **2** QUÍM. y FÍS. dispersion.
disperso, -sa *adj.* **1** dispersed, spread out, scattered (esparcido). **2** MIL. separated, scattered.
displicencia *s. f.* **1** indifference (falta de entusiasmo). **2** bad temper, ill-humour (mal humor). **3** coolness (frialdad). **4** despair, dejection (desaliento).
displicente *adj.* **1** unpleasant, displeasing (desagradable). **2** bad-tempered, ill-humoured (de mal humor).
disponer *v. t.* **1** to arrange, to order, to put in order (colocar). **2** to get ready, to prepare (preparar). **3** to decide (decidir). **4** to order (mandar). **5** to lay, to set (la mesa). **6** MIL. to form up, to line up (las tropas). **7** DER. to stipulate, to provide: *la ley dispone que... = the law stipulates that...* • *v. i.* **8** to dispose of, to sell (vender): *han dispuesto de su casa = they've disposed of* o *sold their house.* **9** to have, to have available, to have at one's disposal (tener disponible): *no dispongo de mucho tiempo = I haven't got a lot of time available.* **10 ~ de,** to have, to own (poseer): *disponen de dos casas = they own* o *have two houses; disponer de dinero = to have money at hand.* **11** to have the use of, to have at one's disposal (poder usar): *no dispongo del coche hoy = I haven't got the use of my car today.* • *v. pron.* **12** to get ready, to prepare (prepararse): *disponerse para salir = to get ready to go out.*
disponibilidad *s. f.* **1** availability. • *pl.* **2** COM. resources, assets (recursos).
disponible *adj.* **1** available (utilizable): *tiempo disponible = available time.* **2** COM. at hand, available (dinero): *dinero disponible = money at hand.* **3** free, unengaged, unoccupied (persona). **4** spare, free (tiempo). **5** free, vacant (sitio): *una plaza disponible = a vacant place.* **6** vacant, unfilled (un puesto de trabajo).
disposición *s. f.* **1** arrangement (arreglo). **2** disposition, temperament (estado de ánimo, humor). **3** ARQ. layout, plan: *la disposición de la casa = the layout of the house.* **4** DER. order, decree (ley); provision (medida). **5** (fig.) talent, gift, aptitude (don): *tiene disposición para el arte = he has a talent for art.* **6** inclination, bent (propensión). **7** MIL. formation (de las tropas). **8** disposal: *a la disposición de = at the disposal of; a su disposición = at your disposal.* • *pl.* **9** preparations, arrangements (preparativos). **10** steps (medidas): *tomar disposiciones = to take steps.* ♦ **11 ~ de ánimo,** state of mind; attitude of mind; frame of mind. **12 estar** o **hallarse en ~,** to be suitable; to be apt (ser apto para un fin). **13 estar a la ~ de alguien,** to be at someone's service; (fam.) to be at someone's beck and call. **14 poner algo a la ~ de alguien,** to put something at someone's disposal: *te pongo el coche a tu disposición = my car is at your disposal.* **15 tener algo a su ~,** to have the use

of something; to have something at one's disposal. **16 última ~,** last will and testament.

dispositivo *s. m.* **1** mechanism (mecanismo). **2** device (aparato; artificio): *dispositivo de seguridad = safety device.*

dispuesto, -ta *p. p.* **1** de **disponer.** • *adj.* **2** ready, prepared (listo): *dispuesto para la batalla = ready for the battle.* **3** arranged (arreglado): *dispuesto por orden cronológico = arranged in chronological order.* **4** willing, prepared: *estar dispuesto a hacer algo = to be willing* o *prepared to do something.* **5** clever, smart, bright (listo). ◆ **6 bien ~,** handsome (guapo); well-disposed (de carácter). **7 estar poco ~ a hacer algo,** to be reluctant o unwilling to do something. **8 mal ~,** ill-disposed (de carácter); MED. ill, sick, indisposed (enfermo).

disputa *s. f.* **1** dispute, quarrel, argument (discusión). **2** controversy, dispute (controversia). ◆ **3 sin ~,** without doubt, undoubtedly, indisputably.

disputable *adj.* disputable, debatable, open to question.

disputar *v. t.* **1** to dispute, to challenge: *disputar una decisión = to challenge a decision.* **2** to defend (defender). **3** to fight for, to contend for (la posesión de algo): *disputar el puesto en un equipo = to fight for one's position in a team.* **4** DEP. to play (jugar). **5** to debate (debatir). • *v. i.* **6** to dispute, to quarrel (discutir). • *v. pron.* **7** to contend for, to fight for, to compete for (la posesión de algo): *se disputan el campeonato = they are contending for the championship.* **8** DEP. to be played (jugarse). **9** to be discussed, to be debated (discutirse).

disquete *s. m.* INF. diskette, floppy disk.

disquetera *s. f.* disk drive.

disquisición *s. f.* **1** disquisition. • *pl.* **2** divergences, digressions, marginal reflections.

distancia *s. f.* **1** distance (de espacio). **2** interval, gap (de tiempo). **3** difference, dissimilarity (desemejanza). **4** distance, coldness, lack of warmth (desafecto entre personas). ◆ **5 acortar las distancias,** to reduce the distance. **6 a ~,** at a distance; far. **7 a gran ~,** long-distance. **8 avión de larga ~,** long-haul plane. **9 ~ focal,** FOT. focal length. **10 ~ sobre el suelo,** clearance. **11 estar a diez millas de ~,** to be ten miles away; to be at a distance of ten miles. **12 guardar las distancias,** to keep one's distance; (fam.) to keep oneself to oneself. **13 mantenerse a ~,** to keep one's distance. **14 tener a ~,** to keep at a distance.

distanciado, -da *adj.* **1** not close (personas): *estamos muy distanciados = we are not very close.* **2** distant, remote (lugar).

distanciar *v. t.* **1** to separate (separar). **2** to place apart, to put apart (apartar). **3** to outstrip, to outdistance (dejar atrás): *el equipo distancia a los demás rivales = the team is outdistancing its rivals.* **4** to cause a rift between; to open a rift between (causar una ruptura en una relación). • *v. pron.* **5** to become separated (separarse). **6** to leave behind; to get ahead (dejar atrás a un rival). **7** to lose contact; to drift away (perder contacto): *se ha distanciado de su familia = he's lost contact with his family.* **8** to fall out; to quarrel (reñir).

distante *adj.* **1** distant, far, far-off (lejano). **2** remote, isolated (aislado). **3** (fig.) distant (persona).

distar *v. i.* **1** *el pueblo dista 2 kms = the village is 2 kms away.* **2** (fig.) to be far from: *dista de la realidad = it's far from the reality; disto mucho de entenderlo = I'm far from understanding it.*

distender *v. t.* y *pron.* **1** to distend, to swell (hinchar). **2** to ease (relaciones). **3** to stretch (estirar). • *v. t.* **4** MED. to pull, to strain (los músculos).

distendido, -da *adj.* relaxed.

distensible *adj.* stretchable (estirable).

distensión *s. f.* **1** ANAT. swelling (de la piel, cara, etc.). **2** MED. pull, strain (de un músculo): *distensión muscular = strained muscle.* **3** easing (aflojamiento).

dístico *s. m.* LIT. (p.u.) distich; (fam.) couplet.

distinción *s. f.* **1** distinction (diferencia): *establecer/hacer una distinción = to make a distinction.* **2** elegance, refinement, distinction (elegancia). **3** honour, distinction (honor): *distinción honorífica = honour.* **4** clarity (claridad). **5** deference, respect, esteem (deferencia): *tratar a alguien con distinción = to treat someone with respect.* ◆ **6 a ~ de,** in contrast to; as opposed to; unlike. **7 de gran ~,** highly distinguished. **8 hacer ~ con alguien,** to show great consideration for someone. **9 sin ~,** indistinctly; without distinction. **10 sin ~ de,** irrespective of.

distingo *s. m.* reservation, qualification (salvedad): *hay que hacer un distingo = one has to make a reservation.*

distinguible *adj.* distinguishable, distinctive.

distinguido, -da *adj.* **1** distinguished: *una persona distinguida = a distinguished person.* **2** well-known (bien conocido). **3** elegant, cultivated, distinguished (de carácter, modales, comportamiento). **4** gentlemanly, civilised (caballero). **5** ladylike, refined (una mujer).

distinguir *v. t.* **1** to distinguish (diferenciar). **2** to recognize, to tell (reconocer): *no distingo cuál es mi coche = I can't tell which is my car.* **3** to discern, to make out, to distinguish. **4** to honour (otorgar a una persona algo con que se le honra): *nos has distinguido con tu presencia = you have honoured us with your presence.* **5** to prefer, to have a preference for (preferir). • *v. i.* **6** to discriminate, to be discerning (discriminar): *saber distinguir = to be discerning; to be a good judge.* • *v. pron.* **7** to be distinguished, to differ (diferenciarse). **8** to stand out, to be noticeable (sobresalir): *se distinguen por su inteligencia = they stand out for their intelligence.* **9** to distinguish oneself: *se distinguió durante la guerra = he distinguished himself during the war.* **10** to be visible (verse): *se distinguen las montañas a lo lejos = the mountains are visible in the distance.*

distintivo, -va *adj.* **1** characteristic, distinctive (característico): *signo distintivo = distinguishing mark.* • *s. m.* **2** insignia, emblem (insignia). **3** mark (marca). **4** symbol (símbolo). **5** distinguishing mark (signo). **6** characteristic feature, distinctive feature (aspecto).

distinto, -ta *adj.* **1** distinct, clear (claro). **2** different: *prefiero algo distinto = I prefer something different.* • *pl.* **3** several, various (varios): *distintos países = several countries.*

distorsión *s. f.* **1** MED. twisting, torsion (torcedura violenta). **2** distortion (aberración óptica, sonora, etc.).

distorsionar *v. t.* to distort.

distracción *s. f.* **1** distraction. **2** amusement, entertainment (entretenimiento): *el pueblo tiene pocas distracciones = the village has little entertainment; la música es mi distracción preferida = music is my favourite amusement; el teatro es una distracción interesante = the theatre is an interesting form of entertainment.* **3** pastime, hobby, recreation (pasatiempo). **4** absentmindedness, forgetfulness (descuido): *en una distracción se perdieron = they got lost due to absentmindedness.* **5** dissoluteness, debauchery, dissipation (disipación). ◆ **6 por ~,** absent-mindedly, due to forgetfulness (por inadvertencia); as a hobby (como hobby): *escribe por distracción = he writes as a hobby.*

distraer *v. t.* **1** to distract (apartar la atención): *¡no me distraigas! = stop distracting me!* **2** to disturb, to trouble (perturbar la atención). **3** to entertain, to keep amused (divertir); to relax (relajar): *la radio me distrae mucho = the radio relaxes me a lot.* **4** to lead astray (llevar a alguien a la vida desordenada). **5** FIN. to embezzle (malversar). **6** to take someone's mind off (quitar la preocupación): *distraer a uno de sus problemas = to take someone's mind off his problems.* • *v. i.* **7** to be relaxing, to be entertaining: *la televisión distrae = television is relaxing.* • *v. pron.* **8** to entertain oneself, to amuse oneself (divertirse). **9** to get distracted, to let one's mind wander (descuidarse): *el niño se distrae mucho = the child gets distracted easily.*

distraídamente *adv.* absent-mindedly, forgetfully.

distraído, -da *adj.* **1** absent-minded, forgetful (despistado). **2** entertaining, amusing (divertido): *un libro distraí-*

do = an entertaining book. **3** dissolute, dissipated (disoluto). **4** (desp.) inattentive, vague, dreamy (desatento). **5** casual: *con aire algo distraído = quite casually; in a somewhat causal way.* **6** (Am.) untidy, shabby (andrajoso). • *s. m.* y *f.* **7** absent-minded person, forgetful person. ◆ **8 hacerse el ~,** to pretend not to be interested; to pretend not to notice.
distribución *s. f.* **1** distribution. **2** delivery (reparto): *distribución de cartas = letter delivery.* **3** MEC. distribution. **4** service, supply (de gas, agua, electricidad, etc.): *distribución de gas = gas supply.* **5** ARQ. layout, plan: *la distribución de una casa = the layout of a house.*
distribuidor, -ra *s. m.* y *f.* **1** distributor (persona). **2** COM. dealer, agent (agente de productos comerciales): *distribuidor de coches = car dealer.* • *s. m.* **3** MEC. distributor (de un coche).
distribuir *v. t.* **1** to distribute (repartir). **2** to deliver (cartas): *distribuir el correo = to deliver the post.* **3** to supply (electricidad, gas, agua). **4** ARQ. to design, to lay out (una casa). **5** to allocate, to assign (deberes, trabajo, etc.). **6** to award, to give out (premios). **7** to distribute (cargas, pesos).
distributivo, -va *adj.* distributive.
distrito *s. m.* **1** district. ◆ **2 ~ electoral,** POL. constituency. **3 ~ postal,** postal district o area.
distrofia *s. f.* MED. dystrophy: *distrofia muscular = muscular dystrophy.*
disturbio *s. m.* disturbance, riot.
disuadir *v. t.* to dissuade, to discourage: *disuadir a alguien de fumar = to dissuade someone from smoking.*
disuasión *s. f.* MIL. dissuasion; deterrent: *disuasión nuclear = nuclear deterrent.*
disuasivo, -va o **disuasorio, -ria** *adj.* **1** dissuasive. **2** MIL. deterrent.
disuelto, -ta *adj.* dissolved.
disyunción *s. f.* disjunction.
disyuntiva *s. f.* **1** alternative, choice (alternativa): *no hay otra disyuntiva = there's no other choice/alternative.* **2** dilemma (dilema).
disyuntivo, -va *adj.* disjunctive.
ditirambo *s. m.* dithyramb.
diurético, -ca *adj.* y *s. m.* MED. diuretic.
diurno, -na *adj.* **1** daily, (p.u.) diurnal. **2** day.
diuturno, -na *adj.* lasting, enduring (que dura mucho tiempo).
diuturnidad *s. f.* (p.u.) diuturnity.
diva *s. f.* MÚS. diva, prima donna.
divagación *s. f.* **1** digression, deviation. • *pl.* **2** ramblings, wanderings.
divagador, -ra *adj.* rambling, prolix, (fam.) long-winded (prolijo).
divagar *v. i.* **1** to wander, to digress (desviarse del tema). **2** (fam.) to ramble (hablar sin concierto).
diván *s. m.* divan, couch (sofá sin respaldo).
divergencia *s. f.* divergence.
divergente *adj.* **1** divergent. **2** opposite (opuesto). **3** distinct, different (distinto).
divergir *v. i.* **1** to diverge. **2** to differ, to diverge (opiniones, gustos, etc.). **3** to fork, to turn off, to diverge (carreteras).
diversidad *s. f.* diversity, variety.
diversificación *s. f.* diversification.
diversificar *v. t.* **1** to diversify, to vary, (fam.) to branch out. • *v. pron.* **2** to be diversified. **3** to vary (variar).
diversión *s. f.* **1** pastime, hobby (pasatiempo): *su diversión es coleccionar sellos = his pastime is collecting stamps.* **2** amusement, entertainment (entretenimiento). **3** MIL. diversion (maniobra).
divertido, -da *adj.* **1** entertaining (entretenido): *un libro divertido = an entertaining book.* **2** funny, comical, amusing (cómico): *un chiste divertido = a funny joke.* **3** funny, amusing, witty (persona). **4** enjoyable (una fiesta). ◆ **5 ¡estamos divertidos!,** that's just great!, that's all we needed! (dicho irónicamente).
divertimiento *s. m.* **1** entertainment, amusement. **2** MIL. diversion: *divertimiento estratégico = strategic diversion.*
divertir *v. t.* **1** to amuse, to entertain: *la película nos divirtió mucho = the film entertained us very much.* **2** to distract, to divert (distraer). • *v. pron.* **3** to have a good time (pasárselo bien): *nos divertimos mucho en el campo = we had a good time in the country.* **4** to amuse oneself (distraerse): *divertirse haciendo algo = to amuse oneself doing something.* **5** to be distracted (la atención).
dividendo *s. m.* COM. dividend.
dividir *v. t.* **1** MAT. to divide: *dividir 50 por 5 = to divide 50 by 5.* **2** to separate, to divide (separar): *el río divide los dos pueblos = the river separates the two villages.* **3** to share, to divide, to share out (repartir): *dividir las ganancias = to share the profits.* **4** to divide, to disunite (crear discordia, enemistar): *divide y vencerás = divide and rule.*
divinamente *adv.* divinely.
divinidad *s. f.* **1** divinity, deity (dios pagano): *divinidad pagana = pagan deity.* **2** god (dios). **3** (fig.) beauty (persona o cosa).
divinizar *v. t.* **1** to deify. **2** (fig.) to venerate, to worship, to exalt.
divino, -na *adj.* **1** divine: *castigo divino = divine punishment.* **2** (fig.) divine, lovely, beautiful, gorgeous (bello).
divisa *s. f.* **1** emblem, badge (insignia). **2** motto (de los escudos). • *pl.* **3** FIN. foreign currency, foreign exchange (dinero extranjero): *control de divisas = foreign exchange control.*
divisar *v. t.* to discern, to distinguish, to make out (a distancia o confusamente).
divisibilidad *s. f.* divisibility.
divisible *adj.* divisible.
división *s. f.* **1** division: *hay división de opiniones = opinions are divided.* **2** MAT. y MIL. division. **3** POL. division, split (de un partido). **4** GRAM. dash, hyphen (guión). **5** partition, division (de un país).
divisional *adj.* divisional.
divisivo, -va *adj.* divisive.
diviso, -sa *adj.* divided.
divisor, -ra *adj.* **1** dividing. • *s. m.* **2** MAT. divisor. **3** factor: *máximo común divisor = highest common factor.*
divisoria *s. f.* **1** GEOL. divide. **2** dividing line (línea que divide).
divisorio, -ria *adj.* dividing (que divide).
divo, -va *s. m.* y *f.* star (celebridad).
divorciado, -da *adj.* **1** divorced. • *s. m.* y *f.* **2** divorcee.
divorciar *v. t.* **1** to divorce. **2** (fig.) to separate, to divorce (separar). • *v. pron.* **3** to get divorced (pareja). **4** to divorce (una persona de otra).
divorcio *s. m.* **1** divorce (de matrimonio). **2** rupture, radical disagreement (entre grupos, ideas).
divulgación *s. f.* **1** disclosure, divulging (revelación). **2** popularizing (popularización). **3** spreading, propagation (propagación).
divulgador, -ra *adj.* **1** divulging, disclosing. • *s. m.* y *f.* **2** divulger, exposer, revealer.
divulgar *v. t.* **1** to publish (publicar). **2** to spread, to propagate (propagar). **3** to popularize (popularizar). **4** to reveal, to disclose, to divulge (revelar). • *v. pron.* **5** to be revealed, to come out (salir a la luz).
dizque *adv.* (Am.) apparently.
DNI (*abrev.* de **documento nacional de identidad**) *s. m.* identity card.
do *s. m.* **1** MÚS. do, doh. ◆ **2 ~ de pecho,** high C. **3 dar el ~ de pecho,** to strike a high note (dar una de las notas más altas); (fig.) to do one's utmost, to strain every nerve (esforzarse al máximo).
dóberman *adj.* y *s. m.* doberman (perro).
dobladillar *v. t.* to hem, to turn up.
dobladillo *s. m.* **1** hem (los bordes de la ropa). **2** turn-up (de pantalones).
doblado, -da *adj.* **1** doubled, double. **2** double (costura). **3** folded, doubled over (plegado). **4** dubbed (película).
doblaje *s. m.* dubbing (cinema).
doblar *v. t.* **1** to double: *doblar el precio = to double the price.* **2** to fold (papel, tela, periódico, etc.): *doblar un papel en dos = to fold a piece of paper in two.* **3** to bend (un brazo, rodilla, codo, vara, etc.). **4** to turn up (costura). **5** to go round, to turn (una esquina): *doblar la esquina = to turn the corner.* **6** MAR. to round (un cabo). **7** to dub (una película). **8** to lap (corredor, competidor). **9** to double (en el bridge). **10** to turn down (el pico de una página). **11** to double (en el billar). **12** to be twice (tener el doble): *te doblo la edad = I'm twice as old as you.* • *v. i.* **13** to turn (a la derecha, a la izquierda). **14** to toll (las campanas): *doblar a muerto = to*

toll for a death. **15** (fig.) to submit, to give in (ceder). **16** to collapse, to fall to the ground (el toro al morir). • *v. pron.* **17** to double (duplicarse). **18** to bend down, to bend over (el cuerpo). **19** to fold, to fold up (plegarse). **20** to bend, to give (debido a un peso): *se ha doblado el suelo con los años = the floor has bent over time.* **21** (fig.) to yield, to submit, to give in (ceder).

doble *adj.* **1** double: *doble sentido = double meaning; un whisky doble = a double whisky.* **2** dual (nacionalidad, control, mando): *doble nacionalidad = dual nationality.* **3** thick (grueso): *una manta doble = a thick blanket.* **4** false (falso): *una maleta de doble fondo = a suitcase with a false bottom.* **5** (fig.) hypocritical, two-faced (hipócrita). • *s. m.* **6** double (cantidad). **7** fold (pliegue). **8** knell, toll (toque de campanas). **9** double (en el bridge, billar, dominó). • *s. m.* y *f.* **10** double, stand-in (de actor). • *s. m. pl.* **11** DEP. doubles (tenis): *dobles masculinos = men's doubles.* ◆ **12 el ~,** twice as much: *cuesta el doble = it costs twice as much.* **13 el ~ que,** twice as much as: *bebe el doble que yo = he drinks twice as much as me.* **14 ~ vista,** double vision. **15 ser el ~ de alguien,** to be someone's double; to look exactly the same as someone.

doblegar *v. t.* **1** to fold (doblar). **2** to bend (curvar). **3** to twist (torcer). **4** to beat, to defeat (vencer). • *v. pron.* **5** (fig.) to give in, to submit, to yield (ceder).

doblemente *adv.* **1** doubly: *doblemente difícil = doubly difficult.* **2** (fig.) two-facedly, falsely, deceitfully (con falsedad).

doblete *adj.* **1** medium-thick (entre doble y sencillo). • *s. m.* **2** GRAM. doublet. **3** doublet (piedra de bisutería).

doblón *s. m.* HIST. doubloon (moneda).

doce *adj.* **1** twelve: *las doce = twelve o'clock.* **2** twelfth (para fechas y siglos). • *s. m.* **3** twelve.

doceavo, -va *adj.* y *s. m.* twelfth.

docena *s. f.* **1** dozen: *una docena de huevos = a dozen eggs.* ◆ **2 a docenas,** by the dozen. **3 por docenas,** by the dozen; in dozens.

docencia *s. f.* teaching.

docente *adj.* **1** teaching (que enseña): *personal docente = teaching staff.* **2** educational: *centro docente = educational institution.*

dócil *adj.* **1** docile. **2** obedient.

docilidad *s. f.* **1** docility. **2** obedience.

dócilmente *adv.* **1** docilely. **2** obediently.

docto, -ta *adj.* **1** wise (sabio). **2** erudite, learned (erudito).

doctor, -ra *s. m.* y *f.* doctor: *doctor honoris causa = honorary doctor.*

doctorado *s. m.* doctorate, PhD.

doctoral *adj.* **1** doctoral. **2** (fig. y desp.) pedantic, pompous.

doctoralmente *adv.* doctorally.

doctorar *v. t.* **1** to confer a doctor's degree on. • *v. pron.* **2** to obtain o get one's doctorate (obtener el doctorado).

doctrina *s. f.* **1** doctrine: *la doctrina marxista = Marxist doctrine.* **2** teaching (enseñanza). **3** preaching (predicación). **4** catechism (catecismo).

doctrinal *adj.* doctrinal.

doctrinalmente *adv.* doctrinally.

doctrinar *v. t.* **1** to teach (enseñar). **2** to indoctrinate (adoctrinar).

documentación *s. f.* **1** documentation. **2** papers, documents (de identidad): *documentación del barco = ship's papers; la documentación, por favor = your papers, please.*

documentado, -da *adj.* **1** well-informed (persona). **2** documented (hecho).

documental *adj.* **1** documentary. • *s. m.* **2** TV. documentary.

documentar *v. t.* **1** to document. **2** to inform (informar). • *v. pron.* **3** to research, to gather information: *me he documentado sobre el tema = I've researched the subject.*

documento *s. m.* **1** document. **2** papers (de identidad): *documento de identidad = identity papers.* **3 ~ justificativo,** certificate (certificado).

dodo o **dido** *s. m.* dodo.

dogal *s. m.* **1** halter (para los caballos). **2** noose, hangman's noose (para ahorcar). ◆ **3 estar con el ~ al cuello,** to be in a fix; to be in a tight spot.

dogma *s. m.* dogma.

dogmáticamente *adv.* dogmatically.

dogmático, -ca *adj.* **1** dogmatic. • *s. m.* y *f.* **2** dogmatist. • *s. f.* **3** dogmatics (conjunto de dogmas).

dogmatismo *s. m.* dogmatism.

dogmatista *s. m.* y *f.* dogmatist.

dogmatizador, -ra o **dogmatizante** *s. m.* y *f.* dogmatist.

dogmatizar *v. i.* to dogmatize.

dogo *s. m.* bulldog (perro).

dolama *s. f.* ailment, complaint (achaque).

dólar *s. m.* dollar.

dolencia *s. f.* **1** affliction, complaint (achaque). **2** illness (enfermedad). **3** pain, ache (dolor). **4** ills, problems: *la dolencia del país = the country's ills.*

doler *v. i.* **1** to hurt: *no duele = it doesn't hurt.* ◆ **2** *me duele la pierna = my leg hurts, my leg aches; me duele el estómago = I've got stomachache.* **3** *me duele tener que marchar tan pronto = I'm sorry to have to leave so early.* • *v. pron.* **4** to feel sorry for, to pity (compadecer). **5** to complain (quejarse): *se duelen del trato que reciben = they complain about the treatment they receive.* **6** to regret, to lament (arrepentirse): *dolerse de haber hecho algo = to regret having done something.* **7** to grieve (afligirse). ◆ **8 ahí le duele,** there you have it; you've put your finger on it.

dolido, -da *adj.* hurt, upset: *estoy muy dolido por lo que me dijiste = I'm very hurt about what you said to me.*

doliente *adj.* **1** painful, aching (que duele). **2** sad (triste). **3** sick, ill (enfermo). • *s. m.* y *f.* **4** MED. ill o sick person (persona enferma). **5** mourner (en un entierro).

dolmen *s. m.* dolmen.

dolo *s. m.* **1** malice, wickedness (malicia). **2** deceit (engaño). **3** fraud (fraude). **4** trick (trampa).

dolomía o **dolomita** *s. f.* dolomite.

dolor *s. m.* **1** pain: *tener mucho dolor = to be in great pain.* **2** ache: *dolor de cabeza = headache.* **3** (fig.) regret, sorrow (arrepentimiento). **4** remorse (remordimiento).

dolorido, -da *adj.* **1** MED. sore, painful, tender: *tengo el brazo dolorido = my arm is sore.* **2** sad, upset (triste). **3** (fig.) grief-stricken, aggrieved (afligido).

dolorosa *s. f.* **1** (fam.) bill, damage: *nos trae la dolorosa, por favor = can you bring us the bill, please/what's the damage?* **2** ART. madonna (imagen de la Virgen).

dolorosamente *adv.* **1** MED. painfully. **2** (fig.) painfully, distressingly (con aflicción).

doloroso, -sa *adj.* **1** MED. painful: *un tratamiento doloroso = a painful treatment.* **2** (fig.) painful, distressing: *una decisión dolorosa = a painful decision.*

doloso, -sa *adj.* DER. fraudulent.

doma *s. f.* **1** taming (de fieras). **2** training (adiestramiento). **3** breaking in (de caballos). **4** (fig.) taming, controlling, dominating (de los instintos, pasiones, etc.).

domador, -ra *s. m.* y *f.* **1** tamer (de fieras): *domador de leones = lion tamer.* **2** trainer (que los adiestra). ◆ **3 ~ de caballos,** horse-breaker.

domar *v. t.* **1** to tame (fieras). **2** to train (adiestrar). **3** to break in (caballos). **4** (fig.) to dominate, to control, to master (los instintos, pasiones, etc.). **5** (fig.) to subdue, to bring under control (quitarle la rebeldía a una persona). **6** (fig.) to break in (zapatos, botas, etc.).

domeñable *adj.* **1** tamable. **2** trainable (adiestrable).

domeñar *v. t.* **1** to subdue, to suppress (someter). **2** to tame, to train (domar). **3** to dominate, to master, to control (dominar).

domesticable *adj.* **1** tameable, domesticable (que se puede domar). **2** trainable (que se puede adiestrar).

domesticación *s. f.* **1** domestication. **2** (fam.) house-training (de animales de compañia). **3** taming (doma). **4** training (adiestramiento).

domesticado, -da *adj.* tame, pet: *un tigre domesticado = a pet tiger/a tame tiger.*

domésticamente *adv.* domestically.

domesticar *v. t.* **1** to tame, to domesticate: *domesticar un gato = to domesticate a cat.* **2** to train (adiestrar): *domesticar un oso = to train a bear.* **3** (fig.) to domesticate, to house-train.

domesticidad *s. f.* **1** domesticity. **2** captivity (de un animal).
doméstico, -ca *adj.* **1** domestic: *servicio doméstico = domestic service.* **2** household: *gastos domésticos = household expenses.* **3** tame, pet: *un león doméstico = a tame lion.* ● *s. m.* y *f.* **4** domestic, servant (criado).
domiciliación *s. f.* direct debit mandate.
domiciliar *v. t.* **1** to pay by direct debit (recibo). **2** to domicile, to house, to home (asignar un domicilio a alguien).
domiciliario, -ria *adj.* **1** domiciliary. ● *s. m.* y *f.* **2** resident, tenant (ocupante). ◆ **3 arresto ~,** house arrest.
domicilio *s. m.* **1** home, residence, (p.u.) domicile, (p.u.) abode: *domicilio particular = private residence.* ◆ **2 a ~,** DEP. at home: *ganar a domicilio = to win at home.* **3 ~ particular,** home address, private residence. **4 reparto a ~,** home delivery.
dominación *s. f.* **1** domination. **2** dominance, rule (dominio). **3** MIL. high ground, commanding position (elevación del terreno). **4** DEP. pull-up (en ejercicio gimnástico). **5** REL. dominions, dominations (los ángeles que forman el cuarto coro).
dominador, -ra *adj.* **1** dominating, controlling (dominante): *el partido dominador = the dominating party.* **2** domineering (persona).
dominante *adj.* **1** dominating, dominant: *el equipo dominante = the dominant team.* **2** commanding, dominating, dominant (posición, situación, altura). **3** prevailing (viento, opinión): *los vientos dominantes = the prevailing winds.* **4** domineering (despótico): *una persona dominante = a domineering person.* **5** MÚS. dominant. ● *s. f.* **6** MÚS. dominant.
dominar *v. t.* **1** to dominate. **2** to rule, to control (control): *Hitler intentó dominar Europa = Hitler tried to rule Europe.* **3** to control, to contain (un incendio, epidemia). **4** to control (las pasiones, instintos, animales, nervios). **5** POL. to suppress, to put down (una rebelión). **6** to recover from, to get over (pesar, pena). **7** to know well, to be fluent in, to have a good command of (un idioma): *domina bien el inglés = he knows English very well.* **8** to dominate, to tower over (edificios altos). **9** to overlook, to dominate (edificios): *la casa domina el valle = the house overlooks the valley.* ● *v. i.* **10** to dominate (un edificio, montaña). **11** to stand out (sobresalir). **12** to predominate (predominar). ● *v. pron.* **13** to control oneself, to keep oneself under control (controlarse).
dómine *s. m.* **1** Latin teacher, Latin master (profesor de latín). **2** (desp.) pedant.
domingo *s. m.* **1** Sunday. ◆ **2 ~ de Carnaval,** Shrove Sunday. **3 ~ de Cuasimodo,** Low Sunday. **4 ~ de Ramos,** REL. Palm Sunday. **5 ~ de Pascua** o **de Resurrección,** REL. Easter Sunday. **6 hacer ~,** to have o take a day off.
dominguejo *s. m.* (Am.) nobody, nonentity (persona insignificante).
dominguero, -ra *s. m.* y *f.* person on a Sunday outing.
dominical *adj.* Sunday: *hoja* o *periódico dominical = Sunday paper* o *newspaper.*
Dominicana, República *s. f.* Dominican Republic.
dominicano, -na *adj.* **1** REL. Dominican. **2** Dominican (de la isla de Santo Domingo). ● *s. m.* y *f.* **3** Dominican.
dominico, -ca *adj./s. m.* y *f.* REL. Dominican.
dominio *s. m.* **1** dominion, power (poder). **2** control, authority (autoridad): *estoy bajo su dominio = I'm under his authority.* **3** domination (dominación). **4** supremacy, dominance (supremacía): *dominio del mar = naval supremacy.* **5** command (de un idioma): *tienen un buen dominio del inglés = they have a good command of English.* **6** good knowledge, sound grasp (de un tema, asignatura, etc.). **7** dominion (en la Commonwealth). **8** domain (territorio). **9** control (de las pasiones, emociones). **10** DER. ownership (derecho de propiedad). ◆ **11 ~ de/sobre sí mismo,** self-control. **12 ser del ~ público,** to be common knowledge, to be widely known.
dominó *s. m.* **1** domino (ficha). **2** dominoes (juego).
domótica *s. f.* domotics.
domo *s. m.* ARQ. dome, cupola (cúpula).
don *s. m.* **1** Mr.: *Don Miguel García = Mr. Miguel García.* **2** Esquire, Esq. (en un sobre). **3** present, gift (regalo). **4** favour (favor). **5** talent, gift (habilidad, talento): *el don de lenguas = a gift for languages.* **6** wish (deseo, en los cuentos): *el hada le concedió tres dones = the fairy granted* o *gave him three wishes.* ◆ **7 ~ de acierto,** gift o knack for getting it right. ◆ **8 ~ de mando,** leadership qualities. **9 ~ de gentes,** ability to get on with people: *tiene don de gentes = he has the ability to get on with people.* **10 ~ de palabra,** (fam.) gift of the gab: *tiene don de palabra = he's got the gift of the gab.*
donación *s. f.* **1** donation (bienes dados a una iglesia, etc.). **2** present, gift (regalo). **3** bequest, donation (en un testamento).
donador, -ra *s. m.* y *f.* **1** donor (donante). ● *adj.* **2** donating.
donaire *s. m.* **1** elegance, grace (elegancia): *escribe con donaire = he writes with elegance.* **2** joke, witticism (chiste). **3** charm (encanto). **4** wit, cleverness (ingenio).
donante *s. m.* y *f.* **1** donor: *donante de sangre = blood donor.* ● *adj.* **2** donating.
donar *v. t.* **1** to donate: *donar sangre = to donate blood.* **2** to give, to grant (dar).
donativo *s. m.* **1** donation. **2** gift, present (regalo). **3** contribution (contribución).
doncel *s. m.* **1** HIST. young nobleman (noble). **2** page, pageboy (paje).
doncella *s. f.* **1** HIST. maid, maiden (mujer joven). **2** maid, servant (sirvienta). **3** virgin (virgen).
donde *adv. rel.* **1** where: *fui donde me dijiste = I went where you told me.* ◆ **2 a ~,** to where: *fuimos a donde jugaban = we went to where they were playing.* **3 de ~:** *el país de donde vienen = the country they come from.* **4 en ~,** where; in which: *la oficina en donde trabajo = the office where* o *in which I work.* **5 hacia ~,** where; to where: *voy hacia donde vive Ana = I'm going to where Ana lives.* **6 hasta ~,** as far as: *anduvimos hasta donde está el puente = we walked as far as the bridge.* **7 por ~,** through which: *el paisaje por donde pasa el río = the landscape through which the river passes.* **8 ~ no,** otherwise. **9 vayas ~ vayas,** wherever you go. **10 ~ quieras,** wherever you want. **11 ~ sea,** wherever.
dónde *adv. interr.* **1** where?: *¿dónde vives? = where do you live?* ◆ **2 ¿en ~?,** where? **3 ¿por ~?, a)** where?: *¿por dónde viven? = where do they live?;* **b)** which way? (por qué dirección): *¿por dónde vamos? = which way do we go?* **4 ¿hasta ~?,** how far?: *¿hasta dónde tenemos que ir? = how far have we got to go?*
dondequiera, doquiera o **doquier** *adv.* **1** anywhere (en cualquier lugar). **2** everywhere, all over the place (en todas las partes). ◆ **3 ~ que,** wherever: *dondequiera que vayas = wherever you go.* **4 por doquier** everywhere, all over the place.
dondiego *s. m.* BOT. marvel-of-Peru, four o'clock.
donjuán *s. m.* **1** BOT. marvel-of-Peru, four o'clock (dondiego). **2** seducer, womaniser, Don Juan, Casanova (seductor).
donjuanesco, -ca *adj.* donjuanesque.
donjuanismo *s. m.* womanizing, ladykilling, donjuanism.
donosamente *adv.* **1** wittily, amusingly (graciosamente): *escribe donosamente = he writes wittily.* **2** elegantly, gracefully (elegantemente).
donoso, -sa *adj.* **1** witty, amusing (divertido): *un comentario donoso = a witty comment.* **2** elegant, graceful (elegante). **3** great, fine (en tono irónico): *¡donosa idea! = that's a great idea!*
donosura *s. f.* **1** humour, wit (gracia). **2** elegance, grace (elegancia).
donut® *s. m.* doughnut.
doña *s. f.* Mrs.: *doña María Chávez = Mrs. María Chávez.*
dopar *v. t.* y *pron.* to drug, to dope.
doping *s. m.* drugging, doping: *antidoping = drug test.*
doquier o **doquiera** *adv.* everywhere.
dorado, -da *adj.* **1** golden (de color de oro). **2** TEC. gilt, gilded (con una ca-

pa de oro). **3** (fig.) golden: *la edad dorada = the golden age.* • *s. m.* **4** TEC. gilt (capa de oro). **5** TEC. gilding (acción de dorar). • *s. f.* **6** dorado (pez).

dorar *v. t.* **1** TEC. to gild (cubrir de oro). **2** to brown (tostar un poco). **3** (fig.) to gild, to palliate, to make more palatable: (disimular lo desagradable): *dorar la píldora = to sugar the pill.* • *v. pron.* **4** to turn, to go brown (tomar color dorado).

dórico, -ca *adj.* ARQ. doric: *orden dórico = Doric order.*

dormida *s. f.* **1** sleeping (acción de dormir). **2** (Am.) short sleep, (fam.) nap (siesta).

dormilón, -na *adj.* **1** sleepy, (fam.) sleepy-headed. • *s. m.* y *f.* **2** sleepyhead (persona). • *s. f.* **3** earring (pendiente). **4** easy-chair, armchair (sillón).

dormir *v. i.* **1** to sleep. **2** to spend the night, to stay overnight (pasar la noche). • *v. pron.* **3** to fall asleep, to go to sleep. **4** to go numb, to go to sleep (un miembro). **5** to slack off: *venga, no te duermas, ponte a trabajar = come on, don't slack off, get to work.* ◆ **6 ~ a pierna suelta,** to sleep soundly. **7 ~ como un lirón/tronco,** to sleep like a log. **8 ~ la mona,** to sleep off a hangover. **9 ~ la siesta,** to have a nap, to have a siesta. **10 dormirse en los laureles,** to rest on one's laurels.

dormitar *v. i.* (fam.) to snooze, to doze (estar medio dormido).

dormitorio *s. m.* **1** bedroom (en casa). **2** dormitory (en un colegio, etc.).

dorsal *adj.* **1** back (de la parte de atrás). **2** dorsal: *aleta dorsal = dorsal fin.* **3** GRAM. dorsal. • *s. m.* **4** number (de un atleta): *el atleta con el dorsal número 10 = the athlete wearing the number 10.*

dorso *s. m.* **1** back (espalda o lomo). **2** (fig.) back: *el dorso de la carta = the back of the letter.*

dos *adj.* **1** two: *son las dos = it's two o'clock.* **2** second (segundo): *el dos de junio = the second of June.* • *s. m.* **3** two. ◆ **4 cada ~ días,** every two days; every other day. **5 cada ~ por tres,** (fig.) every five minutes: *cambia su coche cada dos por tres = he changes his car every five minutes.* **6 de ~ en ~,** two by two; in twos. **7 dividir en ~,** to divide in o into two. **8 ~ por ~ son cuatro,** two times two are four. **9 ~ veces,** twice. **10 en un ~ por tres,** (fam.) in a jiffy; (fam.) in a flash; in no time. **11 los ~,** both: *han llegado los dos = they've both arrived.*

doscientos, -tas *adj. pl.* two hundred: *doscientos mil = two hundred thousand.*

dosel *s. m.* canopy.

dosificar *v. t.* **1** MED. to dose, to measure out (un medicamento). **2** (fig.) to apportion, to measure out.

dosis *s. f.* **1** MED. dose: *en pequeñas dosis = in small doses.* **2** (fig.) dose, dosage, amount (cantidad).

dossier *s. m.* dossier.

dotación *s. f.* **1** endowment (de dinero): *dar una dotación = to give an endowment.* **2** MAR. crew (tripulación). **3** staff, personnel (en una oficina, etc.).

dotado, -da *adj.* gifted, talented: *bien dotado = very gifted* o *talented.*

dotar *v. t.* **1** to give as a dowry (dar dote): *sus padres la dotaron con mucho dinero = her parents gave her a lot of money as a dowry.* **2** to endow (aportar dinero para una fundación, etc.). **3** to endow (conceder la naturaleza ciertos dones). **4** to set o fix a salary (fijar un sueldo). **5** to equip (equipar): *dotar un buque = to equip a ship.* **6** to set aside funds for (asignar dinero para premios, etc.). **7** to staff (una oficina, etc.). **8** to man (tripular un barco).

dote *s. f.* **1** dowry (caudal que lleva la mujer al casarse). • *pl.* **2** gift, talent: *tiene dotes para la enseñanza = he has a gift for teaching.*

dovela *s. f.* ARQ. voussoir (cuña de piedra).

dozavo, -va *adj.* y *s. m.* twelfth (doceavo).

dracma *s. f.* drachma (moneda de Grecia).

draconiano, -na *adj.* draconian.

draga *s. f.* **1** dredge (máquina para dragar). **2** dredger (barco).

dragaminas *s. m.* MAR. minesweeper.

dragar *v. t.* **1** to dredge (excavar o limpiar). **2** to sweep (en busca de minas).

drago *s. m.* BOT. dragon tree.

dragón *s. m.* **1** dragon (animal mítico). **2** MIL. dragoon. **3** ZOOL. flying dragon (reptil). **4** BOT. snapdragon (planta). **5** ASTR. dragon (constelación). **6 ~ marino,** MAR. greater weever.

dragonear *v. i.* (Am.) to boast, to brag, to show off (alardear).

drama *s. m.* **1** drama. **2** (fig.) drama.

dramática *s. f.* drama, dramatic art.

dramáticamente *adv.* dramatically.

dramático, -ca *adj.* dramatic: *una situación dramática = a dramatic situation.*

dramatismo *s. m.* drama.

dramatizar *v. t.* to dramatize.

dramaturgia *s. f.* dramatic art.

dramaturgo, -ga *s. m.* y *f.* dramatist, playwright.

dramón *s. m.* melodrama.

drástico, -ca *adj.* drastic: *medida drástica = drastic measure.*

drenaje *s. m.* AGR. y MED. drainage.

drenar *v. t.* AGR. y MED. to drain, to drain off.

driblar *v. t.* e *i.* DEP. to dribble.

dril *s. m.* drill (tela fuerte).

driza *s. f.* halyard.

droga *s. f.* **1** drug (sustancia). **2** (fam.) trick (engaño). **3** (fam.) nuisance, bother, drag (cosa desagradable). **4** (Am.) debt (deuda). ◆ **5 ~ blanda,** soft drug. **6 ~ dura,** hard drug. **7 ~ de diseño,** designer drug.

drogadicto, -ta *s. m.* y *f.* drug addict; (fam.) junkie.

drogar *v. t.* **1** to drug. **2** DEP. to dope. • *v. pron.* **3** to take drugs.

drogodependencia *s. f.* drug dependence.

droguería *s. f.* **1** chemist's, druggist's, (farmacia). **2** household goods store (para productos de limpieza).

droguero, -ra *s. m.* y *f.* **1** chemist, druggist. **2** (Am.) cheat, swindler (tramposo).

dromedario *s. m.* ZOOL. dromedary.

druida *s. m.* druid.

drupa *s. f.* BOT. drupe.

dual *adj.* **1** dual. • *s. m.* **2** GRAM. dual.

dualidad *s. f.* **1** duality. **2** (Am.) draw (empate).

dubitable *adj.* doubtful, uncertain (dudoso).

dubitación *s. f.* doubt.

dubitativamente *adv.* doubtfully.

dubitativo, -va *adj.* doubtful, dubious.

Dublín *s. m.* Dublin.

ducado *s. m.* **1** dukedom (título). **2** duchy (territorio). **3** ducat (moneda).

ducal *adj.* ducal.

ducha *s. f.* **1** shower: *darse una ducha = to have* o *take a shower.* **2** MED. douche.

duchar *v. t.* **1** MED. to douche. **2** to give someone a shower (dar una ducha a alguien). **3** to wet, to dowse (mojar). • *v. pron.* **4** to have o to take a shower.

ducho, -cha *adj.* experienced, well versed (en, in).

dúctil *adj.* **1** MET. soft, malleable, (p.u.) ductile. **2** (fig.) compliant, docile, pliable (dócil).

ductilidad *s. f.* softness, malleability, (p.u.) ductility.

duda *s. f.* **1** doubt: *sin duda = without doubt.* ◆ **2 entrar en la ~,** to begin to have doubts. **3 estar en la ~,** to be in doubt. **4 no cabe ~,** there is no doubt. **5 no hay ~,** there is no doubt. **6 poner algo en ~,** to cast doubt on something; to doubt something. **7 sacar de dudas a alguien,** to banish o dispel someone's doubts. **8 salir de dudas,** to cast off o shed one's doubts. **9 sin lugar a dudas,** without doubt.

dudar *v. t.* **1** to doubt: *no lo dudo = I don't doubt it.* • *v. i.* **2** not to be sure: *estoy dudando = I'm not sure.* ◆ **3 ~ de,** to doubt, to question: *no dudo de su habilidad = I don't doubt his ability.* **4 ~ en,** to hesitate to: *dudo en hacerlo = I hesitate to do it.* **5 ~ entre dos cosas,** undecided as to which of two things to choose. **6 ~ que,** to doubt whether o if: *dudo que ganemos = I doubt whether we'll win.* **7 ~ si,** to doubt if: *dudo si llegarán a tiempo = I doubt if they'll arrive on time.*

dudoso, -sa *adj.* **1** doubtful, unsure: *la victoria es muy dudosa = victory is very doubtful.* **2** hesitant, undecided (vacilante). **3** dubious, suspicious (sospechoso). **4** unclear, indecisive (un resultado).

duela *s. f.* stave.

duelo *s. m.* **1** duel (combate): *batirse en duelo = to fight a duel.* **2** sorrow, grief (dolor). **3** party of mourners (grupo de dolientes). **4** mourning (luto). ◆ **5 sin ~,** abundantly: *gastar sin duelo = to spend lavishly.*

duende *s. m.* **1** goblin, imp, elf (espíritu). **2** (fig.) imp, mischievous child (niño). ◆ **3 tener ~,** to have a magical quality; to have a certain magic.

dueña *s. f.* **1** owner, proprietress (propietaria). **2** landlady (de una pensión, hostal, etc.). **3** owner, mistress (de un animal). **4** mistress, lady: *dueña de la casa = lady of the house.* **5** HIST. lady.

dueño *s. m.* **1** owner, proprietor (propietario). **2** landlord (de un hostal, una pensión, un bar, etc.). **3** head of the household (cabeza de familia). ◆ **4 cambiar de ~,** to change hands. **5 hacerse ~ de,** to take over; to take possession of. **6 ser ~ de,** to be the owner of; to own. **7 ser ~ de sí mismo,** to be one's own master (ser libre); to have self-control (dominarse). **8 ser muy ~ de,** to be free to: *eres muy dueño de venir = you are free to come.*

duermevela *s. m.* y *f.* (fam.) snooze, nap.

dueto *s. m.* MÚS. short duet.

dugongo *s. m.* y *f.* ZOOL. dugong.

dulce *adj.* **1** sweet: *el postre está muy dulce = the dessert is very sweet.* **2** fresh (agua): *agua dulce = fresh water.* **3** soft (metal). **4** mild, gentle (carácter, clima). **5** soft (sonido, voz, viento). **6** sweet, soft (palabras). • *s. m.* **7** sweet, (EE UU). candy (caramelo). • *s. m. pl.* **8** sweets, sweet things (golosinas). ◆ **9 a nadie le amarga un ~,** a bit of luck is always welcome. **10 ~ de almíbar,** preserved fruit.

dulcemente *adv.* **1** sweetly. **2** gently, mildly (de carácter). **3** softly (de sonidos, viento, brisa, etc.).

dulcificar *v. t.* **1** to sweeten. **2** (fig.) to soften, to make more gentle (suavizar). • *v. pron.* **3** to turn o become milder (el tiempo o el carácter).

dulía *s. f.* REL. dulia.

dulzaina *s. f.* MÚS. musical instrument similar to an oboe.

dulzón, -na *adj.* **1** over-sweet, sickly. **2** (fig.) sickly (persona).

dulzor *s. m.* **1** sweetness, gentleness (del carácter). **2** sweetness (del azúcar, pasteles, etc.).

dulzura *s. f.* **1** sweetness. **2** softness (suavidad). **3** gentleness (bondad). **4** mildness (del clima).

dumping *s. m.* COM. dumping.

duna *s. f.* dune.

dúo *s. m.* MÚS. duo, duet.

duodécimo, -ma *adj.* twelfth.

duodenal *adj.* MED. duodenal.

duodeno *s. m.* MED. duodenum.

duplicado, -da *adj.* **1** duplicate (copiado). **2** double (multiplicado). • *s. m.* **3** duplicate, copy. ◆ **4 por ~,** in duplicate.

duplicar *v. t.* **1** to duplicate (copiar). **2** to double (multiplicar por dos). **3** DER. to answer (contestar a la réplica). • *v. pron.* **4** to double: *se ha duplicado la contaminación = pollution has doubled.*

duplicidad *s. f.* duplicity, deceitfulness, (fam.) two-facedness.

duplo, -pla *adj.* y *s. m.* double; twice: *diez es el duplo de cinco = ten is double five; ten is twice five.*

duque *s. m.* duke.

duquesa *s. f.* duchess.

durabilidad *s. f.* durability.

durable *adj.* durable, lasting.

duración *s. f.* **1** duration, length: *la duración de la película es de dos horas = the film is two hours long.* **2** life (de una máquina, un coche, un tubo, etc.). ◆ **3 de corta ~,** short-lived: *una moda de corta duración = a short-lived fashion.* **4 de larga ~,** long-playing (un disco); lengthy (una enfermedad); long (vacaciones). **5 ~ media de la vida,** average life expectancy.

duradero, -ra *adj.* **1** durable, hard-wearing (un vestido, una tela). **2** lasting, enduring (la paz, efectos, etc.).

duramente *adv.* **1** hard: *estudiar duramente = to study hard.* **2** cruelly, harshly (severamente): *en la cárcel lo trataron duramente = they treated him harshly in prison.*

durante *prep.* **1** during (en algún momento de): *durante el verano = during the summer.* **2** in: *durante la mañana = in the morning.* **3** for (por espacio de): *hemos vivido aquí durante 10 años = we've lived here for 10 years.*

durar *v. i.* **1** to last: *la película duró dos horas = the film lasted two hours.* **2** to stay, to remain (permanecer). **3** to last (ropa): *estos pantalones me han durado mucho tiempo = these trousers have lasted me a long time.*

durazno *s. m.* BOT. (Am.) **1** peach (el fruto). **2** peach tree (el árbol).

dureza *s. f.* **1** hardness (de metales, de oído, de agua, etc.). **2** toughness (de filete, carne). **3** severity, harshness (severidad). **4** MED. calus, callosity (callosidad).

durmiente *adj.* **1** sleeping: *la bella durmiente del bosque = Sleeping Beauty.* • *s. m.* **2** sleeper (traviesa). **3** sleeper (madero para sostener otros).

duro, -ra *adj.* **1** hard: *un trabajo duro = a hard job.* **2** tough (alimentos): *carne dura = tough meat.* **3** stale (pan). **4** stiff (un mecanismo, cuello, puerta, articulación, etc.). **5** tough, hard (problema, decisión): *una decisión dura = a tough decision.* **6** tough, harsh, severe (clima). **7** hard (examen, prueba). **8** hardhearted, tough, hard (de carácter). **9** tough, hard (de actitud). **10** tough (un coche, una máquina). **11** hard (agua, sonido): *agua dura = hard water.* **12** hardy, tough, strong (planta, persona de mucho aguante). **13** severe (severo). **14** cruel (cruel). **15** DEP. rough: *juego duro = rough play.* **16** insensitive (insensible). **17** obstinate (obstinado). • *adv.* **18** hard: *estudiar duro = to study hard.* • *s. m.* **19** five pesetas (cinco pesetas); five-peseta coin (una moneda de cinco pesetas): *estar sin un duro = to be broke* o *skint.* ◆ **20 ~ de corazón,** hard-hearted. **21 ~ de roer,** hard to swallow. **22 estar a las duras y a las maduras,** to take the rough with the smooth. **23 hacer algo a duras penas,** to do something with great difficulty. **24 más ~ que una piedra,** as hard as nails. **25 ser ~ de mollera,** to be thick o dense (torpe). **26 ser ~ de oído,** to be hard of hearing. **27 ser ~ de pelar,** to be a hard nut to crack.

DVD (*abrev.* de **digital versatile disc**) *s.m.* DVD.

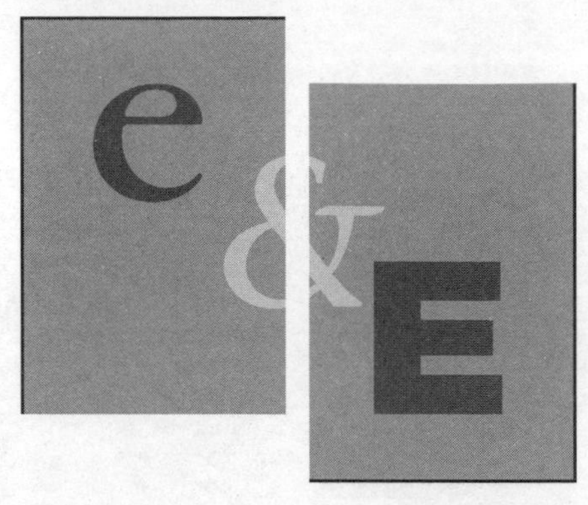

e, E, *s. f.* **1** e, E (quinta letra del alfabeto español). • *conj.* **2** and.

¡ea! *interj.* **1** come on! (para animar). **2** so there! (para enfatizar resolución).

ebanista *s. m.* y *f.* cabinetmaker, joiner.

ebanistería *s. f.* cabinetmaking, joinery.

ébano *s. m.* **1** ebony (madera). **2** ebony (árbol).

ebonita *s. f.* ebonite (caucho endurecido y vulcanizado).

ebriedad *s. f.* drunkenness, intoxication, inebriation.

ebrio, -bria *s. m.* y *f.* **1** drunkard, drunk. • *adj.* **2** drunk, inebriated, intoxicated (borracho). **3** (fig.) blind (de ira).

ebullición *s. f.* **1** boiling (de un líquido): *punto de ebullición = boiling point.* **2** turmoil (agitación).

ebúrneo, -a *adj.* ivory, (lit.) eburnian.

eccehomo *s. m.* **1** REL. Ecce Homo. **2** (fig.) sorry state.

eccema o **eczema** *s. m.* MED. eczema.

echado, -da *p. p.* **1** de **echar.** **2** *adj.* lying down, prone, prostrate (tumbado). **3** (fam.) bold, fearless (echado para adelante).

echar *v. t.* **1** to throw (arrojar). **2** to give off (un olor, etc.). **3** to put (poner). **4** to pour (agua, etc.). **5** to post (una carta). **6** to add (añadir): *añadir sal = to add salt.* **7** MAR. to cast (redes, anclas, anzuelos). **8** to throw out (a alguien de un sitio). **9** to sack (despedir de un trabajo). **10** BOT. to sprout (hojas y raíces). **11** to grow (pelo). **12** to spread (mantequilla, etc.). **13** to put on, to apply (el freno). **14** to hurl (blasfemias). **15** to play (una partida). **16** to add up (una cuenta). **17** to put to bed (a un niño). • *v. pron.* **18** to throw oneself (arrojarse). **19** to lie down (tumbarse). ◆ **20 ~ a la calle,** to turn out. **21 ~ a llorar,** to begin to cry. **22 ~ a perder,** to spoil; to ruin. **23 ~ atrás,** to set back. **24 ~ a volar,** to take flight; to fly away. **25 ~ barriga,** to get a potbelly; to put on weight. **26 ~ de menos,** to miss. **27 ~ los dientes,** to teethe. **28 echarse a perder,** to go bad. **29 echarse atrás,** to throw oneself back (para evitar algo). **30 ~ una mirada,** to have a look. **31 ~ una multa,** to impose a fine.

echarpe *s. m.* shawl.

echazón *s. f.* **1** throw (acción). **2** MAR. jettison.

eclampsia *s. f.* MED. eclampsia.

eclecticismo *s. m.* eclecticism.

ecléctico, -ca *adj.* eclectic.

eclesiástico, -ca *s. m.* y *f.* **1** REL. clergyman (hombre), clergywoman (mujer), ecclesiastic (clérigo). • *adj.* **2** ecclesiastical, ecclesiastic.

eclipsar *v. t.* **1** ASTR. to eclipse. **2** (fig.) to outshine, to eclipse, to overshadow, to outdo (deslucir). • *v. pron.* **2** to disappear.

eclipse *s. m.* **1** ASTR. eclipse. **2** (fam.) eclipse, disappearance.

eclíptica *f.* ecliptic.

eclosión *s. f.* **1** ZOOL. hatching (de un huevo). **2** BOT. blooming (de una flor). **3** (fig.) appearance (aparición).

eco *s. m.* **1** echo (acústica). **2** distant sound, echo (sonido débil). ◆ **3 despertar/tener ~,** to evoke a reponse. **4 hacerse ~ de una opinión,** to echo an opinion.

ecoauditoría *s. f.* ecoaudit.

ecoetiqueta *s. f.* ecolabel.

ecografía *s. f.* ultrasound scan.

ecología *s. f.* BIOL. ecology.

ecológico, -ca *adj.* ecological.

ecologista *adj.* **1** ecological. • *s. m.* y *f.* **2** ecologist.

economato *s. m.* discount store, cash-and-carry.

economía *s. f.* **1** economics (carrera universitaria). **2** economy (de un país). **3** economy (de esfuerzo). • *pl.* **4** savings (ahorro). **5** thrift, economy (moderación en los gastos). ◆ **6 ~ sumergida,** black economy. **7 ~ doméstica,** home economics. **8 hacer economías,** to economize.

económicamente *adv.* economically.

económico, -ca *adj.* **1** economic: *Comunidad Económica Europea = European Economic Community.* **2** economic, financial: *crisis económica = financial crisis.* **3** economical: *un coche económico = an economical car.* **4** financial, fiscal: *año económico = fiscal year.*

economista *s. m.* y *f.* economist.

economizar *v. t.* **1** to save, to economize (dinero, tiempo, esfuerzo). • *v. i.* **2** to save, to save up, to budget (ahorrar en comida, etc.).

ecónomo *s. m.* y *f.* treasurer, burser.

ecosistema *s. m.* ecosystem.

ecoturismo *s. m.* ecotourism.

ectópico, -ca *adj.* ectopic.

ectoplasma *s. m.* ectoplasm.

ecu *s. m.* ecu (unidad monetaria).

ecuación *s. f.* MAT. equation: *ecuación de segundo grado = quadratic equation.*

ecuador *s. m.* **1** equator. **2** (fam.) halfway point (en un curso de estudios).

Ecuador *s. m.* Ecuador.

ecuánime *adj.* **1** impartial, unbiased, unprejudiced, fair (imparcial). **2** composed, calm, cool-headed, collected (equilibrado).

ecuanimidad *s. f.* **1** impartiality, fairness (justicia). **2** composure (lit.), equanimity (serenidad).

ecuatorial *adj.* equatorial.

ecuatoriano, -na *adj./s. m.* y *f.* Ecuadorian, Ecuadorean.

ecuestre *adj.* equestrian.

ecuménico, -ca *adj.* ecumenical, oecumenical.

ecumenismo *s. m.* ecumenicalism, oecumenicalism, ecumenism, oecumenism.

eczema *s. m.* MED. eczema.

edad *s. f.* **1** age: *¿qué edad tienes? = how old are you?; a la edad de catorce años = at the age of fourteen.* **2** age (época). ◆ **3 ~ adulta,** adulthood. **4 ~ del pavo,** awkward age. **5 ~ antigua,** ancien times. **6 ~ media,** Middle Ages. **7 de ~,** elderly. **8 estar en ~ de merecer,** to be of courting age. **9 llegar a mayor ~,** to come of age. **10 menor ~,** minority, infancy, childhood.

edecán *s. m.* aide-de-camp.

edelweiss *s. m.* BOT. edelweiss.

edema *s. m.* MED. edema, oedema.

edén *s. m.* REL. Eden.

edición *s. f.* edition (de un libro, revista, etc.).

edicto *s. m.* decree, edict.

edificación *s. f.* building, construction.

edificador, -ra *s. m.* y *f.* **1** builder, constructor. • *adj.* **2** building, constructing.

edificante *adj.* edifying.
edificar *v. t.* to build, to construct.
edificativo, -va *adj.* edifying.
edificatorio, -ria *adj.* building, construction.
edificio *s. m.* building, edifice.
edil *s. m.* **1** aedile, edile (magistrado romano). **2** town councillor.
editar *v. t.* to publish.
editor, -ra *s. m.* y *f.* **1** publisher (persona). • *adj.* **2** publishing.
editorial *adj.* **1** publishing, editorial. • *s. m.* **2** leading article, editorial. • **3** *s. f.* publishing house.
edredón *s. m.* **1** eiderdown. ◆ **2 ~ nórdico,** duvet.
educación *s. f.* **1** education (enseñanza). **2** upbringing (crianza). **3** manners, politeness (modales).
educado, -da *adj.* **1** educated. ◆ **2 bien ~,** well-mannered, polite. **3 mal ~,** bad-mannered, rude.
educador, -ra *s. m.* y *f.* **1** educator, teacher. • *adj.* **2** educating, teaching.
educando, -da *s. m.* y *f.* pupil, student.
educar *v. t.* **1** to educate. **2** to bring up (criar). **3** to train, to educate (el oído, los miembros, etc.).
edulcorante *adj.* **1** sweetening. • *s. m.* **2** sweetener.
edulcorar *v. t.* to sweeten.
efe *s. f.* f. (letra).
efebo *s. m.* ephebe (de gran belleza).
efectismo *s. m.* sensationalism (en el arte y la literatura).
efectista *adj.* sensationalist.
efectivamente *adv.* **1** really, in fact (en realidad). **2** indeed, of course (por supuesto).
efectividad *s. f.* effectiveness.
efectivo, -va *adj.* **1** effective. **2** real (verdadero). • *s. m.* **3** cash, ready money (dinero efectivo). ◆ **4 hacer ~,** to cash (un cheque). **5 hacerse ~,** to take effect, to come into effect.
efecto *s. m.* **1** effect, result (resultado). **2** effect, impact, impression (impresión). **3** spin (picado): *dar efecto a una pelota = to put some spin on a ball.* **4** ART. trompe l'oeil. • *pl.* **5** goods (mercancías). **6** effects, belongings (cosas personales). **7** effects, possesions, property (bienes). ◆ **8 llevar a ~,** to carry out. **9 tener ~, a)** to take effect, to come into effect/operation (entrar en vigor); **b)** to take place (celebrarse).
efectuar *v. t.* **1** to effect, to carry out, to do (una operación). **2** to make (una visita, un aterrizaje, una detención). • *v. pron.* **3** to take place (celebrarse).
efemérides *s. f. pl.* ASTR. ephemeris.
efervescencia *s. f.* **1** effervescence. **2** (fig.) excitement, agitation.
efervescente *adj.* **1** effervescent. **2** bubbly (bebidas).
eficacia *s. f.* **1** effectiveness, efficacy (de un tratamiento, medida, etc.). **2** efficiency (de un sistema, etc.).
eficaz *adj.* **1** efficient, effective (tratamiento, medida). **2** efficient (sistema, persona).
eficazmente *adv.* efficiently.
eficiencia *s. f.* efficiency.
eficiente *adj.* efficient.
efigie *s. f.* effigy, image.
efímero, -ra *adj.* ephemeral.
efluvio *s. m.* (lit.) emanation, exhalation.
efusión *s. f.* **1** effusion. **2** bloodshed (de sangre).
efusivo, -va *adj.* **1** effusive. **2** GEOL. effusive, extrusive.
egipcio, -cia *adj./s. m.* y *f.* Egyptian.
Egipto *s. m.* Egypt.
egiptología *s. f.* Egyptology.
egiptólogo, -ga *s. m.* y *f.* Egyptologist.
égloga *s. f.* eclogue.
egocéntrico, -ca *adj.* egocentric, self-centred.
egocentrismo *s. m.* egocentrism, egocentricity, self-centredness.
egoísmo *s. m.* selfishness, egoism, egotism.
egoísta *adj.* **1** selfish, egoistic, egotistic. • *s. m.* y *f.* **2** egoist, egotist, selfish person.
ególatra *adj.* egomaniacal.
egolatría *s. f.* egomania.
egregio, -gia *adj.* illustrious, eminent.
egresado, -da *s. m.* y *f.* graduate.
egresar *v. i.* (Am.) to pass out (de una academia militar).
egreso *s. m.* (Am.) **1** passing out (de una academia militar). **2** graduation (de la universidad).
¡eh! *interj.* **1** eh!, hey! (para llamar la atención). **2** O.K.?, all right?, understood? (que no vuelva a ocurrir).
eje *s. m.* **1** TEC. axle (de una rueda). **2** shaft (árbol). **3** MAT. y FÍS. axis. **4** (fig.) hub, core, crux (de un argumento).
ejecución *s. f.* **1** execution, carrying-out (de un proyecto). **2** execution (de un condenado). **3** MÚS. performance, interpretation. ◆ **4 pelotón de ~,** firing squad. **5 poner en ~,** to carry out.
ejecutante *s. m.* y *f.* **1** executant (el que lleva a cabo un plan). **2** MÚS. performer.
ejecutar *v. t.* **1** to execute, to carry out (un proyecto). **2** to execute (a un condenado). **3** MÚS. to perform, to interpret.
ejecutivo, -va *s. m.* y *f.* y *adj.* executive.
ejecutor, -ra *s. m.* y *f.* **1** executant, executor. **2** executioner (de la justicia).
ejecutoria *s. f.* **1** letters, patent of nobility. **2** writ of execution.
ejemplar *adj.* **1** exemplary: *conducta ejemplar = exemplary behaviour.* • *s. m.* **2** number, issue, copy (de una revista, periódico). **3** specimen, example (de una flor).
ejemplaridad *s. f.* exemplariness.
ejemplarizar o **ejemplificar** *v. t.* to exemplify, to illustrate.
ejemplificación *s. f.* exemplification, illustration.
ejemplo *s. m.* **1** example: *un diccionario sin ejemplos es inútil = a dictionary without examples is useless.* **2** epitome, model: *él es el ejemplo de la mala educación = he is the epitome of bad manners.* ◆ **3 dar ~,** to set an example. **4 por ~,** for example. **5 tomar ~ de alguien,** to follow someone's example; to take a leaf out of someone's book.
ejercer *v. t.* e *i.* **1** to exert (poder). **2** to exercise (ejercitar). **3** to exercise, to use (la autoridad). **4** to practise: *ejercer la medicina = to practise medicine.*
ejercicio *s. m.* **1** exercise (físico, de un derecho, de latín). **2** exertion (de una influencia/poder). **3** performance (de una función). **4** MIL. training, drill, exercise, practice. ◆ **5 en ~,** practising: *un médico en ejercicio = a practising doctor.*
ejercitación *s. f.* **1** practice (de una profesión). **2** exercise (de la autoridad).
ejercitante *adj.* training.
ejercitar *v. t.* **1** to practise (una profesión). **2** MIL. to drill, to train. • *v. pron.* **3** to train, to practise.
ejército *s. m.* **1** army. ◆ **2 Ejército del Aire,** The Air Force.
ejido *s. m.* common, communal land (de un pueblo).
ejote *s. m.* (Am.) green bean.
el *art. m. sing.* **1** the: *el libro = the book.* **2** the one: *el de Hong Kong = the one from Hong Kong.* **3** (cuando se refiere a partes del cuerpo o prendas se usa el adjetivo posesivo): *le duele el brazo = his arm hurts.* **4** (se omite cuando se emplea en sentido genérico): *no me gusta el vino = I don't like wine.* **5** on (días de la semana, fechas): *llegó el martes = she arrived on Tuesday).* **6** (cuando indica posesión): *el de Alberto es mejor = Alberto's is better.*
él *pron. pers. m. sing.* **1** he (sujeto, personas): *él está aquí = he is here.* **2** him (con *prep.*, personas): *cené con él = I had dinner with him.* **3** it (animales o cosas). ◆ **4 ~ mismo,** himself. **5 de ~,** his: *estos libros son de él = these books are his.* **6 es ~,** it's him.
elaboración *s. f.* **1** processing (de una materia prima). **2** working (de metal, madera). **3** production, manufacture (de un producto).
elaborar *v. t.* **1** to process (materia prima). **2** to work (metal, madera). **3** to produce, to manufacture (un producto). **4** to prepare, to work out (un proyecto).
elación *s. f.* arrogance, haughtiness.
elasticidad *s. f.* **1** elasticity. **2** stretch (de un material). **3** (fig.) flexibility, elasticity (de un horario).
elástica *s. f.* (Am.) vest.
elástico, -ca *adj.* **1** elastic (en general). **2** stretchy, elastic (de materiales). **3** (fig.) flexible, elastic (de un horario, etc.)
ele *s. f.* l (letra).
elección *s. f.* **1** choice, selection: *la elección de un tema = the choice of a subject.* **2** choice, alternative (posibilidad de elegir). **3** election (de un presidente): *presentarse a una elección = to stand for election.*

E F

electivo, -va *adj.* elective.
electo, -ta *adj.* elect: *el presidente electo = the president elect.*
elector, -ra *adj.* **1** elective. • *s. m.* y *f.* **2** POL. elector, voter.
electorado *s. m.* POL. electorate, electoral body, voters (pl.).
electoral *adj.* POL. electoral: *censo electoral = electoral roll.*
electricidad *s. f.* electricity.
electricista *adj.* **1** electrical: *ingeniero electricista = electrical engineer.* • *s. m.* y *f.* **2** electrician.
eléctrico, -ca *adj.* electric, electrical.
electrificación *s. f.* electrification.
electrificar *v. t.* to electrify.
electrizable *adj.* electrifiable.
electrización *s. f.* electrification.
electrizador, -ra *adj.* electrifying.
electrizante *adj.* electrifying.
electrizar *v. t.* **1** to electrify, to charge (cargar de electricidad). **2** (fig.) to electrify: *electrizar una audiencia = to electrify an audience.*
electrocutar *v. t.* **1** to electrocute. • *v. pron.* **2** to be electrocuted.
electrodo *s. m.* FÍS. electrode.
electrodoméstico *s. m.* household appliance.
electroimán *s. m.* FÍS. electromagnet.
electrólisis *s. f.* QUÍM. electrolysis.
electrolítico, -ca *adj.* QUÍM. electrolytic.
electrólito *s. m.* QUÍM. electrolyte.
electrolizar *v. t.* to electrolyze.
electrón *s. m.* FÍS. electron.
electrónica *s. f.* electronics.
electrónico, -ca *adj.* **1** electronic. ◆ **2 microscopio ~,** electron microscope.
electroquímica *s. f.* QUÍM. electrochemistry.
elefancía *s. f.* MED. elephantiasis.
elefante *s. m.* **1** ZOOL. elephant. ◆ **2 ~ blanco,** (fig.) white elephant. **3 ~ marino,** elephant seal/sea elephant.
elefantiasis *s. f.* MED. elephantiasis.
elegancia *s. f.* elegance, style.
elegante *adj.* elegant, smart, stylish.
elegantoso, -sa *adj.* (Am.) elegant.
elegía *s. f.* elegy.
elegíaco, -ca o **elegiaco, -ca** *adj.* elegiac.
elegibilidad *s. f.* eligibility.
elegible *adj.* eligible.
elegido, -da *adj.* **1** chosen. **2** favourite, preferred (predilecto). **3** select, choice (selecto). • *s. m.* y *f.* **4** elected person, the one chosen. • *s. m. pl.* **5** the elect.
elegir *v. t.* **1** to choose, to select. **2** POL. to elect (por voto).
elemental *adj.* **1** elementary: *eso es elemental = that's elementary.* **2** basic, elementary (nivel). **3** FÍS. elemental (de los elementos).
elemento *s. m.* **1** element (parte de una cosa). **2** MEC. part, component (de una máquina). **3** section, unit (muebles). **4** member (de un tribunal, equipo). **5** ingredient (ingrediente). **6** (fig. y fam.) individual, type, character: *es un elemento raro = he's a strange character.* **7** (fig.) factor: *es un elemento a tomar en cuenta = it is a factor to be taken into consideration.* **8** MAT. element. **9** QUÍM. y BIOL. element. **10** FÍS. cell (de una batería). • *pl.* **11** basic principles: *los elementos de la matemática = the basic principles of mathematics.* **12** means (medios). ◆ **13 el líquido ~, a)** the sea (mar); **b)** water (agua). **14** (fig.) **estar en su ~,** to be in one's element.
elenco *s. m.* **1** catalogue, list. **2** cast (reparto); troupe, company (compañía).
elepé *s. m.* LP (album).
elevación *s. f.* **1** raising, lifting (peso). **2** building, erection (edificio). **3** increase, rise (precio). **4** REL. elevation. **5** elevation (nivel).
elevado, -da *adj.* **1** high (edificio, precio). **2** high, elevated (categoría, etc.). **3** high, grand (estilo). ◆ **4 ~ a,** MAT. (raised) to the power of: *diez elevado a dos es cien = ten (raised) to the power of two is a hundred.*
elevador, -ra *adj.* **1** elevating. • *s. m.* **2** (Am.) lift (brit.); elevator (EE UU) (Am.) (ascensor). **3** ELEC. step-up transformer (transformador).
elevalunas *s. m.* **~ eléctrico,** electric window.
elevar *v. t.* **1** to raise, to lift (un peso). **2** to build, to put up (una edificación, etc.). **3** to raise, to increase, to put up (precios). **4** to raise (la voz). **5** MAT. to raise to the power of: *elevar a la enésima potencia = to raise to the power of n.* • *v. pron.* **6** to rise (alzarse). **7** to be conceited (envanecerse).
elidir *v. t.* **1** to weaken. **2** GRAM. to elide (suprimir la vocal final de una palabra cuando la siguiente empieza con otra vocal).
eliminación *s. f.* **1** elimination, removal. ◆ **2 ~ progresiva,** DEP. knockout.
eliminador, -ra *adj.* eliminating.
eliminar *v. t.* **1** to eliminate, to remove (suprimir). **2** DEP. to eliminate, to knock out. **3** to kill, to get rid of (matar).
eliminatorio, -ria *adj.* **1** qualifying: *un examen eliminatorio = a qualifying exam.* • *s. f.* **2** DEP. heat, qualifying round. ◆ **3 competición ~,** DEP. knockout competition.
elipse *s. f.* MAT. ellipse.
elipsis *s. f.* GRAM. ellipsis.
elíptico, -ca *adj.* elliptic, elliptical.
elisión *s. f.* GRAM. elision (pérdida de una vocal final en contacto con la vocal inicial de la palabra siguiente).
elite o **élite** *s. f.* elite.
elíxir o **elixir** *s. m.* elixir.
ella *pron. pers. f. s.* **1** she (sujeto, personas): *ella me miró = she looked at me.* **2** her (con *prep.*, personas): *le miré a ella = I looked at her.* **3** it (animales o cosas). ◆ **4 ~ misma,** herself. **5 de ~,** hers: *estos libros son de ella = these books are hers.* **6 es ~,** it's her. **7 mañana será ~,** there will be trouble tomorrow.
elle *s. f.* ll (dígrafo).
ello *pron. pers. neutro.* **1** it: *no tiene fuerzas para ello = he is not strong enough for it.* ◆ **2 ¡a por ello!,** let's go for it! (nosotros); go for it! (tu).
ellos, ellas *pron. pers. pl.* **1** they (sujeto): *ellos vinieron = they came.* **2** them (complemento): *¡díselo a ellos! = tell it to them!* ◆ **3 ellos mismos/ellas mismas,** themselves. **4 de ellos/ellas,** theirs: *esta maleta es de ellos = this case is theirs.* **5 son ellos/ellas,** *it's them.*
elocución *s. f.* elocution.
elocuencia *s. f.* eloquence.
elocuente *adj.* **1** eloquent. **2** telling, significant: *un dato elocuente = a significant fact.*
elocuentemente *adv.* eloquently.
elogiable *adj.* commendable, praiseworthy.
elogiar *v. t.* to praise.
elogio *s. m.* praise, (lit.) eulogy: *está por encima de todo elogio = he is beyond all praise.*
elogioso, -sa *adj.* **1** praiseworthy (acción). **2** complimentary (palabras). **3** (lit.) eulogistic.
elongación *s. f.* ASTR. y MED. elongation.
elote *s. m.* (Am.) corncob.
elucidar *v. t.* to explain, to elucidate.
eludible *adj.* avoidable, eludible.
eludir *v. t.* to avoid, to evade, to elude: *eludió la pregunta = she avoided the question.*
emanación *s. f.* emanation.
emanar *v. i.* **1** to emanate from, to come from: *el olor emana de la fábrica = the smell comes from the factory.* **2** to arise from, to result from: *el problema emana de la falta de entendimiento = the problem arises from the lack of understanding.*
emancipación *s. f.* emancipation.
emancipador, -ra *adj.* **1** emancipatory. • *s. m.* y *f.* **2** emancipator.
emancipar *v. t.* **1** to emancipate. • *v. pron.* **2** to become emancipated, to free oneself (liberarse).
emasculación *s. f.* to castrate, (fig.) to emasculate.
emascular *v. t.* to castrate, (fig.) to emasculate.
embadurnar *v. t.* **1** to daub (con pintura). **2** to smear (con grasa). **3** to plaster (cubrir). • *v. pron.* **4** to daub oneself (con pintura). **5** to smear oneself (con grasa). **6** to get covered in plaster (cubrirse).
embajada *s. f.* **1** embassy. **2** ambassadorship (función del embajador). **3** errand (recado). **4** message (mensaje).
embajador, -ra *s. m.* y *f.* ambassador (hombre), ambassadress (mujer).
embalador, -ra *s. m.* y *f.* packer, packager.
embalaje *s. m.* **1** packing, packaging. ◆ **2 papel de ~,** wrapping paper.
embalar *v. t.* **1** to package, to pack (mercancías, etc.). **2** to wrap up, to parcel up (regalos). **3** MEC. to rev (un motor). • *v. i.* **4** MEC. to race (un motor). • *v. pron.* **5** MEC. to race (un mo-

tor). **6** DEP. to sprint (correr). **7** to chatter, (fam.) to gabble (hablar de prisa). **8** to get excited (entusiasmarse).

embaldosado, -da *adj.* **1** tiled. • *s. m.* **2** tiled floor (suelo).

embaldosar *v. t.* to tile (con baldosas).

embalsadero *s. m.* bog, quagmire.

embalsamar *v. t.* **1** to embalm (un cadáver). **2** to perfume, to scent (perfumar).

embalsamiento *s. m.* **1** embalming (de un cadáver). **2** perfuming, scenting (perfume).

embalsar *v. t.* **1** to dam up, to dam (agua). **2** MAR. to hoist (izar). • *v. pron.* **3** to be dammed up.

embalse *s. m.* **1** dam (presa). **2** reservoir, dam (lago artificial). **3** collecting (de una cantidad de agua).

embancarse *v. pron.* **1** MAR. to run aground (encallarse). **2** (Am.) to silt up (cegarse un río o lago). **3** (Am.) TEC. to adhere to the furnace walls (en la fundición de metales, pegarse a las paredes del horno).

embarazada *adj.* **1** pregnant: *estar embarazada de tres meses = to be three months pregnant.* • *s. f.* **2** pregnant woman. ♦ **3 quedarse ~,** to get o become pregnant. **4 dejar a una mujer ~,** to get a woman pregnant.

embarazar *v. t.* **1** to get a woman pregnant (dejar a una mujer embarazada). **2** to hamper, to hinder (impedir el desenvolvimiento de alguien o alguna cosa). **3** to trouble, to inconvenience (molestar). • *v. pron.* **4** to get embarrassed (avergonzarse). **5** to get blocked (obstruirse). **6** to get o become pregnant (quedarse embarazada).

embarazo *s. m.* **1** hindrance (estorbo). **2** obstacle, obstruction (obstáculo). **3** MED. pregnancy.

embarcación *s. f.* **1** boat, craft: *embarcación de pesca = fishing boat.* **2** embarkation (embarco).

embarcadero *s. m.* **1** MAR. landing stage (plataforma). **2** quay, jetty (muelle para viajeros). **3** dock, wharf (muelle para mercancías).

embarcar *v. i.* **1** to embark, to board (barco). **2** to board (avión). • *v. t.* **3** to load (mercancías). **4** to involve: *embarcar a alguien en un negocio = to involve someone in business.* • *v. pron.* **5** to embark, to board (barco). **6** to get on, to board (avión).

embarco *s. m.* embarkation (de pasajeros).

embargar *v. t.* **1** DER. to seize, to impound, to distrain (retener). **2** to hinder, to hamper (estorbar).

embargo *s. m.* **1** DER. seizure, distraint. **2** MIL. embargo (armas, mercancías). ♦ **3 sin ~,** still, however, (p.u.) nonetheless.

embarrado, -da *adj.* **1** muddy (un sitio). **2** covered in mud, (fam.) plastered with mud (una persona).

embarrancar *v. i.* **1** MAR. to go o run aground (encallarse). **2** (fig.) to get bogged down. • *v. pron.* **3** MAR. to go/run aground. **4** (fig.) to get stuck, to get bogged down (atascarse).

embarrar *v. t.* **1** to cover/splash with mud (salpicar de barro). • *v. pron.* **2** to get covered in mud (llenarse de barro). **3** to take refuge in the trees (perdices).

embarrilar *v. t.* to barrel, to cask.

embarullar o **embarrullar** *v. t.* **1** to mix up, to confuse (enredar). **2** to do in a slapdash manner, (fam.) to bodge (chapucear). • *v. pron.* **3** to get mixed up.

embate *s. m.* **1** MAR. dashing, breaking (de olas). **2** (fig.) sudden attack (acometida).

embaucador, -ra *adj.* **1** deceiving, deceptive (que engaña). • *s. m.* y *f.* **2** trickster, swindler (timador).

embaucamiento *s. m.* deception, deceit, cheating (engaño).

embaucar *v. t.* to deceive, to cheat.

embaular *v. t.* to pack (en un baúl).

embebecer *v. t.* **1** to entertain, to delight (embelesar). • *v. pron.* **2** to be delighted, to be fascinated.

embebecimiento *s. m.* delight, fascination.

embeber *v. t.* **1** to absorb, to soak up (una esponja). **2** to soak, to drench (empapar). **3** to insert (encajar). **4** to contain (contener). • *v. i.* **5** to shrink (encogerse una tela). • *v. pron.* **6** to become absorbed in something: *se embebió en la lectura de los clásicos = he became absorbed in the reading of the classics.* **7** to immerse oneself in something: *se embebió de arte = he immersed himself in art.*

embelecar *v. t.* to deceive, to cheat.

embeleco *s. m.* deceit, deception (engaño).

embelesado, -da *adj.* fascinated, captivated.

embelesamiento *s. m.* ⇒ **embebecimiento.**

embelesar *v. t.* ⇒ **embebecer.**

embellecedor, -ra *adj.* **1** beautifying (cosmética). • *s. m.* **2** MEC. hubcap (tapacubos). **3** trim (adorno).

embellecer *v. t.* **1** to embellish, to beautify, to adorn. • *v. i.* **2** to improve in looks (de forma natural). • *v. pron.* **3** to make oneself beautiful (adornarse).

emberrenchinarse o **emberrencharse** *v. pron.* (fam.) to fly off the handle, to fly into a tantrum (enfadarse con demasía).

embestida *s. f.* **1** assault, attack. **2** charge (de un toro).

embestir *v. t.* **1** to assault, to attack. **2** to charge (un toro). **3** (fig. y fam.) to pester (importunar a uno para pedirle algo).

emblandecer *v. t.* **1** to soften (ablandar). • *v. pron.* **2** to soften up, to relent (enternecerse).

emblema *s. m.* **1** emblem. **2** badge (insignia, chapa).

emblemático, -ca *adj.* emblematic.

embobamiento *s. m.* **1** amazement, fascination. **2** stupefaction, bewilderment (estupefacción).

embobar *v. t.* **1** to amaze, to dumbfound (atontar). • *v. pron.* **2** to be stupefied o fascinated (quedarse absorto).

embobecer *v. t.* to go o turn silly.

embocadura *s. f.* **1** GEOG. mouth, entrance (de un río, etc.). **2** taste (de vino). **3** bit (freno de caballo). **4** proscenium arch (boca de escenario de un teatro). **5** MÚS. mouthpiece (de un instrumento).

embocar *v. t.* **1** to put in the mouth (meter en la boca). **2** to make someone believe (engañar). **3** to bolt, (fam.) to wolf (engullir). • *v. pron.* **4** to squeeze in (meterse en un sitio estrecho).

embochinchar *v. t.* (Am.) to throw into confusion.

embolia *s. f.* MED. clot, embolism (obstrucción de un vaso sanguíneo).

embolismo *s. m.* **1** muddle, mess, confusion (barullo, confusión). **2** trick (embuste).

émbolo *s. m.* MEC. piston.

embolsar *v. t.* y *pron.* **1** to collect, (fam.) to pocket (cobrar). **2** to put into one's pocket, to pocket (meter en el bolsillo).

emboquillado *adj.* tipped, filter-tipped (cigarrillos).

emboquillar *v. t.* **1** to tip, to filter-tip (cigarrillo). **2** MIN. to open up (un túnel, una galería).

emborrachar *v. t.* **1** to get o make someone drunk (emborrachar a alguien). • *v. pron.* **2** to get drunk: *emborracharse con vino = to get drunk on wine.*

emborrascarse *v. pron.* to become stormy (el tiempo).

emborronar *v. t.* **1** to scribble (escribir rápido y mal). **2** to scribble on (llenar de garabatos). **3** to blot (hacer un borrón).

emboscada *s. f.* ambush: *tender una emboscada = to lay an ambush.*

emboscar *v. t.* **1** MIL. to place under cover/in ambush. • *v. pron.* **2** MIL. to lie in ambush, to ambush.

embotar *v. t.* **1** to blunt, (p.u.) to dull (quitar el filo). **2** (fig.) to dull, to deaden (los sentidos). • *v. pron.* **3** to become blunt (perder el filo).

embotellado, -da *adj.* bottled.

embotellamiento *s. m.* **1** bottling (en botellas). ♦ **2 ~ de coches,** traffic jam.

embotellar *v. t.* **1** to bottle (en botellas). **2** MIL. to bottle up (no dejar salir). **3** to immobilize (inmovilizar).

embozar *v. t.* **1** to cover the lower part of one's face. **2** to muzzle (poner el bozal a los animales).

embozo *s. m.* **1** fold, flap (de una capa). **2** (fig.) disguise (disfraz). ♦ **3 quitarse el ~,** (fig.) to take off the mask.

embragar *v. t.* MEC. to engage (el embrague).

embrague *s. m.* MEC. clutch: *embrague hidráulico = hidraulic clutch.*

embravecer *v. t.* **1** to infuriate, to enrage (enfurecer). • *v. i.* **2** to flourish, to grow well (las plantas). • *v. pron.* **3 a)** to get rough (mar); **b)** to get furious (persona).

embrear *v. t.* **1** to tar, to cover with tar o pitch (untar con brea). ◆ **2** ~ **y emplumar a alguien,** to tar and feather someone.

embriagar *v. t.* **1** to get someone drunk, to intoxicate (emborrachar). **2** (fig.) to enrapture, to delight (enajenar). • *v. pron.* **3** to get drunk (emborracharse).

embridar *v. t.* **1** DEP. to bridle (poner la brida). **2** DEP. to make a horse carry its head well (hacer que los caballos muevan con garbo la cabeza).

embriología *s. f.* BIOL. embryology.

embrión *s. m.* **1** BIOL. embryo. **2** (fig.) embryo (principio).

embrollar *v. t.* **1** to muddle, to mix up, to tangle (enmarañar). **2** to confuse, to mix up (confundir). **3** to involve (en un asunto). • *v. pron.* **4** to get mixed up, to get tangled o muddled (enmarañarse). **5** to get confused, to get in a muddle (confundirse). **6** to get involved (en un asunto).

embrollo *s. m.* o **embrolla** *s. f.* **1** tangle (de hilo, etc.). **2** muddle, mess, confusion (confusión). **3** trick, lie (embuste).

embromado, -da *adj.* **1** (Am.) ill (enfermo). **2** (fam.) tricky (complicado).

embromar *v. t.* **1** to make fun of, to tease (burlarse de). **2** to fool, to trick (engañar). **3** (Am.) to annoy (fastidiar). **4** to damage (perjudicar).

embrujar *v. t.* **1** to cast a spell on, to bewitch (una persona). **2** to haunt (un sitio).

embrujo *s. m.* **1** bewitchment (embrujamiento). **2** curse, spell (maleficio). **3** spell, charm (encanto).

embrutecer *v. t.* **1** to brutalize (hacer cruel). **2** to stultify (atontar).

embuchado *s. m.* sausage (embutido).

embuchar *v. t.* **1** to force-feed (un ave). **2** to stuff with sausage meat (para hacer embutidos). **3** to bolt, to gulp down (engullir).

embudo *s. m.* **1** funnel (para trasvasar líquidos). **2** (fig.) trick (engaño). **3** fraud (fraude).

embullo *s. m.* (Am.) bustle, noise, revelry.

embuste *s. m.* **1** trinket (joyas de escaso valor). **2** trick (engaño). **3** tall story (mentira).

embustero, -ra *adj.* **1** deceitful (engañoso). **2** lying (mentiroso). • *s. m.* y *f.* **3** liar (mentiroso).

embutido *s. m.* **1** sausage, cold cut. **2** stuffing (acción de embutir). **3** TEC. inlay, marquetry (taracea).

embutir *v. t.* **1** to stuff with sausage meat (hacer embutidos). **2** to stuff o cram (meter una cosa en otra y apretar). **3** to bolt, to gulp down, (fam.) to scoff (engullir). **4** TEC. to inlay (taracea). • *v. pron.* **5** (fam.) to stuff oneself (atiborrarse).

eme *s. f.* m (letra).

emergencia *s. f.* **1** emergency (ocurrencia que sobreviene). **2** emergence (acción de emerger). ◆ **3 salida de** ~, emergency exit.

emergente *adj.* **1** (fig.) resulting, resultant, consequent (que resulta). **2** emergent (que emerge).

emerger *v. t.* **1** to emerge (de un líquido). **2** to come into view, to emerge, to appear (aparecer). **3** MAR. to surface (submarino). **4** (fig.) to result.

emérito, -ta *adj.* retired, (p.u.) emeritus.

emético, -ca *adj.* y *s. m.* MED. emetic (que provoca el vómito).

emétrope *adj.* MED. emmetropic (de vista normal).

emigración *s. f.* **1** emigration. **2** migration (de un pueblo, de aves, etc.).

emigrado, -da *s. m.* y *f.* **1** emigrant. **2** political exile (exiliado).

emigrante *adj./s. m.* y *f.* **1** emigrant. **2** POL. emigré.

emigrar *v. t.* **1** to emigrate. **2** to migrate (de un pueblo, aves, etc.).

eminencia *s. f.* **1** GEOG. height, eminence. **2** (fig.) eminence, prominence. ◆ **3 su** ~, Your Eminence (de Usted); His Eminence (de Él).

eminente *adj.* **1** eminent, distinguished, prominent (distinguido). **2** high, lofty (alto).

eminentemente *adv.* eminently.

eminentísimo, -ma *adj.* most eminent.

emir *s. m.* emir (príncipe árabe).

emirato *s. m.* emirate.

emisario, -ria *s. m.* y *f.* emissary, messenger (mensajero).

emisión *s. f.* **1** emission. **2** RAD. transmission, broadcasting (acción de emitir); broadcast (programa). **3** issue (de monedas, sellos, etc.). ◆ **4** ~ **publicitaria,** commercial o publicity spot. **5 la** ~ **de la mañana,** the morning broadcast.

emisor, -ra *adj.* **1** issuing: *banco emisor = issuing bank.* **2** RAD. transmitter: *centro emisor = transmitter, broadcasting station.* • *s. m.* **3** RAD. transmitter (aparato). **4** RAD. station (radar). • *s. f.* **5** RAD. radio station, broadcasting station. ◆ **6** ~ **receptor,** RAD. walkie-talkie.

emitir *v. t.* **1** to emit (sonido, luz). **2** to give off (olor). **3** RAD. to broadcast, to transmit: *emitir en onda corta = to broadcast on short wave.* **4** to issue (poner en circulación monedas, sellos, etc.). **5** (fig.) to express, to give (una opinión). • *v. pron.* **6** RAD. to transmit.

emoción *s. f.* **1** emotion (sentimiento). **2** excitement, thrill: *¡qué emoción! = what a thrill/how exciting!*

emocionado, -da *adj.* **1** moved, touched (conmovido). **2** upset (perturbado).

emocional *adj.* emotional.

emocionante *adj.* **1** moving, touching (conmovedor). **2** exciting, thrilling (que entusiasma).

emocionar *v. t.* **1** to move, to touch (conmover): *me emocionó su historia = his story moved me.* **2** to excite, to thrill (entusiasmar): *la velocidad emociona = speed thrills.* **3** to upset (perturbar). • *v. pron.* **4** to be moved, to be touched: *se emocionó por la carta = he was moved by the letter.* **5** to be o get excited (entusiasmarse).

emoliente *adj.* y *s. m.* MED. emollient (para ablandar una dureza o tumor).

emolumento *s. m.* emolument.

emotivo, -va *adj.* **1** emotional (que se emociona con facilidad). **2** emotive (que causa emoción). **3** moving, touching (conmovedor).

empacamiento *s. m.* (Am.) packing (embalaje).

empacar *v. t.* **1** to pack (empaquetar). **2** to bale (paja, algodón, etc.). • *v. pron.* **3** (Am.) to become stubborn o obstinate (obstinarse). **4** to balk, to shy (plantarse un caballo). **5** to get confused (turbarse).

empachar *v. t.* **1** MED. to give indigestion (causar indigestión). **2** to stop up, to clog (atascar). **3** to embarrass (hacer pasar un apuro). • *v. pron.* **4** MED. to have indigestion. **5** (fig.) to get confused/mixed up (turbarse). **6** to be embarrassed (avergonzarse).

empacho *s. m.* **1** MED. indigestion, upset stomach. **2** (fig.) embarrassment, shame (vergüenza). ◆ **3 tener un** ~ **de,** to have one's fill of.

empachoso, -sa *adj.* **1** heavy, indigestible (comida). **2** (fig.) troublesome, annoying (pesado). **3** embarrassing, shameful (vergonzoso).

empadrarse *v. pron.* PSIC. to become excessively attached to one's father o parents (encariñarse excesivamente con el padre o los padres).

empadronamiento *s. m.* **1** census, register (censo). **2** registration (acción de empadronar o empadronarse).

empadronar *v. t.* **1** to take a census of (población). **2** to register (inscribir en un censo). • *v. pron.* **3** to have one's name registered (inscribirse en un censo).

empajar *v. t.* **1** to cover with straw (cubrir con paja). **2** to stuff with straw (rellenar con paja). **3** to mix with straw (el barro). • *v. pron.* **4** to produce a lot of straw and little grain (echar los cereales mucha paja y poco fruto).

empalagoso, -sa *adj.* **1** sickly sweet (excesivamente dulce la comida). **2** (fig.) sickly, sugary (una película, novela, etc.). **3** cloying, sickly (zalamero).

empalar *v. t.* **1** to impale (atravesar con un palo). • *v. pron.* **2** to become obstinate o persistent (obstinarse).

empalizada *s. f.* MIL. palisade, stockade (estacada).

empalizar *v. t.* **1** MIL. to palisade, to stockade (rodar de empalizadas). **2** to fence (vallar).

empalmar *v. t.* **1** to connect, to join (unir). **2** to butt join, to join (carpintería). **3** TEC. to splice (cuerda, película, cinta magnética, etc.). **4** (fig.) to link up (ideas, planes, etc.). • *v. pron.* **5** to fit (encajar). **6** to link, to connect (caminos, vías de tren, etc.). **7** to connect (trenes, autocares, aviones, etc.). ◆ **8** ~ **con,** to follow.

empalme *s. m.* **1** joint, join, connection (conexión). **2** TEC. joint, butt joint (carpintería). **3** TEC. splice (cuerda, película, etc.). **4** junction (ferrocarril). **5** intersection, junction (carreteras). **6** connection (trenes, autocares, aviones, etc.).

empanadilla *s. f.* pasty, turnover (de carne o pescado).

empanado, -da *adj.* **1** covered with breadcrumbs (rebozado con pan rallado). • *s. f.* **2** pastry with savoury filling.

empanar *v. t.* **1** to cover with breadcrumbs (rebozar con pan rallado). **2** to sow the land with wheat (sembrar la tierra con trigo).

empantanado, -da *adj.* **1** swampy (terreno). **2** bogged down (asunto, proceso, obra, trabajo).

empantanar *v. t.* **1** to flood, to swamp (inundar). **2** to fill up (llenar un pantano con agua). **3** to throw something o someone into the dam (meter algo o a uno en el pantano). • *v. pron.* **4** to become flooded (inundarse): *la huerta se empantanó = the field became flooded.* **5** to get o become bogged down: *el coche se empantanó = the car got bogged down.* **6** (fig.) to be held up, to get bogged down: *se empantanó la gestión = the business got held up.*

empañado, -da *adj.* **1** misted (espejo, etc.). **2** tarnished (reputación, imagen).

empañar *v. t.* **1** to put a nappy on (ponerle un pañal a un bebé). **2** to steam up, to mist, to cloud up (un cristal). **3** to dull, to tarnish (quitar el brillo). **4** (fig.) to tarnish, to blemish (la reputación). • *v. pron.* **5** to get steamed up, to mist up (un cristal).

empañetar *v. t.* **1** (Am.) to plaster with mud (embarrar). **2** to whitewash (encalar).

empapamiento *s. m.* **1** soaking (remojo para la ropa). **2** soaking, drenching (por la lluvia). **3** absorption (absorción).

empapar *v. t.* **1** to soak, to drench (por la lluvia): *la lluvia le empapó = the rain drenched him.* **2** to soak (la ropa): *empapar la ropa sucia = to soak the dirty washing/linen.* **3** to soak up, to absorb (absorber). **4 a)** to mop up (enjugar con una fregona); **b)** to soak up, to mop up (enjugar con un trapo). **5** (fig.) to be drenched /soaked/soaking wet (estar empapado). • *v. pron.* **6** to be soaked: *el pan se empapa en la salsa = the bread is soaked in the sauce.* **7** to be/to get/ to become drenched/soaked/soaking wet (por la lluvia): *me empapé esta mañana = I got drenched this morning.* **8** to be absorbed o soaked up: *el agua se empapa en la esponja = the water is absorbed by the sponge.* **9** (fig.) to become imbued: *se empapó de ideas nuevas = he became imbued with new ideas.* **10** (fig. y fam.) to stuff oneself (empacharse de comida).

empapelado *s. m.* **1** wallpaper (papel para las paredes). **2** wallpapering, papering, paper-hanging (colocación de papel en las paredes). **3** lining (de un baúl, etc.).

empapelador, -ra *s. m.* y *f.* paper-hanger (que empapela las paredes).

empapelar *v. t.* **1** to wallpaper, to paper (las paredes). **2** to line with paper (baúles, etc.). **3** (fig. y fam.) to have someone up for something (formar causa criminal a uno).

empapuzar *v. t.* to make someone eat too much (hacer comer mucho a uno).

empaque *s. m.* **1** packing (acción de empaquetar). **2** packing (envoltura de los paquetes). **3** (fam.) presence, air, look (aire de una persona). **4** gravity (gravedad). **5** (Am.) cheek, impudence (descaro).

empaquetador, -ra *s. m.* y *f.* packer.

empaquetar *v. t.* **1** to package, to parcel up (embalar). **2** to pack (colocar apretadamente). **3** (fig.) to pack o cram together (a personas).

emparedado, -da *adj.* **1** walled in. **2** imprisoned, confined (prisionero). **3** in reclusion (ermitaño). • *s. m.* y *f.* **4** prisoner (prisionero). **5** recluse (recluso voluntario). **6** hermit (ermitaño). • *s. m.* sandwich.

emparedamiento *s. m.* **1** confinement (de un prisionero). **2** reclusion (de un ermitaño).

emparedar *v. t.* **1** to wall in (encerrar entre dos paredes). **2** to confine, to imprison (emprisionar).

emparejamiento *s. m.* **1** matching (de dos cosas que tienen relación entre sí). **2** levelling (acción de nivelar o nivelarse dos cosas).

emparejar *v. t.* **1** to match (poner dos cosas en pareja). **2** to level, to make level, to bring to the same level (poner una cosa a nivel con otra). **3** to level off, to smooth (alisar). • *v. i.* **4** to draw level, to catch up (alcanzar a otro que iba delante). **5** to match (hacer juego con algo): *la corbata empareja con la camisa = the tie matches the shirt.* • *v. pron.* **6** to match (dos cosas). **7** to draw level, to catch up (ponerse juntos en una carrera, etc.).

emparentar *v. i.* **1** to become related by marriage (contraer parentesco por vía de casamiento). ◆ **2** ~ **con,** to marry into (una familia ilustre).

emparrado *s. m.* **1** trained vine, vine arbour (parra). **2** trellis, trellis-work (armazón que sostiene una parra u otra planta trepadora).

emparrar *v. t.* to train (una planta).

emparrillar *v. t.* **1** to grill (asar en parrillas). **2** ARQ. to reinforce with a metal grating (usar un armazón para fortalecer un cimiento).

empastador *s. m.* **1** paste brush (pincel para pasta). **2** (Am.) bookbinder (encuadernador de libros).

empastar *v. t.* **1** to paste (cubrir de pasta). **2** to bind (encuadernar). **3** to fill, to put a filling in (un diente). **4** to turn into pasture (convertir en prado un terreno). • *v. pron.* **5** to be turned into pasture (un prado). **6** to be overrun by weeds (llenarse de malas hierbas un terreno).

empaste *s. m.* **1** MED. filling (de un diente). **2** bookbinding (encuadernación de libros). **3** ART. impasto, impasting (unión perfecta de los colores y tintas en la pintura).

empatar *v. i.* **1** to draw, to tie (votos): *los dos candidatos empataron = the two candidates drew.* **2** DEP. to draw: *el Madrid empató con el Barcelona = Madrid drew with Barcelona.* **3** DEP. to equalize: *Barcelona empató en el minuto setenta = Barcelona equalized in the seventieth minute.* **4** DEP. to tie, to have a dead heat (llegar dos a la vez en una carrera). **5** (Am.) to fit (empalmar). ◆ **6 empatados a tres,** three all. **7 estar empatado,** to be tying.

empate *s. m.* **1** draw, tie (en un partido, concurso o elección). **2** dead heat (en una carrera). **3** (Am.) joint (empalme). ◆ **4 el gol del** ~, the equalizing goal/the equalizer. **5** ~ **a tres, a)** three all (tanteo); **b)** three-all draw (resultado).

empavesar *v. t.* to deck, to adorn.

empavonar *v. t.* **1** TEC. to blue (dar color azul oscuro a los metales). **2** (Am.) to grease (engrasar).

empecatado, -da *adj.* **1** incorrigible (de extremada travesura). **2** wretched: *ese empecatado señor ha vuelto = that wretched man is back.* **3** unlucky, illfated (a quien salen mal las cosas).

empecinado, -da *adj.* stubborn, obstinate, (fam.) pig-headed (obstinado).

empecinamiento *s. m.* stubbornness, obstinacy, (fam.) pig-headedness.

empecinarse *v. pron.* to be stubborn, to be obstinate, (fam.) to be pig-headed. (obstinarse).

empedernido, -da *adj.* **1** (fig.) heavy, hardened (fumador, bebedor, apostador). **2** (fig.) hardened, confirmed (criminal). **3** (fig.) callous, unfeeling, insensitive (insensible).

empedrado, -da *adj.* **1** cobbled (con guijarros). **2** paved (con adoquines). **3** pock-marked (la cara). **4** dappled (de las caballerías). • *s. m.* **5** paving (adoquinado). **6** cobbles (enguijarrado).

empedrar *v. t.* **1** to pave (con adoquines). **2** to cobble (con guijarros). **3** (fig.) to fill, to lard (de citas, de errores un libro o un discurso).

empeine *s. m.* **1** instep (de un pie o un zapato). **2** groin (la ingle). **3** MED. impetigo (enfermedad del cutis). **4** BOT. hepatica, liverwort.

empellar o **empeller** *v. t.* to push, (fam.) to shove (empujar).

empellón *s. m.* **1** push, (fam.) shove (empujón). ◆ **2 a empellones,** roughly (violentamente); by force (a la fuerza); in fits and starts (con interrupciones). **3 dar empellones,** to jostle, to shove, to push (en una muchedumbre). **4 dar un ~ a algo,** (fig. y fam.) to give something a shove o push.

empelotarse *v. pron.* **1** to row, to have a row, to squabble (reñir). **2** (fam.) (Am.) to strip off, to undress (desnudarse, quedarse en pelota): *se empelotó = he stripped off.* **3** to get confused (enredarse).

empeñado, -da *adj.* **1** insistant, persistent (porfío). **2** heated, bitter (un argumento, discusión). **3** determined (determinado). **4** in debt (endeudado): *empeñado hasta los ojos = up to one's neck in debt.* **5** pawned (en el Monte de Piedad).

empeñar *v. t.* **1** to pawn (dejar en prenda). **2** to leave as security (dejar como fianza). **3** to commit o bind someone to something (obligar a uno a una cosa). **4** to begin, to start (una discusión, una lucha). **5** MIL. to engage in (una batalla). **6** to involve: *le empeñó en una discusión = he involved her in a discussion.* • *v. pron.* **7** to get into debt (endeudarse). **8** to persist, to insist (insistir con tesón en una cosa): *se empeñó en su trabajo = he persisted with/in his work.* **9** to commit/bind oneself to something (obligarse a una cosa). **10** to begin, to start (una discusión, lucha). **11** MIL. to engage (una batalla). **12** to be determined (decidido). **13** to endeavour, to strive, to take pains (esforzarse): *me empeñé en contárselo con todo detalle = I took pains to tell him in detail.* ◆ **14 si te empeñas,** if you insist.

empeño *s. m.* **1** determination (determinación). **2** eagerness, (p.u.) zeal (afán). **3** pawning (en prenda). **4** pledging (acción de empeñar). **5** insistence, persistence (insistencia): *su empeño aseguró su victoria = his persistence assured his victory.* ◆ **6 casa de ~,** pawnshop. **7 en ~,** in pawn; pawned **8 tener ~ en,** to be determined; to be eager: *tengo empeño en terminarlo hoy = I am determined to finish it today.* **9 tomar** o **poner ~ en,** to take pains to.

empeoramiento *s. m.* deterioration, worsening.

empeorar *v. t.* **1** to make worse, to worsen (una situación). **2** to deteriorate (una cosa). • *v. i.* y *pron.* **3** to get worse, to worsen (una situación). **4** to deteriorate (una cosa): *la fachada se ha empeorado durante los años = the façade has deteriorated over the years.* **5** MED. to get worse (un enfermo).

empequeñecer *v. t.* **1** to make smaller, to reduce, to diminish (hacer más pequeño). **2** to belittle, to humble, to disparage (desprestigiar). **3** (fig.) to make something look small, to dwarf: *el nuevo jugador empequeñece los demás jugadores = the new player dwarfs the other players.* **4** (fig.) to overshadow, to put in the shade: *me empequeñeció con su actuación = he put me in the shade with his performance.*

empequeñecimiento *s. m.* **1** reduction, diminution (disminución). **2** (fig.) belittling, disparagement (desprestigio).

emperador *s. m.* **1** emperor. **2** ZOOL. swordfish (pez espada).

emperatriz *s. f.* empress.

emperchar *v. t.* **1** to put/hang on a coat-hanger (colgar de una percha). • *v. pron.* **2** to hang (colgarse la caza de una percha). **3** to get dressed up (ponerse elegante).

emperejilarse *v. pron.* to dress up.

emperifollar *v. t.* y *pron.* **1** to dress up (vestir/se con esmero). **2** to overdress (vestir/se con exceso).

empero *conj.* **1** but (pero). **2** nevertheless, nonetheless (sin embargo).

emperramiento *s. m.* **1** stubbornness, (fam.) pig-headedness (obstinación). **2** insistence, determination (persistencia). **3** anger, rage (rabia).

emperrarse *v. pron.* **1** to be determined, to insist (estar decidido): *me emperré en hacerlo solo = I was determined to do it myself.* **2** (fam.) to be set (obstinarse): *se emperró en irse andando = he was set on going by foot.* **3** (fam.) to lose one's temper, to get angry (enfadarse).

empezar *v. t.* **1** to start, to begin: *empezó su actuación con un baile = she began her performance with a dance.* **2** to start (iniciar el uso o consumo de algo): *empecé la cerveza pero no la pude terminar = I started the beer but I couldn't finish it.* • *v. i.* **3** to start, to begin: *empecé a estornudar = I started sneezing; empezará por decirnos que no fue él = he will start by telling us that it was not him; todo empezó cuando nos conocimos en el cine = it all began when we met in the cinema.* ◆ **4 al ~,** at the beginning. **5 para ~,** to start/to begin with. **6 todo es ~,** the first step is the hardest.

empicotar *v. t.* to put in the pillory (someter a escarnio público).

empiece *s. m.* (fam.) beginning, start.

empilar *v. t.* to pile up, to pile, to stack (apilar).

empinado, -da *adj.* **1** erect, upright (erguido). **2** steep: *una cuesta empinada = a steep slope.* **3** on tiptoe (de puntillas). **4** on its hind legs (cuadrúpedo sobre las patas traseras). **5** rearing (caballo). **6** (fig.) haughty, stuck-up (orgulloso).

empinar *v. t.* **1** to stand something up (poner algo vertical). **2** to raise, to lift, to tip up (un vaso o botella para beber). • *v. i.* **3** (fig. y fam.) to drink a lot (beber mucho). • *v. pron.* **4** to stand on tip-toe (ponerse de puntillas). **5** to stand on its hind legs (ponerse un cuadrúpedo sobre las patas traseras). **6** to rear (up) (un caballo). **7** to rise up, to tower (sobresalir un edificio, montaña, etc., de entre otras). **8** (vulg.) to get a hard-on (tener una erección). ◆ **9 ~ el codo,** to drink a lot.

empingorotado, -da *adj.* **1** (fig.) upper-class, high-class, of high social standing (de clase alta). **2** (fam.) stuck-up (engreído).

empingorotar *v. t.* **1** to put something on top of something (levantar una cosa poniéndola sobre otra). • *v. pron.* **2** to go up, to climb (subirse). **3** (fig.) to become haughty, (fam.) to become stuck up (engreírse).

empiñonado *s. m.* pine nut and sugar paste (pasta de piñones y azúcar).

empipada *s. f.* (Am.) (fam.) blow-out (comida).

empíreo, -a *adj.* empyreal.

empíricamente *adv.* empirically.

empírico, -ca *adj.* **1** empirical. • *s. m.* y *f.* **2** empiricist.

empirismo *s. m.* empiricism.

empitonar *v. t.* to gore, to catch with the horns (acornear).

emplastar *v. t.* **1** MED. to put a plaster on somebody (poner un emplasto). **2** to freeze (detener el curso de un negocio). • *v. pron.* **3** to cover oneself with filth (embadurnarse con alguna porquería).

emplasto *s. m.* **1** MED. plaster, (fam.) band-aid (tirita). **2** MED. poultice. **3** makeshift arrangement (componenda). **4** (fam.) botch, bodge (chapuza). **5** (Am.) bore, tedious person (aburrido). ◆ **6 estar uno hecho un ~,** to be fit for nothing.

emplazamiento *s. m.* **1** DER. summons. **2** MIL. positioning: *emplazamiento de artillería = artillery positioning.* **3** MIL. (gun) emplacement (búnker). **4** site, location: *emplazamiento arqueológico = archaeological site.*

emplazar *v. t.* **1** DER. to summons, to subpoena. **2** MIL. to position. **3** to locate, to situate (colocar).

empleado, -da *s. m.* y *f.* **1** employee. **2** clerk, office worker (oficinista): *empleado bancario = bank clerk.* ◆ **3 ~ del estado,** civil servant. **4 ¡te está bien ~,** it serves you right!

empleador, -ra *adj.* employing.

emplear *v. t.* **1** to use (una herramienta, una palabra, etc.): *emplea la retórica a menudo = he often uses rethoric.* **2** to employ (a una persona): *este país emplea miles de trabajadores extranjeros = this country employs thousands of foreign workers.* **3** to give a job to, to hire, (p.u.) to engage (conceder un empleo a alguien). **4** to occupy, to spend (tiempo). **5** to invest (invertir dinero). • *v. pron.* **6** to be used (una palabra, una herramienta, etc.): *esa expresión ya no se emplea = that expression is no longer used.* **7** to be employed (una persona). ◆ **8 emplearse haciendo algo,** to occupy oneself doing something.

empleo *s. m.* **1** job: *tiene un buen empleo = he has got a good job.* **2** employment: *buscar empleo = to look* *for employment.* **3** use (uso): *el empleo de una expresión = the use of an expression.* **4** use, spending (del tiempo). **5** spending (del dinero). **6** MIL. rank (rango). ◆ **7 modo de ~,** instructions for use. **8 sin ~,** unemployed, out of work. **9 solicitan ~,** situations wanted. **10 solicitud de ~,** application for a job o job application.

emplomar *v. t.* **1** to lead (vidrieras, etc.). **2** to cover with lead (revestir). **3** to line with lead (forrar). **4** to seal with lead (precintar). **5** (Am.) to fill (dientes).

emplumar *v. t.* **1** to feather (una flecha). **2** to tar and feather (castigo). **3** (Am.) to swindle (timar). **4** (Am.) to beat up (darle una paliza a alguien). **5** to fire (despedir de un empleo). ● *v. i.* **6** (Am.) to grow feathers. **7** (Am.) to run away, to take to one's heels (huir). ◆ **8 emplumarlas,** (Am.) to run away (huir).

emplumecerse *v. i.* to grow feathers, to fledge (pájaro).

empobrecedor, -ra *adj.* impoverishing.

empobrecer *v. t.* **1** to impoverish. ● *v. i.* y *pron.* **2** to become poor o impoverished.

empobrecimiento *s. m.* impoverishment.

empolladura *s. f.* brood of bees.

empollar *v. t.* **1** to incubate, to sit on, to hatch (huevos). **2** to swot up, to mug up (estudiar mucho). ● *v. i.* **3** to sit, to brood (la gallina). **4** to breed (insectos). **5** to mug up, to swot up (estudiar mucho).

empollón, -na *s. m.* y *f.* swot (que estudia mucho).

empolvar o **empolvorar** o **empolvorizar** *v. t.* **1** to powder (la cara, el pelo). **2** to cover with dust, to make dusty (ensuciar). ● *v. pron.* **3** to become covered with/in dust, to become dusty (una mesa, etc.). **4** to powder one's face (la cara).

empolvoramiento *s. m.* **1** covering with dust (acción). **2** layer o accumulation of dust (capa).

emponzoñamiento *s. m.* poisoning.

emponzoñar *v. t.* **1** to poison (envenenar). **2** (fig.) to poison, to taint, to corrupt (corromper).

emporcar *v. t.* to soil, to dirty, to foul (llenar de porquería).

emporio *s. m.* **1** emporium, mart, trading centre (centro comercial). **2** (Am.) large department store.

emporrarse *v. pron.* (fam.) to get high, to get loaded.

empotrado, -da *adj.* fitted, built-in (alacena).

empotramiento *s. m.* **1** embedding (en cemento). **2** building-in, fitting (de los muebles, etc.).

empotrar *v. t.* **1** to embed (en cemento). **2** to build in, to fit (un mueble, etc.): *armario empotrado = fitted wardrobe.*

emprendedor, -ra *adj.* enterprising, go-ahead.

emprender *v. t.* **1** to undertake, to take on (un trabajo, una tarea). **2** to start, to set out on, to embark on (un viaje). ◆ **3 ~ el regreso,** to return, to go back, to begin the homeward journey. **4 ~ la retirada,** to retreat. **5 ~ la a,** to start, to set out. **6 emprenderla con uno,** (fam.) to have it out with someone, to have a row with someone (reñir con alguien).

empreñar *v. t.* **1** to make pregnant (a una mujer). **2** to impregnate, to mate with, to cover (animales). ● *v. pron.* **3** to get/become pregnant.

empresa *s. f.* **1** company, firm (sociedad). **2** enterprise: *empresa privada = private enterprise.* **3** management: *la empresa no se responsabiliza de los daños = the management accepts no responsibility for any damages.* **4** enterprise, undertaking, venture: *el primer viaje a la luna fue una empresa atrevida = the first journey to the moon was a daring venture.* ◆ **5 ~ particular,** private company. **6 ~ funeraria,** undertaker's. **7 ~ de servicios públicos,** public utility company.

empresariado *s. m.* employers (*pl.*).

empresarial *adj.* **1** managerial, management (del empresariado). ● *s. m. pl.* **2** business studies (carrera universitaria).

empresario, -ria *s. m.* y *f.* **1** businessman (hombre), businesswoman (mujer). **2** employer (que emplea). **3** contractor (contratante). **4** manager (gerente, director). **5** MÚS. impresario (de ópera, teatro, etc.). **6** DEP. promoter (de boxeo). ◆ **7 ~ de transporte,** (Am.) shipping agent.

emprestar *v. t.* **1** to lend (prestar). **2** to borrow (tomar o pedir prestado).

empréstito *s. m.* **1** loan (préstamo público). ◆ **2 ~ de guerra,** war loan.

empujada *s. f.* (Am.) push, shove (empujón).

empujar *v. t.* **1** to push, to shove: *¡no empujes! = don't push!* **2** MEC. to drive, to propel, to push: *el motor empuja la hélice = the motor drives the propeller.* **3** TEC. to thrust (de un cohete, etc.). **4** to press, to push (un botón). ◆ **5 ¡empujad!,** push!

empuje *s. m.* **1** push, shove (empujón). **2** MEC. y FÍS. thrust. **3** pressure (presión). **4** (fig.) energy, go, drive: *tiene mucho empuje = he has got a lot of drive.*

empujón *s. m.* **1** push, shove: *darle un empujón a alguien = to give someone a push.* ◆ **2 abrirse paso a empujones,** to push one's way through, to get through by shoving. **3 a empujones, a)** roughly, violently (bruscamente); **b)** by force (a la fuerza); **c)** in fits and starts (intermitentemente). **4 trabajar a empujones,** to work intermittently.

empuñadura *s. f.* **1** hilt (de espada, pistola, etc.). **2** grip, handle (de una herramienta). **3** handle (de un paraguas, etc.). **4** start, beginning (de un cuento).

empuñar *v. t.* **1** to grasp, to take (firm) hold of, to clutch (asir). **2** (Am.) to clench (el puño). **3** (Am.) to punch, to hit with one's fist (dar un puñetazo). **4** to land (un empleo). ◆ **5 ~ las armas,** to take up arms. **6 ~ el bastón,** to take command.

emú *s. m.* ZOOL. emu.

emulación *s. f.* emulation.

emular *v. t.* to emulate.

émulo, -la *adj.* **1** emulous. ● *s. m.* y *f.* **2** emulator, rival.

emulsión *s. f.* QUÍM. emulsion.

emulsionar *v. t.* QUÍM. to emulsify.

emulsivo, -va *adj.* QUÍM. emulsive.

en *prep.* **a)** (lugar) in (dentro de): *está en la bolsa = it is in the bag;* on (sobre): *está en la mesa = it is on the table;* into/in (acción): *no entra en la caja = it won't go into the box;* onto o on: *ponlo en la mesa = put it onto the table;* at: *está en la estación = she is at the station* (esperando el tren); **b)** in (tiempo): *en 1999 = in 1999; en mayo = in May; en el siglo xx = in the 20th century; en tres años = in three years;* **c)** on: *en aquella ocasión = on that occasion; en una tarde de verano = on a summer's afternoon.* **d)** at: *en esa época = at that time; en ese momento = at that moment;* **e)** by (modo): *fuimos en avión = we went by plane; lo reconocí en el acento = I recognized him by his accent;* **f)** in: *en voz alta = in a loud voice;* **g)** by (proporción): *reduje mis gastos en un 20% = I reduced my expenses by 20%;* **h)** *convertirse en = to turn into;* **i)** *en cuanto a = with respect to, as regards, regarding;* **j)** *pensar en = to think about/of.*

enagua *s. f.* **1** (Am.) petticoat, underskirt. ● *pl.* **2** petticoat, underskirt.

enaguillas *s. f. pl.* short petticoat.

enajenación o **enajenamiento** *s. f.* **1** DER. alienation, transfer. **2** absentmindedness (distracción). ◆ **3 ~ mental,** mental derangement, insanity.

enajenar *v. t.* **1** DER. to transfer, to alienate (bienes). **2** (fig.) to drive mad: *los celos le enajenaron = jealousy drove him mad.* **3** to carry away, to enrapture (sacar fuera de sí). ● *v. pron.* **4** (fig.) to be driven mad (volverse loco). **5** (fig.) to lose one's self control (no poder dominarse). **6** (fig.) to go into ecstasy (extasiarse).

enaltecedor, -ra *adj.* praising.

enaltecer *v. t.* **1** to praise, to exalt, to glorify (alabar). **2** to ennoble (honrar).

enaltecimiento *s. m.* **1** ennoblement (ennoblecimiento). **2** praise, exaltation, glorification (alabanza).

enamoradizo, -za *adj.* of an amorous disposition, who is always falling in love (que se enamora con facilidad).

enamorado, -da *adj.* **1** in love: *está enamorado de ella = he is in love with her.* **2** (Am.) who is always falling in love (enamoradizo). **3** amorous (amoroso). ● *s. m.* y *f.* **4** lover (aficionado): *es un enamorado de la música = he is a music lover.*

enamoramiento *s. m.* **1** falling in love (acción de enamorarse). **2** love (amor).

enamoriscarse o **enamoricarse** *v. pron.* **1** to take a fancy to. **2** (Am.) to have a crush on (superficial).

enanismo *s. m.* MED. dwarfism.

enano, -na *adj.* **1** tiny **2** BOT. dwarf. • *s. m.* y *f.* **3** dwarf. ♦ **4 divertirse como un ~,** (fam.) to have a great time.

enarbolar *v. t.* **1** to hoist, to raise (una bandera). **2** to brandish (una espada, arma, etc.). **3** MAR. to fly: *enarbolar bandera panameña = to fly the Panamanian flag.* • *v. pron.* **4** to get angry (enfadarse una persona). **5** to rear up (empinarse un caballo).

enarcar *v. t.* to raise, to arch (las cejas): *enarcar las cejas = to arch one's eyebrows.*

enardecedor, -ra *adj.* **1** exciting (emocionante). **2** MED. inflaming (que causa inflamación).

enardecer *v. t.* **1** to fire (una pasión). **2** to fill with enthusiasm (una persona, una discusión, etc.). • *v. pron.* **3** to become excited (entusiasmarse). **4** MED. to become inflamed (inflamarse una parte del cuerpo).

enardecimiento *s. m.* **1** excitement (excitación). **2** MED. inflammation (de una parte del cuerpo).

encabalgamiento *s. m.* **1** TEC. support of crossbeams. **2** MIL. gun-carriage (cureña). **3** (lit.) enjambment.

encabalgar *v. i.* **1** TEC. to rest, to lean (una viga en otra). **2** to mount a horse (subirse a un caballo). • *v. t.* **3** to overlap (traslapar). **4** to provide with horses (proveer de caballos).

encabestrar *v. t.* **1** to put a halter on, to halter (un caballo). **2** DEP. to lead (a bull) with an ox (hacer que un toro siga a los cabestros). **3** to seduce (seducir a alguien). • *v. pron.* **4** to get tangled in the halter (enredarse la mano en el cabestro). **5** (Am.) to insist, to be determined (emperrarse).

encabezamiento *s. m.* **1** heading, headline (de un periódico). **2** heading (al principio de una carta). **3** preamble (preámbulo). **4** registration in the census (acción de empadronamiento). **5** census (padrón).

encabezar *v. t.* **1** to head, to lead (una revolución, etc.). **2** to head, to be at the top of, to come first on/in (una lista, una liga, etc.). **3** to put a heading on (a un documento, etc.). **4** to head, to entitle (un artículo). **5** to register (empadronar). **6** to fortify (un vino con alcohol). **7** TEC. to join (tablones o vigas).

encabezonarse *v. pron.* to be stubborn (empeñarse).

encabritarse *v. pron.* **1** to rear (un caballo). **2** to nose up (un avión).

encadenado, -da *adj.* **1** chained (una moto, persona, etc.). • *s. m.* **2** TEC. buttress, pier. **3** dissolve (cine). **4** chain (cadena).

encadenamiento *s. m.* **1** chaining. **2** (fig.) connection, linking, concatenation.

encadenar *v. t.* **1** to chain, to shackle, to fetter (un prisionero). **2** to chain up (una cosa, un perro, etc.). **3** (fig.) to tie down: *su trabajo le encadena = his work ties him down.* **4** to connect, to tie together (ideas, razonamientos, etc.). **5** to fade in (cine).

encajar *v. t.* **1** to insert, to fit (into): *encajó la llave en la cerradura = he inserted the key into the lock.* **2** to join, to fit together (unir una cosa con otra ajustadamente). **3** to house, to encase (una máquina, etc.). **4** to get in, to put in (comentario en una conversación). **5** to give, to deal: *le encajó un puñetazo = she gave him a punch.* **6** to shoot (disparar). **7** to force someone to listen to something: *le encajó un buen sermón = he forced her to listen to a long sermon.* • *v. i.* **8** to fit (well o properly): *esto no encaja bien = this doesn't fit properly.* **9** (fig.) to fit, to correspond, to square: *esto no encaja con lo que dijo ayer = this doesn't correspond with what you said yesterday.* • *v. pron.* **10** to squeeze in (meterse en un sitio pequeño). **11** (fam.) to gatecrash (colarse en una fiesta).

encaje *s. m.* **1** insertion, fitting (acción de encajar). **2** fitting together (acción de unir). **3** cavity (hueco). **4** groove (ranura). **5** MEC. housing. **6** lace (tejido). **7** inlay, mosaic (taracea).

encajonado, -da *adj.* **1** hemmed in, boxed in: *una casa encajonada entre rascacielos = a house hemmed in by skyscrapers.* • *s. m.* **2** coffer-dam (dique). **3** mud wall (tapia de barro).

encajonar *v. t.* **1** to crate, to box, to pack (meter en cajas). **2** to squeeze in (meter en un sitio estrecho). **3** to shutter (construir cimientos en cajones abiertos). • *v. i.* **4** (Am.) to run through a narrow place (un río).

encalado *s. m.* **1** whitewashing (de paredes). **2** whitening (de pieles). **3** liming (abonado con cal).

encalador, -ra *s. m.* y *f.* whitewasher.

encalar *v. t.* **1** to whitewash. **2** to lime (abonar con cal).

encalladero *s. m.* **1** MAR. sandbank (de arena). **2** MAR. reef (de coral).

encallar *v. i.* **1** MAR. to run aground. **2** to founder (un negocio).

encallecerse *v. pron.* **1** MED. to become callused (la piel). **2** to harden (endurecer). **3** to harden (en un vicio o trabajo). **4** to become hardhearted/unfeeling (insensibilizarse).

encalmar *v. t.* **1** to calm, to pacify (a una persona). • *v. pron.* **2** to calm down (calmarse una persona). **3** to become calm (el tiempo). **4** to drop (el viento).

encalvecer *v. i.* to go o become bald.

encamar *v. t.* **1** (Am.) to take to hospital, to hospitalize (hospitalizar). **2** (Am.) to bed down (acostar a los animales). • *v. i.* **3** to take to one's bed (guardar cama). • *v. pron.* **4** (Am.) to go to bed with someone (acostarse con alguien). **5** to be flattened (el trigo, etc.).

encaminar *v. t.* **1** to show the way, to guide, to put on the right road (poner en camino). **2** to route (una expedición, vehículo, etc.). **3** to direct, to channel (esfuerzos). • *v. pron.* **4** to head for, to make one's way towards (dirigirse): *me encaminé hacia el pueblo = I made my way towards the village.* **5** to be aimed at something (tener como objetivo).

encampanar *v. t.* **1** (Am.) to raise (elevar). **2** (Am.) to leave in the lurch, to leave in a jam (dejar a alguien en la estacada). **3** to send someone to (mandar a alguien a algún sitio). • *v. pron.* **4** (Am.) to boast, to brag (presumir). **5** to fall in love (enamorarse). **6** (Am.) to get into a jam (meterse en un lío). **7** (Am.) to go to a remote spot (ir a un lugar remoto).

encandilar *v. t.* **1** to dazzle (deslumbrar). **2** to bewilder (dejar pasmado). **3** to poke (un fuego). **4** to fire, to stimulate (una emoción). **5** (Am.) to deprive of sleep (no dejar dormir). • *v. pron.* **6** to glitter, to sparkle (los ojos). **7** (Am.) to get scared (tener miedo). **8** (Am.) to get angry (enfadarse).

encanecimiento *s. m.* greying (el cabello).

encanecer *v. i.* y *pron.* **1** to go grey (el cabello). **2** to go grey, to look old (una persona). **3** to go mouldy (ponerse mohoso).

encanijamiento *s. m.* weakening (acción de ponerse enfermizo).

encanijarse *v. pron.* **1** to grow/become weak (ponerse enfermizo). **2** to become puny (ponerse flaco).

encantado, -da *adj.* **1** delighted, pleased, charmed: *encantado de conocerle = pleased to meet you, how do you do.* **2** haunted (una casa). **3** bewitched (hechizado). **4** absent-minded (distraído). ♦ **5 yo, encantado,** it's alright with me.

encantador, -ra *adj.* **1** charming, delightful: *una película encantadora = a charming film.* **2** bewitching (sonrisa, mirada, etc.). • *s. m.* y *f.* **3** charmer, enchanter (hombre). **4** enchantress (mujer). ♦ **5 ~ de serpientes,** snake charmer.

encantamiento *s. m.* **1** spell, curse (maleficio). **2** spell, charm, incantation (invocación mágica). **3** magic: *como por encantamiento = as if by magic.* **4** enchantment, delight (encanto).

encantar *v. t.* **1** to love: *me encanta como haces eso = I love the way you do that.* **2** to delight: *estoy encantado con mi coche nuevo = I'm delighted with my new car.* **3** to bewitch, to cast a spell on (hechizar).

encañado *s. m.* **1** pipe, conduit, tubing (canalización). **2** trellis (para las plantas). **3** drainage pipe o tube (desagüe).

encañar *v. t.* **1** to pipe (agua). **2** to prop up (una planta). **3** to drain (un terreno húmedo). **4** to wind on (hilo, seda).

encañonar *v. t.* **1** to point at, to aim at (con un arma). **2** to pipe (agua). **3** to channel (encauzar). • *v. i.* **4** to grow feathers, to fledge (aves).

encapillar *v. t.* **1** to hood (un ave). **2** MAR. to rig.

encapotado, -da *adj.* overcast.

encapotadura *s. m.* **1** clouding over (acción de encapotarse el cielo). **2** frown (ceña). **3** cloudiness (nubosidad).

encapotar *v. t.* **1** to cloak, to put a cloak on (cubrir con una capa). • *v. pron.* **2** to put one's cloak on. **3** to cloud over, to become overcast (ponerse nublado el cielo). **4** to frown (poner el rostro ceñudo).

encapricharse *v. pron.* **1** to set one's mind on: *se ha encaprichado con comprarse un coche = he has set his mind on buying a car.* **2** to become infatuated with, to become mad about (enamorarse). **3** to take a fancy to (encariñarse).

encapuchar *v. t.* **1** to hood, to put a hood on. • *v. pron.* **2** to put one's hood on.

encarado, -da *adj.* **1 bien** ~, good-looking, nice-looking. **2 mal** ~, bad looking, nasty-looking.

encaramar *v. t.* **1** to raise, to lift up (levantar). **2** to put high up (colocar muy alto). **3** to praise, to extol (alabar). **4** to promote (elevar a un puesto más alto). **5** (Am.) to embarrass (avergonzar). • *v. pron.* **6** to climb (subir). **7** to reach a high position (alcanzar un puesto elevado). **8** (Am.) to get embarrassed (avergonzarse). **9** (Am.) to blush (ponerse colorado de vergüenza).

encarar *v. t.* **1** to face (up to), to confront (una dificultad). **2** to aim, to point at (un arma). • *v. pron.* **3** to face (up to), to confront (una dificultad, una persona): *se encaró con el cura = he confronted the priest.* **4** to be faced o confronted with: *nos encaramos con una escalada muy difícil = we are faced with a very difficult climb.*

encarcelación *s. f.* imprisonment, incarceration.

encarcelar *v. t.* **1** to imprison, to put into prison, (p.u.) to incarcerate (meter en la cárcel). **2** TEC. to clamp (madera). **3** to embed in mortar o cement (fijar en yeso o cemento).

encarecer *v. t.* **1** to put up the price of, to make more expensive (hacer más caro). **2** to recommend, to urge (recomendar). **3** to praise, to extol (alabar). **4** to stress, to emphasize (la importancia de algo). • *v. i.* y *pron.* **5** to go up in price, to get dearer: *las casas se han encarecido = houses have gone up in price.*

encarecidamente *adv.* **1** earnestly (seriamente). **2** insistently (insistentemente).

encarecimiento *s. m.* **1** rise in price, increase in price (subida de precio). **2** extolling (alabanza). **3** stressing, emphasizing (enfatización). ♦ **4 con** ~, insistently.

encargado, -da *s. m.* y *f.* **1** the one o person in charge: *el encargado de la piscina = the person in charge of the swimming pool.* **2** manager (de un negocio). **3** employee, attendant (empleado). **4** agent, representative (representante). • *adj.* **5** in charge. ♦ **6** ~ **de la recepción,** chief receptionist. **7** ~ **de relaciones públicas,** head public-relations officer.

encargar *v. t.* **1** to put in charge: *encargar a alguien de la puerta = to put someone in charge of the door.* **2** to entrust: *le encargué la gestión a él = I entrusted him with the deal.* **3** to order: *encargó una pizza para dos = he ordered a pizza for two.* **4** to have made: *encargó unos zapatos = he had some shoes made.* **5** to ask (pedir). • *v. pron.* **6** to take charge of, to take responsibility: *se encargó de la seguridad de la casa = he took charge of the security of the house.* **7** to take care of, to see about: *se ha encargado de la comida = he has taken care of the meal.* **8** to be in charge of (ser responsable de). **9** to order, to have made (un vestido, etc.). ♦ **10 ¡yo me encargaré de él!** I'll deal with him!, I'll take care of him!

encariñarse *v. pron.* to grow fond, to get attached: *se encariñó con su profesor = he grew attached to his teacher.*

encarnación *s. f.* **1** incarnation. **2** flesh colour (color de carne). ♦ **3 es la** ~ **de la bondad,** he's the epitome of kindness, he's kindness itself.

encarnado, -da *adj.* **1** incarnate: *es el diablo encarnado = he's the devil incarnate.* **2** MED. ingrowing (uña). **3** red, blood-red (color). **4** ruddy (complexión). **5** flesh-coloured (color de carne). ♦ **6 ponerse** ~, to blush.

encarnadura *s. f.* MED. wound (herida).

encarnamiento *s. m.* MED. healing, closing up (de una herida).

encarnizado, -da *adj.* **1** bloody, bitter, fierce (una batalla, etc.). **2** MED. red, inflamed (herida, piel, etc.). **3** MED. blood-shot (el ojo).

encarnizamiento *s. m.* bitterness, cruelty, fierceness (en la batalla).

encarnizar *v. t.* **1** to brutalize, to make brutal o fierce: *la lucha encarniza al hombre = fighting brutalizes man.* • *v. pron.* **2** to become fierce o savage (una batalla). **3** to treat cruelly, to be cruel: *se encarnizaron con los rehenes = they treated the hostages cruelly.* **4** to get furious (ponerse furioso). ♦ **5 encarnizarse en la lucha,** to fight bitterly.

encaro *s. m.* **1** stare, staring, gaze (mirada). **2** HIST. blunderbuss (arma). **3** aim (puntería).

encarrilar o **encarrillar** *v. t.* **1** to put back on the rails (un tren, etc.). **2** to put on the right road (dar una buena orientación). **3** to direct, to guide (un coche, etc.). ♦ **4** ~ **bien/ mal un asunto,** to get off to a bad start: *han encarrilado mal el asunto = they have got off to a bad start.*

encarroñar *v. t.* **1** to rot. • *v. pron.* **2** to decay, to rot.

encartar *v. t.* **1** to enrol, to register, to enter (en una lista). **2** to involve, to implicate (implicar). **3** to insert (insertar). **4** DER. to summon (emplazar). **5** to outlaw, to make illegal (ilegalizar). • *v. i.* **6** to fit in, to go: *eso no encarta en mis planes = that doesn't fit in with my plans.* • *v. pron.* **7** to lead (naipes). ♦ **8 si se encarta,** should the occasion arise.

encarte *s. m.* **1** lead (naipes). **2** order of the cards (orden de los naipes). **3** TEC. inset, insert (imprenta).

encartonar *v. t.* to cover with cardboard (cubrir con cartón).

encartuchar *v. t.* to roll up into a cone, to make a cone of (enrollar en forma de cucurucho).

encasillado, -da *adj.* **1** typecast (actor) • *s. m.* y *f.* **2** typecast actor. **3** grid, squares, table. **4** pigeonholes (para cartas).

encasillar *v. t.* **1** to set out in a table, to tabulate (cifras, datos, etc.). **2** to pigeonhole (distribuir en casillas). **3** to classify (clasificar). **4** to typecast (un actor). **5** to designate as a government candidate (en las elecciones para diputados). • *v. pron.* **6** to limit oneself (limitarse).

encasquetar *v. t.* **1** to pull on, to pull down tight (un sombrero). **2** to put into someone's head (persuadir a uno de algo). • *v. pron.* **3** to put on, to pull down tight (el sombrero). **4** to get something into one's head: *se le encasquetó la idea de ir a España = he got the idea of going to Spain into his head.*

encasquillar *v. t.* **1** (Am.) to shoe (un caballo). **2** to put a tip on (poner una punta a algo). • *v. pron.* **3** to jam (un arma). **4** (Am.) to lose one's nerve (acobardarse).

encastillado, -da *adj.* **1** fortified (fortificado). **2** obstinate (obstinado). **3** haughty, lofty (soberbio). **4** ARQ. castellated.

encastillar *v. t.* **1** to pile, to pile up (apilar). **2** MIL. to fortify with castles (fortificar con castillos). **3** TEC. to erect scaffolding around something (poner andamios alrededor de algo). • *v. pron.* **4** to take refuge in a castle (refugiarse en un castillo). **5** to stick to one's opinion, to stick to one's guns (emperrarse).

encastrar *v. t.* **1** to embed, to set in (empotrar). **2** MEC. to mesh, to engage (ensamblar).

encauzar *v. t.* **1** to channel (encañar). **2** to guide, to direct (una conversación, argumento, etc.).

encauzamiento *s. m.* **1** channelling (de las aguas). **2** guidance, orientation (orientación).

encefalitis *s. f.* MED. encephalitis (inflamación del encéfalo).

encefalalgia *s. f.* MED. cephalalgia, (fam.) headache (dolor de cabeza).
encefálico, -ca *adj.* MED. encephalic.
encéfalo *s. m.* MED. encephalon.
encefalograma *s. m.* MED. encephalogram, encephalograph.
encelado, -da *s. m.* y *f.* a jealous person.
encelar *v. t.* **1** to make someone jealous. • *v. pron.* **2** to become jealous. **3** to go on heat (los animales).
encenagado, -da *adj.* **1** muddy (lleno de barro). **2** silted up (un puerto, río, etc.). **3** bogged down, stuck in the mud (atascado). **4** (fig.) sunk, depraved (en vicio).
encenagarse *v. pron.* **1** to get muddy (llenarse de barro). **2** to get bogged down (atascarse). **3** to become boggy, to become muddy (un terreno). **4** to silt up (un puerto). **5** to wallow, to sink (envilecerse en vicio).
encendedor, -ra *adj.* **1** lighting. • *s. m.* **2** lighter (mechero). **3** lamplighter (persona).
encender *v. t.* **1** to light (un cigarrillo, vela, fuego, etc.). **2** to ignite (una mezcla combustible, una mecha, etc.). **3** to strike, to light (una cerilla). **4** to set fire to, to set on fire, to set alight (prender fuego a). **5** to switch on, to turn on, to put on (la radio, la luz, etc.). **6** to stir up, to provoke (las pasiones, un conflicto, etc.). **7** to arouse (el entusiasmo). **8** to spark off (una guerra): *la invasión de Kuwait encendió una guerra = the invasion of Kuwait sparked off a war.* **9** (Am.) to beat (golpear). • *v. pron.* **10** to catch fire: *el avión después de estrellarse se encendió = after crashing the plane caught fire.* **11** to light (un cigarro, una vela, etc.): *este mechero no se enciende = this lighter won't light.* **12** to light up (la cara). **13** to blush, to go red (ponerse colorado): *se encendió su cara al oír su nombre = he blushed on hearing his name.* **14** to break out (un conflicto).
encendido, -da *adj.* **1** lit (un cigarro, una vela, etc.). **2** on, switched on (la luz, una radio, etc.). **3** alight, on fire (ardiendo). **4** live (un cable). **5** bright red (rojo). **6** flushed, red (la cara por un esfuerzo, enfermedad). **7** purple (la cara por ira). **8** passionate, ardent (deseos). • *s. m.* **9** MEC. ignition: *encendido electrónico = electronic ignition.* **10** lighting (acción de encender). **11** firing (de un cohete).
encendimiento *s. m.* **1** burning. **2** ardour, passion (pasión). **3** redness (color). **4** blushing (la cara).
encerado, -da *adj.* **1** waxed, polished (el suelo, un mueble). **2** waxy, waxcoloured (de apariencia). • *s. m.* **3** waxing, polishing (del suelo, los muebles, etc.). **4** wax (capa de cera). **5** oilcloth (tela impregnada para proteger contra la humedad). **6** tarpaulin (lona alquitranada). **7** blackboard (pizarra). **8** MED. plaster (tirita). **9** oilskin (prenda).
enceradora *s. f.* floor polisher.
encerar *v. t.* **1** to wax, to polish (el suelo, los muebles, etc.). **2** to thicken (la argamasa).
encercar *v. t.* (Am.) to encircle (rodear).
encerradero *s. m.* **1** pen, fold (aprisco). **2** bullpen (para los toros).
encerramiento *s. m.* confinement (confinamiento).
encerrar *v. t.* **1** to shut in, to shut up (a alguien): *encerrar un perro = to shut a dog in.* **2** to lock in, to lock up (con llave). **3** to put under lock and key (guardar bajo llave). **4** to include, to contain: *este libro encierra muchas verdades = this book contains a lot of truths.* **5** to contain: *su colección encierra unas obras maestras = her collection contains some masterpieces.* **6** to involve: *el viaje encierra unas subidas muy dificultosas = the journey involves some difficult climbs.* • *v. pron.* **7** to shut oneself in (en casa, en una habitación, etc.). **8** to go into seclusion or retreat (aislamiento). **9** to live in a convent (retirarse a un convento). ◆ **10 encerrarse en una idea,** to stick to an idea. **11 encerrarse en sí mismo,** to go into one's shell.
encerrona *s. f.* **1** seclusion, retreat (retiro). **2** DEP. private bullfight (corrida de toros particular). **3** ambush (emboscada). **4** trap (trampa).
encestar *v. t.* e *i.* **1** DEP. to score o make a basket (baloncesto). **2** to put into baskets (meter algo en cestos).
enceste *s. m.* DEP. basket.
enchapinado, -da *adj.* ARQ. built over vaults (construido sobre bóvedas).
encharcar *v. t.* **1** to flood, to waterlog (inundar). **2** to cover with puddles (llenar de charcos). • *v. pron.* **3** to become flooded/waterlogged (inundarse). **4** to become covered with puddles (llenarse de charcos). **5** to form puddles (formar charcos el agua). **6** (Am.) to get muddy (llenarse uno de barro). **7** (Am.) to get stuck in a puddle (quedarse atascado en un charco). **8** to become bloated (el estómago).
enchilada *s. f.* (Am.) filled pancake seasoned with chili (comida).
enchilar *v. t.* **1** (Am.) to season with chili (sazonar con chili). **2** (Am.) to annoy (molestar). **3** (Am.) to disappoint (decepcionar). • *v. i.* **4** (Am.) to sting, to burn (escocer, picar). • *v. pron.* **5** (Am.) to become angry (enfadarse).
enchinar *v. t.* (Am.) (fam.) to curl.
enchinchar *v. t.* (Am.) (fam.) to annoy, to pester.
enchiquerar *v. t.* **1** (Am.) to pen, to corral (encorralar). **2** (fig. y fam.) to put in the nick (encarcelar).
enchironar *v. t.* (fam.) to put in the nick (encarcelar).
enchufar *v. t.* **1** ELEC. to plug in, to connect. **2** to fit together, to couple (acoplar tubos, etc.). **3** COM. to merge (enlazar un negocio con otro). **4** (fig. y fam.) to pull strings (ejercer influencia). • *v. pron.* **5** (fam.) to find oneself a cushy job.
enchufe *s. m.* **1** ELEC. plug (macho). **2** ELEC. socket, point, plug (hembra). **3** TEC. joint, connection (entre dos tubos). **4** (fig. y fam.) string-pulling (acción de ejercer influencia). ◆ **5 tener ~,** to have friends in the right places, to have contacts.
enchufismo *s. m.* (fig. y fam.) string-pulling, use of contacts.
enchufista *s. m.* y *f.* (fig. y fam.) string-puller.
encía *s. f.* MED. gum.
encíclica *s. f.* encyclical.
enciclopedia *s. f.* encyclopedia, encyclopaedia.
enciclopédico, -ca *adj.* encyclopedic, encyclopaedic, encyclopedical, encyclopaedical.
enciclopedismo *s. m.* encyclopedism.
encierro *s. m.* **1** confinement (personas). **2** shutting in, shutting up (de una casa). **3** DEP. driving of the bulls into the pen before a bullfight (los toros). **4** seclusion (retiro). **5** penning (del ganado vacuno).
encima *adv.* **1** above: *la habitación encima de ésta = the room above this one.* **2** on top: *un helado con nueces encima = an ice cream with walnuts on top.* **3** overhead, above: *encima los pájaros volaban = the birds were flying overhead.* **4** superficially, not in depth: *lo he leído pero muy por encima = I've read it but not in depth.* **5** imminent: *la tormenta está encima = the storm is imminent.* **6** on one, about one: *no llevo dinero encima = I haven't got any money on me.* **7** besides, in addition: *y muchas más cosas encima = and a lot more things besides.* **8** on top of that, (fam.) to cap it all: *es caro y encima feo = it's expensive and on top of that it's ugly.* ◆ **9 de ~,** on top: *mi bolsa es la de encima = my bag is the one on top.* **10 echarse ~,** to throw oneself onto/at (atacar): *se echó encima del ladrón = he threw himself onto the thief.* **11 por ~,** above (sobre), over, overhead: *el avión pasó por encima = the plane passed overhead.* **12 por ~ de,** above, beyond: *está muy por encima de ese tipo de cosas = he's well above that sort of thing; el problema está por encima de él = the problem is beyond him.* **13 por ~ de todo,** above all (sobre todo). **14 quitarse de ~,** to get rid of (alguna cosa); to get rid of, to shake off (una persona).
encimar *v. t.* **1** to put on top (poner encima). **2** (Am.) to throw in, to give as a bonus, to put in as an extra (dar encima de lo estipulado, añadir). **3** to add to (en el juego de tresillo). • *v. pron.* **4** to rise (subirse).
encimero, -ra *adj.* **1** top: *la sábana encimera = the top sheet.* • *s. f.* **2** (Am.) leather saddle cover. **3** hob (cocina).
encina *s. f.* BOT. holm oak, ilex, evergreen oak.

encinal o **encinar** *s. m.* grove of holm oaks.
encinta *adj.* **1** pregnant. **2** ZOOL. with young. ◆ **3 mujer ~,** pregnant woman, expectant mother. **4 dejar a una ~,** to get a woman pregnant.
encintado, -da *adj.* **1** edged. ● *s. m.* **2** kerb, kerbstone.
encintar *v. t.* **1** to put a ribbon on (adornar con cintas). **2** to kerb, to put a kerb on (una acera).
enclaustrar *v. t.* **1** to cloister, to send to a convent. **2** (fig.) to hide away (esconder). ● *v. pron.* **3** to shut oneself in (encerrarse).
enclavar *v. t.* **1** to nail (clavar). **2** to situate, to place, to locate (situar). **3** to enclave (un territorio). **4** to transfix (atravesar de parte en parte). **5** to trick (engañar).
enclave *s. m.* **1** POL. enclave. **2** small area, isolated area, (p.u.) enclave (territorio).
enclenque *adj.* **1** weak, sickly (enfermizo). **2** skinny, scrawny (delgaducho).
enclítico, -ca *adj.* GRAM. enclitic.
encofrado *s. m.* TEC. **1** shuttering (para el hormigón). **2** timbering (en una mina).
encofrar *v. t.* **1** TEC. to put up shuttering (para el hormigón). **2** to timber, to plank (en las minas).
encoger *v. i.* **1** to shrink. ● *v. t.* **2** to shrink (estrechar). **3** MED. to contract (contraer una parte del cuerpo). **4** to intimidate (intimidar). ● *v. pron.* **5** to shrink (una prenda). **6** (fig.) to cringe (acobardarse). ◆ **7 encogerse de hombros,** to shrug one's shoulders.
encogido, -da *adj.* **1** shrunken (una tela, una prenda, etc.). **2** shrivelled (una hoja, etc.). **3** shy, timid, bashful (tímido). **4** hunched (el cuerpo). **5** in knots (el estómago): *tenía el estómago encogido = his stomach was in knots.*
encogimiento *s. m.* **1** shrinkage (de una tela, prenda, etc.). **2** hunching (del cuerpo). **3** (fig.) timidness, bashfulness, shyness (timidez). **4** shrug (de los hombros).
encolar *v. t.* **1** to glue, to gum, to paste, to stick (pegar). **2** to size (antes de empapelar o pintar). **3** to clarify (los vinos).
encolerizar *v. t.* **1** to infuriate, to anger (enfadar). ● *v. pron.* **2** to get angry, to become infurated (enfadarse).
encomendar *v. t.* **1** to entrust, to commend (confiar): *te encomiendo mi coche = I entrust my car to you.* **2** to commend (a la memoria). ● *v. pron.* **3** to commend oneself, to entrust oneself, to put oneself in the hands of somebody: *en sus manos me encomiendo = I put myself in your hands.*
encomendero *s. m.* **1** (Am.) grocer (tendero). **2** (Am.) wholesale meat supplier (vendedor de carne al por mayor).
encomiasta *s. m.* praiser, extoller, eulogist.
encomienda *s. f.* **1** assignment (encargo). **2** HIST. concession, holding (tierras y habitantes concedidos a un conquistador). **3** (Am.) parcel (paquete). ◆ **4 ~ postal,** (Am.) postal package.
encomiar *v. t.* to praise, to extol (alabar).
encomio *s. m.* praise, eulogy.
encomiástico, -ca *adj.* eulogistic, laudatory.
enconamiento *s. m.* MED. **1** inflammation. **2** infection (infección).
enconar *v. t.* **1** MED. to inflame (inflamar). **2** MED. to infect (infectar). **3** to anger (enfadar). ● *v. pron.* **4** MED. to become inflamed (inflamarse). **5** MED. to become infected (infectarse). **6** to get angry (enfadarse).
encono *s. m.* **1** rancour, spitefulness (rencor). **2** ill-feeling, bad blood. **3** fierceness (en una lucha). **4** (Am.) MED. inflammation (inflamación).
encontradizo, -za *adj.* **1** met by chance. ◆ **2 hacerse el ~,** to pretend to meet someone by chance, to contrive to meet someone by chance (buscar disimuladamente el encuentro con alguien).
encontrado, -da *adj.* opposing, contrary.
encontrar *v. t.* **1** to find: *lo encontró difícil = she found it difficult.* **2** to meet, to run into, to bump into (una persona sin buscarla): *le encontré en el bar = I bumped into him in the bar.* **3** to come across, to find (una cosa sin buscarla): *lo encontré en el maletero = I found it in the boot.* **4** to find, to come across, to encounter (dificultades). **5** to see: *no sé lo que encuentras en él = I don't know what you see in him.* ● *v. pron.* **6** to meet, to bump into, to meet each other: *me encontré con ella en el supermercado = I bumped into her in the supermarket.* **7** to be (estar): *se encontraba en la cocina = he was in the kitchen.* **8** to feel, to be: *me encuentro mucho mejor = I feel much better.* **9** to be, to be situated, to stand (estar situado): *la casa se encuentra al lado de correos = the house is next to the post office.* **10** to find oneself: *me encontré sin dinero = I found myself without any money.*
encontrón o **encontronazo** *s. m.* collision, crash, smash.
encopetado, -da *adj.* **1** conceited, haughty, (fig.) high and mighty (presumido). **2** of high social position, upper class (de alto copete). **3** important, prominent (importante).
encopetarse *v. pron.* to get/become conceited.
encorajar *v. t.* **1** to encourage. ● *v. pron.* **2** to get angry (enfadarse).
encorajinar *v. t.* **1** to provoke, to make someone angry (provocar). ● *v. pron.* **2** to get angry, to lose one's temper (enfadarse).
encorchadora *s. f.* corking machine.
encorchar *v. t.* **1** to bottle (una botella). **2** to hive (las abejas).
encordadura *s. f.* MÚS. strings (cuerdas).
encordar *v. t.* **1** MÚS. y DEP. to string (un instrumento, raqueta). **2** to rope off (aislar un terreno con cuerdas). ● *v. pron.* **3** to rope up, to rope oneselves together (alpinismo).
encornado, -da *adj.* **1** horned. ◆ **2 un toro bien ~,** a well-horned bull.
encornadura *s. f.* **1** horns (de un toro). **2** antlers (de los ciervos, etc.). **3** shape/position of the horns (posición de los cuernos).
encorsetado, -da *adj.* conceited, haughty, (fig.) high and mighty (presumido).
encorsetar *v. t.* **1** to corset. ● *v. pron.* **2** to put a corset on.
encorvado, -da *adj.* **1** curved, bent (doblado). **2** stooped (por la edad). **3** bent over (agachado). ◆ **4 hacer la encorvada,** to pretend to be ill.
encorvadura *s. f.* o **encorvamiento** *s. m.* **1** bending, curving (acción de doblar). **2** curvature (grado de encorvadura). **3** stoop (de una persona por la edad).
encostrar *v. t.* **1** to put a crust on (un pastel). ● *v. pron.* **2** to form a crust (un pastel). **3** MED. to form a scab (una herida).
encovar *v. t.* **1** to put someone/something in a cave (encerrar en una cueva). **2** to hide (ocultar). ● *v. pron.* **3** to make someone hide (obligar a uno a ocultarse). **4** to hide in a cave (ocultarse en una cueva).
encrespador *s. m.* curling tongs (para rizar el pelo).
encrespadura *s. f.* curling (acción de rizar el pelo).
encrespar *v. t.* **1** to curl (el pelo). **2** to make one's hair stand on end (erizar el pelo). **3** to ruffle (el plumaje). **4** to irritate, to infuriate (enfurecer). ● *v. pron.* **5** to become rough/choppy (el mar). **6** to go curly (el pelo). **7** to stand on end, to bristle (erizarse el pelo), to get angry, to become infuriated (enfadarse).
encrestarse *v. pron.* to raise it's crest (poner las aves tiesa la cresta).
encriptar *v. t.* to encrypt.
encrucijada *s. f.* **1** crossroads, junction. **2** (fig.) crossroads: *la encrucijada de la vida = the crossroads of life.*
encuadernación *s. f.* **1** binding: *encuadernación en piel/cuero = leather binding.* **2** bookbinding (el oficio). ◆ **3 taller de ~,** bindery.
encuadernador, -ra *s. m.* y *f.* bookbinder.
encuadernar *v. t.* **1** to bind. ◆ **2 libro sin ~,** an unbound book.
encuadramiento *s. m.* **1** frame, framework (límite). **2** framing (cine). **3** MIL. posting (de tropas).
encuadrar *v. t.* **1** to frame, to put in a frame (poner en un marco). **2** to fit, to insert (encajar). **3** to frame (una imagen en un objetivo, etc.). **4** to incorporate (en un grupo). **5** MIL. to post.

encubar *v. t.* **1** to vat (el vino). **2** to timber (entibar el interior de un pozo).
encubierto, -ta *p. p.* **1** de **encubrir.** • *adj.* **2** covert (clandestino). • *s. f.* **3** fraud (fraude).
encubridor, -ra *s. m.* y *f.* **1** receiver, (fam.) fence (de artículos robados). **2** DER. accessory after the fact (que encubre un delito o criminal). **3** DER. harbourer (de un delincuente, etc.). • *adj.* **4** hiding, concealing.
encubrimiento *s. m.* **1** concealment, hiding (ocultación). **2** DER. receiving of stolen goods (de artículos robados). **3** DER. complicity, (p.u.) abetment (acción de auxiliar a un delincuente). **4** DER. harbouring, concealment (ocultación de un delincuente, criminal, etc.).
encubrir *v. t.* **1** to hide, to conceal (ocultar). **2** DER. to receive stolen goods (artículos robados). **3** to harbour (ocultar a un delincuente o criminal).
encuentro *s. m.* **1** meeting, encounter (acto de encontrarse). **2** meeting (dos cosas). **3** DEP. game, match (entre dos equipos). **4** DEP. meeting, fixture: *encuentro deportivo = sports fixture.* **5** MIL. encounter, clash (lucha). **6** (fig.) clash (de ideas diferentes). **7** (fig.) find (hallazgo). **8** collision (de coches, etc.). **9** discovery (descubrimiento). ◆ **10 ir al ~ de uno,** to go to meet someone. **11 salir al ~ de,** to go to meet (salir a recibirle).
encuerar *v. t.* (Am.) to strip.
encuesta *s. f.* **1** DER. inquiry, investigation (investigación). **2** poll, opinion poll, survey (opinión pública): *hacer una encuesta = to carry out a survey.* ◆ **3** DER. **~ judicial,** post-mortem, coroner's inquest.
encuestador, -ra *s. m.* y *f.* pollster.
encumbrado, -da *adj.* **1** high, lofty, towering (un edificio, etc.). **2** conceited, haughty, (fam.) high and mighty (presumido). **3** eminent, distinguished (eminente). **4** of high social standing, upper/high class (de clase alta).
encumbramiento *s. m.* **1** raising, elevation (elevación). **2** height (altura). **3** praise, extolling (ensalzamiento). **4** exaltation (exaltación).
encumbrar *v. t.* **1** to raise, to elevate (elevar). **2** to elevate, to exalt (a una persona). **3** (fig.) to extol (ensalzar). **4** to climb to the top (subir la cumbre). • *v. pron.* **5** to rise (elevarse). **6** to become conceited (engreírse). **7** to rise, to soar, to tower (un edificio, etc.).
ende *adv.* **1** there. ◆ **2 por ~,** therefore, hence.
endeble *adj.* **1** feeble, weak, frail (una persona, argumento, etc.). **2** puny, scrawny (enclenque). **3** flimsy, fragile (cosa).
endeblez *s. f.* **1** feebleness, weakness (de una persona, argumento, etc.). **2** flimsiness (cosas).
endecasílabo, -ba *adj.* **1** GRAM. hendecasyllabic. • *s. m.* **2** GRAM. hendecasyllable.
endecha *s. f.* **1** dirge, lament (lamento). **2** (lit.) quatrain with lines of six or seven syllables (combinación métrica).
endemia *s. f.* MED. endemic disease.
endémico, -ca *adj.* **1** MED. endemic. **2** (fig.) chronic (crónico).
endemoniado, -da *adj.* **1** possessed (by the devil). **2** furious (furioso). **3** mischievous (travieso). **4** diabolical, terrible (terrible). **5** damned, wretched (maldito). **6** devilish, fiendish (endiablado). • *s. m.* y *f.* **7** person possessed (poseído). ◆ **8 como un ~,** like the devil: *correr como un endemoniado = to run like the devil.*
endemoniar *v. t.* **1** to possess whit the devil, to possess whit an evil spirit. **2** to infuriate, to anger (encolerizar). **3** to provoke (provocar). • *v. pron.* **4** to get angry (enfadarse).
enderezado, -da *adj.* appropriate, suitable (propicio).
enderezamiento *s. m.* **1** straightening (de algo torcido). **2** righting (de una situación).
enderezar *v. t.* **1** to straighten (algo torcido). **2** to put straight (poner derecho). **3** MAR. to right (una embarcación). **4** to put back on its wheels (un vehículo, etc.). **5** to put in order, to set to rights, to correct (enmendar). **6** to direct (encaminar). • *v. i.* **7** to head, to make one's way (dirigirse). • *v. pron.* **8** MAR. to right itself (una embarcación). **9** to straighten up, to stand up straight (una persona). **10** to straighten out (una cosa). **11** to be directed at (encaminarse).
endeudarse *v. pron.* **1** to get/run into debt, to run up a debt (llenarse de deudas). **2** (fig.) to become indebted (tener que estar agradecido).
endiabladamente *adv.* diabolically, fiendishly.
endiablado, -da *adj.* **1** possessed (poseído). **2** devilish, fiendish, diabolical (diabólico). **3** evil, wicked (malo). **4** mischievous (travieso). **5** diabolical, terrible (terrible): *tiene un aspecto endiablado = it looks diabolical.* **6** wild, frenzied. **7** furious (furioso). **8** ugly (feo).
endibia *s. f.* BOT. endive.
endilgar *v. t.* **1** to land, to deal (un puñetazo, etc.). **2** to send (mandar). **3** to guide (guiar). **4** to attribute (atribuir). **5** (fam.) to palm off, to lumber with: *le endilgué el coche a él = I palmed the car off on him.*
endiosamiento *s. m.* **1** vanity (vanidad). **2** conceit (presunción). **3** pride (orgullo).
endiosado, -da *adj.* **1** conceited, stuck-up. **2** deified.
endiosar *v. t.* **1** to deify, to make a god out of (elevar a la divinidad). • *v. pron.* **2** to get/become conceited (engreído). **3** to become proud (orgulloso).
endoblado, -da *adj.* BIOL. suckling (del cordero que se cría mamando de la oveja).
endocardio *s. m.* MED. endocardium.
endocarpio *s. m.* BOT. endocarp.
endocrino, -na *adj.* BIOL. endocrine, endocrinal, endocrinic, endocrinous: *glándula endocrina = endocrine gland.*
endocrinología *s. f.* MED. endocrinology.
endocrinólogo, -ga *s. m.* y *f.* endocrinologist.
endodermo *s. m.* BIOL. endoderm.
endogamia *s. f.* endogamy, inbreeding.
endogénesis *s. f.* BIOL. endogeny.
endomingarse *v. pron.* to put on one's Sunday best.
endosar *v. t.* **1** COM. to endorse. **2** (fam.) to palm something off on someone, to lumber someone with something (pasar a uno una cosa molesta).
endosfera *s. f.* GEOL. endosphere.
endósmosis o **endosmosis** *s. f.* QUÍM. endosmosis.
endoso *s. m.* COM. endorsement.
endosperma *s. f.* BOT. y BIOL. endosperm.
endotelio *s. m.* BIOL. endothelium.
endotérmico, -ca *adj.* QUÍM. endothermic, endothermal.
endrina *s. f.* BOT. sloe (fruto).
endrino, -na *adj.* **1** blue-black. • *s. m.* **2** BOT. blackthorn, sloe (arbusto).
endrogarse *v. pron.* (Am.) to get into debt.
endulzar *v. t.* **1** to sweeten. **2** (fig.) to sweeten, to soften (a una persona). **3** to alleviate, to soften (el sufrimiento).
endurecer *v. t.* **1** to harden, to make hard (poner duro). **2** to set, to harden (pegamento, yeso, etc.). **3** (fig.) to harden, to make tough (a una persona): *el servicio militar le ha endurecido = military service has made him tough.* • *v. pron.* **4** to harden, to go/get hard (ponerse dura una cosa). **5** to set, to harden (pegamento, yeso, etc.). **6** to become hardened/inured (una persona).
endurecimiento *s. m.* **1** hardening (acción). **2** hardness (estado). **3** setting (de un pegamento, yeso, etc.). **4** toughness (del cuerpo). **5** (fig.) cruelty, hard-heartedness (crueldad).
ene *s. f.* n (letra).
eneasílabo *adj.* GRAM. nine syllable.
enebrina *s. f.* BOT. juniper berry.
enebro *s. m.* BOT. juniper (tree).
eneldo *s. m.* BOT. dill.
enema *s. m.* MED. enema.
enemiga *s. f.* **1** ill will (antipatía). **2** enmity, hostility (enemistad).
enemigo, -ga *adj./s. m.* y *f.* **1** enemy, (p.u.) foe. • *adj.* **2** enemy, hostile: *un barco enemigo = an enemy boat.* ◆ **3 al ~ que huye, puente de plata,** let sleeping dogs lie. **4 ~ malo/el enemigo,** the devil. **5 hacerse enemigos,** to make enemies. **6 pasarse al ~,** to go over to the enemy. **7 ser ~ de,** to dislike.

enemistad *s. f.* enmity.
enemistar *v. t.* **1** to make enemies, to cause a rift, to set at odds: *enemistar a dos personas = to cause a rift between two people.* • *v. pron.* **2** to become enemies (convertirse en enemigos). **3** to fall out (enfadarse).
energético, -ca *adj.* **1** TEC. energetic. • *s. f.* **2** TEC. energetics. • *s. m. pl.* **3** fuels.
energía *s. f.* **1** FÍS. energy: *energía cinética = kinetic energy.* **2** energy, vitality (de una persona). **3** ELEC. power, current.
enérgicamente *adv.* **1** energetically. **2** vigorously (vigorosamente). **3** forcefully (forzosamente). **4** drastically (drásticamente).
enérgico, -ca *adj.* **1** energetic, spirited (carácter). **2** vigorous, strong (ataque). **3** strong (palabras). **4** strenuous (esfuerzo). **5** MED. drastic, powerful (medicina).
energúmeno, -na *s. m.* y *f.* **1** madman (hombre). **2** madwoman (mujer). **3** fanatic (fanático). **4** REL. energumen (poseído del demonio).
enero *s. m.* January (mes): *el dos de enero = the second of January/January the second (brit.), January second* (EE UU).
enervación *s. f.* enervation.
enervante o **enervador, -ra** *adj.* enervating.
enésimo, -ma *adj.* **1** MAT. Nth, n: *elevar a la enésima potencia = to raise to the Nth power/to raise to the power of n.* **2** (fig.) umpteenth: *es la enésima vez que te lo digo = it's the umpteenth time I've told you.*
enfadadizo, -za *adj.* irritable, crotchety, touchy.
enfadado, -da *adj.* angry.
enfadar *v. t.* **1** to annoy, to get on someone's nerves (molestar). **2** to anger, to madden (enojar). • *v. pron.* **3** to get angry, to become irritated, to lose one's temper: *me enfado fácilmente = I lose my temper easily.* ◆ **4 enfadarse con alguien,** to get angry with someone (enojarse); to fall out with someone (enemistarse).
enfado *s. m.* **1** anger (enojo). **2** quarrel (riña). **3** annoyance (disgusto).
enfadoso, -sa *adj.* **1** irritating, annoying (molesto). **2** unpleasant (desagradable).
enfangar *v. t.* **1** to cover with mud. • *v. pron.* **2** to get muddy, to get covered with/in mud (llenarse de barro). **3** to sink into the mud (hundirse en el barro). **4** (fig.) to dirty one's hands (en asuntos malos). **5** to degrade oneself (deshonrarse). **6** MAR. to stick in the mud. ◆ **7 enfangarse en los vicios,** to wallow in vice.
enfardar *v. t.* **1** to package, to parcel up (empaquetar). **2** to bale (hacer fardos).
énfasis *s. m.* emphasis, stress: *poner énfasis en = to put the emphasis on.*
enfáticamente *adv.* emphatically.
enfático, -ca *adj.* emphatic.
enfatizar *v. t.* to emphasize.
enfermar *v. i.* y *pron.* **1** MED. to fall/become ill, to be taken ill (contraer enfermedad). • *v. t.* **2** MED. to make ill, to cause illness. **3** (fig.) to make sick.
enfermedad *s. f.* **1** MED. illness, sickness, disease: *su enfermedad era desconocida = his illness was unknown.* **2** illness, ill health (indisposición): *su enfermedad no le permite trabajar = his illness doesn't allow him to work.* ◆ **3 ausentarse por ~,** to be off/away sick. **4 ~ contagiosa,** contagious disease.
enfermería *s. f.* **1** MED. sick bay, infirmary (de un colegio, etc.). **2** hospital.
enfermero, -ra *s. m.* y *f.* MED. male nurse (hombre), nurse (mujer).
enfermizo, -za *adj.* **1** sickly, poorly, unhealthy: *un chico enfermizo = a sickly boy.* **2** morbid: *un sentido del humor enfermizo = a morbid sense of humour.*
enfermoso, -sa *adj.* (Am.) ⇒ **enfermizo.**
enfervorizar *v. t.* **1** to encourage (animar). **2** to enthuse: *me enfervorizó con su artículo = he enthused me with his article.*
enfiestar *v. pron.* (Am.) to have a good time, to make merry.
enfilar *v. t.* **1** to line up, to align (colocar en fila). **2** to thread (ensartar). **3** to go straight along/down (una calle). **4** to point, to direct (un arma, etc.). **5** MIL. to rake, to enfilade.
enfisema *s. m.* emphysema.
enflaquecimiento *s. m.* **1** loss of weight (pérdida de peso). **2** slimming, losing weight (acción de perder peso). **3** (fig.) weakening.
enflaquecer *v. i.* **1** to lose weight, to get thin (adelgazar). **2** (fig.) to lose heart (desanimarse). • *v. t.* **3** to make thin (adelgazar). **4** (fig.) to weaken (debilitar).
enfocar *v. t.* **1** to focus (una cámara, etc.). **2** to approach, to consider, to look at (un problema, etc.): *se puede enfocar esta cuestión de distintas maneras = you can look at this question in different ways.* **3** to shine: *me enfocó con la linterna = he shone the torch at me.* • *v. i.* y *pron.* **4** to focus (una cámara, etc.).
enfoque *s. m.* **1** TEC. focusing (acción de enfocar una cámara, etc.). **2** TEC. focus (resultado obtenido después de enfocar). **3** (fig.) point of view, approach (perspectiva).
enfoscado *s. m.* TEC. pointing (acción de enfoscar un muro).
enfoscar *v. t.* **1** TEC. to point (tapar los agujeros en las paredes). • *v. pron.* **2** to look sullen (ponerse hosco). **3** to go/get cloudy, to cloud over (nublarse el cielo). **4** to wrap oneself up (abrigarse). **5** to hide (ocultarse).
enfrascamiento *s. m.* (fig.) absorption.
enfrascar *v. t.* **1** to bottle (embotellar). **2** to put in a jar/flask (meter en un frasco). • *v. pron.* **3** to get caught in brambles (enzarzarse). **4** (fig.) to get deeply involved/absorbed in something (en una ocupación).
enfrentar *v. t.* **1** to confront, to face (hacer frente). **2** to put face to face (poner frente a frente). • *v. pron.* **3** to face up to, to confront: *se enfrentó con su madre = he confronted his mother.* **4** to face up to, to face (arrostrar): *se enfrentó con su enfermedad = he faced up to his illness.* **5** DEP. to meet, to play against/with: *el Liverpool se enfrentará con el Real Madrid el sábado = Liverpool will play against Real Madrid on Saturday.* **6** to antagonize (contrariar).
enfrente *adv.* **1** opposite, facing (en el lado opuesto): *el banco está enfrente = the bank is opposite.* **2** in front of (adelante). **3** against (en contra). ◆ **4 de ~,** opposite, across the road: *los vecinos de enfrente = the neighbours across the road.*
enfriamiento *s. m.* **1** cooling (acción de enfriar). **2** TEC. refrigeration. **3** MED. cold, chill (catarro).
enfriar *v. t.* **1** to cool, to cool down, to chill: *enfriar un líquido = to cool (down) a liquid.* **2** (fig.) to cool down, to take the heat out (una situación). **3** (fig.) to dampen (una pasión, etc.). **4** (Am.) to kill (matar). • *v. i.* **5** to cool, to cool down, to cool off (perder el calor). **6** to go/get cold (ponerse frío). • *v. pron.* **7** to cool, to cool down, to cool off: *déjalo hasta que se enfríe = leave until it cools down.* **8** (fig.) to cool off, to grow cold: *nuestro amor se ha enfriado = our love has grown cold.* **9** MED. to catch a cold (acatarrarse).
enfundar *v. t.* **1** to sheathe (una espada, etc.). **2** to put away, to put in its case (un violín, unas gafas, etc.). **3** to put in its holster, to holster (una pistola). **4** to cover (un mueble).
enfurecer *v. t.* **1** to infuriate, to make angry/mad, to madden. • *v. pron.* **2** to become furious, to lose one's temper, to fly into a rage: *se enfureció con su novio = she lost her temper with her boyfriend.* **3** MAR. to get rough.
enfurecimiento *s. m.* fury, rage, anger.
enfurruñamiento *s. m.* sulk, huff.
enfurruñarse *v. pron.* **1** to sulk, to get into a huff (enfadarse). **2** to cloud over (nublarse).
engalanar *v. t.* **1** to adorn, to deck: *le engalanaron con flores = they decked him with flowers.* **2** to decorate (decorar). • *v. pron.* **3** to adorn oneself (adornarse). **4** to dress up (en ropa fina).
engallado, -da *adj.* **1** arrogant (presumido). **2** daring (atrevido).
engallarse *v. pron.* **1** to be arrogant, to put on airs and graces (erguirse). **2** to hold its head high (un caballo).
enganchar *v. t.* **1** to hook (con un gancho). **2** MEC. to hitch (un remolque). **3** MEC. to couple (vagones de tren). **4** to rope someone into (engatusar): *me enganchó para llevar las*

cajas = he roped me into carrying the boxes. **5** to harness (un caballo). **6** to be habit forming (un vicio, una droga, etc.). **7** TEC. to engage (engranar). **8** MIL. to recruit, to enlist. **9** (fig. y fam.) to catch: *engancharon al ladrón = they caught the thief.* **10** to persuade, to get round (ganar la voluntad de alguien). • *v. pron.* **11** to get caught: *se me ha enganchado la camisa en un clavo = my shirt has got caught on a nail.* **12** (fam.) to get hooked (con el vicio, las drogas, etc.): *se enganchó a la heroína a los catorce años = he got hooked on heroin when he was fourteen.* **13** to get hooked up (en un gancho). **14** MIL. to enlist, to join up, to enrol.

enganche *s. m.* **1** hooking (acción de enganchar con un gancho). **2** hitching (remolque). **3** coupling (vagón de tren). **4** connection (empalme). **5** harnessing (caballo). **6** TEC. engaging (de un engranaje). **7** MIL. recruitment, enlistment, enrolment.

enganchón *s. m.* rip, tear.

engañabobos *s. m. inv.* **1** confidence trickster, swindler (timador). **2** confidence trick, swindle (timo). **3** ZOOL. nightjar (chotacabras).

engañadizo, -za *adj.* gullible, easily taken in.

engañar *v. t.* **1** to deceive, to cheat: *me engañó el tendero = the shopkeeper cheated me.* **2** to trick, to fool: *le engañó al hacerle creer que tenía diez años menos = he tricked her into thinking that he was ten years younger.* **3** to swindle, to trick, to cheat (timar). **4** to be unfaithful: *su mujer le engaña = his wife is unfaithful to him.* **5** (fam.) to get round (engatusar). **6** DEP. to dummy: *engañó al portero = he dummied the goalkeeper.* • *v. pron.* **7** to deceive oneself: *no te engañes = don't deceive yourself.* **8** to be mistaken, to be wrong (equivocarse). • *v. i.* **9** to be deceptive, to be misleading: *las apariencias engañan = you can't judge by appearances, appearances are deceptive.*

engañifa *s. f.* **1** (fam.) trick, swindle (timo). **2** fraud (fraude). **3** deceit, deception (engaño).

engaño *s. m.* **1** deceit, deception (acción de engañar). **2** trick, swindle (timo). **3** fraud (fraude). **4** trick, deception (lo que engaña). **5** mistake, misunderstanding (equivocación): *que no haya engaño = let there be no misunderstanding.* **6** DEP. cape (muleta). **7** (Am.) small gift, token (pequeño regalo).

engañoso, -sa *adj.* **1** deceptive: *apariencia engañosa = deceptive appearance.* **2** deceitful, dishonest (una persona). **3** misleading, wrong (información, consejos, etc.).

engarabatar *v. t.* to hook.

engarabitarse *v. pron.* **1** to climb (subir). **2** to shin up (subir una cuerda, un palo). **3** to go numb with cold (entumecerse los dedos por el frío). **4** (Am.) to grow weak (debilitarse). **5** (Am.) to get thin (enflaquecerse).

engarce *s. m.* **1** setting, mounting, mount (para las joyas). **2** (fig.) connection, linking (de ideas, etc.). **3** (Am.) row (bronca).

engarzar *v. t.* **1** to set, to mount (joyas). **2** to thread, to string (ensartar cuentas, etc.). **3** to curl (rizar). **4** (Am.) to get caught in brambles (enzarzarse).

engastar *v. t.* to set, to mount (una joya).

engaste *s. m.* **1** setting, mounting (acción de engastar). **2** setting, mount (que sujeta una joya). **3** imperfect pearl (perla imperfecta).

engatusar *v. t.* **1** to get round someone (ganar a alguien con halagos). **2** to trick (engañar).

engendramiento *s. m.* engendering.

engendrar *v. t.* **1** to engender. **2** (fig.) to give rise to, to cause (causar). **3** BIOL. to breed. **4** to produce: *engendrar una reacción química = to produce a chemical reaction.*

engendro *s. m.* **1** BIOL. foetus (feto). **2** runt (criatura deforme). **3** monster, freak (monstruo). **4** deformed child (niño deformado). **5** (fig.) bodge up, botched job (chapuza). **6** brainchild (obra intelectual).

englobado, -da *adj.* **1** emphatic (enfático).

englobar *v. t.* **1** to include (incluir). **2** to lump together (poner varias cosas juntas). **3** to embrace (abarcar).

engolfar *v. i.* **1** MAR. to sail out to sea, to lose sight of land. • *v. pron.* **2** MAR. to sail out to sea. **3** (fig.) to become engrossed (dedicarse plenamente). **4** (fig.) to get carried away (dejarse llevar por una pasión).

engolosinar *v. t.* **1** tempt, to entice. • *v. pron.* **2** to grow fond of, to develop a taste for (tomar gusto a una cosa).

engomar *v. pron.* **1** to stick (pegar). **2** to size (los tejidos).

engorda *s. f.* **1** (Am.) fattening up. **2** (Am.) fattened animals (ganado).

engordadero *s. m.* **1** fattening sty (sitio). **2** fattening period (período de tiempo). **3** fattening fodder (pienso para engordar).

engordar *v. t.* **1** to fatten, to make fat (una persona). **2** to fatten up (un animal). • *v. i.* **3** to get fat, to put on weight: *has engordado mucho = you have put on a lot of weight.* **4** to be fattening: *el azúcar engorda mucho = sugar is very fattening.*

engorde *s. m.* fattening up (de los animales).

engorro *s. m.* **1** nuisance, bother (molestia). **2** (fam.) snag, difficulty (dificultad).

engorroso, -sa *adj.* **1** annoying, bothersome (molesto). **2** cumbersome (difícil de manejar).

engranaje *s. m.* **1** TEC. gear. **2** TEC. cogwheels (ruedas dentadas). **3** TEC. gearing (conjunto de transmisión). **4** TEC. meshing, engaging (acción de engranar). **5** (fig.) connection, linking (enlace).

engranamiento *s. m.* enmeshing, enmeshment.

engranar *v. t.* e *i.* **1** TEC. to mesh, to engage (acción de acoplar la transmisión). • *v. pron.* **2** (Am.) to size up, to get locked (atascarse). **3** (Am.) to get angry (enfadarse).

engrandecer *v. t.* **1** to enlarge, to make bigger (hacer más grande). **2** to praise (alabar). **3** to exaggerate (exagerar). • *v. pron.* **4** to grow in statue.

engrandecimiento *s. m.* **1** enlargement. **2** praise (alabanza). **3** exaggeration (exageración).

engranujarse *v. pron.* **1** MED. to become covered with spots/pimples (llenarse de granos). **2** to become a rogue/rascal (hacerse granuja).

engrasado, -da *adj.* MEC. greasing, lubrication.

engrasar *v. t.* **1** MEC. to grease, to lubricate, to oil. **2** to oil up (un componente eléctrico). **3** to manure (abonar las tierras). **4** to make greasy (manchar con grasa). • *v. pron.* **5** to get covered with/in grease (mancharse con grasa).

engrase *s. m.* **1** MEC. greasing, lubrication (con grasa). **2** MEC. oiling, lubrication (con aceite).

engreído, -da *adj.* **1** conceited (presumido). **2** (Am.) spoiled, (brit.) spoilt (malcriado).

engreimiento *s. m.* arrogance, conceit.

engreír *v. t.* **1** to make arrogant, to make conceited: *su nuevo trabajo le ha engreído = his new job has made him conceited.* **2** (Am.) to spoil, to pamper (mimar). • *v. pron.* **3** to get conceited/arrogant. **4** (Am.) to get spoiled/pampered (con mimos). **5** (Am.) to grow fond of (encariñarse).

engrosamiento *s. m.* **1** fattening (de una persona). **2** swelling (de un río, etc.). **3** increase, enlargement (de una cosa). **4** thickening (espesamiento).

engrosar *v. t.* **1** to enlarge (agrandar). **2** to increase (aumentar). **3** to swell (un río, etc.). **4** to thicken (espesar). • *v. i.* **5** to get fatter, to put on weight (una persona). **6** to swell (un río). • *v. pron.* **7** to increase (aumentarse). **8** to enlarge (agrandarse).

engrudo *s. m.* flour and water paste.

engruesar *v. i.* ⇒ **engrosar**.

enguijarrado *s. m.* cobbles.

enguijarrar *v. t.* to cobble.

enguirnaldar *v. t.* to garland.

engullir *v. t.* **1** to bolt, to wolf down (comida sólida). **2** to gulp down (un líquido).

engurrio *s. m.* sadness (tristeza).

engurruñar *v. t.* y *pron.* **1** to shrink (encoger). **2** to crumple (arrugar). • *v. pron.* **3** (fam.) to become sad, to become gloomy (entristecerse).

enharinar *v. t.* to flour, to sprinkle with flour (cubrir de harina).

enhebrar *v. t.* **1** to thread (una aguja). **2** to string, to thread (ensartar).

enhestar *v. t.* **1** to set upright (poner vertical). **2** to hoist (alzar).

enhiesto, -ta *adj.* erect, straight, upright.

enhilar *v. t.* **1** to thread (enhebrar). **2** to put in order, to arrange (poner en orden).

enhorabuena *s. f.* **1** congratulations: *dar la enhorabuena = to congratulate.* • *adv.* **2** thank heavens: *¡que se vaya enhorabuena! = thank heavens he is going!* ◆ **3 estar de ~,** to be very happy. **4 mi más cordial ~,** my warmest congratulations.

enhoramala *adv.* **1** inopportunely (en un mal momento). ◆ **2 ¡~!,** good riddance!

enigma *s. m.* **1** enigma. **2** mystery, puzzle: *donde consiguió el dinero es un enigma = where he got the money from is a mystery.*

enigmático, -ca *adj.* enigmatic, puzzling, mysterious.

enjabonar *v. t.* y *pron.* **1** to soap. • *v. t.* **2** (fam. y fig.) to tell someone off (reprender). **3** (Am.) to flatter, to softsoap (adular).

enjaezar *v. t.* to harness.

enjalbegado *s. m.* whitewashing (de una pared).

enjalbegadura *s. f.* whitewashing (de una pared).

enjalbegar *v. t.* **1** to whitewash (una pared). **2** to make up, to paint (maquillar).

enjalma *s. f.* saddlebag (albarda).

enjambrar *v. t.* to hive.

enjambre *s. m.* **1** swarm (de abejas). **2** (fig.) swarm, throng (muchedumbre).

enjaretar *v. t.* **1** to thread through a hem (pasar una cinta por una jareta). **2** to spill out (decir algo con precipitación). **3** to fit in (intercalar). ◆ **4 ~ algo a uno,** (Am.) to lumber someone with something.

enjaular *v. t.* **1** to cage, to put in a cage (meter en una jaula). **2** (fam.) to put in prison, to lock up, to put in the slammer (encarcelar).

enjoyar *v. t.* **1** to adorn with jewels (a una cosa). **2** to deck with jewels (a una persona). **3** (fig.) to beautify (embellecer). • *v. pron.* **4** to adorn oneself with jewels.

enjuagar *v. t.* y *pron.* **1** to rinse (la ropa). • *v. t.* **2** to rinse out, to swill out (la boca).

enjuague *s. m.* **1** mouthwash (para enjuagar la boca). **2** rinsing (acción de enjuagar la ropa). **3** rinsing water (líquido). **4** (fig.) plot, scheme (negociación sucia).

enjugar *v. t.* **1** to dry (secar). **2** to mop up (un líquido). **3** to wipe (quitar la humedad). **4** to mop, to wipe (el sudor). **5** to wipe out, to cancel (una deuda). • *v. pron.* **6** to get thinner (adelgazar). **7** to wipe away (lágrimas). **8** to mop (sudor).

enjuiciable *adj.* indictable.

enjuiciamiento *s. m.* **1** DER. judgement (acción de juzgar). **2** trial, prosecution (criminal). **3** lawsuit (civil).

enjuiciar *v. t.* **1** DER. to pass judgement, to judge (juzgar). **2** DER. to sue (civil). **3** DER. to try (someter a juicio).

enjundia *s. f.* **1** animal fat/grease. **2** (fig.) substance: *una actuación con mucha enjundia = a very substantial performance.* **3** force, vigour, strength (vigor). **4** character (carácter).

enjundioso, -sa *adj.* **1** fat (gordo). **2** substantial, solid, meaty (con mucha sustancia). **3** greasy (grasiento).

enjutar *v. t.* ARQ. to fill up (llenar).

enjuto, -ta *adj.* **1** thin (delgado). **2** skinny (flaco). • *s. m.* **3** tinder (palos secos que sirven de yesca).

enlace *s. m.* **1** connection, link, relation (relación). **2** marriage (casamiento). **3** QUÍM. bond. **4** connection (de trenes, etc.). **5** GRAM. liaison (de dos palabras). **6** meeting, rendezvous (encuentro). **7** ELEC. linkage. ◆ **8 ~ sindical,** shop steward.

enladrillar *v. t.* to pave with bricks.

enlatar *v. t.* to can, to tin (envasar en latas).

enlazar *v. t.* **1** to link, to connect, to relate: *enlazar dos ideas = to connect two ideas.* **2** to tie (together), to bind (atar). **3** (Am.) to lasso (un animal). • *v. i.* **4** to connect (los trenes, etc.). • *v. pron.* **5** to be linked, to link (up) (unirse). **6** to get married, to marry (casarse). **7** to be linked, to be connected, to be related (dos ideas, etc.). **8** to become linked by marriage (dos familias).

enlistonado *s. m.* TEC. laths.

enlobreguecer *v. t.* **1** to darken, to make dark (hacer más oscuro). • *v. pron.* **2** to become/grow dark (anochecer).

enlodar o **enlodazar** *v. t.* **1** to cover in mud, to muddy (cubrir de lodo). **2** to splatter with mud (manchar de lodo). **3** (fig.) to stain, to tarnish (la reputación). • *v. pron.* **4** to get muddy, to get covered with o in mud (mancharse de lodo).

enloquecer *v. pron.* **1** to be mad o crazy about (volver loco): *la música me enloquece = I'm crazy about music.* **2** to madden, to drive mad (turbar). • *v. pron.* e *i.* **3** to go insane o mad, to go out of one's mind.

enloquecimiento *s. m.* insanity, madness.

enlosado *s. m.* **1** paving (de losas). **2** tiling (de baldosas).

enlosar *v. t.* to tile.

enlozar *v. t.* (Am.) to enamel, to glaze (cubrir con un baño de loza).

enlucido, -da *adj.* **1** plastered (con yeso). **2** whitewashed (blanqueado). **3** polished (las armas). • *s. m.* **4** plaster, coat of plaster (capa de yeso).

enlucir *v. t.* **1** to plaster (una pared). **2** to polish (las armas).

enlutar *v. t.* **1** to dress in mourning (vestirse de luto). **2** to put into mourning (a una persona): *su muerte enlutó a todo el pueblo = her death put the whole village into mourning.* **3** to darken (oscurecer). **4** to make unhappy (entristecer). • *v. pron.* **5** to go into mourning, to dress in mourning (vestirse de luto).

enmadrarse *v. pron.* to become a mummy's boy (tomar excesivo cariño el hijo a la madre).

enmarañamiento *s. m.* **1** tangle, entanglement (de cosas). **2** (fig.) confusion, muddle (de una situación).

enmarañar *v. t.* **1** to tangle (up), to entangle (enredar). **2** (fig.) to confuse, to make more of a mess, to muddle up (una situación, etc.). • *v. pron.* **3** to get tangled, to get entangled, to get into a tangle (cuerda, etc.). **4** (fig.) to get muddled, to get involved, to get confused (una situación, etc.); to thicken (trama). **5** to darken (ponerse oscuro el cielo); to cloud over (nublarse el cielo).

enmarcar *v. t.* **1** to frame (en un marco). **2** to surround (rodear). **3** (fig.) to provide the setting, to act as a background: *un bosque en Alemania enmarcó la fotografía = a forest in Germany provided the setting for the photograph.* • *v. pron.* **4** to be in keeping with, to tie in with.

enmascarado, -da *adj.* **1** masked. • *s. m.* y *f.* **2** masked man (hombre); masked woman (mujer).

enmascaramiento *s. m.* MIL. camouflage.

enmascarar *v. t.* **1** to mask (poner una máscara). **2** MIL. to camouflage. • *v. pron.* **3** to put on a mask (ponerse una máscara). **4** to masquerade (disfrazarse).

enmendación o **enmendadura** *s. f.* amendment, correction.

enmendar *v. t.* **1** to correct (corregir). **2** DER. to amend (una ley). **3** to revise (un juicio). **4** to reform (moralmente). **5** to repair (un daño). **6** to rectify (un defecto). **7** to make good, to compensate (una pérdida). **8** MAR. to alter, to change (el rumbo, el fondeadero). • *v. pron.* **9** to mend one's ways, to reform (reformarse).

enmienda *s. f.* **1** correction, amendment: *tuvo que hacer muchas enmiendas en el texto = he had to make a lot of corrections to the text.* **2** DER. amendment: *la quinta enmienda = the Fifth Amendment.* **3** compensation, indemnity (de un daño). **4** correction, rectification (de un defecto). **5** fertilizer (fertilizante). **6** fertilizing (acción de abonar la tierra). ◆ **7 no tener ~,** to be incorrigible. **8 poner ~,** to correct. **9 tomar ~,** to punish (castigar).

enmohecer *v. t.* **1** to rust (el metal). **2** to make mouldy: *la humedad enmohece las manzanas = the damp makes the apples go mouldy.* • *v. i.* **3** (fig.) to go rusty (embotarse). • *v. pron.* **4** to go/get rusty, to rust (el metal). **5** to go mouldy (el pan, etc.). **6** (fig.) to get rusty (embotarse).

enmohecido, -da *adj.* **1** rusty (metal). **2** mouldy (el pan, etc.).

enmohecimiento *s. m.* **1** rusting (acción de oxidarse un metal). **2** rustiness (estado de oxidación). **3** moulding (acción de enmohecer el pan, etc.). **4** mouldiness (estado).

enmonarse *v. pron.* (Am.) to get drunk (emborracharse).

enmudecer *v. t.* **1** to silence (silenciar). **2** (fig.) to leave speechless (por una emoción fuerte, etc.). • *v. pron.* **3** to say nothing, to be quiet, to be silent (callarse). **4** to lose one's voice (quedar afónico). **5** (fig.) to be dumbfounded, to be speechless (ante una fuerte emoción, etc.).

enmugrecer *v. t.* **1** to cover with filth (cubrir de mugre). • *v. pron.* **2** to get covered in filth (llenarse de mugre).

ennegrecer o **denegrecer** *v. t.* **1** to blacken, to turn black: *el humo le ennegreció la cara = the smoke blackened his face.* **2** *v. i.* y *pron.* to turn black, to go black.

ennegrecimiento *s. m.* blacking, blackening.

ennoblecer *v. t.* **1** to ennoble. **2** (fig.) to give an air of dignity: *su barba le ennobleció = his beard gave him an air of dignity.*

enojadizo, -za *adj.* irritable, short-tempered, quick-tempered.

enojado, -da *adj.* angry, cross (enfadado).

enojar *v. t.* **1** to anger, to make angry (enfadar). **2** to irritate, to annoy (molestar). **3** to offend (ofender). • *v. pron.* **4** to get angry (enfadarse). **5** to get irritated, to get annoyed (molestarse): *me enojo cuando ponen la música muy alta = I get angry when they play their music very loud.* **6** MAR. to get rough (el mar). **7** to get windy (el viento).

enojo *s. m.* **1** anger (ira). **2** annoyance, irritation (fastidio). ◆ **3 de prontos enojos,** quick-tempered.

enojón, -na *adj.* (Am.) ⇒ **enojadizo.**

enología *s. f.* oenology (brit.), enology (EE UU) (conjunto de conocimientos relativos a la elaboración de vinos).

enorgullecer *v. t.* **1** to fill with pride, to make proud: *ser reconocida por la calle le enorgullece = being recognized in the street fills her with pride.* • *v. pron.* **2** to be proud: *se enorgullece de sus éxitos = he is proud of his successes.*

enorgullecimiento *s. m.* **1** pride (orgullo). **2** filling with pride (acción).

enorme *adj.* **1** enormous, huge, massive: *un barco enorme = an enormous boat.* **2** (fig.) monstrous, heinous (muy malo).

enormemente *adv.* **1** enormously, vastly. **2** tremendously, extremely: *su obra es enormemente divertida = his play is tremendously funny.*

enormidad *s. f.* **1** enormity, vastness (tamaño). **2** (fig.) heinousness, monstrousness, wickedness (de un pecado).

enqué *s. m.* **1** (Am.) container (contenedor). **2** (Am.) bag (bolsa).

enquiciar *v. t.* **1** to put a door on (una puerta); to put a window in (ventana). **2** (fig.) to put in order (poner en orden).

enquiridión *s. m.* manual (libro).

enquistado, -da *adj.* **1** MED. encysted (de forma de quiste). **2** embedded (encajado).

enquistarse *v. pron.* **1** MED. encyst. **2** (fig.) to become embedded (encajarse).

enraizar *v. i.* y *pron.* (lit. y fig.) to take root.

enralecer *v. i.* **1** to become threadbare (tejido). **2** to become thin/sparse (pelo, árboles, etc.).

enramada *s. f.* **1** BOT. arbour, bower. **2** branches (conjunto de ramas). **3** (Am.) cover made of branches (cobertizo hecho de ramas).

enramar *v. t.* **1** to decorate with branches (decorar con ramas). **2** MAR. to fit the frames (a un barco). • *v. i.* **3** BOT. to branch, to grow branches (echar ramas un árbol). • *v. pron.* **4** to hide among the branches (ocultarse).

enrame *s. m.* BOT. branching (acción y efecto de enramar).

enrarecer *v. t.* **1** to rarify (el aire). **2** to make scarce (hacer escaso). • *v. pron.* e *i.* **3** to rarify (el aire). **4** to become scarce (escasear).

enrarecimiento *s. m.* **1** rarefaction. **2** scarcity (escasez).

enrasar *v. t.* **1** to make level/flush (nivelar). **2** to smooth (allanar). **3** to level up (un líquido). • *v. pron.* **4** to be at the same level (estar al mismo nivel).

enrase *s. m.* levelling (acción de enrasar).

enredadera *adj.* **1** climbing: *planta enredadera = climbing plant.* • *s. f.* **2** BOT. bindweed.

enredado, -da *adj.* tangled, tangled up, entangled (cuerda, etc.).

enredador, -ra *adj.* **1** mischievous (travieso). **2** trouble-making (que causa riñas). **3** (fig.) gossipy (chismoso). • *s. m.* y *f.* **4** gossip (cotilla). **5** busybody (entrometido).

enredar *v. t.* **1** to tangle (up), to entangle (enmarañar). **2** (fig.) to confuse (una situación, etc.). **3** to involve, to implicate (a alguien en un asunto peligroso, dudoso, etc.). **4** to cause trouble (entre dos personas). **5** to net, to catch in a net (coger con una red). • *v. pron.* **6** to get into a tangle, to get entangled, to get tangled up (enmarañarse). **7** to become muddled/confused (una situación, etc.). **8** MAR. to foul. **9** to get involved, to have an affair: *se enredó con su profesor = he got involved with his teacher.* • *v. i.* **10** to get into mischief (un niño). ◆ **11 ~ de palabras,** to get into an argument.

enredijo *s. m.* tangle (enredo).

enredista *s. m.* y *f.* (Am.) ⇒ **enredador.**

enredo *s. m.* **1** tangle: *un enredo de hilos = a tangle of threads.* **2** (fig.) confusion, muddle (confusión). **3** love affair (aventura amorosa). **4** jam, difficult situation (situación difícil). **5** mischief (travesura). **6** intrigue (intriga). **7** lie (mentira). **8** plot (sucesos previos al desenlace final en una obra literaria).

enredoso, -sa *adj.* **1** complicated (complicado). **2** mischievous (travieso).

enrejado *s. m.* **1** grating, grille (conjunto de rejas). **2** lattice (de una ventana). **3** trellis (en el jardín). **4** bars (en una celda). **5** wire netting/fencing (alambrada). **6** openwork (labor de costura). **7** inmate (preso).

enrejar *v. t.* **1** to put a railing round, to fence (cerrar con rejas). **2** (Am.) to put a halter on (poner una soga a un animal). **3** to tie a calf to the legs of a cow (atar un ternero a las patas de una vaca para ordeñarla). **4** to fix a grating to (a una ventana). **5** (Am.) to darn, to patch (reparar ropa). **6** to fit the share to the plough (poner la reja en el arado). **7** to put in prison, to incarcerate (meter a uno en la cárcel).

enrevesado, -da *adj.* **1** intricate, complicated (revesado). **2** complicated, difficult (difícil).

enrielar *v. t.* **1** TEC. to make into ingots (un metal). **2** (Am.) to lay rails (construir una vía ferroviaria). **3** (Am.) to put on the tracks (encarrilar). **4** (Am.) (fig.) to put on the right track (un negocio). **5** (Am.) to channel, to canalize (encauzar).

enriquecedor, -ra *adj.* enriching.

enriquecer *v. t.* **1** to make rich, to enrich (hacer rico). • *v. pron.* e *i.* **2** to get, become rich. ◆ **3 enriquecerse a costa ajena,** to do well at other people's expense.

enriquecimiento *s. m.* enrichment.

enrocar *v. t.* to castle (en ajedrez).

enrojecer *v. t.* **1** to redden, to turn red (poner rojo). **2** to make blush (a una persona). **3** to make red hot (a un metal). • *v. pron.* e *i.* **4** to blush (de vergüenza). **5** to go red with anger (con ira). **6** to become red hot (un metal).

enrojecimiento *s. m.* **1** reddening (de una cosa). **2** blushing (acción de enrojecerse una persona).

enrolar *v. t.* **1** (Am.) to enrol, to sign up, to sign on (reclutar). **2** MIL. to enlist. • *v. pron.* **3** to enrol, to sign on. **4** MIL. to enlist.

enrollado, -da *adj.* **1** rolled up, coiled. **2** (fam.) fun (animado).

enrollamiento *s. m.* **1** rolling up (de papel, etc.). **2** ELEC. coil.

enronquecer *v. t.* **1** to make hoarse: *el viento le enronqueció = the wind made him hoarse.* • *v. pron.* e *i.* **2** to go hoarse: *se enronqueció por el frío = he went hoarse because of the cold.*

enronquecimiento *s. m.* hoarseness.

enroscado, -da *adj.* **1** coiled (enrollado). **2** twisted (torcido). **3** (Am.) angry (enfadado).

enroscadura *s. f.* **1** coiling (acción de enrollar cuerda, cable, etc.). **2** coil (efecto).

enroscamiento *s. m.* coiling (acción de enrollar cuerda, cable, etc.).
enroscar *v. t.* **1** to coil, to wind (enrollar). **2** to screw in (atornillar). • *v. pron.* **3** to coil oneself round, to wind oneself round (una serpiente, etc.).
ensaimada *s. f.* spiral pastry.
ensalada *s. f.* **1** salad. **2** (fig.) mess, mix-up (lío). **3** MÚS. medley. **4** (fig.) traffic jam (atasco de coches). **5** clash (mezcla poco armónica de colores). ◆ **6** ~ **de patatas,** potato salad. **7** ~ **rusa,** Russian salad.
ensaladera *s. f.* salad bowl.
ensaladilla *s. f.* **1** diced vegetable salad, Russian salad. **2** (Am.) lampoon, satirical verse (versos satíricos).
ensalmar *v. t.* **1** MED. to set (un hueso). **2** MED. to cure with quack remedies (curar con ensalmos).
ensalmo *s. m.* **1** MED. quack remedy. **2** incantation (conjuro). ◆ **3 por** ~, by magic.
ensalzamiento *s. m.* **1** exaltation (engrandecimiento). **2** praise (alabanza).
ensalzar *v. t.* **1** to exalt (enaltecer). **2** to praise (alabar).
ensamblado *s. m.* joint (empalme).
ensamblador *s. m.* y *f.* joiner.
ensambladura *s. f.* **1** joinery (ebanistería). **2** TEC. joint (unión): *ensambladura de inglete = mitre joint.*
ensamblaje *s. m.* TEC. assembly: *planta de ensamblaje = assembly plant.*
ensamblar *v. t.* **1** to join (unir). **2** to assemble (montar).
ensanchador *s. m.* **1** stretcher. • *adj.* **2** widening.
ensanchamiento *s. m.* **1** widening, broadening. **2** expansion, enlargement (de una ciudad).
ensanchar *v. t.* **1** to widen, to broaden (una carretera, etc.). **2** to enlarge, to expand (una ciudad). **3** to widen, to make bigger (un agujero, una apertura, etc.). **4** to stretch (una tela). • *v. pron.* **5** to get wider (hacerse más ancha). **6** to become conceited (engreírse).
ensanche *s. m.* **1** widening, broadening: *el ensanche de la carretera = the widening of the road.* **2** enlargement, expansion (de una ciudad). **3** stretching (de una tela). **4** new suburb o district, new development area (nuevo suburbio).
ensangrentado, -da *adj.* bloodstained.
ensangrentar *v. t.* **1** to stain with blood (manchar). • *v. pron.* **2** to get stained with blood (mancharse). **3** (fig.) to fly into a temper (enfurecerse). **4** (fig.) to become cruel (encruelecerse).
ensañamiento *s. m.* **1** mercilessness, cruelty (crueldad). **2** rage, fury (ira).
ensañar *v. t.* **1** to infuriate, to enrage (enfurecer). • *v. pron.* **2** to delight in tormenting (deleitarse en hacer sufrir al que no puede defenderse). **3** to be merciless (no tener piedad).
ensartar *v. t.* **1** to string (perlas, etc.). **2** to thread (una aguja). **3** to spit, to skewer (la carne). **4** to run through (atravesar). **5** (fig.) to come out with, to reel off: *nos ensartó un montón de mentiras = he came out with a pack of lies.* • *v. pron.* **6** (Am.) to get into a jam (meterse en un embrollo). **7** (Am.) to come out of a deal badly (salir perjudicado).
ensayar *v. t.* **1** to test, to try, to try out (probar). **2** to rehearse (un baile, etc.). **3** TEC. to assay (metal). • *v. i.* **4** to rehearse (un baile, etc.). • *v. pron.* **5** to practise, to rehearse.
ensaye *s. m.* TEC. assay (de metales).
ensayista *s. m.* y *f.* essayist.
ensayo *s. m.* **1** testing, trial (prueba): *el ensayo de una máquina = the testing of a machine.* **2** rehearsal (de un espectáculo): *ensayo general = dress rehearsal.* **3** TEC. assay (metales). **4** (lit.) essay. **5** DEP. try (en el rugby). **6** QUÍM. test: *tubo de ensayo = test tube.* ◆ **7 viaje de** ~, trial run. **8 vuelo de** ~, test flight.
enseguida o **en seguida** *adv.* at once, immediately, straight away.
ensenado, -da *adj.* **1** breast shaped (en forma de seno). • *s. f.* **2** GEOG. inlet, cove, creek (entrada del mar). **3** (Am.) small fenced pasture (pequeño pasto).
enseña *s. f.* standard, ensign.
enseñanza *s. f.* **1** education (educación). **2** teaching: *se dedica a la enseñanza = he's in teaching.* **3** training (instrucción). ◆ **4** ~ **media,** secondary education. **5** ~ **primaria,** primary education. **6** ~ **superior,** higher education. **7 escuela de primera** ~, primary school.
enseñar *v. t.* **1** to teach: *enseñar a alguien inglés = to teach somebody English.* **2** to show: *ahora te enseñaré la cocina = now I'll show you the kitchen.* **3** to point: *me enseñó su coche con el dedo = he pointed to his car.* • *v. pron.* **4** (Am.) to learn (aprender). **5** (Am.) to get used to, to get accustomed to (acostumbrarse): *no me enseño aquí = I can't get used to it here.*
enseñorear *v. t.* **1** to take control. • *v. pron.* **2** to control oneself (controlarse). **3** to take control of (hacerse dueño de): *se enseñoreó de la situación = he took control of the situation.*
enseres *s. m. pl.* **1** equipment (*pl.*), goods: *enseres domésticos = household goods.* **2** tools (herramientas). **3** utensils (utensilios).
ensillar *v. t.* to saddle (up), to put a saddle on (un caballo).
ensimismado, -da *adj.* **1** deep in thought (absorto). **2** engrossed: *estaba ensimismado leyendo el libro = he was engrossed in the book.*
ensimismamiento *s. m.* **1** deep thought, pensiveness. **2** (Am.) conceit (envanecimiento).
ensimismarse *v. pron.* **1** to become lost in thought (quedarse abstraído). **2** to become engrossed in something (en la lectura, etc.). **3** (Am.) to become conceited (envanecerse).
ensoberbecer *v. t.* **1** to make proud (causar orgullo). • *v. pron.* **2** to become proud. **3** MAR. to become rough (agitarse el mar).
ensombrecer *v. t.* **1** to cast a shadow (cubrir de sombras): *el edificio ensombrece el parque = the building casts a shadow over the park.* **2** to darken (oscurecer). • *v. pron.* **3** to darken (oscurecer). **4** to become gloomy/sad (entristecerse).
ensoñación *s. f.* **1** (Am.) fantasy (fantasía). **2** (Am.) dream (sueño).
ensoñador, -ra *adj.* **1** dreamy. • *s. m.* y *f.* **2** dreamer (soñador).
ensordecedor, -ra *adj.* deafening: *un ruido ensordecedor = a deafening noise.*
ensordecer *v. t.* **1** to deafen: *el avión me ensordeció = the plane deafened me.* **2** to muffle, to deafen (amortiguar un ruido). • *v. i.* **3** to go deaf. • *v. pron.* **4** to go deaf, to turn deaf (quedarse sordo). **5** (fig.) to pretend not to hear (fingir no oír).
ensortijado, -da *adj.* curly.
ensortijamiento *s. m.* **1** curling (del pelo). **2** coiling (de hilo, cable, etc.).
ensortijar *v. t.* **1** to curl, to put curls into (el pelo). **2** to ring, to fix a ring (en la nariz). **3** to coil, to wind (el hilo, cable, etc.). • *v. pron.* **4** to curl (el pelo). **5** to put rings on (ponerse sortijas).
ensuciar *v. t.* **1** to dirty, to make dirty. **2** (fig.) to tarnish (la reputación, etc.). • *v. pron.* **3** to get dirty. **4** to dirty oneself, to soil oneself (un bebé). **5** to tarnish (la reputación, etc.).
ensueño *s. m.* **1** dream (durante el sueño). **2** fantasy, dream (ilusión). **3** (fig.) dream: *un mundo de ensueño = a dream world.* ◆ **4 ni por ensueños,** not likely.
entablado *s. m.* **1** boards (para el baile). **2** wooden floor (suelo). **3** TEC. boarding, planking (conjunto de tablas). **4** floorboards (tablas del suelo).
entablamento *s. m.* ARQ. entablature.
entablar *v. t.* **1** to board up, to plank (asegurar con tablas). **2** MED. to splint, to put into a splint (un brazo, etc.). **3** to set out the pieces (el ajedrez, etc.). **4** to establish, to set up (comunicaciones, etc.). **5** DER. to file, to bring: *entablar un pleito = to file a suit.* **6** to begin (una conversación, etc.). • *v. i.* **7** (Am.) to draw (empatar). **8** (Am.) to boast (presumir). • *v. pron.* **9** (Am.) to settle (el viento). **10** to begin, to start (comenzar). **11** to refuse, to turn (un caballo).
entablillar *v. t.* MED. to splint, to put into a splint (un brazo, etc.).
entalladura *s. f.* **1** ART. sculpture, carving (escultura). **2** ART. engraving (grabado). **3** notch (corte).
entallar *v. t.* **1** ART. to sculpt, to sculpture (la piedra, etc.). **2** ART. to carve (la madera). **3** ART. to engrave (grabar). **4** to notch (hacer un corte). **5** to tap (un árbol para sacar resina). **6** TEC. to mortise, to mortice. **7** to cut,

to tailor (un traje, etc.). • *v. i.* **8** to fit: *este traje entalla bien = this suit fits well.*

entarimado *s. m.* **1** floorboards (tablas del suelo). ◆ **2 ~ de hojas quebradas,** parquet floor.

entarimar *v. t.* **1** to board, to plank (con tablas). **2** to parquet (con hojas quebradas).

ente *s. m.* **1** being, entity (ser). **2** (fam.) specimen (sujeto ridículo o extravagante). ◆ **3 ~ oficial,** official body /entity.

enteco, -ca *adj.* weak, sickly, frail.

entejar *v. t.* (Am.) to roof with tiles, to tile (tejar).

entelequia *s. f.* FIL. entelechy.

entendederas *s. f. pl.* **1** (fam.) brains (inteligencia). **2** understanding (entendimiento).

entender *v. t.* **1** to understand (comprender): *no entiendo nada = I don't understand anything.* **2** to believe, to think (creer, juzgar): *entiendo que sería mejor irnos = I think it would be better if we left.* **3** to mean: *¿qué entiendes con eso? = what do you mean by that?* • *v. i.* **4** to understand, to know about: *tú entiendes de esto = you know about this.* • *v. pron.* **5** to make oneself understood (hacerse entender). **6** to be understood (comprenderse). **7** to be meant (significar). **8** to get on (llevarse bien): *no se entiende con su primo = he doesn't get on with his cousin.* **9** to agree, to come to an agreement (llegar a un acuerdo): *ya me entenderé con el inspector = I will come to an agreement with the inspector.* **10** to have an affair (mantener relaciones amorosas). ◆ **11 a mi ~,** in my opinion. **12 dar a ~,** to imply. **13 yo me entiendo,** I know what I'm doing.

entendido, -da *adj.* **1** understood (comprendido). **2** agreed (de acuerdo). **3** well informed, expert (una persona). **4** clever, skilled (hábil). **5** clever, intelligent (inteligente). • *s. m.* y *f.* **6** expert, authority (enterado). ◆ **7 ¡entendido!** all right!, O.K. (de acuerdo); understood (comprendido). **8 bien ~ que,** on the understanding that. **9 tenemos ~ que,** we understand that. **10 según tenemos ~,** as far as we can gather.

entendimiento *s. m.* **1** understanding (comprensión). **2** intelligence, understanding (inteligencia). **3** judgement, understanding (juicio). **4** mind (mente). ◆ **5 de ~ poco lucido,** of limited understanding; slow to understand.

entenebrecer *v. t.* **1** to darken. • *v. pron.* **2** to darken, to get dark (oscurecer). **3** (fig.) to darken.

entente *s. f.* **1** entente. **2** harmony (armonía).

enterado, -da *adj.* **1** well-up, well-informed (bien informado): *lo sabe cualquier persona enterada = any well-informed person knows.* **2** aware (al tanto). **3** (Am.) arrogant, conceited (engreído). • *s. m.* y *f.* **4** expert, authority (experto). **5** (fam.) know-it-all (sabelotodo). ◆ **6 darse por ~ de algo,** to be well-aware of something. **7 no darse por ~ de algo,** to pretend not to have heard/understood (hacer el sordo).

enteramente *adv.* completely, entirely, fully.

enterar *v. t.* **1** to inform. **2** (Am.) to pay, to hand over (entregar dinero). **3** (Am.) to make up, to complete (completar una cantidad). • *v. i.* **4** (Am.) to get well, to get better (ponerse mejor). **5** to let the days go by (dejar pasar los días). • *v. pron.* **6** to find out (descubrir). ◆ **7 ¿te enteras?,** do you understand? (¿comprendes?); do you hear? (¿oyes?). **8 ¡entérate!,** listen!

entereza *s. f.* **1** entirety. **2** integrity (integridad). **3** (fig.) firmness (firmeza). **4** impartiality (imparcialidad). **5** determination (determinación).

enteritis *s. f.* MED. enteritis.

enterizo, -za *adj.* **1** in one piece (de una pieza). **2** whole (entero).

enternecedor, -ra *adj.* touching, moving (conmovedor).

enternecer *v. t.* **1** to soften (ablandar). **2** to make tender (la carne). **3** (fig.) to touch, to move (conmover). • *v. pron.* **4** to relent (ceder). **5** to be moved/touched (conmoverse).

enternecimiento *s. m.* **1** pity (compasión). **2** tenderness (ternura).

entero, -ra *adj.* **1** entire, complete, whole: *vimos la película entera = we saw the whole film.* **2** whole, in one piece (no roto). **3** full, whole: *un saco entero = a whole sack.* **4** MAT. whole, integral. **5** BIOL. ungelded (sin castrar). **6** (fig.) firm (firme). **7** upright, honest (honrado). **8** strong, thick (telas). **9** pure, virgin (virgen). **10** (Am.) identical (idéntico). • *s. m.* **11** point (la bolsa): *ha perdido dos enteros = it has lost two points.* **12** MAT. whole number, integer (número). **13** (Am.) payment (pago). **14** (Am.) balance (saldo).

enterradero *s. m.* (Am.) graveyard (cementerio).

enterrador, -ra *s. m.* y *f.* **1** gravedigger. • *s. m.* **2** ZOOL. burying beetle.

enterramiento *s. m.* burial, interment (entierro).

enterrar *v. t.* **1** to bury, to inter (a un cadáver). **2** to bury (una cosa). **3** to outlive (sobrevivir a alguien): *es el más viejo del pueblo pero nos va a enterrar a todos = he is the oldest person in the village but he is going to outlive all of us.* **4** (Am.) to bury, to thrust (un arma blanca): *le enterró el cuchillo = he buried the knife into him.* **5** (fig.) to bury, to forget (olvidar).

entibado *s. m.* MIN. timbering, shoring (apuntalamiento con maderas en las excavaciones).

entibar *v. t.* **1** MIN. to timber, to shore (apuntalar con maderas las excavaciones). **2** to timber (un pozo).

entibiar *v. t.* **1** to cool down (enfriar). **2** to make lukewarm (poner tibio). **3** (fig.) to cool down, to moderate (las pasiones). • *v. pron.* **4** to become lukewarm (ponerse tibio). **5** (fig.) to cool down (una situación, etc.).

entidad *s. f.* **1** FIL. entity. **2** COM. society, firm. **3** organization, body (organización). **4** (fig.) importance, significance: *de poca entidad = of little importance.*

entierro *s. m.* **1** burial, interment (de un cadáver). **2** funeral (ceremonia). **3** grave (sepultura). **4** (Am.) (fam.) buried treasure (tesoro). ◆ **5 santo ~,** procession on Good Friday.

entintar *v. t.* **1** to stain with dye (manchar con tinta). **2** to dye (teñir). **3** to ink (aplicar tinta a una imprenta).

entoldar *v. t.* **1** to cover with an awning (cubrir con un toldo). • *v. pron.* **2** to cloud over (nublarse).

entomología *s. f.* entomology.

entomológico, -ca *adj.* entomological, entomologic.

entomólogo, -ga *s. m.* y *f.* entomologist.

entonación *s. f.* MÚS. y GRAM. intonation.

entonar *v. t.* **1** MÚS. to intone. **2** to modulate (la voz). **3** to sing in tune (afinar). **4** ART. to tone (una fotografía, etc.). **5** MED. to tone up (un músculo, etc.). • *v. i.* **6** MÚS. to intone. • *v. pron.* **7** to be arrogant/conceited (envanecerse).

entonces *adv.* **1** then: *vino y entonces se sentó = he came over and then he sat down.* **2** at that time, then (en aquel tiempo). **3** so, then (en ese caso). ◆ **4 desde ~,** since then. **5 el ~ director,** the then director. **6 en aquel ~,** at that time. **7 fue ~ que,** it was then that. **8 pues ~,** well then. **9** (Am.) **¡y ~!,** (why) of course! (por supuesto).

entonelar *v. t.* to put into barrels, to barrel (en un tonel).

entongado, -da *adj.* (Am.) cross, angry (enfadado).

entongar *v. t.* **1** (Am.) to pile up, to make a pile of (amontonar). **2** (Am.) to stun (atontar). **3** (Am.) to anger (enfadar).

entontecer *v. t.* **1** to make silly. • *v. i.* y *pron.* **2** to get silly.

entontecimiento *s. m.* ⇒ **atontamiento.**

entorchado *s. m.* **1** gold braid (de oro). **2** silver braid (de plata). **3** lace (bordado).

entornar *v. t.* **1** to leave ajar, to half close (puerta, ventana, etc.). **2** to half close (los ojos). • *v. pron.* **3** to lean (inclinar).

entorno *s. m.* **1** setting, milieu. **2** environment (ambiente). **3** circle (círculo). **4** INF. environment.

entorpecer *v. t.* **1** to make torpid/languid. **2** to hinder, to obstruct (estorbar). **3** to numb (las manos, etc.). **4** to delay (retardar). • *v. pron.* **5** to grow numb (las manos, etc.). **6** to be delayed (retardarse).

entorpecimiento *s. m.* **1** stupefaction (estupefacción). **2** numbing (acción de entorpecer las manos, etc.). **3** numbness (efecto). **4** obstruction (estorbo). **5** delay (retraso).

entrada *s. f.* **1** entrance, way in (donde se entra). **2** access (acceso). **3** entrance (acción de entrar). **4** house, audience (los que asistan a un espectáculo público). **5** ticket (billete). **6** receding hairline (pelo). **7** beginning (de un libro, discurso, año, etc.). **8** takings (dinero acumulado en la puerta de una función). **9** FIN. down payment, deposit (al pagar a plazos). **10** (Am.) attack, assault (asalto). **11** (Am.) beating (paliza). ◆ **12 dar ~ a,** to lead into (conducir). **13 de ~,** straight away. **14 "prohibida la ~",** "no entry", "keep out", "no admission".

entrador, -ra *adj.* **1** charming, likeable (simpático). **2** amorously inclined (enamoradizo). **3** spirited (animoso).

entramado *s. m.* **1** trellis (para las plantas trepadoras). **2** half-timbering, wooden framework (de un muro).

entrambos, -bas *adj.* both (ambos).

entrampar *v. t.* **1** to trap, to catch, to snare (un animal). **2** (fig.) to trap, to catch out (engañar). **3** to mess up (un negocio). ● *v. pron.* **4** to fall/get into debt (contraer deudas).

entraña *s. f.* **1** ANAT. entrails (pl.), insides (pl.). **2** core, root, essential part (lo más principal). **3** (fig.) bowels: *las entrañas de la tierra = the bowels of the earth.* ◆ **4 dar hasta las entrañas,** to give one's all. **5 echar las entrañas,** to vomit, (fam.) to chuck one's guts up (vomitar). **6 no tener entrañas,** to be heartless, to lack all feelings.

entrañable *adj.* **1** close, intimate (íntimo). **2** dearly loved, beloved (querido).

entrañar *v. t.* **1** to bury deep (enterrar). **2** to involve (implicar). **3** to entail (acarrear). **4** to carry (contener). ● *v. pron.* **5** to become deeply attached (unirse íntimamente).

entrar *v. i.* **1** to go in, to enter: *entra allí = go in there.* **2** to come in: *entre = come in* (pase). **3** to fit (encajar): *la última pieza no entra = the last piece doesn't fit.* **4** to adopt, to take up (una profesión). **5** to join, to become a member (de una sociedad). **6** to join in (un juego). **7** DEP. to come on (de sustituto). **8** MÚS. to come in (empezar a tocar o cantar). **9** to feel (sentir): *me está entrando frío = I'm beginning to feel cold.* **10** to understand, (fam.) *to get the hang of* (comprender): *no me entra esta lección = I can't get the hang of this lesson.* **11** to fit, to go into (caber). **12** (fig.) to get into, to enter into (malos hábitos, etc.). **13** to invade (invadir). **14** DEP. to charge (los toros). ● *v. t.* **15** to put: *entrar la bolsa en la cocina = to put the bag in the kitchen.* **16** to show in (introducir a uno). **17** to smuggle (de contrabando). **18** to invade, to attack (invadir). **19** to take in (costura). ● *v. pron.* **20** to get in (a la fuerza). ◆ **21 ~ ganas de,** to feel like.

entre *prep.* **1** between (entre dos): *entre tú y yo = between the two of us.* **2** among, amongst (entre varias cosas): *entre pinos = among pine trees.* **3** between (entremedio): *entre rojo y rosa = between red and pink.* **4** between (varias personas): *lo podemos levantar entre los tres = we can lift it between the three of us.* ◆ **5 ~ pitos y flautas,** what with one thing and another. **6 ~ que,** while, whilst. **7 ~ tanto,** meanwhile, in the meantime. **8 de ~,** out of; from among: *salieron de entre la muchedumbre = they came out from among the crowd.*

entreabrir *v. t.* **1** to half open: *entreabrir los ojos = to half open one's eyes.* **2** to half open, to leave ajar (la puerta). ● *v. pron.* **3** to be half open, to be ajar.

entreacto *s. m.* interval.

entrecano, -na *adj.* greyish, greying (el cabello).

entrecejo *s. m.* **1** space between the eyebrows (espacio entre las cejas). **2** frown (ceño).

entrecortado, -da *adj.* **1** faltering, broken (la voz). **2** laboured, difficult: *respiración entrecortada = laboured breathing.*

entrecortar *v. t.* **1** to cut into, to partially cut, to cut halfway through. ● *v. pron.* **2** to falter (la voz).

entredicho *s. m.* **1** prohibition, ban (prohibición). **2** (Am.) disagreement, split (desacuerdo). **3** (Am.) alarm bell (alarma). **4** REL. interdict. ◆ **5 poner algo en ~,** to question something.

entrega *s. f.* **1** delivery: *la entrega de la mercancía será a las cuatro = the delivery of the merchandise will be at four o'clock.* **2** devotion (a una causa). **3** DEP. pass (pase). **4** presentation (de premios, etc.). **5** instalment (de una revista, etc.). ◆ **6 por ~,** in instalments.

entregar *v. t.* **1** to deliver (el periódico, las compras, etc.). **2** to hand over (las llaves, etc.). ● *v. pron.* **3** to surrender oneself (a la voluntad de alguien). **4** to abandon oneself (a una pasión, un vicio, etc.). ◆ **5 entregarla,** (fam.) to snuff it, to croak, to kick the bucket.

entrelazar *v. t.* to entwine, to interweave, to interlace.

entremedias *adv.* **1** in between, halfway. **2** in the meantime (mientras tanto). ◆ **3 ~ de,** between.

entremés *s. m.* **1** short comedy (teatro). **2** side dish (plato ligero). ● *pl.* **3** hors d'oeuvres.

entremeter o **entrometer** *v. t.* **1** to put in, to insert (insertar). ● *v. pron.* **2** to meddle, to interfere.

entremetido, -da o **entrometido, -da** *adj.* **1** meddlesome: *es una chica muy entremetida = she is a very meddlesome girl.* ● *s. m.* y *f.* **2** busybody.

entremezclar *v. t.* to mix together.

entrenado, -da *adj.* trained.

entrenador, -ra *s. m.* y *f.* DEP. trainer, coach.

entrenamiento *s. m.* DEP. training session.

entrenar *v. t.* **1** DEP. to train, to coach. ● *v. i.* y *pron.* **2** DEP. to train.

entrepaño *s. m.* **1** ARQ. bay (entre columnas o huecos). **2** panel (de puertas). **3** shelf (estante).

entrepierna *s. f.* **1** crotch, crutch (del cuerpo). ◆ **2 las entrepiernas,** the crotch (del pantalón).

entreplanta *s. f.* mezzanine.

entresacar *v. t.* **1** to pick out, to select (de entre varias). **2** to thin out (las plantas, el pelo, etc.).

entresijo *s. m.* **1** ANAT. mesentery. **2** secret, mystery (misterio). **3** difficulty (dificultad). ◆ **4 tener muchos entresijos,** to have lots of ins and outs.

entresuelo *s. m.* mezzanine, entresol.

entretanto *adv.* meanwhile, in the meantime (mientras tanto).

entretecho *s. m.* (Am.) attic, loft (desván).

entretejer *v. t.* to interweave, to intertwine.

entretela *s. f.* **1** interlining (costura). ◆ **2 entretelas,** heart (corazón).

entretención *s. m.* (Am.) entertainment, amusement (entretenimiento).

entretener *v. t.* **1** to entertain, to amuse (recrear). **2** to distract, to keep occupied: *entreténle mientras yo salgo = keep him occupied while I'm out.* **3** to delay (retrasar). **4** to keep at bay, to hold off (retardar con pretextos): *entretener a los acreedores = to keep one's creditors at bay.* **5** to kill, to stave off (el hambre). **6** MIL. to ward off, to divert (el enemigo). **7** to relieve, to allay (el dolor). ● *v. pron.* **8** to pass the time, to amuse oneself: *se entretenía viendo la tele = she passed the time watching TV.* **9** to waste one's time (perder el tiempo). ◆ **10 no te entretengas,** don't hang about!

entretenido, -da *adj.* **1** entertaining, amusing (divertido). **2** busy, occupied (ocupado). ● *s. f.* **3** mistress, kept woman (amante).

entretenimiento *s. m.* **1** entertainment, amusement. **2** delaying (acción de dar largas).

entretiempo *s. m.* period between seasons.

entrever *v. t.* **1** to be able to see, to make out (poder ver). **2** to foresee (ver venir una cosa).

entreverado *s. m.* roasted offal (asadurilla).

entreverar *v. t.* to intermingle, to mix.

entrevero *s. m.* **1** (Am.) mess (lío). **2** clash, row (discusión).

entrevista *s. f.* interview.

entrevistar *v. t.* **1** to interview. ● *v. pron.* **2** to be interviewed. **3** to have a meeting (reunirse).

entristecer *v. t.* **1** to make unhappy, to sadden (contristar). **2** to sadden (dar aspecto de triste). ● *v. pron.* **3** to become sad (acción). **4** to be sad, to grieve (estado).

entristecimiento *s. m.* **1** sadness (estado). **2** saddening (acción).

entrometer *v. t.* ⇒ **entremeter.**
entrometido, -da *adj./s. m.* y *f.* ⇒ **entremetido.**
entromparse *v. pron.* to get angry (enfadarse).
entrona *adj.* **1** coquettish, flirtatious. • *s. m.* **2** flirt.
entronar *v. t.* ⇒ **entronizar.**
entroncamiento *s. m.* **1** relationship (parentesco). **2** (Am.) junction (ferrocarril).
entroncar *v. i.* **1** to be related (familias, etc.). **2** to become related by marriage (contraer parentesco). **3** (Am.) to join (empalmar una vía ferroviaria con otra). • *v. t.* **4** to establish a relationship between, to link, to connect (conectar). • *v. pron.* **5** (Am.) to join (empalmar dos vías ferroviarias).
entronque *s. m.* ⇒ **entroncamiento.**
entronización *s. f.* **1** throning, enthroning (acción). **2** enthronement (estado).
entronizar o **entronar** *v. t.* **1** to enthrone, to throne, to put on the throne (colocar en el trono). **2** to exalt, to worship (enaltecer). • *v. pron.* **3** to become conceited, to become arrogant (engreírse).
entuerto *s. m.* **1** wrong (injusticia). **2** injury (daño). ◆ **3** MED. **entuertos,** afterpains. **4 deshacer entuertos,** to right wrongs.
entumecer *v. t.* **1** to numb, to make numb (por el frío). • *v. pron.* **2** to go numb: *se me han entumecido los dedos por el frío = my fingers have gone numb with cold.* **3** (fig.) to surge (el mar).
entumecido, -da *adj.* numb (adormecido).
entumecimiento *s. m.* numbness (de los dedos por el frío).
entumido, -da *adj.* (Am.) ⇒ **entumecido.**
entumirse *v. pron.* to go/get numb (adormecerse las manos, etc.).
enturbiamiento *s. m.* cloudiness (en el agua, etc.).
enturbiar *v. t.* **1** to make cloudy, to cloud (el agua, etc.). **2** to disturb (turbar).
entusiasmar *v. t.* **1** to excite, to be crazy/mad about: *me entusiasma su corte de pelo = I'm crazy about his haircut.* **2** to be very keen, to love: *me entusiasma la pintura = I'm very keen on painting.* • *v. pron.* **3** to get excited/enthusiastic (tener entusiasmo). **4** to be delighted (estar encantado).
entusiasmo *s. m.* **1** enthusiasm. **2** excitement (emoción). **3** inspiration (inspiración).
entusiasta *s. m.* y *f.* **1** enthusiast. • *adj.* **2** enthusiastic: *una afición muy entusiasta = a very enthusiastic following.*
entusiástico, -ca *adj.* enthusiastic.
enumeración *s. f.* **1** enumeration. **2** DER. census (censo).
enumerar *v. t.* to enumerate.
enumerativo, -va *adj.* enumerative.
enunciación *s. f.* **1** enunciation. **2** declaration, statement (de los hechos).
enunciado *s. m.* ⇒ **enunciación.**
enunciar *v. t.* **1** to enunciate. **2** to state, to declare (declarar).
enunciativo *adj.* **1** enunciative. **2** GRAM. declarative (oración).
envainar *v. t.* **1** to sheathe, to put in a sheath (meter en la vaina). **2** (Am.) to annoy (enfadar). • *v. i.* **3** (Am.) to succumb (sucumbir). • *v. pron.* **4** (Am.) to get into trouble (meterse en un lío).
envalentonamiento *s. m.* **1** boldness, courage, daring (valor). **2** Dutch courage (valor por emborracharse). **3** encouragement (estímulo).
envalentonar *v. t.* **1** to embolden, to make bold/courageous (dar valor). **2** to encourage (dar valor). • *v. pron.* **3** to get/become brave, to pluck up courage (armarse de valor). **4** to be encouraged: *se envalentonó con los gritos del público = he was encouraged by the shouts of the public.*
envanecer *v. t.* **1** to make conceited (poner vanidoso): *su victoria le envaneció = his victory made him conceited.* • *v. pron.* **2** to be conceited (ponerse vanidoso). **3** to be proud: *se envanece de su nuevo trabajo = he is proud of his new job.*
envanecido, -da *adj.* **1** conceited (presumido). **2** (Am.) superb (soberbio).
envanecimiento *s. m.* **1** conceit (presunción). **2** pride (orgullo). **3** vanity (vanidad).
envarado, -da *adj.* snooty.
envaramiento *s. m.* **1** numbness (entumecimiento). **2** stiffness (tiesura).
envarar *v. t.* **1** (Am.) to stake (rodrigar). **2** to make numb, to numb (entumecer). • *v. pron.* **3** to go numb (entumecerse un miembro por el frío). **4** to go stiff (ponerse tieso).
envasado, -da *adj.* **1** tinned, canned (enlatado). **2** bottled (embotellado). **3** in cylinders (gas). **4** packed (empaquetado). • *s. m.* **5** tinning, canning (acción de enlatar). **6** bottling (embotellamiento). **7** packing (en sacos).
envasador, -ra *adj.* **1** canning (latas). **2** bottling (botellas). **3** packing (paquetas). • *s. m.* y *f.* **4** tinner, canner (que pone en latas). **5** bottler (en botellas). **6** packer (empaquetador). • *s. m.* **7** large funnel (embudo grande).
envasar *v. t.* **1** to can, to tin (enlatar). **2** to bottle (embotellar). **3** to put into a container (poner en un recipiente). **4** to put into sacks (poner en sacos). **5** to pack (empaquetar).
envase *s. m.* **1** canning, tinning (acción de enlatar). **2** bottling (embotellado). **3** container (recipiente). **4** tin, can (lata). **5** box (caja). **6** bottle (botella). **7** sack (saco). **8** packing, packaging (embalaje).
envejecer *v. t.* **1** to make old, to age: *el sol envejece la piel = the sun ages the skin.* **2** (fig.) to make look older (hacer que parezca más viejo). • *v. i.* **3** to get old, to age: *ha envejecido mucho = he has got much older.* **4** (fig.) to go out of date (pasar de moda). • *v. pron.* **5** to last (for) a long time (permanecer por mucho tiempo).
envenenamiento *s. m.* **1** poisoning. **2** pollution (contaminación).
envenenar *v. t.* **1** to poison. **2** (fig.) to embitter, to poison (agriar). **3** to pollute (contaminar). • *v. pron.* **4** to poison oneself, to take poison.
enverar *v. i.* to begin to ripen (las frutas).
envergadura *s. f.* **1** expanse, spread, extent (extensión). **2** MAR. beam, breadth (manga). **3** wingspan (de un ave o avión). **4** magnitude, importance (importancia).
envés *s. m.* **1** reverse, back (de una página). **2** wrong side, back (de una tela).
enviado, -da *adj.* **1** sent. • *s. m.* y *f.* **2** representative. **3** envoy (de un gobierno). **4** messenger (mensajero).
enviar *v. t.* to send (mandar).
enviciar *v. t.* **1** to corrupt (corromper). • *v. pron.* **2** (fam.) to become addicted to, to get hooked on: *se ha enviciado en el juego = he's become addicted to gambling.* **3** to become corrupted (corromperse).
envidar *v. i.* to bid (en las cartas).
envidia *s. f.* **1** envy, jealousy (celos). ◆ **2 dar ~,** to make jealous. **3 muerto de ~,** green with envy.
envidiable *adj.* enviable.
envidiar *v. t.* to envy, to be envious of.
envidioso, -sa *adj.* **1** envious. **2** jealous (celoso). • *s. m.* y *f.* **3** envious man (hombre); envious woman (mujer) (de envidia). **4** jealous man (hombre); jealous woman (mujer) (de celos).
envido *s. m.* raise (en las cartas).
envilecedor, -ra *adj.* degrading, debasing (degradante).
envilecer *v. t.* **1** to degrade, to debase (degradar). • *v. pron.* **2** to degrade oneself.
envilecimiento *s. m.* degradation, debasement.
envío *s. m.* **1** shipment (de mercancías). **2** consignment (remesa). **3** letter (carta). **4** package, parcel (paquete). **5** sending, dispatch (acción de enviar). ◆ **6 ~ contra reembolso,** cash-on-delivery.
envite *s. m.* **1** raise (en las cartas). **2** offer (ofrecimiento). **3** push, shove (empujón).
enviudar *v. i.* **1** to become a widow, to be widowed (mujer). **2** to become a widower (hombre).
envoltorio *s. m.* **1** wrapping, wrapper (envoltura de un paquete, etc.). **2** mess (lío).
envoltura *s. f.* **1** wrapping, wrapper (de un paquete, etc.). **2** wrapping (acción). **3** cover (cubierta). **4** BOT. envelope. • *pl.* **5** swaddling clothes (pañales).
envolvente *adj.* **1** MIL. encircling, outflanking. **2** surrounding.

envolver *v. t.* **1** to wrap (un regalo). **2** to pack (un paquete). **3** to wrap up (con ropa). **4** to wind (hilo, etc.). **5** to involve, to implicate (mezclar a uno en un asunto). **6** to wrap, to swathe (p.u.) (vestir un niño en pañales, etc.). **7** to stump, to floor (en un argumento, etc.). **8** MIL. to encircle, to surround, to cover (rodear). • *v. pron.* **9** to wrap oneself up (abrigarse). **10** to be wrapped (los paquetes, regalos, etc.). **11** (fig.) to get involved, to get mixed up (en un asunto, etc.).

envolvimiento *s. m.* **1** wrapping (de regalos, etc.). **2** winding (de hilos, etc.). **3** MED. coating (de medicamentos). **4** MIL. encircling, surrounding.

envuelto, -ta *adj.* **1** wrapped (un regalo, etc.). **2** wound (un hilo). **3** (fig.) enveloped, shrouded (en misterio, etc.). **4** involved, mixed up (implicado). • *s. m.* **5** (Am.) tortilla.

enyesado, -da *adj.* **1** plastered. • *s. m.* **2** plastering. **3** plaster cast (escayolado).

enyesar *v. t.* **1** to plaster. **2** MED. to put a plaster cast on (poner una escayola).

enyerbarse *v. pron.* to fall madly in love, to fall head over heels in love (enamorarse perdidamente).

enzarzar *v. t.* **1** to cover with brambles (cubrir con zarzas). • *v. pron.* **2** to get caught in brambles. **3** (fig.) to get involved, to get mixed up (enredarse en un asunto).

enzima *s. f.* BIOL. enzyme.

eñe *s. f.* ñ (letra).

eoceno *s. m.* y *adj.* GEOL. Eocene.

eólico, -ca o **eolio, -lia** *adj.* **1** wind; aeolian (brit.), eolian (EE UU). **2 energía eólica,** wind power.

epa *s. m.* y *adj.* **1** (Am.) stupid (tonto). • *interj.* **2** ¡epa! (Am.) hello! (¡hola!). **3** (Am.) come on! (¡ea!).

epatar *v. t.* e *i.* to impress.

epiceno, -na *adj.* GRAM. epicene.

epicentro *s. m.* GEOL. epicentre.

épico, -ca *adj.* **1** epic. • *s. f.* **2** epic poem.

epicúreo, -a *adj.* y *s. m.* epicurean.

epidemia *s. f.* **1** epidemic. **2** (fig.) plague, epidemic (oleada).

epidémico, -ca *adj.* epidemic, epidemical.

epidemiología *s. f.* epidemiology.

epidérmico, -ca *adj.* epidermic, epidermal.

epidermis *s. f.* ANAT. epidermis.

Epifanía *s. f.* REL. Epiphany.

epífisis *s. f.* ANAT. epiphysis.

epiglotis *s. f.* ANAT. epiglottis.

epígono *s. m.* epigone.

epígrafe *s. m.* epigraph.

epigrafía *s. f.* epigraphy.

epigráfico, -ca *adj.* epigraphic, epigraphical.

epigrafista *s. m.* y *f.* epigraphist.

epigrama *s. m.* epigram.

epigramático, -ca *adj.* epigrammatical, epigrammatic.

epigramatista o **epigramista** *s. m.* y *f.* epigrammatist.

epilepsia *s. f.* MED. epilepsy.

epiléptico, -ca *adj./s. m.* y *f.* MED. epileptic.

epilogar *v. t.* **1** to summarize, to sum up (resumir). **2** to round off (terminar).

epílogo *s. m.* **1** epilogue (conclusión). **2** summary (resumen).

episcopado *s. m.* **1** REL. bishopric (oficio). **2** REL. episcopate (período). **3** REL. bishops, episcopacy (obispos).

episcopal *adj.* REL. episcopal.

episcopalismo *s. m.* REL. episcopalism.

episódico, -ca *adj.* episodic, episodical.

episodio *s. m.* episode.

epístola *s. f.* epistle.

epistolar *adj.* epistolary.

epistolario *s. m.* collected letters, collection of letters.

epitafio *s. m.* epitaph.

epitelio *s. m.* ANAT. epithelium.

epíteto *s. m.* epithet.

epítome *s. m.* epitome, summary.

epizootia *s. f.* epizootic.

época *s. f.* **1** epoch, age, era, time. **2** period (periodo). **3** time, season (temporada). ♦ **4 hacer ~,** to make history.

epónimo, -ma *adj.* **1** eponymous, eponymic. • *s. m.* **2** eponym.

epopeya *s. f.* **1** epic poem. **2** (fig.) epic.

equidad *s. f.* **1** equity. **2** fairness, justice (justicia).

equidistancia *s. f.* equidistance.

equidistante *adj.* equidistant.

equidistar *v. i.* MAT. to be equidistant.

équido, -da *adj.* y *s. m.* equine.

equilibrado, -da *adj.* **1** balanced. **2** (fig.) sensible, balanced (una persona).

equilibrar *v. t.* **1** to balance. **2** to counterbalance, to equilibrate (un peso con otro). • *v. pron.* **3** to balance.

equilibrio *s. m.* **1** balance: *perder el equilibrio = to lose one's balance.* **2** FÍS. equilibrium. **3** calmness, composure (compostura). ♦ **4 mantener el ~,** to keep one's balance.

equilibrista *s. m.* y *f.* **1** tightrope walker. **2** acrobat, equilibrist.

equino, -na *adj.* y *s. m.* equine.

equinoccio *s. m.* ASTR. equinox.

equinodermo *s. m.* ZOOL. echinoderm.

equipaje *s. m.* **1** luggage, baggage. **2** MAR. crew (tripulación). ♦ **3 ~ de mano,** hand luggage.

equipamiento *s. m.* **1** equipping (acción). **2** equipment (equipo).

equipar *v. t.* **1** to equip (un soldado, etc.). **2** to fit out (con ropa). **3** MAR. to fit out.

equiparar *v. t.* **1** to compare, to put on the same level (comparar). • *v. pron.* **2** to be compared with/to.

equipo *s. m.* **1** team (de fútbol, expertos, etc.). **2** equipment, gear, kit: *equipo de montañismo = climbing gear.* **3** instruments (instrumentos). **4** outfit (conjunto de ropa).

equis *s. f.* **1** x (letra). ♦ **2 estar en la ~,** (Am.) to be all skin and bones (estar en los huesos).

equitación *s. f.* horse riding, riding, equitation.

equitativamente *adv.* equally, equitably.

equitativo, -va *adj.* equitable, fair (justo).

equivalencia *s. f.* equivalence.

equivalente *adj.* y *s. m.* equivalent.

equivaler *v. i.* **1** to be equivalent, to be equal, to be the equivalent: *un kilo equivale a 2,2 libras = a kilo is the equivalent of 2.2 pounds.* **2** to mean: *eso equivaldría a una guerra = that would mean war.*

equivocación *s. f.* **1** mistake, error: *existe una equivocación en las cifras = there is a mistake in the figures.* **2** misunderstanding (malentendido). ♦ **3 por ~,** by mistake.

equivocar *v. t.* **1** to get wrong, to mistake. • *v. pron.* **2** to be mistaken, to make a mistake, to mistake. **3** to be mistaken (juzgarle a alguien mal). **4** *equivocarse de día = to get the day wrong.*

equívoco, -ca *adj.* **1** ambiguous (ambiguo). **2** misleading (engañoso). • *s. m.* **3** ambiguity (ambigüedad). **4** misunderstanding (malentendido).

era *s. f.* **1** era, age. **2** MIN. pithead.

erario *s. m.* **1** treasury. **2** public funds (tesoro público).

erección *s. f.* **1** erection, raising (de un edificio, etc.). **2** (fig.) establishment, foundation (de una institución, etc.). **3** MED. erection (en fisiología).

eréctil *adj.* erectile.

eremita *s. m.* hermit (ermitaño).

eremítico, -ca *adj.* hermitical.

ergio *s. m.* FÍS. erg.

ergonómico, -ca *adj.* ergonomic.

erguido, -da *adj.* **1** straight, erect (recto). **2** (fig.) proud (orgulloso).

erguir *v. t.* **1** to raise, to lift (levantar). **2** to straighten (desdoblar). • *v. pron.* **3** to stand up straight, to straighten up (ponerse recto). **4** to be conceited (engreírse).

erial *s. m.* uncultivated land (tierra sin cultivar).

erigir *v. t.* **1** to build, to construct (un edificio). **2** to erect (un monumento). **3** (fig.) to establish, to set up (una institución). • *v. pron.* **4** to set oneself up as something.

eritema *s. m.* erythema.

erizado, -da *adj.* **1** prickly (espinoso). **2** (fig.) thorny (problemas, etc.).

erizarse *v. pron.* **1** to stand on end: *se le erizó el pelo = his hair stood on end.* **2** to bristle (un animal).

erizo *s. m.* **1** ZOOL. hedgehog (mamífero). **2** BOT. burr (envoltura espinosa de la castaña). **3** ZOOL. globefish (pez). ♦ **4 ~ de mar,** ZOOL. sea urchin.

ermita *s. f.* hermitage.

ermitaño, -ña *s. m.* y *f.* **1** hermit • *s. m.* **2** hermit (monje). **3** ZOOL. hermit crab (cangrejo).

erogar *v. t.* (Am.) to pay, to settle.

erosión *s. f.* **1** GEOL. erosion. **2** MED. graze (rasguño).

erosionar *v. t.* to erode.

erosivo, -va *adj.* erosive.
erótico, -ca *adj.* erotic.
erotismo *s. m.* eroticism, erotism.
errabundo, -da *adj.* wandering, roving.
erradicar *v. t.* to eradicate.
errado, -da *adj.* wrong, mistaken (equivocado).
errante *adj.* **1** wandering, roving. **2** nomadic (nómada). **3** stray (animal).
errar *v. i.* **1** to wander, to rove, to roam (vagar). • *v. t.* **2** to mistake (equivocarse): *errar el camino = to lose one's way.* **3** to miss (en el tiro). • *v. pron.* **4** to err, to go astray.
errata *s. f.* erratum.
erre *s. f.* **1** r (letra). • *adv.* **2 ~ que ~,** stubbornly.
erróneo, -a *adj.* **1** erroneous, mistaken. **2** false (falso).
error *s. m.* **1** mistake, error: *existe un error en las cifras = there is a mistake in the figures.* **2** misunderstanding (malentendido).
eructar o **erutar** *v. i.* to burp, to belch.
eructo o **eruto** *s. m.* belch, burp.
erudición *s. f.* **1** learning, erudition, scholarship. **2** knowledge (conocimiento).
erudito, -ta *adj.* **1** scholarly, erudite, knowledgeable. • *s. m.* y *f.* **2** erudite, scholarly person.
erupción *s. f.* **1** eruption (volcánica). **2** MED. rash (de la piel). **3** (fig.) outbreak (de violencia, etc.).
erutar *v. i.* ⇒ **eructar.**
esbeltez *s. f.* slimness, slenderness (delgadez).
esbelto, -ta *adj.* slim, slender, (lit.) svelte.
esbirro *s. m.* **1** bailiff (alguacil). **2** henchman.
esbozar *v. t.* **1** to sketch, to outline (dibujar). **2** to rough out, to outline (un proyecto, etc.).
esbozo *s. m.* sketch, outline (dibujo).
escabechar *v. t.* **1** to pickle, to marinade, to pickle, to souse (conservar en vinagre). **2** (fig. y fam.) to do in, to bump off (matar). **3** (fig. y fam.) to plough, to fail (suspender en un examen).
escabeche *s. m.* brine, marinade, pickle (líquido): *sardinas en escabeche = sardines in brine.*
escabechina *s. f.* **1** massacre, slaughter (masacre). ◆ **2 hacer una ~,** to fail a lot of students (suspender a muchos alumnos).
escabel *s. m.* footstool (para los pies).
escabrosidad *s. f.* **1** roughness, ruggedness (del terreno). **2** toughness, difficulty (de un problema, etc.). **3** harshness (de carácter). **4** crudeness, dirtiness (de un chiste, etc.).
escabroso, -sa *adj.* **1** rough, rugged (terreno). **2** uneven (superficie). **3** difficult, tough (un problema, etc.). **4** crude, dirty (un chiste, etc.). **5** harsh (sonido, carácter, etc.).
escabullirse *v. pron.* **1** to slip away, to escape (escapar). ◆ **2 ~ por,** to slip through.
escachalandrado, -da *adj.* (Am.) slovenly (dejado de carácter).
escacharrar *v. t.* **1** to break, (fam.) to bust (romper). **2** to ruin (estropear). • *v. pron.* **3** to break, (fam.) to bust (romperse).
escafandra *s. f.* diving suit (traje de buzo).
escala *s. f.* **1** ladder (escalera de mano). **2** scale (proporción). **3** stopover (en un viaje). **4** MÚS. scale. **5** MAR. port of call (puerto).
escalada *s. f.* **1** climbing (deporte). **2** climb (ascenso) (de montañero, ciclista). **3** increase, escalation (de precios, atentados, violencia, conflicto). ◆ **4 ~ libre,** free climbing.
escalador, -ra *s. m.* y *f.* **1** DEP. climber (alpinista). **2** burglar (ladrón).
escalafón *s. m.* promotion list (de empleados, soldados, etc.).
escalar *v. t.* **1** to scale (una pared, un acantilado). **2** to climb (una montaña). • *v. i.* **3** to escalate (extenderse una guerra, etc.).
escaldadura *s. f.* **1** scald (quemadura). **2** scalding (acción).
escaldar *v. t.* **1** to scald (quemar). **2** to make red hot (poner a rojo vivo). **3** (fig.) to teach a lesson. • *v. pron.* **4** to scald oneself, to get scalded (quemarse).
escaleno *adj.* y *s. m.* MAT. scalene.
escalera *s. f.* **1** stairs (pl.), staircase (en una casa). **2** ladder (de mano). **3** tailboard (de un carro, etc.). **4** run, sequence (en los naipes). ◆ **5 ~ de caracol,** spiral staircase.
escalerilla *s. f.* **1** small staircase. **2** sequence of three cards (en las cartas). **3** metal instrument for keeping a horse's mouth open (instrumento veterinario).
escalfar *v. t.* to poach (los huevos).
escalinata *s. f.* flight of stairs.
escalofriante *adj.* bloodcurdling, hair-raising.
escalofrío o **calofrío** *s. m.* **1** MED. chill, feverish chill. • *pl.* **2** shivers.
escalón *s. m.* **1** step, stair (de escalera). **2** rung (de escala). **3** (fig.) step (hacia la promoción, etc.). **4** MIL. echelon.
escalonamiento *s. m.* spreading out.
escalonar *v. t.* **1** to spread out at intervals. **2** to stagger (producción, horas, etc.). **3** MIL. to echelon. **4** to terrace (un terreno).
escalope *s. m.* escalope, veal cutlet.
escalpelo *s. m.* MED. scalpel.
escama *s. f.* **1** BIOL. scale (de un pez). **2** MED. scale, flake (de la piel). **3** BOT. scale. **4** suspicion (sospecha).
escamado, -da *adj.* (Am.) untrusting (desconfiado).
escamar *v. t.* **1** to scale (los peces). **2** (fig.) to make suspicious (hacer sospechar). • *v. pron.* **3** to become suspicious.
escamoso, -sa *adj.* **1** scaly (que tiene escamas). **2** flaky (la piel). **3** (fig.) suspicious (sospechoso).
escamotear *v. t.* **1** to make disappear (hacer desaparecer). **2** (fig. y fam.) to pinch, to nick (robar). **3** to skip (eliminar una cosa de forma arbitraria).
escamoteo *s. m.* **1** slight of hand (de un prestidigitador). **2** vanishing, disappearing (desaparición). **3** (fig. y fam.) pinching, nicking (robo). **4** skipping (de una dificultad). **5** TEC. retraction (del tren de aterrizaje).
escampar *v. t.* **1** to clear out. • *v. i.* **2** to clear (el cielo). **3** to stop (la lluvia). **4** (Am.) to shelter from the rain (buscar cobijo).
escanciar *v. t.* **1** to pour (el vino). • *v. i.* **2** to drink wine (beber).
escandalera *s. f.* ⇒ **escándalo.**
escandalizar *v. t.* **1** to scandalize. • *v. i.* **2** (fam.) to make a racket (armar un escándalo). • *v. pron.* **3** to be shocked, to be scandalized.
escándalo *s. m.* **1** scandal. **2** row, commotion, uproar: *armar un escándalo = to cause an uproar.* **3** DER. disturbance of the peace.
escandaloso, -sa *adj.* **1** scandalous, outrageous, shocking (que causa escándalo). **2** rowdy, noisy (que causa mucho ruido). **3** flagrant (flagrante). **4** uproarious (de risa). • *s. m.* y *f.* **5** rowdy person.
escandinavo, -va *adj./s. m.* y *f.* Scandinavian.
escandio *s. m.* scandium.
escanear *v. t.* INF. to scan.
escáner *s. m.* INF. scanner.
escaño *s. m.* **1** bench. **2** POL. seat.
escapada *s. f.* **1** escape, flight (acción de escapar). **2** DEP. breakaway. **3** quick trip (excursión). ◆ **4 hacer una ~,** to slip away; to make a flying visit.
escapar *v. i.* **1** to escape: *el prisionero escapó por la ventana = the prisoner escaped through the window.* **2** to run away, to escape (huir). **3** DEP. to break away. • *v. pron.* **4** to escape, to get out: *se escapará el gato = the cat will get out.* **5** to slip away (irse discretamente). **6** to escape (gas de un cilindro, etc.). **7** DEP. to break away. **8** (fig.) to slip out (una palabra, etc.). ◆ **9 escaparse de las manos,** to slip out of one's hands.
escaparate *s. m.* **1** shop window (de una tienda). **2** (Am.) cupboard (armario). **3** (fig.) showcase. **4** display cabinet (vitrina).
escapatoria *s. f.* **1** way out (salida). **2** escape, flight (huida). **3** (fig.) loophole, way out (para eludir). **4** trip (escapada). ◆ **5 no tener ~,** to have no way out.
escape *s. m.* **1** escape (huida). **2** leak, escape (de gas). **3** MEC. exhaust (tubo). **4** TEC. escapement (de un reloj).
escápula *s. f.* ANAT. scapula, shoulder blade.
escapulario *s. m.* scapulary.
escaque *s. m.* **1** square (ajedrez). • *pl.* **2** chess.
escaquearse *v. pron.* **1** to shirk (una responsabilidad, etc.). **2** to skive off (de un lugar).

escarabajo *s. m.* **1** ZOOL. beetle. **2** stunted person (persona mal formada).
escaramujo *s. m.* **1** BOT. dog-rose (rosal silvestre). **2** hip (fruto).
escaramuza *s. f.* **1** MIL. skirmish. **2** skirmish, (fam.) bundle (pelea de poca importancia).
escarbar *v. t.* **1** to pick, to scratch (las gallinas). **2** to poke (el fuego). **3** to clean one's ears (limpiar los oídos). **4** to clean/pick one's teeth (limpiar los dientes). ◆ **5** ~ **en un asunto,** to delve into a matter.
escarceo *s. m.* **1** MAR. ripple. ● *pl.* **2** prancing (de un caballo). **3** forays. ◆ **4 escarceos amorosos,** flirtations.
escarcha *s. f.* frost.
escarchado, -da *adj.* **1** frost covered, frosty. **2** crystallized (fruta). **3** iced (una tarta). ● *s. m.* **4** embroidery (costura).
escarchar *v. t.* **1** to crystallize (fruta). **2** to ice (una tarta). ● *v. i.* **3** to become frosty.
escarda *s. f.* **1** weeding, hoeing (acción). **2** weeding hoe.
escardar *v. t.* **1** to weed. **2** (fig.) to weed out (separar lo malo de lo bueno).
escarlata *adj.* **1** scarlet. ● *s. f.* **2** scarlet (el color). **3** MED. scarlet fever.
escarlatina *s. f.* MED. scarlet fever.
escarmentado, -da *adj.* wary, cautious.
escarmentar *v. t.* **1** to punish severely (castigar). ● *v. i.* **2** to learn one's lesson. ◆ **3 hacer** ~ **a uno,** to teach someone a lesson.
escarmiento *s. m.* **1** lesson (lección). **2** punishment (castigo).
escarnecedor, -ra *adj.* **1** jeering, mocking (burlón). **2** shameful (vergonzoso). ● *s. m.* **3** mocker, jeerer (burlón).
escarnecer *v. t.* to scoff at, to ridicule, to mock (ridiculizar).
escarnio *s. m.* taunt.
escarola *s. f.* BOT. curly endive.
escarpa *s. f.* **1** slope. **2** GEOG. y MIL. escarpment, scarp. **3** (Am.) pavement (acera).
escarpado, -da *adj.* steep, sheer.
escarpia *s. f.* hook.
escarpín *s. m.* **1** slipper (zapatilla). **2** outer sock, ankle-warmer (calzado de lana para abrigar).
escasamente *adv.* **1** scarcely, hardly (apenas): *estuvo escasamente una hora = he was there for scarcely an hour.* **2** only just (por poco).
escasear *v. i.* to be scarce (poco abundante).
escasez *s. f.* **1** shortage, scarcity (de agua, etc.). **2** want, need (necesidad). **3** meanness (tacañería). ◆ **4 vivir con** ~, to live in poverty.
escaso, -sa *adj.* **1** scarce (poco abundante). **2** limited (limitado). **3** thin, sparse (cosecha, etc.). **4** slim, slender (posibilidades). **5** only just, hardly, only, barely: *tres horas escasas = barely three hours.* **6** few (pocos). **7** mean, stingy (tacaño). ◆ **8 andar** ~ **de,** to be short of. **9 ganar por una cabeza escasa,** to win by a short head.
escatimar *v. t.* **1** to be stingy, to skimp (ser poco generoso). **2** to be sparing (usar poco): *tendremos que escatimar el dinero = we'll have to be sparing with the money.* **3** to save (ahorrar).
escatología *s. f.* **1** scatology. **2** FIL. eschatology.
escatológico, -ca *adj.* **1** scatological. **2** FIL. eschatological.
escayola *s. f.* **1** MED. plaster cast, plaster. **2** plaster of Paris (yeso).
escayolado, -da *adj.* in plaster.
escayolar *v. t.* MED. to put in a plaster (cast), to put in plaster.
escena *s. f.* **1** scene (teatro, etc.). **2** stage (escenario). ◆ **3** ~ **conmovedora,** moving scene. **4 hacer una** ~, to make a scene.
escenario *s. m.* **1** stage (teatro). **2** set (plató). **3** (fig.) scene, setting (suceso): *el escenario del crimen = the scene of the crime.*
escénico, -ca *adj.* scenic.
escenificar *v. t.* **1** to dramatize, to adapt for the stage. **2** to stage (poner en escena).
escenografía *s. f.* **1** scenography (arte). **2** scenery (decorados).
escenógrafo, -fa *s. m.* y *f.* producer.
escepticismo *s. m.* scepticism.
escéptico, -ca *adj./s. m.* y *f.* sceptic.
escindible *adj.* **1** divisible. **2** FÍS. fissionable.
escindir *v. t.* **1** to split, to divide. **2** FÍS. to split (el átomo). ● *v. pron.* **3** to split.
escisión *s. f.* **1** splitting (acción). **2** split, division (división). **3** FÍS. fission. **4** MED. excision.
esclarecedor, -ra *adj.* clarifying.
esclarecer *v. t.* **1** clarify, (fig.) to throw light on (aclarar una cosa). **2** to ennoble (ennoblecer). **3** to make illustrious (ilustrar). ● *v. pron.* **4** to get light (amanecer).
esclarecido, -da *adj.* illusorious, distinguished.
esclarecimiento *s. m.* **1** illumination (iluminación). **2** explanation, elucidation, clarification (explicación). **3** ennoblement (ennoblecimiento).
esclavina *s. f.* short cloak, cape (capa corta).
esclavista *adj.* **1** pro-slavery. ● *s. m.* y *f.* **2** slavery supporter.
esclavitud *s. f.* **1** slavery. **2** (fig.) slavery.
esclavizar *v. t.* **1** to enslave. **2** (fig.) to overwork. **3** to dominate (dominar).
esclavo, -va *s. m.* y *f.* **1** slave. **2** (fig.) slave. ● *adj.* **3** enslaved (esclavizado). **4** enslaving, time-consuming: *este trabajo es muy esclavo = this job is very time-consuming.* **5** devoted (entregado).
esclerosis *s. f.* MED. sclerosis.
esclerótica *adj.* ANAT. sclerotic.
esclusa *s. f.* **1** lock, sluice (de un canal). **2** floodgate (de una presa). ◆ **3** ~ **de aire,** airlock.
escoba *s. f.* **1** broom (para barrer). **2** broomstick (de las brujas). **3** BOT. broom.
escobajo *s. m.* **1** old broom. **2** stalk (de racimo de uvas).
escobilla *s. f.* **1** brush (cepillo). **2** ELEC. brush (del dinamo). **3** BOT. teasel.
escobón *s. m.* **1** large broom (escoba grande). **2** chimney-sweeping brush (deshollinador). **3** short broom (de manga corta).
escocedura *s. f.* **1** MED. sore. **2** sting, smarting, soreness (de una herida).
escocer *v. i.* **1** to sting, to smart (picar una herida). ● *v. t.* **2** to chafe. ● *v. pron.* **3** to get sore (la piel). **4** (fig.) to have one's feelings hurt: *se escoció por lo que oyó = his feelings were hurt by what he heard.*
escocés, -sa *adj.* **1** Scottish, Scots (persona). **2** Scotch (whisky, etc.). ● *s. m.* **3** Scottish, Scots (lengua). ● *s. m.* y *f.* **4** Scotsman, Scot (hombre); Scotswoman, Scot (mujer). ◆ **5 tela escocesa,** tartan.
Escocia *s. f.* Scotland.
escoger *v. t.* **1** to choose, to select, to pick (entre varias cosas). **2** to choose (entre dos cosas). **3** POL. to elect. ◆ **4 a** ~, to choose from. **5 tener donde** ~, to have a good choice.
escogido, -da *adj.* **1** chosen, selected. **2** choice (de calidad). **3** MIL. crack: *tropas escogidas = crack troops.*
escolanía *s. f.* **1** choir school (escuela). **2** choirboys (pl.). **3** choir (coro).
escolapio, -pia *s. m.* y *f.* **1** monk who teaches in a charity school (fraile). **2** charity-school pupil (alumno de escuela religiosa).
escolar *adj.* **1** school, scholastic. ● *s. m.* y *f.* **2** schoolboy, pupil (niño); schoolgirl, pupil (niña). ◆ **3 edad** ~, school age. **4 curso** ~, school year.
escolaridad *s. f.* schooling.
escolástico, -ca *adj.* **1** scholastic. ● *s. m.* y *f.* **2** scholastic. ● *s. f.* **3** scholasticism.
escoliosis *s. f.* MED. scoliosis.
escollar *v. i.* **1** (Am.) MAR. to hit a reef, to strike a rock (encallarse). **2** (Am.) to fail (malograrse).
escollera *s. f.* MAR. breakwater, jetty.
escollo *s. m.* **1** MAR. reef, rock (arrecife). **2** (fig.) stumbling block (dificultad). **3** danger (peligro).
escolopendra *s. f.* **1** ZOOL. centipede (ciempiés). **2** BOT. scolopendrium, hart's tongue.
escolta *s. f.* **1** escort. ◆ **2 dar** ~ **a,** to escort.
escoltar *v. t.* **1** to escort. **2** MAR. to escort, to convoy.
escombrera *s. f.* **1** rubbish dump, rubbish tip. **2** MIN. slag heap.
escombro *s. m.* ZOOL. mackerel (caballa).
escombros *s. m.* **1** debris, rubble (de un edificio). **2** MIN. slag (escoria).
esconder *v. t.* **1** to hide: *escondí el dinero debajo del colchón = I hid the money under the mattress.* ● *v. pron.* **2** to hide: *esconderse de uno = to*

hide from someone. **3** to hide oneself, to hide: *se escondió en la cocina = he hid in the kitchen.*

escondido, -da *adj.* **1** hidden. ● *s. f. pl.* **2** hide-and-seek (el juego). ◆ **3 a escondidas,** secretly, in secret.

escondite *s. m.* **1** hiding place. ◆ **2 jugar al ~,** to play hide-and-seek.

escondrijo *s. m.* hiding place (escondite).

escopeta *s. f.* **1** shotgun (de perdigón). ◆ **2 ~ de cañones recortados,** sawn-off shotgun. ◆ **3 ~ de dos cañones,** double-barrelled shotgun.

escopetazo *s. m.* **1** gunshot (disparo). **2** gunshot wound (herida). **3** (fig.) bad news (malas noticias); (fam.) bombshell.

escopetear *v. t.* **1** to shoot at (disparar contra). **2** (Am.) to get at (aludir de modo ofensivo). ● *v. i.* **3** to fire a shotgun (disparar una escopeta). **4** (Am.) to answer irritably (contestar de brusco). ● *v. pron.* **5** to shower each other with compliments (lisonjearse). **6** to shower each other with insults (con insultos).

escopeteo *s. m.* **1** volley (de disparos). **2** (fig.) shower (de insultos, etc.).

escopetero *s. m.* gunsmith.

escoplo *s. m.* TEC. chisel (herramienta).

escora *s. f.* **1** MAR. level line (línea del fuerte). **2** MAR. list (inclinación del barco). **3** MAR. stanchion, prop (puntal).

escorar *v. t.* **1** to shore up. ● *v. i.* **2** to heel over (barco). **3** to reach its lowest ebb (marea). ● *v. pron.* **4** (Am.) to protect oneself (resguardarse).

escorbuto *s. m.* MED. scurvy.

escoria *s. f.* **1** MAT. slag, dross. **2** (fig.) scum, dregs: *la escoria de la sociedad = the dregs of society.*

escoriación o **excoriación** *s. f.* chaffing (roce de la piel).

escorpión *s. m.* **1** ZOOL. scorpion. **2** ASTR. Scorpio.

escorzo *s. m.* foreshortening.

escotado, -da *adj.* **1** low-necked, low-cut (blusa, etc.). ● *s. m.* **2** (low) neck, (low) neckline (escotadura).

escotadura *s. f.* **1** low neckline (apertura del cuello). **2** large trapdoor (teatro).

escotar *v. t.* **1** to cut out the neckline (para el cuello). **2** to lower the neckline (para desanchar). **3** to cut to fit (ajustar). **4** to divert water (de un río). ● *v. pron.* e *i.* **5** to pay one's fair share (pagar su cuota).

escote *s. m.* **1** low neckline. **2** share, contribution (cuota). ◆ **3 comprar algo a ~,** to club together to buy something. **4 pagar a ~,** to go Dutch.

escotilla *s. f.* MAR. hatch (way).

escozor *s. m.* **1** smart, sting (picor). **2** (fig.) grief, heartache.

escriba *s. m.* scribe.

escribanía *s. f.* **1** writing desk (pupitre). **2** notary's position (oficio). **3** notary's office (oficina).

escribano *s. m.* DER. **1** court clerk. **2** ZOOL. whirligig beetle.

escribiente *s. m.* copyist.

escribir *v. t.* **1** to write. **2** to write, to compose (música). **3** to spell (ortografiar). **4** to type (a máquina). ● *v. i.* **5** to write. ● *v. pron.* **6** to be spelt: *no sé como se escribe esta palabra = I don't know how this word is spelt.* **7** to spell: *¿cómo se escribe tu nombre = how do you spell your name?*

escrito, -ta 1 *p. p.* de **escribir.** ● *s. m.* **2** letter: *le mandé un escrito = I wrote him a letter.* **3** document (documento). ● *s. m. pl.* **4** writings, works.

escritor, -ra *s. m.* y *f.* writer.

escritorio *s. m.* **1** writing desk, bureau (mueble). **2** office (oficina).

escritura *s. f.* **1** writing (acción y arte). **2** writing, handwriting (letra). **3** DER. deed. **4** script: *escritura fonética = phonetic script.* ◆ **5 las Sagradas Escrituras,** the Holy Scriptures.

escriturar *v. t.* DER. to execute by deed, formalize legally.

escroto *s. m.* ANAT. scrotum.

escrúpulo *s. m.* **1** scruple. **2** scrupulousness (escrupulosidad). ◆ **3 hacer algo con ~,** to do something with extreme care. **4 falta de ~,** unscrupulousness.

escrupulosamente *adv.* scrupulously, precisely, exactly.

escrupulosidad *s. f.* scrupulousness.

escrupuloso, -sa *adj.* scrupulous.

escrutador, -ra *adj.* **1** scrutinizing, examining. ● *s. m.* y *f.* **2** POL. teller, scrutineer.

escrutinio *s. m.* **1** POL. count, counting (de votos). **2** examination, scrutiny (averiguación).

escuadra *s. f.* **1** TEC. carpenter's square (carpintería). **2** MIL. squad. **3** fleet (de barcos).

escuadrilla *s. f.* **1** wing, squadron (de aviones). **2** fleet (de barcos).

escuadrón *s. m.* **1** MIL. squadron, troop. **2** squadron (de aviones).

escuálido, -da *adj.* **1** squalid, sordid (sucio). **2** skinny, thin (flaco).

escualo *s. m.* ZOOL. shark (tiburón).

escucha *s. f.* **1** listening (acción). **2** chaperon (monja). ● *s. m.* **3** MIL. scout (centinela). **4** bug (micrófono oculto). ◆ **5 ~ telefónica,** telephone tapping.

escuchar *v. t.* **1** to listen: *escuchar la radio = to listen to the radio.* **2** to hear (oír). ● *v. pron.* **3** to like to hear oneself talk (que le gusta escucharse a sí mismo).

escuchimizado, -da *adj.* very thin (muy delgado).

escudar *v. t.* **1** to shield, to protect with a shield. **2** (fig.) to shield, to protect. ● *v. pron.* **3** to shield oneself, to protect oneself (protegerse).

escudería *s. f.* **1** stable (de coches de carrera). **2** squiredom.

escudero *s. m.* **1** squire (paje). **2** shield maker (el que fabrica escudos). **3** page (el que servía al señor).

escudilla *s. f.* bowl (recipiente).

escudo *s. m.* **1** shield (para defenderse). **2** escudo (moneda). **3** (fig.) shield, protection. ◆ **4 ~ de armas,** coat of arms.

escudriñar *v. t.* to inquire into, to investigate (investigar).

escuela *s. f.* **1** school. **2** training (entrenamiento). ◆ **3 ~ de artes y oficios,** technical college. **4 ~ de comercio,** business school. **5 ~ elemental,** primary school.

escuelero *s. m.* (Am.) teacher (maestro).

escueto, -ta *adj.* plain, unadorned, bare (sin adorno).

esculpir *v. t.* **1** ART. to sculpt, to sculpture. **2** ART. to engrave (grabar).

escultor, -ra *s. m.* y *f.* sculptor (hombre); sculptress (mujer).

escultórico, -ca *adj.* sculptural.

escultural *adj.* **1** sculptural. **2** statuesque (figura).

escupidera *s. f.* **1** spittoon, cuspidor (para escupir). **2** chamber pot (orinal).

escupir *v. i.* **1** to spit. **2** to spit out (la comida, etc.). **3** (fig.) to spit, to spit out, to belch out (llamas, etc.).

escupitajo *s. m.* spit, spittle.

escurreplatos *s. m.* draining rack, plate rack.

escurana *s. f.* darkness (oscuridad).

escurridizo, -za *adj.* **1** slippery. **2** (fig.) slippery: *una persona escurridiza = a slippery person.*

escurrido, -da *adj.* **1** narrow-hipped (estrecho de caderas). **2** (Am.) embarrassed (avergonzado).

escurrir *v. t.* **1** to drain. **2** to wring (la ropa). ● *v. i.* **3** to drip (gotear). **4** to slip, to slide (resbalar). **5** to be slippery (estar resbaladizo). ● *v. pron.* **6** to slip away (escapar). **7** to make a slip (equivocarse).

esdrújulo, -la *adj.* **1** proparoxytone, accented on the antepenultimate syllable. ● *s. m.* **2** proparoxytone (palabra).

ese *s. f.* **1** s (letra). **2** zigzag. ◆ **3 andar haciendo eses,** to stagger, to zigzag.

ese, -sa *adj.* that: *esa casa es preciosa = that house is beautiful.* ● *pl.* **2 esos, -sas,** those: *esas cerillas están húmedas = those matches are wet.*

ése, -sa *pron.* **1** that one: *me gusta ése = I like that one.* **2** he, she, that one: *ése vino ayer = he came yesterday.* **3** him, her, it: *dáselo a ése = give it to him.* ● *pl.* **2 ésos, -sas,** those ones: *ésas son mías = those ones are mine.*

esencia *s. f.* **1** essence. **2** heart, core (de un problema, etc.). ◆ **3 en ~,** essentially; in essence.

esencial *adj.* **1** essential. **2** chief, main (principal). ◆ **3 lo ~,** the main thing.

esencialmente *adj.* essentially.

esfera *s. f.* **1** MAT., GEOG. sphere. **2** dial, face (del reloj). ◆ **3 ~ terrestre,** globe.

esférico, -ca *adj.* **1** MAT. spherical. ● *s. m.* **2** DEP. ball (balón).

esferoide *s. m.* MAT. spheroid.

esfinge *s. f.* **1** sphinx. **2** ZOOL. hawkmoth.

esfínter *s. m.* ANAT. sphincter.

esforzado, -da *adj.* **1** vigorous, energetic (energético). **2** tough (fuerte). **3** courageous, valiant (valiente).

esforzar *v. t.* **1** to strengthen (fortalecer). **2** to encourage (animar). • *v. pron.* **3** to make an effort. **4** to do one's best (hacer lo mejor posible).
esfuerzo *s. m.* **1** effort. **2** effort, attempt (intento). **3** TEC. stress. ◆ **4 sin ~,** effortlessly.
esfumar *v. t.* **1** ART. to shade (dar sombra). • *v. pron.* **2** to fade away, to melt away (desaparecer).
esgrima *s. f.* **1** DEP. fencing. **2** MIL. swordsmanship.
esgrimidor, -ra *s. m.* y *f.* **1** DEP. fencer. • *s. m.* **2** MIL. swordsman.
esgrimir *v. t.* **1** to wield (una arma). **2** (fig.) to use (un argumento, etc.).
esguince *s. m.* **1** swerve, dodge (acción rápida para evitar un golpe, caída, etc.). **2** MED. sprain, twist (torcedura). **3** frown (gesto de desagrado).
eslabón *s. m.* **1** link. **2** MAR. shackle. ◆ **3 el ~ perdido,** the missing link.
eslabonamiento *s. m.* linking (acción).
eslabonar *v. t.* **1** to link together (unir). **2** (fig.) to link, to interlink, to connect (ideas, etc.). • *v. pron.* **3** (fig.) to be linked.
eslalon o **eslálom** *s. m.* **1** DEP. slalom. ◆ **2 ~ especial** special slalom. **3 ~ gigante** giant slalom.
eslogan *s. m.* slogan.
eslora *s. f.* MAR. length: *tiene nueve metros de eslora = it's nine metres long.*
eslovaco, -ca *adj./s. m.* y *f.* Slovak(ian).
esmaltador, -ra *s. m.* y *f.* enameller.
esmaltar *v. t.* **1** TEC. to enamel. **2** to varnish (las uñas). **3** (fig.) to embellish, to adorn (embellecer).
esmerado, -da *adj.* **1** careful (cuidadoso). **2** polished (pulido). **3** elegant (elegante).
esmeradamente *adv.* carefully (cuidadosamente).
esmeralda *s. f.* emerald (piedra).
esmerar *v. t.* **1** to tidy up, to clean up (ordenar un sitio, etc.). • *v. pron.* **2** to take pains (esforzarse).
esmeril *s. m.* emery.
esmero *s. m.* care, carefulness.
esmirriado, -da *adj.* ⇒ **desmirriado.**
esmoquin *s. m.* dinner jacket (brit.), tuxedo (EE UU).
esnob *s. m.* y *f.* **1** snob. • *adj.* **2** snobbish (persona). **3** posh (sitio, etc.).
esnobismo *s. m.* snobbism.
esófago *s. m.* ANAT. oesophagus (brit.), esophagus (EE UU).
esotérico, -ca *adj.* esoteric.
espabilar *v. t.* **1** to snuff (una vela). • *v. i.* **2** (Am.) to blink (parpadear). • *v. pron.* **3** to wake up (despertarse). **4** (fig.) to look lively, to wake up.
espaciador *s. m.* spacer, space bar (en una máquina de escribir).
espacial *adj.* **1** MAT. spatial. **2** space: *programa espacial = space programme.* ◆ **3 nave ~,** space ship.
espaciamiento *s. m.* **1** spacing. **2** staggering (escalonamiento).
espaciar *v. t.* **1** to space out. **2** to spread (noticias). **3** to stagger (escalonar). **4** to space (imprenta). • *v. pron.* **5** to spread (divulgarse).
espacio *s. m.* **1** space (entre dos cosas, etc.). **2** room, space (sitio): *no queda espacio en el coche = there isn't any room left in the car.* **3** space, period (de tiempo). ◆ **4 a doble ~,** double-spaced. **5 ~ aéreo,** air space. **6 ~ publicitario,** advertising spot.
espacioso, -sa *adj.* spacious, ample.
espada *s. f.* **1** sword. **2** (fig.) swordsman (hombre); swordswoman (mujer). **3** (fig.) authority (experto). • *pl.* **4** spades (en las cartas). ◆ **5 pez ~,** swordfish. **6 primer ~,** matador. **7 estar entre la ~ y la pared,** to be between the devil and the deep blue sea.
espadachín *s. m.* **1** good swordsman (buen esgrimidor). **2** bully (bravucón).
espadaña *s. f.* **1** BOT. bullrush. **2** ARQ. bell gable.
espadón *s. m.* **1** broadsword (espada ancha). **2** MIL. top brass.
espagueti *s. m.* spaghetti.
espalda *s. f.* **1** ANAT. back. **2** DEP. backstroke. ◆ **3 a espaldas de alguien,** behind someone's back. **4 caerse de espaldas,** to fall (flat) on one's back. **5 dar la ~ a uno,** to turn one's back on someone. **6 echarse algo a las espaldas,** to forget about something. **7 echarse una cosa sobre las espaldas,** to take something upon oneself. **8 guardar las espaldas,** to keep something in reserve. **9 hablar a espaldas,** (fam.) to talk behind someone's back. **10 medir las espaldas,** to beat someone up (darle una paliza); to punish (castigar). **11 volver la ~,** to turn round (volverse). **12 volver la ~ a uno,** to turn one's back on someone (sentido propio); to give someone the cold shoulder (sentido figurado).
espaldarazo *s. m.* **1** slap on the back. **2** accolade (de un caballero). **3** (fig.) backing (apoyo).
espalderas *s. f. pl.* wall bars.
espaldilla *s. f.* ANAT. shoulder blade.
espantada *s. f.* **1** sudden scare (susto repentino). **2** stampede (de un grupo). **3** running away (huida). **4** bolt (un caballo, etc.). ◆ **5 dar la ~,** to run away, to take to one's heels (huir); to bolt (un caballo, etc.); to stampede (un grupo).
espantajo *s. m.* **1** scarecrow (espantapájaros). **2** (fig.) bogeyman (el hombre del saco).
espantapájaros *s. m.* scarecrow.
espantar *v. t.* **1** to scare away, to frighten off (hacer huir). **2** to frighten, to scare (dar miedo). **3** to ward off (sueño, miedo, etc.). **4** to horrify, to disgust (horrorizar). • *v. pron.* **5** to be frightened away, to be scared away (asustarse y huir): *se espantó con el ruido = he was frightened away by the noise.* **6** to be frightened (asustarse).
espanto *s. m.* **1** fright (susto). **2** threat, menace (amenaza). **3** (Am.) ghost (fantasma). ◆ **4 ¡que ~!,** how awful!
espantoso, -sa *adj.* **1** frightening, terrifying (terrorífico). **2** frightful, dreadful (malísimo).
España *s. f.* **1** Spain. ◆ **2 la España de la pandereta,** the tourist's Spain, typical Spain.
español, -la *adj.* **1** Spanish. • *s. m.* y *f.* **2** Spaniard. • *s. m.* **3** Spanish (el idioma). • *s. m. pl.* **4** Spaniards. ◆ **5 a la española,** the Spanish way.
españolado, -da *adj.* **1** Spanish-like. • *s. f.* **2** exaggerated portrait of Spain, typically Spanish idea/mannerism.
españolismo *s. m.* **1** love of Spain, love of Spanish things (amor por las cosas españolas). **2** Spanish nature (carácter español). **3** hispanicism (hispanicismo).
españolizar *v. t.* **1** to make Spanish, to hispanicize. • *v. pron.* **2** to adopt Spanish ways.
esparadrapo *s. m.* sticking plaster.
esparcido, -da *adj.* **1** scattered. **2** (fig.) merry, cheerful (alegre). **3** (fig.) widespread (muy difundido).
esparcimiento *s. m.* **1** spreading, scattering (dispersión). **2** relaxation (relajación). **3** amusement, diversion (diversión). **4** (fig.) cheerfulness (alegría).
esparcir *v. t.* **1** to spread, to scatter (dispersar). **2** to sow (sembrar). **3** to amuse (divertir). • *v. pron.* **4** to spread (out), to scatter (desparramarse). **5** to spread (una noticia, etc.). **6** to relax, to take it easy (relajarse). **7** to amuse oneself (recrearse).
espárrago *s. m.* **1** BOT. asparagus. **2** post (poste). **3** peg ladder (escalera).
esparraguera *s. f.* **1** BOT. asparagus plant. **2** asparagus patch (plantación). **3** asparagus dish (plato).
espartano, -na *adj.* **1** Spartan. • *s. m.* y *f.* **2** Spartan (de Esparta).
espartero, -ra *s. m.* y *f.* esparto worker.
espartería *s. f.* **1** esparto workshop (taller). **2** esparto work (oficio).
espartizal o **espartal** *s. m.* esparto field.
esparto *s. m.* BOT. esparto (planta).
espasmo *s. m.* **1** spasm. **2** jerk, sudden movement (movimiento repentino).
espasmódico, -ca *adj.* spasmodic.
espato *s. m.* **1** GEOL. spar. ◆ **2 ~ de Islandia,** Iceland spar.
espátula *s. f.* **1** MED. spatula. **2** ART. palette knife. **3** ZOOL. spoonbill (ave). ◆ **4 estar hecho una ~,** to be as thin/skinny as a rake.
espavorido, -da *adj.* ⇒ **despavorido.**
especia *s. f.* spice.
especial *adj.* special.
especialidad *s. f.* **1** speciality (brit.), specialty (EE UU). **2** special branch, special field (estudios, investigación, etc.). ◆ **3 no es de mi ~,** it's not my line.
especialista *adj./s. m.* y *f.* **1** specialist. ◆ **2 médico ~,** specialist.
especialización *s. f.* specialization.
especializar *v. t.* y *pron.* to specialize.
especie *s. m.* **1** BIOL. species. **2** kind, sort (tipo). **3** matter, affair (asunto). **4**

news, piece of news (noticia). ◆ **5 pagar en ~,** to pay in kind. **6 especies sacramentales,** REL. species.
especiería o **especería** *adj.* **1** grocer's shop (tienda). **2** spices (especias).
especiero *s. m.* spice rack (mueble).
específicamente *adv.* specifically.
especificar *v. t.* **1** to specify. **2** to itemize, to list (detallar).
especificativo, -va *adj.* specifying.
específico, -ca *adj.* **1** specific. ● *s. m.* **2** MED. specific. **3** MED. patent medicine.
espécimen *s. m.* specimen.
espectacular *adj.* spectacular.
espectacularidad *s. f.* spectacular nature.
espectáculo *s. m.* **1** spectacle, sight (una vista, etc.). **2** entertainment (diversión): **3** show, function, performance (teatro). ◆ **4 dar un ~,** to make a scene.
espectador, -ra *s. m.* y *f.* **1** spectator. ◆ **2 los espectadores,** the audience.
espectral *adj.* **1** ghostly. **2** FÍS. spectral.
espectro *s. m.* **1** FÍS. spectrum. **2** spectre, ghost (fantasma). **3** (fig.) spectre.
espectrografía *s. f.* FÍS. spectrography.
espectrógrafo *s. m.* FÍS. spectrograph.
espectroscópico, -ca *adj.* spectroscopic.
espectroscopio *s. m.* FÍS. spectroscope.
especulación *s. f.* speculation.
especulador, -ra *s. m.* y *f.* speculator.
especular *v. i.* **1** COM. to speculate. ● *v. t.* **2** to examine, to inspect (inspeccionar). **3** (Am.) to ruffle the hair (desgreñar el pelo).
especulativo, -va *adj.* speculative.
espejismo *s. m.* **1** mirage (fenómeno óptico). **2** (fig.) illusion (ilusión).
espejo *s. m.* **1** mirror, looking-glass: *mirarse en el espejo = to look at oneself in the mirror.* **2** (fig.) reflection. ◆ **3 ~ de cuerpo entero,** full-length mirror. **4 ~ retrovisor,** rear-view mirror. **5 mírate en este ~,** let this be an example to you.
espeleología *s. f.* speleology, potholing.
espeleólogo, -ga *s. m.* y *f.* speleologist, potholer.
espeluznante *adj.* (fam.) hair-raising, horrifying: *una experiencia espeluznante = a hair-raising experience.*
espeluznar o **despeluznar** *v. t.* to make someone's hair stand on end: *el mero sonido de su voz me espeluzna = the mere sound of his voice makes my hair stand on end.*
espera *s. f.* **1** wait, period of waiting: *una larga espera = a long wait.* **2** waiting: *lo que a mí no me gusta es la espera = what I don't like is the waiting.* **3** DER. stay, respite (plazo). **4** patience (paciencia). ◆ **5 sala de ~,** waiting room. **6 en ~ de,** waiting for. **7 la cosa no tiene ~,** the matter is most urgent.
esperanto *s. m.* Esperanto.
esperanza *s. f.* **1** hope (confianza). **2** expectation. **3** faith (fe). ◆ **4 de esperanzas,** promising. **5 llenar la ~ de uno,** to fulfil someone's hopes. **6 mientras hay vida hay ~,** while there is life there is hope. **7 tener muchas esperanzas,** to have high hopes. **8 tener pocas esperanzas,** to have little hope. **9 vivir de esperanzas,** to live on hope.
esperanzar *v. t.* **1** to give hope to. ● *v. pron.* **2** to get one's hopes up.
esperar *v. t.* **1** to wait: *esperar el autobús = to wait for the bus.* **2** to hope (desear): *espero que venga el autobús pronto = I hope the bus comes soon.* **3** to expect: *no esperaba esto = I did not expect this.* **4** to await, to be in store for: *¡vaya una semana nos espera! = what a week is in store for us!* ● *v. i.* **5** to wait (aguardar): *esperaré hasta las diez = I'll wait until ten o'clock.* ● *v. pron.* **6** to expect: *no se esperaba tanta atención = he didn't expect so much attention.* ◆ **7 ~ como agua en mayo,** to be longing for. **8 espero que sí,** I hope so. **9 estar esperando familia,** to be expecting a baby. **10 no esperaba menos de Vd.,** I expected nothing less of you; I hoped for nothing less from you. **11 se espera que,** it is hoped that.
esperma *s. m.* o *s. f.* **1** sperm. ● *s. f.* **2** (Am.) candle (vela). ◆ **3 ~ de ballena,** spermaceti, sperm oil.
espermático, -ca *adj.* spermatic.
espermatozoide *s. m.* spermatozoid.
espermatozoo *s. m.* spermatozoon.
esperpento *s. m.* **1** fright, sight (persona o cosa fea). **2** scarecrow (espantapájaros). **3** absurdity, nonsense (disparate).
espesar *v. t.* **1** to thicken: *la harina espesa la salsa = the flour thickens the sauce.* **2** to press together (apretar). ● *v. pron.* **3** to thicken, to get thicker (ponerse más espeso). **4** to get thicker/bushier (una planta, árbol, etc.).
espeso, -sa *adj.* **1** thick (un líquido). **2** dense (un bosque, etc.). **3** heavy, thick (humo, niebla, etc.).
espesor *s. m.* thickness.
espesura *s. f.* **1** thickness (de un líquido). **2** denseness, thickness (de un bosque, etc.). **3** thicket (matorral). **4** dirtiness (suciedad).
espetar *v. t.* **1** to transfix, to run through (traspasar). **2** to skewer (con una broqueta). **3** (fig.) to rap out (una orden). **4** to read (un sermón, lectura, etc.). ● *v. pron.* **5** to steady oneself, to settle oneself.
espetón *s. m.* spit (grande), skewer (pequeño).
espía *s. m.* y *f.* spy.
espiar *v. t.* **1** to spy. **2** (Am.) to look at, to see, to watch (mirar). **3** to keep watch (acechar). ● *v. i.* **4** to spy. **5** MAR. to warp (remolcar).
espiga *s. f.* **1** BOT. ear (de un grano). **2** BOT. spike (de una flor). **3** pin, peg (clavija). **4** tang (de un cuchillo). **5** clapper (de una campana). **6** MIL. fuse (mecha). **7** MAR. masthead.
espigado, -da *adj.* **1** BOT. ripe, gone to seed (maduro). **2** tall, lanky (alto una persona).
espigador, -ra *s. m.* y *f.* gleaner.
espigar *v. t.* **1** to glean (en la agricultura). **2** (fig.) to glean (en los libros). **3** TEC. to tenon. ● *v. i.* **4** to form ears (el trigo). ● *v. pron.* **5** to become very tall (crecer muy alto).
espigón *s. m.* **1** point (punta). **2** MAR. jetty, breakwater (rompeolas). **3** ear of corn (mazorca). **4** peak (cerro).
espina *s. f.* **1** BOT. thorn, prickle. **2** bone (del pescado). **3** ANAT. spine. **4** (fig.) doubt, worry, suspicion. ◆ **5 ~ dorsal,** ANAT. backbone. **6 me da mala ~,** it worries me; I don't like the look of it. **7 tener clavada una ~ en el corazón,** to have a thorn in one's side. **8 sacarse uno la ~,** to get even.
espinaca *s. f.* spinach.
espinal *adj.* spinal.
espinar *v. t.* **1** to prick (herir). **2** to sting (picar). ● *s. m.* **3** thicket. **4** (fig.) difficulty (dificultad).
espinazo *s.* **1** ANAT. spine, backbone. **2** ARQ. keystone. ◆ **3 romperse/partirse el ~,** (fig. y fam.) to work oneself into the ground.
espingarda *s. f.* **1** MIL. small canon (cañón pequeño). **2** Arab rifle. **3** tall woman (mujer).
espinilla *s. f.* **1** ANAT. shin. **2** MED. blackhead.
espinillera *s. f.* DEP. shinpad.
espino *s. m.* **1** BOT. hawthorn. ◆ **2 ~ negro,** BOT. blackthorn.
espionaje *s. m.* espionage, spying.
espiración *s. f.* breathing out, exhalation.
espiral *adj.* **1** spiral. ● *s. f.* **2** hairspring (de un reloj). **3** MAT. spiral.
espirar *v. t.* **1** to breathe out, to exhale. **2** to give off (un olor). ● *v. i.* **3** to breathe.
espiritismo *s. m.* spiritualism, spiritism.
espiritoso, -sa o **espirituoso, -sa** *adj.* **1** spirited (de ánimos). **2** spirituous (vino).
espíritu *s. m.* **1** spirit. **2** mind (mente). **3** intelligence (inteligencia). **4** REL. spirit, soul (alma). **5** spirit, ghost (fantasma). ◆ **6 ~ de equipo,** team spirit. **7 el Espíritu Santo,** REL. the Holy Spirit; the Holy Ghost. **8 levantar el ~,** to raise one's spirits. **9 levantar el ~ a alguien,** to raise someone's spirits.
espiritual *adj.* spiritual.
espiritualidad *s. f.* spirituality.
espiritualismo *s. m.* spiritualism, spiritism.
espiritualizar *v. t.* to spiritualize.
espiritualmente *adv.* **1** spiritually. **2** wittily (ingeniosamente).
espita *s. f.* **1** tap (brit.), spigot (EE UU) (grifo de tonel). **2** (fig. y fam.) drunkard (borracho).
espléndidamente *adv.* splendidly, magnificently.
esplendidez *s. f.* **1** splendour. **2** generosity (generosidad).
espléndido, -da *adj.* **1** splendid, magnificent. **2** generous (generoso).
esplendor *s. m.* **1** splendour, magnificence. **2** resplendence, shining (resplandor).

esplendoroso, -sa *adj.* **1** splendid, magnificent. **2** resplendent (resplandeciente).
espliego *s. m.* BOT. lavender.
espolear *v. t.* **1** to spur (caballo). **2** (fig.) to spur on, to stimulate (dar ánimos).
espoleta *s. f.* **1** MIL. fuse (mecha). **2** ANAT. wishbone.
espolón *s. m.* **1** ZOOL. spur (de un gallo). **2** ZOOL. fetlock (de un caballo). **3** GEOG. spur (de las montañas). **4** MAR. jetty, breakwater (rompeolas). **5** MED. chilblain (sabañón). • *adj.* **6** (Am.) astute (astuto).
espolvorear *v. t.* **1** to dust, to sprinkle. **2** to dust (quitar el polvo).
espongiarios *s. m. pl.* ZOOL. spongiae.
esponja *s. f.* **1** sponge. **2** (fig. y fam.) sponger (gorrón).
esponjoso, -sa *adj.* spongy.
esponsales *s. m. pl.* **1** engagement. ◆ **2 contraer ~,** to get engaged.
espontaneidad *adj.* spontaneity.
espontáneo, -a *adj.* **1** spontaneous. **2** wild, spontaneous (plantas). • *s. m.* **3** DEP. person who tries to join in a bullfight (espontáneo).
espora *s. f.* BOT. spore.
esporádico, -ca *adj.* sporadic.
esposa *s. f.* **1** wife, spouse (mujer). • *pl.* **2** handcuffs.
esposar *v. t.* to handcuff, to put handcuffs on.
esposo *s. m.* husband, spouse (marido).
espray *s. m.* spray.
esprint *s. m.* DEP. sprint.
esprintar *v. i.* DEP. to sprint.
esprínter *s. m.* DEP. sprinter.
espuela *s. f.* **1** spur (de jinete). **2** (fig.) spur, incentive (incentivo). **3** (Am.) feminine charm (encanto femenino). **4** one for the road (la última copa). **5** ZOOL. (Am.) spur (del gallo).
espuelear *v. t.* (Am.) to spur (caballo).
espuerta *s. f.* basket (cesta).
espuma *s. f.* **1** foam (en el mar). **2** froth (en las bebidas). **3** foam-rubber (para colchones, etc.).
espumadera *s. f.* (Am.) skimmer (utensilio de cocina).
espumante *adj.* sparkling (vinos, etc.).
espumarajo *s. m.* **1** MAR. foam (en el agua). **2** foam, froth (en la boca).
espumillón *s. m.* tinsel.
espurio, -ria *adj.* bastard.
esputo *s. m.* MED. sputum.
esqueje *s. m.* slip, cutting (de una planta).
esquela *s. f.* **1** note, short letter (carta corta). **2** obituary (de un difunto).
esquelético, -ca *adj.* skeletal.
esqueleto *s. m.* **1** ANAT. skeleton. **2** (Am.) rough draft (copia sucia). **3** skinny person (persona muy flaca).
esquema *s. m.* **1** outline, sketch (bosquejo). **2** outline, plan, sketch (de un proyecto).
esquemático, -ca *adj.* schematic.
esquí *s. m.* **1** ski. **2** DEP. skiing.
esquiador, -ra *s. m.* y *f.* skier.
esquiar *v. i.* DEP. to ski.
esquife *s. m.* skiff (embarcación).
esquijama *s. m.* winter pyjamas.
esquila *s. f.* **1** bell, cowbell (para las vacas). **2** small bell (campanilla). **3** shearing (esquileo).
esquilador, -ra *s. m.* y *f.* **1** sheepshearer (persona). • *s. f.* **2** shearing machine (máquina).
esquilar *v. t.* to clip, to shear.
esquileo *s. m.* **1** shearing, clipping (acción). **2** shearing time (temporada).
esquilmar *v. t.* **1** to harvest (cosechar). **2** (fig.) to impoverish (empobrecer). **3** to exhaust (la tierra).
esquimal *adj./s. m.* y *f.* Eskimo.
esquina *s. f.* **1** corner: *la tienda de la esquina = the shop on the corner.* ◆ **2 doblar la ~,** to turn the corner; (Am.) to die (morir). **3 a la vuelta de la ~,** just around the corner.
esquinado, -da *adj.* **1** angular (angulado). **2** on the corner (que hace esquina). **3** (fig.) bad-tempered (persona).
esquinar *v. t.* **1** (Am.) to put in the corner (poner en la esquina). **2** to form a corner (formar esquina). **3** to square off (escuadrar un madero). • *v. pron.* **4** to quarrel (enemistar).
esquinazo *s. m.* **1** (fam.) corner. **2** MÚS. (Am.) serenade (serenata). ◆ **3 dar a uno el ~,** to dodge someone.
esquirla *s. f.* splinter.
esquirol *s. m.* y *f.* blackleg, strikebreaker.
esquivar *v. t.* **1** to avoid, to evade (evitar). **2** to dodge, to avoid (un golpe, etc.). • *v. pron.* **3** to make oneself scarce (irse). **4** to withdraw (retraerse).
esquivez *s. f.* **1** shyness (timidez). **2** aloofness (frialdad).
esquivo, -va *adj.* unsociable (poco sociable).
esquizofrenia *s. f.* PSIC. schizophrenia.
esquizofrénico, -ca *adj.* **1** PSIC. schizophrenic. • *s. m.* y *f.* **2** schizophrenic.
estabilidad *s. f.* stability.
estabilización *s. f.* stabilization.
estabilizador, -ra *adj.* **1** stabilizing. • *s. m.* **2** stabilizer.
estabilizar *v. t.* **1** to stabilize (barco, avión, etc.). • *v. pron.* **2** to become stable.
estable *adj.* **1** stable (barco, avión, etc.). **2** balanced (equilibrado).
establecer *v. t.* **1** to establish, to set up, to found (una fundación, etc.). **2** to take up, to establish (domicilio). **3** to make (investigaciones). **4** to draw up (planes). **5** to set (un record). • *v. pron.* **6** to settle down, to set up (instalarse). **7** COM. to set up in business (en negocios).
establecimiento *s. m.* **1** establishment, setting up (acción). **2** establishment (local). **3** DER. statute (estatuto).
establo *s. m.* **1** cowshed, byre (para las vacas). **2** (Am.) barn (granero).
estaca *s. f.* **1** stake, post (poste). **2** stick (para apalear). **3** TEC. spike (de hierro). **4** (Am.) spur (espuela).
estacada *s. f.* **1** fence, fencing (valla). **2** palisade, stockade (estocada). **3** MAR. breakwater (rompeolas). ◆ **4 dejar a uno en la ~,** to leave someone in the lurch. **5 quedarse en la ~,** to die in battle.
estacar *v. t.* **1** to stake out (los límites). **2** MIL. to palisade, to stockade. **3** to stake (un animal). **4** (Am.) to deceive (engañar). **5** (Am.) to wound (herir). • *v. pron.* **6** (fig.) to freeze to the spot (quedarse inmóvil). ◆ **7** (Am.) **estacarse un pie,** to hurt one's foot (hacer daño a un pie).
estación *s. f.* **1** station (de trenes, etc.). **2** season (temporada). **3** REL. station: *estaciones del vía crucis = Stations of the Cross.* **4** time (época). **5** resort: *estación veraniega = summer resort.* **6** RAD. station, broadcasting station (emisora).
estacional *adj.* **1** seasonal. **2** ASTR. stationary.
estacionamiento *s. m.* **1** stationing. **2** parking (de un coche).
estacionar *v. t.* **1** to station. **2** to park (un coche). • *v. pron.* **3** to remain stationary (quedarse estacionario). **4** to park (un coche).
estacionario, -ria *adj.* **1** stationary, still (inmóvil). **2** COM. slack.
estadio *s. m.* **1** DEP. stadium. **2** stage, phase (período).
estadista *s. m.* y *f.* **1** POL. statesman (hombre); stateswoman (mujer). **2** MAT. statistician.
estadística *s. f.* **1** statistics (ciencia). **2** statistic (dato).
estadístico, -ca *adj.* **1** statistical. • *s. m.* y *f.* **2** statistician.
estado *s. m.* **1** state, condition: *un estado lamentable = a lamentable condition.* **2** status: *estado civil = marital status.* **3** MIL. rank (rango). **4** POL. state, government: *secretos de estado = state secrets.* **5** list (de empleados). **6** statement: *estado de cuenta = bank statement.* ◆ **7 ~ de ánimo,** state of mind. **8 ~ de cosas,** state of affairs. **9 ~ de excepción,** state of emergency. **10 ~ de guerra,** state of war. **11 ~ de gracia,** REL. state of grace. **12 ~ de sitio,** stage of siege. **13 ~ mayor,** MIL. staff. **14 golpe de ~,** military coup; coup d'état. **15 ministerio de ~,** Foreign Office (en Gran Bretaña); State Department (en Estados Unidos).
Estados Unidos de América *s. m.* United States of America.
estafa *s. f.* **1** swindle, trick (engaño). **2** COM. racket. **3** DER. fraud (fraude).
estafador, -ra *s. m.* y *f.* swindler, trickster (timador).
estafar *v. t.* to swindle, to defraud.
estafeta *s. f.* **1** diplomatic bag (correo diplomático). **2** sub-post office (oficina de correos).
estafilococo *s. m.* MED. staphylococcus.
estalactita *s. f.* stalactite.
estalagmita *s. f.* stalagmite.
estallar *v. i.* **1** to explode (explotar). **2** to burst (reventar). **3** to shatter (el cristal). **4** to fly off the handle (enfadarse). ◆ **5 ~ en llanto,** to burst in-

to tears. **6 hacer ~,** to make something explode.

estallido *s. m.* **1** explosion (de una bomba, etc.). **2** clap (de un trueno). **3** shattering (de cristal). **4** outbreak (de una guerra, etc.). **5** outburst (de aplausos, etc.).

estambre *s. m.* **1** worsted, woollen yarn (tela). **2** BOT. stamen.

estamento *s. m.* POL. state.

estameña *s. f.* serge, worsted (tela).

estampa *s. f.* **1** imprint. **2** footprint (huella de pie). **3** print (de imprenta). **4** plate (en un libro). **5** engraving (grabado). **6** (fig.) look, appearance (aspecto). ◆ **7 dar a la ~,** to print (imprimir); to publish (publicar). **8 romper la ~ a uno,** to do someone in (matar). **9 tener ~ de,** (fam.) to look like.

estampado, -da *adj.* **1** printed (una tela). **2** engraved (grabado). **3** embossed (cuero). ● *s. m.* **4** printing (acción).

estampida *s. f.* stampede.

estampido *s. m.* bang (ruido de una explosión).

estampillado *s. m.* **1** rubber-stamping (con sello de goma). **2** sealing (con precinto).

estampillar *v. t.* **1** to stamp, to put a stamp on (sellar). **2** to rubber-stamp (con sello de goma).

estancamiento *s. m.* **1** damming (de un embalse). **2** stagnation (del agua). **3** standstill (de negociaciones).

estancar *v. t.* **1** MED. to stop the flow of (la sangre). **2** to dam up (un río, etc.). **3** (fig.) to block, to hold up (una transacción, etc.). **4** to bring to a standstill (negociaciones). ● *v. pron.* **5** to stagnate, to become stagnant (el agua). **6** to come to a standstill (las negociaciones).

estancia *s. f.* **1** stay: *nuestra estancia en Perú fue muy agradable = our stay in Peru was very nice.* **2** room (habitación). **3** (Am.) ranch, farm (rancho).

estanciero, -ra *s. m.* y *f.* **1** (Am.) rancher. *s. f.* **2** (Am.) van.

estanco, -ca *adj.* **1** watertight. ● *s. m.* **2** tobacconist's (kiosco). **3** (Am.) liquor store (tienda de bebidas alcohólicas).

estándar *adj.* y *s. m.* standard.

estandardizar o **estandarizar** *v. t.* to standardize.

estandarte *s. m.* banner, standard.

estanque *s. m.* pool, pond, small lake.

estante *s. m.* **1** shelf. **2** (Am.) prop (apoyo).

estantería *s. f.* shelves (*pl.*), shelving.

estañar *v. t.* **1** to tin. **2** to solder (soldar). **3** (Am.) to wound (herir). **4** to fire (despedir a un empleado).

estaño *s. m.* tin.

estar *v. i.* **1** to be (posición): *mi madre está en la cocina = my mother is in the kitchen.* **2** to be at home: *¿está la señora de la casa? = is the lady of the house at home?* **3** to be, to stay: *estuvo tres días en Sevilla = she stayed in Seville for three days.* **4** to be (con el presente continuo): *estoy viendo la tele = I'm watching TV.* **5** to keep, to stay: *¡estate quieto! = keep still!* **6** to cost: *¿a cuánto están las manzanas? = how much do the apples cost?* **7** to be (estado temporal): *estoy cansado = I'm tired.* **8** to be working as: *está de camarero = he is working as a waiter.* **9** to be dressed in: *estamos de etiqueta = we are wearing formal dress.* **10** to have yet to be: *la cantidad exacta está por medir = the exact quantity has yet to be measured.* **11** to be in the mood for: *no estoy para bromas = I'm not in the mood for jokes.* **12** to be tempted: *estoy por irme a Francia = I'm tempted to go to France.* ◆ **13 está bien,** it's alright. **14 ¿estamos?,** right? (entender); ready? (estar listo). **15 ~ uno en grande,** to live like a king. **16 ~ en todo,** to keep an eye on everything (ocuparse); to think of everything (pensar en todo). **17 ~ fuera de sí,** to be beside oneself. **18 ~ hecho,** to have become: *está hecho un idiota = he has become an idiot.* **19 estoy que me subo por las paredes,** I'm going up the wall. **20 ya está,** that's it. **21 ¡ya está bien!,** that's enough!

estárter *s. m.* choke.

estatal *adj.* state.

estático, -ca *adj.* **1** static. ● *s. f.* **2** FÍS. statics (la estática).

estatua *s. f.* statue.

estatuario, -ria *adj.* **1** statuesque. **2** statuary: *arte estatuario = statuary art.*

estatuir *v. t.* **1** to establish (establecer). **2** to decree (decretar).

estatura *s. f.* height, stature.

estatuto *s. m.* statute.

este *s. m.* **1** east (con función adjetiva). **2** GEOG. east, easterly (dirección). **3** GEOG. east, eastern (posición): *la zona este del país = the eastern zone of the country.*

este, -ta *adj./s. m.* y *f.* **1** this: *este hombre es mi hermano = this man is my brother.* ● *pl.* **2 estos, -tas,** these: *estas cerillas están húmedas = these matches are wet.*

éste, -ta *pron.* **1** this, this one: *éste es mío = this one is mine.* ● *pl.* **2 éstos, -tas,** these, these ones: *éstas son mías = these are mine.*

estela *s. f.* **1** MAR. wake, wash. **2** trail (de un avión). **3** trail (de una estrella fugaz). **4** stele (monumento).

estelar *adj.* ASTR. stellar.

estenografía *s. f.* shorthand, stenography.

estenotipia *s. f.* **1** stenotypy (arte). **2** stenotype (máquina).

estentóreo, -a *adj.* stentorean.

estepa *s. f.* **1** steppe (llanura). **2** BOT. rock rose.

estepario, -ria *adj.* steppe.

estera *s. f.* mat, matting.

estercolero *s. m.* dunghill, manure heap.

estéreo *adj.* y *s. m.* stereo.

estereofonía *s. m.* stereophony, stereo.

estereofónico, -ca *adj.* stereophonic, stereo.

estereoscopio *s. m.* stereoscope.

estereotipado, -da *adj.* stereotyped.

estereotipar *v. t.* to stereotype.

estereotipo *s. m.* stereotype.

estereotomía *s. f.* stereotomy.

estéril *adj.* **1** sterile, barren (terreno). **2** sterile, infertile (mujer). **3** sterile (hombre). **4** (fig.) vain, futile (un intento, etc.).

esterilidad *s. f.* **1** barrenness, infertility (terreno). **2** sterility, infertility (de una mujer). **3** sterility (de un hombre). **4** (fig.) futility.

esterilización *s. f.* sterilization.

esterilizador, -ra *adj.* **1** sterilizing. ● *s. m.* **2** sterilizer (aparato).

esterilizar *v. t.* to sterilize.

esterilla *s. f.* mat.

esterlina *adj.* sterling: *libra esterlina = pound sterling.*

esternón *s. m.* ANAT. sternum, breastbone.

estertor *s. m.* death rattle.

esteta *s. m.* y *f.* aesthete.

esteticismo *s. m.* aestheticism.

esteticista *s. m.* y *f.* estheticienne.

estético, -ca *adj.* **1** aesthetic, esthetic. **2** artistic, beautiful (bello).

estetoscopio *s. m.* MED. stethoscope.

estheticienne *s. m.* y *f.* beautician.

estiaje *s. m.* low water.

estibador *s. m.* MAR. stevedore.

estiércol *s. m.* dung, manure: *estiércol de caballo = horse manure.*

estigma *s. m.* **1** BOT., ZOOL. y MED. stigma. **2** (fig.) stigma, disgrace. **3** brand (señal). ◆ **4** REL. estigmas, stigmatas.

estilar *v. t.* **1** DER. to draw up (un documento). **2** to use, to be in the habit of using (acostumbrar, usar). ● *v. pron.* e *i.* **3** to be used (emplearse). **4** to be in fashion (estar de moda).

estilete *s. m.* **1** stiletto (puñal). **2** MED. stylet, probe.

estilista *s. m.* y *f.* **1** TEC. stylist, designer (de coches, etc.). **2** stylist (escritor).

estilístico, -ca *adj.* **1** stylistic. ● *s. f.* **2** stylistics.

estilizar *v. t.* **1** to stylize. **2** TEC. to design, to style. ● *v. pron.* **3** to become stylized.

estilo *s. m.* **1** style, manner (manera). **2** fashion (moda). **3** DEP. stroke (natación). **4** TEC. stylus (para escribir). **5** BOT. style. **6** (fig.) style: *tiene mucho estilo = he's got a lot of style.* **7** type (tipo).

estilográfico, -ca *adj.* **1** stylographic. ● *s. f.* **2** fountain pen.

estima *s. f.* **1** esteem, respect: *tener a uno en gran estima = to hold someone in high esteem.* **2** MAR. dead reckoning.

estimable *adj.* **1** estimable, esteemed. **2** considerable (cantidad, etc.).

estimación *s. f.* **1** COM. estimation, valuation. **2** estimate (presupuesto). ◆ **3** DER. **~ de una demanda,** admittance of a claim.

estimador, -ra *s. m.* y *f.* valuer, appraiser (tasador).

estimar *v. t.* **1** to esteem, to respect, to hold in esteem (tenerle respeto a alguien). **2** to value (valorar). **3** to consider, to think (considerar). **4** DER. to admit: *estimar una demanda = to admit a claim.* • *v. pron.* **5** to have a high opinion of oneself (uno mismo), to be valued (valorarse).
estimulante *adj.* **1** stimulating. • *s. m.* **2** MED. stimulant.
estimular *v. t.* **1** to stimulate. **2** to encourage, to incite (dar ánimos). **3** to promote, to encourage (un negocio).
estímulo *s. m.* **1** stimulus, stimulation. **2** encouragement (ánimo).
estío *s. m.* summer (verano).
estipendiario, -ria *adj.* y *s. m.* stipendiary.
estipendio *s. m.* **1** stipend. **2** salary (salario).
estipulación *s. f.* stipulation.
estipular *v. t.* to stipulate.
estirado, -da *adj.* **1** stretched (tela, etc.). **2** (fig.) dressed to kill (acicalado). **3** (fam.) stuck-up (que se da mucha importancia).
estiramiento *s. m.* **1** stretching exercise (de músculos). **2** face-lift (de piel).
estirar *v. t.* **1** to stretch (alargar). **2** to stretch out (el brazo, etc.). **3** (Am.) to kill, to shoot (matar). **4** (Am.) to flog (dar latigazos a alguien). **5** (Am.) to pull (tirar de algo). • *v. pron.* **6** to stretch out (tumbarse).
estirón *s. m.* **1** tug, pull. ◆ **2 dar/pegar un ~,** to shoot up suddenly.
estirpe *s. f.* stock, lineage (origen de familia).
estival *adj.* summer.
estocada *s. f.* **1** thrust, lunge (con una arma blanca). **2** stab, stab wound (herida).
estofa *s. f.* **1** quilting, quilted material. ◆ **2 de baja ~,** bad quality.
estofado, -da *adj.* **1** stewed. • *s. m.* **2** stew, hotpot.
estofar *v. t.* to stew.
estoicismo *s. m.* stoicism.
estoico, -ca *adj.* **1** stoic, stoical. **2** (fig.) stoic, stoical. • *s. m.* y *f.* **3** stoic.
estola *s. f.* stole.
estolón *s. m.* BOT. stolon, sucker, runner.
estomacal *adj.* y *s. m.* **1** MED. stomachic. ◆ **2 trastorno ~,** stomach upset.
estomagar *v. t.* **1** to give indigestion. **2** (fig.) to annoy (irritar).
estómago *s. m.* **1** ANAT. stomach. ◆ **2 dolor de ~,** stomach-ache. **3 tener el ~ de piedra,** to have a cast iron stomach.
estomatología *s. f.* MED. stomatology.
estomatólogo, -ga *m.* y *f.* MED. stomatologist.
estopa *s. f.* **1** tow (fibra). **2** burlap (tela). **3** MAR. oakum. **4** (Am.) cotton waste.
estoque *s. m.* **1** rapier, sword (espada). **2** BOT. gladiolus. ◆ **3 estar hecho un ~,** to be as thin as a rake.
estoquear *v. t.* to stab (a bull) with a sword.
estorbar *v. t.* **1** to hinder, to impede, to get in someone's way (obstaculizar). **2** to bother, to upset (molestar). • *v. i.* **3** to be in the way.
estorbo *s. m.* **1** hindrance. **2** obstacle (obstáculo). **3** obstruction (obstrucción).
estornino *s. m.* ZOOL. starling (pájaro).
estornudar *v. i.* to sneeze.
estornudo *s. m.* sneeze.
estrabismo *s. m.* MED. squint, strabismus.
estrado *s. m.* **1** stage, platform (tarima). **2** MÚS. bandstand. ◆ **3** DER. courtrooms.
estrafalario, -ria *adj.* **1** odd, outlandish, eccentric (excéntrico). **2** slovenly (forma de vestir).
estragar *v. t.* **1** to ruin, to devastate (causar estragos). **2** to spoil (estropear). **3** to corrupt (corromper).
estrago *s. m.* **1** ruin, destruction (destrucción). **2** corruption (corrupción). ◆ **3 estragos,** havoc (sing.). **4 hacer estragos en,** to wreak havoc on.
estrambólico, -ca *adj.* (Am.) ⇒ **estrambótico.**
estrambote *s. m.* extra verses added to a poem.
estrambótico, -ca *adj.* bizarre, weird (raro).
estrangulación *s. f.* strangulation.
estrangulador, -ra *s. m.* y *f.* strangler.
estrangular *v. t.* **1** to strangle (a alguien). **2** MED. to strangulate. **3** TEC. to throttle.
estratagema *s. f.* stratagem.
estratega *s. m.* y *f.* MIL. strategist.
estrategia *s. f.* strategy.
estratégico, -ca *adj.* strategic.
estratificar *v. t.* **1** to stratify. • *v. pron.* **2** to stratify, to be stratified.
estrato *s. m.* **1** GEOL. stratum, layer. **2** stratus (nube).
estratosfera *s. f.* stratosphere.
estrechar *v. t.* **1** to narrow (hacer más estrecho). **2** to take in (un vestido, etc.). **3** to hug, to embrace (abrazar). **4** to squeeze (apretar). **5** to shake (la mano). • *v. pron.* **6** to narrow, to get narrow (una carretera, etc.). **7** to squeeze together (apretarse). **8** to cut down, to reduce spending (reducir los gastos).
estrechez *s. f.* **1** narrowness, tightness. **2** poverty, want, need (pobreza). **3** closeness, intimacy (intimidad). **4** strictness, rigidity (severidad). ◆ **5 ~ de miras,** narrow-mindedness. **6 pasar estrecheces,** to have financial difficulties.
estrecho, -cha *adj.* **1** narrow. **2** tight (apretado). **3** tight, short (dinero). **4** close, intimate (relaciones). **5** strict, severe (severo). **6** mean (tacaño). • *s. m.* **7** GEOG. strait(s): *el estrecho de Gibraltar = the Strait of Gibraltar.*
estregadura *s. f.* o **estregamiento** *s. m.* **1** rubbing (con un trapo). **2** scrubbing (con un cepillo). **3** scouring (con un abrasivo).
estregar *v. t.* **1** to rub (frotar). **2** to scrub (con un cepillo).
estregón *s. m.* hard rubbing.
estrella *s. f.* **1** ASTR. star. **2** asterisk (asterisco). **3** MIL. star, pip. **4** star (del cine, etc.). ◆ **5 ~ fugaz,** shooting star. **6 ~ de guía,** guiding star. **7 ~ polar,** Pole Star. **8 ~ errante,** planet. **9 tener buena/mala ~,** to be lucky. **10 ver las estrellas,** to see stars.
estrellado, -da *adj.* **1** starry (el cielo). **2** star-shaped (con forma de estrella). **3** with a white mark on its forehead (un caballo).
estrellar *v. t.* **1** to smash (romper). **2** to fry (huevos). • *v. pron.* **3** to smash, to shatter (romperse). **4** to crash: *el avión se estrelló en las montañas = the plane crashed in the mountains.* **5** (fig.) to fail (fallar).
estrellón *s. m.* **1** (Am.) crash (choque). **2** big star (estrella grande). **3** star-shaped firework (fuego artificial).
estremecedor, -ra *adj.* **1** startling (que asusta). **2** blood-curdling (espeluznante).
estremecer *v. t.* **1** to shake (sacudir). **2** to startle (asustar). **3** to make someone shudder (hacer temblar a alguien). • *v. pron.* **4** to shake, to shudder (vibrar). **5** to tremble (de miedo, etc.). **6** to shake, to tremble (del frío).
estrenar *v. t.* **1** to use for the first time (usar por primera vez). **2** to wear for the first time (ropa). **3** to release, to put on release (una película). • *v. i.* **4** (Am.) to make a down payment (dar dinero de entrada). • *v. pron.* **5** to make one's debut (una persona). **6** to open (teatro). **7** to be shown for the first time (cine).
estreno *s. m.* **1** premiere (de obra, película, espectáculo). ◆ **2 cine de ~,** first-run cinema. **3 ir de ~,** to show off one's new clothes. **4 noche del ~,** first night, opening night.
estreñido, -da *adj.* **1** MED. constipated. **2** (fig.) mean, stingy (tacaño).
estreñimiento *s. m.* MED. constipation.
estreñir *v. t.* **1** MED. to constipate. • *v. pron.* **2** MED. to become constipated.
estrépito *s. m.* **1** noise, racket, row (ruido). ◆ **2 reírse con ~,** to laugh uproariously; (fam.) to laugh one's head off.
estrepitosamente *adv.* **1** noisily (ruidosamente). **2** rowdily, boisterously (bulliciosamente).
estrepitoso, -sa *adj.* **1** noisy (ruidoso). **2** rowdy, boisterous (persona, etc.).
estreptococo *s. m.* BIOL. streptococcus.
estreptomicina *s. f.* MED. streptomycin (antibiótico).
estrés *s. m.* stress.
estresado, -da *adj.* stressed.
estresante *adj.* stressful.
estría *s. f.* **1** groove. **2** ARQ. flute, fluting. **3** BIOL. striation. **4** stretch mark (de la piel).
estriar *v. t.* **1** to make a groove. **2** ARQ. to flute. **3** BIOL. to striate. • *v. pron.* **4** to get stretch marks (piel).
estribación *s. f.* GEOG. spur.
estribar *v. i.* **1** to be supported, to rest (apoyarse). **2** (fig.) to be based

(basarse). **3** to stem: *el problema estriba en la falta de comunicación = the problem stems from the lack of communication.*
estribillo *s. m.* **1** refrain (en poesía). **2** chorus (en una canción).
estribo *s. m.* **1** stirrup (de la montura). **2** running-board, footboard (de un coche). **3** TEC. brace, bracket. **4** ARQ. buttress. **5** GEOG. spur. ◆ **6 tomar algo para el ~,** (Am.) to have one for the road (tomar la última copa).
estribor *s. m.* MAR. starboard.
estricnina *s. f.* MED. strychnine.
estrictamente *adv.* strictly.
estrictez *s. f.* (Am.) strictness (severidad).
estricto, -ta *adj.* **1** strict. **2** severe (severo).
estridencia *s. f.* stridency, stridence.
estridente *adj.* **1** strident, raucous. **2** unpleasant-sounding (que suena desapacible).
estridor *s. m.* **1** strident sound (ruido estridente). **2** stridency. **3** screech (chillido de un frenazo, etc.).
estrofa *s. f.* verse, stanza.
estrógeno *s. m.* BIOL. oestrogen (brit.), estrogen. (EE UU).
estroncio *s. m.* QUÍM. strontium: *estroncio 90 = strontium-90.*
estropajo *s. m.* **1** scourer. **2** dirt, rubbish (basura). **3** BOT. loofah.
estropajoso, -sa *adj.* **1** tough, leathery (comida, etc.). **2** slovenly (forma de vestir). **3** wiry (pelo).
estropear *v. t.* **1** to damage, to spoil (una cosa). **2** to spoil, to ruin (una situación, un proyecto, etc.). **3** to hurt, to injure (lastimar). ● *v. pron.* **4** to break down (una máquina). **5** to get damaged/ruined/spoilt (una cosa). **6** to go bad (la fruta, etc.).
estropicio *s. m.* **1** damage (destrozo). **2** mess (desorden).
estructura *s. f.* **1** structure (social, etc.). **2** frame, framework (armazón).
estructuración *s. f.* structuring, organizing.
estructural *adj.* structural.
estructuralismo *s. m.* structuralism.
estructurar *v. t.* **1** to construct (construir). **2** to organize, to structure (organizar).
estruendo *s. m.* **1** noise, clamour (ruido). **2** crash, clatter (ruido repentino). **3** tumult (tumulto). **4** pomp, ostentation (pompa).
estruendoso, -sa *adj.* deafening, thunderous.
estrujamiento *s. m.* **1** squeezing (de una naranja, etc.). **2** pressing (de la uva).
estrujar *v. t.* **1** to squeeze (una naranja, etc.). **2** to press (la uva). **3** to crush (a una persona). **4** to exploit (explotar). ● *v. pron.* **5** to crowd, to throng, to press (atestar).
estrujón *s. m.* **1** squeezing. **2** pressing.
estuario *s. m.* GEOG. estuary.
estucado *s. m.* stucco.
estucar *v. t.* to stucco.
estuche *s. m.* **1** box, case, container (para guardar objetos). **2** sheath (para una espada, puñal, etc.). **3** set (conjunto): *estuche de instrumentos = set of instruments.* ◆ **4 ~ del rey,** Royal surgeon (cirujano).
estuco *s. m.* stucco.
estudiado, -da *adj.* student.
estudiante *s. m.* y *f.* student.
estudiantil *adj.* student: *vida estudiantil = student life.*
estudiar *v. t.* e *i.* **1** to study. **2** to read, to study (en la universidad). **3** to consider (un problema). ● *v. pron.* **4** to consider.
estudio *s. m.* **1** study. **2** research (investigación). **3** survey, research (encuesta). **4** study (despacho). **5** studio flat (piso). ◆ **6 ~ de mercado,** market survey.
estudiosamente *adv.* studiously.
estudioso, -sa *adj.* **1** studious, hardworking. ● *s. m.* y *f.* **2** scholar, specialist.
estufa *s. f.* **1** stove, heater. **2** steam room (en los baños termales). **3** heat cabinet (para disecar, desinfectar, etc.). ◆ **4 ~ de gas,** gas heater. **5 ~ eléctrica,** electric fire.
estulticia *s. f.* stupidity, foolishness.
estulto, -ta *adj.* stupid, foolish.
estupefacción *s. f.* stupefaction.
estupefaciente *adj.* **1** stupefying. **2** narcotic (narcótico). ● *s. m.* **3** narcotic, drug. ◆ **4 tráfico de estupefacientes,** drug-trafficking.
estupefacto, -ta *adj.* **1** astonished (atónito). ◆ **2 me miró ~,** she looked at me in amazement.
estupendamente *adv.* **1** stupendously, marvellously, wonderfully. ◆ **2 estoy ~,** I'm very well (muy bien).
estupendo, -da *adj.* **1** stupendous. **2** marvellous, wonderful, terrific: *una cena estupenda = a marvellous dinner.* ◆ **3 ¡~!,** great!
estúpidamente *adj.* stupidly.
estupidez *s. f.* **1** stupidity, silliness. **2** stupid thing: *eso es una estupidez = that's a stupid thing to do* (hacer).
estúpido, -da *adj.* **1** stupid, silly, idiot (tonto). ● *s. m.* y *f.* **2** a stupid person: *es un estúpido = he's a stupid person.*
estupor *s. m.* **1** MED. stupor. **2** (fig.) astonishment (asombro).
estupro *s. m.* rape.
esturión *s. m.* ZOOL. sturgeon (pez).
esvástica *s. f.* swastika.
etapa *s. f.* **1** stage (de un viaje, etc.). **2** DEP. leg, stage (de una carrera). **3** (fig.) phase, stage (fase). **4** MIL. halt, stop (lugar de parada).
etcétera *s. m.* etcetera.
éter *s. m.* **1** QUÍM. ether. **2** (lit.) sky, heavens.
etéreo, -a *adj.* **1** ethereal. **2** QUÍM. etheric.
eternamente *adv.* eternally.
eternidad *s. f.* eternity.
eternizar *v. t.* **1** to eternalize, to make eternal. **2** to immortalize (inmortalizar). ● *v. pron.* **3** to be endless, to drag on (durar demasiado).
eterno, -na *adj.* **1** eternal. **2** (fig.) endless, everlasting (amor, etc.).
ético, -ca *adj.* **1** ethical (moral). **2** MED. consumptive. **3** (Am.) pale (pálido). ● *s. m.* **4** moralist (moralista). ● *s. f.* **5** FIL. ethics.
etílico, -ca *adj.* **1** QUÍM. ethylic. ◆ **2 alcohol ~,** QUÍM. ethyl alcohol.
etimología *s. f.* etymology.
etimológico, -ca *adj.* etymological.
etimologista *s. m.* y *f.* etymologist.
etimologizar *v. i.* to etymologize.
etimólogo, -ga *s. m.* y *f.* etymologist.
etíope o **etiope** *adj./s. m.* y *f.* Ethiopian.
Etiopía *s. f.* Ethiopia.
etiqueta *s. f.* **1** etiquette, ceremonial, ceremony. **2** label, tag (en una camisa, etc.). ◆ **3 de ~,** formal.
etiquetar *v. t.* to label.
etiquetero, -ra *adj.* ceremonious, formal.
étnico, -ca *adj.* ethnic.
etnografía *s. f.* ethnography.
etnográfico, -ca *adj.* ethnographic, ethnographical.
etnógrafo, -fa *s. m.* y *f.* ethnographer.
etnología *s. f.* ethnology.
etnológico, -ca *adj.* ethnologic, ethnological.
etnólogo, -ga *s. m.* y *f.* ethnologist.
etrusco, -ca *adj./s. m.* y *f.* Etruscan.
ETT *s. f.* temporary employment agency (empresa de trabajo temporal).
eucalipto *s. m.* BOT. eucalyptus.
eucaristía *s. f.* Eucharist.
eucarístico *adj.* Eucharistic, Eucharistical.
eufemismo *s. m.* euphemism.
eufemístico, -ca *adj.* euphemistic.
eufonía *s. f.* euphony.
eufónico, -ca *adj.* euphonic, euphonious.
euforia *s. f.* euphoria.
eufórico, -ca *adj.* euphoric.
eugenesia *s. f.* eugenics.
eugenésico, -ca *adj.* eugenic.
eunuco *s. m.* eunuch.
¡eureka! *interj.* eureka!
euro *s. m.* euro.
euroconector *s. m.* euroconnector.
euroescéptico, -ca *adj./s. m.* y *f.* Eurosceptic.
Europa *s. f.* Europe.
europeísta *adj./s. m.* y *f.* pro-European.
europeización *s. f.* Europeanization.
europeizante *adj.* (Am.) pro-European (europeísta).
europeizar *v. t.* **1** to Europeanize. ● *v. pron.* **2** to become Europeanized.
europeo, -a *adj./s. m.* y *f.* European.
Eurovisión *s. f.* Eurovision.
eusquero, -ra o **éuscaro, -ra** *adj./s. m.* y *f.* Basque.
eutanasia *s. f.* euthanasia, mercy killing.
evacuación *s. f.* **1** evacuation. **2** TEC. exhaust, waste.
evacuante *adj.* y *s. m.* MED. evacuant.
evacuatorio *adj.* **1** MED. evacuant. ● *s. m.* **2** public lavatory (retrete público).
evacuar *v. t.* **1** to evacuate: *el ejército tuvo que evacuar a los habitantes = the army had to evacuate the inhabitants.* **2** MED. to evacuate (expeler

del cuerpo). **3** MED. to drain (una herida). **4** to carry out, to undertake (una consulta). **5** to transact (una gestión).
evadir *v. t.* **1** to evade, to avoid. **2** to escape, to avoid (un peligro). **3** to shirk (una responsabilidad). • *v. pron.* **4** to escape (fugarse).
evaluable *adj.* calculable.
evaluación *s. f.* **1** evaluation. **2** assessment (examen).
evaluador, -ra *s. m.* y *f.* evaluator.
evaluar *v. t.* **1** to evaluate (datos). **2** to assess (situación).
evanescente *adj.* evanescent.
evangélico, -ca *adj.* evangelic, evangelical.
evangelio *s. m.* **1** REL. Gospel. **2** (fig.) gospel truth (verdad). ◆ **3 dice como el ~,** he speaks the gospel truth. **4 ser como el ~,** to be infallible.
evangelista *s. m.* **1** gospeller. **2** evangelist: *los cuatro evangelistas = the Four Evangelists.* **3** (Am.) public writer, scribe (escriba).
evangelización *s. f.* evangelization, evangelizing.
evangelizador, -ra *s. m.* y *f.* evangelist.
evangelizar *v. t.* to evangelize.
evaporación *s. f.* evaporation.
evaporar *v. t.* **1** to evaporate. • *v. pron.* **2** to evaporate. **3** (fig.) to vanish (esfumarse).
evaporizar *v. t.* y *pron.* to vaporize.
evasión *s. f.* **1** escape, flight (huida). **2** (fig.) evasion, amusement. ◆ **3 ~ fiscal,** tax evasion.
evasivo, -va *adj.* **1** evasive, non-committal. • *s. f.* **2** evasive answer.
evento *s. m.* **1** event (acontecimiento). **2** DEP. (Am.) sporting fixture (encuentro).
eventual *adj.* **1** possible (posible). **2** temporary, casual (trabajo). **3** fortuitous (fortuito).
eventualidad *s. f.* eventuality, possibility.
eventualmente *adv.* **1** by chance (por casualidad). **2** possibly (posiblemente).
evidencia *s. f.* **1** DER. evidence, proof (prueba). **2** obviousness (claridad). ◆ **3 poner en ~,** to make clear.
evidenciar *v. t.* **1** to prove, to show, to demonstrate (demostrar, probar). • *v. pron.* **2** to be obvious/evident (ser evidente). **3** to stand out (destacar).
evidente *adj.* obvious, clear, evident.
evidentemente *adv.* obviously, clearly, evidently.
evitable *adj.* avoidable, preventable: *el accidente fue evitable = the accident was avoidable.*
evitación *s. f.* prevention, avoidance: *evitación de accidentes = accident prevention.*
evitar *v. t.* **1** to avoid (eludir). **2** to escape, to avoid, to evade (un problema, etc.). **3** to save (ahorrar), to prevent (impedir).
evocación *s. f.* **1** evocation, conjuring up (acción). **2** recollection (descripción).
evocador, -ra *adj.* evocative.
evocar *v. t.* **1** to evoke, to conjure up (imágenes, etc.). **2** to call up, to invoke (a los espíritus).
evolución *s. f.* **1** BIOL. evolution. **2** development, evolution (de ideas, etc.). **3** MIL. evolution, manoeuvre (maniobra).
evolucionar *v. i.* **1** BIOL. to evolve. **2** (fig.) to change, to evolve, to develop. **3** MIL. to manoeuvre (maniobrar). **4** to wheel, to circle (un avión).
evolucionismo *s. m.* evolutionism.
evolucionista *adj./s. m.* y *f.* evolutionist.
evolutivo, -va *adj.* evolutionary.
ex abrupto *adv.* abruptly, sharply.
exabrupto *s. m.* **1** (fam.) sharp/abrupt remark. **2** MIL. broadside (andanada).
exacción *s. f.* **1** exaction, extortion (abuso). **2** exaction (de impuestos, etc.).
exacerbación *s. f.* **1** exasperation. **2** MED. exacerbation (de una enfermedad). **3** exacerbation (de sentimientos).
exacerbar *v. t.* **1** to irritate, to provoke (provocar). **2** (fig.) to aggravate, to exacerbate (una enfermedad). • *v. pron.* **3** to worsen.
exactamente *adv.* **1** exactly. **2** accurately, precisely (de modo preciso). **3** punctually (puntualmente). **4** correctly (correctamente).
exactitud *s. f.* **1** exactness, accuracy, precision (precisión). **2** punctuality (puntualidad).
exacto, -ta *adj.* **1** exact: *el momento exacto = the exact moment.* **2** faithful, exact: *una versión exacta = a faithful version.* **3** accurate (preciso). **4** correct, right, true (verdadero). **5** exactly. • *interj.* **6 ¡exacto!** exactly!; quite right!
exageración *s. f.* exaggeration.
exagerado, -da *adj.* **1** exaggerated, far-fetched (una declaración, etc.). **2** excessive (excesivo). **3** exorbitant, excessive (precio). ◆ **4 ser un ~,** to overdo it; to go too far, to exaggerate.
exagerar *v. t.* **1** to exaggerate. **2** to overdo, to go too far with: *exagera mucho su forma de vestir = he overdoes the way he dresses.* • *v. i.* **3** to overdo things.
exaltación *s. f.* **1** exaltation, elation (alegría). **2** extolling, exalting, praising (alabanza). **3** exaltation, overexcitement (exceso de pasión). **4** exaltation, promotion (promoción).
exaltado, -da *adj.* **1** exalted. **2** overexcited, worked-up (estado de ánimo). **3** exalted, extolled, praised (alabado). • *s. m.* y *f.* **4** hot-head. **5** POL. extremist.
exaltar *v. t.* **1** to exalt. **2** to extol, to praise (alabar). **3** to elevate, to raise (enaltecer). • *v. pron.* **4** to be extolled o exalted o praised. **5** to get heated (en un argumento).
examen *s. m.* **1** examination, exam: *presentarse a un examen = to sit o take an exam.* **2** examination, study (de una situación, etc.). ◆ **3 ~ de conducir,** driving test. **4 someter a examen,** to examine.
examinando, -da *s. m.* y *f.* examinee, candidate.
examinar *v. t.* **1** to examine. **2** to consider, to study (un problema). • *v. pron.* **3** to take/sit an exam (presentarse a un examen).
exangüe *adj.* **1** bloodless (sin sangre). **2** anaemic (anímico). **3** weak (débil).
exánime *adj.* **1** lifeless (sin señales de vida). **2** weak, exhausted (exhausto). ◆ **3 caer ~,** to fall in a faint.
exantema *s. m.* MED. exanthema, exanthem (erupción).
exarca *s. m.* exarch.
exasperación *s. f.* exasperation.
exasperante *adj.* exasperating.
exasperar *v. t.* **1** to exasperate. • *v. pron.* **2** to be exasperated.
excarcelar *v. t.* to release from prison (dejar en libertad).
ex cátedra *loc. adv.* ex cathedra.
excavación *s. f.* excavation, digging.
excavador, -ra *adj.* **1** digging. • *s. m.* y *f.* **2** digger, excavator. • *s. f.* **3** mechanical digger, (fam.) JCB.
excavar *v. t.* **1** to dig (una zanja, etc.). **2** to excavate, to dig up (el suelo). **3** to excavate (en arqueología). **4** to clear the soil from around the base of plants (quitar la tierra de alrededor de las plantas).
excedencia *s. f.* **1** leave (permiso). **2** sabbatical leave (de profesor). **3** leave pay (sueldo).
excedente *adj.* **1** excess, surplus (sobrante). **2** excessive (excesivo). **3** on leave (un soldado, etc.). • *s. m.* **4** surplus.
exceder *v. t.* **1** to exceed, to surpass. • *v. pron.* **2** to exceed. **3** to go too far: *se excedió ayer con esa chica = she went too far with that girl yesterday.*
excelencia *s. f.* **1** excellence. ◆ **2 por ~,** par excellence. **3 su Excelencia,** His Excellence (él); Your Excellence (Vd.).
excelente *adj.* excellent.
excelentísimo, -ma *adj.* most excellent.
excelsitud *s. f.* sublimity, sublimeness.
excelso, -sa *adj.* sublime.
excentricidad *s. f.* eccentricity.
excéntrico, -ca *adj.* **1** eccentric. **2** MAT. eccentric. • *s. m.* y *f.* **3** eccentric.
excepción *s. f.* **1** exception. ◆ **2 ~ de la regla,** exception to the rule. **3 la ~ confirma la regla,** the exception proves the rule.
excepcional *adj.* exceptional.
excepcionalmente *adv.* exceptionally.
excepto *prep.* except for, excepting, apart from.
exceptuar *v. t.* **1** to leave out, to exclude (excluir). **2** DER. to exempt. • *v. pron.* **3** to be excluded, to be left out, not to be included.
excesivamente *adv.* excessively, unreasonably.
excesivo, -va *adj.* excessive, unreasonable.

exceso *s. m.* **1** excess. **2** COM. excess, surplus. ◆ **3** ~ **de equipaje,** excess baggage. **4** ~ **de velocidad,** speeding. **5 con** ~, too much.
excipiente *s. m.* MED. excipient.
excitabilidad *s. f.* excitability.
excitable *adj.* **1** excitable, easily worked-up. **2** temperamental (nervioso).
excitación *s. f.* **1** excitement. ◆ **2** ~ **loca,** hysteria.
excitante *adj.* **1** exciting. **2** MED. stimulating. ● *s. m.* MED. stimulant.
excitar *v. t.* **1** to excite. **2** to arouse, to excite (un sentimiento, etc.). **3** to raise (esperanzas). **4** ELEC. to excite, to energize. ● *v. pron.* **5** to get excited, to get worked up.
exclamación *s. f.* **1** exclamation. **2** cry (grito).
exclamar *v. t.* e *i.* to exclaim.
exclamativo, -va *adj.* exclamatory, exclamative.
exclaustración *s. f.* **1** REL. secularization. **2** REL. expulsion (de monjas o frailes).
exclaustrado, -da *s. m.* y *f.* REL. secularized monk (monje); secularized nun (monja).
exclaustrar *v. t.* REL. to secularize.
excluir *v. t.* **1** to exclude, to shut out. **2** to exclude, to rule out (una posibilidad, etc.).
exclusiva *s. f.* **1** COM. sole right (de un producto, etc.). **2** exclusive interview (entrevista). **3** refusal (de un puesto de trabajo).
exclusivamente *adv.* exclusively.
exclusive *adv.* **1** exclusively. **2** not counting.
exclusividad *s. f.* **1** exclusiveness (de moda, etc.). **2** sole right (exclusiva).
exclusivo, -va *adj.* exclusive, sole.
excluyente *adj.* excluding.
excomulgado, -da *adj.* **1** REL. excommunicated. ● *s. m.* y *f.* **2** REL. excommunicated person.
excomulgar *v. t.* REL. to excommunicate.
excomunión *s. f.* **1** REL. excommunication. **2** REL. excommunication order (orden).
excoriación *s. f.* **1** chafing, rubbing. **2** graze (desolladura).
excrecencia *s. f.* excrescence.
excreción *s. f.* excretion.
excrementar *v. i.* to excrete, to defecate.
excremento *s. m.* excrement.
excretor, -ra *adj.* ANAT. excretory.
excursión *s. f.* **1** excursion, outing, trip. **2** MIL. raid. ◆ **3** ~ **campestre,** picnic.
excursionismo *s. m.* **1** going on trips. **2** walking, hiking (a pie).
excursionista *s. m.* y *f.* **1** sightseer (para ver monumentos, etc.). **2** hiker, rambler (a pie por el campo).
excusa *s. f.* **1** excuse. **2** apology (disculpa).
excusable *adj.* excusable, pardonable.
excusado, -da *adj.* **1** excused, pardoned (perdonado). **2** exempt (exento). ● *s. m.* toilet (retrete).
excusar *v. t.* **1** to excuse, to pardon. **2** to exempt (eximir). **3** to shirk (una responsabilidad). ● *v. pron.* **4** to excuse oneself. **5** to apologize (disculparse): *se excusaron por su conducta = they apologized for their behaviour.*
execrable *adj.* execrable.
execración *s. f.* execration.
execrar *v. t.* **1** to hate, to loathe (odiar). **2** to execrate, to curse (maldecir).
exégesis *s. f.* exegesis.
exegeta *s. m.* exegete.
exegético, -ca *adj.* exegetic, exegetical.
exención *s. f.* **1** exemption. **2** immunity (inmunidad).
exento, -ta *adj.* **1** exempt. **2** free (libre). **3** clear, unobstructed, open (un lugar). **4** ARQ. free-standing. ◆ **5** ~ **de impuestos,** tax-free.
exequias *s. f. pl.* funeral rights, obsequies.
exfoliación *s. f.* exfoliation.
exfoliador *s. m.* (Am.) tear-off pad, loose-leaf notebook (libreta de taco).
exfoliar *v. t.* to exfoliate.
exhalación *s. f.* **1** exhalation (acción). **2** vapour, fumes (vapor). **3** ASTR. shooting star (estrella fugaz). ◆ **4 como una** ~, at top speed.
exhalar *v. t.* **1** to exhale, to breathe out. **2** to emit, to give off (humos, etc.). ● *v. pron.* **3** to breathe hard (respirar fuerte). **4** to hurry, to run (apurarse).
exhaustivo, -va *adj.* exhaustive: *pruebas exhaustivas = exhaustive tests.*
exhausto, -ta *adj.* exhausted.
exhibición *s. f.* **1** exhibition, show (demostración). **2** presentation, exhibition (presentación).
exhibicionismo *s. m.* exhibitionism.
exhibicionista *adj.* **1** exhibitionistic. ● *s. m.* y *f.* **2** exhibitionist. **3** flasher (sexual).
exhibir *v. t.* **1** to exhibit, to display, to show. **2** (Am.) to pay in cash (pagar en efectivo). ● *v. pron.* **3** to show oneself.
exhortación *s. f.* exhortation.
exhortar *v. t.* to exhort.
exhortativo, -va *adj.* exhortative.
exhortatorio, -ria *adj.* exhortatory.
exhorto *s. m.* **1** DER. letters rogatory. **2** REL. charge.
exhumación *s. f.* exhumation.
exhumar *v. t.* to exhume, to dig up, to disinter.
exigencia *s. f.* **1** exigency, demand (demanda). **2** requirement (requisito).
exigente *adj.* **1** demanding, exacting. ◆ **2 ser** ~ **con alguien,** to ask a lot of someone. **3 ser** ~ **en algo,** to be particular about something.
exigible *adj.* **1** demandable, exactable. **2** payable on demand (una deuda).
exigir *v. t.* **1** to exact, to levy (un impuesto, etc.). **2** to demand, to require (requerir). **3** (Am.) to ask for (pedir). **4** (Am.) to beg, to plead with (suplicar). ◆ **5** ~ **el pago,** to demand payment. **6** ~ **mucho,** to be demanding.
exigüidad *s. f.* **1** smallness (pequeñez). **2** meagreness, scantiness (de recursos, etc.).
exiguo, -gua *adj.* **1** small, tiny (de tamaño). **2** meagre, scanty (de recursos, etc.).
exiliado, -da *adj.* **1** exiled, in exile. ● *s. m.* y *f.* **2** exile.
exiliar *v. t.* **1** to exile. ● *v. pron.* **2** to go into exile.
exilio *s. m.* exile.
eximio, -mia *adj.* distinguished, eminent (una persona).
eximir *v. t.* **1** to exempt. **2** to free (liberar). ● *v. pron.* **3** to free oneself (liberarse).
existencia *s. f.* **1** existence. **2** being (ser). **3** life (vida). ● *pl.* **4** COM. stock. ◆ **5 luchar por la** ~, to struggle for survival. **6 quitarse la** ~, to take one's own life (suicidarse).
existencial *adj.* existential.
existencialismo *s. m.* existentialism.
existencialista *s. m.* y *f.* existentialist.
existente *adj.* **1** existing. **2** in existence (en existencia). **3** COM. in stock (disponible). ◆ **4 la situación** ~, the present situation.
existir *v. i.* **1** to exist, to be (ser): *existe una alternativa = there is an alternative.*
éxito *s. m.* **1** success. **2** hit, success (espectáculo, novela, etc.). ◆ **3 con** ~, successfully. **4 tener** ~, to be successful. **5 grandes éxitos,** greatest hits (de cantante, compositor).
exitoso, -sa *adj.* (Am.) successful.
éxodo *s. m.* exodus: *el éxodo rural = the rural exodus.*
exoneración *s. f.* exoneration.
exonerar *v. t.* **1** to exonerate. **2** to dismiss, (fam.) to sack (despedir, destituir). ◆ **3** ~ **a uno de un deber,** to relieve someone of a duty. **4** ~ **el vientre,** to have a movement of the bowels.
exorbitante *adj.* exorbitant.
exorcismo *s. m.* exorcism.
exorcista *s. m.* y *f.* exorcist.
exorcizar *v. t.* to exorcise.
exordio *s. m.* **1** preamble, exordium, introduction (preámbulo). **2** (fig.) beginning (comienzo).
exotérico, -ca *adj.* exoteric.
exoticidad *s. f.* exoticism.
exótico, -ca *adj.* exotic.
exotismo *s. m.* exoticism.
expandir *v. t.* **1** ANAT. to expand. **2** COM. to expand (un negocio, etc.). **3** to expand, to extend, to spread (extender). ● *v. pron.* **4** to expand (crecer). **5** to spread (extenderse, propagarse).
expansión *s. f.* **1** expansion. **2** extension (extensión). **3** enlargement (aumento). **4** spread (de una noticia, etc.). **5** relaxation (relajación). ◆ **6** ~ **económica,** economic growth.
expansionarse *v. pron.* **1** to expand. **2** (fig.) to relax (relajarse). ◆ **3** ~ **con alguien,** to open one's heart up to someone.

expansionismo *s. m.* expansionism.
expansivo, -va *adj.* **1** expansive, expandable (expansible). **2** open, frank (franco).
expatriación *s. f.* **1** expatriation (exilio). **2** emigration (emigración).
expatriarse *v. pron.* **1** to emigrate, to leave one's country (emigrar). **2** POL. to go into exile.
expectación *s. f.* **1** expectation, expectancy, anticipation: *había una gran expectación ante la llegada de los primeros rehenes = the arrival of the first hostages caused great expectation.* **2** excitement (emoción).
expectante *adj.* **1** expectant. **2** excited (emocionado).
expectativa *s. f.* **1** expectation. **2** hope (esperanza). ◆ **3 estar a la ~,** to wait and see what happens.
expectoración *s. f.* **1** MED. expectoration. **2** sputum (esputo).
expectorante *adj.* y *s. m.* MED. expectorant.
expectorar *v. i.* MED. to expectorate.
expedición *s. f.* **1** expedition. **2** shipment (envío). **3** promptness (rapidez).
expedientar *v. t.* to open a file on (la policía).
expediente *s. m.* **1** expedient. **2** means (medios). **3** DER. action, proceedings. **4** DER. records of a case (documentos de un caso). **5** record, record card (de un estudiante, etc.). ◆ **6 ~ policíaco,** police file/dossier. ◆ **7 incoar ~,** to start proceedings.
expedir *v. t.* **1** COM. to send, to dispatch, to ship (mercancías). **2** DER. to draw up (documento, escritura, contrato). **3** to issue (un pasaporte, etc.). **4** to deal with (un asunto).
expeditivo, -va *adj.* expeditious.
expedito, -ta *adj.* **1** expeditious, speedy, prompt (rápido). **2** clear, free (desbloqueado).
expeler *v. t.* to expel, to eject.
expendedor, -ra *s. m.* y *f.* **1** dealer, retailer (persona). ◆ **2 ~ automático,** vending machine. **3 ~ de billetes,** ticket clerk.
expendeduría *s. f.* retail shop (tienda).
expender *v. t.* to sell (mercancías).
expensas *s. f. pl.* **1** expenses. **2** DER. costs. ◆ **3 a ~ de,** at the expense of.
experiencia *s. f.* **1** experience. **2** QUÍM. experiment (experimento).
experimentación *s. f.* **1** testing, experimentation. **2** experiment (experimento).
experimentado, -da *adj.* **1** experienced (una persona). **2** tested (una cosa).
experimental *adj.* experimental.
experimentar *v. t.* **1** TEC. to test, to try out (probar). **2** to experience, to undergo (un cambio). **3** to suffer (una pérdida). **4** to show (un incremento). • *v. i.* **5** to experiment.
experto, -ta *adj./s. m.* y *f.* expert.
expiación *s. f.* expiation, atonement.
expiativo, -va *adj.* expiatory.
expiar *v. t.* **1** to expiate, to atone (un pecado). **2** to serve (una pena).
expiración *s. f.* expiration.
expirar *v. i.* **1** to die, to expire (morir). **2** DER. to expire (un contrato, etc.).
explanación *s. f.* explanation.
explanada *s. f.* esplanade.
explanar *v. t.* **1** TEC. to level, to grade (allanar). **2** to elucidate, to explain (explicar).
explayar *v. t.* **1** to spread, to extend (extender). • *v. pron.* **2** to be long-winded, to expatiate. **3** to open one's heart (confiarse).
expletivo, -va *adj.* expletive.
explicable *adj.* **1** explicable, explainable. **2** justifiable (justificable).
explicación *s. f.* **1** explanation. **2** reason, explanation (razón). **3** excuse (excusa).
explicar *v. t.* **1** to explain. **2** to expound (una teoría, etc.). **3** to lecture on, to teach (una materia, asignatura etc.). • *v. pron.* **4** to explain oneself. **5** to understand: *no me lo explico = I can't understand it.* **6** to be explicable: *no se explica el cambio = the change is inexplicable.*
explicativo, -va *adj.* explanatory, explicative.
explícitamente *adv.* explicitly.
explícito, -ta *adj.* explicit.
explorable *adj.* explorable.
exploración *s. f.* **1** exploration (de un sitio, etc.). **2** MIN. prospecting (de minas). **3** MIL. reconnaissance, scouting.
explorador, -ra *adj.* **1** exploratory. **2** MIL. scouting. • *s. m.* y *f.* **3** explorer. • *s. m.* **4** TEC. scanner (radar, etc.). **5** MED. probe (sonda).
explorar *v. t.* **1** to explore. **2** MIN. to prospect (minas). **3** MED. to probe (con una sonda). **4** TEC. to scan (con radar, etc.). **5** MIL. to reconnoitre, to scout. **6** (fig.) to explore, to examine.
explosión *s. f.* **1** explosion, blowing up (acción). **2** bursting (de un globo, etc.). **3** explosion, blast: *hubo una gran explosión = there was a big blast.* ◆ **4 ~ demográfica,** population explosion. **5 motor de ~,** internal combustion engine.
explosionar *v. t.* **1** to explode. • *v. i.* **2** to explode, to blow up.
explosivo, -va *adj./s. m.* y *f.* **1** explosive. • *adj.* y *s. f.* **2** GRAM. plosive.
explotable *adj.* **1** MIN. exploitable (mina). **2** cultivatable, farmable (terreno).
explotación *s. f.* **1** exploitation (de una persona). **2** MIN. working, exploitation (de una mina).
explotador, -ra *adj.* **1** exploiting (que abusa). • *s. m.* y *f.* **2** MIN. worker (de una mina). **3** exploiter (el que abusa).
explotar *v. t.* **1** to exploit (una persona). **2** MIN. to work, to exploit (una mina). **3** to exploit (una situación). **4** MIL. to explode (una bomba etc.); to blow up (puente, etc.). • *v. i.* **5** MIL. to explode (una bomba, etc.).
expoliación *s. f.* despoiling, spoliation.
expoliador, -ra *adj.* **1** despoiling (persona). **2** spoliatory (medida). • *s. m.* y *f.* **3** despoiler, spoliator.
expoliar *v. t.* to despoil, to spoliate (despojar).
exponente *s. m.* **1** MAT. exponent, index. **2** (Am.) model. **3** exponent (representante).
exponer *v. t.* **1** to expound (una teoría). **2** to put forward (una propuesta). **3** to explain (explicar). **4** to show, to exhibit, to put on show (mostrar al público). **5** to expose (al sol, viento, etc.). **6** to expose (una foto). **7** to risk (arriesgar). • *v. pron.* **8** to expose oneself. **9** to risk (arriesgarse).
exportación *s. f.* **1** export, exportation (actividad). **2** export (artículo). ◆ **3 comercio de ~,** export trade.
exportador, a *adj.* **1** exporting. • *s. m.* y *f.* **2** exporter.
exportar *v. t.* COM. e INF. to export.
exposición *s. f.* **1** exposing, exposure (acción). **2** exposure (de una foto). **3** ART. exhibition. **4** COM. show, fair (feria de muestras). **5** putting forward (de ideas).
expósito, -ta *adj.* **1** abandoned. • *s. m.* y *f.* **2** foundling.
exprés *s. m.* (Am.) express train (tren).
expresamente *adv.* **1** expressly. **2** on purpose, deliberately (deliberadamente). **3** clearly, plainly (claramente).
expresar *v. t.* **1** to express. **2** to show, to express (un sentimiento). **3** to convey (comunicar). • *v. pron.* **4** to express oneself: *no se expresa muy bien = she doesn't express herself very well.* **5** to be expressed (cosa, sentimiento, etc.).
expresión *s. f.* **1** expression. • *pl.* **2** greetings; regards (recuerdos).
expresionismo *s. m.* expressionism.
expresivamente *adv.* **1** expressively. **2** warmly, affectionately (cariñosamente).
expresividad *s. f.* expressiveness.
expresivo, -va *adj.* **1** expressive. **2** tender, affectionate, warm (cariñoso).
expreso, -sa *adj.* **1** express, explicit (dicho). **2** express (tren). • *s. m.* **3** express (tren).
exprimidera *s. f.* squeezer.
exprimidor *s. m.* squeezer.
exprimir *v. t.* **1** to squeeze (fruta); to squeeze out, to press out, to express (zumo). **2** to wring out, to squeeze dry (ropa). **3** to exploit (a uno).
ex profeso *adv.* on purpose (a propósito).
expropiación *s. f.* **1** expropriation (de terrenos, etc.); compulsory purchase (con indemnización). **2** commandeering (de un coche, etc.).
expropiar *v. t.* **1** to expropriate (terrenos). **2** to commandeer (un coche, etc.).
expuesto, -ta *adj.* **1** on show, on display (un cuadro, etc.). **2** exposed (al sol, viento, etc.). **3** risky (peligroso). **4 estar ~ a,** to be exposed to. **5 según lo arrriba ~,** according to what has been stated above.
expugnar *v. t.* to take by storm.
expulsar *v. t.* **1** to expel (de un colegio, etc.). **2** DEP. to send off. **3** to

eject, to throw out (a una persona). **4** MED. to spit out, to bring up.
expulsión *s. f.* **1** expulsion (del colegio, etc.). **2** DEP. sending-off. **3** MED. bringing-up, spitting-out. **4** ejection (eyección).
expurgación *s. f.* **1** expurgation (de un libro, etc.). **2** (fig.) purging, purgation.
expurgar *v. t.* to expurgate.
exquisitez *s. f.* **1** exquisiteness. **2** excellence (excelencia). **3** delicacy (bocado exquisito).
exquisito, -ta *adj.* **1** exquisite. **2** delicious (delicioso). **3** excellent (excelente).
extasiarse *v. pron.* to go into raptures/ecstasies.
éxtasis *s. m.* ecstasy, rapture.
extático, -ca *adj.* ecstatic, enraptured.
extemporáneo, -a *adj.* **1** unseasonable. **2** ill-timed, inappropriate (inoportuno).
extender *v. t.* **1** to extend. **2** to enlarge, to make bigger (hacer más grande). **3** to prolong (prolongar). **4** to spread (mantequilla, etc.). **5** to extend, to spread (el conocimiento). **6** to draw up (un documento). **7** to make out (un cheque). **8** to issue (un certificado). **9** to stretch out (brazo); to hold out (mano); to spread out (alas, mapa). • *v. pron.* **10** to stretch out (estirarse). **11** to stretch away: *el desierto se extendía delante de él* = *the desert stretched away before him.* **12** to range: *los precios se extienden entre dos libras y doscientas libras* = *the prices range from two pounds to two hundred pounds.* **13** to last (durar tiempo). **14** to spread, to extend (costumbres, conocimiento, etc.). **15** to escalate, to spread (una guerra). **16** to reach (llegar a). **17** to expand (hablar largo y tendido).
extensible *adj.* extensible, extendible.
extensión *s. f.* **1** extension. **2** stretching (estiramiento). **3** spreading (de una noticia, etc.). **4** size (tamaño). **5** length, duration (duración).
extensivo, -va *adj.* **1** extendible (flexible). **2** extensive (grande). ◆ **3 hacer ~,** to extend. **4 ser ~,** to apply.
extenso, -sa *adj.* **1** extensive, vast (amplio). **2** large, big (grande). **3** widespread (una noticia, etc.). **4** full, extensive (un reportaje, etc.). **5 por ~,** at length.
extenuar *v. t.* **1** to emaciate, to weaken (debilitar). • *v. pron.* **2** to become emaciated, to waste away (quedarse en los huesos). **3** to exhaust oneself (agotarse, cansarse).
exterior *s. m.* **1** exterior, outside (de un edificio, etc.). **2** appearance (apariencia). • *adj.* **3** foreign (extranjero): *noticias exteriores* = *foreign news.* **4** outer, external, exterior: *la parte exterior* = *the outer part.* **5** outside: *el servicio exterior* = *the outside toilet.* ◆ **6 en el ~, a)** outside (fuera); **b)** abroad (en el extranjero). **7 filmar o rodar en exteriores,** to shoot on location.
exterioridad *s. f.* outward appearance (aspecto de una persona).
exteriorizar *v. t.* to show, to manifest.
exterminador, -ra *adj.* **1** exterminating. • *s. m.* y *f.* **2** exterminator.
exterminar *v. t.* to exterminate.
exterminio *s. m.* **1** extermination, wiping out. **2** destruction (destrucción).
externamente *adv.* outwardly, externally.
externo, -na *adj.* **1** external: *de uso externo* = *for external use.* **2** outward: *apariencia externa* = *outward appearance.* **3** outer, external: *la parte externa* = *the outer part.* • *s. m.* **4** day boy, day pupil (alumno).
extinción *s. f.* **1** extinction (de un fuego). **2** extinction, wiping out (de una raza).
extinguir *v. t.* **1** to extinguish, to put out (un fuego, etc.). **2** to wipe out, to obliterate (una raza). **3** to put down, to stop (una rebelión). • *v. pron.* **4** to go out, to die out (un fuego). **5** to go out (una luz). **6** to become extinct, to die out (una raza).
extinto, -ta *adj.* extinct.
extintor, -ra *adj.* **1** extinguishing. • *s. m.* **2** fire extinguisher (aparato).
extirpación *s. f.* **1** extirpation, erradication. **2** MED. removal.
extirpar *v. t.* **1** to extirpate, to erradicate, to stamp out. **2** MED. to remove: *le extirparon una bala* = *they removed a bullet.* **3** to fire (despedir a uno).
extorsión *s. f.* extorsion.
extorsionar *v. t.* to extort.
extra *adj.* **1** extra. • *s. m.* y *f.* **2** extra (figurante). • *s. m.* **3** extra (en una cuenta, etc.).
extracción *s. f.* extraction.
extractar *v. t.* to summarize (compendiar).
extracto *s. m.* **1** QUÍM. extract. **2** (lit.) abstract, summary. **3** statement (bancario).
extraditar *v. t.* to extradite.
extraer *v. t.* **1** to extract. **2** to take out, to pull out (muelas, dientes).
extraíble *adj.* y *s. m.* removable.
extralimitación *s. f.* abuse.
extralimitarse *v. pron.* to go too far, to overstep the mark.
extramuros *adv.* outside the city.
extranjerismo *s. m.* **1** foreign word (palabra). **2** foreign expression (expresión).
extranjero, -ra *adj.* **1** foreign. • *s. m.* y *f.* **2** foreigner (persona). ◆ **3 en el ~,** abroad. **4 ir al ~,** to go abroad.
extranjis (de) *adv.* (fam.) secretly (sin que se sepa).
extrañamiento *s. m.* **1** banishment (expulsión). **2** astonishment, surprise (asombro).
extrañar *v. t.* **1** to surprise (sorprender): *me extraña su comportamiento* = *his behaviour surprises me.* **2** (Am.) to miss (echar en falta). • *v. i.* **3** to be strange (ser extraño). **4** to be surprising (ser sorprendente). ◆ **5 eso me extraña,** I'm surprised about that. **6 no es de ~,** it's not surprising.
extraño, -ña *adj.* **1** strange, odd, peculiar (raro). **2** foreign (extranjero). **3** outside (influencias, etc.). • *s. m.* y *f.* **4** stranger. ◆ **5 un cuerpo ~,** MED. a foreign body.
extraoficial *adj.* unofficial.
extraordinariamente *adv.* **1** extraordinarily. **2** extraordinarily well (muy bien).
extraordinario, -ria *adj.* **1** extraordinary. **2** unusual (poco usual). • *s. m.* **3** special dish (en un menú, etc.). **4** extra pay (pago). **5** special edition (del periódico, etc.).
extraplano *s. m.* DEP. overhang (en alpinismo).
extrapolación *s. f.* MAT. extrapolation.
extrapolar *v. t.* e *i.* to extrapolate.
extraterrestre *adj.* **1** extraterrestrial. • *s. m.* y *f.* **2** alien.
extravagancia *s. f.* eccentricity.
extravagante *adj.* eccentric.
extravertido, -da *adj.* **1** extroverted. • *s. m.* y *f.* **2** extrovert.
extraviar *v. t.* **1** to make lose one's way (hacer perder el camino). **2** to mislead (equivocar). **3** to misplace (perder). • *v. pron.* **4** to get lost (perderse). **5** (fig.) to go astray (llevar mala vida). **6** to wander (la mirada).
extravío *s. m.* **1** misplacing, mislaying, loss (pérdida). **2** losing one's way, getting lost (acción de perderse). **3** mistake (error). **4** misconduct (mala conducta).
extremado, -da *adj.* extreme.
extremar *v. t.* **1** to intensify (precauciones, etc.). • *v. pron.* **2** to take great pains, to do one's utmost.
extremaunción *s. f.* REL. extreme unction.
extremeño, -ña *s. m.* y *f.* **1** inhabitant of Extremadura. • *adj.* **2** Extremaduran.
extremidad *s. f.* **1** end, tip, extremity (punta). **2** edge, outermost part (borde). • *pl.* **3** ANAT. extremities.
extremismo *s. m.* extremism.
extremo, -ma *adj.* **1** extreme (lugar). **2** far, furthest, outer (más alejado). **3** last (dentro de un orden). **4** utmost (precaución, cuidado, etc.). • *s. m.* **5** end (final). **6** highest point (punto más alto). **7** lowest point (punto más bajo). **8** point, matter (asunto). **9** DEP. winger (jugador). ◆ **10 ~ derecho,** DEP. right-wing. **11 ~ izquierdo,** DEP. left-wing.
extrínseco, -ca *adj.* extrinsic.
extrovertido, -da *adj.* ⇒ **extravertido.**
exuberancia *s. f.* **1** exuberance, abundance (abundancia). **2** exuberance (de carácter).
exuberante *adj.* exuberant.
exudación *s. f.* exudation.
exudar *v. t.* to exude.
exultación *s. f.* exultation.
exultante *adj.* exultant.
exultar *v. i.* to exult.
exvoto *s. m.* REL. ex-voto, votive offering.
eyaculación *s. f.* ejaculation.
eyacular *v. i.* to ejaculate.
eyector *s. m.* TEC. ejector.

f, F, *s. f.* f, F (sexta letra del alfabeto español).

fa *s. m.* **1** MÚS. F; fa (en la escala de do). **2** (Am.) binge (juerga, diversión).

fabada *s. f.* Asturian dish of haricot beans, pork and bacon.

fábrica *s. f.* **1** factory: *trabajar en una fábrica = to work in a factory.* **2** factory building (edificio). **3** mill (de papel, madera, textiles, azúcar). **4** plant (instalación). ◆ **5 ~ de cerveza,** brewery. **6 ~ de gas,** gasworks. **7 ~ de harina,** flour mill. **8 ~ de moneda,** mint. **9 ~ de montaje,** assembly plant. **10 ~ de papel,** paper mill. **11 marca de ~,** trademark. **12 precio en ~,** factory price.

fabricación *s. f.* **1** manufacturing, making: *fabricación de televisores = television manufacturing.* **2** production (producción): *fabricación en serie = mass production; estar en fabricación = to be in production.* ◆ **3 de ~ casera,** home-made.

fabricante *s. m.* y *f.* manufacturer, maker: *fabricante de ropa = clothes manufacturer.*

fabricar *v. t.* **1** to manufacture, to make: *fabricar radios = to manufacture radios.* **2** ARQ. to build, to construct (construir). **3** (fig.) to invent, to fabricate (inventar): *fabricar una coartada = to invent an alibi.* **4** to brew (cerveza).

fabril *adj.* manufacturing.

fábula *s. f.* **1** LIT. fable, tale: *las fábulas de Samaniego = the fables of Samaniego.* **2** rumour (rumor). **3** invention, (fam.) fib (narración falsa). **4** mythology (la mitología, en general). ◆ **5 ser una cosa de ~,** to be fantastic/marvellous/fabulous.

fabular *v. i.* to make things up.

fabulario *s. m.* collection of fables.

fabulista *s. m.* y *f.* LIT. fable writer, writer of fables.

fabulosamente *adv.* fabulously, fantastically.

fabuloso, -sa *adj.* **1** fabulous, fantastic: *una memoria fabulosa = a fantastic memory.* **2** fictitious, invented (ficticio). **3** (fam.) enormous, fabulous: *un tesoro fabuloso = an enormous/fabulous treasure.* **4** fabled, fabulous (de las fábulas).

faca *s. f.* large knife (cuchillo grande).

facción *s. f.* **1** POL. faction (de un partido): *una facción política = a political faction.* **2** gang, band (bando). **3** MIL. duty (acto de servicio): *estar de facción = to be on duty.* ● *pl.* **4** features (rasgos de la cara): *de facciones bonitas = with pretty features.*

faccioso, -sa *adj.* **1** factious, rebellious (rebelde): *una persona facciosa = a rebellious person.* ● *s. m.* y *f.* **2** factious o rebellious person, rebel (rebelde). **3** armed rebel (rebelde armado). **4** gang member (que pertenece a un bando).

faceta *s. f.* **1** GEOM. facet (cara o superficie de un poliedro). **2** (fig.) facet, aspect, side: *la faceta desconocida de una persona = the unknown side of a person.*

facha *s. f.* **1** (fam.) look, appearance (aspecto): *no me gusta su facha = I don't like the look of him.* **2** sight, disaster, mess (desastre): *estar hecho una facha = to look a mess.* **3** figure (figura). ● *s. m.* y *f.* /*adj.* **4** (fam. y desp.) fascist (fascista). ◆ **5 ponerse en ~,** to position oneself (colocarse en posición para cierta cosa). **6 tener buena ~,** to be good-looking. **7 tener mala ~,** to be ugly.

fachada *s. f.* **1** ARQ. façade, front. **2** (fig.) façade, front: *su sinceridad es pura fachada = his sincerity is just a façade.* **3** title page (portada de un libro). **4** appearance, look (aspecto exterior de una persona).

fachoso, -sa *adj.* odd-looking, absurd, ridiculous (extraño): *tiene un novio fachoso = she's got an odd-looking boyfriend.*

facial *adj.* facial (que pertenece al rostro).

fácil *adj.* **1** easy: *un trabajo fácil = an easy job; fácil de entender = easy to understand.* **2** simple, easy (sencillo): *un libro fácil = a simple book.* **3** probable, likely (probable): *es fácil que llegue pronto = he's likely to arrive soon.* **4** docile, compliant (dócil). **5** easy, loose (una mujer). **6** easy, fluent (estilo). ● *adv.* **7** easily (fácilmente).

facilidad *s. f.* **1** easiness (calidad de fácil): *la facilidad de hacerlo = the easiness of doing it.* **2** ease, facility: *con la mayor facilidad = with the greatest of ease.* **3** straightforwardness, simplicity (sencillez). **4** docility, compliance (docilidad). **5** fluency: *facilidad de palabra = fluency of speech.* **6** gift, talent (talento): *tiene gran facilidad para el inglés = he has a great gift for English.* ● *pl.* **7** facilities: *las facilidades para practicar el tenis = the facilities for practising tennis.* ◆ **8 dar facilidades,** FIN. to give easy terms. **9 facilidades de crédito,** FIN. credit facilities. **10 facilidades de pago,** FIN. easy terms.

facilitar *v. t.* **1** to facilitate, to make easy (hacer fácil). **2** to provide (proporcionar): *el banco nos ha facilitado el dinero = the bank has provided us with the money.* **3** to issue (documentos). **4** to supply (suministrar).

fácilmente *adv.* easily: *aprobó el examen fácilmente = he passed the examination easily.*

facineroso, -sa *adj.* **1** criminal. **2** evil, wicked (malvado). ● *s. m.* y *f.* **3** criminal (maleante, delincuente). **4** evil person, wicked person (persona malvada).

facsímil o **facsímile** *s. m.* facsimile.

factibilidad *s. f.* feasibility.

factible *adj.* feasible, practical.

factor *s. m.* **1** MAT. factor. **2** COM. agent, (p.u.) factor (agente comercial). **3** BIOL. factor. **4** factor, element (elemento): *el factor humano = the human element; el factor determinante = the decisive factor.* **5** luggage clerk, freight clerk (empleado de ferrocarril).

factoría *s. f.* **1** factory (fábrica). **2** agency (oficina del agente comercial). **3** COM. trading post (establecimiento comercial).

factótum *s. m.* y *f.* factotum.

factura *s. f.* **1** COM. bill (cuenta). **2** invoice (de géneros vendidos o servicios prestados): *factura pro forma = pro forma invoice; pasar factura = to send an invoice.* **3** manufacture (hechura). **4** style, imprint: *de buena factura = with good style.*

facturación *s. f.* **1** COM. invoicing (de géneros vendidos o servicios prestados). **2** bill (cuenta). **3** registration (en trenes). **4** check-in (aeropuerto). **5** turnover (cifra de negocios).

facturar *v. t.* **1** COM. to invoice (de géneros vendidos). **2** to charge (cobrar). **3** to check in (en el aeropuerto); to register (en la estación).

facultad *s. f.* **1** faculty (capacidad): *facultad de hablar = faculty of speech.* **2** power (poder) **3** right (derecho). **4** MED. strength (fuerza); resistance (resistencia). **5** faculty, school (en la universidad): *Facultad de Ciencias = Faculty of Science.* **6** permit (permiso). • *pl.* **7** faculties, powers: *facultades mentales = mental faculties.*

facultar *v. t.* **1** to authorize, to empower (autorizar). **2** to give the right (dar derecho): *el título me faculta para enseñar = the qualification gives me the right to teach.*

facultativo, -va *adj.* **1** optional, non-obligatory (opcional). **2** professional (profesional). **3** MED. medical: *dictamen facultativo = medical report.* • *s. m.* y *f.* **4** MED. doctor (médico); surgeon (cirujano).

facundia *s. f.* **1** eloquence (facilidad en el hablar). **2** verbosity (labia excesiva) ◆ **3 tener ~,** to have the gift of the gab.

faena *s. f.* **1** job, task (quehacer). **2** work (trabajo): *tengo mucha faena = I've got a lot of work.* **3** dirty trick: *hacer una faena a alguien = to play a dirty trick on someone; ¡qué faena! = what a dirty trick!* **4** series of passes with the cape (en los toros). **5** (Am.) overtime (trabajo hecho en horas extraordinarias).

faenar *v. i.* MAR. to fish (pescar).

fagocito *s. m.* BIOL. phagocyte.

fagot *s. m.* **1** MÚS. bassoon (instrumento). • *s. m.* y *f.* **2** MÚS. bassoonist (músico).

faisán *s. m.* pheasant.

faja *s. f.* **1** sash, cummerbund (tira de tela que se pone alrededor de la cintura). **2** corset, girdle (corsé). **3** wrapper (postal). **4** sash, insignia (insignia). **5** strip (de terreno). **6** band, strip (de tela). **7** MED. bandage (vendaje). **8** ARQ. fascia (moldura). **9** fesse, fess (pieza de los escudos).

fajar *v. t.* **1** to wrap (envolver). **2** to bandage (con una venda). **3** to put a sash on (poner una faja). **4** to hit, to beat (golpear). • *v. pron.* **5** to put a sash on.

fajín *s. m.* sash.

fajina *s. f.* **1** AGR. pile, rick (almiar). **2** kindling, firewood (leña). **3** bundle of firewood (haz de leña). **4** orchard (huerta). **5** fascine (haz de ramas). **6** MIL. bugle call (toque de retirada).

fajo *s. m.* bundle (haz); wad (de billetes).

falacia *s. f.* **1** deceit, trick (engaño). **2** fallacy (reputación falsa). **3** deceitfulness (costumbre de mentir).

falange *s. f.* **1** ANAT. phalange, phalanx. **2** HIST. y MIL. phalanx. ◆ **3 la Falange,** POL. The Falange.

falangeta *s. f.* ANAT. third phalanx.

falangina *s. f.* ANAT. second phalanx.

falangista *adj./s. m.* y *f.* Falangist.

falaz *adj.* **1** deceitful (mentiroso). **2** false, misleading (engañoso).

falciforme *adj.* sickle-shaped.

falda *s. f.* **1** skirt (vestido): *minifalda = miniskirt; falda escocesa = kilt; falda de tubo = straight skirt.* **2** HIST. skirt (de la armadura). **3** GEOG. slope, side (lateral de una montaña); foot, bottom (parte baja de los montes). **4** cover (de una mesa camilla). **5** brisket (carne); flank (parte del animal). **6** knees, lap (regazo). • *pl.* **7** girls (chicas); women (mujeres): *ser aficionado a las faldas = to be fond of the girls,* (fam.) *to be a ladies' man.* ◆ **8 estar cosido** o **pegado a las faldas de su madre,** to be tied to one's mother's apron strings.

faldero, -ra *adj.* **1** skirt (de la falda). • *s. m.* y *f.* **2** (fam.) ladies' man (aficionado a las mujeres). ◆ **3 perro ~,** lapdog.

faldillas *s. f. pl.* coattails.

faldón *s. m.* **1** coattails (faldillas). **2** skirt (falda). ◆ **3 agarrarse a los faldones de uno,** to cling to someone's coattails.

falibilidad *s. f.* fallibility.

falible *adj.* fallible.

fálico, -ca *adj.* phallic.

falla *s. f.* **1** fault, defect, flaw (defecto). **2** GEOL. fault. • *pl.* **3** Valencian Carnival (fiestas de Valencia).

fallar *v. t.* **1** to ruff (naipes). **2** DER. to pronounce judgment in (emitir sentencia o veredicto). **3** to let down, to disappoint (decepcionar): *me has fallado = you've let me down.* • *v. i.* **4** to fail (la memoria, frenos, corazón, etc.). **5** to fail (fracasar): *su intento ha fallado = his attempt has failed.* **6** DEP. to miss (un tiro). **7** to misfire (un arma). **8** to miss (motor).

fallecer *v. i.* to die, (euf.) to pass away.

fallecido, -da *adj.* **1** late. • *s. m.* y *f.* **2** deceased.

fallecimiento *s. m.* death, demise.

fallido, -da *adj.* **1** unsuccessful, vain (sin éxito): *intento fallido = unsuccessful attempt; esperanzas fallidas = vain hopes.* **2** bad (una deuda). **3** bad, unsuccessful, poor (tiro, cosecha): *cosecha fallida = poor harvest.*

fallo *s. m.* **1** DER. judgment, verdict, ruling (sentencia). **2** DEP. miss, mistake (de un tiro). **3** MED. failure: *fallo cardíaco = heart failure.* **4** MEC. failure: *fallo de los frenos = brake failure.* **5** failure (fracaso). **6** fault, shortcoming (de carácter): *tengo muchos fallos = I've got many faults.* **7** void (naipes): *tener un fallo a corazones = to be void in hearts.*

falo *s. m.* phallus.

falsamente *adv.* falsely.

falsario, -ria *s. m.* y *f.* **1** falsifier. **2** forger, counterfeiter (falsificador de dinero, acciones, etc.). **3** liar (mentiroso).

falseador, -ra *s. m.* y *f.* **1** falsifier. **2** forger, countfeiter (de dinero). **3** liar (mentiroso). • *adj.* **4** falsifying (que falsea una cosa). **5** forging, counterfeiting (que falsifica dinero, etc.). **6** lying (embustero).

falseamiento *s. m.* falsification.

falsear *v. t.* **1** to falsify (falsificar). **2** to forge, to counterfeit (dinero). **3** TEC. to bevel (un madero, una piedra). • *v. i.* **4** ARQ. to sag (una viga); to buckle, to give way (una pared). **5** MÚS. to be out of tune.

falsedad *s. f.* **1** falsity, falseness (cualidad de falso). **2** lie, (p.u.) falsehood: *decir o cometer falsedades = to tell lies.* **3** DER. forgery.

falsete *s. m.* **1** MÚS. falsetto. **2** bung, plug (tapón). **3** door (puerta).

falsificación *s. f.* **1** falsification. **2** forging, counterfeiting, (de dinero). **3** forging (de una firma).

falsificador, -ra *s. m.* y *f.* **1** forger, counterfeiter (de dinero). **2** falsifier (en sentido general).

falsificar *v. t.* **1** to falsify (en sentido general). **2** to forge (una firma). **3** to forge, to counterfeit (dinero). **4** to adulterate (adulterar). **5** to fake, to forge (un cuadro, un sello). **6** to rig, to fiddle (resultados, elecciones).

falsilla *s. f.* lined paper.

falso, -sa *adj.* **1** false: *una falsa alarma = a false alarm; falsa modestia = false modesty.* **2** untrue, not true (no verdadero). **3** counterfeit, (fam.) dud (moneda): *una moneda falsa = a dud coin.* **4** fake, imitation (piedra preciosa). **5** forged, fake (un cuadro, sello). **6** false (opinión, argumento, teoría). **7** MÚS. false (una nota). **8** wrong, incorrect (incorrecto). **9** deceitful, false, treacherous (traidor). **10** vicious (caballo). ◆ **11 en ~,** falsely (falsamente). **12 dar un paso en ~,** to trip, to stumble (dar un traspié); to put a foot wrong, to make a mistake (cometer un error). **13 jurar en ~,** to commit perjury. **14 coger a uno en ~,** to catch someone in a lie.

falta *s. f.* **1** lack (carencia): *falta de tiempo = lack of time; falta de dinero = lack of money.* **2** shortage (escasez): *falta de agua = water shortage.* **3** need (necesidad). **4** absence (ausencia): *falta de gente = absence of people.* **5** defect, fault (defecto de una cosa). **6** failing, shortcoming (defecto de una persona). **7** lack: *falta de respeto = lack of respect.* **8** mistake, error (error): *falta de ortografía = spelling mistake.* **9** fault (culpa): *es falta suya = it's his fault.* **10** DEP. foul; fault (en el tenis). **11** DER. misdemeanour (infracción de la ley, reglamento, etc.). **12** non-: *falta de pago = non-payment; falta de asistencia = non-attendance.* ◆ **13 a ~ de,** for lack of: *a falta de agua = for lack of water.* **14 caer en una ~,** to make a mistake. **15 echar en ~,** to miss: *te he echado en falta = I've missed you.* **16 hacer ~,** to be necessary: *no hace falta = it's not necessary; hace falta mucho dinero = we need a lot of money; hace falta llegar pronto =*

you need to get there early. **17 sacar una ~,** DEP. to take a free kick. **18 si hace ~,** if it's necessary. **19 sin ~,** without fail.

faltar *v. t.* **1** to offend, to be rude to (ofender). • *v. i.* **2** to be lacking: *nos falta tiempo = we haven't got enough time; me falta dinero = I don't have enough money.* **3** to be missing: *faltan dos personas = two people are missing.* **4** to be necessary (hacer falta): *nos falta gasolina = we need petrol.* **5** to miss: *faltar a clase = to miss class.* **6** not to go, to stay away (no acudir a un sitio). **7** to die (morir). ◆ **8 falta mucho para la cena,** it's a long time until supper. **9 faltan diez minutos para las dos,** it's ten to two. **10 faltan dos semanas,** there are two weeks to go. **11 falta poco para mi cumpleaños,** my birthday is not far off. **12 falta por hacer,** it has yet to be done. **13 ~ a la verdad,** to lie. **14 ~ a una promesa,** to break a promise. **15 ~ al respeto,** to be disrespectful. **16 ¡no faltaba más!,** of course! **17 ¡sólo faltaba eso!,** that's all we needed!

falto, -ta *adj.* **1** lacking, wanting: *falto de escrúpulos = lacking in scruples.* **2** short: *estar falto de ideas = to be short of ideas.*

faltón, -na *adj.* **1** unreliable, undependable (que falta a sus obligaciones). **2** bad-mannered, ill-mannered (maleducado).

faltriquera *s. f.* **1** apron (delantal). **2** pocket (bolsillo). ◆ **3 rascarse la ~,** (fig.) to dig into one's pocket; to pay up.

fama *s. f.* **1** fame, celebrity (celebridad). **2** reputation (reputación): *tener buena/mala fama = to have a good/bad reputation.* ◆ **3 correr la ~,** to become known, to be revealed (divulgarse). **4 dar fama a,** to make famous. **5 de fama,** famous; well-known: *un escritor de fama = a famous writer.* **6 es ~,** it is said, they say. **7 tener mucha ~,** to be very famous.

famélico, -ca *adj.* **1** starving, famished (hambriento). **2** very thin, (fam.) skinny (muy delgado).

familia *s. f.* **1** family: *de buena familia = from a good family; familia política = in-laws.* **2** GRAM. family. ◆ **3 cargarse de ~,** to have a lot of children. **4 en ~,** with one's family. **5 La Sagrada Familia,** the Holy Family. **6 ser como de la ~,** to be one of the family. **7 tener mucha ~,** to have a big family. **8 venir de ~,** to run in the family.

familiar *adj.* **1** family: *los lazos familiares = family ties.* **2** familiar (conocido): *el libro me es familiar = the book is familiar to me.* **3** natural, informal (trato). **4** LING. colloquial, familiar: *una expresión familiar = a colloquial expression.* • *s. m.* y *f.* **5** relation, relative (pariente). **6** servant (criado).

familiaridad *s. f.* **1** familiarity. **2** trust (confianza).

familiarizar *v. t.* **1** to familiarize. • *v. pron.* **2** to familiarize oneself, to make oneself familiar; to get to know.

familiarmente *adv.* familiarly.

famoso, -sa *adj.* **1** famous: *un escritor famoso = a famous writer.* **2** (fam.) great, superb, fantastic. • *s. m. y f.* **3** celebrity, personality.

fámula *s. f.* servant, maid (criada).

fan *s. m.* y *f.* fan, supporter (admirador).

fanal *s. m.* **1** lamp, lantern (farol). **2** bell glass (campana de cristal).

fanáticamente *adv.* fanatically.

fanático, -ca *adj.* **1** fanatical. • *s. m.* y *f.* **2** fanatic.

fanatismo *s. m.* fanaticism.

fandango *s. m.* **1** MÚS. fandango. **2** (fig.) din, racket, uproar (alboroto).

fandanguillo *s. m.* MÚS. dance similar to the fandango.

fanega o **hanega** *s. f.* grain measure (medida de peso para el grano).

fanfarria *s. f.* **1** MÚS. fanfare. **2** boasting, bragging, bluster.

fanfarrón, -na *adj.* **1** boastful, (fam.) flashy. • *s. m.* y *f.* **2** boaster, show-off.

fanfarronada *s. f.* showing-off, boasting, bragging.

fanfarronear *v. i.* to show off, to boast, to brag.

fanfarronería *s. f.* showing-off, boasting, bragging.

fangal *s. m.* bog, quagmire, mudpit.

fango *s. m.* **1** mud, mire. **2** (fig.) mire, dirt.

fangosidad *s. f.* muddiness.

fangoso, -sa *adj.* muddy.

fantasear *v. i.* **1** to dream, to daydream (soñar). **2** to imagine (imaginar).

fantasía *s. f.* **1** fantasy, imagination (facultad). **2** fantasy (producto de la fantasía). **3** LIT. fantasy. **4** MÚS. fantasía. **5** whim, caprice (capricho). **6** (fam.) vanity, conceit (presunción). **7 de ~,** fancy: *artículos de fantasía = fancy goods.* • *pl.* **8** imitation jewellery (bisutería).

fantasioso, -sa *adj.* **1** imaginative, fanciful, dreamy (fantaseador). **2** conceited, vain (presumido). • *s. m.* y *f.* **3** imaginative person, fanciful person (fantaseador). **4** show-off; vain person, conceited person (presumido).

fantasma *s. m.* **1** ghost, phantom: *el fantasma de la ópera = the phantom of the opera.* **2** (fam.) show-off (persona presumida). **3** ghost (aparecido).

fantasmagoría *s. f.* phantasmagoria.

fantasmagórico, -ca *adj.* phantasmagoric.

fantasmal *adj.* ghostly, phantasmal.

fantasmón, -na *adj.* (fam.) **1** vain, conceited (presumido). • *s. m.* y *f.* **2** (fam.) show-off.

fantástico, -ca *adj.* **1** fantastic, unreal (perteneciente a la fantasía). **2** fabulous, fantastic, great, tremendous (excelente): *un partido fantástico = a fantastic game.* **3** huge, enormous (muy grande).

fantoche *s. m.* **1** puppet, marionette (títere). **2** show-off, braggart (presumido). **3** (fam.) dimwit, dolt, nincompoop (mamarracho).

faquir *s. m.* fakir.

faradio *s. m.* ELEC. farad.

farallón *s. m.* GEOG. outcrop (roca que sobresale).

farándula *s. f.* **1** HIST. troupe of strolling actors (compañía ambulante). ◆ **2 la ~,** acting, the theatre (profesión).

farandulero, -ra *s. m.* y *f.* strolling actor, strolling player (actor ambulante).

faraón *s. m.* Pharaoh.

faraónico, -ca *adj.* Pharaonic.

farda *s. f.* **1** bundle (bulto pequeño). **2** parcel (paquete). **3** TEC. mortise (muesca en un madero).

fardar *v. t.* **1** to supply, to provide (proveer). **2** to outfit, to dress (surtir ropa). • *v. i.* **3** to show off, to boast (presumir). **4** to dress well, to dress up (ir bien vestido).

fardo *s. m.* **1** parcel (paquete). **2** bundle (lío grande, especialmente de ropa).

fardón, -na *s. m.* y *f.* show-off, boaster (presumido).

farfolla *s. f.* AGR. husk (envoltura del maíz, etc.).

farfullar *v. t.* e *i.* **1** (fam.) to gabble, to jabber (hablar atropelladamente). • *v. i.* **2** (fig.) to do a botched job (hacer una chapuza).

farfullero, -ra *s. m.* y *f.* **1** jabberer, gabbler (persona que habla farfullando). **2** (fam.) botcher, shoddy worker (chapucero). • *adj.* **3** jabbering, gabbling (que habla farfullando). **4** (fam.) slipshod, shoddy, careless (chapucero).

farináceo, -a *adj.* farinaceous, starchy.

faringe *s. f.* ANAT. pharynx.

faríngeo, -a *adj.* ANAT. pharyngal.

faringitis *s. f.* MED. pharyngitis.

farisaico, -ca *adj.* **1** pharisaic, pharisaical. **2** (fig.) hypocritical, (fam.) two-faced (hipócrita).

farisaísmo o **fariseísmo** *s. m.* pharisaism, phariseeism.

fariseo, -a *s. m.* y *f.* **1** pharisee. **2** (fig.) hypocrite, impostor (hipócrita).

farmacéutico, -ca *adj.* **1** pharmaceutical. • *s. m.* y *f.* **2** chemist, (EE UU) pharmacist.

farmacia *s. f.* **1** chemist's, chemist's shop; (EE UU) pharmacy, drugstore (tienda). **2** pharmacy (ciencia).

fármaco *s. m.* MED. medicine, drug (medicamento).

farmacología *s. f.* pharmacology.

farmacopea *s. f.* pharmacopoeia.

faro *s. m.* **1** lighthouse (en las costas). **2** headlight, headlamp (de los coches). **3** lantern, light (farol). **4** beacon (señal luminosa). **5** (fig.) guiding light (guía moral). ◆ **6 ~ antiniebla,** foglamp. **7 ~ de marcha atrás,** reversing light. **8 ~ piloto,** taillight, rear light.

farol *s. m.* **1** lantern, lamp (luz). **2** street lamp (en la calle). **3** bluff (en los juegos, cartas). **4** showing-off, boasting (presunción). ◆ **5 ¡adelante con los faroles!,** come on! **6 ~ de viento,** hurricane lamp.

farola *s. f.* **1** street lamp (farol de calle). **2** gas lamp (de gas).

farolear *v. i.* to show off, to boast, to brag (presumir).

farolero, -ra *adj.* **1** boastful, vain, (fam.) cocky (presumido). ● *s. m.* y *f.* **2** show-off, boaster (presumido). **3** lamp maker (el que hace faroles). **4** lamp lighter (el que enciende o cuida los faroles).

farra *s. f.* (fam.) fling, binge (juerga): *ir de farra = to go on a binge.*

fárrago *s. m.* (fam.) hotchpotch, jumble, farrago.

farragoso, -sa *adj.* convoluted, confusing: *un libro farragoso = a convoluted book.*

farruco, -ca *adj.* **1** challenging, defiant (desafiante). **2** self-confident, (desp.) cocky (seguro de sí mismo). ● *s. m.* y *f.* **3** Galician or Asturian emigrant (gallego o asturiano recién salido de su tierra).

farsa *s. f.* **1** farce (comedia teatral). **2** (fig.) farce, sham: *esta ley es una farsa = this law is a farce.*

farsante *s. m.* y *f.* **1** comedian (comediante). **2** (fig.) fraud, sham, fake.

fas o **por nefas (por)** *loc. adv.* (fam.) rightly or wrongly.

fascículo *s. m.* fascicle, part: *el primer fascículo = the first part.*

fascinación *s. f.* fascination.

fascinador, -ra *adj.* fascinating.

fascinante *adj.* fascinating.

fascinar *v. t.* to fascinate, to captivate.

fascismo *s. m.* fascism.

fascista *adj./s. m.* y *f.* fascist.

fase *s. f.* **1** stage, phase: *la primera fase = the first stage; las fases de una enfermedad = the phases of an illness.* **2** ASTR., BIOL., FÍS. phase: *las fases de la luna = the phases of the moon.*

fastidiar *v. t.* **1** to bother, to annoy (molestar): *me fastidia tener que estudiar más = it annoys me having to study more; ¡no me fastidies! = stop bothering me!* **2** to spoil o ruin someone's plans (estropear los planes a uno): *el tiempo nos ha fastidiado = the weather has ruined our plans.* **3** to ruin, to spoil (estropear). **4** to harm, to damage (hacer daño). **5** to sicken, to disgust (causar asco). ● *v. pron.* **6** to put up with: *si las cosas son así, me tengo que fastidiar = if that's the way things are, I'll have to put up with it.* **7** to get bored/fed up (aburrirse). **8** to get angry/annoyed (enfadarse). **9** to be spoilt/ruined (estropearse). **10** to break down, to be damaged (un mecanismo). **11** to hurt (hacerse daño): *me he fastidiado la pierna = I've hurt my leg.* ◆ **12 ¡fastídiate!,** (fam.) get lost! **13 ¡que se fastidie!,** (fam.) too bad for him! **14 ¡no fastidies!,** (fam.) you must be joking!; you're joking.

fastidio *s. m.* **1** bother, nuisance (molestia): *¡qué fastidio! = what a bother!* **2** boredom, (fam.) drag (aburrimiento): *es un fastidio tener que estudiar = it is a drag having to study.*

fastidioso, -sa *adj.* **1** bothersome, annoying, troublesome: *un trabajo fastidioso = a troublesome job.* **2** boring, tedious (aburrido).

fasto *s. m.* pomp, pageantry.

fastuosamente *adv.* lavishly, ostentatiously (ostentosamente).

fastuosidad *s. f.* lavishness, ostentatiousness.

fastuoso, -sa *adj.* **1** lavish, extremely luxurious (muy lujoso). **2** lavish, ostentatious (amigo del gran lujo).

fatal *adj.* **1** fatal (mortal): *un accidente fatal = a fatal accident.* **2** inevitable, unavoidable (inevitable). **3** (fam.) terrible, lousy, rotten, awful (muy malo): *un partido fatal = a terrible game.* ● *adv.* **4** terribly, very badly, awfully: *escribe fatal = he writes terribly.* ◆ **5 estar ~,** to feel awful.

fatalidad *s. f.* **1** fate, destiny (destino). **2** bad luck, misfortune (mala suerte).

fatalismo *s. m.* fatalism.

fatalista *adj.* **1** fatalistic. ● *s. m.* y *f.* **2** fatalist.

fatalmente *adv.* **1** fatally (mortalmente). **2** inevitably, unavoidably (inevitablemente). **3** unfortunately (desgraciadamente). **4** terribly, very badly, awfully (muy mal).

fatídico, -ca *adj.* ominous, fateful: *un día fatídico = a fateful day.*

fatiga *s. f.* **1** tiredness, weariness, fatigue (cansancio). **2** TEC. fatigue: *fatiga del metal = metal fatigue.* **3** laboured breathing (molestia al respirar). **4** shaking, agitation (agitación). ● *pl.* **5** troubles, hardships, difficulties (dificultades).

fatigar *v. t.* **1** to tire, to weary, (p.u.) to fatigue (cansar). ● *v. pron.* **2** to tire, to get tired, to wear oneself out: *fatigarse nadando = to wear oneself out swimming.*

fatigoso, -sa *adj.* **1** tiring, exhausting (que fatiga): *un trabajo fatigoso = a tiring job.* **2** difficult, laboured (la respiración). **3** tiresome, tedious (fastidioso).

fatuidad *s. f.* fatuousness, stupidity, inanity.

fatuo, -tua *adj.* **1** fatuous, inane (necio). **2** conceited, vain (presumido).

fauces *s. f. pl.* ANAT. fauces, gullet (de la boca de los animales).

fauna *s. f.* fauna.

fauno *s. m.* LIT. faun.

fausto, -ta *adj.* **1** happy, cheerful (feliz): *un fausto acontecimiento = a happy event.* ● *s. m.* **2** magnificence, splendour (lujo excesivo).

favila *s. f.* cinder (ceniza del fuego).

favor *s. m.* **1** favour: *¿me puedes hacer un favor? = can you do me a favour?* **2** concession (concesión). ◆ **3 a ~ de,** in favour of: *estar a favor de = to be in favour of.* **4 de ~,** free; complimentary: *entrada de favor = free ticket.* **5 estar en ~ de,** to be to the benefit of, to be for (a beneficio de). **6 hacer el ~ de,** to be so kind/good as to: *haga el favor de no hablar = please be so kind as to refrain from talking.* **7 pedir un ~ a alguien,** to ask someone for a favour. **8 por ~,** please.

favorable *adj.* **1** favourable (propicio): *un resultado favorable = a favourable result; un viento favorable = a favourable wind.* **2** suitable (apto): *condiciones favorables = suitable conditions.* **3** favourable, encouraging (perspectivas, pronóstico).

favorablemente *adv.* favourably, advantageously.

favorecer *v. t.* **1** to favour (beneficiar). **2** to be in favour of: *el tiempo nos favoreció = the weather was in our favour.* **3** to help (ayudar). **4** to enhance (agraciar). **5** to flatter (una foto). **6** to look well on, to suit, to become (ropa): *la falda te favorece = the skirt suits you.*

favorecido, -da *adj.* favoured: *un joven poco favorecido = an ill-favoured young man.*

favoritismo *s. m.* favouritism.

favorito, -ta *adj.* **1** favourite: *mi libro favorito = my favourite book.* ● *s. m.* y *f.* **2** favourite: *el favorito para ganar = the favourite to win.*

fax *s. m.* **1** fax (aparato). **2** fax (documento).

faz *s. f.* **1** face (cara): *la faz de la tierra = the face of the earth.* **2** aspect (aspecto). **3** head, obverse (de una moneda).

fe *s. f.* **1** REL. faith: *la fe católica = the Catholic faith; tener fe en = to have faith in.* **2** fidelity, loyalty (fidelidad). **3** certificate (certificado). **4** trust (confianza). **5** promise (promesa). ◆ **6 a ~ de,** on the word of. **7 buena ~,** good faith: *de buena fe = in good faith.* **8 dar ~,** to testify; to attest. **9 ~ de erratas,** list of errata. **10 mala ~,** bad faith: *de mala fe = in bad faith.* **11 profesión de ~,** profession of faith. **12 tener buena/mala ~,** to be honest/dishonest.

fealdad *s. f.* ugliness (calidad de feo).

febrero *s. m.* February.

febril *adj.* **1** MED. feverish. **2** (fig.) feverish, intense (intenso).

fecal *adj.* faecal.

fecha *s. f.* **1** date: *¿cuál es la fecha? = what's the date?* ◆ **2 a estas fechas,** by now; now. **3 a partir de esta ~,** from today; starting today. **4 con ~ del 20 de mayo,** dated the 20th of May. **5 ~ tope,** last date; closing date; deadline. **6 hasta la ~,** so far; to date. **7 para estas fechas,** by this time. **8 sin ~,** undated. **9 ~ de caducidad,** sell-by date (en latas, alimentos); expiry date (en documento, carnet). **10 ~ de nacimiento,** date of birth.

fechar *v. t.* to date.

fechoría *s. f.* misdeed, offence.

fécula *s. f.* starch.

feculento, -ta *adj.* starchy.

fecundación *s. f.* fertilization, (p.u.) fecundation.

fecundante *adj.* fertilizing, (p.u.) fecundating.
fecundar *v. t.* to fertilize, (p.u.) to fecundate (fertilizar).
fecundidad *s. f.* fertility, (p.u.) fecundity.
fecundizar *v. t.* **1** to fertilize, (p.u.) to fecundate. **2** to make fertile (tierra).
fecundo, -da *adj.* **1** fertile (fértil). **2** productive (que produce). **3** (fig.) prolific (escritor, artista). **4** fertile (imaginación). ◆ **5 ~ en,** full of: *una película fecunda en ideas = a film full of ideas.*
federación *s. f.* federation: *federación de fútbol = football federation.*
federal *adj.* federal.
federalismo *s. m.* federalism.
federalista *s. m.* y *f.* federalist.
federar *v. t.* y *pron.* to federate.
federativo, -va *adj.* federative.
fehaciente *adj.* **1** authentic (auténtico). **2** evident, obvious (evidente).
feldespato *s. m.* MIN. feldspar, felspar.
felicidad *s. f.* **1** happiness. **2** stroke of good fortune, happy event (acontecimiento agradable). ● *pl.* **3 ¡felicidades!,** congratulations! ◆ **4 te deseo toda clase de felicidades,** I wish you all the happiness in the world.
felicitación *s. f.* congratulation.
felicitar *v. t.* **1** to congratulate: *me felicitó por haber aprobado el examen = he congratulated me on having passed the examination.* ● *v. pron.* **2** to be pleased/glad.
feligrés, -sa *s. m.* y *f.* REL. parishioner.
feligresía *s. f.* REL. **1** parish (parroquia). **2** parishioners (feligreses).
felino, -na *adj.* **1** ZOOL. feline. **2** (fam.) catlike, feline. ● *s. m.* **3** feline.
feliz *adj.* **1** happy: *¡feliz cumpleaños! = happy birthday!* **2** clever (acertado). **3** fortunate, lucky (afortunado). **4** favourable (favorable).
felizmente *adv.* **1** happily: *vivimos felizmente en el campo = we live happily in the country.* **2** fortunately, luckily (afortunadamente). **3** successfully (con éxito).
felón, na *adj.* **1** treacherous, traitorous (traidor). **2** false, deceitful (falso). ● *s. m.* y *f.* **3** traitor, evil person.
felonía *s. f.* treachery, (fam.) double-dealing (traición).
felpa *s. f.* **1** plush (tejido aterciopelado). **2** (fig.) beating, thrashing (paliza). **3** reprimand, (fam.) telling-off, dressing-down (reprimenda).
felpilla *s. f.* chenille.
felpudo, -da *adj.* **1** plushy, velvety. ● *s. m.* **2** mat, doormat (esterilla).
femenil *adj.* feminine, womanly.
femenino, -na *adj.* **1** feminine. **2** BOT. y BIOL. female: *sexo femenino = female sex.* ● *s. m.* **3** GRAM. feminine.
fementido, -da *adj.* treacherous, false, (fam.) double-dealing.
femineidad *s. f.* femininity.
feminidad *s. f.* femininity.
feminismo *s. m.* feminism.
feminista *s. m.* y *f.* feminist.
femoral *adj.* ANAT. femoral.
fémur *s. m.* ANAT. femur.
fenecer *v. t.* **1** to end, to conclude, to finish (poner fin). ● *v. i.* **2** to die (morir). **3** to come to an end, to end, to cease (acabarse).
fenecimiento *s. m.* **1** passing away, death, demise (muerte). **2** end, close, conclusion (fin).
fenicio, -cia *adj.* y *s. m.* y *f.* Phoenician.
fénix *s. m.* phoenix.
fenol *s. m.* QUÍM. phenol.
fenomenal *adj.* **1** phenomenal. **2** (fig.) fantastic, marvellous (magnífico): *una persona fenomenal = a fantastic person.* **3** enormous, huge (enorme).
fenómeno *s. m.* **1** phenomenon: *un fenómeno físico = a physical phenomenon.* **2** freak (persona deforme). ● *adj.* **3** (fam.) great, terrific, fantastic: *un hombre fenómeno = a terrific man.*
fenomenología *s. f.* phenomenology.
feo, -a *adj.* **1** ugly: *un hombre feo = an ugly man.* **2** awful, lousy, terrible (muy malo): *un partido feo = an awful game; hace un tiempo feo = the weather is lousy.* **3** nasty (una situación, costumbre, herida). **4** not nice: *es muy feo decir tacos = it's not nice to swear.* ● *s. m.* **5** insult, slight (insulto).
feracidad *s. f.* fertility.
feraz *adj.* fertile.
féretro *s. m.* coffin (ataúd).
feria *s. f.* **1** fair: *feria de muestras = trade fair.* **2** holiday (fiesta). **3** rest day, day off (día de descanso). **4** carnival (carnaval). **5** week day, working day (día de la semana). **6** (Am.) change (dinero suelto).
ferial *s. m.* **1** fairground (lugar donde está instalada la feria). ● *adj.* **2** REL. ferial. **3** fair (de la feria).
feriante *s. m.* y *f.* fair-goer (persona que acude a la feria).
feriar *v. t.* **1** to buy at the fair (comprar en la feria). **2** to trade (comprar o vender en la feria). ● *v. i.* **3** to take a holiday, to take time off (guardar o hacer fiesta).
ferino, -na *adj.* **1** wild, savage, (p.u.) feral (de fiera). ◆ **2 tos ferina,** MED. whooping cough.
fermentable *adj.* fermentable.
fermentación *s. f.* fermentation.
fermentar *v. t.* e *i.* to ferment.
fermento *s. m.* (fig.) ferment: *fermento revolucionario = revolutionary ferment.*
fermio *s. m.* QUÍM. fermium.
ferocidad *s. f.* ferocity, fierceness, savageness.
feroz *adj.* **1** fierce, ferocious, savage (un animal). **2** cruel (que obra cruelmente). **3** fierce, savage (una persona). **4** fierce (viento, tormenta, etc.). **5** (fig.) tremendous, enormous (tremendo): *tener un hambre feroz = to have a tremendous appetite.*
férreo, -a *adj.* **1** iron, ferrous (de hierro): *metal no férreo = non-ferrous metal.* **2** (fig.) iron, hard (duro): *disciplina férrea = iron discipline.* ◆ **3 vía ~,** *railway.*
ferrería *s. f.* **1** forge (forja). **2** foundry, ironworks (fábrica). **3** blacksmith's workshop (taller).
ferretería *s. f.* **1** ironmonger's, hardware shop (tienda). **2** hardware, ironmongery (mercancías, género).
ferretero, -ra *s. m.* y *f.* ironmonger.
férrico, -ca *adj.* QUÍM. ferric, ferrous.
ferrocarril *s. m.* **1** railway, (EE UU) railroad. ◆ **2 ~ elevado,** elevated railway. **3 ~ funicular,** funicular. **4 por ~,** by railway.
ferrocarrilero, -ra *adj.* (Am.) railway, (EE UU) railroad.
ferroso, -sa *adj.* QUÍM. ferrous.
ferroviario, -ria *adj.* **1** railway, (EE UU) railroad. ● *s. m.* y *f.* **2** railwayman, railway worker (empleado del ferrocarril).
ferruginoso, -sa *adj.* ferruginous.
fértil *adj.* **1** fertile. **2** productive (productivo). **3** (fig.) fertile: *una imaginación fértil = a fertile imagination.* **4** rich (rico).
fertilidad *s. f.* **1** AGR. fertility. **2** richness (riqueza).
fertilización *s. f.* fertilization.
fertilizante *s. m.* fertilizer.
fertilizar *v. t.* to fertilize.
férula *s. f.* **1** MED. splint (tablilla). **2** BOT. giant fennel. **3** cane, stick (del profesor). **4** domination, rule (sujección).
férvido, -da *adj.* fervent, passionate, impassioned, fervid.
ferviente *adj.* fervid, fervent.
fervientemente *adv.* fervently, fervidly.
fervor *s. m.* fervour, passion.
fervorosamente *adv.* fervently, passionately.
fervoroso, -sa *adj.* fervent, fervid, passionate, ardent.
festejar *v. t.* **1** to wine and dine, to entertain (agasajar a uno). **2** to celebrate (celebrar). **3** to court, to woo (galantear). ● *v. pron.* **4** to have a good time, to enjoy oneself (divertirse).
festejo *s. m.* **1** entertainment, feast (de un huésped). **2** celebration (celebración). **3** courting, wooing (cortejo). ● *pl.* **4** festivities, revelries (fiestas).
festín *s. m.* feast, banquet (banquete).
festival *s. m.* festival: *festival de teatro = drama festival; festival de cine = film festival.*
festividad *s. f.* **1** festivity, revelry, merriment (alegría). **2** REL. feast day, feast (fiesta). **3** ceremony (ceremonia). **4** wit, sharpness, humour (agudeza).
festivo, -va *adj.* **1** festive, jolly, merry (alegre). **2** REL. feast: *día festivo = feast day.* **3** comical, witty (cómico).
festón *s. m.* **1** scallop (bordado). **2** festoon (adorno en forma de guirnaldas).
festoneado *s. m.* festoonery.
festonear o **festonar** *v. t.* to festoon.
fetal *adj.* foetal.
fetén *adj.* (fam.) great, fantastic.
fetiche *s. m.* fetish.
fetichismo *s. m.* fetishism.
fetichista *adj.* **1** fetishist. ● *s. m.* y *f.* **2** fetishist.

fetidez *s. f.* stench, smelliness, (p.u.) foetidness.
fétido, -da *adj.* stinking, rank, smelly, (p.u.) foetid.
feto *s. m.* BIOL. foetus.
feudal *adj.* feudal.
feudalismo *s. m.* HIST. feudalism.
feudatario, -ria *adj./s. m.* y *f.* feudatory.
feudo *s. m.* HIST. fief, feud.
fez *s. m.* fez (gorro turco).
fiabilidad *s. f.* reliability, trustworthiness.
fiable *adj.* reliable, trustworthy.
fiado, -da *adj.* **1** loyal, faithful (fiel). **2** trusting (confiado). **3 al ~,** COM. on credit: *comprar al fiado = to buy on credit.*
fiador, -ra *s. m.* y *f.* **1** DER. guarantor, surety (persona). ◆ **2** *s. m.* MEC. catch, fastener (cierre). **3** tumbler (del cerrojo). **4** (fam.) bottom (trasero). **5** safety catch (de un arma). ◆ **6 ser ~ de uno,** DER. to stand bail for someone.
fiambre *s. m.* **1** cold meat (carne fría). **2** cold food (comida fría). **3** (fam.) stiff, corpse (cadáver): *está fiambre = he's kicked the bucket.*
fiambrera *s. f.* lunch box, lunch basket (para llevar la comida).
fiambrería *s. f.* (Am.) delicatessen.
fianza *s. f.* **1** deposit (para una casa): *un mes de fianza = a month's deposit.* **2** surety, guarantor (fiador). **3** DER. bail: *libertad bajo fianza = release on bail.* **4** surety, security (garantía).
fiar *v. t.* **1** to guarantee, to vouch for (garantizar). **2** COM. to sell on credit (vender sin cobrar al contado). **3** DER. to stand bail for (pagar fianza). **4** to entrust (confiar una cosa a alguien). ● *v. i.* **5** to trust (confiar): *fío en Dios = I trust in God.* ● *v. pron.* **6** to trust (poner confianza en alguien): *me fío de ti = I trust you.* ◆ **7 ser de ~,** to be reliable, to be trustworthy.
fiasco *s. m.* fiasco.
fibra *s. f.* **1** fibre. **2** (fig.) energy, vigour, verve (vigor). ◆ **3 ~ de vidrio,** fibreglass. **4 fibras artificiales,** manmade fibres.
fibrina *s. f.* BIOL. y QUÍM. fibrin.
fibroma *s. m.* MED. fibroma (tumor).
fíbula *s. f.* fibula.
ficción *s. f.* **1** fiction. **2** (desp.) invention, concoction (cosa inventada). **3** fantasy (fantasía).
ficha *s. f.* **1** counter, marker (en ciertos juegos); domino (de dominó). **2** piece, man (en el ajedrez). **3** chip (en los naipes). **4** index card, filing card (de un fichero). **5** COM. token. **6** token (para el teléfono). **7** record: *ficha policial = police record.* **8** signing-on (fichaje).
fichaje *s. m.* DEP. signing-on.
fichar *v. i.* **1** DEP. to sign on. **2** to clock in (en una fábrica). ● *v. t.* **3** to file, to index (clasificar). **4** to put on the files (por parte de la policía). **5** (fam.) to tape: *te tengo fichado = I've got you taped.* **6** (Am.) to die (morir). ◆ **7 tener a alguien fichado,** (fam.) to know somebody's game.
fichero *s. m.* **1** card index (fichas). **2** filing cabinet (mueble). **3** INF. file. ● *pl.* **4** records (de la policía).
ficticio, -cia *adj.* **1** fictitious: *dirección ficticia = fictitious address.* **2** false (falso): *simpatía ficticia = false friendliness.*
fidedigno, -na *adj.* reliable.
fideicomiso *s. m.* DER. trusteeship.
fidelidad *s. f.* **1** loyalty, faithfulness, fidelity. **2** accuracy, exactness (exactitud). ◆ **3 alta ~,** high fidelity.
fideo *s. m.* **1** noodle, vermicelli (pasta). **2** (fam.) rake, skinny person (persona muy delgada): *estar como un fideo = to be as skinny as a rake.*
fiduciario, -ria *adj.* **1** fiduciary. ● *s. m.* y *f.* **2** trustee, (p.u.) fiduciary.
fiebre *s. f.* **1** MED. fever: *fiebre amarilla = yellow fever; fiebre del heno = hay fever.* **2** (fig.) fever, fevered excitement (excitación grande). ◆ **3 la ~ del oro,** the gold rush. **4 tener ~,** to have a temperature, to have a fever.
fiel *adj.* **1** faithful, loyal (leal). **2** exact, accurate (exacto). **3** honest (honrado). ● *s. m. pl.* **4 los fieles,** the faithful. ● *s. m.* **5** pointer, needle (de las balanzas). **6** screw (de las tijeras).
fielato *s. m.* HIST. tollhouse.
fielmente *adv.* faithfully, loyally.
fieltro *s. m.* felt (género fibroso de lana).
fiera *s. f.* **1** wild animal, wild beast (animal salvaje). **2** bull (toro). **3** (fig.) beast, devil (persona de carácter violento). ◆ **4 estar hecho una ~,** (fig.) to be furious.
fieramente *adv.* wildly.
fiereza *s. f.* **1** ferocity (ferocidad). **2** cruelty (crueldad).
fiero, -ra *adj.* **1** wild (no domesticado). **2** savage (salvaje). **3** ferocious, fierce (feroz). **4** cruel (cruel). **5** horrendous, frightful (horrible). **6** enormous, huge (muy grande).
fierro *s. m.* (Am.) iron (hierro).
fiesta *s. f.* **1** party (en casa). **2** holiday (día festivo): *el 14 de junio es fiesta = the 14th of June is a holiday.* **3** REL. feast, feast day, holy day. **4** celebration (celebración). **5** ceremony (ceremonia). ● *pl.* **6** holidays: *las fiestas de Semana Santa = the Easter holidays.* **7** festivities: *las fiestas de Madrid = the festivities in Madrid.* ◆ **8 aguar la ~,** to be a wet blanket, to be a spoilsport. **9 estar de ~,** to be in a good mood. **10 ~ de guardar** o **de precepto,** day of obligation. **11 ~ fija,** immovable feast. **12 ~ movible,** moveable feast. **13 ~ nacional,** public holiday. **14 ~ del Trabajo,** Labour Day. **15 hacer ~,** to take a day off. **16 y como fin de ~,** to round it all off.
figura *s. f.* **1** figure (forma exterior de un cuerpo): *tener buena figura = to have a good figure.* **2** shape, form (forma gráfica): *tiene figura de triángulo = it has a triangular shape.* **3** picture card (naipe). **4** figure (personaje célebre): *ella es una gran figura = she's an important figure.* **5** role, character (en el teatro). **6** symbol (símbolo). **7** GRAM. figure: *figura retórica = figure of speech.* **8** MÚS. note. **9** piece, man (pieza de ajedrez). **10** ART. figure (escultura, pintura, etc.). ◆ **11 ~ central,** central figure. **12 hacer ~,** to cut a figure.
figuración *s. f.* **1** figuration. **2** extras (en teatro, cine). ◆ **3 eran sólo figuraciones mías,** it was just my imagination.
figuradamente *adv.* figuratively.
figurado, -da *adj.* figurative.
figurante *s. m.* y *f.* extra, walker-on (en el teatro).
figurar *v. t.* **1** to represent, to depict (representar). **2** to pretend, to feign (fingir). ● *v. i.* **3** to figure, to appear: *su nombre no figura en la lista = his name doesn't figure on the list.* ● *v. pron.* **4** to imagine, to think (imaginar): *me figuro que sí = I imagine so.* **5** to suppose (suponer).
figurativo, -va *adj.* figurative.
figurilla *s. f.* figurine.
figurín *s. m.* **1** sketch, drawing (dibujo). **2** (fam.) dandy, popinjay, fop (persona vestida de forma afectada).
figurón *s. m.* **1** huge figure (figura grande). **2** (fam.) show-off, big-head (presumido).
fijación *s. f.* **1** fixing, setting, fastening (acción de fijar). **2** sticking (de un sello). **3** sticking up, putting up (de carteles). **4** PSIQ. fixation. **5** BOT. fixing.
fijador, -ra *adj.* **1** fixative. ● *s. m.* **2** FOT. fixative, fixer. **3** ART. fixative. **4** spray: *fijador para el pelo = hair spray.*
fijamente *adv.* **1** fixedly (con fijeza). **2** securely, firmly (firmemente). **3** carefully (cuidadosamente). ◆ **4 mirar ~,** to stare.
fijar *v. t.* **1** to stick (pegar). **2** to fix, to fasten (sujetar). **3** to put up, to stick up (carteles). **4** FOT. to fix. **5** to set, to fix (el pelo, el precio, el valor, la fecha, una cita, etc.). **6** to nail (clavar). **7** to determine (determinar). **8** to fix (mirada, ojos, atención). **9** to take up (domicilio). **10** to secure (asegurar). ● *v. pron.* **11** to notice: *¿te has fijado en sus ojos? = have you noticed her eyes?* **12** to settle (establecerse). **13** to take notice, to pay attention (prestar atención). ◆ **14 ¡fíjate!, a)** look! (¡mira!); **b)** just imagine! (es increíble). **15 "prohibido ~ carteles",** "post no bills".
fijeza *s. f.* **1** certainty (seguridad): *con fijeza = with certainty.* **2** stability (estabilidad). ◆ **3 mirar con ~ a alguien,** to stare at someone.
fijo, -ja *adj.* **1** secure, stable, firm (firme). **2** fastened, fixed (sujeto). **3** fixed (precio, fecha, estrella, renta). **4** steady, fixed (mirada). **5** permanent (empleo). **6** stationary (inmóvil). ● *adv.* **7** fixedly (fijamente). **8** securely (con seguridad). ◆ **9 de ~,** certainly, for certain. **10 idea fija,** fixed idea. **11 ~ que me llaman,** I'm

sure they'll call me, they'll definitely call me.

fila *s. f.* **1** file, line (línea de personas o cosas): *en fila = in file; en fila india = in single file.* **2** row (de asientos): *en primera fila = in the first row.* **3** MIL. rank: *las filas = the ranks.* **4** queue, line (cola). **5** dislike (antipatía). ◆ **6 cerrar (las) filas,** (fig.) to close ranks. **7 estar en filas,** to be in the army. **8 ponerse en ~, a)** to line up; **b)** to get into line. **9 romper filas,** to fall out.

filamento *s. m.* filament.

filamentoso, -sa *adj.* filamentous.

filantropía *s. f.* philanthropy.

filantrópico, -ca *adj.* philanthropic.

filántropo, -pa *s. m.* y *f.* philanthropist.

filarmonía *s. f.* love of music.

filarmónico, -ca *adj.* MÚS. philharmonic.

filatelia *s. f.* philately, (fam.) stamp collecting.

filatélico, -ca *adj.* philatelic.

filete *s. m.* **1** steak, fillet (de carne). **2** sirloin (solomillo). **3** fillet (de pescado). **4** TEC. thread (de un tornillo). **5** fillet (moldura). **6** snaffle bit (para caballos). **7** stripe (raya, lista). **8** fillet (de un impreso).

filfa *s. f.* lie (mentira).

filiación *s. f.* **1** filiation (lazo de parentesco). **2** dependence (dependencia). **3** particulars, description (señas personales).

filial *adj.* **1** filial: *amor filial = filial love.* **2** COM. subsidiary. ● *s. f.* **3** COM. branch (sucursal). **4** COM. subsidiary (empresa que depende de otra).

filibustero *s. m.* pirate, (p.u.) filibuster (pirata).

filiforme *adj.* filiform.

filigrana *s. f.* **1** filigree (obra). **2** watermark (marca en el papel). **3** delicate thing (cosa delicada).

filípica *s. f.* diatribe, tirade, (p.u.) philippic.

Filipinas *s. m.* Philippines.

filipino, -na *adj.* **1** Philippine, Filipino. ● *s. m.* y *f.* **2** Filipino. ● *s. f. pl.* **3 las (islas) Filipinas** the Philippines.

filisteo, -a *adj.* **1** Philistine. ● *s. m.* y *f.* **2** Philistine. **3** (fam.) philistine (persona vulgar).

film o **filme** *s. m.* film, picture (EE UU) movie (película).

filmación *s. f.* shooting, filming.

filmador, -ra *s. m.* y *f.* film-maker.

filmar *v. t.* to film, to shoot (rodar).

fílmico, -ca *adj.* film.

filmoteca *s. f.* film library, film archive.

filo *s. m.* **1** edge: *el filo del cuchillo = the edge of the knife.* **2** dividing line (línea que divide una cosa en dos mitades). **3** GEOL. ridge. ◆ **4 al ~ de las dos,** on the stroke of two o'clock. **5 ~ del viento,** MAR. wind direction. **6 sacar el ~ a,** to sharpen.

filología *s. f.* philology: *hice filología inglesa en la universidad de Salamanca = I studied English at the university of Salamanca.*

filológico, -ca *adj.* philological.

filólogo, -ga *s. m.* y *f.* philologist.

filón *s. m.* **1** MIN. vein, seam (vena). **2** (fig.) gold mine (negocio de grandes beneficios).

filosofal *adj.* philosopher's: *piedra filosofal = philosopher's stone.*

filosofar *v. i.* to philosophize.

filosofía *s. f.* **1** philosophy: *filosofía moral = moral philosophy.* ◆ **2 tomar algo con ~,** to take something philosophically.

filosóficamente *adv.* philosophically.

filosófico, -ca *adj.* philosophical, philosophic.

filósofo, -fa *s. m.* y *f.* philosopher.

filoxera *s. f.* **1** ZOOL. phylloxera (insecto). **2** drunkenness (borrachera).

filtración *s. f.* **1** filtration. **2** (fig.) leak (indiscreción).

filtrar *v. t.* e *i.* **1** to filter. **2** to filter, to strain (café, té, etc.). ● *v. pron.* **3** to filter: *filtrarse por = to filter through.* **4** to leak (un secreto). **5** to disappear (dinero, bienes).

filtro *s. m.* **1** TEC. filter: *filtro de aceite = oil filter.* **2** strainer, filter (en la cocina): *filtro de café = coffee filter.* **3** FOT. filter. **4** philtre, potion (pócima). ◆ **5 cigarrillo con ~,** filter-tipped cigarette.

fimosis *s. f.* MED. phimosis.

fin *s. m.* **1** end: *fin de la película = end of the film; el fin del mes = the end of the month.* **2** objective, aim, goal, purpose (finalidad): *el fin de mi trabajo = the aim of my work.* **3** motive (motivo). ◆ **4 a ~ de,** in order to; so as to: *a fin de llegar pronto = in order to arrive early.* **5 a fines,** at the end: *a fines del año = at the end of the year.* **6 al ~,** at last. **7 al ~ y al cabo,** when all is said and done. **8 dar ~,** to end. **9 en fin,** (fig.) well; well then (bueno). **10 ~ de semana,** weekend. **11 poner ~ a,** to put an end to. **12 por ~, a)** finally (en resumen); **b)** at last! **13 sin ~,** endless.

finado, -da *adj.* **1** late, deceased: *mi finado padre = my late father.* ● *s. m.* y *f.* **2** deceased (difunto).

final *adj.* **1** last, final (último): *la palabra final = the last word; decisión final = final decision.* **2** GRAM. final. ● *s. m.* **3** end: *al final del partido = at the end of the game.* **4** conclusion (conclusión). **5** ending (terminación): *el libro tiene un final triste = the book has a sad ending.* **6** MÚS. finale. ● *s. f.* **7** DEP. final: *la final de la copa = the cup final.* ◆ **8 al ~,** at the end.

finalidad *s. f.* aim, purpose (objetivo): *la finalidad de la protesta = the aim of the protest.*

finalista *s. m.* y *f.* finalist.

finalizar *v. i.* **1** to end, to come to an end. ● *v. t.* **2** to finish.

finalmente *adv.* finally.

financiación *s. f.* FIN. financing.

financiar *v. t.* FIN. to finance.

financiero, -ra *adj.* **1** financial: *el mundo financiero = the financial world.* ● *s. m.* y *f.* **2** financier (persona).

finanzas *s. f. pl.* finance.

finca *s. f.* **1** country house (casa de campo). **2** country estate (terreno en el campo). **3** farm (granja). ◆ **4 ~ urbana,** town property.

finés, -sa *adj.* **1** Finnic (del pueblo antiguo). **2** Finnish (finlandés). ● *s. m.* y *f.* **3** Finn (persona). ● **4** *s. m.* Finnish (idioma).

fineza *s. f.* **1** courtesy, politeness (cortesía). **2** fineness (finura). **3** kindness, friendliness (muestra de amistad). **4** gift, present (regalo).

fingido, -da *adj.* feigned.

fingimiento *s. m.* pretence, feigning.

fingir *v. t.* **1** to pretend: *fingen que están estudiando = they are pretending to study.* **2** to feign (simular). ● *v. pron.* **3** to pretend to be: *fingirse amable = to pretend to be friendly; fingirse cansado = to pretend to be tired.*

finiquitar *v. t.* **1** COM. to settle, to close (saldar). **2** to end, to finish (terminar).

finiquito *s. m.* COM. settlement, closing (de una cuenta).

finito, -ta *adj.* finite (que tiene fin).

finlandés, -sa *adj.* **1** Finnish. ● *s. m.* y *f.* **2** Finn. ● *s. m.* **3** Finnish (idioma).

Finlandia *s. f.* Finland.

fino, -na *adj.* **1** fine, thin (tela, pelo, papel, hilo, etc.). **2** delicate (rasgos). **3** high quality, excellent (de buena calidad). **4** slender, thin, slight (figura). **5** sharp (punta). **6** polite, refined (cortés). **7** shrewd, astute, sharp (astuto). **8** thin (lonja, filete, rodaja). **9** MIN. pure, refined: *oro fino = pure gold.* **10** sharp, keen (de oído, olfato). ● *s. m.* **11** dry sherry (vino de Jerez).

finolis *adj.* affected, mannered (afectado).

finta *s. f.* feint.

finura *s. f.* **1** fineness. **2** delicacy (delicadeza). **3** excellence (excelencia). **4** sharpness, keenness (de oído, olfato). **5** shrewdness, astuteness (agudeza). **6** politeness (cortesía). **7** delicacy, subtlety (sutileza). **8** elegance (elegancia).

finústico, -ca *adj.* affected, mannered (finolis).

fiordo *s. m.* GEOG. fjord, fiord.

firma *s. f.* **1** signature (autógrafo). **2** firm, company (empresa). **3** signing (acción de firmar).

firmamento *s. m.* firmament.

firmante *adj.* **1** signatory. ● *s. m.* y *f.* **2** signatory. ◆ **3 los abajo firmantes,** the undersigned.

firmar *v. t.* e *i.* to sign: *firmar un documento = to sign a document.*

firme *adj.* **1** secure, firm, stable (seguro). **2** straight, erect (erguido). **3** hard (duro). **4** solid, compact (sólido). **5** fast (colores). **6** COM. steady, firm (mercado, precios). **7** firm (oferta, resistencia). **8** resolute, steady (de carácter). ● *s. m.* **9** road surface (pavimento de carretera). **10** roadbed, road foundation (cimientos de carretera). ◆ **11 de ~,** firmly; steadily (con seguridad). **12 ¡firmes!,** MIL. attention! **13 mantenerse ~,** to hold fast to. **14 ponerse ~,** MIL. to come to attention. **15 tierra ~,** terra firma.

firmemente *adv.* **1** firmly, securely, solidly (seguramente). **2** resolutely, steadfastly (resueltamente). **3** strongly (fuertemente).

firmeza *s. f.* **1** firmness (cualidad de firme). **2** stability, steadiness (estabilidad). **3** solidity, compactness (solidez). **4** COM. steadiness. **5** resolution, firmness (resolución).

firulete *s. m.* (Am.) adornment (adorno).

fiscal *adj.* **1** fiscal (relativo al fisco). **2** financial (financiero). **3** tax (de los impuestos). • *s. m.* y *f.* **4** DER. public prosecutor, prosecutor. **5** (fig.) busybody, snooper (fisgón).

fiscalía *s. f.* **1** DER. post of public prosecutor (cargo). **2** DER. public prosecutor's office (despacho).

fiscalización *s. f.* inspection (inspección).

fiscalizador, -ra *s. m.* y *f.* (fig.) busybody, snooper (fisgón).

fiscalizar *v. t.* **1** to control (controlar). **2** to inspect (inspeccionar). **3** to criticize (criticar). **4** to check, to verify (averiguar).

fisco *s. m.* treasury, exchequer (tesoro público).

fisgar *v. t.* **1** to snoop on, to pry into (curiosear). • *v. i.* **2** to snoop, to pry.

fisgón, -na *adj.* **1** nosey, snooping. • *s. m.* y *f.* **2** snooper, nosey-parker.

fisgonear *v. t.* to snoop on, to pry into (curiosear).

física *s. f.* FÍS. physics: *física nuclear = nuclear physics.*

físicamente *adv.* physically.

físico, -ca *adj.* **1** physical: *un fenómeno físico = a physical phenomenon.* • *s. m.* **2** ANAT. physique (aspecto exterior). ◆ **3** looks, appearance (aspecto). • *s. m.* y *f.* **4** physicist (científico).

fisiocracia *s. f.* ECON. physiocracy.

fisiología *s. f.* physiology.

fisiológicamente *adv.* physiologically.

fisiológico, -ca *adj.* physiological.

fisiólogo, -ga *s. m.* y *f.* physiologist.

fisión *s. f.* FÍS. fission: *fisión nuclear = nuclear fission.*

fisonomía *s. f.* **1** features, face, (p.u.) physiognomy (aspecto de la cara). **2** appearance, aspect (aspecto exterior).

fisonómico, -ca *adj.* physiognomical.

fisonomista *s. m.* y *f.* physiognomist.

fístula *s. f.* **1** MED. fistula. **2** MÚS. fistula. **3** tube, pipe (conducto).

fisura *s. f.* GEOL. fissure.

fitófago *adj.* plant-eating.

flacidez o **flaccidez** *s. f.* flabbiness, softness, (p.u.) flaccidity.

flácido o **fláccido, -da** *adj.* flabby, soft, flaccid.

flaco, -ca *adj.* **1** thin, (fam.) skinny (de pocas carnes). **2** feeble, weak (débil). **3** (fig.) weak-willed, weak (con poca resistencia a las tentaciones): *la carne es flaca = the flesh is weak.* • *s. m.* **4** weakness (debilidad). ◆ **5 hacer un ~ favor** o **servicio a alguien,** to do someone a disservice. **6 punto ~,** weak spot.

flacuchento, -ta *adj.* (Am.) skinny (flacucho).

flacucho, -cha *adj.* (fam.) skinny.

flagelación *s. f.* flagellation, whipping.

flagelado, -da *adj.* **1** flagellate. • *s. m. pl.* **2** ZOOL. flagellatae.

flagelante *adj.* y *s. m.* flagellant.

flagelar *v. t.* **1** to flagellate, to whip, to scourge. **2** (fig.) to roast, to flay.

flagelo *s. m.* whip, lash (azote).

flagrante *adj.* flagrant: *en flagrante = red-handed/in flagrante.*

flama *s. f.* flame (llama).

flamante *adj.* **1** brilliant, magnificent (brillante). **2** new, brand-new (nuevo): *nuestro flamante jefe = our new boss.*

flamear *v. i.* **1** to blaze, to flame (echar llamas). **2** MAR. to flutter (una bandera); to flap (una vela). • *v. t.* **3** to sterilize (instrumento quirúgico).

flamenco, -ca *adj.* **1** Flemish (de Flandes). **2** flamenco: *cante flamenco = flamenco singing.* **3** (desp.) cocky (arrogante). **4** (Am.) thin, slim (delgado). • *s. m.* y *f.* **5** Fleming (persona). • *s. m.* **6** Flemish (idioma). **7** flamenco (cante y baile). **8** ZOOL. flamingo (ave).

flamenquismo *s. m.* MÚS. love of flamenco, fondness for flamenco.

flamígero, -ra *adj.* **1** flaming, ablaze (en llamas). ◆ **2** ARQ. **estilo gótico ~,** flamboyant Gothic style.

flan *s. m.* caramel custard, cream caramel (dulce).

flanero o **flanera** *s. m.* o *f.* caramel custard mould.

flanco *s. m.* **1** ANAT. side, flank. **2** MIL. flank.

flanqueado, -da *adj.* flanked.

flanquear *v. t.* **1** MIL. to flank (defender por los lados). **2** to outflank (rebasar).

flaquear *v. i.* **1** to weaken, to lose strength (perder fuerza). **2** to lose heart (desanimarse). **3** to give in (transigir).

flaqueza *s. f.* **1** thinness (delgadez). **2** weakness (debilidad). **3** frailty, weakness (falta de entereza).

flash *s. m.* FOT. flash.

flato *s. m.* **1** wind, flatulence (gases). **2** (Am.) melancholy, depression (melancolía).

flatulencia *s. f.* flatulence, wind.

flatulento, -ta *adj.* flatulent.

flauta *s. f.* **1** MÚS. flute. ◆ **2 ~ dulce,** recorder. **3 ~ travesera,** transverse. **4 estar hecho una ~,** to be as thin as a rake. **5 entre pitos y flautas,** what with one thing and another.

flautero *s. m.* flute maker.

flautín *s. m.* MÚS. piccolo.

flautista *s. m.* y *f.* MÚS. flautist, flute player.

flebitis *s. f.* MED. phlebitis.

flecha *s. f.* **1** arrow (arma). ◆ **2 como una ~,** like a shot.

flechar *v. t.* **1** to draw (arco). **2** to kill with an arrow (matar con flecha); to wound with an arrow (herir con flecha). • *v. pron.* **3** to fall in love at first sight (enamorarse súbitamente).

flechazo *s. m.* **1** arrow shot (golpe de flecha). **2** arrow wound (herida de flecha). **3** (fam.) love at first sight: *fue un flechazo = it was love at first sight.*

fleco *s. m.* **1** fringe (adorno de hilos). **2** frayed edge (borde deshilado).

fleje *s. m.* metal strip (tira de acero).

flema *s. f.* **1** MED. phlegm. **2** (fig.) phlegm, calm (calma).

flemático, -ca *adj.* phlegmatic, imperturbable.

flemón *s. m.* MED. gumboil.

flequillo *s. m.* fringe.

fletador *s. m.* charterer.

fletamento *s. m.* chartering.

fletar *v. t.* **1** to charter (alquilar). **2** (Am.) to utter (proferir). **3** to load (embarcar). • *v. pron.* **4** (Am.) to beat it, to take off (marcharse de pronto).

flete *s. m.* **1** hire charge, charter fee (precio por el alquiler). **2** cargo (carga de un buque). **3** (Am.) horse (caballo).

flexibilidad *s. f.* **1** flexibility. **2** (fig.) adaptability, flexibility.

flexible *adj.* **1** flexible. **2** supple, pliable (elástico). **3** soft (sombrero). **4** (fig.) compliant, amenable (fácil de convencer).

flexión *s. f.* **1** flexion. **2** GRAM. inflexion.

flexional *adj.* **1** flexional. **2** GRAM. inflected.

flexo *s. m.* angle-poise lamp (lámpara).

flexor *s. m.* ANAT. flexor.

flipar *v. i.* **1** (fam.) to be amazed (sorprenderse). **2** to go crazy (disfrutar).

flirtear *v. i.* to flirt.

flirteo *s. m.* **1** flirting (acción de flirtear). ◆ **2 un ~,** a flirtation.

flojear *v. i.* **1** to weaken, to lose strength (flaquear). **2** (fam.) to shirk, to skive (obrar con desgana). **3** to lose interest (perder interés).

flojedad o **flojera** *s. f.* **1** weakness (debilidad). **2** lightness (del viento). **3** looseness (de cables, de cuerdas, etc.). **4** laziness, idleness (pereza). **5** limpness, flabbiness (flacidez).

flojo, -ja *adj.* **1** loose, slack (cuerda, cable, etc.). **2** loose (tuerca, tornillo, etc.). **3** weak (esfuerzo, intento). **4** limp, soft (de consistencia). **5** weak (vino, café, té, etc.). **6** poor, weak (libro, película, partido, jugador, excusa, estudiante). **7** light (viento). **8** slack (mercado). **9** weak, feeble (débil). **10** lazy, idle (perezoso).

flor *s. f.* **1** BOT. flower. **2** flower, bloom, blossom: *en flor = in bloom/in blossom.* **3** blossom (de árbol frutal). **4** virginity (virginidad). **5** compliment (piropo). **6** cream, best part (lo mejor de una cosa). ◆ **7 a ~ de,** on the surface. **8 a ~ de piel,** skin-deep. **9 en la ~ de la vida,** in the prime of life. **10 ir de ~ en ~,** to go/jump from one thing to another. **11 ~ de harina,** flour. **12 la ~ de la canela,** the tops; the best (cosa muy buena). **13 la ~ y nata,** (fig.) the cream; the pick: *la*

flor y nata de la sociedad = the cream of society.
flora *s. f.* flora.
floración *s. f.* **1** flowering (de una planta). **2** blossoming (de un árbol frutal).
floral *adj.* floral.
florear *v. t.* **1** to adorn with flowers (adornar con flores). **2** to compliment (piropear).
florecer *v. i.* **1** BOT. to flower, to bloom (una planta). **2** BOT. to blossom (un árbol frutal). **3** (fig.) to blossom, to flourish, to thrive (prosperar). • *v. pron.* **4** to go mouldy (ponerse mohoso).
floreciente *adj.* **1** BOT. flowering, blooming. **2** (fig.) blossoming, thriving, flourishing.
florecimiento *s. m.* **1** BOT. flowering, blooming. **2** (fig.) blossoming, thriving, flourishing.
florentino, -na *adj./s. m.* y *f.* Florentine.
floreo *s. m.* **1** compliment (piropo). **2** funny comment, witty aside (dicho frívolo). **3** idle talk (conversación de pasatiempo).
florero *s. m.* vase, flower vase (vasija).
floresta *s. f.* **1** glade, grove (terreno frondoso). **2** anthology of poetry (antología poética).
florete *s. m.* DEP. foil (espadín).
floricultor, -ra *s. m.* y *f.* flower-grower.
floricultura *s. f.* flower growing.
florido, -da *adj.* **1** flowery (que tiene flores). **2** (fig.) florid, flowery (estilo ornamental). ◆ **3 lo más ~,** the pick; the cream (lo mejor).
florilegio *s. m.* anthology (antología).
florín *s. m.* florin (moneda).
florista *s. m.* y *f.* florist.
floristería *s. f.* florist's, florist's shop.
florón *s. m.* **1** BOT. big flower. **2** ARQ. ceiling rose.
flota *s. f.* **1** MAR. fleet: *flota pesquera = fishing fleet.* **2** (Am.) crowd (multitud). ◆ **3 ~ aérea,** air fleet.
flotación *s. f.* flotation.
flotador *s. m.* **1** float (salvavidas). **2** ball-cock (en la cisterna).
flotadura *s. f.* flotation.
flotamiento *s. m.* flotation.
flotante *adj.* **1** floating: *población flotante = floating population.* **2** loose (suelto).
flotar *v. i.* **1** to float. **2** COM. to float (una moneda). **3** to wave, to flutter (una bandera).
flote *s. m.* **1** flotation (flotadura). ◆ **2 estar a ~,** to be afloat. **3 poner a ~,** to float, to set afloat (flotar). **4 salir a ~,** (fig.) to get back on one's feet (recuperarse).
flotilla *s. f.* MAR. flotilla.
fluctuación *s. f.* **1** fluctuation: *la fluctuación de la peseta = the fluctuation of the peseta.* **2** (fig.) hesitation, indecision (vacilación).
fluctuante *adj.* fluctuating.
fluctuar *v. i.* **1** to fluctuate. **2** to hesitate, to waver (vacilar). **3** to bob up and down (oscilar sobre aguas agitadas). **4** FIN. to fluctuate (un precio, una moneda, etc.).
fluctuoso, -sa *adj.* fluctuating.
fluente *adj.* **1** fluid (fluido). **2** flowing (que fluye).
fluidez *s. f.* **1** fluidity. **2** (fig.) fluency: *hablar francés con fluidez = to speak French fluently.*
fluido, -da *adj.* **1** fluid. **2** fluent (estilo, lenguaje). • *s. m.* **3** fluid. **4** ELEC. current, power.
fluir *v. i.* **1** to flow, to run (líquidos). **2** (fig.) to flow, to stream (ideas, palabras, etc.).
flujo *s. m.* **1** flow (movimiento de líquidos). **2** (fig.) stream, flow: *flujo de insultos = stream of insults.* **3** MAR. rising tide (de la marea). **4** FISIOL. discharge, flow. ◆ **5 ~ de sangre,** MED. flow of blood; haemorrhage.
flúor *s. m.* QUÍM. flourine.
fluorescencia *s. f.* fluorescence.
fluorescente *adj.* fluorescent.
fluorhídrico, -ca *adj.* QUÍM. hydrofluoric.
fluvial *adj.* fluvial, river: *navegación fluvial = river navigation.*
fobia *s. f.* phobia.
foca *s. f.* ZOOL. seal.
focal *adj.* focal.
foco *s. m.* **1** MAT., MED. y FÍS. focus. **2** focal point, centre (lugar en que se concentra algo): *el foco del problema = the focal point of the problem.* **3** centre (centro). **4** source (fuente). **5** source, seat (de un incendio). **6** spotlight (en el teatro). **7** floodlight (lámpara muy fuerte). **8** (Am.) light bulb (bombilla). ◆ **9 estar fuera de ~,** to be out of focus.
fofo, -fa *adj.* **1** soft. **2** spongy (esponjoso). **3** (fam.) plump, fat (gordito).
fogata *s. f.* bonfire (hoguera).
fogón *s. m.* **1** bonfire (hoguera). **2** firebox (de las máquinas de vapor). **3** kitchen range, stove (cocina de carbón). **4** (Am.) fire (fuego).
fogonazo *s. m.* **1** sudden blaze, flash (llamarada momentánea). **2** FOT. flash.
fogonero *s. m.* stoker (de las máquinas de vapor).
fogosidad *s. f.* **1** ardour, eagerness (ardor). **2** enthusiasm, keenness (entusiasmo).
fogoso, -sa *adj.* **1** ardent, eager (ardiente). **2** enthusiastic, keen (entusiasta). **3** frisky, fiery (caballo).
foguear *v. t.* **1** to harden to war (acostumbrar al fuego del combate). **2** to inure, to toughen, to harden (acostumbrar a una cosa desagradable). • *v. pron.* **3** MIL. to become battle-hardened. **4** (fig.) to become inured, to become hardened.
fogueo *s. m.* **1** hardening, toughening (acción y efecto de foguear). ◆ **2 de ~,** blank (balas, cartuchos).
foie-gras *s. m.* foie-gras.
folclore, folclor o **folklor** *s. m.* folklore.
folclórico, -ca *adj.* folk, popular, traditional.
folclorista *s. m.* y *f.* folklorist.
foliáceo, -a *adj.* BOT. foliaceous.
foliación *s. f.* BOT. foliation.
foliado, -da *adj.* BOT. foliate.
folio *s. m.* **1** page, sheet, folio (hoja de papel). **2** folio (mitad de pliego): *edición en folio = folio edition.* **3** (Am.) present, gift (regalo).
folklor *s. m.* ⇒ **folclore.**
folklórico, -ca *adj.* ⇒ **folclórico.**
folklorista *s. m.* y *f.* ⇒ **folclorista.**
follaje *s. m.* **1** BOT. foliage. **2** verbiage (retórica excesiva).
folletín *s. m.* **1** newspaper serial (novela por entregas). **2** melodrama (novela melodramática).
folletinesco, -ca *adj.* melodramatic (melodramático).
folletista *s. m.* y *f.* pamphleteer.
folleto *s. m.* brochure, pamphlet.
follisca *s. f.* (Am.) fight, quarrel, row (pendencia).
follón *s. m.* **1** (fam.) row, rumpus, quarrel (alboroto). **2** silent rocket (cohete sin trueno). **3** (vulg.) silent fart (ventosidad sin ruido). **4** coward (cobarde). **5** (fam.) loafer, layabout (vago). **6** show-off, boaster (fanfarrón). **7** (fam.) chaos (caos). **8** (fam.) mess (situación enmarañada): *¡qué follón! = what a mess!* • *adj.* **9** lazy (perezoso). **10** cowardly (cobarde). **11** showy, boastful (fanfarrón). **12** arrogant (arrogante).
fomentar *v. t.* **1** to warm (calentar). **2** to incubate (huevos). **3** MED. to foment. **4** (fig.) to foment, to encourage, to promote (una actividad, cualidad, etc.). **5** to foment, to incite (una rebelión, discordia, odio, etc.).
fomento *s. m.* **1** promotion, encouragement (impulso). **2** warmth, heat (calor). **3** fomentation, incitement (de una rebelión, discordia, odio, etc.). **4** MED. fomentation. **5** MED. poultice (paño caliente). **6** incubation (de los huevos). ◆ **7 banco de ~,** development bank.
fonación *s. f.* phonation.
fonda *s. f.* inn, tavern.
fondeadero *s. m.* MAR. anchorage.
fondeado, -da *adj.* **1** MAR. anchored, at anchor (anclado). **2** (Am.) rich (rico).
fondear *v. t.* **1** MAR. to anchor. **2** to examine (examinar). **3** to search (registrar). **4** (fig.) to get to the bottom of (analizar una cuestión hasta el fondo). • *v. i.* **5** MAR. to anchor, to drop anchor (anclar). • *v. pron.* **6** (Am.) to get rich (enriquecerse). **7** to save (ahorrar).
fondista *s. m.* y *f.* long-distance runner (corredor).
fondo *s. m.* **1** bottom (la parte más baja): *el fondo del pozo = the bottom of the well; fondo falso = false bottom.* **2** end: *el fondo de la calle = the end of the street.* **3** depth (profundidad). **4** bed, floor (lecho de los ríos, mares, estanques, etc.): *el fondo del mar = the sea bed.* **5** background (de un cuadro). **6** DEP. stamina (resistencia). **7** COM. fund: *Fondo Monetario Internacional = International Monetary Fund.* **8** collection (conjunto de li-

bros). **9** bottom (lo que importa en un asunto): *el fondo de la cuestión = the bottom of the question.* **10** MAR. hull (casco de un barco). **11** • *pl.* funds: *estar sin fondos = to have no money.* ◆ **12 a ~,** thoroughly: *conocer algo a fondo = to know something thoroughly.* **13 al ~ de,** at the bottom of. **14 de bajo ~,** shallow. **15 en el ~,** at heart; at bottom; deep down: *son buenos en el fondo = at heart they are good.* **16 llegar al fondo,** to get to the bottom. **17** MAR. **irse al ~,** to sink; to go to the bottom. **18** (fig.) **tener buen ~,** to be good-natured.

fondón, -na *adj.* plump, chubby.

fonema *s. m.* phoneme.

fonendoscopio *s. m.* MED. stethoscope.

fonética *s. f.* phonetics.

fonético, -ca *adj.* phonetic.

foniatra *s. m.* y *f.* MED. phoniatrician.

foniatría *s. f.* MED. phoniatrics.

fónico, -ca *adj.* phonic.

fono *s. m.* (Am.) receiver (auricular del teléfono).

fonográfico, -ca *adj.* gramaphonic.

fonógrafo *s. m.* gramophone, (EE UU) phonograph.

fonología *s. f.* phonology.

fonometría *s. f.* phonometry.

fontana *s. f.* fountain, spring.

fontanal *s. m.* spring.

fontanela *s. f.* ANAT. fontanel, fontanelle.

fontanería *s. f.* plumbing.

fontanero, -ra *s. m.* y *f.* plumber.

foque *s. m.* MAR. jib.

forajido, -da *s. m.* y *f.* **1** bandit, outlaw, desperado (bandido). • *adj.* **2** outlawed.

foráneo, -a *adj.* foreign (extranjero).

forastero, -ra *adj.* **1** foreign, alien (extranjero). • *s. m.* y *f.* **2** stranger (desconocido). **3** foreigner (extranjero).

forcejear *v. i.* to struggle, to fight (oponer resistencia).

forcejeo *s. m.* struggle, fight.

fórceps *s. m.* MED. forceps.

forense *adj.* **1** forensic. • *s. m.* y *f.* **2** MED. pathologist, forensic scientist.

forestal *adj.* forest.

forja *s. f.* **1** forge (fragua). **2** foundry (herrería). **3** forging (acción de forjar). **4** mortar (argamasa de construir).

forjador, -ra *s. m.* y *f.* forger.

forjar *v. t.* **1** to forge (dar forma a un metal). **2** to construct, to make (construir). • *v. t.* y *pron.* **3** (fig.) to invent, to make up (inventar): *forjar una excusa = to make up an excuse.*

forma *s. f.* **1** shape (figura): *de forma redonda = round-shaped; la forma de la habitación = the shape of the room.* **2** way, form, means (modo, manera): *la forma de llegar = the way to get there.* **3** mould, form (molde). **4** size (tamaño). **5** structure, form, format (estructura de una obra literaria). **6** GRAM. form. ◆ **7 sagrada ~,** REL. host. **8 estar en ~,** DEP. to be in form. **9 de esta ~,** in this way. **10 de ~ que,** so that. **11 de todas formas,** anyway; in any case. **12 ponerse en ~,** to get fit. **13 guardar las formas,** to keep up appearances.

formación *s. f.* **1** formation (hecho y resultado de formar). **2** GEOL. formation. **3** MIL. formation. **4** training, education (educación). ◆ **5 ~ profesional,** occupational training.

formal *adj.* **1** formal (perteneciente a la forma). **2** final, definitive (terminante). **3** (fig.) dependable, reliable (de fiar). **4** serious (serio): *una persona formal = a serious person.* **5** proper, correct (correcto).

formalidad *s. f.* **1** formality, seriousness (seriedad). **2** formality (acto reglamentario o legal): *es pura formalidad = it's purely a formality.* **3** (fig.) dependability, reliability (fiabilidad).

formalismo *s. m.* formalism.

formalista *s. m.* y *f.* formalist.

formalizar *v. t.* **1** to formalize (dar la última forma). **2** to settle, to fix (concretar). **3** to legalize, to formalize (revestir de fórmulas legales). • *v. pron.* **4** to become o get serious (ponerse serio).

formalmente *adv.* formally.

formar *v. t.* **1** to form (constituir): *formar una asociación = to form an association.* **2** to make (hacer). **3** to shape, to form (dar forma a). **4** to form, to make (un plan). **5** to train, to educate (educar). **6** to bring up (criar). **7** MIL. to form up. **8** DEP. to line up (poner en orden). ◆ **9** to develop (irse desarrollando una persona). • *v. i.* **10** MIL. to fall in. **11 estar formado por,** to be made up of. • *v. pron.*

formativo, -va *adj.* formative: *los años formativos = the formative years.*

formato *s. m.* **1** format (presentación). **2** size (tamaño). **3** INF. format.

fórmico *adj.* QUÍM. formic: *ácido fórmico = formic acid.*

formidable *adj.* **1** fantastic, magnificent, superb (estupendo): *un equipo formidable = a fantastic team.* **2** enormous, huge, formidable (muy grande): *una montaña formidable = an enormous mountain.*

formol *s. m.* QUÍM. formol.

formón *s. m.* chisel.

fórmula *s. f.* **1** formula (modelo para expresar o realizar una cosa). **2** QUÍM. formula. **3** MED. prescription (receta). **4** MAT. formula. ◆ **5 ~ química,** QUÍM. chemical formula.

formular *v. t.* **1** to formulate: *formular una idea = to formulate an idea.* **2** MED. to prescribe (recetar). **3** to express (expresar). **4** to make (una queja, una petición). **5** to pose, ask: *formular una pregunta = to pose a question.*

formulario *s. m.* **1** formulary (colección de fórmulas). **2** form (impreso).

formulismo *s. m.* **1** formulism. **2** (fam.) red tape (papeleo).

formulista *adj.* formulist.

fornicación *s. f.* (form.) fornication.

fornicador, -ra *s. m.* y *f.* (form.) fornicator.

fornicar *v. i.* (form.) to fornicate.

fornicario, -ria *adj.* **1** fornicating. • *s. m.* y *f.* **2** fornicator.

fornido, -da *adj.* well-built, burly, strapping.

foro *s. m.* **1** DER. lawcourt, court of justice (tribunal). **2** HIST. forum. **3** back, back of the stage (fondo del escenario). **4** legal profession, bar (el ejercicio de la abogacía y magistratura).

forrado, -da *adj.* **1** lined (ropa); covered (book). **2** (fam.) loaded, rolling in it (adinerado).

forraje *s. m.* **1** forage, fodder (pasto). **2** (fig.) hotchpotch, jumble (mezcla).

forrajear *v. i.* to forage.

forrajero, -ra *adj.* fodder.

forrar *v. t.* **1** to line (ropa, cortinas, cajones, etc.). **2** to cover (libro). **3** to lag (tubería, depósito). • *v. pron.* **4** (fam.) to make a pile (enriquecerse). **5** (fam.) to stuff oneself (comer mucho). ◆ **4 estar forrado,** (fig. y fam.) to be rolling in money (tener mucho dinero).

forro *s. m.* **1** lining (revestimiento interior). **2** cover (cubierta): *forro del sofá = sofa cover.* **3** cover (de un libro). ◆ **4 ni por el ~,** (fam.) not in the slightest, not in the least: *no me gusta ni por el forro = I don't like it in the slightest.*

fortachón, -na *adj.* well-built, burly, strapping (fornido).

fortalecer *v. t.* **1** to strengthen, to toughen (persona, músculos). **2** (fig.) to strengthen (relación, vínculos). • *v. pron.* **3** to become stronger (ponerse más fuerte).

fortalecimiento *s. m.* strengthening: *el fortalecimiento de la libra = the strengthening of the pound.*

fortaleza *s. f.* **1** MIL. fortress (recinto fortificado). **2** strength, force (fuerza). **3** resolution, fortitude (fuerza moral).

fortificación *s. f.* **1** MIL. fortification. **2** strengthening (acción de fortificar).

fortificado, -da *adj.* **1** strengthened. **2** MIL. fortified.

fortificar *v. t.* **1** MIL. to fortify. **2** to strengthen (dar fuerza).

fortín *s. m.* MIL. small fort.

fortuito, -ta *adj.* chance, fortuitous (imprevisto).

fortuna *s. f.* **1** fortune, luck (suerte). **2** FIN. fortune, wealth (hacienda). **3** storm (tempestad): *correr fortuna = to weather a storm.* ◆ **4 por ~,** fortunately; luckily. **5 probar ~,** to try one's luck. **6 tener la ~ de,** to have the good fortune to.

forúnculo *s. m.* MED. boil, (p.u.) furuncle (divieso).

forzado, -da *adj.* **1** forced (no cómodo o natural): *una risa forzada = a forced laugh.* **2** hard (duro).

forzar *v. t.* **1** to force (emplear fuerza). **2** to break into, to force a way into (entrar por la fuerza). **3** to rape (violar a una mujer). **4** to make, to force (obligar): *me forzaron a hacerlo = they made me do it.*

forzosamente *adv.* **1** inevitably (inevitablemente). **2** necessarily (necesariamente). **3** obligatorily (sin elección): *tienes que venir forzosamente = you have no choice but to come.*
forzoso, -sa *adj.* **1** inevitable (inevitable). **2** compulsory (obligatorio). **3** forced (forzado): *aterrizaje forzoso = forced landing.* **4** necessary (necesario). ◆ **5 es ~ que,** it's inevitable that.
fosa *s. f.* **1** grave (sepultura): *fosa común = common grave.* **2** ANAT. fossa, cavity (cavidad). **3** hole, pit (hoyo). ◆ **4 ~ séptica,** septic tank.
fosal *s. m.* cemetery, graveyard (cementerio).
fosco, -ca *adj.* obscure, dark (oscuro).
fosfato *s. m.* QUÍM. phosphate.
fosforero, -ra *s. m.* y *f.* **1** match seller (vendedor de cerillas). ● *s. f.* **2** matchbox (caja).
fosforescencia *s. f.* phosphorescence.
fosforescente *adj.* phosphorescent.
fosforescer o **fosforecer** *v. i.* to glow, to phosphoresce.
fosfórico, -ca *adj.* QUÍM. phosphoric.
fosforita *s. f.* QUÍM. phosphorite.
fósforo *s. m.* **1** QUÍM. phosphorus. **2** match (cerilla).
fosforoso, -sa *adj.* phosphorous.
fósil *s. m.* y *adj.* **1** GEOL. fossil. **2** (fam.) fossil, old fogey (viejo).
fosilización *s. f.* GEOL. fossilization.
fosilizarse *v. pron.* GEOL. to fossilize, to become fossilized.
foso *s. m.* **1** hole (hoyo). **2** pit (en el teatro). **3** MIL. moat, (p.u.) fosse (de una fortaleza). **4** DEP. pit, sandpit (de arena).
foto *s. f.* photo, photograph, (fam.) snap: *sacar o tomar una foto = to take a photo.*
fotocomposición *s. f.* filmsetting, photosetting, (EE UU) photocomposition.
fotocopia *s. f.* photocopy.
fotocopiadora *s. f.* photocopier.
fotocopiar *v. t.* to photocopy.
fotoelectricidad *s. f.* FÍS. photoelectricity.
fotoeléctrico *adj.* FÍS. photoelectric.
fotogénico, -ca *adj.* photogenic.
fotograbado *s. m.* photogravure.
fotografía *s. f.* **1** photography (actividad). **2** photo, photograph, (fam.) snap (imagen): *sacar o tomar una fotografía = to take a photo.*
fotografiar *v. t.* to photograph.
fotográfico, -ca *adj.* photographic.
fotógrafo, -fa *s. m.* y *f.* photographer: *fotógrafo de prensa = press photographer.*
fotograma *s. m.* still.
fotólisis *s. f.* photolysis.
fotomatón *s. m.* photo booth.
fotón *s. m.* FÍS. photon.
fotonovela *s. f.* photo story.
fotorrobot *s. f.* identikit picture.
fotosensible *adj.* photosensitive.
fotosíntesis *s. f.* photosynthesis.
foxterrier *s. m.* fox terrier.
foxtrot *s. m.* fox-trot.
frac *s. m.* dress coat.
fracasado, -da *adj.* **1** failed, unsuccessful: *una tentativa fracasada = an unsuccessful attempt.* ● *s. m.* y *f.* **2** failure.
fracasar *v. i.* **1** to fail, to be unsuccessful (persona, plan, intento): *el equipo fracasó = the team failed.* **2** to be a failure (película, producto).
fracaso *s. m.* **1** failure: *la película es un fracaso = the film is a failure; la fiesta fue un fracaso = the party was a disaster.* ◆ **2 ~ amoroso,** disappointment in love.
fracción *s. f.* **1** MAT. fraction. **2** fraction, part, fragment (parte). **3** POL. splinter group, break-away group, faction (de un partido). **4** division, breaking-up (acción de fraccionar). ◆ **5 ~ impropia,** improper fraction. **6 ~ inversa,** inverse fraction. **7 ~ propia,** proper fraction.
fraccionamiento *s. m.* **1** division (división). **2** QUÍM. fractionation.
fraccionar *v. t.* **1** to divide, to break up, to split up (dividir). **2** QUÍM. to fractionate.
fraccionario, -ria *adj.* **1** MAT. fractional. ◆ **2 moneda fraccionaria,** fractional currency.
fractura *s. f.* **1** fracture, break (rotura). **2** MED. y GEOL. fracture: *fractura complicada = compound fracture.*
fracturar *v. t.* y *pron.* MED. to break, to fracture.
fragancia *s. f.* fragrance.
fragante *adj.* fragrant, sweet-smelling.
fragata *s. f.* **1** MAR. frigate (embarcación). **2** frigate bird (ave).
frágil *adj.* **1** fragile, delicate (que se rompe con facilidad). **2** frail, fragile (de salud). **3** (fig.) weak, weak-willed (de carácter).
fragilidad *s. f.* **1** fragility, frailty (de salud). **2** delicacy, fragility (de objetos). **3** weakness (de carácter).
frágilmente *adv.* **1** fragilely (de salud). **2** weakly (de carácter).
fragmentación *s. f.* fragmentation.
fragmentar *v. t.* to fragment.
fragmentario, -ria *adj.* fragmentary.
fragmento *s. m.* **1** fragment, piece (trozo pequeño). **2** passage (de un libro). **3** MÚS. fragment, snatch (de una ópera, canción).
fragor *s. m.* **1** din, racket (estrépito). **2** crash (al romperse algo). **3** roar (del viento, un río, una tormenta, etc.).
fragoroso, -sa *adj.* deafening, earsplitting.
fragosidad *s. f.* **1** unevenness, roughness (cualidad de fragoso). **2** high ground covered with undergrowth (lugar montañoso lleno de malezas).
fragoso, -sa *adj.* **1** rough, uneven (terreno). **2** brambly (con malezas).
fragua *s. f.* forge.
fraguado *s. m.* **1** forging (acción de forjar). **2** hardening (de cemento).
fraguar *v. t.* **1** to forge (forjar). **2** to mould (moldear). **3** to think up (idear). ● *v. i.* **4** to harden, to set (endurecerse). **5** (fig.) to come to fruition (proyecto, idea).
fraile *s. m.* REL. friar, monk, brother.
frailecillo *s. m.* puffin (ave).
fraileño, -ña, frailera, -ra, frailesco, -ca o **frailuno, -na** *adj.* (fam.) monkish.
frambuesa *s. f.* BOT. raspberry.
frambueso *s. m.* BOT. raspberry bush.
francachela *s. f.* big feed, feast, (fam.) nosh-up (comilona).
francamente *adv.* **1** frankly, honestly, candidly (con franqueza): *hablar francamente = to speak frankly.* **2** really (verdaderamente): *lo hizo francamente bien = she did it really well.*
francés, -sa *adj.* **1** French: *a la francesa = in the French way* o *manner.* **2** (fam.) *marcharse a la francesa = to take French leave.* ◆ **3 tortilla francesa,** plain omelette. ● *s. m.* **4** Frenchman (hombre francés). **5** French (idioma). ● *s. f.* **6** Frenchwoman.
Francia *s. f.* France.
francio *s. m.* QUÍM. francium.
franciscano, -na *adj./s. m.* y *f.* REL. Franciscan.
francmasonería *s. f.* freemasonry.
franco, -ca *adj.* **1** frank, sincere, candid (sincero). **2** open (abierto). **3** generous (generoso). **4** liberal (liberal). **5** free: *puerto franco = free port.* **6** Frankish (del pueblo germánico). ● *s. m.* **7** Frank (del pueblo germánico). **8** Frankish (idioma). **9** FIN. franc (unidad monetaria).
francófono, -na *adj./s. m.* y *f.* Francophone.
francotirador, -ra *s. m.* y *f.* **1** MIL. sniper, sharpshooter. **2** (fig.) lone fighter (persona que actúa aisladamente).
franela *s. f.* flannel (tela).
franja *s. f.* **1** border, trimming (adorno). **2** fringe (de flecos). **3** strip (de tierra). **4** band, strip (banda).
franqueable *adj.* **1** surmountable (un problema, un obstáculo). **2** crossable, fordable (un río).
franquear *v. t.* **1** to free, to exempt (librar de un pago). **2** to free, to open, to clear (puerta, entrada). **3** to frank, to pay postage (carta, paquete). **4** to cross, to clear (un río, paso fronterizo). **5** to surmount (valla, obstáculo). ● *v. pron.* **6** to open one's heart (sincerarse).
franqueo *s. m.* **1** postage (cantidad a pagar). **2** stamping, franking (acción de franquear una carta).
franqueza *s. f.* frankness, sincerity, candidness (sinceridad).
franquía *s. f.* MAR. searoom.
franquicia *s. f.* **1** COM. franchise (concesión). **2** FIN. exemption (exención): *franquicia postal = exemption from postal charges.*
frasco *s. m.* flask, small bottle (vasija): *frasco de perfume = perfume bottle.*
frase *s. f.* **1** GRAM. sentence (oración): *frase compleja = complex sentence.* **2** expression, phrase (expresión): *frase hecha = set phrase.* **3** MÚS. phrase.
frasear *v. t.* to phrase.
fraseo *s. m.* MÚS. phrasing.
fraseología *s. f.* phraseology.

fraseológico, -ca *adj.* phraseological.
fraternal *adj.* fraternal, brotherly.
fraternalmente *adv.* fraternally.
fraternidad *s. f.* fraternity, brotherhood.
fraternizar *v. i.* to fraternize.
fraterno, -na *adj.* fraternal, brotherly.
fratricida *adj.* **1** fratricidal. • *s. m.* y *f.* **2** fratricide (persona).
fratricidio *s. m.* fratricide.
fraude *s. m.* **1** fraud, swindle. **2** (fig.) cheating, dishonesty.
fraudulentamente *adv.* fraudulently.
fraudulento, -ta *adj.* fraudulent.
fray *s. m.* REL. brother, friar (apóc. de fraile).
frazada *s. f.* blanket.
freático, -ca *adj.* phreatic.
frecuencia *s. f.* **1** frequency. **2** ELEC. frequency: *alta frecuencia = high frequency.*
frecuentar *v. t.* **1** to frequent (ir a menudo a algún sitio). **2** to repeat, to do repeatedly (hacer algo muchas veces).
frecuente *adj.* **1** frequent. **2** common (corriente).
frecuentemente *adv.* frequently, often.
fregadero *s. m.* sink (de la cocina).
fregado, -da *adj.* **1** (Am.) stubborn, obstinate (terco). **2** (Am.) rogue, rascal (mala persona). **3** (Am.) stupid, foolish, silly (majadero). • *s. m.* **4** washing-up (de los platos). **5** washing (del suelo, las ventanas, etc.). **6** (fam.) mess, mix-up (jaleo). **7** (fam.) row, quarrel (riña).
fregar *v. t.* **1** to wash (platos). **2** to mop, to scrub (suelo). **3** to rub (frotar). **4** to scour (con estropajo). **5** (Am.) to annoy, to bother (molestar). • *v. pron.* **6** (Am.) to get annoyed.
fregona o **fregatriz** *s. f.* **1** mop (para el suelo). **2** cleaning lady (mujer que friega). **3** (desp.) skivvy (sirvienta).
fregotear *v. t.* to give a quick clean (fregar rápido y mal).
fregoteo *s. m.* quick clean.
freidora *s. f.* deep fat fryer.
freidura *s. f.* frying.
freiduría *s. f.* fish shop.
freimiento *s. m.* frying.
freír *v. t.* **1** to fry (con aceite). **2** to annoy, to bother (molestar). **3** to harass, to pester (acosar). ◆ **4 al ~ será el reír,** you'll be laughing on the other side of your face.
fréjol *s. m.* BOT. kidney bean, bean (judía).
frenar *v. t.* **1** MEC. to brake. **2** (fig.) to check, to curb, to control (controlar). • *v. i.* **3** MEC. to brake, to put the brake on.
frenazo *s. m.* **1** sudden braking. ◆ **2 dar un ~,** to slam the breaks on.
frenesí *s. m.* frenzy.
frenéticamente *adv.* frenziedly, frantically.
frenético, -ca *adj.* frenzied, frantic.
frenillo *s. m.* **1** ANAT. frenum, fraenum. **2** (Am.) skill, ability (tino).
freno *s. m.* **1** MEC. brake (de coche, etc.): *freno de mano = handbrake.* **2** bit (de caballería). **3** (fig.) curb, check (moderación al obrar). ◆ **4 meter a uno en ~,** to check someone, to curb someone.
frente *s. f.* **1** ANAT. forehead, brow (parte de la cara). **2** face (cara): *frente a frente = face to face.* • *s. m.* **3** front (parte anterior de una cosa). **4** MIL. front (línea de combate). **5** POL. front: *frente popular = popular front.* **6** front (meteorológico). **7** head (de una moneda). ◆ **8 al ~,** in front (delante); forward (hacia delante). **9 arrugar la ~,** to frown. **10 con la ~ levantada,** with one's head held high. **11 en ~,** in front; opposite: *la casa de en frente = the house opposite.* **12 ~ por ~,** opposite; in front. **13 hacer ~ a,** to stand up to, to face. **14 ponerse al ~ de algo,** to take charge of something.
fresa *s. f.* **1** BOT. strawberry (fruto). **2** strawberry plant (planta). **3** TEC. milling cutter (herramienta). **4** drill (herramienta de dentista).
fresador, -ra *s. m.* y *f.* miller (persona).
fresadora *s. f.* MEC. milling machine.
fresal *s. m.* strawberry patch.
fresar *v. t.* TEC. to drill (hacer agujeros); to mill (labrar).
fresca *s. f.* **1** fresh air, cool air (aire fresco): *tomar la fresca = to get some fresh air.* **2** cool of the day (frescor del día). **3** cheeky remark (dicho descarado).
frescachón, -na *adj.* ruddy, robust, glowing with health.
frescales *s. m.* y *f.* (fam.) cheeky devil (persona desvergonzada).
fresco, -ca *adj.* **1** fresh, cool (temperatura): *viento fresco = cool wind.* **2** fresh, new (reciente). **3** cold (agua). **4** cool, cold (bebida). **5** fresh (de buen aspecto). **6** cool (ropa). **7** new-laid (huevos). **8** new, fresh (pan). **9** cool, calm (tranquilo). **10** cheeky, pert, impudent (descarado). • *s. m.* **11** fresh air: *tomar el fresco = to get some fresh air.* **12** ART. fresco. **13** (Am.) drink, cool drink (bebida, bebida fresca). • *s. m.* y *f.* **14** (fam.) cheeky devil, cheeky person (persona descarada). ◆ **15 al ~,** in the open air.
frescura *s. f.* **1** freshness, coolness (de temperatura). **2** freshness (de aspecto). **3** coolness, calmness (tranquilidad). **4** (fam.) cheek, nerve: *¡qué frescura! = what a cheek!* **5** cheeky remark (dicho descarado).
fresneda *s. f.* BOT. ash grove.
fresno *s. m.* BOT. ash, ash tree.
fresón *s. m.* BOT. large strawberry.
fresquera *s. f.* food safe (armario para alimentos).
fresquería *s. f.* (Am.) refreshment stall (puesto de refrescos).
fresquilla *s. f.* type of peach.
freudiano, -na *adj.* Freudian.
frialdad *s. f.* **1** coldness, coolness (de temperatura). **2** (fig.) coldness, indifference, unconcern (indiferencia). **3** frigidity (frigidez).
fríamente *adv.* coldly, cooly (con frialdad).
fricación *s. f.* ⇒ **fricción.**
fricativo, -va *adj.* GRAM. fricative.
fricción *s. f.* **1** MEC. friction. **2** rubbing (friega). **3** MED. massage (masaje). **4** (fig.) friction, trouble: *fricción entre dos países = friction between two countries.*
friccionar *v. t.* to rub (frotar).
friega *s. f.* **1** rubbing (fricción). **2** massage (masaje). **3** (Am.) nuisance, annoyance (molestia). **4** (Am.) beating, thrashing (paliza).
frigider *s. m.* (Am.) fridge.
frigidez *s. f.* **1** coldness, coolness (frialdad). **2** indifference, unconcern (indiferencia). **3** MED. frigidity (sexual).
frígido, -da *adj.* **1** MED. frigid. **2** (fig.) cold, frigid.
frigorífico, -ca *adj.* **1** refrigerating (que produce frío). • *s. m.* **2** refrigerator, fridge (electrodoméstico).
frijol, fríjol o **fréjol** *s. m.* BOT. kidney bean, bean.
frío, -a *adj.* **1** cold: *una noche fría = a cold night.* **2** cold, indifferent, cool (indiferente). **3** impotent, cold (impotente). **4** unfriendly, cold, cool (recibimiento). • *s. m.* **5** cold: *hace frío = it's cold; coger frío = to catch cold; ¡qué frío! = isn't it cold!; tener frío = to be cold.* **6** indifference (indiferencia). **7** coldness (frialdad). ◆ **8 dejar ~,** to leave cold. **9 quedarse uno ~,** to be left cold.
friolento, -ta *adj.* (Am.) sensitive to the cold.
friolera *s. f.* (fam.): *costó la friolera de tres millones = it cost a cool three million.*
friolero, -ra *adj.* sensitive to the cold.
frisa *s. f.* **1** (Am.) frieze (de las telas). **2** (Am.) blanket (manta).
friso *s. m.* **1** ARQ. frieze (franja ornamental). **2** wainscot (parte inferior de la pared).
frisón, -na *adj./s. m.* y *f.* Frisian (de Frisia).
fritada o **fritura** *s. f.* fry, (fam.) fry-up (conjunto de cosas fritas).
fritanga *s. f.* fried food.
frito, -ta *adj.* **1** fried: *pescado frito = fried fish; patatas fritas = (brit.) chips, (EE UU) French fries.* • *s. m.* **2** (Am.) daily bread, food (la subsistencia diaria). ◆ **3 estar ~,** (Am.) to be ruined; to be done in (arruinado). **4 quedarse ~,** to fall fast asleep. **5 ser ~,** (Am.) to be persistent (pertinaz).
frivolidad *s. f.* frivolity.
frivolizar *v. t.* to trivialize, to play down.
frívolo, -la *adj.* frivolous.
fronda *s. f.* **1** BOT. frond (hoja). • *pl.* **2** BOT. foliage, leaves (follaje).
frondosidad *s. f.* **1** leafiness (cualidad de frondoso). **2** foliage, leaves (follaje).
frondoso, -sa *adj.* leafy: *un árbol frondoso = a leafy tree.*
frontal *adj.* **1** frontal. **2** REL. frontal (del altar).

frontera *s. f.* **1** border, frontier (entre dos estados). **2** ARQ. façade.

fronterizo, -za *adj.* border, frontier: *pueblo fronterizo = border village.*

frontis o **frontispicio** *s. m.* **1** ARQ. façade (fachada). **2** frontispiece (de un libro). **3** frontispiece (frontón).

frontón *s. m.* **1** DEP. front wall (pared principal). **2** DEP. pelota court (cancha de pelota). **3** ARQ. pediment, fronton (remate triangular).

frotamiento *s. m.* **1** MEC. friction (fricción). **2** rubbing, rub (acción de frotar).

frotar *v. t.* y *pron.* **1** to rub: *frotarse las manos = to rub one's hands.* • *v. t.* **2** to strike (una cerilla).

frotis *s. m.* smear.

fructífero, -ra *adj.* **1** BOT. fruit-bearing, fructiferous. **2** (fig.) fruitful: *un negocio fructífero = a fruitful business.*

fructificar *v. i.* **1** BOT. to bear fruit, to give fruit (dar fruto). **2** (fig.) to be fruitful (ser útil).

fructuoso, -sa *adj.* fruitful.

frugal *adj.* frugal: *una vida frugal = a frugal life.*

frugalidad *s. f.* frugality.

fruición *s. f.* delight, pleasure (placer).

fruncido, -da *adj.* **1** frowning (la cara). **2** furrowed (la frente). **3** pleated (ropa). • *s. m.* **4** pleat, tuck (de la ropa, el papel).

fruncir *v. t.* **1** to frown (arrugar la frente). **2** to pleat, to gather (plegar). **3** to purse (los labios).

fruslería *s. f.* trifle, bauble, (fam.) knick-knack (cosilla).

frustración *s. f.* frustration.

frustrar *v. t.* **1** to frustrate, to thwart (hacer fracasar). **2** to disappoint (decepcionar). • *v. pron.* **3** to fail, to flop (plan, proyecto). **4** to become frustrated (persona).

fruta *s. f.* **1** fruit: *fruta del tiempo = fresh fruit.* ◆ **2** ~ **seca,** dried fruit.

frutal *s. m.* **1** fruit tree (árbol). • *adj.* **2** fruit: *árbol frutal = fruit tree.*

frutería *s. f.* fruit shop, (p.u.) fruiterer's.

frutero, -ra *s. m.* y *f.* **1** fruiterer, fruitseller (vendedor). • *s. m.* **2** fruit bowl, fruit dish (recipiente). • *adj.* **3** fruit: *plato frutero = fruit bowl.*

fruticultor, -ra *s. m.* y *f.* (Am.) fruitgrower.

fruticultura *s. f.* fruit growing.

frutilla *s. f.* (Am.) strawberry.

fruto *s. m.* **1** BOT. fruit: *dar fruto = to bear* o *give fruit.* **2** offspring, child (hijo). **3** result (resultado): *el fruto de su trabajo = the result of his work.* **4** benefit, profit (beneficio). ◆ **5 frutos secos,** dried fruit and nuts. **6 fruta desecada,** dried fruit. **7 dar** ~, (fig.) to be fruitful (ser provechoso). **7 no dar** ~, (fig.) to be fruitless. **9 sacar** ~ **de algo,** to profit from.

fucsia *s. f.* **1** BOT. fuchsia. • *adj.* y *s. m.* **2** fuchsia (color).

fuego *s. m.* **1** fire: *encender un fuego = to light a fire.* **2** fire (incendio, materia en combustión). **3** light (lumbre): *¿tienes fuego? = have you got a light?* **4** passion, fire (pasión). **5** MIL. fire (de un arma). **6** MAR. beacon. **7** home (hogar). ◆ **8 fuegos artificiales** fireworks. **9 ¡alto el** ~**!**, cease fire! **10 apagar el** ~, MIL. to silence the enemy guns. **11 atizar el** ~, (fam.) to stir up trouble. **12 echar** ~ **por los ojos,** to look daggers. **13** ~ **graneado,** MIL. heavy fire. **14 ¡**~**!**, fire! **15 hacer** ~, to shoot; to fire. **16 hervir a** ~ **lento,** to simmer. **17** (fig.) **jugar con** ~, to play with fire. **18 labrar a** ~, to brand. **19 pasar a sangre y** ~, to destroy, to devastate. **20 pegar** ~, to set fire; to set on fire. **21 poner la mano en el** ~, to stake one's life. **22 romper el** ~, to open fire.

fuel o **fuel-oil** *s. m.* paraffin, fuel oil.

fuelle *s. m.* **1** bellows (para obtener corrientes de aire). **2** accordion pleat (pliegue). **3** bag (de gaita). **4** folding hood (de coche).

fuente *s. f.* **1** spring (manantial de agua). **2** fountain (construcción): *fuente de beber = drinking fountain.* **3** dish (plato grande). **4** source (de un río). **5** (fig.) source, origin: *la fuente de su riqueza = the source of his wealth.* **6** REL. font (pila bautismal). ◆ **7 beber en buenas fuentes,** to be well-informed. **8 de** ~ **desconocida,** from an unknown source. **9 de fuentes informadas,** from a reliable source.

fuera *adv.* **1** outside: *estar fuera en el jardín = to be outside in the garden.* **2** out: *tirar fuera = to throw out; comer fuera = to eat out.* **3** abroad (en el extranjero). ◆ **4 de** ~, outside: *la parte de fuera = the outside part.* **5 desde** ~, **a)** from abroad (desde el extranjero); **b)** from outside (desde el exterior). **6 estar** ~, **a)** to be away (de viaje); **b)** to be out (fuera de casa); **c)** DEP. to be out. **7 ¡**~**!**, get out!; out! **8** DEP. **jugar** ~, to play away from home. **9 por** ~, on the outside. • *prep.* **10** ~ **de,** outside: *fuera de la ciudad = outside the city; fuera de la puerta = outside the door.* **11** out of: *fuera de peligro = out of danger; fuera de contexto = out of context.* ◆ **12** ~ **de alcance,** out of reach. **13** ~ **de duda,** beyond doubt. **14** ~ **de lugar,** out of place. **15** ~ **de serie,** out of the ordinary; exceptional.

fuero *s. m.* **1** power (poder): *fuero eclesiástico = ecclesiastical power.* **2** municipal charter (ley municipal). **3** privilege (privilegio).

fuerte *adj.* **1** strong: *una mesa fuerte = a strong table.* **2** strong (corriente, viento, voluntad, bebida, olor, creencia, sabor, moneda, etc.). **3** robust, tough, hard (robusto). **4** loud (música, voz, sonido, ruido). **5** great, intense (dolor, calor, frío). **6** grave (crisis). **7** vigorous, strenuous (ejercicio). **8** rough, difficult (terreno). **9** big, heavy (comida). **10** strong (palabras). **11** hard, heavy (golpe). **12** intense (intenso). **13** hard (duro): *un examen fuerte = a hard exam.* • *s. m.* **14** MIL. fort, fortress (lugar fortificado). **15** (fig.) strong point, forte (punto fuerte). **16** MÚS. forte • *adv.* **17** hard (duro): *jugar/trabajar fuerte = to play/work hard.* **18** loudly (alto): *cantar/hablar fuerte = to sing/talk loudly.* **19** heavily (mucho): *fumar/beber fuerte = to smoke/drink heavily.* ◆ **20 comer** ~, to eat a lot. **21 hacerse** ~, to get/become stronger. **22 ¡más** ~**!, a)** speak up! (a un orador); **b)** turn it up! (la música). **23 pegar** ~, to hit hard. **24 plato** ~, main course. **25 ser** ~ **en inglés,** to be very good at/in English.

fuertemente *adv.* **1** strongly (con fuerza). **2** loudly (más alto): *cantar fuertemente = to sing loudly.*

fuerza *s. f.* **1** strength: *la fuerza de la cuerda = the strength of the rope.* **2** force: *utilizar la fuerza = to use force.* **3** power (poder): *la fuerza del coche = the power of the car.* **4** resistence (resistencia). **5** FÍS. force: *fuerza de la gravedad = force of gravity.* **6** ELEC. current, power (corriente). **7** (fig.) force, strength (de carácter, un argumento). **8** violence, force (violencia). • *pl.* **9** MIL. forces: *las fuerzas armadas = the armed forces.* ◆ **10 a** ~ **de,** by force of; by dint of. **11 a la** ~, of necessity. **12 con todas mis fuerzas,** with all my might. **13 la** ~ **de la costumbre,** force of custom. **14** ~ **mayor,** act of God. **15 fuerzas aéreas,** Air Force. **16 por** ~, **a)** by force (con violencia); **b)** of necessity (por necesidad). **17 recurrir a la** ~, to resort to force. **18 rendirse a la** ~, to give in to force. **19 restar fuerzas,** to weaken. **20 sacar fuerzas de flaqueza,** to make a big effort. **21 ser** ~, to be necessary: *es fuerza coger el tren = it's necessary to catch the train.* **22 sin usar la** ~, without using force. **23 tener fuerzas para,** to have the strength to.

fuet *s. m.* type of highly seasoned sausage.

fuetazo *s. m.* (Am.) lash.

fuga *s. f.* **1** flight, escape (huida precipitada): *fuga de la cárcel = escape from prison.* **2** escape, leak (de un gas o líquido). **3** MÚS. fugue. ◆ **4 ponerse en** ~, to take flight; to flee.

fugacidad *s. f.* fugacity, fleeting nature.

fugado, -da *s. m.* y *f.* escapee.

fugarse *v. pron.* **1** to flee, to escape (huir): *fugarse del país = to flee the country.* **2** to run away (escaparse): *fugarse de casa = to run away from home.* **3** to elope (amantes).

fugaz *adj.* **1** fleeting, short-lived, brief (de corta duración). ◆ **2 estrella** ~, shooting star.

fugazmente *adv.* fleetingly, briefly.

fugitivo, -va *s. m.* y *f.* **1** fugitive. • *adj.* **2** fleeting, short-lived, brief (fugaz). **3** fleeing, fugitive (que se fuga).

ful *adj.* useless, worthless (de poco valor).

fulana *s. f.* (vulg.) (desp.) hooker, whore (prostituta).

fulano, -na *s. m.* y *f.* what's his name, so-and-so: *me lo dijo fulano = what's his name told me.*
fulero, -ra *adj.* **1** faulty, badly made (defectuoso). **2** shoddy, slapdash (chapucero).
fulgente o **fúlgido, -da** *adj.* brilliant, dazzling (muy brillante).
fulgir *v. i.* to glow, to shine.
fulgor *s. m.* brilliance, radiance.
fulgurante *adj.* **1** shining, bright, brilliant (luz, resplandor). **2** (fig.) rapid (ascensión, carrera).
fulgurar *v. i.* to shine, to glow (brillar).
fullería *s. f.* **1** cheating, cardsharping (acto del tramposo en las cartas). **2** trick (trampa). **3** astuteness, guile (astucia).
fullero, -ra *adj.* **1** cheating, underhand. • *s. m.* y *f.* **2** cheat.
fulminación *s. f.* fulmination.
fulminador *s. m.* fulminator.
fulminante *adj.* **1** fulminating (que fulmina): *pólvora fulminante = fulminating powder.* **2** MED. fulminant (enfermedad). **3** (fam.) fantastic, terrific, splendid (un éxito). • *s. m.* **4** cap (cápsula). **5** fuse, detonator (mecha).
fulminar *v. t.* **1** to hurl (arrojar contra alguien). **2** to strike (dar muerte los rayos). ◆ **3 fulminar a alguien con la mirada,** (fig.) to look daggers at someone.
fumadero *s. m.* **1** smoking room. ◆ **2 ~ de opio,** smoking den.
fumador, -ra *s. m.* y *f.* **1** smoker. • *adj.* **2** smoking. ◆ **3 no ~,** non-smoker.
fumar *v. i.* y *t.* **1** to smoke. ◆ **2 ~ en pipa,** to smoke a pipe. **3 papel de ~,** cigarette paper. **4 se prohíbe ~,** no smoking. • *v. pron.* **5** to spend (fam.) to blow (gastar). **6** to waste, to squander (derrochar). **7** to miss (faltar a una obligación).
fumarola *s. f.* fumarole.
fumigación *s. f.* fumigation.
fumigador, -ra *adj.* y *s. m.* y *f.* fumigator.
fumigar *v. t.* to fumigate.
funambulismo *s. m.* tightrope walking.
funámbulo, -la *s. m.* y *f.* tightrope walker.
función *s. f.* **1** function (papel, finalidad): *la función de la prensa = the function of the press.* **2** duty, function (responsabilidad, tarea): *las funciones del director = the duties of the director.* **3** MED. function (actividad de un órgano o célula). **4** show, performance (espectáculo). **5** party (fiesta). **6** GRAM. function. **7** MAT. function. ◆ **8 en ~ de,** depending on. **9 entrar en funciones,** to take up one's duties. **10 presidente en funciones,** acting president.
funcional *adj.* functional.
funcionamiento *s. m.* **1** functioning (acción de funcionar). **2** MEC. operation, working (de una máquina). **3** performance: *el funcionamiento del coche = the performance of the car.* ◆ **4 entrar en ~,** to come into operation. **5 mal ~,** malfunction. **6 poner en ~,** to put into operation.
funcionar *v. i.* **1** to work, to go, to function: *la radio no funciona = the radio doesn't work.* ◆ **2 "no funciona",** "out of order".
funcionario, -ria *s. m.* y *f.* **1** civil servant, official (del estado). ◆ **2 ~ público,** public official.
funda *s. f.* **1** cover (cubierta). **2** case: *funda de almohada = pillowcase, pillowslip.* **3** case (de gafas, violín). **4** sheath (de espada). ◆ **5 ~ de pistola,** holster.
fundación *s. f.* foundation.
fundacional *adj.* constituent.
fundado, -da *adj.* well-founded, justified.
fundador, -ra *s. m.* y *f.* founder.
fundamental *adj.* fundamental.
fundamentalismo *s. m.* fundamentalism.
fundamentalmente *adv.* fundamentally.
fundamentar *v. t.* **1** to found (establecer). **2** to lay the foundations for (sentar las bases). • *v. pron.* **3** to be based.
fundamento *s. m.* **1** foundation (cimiento de un edificio). **2** seriousness (seriedad). **3** motive, cause (motivo). **4** (fig.) basis, foundation (base). • *pl.* **5** fundamentals, basics (nociones elementales).
fundar *v. t.* **1** to found (ciudad, empresa). **2** to build (edificar). **3** to base, to found (apoyar con pruebas).
fundición *s. f.* **1** foundry, smelting plant (factoría). **2** melting (acción de fundir). **3** smelting (de los metales). ◆ **4 ~ de acero,** steel foundry. **5 ~ de hierro,** iron foundry.
fundido, -da *adj.* melted: *queso fundido = melted cheese.*
fundidor *s. m.* founder, smelter.
fundir *v. t.* **1** to cast, to found (metales). **2** to melt (convertir en líquido). • *v. t.* y *pron.* **3** to melt (derretir). **4** to merge (unir intereses, ideas, etc.). • *v. pron.* **5** (Am.) to ruin oneself (arruinarse).
fúnebre *adj.* **1** funeral. **2** (fig.) funereal, mournful (triste).
funeral *s. m.* **1** funeral (ceremonia). **2** funeral (exequias).
funerala (a la) *adv.* **1** with reversed arms. ◆ **2 ojo a la ~,** black eye.
funeraria *s. f.* undertaker's (empresa).
funerario, -ria *adj.* funeral.
funesto, -ta *adj.* **1** sad (triste). **2** fatal, ill-fated (desgraciado).
fungible *adj.* fungible.
fungicida *s. f.* **1** fungicide. • *adj.* **2** fungicidal.
funicular *s. m.* y *adj.* funicular.
furcia *s. f.* (desp.) tart, whore, slut (prostituta).
furgón *s. m.* **1** wagon, truck (vehículo largo). **2** van, goods wagon (de tren).
furgoneta *s. f.* van.
furia *s. f.* **1** fury (divinidad romana). **2** fury, rage (enfado violento). **3** frenzy, rage (ataque de locura). **4** fury (de los elementos): *la furia del mar = the fury of the sea.* **5** hurry (prisa): *a la furia = like fury.*
furibundo, -da *adj.* furious (con furia).
furioso, -sa *adj.* furious: *ponerse furioso = to get furious.*
furor *s. m.* **1** fury, rage (furia). **2** anger, fury (cólera). **3** (fig.) rage: *hacer furor = to be all the rage.*
furriel *s. m.* quartermaster.
furtivamente *adv.* furtively, slyly.
furtivo, -va *adj.* **1** furtive, sly. ◆ **2 cazador ~,** poacher.
furúnculo *s. m.* MED. boil.
fusa *s. f.* demisemiquaver.
fuselaje *s. m.* fuselage.
fusible *s. m.* ELEC. fuse.
fusil *s. m.* rifle, gun.
fusilamiento *s. m.* shooting, execution.
fusilar *v. t.* to shoot, to execute.
fusilazo *s. m.* rifle shot, gun shot.
fusión *s. f.* **1** fusion, melting (de metales). **2** melting (de líquidos). **3** joining, uniting (unión). **4** merger (de empresas). **5** coming together, joining (de intereses, ideas, etc.). ◆ **6 ~ nuclear,** nuclear fusion.
fusionar *v. t.* y *pron.* **1** COM. to merge. **2** to fuse (unir).
fusta *s. f.* **1** whip, riding whip (látigo). **2** twigs (leña delgada).
fuste *s. m.* **1** ARQ. shaft (de columna). **2** saddletree (de la silla de montar). **3** substance, essence (consistencia).
fustigación *s. f.* whipping.
fustigar *v. t.* **1** to whip, to lash (azotar). **2** (fig.) to censure, to upbraid (censurar con dureza).
futbito *s. m.* indoor soccer.
fútbol *s. m.* football, soccer.
futbolista *s. m.* y *f.* footballer, football player.
fútil *adj.* trivial, unimportant (sin importancia).
futón *s. m.* futon.
futilidad *s. f.* triviality, unimportance.
futurista *s. m.* y *f.* **1** futurist. • *adj.* **2** futuristic.
futuro, -ra *adj.* **1** future: *los años futuros = future years.* • *s. m.* **2** future: *en el futuro = in the future.* **3** GRAM. future. • *s. m.* y *f.* **4** (fam.) fiancé (novio), fiancée (novia). • *s. m. pl.* **5** COM. futures.

g, G *s. f.* g, G (séptima letra del alfabeto español).
gabacho, -cha *adj.* **1** (desp.) French (francés). • *s. m.* y *f.* **2** (desp.) Frog.
gabán *s. m.* **1** overcoat (abrigo). **2** sleeved cape (capote con mangas). **3** (Am.) sack (saco). **4** (Am.) jacket, coat (chaqueta).
gabardina *s. f.* **1** raincoat, gabardine, (fam.) mac (impermeable). **2** gabardine (tela).
gabarra *s. f.* barge (embarcación).
gabela *s. f.* **1** tax (impuesto). **2** duty, obligation (obligación).
gabinete *s. m.* **1** POL. cabinet (Consejo de ministros). **2** room (sala): *gabinete de lectura = reading room.* **3** study (sala de estudio). **4** laboratory (laboratorio). **5** museum (museo). ◆ **6 ~ de consulta,** consulting room.
gacela *s. f.* ZOOL. gazelle.
gaceta *s. f.* **1** gazette (publicación). **2** official gazette (del Estado).
gacetilla *s. f.* **1** news in brief (sección de noticias breves). **2** gossip (persona chismosa).
gacha *s. f.* **1** pap, mush (masa muy blanda). **2** (Am.) bowl (cuenco). • *pl.* **3** porridge (comida). **4** flattery (halagos).
gacho, -cha *adj.* **1** drooping, floppy (bigote, orejas). **2** bent, bowed (cabeza). **3** down-curved (cuernos). **4** floppy (sombrero).
gachón, -na *adj.* (fam.) charming.
gachupín, -na *s. m.* y *f.* ⇒ **cachupín.**
gaditano, -na *adj.* **1** of/from Cádiz. • *s. m.* y *f.* **2** inhabitant of Cádiz.
gafar *v. t.* to bring bad luck to.
gafas *s. f. pl.* **1** glasses (anteojos): *llevar gafas = to wear glasses.* **2** goggles (de moto, nadar, esquiar). ◆ **3 ~ de sol,** sunglasses.
gafe *s. m.* **1** jinx (que trae mala suerte). **2** disaster (desastre): *soy más gafe... = I'm a complete disaster.* • *adj.* **3** jinxed.
gag *s. m.* gag.
gago, -ga *s. m.* y *f.* (Am.) stutterer, stammerer (tartamudo).
gaguear *v. i.* (Am.) to stutter, to stammer (tartamudear).
gaita *s. f.* **1** bagpipe (instrumento de viento). **2** nuisance, (fam.) drag (molestia). • *s. m.* y *f.* **3** (Am.) Galician (gallego). **4** (Am.) useless thing (maula). ◆ **5 templar gaitas,** to calm someone down.
gaitero, -ra *s. m.* y *f.* **1** MÚS. bagpiper, bagpipe player. **2** buffoon, clown (bufo). • *adj.* **3** flashy, showy, gaudy (chillón). **4** clownish (bufo).
gaje *s. m.* **1** salary, wage (sueldo). ◆ **2 gajes del oficio,** occupational hazards.
gajo *s. m.* **1** segment (de naranja, limón, etc.). **2** branch (rama de árbol). **3** prong (de las horcas, bieldos, etc.). **4** bunch (racimo de uvas). **5** lobe (lóbulo).
gala *s. f.* **1** gala (espectáculo musical). **2** best dress, best clothes (vestido): *ir de gala = to be dressed up.* **3** cream (lo más selecto). **4** (Am.) tip (propina). ◆ **5 hacer ~ de,** to show off; to boast about.
galaico, -ca *adj.* Galician (gallego).
galán *s. m.* **1** attractive man (hombre atractivo). **2** suitor (el que corteja a una mujer). **3** leading man, male lead (en el teatro). ◆ **4 ~ de noche,** BOT. night jasmine.
galano, -na *adj.* **1** elegant, smart (elegante). **2** pleasant, charming (agradable). **3** beautiful (hermoso). **4** mottled (vaca de varios colores).
galante *adj.* **1** gallant (cortés con las mujeres). **2** flirtatious (que gusta de requiebros).
galanteador *adj.* flattering (aficionado a galantear a las mujeres).
galantear *v. t.* **1** to court, to woo (cortejar). **2** to win the heart of (enamorar). **3** to flatter (requebrar).
galantemente *adv.* gallantly.
galanteo *s. m.* **1** courting, wooing (acción de cortejar). **2** flattery (requiebro). **3** flirting (coqueteo).
galantería *s. f.* **1** gallantry (cualidad de galante). **2** kindness (amabilidad). **3** politeness (cortesía). **4** elegance (elegancia). **5** generosity (generosidad). **6** gallant act (hecho galante).
galanura *s. f.* **1** prettiness, elegance (elegancia). **2** charm (encanto).
galápago *s. m.* **1** ZOOL. tortoise. **2** AGR. mouldboard (del arado). **3** brick mould (molde de ladrillos). **4** light saddle (silla de montar). **5** TEC. ingot (lingote).
galardón *s. m.* **1** prize, award (premio). **2** reward (recompensa).
galardonar *v. t.* **1** LIT. to award a prize to (dar un premio). **2** to reward, to recompense (recompensar).
galaxia *s. f.* **1** ASTR. galaxy (grupo de estrellas). **2** Milky Way (Vía Láctea).
galbana *s. f.* laziness, idleness, slackness (pereza).
galbanoso, -sa *adj.* lazy, idle (perezoso).
galena *s. f.* MIN. lead sulphide, galena.
galeno *s. m.* doctor (médico).
galeón *s. m.* MAR. galleon.
galeote *s. m.* galley slave (condenado a remar en galeras).
galera *s. f.* **1** MAR. galley (nave). **2** covered wagon (carro). **3** women's prison (cárcel de mujeres). **4** galley (de imprenta). **5** (Am.) top hat (sombrero de copa alta). **6** (Am.) bowler hat (sombrero hongo). • *pl.* **7** galleys: *condenar a galeras = to condemn to the galleys.*
galerada *s. f.* **1** galley proof (prueba de imprenta). **2** galley (composición tipográfica). **3** wagonload (carga de una galera).
galería *s. f.* **1** gallery (de pinturas). **2** gallery (en una casa). **3** gallery (de una mina). **4** passage (paso). **5** gallery, (fam.) gods (en un teatro). **6** pelmet (bastidor para colgar cortinas). **7** (fig.) gallery (gente de gusto vulgar). ◆ **8 ~ de tiro,** shooting gallery. **9 ~ de viento,** wind tunnel.
galerista *s. m.* y *f.* gallery owner.
galés, -sa *adj.* **1** Welsh. • *s. m.* **2** Welsh (idioma). **3** Welshman (hombre). • *s. f.* **4** Welshwoman (mujer).
galgo *s. m.* **1** ZOOL. greyhound (perro). ◆ **2 ¡échale un ~!,** fat chance!
galga *s. f.* boulder (piedra grande).
gálibo *s. m.* maximum headroom.
galicismo *s. m.* gallicism.
galimatías *s. m.* gibberish, double-Dutch, nonsense (lenguaje confuso).
galio *s. m.* gallium (metal).
gallardete *s. m.* pennant.
gallardía *s. f.* **1** elegance, grace (elegancia). **2** bravery, valour (valor). **3** nobleness (nobleza).
gallardo, -da *adj.* **1** elegant, smart (elegante). **2** brave, valient (valiente). **3** excellent, splendid (excelente).

G K

gallear *v. t.* **1** to tread (cubrir el gallo a la gallina). • *v. i.* **2** to raise one's voice (alzar la voz). **3** to stand out, to excel (destacar).

gallegada *s. f.* **1** Galician dance (baile gallego). **2** Galician singing and music (música y cante gallego).

gallego, -ga *adj.* **1** Galician. • *s. m.* **2** Galician (idioma). **3** north-west wind (viento noroeste). • *s. m.* y *f.* **4** Galician (persona).

galleguismo *s. m.* Galician word or expression.

galleta *s. f.* **1** (brit.) biscuit, (EE UU) cookie (bizcocho). **2** slap (bofetada). **3** anthracite (carbón). ◆ **4 ~ de perro,** dog biscuit.

galletero *s. m.* biscuit tin, biscuit barrel (recipiente).

gallina *s. f.* **1** chicken, hen (hembra del gallo). **2** coward, (fam.) chicken (persona cobarde). ◆ **3 ~ ciega,** blindman's buff (juego). **4 ~ clueca,** broody hen. **5 ~ de agua,** coot. **6 ~ de Guinea,** guinea fowl. **7 ~ ponedora,** laying hen. **8 acostarse con las gallinas,** to go to bed early. **4 estar como ~ en corral ajeno,** to be like a fish out of water. **10 matar la ~ de los huevos de oro,** to kill the goose that lays the golden eggs.

gallináceo, -a *adj.* **1** ZOOL. gallinaceous. • *s. f.* **2** gallinacean.

gallinazo *s. m.* (Am.) turkey buzzard.

gallinero, -ra *s. m.* y *f.* **1** chicken farmer (criador de gallinas). **2** poultry dealer (vendedor de gallinas). • *s. m.* **3** henhouse, coop (lugar donde se crían gallinas). **4** (fam.) gods (parte alta de un teatro o cine).

gallineta *s. f.* **1** ZOOL. woodcock (chocha). **2** (Am.) guinea fowl (gallina de Guinea).

gallito *s. m.* (fam.) top dog, cock of the walk (el que domina o sobresale).

gallo *s. m.* **1** ZOOL. cock, cockerel (ave). **2** John Dory, dory (pez). **3** wrong note, (fam.) squawk (nota desafinada). **4** boss (persona mandona). **5** brave man (hombre valiente). ◆ **6 en menos que canta un ~,** in a flash, before you could say Jack Robinson. **7 misa de ~,** midnight mass. **8 peso ~,** DEP. bantamweight. **9 tener mucho ~,** to be cocky.

galo, -la *adj.* **1** HIST. Gallic. • *s. m.* y *f.* **2** Gaul.

galón *s. m.* **1** gallon (medida inglesa). **2** braid (cinta). **3** MIL. stripe.

galopada *s. f.* gallop.

galopante *adj.* **1** galloping. **2** MED. galloping.

galopar *v. i.* to gallop.

galope *s. m.* **1** gallop. ◆ **2 a ~, a)** at a gallop (caballo); **b)** quickly, in a rush (persona). **3 medio ~,** canter.

galopín *s. m.* **1** urchin, waif (muchacho sucio y mal vestido). **2** rogue, scoundrel (pícaro). **3** scullion, kitchen boy (pinche).

galpón *s. m.* shed.

galvanismo *s. m.* galvanism.

galvanización *s. f.* galvanization.

galvanizar *v. t.* to galvanize.

galvanómetro *s. m.* galvanometer.

galvanoplastia *s. f.* galvanoplasty.

gama *s. f.* **1** MÚS. scale (scala). **2** (fig.) range, scale. **3** ZOOL. doe. **4** COM. range.

gamada *adj.* ⇒ **cruz gamada.**

gamba *s. f.* **1** ZOOL. prawn. **2** (Am.) 100 peso note (billete de cien pesos).

gamberrada *s. f.* act of hooliganism.

gamberrismo *s. m.* hooliganism, loutishness.

gamberro, -rra *s. m.* y *f.* **1** lout, hooligan, yob. • *adj.* **2** loutish, yobbish.

gambeta *s. f.* **1** cross step (paso cruzado). **2** prance (de caballo). **3** DEP. dummy (finta).

gameto *s. m.* BIOL. gamete.

gamma *s. f.* gamma (letra griega).

gamo *s. m.* ZOOL. fallow deer.

gamonal *s. m.* (Am.) local boss.

gamuza *s. f.* **1** ZOOL. chamois (animal). **2** chamois leather (piel). **3** cloth (bayeta).

gana *s. f.* **1** desire, wish (deseo). **2** inclination (inclinación). **3** will (voluntad). **4** appetite (apetito). ◆ **5 darle a uno la ~:** *no me da la gana = I don't feel like it.* **6 de buena ~,** willingly. **7 de mala ~,** reluctantly; unwillingly. **8 quedarse con las ganas,** to go without. **9 tener ganas,** to feel like; to fancy: *tengo ganas de bañarme = I feel like having a swim.*

ganadería *s. f.* **1** cattle breeding (cría de ganado). **2** cattle, livestock (ganado).

ganadero, -ra *s. m.* y *f.* **1** cattle breeder (propietario). • *adj.* **2** cattle, livestock (referente a los animales). **3** cattle breeding (referente a cría de ganado).

ganado *s. m.* **1** cattle, livestock (conjunto de animales). ◆ **2 ~ de cerda,** pigs. **3 ~ mayor,** horses and cows. **4 ~ menor,** sheep and goats. **5 ~ vacuno,** cattle.

ganador, -ra *s. m.* y *f.* **1** winner: *el ganador de la copa = the cup winner.* • *adj.* **2** winning: *el equipo ganador = the winning team.*

ganancia *s. f.* **1** COM. profit (beneficio): *sacar* u *obtener ganancia = to make a profit.* ◆ **2 ganancias y pérdidas,** profit and loss. **3 no te arriendo la ganancia,** I wouldn't like to be in your shoes.

ganancial *adj.* **1** profit. ◆ **2** DER. **bienes gananciales,** acquest; (fam.) common property acquired during a marriage.

ganancioso, -sa *adj.* **1** gainful, profitable, lucrative (lucrativo). **2** winning (triunfador).

ganar *v. t.* **1** to earn, to make (dinero): *ganar un buen sueldo = to earn a good salary.* **2** to win (un partido, premio, apuesta, batalla, etc.). **3** to beat, to defeat (vencer): *les ganamos 3-0 = we beat them 3-0.* **4** MIL. to take, to capture (conquistar). **5** to reach, to make (llegar): *al final llegaron a ganar la orilla = at last they managed to reach the bank.* **6** to win over (captarse la voluntad de alguien). **7** to outstrip (aventajar a alguien). **8** to get, to obtain (obtener). • *v. t.* y *pron.* **9** to win (fama, favor, honra). • *v. i.* **10** to get better, to improve (mejorar): *el enfermo va ganando = the patient is getting better.* • *v. pron.* **11** to earn: *ganarse la vida = to earn one's living.* **12** to deserve (merecer). ◆ **13 ~ el premio gordo,** to win first prize. **14 ~ terreno,** to gain ground. **15 ~ tiempo,** to gain time.

ganchillo *s. m.* **1** crochet needle (aguja de gancho). **2** crochet work (labor de ganchillo). **3** hairpin (horquilla).

gancho *s. m.* **1** hook (para colgar o agarrar). **2** hairpin (horquilla). **3** charm, attractiveness (atractivo). **4** (Am.) go-between (intermediario); decoy (señuelo). **5** DEP. hook (boxeo). ◆ **6 echar el ~ a alguien,** to get hold of somebody.

gandul, -la *adj.* **1** lazy, idle (vago). • *s. m.* y *f.* **2** (fam.) lazy-bones, idler.

gandulear *v. i.* to laze about, to lie around.

gandulería *s. f.* laziness, idleness.

ganga *s. f.* **1** COM. bargain (cosa de poco precio). **2** ZOOL. sandgrouse (ave). **3** MIN. gangue (materia inútil de un mineral). ◆ **4 precio de ~,** bargain price.

ganglio *s. m.* MED. ganglion.

gangosidad *s. f.* nasality.

gangoso, -sa *adj.* nasal (voz).

gangrena o **cangrena** *s. f.* MED. gangrene.

gangrenarse *v. pron.* MED. to become/get gangrenous.

gangrenoso, -sa *adj.* MED. gangrenous.

gángster *s. m.* gangster.

gangsterismo *s. m.* gangsterism.

ganguear *v. i.* to speak through one's nose.

gangueo *s. m.* nasal accent.

gansa *s. f.* **1** ZOOL. goose (ave). **2** clot, dope, fool (tonta).

gansada *s. f.* **1** daft/silly thing to say (cosa tonta que se dice). **2** daft/silly thing to do (cosa tonta que se hace).

ganso *s. m.* **1** ZOOL. gander (ave). **2** dope, clot, fool (tonto). ◆ **3 hacer el ~,** to play the fool. **4** MIL. **paso de ~,** goose step.

ganzúa *s. f.* picklock (garfio).

gañán *s. m.* **1** labourer (mozo de labranza). **2** (desp.) big brute (hombre tosco).

garabatear *v. t.* **1** to scrawl, to scribble (escribir mal). **2** to throw/sling a hook (tirar un garabato). **3** (fam.) to beat about the bush (hablar con rodeos).

garabateo *s. m.* **1** scrawling, scribbling (acción de escribir mal). **2** beating about the bush (hablando con rodeos).

garabato *s. m.* **1** hook, grapnel (gancho). **2** scrawl, scribble (letra mal hecha). **3** grace, elegance (garbo).

garaje *s. m.* garage.

garambaina *s. f.* **1** cheap trinket (adorno de mal gusto). **2** scrawl, scribble (garabateo).

garante *adj.* **1** responsible (responsable). • *s. m.* y *f.* **2** guarantor.
garantía *s. f.* **1** guarantee, warranty: *garantía de dos años = two-year guarantee.* **2** DER. security (fianza). ◆ **3 bajo** ~, under guarantee. **4 certificado de** ~, guarantee. **5 garantías constitucionales,** constitutional guarantees.
garantizar *v. t.* **1** to guarantee: *garantizar un coche = to guarantee a car.* **2** to assure, to guarantee (asegurar). **3** DER. to vouch for (avalar).
garañón *s. m.* **1** ZOOL. stud jackass (asno). **2** (Am.) stallion (caballo semental).
garapiña o **garrapiña** *s. f.* **1** crystallized liquid (líquido congelado en grumos). **2** (Am.) iced pineapple drink (refresco de piña).
garapiñado, -da *adj.* frozen (helado).
garapiñar *v. t.* **1** to coat (las almendras). **2** to freeze (helar). **3** to clot (nata). **4** to ice (tartas).
garbancero, -ra *adj.* **1** chickpea (de los garbanzos). • *s. m.* y *f.* **2** chickpea dealer (tratante de garbanzos).
garbanzal *s. m.* chickpea field.
garbanzo *s. m.* BOT. chickpea.
garbear *v. i.* **1** to affect elegance (aparentar garbo). **2** to get along, to manage (buscarse la vida). **3** to go for a stroll (pasear). • *v. t.* **4** to rob, (fam.) to pinch (robar).
garbeo *s. m.* walk, stroll (paseo).
garbo *s. m.* grace, elegance.
garboso, -sa *adj.* graceful, elegant.
gardenia *s. f.* BOT. gardenia.
garete *s. m.* **ir/irse al** ~, to drift, to be adrift (embarcación); to go astray (planes, negocio).
garfio *s. m.* hook (gancho).
gargajear *v. i.* to spit (escupir).
gargajo *s. m.* spit, phlegm (flema).
garganta *s. f.* **1** ANAT. throat (parte anterior del cuello). **2** throat, gullet (parte interior). **3** GEOG. narrow pass, gorge (paso). **4** ANAT. instep (del pie).
gargantear *v. i.* MÚS. to warble, to trill.
gargantilla *s. f.* **1** necklace, choker (collar). **2** bead (cuenta de collar).
gárgaras *s. f. pl.* **1** gargle, gargling: *hacer gárgaras = to gargle.* ◆ **2 mandar a hacer** ~, to send to blazes.
gargarismo *s. m.* **1** gargle, gargling (gárgaras). **2** gargle (líquido).
gargarizar *v. i.* to gargle.
gárgol *s. m.* groove.
gárgola *s. f.* ARQ. gargoyle.
garita *s. f.* **1** MIL. sentry box (torrecilla para centinelas). **2** porter's lodge (portería).
garitero *s. m.* **1** gambling-den owner (dueño de un garito). **2** gambler (jugador).
garito *s. m.* **1** gambling-den (casa de juego). **2** (desp.) dive (local nocturno).
garla *s. f.* chatter.
garlador, -ra *s. m.* y *f.* **1** chatterer. • *adj.* **2** garrulous, talkative.
garlante *adj.* garrulous, talkative.
garlar *v. i.* to chatter, (fam.) to natter.
garlito *s. m.* **1** fish trap (trampa para pescar peces). **2** trap (trampa). ◆ **3 caer en el** ~, to fall into the trap.
garlopa *s. f.* TEC. jack plane (de carpintería).
garniel *s. m.* (Am.) brief case (maletín).
garra *s. f.* **1** paw (pata del animal). **2** claw (zarpa de ave). **3** (fig.) bite, punch: *tener garra = to have bite.* • *pl.* **4** (Am.) rags, tatters (harapos). ◆ **5 echarle a uno la** ~, to get one's hands on someone.
garrafa *s. f.* decanter, carafe.
garrafal *adj.* **1** terrible, horrendous (muy malo). **2** excessive, enormous (excesivo).
garrafón *s. m.* large carafe, demijohn (damajuana).
garrapata *s. f.* ZOOL. tick (insecto).
garrapatear *v. i.* to scrawl, to scribble.
garrapato *s. m.* **1** scribble, scrawl. • *pl.* **2** scribbling, scrawling.
garrapatoso, -sa *adj.* scrawled, scribbled.
garrapiña *s. f.* ⇒ **garapiña.**
garrido, -da *adj.* **1** elegant, smart (elegante). **2** good-looking (guapo).
garrocha *s. f.* **1** pike, lance (vara utilizada por los vaqueros). **2** lance (en las corridas). **3** (Am.) DEP. pole (pértiga).
garrotazo *s. m.* blow with a stick or club.
garrote *s. m.* **1** stick, club, cudgel (palo fuerte). **2** garrotte (para estrangular a los condenados). **3** MED. tourniquet (ligadura fuerte).
garrotear *v. t.* (Am.) to club, to beat (golpear con un palo, etc.).
garrotillo *s. m.* MED. croup.
garrucha *s. f.* pulley (polea).
garrulador, -ra *adj.* **1** twittering, chirping (del ave que canta mucho). **2** talkative, garrulous (muy hablador).
garrulería *s. f.* **1** garrulity, wordiness (exceso de palabras). **2** chatter (charla).
garrulidad *s. f.* garrulousness, talkativeness, (fam.) long-windedness.
gárrulo, -la *adj.* **1** garrulous, talkative, (fam.) chatty (persona). **2** twittering, chirping (aves). **3** babbling (agua). **4** sighing (viento).
garúa *s. f.* (Am.) drizzle (llovizna).
garza *s. f.* ZOOL. heron (ave): *garza real = grey heron.*
garzo, -za *adj.* **1** bluish (azulado). **2** blue-eyed (de ojos azulados).
gas *s. m.* **1** FÍS. y QUÍM. gas. ◆ **2 cámara de** ~, gas chamber. **3** ~ **butano,** butane. **4** ~ **natural,** natural gas. **5** ~ **tóxico,** poison gas. **5 a todo** ~, at full speed; flat out.
gasa *s. f.* **1** gauze (tela). **2** MED. gauze (tejido).
gaseosa *s. f.* lemonade (bebida).
gaseoso, -sa *adj.* **1** QUÍM. gaseous. **2** fizzy (espumoso).
gásfiter *s. m.* y *f.* (Am.) plumber.
gasfitería *s. f.* (Am.) plumbing.
gasificación *s. f.* gasification.
gasificar *v. t.* to gasify.
gasoducto *s. m.* gas pipeline.
gasógeno *s. m.* gazogene, gasogene.
gasoil *s. m.* diesel, diesel oil.
gasóleo *s. m.* diesel, diesel oil.
gasolina *s. f.* petrol, (EE UU) gas.
gasolinera *s. f.* **1** petrol station, filling station, (EE UU) gas station. **2** MAR. motorboat (lancha).
gasómetro *s. m.* gasometer, gasholder.
gastado, -da *adj.* **1** spent (dinero). **2** worn out (ropa, zapatos, neumáticos, metales, telas, etc.). **3** corny, old (chiste). **4** tired, beat, worn out (cansado).
gastador, -ra *adj.* **1** spendthrift, extravagant, wasteful. • *s. m.* y *f.* **2** spender, spendthrift. **3** MIL. sapper, pioneer (soldado). **4** prisoner, convict (preso).
gastar *v. t.* **1** to spend (dinero): *gasto mucho en ropa = I spend a lot on clothes.* **2** to spend (tiempo, esfuerzo). **3** to use (usar), to wear (llevar): *gasto gafas desde hace dos años = I've been wearing glasses for two years.* **4** to consume, to use up (consumir). **5** to wear out (desgastar). **6** to waste (malgastar): *gastar un día sin hacer nada = to waste a day without doing anything.* **7** to have, to run (un coche). • *v. i.* **8** to spend (dinero). • *v. pron.* **9** to wear out (estropearse). **10** to run out (agotarse). **11** to tire oneself out (cansarse). ◆ **12** ~ **bromas,** to play jokes. **13 gastarlas,** to behave.
gasto *s. m.* **1** expense, expenditure (cantidad gastada). **2** spending, expenditure (acción de gastar). **3** MEC. wear (desgaste). **4** flow (de gas, agua, etc.). **5** use, consumption (consumo). • *pl.* **6** COM. expenses, cost, costs: *gastos de reparación = repair costs.* ◆ **7 gastos bancarios,** bank charges. **8 gastos e ingresos,** expenditure and income. **9 gastos generales,** overheads. **10 hacer el** ~, to do all the talking. **11 pagar los gastos,** (fam.) to foot the bill.
gástrico, -ca *adj.* MED. gastric.
gastritis *s. f.* MED. gastritis.
gastroenteritis *s. f.* MED. gastroenteritis.
gastrointestinal *adj.* gastrointestinal.
gastronomía *s. f.* gastronomy.
gastronómico, -ca *adj.* gastronomic.
gastrónomo, -ma *s. m.* y *f.* gastronome, gourmet.
gata *s. f.* **1** cat, she-cat (hembra del gato). **2** hill cloud (nube). ◆ **3 a gatas,** on all fours: *andar a gatas = to go on all fours/to crawl.*
gatear *v. i.* **1** to climb (trepar). **2** to go on all fours, to crawl (andar a gatas). • *v. t.* **3** to scratch (arañar). **4** to steal, (fam.) to pinch, to nick (hurtar).
gatera *s. f.* **1** cat flap, cat hole (agujero para el gato). **2** MAR. cathole. **3** (Am.) market woman (mujer que vende en el mercado).
gatillo *s. m.* **1** trigger (de un arma). **2** MED. dental forceps (tenacilla que utiliza el dentista).

gato *s. m.* **1** ZOOL. cat, tomcat. **2** MEC. jack (para levantar coches). **3** bag, money bag (bolsa). **4** thief (ladrón). **5** (fig.) wise owl, fox (hombre astuto). **6** (Am.) open-air market (mercado al aire libre). ◆ **7** ~ **montés,** wildcat. **8** ~ **siamés,** Siamese cat. **9 buscarle tres pies al** ~**,** to split hairs. **10 cuatro gatos,** hardly anybody; hardly a soul. **11 dar** ~ **por liebre,** to swindle. **12** ~ **escaldado del agua fría huye,** once bitten twice shy. **13 hay** ~ **encerrado,** there's something fishy; I smell a rat. **14 llevarse el** ~ **al agua,** to pull it off; to bring home the bacon.

gatuno, -na *adj.* cat-like, feline.

gatuperio *s. m.* **1** mixture, (fam.) mish-mash, hotchpotch (mezcla). **2** mess, quandary, tangle (embrollo). **3** intrigue (intriga).

gauchada *s. f.* (Am.) favour.

gaucho *s. m.* **1** gaucho (habitante de la Pampa). **2** (Am.) good rider, good horseman (buen jinete). ● *adj.* **3** gaucho (de la Pampa). **4** rough, uncouth (rústico). **5** astute, cunning (astuto).

gausio o **gauss** *s. m.* FÍS. gauss (unidad de inducción magnética).

gaveta *s. f.* drawer (cajón).

gavilán *s. m.* **1** ZOOL. sparrowhawk (ave). **2** flourish (rasgo al final de las letras). **3** nib (de las plumas). **4** quillon (de la espada).

gavilla *s. f.* **1** bundle (haz de mieses, etc.). **2** gang, band (reunión de mala gente).

gaviota *s. f.* ZOOL. seagull, gull.

gaya *s. f.* **1** coloured strip (lista de color). **2** winner's insignia (insignia dada al vencedor).

gayo, -ya *adj.* **1** cheerful, happy, merry (alegre). ◆ **2** ~ **ciencia,** art of poetry.

gayumbos *s. m. pl.* (fam.) underpants.

gazapo *s. m.* **1** ZOOL. young rabbit (conejo nuevo). **2** mistake, (fam.) blooper, blunder (error). **3** slip, slip of the tongue (lapsus).

gazmoñada *s. f.* prudishness, priggishness, prudery (mojigatería).

gazmonería *s. f.* ⇒ **gazmoñada.**

gazmoñero, -ra *adj.* **1** hypocritical (hipócrita). **2** prudish, priggish (mojigato). ● *s. m.* y *f.* **3** prude, prig (mojigato).

gazmoño, -ña *adj.* ⇒ **gazmoñero.**

gaznápiro, -ra *adj.* **1** daft, silly, foolish (bobo). ● *s. m.* y *f.* **2** dunce, dolt, dope, twerp (simplón).

gaznate *s. m.* ANAT. gullet, throat (parte superior de la garganta).

gazpacho *s. m.* gazpacho.

gazuza *s. f.* hunger (hambre).

ge *s. f.* G (letra).

géiser *s. m.* GEOG. geyser.

gel *s. m.* **1** QUÍM. gel. **2** shower gel (jabón de ducha).

gelatina *s. f.* **1** QUÍM. gelatine, gelatin. **2** jelly (de fruta), gelatine (de carne).

gelatinoso, -sa *adj.* gelatinous.

gélido, -da *adj.* frozen, icy (muy frío).

gelignita *s. f.* gelignite.

gema *s. f.* **1** gem, jewel (piedra preciosa). **2** BOT. bud (yema o botón).

gemación *s. f.* BOT. gemmation.

gemelo, -la *adj.* **1** twin: *hermanos gemelos = twin brothers; hermanas gemelas = twin sisters.* ● *s. m.* y *f.* **2** twin. ● *s. m. pl.* **3** cufflinks (de la camisa). **4** binoculars, field glasses (prismáticos). **5** ASTR. Gemini, (fam.) the Twins (Géminis). ◆ **6 gemelos de teatro,** opera glasses.

gemido *s. m.* **1** moan, groan (de personas). **2** wail (lamento). **3** howl (del viento). **4** whine, howl (de animales).

gemidor, -ra *adj.* **1** moaning, groaning (de personas). **2** wailing (que se lamenta). **3** howling (el viento). **4** whining, howling (animales).

geminación *s. f.* gemination.

geminado, -da *adj.* geminate.

geminar *v. t.* to geminate.

Géminis *s. m.* ASTR. Gemini, (fam.) the Twins.

gemir *v. i.* **1** to moan, to groan (personas). **2** to wail (con lamentos). **3** to howl (el viento). **4** to whine, to howl (animales).

gen o **gene** *s. m.* BIOL. gene.

gendarme *s. m.* gendarme, policeman (policía francés).

gendarmería *s. f.* gendarmerie, police.

genealogía *s. f.* genealogy.

genealógico, -ca *adj.* **1** genealogical ◆ **2 árbol** ~**,** family tree.

genealogista *s. m.* y *f.* genealogist.

generación *s. f.* **1** generation: *generación literaria = literary generation.* **2** progeny, offspring (descendencia).

generador, -ra *adj.* **1** generating. ● *s. m.* **2** ELEC. generator.

general *adj.* **1** general: *huelga general = general strike.* **2** frequent (frecuente). **3** common (corriente). ● *s. m.* **4** MIL. general. **5** REL. general (superior en una orden religiosa). ◆ **6** ~ **en jefe,** supreme commander. **7 en** ~**,** in general. **8 por lo** ~**,** generally.

generala *s. f.* **1** MIL. call to arms, general alert (toque de alarma). **2** general's wife (mujer del general).

generalato *s. m.* MIL. generalship.

generalidad *s. f.* **1** generality (vaguedad). **2** majority (el mayor número). **3** community (comunidad).

generalísimo *s. m.* MIL. generalissimo, supreme commander.

generalización *s. f.* **1** generalization. **2** MIL. escalation (de un conflicto).

generalizador, -ra *adj.* generalizing.

generalizar *v. t.* **1** to spread. ● *v. pron.* **2** to become widespread o general: *el miedo se ha generalizado = fear has become widespread.* **3** MIL. to spread, to escalate (un conflicto). ● *v. i.* **4** to generalize.

generalmente *adv.* generally.

generar *v. t.* **1** ELEC. to generate. **2** to engender (engendrar).

generativo, -va *adj.* generative.

generatriz *s. f.* MAT. generatrix.

genérico, -ca *adj.* generic.

género *s. m.* **1** type, kind, sort, class (clase, tipo). **2** article (mercancía). **3** ART. y LIT. genre; genre painting (pintura): *género literario = literary genre.* **4** GRAM. gender: *género femenino = feminine gender.* **5** cloth (tela). **6** BIOL. genus. ● *pl.* **7** COM. goods, merchandise. ◆ **8** ~ **chico,** Spanish operetta. **9** ~ **humano,** human race. **10** ~ **masculino,** masculine gender. **11** ~ **neutro,** neutral gender.

generosamente *adv.* generously.

generosidad *s. f.* generosity.

generoso, -sa *adj.* **1** generous (desprendido). **2** magnanimous, noble (magnánimo). **3** noble (noble). **4** full-bodied, rich (vino).

genésico, -ca *adj.* genetic.

génesis *s. f.* **1** genesis, origen (origin). ● *s. m.* **2** Genesis (primer libro de la Biblia).

genética *s. f.* genetics.

genético, -ca *adj.* BIOL. genetic.

genetista *s. m.* y *f.* geneticist.

genial *adj.* **1** inspired, brilliant (con genio creador). **2** funny, witty (gracioso). **3** (fam.) great, marvellous, fantastic (estupendo): *una película genial = a fantastic film.*

genialidad *s. f.* **1** genius (genio). **2** great idea, stroke of genius: *fue una genialidad venir aquí = it was a great idea to come here.* **3** extravagance (acción extravagante). **4** originality (originalidad).

génico, -ca *adj.* genic.

genio *s. m.* **1** character, nature (carácter): *genio triste = sad nature.* **2** genius (inteligencia superior o persona de gran inteligencia). **3** spirit (espíritu): *genio del mal = evil spirit.* ◆ **4 mal** ~**,** bad temper (mal humor): *estar de mal genio = to be in a bad temper; tener mal genio = to be bad-tempered.* **5 pronto de** ~**,** quick-tempered.

genital *adj.* **1** genital. ● *s. m. pl.* **2** genitals, genital organs.

genitivo *s. m.* GRAM. genitive.

genitourinario *adj.* ANAT. genitourinary.

genocidio *s. m.* genocide.

genoma *s. m.* genome.

genotipo *s. m.* BIOL. genotype.

gente *s. f.* **1** people (grupo de personas): *hay mucha gente = there are a lot of people.* **2** nation, people (nación). **3** (fam.) folks, relatives, family (familia). ◆ **4 de** ~ **en** ~**,** from generation to generation. **5** ~ **baja,** lower classes. **6** ~ **bien,** respectable people. **7 ¡**~ **de paz!** MIL. friend! **8** ~ **menuda,** children; (fam.) kids. **9 ser** ~**,** (Am.) to be somebody, to have social importance.

gentil *adj.* **1** pagan, heathen (pagano). **2** elegant, smart (elegante). **3** charming (encantador). **4** nice, pleasant (agradable). **5** attractive (atractivo). **6** graceful (gracioso). **7** gentile (no judío). ● *s. m.* y *f.* **8** pagan, heathen (pagano). **9** gentile (no judío).

gentileza *s. f.* **1** elegance, poise, gracefulness (gracia). **2** assurance, self-confidence (desenvoltura). **3** politeness, courtesy (cortesía). **4** charm

(encanto). **5** show, ostentation (ostentación).
gentilhombre *s. m.* HIST. gentleman.
gentilicio, -cia *adj.* **1** national (de una nación). **2** family (de una familia).
gentilmente *adv.* **1** elegantly, gracefully, attractively (con elegancia). **2** charmingly (con encanto). **3** politely, courteously (con cortesía).
gentío *s. m.* crowd, throng (multitud).
gentuza *s. f.* rabble, mob, riffraff (gente despreciable).
genuflexión *s. f.* genuflexion.
genuino, -na *adj.* **1** genuine, true (legítimo). **2** pure (puro). **3** authentic, real (auténtico).
GEO *s. m.* **1** special operations corps of the Spanish police force (cuerpo). **2** member of the special operations corps (miembro).
geocéntrico, -ca *adj.* ASTR. geocentric.
geocronología *s. f.* GEOL. geochronology.
geodesia *s. f.* geodesy.
geofísica *s. f.* geophysics.
geografía *s. f.* geography.
geográfico, -ca *adj.* geographical.
geógrafo, -fa *s. m.* y *f.* geographer.
geología *s. f.* geology.
geológico, -ca *adj.* geological.
geólogo, -ga *s. m.* y *f.* geologist.
geómetra *s. m.* y *f.* geometrician.
geometría *s. f.* geometry: *geometría analítica = analytical geometry; geometría del espacio = solid geometry; geometría descriptiva = descriptive geometry; geometría plana = plane geometry.*
geométricamente *adv.* geometrically.
geométrico, -ca *adj.* geometric, geometrical.
geopolítica *s. f.* geopolitics.
geotermia *s. f.* geothermics.
geranio *s. m.* BOT. geranium.
gerencia *s. f.* **1** management (actividad de gerente). **2** manager's office (despacho). **3** managership (cargo).
gerente *s. m.* y *f.* manager, director: *gerente de una fábrica = factory manager.*
geriatra *s. m.* y *f.* MED. geriatrician.
geriatría *s. f.* geriatrics.
gerifalte *s. m.* **1** ZOOL. gerfalcon (ave). **2** thief (ladrón). **3** (fam. y desp.) big shot, big noise (persona importante).
germanesco, -ca *adj.* slang (argot).
germanía *s. f.* thieves' slang, underworld slang (argot de los ladrones).
germánico, -ca *adj.* **1** Germanic. • *s. m.* **2** Germanic (lengua).
germanio *s. m.* QUÍM. germanium (elemento).
germanismo *s. m.* Germanism.
germanista *s. m.* y *f.* German scholar.
germanizar *v. t.* to germanize.
germano, -na *adj.* **1** German, Germanic. • *s. m.* y *f.* **2** German.
germen *s. m.* **1** BIOL. germ. **2** (fig.) germ, seed (principio).
germinación *s. f.* germination.
germinal *adj.* BIOL. germinal.
germinar *v. i.* BIOL. to germinate.
germinativo, -va *adj.* germinative.
gerontología *s. f.* MED. gerontology.
gerontólogo, -ga *s. m.* y *f.* MED. gerontologist.
gerundio *s. m.* GRAM. gerund.
gesta *s. f.* **1** heroic feat, exploit (hazaña). **2** heroic poem, epic poem (poema narrativo).
gestación *s. f.* **1** BIOL. gestation. **2** groundwork, preparation, planning (período de preparación).
gestar *v. t.* **1** BIOL. to gestate. • *v. pron.* (fig.) to be prepared.
gestatorio, -ria *adj.* gestatorial: *silla gestatoria = gestatorial seat.*
gestero, -ra *adj.* gesticulative.
gesticulación *s. f.* **1** gesticulation. **2** grimace (mueca).
gesticular *v. i.* **1** to gesticulate (hacer gestos). **2** to grimace, to pull faces, to make a face (hacer muecas).
gestión *s. f.* **1** measure, step (trámite). **2** negotiation (negociación). **3** COM. management (dirección de una empresa). • *pl.* **4** measures (trámites). ♦ **5 hacer una ~,** to run an errand. **6 hacer las gestiones,** to take steps (para solucionar algo).
gestionar *v. t.* **1** to negotiate (negociar). **2** to take steps to get, to try to get (hacer gestiones). **3** to manage (dirigir, llevar).
gesto *s. m.* **1** expression, look (expresión de la cara): *un gesto de tristeza = a look of sadness.* **2** gesture (con las manos): *hacer gestos = to make gestures.* **3** grimace, face (mueca). **4** gesture (acción): *un gesto de buena voluntad = a good-will gesture.* ♦ **5 estar de buen ~,** to be in a good mood. **6 estar de mal ~,** to be in a bad mood. **7 hacer gestos,** to make/pull faces.
gestor, -ra *s. m.* y *f.* **1** manager, director (director). **2** agent (que gestiona). • *adj.* **3** managing.
gestoría *s. f.* agency.
ghetto *s. m.* ghetto.
giba *s. f.* **1** hump (de un camello). **2** hump, hunch (de una persona). **3** rise (de un terreno). **4** (fam.) drag, bore, bother (molestia).
gibar *v. t.* **1** to make a hump (hacer una giba). **2** (fam.) to bother, to annoy (fastidiar).
gibón *s. m.* ZOOL. gibbon.
gibosidad *s. f.* hump, lump (bulto).
giboso, -sa *adj.* **1** hunchbacked (jorobado). • *s. m.* y *f.* **2** hunchback.
gibraltareño, -ña *adj.* **1** of/from Gibraltar. • *s. m.* y *f.* **2** Gibraltarian.
giganta *s. f.* giantess.
gigante *adj.* **1** gigantic, giant. • *s. m.* **2** giant.
gigantea *s. f.* BOT. sunflower (girasol).
gigantesco, -ca *adj.* gigantic, giant.
gigantismo *s. m.* giantism.
gigantón *s. m.* **1** giant (en festejos). **2** giant (persona).
gil, -la *s. m.* y *f.* (Am.) (vulg.) jerk (idiota).
gimnasia *s. f.* gymnastics, physical training, (fam.) gym-work: *hacer gimnasia = to do gym-work.*
gimnasio *s. m.* gymnasium, (fam.) gym.
gimnasta *s. m.* y *f.* gymnast.
gimnástico, -ca *adj.* gymnastic.
gimnospermo, -ma *adj.* **1** BOT. gymnosperm. • *s. f.* **2** gymnosperm.
gimotear *v. i.* to whimper, to whine.
gimoteo *s. m.* whimpering, whining.
ginebra *s. f.* gin (bebida).
ginebrino, -na adj. of/from Geneva.
gineceo *s. m.* **1** HIST. gynaeceum, (fam.) women's apartments (habitación para mujeres). **2** harem (harén). **3** BOT. gynaeceum.
ginecología *s. f.* MED. gynaecology.
ginecológico, -ca *adj.* MED. gynaecological.
ginecólogo, -ga *s. m.* y *f.* MED. gynaecologist.
gingival *adj.* ANAT. gingival.
gingivitis *s. f.* MED. gingivitis.
ginkgo *s. m.* BOT. ginkgo (árbol).
gin tonic *s. m.* gin and tonic.
gira *s. f.* **1** trip, outing (excursión). **2** tour (serie de actuaciones).
giralda *s. f.* weather vane, weathercock (veleta).
girar *v. i.* **1** to go round, to rotate (ruedas). **2** to revolve, to rotate (alrededor de un punto o eje). **3** to spin (bola, trompo, etc.). **4** to turn on, to revolve around (una conversación en torno a un tema). **5** to swing (una puerta). **6** to turn (desviarse por una calle): *girar a la derecha = to turn right.* • *v. t.* **7** to send by giro (dinero por giro postal). **8** COM. to draw (enviar una orden de pago).
girasol *s. m.* BOT. sunflower.
giratorio, -ria *adj.* **1** revolving, (p.u.) gyratory: *una puerta giratoria = a revolving door.* ♦ **2 puente ~,** swing bridge.
giro *s. m.* **1** rotation (revolución). **2** turn (vuelta). **3** turn (hecho y resultado de girar). **4** spin (de una bola, trompo, etc.). **5** COM. draft (letra de cambio). **6** FÍS. gyration. **7** (fig.) twist, turn (cambio de dirección en una historia). **8** (fig.) course, turn (dirección o aspecto que toman ciertas cosas): *sus relaciones han tomado un nuevo giro = their relationship has taken a new turn.* **9** turn of phrase (frase). • *adj.* **10** (Am.) yellow (gallo). ♦ **11 ~ postal,** postal order. **12 hacer un ~,** to turn; to make a turn.
girondino, -na *adj.* y *s. m.* y *f.* HIST. Girondist.
giroscopio *s. m.* gyroscope.
gitanería *s. f.* **1** band of gipsies (reunión de gitanos). **2** flattery (halago).
gitanismo *s. m.* **1** ⇒ **gitanería. 2** gipsy way of life (manera de vivir de los gitanos). **3** gipsy expression (expresión propia de los gitanos).
gitano, -na *adj./s. m.* y *f.* gipsy.
glacial *adj.* **1** glacial (helado). **2** (fig.) icy, indifferent, cold (indiferente).
glaciar *s. m.* **1** GEOL. glacier • *adj.* **2** glacial: *valle glaciar = glacial valley.*
gladiador *s. m.* HIST. gladiator.
gladiolo o **gladíolo** *s. m.* BOT. gladiolus.
glande *s. m.* ANAT. glans penis.
glándula *s. f.* ANAT. gland: *glándula endocrina = endocrine gland; glán-*

dula pineal = pineal gland; glándula tiroides = thyroid gland.

glauco, -ca *adj.* pale green, light green (verde claro).

glaucoma *s. m.* MED. glaucoma.

gleba *s. f.* **1** AGR. clod (terrón). ◆ **2 siervo de la ~,** HIST. serf.

glicerina *s. f.* QUÍM. glycerin, glycerine.

global *adj.* **1** global: *una visión global de la cuestión = a global view of the question.* **2** total, overall (total): *el precio global = the total price.* **3** full, complete (completo): *un estudio global = a complete study.* **4** lump (suma).

globo *s. m.* **1** sphere, globe (cuerpo esférico). **2** globe, earth (mundo). **3** balloon (vejiga elástica). **4** lampshade (de lámpara). **5** DEP. lob (en tenis). ◆ **6 en ~,** as a whole. **7 ~ aerostático,** balloon. **8 ~ cautivo,** captive balloon. **9 ~ dirigible,** airship, dirigible. **10 ~ ocular,** ANAT. eyeball. **11 ~ sonda,** sounding balloon. **12 ~ terráqueo,** globe.

globular *adj.* globular, spherical.

glóbulo *s. m.* **1** globule (cuerpo esférico). **2** ANAT. corpuscle (corpúsculo). ◆ **3 ~ blanco,** ANAT. white corpuscle. **4 ~ rojo,** ANAT. red corpuscle.

gloria *s. f.* **1** glory, fame (fama). **2** REL. heaven, paradise (cielo). **3** pleasure, delight (placer grande). **4** REL. gloria (cántico litúrgico). ◆ **5 estar en la ~,** to be in one's element. **6 hacer ~ de una cosa,** to boast about something. **7 saber a ~,** to taste divine/delightful.

gloriado *s. m.* (Am.) hot toddy (especie de ponche).

gloriar *v. t.* **1** to exalt (glorificar). ● *v. pron.* **2** to boast, to brag (jactarse). **3** to be happy/glad (alegrarse).

glorieta *s. f.* **1** BOT. bower, arbour (macizo de plantas). **2** small square (plazoleta). **3** roundabout (encrucijada).

glorificación *s. f.* glorification.

glorificar *v. t.* **1** to praise, to extol (alabar). **2** to glorify (dar gloria). ● *v. pron.* **3** to boast, to brag (jactarse).

glosa *s. f.* **1** annotation, marginal note (comentario de un texto). **2** explanatory note, note (nota explicativa). **3** gloss (composición poética).

glosar *v. t.* **1** to gloss (un texto). **2** to annotate, to comment upon (comentar). **3** to criticize (criticar).

glosario *s. m.* glossary.

glosopeda *s. f.* foot-and-mouth disease (enfermedad del ganado).

glotis *s. f.* ANAT. glottis.

glotón, -na *adj.* **1** greedy, gluttonous. ● *s. m.* y *f.* **2** glutton (persona). ● *s. m.* **3** ZOOL. glutton.

glotonamente *adv.* greedily, gluttonously.

glotonear *v. i.* to eat greedily, to be greedy.

glotonería *s. f.* greediness, gluttony.

glucemia *s. f.* MED. glycaemia, glycemia.

glúcido *s. m.* QUÍM. glucide.

glucinio *s. m.* QUÍM. glucinium.

glucógeno *s. m.* ANAT. glycogen.

glucosa *s. f.* glucose.

glucósido *s. m.* QUÍM. glucoside.

glúteo, -a *adj.* **1** ANAT. gluteal. ● *s. m.* **2** ANAT. gluteus (músculo). ● *s. m. pl.* **3** buttocks (nalgas).

gnomo o **nomo** *s. m.* gnome (enano fantástico).

gnosticismo *s. m.* FIL. gnosticism.

gobernación *s. f.* **1** governing, government (acción de gobernar). ◆ **2 Ministerio de la Gobernación,** POL. Ministry of the Interior. **3 ministro de la Gobernación,** POL. Minister of the Interior.

gobernador, -ra *adj.* **1** governing. ● *s. m.* y *f.* **2** governor: *gobernador general = governor-general.*

gobernante, -ta *adj.* **1** governing, ruling. ● *s. m.* y *f.* **2** governor, ruler. ● *s. f.* **3** staff manager (de hotel).

gobernar *v. i.* y *t.* **1** POL. to govern. **2** to rule (monarca). ● *v. t.* **3** to direct, to run, to manage, to guide (dirigir). **4** to administer (administrar).

gobierno *s. m.* **1** POL. government (consejo de ministros): *gobierno central = central government.* **2** direction, management, guidance, control, running (hecho y resultado de gobernar). **3** governership (cargo de gobernador). **4** government house (oficina del gobernador). ◆ **5 ~ interino,** caretaker government, interim government.

goce *s. m.* **1** enjoyment (disfrute). **2** pleasure, delight (placer).

godo, -da *adj.* **1** Gothic. **2** rich (rico). **3** powerful (poderoso). ● *s. m.* y *f.* **4** HIST. Goth. **5** (Am.) Spaniard, (desp.) dago. **6** Spaniard (en las Canarias).

gol *s. m.* DEP. goal (tanto): *marcar un gol = to score a goal.*

gola *s. f.* **1** ANAT. throat (garganta). **2** HIST. y MIL. gorget (pieza de armadura). **3** ruff (adorno del cuello). **4** MAR. narrow channel (embocadura estrecha). **5** ARQ. cyma, ogee (moldura).

goleada *s. f.* DEP. (fam.) hatful of goals.

goleador, -ra *s. m.* y *f.* DEP. goal scorer.

golear *v. t.* to score a lot of goals against, (fam.) to trounce, to score a hatful of goals against (meter muchos goles).

goleta *s. f.* MAR. schooner (velero).

golf *s. m.* golf: *campo de golf = golf course; palo de golf = golf club.*

golfante *s. m.* rogue, scoundrel (golfo).

golfear *v. i.* **1** to behave like a rogue/scoundrel (hacer el golfo). **2** to loaf around, to idle around (vagabundear).

golfista *s. m.* y *f.* golfer, golf player.

golfo, -fa *s. m.* y *f.* **1** rascal. ● *s. f.* **2** prostitute, (desp.) whore (prostituta).

golfo *s. m.* **1** GEOG. gulf: *Golfo Pérsico = Persian Gulf.* **2** GEOG. bay (bahía).

golondrina *s. f.* **1** ZOOL. swallow (ave). **2** swallow fish (pez). ◆ **3 ~ de mar,** tern (ave). **4 una ~ no hace verano,** one swallow doesn't make a summer.

golondrino *s. m.* **1** ZOOL. baby swallow (cría de la golondrina). **2** swallow fish (pez). **3** deserter (desertor). **4** MED. tumour under the armpit (tumor en el sobaco).

golosina *s. f.* **1** sweet (dulce). **2** titbit (manjar que se come por placer). **3** trifle, bauble (cosa más agradable que útil).

goloso, -sa *adj.* **1** sweet-toothed (aficionado a las cosas dulces). **2** tempting, inviting (que excita deseo). **3** greedy (que come mucho). ◆ **4 ser ~,** to have a sweet tooth.

golpazo *s. m.* **1** heavy knock o blow (golpe fuerte). **2** hard bump (choque fuerte).

golpe *s. m.* **1** bump, collision (choque entre dos cuerpos). **2** knock, blow (efecto de este choque). **3** punch, hit (con el puño). **4** blow, setback, misfortune (desgracia). **5** beat (latido). **6** (fig.) abundance, crowd (abundancia): *golpe de gente = crowd of people.* **7** surprise, shock (sorpresa). **8** AGR. hole (hoyo). **9** coup (ocurrencia oportuna). **10** gust (de viento). **11** DEP. shot (disparo). **12** DEP. punch, hit (en el boxeo). **13** DEP. stroke, shot (con un palo). ◆ **14 ~ de Estado,** POL. coup d'état. **15 ~ de fortuna,** stroke of luck. **16 ~ de gracia,** coup de grace. **17 ~ de mar,** enormous wave. **18 ~ de pecho,** mea culpa. **19 ~ de suerte,** stroke of luck. **20 ~ de tos,** fit of coughing. **21 ~ franco,** DEP. free kick. **22 ~ maestro,** master stroke. **23 a ~ de,** by means of. **24 a golpes,** intermittently, (fam.) on and off. **25 dar el ~,** to be a hit. **26 dar ~,** to work; (fam.) to get down to it (trabajar). **27 de ~ y porrazo,** suddenly, all of a sudden (repentinamente). **28 de un ~,** in one go (de una vez). **29 errar el ~,** to make a mistake (equivocarse). **30 no dar ~,** not to do a stroke of work (no trabajar).

golpeador *s. m.* (Am.) door knocker (aldaba).

golpear *v. t.* **1** to knock, to strike, to hit (dar un golpe). **2** to punch, to thump (con el puño). **3** to beat, to pound (con varios golpes). **4** to bang (con golpes fuertes). ● *v. i.* **5** MEC. to knock.

golpeo *s. m.* **1** knocking, striking, hitting (en general). **2** banging, knocking (en la puerta). **3** punching, thumping (con los puños). **4** beating (de las olas, viento, lluvia, etc.). **5** knocking (de un motor).

golpetear *v. t.* e *i.* **1** to beat (con golpes repetidos). **2** to tap, to drum (con golpecitos). **3** to rattle (una ventana, un postigo, etc.). **4** (fam.) to drum, to pitter-patter (la lluvia).

golpeteo *s. m.* **1** tapping, drumming (con golpecitos). **2** rattling (de una ventana, un postigo, etc.). **3** knocking (de un motor, un coche). **4** drumming, pitter-patter (de la lluvia).

golpismo *s. m.* support for a coup d'état.

golpista *s. m.* y *f.* **1** insurrectionary, rebel, insurgent. ● *adj.* **2** rebellious, disloyal, insurrectionary.

golpiza *s. f.* (Am.) beating.
goma *s. f.* **1** rubber (caucho). **2** glue, gum (para pegar). **3** rubber band, elastic band (tira elástica para sujetar). **4** condom, durex (condón). **5** rubber, eraser (de borrar). **6** elastic (en costura).
gomina *s. f.* hair cream.
gomorresina *s. f.* gum resin.
gónada *s. f.* ANAT. gonad.
gonce *s. m.* hinge (gozne).
góndola *s. f.* **1** gondola (barca veneciana). **2** wagon (carro).
gondolero *s. m.* gondolier.
gong o **gongo** *s. m.* gong.
goniómetro *s. m.* goniometer.
gonococo *s. m.* MED. gonococcus.
gonorrea *s. f.* MED. gonorrhoea.
gorda *s. f.* **1** fat woman (mujer gorda). ♦ **2 armarse la ~**: *se armó una gorda = there was a tremendous rumpus.*
gordiano *adj.* gordian: *nudo gordiano = gordian knot.*
gordinflón, -na *adj.* flabby, plump, chubby.
gordo, -da *adj.* **1** fat (corpulento). **2** big, thick (grande): *un filete gordo = a big steak.* **3** thick (telas, materiales, etc.). **4** fatty (graso). **5** (fam.) important (importante). **6** (fam.) enormous, huge (enorme). **7** hard (agua). **8** big, first (premio): *el premio gordo = the first prize.* • *s. m.* **9** fat (grasa de la carne). **10** first prize, jackpot (el premio gordo). **11** fat man (hombre gordo). ♦ **12 hablar ~,** to talk big. **13 me cae ~,** I can't stand him. **14 pez ~,** big shot.
gordura *s. f.* **1** fat (carne o grasa excesiva). **2** fatness, corpulence (cualidad de gordo).
gorgorito *s. m.* warble, trill.
gorgoteo *s. m.* gurgle.
gorigori *s. m.* funeral dirge (canto fúnebre): *cantar el gorigori a alguien = to bury someone* (enterrarlo).
gorila *s. m.* ZOOL. gorilla.
gorjear *v. i.* **1** MÚS. to warble, to trill. **2** to twitter, to chirp (los pájaros). **3** to gurgle (un niño).
gorjeo *s. m.* **1** MÚS. warbling, trilling. **2** twittering, chirping (de los pájaros). **3** gurgling (de los niños).
gorra *s. f.* **1** cap (sin visera). **2** peaked cap (con visera). **3** bonnet (de niño). **4** MIL. bearskin. ♦ **5 de ~,** free (gratis).
gorrino, -na *s. m.* y *f.* **1** sucking pig (lechón). **2** pig (cerdo). **3** (fam.) pig (persona sucia).
gorrión *s. m.* ZOOL. sparrow (ave).
gorro *s. m.* **1** cap (para la cabeza). **2** bonnet (de niños). ♦ **3 estar hasta el ~,** to be fed up. **4 poner el ~ a alguien,** to ridicule someone (ridiculizarlo).
gorrón, -na *adj.* **1** scrounging, sponging. • *s. m.* y *f.* **2** scrounger, sponger.
gorronear *v. i.* to scrounge, to sponge.
gorronería *s. f.* scrounging, sponging.
gota *s. f.* **1** drop (de líquido). **2** MED. gout (enfermedad). **3** (fig.) drop, spot (cantidad pequeña): *una gota de whisky = a drop of whisky.* ♦ **4 cuatro gotas,** a spot of rain (lluvia breve y escasa). **5 ~ a ~,** MED. drip (dispositivo). **6 ni ~,** nothing (nada).
gotear *v. i.* **1** to drip (caer gota a gota). **2** to spit (empezar a llover). **3** to leak (salirse un líquido). **4** to drip (una vela).
goteo *s. m.* **1** dripping. **2** leaking.
gotera *s. f.* **1** leak, drip (infiltración). **2** crack (grieta). **3** stain (mancha). **4** complaint, ailment (achaque). • *pl.* **5** (Am.) outskirts (alrededores).
gótico, -ca *adj.* **1** Gothic. • *s. m.* **2** ARQ. y ART. Gothic.
goyesco, -ca *adj.* Goyesque, in the style of Goya.
gozar *v. t.* **1** to enjoy (disfrutar): *gozo trabajando = I enjoy working.* • *v. i.* **2** to have a good time, to enjoy oneself (pasarlo bien). ♦ **3 ~ de,** to enjoy (disfrutar de, poseer): *gozan de buena salud = they enjoy good health.*
gozne *s. m.* hinge (bisagra).
gozo *s. m.* **1** pleasure, delight (placer). **2** enjoyment (disfrute). **3** joy, gladness (alegría). ♦ **4 dar ~,** to give pleasure. **5 mi ~ en un pozo,** (fam.) that's put a spanner in the works; what rotten luck! **6 no caber en sí de ~,** (fam.) to be over the moon. **7 ser un ~,** to be a delight.
gozoso, -sa *adj.* happy, delighted, (fam.) over the moon.
grabación *s. f.* recording (de cintas, discos, etc.): *grabación en directo = live recording.*
grabado, -da *adj.* **1** recorded: *grabado en Londres = recorded in London.* • *s. m.* **2** engraving (en una plancha). **3** picture, illustration (en los libros). ♦ **4 ~ al agua fuerte,** etching. **5 ~ en madera,** woodcut.
grabador, -ra *s. m.* y *f.* engraver (persona que se dedica al grabado).
grabadora *s. f.* tape recorder.
grabar *v. t.* **1** to record. **2** ART. to engrave.
gracejo *s. m.* **1** *wit (gracia).* ♦ **2 tener ~,** to be amusing
gracia *s. f.* **1** charm, appeal, attractiveness (atractivo). **2** humour, wit (salero). **3** DER. pardon, reprieve (indulto). **4** favour (concesión gratuita): *conceder una gracia = to grant a favour.* **5** grace (don de Dios). **6** grace, elegance (en los movimientos). **7** benevolence, compassion (benevolencia). **8** joke (chiste): *hacer una gracia = to play a joke.* **9** name (nombre propio). • *pl.* **10** thank you, thanks: *¡muchas gracias! = thank you very much/thanks very much.* ♦ **11 derecho de ~,** DER. right of pardon. **12 caerle en ~ a alguien,** to gain somebody's sympathy; (fam.) to hit it off with somebody. **13 dar gracias,** to thank, (form.) to give thanks. **14 en ~ a,** because of/due to (a causa de). **15 gracias a,** thanks to. **16 hacer ~,** to be funny: *no me hace mucha gracia = I don't find it very funny.* **17 ¡qué ~!,** how funny! **18 tener ~,** to be funny: *la película tiene mucha gracia = the film is very funny.*
graciable *adj.* easily granted.
grácil *adj.* **1** slender, slim (delgado). **2** small (pequeño). **3** delicate (delicado). **4** subtle (sutil).
gracioso, -sa *adj.* **1** funny, amusing (divertido). **2** witty, comical (cómico). **3** charming (encantador). • *s. m.* **4** fool, comic character (en el teatro). ♦ **5 hacerse el ~,** (fam.) to play the fool.
grada *s. f.* **1** step (peldaño). **2** row (fila de asientos). **3** platform (tarima). **4** tier (asiento colectivo). **5** MAR. slipway (de dique seco). **6** AGR. harrow. • *pl.* **7** flight of steps, steps (escalinata).
gradación *s. f.* **1** gradation (por grados sucesivos). **2** MÚS. gradation. **3** climax (figura retórica).
graderío *s. m.* o **gradería** *s. f.* **1** flight of steps (escalinata). **2** DEP. stands, grandstand. **3** row of seats (en el teatro, cine, iglesia, etc.).
gradiente *s. m.* **1** FÍS. gradient. **2** (Am.) gradient, slope (pendiente).
grado *s. m.* **1** degree (de temperaturas y ángulos): *dos grados bajo cero = two degrees below zero.* **2** MIL. rank (rango). **3** GRAM. degree. **4** degree (título universitario). **5** year, form (en el colegio): *del tercer grado = in the third year.* **6** MAT. degree. **7** (fig.) step, stage (fase). **8** degree (de parentesco). **9** willingness (voluntad): *de buen grado = willingly; de mal grado = unwillingly.* **10** degree (porcentaje). ♦ **11 en sumo ~,** in the extreme. **12 por grados,** by degrees/ step by step/gradually.
graduado, -da *adj.* **1** graduated (con grados). **2** graduate. • *s. m.* y *f.* **3** graduate (licenciado).
gradual *adj.* gradual.
gradualmente *adv.* gradually.
graduar *v. t.* **1** to graduate (el termómetro, etc.). **2** to regulate, to adjust (ajustar). **3** to measure (medir). **4** to test (la vista). **5** to calibrate (calibrar). **6** MIL. to commission. **7** to confer a degree on (conceder un título universitario). • *v. pron.* **8** to graduate (obtener un título universitario). **9** MIL. to be commissioned.
grafía *s. f.* GRAM. written symbol.
gráficamente *adv.* graphically.
gráfico, -ca *adj.* **1** graphic: *un informe gráfico = a graphic account.* ♦ **2 artes gráficas,** graphic arts. • *s. m.* y *f.* **3** MAT. graph. **4** MED. chart. • *s. f.* **5** edge (orla de una moneda).
grafismo *s. m.* ⇒ **grafía.**
grafito *s. m.* QUÍM. graphite, black lead.
grafología *s. f.* graphology.
grafólogo, -ga *s. m.* y *f.* graphologist, (fam.) handwriting expert.
gragea *s. f.* MED. sugar-coated pill.
grajo *s. m.* ZOOL. rook (ave).
grama *s. f.* BOT. Bermuda grass.
gramática *s. f.* grammar: *gramática histórica = historical grammar; gramática descriptiva = descriptive grammar; gramática parda = astuteness, acumen, horse sense.*
gramatical *adj.* grammatical.

gramaticalmente *adv.* grammatically.
gramático, -ca *adj.* **1** grammatical. • *s. m.* y *f.* **2** grammarian (especialista).
gramíneo, -a o **gramináceo, -a** *adj.* **1** BOT. gramineous. • *s. f. pl.* **2** BOT. gramineae.
gramo *s. m.* gram.
gramófono *s. m.* gramophone, (fam.) record player.
gramola *s. f.* gramophone, (fam.) record player.
gran *adj.* apócope de **grande.**
grana *s. f.* **1** seeding (hecho y resultado de granar). **2** scarlet (color). **3** ZOOL. cochineal (cochinilla). **4** seed (semilla). ◆ **5 ponerse como la ~,** to turn scarlet, to go scarlet, (fam.) to go as red as a beetroot.
granada *s. f.* **1** BOT. pomegranate. **2** MIL. grenade: *granada de mano = hand grenade.* ◆ **3 a prueba de ~,** shellproof.
granadero *s. m.* **1** MIL. grenadier. **2** (fam.) tall persona (persona alta).
granadino, -na *adj.* **1** of/from Granada. • *s. m.* y *f.* **2** native of Granada. • *s. f.* **3** flamenco song (cante andaluz).
granado *s. m.* BOT. pomegranate tree (árbol).
granar *v. i.* to seed.
granate *s. m.* **1** MIN. garnet (piedra). • *adj.* **2** garnet (color).
grande *adj.* **1** big, large (de tamaño): *un coche grande = a big car.* **2** big, tall (de altura): *un jugador grande = a tall player.* **3** (fig.) great: *una gran mujer = a great woman.* **4** great, high (velocidad, elevación, número): *a gran velocidad = at a great speed.* **5** large, great (cantidad de personas): *una gran cantidad de niños = a large number of children.* ◆ **6 a lo ~,** in a big way. **7 en ~,** as a whole. **8 ~ de España,** Spanish grandee. **9 pasarlo en ~,** to have a great time; (fam.) to have a whale of a time.
grandemente *adv.* greatly, enormously: *te estoy grandemente agradecido = I'm enormously grateful.*
grandeza *s. f.* **1** size (tamaño). **2** largeness (cualidad de grande). **3** importance, greatness (importancia). **4** grandeur, magnificence (esplendor). **5** majesty (majestad). **6** grandees (conjunto de los grandes).
grandilocuencia *s. f.* grandiloquence.
grandilocuente *adj.* grandiloquent.
grandiosidad *s. f.* ⇒ **grandeza.**
grandioso, -sa *adj.* **1** magnificent, grand, impressive (magnífico). **2** (desp.) grandiose.
grandullón, -na *adj.* **1** overgrown, big. • *s. m.* y *f.* **2** big man (hombre), big woman (mujer).
graneado, -da *adj.* **1** granulated (reducido a grana). **2** speckled (salpicado de pintas). ◆ **3 fuego ~,** heavy fire.
granel (a) *loc. adv.* **a)** in abundance (en abundancia). **b)** loose (sin envase). **c)** in bulk (en gran cantidad). **d)** at random (sin número, orden ni medida).
granero *s. m.* barn, granary.
granítico, -ca *adj.* granitic, granite.
granito *s. m.* **1** GEOL. granite (roca). **2** silkworm egg (huevecillo de gusano de seda).
granizada *s. f.* hailstorm (de granizo).
granizado *s. m.* iced drink (bebida).
granizar *v. i.* to hail.
granizo *s. m.* hail.
granja *s. f.* **1** farm (terreno y casa). **2** farmhouse (casa). ◆ **3 ~ colectiva,** collective farm.
granjear *v. t.* **1** to get, to obtain, to acquire (adquirir). • *v. pron.* **2** to win (el favor, la simpatía, etc., de una persona).
granjero, -ra *s. m.* y *f.* farmer.
grano *s. m.* **1** grain (fruto de los cereales). **2** seed (semilla). **3** bean (semilla pequeña): *grano de café = coffee bean.* **4** particle, grain (partícula): *grano de arena = grain of sand.* **5** MED. spot, pimple (en la piel). **6** grain (peso en farmacias). **7** grain (de la madera, piedra, etc.). • *pl.* **8** AGR. grain, corn. ◆ **9 ir al ~,** to get to the point.
granuja *s. m.* y *f.* **1** urchin (muchacho vagabundo y pillo). **2** rascal, rogue (pícaro).
granujada *s. f.* **1** band of urchins (grupo de granujas). **2** dirty trick (gamberrada).
granular *adj.* **1** granular. • *v. t.* **2** to granulate.
grao *s. m.* beach (playa).
grapa *s. f.* staple (para sujetar y unir papeles): *pegar con grapas = to staple.*
grapadora *s. f.* stapler.
grapar *v. t.* to staple.
grasa *s. f.* **1** fat (sustancia grasa). **2** grease (cosa grasienta). **3** dirt, filth (suciedad). **4** grease (para lubricar).
grasiento, -ta *adj.* **1** greasy, oily. **2** (fig.) filthy, dirty (sucio).
graso, -sa *adj.* **1** fatty (carne, cuerpos, etc.). **2** greasy (superficies).
gratificación *s. f.* **1** bonus (remuneración extra). **2** reward (recompensa). **3** tip (propina). **4** satisfaction, gratification (satisfacción). **5** incentive (incentivo).
gratificar *v. t.* **1** to gratify, to satisfy (complacer). **2** to tip (dar una propina). **3** to reward, to recompense (recompensar).
gratinar *v. t.* to cook au gratin.
gratis *adj.* free, gratis.
gratitud *s. f.* gratitude.
grato, -ta *adj.* **1** pleasant, pleasing (agradable): *un resultado muy grato = a very pleasant result.* **2** welcome, gratifying (apreciado): *una noticia grata = a welcome piece of news.* ◆ **3 nos es ~ informarle...,** we are pleased to inform you...
gratuidad *s. f.* gratuitousness.
gratuitamente *adv.* **1** free, gratis (gratis). **2** gratuitously (sin motivo). **3** effortlessly (sin esfuerzo o sacrificio).
gratuito, -ta *adj.* **1** free (sin pagar). **2** gratuitous, arbitrary (arbitrario).
grava *s. f.* gravel (piedra machacada).
gravamen *s. m.* **1** FIN. tax (impuesto). **2** duty, obligation (obligación). **3** burden (carga de responsabilidad).
gravar *v. t.* **1** to burden, to encumber (imponer un gravamen). **2** to tax (imponer un impuesto).
grave *adj.* **1** momentous, very important (de mucha importancia). **2** grave, serious (serio). **3** very ill (muy enfermo). **4** awkward, very difficult (muy difícil). **5** FON. grave: *acento grave = grave accent.* **6** GRAM. paroxytone (en la penúltima sílaba). **7** deep (voz). **8** bass (tono, sonido).
gravedad *s. f.* **1** FÍS. gravity: *centro de gravedad = centre of gravity.* **2** gravity, seriousness (calidad de grave). **3** severity, grievousness (severidad). **4** importance (importancia). ◆ **5 las leyes de la ~,** FÍS. the laws of gravity.
gravemente *adv.* gravely, seriously: *gravemente enfermo = gravely ill.*
gravidez *s. f.* MED. pregnancy (preñez).
grávido, -da *adj.* **1** heavy, weighty (pesado). **2** pregnant (embarazada).
gravilla *s. f.* gravel.
gravitación *s. f.* FÍS. gravitation.
gravitar *v. i.* **1** FÍS. to gravitate. **2** to rest on (apoyarse). **3** to weigh down upon (recaer). **4** to threaten, to hang over (amenazar).
gravoso, -sa *adj.* **1** expensive, costly (que ocasiona gastos). **2** onerous, burdensome (oneroso). **3** tiresome, tedious (molesto).
graznar *v. i.* **1** to squawk (en general). **2** to croak, to caw (grajo, cuervo). **3** to quack (pato). **4** to cackle (ganso). **5** to squawk (un cantante).
graznido *s. m.* **1** squawk (en general). **2** caw, croak (de grajo, cuervo). **3** quack (de pato). **4** cackle (de ganso). **5** squawk (canto destemplado y molesto).
greca *s. f.* fret, border (franja).
Grecia *s. f.* Greece.
greda *s. f.* clay (arcilla).
gregal *adj.* ⇒ **gregario.**
gregario, -ria *adj.* **1** gregarious (que vive en rebaños o manadas). **2** (fig.) gregarious (feliz en compañía o grupos). **3** (desp.) sheep-like (sin ideas ni iniciativas propias).
gregarismo *s. m.* gregarious spirit (espíritu gregario).
gregoriano, -na *adj.* Gregorian: *canto gregoriano = Gregorian chant.*
greguería *s. f.* penetrating remark, mordant remark (frase ingeniosa).
grelo *s. m.* turnip greens.
gremial *adj.* **1** guild (del gremio). **2** union (del sindicato). • *s. m.* y *f.* **3** guildsman (hombre), guildswoman (mujer) (miembro de un gremio). **4** union member (miembro de un sindicato). • *s. m.* **5** REL. gremial (paño).
gremio *s. m.* **1** guild (asociación profesional). **2** union, trade union (sindicato). **3** (fig.) side, group, team (grupo, equipo).
greña *s. f.* **1** mop of hair (cabellera despeinada). **2** tangle (lo que está enredado). ◆ **3 andar a la ~,** to argue; to bicker (discutir).

greñudo, -da *adj.* **1** tangled, matted (pelo enredado). • *s. m.* y *f.* **2** (desp.) dishevelled person (melenudo).

gres *s. m.* stoneware (cerámica).

gresca *s. f.* **1** row, din, racket, hubbub, uproar (alboroto). **2** quarrel, row (riña). **3** fight (pelea).

grey *s. f.* **1** herd (rebaño). **2** REL. flock (grupo de fieles).

grial *s. m.* REL. grail: *Santo Grial = Holy Grail.*

griego, -ga *adj.* **1** Greek, Grecian. • *s. m.* **2** Greek (lengua). **3** (fig.) **hablar en ~,** to speak double Dutch. • *s. m.* y *f.* **4** Greek (persona).

grieta *s. f.* **1** crack (pequeña). **2** fissure, crevice (grande). **3** MED. chap, crack (en la piel).

grifería *s. f.* plumbing (grifos, tuberías, etc.).

grifo *s. m.* **1** (brit.) tap, (EE UU) faucet (llave del agua). **2** griffin (animal fabuloso).

grifo, -fa *adj.* **1** (Am.) stoned, high (intoxicado con marihuana). **2** (Am.) drunk (borracho). • *adj./s. m.* y *f.* **3** (Am.) drunk (borracho).

grillado, -da *adj.* (fam.) crackers, nuts.

grillera *s. f.* **1** cricket hole (agujero). **2** cricket cage (jaula).

grillete *s. m.* fetter, shackle.

grillo *s. m.* **1** ZOOL. cricket. **2** fetter, shackle (grillete). • *pl.* **3** irons, fetters, shackles.

grima *s. f.* **1** horror (horror). **2** displeasure (desagrado).

gringo, -ga *adj.* **1** foreign (extranjero). **2** unintelligible (ininteligible). • *s. m.* y *f.* **3** foreigner (extranjero). **4** (Am.) Yankee (norteamericano). • *s. m.* **5** (Am.) (fam.) gibberish: *hablar en gringo = to speak gibberish.*

griñón *s. m.* BOT. nectarine (melocotón pequeño).

gripe *s. f.* MED. flu, influenza: *tener gripe = to have the flu.*

gris *adj.* **1** grey (color). **2** dull, overcast (tiempo). **3** sad (triste). • *s. m.* **4** grey (color). **5** cold wind (viento frío). ♦ **6 ~ marengo,** dark grey.

grisáceo, -a *adj.* greyish.

grisú *s. m.* firedamp.

gritar *v. i.* **1** to shout, to yell. **2** to scream (chillar). **3** to boo, to hoot (abuchear). **4** to howl, to shriek (niños).

griterío *s. m.* **1** shouting, screaming. **2** booing, hooting (en el teatro). **3** howling, shrieking (niños).

grito *s. m.* **1** shout, yell (de gritar). **2** scream, cry (chillido). **3** boo, hoot (en el teatro). **4** cry (de guerra, de los animales). **5** call, cry (de los pájaros). **6** howl, shriek (de los niños). ♦ **7 a gritos,** at the top of one's voice. **8 dar gritos,** to shout. **9 el último ~,** the "in" thing; the latest craze. **10 poner el ~ en el cielo,** to kick up a fuss; (fam.) to scream blue murder.

gritón, -na *adj.* **1** loud-mouthed (que grita mucho). • *s. m.* y *f.* **2** loudmouth.

grogui *adj.* (fam.) groggy.

grosella *s. f.* BOT. currant (fruto): *grosella roja = redcurrant; grosella negra = blackcurrant; grosella espinosa = gooseberry.*

grosellero *s. m.* currant bush (arbusto).

grosería *s. f.* **1** stupidity, crassness (estupidez). **2** rudeness, discourtesy (falta de educación). **3** vulgarity, crudeness (vulgaridad). **4** rude thing (cosa grosera).

grosero, -ra *adj.* **1** crude, vulgar, rude (basto). **2** rude, discourteous (descortés). **3** stupid, gross (un error).

grosor *s. m.* thickness.

grotesco, -ca *adj.* **1** ridiculous, absurd (ridículo). **2** grotesque, horrible (horrible o de mal gusto).

grúa *s. f.* **1** crane: *grúa móvil = travelling crane; grúa de puente = overhead crane; grúa de torre = tower crane.* **2** tow truck (para trasladar coches mal aparcados).

grueso, -sa *adj.* **1** thick (espeso): *un libro grueso = a thick book.* **2** fat, stout (gordo). **3** MAR. rough, heavy (con grandes olas). **4** thick (tronco, palo). **5** (fig.) dense, thick (poco inteligente). • *s. m.* **6** thickness (espesor). **7** main part, main body (parte principal). • *s. f.* **8** gross (doce docenas). ♦ **9 en ~,** COM. in bulk.

grulla *s. f.* ZOOL. crane (ave).

grullada *s. f.* gang of rogues (cuadrilla de pícaros).

grumete *s. m.* MAR. cabin boy, ship's boy.

grumo *s. m.* **1** lump (en líquidos). **2** bunch, cluster (grupo de cosas apiñadas). ♦ **3 ~ de leche,** curd. **4 ~ de sangre,** blood clot.

grumoso, -sa *adj.* **1** clotted (sangre). **2** lumpy (líquidos). **3** curdled (leche).

gruñido *s. m.* **1** grunt (del cerdo). **2** growl (de otros animales). **3** (fig.) grunt (de persona).

gruñir *v. i.* **1** to grunt (cerdo). **2** to growl (otros animales). **3** (fig.) to grunt (personas). **4** to creak (puerta, ventana, suelo, etc.).

gruñón, -na *adj.* **1** (fam.) grumpy, grumbling. • *s. m.* y *f.* **2** grumbler, (fam.) grump.

grupa *s. f.* haunch, hindquarters (de las caballerías).

grupo *s. m.* **1** group: *grupo parlamentario = parliamentary group.* **2** clump (de árboles). **3** MÚS. group (de rock, rap, etc.). **4** MIL. group (unidad). **5** TEC. set, unit (unidad). ♦ **6 ~ de presión,** pressure group. **7 ~ sanguíneo,** blood group.

grupúsculo *s. m.* small group, cell.

gruta *s. f.* cave, cavern (cueva).

guacamayo *s. m.* ZOOL. macaw (ave).

guachear *v. i.* (Am.) to be wrong, to make a mistake (errar).

guachimán *s. m.* (Am.) watchman.

guacho, -cha *adj.* (Am.) **1** orphaned (huérfano). **2** abandoned (abandonado). • *s. m.* y *f.* **3** orphan (huérfano). **4** abandoned child (niño abandonado).

guaco *s. m.* (Am.) small archaeological treasure found in pre-Colombian tomb.

guadaña *s. f.* scythe (herramienta).

guafle *s. m.* (Am.) speaker, loudspeaker (altavoz).

guagua *s. f.* **1** bus (autobús). **2** (Am.) baby (nene). **3** (Am.) trifle (cosa sin valor).

guajiro, -ra *s. m.* y *f.* **1** white Cuban peasant (campesino blanco de Cuba). • *s. f.* **2** Cuban peasant song and dance (canto y baile).

guajolote *s. m.* (Am.) turkey.

gualdo, -da *adj.* yellow (amarillo).

guanche *adj./s. m.* y *f.* Guanche (lengua y habitantes de las Islas Canarias).

guano *s. m.* **1** guano. **2** (Am.) palm tree (palmera). **2** (Am.) (fam.) cash (dinero).

guantazo *s. m.* o **guantada** *s. f.* slap (bofetada).

guante *s. m.* **1** glove (prenda): *guante de boxeo = boxing glove; guante de goma = rubber glove.* ♦ **2 arrojar el ~,** to challenge; (fam.) to throw down the gauntlet (desafiar). **3 echar el ~,** to grab; to seize (coger). **4 con ~ blanco,** diplomatically. **5 poner a uno más blando/más suave que un ~,** to make someone as meek as a lamb. **6 recoger el ~,** to take up the challenge.

guantelete *s. m.* gauntlet (manopla).

guantero, -ra *s. m.* y *f.* **1** glover (que hace o vende guantes). • *s. f.* **2** glove compartment (en un coche).

guantón *s. m.* (Am.) slap (bofetada).

guapamente *adv.* very well (muy bien).

guapetón, -na *adj.* handsome, (fam.) dishy (guapo).

guapeza *s. f.* good looks.

guapo, -pa *adj.* **1** handsome, good-looking (hombre). **2** pretty, good-looking (mujer). **3** flashy, ostentatious (ostentoso). **4** (Am.) brave, bold (valiente). **5** (Am.) quarrelsome (pendenciero). **6** elegant, smart (elegante). **7** conceited (presumido). • *s. m.* **8** (Am.) bully, tough guy (pendenciero). **9** good-looking chap (hombre guapo).

guaraní *adj./s. m.* y *f.* **1** Guarani (de la población india de Paraguay). • *s. m.* **2** Guarani (idioma). **3** guarani (moneda).

guarapo *s. m.* **1** (Am.) sugar-cane juice (jugo de la caña de azúcar). **2** sugar-cane liquor (bebida fermentada de la caña de azúcar).

guarda *s. m.* y *f.* **1** guard (en general). **2** keeper (de parque, museo). **3** (Am.) conductor (de autobús). **4** (Am.) guard (de trenes). • *s. f.* **5** observance (observancia de lo mandado). **6** rib (de abanico). **7** flyleaf (de un libro). ♦ **8 ángel de la ~,** REL. guardian angel. **9 ~ nocturno,** night watchman.

guardabarrera *s. m.* y *f.* level-crossing keeper.

guardabarros *s. m.* (brit.) mudguard, (EE UU) fender.

guardabosque *s. m.* y *f.* forester, ranger.
guardacostas *s. m.* coastguard vessel.
guardaespaldas *s. m.* y *f.* bodyguard.
guardafango *s. m.* (Am.) mudguard, (EE UU) fender (guardabarros).
guardafrenos *s. m.* y *f.* brakeman.
guardagujas *s. m.* y *f.* switchman.
guardameta *s. m.* y *f.* DEP. goalkeeper.
guardamonte *s. m.* trigger guard (de las armas de fuego).
guardamuebles *s. m.* furniture repository.
guardapolvo *s. m.* dustcoat (prenda).
guardar *v. t.* **1** to keep: *guardar una promesa = to keep a promise; guardar un secreto = to keep a secret.* **2** to observe (una ley, una regla). **3** to look out for, to take care of (tener cuidado). **4** to keep (conservar). **5** MIL. to guard. **6** to tend, to watch over (un rebaño). **7** to put away: *guardar la ropa = to put away one's clothes.* **8** to protect (proteger). **9** to save: *guardarle sitio a alguien = to save a place for someone.* **10** REL. to keep (mandamientos). **11** to put by, to lay aside (poner a un lado). **12** to save (no gastar). • *v. pron.* **13** to avoid (evitar): *guárdate de andar por la noche = avoid walking at night.* **14** to look after oneself (cuidarse). ◆ **15 ¡Dios guarde a la Reina!,** God save the Queen. **16** ~ **las distancias,** to keep one's distance. **17** ~ **silencio,** to keep quiet. **18** ~ **su palabra,** to keep one's word.
guardarropa *s. m.* **1** cloakroom (lugar donde se dejan los abrigos, etc.). • *s. m.* y *f.* **2** cloakroom attendant (persona).
guardarropía *s. f.* **1** props (conjunto de trajes y efectos de los actores). **2** wardrobe (lugar en que se guardan).
guardería *s. f.* day nursery, crèche (de niños).
guardés, -sa *s. m.* y *f.* **1** guard. **2** doorman (de puerta). **3** gatekeeper (de casa de campo).
guardia *s. f.* **1** MIL. guard (grupo de soldados). **2** DEP. guard (en boxeo, esgrima, etc.). **3** guard (vigilancia o actitud de defensa). **4** MAR. watch. • *s. m.* y *f.* **5** MIL. guard (soldado). **6** policeman (policía). ◆ **7 estar de** ~, **a)** MIL. to be on guard; **b)** to be on duty (en un hospital, etc.). **8** ~ **civil,** civil guard. **9** ~ **marina,** midshipman. **10** ~ **municipal,** local police. **11 hacer** o **montar** ~, to mount guard. **12 poner a uno en** ~, to put someone on guard. **13 relevar la** ~, to change guard.
guardián, -na *s. m.* y *f.* **1** guardian, keeper. **2** keeper (de parque, jardín). **3** caretaker (de un edificio). **4** warder (de cárcel).
guardilla *s. f.* attic, garret (buhardilla).
guarecer *v. t.* **1** to protect (proteger). **2** to give shelter to (albergar). • *v. pron.* **3** to take refuge (refugiarse).
guarida *s. f.* **1** ZOOL. lair, den (cueva de animales). **2** shelter, refuge (refugio).
guarismo *s. m.* number, figure (cifra).
guarnecer *v. t.* **1** to equip, to provide (poner guarnición). **2** to adorn, to decorate (adornar). **3** to plaster (una pared). **4** MIL. to garrison. **5** to trim (un vestido). **6** to line (los frenos).
guarnición *s. f.* **1** decoration, adornment (adorno). **2** setting (engarce de las piedras preciosas). **3** guard (de las espadas). **4** MIL. garrison. **5** garnish (alimento). **6** provision (provisión). **7** harness (de caballería). **8** lining (de los frenos). **9** plastering (de una pared).
guarrada *s. f.* **1** filth, dirt (suciedad). **2** dirty trick (mala pasada). **3** mess (porquería): *¡qué guarrada! = what a mess!* **4** dirtiness, filthiness (cualidad de sucio). **5** obscenity (obscenidad).
guarrería *s. f.* ⇒ **guarrada.**
guarro, -rra *s. m.* y *f.* **1** pig (cerdo). **2** (fam.) pig. • *adj.* **3** dirty, filthy.
guasa *s. f.* joke (broma): *con guasa = jokingly.*
guasearse *v. pron.* **1** to joke, to tease (bromear). ◆ **2 dar** ~, to make fun of, to laugh at (burlarse de).
guasón, -na *adj.* **1** funny, comical, humorous (cómico). • *s. m.* y *f.* **2** joker, wag (bromista).
guata *s. f.* raw cotton (algodón).
Guatemala *s. f.* Guatemala.
guatemalteco, -ca *adj./s. m.* y *f.* Guatemalan.
guateque *s. m.* party (fiesta).
guater *s. m.* (Am.) toilet, loo (wáter).
guayaba *s. f.* **1** BOT. guava (fruto). **2** (Am.) lie, fib (mentira). **3** (Am.) young girl (muchacha joven).
guayabal *s. m.* guava grove.
guayabera *s. f.* light jacket (chaquetilla).
guayabo *s. m.* BOT. guava tree (árbol).
guayaca *s. f.* (Am.) bag (bolsa).
guayar *v. t.* (Am.) to scrape (raspar).
gubernamental *adj.* POL. government, governmental (del gobierno); loyalist (partidario).
gubia *s. f.* TEC. gouge (herramienta).
guedeja *s. f.* **1** long hair (pelo largo). **2** curl (rizo). **3** mane (melena).
gueisa o **geisha** *s. f.* geisha.
guepardo *s. m.* ZOOL. cheetah.
güero, -ra *adj.* (Am.) blond, fair (rubio).
guerra *s. f.* **1** war (lucha armada). **2** warfare (sistema, teoría): *guerra atómica = atomic warfare.* **3** discord (discordia). **4** opposition (oposición). **5** hostility (hostilidad). **6** conflict, fight (conflicto). ◆ **7 dar** ~, to annoy; to be a nuisance (molestar). **8 declarar la** ~, to declare war. **9 estar en** ~, to be at war. **10** ~ **abierta,** open warfare. **11** ~ **bacteriológica,** germ warfare. **12** ~ **civil,** civil war. **13** ~ **de nervios,** war of nerves. **14** ~ **fría,** cold war. **15** ~ **mundial,** world war. **16** ~ **nuclear,** nuclear war. **17 hacer la** ~ **a,** to wage war on; to make war on.
guerrear *v. i.* to wage war, to fight.
guerrero, -ra *adj.* **1** warring (de la guerra). **2** warlike, martial (aficionado a la guerra). **3** (fig.) naughty, troublesome (travieso). • *s. m.* **4** soldier, warrior (soldado). • *s. f.* **5** tunic (uniforme).
guerrilla *s. f.* **1** guerrilla warfare (método de lucha). **2** guerrilla band (grupo). ◆ **3** ~ **urbana,** urban guerrilla warfare.
guerrillero, -ra *s. m.* y *f.* guerrilla, guerrilla fighter.
gueto *s. m.* ghetto (barrio marginado).
guía *s. m.* y *f.* **1** guide (de museo, montaña, ciudad, etc.). • *s. m.* **2** MIL. guide. **3** handlebars (manillar). • *s. f.* **4** guidance, guiding (lo que orienta o dirige). **5** directory: *guía telefónica = telephone directory.* **6** guidebook (libro para turistas). **7** street guide (de calles). **8** railway timetable (horario de trenes). ◆ **9** ~ **de carga,** waybill.
guiador, -ra *adj.* **1** guiding. • *s. m.* y *f.* **2** guide.
guiar *v. t.* **1** to guide: *guiar a alguien por las montañas = to guide somebody through the mountains.* **2** to lead, to direct (llevar). **3** to drive (conducir). **4** MAR. to steer (gobernar). **5** to fly, to pilot (pilotar). **6** BOT. to train (plantas). **7** to advise, to counsel (aconsejar). • *v. pron.* **8** to be guided.
guija *s. f.* **1** pebble (guijarro). **2** BOT. vetch (arbusto).
guijarral *s. m.* stony place (lugar pedregoso).
guijarro *s. m.* ⇒ **guija.**
guillotina *s. f.* **1** guillotine (para decapitar). **2** paper cutter, guillotine (para cortar papel). ◆ **3 ventana de** ~, sash window.
guillotinar *v. t.* to guillotine.
guinda *s. f.* BOT. morello cherry, (fam.) black cherry (fruta).
guindal *s. m.* BOT. morello cherry tree, black cherry tree (árbol).
guindilla *s. f.* **1** chilli pepper (pimiento picante). • *s. m.* y *f.* **2** (fam.) bobby, cop (polizonte). **3** rascal, rogue (pícaro).
guindo *s. m.* ⇒ **guindal.**
Guinea Ecuatorial *s. f.* Ecuatorial Guinea.
guiñapo *s. m.* **1** rag (andrajo o trapo roto). **2** sickly person, unhealthy person (persona enfermiza). **3** degenerate, rogue (persona despreciable).
guiñar *v. t.* to wink.
guiño *s. m.* wink.
guiñol *s. m.* puppet show (representación de títeres).
guión *s. m.* **1** standard, (p.u.) guidon (estandarte). **2** leader (lo que va delante y sirve de guía). **3** script (de una película). **4** dash, hyphen (signo de puntuación). **5** outline (esquema).
guionista *s. m.* y *f.* scriptwriter (en el cine).
guirigay *s. m.* **1** nonsense, (fam.) gibberish, double-Dutch (lenguaje incomprensible). **2** hubbub, commotion (griterío).
guirlache *s. m.* almond nougat (turrón de almendras).
guirnalda *s. f.* **1** garland (corona de flores). **2** wreath (de funeral).

guisa *s. f.* **1** way, manner, method (modo): *de tal guisa = in such a way.* **2** will (voluntad).

guisado *s. m.* stew.

guisante *s. m.* BOT. pea (planta y semilla).

guisar *v. t.* **1** to cook (cocinar). **2** to stew (estofar). **3** to arrange, to order (ordenar).

guiso *s. m.* **1** cooked dish (plato guisado). **2** stew (estofado).

güisqui *s. m.* whisky.

guitarra *s. f.* guitar.

guitarreo *s. m.* strumming on the guitar.

guitarrero, -ra *s. m.* y *f.* **1** guitar maker (que hace guitarras). **2** guitar seller (vendedor). **3** guitar mender (que arregla guitarras).

guitarrillo *s. m.* **1** treble guitar (tiple). **2** small guitar (guitarra pequeña).

guitarrista *s. m.* y *f.* guitarist.

guitarrón *s. m.* large guitar.

gula *s. f.* gluttony, greed.

guripa *s. m.* **1** MIL. private (soldado raso). **2** (fam.) little devil, little rascal (pilluelo).

guru o **gurú** *s. m.* guru.

gusanera *s. f.* **1** breeding ground for worms (lugar donde se crían los gusanos). **2** rubbish dump (pudridero).

gusano *s. m.* **1** worm. **2** maggot (larva). **3** caterpillar (oruga). **4** earthworm (lombriz). **5** (fig. y fam.) worm (persona despreciable). ◆ **6 ~ de seda,** silkworm.

gusanoso, -sa *adj.* grub-infested, maggoty.

gusarapo *s. m.* bug (bicho).

gustar *v. t.* **1** to taste (sentir el sabor en el paladar). **2** to try, to sample (probar). • *v. i.* **3** to like (agradar): *me gusta leer = I like reading; no me gusta ese hombre = I don't like that man; como te guste = as you wish; ¿qué gustas? = what would you like?* **4** to please, to be pleasing (dar placer): *el equipo no gustó a los hinchas = the team didn't please the fans.* ◆ **5 ~ de hacer algo,** to enjoy; to like (sentir afición): *gusta de pintar = he enjoys painting.*

gustativo, -va *adj.* taste, (p.u.) gustative.

gustazo *s. m.* great pleasure (gran placer): *darse el gustazo de algo = to treat oneself to something.*

gustillo *s. m.* **1** suggestion, touch, tang. **2** aftertaste (resabio).

gusto *s. m.* **1** taste (sentido). **2** flavour, taste (sabor). **3** pleasure (placer). **4** willpower (voluntad propia). **5** taste (facultad de apreciar lo bello): *tener buen/mal gusto = to have good/bad taste; de buen gusto = in good taste.* **6** whim, caprice (capricho). ◆ **7 a ~,** comfortable; at ease: *estar a gusto = to be comfortable.* **8 con ~,** with pleasure. **9 dar ~,** to be a pleasure, to be nice. **10 despacharse uno a su ~,** (fam.) to do whatever one feels like. **11 ¡mucho ~!,** pleased to meet you! **12 tomar/coger el ~ a algo,** to take a liking to something.

gustosamente *adv.* with pleasure (con placer).

gustoso, -sa *adj.* **1** tasty (sabroso). **2** pleasant, nice (agradable). **3** with pleasure (gustosamente).

gutapercha *s. f.* gutta-percha.

gutural *adj.* guttural, (fam.) throaty.

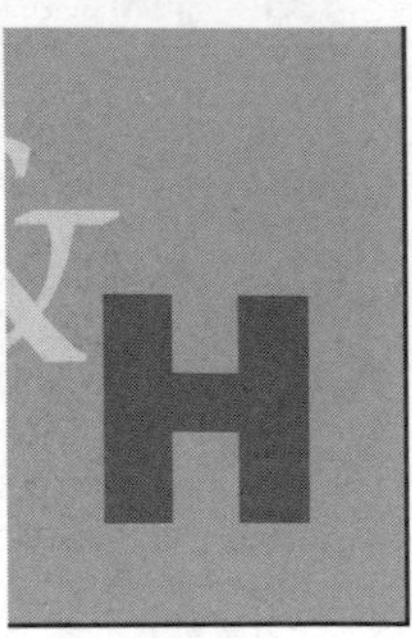

h, H *s. f.* **1** h, H (octava letra del alfabeto español). ◆ **2** ~ **aspirada,** FON. aspirated h.

haba *s. f.* **1** BOT. broad bean. **2** swelling (roncha, en la piel). **3** tumor on horses' palate (tumor en el paladar de los caballos). **4** BOT. bean (semilla, de algunos frutos como el café, coco, etc.). ◆ **5 en todas partes cuecen habas,** it's no different anywhere else, it's the same all over the world. **6 son habas contadas, a)** it's a cinch, it's a certainty (es seguro); **b)** there's not a lot of it (hay poco).

habanero, -ra *adj.* **1** of Havana. • *s. m.* y *f.* **2** inhabitant of Havana, native of Havana. • *s. f.* **3** MÚS. folk song from Havana.

habano *s. m.* Havana cigar.

haber *v. imp.* **1** (there) to be: *había mucha gente en el cine = there were a lot of people in the cinema; habrá lluvia mañana = there will be rain tomorrow; si hubiera habido tiempo = if there had been enough time.* **2** to happen; to occur: *¿qué ha habido entre vosotros dos? = what has happened between you two?* • *v. aux.* **3** to have: *hemos trabajado como burros = we have worked very hard; había estado estudiando toda la noche cuando llamó Jim = I had been studying through the night when Jim called; me habría acordado de ti = I would have thought of you.* • *v. t.* **4** to have: *él tuvo necesidad de más dinero = he had need of more money.* • *s. m.* **5** COM. credit (en la contabilidad). • *pl.* **6** salary, wages (sueldo). ◆ **7** ~ **de/que,** to have to: *hay que estudiar más = you have to study harder; one has to study harder; hemos de decírselo = we have to tell him.* **8 haberlo dicho/avisado/puesto antes/etc.,** you should have said it/ warned about it/put it on before/etc. (expresando una queja). **9 habérselas con alguien,** to have it out with somebody. **10 no** ~ **tal,** not to be true (no ser cierto algo). **11 ¡hay que ver!** well I never!

habichuela *s. f.* BOT. kidney bean, dwarf French bean, scarlet runner bean.

habiente *adj.* DER. possessing.

hábil *adj.* **1** skilful, adroit (con las manos). **2** clever, capable (con el ingenio). ◆ **3 día** ~, working day.

habilidad *s. f.* **1** skill, adroitness (con las manos). **2** cleverness, capability (mental).

habilidoso, -sa *adj.* skilful, clever (más bien con las manos); clever (ingenioso): *mi hijo es habilidoso con las manos = my son is clever with his hands.*

habilitación *s. f.* **1** entitlement (derecho). **2** authorization (autorización): *una habilitación especial = a special authorization.*

habilitado, -da *p. p.* **1** de **habilitar.** • *s. m.* **2** paymaster (pagador).

habilitador, -ra *adj.* **1** qualifying. • *s. m.* **2** outfitter (de ropa, equipo, etc.).

habilitar *v. t.* **1** to entitle, to legally empower. **2** to release, to make available (recursos).

hábilmente *adv.* **1** skilfully, cleverly (con las manos). **2** cleverly (ingeniosamente).

habitabilidad *s. f.* habitability.

habitable *adj.* inhabitable, habitable, that can be lived in.

habitación *s. f.* **1** room. **2** bedroom (dormitorio). **3** residence, dwelling (residencia).

habitáculo *s. m.* room; small room.

habitado, -da *adj.* inhabited, lived-in: *un lugar habitado = an inhabited place.*

habitante *s. m.* y *f.* inhabitant, resident (de una ciudad, país, etc.); occupant, resident (de una casa).

habitar *v. t.* **1** to inhabit, to live in. • *v. i.* **2** to live: *todo tipo de tribus habita en esta región = all kinds of tribes live in this region.*

hábitat *s. m.* ECOL. habitat.

hábito *s. m.* **1** habit (personal): *él tiene el hábito de levantarse muy temprano = he has the habit of getting up very early.* **2** custom (social). **3** addiction, habit (adicción, a drogas, alcohol, etc.). **4** REL. habit (vestido religioso). ◆ **5 colgar los hábitos,** REL. to leave the priesthood. **6 tomar el** ~, REL. to take Holy Orders; to become a monk (hacerse monje); to take the veil (hacerse monja).

habituación *s. f.* habituation.

habitual *adj.* **1** customary, habitual. **2** regular (cliente). **3** hardened (endurecido): *un criminal habitual = a hardened criminal.* • *s. m.* y *f.* **4** habitué (hombre), habituée (mujer).

habitualmente *adv.* usually, habitually, customarily.

habituar *v. t.* **1** to accustom, to habituate; to familiarize: *este método de respiración te habituará a estar más relajado = this method of breathing will accustom you to being more relaxed.* • *v. pron.* **2** to get accustomed, to get used: *habituarse a un nuevo trabajo = to get used to a new job.*

habla *s. m.* **1** speech, faculty of speech (capacidad). **2** language, way of talking (forma de hablar): *su habla es típicamente australiana = his language is typically Australian.* ◆ **3 estar/ponerse al** ~ **con,** to be/to get in contact with. **4 quedarse sin** ~, to be lost for words, to be speechless.

hablada *s. f.* (Am.) **1** boast (fanfarronada). **2** rumour, gossip (habladuría).

habladera *s. f.* (Am.) piece of gossip (habladuría).

hablador, -ra *adj.* **1** talkative. **2** (Am.) indiscreet (indiscreto). • *s. m.* y *f.* **3** talker, chatterbox: *es una habladora incorregible = she's an incredible chatterbox.*

habladuría *s. f.* **1** piece of gossip. • *pl.* **2** gossip, idle talk.

hablante *adj.* **1** speaking. • *s. m.* y *f.* **2** speaker.

hablar *v. i.* **1** to speak, to talk. **2** to communicate: *tenemos que hablar entre todos = we all have to communicate with each other.* **3** to have one's say: *déjale que hable = let him have his say.* • *v. t.* **4** to speak, to talk (especialmente un idioma): *habla diez idiomas = he speaks ten languages.* ◆ **5** ~ **a tontas y a locas,** to talk through one's hat, to talk without rhyme or reason. **6** ~ **claro,** to speak plainly, to say what one means. **7** ~ **en cristiano,** to speak so that everyone understands. **8** ~ **recio,** to speak harshly. **9** ~ **uno consigo mismo,** to talk to oneself.

hablilla *s. f.* tittle-tattle, piece of gossip.

habón *s. m.* bump.
hacedor *s. m.* **1** maker: *el hacedor de reyes = the king maker.* ◆ **2 el Hacedor,** REL. the Creator, the Maker.
hacendado, -da *adj.* **1** landed, property owning. • *s. m.* y *f.* **2** landowner, property owner.
hacendoso, -sa *adj.* **1** house-proud. ◆ **2 ser ~,** to be a god housekeeper.
hacer *v. t.* **1** to do (en general): *haré algo sobre tu problema = I'll do something about your problem.* **2** to make (fabricar): *hacer una mesa = to make a table.* **3** to make (obligar): *mi madre siempre me hizo estudiar = my mother always made me study.* **4** to pack (la maleta). **5** to make, to amount to (en sumas matemáticas): *dos y dos hacen cuatro = two and two make four.* **6** to accustom (acostumbrar): *hacer el cuerpo al calor = to accustom the body to the heat.* **7** to assume to be, to suppose to be, to imagine to be (suponer): *te hacía en Londres = I supposed you were in London.* **8** to make (someone) look (dar cieto aspecto): *ese peinado te hace más joven = that hair style makes you look younger.* **9** to do, to perform (una obra de teatro, un milagro, etc.). **10** to make, to lay (una apuesta). **11** to make, to earn (dinero). **12** to make (la cama, la cena, etc.). **13** to make (el amor). **14** to put into practice (una medida, resolución, etc.). **15** to ask (preguntas). **16** to tie (un nudo, la corbata, etc.). • *v. i.* **17** to act, to behave (actuar): *hace como si no me conoce = he acts as if he didn't know me.* **18** to suit (convenir): *si te hace, podemos salir ahora = if it suits you, we can go out now.* **19** to be relevant: *lo que dices no hace al caso = what you're saying is not relevant to the subject.* • *v. pron.* **20** to pretend, to pretend to be (fingir): *él se hace el distraído frecuentemente = he often pretends to be absent-minded.* **21** to become, to turn into (volverse): *la nieve se ha hecho agua ya = the snow has already turned into water.* **22** to get used, to become accustomed (acostumbrarse): *hacerse a la idea = to get used to the idea.* **23** to become (algún tipo de profesión): *se hizo bombero = he became a fireman.* **24** to exchange (saludos, insultos, etc.). • *v. imp.* **25** to be (con expresiones sobre el tiempo atmosférico): *hace mal día = it is a horrible day.* **26** ago (con expresiones de tiempo): *hace muchos años = many years ago.* **27** for (con expresiones de tiempo durativo): *hace mucho que no le veo = I have not seen him for a long time.* • *v. t.* e *i.* **28** to evacuate (alguna función corporal): *hacer de vientre = to evacuate one's bowels.* ◆ **29 haberla hecho buena,** to have put one's foot in it. **30 ~ a todo,** to be useful for many things. **31 ~ bien/mal,** to be right/wrong, to do the right/wrong thing. **32 ~ buena una cosa a otra,** to make something good by comparison. **33 ~ de,** to play, to play the part of: *hizo de pirata en la obra = he played the part of a pirate in the play.* **34 ~ por,** to do one's best to: *haz por estar a la hora = do your best to be on time.* **35 ~ presente,** to call attention to, to remind of. **36 ~ que hacemos,** to pretend we are doing something. **37 ~ una de las suyas,** to do one's usual trick, to be up to one's old tricks. **38 hacerse a un lado/atrás,** to move over/back. **39 hacerse con algo,** to get hold of something, to take something. **40 hacerse con alguien,** to win somebody over. **41 hacerse de nuevas,** to pretend not to know anything about it. **42 hacerse de rogar,** to play hard to get. **43 hacerse duro,** to get very rough. OBS. Este verbo tiene una enorme cantidad de usos seguido de sustantivo: **44** normalmente con los verbos *to make* y *to do*: *hacer ruido = to make a noise; hacer ejercicios físicos = to do work-outs; hacer la casa = to do the housework; hacer una película = to make a film.*
hacha *s. f.* **1** axe (herramienta). **2** large wax taper (cirio). ◆ **3 ser un ~,** to be an ace.
hachazo *s. m.* **1** axe blow, stroke with an axe. **2** (Am.) gash, open wound.
hache *s. f.* name given to the letter h.
hachís *s. m.* hashish.
hachón *s. m.* large torch (antorcha).
hacia *prep.* **1** towards (lugar): *está caminando hacia la casa = he's walking towards the house.* **2** about, roundabout, (tiempo): *hacia las cinco = about five.* **3** towards, as regards (asunto): *la actitud de Byron hacia la muerte era muy extraña = Byron's attitude towards death was very strange.*
hacienda *s. f.* **1** country estate; farm (granja). **2** (Am.) ranch (rancho). **3** fortune, wealth, riches (riqueza). ◆ **4 Hacienda,** Treasury, Exchequer. **5 Hacienda Pública,** state-owned properties and goods, public treasury.
hacinamiento *s. m.* stacking, piling (de cosas); crowding, overcrowding (de personas).
hacinar *v. t.* **1** to pile, to pile up, to stack. • *v. pron.* **2** to be piled up, to be stacked.
hada *s. f.* fairy, sprite: *cuento de hadas = fairy tale.*
hado *s. m.* fate, destiny.
hagiografía *s. f.* REL. hagiography.
hagiógrafo, -fa *m.* y *f.* hagiographer.
¡hala! *interj.* come on, let's go, hurry up (para apremiar).
halagador, -ra *adj.* flattering: *un comentario halagador = a flattering remark.*
halagar *v. t.* **1** to flatter; (EE UU) to sweet-talk. **2** to gratify (dar placer, a los sentidos, especialmente): *sus palabras me halagan, señor Conde = my dear Count, your words are music to my ears.* **3** to cajole (con el fin de conseguir algo de alguien).
halago *s. m.* **1** flattery; (EE UU) sweet-talk. **2** gratification (de los sentidos, muy especialmente). **3** cajolery (para que alguien haga algo).
halagüeño, -ña *adj.* **1** endearing, flattering; attractive (halagador). **2** hopeful, promising (prometedor).
halcón *s. m.* **1** ZOOL. falcon, hawk. **2** (fig.) POL. hawk.
halconero *s. m.* HIST. falconer.
hálito *s. m.* **1** breath (de respiración). **2** vapour (vapor). **3** (lit.) gentle breeze (suave viento).
halitosis *s. f.* MED. halitosis, bad breath.
hall *s. m.* hall.
hallar *v. t.* **1** to come across, to find, to discover (encontrar). **2** to invent, to discover (descubrir investigando). **3** to hit upon, to light upon (una idea o solución). • *v. pron.* **4** to be (en un lugar o situación): *me hallaba cansado = I was tired.* ◆ **5 hallárselo todo hecho,** not to have to make any effort at all, to find that everything is simple and easy. **6 no hallarse uno,** not to feel comfortable.
hallazgo *s. m.* **1** discovery. **2** find: *¡qué hallazgo más trascendental! = what an important find!*
halo *s. m.* **1** ASTR. halo, nimbus. **2** REL. halo. **3** (fig.) aura (gloria o fama que rodea a un personaje importante).
halógeno, -na *adj.* QUÍM. halogen.
haltera *s. f.* barbell.
halterofilia *s. f.* DEP. weight-lifting.
hamaca *s. f.* **1** hammock. **2** (Am.) rocking chair (mecedora).
hambre *s. f.* **1** hunger (de comida). **2** (fig.) hunger, desire, longing (deseo). **3** famine (hambruna): *el hambre después de la guerra = the famine after the war.* ◆ **4 ~ canina,** ravenous hunger. **5 ser más listo que el ~,** to be no fool. **6 matar el ~,** to stave off hunger, to satisfy one's hunger. **7 morirse de ~,** to die of hunger, to starve to death.
hambreado, -da *adj.* (Am.) hungry.
hambriento, -ta *adj.* **1** hungry, starving. **2** (fig.) longing, hungry (de conocimiento, fama, etc.). • *s. m.* y *f.* **3** hungry person, starving person.
hambruna *s. f.* (Am.) famine.
hamburguesa *s. f.* hamburger.
hamburguesería *s. f.* hamburger bar.
hampa *s. m.* underworld, criminal underworld.
hampón *s. m.* rough, thug, rowdy.
hámster *s. m.* ZOOL. hamster.
hándicap *s. m.* handicap.
hangar *s. m.* AER. hangar.
haragán, -na *adj.* **1** idle, lazy, sluggish. • *s. m.* y *f.* **2** loafer, idler, lounger; (fam.) good-for-nothing.
haraganear *v. i.* to idle, to loaf about, to lounge around, to waste one's time.
haraganería *s. f.* idleness, laziness.
harapiento, -ta *adj.* ragged, tattered.
harapo *s. m.* rag, tatter.
haraquiri o **harakiri** *s. m.* hara-kiri.
hardware *s. m.* INF. hardware.
harén *s. m.* harem.

harina *s. f.* **1** flour. ◆ **2 estar metido en ~,** to be engrossed in something. **3 ~ fósil,** MIN. kieselguhr, infusorial earth. **4 ~ lacteada,** malted milk.
harinoso, -sa *adj.* floury.
harmonía *s. f.* ⇒ **armonía.**
harpía *s. f.* ⇒ **arpía.**
harpillera *s. f.* ⇒ **arpillera.**
hartar *v. t.* **1** to satiate, to glut. **2** to fill, to stuff; to gorge. **3** (fig.) to weary, to tire, to bore. ● *v. pron.* **4** to stuff oneself, to fill one's belly (comiendo).
hartazgo *s. m.* **1** bellyful. ◆ **2 darse un ~ de algo,** to stuff oneself with something.
harto, -ta *adj.* **1** full, satiated. **2** (fig.) fed up, sick: *estoy harto de la escuela = I'm fed up with school.* ● *adv.* **3** very, quite: *harto difícil = quite difficult.*
hartón, -na *adj.* **1** (Am.) greedy (glotón). ● *s. m.* **2** ⇒ **hallazgo.**
hasta *prep.* **1** as far as, up to (en el espacio): *hasta el semáforo = as far as the traffic lights.* **2** until, till (en el tiempo): *no vendrá hasta el jueves = he isn't coming till Thursday.* ● *conj.* **3** even (incluso).
hastiar *v. t.* **1** to bore, to sicken. **2** to disgust (asquear): *estoy hastiado = I'm disgusted.*
hastío *s. m.* **1** boredom, weariness. **2** disgust (asco).
hatajo *s. m.* **1** small herd (de reses, caballos); small flock (de cabras, ovejas, etc.). **2** (desp.) bunch, pack: *un hatajo de idiotas = a bunch of idiots.*
hatillo *s. m.* small bundle (de pertenencias, especialmente, ropa).
hato *s. m.* **1** herd, flock. **2** (Am.) cattle ranch. ◆ **3 andar uno con el ~ a cuestas,** to wander about, to roam about. **4 liar el ~,** to pack one's bags. **5 revolver el ~,** to stir up trouble.
haya *s. f.* **1** BOT. beech, beech tree. **2** beech (madera).
hayedo o **hayal** *s. m.* beech forest.
haz *s. m.* **1** bundle, bunch. **2** beam (de luz). **3** AGR. sheaf, truss (de algún tipo de grano o paja).
hazaña *s. f.* deed, exploit, feat: *¡qué hazaña! = what a feat!*
hazañoso, -sa *adj.* heroic, gallant.
hazmerreír *s. m.* laughingstock: *él es el hazmerreír del barrio = he is the laughingstock of the whole district.*
he *adv.* **1** (lit.) lo, behold. ◆ **2 ~ aquí,** here is/are. **3 heme aquí,** here I am.
hebilla *s. f.* buckle, clasp.
hebra *s. f.* **1** thread (hilo de coser). **2** BOT. strand, fibre. **3** grain (de madera). **4** lode, seam, vein (de mineral). ◆ **5 cortar a alguien la ~ de la vida,** to kill someone. **6 pegar la ~,** to talk nineteen to the dozen.
hebraico, -ca *adj.* Hebrew.
hebreo, -a *adj.* **1** Hebrew. ● *s. m.* **2** Hebrew (idioma).
hebroso, -sa *adj.* stringy (carne).
hecatombe *s. f.* **1** hecatomb. **2** (fig.) slaughter.
hechicería *s. f.* **1** witchcraft, sorcery (arte mágica). **2** spell, charm (acción concreta).
hechicero, -ra *adj.* **1** enchanting, bewitching, fascinating. ● *s. m.* **2** wizard, sorcerer, bewitcher. **3** witch doctor (en África, especialmente); medicine man (de los indios americanos). ● *s. f.* **4** enchantress, witch, sorceress.
hechizar *v. t.* **1** to bewitch, to cast a spell on. **2** (fig.) to charm, to enchant, to fascinate.
hechizo *s. m.* spell, enchantment, charm.
hechizo, za *adj.* (Am.) homemade.
hecho, -cha *p. p.* **1** de **hacer.** ● *adj.* **2** ripe, mature (maduro, un fruto o similar). **3** done, made: *muy hecha la carne, por favor = the meat well done, please.* **4** to be like, to be (convertido): *está hecho un toro = he is as strong as a horse.* ● *s. m.* **5** fact: *el hecho es que no ha votado por nosotros = the fact is that he didn't vote for us.* **6** deed, feat (proeza). ◆ **7 a lo ~ pecho,** it's no use crying over spilt milk; we must make the best of it now. **8 bien ~,** well-proportioned (la figura o similar). **9 de esta hecha,** this way. **10 de ~,** as a matter of fact, in fact. **11 eso está ~, a)** that's as easy as pie (fácil); **b)** that's a deal, agreed (aceptado). **12 ~ de armas,** MIL. feat of arms. **13 ~ imponible,** FIN. taxable activity, taxable transaction. **14 Hechos de los Apóstoles,** REL. Acts of the Apostles. **15 ~ y derecho, a)** complete, perfect; **b)** true to God, true (verdadero).
hechura *s. f.* **1** build, form, shape (de una persona). **2** cut, style (de un traje o similar). **3** craftsmanship, workmanship (arte). ◆ **4 tener hechuras de,** to be cut out for.
hectárea *s. f.* hectare.
hect- o **hecto-** *prefijo* hecto- (para medidas).
heder *v. i.* to stink, to reek.
hediondez *s. f.* stench, stink, reek.
hediondo, -da *adj.* foul-smelling, stinking, smelly.
hedonismo *s. m.* FIL. hedonism.
hedonista *adj.* **1** hedonistic. ● *s. m.* y *f.* **2** FIL. hedonist.
hedor *s. m.* stench, stink.
hegemonía *s. f.* hegemony (normalmente política).
hegemónico, -ca *adj.* dominant, supreme: *poder hegemónico = supreme power.*
hégira o **héjira** *s. f.* REL. hegira.
heladería *s. f.* ice-cream parlour.
helado, -da *p. p.* **1** de **helar.** ● *adj.* **2** very cold, freezing: *una sala helada = a very cold room.* **3** frozen (muy sorprendido): *me quedé helado = I was frozen.* ● *s. m.* **4** ice-cream (para comer). ● *s. f.* **5** frost (efecto meteorológico).
helador, -ra *adj.* freezing: *un tiempo helador = freezing weather.*
heladera *s. f.* (Am.) refrigerator.
helar *v. t.* y *pron.* **1** to freeze: *el agua se hiela a los 0 °C. = water freezes at 0 degrees C.* ● *v. pron.* **2** to harden, to congeal (endurecerse un líquido, una sustancia, etc.). **3** BOT. to become frostbitten (plantas, flores, frutas, etc.). ● *v. t.* **4** to chill, to ice (una bebida). **5** to amaze; to dumbfound (asombrar). **6** to dispirit, to discourage (desanimar).
helecho BOT. *s. m.* **1** fern. ◆ **2 ~ arbóreo/arborescente,** tree fern. **3 ~ común,** bracken. **4 ~ real,** osmund.
helénico, -ca *adj.* **1** Greek, from Greece. **2** FIL. Hellenic.
helenismo *s. m.* FIL. Hellenism.
hélice *s. f.* **1** AER. airscrew, propeller. **2** MAR. propeller, screw. **3** GEOM. spiral, helix.
helicoidal *adj.* GEOM. spiral.
helicóptero *s. m.* AER. helicopter; (fam.) chopper.
helio *s. m.* QUÍM. helium.
heliógrafo *s. m.* heliograph.
heliotropismo *s. m.* BIOL. heliotropism.
helipuerto *s. m.* AER. heliport.
helvético, -ca *adj./s. m.* y *f.* Swiss.
hematíe *s. m.* FISIOL. red corpuscle.
hematites *s. m.* MIN. hematite.
hematología *s. f.* MED. (EE UU) hematology; (brit.) haematology.
hematólogo, -ga *s. m.* y *f.* MED. (EE UU) hematologist; (brit.) haematologist.
hematoma *s. m.* bruise, weal.
hembra *s. f.* **1** woman, female (mujer). **2** female animal, female (animal). **3** MEC. female; nut (tornillo); socket (enchufe); eye (corchete).
hembrilla *s. f.* MEC. **1** female, female piece. **2** eyebolt (anilla).
hemeroteca *s. f.* periodicals and newspaper library.
hemiciclo *s. m.* **1** POL. floor of Parliament. **2** GEOM. semicircle.
hemiplejía *s. f.* MED. hemiplegia.
hemipléjico, -ca *adj.* MED. hemiplegic.
hemisferio *s. m.* hemisphere.
hemistiquio *s. m.* LIT. hemistich.
hemoderivado *s. m.* blood derivative, haemoderivative.
hemofilia *s. f.* MED. (brit.) haemophilia, (EE UU) hemophilia.
hemofílico, -ca *adj.* MED. **1** (brit.) haemophilic, (EE UU) hemophilic. ● *s. m.* y *f.* **2** (brit.) haemophiliac, (EE UU) hemophiliac.
hemoglobina *s. f.* FISIOL. (brit.) haemoglobin, (EE UU) hemoglobin.
hemorragia *s. f.* MED. (brit.) haemorrhage; (EE UU) hemorrhage; bleeding.
hemorroide *s. f.* MED. (brit.) haemorrhoid; (EE UU) hemorrhoid; pile.
hemóstato *s. m.* MED. hemostat.
henar *s. m.* hayfield, hay meadow.
henchir *v. t.* **1** to fill, to cram, to bloat, to stuff. ● *v. pron.* **2** to stuff oneself, to fill oneself (con comida).
hendedura o **hendidura** *s. f.* crack, cleft.
hender (Am. **hendir**) *v. t.* **1** to cleave, to slit, to split. **2** to cut through (atravesar, especialmente por medio del agua).
hendija *s. f.* (Am.) crack (rendija).
hendir ⇒ **hender.**
henna *s. f.* henna.
heno *s. m.* hay.

hepático, -ca *adj.* **1** MED. hepatic. • *s. f.* **2** BOT. liverwort, hepatica.
hepatitis *s. f.* MED. hepatitis.
hept- o **hepta-** *prefijo* hepta-.
heptagonal *adj.* GEOM. heptagonal.
heptágono *s. m.* GEOM. heptagon.
heráldico, -ca *adj.* **1** heraldic. • *s. f.* **2** heraldry.
heraldo *s. m.* herald.
herbáceo, -a *adj.* BOT. herbaceous, grassy.
herbario, -ria *adj.* **1** herbal. • *s. m.* y *f.* **2** herbalist, botanist.
herbicida *s. m.* weed-killer, herbicide.
herbívoro, -ra *adj.* ZOOL. **1** herbivorous. • *s. m.* y *f.* **2** herbivore.
herbolario *s. m.* herbalist's shop.
hercúleo, -a *adj.* herculean, immensely strong (muy fuerte).
heredable *adj.* inheritable.
heredad *s. f.* country estate, landed property.
heredar *v. t.* **1** to inherit, to fall heir to, to come into (tierras, fortuna). **2** (fig.) to inherit (características de alguien o similar): *él ha heredado el mal genio de su padre = he has inherited his father's bad temper.*
heredero, -ra *adj.* **1** inhcriting. • *s. m.* **2** heir. • *s. f.* **3** heiress. ♦ **4** ~ **forzoso,** heir apparent. **5** ~ **presunto,** heir presumptive. **6** ~ **universal,** general heir, residuary legatee. **7 príncipe** ~, crown prince.
hereditario, -ria *adj.* hereditary.
hereje *s. m.* y *f.* REL. heretic.
herejía *s. f.* REL. heresy.
herencia *s. f.* **1** inheritance, legacy, estate. **2** BIOL. heredity. **3** heritage, tradition: *es una herencia de muchos siglos = it's a century-old tradition.*
herético, -ca *adj.* heretical.
herido, -da *p. p.* **1** de **herir.** • *adj.* **2** wounded, injured. **3** (fig.) hurt, offended (ofendido). • *s. m.* y *f.* **4** MIL. wounded: *los heridos fueron evacuados de la zona = the wounded were evacuated from the area.* • *s. f.* **5** wound, cut (abierta); gash, stab (de arma blanca). **6** (fig.) trauma, affliction (angustia). ♦ **7 mal** ~, seriously wounded. **8 respirar por la herida,** to feel very bitterly. **9 tocar a alguien en la herida,** to touch a sore spot.
herir *v. t.* **1** to wound, to injure. **2** to hurt, to offend (ofender). **3** to fall on, to shine on (caer, los rayos del sol).
hermafrodita *adj.* BIOL. **1** hermaphroditic. • *s. m.* y *f.* **2** hermaphrodite.
hermanable *adj.* fraternal, brotherly.
hermanado, -da *p. p.* **1** de **hermanar.** • *adj.* **2** matching, twin.
hermanamiento *s. m.* matching, twinning: *hermanamiento de ciudades = town twinning.*
hermanar *v. t.* **1** to match, to put together. **2** to pair, to join in pairs (emparejar). **3** to twin (ciudades).
hermanastro, -tra *s. m.* **1** stepbrother. • *s. f.* **2** stepsister.
hermandad *s. f.* **1** brotherhood, fraternity. **2** close friendship, intimate friendship (amistad íntima). **3** brotherhood; sisterhood (grupo que se asocia). **4** REL. sodality (cofradía). ♦ **5 Santa Hermandad,** HIST. rural police.
hermano, -na *s. m.* **1** brother. **2** member of a brotherhood. • *s. f.* **3** sister. **4** member of a sisterhood. **5** REL. nun, sister. • *adj.* **6** MEC. mate, twin (pieza que se corresponde con otra). ♦ **7** ~ **bastardo,** bastard brother. **8** ~ **político,** brother-in-law (cuñado). **9** ~ **carnal,** blood brother, full brother. **10** ~ **de leche,** foster brother. **11** ~ **uterino,** half brother by same mother. **12 medio** ~, half brother.
hermenéutico, -ca *adj.* FIL. **1** hermeneutical. • *s. f.* **2** hermeneutics.
herméticamente *adv.* **1** hermetically. **2** (fig.) impenetrably.
hermético, -ca *adj.* **1** airtight, watertight (un cierre, etc.). **2** (fig.) impenetrable (especialmente el carácter de alguien).
hermetismo *s. m.* tight secrecy, close secrecy.
hermosamente *adv.* beautifully; handsomely.
hermosear *v. t.* to adorn, to beautify, to decorate, to embellish.
hermoso, -sa *adj.* **1** beautiful (mujer); handsome (hombre); lovely: *una mujer hermosa = a beautiful woman.* **2** fine, splendid (tiempo atmosférico). **3** healthy (sano, especialmente bebés y niños).
hermosura *s. f.* **1** beauty, loveliness. **2** beautiful woman, beauty (mujer bella).
hernia *s. f.* MED. hernia.
herniado, -da *adj.* MED. suffering from a hernia.
herniarse *v. pron.* **1** MED. to rupture oneself, to get a hernia. **2** (fig.) to work hard; to make a very serious effort (esforzarse seriamente).
héroe *s. m.* hero.
heroicamente *adv.* heroically.
heroicidad *s. f.* **1** heroism (calidad). **2** feat, heroic deed (acto heroico).
heroico, -ca *adj.* heroic.
heroína *s. f.* **1** heroine. **2** QUÍM. heroin (droga).
heroísmo *s. m.* heroism.
herpe o **herpes** *s. m.* **1** MED. herpes (en la cara). **2** shingles (en el cuerpo).
herradura *s. f.* **1** horseshoe. ♦ **2 mostrar las herraduras,** to kick.
herraje *s. m.* iron fittings, ironwork.
herramienta *s. f.* **1** tool (instrumento). **2** set of tools (conjunto). **3** (fig.) bull's horns (la cornamenta de un toro). **4** teeth (dentadura).
herrar *v. t.* **1** to shoe (los caballos). **2** to brand (marcar, especialmente al ganado). **3** to reinforce with ironwork, to bind with ironwork, to trim with metal (reforzar con metal).
herrería *s. f.* **1** blacksmith's, smithy. **2** ironworks, foundry (fábrica).
herrero, -ra *s. m.* y *f.* blacksmith.
herrerillo *s. m.* ZOOL. tit (ave).
herrete *s. m.* aglet.
herrín *s. m.* rust, iron rust.
herrumbre *s. f.* **1** rust. **2** BOT. mildew.
herrumbroso, -sa *adj.* rusty.
hertz o **hercio** *s. m.* FÍS. hertz.
hervidero *s. m.* **1** boiling, bubbling. **2** (fig.) crowd, swarm: *un hervidero de gente = a crowd of people.*
hervidor *s. m.* stew.
hervir *v. t.* e *i.* **1** to boil. • *v. i.* **2** to surge (el mar). **3** to boil, to burn (con pasiones).
hervor *s. m.* **1** boiling. **2** (fig.) fervour, ardour (fogosidad). ♦ **3** ~ **de la sangre,** MED. skin rash.
hetero- *prefijo* hetero-.
heterodoxia *s. f.* heterodoxy.
heterodoxo, -xa *adj.* **1** heterodox, unorthodox. • *s. m.* y *f.* **2** heterodox person.
heterogeneidad *s. f.* diversity, variety, heterogeneity.
heterogéneo, -a *adj.* different, heterogeneous.
heterosexual *adj./s. m.* y *f.* heterosexual.
heterosexualidad *s. f.* heterosexuality.
hexa- *prefijo* hexa-.
hexaedro *s. m.* GEOM. hexahedron.
hexagonal *adj.* GEOM. hexagonal, six-sided.
hexágono *s. m.* GEOM. hexagon.
hez *s. f.* **1** sediment. **2** (fig.) scum (cosa despreciable). • *pl.* **3** excrement.
hiato *s. m.* FON. hiatus.
hibernación *s. f.* BIOL. hibernation.
hibernar *v. i.* BIOL. to hibernate.
hibridación *s. f.* hybridization.
híbrido, -da *adj./s. m.* y *f.* hybrid.
hidalgo, -ga *adj.* **1** noble. • *s. m.* **2** nobleman. • *s. f.* **3** noblewoman.
hidalguía *s. f.* **1** nobility. **2** gentlemanliness (caballerosidad).
hidatídico, -ca *adj.* MED. hydatidinous.
hidra *s. f.* **1** ZOOL. hydra. **2** MIT. Hydra.
hidratación *s. f.* **1** QUÍM. hydration. **2** moisturizing (de la piel).
hidratante *adj.* moisturizing: *crema hidratante = moisturizing cream.*
hidratar *v. t.* y *pron.* **1** QUÍM. to hydrate. **2** to moisturize (piel).
hidrato *s. m.* QUÍM. **1** hydrate. ♦ **2** ~ **de carbono,** carbohydrate.
hidráulico, -ca *adj.* **1** hydraulic. • *s. f.* **2** hydraulics.
hidro- *prefijo* hydro-.
hidroavión *s. m.* seaplane.
hidrocarburo *s. m.* QUÍM. hydrocarbon.
hidrofobia *s. f.* MED. hydrophobia, rabies.
hidrófobo, -ba *adj.* **1** hydrophobic. • *s. m.* y *f.* **2** hydrophobe.
hidrógeno *s. m.* QUÍM. hydrogen.
hidrografía *s. f.* GEOG. hydrography.
hidrología *s. f.* **1** hydrology, scientific study of water. ♦ **2** ~ **médica,** scientific study of medicinal waters.
hidromasaje *s. m.* hydromassage.
hidrometría *s. f.* hydrometry.
hidropesía *s. f.* MED. hydropsy, dropsy.
hidrosfera *s. f.* GEOL. hydrosphere.
hidrostática *s. f.* hydrostatic.
hidroterapia *s. f.* hydrotherapy.
hidrotermal *adj.* hydrothermal.
hidróxido *s. m.* hydroxide.
hiedra o **yedra** *s. f.* BOT. ivy.

hiel *s. f.* **1** FISIOL. bile, gall. **2** (fig.) bitterness (amargura, especialmente por acontecimientos tristes de la vida). • *pl.* **3** difficulties, troubles (adversidades). ♦ **4 echar la ~,** to sweat blood; (fam.) to sweat one's guts out. **5 no tener ~,** to be very meek, to be sweet-tempered.

hielo *s. m.* **1** ice. **2** (fig.) coolness, indifference (de carácter). **3** freezing (acción de helar). **4** stupefaction, astonishment. ♦ **5 romper el hielo,** (fig.) to break the ice.

hiena *s. f.* ZOOL. hyena.

hieráticamente *adv.* hieratically.

hierático, -ca *adj.* **1** REL. hieratic, sacred, sacerdotal. **2** HIST. hieratic, concerning ancient Egyptian writing of hieroglyphics. **3** (fig.) solemn, pompous (solemne).

hieratismo *s. m.* hieratic attitude.

hierba o **yerba** *s. f.* **1** BOT. grass. **2** BOT. herb (especialmente medicinal). **3** (fam.) marihuana, grass. ♦ **4 ~ artética,** BOT. herb ivy. **5 ~ belesa,** BOT. leadwort. **6 ~ bélida,** BOT. buttercup. **7 ~ callera,** BOT. stonecrop. **8 ~ cana,** BOT. groundsel. **9 ~ carmesí,** BOT. pokeweed. **10 ~ centella,** BOT. cowslip, March marigold. **11 ~ cinta,** BOT. ribbon grass. **12 ~ de almizcle,** BOT. musk crowfoot. **13 ~ de carpintero,** BOT. yarrow. **14 ~ de la golondrina,** BOT. celandine. **15 del ajo,** BOT. hedge garlic. **16 ~ de la plata,** BOT. moonwort, iceflower. **17 ~ de las calenturas,** BOT. goosegrass. **18 ~ de las cucharas,** BOT. scurvy grass, spoonwort. **19 ~ del gato,** BOT. fleabane. **20 ~ del nácar,** BOT. helmet flower. **21 ~ de los canarios,** BOT. chickweed. **22 ~ de los canónigos,** BOT. lamb's lettuce. **23 ~ de los gatos,** BOT. common valerian. **24 ~ de los pordioseros,** BOT. lady's bower. **25 ~ del pobre,** BOT. hedge-hyssop. **26 ~ de San Alberto/de los cantones,** BOT. hedge mustard. **27 ~ de San Benito,** BOT. herb bennet. **28 ~ de San Bonifacio,** BOT. butcher's broom, kneeholly. **29 ~ de San Cristóbal,** BOT. baneberry. **30 ~ de San Gerardo,** BOT. goatweed. **31 ~ de San Guillermo,** BOT. agrimony. **32 ... y otras hierbas,** and others, and so on and so forth.

hierbabuena *s. f.* BOT. mint.

hieroglífico *s. m.* ⇒ **jeroglífico.**

hierro *s. m.* **1** MET. iron. **2** brand (para marcar animales). **3** iron tip, point (punta de un arma). **4** (fig.) weapon, sword. ♦ **5 ~ albo,** MET. white-hot iron. **6 ~ colado/fundido,** MET. cast iron. **7 quien a ~ mata a ~ muere,** he who lives by the sword shall die by the sword.

higadillo *s. m.* o **higadilla** *s. f.* GAST. liver (de animales pequeños como pollos, aves, etc.).

hígado *s. m.* **1** ANAT. liver. • *pl.* **2** (fig.) guts (coraje): *este tipo tiene hígados = this fellow has got guts.*

higiene *s. f.* hygiene.

higiénicamente *adv.* hygienically.

higiénico, -ca *adj.* hygienic.

higienizar *v. t.* to make hygienic, to make sanitary.

higo *s. m.* **1** BOT. fig. ♦ **2 de higos a brevas,** once in a blue moon. **3 ~ chumbo,** BOT. prickly pear. **4 no dársele a uno un ~,** (fam.) not to care a fig, not to give a damn.

higrometría *s. f.* FÍS. hygrometry.

higroscopia *s. f.* FÍS. hygroscopy.

higroscópico, -ca *adj.* FÍS. hygroscopic.

higuera *s. f.* **1** BOT. fig tree. ♦ **2 estar en la ~,** to be at a loss, not to know what to do; to be day-dreaming. **3 caer de la ~,** to come back to earth.

higueral *s. m.* BOT. plantation of fig trees.

hijastro, -tra *s. m.* y *f.* stepson (hombre), stepdaughter (mujer).

hijo, -ja *s. m.* y *f.* **1** child, offspring: *tengo tres hijos, dos chicos y una chica = I've got three children, two boys and a girl.* • *s. m.* **2** son: *hijo mío = my son.* **3** brainchild (algo que alguien ha pensado o imaginado como proyecto): *la nueva fábrica es tu hijo = the new factory is your brainchild.* **4** young (de animales). • *s. m.* y *f.* **5** child, son (como forma cariñosa de dirigirse a alguien). **6** native (de un lugar); child (de un tiempo). • *s. f.* **7** daughter. **8** child, daughter (como forma cariñosa). • *s. m. pl.* **9** children, descendants (de uno mismo). ♦ **10 ~ bastardo/natural,** bastard child, illegitimate child. **11 ~ de Dios,** REL. Son of God. **12 ~ de la tierra,** child of unknown parentage. **13 ~ legítimo,** legitimate child. **14 ~ sacrílego,** sacrilegous child. **15 ~ político,** son-in-law (yerno).

hijodalgo *s. m.* ⇒ **hidalgo.**

hijuela *s. f.* **1** little girl, small daughter. **2** widening piece, widening gore (trozo de tela para ensanchar un vestido). **3** REL. chalice cover. **4** piece of land (tierra como resultado de la división de una herencia). **5** small mattress (colchón pequeño). **6** AGR. small irrigation ditch (pequeño canal). **7** BOT. palm seed (simiente).

hila *s. f.* **1** row, line (hilera). **2** thin gut (hebra). **3** spinning (acción de hilar).

hilacha *s. f.* o **hilacho** *s. m.* filament, loose thread (especialmente de la ropa).

hilachento, -ta *adj.* (Am.) shabby, frayed, tattered (andrajoso).

hilada *s. f.* **1** row, line. **2** ARQ. course (de ladrillos, especialmente).

hilador, -ra *s. m.* y *f.* **1** spinner. • *s. f.* **2** spinning-wheel (máquina).

hilandería *s. f.* spinning mill.

hilar *v. t.* **1** to spin. **2** BIOL. to spin (los gusanos de seda). **3** to ponder, to consider (discurrir). ♦ **4 ~ fino/delgado,** to split hairs.

hilarante *adj.* hilarious, uproarious.

hilaridad *s. f.* hilarity, mirth.

hilaza *s. f.* **1** yarn, thread. ♦ **2 descubrir la ~,** to discover a fault.

hilera *s. f.* **1** row, line, string: *una hilera de casas independientes = a row of detached houses.* **2** fine thread (hilo). **3** MET. drawplate, wiredrawer (máquina para producir filamentos de metal). **4** ARQ. course, ridgepole (especialmente de ladrillos). **5** MIL. file (en formación militar).

hilo *s. m.* **1** thread, yarn, filament. **2** fine wire (alambre fino). **3** linen (tejido blanco). **4** ZOOL. hilum (en arañas y gusanos de seda). **5** trickle (chorro, de un líquido): *un hilo de sangre = a trickle of blood.* **6** edge (filo, de un cuchillo o similar). ♦ **7 a ~,** consecutively, one after another, uninterruptedly. **8 al ~,** along the thread. **9 pender/colgar de un ~,** to hang by a thread: *la decisión final pende de un hilo = the final decision is hanging by a thread.* **10 por el ~ se saca el ovillo,** you only have to put two and two together.

hilvanar *v. t.* **1** to stitch; to baste. **2** (fig.) to coordinate, to put together (el pensamiento): *hay que hilvanar todos los argumentos = it's necessary to put together all the different points.*

himen *s. m.* ANAT. hymen.

himeneo *s. m.* (lit.) nuptials.

himno *s. m.* **1** hymn. **2** anthem: *himno nacional = national anthem.*

hincapié *s. m.* **1** planting of one's feet. **2** emphasis, insistence (insistencia): *hacer hincapié en algo = to place emphasis on something.*

hincar *v. t.* **1** to drive in, to sink, to sink in: *hincar unos clavos en la madera = to drive a few nails into the wood.* **2** to brace, to plant (una parte del cuerpo como parte de apoyo). • *v. pron.* **3** to kneel, to kneel down (arrodillarse).

hincha *s. m.* y *f.* fan, supporter.

hinchable *adj.* inflatable.

hinchado, -da *p. p.* **1** de **hinchar.** • *adj.* **2** inflated, blown up. **3** MED. swollen. **4** vain (vanidoso). **5** high-flown, stilted (estilo de escribir o hablar). • *s. f.* **6** group of supporters, group of fans.

hinchar *v. t.* y *pron.* **1** to swell; to pump up: *hincha el neumático = pump up the tyre.* • *v. t.* **2** to inflate, to exaggerate (datos, cifras, etc.): *aquellas cifras están hinchadas = those figures are inflated.* • *v. pron.* **3** MED. to swell. **4** to fill oneself, to stuff oneself (de comida o bebida). **5** to become conceited, to become vain (envanecerse).

hinchazón *s. f.* **1** MED. swelling, lump, bump. **2** (fig.) conceit, vanity (vanidad).

hindú *adj./s. m.* y *f.* REL. Hindu.

hinduismo *s. m.* REL. Hinduism.

hiniesta *s. f.* BOT. broom.

hinojal *s. m.* BOT. fennel bed.

hinojo *s. m.* **1** BOT. fennel. **2** ANAT. knee. • *pl.* **3** ANAT. knees. ♦ **4 de hinojos,** on one's knees, kneeling down.

hipar *v. i.* **1** to hiccup. **2** to pant (jadear, los perros). **3** to wear oneself out, (fam.) to be fagged out (fatigarse). **4** to whimper, to whine (lloriquear). **5** to yearn, to long (codiciar).

hipato, -ta *adj.* (Am.) swollen (hinchado).
híper *s. m.* hypermarket.
hipérbaton *s. m.* GRAM. hyperbaton.
hipérbola *s. f.* GEOM. hyperbola.
hipérbole *s. f.* GRAM. hyperbole.
hiperbólicamente *adv.* hyperbolically.
hiperbólico, -ca *adj.* hyperbolic, hyperbolical.
hiperclorhidria *s. f.* MED. hyperchlorhydria.
hiperenlace *s. m.* hyperlink.
hipertexto *s. m.* hypertext.
hipertrofia *s. f.* BIOL. hypertrophy.
hipertrófico, -ca *adj.* hypertrophic.
hipertrofiarse *v. pron.* to become hypertrophied.
hípico, -ca *adj.* **1** horse: *carrera hípica = horse race.* • *s. f.* **2** equestrian sports.
hipido *s. m.* whimper, whine.
hipnosis *s. f.* MED. hypnosis.
hipnótico, -ca *adj.* hypnotic.
hipnotismo *s. m.* hypnotism.
hipnotizador, -ra *adj.* **1** hypnotizing. • *s. m.* y *f.* **2** hypnotist, hypnotizer.
hipnotizar *v. t.* to hypnotize.
hipo *s. m.* **1** hiccup. **2** (fig.) yearning, longing. ◆ **3 hipo-**, hypo-: *hipotensión = hypotension.*
hipoalergénico, -ca *adj.* hypoallergenic.
hipocondría *s. f.* MED. hypochondria.
hipocondríaco, -ca *adj./s. m. y f.* MED. hypochondriac.
hipocresía *s. f.* hypocrisy.
hipócrita *adj.* **1** hypocritical. • *s. m.* y *f.* **2** hypocrite.
hipócritamente *adv.* hypocritically.
hipódromo *s. m.* racecourse (brit.), racetrack (EE UU).
hipófisis *s. f.* ANAT. hypophysis.
hipogeo *s. m.* ARQ. underground chamber.
hipoglucemia *s. f.* MED. hypoglycemia.
hipopótamo *s. m.* ZOOL. hippopotamus.
hipóstasis *s. f.* FIL. hypostasis.
hipostáticamente *adv.* hypostatically.
hipostático, -ca *adj.* hypostatic.
hipotálamo *s. m.* ANAT. hypothalamus.
hipoteca *s. f.* FIN. mortgage.
hipotecar *v. t.* **1** FIN. to mortgage. **2** (fig.) to compromise, to mortgage: *no quiero hipotecar mi futuro = I don't want to mortgage my future.*
hipotecario, -ria *adj.* mortgage: *cédula hipotecaria = mortgage certificate.*
hipotenusa *s. f.* GEOM. hypotenuse.
hipótesis *s. f.* FIL. hypothesis.
hipotéticamente *adv.* hypothetically.
hipotético, -ca *adj.* hypothetical.
hiriente *adj.* cutting, critical (comentario, indirecta, etc.).
hirsuto, -ta *adj.* hairy, shaggy.
hirviente *adj.* boiling, seething.
hisopo *s. m.* **1** REL. aspergill, aspersorium. **2** BOT. hyssop.
hispánico, -ca *adj.* Hispanic, Spanish: *el carácter hispánico = the Spanish character.*
hispanidad *s. f.* **1** Spanishness (carácter). **2** Spanish world, Spanish-speaking nations (comunidad).
hispanismo *s. m.* **1** hispanicism (modo de hablar). **2** study of Spanish culture; Hispanic Studies (estudios).
hispanista *s. m.* y *f.* Spanish scholar, Hispanicist.
hispano, -na *adj./s. m.* y *f.* Hispanic.
hispanoamericano, -na *adj.* Latin American, Spanish American.
hispanófilo, -la *adj.* **1** Hispanophilic. • *s. m.* y *f.* **2** Hispanophile.
histeria *s. f.* o **histerismo** *s. m.* PSIQ. hysteria.
histérico, -ca *adj.* **1** hysterical. • *s. m.* y *f.* **2** hysteric.
histología *s. f.* BIOL. histology.
histólogo, -ga *s. m.* y *f.* histologist.
historia *s. f.* **1** history (ciencia). **2** story. • *pl.* **3** gossip, tale (chismes). ◆ **4 dejarse de historias,** to get to the point, not to beat about the bush. **5 picar en** ~, to be a serious matter.
historiado, -da *p. p.* **1** de **historiar.** • *adj.* **2** gaudy (sobrecargado).
historiador, -ra *s. m.* y *f.* historian.
historial *s. m.* file, record: *mi historial médico = my medical record.*
historiar *v. t.* to tell the history of, to record, to chronicle.
históricamente *adv.* historically.
histórico, -ca *adj.* historic, historical.
historieta *s. f.* **1** short story, anecdote. **2** strip cartoon (de dibujos animados).
histrión *s. m.* actor.
hito *s. m.* **1** boundary marker. **2** bull's eye, target (blanco). ◆ **3 dar en el** ~, to hit the nail on the head. **4 mirar de** ~ **en** ~, to stare, to look fixedly.
hocico *s. m.* **1** muzzle, snout. **2** (fig.) pout (gesto enfadado). **3** face, (fam.) mug (cara). ◆ **4 caer/dar de hocicos,** to fall flat on one's face.
hocicudo, -da *adj.* big-snouted (animal, especialmente).
hogaño *adv.* (fam.) nowadays, these days.
hogar *s. m.* **1** home. **2** hearth, fireplace (del fuego). **3** home life (vida de familia): *el hogar de sus primeros años no fue el mejor = his home life wasn't the best when he was a child.* **4** bonfire (hoguera).
hogareño, -ña *adj.* home-loving: *soy muy hogareño = I am very home-loving.*
hogaza *s. f.* **1** large round loaf, large loaf of bread. **2** GAST. coarse bread (pan de salvado).
hoguera *s. f.* bonfire.
hoja *s. f.* **1** BOT. leaf. **2** sheet, leaf (de papel). **3** blade (de arma o similar). **4** BOT. petal (pétalo). **5** sheet, foil (lámina, especialmente de metal). **6** leaf (de ventana). ◆ **7 batir** ~, to work metal. **8** ~ **de afeitar,** razor blade. **9** ~ **de parra,** fig leaf. **10** ~ **de ruta,** waybill. **11** ~ **de servicios,** service record. **12** ~ **de tocino,** side of bacon. **13** ~ **volante,** flyer. **14 no tener vuelta de** ~, to be irremediable. **15 volver la** ~, to change the subject, to turn the page on a subject.
hojalata *s. f.* MET. tin-plate.
hojalatería *s. f.* **1** tinsmith's shop. **2** tinware, tin articles.
hojalatero *s. m.* tinsmith.
hojalda o **hojaldra** *s. f.* (Am.) GAST. puff pastry.
hojaldrado, -da *p. p.* **1** de **hojaldrar.** • *adj.* **2** GAST. flaky; resembling puff pastry.
hojaldrar *v. t.* GAST. to make puff pastry, to cover with puff pastry.
hojaldre *s. m.* GAST. puff pastry.
hojarasca *s. f.* **1** dead leaves, fallen leaves. **2** (fig.) rubbish; nonsense: *lo que dijo era pura hojarasca = what he said was absolute nonsense.* **3** excessive foliage, abundant foliage (frondosidad).
hojear *v. t.* **1** to look through, to turn the pages of, to leaf through, to skim through, to glance through (especialmente algo para leer). • *v. i.* **2** to flake off, to scale off (formarse en láminas).
hojoso, -sa *adj.* leafy.
hojuela *s. f.* **1** GAST. pancake. **2** BOT. small leaf. **3** MET. thin foil. **4** skin of pressed olives (hollejo).
¡hola! *interj.* hello!, hi!
holanda *s. f.* **1** Dutch linen, holland (textil).
Holanda *s. f.* Holland.
holandés, -sa *adj.* **1** Dutch. • *s. m.* **2** Dutchman. **3** Dutch (idioma). • *s. f.* **4** Dutchwoman. **5** sheet, leaf (de papel de un tamaño mayor que cuartilla).
holgadamente *adv.* **1** comfortably, easily (con bienestar o facilidad): *viven holgadamente = they live comfortably.* **2** loosely (anchamente, especialmente la ropa). **3** idly (sin hacer nada).
holgado, -da *adj.* **1** comfortable, well-off (especialmente en algo material o monetario). **2** loose (ropa). **3** idle, unoccupied (sin trabajo u ocupación).
holganza *s. f.* **1** rest, leisure. **2** idleness. **3** amusement, enjoyment, pleasure (disfrute).
holgar *v. i.* **1** to rest, to take one's ease. **2** to idle, to loaf, not to work (holgazanear). **3** to be unnecessary: *huelga decir más en este momento = it's unnecessary to say any more now.* • *v. pron.* **4** to be happy, to be glad (alegrarse).
holgazán, -na *adj.* **1** lazy, idle. • *s. m.* y *f.* **2** bum, idler, loafer, slacker: *eres un holgazán = you're a loafer.*
holgazanear *v. i.* to bum around, to idle, to loaf around.
holgazanería *s. f.* laziness, idleness, slackness.
holgura *s. f.* **1** looseness (especialmente de ropa). **2** MEC. play, movement (de piezas). **3** comfort, ease (material, financiera, etc.). **4** amusement, enjoyment (diversión).
holladura *s. f.* tramping, treading.
hollar *v. t.* **1** to tramp, to tread. **2** to trample on, to humiliate (humillar).
hollejo *s. m.* **1** skin (uvas). **2** peel (cítricos).
hollín *s. m.* soot.
holliniento, -ta u **hollinoso, -sa** *adj.* sooty.

holocausto *s. m.* **1** REL. burnt offering. **2** holocaust: *el holocausto de 1940-1945 = the holocaust of 1940-1945.*

hológrafo, -fa *adj.* DER. **1** holographic. • *s. m.* **2** holograph.

holograma *s. m.* hologram.

holoturia *s. f.* BOT. sea cucumber.

hombrada *s. f.* manly deed, brave act, piece of bravery: *¡vaya hombrada que hiciste! = that was a brave act!*

hombre *s. m.* **1** man. **2** humanity, man, mankind. **3** husband, man (marido). **4** adult (adulto). ◆ **5 gran ~,** great man, eminent man. **6 hacer a alguien un ~,** to make a man of someone. **7 ~ bueno,** DER. arbiter. **8 ~ de armas tomar,** man of action, determined man, resolute man. **9 ~ de bien,** upright man, honest man. **10 ~ de dos caras,** hypocrite, two-faced man. **11 ~ de estado,** statesman. **12 ~ de letras,** man of letters, scholar. **13 ~ de mundo,** man of experience, man of the world. **14 ~ de negocios,** businessman. **15 ~ de palabra,** honest and worthy man, reliable man, man of his word. **16 ~ de pelo en pecho,** real man, he-man. **17 ~ de pro,** worthy man. **18 pobre ~,** poor devil, poor wretch. **19 ser muy ~,** to be a real man, to be very manly. **20 ser otro ~,** to be a different man, to be greatly changed.

hombrera *s. f.* **1** shoulder pad (adorno en vestidos, etc.). **2** MIL. epaulette.

hombría *s. f.* **1** manliness. ◆ **2 ~ de bien,** integrity, honesty.

hombro *s. m.* **1** ANAT. shoulder. ◆ **2 a hombros,** piggyback, on one's shoulders. **3 arrimar el ~,** to lend a helping hand, to put one's shoulder to the wheel. **4 encogerse de hombros,** to shrug, to shrug one's shoulders. **5 mirar a alguien por encima del ~,** to look down on someone.

hombruno, -na *adj.* manly, masculine-looking, mannish (especialmente refiriéndose a una mujer).

homenaje *s. m.* **1** homage, respect, tribute. **2** celebration (para una persona) ◆ **3 rendir ~,** to pay homage to.

homenajeado, -da *p. p.* **1** de **homenajear.** • *s. m.* y *f.* **2** person receiving a tribute; guest of honour (celebración).

homenajear *v. t.* **1** to pay homage to. **2** (Am.) to treat grandly, to wine and dine (agasajar).

homeopatía *s. f.* MED. homoeopathy (brit.), homeopathy (EE UU).

homicida *adj.* **1** homicidal, murderous (acto, mirada, etc.). • *s. m.* y *f.* **2** homicide, murderer.

homicidio *s. m.* homicide, murder.

homilía *s. f.* REL. sermon, homily.

homínido *s. m.* BIOL. hominid.

homo- *prefijo* homo-.

homófobo, -ba *adj.* homophobic.

homofonía *s. f.* FON. homophony.

homófono, -na *adj.* FON. homophonous.

homogeneidad *s. f.* homogeneity.

homogeneización *s. f.* homogenization.

homogeneizar *v. t.* to homogenize.

homogéneo, -a *adj.* homogeneous.

homografía *s. f.* FON. homography.

homógrafo, -fa *adj.* FON. homographic.

homologación *s. f.* **1** DER. confirmation. **2** sanctioning, authorization (administración estatal). **3** standardization (producto). **4** recognition (récord, título, entidad).

homologar *v. t.* **1** DER. to confirm. **2** to sanction, to authorize officially (especialmente por parte de la administración estatal). **3** to standardize (igualar las características de productos). **4** to recognize (récord, título, entidad).

homología *s. f.* BIOL. homology.

homólogo, -ga *adj.* **1** BIOL. homologous. • *s. m.* y *f.* **2** counterpart.

homonimia *s. f.* GRAM. homonymy.

homónimo, -ma *adj.* **1** GRAM. homonymous. • *s. m.* y *f.* **2** homonym.

homosexual *adj./s. m.* y *f.* homosexual.

homosexualidad *s. f.* homosexuality.

hondamente *adv.* deeply, profoundly.

hondo, -da *adj.* **1** deep (físicamente). **2** profound, heartfelt: *con hondo pesar = with heartfelt regret.* **3** deep, innermost (íntimo). **4** intense (intenso). • *s. m.* **5** bottom (de un objeto). • *s. f.* **6** sling (para tirar piedras).

hondonada *s. f.* ravine, dip, depression.

hondura *s. f.* **1** depth, profundity. ◆ **2 meterse en honduras,** to get into deep water, to be out of one's depth.

Honduras *s. f.* Honduras.

hondureño, -ña *adj./s. m.* y *f.* Honduran.

honestamente *adv.* **1** honestly, honourably. **2** decently, decorously (decentemente). **3** modestly (modestamente).

honestidad *s. f.* **1** uprightness, honesty (honradez). **2** modesty, purity (pudor). **3** decorum, decency (decoro).

honesto, -ta *adj.* **1** upright, honest. **2** modest (púdico). **3** decent, decorous (decente).

hongo *s. m.* **1** BOT. mushroom. **2** MED. fungus. **3** bowler, bowler hat (sombrero). **4** BOT. toadstool (cuando es venenoso).

honor *s. m.* **1** honour. **2** virtue, chastity (virtud, especialmente la castidad). **3** good name, prestige (prestigio). **4** dignity, position (dignidad). **5** honesty, decency (honestidad). **6** mark of respect (forma de dirigirse a una persona de gran reputación).

honorabilidad *s. f.* honourableness, honour.

honorable *adj.* honourable.

honorablemente *adv.* honourably.

honorario, -ria *adj.* **1** honorary: *cónsul honorario = honorary consul.* • *s. m. pl.* **2** fees.

honoríficamente *adv.* honorifically.

honorífico, -ca *adj.* honorary, honorific.

honoris causa *adj.* **1** honoris causa. ◆ **2 doctor ~,** doctor honoris causa.

honra *s. f.* **1** honour, sense of personal honour, self-esteem, self-respect. **2** good name, reputation, fame (fama). **3** chastity, virtue, purity (castidad). ◆ **4 tener a mucha ~,** to be very proud to: *tengo a mucha honra ser el primero que le acusó públicamente = I'm very proud to have been the first to accuse him publicly.* **5 honras fúnebres,** last honours, funeral rites.

honradamente *adv.* honestly, honourably, uprightly.

honradez *s. f.* honesty, integrity, honourableness, uprightness.

honrado, -da *p. p.* **1** de **honrar.** • *adj.* **2** decent, honest: *es un hombre muy honrado = he's a very decent man.*

honrar *v. t.* **1** to honour, to respect. • *v. pron.* **2** to be honoured by something/to do something.

honrilla *s. f.* **1** concern about what people might say. **2** sense of public shame.

honrosamente *adv.* honourably, with dignity, with integrity.

honroso, -sa *adj.* honourable, decent, proper; respectable: *un acuerdo honroso = an honourable agreement.*

hontanar *s. m.* spring, group of springs, area abounding in springs.

hora *s. f.* **1** hour: *estuve dos horas allí = I was there for two hours.* **2** time: *¿qué hora tienes? = what time is it?* **3** hour, end (final de la vida). ◆ **4 a buenas horas,** too late (demasiado tarde). **5 a estas horas,** now, at this time. **6 dar ~,** to fix a time, to set a time. **7 dar la ~,** to strike: *el reloj dio las doce = the clock struck twelve.* **8 ~ punta,** rush hour. **9 horas de trabajo/visita,** working/visiting hours. **10 horas extras,** overtime. **11 pedir ~,** to make an appointment. **12 trabajar /cobrar por horas,** to work/be paid by the hour.

horadable *adj.* that can be pierced through, that can be bored through.

horadación *s. f.* drilling, boring.

horadador *s. m.* drill.

horadar *v. t.* to bore a hole, to drill, to pierce.

horario, -ria *adj.* **1** hourly. • *s. m.* **2** timetable, schedule: *horario de clases = timetable of lessons.* **3** hand (manecilla del reloj).

horca *s. f.* **1** gallows, gibbet. **2** AGR. hayfork, pitchfork. ◆ **3 pasar por las horcas caudinas,** to suffer great humiliation.

horcajadas (a) *loc. adv.* astride, straddling, astraddle.

horchata *s. f.* sweet milky drink made from almonds or tiger nuts.

horchatería *s. f.* shop or bar where *horchata* is sold.

horda *s. f.* **1** HIST. horde (de nómadas). **2** (fig. y desp.) horde, rabble.

horizontal *adj.* **1** horizontal. • *s. f.* **2** horizontal position, horizontal.

horizontalidad *s. f.* horizontality.

horizontalmente *adv.* horizontally.

horizonte *s. m.* **1** horizon. **2** (fig.) outlook, prospects, horizons: *aquí la gente no tiene más horizonte que ir*

tirando = in this place the people's only outlook is to get along in life.
horma *s. f.* **1** mould, model, form. **2** last (de zapatos). ◆ **3 hallar la ~ del zapato de uno,** to meet one's match, to get what is coming to one, to find just what one was looking for, to find the very thing.
hormiga *s. f.* **1** ZOOL. ant. ◆ **2 ser una ~,** to be a workaholic, to be very hard-working.
hormigón *s. m.* **1** concrete. ◆ **2 ~ armado,** reinforced concrete. **3 ~ pretensado,** prestressed concrete.
hormigonera *s. f.* MEC. cement mixer, concrete mixer.
hormiguear *v. i.* **1** to tingle, to itch. **2** (fig.) to swarm, to teem (bullir).
hormigueo *s. m.* **1** tingling, pins and needles: *siento un hormigueo en la pierna = I feel a tingling in my leg.* **2** swarm, throng (bullicio).
hormiguero *s. m.* **1** ZOOL. anthill. **2** (fig.) hub of activity, place swarming with people (lugar transitado o con mucha gente).
hormiguillo *s. m.* itch, itching.
hormona *s. f.* FISIOL. hormone.
hormonal *adj.* FISIOL. hormonal.
hornacina *s. f.* ARQ. vaulted niche.
hornada *s. f.* **1** batch (de pan). **2** (fig.) batch, collection: *¡qué hornada de profesores incompetentes! = what a collection of useless teachers!*
hornazo *s. m.* GAST. ring-shaped roll topped with hard-boiled eggs.
hornear *v. t.* e *i.* to bake.
hornero, -ra *s. m.* y *f.* baker.
hornilla *s. f.* chamber in a kitchen oven.
hornillo *s. m.* **1** stove. **2** MIN. blasthole (cavidad para el explosivo).
horno *s. m.* **1** oven (de cocina). **2** kiln (de cerámica). **3** furnace (de fábrica). ◆ **4 alto ~,** TEC. blast furnace. **5 no estar el ~ para bollos,** not to be the right time, to be untimely, to be the wrong moment.
horóscopo *s. m.* **1** horoscope (predicción). **2** star sign (signo del zodíaco).
horquilla *s. f.* **1** AGR. pitchfork. **2** hairpin, hair clip (para el pelo). **3** fork (de bicicleta). **4** MIL. fork rest (para apoyo).
horrendamente *adv.* horrendously, hideously, horribly.
horrendo, -da *adj.* horrendous, hideous, horrible: *un crimen horrendo = a hideous crime.*
hórreo *s. m.* AGR. raised granary.
horrible *adj.* horrible, dreadful, ghastly.
horriblemente *adv.* horribly, dreadfully: *estaba horriblemente desfigurado = he was horribly disfigured.*
hórrido, -da *adj.* horrid, horrible, hideous.
horripilante *adj.* terrifying, hair-raising, harrowing.
horripilar *v. t.* y *pron.* **1** to horrify, to terrify. **2** to make (someone's) hair stand on end (erizar el cabello).
horrísono, -na *adj.* terrifying (de sonido).
horror *s. m.* **1** horror, terror, fright. ● *pl.* **2** atrocities. **3** really, very much (enfático coloquial): *me gustas horrores = I really like you.*
horrorizar *v. t.* **1** to horrify, to appal: *las noticias me han horrorizado = the news has appalled me.* ● *v. pron.* **2** to be appalled.
horrorosamente *adv.* terribly, horribly.
horroroso, -sa *adj.* horrible, terrible; frightening: *una guerra horrorosa = a horrible war.*
hortaliza *s. f.* **1** vegetable. ● *pl.* **2** BOT. garden produce.
hortelano, -na *s. m.* y *f.* **1** market gardener. ● *s. m.* **2** ZOOL. ortolan (ave). ● *adj.* **3** garden, orchard: *productos hortelanos = orchard produce.*
hortensia *s. f.* BOT. hydrangea.
hortera *s. m.* **1** shop assistant, grocer's boy, counter clerk. ● *s. f.* **2** small wooden bowl. ● *adj.* **3** (fam. y desp.) cheap, tacky, vulgar. **4** (desp.) rough, coarse (típico de pueblo).
horterada *s. f.* (fam.) tacky thing.
horticultor, -ra *s. m.* y *f.* AGR. horticulturist.
horticultura *s. f.* AGR. horticulture.
hosco, -ca *adj.* **1** surly, sullen (característica de una persona). **2** dark brown (color).
hospedaje *s. m.* **1** lodging, accommodation. **2** cost of lodging/accommodation (coste).
hospedar *v. t.* **1** to provide with accommodation. ● *v. pron.* **2** to stay: *me hospedé en un hotelito precioso = I stayed at a pretty little hotel.*
hospedería *s. f.* inn, hostel.
hospedero, -ra *s. m.* y *f.* innkeeper.
hospiciano, -na *s. m.* y *f.* **1** resident of a poor house. **2** inmate of an orphanage (de orfelinato). **3** patient at a hospice (de hospedería).
hospicio *s. m.* **1** poorhouse. **2** REL. hospice (hospedería). **3** orphanage (orfelinato).
hospital *s. m.* **1** hospital. ◆ **2 ~ de sangre,** MIL. field hospital, first-aid post. **3 ~ robado,** empty house.
hospitalario, -ria *adj.* **1** hospitable, inviting (acogedor). **2** hospital (de hospital).
hospitalicio, -cia *adj.* hospitable.
hospitalidad *s. f.* **1** hospitality. **2** entertainment (hospitalidad casera).
hospitalización *s. f.* hospitalization.
hospitalizar *v. t.* to hospitalize; to send to hospital.
hosquedad *s. f.* **1** darkness, gloominess (oscuridad). **2** gruffness, sullenness (aspereza personal).
hostal *s. m.* hostel, small hotel.
hostelería *s. f.* **1** hotel management (profesión). **2** hotel and catering studies (estudios).
hostelero, -ra *s. m.* y *f.* innkeeper.
hostería *s. f.* inn.
hostia *s. f.* **1** REL. sacred host, host, consecrated wafer. **2** (vulg.) belt, punch. ◆ **3** (vulg.) ¡~!, Christ!
hostigador, -ra *adj.* **1** harassing, annoying. ● *s. m.* y *f.* **2** nuisance, pest.
hostigamiento *s. m.* **1** whipping, lashing (especialmente de caballos). **2** harassment, pestering, plaguing: *hostigamiento del enemigo = harassment of the enemy.*
hostigar *v. t.* **1** to whip, to lash (especialmente a caballos). **2** to harass, to pester (acosar).
hostil *adj.* hostile: *fuerzas hostiles = hostile forces.*
hostilidad *s. f.* **1** hostility. **2** hostile act (hecho concreto). ● *pl.* **3** MIL. aggression, attack. ◆ **4 romper las hostilidades,** MIL. to begin hostilities, to start hostilities.
hotel *s. m.* **1** hotel. **2** detached house (casa unifamiliar).
hotelero, -ra *adj.* **1** hotel: *la industria hotelera = the hotel industry.* ● *s. m.* y *f.* **2** hotel manager, hotelier, hotel keeper.
hoy *adv.* **1** today. **2** at present, nowadays: *hoy no parece haber mucha educación en la gente joven = nowadays young people don't seem to have very good manners.*
hoya *s. f.* **1** pit, hole. **2** GEOG. valley, vale (valle). **3** grave (sepultura). **4** (Am.) GEOL. river basin, river bed (cuenca de un río).
hoyo *s. m.* **1** small pit, hole. **2** dent (abolladura). **3** MED. pockmark (en la piel). **4** grave (sepultura). **5** DEP. hole (en el golf).
hoyuelo *s. m.* dimple.
hoz *s. f.* **1** AGR. sickle. **2** GEOL. gorge, narrow pass (desfiladero). ◆ **3 de ~ y de coz,** recklessly, without thinking, headlong, wildly.
hozar *v. t.* e *i.* to root (típico de los cerdos).
huaca *s. f.* (Am.) burial grounds (sepulturas precolombinas).
huacal *s. m.* (Am.) crate (caja).
hucha *s. f.* **1** piggy bank, money box. **2** savings (dinero ahorrado).
hueco, -ca *adj.* **1** hollow (sin nada dentro): *suena a hueco = it sounds hollow.* **2** deep, resounding (voz). **3** vain, conceited (fatuo). **4** blank (sin nada escrito). ● *s. m.* **5** space, hollow, interval (en el espacio). **6** ARQ. opening (para ventana, puerta, etc.). **7** gap (que deja alguien): *dejó un hueco difícil de llenar = he left a gap which is very difficult to fill.* **8** vacancy (puesto de trabajo libre).
huecograbado *s. m.* photogravure.
huelga *s. f.* **1** strike. **2** AGR. fallow, rest (de la tierra). ◆ **3 ~ de brazos caídos,** sit-down strike. **4 ponerse en ~,** to go on strike.
huelguista *s. m.* y *f.* striker.
huelguístico, -ca *adj.* of a strike, strike.
huella *s. f.* **1** footprint (pisada). **2** trace, sign (señal). **3** ARQ. tread (del escalón). **4** (fig.) footstep: *seguir las huellas de mi padre = to follow in my father's footsteps.* ◆ **5 a la ~,** following close. **6 ~ dactilar,** fingerprint. **7 seguir las huellas de alguien,** to follow the example of, to follow in somebody's footsteps.

huérfano, -na *adj.* **1** orphaned, fatherless (sin padre), motherless (sin madre). **2** (fig.) unprotected, defenceless (desamparado). • *s. m.* y *f.* **3** orphan.

huero, -ra *adj.* **1** empty (vacío). **2** infertile (huevo no fecundado).

huerta *s. f.* **1** AGR. orchard (frutales). **2** vegetable garden, kitchen garden (para casa). **2** market garden (para vender).

huertano, -na *adj.* smallholder of a market garden.

huerto *s. m.* **1** orchard (frutales). **2** vegetable garden (verduras).

huesillo *s. m.* (Am.) sun-dried peach (fruta seca).

hueso *s. m.* **1** ANAT. bone. **2** BOT. stone (de algunas frutas). **3** (fig.) drudgery, hard work (trabajo difícil). **4** strict person, stickler (persona inflexible). ◆ **5 dar con los huesos en tierra,** to land on the ground. **6 estar en los huesos,** to be nothing but skin and bones. **7 ~ de santo,** GAST. roll of marzipan. **8 la sin ~,** (fig.) the tongue. **9 no dejar a alguien ~ sano,** to haul someone over the coals, to make catty remarks about someone. **10 soltar la sin ~,** to shoot one's mouth off, to talk too much. **11 tener los huesos molidos,** to be dead tired, (fam.) to be knackered.

huésped *s. m.* y *f.* **1** guest (invitado). **2** host (persona que invita). **3** lodger, boarder, resident (de pago). ◆ **4 casa de huéspedes,** boarding-house.

hueste *s. f.* MIL. army.

huesudo, -da *adj.* bony.

hueva *s. f.* BIOL. roe.

huevería *s. f.* egg shop.

huevero, -ra *s. m.* y *f.* **1** egg seller. • *s. f.* **2** eggcup. **3** BIOL. oviduct (en la anatomía de las aves). **4** egg box.

huevo *s. m.* **1** egg. **2** BIOL. ovum (para unirse al espermatozoide). **3** (vulg.) ball (testículo).

huevón, -na *adj./s. m.* y *f.* **1** (Am.) dim, thick (bobalicón). **2** slow (lento).

huida *s. f.* **1** escape. **2** MEC. leakage (fuga de agua, gas, etc.).

huidizo, -za *adj.* fugitive, elusive, evasive.

huir *v. i.* y *pron.* **1** to escape, to run away, to flee: *huyeron al ver al policía = they ran away when they saw the policeman.* • *v. i.* **2** to slip away (irse, el tiempo).

huiriche *s. m.* (Am.) small boy.

hule *s. m.* **1** oilcloth. **2** (Am.) India rubber. ◆ **3 haber ~,** (fam.) to be trouble: *va a haber hule = there's going to be trouble.*

hulla *s. f.* MIN. soft coal.

hullero, -ra *adj.* of coal, coal: *zona hullera = area of coal.*

humacera *s. f.* cloud of smoke, big cloud of smoke.

humanamente *adv.* **1** humanly (con recursos humanos). **2** humanely (con benevolencia).

humanidad *s. f.* **1** humanity, mankind. **2** humaneness (bondad). **3** tenderness, compassion (compasión). **4** corpulence (corpulencia). • *pl.* **5** humanities, art (estudios).

humanismo *s. m.* humanism.

humanista *s. m.* y *f.* humanist.

humanístico, -ca *adj.* humanistic.

humanitario, -ria *adj.* humanitarian.

humanitarismo *s. m.* humanitarism.

humanización *s. f.* humanization.

humanizar *v. t.* **1** to humanize, to make more human. • *v. pron.* **2** to become more human.

humano, -na *adj.* **1** human. **2** humane (comprensivo). • *s. m.* **3** human being.

humarasca *s. f.* (Am.) dense smoke, cloud of smoke.

humareda *s. f.* dense smoke, cloud of smoke.

humeante *adj.* **1** smoking (leña, carbon). **2** steaming hot: *café humeante = steaming hot coffee.*

humear *v. i.* **1** to smoke (echar humo). **2** to steam (comido, líquido). **3** (fig.) to smolder (permanecer, por ejemplo, el rencor). • *v. t.* **4** (Am.) to fumigate (fumigar).

humedad *s. f.* **1** dampness, humidity. **2** moisture (líquido en la humedad). **3** FÍS. humidity (en medidas atmosféricas).

humedecer *v. t.* **1** to dampen, to moisten. **2** FÍS. to humidify. • *v. pron.* **3** to get damp, to get wet. **4** to fill with tears (llenarse los ojos de lágrimas).

húmedo, -da *adj.* **1** humid, damp, moist, wet: *un clima húmedo = a humid climate.* • *s. f.* **2** tongue (lengua).

humeral *adj.* **1** ANAT. humeral. • *s. m.* **2** REL. humeral veil.

húmero *s. m.* ANAT. humerus (hueso).

humidificador *s. m.* humidifier.

humildad *s. f.* **1** humility, humbleness, meekness. **2** lowliness (baja condición social).

humilde *adj.* **1** humble, meek. **2** lowly (de condición social baja).

humildemente *adv.* humbly, meekly.

humillación *s. f.* humiliation.

humilladero *s. m.* boundary cross.

humillante *adj.* humiliating.

humillar *v. t.* **1** to humiliate, to humble. **2** to bow (una parte del cuerpo, como señal de sumisión). • *v. pron.* **3** to humble oneself. **4** to lower its head (bajar la cabeza, el toro).

humo *s. m.* **1** smoke. **2** vapour, steam (de vapor). **3** fume (malo para la salud). • *pl.* **4** airs (de una persona vanidosa). ◆ **5 bajarle a alguien los humos,** to put someone in his place, to take someone down a peg.

humor *s. m.* **1** humour, mood: *tiene buen humor = he is in a good mood.* **2** FISIOL. humour (líquidos internos del cuerpo). **3** humour, wit (agudez del ingenio): *un humor mordaz = a penetrating wit.* **4** mood, willingness (disposición a hacer algo): *no tengo humor para ir al cine hoy = I'm not in the mood to go to the cinema today.* ◆ **5 seguirle a alguien el ~,** to humour someone, to go along with someone's mood.

humorada *s. f.* joke.

humorismo *s. m.* humour, wit (especialmente por escrito).

humorista *s. m.* y *f.* humorist, comedian.

humorístico, -ca *adj.* funny, humorous.

humus *s. m.* GEOL. humus.

hundible *adj.* sinkable.

hundimiento *s. m.* **1** MAR. sinking. **2** cave-in (derrumbamiento). **3** (fig.) ruin, collapse: *el hundimiento total de la economía = the complete collapse of the economy.*

hundir *v. t.* y *pron.* **1** to sink (especialmente un barco). • *v. t.* **2** to ruin (a una persona). **3** to defeat (a una persona, con razones): *le hundí con mis argumentos = I defeated him with my arguments.* • *v. pron.* **4** to collapse, to fall down (especialmente un edificio, puente, etc.). **5** to vanish, to disappear (desaparecer). **6** to be ruined (una persona).

húngaro, -ra *adj./s. m.* y *f.* **1** Hungarian. • *s. m.* **2** Hungarian (idioma).

Hungría *s. f. Hungary.*

huno *s. m.* HIST. Hun.

hura *s. f.* small hole.

huracán *s. m.* hurricane, tornado, gale.

huracanado, -da *adj.* hurricane-like, hurricane: *viento huracanado = hurricane wind.*

huraco *s. m.* (Am.) **1** hole (agujero). **2** perforation.

hurañamente *adv.* shyly.

huraño, -ña *adj.* **1** unsociable (persona). **2** shy (animal).

hurgar *v. t.* **1** to pick: *déjate de hurgar en la nariz = stop picking your nose.* **2** to stir, to incite (incitar). **3** to rummage around in something: *no hurgues en mi cajón = don't rummage around in my drawer.*

hurgón *s. m.* **1** poker (atizador). **2** (Am.) prick (pinchazo).

hurguetear *v. t.* (Am.) to finger, to pry into, to rummage among, to poke one's nose into (curiosear).

hurí *s. f.* REL. houri.

hurón *s. m.* **1** ZOOL. ferret. **2** (fig.) unsociable person.

huronear *v. i.* to ferret about.

¡hurra! *interj.* hurrah!

hurtadillas (a) *loc. adv.* secretly, furtively, stealthily, on the sly.

hurtar *v. t.* **1** to steal, to rob, to pilfer, to pinch. **2** to dodge (especialmente el cuerpo, a un golpe o similar). **3** to copy, to plagiarize (plagiar). • *v. pron.* **4** to hide oneself, to hide (ocultarse).

hurto *s. m.* theft, robbery.

húsar *s. m.* MIL. hussar.

husillo *s. m.* **1** MEC. small spindle. **2** drain (tubo de desagüe).

husmear *v. t.* **1** to scent, to sniff out. **2** to pry into (indagar): *¿tienes siempre que husmear en mis asuntos? = do you always have to pry into my business?*

huso *s. m.* **1** MEC. spindle. **2** time zone (zona horaria).

¡huy! *interj.* **1** ouch! (dolor). **2** well! (sorpresa). **3** phew! (alivio).

i, I, *s. f.* i, I, novena letra del alfabeto español.
ibérico, -ca *adj.* Iberian.
íbero, -ra o **ibero, -ra** *adj./s. m.* y *f.* Iberian.
iberoamericano, -na *adj./s. m.* y *f.* Latin-American.
ibídem *adv.* ibidem, in the same place.
iceberg *s. m.* iceberg.
icono *s. m.* icon, ikon.
iconoclasta *adj.* **1** iconoclastic. • *s. m.* y *f.* **2** iconoclast.
iconografía *s. f.* iconography.
iconolatría *s. f.* iconolatry.
ictericia *s. f.* jaundice, icterus.
ictiología *s. f.* ichthyology.
ictiológico, -ca *adj.* ichthyologic, ichthyological.
ictiólogo, -ga *s. m.* y *f.* ichthyologist.
ictiosaurio o **ictiosauro** *s. m.* ichthyosaurus, ichthyosaur.
ida *p.p.* ⇒ **ido.**
idea *s. f.* **1** idea, notion. **2** idea, plan, project: *mi idea es irme mañana = my plan is to go tomorrow.* **3** idea, opinion, view: *mis ideas políticas = my political views.* **4** imagination, inventiveness (ingenio).
ideal *adj.* **1** ideal. **2** beautiful, perfect: *un lugar ideal en el que vivir = an ideal place to live in.* • *s. m.* **3** ideal (en la vida, política, etc.).
idealismo *s. m.* idealism.
idealista *adj.* **1** idealistic. • *s. m.* y *f.* **2** idealist.
idealizar *v. t.* to idealize.
idealmente *adv.* ideally.
idear *v. t.* **1** to think up, to plan, to design (un proyecto, una actividad, etc.). **2** to invent (inventar).
ideario *s. m.* ideology (de todo tipo).
ideático, -ca *adj.* (Am.) maniatic.
ídem *adv.* idem, ditto, the same.
idénticamente *adv.* identically.
idéntico, -ca *adj.* identical, the very same.
identidad *s. f.* **1** identity (de una persona). **2** identity, sameness (igualdad). ◆ **3 carné de** ~, ⇒ **carné** y **tarjeta.**
identificable *adj.* identifiable.
identificación *s. f.* identification.
identificar *v. t.* **1** to identify (en general). **2** to recognize (reconocer). • *v. pron.* **3** to be identified (con una ideología, persona, etc.). **4** to show one's identity (mediante un documento o similar): *identifíquese o disparo = show your identity or I'll shoot you.*
ideograma *s. m.* ideogram.
ideología *s. f.* ideology.
ideológicamente *adv.* ideologically.
ideológico, -ca *adj.* ideological.
ideólogo, -ga *s. m.* y *f.* ideologue.
idílico, -ca *adj.* idyllic.
idilio *s. m.* idyll.
idioma *s. m.* language.
idiosincrasia *s. f.* idiosyncrasy.
idiosincrásico, -ca *adj.* idiosyncratic.
idiota *adj.* **1** idiotic, stupid, foolish. • *s. m.* y *f.* **2** imbecile, idiot.
idiotez *s. f.* **1** idiocy. ◆ **2 decir idioteces,** to talk nonsense.
idiotismo *s. m.* **1** ignorance (ignorancia). **2** GRAM. idiom, idiomatic expression.
ido, ida *p. p.* **1** de **ir.** • *adj.* **2** crazy, mentally ill. **3** (fig.) distracted (distraído). **4** (Am.) drunk (borracho). • *s. f.* **5** going: *idas y venidas = comings and goings.* **6** trail, track (el rastro que deja un animal). **7** DEP. sally (en la esgrima). **8** rashness, hastiness (ímpetu instintivo). **9** outward journey (viaje). ◆ **10 billete de ida,** (brit.) single ticket, (EE UU) one-way ticket. **11 billete de ida y vuelta,** return ticket.
idólatra *s. m.* y *f.* **1** idolater, idolizer. **2** (fig.) fan, lover (amante de algo o alguien). • *adj.* **3** idolatrous.
idolatría *s. f.* idolatry.
idolátrico, -ca *adj.* idolatrous.
ídolo *s. m.* idol.
idóneamente *adv.* **1** aptly, capably (en cuanto a capacidad mental o similar). **2** suitably (idea de conveniencia): *está situada idóneamente = it is very suitably positioned.*
idoneidad *s. f.* **1** aptitude, capacity (capacidad o valía personal). **2** suitability (conveniencia).
idóneo, -a *adj.* **1** apt, capable (con capacidad mental o similar). **2** suitable (conveniente).
iglesia *s. f.* church.
iglú *s. m.* igloo.
ígneo, -a *adj.* igneous.
ignición *s. f.* ignition.
ignominia *s. f.* **1** disgrace, ignominy. **2** disgraceful act, shameful act (acción de gran bajeza moral).
ignominiosamente *adv.* shamefully, disgracefully.
ignominioso, -sa *adj.* shameful, disgraceful.
ignorancia *s. f.* **1** ignorance. **2** lack of education; lack of information. ◆ **3** ~ **de derecho,** DER. ignorance of laws. **4** ~ **supina,** guilty ignorance. **5 pretender** ~, to feign ignorance.
ignoto, -ta *adj.* unknown, undiscovered.
igual *adj.* **1** equal. **2** similar, alike (similar). **3** even, level (terreno). **4** uniform, constant, invariable (una cantidad, nivel, etc.). **5** exact (coincidencia de formas o similar). • *adj./s. m.* y *f.* **6** equal, peer (persona): *mis iguales = my peers.* • *s. m.* **7** MAT. sign of equality, equal sign. ◆ **8 al** ~ **que,** like, just like. **9 sin** ~, unequalled. **10 es** ~, it doesn't matter (no importa); it's the same (es idéntico).
iguala *s. f.* **1** equalization. **2** agreement, contract (especialmente de servicios médicos). **3** MEC. level (para uso de albañilería o carpintería).
igualación *s. f.* **1** equalization. **2** smoothing, levelling (lisado de una superficie). **3** MAT. equating.
igualado, -da *p. p.* **1** de **igualar.** • *adj.* **2** of the same level (en intelecto, capacidad física, etc.). **3** DEP. hard-fought (partido). • *s. f.* **4** equalizer (gol que iguala el marcador).
igualador, -ra *adj.* **1** equalizing, levelling (desde un punto de vista tanto físico como social, político, etc.). • *s. m.* y *f.* **2** equalizer, leveller.
igualar *v. t.* **1** to even, to even out, to smooth (allanar, normalmente un terreno). **2** to equalize, to make equal: *la muerte nos iguala a todos = death makes us all equal.* • *v. pron.* **3** to become equal, to be equal. **4** to come to an agreement on monthly fees (especialmente en el contexto de los servicios médicos). • *v. i.* **5** DEP. to draw.
igualatorio *s. m.* medical insurance agreement, medical insurance group.
igualdad *s. f.* **1** equality. **2** uniformity; evenness (de terreno o similar). **3**

MAT. equality. **4** sameness, equality (semejanza total). ◆ **5 ~ de ánimo,** equanimity.
igualitario, -ria *adj.* egalitarian.
igualitarismo *s. m.* egalitarianism.
igualmente *adv.* **1** equally. **2** evenly, uniformly (en contexto físico). **3** likewise, also, the same to you (como contestación a un deseo): *¡Feliz Navidad!... igualmente = Happy Christmas!... the same to you.*
iguana *s. f.* iguana.
ijada o **ijar** *s. f.* **1** flank (de un animal). **2** MED. pain in the side.
ilativo, -va *adj.* illative, inferential.
ilegal *adj.* illegal, unlawful.
ilegalidad *s. f.* illegality, unlawfulness.
ilegalmente *adv.* illegally, unlawfully.
ilegible *adj.* illegible.
ilegítimamente *adv.* illegitimately.
ilegitimar *v. t.* to make illegal.
ilegitimidad *s. f.* illegitimacy.
ilegítimo, -ma *adj.* **1** illegitimate. ◆ **2 hijo ~,** illegitimate child.
ileso, -sa *adj.* unhurt.
iletrado, -da *adj.* uncultured, illiterate.
ilícitamente *adv.* illicitly.
ilícito, -ta *adj.* illicit.
ilicitud *s. m.* illicitness.
ilimitado, -da *adj.* unlimited.
ilógico, -ca *adj.* illogical, irrational.
ilota *s. m.* y *f.* helot.
iluminación *s. f.* **1** illumination. **2** lighting (alumbrado). **3** (fig.) enlightenment (intelectual).
iluminado, -da *p. p.* **1** de **iluminar.** ● *adj.* **2** lit, lit up, illuminated. **3** (fig.) enlightened (en cultura). ● *s. m.* **4** REL. illuminist.
iluminar *v. t.* **1** to illuminate, to light, to light up. **2** to enlighten (cultural, mental o intelectualmente).
iluminativo, -va *adj.* illuminative.
ilusión *s. f.* **1** illusion, delusion (imaginación fantasiosa). **2** unfounded hope (esperanza sin fundamento). **3** thrill, pleasure: *¡qué ilusión! = what a thrill!* ◆ **4 hacer ~ algo,** to look forward to something: *me hace mucha ilusión este viaje = I'm really looking forward to this trip.*
ilusionadamente *adv.* hopefully, eagerly.
ilusionado, -da *p. p.* **1** de **ilusionar.** ● *adj.* **2** excited, eager: *estoy muy ilusionado con el nuevo empleo = I'm very excited about the new job.*
ilusionar *v. t.* **1** to encourage (someone's) hopes, to build up (someone's) hopes (sin fundamento). **2** (Am.) to deceive. ● *v. pron.* **3** to have hopes (sobre algo). **4** to be thrilled, to be excited (estar ilusionado sobre algo).
ilusionista *s. m.* y *f.* magician, conjurer, illusionist.
iluso, -sa *adj.* **1** deluded, easily deceived (engañado). ● *s. m.* y *f.* **2** dreamer (soñador).
ilusorio, -ria *adj.* false, deceptive.
ilustración *s. f.* **1** illustration, explanation. **2** learning: *un hombre de gran ilustración = a man of great learning.* **3** illustration (de un texto).
ilustrado, -da *p. p.* **1** de **ilustrar.** ● *adj.* **2** learned, erudite (en conocimiento). **3** illustrated (texto). ● *s. m.* y *f.* **4** erudite person (persona).
ilustrar *v. t.* **1** to explain, to make clear: *te voy a ilustrar sobre el tema = I'm going to put you clear about the matter.* **2** to illustrate (un texto). **3** to instruct, to enlighten (la inteligencia). ● *v. pron.* **4** to acquire knowledge, to learn.
ilustrativo, -va *adj.* illustrative.
ilustre *adj.* **1** distinguished (distinguido). **2** well-known, famous (famoso).
ilustremente *adv.* illustriously.
ilustrísimo, -ma *adj. super.* **1** most illustrious (tratamiento a personajes de importancia). ◆ **2 su ilustrísima,** REL. Your Eminence (obispo).
imagen *s. f.* **1** image. **2** image, likeness (semejanza). **3** REL. image, statue. **4** mental picture, mental image (la que forma la imaginación). ◆ **5 quedar para vestir imágenes,** to be an old maid, to be left on the shelf.
imaginable *adj.* imaginable, conceivable.
imaginación *s. f.* imagination, fancy.
imaginar *v. t.* y *pron.* **1** to imagine, to suppose. **2** to visualize (imágenes concretas).
imaginario, -ria *adj.* **1** imaginary. ● *s. f.* **2** barracks guard, barracks duty.
imaginativo, -va *adj.* **1** imaginative, fanciful. ● *s. f.* **2** imagination, imaginativeness (facultad de imaginar).
imaginería *s. f.* **1** REL. imagery. **2** ART. making of sacred images.
imán *s. m.* **1** magnet. **2** (fig.) charm, attraction (atracción). ◆ **3 ~ artificial,** magnet.
imanación *s. f.* magnetization.
imanar o **imantar** *v. t.* to magnetize.
imantación *s. f.* magnetization.
imbatibilidad *s. f.* invincibility.
imbatible *adj.* unbeatable, invincible.
imbatido, -da *adj.* unbeaten.
imbécil *adj./s. m.* y *f.* imbecile, idiot.
imbecilidad *s. f.* stupidity, idiocy.
imberbe *adj.* **1** beardless. **2** (fig.) inexperienced, green.
imborrable *adj.* indelible: *recuerdos imborrables = indelible memories.*
imbuir *v. t.* to imbue.
imitable *adj.* worthy of imitation.
imitación *s. f.* imitation.
imitado, -da *p. p.* **1** de **imitar.** ● *adj.* **2** artificial; fake (artificial).
imitador, -ra *adj.* **1** imitative. ● *s. m.* y *f.* **2** imitator.
impaciencia *s. f.* impatience.
impacientar *v. t.* **1** to irritate, to make (someone) lose his patience. ● *v. pron.* **2** to lose one's patience, to become irritable.
impaciente *adj./s. m.* y *f.* impatient, restless.
impacientemente *adv.* impatiently, anxiously.
impacto *s. m.* **1** hit (con arma de fuego). **2** impact (choque). **3** repercussion (de una medida, acontecimiento, etc.).
impago *s. m.* non-payment.
impalpable *adj.* impalpable.
impar *adj.* **1** odd: *número impar = odd number.* **2** (fig.) unique, exceptional.
imparcial *adj.* impartial, neutral, objective.
imparcialidad *s. f.* impartiality, fairness.
imparcialmente *adv.* impartially, neutrally, objectively.
impartir *v. t.* **1** to grant, to give, to concede. ◆ **2 ~ la enseñanza,** to teach.
impasibilidad *s. f.* impassivity.
impasible *adj.* unmoved, impassive.
impasiblemente *adv.* impassively.
impasse *s. m.* impasse.
impavidez *s. f.* **1** fearlessness, courage. **2** (Am.) impudence, cheek.
impávido, -da *adj.* **1** undaunted, impassible (sereno). **2** intrepid, fearless (sin miedo). **3** (Am.) impudent, fresh, cheeky.
impecable *adj.* impeccable, faultless.
impedido, -da *p. p.* **1** de **impedir.** ● *adj.* **2** crippled, disabled (minusválido). ● *s. m.* y *f.* **3** crippled person, disabled person.
impedimento *s. m.* impediment, obstacle.
impedir *v. t.* **1** to obstruct, to hinder (poner pegas, obstáculos, etc.). **2** to stop, to prevent (parar).
impeler *v. t.* **1** to push, to drive, to propel (empujar). **2** to urge, to stimulate (estimular).
impenetrabilidad *s. f.* impenetrability.
impenetrable *adj.* **1** impenetrable (físicamente). **2** (fig.) obscure, incomprehensible (difícil de entender).
impenitencia *s. f.* impenitence.
impenitente *adj.* impenitent, unrepentant.
impensable *adj.* unthinkable.
impensado, -da *adj.* unexpected, unforeseen: *una oportunidad impensada = an unforeseen chance.*
imperante *adj.* **1** ruling, dominant (dominante). **2** prevailing (en el tiempo).
imperativamente *adv.* urgently, imperatively.
imperativo, -va *adj.* **1** urgent, imperative. **2** GRAM. imperative. ● *s. m.* **3** GRAM. imperative.
imperceptible *adj.* imperceptible.
imperceptiblemente *adv.* imperceptibly.
imperdible *s. m.* safety pin.
imperecedero, -ra *adj.* everlasting, undying.
imperfección *s. f.* imperfection, fault, flaw, blemish.
imperfectamente *adv.* imperfectly.
imperfecto, -ta *adj.* **1** defective (que tiene algún fallo). **2** incomplete, unfinished (incompleto). **3** GRAM. imperfect. ● *s. m.* **4** GRAM. imperfect tense.
imperial *adj.* imperial.
imperialismo *s. m.* imperialism.
impericia *s. f.* **1** unskilfulness (inhabilidad). **2** inexperience (falta de experiencia).

imperio *s. m.* **1** rule, authority (acción de mandar). **2** POL. empire, dominion. **3** big nation, big power (nación con un gran poder). **4** rule, reign (desde el punto de vista de duración en el tiempo). ◆ **5 valer un ~,** to cost a bomb.
imperiosamente *adv.* imperiously.
imperioso, -sa *adj.* **1** imperious, lordly (en la actitud de mandar). **2** imperative, overriding (urgente): *necesidad imperiosa = overriding need.*
impermeabilidad *s. f.* impermeability.
impermeabilización *s. f.* waterproofing.
impertérrito, -ta *adj.* unshaken, undaunted.
impertinencia *s. f.* impertinence, insolence.
impertinente *adj./s. m.* y *f.* **1** impertinent, insolent, cheeky (mala educación). • *adj.* **2** irrelevant (no importante). • *s. m. pl.* **3** opera glasses, lorgnette.
impertinentemente *adv.* impertinently, insolently.
imperturbable *adj.* imperturbable, unflappable.
imperturbablemente *adv.* imperturbably.
impetrar *v. t.* to beseech, to beg for.
ímpetu *s. m.* **1** impetus, impulse (empuje). **2** violence.
impetuosamente *adv.* impetuously.
impetuoso, -sa *adj.* **1** impetuous, impulsive (con empuje). **2** violent.
impiedad *s. f.* **1** impiety (carencia de religión). **2** cruelty (crueldad).
impío, -a *adj.* impious, irreligious.
implacable *adj.* implacable, inexorable.
implantación *s. f.* implantation, introduction.
implantar *v. t.* to implant, to introduce.
implicación *s. f.* **1** involvement. • *pl.* **2** implications, consequences.
implícitamente *adv.* implicitly.
implícito, -ta *adj.* implicit.
imploración *s. f.* supplication, entreaty.
implorar *v. t.* to implore.
implosión *s. f.* FON. implosion.
implosivo, -va *adj.* FON. implosive.
impoluto, -ta *adj.* unpolluted.
imponderable *adj.* **1** imponderable. **2** (fig) invaluable (inapreciable). • *s. m. pl.* **3** imponderables.
imponencia *s. f.* (Am.) grandeur.
imponente *adj.* **1** imposing, impressive. **2** smashing (muy sorprendente). **3** (fam.) peachy, very goodlooking. • *s. m.* y *f.* **4** COM. depositor (de dineros en banco).
imponer *v. t.* **1** to impose. **2** COM. to deposit. **3** to give, to grant, to award: *le impusieron una medalla = he was awarded a medal.* • *v. t.* y *pron.* **4** to inform, to instruct (aprender algo). • *v. pron.* **5** to assert oneself, to assert one's authority. • *v. i.* **6** to inspire fear, to inspire dread.
imponible *adj.* **1** taxable. ◆ **2 base ~, ⇒ base. 3 hecho ~, ⇒ hecho.**
impopular *adj.* unpopular.
impopularidad *s. f.* unpopularity.
importación *s. f.* **1** COM. import, importation. • *pl.* **2** imported goods.
importador, -ra *adj.* **1** importing. • *s. m.* y *f.* **2** importer.
importancia *s. f.* **1** importance, significance. **2** relevance, weight (peso específico de una persona en la sociedad). ◆ **3 darse ~,** to give oneself airs.
importante *adj.* important, considerable.
importar *v. i.* **1** to matter: *no importa = it doesn't matter.* • *v. t.* **2** COM. to import. **3** to cost, to be worth. **4** to involve, to imply: *esto importa muchos esfuerzos = this involves a lot of effort.*
importe *s. m.* value, cost.
imposibilidad *s. f.* impossibility.
imposibilitado, -da *p. p.* **1** de **imposibilitar.** • *adj.* **2** disabled.
imposibilitar *v. t.* **1** to make (something) impossible. • *v. pron.* **2** to become disabled.
imposible *adj.* **1** impossible. **2** difficult (especialmente de carácter). • *s. m. pl.* **3** impossible things. ◆ **4 estar/ponerse ~,** to be awkward, to become awkward. **5 hacer lo ~,** to do one's utmost.
imposición *s. f.* **1** imposition, burden. **2** tax. ◆ **3 ~ de manos,** REL. laying-on of hands.
impostor, -ra *s. m.* y *f.* **1** impostor. **2** slanderer (calumniador).
impotencia *s. f.* **1** powerlessness, impotence. **2** MED. impotence.
impotente *adj.* **1** powerless, impotent: *me vi impotente de parar la carnicería = I realized I was powerless to stop the carnage.* **2** MED. impotent.
impracticable *adj.* **1** impracticable, unfeasible. **2** impassable (carretera o camino).
impracticabilidad *s. f.* impracticability.
imprecación *s. f* imprecation, curse.
imprecar *v. t.* to curse, to imprecate.
imprecisión *s. f.* lack of precision, vagueness.
impreciso, -sa *adj.* imprecise, inexact.
impregnación *s. f.* impregnation.
impregnar *v. t.* to impregnate, to saturate (normalmente con líquidos).
imprenta *s. f.* **1** printing (la habilidad o arte). **2** printing house (taller).
imprescindible *adj.* indispensable, essential.
impresentable *adj.* unpresentable.
impresión *s. f.* **1** print, printing (de cualquier escrito). **2** typeface (tipo concreto de imprenta). **3** edition (edición). **4** INF. printout. **5** impression, mark (visible). **6** shock: *¡vaya impresión que me llevé! = what a shock I had!* ◆ **7 cambiar impresiones,** to exchange notes. **8 hacer la ~ de que,** to seem, to look like.
impresionable *adj.* impressionable.
impresionante *adj.* impressive.
impresionar *v. t.* **1** FOT. to expose. • *v. t.* **2** to impress, to affect. **3** to shock (horrorizar). • *v. pron.* **4** to be affected, to be moved.
impresionismo *s. m.* impressionism.
impresionista *adj./s. m.* y *f.* ART. Impressionist.
impreso, -sa *p. p.* **1** de **imprimir.** • *adj.* **2** printed (escrito). • *s. m.* **3** form (normalmente algún formulario).
impresor, -ra *s. m.* y *f.* **1** printer (persona). • *s. f.* **2** printer.
imprevisible *adj.* **1** unpredictable: *consecuencias imprevisibles = unpredictable consequences.* **2** sudden (súbito).
imprevisión *s. f.* lack of foresight, lack of preparation.
imprevisto, -ta *adj.* **1** unforeseen. • *s. m. pl.* **2** incidentals, unexpected events.
imprimátur *s. m.* imprimatur.
imprimir *v. t.* **1** to print. **2** to stamp, to imprint (grabar). **3** to impart, to transmit (una orientación, inclinación, velocidad, etc.).
improbabilidad *s. f.* improbability.
improbable *adj.* improbable, unlikely.
ímprobo, -ba *adj.* **1** dishonest, corrupt (como vicio). **2** arduous, laborious, strenuous (como enfático de cualquier tarea negativa): *¡qué ímprobos esfuerzos! = what strenuous efforts!*
improcedencia *s. f.* **1** inappropriateness, inapplicability. **2** DER. inadmissibility.
improcedente *adj.* **1** inappropiate, inapplicable. **2** DER. inadmissible.
improductivo, -va *adj.* unproductive.
impronta *s. f.* **1** impression (de índole gráfica). **2** (fig.) mark, stamp (especialmente de una persona concreta).
improperio *s. m.* insult, taunt.
impropio, -pia *adj.* **1** inappropriate, unsuitable. **2** incorrect.
improvisación *s. f.* **1** improvisation. **2** ad-lib (en espectáculos de algún tipo).
improvisadamente *adv.* impromptu.
improvisado, -da *p. p.* **1** de **improvisar.** • *adj.* **2** improvised, impromptu (cualquier dicho o actividad): *un discurso improvisado = an impromptu speech.*
improvisador, -ra *adj.* improvising, ad-lib.
improvisar *v. t.* to improvise.
improviso, -sa *adj.* **1** unforeseen, unexpected. ◆ **2 de ~,** suddenly, unexpectedly.
imprudencia *s. f.* **1** imprudence. ◆ **2 ~ temeraria,** DER. criminal negligence.
imprudente *adj.* **1** imprudent, careless (sin cuidado). **2** reckless, rash (temerario).
imprudentemente *adv.* **1** imprudently, carelessly (sin cuidado). **2** recklessly, rashly (de manera temeraria).
impúdico, -ca *adj.* immodest, shameless.
impudor *s. m.* o **impudicia** *s. f.* immodesty, shamelessness.
impuesto, -ta *p. p.* **1** de **imponer.** • *s. m.* **2** tax, duty. • *adj.* **3** obligatory. ◆ **4 impuestos directos,** FIN. direct taxation, direct taxes. **5 impuestos indi-**

rectos, FIN. indirect taxation, indirect taxes.
impugnación *s. f.* contesting, challenge.
impugnar *v. t.* to contest, to challenge.
impulsar *v. t.* **1** to push, to drive, to impel. **2** to stimulate (incitar). **3** to boost, to give impetus to (alguna actividad): *hemos impulsado el deporte = we have given impetus to sport.*
impulsividad *s. f.* impulsiveness.
impulsivo, -va *adj.* impulsive.
impulso *s. m.* **1** impulse. **2** stimulus, boost (estímulo).
impune *adj.* unpunished.
impunemente *adv.* with impunity.
impunidad *s. f.* impunity.
impureza *s. f.* **1** impurity (en una sustancia o similar). **2** lack of chastity (vicio moral). • *pl.* **3** impure particles.
impuro, -ra *adj.* **1** impure (sustancia). **2** lewd, obscene, immoral (vicio).
imputabilidad *s. f.* imputability.
imputable *adj.* imputable, attributable.
imputar *v. t.* to impute, to attribute.
in- *prefijo* **1** in-, im- (con carácter negativo): *insubordinar = insubordinate; impreciso = imprecise.* **2** un- (con carácter negativo): *inacabado = unfinished.*
inacabable *adj.* endless, interminable.
inaccesibilidad *s. f.* inaccesibility.
inaccesible *adj.* inaccessible.
inaccesiblemente *adv.* inaccessibly.
inacción *s. f.* inaction, inactivity, idleness.
inaceptable *adj.* unacceptable.
inactividad *s. f.* inactivity.
inactual *adj.* (Am.) out of fashion.
inadaptable *adj.* unadaptable.
inadaptación *s. f.* inadaptation, maladjustment.
inadvertencia *s. f.* **1** carelessness. **2** error, oversight.
inadvertido, -da *adj.* **1** careless (descuidado). **2** unseen, unnoticed (sin ser visto).
inaguantable *adj.* unbearable.
inalámbrico, -ca *adj.* **1** wireless (comunicaciones). **2** cordless (teléfono).
in albis *adv.* **1** in the dark (sin saber). ◆ **2 dejar/estar/quedarse ~,** to be left in the dark.
inalienable *adj.* inalienable.
inalterable *adj.* immutable.
inamovible *adj.* immovable, fixed.
inanición *s. f.* MED. inanition, starvation.
inanimado, -da *adj.* **1** dead, lifeless. **2** inanimate, without a soul (sin alma).
inapelable *adj.* **1** DER. without right to appeal. **2** inevitable: *una derrota inapelable = an inevitable defeat.*
inapetencia *s. f.* lack of appetite.
inapetente *adj.* lacking appetite.
inaplicable *adj.* inapplicable.
inapreciable *adj.* **1** invaluable (que se necesita): *una ayuda inapreciable = an invaluable help.* **2** imperceptible (pequeñísima).
inapropiado, -da *adj.* inappropriate.
inasistencia *s. f.* absence.
inastillable *adj.* non-shatter.
inaudito, -ta *adj.* **1** unheard-of, unprecedented. **2** monstruous, outrageous (monstruoso).
inauguración *s. f.* inauguration, opening.
inaugurar *v. t.* **1** to inaugurate, to open. **2** to unveil (descubrir, normalmente una estatua o algo visible).
inca *adj./s. m.* y *f.* HIST. Inca.
incalculable *adj.* incalculable.
incalificable *adj.* unspeakable, indescribable.
incambiable *adj.* unchangeable.
incandescencia *s. f.* incandescence.
incandescente *adj.* incandescent.
incansable *adj.* untiring, tireless, unflagging (que no decae).
incansablemente *adv.* untiringly, tirelessly, unflaggingly.
incapacidad *s. f.* **1** incompetence (en la profesión o similar). **2** incapacity (física o mental).
incapacitado, -da *p. p.* **1** de **incapacitar.** • *adj.* **2** incapacitated, unfit: *está incapacitado para la vida matrimonial = he's unfit for married life.* **3** (Am.) disabled, crippled.
incapacitar *v. t.* **1** to incapacitate, to render unfit. **2** DER. to disqualify. **3** to handicap, to disable (física o mentalmente, con alguna minusvalía).
incapaz *adj.* **1** incapable, unable: *es incapaz de dar las gracias = he's incapable of thanking anybody.* **2** incompetent, inept (inepto). **3** DER. disqualified.
incardinar *v. t.* to incardinate.
incautación *s. f.* DER. confiscation.
incautarse *v. pron.* to seize, to confiscate.
incauto, -ta *adj.* **1** unwary, incautious (descuidado). **2** naive, gullible (ingenuo).
incendiar *v. t.* **1** to set on fire. • *v. pron.* **2** to catch fire.
incendiario, -ria *adj./s. m.* y *f.* **1** incendiary. **2** (fig.) revolutionary. **3** pyromaniac (que incendia voluntariamente).
incendio *s. m.* **1** fire. **2** (fig.) conflagration (de pasiones o similar).
incensario *s. m.* censer.
incentivar *v. t.* **1** to encourage, to stimulate. **2** to pay extra money, to add a bonus (económicamente).
incentivo *s. m.* **1** incentive (especialmente el económico). **2** stimulation, encouragement.
incertidumbre *s. f.* uncertainty, doubt.
incesantemente *adv.* incessantly, unceasingly, continually.
incesto *s. m.* incest.
incestuoso, -sa *adj.* incestuous.
incidencia *s. f.* **1** incidence, occurrence. **2** result; repercussion (repercusión). **3** GEOM. incidence (de los ángulos).
incidentalmente *adv.* incidentally.
incidente *adj.* **1** incident, incidental. • *s. m.* **2** incident, occurrence.
incidir *v. i.* **1** to affect, to influence (afectar). **2** MED. to make an incision (mediante corte).
incienso *s. m.* incense.
incierto, -ta *adj.* **1** uncertain, doubtful (dudoso). **2** unsteady (con movimientos inseguros). **3** false (no verdad).
incinerable *adj.* incinerable.
incineración *s. f.* incineration, cremation.
incinerar *v. t.* to incinerate, to cremate, to burn.
incisión *s. f.* **1** MED. incision, cut. **2** LIT. caesura (de los versos).
incisivo, -va *adj.* **1** cutting, sharp (que corta físicamente). **2** keen (de ironía, pensamiento, etc.). ◆ **3 diente ~,** ANAT. incisor.
inciso *s. m.* **1** interruption. **2** GRAM. pause (pausa).
incitación *s. f.* incitement: *incitación a la rebeldía = incitement to rebellion.*
incitar *v. t.* to instigate, to incite.
incivil *adj.* uncivil, rude.
incivilizado, -da *adj.* uncivilized.
inclasificable *adj.* unclassifiable.
inclemencia *s. f.* **1** inclemency (especialmente del clima). ◆ **2 a la ~,** exposed to wind and weather.
inclinación *s. f.* **1** bowing (del cuerpo en señal de respeto o saludo). **2** inclination, dip, slant (de un objeto, terreno, etc.). **3** inclination (gusto).
inclinar *v. t.* **1** to persuade (persuadir). • *v. t.* y *pron.* **2** to slant, to bow (movimiento físico). • *v. i.* y *pron.* **3** to resemble, to take after (asemejarse). • *v. pron.* **4** to be inclined, to feel inclined; to tend: *me inclino a pensar que está equivocado = I tend to think he's wrong.*
ínclito, -ta *adj.* (form.) illustrious.
incluir *v. t.* **1** to include. **2** to enclose, to contain (físicamente dentro).
inclusión *s. f.* inclusion.
inclusivamente *adv.* inclusive, inclusively.
inclusivo, -va *adj.* inclusive.
incluso, -sa *p. p.* **1** de **incluir.** • *adj.* **2** enclosed, contained (físicamente dentro). • *s. f.* **3** children's home. • *prep.* y *conj.* **4** even: *incluso ahora después de tantos años, no me cae bien = even now, after so many years, I dislike him.* • *adv.* **5** even, inclusively.
incoacción *s. f.* (form.) inception (de un expediente o similar).
incoar *v. t.* **1** to start, to commence. **2** DER. to initiate (un proceso, expediente disciplinario, etc.).
incógnito, -ta *adj.* **1** unknown (desconocido). • *s. f.* **2** MAT. unknown quantity. **3** mystery, hidden motive (misterio). ◆ **4 de ~,** incognito.
incoherencia *s. f.* incoherence.
incoherente *adj.* incoherent, disconnected.
incoherentemente *adv.* incoherently, disconnectedly.
incoloro, -ra *adj.* colourless.
incólume *adj.* unharmed.
incombustibilidad *s. f.* incombustibility.
incombustible *adj.* incombustible, fireproof.

incómodamente *adv.* uncomfortably, inconveniently.
incomodidad *s. f.* o **incomodo** *s. m.* **1** discomfort (corporal o física). **2** annoyance, anger (enfado). **3** inconvenience, nuisance (fastidio).
incomparable *adj.* incomparable.
incomparablemente *adv.* incomparably.
incompatibilidad *s. f.* incompatibility.
incompatible *adj.* incompatible.
incompetencia *s. f.* incompetence.
incompetente *adj.* incompetent.
incomprendido, -da *adj.* **1** misunderstood. • *s. m.* y *f.* **2** misunderstood person.
incomprensible *adj.* incomprehensible.
incomprensiblemente *adv.* incomprehensibly.
incomprensión *s. f.* incomprehension, lack of understanding.
incomunicado, -da *p. p.* **1** de **incomunicar.** • *adj.* **2** isolated, cut off. **3** DER. in solitary confinement (un prisionero).
incomunicar *v. t.* **1** to isolate, to cut off. • *v. pron.* **2** to isolate oneself, to shut oneself off, to withdraw from society.
inconcebible *adj.* inconceivable, unimaginable, unthinkable.
inconcluso, -sa *adj.* unfinished, incomplete.
incondicional *adj.* **1** unconditional, absolute. • *s. m.* y *f.* **2** follower, stalwart, staunch supporter. ◆ **3 rendición ~,** unconditional surrender.
inconfesable *adj.* unspeakable: *crimen inconfesable* = *unspeakable crime.*
inconfeso, -sa *adj.* unconfessed.
inconfundible *adj.* unmistakable.
incongruencia *s. f.* incongruousness, inconsistency.
incongruente *adj.* incongruous, inconsistent.
inconmensurabilidad *s. f.* incommensurability.
Inconmesurable *adj.* incommensurable, immense, vast.
inconmovible *adj.* unyielding, unshakable.
inconsciencia *s. f.* **1** unconsciousness (estado sin conocimiento). **2** thoughtlessness (característica negativa de no pensar adecuadamente).
inconsciente *adj.* **1** unconscious (sin sentido). **2** thoughtless (falta de la virtud de la seriedad).
inconscientemente *adv.* thoughtlessly (sin pensar lo debido).
inconsecuencia *s. f.* inconsistency.
inconsecuente *adj.* inconsistent.
inconsideración *s. f.* thoughtlessness.
inconsiderado, -da *adj.* **1** inconsiderate, thoughtless. **2** rash, hasty, impetuous (irreflexivo).
inconsistencia *s. f.* **1** inconsistency, discrepancy (falta de coherencia). **2** weakness, flimsiness (de un material).
inconsistente *adj.* **1** inconsistent (poco coherente). **2** weak, flimsy (material).
inconstancia *s. f.* fickleness.
inconstante *adj.* fickle.
incontable *adj.* uncountable, innumerable, countless.
incontenible *adj.* uncontrollable, unstoppable, irrepressible.
incontestable *adj.* unquestionable.
incontinencia *s. f.* incontinence.
incontinente *adj.* incontinent (especialmente en las funciones corporales).
inconveniencia *s. f.* **1** inconvenience, trouble (molestia). **2** discomfort (incomodidad). **3** inappropriate remark (comentario inoportuno). **4** inappropriateness, unsuitability (incompatibilidad).
inconveniente *adj.* **1** inconvenient. • *s. m.* **2** obstacle, difficulty (obstáculo). **3** drawback, disadvantage (perjuicio de una acción o situación).
incordiar *v. t.* to pester, to annoy, to bother.
incordio *s. m.* annoyance, bother.
incorporación *s. f.* **1** inclusion: *la incorporación de un índice ayuda* = *the inclusion of an index helps.* **2** joining, involvement (inscripción en un grupo, partido, institución, asociación, etc.). **3** sitting up (movimiento corporal).
incorporado, -da *p. p.* **1** de **incorporar.** • *adj.* **2** built-in (en aparatos, casas, etc., con algún añadido): *micrófono incorporado* = *built-in microphone.*
incorporar *v. t.* **1** to include. • *v. t.* y *pron.* **2** to sit up (adquirir una posición más vertical del cuerpo). • *v. pron.* **3** to join (asociación o similar). ◆ **4 incorporarse a filas,** MIL. to join the ranks, to join the army.
incorpóreo, -a *adj.* incorporeal, bodiless.
incorrección *s. f.* **1** incorrectness. **2** unseemliness, impropriety, discourtesy (falta de tacto). **3** mistake (equivocación).
incorrecto, -ta *adj.* **1** incorrect, inaccurate. **2** improper, discourteous (en la conducta).
incorregible *adj.* incorrigible.
incorrupción *s. f.* uncorruptness.
incorruptible *adj.* incorruptible.
incorruptibilidad *s. f.* incorruptibility.
incorrupto, -ta *adj.* uncorrupted, incorrupt.
incredulidad *s. f.* incredulity, disbelief.
incrédulo, -la *adj.* **1** incredulous. • *s. m.* y *f.* **2** unbeliever (que no cree en Dios).
increíble *adj.* incredible, unbelievable.
increíblemente *adv.* incredibly, unbelievably.
incrementar *v. t.* y *pron.* to increase, to augment.
incremento *s. m.* increase, rise.
increpar *v. t.* to rebuke, to reprimand, to upbraid.
incriminación *s. f.* incrimination.
incriminar *v. t.* to incriminate, to accuse.
incruento, -ta *adj.* bloodless.
incrustación *s. f.* **1** encrustation, incrustation. **2** inlaying (de joyas, etc.).
incrustar *v. t.* **1** to inlay (adornos). **2** to fix (una idea). • *v. pron.* **3** to become fixed (una idea). **4** to become embedded (meterse dentro de algo).
incubación *s. f.* incubation.
incubadora *s. f.* incubator.
incubar *v. t.* to incubate, hatch.
incuestionable *adj.* ⇒ **indiscutible.**
inculpable *adj.* inculpable, blameless, guiltless.
inculpar *v. t.* to indict, to accuse.
inculto, -ta *adj.* **1** uncultured, uncouth (persona). **2** uncultivated (tierra).
incultura *s. f.* lack of culture, uncouthness.
incumbencia *s. f.* concern: *no es de mi incumbencia* = *it's no concern of mine.*
incumbir *v. i.* to be of concern to. ⇒ **incumbencia.**
incumplimiento *s. m.* non-fulfillment, non-completion.
incumplir *v. t.* to fail to keep, to fail to fulfill.
incurable *adj.* incurable.
incurrir *v. i.* **1** to commit (error). **2** to bring on oneself (buscarse un castigo o similar). ◆ **3 ~ en odio/desprecio/etc.,** to incur the hate/disdain of, etc.
incursión *s. f.* MIL. raid, strike, incursion.
indagación *s. f.* investigation, inquiry.
indagar *v. t.* to investigate, to inquire into.
indebido, -da *adj.* wrongful.
indecencia *s. f.* **1** indecency, obscenity (de una película, publicación, etc.). **2** wretchedness (de un lugar).
indecente *adj.* **1** indecent, obscene. **2** wretched, miserable: *un lugar indecente* = *a wretched place.*
indecible *adj.* indescribable.
indecisión *s. f.* indecision, irresolution.
indeciso, -sa *adj.* undecided, hesistant.
indeclinable *adj.* **1** unavoidable, obligatory. **2** GRAM. indeclinable.
indefectible *adj.* unfailing.
indefendible *adj.* indefensible.
indefenso, -sa *adj.* defenceless.
indefinido, -da *adj.* **1** undefined, indefinite, vague. **2** GRAM. indefinite.
indeleble *adj.* indelible.
indemnidad *s. f.* indemnity.
indemnización *s. f.* indemnization, indemnity, compensation.
indemnizar *v. t.* to indemnify, to compensate (normalmente con dinero).
independencia *s. f.* independence.
independiente *adj.* **1** independent. **2** self-sufficient (autónomo). • *s. m.* y *f.* **3** independent (normalmente en la política). • *adv.* **4** independently.
independientemente *adv.* **1** independently. ◆ **2 ~ de algo,** regardless of something.
independizar *v. t.* **1** to grant independence. • *v. pron.* **2** to become independent, to become self-sufficient: *quiero independizarme de mis padres* = *I want to become independent from my parents.*

indeseable *adj./s. m.* y *f.* undesirable.
indestructibilidad *s. f.* indestructibility.
indestructible *adj.* indestructible.
indeterminación *s. f.* indetermination, indecisiveness.
indeterminadamente *adv.* indeterminately.
indeterminado, -da *adj.* **1** indeterminate, indefinite. **2** GRAM. indefinite.
India *s. f.* India.
indiada *s. f.* (Am.) group of Indians.
indicación *s. f.* **1** indication, sign (visible). **2** suggestion (sugerencia). **3** direction (para llegar a algún sitio). **4** instruction (instrucción). **5** remark, observation (comentario).
indicador, -ra *adj.* **1** indicating, indicatory. • *s. m.* **2** indicator (especialmente económico).
indicar *v. t.* **1** to indicate, to show. **2** to suggest (sugerir). **3** to give instructions (dar instrucciones).
indicativo, -va *adj.* **1** indicative. • *s. m.* **2** GRAM. indicative.
índice *adj.* y *s. m.* **1** index (dedo). • *s. m.* **2** index, list. **3** rate (coeficiente). **4** REL. index (libros prohibidos). ◆ **5 ~ cefálico,** BIOL. cephalic index. **6 ~ de refracción,** FÍS. refractive index.
indicio *s. m.* sign, indication.
indiferencia *s. f.* indifference.
indiferente *adj.* indifferent.
indiferentemente *adv.* indifferently.
indígena *adj./s. m.* y *f.* indigenous, native.
indigencia *s. f.* indigence, poverty.
indigente *adj./s. m.* y *f.* indigent.
indigestar *v. t.* **1** to cause indigestion. • *v. pron.* **2** to have indigestion.
indigestible *adj.* indigestible.
indigestión *s. f.* indigestion.
indigesto, -ta *adj.* hard to digest, heavy on the stomach.
indignación *s. f.* indignation.
indignante *adj.* outrageous, infuriating.
indignar *v. t.* **1** to anger, to infuriate, to provoke. • *v. pron.* **2** to become indignant, to get angry.
indigno, -na *adj.* **1** unworthy: *eres indigno de la confianza que han depositado en ti = you're unworthy of the trust they have placed in you.* **2** contemptible, despicable, mean (despreciable o ruin).
índigo *s. m.* indigo.
indio, -dia *adj.* **1** Indian. **2** Indian (de América del Norte o Sur). ◆ **3 hacer el ~,** to make a fool of oneself, to play the fool.
indirectamente *adv.* indirectly.
indirecto, -ta *adj.* indirect.
indisciplina *s. f.* indiscipline.
indisciplinado, -da *adj.* undisciplined.
indiscreción *s. f.* indiscretion.
indiscreto, -ta *adj.* indiscreet.
indiscutible *adj.* indisputable, unquestionable.
indiscutiblemente *adv.* indisputably, unquestionably.
indisolubilidad *s. f.* indissolubility.
indispensable *adj.* indispensable, essential.
indisponer *v. t.* **1** to indispose, to upset (hacer caer algo indispuesto). **2** to set against (enfadar): *lo que dije me indispuso con él = what I said set him against me.* • *v. t.* y *pron.* **3** to fall out (enemistarse). • *v. pron.* **4** to fall ill, to become ill.
indisposición *s. f.* **1** indisposition (pequeño malestar corporal). **2** disinclination (pocas ganas de hacer algo).
indispuesto, -ta *p. p.* **1** de **indisponer.** • *adj.* **2** slightly ill, unwell.
individual *adj.* **1** individual, single (especialmente tipo de habitación en un hotel). • *s. m. pl.* **2** DEP. singles (en tenis o deportes parecidos).
individualismo *s. m.* individualism.
individualmente *adv.* individually.
individualizar *v. t.* to individualize.
individuo, -dua *adj.* **1** individual, undivided. • *s. m.* y *f.* **2** individual (de una especie biológica). **3** member (de alguna asociación o similar). **4** individual, character, person (tipo).
indivisiblemente *adv.* indivisibly.
indiviso, -sa *adj.* undivided.
indoctrinar *v. t.* (Am.) to indoctrinate.
indocumentado, -da *adj.* **1** without identification papers, without an identity card. **2** ignoramus. **3** nobody: *es un indocumentado = he's a nobody.*
índole *s. f.* **1** nature, character. **2** sort, kind, type (tipo): *de toda índole = of all kinds.*
indolente *adj.* indolent, lazy, idle.
indoloro, -ra *adj.* painless.
indomable *adj.* **1** indomitable (espíritu). **2** untamable (animal). **3** uncontrollable (rebelde).
indómito, -ta *adj.* **1** untamed (que no está domado). **2** unruly, disobedient (persona que no obedece).
inducción *s. f.* **1** FIL. induction. ◆ **2 ~ eléctrica,** ELEC. electrical induction. **3 ~ electromagnética,** FÍS. electromagnetic induction. **4 ~ magnética,** FÍS. magnetic induction.
inducido *s. m.* FÍS. armature.
inducir *v. t.* **1** to incite, to persuade. **2** FIL. to infer (inducir). **3** ELEC. to induce.
inductivo, -va *adj.* inductive.
indudable *adj.* indubitable, undoubted.
indulgencia *s. f.* **1** indulgence, forbearance. • *pl.* **2** REL. indulgences. ◆ **3 ~ plenaria,** REL. plenary indulgence.
indulgente *adj.* lenient.
indultar *v. t.* to pardon.
indulto *s. m.* pardon.
indumentaria *s. f.* clothing, garments, dress, apparel.
industria *s. f.* **1** industry. **2** skill (habilidad). **3** factory, mill (fábrica). ◆ **4 de ~,** on purpose.
industrial *adj.* **1** industrial. • *s. m.* y *f.* **2** industrialist, manufacturer.
industrialismo *s. m.* industrialism.
industrialista *adj.* industrial.
industrialización *s. f.* industrialization.
industrializar *v. t.* **1** to industrialize. • *v. pron.* **2** to become industrialized.
industriosamente *adv.* **1** industriously. **2** skilfully (brit.), skillfully (EE UU).
inédito, -ta *adj.* unpublished.
inefable *adj.* ineffable, inexpressible, indescribable.
ineficacia *s. f.* **1** inefficiency (falta de resultado). **2** ineffectiveness (falta de rendimiento).
ineficaz *adj.* **1** inefficient (que no rinde). **2** ineffective (que no produce el resultado esperado).
ineludible *adj.* inevitable, inescapable: *deberes ineludibles = inescapable duties.*
inenarrable *adj.* indescribable, inexpressible.
ineptitud *s. f.* ineptitude, incompetence.
inepto, -ta *adj.* inept, incompetent.
inequívoco, -ca *adj.* unequivocal.
inercia *s. f.* inertia.
inerte *adj.* inert, lifeless.
inesperadamente *adv.* suddenly, unexpectedly.
inesperado, -da *adj.* unexpected, unforeseen.
inestabilidad *s. f.* **1** instability, unsteadiness. **2** unsettled weather (tiempo atmosférico): *períodos de inestabilidad = spells of unsettled weather.*
inestable *adj.* **1** unstable. **2** unsettled (tiempo).
inestimable *adj.* inestimable, invaluable.
inexactitud *s. f.* inaccuracy.
inexacto, -ta *adj.* inexact, inaccurate, imprecise.
inexcusable *adj.* inexcusable.
inexorable *adj.* inexorable.
inexorablemente *adv.* inexorably.
inexperiencia *s. f.* inexperience.
inexperto, -ta *adj.* **1** inexpert, inexperienced. • *s. m.* y *f.* **2** inexperienced person.
inexpresivo, -va *adj.* inexpressive; dull: *cara inexpresiva = dull face.*
inexpugnable *adj.* impregnable, unassailable.
inextinguible *adj.* inextinguishable; eternal, perpetual.
inextricable *adj.* inextricable.
infalibilidad *s. f.* infallibility.
infalible *adj.* infallible.
infaliblemente *adv.* infallibly.
infamar *v. t.* y *pron.* to defame, to slander.
infame *adj.* **1** infamous. **2** vile, odious, despicable (vil). **3** disgusting, horrible (enfatizando la negatividad de algo): *es un sitio infame = it's a disgusting place.* • *s. m.* y *f.* **4** despicable person.
infamemente *adv.* infamously.
infancia *s. f.* **1** infancy. **2** (fig.) infancy (cualquier cosa en su comienzo).
infante, -ta *s. m.* y *f.* **1** prince, infante (hijo de reyes); princess, infanta (hija de reyes). • *s. m.* **2** MIL. infantry soldier, infantryman.
infantería *s. f.* MIL. **1** infantry. ◆ **2 ~ de línea,** foot infantry. **3 ~ de marina,** marines. **4 ~ ligera,** light infantry.
infanticida *s. m.* y *f.* child killer.
infanticidio *s. m.* infanticide.

infantil *adj.* **1** child's, children's: *juegos infantiles = children's games.* **2** innocent (inocente). **3** (desp.) infantile, childish.
infantilismo *s. m.* (desp.) childishness.
infarto *s. m.* MED. heart attack.
infatigable *adj.* untiring.
infección *s. f.* infection.
infeccioso, -sa *adj.* infectious.
infectar *v. t.* **1** to infect, to contaminate (contagiar). • *v. pron.* **2** to become infected.
infectado, -da o **infecto, -ta** *adj.* infected, contaminated.
infecundidad *s. f.* infecundity, sterility, barrenness.
infecundo, -da *adj.* **1** sterile, infertile (un esfuerzo, plan, etc.). **2** barren, infertile (mujer o tierra).
infeliz *adj.* **1** unfortunate, unhappy. **2** wretched, miserable, sad. **3** simple, kind-hearted (normalmente tiene cierto tono de sorna). • *s. m.* y *f.* **4** wretch (desgraciado). **5** poor soul (inocente).
inferior *adj.* **1** lower (en el espacio, más abajo). **2** inferior (en calidad o similar). • *s. m.* y *f.* **3** subordinate (persona que obedece a otras).
inferioridad *s. f.* inferiority.
inferir *v. t.* **1** to inflict damage (herir). • *v. t.* y *pron.* **2** to infer, to deduce (deducir).
infernal *adj.* infernal.
infestar *v. t.* **1** to overrun (especialmente desde una óptica militar). **2** to infest (invasión de bichos que hacen daños a plantas o similar).
infidelidad *s. f.* **1** infidelity, unfaithfulness. **2** REL. unbelief.
infiel *adj.* **1** inaccurate, inexact. **2** unfaithful (especialmente al otro cónyuge). • *s. m. y f.* **3** REL., HIST. infidel.
infielmente *adv.* **1** unfaithfully, disloyally. **2** inaccurately.
infiernillo o **infernillo** *s. m.* portable stove.
infierno *s. m.* **1** REL. hell. **2** (fig.) hell, torment (expresando que hace mucho calor, que hay peleas, etc.). ◆ **3 el quinto ~**, the middle of nowhere, the back of beyond. **4 mandar a alguien al ~**, to tell someone to go to hell.
infiltración *s. f.* infiltration.
infiltrado, -da *adj.* **1** infiltrated. • *s. m.* y *f.* **2** infiltrator.
infiltrar *v. t.* y *pron.* **1** to infiltrate (un líquido). **2** to disseminate, to spread (ideas, teoría, etc.). • *v. pron.* **3** (fig.) to infiltrate, to get into the enemy camp unseen (meterse a escondidas dentro de las filas enemigas): *no queremos que nadie se infiltre dentro de nuestro partido =we don't want anybody to infiltrate our party.*
ínfimo, -ma *adj.* **1** lowest (más bajo). **2** least (más pequeño). **3** worst, very low (calidad, hechura, estilo, etc.). **4** vile, despicable, nasty (característica negativa de algo o alguien).
infinidad *s. f.* **1** infinity (concepto matemático). **2** (fig.) lot, great number, enormous amount: *una infinidad de problemas = an enormous amount of problems.*
infinitamente *adv.* infinitely.
infinitesimal *adj.* infinitesimal.
infinitivo *s. m.* GRAM. infinitive.
infinito, -ta *adj.* **1** endless, limitless: *el universo infinito = the limitless universe.* **2** (fig.) boundless, numerous. • *s. m.* **3** MAT. infinity. **4** FIL. infinite. • *adv.* **5** a great deal, a lot, enormously (en gran manera).
inflación *s. f.* **1** ECON. inflation. **2** swelling (hinchazón). **3** vanity, conceit (vanidad).
inflacionario, -ria *adj.* ECON. inflationary.
inflacionista *adj.* inflationist, inflationary.
inflador *s. m.* air pump.
inflamable *adj.* inflammable.
inflamación *s. f.* **1** inflammation, ignition, combustion (ignición). **2** MED. inflammation, swelling.
inflamar *v. t.* y *pron.* **1** to ignite (encender con llama). **2** to inflame, to kindle (pasiones o parecido). **3** MED. to cause swelling, to cause inflammation.
inflamatorio, -ria *adj.* inflammatory.
inflar *v. t.* y *pron.* **1** to blow up (normalmente con aire). **2** (fig.) to make conceited, to puff up with pride (envanecerse). • *v. t.* **3** to inflate, to exaggerate (cantidades, signos de calidad, etc.).
inflexibilidad *s. f.* **1** inflexibility, rigidity (en opiniones, posturas, etc.). **2** rigidity (en los músculos, movimientos, etc.). **3** severity (de carácter).
inflexible *adj.* **1** rigid (que no se dobla físicamente). **2** inflexible (en posturas ideológicas o similar). **3** strict (estricto).
inflexiblemente *adv.* inflexibly, rigidly; strictly.
inflexión *s. f.* **1** bending, curving (doblar físicamente). **2** inflection, modulation (de la voz). **3** GRAM. inflection. **4** GEOM. inflection (de una curva). **5** (fig.) moment for change, opportunity for change: *hemos llegado a un punto de inflexión en la economía del país = we have reached the right moment for change in the economy of this country.*
infligir *v. t.* to inflict.
influencia *s. f.* influence.
influenciar *v. t.* e *i.* to influence.
influir *v. t.* **1** to influence, to have an influence on. • *v. i.* **2** to have influence, to carry weight (tener importancia una persona, institución, etc.).
influjo *s. m.* **1** influence. **2** MAR. high tide (marea).
influyente *adj.* influential.
infografía *s. f.* infography.
información *s. f.* **1** information. **2** PER. news, news report. **3** INF. data. **4** references (información sobre una persona, especialmente con vistas a un empleo).
informador, -ra *adj.* **1** informing. • *s. m.* y *f.* **2** informer (especialmente de la policía). **3** PER. journalist, reporter.
informal *adj.* **1** informal (lenguaje, proyecto, etc.). • *adj.* **2** untrustworthy, unreliable (en el que no se puede confiar). • *s. m.* y *f.* **3** untrustworthy person, unreliable person.
informalidad *s. f.* irresponsibility, unreliability.
informante *adj.* informing.
informar *v. t.* y *pron.* **1** to report, to inform (especialmente desde un punto de vista periodístico). **2** to instruct, to teach (dar instrucciones). • *v. t.* **3** to form (dando forma física). • *v. i.* **4** DER. to plead.
informática *s. f.* INF. data processing; computer science, computing.
informático, -ca *adj.* **1** computer. • *s. m.* y *f.* **2** computer expert.
informativo, -va *adj.* **1** informative, explanatory (explicativo). **2** news (referido a noticias). • *s. m.* **3** TV. news: *el informativo de las dos = the two o'clock news.*
informatizar *v. t.* to computerize.
informe *s. m.* **1** report, piece of information (muy especialmente periodístico). **2** DER. plea. • *adj.* **3** shapeless (sin forma definida, visible o no).
infortunado, -da *adj.* unfortunate, unlucky.
infortunio *s. m.* misfortune, mishap.
infra- *prefijo* infra-.
infracción *s. f.* DER. infraction, transgression, breach (de leyes).
infractor, -ra *s. m.* y *f.* **1** DER. transgressor. • *adj.* **2** transgressing.
infractuoso, -sa *adj.* (Am.) sinuous.
infraestructura *s. f.* **1** infrastructure (de una organización, ciudad). **2** ARQ. substructure.
infraganti o **in fraganti** *adv.* red-handed, in the act.
infrahumano, -na *adj.* subhuman.
infranqueable *adj.* insurmountable, insuperable.
infrarrojo, -ja *adj.* infrared.
infravivienda *s. f.* dwelling unfit for human habitation.
infrecuencia *s. f.* infrequency, rarity.
infrecuente *adj.* infrequent, rare.
infringir *v. t.* to break, to violate (leyes, pactos, acuerdos, etc.).
infructuosamente *adv.* unfruitfully, unprofitably.
infructuoso, -sa *adj.* fruitless, useless.
ínfulas *s. f. pl.* **1** HIST. infulas (cintas en las cabezas de sacerdotes). **2** airs, conceit: *darse ínfulas = to put on airs.*
infundio *s. m.* malicious story, false story; (fam.) fairy tale, fib.
infundir *v. t.* **1** to instil, to put into, to fill with (un sentimiento): *la historia me infundió pavor = the story filled me with fear.* **2** to infuse (normalmente con sentido religioso).
infusión *s. f.* **1** inspiration (de un sentimiento o similar). **2** infusion, brew (especialmente de hierbas medicinales).
infuso, -sa *adj.* inborn, innate: *ciencia infusa = innate knowledge.*
ingeniar *v. t.* **1** to devise, to contrive. • *v. t.* y *pron.* **2** to manage, to find a

way (para hacer algo difícil). ◆ **3 ingeniárselas para,** to think of a way of, to do one's best to: *tengo que ingeniármelas para que me den permiso = I have to think of a way of getting leave.*

ingeniería *s. f.* engineering.

ingeniero, -ra *s. m.* y *f.* **1** engineer. ◆ **2 ~ agrónomo,** agronomist, agricultural engineer. **3 ~ de caminos, canales y puertos,** civil engineer. **4 ~ de minas,** mining engineer. **5 ~ eléctrico,** electrical engineer. **6 ~ electrónico,** electronic engineer. **7 ~ forestal/de montes,** forestry expert. **8 ~ naval,** naval engineer. **9 ~ químico,** chemical engineer. **10 ingenieros,** MIL. engineering corps.

ingenio *s. m.* **1** talent; creativeness (talento). **2** wit, humour (humor). **3** skill (habilidad manual). **4** device; apparatus (máquina). **5** (Am.) sugar plantation; sugar mill.

ingeniosamente *adv.* **1** cleverly (con habilidad). **2** wittily (con perspicacia).

ingeniosidad *s. f.* **1** cleverness, ingenuity, ingeniousness (habilidad). **2** wittiness (humor).

ingenioso, -sa *adj.* **1** clever (hábil). **2** witty (perspicaz).

ingente *adj.* huge, enormous.

ingenuamente *adv.* naively, ingenuously.

ingenuidad *s. f.* naivety, ingenuousness.

ingenuo, -nua *adj.* naive, ingenuous.

ingerir *v. t.* to ingest, to consume; to swallow.

ingestión *s. f.* ingestion, swallowing.

Inglaterra *s. f.* England.

ingle *s. f.* groin.

inglés, -sa *adj.* **1** English (cultura, nacionalidad, etc.). ● *s. m.* y *f.* **2** Englishman (hombre), Englishwoman (mujer). ● *s. m.* **3** English (lengua).

ingobernable *adj.* **1** uncontrollable (persona). **2** ungovernable (país, sociedad, etc.).

ingratamente *adv.* ungratefully.

ingratitud *s. f.* ungratefulness, ingratitude.

ingrato, -ta *adj.* **1** ungrateful (persona). **2** thankless, unrewarding (tarea, trabajo, etc.). **3** disagreeable, unpleasant (desagradable).

ingravidez *s. f.* weightlessness, lightness.

ingrávido, -da *adj.* weightless, light.

ingrediente *s. m.* ingredient.

ingresar *v. i.* **1** to enter, to join (organización). **2** to go into, to be admitted to (hospital): *mi padre tiene que ingresar en el hospital = my father has to go into hospital.* ● *v. t.* **3** FIN. to deposit, to pay into (dinero en una entidad bancaria). **4** to admit (en un hospital).

ingreso *s. m.* **1** entrance (en un sitio). **2** entry (en una organización). **3** admission (en un hospital). **4** FIN. deposit (ingreso bancario). ● *pl.* **5** income, revenue (dinero que uno gana).

inhábil *adj.* **1** unskilful (con las manos). **2** unfit, incompetent (por ejemplo para ser juzgado). ◆ **3 día ~,** non-working day.

inhabilidad *s. f.* **1** unskilfulness (con las manos). **2** ineptitude, incompetence (incompetente). **3** handicap, disability (minusvalía psíquica o física).

inhabilitación *s. f.* **1** disqualification (castigo): *inhabilitación por dos meses para competir = two-month long disqualification from taking part in competitions.* **2** disablement (minusvalía concreta).

inhabilitar *v. t.* **1** to disqualify. **2** to disable, to render unfit (imposibilitar física o mentalmente). ● *v. pron.* **3** to be disabled, to be rendered unfit.

inhabitable *adj.* uninhabitable.

inhalación *s. f.* inhalation.

inhalador *s. m.* inhaler.

inhalar *v. t.* to inhale (normalmente algún tipo de aerosol medicinal).

inherencia *s. f.* inherence.

inherente *adj.* inherent.

inhibición *s. f.* inhibition.

inhibidor, -ra *adj.* restraining, inhibitory.

inhibir *v. t.* **1** to inhibit, to restrain: *su presencia me inhibe = her presence inhibits me.* **2** BIOL. to inhibit (una función corporal). ● *v. pron.* **3** to withdraw, to restrain oneself, to stay away, to keep out: *nunca me he inhibido de los problemas sociales = I have never kept out of social problems.*

inhospitalario, -ria o **inhóspito, -ta** *adj.* inhospitable.

inhospitalidad *s. f.* inhospitality.

inhumación *s. f.* inhumation, burial, interment.

inhumano, -na *adj.* inhuman.

inhumar *v. t.* to bury, to inter.

iniciación *s. f.* **1** beginning, initiation. **2** introduction (introducción, por ejemplo, a un tema de estudio o similar).

inicial *adj.* **1** initial. ● *s. f.* **2** initial.

iniciar *v. t.* **1** to begin, to start, to initiate. **2** to let (someone) into (contar a alguien un secreto, enseñarle una nueva técnica, etc.). ● *v. pron.* **3** to introduce, to teach oneself (desde un punto de vista instructivo). ◆ **4 iniciarse en algo,** to be initiated into something.

iniciativa *s. f.* **1** initiative. **2** lead, leadership (capacidad de liderazgo de una persona). **3** POL. initiative. **4** plans, intentions (intención).

inicio *s. m.* beginning, commencement.

inicuo, -cua *adj.* iniquitous, wicked.

inigualable *adj.* unsurpassable.

inigualado, -da *adj.* unequalled.

inimaginable *adj.* unimaginable, unconceivable: *un descaro inimaginable = unimaginable cheek.*

inimitable *adj.* inimitable.

ininteligible *adj.* unintelligible.

iniquidad *s. f.* iniquity, wickedness.

injerencia *s. f.* interference, meddling: *injerencia en asuntos de otros = meddling in other people's business.*

injerirse *v. pron.* to meddle (en asuntos que no le conciernen a uno).

injertar *v. t.* **1** AGR. to graft, to implant. **2** MED. to graft (piel u otros elementos corporales). **3** (fig.) to instil (confianza, nuevos bríos, etc. en algunas personas o un lugar).

injerto *s. m.* **1** AGR. graft, scion. **2** MED. graft (de piel, especialmente).

injuria *s. f.* **1** insult. **2** JUR. slanderous remark.

injuriante o **injurioso, -sa** *adj.* **1** insulting (insultante). **2** JUR. slanderous.

injuriar *v. t.* **1** to insult, to offend (insultar). **2** JUR. to slander.

injuriosamente *adv.* insultingly, offensively.

injustamente *adv.* unjustly, unfairly.

injusticia *s. f.* injustice, unfairness.

injustificable *adj.* unjustifiable.

injustificado, -da *adj.* unjustified, unwarranted: *insultos injustificados = unwarranted insults.*

injusto, -ta *adj.* unjust, unfair.

inmaculado, -da *adj.* **1** immaculate, spotless. ● *s. f.* **2** REL. **la Inmaculada,** the Blessed Virgin.

inmancable *adj.* (Am.) unfallible, surefire.

inmadurez *s. f.* immaturity.

inmanejable *adj.* unmanageable.

inmarcesible o **inmarchitable** *adj.* unfading (flores).

inmediación *s. f.* **1** immediacy (calidad de lo inmediato en el tiempo). ● *pl.* **2** outskirts, environs, surroundings.

immediatamente *adv.* immediately.

immediato, -ta *adj.* **1** next (de lugar en el espacio). **2** immediate, prompt: *una solución inmediata = an immediate solution.*

inmejorable *adj.* excellent, unbeatable.

inmemoriable *adj.* immemorial.

inmemorial *adj.* immemorial.

inmensamente *adv.* immensely.

inmensidad *s. f.* immensity, vastness, hugeness.

inmenso, -sa *adj.* **1** immense, huge. **2** great, immense (sentimientos). ◆ **3 la inmensa mayoría,** the great majority.

inmerecidamente *adv.* undeservedly.

inmerecido, -da *adj.* undeserved: *castigo inmerecido = undeserved punishment.*

inmersión *s. f.* immersion; plunge.

inmerso, -sa *adj.* **1** immersed, submerged. **2** (fig.) bogged down (inundado, especialmente de trabajo).

inmigración *s. f.* immigration.

inmigrante *adj./s. m.* y *f.* immigrant.

inmigrar *v. i.* to immigrate.

inmigratorio, -ria *adj.* immigrant.

inminencia *s. f.* imminence: *la inminencia de un ataque = the imminence of an attack.*

inminente *adj.* imminent.

inmiscuir *v. t.* **1** to mix (mezclar). ● *v. pron.* **2** to meddle, to interfere (en asuntos que no son de uno).

inmobiliario, -ria *adj.* **1** property (brit.), real-estate (EE UU): *agencia inmobiliaria = real-estate agency.* ●

s. f. **2** property company (brit.), real-estate company (EE UU).
inmoderadamente *adv.* excessively, immoderately.
inmoderado, -da *adj.* immoderate.
inmodestia *s. f.* immodesty.
inmolación *s. f.* sacrifice, immolation.
inmolar *v. t.* **1** to sacrifice, to immolate. • *v. pron.* **2** to sacrifice oneself, to immolate oneself.
inmoral *adj.* immoral.
inmoralidad *s. f.* immorality.
inmortal *adj.* **1** immortal. **2** (fig.) everlasting, never-ending.
inmortalidad *s. f.* immortality.
inmortalizar *v. t.* to immortalize.
inmovible *adj.* immovable, fixed.
inmóvil *adj.* motionless.
inmovilidad *s. f.* immobility.
inmovilismo *s. m.* resistance to change (especialmente político-social).
inmovilista *adj.* **1** resistant to change. • *s. m.* y *f.* **2** person who is resistant to change; staunch conservative.
inmovilización *s. f.* immobilization.
inmovilizar *v. t.* **1** to immobilize, to paralyze. **2** FIN. to tie up, to lock up (capitales).
inmueble *s. m.* **1** building. ◆ **2 bienes inmuebles,** real estate, landed property.
inmundicia *s. f.* **1** filth, dirt. **2** obscenity, lewdness (impureza moral).
inmundo, -da *adj.* **1** filthy, dirty. **2** obscene, lewd (impuro).
inmune *adj.* **1** MED. immune. **2** exempt (de algo).
inmunidad *s. f.* **1** MED. immunity. **2** POL. immunity. **3** exemption (de alguna obligación).
inmunización *s. f.* immunization.
inmunizar *v. t.* to immunize.
inmunodepresor, -ra *adj.* immunodepressive.
inmunología *s. f.* MED. immunology.
inmutabilidad *s. f.* immutability.
inmutable *adj.* immutable, changeless.
inmutar *v. t.* **1** to change. • *v. pron.* **2** to bat an eyelid, to lose one's composure, to lose one's self-possession; *no se inmutó cuando le despedí = he didn't bat an eyelid when I sacked him.*
innato, -ta *adj.* innate.
innoble *adj.* ignoble.
innovación *s. f.* innovation, new thing, novelty.
innovador, -ra *adj.* **1** innovative. • *s. m.* y *f.* **2** innovator.
innovar *v. t.* to innovate.
innumerable *adj.* countless.
inocencia *s. f.* innocence.
inocentada *s. f.* **1** April Fools' joke. **2** blunder (error garrafal). **3** naive remark (dicho ingenuo).
inocente *adj.* **1** innocent. **2** simple, naive (ingenuo). **3** harmless (que no entraña peligro). • *s. m.* y *f.* **4** simple soul, innocent person.
inocentemente *adv.* innocently.
inocentón, -na *adj.* **1** gullible. • *s. m.* y *f.* **2** simpleton, naive person.
inocuidad *s. f.* innocuousness, harmlessness.
inoculable *adj.* inoculable.
inoculación *s. f.* MED. inoculation.
inocular *v. t.* **1** MED. to inoculate. **2** to contaminate, to corrupt (con algo negativo). *v. pron.* **3** to be inoculated.
inodoro, -ra *adj.* **1** odourless. • *s. m.* **2** toilet, lavatory.
inofensivo, -va *adj.* inoffensive, harmless.
inolvidable *adj.* unforgettable.
inoperante *adj.* ineffective, unproductive.
inopia *s. f.* **1** poverty, indigence. ◆ **2 estar en la ~,** to be dreaming, to be far away; to have no idea.
inopinadamente *adv.* unexpectedly.
inopinado, -da *adj.* unexpected.
inoportunamente *adv.* at the wrong time.
inoportunidad *s. f.* untimeliness.
inoportuno, -na *adj.* ill-timed.
inorgánico, -ca *adj.* inorganic.
inoxidable *adj.* **1** rustproof. **2** stainless: *acero inoxidable = stainless steel.*
inquebrantable *adj.* unbreakable, unshakeable, unswerving: *lealtad inquebrantable = unswerving loyalty.*
inquietamente *adv.* restlessly.
inquietante *adj.* disturbing: *un ruido inquietante = a disturbing noise.*
inquietar *v. t.* **1** to disturb, to worry, to trouble. • *v. pron.* **2** to get worried, to get upset: *siempre estás inquietándote por nada = you are always getting worried about nothing.*
inquieto, -ta *adj.* restless, worried, anxious.
inquietud *s. f.* restlessness, uneasiness, apprehension.
inquilinato o **inquilinaje** *s. m.* tenancy.
inquilino, -na *s. m.* y *f.* tenant.
inquina *s. f.* animosity, dislike.
inquirir *v. t.* to enquire, to investigate, to probe.
inquisición *s. f.* **1** grilling. **2** HIST. Inquisition.
inquisidor, -ra *adj.* **1** inquiring, inquisitive. • *s. m.* y *f.* **2** inquirer, investigator. • *s. m.* **3** HIST. Inquisitor.
inquisitivo, -va *adj.* inquisitive.
inquisitorial *adj.* inquisitorial.
inri *s. m.* **1** suffering (algo que hace sufrir). ◆ **2 para más ~,** to make matters worse.
insaciable *adj.* insatiable.
insalubre *adj.* unhealthy, insanitary, insalubrious.
insalubridad *s. f.* unhealthiness, insalubrity.
insatisfacción *s. f.* dissatisfaction: *mi insatisfacción con tu trabajo = my dissatisfaction with your work.*
insatisfactorio, -ria *adj.* unsatisfactory.
inscribir *v. t.* **1** to inscribe, to engrave. **2** GEOM. to inscribe (dibujar algo dentro de otra cosa). • *v. t.* y *pron.* **3** to enter (para un concurso). **4** to enrol, to register (para un curso). **5** to join (para una asociación).
inscripción *s. f.* **1** inscription, engraving (algo que está escrito): *una preciosa inscripción sobre una tumba = a beautiful inscription on a tomb.* **2** enrolment, registration (en un cursillo, asociación, etc.).
inscrito, -ta *p. p.* **1** de **inscribir.** • *adj.* **2** engraved (grabado). **3** enrolled, registered (para algún cursillo u otra actividad).
insecticida *s. m.* insecticide.
insectívoro, -ra *adj.* ZOOL. insectivorous.
insecto *s. m.* insect.
inseguramente *adv.* unsafely; unsteadily.
inseguridad *s. f.* **1** insecurity, lack of security. **2** unsteadiness (de movimientos corporales). **3** uncertainty (sobre algo). ◆ **4 la ~ ciudadana,** lack of safety on the streets.
inseguro, -ra *adj.* **1** insecure, unsafe. **2** unsteady (en movimientos). **3** uncertain (inseguridad mental sobre algo): *no estoy seguro de que sea así = I am not certain it is like that.*
inseminación *s. f.* **1** insemination. ◆ **2 ~ artificial,** MED. artificial insemination.
insensatez *s. f.* **1** senselessness, stupidity, folly. **2** foolish remark (algo dicho absurdamente).
insensato, -ta *adj.* **1** senseless, stupid. • *s. m.* y *f.* **2** dolt, fool.
insensibilidad *s. f.* **1** insensitivity, lack of feeling (falta de sentimientos). **2** cruelty (crueldad). **3** insensibility, numbness (en el cuerpo). **4** unconsciousness (inconsciencia).
insensibilizar *v. t.* **1** MED. to desensitize, to deaden. **2** to harden, to render insensitive (a una persona ante desgracias o tragedias). • *v. pron.* **2** to become hardened/desensitized.
insensible *adj.* **1** insensitive, unfeeling (en sentimientos). **2** cruel (cruel). **3** numb, without any feeling (en el cuerpo). **4** unconscious (inconsciente).
insensiblemente *adv.* **1** insensitively, unfeelingly (con falta de sentimientos). **2** cruelly (cruelmente). **3** unconsciously.
inseparabilidad *s. f.* inseparability.
inseparable *adj.* inseparable.
inseparablemente *adv.* inseparably.
insepulto, -ta *adj.* unburied.
inserción *s. f.* insertion.
insertar *v. t.* **1** to insert. • *v. pron.* **2** to be inserted.
inservible *adj.* useless.
insidia *s. f.* **1** snare, trap. **2** malicious act, malice (malicia).
insidiosamente *adv.* insidiously, treacherously.
insidioso, -sa *adj.* insidious, treacherous.
insigne *adj.* **1** notable, famous. **2** distinguished, illustrious (ilustre).
insignia *s. f.* **1** badge, device, emblem. **2** MAR. pennant. **3** flag, banner (bandera).
insignificancia *s. f.* insignificance.
insignificante *adj.* **1** insignificant (persona). **2** trivial, petty (asunto). **3** tiny (objeto).

insinuación *s. f.* insinuation, suggestion.

insinuante *adj.* **1** insinuating. **2** ingratiating (zalamero).

insinuar *v. t.* **1** to insinuate, to hint at. • *v. pron.* **2** to ingratiate oneself.

insípido, -da *adj.* **1** insipid, tasteless. **2** (fig.) dull, tedious (sin gracia).

insistencia *s. f.* insistence, persistence.

insistente *adj.* insistent, persistent.

insistentemente *adv.* insistently, persistently.

insistir *v. i.* **1** to insist; to stress: *insisto en no hablar de ese tema = I insist on not speaking about that subject.* **2** to persist (permanecer firme).

insobornable *adj.* incorruptible.

insociabilidad *s. f.* unsociability.

insociable *adj.* unsociable.

insolación *s. f.* **1** MED. sunstroke. **2** FÍS. insolation.

insolencia *s. f.* **1** insolence, arrogance. **2** insolent remark, insolent action, a rude thing (hecho o dicho muy maleducado).

insolente *adj.* insolent, arrogant, rude.

insolentemente *adv.* insolently, arrogantly.

insólito, -ta *adj.* unusual, unwonted.

insolubilidad *s. f.* insolubility.

insoluble *adj.* **1** insoluble (que no se disuelve). **2** insoluble, unsolvable (problema).

insolvencia *s. f.* FIN. insolvency, bankruptcy.

insolvente *adj.* FIN. insolvent, bankrupt.

insomne *adj.* insomniac.

insomnio *s. m.* insomnia, sleeplessness.

insondable *adj.* **1** bottomless (sin fondo). **2** unfathomable, inscrutable, impenetrable.

insonorización *s. f.* soundproofing.

insonorizado, -da *adj.* soundproof.

insonorizar *v. t.* to soundproof.

insonoro, -ra *adj.* soundless.

insoportable *adj.* unbearable, intolerable (persona, situación, lugar, etc.).

insospechable *adj.* unexpected (algo).

insospechado, -da *adj.* unsuspected.

insostenible *adj.* **1** untenable (opinión, teoría). **2** unsustainable (situación).

inspección *s. f.* inspection, examination.

inspeccionar *v. t.* **1** to examine, to inspect. **2** to supervise (revisar).

inspector, -ra *adj.* **1** inspecting, examining. • *s. m.* y *f.* **2** inspector, supervisor.

inspiración *s. f.* **1** FISIOL. breathing, inhalation. **2** inspiration (de un artista, etc.).

inspiradamente *adv.* inspiringly.

inspirar *v. t.* **1** FISIOL. to inhale, to breathe in. **2** to inspire (ideas, sentimientos, etc.). • *v. pron.* **3** to inspire oneself. ◆ **4 inspirarse en algo,** to get inspiration from something.

instalación *s. f.* **1** installation. **2** equipment (equipo).

instalador, -ra *s. m.* y *f.* fitter (de cualquier cosa).

instalar *v. t.* **1** to install, to fit (out). • *v. t.* y *pron.* **2** to set up (negocio). **3** to settle (en una casa nueva).

instancia *s. f.* **1** form (impreso). **2** petition, entreaty. **3** DER. level of court, level of judicial decision. ◆ **4 a instancias de,** at the request of, upon petition of. **5 de primera ~,** primarily. **6 en última ~,** as a final resort, in the last analysis.

instantáneamente *adv.* immediately, instantly.

instantáneo, -a *adj.* **1** instant, instantaneous. • *s. f.* **2** FOT. photo, snap, snapshot.

instante *s. m.* **1** instant, moment. **2** (fig.) short time. ◆ **3 a cada ~,** all the time, constantly, every single moment. **4 al ~,** immediately, at once. **5 por instantes, a)** all the time, incessantly; **b)** just about.

instar *v. t.* **1** to urge, to press (a alguien a hacer algo). • *v. i.* **2** to be urgent: *insta que se solucione el problema = it is urgent that the problem is solved.*

instauración *s. f.* **1** establishment, setting-up. **2** restoration, renewal (restaurador).

instaurador, -ra *adj.* **1** establishing. • *s. m.* y *f.* **2** restorer (restaurador).

instaurar *v. t.* to establish, to set up.

instigación *s. f.* instigation, incitement.

instigador, -ra *adj.* **1** instigating. • *s. m.* y *f.* **2** instigator.

instigar *v. t.* to incite, to instigate, to urge: *le instigué a que se rebelara = I incited him to rebel.*

instintivamente *adv.* instinctively.

instintivo, -va *adj.* instinctive.

instinto *s. m.* **1** drive, urge (biológico). **2** instinct: *por instinto = instinctively.*

institución *s. f.* **1** institution, setting-up, establishment (acción de instituir). **2** institution (organismo). • *pl.* **3** POL. state, state institutions. ◆ **4 ser uno una ~,** to be an institution.

institucional *adj.* institutional.

institucionalizar *v. t.* to institutionalize.

instituir *v. t.* **1** to establish, to found (algo). **2** to commence, to start (comenzar). **3** to teach (enseñar).

instituto *s. m.* **1** middle school, secondary school (en España). **2** school (de investigación, benéfico, etc.). **3** (Am.) college (de nivel casi universitario). **4** REL. institute (instituto religioso).

institutriz *s. f.* governess.

instrucción *s. f.* **1** instruction, teaching, education (enseñanza): *necesito mejor instrucción = I need better teaching.* **2** instruction, direction, order (instrucción para hacer algo). **3** MIL. training, drilling (preparación). **4** learning, erudition, knowledge (conocimiento) **5** DER. proceedings.

instructivamente *adv.* instructively.

instructivo, -va *adj.* instructive, illuminating, enlightening.

instructor, -ra *adj.* **1** instructive, teaching. • *s. m.* y *f.* **2** teacher, master, instructor. **3** DEP. coach, trainer.

instrumentación *s. f.* MÚS. instrumentation, arrangement.

instrumental *adj.* **1** MÚS. instrumental. **2** DER. documentary. **3** GRAM. instrumental (un caso de declinación). • *s. m.* **4** instruments.

instrumentar *v. t.* MÚS. to orchestrate, to arrange.

instrumentista *s. m.* y *f.* MÚS. musician, instrumentalist.

instrumento *s. m.* **1** instrument, implement. **2** tool (herramienta). **3** MÚS. instrument. **4** (fig.) instrument, tool (persona o cosa utilizada): *no quiero ser un mero instrumento en su plan = I don't want to be a mere tool in their scheme.*

insubordinación *s. f.* insubordination (especialmente militar).

insubordinado, -da *adj.* **1** insubordinate, unruly. • *s. m.* y *f.* **2** rebel (especialmente en el sentido militar).

insubordinar *v. t.* **1** to incite to rebellion. • *v. pron.* **2** to rebel.

insubstancial *adj.* ⇒ **insustancial.**

insuficiencia *s. f.* **1** insufficiency, inadequacy. **2** shortage (escasez). **3** incompetence, lack of competence (de estudio). ◆ **4 ~ cardiaca/renal/hepática,** heart/kidney/liver failure.

insuficiente *adj.* **1** insufficient, inadequate. **2** incompetent. • *s. m.* **3** fail, low mark (nota de suspenso).

insufrible *adj.* insufferable, intolerable.

insufriblemente *adv.* insufferably, intolerably.

insularidad *s. f.* insularity.

insulina *s. f.* insulin.

insulsamente *adv.* **1** tastelessly, blandly. **2** (fig.) dully, inanely.

insulsez *s. f.* **1** tastelessness, blandness, insipidness. **2** (fig.) dullness, insipidness (de carácter, comentarios, etc.).

insulso, -sa *adj.* **1** tasteless, bland, insipid. **2** (fig.) dull, insipid: *un espectáculo insulso = a dull show.*

insultante *adj.* insulting, abusive.

insultar *v. t.* to insult, to offend.

insulto *s. m.* insult, offensive remark.

insumiso, -sa *adj.* **1** rebellious. • *s. m.* y *f.* **2** person who refuses to do compulsory military service.

insuperable *adj.* **1** insurmountable, insuperable. **2** unsurpassable (en calidad).

insurgente *adj./s. m.* y *f.* insurgent.

insurrección *s. f.* insurrection, revolt.

insurreccional *adj.* insurrectionary.

insurrecto, -ta *adj.* **1** insurrectionary, insurgent. • *s. m.* y *f.* **2** rebel, revolutionary.

insustancial o **insubstancial** *adj.* **1** insubstantial. **2** trite, shallow (trivial). **3** unimportant, unattractive, uninteresting (insulso).

insustituible *adj.* irreplaceable.

intachable *adj.* irreproachable, faultless.

intacto, -ta *adj.* **1** intact, untouched. **2** whole (entero). **3** pure (puro).

intangibilidad *s. f.* intangibility.
intangible *adj.* intangible.
integración *s. f.* integration.
integral *adj.* **1** integral. **2** wholemeal (pan, etc.) • *s. f.* **3** MAT. integral.
íntegramente *adv.* integrally, wholly, entirely: *formado íntegramente por niños de menos de 14 años = entirely made up of children under fourteen.*
integrante *s. m.* y *f.* **1** member (miembro de un grupo). • *adj.* **2** integral.
integrar *v. t.* **1** to make up, to compose: *20 personas integraron el grupo = 20 people made up the group.* **2** MAT. to integrate. • *v. pron.* **3** to integrate, to adapt (adaptarse). **4** to join (unirse a).
integridad *s. f.* **1** integrity, honesty (virtud). **2** wholeness, completeness (estado entero). **3** (euf.) virginity.
integrismo *s. m.* staunch traditionalism.
integrista *adj./s. m.* y *f.* fundamentalist.
íntegro, -gra *adj.* **1** upright, honest (honrado). **2** whole, complete, entire.
intelecto *s. m.* intellect, mind.
intelectual *adj./s. m.* y *f.* intellectual.
intelectualidad *s. f.* **1** intellectual character (de algo o alguien). **2** intelligentsia, intellectuals (grupo).
intelectualmente *adv.* intellectually.
intelectualoide *adj./s. m.* y *f.* (desp.) pseudo-intellectual.
inteligencia *s. f.* **1** intelligence, intellect, mind. **2** understanding, knowledge (entendimiento). **3** MIL. intelligence (servicios secretos de un país). **4** collusion, secret agreement, understanding: *actuamos en la inteligencia de que nos ayudarían a salir del país = we acted on the understanding that they would help us to get out of the country.*
inteligente *adj.* intelligent, clever, talented.
inteligentemente *adv.* cleverly, intelligently.
inteligibilidad *s. f.* intelligibility.
inteligible *adj.* intelligible.
intemperancia *s. f.* intemperance, excess.
intemperie *s. f.* **1** inclemency, bad weather. ◆ **2 a la ∼,** outdoors, exposed to wind and weather, out in the open.
intempestivamente *adv.* inopportunely, at the wrong time.
intempestivo, -va *adj.* inopportune, ill-timed.
intención *s. f.* **1** intention, purpose. **2** will, wish (voluntad). ◆ **3 primera ∼,** frankness, candour. **4 segunda ∼,** underhandedness, hidden agenda. **5 tener ∼ de hacer algo,** to intend to do something. **6 tener malas intenciones,** to be up to no good.
intencionadamente *adv.* intentionally, deliberately.
intencionado, -da *adj.* deliberate: *un fallo intencionado = a deliberate mistake.*
intencional *adj.* intentional, deliberate.
intencionalidad *s. f.* purpose, intention.
intencionalmente *adv.* intentionally.
intendencia *s. f.* MIL. quartermaster corps.
intendente *s. m.* MIL. quartermaster.
intensamente *adv.* intensely, powerfully, vividly.
intensidad *s. f.* **1** intensity, strength. **2** vividness, power (de imagen, pensamiento, etc.). ◆ **3 ∼ eléctrica,** ELEC. electrical strength.
intensificación *s. f.* intensification.
intensificar *v. t.* y *pron.* to intensify.
intensivamente *adv.* intensively.
intensivo, -va *adj.* intensive.
intenso, -sa *adj.* **1** intense, strong, powerful. **2** vivid, profound (experiencia, dibujo, etc.). **3** deep (con colores).
intentar *v. t.* to try, to attempt, to mean; to have a go: *déjame intentarlo = let me have a go at it.*
intento *s. m.* **1** intention, purpose. **2** attempt (intento concreto). ◆ **3 ∼ de robo/asesinato/violación,** an attempted robbery/murder/rape.
intentona *s. f.* **1** rash attempt, wild attempt. **2** POL. rising, putsch (normalmente militar).
inter- *prefijo* inter-.
interacción *s. f.* interaction, interplay.
interactivo, -va *adj.* interactive.
intercalación *s. f.* intercalation, insertion.
intercalar *v. t.* to intercalate, insert.
intercambiable *adj.* interchangeable.
intercambiar *v. t.* to exchange, to swap.
interceder *v. i.* to intercede.
interceptar *v. t.* **1** to block, to intercept. **2** to cut off (cortar comunicación).
intercesión *s. f.* intercession, mediation.
intercesor, -ra *adj.* **1** interceding. • *s. m.* y *f.* **2** intercessor, mediator.
intercomunicación *s. f.* intercommunication.
interconexión *s. f.* interconnection.
intercontinental *adj.* intercontinental.
interdependencia *s. f.* interdependence.
interdicto *s. m.* interdict, prohibition.
interdisciplinar *adj.* interdisciplinary.
interés *s. m.* **1** interest. **2** self-interest, interest (como actitud egoísta). **3** interest, concentration (atención). • *s. m.* o *pl.* **4** FIN. interest. • *pl.* **5** interests, concerns (normalmente de un país en el contexto internacional).
interesadamente *adv.* selfishly, self-seekingly.
interesado, -da *p. p.* **1** de **interesar.** • *adj.* **2** interested: *estoy interesado en la política = I am interested in politics.* **3** selfish, self-seeking. **4** biased, prejudiced (parcial). • *s. m.* y *f.* **5** interested party, person concerned. **6** DER. applicant (el que firma un escrito).
interesante *adj.* interesting.
interesar *v. i.* **1** to have an interest, to interest, to appeal. • *v. t.* **2** to interest, to appeal to: *no me interesa mucho su pintura = his paintings don't interest me.* **3** to concern, to affect (afectar). **4** MED. to affect: *la herida interesa el nervio = the wound affects the nerve.* • *v. pron.* **5** to take an interest.
interface o **interfaz** *s. f.* interface.
interferencia *s. f.* **1** interference. **2** RAD. interference (fortuita); jamming (intencionada).
interferir *v. i.* y *pron.* **1** to interfere. • *v. t.* e *i.* **2** RAD. to interfere (fortuitamente); to jam (intencionadamente).
ínterin *adv.* **1** meanwhile, meantime. • *s. m.* **2** provisional measure, provisional agreement.
interinamente *adv.* temporarily, provisionally.
interinidad *s. f.* temporary employment.
interino, -na *adj.* **1** temporary, provisional. • *s. m.* y *f.* **2** temporary worker, stand-in.
interior *adj.* **1** interior, inner, internal. **2** innermost (sentimientos o pensamientos). • *adj.* y *s. m.* **3** inside, interior (piso). • *s. m.* **4** inside, interior (parte de dentro de cualquier objeto). **5** GEOG. inland. **6** (fig.) heart, soul: *en mi interior sabía que no era cierto = in my heart I knew it wasn't true.*
interioridad *s. f.* inner being, inwardness.
interiorismo *s. m.* interior design.
interiorista *s. m.* y *f.* interior designer.
interiormente *adv.* inwardly, inside.
interjección *s. f.* interjection.
interlineado *s. m.* interlinear spacing.
interlocutor, -ra *s. m.* y *f.* speaker, interlocutor.
interludio *s. m.* interlude.
intermediario, -ria *adj.* **1** intermediary, mediating. • *s. m.* y *f.* **2** go-between, intermediary. **3** COM. middleman (de productos). **4** mediator (árbitro en una situación).
intermedio, -dia *adj.* **1** half-way, intermediate: *etapa intermedia de un viaje = half-way stage of a journey.* **2** intervening (en el tiempo). • *s. m.* **3** interval, intermission (dentro de un espectáculo o similar).
interminable *adj.* interminable, endless.
interminablemente *adv.* interminably, endlessly.
intermisión *s. f.* intermission.
intermitencia *s. f.* **1** intermittence (en el tiempo). **2** MED. intermission (de síntomas negativos).
intermitente *adj.* **1** intermittent (en el tiempo). • *s. m.* **2** indicator (luz en un vehículo).
internacional *adj.* international.
internacionalismo *s. m.* internationalism.
internacionalista *adj./s. m.* y *f.* internationalist.
internacionalizar *v. t.* to internationalize.
internamente *adv.* internally.

internado, -da *p. p.* **1** de **internar.** • *s. m.* **2** boarding school (tipo de escuela).

internamiento *s. f.* internment (especialmente en hospital).

internar *v. t.* **1** to send inland (enviar tierra adentro). **2** to hospitalize. **3** to confine (privando de libertad). • *v. pron.* **4** to advance, to penetrate: *el enemigo se internó en la jungla = the enemy advanced into the jungle.*

internista *s. m.* y *f.* MED. internist.

interno, -na *adj.* **1** internal. **2** boarding (interno, de estudiante). **3** MED. internal. • *s. m.* y *f.* **4** boarder (alumno interno). **5** MED. intern.

interpelación *s. f.* **1** appeal, plea (ruego). **2** POL. parliamentary question.

interpelante *adj.* **1** interrogating. **2** appealing, pleading (que ruega). • *s. m.* y *f.* **3** POL. questioner (en una interpretación parlamentaria). **4** appealer.

interpelar *v. t.* **1** to plead, to appeal. **2** POL. to question formally, to ask for explanations (dentro del contexto parlamentario).

interpolación *s. f.* interpolation.

interpolar *v. t.* **1** to interpolate. **2** to insert (insertar, especialmente palabras dentro de un texto).

interponer *v. t.* **1** to interpose, to put between, to place between. **2** DER. to lodge, to put in (recurso o apelación). • *v. pron.* **3** to intervene (intervenir). **4** to block, to get in the way of (bloquear el paso, físicamente): *el policía se interpuso y recibió el disparo = the policeman got in the way and was shot.*

interposición *s. f.* **1** insertion (de una palabra en un texto). **2** DER. lodging (de recurso o similar). **3** blocking of the way (bloqueo del paso, físicamente).

interpretable *adj.* that hasn't got one single interpretation, with more than one possible reading; interpretable.

interpretación *s. f.* **1** interpretation. **2** MÚS. performance (actuación). **3** performance (en el teatro, política, etc.).

interpretar *v. t.* **1** to explain, to clarify (explicar el sentido de algo). **2** to translate, to interpret (traducir). **3** to perform (de actor o parecido). **4** MÚS. to perform, to sing (actuar, musicalmente, en cualquier aspecto).

interpretativo, -va *adj.* interpretative.

intérprete *s. m.* y *f.* **1** interpreter. **2** MÚS. performer, singer (cantante). **3** actor.

interregno *s. m.* **1** HIST. interregnum. **2** (Am.) interval (intervalo).

interrogación *s. f.* **1** question (pregunta). **2** question mark (signo). **3** questioning, interrogation (especialmente policial). ◆ **4** ~ **retórica,** rhetorical question.

interrogador, -ra *adj.* **1** interrogating, questioning. • *s. m.* y *f.* **2** interrogator, questioner.

interrogante *adj.* **1** interrogating, questioning. • *s. m.* o *f.* **2** unanswered question (pregunta sin contestar): *mi profesor dejó demasiadas interrogantes en el aire = my teacher left too many unanswered questions in the air.*

interrogar *v. t.* **1** to question, to interrogate (detenido). **2** to examine (testigo).

interrogativo, -va *adj.* interrogative.

interrogatorio *s. m.* **1** interrogation (detenido). **2** examination (testigo).

interrumpidamente *adv.* with constant interruptions.

•**interrumpir** *v. t.* **1** to interrupt (hablando). **2** to stop talking. **3** to block (bloquear el paso de algo o alguien).

interrupción *s. f.* **1** interruption (especialmente al hablar). **2** stoppage, hold-up (bloqueo físico).

interruptor *s. m.* ELEC. switch.

intersección *s. f.* **1** intersection. **2** crossing (cruce, normalmente, en una carretera). ◆ **3** ~ **de dos conjuntos,** MAT. intersection of two sets.

intersticio *s. m.* interstice, gap.

interurbano, -na *adj.* **1** long-distance (llamada, transporte). **2** intercity (tren).

intervalo *s. m.* **1** interval (de tiempo o espacio). **2** MÚS. interval. **3** gap (hueco).

intervención *s. f.* **1** intervention, participation, contribution. **2** MED. operation. **3** ELECTR. tapping (pinchazo telefónico). **4** COM. auditing (de cuentas). **5** MIL. intervention.

intervencionismo *s. m.* interventionism.

intervencionista *adj./s. m.* y *f.* interventionist.

intervenir *v. i.* **1** to participate, to contribute, to intervene. **2** to mediate, to intercede (mediar o interceder). **3** to have an influence, to be involved: *en este punto intervienen muchos factores distintos = at this point there are many different factors involved.* • *v. t.* **4** COM. to audit (revisar, especialmente las cuentas). **5** MED. to operate. **6** ELECTR. to tap, to eavesdrop (pinchar el teléfono). **7** DER. to confiscate, to seize.

interventor, -ra *adj.* **1** intervening, participating. • *s. m.* y *f.* **2** supervisor, inspector. **3** scrutineer (en elecciones). **4** COM. auditor.

interviú *s. f.* PER. interview.

intervocálico, -ca *adj.* intervocalic.

intestado, -da *adj.* intestate.

intestinal *adj.* intestinal.

intestino, -na *adj.* **1** internal. **2** domestic, civil (una guerra, conflicto, etc.). • *s. m.* **3** ANAT. intestine. ◆ **4** ~ **ciego,** ANAT. caecum (brit.), cecum (EE UU). **5** ~ **delgado,** ANAT. small intestine. **6** ~ **grueso,** ANAT. large intestine. **7 luchas intestinas,** internal warfare (en todos los sentidos).

intifada *s. f.* intifada.

intimación *s. f.* **1** hint, intimation. **2** notification, notice (aviso, normalmente de tipo judicial).

íntimamente *adv.* intimately, closely: *este tema está íntimamente relacionado con la física = this subject is closely associated with physics.*

intimar *v. i.* **1** to become intimate, to become friendly: *intimamos el verano pasado = we became friendly last summer.* • *v. t.* **2** to require, to exhort, to call on (exhortar para que se ejecute algo).

intimidación *s. f.* **1** intimidation. **2** warning, serious warning: *disparo de intimidación = warning shot.*

intimidad *s. f.* **1** close relationship, close friendship (amistad). **2** privacy, private life (vida privada). **3** circle of friends, circle of acquaintances (círculo de amistad).

intimidar *v. t.* **1** to intimidate, to overawe. **2** to bully (coaccionar con altanería). • *v. pron.* **3** to frighten, to scare (asustar): *este hombre me intimida muchísimo = this man scares me no end.*

intimista *adj.* intimist.

íntimo, -ma *adj.* **1** intimate, close (amigo, relación, trato, etc.). **2** innermost (pensamientos, sentimientos, etc.). **3** essential, fundamental, basic: *la relación íntima de la filosofía con la teología = the fundamental link between philosophy and theology.* **4** private (privado). • *s. m.* y *f.* **5** intimate friend.

intitular *v. t.* y *pron.* to title (un libro o parecido).

intocable *adj.* **1** untouchable; sacrosanct. • *s. m.* y *f.* **2** untouchable (casta social en la India).

intolerable *adj.* intolerable, unbearable.

intolerablemente *adv.* intolerably.

intolerancia *s. f.* **1** intolerance, narrow-mindedness. **2** MED. intolerance, rejection (especialmente en trasplantes).

intolerante *adj.* intolerant, narrow-minded.

intoxicación *s. f.* intoxication, poisoning.

intoxicar *v. t.* **1** to poison. • *v. pron.* **2** to get food poisoning.

intra- *prefijo* intra-.

intranquilidad *s. f.* worry, anxiety, uneasiness, restlessness, disquiet.

intranquilizador, -ra *adj.* worrying, unsettling.

intranquilizar *v. t.* **1** to worry, to unsettle, to disquiet. • *v. pron.* **2** to get worried/anxious.

intranquilo, -la *adj.* restless, uneasy, worried.

intranscendencia o **intrascendencia** *s. f.* unimportance, insignificance.

intranscendente o **intrascendente** *adj.* unimportant, insignificant.

intransferible *adj.* non-transferable.

intransigencia *s. f.* intransigence.

intransigente *adj.* intransigent.

intransitable *adj.* impassable.

intransitivo, -va *adj.* GRAM. intransitive.

intratable *adj.* **1** rude, unsociable (arisco). **2** impossible, difficult (difícil).

intravenoso, -sa *adj.* intravenous.
intrépidamente *adv.* boldly, intrepidly, fearlessly.
intrepidez *s. f.* boldness, courage, intrepidness.
intrépido, -da *adj.* bold, intrepid, fearless, courageous.
intriga *s. f.* **1** plot, scheme (algo malo que se piensa hacer). **2** LIT. plot (argumento). **3** intrigue (complot).
intrigado, -da *p. p.* **1** de **intrigar.** • *adj.* **2** intrigued: *estoy muy intrigado sobre lo que Eva intenta hacer = I'm intrigued about what Eva wants to do.*
intrigante *adj.* **1** intriguing (interesante). **2** scheming (maquinador): *una mujer intrigante = a scheming woman.*
intrigar *v. t.* **1** to intrigue, to interest (causar un interés, en otra persona). • *v. i.* **2** to scheme, to plot (hacer intrigas).
intrincadamente *adv.* intricately.
intrincado, -da *p. p.* **1** de intrincar. • *adj.* **2** complicated, intricate (complicado).
intrincar *v. t.* y *pron.* **1** to complicate, to confuse. • *v. t.* **2** to confuse (a una persona).
intríngulis *s. m.* **1** ultimate reason, ultimate motive (motivo). **2** snag, difficulty (dificultad): *el intríngulis es que no tengo dinero = the snag is that I have no money.* **3** puzzle, mystery (misterio).
intrínsecamente *adv.* intrinsically, inherently.
intrínseco, -ca *adj.* intrinsic, inherent.
introducción *s. f.* **1** introduction (a un tema). **2** introduction, preface, prologue (en un libro). **3** MÚS. introduction, overture. **4** introduction, insertion (inserción).
introducir *v. t.* **1** to put in, to insert (poner dentro físicamente). **2** to introduce (moda, tema, etc.). **3** to acquaint, to help to get to know: *él me introdujo en el mundo de los negocios = he helped me to get to know the business world.* • *v. pron.* **4** to enter. **5** to interfere (entrometerse).
introductor, -ra *adj.* **1** introductory. • *s. m.* y *f.* **2** introducer.
introito *s. m.* **1** REL. introit. **2** prologue (en el teatro clásico).
intromisión *s. f.* meddling, interference.
introspección *s. f.* introspection.
introspectivo, -va *adj.* introspective.
introversión *s. f.* introversion.
introvertido, -da *adj.* **1** PSIC. introverted. • *s. m.* y *f.* **2** introvert.
intrusión *s. f.* **1** DER. trespass (entrada ilegal en un sitio). **2** intrusion.
intrusismo *s. m.* practice of working in professional areas one is not qualified for.
intruso, -sa *adj.* **1** intrusive, meddlesome. • *s. m.* y *f.* **2** intruder. **3** DER. trespasser.
intubado, -da *adj.* intubated.
intubar *v. t.* to intubate.
intuición *s. f.* intuition.
intuir *v. t.* **1** to know by intuition, to intuit, to sense. **2** to feel (como opinión intuitiva): *intuyo que esto no es verdad = I feel this is not true.*
intuitivamente *adv.* intuitively.
intuitivo, -va *adj.* intuitive.
inundación *s. f.* flooding, flood.
inundar *v. t.* y *pron.* **1** to flood (fenómeno catastrófico con agua). • *v. t.* **2** (fig.) to flood, to swamp (con excesivo número de lo que sea). • *v. pron.* **3** to be flooded, to be swamped.
inusitado, -da *adj.* unusual, uncommon.
inútil *adj.* **1** useless, vain, fruitless: *protestas inútiles = fruitless protests.* • *s. m.* y *f.* **2** useless person.
inutilidad *s. f.* uselessness, fruitlessness, ineffectiveness.
inutilización *s. f.* disablement, spoiling (de algún objeto).
inutilizar *v. t.* **1** to ruin, to destroy (algo). **2** to cancel (cancelar). **3** to make (something) unusable (a causa de causas naturales): *la lluvia inutilizó las carreteras = the rain made the roads unusable.*
inútilmente *adv.* uselessly, in vain, to no avail.
invadir *v. t.* **1** to invade (especialmente un país extranjero). **2** to overrun (un lugar). **3** (fig.) to come in hordes, to swarm (llegar grandes cantidades): *la gente invadía la playa los domingos = people used to come in hordes to the beach on Sundays.*
invalidación *s. f.* invalidation, nullification.
inválidamente *adv.* invalidly.
invalidar *v. t.* to invalidate, to nullify: *quiero invalidar el contrato = I want to invalidate the contract.*
invalidez *s. f.* **1** disability, invalidity (discapacidad). **2** invalidity (nulidad).
inválido, -da *adj.* **1** invalid, null (un contrato, por ejemplo). **2** disabled, invalid (que no se puede mover). • *s. m.* y *f.* **3** invalid, disabled person.
invaluable *adj.* (Am.) invaluable, precious.
invariabilidad *s. f.* invariability.
invariable *adj.* invariable.
invariablemente *adv.* invariably.
invasión *s. f.* invasion.
invasor, -ra *adj.* **1** invading. • *s. m.* y *f.* **2** invader.
invectiva *s. f.* invective.
invencible *adj.* invincible.
invenciblemente *adv.* invincibly.
invención *s. f.* invention.
inventar *v. t.* **1** to invent, to discover. • *v. t.* y *pron.* **2** to imagine, to fabricate, to make up (imaginar): *me inventé la historia = I imagined the story.* **3** to create (en arte).
inventariar *v. t.* to inventory, to make an inventory of.
inventario *s. m.* inventory.
inventiva *s. f.* inventiveness.
invento *s. m.* **1** invention. **2** creation (creación). **3** fabrication, lie (mentira).
inventor, -ra *s. m.* y *f.* inventor.
invernadero *s. m.* **1** greenhouse, hothouse. **2** winter pasture (pasto para invierno). **3** winter quarters (lugar para pasar el invierno).
invernal *adj.* wintry, very cold (tiempo).
invernar *v. i.* **1** BIOL. to hibernate (algunos animales). **2** to winter: *las tropas tuvieron que invernar en Moscú = the troops had to winter in Moscow.*
inverosímil *adj.* improbable, unlikely.
inverosimilitud *s. f.* improbability, unlikeliness.
inversamente *adv.* inversely, conversely.
inversión *s. f.* **1** inversion (poner al revés). **2** FIN. investment (de dinero).
inversionista *adj.* **1** investment. • *s. m.* y *f.* **2** investor.
inverso, -sa *adj.* **1** inverse, inverted, reverse. ◆ **2 a la inversa,** on the contrary, conversely, inversely, the other way around.
invertebrado, -da *adj./s. m.* y *f.* ZOOL. invertebrate.
invertido, -da *p. p.* **1** de **invertir.** • *s. m.* **2** homosexual.
investidura *s. f.* **1** investiture. **2** POL. vote of confidence for the election of the Prime Minister (en España).
investigación *s. f.* **1** research (científica). **2** investigation, enquiry (para asuntos sociales, políticos, etc.).
investigador, -ra *adj.* **1** research, investigative. • *s. m.* y *f.* **2** research student, researcher. **3** private detective (detective privado).
investigar *v. t.* **1** to research (científicamente). **2** to investigate (una situación social o similar).
investir *v. t.* to appoint; to confer.
inveterado, -da *adj.* confirmed, hardened.
inviable *adj.* unviable, non-viable.
invicto, -ta *adj.* unconquered, unbeaten.
invidencia *s. f.* sightlessness, blindness.
invidente *adj.* **1** blind, sightless. • *s. m.* y *f.* **2** blind person: *los invidentes = the blind.*
invierno *s. m.* winter.
inviolabilidad *s. f.* inviolability, immunity (por ejemplo, parlamentaria).
inviolable *adj.* inviolable.
inviolado, -da *adj.* inviolate.
invisibilidad *s. f.* invisibility.
invisible *adj.* invisible.
invitación *s. f.* invitation.
invitado, -da *p. p.* **1** de **invitar.** • *adj.* **2** invited. • *s. m.* y *f.* **3** guest: *no puedo, tengo invitados = I can't, I've got guests.*
invocación *s. f.* invocation.
invocar *v. t.* **1** to invoke, to call on. **2** to beg for, to implore (pedir).
involución *s. f.* POL. regression, reaction.
involucionista *adj./s. m.* y *f.* POL. reactionary.
involucrar *v. t.* **1** to involve; to meddle. • *v. pron.* **2** to get involved: *no quiero involucrarme en tus asuntos*

= *I don't want to get involved in your affairs.*
involuntariamente *adv.* unintentionally.
involuntario, -ria *adj.* unintentional, involuntary: *una equivocación involuntaria = an unintentional mistake.*
invulnerable *adj.* invulnerable.
inyección *s. f.* **1** MED. injection. **2** injection (de dinero, fondos). **3** TEC. injection.
inyectable *adj.* **1** injectable. • *s. m.* **2** injection.
inyectar *v. t.* **1** to inject. • *v. pron.* **2** to become red with blood (llenarse de sangre una parte del cuerpo). **3** to inject oneself (inyectarse, normalmente droga).
iodo *s. m.* iodine.
ion *s. m.* ion.
iónico, -ca *adj.* ionic.
ionización *s. f.* ionization.
ionosfera *s. f.* ionosphere.
iota *s. f.* iota.
IPC *s. m.* CPI.
ipso facto *adv.* ipso facto; immediately.
ir *v. i.* y *pron.* **1** to go: *me voy a Madrid mañana = I'm going to Madrid tomorrow.* **2** to leak, to be spilling, to ooze out (salirse un líquido de un recipiente). • *v. i.* **3** to be good, to be convenient: *esta medicina me va bien = this medicine is good for me.* **4** to get along, to progress, to go: *las clases de guitarra van bien = the guitar classes are going fine.* **5** to work (funcionar): *el coche funciona mal = the car is not working well.* **6** to be: *voy mareado = I am dizzy.* **7** to be dressed: *vas muy bien vestido = you're very well dressed.* **8** to lead, to go (ir, en el juego de las cartas). **9** to be (una diferencia): *del trabajo del año pasado a éste va mucho = there's a big difference between last year's job and this year's.* **10** to bet: *¿van dos mil pesetas? = do you want to bet two thousand pesetas?* **11** to be on, to be about, to deal with: *la película iba de un policía que... = the film was about a policeman that...* ◆ **12 ¡allá va!,** there it goes! (cuando se lanza o se deja caer algo); my God! (expresando gran sorpresa). **13 estar ido, a)** to be mad, to be crazy; **b)** to be miles away. **14 ~ adelante,** to get along, to get things done, to improve in general. **15 ~ demasiado lejos,** to go too far, to go overboard. **16 ~ descaminado,** to go astray, to be on the wrong path. **17 ~ detrás de algo** o **alguien,** to be after something/somebody. **18 ~ lejos,** to go far. **19 ~ para largo,** to take a long time, to last a long time, to be long. **20 ~ todos a una,** to go all together, to unite efforts. **21 irse abajo algo,** to be a complete flop, to fall apart, to break into pieces. **22 írsele por alto a uno algo,** not to notice something, to miss something completely. **23 no irle ni venirle a uno nada en algo,** not to have a stake in something, not to mind something at all, not to mind the way something turns up. **24 ¡qué va!,** not at all!, not on your life. **25 ¡vaya!,** well!, what on earth!, bother! (expresando el sentimiento que se quiera imprimir a la voz y el gesto). **26 vaya por Dios,** what a pity, what a shame. **27 váyase lo uno por lo otro,** let's swap, I'll give you this for that. **28 vete a saber,** who knows.
OBS. Este verbo tiene varios usos gramaticales: **29** intencionalidad, especialmente futura o con sentido de futuro dentro del pasado: *voy a pegarte un tiro = I'm going to shoot you; iba a comprarlo, pero no pude = I was going to buy it but I couldn't.* **30** expresa que la acción se desarrolla lentamente: *iba oscureciendo cuando llegó el tren = it was already getting dark when the train arrived.* **31** con distintas preposiciones el verbo indica comportarse o funcionar en la vida: *va de chulo por la vida = he has a cocky attitude to life.*
ira *s. f.* **1** anger, fury, rage (personal). **2** violence (de los elementos de la naturaleza).
iracundia *s. f.* ire.
iracundo, -da *adj.* irate.
Irak *s. m.* Iraq.
Irán *s. m.* Iran.
iraní *adj./s. m.* y *f.* Iranian.
iraquí *adj./s. m.* y *f.* Iraqui.
irascibilidad *s. f.* irascibility.
irascible *adj.* irascible.
iridología *s. f.* iridology.
iris *s. m.* **1** ANAT. iris. **2** rainbow.
irisación *s. f.* iridescence.
Irlanda *s. f.* **1** Ireland. ◆ **2 ~ del Norte,** Northern Ireland.
irlandés, -sa *adj.* **1** Irish. • *s. m.* **2** Irishman. **3** Irish (idioma). • *s. f.* **4** Irishwoman.
ironía *s. f.* irony.
irónicamente *adv.* ironically.
irónico, -ca *adj.* ironic, ironical.
ironizar *v. t.* to lampoon, to ridicule.
IRPF *s. m.* personal income tax.
irr- *prefijo* irr-.
irracional *adj.* **1** irrational, unreasoning. • *s. m.* y *f.* **2** brute.
irracionalidad *s. f.* irrationality, unreasonableness.
irracionalmente *adv.* irrationally.
irradiación *s. f.* irradiation.
irradiar *v. t.* e *i.* to irradiate, radiate.
irrazonable *adj.* unreasonable.
irreal *adj.* unreal.
irrealidad *s. f.* unreality.
irrealista *adj.* unrealistic.
irrealizable *adj.* unrealizable, unworkable.
irrebatible *adj.* irrefutable.
irreconciliable *adj.* irreconcilable.
irreconocible *adj.* unrecognizable.
irrecuperable *adj.* irrecoverable, irretrievable: *el tiempo irrecuperable = irretrievable time.*
irrecusable *adj.* DER. unimpeachable.
irredimible *adj.* irredeemable.
irreducible o **irreductible** *adj.* irreducible.
irreemplazable *adj.* irreplaceable: *nadie es irreemplazable = nobody is irreplaceable.*
irreflexión *s. f.* thoughtlessness, rashness.
irreflexivamente *adv.* unthinkingly, thoughtlessly, rashly.
irreflexivo, -va *adj.* thoughtless, rash: *una persona irreflexiva = a thoughtless person.*
irrefrenable *adj.* irrepressible.
irrefutable *adj.* irrefutable: *teoría irrefutable = irrefutable theory.*
irregular *adj.* **1** irregular, abnormal. **2** GRAM. irregular. **3** GEOM. irregular.
irregularidad *s. f.* irregularity, abnormality.
irregularmente *adv.* irregularly.
irrelevante *adj.* irrelevant.
irremediable *adj.* irremediable, incurable.
irremediablemente *adv.* irremediably, incurably.
irremisible *adj.* unpardonable.
irrenunciable *adj.* essential, unforgoable.
irreparable *adj.* irreparable.
irreparablemente *adv.* irreparably.
irrepetible *adj.* unrepeatable, unique: *una experiencia irrepetible = a unique experience.*
irresistible *adj.* irresistible.
irresoluble *adj.* unsolvable.
irresolución *s. f.* irresolution, hesitation.
irresoluto, -ta *adj.* irresolute, hesitant.
irrespetuosamente *adv.* disrespectfully.
irrespetuoso, -sa *adj.* disrespectful.
irrespirable *adj.* unbreathable.
irresponsabilidad *s. f.* irresponsibility.
irresponsable *adj.* irresponsible.
irresponsablemente *adj.* irresponsibly.
irreverencia *s. f.* irreverence, disrespect.
irreverente *adj.* irreverent.
irreverentemente *adv.* irreverently.
irreversible *adj.* irreversible.
irrevocable *adj.* irrevocable, irreversible: *dimisión irrevocable = irrevocable resignation.*
irrevocablemente *adv.* irrevocably.
irrigación *s. f.* irrigation.
irrigador *s. m.* sprinkler.
irrigar *v. t.* AGR. to irrigate, to water.
irrisible *adj.* laughable, absurd: *una actitud irrisible = an absurd attitude.*
irrisión *s. f.* **1** derision, ridicule. **2** laughing stock (persona o cosa de la que uno se puede burlar).
irrisoriamente *adv.* ridiculously, absurdly.
irrisorio, -ria *adj.* ridiculous, absurd.
irritabilidad *s. f.* irritability.
irritable *adj.* irritable.
irritación *s. f.* irritation (en sentido propio y figurado).
irritante *adj.* **1** irritating: *qué tipo más irritante = what an irritating fellow.* • *s. m.* **2** irritant (sustancia o similar).
irritar *v. t.* **1** to irritate. • *v. pron.* **2** to get irritated, to get angry. **3** to get an irritation (en la piel).

irrogar *v. t.* to cause, to provoke.
irrompible *adj.* unbreakable.
irrumpir *v. i.* to burst into, to rush into: *la policía irrumpió en el local = the police burst into the bar.*
irrupción *s. f.* **1** inrush, irruption (normalmente en el sentido atacante). **2** invasion.
isla *s. f.* **1** GEOG. island. **2** (fig.) oasis, haven: *una isla de paz = an oasis of peace.*
islam *s. m.* REL. Islam.
islámico, -ca *adj.* Islamic.
islamismo *s. m.* Islamism.
islamizar *v. t.* to Islamize.
islandés, -esa *adj.* **1** Icelandic. • *s. m.* y *f.* **2** Icelander. • *s. m.* **3** Icelandic (idioma).
Islandia *s. f.* Iceland.
isleño, -ña *adj.* **1** island. • *s. m.* y *f.* **2** islander.
isleta *s. f.* traffic island.
islote *s. m.* small island, islet.
isobara o **isóbara** *s. f.* FÍS. isobar.
isómero *s. m.* QUÍM. isomer.
isotérmico, -ca *adj.* isothermal.
isótopo *s. m.* FÍS. isotope.
isquión *s. m.* ischion.
Israel *s. m.* Israel.
israelí o **israelita** *adj./s. m.* y *f.* Israeli.
istmo *s. m.* GEOG. isthmus.
Italia *s. f.* Italy.
italianismo *s. m.* Italianism.
italianizar *v. t.* to italianize.
italiano, -na *adj./s. m.* y *f.* **1** Italian. • *s. m.* **2** Italian (idioma).
itálico, -ca *adj.* Italic.
ítem *s. m.* **1** item, article. • *adv.* **2** furthermore.
itemizar *v. t.* (Am.) to specify, to itemize (contar todos los elementos en un grupo).
iteración *s. f.* repetition.
iterar *v. t.* to repeat.
iterbio *s. m.* QUÍM. ytterbium.
itinerante *adj.* itinerant, roving.
itinerario *s. m.* **1** itinerary, route: *hicimos un itinerario precioso = we travelled on a lovely route.* **2** time-table, schedule (horario de trenes o similar).
ITV *s. f.* (brit.) MOT.
IVA *s. m.* VAT.
izar *v. t.* to hoist (especialmente la bandera).
izquierdismo *s. m.* POL. left-wing tendencies, leftism.
izquierdista *s. m.* y *f.* **1** POL. leftist, left-winger. • *adj.* **2** leftist, left-wing.
izquierdo, -da *adj.* **1** left: *mi mano izquierda = my left hand.* • *s. f.* **2** left hand: *escribo con la izquierda = I write with my left hand.* **3** POL. left: *la izquierda ganó las últimas elecciones = the left won the last elections.* ◆ **4 ser un cero a la izquierda, ⇒ cero.**
izquierdoso, -sa *adj.* POL. leftish.

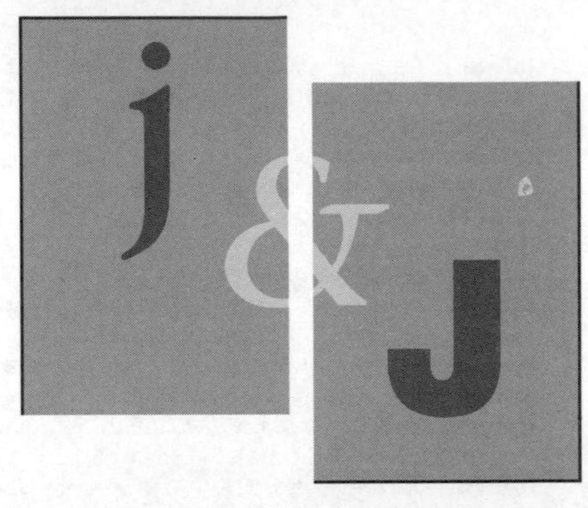

j, J *s. f.* j, J (décima letra del alfabeto español).
jabalí *s. m.* ZOOL. wild boar.
jabalina *s. f.* **1** ZOOL. wild sow. **2** DEP. javelin.
jabato *s. m.* **1** young wild boar. ◆ **2 ser un ~,** to be very brave; to be a boastful young man.
jabón *s. m.* **1** soap: *una pastilla de jabón = a bar of soap.* ◆ **2 dar a uno un ~,** to rake someone over the coals; to tell someone off. **3 dar ~ a uno,** to flatter somebody, to soft-soap somebody.
jabonadura *s. f.* soaping, lathering.
jabonar *v. t.* **1** to wash with soap. **2** to lather (la barba).
jaboncillo *s. m.* **1** toilet soap (fino y aromatizado). **2** French chalk, soapstone (que utilizan los sastres para marcar la tela). **3** BOT. soapberry tree.
jabonería *s. f.* soap factory.
jabonero, -ra *adj.* **1** off-white, dull yellowish white (color de toro). ● *s. m.* y *f.* **2** soapmaker. ● *s. f.* **3** soap dish. **4** BOT. soapwort.
jabonoso, -sa *adj.* soapy: *agua jabonosa = soapy water.*
jaca *s. f.* cob, small horse.
jacal *s. m.* (Am.) hut, shed.
jacarandoso, -sa *adj.* (fam.) merry, lively (con gran alegría de vivir).
jacinto *s. m.* **1** BOT. hyacinth (planta o flor). ◆ **2 ~ de Compostela,** MIN. jacinth, zircon. **3 ~ occidental,** MIN. topaz.
jaco *s. m.* **1** short-sleeved coat of mail (un tipo de cota de malla). **2** (desp.) hack, nag (caballo ruin).
jacobeo, -a *adj.* REL. of St. James.
jacobinismo *s. m.* POL. radicalism (por el extremismo de los jacobinos).
jacobino, -na *adj.* HIST. Jacobin, radical (de la Revolución Francesa).
jactancia *s. f.* arrogance, boasting.
jactanciosamente *adv.* boastfully.
jactancioso, -sa *adj.* boastful, bragging.
jactarse *v. pron.* to boast, to brag.
jaculatoria *s. f.* REL. aspiration.
jacuzzi *s. m.* jacuzzi.
jade *s. m.* MIN. jade.
jadeante *adj.* breathless, panting, short of breath.
jadear *v. i.* to pant.
jadeo *s. m.* panting.
jaez *s. m.* **1** harness (arreos). **2** (desp.) ilk, sort, kind: *no me gustan las personas de ese jaez = I don't like people of that kind.*
jaguar o **yaguar** *s. m.* ZOOL. jaguar.
jalar *v. t.* **1** (fam.) to devour, to gulp down. **2** (Am.) to pull, to haul. ◆ **3 mandarse a ~,** (Am.) to go away, to leave (sin decírselo a nadie).
jalbegar *v. t.* ⇒ **enjalbegar.**
jalea *s. f.* jelly.
jalear *v. t.* **1** to urge on (a los perros en la caza). **2** to encourage, to cheer on.
jaleo *s. m.* **1** clapping and cheering. **2** MÚS. Andalusian dance. **3** (fig.) binge, spree (alboroto).
jalifa *s. m.* HIST. Moroccan governor.
jalón *s. m.* **1** stake, range pole (para medidas topográficas). **2** (fig.) milestone (hito). **3** (Am.) pull, tug (tirón).
jalonar *v. t.* to mark out, to mark with range poles.
Jamaica *s. f.* Jamaica.
jamar *v. tr.* (fam.) to eat, to eat up (lenguaje gitano).
jamás *adv.* **1** never: *jamás lo volveré a hacer = I'll never do it again.* **2** ever: *por siempre jamás = for ever and ever.*
jamba *s. f.* ARQ. jamb (de puerta).
jamelgo *s. m.* (desp.) nag, jade.
jamón *s. m.* **1** GAST. ham. **2** (fig. y fam.) leg, thigh.
jamuga o **jamugas** *s. f.* sidesaddle.
jangada *s. f.* **1** raft (balsa). **2** (fam.) dirty trick. **3** (fam.) silly remark.
jangadero *s. m.* (Am.) raftman.
jansenismo *s. m.* REL. Jansenism.
Japón *s. m.* Japan.
japonés, -sa *adj.* **1** Japanese. ● *s. m.* y *f.* **2** Japanese. ● *s. m.* **3** Japanese (idioma).
jaque *s. m.* **1** check (en el ajedrez). ◆ **2 ~ mate,** checkmate (ajedrez). **3 tener a uno en ~,** to keep somebody in check, to hold someone at bay.
jaquear *v. t.* to check (en el ajedrez).
jaqueca *s. f.* **1** MED. migraine, headache. ◆ **2 dar ~,** to bother, to pester; to bore, to death.
jara *s. f.* ⇒ **jaro.**
jarabe *s. m.* **1** syrup, sweet drink. **2** MED. mixture, syrup.
jaramugo *s. m.* ZOOL. small fish, young fish (pez joven).
jarana *s. f.* spree, binge.
jaranear *v. i.* (Am.) to go on a binge, to have a high old time.
jaranero, -ra *adj.* (Am.) fun-loving, merry.
jarcha *s. f.* LIT. old couplet.
jarcia *s. f.* MAR. **1** rigging, ropes. **2** fishing tackle.
jardín *s. m.* **1** garden. ◆ **2 ~ botánico,** botanical garden. **3 ~ de infancia,** kindergarten, nursery school.
jardinera *s. f.* **1** woman gardener. **2** jardinière (donde se ponen flores). **3** open carriage (para transporte).
jardinería *s. f.* gardening.
jardinero *s. m.* y *f.* gardener.
jareta *s. f.* hem, casing (en la costura).
jaretón *s. m.* wide hem.
jaripeo *s. m.* (Am.) rodeo.
jaro, -ra *adj.* **1** carroty, red-haired. ● *s. f.* **2** BOT. rockrose. **3** dart, arrow, spear (lanza o similar).
jarra *s. m.* **1** jug, pitcher. ◆ **2 en ~/en jarras,** arms akimbo, hands on hips.
jarrete *s. m.* **1** ANAT. back of the knee. **2** hock (de animales).
jarretera *s. f.* **1** garter. **2** (brit.) military order (Order of the Garter).
jarro *s. m.* pitcher, jug.
jarrón *s. m.* vase.
jaspe *s. m.* MIN. **1** jasper. **2** veined marble.
jaspeado, -da *adj.* marbled, veined.
jaspear *v. t.* to marble, to vein.
jato, -ta *s. m.* y *f.* calf.
jauja *s. f.* utopia, el Dorado, the promised land.
jaula *s. f.* **1** cage (para animales). **2** crate (embalaje). **3** MIN. cage.
jauría *s. f.* pack (of hounds).
jazmín *s. m.* BOT. jasmine.
jazz *s. m.* MÚS. jazz.
jebe *s. m.* (Am.) rubber, elastic rubber, elastic.
jedentina *s. f.* (Am.) foul smell, stink.
jefa *s. f.* female boss.
jefatura *s. f.* **1** leadership. **2** headquarters, central office (oficina central).
jefe *s. m.* **1** boss, chief. **2** leader (general): *el jefe de la oposición = the leader of the opposition party.* **3** MIL. commanding officer. **4** (fam.) sir: *oiga jefe = hey, sir.*

jenízaro *s. m.* HIST. janissary.
jeque *s. m.* sheik (árabe).
jerarca *s. m.* y *f.* hierarch, high official.
jerarquía *s. f.* hierarchy.
jerárquicamente *adv.* according to rank, according to the hierarchy.
jerárquico, -ca *adj.* hierarchical.
jerarquizar *v. t.* to rank.
jeremiada *s. f.* jeremiad, lamentation.
jeremías *s. m.* (fig.) complainer, born complainer.
jerez *s. m.* sherry.
jerga *s. f.* GRAM. slang, jargon.
jergón *s. m.* straw mattress.
jerigonza *s. f.* **1** gibberish; slang. **2** (fam.) piece of folly, foolish action.
jeringa o **jeringuilla** *s. f.* **1** syringe. **2** (Am.) bother; annoyance, nuisance.
jeringar *v. t.* (fam.) to pester, to annoy.
jeringazo *s. m.* injection, squirt.
jeroglífico, -ca *adj.* **1** hieroglyphic. • *s. m.* **2** crossword puzzle. **3** HIST. hieroglyphic, hieroglyph. **4** (fig.) puzzle (problema difícil).
jersey *s. m.* jersey.
Jesucristo *s. m.* Jesus Christ.
jesuita *adj.* y *s. m.* REL. Jesuit.
jesuítico, -ca *adj.* Jesuitic.
Jesús *s. m.* Jesus.
¡jesús! *interj.* **1** (brit.) bless you!, (EE UU) gesundheit! (tras estornudo). **2** heavens! (indicando sorpresa).
jet *s. m.* **1** jet (avión a reacción). • *s. f.* **2** (fig.) jet set.
jeta *s. f.* **1** snout (de animales). **2** (fig.) cheek.
jíbaro, -ra *adj./s. m.* y *f.* **1** Jivaro (tribu). **2** (Am.) rural, rustic.
jibia *s. f.* ZOOL. cuttlefish (molusco).
jibión *s. m.* ZOOL. cuttlebone (molusco).
jícara *s. f.* **1** cup (especialmente para el chocolate). **2** (Am.) gourd (tipo de taza).
jilguero *s. m.* ZOOL. linnet (ave).
jineta *s. f.* **1** ZOOL. genet. **2** (Am.) horsewoman.
jinete *s. m.* y *f.* **1** horseman, rider (hombre), horsewoman, rider (mujer). • *s. m.* **2** MIL. cavalryman.
jinetera *s. f.* (Am.) (fam.) hooker.
jipijapa *s. m.* straw hat, Panama hat.
jira *s. f.* **1** strip, shred (de ropa). **2** outing, excursion, picnic.
jirafa *s. f.* ZOOL. giraffe.
jirón *s. m.* **1** shred, tatter (de ropa). **2** facing (de costura). **3** (fig.) small bits (trozos pequeños, de muy distintas materias). **4** pennant (como estandarte).
jitomate *s. m.* (Am.) tomato.
jiu-jitsu *s. m.* jujitsu (estilo de lucha japonesa).
Job *s. m.* (fig.) saintly man, patient man.
jockey *s. m.* y *f.* jockey.
jocosamente *adv.* amusingly, humorously.
jocosidad *s. f.* humour.
jocoso, -sa *adj.* humorous, amusing.
jocundidad *s. f.* cheerfulness.
jocundo, -da *adj.* cheerful, jocund.
joder *v. t.* **1** (vulg.) to fuck, to screw (acto sexual). **2** to mess up (estropear). **3** to bother (molestar). ◆ **4 ¡~!,** damn it! (enfado); I'll be damned! (sorpresa).
jofaina *s. f.* washbasin.
jolgorio *s. m.* merriment, fun.
jondo *adj.* ⇒ **cante.**
jónico, -ca *adj.* ART. Ionic.
Jordania *s. f.* Jordan.
jordano, -na *adj./s. m.* y *f.* Jordanian.
jornada *s. f.* **1** day's journey, journey. **2** day's work: *jornada laboral = working day.* **3** MIL. expedition. **4** act (en el teatro clásico español). ◆ **5 ~ intensiva,** short time.
jornal *s. m.* **1** wage. **2** day's wage.
jornalero, -ra *s. m.* y *f.* AGR. day labourer.
joroba *s. f.* **1** ANAT. hump, hunchback. **2** nuisance, bother. **3** (Am.) impertinence. ◆ **4 ¡~!,** heavens!
jorobado, -da *p. p.* **1** de **jorobar.** • *adj.* **2** hunchbacked. **3** (fam.) not too well, exhausted. • *s. m.* y *f.* **4** hunchback.
jorobar *v. t.* **1** to bother, to pester (fastidiar). **2** to mess up (estropear). • *v. pron.* **3** to put up with it (aguantarse). **4** to get damaged (estropearse).
joropo *s. m.* MÚS. popular dance in some parts of South America.
jota *s. f.* **1** name of the letter "j". ◆ **2 no entender/saber ni ~,** not to understand a word.
joven *adj.* **1** young. • *s. m.* y *f.* **2** young man (chico), young woman (chica).
jovial *adj.* merry, cheerful, jolly.
jovialidad *s. f.* merriment, cheerfulness.
jovialmente *adv.* merrily, cheerfully.
joya *s. f.* **1** jewel. **2** (fig.) gem, treasure (cosa o persona de gran valía).
joyería *s. f.* **1** jewellery trade, jewellery business. **2** jewellery shop (tienda). **3** jewels, jewellery: *un tipo de joyería preciosa = a beautiful type of jewellery.*
joyero -ra *s. m.* y *f.* **1** jeweller (persona). • *s. m.* **2** jewel case, jewellery box (objeto).
juanete *s. m.* **1** ANAT. bunion. **2** MAR. topgallant (tipo de vela).
juanillo *s. m.* (Am.) bribe (soborno).
jubilación *s. f.* **1** retirement. **2** retirement pension (dinero). **3** (form.) joy, jubilation.
jubilado, -da *adj.* **1** retired. • *s. m.* y *f.* **2** pensioner, retired person.
jubilar *v. t.* y *pron.* **1** to retire. • *v. t.* **2** (fig.) to put aside, to discard (un objeto innecesario o que funciona mal). • *adj.* **3** (form.) of a jubilee.
jubileo *s. m.* jubilee.
júbilo *s. m.* (form.) jubilation, joy.
jubilosamente *adv.* joyfully, jubilantly.
jubiloso, -sa *adj.* joyful, jubilant.
jubón *s. m.* HIST. doublet, jerkin (prenda de vestir antigua).
júcaro, -ra *adj.* (Am.) roguish, knavish, naughty.
judaico, -ca *adj.* Jewish.
judaísmo *s. m.* REL. Judaism.
judaizante *adj.* Judaizing.
judaizar *v. t.* to Judaize.
judas *s. m.* (fig.) traitor.
judería *s. f.* **1** Jewish quarter, Jewish ghetto. **2** Jewry (judíos).
judicatura *s. f.* DER. judicature.
judicial *adj.* juridical.
judicialmente *adv.* according to the law; juridically.
judío, -a *adj.* **1** Jewish. • *s. m.* y *f.* **2** Jew. • *s. f.* **3** BOT. bean.
judión *s. m.* BOT. large variety of French bean.
judo *s. m.* DEP. judo.
juego *s. m.* **1** game, play, playing (en general). **2** sport (como deporte). **3** DEP. juego (en tenis). **4** gambling (de apostar). **5** hand (en las cartas). **6** set (de objetos): *un juego de café = a coffee set.* **7** play, movement (en las articulaciones o en un objeto). **8** (fig.) game, scheme (intenciones normalmente deshonestas): *no me gusta su juego = I don't like his game.* ◆ **9 dar ~ (una cosa),** to offer many possibilities (de uso, comentario, crítica, etc.). **10 entrar en ~,** to come into play: *mucho dinero entrará en juego = a lot of money will come into play.* **11 estar en ~,** to be at work; to be at stake: *muchos intereses están en juego = many interests are at stake.* **12 hacer el ~ a alguien,** to play into somebody's hands. **13 hacer ~,** to match (ropa o similar). **14 ~ de azar,** game of chance. **15 ~ de manos,** conjuring trick. **16 ~ de niños,** (fig.) child's play. **17 ~ de palabras,** play on words. **18 juegos florales,** poetry competition. **19 Juegos Olímpicos,** Olympic Games.
juerga *s. f.* spree, binge.
juerguearse *v. pron.* **1** to have plenty of fun. **2** to make fun (of) (de algo o alguien).
juerguista *adj./s. m.* y *f.* fun-loving person, party animal.
jueves *s. m.* Thursday.
juez *s. m.* **1** DER. judge. **2** REL. Judge (el libro de los Jueces).
jueza *s. f.* DER. female judge.
jugada *s. f.* **1** move, play (acción o movimiento). **2** dirty trick (mala pasada).
jugador, -ra *s. m.* y *f.* **1** DEP. player. **2** gambler (de cartas, dados, etc.).
jugar *v. i.* y *t.* **1** to play (deportes). **2** to play, to cavort (entretenerse o divertirse). • *v. i.* **3** to make a move, to make a play (un movimiento concreto). **4** to gamble (dinero o parecido). **5** not to be serious, to play: *estás jugando con fuego = you are playing with fire.* • *v. t.* **6** to wield, to handle (un dado o carta concreta). • *v. pron.* **7** to risk (arriesgar): *jugarse la vida = to risk one's life.* ◆ **8 ~ con alguien,** to toy with someone (haciendo lo que uno quiere). **9 ~ limpio/sucio,** to play fair/dirty, to play the game/to indulge in dirty play. **10 jugársela a alguien, a)** to be unfaithful to somebody (engañar):

su mujer se la ha jugado = his wife has been unfaithful to him; **b)** to deceive somebody, to trick somebody.
jugarreta *s. f.* dirty trick.
juglar, -resa *s. m.* y *f.* HIST. minstrel, troubadour.
juglaresco, -ca *adj.* minstrel.
juglaría o **juglería** *s. f.* HIST. minstrelsy.
jugo *s. m.* **1** juice, fluid, sap (secreción de animales o plantas). **2** (fig.) substance. ◆ **3** ~ **gástrico,** FISIOL. gastric juice. **4** ~ **pancreático,** FISIOL. pancreatic juice. **5 sacarle el** ~ **a algo,** to get the most out of something.
jugosidad *s. f.* **1** juiciness. **2** (fig.) essence, substance.
jugoso, -sa *adj.* **1** juicy. **2** (fig.) essential, substantial.
juguete *s. m.* **1** toy. **2** (fig.) plaything, toy: *él es el juguete de Mary = he is Mary's plaything.*
juguetear *v. i.* to toy.
jugueteo *s. m.* playing, romping.
juguetería *s. f.* **1** toy business, toy trade. **2** toy shop.
juguetón, -na *adj.* playful; frolicsome.
juicio *s. m.* **1** DER. trial. **2** judgement, discernment (inteligencia). **3** sanity, sound mind (sanidad mental). **4** opinion, judgement (opinión). **5** sense, common sense (sentido común). ◆ **6 estar uno en su (sano)** ~**,** to be of sound mind, to be in one's right mind. **7 estar uno fuera de** ~**,** to be out of one's mind. **8 perder el** ~**,** to lose one's mind.
juiciosamente *adv.* wisely, judiciously.
juicioso, -sa *adj.* wise, judicious.
julepe *s. m.* **1** MED. syrup. **2** card game. **3** tongue lashing, telling-off, dressing-down. **4** (Am.) scare, fright.
julepear *v. t.* (Am.) to scare, to terrify.
julio *s. m.* July.
juma o **jumera** *s. f.* (Am.) drunken state, drunkenness.
jumarse *v. pron.* (Am.) to get drunk, to get stoned.
jumental o **jumentil** *adj.* pertaining to a donkey.
jumento *s. m.* ass, donkey.
jumo, -ma *adj.* (Am.) drunk, stoned.
juncal *adj.* slim, gallant, good-looking.
junco *s. m.* **1** BOT. rush, reed. **2** MAR. junk.
juncoso, -sa *adj.* rushy, reedy.
jungla *s. f.* jungle.
junio *s. m.* June.
junior *s. m.* **1** DEP. junior (deportista entre 17 y 21 años). **2** REL. novice. **3** junior (hijo).
junípero *s. m.* BOT. juniper.
junquera *s. f.* BOT. rush, bulrush.
junquillo *s. m.* **1** BOT. jonquil. **2** raftan (bastón).
juntamente *adv.* jointly, together.
juntar *v. t.* y *pron.* **1** to join (unir). **2** to gather, to collect (reunir). • *v. pron.* **3** to live together (sin casarse).
junto, -ta *adj.* **1** near, close. • *s. f.* **2** board (comité). **3** meeting, session. **4** union, junction (unión). **5** MIL. junta. **6** MEC. joint, coupling (juntura).
juntura *s. f.* MEC. joint, coupling, junction.
Júpiter *s. m.* Jupiter.
jura *s. f.* **1** oath, pledge. **2** swearing in (ceremonia).
juraco *s. m.* (Am.) hole.
jurado *p. p.* **1** de **jurar.** • *s. m.* **2** DER. jury. • *s. m.* y *f.* **3** juror, member of a jury (miembro de un tribunal). • *adj.* **4** under oath.
juramentar *v. t.* to put under oath.
juramento *s. m.* **1** oath. **2** swearword, curse. ◆ **3 prestar** ~**,** to take the oath.
jurar *v. t.* **1** to swear, to take an oath. **2** to pledge (prometer). • *v. i.* **3** to swear, to curse (maldecir). ◆ **4 jurársela a alguien,** to have it in for someone, to swear to get even with someone.
jurel *s. m.* ZOOL. horse mackerel (pez).
jurídicamente *adv.* legally.
jurídico, -ca *adj.* legal, juridical.
jurisconsulto *s. m.* legal expert.
jurisdicción *s. f.* **1** jurisdiction, authority. **2** district, area (zona).
jurisdiccional *adj.* jurisdictional.
jurispericia *s. f.* jurisprudence.
jurisperito o **jurisprudente** *s. m.* legal expert.
jurisprudencia *s. f.* **1** DER. case law (criterio). **2** DER. jurisprudence (legislación).
jurista *s. m.* y *f.* lawyer, jurist.
justamente *adv.* **1** just, exactly, precisely: *justamente ahora = just now.* **2** fairly, justly (en justicia).
justicia *s. f.* **1** DER. justice. **2** fairness (virtud moral). **3** law (ley). **4** justice, retribution (castigo).
justiciable *adj.* DER. actionable (que puede ser llevado ante la justicia).
justicialismo *s. m.* POL. political belief in Argentina.
justiciero, -ra *adj.* strict, severe.
justificable *adj.* justifiable.
justificación *s. f.* **1** justification. **2** proof, evidence. **3** alignment (de tipografía). **4** REL. salvation.
justificadamente *adv.* justifiably.
justificado, -da *p. p.* **1** de **justificar.** • *adj.* **2** justified.
justificador, -ra *adj.* **1** justifying. • *s. m.* **2** justification bar (en imprenta).
justificante *s. m.* receipt, voucher.
justificar *v. t.* **1** to justify. **2** to explain: *esto justifica su comportamiento = this explains his behaviour.* **3** REL. to make holy, to free from sin. **4** to align (en imprenta). • *v. t.* y *pron.* **5** to be proved innocent.
justificativo, -va *adj.* justifying.
justillo *s. m.* jerkin (prenda interior de mujer).
justipreciar *v. t.* to appraise, to estimate.
justiprecio *s. m.* appraisal, estimate.
justo, -ta *adj.* **1** fair, just, right. **2** exact, precise, correct: *el precio justo = the exact price.* **3** tight, tight-fitting (sobre todo ropa). **4** righteous, upright (virtuoso). • *s. m.* y *f.* **5** just man (hombre), just woman (mujer). • *adv.* **6** justly, fairly (con justicia). **7** sparingly (con falta de dinero). **8** exactly, precisely.
juvenil *adj.* young, youthful.
juventud *s. f.* **1** youth, early life: *fui un magnífico deportista en mi juventud = I was a very good athlete in my youth.* **2** young people, youth: *la juventud = young people.* **3** youthfulness (calidad).
juzgado, -da *p. p.* **1** de **juzgar.** • *s. m.* **2** court, tribunal.
juzgador, -ra o **juzgante** *adj.* **1** judging. • *s. m.* y *f.* **2** judge.
juzgar *v. t.* **1** DER. to judge, to pass judgement on. **2** to consider, to believe: *lo juzgo oportuno = I consider it appropriate.* **3** to assess.

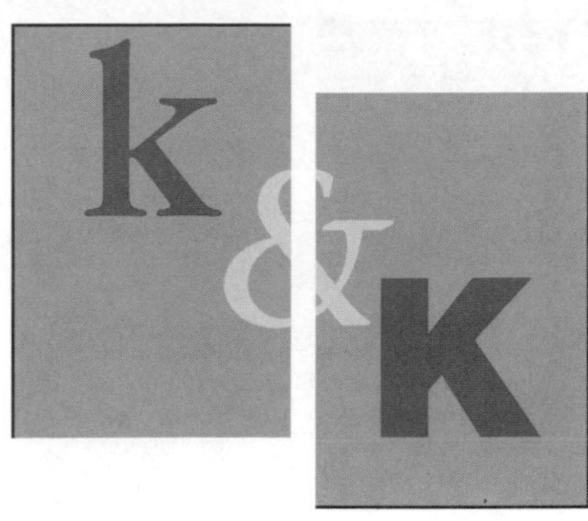

k, K *s. f.* **1** k, K (undécima letra del alfabeto español). • abreviatura. **2** k (vitamina). **3** (grado Kelvin).
kaki *adj.* **1** khaki. **2** persimmon.
karaoke *s. m.* MÚS. karaoke.
karateca *s. m.* y *f.* karateist.
Kenia *s. f.* Kenya.
keniata *adj./s. m.* y *f.* Kenyan.
kilo *s. m.* kilo.
kilocaloría *s. f.* kilocalorie.
kilociclo *s. m.* kilocycle.
kilogramo *s. m.* kilogramme (brit.), (EE UU) kilogram.
kilolitro *s. m.* kilolitre (brit.), (EE UU) kiloliter.
kilometraje *s. m.* distance in kilometres.
kilométrico *adj.* **1** kilometric. **2** (fig.) very long: *un anuncio kilométrico = a very long advertisement.* ◆ **3 billete ~**, runabout ticket. **4 punto ~**, kilometric point.
kilómetro *s. m.* kilometre (brit.), (EE UU) kilometer.
kilovatio *s. m.* **1** kilowatt. **2 kilovatios-hora,** kilowatt hour.
kiosco *s. m.* ⇒ **quiosco**.
kivi o **kiwi** *s. m.* BOT. y ZOOL. kiwi.
k.o. *s. m.* DEP. knock out (boxeo).
koala *s. m.* koala.
kriptón *s. m.* krypton.
kumis *s. m.* GAST. kumiss (bebida fermentada).

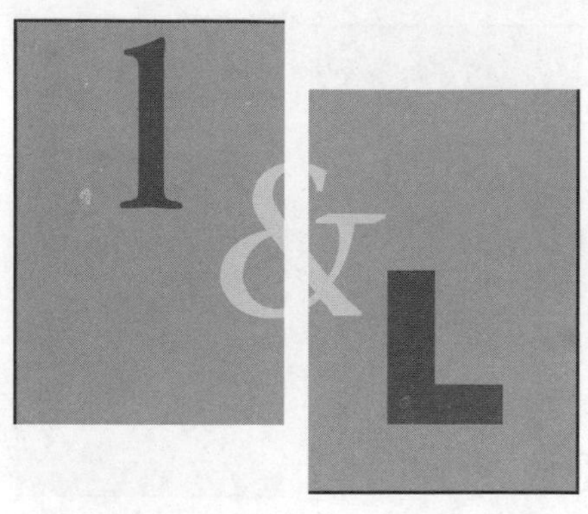

l, L *s. f.* **1** l, L (duodécima letra del alfabeto español). ◆ **2 L,** 50 (número romano).

la *art. def. f. sing.* **1** the: *la mesa = the table.* ● *pron. pers. 3ª pers. f. sing.* o *d.* **2** her (persona), it (cosa). **3** you (usted): *la vi a usted ayer = I saw you yesterday.* ◆ **4 la de(l), a)** *la de él = his; la de ella = hers; la de ellos/ellas = theirs; la de María = María's;* **b)** *la del sombrero verde = the one in the green hat;* **c)** the quantity, the amount of, the number of, so much, so many: *¡la de gente que había! = there were so many people!* **5 la que,** the one who.

laberíntico, -ca *adj.* **1** labyrinthic, labyrin-thine, labyrinthian. **2** rambling: *una casa laberíntica = a rambling house.*

laberinto *s. m.* **1** labyrinth, maze. **2** (fig.) tangle, maze. **3** ANAT. labyrinth.

labia *s. f.* **1** fluency, glibness. ◆ **2 tener mucha ~,** to have the gift of the gab.

labiado, -da *adj.* BOT. labiate.

labial *adj. s. f.* labial.

labializar *v. t.* to labialize.

lábil *adj.* **1** labile. **2** weak, feeble.

labilidad *s. f.* lability, instability, proneness to lapse.

labio *s. m.* **1** ANAT. lip. **2** lip, edge, rim. ● *pl.* **3** mouth. **4** BOT., ZOOL. labrum, labium, lip. ◆ **5 estar pendiente/colgado de los labios de alguien,** to hang on to someone's every word. **6 ~ leporino,** harelip. **7 morderse los labios,** to bite one's lip. **8 no morderse los labios,** to pull no punches, to speak one's mind, to be outspoken.

labiodental *adj.* y *s. f.* GRAM. labiodental.

labiosear *v. t.* (Am.) to flatter, to blarney.

labioso, -sa *adj.* **1** talkative, glib. **2** flattering, persuasive.

labor *s. f.* **1** job, labour, work, piece of work, task, toil. **2** AGR. ploughing (brit.), plowing (EE UU). **3** MIN. works, workings, excavations. **4** knitting, sewing, needlework, embroidery, crochet, lacework. **5** manufactured tobacco. **6** thousand tiles or bricks. ◆ **7 sus labores,** housewife. **8 labores agrícolas,** farm work.

laborable *adj.* **1** AGR. arable, tillable, workable. ◆ **2 día ~,** working day.

laboral *adj.* labour.

laboralista *adj./s. m.* y *f.* labour-relations lawyer.

laborar *v. t.* e *i.* to work, to till, to plough.

laboratorio *s. m.* **1** laboratory. ◆ **2 ~ de idiomas,** language laboratory.

laboreo *s. m.* **1** AGR. ploughing (brit.), plowing (EE UU); cultivation, working, tilling. **2** MIN. exploitation, working.

laboriosidad *s. f.* industry, laboriousness.

laborioso, -sa *adj.* **1** laborious, hardworking, industrious, painstaking. **2** laborious, difficult, tough, arduous.

laborismo *s. m.* Labour Party, Labour Movement, worker's movement.

laborista *adj.* **1** labour: *partido laborista = Labour Party.* ● *s. m.* y *f.* **2** Labour Party member/supporter.

labrado, -da *adj.* **1** worked; wrought (metal). **2** ploughed (brit.), plowed (EE UU) (tierra). **3** cut, carved, (madera, piedra). **4** embroidered, patterned (tela). ● *s. m.* **5** working (metal). **6** cutting, carving (madera). **7** ploughing (tierra). **8** embroidery (tela). ● *pl.* **9** cultivated fields, croplands.

labrador, -ra *adj.* **1** farming. ● *s. m.* y *f.* **2** peasant, farmer, ploughman.

labrantío, -a *adj.* **1** arable, tillable. ● *s. m.* **2** arable, tillable land.

labranza *s. f.* **1** farming, cultivation, work. **2** farmland, farm. ◆ **3 aperos de ~,** farming tools, implements.

labrar *v. t.* **1** to plough (brit.), to plow (EE UU); to till, to cultivate, to work. **2** to work (metals). **3** to cut, to carve (madera, piedra). **4** to embroider (tela). **5** (fig.) to work, to forge, to cause, to bring about: *labrarse la propia ruina = to cause one's own ruin.* **6** to make, to build, to forge: *labrarse un porvenir = to build one's future.*

labriego, -ga *s. m.* y *f.* peasant, farm labourer, farm worker, farmhand, farmer.

laca *s. f.* **1** lacqueur, shellac, japan. **2** hair spray (de pelo). **3** nail varnish/polish (de uñas). **4** lake (dye, pigment).

lacayo *s. m.* **1** lackey, lacquey, footman, groom. **2** (fig.) lackey, flunkey, toady.

lacear *v. t.* **1** to beribbon, to trim, to adorn with bows. **2** to drive (game) into range, to snare. **3** to lasso.

laceración *s. f.* laceration.

lacerado, -da *adj.* **1** unhappy, unlucky. **2** lacerated, wounded. ● *s. m.* **3** leper.

lacerante *adj.* harrowing, heart-rending, sharp, wounding.

lacerar *v. t.* **1** to lacerate, to damage, to harm, to tear. **2** (fig.) to damage, to spoil, to mangle, to injure (reputación).

laceria *s. f.* **1** misery, poverty, want, wretchedness. **2** distress, toil, trouble.

lacería *s. f.* **1** bows, ornamental bows. **2** ARQ. lacework, strapwork.

lacha *s. f.* **1** anchovy. **2** shame: *tener lacha = to be/feel ashamed.*

lacho *s. m.* (Am.) lover.

lacio, -cia *adj.* **1** withered, faded. **2** lank, straight (pelo). **3** flaccid, flabby, limp, weak, languid.

lacón *s. m.* shoulder of pork.

lacónico, -ca *adj.* laconic, terse.

laconismo *s. m.* laconism, terseness.

lacra *s. f.* **1** MED. mark, trace, scar. **2** (Am.) sore ulcer, scab. **3** (fig.) blot, blemish, scourge, blight. **4** defect, flaw, fault.

lacrar *v. t.* **1** to strike (con enfermedad), to contaminate, to infect. **2** to injure, to harm, to cause damage to. **3** to seal.

lacre *s. m.* sealing wax.

lacrimal *adj.* **1** ANAT. lachrymal, lacrimal. ◆ **2 conducto ~,** tear duct.

lacrimógeno, -na *adj.* **1** lachrymogenic, tear-producing. **2** sentimental, tearful: *película lacrimógena =tear-jerker.* ◆ **3 gas ~,** tear gas.

lacrimoso, -sa *adj.* lachrymose, tearful.

lactación *s. f.* lactation, nursing.

lactancia *s. f.* lactation, nursing, suckling.

lactante *adj.* nursing, suckling (madre, niño).

lactar *v. t.* e *i.* to nurse, to suckle, to feed on milk, to breast-feed.

lacteado, -da *adj.* mixed with milk.

lácteo, -a *adj.* **1** milky, lactic, lacteal: *productos lácteos = milk/dairy products.* ◆ **2 Vía Láctea,** Milky Way.

lactosa *s. f.* lactose, milk sugar.

lacustre *adj.* lake, lacustrine.

ladear *v. t., i.* y *pron.* **1** to lean, to tilt, to slant, to tip, to incline. **2** AER. to bank. **3** to go off the straight and narrow. **4** to bend, to swerve. **5** to avoid, to get round (una dificultad). **6** (Am.) to fall in love.

ladera *s. f.* slope, side, hillside, mountainside.

ladero, -ra *adj.* side, lateral.

ladilla *s. f.* crab louse.

ladino, -na *adj.* **1** Spanish speaking. **2** multilingual, poliglot. **3** cunning, wily, shrewd.

lado *s. m.* **1** side, edge, flank. **2** end (deporte); faction (política). **3** favour, protection, connections. ◆ **4 al ~,** near, nearby, at hand. **5 a un ~ y a otro,** on both sides. **6 dar de ~ a alguien,** to cold-shoulder, to desert, to disregard. **7 mirar de medio ~,** to look down on, to look at out of the corner of one's eye, to look askance. **8 estar/ponerse del ~ de alguien,** to be on someone's side, to side with, to take sides with. **9 ir cada uno por su ~,** to go one's separate ways. **10 por un ~,** on the one hand. **11 ver el ~ bueno de las cosas,** to look on the bright side.

ladrador, -ra *adj.* barking.

ladrar *v. i.* **1** to bark, to yap. **2** (fig.) to growl, to bark.

ladrido *s. m.* **1** bark, yap. **2** backbiting, slander.

ladrillado *s. m.* brick floor, tile floor.

ladrillar *v. t.* **1** to brick, to pave with bricks. ● *s. m.* **2** brickworks, brickyard.

ladrillazo *s. m.* blow with a brick.

ladrillo *s. m.* **1** brick, tile. **2** block. **3** check (cloth).

ladrón, -na *adj.* **1** thieving, light-fingered. ● *s. m.* y *f.* **2** thief, robber, burglar. **3** ELEC. adaptor. ◆ **4 cueva de ladrones,** den of thieves. **5 ~ cuatrero,** horse thief, cattle thief. **6 ~ de corazones,** ladykiller.

lagar *s. m.* **1** wine/apple/olive press. **2** press house.

lagarta *s. f.* **1** ZOOL. female lizard, gipsy moth. **2** (fig.) sly minx, tart.

lagartija *s. f.* ZOOL. (small) lizard.

lagarto *s. m.* **1** ZOOL. lizard. **2** ANAT. biceps. **3** sly fellow, crafty fellow. ◆ **4 ~ de Indias,** alligator.

lagartón, -na *adj.* **1** (Am.) sly, wily, crafty, greedy. ● *s. m.* **2** sly devil. ● *s. f.* **3** sly minx.

lago *s. m.* lake.

lagotería *s. f.* cajolery, flattery, adulation.

lágrima *s. f.* **1** tear. **2** drop, drop of sap. ◆ **3 deshacerse en lágrimas/llorar a ~ viva,** to burst into tears, to sob one's heart out, to cry one's eyes out, to shed bitter tears. **4 lágrimas de cocodrilo,** crocodile tears. **5 ser el paño de lágrimas de alguien,** to give someone a shoulder to cry on.

lagrimal *adj.* **1** lachrymal. ● *s. m.* **2** ANAT. corner of the eye.

lagrimar *v. i.* to weep, to cry.

lagrimear *v. i.* to shed tears, to blubber, to be tearful; to water, to fill with tears.

lagrimeo *s. m.* **1** watering (de los ojos). **2** sobbing (lloros).

laguna *s. f.* **1** small lake, tarn (montaña), lagoon (atolón), pool. **2** gap, lacuna. **3** gap, blank, hiatus, break.

lagunajo *s. m.* pool, puddle.

laicismo *s. m.* laicism.

laico, -ca *adj.* **1** lay, secular, laical. ● *s. m.* y *f.* **2** layperson, layman (hombre), laywoman (mujer).

laísmo *s. m.* use of **la/las** as indirect object instead of **le/les.**

laja *s. f.* flat stone, stone slab, flagstone.

lama *s. f.* **1** mud, slime, slit, ooze. **2** (Am.) moss, duckweed. **3** gold or silver tissue. **4** blind strip. ● *s. m.* **5** REL. lama.

lamaísmo *s. m.* REL. lamaism.

lamaísta *adj./s. m.* y *f.* lamaist.

lambada *s. f.* lambada.

lambarero *s. m.* **1** flatterer. **2** wanderer, rover.

lambeculo *s. m.* (Am.) creep, toady.

lambeojos *s. m.* (Am.) creep, toady.

lambeplatos *s. m.* (Am.) **1** bootlicker, poor wretch. **2** beggar.

lamber *v. t.* to lick.

lambeta *s. m.* (Am.) creep, toady.

lamentable *adj.* regrettable, pitiful.

lamentablemente *adv.* regrettably.

lamentación *s. f.* lamentation, sorrow.

lamentar *v. t.* **1** to be sorry about, to regret, to lament, to bemoan, to mourn, to grieve. ● *v. pron.* **2** to complain, to moan.

lamento *s. m.* **1** lament, lamentation. **2** wail, moan.

lamer *v. t.* **1** to lick. **2** to lap. **3** (fig.) to brush (rozar).

lametada *s. f.* lick, lap.

lametazo *s. m.* ⇒ **lametada.**

lametón *s. m.* ⇒ **lametada.**

lamia *s. f.* **1** lamia (monstruo fabuloso con cuerpo de mujer), witch, she-devil. **2** ZOOL. lamia (especie de tiburones).

lamido, -da *adj.* **1** very thin, pale, scrawny. **2** licked, scrubbed. **3** dandified, prim, spick-and-span, affected.

lámina *s. f.* **1** sheet, plate, lamina. **2** illustration, picture, engraving. **3** ANAT. y BOT. lamina. **4** (fig.) appearance.

laminable *adj.* rollable.

laminación *s. f.* **1** rolling, splitting, lamination. ◆ **2 tren de ~,** rolling mill.

laminado, -da *adj.* **1** laminated. **2** TEC. sheet, rolled.

laminador *s. m.* **1** rolling mill. **2** roller, rolling-mill operator.

laminar *adj.* **1** laminar. ● *v. t.* **2** to laminate, to roll, to split.

lampa *s. f.* (Am.) spade, hoe.

lampadario *s. m.* candelabra, candlestick.

lámpara *s. f.* **1** lamp, light, bulb. **2** valve, tube. ◆ **3 ~ de mineros/de seguridad,** miner's/safety lamp. **4 ~ de pie,** standard lamp. **5 ~ de techo,** ceiling light.

lamparería *s. f.* lamp works, lamp shop.

lamparero, -ra *s. m.* y *f.* lamp maker.

lamparilla *s. f.* **1** BOT. aspen, nightlight. **2** small lamp.

lamparón *s. m.* **1** large lamp. **2** MED. scrofula. **3** grease stain.

lampiño, -ña *adj.* hairless, beardless, clean-shaven.

lampista *s. m.* lamp maker, tinsmith.

lamprea *s. f.* **1** BOT. lamprey. **2** MED. sore, ulcer.

lamprear *v. t.* **1** to cook with wine, spices and honey. **2** to whip.

lampreazo *s. m.* lash, crack of a whip.

lana *s. f.* **1** wool, fleece. **2** woollen cloth. ● *pl.* **3** hair, mop. ◆ **4 ir por ~ y salir/volver trasquilado,** to go for wool and come home shorn, to get nothing for one's pains, to be disappointed in one's hopes. **5 ~ virgin,** new wool.

lanada *s. f.* cleaning rod (para limpiar el alma de las piezas de artillería).

lanado *adj.* BOT. lanate.

lanar *adj.* **1** wool-bearing. ◆ **2 ganado ~,** sheep.

lance *s. m.* **1** throw, cast, catch. **2** event, episode, chance, incident. **3** critical moment, difficult moment. **4** move, movement, piece of play, stroke. **5** row, quarrel. **6** pass with the cape (tauromaquia). ◆ **7 de ~,** second-hand. **8 ~ de honor,** challenge, duel, affair of honour.

lanceolado *adj.* BOT. lanceolate, lanceolar.

lancería *s. f.* **1** set of spears. **2** troop of lancers.

lancero *s. m.* **1** MIL. lancer. ● *pl.* **2** MÚS. lancers.

lancha *s. f.* **1** flat stone, stone slab; partridge trap. **2** boat, pinnace; motor launch, motorboat; barge. ◆ **3 ~ de pesca,** fishing boat. **4 ~ motora,** motorboat. **5 ~ salvavidas,** lifeboat.

lanchaje *s. m.* MAR. lighterage.

landa *s. f.* moor, moorland, heathland, wasteland.

landó *s. m.* landau.

lanero, -ra *adj.* **1** wool. ● *s. m.* y *f.* **2** wool dealer. ● *s. m.* **3** wool warehouse.

langosta *s. f.* **1** ZOOL. locust (insecto). **2** lobster (crustáceo). **3** (fig.) scourge.

langostino *s. m.* ZOOL. prawn.

lánguidamente *adv.* languidly, weakly, listlessly.

languidecer *v. i.* to languish.

languidez *s. f.* languour, lassitude, listlessness.

lánguido, -da *adj.* languid, weak, listless.

lanilla *s. f.* nap, thin flannel cloth.

lanolina *s. f.* lanoline.

lanosidad *s. f.* down.

lanoso, -sa *adj.* ⇒ **lanudo.**

lanudo, -da *adj.* **1** woolly, fleecy, downy, furry. **2** (Am.) rustic, uncouth.

lanuginoso, -sa *adj.* lanuginous, downy.

L M

lanza *s. f.* **1** lance, spear. **2** shaft (carreta), nozzle (manguera). **3** MIL. lancer. ◆ **4 a punta de ~,** rigorously, meticulously, accurately. **5 correr lanzas,** to joust. **6 estar con la ~ en ristre,** to be ready for action, to be all set to go, to have one's lance at the ready. **7 romper lanzas por alguien/por algo,** to fight for, to defend.
lanzacohetes *s. m.* rocket launcher.
lanzada *s. f.* **1** lance thrust, spear thrust. **2** lance wound, spear wound.
lanzadera *s. f.* **1** shuttle (telar). ◆ **2 ~ espacial,** space shuttle.
lanzamiento *s. m.* **1** throw, throwing, fling, flinging, hurl, hurling. **2** MIL. firing (misil, proyectil); launching (barco, sonda, campaña), release. **3** jump, drop (paracaidistas). **4** DEP. put, pitch, ball, throw.
lanzar *v. t.* **1** to throw; to hurl, to fling (con violencia). **2** to fire, to launch (proyectil, satélite, etc.). **3** DEP. to throw, (pelota, jabalina); to pitch (en béisbol); to put (peso). **4** to release (dejar libre). **5** DER. to dispossess. **6** (fig.) to launch (un producto). **7** to utter, to hurl, to heave (grito, insulto, maldición). **8** to cast, to give (mirada). **9** to make (acusación), to throw down/out (desafío). **10** to throw up. • *v. pron.* **11** to rush (precipitarse). **12** to throw/fling/hurl oneself (arrojarse). **13** to jump, to dive. **14** to launch oneself, to embark upon (emprender). **15** to dash off (en persecución de alguien).
lanzatorpedos *s. m.* torpedo tube.
laña *s. f.* **1** clamp. **2** BOT. green coconut.
lañador *s. m.* clamper.
lañar *v. t.* **1** to clamp. **2** to clean (pescado).
laosiano, -na *adj./s. m.* y *f.* Laotian.
lapa *s. f.* **1** ZOOL. limpet. **2** vegetal film. **3** (fam.) hanger-on. ◆ **4 pegarse como una ~,** to stick like glue/a leech.
lapachar *s. m.* marsh, swamp, bog.
lapicero *s. m.* **1** propelling pencil (portaminas). **2** pencil holder (portaplumas).
lápida *s. f.* memorial tablet, commemorative stone; tombstone, gravestone.
lapidación *s. f.* stoning, lapidation.
lapidar *v. t.* **1** to stone, to stone to death, to lapidate. **2** (Am.) to cut (gemas).
lapidario, -ria *adj. /s. m.* y *f.* lapidary.
lapislázuli *s. m.* GEOL. lapis lazuli.
lápiz *s. m.* **1** pencil, crayon (de color): *escribir a/con lápiz = to write in pencil.* **2** GEOL. blacklead, graphite. ◆ **3 ~ de labios,** lipstick. **4 ~ de plomo,** graphite pencil. **5 ~ rojo,** red ochre.
lapo *s. m.* **1** lash, blow, slap. **2** (fam.) spit. **3** (Am.) simple soul, mug.
lapso *s. m.* **1** lapse, space (tiempo). **2** slip, lapse, lapsus.
lapsus *s. m.* **1** slip, lapse. ◆ **2 ~ cálami,** slip of the pen. **3 ~ linguae,** slip of the tongue.
lar *s. m.* **1** lar (divinidad protectora del hogar). **2** hearth. **3** home.
lardo *s. m.* lard, animal fat.
largamente *adv.* at length, for a long time; generously.
largar *v. t.* **1** to let go, to let loose, to release; to loosen, to slacken. **2** to unfurl (bandera, vela). **3** to launch (bote, barco). **4** to fetch, to give (un golpe). • *v. pron.* **5** to clear off, to beat it, to push off. **6** to put to sea, to set sail.
largavistas *s. m.* (Am.) binoculars.
largo, -ga *adj.* **1** long, lengthy. **2** prolonged. **3** GRAM. long (vocal, sílaba). **4** liberal, generous. **5** full, good: *tardó un rato largo = he took a good while.* • *s. m.* **6** length. **7** MÚS. largo. • *s. f.* **8** lengthening piece (pieza de la horma para alargar el zapato). **9** longest billiard cue. • *adv.* **10** far, at length, abundantly. ◆ **11 a la larga,** in the long run, in the end. **12 a lo ~,** lengthwise, lengthways. **13 a lo ~ y a lo ancho,** to and fro, up and down; all over. **14 dar largas,** to put off (un asunto), to delay. **15 hablar ~ y tendido,** to talk something over. **16 ¡~!/¡~ de ahí!/¡~ de aquí!,** clear off!
largometraje *s. m.* film, movie, motion picture.
larguero *s. m.* **1** main beam, chief support jamb. **2** slide (cama). **3** bolster (travesaño). **4** DEP. crossbar, goal post.
largueza *s. f.* generosity.
larguirucho, -cha *adj.* (fam.) lanky, gangling.
largura *s. f.* length.
laringe *s. f.* ANAT. larynx.
laringitis *s. f.* MED. laryngitis.
laringología *s. f.* MED. laryngology.
laringólogo, -ga *s. m.* y *f.* MED. laryngologist, throat specialist.
larva *s. f.* MIT., ZOOL. larva, *(pl.)* larvae.
larvado, -da *adj.* MED. larvate, larval.
las *art. def. f. pl.* **1** the. • *pron. pers. f. pl.* **2** them. **3** you (ustedes): *las vi a ustedes ayer = I saw you yesterday.* ◆ **4 las de (los), a)** *las de él = his; las de ella = hers; las de ellos/ellas = theirs; las de María = María's;* **b)** *las de los sombreros verdes = the ones/those in the green hats.* **5 ~ que,** the ones who, those who.
lasca *s. f.* chip (de piedra).
lascivamente *adv.* lasciviously, lewdly, lustfully, playfully, wantonly.
lascivia *s. f.* lasciviousness, lechery, lewdness, lust, lustfulness; playfulness.
lascivo, -va *adj.* lascivious, lewd, lustful; playful, wanton.
láser *s. m.* TEC. laser, laser beam.
lasitud *s. f.* lassitude, weariness.
laso, -sa *adj.* tired, weary, weak.
lástima *s. f.* **1** compassion, sympathy. **2** pity, shame. **3** complaint, lamentation, tale of woe. ◆ **4 dar ~,** to be pitiful. **5 ¡qué ~!,** what a pity! **6 tener ~ de,** to feel sorry for.
lastimadura *s. f.* injury.
lastimar *v. t.* **1** to hurt, to injure; to wound, to bruise. **2** to offend, to distress. • *v. pron.* **3** to hurt oneself, to injure oneself. **4** to pity, to feel sorry for, to sympathize with. **5** to complain about.
lastimero, -ra *adj.* **1** harmful, injurious. **2** plaintive, doleful.
lastimosamente *adv.* pitifully, pathetically.
lastimoso, -sa *adj.* pitiful, pitious, lamentable.
lastra *s. f.* flat stone, stone slab, flagstone.
lastrar *v. t.* to ballast, to weigh down.
lastre *s. m.* **1** ballast. **2** (fig.) ballast, dead weight.
lata *s. f.* **1** tin, can (envase). **2** tinplate (material). **3** lath (listón). **4** drag, nuisance, bore, bind (molestia). **5** pest (persona).
latente *adj.* latent, alive, intense, vigorous.
lateral *adj.* **1** side, lateral. **2** FON. lateral. • *s. m.* **3** wings, side of the stage.
lateralmente *adv.* laterally, sideways.
látex *s. m.* BOT. latex.
latido *s. m.* **1** beat, beating, throbbing. **2** yelp, yelping (ladrido).
latifundio *s. m.* latifundium, large landed estate.
latifundismo *s. m.* latifundium system.
latifundista *s. m.* y *f.* owner of a large estate.
latigazo *s. m.* **1** lash, crack of a whip. **2** (fam.) drink, swig.
látigo *s. m.* **1** whip, riding whip. **2** lash. **3** whip (carrusel de feria).
latiguear *v. i.* to crack one's whip, to whip, to lash, to thrash.
latiguera *s. f.* strap.
latiguillo *s. m.* **1** small whip. **2** BOT. runner. **3** overacting, hamming. **4** platitude, empty phrase.
latín *s. m.* **1** Latin. ◆ **2 bajo ~,** Low Latin. **3 ~ clásico,** Classical Latin. **4 ~ vulgar,** Vulgar Latin. **5 saber ~,** to be pretty sharp, to be nobody's fool. **6 echarle a uno los latines,** to marry, get married.
latina *adj.* ⇒ **latino.**
latinajo *s. m.* **1** Latinism, Latin word or phrase. **2** dog Latin.
latinidad *s. f.* Latinity, Latin countries.
latinismo *s. m.* Latinism.
latinizar *v. t.* e *i.* to Latinize.
latino, -na *adj./s. m.* y *f.* **1** Latin. • *s. f.* **2** MAR. **vela ~,** lateen sail.
latinoamericano, -na *adj./s. m.* y *f.* Latin-American.
latir *v. i.* **1** to beat (corazón), to throb (herida). **2** to yelp (ladrar).
latitud *s. f.* latitude.
lato *s. f.* **1** width, breadth, area. **2** GEOG. latitude. **3** (fig.) latitude, freedom.
latón *s. m.* brass.
latonería *s. f.* brassworks, brass shop.
latonero *s. m.* brassworker, brazier.
latoso, -sa *adj.* boring, annoying.
latría *s. f.* REL. latria.
latrocinio *s. m.* robbery, theft.
laúd *s. m.* **1** MÚS. lute. **2** MAR. catboat.
laudable *adj.* laudable, praiseworthy.
láudano *s. m.* MED. laudanum.
laude *s. f.* **1** engraved tombstone. • *pl.* **2** REL. lauds.
laudo *s. m.* DER. award, decision, finding.

laureado, -da *adj.* **1** honoured, distinguished, famous. • *s. m.* y *f.* **2** laureate.
laurear *v. t.* **1** to crown with laurels. **2** to honour, to reward.
laurel *s. m.* **1** BOT. laurel. **2** (fig.) laurels, honour, reward. ◆ **3 dormirse en los laureles,** to rest on one's laurels.
lauro *s. m.* **1** laurel. **2** laurels, glory, fame.
lava *s. f.* **1** GEOL. lava. **2** MIN. washing.
lavabo *s. m.* **1** washbasin, washstand. **2** washroom, toilet, lavatory. **3** REL. lavabo.
lavadero *s. m.* **1** washing place, laundry, wash house. **2** gold-bearing sands, place where gold-bearing sands are panned.
lavado *s. m.* **1** wash, washing. **2** ART. wash.
lavador, -ra *adj.* **1** washing. • *s. m.* **2** washer.
lavadora *s. f.* washing machine.
lavaje *s. m.* washing (de lana).
lavajo *s. m.* pool, pond.
lavanda *s. f.* **1** BOT. lavender. ◆ **2 agua de ~,** lavender water.
lavandería *s. f.* **1** laundry (servicio). **2** launderette (brit.), laundromat (EE UU) (autoservicio).
lavándula *s. f.* lavender.
lavaplatos *s. m.* **1** dishwasher (aparato). **2** (Am.) sink (fregadero).
lavar *v. t.* y *pron.* **1** to wash, to clean. **2** to wipe away, to wipe out. • *v. t.* **3** to paint in water colour. ◆ **4 lavarse las manos,** to wash one's hands.
lavativa *s. f.* **1** enema. **2** nuisance, bind, bother, bore.
lavatorio *s. m.* **1** washing. **2** (Am.) washbasin, washstand, lavatory, washroom. **3** MED. lotion. **4** REL. Maundy (ceremonia); lavabo (misa).
lavavajillas *s. m. inv.* dishwasher.
lavazas *s. f. pl.* dishwater, dirty water, slops.
lavotear *v. t.* **1** to wash quickly and badly. • *v. pron.* **2** to have a quick wash.
lavoteo *s. m.* quick wash, catlick.
laxante *adj.* y *s. m.* laxative.
laxar *v. t.* to loosen, to ease, to slacken, to relax.
laxo, -xa *adj.* slack, loose, lax.
lay *s. m.* lay (poema).
laya *s. f.* **1** AGR. spade. **2** quality, sort, kind.
lazada *s. f.* bow, knot.
lazador *s. m.* lassoer, poacher, dogcatcher.
lazar *v. t.* to lasso, to rope.
lazareto *s. m.* lazaretto, lazaret.
lazarillo *s. m.* blind person's guide.
lazarino, -na *adj.* **1** leprous. • *s. m.* y *f.* **2** leper.
lázaro *s. m.* beggar.
lazo *s. m.* **1** bow, knot, loop. **2** bond, link, tie. **3** ARQ. interlaced design. **4** figure (danza). **5** slipknot. **6** snare, trap. **7** shoelace. ◆ **8 caer en el ~,** to fall into the trap. **9 echar el ~,** to catch, to capture. **10 tender un ~,** to set a trap.
lazulita *s. f.* lazulite, lapis lazuli.
le *pron. pers. 3.ª pers.* (to) him (a él); (to) her (a ella); (to) you (usted); (to) it (cosas): *no le vi a usted ayer = I didn't see you yesterday.*
leal *adj./s. m.* y *f.* loyal, faithful, trustworthy.
lealmente *adv.* loyally, faithfully.
lealtad *s. f.* loyalty, fidelity, trustworthiness.
lebrada *s. f.* hare stew.
lebrato *s. m.* leveret.
lebrel *adj.* y *s. m.* greyhound.
lebrero, -ra *adj.* **1** hare-hunting. • *s. m.* **2** greyhound.
lebrillo *s. m.* earthenware pot.
lección *s. f.* **1** lesson, lecture, class. **2** reading. **3** warning, example. **4** REL. lesson, lection, reading. **5** chapter of a textbook. ◆ **6 dar una ~ a alguien,** to teach someone a lesson. **7 repasarle a uno la ~,** to tell off, to scold.
lecha *s. f.* milt, roe.
lechada *s. f.* **1** whitewash. **2** paste, grout, pulp. **3** milky liquid.
lechal *adj.* **1** sucking. **2** BOT. lactiferous, milky. • *s. m.* **3** milk, milky juice, milky sap (plantas). **4** suckling (cordero).
lechar *adj.* **1** ⇒ **lechal.** • *v. t.* **2** (Am.) to produce milk for, to give suck to. **3** to whitewash.
lechazo *s. m.* young lamb.
leche *s. f.* **1** milk. **2** milky sap, milky juice. **3** rubber, rubber tree. **4** (vulg.) spunk, semen. **5** good luck. ◆ **6 café con ~,** white coffee. **7 ¡leche!,** hell! **8 tener mala ~,** to be vindictive/nasty, to be a nasty piece of work.
lechecillas *s. f. pl.* **1** sweetbread. **2** offal.
lechera *s. f.* **1** milkmaid, dairymaid, milk seller (persona). **2** milk churn (para transportar leche). **3** milk jug (para servir leche). **4** dairy cow (vaca).
lechería *s. f.* **1** dairy, creamery. **2** milking parlour. **3** meanness.
lechero, -ra *adj.* **1** milk, dairy. **2** (Am.) lucky. **3** (fig., fam., Am.) mean, stingy, greedy, grasping, tightfis ted. • *s. m.* **4** milkman, dairyman.
lechigada *s. f.* **1** litter (animales), brood (aves). **2** gang.
lecho *s. m.* **1** bed, couch. **2** bed, bottom, floor (río). **3** GEOL. layer, stratum. **4** ARQ. base. **5** AGR. bedding.
lechón *s. m.* **1** sucking pig, piglet. **2** hog, swine. **3** filthy person.
lechoso, -sa *adj.* **1** milky. **2** (Am.) lucky.
lechuga *s. f.* **1** lettuce. **2** ruff, frill, flounce. **3** pleat, flute, crimp. **4** rotter, cad, heel. **5** banknote. ◆ **6 más fresco que una ~,** to be as cool as a cucumber.
lechuguilla *s. f.* **1** wild lettuce. **2** ruff, frill, flounce.
lechuguino *s. m.* **1** young lettuce. **2** small-lettuce patch (plantío). **3** (fig. y fam.) toff, dude (EE UU) dandy, beau.
lechuza *s. f.* **1** ZOOL. owl. **2** (fig. y fam.) hag.
lecitina *s. f.* lecithin.
lectivo, -va *adj.* school: *día lectivo = school day.*
lector, -ra *s. m.* y *f.* **1** reader (de libros, etc.). **2** foreign language assistant (profesor extranjero). **3** lecturer (conferenciante). **4** REL. lector. • *adj.* **5** reading.
lectorado *s. m.* **1** assistantship. **2** REL. lectorate.
lectoría *s. f.* assistantship (universidad).
lectura *s. f.* **1** reading. **2** reading matter. **3** lecture. **4** culture, knowledge. **5** TEC. pica. ◆ **6 una persona de mucha ~,** a well-read person.
leer *v. t.* e *i.* **1** to read. **2** to teach, to lecture. ◆ **3 ~ en los ojos/la mirada,** to read in someone's eyes. **4 ~ entre líneas,** to read between the lines.
lega *s. f.* ⇒ **lego.**
legación *s. f.* legation.
legado *s. m.* **1** legacy. **2** legate. **3** (fig.) legacy, bequest.
legajar *v. t.* (Am.) to file.
legajo *s. m.* **1** bundle of papers. **2** dossier, file.
legal *adj.* **1** legal, lawful. **2** scrupulous, honest, fair. **3** trustworthy, truthful.
legalidad *s. f.* legality, lawfulness.
legalista *adj.* legalistic.
legalizable *adj.* legalizable.
legalización *s. f.* **1** legalization. **2** authentication.
legalizar *v. t.* to legalize, to authenticate.
légamo *s. m.* **1** slime, mud, ooze. **2** loam, clay.
legaña *s. f.* sleep, rheum.
legar *v. t.* **1** to bequeath, to legate, to leave to. **2** to delegate.
legatario *s. m.* y *f.* DER. legatee, heir.
legendario, -ria *adj.* **1** legendary. • *s. m.* **2** collection of legends, book of legends.
legibilidad *s. f.* legibility.
legible *s. f.* legible.
legión *s. f.* **1** legion. ◆ **2 ~ extranjera,** Foreign Legion.
legionario, -ria *adj.* y *s. m.* legionary.
legislación *s. f.* legislation.
legislativo, -va *adj.* legislative.
legislatura *s. f.* legislature.
legista *s. m.* y *f.* legist, expert in law.
legítima *s. f.* ⇒ **legítimo.**
legitimar *v. t.* **1** to legitimate, to legitimize, to legalize. • *v. pron.* **2** to establish one's identity, to establish one's own title.
legitimario, -ria *adj.* legitimate, entitled.
legitimidad *s. f.* legitimacy, justice, authenticity.
legitimismo *s. m.* legitimism.
legitimista *adj./s. m.* y *f.* legitimist.
legítimo, -ma *adj.* **1** legitimate, rightful, just. **2** authentic, genuine, real. **3** pure, right. • *s. f.* **4** DER. legal share.
lego, -ga *adj.* **1** lay, laic, secular. **2** ignorant, uninformed. • *s. m.* y *f.* **3** layman (hombre), laywoman (mujer). **4** REL. laybrother. ◆ **5 ser ~ en la materia,** to know nothing about the subject.

legrar *v. t.* MED. to scrape, to curette.
legua *s. f.* **1** league. ◆ **2 a la ~,** far away, a mile away. **3 ~ cuadrada,** square league. **4 se ve a la ~,** you can see/tell it a mile away, it stands out a mile.
leguleyo *s. m.* pettifogging lawyer.
legumbre *s. f.* BOT. **1** pulse, legume (alubia, garbanzo, etc.). **2** vegetable (verdura).
leguminoso, -sa *adj.* **1** leguminous. ● *s. m.* y *f.* **2** pulse, leguminous plant.
leíble *adj.* legible.
leído, -da *p. p.* **1** de **leer.** ● *adj.* **2** well-read (instruido). **3** read: *una obra muy leída = a widely read book.* ● *s. f.* **4** reading.
leísmo *s. m.* the use of the pronoun **le** as direct object.
lejanía *s. f.* distance, remoteness.
lejano, -na *adj.* **1** distant, remote, far off. ◆ **2 Lejano Oriente,** Far East.
lejía *s. f.* bleach, lye.
lejos *adv.* **1** far, far away, a long way away. ● *s. m.* **2** distant view, appearance from a distance: *este cuadro tiene buen lejos = this picture looks good from a distance.* **3** similarity: *esta casa tiene un lejos con la tuya = this house looks like yours from a distance.* ◆ **4 a lo ~/desde ~/de ~,** in the distance, from afar, from a distance, from a long way off. **5 ~ de,** far from: *estoy lejos de creer que... = I'm far from believing that...* **6 para no ir más ~,** to take an obvious example.
lelo, -la *adj.* **1** silly, stupid, simple. ● *s. m.* y *f.* **2** simpleton, fool.
lema *s. m.* **1** theme, subject. **2** epigraph. **3** assumed name (concurso). **4** motto (heráldica). **5** slogan. **6** MAT. lemma.
lémur *s. m.* **1** ZOOL. lemur. ● *pl.* **2** phantoms, ghosts.
lencería *s. f.* **1** linen (ropa blanca). **2** lingerie, underwear (ropa interior).
lendrera *s. f.* toothcomb.
lengua *s. f.* **1** tongue. **2** language, tongue. **3** clapper, tongue (badajo). **4** neck, spit (de tierra). ◆ **5 con la ~ fuera,** puffing and panting. **6 irse de la ~,** to blab, to talk too much, to spill the beans, to let the cat out of the bag. **7 ~ de estropajo,** stammerer, mumbler, stutterer. **8 ~ de fuego,** tongue of fire. **9 ~ de víbora,** poisonous tongue. **10 ~ madre,** mother tongue. **11 ~ materna,** mother tongue. **12 ~ muerta,** dead language. **13 ~ viva,** modern language, living language. **14 lenguas hermanas,** related languages, sister tongues. **15 malas lenguas,** gossip. **16 morderse la ~,** to hold one's tongue. **17 no tener pelos en la ~,** not to mince one's words. **18 sacar la ~,** to stick out/to put out one's tongue. **19 tener mucha ~/tener la ~ suelta,** to be outspoken. **20 tirar de la ~,** to make someone talk. **21 trabarse la ~,** to get tongue-tied.
lenguado *s. m.* sole.
lenguaje *s. m.* **1** speech. **2** language. **3** idiom. **4** style.
lenguarada *s. f.* lick.
lenguaraz *adj.* **1** garrulous, talkative. **2** multilingual. **3** slanderous.
lengüeta *s. f.* **1** ANAT. epiglottis. **2** MÚS. reed. **3** pointer, needle (balanza). **4** flap, tab, tongue. **5** barb, bit. **6** paper cutter. **7** (Am.) chatterbox, gossip.
lengüetada *s. f.* lick.
lengüicorto, -ta *adj.* timid, shy, quiet.
lengüilargo, -ga *adj.* **1** talkative. **2** foul-mouthed.
lenguón, -na *adj.* **1** talkative, gossipy, gossiping, garrulous, outspoken. ● *s. m.* y *f.* **2** chatterbox, gossip.
lenitivo, -va *adj.* **1** soothing, lenitive. ● *s. m.* **2** MED. lenitive, palliative.
lenocinio *s. m.* **1** pimping, procuring, pandering. ◆ **2 casa de ~,** brothel.
lente *s. m.* y *f.* **1** lens, magnifying glass. ● *m. pl.* **2** glasses, spectacles. ◆ **3 lentes de contacto/lentillas,** contact lenses.
lenteja *s. f.* **1** BOT. lentil. **2** bob, disk of a pendulum.
lentejuela *s. f.* sequin, spangle.
lenticular *adj.* **1** lenticular. ● *s. m.* **2** ANAT. lenticular ossicle.
lentilla *s. f.* ⇒ **lente.**
lentitud *s. f.* slowness, sluggishness.
lento, -ta *adj.* **1** slow. **2** sluggish. **3** viscous, viscid.
leña *s. f.* **1** firewood, sticks, kindling. **2** rough play, thrashing.
leñador, -ra *s. m.* y *f.* woodcutter.
leñero, -ra *s. m.* y *f.* **1** wood seller. **2** woodshed.
leño *s. m.* **1** log, firewood, timber. **2** vessel. **3** (fig. y fam.) blockhead, thickhead.
leñoso, -sa *adj.* woody.
Leo *s. m.* ASTR. Leo.
león, -na *s. m.* y *f.* **1** ZOOL. lion (macho), lioness (hembra). ● *s. m.* **2 ~ marino,** sea lion.
leonado, -da *adj.* tawny.
leonera *s. f.* **1** lion's cage, lion's den. **2** gambling den. ◆ **3 es/parece una ~,** it is a mess, it looks a tip.
leonino, -na *adj.* **1** leonine. ◆ **2 contrato ~,** one-sided contract.
leontina *s. f.* watch chain.
leopardo *s. m.* ZOOL. leopard.
leotardo *s. m.* **1** leotard. ● *pl.* **2** tights.
lepidóptero, -ra *adj.* **1** ZOOL. lepidopterous, lepidopteran. ● *s. m.* y *f.* **2** ZOOL. lepidopteran.
leporino, -na *adj.* **1** leporine. ◆ **2 labio ~,** harelip.
lepra *s. f.* MED. leprosy.
leprosería *s. f.* lazaretto, leprosarium, leper colony.
leproso, -sa *adj./s. m.* y *f.* leprous, leper.
lerdo, -da *adj.* **1** dull, heavy, slow, dim. **2** sluggish, clumsy, lumbering, slow-witted. ● *s. m.* y *f.* **3** dullard, sluggard.
les *pron. pers. 3.ª pers. m.* (to) them (a ellos, ellas); (to) you (ustedes).
lesbianismo *s. m.* lesbianism.
lesbiano, -na *adj.* y *s. f.* lesbian.
lesión *s. f.* **1** injury, wound, lesion. **2** damage. ● *pl.* **3** DER. assault and battery.
lesivo, -va *adj.* injurious, harmful, damaging.
lesna *s. f.* ⇒ **lezna.**
leso, -sa *adj.* **1** injured, hurt, offended, wronged. **2** disturbed, warped. **3** (Am.) simple, stupid. ◆ **4 crimen de lesa majestad,** high treason, lese-majesty.
letal *adj.* lethal, deadly.
letanía *s. f.* **1** REL. litany. **2** REL. supplicatory procession. **3** (fam.) string, long list, tedious recitation, rigmarole.
letárgico, -ca *adj.* lethargic.
letargo *s. m.* **1** MED. lethargy. **2** drowsiness.
letificar *v. t.* to make happy, to cheer up, to give life.
letón, -na *adj.* **1** Latvian. ● *s. m.* y *f.* **2** Latvian. ● *s. m.* **3** Latvian, Lettish (idioma).
Letonia *s. f.* Letvia.
letra *s. f.* **1** letter. **2** sound. **3** handwriting, writing. **4** character, letter. **5** meaning, literal meaning. **6** LIT. rondeau. **7** lyrics, words (en una canción). **8** letter, bill, draft. ◆ **9 al pie de la ~,** to the letter. **10 hombre de letras,** man of letters. **11 ~ bastardilla,** italic script, italics. **12 ~ cursiva,** italics. **13 ~ de cambio,** bill of exchange, draft. **14 ~ negrita,** bold type, bold-face. **15 ~ redonda,** roman type. **16 ~ versal,** capital letters. **17 ~ versalita,** small capital letter. **18 ~ por ~,** word for word. **19 letras divinas/sagradas,** The Bible, The Scriptures. **20 letras humanas,** humanities. **21 primeras letras,** the three R's, elementary education.
letrado, -da *adj.* **1** learned. **2** pedantic. ● *s. m.* y *f.* **3** lawyer.
letrero *s. m.* sign, notice, placard, poster, label, inscription.
letrilla *s. f.* LIT. rondeau.
letrina *s. f.* **1** latrine, privy. **2** sewer, sump, filthy place.
leucemia *s. f.* MED. leukaemia (brit), leukemia (EE UU).
leucocito *s. m.* BIOL. leucocyte.
leucoma *s. m.* MED. leucoma.
leva *s. f.* **1** MAR. weighing anchor. **2** MIL. levy. **3** TEC. lever, cam: *árbol de levas = camshaft.* **4** trick, swindle, ruse.
levadizo, -za *adj.* **puente ~,** drawbridge.
levadura *s. f.* **1** yeast. **2** seed.
levantamiento *s. m.* **1** raising, lifting, elevation. **2** rising, insurrection, revolt. **3** erection, construction. **4** TEC. hoisting, lifting. **5** GEOL. upheaval. **6** drawing up.
levantar *v. t.* **1** to raise, put up, to set. **2** to lift, to lift up, to pick up. **3** to throw up. **4** to erect, to raise, to construct. **5** to draw up (plano, acta). **6** to weigh (ancla). **7** MIL. to levy, to recruit. **8** DEP. to rear (caballo), to flush out (caza). ● *v. pron.* **9** to get up. **10** to stand up, to rise, to come up. **11** to break out (escándalo) ◆ **12 ~ cabeza,** to get better. **13 ~ la casa,** to move house. **14 levantarse en armas,** to rise up in arms. **15 se me levantó el estómago,** my stomach turned.

levante *s. m.* **1** East, Levant. **2** easterly wind, levanter.
levantino, -na *adj.* Levantine, of the eastern coast of Spain.
levantisco, -ca *adj.* turbulent, restless.
levar *v. t.* **1** MAR. to weigh (el ancla). • *v. i.* **2** to set sail, to weigh anchor.
leve *adj.* **1** light. **2** slight, trivial, unimportant, small.
leviatán *s. m.* Leviathan.
levita *s. m.* **1** Levite. • *s. f.* **2** frock coat.
levitación *s. f.* levitation.
levitar *v. i.* to levitate.
levítico, -ca *adj.* **1** levitical. **2** clerical.
lexema *s. m.* GRAM. lexeme.
léxico *adj.* **1** lexical. • *s. m.* **2** lexicon, dictionary, vocabulary, word list.
lexicografía *s. f.* lexicography.
lexicográfico, -ca *adj.* lexicographic, lexicographical.
lexicógrafo, -fa *s. m.* y *f.* lexicographer.
lexicología *s. f.* lexicology.
lexicológico, -ca *adj.* lexicologic, lexicological.
lexicólogo, -ga *s. m.* y *f.* lexicologist.
lexicón *s. m.* lexicon, dictionary, vocabulary.
ley *s. f.* **1** law. **2** bill, act. **3** rule, regulations, law. **4** measure, quality. **5** loyalty, devotion. **6** assay value. **7** religion. **8** liking. ◆ **9** ~ **del embudo,** one law for oneself and one for everyone else. **10** ~ **marcial,** martial law. **11** ~ **sálica,** Salic law.
leyenda *s. f.* **1** legend. **2** legend, inscription, key.
lezna *s. f.* awl.
lía *s. f.* plaited esparto grass.
liana *s. f.* BOT. liana.
liar *v. t.* **1** to tie, to bind. **2** to wrap, to roll (cigarrillo). **3** to coax, to take in, to mix up, to involve. **4** to muddle up, to complicate. • *v. pron.* **5** to wrap oneself up. **6** to get confused, to become complicated. **7** to become lovers. ◆ **8 liarse la manta a la cabeza,** ⇒ **manta.**
libación *s. f.* libation.
libanés, -sa *adj./s. m.* y *f.* Lebanese.
libar *v. t.* **1** to suck. **2** to sip, to taste.
libelo *s. m.* **1** lampoon, satire. **2** DER. libel, petition.
libélula *s. f.* ZOOL. dragonfly.
líber *s. m.* BOT. inner bark.
liberación *s. f.* **1** liberation, release, freeing. **2** remission, exemption. **3** receipt.
liberal *adj.* **1** liberal, generous, lavish. • *s. m.* y *f.* **2** liberal. ◆ **3 artes liberales,** liberal arts. **4 Partido** ~, Liberal Party.
liberalismo *s. m.* liberalism.
liberar *v. t.* **1** to liberate, to free. **2** to release, to exempt.
libertad *s. f.* **1** liberty, freedom. **2** ease, freedom, familiarity. • *pl.* **3** liberties. ◆ **4** ~ **de comercio,** free trade. **5** ~ **de conciencia,** freedom of conscience. **6** ~ **de pensamiento,** freedom of thinking. **7** ~ **provisional,** bail, parole. **8 tomarse la** ~ **de hacer algo,** to take the liberty of doing something. **9 tomarse libertades,** to take liberties.
libertado, -da *p. p.* **1** de **libertar.** • *adj.* **2** free. **3** daring, bold.
libertar *v. t.* **1** to liberate, to free, to set free. **2** to exempt, to release from. **3** to emancipate. **4** to save, to deliver from.
libertario, -ria *adj.* libertarian.
libertinaje *s. m.* libertinism, licentiousness.
libertino, -na *adj.* **1** libertine, licentious. • *s. m.* y *f.* **2** libertine.
liberto, -ta *adj.* **1** emancipated. • *s. m.* y *f.* **2** freedman (hombre), freedwoman (mujer).
Libia *s. f.* Letvia.
libídine *s. f.* lewdness.
libidinoso, -sa *adj.* libidinous, lewd, lustful.
libido *s. f.* libido.
libio, -bia *adj./s. m.* y *f.* Libyan.
libra *s. f.* **1** pound (peso). **2** pound sterling (moneda). **3** (Am.) leaf of top quality tobacco. • *s. m.* **4** ASTR. Libra. ◆ **5** ~ **carnicera,** kilogramme (brit.), kilogram (EE UU).
librado, -da *p. p.* **1** de **librar.** • *s. m.* y *f.* **2** drawee. ◆ **3 salir bien/mal** ~, to fare well/badly, to succeed/to fail.
librador, -ra *s. m.* y *f.* drawer.
librancista *s. m.* y *f.* bearer.
libranza *s. f.* **1** order of payment. **2** draft, bill of exchange.
librar *v. t.* **1** to save, to rescue. **2** to free, to liberate, to deliver. **3** to relieve, to exempt. **4** to join in, to engage (batalla). **5** to draw (letra). **6** to pronounce, to pass (sentencia); to issue, to promulgate (ley). • *v. i.* **7** to have a day off (tener el día libre). **8** to give birth.• *v. pron.* **9** to avoid, to escape, to get out. **10** to get rid of.
libre *adj.* **1** free. **2** open: *al aire libre = in the open air.* **3** free, clear, vacant. **4** bold, outspoken. **5** independent, unattached. **6** DEP. freestyle.
librea *s. f.* livery, coat.
librecambismo *s. m.* free trade.
librecambista *adj.* **1** free-trade. • *s. m.* y *f.* **2** free trader.
librepensador, -ra *s. m.* y *f.* freethinker.
librepensamiento *s. m.* freethinking.
librería *s. f.* **1** library (biblioteca). **2** bookshop (tienda). **3** bookcase, bookshelf (estantería). **4** book trade (negocio).
librero, -ra *s. m.* y *f.* **1** bookseller (persona). • *s. m.* **2** (Am.) bookshelf (mueble).
libresco, -ca *adj.* **1** bookish. **2** acquired from books, book learning.
libreta *s. f.* **1** notebook. **2** savings book, account book, bank book, pass book. **3** memorandum, agenda. **4** one-pound loaf (pan).
libreto *s. m.* MÚS. libretto.
librillo *s. m.* **1** small book, booklet. **2** packet of cigarette papers. **3** ZOOL. third stomach, omasum (rumiantes).
libro *s. m.* **1** book. **2** volume. **3** ZOOL. third stomach, omasum. **4** record book, register. **5** notebook. **6** libretto. ◆ **7 colgar los libros,** to put away one's books. **8 explicarse como un** ~ **abierto,** to speak very well and clearly. **9** ~ **blanco/amarillo/rojo...,** white/yellow/red... paper. **10** ~ **canónico,** sacred book. **11** ~ **de caballerías,** book of knight errantry. **12** ~ **de caja,** cash book. **13** ~ **de texto,** textbook. **14 llevar los libros,** to keep the books.
licántropo, -pa *s. m.* y *f.* lycanthrope.
licencia *s. f.* **1** permission, leave, licence. **2** licence, permit. ◆ **3** ~ **absoluta,** absolute discharge. **4** ~ **poética,** poetic licence.
licenciado, -da *p. p.* **1** de **licenciar.** • *adj.* **2** graduated. **3** discharged, dismissed. **4** priggish. • *s. m.* y *f.* **5** graduate, bachelor. **6** lawyer. **7** discharged soldier.
licenciar *v. t.* **1** to dismiss, to confer a bachelor's degree on. **2** to license, to give permission, to authorize. **3** to discharge, to demobilize. • *v. pron.* **4** to graduate.
licenciatura *s. f.* **1** bachelor's degree. **2** degree course, university degree. **3** graduation. ◆ **4** ~ **de ciencias/derecho,** bachelor's degree in science/law.
licencioso, -sa *adj.* licentious, dissolute.
liceo *s. m.* **1** literary society. **2** Lyceum (gimnasio ateniense donde funcionaba la escuela aristotélica). **3** grammar school, high school, secondary school.
licitador, -ra *s. m.* y *f.* bidder.
licitar *v. t.* to bid for, to tender for.
lícito, -ta *adj.* lawful, legal, allowed.
licor *s. m.* liquor, spirits.
licorera *s. f.* cocktail cabinet.
licorería *s. f.* distillery (fábrica).
licoroso, -sa *adj.* aromatic.
licra *s. f.* lycra.
licuante *adj.* **1** liquefying. **2** TEC. liquating.
licuar *v. t.* y *pron.* **1** to liquify. **2** TEC. to liquate.
licurgo, -ga *adj.* **1** intelligent, witty, sharp. • *s. m.* **2** legislator.
lid *s. f.* **1** fight, combat, dispute, controversy. ◆ **2 en buena** ~, in a clean fight, by fair means, fairly. **3 persona avezada en estas lides,** an old hand, someone who knows how to handle these matters.
liderato *s. m.* leadership.
líder *s. m.* y *f.* **1** leader. **2** DEP. league leader, top club.
lidia *s. f.* **1** fight, battle. **2** bullfight.
lidiador, -ra *s. m.* y *f.* **1** bullfighter. **2** fighter, arguer.
lidiar *v. t.* **1** to fight (torear). **2** to fight against/for, to put up with, to combat, to contend with. **3** to deal with.
liebre *s. f.* **1** hare. **2** (fig.) coward, mouse. ◆ **3 donde/cuando menos se espera salta la** ~, things always happen when you least expect them. **4 levantar la** ~, to blow the gaff, to let the cat out of the bag.
lied *s. m.* MÚS. lied.
liendre *s. f.* nit.
lienzo *s. m.* **1** linen, canvas. **2** fabric, material, cloth. **3** painting, picture. **4** stretch, face, front, section (de muro,

pared). **5** handkerchief. **6** (Am.) corral, pen.
liga *s. f.* **1** band, suspender, garter. **2** league (confederación, de fútbol). **3** alloy, mixture. **4** birdlime (sustancia pegajosa). **5** mistletoe (muérdago).
ligada *s. f.* ⇒ **ligadura.**
ligado, -da *p. p.* **1** de **ligar.** • *adj.* **2** linked, connected. • *m.* **3** bond, tie. **4** MÚS. slur, ligature.
ligadura *s. f.* **1** MED. ligature. **2** MAR. lashing. **3** bond, tie.
ligamento *s. m.* **1** ANAT. ligament. **2** bond, tie. **3** weave.
ligamentoso, -sa *adj.* ligamentous.
ligamiento *s. m.* **1** bond, tie. **2** tying, attaching. **3** harmony.
ligar *v. t.* y *pron.* **1** tie, bind, to fasten (atar). **2** to join, to unite, to slur (notas de música). **3** to alloy, to mix (unir). **4** to thicken (salsa). • *v. i.* **5** to mix, to blend (mezclar). **6** to combine, to go well together (combinar). **7** to pick up someone, to flirt with someone (conquistar). • *v. pron.* **8** to get off with (conquistar).
ligazón *s. f.* **1** bond, tie, union. **2** MAR. rib, beam, futtock.
ligereza *s. f.* **1** lightness, agility, swiftness. **2** flippancy, inconstancy, fickleness.
ligero, -ra *adj.* **1** light, lightweight, thin. **2** swift, quick, rapid. **3** agile, quick, nimble. **4** unimportant, slight. **5** superficial, flippant, frivolous. **6** weak (bebida). • *adv.* **7** fast, rapidly, quickly, lightly, swiftly.
lignito *s. m.* lignite.
ligón, -na *adj.* **1** flirtatious. • *s. m.* y *f.* **2** womaniser (hombre), man-eater (mujer). • *s. m.* **3** hoe.
liguero *adj.* **1** league: *campeonato liguero = league championship.* • *s. m.* **2** suspender belt, garter belt (EE UU).
lija *s. f.* **1** ZOOL. dogfish. **2** sandpaper.
lijar *v. t.* to sandpaper.
lila *s. f.* **1** BOT. lilac. **2** lilac (color). **3** (fig.) fool, twit, simpleton.
liliáceo, -a *adj.* **1** liliaceous. • *s. f. pl.* **2** liliaceae.
liliputiense *adj./s. m.* y *f.* Lilliputian.
lima *s. f.* **1** file. **2** BOT. lime. **3** ARQ. rafter, hip.
Lima *s. f.* Lima.
limaco *s. m.* slug.
limado *s. m.* filing.
limar *v. t.* **1** to file, to file down. **2** to polish.
limatón *s. m.* crossbeam, roofbeam.
limbo *s. m.* **1** limbo. **2** limb, hem, edge. ♦ **3 estar en el ~,** to be in the clouds.
limero -ra *s. m.* y *f.* **1** lime seller (vendedor). • *s. m.* **2** BOT. lime tree.
limitar *v. t.* **1** to limit, to restrict, to cut down, to reduce. • *v. i.* **2** to border on, to be adjacent to, to be bounded by. • *v. pron.* **3** to limit oneself, to restrict oneself.
límite *s. m.* **1** limit, end, ceiling. • *pl.* **2** boundaries, borders.
limítrofe *adj.* bordering, neighbouring.
limo *s. m.* mud, slime.
limón *s. m.* **1** lemon (fruto). **2** lemon tree (árbol). **3** MEC. shaft. ♦ **4 estrujar a uno como un ~,** to bleed someone white/dry.
limonada *s. f.* lemonade, lemon squash.
limonado, -da *adj.* lemon, lemon-yellow.
limonar *s. m.* lemon grove.
limoncillo *s. m.* BOT. lime, small lemon.
limonero *s. m.* **1** lemon tree. **2** lemon dealer. **3** shaft horse.
limosna *s. f.* **1** alms. ♦ **2 vivir de ~,** to live on charity.
limosnear *v. i.* to beg.
limosnero, -ra *adj.* **1** charitable, almsgiving. • *s. m.* **2** almoner. **3** beggar.
limpia *s. f.* **1** cleaning, cleansing. **2** clean up. • *s. m.* **3** bootblack (limpiabotas).
limpiacristales *s. m.* **1** window-cleaning liquid (detergente). • *s. m.* y *f. inv.* **2** window cleaner (persona).
limpiadera *s. f.* brush.
limpiador, -ra *s. m.* y *f.* cleaner.
limpiar *v. t. /i.* y *pron.* **1** to clean, to cleanse. **2** to wipe, to wipe off (con un trapo). **3** to sweep (chimenea). **4** to shine, to polish (zapatos). **5** to clean out (robar). **6** (fig.) to purify, to clear up (despejar). **7** to prune (podar).
límpido, -da *adj.* limpid, crystal-clear.
limpieza *s. f.* **1** cleanness, cleanliness, cleaning. **2** clearing. **3** fair-play, skill. **4** purity, chastity, honesty, integrity. ♦ **5 ~ de sangre,** purity of blood.
limpio, -pia *adj.* **1** clean, tidy, neat. **2** pure. **3** free, clear. **4** fair, clean. **5** (fam.) broke, penniless. • *adv.* **6** fairly. ♦ **7 en ~,** net, clear. **8 ~ de polvo y paja,** ⇒ **polvo. 9 sacar en ~,** to get something out of.
linaje *s. m.* **1** lineage, family, line. **2** genre, kind, category. **3** nobility. ♦ **4 ~ humano,** the human race, mankind. **5 de otro ~,** of another kind.
linaza *s. f.* linseed, flax seed.
lince *s. m.* **1** ZOOL. lynx, wild cat. **2** (fig.) sharp-eyed person, shrewd person.
linchar *v. t.* to lynch.
lindar *v. i.* **1** to border, to adjoin, to be adjacent to. **2** to extend to, to be bounded by. **3** ARQ. to abut on.
linde *s. m.* o *f.* boundary, limit, edge.
lindero *adj.* bordering, adjoining, adjacent.
lindeza *s. f.* **1** beauty, niceness. • *pl.* **2** (fam., fig.) insults, improprieties.
lindo, -da *adj.* **1** pretty, lovely, nice, charming. **2** (euf.) fine: *¡lindo amigo! = fine friend you are!* • *s. m.* **3** coxcomb, dandy. ♦ **4 de lo ~,** a lot, a great deal.
línea *s. f.* **1** line (en todos los sentidos). **2** line, cable. **3** line, lineage, family. ♦ **4 decir/leer/haber algo entre líneas,** to say/read/be something between the lines. **5 en líneas generales,** broadly speaking, approximately, roughly. **6 primera ~,** front line. **7 en toda la ~,** all along the line. **8 en su ~,** of its kind. **9 guardar la ~,** to keep/watch one's figure. **10 ~ poligonal,** polygonal line. **11 vencer/ganar/triunfar en toda la ~,** to beat/defeat/triumph all along the line.
linear *adj.* **1** linear. • *v. t.* **2** to draw lines, to sketch, to outline.
linfa *s. f.* ANAT. lymph.
linfático, -ca *adj.* lymphatic.
linfatismo *s. m.* MED. lymphatism.
linfocito *s. m.* ANAT. lymphocyte.
lingote *s. m.* **1** ingot. **2** pig (fundición); slug (imprenta). **3** gold bar, gold bullion.
lingual *adj.* lingual.
lingüista *s. m.* y *f.* linguist.
lingüística *s. f.* linguistics.
lingüístico, -ca *adj.* linguistic.
linimento *s. m.* liniment.
linio *s. m.* line of trees/plants.
lino *s. m.* **1** flax, linen. **2** flax seed, linseed.
linóleo *s. m.* linoleum, lino.
linotipia *s. f.* linotype.
linotipista *s. m.* y *f.* linotypist, linotyper.
lintel *s. m.* ARQ. lintel.
linterna *s. f.* **1** lantern, lamp. **2** torch, flashlight. **3** ARQ. lantern. ♦ **4 ~ mágica,** magic lantern.
linternón *s. m.* **1** large lantern. **2** MAR. poop lantern.
liño *s. m.* ⇒ **linio.**
lío *s. m.* **1** bundle, parcel. **2** (fig.) muddle, mess, problem, trouble. **3** mess, clutter. **4** affair. **5** tale. ♦ **6 hacerse un ~,** to get into a muddle. **7 meterse en un ~,** to get into trouble, to get into a jam.
lípido *s. m.* QUÍM. lipid.
lipoideo *adj.* lipoid.
liposoluble *adj.* QUÍM. fat-soluble.
liposucción *s. f.* liposuction.
lipotimia *s. f.* blackout, fainting fit.
liquen *s. m.* BOT. lichen.
liquidación *s. f.* **1** liquidation. **2** clearance sale (ventas).
liquidar *v. t.* y *pron.* **1** to liquefy. • *v. t.* **2** to settle, to pay off, to clear. **3** to liquidate, to sell off, to wind up. **4** to resolve, to clear up, to end. **5** to murder, to kill off.
líquido, -da *adj.* **1** liquid, fluid. **2** net. **3** GRAM. liquid. • *s. m.* **4** liquid. **5 ~ imponible,** taxable income.
lira *s. f.* **1** MÚS. lyre. **2** lira (moneda italiana). **3** LIT. stanza. **4** ZOOL. lyrebird. **5** ASTR. Lyra.
lírico, -ca *adj.* **1** lyric, lyrical; musical. **2** (EE UU) fantastic, utopian. **3** dreamy (persona). • *s. f.* **4** LIT. lyrical poetry.
lirio *s. m.* **1** BOT. iris. ♦ **2 ~ blanco,** white lily. **3 ~ de agua,** calla lily. **4 ~ de los valles,** lily of the valley.
lirismo *s. m.* **1** lyricism. **2** (fig.) effusiveness, gush, lyrical feeling.
lirón *s. m.* **1** ZOOL. dormouse. **2** (fig. y fam.) sleepyhead. ♦ **3 dormir como un ~,** to sleep like a log, to sleep soundly.
lirondo, -da *adj.* ⇒ **mondo.**
lis *s. f.* **1** BOT. lily, iris. **2** fleur de lis (heráldica).
lisa *s. f.* ⇒ **liso.**

Lisboa *s. f.* Lisbon.

lisiado, -da *adj.* **1** disabled, crippled. • *s. m.* y *f.* **2** cripple.

lisiar *v. t.* **1** to disable, to cripple, to maim. **2** to injure, to hurt.

liso, -sa *adj.* **1** flat. **2** smooth, even. **3** plain (tela); straight (pelo). **4** (Am.) shameless, brazen. • *s. m.* **5** MIN. smooth face of a rock. ◆ **6 lisa y llanamente,** purely and simply. **7 ~ y llano,** plain and simple.

lisol *s. m.* lysol.

lisonja *s. f.* **1** flattery. **2** lozenge (heráldica).

lisonjeador, -ra *s. m.* y *f.* flatterer.

lisonjear *v. t.* **1** to flatter. **2** to delight, to please.

lisonjero, -ra *adj.* **1** flattering (conducta). **2** gratifying (resultado).

lisonjeramente *adv.* flatteringly, gratifyingly.

lista *s. f.* **1** band, stripe. **2** list, roll, register. **3** catalogue. ◆ **4 ~ de espera,** waiting list. **5 ~ de correos,** poste restante. **6 pasar ~,** to take/to call the register. **7 tela a listas,** striped material.

listar *v. t.* **1** to list. **2** to stripe.

listear *v. t.* to stripe.

listero *adj.* timekeeper, wages clerk.

listín *s. m.* **1** short list. **2** telephone directory/book.

listo, -ta *adj.* **1** clever, alert, shrewd, cunning: *ser listo = to be clever.* **2** ready, prepared: *estar listo = to be ready.* ◆ **3 ¡estamos listos!,** we're in a fine fix. **4 pasarse de ~,** to be too clever by half.

listón *adj.* **1** bull with a white stripe down its back. • *s. m.* **2** lath, stripe. **3** listel, fillet. **4** ribbon. **5** DEP. bar (para saltar), pole (con pértiga).

lisura *s. f.* **1** smoothness, evenness, calmness. **2** straightness. **3** frankness, sincerity, naivety. **4** (Am.) shamelessness, brazenness.

litera *s. f.* **1** berth (barco), bunk bed, bunks. **2** litter.

literal *adj.* literal.

literalmente *adv.* literally, to the letter.

literario, -ria *adj.* literary.

literatura *s. f.* **1** literature. **2** (fig.) culture.

lítico, -ca *adj.* lithic.

litigar *v. t.* DER. to ligitate, to be in litigation, to go to law.

litigio *s. m.* **1** lawsuit, litigation. **2** dispute. ◆ **3 en ~,** in dispute.

litio *s. m.* lithium.

litografía *s. f.* **1** lithography (sistema). **2** lithograph (grabado).

litografiar *v. t.* to lithograph.

litología *s. f.* lithology.

litoral *adj.* **1** littoral, coastal. • *s. m.* **2** littoral, coast.

litosfera *s. f.* GEOL. lithosphere.

lítote *s. f.* litotes.

litri *adj.* dandified, snob, affected.

litro *s. m.* litre. (brit.), liter (EE UU).

litrona *s. f.* (fam.) litre bottle of beer.

Lituania *s. f.* Lithuania.

lituano, -na *adj./s. m.* y *f.* Lithuanian.

liturgia *s. f.* REL. liturgy.

litúrgico, -ca *adj.* liturgical.

liviandad *s. f.* **1** lightness. **2** triviality. **3** lewdness. **4** frivolity.

liviano, -na *adj.* **1** light, slight. **2** inconstant, frivolous, fickle, trivial. **3** loose, lewd. • *s. m. pl.* **4** lungs, lights. **5** leading donkey.

lividecer *v. i.* to become pale.

lividez *s. f.* lividity, pallor, pallidness.

lívido *adj.* **1** livid, pale, pallid. **2** black and blue.

livor *s. m.* **1** livid colour. **2** (fig.) malignity, hatred, envy.

liza *s. f.* **1** lists, combat, contest. **2** ZOOL. mullet. **3** hemp rope. ◆ **4 entrar en ~,** to enter the lists.

lizo *s. m.* **1** heddle, leash. **2** warp, thread.

llaga *s. f.* **1** MED. sore, ulcer. **2** (fig.) wound, affliction.

llagar *v. t.* to wound, to injure.

llama *s. f.* **1** flame. **2** blaze (llamarada). **3** (fig.) passion. **4** ZOOL. llama. ◆ **5 en llamas,** burning, in flames.

llamada *s. f.* **1** call: *llamada telefónica = telephone call.* **2** call, appeal (llamamiento). **3** knock, ring (a la puerta). **4** ring (de teléfono). **5** gesture, signal (ademán de llamada). **6** FILOL. reference mark (en un texto). ◆ **7 ~ a filas,** MIL. call-up.

llamado, -da *adj.* **1** so-called: *un llamado liberal = a so-called liberal.* • *s. m.* **2** (Am.) call, calling.

llamador, -ra *s. m.* y *f.* **1** caller. **2** knocker (a la puerta). • *s. m.* **3** door bell (timbre). **4** door-knocker (aldaba).

llamamiento *s. m.* **1** call, calling. **2** appeal, summons (a las masas). **3** calling together, convocation.

llamar *v. t.* **1** to call. **2** to call, to call up, to ring up (por teléfono). **3** to summon (convocar). **4** to call, to ask for (a alguien para que acuda). **5** to invoke, to call upon (invocar). **6** to name (poner de nombre; denominar). **7** to appeal (hacer un llamamiento). **8** to beckon (por medio de señales). **9** to attract (la atención, etc.). • *v. i.* **10** to knock, to ring. • *v. pron.* **11** to be called. **12** (Am.) to break one's promise. ◆ **13 ¿cómo te llamas?,** what is your name? **14 ~ a filas,** MIL. to call up. **15 ~ a la puerta,** to knock at the door. **16 mandar ~,** to send for. **17 ¿quién llama?,** who is it?

llamarada *s. f.* **1** sudden flame, flare-up. **2** (fig.) flushing, flush (en la cara). **3** (fig.) outburst (arrebato).

llamativo, -va *adj.* **1** gaudy, loud, flashy, showy: *una camisa llamativa = a loud shirt.* **2** striking, attractive.

llameante *adj.* flaming, blazing.

llamear *v. i.* **1** to flame, to blaze. **2** to flare, to flare up.

llanada *s. f.* ⇒ **llanura.**

llanamente *adv.* **1** simply. **2** clearly. **3** frankly, sincerely.

llanero, -ra *s. m.* y *f.* (Am.) plainsman (hombre); plainswoman (mujer); plaindweller.

llaneza *s. f.* **1** simplicity, plainness, sincerity. **2** informality.

llano, -na *adj.* **1** even, smooth, level, flat: *paisaje llano = flat countryside.* **2** frank, straightforward. **3** (fig.) simple, natural (personas, modales). **4** informal. **5** common: *pueblo llano = common people.* **6** GRAM. paroxytone. • *s. m.* **7** plain, flatland, level ground. • *s. f.* **8** TEC. mason's trowel. **9** plain (llanura).

llanta *s. f.* **1** rim (de automóvil, bicicleta, etc.). **2** hoop (de carro). **3** flat piece of iron. **4** (Am.) tyre, tyre casing. **5** (Am.) large sunshade (utilizada en los mercados). **6** BOT. type of cabbage.

llantén *s. m.* BOT. plantain.

llantera *s. f.* ⇒ **llantina.**

llantina *s. f.* (fam.) blubber, sobbing, fit of tears.

llanto *s. m.* **1** crying, weeping. **2** (fig.) tears, flood of tears. **3** (fig.) lamentation.

llanura *s. f.* **1** evenness, flatness. **2** plain, extensive plain, prairie, flatlands.

llar *s. m.* **1** (p.u.) hearth (hogar, fogón). • *pl.* **2** pot-hook.

llave *s. f.* **1** key. **2** tap (brit.), faucet, (EE UU) (grifo). **3** ELEC. key, switch (interruptor). **4** (fig.) key (clave). **5** DEP. lock, hold (lucha). **6** MÚS. stop (de órgano); key (de instrumentos de viento). **7** MÚS. clef (clave). **8** brace (en imprenta). **9** TEC. spanner. ◆ **10 bajo siete llaves,** under lock and key. **11 cerrar con ~,** to lock. **12 echar la ~,** to lock up. **13 ~ de contacto,** MEC. ignition key. **14 ~ de paso,** stop cock. **15 ~ inglesa,** monkey-wrench, adjustable spanner. **16 ~ maestra,** master key, skeleton key.

llavero, -ra *s. m.* y *f.* **1** keeper of the keys. **2** key maker. • *s. m.* **3** key ring. **4** turnkey (en una cárcel).

llegada *s. f.* arrival; coming.

llegar *v. i.* **1** to arrive (a un destino). **2** to come: *la paz llegará = peace will come.* **3** to reach; to attain: *no llegará a los ochenta = he will not reach eighty.* **4** to come to, to reach (a una conclusión, a un acuerdo). **5** to reach: *esta escalera no llegará = this ladder won't reach.* **6** to amount to (ascender a una cantidad). **7** to be enough, to suffice (bastar). **8** to last (durar). **9** to get to (conseguir). **10** to have time to: *llegarás a aburrirte = you will have time to get bored.* • *v. t.* **11** to bring up, to draw up (acercar). • *v. pron.* **12** to come near to, to approach, to go to (acercarse a). **13** to go round (ir a casa de): *me llegaré a casa de Juan = I'll go round to Juan's.* ◆ **14 ~ a + inf.,** to manage to, to succeed in: *llegó a hacerlo = he succeeded in doing it.* **15 ~ a las manos,** to come to blows. **16 ~ a saber,** to find out. **17 ~ a ser,** to become.

llenar *v. t.* **1** to fill: *llenó mi vaso = he filled my glass.* **2** to stuff: *llenó el pote de alubias = she stuffed the pot with beans.* **3** (fig.) to fill: *me llenó de ira = it filled me with rage.* **4** to occupy, to take up (un espacio). **5** to fulfil (cumplir). **6** (fig.) to shower, to overwhelm; to load (colmar). **7** to please, to satisfy (satisfacer). **8** to fill in (rellenar). **9** to pervade (impregnar). • *v. pron.* **10** to get crowded (un sitio). **11** to fill up, to overeat, to stuff oneself (hartarse, atiborrarse). ◆ **12 ~ de,** to get filled with, to get covered with.

lleno, -na *adj.* **1** full: *el vaso está lleno = the glass is full.* **2** crowded (de gente). **3** replete, complete. **4** full, full up (un cine, etc.). **5** full, pregnant. **6** full up (atiborrado). **7** plump (regordete). **8** covered (cubierto). • *s. m.* **9** full house, sell-out (en teatro). **10** ASTR. full moon. **11** fullness, abundance. • *s. f.* **12** spate (crecida de un río).

llevadero, -ra *adj.* tolerable, bearable.

llevar *v. t.* **1** to take: *llévala a casa = take her home.* **2** to carry (transportar). **3** to wear (llevar puesto). **4** to bear (soportar). **5** to charge (cobrar). **6** FIN. to keep (libros, contabilidad). **7** to lead: *esta discusión no os llevará a ninguna parte = this discussion won't lead you anywhere.* **8** to lead: *lleva una vida de perros = he leads a dog's life.* **9** to carry off (un premio). **10** to run, to manage (un negocio, etc.). **11** to have: *esta blusa no lleva botones = this blouse doesn't have buttons.* **12** to take (tiempo): *me llevará dos horas = it will take me two hours.* **13** to bear (un nombre). **14** to take care of (hacerse cargo de). **15** MAT. to carry (un número). • *v. i.* **16** to go, to lead (conducir). • *v. pron.* **17** to take away, to carry away. **18** to be fashionable (estar de moda). ◆ **19 dejarse ~ por,** to be carried away with; to be influenced by. **20 ~ a cabo,** to carry out. **21 ~ adelante algo,** to go ahead with, to carry out. **22 ~ la delantera,** to lead. **23 ~ las de perder,** to look like losing, to be in a bad way. **24 llevarse bien,** to get along (well), to get on. **25 llevarse lo mejor,** to get the best part of. **26 llevarse mal,** not to get along, to be on bad terms. **27 ~ ventaja,** to be ahead. **28 ~ y traer,** to go around gossiping.

lloradera *s. f.* ⇒ **llorera.**

lloraduelos *s. m.* y *f.* (fig.) sniveller.

llorar *v. i.* **1** to cry, to weep. **2** to water (los ojos). **3** to lament, to mourn: *llorar a un amigo = to mourn for a friend.* **4** (fig.) to drip (gotear). • *v. t.* **5** to weep, to cry. **6** to mourn, to lament: *llora la muerte de su hijo = she is mourning the death of her son.* **7** to bewail (lamentar).

llorera *s. f.* (fam.) blubbering, crying.

llorica *adj.* **1** weepy. • *s. m.* y *f.* **2** (fam.) cry-baby.

lloriquear *v. i.* to whimper, to whine, to snivel.

lloriqueo *s. m.* whimpering, whining, snivelling.

llorón, -na *adj.* **1** weeping, snivelling. **2** whining. • *s. m.* y *f.* **3** cry-baby. • *s. f.* **4** hired mourner (plañidera). ◆ **5 sauce ~,** BOT. weeping willow.

lloroso, -sa *adj.* tearful, weeping; sad.

llorosamente *adv.* tearfully.

llover *v. imp.* **1** to rain: *¿llueve? = is it raining?* **2** (fig.) to shower. ◆ **3 como quien oye ~,** (fig.) quite unmoved. **4 ~ a cántaros,** to pour, to rain cats and dogs. **5 llueva o truene,** (fig.) rain or shine. **6 nunca llueve a gusto de todos,** (fig.) you can't please everybody.

llovizna *s. f.* drizzle.

lloviznar *v. i.* e *imp.* to drizzle.

lluvia *s. f.* **1** rain: *bajo la lluvia = in the rain.* **2** rainfall (cantidad de lluvia). **3** rainwater (agua de lluvia). **4** (fig.) shower (de golpes, piedras, regalos, etc.). **5** (fig.) hail (de balas, flechas, etc.). **6** (fig.) mass, heap (montón, gran cantidad). ◆ **7 ~ ligera,** shower. **8 ~ menuda,** drizzle. **9 ~ radioactiva,** fallout.

lluvioso, -sa *adj.* wet, rainy: *un día lluvioso = a rainy day.*

lo *art. det. n.* **1** the: *lo peor = the worst part; lo bueno del caso = the good thing; lo suyo = his.* • *pron. pers. 3.ª pers. m.* **2** him, you (usted), it, that. ◆ **3 a ~, a)** in the: *a lo ruso = in the Russian style;* **b)** like: *a lo loco = like a madman;* **c) a lo sumo,** at the most. **4 así lo creo,** I think so. **5 lo + adj.,** how + adj.: *¡lo fuertes que eran! = how strong they were!* **6 lo de, a)** the affair of, the business about; **b) ~ inf.,** the idea of. **c) lo que,** what: *lo que digo = what I say.* **7 lo que es eso,** as for that. **8 por ~,** because of. **9 todo ~ + adj.,** as + *adj.* + as: *todo lo divertido que hubiera podido ser = as funny as it could have been.*

loa *s. f.* praise.

loable *adj.* laudable, praiseworthy.

loar *v. t.* to praise.

loba *s. f.* she-wolf.

lobagante *s. m.* ZOOL. lobster (bogavante).

lobanillo *s. m.* **1** cyst, wen. **2** BOT. gall.

lobera *s. f.* wolf's lair.

lobero, -ra *adj.* **1** wolf, wolfish. • *s. m.* **2** wolf hunter.

lobezno *s. m.* wolf cub.

lobo, -ba *adj.* **1** (Am.) shrewd, cunning, sly. • *s. m.* **2** wolf. **3** loach (pez). **4** iron for climbing walls. **5** (Am.) fox, coyote. ◆ **6 el ~ feroz,** the big bad wolf. **7 estar como boca de ~,** to be pitch-dark. **8 ~ cerval, a)** lynx; **b)** shark, profiteer. **9 ~ de mar,** old salt, sea dog. **10 meterse en la boca del ~,** to put one's head into the lion's mouth. **11 ser un ~ con piel de cordero,** to be a wolf in sheep's clothing. **12 ser lobos de la misma camada,** to be birds of a feather, to be tarred with the same brush.

lóbrego, -ga *adj.* **1** gloomy, dark, murky. **2** gloomy, sad.

lóbulo *s. m.* lobe, lobule.

lobuno, -na *adj.* wolf, wolfish, wolflike.

locación *s. f.* lease.

local *adj.* **1** local. • *s. m.* **2** premises. ◆ **3 en el ~,** on the spot, on the premises. **4 equipo ~,** home team.

localidad *s. f.* **1** town (municipio). **2** seat, ticket (asiento). ◆ **3 no hay localidades,** house full, sold out. **4 reserva de localidades,** booking, advance booking.

localista *adj.* regional, local.

localizar *v. t.* **1** to find, to locate (persona, sitio). **2** to localize (epidemia)

locatis *s. m.* y *f.* (fam.) madcap, nutcase.

locativo, -va *adj.* **1** renting, letting leasing. **2** GRAM. locative.

locaut *s. m.* ⇒ **lock-out.**

locero *s. m.* (Am.) potter (alfarero).

loción *s. f.* lotion, wash.

lock-out *s. m.* lock-out.

loco, -ca *adj.* **1** mad, crazy, insane. **2** fantastic, ridiculous: *precios locos = fantastic prices.* **3** huge, tremendous *prisa loca = tremendous rush.* **4** MEC free, loose. • *s. m.* y *f.* **5** madman mad-woman, lunatic. ◆ **6 a lo ~,** wildly, lightly, helter skelter. **7 a tontas y a locas,** without rhyme or reason. **8 cada ~ con su tema,** it takes all sorts. **9 estar ~ por,** to be mad about. **10 ~ de atar/más ~ que una cabra,** as mad as a hatter, as mad as a March hare. **11 tener una suerte loca,** to be ever so lucky, to be fantastically lucky.

locomoción *s. f.* locomotion.

locomotora *s. f.* engine, locomotive

locomotriz *adj.* locomotive, locomotor.

locuacidad *s. f.* loquacity, talkativeness.

locuaz *adj.* loquacious, talkative, voluble.

locución *s. f.* **1** phrase, expression turn of phrase, locution. **2** GRAM. phrase.

locuelo, -la *adj./s. m.* y *f.* madcap.

locura *s. f.* **1** madness, insanity, lunacy (estado). **2** act of madness, crazy thing (acto). **3** mad passion, wild enthusiasm (apasionamiento). • *pl.* **4** folly. ◆ **5 con ~,** madly. **6 hacer locuras,** to do foolish things. **7 ¡qué ~!,** it's madness! **8 querer con ~,** to be crazy about.

locutor, -ra *s. m.* y *f.* announcer (de TV, radio); commentator (de deportes); newscaster, newsreader (de las noticias).

locutorio *s. m.* **1** locutory, parlour, visiting room (para visitas). **2** booth, telephone box (telefónico).

lodazal *s. m.* mire, muddy place.

lodo *s. m.* mud, mire, sludge.

loess *s. m.* GEOL. loess.

logarítmico, -ca *adj.* logarithmic.

logaritmo *s. m.* **1** MAT. logarithm. ◆ **2 tabla de logaritmos,** logarithm table.

logia *s. f.* lodge (de masones).

lógicamente *adv.* logically.

lógico, -ca *adj.* **1** logical. • *s. m.* y *f.* **2** logician. • *s. f.* **3** logic. ◆ **4 como es ~,** naturally, of course. **5 es ~ que...,** it is natural that, it stands to reason that.

logomaquia *s. f.* logomachy.

logotipo *s. m.* logo.

lograr *v. t.* **1** to get, to obtain, to attain. **2** to win, to achieve, to gain (galardón, triunfo). **3** to succeed in, to manage to (hacer o realizar algo). **4** to satisfy, to fulfill, to realize (sueño, ambición, aspiración). • *v. pron.* **5** to be successful, to turn out well/successfully. ◆ **6 ¡no lo lograrán!,** they won't get away with it.

logrero, -ra *s. m.* y *f.* **1** moneylender, profiteer, usurer (usurero). **2** (Am.) sponger, parasite (oportunista).

logro *s. m.* **1** achievement, accomplishment (consecución). **2** realization (realización), satisfaction, fulfilment. **3** success (éxito).

loísmo *s. m.* use of **lo** instead of **le** as indirect object.

loma *s. f.* **1** hillock, low ridge, rise. **2** eminence, slope. ◆ **2 en la ~ del diablo,** (Am.) at the back of beyond.

lombarda *s. f.* **1** red cabbage (verdura). **2** lombard (cañón).

lombardo, -da *adj./s. m.* y *f.* Lombard.

lombriguera *s. f.* earthworm hole.

lombriz *s. f.* **1** earthworm. ◆ **2 ~ solitaria,** tapeworm.

lomera *s. f.* **1** backband. **2** ridge.

lomillo *s. m.* cross-stich.

lomo *s. m.* **1** ANAT. back. **2** loin (carne). **3** AGR. balk, ridge. **4** spine, back (de libro).

lona *s. f.* **1** sailcloth, canvas. **2** bigtop (circo). **3** (Am.) sackcloth.

loncha *s. f.* **1** slice (de carne). **2** slab (piedra).

lonchería *s. f.* (Am.) restaurant.

Londres *s. m.* London.

londri *s. f.* (Am.) launderette, laundry.

longanimidad *s. f.* forbearance, magnanimity.

longaniza *s. f.* **1** sausage. ◆ **2 atar los perros con ~,** to have money to burn. **3 hay más días que longanizas,** there's all the time in the world.

longevidad *s. f.* longevity.

longevo, -va *adj.* long-lived, (p.u.) longevous.

longitud *s. f.* **1** length. **2** GEOG. longitude.

lonja *s. f.* **1** slice, rasher (loncha). **2** commodity exchange, market exchange (mercado). **3** (Am.) leather strap, tip of a whiplash (de cuero).

lonjear *v. t.* **1** to cut into strips. **2** (Am.) to whip. **3** to store, to warehouse.

lontananza *s. f.* **1** ART. background. ◆ **2 en ~,** in the distance, far away, far off.

loor *s. m.* praise.

loquear *v. i.* **1** to act like a fool, to play the fool, to talk nonsense. **2** to make merry, to have a high old time, to frolic.

loquera *s. f.* padded cell.

loquero, -ra *s. m.* y *f.* **1** lunatic asylum nurse. • *s. m.* **2** (Am.) confusion, pandemonium.

lord *s. m.* **1** Lord. ◆ **2 Cámara de los lores,** House of Lords.

loriga *s. f.* **1** lorica, cuirass (de caballero). **2** horse armour (de caballo).

loro *s. m.* **1** ZOOL. parrot. **2** (fam.) hag.

lorza *s. f.* tuck.

los *art. det. m. pl.* **1** the: *los Brown = the Browns.* • *pron. pers. m. pl.* **2** them. ◆ **3 ~ que,** those which/who, the ones: *los que estabais aquí = those of you who were here.* **4 ~ de, a)** *los de mi madre = my mother's;* **b)** *los de María = Mary's.*

losa *s. f.* **1** stone slab, paving stone, flagstone, tile. **2** gravestone, tombstone (en cementerio).

losar *v. t.* to tile, to pave, to flag.

loseta *s. f.* floor tile.

lote *s. m.* **1** share, portion. **2** batch, lot (de productos). **3** lot, tombola prize (de sorteo). **4** (Am.) clot, idiot.

lotería *s. f.* **1** lottery. ◆ **2 tocarle a uno la ~,** to win the lottery; (fig.) to strike it lucky.

lotero, -ra *s. m.* y *f.* lottery-ticket seller.

lotificar *v. t.* (Am.) to divide into lots.

loto *s. m.* BOT. lotus.

loza *s. f.* **1** earthenware, pottery. **2** crockery. ◆ **3 fregar/hacer la ~,** to wash up, to do the washing-up. **4 ~ fina,** china.

lozanamente *adv.* **1** luxuriantly, profusely, in a lively way, vigorously, rankly, in a sprightly way.

lozanear *v. i.* to flourish, to do well, to be full of life.

lozanía *s. f.* **1** luxuriance, lushness. **2** freshness. **3** vigour, robustness. **4** liveliness, sprightliness.

lozano, -na *adj.* **1** BOT. luxuriant, fresh, rank, profuse, lush. **2** vigorous, lively, sprightly, lusty.

lubigante *s. m.* ZOOL. lobster.

lubina *s. f.* ZOOL. bass.

lubricación *s. f.* lubrication.

lubricante *adj.* **1** lubricant, lubricating. • *s. m.* **2** lubricant.

lubricar *v. t.* to lubricate.

lubricativo, -va *adj.* lubricant.

lubricidad *s. f.* **1** lubricity, lewdness, lasciviousness (lascivia). **2** slipperiness, lubricity.

lúbrico, -ca *adj.* **1** lubricious, lewd, lascivious (lascivo). **2** slippery, lubricous.

lubrificante *adj.* ⇒ **lubricante.**

lubrificar *v. t.* ⇒ **lubricar.**

lucerna *s. f.* **1** chandelier (lámpara). **2** skylight (ventana). **3** glowworm (luciérnaga).

lucero *s. m.* **1** bright star, evening/morning star, Venus. **2** star (lunar en la frente de algunos cuadrúpedos).

lucha *s. f.* **1** fight, battle. **2** struggle. **3** (fig.) dispute, contest, contention. **4** DEP. wrestling. ◆ **5 ~ de clases,** class struggle. **6 ~ de la cuerda,** tug-of-war. **7 ~ por la existencia,** struggle for survival.

lucidez *s. f.* **1** lucidity, clarity. **2** (Am.) brilliance.

lucido, -da *p. p.* **1** de **lucir.** • *adj.* **2** brilliant, successful, sumptuous, magnificent, elegant. **3** generous, splendid. **4** bonny. ◆ **5 estamos lucidos,** we're in a fine mess!

lúcido, -da *adj.* lucid, clear.

luciérnaga *s. f.* ZOOL. glowworm.

lucifer *s. m.* **1** Lucifer. **2** demon.

luciferino, -na *adj.* satanic.

lucífero, -ra *adj.* **1** luciferous. • *s. m.* **2** lucifer. **3** Venus.

lucimiento *s. m.* brilliance.

lucio *s. m.* luce, pike.

lucir *v. i.* **1** to shine, to give off light (dar luz). **2** to glitter, to sparkle, to gleam (destellar). **3** (fig.) to shine (sobresalir). **4** to look nice (sentar bien). **5** to be of benefit, to turn out to one's advantage, to do good. (cundir). • *v. t.* **6** to illuminate, to light up (alumbrar). **7** to show off, to make a show of, to display, to sport (mostrar, llevar). **8** to plaster (enlucir). • *v. pron.* **9** to dress up, to dress elegantly, to deck oneself out (engalanarse). **10** to come out brilliantly/with flying colours, to shine, to excel, to be brilliant, to be a success, to distinguish oneself (tener éxito). **11** (hum.) to make a fool of oneself, to make a mess of things. ◆ **12 lucirse en un examen,** to pass with flying colours. **13** (hum.) **¡sí que nos hemos lucido!,** we've really gone and done it now, what a mess we've made!

lucrarse *v. pron.* to profit, to enrich oneself, to feather one's nest.

lucrativo, -va *adj.* **1** lucrative, profitable, remunerative, profitmaking. ◆ **2 institución no lucrativa,** non-profit making institution.

lucro *s. m.* gain, profit, benefit.

luctuosamente *adv.* sorrowfully, mournfully, sadly.

luctuoso, -sa *adj.* sorrowful, sad, mournful.

lucubración *s. f.* lucubration.

lucubrar *v. t.* to lucubrate.

lúcuma *s. f.* **1** BOT. (Am.) eggfruit. **2** (fam.) head.

lúcumo *s. m.* Peruvian fruit tree.

ludibrio *s. m.* **1** shame, derision, mockery. **2** contempt, scorn, laughing stock.

ludópata *s. m.* y *f.* compulsive gambler.

ludopatía *s. f.* compulsive gambling.

luego *adv.* **1** then, afterwards. **2** then, next. **3** later, later on. **4** soon, at once, straightaway. • *conj.* **5** therefore. **6** (Am.) sometimes, at times. **7** near, close by. ◆ **8 desde ~,** of course, naturally. **9 hasta ~,** see you later, so long (EE UU). **10 ~ que,** as soon as.

luengo, -ga *adj.* long.

lugar *s. m.* **1** place, spot (sitio). **2** room (sala). **3** village, town (localidad). **4** part, passage (parte). **5** position, post, office (cargo). **6** time, moment (momemto). **7** cause, reason, motive (causa). ◆ **8 dar ~ a,** to give rise to, to provoke. **9 dejar en mal ~,** to let someone down. **10 en ~ de,** instead of. **11 en último ~,** finally, last of all, lastly. **12 fuera de ~,** out of place. **13 hacer ~,** to make room. **14 ~ común,** commonplace. **15 ~ de perdición,** den of iniquity. **16 poner las cosas en su ~,** to put things straight. **17 sin ~ a dudas,** without any doubt. **18 tener ~,** to take place. **19 yo en tu ~,** if I were you.

lugareño, -ña *s. m.* y *f.* villager, countryman.

lugarteniente *s. m.* deputy, lieutenant.

lugre *s. m.* MAR. lugger.
lúgubre *adj.* lugubrious, dismal.
luis *s. m.* louis (moneda).
lujo *s. m.* **1** luxury, sumptuousness, lavishness. **2** profusion, wealth, abundance. ♦ **3 con todo ~ de,** with great abundance of. **4 no poder permitirse el ~ de,** to be unable to afford. **5 vivir con todo ~,** to live in the lap of luxury.
lujosamente *adv.* luxuriously, sumptuously, lavishly.
lujoso, -sa *adj.* luxurious, sumptuous, lavish.
lujuria *s. f.* **1** lust, lechery, lust, lewdness. **2** profusion, abundance.
lujurioso, -sa *adj.* lecherous, lustful.
lulú *s. m.* Pomeranian (perro).
lumbago *s. m.* MED. lumbago.
lumbar *adj.* ANAT. lumbar.
lumbre *s. f.* **1** fire. **2** glow, light. **3** luminary. **4** brilliance, brightness, radiance. **5** tinder box, sparks. **6** ARQ. light. **7** toe (de herradura). ♦ **8 al amor de la ~,** by the fire. **9 ¿tienes ~?,** have you got a light? **10 ser la ~ de los ojos de alguien,** to be the apple of someone's eye.
lumbrera *s. f.* **1** luminary, genius (persona). **2** MEC. vent, port. **3** skylight (ventana).
luminar *s. m.* luminary.
luminaria *s. f.* **1** light, lantern. **2** altar light.
luminiscencia *s. f.* luminiscence.
luminosidad *s. f.* brightness, brilliance.
luminoso, -sa *adj.* **1** luminous, bright. **2** brilliant, crystal-clear.
luminotecnia *s. f.* lighting.
luminotécnico, -ca *s. m.* y *f.* lighting engineer.
lumpen-proletariado *s. m.* lumpen-proletariat.
luna *s. f.* **1** moon. **2** moonlight (luz). **3** mirror (espejo); glass (cristal). **4** window pane (de ventana). ♦ **5 a la ~ de Valencia,** in the lurch. **6 armario de ~,** wardrobe with a mirror. **7 estar en la ~,** to be miles away. **8 la ~,** the Moon (satélite). **9 ~ creciente,** waxing moon, crescent moon, first quarter. **10 ~ de miel,** honeymoon. **11 ~ llena,** full moon. **12 ~ menguante,** waning moon, last quarter. **13 ~ nueva,** new moon. **14 media ~,** **a)** half-moon; **b)** Crescent, Turkish Empire; **c)** demilune; **d)** butcher's curved knife. **15 pedir la ~,** to ask for the earth. **16 vivir en la ~,** to have one's head in the clouds.
lunar *adj.* **1** lunar. • *s. m.* **2** mole, beauty spot (en la piel). **3** flaw, blemish, blot (defecto).
lunático, -ca *adj.* lunatic, whimsical.
lunes *s. m.* Monday.
luneta *s. f.* **1** lens, glass (de gafas). **2** half-moon shape, crescent-shaped object (figura). **3** stall, orchestra seat (en teatro). **4** rear window (en automóvil).
lúnula *s. f.* **1** MAT. lune. **2** half-moon, lunule.
lupa *s. f.* magnifying glass.
lupanar *s. m.* brothel.
lúpulo *s. m.* BOT. hop.
lusitanismo o **lusismo** *s. m.* Portuguese saying.
lusitano, -na *adj./s. m.* y *f.* Portuguese.
lustrabotas *s. m.* bootblack.
lustrador *s. m.* bootblack.
lustrar *v. t.* to polish, to shine.
lustre *s. m.* **1** lustre, shine, gloss, polish (en superficies). **2** sheen, gloss (en telas). **3** splendour, distinction, glory. **4** shoe polish. ♦ **5 dar ~ a,** to put a shine on. **6 para su mayor ~,** to his greater glory.
lustro *s. m.* period of five years, half-decade.
lustroso, -sa *adj.* shiny, glossy.
luteína *s. f.* BOT. lutein.
luteranismo *s. m.* Lutheranism.
luto *s. m.* **1** mourning. **2** grief, sorrow. ♦ **3 llevar ~ por,** to be in mourning for.
lutoso, -sa *adj.* sorrowful, sad, mournful.
lutria *s. f.* otter (nutria).
lux *s. m.* FÍS. lux.
luxación *s. f.* MED. luxation, dislocation.
Luxemburgo *s. m.* Luxembourg.
luz *s. f.* **1** light (en general). **2** light (dispositivo). **3** electricity. **4** ARQ. light, window, opening. **5** (fig.) light, luminary, guiding light. **6** news, information. **7** enlightenment. ♦ **8 a la ~ de,** in the light of. **9 año ~,** light year. **10 a primera ~,** at day break, at first light. **11 arrojar/echar ~ sobre,** to shed/to throw/to cast light on. **12 a todas luces,** obviously, evidently, clearly. **13 claro como la ~ del día,** as clear as daylight. **14 dar a ~,** to give birth. **15 de pocas luces/corto de luces,** dim, stupid. **16 entre dos luces,** at daybreak; at dusk, in the twilight. **17 gusano de ~,** glowworm. **18 la ~ de sus ojos,** the apple of his eye. **19 luces de carretera,** full beam. **20 luces de cruce,** dipped headlights. **21 ~ intermitente,** indicator. **22 sacar a la ~,** to bring out, to publish. **23 tener pocas luces,** to be dim-witted, not to be very bright. **24 traje de luces,** bullfighter's costume. **25 ver la ~,** to see the light of day.
lycra *s. f.* lycra.

m, M *s. f.* m, M (decimotercera letra del alfabeto español)
maca *s. f.* **1** bruise. **2** (fig.) trick.
macabro, -bra *adj.* **1** macabre. **2** (fig.) sadistic (sádico). **3** sordid (sórdido).
macaco, -ca *adj.* **1** (Am.) ugly, grotesque (feo). • *s. m.* y *f.* **2** ZOOL. macaque (mono).
macana *s. f.* **1** club (palo pesado y corto). **2** pole-axe (arma). **3** bother, nuisance, (fam.) drag (engorro). **4** (Am.) joke (broma). **5** (Am.) blunder, error (error). **6** (Am.) bad job, (fam.) botch (chapucería).
macanada *s. f.* **1** (Am.) nonsense (tonterías). **2** stupidity, idiocy, folly (estupidez).
macanazo *s. m.* **1** blow with a club (golpe dado con una macana). **2** (Am.) nonsense (disparate).
macaneador, -ra *adj.* **1** (Am.) deceitful, tricky (charlatán). **2** lying (que miente). • *s. m.* y *f.* (Am.) **3** charlatan, trickster (charlatán). **4** liar (mentiroso).
macanudo, -da *adj.* **1** (Am.) terrific, fantastic, great (estupendo). **2** admirable (admirable). **3** surprising, smashing (sorprendente).
macarrón *s. m.* **1** macaroon (mostachón). **2** MAR. bulwark. **3** ELEC. plastic insulation (tubo de plástico). • *pl.* **4** macaroni (pasta).
macarrónico, -ca *adj.* macaronic.
macarronismo *s. m.* macaronic style (estilo).
macedonia *s. f.* **1** fruit salad (de frutas). **2** mixed vegetables (de verduras).
macedónico, -ca o **macedonio, -nia** *adj./s. m.* y *f.* Macedonian.
maceración *s. f.* o **maceramiento** *s. m.* maceration.
macerar *v. t.* **1** to soften, to macerate (ablandar). • *v. pron.* **2** to mortify oneself (mortificar el cuerpo).
macero *s. m.* mace-bearer (portador de una maza).
maceta *s. f.* **1** flowerpot (para flores). **2** mallet (mazo corto).
macetero *s. m.* flowerpot stand (soporte de macetas).
macetón *s. m.* tub (para flores).
machacador, -ra *adj.* **1** crushing (que machaca). **2** grinding (que muele).
machacadora *s. f.* MEC. crushing machine, crusher.
machucadura *s. f.* (Am.) bruise.
machacante *s. m.* MIL. sergeant's orderly.
machacar *v. t.* **1** to crush, to mash (aplastar). **2** to grind (moler). **3** to smash, to crush (a un enemigo). **4** to cut, to slice (precios, presupuesto). **5** to crush, to flatten (en un debate). • *v. i.* **6** to persist, to go on (porfiar insistentemente): *machacar en negar algo = to persist in denying something.* **7** to swot (estudiar mucho).
machacón, -na *adj.* **1** tiring, tiresome (fastidioso). • *s. m.* y *f.* **2** nuisance, bore (pesado).
machaconería o **machaquería** *s. f.* tediousness, tiresomeness (de machacón).
machamartillo (a) *loc. adv.* with conviction (con convicción); consistently (con consistencia); firmly (firmemente).
machado, -da *adj.* (Am.) drunk (borracho).
machar *v. t.* **1** ⇒ **machacar.** • *v. pron.* **2** (Am.) to get drunk (emborracharse).
machetazo *s. m.* blow with a machete.
machete *s. m.* **1** machete (arma blanca). **2** board rubber (borrador).
machetero *s. m.* **1** path opener (que despeja los pasos). **2** cane cutter (que corta cañas). **3** (Am.) guerrilla, guerrilla fighter (guerrillero).
machificar *v. t.* (Am.) to trick, to take in (burlar).
machimbarse *v. pron.* to live together, to cohabit (amancebarse).
machismo *s. m.* sexism, machismo.
macho *s. m.* **1** BIOL. male (animal del sexo masculino). **2** ZOOL. mule (mulo). **3** MEC. pin, peg (clavija). **4** ELEC. plug (de un enchufe). **5** ARQ. buttress (machón). **6** sledgehammer (mazo grande de hierro). **7** square anvil (yunque cuadrado). **8** anvil block (banco de yunque). **9** (fam.) tough guy, bully-boy (hombre fuerte). • *adj.* **10** BIOL. male: *ratón macho = male rat.* **11** (fig.) tough, strong (fuerte): *es muy macho = he's a real tough guy.* **12** TEC. male.
machón *s. m.* ARQ. buttress (pilar).
machona *s. f.* (Am.) mannish woman (marimacho).
machote *adj.* **1** manly, tough (muy hombre). • *s. m.* **2** tough guy, he-man (muy hombre).
machuelo *s. m.* BIOL. germ (germen).
macilento, -ta *adj.* emaciated, gaunt (demacrado).
macillo *s. m.* MÚS. hammer (del piano).
macizamente *adv.* **1** massively. **2** solidly.
macizo, -za *adj.* **1** compact, solid (compacto). **2** massive (masivo). • *s. m.* **3** solid, mass (masa). **4** GEOG. massif (de montañas). **5** group (de edificios). **6** BOT. bed, plot (de plantas). **7** stretch (de pared).
macramé *s. m.* macramé.
macro- *prefijo* macro-.
macrobiótico, -ca *adj.* **1** macrobiotic. • *s. f.* **2** macrobiotics.
macrocefalia *s. f.* MED. macrocephaly.
macrocéfalo, -la *adj.* MED. macrocephalic.
macrocosmo o **macrocosmos** *s. m.* macrocosm.
macrodáctilo, -la *adj.* macrodactyl.
macroeconomía *s. f.* macroeconomics.
macrofotografía *s. f.* macrophotography.
macroscópico, -ca *adj.* macroscopic.
macuco, -ca *adj.* **1** (Am.) cunning, crafty (taimado). **2** astute, clever (astuto).
mácula *s. f.* **1** stain (mancha). **2** trick (engaño). ◆ **3** ASTR. ~ **solar,** sunspot.
maculatura *s. f.* faulty sheet (pliego inservible).
macuto *s. m.* rucksack, haversack (mochila).
madama *s. f.* brothel keeper, madam.
madeja *s. f.* **1** hank (de lana). **2** mop of hair (de pelo).
madera *s. f.* **1** wood: *una madera = a piece of wood.* **2** timber (para construir). **3** (fig.) nature, character, stuff (disposición). **4** horn (materia del casco de las caballerías). **5** DEP. wood (palo de golf). ◆ **6 de** ~**,** wooden. **7** ~ **de deriva,** driftwood. **8** ~ **dura,** hardwood. **9 tener** ~**,** to have it in one, to have the makings. **10 tocar** ~**,** to touch wood, (EE UU) to knock on wood.

maderable *adj.* timber-yielding.
maderada *s. f.* raft.
maderaje o **maderamen** *s. m.* wood, timber (madera).
maderero, -ra *adj.* **1** wood. • *s. m.* y *f.* **2** timber merchant (el que comercia con la madera).
madrastra *s. f.* **1** stepmother (madre nueva). **2** cruel mother (mala madre).
madraza *s. f.* indulgent mother.
madre *s. f.* **1** mother: *Madre de Dios = Mother of God.* **2** REL. mother: *madre superiora = mother superior.* **3** ANAT. womb (matriz). **4** (fig.) origin (origen de una cosa). **5** bed (cauce de un río). **6** dregs (heces del vino, etc.). **7** main irrigation ditch (acequia principal). **8** main sewer (alcantarilla maestra). ◆ **9 día de la ~,** Mother's Day. **10 ~ adoptiva,** foster mother. **11 buque ~,** mother ship. **12 ~ de alquiler,** surrogate mother. **13 ~ de leche,** wet nurse. **14 ¡~ mía!,** my God! **15 ~ política,** mother-in-law. **16 sacar de ~ a uno,** to madden someone. **17 salirse de ~, a)** to overflow (río); **b)** to go over the top; to go over the limit (persona).
madreña *s. f.* clog, wooden shoe (almadreña).
madreperla *s. f.* **1** mother-of-pearl (nácar). **2** pearl oyster (ostra)
madrépora *s. f.* ZOOL. white coral, madrepore (pólipo).
madrepórico, -ca *adj.* ZOOL. madreporic.
madrero, -ra *s. m.* y *f.* **1** mother's boy (chico). **2** mother's girl (chica).
madreselva *s. f.* BOT. honeysuckle.
Madrid *s. m.* Madrid.
madrigal *s. m.* LIT. y MÚS. madrigal.
madrigalesco, -ca *adj.* **1** MÚS. madrigalian. **2** (fig.) sweet, tender (tierno).
madrigalista *s. m.* y *f.* madrigalist.
madriguera *s. f.* **1** ZOOL. den, burrow (cuevecilla). **2** (fig.) den (de gente de mal vivir).
madrina *s. f.* **1** bridesmaid (de boda). **2** godmother (de un niño). **3** protectress (protectora). **4** post (poste). **5** AGR. lead-ing mare (yegua). **6** strap, brace (atadura). **7** (Am.) tame herd (ganado manso).
madrinazgo *s. m.* role of godmother (papel de madrina).
madroñal *s. m.* strawberry tree patch (sitio poblado de madroños).
madroñera *s. f.* **1** BOT. strawberry tree (madroño). **2** strawberry tree patch (madroñal).
madroño *s. m.* **1** BOT. strawberry tree (arbusto). **2** fruit of the strawberry tree (fruta). **3** round tassel (borlita).
madrugada *s. f.* **1** early morning (primeras horas del día). **2** daybreak, dawn (alba). ◆ **3 despertarse de ~,** to wake up early.
madrugador, -ra *adj.* **1 ser ~,** to be an early riser. • *s. m.* y *f.* **2** early riser, (fam.) early bird.
madrugar *v. i.* **1** to get up early, (fam.) to get up with the lark (levantarse temprano). **2** to jump the gun (anticiparse). ◆ **3 a quien madruga, Dios le ayuda,** the early bird catches the worm.
madrugón, -na *adj.* **1 ser ~,** to be an early riser. • *s. m.* y *f.* **2** early riser. • *s. m.* **3 pegarse un ~,** (fam.) to get up at the crack of dawn.
maduración *s. f.* ripening, maturing.
maduradero *s. m.* favourable site for ripening fruit (lugar).
madurador, -ra *adj.* ripening.
maduramente *adv.* maturely.
madurar *v. i.* y *pron.* **1** AGR. to ripen (fruta). • *v. t.* **2** to think over, to ponder (considerar detenidamente). • *v. i.* **3** to mature (desarrollarse física y espiritualmente). **4** MED. to soften (reblandecerse).
madurativo, -va *adj.* maturative (que puede madurar).
madurez *s. f.* **1** ripeness (de frutos). **2** maturity (de personas).
maduro, -ra *adj.* **1** ripe (frutos): *poco maduro = unripe.* **2** mature (personas): *poco maduro = immature.* ◆ **3 edad madura,** middle age.
maese *s. m.* (arc.) master (maestro).
maestra *s. f.* **1** teacher, schoolmistress (de colegio): *maestra de inglés = English teacher.* **2** queen bee (abeja maestra). **3** ARQ. guide line (listón).
maestradamente *adv.* (arc.) in a masterly fashion.
maestranza *s. f.* **1** MIL. arsenal (talleres). **2** arsenal workers (operarios). **3** (Am.) machine shop (cualquier conjunto de talleres).
maestrazgo *s. m.* **1** HIST. office of grand master (dignidad del maestre). **2** territory under the grand master's control (territorio).
maestre *s. m.* HIST. grand master.
maestresala *s. m.* head servant (criado principal).
maestría *s. f.* **1** mastery, skill (competencia). **2** master's degree (título).
maestro, -tra *adj.* **1** master: *esta pintura es una obra maestra = this painting is a masterpiece; golpe maestro = master stroke.* **2** main, principal (principal): *la puerta maestra = the main door.* **3** trained: *tigre maestro = trained tiger.* • *s. m.* **4** teacher, schoolmaster (profesor). **5** master (de un arte): *es un maestro del balón = he's a master of the ball.* **6** master (de alto grado en su oficio): *maestro albañil = master mason.* **7** MÚS. maestro. ◆ **8 ~ de ceremonias,** master of ceremonies. **9 ~ de cocina,** chef. **10 ~ de obras,** master builder.
mafia *s. f.* mafia.
mafioso, -sa *s. m.* y *f.* mafioso, member of the Mafia.
magancería *s. f.* trick, fraud (embuste).
magancés, -sa *adj.* treacherous (traidor).
magdalena *s. f.* **1** grieving o sorrowful woman (mujer apenada). **2** madeleine (bollo pequeño). ◆ **3 llorar como una Magdalena,** to cry one's eyes out.
magenta *adj.* y *s. m.* magenta.
magia *s. f.* **1** magic: *magia negra = black magic; magia blanca = white magic.* **2** (fig.) magic, charm.
magiar *adj./s. m.* y *f.* Magyar.
mágicamente *adv.* magically.
mágico, -ca *adj.* **1** magic, magical: *varita mágica = magic wand.* **2** (fig.) magic, fantastic (estupendo). • *s. m.* y *f.* **3** magician (mago).
magisterial *adj.* magisterial.
magisterio *s. m.* **1** teaching (enseñanza, profesión). **2** teachers, teaching staff (conjunto de maestros).
magistrado, -da *s. m.* y *f.* magistrate, judge.
magistral *adj.* masterly, expert.
magistralmente *adv.* expertly, consummately.
magistratura *s. f.* **1** magistracy (dignidad y cargo de magistrado). **2** tribunal (tribunal).
magma *s. m.* GEOL. magma.
magnánimamente *adv.* magnanimously.
magnanimidad *s. f.* magnanimity.
magnánimo, -ma *adj.* magnanimous.
magnate *s. m.* magnate, tycoon.
magnesia *s. f.* QUÍM. magnesia.
magnesiano, -na *adj.* QUÍM. magnesian.
magnésico, -ca *adj.* QUÍM. magnesic.
magnesio *s. m.* QUÍM. magnesium.
magnético, -ca *adj.* magnetic: *campo magnético = magnetic field; polo magnético = magnetic pole.*
magnetismo *s. m.* **1** magnetism (de un imán, de una persona, etc.). **2** magnetics (ciencia).
magnetizable *adj.* magnetizable.
magnetización *s. f.* magnetization.
magnetizar *v. t.* **1** to magnetize. **2** to hypnotize (hipnotizar). **3** (fig.) to fascinate, to captivate, to spellbind (fascinar).
magneto *s. m.* o *f.* ELEC. magneto (generador de electricidad).
magnetofónico, -ca *adj.* magnetic (cinta).
magnetófono o **magnetofón** *s. m.* tape recorder.
magnetoterapia *s. f.* magnetotherapy.
magnicidio *s. m.* assassination (de un personaje importante).
magnificador, -ra *adj.* magnifying. • *s. m.* y *f.* magnifier.
magníficamente *adj.* magnificently, wonderfully.
magnificar *v. t.* **1** to praise, to extol (alabar). **2** to exalt (ensalzar).
magníficat *s. m.* magnificat (cántico).
magnificencia *s. f.* **1** magnificence, splendour (esplendor). **2** generosity (generosidad).
magnificente *adj.* magnificent.
magnífico, -ca *adj.* magnificent, marvellous, wonderful.
magnitud *s. f.* **1** magnitude. **2** importance (importancia). **3** size (tamaño). ◆ **4 de primera ~,** of the first magnitude.
magno, -na *adj.* **1** great (grande). **2** illustrious (ilustre). ◆ **3 carta magna,** magna carta.
magnolia *s. f.* BOT. magnolia.

magnoliáceo, -a *adj.* BOT. magnoliaceous.
magnolio *s. m.* magnolia.
mago, -ga *s. m.* y *f.* **1** magician, wizard. ◆ **2 los Reyes Magos,** the Three Wise Men.
magra *s. f.* slice of ham (loncha de jamón).
magrebí *s. m.* y *f.* Maghrebi.
magro, -gra *adj.* **1** thin, (fam.) skinny (flaco). **2** lean (carne). ● *s. m.* **3** lean pork (carne de cerdo sin grasa).
magrura o **magrez** *s. f.* **1** thinness (de personas). **2** leanness (de carne).
maguarse *v. pron.* (Am.) to be sad (entristecerse).
magulladura *s. f.* **magullamiento** *s. m.* o **magullón** *s. m.* bruise (contusión).
magullar *v. t.* y *pron.* to bruise.
mahometano, -na *adj./s. m.* y *f.* Mohammedan.
mahometismo *s. m.* Mohammedanism.
mahometista *adj./s. m.* y *f.* Mohammedan.
maicena® *s. f.* cornflour.
maicero, -ra *adj.* **1** maize. ● *s. m.* y *f.* **2** maize dealer (vendedor de maíz).
maitines *s. m. pl.* REL. matins.
maître *s. m.* y *f.* head waiter, (EE UU) maître d'hotel.
maíz *s. m.* BOT. maize, (EE UU) corn.
maizal *s. m.* maize field.
maja *s. f.* **1** pestle (mano del mortero). **2** (Am. y fam.) lazybones (persona holgazana).
majada *s. f.* **1** fold (redil). **2** dung, manure (estiércol).
majadal *s. m.* **1** fold (majada). **2** sheep pasture (lugar de pasto).
majaderear *v. i.* (Am.) to be a nuisance (molestar).
majadería *s. f.* **1** stupidity, foolishness (idiotez). **2** silly thing, stupid thing (dicho o hecho inoportuno).
majadero, -ra *adj.* **1** silly, foolish (torpe). ● *s. m.* y *f.* **2** fool, idiot, clot (bobo). ● *s. m.* **3** bobbin (palito para hacer encajes). **4** pestle (mazo).
majara o **majareta** *adj.* **1** (fam.) crazy, mad, round the bend (chiflado). ● *s. m.* y *f.* **2** nutter, lunatic (loco).
majestad *s. f.* **1** majesty: *Vuestra Majestad = Your Majesty.* **2** majesty, stateliness (grandeza).
majestuosamente *adv.* majestically.
majestuosidad *s. f.* majesty.
majestuoso, -sa *adj.* majestic.
majeza *s. f.* **1** smartness, elegance (elegancia). **2** niceness (simpatía). **3** bragging, boasting (bravuconería).
majo, -ja *adj.* **1** nice, friendly (simpático). **2** smart, fashionable (bien vestido). **3** attractive (atractivo). **4** flashy, cocky (que afecta desenvoltura). **5** pretty, beautiful (guapo).
majolar *s. m.* hawthorn grove (lugar poblado de majuelos).
majorca *s. f.* corn, cob (mazorca).
majorette *s. f.* majorette.
majuela *s. f.* **1** BOT. hawthorn berry (fruto del majuelo). **2** lace (para atar los zapatos).
majuelo *s. m.* hawthorn.
mal *adj.* **1** bad: *mal olor = bad smell.* ● *adv.* **2** badly: *tocar mal = to play badly; salir mal = to turn out badly.* **3** bad: *huele mal = it smells bad.* **4** ill, sick (enfermo): *estoy mal = I'm sick.* **5** wrong, badly (incorrectamente): *lo haces mal = you're doing it wrong.* ● *s. m.* **6** evil, wrong: *hay que luchar contra el mal = one must fight against evil; el bien y el mal = good and evil.* **7** harm, hurt, damage (daño): *no te quiero hacer mal = I don't want to do you any harm.* **8** illness, disease (enfermedad). **9** reverse, misfortune (desgracia). ◆ **10 andar ~ de dinero,** to be short of money. **11 caer en el ~,** to fall into bad ways. **12 decir ~ de uno,** to speak ill of someone. **13 encontrarse ~,** to feel bad. **14 llevar a ~ una cosa,** to be offended by something. **15 ~ de altura,** mountain sickness. **16 ~ de montaña,** mountain sickness. **17 ~ de ojo,** evil eye. **18 ~ menor,** lesser evil. **19 ¡menos ~!,** thank God for that! **20 no hay ~ que por bien no venga,** every cloud has a silver lining. **21 parar en ~,** o **acabar ~,** to come to a bad end. **22 si ~ no recuerdo,** if I'm not mistaken. **23 tomar algo a ~,** to take something badly.
malabares *adj.* **1 juegos ~,** juggling. **2 hacer juegos ~,** to juggle.
malabarismo *s. m.* juggling.
malabarista *s. m.* y *f.* juggler.
malaconsejado, -da *adj.* ill-advised.
malacostumbrado, -da *adj.* **1** bad-mannered, ill-mannered, vicious (que tiene mala costumbre). **2** pampered, spoiled (mimado).
málaga *s. m.* Malaga wine (vino de Málaga).
malagana *s. f.* faint (desmayo).
malagueño, -ña *adj.* **1** of/from Málaga. ● *s. m.* y *f.* **2** native o inhabitant of Málaga.
malamente *adv.* badly: *juegan malamente = they play badly.*
malandante *adj.* unlucky, hapless (desgraciado).
malandanza *s. f.* bad luck, misfortune (infortunio).
malandrín, -na *adj.* **1** evil (malvado). ● *s. m.* y *f.* **2** wicked/evil person (malvado).
malaquita *s. f.* MIN. malachite.
malaria *s. f.* MED. malaria.
malasangre *adj.* **1** perverse, wicked, evil (avieso). ● *s. m.* y *f.* **2** evil person.
malasombra *s. m.* y *f.* clumsy/awkward person (persona patosa).
malaventura *s. f.* misfortune, bad luck (desgracia).
malaventurado, -da *adj.* unfortunate (desgraciado).
malaventuranza *s. f.* misfortune, bad luck (desgracia).
malayo, -ya *adj./s. m.* y *f.* Malayan, Malay.
malbaratador, -ra *s. m.* y *f.* squanderer, spendthrift (derrochador).
malbaratar *v. t.* **1** to squander, to waste (derrochar). **2** COM. to sell at a loss (malvender).
malbarato *s. m.* **1** squandering, wasting (acción de derrochar). **2** COM. selling at a loss (acción de malvender).
malcriadez o **malcriadeza** *s. f.* bad upbringing.
malcriado, -da *adj.* bad-mannered, rude.
malcriar *v. t.* to bring up badly.
maldad *s. f.* **1** badness, evil (calidad de malo). **2** bad thing, evil thing (mala acción).
maldecir *v. t.* **1** to curse (echar maldiciones). **2** to abhor, to detest (aborrecer). ● *v. i.* **3** to swear (blasfemar). **4** to criticize (criticar). **5** to complain (quejarse).
maldiciente *adj.* **1** critical (que critica). **2** knocking, bitching (que calumnia). **3** abusive, offensive (que blasfema). ● *s. m.* y *f.* **4** knocker, backbiter (que difama). **5** complainer, moaner (que se queja).
maldición *s. f.* **1** curse: *bajo una maldición = under a curse.* **2** curse, oath (blasfemia). ◆ **3 ¡~!,** damn it!; curse it!
maldispuesto, -ta *adj.* **1** MED. indisposed, ill (indispuesto). **2** ill-disposed, unwilling (sin disposición para una cosa).
maldito, -ta *adj.* **1** accursed, damned (embrujado). **2** (fam.) damned, bloody, lousy (condenado, puñetero): *ese maldito hombre = that damned man; maldito lo que me importa = I don't give a damn; ese maldito ordenador no funciona = that bloody computer isn't working.* **3** evil, wicked (malvado). ● *s. m.* **4** devil (diablo). ◆ **5 ¡maldita sea!,** damn it!
maleabilidad *s. f.* malleability.
maleable *adj.* malleable.
maleante *adj.* **1** malignant, evil (maligno). **2** corrupting (que corrompe). ● *s. m.* y *f.* **3** tramp, vagrant (vagabundo). **4** evil person, bad person (persona mala).
maleamiento *s. m.* corrupting.
malear *v. t.* **1** to corrupt, to pervert (corromper). ● *v. pron.* **2** to spoil, to deteriorate (deteriorar).
malecón *s. m.* **1** dike (dique). **2** breakwater (rompeolas).
maledicencia *s. f.* slander (acción de difamar).
maleducado, -da *adj.* **1** bad-mannered, ignorant. ● *s. m.* y *f.* **2** bad-mannered person.
maleducar *v. t.* to bring up badly (educar mal).
maleficencia *s. f.* harm, (p.u.) maleficence.
maleficiar *v. t.* **1** to hurt, to cause damage to (causar daño). **2** to bewitch, to cast a spell on (hechizar).
maleficio *s. m.* **1** hurt, damage (daño). **2** witchcraft, sorcery (hechizo).
maléfico, -ca *adj.* **1** evil, harmful (dañino). ● *s. m.* y *f.* **2** sorcerer (hechicero).
malencarado, -da *adj.* ugly, grotesque.

malentender *v. t.* to misunderstand.
malentendido *s. m.* misunderstanding.
malestar *s. m.* **1** MED. sickness, discomfort. **2** (fig.) unease, unrest.
maleta *s. f.* **1** suitcase, case: *hacer la maleta = to pack (one's case).* • *s. m.* y *f.* **2** inept person, ham-fisted person (inepto).
maletera *s. f.* (brit.) (Am.) boot, (EE UU) trunk.
maletero *s. m.* **1** boot, trunk (del coche). **2** suitcase maker (que hace maletas). **3** porter (el que transporta equipajes).
maletilla *s. m.* y *f.* novice bullfighter (aprendiz de torero).
maletín *s. m.* attaché case, briefcase.
malevolencia *s. f.* malevolence, malice, spite: *por malevolencia = out of spite.*
malévolo, -la *adj.* malevolent, spiteful.
maleza *s. f.* **1** undergrowth (espesura, vegetación, etc.). **2** weeds (malas hierbas). **3** (Am.) complaint, ailment (achaque).
malformación *s. f.* deformity, malformation.
malgastador, -ra *s. m.* y *f.* **1** spendthrift. • *adj.* **2** wasteful, spendthrift.
malgastar *v. t.* **1** to waste, to squander (dinero, talento, recursos). **2** to waste (tiempo). **3** to ruin (la salud).
malgeniado, -da *adj.* (Am.) bad-tempered.
malhablado, -da *adj.* **1** rude, foulmouthed. • *s. m.* y *f.* **2** rude person, foulmouthed person.
malhadado, -da *adj.* unfortunate, ill-fated.
malhechor, -ra *adj.* **1** wicked, evil. • *s. m.* y *f.* **2** criminal, wrongdoer.
malherir *v. t.* to injure seriously.
malhumorado, -da *adj.* angry, bad-tempered.
malhumorar *v. t.* **1** to annoy, to anger. • *v. pron.* **2** to get angry.
malicia *s. f.* **1** evil, badness (maldad). **2** malice, spite (malevolencia). **3** slyness, cunning, guile (astucia). **4** viciousness (de los animales). **5** naughtiness, mischief (de los niños).
maliciar *v. t.* y *pron.* **1** to suspect (sospechar con malicia). • *v. t.* **2** to corrupt, to pervert (malear).
maliciosamente *adv.* maliciously, spitefully.
malicioso, -sa *adj.* **1** malicious, spiteful (que tiene malicia). **2** cunning, sly (astuto). **3** vicious (animales). **4** naughty, mischievous (niños).
malignamente *adv.* malignantly.
malignidad *s. f.* **1** MED. malignancy. **2** malice, spite (malicia).
maligno, -na *adj.* **1** MED. malignant. **2** evil, malignant, malicious (persona). **3** evil, bad (malo).
malintencionado, -da *adj.* **1** ill-intentioned, ill-disposed, malicious. • *s. m.* y *f.* **2** ill-intentioned person, malicious person.
malla *s. f.* **1** mesh (de una red). **2** HIST. chain mail (armadura). **3** net, mesh (red de hilo). • *pl.* **4** DEP. net (de una portería). **5** tights (medias).
malmandado, -da *adj.* **1** disobedient, defiant. • *s. m.* y *f.* **2** disobedient/defiant person.
malmeter *v. t.* **1** to drive apart, to divide (malquistar). **2** to entice, to incite (tentar, malacostumbrar).
malmirado, -da *adj.* disliked, unpopular.
malo, -la *adj.* **1** bad (no bueno): *una película mala = a bad film; un disco malo = a bad record.* **2** evil, bad (malvado). **3** harmful, bad (dañino). **4** naughty, bad (travieso). **5** ill, sick (enfermo): *estar malo = to be ill.* **6** useless, no good (inútil): *soy malo para el inglés = I'm useless at English.* **7** bad, unpleasant (olor, sabor). • *s. m.* y *f.* **8 el malo/la mala,** the villain (en una película, etc.). ◆ **9 andar a malas,** to be on bad terms. **10 estar de malas,** to be in a bad mood (de mal humor); to be on bad terms (estar enemistados). **11 mala jugada,** dirty trick. **12 por las malas,** by force. **13 sentirse ~,** to feel unwell.
malograr *v. t.* **1** to waste (echar a perder). • *v. pron.* **2** to fail (fracasar). **3** to fall short, to disappoint (no alcanzar el desarrollo apetecido).
maloliente *adj.* stinking, smelly, reeking.
malparado, -da *adj.* **1** damaged, (fam.) in a sorry state. ◆ **2 salir ~,** to come off badly.
malparar *v. t.* **1** to damage, to spoil (estropear). **2** to hurt, to harm (dañar). **3** to ill-treat, to maltreat (maltratar).
malparida *s. f.* woman who has had a miscarriage.
malparir *v. i.* MED. to have a miscarriage, to miscarry.
malparto *s. m.* MED. miscarriage.
malquerencia *s. f.* **1** malice, spite, malev-olence (malevolencia). **2** dislike (antipatía).
malquerer *v. t.* to dislike (tener antipatía a alguien).
malqueriente *adj.* **1** spiteful, malevolent (malicioso). **2** unfriendly (antipático).
malquistar *v. t.* to drive apart, to divide (malmeter).
malquisto, -ta *adj.* disliked, unpopular.
malsano, -na *adj.* **1** unhealthy (nocivo para la salud). **2** sickly (enfermizo).
malsonante *adj.* **1** ill-sounding (que suena mal). **2** rude, offensive (grosero).
malta *s. f.* malt (generalmente cebada germinada y tostada).
maltés, -sa *adj.* y *s. m.* y *f.* Maltese.
maltosa *s. f.* QUÍM. maltose.
maltraer *v. t.* **1** to insult (insultar). **2** to illtreat (maltratar). ◆ **3 llevar** o **tener a uno a ~,** to vex, to irritate.
maltratar *v. t.* **1** to mistreat, to ill-treat, to abuse (dar un mal trato). **2** to damage (causar daños).
maltrato *s. m.* ill-treatment, mistreatment.
maltrecho, -cha *adj.* injured, battered.
maltusianismo *s. m.* Malthusianism.
maltusiano, -na *adj.* y *s. m.* y *f.* Malthusian.
malva *s. f.* **1** BOT. mallow. ◆ **2 ~ real** o **loca,** hollyhock. **3 estar criando malvas,** (fig.) to be pushing up daisies. **4 ser como una ~,** not to say boo to a goose: *es como una malva = he wouldn't say boo to a goose.*
malvadamente *adv.* maliciously, spitefully.
malvado, -da *adj.* **1** evil, wicked. • *s. m.* y *f.* **2** evil person, wicked person.
malvarrosa *s. f.* BOT. hollyhock.
malvasía *s. f.* **1** malvasia (uva). **2** malmsey (vino).
malvender *v. t.* to undersell, to sell at a loss.
malversación *s. f.* embezzlement, misappropiation.
malversador, -ra *adj.* **1** embezzling. • *s. m.* y *f.* **2** embezzler.
malversar *v. t.* to embezzle, to misappropriate.
Malvinas (islas) the Falkland Islands, the Falklands.
malvís *s. m.* ZOOL. song thrush, mavis (ave).
malvivir *v. i.* to live meagrely, to scrape by.
mama *s. f.* **1** ANAT. mammary gland (teta). **2** breast (de mujer). **3** udder (de animales hembra) **4** (brit.) mum, mummy; (EE UU) mommy, mom (madre).
mamá *s. f.* **1** (brit.) (fam.) mum, mummy; (EE UU) mommy, mom (madre). ◆ **2 ~ grande,** (Am.) (fam.) grandmother.
mamada *s. f.* **1** suck, sucking (acción de mamar). **2** mouthful (cantidad de leche ingerida). **3** (Am.) binge, drinking spree (borrachera). **4** (vulg.) blow job (felación).
mamadera *s. f.* (Am.) baby's bottle.
mamado, -da *adj.* drunk, plastered (borracho).
mamador, -ra *adj.* sucking.
mamagrande *s. f.* (Am.) grandmother (abuela).
mamar *v. i.* **1** to suckle (bebé): *dar de mamar = to feed, to breast-feed.* • *v. t.* **2** (fig.) to absorb, to soak up (ideas, conocimientos, etc.). • *v. pron.* **3** (Am.) to get drunk, (fam.) to get plastered (emborracharse).
mamarrachada *s. f.* buffoonery, clowning (acción ridícula).
mamarracho *s. m.* **1** buffoon, clown (figura ridícula). **2** (fam.) idiot (hombre despreciable).
mamá-señora *s. f.* (Am.) grandmother (abuela).
mameluco *s. m.* **1** clot, dope (necio). **2** HIST. Mameluke (soldado egipcio).
mamerto, -ta *adj.* silly, stupid (bobo).
mamífero *s. m.* **1** ZOOL. mammal. • *adj.* **2** ZOOL. mammalian.
mamila *s. f.* **1** udder, teat (teta de los animales). **2** nipple (tetilla del hombre).
mamilar *adj.* ANAT. mammillary.
mamografía *s. f.* mammography.
mamola *s. f.* chuck under the chin.

mamón, -na *adj.* **1** suckling, unweaned (que aún mama). • *s. m.* y *f.* **2** baby, unweaned baby (que aún mama). **3** (vulg.) bastard (insulto a un hombre); bitch (insulto a una mujer). • *s. m.* **4** BOT. sucker, shoot (chupón).

mamotreto *s. m.* **1** large book, tome (libro). **2** notebook (bloc). **3** (desp.) monstrosity (objeto, aparato).

mampara *s. f.* screen, partition (biombo, tabique).

mamporro *s. m.* whack, clout, blow (golpe).

mampostear *v. t.* ARQ. to make of rubble (construcción).

mampostería *s. f.* rubblework, masonry.

mampostero *s. m.* stonemason.

mampuesto *s. m.* **1** rough stone (piedra sin labrar). **2** parapet (parapeto). **3** (Am.) rest, stand (para un arma de fuego).

mamut *s. m.* ZOOL. mammoth.

maná *s. m.* manna.

manada *s. f.* **1** ZOOL. herd, (de elefantes, caballos); flock (de ovejas). **2** pack (de lobos, perros). **3** pride (de leones). **4** (fam.) crowd, mob (de gente). **5** handful (porción que se puede coger con una mano).

manager *s. m.* y *f.* manager.

Managua *s. f.* Managua.

manante *adj.* flowing, running (que mana).

manantial *s. m.* **1** spring (donde manan las aguas). **2** source (origen de una cosa). • *adj.* **3** flowing, running (que mana).

manar *v. i.* **1** to flow, to run (salir un líquido). **2** to flourish, to abound (abundar).

manatí *s. m.* manatee.

manaza *s. f.* **1** big hand. ◆ **2 ser un manazas,** to be clumsy.

mancamiento *s. m.* maiming, crippling (acción de mancar).

mancar *v. t.* to cripple, to maim.

manceba *s. f.* **1** young woman (muchacha). **2** concubine (concubina).

mancebía *s. f.* **1** brothel (burdel). **2** youth (mocedad).

mancebo *s. m.* **1** youth, young man (hombre joven). **2** single man, bachelor (soltero). **3** clerk (empleado de poca categoría).

mancha *s. f.* **1** stain, spot (de suciedad). **2** stain, blemish (cosa inmoral, deshonra). **3** ZOOL. spot, marking (de los animales). **4** ZOOL. speckle, marking (de los pájaros). **5** spot (en la ropa, tela, etc.). **6** ART. sketch, rough draft (boceto). **7** AGR. patch (terreno de mejor calidad). **8** spot (mácula del sol). **9** smudge, blot (de tinta). **10** MED. spot, mark.

manchadizo, -za *adj.* dirty (sucio).

manchado, -da *adj.* **1** stained, dirty (el mantel, la ropa, una superficie, etc.). **2** speckled (los pájaros). **3** spotted (animales). **4** spotty (piel de persona). **5** smudged, smudgy (papel). **6** blemished, stained (honra, reputación, etc.).

manchar *v. t.* **1** to stain, to dirty (ensuciar). **2** to stain, to mark (poner una mancha). **3** (fig.) to stain, to blemish (la honra, reputación, etc.). **4** to smudge (papel). • *v. pron.* **5** to get dirty, to get stained (ensuciarse). **6** to stain oneself (con manchas). **7** (fig.) to tarnish one's reputation (la honra, la reputación).

manchón *s. m.* **1** large stain (mancha grande). **2** patch of dense vegetation (espesura). **3** area of pastureland (pastizal).

mancilla *s. f.* **1** stain. ◆ **2** REL. **sin mancilla,** immaculate.

mancillar *v. t.* **1** to sully, to stain (dañar la reputación). **2** to tarnish (deslucir).

manco, -ca *adj.* **1** one-armed (de un solo brazo). **2** one-handed (de una mano). **3** faulty, defective (defectuoso). • *s. m.* y *f.* **4** one-armed person (persona con un solo brazo). **5** one-handed person (persona con una sola mano). ◆ **6 no ser alguien ~,** to be useful. **7 ser ~ de los dos brazos/de las dos manos,** to have no arms/hands.

mancomún (de) *adv.* by common agreement; jointly.

mancomunado, -da *adj.* joint, jointly held.

mancomunadamente *adv.* by common agreement; jointly.

mancomunar *v. t.* **1** to unite, to join (personas). **2** to join, to combine (esfuerzos). **3** to pool (recursos). **4** to combine (interés). **5** DER. to make jointly responsible. • *v. pron.* **6** to unite, to combine, to join.

mancomunidad *s. f.* **1** POL. commonwealth (de países, provincias, etc.). **2** association (asociación). **3** pool (de recursos). **4** joining (de esfuerzos). **5** DER. joint responsibility.

manda *s. f.* legacy, bequest (legado).

mandado, -da *s. m.* y *f.* **1** (desp.) lackey, minion (que se limita a cumplir órdenes): *yo no soy más que un mandado = I'm just a minion.* • *s. m.* **2** commission (comisión). **3** command, order (orden). **4** errand (recado).

mandamás *s. m.* y *f.* leader, boss, chief (jefe).

mandamiento *s. m.* **1** REL. commandment. **2** command, order (orden). **3** DER. writ, mandate (mandato). **4** warrant: *mandamiento de entrada y registro = search warrant.* ◆ **5 los Diez Mandamientos,** the Ten Commandments.

mandanga *s. f.* **1** nuisance, (fam.) drag (cosa molesta). **2** composure, cool (flema).

mandar *v. t.* **1** to order (obligar): *me mandaron venir = they ordered me to come.* **2** to send (enviar): *mandar una carta por correo = to send a letter by post.* **3** to ask for (encargar): *mandé que vinieran a recoger el paquete = I asked for someone to come and collect the parcel.* **4** to rule, to govern (gobernar). **5** to bequeath, to leave (legar un testamento). **6** MIL. to command, to lead: *mandar un ejército = to lead an army.* • *v. i.* **7** to be in charge: *¿quién manda aquí? = who's in charge here?* ◆ **8 ~ hacer algo,** to have something done: *mandar arreglar un reloj = to have a watch repaired.* **9 ~ por algo,** to send for something.

mandarín *s. m.* **1** Mandarin (idioma). **2** mandarin (cargo).

mandarina *s. f.* BOT. mandarin, tangerine (naranja).

mandarino o **mandarinero** *s. m.* BOT. mandarin tree (árbol).

mandatario, -ria *s. m.* y *f.* **1** agent (persona a quien se encomienda una gestión). **2** president (presidente); head of state (jefe de estado).

mandato *s. m.* **1** order (orden). **2** POL. mandate, term of office (tiempo en el poder). **3** DER. power of attorney (apoderamiento). **4** REL. maundy (ceremonia). ◆ **5 ~ judicial,** DER. writ, summons.

mandíbula *s. f.* **1** ANAT. jaw. ◆ **2 reír a ~ batiente,** to laugh one's head off.

mandil *s. m.* **1** apron (delantal). **2** fishing net (red de pesca).

mandioca *s. f.* BOT. manioc, cassava (arbusto).

mando *s. m.* **1** command, control (poder de mandar): *alto mando = high command; tener el mando = to have control/to be in control.* **2** DEP. lead: *tomar el mando = to take the lead.* **3** MEC. control: *mando a distancia = remote control.* **4** POL. term of office (mandato). • *pl.* **5** MEC. controls (de televisión, radio, coche, etc.). **6** leaders, leadership (los líderes). ◆ **7 estar al ~,** to be in command. **8 ejercer el ~,** to be in command. **9 palanca de ~,** control lever. **10 tomar el ~,** to take command.

mandoble *s. m.* **1** slash (cuchillada). **2** broadsword (espada grande). **3** blow (golpe).

mandolina *s. f.* MÚS. mandolin, mandoline.

mandón, -na *adj.* **1** bossy, over-bearing. • *s. m.* y *f.* **2** bossy/over-bearing person. **3** (Am.) starter (de carreras de caballos).

mandrágora *s. f.* BOT. mandrake (planta narcótica).

mandria *adj.* **1** cowardly (cobarde). **2** useless (inútil). • *s. m.* y *f.* **3** coward (cobarde). **4** useless person (persona inútil).

mandril *s. m.* **1** ZOOL. mandril (mono). **2** TEC. mandrel. **3** rod (vástago).

manducar *v. t.* to eat, (fam.) to scoff (comer).

manearse *v. pron.* (Am.) to trip over (tropezarse).

manecilla *s. f.* **1** hand (aguja de reloj, etc.). **2** clasp (broche de un libro).

manejable *adj.* **1** manageable. **2** easy to use, handy (fácil de usar).

manejar *v. t.* **1** to handle (con las manos): *manejar una herramienta = to handle a tool.* **2** to use (usar). **3** to operate, to run (una máquina). **4** to handle (un caballo). **5** to run (una casa). **6** to manage, to handle (personas): *maneja bien a los niños = she manages the children very well.* **7** to rule, to govern (gobernar). **8** to handle (dinero, acciones, etc.). **9** to administer (administrar). **10** to direct, to run (dirigir). **11** (Am.) to drive (conducir). • *v. pron.* **12** to get about (moverse bien). **13** to behave (comportarse).

manejo *s. m.* **1** handling (de personas, recursos, dinero, herramientas, caballos, armas, etc.). **2** running (de una casa). **3** running, operating (de las máquinas). **4** running, administrating (de un negocio, departamento, administración, etc.). **5** intrigue (intriga). **6** (Am.) driving (de coche).

manera *s. f.* **1** way, manner (forma de ser o realizar una cosa): *su manera de escribir = his way of writing.* **2** type, kind (clase): *otra manera de trabajo = another type of work.* • *pl.* **3** manners (modales). ◆ **4 a la ~ de,** in the manner of; in the fashion of. **5 a mi ~,** in my own way. **6 de buenas o malas maneras,** politely o impolitely. **7 de esta ~,** in this way; like this. **8 de otra ~,** otherwise. **9 de mala ~,** badly. **10 de ~ que,** so that. **11 ¡de ninguna ~!,** no way! **12 de tal ~ que...,** in such a way that... **13 de todas maneras,** anyway; at any rate. **14 en cierta ~,** up to a point. **15 ~ de obrar,** way of going about things. **16 ~ de ver,** way of looking at things; point of view. **17 no hay ~,** it's impossible; there's no way. **18 sobre ~,** exceedingly.

manflora *s. m.* (Am.) effeminate man, (desp.) pansy (afeminado).

manga *s. f.* **1** sleeve (del vestido): *manga de camisa = shirtsleeve.* **2** hose (manguera). **3** MAR. beam (anchura de un barco). **4** strainer, filter (filtro). **5** net (red). **6** DEP. game (partido). **7** (Am.) funnel, entrance (que da acceso a un corral, etc.). **8** (Am.) crowd (multitud). ◆ **9 de ~ corta,** short-sleeved. **10 de ~ larga,** long-sleeved. **11 en mangas de camisa,** in shirt sleeves. **12 ~ de agua,** waterspout. **13 ~ de repostería,** piping bag. **14 ~ de viento,** whirlwind. **15 ser de ~ ancha o tener ~ ancha,** to be overindulgent.

manganeso *s. m.* QUÍM. manganese.

mangante *s. m.* y *f.* **1** thief (ladrón). **2** (fam.) sponger, scrounger (pedigüeño).

mangar *v. t.* **1** (fam.) to pinch, to swipe, to nick (robar). **2** to beg, to scrounge (mendigar). **3** to ask for (pedir).

mangazo *s. m.* (Am.) punch (puñetazo).

mango *s. m.* **1** handle (de utensilios). **2** BOT. mango (árbol y fruta).

mangoneador, -ra *s. m.* y *f.* **1** meddler, interferer (entrometido). **2** bossy type (mandón).

mangonear *v. i.* **1** to meddle, to interfere (entrometerse). **2** to wander, to roam (vagabundear). **3** to organize, to manage (manejar).

mangoneo *s. m.* meddling, interfering (acción de mangonear).

mangonero, -ra *adj.* **1** interfering, med-dlesome (entrometido). **2** bossy (mandón). • *s. m.* y *f.* **3** meddler, interfering type (entrometido). **4** bossy type (mandón).

mangosta *s. f.* ZOOL. mongoose.

manguera *s. f.* **1** hose (de riego). **2** ventilation shaft (de ventilación). ◆ **3 ~ de incendios,** fire hose.

mangueta *s. f.* **1** MED. enema (vejiga para lavativas). **2** U-pipe (de los retretes). **3** lever (palanca).

manguito *s. m.* **1** muff (tubo de piel). **2** oversleeve (media manga). **3** ring (anillo que refuerza los tubos). **4** TEC. coupling, sleeve (tubo que empalma dos piezas).

maní *s. m.* (Am.) peanut (cacahuete).

manía *s. f.* **1** mania, obsession (obsesión mental). **2** mania (afición exagerada): *la manía del fútbol = football mania.* **3** craze, fad, mania (moda): *la manía del inglés = the craze for English; la manía de los pendientes = the fashion for earrings.* ◆ **4 tener la ~ de hacer algo,** to have the habit of doing something/to insist on doing something. **5 tener manías,** to be odd: *ella tiene sus manías = she's a little odd.* **6 tener ~ a alguien,** not to be able to stand someone: *le tengo manía = I can't stand him.*

maníaco, -ca o **maniático, -ca** *adj.* **1** maniacal, crazy (loco). **2** obsessive (obsesivo). **3** odd, peculiar, eccentric (excéntrico). **4** stubborn, obstinate (obstinado). • *s. m.* y *f.* **5** maniac (loco). **6** screwball, eccentric (excéntrico).

maniatar *v. t.* **1** to handcuff, to tie the hands of (a una persona). **2** to hobble (a un animal).

manicomio *s. m.* mental hospital.

manicorto, -ta *adj.* **1** tightfisted, mean (poco generoso). • *s. m.* y *f.* **2** skinflint, penny-pincher.

manicura *s. f.* manicure.

manicuro, -ra *s. m.* y *f.* manicurist (persona).

manida *s. f.* den, lair (guarida).

manido, -da *adj.* **1** off (comida pasada). **2** stale (pan). **3** high (carne). **4** stale, trite (un tema, asunto). **5** common, vulgar (vulgar).

manierismo *s. m.* ART. mannerism.

manierista *adj.* **1** manneristic. • *s. m.* y *f.* **2** mannerist.

manifestación *s. f.* **1** show: *manifestación de amor = show of love.* **2** POL. demonstration (reunión masiva). **3** declaration, statement (declaración).

manifestante *s. m.* y *f.* POL. demonstrator.

manifestar *v. t.* **1** to show (emociones); to express (opiniones, etc.): *manifestaron su enojo = they showed their anger.* **2** to declare, to state (declarar): *el primer ministro manifestó lo que iban a hacer = the Prime Minister stated what they were going to do.* **3** to make known (dar a conocer). • *v. pron.* **4** POL. to demonstrate (hacer una manifestación). **5** to show, to be apparent (quedar al descubierto). ◆ **6 manifestarse en,** to be shown by.

manifestativo, -va *adj.* manifest, evident.

manifiestamente *adv.* manifestly, evidently.

manifiesto, -ta *adj.* **1** obvious, clear, manifest, evident (evidente). • *s. m.* **2** manifesto (escrito político o literario). **3** MAR. manifest. ◆ **4 poner de ~,** to make clear, to show, to reveal.

manilla *s. f.* **1** bracelet (pulsera). **2** handle (asidero para puertas, etc.). **3** hand (de un reloj).

manillar *s. m.* handlebars (de una bicicleta o moto).

maniobra *s. f.* **1** manoeuvre. **2** (fig.) manoeuvre, stratagem (estratagema). • *pl.* **3** MIL. manoeuvres. ◆ **4 hacer maniobras,** to manoeuvre.

maniobrable *adj.* manoeuvrable.

maniobrar *v. t.* e *i.* **1** to manoeuvre (un barco, vehículo). • *v. i.* **2** MIL. to manoeuvre.

maniobrero, -ra *adj.* MIL. manoeuvring.

maniobrista *adj.* **1** skilled at manoeuvring. • *s. m.* y *f.* **2** good manoeuvrer.

manipulación *s. f.* manipulation.

manipulador, -ra *adj.* **1** manipulating. • *s. m.* y *f.* **2** manipulator.

manipulante *adj.* **1** manipulating. • *s. m.* y *f.* **2** manipulator.

manipular *v. t.* **1** to handle (manejar objetos). **2** to manipulate, to operate on (realizar operaciones). **3** (fig.) to manipulate (controlar).

manipuleo *s. m.* manipulation.

maniqueísmo *s. m.* FIL. Manicheism.

maniqueo, -a *adj./s. m.* y *f.* FIL. Manichean.

maniquí *s. m.* **1** dummy, mannequin (figura o armazón de forma humana). • *s. m.* y *f.* **2** model (modelo). **3** pawn, puppet (persona de voluntad débil).

manirroto, -ta *adj.* extravagant, lavish (pródigo).

manisero, -ra *s. m.* y *f.* (Am.) peanut seller (vendedor de cacahuetes).

manisuelto, -ta *s. m.* y *f.* **1** (Am.) spendthrift, squanderer (derrochador). • *adj.* **2** spendthrift, wasteful (derrochador).

manitas *s. m.* y *f.* handyman (hábil con las manos).

manito, -ta *s. m.* y *f.* (Am.) mate, pal (amigo).

manivela *s. f.* MEC. crank.

manjar *s. m.* **1** food (cualquier comestible). **2** tasty dish (alimento exquisito). ◆ **3 ~ blanco,** blancmange. **4 ~ espiritual,** food for the spirit.

mano *s. f.* **1** ANAT. hand: *la mano izquierda = the left hand.* **2** ZOOL. front foot, forefoot (pie delantero). **3** foot (de ave). **4** front trotter, trotter (de cerdo). **5** hand (de reloj). **6** coat (de pintura). **7** hand (en las cartas). **8** DEP. hands, handball: *¡mano! = hands!* **9** side (lado): *a mano derecha = on the right-hand side.* **10** pestle (de almirez). **11** quire (veinticinco pliegos de papel). **12** starter, lead (jugador que empieza la partida). **13** game (partida). **14** worker, hand (obrero). **15** hand (ayuda): *¿me echas una mano? = can you give me a hand?* **16** flair, gift (habilidad): *tienes buena mano para dibujar = you've got a gift for drawing.* **17** MÚS. scale (escala). ◆ **18 abrir la ~,** to ease off (adoptar una actitud menos rigurosa). **19 a ~, a)** by hand (no con máquinas); **b)** to hand (cerca). **20 a manos llenas,** liberally. **21 caerse de las manos,** to become boring. **22 cerrar la ~,** to tighten one's belt. **23 coger a alguien con las manos en la masa,** to catch someone red-handed. **24 dar la ~ a alguien,** to shake hands with someone; **darse la ~,** to shake hands. **25 de primera ~,** brand-new. **26 de segunda ~,** second-hand. **27 echar ~ de,** to make use of. **28 estar dejado de la ~ de Dios,** to be unfortunate. **29 hecho a ~,** handmade. **30 írsele la ~ a alguien,** to get carried away. **31** (fig.) **lavarse las manos,** to wash one's hands of something. **32 llegar a las manos,** to come to blows (terminar pegándose). **33 llevar entre manos,** to be working on. **34 ~ a ~,** together. **35 ~ blanda,** with kid gloves. **36 ~ derecha,** right-hand man. **37 ~ dura** o **fuerte,** iron hand. **38 ~ de obra,** labour. **39 ~ de santo,** sure-fire remedy. **40 ¡manos a la obra!,** everybody to work! **41 ¡manos quietas!,** hands off! **42 meter ~ a alguien,** to investigate someone (investigar). **43** (fam.) **meter ~ a,** to touch up (toquetear). **44 pedir la ~ de una mujer,** to ask for a woman's hand. **45 poner algo en las manos de alguien,** to place something in someone's hands. **46 tener buena ~,** to be good at. **47 tener mucha ~,** to be in charge. **48 untar la ~ a uno,** to grease someone's palm.

manojear *v. t.* (Am.) to bundle (reunir en un manojo).

manojo *s. m.* **1** bunch: *manojo de llaves = bunch of keys.* **2** bundle (haz). **3** (fig.) handful (puñado). **4** (fam.) group, bunch (grupo). ◆ **5 ser un ~ de nervios,** to be a bundle of nerves.

manolo, -la *s. m.* y *f.* archetypal Madrilenian.

manómetro *s. m.* FÍS. pressure gauge, manometer.

manopla *s. f.* **1** HIST. gauntlet (de armadura). **2** whip (látigo). **3** mitten (guante sin separaciones para los dedos). **4** flannel (para lavarse). **5** oven glove (para el horno). **6** (Am.) knuckleduster (puño de hierro).

manoseador, -ra *s. m.* y *f.* grouper (sobón).

manosear *v. t.* to touch, to handle, to finger (tocar).

manoseo *s. m.* touching, handling, fingering.

manotada *s. f.* **manotazo** *s. m.* o **manotón** *s. m.* slap, smack (golpe con la mano).

manotear *v. i.* to gesticulate.

manoteo *s. m.* gesticulation.

manotón *s. m.* ⇒ **manotada.**

mansalva (a) *loc. adv.* in abundance (en abundancia), without risk (sin riesgo); with certainty (con seguridad).

mansamente o **mansito** *adv.* **1** gently (de personas). **2** tamely (de animales). **3** mildly (del tiempo). **4** calmly (del mar).

mansedumbre *s. f.* **1** gentleness, meekness (de personas). **2** tameness (de animales). **3** mildness (del tiempo). **4** calmness (del mar).

mansejón, -na *adj.* very tame (de animales, muy manso).

mansión *s. f.* **1** mansion (casa grande). **2** stay (estancia).

manso, -sa *adj.* **1** gentle, mild (personas). **2** tame (animales). **3** mild (clima). **4** calm (mar, agua). • *s. m.* **5** bellwether (res que guía el rebaño). **6** country house (casa de campo).

mansurrón, -na *adj.* (desp.) docile, dopey (despectivo de manso).

manta *s. f.* **1** blanket (de la cama): *manta eléctrica = electric blanket.* **2** beating, hiding (paliza). **3** manta (pez). **4** poncho (abrigo suelto). ◆ **5 liarse la ~ a la cabeza,** to take the plunge. **6 ~ de viaje,** travelling rug. **7 tirar de la ~,** to let the cat out of the bag.

manteador, -ra *adj.* **1** tossing. • *s. m.* y *f.* **2** tosser.

manteamiento *s. m.* tossing.

mantear *v. t.* to toss in a blanket.

manteca *s. f.* **1** fat, animal fat, grease (grasa). **2** lard (de cerdo). **3** butter (de la leche). ◆ **4 ~ de cacahuete,** peanut butter. **5 ~ de cacao,** cocoa butter. **6 ~ vegetal,** vegetable butter.

mantecada *s. f.* **1** butter roll (bollo). **2** slice of bread and butter (rebanada de pan con mantequilla).

mantecado *s. m.* **1** roll, bun (rollo). **2** ice cream (helado).

mantecoso, -sa *adj.* **1** greasy, fatty (con mucha manteca). **2** buttery (de sabor a manteca).

mantel *s. m.* **1** tablecloth (para comer). **2** REL. altar cloth (del altar).

mantelería *s. f.* table linen.

mantenedor, -ra *s. m.* y *f.* **1** chairman, presenter (de concursos, certamen). **2** president (presidente). **3** juryman (miembro de un jurado).

mantenencia *s. f.* maintenence.

mantener *v. t.* **1** to maintain, to keep (conservar): *este termo mantiene el agua caliente = this thermos flask keeps the water warm.* **2** to hold (sujetar): *mantén la puerta abierta = hold the door open.* **3** to maintain, to keep, to support (sustentar): *con su sueldo mantiene a toda la familia = on his salary he keeps all the family.* **4** to maintain (defender una idea): *mantengo que... = I maintain that...* **5** to maintain (defender un derecho propio). **6** to hold, to maintain (realizar una acción): *mantener una conversación = to hold a conversation.* **7** to sustain (sostener). **8** to present (dirigir un torneo, certamen, etc.). **9** to keep (la ley, la paz): *mantener la paz = to keep the peace.* **10** to keep up, to maintain (costumbres, disciplina, relaciones, etc.). • *v. pron.* **11** to support oneself, to keep oneself (económicamente). **12** to keep (en su estado): *mantenerse en forma = to keep fit.* **13** to stay, to remain (proseguir en una actitud o postura). ◆ **14 ~ a distancia,** to keep at a distance. **15 mantenerse en sus trece,** to dig one's heels in; to stick to one's guns.

mantenimiento *s. m.* **1** maintenance (acción de mantener ideas, actitudes, posiciones): *el mantenimiento de la ley = the maintenance of law.* **2** sustenance (alimento). **3** upkeep, maintenance (conservación): *el mantenimiento de una casa = the upkeep of a house.* **4** provisioning (provisiones).

manteo *s. m.* **1** tossing (acción de mantear). **2** REL. long cloak (capa larga). • *pl.* **3** skirt (faldillas de mesa camilla).

mantequería *s. f.* dairy.

mantequera *s. f.* **1** churn, butter churn (máquina). **2** butter dish (recipiente).

mantequero, -ra *s. m.* y *f.* **1** dairyman (hombre); dairymaid (mujer). • *adj.* **2** butter.

mantequilla *s. f.* butter.

mantequillera *s. f.* butter dish (recipiente).

mantilla *s. f.* **1** mantilla. **2** shawl (para niños). ◆ **3 estar en mantillas,** to be very green, to be very naive.

mantillo *s. m.* **1** humus, mould (capa de materias orgánicas). **2** manure (abono).

mantis *s. f.* ZOOL. mantis: *mantis religiosa = praying mantis.*

manto *s. m.* **1** cloak (capa). **2** large mantilla (mantilla grande). **3** ZOOL. mantle (de los moluscos). **4** (fig.) cover, cloak, mantle (lo que encubre una cosa).

mantón *s. m.* **1** shawl. ◆ **2 ~ de Manila,** embroidered silk shawl.

manuable *adj.* manageable, easy to use, handy.

manual *adj.* **1** manual (que se hace con las manos): *trabajo manual = manual labour.* **2** manageable, easy to use (manuable). • *s. m.* **3** handbook, manual (libro).

manualidades *s. f. pl.* crafts.

manualmente *adv.* manually, by hand.

manubrio *s. m.* **1** MEC. crank (manivela). **2** handle (mango).

manufactura *s. f.* **1** manufacture (fabricación). **2** factory (fábrica).

manufacturar *v. t.* to manufacture.

manumisión *s. f.* DER. manumission.

manumitir *v. t.* DER. to set free, (p.u.) to manumit, to emancipate.

manuscribir *v. t.* to write by hand.
manuscrito, -ta *s. m.* **1** manuscript. • *adj.* **2** handwritten, manuscript.
manutención *s. f.* **1** feeding (acción de dar de comer). **2** food (comida). **3** maintenance, upkeep (conservación).
manzana *s. f.* **1** apple (fruto). **2** block (grupo de casas). **3** knob (bola de adorno). **4** pommel (pomo de la espada). **5** (Am.) Adam's apple (nuez de la garganta). ◆ **6** ~ **de la discordia,** bone of contention.
manzanal *s. m.* apple orchard.
manzanar *s. m.* apple orchard.
manzanilla *s. f.* **1** BOT. camomile (hierba). **2** camomile tea (infusión). **3** manzanilla (vino). **4** small olive (aceituna). **5** knob (adorno esférico). **6** point of the chin (extremo inferior de la barbilla).
manzanillo *s. m.* BOT. olive tree (árbol).
manzano *s. m.* BOT. apple tree (árbol).
maña *s. f.* **1** skill, ability (destreza): *con maña = skilfully.* **2** astuteness, craftiness, craft (astucia). • *pl.* **3** whims, caprices (caprichos). ◆ **4** **malas mañas,** bad habits. **5** **tener** ~, to have the knack.
mañana *s. f.* **1** morning: *por la mañana = in the morning; a las tres de la mañana = at three in the morning.* • *s. m.* **2** future (tiempo futuro). • *adv.* **3** tomorrow: *mañana por la mañana = tomorrow morning.* **4** later, some other time (en un tiempo futuro). ◆ **5** **a la** ~, in the morning. **6** **a partir de** ~, starting tomorrow. **7** **de** ~, in the morning. **8** **de la** ~ **a la noche,** from morning to night. **9** **hasta** ~, see you tomorrow. **10** **muy de** ~, very early in the morning. **11** **pasado** ~, the day after tomorrow.
mañanear *v. i.* to get up early.
mañanero, -ra *s. m.* y *f.* **1** early riser. • *adj.* **2** early-rising.
mañanita *s. f.* **1** bed jacket (especie de chal). **2** early morning (principio de la mañana). **3** (Am.) Mexican song (canción de México).
mañosamente *adv.* **1** skilfully, artfully (con habilidad). **2** cunningly, craftily (astutamente).
mañoso, -sa *adj.* **1** skilful, clever (hábil). **2** cunning, sly (astuto). **3** (Am.) lazy, idle (perezoso).
maorí *adj./s. m.* y *f.* Maori.
mapa *s. m.* **1** map: *mapa del mundo = world map.* ◆ **2** **desaparecer del** ~, to vanish from the face of the earth. **3** ~ **de bits,** INF. bit map. **4** ~ **meteorológico,** weather map.
mapache *s. m.* ZOOL. racoon.
mapamundi *s. m.* **1** world map. **2** (fam.) bottom, (vulg.) arse, bum (culo).
maqueta *s. f.* **1** model (modelo reducido). **2** layout, dummy (de una publicación).
maquetación *s. f.* layout, page make-up.
maquetista *s. m.* y *f.* **1** model maker. **2** layout artist (de una publicación).
maquiavélico, -ca *adj.* Machiavellian.
maquiavelismo *s. m.* Machiavellianism.
maquillador, -ra *s. m.* y *f.* make-up artist.
maquillaje *s. m.* **1** make-up (producto). **2** making-up (acción).
maquillar *v. t.* **1** to make up. • *v. pron.* **2** to make up, to put on make-up.
máquina *s. f.* **1** machine. **2** locomotive, engine (locomotora). **3** organism (organismo). **4** stage machinery (tramoya). **5** (fam.) car (coche). **6** (fam.) bicycle, bike (bicicleta). **7** camera (de fotos). ◆ **8** **a toda** ~, at full speed. **9** **escribir a** ~, to type. **10** **escrito a** ~, typewritten. **11** ~ **de afeitar,** razor. **12** ~ **de coser,** sewing machine. **13** ~ **de discos,** juke box. **14** ~ **de escribir,** typewriter. **15** ~ **de vapor,** steam engine. **16** ~ **fotográfica,** camera. **17** ~ **herramienta,** machine tool. **18** ~ **registradora,** cash register. **19** ~ **tragaperras,** slot machine; fruit machine; one-armed bandit. **20** **sala de máquinas,** engine room.
maquinación *s. f.* machination, plotting.
maquinador, -ra *s. m.* y *f.* plotter, schemer.
maquinal *adj.* mechanical.
maquinalmente *adv.* mechanically.
maquinar *v. t.* to machinate, to plot (tramar).
maquinaria *s. f.* **1** machinery (máquinas). **2** mechanism, works (piezas que componen una máquina). **3** machine-making (construcción de máquinas). ◆ **4** **la** ~ **del Estado,** the state machinery.
maquinilla *s. f.* **1** ~ **de afeitar,** razor. **2** ~ **eléctrica,** electric razor.
maquinismo *s. m.* mechanization.
maquinista *s. m.* y *f.* **1** machine worker, machinist. **2** engine driver (de trenes).
mar *s. m.* o *f.* **1** sea (masa de agua); ~ **Caspio,** Caspian Sea; ~ **del Norte,** North Sea; ~ **Rojo,** Red Sea. **2** swell (marejada). **3** tide (marea). **4** loads, stacks, lots (abundancia de una cosa): *la mar de trabajo = loads of work.* ◆ **5** **alta** ~, high seas. **6** **caer al** ~, to fall overboard. **7** **de alta** ~, seagoing. **8** **estar hecho un** ~ **de lágrimas,** to be crying one's eyes out. **9** **hablar de la** ~, to daydream. **10** **hacerse a la** ~, to set sail. **11** **la** ~ **de bien,** terrific. **12** **la** ~ **de guapa,** gorgeous; smashing. **13** **llover a mares,** to rain cats and dogs. **14** ~ **adentro,** offshore. **15** ~ **de fondo,** groundswell. **16** ~ **de sangre,** sea of blood. **17** ~ **gruesa,** rough sea. **18** ~ **llena,** high tide. **19** ~ **picada,** choppy sea. **20** **por** ~, by sea.
marabú *s. m.* ZOOL. marabou (ave).
maraca *s. f.* **1** MÚS. maraca. • *adj.* **2** (Am.) awkward, clumsy (torpe).
marajá *s. m.* maharaja.
maraña *s. f.* **1** BOT. thicket, undergrowth (espesura de arbustos). **2** mess, tangle, jumble (enredo).
marasmo *s. m.* **1** MED. wasting, atrophy (p.u.) marasmus. **2** paralysis, stagnation (parálisis).
maratón *s. m.* o *f.* marathon.
maravedí *s. m.* maravedi (antigua moneda española).
maravilla *s. f.* **1** marvel, wonder (lo que causa admiración). **2** admiration (admiración). **3** BOT. marigold (planta). ◆ **4** **hacer maravillas,** to do/to work wonders. **5** **las siete maravillas del mundo,** the seven wonders of the world. **6** **¡qué** ~**!,** wonderful!; marvellous!
maravillar *v. t.* **1** to astonish, to amaze (sorprender). • *v. pron.* **2** to marvel, to wonder: *me maravillo con su ignorancia = I marvel at her ignorance.*
maravillosamente *adv.* marvellously, wonderfully.
maravilloso, -sa *adj.* marvellous, wonderful.
marbete *s. m.* **1** label, tag (etiqueta). **2** border (borde).
marca *s. f.* **1** mark (señal hecha para distinguir). **2** DEP. record: *mejorar su marca = to improve one's record.* **3** make (de coches). **4** COM. brand, make (de productos). **5** footprint (de pies, zapatos, etc.). **6** MAR. marker buoy. **7** march (distrito fronterizo). **8** mark, scar (cicatriz). **9** watermark (de papel). **10** brand (con hierro candente). ◆ **11** **de** ~, branded, designer. **12** ~ **de agua,** watermark. **13** ~ **de ley,** hallmark. **14** ~ **registrada,** trademark.
marcadamente *adv.* markedly.
marcado, -da *adj.* **1** marked (en sentido general). **2** marked, pronounced: *con acento marcado = with a marked accent.*
marcador, -ra *adj.* **1** marking (que marca). • *s. m.* **2** DEP. scoreboard (del resultado). • *s. m.* y *f.* **3** feeder (de imprenta).
marcaje *s. m.* DEP. marking.
marcar *v. t.* **1** to mark (hacer una marca): *marcar un papel = to mark a sheet of paper.* **2** to indicate (indicar). **3** to distinguish (distinguir). **4** to dial (el teléfono). **5** to brand (el ganado). **6** DEP. to score (un gol, tanto, etc.). **7** to show, to register (el termómetro, barómetro, etc.). **8** to mark out (delimitar). **9** to mark, to price (poner el precio). **10** to bid (en los naipes). **11** to feed (en la imprenta). **12** to mark (en la música). **13** DEP. to mark (al jugador contrario). **14** to assign (destinar). **15** to stamp (sellar). **16** to set (el pelo). ◆ **17** ~ **el paso,** MIL. to mark time. **18** ~ **las cartas,** to mark the cards.
marcha *s. f.* **1** departure (partida). **2** march (manifestación, caminata): *marcha de protesta = protest march.* **3** speed (grado de velocidad): *a toda marcha = at full speed.* **4** MEC. gear: *primera marcha = first gear.* **5** running (de un negocio). **6** MÚS. march (pieza musical). **7** DEP. walk. **8** (fig.) course, progress (de negociaciones,

acontecimientos): *la marcha de la guerra = the course of the war.* ◆ **9 abrir la ~,** to be at the head. **10 cerrar la ~,** to bring up the rear. **11 ¡en ~!,** let's go! **12 estar en ~, a)** MEC. to be running, to be working; **b)** (fig.) to be on the move. **13 poner en ~,** to start up. **14** (fam.) **tener ~,** to be lively (una ciudad); to be full of life (persona).

marchamo *s. m.* **1** stamp (señal de los aduaneros). **2** label (etiqueta). **3** (fig.) stamp, mark.

marchante, -ta *s. m.* y *f.* **1** commercial traveller (viajante comercial). **2** (Am.) customer, client (cliente). **3 ~ de arte,** art dealer.

marchantía *s. f.* (Am.) customers, clients (clientela).

marchar *v. i.* **1** to go, to travel (ir de un lugar a otro). **2** to work, to run, to go (funcionar): *el coche marcha bien = the car is working well.* **3** to march (soldados, manifestantes). **4** to go (desarrollarse): *las cosas no marchan bien = things are not going well.* • *v. pron.* **5** to leave, to go (partir): *nos marchamos a las dos = we left at two.*

marchitable *adj.* short-lived.

marchitamiento *s. m.* whithering, shriv-elling.

marchitar *v. t.* y *pron.* to wither, to shrivel (las flores).

marchitez *s. f.* withered o shrivelled state.

marchito, -ta *adj.* withered, shrivelled.

marchoso, -sa *adj.* **1** (fam.) lively, swinging (sitio). **2** full of life (persona).

marcial *adj.* **1** martial: *ley marcial = martial law.* **2** military (disciplina).

marcialidad *s. f.* military bearing.

marciano, -na *adj./s. m.* y *f.* Martian.

marco *s. m.* **1** mark (moneda alemana). **2** frame (moldura, armazón). **3** setting (circunstancias, ambiente): *el jardín ofrecía un marco muy bonito = the garden offered a beautiful setting.* **4** DEP. goal-posts. **5 acuerdo ~,** framework agreement.

marea *s. f.* **1** MAR. tide: *marea alta = high tide.* **2** flood (de gente, turistas, etc.). ◆ **3 ~ creciente,** rising tide. **4 ~ negra,** oil slick. **5 ~ viva,** spring tide.

mareado, -da *adj.* **1** sick, ill (enfermo). **2** seasick (en el mar); carsick (en el coche). **3** dizzy (aturdido). **4** drunk (borracho).

mareaje *s. m.* **1** course (rumbo). **2** seamanship (arte de marear). **3** navigation (arte de navegar).

mareamiento *s. m.* ⇒ **mareo.**

mareante *adj.* **1** sailing (navegante). **2** sickening (que marea). **3** (fam.) trying, tiresome (que marea con su pesadez, charla, etc.). • *s. m.* y *f.* **4** navigator (comerciante por mar).

marear *v. i.* **1** to sail (navegar). • *v. t.* **2** MED. to make someone feel sick: *me marea el olor = the smell makes me feel sick.* **3** to make someone seasick (en el mar). **4** to make someone dizzy (aturdir): *las alturas me marean = heights make me dizzy.* **5** (fig.) to annoy, to bother (molestar). • *v. pron.* **6** MED. to get seasick (en un barco); to get carsick (en el coche). **7** MED. to feel sick (sentirse malo). **8** to feel dizzy (estar aturdido).

marejada *s. f.* **1** MAR. heavy swell, rough sea (en el mar). **2** (fig.) groundswell of unrest (en un grupo).

maremagno o **maremagnum** *s. m.* **1** noisy crowd (de personas). **2** jumble, mess (de cosas).

maremoto *s. m.* tidal wave (ola); seaquake (seísmo).

marengo *adj.* dark grey (gris oscuro).

mareo *s. m.* **1** sickness, nausea (náusea). **2** seasickness (en un barco); carsickness (en el coche). **3** dizziness, giddiness (aturdimiento). **4** nuisance, annoyance (molestia).

marfil *s. m.* ivory.

marfileño, -ña *adj.* ivory-like.

marga *s. f.* MIN. marl, loam.

margarina *s. f.* margarine.

margarita *s. f.* **1** BOT. daisy (planta). **2** pearl (perla). **3** ZOOL. winkle (caracol pequeño). **4** daisy wheel (de máquina de escribir).

margen *s. f.* **1** side, bank (orilla). • *s. m.* **2** border, edge (borde). **3** margin (de una página): *al margen = in the margin.* **4** opportunity (oportunidad). **5** COM. margin (beneficio). **6** verge, side (de una carretera). ◆ **7 dar ~ para,** to give an opportunity for. **8 dejar algo al ~,** to leave something to one side. **9 mantenerse al ~ de,** to keep out of. **10 ~ de beneficio,** profit margin. **11 ~ de error,** margin of error. **12 ~ de seguridad,** safety margin.

marginado, -da *adj.* **1** on the outside. • *s. m.* y *f.* **2** outcast, outsider, marginalised person.

marginal *adj.* marginal.

marginar *v. t.* **1** to marginalise. **2** to exclude (excluir).

maría *s. f.* **1** (fam.) grass, weed (droga). **2** easy subject (asignatura).

mariachi *s. m.* **1** MÚS. (Am.) mariachi (música). **2** mariachi orchestra (orquesta). **3** mariachi player (músico).

marianista *adj./s. m.* y *f.* REL. Marianist.

mariano, -na *adj.* REL. Marian.

marica *s. m.* **1** (fam. y desp.) queer, pansy (hombre homosexual). • *s. f.* **2** ZOOL. magpie (urraca).

maricón, -na *s. m.* y *f.* (fam. y desp.) poof, queer.

mariconada o **mariconería** *s. f.* **1** (fam.) dirty trick (mala pasada). **2** stupid thing (estupidez).

maridaje *s. m.* **1** married life (unión conyugal). **2** (fig.) marriage, harmony (unión).

maridar *v. i.* **1** to marry (contraer matrimonio). • *v. t.* **2** to join, to unite (unión).

marido *s. m.* husband.

marihuana o **marijuana** *s. f.* marijuana.

marimacho *s. m.* y *f.* mannish woman.

marimandón, -na *adj.* **1** bossy. • *s. m.* y *f.* **2** bossy boots.

marimba *s. f.* **1** drum (tambor). **2** (Am.) marimba, xylophone (xilófono). **3** kettledrum (tímpano).

marimorena *s. f.* (fam.) rumpus, row (alboroto).

marina *s. f.* **1** coast, coastal region (costa). **2** navy (conjunto de barcos). **3** navigation (arte de navegar). **4** seascape, seapiece (cuadro). ◆ **5 ~ mercante,** merchant navy.

marinaje *s. m.* seamanship (arte de marear).

marinar *v. t.* **1** to marinate, to marinade (preparar el pescado). **2** MAR. to man (tripular).

marinear *v. i.* to work on a boat.

marinera *s. f.* ⇒ **marinero.**

marinería *s. f.* **1** seamanship (arte de marear). **2** sailoring (ejercicio de marinero). **3** crew (tripulación).

marinero, -ra *adj.* **1** sea, marine (de la marina). **2** seaworthy: *barco marinero = seaworthy ship.* • *s. m.* y *f.* **3** sailor, seaman, (form.) mariner (trabajador de un barco). • *s. f.* **4** sailor blouse (blusa de marinero).

marinesco, -ca *adj.* seaman-like.

marino, -na *adj.* **1** sea, marine (relativo al mar): *fauna marina = marine life.* • *s. m.* **2** sailor, seaman.

marioneta *s. f.* **1** puppet, marionette (muñeco). • *pl.* **2** puppet show (representación teatral).

mariposa *s. f.* **1** butterfly (insecto). **2** DEP. butterfly stroke. **3** TEC. wing nut (tuerca con alas). ◆ **4 ~ nocturna,** moth.

mariposeador, -ra *adj.* **1** capricious, fickle (caprichoso). **2** flirtatious (galanteador). • *s. m.* y *f.* **3** fickle person (persona caprichosa). **4** flirt (galanteador).

mariposear *v. i.* **1** to be fickle (cambiar con frecuencia de gustos). **2** to be inconsistent (tener inconsistencia con las personas). **3** to flirt (galantear).

mariposón *s. m.* flirt, tease (hombre que galantea).

mariquita *s. f.* ZOOL. **1** ladybird (insecto). • *s. m.* **2** (desp.) poof, queer (maricón).

marisabidilla *s. f.* know-all.

mariscal *s. m.* MIL. marshal.

mariscala *s. f.* marshal's wife.

mariscalato o **mariscalía** *s. m.* y *f.* MIL. marshalship.

mariscador, -ra *s. m.* y *f.* shellfisherman (hombre); shellfishwoman (mujer).

mariscar *v. i.* to fish for shellfish.

marisco *s. m.* shellfish, seafood.

marisma *s. f.* mud flats.

marismeño, -ña *adj.* marsh.

marisquería *s. f.* seafood restaurant/bar.

marisquero, -ra *s. m.* y *f.* **1** shellfisherman (hombre); shellfisherwoman (mujer) (pescador). **2** shellfish seller (vendedor).

marista *adj.* y *s. m.* REL. Marist.

marital *adj.* marital.

marítimo, -ma *adj.* **1** maritime, sea, marine (perteneciente al mar). ◆ **2 pueblo ~,** seaside village.
maritornes *s. f.* slut, trollop.
marjoleto o **marzoleto** *s. m.* BOT. hawthorn.
marketing *s. m.* marketing.
marmita *s. f.* pot, pan (olla).
mármol *s. m.* GEOL. marble.
marmoleño, -ña *adj.* marmoreal.
marmolería *s. f.* **1** marble workshop (taller). **2** marblework (obras de mármol).
marmolista *s. m.* y *f.* marble cutter.
marmóreo, -a *adj.* marmoreal.
marmota *s. f.* **1** ZOOL. marmot. **2** (fig.) sleepyhead (persona dormilona).
maroma *s. f.* **1** rope (cuerda). **2** (Am.) acrobatic performance (función de acrobacia). **3** (Am.) volte-face, about-turn (pirueta política).
maronita *adj./s. m.* y *f.* REL. Maronite.
marqués, -sa *s. m.* y *f.* marquis, marquess.
marquesado *s. m.* marquisate.
marquesina *s. f.* **1** canopy, marquee (de hotel, teatro, estación). **2** bus shelter (en parada de autobús).
marquetería *s. f.* marquetry, inlaid work.
marra *s. f.* stone hammer (almádena).
marrajo, -ja *adj.* **1** dangerous (toro). **2** false (falso). • *s. m.* **3** ZOOL. shark (tiburón).
marrana *s. f.* ZOOL. sow (hembra del cerdo).
marranada *s. f.* **1** filth, dirt (suciedad). **2** dirty trick, rotten trick (jugarreta).
marranchón, -na *s. m.* y *f.* pig, hog (cerdo).
marrano *s. m.* **1** pig, hog (puerco). **2** (fig.) pig (persona sucia). **3** pig, swine (persona grosera). • *adj.* **4** filthy, dirty (sucio).
marrar *v. t.* to fluff, to miss.
marras (de) *loc. adv. este calentador de marras se ha vuelto a estropear = this blasted heater has packed up again.*
marrasquino *s. m.* maraschino (bebida).
marrillo *s. m.* stick, club.
marro *s. m.* **1** dodge, feint (movimiento del cuerpo). **2** lack, absence (falta).
marrón *adj.* **1** brown (color). • *s. m.* **2** brown.
marroquí *adj.* **1** Moroccan. • *s. m.* y *f.* **2** Moroccan (persona). • *s. m.* **3** Morocco leather (cuero).
marroquinería *s. f.* **1** leather goods industry (industria). **2** leather working (arte de trabajar el cuero).
marrubio *s. m.* BOT. horehound.
Marruecos *s. m.* Morocco.
marrullería o **marulla** *s. f.* trick, deceit (engaño solapado).
marrullero, -ra *adj.* **1** nasty, despicable (ruin). • *s. m.* y *f.* **2** nasty person.
marsopa o **marsopla** *s. f.* ZOOL. porpoise.
marsupial *adj.* y *s. m.* marsupial.
marta *s. f.* ZOOL. marten.
Marte *s. m.* Mars.
martellina *s. f.* sledgehammer.
martes *s. m.* Tuesday (día): *martes de carnaval = Shrove Tuesday.*
martillador *s. m.* hammersmith.
martillazo *s. m.* **1** hammer blow (golpe). ◆ **2 a martillazos,** with a hammer.
martillear o **martillar** *v. t.* **1** to hammer (golpear). **2** to torment (atormentar).
martilleo *s. m.* hammering.
martillo *s. m.* **1** hammer (herramienta). **2** MÚS. tuning hammer. **3** ANAT. hammer, malleus (del oído medio). **4** DEP. hammer. **5** hammer (de despertador). ◆ **6 a macha ~,** thoroughly, strictly. **7 ~ neumático,** pneumatic drill.
martín *s. m.* **1** ZOOL. martin (ave). ◆ **2 ~ pescador,** kingfisher.
martinete *s. m.* **1** MÚS. hammer (del piano). **2** drop hammer (mazo pesado). **3** ZOOL. heron (ave).
martingala *s. f.* trick (treta).
mártir *s. m.* y *f.* martyr.
martirio *s. m.* martyrdom.
martirizador, -ra *adj.* **1** excruciating, maddening. • *s. m.* y *f.* **2** torturer, tormentor.
martirizar *v. t.* **1** to martyr. **2** (fig.) to kill: *esta ropa me martiriza = these clothes are killing me.*
martirologio *s. m.* martyrology.
marxismo *s. m.* POL. Marxism.
marxista *adj./s. m.* y *f.* Marxist.
marzo *s. m.* March.
marzoleta *s. f.* BOT. hawthorn berry.
marzoleto *s. m.* BOT. hawthorn.
mas *conj.* but (pero).
más *adv.* **1** more: *no quiero más = I don't want any more; gano más dinero que el año pasado = I earn more money than last year.* **2** (en frases comparativas): *ella es más alta que él = she's taller than him; somos más inteligentes que ellos = we're more intelligent than them.* **3** (en frases superlativas): *él es el más rico = he's the richest; ella es la chica más guapa = she's the most beautiful girl.* **4** MAT. plus, and: *tres más seis son nueve = three and six are nine.* **5** no other: *no tengo más remedio que hacerlo = I have no other choice but to do it.* **6** more, another (otro): *un día más = another day; one more day.* **7** so (tan): *estoy más cansado = I'm so tired.* **8 ~ de,** more than, over (cantidad): *tengo más de cuarenta discos = I've got over forty records.* **9** past, after (tiempo): *son más de las diez = it's after ten.* **10 ~ que,** more than: *gano más que tú = I earn more than you.* • *s. m.* **11** MAT. plus (signo de adición). • *pl.* **12** *este trabajo tiene sus más y sus menos = this job has its good points and its bad points.* • *adj.* **13** better (mejor): *sois más equipo que nosotros = you're a better team than we are.* • *comp.* **14** (ponderativo, enfático): *¡qué día más bueno! = what a beautiful day!; ¡qué tío más estúpido! = what a stupid bloke!* ◆ **15 a lo ~,** at the most. **16 a ~ y mejor,** a lot; a great deal. **17 de ~,** spare, extra (que sobra): *hay dos sillas de más = there are two extra chairs.* **18 estar de ~,** not to be needed: *estamos de más = we are not needed.* **19 ~ bien,** rather, on the contrary (por el contrario). **20 ~ o menos,** more or less. **21 nada ~,** nothing else. **22 no ~,** only. **23 por ~ que,** however much; no matter how much. **24 sin ~,** without further ado. **25 sin ~ (ni ~),** for no reason (sin motivo).
masa *s. f.* **1** FÍS. mass: *unidad de masa = unit of mass.* **2** mass, bulk, volume (volumen). **3** dough (harina y agua). **4** (fig.) mass, heap, pile (cosas apiñadas): *una masa de hojas = a mass of leaves.* **5** ARQ. mortar (argamasa). • *pl.* **6** masses (gente). ◆ **7 en ~,** en masse. **8 ~ encefálica,** brain matter. **9 producción en ~,** mass production.
masacrar *v. t.* to massacre.
masacre *s. f.* massacre.
masada *s. f.* farm (granja).
masaje *s. m.* **1** massage. ◆ **2 dar ~ a,** to massage.
masajista *s. m.* y *f.* **1** masseur. • *s. f.* **2** masseuse.
mascador, -ra *adj.* chewing.
mascar *v. t.* **1** to chew, to masticate (masticar). **2** (fam.) to mumble, to mutter (mascullar).
máscara *s. f.* **1** mask (para cubrir el rostro). **2** disguise, mask (disfraz). **3** pretence, sham (disimulo). • *s. m.* y *f.* **4** masked figure (persona enmascarada). • *s. f. pl.* **5** masquerade, masked ball (mascarada). ◆ **6 ~ antigás,** gas mask.
mascarilla *s. f.* **1** mask (máscara). **2** plaster cast (de la cara). **3** death mask (de un muerto). **4** face mask (de crema).
mascarón *s. m.* **1** ARQ. mascaron (adorno). ◆ **2 ~ de proa,** figurehead.
mascota *s. f.* **1** mascot (talismán). **2** pet (animal de compañía).
masculinidad *s. f.* masculinity, manliness.
masculinizar *v. t.* GRAM. to make masculine.
masculino, -na *s. m.* **1** GRAM. masculine. • *adj.* **2** BIOL. male (dotado de órganos para fecundar). **3** masculine, manly (relativo a los hombres). **4** GRAM. masculine: *un sustantivo masculino = a masculine noun.*
mascullar *v. t.* to mumble, to mutter (hablar bajo o poco claro).
masía *s. f.* farmhouse (casa de campo).
masificar *v. t.* to overcrowd.
masilla *s. f.* putty.
masivamente *adv.* massively.
masivo, -va *adj.* massive (dosis, ataque, etc.).
masón, -na *adj./s. m.* y *f.* mason, freemason.
masonería *s. f.* masonry, freemasonry.
masónico, -ca *adj.* masonic: *logia masónica = masonic lodge.*
masoquismo *s. m.* masochism.
masoquista *s. m.* y *f.* **1** masochist. • *adj.* **2** masochistic.

máster *s. m.* master's (degree).
masticación *s. f.* chewing, mastication.
masticador, -ra *adj.* **1** chewing. • *s. m.* **2** masticator.
masticar *v. t.* **1** to chew, to masticate. **2** (fig.) to chew over, to think over (reflexionar).
masticatorio, -ria *adj.* masticatory.
mástil *s. m.* **1** MAR. mast (para las velas). **2** pole, post (palo). **3** MÚS. neck (de un instrumento de cuerda). **4** BOT. stem (tallo). **5** quill (de la pluma de un ave). ◆ **6** ~ **de tienda,** tent pole.
mastín *s. m.* **1** mastiff (perro). ◆ **2** ~ **danés,** Great Dane.
mastitis *s. f.* MED. mastitis.
mastodonte *s. m.* mastodon.
mastodóntico, -ca *adj.* massive, colossal.
mastoides *adj.* y *s. m.* MED. mastoid.
mastuerzo *s. m.* **1** BOT. cress (planta). **2** dope, dolt, clot (necio).
masturbación *s. f.* masturbation.
masturbarse *v. pron.* to masturbate.
mata *s. f.* **1** BOT. bush, shrub (arbusto). **2** plantation (terreno de la misma especie de árboles). **3** tuft, clump (parte arrancada de una planta). • *pl.* **4** scrub (matorral). ◆ **5** ~ **de pelo,** tuft of hair.
mataburros *s. m.* (Am.) dictionary (diccionario).
matacaballo (a) *loc. adv.* at top speed, in a rush.
matacán *s. m.* ARQ. machicolation.
matacandelas *s. m.* snuffer.
matadero *s. m.* slaughterhouse, abattoir.
matador, -ra *adj.* **1** killing (que mata). **2** absurd, ridiculous (absurdo). • *s. m.* **3** matador, bullfighter (torero). **4** killer (asesino).
matadura *s. f.* sore (llaga de un animal).
matamoros *adj.* **1** swaggering, arrogant. • *s. m.* **2** braggart, boaster.
matamoscas *s. m.* **1** fly swat (utensilio). **2** fly paper (papel). **3** fly spray (vaporizador).
matanza *s. f.* **1** slaughter, massacre (masacre). **2** killing (acción de matar). **3** slaughtering season (época de matar a los cerdos). **4** pork products (productos de cerdo).
matar *v. t.* **1** to kill, to slay (quitar la vida). **2** to slaughter, to kill (animales). **3** (fig.) to destroy (ocasionar algún trastorno). **4** to take off, to smooth (una arista). **5** to tone down (un color). **6** to kill (tiempo). **7** to stave off, to stay (el hambre). **8** to put out (el fuego). • *v. pron.* **9** to kill oneself, to commit suicide (suicidarse). **10** to be killed (en accidente, tiroteo, etc.). **11** (fig.) to kill oneself, to tire oneself out (afanarse con empeño). ◆ **12 estar** o **llevarse a** ~ **con uno,** to be at daggers drawn with someone. **13 matarlas callando,** to be a sly devil. **14** ~ **dos pájaros de un tiro,** to kill two birds with one stone.
matarife *s. m.* butcher, slaughterman (matador de reses).
matarratas *s. m.* **1** rat poison (para matar ratas). **2** (fam.) hooch, rotgut (bebida fuerte, de mala calidad).
matasanos *s. m.* (fam. y desp.) quack, saw-bones (médico).
matasellos *s. m.* **1** postmark (señal). **2** canceller, stamp (máquina).
matasiete *s. m.* bully, braggart (bravucón).
matasuegras *s. f.* paper serpent.
matazón *s. m.* (Am.) slaughter, massacre (matanza).
match *s. m.* DEP. match.
mate *s. m.* **1** mate (en el ajedrez). **2** BOT. maté (planta, infusión). **3** smash (en tenis), (slam) dunk (en baloncesto). • *adj.* **4** dull, matt (sin brillo). ◆ **5 jaque** ~, checkmate.
matemáticamente *adv.* mathematically.
matemático, -ca *adj.* **1** mathematical. • *s. m.* y *f.* **2** mathematician. • *s. f. pl.* **3** mathematics (ciencia).
materia *s. f.* **1** FÍS. y MED. matter. **2** material (material). **3** matter, subject (tema, asunto o contenido de un libro, etc.). **4** subject (asignatura). ◆ **5 en** ~ **de,** on the subject of. **6 entrar en** ~, (fam.) to get down to brass tacks. **7 índice de materias,** table of contents. **8** ~ **gris,** grey matter. **9** ~ **prima,** raw material.
material *s. m.* **1** material: *material de construcción = building material.* **2** FÍS. material (materia). **3** equipment, materials (equipo): *material escolar = school materials; material deportivo = sports equipment.* • *adj.* **4** material (de la materia). **5** physical (físico). **6** materialistic (materialista).
materialidad *s. f.* materiality, material nature.
materialismo *s. m.* materialism.
materialista *adj.* **1** materialistic, materialist. • *s. m.* y *f.* **2** materialist.
materialización *s. f.* materialization.
materializar *v. t.* y *pron.* to materialize.
materialmente *adv.* **1** materially. **2** physically (físicamente). **3** totally, completely (completamente). **4** practically, almost (casi).
maternal *adj.* maternal.
maternidad *s. f.* **1** maternity, motherhood (condición de madre). **2** maternity hospital (hospital). ◆ **3 baja por** ~, maternity leave.
materno, -na *adj.* **1** motherly, maternal (maternal). **2** mother (idioma).
matinal *adj.* morning.
matiz *s. m.* **1** shade, tint (de color). **2** (fig.) shade, nuance (de sentido, palabra, obra).
matizar *v. t.* **1** to blend, to harmonize (combinar armónicamente). **2** to qualify (puntualizar). **3** to sharpen, to focus (dar mayor nitidez). **4** to tinge, to tint (colores).
matojo *s. m.* small bush, shrub (mata pequeña).
matón, -na *s. m.* y *f.* **1** boaster, braggart (matamoros). **2** bodyguard, (fam.) minder (guardaespaldas); thug (hampón).
matorral *s. m.* **1** scrubland (terreno de matas). **2** thicket (conjunto de matas y maleza).
matraca *s. f.* **1** rattle (instrumento rotatorio). **2** (fam.) drag, nuisance, pest (insistencia molesta): *dar la matraca = to pester.*
matraqueo *s. m.* **1** rattle (acción de matraquear). **2** pestering (acción de dar la matraca).
matraz *s. m.* QUÍM. flask (vasija).
matrerear *v. i.* (Am.) to wander, to roam (vagabundear).
matrero, -ra *s. m.* y *f.* (Am.) bandit, brigand (bandolero).
matriarcado *s. m.* matriarchy.
matriarcal *adj.* matriarchal.
matricaria *s. f.* BOT. feverfew (planta).
matricial *adj.* **1** dot-matrix. ◆ **2 impresora** ~, dot matrix printer.
matricida *s. m.* y *f.* **1** matricide (persona). • *adj.* **2** matricidal.
matricidio *s. m.* matricide.
matrícula *s. f.* **1** registration, enrolment (inscripción en una lista). **2** registration documents, enrolment documents (documentos). **3** roll (total de personas inscritas). **4** register, roll, list (lista). **5** registration number (de un automóvil). ◆ **6** ~ **de honor,** distinction.
matriculación *s. f.* **1** enrolment, matriculation (en un colegio, etc.). **2** registration (de un coche).
matriculado, -da *adj.* **1** registered (coche, etc.). **2** enrolled, registered (alumno).
matricular *v. t.* y *pron.* **1** to enrol, to register, to matriculate (en un colegio, etc.). • *v. t.* **2** to register (un coche, barco, etc.).
matrimonial *adj.* **1** marital, matrimonial. **2** married: *vida matrimonial = married life.* **3 capitulaciones matrimoniales,** marriage settlement.
matrimonialmente *adv.* maritally.
matrimoniar *v. i.* to get married.
matrimonio *s. m.* **1** marriage, matrimony (unión legal). **2** married couple (mujer y marido). ◆ **3 cama de** ~, double bed. **4** ~ **civil,** civil marriage. **5** ~ **de conveniencia,** marriage of convenience. **6** ~ **por la iglesia,** church marriage.
matriz *s. f.* **1** ANAT. womb, uterus. **2** TEC. die, mould (molde). **3** MAT. matrix. **4** nut (tuerca). **5** stub (de un talonario). • *adj.* **6** principal, first (principal).
matrona *s. f.* **1** MED. midwife (partera). **2** matron (en la cárcel). **3** matriarch (de familia noble romana). **4** stout woman (mujer robusta).
matronal *adj.* matronly.
matusalén *s. m.* **1** Methuselah. ◆ **2 ser más viejo que Matusalén,** to be as old as Methuselah.
matute *s. m.* **1** smuggling, trafficking (introducción ilegal de productos). **2** contraband (contrabando). **3** fraud, swindle (timo).
matutear *v. i.* to smuggle.
matutero, -ra *s. m.* y *f.* smuggler, trafficker.

matutino, -na *adj.* morning.
maula *s. m.* y *f.* **1** inept person (inepto). • *s. f.* **2** dead loss (persona o cosa sin valor). **3** remnant, scrap (retal). **4** dirty trick (engaño).
maulería *s. f.* **1** shop selling remnants (tienda de retales). **2** slyness, trickery (hábito de engañar).
maulero *s. m.* cheat, shark, con man (timador).
maullador, -ra *adj.* miaowing.
maullar *v. i.* to miaow.
maullido o **mayido** *s. m.* miaow.
maúllo *s. m.* miaow.
máuser *s. m.* MIL. mauser (arma).
mausoleo *s. m.* mausoleum.
maxilar *adj.* **1** ANAT. maxillary. • *s. m.* **2** jawbone.
máxima *s. f.* **1** maxim. **2** adage (adagio).
máximamente o **máxime** *adv.* **1** above all (sobre todo). **2** principally (principalmente).
máximo, -ma *s. m.* **1** maximum: *al máximo = to the maximum.* ◆ **2 como ~,** at most. • *adj.* **3** maximum, highest: *el punto máximo = the highest point.* **4 ~ común divisor,** highest common factor, greatest common divisor.
máximum *s. m.* **1** maximum (máximo). ◆ **2 al ~,** completely.
maya *adj.* **1** Mayan (de la antigua civilización). • *s. m.* y *f.* **2** Mayan, Maya. • *s. f.* **3** BOT. daisy (planta).
mayal *s. m.* flail (para desgranar el centeno).
mayear *v. i.* to be May weather.
mayestático, -ca *adj.* **1** majestic. ◆ **2 plural ~,** royal "we".
mayéutica *s. f.* maieutics.
mayido *s. m.* ⇒ **maullido.**
mayo *s. m.* **1** May (mes). **2** maypole (palo).
mayonesa *s. f.* mayonnaise.
mayor *adj.* **1** bigger, larger (comparativo de grande). **2** elder, older (comparativo de viejo): *mi hermana mayor = my elder sister.* **3** biggest, largest (superlativo de grande). **4** oldest, eldest (superlativo de viejo). **5** greater (superior): *su hambre es mayor = his hunger is greater.* **6** greatest (superlativo): *tiene la mayor cantidad de discos = she has the greatest number of records.* **7** elderly (anciano): *un hombre mayor = an elderly man.* **8** adult, grown-up (adulto). **9** main, high (calle). **10** main (plazas): *la plaza mayor = the main square.* **11** MÚS. major. **12** high (misa). **13** main (mástil). • *s. m.* **14** adult, grown-up (adulto). **15** boss, chief (jefe). **16** MIL. major (graduación). • *pl.* **17** adults, grown-ups (adultos). **18** ancestors, forefathers (ascendientes). ◆ **19 al por ~,** wholesale. **20 hacerse ~,** to grow up. **21 ser ~ de edad,** to be of age.
mayoral *s. m.* **1** farm foreman (capataz de labores agrícolas). **2** HIST. coachman (el que guiaba un carruaje). **3** rent collector (recaudador de rentas).
mayorazgo *s. m.* **1** primogeniture (primogenitura). **2** heir (heredero). **3** eldest son (primogénito). **4** DER. entailed estate (bienes).
mayordomía *s. f.* butlership (cargo de mayordomo).
mayordomo *s. m.* **1** butler (criado principal). **2** REL. churchwarden.
mayoría *s. f.* **1** majority: *la mayoría de la gente = the majority of people, most people.* **2** POL. majority: *ganar por mayoría = to win by a majority.* ◆ **3 en su ~,** in the main. **4 ~ absoluta,** absolute majority. **5 ~ simple,** simple majority. **6 ~ de edad,** age of majority.
mayorista *s. m.* y *f.* COM. wholesaler.
mayoritario, -ria *adj.* majority: *gobierno mayoritario = majority government.*
mayormente *adv.* **1** especially (especialmente). **2** mainly (principalmente).
mayúscula *s. f.* **1** capital (letra mayúscula). **2 en mayúsculas,** in capitals.
mayúsculo, -la *adj.* **1** capital (letra). **2** enormous, huge (muy grande): *una sorpresa mayúscula = an enormous surprise.*
maza *s. f.* **1** HIST. mace (arma, insignia). **2** TEC. pounder (para machacar). **3** bore, nuisance (persona pesada). **4** MÚS. drumstick. **5** butt (de los tacos de billar).
mazacote *s. m.* **1** concrete (hormigón). **2** mess, eyesore (obra de arte tosca). **3** drag, bore (hombre molesto). **4** stodgy food (manjar indigesto).
mazada *s. f.* mace blow (golpe de maza).
mazamorrero *s. m.* (Am.) schemer, mischief maker (intrigante).
mazapán *s. m.* marzipan (dulce).
mazazo *s. m.* **1** mace blow (con la maza). **2** blow (psicológico).
mazmorra *s. f.* dungeon.
mazo *s. m.* **1** mallet (martillo de madera). **2** TEC. pounder (maza para machacar). **3** drag, nuisance (hombre pesado). **4** bunch (grupo de cosas). **5** deck (de naipes); wad (de billetes); bundle (de sobres, cartas).
mazorca *s. f.* **1** ear, cob (del maíz). **2** cacao (del cacao).
mazurca *s. f.* mazurka (danza polaca).
me *pron. personal* **1** (acusativo) me: *¡besame! = kiss me!* **2** (dativo) me, to me: *me han escrito una carta = they've written a letter to me; dámelo = give it to me.* **3** (reflexivo) myself: *me voy a matar = I'm going to kill myself.* **4** for me (para mí): *me lo compraron = they bought it for me.*
meada *s. f.* (vulg.) piss.
meadero *s. m.* (brit.) (fam.) bog, (EE UU) john, can, (vulg.) shit house (urinario).
mear *v. t.* **1** (vulg.) to piss on. • *v. i.* **2** (vulg.) to piss. • *v. pron.* **3** to piss oneself.
meandro *s. m.* **1** meander (de un río). **2** ARQ. meander (adorno).
mecánica *s. f.* FÍS. **1** mechanics (ciencia). **2** mechanism (mecanismo). **3** (fig.) mechanics (funcionamiento).
mecánicamente *adv.* mechanically.
mecanicismo *s. m.* mechanism.
mecánico, -ca *s. m.* y *f.* **1** mechanic (persona). • *adj.* **2** mechanical (de la mecánica, automático). **3** machine-made (hecho con máquina).
mecanismo *s. m.* **1** mechanism, works (estructura interna de un artefacto). **2** (fig.) machinery: *el mecanismo del estado = the state machinery.*
mecanización *s. f.* **1** mechanization (uso de máquinas). **2** machining (elaboración).
mecanizado, -da *adj.* mechanized.
mecanizar *v. t.* **1** to mechanize (usar máquinas). **2** to machine (dar forma).
mecano® *s. m.* Meccano® (juego).
mecanografía *s. f.* typing, typewriting.
mecanografiar *v. t.* to type.
mecanográfico, -ca *adj.* typing.
mecanógrafo, -fa *s. m.* y *f.* typist.
mecate *s. m.* **1** (Am.) cord, string (cordel). **2** (Am.) rough type (basto). **3** (Am.) ignoramus (inculto).
mecedero *s. m.* stirrer (para mecer el líquido).
mecedora *s. f.* rocking chair.
mecenas *s. m.* y *f.* patron.
mecenazgo *s. m.* patronage.
mecer *v. t.* **1** to stir (agitar líquidos o mezclas). • *v. t.* y *pron.* **2** to rock (a un niño). **3** to sway, to move to and fro (balancear). **4** to swing (columpiar).
mecha *s. f.* **1** wick (cuerda combustible). **2** MIL. fuse (de bombas). **3** lock, strand (de pelos). **4.** slice of bacon (lonja de tocino). **5** bundle (conjunto de hebras). **6** (Am.) joke (broma). • *pl.* **7** highlights (de peluquería). ◆ **8 aguantar ~,** to grin and bear it. **9 a toda ~,** like greased lightning.
mechazo *s. m.* lighter fuel (combustible).
mechero *s. m.* **1** lighter (encendedor). **2** wick holder (donde se mete la mecha). **3** candle holder (donde se mete la vela).
mechón *s. m.* **1** tuft, lock (de pelo). **2** bundle (de hilos).
medalla *s. f.* **1** medal: *medalla de oro = gold medal.* **2** medallion, pendant (medallón).
medallón *s. m.* **1** medallion (medalla grande). **2** locket (cajita redonda). **3** ARQ. medallion (bajorrelieve). **4** round cut, médaillon (de pescado, carne).
media *s. f.* **1** stocking (prenda). **2** MAT. mean: *media aritmética = arithmetic mean; media geométrica = geometric mean.* **3** DEP. half-back line. **4** average (promedio). ◆ **5 hacer ~,** to knit.
mediación *s. f.* mediation.
mediado, -da *adj.* **1** half full (medio lleno): *la botella está mediada = the bottle is half full.* **2** half done (medio hecho). **3** half complete (medio completo). **4** halfway through (hacia la mitad): *mediado el libro = halfway through the book.* ◆ **5 a mediados de,** in the middle of; halfway through: *a mediados de año = in the middle of*

the year; a mediados de mayo = in mid-May.
mediador, -ra *s. m.* y *f.* mediator.
medial *adj.* medial.
medialuna *s. f.* **1** (Am.) croissant. **2** (Am.) cartwheel (voltereta).
mediana *s. f.* MAT. median.
medianamente *adv.* moderately, rea-son-ably.
medianería *s. f.* party wall (pared común).
medianero, -ra *adj.* **1** dividing (en medio de dos cosas). **2** party, dividing (pared). **3** boundary (para vallas).
medianía o **medianidad** *s. f.* **1** mediocrity (mediocridad). **2** average means, modest means (posición económica). **3** average (término medio).
mediano, -na *adj.* **1** average, normal, medium (de tamaño o calidad intermedia). **2** mediocre, below average (de poca calidad): *vino mediano = mediocre wine.*
medianoche *s. f.* midnight.
mediante *prep.* **1** by means of, via, using (por medio de): *lo hicieron mediante la fuerza = they did it by means of force.* **2** thanks to (gracias a). ◆ **3 Dios ~,** God willing.
mediar *v. i.* **1** to be halfway, to be in the middle (llegar a la mitad). **2** to mediate (interceder). **3** to pass, to go by (transcurrir).
mediatización *s. f.* **1** mediatization (de un país). **2** constraining (de una persona).
mediatizar *v. t.* **1** to mediatize. **2** to hinder, to constrain (coartar).
mediato, -ta *adj.* mediate.
mediático, -ca *adj.* media.
mediatriz *s. f.* MAT. bisector.
médica *s. f.* MED. woman doctor, doctor.
medicable *adj.* MED. treatable.
medicación *s. f.* treatment, medication.
medicamento *s. m.* medicine, drug.
medicamentoso, -sa *adj.* medicinal.
medicar *v. t.* **1** to medicate. • *v. pron.* **2** to take medicine, to self-medicate.
medicastro, -tra *s. m.* y *f.* (desp.) quack.
medicina *s. f.* medicine (medicina y medicamento): *medicina forense = forensic medicine.*
medicinal *adj.* medicinal.
medicinalmente *adv.* medicinally.
medicinar *v. t.* **1** to treat. • *v. pron.* **2** to take medicine.
medición *s. f.* measurement.
médico, -ca *adj.* **1** medical: *examen médico = medical check-up.* • *s. m.* **2** doctor, physician, practitioner: *médico de familia = family doctor; médico de cabecera = general practitioner.*
medicucho, -cha, *s. m.* y *f.* (desp.) quack.
medida *s. f.* **1** measurement (dimensión). **2** measuring (hecho de medir). **3** measure (lo que sirve para medir). **4** size (de ropa, zapatos, etc.). **5** measure (cosa medida). **6** measure, step (disposición): *medida preventiva = preventive measure.* **7** prudence, restraint (prudencia). ◆ **8 a la ~ de,** in proportion to. **9 a ~,** made-to-measure (ropa, calzado). **10 a ~ que,** as. **11 en gran ~,** to a great extent. **12 hasta** o **en cierta ~,** up to a point. **13 pesos y medidas,** weights and measures. **14 tomar medidas,** to take steps, to take measures.
medidor, -ra *adj.* **1** measuring. • *s. m.* **2** measure (aparato). **3** (Am.) gauge, meter (contador).
mediero -ra *s. m.* y *f.* **1** hosier (vendedor). **2** stocking maker (fabricante).
medieval *adj.* mediaeval, medieval.
medievalismo *s. m.* medievalism.
medievalista *s. m.* y *f.* medievalist.
medievo o **medioevo** *s. m.* Middle Ages.
medio, -dia *adj.* **1** half (mitad): *media hora = half an hour.* **2** middle (entre dos extremos): *clase media = middle class.* **3** average, typical (típico): *el hombre medio = the average man.* **4** MAT. mean, average: *altura media = average height.* • *adv.* **5** half: *medio lleno = half full; medio muerto = half dead.* • *s. m.* **6** middle, centre (centro): *en medio de la ciudad = in the middle of the city.* **7** half (mitad). **8** means (método, modo). **9** environment (ambiente). **10** circle (ambiente social). **11** DEP. halfback. • *pl.* **12** money (dinero). **13** means, resources (recursos). ◆ **14 a medias,** half: *ir a medias = to go halves; hacer algo sólo a medias = to only half-finish doing something.* **15 de ~ a ~,** totally. **16 de por ~,** in the way. **17 Edad Media,** Middle Ages. **18 en ~,** in the middle. **19 justo ~,** happy medium. **20 ~ ambiente,** environment. **21 medios de transporte,** means of transport. **22 medios de comunicación de masas,** mass media. **23 poner tierra de por ~,** to beat it. **24 por ~ de,** through, by means of. **25 solución a medias,** partial solution.
medioambiental *adj.* environmental.
mediocre *adj.* mediocre.
mediocremente *adv.* poorly.
mediocridad *s. f.* mediocrity.
mediodía *s. m.* **1** midday: *a mediodía = at midday.* **2** south (sur).
medioevo *s. m.* ⇒ **medievo.**
mediofondista *s. m.* y *f.* middle-distance runner.
mediopensionista *s. m.* y *f.* day boy (alumno), day girl (alumna); day pupil.
medir *v. t.* **1** to measure: *medir algo en o por kilómetros = to measure something in kilometres; mide 1,70 = he's 1 metre 70.* **2** to judge, to gauge (calibrar): *medir la inteligencia de alguien = to judge someone's intelligence.* **3** to weigh up (posibilidades, consecuencias, etc.). **4** to scan (versos). **5** to weigh (palabras): *hay que medir las palabras = one has to weigh one's words.* • *v. pron.* **6** to act with moderation, to act with restraint (moderarse). ◆ **7 medirse con alguien,** to compete against.
meditabundo, -da *adj.* pensive, reflexive, thoughtful.
meditación *s. f.* meditation.
meditador, -ra *adj.* meditative.
meditar *v. t.* **1** to think over, to ponder. • *v. i.* **2** to meditate.
mediterráneo, a *adj.* **1** Mediterranean. ◆ **2 el (mar) Mediterráneo,** the Mediterranean (Sea).
médium *s. m.* y *f.* medium.
medra *s. f.* **1** increase (aumento). **2** improvement (mejora). **3** affluence, prosperity (prosperidad).
medrar *v. i.* **1** to improve, to get better (mejorar). **2** to grow (crecer). ◆ **3 ¡medrados estamos!,** a fine mess we're in!
medro *s. m.* ⇒ **medra.**
medrosamente *adv.* **1** timidly (tímidamente). **2** fearfully (miedosamente).
medroso, -sa *s. m.* y *f.* **1** coward (cobarde). • *adj.* **2** cowardly (cobarde). **3** timid (tímido). **4** afraid (miedoso).
médula *s. f.* **1** ANAT. marrow (de los huesos). **2** BOT. pith (de algunos tallos). **3** (fig.) pith, essence (meollo). ◆ **4 ~ espinal,** spinal cord.
medular *adj.* medullary.
meduloso, -sa *adj.* **1** MED. marrowy. **2** BOT. pithy.
medusa *s. f.* ZOOL. jellyfish.
mefistofélico, -ca *adj.* diabolical, devilish.
megacéfalo, -la *adj.* megacephalic.
megaciclo *s. m.* megacycle.
megáfono *s. m.* megaphone.
megalítico, -ca *adj.* megalithic.
megalito *s. m.* megalith.
megalocéfalo, -la *adj.* megalocephalic.
megalomanía *s. f.* megalomania.
megalómano, -na *s. m.* y *f.* megalomaniac.
megaterio *s. m.* megathere (fósil).
megatón *s. m.* megaton.
megavatio *s. m.* megawatt.
mejicanismo o **mexicanismo** *s. m.* Mexicanism.
mejicano, -na o **mexicano, -na** *adj./s. m.* y *f.* Mexican.
mejilla *s. f.* ANAT. cheek.
mejillón *s. m.* ZOOL. mussel.
mejor *adj.* **1** (comparativo) better: *tiene mejores notas que yo = she's got better marks than me.* **2** (superlativo de bien) best: *el mejor libro = the best book.* • *adv.* **3** better (comparativo de bien): *juega mejor tu hermano que tú = your brother plays better than you.* **4** best (superlativo de bien): *el disco mejor grabado = the best recorded record.* ◆ **5 a lo ~,** perhaps, maybe. **6 lo ~,** the best part; the best thing. **7 ~ dicho,** or rather. **8 ~ que ~,** o **tanto ~,** all the better.
mejora *s. f.* **1** MED. improvement (progreso). **2** improvement (en general): *la mejora de la economía = the improvement of the economy.* **3** increase (aumento).
mejorable *adv.* improvable.
mejoramiento *s. m.* improvement.
mejorana *s. f.* BOT. marjoram.

mejorar *v. t.* **1** to improve: *mejorar la productividad = to improve productivity.* **2** to increase (aumentar). **3** MED. to make better. **4** DEP. to break, to better (un récord, una marca). • *v. i.* y *pron.* **5** MED. to get better: *¡que te mejores! = I hope you get better soon!* **6** to get better, to clear up, to improve (el tiempo).

mejoría *s. f.* improvement.

mejunje *s. m.* brew, concoction (mezcla desagradable).

melado, -da *adj.* **1** honey-coloured (de color de miel). • *s. m.* **2** sugar cane juice (zumo de caña). • *s. f.* **3** slice of bread and honey (pan con miel).

melamina *s. f.* melamine.

melancolía *s. f.* **1** MED. melancholy. **2** sadness, melancholy (tristeza).

melancólicamente *adv.* melancholically, sadly.

melancólico, -ca *adj.* melancholic, gloomy.

melanina *s. f.* melanin (pigmento).

melanoma *s. m.* melanoma.

melanosis *s. f.* melanosis.

melar *v. i.* **1** to produce honey (elaborar la miel las abejas). • *adj.* **2** honey-tasting (que sabe a miel).

melaza *s. f.* molasses, treacle.

melena *s. f.* **1** long hair (de persona). **2** mane (del león).

melenudo, -da *adj.* long-haired.

melifluo, -flua *adj.* mellifluous, sweet.

melifluamente *adv.* mellifluously, sweetly.

melifluidad *s. f.* sweetness, mellifluousness.

melindre *s. m.* **1** affected mannerisms, affectation (delicadeza afectada). **2** sweet bun (manjar con miel y harina). **3** marzipan (mazapán).

melindrería *s. f.* ⇒ **melindre.**

melindroso, -sa *adj.* **1** affected, mannered (afectado). **2** fussy, finicky (remilgado).

melindrosamente *adv.* **1** affectedly (afectadamente). **2** fussily (remilgadamente).

mella *s. f.* **1** dent, notch (metales, madera, cerámica, etc.). **2** harm, damage (daño). **3** gap (en dentadura). ◆ **4 hacer** ~, to impress; to make an impression (impresionar).

mellado, -da *adj.* **1** dented, notched (metales). **2** chipped (cerámica). **3** gap-toothed (con huecos en la dentadura).

melladura *s. f.* ⇒ **mella.**

mellar *v. t.* **1** to chip (cerámica). **2** to nick, to notch (metales). **3** (fig.) to damage, to harm (dañar).

mellizo, -za *adj./s. m.* y *f.* twin.

melocotón *s. m.* **1** peach (fruto). **2** peach tree (árbol).

melocotonar *s. m.* peach orchard.

melocotonero *s. m.* peach tree (árbol).

melodía *s. f.* MÚS. melody, tune.

melódico, -ca *adj.* melodic.

melodiosamente *adv.* melodiously, tunefully.

melodioso, -sa *adj.* melodious, tuneful.

melodrama *s. m.* melodrama.

melodramáticamente *adv.* melodramatically.

melodramático, -ca *adj.* melodramatic.

melomanía *s. f.* love of music.

melómano, -na *s. m.* y *f.* **1** music lover. • *adj.* **2** music loving.

melón *s. m.* **1** BOT. melon. **2** (fam.) nut, loaf (cabeza). ◆ **3** ~ **de agua,** water melon (sandía).

melonar *s. m.* melon patch.

melonero, -ra *s. m.* y *f.* **1** melon seller (vendedor). **2** melon grower (cultivador).

meloncillo *s. m.* ZOOL. mongoose.

melopea *s. f.* **1** MÚS. melopoeia. **2** (fam.) drunkenness (borrachera).

melosidad *s. f.* sweetness.

meloso, -sa *adj.* **1** sweet, honeyed (con propiedades de la miel). **2** sweet (dulce). **3** soft (blando).

memada *s. f.* foolish thing, stupid thing (cosa tonta).

membrana *s. f.* **1** MED. membrane. **2** ZOOL. web, membrane (de los pies).

membranoso, -sa *adj.* membranous.

membrete *s. m.* letterhead (inscripción impresa).

membrillero *s. m.* BOT. quince tree (árbol).

membrillo *s. m.* **1** BOT. quince (fruto). **2** quince tree (árbol).

membrudamente *adv.* robustly.

membrudo, -da *adj.* robust, burly.

memento *s. m.* REL. memento.

memez *s. f.* foolishness, stupidity.

memo, -ma *adj.* **1** foolish, silly. • *s. m.* y *f.* **2** dope, clot.

memorable *adj.* memorable, unforgettable.

memorándum o **memorando** *s. m.* **1** POL. memorandum. **2** notebook (agenda de notas). **3** (Am.) bank slip (resguardo bancario).

memorar *v. t.* to remember, to recall.

memoria *s. f.* **1** memory (facultad de recordar): *mala memoria = bad memory.* **2** essay, paper (exposición de estudio). **3** memory (recuerdo). **4** report, account (informe): *memoria anual = annual report.* **5** memorandum (memorándum). **6** INF. memory. • *pl.* **7** memoirs (narración autobiográfica). ◆ **8 de** ~, by heart (saber); from memory (decir). **9 en** ~ **de,** in memory of. **10 falta de** ~, forgetfulness. **11 refrescar la** ~, to refresh one's memory.

memorial *s. m.* **1** petition, memorial (petición). **2** memorandum (libro).

memorión, -na *s. m.* y *f.* **1** good memory (gran memoria). • *adj.* **2** having a good memory (con buena memoria).

memorístico, -ca *adj.* memory-based.

mena *s. f.* **1** MIN. ore. **2** MAR. thickness (grueso de una cuerda).

ménade *s. f.* **1** maenad (bacante). **2** (fam.) fury, dragon (mujer encolerizada).

menaje *s. m.* **1** furniture (conjunto de muebles). **2** kitchen equipment (de cocina). ◆ **3 sección de** ~, household goods department.

menarquía *s. f.* MED. first period.

mención *s. f.* mention: *mención honorífica = honourable mention.*

mencionar *v. t.* **1** to mention, to comment on (comentar). **2** to name (nombrar). ◆ **3 sin** ~ **de...,** not to mention...

menda *s. m.* y *f.* yours truly.

mendacidad *s. f.* mendacity, untruthfulness.

mendaz *adj.* **1** mendacious, untruthful, lying. • *s. m.* y *f.* **2** liar.

mendeliano, -na *adj.* BIOL. Mendelian.

mendelismo *s. m.* BIOL. Mendelism.

mendicante *adj./s. m.* y *f.* mendicant.

mendicidad *s. f.* begging, (p.u.) mendicity (acción de mendigar).

mendigar *v. i.* **1** to beg. • *v. t.* **2** to beg for.

mendigo, -ga *s. m.* y *f.* beggar.

mendrugo *s. m.* **1** crust (pedazo de pan duro). **2** dope, half-wit (tonto).

menear *v. t.* y *pron.* **1** to move, to sway (mover a uno y otro lado). **2** to wag (el rabo). **3** to shake (la cabeza). **4** to sway, to wiggle (la cadera). • *v. t.* **5** to stir up (remover un asunto). • *v. pron.* **6** (fam.) to get a move on (obrar con rapidez).

meneo *s. m.* **1** movement (movimiento). **2** shake (de la cabeza, mano, etc.). **3** wag (del rabo). **4** sway, wiggle (de cadera). **5** stir (de un líquido). **6** beating, thrashing (paliza).

menester *s. m.* **1** necessity, need (necesidad): *es menester que te reúnas con él = it is necessary that you have a meeting with him.* • *pl.* **2** occupation, job (trabajo). **3** tools, gear (materiales).

menesteroso, -sa *adj.* **1** needy (necesitado). **2** poor (pobre).

menestra *s. f.* **1** mixed vegetable dish (guiso de verduras). • *pl.* **2** dried vegetables (legumbres secas).

menestral, -la *s. m.* y *f.* **1** artisan (artesano). **2** manual worker (obrero manual).

mengano, -na *s. m.* y *f.* **1** what's-her-name (mujer). **2** what's-his-name (hombre).

mengua *s. f.* **1** shrinkage (de ropa). **2** lack, shortage (falta). **3** scarcity (escasez). **4** disgrace, discredit (descrédito). **5** decrease (disminución).

menguadamente *adv.* decreasingly (decrecientemente).

menguado, -da *adj.* **1** cowardly (cobarde). **2** stupid, foolish (tonto). **3** foul, despicable (ruin). • *s. m.* y *f.* **4** coward (cobarde). **5** dope, fool, idiot (tonto). **6** wretch, despicable person (desgraciado). • *s. m.* **7** decreased stitch (punto).

menguamiento *s. m.* ⇒ **mengua.**

menguante *adj.* **1** shrunk (ropa). **2** waning (la luna). **3** ebb (marea). **4** decreasing, diminishing (decreciente). • *s. f.* **5** ebb tide (en el mar). **6** fall, falling (en los ríos). **7** decay, decline (decadencia). ◆ **8 cuarto** ~, last quarter (cuarta fase de la luna).

menguar *v. i.* **1** to shrink (ropa). **2** to decrease, to diminish (disminuir). **3**

to go down (la marea). **4** to wane (la luna). **5** to fall (los ríos). ● *v. t.* **6** to decrease, to diminish (reducir). **7** to decrease (en las prendas de punto).
menhir *s. m.* menhir.
meninge *s. f.* ANAT. meninx.
meníngeo, -a *adj.* meningeal.
meningitis *s. f.* MED. meningitis.
meningococo *s. m.* MED. meningococcus.
menino, -na *s. m.* y *f.* **1** page (paje). **2** maid (doncella).
menisco *s. m.* meniscus.
menopausia *s. f.* ANAT. menopause.
menor *adj.* **1** smaller (más pequeño, comparativo): *si la cantidad resultante es menor que 1 = if the resulting quantity is smaller than 1.* **2** smallest (más pequeño, superlativo): *la menor provincia = the smallest province.* **3** lesser (mínimo): *es un peligro menor = it's a lesser danger.* **4** least (mínimo, superlativo): *no tengo ni la menor idea = I haven't got the least idea.* **5** younger (en años): *mi padre es menor que mi madre = my father is younger than my mother.* **6** youngest (en años, superlativo): *mi primo menor = my youngest cousin.* **7** MÚS. minor. ● *s. m.* y *f.* **8** minor (menor de edad). ◆ **9** COM. **al por ~,** retail. **10 ~ de edad,** under age. **11 por ~,** minutely (minuciosamente).
menorista *s. m.* y *f.* (Am.) retailer.
menos *adv.* **1** less, fewer (comparativo de poco): *menos tiempo = less time; menos coches = fewer cars.* **2** less of a: *es menos equipo = it's less of a team.* **3** least, fewest (superlativo de poco): *soy el menos puntual de todos = I'm the least punctual of all; gana el que hace menos errores = the winner is the one who makes fewest mistakes.* **4** MAT. minus, less. ● *prep.* **5** except (excepto): *todos vamos menos ellos = everybody is going except them.* ● *s. m.* **6** MAT. minus (signo). ● *conj.* **7 a ~ que,** unless. ◆ **8 al ~** o **por lo ~,** at least. **9 cada vez ~,** less and less. **10 echar de ~,** to miss. **11 lo ~, a)** the least (lo mínimo); **b)** at least (como poco). **12 ~ mal,** thank goodness; what a relief. **13 nada ~,** none less. **14 ni mucho ~,** far from it. **15 poco ~ que,** little short of. **16 venir a ~,** to go down in the world.
menoscabar *v. t.* **1** to reduce, to lessen (disminuir). **2** to damage, to harm (dañar). **3** to spoil (estropear). **4** to discredit (desacreditar).
menoscabo *s. m.* **1** reduction, lessening (merma). **2** damage, harm (daño). **3** discredit (descrédito).
menospreciable *adj.* contemptible.
menospreciar *v. t.* **1** to show contempt for, to scorn (despreciar). **2** to shun, to slight (ignorar). **3** to undervalue, to underestimate (subestimar): *menospreciar el riesgo = to underestimate the risk.*
menospreciativo, -va *adj.* contemptuous, disdainful.
menosprecio *s. m.* **1** contempt, disdain (desdén). **2** underestimation, undervaluation (subestimación). **3** disrespect, impertinence (impertinencia).
mensaje *s. m.* message.
mensajería *s. f.* **1** courier service (servicio). **2** courier service company (empresa).
mensajero, -ra *adj.* **1** messenger. ● *s. m.* y *f.* **2** messenger. **3** courier (profesional).
menstruación *s. f.* menstruation.
menstrual *adj.* menstrual.
menstruante *adj.* menstruating.
menstruar *v. i.* to menstruate.
menstruo *s. m.* **1** menses (sangre). **2** menstruation (función).
mensual *adj.* **1** monthly (cada mes, de un mes). **2** a month: *gano 500 dólares mensuales = I earn 500 dollars a month.*
mensualidad *s. f.* **1** monthly instalment (pago). **2** monthly wages, monthly salary (sueldo).
mensualmente *adv.* monthly, every month.
ménsula *s. f.* **1** bracket (soporte). **2** ARQ. corbel (repisa).
mensura *s. f.* (Am.) measurement (medida).
mensurabilidad *s. f.* measurability.
mensurable *adj.* measurable.
mensurar *v. t.* to measure.
menta *s. f.* BOT. mint (hierbabuena).
mentado, -da *adj.* famous (famoso).
mental *adj.* mental: *trabajo mental = mental effort.*
mentalidad *s. f.* mentality, mind.
mentalmente *adv.* mentally.
mentar *v. t.* to mention (mencionar).
mentas *s. f. pl.* (Am.) fame (fama).
mente *s. f.* **1** mind: *mente subconsciente = subconscious mind.* **2** intelligence, intellect (inteligencia). **3** mentality, mind (mentalidad). ◆ **4 irse de la ~,** to slip one's mind. **5 tener en ~ hacer algo,** to be planning to do something. **6 venir a la ~,** to cross one's mind.
mentecatez *s. f.* stupidity, foolishness.
mentecato, -ta *adj.* **1** stupid, foolish, silly (bobo). ● *s. m.* y *f.* **2** idiot, fool.
mentidero *s. m.* (fam.) gossip shop (lugar de murmuraciones).
mentir *v. i.* **1** to lie, to tell lies (decir mentiras). **2** (fig.) to deceive, to be deceptive (engañar): *las apariencias mienten = appearances are deceptive.* ◆ **3 ¡miento!,** I tell a lie!
mentira *s. f.* **1** lie, fib: *decir mentiras = to tell lies.* **2** white spot (en la uña). **3** error (errata). ◆ **4 parece ~,** it seems incredible. **5 una ~ como un piano,** a whopping lie. **6 una ~ piadosa,** a white lie.
mentirijillas (de) *loc. adv.* (fam.) jokingly, in fun.
mentirosamente *adv.* lyingly, falsely.
mentiroso, -sa *adj.* **1** untruthful, lying (que miente). **2** full of errors (un texto). ● *s. m.* y *f.* **3** liar.
mentís *s. m.* **1** denial (desmentido). **2 dar el ~,** to refute, to deny.
mentol *s. m.* menthol.
mentolado, -da *adj.* mentholated.
mentón *s. m.* ANAT. chin (barbilla).
mentor *s. m.* mentor.
menú *s. m.* **1** menu (de banquete, restaurante). **2** INF. menu: *menú desplegable = pull-down menu.* ◆ **3 ~ del día,** set meal.
menudear *v. t.* **1** to repeat frequently (repetir muchas veces). ● *v. i.* **2** to come thick and fast (producirse algo reiteradamente).
menudencia *s. f.* **1** small thing, trifle (chuchería). **2** minuteness, meticulousness (minuciosidad).
menudeo *s. m.* **1** repetition (acción de menudear). **2** COM. retail trade.
menudillo *s. m.* **1** fetlock (articulación). ● *pl.* **2** giblets (entrañas y sangre de las aves).
menudo, -da *adj.* **1** small, tiny (pequeño). **2** petty, unimportant (de poca importancia). **3** scrupulous, meticulous (minucioso). ● *s. m. pl.* **4** offal (entrañas, etc. de los animales). ◆ **5 a ~,** often. **6 ~ rollo,** a fine mess. **7 ¡~ libro!,** what a book! **8 por ~,** in great detail.
meñique *adj.* **1** *dedo meñique = little finger.* ● *s. m.* **2** little finger (dedo).
meollo *s. m.* **1** core, essence (parte interior de una cosa). **2** encephalon (encéfalo). **3** marrow (médula). **4** judgement (juicio). **5** content, gist (contenido).
meón, -na *adj.* **1** (vulgar) who is constantly going to have a pee. ● *s. m.* y *f.* **2** (vulg.) person who always wants to have a pee.
mequetrefe *s. m.* buffoon, clown, good-for-nothing.
meramente *adv.* merely, solely.
merca *s. f.* (Am.) shopping (compra).
mercachifle *s. m.* pedlar, hawker (vendedor de poca categoría).
mercader *s. m.* y *f.* trader, dealer.
mercadería o **mercaduría** *s. f.* **1** article, commodity. ● *pl.* **2** goods.
mercado *s. m.* **1** market (activdad, lugar y compradores). ◆ **2 ~ libre,** free market. **3 ~ mundial,** world market. **4 ~ negro,** black market. **5 ~ de trabajo,** job market, labour market. **6 ~ de valores,** stock market.
mercadotecnia *s. f.* marketing.
mercancía *s. f.* **1** commodity, article (cosa que se comercia). ● *pl.* **2** goods, merchandise. ◆ **3 mercancías** o **tren de mercancías,** goods train.
mercante *s. m.* **1** MAR. merchant ship. ● *adj.* **2** merchant (que compra). **3** mercantile (mercantil).
mercantil *adj.* mercantile, commercial.
mercantilismo *s. m.* mercantilism.
mercantilista *adj./s. m.* y *f.* mercantilist.
mercantilizar *v. t.* to commercialize.
mercar *v. t.* to buy (comprar).
merced *s. f.* **1** favour (favor). **2** reward (recompensa). **3** grace (fórmula de tratamiento). ◆ **4 a ~ de,** at the mercy of. **5 ~ a,** thanks to. **6 tenga la ~ de,** please be so good as to.
mercedario, -ria *adj./s. m.* y *f.* Mercedarian.
mercenario, -ria *adj.* **1** MIL. mercenary (soldado). **2** (fig.) mercenary, greedy

(avaricioso). **3** salaried (asalariado). • *s. m.* y *f.* **4** MIL. mercenary. **5** day labourer (jornalero).
mercería *s. f.* **1** (brit.) haberdasher's, (EE UU) notions store (tienda). **2** (brit.) haberdashery, (EE UU) notions (comercio).
mercero, -ra *s. m.* y *f.* (brit.) haberdasher, (EE UU) notions seller.
mercromina® *s. f.* Mercurochrome®.
mercurial *adj.* mercurial.
mercúrico, -ca *adj.* QUÍM. mercuric.
mercurio *s. m.* QUÍM. mercury.
Mercurio *s. m.* Mercury.
merecedor, -ra *adj.* **1** deserving, worthy. ◆ **2 ~ de confianza,** worthy of trust; trustworthy. **3 ser ~ de,** to deserve.
merecer *v. t.* **1** to deserve, to merit: *merecer una recompensa = to merit a reward.* **2** to be worth (tener un determinado valor): *no merece ni una peseta = it isn't worth even a peseta.* ◆ **3 ~ la pena,** to be worth the trouble. **4 ~ mucho,** to be deserving.
merecidamente *adv.* deservedly, worthily.
merecido, -da *adj.* **1** well deserved: *una victoria merecida = a well deserved victory.* • *s. m.* **2** due, just deserts (castigo que merece alguien): *dar a alguien su merecido = to give somebody what was coming to him.*
merecimiento *s. m.* merit, worth (mérito).
merendar *v. i.* **1** to have tea (comer la merienda). • *v. pron.* **2** to take over (apropiarse de algo).
merendero *s. m.* picnic site (en el campo).
merengado, -da *adj.* beaten.
merengar *v. t.* to whip, to beat (batir).
merengue *s. m.* **1** meringue (dulce). **2** (Am.) disorder (desorden). **3** (Am.) trouble, mess (lío).
meretriz *s. f.* prostitute (ramera).
meridiano, -na *adj.* **1** ASTR. y GEOG. meridian. **2** (fig.) perfectly clear (clarísimo). **3** (del mediodía) midday. • *s. m.* **4** ASTR. y GEOG. meridian.
meridional *adj.* **1** meridional, southern. • *s. m.* y *f.* **2** meridional, southerner.
merienda *s. f.* **1** afternoon snack. **2** picnic (en el campo).
merino, -na *s. m.* y f. merino (oveja).
mérito *s. m.* **1** merit: *partido de poco mérito = game of little merit.* **2** worth, value (valor): *pintura de poco mérito = painting of little value.* ◆ **3 de ~,** worthy. **4 hacer ~ de,** to mention.
meritoriamente *adv.* worthily.
meritorio, -ria *adj.* **1** worthy, deserving (persona). **2** meritorius (cosa).
merluza *s. f.* **1** hake (pez). **2** (fam.) drunkenness (borrachera): *pillar o coger una merluza = to get drunk.*
merma *s. f.* **1** loss (pérdida). **2** decrease (disminución).
mermar *v. t.* **1** to take away, to reduce (quitar una parte de algo). • *v. i.* y *pron.* **2** to lessen, to decrease (disminuir).
mermelada *s. f.* **1** jam: *mermelada de zarzamora = blackberry jam.* **2** marmalade: *mermelada de naranja amarga = orange marmalade.*
mero, -ra *adj.* **1** mere (simple): *un mero examen = a mere examination; un mero accidente = a pure accident.* • *s. m.* **2** grouper (pez).
merodeador, -ra *adj.* **1** MIL. marauding. **2** prowling (con malas intenciones). • *s. m.* y *f.* **3** MIL. marauder. **4** prowler (de malas intenciones).
merodear *v. i.* **1** MIL. to maraud. **2** to prowl (con malas intenciones).
merodeo *s. m.* **1** MIL. marauding. **2** prowling (con malas intenciones).
mes *s. m.* **1** month: *el mes de junio = the month of June.* **2** month's pay/wages/salary (sueldo). **3** MED. menses (menstruación). ◆ **4 el ~ pasado,** last month. **5 el ~ que viene,** next month. **6 ~ lunar,** lunar month.
mesa *s. f.* **1** table (mueble). **2** counter (mostrador). **3** desk, writing desk (escritorio). **4** desk (pupitre). **5** board (junta directiva, ejecutiva, etc.). **6** food, table (comida). **7** GEOG. plateau, meseta. **8** table (de las piedras). **9** ARQ. landing (descansillo). ◆ **10 levantarse de la ~,** to leave the table. **11 ~ de billar,** billiard table. **12 ~ de mezclas,** mixing desk. **13 ~ de noche,** bedside table. **14 mesas nido,** nest of tables. **15 ~ redonda,** round table. **16 poner la ~,** to lay the table. **17 sentarse a la ~,** to sit down at the table. **18 quitar, alzar** o **levantar la ~,** to clear the table.
mesar *v. t.* y *pron.* to pull out, to tear out (el pelo).
mescalina *s. f.* mescaline.
mescolanza *s. f.* **1** mixture (mezcla). **2** (fam.) jumble, mess (batiburrillo).
mesenterio *s. m.* MED. mesentery.
mesera *s. f.* (Am.) waitress (camarera).
mesero *s. m.* (Am.) waiter (camarero).
meseta *s. f.* **1** GEOG. plateau, meseta, tableland. **2** landing (rellano).
mesiánico, -ca *adj.* messianic.
mesianismo *s. m.* messianism.
mesías *s. m.* Messiah.
mesilla *s. f.* **1** bedside table (de noche). **2** small table (mesa pequeña). **3** landing (rellano).
mesnada *s. f.* y *pl.* **1** band, gang (conjunto de hombres armados). **2** (fig.) crowd, (desp.) mob (agrupación de personas).
mesocarpio *s. m.* BOT. mesocarp.
mesolítico, -ca *adj./s. m.* y *f.* mesolithic.
mesón *s. m.* **1** HIST. inn, tavern (posada). **2** restaurant. **3** FÍS. meson.
mesonero, -ra *s. m.* y *f.* **1** HIST. innkeeper. **2** restaurant owner (dueño).
mesotórax *s. m.* ANAT. mesothorax.
mesotrón *s. m.* FÍS. mesotron.
mester *s. m.* **1** trade (oficio). ◆ **2 ~ de clerecía,** clerical verse. **3 ~ de juglaría,** minstrel verse.
mestizaje *s. m.* crossbreeding.
mestizar *v. t.* to crossbreed.
mestizo, -za *s. m.* y *f.* **1** half-caste, mestizo (persona). **2** hybrid (flor, vegetal). **3** mongrel (perro). **4** crossbreed (animal). • *adj.* **5** half-caste mestizo (persona). **6** hybrid (flor, vegetal). **7** mongrel (perro). **8** crossbred (animal).
mesura *s. f.* **1** moderation, control (moderación). **2** correctness, decorum (corrección). **3** dignity, gravity (dignidad). **4** respect (respeto).
mesuradamente *adv.* with moderation.
mesurado, -da *adj.* **1** moderate (moderado). **2** calm, composed (sereno).
mesurar *v. t.* **1** to moderate (moderar). **2** to consider, to think over, to ponder (considerar). **3** (Am.) to measure (medir). • *v. pron.* **4** to restrain oneself (contenerse).
meta *s. f.* **1** DEP. finishing line, finish (en una carrera); goal (portería). **2** goal, objective, aim (objetivo). • *s. m.* o *f.* **3** DEP. goalkeeper (portero).
metabólico, -ca *adj.* BIOL. metabolic.
metabolismo *s. m.* BIOL. metabolism.
metacarpiano, -na *adj.* ANAT. metacarpal.
metacarpo *s. m.* ANAT. metacarpus.
metacrilato *s. m.* methacrylate.
metadona *s. f.* methadone.
metafísicamente *adv.* metaphysically.
metafísico, -ca *adj.* **1** metaphysical. • *s. m.* y *f.* **2** metaphysician. • *s. f.* **3** metaphysics.
metáfora *s. f.* metaphor.
metafóricamente *adv.* metaphorically.
metafórico, -ca *adj.* metaphoric, meta-phorical.
metaforizar *v. t.* to metaphorize, to say metaphorically.
metal *s. m.* **1** metal. **2** brass (latón). **3** timbre (timbre de la voz). • *pl.* **4** MÚS. brass (instrumentos de latón). ◆ **5 el vil ~,** filthy lucre. **6 ~ precioso,** precious metal.
metálico, -ca *adj.* **1** metallic. • *s. m.* **2** cash (dinero en efectivo). ◆ **3 en ~,** in cash.
metalista *s. m. y f.* metalworker.
metalistería *s. f.* metalwork.
metalización *s. f.* metallization.
metalizar *v. t.* **1** to metallize. • *v. pron.* **2** to become obsessed with money (obsesionarse por el dinero).
metaloide *s. m.* QUÍM. metalloid.
metalurgia *s. f.* metallurgy.
metalúrgico, -ca *adj.* **1** metallurgic, metal-lurgical. • *s. m.* y *f.* **2** metallurgist.
metamorfismo *s. m.* GEOL. metamorphism.
metamorfosear *v. t.* **1** to metamorphose, to transform. • *v. pron.* **2** to metamorphose, to be metamorphosed.
metamorfosis *s. f.* metamorphosis, transformation.
metano *s. m.* QUÍM. methane.
metástasis *s. f.* MED. metastasis.
metatarso *s. m.* ANAT. metatarsus.
metátesis *s. f.* GRAM. metathesis.
metedura *s. f.* **1** putting. ◆ **2 ~ de pata,** blunder: (fam.) clanger; faux pas.
metempsicosis o **metempsícosis** *s. f.* metempsychosis.

meteórico, -ca *adj.* meteoric.
meteorismo *s. m.* MED. meteorism.
meteorito *s. m.* meteorite.
meteorizar *v. t.* MED. to produce meteorism.
meteoro o **metéoro** *s. m.* meteor.
meteorología *s. f.* meteorology.
meteorológico, -ca *adj.* meteorological, weather: *parte meterológico = weather forecast, weather report.*
meteorólogo, -ga *s. m.* y *f.* meteorologist.
meter *v. t.* **1** to put, to place (poner): *meter algo en un cajón = to put something in a drawer.* **2** to insert, to put (insertar): *meter una moneda en una máquina = to insert a coin in a machine.* **3** DEP. to score (marcar). **4** DEP. to pot (bola de billar). **5** DEP. to hole (pelota de golf). **6** to smuggle in (de contrabando). **7** to give (dar): *le metió una bofetada = he gave him a smack.* **8** to take up (acortar una prenda). **9** to put something into someone's head (hacer creer a uno una cosa): *¿quién te ha metido esas ideas? = who has put those ideas into your head?* **10** to get mixed up, to involve (involucrar): *no me metas en ese asunto = don't involve me in that business.* **11** to make, to cause (causar): *meter ruido = to make a noise.* **12** to bet, to wager (apostar). **13** FIN. to invest (invertir). **14** to put in (ingresar). • *v. pron.* **15** to meddle, (fam.) to poke one's nose in (entrometerse): *no te metas en asuntos míos = don't poke your nose in my business.* **16** to become (dedicarse a): *se ha metido a pintor = he's become a painter.* **17** to get into, to go into (introducirse): *meterse en un coche = to get into a car.* **18** to enter (entrar). ◆ **19 a todo ~,** at full speed. **20 ¿dónde te habías/os habíais metido?,** where did you get to? **21 estar metido en algo,** to be involved in something. **22 ~ la pata,** to put one's foot in it. **23 ~ mano,** to touch up, **24 ~ prisa,** to hurry up. **25 meterse con alguien,** to annoy someone, to bother someone.
meticulosamente *adv.* meticulously, thoroughly.
meticulosidad *s. f.* meticulousness, thoroughness.
meticuloso, -sa *adj.* meticulous, thorough.
metido, -da *adj.* **1** (Am.) meddling, interfer-ing (entrometido). **2** (Am.) tipsy, merry (achispado). • *s. m.* **3** hem (en las costuras de una prenda). **4** (Am.) meddler (entrometido). ◆ **5 estar muy ~ en algo,** to be deeply involved in something. **6 ~ en años,** advanced in years, (fam.) getting on. **7 ~ en carnes,** plump.
metílico, -ca *adj.* QUÍM. methylic.
metilo *s. m.* QUÍM. methyl.
metimiento *s. m.* **1** putting, placing (acción de meter). **2** favour (favor).
metódicamente *adv.* methodically.
metódico, -ca *adj.* methodical.
metodismo *s. m.* REL. Methodism.
metodista *adj./s. m.* y *f.* REL. Methodist.
método *s. m.* method.
metodología *s. f.* methodology.
metomentodo *s. m.* y *f.* meddler, interferer.
metonimia *s. f.* metonymy.
metonímico, -ca *adj.* metonymical.
metraje *s. m.* length.
metralla *s. f.* MIL. shrapnel.
metrallazo *s. m.* burst of shrapnel.
metralleta *s. f.* MIL. submachine gun.
métrica *s. f.* ART. metrics.
métricamente *adv.* metrically.
métrico, -ca *adj.* **1** metric, metrical. ◆ **2 cinta métrica,** tape measure.
metrificar *v. t.* e *i.* to versify.
metro *s. m.* **1** metre (medida). **2** metre (verso). **3** tape measure (cinta). **4** underground, tube (ferrocarril). ◆ **5 ~ cuadrado,** square metre. **6 ~ cúbico,** cubic metre.
metrónomo *s. m.* MÚS. metronome.
metrópoli *s. f.* **1** metropolis (ciudad). **2** mother country (nación).
metropolitano, -na *adj.* **1** metropolitan. • *s. m.* **2** underground, tube (ferrocarril). **3** REL. metropolitan.
mexicano, -na *adj./s. m.* y *f.* Mexican.
México *s. m.* Mexico.
mezcla *s. f.* **1** mixing (acción de mezclar). **2** mixture (resultado). **3** mortar (argamasa). **4** (fig.) combination, mixture, blend (combinación). **5** MÚS. mix.
mezclable *adj.* mixable.
mezcladamente *adv.* mixed up.
mezclador, -ra *s. m.* y *f.* mixer.
mezcladura *s. f.* o **mezclamiento** *s. m.* mixture.
mezclar *v. t.* **1** to mix (juntar, combinar): *mezclar agua y harina = to mix water and flour.* **2** to involve, to mix up (involucrar): *no me mezcles en la discusión = don't involve me in the discussion.* **3** to mix up (desordenar). • *v. pron.* **4** to mix (juntarse). **5** to get mixed up (en, in) (involucrarse). **6** to get mixed up (con, with) (meterse entre otras personas): *no te mezcles con esa pandilla = don't get mixed up with that gang.* **7** to meddle, to interfere (entrometerse).
mezcolanza o **mescolanza** *s. f.* mess, jumble (mezcla desordenada).
mezquino, -na *adj.* **1** mean, tight (tacaño). **2** poor (pobre). **3** worthless (de poca valía).
mezquita *s. f.* REL. mosque.
mezzo-soprano *s. f.* MÚS. mezzo-soprano.
mi *s. m.* MÚS. E, me (nota).
mi, mis *adj. pos.* my: *mi casa = my house; mis discos = my records.*
mí *pron. pers.* **1** me: *para mí = for me.* ◆ **2 a ~ me toca,** it's my turn. **3 por ~ mismo,** by myself; on my own.
miaja *s. f.* **1** crumb (migaja). **2** (fig.) bit, tiny bit (poquito).
miasma *s. m.* o *f.* miasma.
miasmático, -ca *adj.* miasmatic.
mica *s. f.* **1** MIN. mica. **2** female long-tailed monkey (hembra del mico).
micada *s. f.* (Am.) affectation (afectación).
micción *s. f.* urination, (p.u.) micturition.
mico *s. m.* ZOOL. long-tailed monkey.
micología *s. f.* mycology.
micólogo, -ga *s. m.* y *f.* mycologist.
micosis *s. f.* MED. mycosis.
micra *s. f.* micron.
micrero, -ra *s. m.* y *f.* (Am.) minibus driver.
micro- *pref.* micro-, mini-.
microbiano, -na *adj.* microbic, microbial.
microbio *s. m.* microbe.
microbiología *s. f.* microbiology.
microbiológico, -ca *adj.* microbiological.
microbiólogo, -ga *s. m.* y *f.* microbiologist.
microbús *s. m.* minibus.
microcefalia *s. f.* microcephaly.
microcéfalo, -la *adj.* microcephalic.
microcopia *s. f.* microcopy.
microclima *s. m.* microclimate.
microcosmos o **microcosmo** *s. m.* microcosm.
microfilm o **microfilme** *s. m.* microfilm.
microfilmar *v. t.* to microfilm.
microfísica *s. f.* microphysics.
micrófono *s. m.* microphone, (fam.) mike.
microfotografía *s. f.* microphotography.
micrografía *s. f.* micrography.
micrográfico, -ca *adj.* micrographic.
micrógrafo, -fa *s. m.* y *f.* micrographist.
microlentilla *s. f.* contact lense.
micrométrico, -ca *adj.* micrometric.
micrómetro *s. m.* micrometer.
micrómnibus *s. m.* minibus.
micrón *s. m.* micron.
microonda *s. f.* **1** microwave. • *s. m.* **2 (horno) microondas,** microwave oven.
microorganismo *s. m.* microorganism.
microprocesador *s. m.* microprocessor.
microscópico, -ca *adj.* microscopic.
microscopia *s. f.* microscopy.
microscopio *s. m.* **1** microscope. ◆ **2 ~ electrónico,** electron microscope. **3 ~ solar,** solar microscope.
microsurco *s. m.* microgroove.
mieditis *s. f.* (fam.) the jitters (miedo).
miedo *s. m.* **1** fear (temor). **2** distrust, mistrust (recelo). ◆ **3 dar ~,** to be fright-ening. **4 dar ~ a alguien,** to scare someone. **5 de ~, a)** fantastic, great (estupendo); **b)** terrible, awful (terrible). **6 ~ cerval,** enormous fear. **7 morirse de ~,** to be frightened to death. **8 por ~ de,** for fear of. **9 tener ~,** to be afraid.
miel *s. f.* **1** honey (sustancia dulce). ◆ **2 hacerse de ~,** to be overkind. **3 luna de ~,** honeymoon. **4 ~ sobre hojuelas,** all the better.
mielga *s. f.* **1** BOT. alfalfa. **2** pitchfork (horca para levantar las mieses).
mielgo, -ga *adj.* twin (mellizo).
mielina *s. f.* ANAT. myeline.
mielitis *s. f.* MED. myelitis.

miembro *s. m.* **1** ANAT. limb, member (extremidad). **2** member, penis (pene). • *s. m.* y *f.* **3** member (de una comunidad, sociedad, etc.). **4** MAT. member. ◆ **5 hacerse ~,** to become a member. **6 ~ viril,** member, penis.

mientes *s. f. pl.* **1** thought (pensamiento). ◆ **2 caer en ~,** to realize; to notice. **3 parar ~,** to reflect; to consider.

mientras *adv.* y *conj.* **1** while (a la vez que): *mientras yo estudio ella lee = while I study she reads.* **2** as long as (en tanto): *mientras vivamos aquí = as long we live here.* ◆ **3 ~ más,** the more. **4 ~ menos,** the less. **5 ~ que,** whereas (por el contrario): *yo estudiaba mientras que tú dormías = I was studying whereas you were sleeping.* **6 ~ tanto,** meanwhile.

miércoles *s. m.* Wednesday (día): *miércoles de ceniza = Ash Wednesday.*

mierda *s. f.* **1** (vulg.) shit, crap (excremento). **2** filth, dirt, (fam.) shit (suciedad). **3** (fig.) shit, crap: *el libro es una mierda = the book is crap.* ◆ **4 ¡vete a la ~!,** go to hell!

mies *s. f.* y *pl.* **1** corn, wheat (plantas cereales). **2** harvest time (época de la siega). • *pl.* **3** cornfields (sembrados).

miga *s. f.* **1** crumb (trocito de pan). **2** (fig.) bit, crumb (trocito). **3** problem, snag (dificultad). • *pl.* **4** fried breadcrumbs (plato de pan frito). ◆ **5 hacer buenas migas con alguien,** to get on well with someone. **6 hacer malas migas con alguien,** to get on badly with someone. **7 hacer migas algo,** to smash to pieces (destrozar). **8 estar hecho migas** (fam.) to be shattered (cansado).

migaja o **miaja** *s. f.* **1** crumb (trocito de pan). **2** (fig.) bit, crumb (porción pequeña de una cosa). • *pl.* **3** scraps, leftovers (restos).

migar *v. t.* to crumble.

migración *s. f.* migration.

migraña *s. f.* MED. migraine.

migrar *v. i.* to migrate.

migratorio, -ria *adj.* migratory.

mihrab *s. m.* mihrab.

mijo *s. m.* BOT. millet.

mil *adj.* **1** thousand: *dos mil personas = two thousand people.* **2** thousandth (milésimo). • *s. m.* **3** thousand (número).

milagrería *s. f.* **1** story of miracles (narración de milagros). **2** belief in miracles (tendencia a creer en milagros).

milagrero, -ra *adj.* **1** who believes in miracles (que cree en milagros). **2** who invents miracles (que inventa milagros).

milagro *s. m.* **1** miracle. **2** wonder, marvel, miracle (suceso maravilloso). ◆ **3 de ~,** by a miracle. **4 hacer milagros,** to work wonders.

milagrosamente *adv.* miraculously.

milagroso, -sa *adj.* **1** miraculous. **2** (fig.) wonderful, miraculous.

milano *s. m.* **1** kite (ave). **2** flying gurnard (pez).

mildeu o **mildíu** *s. m.* mildew (enfermedad de la vid).

milenario, -ria *adj.* **1** millenial. • *s. m.* **2** millennium.

milenio *s. m.* millennium.

milésimo, -ma *adj.* **1** thousandth. • *s. m.* **2** thousandth.

milhojas *s. f.* **1** BOT. yarrow. • *s. m.* **2** flaky pastry (pastel).

mili *s. f.* **1** MIL. military service (servicio militar). ◆ **2 hacer la ~,** to do military service.

miliamperio *s. m.* ELEC. milliampere.

milibar *s. m.* FÍS. millibar.

milicia *s. f.* **1** military service (servicio militar). **2** military, soldiery (profesión). **3** militia (tropa de gente). ◆ **4 milicias universitarias,** cadet corps.

miliciano, -na *s. m.* y *f.* **1** militiaman, conscript (que sirve en la milicia). **2** (Am.) revolutionary soldier (soldado revolucionario).

milico *s. m.* (Am.) soldier.

miligramo *s. m.* milligram, milligramme.

mililitro *s. m.* millilitre.

milimétrico, -ca *adj.* millimetric, precise, minute.

milímetro *s. m.* millimetre.

milimicra *s. f.* millimicron.

militante *adj./s. m.* y *f.* militant.

militar *adj.* **1** military: *academia militar = military academy; gobierno militar = military government.* • *s. m.* y *f.* **2** soldier. • *v. i.* **3** to serve in the army (servir en la milicia). **4** to belong, to be a member (pertenecer a un partido). **5** to fight (luchar). **6** to defend (defender). ◆ **7 ~ contra,** to militate against.

militarismo *s. m.* militarism.

militarista *adj.* **1** militaristic. • *s. m.* y *f.* **2** militarist.

militarización *s. f.* militarization.

militarizar *v. t.* to militarize.

milla *s. f.* mile (medida): *milla marina = nautical mile.*

millar *s. m.* **1** thousand: *un millar de personas = a thousand people.* ◆ **2 a millares,** by the thousand; in thousands.

millo *s. m.* BOT. millet.

millón *s. m.* **1** million: *un millón de libras = a million pounds.* ◆ **2 a millones,** in millions; by the million.

millonada *s. f.* fortune (dineral).

millonario, -ria *s. m.* y *f.* millionaire.

millonésimo, -ma *adj./s. m.* y *f.* millionth.

miloca *s. f.* owl (ave).

milonga *s. f.* **1** (Am.) popular song (canción). **2** popular dance (baile).

milord *s. m.* lord (noble inglés).

milpa *s. f.* (Am.) cornfield.

mimado, -da *adj.* spoiled, pampered.

mimar *v. t.* **1** to spoil, to pamper (a los niños). **2** to bring up badly, to indulge (malcriar).

mimbre *s. m.* **1** osier, willow (arbusto). **2** wicker (materia).

mimbrear *v. i.* y *pron.* to sway.

mímesis o **mimesis** *s. f.* mimicry.

mimético, -ca *adj.* mimetic.

mimetismo *s. m.* mimicry.

mímico, -ca *adj.* **1** mimic. • *s. f.* **2** mimicry.

mimo *s. m.* **1** caress, cuddle (demostración afectuosa). **2** spoiling (con los niños). **3** loving care (esmero). **4** mime (representación teatral). • *s. m.* y *f.* **5** mime artist (persona). ◆ **6 hacer mimos a uno,** to make a fuss over someone.

mimosa *s. f.* BOT. mimosa (flor).

mimosamente *adv.* affectionately.

mina *s. f.* **1** mine (instalación subterránea): *mina de oro = gold mine.* **2** shaft, tunnel (galería subterránea). **3** MIL. mine (artefacto explosivo). **4** lead (grafito de los lápices). **5** (fig.) mine: *mina de información = mine of information.* **6** (Am.) (fam.) babe (muchacha bella). ◆ **7 ~ antipersonas,** antipersonnel mine.

minar *v. t.* **1** MIN. to mine (abrir galerías). **2** MIL. to mine. • *v. t.* **3** to wear away, to undermine (desgastar).

minarete *s. m.* minaret.

mineral *s. m.* **1** GEOL. mineral. **2** MIN. ore: *mineral de hierro = iron ore.* • *adj.* **3** mineral: *agua mineral = mineral water.*

mineralización *s. f.* mineralization.

mineralizador, -ra *adj.* mineralizing.

mineralizar *v. t.* to mineralize.

mineralogía *s. f.* mineralogy.

mineralógico, -ca *adj.* mineralogical.

mineralogista *s. m.* y *f.* mineralogist.

minería *s. f.* **1** mining (actividad minera). **2** mines (grupo de minas). **3** miners (personal de una mina).

minero, -ra *adj.* **1** mining. • *s. m.* y *f.* **2** miner (obrero de una mina): *minero de oro = goldminer.* **3** mine owner (dueño de una mina).

mingitorio *s. m.* MED. urinal.

miniatura *s. f.* **1** miniature (pintura). ◆ **2 en ~,** in miniature.

miniaturista *s. m.* y *f.* miniaturist.

miniaturizar *v. t.* to miniaturize.

minibar *s. m.* minibar.

minicadena *s. f.* mini hi-fi system.

minifalda *s. f.* miniskirt.

minifundio *s. m.* smallholding, (p.u.) minifundio.

minimalismo *s. m.* minimalism.

minimizar *v. t.* to minimize.

mínimo, -ma *adj.* **1** smallest, least (*super.* de pequeño): *cantidad mínima = smallest amount.* **2** minute, very small (muy pequeño). **3** minimum (más bajo): *temperatura mínima = minimum temperature.* • *s. m.* **4** minimum: *trabajar un mínimo de diez horas = to work a minimum of ten hours.* ◆ **5 como ~,** at the very least. **6 sin el más ~ esfuerzo,** without the slightest effort.

mínimum *s. m.* minimum.

minino, -na *s. m.* y *f.* cat, (fam.) pussy (gato).

miniar *v. t.* to paint miniatures (pintar miniaturas).

minio *s. m.* MIN. minium, red lead.

ministerial *adj.* ministerial.

ministerialmente *adv.* ministerially.

ministerio *s. m.* **1** ministry: *Ministerio de Educación = Ministry of Educa-*

tion. ◆ **2** ~ **fiscal** o **público,** DER. (brit.) Crown Prosecution Service, (EE UU) Attorney General's Office.
ministra *s. f.* minister, woman minister.
ministro *s. m.* minister: *primer ministro = prime minister; ministro sin cartera = minister without portfolio.*
minoración *s. f.* reduction, lessening.
minorar *v. t.* to reduce, to lessen.
minoría *s. f.* **1** minority. ◆ **2** ~ **de edad,** minority.
minorista *adj.* **1** retail (al por menor). ● *s. m.* y *f.* **2** retailer.
minoritario, -ria *adj.* minority.
Minotauro *s. m.* minotaur.
minucia *s. f.* **1** trifle, trinket (cosa de poco valor). **2** uninteresting thing, bore (cosa de escaso interés).
minuciosamente *adv.* meticulously, minutely, thoroughly.
minuciosidad *s. f.* meticulousness, minuteness, thoroughness.
minucioso, -sa *adj.* meticulous, minute, thorough.
minué *s. m.* MÚS. minuet.
minuendo *s. m.* MAT. minuend.
minúsculo, -la *adj.* **1** tiny, minute (pequeño). **2** worthless (de poco valor). **3** small (letra). ● *s. f.* **4** small letter, lower-case letter (letra pequeña).
minusválido, -da *adj.* **1** disabled (físico), handicapped (psíquico) ● *s. m.* y *f.* **2** disabled person (físico); handicapped person (psíquico).
minuta *s. f.* **1** minute, note (anotación). **2** rough draft, draft (borrador de un escrito). **3** menu (menú). **4** fee (factura de abogado, notario, etc.).
minutar *v. t.* to draft.
minutero *s. m.* minute hand.
minuto *s. m.* **1** minute **2** MAT. minute.
mío, -a *adj.* y *pron. pos.* **1** mine: *el coche es mío = the car is mine; el mío es muy rápido = mine is very fast.* **2** of mine: *una novia mía = a girlfriend of mine.* ◆ **3 amigo** ~, my friend. **4 ¡Dios** ~**!,** my God! **5 los míos,** my people, my family.
miocardio *s. m.* ANAT. myocardium.
miocarditis *s. f.* MED. myocarditis.
mioma *s. m.* myoma.
miope *adj.* **1** short-sighted, myopic. ● *s. m.* y *f.* **2** short-sighted person.
miopía *s. f.* MED. shortsightedness, myopia.
mira *s. f.* **1** sight (para dirigir la vista a un objeto). **2** aim, intention (intención). **3** look-out post, watchtower (torre de vigilancia). **4** levelling rod (para medidas topográficas). **5** mason's rule (reglón). ◆ **6 a la** ~, on the look-out. **7 con miras a algo,** with a view to something. **8 de miras estrechas,** narrow-minded. **9** ~ **telescópica,** telescopic sight.
mirada *s. f.* **1** look, (modo de mirar): *una mirada cariñosa = a loving look.* **2** look (acción de mirar). **3** glance (vistazo): *echar una mirada = to have a glance.* **4** look, expression (expresión): *una mirada triste = a sad look.* ◆ **5 apartar la** ~, to look away. **6 levantar la** ~, to look up. **7** ~ **fija,** stare.
mirado, -da *adj.* **1** thoughtful (prudente). **2** thought of: *bien mirado = well thought of; mal mirado = badly thought of.* **3** careful (cuidadoso).
mirador *s. m.* **1** view point, vantage point (para ver un panorama). **2** ARQ. enclosed balcony (balcón cerrado).
miramiento *s. m.* **1** consideration (consideración). **2** care, caution (precaución).
mirar *v. t.* **1** to look at: *miraban una escultura = they were looking at a sculpture; mirar fijamente algo = to stare at something.* **2** to watch (observar): *mirar los coches = to watch the cars.* **3** to think about, to think carefully about (pensar): *mira bien lo que haces = think about what you're doing.* **4** to think highly of (apreciar): *no te miran bien = they don't think very highly of you.* **5** to keep an eye on, to watch (vigilar). ● *v. i.* **6** to look: *mirar fijamente = to stare.* **7** to look in (buscar): *mira en el libro a ver si está = look in the book to see if it's there.* **8** to mind, to watch (cuidar): *mira por donde vas = look where you're going.* **9** to face, to look on to (estar enfrente): *el balcón mira al jardín = the balcony looks on to the garden.* ● *v. pron.* **10** to look at oneself: *mírate en el espejo = look at yourself in the mirror.* **11** to look at each other (uno a otro): *se estaban mirando = they were looking at each other.* ◆ **12 bien mirado, mirándolo bien** o **si bien se mira,** all in all. **13 ¡mira!, a)** look! (expresa admiración o extrañeza); **b)** look out! (para avisar). **14** ~ **bien a alguien,** to like. **15** ~ **mal a alguien,** to dislike. **16** ~ **por alguien,** to take care of someone. **17** ~ **por algo,** to take care of something.
mirasol *s. m.* BOT. sunflower.
miríada *s. f.* myriad: *una miríada de insectos = a myriad of insects.*
miriámetro *s. m.* myriametre.
mirilla *s. f.* **1** spyhole (de las puertas). **2** sight (para dirigir visuales).
miriñaque *s. m.* crinoline.
mirlo *s. m.* blackbird (ave).
mirón, -na *adj.* **1** nosey (con lascivia). ● *s. m.* y *f.* **2** nosey-parker (curioso). **3** voyeur, Peeping Tom (voyeur).
mirra *s. f.* BOT. myrrh.
mirto *s. m.* myrtle.
misa *s. f.* **1** REL. mass: *decir misa = to say mass.* ◆ **2 cantar** ~, to sing mass. **3 como en** ~, in dead silence. **4** ~ **de campaña,** outdoor mass. **5** ~ **de gallo,** midnight mass. **6** ~ **mayor,** high mass. **7 no saber uno de la** ~ **la mitad,** not to have the faintest idea. **8 oír** ~, to go to mass.
misal *s. m.* REL. missal.
misantropía *s. f.* misanthropy.
misantrópico, -ca *adj.* misanthropic.
misántropo, -pa *s. m.* y *f.* misanthrope.
miscelánea *s. f.* **1** miscellany, mixture (mezcla). **2** miscellany (obra).
misceláneo, -a *adj.* miscellaneous.
miserable *adj.* **1** mean, miserly (tacaño). **2** miserable, paltry (cantidad, sueldo, etc.). **3** wretched, poor (pobre). **4** wretched, contemptible (desgraciado). **5** perverse (perverso). ● *s. m.* y *f.* **6** wretch, rotter.
miserere *s. m.* miserere.
miserablemente *adv.* miserably, wretch-edly.
miseria *s. f.* **1** poverty (pobreza grande). **2** misfortune, misery (desgracia). **3** meanness (tacañería). **4** pittance (dinero).
misericordia *s. f.* compassion, mercy.
misericordiosamente *adv.* compassion-ately, mercifully.
misericordioso, -sa *adj.* compassionate, merciful.
mísero, -ra *adj.* ⇒ **miserable.**
misil o **mísil** *s. m.* MIL. missile.
misión *s. f.* **1** mission. **2** REL. mission.
misional *adj.* missionary.
misionero, -ra *adj./s. m.* y *f.* REL. missionary.
misiva *s. f.* missive (carta o papel).
mismamente *adv.* just, exactly.
mismo, -ma *adj.* **1** same: *el mismo día = the same day.* **2** (con el pron. pers.) -self: *ella misma = herself; ellos mismos = themselves.* **3** itself: *en el coche mismo = in the car itself.* **4** very (enfático): *en ese mismo mes = in that very month.* ● *adv.* **5** right (por ejemplo): *ahí mismo = right there.* **6** only (solamente): *hoy mismo = only today.* ● *conj.* **7 lo** ~ **que,** just as: *lo mismo que son españoles yo soy inglés = just as they are Spanish I'm English.* ◆ **8 ahora** ~, right now. **9 del** ~ **modo,** in the same way. **10 lo** ~, the same: *es lo mismo = it's all the same.* **11 lo** ~ **da,** it makes no difference. **12 por lo** ~, that is why.
misógamo, -ma *s. m.* y *f.* misogamist.
misoginia *s. f.* misogyny.
misógino, -na *s. m.* y *f.* **1** misogynist. ● *adj.* **2** misogynous.
miss *s. f.* beauty queen: *Miss España = Miss Spain.*
míster *s. m.* DEP. trainer, manager.
misterio *s. m.* **1** mystery. **2** secret, mystery (secreto). **3** HIST. mystery play (representación dramática).
misteriosamente *adv.* mysteriously.
misterioso, -sa *adj.* mysterious.
místicamente *adv.* mystically.
misticismo *s. m.* mysticism.
místico, -ca *adj.* **1** mystical. ● *s. m.* y *f.* **2** mystic.
mistificación *s. f.* **1** falsification, perversion (falsificación). **2** hoax, trick (broma).
mistificador, -ra *s. m.* y *f.* trickster, hoaxer.
mistificar o **mixtificar** *v. t.* **1** to trick, to deceive (engañar). **2** to falsify, to alter (falsificar).
mistral *s. m.* mistral (viento).
mistura o **mistión** *s. f.* mixture (mixtura).
misturar *v. t.* to mix (mixturar).
mitad *s. f.* **1** half: *la mitad del pastel = half of the cake.* **2** middle (medio, centro): *en mitad del día = in the middle of the day.* ◆ **3 en** ~ **de,** in the middle of. **4 hacia la** ~, towards the

middle; halfway through. **5 ~ y ~,** half and half. **6 partir por la ~,** to cut in half.
mítico, -ca *adj.* mythical.
mitificar *v. t.* to mythicize.
mitigación *s. f.* mitigation.
mitigante *adj.* mitigating.
mitigar *v. t.* y *pron.* to mitigate, to attenuate, to diminish.
mitigativo, -va o **mitigatorio, -ria** *adj.* mitigatory.
mitin *s. m.* meeting.
mito *s. m.* myth.
mitología *s. f.* mythology.
mitológico, -ca *adj.* mythological.
mitólogo, -ga *s. m.* y *f.* mythologist.
mitomanía *s. f.* mythomania.
mitómano, -na *adj./s. m.* y *f.* mythomaniac.
mitón *s. m.* mitt (guante).
mitosis *s. f.* BIOL. mitosis.
mitra *s. f.* REL. mitre (gorro).
mitrado, -da *s. m.* **1** prelate (prelado). • *adj.* **2** mitred.
mixomatosis *s. f.* myxomatosis.
mixto, -ta *adj.* **1** mixed (mezclado). ♦ **2 tren ~,** passenger and freight train. • *s. m.* **3** match (cerilla).
mixtión o **mistión** *s. f.* mixture (mezcla).
mixtura o **mistura** *s. f.* (Am.) confetti (confeti).
mízcalo *s. m.* milk mushroom (níscalo).
mnemotecnia o **nemotecnia** *s. f.* mnemonics.
mnemotécnico, -ca *adj.* mnemonic.
mobiliario *s. m.* furniture (muebles).
moblar *v. t.* to furnish (amueblar).
moca *s. m.* o *f.* mocha coffee (café).
mocasín *s. m.* moccasin (zapato).
mocedad *s. f.* **1** youth (juventud). **2** lark, prank (travesura).
moceril o **mocil** *adj.* youthful, juvenile.
mocerío *s. m.* youngsters, young people.
mocetón, -na *s. m.* y *f.* burly youth, brawny youth.
mochales *adj.* potty, round the bend, cracked (chiflado).
mochar *v. t.* **1** (fam.) to nut, to headbutt, to butt (dar golpes con la cabeza). **2** to cut (cortar).
mochila *s. f.* **1** rucksack, haversack (de excursionista, turista, etc.). **2** gamebag (del cazador). **3** MIL. pack (de un soldado).
mocho, -cha *adj.* **1** blunt (sin punta). **2** truncated (truncado). **3** shorn (pelado). • *s. m.* **4** blunt end (remate grueso y sin punta); butt (de una escopeta). **5** (Am.) spot (grano). • *s. f.* **6** (fam.) nut, bonce (cabeza humana).
mochuelo *s. m.* ZOOL. little owl (ave).
moción *s. f.* **1** motion, movement (impulso). **2** inspiration (inspiración). **3** motion (proposición): *moción de censura = motion of censure.*
mocionar *v. t.* e *i.* (Am.) to move (proponer).
mocito, -ta *adj.* **1** very youthful. • *s. m.* y *f.* **2** youngster, young person.
moco *s. m.* **1** mucus, (fam. y vulg.) snot (de la nariz). **2** TEC. hot slag (del hierro candente). **3** candle drippings (de la vela). ♦ **4 llorar a ~ tendido,** to cry one's eyes out. **5 no es ~ de pavo,** (fam.) it's not chicken feed.
mocoso, -sa *adj.* **1** (fam. y vulg.) snotty (que tiene mocos). **2** naughty, cheeky (descarado). **3** (Am.) immature, childish (joven). • *s. m.* y *f.* **4** little devil, brat.
moda *s. f.* **1** fashion (costumbre pasajera): *estar de moda = to be in fashion.* ♦ **2 a la ~,** fashionable; in fashion. **3 fuera de ~,** out of fashion. **4 pasado de ~,** old-fashioned. **5 ponerse de ~,** to become fashionable.
modal *adj.* **1** GRAM. modal. • *s. m. pl.* **2** manners: *buenos modales = good manners; malos modales = bad manners.*
modalidad *s. f.* **1** way, manner (manera). **2** kind, class, form (clase): *una nueva modalidad literaria = a new literary form.*
modelado *s. m.* modelling.
modelador, -ra *s. m.* y *f.* modeller.
modelar *v. t.* **1** to model (hacer figuras). **2** to fashion, to shape (dar forma).
modelismo *s. m.* modelling.
modelista *s. m.* y *f.* modeller.
modelo *s. m.* **1** model (ejemplo a imitar). **2** model (muestra). • *s. m.* y *f.* **3** model, fashion model (maniquí). **4** model (persona que posa). • *adj.* **5** model: *un colegio modelo = a model school.*
modem o **módem** *s. m.* modem.
moderación *s. f.* moderation: *con moderación = with moderation.*
moderadamente *adv.* moderately.
moderado, -da *adj.* moderate.
moderador, -ra *adj.* **1** moderating. • *s. m.* y *f.* **2** moderator (de un debate, asamblea, etc.). • *s. m.* **3** FÍS. moderator.
moderar *v. t.* **1** to moderate (templar). **2** to moderate, to reduce (velocidad). **3** to control (controlar). • *v. pron.* **4** to be moderate, to restrain oneself (al beber, comer).
moderativo, -va *adj.* moderating.
modernamente *adv.* **1** recently (recientemente). **2** nowadays, in modern times (hoy en día).
modernidad *s. f.* modernity.
modernismo *s. m.* modernism.
modernista *adj./s. m.* y *f.* modernist.
modernización *s. f.* modernization.
modernizador, -ra *s. m.* y *f.* modernizer.
modernizar *v. t.* **1** to modernize. • *v. pron.* **2** to get up to date, to modernize.
moderno, -na *adj.* modern, up-to-date.
modestamente *adv.* modestly.
modestia *s. f.* modesty.
modesto, -ta *adj.* **1** modest. • *s. m.* y *f.* **2** modest person.
módicamente *adv.* moderately.
módico, -ca *adj.* moderate, fair (moderado).
modificable *adj.* modifiable.
modificación *s. f.* modification.
modificador, -ra *s. m.* y *f.* **1** modifier. • *adj.* **2** modifying.
modificar *v. t.* **1** to modify, to change (cambiar). ♦ **2** GRAM. to modify. • *v. pron.* **3** to be modified, to change.
modificativo, -va *adj.* modifying.
modificatorio, -ria *adj.* modifying.
modismo *s. m.* idiom, saying.
modistería *s. f.* dressmaking (actividad de las modistas).
modista *s. f.* **1** dressmaker (que hace vestidos). **2** dress shop owner (dueña de tienda). **3** fashion designer (diseñadora).
modisto *s. m.* fashion designer (diseñador).
modo *s. m.* **1** way, manner (forma de ser o hacerse una cosa): *modo de pensar = way of thinking.* **2** GRAM. mood. **3** MÚS. mode. • *pl.* **4** manners (modales). ♦ **5 a** o **al ~ de,** like. **6 buenos modos,** good manners. **7 de ningún ~,** in no way. **8 de todos modos,** anyway; in any case. **9 malos modos,** bad manners. **10 ~ adverbial,** adverbial phrase. **11 ~ de empleo,** instructions for use.
modorro, -rra *adj.* **1** sleepy, drowsy. **2** awkward, clumsy (torpe). **3** ignorant (ignorante). • *s. m.* y *f.* **4** clumsy person (torpe). **5** ignorant person (persona ignorante). • *s. f.* **6** heavy sleep (sueño pesado).
modosidad *s. f.* **1** good behaviour (buena conducta). **2** good manners (buenos modales).
modoso, -sa *adj.* **1** quiet, well-behaved (de buena conducta). **2** well-mannered (de buenos modales).
modulación *s. f.* modulation.
modulado, -da *adj.* modulated.
modulador, -ra *adj.* **1** modulating. • *s. m.* y *f.* **2** modulator.
modular *v. t.* to modulate.
módulo *s. m.* **1** MAT. modulus. **2** ARQ. module. **3** MÚS. modulation. **4** module (de muebles). ♦ **5 ~ lunar,** lunar module. **6 ~ de mando,** command module.
mofa *s. f.* **1** ridicule, mockery. ♦ **2 hacer ~ de,** to ridicule; to mock.
mofador, -ra *adj.* **1** ridiculing, mocking. • *s. m.* y *f.* **2** mocker, taunter.
mofarse *v. pron.* **1** scoff. ♦ **2 ~ de,** to ridicule, to mock.
mofeta *s. f.* ZOOL. skunk.
moflete *s. m.* chubby cheek.
mofletudo, -da *adj.* chubby-cheeked.
mogol, -la *adj./s. m.* y *f.* Mongolian, Mongol.
mogólico, -ca *adj.* Mongolic.
mogollón *s. m.* lots, tons (gran cantidad): *mogollón de gente = enormous crowd.*
mohecerse *v. pron.* to go mouldy, to get mildewed.
mohoso, -sa *adj.* mouldy, mildewed.
mohín *s. m.* gesture of annoyance (de enfado); gesture of disdain (de desdén).
mohína *s. f.* **1** sadness (tristeza). **2** displeasure, annoyance (disgusto). **3** quar-rel, row (reyerta).
mohíno, -na *adj.* sad (triste).

moho *s. m.* **1** BOT. mould, mildew. **2** rust (de capa de óxido).
moisés *s. m.* cradle, Moses basket (cuna).
mojada *s. f.* **1** wetting, soaking (acción de mojar). **2** stab (herida).
mojado, -da *adj.* **1** wet, soaked. • *s. m.* y *f.* **2** (Am.) wetback (espalda mojada).
mojama *s. f.* dried, salted tuna.
mojadura *s. f.* wetting, soaking.
mojar *v. t.* **1** to wet, to soak (humedecer). **2** to dip, (fam.) to dunk (en el café, etc.). **3** to dip (una pluma). **4** (Am.) to bribe (sobornar). • *v. pron.* **5** to get involved (involucrarse). **6** to get wet/soaked (humedecerse).
moje o **mojo** *s. m.* broth (caldo).
mojicón, -na *s. m.* y *f.* **1** sponge cake (tipo de bizcocho). **2** punch (puñetazo).
mojigatería *s. f.* prudishness, priggishness.
mojigato, -ta *adj.* **1** prudish, priggish. • *s. m.* y *f.* **2** prude, prig.
mojón *s. m.* **1** boundary marker, landmark (señal para fijar límites). **2** milestone (de carretera). **3** pile, heap (montón). **4** (fam.) turd (porción de excremento humano).
molar *adj.* **1** molar (relativo a la muela). • *s. m.* **2** molar (diente).
molde *s. m.* **1** mould (objeto hueco). **2** form (para imprimir). **3** (fig.) model (modelo). ◆ **4 pan de** ~, sliced bread.
moldeable *adj.* **1** mouldable. **2** pliable, pliant (persona).
moldeado *s. m.* moulding.
moldeador, -ra *s. m.* y *f.* **1** moulder. • *adj.* **2** moulding.
moldear *v. t.* **1** to mould, to shape (hacer molde). **2** to cast (de yeso). **3** (fig.) to shape, to mould.
moldura *s. f.* moulding.
mole *adj.* **1** smooth (suave). **2** soft (blando). • *s. f.* **3** mass, bulk (cosa de gran tamaño). • *s. m.* **4** (Am.) chili stew (guisado de carne y chiles).
molécula *s. f.* FÍS. molecule: *molécula gramo = gram molecule.*
molecular *adj.* FÍS. molecular.
moledor, -ra *adj.* **1** grinding (que muele). **2** boring, tedious (aburrido). • *s. m.* y *f.* **3** bore (persona). **4** TEC. grinder, crusher (aparato).
moledura *s. f.* **1** grinding (acción de moler). **2** tiredness, weariness (cansancio).
moler *v. t.* **1** to grind, to crush (hacer polvo). **2** to beat, to thrash (maltratar). **3** to mill, to grind (trigo). ◆ **4** to tire, to weary (cansar).
molestador, -ra *adj.* **1** annoying, bothersome. • *s. m.* y *f.* **2** bore.
molestamente *adv.* annoyingly.
molestar *v. t.* **1** to annoy, to irritate (irritar). **2** to bother, to pester (incomodar): *no me molestes = stop bothering me.* **3** to hurt (hacer daño). **4** to mind (importar): *¿te molesta que ponga la radio? = do you mind if I put on the radio?* **5** to get on one's nerves (poner nervioso): *me molesta ese hombre = that man gets on my nerves.* **6** to offend, to upset (ofender, disgustar): *me molestó que no me invitaran = I was upset that they didn't invite me.* • *v. i.* **7** to get in the way, to be a nuisance (fastidiar): *no te quiero molestar = I don't want to get in your way.* • *v. pron.* **8** to worry (preocuparse): *no te molestes por mí = don't worry about me.* **9** to be offended (ofenderse, enfadarse). ◆ **10 molestarse en,** to bother to, to take the trouble to: *se molestó en comprármelo = he took the trouble to buy it for me.* **11 "no molestar"** o **"no molesten",** "do not disturb".
molestia *s. f.* **1** nuisance, bother (perturbación del bienestar). **2** discomfort (dolor). **3** nuisance (fastidio). ◆ **4 es una** ~, it's a nuisance. **5 ¡qué** ~**!,** what a nuisance! **6 tomarse la** ~ **de,** to take the trouble to: *se tomaron la molestia de llamar = they took the trouble to call.*
molesto, -ta *adj.* **1** annoying, bothersome (fastidioso). **2** boring, tedious (aburrido). **3** nasty, unpleasant (olor, sabor, tarea). **4** trying, tiresome (pesado). **5** inconvenient (inoportuno). **6** uncomfortable (incómodo). **7** annoying, irritating (irritante). **8** annoyed (enfadado).
molibdeno *s. m.* molybdenum.
molicie *s. f.* **1** softness (blandura). **2** soft living, easy living (gusto por la comodidad).
molienda *s. f.* **1** grinding, crushing (acción de moler). **2** milling (acción de moler trigo). **3** quantity ground (cantidad que se muele de una vez). **4** grinding period (temporada de moler). **5** mill (molino). **6** tiredness, weariness (cansancio).
molimiento *s. m.* **1** grinding (moledura). **2** extreme tiredness (cansancio muy intenso).
molinero, -ra *s. m.* y *f.* miller.
molinete *s. m.* **1** fan (ventilador). **2** windmill (juguete).
molinillo *s. m.* **1** grinder (para moler); hand mill (manual). ◆ **2** ~ **de café,** coffee mill.
molino *s. m.* **1** mill (máquina). **2** mill (edificio). ◆ **3** ~ **de agua,** water mill. **4** ~ **de viento,** windmill.
molla *s. f.* **1** lean meat (de los animales). **2** (fam.) flab (de las personas).
mollar *adj.* **1** soft, fleshy (blando). **2** fragile (frágil). **3** cushy, plum (de gran ventaja y poco esfuerzo). **4** good-looking, smashing (guapo).
molledo o **mollero** *s. m.* **1** fleshy part, soft part (parte carnosa de un miembro). **2** crumb (miga del pan).
molleja *s. f.* **1** gizzard. • *pl.* **2** sweetbreads.
mollera *s. f.* **1** ANAT. crown (parte superior del cráneo). **2** intelligence, (fam.) brains (inteligencia). ◆ **3 cerrado de** ~, thick; dense. **4 ser duro de** ~, **a)** to be as thick as a brick (tener poca inteligencia); **b)** to be stubborn (ser obstinado).
molón, -na *adj.* (fam.) fantastic.
molondro o **molondrón** *s. m.* **1** (fam.) lazybones (perezoso). **2** blow (golpe).
molusco *s. m.* mollusc.
momentáneamente *adv.* momentarily.
momentáneo, -a *adj.* momentary.
momento *s. m.* **1** moment (espacio mínimo de tiempo): *dentro de un momento = in a moment.* **2** occasion, moment (ocasión). **3** MEC. momentum. **4** (fig.) importance (importancia): *de poco momento = of little importance.* ◆ **5 a cada** ~, all the time. **6 al** ~, at once. **7 de** o **por el** ~, for the moment, for the time being. **8 de un** ~ **a otro,** at any moment. **9 en este** ~, at this moment. **10 por momentos,** rapidly. **11 ¡un** ~**!,** just a moment!; just a second!
momia *s. f.* mummy.
momificación *s. f.* mummification.
momio, -mia *adj.* **1** (Am.) lean (sin grasa). • *s. m.* **2** bonus, extra (prima). **3** bargain (ganga). **4** (Am.) skinny person (persona muy delgada).
mona *s. f.* **1** ZOOL. female monkey (hembra del mono). **2** drunkenness (borrachera). **3** old maid (juego de naipes). ◆ **4 coger una** ~, to get drunk. **5 corrido como una** ~, ashamed. **6 dormir la** ~, to sleep it off.
monacal *adj.* monastic.
monacato *s. m.* **1** monasticism, monastic life (estado de monje). **2** monastic institution (institución monástica).
Mónaco (principado de) *s. m.* Monaco.
monada o **monería** *s. f.* **1** cute thing, sweet thing (cosa bonita). **2** cute person, sweet person (persona bonita). **3** antic (tontería). ◆ **4 ¡qué** ~**!,** how cute! **5 ser una** ~, to be lovely.
mónada *s. f.* monad.
monadismo *s. m.* monadism.
monadista *s. m.* y *f.* monadist.
monaguillo o **monago** *s. m.* REL. altar boy.
monarca *s. m.* monarch, ruler.
monarquía *s. f.* monarchy.
monárquicamente *adv.* monarchically.
monárquico, -ca *adj.* **1** monarchic, monarchical. • *s. m.* y *f.* **2** monarchist.
monarquismo *s. m.* monarchism.
monasterio *s. m.* monastery.
monásticamente *adv.* monastically.
monástico, -ca *adj.* monastic.
monda *s. f.* **1** pruning, trimming (acción de mondar). **2** cleaning (acción de limpiar). • *pl.* **3** peel, skin, rind (de papatas, verduras, etc.). ◆ **4 es la** ~, **a)** it's a scream, it's hilarious (desternillante); **b)** it's the limit (es el colmo).
mondadientes *s. m.* toothpick.
mondadura *s. f.* ⇒ **monda.**
mondar *v. t.* **1** to peel (quitar la piel). **2** to shell (quitar la cáscara). **3** (Am.) to whip (azotar). **4** to clean (limpiar). **5** to trim, to prune (podar). **6** to cut (cortar). **7** to pare (privar de lo superfluo).

mondarajas *pl.* peelings, peel (mondas).
mondo, -da *adj.* **1** clean (limpio). **2** pure (puro). **3** unadulterated, plain (sin mezcla). ♦ **4** ~ **y lirondo,** pure and simple; plain. **5 sueldo** ~, bare salary.
moneda *s. f.* **1** coin (pieza metálica). **2** currency (unidad monetaria de un país): *la moneda francesa = the French currency.* ♦ **3** ~ **fuerte,** hard currency. **4** ~ **falsa,** dud coin. **5 pagar en** o **con la misma** ~, to get one's own back.
monedero *s. m.* purse (bolsita).
monería *s. f.* ⇒ **monada.**
monetario, -ria *adj.* **1** monetary, financial. • *s. m.* **2** coin collection (colección de monedas).
monetarista *adj.* monetarist.
mongol, -la o **mogol, -la** *adj.* **1** Mongolian (persona). • *s. m.* y *f.* **2** Mongol (persona). • *s. m.* **3** Mongolian (idioma).
mongólico, -ca *adj.* y *s. m.* y *f.* **1** ⇒ **mongol. 2** MED. person affected by Down's syndrome.
mongolismo *s. m.* MED. Down's syndrome, mongolism.
monigote *s. m.* **1** rag doll (muñeco). **2** ridiculous figure (figura ridícula). **3** dope, clown (persona ignorante). **4** daub, bad drawing (dibujo mal hecho).
monín o **monino, -na** *adj.* ⇒ **mono.**
monis *s. m.* **1** money, (fam.) bread, dough (dinero). • *s. f.* **2** bauble, trinket (cosa pequeña y pulida).
monitor, -ra *s. m.* **1** monitor (aparato). • *s. m.* y *f.* **2** monitor (persona). ♦ **3** ~ **de autoescuela,** driving instructor. **4** ~ **de esquí,** ski instructor.
monitorizar *v. t.* to monitor.
monja *s. f.* **1** REL. nun. • *pl.* **2** sparks (chispas).
monje *s. m.* REL. monk.
monjil *adj.* **1** nun's (de monjas). **2** prim, priggish (mojigato). • *s. m.* **3** nun's habit (vestido de monja).
mono, -na *adj.* **1** pretty, attractive (guapo): *¡qué chica más mona! = what a pretty girl!* **2** sweet (dulce). **3** nice, friendly (simpático). **4** cute (lindo, bonito). • *s. m.* **5** ZOOL. monkey, ape (animal). **6** overalls (traje de faena). **7** terrible drawing (dibujo tosco). **8** ugly devil (hombre feo). **9** (fam.) cold turkey (síndrome de abstinencia).
monobásico, -ca *adj.* QUÍM. monobasic.
monocameral *adj.* POL. single chamber.
monoceronte o **monocerote** *s. m.* unicorn (unicornio).
monociclo *s. m.* monocycle.
monocorde *adj.* MÚS. single-stringed.
monocromo, -ma *adj.* **1** monochrome. **2** black-and-white (television).
monóculo *s. m.* monocle.
monocultivo *s. m.* monoculture, single-crop farming.
monofásico, -ca *adj.* singlephase.
monofisismo *s. m.* Monophysitism.
monofisista *s. m.* y *f.* Monophysite.
monogamia *s. f.* monogamy.
monógamo, -ma *adj.* monogamous.
monogenismo *s. m.* monogenism.
monografía *s. f.* monograph.
monográfico, -ca *adj.* monographic.
monograma *s. m.* monogram.
monolítico, -ca *adj.* monolithic.
monolito *s. m.* monolith.
monólogo *s. m.* **1** monologue. ♦ **2** ~ **interior,** LIT. interior monologue.
monomando *s. m.* monobloc.
monomanía *s. f.* monomania, obsession.
monomaníaco, -ca o **monomaniaco, -ca** *adj.* **1** monomaniacal. • *s. m.* y *f.* **2** monomaniac.
monomaniático, -ca *adj./s. m.* y *f.* ⇒ **monomaníaco.**
monomio *s. m.* monomial.
monoplano *s. m.* monoplane.
monoplaza *s. m.* single-seater, oneseater.
monopolio *s. m.* monopoly.
monopolista *s. m.* y *f.* monopolist.
monopolización *s. f.* monopolization.
monopolizador, -ra *s. m.* y *f.* **1** monopolizer. • *adj.* **2** monopolistic.
monopolizar *v. t.* to monopolize.
monorraíl *s. m.* monorail.
monorrimo, -ma *adj.* single rhyming.
monorrítmico, -ca *adj.* monorhythmical.
monosilábico, -ca *adj.* monosyllabic.
monosílabo, -ba *adj.* **1** monosyllabic. • *s. m.* **2** monosyllable.
monoteísmo *s. m.* monotheism.
monoteísta *adj.* **1** montheistic. • *s. m.* y *f.* **2** monotheist.
monotipia *s. f.* monotype.
monótonamente *adv.* monotonously.
monotonía *s. f.* monotony.
monótono, -na *adj.* monotonous.
monovalente *adj.* monovalent.
monovolumen *s. m.* minivan.
monóxido *s. m.* QUÍM. monoxide.
monseñor *s. m.* REL. monsignor.
monsergas *s. f. pl.* **1** nonsense (tonterías).
monstruo *s. m.* **1** monster. • *adj.* **2** great, fantastic, tremendous (tremendo). **3** monstrous (demasiado grande).
monstruosamente *adv.* monstrously.
monstruosidad *s. f.* monstrosity.
monstruoso, -sa *adj.* monstrous.
monta *s. f.* **1** riding (acción de montar). **2** value, worth (valor de una cosa): *de poca monta = two-bit; small-time; third rate.* **3** mating (cópula entre animales). **4** MAT. total, sum.
montacargas *s. m.* goods lift.
montado, -da *adj.* **1** MIL. mounted (policía, etc.). **2** saddled (caballo). **3** TEC. set (joyas, etc.). **4** whipped (nata).
montadura *s. f.* **1** mounting. **2** harness (del caballo). **3** mount, setting (de joyas, etc.).
montaje *s. m.* **1** MEC. assembly (hecho y resultado de montar). **2** editing, cutting (de una película). **3** staging (en el teatro). **4** FOT. montage. **5** setup (farsa). ♦ **6 cadena de** ~, assembly line.
montante *s. m.* **1** window over a door (ventana sobre una puerta). **2** post (poste). **3** mullion (de una ventana). **4** leg (pie de una máquina). **5** sum, total (cuantía).
montaña *s. f.* **1** GEOL. mountain. **2** mountains, mountainous area (territorio cubierto de montes). ♦ **3 cadena de montañas,** chain of mountains, range of mountains. **4** ~ **rusa,** roller coaster.
montañero, -ra *adj.* **1** mountain. • *s. m.* y *f.* **2** mountaineer, climber.
montañés, -sa *adj.* **1** mountain, highland. • *s. m.* y *f.* **2** highlander.
montañismo *s. m.* mountaineering, climbing.
montañoso, -sa *adj.* mountainous.
montar *v. t.* y *pron.* **1** to mount, to get on (subir encima). • *v. i., t.* y *pron.* **2** to ride (cabalgar): *montar a caballo = to ride a horse.* • *v. i.* **3** to be of importance (ser de importancia). • *v. t.* **4** to amount to (importar una cantidad). **5** to assemble (una máquina). **6** to make (un vestido). **7** to set up (un negocio). **8** MIL. to mount, to cock (preparar un arma). **9** to whip, to beat (nata, huevos). **10** to edit (una película); to stage, to put on (obra de teatro). **11** to cover, to mate with (cubrir el macho a la hembra). **12** MIL. to mount (un ataque). **13** MIL. to mount (guardia). **14** to mount (una joya). **15** to lift (subir).
montaraz *adj.* **1** mountain (de los montes). **2** rural, rustic (agreste). **3** wild, untamed (indomable). • *s. m.* **4** game keeper (guarda de fincas).
monte *s. m.* **1** mountain (montaña). **2** woodland, forest (bosque). ♦ **3** ~ **alto,** forest. **4** ~ **bajo,** scrubland. **5** ~ **de piedad,** pawnshop. **6** ~ **de Venus,** mons veneris.
montepío *s. m.* charitable fund.
montera *s. f.* **1** bullfighter's hat (gorra del torero). **2** skylight (techumbre de cristales).
montería *s. f.* hunt (cacería); hunting (arte).
montero *s. m.* **1** hunter (cazador). **2** beater (que ojea la caza).
montés o **montesino, -na** *adj.* wild: *gato montés = wildcat.*
montículo *s. m.* mound, hillock.
monto *s. m.* total, amount.
montón *s. m.* **1** pile, heap. **2** (fig.) loads, piles, heaps, stacks (mucho): *un montón de trabajo = loads of work.* ♦ **3 a montones,** lots. **4 ser del** ~, to be run of the mill.
montonero, -ra *s. m.* y *f.* (Am.) guerilla (guerrillero).
montura *s. f.* **1** mount (cabalgadura). **2** mounting, setting (montaje). **3** frame (de gafas). **4** harness (arreos de caballo). **5** saddle (silla de montar). **6** mount (de joya).
monumental *adj.* **1** monumental (relativo al monumento). **2** enormous (muy grande). **3** tremendous, fantas-

tic (estupendo). **4** horrible, awful (malo).
monumento *s. m.* **1** monument (edificio conmemorativo). **2** historical building, monument (edificio de valor histórico). **3** (fig.) monument (obra de gran importancia). **4** (fam.) looker (persona guapísima).
monzón *s. m.* monsoon.
moña *s. f.* **1** ribbon, bow (lazo). **2** bullfighter's ribbon (lazo de torero). **3** doll (muñeca). **4** drunkenness (borrachera): *coger una moña = to get drunk.*
moño *s. m.* **1** bun (de pelo). **2** bow (lazo de cintas). **3** crest (penacho de ave). ◆ **4 ponérsele a uno algo en el ~,** to dig one's heels in.
moquero *s. m.* handkerchief.
moqueta *s. f.* **1** carpet, fitted carpet (de suelo). **2** moquette.
moquillo *s. m.* distemper.
mor *adv.* **por mor de,** considering; in consideration of.
mora *s. f.* **1** BOT. blackberry. **2** delay (retraso).
morada *s. f.* **1** dwelling, abode (casa o habitación). **2** stay (estancia).
morado, -da *adj.* **1** purple (color). ◆ **2 pasarlas moradas,** to have a hard time. **3 ponerse ~,** to stuff oneself.
morador, -ra *s. m.* y *f.* dweller, resident.
moral *adj.* **1** moral. ● *s. f.* **2** morality, morals (ciencia); morality (ética, moralidad). **3** morale (ánimo). ● *s. m.* **4** BOT. mulberry tree (árbol).
moraleja *s. f.* moral.
moralidad *s. f.* morality, morals.
moralina *s. f.* false morality.
moralismo *s. m.* moralism.
moralista *s. m.* y *f.* **1** moralist. ● *adj.* **2** moralistic.
moralización *s. f.* moralization.
moralizador, -ra *adj.* **1** moralizing. ● *s. m.* y *f.* **2** moralist.
moralizar *v. t.* e *i.* to moralize.
moralmente *adv.* morally.
morapio *s. m.* red wine (vino tinto).
morar *v. i.* to dwell.
moratoria *s. f.* moratorium.
morbidez *s. f.* softness.
mórbido, -da *adj.* **1** morbid (que padece enfermedad). **2** soft (blando).
morbilidad *s. f.* morbidity.
morbo *s. m.* **1** morbid attraction (atractivo). **2** sickness, illness (enfermedad).
morbosidad *s. f.* morbidity, morbidness.
morboso, -sa *adj.* **1** sickly (enfermizo). **2** morbid (que se deleita en sentimientos desagradables). **3** sadistic (sádico). **4** morbid, unhealthy (que causa enfermedad).
morcilla *s. f.* **1** black pudding (embutido). **2** ad lib (texto inventado).
morcillero, -ra *s. m.* y *f.* ad-libber (actor).
morcillo, -lla *adj.* black with red hairs (caballo).
mordacidad *s. f.* mordacity, sarcasm.
mordaz *adj.* **1** mordant, biting (con maldad).
mordaza *s. f.* gag (contra la boca).
mordazmente *adv.* mordantly, bitingly.
mordedor, -ra *adj.* fierce, ferocious (con propensión a morder).
mordedura *s. f.* bite.
morder *v. t.* **1** to bite (clavar los dientes): *me ha mordido un perro = a dog has bitten me.* **2** to eat away, to eat into (desgastar). ◆ **3 morderse las uñas,** to bite one's nails.
mordido, -da *adj.* **1** bitten. **2** scarce (escaso). ● *s. f.* **3** bite (en la pesca). **4** (Am.) bribe (soborno).
mordiente *adj.* **1** corrosive, mordant (que corroe). **2** mordant, aggressive (mordaz). ● *s. m.* **3** mordant (sustancia corrosiva). ● *s. m.* o *f.* **4** (fig.) bite (garra).
mordisco *s. m.* **1** bite (acción de morder). **2** bite (herida). **3** bite (pedazo).
mordisquear *v. t.* to nibble.
morena *s. f.* **1** moray (pez). **2** GEOL. moraine.
moreno, -na *adj.* **1** brown (color). **2** dark (persona). **3** tanned (por el sol). ● *s. m.* y *f.* **4** black man (hombre); black woman (mujer). ◆ **5 ponerse ~,** to get a suntan.
morera *s. f.* mulberry tree (árbol).
morería *s. f.* **1** Moorish quarter (barrio). **2** Moorish territory (tierras).
morfema *s. m.* morpheme.
morfina *s. f.* morphine.
morfinomanía *s. f.* morphine addiction.
morfinómano, -na *adj.* **1** addicted to morphine. ● *s. m.* y *f.* **2** morphine addict.
morfología *s. f.* morphology.
morfológico, -ca *adj.* morphological.
morganático, -ca *adj.* morganatic.
moribundo, -da *adj.* **1** dying, (form.) moribund. ● *s. m.* y *f.* **2** dying person.
morillo *s. m.* firedog.
morir *v. i.* y *pron.* **1** to die (dejar de vivir): *morir de infarto = to die of a heart attack.* ● *v. i.* **2** to die down (fuego). **3** to end (terminar). **4** to end (el día). ◆ **5 ~ de frío,** to die of cold. **6 morirse de hambre,** to die of hunger, to starve to death. **7 morirse de risa,** to die laughing. **8 morirse por hacer algo,** to be dying to do something.
morisco, -ca *adj.* **1** Moorish. ● *s. m.* y *f.* **2** Morisco.
morisma *s. f.* Moors (secta o grupo de moros).
morisqueta *s. f.* **1** fraud, dirty trick (engaño). **2** (Am.) grimace (mueca).
mormón, -na *s. m.* y *f.* Mormon.
mormónico, -ca *adj.* Mormon.
mormonismo *s. m.* Mormonism.
moro, -ra *adj.* **1** Moorish. ● *s. m.* y *f.* **2** Moor (del norte de África). ◆ **3 no hay moros en la costa,** the coast is clear.
morondo, -da o **moroncho, -cha** *adj.* bald, bare (pelado).
morosamente *adv.* slowly.
morosidad *s. f.* **1** slowness (lentitud). **2** lateness (tardanza). **3** FIN. bad debts (impagados).
moroso, -sa *adj.* **1** slow, dilatory (lento). **2** late (que tarda). ● *s. m.* y *f.* **3** slow payer, defaulter (que retrasa el pago de una deuda). **4** bad debts (impagado).
morral *s. m.* **1** rucksack (mochila). **2** nosebag (talego).
morralla *s. f.* **1** small fry (pescado menudo). **2** junk (cosas inútiles). **3** scum (gentuza).
morrena *s. f.* GEOL. moraine.
morrillo *s. m.* fleshy part of the neck (del cogote).
morriña *s. f.* homesickness.
morrión *s. m.* **1** HIST. morion (casco de bordes levantados). **2** helmet, shako (gorro militar).
morro *s. m.* **1** snout (hocico). **2** (fam.) lips (labios). **3** hill, hillock (montículo). **4** nose (de un avión). **5 estar de morros,** to be angry. **6 tener mucho ~,** to have a lot of cheek.
morrocotudo, -da *adj.* **1** imperative (muy importante). **2** very difficult (de gran dificultad). **3** tremendous, terrific (tremendo).
morrón *s. m.* **1** blow (golpe). **2** fall (caída).
morsa *s. f.* ZOOL. walrus.
morse *s. m.* morse.
mortadela *s. f.* mortadella.
mortaja *s. f.* **1** shroud (de un cadáver). **2** mortice (muesca). **3** (Am.) cigarette paper (papel de fumar).
mortal *adj.* **1** mortal (que produce la muerte). **2** mortal (que ha de morir). **3** fatal, mortal (herida). **4** deadly (golpe). **5** deadly (fatigoso): *un trabajo mortal = a deadly job.* ● *s. m.* **6** mortal (ser humano). ◆ **7 restos mortales,** mortal remains.
mortalidad *s. f.* mortality.
mortalmente *adv.* mortally.
mortandad *s. f.* heavy loss of life (gran número de muertes).
mortecino, -na *adj.* **1** weak (débil). **2** fading (que se está apagando).
mortero *s. m.* **1** MIL. mortar. **2** mortar (argamasa). **3** mortar (almirez).
mortífero, -ra *adj.* fatal, lethal.
mortificación *s. f.* mortification.
mortificante *adj.* mortifying.
mortificar *v. t.* **1** to mortify (castigar). **2** to bother, to annoy (molestar). ● *v. pron.* **3** to mortify oneself (flagelarse, angustiarse). ◆ **4 ~ por,** to brood over, to dwell on (angustiarse por algo).
mortuorio, -ria *adj.* death, mortuary.
mosaico, ca *adj.* **1** Mosaic, of Moses (relativo a Moisés). ● *s. m.* **2** mosaic.
mosca *s. f.* **1** fly (insecto). **2** tuft of hair (pelo). **3** money, (fam.) bread (dinero). **4** pest, drag (cosa o persona molesta). ◆ **5 ~ muerta,** hypocrite. **6 peso ~,** flyweight. **7 por si las moscas,** just in case. **8 soltar** o **aflojar la ~,** to cough up. **9 tener** o **estar con la ~ detrás de la oreja,** to smell a rat.
moscada *adj. f.* **nuez ~,** nutmeg.
moscarda *s. f.* meat fly, bluebottle.
moscardón *s. m.* **1** ZOOL. blowfly (moscón). **2** botfly (mosca grande). **3** (fig.) pest, gadfly (persona pesada).

moscatel *s. f.* **1** muscatel (uva). • *s. m.* **2** muscatel (vino).
moscón *s. m.* **1** ZOOL. bluebottle (mosca azul). **2** blowfly (moscardón). **3** (fam.) pest, gadfly (persona pesada).
moscovita *adj./s. m.* y *f.* Muscovite.
Moscú *s. m.* Moscow.
mosén *s. m.* Sir (título).
mosquear *v. t.* **1** to shoo away (ahuyentar las moscas). • *v. pron.* **2** to get annoyed (enojarse). **3** to smell a rat (recelar).
mosqueo *s. m.* **1** shooing (de moscas). **2** annoyance, (enojo). **3** suspicion (recelo).
mosquetazo *s. m.* musket shot (disparo).
mosquete *s. m.* musket.
mosquetero *s. m.* HIST. musketeer.
mosquetón *s. m.* musketoon (carabina corta).
mosquitero *s. m.* o **mosquitera** *s. f.* mosquito net.
mosquito *s. m.* mosquito.
mostacho *s. m.* moustache.
mostaza *s. f.* **1** mustard (planta y salsa). ♦ **2 gas ~,** mustard gas.
mosto *s. m.* grape juice, must.
mostrable *adj.* demonstrable.
mostrador, -ra *adj.* **1** showing (que muestra). • *s. m.* **2** counter (de tienda). **3** bar (de un bar). **4** desk (de informacion, de recepción de hotel).
mostrar *v. t.* **1** to show (poner a la vista). **2** to indicate, to show (indicar). **3** to show, to demonstrate (demostrar). **4** to show, to express (manifestar). **5** to show, to explain (explicar). • *v. pron.* **6** to appear, to show up (aparecer).
mostrenco, -ca *adj.* **1** ownerless (sin dueño). **2** stray (animal). **3** fat (gordo). **4** heavy (pesado). **5** clumsy, awkward (torpe).
mota *s. f.* **1** speck, spot (mancha pequeña). **2** flaw, fault (defecto). **3** burl (en el paño). **4** hillock (montículo). **5** dot (pinta de color distinto al fondo).
mote *s. m.* **1** HIST. motto, device (lema) **2** nickname (apodo). **3** (Am.) boiled corn (maíz cocido).
motear *v. t.* to speck, to dot.
motejar *v. t.* **~ a alguien de algo,** to call somebody something; to accuse somebody of being something (llamar).
motel *s. m.* motel.
motero, -ra *s. m.* y *f.* biker.
motete *s. m.* MÚS. motet.
motilón, -na *adj.* **1** bald, hairless (pelón). • *s. m.* **2** lay brother (lego).
motín *s. m.* **1** riot (en una cárcel, la calle, etc.). **2** mutiny (de tropas).
motivación *s. f.* motivation.
motivador, -ra *adj.* motivating.
motivar *v. t.* **1** to motivate, to cause (causar). **2** to explain (explicar). **3** to motivate (incentivar).
motivo *s. m.* **1** motive, cause, reason (causa, razón): *motivo oculto = ulterior motive*; *motivos de divorcio = grounds for divorce.* **2** MÚS. motif. **3** motif (elemento ornamental). ♦ **4 con este ~,** for this reason. **5 con ~ de,** on the occasion of. **6 dar ~ a,** to give cause for. **7 sin ~,** without cause, for no reason.
moto *s. f.* motorbike.
motocarro *s. m.* three-wheeler.
motocicleta *s. f.* motorbike.
motociclismo *s. m.* motorcycling.
motociclista *s. m.* y *f.* motorcyclist.
motociclo *s. m.* motorcycle.
motocultivo *s. m.* mechanized agriculture.
motonáutica *s. f.* speedboat racing.
motonave *s. f.* motorboat.
motoneta *s. f.* (Am.) scooter (escúter).
motopropulsión *s. f.* motor propulsion.
motor *adj.* **1** FISIOL. motor. • *s. m.* **2** motor, engine (máquina): *motor de arranque = starting motor.* **3** (fig.) driving force (impulsor). ♦ **4 ~ de explosión,** internal combustion engine. **5 ~ de reacción,** jet engine.
motorismo *s. m.* motorcycling.
motorista *s. m.* y *f.* motorcyclist.
motorización *s. f.* motorization.
motorizar *v. t.* to motorize.
motosierra *s. f.* power saw.
motovelero *s. m.* motor sailer.
motriz *adj.* FISIOL. motor.
motu propio o **motu proprio** *adv.* voluntarily, of one's own accord.
movedizo, -za *adj.* **1** movable (que se mueve fácilmente). **2** shifting (sand). **3** shaky, unsteady (inseguro). **4** inconsistent (persona). **5** unsettled (situación). ♦ **6 arenas movedizas,** quicksand.
mover *v. t.* y *pron.* **1** to move: *mover la silla = to move the chair.* • *v. t.* **2** to shake (agitar). **3** to wag (el rabo). **4** to shake, to nod (la cabeza). **5** to move (pieza de ajedrez). **6** to drive, to power (impulsar, accionar). **7** to excite, to stir (excitar). **8** to drive, to move (motivar): *aquello me movió a actuar = that drove me to act.* • *v. i.* **9** to bud (empezar a brotar). • *v. pron.* **10** to get a move on (darse prisa): *¡muévete! = get a move on!* ♦ **11 ~ cielo y tierra,** to move heaven and earth.
movible *adj.* movable, mobile.
movido, -da *adj.* **1** blurred (fotografía). **2** active, restless (activo). **3** lively (animado). ♦ **4 ~ de** o **por,** moved by: *movido por compasión = moved by pity.*
moviente *adj.* moving.
móvil *adj.* **1** mobile, movable (movible). • *s. m.* **2** motive (motivo). **3** FÍS. moving body (cuerpo en movimiento). **4** mobile (objeto con hilos). **5** mobile phone (teléfono).
movilidad *s. f.* mobility.
movilización *s. f.* mobilization.
movilizar *v. t.* to mobilize.
movimiento *s. m.* **1** movement: *movimiento de las hojas = movement of the leaves.* **2** FÍS. y MAT. motion. **3** MÚS. tempo (velocidad); movement (de una sinfonía). **4** traffic (de coches). **5** movement (entradas y salidas de barcos, trenes, dinero, aviones, etc.). **6** action (de un libro). **7** GEOL. tremor (sísmico). **8** MIL. movement. **9** POL. y ART. movement. **10** fit (de risa, celos). ♦ **11 poner en ~,** to set in motion.
moza *s. f.* **1** girl (chica). **2** servant (criada). **3** single girl (soltera). ♦ **4 buena ~,** pretty girl.
mozalbete *s. m.* lad, kid.
mozo, -za *adj.* **1** young (joven). **2** single (soltero). • *s. m.* **3** youth, lad (joven). **4** single man (soltero). **5** servant (criado). **6** porter (en la estación). **7** conscript (soldado). **8** waiter (camarero). ♦ **9 ~ de estoques,** sword boy. **10 buen ~,** handsome lad.
muchacha *s. f.* **1** girl (chica). **2** servant, maid (criada).
muchachería *s. f.* **1** kids (chicos y chicas). **2** gang of kids (panda de chicos). **3** prank (broma).
muchachil *adj.* **1** boyish (de chico). **2** girlish (de chica).
muchacho *s. m.* boy.
muchedumbre *s. f.* crowd (de personas); mass (de cosas).
mucho, -cha *adj.* o *pron. indef.* **1** a lot of, much (singular): *mucho trabajo = a lot of work*; *no gana mucho = she doesn't earn much.* **2** a lot of, many (plural): *muchas personas = a lot of people*; *muchos se quedaron en casa = many stayed at home.* • *adv.* **3** a lot, much: *gano mucho más = I earn much more; juego mucho al golf = I play golf a lot; no viene mucho por aquí = he doesn't come here much; hace mucho que no la veo = I haven't seen her for a long time.* **4** very: *me alegro mucho = I'm very glad.* ♦ **5 como ~,** at the most. **6 con ~,** by far. **7 muchas gracias,** thank you very much. **8 ~ más,** much more. **9 ~ menos,** much less. **10 ~ peor,** much worse. **11 ni con ~,** not nearly. **12 ni ~ menos,** by no means; far from it. **13 por ~ que,** however much. **14 tener en ~ a uno,** to think a lot of someone.
mucosidad *s. f.* mucus.
mucoso, -sa *adj.* mucous.
muda *s. f.* **1** change of clothing (ropa de cambio). **2** moult (de los animales). **3** slough (de las serpientes). **4** breaking (cambio de voz).
mudable o **mutable** *adj.* changeable.
mudamente *adv.* silently.
mudanza *s. f.* **1** change (cambio). **2** move (cambio de domicilio). **3** figure (de un baile). **4** changing (acción de mudar). ♦ **5 camión de mudanzas,** removal van. **6 estar de ~,** to be moving.
mudar *v. t.* **1** to change (cambiar). **2** to alter (alterar). **3** to moult (la piel, las plumas). **4** to break (la voz): *cuando mudó la voz = when his voice broke.* **5** to move (mover). • *v. t.* y *pron.* **6** to move (trasladar). • *v. pron.* **7** to change clothes (cambiarse de ropa). **8** to move house (cambiar de casa).
mudéjar *adj./s. m.* y *f.* Mudejar.
mudez *s. f.* mutism.

mudo, -da *adj.* **1** MED. mute, dumb (que no puede hablar). **2** silent, mute (callado). **3** GRAM. silent (letra). **4** silent (película). • *s. m.* y *f.* **5** mute.
mueblaje *s. m.* furniture.
mueblar *v. t.* to furnish.
mueble *adj.* **1** movable. • *s. m.* **2** piece of furniture. • *pl.* **3** furniture. ♦ **4 con muebles,** furnished. **5 sin muebles,** unfur-nished.
mueca *s. f.* **1** grimace, face. ♦ **2 hacer muecas,** to pull faces.
muecín *s. m.* REL. muezzin.
muela *s. f.* **1** ANAT. tooth, molar (diente). **2** grindstone (de afilar). **3** millstone (de moler). **4** mound, hillock (cerro). **5** BOT. vetch (almorta). ♦ **6 dolor de muelas,** toothache. **7 ~ del juicio,** wisdom tooth.
muelle *adj.* **1** soft (blando). **2** voluptuous (voluptuoso). **3** smooth (suave). • *s. m.* **4** quay, wharf (para barcos). **5** loading bay (para trenes). **6** spring (pieza elástica).
muellemente *adv.* **1** softly (blandamente). **2** comfortably (cómodamente).
muérdago *s. m.* mistletoe.
muerdo *s. m.* bite (mordisco).
muermo *s. m.* (fam.) bore.
muerte *s. f.* **1** death (terminación de la vida): *muerte natural = natural death.* **2** murder (homicidio). **3** destruction, ruin (destrucción, ruina). ♦ **4 a ~,** to the death. **5 dar ~ a alguien,** to kill somebody. **6 de mala ~,** godforsaken (pueblo); seedy (bar, hotel). (de poco valor). **7 ~ súbita,** cot death (form.) sudden infant death syndrome (de bebé); tie break (en tenis). **8 ~ violenta,** violent death. **9 odiar a alguien a ~,** to hate somebody's guts.
muerto, -ta *adj.* **1** dead (sin vida). **2** killed (asesinado). **3** dull, (sin brillo). **4** dead tired, beat (agotado). **5** dead (idioma). • *s. m.* y *f.* **6** dead person (persona muerta). **7** body, corpse (cadáver). ♦ **8 echarle a uno el ~,** to put the blame on someone. **9 horas muertas,** spare time. **10 más ~ que vivo,** half-dead. **11 ~ de cansancio,** dead tired. **12 nacido ~,** stillborn.
muesca *s. f.* **1** notch (corte). **2** earmark (del ganado).
muesli *s. m.* muesli.
muestra *s. f.* **1** model (modelo). **2** sample (de una mercancía). **3** proof (prueba). **4** example (ejemplo). **5** sign (señal). **6** show (manifestación). **7** sign (rótulo o cartel de una tienda). **8** exhibition, show (exposición). **9** sample (en estadística).
muestrario *s. m.* collection of samples, sample book.
muestreo *s. m.* sampling.
muflón *s. m.* mountain sheep.
mugido *s. m.* **1** moo (de vaca). **2** bellow (del toro).
mugiente *adj.* **1** mooing (de vaca). **2** bellowing (del toro).
mugir *v. i.* **1** to moo (vaca). **2** to bellow (toro).
mugre *s. f.* filth, dirt.
mugriento, -ta *adj.* filthy, dirty.
mujer *s. f.* **1** woman (de sexo femenino). **2** wife (esposa). ♦ **3 ~ pública o de mala vida,** prostitute. **4 tomar ~,** to get married.
mujeriego, -ga *adj.* **1** womanizing. • *s. m.* **2** womanizer.
mujeril *adj.* **1** feminine, womanly (relativo a la mujer). **2** effeminate (afeminado).
mujerilmente *adv.* **1** femininely. **2** effeminately.
mujerío *s. m.* group of women.
mujik *s. m.* moujik (campesino ruso).
mula *s. f.* ZOOL. mule, she-mule (hembra del mulo).
mulada *s. f.* drove of mules.
muladar *s. m.* manure heap, dungheap (estercolero).
mular *adj.* mule.
mulatero o **mulero** *s. m.* muleteer.
mulato, -ta *adj.* **1** mulatto. • *s. m.* y *f.* **2** mulatto.
muleta *s. f.* **1** crutch (bastón para andar). **2** muleta (del torero).
muletada *s. f.* drove of mules.
muletear *v. i.* to use the muleta.
muletilla *s. f.* **1** muleta (del torero). **2** cross-handled cane (bastón de puño atravesado). **3** cliché, pet word, pet phrase (frase o palabra repetida).
muleto, -ta *s. m.* y *f.* young mule.
mullido *s. m.* **1** stuffing, padding (para rellenar). **2** bedding (para el ganado).
mullir *v. t.* **1** to soften (hacer menos duro). **2** to hoe (plantas).
mulo *s. m.* ZOOL. mule.
multa *s. f.* **1** fine (sanción). **2** parking ticket (por aparcar mal).
multar *v. t.* to fine.
multicelular *adj.* multicellular.
multicine *s. m.* multiplex, multiscreen cinema.
multicolor *adj.* multicoloured.
multicopiar *v. t.* to duplicate.
multicopista *s. f.* duplicator.
multidisciplinar *adj.* multidisciplinary.
multiforme *adj.* multiform.
multilateral *adj.* multilateral.
multimedia *adj.* multimedia.
multimillonario, -ria *adj./s. m.* y *f.* multimillionaire.
multinacional *adj.* y *s. f.* multinational.
multípara *adj.* **1** multiparous. • *s. f.* **2** multipara.
múltiple *adj.* **1** multiple. • *adj. pl.* **2** numerous, many.
multiplicable *adj.* multipliable.
multiplicación *s. f.* multiplication.
multiplicador, -ra *adj.* **1** multiplying. • *s. m.* **2** multiplier.
multiplicando *adj.* y *s. m.* MAT. multiplicand.
multiplicar *v. t.* **1** MAT. to multiply. • *v. pron.* **2** to multiply. **3** to increase (aumentar). ♦ **4 tabla de multiplicar,** multiplication table.
multiplicativo, -va *adj.* multiplicative.
multiplicidad *s. f.* multiplicity.
múltiplo, -pla *adj.* y *s. m.* MAT. multiple.
multipropiedad *s. f.* timeshare.
multisecular *adj.* centuries-old.
multitud *s. f.* **1** multitude (gran número): *una multitud de deudas = a multitude of debts.* **2** crowd, (form.) multitude (de gente).
multitudinario, -ria *adj.* multitudinous, mass.
mundanal *adj.* worldly, of the world.
mundanamente *adv.* in a worldly manner.
mundanear *v. i.* to be worldly.
mundanería *s. f.* worldliness.
mundanidad *s. f.* worldliness.
mundano, -na o **mundanal** *adj.* **1** worldly, of the world (relativo al mundo). **2** hedonistic, pleasure-loving (aficionado a placeres y lujos).
mundial *adj.* **1** world (guerra, marca, etc.): *récord mundial = world record.* **2** worldwide, global (universal): *una empresa mundial = a worldwide company.* • *s. m.* **3** World Championship (deportivo).
mundo *s. m.* **1** world (la tierra). **2** people (la gente). **3** world (parte de la sociedad): *el mundo del deporte = the world of sport; el mundo del espectáculo = show business.* **4** REL. world. **5** society (sociedad). ♦ **6 de ~,** of the world. **7 echar al ~,** to bring into the world. **8 el otro ~,** the other world. **9 hundirse el ~,** to be the end of the world. **10 medio ~,** lots of people. **11 ponerse el ~ por montera,** not to care what the world thinks. **12 tener ~,** to be a man of the world. **13 todo el ~,** everybody. **14 venir al ~,** to come into the world. **15 ver ~,** to see the world.
mundología *s. f.* worldly wisdom.
munición *s. f.* **1** MIL. ammunition. • *pl.* **2** MIL. munitions, stores.
municionamiento *s. m.* MIL. stores, supplies.
municionar *v. t.* to supply with munitions.
municipal *adj.* **1** municipal. • *s. m.* **2** policeman (policía).
municipalidad *s. f.* municipality.
municipalización *s. f.* municipalization.
municipalizar *v. t.* to municipalize.
munificencia *s. f.* munificence.
munificiente *adj.* munificent.
munífico, -ca *adj.* munificent.
muñeca *s. f.* **1** ANAT. wrist (articulación). **2** doll (juguete). **3** dummy (maniquí). **4** (fam.) bimbo (joven frívola o de poco juicio).
muñeco *s. m.* **1** doll (juguete). **2** (fig.) puppet (hombre fácil de manejar). **3** sissy (hombre afeminado). ♦ **4 ~ de nieve,** snowman.
muñequera *s. f.* wristband.
muñón *s. m.* **1** ANAT. stump. **2** MEC. trunnion.
mural *adj.* **1** mural. • *s. m.* **2** mural.
muralla *s. f.* wall: *la gran muralla = the Great Wall.*
murallón *s. m.* rampart.
murar *v. t.* to wall.
murciélago *s. m.* ZOOL. bat.
murga *s. f.* **1** group of buskers. ♦ **2 dar la ~,** to annoy; to bother.

murmullar *v. t.* to mumble, to mutter.
murmullo *s. m.* murmur, mutter, mumble.
murmuración *s. f.* gossip.
murmurador, -ra *adj.* **1** gossiping. • *s. m.* y *f.* **2** gossip.
murmurante *adj.* **1** murmuring (susurrante). **2** gossiping (maldiciente).
murmurar *v. i.* **1** to gossip (cotillear). **2** (fam.) to knock (hablar mal de alguien). **3** to murmur (hacer un ruido suave). • *v. t.* e *i.* **4** to mumble, to mutter (hablar entre dientes).
muro *s. m.* wall.
murria *s. f.* homesickness.
murrio, -rria *adj.* down, depressed (triste).
musa *s. f.* **1** Muse (deidad). **2** muse (inspiración). • *pl.* **3** the Muses.
musaraña *s. f.* **1** ZOOL. shrew. ◆ **2 mirar a/pensar en las musarañas,** to have one's head in the clouds.
muscular *adj.* muscular.
musculatura *s. f.* musculature, muscles.
músculo *s. m.* muscle.
musculoso, -sa *adj.* muscular.
muselina *s. f.* muslin.
museo *s. m.* museum.
musgaño *s. m.* ZOOL. shrew.
musgo *s. m.* BOT. moss.
música *s. f.* **1** music. **2** band, group (compañía de músicos). ◆ **3 ~ celestial,** hot air. **4 ~ clásica,** classical music. **5 ~ de cámara,** chamber music. **6 ~ de fondo,** background music.
musical *adj.* **1** musical. • *s. m.* **2** musical.
musicalidad *s. f.* musicality.
musicalmente *adv.* musically.
músico, -ca *adj.* **1** musical. • *s. m.* y *f.* **2** musician.
musicología *s. f.* musicology.
musicoterapia *s. f.* music therapy.
musitar *v. t.* to mumble, to mutter.
muslo *s. m.* **1** ANAT. thigh. ◆ **2 ~ de pollo,** chicken leg.
mustiamente *adv.* sadly.
mustiarse *v. pron.* to wither.
mustio, -tia *adj.* **1** sad, depressed, melancholy (triste). **2** withered, faded (marchito).
musulmán, -na *adj./s. m.* y *f.* REL. Moslem, Muslim.
mutabilidad *s. f.* mutability.
mutable *adj.* mutable.
mutación *s. f.* mutation.
mutante *adj./s. m.* y *f.* mutant.
mutilación *s. f.* mutilation.
mutilado, -da *adj.* **1** mutilated. ◆ **2** *s. m.* y *f.* cripple.
mutilar *v. t.* **1** to mutilate (cortar un miembro). **2** to cut, to mutilate (quitar parte de una cosa).
mutis *s. m.* **1** exit (acto de retirarse). ◆ **2 hacer ~, a)** to keep quiet (callar); **b)** to exit (retirarse de la escena).
mutismo *s. m.* silence.
mutua *s. f.* ⇒ **mutualidad.**
mutual *adj.* **1** mutual. • *s. f.* **2** (Am.) mutual benefit society (mutualidad).
mutualidad o **mutua** *s. f.* mutual benefit society (asociación).
mutualismo *s. m.* mutualism.
mutualista *adj.* **1** mutualistic. • *s. m.* y *f.* **2** mutualist.
mutuamente *adv.* mutually.
mutuo, -tua *adj.* mutual, reciprocal.
muy *adv.* **1** very: *muy borracho = very drunk; muy bueno = very good.* **2** widely, much: *muy escuchado = widely listened to.* **3** too (demasiado): *aún eres muy pequeño para eso = you're still too young for that.* ◆ **4 es ~ hombre,** he's a real man. **5 ~ conocido,** very well-known. **6 es ~ mujer,** she's a real woman.

n, N *s. f.* **1** n, N (decimocuarta letra del alfabeto español). **2** MAT. número indeterminado. ◆ **3 N,** N (abreviatura de norte).
nabo *s. m.* **1** BOT. turnip. **2** ARQ. newel.
nácar *s. m.* mother-of-pearl.
nacarado, -da *adj.* **1** pearly (dientes, etc.). **2** (lit.) nacreous (de nácar).
nacer *v. i.* **1** to be born (venir al mundo): *nació en Londres = he was born in London.* **2** (fig.) to spring, to stem; to originate (una idea, etc.). **3** BOT. to bud, to sprout. **4** to sprout, to grow (pelo, plumas, alas, etc.). **5** to rise (un astro, un río): *el río nace en las montañas = the river rises in the mountains.* ◆ **6 ~ de pie,** to be born lucky. **7 ~ para,** to be a born: *nació para escritor = he is a born writer.* **8 volver a ~,** to have a narrow escape.
nacido, -da *adj.* **1** born. ● *s. m.* **2** human being. ◆ **3 bien ~,** well-bred. **4 mal ~,** ill-bred; vile. **5 un recién ~,** a newborn baby.
naciente *adj.* **1** rising (el sol). **2** budding (incipiente). ● *s. m.* **3** orient, east.
nacimiento *s. m.* **1** birth. **2** source (de un río). **3** (fig.) origin, beginning. **4** REL. nativity scene.
naoión *s. f.* **1** nation (habitantes de una nación): *el presidente hablará mañana a la nación = the President will speak to the nation tomorrow.* **2** nation, country (territorio).
nacional *adj.* **1** national: *himno nacional = national anthem.* **2** domestic (opuesto a extranjero): *un vuelo nacional = a domestic flight; información nacional = domestic news.* ● *s. m.* y *f.* **3** national (conciudadano); citizen. ◆ **4 carretera ~,** (brit.) arterial road; (EE UU) arterial highway.
nacionalidad *s. f.* nationality.
nacionalismo *s. m.* POL. nationalism.
nacionalista *s. m.* y *f.* **1** POL. nationalist. ● *adj.* **2** POL. nationalistic.
nacionalización *s. f.* **1** POL. nationalization (de una empresa, una industria, etc.). **2** naturalization (de un extranjero).
nacionalizar *v. t.* **1** POL. nationalize (una empresa, una industria, etc.). **2** to naturalize (a un extranjero).
nacionalmente *adv.* nationally.
nacionalsindicalismo *s. m.* POL. National Syndicalism.
nacionalsocialismo *s. m.* POL. National Socialism.
nacionalsocialista *adj./s. m.* y *f.* POL. National Socialist.
nada *s. f.* **1 la ~,** nothingness (el no ser). ● *pron. ind.* **2** nothing, not... anything: *no dijo nada = he said nothing; he didn't say anything.* ● *adv.* **3** not at all: *no me gusta nada = I don't like her at all.* ● *interj.* **4** no! ◆ **5 a cada ~,** (Am.) constantly. **6 ahí es ~,** just fancy! **7 casi ~,** next to nothing. **8 como si ~,** as though it were nothing at all, as if nothing had happened. **9 de ~,** you are welcome, don't mention it. **10 ~ de ~,** nothing at all. **11 ~ menos que,** no / nothing less than. **12 ~ más,** **a)** that's all (eso es todo); **b)** no sooner... (tan pronto como). **13 no tener ~ que ver con,** to have nothing to do with. **14 no vale ~,** it's worthless. **15 por menos de ~,** at the slightest thing. **16 por ~,** for nothing. **17 por ~ del mundo,** for all the tea in China. **18 quedarse en ~,** to come to nothing. **19 una cosa de ~,** just a little.
nadador, -ra *adj.* **1** swimming. ● *s. m.* y *f.* **2** swimmer.
nadar *v. i.* **1** to swim: *¿sabes nadar? = can you swim?* **2** to float. **3** (fig.) to rattle about (en una ropa demasiado ancha). **4** (fig. y fam.) to be rolling (en dinero). **5** (fig.) to wallow (en la abundancia). ◆ **6 ~ a braza,** DEP. to swim breaststroke. **7 ~ a crol,** DEP. to do the crawl.
nadería *s. f.* mere trifle, worthless thing.
nadie *pron. ind.* **1** nobody, no one, not... anybody: *no hay nadie aquí = there is nobody here / there isn't anybody here.* ◆ **2 ser un don ~,** to be a nobody.
nado (a) *loc. adv.* swimming: *cruzar a nado = to swim across.*
nafta *s. f.* **1** QUÍM. naphta. **2** (Am.) petrol (gasolina).
naftalina *s. f.* naphtaline.
nagual *s. m.* (Am.) **1** wizard (brujo). **2** lie, trick (engaño).
nailon *s. m.* nylon.
naipe *s. m.* **1** playing card. ◆ **2 naipes,** cards.
nalga *s. f.* **1** ANAT. buttock. ◆ **2 nalgas,** buttocks, rump, bottom.
nalgado, -da *adj.* **1** big-bottomed. ● *s. f.* **2** GAST. ham. **3** spank (azotaina).
nana *s. f.* **1** lullaby. **2** grandma, granny (abuela). **3** (Am.) child's nurse (ama de cría). **4** (Am.) hurt, injury (pupa de niño).
nanay *interj.* (fam.) no!; no way!;out of the question!
nanaya *s. f.* (Am.) **1** grandma, granny (abuela). **2** lullaby (nana).
nao *s. f.* MAR. vessel, ship.
napalm *s. m.* MIL. napalm.
napias *s. f. pl.* (fam.) conk, hooter.
naranja *s. f.* **1** BOT. orange: *zumo de naranja = orange juice.* ● *adj.* y *s. m.* **2** orange (color). ◆ **3 media ~,** (fig.) better half. **4 ~ mandarina,** BOT. mandarin. **5 ¡naranjas!/ ¡naranjas de la china!,** no!, nonsense!
naranjado, -da *adj.* **1** orange, orangish (color). ● *s. f.* **2** orangeade.
naranjal *s. m.* BOT. orange grove.
naranjero, -ra *adj.* **1** orange (relativo a la naranja). ● *s. m.* y *f.* **2** orange grower (que cultiva naranjas). **3** orange seller (vendedor de naranjas). ◆ **4 trabuco ~,** MIL. blunderbuss.
naranjo *s. m.* BOT. orange tree.
narciso *s. m.* **1** BOT. narcissus; daffodil. **2** (fig.) dandy, narcissist.
narcisismo *s. m.* narcissism.
narcisista *s. m.* y *f.* **1** narcissist. ● *adj.* **2** narcissistic.
narco *s. m.* y *f.* (fam.) drug trafficker; drug baron.
narcosis *s. f.* MED. narcosis.
narcótico, -ca *adj.* y *s. m.* MED. narcotic.
narcotizante *adj.* y *s. m.* MED. narcotic.
narcotizar *v. t.* **1** MED. to narcotize. **2** to dope, to drug.
narcotraficante *s. m.* y *f.* drug trafficker.
narcotráfico *s. m.* drug trafficking.
nardo *s. m.* BOT. nard.
narguile *s. m.* hookah (pipa oriental).
narigón, -na *adj.* **1** long-nosed. ● *s. m.* **2** long nose, big nose. ● *s. m.* y *f.* **3** long-nosed person.
narigudo, -da *adj.* big-nosed, long-nosed.
nariz *s. f.* **1** nose: *nariz aguileña = Roman nose.* **2** nostril (ventanilla de la

nariz). **3** (fig.) smell, sense of smell (olfato). **4** (fig.) perspicacity, discernment (sagacidad). **5** TEC. neck (cuello de una retorta). • *pl.* **6** nostrils. **7** (fam.) nonsense!, rot! ◆ **8 dar a alguien en las narices,** to show somebody what for. **9 me da en la ~ que...,** I have a feeling that... **10 darle a uno con la puerta en las narices,** to slam the door in someone's face. **11 darse de narices con,** to bump into. **12 dejar a alguien con un palmo de narices,** to let somebody down. **13 de narices,** (fam.) huge. **14 estar delante de las narices,** (fam.) to be right under one's nose. **15 estar hasta las narices,** (fam.) to be completely fed up. **16 se me hincharon las narices,** (fam.) I got very cross, I flared up. **17 meter las narices en algo,** to poke/stick one's nose into something. **18 no ver más allá de sus narices,** (fam.) not to be able to see further than the end of one's nose. **19 por narices,** (fam.) necessarily. **20 ¡qué narices!,** (fam.) my foot! **21 romper las narices a alguien,** (fig. y fam.) to smash someone's face in. **22 darse de narices,** (fam.) to fall flat on one's face. **23 sonarse la ~,** to blow one's nose.

narizón, -na *adj.* (fam.) long-nosed.

narizota *s. f.* **1** (fam.) nozzle, conk. ◆ **2 narizotas,** (fam.) long-nosed person.

narizudo, -da *adj.* (Am.) big-nosed, long-nosed.

narrable *adj.* narratable.

narración *s. f.* **1** narration. **2** account, story (relato). **3** LIT. narrative (arte de narrar).

narrador, -ra *s. m.* y *f.* **1** narrator. **2** teller.

narrar *v. t.* to narrate, to tell, to relate, to recount.

narrativo, -va *adj.* **1** narrative. • *s. f.* **2** LIT. narrative (género literario).

narria *s. f.* trolley (carrito para arrastrar pesos).

narval *s. m.* ZOOL. narwhal.

nasa *s. f.* **1** creel; fish trap (para pescado). **2** bin (para pan, etc.). **3** basket.

nasal *adj.* y *s. f.* nasal: *fosas nasales = nasal cavities.*

nasalidad *s. f.* nasality.

nasalización *s. f.* **1** FON. nasalization. **2** nasal intonation.

nasalizar *v. t.* to nasalize.

nata *s. f.* **1** cream: *pastel de nata = cream cake.* **2** (fig.) cream, best part. **3** skin (en la leche). **4** (Am.) slag (escoria). ◆ **5 la flor y ~,** (fig.) the pick, the cream. **6 ~ líquida,** single cream. **7 ~ montada,** GAST. whipped cream.

natación *s. f.* swimming.

natal *adj.* **1** natal (del nacimiento). **2** native: *mi tierra natal = my native land.* **3** home: *ciudad natal = home town.*

natalicio, -cia *s. m.* y *adj.* (form.) birthday.

natalidad *s. f.* **1** birth rate, natality. ◆ **2 índice de ~,** birth rate, natality rate.

natatorio, -ria *adj.* natatorial, natatory, swimming.

natillas *s. f. pl.* GAST. custard.

natividad *s. f.* **1** nativity. **2** Christmas.

nativo, -va *adj.* **1** native (natal): *país nativo = native country.* **2** native (habitante): *un español nativo = a native Spaniard.* **3** indigenous, native: *costumbres nativas = native customs.* **4** MIN. native: *oro nativo = native gold.* **5** innate, natural. • *s. m.* y *f.* **6** native (natural): *los nativos de un país = the natives of a country.* **7** (fam.) native teacher (profesor).

nato, -ta *adj.* **1** born, natural: *es un escritor nato = he is a born writer.* ◆ **2** (form.) *p. p.* de **nacer.**

natura *s. f.* **1** (form.) nature. ◆ **2 contra ~,** unnatural.

natural *adj.* **1** natural: *muerte natural = natural death.* **2** simple unaffected, natural: *una chica muy natural = a very natural girl.* **3** fresh (fruta, agua). **4** MÚS. natural. • *s. m.* y *f.* **5** native: *soy natural de Francia = I am a native of France.* • *s. m.* **6** disposition, nature (índole, carácter). ◆ **7 al ~, a)** natural, in its own juice (conservas); **b)** true-to-life, realistic (una descripción); **c)** just as it comes, with nothing added (bebidas). **8 ciencias naturales,** natural sciences. **9 del ~,** from nature, from life. **10 de tamaño ~,** life-sized. **11 hijo ~,** natural child.

naturaleza *s. f.* **1** nature. **2** disposition (temperamento). **3** nationality (nacionalidad). **4** naturalization, citizenship. ◆ **5 Madre Naturaleza,** Mother Nature. **6 ~ humana,** human nature. **7 ~ muerta,** ART. still life. **8 por ~,** by nature.

naturalidad *s. f.* **1** naturalness. **2** simplicity. ◆ **3 con la mayor ~, a)** as if nothing had happened, quite calmly; **b)** in an ordinary tone; in a natural voice; **c)** simply, straightforwardly.

naturalismo *s. m.* ART. naturalism.

naturalista *adj.* **1** ART. naturalistic. • *s. m.* y *f.* **2** BIOL. naturalist.

naturalización *s. f.* naturalization.

naturalizar *v. t.* **1** to naturalize. **2** BOT. to acclimatize. • *v. pron.* **3** to become naturalized.

naturalmente *adv.* **1** naturally. **2** of course (por supuesto).

naturismo *s. m.* **1** ECOL. naturism. **2** nudism.

naturista *adj.* **1** ECOL. naturistic. **2** nudist. • *s. m.* y *f.* **3** ECOL. naturist. **4** nudist.

naturópata *s. m.* y *f.* naturopath.

naturopatía *s. f.* naturopathy.

naufragar *v. i.* **1** MAR. to sink, to be wrecked (un barco). **2** to be shipwrecked (una persona). **3** (fig.) to fail (un proyecto, una empresa, un negocio).

naufragio *s. m.* **1** MAR. shipwreck, wreck. **2** (fig.) failure, ruin, disaster (de un proyecto, de una empresa, de un negocio).

náufrago, -ga *adj.* **1** shipwrecked. • *s. m.* y *f.* **2** castaway; shipwrecked person.

náusea *s. f.* **1** nausea. **2** sick feeling, sickness. **3** (fig.) repugnance, disgust (asco). ◆ **4 dar náuseas,** to nauseate, to sicken. **5 tener náuseas,** to feel sick, to feel nauseated, to be sick to one's stomach.

nauseabundo, -da *adj.* nauseating, sickening.

nauseado, -da *adj.* (Am.) sick to one's stomach.

nauta *s. m.* LIT. mariner, seaman.

náutico, -ca *adj.* MAR. **1** nautical. • *s. f.* **2** navigation, seamanship (ciencia, arte). ◆ **3 club ~,** yacht club. **4 deporte ~,** water sport.

nautilo *s. m.* nautilus.

navaja *s. f.* **1** jacknife, pocketknife, penknife, clasp knife. **2** ZOOL. razor clam, razor shell (molusco). **3** (fig.) sharp tongue. ◆ **4 ~ barbera,** cutthroat. **5 ~ de afeitar,** razor. **6 ~ de muelle,** clasp knife.

navajada *s. f.* ⇒ **navajazo.**

navajazo *s. m.* **1** stab. **2** slash, gash. **3** stab wound, razor wound.

navajero *s. m.* **1** razor case (estuche). **2** quarrelsome (pendenciero que utiliza una navaja).

naval *adj.* MAR. naval: *fuerzas navales = naval forces.*

nave *s. f.* **1** MAR. ship, boat, vessel. **2** aircraft (avión). **3** ARQ. nave. **4** TEC. factory building (de fabrica), warehouse (almacén). ◆ **5 ~ espacial,** ASTRON. spacecraft, spaceship. **6 ~ lateral,** ARQ. aisle.

navecilla *s. f.* REL. censer (naveta para incienso).

navegable *adj.* MAR. navigable: *un río navegable = a navigable river.*

navegación *s. f.* **1** MAR. navigation: *navegación fluvial = river navigation.* **2** sea voyage (viaje en barco). **3** shipping: *es peligroso para la navegación = it is dangerous for shipping.* **4** seamanship (arte de la navegación). ◆ **5 ~ aérea,** AER. aviation. **6 ~ a vela/de recreo,** sailing, yachting. **7 ~ de altura,** ocean navigation. **8 ~ fluvial,** river sailing.

navegador, -ra *s. m. y f.* ⇒ **navegante.** • *s. m.* **2** INF. browser.

navegante *s. m.* y *f.* MAR. **1** navigator. • *adj.* **2** navigating.

navegar *v. i.* **1** MAR. to sail, to navigate. ◆ **2 ~ por la Red** o **por Internet,** to surf/browse the Internet.

naveta *s. f.* **1** REL. censer. **2** drawer. **3** ARQ. prehistoric tomb (en la isla de Menorca).

navidad *s. f.* **1** Christmas (fiesta). **2** REL. Nativity. ◆ **3 árbol de ~,** Christmas tree. **4 en ~/por ~,** at Christmas, at Christmas time. **5 feliz ~,** Merry Christmas. **6 Navidades,** Christmas season.

navideño, -ña *adj.* Christmas: *tarjeta navideña = Christmas card.*

naviero, -ra *adj.* **1** MAR. shipping: *compañía naviera = shipping company.* • *s. m.* **2** shipowner. • *s. f.* **3** shipping company.

navío *s. m.* MAR. **1** ship, vessel. ◆ **2 capitán de ~,** sea captain. **3 ~ de guerra,** warship.

náyade *s. f.* naiad.

nazareno, -na *adj.* y *s. m.* REL. **1** Nazarene. **2** penitent (en las procesiones de Semana Santa). • *s. m.* **3** (Am.) spur (que utilizan los gauchos).

nazi *adj./s. m.* y *f.* POL. Nazi.

nazismo *s. m.* POL. Nazism.

neblina *s. f.* **1** haze. **2** light fog, mist (calina).

nebulizador *s. m.* atomizer.

nebulosamente *adv.* **1** nebulously. **2** (fig.) vaguely.

nebulosidad *s. f.* **1** nebulosity, mistiness. **2** (fig.) vagueness.

nebuloso, -sa *adj.* **1** cloudy (el cielo). **2** foggy, misty (la atmósfera). **3** (fig.) vague, obscure (idea). **4** gloomy (oscuro). **5** ASTR. nebular, nebulous. • *s. f.* **6** ASTR. nebula.

necedad *s. f.* **1** foolishness, stupidity, nonsense: *no digas necedades = don't talk nonsense.* **2** ignorance.

necesariamente *adv.* necessarily.

necesario, -ria *adj.* **1** necessary: *requisito necesario = necessary requirement.* **2** needful: *haz lo necesario = do what you need to.* ◆ **3 lo estrictamente ~,** the bare necessities. **4 no es ~ decir que,** there's no need to say that. **5 si es ~,** if necessary, in case of necessity.

neceser *s. m.* **1** toilet bag, make-up bag (de tocador). **2** holdall, vanity case (de viaje). **3** sewing kit (de costura). **4** weekend case (de fin de semana).

necesidad *s. f.* **1** necessity. **2** need (for): *necesidad de reformas = need for reforms.* **3** poverty, want, need (pobreza). **4** difficult situation, emergen cy (urgencia). **5** hunger (hambre). • *pl.* **6** needs: *no tiene suficiente dinero para satisfacer sus necesidades = she hasn't got enough money to meet her needs.* **7** hardships (apuros, dificultades). **8** (fam.) needs, bodily needs (fisiológicas). **9 artículo de primera ~,** basic necessity. **10 de/por ~,** of necessity, necessarily. **11 de primera ~,** basic, absolutely essential. **12 en caso de ~,** in case of need. **13 hacer sus necesidades,** (fam.) to relieve oneself. **14 no hay ~ de hacerlo,** there is no need to do it. **15 por ~,** out of necessity. **16 satisfacer las necesidades de,** to satisfy the needs of. **17 tener ~ de,** to need, to have need of, to be in need of.

necesitado, -da *adj.* **1** in need of: *están necesitados de amor = they are in need of love.* **2** needy, necessitous (pobre). • *s. m.* y *f.* **3** a needy person. ◆ **4 estar ~ de dinero,** to be short of money. **5 los necesitados,** the needy.

necesitar *v. t.* **1** to need, to want, to be in need of: *eso es lo que necesito = that's what I need.* **2** to need to, to have to, must (precisar, deber): *necesito descansar = I need to rest.* • *v. pron.* **3** to be wanted, to be needed: *"se necesita asistenta" = "helper wanted".*

neciamente *adv.* foolishly; stupidly.

necio, -cia *adj.* **1** foolish. **2** ignorant, silly, stupid. **3** (Am.) touchy. **4** (Am.) stubborn, peevish. • *s. m.* y *f.* **5** idiot, fool.

necrología *s. f.* **1** necrology. **2** obituary, obituary notice, obituary column (en la prensa).

necrológico, -ca *adj.* **1** necrological, obituary. ◆ **2 nota ~,** obituary notice.

néctar *s. m.* nectar.

nectáreo, -a *adj.* nectareous, nectarous.

nectarina *s. f.* BOT. nectarine.

nectario *s. m.* BOT. nectary.

neerlandés, -sa *adj.* **1** Dutch, Netherlands (de Holanda). • *s. m.* y *f.* **2** Netherlander, Dutchman, Dutchwoman. • *s. m.* **3** Dutch, Netherlandish (idioma).

nefando, -da *adj.* abominable, detestable.

nefario, -ria *adj.* wicked, detestable, nefarious.

nefasto, -ta *adj.* **1** ominous, sad. **2** unlucky, ill-fated. **3** harmful, fatal.

nefato, -ta *adj.* (Am.) stupid, dim.

nefrítico, -ca *adj.* MED. nephritic.

nefritis *s. f.* MED. nephritis.

negable *adj.* deniable.

negación *s. f.* **1** negation, denial, refusal. **2** GRAM. negative (partícula negativa); negation. ◆ **3 ser la ~ de,** to be anything but: *es la negación del arte = it is anything but art.*

negado, -da *adj.* **1** inept, incapable, incompetent. **2** dull, clumsy. • *s. m.* y *f.* **3** (fam.) nonentity. ◆ **4 ser ~ para,** to be useless at, hopeless at.

negador, -ra *adj.* **1** denying. • *s. m.* y *f.* **2** denier.

negar *v. t.* **1** to deny: *no lo niego = I don't deny it.* **2** to refuse (rehusar). **3** to withhold (no conceder). **4** to disown, to disclaim (una responsabilidad, una relación). **5** to refuse, to deny (un permiso). • *v. pron.* **6 negarse a hacer algo,** to refuse to do something: *se negó a darme la mano = she refused to shake hands with me.* ◆ **7 ~ el saludo a alguien,** to cut someone dead.

negativamente *adv.* **1** negatively. ◆ **2 contestar ~,** to answer in the negative.

negativo, -va *adj.* **1** negative: *crítica negativa = negative criticism.* **2** MAT. minus: *un número negativo = a minus number.* • *s. f.* **3** refusal, negative: *una negativa rotunda = a flat refusal.* **4** denial (de un hecho). • *s. m.* **5** FOT. negative.

negligencia *s. f.* **1** negligence, carelessness. **2** neglect (desidia, dejadez).

negligente *adj.* **1** negligent, neglectful. **2** careless, slack: *un trabajador negligente = a slack worker.*

negligentemente *adv.* negligently, neglectfully, carelessly.

negociable *adj.* COM. negotiable; *el salario es negociable = the salary is negotiable.*

negociación *s. f.* **1** COM. negotiation, deal, business transaction. **2** FIN. clearance (de un talón). ◆ **3 en ~,** under negotiation. **4 entrar en/entablar negociaciones,** to enter into negotiations.

negociado *s. m.* **1** department, office (departamento). **2** business, affair (asunto). **3** (Am.) **a)** dirty business, illegal transaction; **b)** shop.

negociador, -ra *s. m.* y *f.* **1** negotiator. • *adj.* **2** negotiating.

negociante *s. m.* y *f.* **1** COM. trader, merchant, dealer. ◆ **2** FIN. businessman/woman.

negociar *v. t.* **1** to negotiate (gestionar): *negociar una venta = to negotiate a sale.* **2** to trade, (valores). **3** to negotiate (un tratado, una letra). **4** to transact. • *v. i.* **5** to negotiate (discutir). **6** to trade (comerciar).

negocio *s. m.* **1** business (actividad, empresa). **2** COM. transaction, deal. **3** affair, business (asunto): *el negocio es que... =* the fact is that... **4** (fig.) bargain (buena transacción). **5** (Am.) store, shop. ◆ **6 de negocios,** on business. **7 hombre de negocios,** businessman. **8 mujer de negocios,** businesswoman. **9 negocios,** business. **10 ~ sucio,** dirty business. **11 poner un ~,** to start/set up a business. **12 ~ redondo,** profitable business.

negrada *s. f.* (Am.) black slaves, negroes (grupo de negros).

negrear *v. i.* **1** to become black, to turn black (ponerse negro). **2** to look black, to appear black (parecer negro). **3** to blacken.

negrero, -ra *s. m.* y *f.* **1** slave trader. **2** (fig.) tyrant, slave driver. **3** (Am.) cruel boss. • *adj.* **4** slave.

negrillo, -lla *adj.* **1** blackish. • *s. m.* **2** BOT. elm. • *s. f.* **3** boldface (negrita).

negrito, -ta *s. f.* **1** boldface (tipo de letra). • *s. m.* **2** piccaninny (niño). **3** gollywog (muñeco).

negro, -gra *adj.* **1** black (color). **2** dark, black (noche). **3** dark (pelo, ojos, etc.). **4** black, coloured (de raza negra). **5** (fig.) black: *tengo un futuro muy negro = I have a black future.* **6** (fig.) sad, gloomy (estado de ánimo). **7** (fig.) terrible, really bad: *una suerte negra = really bad luck.* **8** (fam.) furious, mad. • *s. m.* y *f.* **9** black; black man (hombre); black woman (mujer). **10** (Am.) dear, darling, honey. **11** (desp.) nigger. • *s. m.* **12** black (color). **13** black tobacco (tabaco). • *s. f.* **14** MÚS. crochet. **15** (fig.) bad luck. ◆ **16 cerveza negra,** brown ale, stout. **17 cinturón ~,** DEP. black belt. **18 el Continente Negro,** the Dark Continent. **19 magia negra,** black art, black magic. **20 ~ azabache,** jet-black. **21 ~ como un tizón,** as black as coal/pitch/ink. **22 peste negra,** Black Death. **23 ponerse ~, a)** to get mad, to get furious; **b)** to get a suntan; **c)** to look bad: *la cosa se pone negra = it looks bad.* **24 tener la negra,** (fig.) to have bad luck. **25 verlo todo ~,** to be pessimistic, to be very gloomy. **26 verse ~,** to have a tough time.

negroide *adj.* Negroid.
negrura *s. f.* blackness.
negruzco, -ca *adj.* blackish.
nemotecnia *s. f.* TEC. mnemonics.
nemotécnico, -ca *adj.* TEC. mnemonic.
nene, -na *s. m.* y *f.* **1** baby (bebé). **2** child (niño). **3** darling (apelativo cariñoso).
nenúfar *s. m.* BOT. water lily, white water lily; nenuphar.
neo- *prefijo* neo-; neo.
neocapitalismo *s. m.* neocapitalism.
neocatolicismo *s. m.* REL. neo-Catholicism.
neocatólico, -ca *adj.* REL. neo-Catholic.
neocelandés, -sa *adj.* **1** of/from New Zealand. • *s. m.* y *f.* **2** New Zealander.
neoclasicismo *s. m.* ART. neoclassicism.
neoclásico, -ca *adj.* ART. **1** neoclassical. • *s. m.* y *f.* **2** neoclassicist.
neófito, -ta *s. m.* y *f.* **1** REL. neophyte, novice. **2** (fig.) beginner.
neológico, -ca *adj.* FILOL. neological.
neologismo *s. m.* FILOL. neologism.
neologista *s. m. y f.* ⇒ **neólogo.**
neólogo, -ga *s. m.* y *f.* FILOL. neologist.
neón *s. m.* QUÍM. neon.
neonazi *adj./s. m.* y *f.* POL. neo-Nazi.
neopreno® *s. m.* neoprene.
neoyorquino, -na *s. m.* y *f.* New Yorker.
nepotismo *s. m.* POL. nepotism.
Neptuno *s. m.* Neptune.
nervadura o **nervatura** *s. f.* **1** ARQ. ribs. **2** BOT. y ZOOL. venation.
nérveo, -a *adj.* nerveal.
nerviación *s. f.* ⇒ **nervadura.**
nervio *s. m.* **1** ANAT. nerve. **2** (fig.) strength, energy, vigour. **3** rib (del lomo de un libro). **4** BOT. nerve (de una hoja). **5** ARQ. rib (nervadura). **6** GAST. sinew (de la carne). **7** MÚS. string. ◆ **8 ataque de nervios,** hysterics, fit of nerves. **9 crisparle a uno los nervios,** to get on someone's nerves. **10 guerra de nervios,** war of nerves. **11 nervios,** (fam.) nervousness (nerviosismo). **12 nervios de acero,** (fig.) nerves of steel. **13 ser un manojo de nervios,** (fig.) to be a bundle of nerves. **14 tener los nervios de punta,** (fig.) to have one's nerves on edge, to be on edge.
nerviosamente *adv.* nervously.
nerviosidad *s. f.* **1** nerviness, nervosity. **2** flexibility, vigour.
nerviosismo *s. m.* nervousness, restlessness.
nervioso, -sa *adj.* **1** nervous: *una enfermedad nerviosa = a nervous disease.* **2** sinewy (nervudo). **3** ANAT. nerve: *célula nerviosa = nerve cell.* **4** nervy (de temperamento). **5** nervous, excited, restless (por la situación). **6** (fig.) energetic, vigorous (enérgico). **7** BOT. nerved. ◆ **8 estar muy ~,** to be in a state of nerves. **9 no te pongas ~,** take it easy. **10 ponerse ~,** to get flustered, to get excited, to get worked up.
nervudo, -da *adj.* sinewy (manos, cuerpo).
netamente *adv.* **1** clearly, distinctly (claramente). **2** purely, genuinely (auténticamente).
neto, -ta *adj.* **1** FIN. net (precio, peso, beneficio, etc.). **2** pure, genuine (auténtico). **3** simple, pure (verdad). **4** bare (sueldo). **5** neat, clear (definido, claro).
neumático, -ca *adj.* **1** pneumatic. • *s. m.* **2** tyre, rubber tyre; (EE UU) tire. ◆ **3 ~ de repuesto,** spare tyre. **4 ~ sin cámara,** tubeless tyre.
neumonía *s. f.* MED. pneumonia.
neumotórax *s. m.* MED. pneumothorax.
neuralgia *s. f.* MED. neuralgia.
neurálgico, -ca *adj.* MED. neuralgic.
neurastenia *s. f.* MED. neurasthenia.
neurasténico, -ca *adj.* MED. neurasthenic.
neuritis *s. f.* MED. neuritis.
neurocirugía *s. f.* MED. neurosurgery.
neurología *s. f.* MED. neurology.
neurólogo, -ga *s. m.* y *f.* MED. neurologist, nerve specialist.
neurona *s. f.* ANAT. neuron, neurone, nerve cell.
neurópata *s. m.* y *f.* MED. neuropath.
neuropatía *s. f.* MED. neuropathy.
neurosis *s. f.* **1** MED. neurosis. ◆ **2 ~ de guerra,** PSIQ. shell shock.
neurótico, -ca *adj./s. m.* y *f.* MED. neurotic.
neurovegetativo, -va *adj.* ANAT. neurovegetative.
neutral *adj./s. m.* y *f.* neutral: *su país permaneció neutral = his country remained neutral.*
neutralidad *s. f.* neutrality.
neutralismo *s. m.* POL. neutralism.
neutralista *adj./s. m.* y *f.* POL. neutralist.
neutralización *s. f.* neutralization.
neutralizador, -ra *adj.* ⇒ **neutralizante.**
neutralizante *adj.* **1** neutralizing. • *s. m.* y *f.* **2** neutralizer.
neutralizar *v. t.* **1** to neutralize. **2** to counteract (contrarrestar).
neutro, -tra *adj.* **1** neutral. **2** GRAM. neuter (género). **3** BIOL. sexless, neuter. • *s. m.* **4** GRAM. neuter. ◆ **5 verbo ~,** GRAM. intransitive verb.
neutrón *s. m.* FÍS. neutron.
nevado, -da *adj.* **1** snow-covered, covered with snow. **2** snow-capped (montaña). **3** (fig.) snowy, white as snow, snow-white. • *s. m.* **4** (Am.) snow-capped mountain. • *s. f.* **5** snowfall.
nevar *v. i.* **1** to snow. • *v. t.* **2** to cover with snow. **3** to make snow-white.
nevera *s. f.* **1** refrigerator, (brit.) fridge, (EE UU) icebox. **2** (fig.) icebox (habitación muy fría). **3** (Am.) ice-cream vendor.
nevero *s. m.* GEOL. **1** snowfield. **2** perpetual snow.
nevisca *s. f.* light snowfall.
nexo *s. m.* **1** nexus, link, connection. **2** bond, tie.
ni *conj.* **1** nor, neither: *no lo conozco ni ella tampoco = I don't know him, nor does she.* **2** or: *sin padres ni amigos = without parents or friends.* **3** not even (ni siquiera): *no quedó ni un pastel = there was not even one cake left.* **4** not one, not a single: *ni un pariente = not a single relative.* ◆ **5 ~ ... ~, a)** neither... nor: *no está ni gorda ni delgada = she is neither fat nor thin;* **b)** either... or: *no quiero ni café ni té = I don't want either coffee or tea.* **6 ~ que... (como si),** anyone would think... **7 ~ que,** not even if...: *ni que fueses el presidente = not even if you were the president.* **8 ~ siquiera,** not even. **9 ~ tampoco,** neither: *él no fue ni ella tampoco = he didn't go and neither did she.*
Nicaragua *s. f.* Nicaragua.
nicaragüense *adj./s. m.* y *f.* Nicaraguan.
nicho *s. m.* **1** niche. **2** recess, hollow (en una pared).
nicotina *s. f.* QUÍM. nicotine.
nicotinismo *s. m.* MED. nicotinism, nicotine poisoning.
nicotismo *s. m.* ⇒ **nicotinismo.**
nidada *s. f.* **1** brood, hatch, covey (de pollos). **2** clutch, sitting (de huevos). **3** nestful of eggs.
nidal *s. m.* **1** nest, nesting box (ponedero de aves domésticas). **2** (fig.) hiding place. **3** (fig. y fam.) hangout.
nido *s. m.* **1** nest (de aves). **2** (fig.) nest, abode (morada, hogar). **3** (fig.) hiding place. **4** (fig.) den, haunt (guarida): *nido de criminales = den of criminals.* ◆ **5 ~ de abeja,** smocking (labor). **6 ~ de amor,** love nest. **7 patearle el ~ a alguien,** (Am.) to upset someone's applecart.
niebla *s. f.* **1** fog, mist. **2** (fig.) fog, confusion. **3** fogginess. ◆ **4 envolver en ~,** to fog. **5 hay ~,** it is foggy. **6 inmovilizado por la ~,** fogbound. **7 ~ espesa,** fog bank.
nieto, -ta *s. m.* y *f.* **1** grandchild. • *s. m.* **2** grandson. • *s. f.* **3** granddaughter.
nieve *s. f.* **1** snow. **2** (Am.) (brit.) sorbet, (EE UU) sherbet. **3** (vulg.) cocaine. ◆ **4 a punto de ~,** GAST. stiff. **5 copo de ~,** snowflake. **6 nieves,** snows, snowfall.
Nigeria *s. f.* Nigeria.
nigromancia *s. f.* **1** necromancy. **2** (fam.) black magic.
nigromante *s. m.* **1** necromancer. **2** (fam.) magician.
nigromántico, -ca *adj.* **1** necromantic. • *s. m.* y *f.* necromancer.
nigua *s. f.* ZOOL. chigoe.
nihilismo *s. m.* FIL. nihilism.
nihilista *s. m.* y *f.* FIL. **1** nihilist. • *adj.* **2** nihilistic.
niki *s. m.* ⇒ **niqui.**
nilón *s. m.* ⇒ **nailon.**
nimbar *v. t.* to halo (rodear con un halo).
nimbo *s. m.* **1** REL. halo (aureola). **2** nimbus (nube). **3** ASTR. halo.
nimiamente *adv.* **1** trivially. **2** fussily. **3** excessively.
nimiedad *s. f.* **1** triviality. **2** prolixity. **3** small-mindedness. **4** excessive detail, meticulousness. **5** smallness.

nimio, -mia *adj.* **1** insignificant, petty, trivial. **2** meticulous, detailed. **3** small-minded, stingy, miserly (mezquino). **4** (Am.) very small.
ninfa *s. f.* **1** nymph. **2** (fig.) prostitute.
ninfómana *adj.* y *s. f.* PSIC. nymphomaniac.
ninfomanía *s. f.* PSIC. nymphomania.
ningún *adj.* ⇒ **ninguno.**
ninguno, -na *adj.* **1** no, not any: *ninguna mujer = no woman; no hay ninguna mujer = there aren't any women.* • *pron.* **2** no one, nobody: *ninguno lo sabe = no one knows.* **3** none: *ninguno de ellos lo pudo hacer = none of them could do it.* **4** [con negación] either (ninguno de los dos): *no vi a ninguno = I didn't see either of them.* **5** neither (ninguno de los dos): *ninguno de los padres = neither of the parents.* ◆ **6 de ninguna manera,** not at all, by no means. **7 ninguna parte,** nowhere.
OBS. **Ningún** es el apócope de **ninguno** como *adj.* y se utiliza delante de los s. m. sing.: *ningún hombre = no man.*
niñería *s. f.* **1** childishness, childish act. **2** child's play. **3** (fig.) trifle, triviality (nadería, insignificancia). **4** trinket, gewgaw (chuchería, pequeñez).
niñero, -ra *adj.* **1** fond of children. • *s. f.* **2** nanny, nursemaid. **3** (Am.) child's nurse.
niñez *s. f.* childhood.
niño, -ña *adj.* **1** (fig.) young, small: *es todavía muy niña = she is still very small.* **2** (desp.) childlike, childish (infantil): *no seas niña = don't be childish.* **3** (fig.) immature. • *s. m.* **4** boy, little boy, child. **5** baby: *va a tener un niño = she is going to have a baby.* **6** infant: *el niño Jesús = the infant Jesus.* **7** (Am.) master (tratamiento respetuoso). **8** (fam.) dear. • *s. f.* **9** girl, little girl, child. **10** (Am.) lady, mistress, miss (tratamiento respetuoso). **11** (fam.) dear. **12** ANAT. pupil. ◆ **13 desde ~,** from childhood. **14 la niña de mis/tus/etc. ojos,** (fig.) the apple of my/your/etc. eye; my/your/etc. pride. **15 ~ de pecho,** small baby, babe-in-arms. **16 ~ expósito,** foundling. **17 ~ mimado,** pet, blue-eyed boy. **18 ~ prodigio,** child prodigy.
nipón, -na *adj./s. m.* y *f.* Japanese.
níquel *s. m.* **1** nickel (metal). **2** (Am.) money. **3** (Am.) small coin, nickel.
niquelado, -da *adj.* **1** nickel-plated. • *s. m.* **2** nickel plate.
niquelar *v. t.* to nickel-plate.
niqui *s. m.* polo shirt.
nirvana *s. m.* REL. nirvana.
níscalo *s. m.* GAST. milk-cap mushroom.
níspero *s. m.* **1** BOT. medlar (árbol, fruto). **2** (Am.) sapodilla (árbol). ◆ **3 ~ de Japón,** loquat.
nitidez *s. f.* **1** clarity, clearness. **2** brightness. **3** sharpness: *la nitidez de una foto = the sharpness of a photograph.* **4** (fig.) unblemished nature.
nítido, -da *adj.* **1** clear, sharp, well-defined: *un contorno nítido = a clear outline.* **2** bright, shining. **3** (fig.) unblemished.
nitrato *s. m.* **1** QUÍM. nitrate. ◆ **2 ~ de Chile,** Chile saltpetre.
nitrificación *s. f.* QUÍM. nitrification.
nitrificar *v. t.* QUÍM. to nitrify.
nitro *s. m.* QUÍM. nitre, saltpetre.
nitrógeno *s. m.* QUÍM. nitrogen.
nitroglicerine *s. f.* QUÍM. nitroglycerine.
nivel *s. m.* **1** level: *nivel del mar = sea level.* **2** height (altura). **3** (fig.) standard: *nivel de vida = standard of living.* **4** (fig.) level: *a nivel local = at a local level.* **5** TEC. level (instrumento). ◆ **6 al mismo ~,** dead level. **7 al ~ de,** level with, on a level with. **8 estar al mismo ~ que,** to be level with. **9 paso a ~,** (brit.) level-crossing, (EE UU) railroad crossing.
nivelación *s. f.* levelling.
nivelador, -ra *adj.* **1** levelling. • *s. m.* y *f.* **2** leveller. • *s. f.* **3** TEC. bulldozer (máquina).
nivelar *v. t.* **1** to level: *estos tractores nivelaron más de 500 acres de terreno = these tractors levelled more than 500 acres of land.* **2** to grade (una carretera, una vía férrea). **3** to even out (un terreno). **4** (fig.) to balance, to adjust (un presupuesto). • *v. pron.* **5** to level off, to level out, to become balanced.
níveo, -a *adj.* (lit.) snowy, niveous.
no *adv.* **1** no (negación): *no, gracias = no, thanks.* **2** not: *no vendrán = they will not come.* **3** (p.u.) nay. • *s. m.* **4** no: *un no categórico = a definite no.* **5** non (en compuestos): *no conformismo = nonconformity.* ◆ **6 ¡a que ~!** (desafío) I bet you can't; I bet you don't. **7 ¡cómo ~!,** of course! **8 creo que ~,** I don't think so. **9 decir que ~,** to say no. **10 ~ bien,** (tan pronto, apenas) as soon as; no sooner; the moment: *no bien salí de la habitación cuando sonó el teléfono = the phone rang the moment I left the room.* **11 ~ más,** (Am.) only. **12 ~ obstante,** nevertheless, however, notwithstanding. **13 ~ sea que,** unless, lest. **14 todavía ~,** not yet.
Nobel *s. m.* **1** Nobel prize (premio). • *s. m.* y *f.* **2** Nobel prizewinner (premiado).
nobiliario, -ria *adj.* **1** nobiliary. ◆ **2 título ~,** title of nobility.
noble *adj.* **1** noble: *noble linaje = noble descent.* **2** honest, noble (persona, carácter). **3** generous. • *s. m.* y *f.* **4** HIST. noble; nobleman (hombre); noblewoman (mujer). ◆ **5 los nobles,** HIST. the nobility.
noblemente *adv.* **1** nobly. **2** honestly.
nobleza *s. f.* **1** nobility, nobleness, honesty. **2** HIST. aristocracy, nobility. ◆ **3 ~ obliga,** noblesse oblige.
noblote *adj.* (fam.) noble, good-natured, open-hearted.
noche *s. f.* **1** night: *pasé una mala noche = I had a bad night.* **2** evening. **3** (fig.) dark, darkness (oscuridad). **4** night-time. ◆ **5 al caer la ~,** at dark, at nightfall. **6 altas horas de la ~,** small hours. **7 ayer ~,** last night. **8 buenas noches,** good night. **9 de la ~ a la mañana,** overnight. **10 de ~,** at night, by night. **11 esta ~,** tonight. **12 hacer ~,** to spend the night. **13 hacerse de ~,** to grow dark. **14 ~ vieja,** New Year's Eve. **15 pasar la ~ en vela,** to have a sleepless night. **16 por la ~,** at night. **17 traje de ~,** evening dress.
nochebuena *s. f.* Christmas Eve.
nochecita *s. f.* (Am.) nightfall.
nochero, -ra *adj.* (Am.) **1** night-wanderer. • *s. m.* **2** night watchman. **3** bedside table.
noción *s. f.* **1** notion, idea. • *pl.* **2** rudiments, smattering, slight knowledge (conocimientos elementales): *tenía nociones de alemán = he had a smattering of German.*
nocividad *s. f.* harmfulness, noxiousness.
nocivo, -va *adj.* harmful, pernicious, injurious, noxious.
noctambulismo *s. m.* noctambulism.
noctámbulo, -la *adj.* **1** fond of late nights. • *s. m.* y *f.* **2** night owl.
nocturnidad *s. f.* DER. condition of nocturnal, nocturnal character (de un delito).
nocturno, -na *adj.* **1** nocturnal. **2** night: *vuelo nocturno = night flight.* **3** nightly. **4** evening: *una clase nocturna = an evening class.* • *s. m.* **5** MÚS. nocturne.
nodo *s. m.* **1** MED. node. **2** newsreel (noticiario documental).
nodriza *s. f.* **1** child's nurse, wet-nurse. **2** nanny. **3** TEC. vacuum tank.
nódulo *s. m.* nodule, node.
nogal *s. m.* BOT. walnut (árbol, madera).
nogalina *s. f.* walnut stain.
nómada *adj.* ANTR. **1** nomadic. • *s. m.* y *f.* **2** nomad.
nomadismo *s. m.* ANTR. nomadism.
nomás *adv.* (Am.) only.
nombrado, -da *adj.* **1** (fig.) famous, well-known: *un médico muy nombrado = a very famous doctor.* **2** aforementioned (mencionado anteriormente).
nombramiento *s. m.* **1** nomination, appointment, naming (designación). **2** MIL. commission (de un oficial).
nombrar *v. t.* **1** to appoint, to nominate (designar para un cargo). **2** to mention, to name. **3** MIL. to commission (a un oficial).
nombre *s. m.* **1** name: *me gusta tu nombre = I like your name.* **2** (fig.) fame, reputation, name. **3** GRAM. noun: *nombre propio = proper noun.* ◆ **4 buen ~,** good reputation. **5 de ~,** by name. **6 ~ artístico,** stage name, nom de plume. **7 ~ de pila,** Christian name. **8 ~ y apellidos,** full name. **9 no tener ~ (una acción),** (fig.) to be unspeakable. **10 poner ~ a,** to name, to call. **11 sin ~,** nameless.
nomenclatura *s. f.* nomenclature.
nomeolvides *s. f.* BOT. forget-me-not.

nómina *s. f.* **1** FIN. payroll. **2** list of names. ◆ **3 estar en ~,** to be on the staff.
nominación *s. f.* **1** nomination. **2** appointment.
nominal *adj.* **1** nominal, titular (sólo de nombre). **2** FIN. nominal. **3** GRAM. nominal, substantival. ◆ **4 valor ~,** FIN. face value.
nominalismo *s. m.* FIL. nominalism.
nominalista *s. m.* y *f.* FIL. **1** nominalist. ● *adj.* **2** nominalist, nominalistic.
nominalmente *adv.* nominally; in name.
nominar *v. t.* ⇒ **nombrar.**
nominativo *adj.* y *s. m.* **1** GRAM. nominative (caso). ● *adj.* **2** FIN. nominative, nominal.
nominilla *s. f.* FIN. pay warrant.
non *adj.* y *s. m.* **1** (p.u.) uneven, odd (número). ● *s. m.* **2** uneven number. ◆ **3 estar/quedar de ~,** (fig.) to be left alone, to be left out. **4 decir que nones,** to say no; to refuse point blank. **5 nones,** (fam.) no (negación).
nonagenario, -ria *adj./s. m.* y *f.* nonagenarian.
nonagésimo, -ma *adj./s. m.* y *f.* ninetieth.
nonato, -ta *adj.* **1** unborn. **2** MED. not naturally born, born by Caesarian section.
noningentésimo, -ma *adj./s. m.* y *f.* nine hundredth.
nonio *s. m.* TEC. vernier.
nono, -na *adj.* ninth.
nopal *s. m.* BOT. prickly pear, nopal.
noquear *v. t.* DEP. to knock out (en boxeo o lucha).
norabuena *s. f.* ⇒ **enhorabuena.**
noramala *s. f.* ⇒ **en hora mala.**
nordeste *s. m.* ⇒ **noreste.**
nórdico, -ca *adj.* **1** northern, northerly (del Norte). **2** Nordic; Norse. ● *adj./s. m.* y *f.* **3** Nordic (de los países nórdicos). ● *s. m.* y *f.* **4** northerner. **5** HIST. Norseman. ● *s. m.* **6** Norse (idioma).
noreste *adj.* **1** north-east, north-eastern. **2** north-easterly (dirección). ● *s. m.* **3** north-east.
noria *s. f.* **1** water wheel, chain-pump. **2** (brit.) big wheel, (EE UU) ferris wheel (recreo de feria).
norma *s. f.* **1** norm, standard. **2** pattern, model. **3** rule, regulation. **4** ARQ. square.
normal *adj.* **1** normal. **2** standard: *tamaño normal = standard size.* **3** MAT. normal, perpendicular. ◆ **4 escuela ~,** Teacher Training College.
normalidad *s. f.* **1** normality. **2** (fig.) calm. ◆ **3 volver a la ~,** to return to normal.
normalista *s. m.* y *f.* normal-school student.
normalización *s. f.* normalization.
normalizar *v. t.* **1** to normalize, to make normal. **2** TEC. to standardize (tipificar). ● *v. pron.* **3** to return to normal, to become normal, to settle down.
normalmente *adv.* normally, usually.
normativo, -va *adj.* **1** normative. **2** standard. ● *s. f.* **3** set of rules, regulations.
noroeste *adj.* **1** north-west, northwestern. **2** north-westerly (dirección). ● *s. m.* **3** north-west. **4** northwest wind.
norte *s. m.* **1** north. **2** north wind, northerly wind. **3** (fig.) aim (objetivo). **4** North Pole. **5** (fig.) guide (orientación). **6** (Am. y fam.) United States of America. ● *adj.* **7** north, northern. **8** northerly (dirección).
Norteamérica *s. f.* North America.
norteamericano, -na *adj./s. m.* y *f.* North American, American (de los Estados Unidos).
norteño, -ña *adj.* **1** northern. ● *s. m.* y *f.* **2** northerner.
Noruega *s. f.* Norway. .
nos *pron. pers.* **1** us: *dinos lo que viste = tell us what you saw.* **2** (to) us: *danos el libro = give us the book; give the book to us.* **3** ourselves: *podemos lavarnos = we can wash ourselves.* **4** each other; one another: *no nos hablamos = we don't speak to each other.* **5** we (en el plural mayestático).
nosotros, -tras *pron. pers.* **1** [como *suj.*] we. **2** [como *o.*] us: *ven con nosotros = come with us.* **3** [como *r.*] ourselves: *estamos hablando de nosotros = we are speaking about ourselves.*
nostalgia *s. f.* **1** nostalgia (de una época). **2** homesickness (de hogar, país).
nostálgico, -ca *adj.* nostalgic.
nota *s. f.* **1** note, annotation. **2** mark, grade (calificación académica). **3** fame, renown. **4** COM. account. **5** remark (observación). **6** (fig.) touch, note: *una nota de elegancia = a touch of elegance.* **7** column (de sociedad). **8** MÚS. note. ◆ **9 dar la ~,** (fig.) to make oneself conspicuous. **10 ~ a pie de página,** LIT. footnote. **11 tomar ~ de,** to take note of.
notable *adj.* **1** notable, noteworthy: *un éxito notable = a notable success.* **2** noticeable (sensible): *una diferencia notable = a noticeable difference.* **3** remarkable (excelente). **4** outstanding (destacado). ● *s. m.* **5** merit; good mark (en un examen). **6** worthy, notable (persona principal).
notablemente *adv.* **1** notably. **2** remarkably. **3** outstandingly.
notación *s. f.* **1** MAT. notation. **2** note.
notar *v. t.* **1** to notice, to note, to observe. **2** to mark, to indicate. **3** to write down, to note down (apuntar). **4** (fig.) to criticize. ● *v. pron.* **5** to write down, to note down (apuntar). **6** (fig.) to criticize. ● *v. pron.* **7** to feel, to perceive. **8** to show: *la mancha no se nota = the stain does not show.* ◆ **9 hacerse ~,** to stand out, to catch the eye.
notaría *s. f.* **1** notary's office. **2** profession of notary, notarial profession.
notariado, -da *adj.* notarized (certificado por notario).
notarial *adj.* notarial.
notario *s. m.* **1** notary, notary public.
noticia *s. f.* **1** news: *buena noticia = good news.* **2** piece of news, news item; report. **3** information. ◆ **4 dar una ~ a alguien,** to break the news to somebody. **5 las malas noticias llegan las primeras,** no news is good news. **6 no tener ~,** to have no idea. **7 noticias, a)** RAD. y TV. news; **b)** tidings; **c)** advice (notificación). **8 noticias de última hora,** late news. **9 tener ~ de algo,** to be informed of something. **10 tener noticias de alguien,** to hear from somebody. **11 últimas noticias,** latest news.
noticiario *s. m.* **1** RAD. y TV. news bulletin, newscast. **2** newsreel (cine).
noticiero, -ra *s. m.* y *f.* **1** reporter (periodista). **2** newspaper. ● *adj.* **3** news-giving. **4** news.
notición *s. m.* (fam.) big news.
noticioso, -sa *adj.* (Am.) informed.
notificación *s. f.* **1** notification. **2** notice; official notice.
notificar *v. t.* **1** to notify, to inform. **2** to announce, to intimate. **3** COM. to advise.
notoriamente *adv.* obviously, evidently, plainly, glaringly.
notoriedad *s. f.* **1** notoriety, fame, renown. **2** (fig.) notoriety, ill repute. ◆ **3 de ~,** well-known.
notorio, -ria *adj.* **1** well known, notorious. **2** obvious, evident. **3** glaring, manifest.
novatada *s. f.* **1** (brit.) ragging, (EE UU) hazing (broma a un novato). **2** beginner's mistake. ◆ **3 dar una ~ a,** (brit.) to rag, (EE UU) to haze. **4 pagar la ~,** to make a beginner's mistake.
novato, -ta *s. m.* y *f.* **1** novice, beginner, tyro. **2** freshman, fresher (un estudiante). ● *adj.* **3** new.
novecientos, -tas *adj. num. pl.* nine hundred.
novedad *s. f.* **1** novelty, newness. **2** change, new feature. **3** latest news; latest event. ● *pl.* **4** latest fashions (moda). ◆ **5 sin ~, a)** as usual; well; **b)** all quiet, without incident.
novedoso, -sa *adj.* novel, new.
novel *adj.* **1** new, inexperienced, green. ● *s. m.* **2** beginner.
novela *s. f.* **1** LIT. novel. **2** fiction (género novelístico). **3** (fig.) lie, story (cuento, mentira). ◆ **4 ~ por entregas,** serial. **5 ~ romántica,** romance. **6 ~ rosa,** novelette, romantic novel.
novelar *v. t.* **1** to novelize. **2** to make a novel out of. ● *v. i.* **3** to write novels. **4** (fig.) to tell lies.
novelesco, -ca *adj.* **1** LIT. novelistic, fictional. **2** (fig.) fantastic. **3** romantic, sentimental.
novelista *s. m.* y *f.* LIT. novelist.
novelístico, -ca *adj.* **1** novelistic. ● *s. f.* **2** LIT. fiction, novel.
novelón *s. m.* (fam.) epic novel, blockbuster (fam.).
noveno, -na *adj. num.* ninth.
noventa *adj. num.* **1** ninety. **2** ninetieth. ● *s. m.* **3** ninety.
noviar *v. i.* (Am.) to go out together.
noviazgo *s. m.* **1** engagement, courtship. **2** betrothal (esponsales).

noviciado *s. m.* **1** REL. novitiate. **2** (fig.) apprenticeship (aprendizaje).
novicio, -cia *s. m.* y *f.* **1** REL. novice. **2** (fig.) apprentice, beginner. • *adj.* **3** (fig.) inexperienced, new.
noviembre *s. m.* November.
noviero, -ra *adj.* (Am.) always falling in love (enamoradizo).
novillada *s. f.* **1** bullfight using young bulls. **2** herd of young bulls.
novillero, -ra *s. m.* y *f.* **1** novice bullfighter. **2** herdsman (hombre), herdswoman (mujer) (que cuida novillos). **3** (fam.) truant. • *s. m.* **4** stable for young bulls.
novillo, -lla *s. m.* y *f.* **1** ZOOL. young bull. ◆ **2 hacer novillos,** to play truant.
novilunio *s. m.* new moon.
novio, -via *s. m.* **1** boyfriend (sin compromiso). **2** fiancé (formal). **3** bridegroom, groom (el día de la boda). • *s. f.* **4** girlfriend (sin compromiso). **5** fiancée (formal). **6** bride (el día de la boda). ◆ **7 los novios,** the newlyweds; bride and bridegroom. **8 ser novios formales,** to be engaged. **9 traje de novia,** wedding dress. **10 viaje de novios,** honeymoon. **11 quedarse compuesta y sin** ~, (fam.) to be left high and dry.
novísimo, -ma *adj. super.* **1** newest; latest. • *pl.* **2** REL. end of one's life (muerte, juicio, infierno y gloria).
novocaína® *s. f.* MED. Novocaine.
nubarrón *s. m.* large storm cloud.
nube *s. f.* **1** cloud. **2** ÓPT. film, spot (mancha en la córnea). **3** (fig.) crowd, swarm (de personas). **4** (fig.) cloud (de polvo, humo, etc.). ◆ **5 estar en las nubes,** (fig.) to be daydreaming, to be up in the clouds. **6 estar por las nubes,** (fig.) to be sky-high (precios). **7** ~ **de verano,** (fig.) nine days' wonder. **8 poner por las nubes,** (fig.) to praise to the skies.
núbil *adj.* marriageable, nubile.
nublado, -da *adj.* **1** cloudy, overcast. • *s. m.* **2** storm cloud. **3** (fig.) imminent danger, threat.
nublar *v. t.* **1** to cloud. **2** to darken, to obscure. **3** (fig.) to disturb (turbar). **4** (fig.) to mar, to spoil (estropear). • *v. pron.* **5** to grow cloudy, to cloud over. **6** (fig.) to cloud over (la vista, etc.).
nublo, -bla *adj.* (Am.) cloudy.
nubloso, -sa *adj.* **1** cloudy, overcast. **2** (fig.) gloomy.
nubosidad *s. f.* cloudiness.
nuboso, -sa *adj.* cloudy.
nuca *s. f.* ANAT. nape.
nuclear *adj.* nuclear: *central nuclear = nuclear power station.*
nucleico, -ca *adj.* nucleic: *ácido nucleico = nucleic acid.*
núcleo *s. m.* **1** nucleus. **2** (fig.) kernel, nucleus. **3** TEC. core. **4** (fig.) central point. **5** BOT. stone (de las frutas).
nudillo *s. m.* **1** ANAT. knuckle. **2** TEC. plug (taco de madera).
nudismo *s. m.* nudism.
nudo *s. m.* **1** knot. **2** LIT. crisis, turning point. **3** junction (de ferrocarriles). **4** MAR. knot (unidad de velocidad). **5** BOT. node, joint. **6** centre (de comunicaciones). **7** (fig.) link, bond, tie (vínculo). **8** (fig.) hitch (dificultad, pega). **9** tangle, knot (en el pelo). **10** BOT. gnarl (en la madera). **11** (fig.) lump: *tengo un nudo en la garganta = I have a lump in my throat.* ◆ **12** ~ **ciego,** hard knot. **13** ~ **corredizo,** noose, slipknot.
nudoso, -sa *adj.* **1** knotted, knotty. **2** gnarled.
nuera *s. f.* daughter-in-law.
nuestro, -tra *adj. pos.* **1** our: *nuestro amigo = our friend.* **2** of ours: *un amigo nuestro = a friend of ours.* • *pron. pos.* **3** ours: *este coche es nuestro = this car is ours.* ◆ **4 los nuestros,** ours, our people, our friends, our family, etc.
Nueva Zelanda *s. f.* New Zealand.
nueve *adj. num.* **1** nine. **2** ninth (en fechas). ◆ **3 las** ~, nine o'clock.
nuevamente *adv.* again, anew.
nuevo, -va *adj.* **1** new: *un coche nuevo = a new car.* **2** fresh: *empezar una vida nueva = to start a fresh life.* **3** newly arrived. **4** unused (sin emplear, sin usar). ◆ **5 año** ~, New Year. **6 de** ~, again, anew. **7 ¿qué hay de** ~**?,** what's new?
nuez *s. f.* **1** BOT. walnut (fruto del nogal). **2** nut (fruto seco). **3** MÚS. nut (de violín). **4** ANAT. Adam's apple (de la garganta). ◆ **5** ~ **moscada,** GAST. nutmeg.
nulamente *adv.* in vain.
nulidad *s. f.* **1** DER. nullity. **2** incompetence. **3** nonentity. ◆ **4 ser una** ~, (fam.) to be a dead loss.
nulo, -la *adj.* **1** DER. null, void (inválido). **2** useless (persona). **3** misère (en juegos de naipes). **4** DEP. tied, drawn. ◆ **5** ~ **y sin valor,** DER. null and void.
numen *s. m.* **1** REL. numen, divinity. **2** artistic inspiration.
numerable *adj.* numerable.
numeración *s. f.* **1** numeration. **2** numbering (de páginas, etc.). **3** numerals: *numeración romana = Roman numerals.* **4** numbers.
numerador, -ra *s. m.* **1** MAT. numerator. • *s. m.* y *f.* **2** TEC. numbering machine.
numeral *adj.* numeral.
numerar *v. t.* **1** to number. **2** to count; to calculate; to enumerate. • *v. pron.* **3** to number off.
numerario, -ria *adj.* **1** numerary. • *s. m.* **2** cash, hard cash (dinero efectivo).
numérico, -ca *adj.* numerical.
número *s. m.* **1** number. **2** numeral, figure. **3** number, edition, issue (de una publicación). **4** ART. act, number, sketch (espectáculo). **5** size (de zapatos, etc.). **6** GRAM. number. **7** quantity. ◆ **8 en números redondos,** in round figures/numbers. **9** ~ **atrasado,** back number (de una publicación). **10** ~ **extraordinario,** special edition. **11** ~ **uno,** (fig.) the best, the number one. **12 sin** ~, (fig.) numberless.
numerosamente *adv.* numerously.
numeroso, -sa *adj.* **1** numerous. ◆ **2 familia** ~, large family.
numismático, -ca *adj.* **1** numismatic. • *s. m.* y *f.* **2** numismatist. • *s. f.* **3** numismatics (ciencia).
nunca *adv.* **1** never: *no vinieron nunca = they never came.* **2** ever: *mejor que nunca = better than ever.* ◆ **3 casi** ~, hardly ever. **4 hasta** ~, good riddance. **5 más que** ~, more than ever. **6** ~ **jamás,** never, never again. **7** ~ **más,** nevermore.
nunciatura *s. f.* REL. nunciature.
nuncio *s. m.* **1** REL. nuncio, Papal envoy. **2** messenger. **3** (fig.) herald, harbinger.
nupcial *adj.* nuptial, wedding: *marcha nupcial = wedding march.*
nupcias *s. f. pl.* **1** nuptials, marriage, wedding. ◆ **2 casarse en segundas** ~, to remarry.
nutria *s. f.* ZOOL. otter.
nutrición *s. f.* nutrition.
nutrido, -da *adj.* **1** fed, nourished: *bien nutrido = well-nourished.* **2** (fig.) full, abundant. **3** (fig.) large: *una nutrida concurrencia = a large attendance.*
nutrimento *s. m.* **1** nourishment, food. **2** nutrition.
nutrir *v. t.* **1** to feed, to nourish. **2** (fig.) to fill, to increase. **3** (fig.) to encourage, to support. • *v. pron.* **4** to feed on something. **5** (fig.) to draw on something.
nutritivo, -va *adj.* **1** nutritious, nourishing. **2** nutritional: *valor nutritivo = nutritional value.*
nylon *s.m.* ⇒ nilón.

ñ, Ñ *s. f.* ñ, Ñ, decimoquinta letra del alfabeto español (no existe en el alfabeto inglés).
ñame *s. m.* BOT. yam, sweet potato.
ñandú *s. m.* ZOOL. nandu, rhea, American ostrich.
ñandutí *s. m.* (Am.) nanduti (labor).
ñapa *s. f.* (Am.) bonus, extra.
ñapango,-ga *adj.* (Am.) mulatto.
ñaque *s. m.* junk, worthless stuff.
ñato,-ta *adj.* (Am.) **1** snub-nosed, flatnosed. **2** (fig.) ugly; deformed. **3** insignificant.
ñeque *adj.* (Am.) **1** strong, vigourous. **2** clever. • *s. m.* **3** strength; vigour. **4** courage.
ñequear *v. i.* (Am.) to show strength.
ñoñería *s. f.* **1** insipidness, insipidity. **2** silly remark. **3** (Am.) dotage, senility (chochez).
ñoñez *s. f.* ⇒ **ñoñería.**
ñoño, -ña *adj.* **1** spineless; drippy. **2** silly, feeble-minded. **3** (Am.) old, decrepit, senile. **4** old-fashioned. • *s. m.* y *f.* **5** (fam.) drip.
ñu *s. m.* ZOOL. gnu.
ñudo *s. m.* **1** ⇒ **nudo.** ◆ **2 al ~,** *loc. adv.* (Am.) in vain.
ñudoso, -sa *s. f.* ⇒ **nudoso.**
ñufla *s. f.* (Am.) piece of junk.

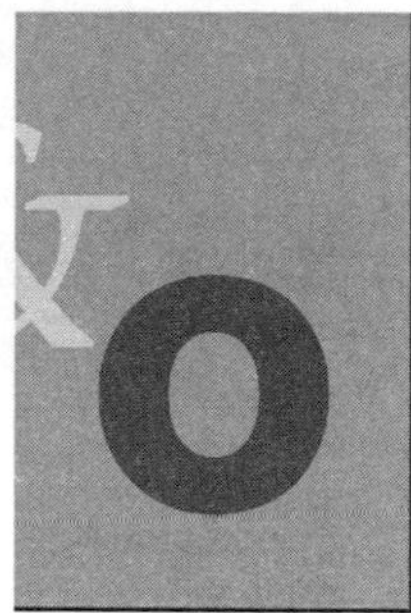

o, O *s. f.* **1** o, O (decimosexta letra del alfabeto español) • *conj.* **2** or; ~ **...** ~, either... or.

oasis *s. m.* oasis.

obcecación *s. f.* stubbornness; blindness (mental).

obcecado, -da *p. p.* **1** de **obcecar.** • *adj.* **2** stubborn; blind (mentalmente).

obcecadamente *adv.* stubbornly; blindly.

obcecar *v. t.* **1** (fig.) to blind. **2** to disturb the mind (por la pasión, especialmente). • *v. pron.* **3** to persist obstinately.

obedecer *v. t.* **1** to obey. ◆ **2** ~ **a,** MED. to respond to: *su enfermedad no obedece al tratamiento = his illness is not responding to treatment.* **3** ~ **a,** to be due to: *estos fallos obedecen a tu falta de interés = these mistakes are due to your lack of interest.*

obediencia *s. f.* **1** obedience, docility. ◆ **2** ~ **ciega,** blind obedience.

obediente *adj.* obedient, docile.

obedientemente *adv.* obediently.

obelisco *s. m.* **1** ARQ. obelisk. **2** BOT. type of Mexican plant.

obertura *s. f.* MÚS. overture.

obesidad *s. f.* obesity.

obeso, -sa *adj.* obese.

óbice *s. m.* obstacle, impediment.

obispado *s. m.* REL. bishopric.

obispo *s. m.* REL. **1** bishop. ◆ **2** ~ **auxiliar,** assistant bishop. **3** ~ **sufragáneo,** suffragan bishop.

óbito *s. m.* (lit.) decease, demise, (euf.) loss.

objeción *s. f.* **1** objection. ◆ **2** ~ **de conciencia,** conscientious objection. **3** ~ **denegada,** DER. objection overruled.

objetable *adj.* objectionable.

objetar *v. t.* **1** to object (to), to protest (against). **2** to contradict, to oppose. • *v. i.* **3** to become a conscientious objector.

objetivamente *adv.* objectively.

objetividad *s. f.* objectivity.

objetivo, -va *adj.* **1** objective. **2** unbiased, impartial. • *s. m.* **3** objective, aim, goal (finalidad en la vida, trabajo, etc.). **4** FOT. lens.

objeto *s. m.* **1** object. **2** topic, subject matter (del que hablar). **3** object, aim, end (finalidad, objetivo). **4** FIL. object. **5** GRAM. object.

objetor, -ra *s. m.* y *f.* **1** objector. ◆ **2** ~ **de conciencia,** conscientious objector.

oblación *s. f.* oblation, offering.

oblato *s. m.* REL. oblate (miembro de algunos institutos religiosos).

oblea *s. f.* **1** REL. wafer. **2** (Am.) stamp. **3** (vulg.) smack, blow.

oblicuamente *adv.* obliquely.

oblicuidad *s. f.* **1** obliquity. **2** GEOM. oblique angle.

oblicuo, -cua *adj.* **1** GEOM. oblique. **2** slanting (tejado o alguna otra superficie).

obligación *s. f.* **1** obligation, duty. **2** FIN. bond.

obligacionista *s. m.* y *f.* FIN. bondholder.

obligado, -da *adj.* **1** obligatory, compulsory. **2** (form.) obliged: *le estoy muy obligado por lo que ha hecho conmigo = I am very obliged to him for what he has done for me.*

obligar *v. t.* **1** to oblige, to force. **2** to force, to stretch: *estos zapatos sólo entran obligándolos = these shoes need stretching to get them on.* • *v. pron.* to bind oneself to (a hacer algo).

obligatorio, -ria *adj.* **1** obligatory, compulsory. **2** DER. binding.

obligatoriedad *s. f.* obligatory nature; DER. legally binding.

obliteración *s. f.* **1** obliteration. **2** MED. obliteration, staunching.

obliterar *v. t.* **1** MED. to obliterate, to staunch. **2** to destroy, to obliterate.

oblongo, -ga *adj.* GEOM. oblong.

obnubilación *s. f.* ⇒ **ofuscación.**

obnubilar *v. t.* ⇒ **ofuscar.**

oboe *s. m.* **1** MÚS. oboe. • *s. m.* y *f.* **2** oboist.

óbolo *s. m.* **1** (fig.) small contribution. **2** HIST. obolus.

obra *s. f.* **1** work: *obra de arte = work of art.* **2** building site. **3** (Am.) brickworks. • *pl.* **4** LIT. works: *estas son las obras completas de Antonio Machado = these are the complete works of Antonio Machado.* **5** repairs: *cerrado por obras = closed for repairs.* ◆ **6** **obras benéficas,** good works.

obrada *s. f.* AGR. a day's work.

obrador *s. m.* workshop.

obrar *v. i.* **1** to act, to behave: *él obra con buena intención = he acts with the best of intentions.* ◆ **2** ~ **en poder,** to be in someone's hands: *esos datos obran en poder del abogado = that information is in the lawyer's hands.*

obrepción *s. f.* DER. obreption.

obrerismo *s. m.* workers' movement.

obrero, -ra *adj.* **1** working-class. • *s. m.* y *f.* **2** worker.

obscenidad *s. f.* obscenity.

obsceno, -na *adj.* obscene (especialmente en temas sexuales).

obscurantismo *s. m.* obscurantism.

obscurecer *v. t.* ⇒ **oscurecer.**

obscuro, ra *adj.* ⇒ **oscuro.**

obsecración *s. f.* (form.) plea, entreaty.

obsecuente *adj.* (form.) obedient, humble (actitud).

obsequiar *v. t.* **1** to present with, to give (regalo o similar). **2** to regale, to lavish attentions on (prestar una atención especial a alguien por ser su aniversario, cumpleaños, etc.).

obsequio *s. m.* **1** gift. **2** (form.) kindness, courtesy, deference. ◆ **3** **en** ~ **de,** in honour of.

obsequioso, -sa *adj.* **1** helpful, attentive. **2** (Am.) fond of giving presents.

observación *s. f.* **1** observation (visual). **2** remark (de palabra). **3** MED. observation: *ella está en observación = she's under observation.*

observador, -ra *adj.* **1** observant. • *s. m.* y *f.* **2** observer (del cumplimiento de un acuerdo internacional, de algún fenómeno natural, etc.).

observancia *s. f.* observance.

observar *v. t.* **1** to observe, to watch, to notice, to see. **2** to obey, observe (una ley o similar).

observatorio *s. m.* observatory.

obsesión *s. f.* PSIQ. obsession.

obsesionante *adj.* obsessive.

obsesivo, -va *adj.* obsessive (psicológicamente).

obseso, -sa *adj.* obsessed (psicológicamente).

obsidiana *s. f.* QUÍM. obsidian.

obsoleto, -ta *adj.* obsolete.

obstaculizar *v. t.* to obstruct, to hinder, to stand in the way of, to hold up.

obstáculo *s. m.* obstacle.

obstante (no) *loc. adv.* **1** however, nevertheless. **2** *prep.* in spite of: *no obstante su amabilidad, la reunión salió fatal = in spite of his kindness, the meeting was a disaster.*
obstar *v. i.* **1** to hinder. **2** *v. imp.* to prevent: *eso no obsta para que Vd. no se marche en seguida = that should not prevent you from leaving straightaway.*
obstetra *s. m.* y *f.* MED. obstetrician.
obstetricia *s. f.* MED. obstetrics.
obstétrico, -ca *adj.* MED. obstetric.
obstinación *s. f.* stubbornness, (form.) obstinacy.
obstinadamente *adv.* obstinately.
obstinado, -da *p. p.* **1** de **obstinarse.** • *adj.* **2** stubborn, obstinate, headstrong.
obstinarse *v. pron.* **1** to be obstinate, to insist. **2** to dig one's heels in.
obstrucción *s. f.* obstruction (física o figurativamente).
obstruccionismo *s. m.* **1** obstructionism. **2** POL. filibustering (la obstrucción del camino legal parlamentario por un miembro del Parlamento).
obstruccionista *adj.* **1** obstructionist. **2** filibustering (debate). • *s. m.* y *f.* **3** obstructionist. **4** filibusterer (debate).
obstruir *v. t.* **1** to obstruct (el paso o similar). **2** to hinder, to impede (la realización de algo). • *v. pron.* **3** to clog up, to get blocked up (cañería).
obtención *s. f.* **1** obtaining. **2** achievement (logro de algo).
obtener *v. t.* **1** to obtain. **2** to achieve.
obturador *s. m.* **1** FOT. shutter. **2** MEC. choke.
obturar *v. t.* to plug (a hole), to stop up.
obtuso, -sa *adj.* **1** blunt: *la cuchilla está obtusa = the razor is blunt.* **2** obtuse.
obús *s. m.* **1** MIL. shell (proyectil). **2** MIL. howitzer (cañón).
obviar *v. t.* to obviate.
obvio, -via *adj.* obvious.
oca *s. f.* **1** ZOOL. goose. **2** (Am.) BOT. root vegetable.
ocarina *s. f.* ocarina.
ocasión *s. f.* **1** occasion. **2** opportunity, chance. **3** cause, reason. **4** COM. bargain. **5** (Am.) bargain. ◆ **6 de ~,** second-hand. **7 precio de ~,** bargain price.
ocasional *adj.* **1** chance, fortuitous. **2** occasional.
ocasionalmente *adv.* by chance, fortuitously.
ocasionar *v. t.* to cause, to bring about.
ocaso *s. m.* **1** sunset. **2** GEOG. west. **3** ASTR. setting. **4** (fig.) decline, end: *el ocaso de las ideologías políticas = the decline of political ideologies.*
occidental *adj.* **1** western. • *s. m.* y *f.* **2** westerner.
occidente *s. m.* west.
occipital *adj.* ANAT. occipital.
occipucio *s. m.* ANAT. occiput.
Oceanía *s. f.* Oceania.
océano *s. m.* **1** GEOG. ocean. ◆ **2 ~ Atlántico,** Atlantic Ocean. **3 ~ Pacífico,** Pacific Ocean. ◆ **4 ~ Índico,** Indian Ocean.
oceanografía *s. f.* oceanography.
ocelo *s. m.* ZOOL. ocellus.
ocelote *s. m.* ZOOL. ocelot.
ochava *s. f.* eighth.
ochavo *s. m.* **1** worthless coin. ◆ **2 no tener un ~,** to be destitute, not to have any money. **3 no valer un ~,** to be worthless, not to be worth anything.
ochenta *adj. num.* **1** eighty. **2** eightieth. • *s. m.* **3** eighty.
ocho *adj. num.* **1** eight. **2** eighth: *el ocho de enero = the eighth of January.* • *s. m.* **3** eight.
ochocientos, -tas *adj. num.* **1** eight hundred. **2** eight hundredth. • *s. m.* **3** eight hundred.
ocio *s. m.* **1** leisure time, free time (tiempo libre). **2** idleness (holgazanería).
ociosamente *adv.* **1** idly (con holgazanería). **2** uselessly, pointlessly (sin ningún sentido).
ocioso, -sa *adj.* **1** idle. **2** pointless, useless: *no hagas observaciones ociosas = don't make pointless comments.*
oclusión *s. f.* FON. occlusion.
oclusivo, -va *adj.* FON. plosive.
ocote *s. m.* (Am.) BOT. ocote pine.
ocre *adj.* **1** ochre (color). • *s. m.* **2** ochre.
octaedro *s. m.* GEOM. octahedron.
octágono *s. m.* GEOM. **1** octagon. • *adj.* **2** octagonal.
octanaje *s. m.* octane number, octane rating.
octano *s. m.* octane.
octava *s. f.* MÚS. octave.
octavilla *s. f.* **1** political pamphlet. **2** small piece of paper.
octavo, -va *adj. num.* **1** eighth. • *s. m.* **2** eighth. ◆ **3 octavos de final,** DEP. quarter-finals. **4 libro en ~,** octavo.
octingentésimo, -ma *adj.* eight hundredth.
octogenario, -ria *adj./s. m.* y *f.* octogenarian.
octogésimo, -ma *adj.* eightieth.
octógono *s. m.* ⇒ **octágono.**
octosílabo, -ba *adj.* **1** octosyllabic. • *s. m.* **2** octosyllable.
octubre *s. m.* October.
ocular *adj.* **1** ocular; eye: *testigo ocular = eyewitness.* • *s. m.* **2** eyepiece (objeto).
oculista *s. m.* y *f.* ophthalmologist.
ocultación *s. f.* concealment (de algo).
ocultador, -ra *adj.* **1** hiding (que oculta). • *s. m.* y *f.* **2** hider, concealer.
ocultar *v. t.* **1** to hide, to conceal. • *v. t.* **2** to mask, to screen (encubrir, normalmente una acción negativa). • *v. pron.* **3** to hide. ◆ **4 ocultarse a uno la razón (de),** to be a mystery to one.
ocultismo *s. m.* occultism.
oculto, -ta *adj.* **1** hidden, concealed. **2** secret, mysterious.
ocupación *s. f.* **1** occupation, job. **2** squatting (de una casa). ◆ **3 ~ militar,** MIL. military occupation.
ocupado, -da *adj.* **1** busy (persona). **2** engaged (teléfono, lavabo). **3** taken (asiento, taxi). **4** in use (ascensor, ordenador). **5** occupied (país, casa).
ocupante *s. m.* y *f.* occupant.
ocupar *v. t.* **1** to occupy, to fill. **2** to keep (someone) busy. **3** to use (una cosa o similar). • *v. pron.* **4 ocuparse con/ocuparse de,** to deal with, to take care of: *vete, yo me ocuparé de él = go, I'll deal with him.* **5 ¡ocúpate de lo tuyo!,** mind your own business!
ocurrencia *s. f.* **1** occurrence, incident. **2** bright idea.
ocurrente *adj.* witty, bright, amusing (cualidad personal positiva).
ocurrir *v. i.* **1** to happen, to occur. **2** to come to mind (una idea inesperada). • *v. pron.* **3** to come to mind.
oda *s. f.* LIT. ode.
odalisca *s. f.* (form.) odalisque, concubine.
odiar *v. t.* **1** to hate. **2** (Am.) to annoy, to irk, to bother.
odio *s. m.* **1** hate, hatred. **2** (Am.) annoyance, boredom.
odiosamente *adv.* **1** hatefully. **2** irritatingly.
odioso, -sa *adj.* **1** hateful. **2** (Am.) irksome, irritating.
odisea *s. f.* odyssey (viaje o acontecimiento).
odontología *s. f.* MED. dentistry, dental surgery.
odontólogo, -ga *s. m.* y *f.* MED. dentist, dental surgeon.
odorífero, -ra *adj.* sweet-smelling, aromatic.
odre *s. m.* **1** (lit.) wineskin. **2** sot, boozer (persona borracha).
oeste *s. m.* **1** west. **2** west wind. • *adj.* **3** westerly, western.
ofender *v. t.* **1** to offend: *me ofendieron tus comentarios = I was offended by your comments.* **2** to insult. • *v. pron.* **3** to take offence.
ofendido, -da *p. p.* **1** de **ofender.** • *adj.* **2** insulted, hurt. ◆ **3 darse por ~,** to take offense, to take exception.
ofensa *s. f.* offence, slight.
ofensivo, -va *adj.* **1** offensive. **2** disgusting (color, por ejemplo). • *s. f.* **3** MIL. offensive.
ofensor, -ra *s. m.* y *f.* offender.
oferente *s. m.* (form.) REL. priest, celebrant (especialmente cuando dice misa).
oferta *s. f.* **1** offer. **2** sale price, special offer. **3** ECON. supply: *la oferta y la demanda = supply and demand.* ◆ **4 estar en ~,** to be on offer.
ofertorio *s. m.* REL. offertory.
oficial *adj.* **1** official. • *s. m.* y *f.* **2** official, officer. **3** MIL. officer (up to the rank of captain). **4** craftsman (hombre); craftswoman (mujer) (en una rama de la artesanía o manualidad).
oficiala *s. f.* clerk, skilled woman worker.
oficialía *s. f.* **1** clerical worker status. **2** craft training (artesanía).
oficialidad *s. f.* MIL. officer corps, officers.
oficialismo *s. m.* (Am.) POL. the party of government.
oficializar *v. t.* to make official.

oficialmente *adv.* officially.
oficiante *s. m.* REL. officiant, celebrant.
oficiar *v. i.* **1** REL. to officiate. • *v. t.* **2** to inform officially.
oficina *s. f.* **1** office. **2** laboratory (de una farmacia). **3** (Am.) nitrate works. ◆ **4** ~ **de colocación,** employment agency. **5** ~ **de información,** information bureau. **6** ~ **de objetos perdidos,** lost-property office.
oficinesco, -ca *adj.* office, (desp.) bureaucratic.
oficio *s. m.* **1** profession, occupation, trade. **2** official letter. **3** MEC. function. **4** REL. service. ◆ **5 de** ~, officially. **6 Santo Oficio,** HIST. Holy Office, Inquisition. **7 tener** ~, to be skilled, to be an expert.
oficiosamente *adv.* **1** unofficially (de una noticia o acto no oficial). **2** obligingly, kindly (de una manera exagerada). **3** diligently.
oficioso, -sa *adj.* **1** unofficial. **2** diligent. **3** kind, obliging (exageradamente).
ofidio *s. m.* ZOOL. snake.
ofimática *s. f.* office automation.
ofrecer *v. t.* **1** to offer. **2** REL. to offer up. • *v. pron.* **3** to volunteer. **4** (form.) to want. ◆ **5 ¿qué se le ofrece?,** may I help you?
ofrecimiento *s. m.* offering, offer (de cualquier tipo).
ofrenda *s. f.* offering (normalmente de carácter religioso).
oftalmia *s. f.* MED. ophthalmia.
oftalmología *s. f.* MED. ophthalmology.
oftalmológico, -ca *adj.* MED. ophthalmological.
oftalmólogo, -ga *s. m.* y *f.* MED. ophthalmologist.
ofuscación *s. f.* u **ofuscamiento** *s. m.* **1** dazzled state, blindness (pasional). **2** confusion (mental).
ofuscar *v. t.* **1** to dazzle. **2** to darken. **3** to bewilder, to confuse. • *v. pron.* **4** to get flustered. ◆ **5 estar ofuscado por,** to be blinded by.
ogro *s. m.* **1** ogre (personaje de los cuentos). **2** (fam.) ugly fellow.
¡oh! *interj.* oh! (expresando pena, sorpresa, etc.).
ohmio *s. m.* FÍS. ohm.
oída *s. f.* **1** hearing. ◆ **2 de oídas,** by hearsay.
oído *s. m.* **1** (sense of) hearing. **2** ANAT. ear. **3** MÚS. ear. ◆ **4 abrir los oídos,** to listen carefully. **5 aplicar el** ~, to listen very carefully, to pay a lot of attention. **6 cerrar los oídos,** to turn a deaf ear. **7 dar oídos,** to listen favourably, to listen willingly. **8 de** ~, by ear. **9 entrar por un** ~ **y salir por el otro,** to go in one ear and out the other. **10 llegar a oídos,** to come to one's ears. **11 regalar el** ~, to flatter, to praise no end. **12 taparse los oídos,** to stop up one's ears. **13 tener buen** ~, to have a good ear (especialmente para la música).
oír *v. t.* e *i.* **1** to hear, to listen (to). ◆ **2 lo oyó como quien oye llover,** he took no notice.
ojal *s. m.* buttonhole.
¡ojalá! *interj.* if only...; would that..., I wish...: *ojalá no hiciera tanto calor = I wish it wasn't so hot.*
ojeada *s. f.* **1** glance, look. ◆ **2 echar una** ~ **(a),** to have a look (at).
ojear *v. t.* **1** to eye, to stare at. **2** to put the evil eye on. **3** to beat (asustar la caza).
ojén *s. m.* anisette.
ojeo *s. m.* beating for game (en la caza).
ojera *s. f.* **1** MED. eyebath. • *pl.* **2** rings under the eyes, (fam.) bags under the eyes.
ojeriza *s. f.* **1** spite, grudge. ◆ **2 tener** ~ **a,** to have a grudge against.
ojeroso, -sa *adj.* haggard, with bags under the eyes.
ojete *s. m.* **1** eyelet. **2** anus. **3** (Am. y vulg.) arsehole.
ojiva *s. f.* ARQ. ogive.
ojival *adj.* ARQ. ogival.
ojo *s. m.* **1** eye. **2** hole, opening. **3** (fig. y fam.) care, attention. **4** ARQ. span, arch of a bridge. ◆ **5 a** ~, approximately. **6 a** ~ **de buen cubero,** at a rough guess. **7 a ojos cerrados,** blindly. **8 a ojos vistas,** openly, before one's eyes. **9 con los ojos cerrados,** easily. **10 clavar los ojos (en),** to stare (at). **11 costarle a uno un** ~ **de la cara,** (fam.) to cost (someone) an arm and a leg. **12 en un abrir y cerrar de ojos,** in the twinkling of an eye. **13 mirar con buenos ojos,** to look favourably upon. **14 mirar con malos ojos,** to look unfavourably upon. **15 ¡mucho** ~**!,** watch it! **16 no pegar** ~, not to get a wink of sleep. **17 poner los ojos,** to choose. **18 tener entre ojos,** to detest.
ojota *s. f.* (Am.) **1** sandal. **2** tanned llama leather.
okapi *s. m.* ZOOL. okapi.
okupa *s. m.* y *f.* squatter.
ola *s. f.* **1** wave. **2** (fig.) wave, spell: *ola de calor = heat wave; ola de frío = cold spell.* **3** trend, fashion, style (de vestido, música, modos de comportamiento, etc.).
¡olé! *interj.* hooray!; bravo!
oleada *s. f.* **1** large wave. **2** (fig.) surge, wave: *una oleada de gente = a great surge of people.*
oleaginoso, -sa *adj.* oily, oleaginous.
oleaje *s. m.* swell, surf.
oleícola *adj.* oil; olive-oil.
óleo *s. m.* **1** REL. oil. **2** ART. oil, oil painting. **3** (Am.) (fig.) baptism.
oleoducto *s. m.* pipeline.
oleoso, -sa *adj.* oily.
oler *v. t.* e *i.* **1** to smell. • *v. t.* **2** to sniff out, to uncover (algo negativo o secreto). • *v. pron.* **3** to suspect.
olfatear *v. t.* **1** to sniff. **2** (fig.) to pry.
olfato *s. m.* **1** sense of smell. **2** (fam.) nose, instinct (for something): *José tiene olfato para los negocios = José has a nose for business.*
oligarca *s. m.* oligarch.
oligarquía *s. f.* oligarchy.
oligárquico, -ca *adj.* oligarchic.
oligoelemento *s. m.* trace element.
oligofrenia *s. f.* PSIQ. mental deficiency.
olimpiada u **olimpíada** *s. f.* **1** DEP. Olimpiad. *pl.* **2 las olimpiadas,** the Olympic Games.
olímpicamente *adv.* arrogantly, without paying any attention to anybody.
olímpico, -ca *adj.* **1** Olympic. **2** Olympian.
oliscar *v. t.* **1** to sniff carefully. **2** (fig.) to look into.
olisquear *v. t.* ⇒ **oliscar.**
oliva *s. f.* **1** BOT. olive tree. **2** olive. **3** olive wood. • *adj.* **4** olive.
oliváceo, -a *adj.* olive green.
olivar *s. m.* **1** olive grove. • *v. t.* **2** to prune (ramas inferiores).
olivarda *s. f.* **1** ZOOL. green goshawk. **2** BOT. elecampane.
olivicultura *s. f.* AGR. olive cultivation.
olivo *s. m.* **1** BOT. olive tree. **2** olive wood.
olla *s. f.* **1** stewpot, cooking pot. **2** stew. ◆ **3** ~ **común,** (Am.) canteen. **4** ~ **a presión,** pressure cooker. **5** ~ **podrida,** meat and vegetable stew. **6** ~ **de grillos,** madhouse.
olmeda *s. f.* elm grove.
olmedo *s. m.* ⇒ **olmeda.**
olmo *s. m.* BOT. elm.
ológrafo *s. m.* **1** DER. holograph. **2** autograph. • *adj.* **3** DER. holographic.
olor *s. m.* smell.
oloroso, -sa *adj.* **1** sweet-smelling, fragrant. • *s. m.* **2** oloroso (vino).
olvidadizo, -za *adj.* **1** forgetful. **2** ungrateful.
olvidar *v. t.* y *pron.* to forget.
olvido *s. m.* **1** oblivion. **2** carelessness, oversight, omission. **3** forgetfulness. ◆ **4 caer en el** ~, to fall into oblivion. **5 echar en** ~, to forget completely. **6 enterrar en el** ~, to cast into oblivion. **7 rescatar del** ~, to save from oblivion.
ombligo *s. m.* **1** ANAT. umbilical cord. **2** ANAT. umbilicus, navel. **3** (fig.) centre (del mundo, de la atención). ◆ **4 encogérsele a uno el** ~, (fam.) to get cold feet.
omega *s. f.* omega.
ominosamente *adv.* (form.) ominously; frightfully.
ominoso, -sa *adj.* **1** awful, frightful (abominable). **2** (form.) ominous (de mal agüero).
omisión *s. f.* **1** omission. **2** neglect (más o menos culpable).
omiso (hacer caso) *loc. adv.* to ignore.
omitir *v. t.* **1** to omit. **2** to forget (hacer algo).
ómnibus *s. m.* (Am.) (municipal) bus.
omnipotencia *s. f.* omnipotence (normalmente atribuida a Dios).
omnipotente *adj.* omnipotent.
omnipotentemente *adv.* omnipotently.
omnisciencia *s. f.* omniscience.
omnisciente *adj.* omniscient, all-knowing (suele atribuirse a Dios).
omóplato u **omoplato** *s. m.* shoulder blade.
onagro *s. m.* ZOOL. wild ass, onager.
onanismo *s. m.* masturbation, onanism.
once *adj. num.* **1** eleven. ◆ **2** eleventh: *el once de noviembre = the eleventh*

of November. • *s. m.* **3** eleven. ◆ **4 a) las ~,** eleven o'clock; **b)** (fam.) elevenses; **c)** (Am.) tea, afternoon snack.

onceavo, -va *adj.* **1** eleventh. ◆ **2** *adj.* y *s. m.* eleven.

onceno, -na *adj.* **1** eleventh. ◆ **2** *adj.* y *s. m.* eleven.

oncología *s. f.* MED. oncology.

onda *s. f.* **1** wave. ◆ **2 estar en la ~,** to be on the ball; to be with it. **3 ~ corta,** short wave. **4 ~ expansiva,** shock wave, blast. **5 ~ larga,** long wave. **6 ~ luminosa,** light wave. **7 ~ sonora,** sound wave.

ondeante *adj.* waving, swaying.

ondear *v. i.* **1** to ripple. **2** to fly, to flutter: *ondea la bandera = the flag is flying.* • *v. t.* **3** to wave. **4** to scallop: *ella ondeó el borde del mantel = she scalloped the edge of the tablecloth.* ◆ **5 ~ a media asta,** to fly at half mast.

ondulación *s. f.* **1** ripple (de las olas). **2** wave (en el pelo). **3** wavy motion, undulation (movimiento físico de los objetos).

ondulado, -da *p. p.* **1** de **ondular.** • *adj.* **2** wavy (pelo). **3** rolling (terreno). **4** corrugated (superficie).

ondular *v. i.* **1** to undulate, to sway. **2** to be wavy (el pelo). • *v. pron.* **3** to become wavy.

ondulatorio, -ria *adj.* undulatory, wavy.

oneroso, -sa *adj.* **1** onerous, burdensome. **2** costly (de dinero).

ONG *s. f.* NGO.

ónice *s. m.* onyx.

ónique *s. m.* ⇒ **ónice.**

ónix *s. m.* ⇒ **ónice.**

onírico, -ca *adj.* dreamlike, (form.) oneiric.

onomástico, -ca *adj.* **1** onomastic, name. **2** relative to one's saint's day: *hoy es la fiesta onomástica de mi hermano = today is my brother's saint's day.* • *s. m.* **3** one's saint's day. • *s. f.* **4** onomastics.

onomatopeya *s. f.* GRAM. onomatopoeia.

ontogénesis *s. f.* BIOL. ontogenesis.

ontogenia *s. f.* BIOL. ontogeny.

ontología *s. f.* FÍS. ontology.

ontológico, -ca *adj.* FIL. ontological.

onza *s. f.* **1** ounce (medida de peso). **2** square of chocolate. **3** HIST. Spanish coin. **4** (Am.) ZOOL. ounce, snow leopard.

oosfera *s. f.* BOT. oosphere.

OPA *s. f.* **1** takeover bid. ◆ **2 ~ hostil,** hostile takeover bid.

opacidad *s. f.* opacity, opaqueness.

opaco, -ca *adj.* **1** opaque. **2** dull, lifeless (una materia o persona).

opalescencia *s. f.* opalescence.

opalescente *adj.* opalescent.

opalino, -na *adj.* opaline.

ópalo *s. m.* MIN. opal.

opción *s. f.* **1** option, choice. **2** right: *opción a ayuda familiar = right to family allowance.* **3** COM. option (a comprar, por ejemplo). **4** chance, likelihood: *el joven atleta no tenía opción real a la victoria = the young athlete didn't have a real chance of winning.*

opcional *adj.* optional.

ópera *s. f.* MÚS. opera.

operación *s. f.* **1** MED. operation. **2** FIN. transaction. **3** (Am.) mining operation. **4** COM. management. **5** operation, functioning.

operador, -ra *s. m.* y *f.* **1** operator. **2** MED. surgeon. **3** film cameraman. **4** projectionist. **5** *s. m.* MAT. operator.

operar *v. t.* **1** to operate. • *v. i.* **2** to operate. • *v. pron.* **3** to have an operation.

operario, -ria *s. m.* y *f.* operative.

operativo, -va *adj.* **1** operative. • *s. m.* **2** (Am.) operation.

opereta *s. f.* MÚS. operetta.

opimo, -ma *adj.* (form.) plentiful, rich, abundant.

opinable *adj.* debatable.

opinar *v. t.* **1** to think, to be of the opinion. • *v. i.* **2** to express an opinion.

opinión *s. f.* **1** opinion, view. ◆ **2 ~ pública,** public opinion. **3 tener buena/mala ~ de,** to have a high/low opinion of.

opio *s. m.* opium.

opíparamente *adv.* sumptuously (especialmente en comidas).

opíparo, -ra *adj.* sumptuous (comida).

oponer *v. t.* **1** to oppose. • *v. pron.* **2** to be opposed, to be in opposition, to be against, to object: *me opongo al uso de fertilizantes químicos = I am against the use of chemical fertilizers.*

oporto *s. m.* port, port wine.

oportunamente *adv.* **1** opportunely. **2** suitably, appropriately.

oportunidad *s. f.* **1** opportunity, chance. • *pl.* **2** COM. bargains.

oportunismo *s. m.* opportunism.

oportunista *adj.* **1** opportunist, opportunistic. • *s. m.* y *f.* **2** opportunist.

oportuno, -na *adj.* **1** opportune, timely. **2** suitable, appropriate.

oposición *s. f.* **1** opposition. • *pl.* **2** public competitive examinations.

opositar *v. i.* to take a public competitive examination.

opresión *s. f.* **1** oppression (normalmente política). **2** MED. tightness (especialmente alrededor del pecho).

opresivamente *adv.* oppressively.

opresivo, -va *adj.* oppressive (ideología, ambiente climatológico, etc.).

opresor, -ra *s. m.* y *f.* **1** oppressor, tyrant. • *adj.* **2** tyrannical, oppressive.

oprimir *v. t.* **1** to oppress (tiranizar). **2** to be too tight (la ropa).

oprobio *s. m.* opprobrium, ignominy.

oprobiosamente *adv.* shamefully, ignominiously.

oprobioso, -sa *adj.* shameful, ignominious.

optar *v. i.* **1 ~ por,** to opt for, to choose. **2 ~ a,** to aspire to.

optativo, -va *adj.* optional: *asignatura optativa = optional subject.*

óptica *s. f.* optics.

óptico, -ca *adj.* **1** optical. • *s. m.* y *f.* **2** optician.

óptimamente *adv.* optimally, perfectly.

optimismo *s. m.* optimism.

optimista *adj.* **1** optimistic. • *s. m.* y *f.* **2** optimist.

optimizar *v. t.* to optimize.

óptimo, -ma *adj.* optimal, optimum, best.

optometría *s. f.* optometry.

opuesto, -ta *adj.* **1** opposite, opposing. **2** contrary (en ideas, actitudes, etc.).

opulencia *s. f.* opulence, affluence.

opulentamente *adv.* opulently, affluently (especialmente en medios naturales).

opulento, -ta *adj.* oppulent, affluent.

opus *s. m.* MÚS. opus.

opúsculo *s. m.* short work, minor work.

oquedad *s. f.* **1** cavity, hollow. **2** (fig.) emptiness, void (espiritual, de valores, etc.).

oquedal *s. m.* cultivated woodland.

oración *s. f.* **1** speech, oration. **2** prayer. **3** GRAM. clause, sentence. **4** (Am.) magic charm, incantation.

oráculo *s. m.* **1** oracle. **2** oracle, prophet (persona).

orador, -ra *s. m.* y *f.* **1** orator, public speaker. **2** prayer (persona que reza). • *s. m.* **3** preacher.

oral *adj.* oral.

oralmente *adv.* orally, verbally.

orangután *s. m.* ZOOL. orangutan.

orante *adj.* in a praying position (especialmente en cuadros).

oratoria *s. f.* oratory, art of speaking in public.

oratorio, -ria *adj.* **1** oratorical. • *s. m.* **2** REL. oratory. **3** REL. Congregation of the Oratory. **4** MÚS. oratorio. • *s. f.* **5** oratory, eloquence.

orar *v. i.* **1** to make a speech. **2** to pray.

orate *s. m.* y *f.* lunatic.

orbe *s. m.* **1** orb. **2** (fig.) world.

órbita *s. f.* **1** orbit. **2** ANAT. eye-socket.

orbital *adj.* orbital.

orca *s. f.* killer whale.

órdago *s. m.* **1** bid or bet in the card game mus. ◆ **2 de ~,** (fam.) fabulous, terrific.

orden *s. m.* **1** order: *por orden alfabético = in alphabetical order.* **2** order: *conviene que haya orden en la clase = it's better to have order in the class.* **3** ARQ. order: *orden corintio = corinthian order.* • *s. f.* **4** order, command. ◆ **5 a la ~, a sus órdenes,** MIL. yes sir! **6 consignar órdenes,** MIL. to command, to order. **7 de primer ~,** first-rate, of great importance. **8 en ~,** in its place, in order, tidy. **9 en ~ a,** in order to, in order that (con sentido de finalidad). **10 ~ de batalla,** MIL. in battle order. **11 órdenes mayores,** REL. major orders. **12 órdenes menores,** REL. minor orders. **13 ~ público,** law and order. **14 ~ religiosa,** REL. religious order.

ordenación *s. f.* **1** ordering. **2** arrangement. **3** REL. ordination. **4** command.

ordenado, -da *adj.* **1** tidy, orderly. **2** REL. ordained. • *s. m.* **3** ordained priest.

ordenador *s. m.* **1** INF. computer. ◆ **2** ~ **personal,** personal computer. **3** ~ **portátil,** laptop.
ordenancista *adj.* **1** strict. ● *s. m.* y *f.* **2** martinet, disciplinarian.
ordenando *s. m.* REL. ordinand.
ordenanza *s. f.* **1** ordinance. **2** rules. ● *s. m.* **3** MIL. batman, orderly. **4** COM. messenger.
ordenar *v. t.* **1** to put in order, to arrange. **2** to marshal: *deberíamos ordenar nuestros esfuerzos para conseguir el contrato = we ought to marshal our efforts to win the contract.* **3** to command. **4** REL. to ordain. ● *v. pron.* **5** REL. to be ordained.
ordeñar *v. t.* to milk.
ordinal *adj.* y *s. m.* ordinal.
ordinariamente *adv.* ordinarily, in the ordinary course of events.
ordinariez *s. f.* vulgarity, coarseness.
ordinario, -ria *adj.* **1** ordinary, common. **2** (desp.) vulgar, coarse. ◆ **3 de** ~, usually, frequently.
orear *v. t.* **1** to air. ● *v. pron.* **2** to air, to be aired.
orégano *s. m.* BOT. oregano, marjoram.
oreja *s. f.* **1** ear. ◆ **2 aguzar las orejas,** to prick up one's ears. **3 bajar las orejas,** to submit. **4 calentar las orejas,** (fam.) to tell someone off, to box someone's ears. **5 mojar la** ~, to provoke (someone). **6 ver las orejas al lobo,** to foresee a danger.
orejera *s. f.* earflap, ear muff.
orejeta *s. f.* TEC. lug.
orejón *s. m.* **1** dried peach. **2** (Am.) goitre. **3** (Am.) herdsman, plainsman. **4** (Am.) cuckold. **5** HIST. Inca nobleman.
orejón, -na *adj.* (Am.) **1** coarse. **2** absent-minded. **3** big-eared.
orejudo, -da *adj.* big-eared.
orfanato u **orfelinato** *s. m.* orphanage.
orfandad *s. f.* **1** orphanhood. **2** orphan's pension. **3** (fig.) neglect.
orfebre *s. m.* goldsmith (oro), silversmith (plata).
orfeón *s. m.* MÚS. choral society.
organdí *s. m.* organdie.
orgánico, -ca *adj.* **1** organic. **2** harmonic. ● *s. f.* **3** organic chemistry. ◆ **4 ley** ~, DER. constitutional law.
organigrama *s. m.* organization chart, management structure.
organillo *s. m.* MÚS. barrel organ.
organismo *s. m.* **1** organism. **2** organization, body.
organista *s. m.* y *f.* MÚS. organist.
organización *s. f.* **1** organization (de cualquier tipo). **2** order, arrangement (del tiempo, trabajo, etc.).
organizado, -da *p. p.* **1** de **organizar.** ● *adj.* **2** organized, structured (una empresa, trabajo, estructura administrativa). **3** well-organized (persona).
organizador, -ra *adj.* **1** organizing. **2** *s. m.* y *f.* organizer.
organizar *v. t.* **1** to organize. ● *v. pron.* **2** to organize oneself, to get organized.
órgano *s. m.* **1** ANAT. organ. **2** MÚS. organ.
orgasmo *s. m.* orgasm.
orgía *s. f.* orgy.
orgiástico, -ca *adj.* orgiastic.
orgullo *s. m.* pride.
orgullosamente *adv.* proudly.
orgulloso, -sa *adj.* proud.
orientación *s. f.* **1** orientation, bearing. **2** direction. ◆ **3** ~ **profesional,** vocational guidance, careers advice.
orientador, -ra *adj.* **1** guiding. ● *s. m.* y *f.* **2** adviser, counsellor.
oriental *adj.* **1** eastern, oriental. **2** (Am.) Uruguayan.
orientalismo *s. m.* Orientalism.
orientalista *s. m.* y *f.* Orientalist.
orientar *v. t.* **1** to orientate, to position. **2** to inform. **3** to direct, to guide. ● *v. pron.* **4** to get one's bearings, to find one's way.
oriente *s. m.* **1** east. **2 el Oriente,** the Orient. **3** east wind. **4** sheen (de perlas).
orificio *s. m.* orifice, vent.
origen *s. m.* **1** origin. **2** (fig.) reason, cause: *el origen del problema = the cause of the problem.* ◆ **3 dar** ~ **a,** to give rise to.
original *adj.* **1** original. **2** unusual, novel. ● *s. m.* **3** original (no la copia).
originalidad *s. f.* **1** originality. **2** oddness.
originalmente *adv.* originally.
originar *v. t.* **1** to give rise to, to cause. ● *v. pron.* **2** to be caused, to start, to be started (problemas, tendencias, actitudes, etc.): *con esa forma de actuar se originan los problemas = problems are caused by that kind of behaviour.*
originario, -ria *adj.* **1** original. **2** originating.
orilla *s. f.* **1** edge. **2** bank (of river). **3** shore (of lake, sea). **4** (Am.) (brit.) pavement, (EE UU) sidewalk. **5** cool breeze. ● *pl.* **6** (Am.) the outskirts, (desp.) slums.
orillar *v. t.* to get round (problemas).
orín *s. m.* **1** rust. **2** urine.
orina *s. f.* urine.
orinal *s. m.* chamberpot, potty.
orinar *v. i.* **1** to urinate. ● *v. pron.* **2** to wet oneself.
oriundo, -da *adj./s. m.* y *f.* native.
orla *s. f.* **1** border, fringe. **2** class graduation photograph.
ornamentar *v. t.* to decorate.
ornamento *s. m.* **1** ornament. **2** virtue, good qualities. **3** decoration.
ornar *v. t.* to adorn.
ornato *s. m.* adornment.
ornitología *s. f.* ornithology.
ornitorrinco *s. m.* ZOOL. duck-billed platypus.
oro *s. m.* **1** gold. **2** gold piece. **3** (fig.) wealth. ◆ **4** ~ **batido,** gold leaf. **5** ~ **molido,** rolled gold. **6 como** ~ **en paño,** something worth treasuring. **7 de** ~, first class. **8 hacerse uno de** ~, to make a fortune. **9 oros son triunfos,** money talks. **10 ponerle a uno de** ~ **y azul,** to give someone a dressing down.
orogénesis *s. f.* GEOL. orogenesis.
orogenia *s. f.* GEOL. orogeny.
orografía *s. f.* GEOG. orography.
orondo, -da *adj.* **1** rounded, potbellied. **2** vain, proud. **3** smug. **4** (Am.) calm, serene.
oropel *s. m.* tinsel.
oropéndola *s. f.* ZOOL. golden oriole.
orquesta *s. f.* MÚS. **1** orchestra. **2** orchestra pit.
orquestación *s. f.* MÚS. orchestration.
orquestar *v. t.* MÚS. orchestrate.
orquídeo, -a *adj.* orchidaceous.
orquídea *s. f.* BOT. orchid.
orquitis *s. f.* MED. orchitis.
ortiga *s. f.* BOT. nettle.
orto *s. m.* **1** ASTR. rising (of a star). **2** (Am. y vulg.) arse, arsehole.
ortocentro *s. m.* (brit.) orthocentre, (EE UU) orthocenter.
ortodoxia *s. f.* orthodoxy.
ortodoxo, -xa *adj.* **1** orthodox. **2** REL. Orthodox. ● *s. m.* y *f.* **3** member of the Orthodox Church.
ortografía *s. f.* spelling, orthography.
ortográfico, -ca *adj.* spelling (error); orthographic.
ortopedia *s. f.* (brit.) orthopaedics, (EE UU) orthopedics.
ortosa *s. f.* GEOL. orthoclase.
oruga *s. f.* **1** BIOL. caterpillar. **2** BOT. rocket. **3** MEC. caterpillar (vehículo).
orujo *s. m.* **1** marc, pomace. **2** spirit, eau-de-vie (bebida).
orza *s. f.* **1** earthenware jar. **2** MAR. luff, luffing.
orzuelo *s. m.* **1** MED. stye. **2** partidge snare.
os *pron. pers. pl.* **1** [o. d.] you: *¿puedo ayudaros? = may I help you?* **2** [o. indirecto] you: *os envió dos cartas = he sent you two letters, he sent two letters to you.*
OBS. Cuando en español se usa con carácter recíproco o reflexivo debe traducirse por "yourselves": *lavaos = wash yourselves.*
osa *s. f.* **1** ZOOL. she-bear. ◆ **2 Osa Mayor,** ASTR. Great Bear, Ursa Major. **3 Osa Menor,** ASTR. Little Bear, Ursa Minor.
osadamente *adv.* daringly, boldly.
osadía *s. f.* boldness, daring.
osado, -da *p. p.* **1** de **osar.** ● *adj.* **2** daring, bold (atrevido).
osamenta *s. f.* **1** skeleton. **2** bones.
osar *v. i.* to dare.
osario *s. m.* charnel house, ossuary.
óscar *s. m.* oscar (premio cinematográfico).
oscilación *s. f.* **1** oscillation. **2** hesitation, wavering.
oscilante *adj.* **1** oscillating. **2** hesitating, wavering.
oscilar *v. i.* **1** oscillate, swing. **2** fluctuate. **3** hesitate, vacillate, waver.
ósculo *s. m.* kiss.
oscuramente *adv.* **1** darkly (sin luz). **2** (fig.) obscurely (difícil de entender). **3** uncertainly, dangerously.
oscurantismo *s. m.* ⇒ **obscurantismo.**
oscuridad *s. f.* **1** darkness. **2** obscurity.
oscurecer *v. i.* **1** to grow dark. ● *v. pron.* **2** to get dark, to grow dark. ● *v. t.* **3** to darken, to blacken. **4** to cloud, to obscure.

oscuro, -ra *adj.* **1** dark. **2** (fig.) obscure. **3** (fig.) confused. **4** uncertain, dangerous.
óseo, -a *adj.* **1** bony. **2** (form.) osseus.
osera *s. f.* bear's lair.
osezno *s. m.* bear cub.
osificación *s. f.* MED. ossification.
osificarse *v. pron.* to ossify.
ósmosis u **osmosis** *s. f.* osmosis.
oso *s. m.* **1** bear. ◆ **2 hacer uno el ~, a)** to act the goat; **b)** to woo in public. **3 ~ blanco,** polar bear. **4 ~ hormiguero,** anteater. **5 ~ marino,** elephant seal. **6 ~ pardo,** brown bear.
osteítis *s. f.* osteitis.
ostensible *adj.* **1** obvious, evident. ◆ **2 hacer algo ~,** (Am.) to express something.
ostensiblemente *adv.* ostensibly, clearly, evidently.
ostentación *s. f.* **1** ostentation. **2** vanity. **3** display, pomp.
ostentar *v. t.* **1** to show. **2** to display, to show off. **3** to hold (office).
ostentosamente *adv.* ostentatiously, sumptuously.
ostentoso, -sa *adj.* ostentatious, sumptuous.
osteópata *s. m.* y *f.* osteopath.
osteopatía *s. f.* osteopathy.
osteoporosis *s. f.* osteoporosis.
ostra *s. f.* **1** oyster. ◆ **2 ¡ostras!,** damn! blimey!
ostracismo *s. m.* ostracism.
ostrogodo, -da *adj.* **1** HIST. Ostrogothic. • *s. m.* y *f.* Ostrogoth.
otear *v. t.* **1** to scan, to search, to survey. **2** to scrutinize, to watch, to observe.
otero *s. m.* hillock, knoll.
otitis *s. f.* MED. otitis.
otomán *s. m.* ottoman (corded fabric).
otomano, -na *adj.* **1** HIST. Ottoman. • *s. f.* **2** ottoman, couch.
otoño *s. m.* (brit.) autumn, (EE UU) fall.
otoñal *adj.* autumnal, autumn, (EE UU) fall.
otorgamiento *s. m.* granting, awarding.
otorgar *v. t.* **1** to grant, to give, to award. **2** to swear (before a notary). ◆ **3 quien calla otorga,** silence implies consent.
otorrinolaringólogo, -ga *s. m.* y *f.* ear, nose and throat/ENT. specialist.
otro, otra *adj.* **1** other. **2** another. • *pron.* **3** another, another one. ◆ **4** *pron. pl.* others. ◆ **5 ~ vez,** again.
Ottawa *s. f.* Ottawa.
ovación *s. f.* ovation.
ovacionar *v. t.* to cheer.
oval *adj.* oval.
ovario *s. m.* ANAT. ovary.
oveja *s. f.* **1** sheep. **2** ewe.
ovejería *s. f.* (Am.) sheep farm.
ovejuno, -na *adj.* sheep.
oviducto *s. m.* ANAT. oviducts, Fallopian tubes.
ovillarse *v. pron.* to curl up into a ball.
ovillo *s. m.* **1** ball (de lana, etc.). **2** tangle. ◆ **3 hacerse un ~, a)** to curl up into a ball; **b)** to get in a tangle.
ovino, -na *adj.* **1** sheep. • *s. m.* **2** sheep.
ovio, via *adj.* ⇒ **obvio.**
ovíparo, -ra *adj.* oviparous.
ovni *s. m.* UFO, unidentified flying object.
ovoide *adj.* ovoid, egg-shaped.
ovoideo, -a *adj.* ⇒ **ovoide.**
óvolo *s. m.* ARQ. ovolo.
ovulación *s. f.* BIOL. ovulation.
óvulo *s. m.* BIOL. ovule.
oxidar *v. t.* **1** to rust. **2** QUÍM. to oxidize. • *v. pron.* **3** to rust, to go rusty.
óxido *s. m.* **1** QUÍM. oxide. **2** rust. ◆ **3 ~ de carbono,** QUÍM. carbon monoxide.
oxigenación *s. f.* QUÍM. oxygenation.
oxigenar *v. t.* **1** oxigenate. • *v. pron.* **2** to become oxygenated. **3** (fig.) to get some fresh air.
oxígeno *s. m.* oxygen.
oxítono, -na *adj.* stressed on the last syllable.
oxiuro *s. m.* MED. oxyurus, pinworm.
oyente *s. m.* y *f.* **1** listener. **2** unofficial student.
ozono *s. m.* QUÍM. ozone.

p, P *s. f.* p, P (decimoséptima letra del alfabeto español).
pabellón *s. m.* **1** pavilion. **2** MIL. officers' quarters, billets. **3** national flag (bandera). **4** bell tent (tienda). **5** canopy (dosel). ◆ **6 ~ de la oreja,** ANAT. outer ear.
pabilo o **pábilo** *s. m.* **1** wick. **2** snuff (de vela).
pábulo *s. m.* **1** food, sustenance. ◆ **2 dar ~ (a),** (fig.) to fuel; to give encouragement (to).
paca *s. f.* **1** bale. **2** (Am.) ZOOL. spotted cavy.
pacato, -ta *adj.* **1** shy, retiring (tímido). **2** easily shocked, prudish (mojigato).
pacay *s. m.* (Am.) **1** pacay tree. **2** pacay fruit.
pacaya *s. f.* (Am.) **1** BOT. pacaya shrub. **2** sorrow, grief (dolor).
pacer *v. i.* **1** to graze. ● *v. t.* **2** to feed (ganado). **3** to eat away.
pachá *s. m.* **1** pasha. ◆ **2 vivir como un ~,** to live like a king.
pachamanca *s. f.* (Am.) **1** barbecue. **2** rumpus, mess, muddle (desorden).
pachamanquearse *v. pron.* (Am.) to make the most of (something).
pacharán *s. m.* liqueur made with sloes.
pachocha *s. f.* (Am.) sluggishness, laziness.
pachón, -na *adj.* **1** (Am.) hairy, shaggy (peludo). **2** (Am.) woolly (lanudo). ● *s. m.* **3** placid individual. **4** (Am.) cape (capote). ◆ **5 perro ~,** beagle.
pachorra *s. f.* sluggishness.
pachucho, -cha *adj.* **1** overripe (fruta). **2** drooping (flojo). **3** poorly, under the weather (enfermo).
pachulí *s. m.* patchouli, pachouli.
paciencia *s. f.* **1** patience. **2** small roll; almond cake (bollo).
pacienciosо, -sa *adj.* (Am.) long-suffering.
paciente *adj.* **1** patient (cualidad personal). ● *s. m.* y *f.* MED. patient.
pacientemente *adv.* patiently.
pacienzudo, -da *adj.* very patient.
pacificación *s. f.* pacification (de un país, situación o similar).
pacificador, -ra *s. m.* y *f.* **1** peacemaker (fundamentalmente en el sentido internacional). ● *adj.* **2** pacifying.
pacíficamente *adv.* peaceably.
pacificar *v. t.* **1** MIL. to pacify. **2** to appease (apaciguar). ● *v. pron.* **3** to calm down.
pacífico, -ca *adj.* peaceable, pacific.
Pacífico *s. m.* **el (océano) Pacífico,** the Pacific (Ocean).
pacifismo *s. m.* pacificism.
pacifista *adj./s. m.* y *f.* POL. pacifist.
paco, -ca *adj.* (Am.) reddish, reddish-brown (de color).
pacotilla *s. f.* **1** goods carried by seamen free of freight charges. ◆ **2 hacer su ~,** to make a nice little profit. **3 ser de ~, a)** to be shoddily made; **b)** to be jerry-built (edificio); **c)** to be second-rate.
pactar *v. t.* to agree (contrato).
pacto *s. m.* **1** pact (político, económico, sindical, etc.). **2** agreement (acuerdo).
padecer *v. t.* **1** to suffer (from). **2** to endure (aguantar). ● *v. i.* **3** to suffer from, to suffer with: *padece de los nervios = he suffers with his nerves.* ◆ **4 ~ un error,** to be mistaken, to be wrong.
padecimiento *s. m.* suffering.
pádel *s. m.* paddle tennis.
padilla *s. f.* **1** skillet (cazuela). **2** bread oven (horno).
padrastro *s. m.* **1** stepfather. **2** (fig.) cruel father. **3** hangnail (en los dedos).
padrazo *s. m.* indulgent father, loving father.
padre *s. m.* **1** father. **2** ZOOL. sire. **3** REL. father, priest. ● *pl.* **4** parents. **5** forefathers. ◆ **6 ~ espiritual,** REL. confessor. **7 ~ Eterno,** REL. God the Father. **8 ~ nuestro,** REL. Lord's Prayer. **9 Padre Santo,** REL. Holy Father, Pope. **10 padres políticos,** in-laws. ◆ **11 ser el ~ de la criatura,** to be the author, to be the creator (de un proyecto, idea, etc.).
padrear *v. i.* **1** to behave or look like one's father. **2** to breed (from the male).
padrino *s. m.* **1** REL. godfather. **2** sponsor (que patrocina). **3** best man (bodas). **4** second (duelo). **5** patron (mecenas). ● *pl.* **6** godparents.
padrón *s. m.* **1** local census. **2** electoral roll. **3** TEC. pattern. **4** inscribed column. **5** (fig.) mark of ignominy.
paella *s. f.* GAST. paella.
paga *s. f.* **1** salary, pay, wages. **2** repayment (gratitud). **3** payment (expiación).
pagadero, -ra *adj.* payable (un cheque).
pagaduría *s. f.* cashier's office.
paganismo *s. m.* REL. paganism.
paganizar *v. t.* **1** to paganize. ● *v. pron.* **2** to become a heathen.
pagano, -na *adj.* **1** heathen, pagan. ● *s. m.* y *f.* **2** pagan. **3** (fig.) the person who ends up paying; (EE UU) fall guy.
pagar *v. t.* **1** to pay. **2** to pay off (crimen). **3** to repay (deuda). ● *v. pron.* **4** to take a liking to something. **5** to show off, boast (fanfarronear). ◆ **6 ¡me las pagarás!** I'll get you for this!
pagaré *s. m.* I.O.U., promissory note.
pagel *s. m.* ZOOL. red sea bream (tipo de pez).
página *s. f.* page.
paginación *s. f.* pagination.
paginar *v. t.* to paginate.
pago *s. m.* **1** payment. **2** prize, reward (premio). ● *adj.* **3** paid. ● *s. m.* **4** agricultural district, field. **5** (Am.) region. ◆ **6 en estos pagos,** in this neck of the woods, in these parts.
pagoda *s. f.* ARQ. pagoda.
paidología *s. f.* (brit.) paedology, (EE UU) pedology.
paila *s. f.* large frying pan.
pailebote o **pailebot** *s. m.* MAR. pilot's boat.
paipai *s. m.* palm fan (típico de Filipinas).
país *s. m.* **1** country, nation. **2** ART. landscape. **3** fan paper, back of fan (abanico).
paisaje *s. m.* **1** countryside. **2** ART. landscape.
paisajismo *s. m.* landscape gardening.
paisajista *adj.* **1** landscape. ● *s. m.* y *f.* **2** landscape painter.
paisajístico, -ca *adj.* scenic.
paisano, -na *adj.* **1** of the same country. ● *s. m.* y *f.* **2** compatriot, fellow countryman, fellow countrywoman. **3** MIL. civilian (civil). **4** peasant (campesino).
paja *s. f.* **1** straw. **2** blade of grass. **3** trifling matter/reason: *por un quítame allá esas pajas = for a trifling reason.*

4 (fig.) padding, waffle. **5** (vulg.) wank (masturbación). **6** (Am.) tap, stopcock (grifo). ◆ **7 no dormirse en las pajas,** to keep alert.

pajar *s. m.* **1** straw loft. **2** haystack.

pajarear *v. i.* **1** to shoot or catch birds. **2** to loaf about (gandulear).

pájara *s. f.* **1** ZOOL. hen bird. **2** sly woman. **3** (fig.) collapse (desvanecimiento).

pajarero, -ra *adj.* **1** fun-loving. **2** garish, gaudy (colores). **3** (Am.) nervous, highly-strung, spirited (nervioso). ● *s. m.* y *f.* **4** bird snarer, bird fancier, bird dealer. ● *s. f.* **5** aviary, birdcage.

pajarita *s. f.* **1** paper bird. **2** bow tie (para vestir elegantemente). **3** BOT. toadflax, snapdragon. ◆ **4 cuello de ~,** wing collar.

pájaro *s. m.* **1** bird. **2** (fam.) slippery customer, wily individual (granuja). ◆ **3 más vale ~ en mano que ciento volando,** a bird in the hand is worth two in the bush. **4 matar dos pájaros de un tiro,** to kill two birds with one stone. **5 ~ diablo,** ZOOL. cormorant. **6 ~ gordo,** (fam.) fat cat, big shot.

pajarraco *s. m.* **1** big, ugly bird. **2** (fam.) shifty character (hombre de honestidad dudosa).

paje *s. m.* **1** page, page-boy. **2** cabin-boy (de un barco).

pajizo *adj.* **1** straw (de paja). **2** straw-coloured (color).

pajolero, -ra *adj.* (fam.) damned, irritating.

pajuato, -ta o **pajúo, -a** *adj.* (Am.) daft, silly, stupid.

Pakistán *s. m.* Pakistan.

pala *s. f.* **1** spade, shovel (herramienta). **2** blade of an oar (remo). **3** flat part of the teeth. **4** skill (destreza). **5** upper (de un zapato). **6** DEP. bat.

palabra *s. f.* **1** word. **2** power of speech. **3** eloquence. **4** promise. **5** right to speak (en parlamento, etc.). ◆ **6 beberle a uno las palabras,** to hang on someone's every word. **7 coger la ~ a uno,** to take someone at his word. **8 comerse las palabras,** to mumble. **9 correr la ~,** to pass the word on. **10 dirigir la ~ a uno,** to address someone. **11 estar pendiente de las palabras,** to be hanging on (someone's) words. **12 faltar a la ~,** to break one's word. **13 medir las palabras,** to choose one's words carefully. **14 no tener uno más que palabras,** to be all talk. **15 ~ de Dios,** REL. Word of God. **16 ~ de rey,** word of honour. **17 palabras mayores,** strong words. **18 quitar la ~ de la boca,** to take the words out of someone's mouth. **19 tener palabras con alguien,** to have words with someone. **20 tomar la ~,** to have the floor.

palabreo *s. m.* bandying words; (fam.) hot air.

palabrería *s. f.* o (Am.) **palabrerío** *s. m.* idle chatter.

palabrero, -ra *adj.* **1** garrulous. **2** (fam.) all talk.

palabrota *s. f.* swear word, obscenity.

palacete *s. m.* small palace.

palacial *adj.* (Am. y fig.) palatial, luxurious.

palaciego, -ga *adj.* **1** palace, court. ● *s. m.* y *f.* **2** courtier.

palacio *s. m.* **1** palace. **2** (fig.) mansion.

palada *s. f.* **1** spadeful, shovelful. **2** stroke (de un remo).

paladar *s. m.* ANAT. palate.

paladear *v. t.* to taste, to savour.

paladín *s. m.* **1** paladin. **2** (fig.) champion (de una causa, etc.).

paladino, -na *adj.* **1** public, open. ● *s. m.* **2** paladin.

paladio *s. m.* MET. palladium.

paladión *s. m.* palladium, talisman.

palafrén *s. m.* palfrey.

palafrenero *s. m.* HIST. groom.

palamenta *s. f.* set of oars.

palanca *s. f.* **1** lever. **2** (fam.) influence, pull. ◆ **3 hacer ~,** to act as a lever.

palangana *s. f.* **1** washbasin. ● *s. m.* y *f.* **2** (Am.) intruder (intruso). **3** (Am.) (fam.) windbag (charlatán), braggart (jactancioso).

palanganear *v. i.* (Am.) to brag, (fam.) to show off.

palanganero *s. m.* (arc.) washstand.

palangre *s. m.* MAR. trot line, paternoster line (para pescar).

palanqueta *s. f.* **1** crowbar, jemmy (pie de cabra). **2** grappling iron. **3** (Am.) weight(s).

palanquín *s. m.* **1** porter. **2** palanquin.

palatal *adj.* ANAT. **1** palatal. **2** FON. palatal.

palatalización *s. f.* FON. palatalization.

palatinado *s. m.* **1** palatine prince. **2** palatinate.

palatino, -na *adj.* **1** ANAT. palatine. **2** palatine.

palco *s. m.* **1** box (teatro, toros). **2** row of seats. ◆ **3 ~ de platea,** (brit.) ground floor box; (EE UU) parquet box. **4 ~ escénico,** stage.

palear *v. t.* **1** to shovel, to dig. **2** AGR. to winnow. **3** (Am.) to pole. **4** (Am.) AGR. to thresh. ● *v. i.* to paddle (canoa).

palenque *s. m.* **1** fence, palisade (valla). **2** arena, enclosure (recinto). **3** (Am.) tethering post.

paleo- *prefijo* palaeo-.

paleoantropología *s. f.* palaeoanthropology.

paleofítico, -ca *adj.* palaeophitic.

paleografía *s. f.* palaeography.

paleolítico, -ca *adj.* HIST. **1** palaeolithic. ● *s. m.* **2** Palaeolithic.

paleología *s. f.* palaeology.

paleontología *s. f.* **1** palaeontology. ◆ **2 ~ lingüística,** linguistic palaeontology.

palestino, -na *adj.* **1** Palestinian. ● *s. m.* y *f.* **2** Palestinian.

palestra *s. f.* **1** palaestra. **2** (fig.) lists. **3** wrestling (lucha). ◆ **4 salir a la ~,** (fig.) to take the floor.

paletilla *s. f.* shoulder blade.

paleto, -ta *adj.* **1** (desp.) rustic. ● *s. m.* y *f.* **2** (desp.) country bumpkin. ● *s. f.* **3** ART. palette. **4** palette knife. **5** trowel (de albañil). **6** turbine blade (de turbina). **7** fan blade (de ventilador). **8** propeller (hélice). **9** ANAT. shoulder blade. **10** (Am.) lollipop (pirulí).

paletó *s. m.* paletot, heavy overcoat.

palia *s. f.* **1** altar cloth. **2** curtain in front of the tabernacle.

paliar *v. t.* **1** to conceal, (fig.) to cloak. **2** to alleviate, to mitigate (aliviar).

paliativo, -va *adj.* **1** palliative. ◆ **2 sin paliativos,** without excuses.

pálidamente *adv.* **1** palely. **2** wanly (indicando probable debilidad o enfermedad).

palidecer *v. i.* **1** to turn pale, to turn white (el rostro normalmente). **2** to grow dim (la fuerza de una luz).

palidez *s. f.* **1** paleness, whiteness. **2** wanness (a causa de debilidad o enfermedad).

pálido, -da *adj.* **1** pale: *está tan pálido desde su enfermedad = he's been so pale since his illness.*

paliducho, -cha *adj.* palish, pale, sickly.

palier *s. m.* MEC. bearing.

palillo *s. m.* **1** toothpick. **2** MÚS. drumstick. **3** lacemaker's bobbins. ● *pl.* **4** castanets. **5** pins (en el billar). **6** chopsticks (chinos).

palimpsesto *s. m.* HIST. palimpsest.

palíndromo o **palíndrome** *s. m.* palindrome (figura literaria).

palingenesia *s. f.* (form.) palingenesis.

palinodia *s. f.* **1** recantation. ◆ **2 cantar la ~,** to recant in public; to retract.

palio *s. m.* **1** HIST. pallium. **2** REL. pallium, mantle. **3** REL. baldachin. **4** prize (premio). **5** ZOOL. pallium, mantle.

palique *s. m.* chatter, chitchat, small talk.

palisandro *s. m.* BOT. rosewood.

palitroque o **palitoque** *s. m.* **1** stick (palo). ● *pl.* **2** banderillas. **3** (Am.) bowling, skittles. **4** (Am.) bowling alley.

paliza *s. f.* **1** beating, thrashing. ● *adj./s. m.* y *f.* **2 ser un palizas,** to be a bore.

palizada *s. f.* **1** palisade. **2** embankment. **3** stockade, enclosure.

pallador *s. m.* ⇒ **payador.**

pallar *s. m.* (Am.) haricot bean.

palma *s. f.* **1** BOT. palm. **2** palm leaf. **3** (fig.) palm, glory. **4** ANAT. palm. **5** sole (casco). ● **6** *pl.* clapping (aplausos). ◆ **7 andar en palmas,** to be the toast of the town. **8 llevarse la ~,** to triumph.

palmada *s. f.* **1** slap (bofetada). **2** clap (palmas). ● *pl.* **3** clapping.

palmado, -da *adj.* **1** BOT. palmate (hoja). **2** ZOOL. webbed (dedo de animal).

palmar *s. m.* **1** palm grove. **2** fuller's thistle (para cardar). ● *adj.* **3** BOT. palm. **4** self-evident (obvio). ◆ **5 palmarla,** (fam.) to snuff it, to kick the bucket.

palmarés *s. m.* **1** record (historial). **2** honours list.

palmario, -ria *adj.* ⇒ **palmar.**

palmatoria *s. f.* candleholder.

palmeado, -da *adj.* **1** palm-shaped. **2** BOT. palmate. **3** ZOOL. webbed.

palmero, -ra *adj.* **1** of La Palma. • *s. m.* y *f.* **2** native of La Palma. • *s. f.* **3** BOT. palm, palm tree. • *s. m.* **4** person who looks after palm trees.
palmito *s. m.* **1** BOT. dwarf palm. **2** (fam.) a woman's face.
palmo *s. m.* **1** 21 centimetres. **2** span (de la mano). ◆ **3 dejar a uno con un ~ de narices,** to leave someone crestfallen. **4 ~ a ~,** inch by inch.
palmotear *v. t.* **1** to slap (someone) on the back. • *v. i.* **2** to clap.
palmoteo *s. m.* clapping, applause.
palo *s. m.* **1** stick. **2** pole, post. **3** DEP. goalpost. **4** blow (golpe). **5** mast (mástil). **6** suit (naipes): *tienes que seguir el palo = you have to follow suit.* **7** mast (mástil). ◆ **8 ~ de ciego,** wild swipe. **9 ~ macho,** mainmast. **10 ~ dulce,** liquorice root.
paloduz *s. m.* liquorice root.
paloma *s. f.* **1** ZOOL. dove, pigeon. **2** POL. dove (en el sentido de querer la paz internacional, no la guerra). ◆ **3 ~ mensajera,** carrier pigeon. **4 ~ duende,** domestic pigeon. **5 ~ torcaz,** wood-pigeon.
palomar *s. m.* pigeon loft.
palometa *s. f.* **1** pomfret (japuta). **2** MEC. wing nut (tuerca).
palomilla *s. f.* **1** ZOOL. moth. **2** ZOOL. small butterfly. **3** TEC. wall bracket. **4** TEC. subframe (coche). **5** MEC. wing nut (tuerca). **6** MEC. rack, stand (soporte). **7** (Am.) rabble, riffraff (gentuza).
palomina *s. f.* pigeon droppings.
palomita *s. f.* **1** popcorn. **2** anisette and water (bebida).
palomo *s. m.* cock pigeon.
palote *s. m.* **1** stick. **2** drumstick. **3** penstroke, downstroke (de letra).
palotear *v. i.* **1** to bang sticks together. **2** to squabble (discutir).
paloteo *s. m.* squabbling.
palpable *adj.* **1** obvious. **2** palpable, tangible.
palpablemente *adv.* patently, clearly.
palpar *v. t.* **1** to touch, to feel (tocar). **2** to fondle (acariciar). **3** to grope (andar a tientas). **4** MED. to palpate.
palpitante *adj.* **1** beating, palpitating (corazón). **2** throbbing (vena). **3** burning: *una cuestión palpitante = a burning issue.*
palpitar *v. i.* **1** to beat, to palpitate (corazón). **2** to throb (nerviosidad). **3** to ring with: *en sus palabras palpitaba el rencor = his words rang with bitterness.*
pálpito *s. m.* **1** excitement, thrill (emoción). **2** (Am.) hunch, feeling (presentimiento).
palpo *s. m.* ZOOL. palp, palpus, feeler.
palta *s. f.* (Am.) avocado pear.
paltó *s. m.* (Am.) jacket.
palúdico, -ca *adj.* MED. malarial.
paludismo *s. m.* **1** swamp fever. **2** malaria.
palurdo, -da *adj.* **1** (desp.) rustic, uncouth. • *s. m.* y *f.* (desp.) bumpkin, yokel.
palustre *adj.* marsh.
pamela *s. f.* picture hat.
pamema *s. f.* humbug (cosa inútil).
pampa *s. f.* (Am.) GEOG. pampa.
pámpana *s. f.* **1** BOT. vine leaf. ◆ **2 tocar la ~,** (fam.) to wallop.
pámpano *s. m.* BOT. vine shoot.
pamplina *s. f.* **1** BOT. chickweed. **2** triviality (banalidad): *eso son pamplinas = those are mere trivialities.*
pamporcino *s. m.* BOT. cyclamen.
pan *s. m.* **1** bread. **2** loaf (hogaza). **3** BOT. wheat. **4** Pan (mitología). **5** gold leaf, silver leaf (imprenta). ◆ **6 coger a uno el ~ bajo el brazo,** to win someone over. **7 con su ~ se lo coma,** that's his problem, not mine; that's his funeral. **8 ganarse el ~,** to earn a living. **9 el ~ de cada día,** a common occurrence. **10 ~ ázimo/cenceño,** unleavened bread. **11 ~ de flor,** white bread. **12 ~ de la boda,** wedding presents. **13 ~ de munición,** dry bread. **14 ~ eucarístico,** REL. host. **15 ~ perdido,** wastrel, good-for-nothing. **16 venderse como ~ bendito,** to sell like hot cakes.
pana *s. f.* **1** corduroy, velveteen. **2** (Am.) liver, (fig.) guts. **3** (Am.) breakdown: *hemos tenido una pana = we've had a breakdown.*
panacea *s. f.* **1** panacea. ◆ **2 ~ universal,** HIST. universal panacea.
panaché *s. m.* mixed vegetables.
panadera *s. f.* **1** baker; baker's wife. **2** spanking (paliza).
panadería *s. f.* bakery, baker's shop.
panadero *s. m.* baker.
panadizo *s. m.* **1** MED. whitlow. **2** pallid individual.
panal *s. m.* **1** honeycomb (de colmena). **2** spongy sugar cake (dulce).
Panamá *s. m.* Panama.
panameño *adj./s. m.* y *f.* Panamanian.
panamericanismo *s. m.* Panamericanism.
panamericano, -na *adj.* Panamerican.
pancarta *s. f.* **1** placard, banner (cartel). **2** parchment, manuscript (pergamino).
panceta *s. f.* bacon.
pancho *s. m.* **1** sea bream spawn. **2** (fam.) belly. • *adj.* **3** quiet.
pancista *adj.* **1** unprincipled. • *s. m.* y *f.* **2** self-seeker, opportunist.
páncreas *s. m.* ANAT. pancreas.
panda *s. f.* **1** gang. **2** (desp.) bunch. • *s. m.* **3** ZOOL. panda.
pandear *v. pron.* to warp, to sag, to bow, to bulge (paredes, vigas, etc.).
pandectas *s. m.* (form.) **1** pandects. **2** summary, digest.
pandemia *s. f.* pandemic.
pandereta *s. f.* tambourine.
panderete *s. m.* partition wall made with bricks laid on edge.
pandero *s. m.* **1** MÚS. tambourine. **2** prattler (charlatán). **3** kite (cometa). **4** (fam.) bum (culo).
pandilla *s. f.* ⇒ **panda.**
pando, -da *adj.* **1** warped, sagging, bowed. **2** slow moving (lento). **3** (Am.) round-shouldered. • *s. m.* **4** GEOG. flat-bottomed valley.
pandorga *s. f.* **1** kite (cometa). **2** fat lazy woman. **3** drum (tambor).
panegírico, -ca (form.) *adj.* panegyrical. • *s. m.* panegyric.
panel *s. m.* **1** panel (de madera). **2** panel (jurado). ◆ **3 ~ de instrumentos,** dashboard.
panera *s. f.* **1** granary. **2** bread bin. **3** bread basket (cestillo).
pánfilo, -la *adj.* **1** slow-witted (lerdo). **2** gullible (tonto). • *s. m.* y *f.* **3** fool, (fam.) mug (ingenuo).
panfletario, -ria *adj.* **1** (Am.) violent, fiery. **2** bad, poor quality (estilo).
panfletista *s. m.* y *f.* pamphleteer (normalmente con la idea de que escribe satíricamente).
panfleto *s. m.* **1** pamphlet (folleto). **2** (Am.) lampoon. **3** tract, pamphlet (con insultos, sátira, etc.).
pangolín *s. m.* ZOOL. pangolin.
paniaguado *s. m.* **1** servant. **2** POL. henchman, protégé.
pánico *s. m.* panic.
panículo *s. m.* ANAT. membrane.
paniego, -ga *adj.* **1** fond of bread. **2** wheat-growing (tierra). • *s. m.* **3** charcoal bag.
panificar *v. t.* **1** to plough wheatfields (arar). **2** to make bread.
panislamismo *s. m.* Panislamism.
panizo *s. m.* **1** BOT. millet. **2** BOT. maize.
panoja *s. f.* **1** BOT. panicle, corncob, ear of wheat, ear of millet. **2** BOT. bunch (colgajo).
panoli *adj.* **1** simple, daft. • *s. m.* y *f.* **2** dimwit.
panoplia *s. f.* **1** panoply. **2** collection of arms. **3** study of ancient weapons.
panorama *s. m.* **1** panorama, view. **2** POL. situation, scene: *el panorama es desesperante = the situation is depressing.*
panorámico, -ca *adj.* panoramic: *vista panorámica = panoramic view.*
panqueque *s. m.* (Am.) crepe, pancake.
pantagruélico, -ca *adj.* Pantagruellian.
pantaletas *s. f. pl.* (Am.) panties.
pantalla *s. f.* **1** lampshade. **2** screen: *hay que ajustar la pantalla del televisor = the television screen needs adjusting.* **3** front, cover: *sirve de pantalla para las actividades ilegales de la empresa = he's a front for the company's illegal activities.* **4** someone blocking the light, view, etc. **5** (Am.) bodyguard.
pantalón *s. m.* **1** (brit.) trousers, (EE UU) pants. ◆ **2 llevar los pantalones,** to wear the trousers (mandar en casa). **3 ~ vaquero,** jeans.
pantano *s. m.* **1** swamp, marsh (marisma). **2** reservoir (embalse). **3** difficulty, (fam.) tight spot (apuro).
pantanoso, -sa *adj.* **1** marshy, swampy (tierra). **2** (fig.) difficult, fraught with difficulties (problema).
panteísmo *s. m.* FIL. pantheism.
panteísta *adj.* **1** FIL. pantheistic. • *s. m.* y *f.* **2** pantheist.
panteón *s. m.* **1** pantheon. **2** (Am.) cemetery.
pantera *s. f.* ZOOL. panther.

pantis *s. m. pl.* (brit.) tights, (EE UU) panty hose.
pantógrafo *s. m.* pantograph.
pantomima *s. f.* pantomime, mime.
pantorra o **pantorrilla** *s. f.* ANAT. calf.
pantufla *s. f.* o **pantuflo** *s. m.* slipper.
panza *s. f.* **1** ANAT. paunch, belly. **2** bulge (saliente). **3** ZOOL. rumen. ◆ **4** ~ **de burra, a)** overcast sky; **b)** (arc.) degree certificate.
panzada *s. f.* **1** bellyful. **2** slog (brega). **3** belly flop (al tirarse al agua).
panzudo, -da *adj.* paunchy, big bellied.
pañal *s. m.* **1** (brit.) nappy, (EE UU) diaper. **2** shirt tail. **3** infancy (niñez). ◆ **4 estar uno en pañales,** to be wet behind the ears; to be in the early stages: *el proyecto está en pañales = the project is in the early stages.*
paño *s. m.* **1** woollen cloth. **2** cloth, material (tela). **3** wall hanging (lienzo). ● *pl.* **4** clothes. ◆ **5 al** ~, offstage. **6 haber** ~ **que cortar, a)** to have a lot to do; **b)** to have a lot to talk about. **7** ~ **berbí,** coarse woven cloth. **8** ~ **burriel,** cloth made from undyed wool. **9 paños calientes,** half measures. **10** ~ **de lágrimas,** (fig.) a shoulder to cry on. **11** ~ **de lampazo,** tapestry depicting plants. **12** ~ **pardillo,** rustic cloth. **13 paños menores,** underclothes. **14 poner el** ~ **al púlpito,** (fig.) to get on a soapbox.
pañoleta *s. f.* fichu.
pañolón *s. m.* shawl.
pañuelo *s. m.* **1** handkerchief. ◆ **2** ~ **de cabeza,** headscarf.
papa *s. m.* **1** REL. pope. ● *s. f.* **2** (Am.) potato (patata). ● *s. f. pl.* **3** pap, baby food (comida como de papilla). ◆ **4 no saber ni** ~, not to have a clue.
papá *s. m.* (fam.) dad, daddy.
papada *s. f.* **1** double chin. **2** ZOOL. dewlap.
papado *s. m.* REL. papacy.
papagayo *s. m.* **1** ZOOL. parrot. **2** wrasse, peacock fish (pez). **3** BOT. caladium. **4** (Am.) bedpan (silleta). **5** (Am.) large kite (cometa).
papalina *s. f.* **1** cap with earflaps. **2** sun bonnet. **3** (fam.) binge, drunken spree (borrachera).
papamóvil *s. m.* Popemobile.
papamoscas *s. m.* **1** ZOOL. flycatcher. **2** (fam.) simpleton (papanatas).
papanatas *s. m.* y *f.* simpleton; (fam.) wally (necio).
papapa *s. f.* (Am.) stupidity.
paparrucha *s. f.* **1** hoax. **2** lie (mentira). **3** (fig.) potboiler, piece of hack writing. **4** nonsense, (fam.) rubbish: *estás diciendo paparruchas = you're talking rubbish.*
paparruchada *s. f.* (Am.) nonsense, (fig.) rubbish (desatino).
paparulo *s. m.* (Am. y fam.) sucker, mug (ingenuo).
papaverina *s. f.* QUÍM. papaverine.
papaya *s. f.* papaya.
papel *s. m.* **1** paper. **2** letter (carta). **3** document. **4** role, part (rol). **5** character (de un drama, etc.). ◆ **6 hacer un buen papel, a)** to be lucky; **b)** to make a good impression. **7** ~ **carbón,** carbon paper. **8** ~ **continuo,** fanfold paper. **9** ~ **cuché,** glossy paper. **10** ~ **de estraza,** brown paper, wrapping paper. **11** ~ **de barba,** untrimmed paper. **12** ~ **moneda,** paper money. **13** ~ **volante,** memo paper. **14 ser** ~ **mojado,** to be worthless. **15 tener buenos papeles, a)** to have the right background; **b)** to have the right backing; to be right.
papeleo *s. m.* **1** bureaucratic procedure. **2** (fam.) red tape: *hay demasiado papeleo en esta empresa = there is too much red tape in this company.*
papelero, -ra *adj.* **1** showy, boastful. **2** paper. **3** paper-selling. ● *s. m.* y *f.* **4** poseur, (fam.) con man. **5** stationer. ● *s. f.* **6** waste paper basket.
papelería *s. f.* stationer's, stationer's shop.
papelada *s. f.* (Am.) **1** farce (farsa). **2** pretence, charade (simulación).
papeleta *s. f.* **1** (Am.) visiting card. **2** (fig.) tough one, touchy problem: *¡qué papeleta! = that's a tough one!*
papelón *s. m.* **1** laughing stock. ◆ **2 hacer un** ~, to do something ridiculous.
papeo *s. m.* (fam.) grub, (fam.) chow.
papera *s. f.* **1** MED. goitre. ● *pl.* **2** MED. mumps.
papiamento, -ta *adj./s. m.* y *f.* Papiamento (criollo hablando en Curazao).
papila *s. f.* ANAT. papilla.
papilla *s. f.* **1** baby food. **2** guile, (fig.) soft soap (astucia). ◆ **3 echar la** ~, to be sick.
papillote *s. m.* curl paper.
papiloma *s. m.* MED. papilloma.
papiro *s. m.* papyrus.
papisa *s. f.* female pope.
papista *adj.* **1** papist. ● *s. m.* y *f.* **2** papist. ◆ **3 ser más** ~ **que el papa,** (fig.) to be more Catholic than the Pope.
papo *s. m.* **1** ZOOL. dewlap. **2** MED. goitre. **3** ZOOL. crop (aves). ◆ **4 hablar de** ~, to boast.
paquebote o **paquebot** *s. m.* packet boat.
paquete *s. m.* **1** packet, parcel, package. **2** (fam.) dandy (majo). ● *adj.* **3** (Am.) chic, elegant. ◆ **4** ~ **integrado,** INF. integrated package.
paquetear *v. i.* (Am.) to give oneself airs, (fam.) to swank.
paquidermo *s. m.* ZOOL. pachyderm.
paquistaní *adj.* **1** Pakistani. ● *s. m.* y *f.* Pakistani.
par *adj.* **1** equal, similar. **2** even (números). ● *s. m.* **3** pair, couple. **4** peer (noble). **5** DEP. par. ◆ **6 a la** ~, FIN. at par. **7 a pares,** in twos. **8 de** ~ **en** ~, wide open. **9 ir a la** ~, to go halves. **10 sin** ~, peerless, unique.
para *prep.* **1** for (finalidad): *una pala para cavar = a spade for digging with.* **2** for (destino): *estas flores son para tu madre = these flowers are for your mother.* **3** for, by (tiempo): *se lo tendremos preparado para mañana = we'll have it ready for you by tomorrow.* **4** for (adecuación): *pesa demasiado para mí = it's too heavy for me.* ◆ **5** ~ **colmo,** to cap it all. **6** ~ **que,** *conj.*, so that, in order that: *te lo digo para que aprendas = I'm telling you so that you learn.*
parabién *s. m.* congratulations.
parábola *s. f.* **1** parable (literaria, alegórica, etc.). **2** GEOM. parabola.
parabólica *s. f.* satellite dish.
parabrisas *s. m.* (brit.) windscreen, (EE UU) windshield.
paracaídas *s. m.* parachute.
paracaidismo *s. m.* parachute jumping.
paracaidista *s. m.* y *f.* **1** parachutist. **2** MIL. paratrooper.
parachoques *s. m.* (brit.) bumper, (EE UU) fender.
paracleto o **paráclito** *s. m.* REL. Paraclete.
parada *s. f.* stop; pause, break.
paradero *s. m.* **1** whereabouts, location. **2** end. **3** (Am.) railway station. **4** (Am.) bus stop. ◆ **5 ignorar el** ~ **de algo/alguien,** not to know something's/someone's whereabouts.
paradigma *s. m.* **1** model. **2** GRAM. paradigm.
paradigmático, -ca *adj.* exemplary, paradigmatic.
paradisiaco, -ca o **paradisíaco, -ca** *adj.* heavenly, blissful.
parado, -da *pp.* **1** de **parar.** ● *adj.* **2** shy (tímido). **3** at a standstill, motionless (inmóvil). **4** out of work, unemployed (desempleado). **5** standing (en pie). ● *s. f.* **6** stop. **7** (bus) stop. **8** halt, pause (pausa). **9** MIL. parade. **10** staging post (posta). **11** enclosure, cattle pen (corral). **12** bet (envite). ◆ **13** ~ **en firme,** dead stop (de un caballo). **14 salir bien/mal** ~, to come off well/badly.
paradoja *s. f.* paradox.
paradójicamente *adv.* paradoxically.
paradójico, -ca *adj.* paradoxical.
parador, -ra *adj.* **1** stopping. ● *s. m.* **2** inn. **3** state-owned hotel.
paraestatal *adj.* semi-official.
parafernales *adj. pl.* **bienes** ~, DER. paraphernalia.
parafina *s. f.* **1** paraffin wax. **2** (Am.) paraffin.
parafrasear *v. t.* to paraphrase.
paráfrasis *s. f.* **1** paraphrase. **2** free verse translation.
paragoge *s. f.* paragoge, paragogue.
paragolpes *s. m.* (Am.) (brit.) bumper, (EE UU) fender (parachoques).
parágrafo *s. m.* **1** section of text. **2** paragraph.
paraguas *s. m.* umbrella.
Paraguay *s. m.* Paraguay.
paraguaya *s. f.* fruit similar to a peach.
paraguayo, -ya *adj.* **1** Paraguayan. ● *s. m.* y *f.* Paraguayan.
paragüero, -ra *s. m.* y *f.* **1** umbrella maker, umbrella seller. ● *s. m.* **2** umbrella stand.
parahúso *s. m.* drill, awl.
paraíso *s. m.* **1** REL. paradise. **2** gallery, (fam.) gods (teatro). ◆ **3** ~ **terrenal,** Earthly paradise, Garden of Eden. **4** ~ **de los bobos,** fools' paradise.

paraje *s. m.* faraway place, isolated spot: *¡qué paraje tan desolado! = what a bleak isolated spot!*
paral *s. m.* **1** prop. **2** shore (puntal). **3** chock, putlog (náutico).
paralelamente *adv.* **1** comparably (idea de comparación). **2** at the same time.
paralelepípedo *s. m.* GEOM. parallelepiped.
paralelismo *s. m.* parallelism.
paralelo, -la *adj.* **1** parallel. • *s. m.* **2** parallel of latitude. • *s. f.* **3** MIL. trench. • *s. f. pl.* **4** DEP. parallel bars.
paralelogramo *s. m.* GEOM. parallelogram.
parálisis *s. f.* MED. paralysis.
paralítico, -ca *adj.* **1** paralytic; paralyzed: *tengo una hija paralítica = I've got a daughter who is paralyzed.* • *s. m.* y *f.* **2** paralytic.
paralización *s. f.* **1** MED. paralysis. **2** ECON. stagnation. **3** stoppage, suspension (de unas obras, proyecto, etc.).
paralizador, -ra o **paralizante** *adj.* **1** MED. paralyzing. **2** (fig.) stunning, shocking.
paralizar *v. t.* y *pron.* **1** to paralyse. **2** to be paralysed, to become paralysed: *el miedo me paralizó = I became paralysed with fear.* **3** (fig.) to bring/come to a standstill.
paralogismo *s. m.* FIL. paralogism.
paramecio *s. m.* BIOL. paramecium.
paramento *s. m.* **1** ornament. **2** adornment. **3** ARQ. face (de una pared, un sillar). ◆ **4 paramentos sacerdotales,** priest's liturgical vestments.
paramera *s. f.* GEOG. high moorland.
parámetro *s. m.* parameter.
paramnesia *s. f.* MED. paramnesia.
páramo *s. m.* **1** GEOG. moor. **2** bleak plateau (altiplanicie). **3** (Am.) high grassland. **4** wilderness. **5** (Am.) drizzle (llovizna).
parangón *s. m.* **1** comparison, parallel. ◆ **2 no tener ~,** to be matchless. **3 sin ~,** matchless.
parangonar *v. t.* **1** to compare. **2** to justify (alinear letras desiguales).
paraninfo *s. m.* **1** main hall (universidades). **2** (p.u.) paranymph, best man (de una boda).
paranoia *s. f.* MED. paranoia.
paranoico, -ca *adj./s. m.* y *f.* PSIQ. paranoic.
paranomasia *s. f.* ⇒ **paronomasia.**
parapente *s. m.* paragliding.
parapetarse *v. pron.* to fortify (oneself), to protect (oneself).
parapeto *s. m.* parapet.
paraplejía *s. f.* MED. paraplegia.
parapsicología *s. f.* PSIC. parapsychology.
parar *s. m.* **1** pairs (naipes). • *v. t.* **2** to stop, to halt. **3** to point (perro de caza). • *v. i.* y *pron.* **4** to stop, to come to a halt. • *v. i.* **5** to stop, to cease: *no para de hablar = he doesn't stop talking.* **6** to stop, to stay, to lodge: *los viajantes suelen parar en el hostal de la plaza = the travelling salesmen usually stay at the hotel in the square.* **7** to become, to end up: *¡mira en qué ha venido a parar! = look where he's ended up!* • *v. pron.* **8** (Am.) to stand up (levantarse). **9** (Am.) to become wealthy (enriquecerse). ◆ **10 sin ~,** at once: *lo hice sin parar = I did it at once.*
pararrayos *s. m.* lightning conductor.
parasceve *s. f.* **1** preparation. **2** REL. Good Friday.
parasimpático *adj.* y *s. m.* FISIOL. parasympathetic.
parasíntesis *s. f.* GRAM. parasynthesis.
parasitismo *s. m.* MED. parasitism.
parásito, -ta o **parasito, -ta** *adj.* **1** parasitic. • *s. m.* **2** parasite: *un parásito social = a social parasite.*
parasol *s. m.* parasol, sunshade.
parata *s. f.* AGR. terrace.
paratifoidea *s. f.* MED. paratyphoid.
parcamente *adv.* frugally (en comidas), moderately (en comidas y otras materias).
Parcas *s. f. pl.* Fates, Parcae.
parcela *s. f.* **1** plot of land. **2** smallholding. **3** particle (partícula).
parcelación *s. f.* division into plots, division into lots (especialmente tierra para usos agrícolas).
parcelar *v. t.* to divide into plots, to divide into lots (especialmente parcelas cultivadas).
parcelario, -ria *adj.* divided into plots (especialmente tierra de cultivo).
parchar *v. t.* (Am.) to patch (ropa).
parche *s. m.* **1** MED. sticking plaster. **2** patch. **3** drumhead (piel de tambor). **4** drum (tambor). **5** botch (chapuza). ◆ **6 pegar un ~ a alguien,** (fam.) to con somebody.
parchís *s. m.* ludo.
parcial *adj.* **1** partial. **2** incomplete (inacabado). **3** biased (prejuzgado). **4** partisan (partidista): *una opinión parcial = a partisan view.* • *s. m.* **5** assessment examination (examen).
parcialidad *s. f.* bias.
parco, -ca *adj.* **1** sparing, parsimonious. **2** frugal. **3** mean.
pardal *adj.* **1** rustic. **2** brown, dun (color). • *s. m.* **3** wily rogue. **4** ZOOL. sparrow.
pardela *s. f.* ZOOL. small seagull.
¡pardiez! *interj.* by Jove!
pardillo *adj.* **1** rustic. • *s. m.* **2** coarse brown cloth (paño). **3** ZOOL. linnet. **4** beginner, novice: *eres un pardillo, después de todo = you're a beginner, after all.*
pardo, -da *adj.* **1** dun, tawny. • *s. m.* **2** mulatto. ◆ **3 oso ~,** ZOOL. brown bear.
pardusco, -ca o **parduzco, -ca** *adj.* greyish, brownish.
pareado, -da *adj.* **1** semi-detached (casa). • *s. m.* **2** LIT. couplet.
parear *v. t.* **1** to match. **2** to form pairs. **3** to compare. **4** ZOOL. to mate.
parecer *s. m.* **1** opinion. **2** looks (aspecto). • *v. i.* **3** to seem, to appear. **4** to look: *pareces muy cansado hoy = you look very tired today.* • *v. imp.* **5** to think, to believe: *me parece que ha llegado = I think he's come.* • *v. pron.* **6** to resemble each other, to look alike. ◆ **7 ~ a,** to resemble; to look like. **8 ~ bien/mal,** to look good/bad, to think it's right/wrong: *me parece mal que le hayas engañado = I think it's wrong of you to deceive him.*
parecido, -da *adj.* **1** similar, alike, like. • *s. m.* **2** similarity. ◆ **3 bien ~,** good-looking.
pared *s. f.* **1** wall. ◆ **2 arrimarse uno a las paredes,** (fam.) to be sozzled. **3 entre cuatro paredes,** lonely. **4 las paredes oyen,** walls have ears. **5 hasta la ~ de enfrente,** resolutely. **6 ~ maestra,** load-bearing wall. **7 pegado a la ~,** ashamed. **8 subirse por las paredes,** (fam.) to go up the wall.
paredaño, -ña *adj.* next door, adjoining.
paredón *s. m.* **1** thick wall. ◆ **2 ¡al ~!,** up against the wall! **3 llevar al ~,** to have executed by firing squad.
parejero, -ra *adj.* **1** cocky, conceited. • *s. m.* y *f.* **2** (Am.) racehorse.
parejo, -ja *adj.* **1** similar, alike, equal. **2** flat. • *s. f.* **3** couple. **4** partner. ◆ **5 correr parejas/ correr a las parejas, a)** to keep pace with; **b)** to be on a level with. **6 por parejas,** in pairs.
paremia *s. f.* **1** proverb, wise saw (refrán). **2** fable (fábula).
parénquima *s. m.* BIOL. parenchyma.
parentela *s. f.* **1** relations. **2** blood relationship.
parentesco *s. m.* **1** relationship. **2** relations.
paréntesis *s. m.* **1** parenthesis. **2** bracket. **3** break, interruption: *un paréntesis en mi vida = an interruption in my life.* ◆ **4 entre ~,** in brackets. **5 hacer un ~,** to take a break: *hagamos un paréntesis para tomar un bocadillo = let's take a break for a sandwich.*
paria *s. m.* y *f.* pariah.
parias *s. f. pl.* **1** BIOL. placenta. **2** HIST. princely tribute.
parida *s. f.* (vulg.) stupid remark; bullshit.
paridad *s. f.* **1** parity, equality: *paridad monetaria = monetary parity.* **2** comparison.
paridera *adj.* **1** child-bearing, fertile. • *s. f.* **2** place where livestock drop their young. **3** giving birth (parto del ganado).
pariente, -ta *adj.* **1** related. **2** similar. • *s. m.* y *f.* **3** relation, relative, kin. ◆ **4 la parienta,** (fam.) the wife, the missus.
parietal *adj.* **1** wall. **2** ANAT. parietal. • *s. m.* ANAT. parietal: parietal bone.
parihuela(s) *s. f.* stretcher.
paripé *s. m.* (fam.) **hacer el ~,** to show off; to kid oneself.
parir *v. t.* **1** to give birth (to), to bear. **2** to drop (los animales). **3** to foal (las yeguas); to calve (las vacas); to farrow (las cerdas); to lamb (las ovejas). **4** to lay eggs. **5** (fig.) to reveal. ◆ **6 ~ a medias,** to produce as a joint effort.
París *s. m.* Paris.

parisiense o **parisino, -na** *adj.* **1** Parisian. • *s. m.* y *f.* **2** Parisian.
paritario, -ria *adj.* joint (de las reuniones u organismos donde los obreros y empresarios u otros dos grupos están proporcionalmente representados).
paritorio *s. m.* **1** MED. antenatal room. **2** (Am.) childbirth.
parkinson *s. m.* MED. Parkinson's disease.
parlamentar *v. i.* **1** to parley, to negotiate a treaty. **2** to converse.
parlamentario, -ria *adj.* **1** parliamentary. • *s. m.* y *f.* **2** member of Parliament.
parlamentarismo *s. m.* POL. parliamentarianism.
parlamento *s. m.* **1** POL. Parliament. **2** Houses of Parliament. **3** speech (discurso). **4** parley (con enemigos).
parlanchín, -ina *adj.* **1** loose-talking, loose-tongued. • *s. m.* y *f.* **2** loose talker, (fam.) big mouth.
parlante *adj.* **1** talking, speaking. • *s. m.* **2** (Am.) loudspeaker.
parlar *v. i.* **1** to chatter, to prattle. **2** to gossip (cotillear).
parlero, -ra *adj.* **1** garrulous. **2** gossipy (cotilla). **3** talking, singing (pájaro). **4** expressive, musical. • *s. m.* y *f.* **5** gossip. **6** chatterbox (charlatán).
parlotear *v. i.* to prattle, to chatter.
parloteo *s. m.* prattle, chatter.
parmesano, -na *adj.* parmesan (queso).
Parnaso *s. m.* **1** Parnassus. **2** LIT. anthology of poetry.
parné *s. m.* (fam.) dough; cash, money.
paro *s. m.* **1** stop, stopping. **2** unemployment (desempleo). **3** knocking-off time (final de jornada). **4** lockout, shutdown. **5** (Am.) strike (huelga). **6** ZOOL. tit, titmouse.
parodia *s. f.* **1** LIT. parody. **2** travesty.
parodiar *v. t.* to parody.
paronimia *s. f.* GRAM. paronym.
parónimo, -ma *adj.* paronymic.
paronomasia *s. f.* FON. paronomasia.
parótida *s. f.* **1** ANAT. parotid; parotid gland. **2** MED. parotitis.
paroxismo *s. m.* paroxysm.
paroxítono, -na *adj.* GRAM. paroxytone.
parpadear *v. i.* **1** to flutter one's eyelids (repetidamente). **2** to blink (puede ser solamente una vez). **3** to twinkle (estrellas). **4** to flicker (luz).
parpadeo *s. m.* blinking, flickering (de luces u ojos).
párpado *s. m.* eyelid.
parque *s. m.* **1** park (jardín). **2** MIL. depot. **3** stock, total (vehículos). **4** playpen (bebé). ◆ **5** ~ **de atracciones,** funfair, amusement park. **6** ~ **temático,** theme park. **7** ~ **zoológico,** zoo.
parqué *s. m.* parquet.
parqueadero *s. m.* (Am.) car park.
parquear *v. t.* e *i.* (Am.) to park.
parquedad *s. f.* **1** frugality, moderation. **2** parsimony.
parqueo *s. m.* (Am.) car park.
parquímetro *s. m.* parking meter.
parra *s. f.* **1** BOT. climbing vine. ◆ **2 subirse a la** ~, (fam.) to go up the wall. **3** (fam.) to go over the top.
parrafada *s. f.* **1** long chat. ◆ **2 echar una** ~, to have a long chat.
párrafo *s. m.* **1** paragraph. **2** paragraph marker.
parral *s. m.* **1** BOT. vine arbour. **2** BOT. vineyard.
parranda *s. f.* **1** spree, binge, party. **2** group of revellers.
parricida *s. m.* y *f.* parricide (persona).
parrilla *s. f.* **1** gridiron, grating. **2** grill. • **a la** ~, grilled; barbecued.
párroco *adj.* **1** parish. • *s. m.* **2** parish priest.
parroquia *s. f.* **1** REL. parish church (iglesia). **2** REL. congregation (feligreses). **3** REL. parish (zona). **4** customers, clientele: *este bar tiene una buena parroquia = this pub has good customers.*
parroquial *adj.* REL. parochial, of the parish.
parroquiano, -na *adj.* **1** REL. parochial, pertaining to the parish. • *s. m.* y *f.* **2** REL. parishioner. **3** customer, client.
parsimonia *s. f.* **1** thrift. **2** prudence. **3** unhurried attitude (sin prisa).
parsimonioso, -sa *adj.* slow, unhurried.
parte *s. f.* **1** part. **2** portion. **3** share. **4** contender (contendiente). **5** COM. party. • *s. m.* **6** bulletin. **7** DER. litigant. • *s. f. pl.* **8** genitals. ◆ **9 de** ~ **a** ~, absolutely. **10 de** ~ **de,** on behalf of, in the name of. **11 echar a mala** ~, to look disapprovingly upon. **12 echar uno por otra** ~, to go off in a different direction. **13 en** ~, partly. **14 hacer uno de su** ~, to do one's best. **15 llevar uno la mejor** ~, to get the best of it. **16 nombrar partes,** to name names. **17** ~ **alicuanta,** MAT. aliquant part. **18** ~ **alicuota,** MAT. aliquot part. **19** ~ **de la oración,** GRAM. part of speech. **20** ~ **homogénea,** homogeneous part. **21** ~ **integrante,** integral part. **22 por la mayor** ~, in the main. **23 por** ~ **de:** *es primo por parte de madre = he's my cousin on my mother's side.*
parteluz *s. m.* ARQ. mullion.
partenogénesis *s. f.* REL. parthenogenesis, virgin birth.
partera *s. f.* MED. midwife.
parterre *s. m.* **1** public garden (jardín). **2** flowerbed (maceta). **3** stalls (teatro).
partición *s. f.* POL. partition.
participación *s. f.* **1** participation. **2** news (novedad). **3** part of a lottery ticket.
participar *v. t.* **1** to announce, to inform. • *v. i.* **2** to take part, to participate.
participio *s. m.* **1** GRAM. participle. ◆ **2** ~ **presente/activo,** present participle. **3** ~ **pasado/pasivo,** past participle.
partícula *s. f.* **1** particle. **2** GRAM. particle. ◆ **3 partículas alfa,** FÍS. alpha particles. **4 partículas beta,** FÍS. beta particles.
particular *adj.* **1** particular, special. **2** peculiar (característico): *el canguro es particular de Australia = the kangaroo is peculiar to Australia.* **3** private: *una casa particular = a private house.* **4** peculiar, odd, strange (extraño). • *s. m.* **5** member of the public, private individual. **6** matter, subject (asunto).
particularidad *s. f.* peculiarity.
particularismo *s. m.* particularism, self-interest.
particularizar *v. t.* **1** to detail, to specify. **2** to favour. • *v. pron.* **3** to stand out.
particularmente *adv.* **1** particularly, specially. **2** privately.
partida *s. f.* **1** departure (salida). **2** certificate: *me hacen falta sus partidas de nacimiento y matrimonio = I need his birth and marriage certificates.* **3** COM. entry (contabilidad). **4** COM. consignment, batch (lote). **5** armed band. **6** game (naipes, etc.). ◆ **7** ~ **doble,** COM. double entry (contabilidad). **8 por** ~ **doble,** doubly; for two reasons.
partidario, -ria *adj.* **1** partisan, partial. • *s. m.* y *f.* **2** supporter, follower.
partidismo *s. m.* **1** partisanship, party line. **2** bias (prejuicio): *tu partidismo es evidente = your bias is evident.*
partido, -da *p. p.* **1** de **partir.** • *adj.* **2** split, divided. **3** cracked (agrietado). **4** departed (salido). **5** party (heráldico). • *s. m.* **6** POL. party. **7** side (bando). **8** match, game (contienda). **9** district (distrito). ◆ **10 sacar** ~, to benefit. **11 ser buen** ~, (fig.) to be a good catch. **12 ser mal** ~, to be not worth bothering with. **13 tomar** ~, **a)** to take sides; **b)** to change over to the other side.
partir *v. t.* **1** to divide, to split, to break in two. **2** to share out (repartir). **3** to crack (nueces, etc.). • *v. i.* **4** to leave, to depart. • *v. pron.* **5** to split, to crack. ◆ **6 a** ~ **de,** starting from. **7** ~ **a uno,** to demoralise someone.
partisano, -na *adj.* **1** partisan. • *s. m.* y *f.* MIL. partisan.
partitivo, -va *adj.* GRAM. partitive.
partitura *s. f.* MÚS. score.
parto *s. m.* **1** childbirth, delivery. **2** (fig.) brainchild. ◆ **3 el** ~ **de los montes,** anticlimax. **4 venir el** ~ **derecho,** (fig.) to turn out hunky dory.
parturienta *s. f.* MED. parturient, woman in labour, woman who has just given birth.
parva *s. f.* **1** light breakfast. **2** AGR. corn ready for threshing. **3** AGR. threshed corn.
parvedad *s. f.* **1** smallness. **2** light morning snack (en días de vigilia).
parvo, -va *adj.* small, little.
parvulario *s. m.* nursery school.
párvulo *adj.* **1** little, tiny. **2** naive, innocent (ingenuo). • *s. m.* **3** infant.
pasa *s. f.* raisin.
pasable *adj.* passable, fair, so-so: *la película es pasable = the film is passable.*
pasablemente *adv.* passably, fairly.

pasacalle *s. m.* MÚS. passacaglia.

pasadero, -ra *adj.* **1** passable. **2** fair, acceptable. • *s. f.* **3** footbridge (puente). **4** stepping stone (piedra).

pasadizo *s. m.* **1** corridor (pasillo). **2** alleyway (pasaje).

pasado, -da *p. p.* **1** de **pasar.** • *s. m.* **2** past. **3** GRAM. past. • *pl.* **4** ancestors. • *s. f.* **5** passing, passage. **6** coat: *le he dado dos pasadas de pintura = I've given it two coats of paint.* **7** (Am.) shame, embarrassment (vergüenza). ◆ **8 dar pasada,** to allow. **9 de pasada, a)** incidentally; **b)** passing through. **10 mala pasada,** dirty trick.

pasador, -ra *adj.* **1** smuggling. • *s. m.* **2** bolt, latch (pestillo). **3** tie clip, tie pin (sujetacorbatas); slide (pelo). **4** strainer (coladera). **5** colander (colador). **6** MEC. pin; split pin (chaveta). **7** MEC. filter (filtro). **8** smuggler (contrabandista).

pasaje *s. m.* **1** passage, way, crossing (travesía). **2** toll (peaje). **3** alley, lane (callejuela). **4** fare (tarifa). **5** passengers (pasajeros). **6** LIT. passage. **7** passageway (pasillo). **8** (Am.) ticket (billete).

pasajero, -ra *adj.* **1** busy: *es una calle muy pasajera = it's a very busy street.* **2** fleeting, transient (efímero). ◆ **3 pájaro ~,** bird of passage. • *s. m.* y *f.* **4** passenger.

pasamano *s. m.* **1** banister(s). • *pl.* **2** handrail. **3** braid (galones).

pasamontañas *s. m.* balaclava.

pasante *adj.* **1** passing. • *s. m.* **2** teaching assistant. **3** DER. articled clerk.

pasaporte *s. m.* **1** passport. ◆ **2 dar ~ a uno,** (fig. y fam.) to give someone the push, to dismiss.

pasar *v. t.* **1** to pass: *¿quieres pasarme una servilleta? = do you mind passing me a serviette?* **2** to cross (atravesar). **3** to overtake, to pass (adelantar). **4** to pass on (transferir). **5** to pass through. **6** to strain (colar). **7** to sift, to sieve (cerner). **8** to swallow (tragar). **9** to pass: *he pasado el examen = I've passed the exam.* **10** to overlook: *ella pasa todas sus faltas = she overlooks all his mistakes.* **11** to miss out, to skip: *voy a pasar las próximas diez páginas = I'm going to skip the next ten pages.* **12** to spend (tiempo): *pasé cinco años en Inglaterra = I spent five years in England.* **13** to endure, suffer: *los pobres pasan mucha hambre = the poor suffer considerable hunger.* **14** to subsist. • *v. i.* **15** to happen (suceder). **16** to go in (to), to come in (to), to enter. **17** DEP. to pass. • *v. pron.* **18** (fig.) to overstep the mark, to go too far. **19** to go bad, to go off, to go rotten (pudrirse). **20** to change sides. **21** to forget: *se me pasó avisarte = I forgot to tell you.* ◆ **22 ~ a mejor vida,** (euf.) to pass away. **23 ~ de largo,** to pass by. **24 ~ de, a)** to exceed: *pasas de los 100 kilómetros por hora = you are exceeding 100 kilometers per hour;* **b)** not to be interested in: *él pasa de todo = he's not interested in anything.* **25 pasarlo bien,** to have a good time. **26 pasarse de listo,** to be too clever by half. **27 pase lo que pase,** whatever happens. **28 ¿qué pasa?, a)** how's it going? (saludo); **b)** what's going on? (¿qué sucede?); **c)** what's the matter? (¿hay problemas?).

pasarela *s. f.* **1** footbridge (puente). **2** gangway (de un barco). **3** catwalk (de modelos).

pasatiempo *s. m.* pastime, hobby.

pascal *s. m.* FÍS. pascal.

pascana *s. f.* (Am.) roadside inn.

pascua *s. f.* **1** REL. Passover. **2** REL. Easter. **3** REL. Christmas. **4** REL. Epiphany. **5** Christmas holidays. ◆ **6 dar** o **felicitar las Pascuas, a)** to wish (someone) a happy Christmas; **b)** to wish (someone) a happy Easter. **7 de Pascuas a Ramos,** once in a blue moon. **8 estar uno como unas pascuas,** to be as happy as a dog with two tails. **9 ~ florida,** Easter. **10 ~ de Pentecostés,** Whitsuntide. **11 santas pascuas,** that's that: *tú te conformas con lo que te den, y santas pascuas = you'll make do with what you're given and that's that.*

pascual *adj.* REL. paschal.

pascuilla *s. f.* REL. Low Sunday.

pase *s. m.* **1** pass: **2** safe conduct (salvoconducto). **3** DEP. pass.

paseante *s. m.* y *f.* stroller, promenader.

pasear *v. i.* **1** to stroll, to walk (andar). **2** to go for a ride (a caballo, en bicicleta, en moto). **3** to go for a drive (en coche). • *v. t.* **4** to take for a walk. **5** to parade. ◆ **6 ~ la imaginación,** to let one's imagination roam. **7 ~ la mirada por,** to run one's eyes over.

paseíllo *s. m.* opening parade (de toreros).

paseo *s. m.* **1** walk, stroll (caminata). **2** ride (a caballo, en bicicleta, en moto). **3** drive (en coche). **4** throughfare, promenade (calle). **5** walking distance. ◆ **6 ¡a ~!,** (fam.) hop it!, scram! **7 dar un ~, a)** to go for a stroll, to go for a walk; **b)** to go for a ride; **c)** to go for a drive.

pasible *adj.* LIT. able to suffer.

pasiflora *s. f.* BOT. passion flower.

pasillo *s. m.* **1** passage, corridor. **2** short play (saeta).

pasión *s. f.* **1** passion. **2** enthusiasm. **3** REL. Passion, Passion of Christ.

pasional *adj.* passional (emociones fuertes).

pasionaria *s. f.* BOT. passion flower.

pasivamente *adv.* passively.

pasividad *s. f.* passivity.

pasivo, -va *adj.* **1** passive. **2** state (pensión). • *s. m.* **3** FIN. liabilities, debts. ◆ **4 voz pasiva, ⇒ voz. 5 participio ~, ⇒ participio.**

pasmado, -da *p. p.* **1** de **pasmar.** • *adj.* **2** astonished, stunned. **3** (fam.) dopey. ◆ **4 dejar a alguien ~,** to amaze somebody. **5 quedar ~,** to stand open-mouthed, to stand gaping.

pasmar *v. t.* **1** to freeze, to chill (enfriar). **2** to amaze (asombrar). **3** to stun (aturdir). • *v. pron.* **4** MED. to be frozen, to catch a chill. **5** to be dumbfounded (aturdirse). **6** MED. to get lockjaw (con trismo). **7** to fade (desleírse). **8** to tarnish (deslustrarse).

pasmarota o **pasmarotada** *s. f.* **1** feigned display of shocked surprise. **2** overreaction.

pasmarote *s. m.* (fam.) drip, twit.

pasmo *s. m.* **1** MED. chill (enfriamiento). **2** MED. lockjaw, tetanus. **3** wonder, astonishment (asombro). **4** source of wonder.

pasmosamente *adv.* amazingly, astonishingly.

pasmoso, -sa *adj.* amazing, astonishing.

paso, -sa *adj.* **1** dried (fruta).

paso *s. m.* **1** step, stride (zancada). **2** pace (ritmo). **3** rung, step (peldaño). **4** passing (pasada). **5** passage, way through. **6** move, measure (medida). **7** footprint, footstep (huella). **8** progress, rate. **9** REL. stage in the Passion of Christ. **10** REL. portable or mobile tableau (en una procesión religiosa). **11** short play, sketch (saeta). **12** strait(s) (estrecho). **13** passage, migration (of birds). **14** MEC. pitch. ◆ **15 a cada ~,** at every turn, all the time. **16 acortar los pasos a alguien,** (fig.) to hinder someone's progress. **17 a dos pasos,** close by. **18 a ese ~,** at that rate. **19 al ~ que,** at the rate that, at the tempo that. **20 andar en malos pasos,** (fig.) to stray from the straight and narrow. **21 contar los pasos,** (fig.) to tread warily. **22 de ~, a)** passing through; **b)** by the way. **23 hacer el ~,** to look foolish. **24 ~ a nivel,** level crossing. **25 ~ de comedia, a)** excerpt of a play, etc.; **b)** comical incident. **26 ~ geométrico,** geometric pace. **27 salir uno al ~, a)** to face up to; **b)** to forestall. **28 salir uno del ~,** to get out of an awkward situation.

pasodoble *s. m.* paso doble.

pasparse *v. pron.* MED. to chap, to crack.

pasquín *s. m.* satirical poster.

pasquinada *s. f.* lampoon, scurrilous article.

pasta *s. f.* **1** dough, paste. **2** MET. molten metal. **3** pulp (de madera). **4** pasta (espaguetis, etc.). **5** binding (encuadernación). **6** pastry, biscuit, sponge (bizcocho). ◆ **7 buena ~,** (fig.) good sort. **8 media ~,** half-binding.

pastadero *adj.* **1** grazing ground. **2** pasture.

pastar *v. t.* e *i.* to graze: *había ovejas pastando = there were sheep grazing.*

pastel *s. m.* **1** cake. **2** BOT. woad. **3** ART. pastel. **4** ART. pastel drawing. **5** (fig.) mess, bodge (chapuza). **6** (fig.) dumpy person (persona gorda). ◆ **7 se le descubrió el ~,** (fig.) he was rumbled.

pastelear *v. i.* **1** (fig.) to play for time, (fig.) to stall, (fam.) to flannel.

pastelería *s. f.* **1** confectionery (productos). **2** confectioner's, cake shop.

pastelero, -ra *adj.* **1** baking. • *s. m.* y *f.* **2** pastry cook.
pasterizar o **pasteurizar** *v. t.* to pasteurize.
pastiche *s. m.* pastiche.
pastilla *s. f.* **1** MED. tablet, lozenge. **2** bar (jabón, chocolate), square (chocolate). ◆ **3 a toda ~,** at full speed, like the wind, like a flash. **4 gastar uno pastillas de boca,** to make empty promises.
pastizal *s. m.* pasture.
pasto *s. m.* **1** grass, fodder. **2** pasture land, meadow (prado). **3** grazing. **4** feed (pienso). ◆ **5 a ~/a todo ~,** in abundance, galore. **6 de ~,** ordinary, everyday. **7 ~ espiritual,** spiritual sustenance. **8 ~ de las llamas/del fuego,** fuel to the flames.
pastor, -ra *s. m.* **1** shepherd. **2** priest. • *s. f.* **3** shepherdess. ◆ **3 el Buen Pastor,** REL. the Good Shepherd. **4 ~ sumo** o **universal,** REL. the Pope. **5 ~ alemán,** German shepherd (perro).
pastoral *adj.* **1** LIT. pastoral. **2** REL. pastoral. ◆ **3 carta ~,** pastoral letter.
pastorear *v. t.* to shepherd.
pastorela *s. f.* **1** MÚS. pastourelle, pastorale. **2** LIT. pastoral.
pastoreo *s. m.* shepherding.
pastoril *adj.* **1** pastoral. **2** LIT. pastoral.
pastosidad *s. f.* **1** doughiness (de una sustancia). **2** mellowness (de voz).
pastoso, -sa *adj.* **1** doughy, pasty. **2** rich, mellow: *voz pastosa = mellow voice.* **3** thick (pintura). **4** (Am.) grassy.
pastura *s. f.* **1** pasture. **2** fodder, feed.
pata *s. f.* **1** ZOOL. foot, leg, paw. **2** foot, leg (muebles). **3** ZOOL. duck (ánade). **4** ANAT. (fam.) leg, foot. ◆ **5 a ~ chula,** crippled. **6 a cuatro patas,** on all fours. **7 a la ~ coja,** hopping. **8 a la ~ la llana,** simply. **9 a ~,** on foot. **10 estirar la ~,** (fam.) to snuff it. **11 enseñar la ~,** (fam.) to give the game away. **12 meter la ~,** (fam.) to put one's foot in it. **13 patas arriba, a)** upside down; **b)** (fam.) cock-eyed. **14 poner a uno de patas en la calle,** (fam.) to give someone the boot. **15 tener uno mala ~, a)** to be unlucky; **b)** to be clumsy. **16 (El) patas,** (fam.) Old Nick.
patache *s. m.* **1** tender. **2** MAR. trading vessel (mercante).
pataco, -ca *adj.* **1** peasant, uncouth (inculto). • *s. m.* y *f.* **2** (desp.) peasant, bumpkin. • *s. f.* **3** HIST. old silver coin. • *s. m.* **4** HIST. ten cents coin.
patacón *s. m.* **1** HIST. old coin. **2** peso (moneda). **3** HIST. ten cent coin. **4** (Am.) slice of fried banana. **5** (Am.) bruise (magulladura).
patada *s. f.* **1** kick (puntapié). **2** stamp (pisotón). **3** footprint (huella). **4** step, stride (paso). ◆ **5 a patadas, a)** (fam.) galore (a montones); **b)** roughly (maltratar).
patagio *s. m.* patagium.
patalear *v. i.* **1** to throw a tantrum (rabieta). **2 a)** to stamp one's feet (en el suelo); **b)** to kick one's legs (en el aire).
pataleo *s. m.* **1** kicking, stamping. ◆ **2 derecho al ~,** right to make a fuss, right to protest (aunque no sirva de nada a la larga).
pataleta *s. f.* **1** tantrum (rabieta). **2** MED. fit.
patán *adj.* **1** rustic. **2** loutish (grosero). **3** uncouth (zafio). • *s. m.* **4** country bumpkin (cateto). **5** lout (gamberro). **6** boor.
patarata *s. f.* **1** inanity (idiotez). **2** (fam.) smarminess. **3** affectation.
patata *s. f.* **1** potato. **2** chip (frita y caliente). **3** crisp (frita).
patatero, -ra *adj.* **1** fond of potatoes. • *s. m.* y *f.* **2** potato seller. **3** potato buyer. • *s. m.* **4** MIL. officer who has come up through the ranks.
patatús *s. m.* **1** dizzy spell (síncope). **2** slight mishap (percance).
paté *s. m.* pâté.
patear *v. t.* **1** to kick. **2** (fig.) to trample on (pisotear), to abuse. **3** to boo, to jeer. • *v. t.* e *i.* **4** to chase around: *he estado toda la mañana pateando y no he encontrado a Ignacio = I've been chasing around all morning and I haven't found Ignacio.* • *v. i.* **5** to stamp (patalear).
patena *s. f.* **1** a large medal. **2** REL. paten. ◆ **3 limpio como una ~,** (fig.) as clean as a whistle.
patentar *v. t.* **1** to patent. **2** to register patents.
patente *adj.* **1** patent, obvious, evident. • *s. f.* **2** DER. licence. **3** DER. warrant. **4** COM. patent. ◆ **5 ~ de corso, a)** letter of marque; **b)** (fig.) free hand. **6 ~ de navegación,** ship's certificate of registration.
patentemente *adv.* patently, obviously.
patentizar *v. t.* to make clear, to demonstrate.
pateo *s. m.* stamping, kicking.
patera *s. f.* launch.
paternal *adj.* fatherly, paternal.
paternalismo *s. m.* paternalism.
paternalista *adj.* **1** paternalistic, (desp.) patronizing. • *s. m.* **2** paternalist.
paternalmente *adv.* paternally.
paternidad *s. f.* **1** paternity, fatherhood. **2** authorship (autoría).
paterno, -na *adj.* paternal, fatherly.
pateta *s. m.* (fam.) Old Nick.
patéticamente *adv.* pathetically.
patético, -ca *adj.* **1** pathetic, touching. **2** moving (conmovedor).
patibulario, -ria *adj.* **1** gallows. **2** sinister, horrifying.
patíbulo *s. m.* scaffold, gallows.
patidifuso, -sa *adj.* flabbergasted, nonplussed, dumbfounded: *le dejé patidifuso con la noticia = I had him dumbfounded with the news.*
patilla *s. f.* **1** sideboard, sideburn (pelo). **2** arm (de gafas). **3** scar (de arma de fuego). **4** (Am.) bench. • *s. m. pl.* (fam.) Old Nick.
patín *s. m.* **1** skate. **2** runner (de trineo). **3** scooter (patinete). **4** ZOOL. goosander.
pátina *s. f.* patina.
patinador, -ra *s. m.* y *f.* skater.
patinaje *s. m.* **1** skating. ◆ **2 ~ artístico,** figure skating.
patinar *v. i.* **1** to skate. **2** to skid (coche, etc.). **3** (fig.) to slip up, to make a blunder (equivocarse).
patinazo *s. m.* **1** skid (de un vehículo). **2** (fig.) blunder (metedura de pata).
patinete *s. m.* scooter.
patio *s. m.* **1** ARQ. patio, courtyard. **2** playground (de recreo). **3** stalls (de teatro).
patitieso, -sa *adj.* **1** stiff-legged. **2** flabbergasted (patidifuso). **3** (fig.) stuck up, snooty (engreído).
patizambo, -ba *adj.* knock-kneed.
pato *s. m.* **1** duck, drake. • *adj.* **2** (fig.) wet, boring (pesado). ◆ **3 estar hecho un ~,** to be sopping wet. **4 pagar el ~, a)** (fig.) to carry the can (cargar con el muerto); **b)** to foot the bill (pagar). **5 ~ de flojel,** ZOOL. eider.
patochada *s. f.* **1** nonsense, (fig.) rubbish (tonterías). **2** (fam.) cock-up (equivocación).
patógeno, -na *adj.* MED. pathogenic.
patología *s. f.* FISIOL. pathology.
patológico, -ca *adj.* **1** MED. pathological. **2** (fig.) incredible, exaggerated: *miedo patológico al agua = exaggerated fear of water.*
patoso, -sa *adj.* **1** tiresome (pesado). **2** clumsy (torpe).
patraña *s. f.* story, misrepresentation: *eso es una patraña = that's a gross misrepresentation.*
patria *s. f.* **1** homeland, native country. **2** mother country, fatherland. ◆ **3 ~ chica, a)** home town; **b)** home region. **4 ~ celestial,** heaven.
patriarca *s. m.* **1** patriarch. ◆ **2 vivir como un ~,** to live a life of ease.
patriarcado *s. m.* patriarchy.
patriarcal *adj.* patriarchal.
patricio, -cia *adj.* **1** patrician, noble. • *s. m.* y *f.* **2** patrician, aristocrat.
patrimonio *s. m.* **1** patrimony, heritage. **2** DER. inheritance. **3** wealth (caudal). **4** FIN. assets. ◆ **5 ~ real,** crown land. **6 ~ nacional,** national heritage.
patrio, -tria *adj.* **1** native, home. **2** paternal.
patriota *adj./s. m.* y *f.* patriot.
patriotero, -ra *adj.* jingoistic, chauvinistic.
patriótico, -ca *adj.* patriotic.
patrióticamente *adv.* patriotically.
patriotismo *s. m.* patriotism.
patrístico, -ca *adj.* **1** REL. patristic. • *s. f.* **2** patristics.
patrocinador, -ra *adj.* **1** sponsoring. • *s. m.* y *f.* **2** sponsor, backer (de un acontecimiento cultural, deportivo, etc.).
patrocinar *v. t.* to sponsor (artes, cultura, deportes, etc.).
patrocinio *s. m.* **1** patronage, sponsorship. ◆ **2 ~ de Nuestra Señora,** REL. Feast of Our Lady. **3 ~ de San José,** Feast of St. Joseph.
patrología *s. f.* REL. patristics.
patrón *s. m.* **1** patron (que patrocina). **2** landlord (de pensión, etc.). **3** owner, employer, boss (dueño); master (amo). **4** skipper (de un barco). **5**

pattern, template (plantilla). **6** ECON. standard: *patrón oro = gold standard.* **7** BOT. stock, host. **8** boss, employer (patrono).
patrona *s. f.* **1** patroness (que patrocina). **2** hostess, landlady (de pensión, residencia, etc.). **3** owner, employer (dueña); mistress (ama).
patronal *adj.* **1** employer, employer's, managerial: *organización patronal = employer's organization.* ◆ **2 cierre ~,** lockout. **3 la ~,** the employers.
patronato *s. m.* **1** patronage, sponsorship. **2** COM. employers' organization. **3** board of trustees, management board (junta). **4** trust. ◆ **5 ~ real,** royal patronage.
patronazgo *s. m.* patronage.
patronímico *adj.* y *s. m.* patronymic.
patrono *s. m.* ⇒ **patrón.**
patrulla *s. f.* **1** patrol. **2** group, band.
patrullar *v. t.* e *i.* to patrol.
patuco *s. m.* bootee.
patulea *s. f.* **1** mob (gentuza). **2** (fam.) bunch of kids.
patuleco, -ca *adj.* bandy, bandy-legged.
paúl *adj.* y *s. m.* **1** REL. Vincentian. ● *s. m.* **2** marsh, swamp (pantano).
paular *s. m.* **1** swamp, bog. **2** marshy ground.
paulatinamente *adv.* slowly, gradually.
paulatino, -na *adj.* slow, gradual: *una paulatina mejoría = a gradual improvement.*
pauperismo *s. m.* pauperism.
paupérrimo, -ma *adj.* poverty-stricken.
pausa *s. f.* **1** pause. **2** interval, break. **3** MÚS. rest. ◆ **4 hacer una ~,** to take a break.
pausadamente *adv.* unhurriedly, slowly, calmly.
pausado, -da *adj.* slow, deliberate.
pauta *s. f.* **1** rule (regla). **2** writing guide (línea). **3** model, example: *esta persona es nuestra pauta = this person is a model for us.*
pautado, -da *adj.* **1** ruled. ◆ **2 papel ~,** music paper.
pava *s. f.* **1** ZOOL. turkey hen. **2** (Am.) kettle. **3** (fig.) bore. ◆ **4 pelar la ~,** to serenade, to court, (fig.) to bill and coo.
pavada *s. f.* **1** flock of turkeys. **2** children's game. **3** (Am.) silliness (necedad).
pavana *s. f.* MÚS. pavan.
pavero, -ra *adj.* **1** funny, amusing. ● *s. m.* y *f.* **2** turkey farmer, turkey dealer. **3** (Am.) practical joker. ● *s. f.* **4** pan for cooking turkeys.
pavés *s. m.* **1** HIST. long shield. ◆ **2 levantar a uno sobre el ~,** to give someone an accolade, to appoint someone as leader.
pavesa *s. f.* **1** spark. ◆ **2 estar hecho una ~,** to be very weak.
pavía *s. f.* BOT. clingstone peach.
pávido, -da *adj.* terrified, (fig.) petrified.
pavimentación *s. f.* paving (especialmente de calles).
pavimentar *v. t.* to pave, to tile (suelos).
pavimento *s. m.* **1** flooring (solería). **2** paving (losas). **3** surfacing (firme).
pavo *adj.* **1** (fig.) wet, gormless. **2** (Am.) stupid, idiotic. ● *s. m.* **2** (fam.) drip, prat. **3** ZOOL. turkey. ◆ **4 ~ real,** peacock. **5 comer el ~,** (fam.) to be a wallflower. **6 subírsele a uno el ~,** to blush like a schoolgirl.
pavonar *v. t.* **1** TEC. to blue, to bronze. **2** (Am.) to coat with quicksilver.
pavonear *v. i.* y *pron.* to strut, to show off.
pavor *s. m.* terror, dread, horror.
pavorido, -da *adj.* terrified.
pavorosamente *adv.* frightfully, terrifyingly.
pavoroso, -sa *adj.* frightful, terrifying.
paya *s. f.* (Am.) gaucho folksong improvised in competition with someone else.
payador *s. m.* (Am.) gaucho minstrel.
payasear *v. i.* to clown around, to play the fool.
payaso *s. m.* **1** clown. **2** (fig.) buffoon.
payé *s. m.* **1** (Am.) sorcerer, wizard (brujo). **2** sorcery, wizardry (brujería).
payés, -esa *s. m.* y *f.* farmer from Catalonia or the Balearics.
payo, -ya *adj./s. m.* y *f.* **1** peasant. **2** rustic. **3** non-gipsy (uso gitano).
payucano, -na *s. m.* y *f.* peasant.
paz *s. f.* **1** peace. **2** peacefulness. ◆ **3 descansar en ~,** to rest in peace. **4 estar/quedar en ~, a)** to be at peace; **b)** to be quits. **5 hacer las paces,** to make it up, to make peace. **6 ~ octaviana,** Octavian peace.
pazguato, -ta *adj.* **1** easily impressed. **2** simple, stupid. ● *s. m.* y *f.* **3** fool, nitwit.
pazo *s. m.* country seat in Galicia; manor house.
pazpuerco, -ca *adj.* filthy.
¡pche! o **¡pchs!** *interj.* bah!
pe *s. f.* **1** name of the letter p. ◆ **2 de ~ a pa,** from A to Z, from beginning to end.
peaje *s. m.* toll: *autopista de peaje = toll road.*
peana *s. f.* **1** ARQ. plinth, pedestal. **2** REL. platform. **3** window sill (alféizar). **4** piste (esgrima).
peatón *s. m.* **1** pedestrian. **2** village postman (cartero).
pebete *s. m.* **1** joss stick (incienso). **2** touch paper, fuse (mecha). **3** stench (hedor). **4** (Am.) youngster, kid (niño).
pebetero *s. m.* **1** incense burner.
peca *s. f.* freckle.
pecado *s. m.* **1** REL. sin. **2** guilt, shame (vergüenza). ◆ **3 ~ capital,** mortal sin. **4 ~ habitual,** habitual sin. **5 ~ mortal,** deadly sin. **6 ~ nefando,** sodomy. **7 ~ original,** original sin. **8 ~ venial,** venial sin.
pecaminoso, -sa *adj.* REL. sinful.
pecar *v. i.* **1** REL. to sin. **2** (fig.) to be at fault. **3** (fig.) to go astray. **4** to do wrong. ◆ **5 ~ de,** to be too..., : *peca de confiado = he's too trusting.*
pecarí *s. m.* peccary.
pecblenda *s. f.* MIN. pitchblende.
peccata minuta *loc.* (fam.) peccadillo.
pececillo *s. m.* **1** little fish, small fry. ◆ **2 ~ de plata,** silverfish.
peceño, -ña *adj.* tarry, pitch-coloured. (color).
pecera *s. f.* **1** aquarium, fish tank (rectangular). **2** fish bowl (redonda).
pechar *v. t.* **1** (Am.) to shove, to push (empujar). **2** to knock down (atropellar). **3** to pay (impuesto). **4** to take responsibility for: *tienes que pechar con lo que has hecho = you have to take responsibility for what you've done.* **5** (Am. y fam.) to touch someone for money, to scrounge.
pechera *s. f.* **1** dicky. **2** jabot. **3** shirt-front. **4** breast collar (caballo). **5** ANAT. breast, chest.
pechicatería *s. f.* (Am.) meanness, miserliness, (fam.) stinginess.
pechicato, -ta *adj.* (Am.) mean, miserly, (fam.) stingy.
pechiches *s. m. pl.* (Am.) pampering, coddling.
pechichoso, -sa *adj.* (Am.) finicky, prudish.
pechina *s. f.* **1** REL. pilgrim's shell. **2** ARQ. pendentive.
pecho *s. m.* **1** ANAT. chest. **2** LIT. breast. **3** bosom, breast, bust (de mujer). **4** (fig.) heart (corazón). **5** (fig.) courage (valentía). ◆ **6 abierto de ~,** open-chested. **7 a ~ descubierto, a)** defenceless, unarmed; **b)** openly. **8 criar a uno a los pechos,** to take someone under one's wing. **9 dar el ~,** to breastfeed, to suckle. **10 echar el ~ al agua,** (fam.) to get stuck into something. **11 echarse uno al ~** (bebida), to knock back. **12 estar de pechos sobre algo,** to be leaning over something. **13 meter entre ~ y espalda,** (fam.) to tuck away, to eat. **14 no caber a uno una cosa en el ~,** (fig.) to be bursting with something: *no le cabía el orgullo en el pecho = he was bursting with pride.* **15 tomarse algo muy a ~,** to take something very much to heart.
pechuga *s. f.* **1** ZOOL. breast. **2** ANAT. (hum.) breast, bosom. **3** GEOG. slope.
pechugón, -na *adj.* **1** big-breasted, busty. **2** (Am.) cynical, (fig.) hard-faced (descarado). ● *s. m.* **3** punch in the chest. **4** great effort (esfuerzo).
pecina *s. f.* slime, silt.
pecíolo o **peciolo** *s. m.* BOT. petiole.
pécora *s. f.* **1** head of sheep, etc. ◆ **2 mala ~, a)** loose woman, (fam.) slag, tart (golfa); **b)** harpy (arpía).
pecorear *v. t.* **1** to steal sheep, etc.; to rustle (cattle). ● *v. i.* **2** to go on the rampage (especialmente soldados).
pecoso, -sa *adj.* freckled.
péctico, -ca *adj.* pectic, pectinous.
pectina *s. f.* QUÍM. pectin.
pectoral *adj.* **1** ANAT. pectoral. ● *s. m.* **2** REL. pectoral cross.
pecuario, -ria *adj.* livestock.
peculiar *adj.* peculiar, characteristic, typical.
peculiaridad *s. f.* peculiarity, characteristic.

peculiarmente *adv.* peculiarly, typically.
peculio *s. m.* **1** HIST. peculium. **2** own personal money.
pecunia *s. f.* cash; (fam.) dough.
pedagogía *s. f.* pedagogy.
pedagógicamente *adv.* pedagogically.
pedagógico, -ca *adj.* pedagogic, pedagogical.
pedagogo, -ga *s. m.* y *f.* pedagogue; educator.
pedal *s. m.* **1** pedal. **2** MÚS. pedal.
pedáneo *adj.* **juez ~,** Justice of the Peace.
pedante *adj.* **1** pedantic. • *s. m.* y *f.* **2** pedant.
pedantería *s. f.* pedantry.
pedazo *s. m.* **1** piece, portion, bit, lump. ◆ **2 a pedazos,** in pieces, in bits. **3 caerse a pedazos,** (fam.) to be knackered, to be dead beat. **4 ~ de alcornoque/de animal/de bruto,** idiot. **5 ~ de alma/de las entrañas,** the apple of one's eye. **6 ser un ~ de pan,** to be kindness itself.
pederasta *s. m.* pederast.
pedernal *s. m.* **1** MIN. silex. **2** flint (especialmente en las armas de fuego).
pedestal *s. m.* **1** pedestal. **2** plinth, base (peana). **3** basis (base). **4** podium (podio).
pedestre *adj.* **1** (fig.) pedestrian. **2** common, vulgar (ordinario). ◆ **3 una carrera pedestre,** a footrace.
pediatra *s. m.* y *f.* MED. (brit.) paediatrician, (EE UU) pediatrician.
pediatría *s. f.* MED. (brit.) paediatrics, (EE UU) pediatrics.
pedicuro, -ra *s. m.* y *f.* chiropodist.
pedidera *s. f.* (Am.) request, demand.
pedido *s. m.* **1** COM. order. **2** tax (impuesto). **3** request, petition (petición).
pedigüeño, -ña *adj.* demanding, persistent. • *s. m.* y *f.* (fig.) pest, nuisance.
pediluvio *s. m.* footbath.
pedir *v. t.* **1** to ask for, to request. **2** to beg (mendigar). **3** to ask (precio). **4** COM. to order. **5** DER. to sue, to file a claim against. **6** (fig.) to want, to need: *el caso pide una solución urgente = the case needs an immediate solution.*
pedo *s. m.* **1** fart. ◆ **2 agarrarse un ~,** (Am. y fam.) to get plastered (emborracharse).
pedología *s. f.* pedology.
pedrada *s. f.* **1** stone throw. **2** hit (con una piedra). **3** (fig.) snide comment.
pedrea *s. f.* **1** fight with stones. **2** hailstorm (granizada). **3** consolation prizes in a lottery.
pedregal *s. m.* stony outcrop, rocky ground.
pedregoso, -sa *adj.* stony, rocky.
pedrera *s. f.* stone quarry.
pedrería *s. f.* jewels, gemstones, precious stones.
pedrero *s. m.* **1** quarryman. **2** cannon (cañón). **3** HIST. slinger (hondero).
pedriscal *s. m.* ⇒ **pedregal.**
pedrisco *s. m.* hailstones, hailstorm.
pedrusco *s. m.* lump of stone.
pedúnculo *s. m.* **1** BOT. peduncle, stalk. **2** BIOL. peduncle.
pega *s. f.* **1** sticking, gluing. **2** prank (travesura). **3** hoax (burla). **4** snag, problem (dificultad). **5** pitch, varnish (barniz). **6** (Am.) work, job (trabajo). **7** ZOOL. magpie. ◆ **8 de ~,** false, fake.
pegadizo, -za *adj.* **1** sticky (pegajoso). **2** scrounging (gorrón). **3** MÚS. catchy, easy to remember.
pegajosidad *s. f.* stickiness, clamminess.
pegajoso, -sa *adj.* **1** sticky. **2** MED. contagious, catching. **3** (fig.) smarmy, cloying (obsequioso). **4** annoying (molesto). **5** too free with one's hands (sobón).
pegamento *s. m.* glue, gum.
pegar *v. t.* **1** to stick, to glue. **2** MED. to infect with, to pass on. ◆ **3** to hit: *no pegues al niño = don't hit the child.* • *v. i.* **4** to be close together. **5** to match, to look right: *este cuadro no pega en esa pared = this picture doesn't look right on that wall.* • *v. pron.* **6** to burn, to stick (quemarse). **7** to hang around, to follow (seguir). ◆ **8 ~ fuego,** to set alight. **9 ~ un golpe,** to hit. **10 ~ un grito,** to yell, to cry out. **11 ~ un tiro,** to fire a shot. **12 ~ un salto,** to jump. **13 ~ un susto,** to frighten. **14 pegársela a uno,** to dupe someone, (fig.) to take someone for a ride.
pegatina *s. f.* sticker.
pego *s. m.* **1** trick, deception. ◆ **2 dar el ~,** (fam.) to fool, to con.
pegoste *s. m.* **1** (Am.) sticking plaster (esparadrapo). **2** scrounger (gorrón).
pegote *s. m.* **1** patch (parche). **2** plaster (esparadrapo). **3** (fam.) scrounger (gorrón). **4** bragging (jactancia): *siempre se da pegotes = he's always bragging.*
pegotear *v. i.* **1** (fam.) to scrounge, to sponge.
peinado, -da *p. p.* **1** de **peinar.** • *adj.* **2** combed, groomed. • *s. m.* **3** hair style, hairdo. • *s. f.* **4** combing.
peinador, -ra *s. m.* y *f.* **1** hairdresser. • *s. m.* **2** peignoir. **3** (Am.) dressing table (tocador).
peinar *v. t.* **1** to comb, to groom. **2** to brush (against) (rozar). **3** to cut (piedras, etc.). **4** (Am.) to flatter (adular). • *v. pron.* **5** to comb one's hair, to do one's hair. ◆ **6 no peinarse una mujer para uno,** not to be a woman for one, not to be a woman destined for one.
peine *s. m.* **1** comb. **2** card (para lana). **3** MIL. cartridge clip.
peineta *s. f.* back comb, ornamental comb.
peje *s. m.* **1** ZOOL. fish. **2** (fam.) crafty individual. ◆ **3 ~ ángel,** ZOOL. angel fish. **4 ~ araña,** ZOOL. weever, stingfish.
pejesapo *s. m.* ZOOL. angler fish, monkfish, (EE UU) goosefish.
pejiguera *s. f.* (fam.) nuisance.
Pekín o **Pequín** *s. m.* Peking.
pela *s. m.* **1** (Am.) beating, thrashing (azotaina). **2** (fam.) peseta (moneda española).
pelada *s. f.* (Am.) mistake.
peladilla *s. f.* **1** sugared almond (dulce). **2** pebble (guijarro).
pelado, -da *p. p.* **1** de **pelar.** • *adj.* **2** hairless, bald. **3** (fam.) broke (sin dinero). **4** bare: *el tronco del árbol está pelado = the tree trunk is bare.* **5** peeled (mondado). **6** round (cifras). **7** (fig.) bare: *le dan el sueldo pelado = he only gets the bare salary.* **8** barren: *es un terreno pelado = it's barren ground.* • *s. m.* y *f.* **9** (Am.) pauper, (fam.) nobody (pelagatos).
pelagatos *s. m.* (fam.) nobody, poor devil.
pelagianismo *s. m.* Pelagianism.
pelágico, -ca *adj.* pelagic.
pelagra *s. f.* MED. pellagra.
pelaje *s. m.* **1** ZOOL. coat, fur. **2** (fig.) look, appearance. ◆ **3 de ese ~,** (fig.) of that ilk.
pelambre *s. m.* **1** ZOOL. coat, hair, fur. **2** mop of hair (melena).
pelambrera *s. f.* **1** thick hair (melena, vello).
pelandrún, -na *adj.* **1** (Am.) idle, lazy. • *s. m.* y *f.* **2** (Am.) loafer, idler.
pelandusca *s. f.* whore, slut.
pelar *v. t.* **1** to pluck (desplumar). **2** to shear (trasquilar). **3** to cut hair (cortar el pelo). **4** to peel (mondar). **5** (fig.) to fleece. **6** (fig.) to clean out: *no puedo jugar más, me has pelado = I can't play any more, you've cleaned me out.* **7** (Am.) to speak ill of, to slander (desacreditar). • *v. pron.* **8** to have a haircut. **9** to go bald (quedarse calvo). **10** (Am.) to flee, to run away (fugarse). ◆ **11 duro de ~,** (fam.) a tough nut to crack.
pelargonio *s. m.* BOT. pelargonium.
peldaño *s. m.* **1** step. **2** rung (of a ladder).
pelear *v. i.* y *pron.* **1** to fight, to brawl. **2** to battle. **3** to quarrel (reñir). **4** to struggle (luchar). **5** to fall out: *han peleado = they've fallen out.*
pelechar *v. i.* **1** to moult. **2** (Am.) to prosper (enriquecerse).
pelele *s. m.* **1** rag doll, puppet (muñeco). **2** rompers (de bebé). **3** (fig.) puppet, tool: *es el pelele del jefe = he's the boss's puppet.*
peleón, -na *adj.* **1** quarrelsome. **2** rough (vino). • *s. m.* **3** (fam.) plonk (vino).
peleona *s. f.* quarrel.
peletería *s. f.* **1** furriery. **2** furrier's.
peletero, -ra *s. m.* y *f.* furrier.
peliagudo, -da *adj.* **1** tricky, thorny: *es un problema peliagudo = it's a tricky problem.* **2** clever, skilful (hábil).
pelícano o **pelicano** *s. m.* ZOOL. pelican.
película *s. f.* **1** photographic film. **2** film, (EE UU) movie. **3** film, thin covering (lámina). **4** BOT. pellicle. ◆ **5 de ~,** fantastic. **6 ~ en blanco y negro,** black and white film. **7 ~ en color,** colour film.
peligrar *v. i.* to be in danger, to run a risk.
peligro *s. m.* **1** risk (riesgo). **2** danger, peril.

peligrosamente *adv.* dangerously, riskily.
peligrosidad *s. f.* danger, riskiness.
peligroso, -sa *adj.* **1** risky (arriesgado). **2** dangerous, perilous.
pelillo *s. m.* **1** slight annoyance. ◆ **2 echar pelillos a la mar,** to let bygones be bygones.
pelirrojo, -ja *adj.* **1** red-haired, ginger. ● *s. m.* y *f.* **2** redhead.
pella *s. f.* **1** lump, block. **2** BOT. head of caulifower, etc. **3** MET. pig. **4** lump of lard (tocino). **5** debt (deuda). **6** theft (estafa).
pelleja *s. f.* **1** skin. **2** ZOOL. hide.
pellejería *s. f.* **1** tannery. **2** tanning (acto). **3** skins (pieles). ◆ **4 hacer pellejerías,** (Am.) to make trouble.
pellejero *s. m.* y *f.* **1** tanner. **2** leather dealer.
pellejo *s. m.* **1** skin. **2** wineskin (odre). **3** drunk (borracho). ◆ **4 dejar/perder el** ~, to lose one's life. **5 estar en el** ~ **de otro,** (fig.) to be in somebody else's shoes. **6 mudar de** ~, to change one's habits. **7 no caber en el** ~, **a)** to be fat; **b)** to be bursting with pride. **8 salvar el** ~, to save one's skin.
pellica *s. f.* fur blanket, coat.
pellico *s. m.* sheepskin jacket.
pelliza *s. f.* **1** pelisse. **2** MIL. dolman jacket.
pellizcar *v. t.* **1** to pinch. **2** to take a pinch.
pellizco *s. m.* **1** pinch. **2** (fig.) pinch, small bit.
pello *s. m.* sheepskin jacket.
pelma *s. m.* ⇒ **pelmazo.**
pelmazo *s. m.* bore, nuisance.
pelo *s. m.* **1** hair. **2** (head of) hair. **3** down. **4** pile, nap (de telas). **5** flaw (en joyas). **6** trifle (bagatela). ◆ **7 a** ~, **a)** bareheaded; **b)** barebacked (montar). **8 a contrapelo,** (fig.) against the grain. **9 de** ~ **en pecho,** brave, tough. **10 echar pelos a la mar,** to make it up (with someone). **11 estar hasta los pelos,** (fam.) to be fed up. **12 no tener pelos en la lengua,** to speak one's mind, not to mince one's words. **13 lucirle el** ~ **a uno,** (fig.) to come unstuck. **14** ~ **de la dehesa,** rustic manners. **15 pelos y señales,** chapter and verse, with all the details. **16 ponérsele a uno los pelos de punta,** to make someone's hair stand on end. **17 relucirle a uno el** ~, to look good. **18 tomar el** ~, (fig.) to pull (someone's) leg.
pelón, -na *adj.* **1** with a crew cut (al rape). **2** bald (calvo). **3** poor (pobre). ● *s. m.* y *f.* **4** (fam.) baldy. ● *s. f.* **5** MED. alopecia.
pelona *s. f.* (Am.) death.
pelota *s. f.* **1** ball. **2** ball game. **3** DEP. pelota. ● *s. m.* y *f.* **4** creep. ◆ **5** ~ **de viento,** inflatable ball. **6 estar la** ~ **en el tejado,** to be up in the air. **7 no tocar** ~, to miss the point. **8 rechazar, volver la** ~, (fig.) to put the ball in the other person's court. **9 sacar uno pelotas de una alcuza,** to be clever. **10 en pelota,** stark naked. **11 dejar a uno en** ~, (fig.) to strip someone naked. **12 hacer la** ~, (fam.) to flatter, to toady.
pelotari *s. m.* DEP. pelota player.
pelotazo *s. m.* **1** blow with the ball. **2** jar, booze, drink.
pelotear *v. t.* **1** FIN. to audit, to check accounts. ● *v. i.* **2** DEP. to kick a ball about. **3** to quarrel, to argue (discutir).
pelotera *s. f.* squabble, quarrel.
pelotilla *s. f.* **1** pellet. **2** (fam.) creep, toady.
pelotillero, -ra *adj.* bootlicker, crawler.
pelotón *s. m.* **1** big ball. **2** MIL. platoon. **3** crowd (multitud). **4** DEP. bunch (de ciclistas).
pelotudo, -da *adj.* (Am. y fam.) slack, sloppy (negligente).
peluca *s. f.* **1** wig. **2** long hair (melenas).
peluche *s. m.* plush.
peludo, -da *adj.* **1** hairy (persona). **2** furry (animal). ● *s. m.* **3** (Am.) **agarrarse un** ~, to get plastered.
peluquería *s. f.* **1** hairdresser's (salon), barber's. **2** hairdressing.
peluquero, -ra *s. m.* y *f.* hairdresser (hombres y mujeres), barber (hombres).
peluquín *s. m.* **1** toupée. **2** HIST. periwig, peruke. ◆ **3 ni hablar del** ~, not a word about that, mum's the word.
pelusa *s. f.* **1** down (vello). **2** fluff (lanilla). **3** petty jealousy (celos de niños).
pelvis *s. f.* ANAT. pelvis.
pena *s. f.* **1** DER. penalty, punishment. **2** grief, sorrow (tristeza). **3** pain, distress (congoja). ● *pl.* **4** hardships. ◆ **5 a duras penas,** with great difficulty. **6 sin/ni** ~ **ni gloria:** a non event. **7** ~ **capital,** capital punishment. **8** ~ **de daño,** Damnation. **9** ~ **grave,** DER. stiff sentence. **10** ~ **leve,** DER. light sentence. **11 valer la** ~, to be worth the trouble, to be worth it.
penacho *s. m.* **1** ZOOL. crest, tuft. **2** MIL. plume. **3** (fig.) arrogance, vanity.
penal *adj.* **1** penal. ● *s. m.* **2** (brit.) prison, (EE UU) penitentiary.
penalidad *s. f.* **1** suffering, hardship. **2** DER. punishment, penalty.
penalista *s. m.* y *f.* DER. specialist in criminal law.
penalización *s. f.* penalty, penalization.
penalizar *v. t.* to penalize.
penalti *s. m.* DEP. penalty.
penar *v. t.* **1** to suffer (sufrir). **2** to punish (castigar). ● *v. i.* **3** to die suffering. ● *v. pron.* **4** to grieve, to mourn. ◆ **5** ~ **por algo,** to long for something.
penates *s. m. pl.* HIST. penates.
penca *s. f.* **1** BOT. fleshy leaf. **2** lash (látigo). **3** (Am.) BOT. palm leaf (palmera), leaf of prickly pear (chumbera). ◆ **4 agarrar una** ~, (Am.) to get drunk.
penco *s. m.* ZOOL. (desp.) nag.
pendejo *s. m.* **1** (fam.) prat, berk. **2** ANAT. pubic hair. ◆ **3 ser un** ~, (Am.) **a)** to be clever, smart; **b)** (desp.) to be a smart arse.
pendejada *s. f.* **1** (Am.) foolishness, act of stupidity (tontería). **2** cowardice (cobardía).
pendencia *s. f.* **1** brawl, fight. **2** DER. case in progress.
pendenciero, -ra *adj.* **1** quarrelsome. ● *s. m.* y *f.* **2** troublemaker.
pender *v. i.* **1** to hang, to hang down (colgar). **2** to depend (depender). **3** to be pending (estar pendiente).
pendiente *adj.* **1** hanging (colgante). **2** pending, unsettled (sin resolver). ● *s. m.* **3** earring. ● *s. f.* **4** slope. **5** gradient. ◆ **6 estar** ~ **de,** to hang on; to hang by: *todo está pendiente de un hilo = everything hangs by a thread.*
péndola *s. f.* **1** pendulum clock. **2** ARQ. queen post. **3** suspension cable (de un puente, etc.).
pendón, -na *s. m.* **1** banner, standard (bandera). **2** (desp.) swine, rat. ● *s. m. pl.* **3** reins. ● *s. m.* y *f.* **4** party animal (juerguista). ◆ **5 seguir el** ~ **de uno,** (fig.) to enlist under someone's standard.
pendonear *v. i.* to roam the streets.
péndulo, -la *adj.* **1** hanging, hanging down. ● *s. m.* **2** pendulum. ◆ **3** ~ **de compensación,** compound pendulum.
pene *s. m.* ANAT. penis.
penetración *s. f.* **1** penetration (física). **2** insight, intelligence (perspicacia).
penetrante *adj.* **1** penetrating, piercing (físicamente). ◆ **2** (fig.) **a)** penetrating, piercing (mirada); **b)** penetrating, pungent (olor); **c)** piercing (sonido); **d)** bitter (frío).
penetrar *v. t.* **1** to penetrate, to pierce. **2** to be penetrating, to be piercing. **3** to become aware of, to grasp (comprender). ● *v. i.* **4** to enter, to go in (to).
penicilina *s. f.* penicillin.
península *s. f.* GEOG. peninsula.
peninsular *adj.* **1** GEOG. peninsular. ● *s. m.* y *f.* **2** inhabitant of a peninsula.
penique *s. m.* penny.
penitencia *s. f.* **1** REL. penitence (confesión). **2** penance (castigo).
penitencial *adj.* **1** penitential. ● *s. m.* **2** REL. penitential.
penitenciaría *s. f.* **1** REL. penitentiary. **2** prison (cárcel).
penitenciario, -ria *adj.* **1** REL. penitentiary. **2** prison, penitentiary. ● *s. m.* **3** REL. penitentiary.
penitente *adj.* REL. **1** penitent. ● *s. m.* y *f.* **2** penitent.
penosamente *adv.* **1** sorrowfully, grievously, painfully (relativo al dolor). **2** laboriously, arduously (movimiento o similar).
penoso, -sa *adj.* **1** arduous, laborious. **2** distressing, painful, sad (triste).
pensado, -da *p. p.* **1** de **pensar.** ● *adj.* **2** planned, prepared, devised. ◆ **3 bien** ~, **a)** well devised (plan o similar); **b)** well-intentioned (persona). **4 mal** ~, **a)** badly devised (plan o similar); **b)** evil-minded (persona).
pensador, -ra *adj.* **1** thinking. ● *s. m.* y *f.* **2** philosopher. **3** thinker. **4** intellectual.

pensamiento *s. m.* **1** thought. **2** mind (mente). **3** idea. **4** BOT. pansy. ◆ **5 beber a uno los pensamientos,** to read someone's thoughts. **6 como el ~,** in a flash.

pensar *v. i.* **1** to think, to ponder. ● *v. t.* **2** to think, to think about, to think over, (fig.) to weigh up. **3** to intend to, think of, to plan: *pienso ir mañana a Zamora = I'm planning to go to Zamora tomorrow.* ◆ **4 pensándolo bien,** on reflection. **5 sin ~,** without stopping to think.

pensativamente *adv.* thoughtfully, pensively.

pensativo, -va *adj.* thoughtful, pensive.

penseque *s. m.* slip, lapsus.

pensil *adj.* **1** hanging. ● *s. m.* **2** beautiful garden.

pensión *s. f.* **1** FIN. pension. **2** bursary, fellowship (beca). **3** guest house, boarding house. **4** board (comida). **5** (Am.) anxiety, remorse (remordimiento).

pensionado, -da *adj.* **1** on a pension. ● *s. m.* y *f.* **2** pensioner. ● *s. m.* **3** boarding school.

pensionista *s. m.* y *f.* **1** pensioner. **2** lodger, boarder (huésped). **3** boarding school pupil, boarder (interno). ◆ **4 medio ~,** day pupil.

pentágono, -na *adj.* **1** pentagonal. ◆ **2** *s. m.* GEOM. pentagon. **3** MIL. Pentagon.

pentecostés *s. m.* **1** Whitsun, Whitsuntide. **2** Pentecost.

penúltimo, -ma *adj.* **1** penultimate. ● *s. m.* y *f.* **2** penultimate.

penumbra *s. f.* penumbra.

penuria *s. f.* penury.

peña *s. f.* **1** GEOG. crag. **2** group (de amigos). **3** DEP. supporters' club, fan club.

peñasco *s. m.* **1** GEOG. large rock. **2** ZOOL. murex. **3** ANAT. petrosal bone.

peñón *s. m.* rock, large crag.

peón *s. m.* **1** unskilled worker. **2** MIL. foot soldier, infantryman. **3** pawn (ajedrez). **4** (spinning) top (peonza). **5** LIT. foot of four syllables.

peonada *s. f.* **1** day's labour (jornada). **2** land measure of about three thousand square metres.

peonaje *s. m.* **1** gang of labourers. **2** MIL. squad of infantrymen.

peonía *s. f.* **1** ⇒ **peonada.** **2** BOT. peony.

peonza *s. f.* **1** (spinning) top. **2** (fam.) little fidget (persona).

peor *adj.* (grados de malo) **1** (*comp.*) worse; (*super.*) worst. ● *adv.* (grados de mal) **2** (*comp.*) worse; (*super.*) worst. ◆ **3 ~ que ~,** worse and worse. **4 tanto ~,** so much the worse.

Pepa *s. f.* **1** Josie. ◆ **2 ¡Viva la ~!,** (hum.) **a)** hooray!; **b)** (fam.) and to hell with everybody else!

pepazo *s. m.* (Am.) lie, (fam.) whopper (mentira).

pepe *s. m.* (Am.) drunkenness.

pepinillo *s. m.* **1** BOT. gherkin. **2** MIL. shell.

pepino *s. m.* **1** BOT. cucumber. **2** (Am.) carnival figure. ◆ **3 importar un ~,** not to care two hoots. **4 no dársele a uno un ~ por una cosa,** not to give a fig about something.

pepita *s. f.* **1** BOT. seed, pip. **2** MIN. nugget. **3** pip (enfermedad de gallinas).

pepitoria *s. f.* **1** GAST. fricassee. **2** jumble, tangle (desorden).

pepona *s. f.* large cardboard doll.

pepónide *s. f.* BOT. pepo.

pepsina *s. f.* BIOL. pepsin.

péptico, -ca *adj.* BIOL. peptic.

peptona *s. f.* BIOL. peptone.

pequeñez *s. f.* **1** littleness, smallness. **2** triviality, insignificance (insignificancia). **3** meanness (mezquindad). **4** infancy (niñez).

pequeño, -ña *adj.* **1** small (chico). **2** young (joven). **3** unimportant (poco importante). **4** short (breve). **5** humble (humilde). ● *s. m.* y *f.* **6** youngest child (el más joven). ● *s. m. pl.* **7** little ones (niños). **8** puppies (cachorros de perro).

pequinés, -esa *adj.* ZOOL. **1** Pekinese (tipo de perro). ● *s. m.* y *f.* **2** Pekinese.

pera *s. f.* **1** pear. ● *adj.* **2** vain, conceited. ● *s. m.* **3** (fam.) bighead. ◆ **4 partir peras con uno,** to be extremely friendly with someone. **5 pedir peras al olmo,** to ask for the moon. **6 poner a uno las peras a cuarto,** to clamp down on someone, to make someone toe the line.

peral *s. m.* BOT. pear tree.

peralte *s. m.* **1** ARQ. superelevation. **2** embankment, bank.

perborato *s. m.* QUÍM. **1** perborate. ◆ **2 ~ sódico,** sodium perborate.

perca *s. f.* ZOOL. perch (tipo de pez).

percal *s. m.* **1** percale, calico. **2** (fam.) dough (dinero).

percance *s. m.* setback, mishap: *fue un percance desafortunado = it was an unfortunate setback.*

percatar *v. i.* y *pron.* to realize, to notice: *no me percaté de que nos seguían = I didn't realize that we were being followed.*

percebe *s. m.* ZOOL. goose barnacle.

percepción *s. f.* **1** perception. **2** feeling (sensación). **3** idea. **4** receipt (recibo).

perceptible *adj.* noticeable, perceptible, visible.

perceptiblemente *adv.* noticeably, perceptibly, visibly.

perceptividad *s. f.* perceptivity.

perceptor, -ra *s. m.* y *f.* collector, receiver (de una pensión, nómina, premio, etc.).

percha *s. f.* **1** hanger, coat hanger. **2** coat stand (mueble). **3** carding (lana). **4** perch (pájaros). **5** rack (para la caza). ◆ **6 tener uno buena ~,** to have a good figure, to have a fine physique.

perchero *s. m.* **1** clothes rack, hatstand. **2** coat hanger (percha).

percherón *s. m.* ZOOL. percheron (tipo de caballo).

percibir *v. t.* **1** to receive, to collect (recibir). **2** to perceive, to sense (sentir). **3** to notice (conocer).

percusio, -sia *adj.* (Am.) insignificant, trivial.

percusión *s. f.* percussion.

percusor *s. m.* **1** TEC. hammer, firing pin. **2** striker, hitter.

percutir *v. t.* to strike, to hit.

percutor *s. m.* ⇒ **percusor.**

perdedor, -ra *adj.* **1** losing: *el equipo perdedor = the losing team.* ● *s. m.* y *f.* **2** loser.

perder *v. t.* **1** to lose. **2** to waste (malgastar). **3** to miss: *perdió el tren = he missed the train.* **4** to ruin (arruinar). **5** to spoil, to damage (estropear). ● *v. i.* **6** to lose. **7** to fade, to discolour (desteñirse). ● *v. pron.* **8** to lose one's way, to go astray. **9** to go to rack and ruin (arruinarse). **10** to founder (irse a pique). **11** (fig.) to be crazy (about). **12** to get lost (despistarse). ◆ **13 no habérsele perdido nada a uno:** *no se te ha perdido nada en mi fiesta = you've got no business coming to my party.* **14 ¡piérdete!,** get lost!

perdición *s. f.* undoing, ruin (especialmente en sentido moral o religioso).

pérdida *s. f.* **1** loss. **2** waste (desperdicio). **3** wastage, leakage (goteo).

perdidamente *adv.* passionately, hopelessly (manera de estar enamorado).

perdido, -da *adj.* **1** stray. **2** lost. **3** (Am.) vicious, hardened (vicioso). ● *s. m.* y *f.* **4** wastrel, libertine. **5** (Am. y brit.) tramp, (EE UU) bum, hobo (vagabundo). ◆ **6 estar ~, a)** to be in a desperate plight; **b)** to be filthy.

perdigón *s. m.* **1** ZOOL. young partridge (perdiz). **2** (lead) shot, pellet.

perdiguero, -ra *adj.* **1** partridge-hunting. ● *s. m.* **2** ZOOL. setter (perro).

perdiz *s. f.* ZOOL. partridge.

perdón *s. m.* **1** DER. pardon. **2** forgiveness. **3** mercy (indulto). ◆ **4 con ~,** if you don't mind.

perdonable *adj.* forgivable.

perdonar *v. t.* **1** to forgive. **2** DER. to pardon. **3** to excuse (disculpar). ◆ **4 no ~ esfuerzo** u **ocasión,** not to miss an opportunity, to spare no effort. ● *v. i.* **5** to forgive.

perdonavidas *s. m.* bully, braggart.

perdulario, -ria *adj.* **1** negligent, slovenly (negligente). **2** dissolute. **3** forgetful, careless (olvidadizo). ● *s. m.* y *f.* **4** slovenly person. **5** rake (perdis). **6** absent-minded individual (despistado).

perdurable *adj.* lasting.

perdurablemente *adv.* lastingly.

perdurar *v. i.* to last a long time, to endure: *han perdurado muchas costumbres = many customs have lasted a long time.*

perecedero, -ra *adj.* perishable (productos).

perecer *v. i.* to perish, to die.

peregrinación *s. f.* o **peregrinaje** *s. m.* pilgrimage.

peregrinamente *adv.* **1** rarely, oddly, strangely. **2** wonderfully.

peregrinar *v. i.* **1** REL. to go on a pilgrimage. **2** to travel far afield.

peregrino, -na *adj.* **1** REL. of pilgrimage. **2** wandering, travelling (errante). **3** odd, outlandish (extraño): *una idea peregrina = an outlandish idea.* **4** outstanding (excelente) • *s. m.* y *f.* **5** pilgrim.
perejil *s. m.* BOT. parsley.
perendengue *s. m.* trinket, cheap earring.
perengano, -na *s. m.* y *f.* so-and-so.
perenne *adj.* perennial, everlasting.
perennemente *adv.* everlastingly, constantly.
perennifolio, -lia *adj.* evergreen.
perentoriamente *adv.* peremptorily.
perentorio, -ria *adj.* **1** peremptory. **2** urgent, pressing (apremiante): *un asunto perentorio = an urgent matter.*
pereza *s. f.* **1** laziness. **2** idleness. **3** sloth. ♦ **4 sacudir la** ~, to shake off one's laziness. **5 sentir/tener** ~, to feel lazy.
perezosamente *adv.* lazily, idly.
perezoso, -sa *adj.* **1** lazy, sluggish, slothful. • *s. m.* y *f.* **2** lazy person. • *s. m.* **3** ZOOL. sloth.
perfección *s. f.* **1** perfection. ♦ **2 a la** ~, to perfection.
perfeccionador, -ra *adj.* perfecting.
perfeccionamiento *s. m.* improvement (de una persona, obra, institución, etc.).
perfeccionar *v. t.* **1** to perfect, to improve. **2** to complete (terminar).
perfeccionista *s. m.* y *f.* perfectionist.
perfectible *adj.* perfectible.
perfectivo, -va *adj.* **1** perfective. **2** GRAM. perfective.
perfecto, -ta *adj.* **1** perfect. **2** finished, complete. **3** GRAM. perfect.
pérfidamente *adv.* perfidiously, treacherously.
perfidia *s. f.* perfidy, treachery.
pérfido, -da *adj.* perfidious, treacherous.
perfil *s. m.* **1** profile. **2** edging (franja). **3** outline, silhouette (contorno). • *pl.* **4** finishing touches. ♦ **5 de** ~, in profile, side on.
perfilado, -da *adj.* **1** in profile (de lado). **2** outlined. **3** thin faced (en el rostro).
perfilar *v. t.* **1** to profile. **2** (fig.) to round off, to put the finishing touches to (rematar). • *v. pron.* **3** to titivate o.s. (acicalarse). **4** to turn sideways, to show one's profile. **5** to take shape, to start to look like: *se perfilaba como el ganador pero tuvo que abandonar la competición = he was starting to look like the winner but he had to drop out of the competition.* **6** (Am.) to slim (adelgazar).
perforación *s. f.* perforation.
perforador, -ra *adj.* **1** piercing. • *s. f.* **2** drill.
perforar *v. t.* to perforate, to pierce, to drill.
perfumador, -ra *adj.* **1** perfuming, *s. m.* y *f.* **2** perfumer. • *s. m.* **3** perfume jar, incense burner.
perfume *s. m.* **1** perfume, scent. **2** fragrance.
perfumería *s. f.* **1** perfumery (tienda). **2** perfumery (arte).
pergamino *s. m.* **1** parchment. ♦ **2 en** ~, bound in parchment.
pergeñar *v. t.* **1** (fig.) to knock together, to fix up. **2** to rough out, to sketch out (esbozar).
pergeño o **pergenio** *s. m.* appearance, look.
pérgola *s. f.* **1** pergola (emparrado). **2** roof garden.
perica *s. f.* (Am. y fam.) **agarrarse una** ~, to get sloshed.
pericardio *s. m.* pericardium.
pericia *s. f.* expertise, skill.
pericial *adj.* expert.
pericialmente *adv.* expertly.
periclitar *v. i.* **1** to be in danger. **2** to decline, to decay (caducar).
perico *s. m.* **1** ZOOL. parakeet. **2** chamber pot (orinal). **3** (Am.) compliment (piropo). **4** (Am. y fam.) windbag (charlatán). ♦ **5 Perico de los palotes,** (fam.) any Tom, Dick or Harry. **6** ~ **entre ellas,** lady's man.
pericón *s. m.* (Am.) popular Argentinian dance.
periferia *s. f.* **1** periphery. **2** contour (contorno). **3** outskirts (afueras).
periférico, -ca *adj.* **1** peripheral, marginal (de temática distinta). **2** on the outskirts (físicamente separado del centro de la ciudad). • *s. m. pl.* **3** INF. peripherals.
perifollo *s. m.* **1** BOT. chervil. **2** frills, fripperies.
perífrasis o **perífrasi** *s. f.* GRAM. periphrasis.
perifrástico, -ca *adj.* periphrastic.
perigeo *s. m.* ASTR. perigee.
perihelio *s. m.* ASTR. perihelion.
perilla *s. f.* **1** pear-shaped ornament (adorno). **2** goatee beard, Vandyke beard (barba). ♦ **3 de perillas,** to a tee, perfectly: *eso me viene de perillas = that suits me to a tee.*
perillán, -na *s. m.* y *f.* rascal.
perímetro *s. m.* GEOM. perimeter.
perindola *s. f.* ⇒ **perinola.**
perineo *s. m.* ANAT. perineum.
perinola *s. f.* teetotum.
periódicamente *adv.* periodically.
periodicidad *s. f.* frequency, periodicity, recurrence.
periódico *adj.* **1** periodic, periodical. **2** MAT. recurring. • *s. m.* **3** newspaper. ♦ **4 sistema** ~, QUÍM. periodic system.
periodismo *s. m.* journalism.
periodista *s. m.* y *f.* **1** journalist, pressman. **2** newspaper publisher.
periodístico, -ca *adj.* journalistic.
período o **periodo** *s. m.* **1** period (tiempo). **2** MED. period. **3** MAT. period. **4** GRAM. sentence.
periostio *s. m.* ANAT. periosteum.
peripatético, -ca *adj.* **1** FIL. Aristotelian. **2** ridiculous (de opiniones). • *s. m.* y *f.* **3** FIL. Aristotelian.
peripecia *s. f.* **1** vicissitude, incident. **2** twist in the plot of a story.
periplo *s. m.* **1** circumnavigation. **2** HIST. periplus. **3** long tour/voyage.
peripuesto, -ta *adj.* dandified, spruced up, overdressed.
periquete *s. m.* **1** (fam.) jiffy. ♦ **2 en un** ~, (fam.) in a jiffy.
periquito *s. m.* ZOOL. parakeet.
periscopio *s. m.* periscope.
peristáltico, -ca *adj.* FISIOL. peristaltic.
peritación *s. f.* **1** expert opinion. **2** expert's report (informe). **3** specialist's fee (honorario).
peritaje *s. m.* specialist professional training.
perito, -ta *adj.* **1** skilful, skilled, experienced. **2** expert, specialist. ♦ **3** *s. m.* y *f.* expert, specialist.
peritoneo *s. m.* ANAT. peritoneum.
peritonitis *s. f.* MED. peritonitis.
perjudicar *v. t.* to harm, to damage: *no quise perjudicarte = I didn't want to harm you.*
perjudicial *adj.* harmful, damaging, detrimental.
perjudicialmente *adv.* harmfully, damagingly, detrimentally.
perjuicio *s. m.* **1** harm, damage (daño). **2** wrong (agravio). ♦ **3 sin** ~ **de,** even though, without prejudice to.
perjurar *v. i.* y *pron.* **1** DER. to perjure oneself, to commit perjury. • *v. i.* **2** to curse, to swear.
perjurio *s. m.* DER. perjury.
perjuro, -ra *s. m.* y *f.* perjurer (especialmente en un contexto judicial).
perla *s. f.* **1** pearl. **2** (fig.) pearl. ♦ **3 venir de perlas,** to suit down to the ground.
perlesía *s. f.* MED. **1** paralysis. **2** palsy.
perlongar *v. i.* MAR. to sail inshore, to coast (barcos).
permanecer *v. i.* to stay, to remain.
permanencia *s. f.* **1** permanence. **2** stay (estancia). **3** payment for teachers' administrative duties.
permanente *adj.* **1** permanent. • *s. f.* **2** permanent wave, perm (estilo de pelo).
permanentemente *adv.* permanently, constantly.
permanganato *s. m.* **1** QUÍM. permanganate. ♦ **2** ~ **potásico,** potassium permanganate.
permeabilidad *s. f.* permeability.
permeable *adj.* **1** permeable. **2** pervious, impressionable (persona).
permisible *adj.* permissible.
permisión *s. f.* **1** permission. **2** MIL. leave.
permisivo, -va *adj.* permissive (en asuntos morales).
permiso *s. m.* **1** permission. **2** MIL. leave. **3** licence (carnet). ♦ **4** ~ **de conducir,** (brit.) driving licence, (EE UU) driver's license.
permitir *v. t.* **1** to permit, to allow. **2** to tolerate. **3** to turn a blind eye (hacer la vista gorda). • *v. pron.* **4** to be allowed. **5** to be tolerated.
permuta *s. f.* exchange (especialmente referido a dos puestos de trabajo).
permutar *v. t.* **1** to exchange. **2** to switch (empleos). **3** to swap (trocar).
pernada *s. f.* **1** kick. ♦ **2 derecho de** ~, HIST. droit de seigneur, ius primae noctis.
pernera *s. f.* trouser leg.
perniciosamente *adv.* harmfully, perniciously.

pernicioso, -sa *adj.* pernicious (normalmente en temas de salud).
pernil *s. m.* **1** ham, haunch. **2** trouser leg.
pernio *s. m.* hinge.
perno *s. m.* MEC. bolt.
pernoctar *v. i.* to spend the night, to stay overnight.
pero *conj.* **1** but: *quiero comer pero no hay nada = I want to eat but there isn't anything.* • *s. m.* **2** problem, fault, objection. **3** (Am.) pear tree (peral).
perogrullada *s. f.* platitude.
perogrullesco, -ca *adj.* platitudinous, trite.
perol *s. m.* **1** pot. **2** (Am.) tack, stud (tachuela). **3** (Am.) cauldron (caldera). **4** (Am.) frying pan (sartén).
perola *s. f.* large pot.
peroné *s. m.* ANAT. fibula.
perorar *v. i.* **1** to give a speech. **2** (hum.) to spout.
perorata *s. f.* long-winded speech.
peróxido *s. m.* QUÍM. peroxide.
perpendicular *adj.* **1** perpendicular. **2** at right angles. • *s. f.* **3** perpendicular, vertical.
perpendicularmente *adv.* perpendicularly.
perpetrar *v. t.* to perpetrate.
perpetuación *s. f.* perpetuation.
perpetuamente *adv.* perpetually, everlastingly.
perpetuar *v. t.* perpetuate.
perpetuidad *s. f.* **1** perpetuity. ◆ **2 a ~,** for ever. **3 condena a ~,** DER. life sentence.
perpetuo, -tua *adj.* **1** perpetual, everlasting. **2** for life. ◆ **3** *s. f.* BOT. everlasting, immortelle. ◆ **4 cadena ~,** DER. life sentence.
perplejidad *s. f.* **1** perplexity, bafflement. **2** confusion, dilemma.
perra *s. f.* **1** ZOOL. bitch. **2** tantrum (rabieta). **3** small coin (moneda). **4** drunkenness (borrachera). • *pl.* **5 perras,** (fig.) dough (dinero).
perrada *s. f.* **1** pack of dogs (perros). **2** dirty trick (mala pasada).
perrera *s. f.* **1** kennel. **2** dog's home, dog pound.
perrería *s. f.* **1** pack of dogs (perrada). **2** dirty trick (mala pasada).
perrero, -ra *s. m.* y *f.* **1** dog-catcher. **2** dog lover (aficionado).
perrito *s. m.* **~ caliente** hot dog.
perro, -rra *adj.* **1** vile, dreadful. **2** (fam.) lousy, rotten. • *s. m.* y *f.* **3** ZOOL. dog. ◆ **4 atar los perros con longaniza,** to have money to burn. **5 como perros y gatos,** like cat and dog. **6 morir como un ~,** to die forgotten. **7 ~ alano,** mastiff. **8 ~ dogo,** bulldog. **9 ~ galgo,** greyhound. **10 ~ mastín,** mastiff. **11 ~ marino,** dogfish. **12 ~ setter,** setter.
persa *adj./s. m.* y *f.* **1** Persian. • *s. m.* **2** Persian (idioma).
persecución *s. f.* chase, hunt (tras algo o alguien).
perseguir *v. t.* **1** to pursue (seguir). **2** to chase (cazar). **3** to strive after (luchar por). **4** to persecute, to hound (acosar): *no me persigas así = don't hound me.*
perseverancia *s. f.* perseverance.
perseverante *adj.* persevering.
perseverantemente *adv.* perseveringly.
perseverar *v. i.* **1** to persevere. **2** to persist.
persiano, -na *adj.* **1** Persian. • *s. f.* venetian blind.
pérsico, -ca *adj.* **1** Persian: *el golfo pérsico = the Persian Gulf.* • *s. m.* **2** peach tree. **3** peach (fruta).
persignarse *v. pron.* to cross oneself, to make the sign of the cross.
persistencia *s. f.* persistence.
persistente *adj.* persistent.
persistentemente *adv.* persistently.
persistir *v. i.* to persist.
persona *s. f.* **1** person. ◆ **2 de ~ a ~,** person to person, face to face. **3 en ~,** in person, personally: *este asunto lo resolveré en persona = I'll sort this matter out personally.* **4 tercera ~, a)** third party; **b)** GRAM. third person.
personaje *s. m.* **1** personage (importante). **2** character.
personal *adj.* **1** personal. • *s. m.* **2** personnel, staff.
personalidad *s. f.* **1** personality. **2** DER. legal status, legal entity.
personalizar *v. t.* **1** to personalize. **2** GRAM. to make personal.
personalmente *adv.* personally, in person.
personarse *v. pron.* **1** to appear in person. **2** to report (to) (acudir). **3** DER. to appear.
personificación *s. f.* personification, embodiment: *la personificación del mal = the embodiment of evil.*
personificar *v. t.* **1** to personify, to embody. **2** to allude to (en un discurso).
perspectiva *s. f.* **1** ART. perspective. **2** point of view (punto de vista). **3** appearance (apariencia). **4** ART. view. • *pl.* **5** prospects. ◆ **6 ~ aérea,** aerial view. **7 ~ lineal,** linear perspective. **8 en ~,** in prospect.
perspicacia *s. f.* sagacity, shrewdness.
perspicaz *adj.* **1** keen-sighted, sharp-eyed. **2** (fig.) shrewd, perceptive.
perspicuo, -cua *adj.* **1** clear (claro). **2** perspicuous (inteligible).
persuadir *v. t.* **1** to persuade. • *v. pron.* **2** to become convinced.
persuasión *s. f.* **1** persuasion (acto concreto). **2** conviction (de ideas).
persuasivo, -va *adj.* persuasive, convincing.
pertenecer *v. i.* to belong.
perteneciente *adj.* **1** member (de una organización o similar). **2** pertaining, belonging: *perteneciente al consejo económico = belonging to the economic council.*
pertenencia *s. f.* **1** ownership. **2** possession, estate (propiedad). **3** outbuilding (dependencia).
pértiga *s. f.* **1** pole. **2** DEP. pole-vault.
pertinaz *adj.* **1** pertinacious, obstinate (terco). **2** persistent: *lluvia pertinaz = persistent rain.*
pertinencia *s. f.* pertinence, relevance (de un tema, asunto, punto, etc.).
pertinente *adj.* **1** pertinent. **2** relevant, opportune.
pertinentemente *adv.* appropriately.
pertrechar *v. t.* **1** to equip (normalmente con sentido militar). • *v. pron.* **2** to equip oneself.
pertrechos *s. m. pl.* **1** MIL. stores, munitions. **2** equipment, tackle, gear (equipo).
perturbación *s. f.* **1** disturbance (del orden público, disciplina, etc.). **2** PSIQ. mental disorder.
perturbado, -da *p. p.* **1** de **turbar.** • *adj.* **2** PSIQ. mentally unbalanced.
perturbador, -ra *adj.* **1** disturbing, upsetting (noticia o similar). • *s. m.* y *f.* **2** disruptive person (del orden).
perturbar *v. t.* **1** to disturb (alterar). **2** to upset, to unsettle (trastornar). **3** MED. to perturb.
pertuza *s. f.* rabble, riffraff.
Perú *s. m.* Peru.
peruano, na *adj./s. m.* y *f.* Peruvian.
peruétano, -na *adj.* annoying, tedious.
perulero, -ra *adj./s. m.* y *f.* HIST. emigrant returned from Peru having made his fortune.
perversamente *adv.* perversely.
perversidad *s. f.* perversity, wickedness.
perversión *s. f.* perversion; corruption.
perverso, -sa *adj.* perverse.
pervertido, -da *p. p.* **1** de **pervertir.** • *adj.* **2** perverted. • *s. m.* y *f.* **3** pervert (normalmente con sentido sexual).
pervertir *v. t.* **1** to pervert. **2** to corrupt (corromper). **3** to distort (texto).
pervivencia *s. f.* **1** survival (salvaguarda de la vida). **2** persistence (de un fenómeno, costumbre, etc.).
pervivir *v. i.* **1** to survive. **2** to subsist.
pesa *s. f.* **1** weight. **2** DEP. shot. • *pl.* **3** DEP. weights, dumbells.
pesacartas *s. m.* **1** letter-weighing scales. **2** fine balance.
pesadamente *adv.* **1** heavily (físicamente). **2** slowly, moving with difficulty. **3** boringly (sin interés o atractivo).
pesadez *s. f.* **1** heaviness. **2** obstinacy, (fam.) pig-headedness (terquedad). **3** (fig.) bind, bore, drag, tiresomeness (molestia). **4** sluggishness (pereza).
pesadilla *s. f.* **1** nightmare. **2** bugbear (obsesión).
pesado, -da *adj.* **1** heavy. **2** overweight (obeso). **3** tedious, annoying (molesto). **4** sluggish, slow (lento). **5** deep (sueño). **6** sultry, muggy (tiempo). • *s. m.* y *f.* **7** pain in the neck. • *s. f.* **8** weighing.
pesadumbre *s. f.* **1** bother, irritation (molestia). **2** sorrow, grief (tristeza). **3** displeasure, disagreement (disgusto).
pésame *s. m.* **1** condolences. **2** expression of sympathy. ◆ **3 dar el ~,** to express one's condolences.
pesar *v. i.* **1** to weigh, to be heavy. **2** (fig.) to carry weight. **3** to cause distress, to cause regret (acongojar). •

v. t. **4** to weigh. **5** to weigh up. • *s. m.* **6** sorrow, grief (tristeza). **7** regret (arrepentimiento). ♦ **8 a ~ de,** in spite of, despite.
pesaroso, -sa *adj.* sad, sorrowful; regretful.
pesca *s. f.* **1** fishing, angling (acto). **2** catch (peces). ♦ **3 ~ de altura,** deep-sea fishing. **4 ~ de bajura,** inshore fishing.
pescadería *s. f.* fish shop.
pescadero, -ra *s. m.* y *f.* fishmonger.
pescadilla *s. f.* ZOOL. whiting.
pescado *s. m.* **1** fish. ♦ **2 ahumársele a uno el ~,** to make someone angry, to make someone see red.
pescante *s. m.* **1** coachman's seat, driver's seat. **2** hoist (tramoya).
pescar *v. t.* **1** to fish. **2** to catch (coger). **3** (fig.) to land: *ha pescado un puesto en Sevilla = he's landed a job in Seville.* **4** to catch out.
pescocear *v. t.* **1** (Am.) to grab by the scruff of the neck. **2** to slap (abofetear).
pescozón *s. m.* smack round the neck.
pescuezo *s. m.* **1** ZOOL. neck. **2** ANAT. scruff of the neck.
pesebre *s. m.* **1** manger, crib. **2** stall (cuadra).
pesebrera *s. f.* (Am.) Nativity scene, crib.
peseta *s. f.* peseta.
pesetero, -ra *adj.* **1** (fam.) money-grubbing (avaro). **2** (fam.) penny-pinching (tacaño). **3** (Am.) scrounging, sponging (gorrón). • *s. m.* y *f.* **4** scrounger, sponger.
pésimamente *adv.* wretchedly, hopelessly, very badly.
pesimismo *s. m.* pessimism.
pesimista *adj.* **1** pessimistic. • *s. m.* y *f.* **2** pessimist.
pésimo, -ma *adj.* very bad, dreadful.
peso *s. m.* **1** FÍS. gravity. **2** weight. **3** weightiness. **4** scales (balanza). **5** (Am.) peso (moneda). ♦ **6 ~ atómico,** atomic weight. **7 ~ bruto,** gross weight. **8 ~ corrido,** slightly over the weight. **9 ~ específico,** specific weight. **10 ~ gallo,** DEP. bantamweight. **11 ~ ligero,** DEP. lightweight. **12 ~ molecular,** molecular weight. **13 ~ neto,** net weight. **14 ~ pesado,** DEP. heavyweight. **15 caerse una cosa por su propio ~,** to be obvious. **16 tomar una cosa a ~,** to weigh something up.
pespuntar *v. t.* to backstitch.
pespunte *s. m.* backstitch.
pesquero, -ra *adj.* **1** fishing. • *s. m.* **2** fishing boat.
pesquis *s. m.* insight, (fam.) nous.
pesquisa *s. f.* inquiry.
pestaña *s. f.* **1** ANAT. eyelash. **2** ANAT. fringe. **3** edging (franja). **4** MEC. flange.
pestañear *v. i.* **1** to blink, to wink. **2** to flutter one's eyelashes. **3** to show signs of life. ♦ **4 sin ~, a)** without batting an eyelid; **b)** without turning a hair.
peste *s. f.* **1** MED. plague. **2** stench (hedor). **3** pestilence, evil (mal). **4** plague (de ratas, insectos, etc.). • *pl.* **5** curses, threats.
pestífero, -ra *adj.* **1** pestiferous. **2** foul-smelling (hediondo).
pestilencia *s. f.* **1** pestilence, plague. **2** stench, reek (hediondez).
pestilente *adj.* stinking, foul.
pestillo *s. m.* **1** bolt (ventana, puerta, etc.). **2** latch.
pestiño *s. m.* honey-coated pancake.
pesuña *s. f.* ⇒ **pezuña.**
pesuño *s. m.* ZOOL. digit (of a cloven hoof).
petaca *s. f.* **1** tobacco pouch. **2** cigarette case (pitillera). **3** (Am.) leather chest, suitcase.
petacón, -na *adj.* chubby, tubby.
pétalo *s. m.* BOT. petal.
petanca *s. f.* boules, French bowls.
petardo *s. m.* **1** firecracker. **2** (fig.) bore (pesado). **3** (fam.) ugly old bag (mujer fea). **4** swindle, fraud (timo). **5** MIL. petard. ♦ **6 pegar un ~,** to defraud, (fam.) to rip off.
petate *s. m.* **1** kit bag. **2** (Am.) palm matting (para dormir). **3** (fam.) runt, poor devil. ♦ **4 liar el ~, a)** to pack up and go (marcharse); **b)** (fam.) to turn up one's toes (morir).
petenera *s. f.* **1** Andalusian popular song. ♦ **2 salir por peteneras,** to go off at a tangent, to come up with a stupid remark.
petición *s. f.* **1** request, demand. **2** petition, plea (favor). **3** DER. plea. ♦ **4 ~ de principio,** begging the question.
peticionario, -ria *s. m.* y *f.* petitioner; applicant.
petimetre *s. m.* dandy, fop, (EE UU) dude.
petirrojo *s. m.* ZOOL. robin.
petiso, -sa *adj.* (Am.) short, stumpy. • *s. m.* small horse, pony.
petitorio, -ria *adj.* **1** petitionary. **2 mesa petitoria,** stall (en cuestaciones benéficas). • *s. m.* y *f.* **3** petitionary. • *s. m.* **4** medicine catalogue. • *s. f.* **5** request, plea.
peto *s. m.* **1** bib, bodice. **2** MIL. breastplate. **3** peen (de herramienta).
petrel *s. m.* petrel.
pétreo, -a *adj.* **1** stone, of stone. **2** stony, rocky.
petrificación *s. f.* GEOL. petrification.
petrificar *v. t.* **1** to petrify. **2** (fig.) to turn to stone, (fig.) to root to the spot. • *v. pron.* **3** to petrify, to become petrified.
petrodólar *s. m.* petrodollar.
petrogénesis *s. f.* GEOL. petrogenesis.
petrografía *s. f.* GEOL. petrography.
petrolear *v. t.* to spray with oil.
petróleo *s. m.* QUÍM. **1** oil, petroleum. **2** (Am.) paraffin.
petrolero, -ra *adj.* **1** oil, petroleum: *la industria petrolera = the oil industry.* • *s. m.* y *f.* **2** oil retailer (vendedor al por menor). • *s. m.* **3** MAR. oil tanker, petrol tanker.
petrolífero, -ra *adj.* oil-bearing (roca, zona, mar, etc.).
petrología *s. f.* petrology.
petroquímica *s. f.* petrochemistry.
petroquímico, -ca *adj.* petrochemical.
petulancia *s. f.* **1** insolence, effrontery. **2** arrogance, vanity, smugness.
petulante *adj.* vain.
petulantemente *adv.* vainly.
petunia *s. f.* BOT. petunia.
peyorativo, -va *adj.* pejorative, deprecatory.
pez *s. m.* **1** fish. • *s. f.* **2** pitch, tar. ♦ **3 estar uno ~ en una materia,** to be a dunce at something. **4 estar uno como el ~ en el agua,** to be in one's element, (fig.) to be at home.
pezón *s. m.* **1** BOT. stem, stalk. **2** ANAT. nipple. **3** knob, extremity.
pezuña *s. f.* ZOOL. hoof.
pi *s. f.* **1** pi (letra griega). **2** MAT. pi.
piadosamente *adv.* **1** piously, devoutly (especialmente en asuntos religiosos). **2** (fig.) kind-heartedly, compassionately (que es objeto de compasión).
piadoso, -sa *adj.* **1** pious, devout (pío). **2** pitiful. **3** compassionate, sympathetic (compasivo).
piafar *v. i.* ZOOL. to paw the ground.
piamáter *s. f.* ANAT. pia mater.
pianista *s. m.* y *f.* MÚS. pianist, piano player.
piano *s. m.* **1** MÚS. piano. • *adv.* **2** piano.
pianola *s. f.* pianola.
piar *v. i.* **1** ZOOL. to chirp, to cheep. **2** (fig.) to cry for, to be longing for.
piara *s. f.* herd.
piastra *s. f.* piastre.
pibe, -ba *s. m.* y *f.* (Am.) child, (fam.) kid.
pibería *s. f.* (Am.) crowd of youngsters, (fam.) bunch of kids.
pica *s. f.* **1** MIL. pike. **2** goad, lance (garrocha). **3** measurement of depth equal to just over two fathoms. **4** ZOOL. magpie. **5** (Am.) pique, resentment. ♦ **6 poner una ~ en Flandes,** (fig.) to pull off something difficult.
picacera *s. f.* (Am.) pique, resentment.
picacho *s. m.* GEOG. peak.
picadero *s. m.* **1** riding school. **2** ring for taming wild horses.
picadillo *s. m.* **1** minced meat, mincemeat. **2** sausage meat.
picado, -da *adj.* **1** minced. **2** pitted, perforated. **3** sour (vino). **4** piqued. **5** (Am.) tipsy. • *s. m.* **6** AER. nosedive. **7** mince. **8** MÚS. pizzicato. • *s. f.* **9** ZOOL. peck, pecking. **10** bite, sting (picadura). **11** MED. decayed, bad: *tengo una muela picada = I've got a bad tooth.*
picador *s. m.* **1** picador. **2** horsebreaker, horse trainer. **3** MIN. faceworker.
picadura *s. f.* **1** (insect) bite, sting. **2** prick (pinchazo). **3** cut tobacco. **4** MED. tooth decay, caries.
picaflor *s. m.* (Am.) ZOOL. hummingbird.
picajoso, -sa *adj.* touchy, testy.
picamaderos *s. m.* ZOOL. woodpecker.
picanear *v. t.* (Am.) to spur on, to goad, to provoke (provocar).
picante *adj.* **1** spicy, peppery, hot: *la comida está picante = the food is hot.* **2** saucy, risqué, racy, piquant: *suele decir cosas picantes = he comes out*

with some risqué remarks. • *s. m.* **3** hot taste, piquancy.

picapedrero *s. m.* quarryman, stonecutter.

picapica *s. f.* itching powder.

picapleitos *s. m.* **1** litigious individual. **2** (desp.) lawyer. **3** (fam.) charlatan.

picaporte *s. m.* **1** doorknocker (aldaba). **2** latch (pestillo). **3** latchkey (llave). **4** door handle (manivela).

picar *v. t.* **1** to peck (de un ave). **2** to bite, to sting (de un insecto). **3** to prick (pinchar). **4** to mince. **5** to peck at, to nibble. **6** to punch (billetes). **7** to chip at (con pico). **8** to goad, to lance (a un toro). **9** to spur, to dig one's spurs in (caballo). • *v. t.* e *i.* **10** to bite, to take the bait: *hoy los peces están picando = today the fish are biting.* **11** MED. to itch. **12** to nibble (comida). • *v. i.* **13** (fig.) to be caught out, to take the bait. **14** to burn, to be scorching: *el sol pica mucho en agosto = the sun is really scorching in August.* • *v. pron.* **15** to go off, to turn sour (vino). **16** to get choppy (el mar): *cuando se pica el mar, yo me mareo en seguida = when the sea gets choppy, I get seasick straightaway.* **17** to take offence (ofenderse). ♦ **18 ~ uno muy alto,** (fig.) to aim high.

picardía *s. f.* **1** naughtiness, mischief (travesura). **2** villainy (maldad). **3** craftiness (astucia). **4** dirty trick (mala pasada). • *s. f.pl.* **5** insults, naughty things. • *s. m. pl.* **6** baby-doll nightie.

picaresco, -ca *adj.* **1** roguish. **2** LIT. picaresque. • *s. f.* **3** LIT. picaresque genre. **4** picaresque way of life.

pícaro, -ra *adj.* **1** villainous, sly, naughty. • *s. m.* y *f.* **2** rogue, villain. **3** scamp, tyke (pilluelo). **4** anti-hero of picaresque novels.

picatoste *s. m.* crouton.

picaza *s. f.* ZOOL. magpie.

picazón *s. f.* **1** MED. itch (comezón); stinging sensation (ardor). **2** discomfort (molestia). **3** irritation, pique (disgusto).

picharse *v. pron.* (Am.) **1** to be scared, to flinch (acobardarse). **2** to die, to snuff it (morirse).

piche *s. m.* (Am.) fear, cowardice.

pichel *s. m.* tankard, jug.

pichicata *s. f.* (Am.) hard drugs.

pichicatero, -ra *adj.* (Am.) **1** drug-taking, drug-dealing. • *s. m.* y *f.* **2** drug-pusher (camello), junkie (drogadicto).

pichicato, -ta *adj.* (Am.) mean (mezquino), (fig.) tight-fisted.

pichincha *s. f.* (Am.) bargain.

picholear *v. i.* (Am. y fam.) to screw, to bonk (fornicar).

pichón, -na *adj.* **1** (fam.) darling. **2** (Am.) unwary, gullible (incauto). **3** (Am.) inexperienced (inexperto). • *s. m.* **4** ZOOL. young pigeon.

pichonear *v. t.* (Am.) to dupe, (fam.) to con (engañar).

pichuncho *s. m.* (Am.) drink made from hard liquor and vermouth.

pick-up *s. m.* record player.

picnic *s. m.* picnic.

pícnico, -ca *adj.* pyknic, squat.

pico *s. f.* **1** ZOOL. beak, bill. **2** point, corner: *el pico del pañuelo = the corner of the handkerchief.* **3** pick (herramienta). **4** GEOG. peak. **5** (hum.) mouth, (fam.) gob, trap. ♦ **6 y ~, a)** and a bit, just after: *son las nueve y pico = it's just after nine o'clock;* **b)** odd: *vinieron cincuenta y pico personas = fifty-odd people came.* **7 ~ de oro,** (fig.) gift of the gab. **8 hincar el ~,** (fam.) to snuff it. **9 perderse por el ~,** (fam.) to shoot one's mouth off. **10 tener mucho ~,** (fam.) to be a bigmouth.

picón, -na *adj.* **1** with protruding front teeth, (fam.) buck-toothed. • *s. m.* **2** small coal (carbón). **3** kidding (broma). **4** ZOOL. stickleback.

picor *s. m.* **1** MED. itch, itchiness, prickling. **2** hot taste, burning sensation. **3** MED. rash.

picoreto, -ta *adj.* (Am.) talkative, gossipy.

picoso, -sa *adj.* (Am.) hot, spicy.

picota *s. f.* **1** HIST. pike, pikestaff (for displaying the heads of culprits). **2** HIST. pillory. **3** ARQ. spire, point. **4** GEOG. peak. ♦ **5 poner en la ~,** (fig.) to pillory, to expose to public ridicule.

picotazo *s. m.* **1** peck (de un ave). **2** bite, sting (de un insecto, etc.).

picotear *v. t.* **1** to peck, to peck at. **2** (fam.) to gossip, to prattle (parlotear).

picotijera *s. m.* ZOOL. shearwater, skimmer.

picotón *s. m.* **1** (Am.) peck (de un ave). **2** bite, sting (de un insecto, etc.).

pictografía *s. f.* **1** pictography. **2** pictograph.

pictográfico, -ca *adj.* pictographic.

pictórico, -ca *adj.* pictorial.

picudo, -da *adj.* **1** pointed (puntiagudo). **2** long-nosed, long-billed (aves). **3** with a spout, with a lip (para verter).

pie *s. m.* **1** ANAT. foot. **2** ZOOL. foot, paw. **3** base, stand (peana). **4** pretext. **5** MAT. foot. **6** LIT. foot. **7** foot, bottom (página). **8** caption (título). **9** (Am.) down payment. ♦ **10 a cuatro pies,** on all fours. **11 al ~, a)** at the foot; **b)** beside. **12 al ~ de la letra,** literally, word for word. **13 a ~,** on foot. **14 de ~ o de pies o en ~,** standing, upright. **15 a ~ enjuto,** taking no risks. **16 a ~ firme,** steadfastly. **17 a ~ juntillas,** (fig.) firmly, absolutely. **18 asentar el ~,** to proceed with caution. **19 buscar uno tres pies al gato,** to quibble, to make life unnecessarily difficult. **20 caer de pies,** (fig.) to fall on one's feet. **21 con pies de plomo,** carefully. **22 dar ~,** to give cause, to give a pretext. **23 en ~ de guerra,** on a war footing. **24 meter el ~,** to gain a foothold. **25 no caber de pies,** to scarcely have room to breathe. **26 no dar ~ con bola,** to do nothing right. **27 perder el ~, a)** to be out of one's depth; **b)** to slip. **28 ~ de imprenta,** publisher's imprint. **29 ~ forzado,** LIT. forced rhyme. **30 ~ quebrado,** LIT. verse which is a mixture of short and long lines. **31 sacar los pies del plato,** to overstep the mark. **32 volver pies atrás,** to turn back, to retract.

piedad *s. f.* **1** REL. piety, piousness. **2** filial respect (respeto). **3** pity, mercy (compasión). **4** ART. Pietà.

piedemonte *s. m.* GEOL. piedmont deposit.

piedra *s. f.* **1** stone, flint. **2** MED. stone. **3** large hailstone (granizo). **4** millstone (de molino). ♦ **5 hasta las ~ (lo saben, etc.),** the whole world (knows, etc.). **6 no dejar ~ por mover,** (fig.) to leave no stone unturned. **7 ~ angular,** cornerstone. **8 ~ de escándalo,** source of scandal. **9 ~ de toque,** touchstone. **10 ~ filosofal,** philosopher's stone. **11 ~ preciosa,** precious stone. **12 ~ imán,** lodestone. **13 ~ pómez,** pumice stone. **14 señalar con ~ blanca,** to be a red letter day. **15 ~ miliaria/miliar,** milestone.

piel *s. f.* **1** ANAT. skin. **2** leather, skin. **3** BOT. peel, skin. ♦ **4 dar uno la ~, a)** (fig.) to give one's right arm (for); **b)** to die (for). **5 ~ de Rusia,** Russian leather. **6 ~ roja,** redskin. **7 ser uno de la ~ del diablo,** (fig.) to be a little devil, to be an imp.

piélago *s. m.* **1** LIT. sea, deep. **2** high seas. **3** (fig.) sea, abundance.

pielitis *s. f.* MED. pyelitis.

pienso *s. m.* fodder, feed.

pierna *s. f.* **1** ANAT. leg. **2** ZOOL. haunch. **3** downstroke (de letra). ♦ **4 dormir a ~ suelta,** to sleep like a top, to sleep like a baby. **5 hacer piernas,** to take a walk.

pietismo *s. m.* REL. Pietism.

pieza *s. f.* **1** piece, part. **2** item (artículo). **3** piece, roll (de tela). **4** room (habitación). **5** coin (moneda). **6** specimen (de caza). **7** LIT. play; MÚS. piece of music. **8** patch, repair (remiendo). ♦ **9 quedarse de una ~,** to be taken aback, to be dumbfounded.

piezoelectricidad *s. f.* FÍS. piezoelectricity.

piezómetro *s. m.* FÍS. piezometer.

pífano *s. m.* **1** fife. **2** fife player.

pifia *s. f.* **1** (fam.) bloomer (error). **2** (Am.) mockery.

pifiar *v. t.* **1** DEP. to miscue. **2** (fig.) to botch, to mess up (estropear). **3** (Am.) to fail (fracasar).

pigmentación *s. f.* pigmentation.

pigmentar *v. t.* to pigment.

pigmento *s. m.* pigment.

pigmeo, -a *adj.* **1** pygmy. • *s. m.* y *f.* **2** pygmy.

pijama *s. m.* (brit.) pyjamas, (EE UU) pajamas.

pijotero, -ra *adj.* **1** stingy, mean (mezquino). **2** tiresome, irritating (latoso).

pila *s. f.* **1** basin, sink. **2** ELEC. battery. **3** pile, heap. **4** ARQ. pile, bridge support. ♦ **5 ~ bautismal,** REL. font. **6 ~ atómica,** FÍS. atomic pile. **7 sacar de ~,** to be a godparent.

pilar *s. m.* **1** pillar. **2** pier, pilaster (pilastra). **3** milestone (mojón).

pilastra *s. f.* ARQ. pilaster.
pilatuna *s. f.* (Am.) dirty trick.
pilcate *s. m.* (Am.) youngster, little boy.
píldora *s. f.* **1** pill. **2** (fig.) bad news, bitter pill. ◆ **3 dorar la ~,** to sweeten the pill. **4 tragarse uno la ~,** to fall for it.
pileta *s. f.* **1** small basin. **2** stoup (para agua bendita). **3** kitchen sink (fregadero). **4** (Am.) pond, swimming pool (piscina).
pillaje *s. m.* **1** plunder. **2** pillage, looting.
pillar *v. t.* **1** to catch (atrapar), (fam.) to grab. **2** MIL. to plunder, to loot. **3** to catch out (sorprender). **4** to knock down, to run over: *le pilló un coche = a car ran over him.* • *v. pron.* **5** to catch, to trap (dedos). ◆ **6 pillarle a uno de camino,** to be on one's way. **7 pillarle a uno lejos,** to be out of one's way.
pillastre *s. m.* scoundrel, rogue.
pillería *s. f.* (fam.) prank.
pillo, -lla *adj.* **1** rascally, roguish, impish (niño). **2** sly, crafty (taimado). • *s. m.* y *f.* **3** rogue, scoundrel, scamp (niño). **4** villain.
pilón *s. m.* **1** basin (de una fuente). **2** mortar (mortero). **3** sugarloaf. **4** steelyard weight (romana). **5** counterpoise (de un molino). **6** (Am.) tip (propina).
pilongo, -ga *adj.* **1** baptised in the same font. **2** thin, scrawny (flacucho). **3** dried (disecado). • *s. f.* **4** dried chestnut.
píloro *s. m.* ANAT. pylorus.
piloso, -sa *adj.* BIOL. pilose.
pilotaje *s. m.* **1** pilotage, piloting. **2** pilotage (derechos).
pilotar *v. t.* **1** to pilot: *está pilotando un avión = he's piloting a plane.* **2** to steer: *está pilotando un barco = he's steering a ship.* **3** to drive: *está pilotando un coche de carreras = he's driving a racing car.* **4** to ride (moto).
pilote *s. m.* ARQ. pile, stake.
pilotear *v. t.* (Am.) to help.
piloto *s. m.* **1** pilot (de un avión). **2** pilot, helm (de un barco). **3** first mate (de un barco), navigator. **4** driver (de un coche). ◆ **5 ~ de altura,** high-sea pilot.
piltra *s. f.* (argot) bed, pit, sack.
piltrafa *s. f.* **1** gristly meat (carne). **2** rag, tatter (harapo). • *pl.* **3** scraps, remnants (restos): *sólo han quedado piltrafas = there are only scraps left.*
pimentero *s. m.* **1** BOT. pepper plant. **2** pepper pot.
pimentón *s. m.* paprika.
pimienta *s. f.* **1** pepper. ◆ **2 comer uno ~,** to get angry, (fam.) to get worked up.
pimiento *s. m.* **1** BOT. pimiento plant. **2** pepper, pimiento, green pepper, red pepper.
pimpinela *s. f.* BOT. pimpernel.
pimplar *v. i.* **1** (fam.) to booze, to tipple. • *v. pron.* **2** (fam.) to knock back.
pimpollo *s. m.* y *f.* **1** BOT. shoot. **2** BOT. rosebud. **3** good-looking child, pretty young woman.
pimpón *s. m.* DEP. ping-pong, table tennis.
pinacoteca *s. f.* art gallery, picture gallery.
pináculo *s. m.* **1** ARQ. spire, top. **2** (fig.) pinnacle, acme. **3** GEOG. pinnacle.
pinar *s. m.* pinewood.
pincel *s. m.* paintbrush.
pincelada *s. f.* **1** ART. brushstroke. **2** (fig.) broad outline. ◆ **3 dar la última ~,** to give the finishing touch.
pincelar *v. t.* **1** to paint. **2** to portray.
pinchadiscos *s. m.* y *f.* disc jockey.
pinchar *v. t.* **1** to prick. **2** to puncture, to pierce (perforar). **3** to annoy, to tease (incordiar). **4** TEC. (fam.) to bug. **5** (fam.) to give (someone) a jab. • *v. i.* **6** to get a puncture (rueda). • *v. pron.* **7** to get a puncture (rueda). **8** to shoot up (droga). ◆ **9 no ~ ni cortar,** (fam.) to cut no ice, to carry no weight.
pinchazo *s. m.* **1** puncture (en una rueda). **2** prick, jab (de una aguja o similar).
pinche *s. m.* kitchen-boy.
pincho *s. m.* **1** point (punta). **2** snack. ◆ **3 ~ moruno,** GAST. pork kebab.
pindonga *s. f.* gadabout (mujer).
pineal *adj.* **1** ANAT. pineal. **2** BOT. pineal.
pinga *s. f.* pole (slung across the shoulders for carrying things).
pingajo *s. m.* tatter, rag.
pingar *v. i.* **1** to ooze, to drip (gotear). **2** to leap about, to jump (brincar). **3** to hang down (colgar).
pingo *s. m.* **1** tatter, rag. **2** shabby dress. **3** (Am.) horse.
ping-pong *s. m.* ⇒ **ping-pong.**
pingüe *adj.* **1** fat, greasy, fatty. **2** (fig.) abundant, juicy, fat: *pingües beneficios = fat profits.*
pingüino *s. m.* ZOOL. penguin.
pinito *s. m.* **1** child's first step. ◆ **2 hacer pinitos, a)** to toddle; **b)** (fig.) to be just getting going (una empresa, etc.).
pino *s. m.* **1** BOT. pine, pine tree. ◆ **2 ~ albar,** Scots pine. **3 ~ carrasco,** Aleppo pine. **4 ~ negral,** larch, Corsican pine. **5 ~ piñonero,** umbrella pine, stone pine. **6 ~ rodeno,** cluster pine. **7 ~ tea,** pitch pine. **8 ser un ~ de oro,** to look handsome/beautiful. **9 hacer el ~,** to stand on one's head.
pinocha *s. f.* BOT. pine needle.
pinrel *s. m.* foot, (fam.) trotter.
pinta *s. f.* **1** ZOOL. mark, marking, spot. **2** GEOL. mark. **2** polka dot (lunar). **3** look, appearance (aspecto). **4** pint (medida). ◆ **5 ser uno un ~,** to be a scoundrel.
pintado, -da *p. p.* **1** de **pintar.** • *adj.* **2** colourful, multi-coloured, dappled. • *s. f.* **3** ZOOL. Guinea fowl. **4** painted slogan, graffiti. ◆ **5 el más ~,** the slickest, the cleverest. **6 venir como ~ / que ni ~,** to suit perfectly, to suit down to the ground.
pintamonas *s. m.* dauber.
pintar *v. t.* **1** to paint. **2** to depict, to portray (retratar). **3** (fig.) to describe. **4** (fam.) to be important, to carry weight: *yo no pinto nada aquí = I'm not important here.* • *v. i.* **5** to write (marcar). **6** to be trumps (naipes). • *v. pron.* **7** to paint (cara, uñas, etc.). **8** to put on one's makeup (maquillarse). ◆ **9 ~ bien/mal una cosa,** to turn out well/badly. **10 pintarla,** to put on airs. **11 pintarse uno solo para hacer una cosa,** (fam.) to be a dab hand at doing something.
pintarrajar o **pintarrajear** *v. t.* **1** to daub, to bedaub.
pintarroja *s. f.* dogfish.
pintear *v. i.* to drizzle, to spit with rain.
pintiparado, -da *adj.* **1** identical. **2** just right.
pinto, -ta *adj.* pinto, dappled.
pintor, -ra *s. m.* y *f.* **1** painter, artist. ◆ **2 ~ de brocha gorda,** painter and decorator.
pintoresco, -ca *adj.* picturesque, colourful.
pintura *s. f.* **1** ART. painting. **2** picture, painting (cuadro). **3** paint (material). **4** (fig.) portrayal, description. ◆ **5 ~ al fresco,** fresco. **6 ~ al óleo,** oil painting. **7 ~ al pastel,** pastel. **8 ~ al temple,** tempera.
pinturero, -ra *adj.* **1** conceited, flashy, showily dressed. • *s. m.* y *f.* **2** dandy, flashy dresser, show-off.
pinza *s. f.* **1** TEC. pincers. **2** tweezers (bruselas). **3** tongs (tenazas). **4** clothes peg. **5** MED. forceps. **6** ZOOL. claw, pincer.
pinzamiento *s. m.* trapped nerve.
pinzón *s. m.* ZOOL. finch, chaffinch.
piña *s. f.* **1** BOT. pine cone (de pino). **2** BOT. pineapple (ananás). **3** cluster, group (grupo). **4** (Am.) punch, (fam.) thump (bofetada).
piñata *s. f.* **1** container of sweets suspended from the ceiling and smashed with sticks by blindfolded revellers. **2** masked ball, masquerade. **3** (Am.) brawl (pelea).
piñón *s. m.* **1** BOT. pine seed. **2** pine nut. **3** MEC. pinion, sprocket.
pío, -a *adj.* **1** REL. pious. **2** charitable. **3** piebald (caballo con manchas de varios colores). • *s. m.* **4** ZOOL. chirping, cheeping. ◆ **5 no decir ni ~,** not to say a word, (fam.) not to say boo to a goose.
piocha *s. f.* pickaxe.
piojillo *s. m.* bird louse.
piojo *s. m.* **1** louse. ◆ **2 ~ resucitado,** (fam.) upstart.
piojoso, -sa *adj.* **1** lice-ridden, lousy. **2** stingy (mezquino), (fig.) tight-fisted.
piola *s. f.* twine.
piolet *s. m.* ice axe.
piolín *s. m.* (Am.) cord, twine.
pionero, -ra *adj.* **1** pioneering. • *s. m.* y *f.* **2** pioneer.
piorrea *s. f.* MED. (brit.) pyorrhoea, (EE UU) pyorrhea.
pipa *s. f.* **1** pipe (para fumar). **2** cask (tonel). **3** BOT. pip, seed (de girasol). **4** (Am. y fam.) belly (barriga).

pipe *s. m.* (Am.) friendly form of address.
pipermín *s. m.* peppermint, creme de menthe (licor).
pipeta *s. f.* pipette.
pipí *s. m.* **1** (fam.) pee, wee. ◆ **2 hacer ~** to pee, to have a pee. **3 hacerse ~** to pee oneself, to wet oneself.
pipiolo, -la *s. m.* y *f.* **1** novice (novato). **2** newcomer (recién llegado). **3** (Am.) youngster, little boy (chiquillo); young girl (chiquilla). **4** (Am.) gullible type (inocente).
pipón, -na *adj.* **1** (Am.) pot-bellied, paunchy. ● *s. m.* **2** (Am.) belly, gut.
pique *s. m.* **1** pique, resentment (resentimiento). **2** grudge (rencor). **3** rivalry (rivalidad). ◆ **4 irse a ~, a)** to founder, to sink (hundirse); **b)** to fail (fracasar).
piqué *s. m.* piqué.
piqueta *s. f.* pickaxe.
piquetazo *s. m.* **1** (Am.) peck (de un ave). **2** (Am.) bite, sting (de un insecto, etc.).
piquete *s. m.* **1** MIL. squad. **2** fence post (jalón). **3** small hole (agujero). **4** MIL. picket, detail. ◆ **5 ~ de autodefensa,** steward at demonstrations. **6 ~ de huelga,** strike picket.
pira *s. f.* **1** pyre. **2** bonfire (fogata). ◆ **3 irse de ~,** to play truant, to cut class.
piragua *s. f.* **1** pirogue. **2** canoe.
piragüista *s. m.* y *f.* canoeist.
pirámide *s. f.* pyramid.
piraña *s. f.* ZOOL. piranha.
pirarse *v. pron.* **1** to run away (fugarse). **2** to clear off, to leave (marcharse).
pirata *s. m.* **1** pirate. **2** (fig.) brute, hardhearted person.
piratería *s. f.* piracy.
piratona *s. f.* (Am.) arbitrariness.
pirca *s. f.* (Am.) dry-stone wall.
pirenaico, -ca *adj.* GEOG. Pyrenean.
pirético, -ca *adj.* MED. pyretic.
pirexia *s. f.* MED. pyrexia.
pírico, -ca *adj.* pertaining to fire or fireworks.
pirindola *s. f.* spinning top.
pirita *s. f.* **1** MIN. pyrites. ◆ **2 ~ arsenical/cobriza,** arsenical /copper pyrites. **3 ~ magnética,** magnetic pyrites.
pirograbado *s. m.* **1** pyrogravure. **2** pyrography.
pirolusita *s. f.* MIN. pyrolusite.
piromancia o **piromancía** *s. f.* pyromancy.
pirómano, -na *adj.* **1** pyromaniacal, fire-raising. ● *s. m.* y *f.* **2** pyromaniac, arsonist.
piropo *s. m.* **1** garnet (joya). **2** flattering remark, compliment (cumplido).
pirotecnia *s. f.* pyrotechnics.
pirotécnico, -ca *adj.* pyrotechnic; firework.
piroxena *s. f.* pyroxene.
pirrarse *v. pron.* to be crazy about, (fam.) to be potty about.
pirriquio *s. m.* LIT. pyrrhic.
pirueta *s. f.* pirouette.
piruleta *s. f.* lollipop.
pirulí *s. m.* lollipop.
pis *s. m.* **1** (fam.) pee, wee. ◆ **2 hacer ~** to pee, to have a pee. **3 hacerse ~** to pee oneself, to wet oneself.
pisada *s. f.* **1** footprint (huella). **2** footstep (paso). **3** footfall (sonido).
pisapapeles *s. m.* paperweight.
pisar *v. t.* **1** to tread on, to stand on, to step on. **2** to tread (apretar con el pie). **3** MÚS. to pluck (cuerdas), to strike (teclas). **4** (fig.) to trample (pisotear). **5** to disregard (infringir). **6** (fig.) to get in first, to beat someone to something. ◆ **7 no ~ un sitio,** not to set foot in a place. **8 ~ huevos/andar pisando huevos,** to tread carefully. **9 ~ los talones a alguien,** to be on someone's heels. **10 ~ el terreno de otro,** to beat someone to it.
pisaverde *s. m.* dandy, (EE UU) dude.
piscicultura *s. f.* fish farming.
piscicultor, -ra *s. m.* y *f.* expert in fish-breeding.
piscifactoría *s. f.* fish farm, fish hatchery.
pisciforme *adj.* pisciform, fish-shaped.
piscina *s. f.* **1** DEP. swimming pool. **2** fish pond, fish tank (estanque).
Piscis *s. m.* ASTR. Pisces.
pisco, -ca *adj.* **1** (Am.) conceited, (fam.) cocky. ● *s. m.* **2** pisco brandy.
piscolabis *s. m.* light snack.
piso *s. m.* **1** ground, floor (suelo). **2** sole (suela). **3** GEOL. layer, stratum. **4** floor, storey (planta). **5** flat (apartamento).
pisón *s. m.* **1** ram, beetle (herramienta). **2** (Am.) stamp on the foot (pisotón).
pisotón *s. m.* stamp (en el suelo o en el pie de una persona).
pista *s. f.* **1** trail, track (huella). **2** DEP. track, course; court (cancha). **3** runway, airstrip (de aterrizaje). **4** clue (indicio). **5** (Am. y fam.) dough (dinero). ◆ **6 seguir la ~,** to track, to follow the trail.
pistilo *s. m.* BOT. pistil.
pisto *s. m.* **1** gravy (jugo). **2** type of ratatouille. **3** hotchpotch (mezcla). **4** (Am.) elegance, style (garbo). **5** (Am. y fam.) dough (dinero). ◆ **6 darse ~,** to give oneself airs, (fam.) to show off.
pistola *s. f.* **1** pistol (arma). **2** TEC. spray gun.
pistolera *s. f.* holster.
pistolero *s. m.* gunman, gangster.
pistoletazo *s. m.* **1** pistol shot, gun shot. ◆ **2 ~ de salida,** DEP. starting signal.
pistón *s. m.* **1** piston (émbolo). **2** percussion cap (de un arma). **3** MÚS. valve (de un instrumento). **4** (Am.) corn tortilla. **5** (Am.) MÚS. cornet.
pistonudo, -da *adj.* (fam.) terrific, great: *es un tipo pistonudo* = *he's a terrific fellow.*
pita *s. f.* **1** BOT. agave. **2** pita fibre. **3** hissing, booing.
pitagórico, -ca *adj.* **1** Pythagorean. ● *s. m.* y *f.* **2** Pythagorean. ◆ **3 tabla ~,** MAT. Pythagorean table.
pitanza *s. f.* **1** daily ration. **2** dole (para los pobres). **3** (fam.) daily bread. **4** price (precio).
pitar *v. i.* **1** to whistle, to blow a whistle. **2** (fam.) to work (funcionar). **3** (Am.) to smoke (fumar). ◆ **4 irse/salir pitando,** to rush off.
pitecántropo *s. m.* ZOOL. pithecanthropus.
pitera *s. f.* **1** BOT. agave plant. **2** hole (ropa).
pitido *s. m.* whistling, whistle (sonido del pito), hooting.
pitillera *s. f.* **1** cigarette case (petaca). **2** cigarette maker.
pitillo *s. m.* cigarette, (brit. y fam.) fag.
pitiminí *s. m.* BOT. miniature rose bush.
pito *s. m.* **1** whistle (silbato). **2** cigarette, (brit. y fam.) fag (cigarrillo). **3** (Am.) pipe (pipa). **4** (Am.) kind of sweet. ◆ **5 cuando pitos, flautas,** when it's not one thing, it's another. **6 entre pitos y flautas,** what with one thing and another. **7 no importarle a uno un ~ una cosa,** not to care two hoots about something. **8 no valer un ~ una cosa,** not to be worth a light. **9 por pitos o por flautas,** for one reason or another. **10 ~ real,** ZOOL. woodpecker.
pitón *s. m.* **1** ZOOL. python. **2** ZOOL. budding horn. **3** spout (de botijo, etc.). **4** marble (canica).
pitonisa *s. f.* **1** pythoness (sacerdotisa de Apolo). **2** sorceress (hechicera).
pitorrearse *v. pron.* to make fun (of), (fam.) to take the mickey (out of).
pitorreo *s. m.* teasing; mockery, jeering.
pitorro *s. m.* spout (de un botijo).
pitpit *s. m.* ZOOL. pitpit.
pituita *s. f.* FISIOL. phlegm (flema), mucus (moco).
pituitario, -ria *adj.* ANAT. pituitary.
pituso, -sa *adj.* **1** cute, tiny. ● *s. m.* y *f.* **2** tot.
piular *v. i.* to chirp, to cheep, to chirrup.
pivote *s. m.* TEC. pivot.
pizarra *s. f.* **1** GEOL. slate. **2** blackboard (encerado).
pizarrín *s. m.* slate pencil.
pizarrón *s. m.* (Am.) blackboard.
pizca *s. f.* **1** pinch: *una pizca de sal* = *a pinch of salt.* **2** (fig.) spot, jot, scrap: *no tiene pizca de verdad* = *there's not a scrap of truth in it.* **3** the least bit: *no me hace ni pizca de gracia* = *I'm not in the least bit amused.*
pizcar *v. t.* **1** to pinch, to tweak. **2** to take a pinch.
pizpireta *s. f.* (fam.) bright spark, (fam.) bundle of fun.
placa *s. f.* **1** badge (insignia). **2** plate (lámina). **3** plaque (conmemorativa). **4** number plate (matrícula). **5** plate (fotográfica).
placable *adj.* placable.
placar *v. t.* to tackle.
pláceme *s. m.* **1** congratulations, felicitations. ◆ **2 dar el ~,** to congratulate.
placenta *s. f.* **1** ANAT. placenta. **2** BOT. placenta.
placenteramente *adv.* with pleasure, joyfully.
placentero, -ra *adj.* pleasing, agreeable.
placer *v. t.* **1** to please, to content. ● *s. m.* **2** pleasure (gusto). **3** content-

ment (del ánimo). **4** enjoyment (diversión). **5** pleasure, will (voluntad). **6** GEOL. placer. **7** sandbank, shoal (banco de arena). **8** (Am.) oyster bed (ostras perleras). ◆ **9 a ~,** at one's pleasure, as one likes.

plácet *s. m.* **1** approval. **2** placet (del gobierno).

plácidamente *adv.* placidly.

plácido, -da *adj.* **1** placid, tranquil. **2** pleasant (grato): *una tarde plácida = a pleasant afternoon.*

pladur® *s. m.* plasterboard.

plafón *s. m.* **1** ARQ. soffit. **2** wall light.

plaga *s. f.* **1** MED. plague. **2** AGR. pest, blight. **3** (fig.) scourge.

plagado, -da *adj.* **1** full, infested. ◆ **2 ~ de,** crawling with, infested with.

plagiar *v. t.* to plagiarise.

plagio *s. m.* copying.

plan *s. m.* **1** plan (proyecto). **2** (Am.) GEOG. plateau.

plancha *s. f.* **1** sheet, plate (lámina). **2** iron (útil). **3** ironing (acto). **4** blunder (equivocación). **5** DEP. horizontal dive. **6** TEC. plate.

planchado, -da *p. p.* **1** de **planchar.** ● *adj.* **2** ironed (ropa). **3** speechless (sin saber qué decir).

planchar *v. t.* **1** to iron. ● *v. i.* **2** to iron, to do the ironing.

planchazo *s. m.* blunder, gaffe.

plancton *s. m.* plankton.

planeador *s. m.* glider.

planeadora *s. f.* **1** ⇒ **acepilladora. 2** MAR. fast boat (con varios fueraborbordas).

planear *v. t.* **1** to draw a plan (trazar). **2** to plan (forjar planes). ● *v. i.* **3** AER. to glide.

planeo *s. m.* gliding.

planeta *s. m.* planet: *los planetas giran alrededor del sol = the planets revolve around the sun.*

planetario *adj.* **1** planetary. ● *s. m.* **2** planetarium.

planicie *s. f.* **1** GEOG. plain. **2** level ground (terreno nivelado).

planificación *s. f.* planning.

planificador, -ra *adj.* **1** planning, well-organized. ● *s. m.* y *f.* **2** planner.

planificar *v. t.* to plan.

planimetría *s. f.* **1** survey. **2** surveying, planimetry (arte de medir).

planisferio *s. m.* GEOM. planisphere.

plano, -na *adj.* **1** flat, level (llano), smooth (liso). ● *s. m.* **2** MAT. plane. **3** (fig.) plane: *habla en un plano más elevado = he talks on a higher plane.* **4** map, street-plan (mapa). ● *s. f.* **5** float (de albañil). **6** page (hoja). ◆ **7 cerrar la plana,** to bring (something) to an end. **8 de ~,** outright: *lo rechacé de plano = I rejected it outright.* **9 en primer ~,** in the foreground. **10 plana mayor,** MIL. staff. **11 ~ coordenado,** coordinate. **12 ~ de nivel,** datum level. **13 ~ inclinado,** inclined plane.

planta *s. f.* **1** ANAT. sole of the foot. **2** ARQ. ground plan. **3** ARQ. floor, storey (piso). **4** BOT. plant. ◆ **5 ~ baja,** ground floor. **6 tener buena ~,** to look good, to be attractive.

plantación *s. f.* AGR. plantation (de cultivo).

plantar *v. t.* **1** AGR. to plant (plantas o terreno). **2** to put in (poste). **3** to pitch (tienda). **4** to throw out: *lo plantaron en la calle = they threw him (out) into the street.* **5** to drop: *los que eran mis amigos me han plantado = those who were my friends have dropped me.* ● *v. pron.* **6** to stand firm, (fam.) to dig one's heels in (mantenerse en sus trece). **7** to reach, to turn up: *se plantó en Zamora en menos de dos horas = he reached Zamora in less than two hours.* **8** to plant oneself: *el matón se plantó delante de la puerta = the gangster planted himself in front of the door.* ● *adj.* **9** ANAT. plantar: *sufría de verrugas plantares = he suffered from plantar warts.*

plante *s. m.* **1** stoppage, strike (huelga). **2** stand (postura). **3** expression of defiance (desafío).

planteamiento *s. m.* **1** outlining (de problema, asunto, etc.). **2** approach (enfoque).

plantear *v. t.* **1** to plan, to set out (planificar). **2** to establish, to set up (establecer). **3** to pose, to raise: *esto plantea una serie de problemas = this raises a number of problems.* ● *v. pron.* **4** to consider (contemplar). **5** to arise (surgir).

plantel *s. m.* **1** nursery, seedbed (criadero). **2** (fig.) training centre. **3** DEP. squad. **4** cadre.

plantificar *v. t.* **1** to establish, to institute. ● *v. pron.* **2** to install oneself, to plant oneself: *la chica se plantificó en el salón sin más ni más = the girl planted herself in the living-room just like that.*

plantígrado, -da *adj.* **1** ZOOL. plantigrade. ● *s. m.* y *f.* **2** plantigrade.

plantilla *s. f.* **1** insole (zapato), sole (calcetín). **2** TEC. model, pattern, template. **3** staff, payroll (nómina). **4** DEP. squad, team.

plantío, -a *adj.* **1** cultivable, cultivated. ● *s. m.* **2** planting (acción). **3** plot, patch, field (campo sembrado).

plantón *s. m.* **1** guard, watchman (vigilante). **2** MIL. sentry (centinela). **3** MIL. soldier punished with extra guard duty (castigo). **4** tedious wait (espera). **5** BOT. seedling. **6** (Am.) MIL. standing facing a wall (castigo).

plañidero, -ra *adj.* **1** plaintive, mournful. ● *s. f.* **2** paid mourner.

plañido *s. m.* wail, lament.

plañir *v. i.* (p.u.) to wail, to lament, to moan.

plaqueta *s. f.* **1** BIOL. blood platelet. **2** ceramic tile (azulejo).

plasma *s. m.* **1** BIOL. plasma (sangre). **2** BIOL. protoplasm.

plasmar *v. t.* **1** to shape, to give form to (formar). **2** to mould (moldear). ● *v. pron.* **3** to be expressed.

plasta *s. f.* **1** lump, soft mass. ● *adj./s. m.* y *f.* **2** pain in the neck.

plaste *s. m.* size, sizing.

plasticidad *s. f.* plasticity.

plástico, -ca *adj.* **1** plastic. **2** ductile (dúctil). **3** evocative, expressive (expresivo). ● *s. m.* **4** plastic. ● *s. f.* **5** plastic art.

plastificar *v. t.* to laminate.

plastilina® *s. f.* plasticine.

plata *s. f.* **1** QUÍM. silver. **2** (Am. y fam.) money. ◆ **3 como la ~,** clean as a whistle. **4 hablar en ~,** to speak frankly, to put it bluntly.

plataforma *s. f.* **1** platform, stage (tablado). **2** open goods wagon, flatcar (ferrocarril). **3** platform (de autobús, etc.). **4** POL. (fig.) platform. ◆ **5 ~ continental,** GEOL. continental shelf.

platanal o **platanar** *s. m.* AGR. banana plantation.

platanero *s. m.* banana tree.

plátano *s. m.* BOT. **1** banana tree (árbol). **2** banana (fruta). **3** plane tree.

platea *s. f.* stalls (teatro).

plateado, -da *p. p.* **1** de **platear.** ● *adj.* **2** silver-plated, silvery.

platear *v. t.* **1** to silver. **2** TEC. to silver-plate.

plateresco, -ca *adj.* ARQ. plateresque.

platería *s. f.* silverware shop.

platero, -ra *s. m.* y *f.* **1** silversmith (orfebre). **2** jeweller (joyero).

plática *s. f.* **1** chat, talk (conversación). **2** REL. sermon.

platicar *v. i.* (Am.) to talk, to chat.

platija *s. f.* ZOOL. plaice (tipo de pez).

platillo *s. m.* **1** saucer (de taza). **2** MÚS. cymbal. **3** kitty (juegos de naipes). ◆ **4 ~ volante,** flying saucer.

platina *s. f.* **1** stage, slide (de microscopio). **2** deck (tocadiscos). **3** platen (impresora). **4** QUÍM. platinum.

platino *s. m.* MIN. platinum.

plato *s. m.* **1** plate (vasija plana). **2** dish, course (comida). **3** (fig.) daily fare. ◆ **4 comer en un mismo ~,** to be very close friends, (fam.) to be as thick as thieves. **5 nada entre dos platos,** a storm in a tea-cup, a lot of fuss about nothing. **6 no haber roto uno un ~ nunca,** (fig.) to look as if butter wouldn't melt in one's mouth. **7 ~ combinado,** single-course meal. **8 ~ sopero,** soup dish.

plató *s. m.* film set.

platónicamente *adv.* platonically.

platónico, -ca *adj.* FIL. **1** Platonic. ● *s. m.* y *f.* **2** Platonist.

platudo, -da *adj.* (Am.) wealthy, (fam.) loaded (adinerado).

plausibilidad *s. f.* plausibility.

plausible *adj.* **1** praiseworthy, laudable (loable). **2** plausible, acceptable (admisible).

plausiblemente *adv.* plausibly.

playa *s. f.* **1** beach (orilla). **2** seaside, seaside resort (punto de veraneo).

playero, -ra *adj.* **1** beach. ● *s. f. pl.* **2** popular Andalusian songs. **3** beach shoes, sandals (calzado).

plaza *s. f.* **1** square, town square. **2** market place (mercado). **3** MIL. stronghold (fuerte). **4** post, position (empleo). **5** open space (espacio). **6** COM. town, centre. **7** seat. ◆ **8 ~ de toros,** bullring. **9 sentar ~, a)** MIL. to join up, to enlist; **b)** (fig.) to be successful. **10 sacar ~,** to fill a post, to get a job.

plazo *s. m.* **1** period (tiempo). **2** time limit, expiry date (vencimiento). **3** instalment: *estoy pagándolo a plazos = I'm paying for it in instalments.* ◆ **4 a largo ~,** COM. **a)** long-term (préstamo); **b)** long-dated (valores). **5 a corto ~,** COM. **a)** short-term (préstamo); **b)** short-dated (valores).

plazoleta *s. f.* small square.

plazuela *s. f.* small square.

pleamar *s. f.* high tide, high water, flood tide.

plebe *s. f.* **1** HIST. plebs, plebeians. **2** common people, masses (las masas). **3** (desp.) plebs, rabble, riff-raff.

plebeyo, -ya *adj.* **1** HIST. plebeian. **2** (desp.) common, vulgar, coarse. ● *s. m.* y *f.* **3** (desp.) plebeian, commoner.

plebiscito *s. m.* POL. plebiscite.

plectro *s. m.* **1** MÚS. plectrum (púa). **2** inspiration (musa).

plegable *adj.* collapsible.

plegamiento *s. m.* **1** folding. **2** GEOL. folding.

plegar *v. t.* **1** to fold (hacer un pliegue). **2** to bend (doblar). **3** to pleat (costura). ● *v. pron.* **4** to bend (doblarse), to crease (arrugarse). **5** (fig.) to give way, to yield (ceder).

plegaria *s. f.* REL. **1** prayer (oración). **2** angelus bell.

pleistoceno, -na *adj.* GEOL. **1** Pleistocene. ● *s. m.* **2** Pleistocene.

pleita *s. f.* plaited length of esparto grass.

pleitear *v. t.* **1** DER. to engage in litigation. **2** (fig.) to break off relations (romper las relaciones). **3** (Am.) (fig.) to argue (discutir).

pleitesía *s. f.* homage, tribute (homenaje).

pleitista *adj.* **1** DER. litigious. **2** (fig.) quarrelsome. ● *s. m.* y *f.* **3** DER. litigious person. **4** (fig.) troublemaker.

pleito *s. m.* **1** DER. lawsuit, case. **2** DER. action: *voy a entablar un pleito contra mi socio = I am going to bring an action against my partner.* **3** (fig.) dispute (disputa). **4** (Am.) quarrel (discusión). **5** (Am.) brawl (pendencia). ◆ **6 poner ~ a uno,** to sue someone, to take someone to court. **7 tener mal ~,** (fig.) not to have a leg to stand on, to be wrong.

plenamente *adv.* fully, completely.

plenario, -ria *adj.* plenary: *sesión plenaria = plenary session.*

plenilunio *s. m.* full moon.

plenipotencia *s. f.* unlimited powers.

plenipotenciario, -ria *adj.* **1** plenipotentiary. ● *s. m.* y *f.* **2** plenipotentiary.

plenitud *s. f.* **1** plenitude, fullness. **2** (fig.) height: *en la plenitud de sus poderes = at the height of his powers.* **3** (fig.) prime: *ha alcanzado su plenitud = he's in his prime.* ◆ **4 ~ de los tiempos,** the fullness of time.

pleno, -na *adj.* **1** full. ● *s. m.* **2** plenary meeting (junta). **3** completely correct forecast (quinielas). **4** win (ruleta). ◆ **5 en ~ día,** in broad daylight.

pleonasmo *s. m.* GRAM. pleonasm: *"el pequeño niño diminuto" es un pleonasmo = "the wee little boy" is a pleonasm.*

plesiosauro *s. m.* ZOOL. plesiosaur.

pletina *s. f.* iron plate.

plétora *s. f.* plethora, abundance (demasía).

pletórico, -ca *adj.* **1** plethoric; full of energy. ◆ **2 ~ de,** brimming with (algo positivo): *pletórico de energía = brimming with energy.*

pleura *s. f.* ANAT. pleura.

pleuritis o **pleuresía** *s. f.* MED. pleurisy.

plexiglás *s. m.* perspex, plexiglas.

plexo *s. m.* ANAT. **1** plexus. ◆ **2 ~ sacro,** sacral plexus. **3 ~ solar,** solar plexus.

pléyade *s. f.* **1** pleiad (grupo). ● *pl.* **2** ASTR. Pleiades.

plica *s. f.* **1** sealed envelope. **2** DER. escrow.

pliego *s. m.* **1** sheet (folio). **2** signature (medida de papel). **3** sealed letter (carta sellada). ◆ **4 ~ de condiciones,** specifications. **5 ~ de cargos,** DER. list of accusations. **6 ~ de descargo,** DER. evidence in favour of the defendant, answers to the charges.

pliegue *s. m.* **1** fold (doblez) **2** crease (arruga). **3** pleat (plisado), tuck (alforza).

plinto *s. m.* **1** plinth. **2** DEP. horse, vaulting horse (gimnasio).

plioceno, -na *adj.* GEOL. **1** Pliocene, Pleiocene. ● *s. m.* **2** GEOL. Pliocene, Pleiocene.

plisado, -da *p. p.* **1** de **plisar.** ● *adj.* **2** pleated (especialmente faldas).

plisar *v. t.* to pleat.

plomada *s. f.* **1** ARQ. plumb line. **2** lead, sounding line (sonda). **3** cat o'nine tails (látigo). **4** sinker, weight (pesca).

plomar *v. t.* to seal with lead.

plomería *s. f.* (Am.) plumbing.

plomero, -ra *s. m.* y *f.* (Am.) plumber.

plomizo, -za *adj.* grey, lead-coloured (especialmente el cielo).

plomo *s. m.* **1** QUÍM. lead. **2** ARQ. plumb line. **3** (Am.) bullet, shot. **4** fuse (fusible). **5** (fig. y fam.) pest, drag, bore, nuisance (pelmazo). ◆ **6 ~ de obra,** argentiferous lead, silver-bearing lead. **7 ~ blanco,** lead carbonate. **8 a ~,** vertically, plumb, true.

pluma *s. f.* **1** ZOOL. feather. **2** ZOOL. plumage (conjunto de plumas). **3** pen (estilográfica, etc.), quill (de ave). **4** (fig.) writer (escritor). **5** style (estilo). ◆ **6 al correr de la ~,** letting one's pen run on. **7 escribir a vuela de ~,** to write quickly, to write freely. **8 vivir uno de su ~,** to write for a living.

plumaje *s. m.* plumage, feathers (de aves).

plumario *s. m.* (Am.) journalist.

plumazo *s. m.* **1** stroke of the pen (para tachar). **2** feather bed, feather mattress (colchón). ◆ **3 de un ~, a)** with one stroke of the pen; **b)** without more ado.

plúmbeo, -a *adj.* **1** leaden, heavy as lead. **2** (fig.) boring, tiresome.

plumear *v. t.* **1** ART. to hatch in. **2** (Am.) to write, to pen.

plumero *s. m.* **1** feather duster (para quitar polvo). **2** penholder (portaplumas). **3** plume (penacho). ◆ **4 vérsele el ~,** (fig.) to show one's true colours.

plumier *s. m.* pencil case.

plumífero, -ra *adj.* **1** feathered, plumed (con plumas). ● *s. m.* y *f.* **2** (fam.) hack journalist (periodista), penpusher (chupatintas).

plumilla *s. f.* nib, pen nib.

plumín *s. m.* fountain pen nib.

plumón *s. m.* **1** ZOOL. down. **2** eiderdown (edredón).

plural *adj./s. m.* GRAM. plural.

pluralidad *s. f.* **1** GRAM. plurality. **2** collection (conjunto). **3** mass (multitud). ◆ **4 a ~ de votos,** by a majority of votes.

pluralismo *s. m.* pluralism (especialmente político).

pluralista *adj.* pluralist.

pluriempleado, -da *adj.* (fam.) with more than one job.

pluriempleo *s. m.* having more than one job, (fam.) moonlighting.

pluripartidismo *s. m.* multi-party system.

plus *s. m.* **1** bonus. ◆ **2 ~ de peligrosidad,** danger money.

pluscuamperfecto *s. m.* GRAM. pluperfect.

plusmarca *s. f.* record.

plusmarquista *s. m.* y *f.* DEP. record holder.

plusvalía *s. f.* **1** FIN. capital gain (aumento de valor). **2** surplus value (beneficio abusivo del capital sobrante).

plúteo *s. m.* shelf, bookshelf.

plutocracia *s. f.* plutocracy.

plutócrata *s. m.* y *f.* plutocrat.

Plutón *s. m.* Pluto.

plutonio *s. m.* QUÍM. plutonium.

pluvial *adj.* **1** rain, pluvial. ◆ **2 capa ~,** REL. pluvial, cope.

pluviómetro *s. m.* rain gauge.

pluvioso, -sa *adj.* rainy, wet (del clima).

poblacho *s. m.* (desp.) dump, hole.

población *s. f.* **1** population (habitantes). **2** town (poblado). ◆ **3 densidad de ~,** population density. **4 ~ activa,** working population. **5 ~ flotante,** floating population.

poblada *s. f.* uprising (insurrección).

poblado *s. m.* **1** town (ciudad). **2** village (pueblo). **3** built-up area (zona urbana). **4** settlement (asentamiento).

poblador, -ra *s. m.* y *f.* HIST. settler.

poblar *v. t.* **1** to populate, to inhabit (habitar). **2** to settle, to colonise (colonizar). **3** to stock (plantas/animales). **4** to plant (plantar). ● *v. pron.* **5** to become populated. **6** to fill up (llenarse).

pobre *adj.* **1** poor (indigente/desafortunado). ● *s. m.* y *f.* **2** poor person, pauper (indigente). **3** (fig.) poor devil, poor wretch. ◆ **4 el ~ de Juan,** poor old John. **5 ~ de solemnidad,** utterly poor, destitute. **6 los pobres,** the poor.

pobremente *adv.* poorly.
pobrete, -ta *adj.* **1** poor, unfortunate. • *s. m.* y *f.* **2** poor thing (persona), (fam.) poor devil (desgraciado).
pobretería *s. f.* **1** poor people (gente pobre). **2** penury (miseria).
pobreza *s. f.* **1** poverty, penury (penuria, necesidad). **2** lack, scarcity (escasez). **3** barrenness (de la tierra).
pocero, -ra *s. m.* y *f.* well-digger.
pocho, -cha *adj.* **1** faded, discoloured (descolorido). **2** (fam.) under the weather (pálido). **3** overripe, soft (fruta) • *s. f.* **4** bean.
pocilga *s. f.* **1** pigsty. **2** (fig.) pigsty: *esta habitación es una pocilga = this room is a pigsty.*
pocillo *s. m.* **1** sump (vasija empotrada). **2** (Am.) cup (taza).
pócima o **poción** *s. f.* **1** MED. potion. **2** (fig.) concoction, brew (brebaje).
poco, -ca *adj. sing.* **1** not much: *tiene poco sentido común = he's not got much common sense.* **2** little: *hay poca diferencia = there's little difference.* **3** small: *de poco interés = of small interest.* • *adj. pl.* **4** not many: *he visto pocos elefantes hasta ahora = I haven't seen many elephants so far.* **5** not many, few: *pocos ingleses llevan bombín = not many Englishmen wear bowler hats.* • *s. m.* y *f. (sing.)* **6** little: *¿quieres vino? Sí, un poco = would you like some wine? Yes, a little.* • *s. m.* y *f. pl.* **7** few, not many. • *adv.* **8** little, not much: *come poco = he doesn't eat much.* **9** not very: *es poco inteligente = he's not very intelligent.* **10** a bit, a little: *es un poco diferente = it's a little different.* ◆ **11 al ~,** shortly, shortly after, presently. **12 ~ a ~,** little by little, gradually. **13 ~ más o menos,** (fam.) near enough, about (aproximadamente). **14 por ~,** nearly, almost. **15 tener en ~,** to despise, to hold in contempt.
poda *s. f.* pruning.
podadera *s. f.* pruning knife.
podagra *s. f.* MED. podagra, gout.
podar *v. t.* to prune.
podenco, -ca *adj.* **1** hunting (de caza). • *s. m.* y *f.* **2** hound.
poder *s. m.* **1** power, authority (dominio). **2** possession (posesión). **3** capacity (capacidad). **4** power, strength (fuerza). **5** power, ability (facultad). **6** DER. power. • *pl.* **7** powers, power. • *v. i.* **8** *no puedo hacerlo = I can't do it.* **9** *puedo no venir = I may not come.* **10** *¿tú puedes con ese trabajo? = can you cope with/manage that job?* • *v. imp.* **11** *puede que no venga = he may/might not come.* ◆ **12 hacer un ~,** to make an effort. **13 hasta más no ~,** to the limit, as much as possible, to the utmost. **14 no ~ más,** to be all in (agotado), to be at the end of one's tether (harto). **15 no ~ menos,** not to be able to help: *no puedo menos de fumar = I can't help smoking.* **16 ~ ejecutivo,** executive. **17 ~ judicial,** judiciary. **18 ~ legislativo,** legislature.
poderdante *s. m.* y *f.* DER. principal.
poderhabiente *s. m.* y *f.* **1** DER. (brit.) proxy, (EE UU) attorney. **2** agent (que representa).
poderío *s. m.* **1** power (dominio). **2** wealth (bienes). **3** might (fuerza).
poderosamente *adv.* powerfully, mightily.
poderoso, -sa *adj.* powerful, mighty.
podíatra o **podiatra** *s. m.* y *f.* MED. chiropodist, (EE UU) podiatrist.
podio o **pódium** *s. m.* **1** podium. **2** (Am.) rostrum.
podólogo, -ga *s. m* y *f.* MED. chiropodist, (EE UU) podiatrist.
podre *s. f.* pus.
podredumbre *s. f.* **1** putrefaction. **2** MED. pus, rot. **3** (fig.) corruption.
podridero *s. m.* compost heap, midden.
podrido, -da *p. p.* **1** de **pudrir.** • *adj.* **2** rotten. ◆ **3 estar ~ de dinero,** to be filthy rich.
podrir *v. t.* ⇒ **pudrir.**
poema *s. m.* **1** poem. ◆ **2 ~ épico,** LIT. epic poem. **3 ~ sinfónico,** symphonic poem. **4 ser un ~,** to be out of the ordinary, to be really something.
poesía *s. f.* **1** poetry (género). **2** poem (poema).
poeta *s. m.* poet.
poetastro *s. m.* poetaster.
poéticamente *adv.* poetically.
poético, -ca *adj.* **1** poetic. • *s. f.* **2** poetics, theory of poetry.
poetisa *s. f.* poetess.
póker *s. m.* poker (naipes).
polaco, -ca *adj.* **1** Polish. • *s. m.* y *f.* **2** Pole. • *s. m.* **3** Polish (idioma).
polaina *s. f.* **1** gaiter, legging (media calza). **2** (Am.) annoyance, irritation (contrariedad).
polar *adj.* GEOG. **1** polar. ◆ **2 estrella ~,** Pole Star.
polaridad *s. f.* FÍS. polarity.
polarización *s. f.* **1** FÍS. polarization. **2** (fig.) exclusive attention (sobre algo o alguien).
polarizar *v. t.* **1** FÍS. to polarize. **2** (fig.) to concentrate (concentrar). • *v. pron.* **3** to become polarized. **4** to concentrate (concentrarse).
polca *s. f.* MÚS. polka.
polea *s. f.* **1** pulley. ◆ **2 ~ combinada,** tackle. **3 ~ móvil,** block and tackle.
poleame *s. m.* set of pulleys.
polémico, -ca *adj.* **1** polemical. **2** controversial. • *s. f.* **3** polemic, controversy.
polemizar *v. i.* to get involved in an argument.
polen *s. m.* BOT. pollen.
poleo *s. m.* **1** BOT. pennyroyal. **2** pennyroyal tea (infusión).
poliamida *s. f.* polyamide.
poliandria *s. f.* **1** ANTR. polyandry. **2** BOT. polyandry.
poliarquía *s. f.* polyarchy.
pólice *s. m.* ANAT. pollex.
polichinela o **pulchinela** *s. m.* Punch, Punchinello.
policía *s. f.* **1** police (cuerpo). **2** police woman (agente). • *s. m.* **3** policeman (agente).
policíaco, -ca o **policiaco, -ca** *adj.* **1** police. **2** detective: *me gusta leer novelas policíacas = I like reading detective stories.*
policial *adj.* police.
policlínica *s. f.* general hospital.
polícromo, -ma *adj.* polychrome.
poliedro *s. m.* **1** MAT. polyhedron. ◆ **2 ~ regular,** GEOM. regular polyhedron.
poliéster *s. m.* polyester.
polifacético, -ca *adj.* **1** versatile. **2** multifaceted, many sided.
polifonía *s. f.* **1** MÚS. polyphony. **2** FON. polyphony.
polifónico, -ca *adj.* polyphonic.
poligamia *s. f.* polygamy.
polígamo, -ma *adj.* **1** polygamous. • *s. m.* y *f.* **2** polygamist.
poligenismo *s. m.* polygenesis.
políglota o **poligloto, -ta** *adj.* **1** polyglot. • *s. m.* y *f.* polyglot.
poligonáceo, -a *adj.* **1** BOT. polygonaceous. • *s. f. pl.* **2** BOT. polygonaceae.
polígono, -na *adj.* **1** MAT. polygonal. • *s. m.* **2** MAT. polygon. ◆ **3 ~ industrial,** industrial estate. **4 ~ de tiro,** firing range.
polígrafo, -fa *s. m.* y *f.* polygraph.
polilla *s. f.* **1** clothes moth (insecto). **2** clothes moth larva (gusano).
polímero *s. m.* QUÍM. polymer.
polimerización *s. f.* QUÍM. polymerization.
polimetría *s. f.* diversity of metre in a single poem.
polimorfismo *s. m.* polymorphism.
polimorfo, -fa *adj.* **1** polymorphous, polymorphic. **2** LIT. free (poesía).
polinización *s. f.* BOT. pollination.
polinomio *s. m.* MAT. polynomial.
poliomielitis *s. f.* MED. poliomyelitis, infantile paralysis.
polipasto o **polispasto** *s. m.* hoisting tackle.
pólipo *s. m.* **1** ZOOL. polyp, polypus. **2** MED. polyp, polypus.
polisacáridos *s. m. pl.* QUÍM. polysaccharides.
polisemia *s. f.* GRAM. polysemy.
polisón *s. m.* bustle.
polistilo, -la *adj.* **1** ARQ. polystyle. **2** BOT. polystylous.
politeísmo *s. m.* REL. polytheism.
políticamente *adv.* **1** politically. ◆ **2 ~ correcto,** PC, politically correct.
politicastro *s. m.* (desp.) petty politician, politico.
político, -ca *adj.* **1** POL. political: *es líder de un partido político = he's the leader of a political party.* **2** politic (sagaz): *no sería político plantear ese problema ahora = it wouldn't be politic to raise that problem now.* • *s. m.* y *f.* **3** POL. politician (persona). • *s. f.* **4** POL. politics: *la política es el arte de lo posible = politics is the art of the possible.* **5** policy (programa): *la política exterior de su gobierno es un desastre = their government's foreign policy is a disaster.* **6** courtesy, politeness (cortesía). **7** tact (habilidad). ◆ **8 padre ~,** father-in-law. **9 hermana política,** sister-in-law. **10 hermano ~,** brother-in-law.
politiquear *v. i.* to dabble in politics, to play at politics.

politiquería *s. f.* shady political dealings, political manoeuvring.
politólogo, -ga *s. m.* y *f.* political scientist.
poliuretano *s. m.* polyurethane.
póliza *s. f.* **1** stamp duty (sello, impuesto). **2** certificate (certificado). **3** policy (de seguros). **4** contract (contrato).
polizón *s. m.* **1** stowaway (pasajero clandestino). **2** (brit.) tramp, (EE UU) bum (vagabundo).
polizonte *s. m.* (desp.) cop, flatfoot.
poliuretano *s. m.* polyurethane.
polla *s. f.* **1** ZOOL. pullet, young hen (gallina). **2** (fig.) young girl, (fam.) chick (chica). **3** (vulg.) prick (pene). ◆ **4 ~ de agua,** moorhen, marsh hen.
pollero, -ra *s. m.* y *f.* **1** chicken farmer (granjero); poultry seller (tendero). ● *s. m.* **2** chicken-run (criadero), poultry shop (tienda). ● *s. f.* **3** henhouse (criadero). **4** baby walker (aparato). **5** (Am.) skirt (falda).
pollino, -na *adj.* **1** obstinate (terco). **2** stupid (tonto). ● *s. m.* y *f.* **3** ZOOL. donkey, ass. **4** (fig.) ass, dunce.
pollo *s. m.* **1** ZOOL. chick, young bird. **2** GAST. chicken. **3** lad, youngster (chaval), young man (joven). **4** spit (esputo).
polo *s. m.* **1** GEOG. pole. **2** FÍS. pole. **3** popular Andalusian tune. **4** ice-lolly (helado). **5** polo shirt (camiseta). **6** DEP. polo. ◆ **7 ~ ártico,** GEOG. North Pole. **8 ~ antártico,** GEOG. South Pole. **9 ~ magnético,** FÍS. magnetic pole. **10 Polo Norte,** North Pole. **11 Polo Sur,** South Pole.
polonés, -sa *adj.* **1** Polish. ● *s. m.* y *f.* **2** Pole (nativo). ● *s. f.* **3** MÚS. polonaise.
Polonia *s. f.* Poland.
polonio *s. m.* MIN. polonium.
poltrón, -na *adj.* **1** lazy, idle. ● *s. m.* y *f.* **2** idler, loafer (haragán). ● *s. f.* **3** easy chair (silla).
poltronería *s. f.* indolence, laziness.
polución *s. f.* **1** pollution: *los fosfatos son una de las múltiples causas de la polución de los ríos = phosphates are one of the many causes of river pollution.* ◆ **2 ~ nocturna,** nocturnal emission, (fam.) wet dream.
poluto, -ta *adj.* stained, soiled (manchado).
polvareda *s. f.* **1** dust cloud, cloud of dust. **2** (fig.) fuss, uproar, storm (revuelo): *la corrupción política provocó una polvareda = the political corruption caused an uproar.*
polvera *s. f.* powder compact.
polvero *s. m.* (Am.) dust cloud.
polvillo *s. m.* (Am.) blight (hongos).
polvo *s. m.* **1** dust (suciedad). **2** QUÍM. powder. **3** pinch (pizca). ◆ **4 polvos de la madre Celestina,** magic panacea. **5 echar un ~,** (vulg.) to have a shag, to have a screw. **6 estar hecho ~,** (fam.) to be shattered, (vulg.) to be knackered. **7 hacerle a uno ~,** to crush someone, to annihilate someone. **8 morder el ~,** (fam.) to bite the dust. **9 limpio de ~ y paja,** (fam.) in the clear. **10 sacudirle a uno el ~,** to give someone a thrashing.
polvoriento, -ta *adj.* dusty.
pólvora *s. f.* **1** gunpowder. ◆ **2 gastar la ~ en salvas,** to waste time and energy. **3 ser como la ~,** to have a fiery temper, (fam.) to have a short fuse. **4 tirar con ~ ajena,** to spend somebody else's money.
polverar *v. t.* to powder, to dust (empolvar).
polvorín *s. m.* **1** MIL. munitions dump. **2** gunpowder keg, powder keg (barril). **3** very fine gunpowder (pólvora fina).
polvorón *s. m.* **1** dry, crumbly cake of a floury consistency. **2** (Am.) cake.
polvoroso, -sa *adj.* **1** (p.u.) dusty. ◆ **2 poner los pies en polvorosa,** to take to one's heels, (fam.) to beat it.
poma *s. f.* BOT. apple.
pomada *s. f.* **1** MED. ointment. **2** cream, pomade (crema).
pomar *s. m.* **1** apple orchard (manzanar). **2** orchard (de frutales).
pomarrosa *s. f.* BOT. **1** jambo (fruto). **2** jambo, rose apple (árbol).
pomelo *s. m.* BOT. grapefruit.
pómez *s. f.* GEOL. pumice.
pomo *s. m.* **1** BOT. pome. **2** perfume bottle (frasco). **3** pommel (de espada). **4** knob (picaporte).
pompa *s. f.* **1** pomp (fasto). **2** bubble (burbuja). **3** TEC. pump (bomba). ◆ **4 pompas fúnebres, a)** funeral procession (ceremonia); **b)** undertaker's, funeral director's (empresa).
pompis *s. m.* (fam.) bottom.
pompón *s. m.* tassle (borla).
pomposamente *adv.* pompously, self-importantly.
pomposo, -sa *adj.* **1** splendid, magnificent (majestuoso). **2** (desp.) pompous, bombastic (rimbombante): *tiene un estilo pomposo = he has a pompous manner.*
pómulo *s. m.* ANAT. cheekbone.
ponchada *s. f.* **1** (Am.) vast amount, (fam.) pile, (fam.) heap (cantidad). **2** puncture (pinchazo).
ponche *s. m.* punch (bebida).
ponchera *s. f.* **1** punch bowl. **2** (Am.) washbasin (jofaina).
poncho *s. m.* **1** poncho (manta). **2** cape (capa).
ponderación *s. f.* **1** consideration, deliberation (consideración). **2** balance, equilibrium (objetividad). **3** praise (elogio).
ponderadamente *adv.* judiciously, cautiously; calmly.
ponderado, -da *p. p.* **1** de **ponderar.** ● *adj.* **2** prudent, cautious; calm (prudente). **3** MAT. weighted.
ponderal *adj.* pertaining to weight.
ponderar *v. t.* **1** to weigh up, to ponder over, to deliberate upon (considerar). **2** to speak highly of, to praise warmly (elogiar). **3** to balance (contrapesar). **4** to weight (estadísticas).
ponderativo, -va *adj.* **1** thoughtful, reflective (pensativo). **2** eulogistic, effusive, (fam.) gushing (efusivo).
ponderoso, -sa *adj.* **1** ponderous, tedious (pesado). **2** circumspect, serious (serio).
ponedero, -ra *adj.* **1** egg-laying. ● *s. m.* **2** nest box, nesting box.
ponencia *s. f.* report; paper.
ponente *adj.* **1** reporting. ● *s. m.* y *f.* **2** rapporteur (de informe). **3** speaker (conferenciante).
poner *v. t.* **1** to put, to place (colocar). **2** to set (examen); to set, to lay (mesa). **3** to put on, to turn on, to switch on (encender): *¿quieres poner la radio? = do you mind turning the radio on?* **4** to suppose (suponer). **5** to lay: *esta gallina pone seis huevos por día = this hen lays six eggs a day.* **6** to bet, to wager (apostar). **7** to expose (exponer). **8** FIN. to put up, to invest: *yo pongo el dinero = I'm putting up the money.* **9** to put on, to show (película, etc.): *ponen una película genial en ese cine = they're showing a brilliant film at that cinema.* ● *v. pron.* **10** to stand: *ella se ponía delante del piano = she used to stand in front of the piano.* **11** to put on (ropa). **12** to reach, to arrive (in), to get (to): *decía que se podía poner en Madrid en veinte minutos = he used to say he could get to Madrid in twenty minutes.* **13** to set (sol, etc.). ◆ **14 ponerse a,** to begin to. **15 no se le pone nada por delante,** he presses on regardless. **16 ~ algo por encima de algo,** to put one thing before another. **17 ponerse al corriente,** to find out. **18 ponerse uno bien,** to get better, to recover. **19 ~ en claro,** to make clear. **20 ~ a mal**: *ella le puso a mal con su suegra = she caused a rift between him and his mother-in-law.*
póney *s. m.* ⇒ **poni.**
poni *s.m.* ZOOL. pony.
poniente *s. m.* **1** GEOG. West. **2** West wind (viento).
póntico, -ca *adj.* **1** HIST. Pontic. **2** GEOG. Pontic.
pontificado *s. m.* papacy, pontificate.
pontifical *adj.* **1** REL. pontifical. ● *s. m.* **2** REL. pontifical (libro). **3** REL. tithe (diezmo). ◆ **4 de ~,** in pontifical dress.
pontificar *v. i.* to pontificate, to pontify.
pontífice *s. m.* **1** REL. pontiff. **2** HIST. Pontifex.
pontificio, -cia *adj.* pontifical, papal.
ponto *s. m.* (lit.) deep, ocean, sea.
pontón *s. m.* **1** lighter (barco). **2** ponton (puente). **3** float (de hidroavión).
pontonero *s. m.* MIL. pontonier.
ponzoña *s. f.* **1** poison (veneno). **2** (fig.) poison.
ponzoñoso, -sa *adj.* poisonous, venomous (real y figurativamente).
pop *adj.* pop: *a ella le encanta la música pop = she loves pop music.*
popa *s. f.* **1** stern. ◆ **2 ir viento en ~,** (fig.) to prosper, to go swimmingly, to go like a dream. **3 viento en ~,** following wind.
pope *s. m.* pope (sacerdote ruso).
popelín *s. m.* o **popelina** *s. f.* poplin.
populachería *s. f.* cheap popularity.

populachero, -ra *adj.* vulgar, cheap.
populacho *s. m.* (desp.) populace, masses, plebs.
popular *adj.* **1** popular: *es popular por ser tan simpático = he's popular because he's so nice.* **2** folk, of the people (costumbres, etc.).
popularidad *s. f.* popularity.
popularización *s. f.* popularization.
popularizar *v. t.* **1** to make popular, to popularize. • *v. pron.* **2** to become popular.
popularmente *adv.* commonly (comúnmente).
populismo *s. m.* populism.
populoso, -sa *adj.* populous.
popurrí *s. m.* MÚS. potpourri, medley.
poquedad *s. f.* **1** paucity, meagreness. **2** (fig.) timidity (apocamiento). **3** trifle (nimiedad).
póquer *s. m.* poker (naipes).
por *prep.* **1** for, for the sake of (a favor de): *murió por la patria = he died for his country.* **2** for (a cambio de): *le di un millón de pesetas por su coche = I gave him a million pesetas for his car.* **3** for, because of (a causa de): *cierran las tiendas por ser fiesta = they're shutting the shops because of the holiday.* **4** as (como): *esto podemos darlo por sabido = this can be taken as read.* **5** in, around (tiempo): *ocurrió por mayo = it happened around May; vendré por la tarde = I'll come in the afternoon.* **6** through (lugar): *el Duero pasa por Zamora = the Douro flows through Zamora.* **7** by (agente): *la novela fue escrita por Galdós = the novel was written by Galdós.* **8** MAT. times: *3 por 7 son 21 = 3 times 7 is 21.* ◆ **9 ir ~,** to fetch.
porcelana *s. f.* **1** china, porcelain (materia). **2** china, chinaware (loza fina). **3** jewel enamel (esmalte).
porcentaje *s. m.* percentage.
porcentual *adj.* percentage: *incremento porcentual = percentage increase.*
porche *s. m.* **1** porch (pórtico). **2** arcade (soportal). **3** veranda, verandah (a la entrada de una casa).
porcino, -na *adj.* **1** porcine, pig. • *s. m.* **2** porker, piglet (lechón).
porción *s. f.* **1** portion, share, part (parte). **2** crowd, number (personas). **3** sum, amount (cuota). **4** helping (ración).
porcuno, -na *adj.* porcine, pig.
pordiosear *v. i.* to beg, to go begging.
pordiosero, -ra *adj.* **1** begging, mendicant. • *s. m.* y *f.* **2** beggar.
porfía *s. f.* **1** persistence (persistencia). **2** obstinacy (testarudez). ◆ **3 a ~,** in competition.
porfiadamente *adv.* stubbornly, obstinately.
porfiado, -da *adj.* stubborn, obstinate.
porfiar *v. i.* **1** to argue stubbornly, to wrangle (disputar). **2** to persist (persistir). **3** to vie (competir).
pórfido *s. m.* GEOL. porphyry.
pormenor *s. m.* **1** detail. **2** minor point.
pormenorizar *v. t.* **1** to detail, to give a detailed account of. • *v. i.* **2** to go into detail: *no se ha pormenorizado todo = they haven't gone into all the details.*
pornografía *s. f.* pornography.
pornográfico, -ca *adj.* pornographic.
poro *s. m.* **1** ANAT. pore. **2** (Am.) maté gourd. **3** (Am.) BOT. leek.
porosidad *s. f.* porosity, porousness.
poroso, -sa *adj.* porous.
poroto *s. m.* (Am.) BOT. bean (frijol).
porque *conj.* **1** because (causa): *estoy cansado porque he trabajado mucho = I'm tired because I have worked hard.* **2** so that (finalidad): *sal y espérame a la puerta porque vea si has llorado = go and wait for me by the door so that I can see if you've been crying.*
porqué *s. m.* **1** reason, cause (motivo). **2** FIN. amount, portion.
porquería *s. f.* **1** filth, dirt (suciedad). **2** nastiness (comportamiento vil). **3** dirty trick, mean action (acción vil). **4** obscenity (grosería). **5** (fig.) rubbish: *su traducción era una porquería = his translation was rubbish.*
porqueriza *s. f.* pigsty.
porquerizo *s. m.* swineherd, pigman.
porra *s. f.* **1** club, cudgel (cachiporra). **2** truncheon (de policía). **3** (fig.) bore, nuisance, pest (pelmazo). **4** TEC. sledgehammer (martillo). **5** thick fritter (churro). ◆ **6 mandar a la ~,** to send (someone) packing, to kick (someone) out. **7 ¡porras!** Damn it! **8 ¡vete a la ~!,** go to hell!
porrada *s. f.* **1** blow, thump, (fam.) wallop (golpe). **2** (fam.) codswallop, twaddle, rubbish (necedad). **3** (fam.) load(s), heap(s) (montón).
porrazo *s. m.* **1** blow, thump, (fam.) wallop (golpe). **2** knock, bump (caída).
porrería *s. f.* **1** nonsense, stupidity (necedad). **2** slowness, sluggishness (pesadez).
porrillo (a) *loc. adv.* galore, (fam.) by the cartload.
porro *s. m.* (fam.) joint, spliff (de droga).
porrón *s. m.* glass drinking vessel with a spout.
portaaviones *s. m. inv.* MIL. aircraft carrier.
portabandera *s. f.* flag holder.
portada *s. f.* **1** ARQ. front, frontispiece, façade (fachada). **2** front page (de periódico). **3** front cover (de revista). **4** title page (de libro). **5** sleeve (de disco).
portadilla *s. f.* half-title, bastard title (libro).
portador, -ra *s. m.* y *f.* **1** carrier, bearer. **2** MED. carrier (de una enfermedad).
portaequipajes *s. m.* **1** (brit.) boot, (EE UU) trunk (de un coche). **2** luggage rack (rejilla). **3** roof rack (baca).
portaesquís *s. m.* ski rack.
portaestandarte *s. m.* standard bearer (abanderado).
portafolio *s. m.* **1** briefcase (cartera). **2** folder, file (carpeta).
portafusil *s. m.* MIL. sling.
portal *s. m.* **1** ARQ. entrance, entrance hall (vestíbulo); doorway (entrada). **2** arcade (soportal). **3** city gate (puerta de ciudad). **4** crib (belén).
portalada *s. f.* ARQ. imposing entrance.
portalámparas *s. m.* light socket, lamp holder.
portalibros *s. m.* book straps.
portallaves *s. m.* keyring.
portalón *s. m.* **1** ARQ. imposing entrance, monumental door. **2** gangway (barco).
portamonedas *s. m.* purse.
portante *adj.* **1** ambling. • *s. m.* **2** amble. ◆ **3 tomar el ~,** to leave, (fam.) to make oneself scarce, (fam.) to beat it.
portaobjetos *s. m.* slide (de microscopio).
portaplumas *s. m.* penholder.
portar *v. t.* to carry, to bear.
portarretratos *s. m.* photo frame.
portarrollos *s. m.* toilet roll holder.
portarse *v. pron.* **1** to behave. ◆ **2 ~ bien con alguien,** to be good to someone. **3 ~ mal,** to misbehave, to behave badly.
portátil *adj.* **1** portable. ◆ **2 ordenador ~,** laptop, notebook computer.
portaviandas *s. m.* lunchbox.
portavoz *s. m.* y *f.* **1** spokesperson; spokesman (hombre); spokeswoman (mujer). • *s. m.* megaphone, loudhailer. **2** (desp.) mouthpiece (periódico).
portazgo *s. m.* (arc.) toll (antiguo impuesto local).
portazo *s. m.* **1** bang, slam (de una puerta): *dio un portazo = he slammed the door (shut).* ◆ **2 dar un ~ a alguien,** (fig.) to slam the door in somebody's face.
porte *s. m.* **1** COM. carriage, transport (acción). **2** COM. carriage charges, transport costs (gastos). **3** behaviour, conduct (conducta). **4** bearing (compostura). **5** nobility (nobleza de sangre). **6** capacity (capacidad).
porteador, -ra *s. m.* y *f.* porter.
portento *s. m.* marvel, wonder, prodigy.
porteño, -ña *adj.* **1** of Puerto de Santa María (Cádiz), from Puerto de Santa María (Cádiz). **2** (Am.) of Buenos Aires (Argentina), from Buenos Aires (Argentina). **3** (Am.) of Valparaíso (Chile), from Valparaíso (Chile). • *s. m.* y *f.* **4** native of Puerto de Santa María (Cádiz). **5** (Am.) native of Buenos Aires (Argentina). **6** (Am.) native of Valparaíso (Chile).
portería *s. f.* **1** porter's lodge, caretaker's office (conserjería). **2** porter's job (empleo). **3** DEP. goal (meta).
portero, -ra *s. m.* y *f.* **1** hall porter (de hotel); caretaker (de pisos); doorkeeper, doorman, commissionaire (delante de la puerta). **2** DEP. goalkeeper. ◆ **3 ~ automático,** entry-phone.
portezuela *s. f.* door (de coche).
pórtico *s. m.* **1** ARQ. portico, porch. **2** arcade (galería).
portilla *s. f.* **1** gate (de campo). **2** porthole (de buque).

portillo *s. m.* **1** opening, gap (abertura). **2** wicket gate, postern (postigo). **3** GEOG. pass (puerto). **4** chip (desportilladura); dent (abolladura).
portuario, -ria *adj.* port, harbour.
Portugal *s. m.* Portugal.
portugués, -sa *adj.* **1** Portuguese. • *s. m.* y *f.* **2** Portuguese.
portulano *s. m.* portulan, portolano (planos de puertos).
porvenir *s. m.* **1** future. ♦ **2 de ~,** promising (artist, actor, etc.).
pos *prep.* **en ~ de,** after, in pursuit of: *en pos de la felicidad = in pursuit of happiness.*
pos(t) *prefijo* post-.
posada *s. f.* **1** shelter, lodging (hospedaje). **2** inn (mesón). **3** guest house (pensión). ♦ **4 ~ franca,** free board and lodging.
posadero, -ra *s. m.* **1** innkeeper (de mesón); landlord (de pensión). **2** easy chair (silla). • *s. f.* **3** innkeeper (de mesón); landlady (de pensión). • *s. f. pl.* **4** behind, backside (nalgas).
posar *v. i.* **1** to rest (reposar). **2** to pose, to sit (para pintor, etc.). • *v. pron.* **3** to alight, to settle (pájaros, insectos); to perch (pájaros). **4** to lodge (hospedarse). **5** to put down, to land (aterrizar). **6** to settle (poso, polvo). • *v. t.* **7** to put down, to lay down (depositar): *posé el vaso en la estantería superior = I put down the glass on the top shelf.*
pose *s. f.* **1** pose, airs, affectation (afectación). **2** pose (de modelo).
poseedor, -ra *s. m.* y *f.* **1** owner, possesor (de una propiedad u objeto). **2** DEP. holder (de un récord).
poseer *v. t.* **1** to possess, to own, to have (tener). **2** to enjoy (cualidades). **3** to hold (récord). • *v. pron.* **4** to keep oneself under control.
poseído, -da *p. p.* **1** de **poseer.** • *adj.* **2** overcome, crazed (enloquecido). **3** possessed (poseso).
posesión *s. f.* **1** possession, ownership (hecho de poseer). **2** possession (cosa). **3** possession (por espíritu). **4** property (finca). • *pl.* **5** POL. colony, possessions. ♦ **6 dar ~ a uno,** to hand over to someone.
posesivo, -va *adj.* **1** possessive. • *s. m.* y *f.* **2** possessive person. • *s. m.* **3** GRAM. possessive.
poseso, -sa *p. p. irreg.* **1** de **poseer.** • *adj.* **2** possessed (por espíritu). • *s. m.* y *f.* **3** one possessed, someone possessed.
posibilidad *s. f.* **1** possibility; chance. ♦ **2 vivir por encima de sus posibilidades,** to live above one's means.
posibilitar *v. t.* to make possible.
posible *adj.* **1** possible. • *s. m. pl.* **2** means, resources (recursos). ♦ **3 hacer todo lo ~,** to do everything in one's power.
posiblemente *adv.* possibly.
posición *s. f.* **1** position, place (sitio). **2** social position, status (categoría). **3** MIL. position. **4** positioning, placing (acción de poner).
posicional *adj.* **1** positional. **2** DEP. positional (tipo de fuera de juego).
posicionamiento *s. m.* positioning.
positivista *s. m.* y *f.* **1** FIL. positivist. • *adj.* **2** (fig.) optimistic.
positivo, -va *adj.* **1** positive. **2** practical. **3** GRAM. positive.
positivismo *s. m.* **1** realism (realismo). **2** materialism. **3** FIL. positivism.
positrón *s. m.* FÍS. positron.
poso *s. m.* **1** sediment, lees (de vino, etc.); dregs (de café, vino, etc.); grounds (de café). **2** repose (quietud). **3** (fig.) trace (regusto).
posología *s. f.* **1** dosage (dosis). **2** MED. posology.
pososo, -sa *adj.* (Am.) porous, permeable (poroso).
posponer *v. t.* **1** to postpone, to put off (aplazar). **2** to value less, to downgrade (valorar menos).
pospuesto, -ta *adj.* postponed.
posta *s. f.* **1** relief horses, relay team (caballos). **2** staging post (lugar). **3** stage (distancia). **4** slug, pellet (perdigón). **5** stake (naipes). **6** slice (tajada). ♦ **7 a ~,** on purpose, deliberately.
postal *adj.* **1** postal. • *s. f.* **2** postcard.
poste *s. m.* **1** post, pole. **2** DEP. post, goalpost, upright. ♦ **3 ser uno un ~, a)** to be dense (necio); **b)** to be as deaf as a post (sordo).
postema *s. f.* MED. abscess.
póster *s. m.* poster.
postergar *v. t.* **1** to put off, to postpone (aplazar). **2** to pass over (a un empleado). **3** to disregard, to leave on one side (relegar).
posteridad *s. f.* **1** posterity. ♦ **2 pasar a la ~,** to go down in history, to remain for posterity.
posterior *adj.* **1** later (tiempo). **2** rear, back (trasero). **3** FON. back.
posteriori (a) *loc. adv.* a posteriori.
postergación *s. f.* **1** passing over, ignoring (relegación). **2** delaying, postponement (aplazamiento).
posteriormente *adv.* later, at a later time, subsequently, afterwards.
postigo *s. m.* **1** secret door (puerta falsa). **2** wicket (puerta pequeña que se abre en otra mayor). **3** postern (portillo). **4** shutter (contraventana).
postilla *s. f.* MED. scab.
postillón *s. m.* postillion.
postín *s. m.* **1** (desp.) airs and graces, importance (presunción). **2** elegance, stylishness, chic (elegancia). ♦ **3 darse ~,** to put on airs, to give oneself airs, (fam.) to show off, (fam.) to swank (presumir). **4 de ~,** elegant, stylish, chic.
postizo, -za *adj.* **1** false, artificial: *dentadura postiza = false teeth.* • *s. m.* **2** hairpiece, toupée (peluca). • *s. f.* **3** MÚS. castanet.
postor *s. m.* bidder: *vendido al mejor postor = sold to the highest bidder.*
postración *s. f.* prostration, exhaustion.
postrar *v. t.* **1** to prostrate, to humble (humillar). **2** to overthrow, to overcome (derribar). **3** MED. to weaken (debilitar). • *v. pron.* **4** to exhaust oneself, to be overcome (debilitarse). **5** to kneel down (arrodillarse).
postre *s. m.* **1** dessert, sweet (plato). ♦ **2 a la ~,** finally, in the end. **3 de ~,** for dessert.
postremo, -ma *adj.* final, ultimate, last: *las palabras postremas de Nelson fueron "Bésame, Hardy" = Nelson's last words were "Kiss me, Hardy".*
postrero, -ra *adj.* **1** last, ultimate (último). **2** rear, hindmost (detrás). • *s. m.* y *f.* **3** last one, (fam.) tail-ender.
postrimerías *s. f. pl.* **1** end (de la vida). **2** dying moments, closing stages (final). **3** REL. death. ♦ **4 en las ~ del siglo,** at the close of the century.
postulación *s. f.* REL. postulation.
postulado, -da *p. p.* **1** de **postular.** • *s. m.* **2** postulate, proposition.
postulante, -ta *adj.* **1** postulating. • *s. m.* y *f.* **2** REL. postulant.
postular *v. t.* **1** postulate (proponer). **2** to request (pedir), to claim (pretender). **3** to collect for charity (dinero).
póstumo, -ma *adj.* posthumous.
postura *s. f.* **1** position, attitude, posture (del cuerpo). **2** (fig.) posture, attitude (actitud). **3** bid (en subasta). **4** bet, stake (en juego). **5** laying (de huevos). **6** transplanting (plantar). **7** seedling (plantón).
postventa *adj.* ⇒ **posventa.**
posventa *adj.* after-sales.
potabilidad *s. f.* potability.
potable *adj.* **1** drinkable. **2** (fam.) acceptable, passable (aceptable). ♦ **3 agua ~,** drinking water.
potaje *s. m.* **1** broth (caldo). **2** vegetable stew (olla). **3** dish of dried vegetables (legumbres). **4** (fig.) jumble, mishmash (mezcla).
potasa *s. f.* QUÍM. potash.
potásico, -ca *adj.* QUÍM. potassic.
potasio *s. m.* QUÍM. potassium.
pote *s. m.* **1** earthenware pot (de barro). **2** pan (de hierro). **3** stew (en Galicia, Asturias). ♦ **4 darse ~,** (fam.) to show off, (fam.) to swank.
potencia *s. f.* **1** power, capability (capacidad). **2** power, strength (fuerza). **3** potency (virilidad). **4** power (nación): *las grandes potencias = the Great Powers.* **5** MAT. power. **6** FÍS. power. ♦ **7 en ~,** potential, in the making: *un campeón en potencia = a champion in the making.* **8 ~ al freno,** brake horsepower.
potencial *adj.* **1** potential. **2** GRAM. conditional. • *s. m.* **3** potentiality. **4** ELEC. potential energy. **5** GRAM. conditional. **6** power (fuerza, poder).
potencialidad *s. f.* potential.
potencialmente *adv.* potentially.
potenciar *v. t.* **1** to promote (promover). **2** to boost, to reinforce (reforzar): *tenemos que potenciar los cursos de verano = we have to boost the summer courses.*
potenciómetro *s. m.* ELEC. potentiometer.
potentado, -da *s. m.* y *f.* potentate.
potente *adj.* **1** potent (sexualmente). **2** powerful (con fuerza).
potentemente *adv.* powerfully, mightily.

poterna *s. f.* postern.
potestad *s. f.* **1** power (poder). **2** authority (autoridad); jurisdiction (jurisdicción). ◆ **3 patria** ~, parental authority, custody.
potestativo, -va *adj.* DER. facultative, optional, not compulsory.
potingue *s. m.* (fam.) concoction, brew.
potito *s. m.* jar of baby food.
potosí *s. m.* **1** immense wealth. ◆ **2 valer un** ~, to be worth a fortune (cosa); to be worth his/her weight in gold (persona).
potra *s. f.* **1** ZOOL. filly. **2** MED. (fam.) rupture (hernia). **3 tener** ~, to be lucky.
potranca *s. f.* ZOOL. young filly.
potrero *s. m.* **1** herdsman (persona). **2** (Am.) paddock (prado), pasture (pastizal).
potril *adj.* **1** horse-grazing, grazing. • *s. m.* **2** pasture for colts, paddock.
potro *s. m.* **1** ZOOL. colt. **2** HIST. rack (de tormento). **3** shoeing frame (de herrero). **4** DEP. vaulting horse (de gimnasia). **5** (fam.) drag, bind, bore (molestia).
poyata *s. f.* **1** kitchen dresser (vasar). **2** ledge, shelf (repisa).
poyete *s. m.* stone bench.
poyo *s. m.* stone bench.
poza *s. f.* **1** large puddle, pool (charca). **2** deepest part (del río).
pozal *s. m.* **1** pail, bucket (cubo). **2** large jar (tinaja).
pozo *s. m.* **1** well (de agua, petróleo). **2** MIN. pit (mina). **3** MIN. mine shaft (galería vertical). **4** deepest part (del río). **5** (fig.) fount, source, mine: *es un pozo de sabiduría = he's a fount of wisdom.* ◆ **6** ~ **artesiano,** artesian well. **7** ~ **negro,** cesspool.
práctica *s. f.* **1** practice (ejercicio). **2** experience, knowledge (pericia). **3** custom (costumbre). **4** method (modo particular). **5** skill (destreza). • *pl.* **6** practical training (formación). **7** practical classes (clases). ◆ **8 en la** ~, in practice. **9 la** ~ **hace maestro,** practice makes perfect. **10 poner algo en** ~, to put something into practice.
practicable *adj.* **1** feasible (que se puede hacer). **2** passable, usable (carretera).
prácticamente *adv.* practically.
practicante *adj.* **1** (brit.) practising, (EE UU) practicing. • *s. m.* y *f.* **2** practitioner. **3** medical assistant (ayudante médico). **4** nurse (enfermero). **5** assistant chemist (farmacéutico).
practicar *v. t.* **1** (brit.) to practise, to put into practice, (EE UU) to practice. **2** to make a practice of (hacer alguna cosa habitualmente). **3** DEP. to play, to go in for, to do: *¿practicas deporte? = do you go in for sport?/do you do any sport?* • *v. i.* **4** to practise; (EE UU) to practice.
práctico, -ca *adj.* **1** practical, handy (útil). **2** skilled, expert (perito). **3** sensible, practical: *esos zapatos son muy prácticos = those are very sensible shoes.* • *s. m.* **4** coastal pilot (marino).
practicón, -na *adj.* expert, skilled, adept.
pradera *s. f.* **1** meadow (prado). **2** (EE UU) prairie (prado extenso). **3** grasslands (pastos).
pradería *s. f.* meadowlands, grasslands.
prado *s. m.* meadow, pasture land.
Praga *s. f.* Prague.
pragmático, -ca *adj.* **1** pragmatic. • *s. m.* y *f.* **2** pragmatist. • *s. f.* **3** DER. pragmatic sanction.
pragmatismo *s. m.* **1** FIL. pragmatism. **2** pragmatism, realism (en un sentido vital y práctico).
pragmatista *s. m.* y *f.* pragmatist.
praseodimio *s. m.* QUÍM. praseodymium.
praviana *s. f.* popular Asturian song.
preacuerdo *s. m.* draft agreement, outline agreement.
preámbulo *s. m.* **1** preamble, introduction (prefacio). **2** (desp. y fam.) waffle, (fig.) beating about the bush (rodeos). ◆ **3 sin más preámbulos,** without further ado.
prebenda *s. f.* **1** REL. prebend. **2** REL. benefice, living. **3** sinecure, (fam.) cushy job (chollo). **4** (fam.) perk (gaje).
preboste *s. m.* provost.
precalentamiento *s. m.* warm-up.
precampaña *s. f.* run-up to the election campaign.
precariamente *adv.* precariously.
precario, -ria *adj.* precarious, uncertain, (fam.) shaky.
precaución *s. f.* **1** precaution (acto); preventive measure (medida). **2** foresight, wariness (cautela).
precaver *v. t.* **1** to guard against, to try to prevent (prevenir). **2** to forestall (anticipar). • *v. pron.* **3** to be forewarned, to be on one's guard.
precavidamente *adv.* warily, guardedly.
precavido, -da *adj.* wary, guarded.
precedente *adj.* **1** preceding, previous, former. • *s. m.* **2** precedent.
preceder *v. t.* **1** to precede, to go before (venir antes). **2** (fig.) to take precedence over (tener prioridad).
preceptivamente *adv.* compulsorily, mandatorily.
preceptivo, -va *adj.* **1** mandatory, compulsory. • *s. f.* **2** precepts, rules. ◆ **3 preceptiva literaria,** list of literary rules.
precepto *s. m.* **1** precept. **2** rule, order (regla).
preceptor, -ra *s. m.* y *f.* **1** teacher, private tutor. • *s. f.* **2** governess.
preceptuar *v. t.* **1** to establish, to lay down (establecer). **2** to act as a tutor for (tutelar).
preces *s. f. pl.* **1** supplications (ruegos). **2** prayers (oraciones).
preciado, -da *adj.* precious, valued.
preciar *v. t.* **1** to value. • *v. pron.* **2** to be conceited (presumir), to boast (vanagloriarse).
precinta *s. f.* **1** customs seal (en aduana). **2** corner reinforcement (en cajones). **3** MAR. (brit.) parcelling, (EE UU) parceling.
precintado, -da *p. p.* **1** de **precintar.** • *adj.* **2** sealed.
precintar *v. t.* **1** COM. to seal. **2** DER. to seal off. **3** to reinforce, to parcel (con una cuerda).
precinto *s. m.* **1** sealing (acto). **2** COM. seal. **3** DER. seal: *colocación de precinto = sealing off.*
precio *s. m.* **1** price. **2** (fig.) worth.
preciosamente *adv.* beautifully, exquisitely, charmingly.
preciosidad *s. f.* beauty (cosa o persona).
precioso, -sa *adj.* **1** precious, valuable (de valor). **2** lovely, delightful (hermoso): *fue una puesta de sol preciosa = it was a lovely sunset.*
preciosismo *s. m.* preciosity.
preciosura *s. f.* **1** (Am.) preciousness, value (valor). **2** precious object, beautiful thing (algo precioso). **3** (desp.) preciosity.
precipicio *s. m.* **1** GEOG. precipice, cliff. **2** (fig.) downfall, ruin.
precipitación *s. f.* **1** haste (prisa); rashness (imprudencia). **2** GEOG. precipitation, rainfall (de lluvia), snowfall (de nieve). **3** QUÍM. precipitation.
precipitadamente *adv.* hastily, rashly.
precipitado, -da *adj.* **1** hasty, hurried (veloz). **2** impulsive, rash, reckless, precipitate (imprudente). • *s. m.* **3** QUÍM. precipitate.
precipitar *v. t.* **1** to hurl down, to throw down (arrojar). **2** to hasten (apresurar); to accelerate, to speed up (acelerar). **3** QUÍM. to precipitate. • *v. pron.* **4** to hurl oneself down, to throw oneself down (arrojarse). **5** to hasten, to rush (apresurarse). **6** to pounce (abalanzarse).
precisamente *adv.* **1** precisely, exactly. **2** just.
precisar *v. t.* **1** to specify, to determine exactly (delimitar). **2** to compel, to force (obligar). **3** to need, to require (necesitar). • *v. pron.* **4** to be necessary, to be needed (ser necesario): *se precisa más dinero = more money is necessary.*
precisión *s. f.* **1** precision, accuracy (exactitud). **2** necessity, need (necesidad).
preciso, -sa *adj.* **1** exact, accurate; precise (cantidad o tiempo). **2** necessary, essential.
preclaramente *adv.* illustriously.
preclaro, -ra *adj.* (lit.) illustrious, celebrated.
precocidad *s. f.* precociousness, precocity.
preconcebido, -da *adj.* preconceived.
preconización *s. f.* commendation, recommendation.
preconizador, -ra *adj.* **1** laudatory. • *s. m.* y *f.* **2** commender.
preconizar *v. t.* **1** to praise, to eulogise (elogiar). **2** to recommend (recomendar); to propose (proponer); to advocate (abogar por).
precoz *adj.* **1** BOT. early. **2** precocious (avanzado). ◆ **3 eyaculación** ~, premature ejaculation.

precursor, -ra *adj.* **1** precursory, precursive. • *s. m.* y *f.* **2** precursor, forerunner.
predecesor, -ra *s. m.* y *f.* predecessor.
predecir *v. t.* to predict, to foretell, to forecast.
predefinir *v. t.* to predetermine.
predestinación *s. f.* REL. predestination.
predestinar *v. t.* **1** to predestine. **2** REL. to predestine.
predeterminar *v. t.* to predetermine.
prédica *s. f.* **1** REL. sermon. **2** harangue (perorata).
predicable *s. m.* **1** LÓG. predicable. **2** GRAM. predicable.
predicado *s. m.* **1** LÓG. predicate. **2** GRAM. predicate. ◆ **3** ~ **nominal,** noun predicate. **4** ~ **verbal,** verb predicate.
predicamento *s. m.* **1** standing, prestige (prestigio). **2** LÓG. predicament.
predicar *v. t.* **1** REL. to preach. **2** (desp.) to preach, to advocate (abogar por). **3** to flatter (elogiar con exceso). **4** to rebuke (increpar). • *v. i.* **5** REL. to preach.
predicativo, -va *adj.* GRAM. predicative.
predicción *s. f.* **1** prediction, forecast. **2** forecast (meteorológica).
predilección *s. f.* **1** predilection. ◆ **2** **predilecciones y aversiones,** likes and dislikes.
predilecto, -ta *adj.* (brit.) favourite, (EE UU) favorite.
predio *s. m.* estate, property.
predisponer *v. t.* **1** to predispose. **2** (desp.) to prejudice (against).
predisposición *s. f.* **1** predisposition, inclination (para una habilidad o similar). **2** prejudice, bias (contra una persona).
predispuesto, -ta *p. p.* **1** de **predisponer.** • *adj.* **2** inclined, with a tendency (a una enfermedad, habilidad o similar). **3** prejudiced, biased (contra una persona).
predominante *adj.* predominant, prevailing.
predominar *v. i.* to prevail (prevalecer); to predominate (dominar).
predominio *s. m.* predominance, prevalence.
predorsal *adj.* **1** ZOOL. predorsal. **2** FON. front: *una vocal predorsal = a front vowel.*
predorso *s. m.* FON. front of the tongue.
preeminencia *s. f.* preeminence, supremacy.
preeminente *adj.* pre-eminent, superior.
preexistencia *s. f.* pre-existence.
preexistente *adj.* pre-existent.
preexistir *v. i.* to pre-exist.
prefabricación *s. f.* prefabrication.
prefabricar *v. t.* to prefabricate.
prefacio *s. m.* **1** preface, foreword (preámbulo). **2** REL. preface.
prefecto *s. m.* prefect.
prefectura *s. f.* prefecture (en Francia y en algunas órdenes religiosas).
preferencia *s. f.* preference: *tener preferencia por algo = to have a preference for something.*
preferente *adj.* **1** preferential (en general). **2** DER. preferent, having priority.
preferentemente *adv.* preferentially.
preferible *adj.* preferable.
preferiblemente *adv.* preferably.
preferir *v. t.* to prefer: *prefiero quedarme = I prefer to stay/I'd rather stay.*
prefijación *s. f.* GRAM. prefixation.
prefijar *v. t.* **1** to prearrange, to arrange beforehand. **2** GRAM. to prefix.
prefijo *s. m.* **1** GRAM. prefix. **2** code (telefónico).
pregón *s. m.* **1** public announcement, proclamation (aviso público). **2** street cry (de vendedor). **3** speech opening a ceremony, etc.: *pregón de la Semana Santa = speech declaring the beginning of Holy Week.*
pregonar *v. t.* proclaim, announce.
pregonero, -ra *adj.* **1** proclaiming. • *s. m.* y *f.* **2** town crier.
pregunta *s. f.* **1** question. ◆ **2** **andar, estar** o **quedar uno a la cuarta** ~, (fam.) to be broke, (fam.) to be skint. **3** **hacer una** ~, to ask a question. **4** ~ **capciosa,** catch question.
preguntar *v. t.* **1** to ask. **2** to question, to interrogate (interrogar). • *v. i.* **3** to ask, to enquire. • *v. pron.* **4** to wonder. ◆ **5** ~ **por alguien,** to ask for someone, to ask after someone, to enquire about someone.
preguntón, -na *adj.* **1** (fam.) nosey, inquisitive. • *s. m.* y *f.* **2** inquisitive person, (fam.) nosey parker.
prehistoria *s. f.* HIST. prehistory.
prehistórico, -ca *adj.* HIST. prehistoric.
preinstalado, -da *adj.* preinstalled.
prejuicio *s. m.* **1** prejudice, bias (parcialidad). **2** prejudgment (acción).
prejuzgar *v. t.* to prejudge.
prelación *s. f.* precedence, preference, priority.
prelado *s. m.* REL. prelate.
prelatura *s. f.* REL. prelature.
prelavado *s. m.* prewash.
preliminar *adj.* **1** preliminary. • *s. m.* **2** preliminary.
preliminarmente *adv.* preliminarily.
preludio *s. m.* **1** (fig.) prelude (preámbulo). **2** MÚS. prelude (composición). **3** MÚS. tuning up (ensayo).
prematuramente *adv.* prematurely.
prematuro, -ra *adj.* premature: *un bebé prematuro = a premature baby.*
premeditación *s. f.* **1** premeditation. **2** DER. premeditation.
premeditadamente *adv.* deliberately, with full awareness.
premeditar *v. t.* to premeditate.
premiación *s. f.* awards ceremony, prize-giving.
premiado, -da *p. p.* **1** de **premiar.** • *adj.* **2** prize-winning (billete, cupón, novela, etc.). • *s. m.* y *f.* **2** prize-winner.
premiar *v. t.* to give a prize to, to give an award to.
premio *s. m.* **1** reward, recompense (recompensa). **2** COM. premium. **3** prize (de lotería, etc.); award (literario). ◆ **4** ~ **gordo,** first prize, top prize.
premiosamente *adv.* awkwardly, clumsily.
premiosidad *s. f.* awkwardness, clumsiness.
premioso, -sa *adj.* **1** tight (ajustado). **2** urgent (urgente). **3** burdensome (gravoso). **4** clumsy, awkward (movimientos). **5** tongue-tied (habla). **6** (desp.) stilted, awkward (estilo).
premisa *s. f.* LÓG. premise, premiss.
premonición *s. f.* **1** premonition. **2** foreboding (advertencia).
premonitorio, -ria *adj.* **1** MED. premonitory. **2** indicative, warning.
premura *s. f.* urgency, haste.
prenda *s. f.* **1** pledge, security (garantía). **2** darling (persona). **3** garment, article of clothing (de ropa). **4** bed linen (cama). • *pl.* **5** talents, qualities, gifts (cualidades). **6** household articles (enseres). **7** forfeits (juego). ◆ **8** **no soltar** ~, (fig.) to give nothing away, to be noncommittal.
prendar *v. t.* **1** to give as a guarantee, to pledge. **2** to captivate (encantar); to win over (ganar la voluntad). • *v. pron.* **3** to be captivated, (fig.) to be spellbound (encantado). **4** (lit.) to fall in love (enamorarse).
prendedor *s. m.* clasp, brooch, fastener.
prender *v. t.* **1** to grasp, to seize (agarrar). **2** to arrest, to detain (detener). **3** to imprison (aprisionar). **4** to fasten (enganchar). **5** to set (fuego): *acaban de prender fuego a la casa = they've just set fire to the house.* • *v. i.* **6** to take root (echar raíces). **7** to take, to catch (fuego). **8** (Am. y fam.) to con, to catch (engañar).
prendido, -da *p. p.* **1** de **prender.** • *s. m.* **2** clip, brooch.
prendimiento *s. m.* capture, seizure.
prensa *s. f.* **1** MEC. press. **2** printing press (imprenta). **3** press (publicaciones). ◆ **4** ~ **hidráulica,** hydraulic press.
prensar *v. t.* to press.
prensil *adj.* prehensile.
prensor, -ra *adj.* **1** gripping. **2** ZOOL. zygodactyl, zygodactylous. • *s. f.* **3** ZOOL. zygodactyl.
prenuncio *s. m.* prediction (predicción); portent (presagio).
preñado, -da *adj.* **1** pregnant (embarazada). **2** bulging, sagging (abombado). **3** full (lleno), charged (cargado). • *s. m.* **4** pregnancy (embarazo).
preñar *v. t.* to make pregnant.
preñez *s. f.* pregnancy (embarazo).
preocupación *s. f.* preoccupation, worry, concern.
preocupadamente *adv.* worriedly.
preocupado, -da *p. p.* **1** de **preocupar.** • *adj.* **2** worried, concerned.
preocupar *v. t.* **1** to worry (inquietar). • *v. pron.* **2** to worry, to be worried, to be concerned (inquietarse), to care (importar).
prepalatal *adj.* FON. prepalatal.
preparación *s. f.* **1** preparation (acción de prepararse). **2** training, knowledge (en temas científicos o culturales). **3** MED. preparation, compound (far-

macéutica). **4** preparedness (militar, física, mental, etc.).
preparado, -da *p. p.* **1** de **preparar.** • *adj.* **2** prepared, ready (listo). **3** DEP. trained. **4** able (capacitado). **5** ready cooked (comida). • *s. m.* **6** preparation (medicamento).
preparador, -ra *s. m.* y *f.* DEP. trainer, coach.
preparar *v. t.* **1** to prepare. **2** DEP. to train, to coach. **3** TEC. to process.
preparativo, -va *adj.* **1** preparatory. • *s. m.* **2** preparation.
preparatorio, -ria *adj.* preparatory.
preponderancia *s. f.* preponderance.
preponderante *adj.* preponderant, prevailing.
preponderar *v. i.* to preponderate, to predominate, to prevail.
preposición *s. f.* GRAM. preposition.
preposicional *adj.* GRAM. prepositional.
prepotencia *s. f.* **1** power, superiority. **2** (desp.) arrogance.
prepotente *adj.* overbearing, arrogant.
prepucio *s. m.* ANAT. foreskin, prepuce.
prerrogativa *s. f.* prerogative, privilege.
prerromance *adj.* pre-Romance.
presa *s. f.* ⇒ **preso.**
presagiar *v. t.* to predict, to presage.
presagio *s. m.* **1** portent, omen (agüero). **2** foreboding, premonition (premonición).
presbicia *s. f.* MED. long sightedness, (form.) presbyopia.
presbiteriano, -na *adj.* REL. **1** Presbyterian. • *s. m.* y *f.* **2** Presbyterian.
presbiterio *s. m.* REL. presbytery.
presbítero *s. m.* **1** REL. presbyter (del presbiterianismo). **2** REL. priest (catolicismo).
prescindible *adj.* dispensable.
prescindir *v. i.*: ~ **de, a) 1** to disregard, to omit, (lit.) to eschew (omitir); **b)** to do without (no contar con); **c)** to get rid of; to dispense with (deshacerse de).
prescribir *v. t.* **1** to prescribe (ordenar). **2** DER. to prescribe. • *v. i.* **3** DER. to prescribe.
prescripción *s. f.* **1** prescription. **2** DER. legal principle.
prescriptivo, -va *adj.* prescriptive.
prescrito, -ta *p. p.* **1** de **prescribir.** • *adj.* **2** prescribed.
presea *s. f.* (lit.) jewel, precious thing.
presecretaría *s. f.* **1** (Am.) undersecretaryship (cargo). **2** undersecretary's office (oficina).
preselección *s. f.* **1** preselection. **2** DEP. seeding. **3** shortlisting (elección de candidatos); shortlist (candidatos elegidos).
preseleccionar *v. t.* **1** to shortlist (personas para un trabajo, beca, premio, etc.). **2** DEP. to seed.
presencia *s. f.* **1** presence (asistencia). **2** presence, bearing (porte). **3** (desp.) pomp, ostentation (boato). ◆ **4** ~ **de ánimo,** presence of mind.
presencial *adj.* **testigo** ~, eyewitness.
presenciar *v. t.* **1** to be present at (asistir). **2** to witness, to see (ver).
presentable *adj.* presentable.
presentación *s. f.* **1** introduction (de personas). **2** presentation (de un tema, libro, etc.).
presentador, -ra *s. m.* y *f.* TV. presenter (de un programa).
presentar *v. t.* **1** to present. **2** to offer (ofrecer): *María presenta sus disculpas = Maria offers her apologies.* **3** to put forward, to submit (proponer). **4** to present, to introduce (personas): *me presentó a sus padres = I was introduced to his parents; le presentaron a la Reina = he was presented to the Queen.* • *v. pron.* **5** to present oneself/itself, to turn up (aparecer). **6** to volunteer, to put oneself forward (ofrecerse). **7** to report, to appear (comparecer): *tiene que presentarse ante el juez mañana = he has to appear before the judge tomorrow.*
presente *adj* **1** present (asistente). **2** present (corriente). **3** GRAM. present. • *s. m.* **4** GRAM. present, present tense. **5** present, gift (regalo). ◆ **6 mejorando lo** ~, present company excepted. **7** ¡~!, present!, here!
presentimiento *s. m.* premonition, presentiment.
presentir *v. t.* to have a presentiment, to have a feeling.
preservar *v. t.* to preserve, to protect.
preservación *s. f.* preservation, conservation.
preservante *s. f.* QUÍM. preservative.
preservativo, -va *adj.* **1** preservative. • *s. m.* **2** condom.
presidencia *s. f.* **1** presidency (de estado, club); chairmanship (de empresa, junta). **2** president's office, chairman's office (despacho). ◆ **3 ocupar la** ~, to take the chair, to preside (reuniones).
presidencial *adj.* presidential.
presidencialismo *s. m.* POL. presidential system.
presidente, -ta *s. m.* y *f.* **1** POL. President (jefe del Estado). **2** POL. Prime Minister (en España). **3** POL. speaker (de parlamento). **4** chairman (hombre), chairwoman (mujer), chairperson (en comités, en empresas); president (de club).
presidiario, -ria *s. m.* y *f.* convict.
presidio *s. m.* **1** prison (cárcel). **2** convicts (presos). **3** hard labour (trabajos forzados). **4** POL. praesidium. **5** MIL. garrison, fortress.
presidir *v. t.* **1** to be president of (gobierno). **2** to chair, to preside over (reuniones). **3** (fig.) to prevail in, to dominate (dominar). • *v. i.* **4** to preside, to take the chair.
presilla *s. f.* **1** loop. **2** buttonhole stitch.
presión *s. f.* **1** pressure. **2** FÍS. pressure. ◆ **3 grupos de** ~, pressure groups. **4** ~ **atmosférica,** atmospheric pressure. **5** ~ **arterial,** blood pressure. **6** ~ **osmótica,** osmotic pressure. **7** ~ **sanguínea,** blood pressure.
presionar *v. t.* **1** to press (haciendo fuerza física). **2** (fig.) to put pressure on (a una persona psicológicamente). ◆ **3** ~ **por/para,** to press for: *presioné para que mi hijo fuera admitido = I pressed for my child to be admitted.*
preso, -sa *p. p. irreg.* **1** de **prender.** • *adj.* **2** under arrest, imprisoned. • *s. m.* y *f.* **3** prisoner: *presos políticos = political prisoners.* • *s. f.* **4** seizure, capture (acción de prender). **5** catch, prize, haul (cosas apresadas). **6** MIL. spoils. **7** ZOOL. prey, quarry. **8** ditch, irrigation channel (acequia); dam (embalse). **9** (brit.) millrace, (EE UU) flume (de molinos, etc.). • *s. f. pl.* **10** fangs (colmillos), claws, talons (garras).
prestación *s. f.* **1** contribution (aportación). **2** service (servicio). • *pl.* **3** performance (rendimiento): *este coche tiene fabulosas prestaciones = this car has a fantastic performance.* ◆ **4** ~ **personal,** compulsory community work (castigo). **5** ~ **por desempleo,** unemployment benefit.
prestamista *s. m.* y *f.* moneylender, pawnbroker.
préstamo *s. m.* **1** FIN. loan (crédito). **2** lending (acción de prestar). **3** borrowing (acción de tomar prestado). **4** loan word (lingüístico).
prestancia *s. f.* **1** excellence. **2** distinction, elegance, dignity (estilo).
prestar *v. t.* **1** to lend, to loan. **2** (fig.) to lend, to give: *nos prestó su ayuda = he gave us his help.* • *v. pron.* **3** to lend oneself/itself.
prestatario, -ria *s. m.* y *f.* borrower.
preste *s. m.* REL. (arc.) priest.
presteza *s. f.* promptness, alacrity.
prestidigitación *s. f.* conjuring, sleight of hand.
prestidigitador, -ra *s. m.* y *f.* conjuror, magician.
prestigiar *v. t.* to give prestige to.
prestigio *s. m.* **1** prestige (renombre). **2** trick (truco); spell (ensalmo). **3** sleight of hand (artimaña).
prestigioso, -sa *adj.* prestigious; renowned.
presto, -ta *adj.* **1** prompt, quick (diligente). **2** ready, prepared (listo). **3** MÚS. presto. • *adv.* **4** promptly, quickly, (fam.) at the double.
presumible *adj.* probable: *parece presumible que habrá problemas = it seems probable there will be problems.*
presumiblemente *adv.* probably; presumably.
presumido, -da *p. p.* **1** de **presumir.** • *adj.* **2** conceited, vain.
presumir *v. i.* **1** to give oneself airs, to be conceited, (fam.) to show off. • *v. t.* **2** to presume, to assume, to suppose: *presumo que os conocéis = I assume that you know each other.*
presunción *s. f.* **1** supposition, presumption (suposición). **2** conceit (engreimiento).
presuntamente *adv.* **1** supposedly, presumably. **2** DER. allegedly.
presunto, -ta *adj.* **1** presumed, supposed (supuesto). **2** (desp.) so-called. **3** DER. alleged. ◆ **4 heredero** ~, heir presumptive.

presuntuosamente *adv.* conceitedly, vainly.

presuntuoso, -sa *adj.* **1** presumptuous, conceited (engreído). **2** pretentious (pretencioso).

presuponer *v. t.* **1** to presuppose. **2** FIN. to cost, to work out a budget for (presupuestar).

presuposición *s. f.* presupposition.

presupuestar *v. t.* to budget for; to reckon up.

presupuestario, -ria *adj.* budgetary.

presupuesto, -ta *p. p. irreg.* **1** de **presuponer.** • *s. m.* **2** reason, motive (pretexto). **3** assumption (suposición). **4** FIN. budget. **5** estimate (de servicios, obras). ◆ **6 ~ del Estado,** state budget. **7 ~ nacional,** national budget.

presura *s. f.* **1** difficulty, (fam.) jam (apuro). **2** haste, urgency (prisa). **3** persistence (porfía).

presurosamente *adv.* quickly; hastily.

presuroso, -sa *adj.* quick; hasty.

pretencioso, -sa *adj.* pretentious.

pretender *v. t.* **1** to want, to aim, (aspirar a): *pretenden acabar con la corrupción = they aim to put an end to corruption.* **2** to claim (asegurar): *pretende ser lexicógrafo = he claims to be a lexicographer.* **3** to court, to woo (cortejar). **4** to try (intentar): *ella sólo pretendía ayudar = she was just trying to help.*

pretendiente *s. m.* y *f.* **1** suitor (de carácter amoroso). **2** pretender (al trono). **3** claimant, candidate (a un puesto de trabajo, responsabilidad o similar).

pretensión *s. f.* **1** claim (exigencia). • *pl.* **2** aim(s), objective(s) (deseos). **3** pretension(s) (vanidad).

preterición *s. f.* **1** preterition (en retórica). **2** omission.

preterir *v. t.* **1** to leave out, to pass over. **2** (p.u.) to pretermit.

pretérito, -ta *adj.* **1** past. **2** GRAM. past. • *s. m.* **3** past, past tense. ◆ **4 ~ imperfecto,** GRAM. imperfect. **5 ~ perfecto,** GRAM. perfect.

preternatural *adj.* preternatural.

pretextar *v. t.* to give as a pretext, to use as an excuse.

pretexto *s. m.* excuse, pretext.

pretil *s. m.* **1** parapet (muro pequeño). **2** guardrail (baranda).

pretina *s. f.* **1** belt (correa). **2** waistband (cinturilla). **3** waist (forma). **4** girdle (lo que ciñe).

pretónico, -ca *adj.* FON. pretonic.

pretor *s. m.* HIST. praetor.

pretoriano, -na *adj.* **1** HIST. praetorian. ◆ **2 guardia ~,** praetorian guard.

pretorio, -ria *adj.* HIST. praetorian.

prevalecer *v. i.* **1** to prevail (sobresalir). **2** to prevail, to triumph (triunfar). **3** (fig.) to thrive (prosperar). **4** BOT. to take root.

prevaler *v. i.* **1** to prevail (prevalecer). • *v. pron.* **2** to avail oneself: *se ha prevalido de la oferta = he has availed himself of the offer.* **3** (desp.) to take advantage (of), to cash in (on): *ella se ha prevalido de su generosidad = she has taken advantage of his generosity.*

prevaricación *s. f.* DER. breach of official duty.

prevaricador, -ra *s. m.* y *f.* person who fails in his/her duties.

prevaricar *v. i.* **1** to betray one's trust (faltar a su deber). **2** to perjure oneself, to prevaricate (cometer perjurio).

prevención *s. f.* **1** readiness, preparedness (preparación). **2** preparation (preparativo); precaution (precaución). **3** prevention (acción de impedir). **4** prejudice (prejuicio). ◆ **5 de ~,** to be on the safe side, just in case.

prevenidamente *adv.* cautiously; with preparation.

prevenido, -da *p. p.* **1** de **prevenir.** • *adj.* **2 estar ~,** to be prepared, to be ready (ante algún acontecimiento). **3 ser ~,** to be cautious. ◆ **4 hombre ~ vale por dos,** forewarned is forearmed.

prevenir *v. t.* **1** to prepare, to get ready (preparar). **2** to foresee (anticipar). **3** to prejudice (predisponer). **4** to prevent, to avoid (impedir). **5** to warn (avisar). • *v. pron.* **6** to get ready (prepararse). **7** to take precautions (ser precavido).

preventivamente *adv.* preventively.

preventivo, -va *adj.* **1** MED. preventive (en contra de la enfermedad). **2** DER. preventive (preso, prisión). **3** precautionary (cualquier medida).

preventorio *s. m.* MED. preventorium.

prever *v. t.* **1** to foresee. **2** to forecast (pronosticar). **3** to plan, to have in mind: *tenemos prevista la fiesta para el jueves = we have the party planned for Thursday/we have Thursday in mind for the party.*

previamente *adv.* previously.

previo, -via *adj.* **1** previous, prior (anterior). **2** preliminary (preliminar).

previsible *adj.* predictable, foreseeable.

previsiblemente *adv.* predictably, foreseeably.

previsión *s. f.* **1** foresight (de lo que va a ocurrir). **2** caution (cuidado). **3** forecast (del tiempo, de la política, de la Bolsa, etc.). ◆ **4 en ~ de,** as a precaution against; in case of: *llevaré el paraguas en previsión de que llueva = I'll take the umbrella as a precaution against rain.*

previsor, -ra *adj.* prudent, wise.

prez *s. m.* o *f.* (brit.) honour, (EE UU) honor, glory.

prieto, -ta *adj.* **1** firm (firme): *de prietas carnes = with a firm body.* **2** tight, compressed (apretado). **3** very dark, blackish (color). **4** mean, (fam.) tightfisted (tacaño).

primacía *s. f.* **1** primacy (superioridad), priority (prioridad). **2** REL. primacy.

primado *s. m.* REL. primate.

primario, -ria *adj.* **1** primary: *enseñanza primaria = primary education.* **2** elementary, rudimentary (elemental). **3** GEOL. primary.

primate *s. m.* **1** important figure, outstanding person (prócer). **2** ZOOL. primate.

primavera *s. f.* **1** spring, springtime (estación del año). **2** (fig.) springtime, prime. **3** BOT. primrose. **4** ZOOL. blue tit (pájaro).

primazgo *s. m.* **1** cousinhood, cousinship (parentesco). **2** primacy (primacía).

primer *adj.* ⇒ **primero.**

primerizo, -za *adj.* **1** inexperienced, novice (fam.) green. **2** MED. first-time, primiparous. • *s. m.* y *f.* **3** novice, beginner. • *s. f.* **4** MED. primipara, first-time mother.

primero, -ra *adj.* [**primer** delante de *s. m.*] **1** first. **2** former (anterior). **3** primary: *primera enseñanza = primary education.* **4** (fig.) best (mejor). **5** (fig.) leading, principal (más importante). **6** prime: *las primeras necesidades = prime necessities; el primer ministro = the prime minister.* **7** (fig.) basic, fundamental (básico). • *adv.* **8** first, firstly (primeramente). **9** sooner, rather (antes): *¡primero morir! = I/we would rather die!* ◆ **10 la primera página,** PER. the front page. **11 a primeros de mes/año/siglo,** at the beginning/start of the month/year/century. **12 de primera,** (fig.) first-class. **13 lo ~ es lo ~,** first things first.

primicia *s. f.* scoop (noticia exclusiva).

primigenio, -nia *adj.* primitive, original.

primitivamente *adv.* **1** originally (en un principio). **2** in a primitive manner, primitively (de manera primitiva).

primitivismo *s. m.* primitivism.

primitivo, -va *adj.* **1** early (temprano): *una versión primitiva = an early version.* **2** original: *el texto primitivo apareció en Santo Domingo = the original text turned up in Santo Domingo.* **3** primitive (en lingüística). **4** primitive, uncivilised (sin civilizar). **5** ART. primitive.

primo, -ma *adj.* **1** MAT. prime. **2** raw (materia). • *s. m.* y *f.* **3** cousin (pariente). **4** simpleton (ingenuo). **5** (fam.) mug, sucker (engañado). • *s. f.* **6** MIL. first quarter of the night. **7** REL. prime. **8** MÚS. first string. **9** bonus (plus). **10** insurance premium (de seguros).

primogénito, -ta *adj.* **1** first-born, eldest. • *s. m.* y *f.* **2** first-born, eldest.

primogenitura *s. f.* primogeniture; DER. birthright (derecho preferente a la herencia).

primor *s. m.* **1** skill, care (destreza). **2** thing of beauty, fine work (obra). **3** beauty, exquisiteness (belleza); delicacy, daintiness (delicadeza).

primordial *adj.* **1** prime, primary (primero). **2** basic, fundamental (básico).

primorosamente *adv.* **1** beautifully, exquisitely (hermosamente). **2** very skillfully (con maña).

primoroso, -sa *adj.* **1** delicate, exquisite, dainty (exquisito). **2** (brit.) skilful, (EE UU) skillful (diestro).

princesa *s. f.* princess.
principado *s. m.* **1** princedom (título). **2** principality (territorio). **3** primacy (primacía).
principal *adj.* **1** principal, main, chief (más importante). **2** illustrious (noble). **3** essential (fundamental). **4** first, main (planta). **5** GRAM. main. • *s. m.* **6** principal, head (jefe). **7** FIN. principal, capital (capital).
principalidad *s. f.* superiority, preeminence.
principalmente *adv.* chiefly, mainly, principally.
príncipe *adj.* **1** first, original: *edición príncipe = first edition.* • *s. m.* **2** prince. ◆ **3 el ~ azul,** Prince Charming. **4 ~ heredero,** Crown Prince.
principesco, -ca *adj.* princely.
principiante *s. m.* y *f.* beginner, novice (en cualquier tema).
principiar *v. t.* e *i.* to begin, to start, to commence.
principio *s. m.* **1** beginning, start (comienzo). **2** (fig.) source (fuente). **3** origin (origen). **4** FIL. principle. **5** principle (moral). **6** entrée (plato). ◆ **7 al ~,** at first, in the beginning. **8 a principios de mes/año,** at the beginning of the month/year. **9 en ~,** in principle. **10 por ~,** on principle.
pringado, -da *s. m.* y *f.* **1** (hum.) mug, sucker. • *s. f.* **2** bread dipped in pork dripping.
pringar o **empringar** *v. t.* **1** to dip in fat (mojar). **2** to stain with fat, to make greasy (manchar). **3** to baste (asado). **4** (fam.) to slander (infamar). **5** (fam.) to get mixed up (in), to involve (in) (involucrar): *a su hermano lo pringaron en un asunto de tráfico de influencias = his brother got mixed up in a case of sharp practice.* • *v. i.* **6** (fam.) to get involved (in), to get mixed up (in) (involucrarse). • *v. pron.* **7** to get greasy, to get stained with fat (mancharse). **8** (fig.) to make money dishonestly, (fam.) to be on the make (forrarse). **9** (fig.) to be put upon, to be the unlucky one, (fam.) to be the fall guy (fastidiarse).
pringoso, -sa *adj.* greasy, grease-stained.
pringue *s. m.* o *f.* **1** dripping, fat (grasa animal). **2** filth, grime (mugre); grease stain, grease spot (mancha).
prior *s. m.* REL. prior.
priorato o **priorazgo** *s. m.* REL. priory.
priori (a) *loc. adv.* a priori.
prioridad *s. f.* **1** priority (anterioridad). **2** seniority (antigüedad).
prisa *s. f.* **1** speed (rapidez). **2** haste, urgency (premura). ◆ **3 correr ~,** to be urgent. **4 darse ~,** to hurry up, (fam.) to get a move on. **5 de ~** o **deprisa,** quickly, in a hurry. **6 de ~ y corriendo,** in a rush. **7 meter ~ a alguien,** to rush someone, to hurry someone up. **8 tener ~,** to be in a hurry.
prisión *s. f.* **1** arrest, capture (acción). **2** prison, gaol, jail (cárcel). **3** (fig.) bond (moral). **4** imprisonment (privación de libertad). • *pl.* **5** shackles, irons, fetters (grillos).
prisionero, -ra *s. m.* y *f.* **1** prisoner: *prisionero de guerra = prisoner of war.* **2** (fig.) prisoner: *es prisionero de sus pasiones = he is a prisoner of his passions.* **3** captive, kidnap victim (secuestrado).
prisma *s. m.* **1** MAT. prism. **2** (fig.) point of view, perspective. ◆ **3 ~ óptico,** prism.
prismático, -ca *adj.* **1** MAT. prismatic. • *s. m. pl.* **2** binoculars, field glasses.
prístino, -na *adj.* **1** pristine, original (original). **2** pristine, pure, untarnished (puro).
privación *s. f.* **1** want, privation (de cosas necesarias). **2** lack (falta); loss (de libertad o de otro derecho). • *pl.* **3** hardship(s) (especialmente materiales).
privadamente *adv.* privately.
privado, -da *p. p.* **1** de **privar.** • *adj.* **2** private (particular). • *s. m.* **3** POL. (brit.) favourite, (EE UU) favorite. ◆ **4 ~ de,** bereft of, deprived of (carente de). **5 en ~,** in private.
privanza *s. f.* (brit.) favour, (EE UU) favor (para con una persona).
privar *v. t.* **1** to deprive (desposeer). **2** to forbid (prohibir). • *v. i.* **3** POL. to be in favour (disfrutar privanza). **4** to be popular (tener aprobación). **5** to be in fashion, (fam.) to be all the rage (estar de moda). • *v. pron.* **6** to go without, to do without, to deprive oneself (of).
privativamente *adv.* exclusively.
privativo, -va *adj.* **1** exclusive, restricted (propio): *esta cualidad es privativa de los políticos = this quality is exclusive to politicians.* **2** GRAM. privative.
privilegiadamente *adv.* in a privileged way.
privilegiado, -da *p. p.* **1** de **privilegiar.** • *adj.* **2** privileged (por su fortuna o similar). **3** exceptionally good (capacidad mental o similar). • *s. m.* y *f.* **4** privileged person.
privilegiar *v. t.* to favour.
privilegio *s. m.* privilege.
pro *s. m.* **1 los pros y los contras,** the pros and the cons. **2 en ~ de,** for. **3 hombre de ~,** honest man.
proa *s. f.* **1** prow, bow, bows (de barco). **2** nose (de avión). ◆ **3 mascarón de ~,** figurehead.
probado, -da *p. p.* **1** de **probar.** • *adj.* **2** proven, proved, tried and tested (confirmado). **3** experienced (baqueteado).
probabilidad *s. f.* **1** probability, likelihood. **2** chance, prospect: *hay pocas probabilidades de que venga = there is little chance that he will come.*
probable *adj.* **1** probable, likely (que puede ocurrir). **2** provable (que puede probarse).
probablemente *adv.* probably.
probador *s. m.* fitting room, changing room (de una tienda).
probar *v. t.* **1** to prove, to demonstrate (demostrar). **2** to test (aparatos, etc.). **3** to try, to try on (ropa). **4** to taste, to try (comida, etc.). • *v. i.* **5** to try (intentarlo). • *v. pron.* **6** to try on (ropa).
probatorio, -ria *adj.* convincing.
probeta *s. f.* **1** QUÍM. graduated test-tube, test-tube. **2** FÍS. pressure gauge. **3** MIL. eprouvette (de la pólvora).
probidad *s. f.* integrity, rectitude.
problema *s. m.* **1** problem, difficulty (dificultad). **2** MAT. problem.
problemáticamente *adv.* problematically.
problemático, -ca *adj.* **1** problematic, problematical. • *s. f.* **2** problems, set of problems.
probo, -ba *adj.* honest, upright, honourable.
proboscidio *adj.* **1** ZOOL. proboscidean, proboscidian. • *s. m.* **2** ZOOL. proboscidean, proboscidian. • *pl.* **3** ZOOL. proboscidea, proboscideans.
procacidad *s. f.* indecency, obscenity.
procaz *adj.* **1** insolent, impudent (insolente). **2** indecent, obscene (desvergonzado): *una película procaz = an obscene film.*
procedencia *s. f.* **1** origin, source (origen). **2** properness, seemliness (moralidad). **3** DER. soundness. **4** port of origin (de barco). **5** point of departure (de tren, etc.): *el tren con procedencia de Santiago = the train arriving from Santiago.*
procedente *adj.* **1** proper, appropriate (apropiado). ◆ **2 ~ de,** coming from, originating in.
proceder *s. m.* **1** (brit.) behaviour, (EE UU) behavior, conduct. • *v. i.* **2** to come from, to originate in (tener como origen). **3** to proceed, to act (actuar). **4** to proceed, to go ahead (seguir adelante). **5** to proceed (comenzar). **6** to be fitting, to be appropriate (ser apropiado). **7** DER. to be admissible. ◆ **8 táchese lo que no proceda,** cross out what does not apply.
procedimiento *s. m.* **1** procedure (general). **2** process, method (concreto). **3** DER. proceedings.
procela *s. f.* (lit.) squall, storm.
proceloso, -sa *adj.* (lit.) stormy, tempestuous.
prócer *adj.* **1** eminent, worthy. • *s. m.* **2** eminent man, distinguished figure.
procesado, -da *p. p.* **1** de **procesar.** • *adj.* **2** DER. procedural (del proceso). **3** DER. accused (acusado). • *s. m.* y *f.* **4** DER. accused, defendant (acusado). • *s. m.* **5** TEC. processing.
procesador *s. m.* **~ de textos,** INF. word processor.
procesal *adj.* DER. **1** procedural. ◆ **2 derecho ~,** procedural law.
procesamiento *s. m.* **1** DER. indictment. **2** processing (método de transformación de alguna materia). ◆ **3 ~ de textos,** INF. word processing.
procesar *v. t.* **1** DER. to prosecute, to try, to bring to trial (someter a juicio). **2** DER. to sentence (dictar resolución). **3** TEC. to process.
procesión *s. f.* **1** procession. ◆ **2 la ~ va por dentro,** (fig.) still waters run

deep, there's more to this than meets the eye.
proceso *s. m.* **1** process (desarrollo). **2** DER. trial. **3** INF. processing.
proclama *s. f.* **1** POL. manifesto. **2** announcement, declaration.
proclamación *s. f.* proclamation.
proclamar *v. t.* **1** proclaim (notificar). **2** acclaim (aclamar). • *v. pron.* **3** to proclaim oneself.
proclítico, -ca *adj.* GRAM. proclitic.
proclive *adj.* inclined, disposed.
proclividad *s. f.* inclination, propensity.
procónsul *s. m.* HIST. proconsul.
procreación *s. f.* procreation.
procreador, -ra *s. m.* y *f.* begetter.
procrear *v. t.* to procreate.
procura *s. f.* **1** DER. power of attorney (procuración). **2** office of lawyer or procurator. **3** (Am.) search (busca).
procurador, -ra *adj.* **1** procuring, obtaining. • *s. m.* y *f.* **2** DER. proxy (procuración). **3** DER. lawyer, (brit.) solicitor, (EE UU) attorney (abogado). **4** HIST. procurator.
procurar *v. t.* **1** to try, to endeavour (intentar). **2** to obtain, to secure (obtener). **3** to yield, to produce, to give (proporcionar). • *v. pron.* **4** to get oneself, to obtain for oneself.
prodigalidad *s. f.* lavishness.
pródigamente *adv.* lavishly.
prodigar *v. t.* **1** to squander, to waste (malgastar). **2** to lavish (dar generosamente). • *v. pron.* **3** to do one's utmost to please (intentar agradar); to go out of one's way to be helpful (intentar ayudar). **4** to appear a lot in public (dejarse ver).
prodigio *s. m.* **1** prodigy, marvel. ◆ **2 niño ~,** child prodigy.
prodigiosamente *adv.* marvellously, wonderfully.
prodigioso, -sa *adj.* marvellous, wonderful.
pródigo, -ga *adj.* **1** (desp.) prodigal, wasteful (despilfarrador). **2** rich, productive (productivo). **3** lavish, generous (generoso). • *s. m.* y *f.* **4** spendthrift, wastrel.
producción *s. f.* **1** production (proceso). **2** production, yield, output (rendimiento). ◆ **3 ~ en serie,** mass production.
producir *v. t.* **1** to produce (en general). **2** AGR. to produce, to yield. **3** FIN. to yield, to produce. **4** to cause, to bring about (ocasionar). **5** to make, to manufacture, to produce (fabricar). • *v. pron.* **6** to be produced, to be manufactured (fabricarse). **7** to take place, to come about: *se produjo un cambio repentino = a sudden change came about.*
productividad *s. f.* productivity.
productivo, -va *adj.* productive.
productivamente *adv.* productively.
producto *s. m.* **1** product (en general). **2** FIN. profit, yield. **3** MAT. product. • *pl.* **4** products (en general). **5** AGR. produce. ◆ **6 ~ interior bruto,** ECON. Gross Domestic Product. **7 productos alimenticios,** foodstuffs. **8 productos básicos,** commodities. **9 productos de consumo,** consumer goods.
productor, -ra *adj.* **1** producing (que produce): *los países productores de petróleo = oil-producing countries.* **2** productive (productivo). **3** producer: *nación productora = producer nation.* • *s. m.* y *f.* **4** producer (en general). **5** worker (obrero). **6** producer (de cine). • *s. f.* **7** production company (de cine).
proel *adj.* **1** bow. • *s. m.* **2** bowman (marino).
proemio *s. m.* preface, introduction.
proeza *s. f.* **1** heroic deed, exploit, feat (hazaña). **2** prowess (valentía).
profanación *s. f.* desecration (de algo santo o importante).
profanador, -ra *s. m.* y *f.* defiler.
profanamente *adv.* irreverently.
profanar *v. t.* to defile, to desecrate.
profano, -na *adj.* **1** profane, secular, worldly (mundanal). **2** profane, irreverent (impío). **3** indecent, immodest (obsceno). **4** licentious, immoral (libertino). **5** ignorant, uninitiated (lego, sin conocimientos). • *s. m.* y *f.* **6** ignoramus, layman: *soy profano en informática = I'm an ignoramus when it comes to computers.* • *s. m.* **7** libertine, rake. • *s. f.* **8** hussy, trollop.
profase *s. f.* BOT. prophase.
profecía *s. f.* prophecy.
proferir *v. t.* **1** to utter. ◆ **2 ~ insultos,** to hurl insults, to hurl abuse. **3 ~ un suspiro,** to heave a sigh.
profesar *v. t.* **1** (brit.) to practise, (EE UU) to practice (una profesión). **2** to profess, to declare (declarar). **3** to feel, to have (sentir). **4** to profess (doctrina). • *v. i.* **5** REL. to profess vows, to take vows.
profesión *s. f.* **1** profession, declaration (acto). **2** profession, career (empleo). ◆ **3 ~ liberal,** liberal profession. **4 hacer ~ de,** to profess.
profesional *adj.* **1** professional. • *s. m.* y *f.* **2** professional.
profesionalidad *s. f.* professionalism.
profesionalismo *s. m.* professionalism.
profesionalizar *v. t.* to make more professionally-orientated, to professionalize: *tenemos que profesionalizar estos puestos consultivos = we have to make these advisory posts more professionally-orientated.*
profesionalmente *adv.* professionally.
profesionista *s. m.* y *f.* (Am.) professional.
profeso, -sa *adj.* REL. **1** professed. • *s. m.* **2** professed monk. • *s. f.* **3** professed nun.
profesor, -ra *s. m.* y *f.* **1** teacher (de instituto). **2** (brit.) lecturer, (EE UU) professor (de universidad).
profesorado *s. m.* **1** post of teacher (puesto en instituto); (brit.) post of lecturer, (EE UU) professorship (puesto en universidad). **2** teaching profession (profesión). **3** teaching staff, (EE UU) faculty (profesores).
profeta *s. m.* prophet.
proféticamente *adv.* prophetically.
profético, -ca *adj.* prophetic.
profetisa *s. f.* prophetess.
profetizar *v. t.* to prophesy.
profiláctico, -ca *adj.* MED. **1** preventive, prophylactic. • *s. m.* **2** condom.
profilaxis *s. f.* MED. prophylaxis.
prófugo, -ga *adj.* **1** fugitive. **2** MIL. deserting. • *s. m.* y *f.* **3** fugitive. **4** MIL. deserter.
profundamente *adv.* **1** deeply (hondamente). **2** deeply, profoundly (en pensamiento, sentimientos, etc.). **3** soundly (manera de dormir).
profundizar *v. t.* **1** to deepen, to make deeper (al excavar). **2** to study in depth, to go into in detail (al estudiar).
profundo, -da *adj.* **1** deep (hondo). **2** (fig.) profound (erudito). **3** heartfelt, deep (intenso): *expresaba una profunda tristeza = he expressed heartfelt/deep sorrow.* **4** deep: *una inclinación profunda = a deep bow.* ◆ **5 poco ~,** shallow.
profusamente *adv.* profusely, lavishly.
profusión *s. f.* profusion, abundance.
profuso, -sa *adj.* profuse, lavish.
progenie *s. f.* **1** lineage, line, family (linaje). **2** offspring, progeny (hijos).
progenitor, -ra *s. m.* y *f.* **1** progenitor. • *s. m. pl.* **2** ancestors (antepasados). **3** (hum.) parents (padres).
prognatismo *s. m.* ANAT. prognathism.
programa *s. m.* **1** (brit.) programme, (EE UU) program (en general). **2** INF. program. **3** (Am.) love affair. ◆ **4 ~ de aplicación,** INF. application program. **5 ~ concurso,** game show. **6 ~ de estudios,** syllabus. **7 ~ de televisión,** television programme.
programación *s. f.* **1** TV. scheduling, timetable of programmes. **2** INF. programming. **3** planning of work, scheduling (en escuelas, empresas, etc.).
programador, -ra *s. m.* y *f.* **1** INF. programmer. • *adj.* **2** programming.
programar *v. t.* **1** to plan, to arrange, to schedule (actividades o similar). **2** INF. to program.
progre *s. m.* y *f.* trendy.
progresar *v. i.* to make progress.
progresión *s. f.* **1** progression. ◆ **2 ~ aritmética,** arithmetic progression. **3 ~ geométrica,** geometric progression.
progresismo *s. m.* progressive outlook (talante progresista).
progresista *adj.* **1** progressive. • *s. m.* y *f.* **2** progressive.
progresivamente *adv.* progressively, gradually.
progresivo, -va *adj.* **1** progressive. **2** GRAM. progressive, continuous.
progreso *s. m.* **1** progress, advance. ◆ **2 hacer progresos,** to make progress.
prohibición *s. f.* prohibition, ban.
prohibicionista *s. m.* y *f.* HIST. prohibitionist (partidario de la prohibición del alcohol que se dio en Estados Unidos en los años 20).
prohibir *v. t.* **1** to ban, to prohibit, to forbid: *se ha prohibido la venta de*

alcohol en los partidos de fútbol = the sale of alcohol has been banned at football matches. ◆ **2 se prohíbe fumar,** no smoking.
prohibitivo, -va *adj.* prohibitive.
prohijar *v. t.* **1** to adopt: *acaban de prohijar a un crío chino = they've just adopted a Chinese baby.* **2** (fig.) to take up, to adopt (una causa).
prohombre *s. m.* great man, outstanding figure.
prójima *s. f.* **1** (fam.) tart, loose woman (de mala fama). ◆ **2** (fam.) **la ~,** the old woman, the missus (la parienta).
prójimo *s. m.* **1** fellow man, neighbour: *amarás al prójimo como a ti mismo = love thy neighbour as thyself.* **2** (fam.) chap, bloke (tío).
prole *s. f.* **1** progeny, offspring. **2** (desp.) brood, brats.
prolegómeno *s. m.* prolegomenon.
prolepsis *s. f.* prolepsis.
proletariado *s. m.* POL. proletariat.
proletario, -ria *adj.* **1** proletarian. ● *s. m.* y *f.* **2** proletarian.
proletarización *s. f.* POL. proletarianization.
proletarizar *v. t.* to proletarianize.
proliferación *s. f.* proliferation.
proliferante *adj.* **1** abundant (abundante). **2** multiplying, proliferating (que cada vez hay más).
proliferar *v. i.* to proliferate, to multiply: *no deben proliferar las armas nucleares = atomic weapons must not proliferate.*
prolífico, -ca *adj.* prolific.
prolijamente *adv.* extensively, with an excess of detail.
prolijo, -ja *adj.* **1** extensive (largo). **2** thorough, exhaustive (detallado). **3** (desp.) long-winded, tedious; (form.) prolix (cargante).
prologar *v. t.* to write an introduction to, to preface.
prólogo *s. m.* **1** preface, introduction. **2** (fig.) prelude.
prologuista *s. m.* y *f.* writer of introductions, preface writer.
prolongable *adj.* extendible.
prolongación *s. f.* **1** prolongation, extension (ampliación). **2** lengthening, extension (alargamiento).
prolongadamente *adv.* lengthily, at great length.
prolongado, -da *p. p.* **1** de **prolongar.** ● *adj.* **2** lengthy, prolonged.
prolongamiento *s. m.* ⇒ **prolongación.**
prolongar *v. t.* **1** to prolong, to extend (alargar). **2** to prolong, (desp.) to drag out (hacer que dure demasiado). ● *v. pron.* **3** to extend, to go on (extenderse). **4** to go on (desp.) to drag on (durar demasiado).
promecio *s. m.* QUÍM. promethium.
promediar *v. t.* **1** to divide equally, to divide in two. **2** MAT. to take the average of. ● *v. i.* **3** to mediate (hacer de intermediario). **3** to be halfway through, to be in the middle of (en el tiempo): *promediaba el mes de agosto = it was halfway through August.*
promedio *s. m.* **1** middle, mid-point (mitad). **2** average (media).
promesa *s. f.* **1** promise (compromiso). **2** pledge (ofrecimiento solemne). **3** REL. vow. ◆ **4 faltar a su ~,** to break one's promise. **5 una joven ~,** a rising young talent.
promesero, -ra *s. m.* y *f.* (Am.) pilgrim.
prometedor, -ra *adj.* promising.
prometer *v. t.* **1** to promise (ofrecer). **2** to pledge (comprometer). ● *v. i.* **3** to be promising, to show promise: *promete mucho = he shows a lot of promise/he is very promising.* ● *v. pron.* **4** to expect, to promise oneself (esperar obtener). **5** to get engaged (novios). ◆ **6 prometérselas uno muy felices,** to have high hopes.
prometido, -da *p. p.* **1** de **prometer.** ● *adj.* **2** promised. ● *s. m.* **3** fiancé (novio). **4** promise, commitment (promesa). ● *s. f.* **5** fiancée (novia). ◆ **6 lo ~,** what has been promised, pledge.
prominencia *s. f.* **1** protuberance (protuberancia). **2** bulge, swelling (hinchazón). **3** rise (del terreno). **4** hillock (montículo). **5** (fig.) prominence (importancia).
prominente *adj.* **1** distinguished, prominent (importante). **2** protuberant, prominent (físicamente).
promiscuamente *adv.* promiscuously.
promiscuidad *s. f.* promiscuity.
promiscuo, -cua *adj.* **1** mixed, mixed up, in disorder (mezclado). **2** ambiguous (ambiguo). **3** promiscuous (en el plano sexual).
promisión *s. f.* **Tierra de ~,** the Promised Land.
promisorio, -ria *adj.* promissory.
promoción *s. f.* **1** promotion, preferment (ascenso). **2** DEP. promotion. **3** year, class, intake: *somos de la misma promoción = we were in the same year (at University/at school).* **4** COM. promotion: *ella se dedica a la promoción de ventas = she is involved in sales promotion.* ◆ **5 partido de ~,** DEP. play-off (for promotion).
promocionar *v. t.* **1** COM. to promote. **2** to give rapid promotion to (facilitar el camino). ● *v. pron.* **3** to better oneself (mejorarse). **4** to put oneself forward, to push oneself forward (ofrecerse).
promontorio *s. m.* **1** GEOG. hill, rise (elevación). **2** GEOG. promontory, headland (que se adentra en el mar). **3** ANAT. promontory.
promotor, -ra *s. m.* y *f.* **1** developer (de viviendas, construcción). **2** promoter (dee artista, grupo musical).
promover *v. t.* **1** to promote, to further, to foster (fomentar). **2** to promote (ascender).
promulgación *s. f.* enactment, passing, promulgation.
promulgar *v. t.* **1** to proclaim, to make public (publicar). **2** to enact, to pass, to promulgate (leyes).
pronaos *s. m.* ARQ. pronaos.
prono, -na *adj.* **1** (fig.) prone (inclinado). **2** prone (de bruces).
pronombre *s. m.* GRAM. pronoun.
pronominal *adj.* GRAM. pronominal.
pronosticar *v. t.* **1** to forecast, to foretell, to predict (predecir). **2** MED. to give a prognosis of.
pronóstico *s. m.* **1** forecast, prediction (del tiempo, del futuro, etc.). **2** MED. prognosis. ◆ **3 de ~ leve,** MED. slight. **4 de ~ reservado,** of unknown gravity.
prontamente *adv.* promptly, quickly.
prontitud *s. f.* promptness, quickness.
pronto, -ta *adj.* **1** prompt, rapid, quick, early (rápido). **2** ready, prepared (listo). ● *s. m.* **3** impulse, urge (impulso). ● *adv.* **4** promptly, at once, quickly (rápido). **5** soon (dentro de poco). ◆ **6 al ~,** at first. **7 de ~, a)** on the spur of the moment (sin reflexión); **b)** suddenly, all of a sudden (de repente). **8 ¡hasta ~!,** see you soon! **9 por lo ~** o **por de ~,** for the time being, for the present (por ahora); to start with (para empezar).
prontuario *s. m.* **1** summary (resumen). **2** handbook, compendium (compendio).
pronunciable *adj.* pronounceable, utterable.
pronunciación *s. f.* pronunciation.
pronunciado, -da *p. p.* **1** de **pronunciar.** ● *adj.* **2** pronounced (marcado). **3** sharp, tight (curva). **4** noticeable (rasgo).
pronunciamiento *s. m.* **1** POL. uprising revolt, insurrection. **2** DER. pronouncement.
pronunciar *v. t.* **1** to pronounce, to utter (palabras, sonidos). **2** to deliver (discurso). **3** DER. to pronounce (sentencia). ● *v. pron.* **4** POL. to rise up in rebellion. **5** to pronounce oneself, to declare oneself (declararse).
propaganda *s. f.* **1** POL. propaganda. **2** COM. advertising, publicity.
propagandista *s. m.* y *f.* propagandist.
propagandístico, -ca *adj.* propaganda.
propagar *v. t.* **1** BIOL. to propagate. **2** (fig.) to spread. ● *v. pron.* **3** BIOL. to propagate. **4** to spread.
propalar *v. t.* to divulge, to reveal.
propano *s. m.* QUÍM. propane.
proparoxítono, -na *adj.* proparoxytone.
propasar *v. t.* **1** to overstep, to go beyond. ● *v. pron.* **2** to go too far, to overstep the mark, to take liberties.
propedéutico, -ca *adj.* **1** pertaining to preparatory studies, propaedeutic. ● *s. f.* **2** preparatory studies, propaedeutics.
propender *v. i.* to be inclined, to tend: *propenden a las artes = they tend towards the arts/they are inclined towards the arts.*
propensión *s. f.* inclination, propensity.
propenso, -sa *adj.* inclined, prone: *soy propenso a deprimirme = I'm inclined to get depressed.*
propiamente *adv.* **1** properly, correctly. ◆ **2 ~ dicho,** as such, in the strict sense.

propiciación *s. f.* appeasement, propitiation, atonement (normalmente con sentido mágico o religioso).
propiciamente *adv.* favourably.
propiciar *v. t.* **1** to propitiate, to appease. **2** to favour, to induce.
propiciatorio, -ria *adj.* **1** propitiatory. ◆ **2 víctima propiciatoria,** scapegoat.
propicio, -cia *adj.* propitious, favourable.
propiedad *s. f.* **1** ownership (derecho). **2** property (cosa). **3** property (edificio); estate (finca). **4** QUÍM. property. **5** quality (atributo). **6** accuracy, correctness (en el lenguaje). ◆ **7 ~intelectual,** copyright, intellectual property. **8 tener una plaza en ~,** to have security of tenure, to have tenure.
propietario, -ria *adj.* **1** proprietary. ● *s. m.* **2** owner, proprietor (dueño). **3** landowner (terrateniente). ● *s. f.* **4** owner, proprietress.
propileo *s. m.* ARQ. propylaeum.
propina *s. f.* **1** tip, gratuity. ◆ **2 de ~, a)** as a tip (gratificación); **b)** in addition, as an extra.
propinar *v. t.* to give, to deal (golpe): *ella le propinó un golpe = she dealt him a blow/she hit him.*
propincuo, -cua *adj.* near, close.
propio, -pia *adj.* **1** own: *viven en su propia casa = they live in their own house.* **2** peculiar, characteristic, typical: *esos árboles son propios de la región = those trees are peculiar to/characteristic of this region.* **3** suitable, correct, fitting (conveniente). **4** selfsame, very, very own (mismo): *pronunció las propias palabras del Rey = he uttered the very words of the King/he uttered the King's very (own) words.* **5** proper, true: *el sentido propio de la palabra es "asustado" = the proper meaning of the word is "frightened".* **6** GRAM. proper: *nombre propio = proper noun.*
proponente *s. m.* y *f.* proposer.
proponer *v. t.* **1** to propose, to suggest, to put forward (un plan, etc.). **2** to nominate, to propose, to put forward, to put up (nombre, candidato, persona): *le propusieron como candidato = he was put forward as a candidate.* **3** to move, to propose (reunión, debate). **4** MAT. to make a proposition. ● *v. pron.* **5** to propose, to plan, to mean, to intend: *me propongo desplazarme a Madrid mañana = I intend to go to Madrid tomorrow.*
proporción *s. f.* **1** proportion (en general). **2** MAT. ratio: *en una proporción de 7 a 3 = in a ratio of 7 to 3.* ● *pl.* **3** size, dimensions: *una navaja de enormes proporciones = an enormous knife.* ◆ **4 estar fuera de ~,** to be out of proportion. **5 guardar ~ con,** to be in proportion to.
proporcionado, -da *p. p.* **1** de **proporcionar.** ● *adj.* **2** well-proportioned (persona, cuerpo). **3** proportionate (que guarda relación): *el castigo no es proporcionado al delito = the punishment is not proportionate to the crime.*
proporcional *adj.* proportional.
proporcionalmente *adv.* proportionally.
proporcionalidad *s. f.* proportionality.
proporcionar *v. t.* **1** to provide, to furnish, to supply (suministrar). **2** to proportion, to adjust (adaptar).
proposición *s. f.* **1** proposition, proposal (propuesta). **2** GRAM. clause. **3** MAT. proposition. **4** LÓG. proposition. ◆ **5 ~ de ley,** POL. draft legislation, white paper. **6 proposiciones deshonestas,** indecent propositions.
propósito *s. m.* **1** intention (intención). **2** aim, objective, purpose (objeto). **3** subject matter (tema). ◆ **4 a ~, a)** at the right moment, opportunely (oportunamente); **b)** by the way, incidentally (por cierto); **c)** on purpose, intentionally, deliberately (adrede). **5 de ~,** on purpose, intentionally, deliberately (adrede). **6 fuera de ~,** beside the point, irrelevant(ly).
propuesto, -ta *p. p. irreg.* **1** de **proponer.** ● *s. f.* **2** proposal, proposition (proposición). **3** offer (ofrecimiento). **4** COM. tender.
propugnación *s. f.* advocacy.
propugnar *v. t.* **1** to advocate, to support (defender): *propugna la derogación de la ley de extranjería = he advocates the repeal of the immigration law.* **2** to propose, to suggest (proponer).
propulsar *v. t.* **1** MEC. to propel, to drive. **2** (fig.) to encourage (animar).
propulsión *s. f.* **1** propulsion. ◆ **2 ~ a chorro,** jet propulsion.
propulsor, -ra *adj.* **1** driving, propellent: *fuerza propulsora = propellent force.* ● *s. m.* y *f.* **2** propellent.
prorrata *s. f.* quota, share.
prorratear *v. t.* to distribute proportionally, to prorate.
prorrateo *s. m.* **1** apportionment, pro rata distribution. ◆ **2 a ~,** pro rata.
prórroga *s. f.* **1** postponement. **2** DEP. extra time. **3** MIL. deferment. **4** COM. extension. **5** DER. stay of execution.
prorrogable *adj.* that can be extended, that can be deferred.
prorrogar *v. t.* **1** to prolong, to extend (alargar): *se prorrogó el partido porque los equipos estaban empatados a dos = the match went into extra time as there was a 2-2 draw.* **2** to postpone, defer (aplazar). **3** MIL. to defer.
prorrumpir *v. i.* **1** to shoot forth, to erupt (salir con fuerza). **2** to burst out: *ella prorrumpió en lágrimas = she burst into tears/she burst out crying; el público prorrumpió en aplausos = the audience burst into applause.*
prosa *s. f.* **1** prose. **2** (fig.) verbiage, (fam.) hot air (exceso de palabras). **3** humdrum aspects: *estas miserias constituyen la prosa de la vida = these hardships represent the humdrum aspects of life.*
prosador, -ra *s. m.* y *f.* **1** prose writer (prosista). **2** (fam.) windbag, prattler, babbler (hablador).
prosaicamente *adv.* prosaically, unimaginatively.
prosaico, -ca *adj.* prosaic, humdrum.
prosaísmo *s. m.* monotony, dreariness (tedio).
prosapia *s. f.* ancestry, lineage.
proscenio *s. m.* proscenium.
proscribir *v. t.* **1** to proscribe, to banish (desterrar). **2** to proscribe, to prohibit, to ban, to outlaw (prohibir).
proscripción *s. f.* DER. proscription.
proscripto, -ta *adj.* ⇒ **proscrito.**
proscrito, -ta *p. p.* **1** de **proscribir.** DER. ● *adj.* **2** proscribed; exiled. ● *s. m.* y *f.* **3** outlaw.
prosecretaría *s. f.* **1** (Am.) undersecretaryship (cargo). **2** undersecretary's office (oficina).
prosecución *s. f.* continuation (persecución).
proselitismo *s. m.* proselytism.
proselitista *adj.* **1** proselytizing. ● *s. m.* y *f.* **2** proselytizer.
prosélito *s. m.* **1** proselyte, convert.
prosificar *v. t.* to put into prose, to turn into prose.
prosimio *adj.* **1** ZOOL. prosimian. ● *s. m.* **2** ZOOL. prosimian.
prosista *s. m.* y *f.* prose writer.
prosodia *s. f.* GRAM. prosody.
prosódico, -ca *adj.* prosodic (para la poesía); FON. orthoepic (acento).
prosopografía *s. f.* description of the external features of a person or an animal.
prosopopeya *s. f.* **1** LIT. prosopopoeia, personification. **2** (fig.) pomposity.
prospección *s. f.* **1** exploration (exploración). **2** MIN. prospecting.
prospectivo, -va *adj.* (Am.) prospective.
prospecto *s. m.* **1** prospectus. **2** explanatory leaflet (instrucciones).
prósperamente *adv.* prosperously, successfully.
prosperar *v. i.* **1** to prosper, to thrive (mejorar). **2** to be successful, to get through (idea, proyecto, propuesta, etc.).
prosperidad *s. f.* **1** success (éxito). **2** prosperity (bienestar).
próspero, -ra *adj.* **1** prosperous, thriving, flourishing (propicio). **2** prosperous, wealthy, affluent (acaudalado).
próstata *s. f.* ANAT. prostate, prostate gland.
prosternarse *v. pron.* to prostrate oneself.
prostíbulo *s. m.* brothel, whorehouse.
prostitución *s. f.* prostitution.
prostituir *v. t.* **1** to prostitute (persona). **2** (fig.) to prostitute. ● *v. pron.* **3** to prostitute oneself, to work as a prostitute.
prostituto, -ta *s. m.* y *f.* prostitute.
protactinio *s. m.* QUÍM. protactinium.
protagonismo *s. m.* leadership (liderazgo); leading role (papel).
protagonista *s. m.* **1** protagonist, main character, leading man, hero (papel). ● *s. m.* y *f.* **2** person with a leading role, main player (no literario). ● *s. f.* **3** protagonist, main character, leading lady, heroine (papel).
protagonizar *v. t.* **1** to play a leading role in (película, obra de teatro, etc.).

2 to be involved in, to take a leading role in (una acción llamativa): *ha protagonizado un incidente diplomático = she has been involved in a diplomatic incident.*

prótasis *s. f.* **1** GRAM. protasis. **2** LIT. protasis.

protección *s. f.* **1** protection (general). **2** shield (física). **3** shelter (contra el mal tiempo). ◆ **4 ~ civil,** civil defence.

proteccionismo *s. m.* ECON. protectionism.

proteccionista *adj.* ECON. protectionist.

protector, -ra *adj.* **1** protecting. ● *s. m.* y *f.* **2** protector; patron (de las artes, etc.).

protectorado *s. m.* POL. protectorate.

protectoría *s. f.* protectorship.

proteger *v. t.* **1** to protect, to shield (defender). **2** to treat as a protegé, to be a patron to (patrocinar). ● *v. pron.* **3** to protect oneself, to shield oneself.

protegido, -da *p. p.* **1** de **proteger.** ● *adj.* **2** sheltered (de los elementos). ● *s. m.* **3** protégé. ● *s. f.* **4** protégée.

proteína *s. f.* protein.

protervia *s. f.* **1** perversity (perversidad). **2** wickedness (maldad).

prótesis *s. f.* **1** MED. prosthesis. **2** GRAM. prosthesis, prothesis.

protesta *s. f.* protest.

protestante *adj.* REL. **1** Protestant. ● *s. m.* y *f.* **2** Protestant.

protestantismo *s. m.* REL. Protestantism.

protestar *v. t.* **1** to protest. **2** to profess (fe). **3** COM. to protest, to give notice of protest (una letra, etc.). **4** FIN. to refer to drawer, to return, (fam.) to bounce (cheque): *el banco me ha protestado un cheque = the bank has returned one of my cheques.* ● *v. i.* **5** to protest: *protesta siempre contra la injusticia = he always protests against injustice.* **6** to grumble, (fam.) to gripe (refunfuñar).

protesto *s. m.* **1** protestation. **2** COM. protest (de letra); referral (de cheque).

protocolario, -ria *adj.* formal, required by protocol.

protocolo *s. m.* **1** POL. protocol. **2** (fig.) social etiquette. **3** formalities (ceremonia). **4** MED. medical record.

protón *s. m.* FÍS. proton.

protónico, -ca o **pretónico, -ca** *adj.* FON. pretonic.

protoplasma *s. m.* BIOL. protoplasm.

prototipo *s. m.* **1** prototype (arquetipo). **2** BIOL. prototype.

protozoo *s. m.* **1** ZOOL. protozoan, protozoon. ● *pl.* **2** ZOOL. protozoa.

protráctil *adj.* protractile: *músculo protráctil = protractile muscle.*

protuberancia *s. f.* protuberance, bulge.

protuberante *adj.* protuberant, jutting, bulging.

provecho *s. m.* **1** benefit, profit, advantage (ventaja). **2** FIN. profit. **3** progress (adelanto). ◆ **4 ¡buen ~!,** enjoy your meal! (cortesía). **5 de ~, a)** profitable (negocio); **b)** useful (persona/cosa). **6 en ~ de,** to the benefit of. **7 en ~ propio,** to one's own advantage.

provechosamente *adv.* beneficially, profitably.

provechoso, -sa *adj.* beneficial (para la salud); profitable (económicamente).

provecto, -ta *adj.* aged, elderly (viejo).

proveedor, -ra *s. m.* y *f.* supplier.

proveer *v. t.* **1** to provide, to supply, to furnish (suministrar). **2** to get ready (disponer). **3** to appoint (empleo). ● *v. pron.* **4** to equip oneself, to arm oneself: *antes de la excursión nos proveímos de lo necesario = before the excursion we equipped ourselves with everything necessary.*

proveniente *adj.* coming, originating, issuing: *alguien proveniente del norte = somebody from the north.*

provenir *v. i.* to come (from), to originate (from/in): *mi padre proviene de una de las mejores familias = my father comes from one of the best families.*

provenzal *adj.* **1** Provençal. ● *s. m.* y *f.* **2** Provençal (habitante). ● *s. m.* **3** Provençal (lengua).

proverbial *adj.* proverbial.

proverbialmente *adv.* proverbially.

proverbio *s. m.* **1** proverbio. ● *pl.* **2** Proverbs (de la Biblia).

provida *adj.* pro-life.

providencia *s. f.* **1** providence: *Divina Providencia = Divine Providence.* **2** step, measure: *hay que tomar providencias para asegurar que semejante cosa no pase otra vez = measures/steps must be taken to ensure that nothing like this happens again.* **3** DER. ruling.

providencial *adj.* providential.

providencialmente *adv.* providentially.

providente *adj.* provident, prudent, farsighted.

provincia *s. f.* province.

provincial *adv.* provincial.

provincianismo *s. m.* (desp.) provincialism.

provinciano, -na *adj.* (desp.) provincial.

provisión *s. f.* **1** provision (acción). **2** provision, supply (suministro). **3** measure, precautionary measure: *hagamos provisiones para que no ocurra = we must take measures to see that it doesn't happen.*

provisional *adj.* provisional, temporary, acting (interino).

provisionalmente *adv.* provisionally, temporarily.

provisor, -ra *s. m.* y *f.* **1** supplier, purveyor (abastecedor). **2** REL. vicar general.

provisoriamente *adv.* (Am.) provisionally.

provisorio, -ria *adj.* (Am.) provisional.

provisto, -ta *p. p.* **1** de **proveer.** ◆ **2 ~ de,** equipped with, supplied with, armed with.

provocación *s. f.* provocation.

provocador, -ra *adj.* **1** provoking, provocative. ● *s. m.* y *f.* **2** provoker.

provocante o **provocativo, -va** *adj.* provocative (especialmente en temas sexuales).

provocar *v. t.* **1** to provoke (incitar). **2** to provoke, to rouse, to stir up (irritar). **3** to bring about, to cause (causar). **4** to arouse, to stimulate (sexualmente). **5** (Am.) to fancy (apetecer): *no me provoca la idea de ir solo = I don't fancy the idea of going on my own.* ◆ **6 ~ un fuego,** to start a fire deliberately.

proxeneta *s. m.* **1** pimp, procurer, (vulg.) ponce. ● *s. f.* **2** procuress.

proxenetismo *s. m.* pimping, procuring.

próximamente *adv.* shortly, very soon.

proximidad *s. f.* **1** nearness, closeness (física). **2** proximity (temporal). ● *pl.* **3** vicinity (alrededores).

próximo, -ma *adj.* **1** near, close (cercano). **2** next (que viene).

proyección *s. f.* **1** projection (acción). **2** FOT. projection. **3** showing (de película). **4** projection (representación). **5** PSIC. projection.

proyectar *v. t.* **1** to throw, to hurl, to fling, to project (lanzar). **2** to plan, to design (planear, idear). **3** to cast (sombra, luz). **4** to show, to screen, to project (film). **5** MAT. to project. **6** to direct, to squirt (líquido).

proyectil *s. m.* **1** projectile. **2** MIL. missile (misil): *proyectil balístico intercontinental = intercontinental ballistic missile.* **3** MIL. shell (de cañón).

proyectista *s. m.* y *f.* **1** ARQ. planner, designer. **2** projectionist (en el cine).

proyecto *s. m.* **1** TEC. plan, project. **2** (fig.) plan, scheme. **3** draft estimate (presupuesto). ◆ **4 ~ de ley,** POL. bill.

proyector, -ra *adj.* **1** projecting. ● *s. m.* **2** FOT. projector. **3** MIL. searchlight (reflector). **4** spotlight (foco). **5** condenser (óptico).

prudencia *s. f.* **1** prudence, caution (cautela). **2** discretion (cordura); wisdom, soundness, sound judgement (juicio). **3** moderation (moderación).

prudencial *adj.* **1** sensible. **2** rough, approximate (cálculos numéricos o similar).

prudencialmente *adv.* prudentially.

prudenciarse *v. pron.* **1** (Am.) to be cautious (ser cauto). **2** to hold back, to control oneself (moderarse).

prudente *adj.* wise, prudent, sensible, careful, judicious, sound.

prudentemente *adv.* wisely, prudently, sensibly.

prueba *s. f.* **1** proof (en general). **2** proof, sign (testimonio). **3** test (ensayo). **4** TEC. test, trial. **5** DEP. event. **6** proof (de imprenta). **7** FOT. proof. **8** DER. proof, evidence. ◆ **9 a ~ de bala,** bulletproof. **10 a ~ de bombas,** bombproof. **11 a ~ de niños,** childproof. **12 la ~ de fuego,** the acid test. **13 ~ del embarazo,** pregnancy test.

pruebista *s. m.* y *f.* **1** (Am.) magician, conjuror (ilusionista). **2** juggler (malabarista). **3** acrobat (acróbata); tightrope walker (funámbulo).
prurito *s. m.* **1** (fig.) urge, itch, need. **2** MED. pruritis, itching.
psicastenia o **sicastenia** *s. f.* MED. psychasthenia.
psico- *pref.* psycho-.
psicoanálisis o **sicoanálisis** *s. m.* psychoanalysis.
psicología o **sicología** *s. f.* **1** psychology. ◆ **2 ~ social,** social psychology.
psicológico, -ca o **sicológico, -ca** *adj.* psychological.
psicológicamente o **sicológicamente** *adv.* psychologically.
psicólogo, -ga o **sicólogo, -ga** *s. m.* y *f.* psychologist.
psicópata o **sicópata** *s. m.* y *f.* PSIQ. psychopath.
psicopatía o **sicopatía** *s. f.* psychopathy.
psicosis o **sicosis** *s. f.* psychosis.
psicotécnico, -ca *adj.* **test ~** psychological test.
psicoterapia o **sicoterapia** *s. f.* psychotherapy.
psique o **psiquis** *s. f.* psyche.
psiquiatra o **siquiatra** *s. m.* y *f.* psychiatrist, therapist.
psiquiatría o **siquiatría** *s. f.* psychiatry.
psíquico, -ca o **síquico, -ca** *adj.* psychic.
pterigio *s. m.* ZOOL. pterygium.
púa *s. f.* **1** sharp point, barb (punta). **2** tooth (de peine). **3** MÚS. plectrum (plectro). **4** ZOOL. spine, quill, prickle. **5** BOT. cutting, graft (de árbol); thorn (de planta).
pubertad *s. f.* puberty.
pubis *s. m.* **1** ANAT. pubes (parte del vientre). **2** ANAT. pubis (hueso).
publicación *s. f.* **1** publication: *listo para publicación = ready for publication.* **2** publication; book (libro); writing (escrito).
públicamente *adv.* publicly, openly.
publicar *v. t.* **1** to publicize, to make public (anunciar). **2** to divulge, to reveal (revelar). **3** to publish (editar).
publicidad *s. f.* **1** publicity. **2** advertising (en anuncios).
publicista *s. m.* y *f.* **1** publicist. **2** advertising agent, publicity agent (agente de publicidad).
publicitario, -ria *adj.* advertising: *campaña publicitaria = advertising campaign.*
público, -ca *adj.* **1** public. **2** (desp.) of ill repute. ● *s. m.* **3** public (pueblo). **4** audience (de una función). ◆ **5 casa pública,** house of ill repute, brothel. **6 dar al ~,** to publish. **7 en ~,** in public. **8 mujer pública,** prostitute. **9 sacar al ~, a)** to publish; **b)** to publicize.
publirreportaje *s. m.* advertorial.
pucha *interj.* **1** (Am.) (fam.) wow! (indicando sorpresa). **2** damn! (indicando contrariedad).
pucherazo *s. m.* (fam.) electoral fiddle, election rigging (trampa electoral).
puchero *s. m.* **1** cooking-pot (vasija). **2** stew (olla). **3** (fig.) daily bread. **4** pout (mueca). ◆ **5 hacer pucheros,** to pout, to sulk, to screw up one's face.
pudibundo, -da *adj.* **1** bashful, demure (tímido). **2** coy, exaggeratedly modest (vergonzoso).
púdico, -ca *adj.* chaste, modest, demure.
pudiente *adj.* rich, wealthy, well-off (acaudalado).
pudin o **budín** *s. m.* pudding.
pudor *s. m.* **1** modesty, demureness (recato). **2** bashfulness (timidez). **3** chastity, inocence, virtue (castidad). **4** sense of shame (vergüenza).
pudoroso, -sa *adj.* modest.
pudridero *s. m.* **1** rubbish dump, compost heap (vertedero). **2** temporary vault (para cadáveres).
pudrir o **podrir** *v. t.* **1** to rot, to decompose (descomponer). **2** to annoy, to irritate, to aggravate (irritar). ● *v. pron.* **3** to rot, to decay (descomponerse).
pueblerino, -na *adj.* **1** small-town, provincial: *mentalidad pueblerina = small-town mentality.* ● *s. m.* y *f.* **2** country person, provincial.
pueblo *s. m.* **1** POL. people, nation (nación). **2** masses, common people (plebe). **3** village (aldea). **4** country town (municipio).
puente *s. m.* **1** bridge. **2** bridge (de barco). **3** deck (cubierta). **4** bridge (de dientes). **5** MÚS. bridge. ◆ **6 hacer de ~,** to act as intermediary. **7 hacer ~,** to take an extra day off between two public holidays. **8 ~ aéreo, a)** shuttle service (servicio comercial); **b)** airlift (para abastecer). **9 ~ colgante,** suspension bridge. **10 ~ levadizo,** drawbridge.
puercamente *adv.* filthily; disgustingly; nastily.
puerco, -ca *adj.* **1** filthy, foul. ● *s. m.* **2** ZOOL. pig (raza), ZOOL. hog (macho). ● *s. f.* **3** ZOOL. sow (cerda). **4** slut, slattern (prostituta). ◆ **5 ~ espín,** ZOOL. porcupine.
puericultor, -ra *s. m.* y *f.* expert in child care.
puericultura *s. f.* childcare.
pueril *adj.* **1** childish, child (relativo al niño). **2** (desp.) puerile, childish, infantile.
puerilidad *s. f.* childishness.
puerilmente *adv.* childishly.
puerperio *s. m.* MED. puerperium.
puerqueza *s. f.* **1** (Am.) filthy thing. **2** dirty trick.
puerro *s. m.* BOT. leek.
puerta *s. f.* **1** doorway (por ejemplo, de una casa). **2** gateway (por ejemplo de un jardín). **3** door (de habitación, etc.) **4** gate (verja, portal, etc.) **5** (fig.) gateway. **6** DEP. goal. ◆ **7 abrir la ~ (a),** (fig.) to open the door (to). **8 a las puertas del siglo XXI,** on the threshold of the 21st century. **9 a ~ cerrada,** behind closed doors. **10 cerrar a alguien todas las puertas,** (fig.) to close off every avenue to someone. **11 dar a uno con la ~ en las narices,** (fig.) to slam the door in someone's face. **12 de ~ en ~,** from door to door. **13 ~ excusada,** private door, side door. **14 ~ falsa,** concealed door. **15 ~ franca, a)** free passage; b) free of consumer tax, duty free. **16 tomar uno la ~,** to leave, (fig.) to pack up and go.
puerto *s. m.* **1** port, harbour (para barcos). **2** GEOG. pass (paso). **3** (fig.) haven, refuge. **4** INF. port. ◆ **5 ~ de escala,** port of call. **6 ~ franco,** free port.
Puerto Rico *s. m.* Puerto Rico.
puertorriqueño, -ña *s. m.* y *f.* Puerto Rican.
pues *conj.* **1** since, for: *que lo cuente él, pues lo ha visto = let him tell you about it since he saw it.* ● *adv.* **2** well, well then (bueno): *¿no quieres venir con nosotros? pues no te quejes si te quedas solo = don't you want to come with us? Well, don't complain if you end up on your own.* **3** then: *¿no vienes conmigo, pues? = aren't you coming with me, then?* **4** um, er, well (vacilando): *pues... me parece que no = um/er/well... I don't think so.*
puesto, -ta *p. p. irreg.* **1** de **poner.** ● *adj.* **2** on, wearing (ropa): *con el abrigo puesto = with his coat on/wearing a coat.* **3** dressed up, done up (persona): *María iba muy puesta = Mary was all done up.* **4** laid, set (mesa). ● *s. m.* **5** place (sitio). **6** market stall, stand (en mercadillo). **7** small shop (tienda). **8** post (empleo). **9** MIL. post. ● *s. f.* **10** laying, setting (de la mesa). **11** laying (de huevos). **12** bet, stake (en naipes). **13** setting (de un astro). ◆ **14 puesta en marcha, a)** starter (motor); **b)** starting (acción). **15 puesta de sol,** sunset. **16 ~ que,** since, as.
puf *s. m.* **1** pouf (asiento). ● *interj.* **2** ugh!
pufo *s. m.* (fam.) swindle, con.
púgil *s. m.* **1** DEP. boxer. **2** HIST. pugilist.
pugilismo *s. m.* DEP. boxing.
pugilístico, -ca *adj.* DEP. boxing: *combate pugilístico = boxing match.*
pugna *s. f.* conflict, fight, struggle.
pugnar *v. i.* **1** to fight, to struggle (luchar). **2** (fig.) to insist.
puja *s. f.* **1** bid (en subastas). **2** (fig.) effort (para conseguir algo).
pujador, -ra *s. m.* y *f.* bidder.
pujante *adj.* forceful, vigorous; powerful: *una forma de negociar pujante = a forceful negotiation manner.*
pujanza *s. f.* strength, (brit.) vigour, (EE UU) vigor.
pujar *v. t.* **1** to bid (en subasta). ● *v. i.* **2** to struggle (luchar). **3** to pout, to be on the verge of tears (hacer pucheros). **4** to dither, to hesitate (vacilar).
pujo *s. m.* **1** MED. tenesmus, straining. **2** urge, yearning (deseo). **3** aspiration. **4** irresistible urge (de llorar o reír).
pulcritud *s. f.* neatness, tidiness; exquisiteness.

pulcro, -ra *adj.* **1** neat, smart, tidy (limpio). **2** immaculately turned out (bien puesto). **3** upright, utterly scrupulous (honrado).

pulga *s. f.* **1** ZOOL. flea. ◆ **2 tener malas pulgas,** to be touchy, to be bad tempered.

pulgada *s. f.* inch.

pulgar *s. m.* **1** ANAT. thumb. **2** BOT. shoot, bud.

pulgón *s. m.* ZOOL. plant louse.

pulidamente *adv.* neatly, tidily.

pulido, -da *p. p.* **1** de **pulir.** • *adj.* **2** polished, smooth (bello). **3** neat, smart, refined (pulcro).

pulir *v. t.* **1** to polish, to shine (sacar brillo). **2** to smooth (alisar). **3** to adorn (adornar). **4** (fig.) to polish, to polish up, to touch up (perfeccionar). **5** to refine, to polish up (educar). **6** (fam.) to nick, (fam.) to pinch (robar). **7** to sell off, (fam.) to flog (vender). **8** (fam.) to blow (derrochar).

pulla *s. f.* **1** obscene comment (palabrota). **2** taunt, jibe (mofa). **3** (fam.) dig, cutting remark, snide comment (expresión hiriente).

pull-over *s. m.* pullover, jumper.

pulmón *s. m.* **1** ANAT. lung. ◆ **2** ~ **de acero,** MED. iron lung. **3 tener buenos pulmones,** to have a powerful voice.

pulmonar *adj.* ANAT. pulmonary, lung.

pulmonía *s. f.* MED. pneumonia.

pulpa *s. f.* **1** pulp: *papel hecho de pulpa de madera = paper made from wood pulp.* **2** BOT. pulp, flesh.

pulpejo *s. m.* **1** ANAT. soft flesh. **2** ZOOL. soft part of horse's hoof.

pulpería *s. f.* (Am.) general store.

pulpero, -ra *s. m.* y *f.* (Am.) owner of a "pulpería".

púlpito *s. m.* pulpit.

pulpo *s. m.* **1** ZOOL. octopus. **2** man who persistently tries to fondle women: *es un pulpo = his hands are everywhere.*

pulposo, -sa *adj.* pulpy, fleshy.

pulque *s. m.* pulque.

pulquería *s. f.* (Am.) bar serving "pulque".

pulsación *s. f.* **1** BIOL. pulsation, beat. **2** keystroke, touch, tap (en máquina de escribir).

pulsador *s. m.* button, push-button.

pulsar *v. t.* **1** MÚS. to play; to pluck (cuerda). **2** to push, to press (botón, etc.). **3** to strike, to press, to hit, to touch (tecla). **4** MED. to take somebody's pulse. **5** (fig.) to sound out (sondear). • *v. i.* **6** to throb, to beat.

pulsera *s. f.* **1** bracelet, bangle (brazalete). ◆ **2 reloj de** ~, wristwatch.

pulso *s. m.* **1** FISIOL. pulse. **2** ANAT. wrist (muñeca). **3** strength of wrist (fuerza). **4** steadiness of hand, sureness of touch (firmeza). **5** (fig.) prudence, good sense (prudencia). ◆ **6 a** ~, (fig.) by one's own efforts, by sheer hard work. **7 echar un** ~, to arm wrestle, to Indian wrestle. **8 tomar el** ~ **a alguien,** to take somebody's pulse. **9 tomar el** ~ **a la opinión pública,** to test public opinion.

pulular *v. i.* **1** to pululate, to teem with (abundar): *pululan las mariquitas este verano = it's teeming with ladybirds this summer.* **2** to swarm, to teem with (moverse mucho): *los turistas pululaban en* o *por la playa = the beach was swarming with tourists.*

pulverización *s. f.* atomization, spraying.

pulverizador *s. m.* spray; spray-gun (para pintura).

pulverizar *v. t.* **1** to pulverize, to powder (reducir a polvo). **2** to spray, to sprinkle (líquido). **3** (fig.) to smash, to tear to pieces, to pulverize. • *v. pron.* **4** to pulverize, to be reduced to powder, to be reduced to dust.

pulverulento, -ta *adj.* **1** pulverulent, powdered, powdery (en forma de polvo). **2** dusty (polvoriento).

puma *s. m.* ZOOL. puma, cougar, mountain lion.

puna *s. f.* **1** (Am.) GEOG. high Andean plateau, puna. **2** GEOG. bleak steppe. **3** mountain sickness (enfermedad). **4** cold mountain wind (viento).

punchar *v. t.* (Am.) to punch (picar).

punción *s. f.* **1** MED. puncture. **2** sharp pain (dolor).

pundonor *s. m.* **1** dignity, self-respect (amor propio). **2** honour (honra).

pundonorosamente *adv.* honourably.

pundonoroso, -sa *adj.* honourable.

punga *s. f.* **1** (Am.) thieving, (fam.) nicking (acción). • *s. m.* y *f.* **2** pickpocket, petty thief.

pungente *adj.* stinging.

pungir *v. t.* **1** to prick, to pierce (punzar). **2** to sting (picar). **3** (fig.) to wound, to hurt, to cause anguish to (herir el ánimo).

punible *adj.* punishable.

punición *s. f.* punishment.

púnico, -ca *adj.* HIST. Punic, Carthaginian.

punitivo, -va *adj.* (form.) punitive.

punta *s. f.* **1** point (extremo agudo). **2** tip, end (extremo, parte final): *lo tengo en la punta de la lengua = it's on the tip of my tongue.* **3** small nail, tack, pin (clavo). **4** GEOG. point. **5** horn (cuerno). **6** (Am.) small group (de ganado). **7** pinch (pizca). **8** BOT. tobacco leaf. • *pl.* **9** point lace (encaje). ◆ **10 a** ~ **de pistola,** at gunpoint. **11 a** ~ **pala,** (fam.) galore, by the dozen. **12 de** ~ **en blanco,** dressed up to the nines, in best bib and tucker. **13 sacar** ~ **a algo, a)** to sharpen something; **b)** (fig.) to read more into something than is there.

puntada *s. f.* **1** pinhole, needle hole (agujero). **2** stitch (de costura). **3** (fig.) dig, insinuation (indirecta). **4** sharp pain (dolor).

puntal *s. m.* **1** ARQ. prop, shore (madero). **2** GEOG. elevation. **3** (fig.) support (apoyo). **4** depth of hold (de una nave). **5** (Am.) snack, refreshment (aperitivo).

puntapié *s. m.* kick.

punteado *p. p.* **1** de **puntear.** • *s. m.* **2** dotted line, series of dots (tipográfico). **3** MÚS. pizzicato.

puntear *v. t.* **1** to dot, to mark with dots. **2** ART. to stipple. **3** to stitch, to sew (coser). **4** MÚS. to pluck, to play pizzicato. **5** (Am.) to brand, to label, to call (tildar). **6** to fleck (salpicar). • *v. i.* MAR. to tack.

punteo *s. m.* MÚS. plucking.

puntera *s. f.* **1** toecap (de calzado). **2** toecap repair (remiendo). **3** kick, toe punt (puntapié).

puntería *s. f.* **1** aiming, aim (acción). **2** markmanship (destreza). ◆ **3 afinar la** ~, to take careful aim.

puntero, -ra *adj.* **1** leading (primero). **2** latest (último). • *s. m.* **3** pointer (vara). **4** chisel (cincel). **5** (Am.) hand (manilla). **6** punch (punzón). **7** INF. pointer.

puntiagudo, -da *adj.* pointed, sharp.

puntilla *s. f.* **1** fine lace, lace trimming (encaje). **2** short dagger (en tauromaquia). ◆ **3 dar la** ~, (fig.) to finish off, to give the coup de grace, to put out of (its) misery. **4 de puntillas,** on tiptoe.

puntillo *s. m.* **1** punctilio. **2** (desp.) touchiness, exaggerated sense of honour. **3** MÚS. dot.

puntilloso, -sa *adj.* **1** punctilious. **2** (desp.) touchy, over sensitive.

punto *s. m.* **1** dot (tipográfico, dibujado). **2** (brit.) full stop, (EE UU) period (de puntuación). **3** place, spot, point (lugar). **4** MÚS. pitch. **5** DEP. point. **6** spot, pip (en naipes). **7** mark, point (calificación). **8** tip, point (de pluma). **9** stitch (puntada). **10** knitting (labor de tejido). **11** moment, point (instante). **12** point, subject matter, question (asunto). **13** hole (agujero). **14** point (en imprenta). **15** sight (de fusil). **16** clause (cláusula). **17** point, purpose (finalidad). **18** dignity,honour (pundonor). **19** MED. stitch. **20** INF. pixel. ◆ **21 al** ~, at once. **22 a** ~, **a)** ready; **b)** on time. **23 de todo** ~, absolutely, completely. **24 dos puntos,** colon. **25 en** ~, exactly, on the dot. **26 estar a** ~ **de,** to be on the point of, to be about to. **27 estar en su** ~, to be just right, to be done to a turn. **28 hasta cierto** ~, to a certain extent, up to a point. **29 poner a** ~, to knock into shape, to bring up to scratch; to tune (motor). **30 poner los puntos sobre las íes,** to dot one's i's and cross one's t's. **31 ¡~ en boca!,** not a word to anyone! **32** ~ **por** ~, point by point. **33** ~ **cardinal,** cardinal point. **34** ~ **céntrico,** central point. **35** ~ **de apoyo,** fulcrum. **36** ~ **de ebullición,** boiling point. **37** ~ **de partida,** starting point. **38** ~ **de penalty,** penalty spot. **39** ~ **de referencia,** reference point, point of reference. **40** ~ **de venta,** point of sale. **41** ~ **de vista,** point of view. **42** ~ **muerto, a)** MEC. dead centre; **b)** neutral (en caja de cambios); **c)** (fig.) deadlock. **43** ~ **y coma,** semicolon. **44 puntos suspensivos,** ellipsis, suspension points; dot, dot, dot.

puntuable *adj.* ~ **para** that counts towards.

puntuación *s. f.* **1** punctuation (tipográfica). **2** DEP. score, scoring. **3** marks, score (en examen).
puntualizar *v. t.* **1** to fix in one's mind (recordar). **2** to describe in detail, to detail (referir con detalle). **3** to perfect, (fig.) to polish (perfeccionar). **4** to state, to specify (precisar).
puntualmente *adv.* punctually.
puntuar *v. t.* **1** GRAM. to punctuate. **2** (brit.) to mark, (EE UU) to grade (corregir). • *v. i.* **3** DEP. to score, to count, to keep the score.
puntudo, -da *adj.* **1** (Am.) sharp, pointed (puntiagudo). **2** (fig.) faultfinding (crítico).
punzada *s. f.* stab (normalmente de dolor).
punzante *adj.* sharp: *objeto punzante = sharp object.*
punzar *v. t.* **1** to prick, to pierce, to puncture (pinchar). **2** TEC. to punch. • *v. i.* **3** to give twinges, to give stabbing pains (dolor). **4** (fig.) to have pangs, to have twinges.
punzón *s. m.* **1** needle (aguja). **2** TEC. awl, bradawl, punch, bodkin (puntero). **3** TEC. burin (para grabar).
puñado *s. m.* **1** fistful, handful. ◆ **2 a puñados,** by the handful, galore.
puñal *s. m.* dagger.
puñalada *s. f.* stab wound, stab.
puñeta *s. f.* **1** (fam.) pain, drag (molestia, lata). **2** (Am.) (vulg.) wank. ◆ **3 ¡vete a hacer puñetas!** (vulg.) sod off.
puñetazo *s. m.* punch.
puño *s. m.* **1** ANAT. fist. **2** fistful (puñado). **3** handle, grip (de herramienta). **4** hilt (de espada). **5** cuff (de manga de camisa). ◆ **6 meter** o **tener en un ~ a alguien,** to have someone in the palm of one's hand. **7 ~ americano,** (brit.) knuckle duster, (EE UU) brass knuckles.
pupa *s. f.* **1** MED. pimple, pustule (grano). **2** MED. cold sore (en los labios). **3** scab (postilla). **4** hurt, sore, bump (en lenguaje de niños). **5** ZOOL. pupa, chrysalis.
pupilaje *s. m.* **1** DER. pupillage, ward (ship). **2** boarding house, guesthouse (pensión). **3** board (precio de la pensión).
pupilo, -la *s. m.* y *f.* **1** pupil (discípulo). **2** DER. ward. **3** orphan (orfelinato). **4** boarder, paying guest (huésped). • *s. f.* **5** ANAT. pupil.
pupitre *s. m.* desk.
puquío *s. m.* GEOG. (Am.) spring, fountain.
puramente *adv.* **1** purely, chastely (moralmente). **2** purely, simply (simplemente).
puré *s. m.* **1** purée. ◆ **2 ~ de patatas,** mashed potatoes.
pureza *s. f.* **1** purity (calidad). **2** innocence (inocencia). **3** virginity. **4** (fig.) purity.
purga *s. f.* **1** MED. purgative, cathartic. **2** POL. purge. **3** MEC. draining, bleeding (acción). **4** MEC. drain valve (válvula).
purgación *s. f.* MED. purging.
purgante *adj.* (form.) purgative.
purgar *v. t.* **1** to purge, to cleanse (limpiar). **2** POL. to purge. **3** REL. to purge, to expiate. **4** MED. to purge. **5** MEC. to drain, to bleed. • *v. pron.* **6** MED. to take a purgative. **7** REL. to purge oneself. **8** (fig.) to purge oneself.
purgatorio *s. m.* **1** REL. purgatory. **2** (fig.) purgatory.
purificación *s. f.* purification, cleansing.
purificador, -ra o **purificante** *adj.* purifying.
purificar *v. t.* **1** to purify, to cleanse (limpiar). **2** TEC. to purify, to refine. **3** (fig.) to purify, to purge.
purismo *s. m.* purism.
purista *s. m.* y *f.* purist (especialmente en temas del idioma).
puritanismo *s. m.* HIST. puritanism.
puritano, -na *adj.* **1** puritanical (postura). **2** HIST. Puritan. • *s. m.* y *f.* **3** puritan. **4** HIST. Puritan.
puro, -ra *adj.* **1** pure (sin mezcla). **2** pure, unsullied, chaste (casto). **3** pure, sheer (simple). **4** correct, refined (lenguaje). • *s. m.* **5** cigar. ◆ **6 a ~ de** o **de ~ de,** by means of, by dint of.
púrpura *s. m.* **1** purple (color). • *s. f.* **2** ZOOL. purpure. **3** purple (ropa).
purpurado *s. m.* REL. cardinal.
purpurar *v. t.* to dye purple.
purpurino, -na *adj.* **1** purple. • *s. f.* **2** QUÍM. purpurin. **3** glitter, metallic paint (pintura).
purulencia *s. f.* MED. purulence.
purulento, -ta *adj.* MED. purulent.
pus *s. m.* MED. pus.
pusilánime *adj.* pusillanimus, faint-hearted.
pusilanimidad *s. f.* pusillanimity, faintheartedness.
pústula *s. f.* MED. pustule.
putativo, -va *adj.* putative.
putear *v. i.* **1** (vulg,) to go whoring (ir de putas). • *v. t.* **2** (vulg,) to do the dirty on, (vulg,) to fuck (somebody) around.
puticlub *s. m.* hostess bar.
putrefacción *s. f.* **1** putrefaction, rotting, decay. ◆ **2 ~ fungoide,** dry rot. **3 sujeto a ~,** perishable.
putrefacto, -ta *adj.* putrid, decayed.
pútrido, -da *adj.* putrid, rotten, rancid.
puya *s. f.* **1** steel point, goad. **2** point of picador's goad (en tauromaquia).
puyar *v. t.* (Am.) (fig.) to needle, to annoy, to upset (molestar).
puyazo *s. m.* **1** jab with a goad (en los toros). **2** (fig.) cruel hint, dig.
puzzle *s. m.* **1** puzzle. **2** jigsaw puzzle (rompecabezas). **3** (Am.) riddle (acertijo).
PVC *s. m.* PVC.
PVP *s. m.* retail price.
PYME *s. f.* SME.

q, Q *s. f.* q, Q (décimoctava letra del alfabeto español).

que *pron. rel.* **1** *suj.* (con personas) who, that; (con objetos) that, which. ◆ **2** *o. d.* (con personas) whom, that; (con cosas) which, that. ● *conj.* **3** that: *siento que no venga* = *I am sorry that he's not coming.* **4** and: *te dije medio kilo, que no tres cuartos* = *I told you half a kilo and not three quarters.* **5** whether: *que le guste o no me es indiferente* = *I don't care whether he likes it or not.* **6** because: *vendrá disculpándose, que yo lo conozco* = *he'll arrive with some excuse, because I know what he's like.* ● *comp.* **7** than: *es más alto que yo* = *he's taller than me.* ◆ **8 el ~, la ~,** the one who; the one that; who; that. **9 los ~, las ~,** the ones who; the ones that; who; that.

qué *pron. interr.* **1** what?: *¿qué pasa?* = *what's the matter?* ● *adj.interr.* **2** what?: *¿qué clase de libro quieres?* = *what sort of book do you want?* ● *adv.* **3** what! *¡qué lío!* = *what a mess! ¡qué ingenioso!* = *how clever!*; *¡qué de gente hay aquí!* = *what a lot of people there are here!* ◆ **4 ¿y ~?,** so what?

quebracho *s. m.* **1** BOT. quebracho. **2** (EE UU) break-ax.

quebrada *s. f.* **1** GEOG. gorge (desfiladero). **2** GEOG. pass (puerto). **3** (Am.) stream (arroyo).

quebradero *s. m.* **1** breaker. ◆ **2 ~ de cabeza,** (fig.) headache.

quebrado *s. m.* **1** MAT. fraction. **2** FIN. bankruptcy.

quebrado, -da *adj.* **1** rough, bumpy: *terreno quebrado* = *rough ground.* **2** MED. ruptured. **3** FIN. bankrupt. ◆ **4 línea ~,** zigzag line. **5 pie ~,** ⇒ **pie.**

quebraja *s. f.* crack, fissure.

quebrajar *v. t.* to crack.

quebrantadura *s. f.* o **quebrantamiento** *s. m.* **1** cracking, act of breaking. **2** DER. violation (de alguna ley). **3** MED. weak state, exhausted state.

quebrantahuesos *s. m.* ZOOL. lammergeier, bearded vulture.

quebrantar *v. t.* **1** to break, to damage, to shatter (romper). **2** to infringe, to break: *quebrantó la ley* = *he broke the law.* **3** to tone down (mitigar). **4** to weary (debilitar). ● *v. pron.* **5** to crack, to split (rajarse). **6** to weaken, to ail (debilitarse).

quebranto *s. m.* **1** FIN. heavy loss (económico). **2** MED. exhaustion. **3** (fig.) sorrow, great affliction.

quebrar *v. t.* **1** to break, to crack (romper). **2** to interrupt (interrumpir). ● *v. t.* y *pron.* **3** to bend, to twist (doblar). ● *v. i.* **4** to go bankrupt. ● *v. pron.* **5** to get broken (romperse). **6** MED. to be ruptured.

quechemarín *s. m.* MAR. ketch.

quechua *adj.* **1** Quechua. ● *s. m.* y *f.* **2** Quechua.

quedada *s. f.* joke, hoax.

quedamente *adv.* softly, quietly, in a soft voice.

quedar *v. i.* y *pron.* **1** to stay, to remain. ● *v. i.* **2** to be left: *quedan dos manzanas* = *there are two apples left.* **3** to arrange to meet (a una hora convenida): *he quedado con él a las tres* = *we've arranged to meet at three o'clock.* **4** to be: *todos quedan invitados* = *everyone is invited.* ◆ **5 quedarse con,** to retain, to keep. **6 quedarse en albis/en blanco,** to be mystified. **7 ~ en algo,** to agree on something. **8 ~ mal/bien a alguien,** to suit/not to suit somebody, to look good/not to look good on somebody. **9 ¿qué tal me queda?,** how does it look? **10 ~ por,** to be, to be somewhere near: *¿por dónde queda eso?* = *whereabouts is that?*

quedo, -da *adj.* **1** quiet. ● *adv.* **2** softly: *él habló quedo* = *he spoke softly.* **3** silently. ● *s. f.* **4** curfew. ◆ **5 toque de queda,** curfew.

quehacer *s. m.* task, chore.

queja *s. f.* complaint, grumble.

quejarse *v. pron.* **1** to groan (con quejidos, gemidos, etc.). **2** to complain (protestar). **3** DER. to file a complaint, to bring a complaint.

quejica *adj.* moaning, complaining.

quejido *s. m.* sigh, moan, groan.

quejigo *s. m.* BOT. **1** gall-oak. **2** oak sapling.

quejosamente *adv.* complainingly, grumblingly.

quejoso, -sa *adj.* **1** complaining. **2** whining.

quejumbroso, -sa *adj.* grumbling, complaining.

quema *s. f.* **1** burning (acción). **2** fire, combustion (incendio). ◆ **3 huir de la ~,** to flee from danger, to avoid a commitment.

quemado, -da *p. p.* **1** de **quemar.** ● *adj.* **2** burnt, scorched (físicamente). **3** burnt out (persona exhausta física y anímicamente). **4** sunburnt (por el sol).

quemador *s. m.* MEC. burner.

quemadura *s. f.* **1** burn (por fuego). **2** scald (por agua hirviendo). **3** BOT. withering. **4** sunburn (por el sol).

quemar *v. t.* **1** to burn. **2** to scorch (socarrar). **3** to scald (con agua hirviendo). **4** to wither (las plantas). **5** to burn out (física y anímicamente). **6** to waste (malgastar). **7** to annoy (hartar). ● *v. pron.* **8** to burn oneself. ● *v. pron.* **9** (fam.) to be roasting. **10** to be passionate (about). **11** (fig.) to be getting warm. **12** to get depressed, to become dejected.

quemarropa (a) *loc. adv.* at point-blank range, point-blank.

quemazón *s. f.* **1** burn. **2** intense heat. **3** MED. itch, stinging sensation.

quena *s. f.* (Am.) Indian flute.

quepis *s. m.* kepi (tipo de sombrero).

queque *s. m.* (Am.) cake.

queratina *s. f.* QUÍM. keratin.

querella *s. f.* **1** dispute. **2** complaint. **3** DER. charge, accusation.

querellante *s. m.* y *f.* DER. plaintiff.

querellarse *v. i.* DER. to bring an action, to take legal action, to take to court.

querencia *s. f.* **1** affection, liking. **2** ZOOL. haunt, territory. **3** ZOOL. lair. **4** personal inclination. **5** bull's territory in bull-ring.

querer *s. m.* **1** love, affection. ● *v. t.* **2** to love (amar). **3** to want, to desire, to wish (desear). **4** to need, to require (requerir): *esta tierra quiere abono* = *this land needs fertiliser.* ● *v. imp.* **5** to try, to be about to: *quiere nevar* = *it's trying to snow.* ◆ **6 como quiera que,** given that, assuming that. **7 sin ~,** unwittingly, by mistake.

querido, -da *adj.* **1** dear, beloved. ● *s. m.* y *f.* **2** lover.

quermes *s. m.* **1** kermes, cochineal insect. **2** cochineal.

quermés *s. f.* kermis, kirmess.

queroseno *s. m.* kerosene, paraffin.
querubín *s. m.* cherub.
quesero, -ra *adj.* **1** cheese. • *s. m.* y *f.* **2** cheesemaker (fabricante); cheese seller (vendedor). • *s. f.* **3** cheese board, cheese dish.
queso *s. m.* **1** cheese. • *pl.* **2** (fam.) feet (pies). ◆ **3 ~ de bola,** Dutch cheese, Edam.
quetzal *s. m.* ZOOL. quetzal (ave americana).
quevedos *s. m. pl.* pince-nez.
quia *interj.* come off it!
quiasmo *s. m.* chiasmus.
quibutz *s. m.* kibbutz.
quichua *adj.* ⇒ **quechua.**
quicio *s. m.* **1** pivot hole, eye of door hinge (de bisagra). **2** door jamb, upright (de puerta). **3** (Am.) front steps. ◆ **4 estar fuera de ~, a)** (fig.) to be out of control, to be furious **b)** to be out of order, to be out of kilter. **5 sacar de ~,** to exasperate, (fam.) to drive (someone) round the bend.
quid *s. m.* nub, crux (de un asunto).
quiebra *s. f.* **1** COM. bankruptcy. **2** crack, split (raja). **3** damage, harm (daño).
quiebro *s. m.* **1** dodge, swerve. **2** MÚS. grace note.
quien *pron. rel.* **1** (suj.) who, the one who. **2** (o.d.)hom. • *pron. ind.* **3** (suj.) whoever, whosoever. **4** (o.d.) whomever, whomsoever.
quién *pron. interr.* **1** who? **2** if only!, who wouldn't?: *¡quién pudiera irse contigo! = if only I could go with you!/who wouldn't like to go with you!* ◆ **3 ¿de ~ es esto?,** whose is this?
quienquiera *pron. ind.* whoever.
quietismo *s. m.* **1** peace and quiet, calm. **2** REL. quietism.
quieto, -ta *adj.* **1** still, motionless (inmóvil). **2** calm (tranquilo). ◆ **3 ¡estáte ~!,** keep still!
quietud *s. f.* **1** stillness (inmovilidad). **2** quietude (tranquilidad).
quif *s. m.* kif, kef, marijuana.
quijada *s. f.* jawbone.
quijotada *s. f.* quixotic act.
quijote *s. m.* **1** HIST. cuisse, thigh-armour (de armadura). **2** quixotic person, idealistic dreamer (idealista).
quijotesco, -ca *adj.* quixotic.
quilate *s. m.* carat.
quilla *s. f.* **1** MAR. keel. **2** ZOOL. carina. **3** (Am.) cushion.
quilo *s. m.* **1** ⇒ **kilo. 2** FISIOL. chyle.
quilombo *s. m.* **1** (Am.) (fam.) brothel (prostíbulo). **2** (Am.) (fam.) row, fuss (lío).
quimera *s. f.* **1** chimera (monstruo). **2** fantasy, pipe dream (fantasía).
quimérico, -ca *adj.* fanciful.
químico, -ca *adj.* **1** chemical. • *s. m.* y *f.* **2** chemist. • *s. f.* **3** chemistry. ◆ **4 química inorgánica,** inorganic chemistry. **5 química orgánica,** organic chemistry.
quimioterapia *s. f.* MED. chemotherapy.
quimo *s. m.* FISIOL. chyme.
quimono *s. m.* kimono.
quina *s. f.* cinchona bark.
quinario, -ria *adj.* **1** quinary. • *s. m.* **2** REL. quinaries.
quincalla *s. f.* ironmongery.
quincallería *s. f.* (brit.) ironmonger's, (EE UU) hardware store.
quince *num. card.* **1** fifteen. • *num. ord.* **2** fifteenth.
quincena *s. f.* two weeks, (brit.) fortnight.
quincenal *adj.* two-weekly, (brit.) fortnightly, twice-monthly.
quincenalmente *adv.* every two weeks, (brit.) fortnightly.
quinceno, -na *adj.* fifteenth.
quincuagésimo, -ma *num. ord.* fiftieth.
quingentésimo, -ma *num. ord.* five hundredth.
quiniela *s. f.* **1** pools coupon (boleto). ◆ **2 las quinielas,** the (football) pools.
quinielista *s. m.* y *f.* punter (apostador).
quinientos, -tas *num. ord.* **1** five hundredth. • *num. card.* **2** five hundred.
quinina *s. f.* quinine.
quino *s. m.* cinchona tree.
quinqué *s. m.* oil lamp.
quinquenal *adj.* five-year.
quinquenio *s. m.* quinquennium, five-year period.
quinqui *s. m.* y *f.* (fam.) petty thief, crook.
quinta *s. f.* **1** country house (casa de campo). **2** (Am.) small estate. **3** MIL. draft, call-up (reclutamiento). **4** (fam.) age (edad): *somos de la misma quinta = we're about the same age.* **5** MÚS. fifth.
quintaesencia *s. f.* quintessence.
quintal *s. m.* **1** quintal. ◆ **2 ~ métrico,** hundred kilograms.
quintería *s. f.* farmhouse.
quinteto *s. m.* quintet, quintette.
quintilla *s. f.* LIT. five line stanza.
quinto, -ta *num. ord.* **1** fifth. • *s. m.* **2** fifth. ◆ **3** MIL. recruit.
quíntuple *adj* y *s. m.* ⇒ **quíntuplo.**
quíntuplo, -pla *adj.* **1** quintuple, fivefold. • *s. m.* **2** quintuple.
quiñón *s. m.* AGR. cultivated common land.
quiosco *s. m.* **1** kiosk. ◆ **2 ~ de bebidas,** refreshments stall. **3 ~ de periódicos,** newsstand.
quirófano *s. m.* MED. operating theatre.
quiromancia *s. f.* palmistry, chiromancy.
quiromántico, -ca *adj.* chiromantic.
quiromasaje *s. m.* chiromassage.
quirquincho *s. m.* ZOOL. South American mammal similar to the armadillo.
quirúrgico, -ca *adj.* surgical.
quisicosa *s. f.* puzzle, enigma.
quisque *s. m.* **cada ~** o **todo ~,** (fam.) everyman, everyone.
quisquilla *s. f.* ZOOL. shrimp.
quisquilloso, -sa *adj.* **1** touchy, peevish (susceptible). **2** finicky (meticuloso).
quiste *s. m.* MED. cyst.
quitamanchas *s. m.* stain remover.
quitamiedos *s. m.* safety barrier.
quitanieves *s. m.* o *f.* snowplough.
quitar *v. t.* **1** to remove. **2** to take off (prendas, calzado, gafas, etc.). **3** to take down (bajar, desmontar). **4** to take away (arrebatar, privar de). **5** to steal (robar). **6** to stop, to prevent (impedir). • *v. pron.* **7** to withdraw, to get out of the way (de en medio). ◆ **8 de quita y pon,** removable, detachable. **9 quitarse de encima a alguien/algo,** to get rid of someone/something. **10 ~ algo de la cabeza a alguien,** to make somebody change his/her mind about something. **11 quitarse algo de la cabeza,** to forget something.
quitasol *s. m.* sunshade.
quite *s. m.* **1** removal. **2** enticing the bull away from a bullfighter who is in trouble. **3** DEP. parry. **4** DEP. (Am.) tackle.
quitina *s. f.* QUÍM. chitin.
quizá *adv.* perhaps, maybe: *quizá venga pronto = perhaps he'll come soon; quizá sí/no = maybe/maybe not.*
quizás *adv.* ⇒ **quizá.**
quórum *s. m.* quorum.

r, R *s. f.* r, R (decimonovena letra del alfabeto español).

rabadilla *s. f.* **1** ANAT. coccyx. **2** ZOOL. parson's nose.

rabanillo *s. m.* BOT. wild radish.

rábano *s. m.* **1** BOT. radish. ◆ **2 tomar el ~ por las hojas,** (fam.) to get the wrong end of the stick. **3 importar un ~ algo a alguien,** (fam.) not to care/not to give a damn about something: *todo eso me importa un rábano = I couldn't give a damn about that.*

Rabat *s. m.* o *f.* Rabat.

rabel *s. m.* MÚS. lute.

rabí o **rabino** *s. m.* REL. rabbi.

rabia *s. f.* **1** MED. rabies. **2** anger, rage (ira): *me da mucha rabia = it makes me very angry.*

rabiar *v. i.* **1** MED. to suffer from rabies. **2** (fig.) to suffer a lot (sufrir). **3** (fig.) to be dying to (desear): *rabio por irme de vacaciones = I'm dying to go on holiday.* **4** to be far too much: *esta guindilla pica que rabia = this chili burns like mad.* ◆ **5 a ~,** an awful lot.

rabieta *s. f.* (fam.) tantrum.

rabillo *s. m.* **1** BOT. stalk. **2** ZOOL. small tail. **3** tip (punta). **4** corner (ángulo). ◆ **5 mirar con el ~ del ojo,** to look out of the corner of one's eye.

rabino *s. m.* ⇒ **rabí.**

rabo *s. m.* **1** ZOOL. tail. **2** (Am. y fig.) dirty old man (viejo verde). ◆ **3 faltar aún el ~ por desollar,** to be only part of the way through a piece of work. **4 irse con el ~ entre las piernas,** to go off with one's tail between one's legs. **5 mirar a uno con el ~ del ojo,** to look askance at someone.

rabón, -na *adj.* **1** ZOOL. short-tailed (de rabo corto), tailless (sin rabo). **2** (Am.) broken (cuchillo).

raboso, -sa *adj.* frayed (con los rabos deshilachados).

racha *s. f.* **1** gust (de viento). **2** (fig.) period, spell: *buena racha = run of good luck; mala racha = run of bad luck.*

racheado, -da *adj.* gusty, squally (viento).

racial *adj.* race, racial: *discriminación racial = racial discrimination; odio racial = race hatred.*

racimo *s. m.* **1** BOT. raceme. **2** bunch (de uvas, cerezas). **3** (fig.) gang (de personas).

racimoso, -sa *adj.* BOT. with plenty of racemes.

raciocinar *v. i.* to reason.

raciocinación *s. f.* reasoning.

raciocinio *s. m.* **1** reasoning (acto). **2** reason (juicio).

ración *s. f.* **1** helping (de comida). **2** MAT. ratio. ● *pl.* **3** MIL. rations.

racional *adj.* **1** rational (razonable). ● *s. m.* **2** REL. rational.

racionalidad *s. f.* rationality.

racionalismo *s. m.* FIL. rationalism: *el racionalismo cartesiano = Cartesian rationalism.*

racionalista *adj./s. m.* y *f.* rationalist.

racionalización *s. f.* rationalization (organización eficaz del trabajo): *la racionalización del trabajo = labour rationalization.*

racionalizar *v. t.* **1** to rationalize (organizar según cálculos).

racionalmente *adv.* rationally, prudently (prudentemente).

racionamiento *s. m.* rationing.

racionar *v. t.* **1** to ration (limitar). **2** MIL. to supply with rations.

racismo *s. m.* racism, racialism.

racista *adj.* **1** racist, racialist. ● *s. m.* y *f.* **2** racist.

rada *s. f.* MAR. roadstead, bay (bahía), anchorage (fondeadero).

radar *s. m.* radar.

radiación *s. f.* **1** FÍS. radiation. **2** broadcasting (emisión por radio).

radiactividad *s. f.* radioactivity.

radiactivo, -va *adj.* radioactive.

radiado, -da *adj.* **1** broadcast, (emitido por radio): **2** BOT. radiate. ● *s. m. pl.* **3** ZOOL. radiata.

radiador *s. m.* radiator (de coche y de calefacción).

radiante *adj.* **1** radiant, glowing (resplandeciente). **2** (fig.) radiant, beaming: *mi hermana estaba radiante = my sister's face was beaming.*

radiar *v. t.* **1** FÍS. to radiate. **2** MED. to treat with X-rays. **3** to broadcast (emitir por radio).

radical *adj.* **1** radical (fundamental). **2** total (completo). ● *s. m.* y *f.* **3** POL. radical. ● *s. m.* **4** GRAM. root. **5** MAT. square-root sign.

radicalismo *s. m.* **1** POL. radicalism. **2** (fig.) dogmatic behaviour.

radicalizar *v. t.* **1** to radicalize. ● *v. pron.* **2** to become radical.

radicalmente *adv.* radically.

radicar *v. i.* **1** to take root (arraigar). **2** to be, to lie (problema, diferencia). *el problema radica en que no tenemos suficiente dinero = the problem is that we haven't got enough money.* ● *v. pron.* **3** to settle down (establecerse).

radio *s. m.* **1** GEOM. radius. **2** QUÍM. radium. **3** spoke (de rueda de bicicleta). ● *s. f.* **4** radio (aparato).

radiocasete *s. m.* radio cassette player.

radio-despertador *s. f.* clock radio.

radiodifusión *s. f.* broadcasting (emisión por radio).

radioelectricidad *s. f.* FÍS. radioelectricity.

radioeléctrico, -ca *adj.* FÍS. radioelectric.

radiofonía *s. f.* radiophonics.

radiografía *s. f.* **1** radiography. **2** X-ray (foto).

radiográfico, -ca *adj.* radiographic.

radiología *s. f.* radiology.

radiológico, -ca *adj.* radiological.

radiólogo, -ga *s. m.* y *f.* radiologist.

radioscopia *s. f.* radioscopy.

radiotaxi *s. m.* radio taxi.

radiotecnia *s. f.* radio engineering.

radiotécnico, -ca *s. m.* y *f.* radio engineer.

radiotelefonía *s. f.* radiotelephony.

radiotelefonista *s. m.* y *f.* radiotelephonist.

radioteléfono *s. m.* radiotelephone.

radiotelegrafía *s. f.* radiotelegraphy.

radioterapia *s. f.* radiotherapy.

radioyente *s. m.* y *f.* listener.

raedura *s. f.* **1** scraping. **2** MED. scratch. ● *pl.* **3** parings.

raer *v. t.* **1** to scrape. **2** to skim (rasar). **3** (fig.) to eradicate (extirpar). **4** MED. to graze.

ráfaga *s. f.* **1** squall, gust (de viento). **2** burst (de disparos). **3** flash (de luz). **4** (Am. y fig.) fortune (racha).

rafia *s. f.* **1** BOT. Raphia palm. **2** raffia (material).

raglán o **ranglán** *adj.* raglan (diseño de prenda de vestir).

raíble *adj.* liable to fray (material).
raído, -da *adj.* **1** tatty (paño). **2** shabby (prenda de vestir). **3** (fig.) cheeky (descarado).
raigambre *s. f.* **1** BOT. root-system. **2** (fig.) rootedness, stability (estabilidad): *mi tía tiene raigambre conservadora = my aunt is a long-established conservative.*
raíl *s. m.* rail (riel).
raíz *s. f.* **1** root. ◆ **2** COM. **bienes raíces,** real estate. **3 a ~ de,** as a result of, right after. **4 de ~,** completely: *tenemos que cortar de raíz estas injusticias = we must eliminate these injustices.* **5 echar raíces,** (fig.) to settle down. **6** MAT. **~ cuadrada,** square root. **7** MAT. **~ cúbica,** cube root.
raja *s. f.* **1** slit (hendedura). **2** slice (de chorizo, queso, límon, etc.); piece (de sandía, melón, etc.). **3** wedge (leño). **4** (vulg.) fanny (órgano sexual de la mujer).
rajá *s. m.* **1** rajah. ◆ **2 vivir como un ~,** to live the life of Riley.
rajable *adj.* easy to cut.
rajado, -da *adj.* **1** split, cut. ● *s. m.* y *f.* **2** (fam.) chicken (cobarde).
rajar *v. t.* **1** to slice (dividir en rajas). **2** to split (hender). **3** (fam.) to knife, to stab (apuñalar). ● *v. i.* **4** (fam.) to gab (hablar mucho). **5** (fam.) to shoot one's mouth off (jactarse). ● *v. pron.* **6** (fam.) to turn chicken (acobardarse). **7** to change one's mind. **8** (Am.) to get it wrong (equivocarse). **9** (Am.) to blow money (gastar mucho). **10** (Am.) to run off (huir).
rajatabla (a) *loc. adv.* to the letter, rigorously: *cumplimos vuestras instrucciones a rajatabla = we carried out your instructions to the letter.*
ralea *s. f.* **1** class, kind (clase). ◆ **2 de baja** o **mala ~,** (desp.) no good, evil, wicked, wretched.
ralentí *s. m.* **1** slow motion (en cine). **2** MEC. **al ~,** ticking over: *el coche estaba al ralentí = the car was just ticking over.*
rallador *s. m.* grater (utensilio).
rallar *v. t.* **1** to grate (desmenuzar). **2** (fam.) to get on one's nerves: *esos ruidos continuos me rallan = those constant noises get on my nerves.*
rally *s. m.* rally (de coches).
ralo, -la *adj.* **1** thin, sparse (pelo, barba); thin (tela); sparse (bosque, vegetación): *tener el pelo ralo = to be thin on top; dientes ralos = gappy teeth.* **2** (Am. y fig.) brittle (insubstancial). **3** rarefied (aire).
rama *s. f.* **1** branch. **2** side (ligamento textil). ◆ **3 andarse por las ramas,** to go off on a digression, to go off at a tangent. **4 en ~,** raw (materia no manufacturada); unbound (libro no encuadernado).
ramadán *s. m.* Ramadan.
ramaje *s. m.* BOT. branches.
ramal *s. m.* **1** strand (de una soga). **2** halter (de caballo). **3** branch (de autopista, ferrocarril): *ramal de una vía férrea = branch line.* **4** distributing pipe (en fontanería).
ramalazo *s. m.* **1** lash (azote). **2** weal (verdugón). **3** (fig.) acute pain (dolor agudo). **4** (fig.) ordeal (pesar).
rambla *s. f.* **1** avenue (avenida). **2** river-bed (lecho fluvial). **3** (Am.) wharf (muelle).
rameado, -da *adj.* floral (papel pintado).
ramera *s. f.* whore (puta).
ramería *s. f.* the game (prostitución).
ramificación *s. f.* **1** BOT. branching. **2** ram-ification (subdivisión).
ramificarse *v. pron.* **1** BOT. to branch out. **2** to ramify (subdividirse).
ramillete *s. m.* **1** posy, bouquet (de flores). **2** table decoration (adorno de mesa). **3** (fig.) choice selection (colección de cosas excelentes).
ramo *s. m.* **1** BOT. branch. **2** bunch (de flores). **3** COM. line of business, industry. **4** (fig.) touch: *mi tío tiene un ramo de gota = my uncle has a touch of gout.*
ramonear *v. t.* **1** to prune (árboles). ● *v. i.* **2** to graze (comer los animales).
rampa *s. f.* **1** ramp. **2** (Am.) sedan chair (andas). ◆ **3 ~ de lanzamiento,** launching pad.
rampante *adj.* rampant (blasón).
ramplón, -na *adj.* **1** uncouth, coarse (tosco). ● *s. m.* **2** stud (de herradura).
ramplonería *s. f.* uncouthness, coarseness.
rana *s. f.* **1** ZOOL. frog. ◆ **2** (fam.) **cuando las ranas críen pelo,** when pigs can fly. **3 salir ~,** (fam.) to turn out badly.
ranchera *s. f.* **1** popular Mexican song (canción). **2** (brit.) estate car; (EE UU) station wagon (automóvil).
ranchero, -ra *s. m.* y *f.* **1** ranch owner (jefe de rancho). **2** army cook (cocinero del ejército). ● *adj.* **3** (Am.) rustic (rudo).
rancho *s. m.* **1** communal meal (comida). **2** AGR. ranch (granja). **3** (Am.) country shack (cobertizo de campo). **4** MAR. crew's berths (alojamiento de tripulación). **5** MAR. gang of sailors (grupo de marineros). ◆ **6** (fam.) **hacer ~,** to make space. **7 hacer ~ aparte,** to go one's own way (alejarse de los demás).
rancidez o **ranciedad** *s. f.* **1** rancidness (sebo). **2** mellowness (madurez). **3** (fig.) oldness (antigüedad).
rancio, -cia *adj.* **1** rancid (de mal sabor). **2** mellow (de sabor maduro). **3** (fig.) old-school.
ranglán *adj.* ⇒ **raglán.**
rango *s. m.* **1** rank, hierarchy (jerarquía). **2** prominence (importancia). **3** (Am.) pomp, magnificence (rumbo). **4** (Am. y fam.) old nag (rocín). ◆ **5 de ~,** prestigious.
ranking *s. m.* ranking.
ranura *s. f.* slot, aperture.
rapador *s. m.* (fam.) barber (barbero).
rapamiento *s. m.* **1** cut (de pelo). **2** shave (afeitado).
rapapolvo *s. m.* **1** (fam.) dressing-down, telling-off (reprensión dura). ◆ **2 echar un ~ a alguien,** to give someone a good dressing-down.
rapar *v. t.* **1** to crop, to cut very short (el pelo). **2** to shave (afeitar). **3** (fam.) to nick, to swipe (robar): *alguien me ha rapado la cartera = someone's swiped my wallet.*
rapacería *s. f.* piece of tomfoolery (muchachada).
rapacidad *s. f.* greed, avarice (codicia).
rapaz *adj.* **1** greedy, avaricious (codicioso). **2** light-fingered (ladrón). **3** ZOOL. predatory. ● *s. f. pl.* **4** ZOOL. birds of prey. ● *s. m.* **5** young lad (chiquillo).
rapaza *s. f.* young lass (chiquilla).
rape *s. m.* **1** crop (corte de pelo muy corto). **2** quick shave (afeitado descuidado). **3** ZOOL. angler fish. ◆ **4 pelar al ~ a alguien,** to give someone a skinhead cut. **5 dar un ~ a alguien,** (fig.) to give someone a dressing-down (echar una bronca).
rapé *s. m.* snuff (tabaco en polvo).
rápel o **rάppel** *s. m.* **1** COM. price discount. **2** DEP. abseiling: (en alpinismo) *hicimos rápel por la pared de la roca = we abseiled down the rock face.*
rápidamente *adv.* quickly, fast.
rapidez *s. f.* speed, quickness.
rápido, -da *adj.* **1** fast, quick, speedy: *era un tren rápido = it was a fast train.* ● *adv.* **2** fast, quickly. ● *s. m. pl.* **3** GEOG. rapids. ◆ **4 ¡rápido!,** (fam.) make it snappy!
rapiña *s. f.* **1** robbery with violence, looting (saqueo). **2** greed (avidez). ◆ **3** ZOOL. **ave de ~,** bird of prey.
raposo, -sa *adj.* **1** cunning, sly (taimado). ● *s. m.* **2** ZOOL. fox (zorro). ● *s. f.* **3** ZOOL. vixen (zorra).
rapsoda *s. m.* HIST. wandering minstrel (poeta).
rapsodia *s. f.* MÚS. rhapsody.
raptar *v. t.* to abduct, kidnap (secuestrar).
rapto *s. m.* **1** abduction, kidnapping (secuestro). **2** (fig.) rush of blood (impulso). **3** (fig.) rapture, enchantment (embelesamiento).
raptor, -ra *s. m.* y *f.* abductor, kidnapper (secuestrador).
raqueta *s. f.* **1** DEP. racquet. **2** island (en una carretera). **3** snowshoe (para la nieve). **4** croupier's rake (de croupier).
raquis *s. f.* rachis.
raquítico, -ca *adj.* **1** MED. rachitic. **2** (fig.) meagre, wanting (insuficiente).
raquitismo *s. m.* MED. rickets.
raramente *adv.* **1** seldom, hardly ever (rara vez). **2** strangely (de forma rara).
rareza *s. f.* **1** peculiarity, idiosyncrasy (manía). **2** rareness, scarcity (escasez). **3** rarity (objeto raro).
raro, -ra *adj.* **1** strange, odd (extraño). **2** rare, scarce (poco común). **3** eccentric, cranky (extravagante). **4** remarkable, impressive (notable).
ras *s. m.* **1 a ~ de,** flush with. **2 a ~ de tierra,** low (volar). **3 ~ con ~,** dead even.
rasa *s. f.* **1** run (tela). **2** GEOG. clearing (claro).

rasante *adj.* **1** low. • *s. f.* **2** incline, gradient, slope (de carretera). ◆ **3 cambio de ~,** top of the hill. **4 tiro ~,** ground-level shot. **5 vuelo ~,** low-level flight.
rasar *v. t.* **1** to graze, brush (rozar). **2** AGR. to strickle. • *v. pron.* **3** to clear up (despejarse el cielo).
rascacielos *s. m.* skyscraper.
rascar *v. t.* **1** to scratch, scrape (raer). **2** MÚS. to scrape (tocar mal). • *v. pron.* **3** (Am.) to get drunk (emborracharse).
rascador *s. m.* **1** scraper (herramienta). **2** hairpin (alfiler de mujer).
rascadura *s. f.* scratching, scraping.
rasero *s. m.* **1** AGR. strickle. • *s. f.* **2** spatula (de cocina). ◆ **3 medir por el mismo ~,** (fig.) to treat in exactly the same way.
rasgado, -da *adj.* **1** narrow, almond-shaped (ojos).
rasgadura *s. f.* rip, tear (desgarro).
rasgar *v. t.* **1** to rip, to tear (desgarrar). **2** MÚS. to strum (la guitarra). ◆ **3 rasgarse las vestiduras,** to kick up a fuss, to pretend to be horrified.
rasgo *s. m.* **1** flourish, stroke (adorno hecho con la pluma). **2** trait, feature (característica). **3** splendid gesture (acción notable). • *pl.* **4** features (facciones).
rasgón *s. m.* rip, tear (desgarradura).
rasgueado *s. m.* MÚS. strumming (guitarra).
rasguear *v. t.* **1** MÚS. to strum. • *v. i.* **2** to write with flourishes.
rasguño *s. m.* **1** scratch (arañazo). **2** ART. rough sketch (tanteo).
rasilla *s. f.* **1** fine wool cloth (tela). **2** ARQ. thin brick (ladrillo).
raso, -sa *adj.* **1** flat, smooth (terreno, superficie). **2** low, ground level (vuelo, disparo, chut). **3** clear, cloudless (cielo). **4** level (cucharada). **5 soldado ~,** private. • *s. m.* **6** satin (satén). ◆ **7 al ~,** in the open air.
raspa *s. f.* **1** BOT. beard. **2** fishbone (de pescado). **3** stem (racimo). **4** (Am.) mean trick (burla). **5** (Am. y fam.) telling-off (reprimenda).
raspado, -da *adj.* **1** scraped. • *s. m.* **2** scraping. **3** (Am.) water-ice (bebida). **4** MED. curettage.
raspador *s. m.* **1** scraper (de albañil, etc.). **2** rasp (de carpintero).
raspadura *s. f.* **1** scraping. **2** (Am.) unrefined sugar (panela). **3** (fam.) crop (corte de pelo al rape). • *pl.* **4** shavings (de madera); filings (de metal); scrapings (en general).
raspante *adj.* rough, coarse: *bebimos un vino muy raspante* = *we drank a very rough wine.*
raspar *v. t.* **1** to scrape, scratch (rallar ligeramente). **2** to scratch out (borrar). **3** to graze, to skim (rasar). **4** (fam.) to nick (robar). **5** (Am.) to tell off (reprender). **6** (Am.) to kill (matar). • *v. i.* **7** (Am.) to go away (largarse). **8** to leave a sharp taste, to be rough (vino).
raspón o **rasponazo** *s. m.* MED. abrasion, graze.
rastra *s. f.* **1** trail, track (huella). **2** AGR. harrow (grada). **3** cart (carro de arrastre). **4** object dragged along (objeto arrastrado). **5** string (ristra). **6** trawl (net) (para pescar). **7** (fig.) unfortunate consequence (consecuencia desagradable). ◆ **8 a la ~,** o **a rastras,** (fig.) reluctantly (a la fuerza). **9 andar a rastras,** (fig.) to go through a bad patch.
rastrear *v. t.* **1** to track down (buscar y encontrar). **2** to trail (seguir). **3** AGR. to harrow, to rake (con la rastra). **4** to trawl (pesca). **5** to comb (explorar una zona); to sweep (con radar). **6** (fig.) to suss out (averiguar). • *v. i.* **7** to fly low (avión).
rastreador, -ra *s. m.* **1** trawler (barco de pesca). • *s. m.* y *f.* **2** searcher (persona). ◆ **3 ~ de minas,** minesweeper.
rastreo *s. m.* **1** trawling (pesca). **2** combing (exploración). **3** dredging (dragado). **4** AER. tracking.
rastrero, -ra *adj.* **1** dragging, crawling. **2** BOT. creeping. **3** (fig.) ingratiating, bootlicking (servil). **4** tracking. ◆ **5 perro ~,** retriever, tracker.
rastrillar *v. t.* to rake.
rastrillo *s. m.* **1** rake (instrumento de jardinería). **2** TEC. flax comb. **3** MIL., HIST. portcullis. **4** ward (cerradura). **5** (Am.) COM. deal.
rastro *s. m.* **1** track, trail (huella). **2** AGR. rake (rastrillo), harrow (grada). **3** (fig.) sign, trace. **4** abattoir, slaughterhouse (matadero). ◆ **5 el Rastro,** fleamarket in Madrid. **6 desaparecer sin dejar ~,** to disappear without trace.
rastrojera *s. f.* **1** AGR. field of stubble. **2** stubble season (temporada).
rastrojo *s. m.* **1** stubble. **2** ploughed field (tierra labrada). **3** (Am.) shrub forest (bosque de arbustos).
rasura *s. f.* **1** scraping, shaving (afeitado). **2** flatness (llanura). • *pl.* **3** parings (raspaduras).
rasurar *v. t.* **1** to shave (afeitar). **2** to scrape, to scratch (raspar).
rata *s. f.* **1** ZOOL. rat. • *s. m.* **2** pickpocket (ladrón). ◆ **3 más pobre que una ~,** (fig.) as poor as a church mouse. **4 ~ común,** common rat. **5 ~ de agua,** water vole. **6 ~ de montaña,** marmot.
ratear *v. t.* **1** to pilfer, to thieve, to steal (robar con habilidad). **2** to distribute (repartir). • *v. i.* **3** to creep, to crawl (arrastrarse).
rateramente *adv.* in a thieving manner.
ratería *s. f.* **1** pilfering, petty larceny (robo). **2** deviousness, unscrupulousness (deshonestidad).
ratero, -ra *adj.* **1** pilfering, thieving. **2** beneath contempt (bajo). • *s. m.* y *f.* **3** petty crook, pickpocket (ladrón).
raticida *s. m.* rat poison.
ratificación *s. f.* **1** ratification (confirmación). **2** approval (aprobación).
ratificar *v. t.* **1** to ratify, to confirm (confirmar). **2** to approve (aprobar).
rato *s. m.* **1** while, short time, spell (breve período): *esperamos un rato* = *we waited for a while.* ◆ **2 a ratos,** from time to time. **3** (Am.) **hasta cada ~,** see you later. **4 pasar el ~,** to pass the time. **5 pasar un mal ~,** to be on pins and needles. **6 ratos perdidos,** free time. **7 tener para ~,** to have a long way to go. **8 un ~,** (fam.) tons: *él sabe un rato de geografía* = *he knows tons about geography.*
ratón *s. m.* **1** ZOOL. mouse. ◆ **2 ~ de biblioteca,** (fig.) bookworm.
ratona *s. f.* ZOOL. she-mouse.
ratonero, -ra *adj.* **1** mouser: *tengo un perro ratonero* = *I've got a dog who's a good mouser.* **2** (fam.) tuneless (música). • *s. f.* **3** mousetrap (trampa). **4** mousehole (agujero). ◆ **5 caer en la ratonera,** (fig.) to fall into the trap.
ratonesco, -ca o **ratonil** *adj.* **1** fit for mice. ◆ **2 música ratonil,** tuneless music.
raudal *s. m.* **1** torrent (torrente). **2** (fig.) flood, wave, spate (abundancia). ◆ **3 a raudales,** in floods.
raudamente *adv.* precipitately, at high speed.
raudo, -da *adj.* precipitate, high-speed, rash.
raviolis *s. m. pl.* GAST. ravioli.
raya *s. f.* **1** stripe, line (trazo). **2** GEOG. boundary, limit (límite). **3** (fig.) end, limit. **4** (brit.) parting, (EE UU) part (del pelo). **5** crease (del pantalón). **6** dash (guión largo). **7** ZOOL. skate, ray. **8** (Am.) day's wages. **9** (Am.) hopscotch (juego). **10** (argot) line (de cocaína). ◆ **11 a ~,** in check. **12 hacer ~,** (fig.) to steal the show. **13 pasarse de la ~,** to go too far, to overstep the mark. **14 poner a ~,** to restrain, to keep back.
rayado, -da *adj.* **1** striped, lined (con rayas). • *s. m.* **2** drawing ruled lines (acción de rayar). **3** stripes, ruled lines (conjunto de rayas).
rayano, -na *adj.* **1** bordering (lindante). **2** next to, close to (cercano).
rayar *v. t.* **1** to rule, line (hacer rayas). **2** to cross out (borrar). **3** to underline (subrayar). **4** (Am.) to pay wages (pagar). **5** (Am.) to spur (caballo). • *v. i.* **6** to border on, to be near (lindar). **7** (fig.) to be similar (asemejarse). **8** (fig.) to stand apart (sobresalir). **9** to break (alba, día): *rayaba el alba cuando salimos* = *dawn was breaking as we left.*
rayo *s. m.* **1** beam, ray (de luz). **2** flash of lightning (relámpago). **3** spoke (radio de bicicleta). **4** (fig. y fam.) whizz-kid (genio). **5** (fig.) thunderbolt (bomba). **6** (fig.) setback, blow (desgracia imprevista). ◆ **7 echar rayos** (fig.) to explode (enfadarse). **8 rayos gamma,** ELEC. gamma rays. **9 rayos X,** MED. X-rays.
rayón *s. m.* rayon (material).
rayuela *s. f.* (Am.) hopscotch (juego de niños).
raza *s. f.* **1** breed, species (de animal). **2** race (humana). ◆ **3 ~ humana,** human race. **4 de ~,** ZOOL. thoroughbred (caballo), pedigree (perro).

razón *s. f.* **1** FIL. reasoning, reason. **2** reason (argumento). **3** cause, motive (motivo). ◆ **4 tener ~,** to be right: *tienes toda la razón del mundo = you're absolutely right.* ◆ **5 a ~ de,** at the rate of. **6 en ~ de,** as concerns. **7 entrar en ~,** to come to one's senses, to see reason. **8 perder la ~,** to go mad. **9 ~ de estado,** reasons of state. **10 ~ de pie de banco,** a load of nonsense. **11 ~ social,** COM. company name.

razonabilidad *s. f.* reasonableness.

razonable *adj.* **1** reasonable, acceptable (aceptable). ◆ **2 precio ~,** fair price.

razonablemente *adv.* reasonably, acceptably.

razonadamente *adv.* by reasoning.

razonado, -da *adj.* logical, systematic (según razonamiento).

razonador, -ra *s. m.* y *f.* thinker, reasoner (persona que discurre).

razonamiento *s. m.* reasoning, deduction.

razonar *v. i.* **1** to reason, to put forward an argument (exponer razones). **2** to discourse, to talk (hablar).

razzia *s. f.* **1** MIL. foray, attack (incursión). **2** raid (de la policía).

re *s. m.* MÚS. D.

rea *s. f.* DER. female accused.

reacción *s. f.* **1** reaction. ◆ **2 motor de ~,** TEC. jet engine. **3 ~ en cadena,** chain reaction.

reaccionar *v. i.* **1** to react. **2** to respond: *¿cómo está reaccionando el paciente al tratamiento? = how is the patient responding to the treatment?* **3** to be oneself again (sobreponerse).

reaccionario, -ria *adj./s. m.* y *f.* reactionary.

reacio, -cia *adj.* **1** obstinate, stubborn (terco). **2** opposed, unwilling (opuesto). ◆ **3 ser ~ a hacer algo,** to be reluctant to do something.

reactivación *s. f.* reactivation.

reactivar *v. t.* to reactivate.

reactivo, -va *adj.* **1** reactive. ● *s. m.* **2** QUÍM. reagent.

reactor *s. m.* **1** FÍS. reactor. **2** AER. jet. ◆ **3 ~ nuclear,** nuclear reactor.

real *adj.* **1** real, genuine (auténtico). **2** royal (del rey): *la familia real = the royal family.* **3** (fig.) great, splendid (muy bueno). ● *s. m.* **4** MIL. camp (campamento). **5** fairground (feria). **6** HIST. real (old Spanish coin): *no tengo ni un real = I haven't a penny.* ◆ **7 sentar los reales,** to settle.

realce *s. m.* **1** TEC. embossed work (adorno). **2** (fig.) splendour (esplendor), grandeur (grandeza). ◆ **3 dar ~ a una cosa,** to highlight something.

realengo, -ga *adj.* **1** HIST. of the king (tierras). **2** (Am.) ownerless (animal). **3** (Am.) bone-idle, lazy (holgazán).

realeza *s. f.* royalty.

realidad *s. f.* **1** reality. **2** the facts, truth (verdad). ◆ **3 en ~,** in fact. ◆ **4 ~ virtual,** virtual reality.

realismo *s. m.* **1** realism. **2** royalism (tendencia monárquica).

realista *adj.* **1** realistic. ● *s. m.* y *f.* **2** realist.

realizable *adj.* **1** feasible, possible (posible). **2** FIN. realizable: *activo realizable = realizable assets, liquid assets.*

realización *s. f.* **1** fulfilment, completion (cumplimiento). **2** FIN. realization. ◆ **3 ~ de beneficios,** FIN. profit-taking.

realizador, -ra *s. m.* y *f.* director (de televisión, cine).

realizar *v. t.* **1** to carry out, to fulfil, to complete (cumplir). **2** FIN. to realize. **3** (Am.) to sell off (liquidar mercancías). ● *v. pron.* **4** to be achieved, to take place, to come true: *se realizó su sueño = his dream came true.*

realzar *v. t.* **1** (fig.) to enhance, to highlight (hacer resaltar). **2** TEC. to raise, to emboss.

reanudación *s. f.* resumption, renewal.

reanudar *v. t.* to resume (una cosa que había sido interrumpida).

rearme *s. m.* MIL. rearmament.

reasegurar *v. t.* FIN. to reinsure.

reaseguro *s. m.* FIN. reinsurance.

reasumir *v. t.* **1** to resume (reeanudar). **2** (form.) to reassume.

reasunción *s. f.* **1** resumption. **2** (form.) reassumption.

reata *s. f.* **1** rope (para unir caballerías). **2** team (caballerías). **3** (Am.) flower-border (jardinería). **4** (Am.) cotton strip (cinta de algodón). ◆ **5 de ~,** in a line, (fig.) like sheep.

reavivar *v. t.* to revive, to get going (alentar).

rebaja *s. f.* **1** reduction (abaratamiento). ● *pl.* **2** COM. sales: *todas las tiendas están de rebajas = the sales are on in all the shops.*

rebajado, -da *adj.* **1** reduced, down in price (precio). ● *s. m.* **2** MIL. soldier exempted from duty.

rebajamiento *s. m.* **1** reduction, lowering. **2** (fig.) humiliation.

rebajar *v. t.* **1** to lower, to bring down (precios). **2** to reduce, to lessen (disminuir). **3** (fig.) to humble, to bring down a peg or two (humillar). ● *v. pron.* **4** MIL. to gain exemption. **5** to abase oneself (humillarse): *se rebajó a pedirme perdón = he condescended to tell me he was sorry.*

rebaje *s. m.* **1** MIL. exemption. ◆ **2 ~ de rancho,** MIL. food expenses.

rebanada *s. f.* **1** slice (de pan). **2** (Am.) bolt (pestillo).

rebanar *v. t.* to slice (pan, etc.); to cut off (un dedo); to slit (el pescuezo, el cuello).

rebañadera *s. f.* hooked pole (instrumento de hierro con garfios).

rebañar *v. t.* **1** to polish off (apurar comida). **2** to rake in, to scrape together (recoger fondos). **3** to scrape up (recoger residuos).

rebaño *s. m.* **1** flock (de ovejas). **2** herd (de ganado). **3** (fig.) flock.

rebasar *v. t.* **1** to go past (pasar); to overtake (adelantar). **2** to exceed (límite de tiempo o similar).

rebatible *adj.* refutable, easily refuted (argumento).

rebatimiento *s. m.* rebuttal, refutation.

rebatiña *s. f.* **1** mad rush, scramble. ◆ **2 andar a la ~,** to make a mad dash (luchar por apoderarse de algo).

rebatir *v. t.* **1** to beat off, to fend off (ataque). **2** to rebut, to refute (argumento). **3** to knock down, to reduce (precio). **4** to strengthen, to redouble (reforzar).

rebato *s. m.* **1** alarm-bell (llamamiento). **2** (fig.) alarm, panic. **3** MIL. lightning attack.

rebeca *s. f.* cardigan (prenda de vestir).

rebeco *s. m.* ZOOL. chamois.

rebelarse *v. pron.* **1** MIL. to rise up, to rebel. **2** (fig.) to resist, to challenge, to rebel.

rebelde *adj.* **1** rebellious (niño). **2** rebel (ejército): *el comandante rebelde = the rebel commander.* ● *s. m.* y *f.* **3** rebel. **4** DER. defaulter. ◆ **5 enfermedad ~,** MED. refractory illness, chronic illness (enfermedad que resiste a todos los remedios).

rebeldía *s. f.* **1** disobedience, rebelliousness. **2** DER. default: *en rebeldía = in default, in contempt of court.*

rebelión *s. f.* **1** rebellion, revolt. **2** MIL. uprising.

rebenque *s. m.* (Am.) whip (látigo).

rebobinar *v. t.* to rewind (casete, película).

rebojo *s. m.* piece of bread (pan).

reborde *s. m.* fringe, border (orla).

rebordear *v. t.* to put a border on (tela, etc.).

rebosadero *s. m.* **1** overflow pipe (fontanería). **2** spillway (construcción hidráulica). **3** (Am.) GEOL. deposit.

rebosamiento *s. m.* **1** overflowing (de un líquido). **2** (fig.) abundance (abundancia).

rebosante *adj.* **~ de** overflowing, brimming (with).

rebosar *v. i.* **1** to overflow, spill over. ● *v. t.* e *i.* **2** (fig.) to be brimming with: *mi hermana rebosa de salud = my sister is brimming with health.*

rebotación *s. f.* (Am.) annoyance, irritation (bilis).

rebotar *v. i.* **1** to bounce, to rebound (botar una pelota). ● *v. t.* **2** to clinch (clavo). **3** to reject, to refuse (rechazar). **4** (fam.) to annoy, to upset (irritar). **5** (Am.) to churn up, to make muddy (enturbiar el agua). ● *v. pron.* **6** (fam.) to get annoyed (enojarse).

rebote *s. m.* **1** rebound (en baloncesto); bounce. ◆ **2 de ~,** (fig.) on the rebound, in a roundabout way.

rebozar *v. t.* GAST. to cover in batter; to cover in breadcrumbs (con pan rallado).

rebozo *s. m.* **1** muffling (cubriendo el rostro). **2** (fig.) pretence, bluff (simulación). ◆ **3 sin ~,** (fig.) honestly, openly.

rebujar *v. t.* **1** to jumble together (coger desordenadamente). **2** to wrap up (cubrir bien con ropa).

rebujo *s. m.* **1** muffler, mask (embozo). **2** badly-wrapped parcel (envoltorio desordenado).

rebullicio *s. m.* commotion, turmoil (alboroto).
rebullir *v. i.* y *pron.* **1** to start moving (empezar a moverse). **2** to start boiling (comenzar a bullir). **3** (fig.) to show signs of life. • *v. t.* **4** (Am.) to shake, to stir.
rebusca *s. f.* **1** search (busca). **2** AGR. gleaning. **3** (fig.) dregs, left-overs (desecho). **4** (Am.) black-market trading (comercio ilegal).
rebuscado, -da *adj.* **1** pretentious, affected (persona). **2** recherché (palabra).
rebuscador, -ra *s. m.* y *f.* searcher (persona).
rebuscamiento *s. m.* pretentiousness, affectation (afectación).
rebuscar *v. t.* **1** to search painstakingly for (buscar minuciosamente). **2** AGR. to glean. • *v. pron.* **3** (Am.) to seek employment (buscar empleo).
rebuznar *v. i.* to bray (hacer ruido el asno).
rebuzno *s. m.* braying (voz del asno).
recabar *v. t.* **1** to manage to get (obtener). **2** to ask for (pedir).
recadero, -ra *s. m.* y *f.* **1** messenger (mensajero). **2** errand boy (mozo).
recado *s. m.* **1** message (mensaje): *dar/dejar un recado = to leave a message.* **2** present, gift (regalo). **3** groceries (la compra diaria). **4** equipment, tackle (conjunto de útiles). **5** caution, carefulness (precaución). **6** (Am.) riding accoutrements (montura). ◆ **7 hacer un ~ a alguien,** to run an errand for somebody. **8 hacer los recados,** to do the shopping.
recaer *v. i.* **1** to fall. **2** MED. to have a relapse. **3** to recidivate, to backslide (volver a cometer un acto criminal). ◆ **4 ~ en alguien,** to go to somebody (un premio); to fall on/upon somebody, to fall to somebody (una responsabilidad).
recaída *s. f.* **1** MED. relapse. **2** relapse, recidivism (reincidencia criminal).
recalar *v. t.* **1** to soak (impregnar en líquido). • *v. i.* **2** MAR. to put in, to pull into port (llegar a un puerto); to catch sight of land (ver tierra). **3** to swim under water (bucear).
recalcadamente *adv.* insistently (con mucha insistencia).
recalcar *v. t.* **1** to press down tightly (apretar mucho). **2** to fill up, to pack in (llenar). **3** (fig.) to emphasize, to stress, to use forcefully (palabras): *mi jefe recalcó mucho sus palabras = my boss put great stress on each word.* • *v. i.* **4** MAR. to heel over (inclinarse). • *v. pron.* **5** MED. to dislocate (hueso); to sprain (tobillo).
recalcitrante *adj.* **1** stubborn, obstinate (terco). **2** POL. recalcitrant.
recalcitrar *v. i.* **1** to take backward steps (retroceder). **2** (fig.) to listen to nobody, to be defiant (resistir).
recamado *s. m.* embroidery work (bordado).
recamar *v. t.* to embroider (bordar).
recámara *s. f.* **1** side room (cuarto pequeño). **2** (Am.) bedroom (dormitorio). **3** explosives chamber (en minería). **4** cartridge chamber (de arma de fuego). ◆ **5 tener mucha ~,** (fig.) to tread warily, to leave nothing to chance.
recamarera *s. f.* (Am.) maid.
recambiar *v. t.* **1** to change, to change over. **2** to exchange (pieza de repuesto). **3** COM. to make a revised draft of.
recambio *s. m.* **1** second change. **2** spare part (pieza de repuesto). **3** refill (cartucho de bolígrafo). ◆ **4 piezas de ~,** spares.
recapacitar *v. t.* **1** to ponder, to think over (meditar). • *v. i.* **2** to think hard.
recapitulación *s. f.* summing up, recapitulation.
recapitular *v. t.* **1** to recapitulate, to sum up.
recapitulativo, -va *adj.* recapitulative.
recargado, -da *adj.* **1** reloaded (cargado de nuevo). **2** overloaded (sobrecargado). **3** added (gravamen). **4** (fig.) excessive, overladen (exagerado).
recargar *v. t.* **1** to reload (volver a cargar). **2** to overload (sobrecargar). **3** to overburden (abrumar). **4** (fig.) to overdecorate, to overadorn (adornar excesivamente). **5** DER. to up, to increase (la sentencia). **6** FIN. to make an extra charge (gravar más).
recargo *s. m.* **1** extra load, extra burden (carga nueva). **2** DER. fresh charge (nuevo cargo). **3** FIN. extra charge (gravamen adicional). **4** MED. rise in temperature. **5** MIL. period of extra duties.
recatadamente *adv.* **1** modestly (pudorosamente). **2** carefully, prudently (prudentemente).
recatado, -da *adj.* **1** modest (pudoroso). **2** careful, prudent (prudente).
recatarse *v. pron.* to act with discretion (actuar discretamente).
recato *s. m.* **1** discretion, wariness, prudence (discreción). **2** modesty (pudor).
recauchutar *v. t.* TEC. to retread, to remould (neumáticos).
recaudación *s. f.* **1** collecting. **2** FIN. levy, levying (de impuestos). **3** FIN. tax office (oficina). **4** FIN. receipts, takings (cantidad).
recaudador, -ra *s. m.* y *f.* FIN. tax collector.
recaudamiento *s. m.* **1** collecting. **2** FIN. levying.
recaudar *v. t.* **1** to collect, levy (impuestos). **2** to take, to obtain (dinero). **3** to get back, to recover (deuda). **4** to safeguard (asegurar).
recaudo *s. m.* **1** FIN. collecting, levying. **2** safeguarding, care (protección). **3** precaution (precaución). **4** (Am.) assorted vegetables (legumbres surtidas). **5** (Am.) spices (especias). ◆ **6 a buen ~,** (fig.) in good hands, in safekeeping.
recelar *v. t.* **1** to fear, to suspect. • *v. i.* **2 ~ de,** to distrust (desconfiar de).
recelo *s. m.* **1** fear, suspicion (sospecha). **2** distrust (desconfianza).
receloso, -sa *adj.* **1** suspicious, sceptical (incrédulo). **2** distrustful.
recensión *s. f.* **1** review (de obra literaria); report (descripción). **2** LIT. recension.
recensor, ra *s. m.* y *f.* reviewer, commentator.
recepción *s. f.* **1** receiving, receipt. **2** admission, admitting (admisión). **3** reception (reunión). **4** reception, reception desk (de hotel).
receptáculo *s. m.* **1** receptacle, container. **2** BOT. receptacle.
receptar *v. t.* **1** to receive (cosas robadas). **2** to conceal, hide (a un delincuente).
receptividad *s. f.* **1** receptiveness (capacidad para recibir). **2** proneness (propensión).
receptivo, -va *adj.* receptive, sensitive (sensible).
receptor, -ra *adj.* **1** receiving. • *s. m.* **2** TEC. receiver, set (televisión). **3** DER. receiver.
recesión *s. f.* **1** regression (retroceso). **2** ECON. recession, slump.
receso *s. m.* **1** break, separation (separación). **2** pause (descanso). **3** (Am.) recess (suspensión de actividades formales). ◆ **4 estar en ~,** to have a break in the proceedings. **5 ~ económico,** lull in the economy, economic downturn.
receta *s. f.* **1** recipe (de cocina). **2** MED. prescription.
recetar *v. t.* **1** MED. to prescribe. **2** (Am.) to deliver (golpe).
recetario *s. m.* **1** MED. prescription pad. **2** recipe book.
rechazar *v. t.* **1** to reject, to turn down (oferta). **2** to beat off, to parry (ataque). **3** to refuse (proposición).
rechazo *s. m.* **1** rejection. **2** rebound (rebote). **3** MED. rejection. ◆ **4 de ~,** as a result.
rechifla *s. f.* **1** whistling (silbido). **2** (fig.) ridicule.
rechiflar *v. t.* **1** to hiss (silbar). • *v. pron.* **2 rechiflarse de,** (fig.) to jeer at, to poke fun at (burlarse de).
rechinante *adj.* **1** creaking (puerta, tabla). **2** grinding (dientes). **3** scraping (tiza en la pizarra). **4** screeching (frenos).
rechinar *v. i.* **1** to creak (puerta, tabla). **2** to grind, to gnash (dientes). **3** to scrape, to scratch (tiza). **4** to screech (frenos).
rechistar *v. i.* **1** to make a sound, to utter a word (hablar). **2** to answer (responder). **3** to protest (protestar).
rechoncho, -cha *adj.* (fam.) short and stocky.
rechupete (de) *loc. adv.* (fam.) smashing, just right, splendid: *tuvimos una cena de rechupete = we had a delicious supper.*
recial *s. m.* rapids (río).
reciamente *adv.* **1** strongly, forcefully (con fuerza). **2** loudly (hablar).
recibidor, -ra *adj.* **1** receiving. • *s. m.* y *f.* **2** receiver (persona). • *s. m.* **3** parlour (sala de visitas). **4** entrance hall (vestíbulo).

recibimiento *s. m.* **1** reception (recepción). **2** welcome (acogida): *me dieron un recibimiento caluroso = they gave me a warm welcome.* **3** entrance hall (vestíbulo). **4** main room (sala principal).

recibir *v. t.* **1** to receive: *su propuesta no fue bien recibida = her proposal was not well received.* **2** to welcome (dar la bienvenida, acoger). **3** MIL. to await (un ataque). **4** to face without moving (en tauromaquia). **5** to apply plaster to (asegurar con yeso). • *v. i.* **6** to entertain, to have guests: *en mi casa recibimos todos los fines de semana = in my house we have guests every weekend.* • *v. pron.* **7** (Am.) to graduate (en la universidad); to qualify (tomar el título profesional): *mi hermana acaba de recibirse de dentista = my sister has just qualified as a dentist.*

recibo *s. m.* **1** reception, receiving (recibimiento). **2** COM. receipt. ♦ **3 estar de** ~, to be dressed to receive visitors. **4 ser de** ~, (fig.) to be acceptable.

reciclaje *s. m.* **1** recycling (de materiales). **2** modification (tecnología). **3** retraining (profesional).

reciclar *v. t.* to recycle.

reciedumbre *s. f.* **1** strength, vigour (fuerza). **2** loudness (de ruido). **3** hardness, inflexibility (dureza).

recién *adv.* newly, only just: *son recién casados = they're newly-weds; un recién nacido = a newborn baby; un recién llegado = a newcomer.*

reciente *adj.* **1** recent (acontecimiento). **2** fresh, just made: *pan reciente = freshly-baked bread.*

recientemente *adv.* recently, lately, not very long ago.

recinto *s. m.* enclosed area, enclosure.

recio, -cia *adj.* **1** strong, vigorous (constitución). **2** hard, severe (duro). **3** bad, foul (tiempo, clima). **4** quick, fast, speedy (veloz). **5** loud (voz): *mi tío tiene la voz recia = my uncle's got a loud voice.* **6** bulky, thick (abultado).

recipiente *adj.* **1** receiving. • *s. m.* **2** container, receptacle (vaso).

reciprocación *s. f.* reciprocation.

recíprocamente *adv.* reciprocally, in a reciprocal manner.

reciprocar *v. t.* to reciprocate, to respond.

reciprocidad *s. f.* mutual relation, reciprocity.

recíproco, -ca *adj.* **1** reciprocal, mutual. **2** GRAM. reflexive. ♦ **3 a la recíproca,** vice versa.

recitación *s. f.* recitation, reciting.

recitado *s. m.* **1** recitation. **2** MÚS. recitative.

recitador, -ra *s. m.* y *f.* declaimer, reciter (persona).

recital *s. m.* **1** LIT. reading (de poesía). **2** MÚS. recital.

recitar *v. t.* to recite, to read aloud (leer en voz alta).

recitativo, -va *adj.* MÚS. recitative.

reclamación *s. f.* **1** demand, claim (exigencia): *reclamación salarial = wage claim.* **2** complaint, grievance (queja): *libro de reclamaciones = complaints book; formular una reclamación = to lodge a complaint.*

reclamante *s. m.* y *f.* **1** claimant (persona que pide). **2** person complaining (persona que formula una queja).

reclamar *v. t.* **1** to demand, to claim (exigir). **2** to beg for (implorar). **3** to lure (caza). **4** DER. to file a claim against. • *v. i.* **5** to complain, to lodge a complaint, to protest (quejarse). **6** (poet.) to resound, to echo. • *v. pron.* ZOOL. to call to one another.

reclamo *s. m.* **1** ZOOL. lure (cebo). **2** bird-call (silbato, sonido). **3** call (llamada). **4** DER. claim. **5** COM. publicity, advertising. **6** (fig.) enticement, temptation. **7** LIT. catchword.

reclinación *s. f.* reclining, leaning.

reclinar *v. t.* **1** to recline, to rest, to lean (apoyar). • *v. pron.* **2** to lean back, to recline (apoyarse, descansar).

reclinatorio *s. m.* **1** reclining seat (asiento para reclinarse). **2** REL. prie-dieu (mueble para orar).

recluir *v. t.* **1** to lock up, to put away, to confine (en la cárcel). • *v. pron.* **2** to lock oneself away, to shut oneself up.

reclusión *s. f.* **1** withdrawal, retirement (acto de recluirse). **2** confinement, imprisonment (encarcelamiento). **3** prison, jail (cárcel).

recluso, -sa *s. m.* y *f.* prisoner (preso).

reclusorio *s. m.* prison, jail, place of confinement (cárcel).

recluta *s. f.* **1** recruitment, recruiting (acto). • *s. m.* y *f.* **2** recruit (persona).

reclutamiento *s. m.* **1** recruiting, recruitment (acto). **2** soldiers recruited (soldados).

reclutar *v. t.* **1** MIL. to recruit. **2** to sign up, to hire (para trabajo). **3** (Am.) to corral, to round up (ganado).

recobrar *v. t.* **1** to recover, to regain (recuperar). • *v. pron.* **2** MED. to get better, to recover. **3** to be oneself again (volver en sí). **4** to get one's own back (desquitarse): *me he recobrado de aquella mala jugada = I got my own back for that dirty trick.*

recobro *s. m.* **1** recovery, regaining. **2** MED. recovery, convalescence.

recocer *v. t.* **1** to recook (en cocina). **2** to anneal (metal). • *v. pron.* **3** (fig.) to suffer torment, to agonize (atormentarse).

recochinearse *v. pron.* (fam.) to have a good laugh (regodearse).

recochineo *s. m.* **1** (fam.) monkeying around. **2** (desp.) unholy joy.

recocido, -da *adj.* **1** overcooked (demasiado cocido). • *s. m.* **2** annealing (metal).

recodo *s. m.* turn, bend (de un río o una calle).

recogedor *s. m.* **1** dustpan (pala). **2** AGR. harvester (persona). **3** AGR. rake (herramienta).

recoger *v. t.* **1** to pick up. **2** AGR. to pick, to harvest (cosechar). **3** to collect (hacer colección). **4** to rake in, to net (dinero). **5** to bring together (juntar personas). **6** to take up (reducir una prenda de vestir); to take in (estrechar). **7** to take in (dar asilo a). **8** to call in, to seize (retirar de la circulación): *todos los ejemplares de aquel libro fueron recogidos = all the copies of that book were seized.* • *v. pron.* **9** to retire (ir a la cama); to go home (ir a casa). **10** to be lost in thought (abstraerse).

recogidamente *adv.* in a sheltered manner.

recogido, -da *adj.* **1** apart, separate (apartado). **2** sheltered, secluded (fuera de la civilización). • *s. f.* **3** collecting; AGR. harvesting. **4** collection (correo). ♦ **5 recogida de basuras,** refuse collection. **6 recogida de equipajes,** baggage reclaim. **7 recogida de firmas,** collecting of signatures.

recogimiento *s. m.* **1** collecting; AGR. harvesting. **2** privacy, solitude (soledad). **3** REL. piety, devotion.

recolección *s. f.* **1** AGR. harvest. **2** LIT. summary. **3** collection, gathering. **4** REL. place of seclusion, retreat.

recolectar *v. t.* **1** to gather together (recoger). **2** AGR. to harvest.

recolector, -ra *s. m.* y *f.* **1** collector. **2** AGR. picker (de uvas); harvester.

recoleto, -ta *adj.* secluded.

recomendable *adj.* **1** recommendable (cosa). **2** fine, commendable (persona).

recomendablemente *adv.* recommendably.

recomendación *s. f.* **1** recommendation, piece of advice. **2** reference, testimonial: *el catedrático mandó una carta de recomendación = the professor sent off a reference.* **3** praise (alabanza).

recomendado, -da *adj.* **1** recommended. **2** (Am.) registered (correos). • *s. m.* y *f.* **3** recommended person, person given a reference.

recomendante *s. m.* y *f.* referee, person giving a reference.

recomendatorio, -ria *adj.* recommendatory.

recomendar *v. t.* **1** to recommend (hablar en favor de). **2** to recommend, to suggest (aconsejar): *te recomiendo que veas esa película = I recommend that you see that film.* **3** to entrust, to commend (confiar). **4** (Am.) to register (correo). **5** (desp.) to buy favours (enchufar).

recompensa *s. f.* **1** compensation, recompense (compensación). **2** reward, recompense (premio).

recompensable *adj.* rewardable, worthy of recompense (que merece recompensa).

recompensar *v. t.* **1** to compensate for, to recompense. **2** to reward, to recompense: *sus esfuerzos fueron bien recompensados = her efforts were amply rewarded.*

reconcentración *s. f.* concentration.

reconcentrar *v. t.* **1** to concentrate. **2** (fig.) to conceal (sentimiento): *ella* *intentó reconcentrar su enfado = she tried to conceal her annoyance.* • *v. pron.* **3** to be deep in thought (abstraerse).

reconciliable *adj.* reconcilable.

reconciliación *s. f.* reconciliation, reconcilement.

reconciliador, -ra *adj.* **1** reconciliatory. • *s. m.* y *f.* **2** reconciler.

reconciliar *v. t.* **1** to reconcile, to bring back together (armonizar). • *v. pron.* **2** to become reconciled, to be friends again. **3** REL. to make a confession.

reconcomerse *v. pron.* ~ **de** to be eaten up with: *se reconcome de envidia = he is eaten up with envy.*

recóndito, -ta *adj.* hidden, obscure, profound.

reconfortante *adj.* **1** comforting, soothing. • *s. m.* **2** (Am.) MED. tonic.

reconfortar *v. t.* **1** to comfort, to cheer up: *me reconfortó pensar que ya no dependía de nadie = it cheered me up to think I no longer depended on anybody.* • *v. pron.* to gain strength.

reconocer *v. t.* **1** to recognize (recordar a alguien). **2** to recognize, to accept (aceptar): *ella reconoce a la niña por suya = she recognizes the little girl as her own.* **3** MED. to examine. **4** to confess, to admit (confesar): *él no quiere reconocer su complicidad = he won't admit to being involved.* • *v. pron.* **5** to be plain, to be quite clear: *ya se reconoce que él es el culpable = it's quite clear that he's the guilty one.*

reconocible *adj.* recognizable.

reconocidamente *adv.* gratefully, with thanks.

reconocido, -da *adj.* **1** recognized, acknowledged. **2** grateful (agradecido).

reconocimiento *s. m.* **1** acknowledgement, recognition: *su reconocimiento como presidente = his recognition as president.* **2** identification (documento). **3** confession, admission (confesión). **4** MED. examination, checkup. **5** gratitude, thanks (agradecimiento). **6** AER. reconnaissance. ♦ **7 en ~ por,** in recognition of. **8 hacer un vuelo de ~,** to make a reconnaissance flight.

reconstitución *s. f.* reconstitution, reshaping.

reconstituir *v. t.* **1** to reconstitute, to reconstruct (constituir de nuevo). **2** MED. to restore.

reconstituyente *adj.* **1** reconstituent. • *s. m.* **2** MED. restorative.

reconstrucción *s. f.* **1** reconstruction, rebuilding. ♦ **2 ~ de los hechos,** reconstruction of events.

reconstructivo, -va *adj.* reconstructive.

reconstruir *v. t.* **1** to reconstruct, to rebuild (edificio). **2** to reconstruct (hechos, sucesos, crimen).

reconvención *s. f.* **1** reproof, reprimand (reproche). **2** DER. counterclaim.

reconvenir *v. t.* **1** to reprove, to reprimand (reprender). **2** DER. to counterclaim. **3** to remonstrate with (intentar persuadir).

reconversión *s. f.* restructuring, modernization.

reconvertir *v. t.* to restructure, to modernize.

recopilación *s. f.* **1** collection, compilation (escritos). **2** LIT. summary.

recopilador, -ra *s. m.* y *f.* compiler (de escritos).

recopilar *v. t.* **1** to compile, to collect (escritos). **2** LIT. to summarize.

récord *s. m.* DEP. record: *Aouita ha vuelto a batir el récord mundial = Aouita has once again broken the world record.*

recordable *adj.* **1** rememberable (que se puede recordar). **2** memorable (digno de ser recordado): *una canción recordable = a memorable song.*

recordar *v. t.* **1** to remember: *recuerdo que aquel año hizo mucho calor = I remember that year being very hot.* **2** to remind: *recuérdale que me llame por teléfono = remind him to phone me.* **3** to remind of: *aquella chica me recuerda a mi prima = that girl reminds me of my cousin.* • *v. pron.* **4** (Am.) to wake up (despertarse). **5** (Am.) to come round (volver en sí).

recordativo, -va *adj.* **1** remindful. • *s. m.* **2** reminder (advertencia).

recordatorio *s. m.* **1** reminder (aviso). **2** memorandum (nota).

recorrer *v. t.* **1** to cross, to go across, to tour, to travel (un territorio); to cover (una distancia). **2** to go over, to look through (documento). **3** to bring down (tipografía).

recorrido, -da *adj.* **1** crossed, travelled. • *s. m.* **2** route, journey (trayecto).

recortable *s. m.* cut-out.

recortado, -da *adj.* **1** cut-out. **2** irregular, uneven (borde de una cosa). • *s. m.* **3** cutting (recorte). ♦ **4 escopeta recortada,** sawn-off shotgun.

recortar *v. t.* **1** to cut off (lo que sobra); to cut out (trozo de periódico). **2** to cut out (figuras). **3** ART. to draw in relief. • *v. pron.* **4** to stand out, to be outlined (perfilarse).

recorte *s. m.* **1** cutting out. **2** newspaper cutting (de periódico). **3** feint (en tauromaquia). • *pl.* **4** clippings, trimmings (residuos).

recostar *v. t.* **1** to rest, to lean. • *v. pron.* **2** to recline, to lie back (reclinar).

recoveco *s. m.* **1** turn, corner (de una calle). **2** (fig.) ruse, trick (ardid). **3** (Am.) elaborate decoration (adorno complicado). • *pl.* **4** nooks and crannies (rinconcitos de la casa). **5** (fig.) twists and turns (complejidades): *la historia no carece de recovecos = it's quite a complicated story.*

recreación *s. f.* **1** recreation (de lugares, épocas). **2** entertainment, relaxation (ocio). **3** playtime (en la escuela).

recrear *v. t.* **1** to recreate (crear de nuevo). **2** to entertain (divertir). • *v. pron.* **3** to have a good time.

recreativo, -va *adj.* entertaining, recreational (que divierte).

recrecer *v. t.* **1** to make bigger (aumentar). • *v. i.* **2** to happen again (ocurrir de nuevo). • *v. pron.* **3** to buck up (reanimarse).

recreo *s. m.* **1** entertainment (ocio). **2** playtime (en la escuela).

recría *s. f.* fattening up (acto de cebar animales).

recriar *v. t.* to fatten up (cebar animales para su engorde).

recriminación *s. f.* recrimination, reproach (reproche).

recriminador, -ra *adj.* **1** recriminating. • *s. m.* y *f.* **2** denouncer (persona).

recriminar *v. t.* **1** to recriminate. **2** DER. to countercharge.

recriminatorio, -ria *adj.* recriminatory, reproachful (acusador).

recrudecerse *v. pron.* **1** to get worse, to intensify (empeorar). **2** to break out again (reiniciarse).

recrudecimiento *s. m.* **1** worsening (empeoramiento). **2** fresh outbreak, renewal: *ha habido un recrudecimiento de las hostilidades = there has been a renewal of hostilities.*

recrudescente *adj.* recrudescent, deteriorating.

recta *s. f.* **1** straight line. ♦ **2 la ~ final,** the home straight.

rectal *adj.* ANAT. rectal.

rectangular *adj.* rectangular: *coordenadas rectangulares = rectangular coordinates.*

rectángulo, -la *adj.* **1** rectangular (forma); right-angled (triángulo). • *s. m.* **2** MAT. rectangle, oblong figure (oblongo).

rectificable *adj.* rectifiable.

rectificador, -ra *adj.* **1** rectifying. • *s. m.* **2** ELEC. rectifier (de corriente).

rectificar *v. t.* **1** to rectify, to put right (errores); to correct (datos, declaraciones); to correct (compartamiento). **2** to flatten out, to straighten (carretera). **3** to distil (purificar líquidos). **4** MEC. to coat, to face (revestir).

rectificativo, -va *adj.* corrective (que enmienda).

rectilíneo, -a *adj.* GEOM. rectilinear, made up of straight lines.

rectitud *s. f.* **1** straightness (de una línea). **2** (fig.) rectitude.

recto, -ta *adj.* **1** straight (línea). **2** (fig.) upright, honest (justo). **3** FILOL. basic, proper (sentido de una palabra). • *s. m.* **4** ANAT. rectum. • *s. f.* **5** GEOM. straight line (línea).

rector, -ra *adj.* **1** ruling, guiding. • *s. m.* y *f.* **2** superior, head (jefe). **3** rector, (brit.) vice-chancellor (de universidad). • *s. m.* **4** REL. parish priest.

rectorado *s. m.* **1** rectorship, (brit.) vice-chancellorship (oficio). **2** rector's office, (brit.) vice-chancellor's office (oficina).

rectoral *adj.* **1** of the rector. • *s. f.* **2** parish priest's house (casa).

recua *s. f.* **1** pack, team (de acémilas). **2** (fig. y fam.) herd, bunch.

recuadrar *v. t.* MAT. to divide into squares.

recuadro *s. m.* **1** box (en formulario). **2** inset (en libro).
recubrir *v. t.* to cover.
recuento *s. m.* **1** recount (electoral). **2** registration, enumeration (lista).
recuerdo *s. m.* **1** memory, recollection (memoria). **2** keepsake (personal); souvenir (regalo). **3** commemoration (conmemoración). • *pl.* **4** regards: *dale recuerdos de mi parte = give her my regards.*
reculada *s. f.* **1** backward movement (retroceso). **2** kick (fusil). **3** (fig.) cold feet (acobardamiento).
recular *v. i.* **1** to go back, to go backwards (retroceder). **2** to kick (fusil). **3** (fig.) to get cold feet (acobardarse). **4** MIL. to beat a retreat.
reculones (a) *loc. adv.* backwards: *andar a reculones = to go backwards.*
recuperable *adj.* retrievable.
recuperación *s. f.* **1** recovery, retrieval. **2** repeat (examen).
recuperar *v. t.* **1** to get back, to recover, to retrieve (recobrar). **2** to repeat (examen). **3** to reclaim (tierras, bosques). • *v. pron.* **4** to get better, to recover.
recurrente *adj.* **1** recurrent. • *s. m.* y *f.* **2** DER. petitioner, appellant.
recurrir *v. i.* **1** to look to, to ask for help (al médico, etc.). **2** to make use of, to resort to (valerse de). **3** DER. to appeal.
recurso *s. m.* **1** recourse, resort (acción de recurrir). **2** means (medio). **3** DER. appeal. • *pl.* **4** resources (medios de subsistencia); natural resources (de un país). ◆ **5 como último ~,** as a last resort.
recusación *s. f.* DER. objection, challenge.
recusar *v. t.* **1** to reject (rechazar). **2** DER. to object to, to challenge.
red *s. f.* **1** net (de caza, pesca). **2** TEC. network (infraestructura). **3** (fig.) trap, device (ardid): *has vuelto a caer en la red = you've fallen into the trap again.* **4** hairnet (redecilla para el pelo). **5** mesh (malla). ◆ **6 la Red,** the Net (Internet). **7 ~ de area local,** INF. local area network. **8 ~ de arrastre,** MAR. dragnet. **9 ~ viaria,** road network.
redada *s. f.* swoop, raid (policial).
redacción *s. f.* **1** LIT. composition, essay. **2** writing (acto de escribir). **3** editorial staff (periodistas). **4** newspaper office (sección de periódico).
redactar *v. t.* **1** to write, to compose, to draft. **2** to edit (periódico).
redactor, -ra *s. m.* y *f.* **1** writer (escritor); journalist (periodista). **2** editor (de editorial). ◆ **3 ~ jefe,** editor-inchief.
redecilla *s. f.* hairnet (para el pelo).
rededor *s. m.* **1** surroundings (contorno). ◆ **2 al ~/en ~,** around.
redención *s. f.* **1** ransom (rescate). **2** REL. redemption.
redentor, -ra *adj.* **1** redeeming. • *s. m.* **2** REL. redeemer.
redicho, -cha *adj.* (fam.) pedantic, pretentious (que habla afectadamente).
redil *s. m.* **1** sheepfold. ◆ **2 volver al ~,** (fig.) to return to the fold, to mend one's ways.
redimir *v. t.* **1** to redeem, to buy back (volver a obtener por dinero). **2** HIST. to buy the freedom of (esclavo). • *v. pron.* **3** to free oneself from (librarse): *se ha redimido de esa obligación = she has freed herself from that obligation.*
rédito *s. m.* FIN. return, interest.
redivivo, -va *adj.* resuscitated (aparecido).
redoblado, -da *adj.* **1** short and squat (rechoncho). **2** increased, redoubled (esfuerzo). **3** MÚS. double-quick (paso).
redoblante *s. m.* **1** MÚS. long-sided drum. • *s. m.* y *f.* **2** drummer (persona).
redoble *s. m.* **1** redoubling, increase (acto de redoblar). **2** MÚS. drumroll.
redoblar *v. t.* **1** to redouble, to increase (aumentar). **2** to clinch (clavo). **3** to repeat (repetir). • *v. i.* **4** MÚS. to play a drumroll.
redoma *s. f.* **1** flask (vasija). **2** (Am.) goldfish bowl (pecera). **3** (Am.) safety island (de circulación).
redomado, -da *adj.* utter, perfect: *es un hipócrita redomado = he's a perfect hypocrite.*
redonda *s. f.* **1** MÚS. (brit.) semibreve, (EE UU) whole note. **2** GEOG. region (comarca). **3** meadow (dehesa). ◆ **4 a la ~,** around, away: *en muchísimas millas a la redonda = for miles and miles around.*
redondamente *adv.* **1** around (en torno). **2** (fig.) categorically.
redondeado, -da *adj.* round, rounded (de forma redonda).
redondear *v. t.* **1** to make round, to make curved (tornear). **2** MAT. to round. • *v. pron.* **3** to clear oneself of debts (librarse de deudas). **4** to become rich (adquirir cierta fortuna).
redondel *s. m.* **1** (fam.) circle. **2** arena, bullring (en tauromaquia).
redondez *s. f.* roundness.
redondilla *s. f.* LIT. quatrain.
redondo, -da *adj.* **1** round, circular (esférico). **2** (fig.) straightforward (sin rodeos). **3** (Am.) separate, external, adjacent: *una tienda redonda = an adjacent shop.* **4** successful, very well: *el asunto me salió redondo = it went very well for me.* • *s. m.* **5** round, ring (cosa circular). ◆ **6 caer ~,** (fam.) to fall like a dead weight. **7 en ~,** round about. **8 mesa redonda,** round table. **9 número ~,** round number. **10 negocio ~,** successful business. **11 virar en ~,** to turn right round.
redrojo o **redruejo** *s. m.* **1** BOT. late fruit (fruto tardío). **2** vine stubble (racimo). **3** (fig. y fam.) puny lad (muchacho enclenque).
reducción *s. f.* **1** reduction (disminución). **2** subjecting (de rebeldes). **3** MAT. conversion. **4** MED. setting (de huesos).
reduccionismo *s. m.* reductionism.
reducido, -da *adj.* **1** reduced. **2** restricted, limited (limitado). **3** small (número).
reducir *v. t.* **1** to reduce (disminuir). **2** to restrict (limitar). **3** to subject, to subdue (enemigos). **4** MAT. to convert, to transform. **5** MED. to set (huesos). **6** to summarize, to resume (resumir). **7** QUÍM. to concentrate (disolución). • *v. pron.* **8** to tighten one's belt, to make economies (moderarse en el modo de vivir). **9** to be reduced to, to come down to, to amount to no more than: *la rebelión se redujo a una pequeña escaramuza = the uprising was, after all, a mere skirmish.* ◆ **10 ~ a común denominador,** to reduce to a common denominator.
reducto *s. m.* MIL. redoubt.
redundancia *s. f.* **1** surfeit, superabundance (abundancia excesiva). **2** GRAM. redundancy, pleonasm.
redundante *adj.* **1** superfluous, profuse (profuso). **2** GRAM. redundant.
redundar *v. i.* **1** to overflow (rebosar). **2** to turn out to be, (form.) to redound: *la acción redundó en mi beneficio = the action turned out to be to my advantage.*
reduplicación *s. f.* **1** reduplication, reduplicating. **2** re-echo, repetition (repetición).
reduplicar *v. t.* **1** GRAM. to reduplicate. **2** to re-echo, to repeat (repetir).
reeducación *s. f.* re-education.
reeducar *v. t.* to re-educate.
reembolsar *v. t.* **1** to reimburse, to repay. • *v. pron.* **2** to be repaid, to be reimbursed.
reembolso *s. m.* **1** repayment, reimbursement. ◆ **2 a/contra ~,** cash on delivery.
reemplazar *v. t.* **1** to replace (cosa). **2** to stand in for (persona).
reemplazo *s. m.* **1** replacement (cosa). **2** substitute, replacement (persona). **3** MIL. annual reserve. ◆ **4 de ~,** MIL. out of the reserve.
reencarnación *s. f.* reincarnation.
reencarnar *v. i.* y *pron.* to be reincarnated.
reengendrar *v. t.* to regenerate spiritually.
reestructurar *v. t.* to restructure.
refacción *s. f.* **1** (Am.) refurbishment (reforma). **2** spare part (repuesto).
refaccionar *v. t.* (Am.) to refurbish.
refajo *s. m.* underskirt, slip (ropa femenina).
refectorio *s. m.* refectory (en comunidades religiosas y colegios).
referencia *s. f.* **1** reference (alusión). **2** report, account (informe). ◆ **3 con ~ a,** with reference to. **4 ~ múltiple,** LIT. cross-reference.
referéndum o **referendo** *s. m.* POL. referendum.
referente *adj.*: **~ a,** referring to, relating to.
referir *v. t.* **1** to tell, to relate (contar). **2** to refer, to relate (relacionar). **3** to refer (remitir). **4** (Am.) to throw: *él me lo refirió en cara = he threw it in my face.* • *v. pron.* **5 referirse a,** to re-

fer to: *no me estaba refiriendo a eso* = *I wasn't referring to that*. ◆ **6 por lo que se refiere a,** as regards, as for.

refilón (de) *loc. adv.* **1** aslant, obliquely: *ella me miró de refilón* = *she looked at me out of the corner of her eye; she gave me a sideways look*. **2** (fig.) quickly (de pasada).

refinado, -da *adj.* **1** refined (purificado). **2** (fig.) refined (elegante). **3** (fig.) bright, clever (astuto). ● *s. m.* **4** TEC. refining. **5** refined spirit (aguardiente).

refinación *s. f.* TEC. refining.

refinamiento *s. m.* **1** extreme care, refinement (esmero). **2** refinement (elegancia). ◆ **3 ~ por pasos,** stepwise refinement (informática).

refinar *v. t.* **1** TEC. to refine. **2** to polish, to perfect (perfeccionar). ● *v. pron.* **3** to become refined, to learn social etiquette (educarse).

refinería *s. f.* TEC. refinery: *refinería de petróleo* = *oil refinery*.

refino, -na *adj.* **1** very fine, refined. ● *s. m.* **2** TEC. refining (depuración). **3** (Am.) refined spirit (aguardiente).

reflector, -ra *adj.* **1** reflecting. ● *s. m.* **2** TEC. reflector. **3** spotlight (luz).

reflejar *v. t.* **1** to reflect. ● *v. pron.* **2** (fig.) to be reflected, to be seen.

reflejo *s. m.* **1** reflection (imagen). **2** reflex (movimiento). **3** gleam, glint (destello). **4** streak, highlight (en el pelo).

reflexión *s. f.* **1** reflection. ◆ **2 hacer reflexiones,** to meditate.

reflexionar *v. i.* **1** to reflect, to think (pensar). ● *v. pron.* **2** to think over.

reflexivo, -va *adj.* **1** reflective, contemplative (que obra con reflexión). **2** reflecting (que refleja). **3** GRAM. reflexive.

reflexología *s. f.* reflexology.

reflexoterapia *s. f.* reflexotherapy.

refluir *v. i.* **1** to flow back (líquido). **2** (fig.) to turn out (resultar).

reflotar *v. t.* **1** to refloat (barco). **2** to refloat (empresa).

reflujo *s. m.* **1** ebb (descenso de marea). **2** (fig.) backward step (retroceso).

refocilar *v. t.* **1** to amuse, to cheer up (alegrar). ● *v. i.* **2** (Am.) to flash (relampaguear). ● *v. pron.* **3** to delight (regodearse).

refocilo *s. m.* **1** enjoyment, delight. **2** (Am.) lightning (relámpago).

reforestación *s. f.* reforestation.

reforma *s. f.* **1** reform, modification. **2** REL. e HIST. Reformation. **3** redecoration, renovation (en casa, local, edificio).

reformación *s. f.* reformation, modification.

reformado, -da *adj.* **1** reformed, modified. **2** REL. Protestant. ◆ **3 "totalmente ~",** completely renovated (en anuncios inmobiliarios).

reformador, -ra *adj.* **1** reforming. ● *s. m.* y *f.* **2** reformer.

reformar *v. t.* **1** to reform. **2** ARQ. to redecorate, to renovate (fam.) to do up. ● *v. pron.* **3** (fig.) to mend one's ways, to reform (moderarse).

reformatorio *s. m.* reformatory, borstal: *le mandaron al reformatorio de menores* = *he was sent to borstal*.

reformista *adj.* **1** reforming. ● *s. m.* y *f.* reformist.

reforzado, -da *adj.* reinforced, strengthened.

reforzar *v. t.* **1** to reinforce (hacer más fuerte). **2** (fig.) to encourage (animar). **3** to intensify, to increase (aumentar).

refracción *s. f.* FÍS. refraction.

refractar *v. t.* FÍS. to refract (reflejar).

refractario, -ria *adj.* **1** heat-resistant, ovenproof: *una cazuela refractaria* = *an ovenproof casserole dish*. **2** (fig.) insubordinate, rebellious (rebelde).

refracto, -ta *adj.* FÍS. refracted.

refrán *s. m.* LIT. saying, proverb: *como dice el refrán* = *as the saying goes*.

refranero *s. m.* LIT. anthology of proverbs.

refregar *v. t.* **1** to scrub, to rub (frotar). **2** (fam.) to rub in, keep on about: *se lo refregó en la cara* = *he really rubbed it in*.

refrenable *adj.* containable, repressible.

refrenamiento *s. m.* **1** (fig.) curbing, restraining. **2** holding back (de caballo).

refrenar *v. t.* **1** (fig.) to curb, to restrain. **2** to hold back (caballo).

refrendación *s. f.* **1** endorsement, ratification. **2** stamping (de pasaporte).

refrendar *v. t.* **1** to endorse, to ratify (ratificar). **2** to stamp (pasaporte); to approve (aprobar). **3** (fig.) to do a second time (repetir).

refrendario *s. m.* endorser, countersignatory.

refrendo *s. m.* **1** endorsing, ratification. **2** stamping (de pasaporte).

refrescante *adj.* **1** cooling (temperatura). **2** refreshing (bebida).

refrescar *v. t.* **1** to cool, to refresh. **2** to repeat, to renew (renovar una acción). ● *v. i.* **3** to be cooler (temperatura). **4** to get some fresh air (tomar el fresco). **5** to have a cool drink (beber un refresco). **6** (Am.) to have an evening snack (merendar). ● *v. pron.* **7** to feel cooler (persona).

refresco *s. m.* **1** cool drink (bebida). ● *pl.* **2** refreshments. ◆ **3 de ~,** once more (de nuevo).

refriega *s. f.* fight, (fam.) scrap (pelea).

refrigeración *s. f.* **1** refrigeration. **2** MEC. cooling. ◆ **3 ~ con agua corriente,** water cooling (energía nuclear).

refrigerador, -ra *adj.* **1** cooling. ● *s. m.* **2** refrigerator. **3** TEC. cooling system.

refrigerante *adj.* **1** cooling. ● *s. m.* **2** QUÍM. condenser.

refrigerar *v. t.* **1** to refrigerate, to cool (enfriar). **2** to air-condition (climatizar).

refrigerio *s. m.* **1** relief (alivio). **2** snack (piscolabis).

refrito *s. m.* **1** sauce of fried onion and tomato (salsa). **2** (desp.) rehash (mezcla).

refuerzo *s. m.* **1** strengthener, reinforcement (cosa que refuerza). **2** TEC. strut, prop. **3** (fig.) support, aid (auxilio). ● *pl.* **4** MIL. reinforcements. **5** MAR. structure.

refugiado, -da *s. m.* y *f.* refugee.

refugiar *v. t.* **1** to give refuge (acoger). ● *v. pron.* **2** to take refuge.

refugio *s. m.* **1** shelter, place of refuge (asilo). **2** hut (en el campo). **3** MIL. underground shelter. ◆ **4 ~ antiaéreo,** MIL. air-raid shelter. **5 ~ de montaña,** mountain refuge.

refulgencia *s. f.* brightness, brilliance, shining (resplandor).

refulgente *adj.* brilliant, shining.

refulgir *v. i.* to shine, to be brilliant.

refundición *s. f.* **1** LIT. adaptation, revision. **2** TEC. recasting.

refundidor *s. m.* LIT. adapter, reviser.

refundir *v. t.* **1** LIT. to adapt, to revise. **2** TEC. to recast. **3** to comprise, to include (comprender). ● *v. pron.* **4** (Am.) to get lost, to get mislaid (perderse).

refunfuñador, -ra *adj.* grumbling, grumpy.

refunfuñar *v. i.* **1** to grumble, to moan (rezongar). **2** to growl (gruñir).

refunfuño *s. m.* **1** grumble, moan, complaint (queja). **2** growl, grunt (gruñido).

refunfuñón, -na *adj.* **1** grumbling, moaning (quejica). **2** growling, grunting (gruñon). ● *s. m.* y *f.* **3** grumbler, moaner, grouser.

refutable *adj.* refutable.

refutación *s. f.* **1** refuting.

refutar *v. t.* to refute, to disprove (contradecir).

regadera *s. f.* **1** BOT. watering can. **2** AGR. irrigation ditch. ◆ **3 estar como una ~,** (fam.) to be as nutty as a fruitcake.

regadío, -a *adj.* **1** AGR. irrigation. ● *s. m.* **2** irrigated land.

regalado, -da *adj.* **1** free, given away (gratis). **2** delicate (delicado). **3** pleasant, gratifying (ameno). **4** comfortable (cómodo).

regalar *v. t.* **1** to give away (una cosa no querida). **2** to give (por cumpleaños, etc.). **3** to treat, to regale: *regalamos a nuestros abuelos con una fiesta* = *we treated our grandparents to a party*. ● *v. pron.* **4** to give oneself a special treat.

regalía *s. f.* **1** royal privilege (privilegio real). **2** (fig.) fringe benefit, perk (sobresueldo). **3** (Am.) present, gift (regalo). ◆ **4 tabaco de ~,** good quality tobacco.

regalismo *s. m.* POL. regalism.

regalista *s. m.* y *f.* POL. regalist.

regaliz *s. m.* liquorice.

regalo *s. m.* **1** present, gift (obsequio). **2** (fig.) delight, pleasure (placer). **3** titbit, treat (comida delicada). **4** (fig.) comfort, luxury (comodidad).

regañadientes (a) *loc. adv.* reluctantly, in spite of oneself (de mala gana).

regañar *v. i.* **1** to snarl (perro). **2** to moan, (fam.) to bellyache (quejarse).

3 to argue (discutir). • *v. t.* **4** to tell off, to scold, to reprimand (reñir).
regañina *s. f.* telling off, scolding (reprensión).
regaño *s. m.* **1** snarl, scowl (ceño). **2** (fam.) ticking off (reprensión): *le di un buen regaño = I gave him a really good ticking off.* **3** (fig.) split crust (parte del pan que revienta al cocerse).
regañón, ona *adj.* moaning, grumbling: *¡vaya un tipo más regañón! = what a moaner!*
regar *v. t.* **1** to water (plantas). **2** to hose down (calle). **3** to spray (rociar): *regué las rosas con insecticida = I sprayed the roses with insecticide.* **4** to wash against: *el mar riega una costa preciosa = the sea washes against a beautiful coastline.* **5** to wash down (beber con la comida): *regamos el lechazo con un buen tinto = we washed down the lamb with a fine red wine.* **6** to spill (derramar). **7** AGR. to sow (sembrar). • *v. pron.* **8** (Am. y fam.) to take a shower. **9** (Am.) to scatter in all directions (dispersarse). • *v. i.* **10** (Am.) to jape, to banter (bromear).
regata *s. f.* **1** MAR. regatta, boat-race. **2** AGR. small irrigation ditch. **3** (Am.) haggling, bargaining (regateo).
regate *s. m.* **1** dodge. **2** DEP. piece of dribbling. **3** (fig. y fam.) pretext, chicanery.
regatear *v. t.* **1** COM. to haggle over, to bargain over. **2** to sell retail (vender al por menor). **3** DEP. to dribble past (contrario). **4** to spare, to be sparing with. • *v. i.* **5** to dodge (dar una finta con el cuerpo). **6** DEP. to dribble. **7** MAR. to take part in a regatta, to race. **8** to haggle (al comprar algo).
regateador *s. m.* DEP. dribbler.
regateo *s. m.* **1** COM. haggling, bargaining. **2** DEP. dribbling.
regato *s. m.* GEOG. pool.
regazo *s. m.* **1** lap. **2** (fig.) bosom (seno).
regencia *s. f.* **1** governing, ruling (acto de gobernar). **2** POL. regency.
regeneración *s. f.* **1** regeneration. **2** (fig.) renewal (renovación).
regenerador *adj.* **1** regenerative. • *s. m.* **2** TEC. regenerator.
regentar *v. t.* **1** to hold temporarily (un puesto). **2** to manage (dirigir). **3** (fig.) to boss, to domineer (dominar).
regente *s. m.* **1** POL. regent. **2** manager, foreman (en trabajo). **3** REL. principal. **4** (Am.) mayor, governor.
regicida *s. m.* y *f.* regicide (persona).
regicidio *s. m.* regicide (acción de matar al rey).
regidor, -ra *adj.* **1** ruling. • *s. m.* y *f.* **2** POL. councillor, alderman.
régimen *s. m.* **1** POL. regime. **2** diet (alimenticio): *mi hermana está a régimen = my sister's on a diet.* **3** set of rules (reglamentos). **4** GRAM. government. **5** MEC. optimal performance.
regimiento *s. m.* **1** ruling, governing (gobierno). **2** MIL. regiment. **3** POL. councillors.
regio, -gia *adj.* **1** royal (real). **2** (fig.) splendid, magnificent.
región *s. f.* **1** GEOG. region, part. **2** ANAT. region.
regional *adj.* regional.
regionalismo *s. m.* regionalism.
regionalista *adj./s. m.* y *f.* regionalist.
regir *v. t.* **1** to rule, to control. **2** GRAM. to govern. **3** to run, to be in charge of (establecimiento). • *v. i.* **4** to be in force: *esa ley rige todavía = that law is still in force.* **5** MEC. to function, to work. **6** to be of sound mind (estar cuerdo). • *v. pron.* **7 regirse por,** to be guided by.
registrador, -ra *s. m.* y *f.* **1** registrar (persona). • *s. m.* **2** register (aparato). • *adj.* **3** recording. ◆ **4 caja registradora,** COM. till, cash register.
registrar *v. t.* **1** to search (examinar). **2** to register, to note down (anotar). **3** MÚS. to record (grabar). • *v. pron.* **4** to put one's name down, to register (matricularse). **5** to take place (tener lugar).
registro *s. m.* **1** registration (acción). **2** register (libro). **3** registry (oficina). **4** entry (asiento). **5** search (búsqueda). **6** manhole (abertura del alcantarillado). **7** MÚS. register; stop (de órgano). **8** recording (grabación). **9** bookmark (recordatorio). ◆ **10** ~ **civil,** births, marriages and death register; registry office (oficina). **11** ~ **mercantil,** Companies Registry. **12** ~ **de la propiedad,** Land Registry.
regla *s. f.* **1** rule, ruler (instrumento). **2** rule, regulation (reglamento). **3** precept, canon (norma). **4** (fig.) moderation, self-discipline (moderación). **5** MED. period. ◆ **6 en** ~**,** in order. **7 salir de** ~**,** to go too far, to exceed the limit.
reglable *adj.* adjustable.
reglaje *s. m.* MEC. adjustment, overhaul (mantenimiento).
reglamentación *s. f.* **1** regulation (acto). **2** rules (reglas).
reglamentar *v. t.* to regulate.
reglamentario, -ria *adj.* **1** appropriate, proper (apropiado). **2** statutory, stipulated, mandatory (estatuario).
reglamento *s. m.* rule, regulation.
reglar *v. t.* **1** to rule, to regulate (reglamentar). **2** to rule (papel). • *v. pron.* **3** to conform, to adhere.
regocijadamente *adv.* merrily, joyfully.
regocijado, -da *adj.* merry, joyful.
regocijar *v. t.* **1** to gladden, to delight. • *v. pron.* **2** to be pleased, to be delighted.
regocijo *s. m.* **1** joy, gladness (alegría). • *pl.* **2** festivities.
regodearse *v. pron.* **1** to be delighted (deleitarse). **2** (desp.) to delight, to gloat. **3** (Am.) to be touchy, to be hard to please (ser exigente).
regodeo *s. m.* **1** delight, joy (deleite). **2** (desp.) unholy delight, gloating.
regojo o **rebojo** *s. m.* piece of bread (pan).
regoldar *v. i.* (vulg.) to belch (eructar).
regordete, -ta *adj.* chubby, plump.
regresar *v. i.* to go back, to come back, to return.
regresión *s. f.* **1** regression. **2** (fig.) decline, deterioration. **3** MAT. regression.
regresivo, -va *adj.* regressive, backward.
regüeldo *s. m.* (vulg.) belch.
reguero *s. m.* **1** AGR. irrigation ditch. **2** steady flow, trickle (de sangre). **3** trail (de humo), mark, stain (vestigio). ◆ **4 extenderse como un** ~ **de pólvora,** to spread like wildfire.
regulación *s. f.* **1** regulation, controlling. **2** MEC. adjustment.
regulador, -ra *adj.* **1** regulating. • *s. m.* **2** MEC. regulator. **3** control (radio).
regular *adj.* **1** regular, normal. **2** average (mediano). **3** (desp.) so-so, not particularly good: *tenemos un profesor regular = our teacher is not particularly good.* • *v. t.* **4** to regulate, put right (ajustar). **5** to govern, control (reglar). ◆ **6 por lo** ~**,** regularly.
regularidad *s. f.* regularity, order.
regularizar *v. t.* **1** to regularize, to legalize. **2** to synchronize (sincronizar).
regularmente *adv.* regularly, frequently.
régulo *s. m.* **1** POL. petty ruler. **2** ZOOL. goldcrest. **3** basilisk (basilisco). **4** QUÍM. prime constituent.
regurgitación *s. f.* regurgitation.
regurgitar *v. i.* to regurgitate.
regusto *s. m.* aftertaste.
rehabilitación *s. f.* **1** rehabilitation (de persona). **2** (fig.) restoration.
rehabilitar *v. t.* **1** MED. to rehabilitate. **2** to restore (restablecer).
rehacer *v. t.* **1** to remake, to make again (crear de nuevo). **2** to do again, to redo (repetir). **3** to refurbish, to reconstitute (reponer). • *v. pron.* **4** to be strengthened, to gain strength (fortificarse). **5** (fig.) to keep calm.
rehala *s. f.* ZOOL. combined flock (ovejas), combined herd (vacas).
rehecho, -cha *adj.* **1** remade. **2** stocky (rechoncho).
rehén *s. m.* y *f.* hostage.
rehogar *v. t.* to sauté (cocina).
rehuir *v. t.* **1** to escape, to avoid (evitar). • *v. i.* **2** to run off again (caza mayor). • *v. pron.* **3** to distance oneself (apartarse).
rehusar *v. t.* **1** to reject (rechazar). **2** to refuse: *ella rehusó acompañarme = she refused to go with me.*
Reikiavik *s. m.* Reykjavik.
reina *s. f.* **1** queen. **2** ZOOL. female, queen. ◆ **3** ~ **de la belleza,** beauty queen. **4** ~ **mora,** hopscotch (juego de niños).
reinado *s. m.* reign: *bajo el reinado de Carlos III = in the reign of Charles III.*
reinar *v. i.* **1** POL. to reign, to rule. **2** to predominate, to take precedence (predominar).
reincidencia *s. f.* relapse, backsliding.
reincidente *s. m.* y *f.* **1** backslider. **2** recidivist (criminal).
reincidir *v. i.* **1** to relapse, to backslide. **2** to recidivate (delincuente).
reineta *s. f.* BOT. russet apple.

reino *s. m.* kingdom: *el reino animal = the animal kingdom.*
reinserción *s. f.* ~ **social** rehabilitation.
reinsertar *v. t.* to rehabilitate.
reintegración *s. f.* **1** reintegration, reinstatement (rehabilitación). **2** FIN. refund, repayment (restitución).
reintegrar *v. t.* **1** FIN. to repay, to reimburse. **2** to reinstate (persona en algo). **3** to attach a tax stamp (documentos). • *v. pron.* **4** to get back, to be reimbursed (recobrarse).
reintegro *s. m.* **1** FIN. reimbursement, repayment. **2** withdrawal (de cuenta bancaria). **3** money back (en lotería nacional).
reír *v. i.* **1** to laugh. **2** (fig.) to be cheerful, to beam, to smile. • *v. t.* **3** to laugh at: *nadie le ríe sus bromas pesadas = nobody laughs at his boring jokes.* • *v. pron.* **4** to laugh: *¡no te rías de mí! = don't laugh at me!* **5** (fig. y fam.) to come apart, to split at the seams (ropa que empieza a rajarse): *su vieja falda ya se ríe = her old skirt is coming apart.*
reiteración *s. f.* reiteration, repetition.
reiteradamente *adv.* repeatedly, over and over again.
reiterar *v. t.* to reiterate, to repeat.
reiterativo, -va *adj.* reiterative, repetitive.
reivindicable *adj.* claimable, recoverable.
reivindicación *s. f.* **1** claim: *reivindicación salarial = wage claim.* **2** complaint, grievance (queja). **3** DER. recovery. **4** vindication (justificación).
reivindicar *v. t.* **1** to claim (reclamar). **2** to recover (recuperar); to restore (restablecer). **3** to claim responsibility for: *ETA reivindicó el crimen = ETA claimed responsibility for the crime.* • *v. pron.* **4** to clear oneself.
reivindicatorio, -ria *adj.* vindicatory.
reja *s. f.* **1** AGR. ploughshare. **2** grating, grille, bars (en ventana). **3** (Am. y fam.) clink, nick (cárcel). **4** (fig.) ploughing (labor con arado). ◆ **5 estar entre rejas,** to be behind bars.
rejilla *s. f.* **1** ARQ. grille, grating. **2** wicker (en mueble). **3** brazier (brasero). **4** luggage rack (en ferrocarril). **5** lattice (parrilla).
rejo *s. m.* **1** metal tip (punta). **2** (fig.) strength, vigour. **3** BOT. radicle. **4** ZOOL. sting (aguijón). **5** whip (látigo). **6** herd of cows (vacas lecheras). **7** (Am.) coarse leather (cuero crudo). **8** (Am.) milking (acción de ordeñar).
rejón *s. m.* **1** pike, pointed bar. **2** lance (en tauromaquia).
rejonazo *s. m.* blow with a lance.
rejoneador *s. m.* mounted bullfighter (en tauromaquia).
rejonear *v. t.* to spike, to lance (en tauromaquia).
rejoneo *s. m.* spiking, lancing (en tauromaquia).
rejuvenecedor, -ra *adj.* rejuvenating.
rejuvenecer *v. t.* **1** to rejuvenate, to make young again. • *v. i.* **2** to be rejuvenated, to grow young again.
rejuvenecimiento *s. m.* rejuvenation.
relación *s. f.* **1** relation. **2** list (lista). **3** MAT. ratio. **4** relationship (trato). **5** report (informe). **6** story (narración). • *pl.* **7** relations, courtship (noviazgo). ◆ **8 con/en ~ a,** in relation to, regarding. **9 relaciones públicas,** public relations.
relacionar *v. t.* **1** to relate, to connect (poner en relación). • *v. pron.* to have contacts, to be related. **3** (fig.) to meet, to mix, to hobnob: *ese hombre intenta relacionarse con gente rica = that man tries to hobnob with the rich.*
relajación *s. f.* **1** relaxation (sosiego). **2** slackening (aflojamiento). **3** MED. hernia. **4** (fig.) slackness, negligence.
relajado, -da *adj.* **1** relaxed (sosegado). **2** dissolute, loose (inmoral).
relajante *adj.* **1** relaxing. **2** (Am. y fam.) sickly (comida). • *s. m.* **3** MED. laxative.
relajar *v. t.* **1** to relax, to loosen (aflojar). **2** (fig.) to weaken (debilitar). • *v. pron.* **3** to relax, to take things easy. **4** (fig.) to become lax (moralmente). **5** MED. to be weak. **6** (fig.) to turn corrupt (viciarse).
relajo *s. m.* **1** (Am.) derision, ridicule (escarnio). **2** (Am.) pandemonium (desorden). **3** indecency, bad taste (indecencia). **4** filthy act (acto inmoral).
relamer *v. t.* **1** to lick repeatedly. • *v. pron.* **2** to lick one's lips (labios). **3** (fig.) to make up one's face (maquillarse). **4** (fig.) to shoot one's mouth off (vanagloriarse).
relamido, -da *adj.* **1** priggish, conceited (afectado). **2** (Am. y fam.) brazen (descarado). **3** (fam.) dressed up to the nines (vestido pulcramente).
relampagueante *adj.* flashing.
relampaguear *v. i.* **1** to flash (tormenta). **2** (fig.) to sparkle, to twinkle: *dos ojos que relampagueaban = a pair of sparkling eyes.*
relampagueo *s. m.* **1** flashing. **2** sparkling, twinkling.
relámpago *s. m.* **1** flash of lightning (de tormenta). **2** (fig.) flash: *ocurrió como un relámpago = it happened in a flash.* ◆ **3 guerra ~,** MIL. blitzkrieg. **4 viaje ~,** lightning trip.
relatar *v. t.* to relate, to tell.
relativamente *adv.* relatively.
relatividad *s. f.* **1** relativeness. **2** FÍS. relativity.
relativismo *s. m.* FIL. relativism.
relativista *adj.* **1** relativistic. • *s. m.* y *f.* **2** relativist.
relativo, -va *adj.* y *s. m.* relative.
relator, -ra *s. m.* y *f.* **1** narrator, teller. **2** DER. reporter.
relé *s. m.* ELEC. relay.
relegación *s. f.* **1** relegation, relegating. **2** HIST. expulsion (destierro).
relegar *v. t.* **1** to relegate. **2** to expel, to banish, to exile (desterrar).
relente *s. m.* **1** night humidity (humedad nocturna). **2** (fig. y fam.) brazenness, sauciness (descaro).
relevante *adj.* **1** relevant, important. **2** outstanding (sobresaliente).
relevancia *s. f.* relevance, importance.
relevar *v. t.* **1** to relieve, to substitute (de algún cargo). **2** to absolve, to acquit (de una pena). **3** TEC. to emboss. **4** ART. to paint in relief. • *v. pron.* **5** to take over from one another (hacer algo alternativamente).
relevo *s. m.* **1** change, relief (acción, en cuartel, hospital). **2** relay, relief (persona o grupo). ◆ **3** DEP. **relevos,** relay.
relicario *s. m.* **1** trinket-box. **2** (Am.) locket (medallón).
relieve *s. m.* **1** ART. relief. **2** GEOG. contours. **3** three dimensions (cine): *un film en relieve = a three-dimensional film.* **4** (fig.) importance, prestige. • *pl.* **5** left-overs (comida). ◆ **6 bajo ~,** bas-relief.
religión *s. f.* **1** religion: *la religión católica = the Catholic religion.* **2** piety, religiousness (piedad). ◆ **3 entrar en ~,** to enter a holy order. **4 ~ reformada,** Protestantism.
religiosamente *adv.* **1** religiously. **2** punctiliously, religiously (con exactitud).
religiosidad *s. f.* **1** religiousness. **2** punctiliousness (exactitud).
religioso, -sa *adj.* **1** religious. **2** punctilious, religious. • *s. m.* y *f.* **3** man/woman of the Church.
relinchador, -ra *adj.* always whinnying, always neighing (caballo).
relinchar *v. i.* to whinny, to neigh (hacer ruido el caballo).
relincho *s. m.* whinnying, neighing.
reliquia *s. f.* **1** relic. **2** (Am.) offering (ofrenda). • *pl.* **3** relics, remains (residuos). **4** MED. (fig.) after-effects.
rellano *s. m.* **1** landing (de escalera). **2** GEOG. plateau.
rellenar *v. t.* **1** to fill up. **2** to stuff (comida). • *v. pron.* **3** to gorge oneself, to stuff oneself (comer mucho).
relleno, -na *adj.* **1** stuffed. • *s. m.* **2** stuffing, filling (comida). **3** padding, stuffing (cosa). **4** centre, filling (caramelo). **5** (fig.) waffle, dead wood.
reloj *s. m.* **1** clock (de pared). **2** watch (de pulsera). **3** timer (de aparato). **4** clock, meter (contador). ◆ **5 ~ de agua,** water-clock. **6 ~ de arena,** sandglass. **7 ~ de caja,** grandfather clock. **8 ~ de cuarzo,** quartz watch. **9 ~ despertador,** alarm clock. **10 ~ joya,** bracelet watch. **11 ~ de laboratorio,** lab timer. **12 ~ de sol,** sundial. **13 contra ~,** against the clock. **14 ser como un ~,** to be as regular as clockwork.
relojería *s. f.* **1** watchmaking, clockmaking (oficio). **2** watchmaker's (tienda). **3** clockwork (dispositivo): *mecanismo de relojería = clockwork device.* ◆ **4 bomba de ~,** time bomb.
relojero, -ra *s. m.* y *f.* watchmaker, clockmaker.
relucir *v. i.* **1** to shine (brillar). **2** (fig.) to be brilliant, to be outstanding (destacar). ◆ **3 sacar a ~,** to bring up (citar).
reluctancia *s. f.* ELEC. reluctance.
reluctante *adj.* stubborn, reluctant (reacio).

relumbrante *adj.* shining, dazzling, brilliant.
relumbrar *v. i.* to shine, to be brilliant (resplandecer).
relumbro o **relumbrón** *s. m.* **1** flash, sparkle (chispazo). **2** tinsel (oropel). ◆ **3 de ~,** flashily, gaudily (con ostentación).
remachado *adj.* **1** reserved (callado). **2** sullen, surly (cazurro).
remachar *v. t.* **1** to bang in, clinch (clavo). **2** (fig.) to drive home, to clinch (argumento). **3** (fig.) to tie up, to make good (contrato). ● *v. pron.* **4** (Am.) to say nothing, (fam.) to clam up.
remache *s. m.* **1** TEC. rivetting, clinching. **2** rivet (pasador). **3** (Am. y fig.) tenacity, drive (tenacidad).
remanente *adj.* **1** remaining. ● *s. m.* **2** remnant, remainder (residuo). **3** FIN. carryover. **4** COM. surplus.
remangar *v. t.* **1** to roll up, to pull up (levantar las mangas o la ropa). ● *v. pron.* **2** to roll up one's sleeves. **3** to make up one's mind (decidirse).
remansarse *v. pron.* **1** to become stagnant (estancarse). **2** to form a pool (rebalsarse).
remanso *s. m.* **1** pond, pool of still water. **2** (fig.) peaceful spot (lugar tranquilo). **3** (fig.) leisureliness, steady pace (lentitud).
remador *s. m.* DEP. rower, oarsman.
remar *v. i.* **1** DEP. to row. **2** (fig.) to strive, to battle on.
rematadamente *adv.* completely, entirely.
rematado, -da *adj.* **1** MED. desperate, past cure. **2** complete, utter.
rematador, -ra *s. m.* y *f.* **1** DEP. goal scorer, opportunist (en fútbol): *es un rematador nato = he's a born opportunist.* ● *s. m.* **2** (Am.) COM. auctioneer (subastador).
rematar *v. t.* **1** to finish off, to conclude (terminar). **2** to finish off (matar). **3** DEP. to shoot for goal. **4** to sell at auction (vender en subasta). **5** to fasten the last stitch (costura). **6** (Am.) to pull up (caballo). ● *v. i.* **7** to finish, to end. **8** (fig.) to pass away, to perish (fenecer). ● *v. pron.* **9** to be destroyed, to be lost for ever (destruirse).
remate *s. m.* **1** finishing off, end (fin). **2** killing off (acto de matar). **3** ARQ. pinnacle. **4** selling-off, auction (subasta); highest bid (puja). **5** DEP. shot at goal. **6** tip (punta). **7** (Am.) edging (borde de paño). ◆ **8 de ~,** completely, absolutely, out-and-out: *es un loco de remate = he's absolutely crazy.* **9 para ~,** to crown it all. **10 por ~,** finally, as a final touch. **11 poner ~ a,** to round off.
remedar *v. t.* **1** to imitate, to copy (copiar). **2** (desp.) to ape, to mimic.
remediable *adj.* that can be remedied: *es un problema fácilmente remediable = it's a problem that can be easily remedied.*
remediar *v. t.* **1** to remedy, to put right (corregir). **2** to meet (socorrer una necesidad). **3** to help, to save (persona). **4** to avoid, to prevent: *no pude remediarlo = I couldn't help it.*
remedio *s. m.* **1** remedy, solution. **2** MED. cure. **3** panacea, relief (alivio). **4** DER. recourse. ◆ **5 no hay ~,** there's nothing to be done. **6 no hay más ~ que,** the only thing is to (*inf.*). **7 no tener para un ~,** to be in a hopeless situation. **8 no tener más ~,** to have no alternative: *no tenemos más remedio que dejarlo = we have no alternative but to forget it.* **9 ¿qué ~ me queda?,** what else can I do?
remedo *s. m.* poor imitation, rough copy.
remembranza *s. f.* memory, recollection (memoria).
remembrar *v. t.* to remember (recordar).
rememoración *s. f.* remembrance, recollection.
rememorar *v. t.* to remember, recall.
remendar *v. t.* **1** to mend, to repair (reparar). **2** to patch up (poner parches). **3** (fig.) to correct.
remendón *s. m.* cobbler (zapatero).
remero, -ra *s. m.* y *f.* **1** DEP. rower, oarsman. ● *s. f.* **2** ORN. wing feather.
remesa *s. f.* **1** FIN. remittance (de dinero). **2** COM. consignment (de mercancía).
remiendo *s. m.* **1** patch (parche). **2** (fig.) correction. **3** ZOOL. spot. **4** MIL. decoration. **5** small-scale publication (imprenta).
remilgado, -da *adj.* **1** very prim and proper (muy delicado). **2** (desp.) hypercritical, pernickety (exigente). **3** squeamish (susceptible).
remilgo *s. m.* **1** fastidiousness (suma delicadeza). **2** hypercriticism (intolerancia). **3** squeamishness (susceptibilidad). ◆ **4 hacer remilgos a,** to consider beneath one: *ella siempre hace remilgos a fregar = she always thinks that washing-up is beneath her.*
reminiscencia *s. f.* **1** faint recollection (recuerdo de algo casi olvidado). **2** reminiscence (acción de recordar).
remirado, -da *adj.* **1** circumspect, cautious (prudente). **2** (desp.) particular.
remirar *v. t.* **1** to look over a second time (mirar por segunda vez). **2** to look hard at (mirar con atención). ● *v. pron.* **3** to take great care (esmerarse).
remisamente *adv.* **1** reluctantly (con desgana). **2** sluggishly (lentamente).
remisible *adj.* remissible, pardonable.
remisión *s. f.* **1** COM. consignment. **2** remittance (correo). **3** DER. remission. **4** REL. forgiveness. **5** LIT. reference. **6** postponement, adjournment (aplazamiento).
remiso, -sa *adj.* **1** irresolute (irresoluto). **2** sluggish, slow, lazy (perezoso). ◆ **3 ser ~ a hacer algo,** to be reluctant to do something.
remitente *adj.* **1** remittent: *fiebre remitente = remittent fever.* ● *s. m.* y *f.* **2** sender (de carta).
remitir *v. t.* **1** to send (enviar). **2** DER. to remit. **3** to put off, to postpone (aplazar). **4** REL. to pardon, to forgive. **5** LIT. to refer. ● *v. i.* **6** to lessen, to abate (disminuir): *la tormenta remitió por fin = the storm finally abated.* ● *v. pron.* **7** to stick by, to stand by (atenerse a): *me remito a lo que dijo Unamuno = I stand by the words of Unamuno.*
remo *s. m.* **1** DEP. oar (utensilio). **2** rowing (práctica deportiva). **3** ANAT. limb. **4** ZOOL. wing. **5** (fig.) hard slog (trabajo duro). ◆ **6 andar al ~,** (fig. y fam.) to slog away.
remoción *s. f.* **1** shift, removal (cambio). **2** sacking, firing (despido).
remojar *v. t.* **1** to soak, to steep. **2** to dip (pan). **3** (fig.) to invite friends for a celebratory drink (convidar). **4** (Am.) to buy off (sobornar).
remojo *s. m.* **1** soaking, steeping: *he puesto los garbanzos en remojo* o *al remojo = I've put the chickpeas to soak.* **2** (Am.) present (regalo). **3** (Am.) bribe (soborno).
remojón *s. m.* **1** soaking, dipping. **2** sop (comida). ◆ **3 pegarse un ~,** (fam.) to go for a dip (nadar).
remolacha *s. f.* **1** beet: *remolacha azucarera = sugar beet.* **2** beetroot (para ensalada).
remolachero *s. m.* beet grower, beet producer.
remolcador *s. m.* **1** MAR. tug. **2** (brit.) breakdown van, (EE UU) tow truck (furgoneta).
remolcar *v. t.* **1** to tow (vehículo, barco, etc.) **2** (fig.) to win over (convencer).
remolino *s. m.* **1** whirlpool (de río). **2** whirlwind (de viento). **3** sandstorm (de arena). **4** cowlick (en el pelo). **5** riot (disturbio). **6** (fig.) swarm, throng (de gente). **7** (fig.) fidget (persona inquieta).
remolinear *v. t.* **1** to swirl (agitar). ● *v. i.* **2** to eddy (formar remolinos).
remolón, -na *adj.* **1** idle, lazy (perezoso). **2** lethargic, indifferent (indolente). ● *s. m.* **3** ZOOL. upper tusk (jabalí).
remolonear *v. i.* (fam.) to be idle, to shirk (rehuir).
remolque *s. m.* **1** towing, tow (acción): *llevar a remolque = to tow.* **2** towrope (cabo para remolcar). **3** trailer (vehículo).
remontada *s. f.* comeback, return to the top.
remontar *v. t.* **1** to put to flight (caza). **2** to mend, to repair (botas). **3** (fig.) to elevate, to raise up (elevar). **4** to overcome, to beat (superar). **5** to remount (montar de nuevo un caballo). **6** DEP. to pull back (un gol). ● *v. pron.* **7** to fly high, to soar (vuelo). **8** to go back (retroceder): *vamos a remontarnos hasta el alba de la civilización = we're going to go right back to the dawn of civilization.* ◆ **9 ~ el vuelo,** to soar.
remonte *s. m.* **1** remount (caballería). **2** DEP. ski lift. **3** flying (de cometa).
rémora *s. f.* **1** ZOOL. remora, suckerfish. **2** (fig. y fam.) spanner in the works, fly in the ointment (obstáculo).

remorder *v. t.* **1** to bite again. **2** (fig.) to trouble, to concern (inquietar). • *v. pron.* **3** to suffer deep down.
remordimiento *s. m.* **1** remorse. ◆ **2 tener remordimientos,** to suffer remorse, to suffer pangs of regret.
remotamente *adv.* **1** remotely: *ya no es ni remotamente lo que era = he's not even remotely like he used to be.* **2** vaguely: *recuerdo remotamente su cara = I vaguely remember her face.*
remoto, -ta *adj.* **1** remote, far off, distant. **2** most unlikely (inverosímil).
remover *v. t.* **1** to shift, to remove (cambiar). **2** to stir (líquido); to turn over, to dig up (tierra). **3** to trouble, to disturb (alterar). **4** to remove (from office) (despedir del cargo). • *v. pron.* **5** to become agitated.
remozar *v. t.* **1** to rejuvenate (persona). **2** to renovate (edificio). **3** to revamp (organización). **4** to do up (habitación). • *v. pron.* **5** to be rejuvenated, to look years younger.
remunerable *adj.* remunerated, paid.
remuneración *s. f.* **1** remuneration, pay (sueldo). **2** compensation (recompensa).
remunerador, -ra *adj.* remunerative, profitable.
remuneratorio, -ria *adj.* remuneratory.
renacentista *adj.* of the Rennaissance, Renaissance.
renacer *v. i.* **1** to be born again. **2** (fig.) to regain strength (fuerza).
renaciente *adj.* renascent.
renacimiento *s. m.* **1** rebirth. ◆ **2 el Renacimiento,** HIST. the Renaissance.
renacuajo *s. m.* **1** ZOOL. tadpole. **2** (fig. y desp.) pip-squeak, shrimp.
renal *adj.* MED. renal, of the kidney.
rencilla *s. f.* **1** quarrel (riña). ◆ **2 tener ~,** to bear a grudge.
rencilloso, -sa *adj.* cantankerous, quarrelsome.
renco, -ca *adj.* **1** lame, disabled. • *s. m.* y *f.* **2** disabled person.
rencor *s. m.* **1** resentment, bitterness. ◆ **2 guardar ~,** to bear a grudge, to bear malice: *siempre me había guardado rencor = he had always borne me a grudge.*
rencorosamente *adv.* resentfully, bitterly.
rencoroso, -sa *adj.* resentful, bitter.
rendición *s. f.* **1** MIL. surrender. **2** FIN. interest (rendimiento).
rendidamente *adv.* **1** resignedly, obediently. **2** tiredly (cansadamente).
rendido, -da *adj.* **1** resigned, unresisting. **2** tired, exhausted (cansado). **3** submissive, obsequious (obsequioso).
rendija *s. f.* **1** crack, cleft (hendedura). **2** (fig.) rift (escisión).
rendimiento *s. m.* **1** MEC. performance, output. **2** FIN. return, yield. **3** tiredness, weariness (fatiga). **4** submissiveness, obsequiousness (sumisión excesiva): *ella le trata con rendimiento = she's very submissive in his company.* ◆ **5 ley de los rendimientos decrecientes,** FIN. law of diminishing returns.
rendir *v. t.* **1** to yield, to produce, to bear (dar). **2** to give back, to return (restituir). **3** MIL. to cause to surrender. **4** to tire out (cansar mucho). **5** to bring up, to vomit (vomitar). • *v. i.* **6** COM. to give a good return, to be profitable: *es un negocio que rinde bien = it's a very profitable business.* • *v. pron.* **7** MIL. to surrender. **8** to yield (ceder). **9** to tire oneself out (cansarse mucho). ◆ **10 ¡me rindo!,** I give up!
renegado, -da *s. m.* y *f.* **1** turncoat, renegade. • *adj.* **2** renegade (traidor). **3** short-tempered, testy (malhumorado).
renegar *v. t.* **1** to flatly deny (negar). **2** to detest, to abhor (aborrecer). • *v. i.* **3** REL. to abandon one's faith. **4** to blaspheme (blasfemar). **5** (fam.) to swear (jurar). **6** (fam.) to grumble (gruñir, quejarse).
renegón, -na *adj.* obstreperous, cantankerous (que reniega mucho).
renegrido, -da *adj.* blackish, inky.
renglón *s. m.* **1** line of writing (línea). ◆ **2 a ~ seguido,** immediately afterwards. **3 leer entre renglones,** (fig.) to read between the lines.
rengo, -ga *adj.* **1** lame. ◆ **2 hacer la de ~,** (fam.) to swing the lead.
renguear *v. i.* (Am.) to limp.
reniego *s. m.* **1** swear word, curse (juramento). **2** REL. blasphemy.
reno *s. m.* ZOOL. reindeer.
renombrado, -da *adj.* renowned, famous: *una obra muy renombrada = a very famous work.*
renombre *s. m.* **1** renown, prestige. **2** surname, family name (apellido).
renovable *adj.* renewable.
renovación *s. f.* **1** renewal (contrato). **2** ARQ. renovation, restoration. **3** revamping (industria). **4** POL. reorganization.
renovador, -ra *adj.* **1** renovating. • *s. m.* y *f.* **2** renovator.
renovar *v. t.* **1** to renew. **2** ARQ. to renovate, to restore. **3** POL. to reorganize. **4** to repeat, to reiterate (repetir). • *v. pron.* **5** to be renewed.
renquear *v. i.* **1** to limp (cojear). **2** (fam.) to hobble along (ir tirando).
renquera *s. f.* (Am.) lameness (cojera).
renta *s. f.* **1** income (ingresos). **2** rent (alquiler). **3** public debt (deuda pública). ◆ **4 ~ fija,** fixed-interest securities. **5 ~ fiscal,** taxable income. **6 ~ per capita,** per capita income. **7 ~ variable,** equity securities. **8 ~ vitalicia,** life annuity.
rentabilidad *s. f.* **1** profitability. ◆ **2 tasa de ~,** rate of return.
rentable *adj.* profitable, cost-effective: *sería poco rentable = it wouldn't be cost-effective.*
rentar *v. t.* **1** to give a return (rendir). **2** (Am.) to rent out (alquilar).
rentero, -ra *adj.* **1** tributary (tributario). • *s. m.* y *f.* **2** AGR. tenant farmer.
rentista *s. m.* y *f.* COM. **1** rentier (accionista). **2** tax expert (entendido en materias fiscales).
renuencia *s. f.* disinclination, unwillingness.
renuente *adj.* unwilling, disinclined, reluctant.
renuevo *s. m.* **1** renewal, renovation (renovación). **2** BOT. sprout, shoot.
renuncia *s. f.* **1** renunciation (abandono). **2** resignation (dimisión).
renunciable *adj.* able to be renounced.
renunciar *v. t.* **1** to renounce, give up (abandonar). **2** to reject (rechazar). **3** to leave off. **4** POL. to abdicate: *el rey renunció al trono = the king abdicated.* **5** not to follow suit (cartas).
renuncio *s. m.* **1** revocation, recall (cartas). **2** (fam.) tall story.
reñidamente *adv.* in a hard-fought manner.
reñido, -da *adj.* **1** angry, at loggerheads (con alguien): *están muy reñidos = they're at loggerheads.* **2** DEP. hard-fought.
reñir *v. i.* **1** to argue, to quarrel (disputar). **2** to fight (pelear). **3** to fall out: *he reñido con mi novia = I've fallen out with my girlfriend.* • *v. t.* **4** to tell off, to reprimand (reprender). **5** to wage (batallar).
reo, -a *s. m.* y *f.* **1** convicted offender (culpable). **2** DER. defendant, accused. **3** (Am. y fam.) hobo, good-for-nothing. ◆ **4 ~ de Estado,** person charged with a crime against the State.
reojo *loc adv.* **mirar de ~,** to look askance, to look out of the corner of one's eye: *me miró de reojo = he looked at me out of the corner of his eye.*
reóstato *s. m.* ELEC. rheostat.
repanchigarse o **repantigarse** *v. pron.* to settle down comfortably (sentarse).
reparable *adj.* repairable, that can be repaired.
reparación *s. f.* **1** repair (de máquina, aparato). **2** reparation, compensation (compensación, indemnización).
reparado, -da *adj.* **1** repaired, fixed, mended. **2** made good (rectificado). **3** cross-eyed (bizco).
reparar *v. t.* **1** to repair, to fix, to mend. **2** to make amends for (ofensa). **3** to restore (fuerzas). **4** to observe, to notice: *no has reparado en sus defectos = you haven't noticed her faults.* **5** to parry, to counter (evitar algún golpe). **6** (Am.) to imitate, to take off (remedar). • *v. i.* **7** to do repairs. • *v. pron.* **8** to show restraint (contenerse). **9** (Am.) to rear up (caballo).
reparo *s. m.* **1** ARQ. restoration. **2** TEC. repair. **3** MED. tonic. **4** objection, criticism (crítica): *no pusieron ningún reparo a mi idea = they didn't raise any objection to my plan.* **5** reservation, misgiving, qualm (escrúpulo): *ella no tuvo reparos en decirles la verdad = she had no qualms about telling them the truth.* **6** (Am.) rearing up (caballo).
repartición *s. f.* **1** dividing up, sharing out. **2** (Am.) POL. branch of government administration. **3** (Am.) AGR. reallocation of land.

repartidor, -ra *s. m.* y *f.* **1** COM. deliveryman (hombre), deliverywoman (mujer). **2** distributor.
repartimiento *s. m.* distribution, division.
repartir *v. t.* **1** to divide up (partir). **2** to share out (distribuir). **3** (fam.) to deal, to dish out: *repartió unas cuantas bofetadas = he dealt a few punches.* • *v. pron.* **4** to share out.
reparto *s. m.* **1** sharing out (repartimiento). **2** distribution (distribución). **3** cast (teatro). **4** delivery (correo). ◆ **5 ~ de mercado,** COM. market sharing. **6** FIN. **~ de utilidades,** profit sharing.
repasar *v. t.* **1** to revise (apuntes), to reread (texto). **2** to skim through (leer muy por encima). **3** to go over again (volver a explicar). **4** to mend, to sew (remendar). **5** MEC. to overhaul. **6** to go along again (calle).
repaso *s. m.* **1** revision, rereading. **2** MEC. overhaul. **3** (fam.) dressing-down (reprimenda): *le dieron un buen repaso = they gave him a real dressing-down.*
repatear *v. i.* (fam.) to get on one's nerves, to get up one's nose.
repatriación *s. f.* repatriation.
repatriado, -da *adj.* **1** repatriated. • *s. m.* y *f.* **2** repatriate.
repatriar *v. t.* **1** to repatriate. **2** to deport (criminales). • *v. pron.* **3** to return to one's own country.
repecho *s. m.* **1** short steep climb (cuesta corta). **2** (Am.) hut (refugio).
repelencia *s. f.* (Am.) repugnance, loathing, revulsion.
repelente *adj.* **1** repellent, repulsive (que produce repulsión). **2** (Am. y fam.) saucy, cheeky (impertinente). • *s. m.* **3** insect repellent.
repeler *v. t.* **1** to reject, to throw out (rechazar). **2** to repel, to disgust (repugnar). **3** to drive back (enemigo).
repelo *s. m.* **1** knot (madera). **2** hair out of place (pelo). **3** hangnail (uña). **4** the wrong way (tela). **5** (fig. y fam.) squabble (riña sin importancia). **6** (fig.) bad blood (odio). **7** (Am.) old rag (harapo). ◆ **8 ~ de frío,** hot and cold shiver.
repelón *s. m.* **1** tug (pelo). **2** caught thread (media). **3** pinch (porción). **4** short gallop (caballo). **5** (Am. y fam.) dressing-down (regaño). • *pl.* **6** TEC. sparks (chispas). ◆ **7 de ~,** slightly.
repelús o **repeluzno** *s. m.* the shivers, the creeps: *me dio repelús = it gave me the creeps.*
repente *s. m.* **1** (fam.) quick jerk (movimiento rápido). **2** (fig.) sudden reaction (impulso). ◆ **3 de ~,** all of a sudden.
repentinamente *adv.* suddenly, all of a sudden.
repentino, -na *adj.* sudden, unexpected (inesperado).
repentizar *v. i.* **1** MÚS. to play without rehearsal. **2** to speak straight off the cuff, to improvise (hablar improvisando).
repercusión *s. f.* **1** repercussion (consecuencia). **2** reverberation (sonido).
repercutir *v. i.* **1** to have repercussions: *tus acciones repercutirán en su decisión = your actions will have repercussions on their decision.* **2** to bounce off (objeto). **3** to reverberate (sonido). **4** (Am. y fam.) to pong (oler mal). • *v. t.* **5** MED. to reject.
repertorio *s. m.* **1** repertoire, repertory (teatro): *compañía de repertorio = repertory company.* **2** LIT. index (lista).
repesca *s. f.* retake exam.
repetición *s. f.* **1** repetition. **2** MÚS. repeat. **3** MEC. repeater. **4** DER. action of recovery.
repetidamente *adv.* repeatedly, time and time again.
repetidor, -ra *adj.* **1** repeating. • *s. m.* y *f.* **2** student who is repeating a year. • *s. m.* TEC. **3** repeater (telegrafía). **4** booster (radio, televisión).
repetir *v. t.* **1** to repeat. **2** DER. to claim, to demand (reclamar). • *v. i.* **3** to repeat: *el ajo repite mucho = garlic repeats on you.* • *v. pron.* **4** to recur, to keep coming up: *son palabras que se repiten mucho = they're words that keep coming up.*
repicar *v. t.* **1** to chop up finely (cocina). • *v. i.* **2** to peal (campanas). • *v. pron.* **3** to show off (presumir). ◆ **4 ~ gordo,** (fam.) to celebrate in style.
repintar *v. t.* **1** to repaint. • *v. pron.* **2** to use loads of make-up (pintarse mucho). **3** to be imprinted (imprenta).
repipi *adj.* **1** (fam.) stuck-up (engreído). **2** pseudo-refined, affected (afectado). **3** precocious (precoz): *es un niño repipi = he's a precocious child.* • *s. m.* y *f.* **4** poseur.
repique *s. m.* **1** peal, pealing (campanas). **2** (fam.) squabble (riña). **3** (Am. y fam.) threat, insult (insulto).
repiquete *s. m.* **1** MÚS. pleasant peal of bells. **2** MIL. clash. **3** (Am.) spite, revengefulness. • *pl.* **4** (Am.) chirping (gorjeos).
repiquetear *v. t.* **1** to ring with gusto (campanas). **2** to beat in a lively manner (tambor). • *v. i.* **3** MÚS. to peal out merrily (campanas). **4** to rattle (máquina). • *v. pron.* **5** (fig. y fam.) to indulge in mud-slinging.
repiqueteo *s. m.* **1** MÚS. pealing (campanas). **2** lively beating (tambor). **3** clattering (máquina).
repisa *s. f.* **1** ARQ. ledge, corbel (ménsula). **2** shelf (anaquel).
replantear *v. t.* **1** to raise again (asunto). **2** to retrace (proyecto). • *v. pron.* **3** to think about again, to reconsider.
replanteo *s. m.* **1** reopening (cuestión). **2** retracing (proyecto).
replegar *v. t.* **1** to fold over (doblar). • *v. pron.* **2** MIL. to beat an orderly retreat, to fall back (retenerse en orden).
repleto, -ta *adj.* crammed full, full up.
réplica *s. f.* **1** reply, answer (respuesta). **2** ART. replica. **3** COM. clone. • *pl.* **4** (fam.) lip. ◆ **5 derecho de ~,** DER. right of reply.
replicar *v. i.* **1** to contend, argue (argüir). **2** to answer (contestar). **3** (desp.) to answer back, to give backchat. • *v. t.* **4** to answer.
replicón, -na *adj.* (fam.) brassy, cheeky.
repoblación *s. f.* **1** repopulating, repopulation (gente). **2** restocking (objetos). ◆ **3 ~ forestal,** reforestation.
repoblar *v. t.* **1** to repopulate (gente). **2** to restock (río). **3** to reforest.
repollo *s. m.* BOT. cabbage.
reponer *v. t.* **1** to put back (volver a poner). **2** to replace (reemplazar). **3** to put on a second time (obra de teatro). • *v. pron.* **4** MED. to get better: *ya me he repuesto de la operación = I've now recovered from the operation.* **5** to regain one's composure (serenarse).
reportación *s. f.* calmness, restraint (moderación).
reportaje *s. m.* **1** newspaper report (periódico). **2** news item (televisión).
reportar *v. t.* **1** to restrain, to hold back (reprimir). **2** to obtain, to achieve (conseguir). **3** to bring: *su elección le ha reportado mucho dinero = her election has brought her a lot of money.* **4** (Am.) to report. • *v. i.* **5** to turn up for an appointment (ir a una cita). • *v. pron.* **6** to show restraint (moderarse).
reporte *s. m.* **1** news report (noticia). **2** piece of gossip (chisme).
reportero, -ra *s. m.* y *f.* newspaper reporter.
reposadamente *adv.* quietly, calmly.
reposado, -da *adj.* **1** calm, leisurely (pacífico). **2** quiet, peaceful (tranquilo).
reposapiés *s. m.* footrest.
reposar *v. i.* **1** to rest (descansar). **2** to sleep (dormir). **3** to be at rest (estar enterrado). • *v. pron.* **4** to settle (líquido). ◆ **5 ~ la comida,** to let one's food digest.
reposición *s. f.* **1** replacement. **2** MED. recovery. **3** re-showing (teatro).
reposo *s. m.* **1** rest (descanso). **2 dejar en ~,** to leave something to stand: *hay que dejar el vino en reposo = the wine should be left to stand.*
repostar *v. t.* **1** to restock (comida). • *v. i.* **2** to fill up with petrol (gasolina). • *v. pron.* **3** to stock up.
repostería *s. f.* **1** confectionery business (oficio). **2** confectioner's (tienda). **3** pantry, larder (despensa).
repostero, -ra *s. m.* y *f.* **1** confectioner (persona). • *s. m.* **2** HIST. embroidered cloth (tapiz).
reprender *v. t.* to tell off, to reprimand, to be angry at: *el profesor le reprendió su mal comportamiento = the teacher was angry at his bad behaviour.*
reprensible *adj.* blameworthy, reprehensible.
reprensión *s. f.* reprehension, reprimand.
represa *s. f.* **1** MAR. recapture. **2** dam (presa). **3** temporary halt (parada).
represalia *s. f.* reprisal, retaliation: *tomaron represalias = they took reprisals.*

representación *s. f.* **1** representation. **2** performance (teatro). **3** body of representatives (representantes). **4** (fig.) distinction, eminence (importancia). ◆ **5** ~ **proporcional,** POL. proportional representation.

representante *s. m.* y *f.* **1** representative, (fam.) rep: *ella es nuestra representante comercial = she's our sales rep.* **2** actor (actor). **3** actress (actriz).

representar *v. t.* **1** to represent. **2** to put on (obra de teatro). **3** to symbolize (simbolizar). **4** to inform (informar). **5** (fig.) to seem (edad): *representa más años de los que en realidad tiene = he seems older than he really is.*

representativo, -va *adj.* representative.

represión *s. f.* repression, restraint.

represivo, -va *adj.* repressive: *acción represiva = repressive action.*

represor, -ra *adj.* **1** repressive. ● *s. m.* y *f.* **2** repressor.

reprimenda *s. f.* rebuke, reproof, reprimand.

reprimido, -da *adj./s. m.* y *f.* repressed.

reprimir *v. t.* **1** to check, to curb (contener). **2** to repress, to put down: *las autoridades reprimieron la rebelión = the authorities put down the rebellion.* ● *v. pron.* **3** to stop oneself.

reprobable *adj.* reprehensible.

reprobación *s. f.* reprobation, condemnation: *esto merece la reprobación de todos = this deserves universal condemnation.*

reprobar *v. t.* to reprove, to condemn, to censure.

reprobatorio, -ria *adj.* disapproving, reproachful.

réprobo *s. m.* REL. reprobate.

reprochable *adj.* reproachable, censurable.

reprochar *v. t.* **1** to reproach, to censure: *le han reprochado sus acciones = they have reproached her for her actions.* ● *v. pron.* **2** to reproach oneself.

reproche *s. m.* reproach, censure: *siempre le han dirigido reproches = he has always been the object of reproach.*

reproducción *s. f.* reproduction.

reproducir *v. t.* **1** to reproduce. ● *v. pron.* **2** to breed. **3** to recur (síntomas).

reproductor, -ra *adj.* **1** reproductive. ● *s. m.* y *f.* **2** ZOOL. inseminator.

reptación *s. f.* crawling, creeping.

reptante *adj.* crawling, creeping.

reptar *v. i.* to creep, to crawl, to slither: *la culebra iba reptando por la hierba = the snake slithered through the grass.*

reptil *adj.* **1** reptilian. ● *s. m.* **2** ZOOL. reptile. **3** (fig.) slimy person.

república *s. f.* republic: *la República Francesa = the Republic of France.*

repudiar *v. t.* **1** DER. to repudiate. **2** to renounce (herencia).

repudio *s. m.* **1** repudiation. **2** renouncing.

repuesto, -ta *adj.* **1** restored to health (bien de salud). ● *s. m.* **2** stock (víveres). **3** buffet table (mesa para comida). ◆ **4 pieza de** ~, MEC. spare part, spare.

repugnancia *s. f.* **1** repugnance, disgust (asco). **2** unwillingness (desgana), reluctance: *lo hizo con repugnancia = he did it with reluctance.*

repugnante *adj.* repugnant, disgusting.

repugnar *v. t.* **1** to disgust, to sicken. **2** to contradict (contradecir). ● *v. i.* **3** to be sickening (ser asqueroso). ● *v. pron.* **4** to be in opposition (contradecirse).

repujado *s. m.* TEC. repoussé, embossed metalwork.

repujar *v. t.* TEC. to emboss, to work: *una bandeja bien repujada = a nicely worked tray.*

repulido, -da *adj.* **1** polished (pulido). **2** (fig.) classy, swanky (afectado).

repulir *v. t.* **1** to repolish. ● *v. pron.* **2** to get dressed up (persona).

repulsa *s. f.* **1** rebuff, snub (rechazo). **2** rebuke (reprimenda). **3** MIL. check, reverse: *el ejército sufrió una repulsa = the army was checked.*

repulsar *v. t.* **1** to reject, to rebuff (rechazar). **2** (fig.) to condemn, to rebuke (censurar). **3** MIL. to check.

repulsión *s. f.* **1** rebuff (repulsa). **2** repulsion, repulsiveness (asco).

repulsivo, -va *adj.* repulsive, disgusting.

reputación *s. f.* reputation: *él tiene mala reputación = he has a bad reputation.*

reputar *v. t.* **1** to repute, to regard (estimar). **2** to esteem highly (apreciar).

requebrar *v. t.* **1** to break again. **2** to pay compliments, to flatter (cortejar). **3** (fig.) to praise, to worship (adular).

requemar *v. t.* **1** to burn again. **2** to burn (comida). ● *v. pron.* **3** to dry up (plantas). **4** to be burning (lengua). **5** to get burnt (sol). **6** (fig.) to be seething with indignation.

requemazón *s. f.* **1** hotness (comida picante). **2** burnt taste (mal sabor).

requerimiento *s. m.* **1** request (petición). **2** DER. summons. **3** demand (demanda).

requerir *v. t.* **1** DER. to summon. **2** to require (necesitar). **3** to request: *le han requerido para que no lo vuelva a hacer = they have requested him not to do it again.* **4** to say nice things (a una mujer).

requesón *s. m.* **1** curd (cuajada). **2** cottage cheese (queso blando).

requeté *s. m.* POL., HIST. Carlist soldier.

réquiem *s. m.* **1** REL. requiem mass. **2** MÚS. requiem.

requisa *s. f.* **1** inspection (inspección). **2** MIL. requisition.

requisición *s. f.* **1** MIL. requisition. **2** (Am.) confiscation (embargo). **3** (Am.) search (registro).

requisito *s. m.* requisite, requirement: *ella tiene los requisitos para el puesto = she has the necessary requirements for the post.*

requisitorio, -ria *adj.* **1** requisitory. ● *s. f.* **2** DER. formal dispatch.

res *s. f.* AGR. head of cattle.

resabiado, -da *adj.* (fam.) crafty, not born yesterday.

resabiarse *v. pron.* **1** to acquire bad habits (coger vicios). **2** to get angry (enfadarse). **3** to take a malicious delight (in).

resabio *s. m.* **1** aftertaste (sabor desagradable). **2** bad habit. **3** wild nature (caballo). ◆ **4 tener resabios de,** (fig.) to suggest.

resaca *s. f.* **1** (fam.) hangover (por beber). **2** undercurrent (olas). **3** (Am. y fam.) going-over, beating (paliza). **4** (Am.) good-quality liquor (bebida). **5** (Am.) slime, mud (limo).

resaltar *v. i.* **1** to stand out (sobresalir). **2** to rebound (rebotar). **3** to jut out: *nuestro balcón resalta mucho = our balcony juts out a lot.* ◆ **4 hacer** ~, ART. to throw into relief.

resalte o **resalto** *s. m.* **1** ARQ. salient, projection. **2** rebound (rebote).

resarcir *v. t.* **1** FIN. to indemnify, to compensate (for). ● *v. pron.* **2** to make up for something.

resarcimiento *s. m.* FIN. indemnification, compensation.

resbalada *s. f.* (Am.) slip.

resbaladero, -ra *adj.* **1** slippery (resbaladizo). ● *s. m.* **2** slide (corredera). **3** slippery area (lugar resbaladizo).

resbaladizo, -za *adj.* slippery.

resbaladura *s. f.* skid-mark (señal de resbalar).

resbalar *v. i.* **1** to slip (caerse). **2** to slide (deslizarse). **3** to skid (coche). **4** (fig.) to slip up. ◆ **5 me resbala,** (fam.) I couldn't care less.

resbalón *s. m.* **1** to slip, slide. ◆ **2 dar un** ~, (fig.) to slip up.

resbaloso, -sa *adj.* (Am.) slippery.

rescatar *v. t.* **1** to rescue, to free (liberar). **2** to rescue, to save (de peligro). **3** (fig.) to redeem (redimir). **4** to recover, to get back (dinero). ● *v. i.* **5** to hawk from village to village (viajar vendiendo).

rescate *s. m.* **1** rescue (liberación). **2** ransom (pago). **3** recovery (recuperación). ◆ **4** ~ **de terreno,** land reclamation.

rescindir *v. t.* to cancel (contrato).

rescisión *s. f.* DER. rescission, cancellation.

rescoldo *s. m.* **1** ember (brasa). ◆ **2 avivar el** ~, (fig.) to revive the dying embers.

rescripto *s. m.* REL. rescript.

resecar *v. t.* **1** to dry completely (secar). **2** to scorch, to parch (quemar). **3** MED. to remove (órgano).

resección *s. f.* MED. resection.

reseco, -ca *adj.* **1** very dry. **2** (fig.) thin, lean (flaco). ● *s. m.* **3** dry part.

resentido, -da *adj.* resentful, sore, smarting.

resentimiento *s. m.* resentment, vindictiveness (rencor).

resentirse *v. pron.* **1** to begin to weaken (flojear). **2** to suffer from: *él todavía se resiente de su accidente =*

he's still suffering from his accident. **3** (fig.) to feel offended about (enojarse).

reseña *s. f.* **1** description, outline (resumen). **2** LIT. review. **3** MIL. review.

reseñar *v. t.* **1** to describe. **2** to report on (acontecimiento). **3** MIL. to review. **4** LIT. to review.

reserva *s. f.* **1** reserve (provisión). **2** aloofness, reticence (cualidad). **3** MIL. reserve. **4** booking (plaza). **5** reservation (territorio). • *s. m.* **6** DEP. reserve, substitute. • *s. f. pl.* **7** reservations (salvedades). ◆ **8 ~ de cambio,** allowance for exchange losses. **9 ~ de espacios,** space booking. **10 reservas bancarias,** bank reserves. **11 reservas exteriores,** foreign reserves.

reservado, -da *adj.* **1** reserved, circumspect (circunspecto). • *s. m.* **2** private room. **3** (Am.) private field (prado cerrado).

reservar *v. t.* **1** to reserve. **2** to book (plaza). **3** to conceal, to hush up (callar). • *v. pron.* **4** to save oneself: *ese corredor se está reservando para la final = that runner is saving himself for the final.* **5** to be on one's guard (de, against).

reservista *s. m.* y *f.* MIL. reservist.

reservón, -na *adj.* **1** extremely reserved, extremely wary. **2** very tame (toro).

resfriado, -da *adj.* **1** (Am.) indiscreet, tactless. • *s. m.* **2** MED. cold: *mi hermana ha cogido un resfriado = my sister has caught a cold.*

resfriamiento *s. m.* MED. cold.

resfriar *v. t.* **1** to chill. **2** (fig.) to dampen. • *v. pron.* **3** to catch a cold. • *v. i.* **4** to get cold (tiempo): *está resfriando = it's getting cold.*

resfrío *s. m.* (Am.) cold.

resguardar *v. t.* **1** to defend, to protect (proteger). • *v. pron.* **2** to safeguard/protect oneself: *los esquimales se resguardaban de la ventisca = the eskimos protected themselves from the blizzard.*

resguardo *s. m.* **1** defence, protection (protección). **2** guard (guardia). **3** receipt (recibo). **4** voucher (cupón). **5** ticket (consigna).

residencia *s. f.* **1** residence. **2** DER. inquiry. ◆ **3 ~ para ancianos,** old people's home. **4 ~ sanitaria,** hospital.

residencial *adj.* **1** residential. • *s. f.* **2** housing estate (barrio).

residente *adj./s. m.* y *f.* resident.

residir *v. i.* **1** to reside, to live, to stay (permanecer). **2** (fig.) to lie: *el mayor problema reside en que no tenemos armas = the main problem lies in our not possessing weapons.*

residual *adj.* residual, residuary.

residuo *s. m.* **1** remainder (lo que queda). **2** waste (basura). **3** FIN. residue. **4** QUÍM. residuum. ◆ **5 residuos nucleares,** nuclear waste.

resignación *s. f.* **1** relinquishing (abandono). **2** resignation (sumisión).

resignadamente *adv.* resignedly, with resignation.

resignarse *v. pron.* to resign oneself: *me he resignado a que nunca seré rico = I've resigned myself to the fact that I'll never be rich.*

resina *s. f.* resin: *resina sintética = synthetic resin.*

resinar *v. t.* to extract resin.

resinoso, -sa *adj.* resinous: *aspecto resinoso = resinous appearance.*

resistencia *s. f.* **1** resistance. **2** endurance (aguante). **3** DEP. stamina. **4** (fig.) opposition. ◆ **5 ~ eléctrica,** electrical resistance. **6 ~ pasiva,** passive resistance.

resistente *adj.* **1** resistant. **2** BOT. hardy. • *s. m.* y *f.* **3** POL. member of the Resistance.

resistible *adj.* resistible.

resistir *v. t.* **1** to resist. **2** to tolerate, to endure (tolerar). • *v. i.* **3** to fight: *resistieron hasta el final = they fought right to the end.* **4** to keep going, to last: *no creo que el coche resista mucho más = I don't think the car will last much longer.* • *v. pron.* **5** to have difficulty. **6 resistirse a aceptar/creer algo,** to find something hard to believe.

resma *s. f.* ream (cantidad de papel).

resol *s. m.* sun's glare: *es difícil soportar el resol = it's hard to stand the glare of the sun.*

resolano *s. m.* sunny spot, suntrap (lugar para tomar el sol).

resollar *v. i.* **1** to breathe heavily (aspirar). **2** (fig. y fam.) to show signs of life (dar señales de vida).

resolución *s. f.* **1** solution (problema). **2** resolution (decisión). **3** (fig.) initiative (iniciativa). **4** DER. ruling, settlement. **5** (Am.) end (término).

resoluto, -ta *adj.* **1** resolute, determined (decidido). **2** brief (abreviado).

resolutorio, -ria *adj.* providing a solution.

resolver *v. t.* **1** to solve (problema). **2** QUÍM. to dissolve. **3** to break down, to analyse (materiales). • *v. i.* **4** to decide, to determine: *hemos resuelto ofrecerle el puesto de trabajo = we've decided to offer you the job.* • *v. pron.* **5** to decide, to resolve (decidir): *resuélvetelo tú mismo = decide for yourself.* **6** to end in (acabar siendo). **7** MED. to vanish.

resonador, -ra *adj.* **1** resounding. • *s. m.* **2** ELEC. resonator.

resonancia *s. f.* **1** resonance (prolongación). **2** echo (repercusión). **3** (fig.) far-reaching effects, importance.

resonante *adj.* **1** resounding, resonant (sonido). **2** (fig.) thorough, resounding, decisive: *fue una victoria resonante = it was a resounding victory.*

resonar *v. i.* **1** to resound, to echo (repercutir el sonido). **2** (fig.) to be heard about everywhere, to be common knowledge: *su triunfo ha resonado = her triumph is common knowledge.*

resoplar *v. i.* to puff and blow (respirar fuertemente).

resoplido *s. m.* heavy breathing, panting (jadeo).

resorte *s. m.* **1** MEC. spring (muelle). **2** (fig.) means (medio). **3** (Am.) rubber band (gomita). **4** (Am.) responsibility, concern (incumbencia). • *pl.* **5** (fig.) connections.

respaldar *v. t.* **1** to support, to back (apoyar). **2** to endorse (escrito). **3** to guarantee, to ensure. • *v. pron.* **4** to lean back. • *s. m.* **5** chair back (respaldo).

respaldo *s. m.* **1** chair back. **2** back (documento). **3** endorsement (firma). **4** support, backing (apoyo). **5** (fig.) guarantee, protection (garantía).

respectar *v. i.* **1** to deal with, to concern. **2 por lo que respecta,** as for.

respectivamente o **respective** *adv.* respectively.

respectivo, -va *adj.* respective: *sus respectivos maridos = their respective husbands.*

respecto *s. m.* **1** respect. ◆ **2 al ~,** with regard to this matter. **3 con ~ a/~ de,** with regard to, as for.

respetabilidad *s. f.* respectability.

respetable *adj.* **1** respectable. • *s. m.* **2** (fam.) the audience (espectadores).

respetar *v. t.* **1** to respect, to show respect for (honrar). • *v. i.* **2** to concern (corresponder). ◆ **3 hacerse ~,** to command respect.

respetuosamente *adv.* respectfully.

respetuoso, -sa *adj.* respectful: *un joven respetuoso = a respectful young man.*

respingar *v. i.* **1** to shy (caballo). **2** (fig. y fam.) to drag one's feet. • *v. pron.* **3** to ride up (levantarse): *este suéter se me respinga = this sweater rides up.*

respingo *s. m.* **1** start, jump. **2** (fig. y fam.) gesture of discontent (mueca). **3** (Am.) part of skirt that rides up.

respingón, -na *adj.* **1** jibbing (caballo). **2** snub (nariz).

respiración *s. f.* **1** breathing, respiration. **2** ventilation (ventilación). ◆ **3 quedarse sin ~,** to run out of breath.

respiradero *s. m.* **1** vent (abertura). **2** ARQ. dormer window (lumbrera). **3** airhole (cañería). **4** (fig.) break (descanso). **5** (fam.) ANAT. lungs.

respirador, -ra *adj.* **1** respiratory. • *s. m.* **2** MED. respirator. **3** DEP. snorkel.

respirar *v. i.* **1** ANAT. to breathe. **2** (fig. y fam.) to say a word, to open one's mouth (hablar): *ella no ha respirado en toda la semana = she hasn't opened her mouth once this week.* **3** (fig. y fam.) to have a breather (descansar): *¡déjala respirar! = let her have a breather!* • *v. t.* **4** to inhale (gas). **5** (fig.) to give off (despedir olor). ◆ **6 ~ confianza,** (fig.) to ooze confidence.

respiratorio, -ria *adj.* respiratory.

respiro *s. m.* **1** ANAT. breathing. **2** (fam.) breather (descanso). **3** (fig.) relief (alivio). **4** (fig.) COM. breathing space (prórroga).

resplandecer *v. i.* **1** to shine, to glow. **2** (fig.) to shine, to be outstanding.

resplandeciente *adj.* **1** shining, glowing. **2** (fig.) radiant (radiante).

resplandor *s. m.* **1** shine, glow (brillo). **2** (fig.) brilliance, splendour (esplendor). **3** (Am.) diadem (corona).

responder *v. t.* **1** to answer, to reply to (carta, llamamiento). • *v. i.* **2** to answer, to reply. **3** to respond: *la paciente está respondiendo bien al tratamiento = the patient is responding well to treatment.* **4** to answer back (replicar). **5** to be responsible: *la empresa no responde de los posibles daños = the firm is not responsible for possible damages.* **6** to guarantee, to vouch: *yo respondo por mi amiga = I can vouch for my friend.* **7** (fig.) to function well, to be fine: *este coche responde = this is a fine car.*

respondón, -na *adj.* (fam.) saucy, insolent, cheeky: *ese chaval es muy respondón = that lad is very cheeky.*

responsabilidad *s. f.* **1** responsibility. ♦ **2 ~ civil,** civil liability.

responsabilizar *v. t.* **1** to make responsible, to put in charge (encargar). • *v. pron.* **2** to hold oneself responsible.

responsable *adj.* **1** responsible. **2** answerable: *todos somos responsables de nuestras acciones ante la ley = we are all answerable before the law for our actions.* ♦ **3 hacerse ~ de algo,** to take responsibility for something: *me hago responsable de la derrota = I take responsibility for the defeat.*

responsar *v. i.* REL. to say responses.

responso *s. m.* **1** REL. response. **2** (Am.) rebuke, telling-off (regaño).

respuesta *s. f.* answer, reply.

resquebradura o **resquebrajadura** *s. f.* split, crack.

resquebradizo *adj.* brittle, easily breakable.

resquebrajar *v. t.* **1** to break, to crack. • *v. pron.* **2** to crack.

resquebrar *v. i.* to start to crack/chip: *la pintura está resquebrando = the paintwork is starting to chip.*

resquemar *v. t.* **1** to burn (comida). **2** (fig.) to pique, to upset (picar).

resquemor *s. m.* **1** stinging, burning (escozor). **2** (fig.) pique (resentimiento).

resquicio *s. m.* **1** crack, chink (hendedura). **2** (fig.) opportune occasion. **3** (Am.) bit, scrap (pizca).

resta *s. f.* **1** MAT. subtraction. **2** reminder.

restablecer *v. t.* **1** to re-establish. • *v. pron.* **2** MED. to get better.

restablecimiento *s. m.* **1** re-establishment. **2** MED. recovery, recuperation.

restallar *v. i.* **1** to crack (látigo). **2** to crackle (madera que arde).

restante *adj.* **1** remaining, left over. • *s. m.* **2** remainder.

restañadura *s. f.* MED. staunching (sangre).

restañar *v. t.* **1** MED. to staunch. **2** TEC. to re-tin.

restaño *s. m.* **1** MED. staunching. **2** backwater, pool (remanso).

restar *v. t.* **1** to take away (quitar). **2** MAT. to deduct. **3** DEP. to return (tenis). • *v. i.* **4** to remain, to be left: *lo único que me resta es olvidarlo = the only thing which remains for me to do is forget it.*

restauración *s. f.* **1** restoration (cuadro, monument). **2** catering (restaurante).

restaurador *s. m.* **1** ART. restorer. **2** reviver (tradiciones). **3** caterer, restaurateur (persona que dirige un restaurante).

restaurante *s. m.* restaurant.

restaurar *v. t.* **1** ART. to restore: *el cuadro ha sido restaurado = the painting has been restored.* **2** to recover (recobrar).

restaurativo, -va *adj.* y *s. m.* restorative.

restitución *s. f.* return, giving back, restoration.

restituir *v. t.* **1** to return (devolver). **2** to restore (restablecer). • *v. pron.* **3** to return, to go back: *se ha restituido a la empresa = he has gone back to the company.*

resto *s. m.* **1** remainder, rest (residuo). **2** DEP. return, return of service (tenis). **3** MAT. remainder. • *pl.* **4** leftovers (comida). **5** remains: *restos mortales = mortal remains.* ♦ **6 echar el ~,** (fig.) to try one's very best.

restregar *v. t.* to scrub (fregar): *restregué el suelo = I scrubbed the floor.*

restregón *s. m.* scrubbing, scouring (perol).

restricción *s. f.* **1** restriction, limitation. ♦ **2 ~ salarial,** wage restraint. **3 sin restricciones,** liberally, freely.

restrictivo, -va *adj.* restrictive, limiting.

restringir *v. t.* **1** to restrict, to limit (limitar). **2** to constrict (apretar).

resucitar *v. t.* **1** to revive, to bring back to life. **2** (fig.) to give fresh life to. • *v. i.* **3** to be resurrected (Jesucristo).

resuello *s. m.* **1** breathing (respiración). **2** breath (aliento).

resuelto, -ta *adj.* **1** determined, resolute. **2** assiduous (diligente).

resulta *s. f.* **1** result, consequence. **2** vacancy (vacante). ♦ **3 de resultas,** as a result, as a consequence.

resultado *s. m.* **1** result. **2** upshot, outcome (desenlace).

resultante *adj.* **1** resultant. • *s. f.* **2** MEC. resultant.

resultar *v. i.* **1** to turn out, to prove: *resultó ser muy caro = it turned out to be very dear.* **2** to turn out well (salir bien). **3** to be born from, to be created by, to originate from (originarse): *de la pluma de Dickens resultaron muchas obras = many works originated from Dickens's pen.* **4** (fam.) to please (agradar).

resultón, -ona *adj.* **ser ~,** to know how to make the most of one's looks.

resumen *s. m.* **1** summary, résumé. ♦ **2 en ~,** to sum up.

resumidero *s. m.* (Am.) **1** sewer (cloaca). **2** sink (fregadero). **3** quagmire (cenegal). **4** TEC. sump.

resumir *v. t.* **1** to summarize, to sum up. **2** to abridge (abreviar). • *v. pron.* **3** to be summarized, to be summed up. **4** to amount to (venir a ser).

resurgimiento *s. m.* revival, resurgence.

resurgir *v. i.* **1** to reappear. **2** to be resurrected (resucitarse).

resurrección *s. f.* resurrection.

retablo *s. m.* REL. altar-piece.

retaco 1 short shotgun (escopeta). **2** short cue (billar). **3** (fam.) stocky little fellow (hombrecito rechoncho).

retador, -ra *adj.* challenging, defiant.

retaguardia *s. f.* **1** MIL. rearguard. ♦ **2 a ~,** in the rear.

retahíla *s. f.* **1** long line, string. **2** (fig.) barrage, shower (injurias).

retal *s. m.* remnant, left-over piece.

retama *s. f.* BOT. broom.

retamal o **retamar** *s. m.* BOT. area covered in broom.

retar *v. t.* **1** to challenge (desafiar). **2** (fam.) to take to task (reprender). **3** (Am. y fam.) to insult (denostar).

retardación *s. f.* **1** delay (retraso). **2** MEC. slowing down.

retardar *v. t.* **1** to delay, to make late (retrasar). • *v. pron.* **2** to slow down.

retardo *s. m.* **1** delay (retraso). **2** slowing down (retardación).

retazo *s. m.* **1** remnant, piece (tela). **2** (fig.) literary fragment. **3** (Am. y fam.) scrap, worthless bit (piltrafa).

retel *s. m.* crab net (pesca).

retén *s. m.* **1** stock, store, reserve (reserva). **2** control (policía). **3** MIL. reinforcements. ♦ **4 estar de ~,** to be on call.

retención *s. f.* **1** retaining, keeping back. **2** MED. retention. **3** FIN. withholding, deduction: *mis retenciones anuales suman más de cincuenta mil pesetas = my yearly deductions total more than fifty thousand pesetas.*

retener *v. t.* **1** to keep back, to retain (conservar). **2** FIN. to withhold. **3** to retain (en la memoria). • *v. pron.* **4** to show restraint (moderarse).

retentivo, -va *adj.* retentive, retaining.

reticencia *s. f.* **1** insinuation, suggestion, hint: *hablar con reticencias = to drop hints.* **2** reticence, reserve (taciturnidad).

reticente *adj.* **1** insinuating, suggestive (sugestivo). **2** reticent (callado).

retícula *s. f.* FÍS.reticle.

retintín *s. m.* **1** jingle, tinkle (tilín). **2** (fig.) sardonic tone (sarcasmo).

retinto, -ta *adj.* dark chestnut (color).

retiradamente *adv.* in isolation, quietly.

retirado, -da *adj.* **1** far-off, distant (apartado). • *s. m.* **2** MIL. retired soldier. • *s. f.* **3** MIL. retreat: *emprender la retirada = to retreat.* **4** retreat, refuge (refugio).

retirar *v. t.* **1** to take away, to remove (apartar). **2** to withdraw (tropas, embajadores). • *v. pron.* **3** to retire, to go away (apartarse). **4** to retire (jubilarse), to stop working: *mi tío se ha retirado = my uncle has retired.*

retiro *s. m.* **1** retirement (jubilación). **2** FIN. withdrawal (dinero). **3** seclusion, privacy (aislamiento). **4** secluded place (lugar). **5** MIL. retirement pension. **6** REL. retreat.

reto *s. m.* **1** challenge: *acepto el reto = I accept the challenge.* **2** threat (amenaza). **3** (Am.) telling-off, dressing-down (regaño).

retocar *v. t.* **1** to touch over and over again (tocar repetidamente). **2** to touch up (cuadro). **3** to give a last coat of paint to (pintura). ● *v. pron.* **4** to touch up.

retomar *v. t.* to take up again.

retoñar *v. i.* **1** BOT. to sprout. **2** (fig.) to recur (reproducirse).

retoño *s. m.* **1** BOT. sprout, shoot. **2** (fig.) stripling (niño).

retoque *s. m.* **1** touching up, finishing touch (perfeccionamiento). **2** last coat of paint (pintura). **3** MED. symptom.

retorcer *v. t.* **1** to twist. **2** (fig.) to distort, to twist (argument). ● *v. pron.* **3** to get twisted. ◆ **4 retorcerse de dolor,** to double up in pain.

retorcimiento *s. m.* **1** twisting. **2** (fig.) complicated nature. **3** (fig.) artfulness, craftiness (astucia).

retorcido, -da *adj.* **1** twisted. **2** (fig.) devious, scheming (de malas intenciones). **3** (fig.) complicated (estilo).

retoricismo *s. m.* (desp.) verbosity.

retórico, -ca *adj.* **1** rhetorical. **2** (desp.) long-winded, verbose. ● *s. f.* **3** rhetoric. **4** (desp.) verbosity, long-windedness.

retornar *v. t.* **1** to return, to replace (devolver). ● *v. i.* **2** to return, to go back.

retorno *s. m.* **1** return. **2** FIN. rebate. **3** exchange (cambio).

retorsión *s. f.* **1** twisting. **2** (fig.) payment in kind.

retortero *s. m.* **1** turn. ◆ **2 andar al ~,** (fam.) to run around like a scalded cat. **3 traer a uno al ~,** (fam.) to keep someone continually on the go: *mi jefe me trae siempre al retortero = my boss keeps me continually on the go.*

retortijar *v. t.* to twist repeatedly.

retortijón *s. m.* **1** sharp twist. **2** MED. griping pain, stomach cramps: *tengo unos retortijones de tripas horribles = I've got terrible stomach cramps.*

retostado, -da *adj.* very dark (color).

retostar *v. t.* **1** to toast a lot (tostar mucho). **2** to burn (quemar).

retozar *v. i.* **1** to skip about, to leap about (brincar). **2** to get up to mischief: *los niños de su edad siempre están retozando = children of his age are always getting up to mischief.* ● *v. pron.* **3** (fig.) to get worked up.

retozo *s. m.* **1** skip, spring, frolic. ◆ **2 ~ de la risa,** the giggles.

retozón, -na *adj.* playful, frisky (cordero).

retractación *s. f.* retraction, withdrawal.

retractar *v. t.* **1** to take back, to retract (palabras). ● *v. pron.* **2** to take back what one said: *me retracto = I take back what I said.*

retráctil *adj.* retractable.

retraer *v. t.* **1** to bring back (retirar). ● *v. pron.* **2** to withdraw, to retreat (retirarse). **3** to take refuge, to take shelter (ampararse). **4** to live in seclusion (vivir aisladamente). **5** to be temporarily absent (ausentarse).

retraído, -da *adj.* **1** retiring, reserved. **2** (fig.) diffident, shy (tímido).

retranca *s. f.* **1** wide strap (caballería). **2** (Am.) brake. **3** ZOOL. female greyhound.

retrancar *v. t.* **1** (Am.) to stop, to brake. ● *v. pron.* **2** (Am.) to come to a halt.

retransmisión *s. f.* **1** transmission, broadcast (emisión). **2** repeat (repetición).

retransmitir *v. t.* **1** to broadcast. **2** to repeat (repetir).

retrasar *v. t.* **1** to delay, to put off (retardar). **2** to put back (reloj). ● *v. i.* **3** to fall back, to decline (ir a menos). ● *v. pron.* **4** to be late, to run late: *el tren se ha retrasado = the train is running late.* **5** to be slow (reloj).

retraso *s. m.* **1** delay (demora). **2** tardiness, lateness (tardanza). ◆ **3 ~ mental,** MED. mental handicap.

retratar *v. t.* **1** to paint someone's portrait. **2** to photograph (fotografiar). **3** (fig.) to depict, to evoke (representar).

retratista *s. m.* y *f.* **1** ART. portrait painter. **2** photographer (fotógrafo).

retrato *s. m.* **1** ART. portrait. **2** description, portrayal (descripción). **3** (fig.) resemblance, similarity (semejanza).

retreta *s. f.* **1** MIL. retreat. **2** (Am.) MÚS. open-air concert. **3** (Am.) string, long line (retahíla).

retrete *s. m.* lavatory, toilet.

retribución *s. f.* **1** FIN. compensation, remuneration. **2** TEC. compensation.

retribuir *v. t.* **1** to pay (pagar). **2** to compensate (compensar). **3** to return (favor).

retribuyente *adj.* retributive.

retroacción *s. f.* **1** regression (regresión). **2** TEC. feedback.

retroactividad *s. f.* retroactivity.

retroactivo, -va *adj.* retroactive: *efecto retroactivo = retroactive effect.*

retroceder *v. i.* **1** to move backwards. **2** (fig.) to give way (cejar). **3** MIL. to retreat. **4** to recede (nivel).

retroceso *s. m.* **1** moving back. **2** COM. recession. **3** MED. fresh outbreak. **4** kick (arma de fuego). **5** backspin (billar).

retrógrado, -da *adj.* **1** retrograde. ● *s. m.* y *f.* **2** POL. reactionary.

retroiluminado, -da *adj.* INF. **pantalla retroiluminada,** back-lit screen.

retropropulsión *s. f.* AER. jet propulsion.

retrospección *s. f.* retrospection, reminiscence.

retrospectivo, -va *adj.* retrospective, backward.

retrotraer *v. t.* DER. to claim to be earlier.

retrovisor *s. m.* rear-view mirror (coche).

retruécano *s. m.* GRAM. play on words, pun.

retumbante *adj.* **1** resonant, sonorous. **2** (fig.) pompous, bombastic (ampuloso): *nos dirigió unas palabras retumbantes = he spoke to us in a bombastic manner.*

retumbar *v. i.* **1** to resound, to echo (reverberar). **2** to boom, to thunder (un trueno).

retumbo *s. m.* **1** reverberation, echo. **2** boom, thunder.

reuma o **reúma** *s. m.* y *f.* MED. rheumatism.

reumático, -ca *adj.* **1** MED. rheumatic. ● *s. m.* **2** person suffering from rheumatism.

reumatismo *s. m.* MED. rheumatism.

reunificar *v. t. y pron.* to reunify.

reunión *s. f.* **1** meeting, gathering (asamblea). **2** party (fiesta). ◆ **3 ~ cumbre,** POL. summit meeting. **4 ~ de evaluación,** appraisal interview.

reunir *v. t.* **1** to bring together, to join (juntar). **2** to collect, to pool (recursos). **3** to save (ahorrar). ● *v. pron.* **4** to come together, to meet (juntarse). **5** to unite, to join forces (unirse).

reutilizar *v. t.* to reuse.

revacunar *v. t.* MED. to vaccinate again.

reválida *s. f.* **1** confirmation, ratification. **2** resit (examen).

revalidar *v. t.* **1** to ratify, confirm (aprobar). ● *v. pron.* **2** to sit an exam.

revalorización *s. f.* FIN. revaluation.

revalorizar *v. t.* FIN. to revalue, to reassess.

revancha *s. f.* **1** revenge. **2** DEP. return match. ◆ **3 tomar ~,** to take revenge.

revanchismo *s. m.* vengefulness.

revanchista *adj./s. m.* y *f.* revanchist.

revelación *s. f.* revelation, discovery: *una revelación importante = an important discovery.*

revelado, -da *adj.* **1** revealed. **2** developed (fotos). ● *s. m.* **3** developing (fotos).

revelador, -ra *adj.* **1** revealing. ● *s. m.* **2** developer (fotos).

revelar *v. t.* **1** to reveal, to disclose. **2** to develop (fotos). **3** to tell on, to betray (delatar): *reveló a sus amigos = he told on his friends.*

revendedor, -ra *s. m.* y *f.* **1** retailer (vendedor al por menor). **2** (desp.) speculator. **3** tout (vendedor de entradas).

revenido, -da *adj.* soggy (blando).

reventa *s. f.* **1** resale. **2** (desp.) speculation. **3** touting (entradas).

reventazón *s. f.* **1** bursting. **2** blow-out (neumático). **3** (Am.) GEOG. low mountain range. **4** MED. wind. **5** (Am.) spring (manantial).

reventar *v. i.* **1** to burst, to explode (estallar). **2** to break (olas). **3** (fig.) to be bursting: *ella reventaba de impaciencia = she was bursting with impatience; yo reventaba por decírtelo = I was bursting to tell you.* ● *v. t.* **4** to smash to pieces (romper con violencia): *él reventó su reloj = he smashed his watch to pieces.* **5** (fig.) to gall, to make mad (molestar): *me revienta verte siempre dormido en el trabajo = it makes me mad to see you always* *asleep at work.* **6** (fig.) to be damaging to, to destroy: *la enfermedad de su hijo le ha reventado = her son's illness has destroyed her.* • *v. pron.* **7** to burst: *se me ha reventado un neumático = I've got a burst tyre.* **8** to wear oneself out: *cada noche se revienta a estudiar = she wears herself out every night studying.*

reventón *s. m.* **1** bursting, exploding. **2** blow-out (neumático). **3** sharp climb (subida fuerte). **4** (fig.) fix, hole (apuro). **5** (fig.) muscle, elbow-grease (esfuerzo). **6** (fig.) grind, toil (trabajo). **7** (Am.) TEC. ore outcropping. **8** (Am. y fig.) explosion. **9** (Am.) push (empujón).

reverberación *s. f.* reverberation.

reverberar *v. i.* **1** to be reflected (luz). **2** to reverberate (sonido).

reverencia *s. f.* **1** reverence, veneration. **2** bow (inclinación del cuerpo del hombre). **3** curtsy (mujer). **4** REL. Reverence.

reverencial *adj.* reverential.

reverenciar *v. t.* to revere, venerate.

reverendo, -da *adj.* **1** worthy of veneration. **2** (fam.) overcareful (muy circunspecto). • *s. m.* **3** REL. reverend.

reversible *adj.* reversible: *una chaqueta reversible = a reversible jacket.*

reverso *s. m.* **1** reverse, back. **2** tails (moneda). ◆ **3 el ~ de la moneda,** (fig.) the other side of the coin.

reverter *v. i.* to overflow (rebosar).

revertir *v. i.* **1** to revert. **2** to come to be (redundar).

revés *s. m.* **1** back, reverse (reverso). **2** slap (golpe). **3** DEP. backhand. **4** (fig.) blow, setback (desgracia). **5** MIL. defeat. ◆ **6 al ~,** the other way round; inside-out (chaqueta), upside-down (plato), vice versa (vice versa). **7 de ~,** from left to right.

revesado, -da *adj.* **1** complicated, obtuse: *palabras muy revesadas = very obtuse words.* **2** (fig.) irrepressible, naughty (travieso).

revestimiento *s. m.* **1** surface (calzada). **2** QUÍM. casing. **3** layer (suelo). **4** TEC. coating. **5** panelling (madera).

revestir *v. t.* **1** TEC. to coat, to cover. **2** to disguise, to conceal. **3** to contain, to possess. • *v. pron.* **4** (fig.) to give oneself airs (engreírse). **5** to arm oneself: *se revistió de paciencia = he armed himself with patience.* **6** (fig.) to enthuse over (apasionarse).

revirado, -da *adj.* (Am.) **1** uncontrollable (revoltoso). **2** hard to please, grumpy (malhumorado). **3** (fam.) barmy, loony (loco).

revisada *s. f.* (Am.) **1** inspection, check. **2** MEC. overhaul.

revisión *s. f.* **1** check, inspection. **2** review, reconsideration (reexaminación). **3** MEC. overhaul. ◆ **4 ~ limitada,** FIN. limited review.

revisar *v. t.* **1** to check, inspect (inspeccionar). **2** to review, reconsider (reexaminar). **3** MEC. to overhaul. **4** LIT. to revise. **5** MIL. to review.

revisionismo *s. m.* POL. revisionism.

revisionista *s. m.* y *f.* revisionist.

revisor, -ra *s. m.* y *f.* **1** conductor (autobús). **2** ticket collector (tren). ◆ **3 ~ de cuentas,** FIN. auditor.

revista *s. f.* **1** LIT. magazine. **2** inspection, examination (examen). **3** MIL. review. **4** revue (teatro). **5** column, section (periódico). ◆ **6 pasar ~,** MIL. to inspect, to review.

revistero *s. m.* **1** LIT. columnist, critic. **2** magazine stand (mueble).

revivificar *v. t.* to restore, to revive (reavivar).

revivir *v. i.* **1** to revive, to come back to life (volver a la vida). **2** (fig.) to reappear, to resurface (resurgir): *revivieron las viejas discrepancias = the old discrepancies resurfaced.*

revocable *adj.* retractable, revocable.

revocación *s. f.* **1** revocation, cancelling, repeal.

revocar *v. t.* **1** to cancel, to revoke (una orden). **2** to disencourage, to dissuade (disuadir): *logramos revocarle de sus intenciones = we managed to dissuade him from his plans.* **3** to blow back (humo). **4** ARQ. to whitewash (pintura), to plaster (yeso).

revocatorio, -ria *adj.* revocatory.

revoco *s. m.* **1** revoking, annulment. **2** ARQ. plastering.

revolcadero *s. m.* ZOOL. mud-hole.

revolcar *v. t.* **1** to bring down, to knock to the ground (derribar). **2** (fig. y fam.) to tear to bits (dejar vencido y humillado). • *v. pron.* **3** to roll about, to flounder about, to wallow: *los elefantes se revolcaban en el agua = the elephants wallowed about in the water.* **4** (fig.) to stand firm (empeñarse).

revolcón *s. m.* **1** (fam.) tumble, fall (acto de revolcar). **2** (fam.) flunk (suspenso). **3** FIN. slump. ◆ **4 dar un ~ a alguien,** to wipe the floor with someone (en un debate).

revolotear *v. i.* **1** to flutter (mariposa). **2** to blow about (volar dando vueltas). • *v. t.* **3** to hurl upwards (arrojar al aire).

revoloteo *s. m.* **1** fluttering. **2** blowing about, circling.

revoltijo o **revoltillo** *s. m.* **1** hotchpotch (mescolanza). **2** (fig.) mix-up, mess (confusión). **3** (Am.) bunch, bundle (fardo).

revoltoso, -sa *adj.* **1** uncontrollable, rebellious (rebelde). **2** rough, turbulent (agua). **3** mischievous, naughty (travieso). • *s. m.* y *f.* **4** POL. troublemaker, agent provocateur.

revolución *s. f.* **1** revolution. ◆ **2 la ~ francesa,** the French Revolution. **3 la ~ industrial,** the Industrial Revolution.

revolucionar *v. t.* **1** to revolutionize. **2** MEC. to make something turn faster, to increase the revolutions: *revolucionar un motor = to increase the revolutions in the engine.*

revolucionario, -ria *adj.* revolutionary. • *s. m.* y *f.* **2** revolutionary (persona).

revolvedor *s. m.* TEC. shaker.

revolver *v. t.* **1** to shake (agitar). **2** to turn upside down (poner al revés). **3** to stir (líquido). **4** to muddle, to mess up (desordenar). **5** to turn over in one's head (discurrir). **6** to infect, to excite (pasiones). **7** to go through, to rummage through (registrar): *alguien ha revuelto mis documentos = someone's been going through my documents.* **8** to cover, to wrap up (envolver). **9** to turn round (a un caballo). • *v. pron.* **10** to face, to turn on: *se revolvieron contra el enemigo = they turned on the enemy.* **11** to retrace one's footsteps (andar lo andado). **12** to turn cloudy (ponerse borrascoso el tiempo). **13** to get churned up (líquido). **14** to fidget (moverse uno sentado). **15** to writhe (con dolor): *el soldado se revolvía en el suelo = the soldier was writhing on the floor.*

revólver *s. m.* revolver.

revoque *s. m.* **1** plastering (enlucimiento). **2** plaster (material).

revotarse *v. pron.* POL. to vote for a different party.

revuelco *s. m.* **1** tumble, fall. **2** wallowing.

revuelo *s. m.* **1** second flight. **2** fluttering (revoloteo). **3** (fig.) ferment, stir. ◆ **4 armar ~,** to cause a rumpus.

revuelto, -ta *adj.* **1** topsy-turvy, upside-down (en desorden). **2** wayward, ungovernable (revoltoso). **3** mischievous, naughty (travieso). **4** restless, on edge (inquieto). **5** (fig.) involved, complicated (enrevesado). **6** cloudy (líquido). **7** unsettled (tiempo). • *s. f.* **8** POL. riot, disturbance. **9** argument, quarrel (riña). **10** turn, bend (camino). **11** (fig.) change of opinion (cambio de parecer). • *s. m.* **12** scrambled eggs.

revulsión *s. f.* MED. revulsion.

revulsivo *s. m.* **1** MED. revulsive. **2** (fig.) short, sharp shock.

rey *s. m.* **1** king. • *pl.* **2** king and queen. ◆ **3 los Reyes Católicos,** the Catholic Monarchs. **4 los Reyes Magos,** the Three Wise Men. **5 ni ~ ni roque,** not a single soul. **6 servir al ~,** to be a soldier.

reyerta *s. f.* **1** argument, quarrel (riña). **2** set-to, fight (pelea).

rezado *s. m.* REL. prayer.

rezagar *v. t.* **1** to leave behind (dejar atrás). **2** to put off, to leave until later (atrasar). • *v. pron.* **3** to fall behind.

rezar *v. i.* **1** REL. to pray, to say prayers. **2** (fam.) to say, to read: *el texto reza como sigue = the text reads as follows.* **3** (fam.) to grumble, to grouch (gruñir). **4** (fam.) to concern: *esa cuestión no reza contigo = that matter doesn't concern you.* • *v. t.* **5** REL. to say (oraciones). **6** to ask for, to plead for (pedir).

rezongar *v. i.* **1** to grumble, to complain (quejarse). **2** (Am.) to tick off (regañar): *el jefe le rezongó = the boss gave him a ticking-off.*

rezongón, -na *adj.* grumbling, sullen, grumpy.

rezumadero *s. m.* **1** leak, hole (vasija). **2** seepage (lo rezumado).

rezumar *v. t. /v. i.* y *pron.* **1** to ooze, to seep. • *v. t.* y *pron.* **2** (fig.) to exude, to ooze, to be full of: *a ella le rezuma la seguridad en sí misma = she oozes self-confidence.*
rhesus *s. m.* ZOOL. rhesus monkey.
ría *s. f.* GEOG. estuary.
riachuelo o **riacho** *s. m.* stream, rivulet.
riada *s. f.* **1** flood (río). **2** (fig.) crowd (multitud).
riba *s. f.* GEOG. hill, steep bank (colina).
ribazo *s. m.* ⇒ **riba**.
ribera *s. f.* **1** riverside, bank (río). **2** shore, coast (mar). **3** AGR. flat, irrigated area.
ribereño, -ña *adj.* **1** riverside (cerca del río). **2** coastal (cerca del mar). • *s. m.* y *f.* **3** person who lives near a river. **4** person who lives near the sea.
riberiego, -ga *adj.* ZOOL. non-migrating (ganado lanar).
ribero *s. m.* safeguard, bulwark (presa).
ribete *s. m.* **1** trimming, border (prenda de vestir). **2** (fig.) frills, embellishments (adornos). • *pl.* **3** signs.
ribetear *v. t.* to border, to trim (confección de vestidos, etc.).
ricacho, -cha o **ricachón, -na** *s. m.* y *f.* (fam.) nouveau riche.
ricamente *adv.* **1** richly. **2** (fam.) a treat, fabulously: *todo marchó tan ricamente = everything went off a treat.*
ricino *s. m.* **1** BOT. castor-oil plant. ◆ **2 aceite de** ~, castor-oil.
rico, -ca *adj.* **1** rich, wealthy, well-off (adinerado). **2** delicious, very tasty, scrumptious (sabor): *esta tarta está riquísima = this cake is scrumptious.* **3** AGR. rich, fertile (tierra). **4** superb, brilliant (magnífico). **5** (fam.) bonny, sweet: *es una niña muy rica = she's a bonny little girl.* • *s. m.* y *f.* **6** rich man/woman, rich person. **7** (fam.) mate, pal: *¡oye, rico! = listen, pal!* ◆ **8 nuevo** ~, nouveau riche.
rictus *s. m.* rictus, gape, smile (contracción de los labios): *un rictus sardónico = a sardonic smile.*
ricura *s. f.* **1** tastiness (lo sabroso). **2** (fam.) smashing/lovely girl (chica): *¡qué ricura de chica! = what a smashing girl!*
ridículamente *adv.* ridiculously, ludicrously.
ridiculez *s. f.* folly, absurdity.
ridiculizar *v. t.* to ridicule, to make a mockery of: *la película ridiculiza la Iglesia = the film ridicules the Church.*
riego *s. m.* **1** AGR. irrigation. **2** watering (plantas). ◆ **3** ~ **sanguíneo,** ANAT. blood flow.
riel *s. m.* **1** rod (barra). **2** rail (ferrocarril).
rielar *v. i.* (poét.) to shimmer, to glimmer (estrellas).
rienda *s. f.* **1** reins (caballería). **2** (fig.) self-control, moderation (moderación). • *pl.* **3 aflojar las riendas,** to let up, to ease up. ◆ **4 a** ~ **suelta,** with free rein. **5 dar** ~ **suelta,** to give free rein to. **6 empuñar las riendas de algo,** to be in charge of something. **7 llevar las riendas,** to be in charge/control. **8 tirar de las riendas,** to keep a firm hold on.
riesgo *s. m.* **1** risk (contingencia). **2** danger (peligro). ◆ **3 correr el** ~, to run the risk. **4** ~ **bancario,** FIN. credit exposure. **5** ~ **de cambio,** FIN. foreign-exchange risk. **6** ~ **vivo,** FIN. exposure. **7 seguro a todo** ~, all-risks policy.
rifa *s. f.* **1** raffle (sorteo). **2** quarrel, dispute (riña).
rifar *v. t.* **1** to raffle (sortear). • *v. i.* **2** to quarrel, have an argument (reñir). • *v. pron.* **3** to tear (vela de barco). **4** (fig. y fam.) to be a hit: a *mi hermana se la rifan los chicos del colegio = my sister is a big hit with the boys at school.*
rifirrafe *s. m.* (fam.) row, set-to.
rifle *s. m.* rifle, gun.
riflero *s. m.* (Am.) **1** MIL. armed soldier. **2** (fam.) good shot (buen tirador).
rigidez *s. f.* **1** stiffness, rigidity: *la rigidez de las botas = the stiffness of the boots.* **2** (fig.) strictness, severity: *la rigidez del profesor = the teacher's strictness.*
rígido, -da *adj.* **1** rigid, stiff (cosa). **2** (fig.) strict, stern (persona). **3** expressionless, impassive (mirada).
rigodón *s. m.* MÚS., HIST. rigadoon.
rigor *s. m.* **1** strictness, severity (dureza). **2** toughness, hardness (aspereza). **3** accuracy, meticulousness (precision). **4** (Am.) great quantity, whole lot: *hay un rigor de libros = there's a whole lot of books.* ◆ **5 en** ~, in fact. **6 ser de** ~, to be absolutely necessary. **7 ser el** ~ **de las desdichas,** to be born unlucky.
rigorismo *s. m.* strictness, severity.
rigoroso, -sa o **riguroso, -sa** *adj.* **1** strict, severe (severo). **2** tough, hard (áspero). **3** exact, precise (exacto). **4** cruel, merciless (cruel).
rigurosidad *s. f.* severity, rigour.
rija *s. f.* **1** MED. fistula under the eye. **2** fight, quarrel (riña).
rilar *v. i.* **1** to be scared, to tremble (temblar). • *v. pron.* **2** (fam.) to chicken out, to get cold feet (acobardarse).
rima *s. f.* **1** rhyme. ◆ **2** ~ **asonante,** LIT. vowel-rhyme. **3** ~ **consonante,** LIT. consonance.
rimar *v. i.* LIT. **1** to rhyme. • *v. t.* **2** to make rhyme.
rimbombancia *s. f.* **1** resonance, echo (resonancia). **2** (fig.) fustian, high-sounding language (ampulosidad). **3** (fig.) show, ostentation (ostentación).
rimbombante *adj.* **1** resonant, echoing (resonante). **2** (fig.) bombastic, high-sounding (ampuloso). **3** (fig.) showy, ostentatious (ostentoso).
rimbombar *v. i.* to resound, to echo, to boom: *un sonido que rimbomba = a booming sound.*
rímel *s. m.* mascara (maquillaje para las pestañas).
rincón *s. m.* **1** corner (ángulo). **2** cranny (escondrijo). **3** (fig.) retreat, private quarters (retiro). **4** lumber room (trastero). **5** (Am.) confined area.
rinconada *s. f.* corner (casas, calles, etc.).
rinconera *s. f.* **1** corner unit (mueble). **2** ARQ. wall section.
ringorrango *s. m.* **1** LIT. flourish. **2** (fam.) frill, knick-knack.
rinitis *s. f.* MED. rhinitis.
rinoceronte *s. m.* ZOOL. rhinoceros.
riña *s. f.* **1** dispute, quarrel, argument (discusión). **2** fight, set-to (pelea).
riñón *s. m.* **1** ANAT. kidney. **2** (fig.) heart (centro). **3** small chunk (mineral). ◆ **4 costar una cosa un** ~, to cost a packet.
riñonera *s. f.* bumbag.
río *s. m.* **1** river. **2** (fig.) torrent (gran abundancia). ◆ **3 a** ~ **revuelto, ganancia de pescadores,** it's an ill wind that blows nobody any good. **4 cuando el** ~ **suena, agua lleva,** there's no smoke without fire. **5** ~ **abajo,** downstream. **6** ~ **arriba,** upstream.
rioja *s. m.* Rioja.
ripio *s. m.* **1** waste, remains (residuo). **2** LIT. meaningless word. **3** (Am.) rubble (cascote). ◆ **4 no perder** ~, not to miss a trick.
riqueza *s. f.* **1** wealth, riches: *la riqueza de la reina es incalculable = the queen's wealth is incalculable.* **2** richness (fecundidad): *la riqueza de sus ideas = the richness of his ideas.* ◆ **3 efecto** ~, FIN. wealth effect. **4 vivir en la** ~, to live in luxury.
risa *s. f.* **1** laugh: *mi tía reprimió una risa = my aunt stifled a laugh.* **2** laughter: *la risa es lo mejor del hombre = laughter is the best thing in man.* ◆ **3** ~ **sardónica,** sardonic smile, sneer. **4 morirse de** ~, to crack up, to laugh one's head off: *me moría de risa = I laughed my head off.* **5 tomar a** ~, to take something as a joke, not to take something seriously. **6 ¡vaya** ~**!,** what a laugh!
riscal *s. m.* craggy terrain.
risco *s. m.* **1** crag, cliff. • *pl.* **2** rough terrain.
risible *adj.* laughable, ridiculous, ludicrous: *un plan risible = a ludicrous plan.*
risotada *s. f.* loud laugh, guffaw: *solté una risotada = I let out a guffaw.*
ristra *s. f.* **1** string: *una ristra de ajos = a string of garlic.* **2** (fig.) long line.
ristre *s. m.* HIST. lance rest (armadura).
risueño, -ña *adj.* **1** smiling (cara). **2** (fig.) pleasant-looking, charming: *un carácter risueño = a charming character.* **3** (fig.) favourable (propicio).
rítmico, -ca *adj.* MÚS. rhythmic, rhythmical.
ritmo *s. m.* **1** MÚS. rhythm. **2** (fig.) rate: *el ritmo de aumento = the rate of increase.* **3** DEP. pace: *los corredores aumentaron el ritmo = the runners stepped up the pace.* ◆ **4 trabajar a** ~ **lento,** to go slow.
rito *s. m.* **1** REL. rite. **2** ceremony (ceremonia).

ritual *adj.* **1** ritual. • *s. m.* **2** REL. ritual. ♦ **3 ser de ~,** to be normal.
ritualidad *s. f.* protocol.
ritualismo *s. m.* ritualism.
rival *adj.* **1** rival. • *s. m.* y *f.* **2** rival, competitor.
rivalizar *v. i.* to compete, to vie, to rival: *los boxeadores rivalizan en preparación física = the boxers rival each other in physical fitness.*
rivera *s. f.* stream, rivulet.
rizado, -da *adj.* **1** crinkled (tela, etc.). **2** curly (pelo). **3** choppy (mar). • *s. m.* **4** curling, perm: *mi hermana ha pedido un rizado del pelo = my sister has asked for a perm.*
rizar *v. t.* **1** to curl. • *v. pron.* **2** to ripple (agua). ♦ **3 ~ el rizo,** (fig.) to split hairs: *estás rizando el rizo = you're splitting hairs.*
rizo *adj.* **1** curly. • *s. m.* **2** curl (pelo). **3** AER. loop. ♦ **4 rizar el ~,** AER. to loop the loop.
robalo, róbalo o **lobarro** *s. m.* ZOOL. sea bass.
robar *v. t.* **1** to steal: *me han robado la cartera = someone's stolen my wallet.* **2** to rob: *robar un banco = to rob a bank.* **3** to burgle (casa). **4** to cheat (timar). **5** to abduct, to kidnap (secuestrar). **6** to take (cartas). **7** (fig.) to steal, to capture: *aquella mujer le ha robado el corazón = that woman has captured his heart.*
roble *s. m.* **1** oak tree (árbol). **2** oak (madera). ♦ **3 ser más fuerte que un ~,** to be as strong as an ox.
robledal o **robledo** *s. m.* oak grove.
roblón *s. m.* **1** TEC. rivet. **2** ARQ. coping tile.
roborar *v. t.* **1** to strengthen, to bolster (dar fuerza). **2** (fig.) to corroborate, to confirm (corroborar).
robot *s. m.* **1** MEC. robot. **2** (fig.) pawn, puppet.
robótica *s. f.* robotics.
robustecer *v. t.* **1** to fortify, to make robust. • *v. pron.* **2** to increase in strength.
robustez *s. f.* strength, robustness, toughness.
robusto, -ta *adj.* robust, vigorous, tough.
roca *s. f.* **1** rock. ♦ **2 ser como una ~,** to be as hard as a rock.
rocalla *s. f.* **1** pebbles, rock chippings (piedrecillas). **2** large bead (abalorio).
rocambolesco, -ca *adj.* extraordinary, incredible, far-fetched.
roce *s. m.* **1** rubbing, rub. **2** (fig.) familiarity, regular dealings, contact: *tengo roces con el alcalde = I often have contact with the mayor.* **3** (fig.) friction, brush (hostilidad): *siempre ha habido roces entre las dos familias = there has always been friction between the two families.*
rociado, -da *adj.* **1** sprinkled, sprayed. • *s. f.* **2** spraying, sprinkling. **3** AGR. spray. **4** (fig.) shower: *una rociada de flechas = a shower of arrows.* **5** (fig.) stern dressing-down (reprensión fuerte).
rociador *s. m.* spray.
rociar *v. i.* **1** to fall (rocío). • *v. t.* **2** to spray, sprinkle (esparcir).
rocín *s. m.* **1** ZOOL. (desp.) nag. **2** carthorse (caballo de trabajo). **3** (fam.) slob, lout, uncouth individual (persona).
rocinante *s. m.* (fig.) old nag.
rocío *s. m.* **1** dew (por la mañana). **2** fine drizzle (llovizna). **3** (fig.) light shower, touch.
rockódromo *s. m.* open-air venue for rock concerts.
rococó *adj.* y *s. m.* ARQ. rococo.
rodaballo *s. m.* ZOOL. turbot.
rodado, -da *adj.* **1** on wheels (vehículos). **2** lying on the ground (mineral). • *s. m.* **3** underskirt (prenda de vestir). **4** (Am.) vehicle. • *s. f.* **5** wheel mark (marca de rueda en el suelo). ♦ **6 salir ~,** to go smoothly.
rodaja *s. f.* **1** slice (melón, etc.). **2** small wheel (ruedecilla).
rodaje *s. m.* **1** TEC. set of wheels (conjunto de ruedas). **2** shooting (película). **3** running-in (coche). **4** taxying (avión). ♦ **5 pista de ~,** taxiway. **6 poner en ~,** to start up, to set going.
rodamiento *s. m.* MEC. bearing: *rodamiento de bolas = ball bearing.*
rodante *adj.* **1** rolling: *material rodante = rolling stock.* • *s. m.* **2** (fam.) old banger (coche).
rodapié *s. m.* ARQ. skirting board.
rodar *v. i.* **1** to roll. **2** to go on wheels (coche). **3** to tumble down (caer dando vueltas). **4** (fig.) to rove around (vagar). **5** to film (cine). **6** to be still in existence (existir aún). • *v. t.* **7** to roll (objeto). **8** to run in (coche). **9** to film (película). **10** (Am.) to fell (derribar).
rodear *v. t.* **1** to surround, encircle (cercar). **2** (Am.) AGR. to round up (ganado). • *v. i.* **3** to go round (andar alrededor). **4** to make a detour (en coche). **5** (fig.) to digress, to ramble (hablar).
rodeo *s. m.* **1** long way round (camino más largo). **2** (fig.) safe distance (escape). **3** (Am.) AGR. roundup. **4** (Am.) rodeo (espectáculo). **5** (fig.) evasive words (circunlocución). ♦ **6 andar con rodeos,** to beat about the bush. **7 dejarse de rodeos,** to get to the point.
rodero, -ra *adj.* **1** of a wheel. • *s. f.* **2** cart track (camino para carros). **3** rut, track (rodada).
rodete *s. m.* **1** bun (de pelo). **2** pad (almohadilla). **3** ward (cerradura).
rodilla *s. f.* **1** ANAT. knee. **2** rough cloth (paño). ♦ **3 de rodillas,** kneeling. **4 doblar la ~,** (fig.) to kowtow (humillarse): *no hace falta que dobles la rodilla ante mí = you don't have to kowtow to me.*
rodillazo *s. m.* **1** blow with the knee. ♦ **2 dar/pegar un ~ a alguien,** to knee someone.
rodillera *s. f.* **1** DEP. kneepad. **2** patch on the knee of the trousers (remiendo). **3** baggy knee part of the trousers (bolsa).
rodillo *s. m.* **1** roller (herramienta). **2** rolling pin (cocina). **3** platen (máquina de escribir). **4** mangle (exprimidor). ♦ **5 ~ de vapor,** steamroller.
rododendro *s. m.* BOT. rhododendron.
roedor *s. m.* ZOOL. rodent: *el ratón es un roedor = the mouse is a rodent.*
roedura *s. f.* gnawing (acto).
roer *v. t.* **1** to gnaw, gnaw at: *la rata roe la madera = the rat gnaws wood.* **2** to pick at (hueso). **3** to nibble at (mordiscar): *el hámster roía el queso = the hamster nibbled at the cheese.* **4** (fig.) to torment, to nag: *le está royendo la preocupación = she's nagged by worry.*
rogante *adj.* pleading: *unas palabras rogantes = a few pleading words.*
rogar *v. t.* **1** to beg for, plead for (cosa). **2** to beg, plead with (persona): *te ruego que me ayudes = I beg you to help me.* • *v. i.* **3** to beg, plead. **4** REL. to pray. ♦ **5 se ruega no pisar el césped,** please keep off the grass. **6 se ruega silencio,** silence please.
rogativas *s. f. pl.* REL. rogations.
roído, -da *adj.* **1** gnawed, gnawed through. **2** (fig. y fam.) stingy (mezquino).
rojete *s. m.* rouge (maquillaje).
rojez *s. f.* redness.
rojizo, -za *adj.* reddish, ruddy: *una tez rojiza = a ruddy complexion.*
rojo, -ja *adj.* **1** red. **2** POL. red, communist. • *s. m.* **3** red. **4** POL. red, communist. ♦ **5 al ~ vivo,** red-hot, electric: *la tensión está al rojo vivo = the tension is electric.* **6 ponerse ~,** to blush, to go red.
rol *s. m.* **1** roll, list, catalogue (lista). **2** role (teatro). **3** MAR. muster-book.
rollizo, -za *adj.* **1** round (cosa). **2** chubby, plump (persona). • *s. m.* **3** roundwood, round timber (madero).
rollo *s. m.* **1** roll (cilindro): *un rollo de papel pintado = a roll of wall-paper.* **2** roll of film (película fotográfica). **3** (fam.) bore, bind, drag: *¡qué rollo! = what a drag!; la película fue un rollo = the film bored me stiff; ¡qué rollo de tío! = what a pain that guy is!* **4** (fam.) the scene, the action: *esa chica tiene un buen rollo = that girl's got a nice little scene going.*
Roma *s. f.* Rome.
romana *s. f.* steelyard (aparato para pesar).
romance *adj.* **1** LIT. Romance: *el francés es una lengua romance = French is a Romance language.* • *s. m.* **2** Spanish. **3** LIT. romance novel. **4** MÚS. ballad. ♦ **5 hablar en ~,** (fig.) to speak in simple terms.
romancear *v. t.* **1** to translate into Spanish. **2** (Am. y fam.) to chat up (galantear). • *v. i.* **3** (Am.) to indulge in idle chatter (charlar).
romancero *s. m.* **1** MÚS. ballad singer. **2** LIT. ballad anthology.
romanear *v. t.* to weigh with a steelyard.
románico, -ca *adj.* **1** ARQ. Romanesque. **2** LIT. Romance. • *s. m.* **3** ARQ. Romanesque.

romanista *s. m.* y *f.* **1** Roman Law specialist (profesor). **2** student of Romance languages (filólogo).
romanística *s. f.* FILOL. study of Romance languages.
romanizar *v. t.* **1** to Romanize. • *v. pron.* **2** to become Romanized.
romano, na *adj./s. m.* y *f.* **1** Roman. • *s. m.* **2** (fam.) copper (policía).
románticamente *adv.* romantically.
romanticismo *s. m.* romanticism.
romántico, -ca *adj.* romantic.
romantizar *v. i.* to romanticize, fantasize.
romanza *s. f.* MÚS. ballad.
rombo *s. m.* **1** GEOM. rhombus. **2** ZOOL. turbot (rodaballo).
romboedro *s. m.* GEOM. rhombohedron.
romboide *s. m.* GEOM. rhomboid.
romeral *s. m.* BOT. rosemary patch.
romería *s. f.* **1** REL. pilgrimage. **2** trip into the country (viaje al campo). **3** country feast (feria en el campo). **4** throng (multitud de gente).
romero, -ra *s. m.* y *f.* **1** pilgrim (peregrino). *s. m.* **2** BOT. rosemary.
romo, -ma *adj.* **1** blunt (lapicero). **2** snub-nosed (chato). **3** (fig.) dim, obtuse.
rompecabezas *s. m.* puzzle.
rompehielos *s. m.* ice-breaker.
rompeolas *s. m.* mole, breakwater.
romper *v. t.* **1** to break (plato, etc.). **2** to tear (papel). **3** to wear out (ropa). **4** AGR. to plough (campo). **5** (fig.) to interrupt: *romper el silencio = to break the silence.* **6** MIL. to open: *romper el fuego = to open fire.* • *v. i.* **7** to start, to begin: *está rompiendo el día = day is breaking.* **8** to burst out. **9** ~ **a llorar,** to burst into tears. **10** (fig.) to break out (brotar). **11** to finish with: *mi hermano ha roto con su novia = my brother has finished with his girlfriend.* • *v. pron.* **12** to break: *se ha roto el brazo = he broke his arm.* **13** to tear (tela, papel). **14** to wear out (zapatos, ropa). **15** to snap (cuerda). ◆ **16 de rompe y rasga,** couldn't-careless, hot-headed, risk-taking.
rompible *adj.* breakable.
rompiente *s. m.* MAR. reef, shoal.
ron *s. m.* rum.
roncar *v. i.* **1** to snore. **2** to bellow (gamo). **3** (fig.) to threaten (amenazar).
roncero, -ra *adj.* **1** slow, lazy (lento). **2** grumbling, grousing (gruñón). **3** unctuous, soapy (adulador). **4** MAR. slow, leisurely (embarcación).
roncha *s. f.* **1** ZOOL. boil (bulto). **2** bruise (cardenal). ◆ **3 hacer** ~, (Am.) to create an impression. **4 levantar** ~, (Am.) to hurt a great deal.
ronco, -ca *adj.* **1** hoarse (persona): **2** croaky, husky (voz). **3** raucous, guttural (sonido). ◆ **4 quedarse** ~, to go hoarse.
ronda *s. f.* **1** night check, night patrol, night watch (vigilancia). **2** patrol, group of guards (vigilantes). **3** MÚS. group of serenaders. **4** round (bebida). **5** DEP. round (golf). **6** ring road. **7** hand (cartas). **8** (Am.) ring-a-ring-a-roses (juego de niños). ◆ **9 canción de** ~, MÚS. round.
rondalla *s. f.* **1** MÚS. band of street players. **2** old wives' tale (cuento).
rondar *v. i.* **1** to go on night patrol (ir vigilando). **2** MÚS. to go serenading. **3** to walk the streets (pasear). • *v. t.* **4** to go round. **5** to fly around: *las golondrinas rondaban la torre = the swallows flew round the tower.* **6** (fig.) to plague, to badger (acosar). **7** MED. to produce warning signs (enfermedad).
rondó *s. m.* MÚS. rondo.
rondón (de) *loc. adv.* quite unexpectedly, suddenly: *entró en la casa de rondón = he suddenly burst into the house.*
ronquera *s. f.* MED. hoarseness, rough voice.
ronquido *s. m.* **1** snoring, snore. **2** (fig.) gruff sound, raspy sound.
ronronear *v. i.* **1** ZOOL. to purr (gato). **2** MEC. to hum, to purr (motor).
ronroneo *s. m.* purr, purring.
ronzal *s. m.* ZOOL. halter (caballería).
ronzar *v. i.* **1** to munch, to champ, to scrunch (comer ruidosamente). • *v. t.* **2** MAR. to lever, to move with levers (mover con palancas).
roña *s. f.* **1** scab (oveja). **2** mange (perro). **3** layer of filth, grime (mugre). **4** rust (metal). **5** BOT. mould. **6** (fig.) tight-fistedness (tacañería). • *s. m.* y *f.* **7** tight-fisted person, miser.
roñería *s. f.* (fam.) tight-fistedness, meanness.
roñica *s. m.* y *f.* (fam.) miserly devil, skinflint.
roñoso, -sa *adj.* **1** scabby (oveja). **2** mangy (perro). **3** (fig.) stingy, mean.
ropa *s. f.* **1** clothes. ◆ **2** ~ **blanca,** underwear. **3** ~ **de cama,** bed linen. **4 a quema ropa** ⇒ **a quemarropa. 5 guardar la** ~, to act with caution. **6 nadar y guardar la** ~, to have one's cake and eat it. **7 tentarse la** ~, to weigh up the pros and cons.
ropaje *s. m.* **1** clothes. **2** evening dress, formal dress (vestidura de gala). **3** REL. vestments. **4** (fig.) drapery (colgaduras).
ropero, ra *s. m.* y *f.* **1** outfitter (persona). • *s. m.* **2** wardrobe (mueble).
roquedal *s. m.* o **roqueda** *s. f.* rocky area.
roquedo *s. m.* **1** boulder (piedra). **2** crag (risco).
roquero *s. m.* rocker, teddy boy.
rorcual *s. m.* rorqual.
rosa *s. f.* **1** BOT. rose. **2** ANAT. spot. **3** MÚS. sound hole. ◆ **4** ~ **de los vientos,** compass card. **5 agua de rosas,** rose-water. **6 estar como una** ~, to be in the pink. **7 verlo todo de color de** ~, to see everything through rose-coloured spectacles. • *adj.* **8** pink.
rosáceo, -a *adj.* **1** pink, rosy (color). **2** BOT. rosaceous.
rosado, -da *adj.* **1** pink (papel, tela). **2** pink, rosy (piel, tez). **3** rosé (vino).
rosal *s. m.* **1** BOT. rosebush, rosetree. ◆ **2** ~ **arbusto,** bush rose. **3** ~ **silvestre,** dog rose. **4** ~ **trepador,** rambling rose. **5** ~ **de tallo alto,** standard rose tree.
rosaleda o **rosalera** *s. f.* BOT. rose garden.
rosario *s. m.* **1** REL. rosary. **2** (fig.) string, series (retahíla). **3** ANAT. backbone. **4** TEC. waterwheel.
rosbif *s. m.* roast beef.
rosca *s. f.* **1** screw thread (tornillo). **2** screw base (bombilla). **3** schnecke (pan). **4** pad (rodete). ◆ **5 comerse una** ~, (fam.) to score (ligar). **6 hacer la** ~ **a uno,** (fam.) to lick someone's boots. **7 pasarse de** ~, to have a crossed thread (tornillo); (fig.) to go over the top.
rosco *s. m.* **1** round loaf (pan). **2** rubber ring (natación). **3** (Am.) COM. intermediary, middleman. **4** (fam.) nought (cero).
roscón *s. m.* ring cake (bollo).
roséola *s. f.* MED. German measles.
roseta *s. f.* **1** BOT. miniature rose. **2** ANAT. red spot. **3** DEP. rosette. **4** rose: *roseta de la ducha = shower rose.* **5** (Am.) rowel (espuela). **6** TEC. copper crust (costra). • *pl.* **7** popcorn (maíz tostado).
rosetón *s. m.* **1** ARQ. rose window. **2** DEP. rosette.
roso, -sa *adj.* red (rojo).
rosquete *s. m.* pretzel (confitería).
rosquilla *s. f.* **1** pretzel (rosquete). **2** ZOOL. grub. **3** circle, ring (humo).
rostro *s. m.* **1** ANAT. face. **2** ZOOL. beak. **3** MAR., HIST. stem. ◆ **4 tener** ~, (fam.) to be saucy.
rotación *s. f.* **1** rotation: *la rotación de la Tierra = the rotation of the Earth.* ◆ **2** ~ **de cultivos,** AGR. crop rotation.
rotar *v. i.* **1** to roll (rodar). **2** to work a rota system (trabajo).
rotativo, -va *adj.* **1** revolving. • *s. m.* **2** newspaper (periódico). • *s. f.* **3** TEC. rotary press (tipografía).
roto, -ta *adj.* **1** broken. **2** torn (papel, tela). **3** smashed (ventana). **4** (fig.) dissolute, debauched (licencioso). **5** ruined, destroyed (vida). • *s. m.* **6** torn bit (vestido). **7** (Am.) pauper (pobre). **8** (Am. y fam.) dude (petimetre). **9** (Am.) half-caste (mestizo). ◆ **10 nunca falta un** ~ **para un descosido,** you can always find someone worse-off than yourself.
rotonda *s. f.* **1** rotunda (edificio circular). **2** circular square (plaza circular). **3** roundhouse (ferrocarril). **4** (Am.) roundabout (tráfico).
rotor *s. m.* MEC. rotor.
rótula *s. f.* **1** ANAT. kneecap. **2** MEC. ball-and-socket joint.
rotular *adj.* **1** ANAT. of the kneecap. • *v. t.* **2** to label (poner rótulos).
rótulo *s. m.* **1** sign (letrero). **2** title, heading (título). **3** label (etiqueta).
rotundamente *adv.* categorically, emphatically.
rotundidad *s. f.* **1** rotundity, roundness (lo redondo). **2** plain speaking, frankness. ◆ **3 con rotundidad,** frankly, plainly.
rotundo, -da *adj.* **1** rotund, round (redondo). **2** (fig.) decisive, flat, catego-

rical (terminante): *me dio una rotunda negativa = he gave me a flat denial.*

rotura *s. f.* **1** break, breaking. **2** crack, split (hendedura).

roturar *v. t.* AGR. to plough the first time.

roturador *s. m.* MEC. rotavator.

roulotte o **rulot** *s. f.* (Am.) (brit.) caravan, (EE UU) trailer.

roza *s. f.* **1** AGR. field burning. **2** hole, hollow (agujero en la pared).

rozagante *adj.* **1** dressy, showy (vestido). **2** (fig.) haughty (ufano).

rozamiento *s. m.* **1** rubbing. **2** MEC. friction.

rozar *v. t.* **1** to graze, to rub, to scrape (tocar). **2** AGR. to clear (limpiar). **3** to graze, to feed on (comer hierba los animales). • *v. i.* **4** to brush past (pasar). • *v. pron.* **5** to be in close contact (con, with). **6** to trip up (tropezar). **7** to get tongue-tied (trabarse la lengua).

roznar *v. i.* **1** to champ (ronzar). **2** to bray (asno).

rúa *s. f.* **1** (fam.) street. **2** (Am.) open poncho (vestido).

rubéola *s. f.* MED. German measles.

rubí *s. m.* ruby.

rubiales *s. m.* y *f.* (fam.) blondie.

rubicón *s. m.* **1** Rubicon. ◆ **2 pasar el ~,** (fig.) to cross the Rubicon.

rubicundo, -da *adj.* **1** reddish (pelo). **2** ruddy (cara).

rubio, -bia *adj.* **1** fair, blond (hombre), blonde (mujer) (pelo). • *s. f.* **2** (fam.) estate car (furgoneta). • *s. m.* y *f.* **3** blond (hombre), blonde (mujer). ◆ **4 tabaco ~,** Virginian tobacco.

rublo *s. m.* FIN. rouble.

rubor *s. m.* **1** bright red (color). **2** blushing, blush (color de cara). **3** (fig.) bashfulness (vergüenza).

ruborizarse *v. pron.* to blush, to flush, to go red (cara).

ruborosamente *adv.* bashfully, with bashfulness.

ruboroso, -sa *adj.* **1** blushing. ◆ **2 ser ~,** to blush very easily.

rúbrica *s. f.* **1** rubric. **2** red sign, red mark (marca roja). **3** flourish (rasgo de la firma). **4** signature (firma). **5** title, heading (título). ◆ **6 ser de ~,** to be customary.

rubricar *v. t.* **1** to sign (firmar). **2** to sign with a flourish (firmar con rasgo). **3** (fig.) to testify to (dar testimonio a).

rucio, -cia *adj.* **1** light brown (pardo claro). **2** (fam.) grey-haired (entrecano).

ruda *s. f.* **1** BOT. rue. ◆ **2 ser más conocido que la ~,** (fam.) to be a household name.

rudimentario, -ria *adj.* rudimentary.

rudimento *s. m.* **1** rudiment. • *pl.* **2** rudiments (ciencia o arte).

rudamente *adv.* **1** (desp.) roughly, uncouthly. **2** basically, plainly (llano).

rudeza *s. f.* **1** (desp.) coarseness, vulgarity. **2** matter-of-factness (simplicidad). **3** slowness, dullness, stupidity (estupidez).

rudo, -da *adj.* **1** (desp.) coarse, uncouth. **2** matter-of-fact (sencillo). **3** simple, dull, stupid (estúpido). **4** rough (áspero). **5** MEC. stiff (pieza).

rueca *s. f.* MEC. distaff, spinning machine.

rueda *s. f.* **1** wheel. **2** tyre (neumático). **3** slice (rodaja). **4** circle (de personas). **5** ZOOL. sunfish (pez). ◆ **6 ~ hidráulica,** waterwheel. **7 ~ de la fortuna,** wheel of fortune. **8 ~ motriz,** drive wheel. **9 ~ de prensa,** press conference. **10 ~ de recambio,** spare wheel. **11 ~ dentada,** cogwheel. **12 comulgar con ruedas de molino,** (fig.) to take everything in. **13 hacer la ~ a uno,** (fig.) to suck up to someone.

ruedo *s. m.* **1** turn (revolución). **2** circumference (circunferencia). **3** arena (tauromaquia). **4** round mat (esterilla). **5** (Am.) luck at cards (suerte).

ruego *s. m.* plea, request (petición).

rufián *s. m.* **1** pimp (chulo). **2** (desp.) hoodlum, ruffian.

rufianada *s. f.* (Am.) practical joke, cheap trick (burla).

rugby *s. m.* DEP. rugby.

rugir *v. i.* **1** to roar (león). **2** to howl, boom, rage (tormenta).

rugoso, -sa *adj.* **1** bumpy, uneven (desigual). **2** rough (áspero).

ruibarbo *s. m.* BOT. rhubarb.

ruido *s. m.* **1** noise. **2** din, racket (alboroto). ◆ **3 meter ~,** (fig.) to cause a rumpus. **4 quitarse de ruidos,** not to get involved. **5 ser más el ~ que las nueces,** much ado about nothing.

ruidoso, -sa *adj.* **1** noisy. **2** (fig.) in the news.

ruin *adj.* **1** stingy, mean, worthless (despreciable). **2** small, pathetic (pequeño). **3** nasty, vicious (malo).

ruina *s. f.* **1** ruin. **2** (fig.) downfall, destruction. • *pl.* **3** ARQ. ruins. ◆ **4 estar hecho una ~,** to have gone to the dogs (persona).

ruinoso, -sa *adj.* **1** ARQ. ruinous, dilapidated. **2** FIN. calamitous, disastrous.

ruiseñor *s. m.* ZOOL. nightingale.

ruleta *s. f.* roulette.

ruletear *v. i.* (Am.) to drive a taxi, to drive a cab.

ruletero, -ra *s. m.* y *f.* (Am.) taxi driver, cab driver.

rulo *s. m.* **1** roller (rodillo). **2** hair-curler (pelo). **3** (Am.) AGR. unirrigated land (secano). **4** (Am.) curl (bucle).

Rumania *s. f.* Romania.

rumano, -na *adj./s. m.* y *f.* **1** Romanian. • *s. m.* **2** Romanian (idioma).

rumba *s. f.* **1** MÚS. rumba. **2** (Am.) party (fiesta).

rumbo *s. m.* **1** course, direction (de nave, embarcación). **2** (fig.) direction (de país, empresa, persona). **3** course (de acontecimientos, vida).

rumbón, -na *adj.* **1** (fam.) big-hearted, open-handed (generoso). **2** (fam.) out of this world, splendid (magnífico).

rumboso, -sa *adj.* lavish.

rumiante *adj.* y *s. m.* ZOOL. ruminant.

rumiar *v. t.* **1** to chew again (masticar de nuevo). **2** (fig.) to chew over, to ponder, to brood over (asunto): *estoy rumiando esa idea = I'm chewing that idea over.* **3** to moan about, to grumble about. • *v. i.* **4** ZOOL. to chew the cud (ganado). **5** (fig.) to moan, to grumble, to complain (renegar).

rumor *s. m.* **1** rumour (noticia). **2** buzz (voces). **3** muffled sound (ruido sordo). **4** murmuring (agua).

rumorearse *v. pron.* to be rumoured: *se rumorea que ya no le quieres = they say you no longer love him.*

rumoroso, -sa *adj.* **1** causing rumours (que causa rumores). **2** murmuring (agua).

runrún *s. m.* **1** buzz (voces). **2** purr (motor). **3** whirr (máquina). **4** murmur (rumor). **5** (Am.) ZOOL. hummingbird (pájaro mosca).

runrunearse *v. pron.* to be rumoured (rumorearse).

rupestre *adj.* **1** rock. ◆ **2 pinturas rupestres,** cave paintings.

rupia *s. f.* FIN. rupee.

ruptura *s. f.* **1** break, rupture (hecho de romperse). **2** breaking-off (relaciones). ◆ **3 ~ de contrato,** breach of contract. **4 ~ de existencias,** inventory break.

rural *adj.* **1** rural. **2** (Am.) peasant-like, rustic (rústico).

Rusia *s. f.* Russia.

ruso *adj./s. m.* y *f.* **1** Russian. • *s. m.* **2** Russian (idioma).

rústicamente *adv.* crudely, coarsely.

rusticidad *s. f.* **1** rural nature. **2** (desp.) coarseness, uncouthness, crudity.

rústico, -ca *adj.* **1** rustic, rural. **2** (desp.) coarse, uncouth, crude.

ruta *s. f.* **1** route, itinerary (itinerario). **2** road, way (camino). **3** (fig.) course of action. **4** COM. sales route.

rutilar *v. i.* to sparkle, to glitter: *el diamante rutilaba = the diamond sparkled.*

rutilante *adj.* sparkling, glittering: *una copa rutilante = a sparkling glass.*

rutina *s. f.* **1** routine: *forma parte de mi rutina diaria = it forms part of my daily routine.* ◆ **2 por ~,** as a matter of routine.

rutinario, -ria *adj.* **1** routine, customary, habitual. **2** (desp.) unimaginative, dull: *ese hombre lleva una vida tan rutinaria = that man leads such a dull existence.*

S, s *s. f.* S, s (vigésima letra del alfabeto español).
sa *s. m.* shah.
sábado *s. m.* **1** Saturday; Sabbath (judío). **2 Sábado Santo** o **de Gloria,** Easter Saturday.
sabana *s. f.* savannah, savanna, open grasslands.
sábana *s. f.* **1** sheet. **2** altar cloth (del altar). **3** (fig.) sheet; layer. ◆ **4 estirarse más de lo que dan de sí las sábanas,** to bite off more than one can chew. **5 pegársele a uno las sábanas,** to get up late, to oversleep.
sabandija *s. f.* **1** insect, bug, pest. ● *s. m.* y *f.* **2** louse, swine (persona). ● *s. f. pl.* vermin.
sabanear *v. t.* **1** (Am.) to catch; to pursue. **2** to flatter, cajole. ● *v. i.* **3** (Am.) to travel over the savannah; to round up cattle (en un llano).
sabanero, -ra *adj.* (Am.) **1** of/from the plains. ● *s. m.* y *f.* **2** plainsman, lowlander. **3** bully.
sabanilla *s. f.* **1** small cloth (del altar). **2** light bedspread, counterpane. **3** cradle sheet; small sheet.
sabañón *s. m.* **1** chilblain. ◆ **2 comer como un ~,** to eat like a horse.
sabático, -ca *adj.* **1** sabbatical. ◆ **2 año ~,** sabbatical year/sabbatical leave.
sabatino, -na *adj.* Saturday: *permiso sabatino = Saturday leave.*
sabedor, -ra *adj.* **1** aware, informed. ◆ **2 es ~ de ello,** he knows about it.
sabelotodo *s. m.* y *f.* know-all, smarty-pants, clever dick, (EE UU) know-it-all.
saber *s. m.* **1** knowledge, learning: *según mi leal saber y entender = to the best of my knowledge.* ● *v. t.* **2** to know: *lo sé = I know.* **3 ~ de,** to know about/of, to be aware of, to hear from: *¿sabes algo de ellos? = have you heard from them?; sin saberlo ellos = without their knowledge; hacer saber algo a uno = to inform someone of something.* **4** to find out, to learn, to hear: *cuando supo el resultado = when he heard the result.* **5** to know how to, can: *¿sabes conducir? = can you drive?* ● *v. i.* **6 ~ a,** to taste of, to taste like; (fig.) to smack of. ◆ **7 se sabe que...,** it is known that..., we know that...; **no se sabe,** nobody knows. **8 a ~,** namely; **a ~ dónde lo guarda,** I can't think where he keeps it. **9 no ~ dónde meterse,** to be overcome with shame. **10 no ~ por dónde se anda,** not to know how to act, to act incorrectly. **11 ~ ir a un sitio,** to know one's way to a place. **12 ~ andar por un sitio,** to know one's way about a place. **13 el señor no sé cuantos,** Mr. so-and-so. **14 ¡quién sabe!,** who knows! **15 ¡yo qué sé!,** how should I know! **16 que sepamos,** as far as we know. **17 un no sé qué,** a certain something, a je ne sais quoi. **18 ¿tú qué sabes?,** what do you know about it? **19 vete a ~,** your guess is as good as mine, goodness only knows. **20 ¡de haberlo sabido!,** if only I'd known! **21 sabérselas todas,** to know all the trick.
sabia *s. f.* learned woman; scholar, expert, savant.
sabiamente *adv.* **1** wisely, sensibly. **2** learnedly, knowledgeably, expertly.
sabidillo, -lla *adj./s. m.* y *f.* know-all, (EE UU) know-it-all, clever dick, smart aleck.
sabiduría *s. f.* **1** wisdom. **2** knowledge, learning.
sabiendas (a) *loc. adv.* **1** knowingly; wittingly, consciously, deliberately. **2 a ~ de que...,** knowing full well that...
sabihondez o **sabiondez** *s. f.* pedantry, affectation of knowledge.
sabihondo, -da o **sabiondo, -da** *adj.* **1** know-all, pedantic. ● *s. m.* y *f.* **2** know-all, (EE UU) know-it-all, pedant.
sabina *s. f.* BOT. savin, savine.
sabio, -bia *adj.* **1** learned (persona), knowledgeable; wise, sensible, prudent. **2** sane (persona). **3** trained (animal). ● *s. m.* y *f.* **4** wise man, sage (hombre); wise woman (mujer).
sablazo *s. m.* **1** strike/slash with a sabre. **2** sabre wound. **3** (fam.) sponging, cadging. ◆ **4 dar un ~ a uno,** (fam.) to scrounge money off someone, to touch someone for money.
sable *s. m.* **1** sabre, (EE UU) saber. **2** sable (heráldica).
sablear *v. i.* (fam.) to sponge, to live by sponging, to scrounge.
sablista *s. m.* y *f.* (fam.) sponger, cadger, scrounger.
sabor *s. m.* **1** taste, flavour, (EE UU) flavor. **2** (fig.) flavour: *con sabor romántico = with a romantic flavour.* ◆ **3 con ~ a,** flavoured: *con sabor a pescado = flavoured fish.* **4 sin ~,** tasteless. **5 dejarle a uno mal sabor de boca,** (fig.) to leave a nasty taste in one's mouth. **6 sabor local,** (fig.) local colour.
saborear *v. t.* **1** to flavour, (EE UU) to flavor, to give flavour to. **2** to savour, (EE UU) to savor, to relish, to taste. **3** (fig.) to enjoy, to relish: *saboreó su momento de triunfo = he relished his moment of triumph.*
sabotaje *s. m.* sabotage.
saboteador, -ra *s. m.* y *f.* saboteur.
sabotear *v. t.* to sabotage.
sabroso, -sa *adj.* **1** tasty, delicious, pleasant, rich. **2** (fig.) meaty, full of substance (un libro o similar producto intelectual).
sabrosura *s. f.* **1** (Am.) delight, pleasure. **2** gentleness, mildness.
sabueso *s. m.* **1** hound, bloodhound (perro). **2** detective, sleuth (persona).
saburra *s. f.* fur (en la lengua).
saca *s. f.* **1** sack, big bag (costal); mailbag (de correos). **2** withdrawal, taking out, removal. **3** COM. exportation. **4** DER. authorized copy of a bill of sale.
sacabalas *s. m.* bullet-extractor.
sacabocados *s. m.* leather punch.
sacabuche *s. m.* **1** MÚS. sackbut. **2** kind of rustic drum. ● *s. m.* y *f.* **3** sackbut player.
sacacorchos *s. m.* corkscrew.
sacadineros *s. m.* y *f.* **1** sponger, scrounger (aprovechado). **2** swindler (timador).
sacadura *s. f.* **1** sloping cut, cut on the bias. **2** (Am.) removal, taking out.
sacamuelas *s. m.* (hum.) dentist.
sacapotras *s. m.* bad surgeon.
sacapuntas *s. m.* pencil sharpener.
sacar *v. t.* **1** to take out, to get out (pañuelo, cartera); to draw, to pull out, to get out (pistola); to extract, to remove, to withdraw (dinero del banco). **2** to make, to get (dinero): *vamos a sacar mucho dinero de este negocio = we're going to make a lot*

of money from this business. **3** to bring out (inventar): *acaban de sacar una nueva gama de productos = they've just brought out a new range of products.* **4** to make (copia): *saca dos copias de esta hoja = make two copies of this page.* **5** to let out (costura): *sácale un centímetro en la cintura = let the waist out one centimetre.* **6** to get out, to remove, to get off (mancha). **7** FOT. to take: *sácame una foto aquí = take a photo of me here.* **8** to mention, to bring up: *no saques el tema del coche = don't bring up the subject of the car.* **9** to win, to get (premio, elecciones). **10** to get, to buy (comprar): *saca las entradas tú = you get the tickets.* **11** to stick out, to thrust out (parte del cuerpo): *me sacó la lengua = he stuck his tongue out at me.* **12** to reach, to obtain, to get (respuesta, solución); to draw, to come to, to reach (conclusión). • *v. t.* e *i.* **13** to serve (tenis); (fútbol) to kick off, to throw in. ◆ **14** ~ **adelante** to bring up (niño); to carry on (negocio). **15** ~ **en limpio/en claro,** to come to a conclusion. **16 me saca diez años,** he's ten years older than me. **17** ~ **faltas,** to find faults. **18** ~ **a bailar a alguien,** to ask someone to dance. **19** ~ **a la luz,** to publish, to bring to light. **20** ~ **al perro a pasear,** to take the dog (out) for a walk. **21** ~ **a uno de quicio,** ~ **a uno de sí,** ~ **a uno de sus casillas,** to infuriate someone, to drive someone mad, to make someone see red.

sacarina *s. f.* saccharin.

sacaromicetos *s. m. pl.* saccharomyces.

sacarosa *s. f.* QUÍM. saccharose, sucrose.

sacatrapos *s. m.* **1** wormer (armas). **2** person who worms secrets out of someone.

sacerdocio *s. m.* priesthood.

sacerdotal *adj.* priestly.

sacerdote *s. m.* **1** priest. ◆ **2** ~ **obrero,** worker priest. **3 sumo** ~, high priest.

sacerdotisa *s. f.* priestess.

sachar *v. t.* to weed.

sacho *s. m.* hoe.

saciable *adj.* satiable.

saciar *v. t.* **1** to satiate, to satisfy. **2** to quench (one's thirst). • *v. pron.* **3** to satiate oneself; **saciarse con/de,** to be satisfied/satiated with.

saciedad *s. f.* **1** satiation, satiety. ◆ **2 comer hasta la** ~, to eat one's fill. **3 repetir algo hasta la** ~, to repeat something over and over again.

saco *s. m.* **1** sack, bag. **2** bagful, sackful, sack, bag (medida). **3** coarse dress (ropa). **4** (Am.) jacket. **5** loose-fitting overcoat. **6** pillage, sack (saqueo). **7** ANAT. sac. ◆ **8 caer en** ~ **roto,** to fall on deaf ears. **9** MIL. **entrar a** ~, to plunder, to sack, to loot. **10 no echar algo en** ~ **roto,** to take care not to forget something. **11** ~ **de dormir,** sleeping-bag. **12** ~ **de huesos,** bag of bones.

sacón, -na *adj.* (Am.) talebearing.

saconería *s. f.* (Am.) flattery.

sacralización *s. f.* consecration.

sacramental *adj.* **1** sacramental. **2** ritualistic.

sacramentar *v. t.* **1** to consecrate (hostia). **2** to administer the last sacraments to (rito religioso).

sacramento *s. m.* REL. **1** sacrament. ◆ **2 recibir los sacramentos,** to receive the last sacraments. **3 el Santísimo Sacramento,** the Blessed Sacrament. **4 últimos sacramentos,** last rites.

sacratísimo, -ma *adj.* most sacred.

sacrificar *v. t.* **1** to sacrifice. **2** to slaughter (res); to put to sleep, to put down (animal domesticado). • *v. pron.* **3** to sacrifice oneself, to suffer.

sacrificio *s. m.* **1** sacrifice, offering. **2** slaughter (res); putting down (animal domesticado). ◆ **3** ~ **del altar,** REL. sacrifice of the mass. **4** ~ **de la misa,** REL. sacrifice of the mass.

sacrilegio *s. m.* sacrilege.

sacrílego, -ga *adj.* sacrilegious.

sacristán *s. m.* **1** sacristan, verger, sexton. ◆ **2 ser gran** ~, to be very cunning/astute.

sacristía *s. f.* sacristy, vestry.

sacro, -cra *adj.* **1** sacred, holy: *música sacra = sacred music.* **2** ANAT. sacral. • *s. m.* **3** ANAT. sacrum.

sacrosanto, -ta *adj.* sacrosanct, most holy.

sacudida *s. f.* **1** shake, jerk, jolt. **2** shock, tremor (terremoto). **3** blast (bomba). **4** toss, jerk (cabeza). ◆ **5** ~ **eléctrica,** electric shock.

sacudido, -da *adj.* **1** shaken. **2** (fig.) harsh, unpleasant. **3** (fig.) determined, daring.

sacudir *v. t.* **1** to shake, to jerk, to jolt. **2** to beat (alfombra). **3** to toss, to jerk, to shake (cabeza). **4** to wag (rabo). **5** to brush off (ahuyentar). **6** (fam.) to beat up. **7** to spank, to beat, to thrash (castigo). • *v. pron.* **8** to shake (oneself). **9** to shake off, to get rid of.

sacudidor, -ra *adj.* **1** shaking, beating. • *s. m.* **2** shaker, beater.

sacudidura *s. f.* shaking, beating.

sacudimiento *s. m.* **1** shaking, shake, shock, jerk, jolt. **2** shaking off.

sacudón *s. m.* (Am.) shake, jolt, jerk.

sádico, -ca *adj.* **1** sadistic. • *s. m.* y *f.* **2** sadist.

sadismo *s. m.* sadism.

sadista *s. m.* y *f.* sadist.

sadomasoquismo *s. m.* sadomasochism.

saeta *s. f.* **1** arrow, dart. **2** religious song sung in Holy Week processions. **3** hand (reloj). **4** magnetic needle (brújula). **5** vine shoot/bud.

saetera *s. f.* **1** MIL. loophole. **2** narrow window.

saetín *s. m.* **1** tack (clavo). **2** mill-race (molino).

safari *s. m.* safari: *están de safari = they're on safari.*

safena *adj.* **1** ANAT. saphenous. • *s. f.* **2** ANAT. saphena.

sáfico, -ca *adj./s. m.* y *f.* LIT. sapphic.

saga *s. f.* **1** saga (leyenda). **2** witch (bruja).

sagacidad *s. f.* astuteness, shrewdness; sagacity, cleverness.

sagaz *adj.* astute, shrewd; sagacious, clever.

sagita *s. f.* sagitta, segment.

sagital *adj.* sagittal, arrow-shaped.

sagitaria *s. f.* BOT. sagittaria.

sagitario *s. m.* y *f.* **1** ASTR. Sagittarius. **2** archer.

sagrado, -da *adj.* **1** holy, sacred, consecrated. **2** venerable. • *s. m.* **3** asylum, sanctuary, safe place.

sagrario *s. m.* **1** shrine, sanctuary. **2** tabernacle.

Sahara *s. m.* Sahara.

sahumar *v. t.* to perfume with incense.

sahumerio *s. m.* aromatic smoke.

saín *s. m.* **1** animal fat, grease. **2** fish oil. **3** grease, dirt (en la ropa).

sainar *v. t.* to fatten.

sainete *s. m.* **1** ART. one-act farce. **2** sauce, seasoning (cocina). **3** titbit, delicacy (comida).

sainetear *v. i.* to act a farce.

sainetero *s. m.* farce writer.

sainetesco, -ca *adj.* farcical, burlesque.

saja o **sajadura** *s. f.* incision, cut.

sajar *v. t.* MED. **1** to cut open, to make an incision in. **2** to lance (un absceso).

sajón, -na *adj./s. m.* y *f.* Saxon.

sal *s. f.* **1** salt: *una pizca de sal = a pinch of salt.* **2** wit, wittiness; charm, winning manners: *tienen mucha sal = they're very charming/they're great fun.* ◆ **3** ~ **gorda,** cooking salt. **4** ~ **de la higuera,** Epsom salts. **5** ~ **marina,** sea salt. **6** ~ **de frutas,** fruit salts. **7** ~ **y pimienta,** (fig.) wit. **8 echar** ~ **a,** to salt.

sala *s. f.* **1** living room, sitting room, lounge. **2** large room, room. **3** court (tribunal): *sala de apelación = court of appeal.* **4** ~ **de conferencias,** lecture theatre, conference hall. **5** ~ **de espera,** waiting room. **6** ~ **de exposición,** showroom. **7** ~ **de fiestas,** dance hall, ballroom. **8** ~ **de máquinas,** engine room.

salacot *s. m.* pith helmet, topi.

saladar *s. m.* salt marsh.

saladero *s. m.* salting tub.

saladillo, -lla *adj.* fresh and unsalted.

salado, -da *adj.* **1** salty, salted, briny, salt: *agua salada = salt water.* **2** witty, amusing, funny. **3** (Am.) unfortunate, unlucky, hapless (infortunado). **4** (Am.) dear, expensive (caro).

salamanca *s. f.* (Am.) natural cave.

salamandra *s. f.* **1** ZOOL. salamander. **2** salamander stove.

salamanquesa *s. f.* lizard, gecko.

salar *v. t.* **1** to salt, to season with salt. **2** to salt, to cure. **3** (Am.) to spoil, to ruin (estropear); to bring bad luck to (traer mala suerte). **4** (Am.) to dishonour (deshonrar), (EE UU) to dishonor.

salarial *adj.* wage, salary.

salariar *v. t.* to pay a wage to.

salario *s. m.* **1** salary, wages, wage, pay. ◆ **2** ~ **a destajo,** piece rate. **3** ~ **base,** basic wage.

salazón *s. f.* **1** salting, seasoning. **2** salted meat/fish. **3** salting industry.
salce *s. m.* willow.
salchicha *s. f.* sausage, pork sausage.
salchichería *s. f.* pork butcher's (shop).
salchichero, -ra *s. m.* y *f.* pork butcher.
salchichón *s. m.* salami, large pork sausage.
salcochar *v. t.* GAST. to boil in salt water.
saldar *v. t.* **1** to liquidate, to settle, to pay, to pay off. **2** to sell off (en una tienda). **3** (fig.) to settle (diferencias).
saldo *s. m.* COM. **1** balance: *saldo acreedor = credit balance; saldo deudor = debit balance.* **2** payment, settlement (deuda). **3** clearance sale. **4** remnant, left-over.
saledizo, -za *adj.* **1** jutting, projecting. • *s. m.* **2** ARQ. projection, corbel, overhang.
salero *s. m.* **1** salt cellar. **2** (fam.) wit, charm. **3** (Am.) salt mine (mina).
salicina *s. f.* QUÍM. salicin, salicine.
sálico, -ca *adj.* Salic: *ley sálica = Salic law.*
salida *s. f.* **1** departure, leaving. **2** exit, way out. **3** (fig.) excuse (pretexto), way out, loophole. **4** ASTR. rising, rise: *la salida del sol = sunrise.* **5** opening (de trabajo). **6** way out, solution (de un problema). **7** result (resultado). **8** MIL. sally, sortie. **9** lead (cartas). **10** COM. outlet, sale, market. **11** TEC. outlet, vent. ◆ **12 calle sin ~,** cul-de-sac. **13 ~ de artistas,** stage door. **14 ~ de tono,** improper remark.
salidizo *s. m.* ARQ. projection, corbel, overhang.
salido, -da *adj.* **1** projecting, prominent, bulging. **2** ZOOL. on heat.
saliente *adj.* **1** projecting, prominent, bulging. **2** rising (sol). **3** outgoing, retiring (persona que deja sus funciones). **4** (fig.) salient; outstanding. • *s. m.* **5** ARQ. projection.
salificable *adj.* salifiable.
salificar *v. t.* QUÍM. to salify.
salina *s. f.* **1** salt mine. **2** salt works.
salinero, -ra *adj.* salt.
salinidad *s. f.* salinity.
salino, -na *adj.* saline.
salir *v. i.* **1** to leave, to come out, to go out. **2 ~ de,** to depart from, to leave from, to sail from (tren, barco). **3** to get out (librarse), to escape: *no pude salir del cuarto de baño porque la puerta estaba bloqueada = I couldn't get out of the bathroom because the door was stuck.* **4** to appear: *la noticia salió en la prensa al día siguiente = the news appeared in the press the next day.* **5** to come out (flores). **6** to rise, to come out (sol, luna, estrellas): *no salió el sol en todo el día = the sun didn't come out all day.* **7** to be published (periódico). **8** (moda) to come in: *sale una moda nueva cada mes = a new fashion comes in every month.* **9** to start, to make the first move (juegos), to lead (cartas). **10** to come up (lotería). **11** to cease to be (cesar): *salió de alcalde = he ceased to be mayor.* **12** to be elected, to win (elección): *¿quién ha salido presidente? = who's been elected president?* **13** to come up with, to come out with: *mira con qué nos ha salido ahora = just look what he's come out with now.* **14** to turn out: *salió la niña muy inteligente = the girl turned out (to be) very intelligent; salió que su abuelo había sido espía = it turned out that his grandfather had been a spy.* **15** to go, to turn out: *el examen me salió muy bien = my exam went very well.* **16** to come up, to present itself, to arise (oportunidad). **17** to be able to think of: *nunca le sale mi nombre = he can never think of my name.* **18** to go out with, to date (novios, amigos, etc.). **19** to come out, to lead to (desembocar): *esta calle sale a una plaza = this street leads to a square.* **20** to come out, to come off (mancha). **21** to enter, to come on (teatro). **22** to cost: *nos ha salido el piso por doce millones de pesetas = the flat has cost us twelve million pesetas.* **23 ~ a,** to look like, to take after (parecerse): *este niño ha salido a su padre = this boy has taken after his father.* • *v. pron.* **24** to boil over (líquidos); to overflow; to leak out. **25** to leak: *esta cazuela se sale = this saucepan leaks.* ◆ **26 salirse con la suya,** to get/have one's own way. **27 salirse de tono,** to make improper remarks. **28 salirse de sus casillas,** to lose one's temper, to get angry. ◆ **29 al niño le está saliendo un diente,** the baby is cutting a tooth. **30 me ha salido un grano en la nariz,** I've got a pimple on my nose. **31 ~ a la mar,** to put to sea. **32 ~ de la costumbre,** to break with custom. **33 salga lo que salga,** come what may. **34 ~ pitando,** to shoot off, to be off like a shot. **35 ~ a luz,** to be published. **36 ~ de dudas,** to shed one's doubts. **37 ~ mal,** to miscarry, to go badly: *me salió mal el proyecto = my plan miscarried.*
salitrado, -da *adj.* impregnated with saltpetre.
salitral *adj.* saltpetrous, nitrous.
salitre *s. m.* saltpetre, nitre, (EE UU) saltpeter, niter.
salitrería *s. f.* saltpetre works.
salitrero, -ra *s. m.* y *f.* saltpetre dealer.
saliva *s. f.* **1** saliva. ◆ **2 gastar ~,** (fig.) to waste one's breath. **3 tragar ~,** (fig.) to swallow hard, to hold one's peace.
salivajo *s. m.* spit, spittle.
salival *adj.* salivary.
salivar *v. i.* **1** to salivate. **2** (Am.) to spit.
salivazo *s. m.* spit, spittle.
salivera *s. f.* spittoon.
salivoso, -sa *adj.* salivous.
salmear *v. i.* to sing psalms.
salmista *s. m.* psalmist, psalm singer.
salmo *s. m.* psalm.
salmodia *s. f.* **1** psalmody. **2** (fam.) drone, monotonous singing.
salmodiar *v. i.* **1** to sing psalms. **2** (fam.) to drone, to sing monotonously.
salmón *s. m.* **1** ZOOL. salmon. **2** salmon pink. • *adj.* **3** salmon-pink.
salmonado, -da *adj.* **1** salmon-like. ◆ **2 trucha salmonada,** salmon trout, sea trout.
salmonella *s. f.* salmonella.
salmonelosis *s. f.* salmonellosis, (fam.) food poisoning.
salmonera *s. f.* salmon net.
salmonete *s. m.* ZOOL. red mullet.
salmorejo *s. m.* sauce made from oil, vinegar, water, salt and pepper.
salmuera *s. f.* brine, pickle.
salobre *adj.* brackish, salty, briny.
salobreño, -ña *adj.* brackish, salty, briny.
salobridad *s. f.* brackishness, saltiness.
saloma *s. f.* working song; sea shanty.
salomónico, -ca *adj.* **1** salomonic. ◆ **2 columna salomónica,** ARQ. wreathed column.
salón *s. m.* **1** sitting room, lounge; drawing room. **2** hall: *salón de actos = assembly hall.* **3** salon, coterie, circle (político, literario, etc...). **4** show, exhibition: *salón del automóvil = motor show.* **5** common room (de un colegio). ◆ **6 ~ de baile,** dance hall, ballroom. **7 ~ de belleza,** beauty parlour. **8 ~ de demostraciones,** showroom. **9 ~ de fiestas,** dance hall. **10 ~ de peluquería,** hairdressing salon. **11 ~ de pinturas,** art gallery. **12 ~ de té,** tearoom.
saloncillo *s. m.* private room, special room; rest room.
salpicadero *s. m.* dashboard, fascia (form.).
salpicado, -da *adj.* **1 ~ de,** splashed with; sprinkled with; dotted with. **2** (Am.) spotted, dappled, mottled (animales).
salpicadura *s. f.* **1** splashing, spattering (acción). **2** splash, spatter (un líquido).
salpicar *v. t.* **1** to splash, to spatter (de agua, barro, etc.). **2** to sprinkle (with). **3** to scatter (with), to strew (about). **4 ~ de,** (fig.) to sprinkle, to intersperse (with), to pepper (with): *un discurso salpicado de anglicismos = a speech peppered with Anglicisms.* • *v. i.* **5** to splash.
salpicón *s. m.* **1** salmagundi (guiso). **2** splash, spattering (salpicadura). **3** (Am.) cold fruit-juice drink. ◆ **4 ~ de mariscos,** seafood salad.
salpimentar *v. t.* **1** to season, to add salt and pepper to. **2** (fig.) to season, to improve.
salpresar *v. t.* to salt, to preserve with salt.
salpullido *s. m.* MED. **1** rash, eruption. **2** swelling (from a bite), fleabite (de una pulga).
salsa *s. f.* **1** sauce: *salsa de tomate = tomato sauce;* gravy (con carne); dressing (con ensalada). **2** (fam.) sauce, zest. **3** (fig.) spice, appetizer: *la salsa de la vida = the spice of life.* ◆ **4 cocerse en su ~,** to stew in one's

own juice. **5 trabar una ~,** GAST. to thicken a sauce.

salsera *s. f.* sauceboat, gravy boat.

salsifí *s. m.* BOT. salsify.

saltabancos *s. m.* mountebank, charlatan, quack.

saltacharquillos *s. m.* person with a mincing walk.

saltadizo, -za *adj.* fragile.

saltador, -ra *adj.* **1** jumping. • *s. m.* y *f.* **2** jumper, leaper, hopper. **3** skipping rope. ◆ **4 ~ de pértiga,** DEP. pole vaulter.

saltadura *s. f.* chip.

saltamontes *s. m.* grasshopper.

saltante *adj.* (Am.) outstanding.

saltaparedes *s. m.* wild youth.

saltar *v. i.* **1** to jump, to leap. **2** to skip, to hop (de un pie). **3** to fidget. **4** to bounce (botar). **5** to burst, to explode (estallar). **6** to come off, to come away, to come loose (desprenderse); to pop out (un tapón); to come off (un botón); to peel off (pintura); to fly off (trozos de madera). **7** to break, to crack, to snap (romperse). **8** to jump (from), to skip (from): *siempre salta de un tema a otro = he's always skipping from one subject to another.* **9** to blow up, to explode (enfadarse). • *v. t.* **10** to jump (over), to leap (over); to vault (over): *saltó el charco = he jumped over the puddle.* **11** to blow up (hacer estallar). **12** to knock out (dientes). • *v. pron.* **13** to skip, to jump, to miss (out), to leave out: *me he saltado la clase de inglés = I've skipped the English class; te has saltado un nombre en la lista = you've missed out a name on the list.* **14** to well up (lágrimas): *se me saltaron las lágrimas = tears welled up in my eyes.* **15** to break (reglas): *se salta todas las reglas = he breaks all the rules.* ◆ **16 ~ a la vista,** to be very obvious. **17 ~ a la comba,** to skip. **18 ~ con pértiga,** to pole-vault. **19 saltarse la tapa de los sesos,** to blow one's brain out. **20 ~ a la mente,** to spring to mind. **21 ~ de alegría,** to jump for joy. **22 estar a la que salta,** to be on the look out for an opportunity. **23 hacer ~,** to blow up. **24 hacer ~ las lágrimas a uno,** to bring tears to one's eyes.

saltarín, -na *adj.* **1** restless. • *s. m.* y *f.* **2** dancer.

salteado, -da *adj.* GAST. sautéd.

salteador, -ra *s. m.* y *f.* highwayman.

salteamiento *s. m.* hold-up, (highway) robbery.

saltear *v. t.* **1** to hold up, to rob. **2** to take by surprise. **3** to assault. **4** to do something in fits and starts. **5** to sauté.

salteo *s. m.* hold-up, (highway) robbery.

salterio *s. m.* **1** psalter. **2** MÚS. psaltery. **3** rosary.

saltimbanqui *s. m.* acrobat, circus artist.

salto *s. m.* **1** jump, leap, bound, spring, vault. **2** precipice, cliff, chasm. **3** omission, gap, skip, hiatus. **4** sudden change. **5** GEOG. waterfall, cascade; TEC. chute. ◆ **6 ~ de agua,** waterfall, cascade. **7 ~ de altura,** high jump. **8 ~ de cama,** neglígé, (EE UU) negligee. **9 ~ de longitud,** long jump. **10 ~ de pértiga,** pole vault. **11 a saltos,** in leaps and bounds. **12 a ~ de mata,** headlong, haphazardly. **13 de un ~,** at one bound, with one jump.

saltón, -na *adj.* **1** bulging (ojos); protruding (dientes). **2** hopping, leaping. **3** (Am.) undercooked.

salubre *adj.* healthy, salubrious.

salubridad *s. f.* healthiness, salubrity.

salud *s. f.* **1** health. **2** welfare, wellbeing. **3** state of grace. **4** salvation. • *interj.* **5** (fam.) greetings; good health!, cheers! (bebiendo). ◆ **6 curarse en ~,** to take precautions. **7 rebosar ~,** to be brimming with health.

saludable *adj.* **1** healthy, salutary. **2** (fig.) salutary, beneficial.

saludar *v. t.* **1** to greet. **2** to say hello to, to acknowledge. **3** MIL. to salute. **4** (fig.) to hail, to welcome. ◆ **5 ir a ~ a alguien,** to drop in to see someone, to go and say hello to someone. **6 le saluda atentamente,** yours faithfully (en una carta). **7 saluda de mi parte a,** give my regards to.

saludo *s. m.* **1** greeting. **2** MIL., POL. salute.

salva *s. f.* **1** MIL. salvo, volley. **2** salute. ◆ **3 ~ de aplausos,** round of applause.

salvabarros *s. m.* mudguard.

salvación *s. f.* **1** salvation, deliverance, rescue. **2** REL. salvation: *salvación eterna = eternal salvation.* ◆ **3 Ejército de Salvación,** Salvation Army.

salvada *s. f.* (Am.) salvation.

salvado *s. m.* bran.

Salvador, El *s. m.* El Salvador.

salvadoreño, ña *adj./s. m.* y *f.* Salvadoran.

salvaguardar *v. t.* to safeguard.

salvaguardia *s. m.* **1** guardian. • *s. f.* **2** safe-conduct; (fig.) safeguard.

salvajada *s. f.* savage act, brutal act, savagery; atrocity.

salvaje *adj.* **1** wild (plantas, animales); wild, uncultivated (tierra). **2** savage (feroz). **3** savage (personas). • *s. m.* y *f.* **4** savage. **5** (fig.) savage, boor.

salvajina *s. f.* **1** group of wild beasts/animals. **2** meat/skins of wild beasts.

salvajismo *s. m.* savagery.

salvamanteles *s. m.* table-mat.

salvamento *s. m.* **1** to rescue, to save. **2** REL. salvation. **3** salvage. **4** refuge, haven. ◆ **5 bote de ~,** lifeboat. **6 operaciones de ~,** rescue operations.

salvar *v. t.* **1** to save, rescue; to salvage (un barco). **2** REL. to save (el alma). **3** to cross, to get round, to negotiate (un obstáculo); to clear, to jump across (un arroyo); to overcome (una dificultad). **4** to cover, to do (distancia). **5** to exclude, to except. • *v. pron.* **6** to save oneself, to escape; to survive. **7** REL. to be saved, to save one's soul. **8** ◆ **salvarse por los pelos,** to escape by the skin of one's teeth. **9 ¡sálvese quien pueda!,** every man for himself!

salvaslip® *s. m.* panty liner.

salvavidas *s. m.* **1** life belt. • *adj.* **2** life-saving. ◆ **3 bote ~,** lifeboat. **4 chaleco ~,** life jacket.

salve *interj.* **1** hail! • *s. f.* **2** REL. Hail Mary (oración).

salvedad *s. f.* **1** reservation. **2** exception. **3** condition, proviso.

salvia *s. f.* BOT. sage.

salvo, -va *adj.* **1** safe. • *adv.* y *prep.* **2** except (for), save. ◆ **3 a ~,** safe and sound, out of danger. **4 a ~ de,** safe from. **5 dejar la reputación de uno a ~,** to keep someone's reputation safe. **6 poner a ~,** to put in a safe place. **7 ponerse a ~,** to reach safety. **8 ~ que,** unless.

salvoconducto *s. m.* safe-conduct.

samario *s. m.* samarium.

samba *s. f.* samba.

sambenito *s. m.* **1** (fig.) disgrace, dishonour, (EE UU) dishonor. **2** HIST. sanbenito (que se ponía a los penitentes de la Inquisición). **3** placard in a church with names of penitents. ◆ **4 colgar el ~ a uno,** to pin the blame on someone, to give someone a bad name: *le han colgado ese sambenito = they have given him a bad name.* **5 quedar con el ~ toda la vida,** to be branded for life.

samblaje *s. m.* joinery.

san *adj.* Saint, St.

sanable *adj.* curable.

sanalotodo *s. m.* cure-all, general remedy, panacea.

sanar *v. t.* **1** to cure, to heal. • *v. i.* **2** to recover, to get well (una persona); to heal (una herida).

sanatorio *s. m.* **1** sanatorium. **2** nursing home, clinic. **3** hospital, clinic: *sanatorio psiquiátrico = psychiatric clinic.*

sanción *s. f.* **1** sanction. **2** ratification.

sancionable *adj.* sanctionable, punishable.

sancionar *v. t.* **1** to sanction. **2** to ratify.

sanco *s. m.* **1** gruel. **2** thick mud.

sancochar *v. t.* to parboil.

sancocho *s. m.* **1** half-cooked food. **2** (Am.) stew of meat, yucca and banana.

sanctasanctórum *s. m.* **1** sanctuary, holy of holies. **2** (fig.) sanctum.

sandalia *s. f.* sandal.

sándalo *s. m.* BOT. sandal, sandalwood.

sandez *s. f.* **1** nonsense (palabra): *deja de decir sandeces = stop talking nonsense.* **2** silly thing, stupid thing (acto). **3** silliness (cualidad personal).

sandia *s. f.* fool.

sandía *s. f.* BOT. watermelon.

sandio, -dia *adj.* **1** silly, stupid, foolish, nonsensical. • *s. m.* y *f.* **2** fool.

sandunga *s. f.* **1** (Am.) party, celebration. **2** (fam.) charm; wit.

sándwich *s. m.* sandwich.

sandwichera *s. f.* sandwich maker.

saneado, -da *adj.* sound.

saneamiento *s. m.* **1** drainage, draining (terreno). **2** cleaning up (zona, barrio). **3** ECON. stabilization (moneda). **4** (fig.) remedy. **5** guarantee, insurance, security. **6** compensation, reparation, indemnification. ◆ **7 artículos de** ~, bathroom fittings.
sanear *v. t.* **1** to drain (un terreno). **2** to clean up (zona, barrio). **3** to put right, to remedy, to repair. **4** to compensate, to indemnify. **5** to guarantee, to insure. **6** ECON. to stabilize (moneda).
sanedrín *s. m.* HIST. Sanhedrin.
sangradera *s. f.* **1** MED. lancet. **2** MED. basin (para realizar una sangría). **3** AGR. irrigation channel. **4** AGR. sluice.
sangrador *s. m.* bloodletter.
sangradura *s. f.* **1** ANAT. inner part of the elbow. **2** MED. cut made into a vein; bleeding, bloodletting. **3** AGR. outlet, drainage channel.
sangrante *adj.* **1** bleeding. **2** (fig.) flagrant.
sangrar *v. t.* **1** MED. to bleed. **2** AGR. to draw resin from, to tap (un árbol). **3** to indent (imprenta). **4** (fig.) to bleed dry; to filch. **5** TEC. to tap. ● *v. i.* **6** to bleed: *estoy sangrando por la nariz* = *my nose is bleeding.* ● *v. pron.* **7** to be bled. ◆ **8 está sangrando,** it's still fresh.
sangre *s. f.* **1** blood. **2** (fig.) blood: *sangre azul* = *blue blood.* ◆ **3** ~ **fría,** coolness, sangfroid. **4 a** ~ **fría,** in cold blood. **5 a** ~ **y fuego,** mercilessly. **6 a** ~ **caliente,** in the heat of the moment. **7 pura** ~, thoroughbred. **8 alterársele/encendérsele/quemársele a uno la** ~, to exasperate someone. **9 no llegó la** ~ **al río,** it wasn't too disastrous. **10 llevar algo en la** ~, to run in the blood. **11** ~ **ligera,** (Am.) kind (person). **12 tener** ~ **de horchata,** to be a cool customer.
sangría *s. f.* **1** MED. bleeding, bloodletting. **2** ANAT. inner part of the elbow. **3** tap (árbol). **4** (fig.) outflow, drain. **5** sangria (bebida). **6** indentation (imprenta).
sangrientamente *adv.* bloodily.
sangriento, -ta *adj.* **1** bleeding. **2** blood-red. **3** bloody, blood-stained. **4** (fig.) bloody: *una batalla sangrienta* = *a bloody battle.*
sanguijuela *s. f.* **1** ZOOL. leech, bloodsucker. **2** (fig.) leech, sponger (persona).
sanguinaria *s. f.* **1** bloodstone. **2** BOT. bloodroot.
sanguinario, -ria *adj.* bloodthirsty, callous, cruel.
sanguíneo, -a *adj.* **1** ANAT. blood: *grupo sanguíneo* = *blood group.* **2** (temperamento) sanguineous.
sanguinolento, -ta *adj.* **1** bloody, bleeding, blood-stained. **2** (fig.) bloodshot. ◆ **3 ojos sanguinolentos,** bloodshot eyes.
sanguinoso, -sa *adj.* bloody, sanguinary.
sanidad *s. f.* **1** health, healthiness. **2** public health, sanitation: *sanidad pública* = *public health.* ◆ **3 Ministerio de** ~, Ministry of Health. **4 inspector de** ~, health inspector.
sanitario, -ria *adj.* **1** sanitary, health. ● *s. m.* y *f.* **2** health worker (persona). ● *s. m.* **3** toilet. ● *s. m. pl.* **4** bathroom fittings, bathroom fixtures.
sano, -na *adj.* **1** healthy, fit. **2** healthy (comida), wholesome; good (fruta). **3** (fig.) sound, healthy. **4** whole, intact (objeto). ◆ **5** ~ **y salvo,** safe and sound. **6 cortar por lo** ~, to go straight to the root of the problem.
San Salvador *s. m.* San Salvador.
sánscrito, -ta *adj.* y *s. m.* Sanskrit.
sanseacabó *loc. fam.* **y** ~, and that's the end of it.
sansón *s. m.* (fig.) tremendously strong person.
santa *s. f.* saint.
santabárbara *s. f.* MAR. magazine.
santafereño, -ña *s. m.* y *f.* inhabitant of Santa Fe de Bogotá (Colombia).
santafesino, -na *s. m.* y *f.* inhabitant of Santa Fe (Argentina).
santero, -ra *adj.* **1** sanctimonius. ● *s. m.* y *f.* **2** sanctuary caretaker. **3** alms collector.
Santiago de Chile *s. m.* Santiago.
santiamén *s. m.* **1** instant. ◆ **2 en un** ~, in an instant, in a jiffy.
santidad *s. f.* REL. **1** saintliness, holiness, sanctity. ◆ **2 Su Santidad,** His Holiness (para dirigirse o hablar del Papa).
santificar *v. t.* **1** to sanctify, to hallow: *santificado sea Tu nombre* = *hallowed be Thy name.* **2** to consecrate (un lugar, un templo). **3** to keep, to observe (una fiesta).
santiguar *v. t.* **1** to make the sign of the cross over, to bless. **2** (Am.) to heal. **3** (fam.) to slap. ● *v. pron.* **4** to cross oneself, to make the sign of the cross.
santísimo, -ma *adj. super.* **1** most holy. ◆ **2 el Santísimo,** the Holy Sacrament.
santo, -ta *adj.* **1** holy, sacred. **2** consecrated, holy (tierra, lugar). **3** saintly, holy (persona). ● *s. m.* y *f.* **4** saint. **5** image of a saint. **6** saint's day, name day. ◆ **7 Semana Santa,** Holy Week. **8 jueves** ~, Maundy Thursday. **9 viernes** ~, Good Friday. **10** ~ **oficio,** Inquisition. **11 todo el** ~ **día,** all day long. **12 ¡y santas pascuas!,** and that's that! **13 ¿a** ~ **de qué...?,** why on earth...? **14** ~ **y seña,** password. **15 desnudar a un** ~ **para vestir a otro,** to rob Peter to pay Paul. **16 llegar y besar el** ~, to be a piece of cake. **17 el día de Todos los Santos,** All Saints' Day.
santón *s. m.* **1** holy man. **2** bigot.
santoral *s. m.* collection of life stories of the Saints.
santuario *s. m.* **1** sanctuary, shrine. **2** (Am.) hidden treasure.
santulario, -ria *adj.* **1** (Am.) sanctimonious. **2** (Am.) hypocritical.
santurrón, -na *adj.* **1** sanctimonious. **2** hypocritical. ● *s. m.* y *f.* **3** sanctimonious person. **4** hypocrite.
santurronería *s. f.* **1** sanctimoniousness. **2** hypocrisy.
saña *s. f.* **1** anger, rage, fury. **2** cruelty.
sañudo, -da *adj.* furious, enraged, angry.
sapaneco, -ca *adj.* (Am.) chubby, plump; stocky.
sapidez *s. f.* taste.
sápido, -da *adj.* tasty, savoury, sapid.
sapiencia *s. f.* **1** wisdom. **2** knowledge.
sapiente *adj.* wise.
sapo *s. m.* **1** ZOOL. toad. **2** (fig.) bug, creature. ● *adj.* **3** (Am.) sly, cunning. ◆ **4 echar sapos y culebras,** to rant and rave, to swear black and blue.
saponáceo, -a *adj.* soapy.
saponaria *s. f.* BOT. common soapwort.
saponificar *v. t.* to saponify.
saporífero, -ra *adj.* saporific.
saque *s. m.* **1** DEP. serve, service (tenis); kick-off (fútbol); line-out (rugby). **2** DEP. server (tenis: persona). **3** DEP. service line (raya). ◆ **4 tener buen** ~, to be a big eater, to eat heartily.
saqueador, -ra *adj.* **1** MIL. sacking, pillaging, plundering. **2** looting (tienda). **3** raiding (despensa). ● *s. m.* y *f.* **4** MIL. sacker, pillager, plunderer. **5** looter (tienda). **6** raider (despensa).
saquear *v. t.* **1** MIL. to sack, to pillage, to plunder. **2** to loot (tienda). **3** to raid (despensa).
saqueo *s. m.* **1** MIL. sacking, pillaging, plundering. **2** looting (tienda). **3** raiding (despensa).
saquería *s. f.* manufacture of sacks.
saquero, -ra *s. m.* y *f.* sackmaker.
saquete *s. m.* cartridge bag.
saragüete *s. m.* family dance, soirée.
sarampión *s. m.* MED. measles.
sarao *s. m.* family dance, soirée, evening party.
sarape *s. m.* blanket, shawl, serape.
sarasa *s. m.* effeminate man; (fam.) sissy, queer, fairy.
sarcasmo *s. m.* sarcasm.
sarcástico, -ca *adj.* sarcastic.
sarcófago *s. m.* tomb, sarcophagus.
sarcoma *s. m.* MED. sarcoma.
sarda *s. f.* horse mackerel.
sardina *s. f.* **1** ZOOL. sardine. ◆ **2 estar como sardinas en lata/banasta,** to be (packed) like sardines. **3** ~ **arenque,** pilchard.
sardinal *s. m.* sardine net.
sardinero, -ra *adj.* sardine.
sardo, -da *adj./s. m.* y *f.* Sardinian.
sardonia *s. f.* BOT. crowfoot.
sardónico, -ca *adj.* sardonic, ironic, insincere.
sarga *s. f.* serge, twill.
sargazo *s. m.* gulf-weed.
sargenta *s. f.* **1** (fam.) dragon, tyrant. **2** sergeant's wife. **3** sergeant's halberd.
sargento *s. m.* **1** MIL. sergeant. **2** (fam.) tyrant. ◆ **3** ~ **mayor,** sergeant major.
sargentona *s. f.* (fam.) dragon, bossy woman, tyrant.
sarmentoso, -sa *adj.* **1** full of vine shoots; climbing. **2** (fig.) gnarled, bony.

sarmiento *s. m.* vine shoot, runner.

sarna *s. f.* **1** MED. itch, scabies. **2** ZOOL. mange.

sarnoso, -sa *adj.* MED. **1** itchy, scabby. **2** ZOOL. mangy. **3** (Am.) contemptible, despicable. **4** (Am.) mean.

sarpullido *s. m.* rash, eruption.

sarracénico, -ca *adj.* Saracenic.

sarraceno, -na *adj./s. m.* y *f.* Saracen.

sarracina *s. f.* (form.) fight, scuffle, brawl.

sarro *s. m.* **1** deposit, incrustation. **2** tartar (dientes); fur, coating (lengua), scale, fur (caldera). **3** BOT. rust, mildew, blight.

sarroso, -sa *adj.* **1** incrusted. **2** tartarous, covered with tartar (dientes); furry, coated (lengua). **3** scaly, furry (caldera). **4** BOT. rusted, mildewed, blighted.

sarta *s. f.* **1** string, line, row, series: *sarta de perlas = string of pearls.* **2** (fig.) string: *una sarta de mentiras = a string of lies.*

sartén *s. f.* **1** frying pan. ◆ **2 tener la ~ por el mango,** to call the shots, to have the whip hand.

sartenada *s. f.* panful.

sartenazo *s. m.* blow with a frying pan.

sartorio *adj.* y *s. m.* ANAT. sartorious.

sastra *s. f.* woman tailor, tailoress.

sastre *s. m.* **1** tailor. ◆ **2 ~ de teatro,** costumier. **3 hecho por ~,** tailor-made.

sastrería *s. f.* **1** tailoring, tailor's trade. **2** tailor's (shop).

satán o **satanás** *s. m.* satan.

satélite *s. m.* **1** ASTR. satellite: *un satélite artificial = an artificial satellite.* **2** (fig.) satellite, hanger-on (persona).

satén *s. m.* sateen.

satín *s. m.* satin.

satinado, -da *adj.* **1** satiny, shiny, glossy: *papel satinado = glossy paper.* ● *s. m.* **2** gloss, shine.

satinador, -ra *adj.* **1** glazing, burnishing. ● *s. f.* **2** TEC. glazer, burnisher.

satinar *v. t.* to gloss, to burnish, to glaze.

sátira *s. f.* satire.

satírico, -ca *adj.* **1** satirical. ● *s. m.* y *f.* **2** satirist.

satirizante *adj.* satirizing.

satirizar *v. t.* to satirize.

sátiro *s. m.* satyr.

satisfacción *s. f.* **1** satisfaction. **2** satisfaction, redress, apology: *pidió satisfacción de la ofensa = he demanded an apology for the offence.* **3** satisfying, sating (apetito). ◆ **4 a ~ de,** to the satisfaction of. **5 ~ de sí mismo,** self satisfaction.

satisfacer *v. t.* **1** to satisfy. **2** to pay (una deuda, etc.). **3** to compensate. **4** to meet, to satisfy (una demanda). **5** COM. to honour, (EE UU) to honor. **6** to solve, to explain (una duda). ● *v. pron.* **7** to satisfy oneself. **8** to avenge oneself. ◆ **9 ~ a uno de una ofensa,** to compensate someone for an insult.

satisfactorio, -ria *adj.* satisfactory.

satisfecho, -cha *adj.* **1** satisfied, content. **2** self-satisfied, smug, complacent. ◆ **3 darse por ~,** to be satisfied/content (with). **4 dejar ~ a,** to satisfy.

sátrapa *s. m.* **1** HIST. satrap. **2** sly/cunning governor.

saturación *s. f.* saturation, permeation.

saturar *v. t.* to saturate, to permeate.

saturnal *adj.* **1** saturnalian. ● *s. f.* **2** saturnalia.

Saturno *s. m.* Saturn.

sauce *s. m.* **1** BOT. willow. ◆ **2 ~ llorón,** BOT. weeping willow.

sauceda, saucera *s. f.* o **saucedal** *s. m.* willow plantation.

saúco *s. m.* BOT. elder.

sauna *s. f.* sauna.

saurio, -ria *adj./s. m.* y *f.* ZOOL. saurian.

sauzal *s. m.* willow plantation.

savia *s. f.* **1** BOT. sap. **2** (fig.) vitality, sap, blood: *nueva savia = new blood.*

saxofón o **saxófono** *s. m.* **1** MÚS. saxophone, sax. ● *s. m.* y *f.* **2** saxophonist.

saya *s. f.* **1** skirt. **2** underskirt, petticoat. **3** (Am.) woman.

sayal *s. m.* sackcloth, serge.

sayo *s. m.* **1** cassock, cloak. **2** smock, tunic. ◆ **3 decir para su ~,** to say to oneself. **4 hacer de su capa un ~,** to do what one likes with one's own things.

sayón *s. m.* **1** long flared skirt. **2** executioner. **3** henchman, ugly-looking customer.

sazón *s. f.* **1** maturity, ripeness. **2** opportunity, chance, time, moment. **3** seasoning. ◆ **4 a la ~,** then, at that time. **5 en ~,** in season, ripe, ready (to eat) (fruta); (fig.) opportunely.

sazonado, -da *adj.* **1** ripe (fruta). **2** seasoned (with). **3** tasty. **4** (fig.) witty.

sazonar *v. t.* **1** to season, to flavour, (EE UU) to flavor. **2** to ripen, to mature. **3** (fig.) to add spice to.

scherzo *s. m.* MÚS. scherzo.

se *pron. pers. r.* **1** oneself, yourself, yourselves, himself, herself, itself, themselves: *cuídese = look after yourself.* **2** (uso recíproco) each other, one another: *se cuidan siempre = they always take care of each other; se aman = they love each other.* **3** (uso dativo) *se ha roto el brazo = he's broken his arm; se compró un pastel = he bought himself a cake.* **4** (uso impersonal) *se sabe que = it is known that; se dice que = is is said that.* **5** (uso pasivo) *la casa se vendió ayer = the house was sold yesterday; se siembra el trigo en octubre = the wheat is sown in October.* **6** one, you, they, we, people: *no se habla con la boca llena = you shouldn't speak with your mouth full; nunca se sabe = one never knows, you never know.* **7** to him, to her, to it, to you, to them: *se lo daré = I'll give it to him,* (o *to her, to you, to them*). **8** for him, for her, for it, for you, for them: *se lo haré = I'll do it for him* (o *for her, for you, for them*). **9** from him, from her, from it, from them: *se los arrancó = he snatched them from him.*

OBS. Algunos verbos pueden ser o no ser reflexivos en inglés: *se lavan = they wash* o *they wash themselves.*

sebáceo, -a *adj.* sebaceous.

sebo *s. m.* **1** suet (para cocinar); tallow (para velas); grease, fat (grasa). **2** fat (gordura). **3** filth, grime, grease (suciedad). **4** ANAT. sebum.

seboso, -sa *adj.* **1** fatty, greasy; suety; tallowy. **2** filthy, grimy.

seborrea *s. f.* MED. seborrhea.

seca *s. f.* **1** AGR. drought; dry season. **2** MAR. sandbank. **3** MED. swollen gland. ◆ **4 a secas,** alone, just, simply.

secadero *s. m.* **1** drying floor, drying shed. **2** (Am.) dry land.

secador *s. m.* **1** dryer, drier: *secador de pelo = hair-drier.* **2** (Am.) towel.

secadora *s. f.* tumble dryer.

secamiento *s. m.* drying.

secano *s. m.* **1** dry land, unirrigated land, dry region. **2** MAR. sandbank. **3** anything very dry. ◆ **4 de ~,** (fam.) childless. **5 cultivo de ~,** dry farming.

secante *adj.* **1** drying. **2** MAT. secant. ● *s. m.* **3** blotter. ● *s. f.* **4** MAT. secant. ◆ **5 papel ~,** blotting-paper.

secar *v. t.* **1** to dry, to dry up. **2** to wipe dry (superficie). **3** to dry, to wipe away (lágrimas). **4** to blot (tinta). **5** to wipe up (un líquido). **6** to wither, to dry up (planta). ● *v. pron.* **7** to dry, to dry up, to dry off. **8** to wither, to dry up, to wilt (planta, flor). **9** to run dry, to dry up (río). **10** to dry oneself, to get dry (persona). **11** (fig.) to waste away (persona). **12** to be very thirsty. **13** to become hard-hearted. **14** to heal up (herida).

sección *s. f.* **1** section, cutting. **2** department; division, branch. **3** MAT. section. **4** MIL. section, platoon. ◆ **5 ~ transversal,** cross section.

seccionar *v. t.* to section, to divide into sections, to divide up.

secesión *s. f.* secession.

secesionista *adj./s. m.* y *f.* secessionist.

seco, -ca *adj.* **1** dry. **2** dried up, withered (planta). **3** dry (río, pozo). **4** dried (flores, fruta). **5** dead (árbol, hojas). **6** blunt, cold, hard (carácter). **7** dry, plain, flat (estilo). **8** plain (explicación). **9** brusque, curt (respuesta). **10** sharp (golpe); dull. **11** hacking, dry (tos). **12** dry (vino). **13** skinny, wizened, thin (persona). **14** (fig.) parched, thirsty (sed). ◆ **15 dejar a uno ~,** to bump someone off; (fig.) to leave someone speechless. **16 en ~,** high and dry; dry: *limpieza en seco = dry cleaning;* suddenly, sharply: *parar en seco = to stop dead; frenar en seco = to brake sharply.* **17 parar a uno en seco,** to cut someone short.

secoya, secuoya o **sequoia** *s. f.* BOT. sequoia, redwood.

secreción *s. f.* secretion.

secreta *s. f.* **1** secret police. **2** secret investigation, private examination.

secretamente *adv.* secretly.

secretar *v. t.* to secrete.

secretaría *s. f.* **1** secretary's office. **2** secretaryship. **3** secretariat. **4** (Am.) ministry, department.
secretariado *s. m.* **1** secretariat. **2** secretaryship. **3** (Am.) profession of secretary. **4** (Am.) secretarial course.
secretaria *s. f.* secretary: *secretaria particular = private secretary.*
secretario *s. m.* **1** secretary. **2** (Am.) POL. minister, secretary. ◆ **3** ~ **Municipal/de Ayuntamiento,** town clerk. **4** ~ **general,** POL. secretary general. **5** **secretario de Estado,** POL. Secretary of State.
secretear *v. i.* **1** to whisper. **2** to talk confidentially.
secreteo *s. m.* whispering.
secreter *s. m.* writing desk.
secreto, -ta *adj.* **1** secret, hidden. **2** confidential, secret, classified. **3** secretive (persona). ● *s. m.* **4** secret: *nunca reveló el secreto = he never told anyone the secret.* **5** secrecy: *lo hice con mucho secreto = I did it in great secrecy.* **6** combination (de una cerradura). ◆ **7** **en** ~, in secrecy, secretly, in secret. **8** ~ **a voces,** open secret. **9** **bajo** ~ **de confesión,** under the seal of the confessional. **10** ~ **de fabricación,** trade secret. **11** **hacer** ~ **de algo,** to be secretive about something.
secta *s. f.* sect.
sectario, -ria *adj.* **1** sectarian. ● *s. m.* y *f.* **2** sectarian, member of a sect.
sectarismo *s. m.* sectarianism.
sector *s. m.* **1** MAT. sector. **2** COM. sector: *el sector público = the public sector.* **3** area; section.
secuaz *s. m.* **1** follower, supporter, partisan. **2** (desp.) henchman, hireling. ● *adj.* **3** following, attendant.
secuela *s. f.* **1** consequence, sequel, result. **2** trace, sign.
secuencia *s. f.* sequence.
secuestración *s. f.* **1** sequestration. **2** kidnapping.
secuestrador, -ra *s. m.* y *f.* **1** kidnapper (de personas). **2** hijacker (de aviones).
secuestrar *v. t.* **1** to kidnap, to abduct (persona). **2** to hijack (avión). **3** DER. to seize, to confiscate (bienes).
secuestro *s. m.* **1** kidnapping, abduction (de personas). **2** hijacking (de aviones). **3** DER. seizure, confiscation (de bienes).
secular *adj.* **1** century-old, age-old, ancient: *una costumbre secular = an age-old custom.* **2** REL. secular, lay. **3** secular (del siglo).
secularización *s. f.* secularization.
secularizar *v. t.* to secularize.
secundar *v. t.* to second, to support, to help.
secundario, -ria *adj.* **1** secondary. **2** minor, secondary, of little importance.
secundinas *s. f. pl.* afterbirth.
secuoya *s. f.* BOT. ⇒ **secoya.**
sed *s. f.* **1** thirst, thirstiness. **2** AGR. drought. **3** (fig.) thirst, hunger, lust: *tienen sed de venganza = they have a thirst for revenge.* ◆ **4** **apagar la** ~, to quench one's thirst. **5** **dar** ~, to make thirsty. **6** **morirse de** ~, to be dying of thirst. **7** **tener** ~, to be thirsty.
seda *s. f.* **1** silk: *seda floja = floss silk.* **2** ZOOL. bristle. ◆ **3** **como una** ~, easily, smoothly. **4** **de** ~, silk: *un vestido de seda = a silk dress;* silky, silken (como la seda). **5** **gusano de** ~, silkworm. **6** ~ **artificial,** artificial silk.
sedal *s. m.* fishing line.
sedante *adj.* y *s. m.* sedative.
sedar *v. t.* (form.) to calm (down), to sedate.
sedativo, -va *adj.* sedative.
sede *s. f.* **1** REL. see. **2** seat (de un gobierno). **3** headquarters, central office (de una empresa, etc.). ◆ **4** **Santa Sede,** Holy See. **5** ~ **social,** head office, central office.
sedentario, -ria *adj.* sedentary.
sedente *adj.* sitting, seated.
sedeña *s. f.* flaxen tow.
sedeño, -ña *adj.* **1** silk, silky, silken. **2** bristly.
sedería *s. f.* **1** silk shop (tienda). **2** silk goods, silk stuff, silks (mercancía). **3** silk trade (tráfico). **4** silk manufacture, silk raising, sericulture (fabricación).
sedición *s. f.* sedition.
sedicioso, -sa *adj.* **1** seditious, factious, mutinous. ● *s. m.* y *f.* **2** rebel. **3** troublemaker. **4** mutineer.
sediento *adj.* **1** thirsty. **2** (fig.) thirsty, eager: *sediento de justicia = eager for justice.*
sedimentación *s. f.* sedimentation.
sedimentar *v. t.* **1** to deposit, to settle. **2** (fig.) to settle, to calm, to quieten. ● *v. pron.* **3** to settle. **4** (fig.) to calm down, to settle down.
sedimentario, -ria *adj.* sedimentary.
sedimento *s. m.* sediment, deposit.
sedoso, -sa *adj.* silky, silken.
seducción *s. f.* **1** seduction (acto). **2** seductiveness, charm, allure, fascination (cualidad).
seducir *v. t.* **1** to seduce (a alguien). **2** (fig.) to seduce, to tempt, to lead on. **3** (fig.) to charm, to attract, to captivate, to fascinate: *ella seduce a todo el mundo con su sonrisa = she charms everyone with her smile.*
seductivo, -va *adj.* **1** seductive. **2** (fig.) seductive, tempting. **3** (fig.) charming, captivating.
seductor, -ra *adj.* **1** seductive. **2** (fig.) seductive, tempting. **3** (fig.) charming, captivating. ● *s. m.* y *f.* **4** seducer.
sefardí o **sefardita** *adj.* **1** Sephardic. ● *s. m.* y *f.* **2** Sephardi.
segable *adj.* ready to be reaped.
segadera *s. f.* **1** sickle. **2** scythe.
segadero, -ra *adj.* ready for reaping.
segador *s. m.* harvester, reaper.
segar *v. t.* **1** to reap, to cut, to harvest (mies). **2** to mow, to cut (hierba). **3** to cut off (objeto). **4** (fig.) to cut down, to mow down. **5** (fig.) to ruin, to destroy.
segazón *s. m.* reaping, harvest.
seglar *adj.* **1** secular, lay. ● *s. m.* y *f.* **2** layman.
segmentación *s. f.* segmentation.
segmentar *v. t.* to segment.
segmento *s. m.* **1** MAT., ZOOL. segment. **2** TEC. ring: *segmento de émbolo = piston ring.*
segregación *s. f.* **1** segregation, separation. **2** BIOL. secretion. ◆ **3** ~ **racial,** POL. racial segregation, apartheid.
segregacionismo *s. m.* segregationism.
segregacionista *adj./s. m.* y *f.* segregationist.
segregar *v. t.* **1** to segregate, to separate. **2** BIOL. to secrete.
segregativo, -va *adj.* segregative.
segueta *s. f.* fretsaw.
seguida *s. f.* **1** following, continuation. ◆ **2** **de** ~, (form.) continuously, uninterruptedly, without a break. **3** **en** ~, immediately, (form.) forthwith, at once, straight away.
seguidamente *adv.* **1** continuously, successively, without a break. **2** straight away, next.
seguidilla *s. f.* LIT. four-line stanza; seven-line stanza (estrofa).
seguido, -da *adj.* **1** continuous. **2** straight, direct. **3** consecutive, successive. **4** in a row, running, in succession: *ha llegado tarde cuatro días seguidos = he's been late four days running.* ● *adv.* **5** straight (on): *vaya todo seguido = go straight on/go straight ahead.* **6** behind, after.
seguidor, -ra *adj.* **1** following. ● *s. m.* y *f.* **2** follower. **3** DEP. fan, supporter, follower.
seguimiento *s. m.* **1** chase, pursuit. **2** continuation. ◆ **3** **estación de** ~, tracking station. **4** **ir en** ~ **de,** to go in pursuit of.
seguir *v. t.* **1** to follow. **2** to chase, to pursue. **3** to continue, to carry on. **4** to follow (un consejo), to take. **5** to track (un satélite). **6** to court (a una mujer). **7** to take, to do, to follow (un cursillo). **8** to hound, to chase, to pursue (un animal). **9** to follow (las huellas). **10** to follow, to pursue (una carrera). **11** to continue (un camino, ruta). ● *v. i.* **12** to follow, to come next, to come after. **13** to follow on, to continue: *el programa sigue mañana = the programme continues tomorrow.* **14** to continue, to carry on, to go on: *sigamos = let's go on.* **15** to be still: *¿sigues en la fábrica? = are you still at the factory.* ● *v. pron.* **16** to follow. **17** to follow, to ensue, to happen in consequence: *de esto se sigue que... = it follows that...* **18** to issue, to spring. ◆ **19** ~ **adelante,** to go straight on, to continue straight ahead. **20** **sigue sin saber el resultado,** he still doesn't know the result; *sigo sin entender = I still don't understand.* **21** ~ **haciendo algo,** to carry on/go on/continue doing something: *sigue trabajando = carry on working.* **22** ~ **de pie,** to remain/stay standing. **23** **como sigue,** as follows. **24** ~ **en sus trece,** to stick to one's guns. **25** **sigue,** please turn over (en una carta o documento).

según *prep.* **1** according to, depending on: *vendré o no según el trabajo que tenga = I'll come depending on the amount of work I've got.* **2** according to, in accordance with, in line with: *según el protocolo de la casa real = in accordance with the protocol of the royal household.* **3** according to: *según el profesor... = according to the teacher...* • *adv.* **4** as: *podemos hablar según seguimos andando = we can talk as we go on walking.* **5** it depends, it all depends: *lo compraré o no, según = I might or might not buy it, it all depends.* • *conj.* **6** depending on, according to: *según estén las cosas = depending on how things stand.* ◆ **7 ~ que...,** depending on whether...: *según digan que sí o que no = depending on whether they say yes or no.*

segunda *s. f.* **1** MÚS. second. **2** second (gear) (marcha coche). • *pl.* **3** (fig.) double/veiled meaning: *siempre hablaba con segundas = he always talked with double meanings.* ◆ **4 viajar en ~,** to travel (in) second class.

segundar *v. t.* **1** to repeat, to do again. • *v. i.* **2** to be/come second.

segundero *adj.* **1** AGR. referring to the second crop of the same plant in one year. • *s. m.* **2** second hand.

segundo *adj.* **1** second. • *s. m.* **2** second. ◆ **3 en ~ lugar,** in second place. **4 en un ~,** immediately, at once. **5 sin ~,** second to none.

segundón *s. m.* **1** second son. **2** younger son.

segur *s. f.* **1** axe, (EE UU) ax. **2** sickle.

seguramente *adv.* **1** for certain, for sure, certainly. **2** surely. **3** probably. **4** safely, securely.

seguridad *s. f.* **1** safety, safeness, security (contra accidente): *medidas de seguridad = security measures.* **2** confidence (confianza en uno mismo). **3** certainty (certeza). **4** DER. surety, security. **5** sureness, firmness. **6** reliability (garantía). ◆ **7 ~ en carretera,** road safety. **8 ~ social,** social security. **9 con ~,** securely; for certain. **10 cinturón de ~,** safety belt. **11 en la ~ de que,** with the certainty that, knowing that. **12 en la ~ de hacer algo,** being sure of doing something. **13 en ~,** in a safe place, in safety, safe. **14 para mayor ~,** to be on the safe side. **15 ~ en sí mismo,** self confidence. **16 tenga la ~ de que...,** rest assured that...

seguro, -ra *adj.* **1** secure, safe: *un lugar seguro = a safe place.* **2** certain, sure: *estoy seguro de lo que digo = I'm sure of what I'm saying.* **3** firm, solid. **4** reliable, trustworthy. **5** definite, firm (una fecha). **6** stable, steady. **7** securely fastened. **8** (Am.) honest. • *s. m.* **9** insurance: *seguro contra incendios = fire insurance.* **10** safety catch (en armas). **11** safety device. **12** tumbler, catch (en cerraduras). **13** TEC. catch, pawl, ratchet. • *adv.* **14** for sure, for certain. ◆ **15 ~ a todo riesgo,** fully comprehensive insurance. **16 ~ contra terceros,** third-party insurance. **17 a buen ~,** surely. **18 de ~,** without a doubt. **19 en ~,** in a safe place. **20 ir sobre ~,** to be on safe ground.

seis *adj.* **1** six. **2** six o'clock (hora). • *s. m.* **3** (fecha) sixth: *el seis de mayo = the sixth of May, May the sixth,* (EE UU) *May sixth.*

seiscientos, -tas *adj.* y *s. m.* six hundred.

seísmo o **sismo** *s. m.* earthquake, tremor.

selacio *s. m.* **1** ZOOL. selachian. **2** DEP. team.

selección *s. f.* **1** selection. **2** DEP. team.

seleccionado, -da *adj.* DEP. selected.

seleccionador, -ra *s. m.* y *f.* DEP. manager.

seleccionar *v. t.* to select, pick.

selectas *s. f. pl.* analects.

selectividad *s. f.* **1** selectivity. ◆ **2 examen de ~,** university entrance exam.

selectivo, -va *adj.* selective.

selecto, -ta *adj.* **1** selected (obras literarias). **2** (fig.) select, fine, choice. **3** select, exclusive. **4** the best: *es de lo más selecto = it's of the very best.*

selector *s. m.* selector.

selenio *s. m.* QUÍM. selenium.

selenita *s. m.* y *f.* **1** moon dweller, inhabitant of the moon. • *s. f.* **2** selenite.

selenografía *s. f.* ASTR. selenography.

sellador, -ra *s. m.* y *f.* sealer.

selladura *s. f.* sealing; stamping.

sellar *v. t.* **1** to seal; to stamp. **2** to hallmark (joyas). **3** (fig.) to seal: *sellaron el pacto la semana pasada = they sealed the agreement last week.*

sello *s. m.* **1** rubber stamp (de goma). **2** stamp, seal, mark (señal). **3** stamp (de correos). **4** (fig.) stamp, mark, hallmark. **5** MED. capsule. ◆ **6 ~ de correos,** postage stamp. **7 ~ aéreo,** airmail stamp. **8 poner el ~ a un documento,** to stamp a document.

seltz *s. m.* seltzer: *agua de seltz = seltzer water.*

selva *s. f.* **1** jungle (tropical); forest (bosque). **2** (fig.) jungle: *la ley de la selva = the law of the jungle.* ◆ **3 la ~ amazónica,** GEOG. the Amazon rainforest.

selvático, -ca *adj.* **1** woodland, forest. **2** BOT. wild.

selvoso, -sa *adj.* wooded, forested.

semáforo *s. m.* **1** traffic light. **2** MAR. semaphore. **3** signal (de ferrocarril).

semana *s. f.* **1** week. ◆ **2 ~ inglesa,** five-and-a-half-day working week. **3 entre ~,** during the week, mid-week. **4 días entre ~,** weekdays. **5 fin de ~,** weekend. **6 ~ laboral,** working week. **7 Semana Santa,** Holy Week.

semanal *adj.* weekly.

semanalmente *adv.* each week, every week, weekly.

semanario, -ria *adj.* **1** weekly. • *s. m.* **2** weekly (revista, publicación, etc.).

semántica *s. f.* semantics.

semántico, -ca *adj.* semantic.

semblante *s. m.* **1** countenance, face, features. **2** look, appearance, expression. ◆ **3 componer el ~,** to regain one's composure. **4 mudar de ~,** to change colour. **5 tener buen ~,** to look well.

semblanza *s. f.* biographical sketch.

sembradera *s. f.* sowing machine.

sembradío, -a *adj.* **1** cultivable. • *s. m.* **2** arable land.

sembrado *s. m.* sown field/ground.

sembrador *adj.* **1** sowing, seeding. • *s. m.* **2** sower.

sembradora *s. f.* **1** MEC. seed drill. **2** sower (persona).

sembradura *s. f.* sowing, seeding.

sembrar *v. t.* **1** to sow, to seed (un terreno): *un campo sembrado de trigo = a field sown with wheat.* **2** to sow (semillas). **3** (fig.) to sow, to spread: *sembrar cizaña entre... = to sow discord among...* **4** to spread (noticias). **5** (fig.) to scatter, to strew, to sprinkle. ◆ **6 quien siembra recoge,** one reaps what one has sown.

sembrío *s. m.* (Am.) sown field.

semejante *adj.* **1** similar, alike, the same. **2** similar, such: *nunca he visto semejante caso = I've never seen such a case.* **3** MAT. similar. ◆ **4 ~ a,** like. **5** (Am.) huge, enormous. • *s. m.* **6** fellow man, fellow creature. **7** likeness, resemblance, equal.

semejanza *s. f.* **1** similarity. **2** resemblance, likeness, similarity. ◆ **3 a ~ de,** like, after, as. **4 ~ de familia,** family likeness. **5 tener ~ con,** to bear a resemblance to, to look like.

semejar *v. i.* **1** to resemble, to be like, to look like. • *v. pron.* **2** to be alike, to be similar, to resemble each other. ◆ **3 semejarse a,** to resemble, to look like.

semejas *s. f. pl.* (Am.) similarity, resemblance.

semen *s. m.* semen.

semental *adj.* **1** seminal, germinal. **2** breeding, stud (animal). • *s. m.* **3** stud animal. **4** stud horse, stallion (caballo).

sementar *v. t.* to sow.

sementera *s. f.* **1** sowing, seeding. **2** sown land. **3** sowing season, seedtime. **4** seed bed, seed plot. ◆ **5 una ~ de,** (fig.) a breeding ground for, a hotbed of.

semestral *adj.* half-yearly, biannual.

semestralmente *adv.* half-yearly, biannually.

semestre *s. m.* **1** period of six months. **2** (EE UU) semester (en la universidad). **3** COM. half-yearly payment.

semi- *prefijo* semi-, half-.

semibreve *s. f.* MÚS. semibreve, (EE UU) whole note.

semicilindro *s. m.* semicylinder, half cylinder.

semicircular *adj.* semicircular.

semicírculo *s. m.* semicircle.

semiconductor *s. m.* semiconductor.

semiconsciente *adj.* half-conscious, semi-conscious.

semicorchea *s. f.* MÚS. semiquaver.

semicultismo *s. m.* half-learned word.

semidesnatado, -da *adj.* semi-skimmed.

semidifunto, -ta *adj.* half-dead, almost dead.
semidiós, -sa *s. m.* y *f.* **1** demigod (hombre). **2** demigodess (mujer).
semidormido, -da *adj.* half-asleep.
semiesfera *s. f.* hemisphere.
semiesférico, -ca *adj.* hemispherical.
semifinal *s. f.* semifinal.
semifinalista *adj.* **1** semifinal. • *s. m.* y *f.* **2** semifinalist.
semilla *s. f.* **1** BOT. seed. **2** (fig.) cause, origin, source. **3** (Am.) baby, child.
semillero *s. m.* **1** nursery, seedbed. ♦ **2 un ~ de,** (fig.) a hotbed of, a breeding ground for.
semimedio *s. m.* DEP. welterweight.
seminal *adj.* seminal.
seminario *s. m.* **1** REL. seminary. **2** seminar (de investigación).
seminarista *s. m.* seminarist.
seminífero, -ra *adj.* ANAT. seminiferous.
semiología *s. f.* semiology, semeiology.
semiótica *s. f.* semiotics.
semipesado, -da *adj.* y *s. m.* DEP. light heavyweight.
semita *adj.* **1** Semitic. • *s. m.* y *f.* **2** Semite (persona).
semítico, -ca *adj.* Semitic.
semitismo *s. m.* Semitism.
semitista *s. m.* y *f.* Semitist.
semivocal *s. f.* semivowel.
sémola *s. f.* semolina.
sempiterno, -na *adj.* eternal, everlasting.
senado *s. m.* **1** senate. **2** (fig.) assembly, gathering.
senadoconsulto *s. m.* senatorial decree.
senador, -ra *s. m.* y *f.* POL. senator.
senaduría *s. f.* senatorship.
senario, -ria *adj.* **1** senary. • *s. m.* **2** senarius.
senatorial o **senatorio, -ria** *adj.* senatorial.
sencillez *s. f.* **1** simplicity, plainness: *siempre se expresaba con mucha sencillez = he always expressed himself with great simplicity.* **2** naturalness, unaffectedness, simplicity.
sencillo, -lla *adj.* **1** simple, plain. **2** easy, simple. **3** unaffected, natural, unsophisticated, unadorned. **4** harmless, guileless, simple. **5** naive, ingenuous, gullible. **6** single (billete de tren, etc.). • *s. m.* **7** (Am.) small change, loose change.
senda *s. f.* path, footpath, track.
senderismo *s. m.* trekking (pasatiempo).
sendero *s. m.* path, track.
sendos *adj. pl.* each: *llegaron su padre y su hermano en sendos coches = his father and his brother arrived each by car; llevaban sendos trajes = they each wore a suit.*
senectitud *s. f.* old age.
senil *adj.* senile.
senilidad *s. f.* senility.
seno *s. m.* **1** bosom, breast. **2** lap (regazo). **3** womb. **4** cavity, hollow, hole. **5** (fig.) bosom. **6** ANAT. sinus: *seno frontal = frontal sinus.* **7** GEOG. gulf, bay, inlet. **8** MAR. trough. **9** MAT. sine.
sensación *s. f.* **1** feeling, sensation (del sentido). **2** sensation (gran noticia). **3** emotion.
sensacional *adj.* sensational.
sensacionalismo *s. m.* sensationalism.
sensacionalista *adj.* sensationalist.
sensatez *s. f.* **1** sensibleness, good sense, sense. **2** wisdom, sense.
sensato, -ta *adj.* sensible, wise.
sensibilidad *s. f.* **1** sensitivity, sensitiveness, feeling. **2** sensibility.
sensibilización *s. f.* FOT. sensitization.
sensibilizar *v. t.* FOT. to sensitize.
sensible *adj.* **1** sensitive. **2** perceptible, sensible, appreciable, noticeable. **3** sentient, feeling: *un ser sensible = a sentient being.* **4** grievous, lamentable, regrettable. **5** sensitive, emotional, impressionable. **6** FOT. sensitive. ♦ **7 ser ~ a,** to be sensitive to, to have great feeling for. **8 ser ~ de,** (form.) to be conscious of.
sensiblemente *adj.* appreciably, perceptively, noticeably.
sensiblería *s. f.* **1** sentimentality, sentimentalism. **2** (fam.) sloppiness, mushiness.
sensiblero, -ra *adj.* **1** sentimental. **2** (fam.) sloppy, mushy.
sensitiva *s. f.* BOT. mimosa.
sensitivo, -va *adj.* **1** sentient. **2** sense: *órgano sensitivo = sense organ.* **3** sensitive.
sensorio, -ria *adj.* **1** sensorial, sensory. • *s. m.* **2** sensorium.
sensorial *adj.* sensorial.
sensual *adj.* **1** sensual. **2** sensuous. **3** (Am.) attractive.
sensualidad *s. f.* **1** sensuality. **2** sensuousness.
sensualismo *s. m.* sensualism.
sensualista *adj.* **1** sensualistic. • *s. m.* y *f.* **2** sensualist.
sentada *s. f.* **1** sitting. **2** sit-in, sit-down strike. ♦ **3 de una ~,** in one go.
sentado, -da *adj.* **1** sitting, seated: *está sentado = he's sitting (down).* **2** judicious, sedate. **3** BOT. sessile. **4** settled, established. **5** (persona) steady, sensible, prudent. ♦ **6 dar algo por ~,** to take something for granted. **7 dejar ~ que...,** to make it clear that...
sentar *v. t.* **1** (a una persona) to sit, to seat. **2** to set, to place (un objeto). • *v. t.* e *i.* **3** to suit, to become: *ese color te sienta bien = that colour suits you.* **4** to fit: *el pantalón te sienta bien = the trousers fit you well.* **5** to agree with (comida): *me sienta mal el pepino = cucumber disagrees (o doesn't agree) with me.* **6** (fig.) to go down, to like, to appreciate: *le sentó mal lo que dije = he didn't appreciate what I said, what I said didn't go down too well with him.* • *v. pron.* **7** to sit, to sit down. **8** to settle, to become steady. ♦ **9 ~ la cabeza,** to calm down. **10 ~ las bases de,** to lay the foundations of. **11 ~ por escrito,** to put down in writing.
sentencia *s. f.* **1** DER. sentence (pena). **2** decision, ruling (decisión). **3** maxim, saying, axiom (dicho). ♦ **4 dictar ~,** to pass sentence. **5 ~ de muerte,** death sentence. **6 ~ firme,** final judgement.
sentenciar *v. t.* **1** DER. to sentence. **2** to judge. ♦ **3 ~ a uno,** (Am.) to swear ven-geance against. • *v. i.* **4** to give one's opinion.
sentencioso, -sa *adj.* sententious.
sentido, -da *adj.* **1** deeply felt, regrettable. **2** sincere, deeply felt, deep: *mi más sentido pésame = my deepest sympathy, my sincere condolences.* **3** (fig.) sensitive, touchy, easily hurt. **4** (Am.) with sharp hearing. • *s. m.* **5** sense: *el sentido del olfato = the sense of smell.* **6** (fig.) sense, discernment. **7** meaning, sense: *la expresión tiene dos sentidos = the expression has two meanings.* **8** feeling: *tiene sentido de la pintura = he has a feeling for painting.* **9** (Am.) ear. **10** direction, way: *una calle de sentido único = a one-way street; en sentido contrario = in the opposite direction.* ♦ **11 con los cinco sentidos,** for all one's worth. **12 poner los cinco sentidos en algo,** to give one's full attention to something. **13 costar un ~,** to cost the earth, to cost a fortune. **14 perder el ~,** to lose consciousness, to faint. **15 ~ común,** common sense. **16 sin ~,** unconscious, senseless; meaningless. **17 tener ~,** to make sense. **18 recobrar ~,** to regain consciousness.
sentimental *adj.* **1** sentimental. ♦ **2 aventura ~,** love affair.
sentimentalismo *s. m.* sentimentalism, sentimentality.
sentimentero, -ra *adj.* (Am.) mushy, sloppy.
sentimiento *s. m.* **1** feeling, sentiment. **2** regret, sorrow, grief. **3** sense: *un sentimiento de responsabilidad = a sense of responsibility.* ♦ **4 le acompaño en el ~,** my deepest sympathy. **5 herir los sentimientos de uno,** to hurt someone's feelings.
sentina *s. f.* **1** MAR. bilge. **2** (fig.) sewer, den of iniquity.
sentir *v. t.* **1** to feel. **2** to hear. **3** to perceive, to sense. **4** to feel, to sense, to have the feeling (that). **5** to have a feeling for (la música, poesía, etc.). **6** to be/feel sorry, to regret: *lo siento = I'm sorry.* **7** to suffer, to feel the effect of (una enfermedad). • *v. pron.* **8** to feel. **9** (Am.) to get angry. • *s. m.* **10** feeling. **11** opinion, judgement, judgment: *a mi sentir = in my opinion.* ♦ **12 dar que ~,** to give cause for regret. **13 sentirse como en su casa,** to feel at home.
seña *s. f.* **1** sign, signal. **2** (fig.) sign, token. **3** MIL. password. **4** mark. • *pl.* **5** address. ♦ **6 señas mortales,** unmistakable signs. **7 santo y ~,** password. **8 hablar por señas,** to talk in sign language. **9 dar señas de,** to show signs of. **10 hacer una ~ a alguien para que...,** to signal to someone to... **11 por las señas,** so it seems.

señal *s. f.* **1** signal. **2** sign, indication. **3** mark. **4** scar, mark (cicatriz). **5** MED. symptom. **6** trace, vestige. **7** COM. deposit, token payment. **8** (por teléfono) dialling tone, tone: *señal de ocupado = engaged tone,* (EE UU) *busy signal.* ◆ **9 en ~ de,** as a token of, as a sign of. **10 dar señales de,** to show signs of. **11 hacer la ~ de la cruz,** to make the sign of the cross. **12 señales de tráfico,** traffic/road signs. **13 sin dejar ~,** without a trace.

señaladamente *adv.* **1** especially, expressly. **2** clearly, distinctly.

señalado, -da *adj.* **1** distinct, clear (claro). **2** exceptional (día). **3** appointed (establecido). **4** noticeable, marked (destacado). **5** marked, scarred (dañado). **6** famous, distinguished (persona).

señalar *v. t.* **1** to mark. **2** to point to, to show. **3** to point out, to call someone's attention to. **4** to mark, to denote. **5** to set, to fix. **6** to scar, to mark. **7** to appoint, to designate. ● *v. pron.* **8** to stand out, to distinguish oneself.

señalización *s. f.* **1** signposting. **2** road signs.

señalizar *v. t.* to signpost.

señero *adj.* **1** unique, unequalled. **2** (fig.) outstanding.

señor, -ra *adj.* **1** distinguished, noble. **2** (fig.) some, fine, really big: *nos sirvieron una señora trucha = they served us a really big trout; ¡eso es un señor tomate! = that's some tomato!* ● *s. m.* **3** man, gentleman. **4** Mr.: *el señor Sánchez = Mr. Sánchez.* **5** Sir: *buenos días, señor = good morning, Sir.* **6** owner, master: *el señor de la casa = the master of the household.* **7** lord, noble. **8** REL. *Nuestro Señor = The Lord/Our Lord.* ◆ **9 estimado ~/muy ~ mío,** Dear Sir. **10 ¡sí ~!,** yes, indeed! it certainly is (does, etc.).

señora *s. f.* **1** lady, woman. **2** Mrs.: *la señora de Anaya = Mrs. Anaya.* **3** Madam: *buenos días, señora = good morning, Madam.* **4** wife. ◆ **5 Nuestra Señora,** REL. Our Lady, the Virgin Mary. **6 muy ~ mía/ estimada ~,** Dear Madam. **7 ¡Señoras y Señores!,** Ladies and Gentlemen!

señorear *v. t.* **1** to rule, to domineer. **2** (pasiones) to control, to master. ● *v. pron.* **3** to control oneself. **4** to seize (control) of.

señoría *s. f.* **1** lordship, ladyship. **2** rule, sway, dominion. **3** government of a particular state. **4** senate. ◆ **5 Su Señoría,** your/his lordship (hombre); your/her ladyship (mujer).

señorial *adj.* **1** lordly. **2** aristocratic, stately: *una casa señorial = a stately home.* **3** elegant. **4** gentlemanly.

señorío *s. m.* **1** dominion, rule, sway. **2** manor, estate, domain. **3** nobility. **4** dignity, lordliness, majesty. **5** distinguished people, (fam.) toffs. **6** (de las pasiones) control, mastery.

señorita *s. f.* **1** young lady. **2** Miss: *la señorita Hernández = Miss Hernández.* **3** (Am.) school teacher.

señoritingo, -ga *s. m.* y *f.* rich kid.

señorito *s. m.* **1** young gentleman. **2** master (of the house). **3** (desp.) playboy. **4** (fam.) toff, dandy, nob.

señorón, -na *adj.* **1** distinguished, lordly. ● *s. m.* **2** (fam.) big shot.

señuelo *s. m.* **1** lure, decoy. **2** (fig.) bait, trap. **3** (Am.) leading steer.

seo *s. f.* cathedral.

sépalo *s. m.* BOT. sepal.

separable *adj.* **1** separable. **2** TEC. detachable, removable.

separación *s. f.* **1** separation. **2** TEC. removal. **3** gap, space. ◆ **4 ~ matrimonial,** legal separation. **5 ~ racial,** racial segregation.

separadamente *adv.* separately.

separado, -da *adj.* **1** separated: *estoy separado de mi mujer = I'm separated from my wife.* **2** separate: *duermen en camas separadas = they sleep in separate beds.* **3** TEC. detached. ◆ **4 por ~,** separately.

separar *v. t.* **1** to separate. **2** to move away, to remove, to take away: *separa la planta de la ventana = move the plant away from the window.* **3** to put aside, to keep: *separé un pastel para ti = I put a cake aside for you.* **4** TEC. to detach, to remove. **5** to separate, to pull apart: *si no los hubiéramos separado se habrían matado = if we hadn't pulled them apart they would have killed each other.* **6** (a una persona de su puesto) to dismiss, to remove. **7** to keep away: *mi trabajo me separa de mi casa durante meses enteros = my job keeps me away from home for months at a time.* ● *v. pron.* **8** to separate, to part company (despedirse). **9** to leave: *se separó de su marido el año pasado = she left her husband last year.* **10** to cut oneself off: *se ha separado de todos sus amigos = he's cut himself off from all his friends.* **11** to come away: *el papel se está separando de la pared = the paper is coming away from the wall.* **12** DER. to withdraw. **13** POL. to secede.

separata *s. f.* offprint.

separatismo *s. m.* separatism, separatist tendency.

separatista *adj./s. m.* y *f.* separatist.

sepelio *s. m.* (form.) burial, interment.

sepia *s. f.* **1** sepia. **2** ZOOL. cuttlefish.

septenario, -ria *adj.* **1** septenary. ● *s. m.* **2** septenaries.

septentrión *s. m.* **1** ASTR. Great Bear. **2** North.

septentrional *adj.* northern, north.

septicemia *s. f.* MED. septicaemia.

septiembre o **setiembre** *s. m.* September.

séptimo, -ma *adj./s. m.* y *f./pron.* **1** seventh. **2** the seventh: *julio es el séptimo mes = July is the seventh month.* ● *s. f.* **3** MÚS. seventh. **4 la séptima parte,** one/a seventh.

septingentésimo, -ma *adj./s. m.* y *f./pron.* seven hundredth.

septuagenario, -ria *adj.* **1** septuagenarian, seventy-year-old. ● *s. m.* y *f.* **2** person in his seventies, seventy-year-old.

septuagésimo, -ma *adj./s. m.* y *f./pron.* seventieth.

septuplicar *v. t.* to septuple, to multiply by seven.

séptuplo *adj.* sevenfold.

sepulcral *adj.* **1** sepulchral. **2** (fig.) deathly, sepulchral, gloomy. ◆ **3 lápida ~,** gravestone, tombstone.

sepulcro *s. m.* **1** tomb, grave, sepulchre, (EE UU) sepulcher. ◆ **2 el Santo Sepulcro,** the Holy Sepulchre. **3 ~ blanqueado,** whited sepulchre.

sepultador, -ra *s. m.* y *f.* gravedigger.

sepultar *v. t.* **1** to bury, to entomb. **2** (en una mina) to trap. **3** (fig.) to hide, to conceal, to bury: *sepultado en sus pensamientos = buried in thought.*

sepulto, -ta *adj.* buried.

sepultura *s. f.* **1** burial (el acto). **2** tomb, grave. ◆ **3 dar ~ a,** to bury. **4 recibir ~,** to be buried.

sepulturero *s. m.* gravedigger.

sequedad *s. f.* **1** dryness. **2** (fig.) abruptness, curtness, bluntness.

sequedal o **sequeral** *s. m.* dry land.

sequía *s. f.* **1** drought, dry season. **2** (Am.) thirst.

séquito *s. m.* **1** entourage, retinue. **2** POL. followers, adherents. **3** aftermath, train (de acontecimientos).

ser *s. m.* **1** being: *un ser humano = a human being.* **2** existence, life: *dar el ser = to give life, to bring into existence.* **3** essence. ◆ **4 en lo más íntimo de mí ~,** in my innermost being, deep down inside, in my heart of hearts. **5 un ~ vivo,** a living creature. ● *v. i.* **6** to be: *ser o no ser = to be or not to be.* **7** to be, to happen: *¿qué ha sido? = what was it?/what happened?* **8** to be, to belong: *el coche es de Juan = the car is Juan's, the car belongs to Juan.* **9** to be, to make: *tres y dos son cinco = three and two make five.* **10** to be, to cost: *¿cuánto es el kilo de manzanas? = how much is a kilo of apples?* **11** to be, to come: *soy de Salamanca = I'm from Salamanca.* ◆ **12 como debe ~,** as it should be. **13 ¿cómo es que...?,** how come…? how is it that…? **14 con ~,** in spite of being. **15 érase que se era,** once upon a time. **16 es más,** what's more. **17 por si fuera poco,** to top it all. **18 puede ~,** perhaps. **19 ¿quién es?,** who's speaking?, who is it? **20 sea lo que sea,** be that as it may. **21 si no fuera por,** if it weren't for. **22 si yo fuera...,** if I were…

sera *s. f.* pannier, basket.

seráficamente *adv.* angelically, like an angel.

seráfico, -ca *adj.* angelic, seraphic.

serafín *s. m.* **1** REL. seraph. **2** (fam.) angel.

Serbia *s. f.* Serbia.

serbio, -bia *adj./s. m.* y *f.* Serbian.

serenar *v. t.* **1** to calm (el mar). **2** (fig.) to calm down, to pacify. **3** to clarify, to settle (un líquido). ● *v. i.* **4** (Am.) to drizzle. ● *v. pron.* **5** to calm down, to calm oneself. **6** to grow calm (el mar). **7** to settle, to clear (un líquido).

serenata *s. f.* MÚS. serenade.
serenera *s. f.* cape, wrap.
serenísimo, -ma *adj.* serene: *Su Alteza Serenísima = His/Her Serene Highness.*
sereno, -na *adj.* **1** calm, serene, tranquil (persona). **2** fine, settled (el tiempo); clear, cloudless (el cielo). **3** peaceful, quiet, calm (un ambiente). **4** (fam.) sober. • *s. m.* **5** night watchman. **6** night dew, cool night air. ◆ **7 al ~,** in the open air: *dormir al sereno = to sleep out in the open.*
serial *s. m.* serial.
seriar *v. t.* to arrange in series.
serie *s. f.* **1** series. **2** MAT. series. **3** (fig.) string, series, succession. ◆ **4 artículos fuera de ~,** oddments, remnants. **5 en ~,** mass-produced. **6 fuera de ~,** out of the ordinary, special.
seriedad *s. f.* **1** seriousness. **2** gravity, solemnity (solemnidad). **3** staidness (formalidad). **4** reliability, dependability, trustworthiness (empresa). **5** honesty, straightness (persona). **6** sense of propriety (dignidad). **7** gravity, seriousness (de una enfermedad, crisis, etc.). ◆ **8 falta de ~,** frivolity, irresponsibility.
sérif, chérif o **shérif** *s. m.* sheriff.
serigrafía *s. f.* **1** serigraphy, silk screen printing (proceso). **2** silk screen print (cuadro).
serio, -ria *adj.* **1** serious. **2** grave, solemn. **3** staid. **4** reliable, dependable, trustworthy. **5** honest. **6** proper. **7** grave, serious (de una crisis, etc.). ◆ **8 hablar en ~,** to speak seriously, to be serious. **9 ponerse ~,** to look serious, to become serious. **10 poco ~,** frivolous, irresponsible, unreliable. **11 tomar en ~,** to take seriously. **12 mantenerse ~,** to keep a straight face.
sermón *s. m.* sermon.
sermoneador, -ra *adj.* **1** fault-finding. • *s. m.* **2** fault-finder. **3** sermonizer.
sermonear *v. t.* (fam.) **1** to lecture. **2** to preach. • *v. i.* **3** to sermonize.
sermoneo *s. m.* sermon, lecture.
seropositivo, -va *adj.* seropositive; HIV-positive (con VIH).
serosidad *s. f.* serosity.
seroso, -sa *adj.* serous.
serpenteante *adj.* **1** winding, twisting. **2** meandering, winding (río).
serpentear *v. i.* **1** ZOOL. to slither, to wriggle. **2** (fig.) to wind, to twist and turn (un camino). **3** (fig.) to meander, to wind (un río).
serpenteo *s. m.* **1** slithering, wriggling. **2** winding, twisting. **3** meandering, winding (un río).
serpentín *s. m.* **1** coil. **2** worm.
serpentino, -na *adj.* **1** serpentine. **2** winding, meandering.
serpiente *s. f.* **1** ZOOL. snake, serpent. **2** (fig.) snake, snake in the grass (una persona). ◆ **3 ~ boa,** ZOOL. boa constrictor. **4 ~ cascabel,** ZOOL. rattlesnake. **5 ~ de mar,** sea serpent. **6 ~ de anteojo,** ZOOL. cobra. **7 ~ pitón,** ZOOL. python. **8 ~ de vidrio,** slow worm.
serpollo *s. m.* shoot.
serrado, -da *adj.* **1** serrated. **2** jagged, uneven.
serraduras *s. f. pl.* sawdust.
serrallo *s. m.* harem, seraglio.
serranía *s. f.* mountains, mountain range, mountainous country.
serranilla *s. f.* LIT. lyric composition.
serrano, -na *adj.* **1** mountain, highland. • *s. m.* **2** highlander. ◆ **3 jamón ~,** cured ham.
serrar *v. t.* to saw.
serrería *s. f.* sawmill.
serreta *s. f.* small saw.
serrín o **aserrín** *s. m.* sawdust.
serruchar *v. t.* (Am.) to saw.
serrucho *s. m.* **1** handsaw, saw. **2** (Am.) whore.
servible *adj.* serviceable, usable.
servicial *adj.* helpful, obliging.
servicio *s. m.* **1** service. **2** servants; domestic help. **3** service, set (juego): *un servicio de mesa = a dinner service.* **4** service charge, service. **5** serve, service (en el tenis). **6** REL. service. • *pl.* **7** toilet, lavatory; (EE UU) rest room. ◆ **8 hacer un flaco ~ a uno,** to play a dirty trick on someone. **9 poner en ~,** to put into operation. **10 prestar ~,** to serve. **11 ~ a domicilio,** home delivery service. **12 ~ de información,** MIL. intelligence service.
servidor, -ra *s. m.* y *f.* **1** servant. **2** your humble servant. • *interj.* **3** present! (en clase). • *s. m.* **4** INF. server. ◆ **5 ~ de usted,** at your service. **6 su seguro ~,** yours faithfully (en una carta, al final).
servidumbre *s. f.* **1** servants, staff. **2** servitude. **3** DER. obligation. ◆ **4 ~ de la gleba,** HIST. serfdom. **5 ~ de paso,** right of way.
servil *adj.* **1** servile. **2** menial (un trabajo). **3** abject, base. **4** slavish (imitación o similar).
servilismo *s. m.* **1** servility. **2** submissiveness. **3** (fig.) subservience.
servilleta *s. f.* serviette, napkin.
servilletero *s. m.* serviette ring, napkin ring.
serviola *s. f.* MAR. cathead.
servir *v. t.* **1** to serve: *servir a la patria = to serve one's country.* **2** to serve, to wait on (en un restaurante). **3** to be of service, to help: *¿en qué le puedo servir? = what can I do for you?* **4** to tend, to man, to mind (una máquina). **5** to serve (en el tenis). **6** REL. to serve. **7** to serve out (comida); to pour (out) (bebida): *¿sirvo yo las patatas? = shall I serve out the potatoes?* • *v. i.* **8** (en el ejército) to serve; to do one's military service (servicio militar). **9** to be in service (doméstico). **10** to serve, to wait (en un restaurante). **11** to serve, to be useful, to be of use: *eso no sirve para nada = that's useless/that's of no use at all.* **12** to follow suit (en un juego de naipes). • *v. pron.* **13** to help/serve oneself: *sírvete albóndigas = help yourself to meatballs.* **14** to be kind enough: *sírvase decirme sus señas = would you be kind enough to tell me your address.* ◆ **15 para servirle,** at your service. **16 ~ de,** to serve as, to act as: *la bandeja puede servir de mesa = the tray can serve as a table.* **17 ~ para,** to be good at: *yo no sirvo para enseñar = I'm no good at teaching.* **18 servirse de algo,** to use something, to make use of something: *algunos se sirven de su cargo para conseguir lo que quieren = some people use their position to get what they want.*
servofreno *s. m.* servo brakes.
servomotor *s. m.* servomotor.
sésamo *s. m.* **1** BOT. sesame. ◆ **2 ¡ábrete ~!,** open Sesame!
sesear *v. i.* to pronounce c (before e or i) and z as s.
sesenta *adj.* **1** sixty. **2** sixtieth. • *s. m.* **3** sixty.
sesentón, -na *adj.* **1** in one's sixties, sixty-year-old. • *s. m.* **2** sixty-year-old (person), man in his sixties. • *s. f.* **3** woman in her sixties.
seseo *s. m.* pronunciation of "c" (before e and i) and "z" as "s".
sesera *s. f.* **1** ANAT. brainpan. **2** (fam.) grey matter, brains.
sesgadamente *adv.* on the bias, on a slant.
sesgado, -da *adj.* **1** slanted, slanting. **2** cut on the bias (en costura).
sesgadura *s. f.* cut on the bias.
sesgar *v. t.* **1** to cut on the bias, to cut on a slant (en costura). **2** TEC. to bevel. **3** to slant, to slope; to put askew, to skew.
sesgo, -ga *adj.* **1** cut/placed askew. **2** slanting, slanted. • *s. m.* **3** bias (en costura). **4** slant, slope. **5** TEC. bevel. **6** (fig.) turn, direction. **7** (fam.) dodge, subterfuge. **8 al ~,** on the bias.
sesión *s. f.* **1** session, sitting, meeting. **2** performance, show (del teatro). **3** showing (del cine): *sesión continua = continuous showing.* ◆ **4 abrir la ~,** to open the meeting. **5 ~ pública,** public meeting. **6 levantar la ~,** to adjourn/close the meeting. **7 ~ de espiritismo,** seance.
sesionar *v. i.* (Am.) to meet.
seso *s. m.* **1** ANAT. brain. **2** (fig.) brains, grey matter, intelligence. • *pl.* **3** brains (en cocina). ◆ **4 calentarse o devanarse los sesos,** to rack one's brains. **5 perder el ~,** to lose one's head, to go off one's head. **6 tener sorbido el ~ a uno,** to be crazy about something: *el proyecto le tiene sorbido el seso = he's crazy about the plan.*
sestear *v. i.* **1** to take a nap, to have a siesta. **2** to rest in the shade (el ganado).
sesteo *s. m.* (Am.) nap, siesta.
sesudo, -da *adj.* **1** wise, sensible. **2** brainy. **3** (Am.) stubborn.
seta *s. f.* BOT. (wild) mushroom.
setecientos, -tas *adj./s. m.* y *f.* seven hundred.
setenta *adj.* **1** seventy. **2** seventieth. • *s. m.* **3** seventy.
setentón, -na *adj.* **1** seventy-year-old, in one's seventies. • *s. m.* **2** seventy-

year-old, man in his seventies. • *s. f.* **3** woman in her seventies.
setiembre *s. m.* September.
seto *s. m.* **1** hedge. **2** fence.
seudónimo *adj.* **1** pseudonymous. • *s. m.* **2** pseudonym, pen name: *escribe con seudónimo = he writes under a pen name.*
seudópodo *s. m.* ZOOL. pseudopod.
severidad *s. f.* **1** severity, strictness. **2** sternness, grimness (de expresión).
severo, -ra *adj.* **1** severe, harsh. **2** strict (persona). **3** stern, grim (una expresión). **4** harsh, hard (castigo, clima, crítica). **5** bitter (el frío).
sevicia *s. f.* cruelty, brutality.
sexagenario, -ria *adj.* **1** sexagenarian, sixty-year-old. • *s. m.* **2** sexagenarian, man in his sixties. • *s. f.* woman in her sixties.
sexagésimo, -ma *adj./s. m.* y *f.* sixtieth.
sexcentésimo, -ma *adj.* six hundredth.
sexo *s. m.* **1** sex. ◆ **2 el bello ~,** the fair sex. **3 el ~ débil,** the weaker sex. **4 el ~ fuerte,** the stronger sex.
sextante *s. m.* sextant.
sexteto *s. m.* sextet, sextette.
sexto, -ta *adj./s. m.* y *f./pron.* **1** sixth. **2** the sixth. • *s. f.* **3 la sexta parte,** one/a sixth.
sextuplicar *v. t.* **1** to sextuple, to multiply by six. • *v. pron.* **2** to sextuple, to increase sixfold.
séxtuplo, -pla *adj.* sixfold.
sexuado, -da *adj.* BIOL. sexed.
sexual *adj.* **1** sexual: *relaciones sexuales = sexual relations.* **2** sex: *vida sexual = sex life; órganos sexuales = sex organs.*
sexualidad *s. f.* sexuality.
sexualmente *adv.* sexually.
sexy *adj.* **1** sexy. • *s. m.* **2** sex appeal.
sha *s. m.* ⇒ **sa.**
shérif *s. m.* ⇒ **sérif.**
shock *s. m.* ⇒ **choc.**
shorts *s. m.* short.
show *s. m.* show.
si *conj.* **1** if: *si te vas, me moriré = if you go, I'll die.* **2** whether: *dime si me quieres o no = tell me whether you love me or not.* **3** but (con sorpresa): *¡si no te has lavado! = but you haven't washed!*
sí *adv.* **1** yes. • *s. m.* **2** aye. ◆ **3 dar el ~,** to agree, to consent.
siamés, -sa *adj./s. m.* y *f.* **1** Thai. **2** Siamese twin.
sibarita *adj.* **1** sybaritic. • *s. m.* y *f.* **2** sybarite.
sibaritismo *s. m.* sybaritism, love of luxury.
sibila *s. f.* sibyl, prophetess.
sibilante *adj.* **1** sibilant (sonido). • *s. f.* **2** FON. sibilant.
sibilino, -na *adj.* **1** mysterious. **2** that can be interpreted in different ways.
sic *adv.* sic (normalmente entre paréntesis).
sicario *s. m.* hired assassin.
Sicilia *s. f.* Sicily.
siciliano, -na *adj./s. m.* y *f.* Sicilian.
sico- *prefijo* ⇒ **psico.**
sicoanálisis *s. m.* ⇒ **psicoanálisis.**
sicofanta o **sicofante** *s. m.* slanderer.
sicología *s. f.* ⇒ **psicología.**
sicomoro *s. m.* BOT. sycamore.
sicopatía *s. f.* ⇒ **psicopatía.**
sicosis *s. f.* ⇒ **psicosis.**
sicoterapia *s. f.* ⇒ **psicoterapia.**
sida *s. m.* AIDS.
sidecar *s. m.* sidecar.
sideral *adj.* ASTR. astral, sidereal.
siderurgia *s. f.* iron and steel industry.
siderúrgico, -ca *adj.* iron and steel: *industria siderúrgica = iron and steel industry.*
sidra *s. f.* cider.
sidrería *s. f.* cider bar.
siega *s. f.* AGR. **1** harvesting, reaping (acción). **2** harvest time (tiempo). **3** crop, harvest (cantidad segada).
siembra *s. f.* AGR. **1** sowing (acción). **2** sowing time. **3** sown field, sown land.
siempre *adv.* **1** always, all the time. ◆ **2 desde ~,** always: *lo he sabido desde siempre = I've always known that.* **3 ~ que, a)** as long as; **b)** every time; whenever: *siempre que te veo llevas el mismo vestido = every time I see you you're wearing the same dress.* **4 ~ y cuando,** as long as.
siempreviva *s. f.* BOT. everlasting flower.
sien *s. f.* ANAT. temple.
siena *s. m.* sienna (color).
sierpe *s. f.* **1** serpent. **2** (fig.) fierce person; ugly-looking person. **3** BOT. sprout, shoot (vástago que aparece en raíces leñosas).
sierra *s. f.* **1** MEC. saw. **2** GEOG. mountain range, sierra.
siervo, -va *s. m.* y *f.* **1** slave (esclavo). **2** (fig.) servant (uno se llama así a sí mismo por humildad). ◆ **3 ~ de la gleba,** HIST. serf.
siesta *s. f.* nap, afternoon nap.
siete *s. m.* **1** seven. **2** tear (roto). • *adj.* **3** seventh.
sietemesino, -na *adj./s. m.* y *f.* premature; premature baby (prematuro).
sífilis *s. f.* MED. syphilis.
sifilítico, -ca *adj.* MED. syphilitic.
sifón *s. m.* **1** MEC. U-bend, trap (en un sistema de tuberías). **2** siphon, syphon, syphon bottle (botella). **3** soda water (agua). **4** BIOL. feeler (extremidad de algunos moluscos).
sigilar *v. t.* **1** to conceal, to keep secret (mantener secreto). **2** to seal, to stamp (sellar).
sigilo *s. m.* **1** secrecy; stealth (secreto). **2** discretion. **3** stamp, seal (sello).
sigilosamente *adv.* **1** secretly, stealthily (con secreto). **2** prudently, discreetly (con discreción).
sigiloso, -sa *adj.* **1** secret, stealthy (secreto). **2** prudent, discreet (discreto).
sigla *s. f.* acronym; abbreviation.
siglo *s. m.* **1** century. **2** (fig.) ages, a long time: *te he esperado un siglo = I have been waiting for you for ages.* **3** secular life, wordly matters (la vida de este mundo). ◆ **4 por los siglos de los siglos,** for ever and ever, eternally.
signar *v. t.* **1** to sign (firmar). **2** to mark. • *v. t.* y *pron.* **3** REL. to cross oneself, to make the sign of the cross.
signatorio, -ria *adj./s. m.* y *f.* signatory.
signatura *s. f.* catalogue number (de un libro en biblioteca).
significación *s. f.* **1** signification, meaning (significado). **2** importance, significance (importancia).
significado, -da *p. p.* **1** de **significar.** • *adj.* **2** significant, important (importante). • *s. m.* **3** signification, meaning. **4** FILOL. signifier.
significante *s. m.* FILOL. significant.
significar *v. t.* **1** to mean: *¿qué significa esta palabra? = what does this word mean?* **2** to express: *quiero significarle mis respetos = I want to express my respect towards you.* • *v. i.* **3** to have importance, to mean: *esto no significa nada = this is not important.* • *v. pron.* **4** to become famous, to become well-known (hacerse famoso o conocido).
significativo, -va *adj.* significant.
signo *s. m.* **1** symbol, sign, mark: *un signo de amistad = a sign of friendship.* **2** MAT. sign. **3** sign (del Zodíaco). **4** FILOL., FON. symbol, sign. **5** REL. sign of the cross. **6** fate (destino).
siguiente *adj.* following, next: *el día siguiente = the following day.*
sílaba *s. f.* syllable.
silabario *s. m.* spelling book (libro para aprender ortografía).
silabear o **silabar** *v. i.* to speak slowly, to speak pronouncing each syllable.
silabeo *s. m.* slow way of speaking.
silábico, -ca *adj.* syllabic.
silba *s. f.* hissing, booing.
silbante *adj.* ⇒ **sibilante.**
silbar *v. i.* **1** to whistle. • *v. t.* e *i.* **2** to hiss, to jeer (burlándose).
silbato *s. m.* whistle.
silbido *s. m.* **1** whistling, whistle. **2** hiss, hissing (de la serpiente). **3** whizzing (especialmente de una bala).
silenciador *s. m.* **1** silencer (de pistola). **2** MEC. silencer (de automóvil).
silenciar *v. t.* **1** to silence, to make silent. **2** to keep silent (no mencionar).
silencio *s. m.* **1** silence. **2** silence, quietness. **3** MÚS. rest. ◆ **4 pasar en ~ una cosa,** to keep mum about something, to keep silent about something.
silenciosamente *adv.* silently, quietly.
silencioso, -sa *adj.* silent, quiet.
sílex *s. m.* MIN. flint, silex.
sílfide *s. f.* sylph.
silicato *s. m.* QUÍM. silicate.
sílice *s. f.* QUÍM. silica.
silicio *s. m.* QUÍM. silicon.
silicosis *s. f.* MED. silicosis.
silla *s. f.* **1** chair, seat. **2** saddle (de montar a caballo). **3** see (sede). ◆ **4 ~ curul,** curule chair. **5 ~ de manos,** sedan chair. **6 ~ de tijera,** folding chair. **7 ~ eléctrica,** electric chair. **8 ~ gestatoria,** gestatorial chair.

sillar *s. m.* ARQ. ashlar, block of stone.
sillería *s. f.* **1** set of chairs. **2** chairmaker's workshop. **3** ashlars, building stones (para la construcción). **4** ARQ. masonry (estilo de construcción).
silleta *s. f.* (Am.) stool.
silletín *s. m.* stool for the feet (para descansar los pies).
sillín *s. m.* **1** seat, saddle (de bicicleta o similar). **2** sidesaddle (para montar a caballo).
sillón *s. m.* armchair.
silo *s. m.* **1** AGR. silo. **2** MIL. silo (especialmente para armas atómicas).
silogismo *s. m.* LÓG. syllogism.
silogístico, -ca *adj.* LÓG. syllogistic.
silueta *s. f.* **1** silhouette, form. **2** outline drawing (seguir los contornos de un dibujo).
silvestre *adj.* **1** wild. **2** rustic, rural.
silvicultura *s. f.* forestry.
sima *s. f.* chasm, abyss; deep fissure.
simbiosis *s. f.* BIOL. symbiosis.
simbólicamente *adv.* symbolically.
simbólico, -ca *adj.* symbolic.
simbolismo *s. m.* symbolism.
simbolista *s. m.* y *f.* symbolist.
simbolización *s. f.* symbolization.
simbolizar *v. t.* **1** to symbolize (en general). **2** to tipify (tipificar). **3** to represent, to stand for: *este carácter simboliza larga vida = this character stands for long life.*
símbolo *s. m.* **1** symbol. **2** QUÍM. symbol. ◆ **3 ~ de la fe/de los apóstoles,** REL. Apostle's Creed.
simbología *s. f.* symbolism.
simetría *s. f.* symmetry.
simétrico, -ca *adj.* symmetric, symmetrical.
simiente *s. f.* seed.
simiesco, -ca *adj.* simian, apish.
símil *adj.* **1** similar. ● *s. m.* **2** comparison; LIT. simile.
similar *adj.* similar, alike.
similitud *s. f.* similarity, similitude.
simio, -mia *s. m.* y *f.* ZOOL. ape, monkey.
simonía *s. f.* HIST. simony.
simpatía *s. f.* **1** liking, affection: *siento mucha simpatía por él = I feel a lot of affection towards him.* **2** charm (cualidad): *tiene mucha simpatía = he has a lot of charm.* **3** MED. sympathy.
simpáticamente *adv.* congenially.
simpático, -ca *adj.* **1** nice, likeable, congenial, charming. **2** FISIOL. sympathetic. ◆ **3 sistema nervioso ~,** ANAT. sympathetic nervous system.
simpatizante o **simpatizador, -ra** *adj.* **1** supporting. ● *s. m.* y *f.* **2** supporter.
simpatizar *v. i.* to get along together.
simple *adj.* **1** easy, not complicated (fácil). **2** plain, simple, natural (sencillo). **3** plain, unadorned (sin adornos). **4** single (no doble). **5** not important. ● *s. m.* **6** a little bit foolish, a little bit gone in the head. ◆ **7 oración ~,** GRAM. simple clause.
simplemente *adv.* plainly, simply.
simpleza *s. f.* nonsense.
simplicidad *s. f.* simplicity.
simplificar *v. t.* to simplify (una operación, trámite, etc.).
simplista *adj.* simplistic.
simplón, -na *s. m.* y *f.* simpleton.
simposio *s. m.* symposium.
simulación *s. f.* simulation, pretence.
simulacro *s. m.* **1** image (fantasía). **2** practice, drill: *simulacro de incendio = fire-drill.* **3** mock, semblance (especialmente militar).
simuladamente *adv.* in a feigned way.
simulado, -da *adj.* simulated, feigned.
simulador *s. m.* **1** simulator. ◆ **2 ~ de vuelo** flight simulator.
simular *v. t.* to feign (fingir).
simultáneamente *adv.* simultaneously.
simultanear *v. t.* to do simultaneously.
simultaneidad *s. f.* simultaneity.
simultáneo, -a *adj.* simultaneous.
simún *s. m.* simoon (viento desértico).
sin *prep.* **1** without: *sin amor y sin dinero = without love or money.* **2** excluding: *sin contar el gasto = excluding the cost.*
sinagoga *s. f.* REL. synagogue.
sinalefa *s. f.* GRAM. elision.
sinceramente *adv.* sincerely.
sincerarse *v. pron.* to tell the truth, to be honest, to open one's heart.
sinceridad *s. f.* sincerity.
sincero, -ra *adj.* sincere, truthful.
síncopa *s. f.* **1** GRAM. syncope. **2** MÚS. syncopation.
sincopado, -da *p. p.* **1** de **sincopar.** ● *adj.* **2** MÚS. syncopated.
sincopar *v. t.* MÚS. to syncopate.
síncope *s. m.* **1** MED., GRAM. syncope. ◆ **2 ~ cardiac,** cardiac arrest.
sincrético, -ca *adj.* syncretic.
sincretismo *s. m.* FIL. syncretism.
sincronía *s. f.* FILOL. synchrony.
sincrónicamente *adv.* synchronically.
sincrónico, -ca *adj.* synchronic.
sincronismo *s. m.* synchronism.
sincronización *s. f.* synchronization.
sincronizar *v. t.* **1** to synchronize. **2** RAD. to tune in.
sindicado, -da *p. p.* **1** de **sindicar.** ● *adj.* **2** unionized.
sindical *adj.* trade union.
sindicalismo *s. m.* trade union movement, syndicalism.
sindicalista *adj.* **1** union. ● *s. m.* y *f.* **2** trade unionist.
sindicar *v. t.* y *pron.* to unionize; to join a union.
sindicato *s. m.* trade union.
síndico *s. m.* DER. trustee.
síndrome *s. m.* syndrome.
sinecura *s. f.* sinecure.
sinfín *s. m.* endless number, endless quantity: *un sinfín de cartas = an endless number of letters.*
sinfonía *s. f.* **1** MÚS. symphony. **2** (fig.) symphony: *una sinfonía de colores = a symphony of colours.*
sinfónico, -ca *adj.* MÚS. symphonic.
singladura *s. f.* MAR. day's run.
singular *adj.* **1** single, singular. **2** exceptional, unique (único). ● *s. m.* **3** GRAM. singular. ◆ **4 en ~,** in particular, especially.
singularidad *s. f.* **1** uniqueness. **2** singularity.
singularizar *v. t.* **1** to make stand out (resaltar). **2** GRAM. to make singular. ● *v. pron.* **3** to stand out, to distinguish oneself.
singularmente *adv.* singularly; especially.
siniestrado, -da *adj.* damaged; injured.
siniestramente *adv.* sinisterly, wickedly.
siniestro, -tra *adj.* **1** left-handed. **2** sinister, wicked. **3** fateful, unlucky (funesto). ● *s. m.* **4** accident (de muchos tipos). ● *s. f.* **5** left hand.
sinnúmero *s. m.* countless number, endless number.
sino *s. m.* **1** fate (destino). ● *conj.* **2** but: *no es español sino inglés = he's not Spanish but English.* **3** only: *no quiero sino que lo entiendas = I only want you to understand it.*
sínodo *s. m.* REL. synod.
sinónimo, -ma *adj.* **1** synonymous. ● *s. m.* **2** GRAM. synonym.
sinopsis *s. f.* synopsis.
sinóptico, -ca *adj.* **1** synoptical. ◆ **2 cuadro ~,** chart.
sinrazón *s. f.* absurdity.
sinsabor *s. m.* upsetting experience, trouble, sorrow: *los sinsabores de la vida = the sorrows of life.*
sintáctico, -ca *adj.* syntactic.
sintagma *s. m.* GRAM. syntagma.
sintaxis *s. f.* GRAM. syntax.
síntesis *s. f.* synthesis.
sintéticamente *adv.* synthetically.
sintético, -ca *adj.* synthetical.
sintetizador *s. m.* MÚS. synthesizer.
sintetizar *v. t.* to synthesize.
sintoísmo *s. m.* REL. Shintoism.
síntoma *s. m.* symptom.
sintomático, -ca *adj.* symptomatic.
sintomatología *s. f.* symptomatology.
sintonía *s. f.* **1** RAD. tuning. **2** MÚS. signature tune.
sintonización *s. f.* RAD. tuning.
sintonizador *s. m.* RAD. tuner, tuning knob.
sintonizar *v. t.* RAD. to tune in.
sinuosidad *s. f.* sinuosity.
sinuoso, -sa *adj.* winding, sinuous.
sinusitis *s. f.* MED. sinusitis.
sinvergonzonería *s. f.* shamelessness, brazenness.
sinvergüenza *s. m.* y *f.* **1** shameless person, swine. ● *adj.* **2** shameless.
sionismo *s. m.* POL. Zionism.
sionista *adj./s. m.* y *f.* POL. Zionist.
siquiatra *s. m.* y *f.* ⇒ **psiquiatra.**
siquiatría *s. f.* ⇒ **psiquiatría.**
síquico, -ca *adj.* ⇒ **psíquico.**
siquiera o **siquier** *conj.* **1** although, if only. ● *adv.* **2** at least: *siquiera un beso = at least a kiss.* ◆ **3 ni ~,** not even.
sirena *s. f.* **1** siren, foghorn (alarma). **2** mermaid (mujer).
sirimiri *s. m.* drizzle.
siringa *s. f.* **1** BOT. rubber tree. **2** MÚS. shepherd's flute.
sirio, -ria *adj./s. m.* y *f.* Syrian.
siroco *s. m.* sirocco (viento).

sirviente, -ta *s. m.* y *f.* **1** servant. • *adj.* **2** serving.
sisa *s. f.* **1** petty theft (especialmente de las criadas a sus amas). **2** dart, tapering seam, armhole (en costura).
sisar *v. t.* to pilfer, to filch, to steal a small quantity.
sisear *v. t.* e *i.* to hiss, to boo (como sonido silbante o como sonido reprobatorio).
siseo *s. m.* hissing sound, hissing, booing, ⇒ **sisear.**
sísmico, -ca *adj.* seismic.
sismo *s. m.* ⇒ **seísmo.**
sismógrafo *s. m.* seismograph.
sismología *s. f.* seismology.
sisón *s. m.* ZOOL. little bustard (ave).
sistema *s. m.* **1** system (general). **2** BIOL. systema (nervioso, respiratorio, etc.). **3** way, system, method (de hacer una cosa concreta). ◆ **4 hacer algo por ~,** to do something systematically, to do something as a rule. **5 ~ de montañas/montañoso,** GEOG. mountain range. **6 ~ periódico,** QUÍM. periodic system.
sistemáticamente *adv.* systematically, methodically.
sistemático, -ca *adj.* systematic, methodical, orderly.
sistematización *s. f.* systematization.
sistematizar *v. t.* to systematize.
sístole *s. f.* FISIOL. sistole.
sitiador, -ra *adj.* **1** besieging. • *s. m.* y *f.* **2** besieger.
sitiar *v. t.* MIL. to besiege.
sitio *s. m.* **1** place, spot. **2** MIL. siege. ◆ **3 dejar a alguien en el ~,** to kill somebody on the spot. **4 quedarse uno en el ~,** to die instantly, to die on the spot.
sito, -ta *adj.* situated: *edificio sito en la calle principal = building situated on the high street.*
situación *s. f.* **1** situation, circumstances (de una persona). **2** location, site (ubicación).
situado, -da *p. p.* **1** de **situar.** • *adj.* **2** situated. **3** with a (good/bad/etc.) position in life: *mi hermano está bien situado, gana mucho dinero = my brother has a good position in life, he earns a lot of money.*
situar *v. t.* y *pron.* to place; to put.
skay *s. m.* imitation leather.
sketch *s. m.* sketch (teatral).
slalom *s. m.* ⇒ **eslalon.**
slip *s. m.* underpants.
slogan *s. m.* ⇒ **eslogan.**
smoking *s. m.* ⇒ **esmoquin.**
snob *adj.* ⇒ **esnob.**
snobismo *s. m.* ⇒ **esnobismo.**
so *prep.* **1** under: *so pretexto de estudiar = under the pretext of studying.* • *adv.* **2** you: *so bruto = you brute.* • *interj.* **3 ¡so!** whoa! (para parar caballos).
soba *s. f.* **1** kneading. **2** thrashing, beating, walloping.
sobaco *s. m.* ANAT. armpit.
sobado, -da *p. p.* **1** de **sobar.** • *adj.* **2** kneaded. **3** worn, shabby (gastado). **4** small sponge cake (tipo de bizcocho).
sobaquera *s. f.* **1** armhole. **2** armhole reinforcement. **3** underarm mark. **4** underarm smell. **5** shoulder holster (para armas).
sobaquillo (de/a) *loc. adv.* **a)** way of sticking "banderillas" into the bull; **b)** way of throwing something under one's arm.
sobar *v. t.* **1** to knead (ablandar). **2** to thrash, to beat. **3** (fam.) to fondle, to paw (especialmente a una mujer). **4** to bother, to pester.
soberanía *s. f.* sovereignty.
soberano, -na *adj.* **1** sovereign, supreme. • *s. m.* y *f.* **2** sovereign, monarch. • *s. m.* **3** sovereign (moneda).
soberbiamente *adv.* **1** superbly (positivamente). **2** arrogantly, haughtily (negativamente).
soberbio, -bia *adj.* **1** superb (magnífico). **2** proud, vain. • *s. f.* **3** pride. **4** magnificence, grandeur. **5** anger, fury (furia).
sobón, -na *adj.* **1** too free with one's hands (tocón). **2** fawning, flattering (halagador). • *s. m.* y *f.* **3** groper. **4** flatterer.
sobornable *adj.* bribable.
sobornador, -ra *adj.* **1** bribing. • *s. m.* y *f.* **2** briber.
soborno *s. m.* bribe.
sobra *s. f.* **1** excess, surplus. • *pl.* **2** leftovers (de la comida). **3** remnants (de cualquier cosa). ◆ **4 de ~,** superfluous, more than enough.
sobradamente *adv.* only too well, amply, more than enough.
sobradillo *s. m.* ARQ. sloping roof over a balcony.
sobrado, -da *p. p.* **1** de **sobrar.** • *adj.* **2** plenty of; more than enough: *tiene sobrada energía = he has more than enough energy.* • *s. m.* **3** attic, garret. • *adv.* only too well, more than enough.
sobrante *adj.* **1** remaining. • *s. m.* **2** excess, surplus.
sobrar *v. i.* **1** to be left over, to remain (quedar). **2** to be unnecessary: *sobran tus sarcasmos = your sarcasm is unnecessary.*
sobrasada *s. f.* type of sausage.
sobre *s. m.* **1** envelope. • *prep.* **2** on (encima). **3** about (acerca de): *está hablando sobre China = he is talking about China.* **4** approximately, (at) about: *sobre las once llegaremos = we'll arrive at about 11.* **5** over: *estamos volando sobre Londres = we're flying over London.* **6** above: *sobre el nivel del mar = above sea level.* **7** upon, on top of, after: *insulto sobre insulto = one insult on top of another.* **8** to, towards: *nos dirigimos sobre el enemigo = we went towards the enemy.* ◆ **9 sobre-,** super, over (en compuestos): *sobredosis = overdose.*
sobreabundancia *s. f.* superabundance, overabundance.
sobreabundante *adj.* superabundant, overabundant.
sobreabundar *v. i.* to be superabundant, to abound.
sobrealimentación *s. f.* overfeeding.
sobrealimentar *v. t.* to overfeed.
sobreasada *s. f.* ⇒ **sobrasada.**
sobrecarga *s. f.* overload.
sobrecargar *v. t.* to overload, to overburden.
sobrecargo *s. m.* **1** MAR. purser. **2** AER. steward.
sobrecogedor, -ra *adj.* frightening.
sobrecoger *v. t.* y *pron.* to frighten, to startle.
sobrecogimiento *s. m.* fright.
sobrecubierta *s. f.* **1** cover, outer cover. **2** dust jacket, jacket (de un libro).
sobreentender o **sobrentender** *v. t.* to understand.
sobreesdrújulo, -la o **sobresdrújulo, -la** *adj.* accented on the syllable preceding the antepenultimate one.
sobreestimar o **sobrestimar** *v. t.* to overvalue, to overestimate.
sobreexcitar o **sobrexcitar** *v. t.* to overexcite.
sobrehumano, -na *adj.* superhuman.
sobrellenar *v. t.* to overfill.
sobrellevar *v. t.* **1** to put up with, to bear (dificultades). **2** to help carry (a otra persona).
sobremanera *adv.* exceedingly.
sobremesa *s. f.* **1** table cover. **2** after-meal conversation. ◆ **3 de ~,** immediately after dinner.
sobrenadar *v. t.* to float.
sobrenatural *adj.* supernatural.
sobrenaturalizar *v. t.* to give a religious touch (a la vida de uno).
sobrenaturalmente *adv.* supernaturally.
sobrenombre *s. m.* nickname.
sobrepaga *s. f.* bonus.
sobrepasar *v. t.* **1** to overtake. • *v. t.* y *pron.* **2** to surpass, to exceed.
sobrepelliz *s. f.* REL. surplice.
sobrepeso *s. m.* excess weight.
sobreponer *v. t.* **1** to place on top. • *v. pron.* **2** to control oneself; to pull through, to overcome: *debes sobreponerte a la muerte de tu padre = you must get over your father's death.*
sobreproducción *s. f.* overproduction.
sobrero *s. m.* extra bull, spare bull (para las corridas).
sobresaliente *adj.* **1** outstanding, extraordinary. **2** projecting, overhanging. • *s. f.* **3** highest mark; first class.
sobresalir *v. i.* **1** to overhang, to jut out (físicamente). **2** to be outstanding, to excel.
sobresaltar *v. t.* y *pron.* to startle.
sobresalto *s. m.* start.
sobrescrito *s. m.* address.
sobreseer *v. t.* e *i.* DER. to stay (una causa).
sobreseimiento *s. m.* DER. stay.
sobrestante *s. m.* supervisor.
sobresueldo *s. m.* extra pay.
sobretodo *s. m.* overcoat.
sobrevenida *s. f.* unexpected occurrence.
sobrevenir *v. i.* **1** to happen unexpectedly. **2** to follow, to ensue (seguir).
sobreviviente *adj.* **1** surviving. • *s. m.* y *f.* **2** survivor.

sobrevivir *v. i.* to survive.
sobriamente *adv.* soberly.
sobriedad *s. f.* sobriety, moderation.
sobrina *s. f.* niece.
sobrino *s. m.* nephew.
sobrio, -bria *adj.* **1** sober (en la bebida). **2** moderate (en costumbres).
socaire *s. m.* lee.
socapa *s. f.* **1** pretext. ◆ **2 a ~,** surreptitiously.
socarrar *v. t.* to singe.
socarrón, -na *adj.* **1** ironic. ● *s. m.* y *f.* **2** ironic person.
socarronería *s. f.* irony.
socavar *v. t.* to excavate, to dig.
socavón *s. m.* **1** cave-in. **2** gallery, tunnel (minería).
sociabilidad *s. f.* sociability.
sociable *adj.* sociable.
social *adj.* social.
socialdemocracia *s. f.* social democracy.
socialismo *s. m.* socialism.
socialista *adj./s. m.* y *f.* socialist.
socialización *s. f.* socialization.
socializar *v. t.* to socialize.
sociedad *s. f.* **1** society. **2** society, association. **3** COM. firm, company. ◆ **4 buena ~,** high society. **5 ~ anónima,** COM. stock company. **6 ~ conyugal,** DER. joint property owned by husband and wife. **7 ~ limitada,** COM. limited-liability company.
sociolingüística *s. f.* sociolinguistics.
sociología *s. f.* sociology.
sociológico, -ca *adj.* sociological.
sociólogo, -ga *s. m.* y *f.* sociologist.
socorrer *v. t.* to help, to aid.
socorrido, -da *p. p.* **1** de **socorrer.** ● *adj.* **2** helpful. **3** trite, hackneyed: *frase muy socorrida = hackneyed sentence.*
socorrismo *s. m.* life-saving.
socorrista *s. m.* y *f.* lifeguard, life-saver.
socorro *s. m.* **1** help, aid. **2** MIL. reinforcement. ● *interj.* **3** help!
soda *s. f.* **1** QUÍM. soda. **2** soda water.
sódico, -ca *adj.* QUÍM. sodium.
sodio *s. m.* QUÍM. sodium.
sodomía *s. f.* sodomy.
sodomita *adj.* **1** sodomitical. ● *s. m.* y *f.* **2** sodomite.
soez *adj.* (desp.) rude, obscene, crude, dirty.
sofá *s. m.* sofa.
Sofía *s. f.* Sofía.
sofisma *s. m.* FIL. sophism.
sofista FIL. *adj.* **1** sophistic. ● *s. m.* y *f.* **2** sophist.
sofisticación *s. f.* sophistication.
sofisticado, -da *adj.* sophisticated.
sofisticar *v. t.* to sophisticate.
soflama *s. f.* **1** harangue. **2** blush (por vergüenza). **3** glow, flicker (del fuego).
sofocación *s. f.* suffocation.
sofocante o **sofocador, -ra** *adj.* suffocating, stifling.
sofocar *v. t.* **1** to suffocate, to smother (matando). **2** to suppress, to put down (una rebelión, por ejemplo). ● *v. t.* y *pron.* **3** to blush (ruborizar). ● *v. pron.* **4** to get upset, to choke (por el cansancio, disgusto, etc.). **5** to get angry: *no te sofoques = don't get angry.*
sofoco *s. m.* **1** suffocation (asfixia). **2** choking sensation (sensación de ahogo). **3** embarrassment (vergüenza): *qué sofoco he pasado = what an embarrassment.*
sofocón *s. m.* **1** annoyance, vexation (disgusto). **2** choking fit (de cansancio).
sofoquina *s. f.* **1** mortification, vexation. **2** stifling heat.
sofrito *s. m.* GAST. lightly fried onion and tomato.
sofronizar *v. t.* to hypnotize.
soga *s. f.* **1** rope. ◆ **2 con la ~ al cuello,** with a knife at one's throat, in a real fix, in imminent danger.
soja *s. f.* **1** BOT. soya, soya bean. **2** GAST. soya bean (en salsa normalmente).
sojuzgador, -ra *adj.* **1** subduing, subjugating. ● *s. m.* y *f.* **2** subduer, subjugator.
sojuzgar *v. t.* to subdue, to subjugate.
sol *s. m.* **1** ASTR. sun. **2** sun, sunshine (luz). **3** sun, sunny (al sol). **4** (fig.) gem, treasure (persona dispuesta a ayudar de verdad). ◆ **5 arrimarse al ~ que más calienta,** to know which side one's bread is buttered on, to climb on the bandwagon. **6 de ~ a ~,** the whole day long, from sunrise to sunset. **7 no dejar ni a ~ ni a sombra,** to give no peace, to pester continually. **8 tomar el ~,** to sunbathe.
solador *s. m.* floorer (revestidor de suelos).
solamente *adv.* **1** only, just. ◆ **2 ~ que,** provided that.
solana *s. f.* sunny place.
solano *s. m.* **1** BOT. nightshade. **2** east wind.
solapa *s. f.* **1** flap (de sobre de carta). **2** lapel (de chaqueta). **3** (fig.) pretext.
solapadamente *adv.* slyly, in an underhand way.
solapado, -da *p. p.* **1** de **solapar.** ● *adj.* **2** sly, underhand: *un ataque solapado = a sly attack.*
solapar *v. t.* **1** to put lapels on (chaqueta). **2** (fig.) to conceal (disimular).
solar *s. m.* **1** building site. **2** ancestral home (casa solariega). **3** lineage. ● *adj.* **4** solar: *energía solar = solar energy.* ● *v. t.* **5** to sole (calzado). **6** to pave (pavimentar).
solariego, -ga *adj.* ancestral (familia).
solárium *s. m.* solarium.
solaz *s. m.* relaxation, recreation.
soldadesco, -ca *adj.* **1** soldierly. ● *s. f.* **2** (desp.) rowdy gang of soldiers.
soldado, -da *p. p.* **1** de **soldar.** ● *s. m.* **2** soldier. ● *s. f.* **3** MIL. service pay.
soldador *s. m.* solderer, welder.
soldadura *s. f.* **1** soldering, welding. **2** soldered joint (juntura).
soldar *v. t.* y *pron.* **1** to solder, to weld. **2** to knit (huesos). ● *v. t.* **3** to repair, to mend.
solear *v. t.* y *pron.* to expose to the sun.
solecismo *s. m.* GRAM. solecism.
soledad *s. f.* **1** loneliness, solitude. **2** grieving, mourning (duelo). **3** lonely place (lugar solitario).
solemne *adj.* solemn, grave.
solemnemente *adv.* solemnly, gravely, impressively.
solemnidad *s. f.* solemnity.
soler *v. i.* to be in the habit of: *suelo levantarme temprano = I usually get up early.*
OBS. Esta palabra tiene distintas posibles traducciones ya que en inglés sólo se da en tiempo de pasado. Para los otros tiempos del español se utilizan paráfrasis.
solera *s. f.* **1** ARQ. crossbeam (viga de soporte). **2** lower millstone (de un molino). **3** lees, mother (del vino). ◆ **4 de ~,** historic, long-established: *una familia de gran solera = a long-established family.*
soleta *s. f.* **1** darn (de una media). ◆ **2 tomar ~,** to beat it.
solfa *s. f.* **1** MÚS. musical notation. **2** beating, thrashing. ◆ **3 estar en ~,** to be written illegibly. **4 poner algo en ~, a)** to ridicule; **b)** to tidy up (poner en orden).
solfear *v. t.* **1** MÚS. to sol-fa. **2** to beat, to thrash. **3** to reprimand, to tell off (reprender).
solfeo *s. m.* MÚS. theory of music.
solicitación *s. f.* request.
solícitamente *adv.* diligently, carefully.
solicitante o **solicitador, -ra** *adj.* **1** requesting. ● *s. m.* y *f.* **2** petitioner, applicant.
solicitar *v. t.* **1** to petition, to request. **2** to apply for (gestionando algún documento). **3** to court, to woo (a una mujer).
solícito, -ta *adj.* diligent, careful.
solicitud *s. f.* **1** care, diligence. **2** application form.
sólidamente *adv.* solidly.
solidariamente *adv.* in an attitude of solidarity.
solidaridad *s. f.* solidarity.
solidario, -ria *adj.* **1** mutually binding, jointly shared. **2** common.
solidarizarse *v. pron.* **1** to make common cause. **2** to become jointly responsible (responsabilizarse en común).
solideo *s. m.* REL. skullcap.
solidez *s. f.* **1** solidity, strength. **2** soundness (estado de salud de una empresa o similar).
solidificación *s. f.* solidification.
solidificar *v. t.* y *pron.* to solidify.
sólido, -da *adj.* y *s. m.* solid.
soliloquio *s. m.* monologue.
solio *s. m.* canopied throne.
solipsismo *s. m.* FIL. solipsism.
solista *s. m.* y *f.* MÚS. soloist.
solitario, -ria *adj.* **1** lonely (sitio o persona). ● *s. m.* y *f.* **2** recluse, solitary person. ● *s. m.* **3** ZOOL. hermit crab. **4** solitaire (juego de cartas). ● *s. f.* **5** ZOOL. tapeworm (enfermedad).
soliviantar *v. t.* y *pron.* to rouse, to irritate, to worry.

sollozante *adj.* sobbing.
sollozar *v. i.* to sob.
sollozo *s. m.* sob: *ella no pudo contener un sollozo = she couldn't hold back a sob.*
solo, -la *adj.* **1** on one's own, alone, by oneself: *estoy solo = I am on my own.* **2** isolated (aislado física o anímicamente). **3** unique (único). • *s. m.* **4** MÚS. solo. **5** black (café). ◆ **6 a solas,** alone, by oneself, on one's own.
sólo *adv.* only: *sólo soy un pobre hombre = I am only a poor man.*
solomillo *s. m.* sirloin.
solsticio *s. m.* ASTR. **1** solstice. ◆ **2 ~ de invierno/hiemal,** winter solstice. **3 ~ de verano/estío/vernal,** summer solstice.
soltar *v. t.* y *pron.* **1** to free, to let loose, to loosen, to untie. **2** to let go of: *suelta al niño o grito = let go of the child or I'll scream.* • *v. t.* **3** to blurt out, to let out (palabras). • *v. pron.* **4** to loosen up, to lose one's timidity (perder la timidez). **5** to become proficient: *quiero soltarme en inglés = I want to become proficient in English.* ◆ **6 soltarse a,** to start to: *el pequeño se soltó a hablar cuando sólo tenía medio año = the baby started to talk when he was only six months old.*
soltería *s. f.* bachelorhood.
soltero, -ra *adj.* **1** single. • *s. m.* y *f.* **2** bachelor (hombre); unmarried woman (mujer).
solterón, -na *s. m.* y *f.* **1** confirmed bachelor (hombre); spinster (mujer). • *adj.* **2** old and unmarried.
soltura *s. f.* **1** loosening (soltar). **2** confidence, assurance (en el trato social o similar). **3** nimbleness (física). **4** fluency (en los idiomas).
solubilidad *s. f.* solubility.
soluble *adj.* **1** soluble (un producto). **2** that can be resolved, solvable (un problema o similar).
solución *s. f.* **1** dissolution, solution (disolver, especialmente en un líquido). **2** answer, solution (a un problema). **3** ending, denouement (desenlace). ◆ **4 ~ de continuidad,** interruption, break in continuity.
solucionar *v. t.* y *pron.* to solve, to resolve.
solvencia *s. f.* solvency; dependability (económica).
solventar *v. t.* y *pron.* **1** to settle (deudas). **2** to solve (cualquier problema).
solvente *adj.* **1** trustworthy; free of debt (en situaciones financieras, especialmente). • *s. m.* **2** QUÍM. solvent.
somanta *s. f.* beating (paliza).
somatén *s. m.* HIST. civilian militia.
somático, -ca *adj.* somatic.
sombra *s. f.* **1** shadow (figura movible causada por el sol, luz, etc.). **2** shadow, darkness (oscuridad). **3** shade (lugar protegido del sol). **4** ghost (espectro). **5** stain, blot (mancha, especialmente sobre la honestidad de alguien o una actividad). **6** (fig.) shadow, trace (apariencia): *ni sombra de duda = without a shadow of a doubt.* **7** place in the shade (en una plaza de toros). ◆ **8 a la ~,** (fig. y fam.) in jail. **9 hacer ~,** to overshadow; to put in the shade (a alguien): *no quiere que nadie le haga sombra = he doesn't want anybody to overshadow him.* **10 ni por ~,** not a bit, no way. **11 no ser alguien ni ~ de lo que era,** not to be a shadow of one's former self. **12 ser la ~ de uno,** to follow someone everywhere. **13 sombras chinescas,** shadow play. **14 tener buena/mala ~,** to be lucky/unlucky; to be pleasant/unpleasant; to be fortunate/unfortunate.
sombrajo o **sombraje** *s. m.* shade, shelter from the sun.
sombrear *v. t.* to shade, to shade in (especialmente una pintura).
sombrerazo *s. m.* tip of the hat.
sombrerería *s. f.* milliner's (de señoras); hatter's (de señores); hat shop.
sombrerero, -ra *s. m.* y *f.* milliner (para señoras); hatter (para señores); hat maker.
sombrerete *s. m.* **1** small hat. **2** hood (de chimenea, especialmente).
sombrerillo *s. m.* BOT. cap (de los hongos).
sombrero *s. m.* **1** hat. ◆ **2 ~ calañés,** low-crowned black velvet hat with a rolled-up brim (típico en Andalucía). **3 ~ cordobés,** wide-brimmed hat with a tall crown. **4 ~ chambergo,** jaunty fedora. **5 ~ de copa,** top hat. **6 ~ de pelo,** (Am.) top hat. **7 ~ de tres picos,** three-cornered hat. **8 ~ hongo,** bowler.
sombrilla *s. f.* parasol.
sombrío, -a *adj.* **1** shaded (con sombra). **2** sombre, (EE UU) somber, gloomy (triste). • *s. f.* **3** place with shade.
someramente *adv.* (form.) superficially; briefly.
somero, -ra *adj.* **1** shallow (poco profundo). **2** superficial; brief.
someter *v. t.* y *pron.* **1** to subdue, to put down (sujetar). **2** to put under the control of (controlar). • *v. t.* **3** to submit, to present (un plan o similar a la consideración de otros).
sometimiento *s. m.* **1** subjection (al poder de otro). **2** submission, presentation (a la consideración de otros).
somier *s. m.* sprung bed base.
somnífero, -ra *s. m. adj.* **1** sleep-inducing. ◆ **2** QUÍM. sleeping-pill.
somnolencia o **soñolencia** *s. f.* sleepiness.
somnoliento, -ta o **soñoliento, -ta** *adj.* sleepy.
somorgujo o **somormujo** *s. m.* ZOOL. grebe (ave).
son *s. m.* **1** sound; tune. ◆ **2 ¿a qué ~?/¿a ~ de qué?,** why? why on earth? for what reason? **3 bailar a cualquier ~,** to adapt to any circumstances. **4 en ~ de,** as, like; in a fashion: *en son de guerra = in a warlike fashion.* **5 sin ~,** without any logic, without any reason. **6 sin ton ni ~,** without rhyme or reason.
sonado, -da *p. p.* **1** de **sonar.** • *adj.* **2** famous, well-known. **3** talked-about (divulgado). **4** touched (un poco ido en la cabeza, especialmente los boxeadores). ◆ **5 hacer una sonada,** to cause a major scandal.
sonaja *s. f.* **1** metal disc. • *pl.* **2** MÚS. tambourine.
sonajero *s. m.* o **sonajera** *s. f.* rattle.
sonambulismo o **sonnambulismo** *s. m.* sleepwalking.
sonámbulo, -la o **sonnámbulo, -la** *adj.* **1** sleepwalking. • *s. m.* y *f.* **2** sleepwalker.
sonar *v. i.* **1** to sound, to ring (muchos objetos); to strike (reloj). **2** to be pronounced: *esta letra no suena en español = this letter is not pronounced in Spanish.* **3** to sound like: *esto me suena a cuento = this sounds like a hoax to me.* **4** to be mentioned, to be brought up (un tema, un nombre, una obra de arte, etc.). **5** to ring a bell: *su cara me suena = her face rings a bell.* • *v. t.* **6** to sound, to cause a sound. • *v. t.* y *pron.* **7** to blow (one's nose). • *v. imp.* y *pron.* **8** to be rumoured. • *s. m.* **9** MEC. sonar. ◆ **10 como suena,** literally.
sonata *s. f.* MÚS. sonata.
sonda *s. f.* **1** sounding, fathoming (acción). **2** MAR. sounding line, sounding lead. **3** MEC. drill (para excavar). **4** MED. probe.
sondable *adj.* soundable, fathomable.
sondear o **sondar** *v. t.* **1** to sound, to fathom (queriendo saber la profundidad). **2** MED. to probe. **3** to explore, to inquire into; to sound out (a una persona).
sondeo *s. m.* **1** MAR. sounding, fathoming. **2** MED. probing. **3** poll, survey (estadístico): *hacer un sondeo = to carry out a survey.*
sonetista *s. m.* y *f.* LIT. sonneteer, writer of sonnets.
soneto *s. m.* LIT. sonnet.
sonido *s. m.* **1** sound, noise (físico). **2** FON. sound.
sonoramente *adv.* sonorously.
sonoridad *s. f.* sonority.
sonorización *s. f.* FON. voicing.
sonorizar *v. t.* y *pron.* **1** to record the sound track of (una película). **2** FON. to voice. **3** to install sound equipment (en una sala, discoteca, etc.).
sonoro, -ra *adj.* **1** sound, with sound. **2** resonant, sonorous. **3** FON. voiced.
sonreír *v. i.* y *pron.* **1** to smile. **2** (fig.) to smile on: *la fortuna le sonríe = good luck smiles on him.*
sonriente *adj.* smiling.
sonrisa *s. f.* smile.
sonrojar *v. t.* y *pron.* to blush, to turn red, to flush.
sonrojo *s. m.* blush.
sonrosado, -da *adj.* pink, pinkish.
sonrosar *v. t.* y *pron.* to turn pink.
sonrosear *v. t.* y *pron.* **1** to turn pink. • *v. pron.* **2** to blush (sonrojar).
sonsacar *v. t.* **1** to worm out of; to get by cunning (información o similar). **2** to wheedle, to coax (engatusar).
sonso, -sa *adj.* ⇒ **zonzo.**

sonsonete *s. m.* **1** tapping (sonido rítmico). **2** (desp.) rattle, jangling. **3** mocking tone (burlador). **4** monotonous tone, sing-song (al hablar una persona).
soñador, -ra *adj.* **1** dreamy. • *s. m.* y *f.* **2** dreamer.
soñar *v. t.* e *i.* **1** to dream. **2** (fig.) to dream, to daydream. • *v. i.* **3** to have a strong desire for, to wish for (desear). ◆ **4 ni soñarlo,** not on your life, don't even think about it.
soñolencia *s. f.* ⇒ **somnolencia.**
soñoliento, -ta *adj.* ⇒ **somnoliento.**
sopa *s. f.* **1** soup. **2** sop (de pan). **3** soup distributed free in convents. • *pl.* **4** slices of bread dipped into soup. ◆ **5 comer la ~ boba/andar a la ~ boba,** to live off someone else, to sponge off someone else. **6 dar sopas con honda,** to excel, to be streets ahead of (alguien). **7 hecho una ~,** soaking wet. **8 ~ juliana,** GAST. julienne soup.
sopapear *v. t.* to slap.
sopapo *s. m.* slapping.
sopero, -ra *adj.* **1** soup: *plato sopero = soup dish.* **2** fond of soup (persona). • *s. f.* **3** soup tureen.
sopesar *v. t.* to weigh up.
sopetón *s. m.* **1** slap (sopapo). ◆ **2 de ~,** suddenly, unexpectedly.
sopicaldo *s. m.* thin soup.
soplado, -da *p. p.* **1** de **soplar.** • *adj.* **2** neat (limpio y ordenado). **3** drunk, stoned. **4** stuck-up, conceited (engreído).
soplamocos *s. m.* slap on the face.
soplar *v. t.* e *i.* **1** to blow (con la boca u otro objeto, como un fuelle). • *v. i.* **2** to blow (el viento). • *v. t.* **3** to blow up (normalmente un globo). **4** to swipe, to pinch (quitar): *me han soplado todo el dinero = they pinched all my money.* **5** to split on, to squeal (traicionar). **6** to prompt; to whisper (algo que uno no sabe y otro le dice). • *v. pron.* **7** to become conceited, to become full of oneself (engreírse). **8** to gulp down (comida o bebida). ◆ **9 ¡sopla!,** I'm blowed!
soplete *s. m.* **1** MEC. blowtorch. **2** MÚS. air tube (de una gaita).
soplido *s. m.* blast, puff.
soplo *s. m.* **1** blowing. **2** gust (de viento). **3** second, instant (tiempo muy breve): *en un soplo = in a second.* **4** tip-off (información). **5** MED. murmur (en el corazón). ◆ **6 dar el soplo,** to tell tales, to split: *dio el soplo al director = he told tales to the headmaster.*
soplón, -na *adj.* **1** informing, squealing. • *s. m.* y *f.* **2** informer, squealer, telltale.
soponcio *s. m.* faint, swoon.
sopor *s. m.* sleepiness, drowsiness.
soporífero, -ra *adj.* boring; sleep-inducing, soporific.
soportable *adj.* bearable: *apenas soportable = hardly bearable.*
soportal *s. m.* ARQ. **1** porch (delante de una casa). **2** arcade (a todo lo largo de un edificio).
soportar *v. t.* **1** to support, to hold up. **2** to bear, to stand, to endure (a alguien o alguna situación).
soporte *s. m.* **1** support (físico). **2** pillar (columna).
soprano *s. m.* y *f.* MÚS. soprano.
sor *s. f.* REL. sister, nun.
sorber *v. t.* **1** to suck, to sip (beber). **2** to absorb. **3** (fig.) to soak up. ◆ **4 ~ el seso,** to be crazy about: *María me sorbe el seso = I am crazy about María.*
sorbete *s. m.* **1** sorbet, (EE UU) sherbet. **2** (Am.) drinking straw (pajita).
sorbible *adj.* that can be sipped.
sorbo *s. m.* **1** sip. **2** sipping (acción).
sordera *s. f.* deafness.
sórdidamente *adv.* sordidly.
sordidez *s. f.* **1** squalor (de un lugar). **2** meanness, vileness, miserliness (de una persona).
sórdido, -da *adj.* **1** dirty, squalid (sucio). **2** sordid, vile, mean, miserly.
sordina *s. f.* **1** MÚS. damper, muffler. ◆ **2 con ~,** surreptitiously, on the quiet.
sordo, -da *adj.* **1** deaf (persona). **2** silent, noiseless (casi silencioso). **3** muffled, dull (de poco sonido). **4** FON. voiceless. **5** (fig.) deaf, indifferent: *sordo a mis ruegos = indifferent to my pleas.* • *s. m.* y *f.* **6** deaf person. ◆ **7 a lo ~/a sordas,** silently, noiselessly.
sordomudez *s. f.* deaf-mutism.
sordomudo, -da *adj.* **1** deaf-mute, deaf and dumb. • *s. m.* y *f.* **2** deaf-mute.
soriasis *s. f.* psoriasis.
sorna *s. f.* sarcasm.
sorocharse *v. pron.* (Am.) to get mountain sickness.
soroche *s. m.* (Am.) mountain sickness.
sorprendente *adj.* surprising, amazing.
sorprendentemente *adv.* surprisingly, amazingly.
sorprender *v. t.* **1** to surprise, to take by surprise (a alguien). **2** to discover, to find out: *les sorprendieron juntos = they were found together.* • *v. t.* y *pron.* **3** to amaze, to be amazed, to be surprised: *me sorprendió su actitud = I was amazed by his attitude.*
sorpresa *s. f.* surprise: *¡vaya sorpresa! = what a surprise!*
sorpresivamente *adv.* surprisingly.
sorpresivo, -va *adj.* (Am.) sudden, unexpected.
sorteable *adj.* avoidable.
sorteamiento *s. m.* drawing lots.
sortear *v. t.* **1** to draw lots for, to decide by lot. **2** to avoid, to dodge (evitar físicamente). **3** to raffle (rifar).
sorteo *s. m.* **1** raffle, draw. **2** avoiding, dodging.
sortija *s. f.* **1** ring. **2** curel, ringlet (en el pelo).
sortilegio *s. m.* **1** sorcery, witchcraft (arte). **2** spell, charm (acto concreto).
sos *s. m.* SOS.
sosa *s. f.* ⇒ **soso.**
sosaina *adj.* **1** dull, uninteresting. • *s. m.* y *f.* **2** wet blanket.
sosamente *adv.* tastelessly, insipidly.
sosegadamente *adv.* calmly, quietly.
sosegado, -da *p. p.* **1** de **sosegar.** • *adj.* **2** calm, quiet.
sosegador, -ra *adj.* calming, quieting.
sosegar *v. t.* y *pron.* **1** to calm down, to cool down; to reassure. • *v. pron.* e *i.* **2** to calm down.
sosera o **sosería** *s. f.* insipidness, dullness.
sosiego *s. m.* calmness, peacefulness.
soslayar *v. t.* **1** to put sideways. **2** to dodge, to sidestep (problema).
soslayo *s. m.* **1** slant. ◆ **2 mirar de ~,** to look out of the corner of one's eye; to look askance.
soso, -sa *adj.* **1** tasteless, insipid. **2** unsalted (sin sal). **3** dull, uninteresting (persona). • *s. f.* **4** QUÍM. soda.
sospecha *s. f.* suspicion.
sospechable *adj.* suspicious, suspect.
sospechar *v. t.* **1** to suspect. • *v. i.* **2** to be suspicious.
sospechosamente *adv.* suspiciously.
sospechoso, -sa *adj.* **1** suspicious, suspect: *comportamiento sospechoso = suspicious behaviour.* **2** distrustful (desconfiado). • *s. m.* y *f.* **3** suspect.
sostén *s. m.* **1** support, prop, stand (físico). **2** sustenance (económico). **3** brassiere, bra (prenda de mujer).
sostenedor, -ra *adj.* supporting.
sostener *v. t.* **1** to support, to hold up. **2** to maintain, to uphold (una opinión). **3** to sustain (dar sustento); to maintain (financieramente). **4** to tolerate. • *v. pron.* **5** to stand up (en pie). **6** to stand up (razonamiento). **7** to support oneself (sustentarse).
sostenido, -da *p. p.* **1** de **sostener.** • *adj.* **2** supported (físicamente). **3** sustained (esfuerzo o similar). • *s. m.* **4** MÚS. sharp.
sostenimiento *s. m.* **1** support (físico). **2** maintenance (económico, alimentario o similar).
sota *s. f.* **1** jack (en cartas). ◆ **2 sota-,** under (en palabras compuestas).
sotabanco *s. m.* attic, garret.
sotabarba *s. f.* beard growing under the chin.
sotana *s. f.* REL. soutane, cassock.
sotavento *s. m.* MAR. leeward, lee.
soterrado, -da *adj.* concealed.
soterramiento *s. m.* burial.
soterrar *v. t.* **1** to bury. **2** to conceal, to hide (ocultar).
sotileza *s. f.* ⇒ **sutileza.**
soto *s. m.* **1** thicket. ◆ **2 soto-,** under (en palabras compuestas): *sotobosque = undergrowth.*
soviet *s. m.* POL. **1** Soviet. ◆ **2 Soviet Supremo,** Central Soviet.
soviético, -ca *adj.* **1** Soviet. • *s. m.* y *f.* **2** citizen of the Soviet Union.
spaghetti *s. m.* ⇒ **espagueti.**
sport *s. m.* **1** sport. • *adj.* **2** casual (ropa). **3** sports (coche).
spot *s. m.* advert, spot (de publicidad).
sprint *s. m.* ⇒ **esprint.**
sprintar *v. i.* ⇒ **esprintar.**
sprinter *s. m.* ⇒ **esprínter.**
stádium *s. m.* stadium.
stand *s. m.* stand.

standard *s. m.* **1** standard, model. • *adj.* **2** standard.
standarizar o **standardizar** *v. t.* y *pron.* to standardize.
statu quo *s. m.* status quo.
status *s. m.* status, standing.
stock *s. m.* stock.
stop *s. m.* stop.
stress *s. m.* stress.
su *adj.* **1** his (de él); her (de ella); its (de un animal); your (de usted, de ustedes); their (de ellos/ellas): *su hermano está en Austria = his brother is in Austria.* ◆ **2 su-,** under, below (en palabras compuestas).
suave *adj.* **1** soft, smooth (al toque). **2** gentle, mild (de carácter). **3** soft, sweet (grato a los sentidos). **4** easy, slow (lento).
suavemente *adv.* **1** softly, smoothly (al tacto). **2** gently, mildly (conducta). **3** softly, sweetly (gratamente). **4** easily, slowly (lentamente).
suavidad *s. f.* **1** softness, smoothness (al tacto). **2** softness, sweetness (dulzura). **3** gentleness, mildness (de carácter). **4** easiness, slowness (lentitud).
suavización *s. f.* softening, smoothing.
suavizador, -ra *adj.* **1** softening, smoothing. • *s. m.* **2** razor strop (para afilar la navaja de afeitar).
suavizante *s. m.* softener, conditioner.
suavizar *v. t.* y *pron.* **1** to soften (físicamente). **2** to ease. **3** to tone down (el tono de la voz o parecido).
sub- *prefijo* sub-.
subalterno, -na *adj./s. m.* y *f.* subordinate.
subarrendador, -ra *s. m.* y *f.* subtenant.
subarrendamiento o **subarriendo** *s. m.* sublet, sublease.
subarrendar *v. t.* to sublease, to sublet.
subasta *s. f.* auction.
subastar *v. t.* to auction.
subcampeonato *s. m.* second place.
subconsciencia *s. f.* subconscious.
subconsciente *adj.* y *s. m.* subconscious.
subcontinente *s. m.* subcontinent.
subcutáneo, -a *adj.* subcutaneous.
subdesarrollado, -da *adj.* underdeveloped.
subdesarrollo *s. m.* underdevelopment.
subdirección *s. f.* assistant directorship.
subdirector, -ra *s. m.* y *f.* assistant director, assistant manager.
súbdito, -ta *adj.* **1** subject. • *s. m.* y *f.* **2** citizen. **3** subject.
subdividir *v. t.* y *pron.* to subdivide.
subdivisión *s. f.* subdivision.
subempleo *s. m.* underemployment.
subestimar *v. t.* y *pron.* to underestimate.
subgénero *s. m.* BIOL. subgenus.
subibaja o **sube y baja** *s. m.* (Am.) seesaw (juego).
subido, -da *p. p.* **1** de **subir.** • *adj.* **2** high (precio). **3** intense, deep (color, olor, etc.). • *s. f.* **4** increase: *subida de precios = price increase.* **5** ascent, climb (ascensión).
subinspección *s. f.* post of assistant in-spector, post of assistant supervisor.
subinspector, -ra *s. m.* y *f.* assistant in-spector, assistant supervisor.
subintendente *s. m.* y *f.* assistant superintendent.
subir *v. t., i.* y *pron.* **1** to go up, to come up, to climb. **2** to increase, to raise (elevar). **3** to carry up, to take up (trasladar arriba). • *v. t.* e *i.* **4** to increase, to go up (precio). • *v. i.* **5** to go up, to rise (algo): *el nivel del agua está subiendo = the water level is rising.* **6** to move up, to be promoted. **7** to amount to (una cantidad, especialmente de dinero).
súbitamente *adv.* suddenly, all of a sudden, unexpectedly.
súbito, -ta *adj.* **1** sudden, unexpected. **2** hasty (forma de actuar demasiado deprisa de una persona).
subjefe, -fa *s. m.* y *f.* assistant chief.
subjetivamente *adv.* subjectively.
subjetividad *s. f.* subjectivity.
subjetivismo *s. m.* subjectivism.
subjetivo, -va *adj.* subjective.
subjuntivo, -va *adj.* GRAM. **1** subjunctive. • *s. m.* **2** subjunctive.
sublevación *s. f.* o **sublevamiento** *s. m.* uprising, revolt; MIL. mutiny.
sublevar *v. t.* y *pron.* **1** to incite to rebellion; to rebel (contra alguien o algo). • *v. t.* **2** (fig.) to irritate, to annoy no end: *ese tipo de conducta me subleva = that kind of behaviour annoys me no end.*
sublimación *s. f.* sublimation.
sublimar *v. t.* **1** PSIQ. to sublimate. **2** to exalt (enaltecer). **3** QUÍM. to sublimate (pasar de estado físico a gaseoso).
sublime *adj.* sublime, lofty, grand.
sublimemente *adv.* sublimely, loftily, grandly.
subliminal *adj.* PSIC. subliminal.
submarinismo *s. m.* DEP. diving, scuba diving; underwater exploration.
submarinista *s. m.* y *f.* diver, underwater diver.
submarino, -na *adj.* **1** underwater. • *s. m.* **2** MIL. submarine.
subnormal *adj.* **1** mentally handicapped, subnormal. • *s. m.* y *f.* **2** mentally handicapped person.
suboficial *s. m.* y *f.* MIL. non-commissioned officer, warrant officer.
suborden *s. m.* BIOL. suborder.
subordinación *s. f.* subordination.
subordinadamente *adv.* secondarily; subordinately.
subordinado, -da *p. p.* **1** de **subordinar.** • *adj.* **2** subordinate, secondary. • *s. m.* y *f.* **3** subordinate (especialmente referido al soldado en la milicia).
subordinante *adj.* GRAM. subordinating.
subordinar *v. t.* y *pron.* to subordinate.
subrayable *adj.* worth emphasizing.
subrayado, -da *p. p.* **1** de **subrayar.** • *adj.* **2** underlined: *las frases subrayadas = the underlined sentences.* • *s. m.* **3** underlining.
subrayar *v. t.* **1** to underline (una palabra, frase, etc.). **2** to emphasize: *debo subrayar mi desacuerdo = I must emphasize my disagreement.*
subrepticiamente *adv.* surreptitiously.
subrepticio, -cia *adj.* surreptitious.
subrogación *s. f.* DER. subrogation.
subrogar *v. t.* y *pron.* DER. to subrogate.
subsanable *adj.* repairable, rectifiable.
subsanar *v. t.* **1** to excuse (excusar, normalmente una falta). **2** to repair, to correct, to rectify.
subscribir *v. t.* ⇒ **suscribir.**
subscripción *s. f.* ⇒ **suscripción.**
subscriptor, -ra *s. m.* y *f.* ⇒ **suscriptor.**
subscrito, -ta *adj.* ⇒ **suscrito.**
subsecretaría *s. f.* undersecretaryship; undersecretary's office.
subsecretario, -ria *s. m.* y *f.* **1** assistant secretary (en una oficina). **2** POL. undersecretary.
subsecuente o **subsiguiente** *adj.* following, subsequent.
subseguir *v. i.* y *pron.* to follow.
subsidiariamente *adv.* **1** subsidiarily. **2** DER. ancillarily.
subsidiario, -ria *adj.* **1** subsidiary (que ayuda). **2** DER. ancillary.
subsidio *s. m.* subsidy, benefit, allowance.
subsiguiente *adj.* following.
subsistencia *s. f.* **1** subsistence (el hecho de sobrevivir). **2** sustenance (alimento para sobrevivir).
subsistente *adj.* surviving, lasting, enduring (que dura).
subsistir *v. i.* **1** to survive, to live. **2** to endure, to last (durar).
substancia *s. f.* ⇒ **sustancia.**
substanciación *s. f.* **1** DER. substantiation. **2** condensation.
substancial *adj.* ⇒ **sustancial.**
substancialmente *adv.* ⇒ **sustancialmente.**
substanciar *v. t.* ⇒ **sustanciar.**
substancioso, -sa *adj.* ⇒ **sustancioso.**
substantivar *v. t.* ⇒ **sustantivar.**
substantivo, -va *adj.* ⇒ **sustantivo.**
substitución *s. f.* ⇒ **sustitución.**
substituible *adj.* ⇒ **sustituible.**
substituir *v. t.* y *pron.* ⇒ **sustituir.**
substitutivo, -va *adj.* ⇒ **sustitutivo.**
substituto, -ta *s. m.* y *f.* ⇒ **sustituto.**
substracción *s. f.* ⇒ **sustracción.**
substraer *v. t.* ⇒ **sustraer.**
substrato *s. m.* ⇒ **sustrato.**
subsuelo *s. m.* GEOL. subsoil.
subteniente *s. m.* y *f.* MIL. second lieutenant.
subterfugio *s. m.* pretext, subterfuge.
subterráneamente *adv.* subterraneanly.
subterráneo, -a *adj.* **1** underground: *pasadizos subterráneos = underground passages.* • *s. m.* **2** underground place; (Am.) subway.
subtitular *v. t.* to subtitle.
subtítulo *s. m.* subtitle.

suburbano, -na *adj.* **1** suburban. • *s. m.* **2** suburban train.
suburbio *s. m.* **1** suburb, outer district. **2** slum (barrio pobre).
subvención *s. f.* subsidy, grant (normalmente estatal).
subvencionar *v. t.* to subsidize, to aid.
subvenir *v. i.* to meet, to defray (ayudar materialmente).
subversión *s. f.* subversion; revolution.
subversivo, -va *adj.* subversive (en sentido político o social).
subvertir *v. t.* **1** to subvert (política o socialmente). **2** to upset (perturbar).
subyacente *adj.* underlying.
subyacer *v. i.* to underlie.
subyugación *s. f.* subjugation.
subyugador, -ra *adj.* **1** subjugating, dominating: *los poderes subyugadores = the subjugating powers.* **2** captivating, enchanting (persona, etc.). • *s. m.* y *f.* **3** subjugator (dominador). **4** captivator, charmer.
subyugar *v. t.* y *pron.* **1** to subjugate, to oppress, to dominate. **2** to captivate, to charm.
succión *s. f.* suction.
succionar *v. t.* to suck.
sucedáneo, -a *adj.* **1** substitute. • *s. m.* **2** substitute.
suceder *v. i.* **1** to follow, to succeed: *a esto sucedió la guerra = the war followed after this.* **2** to inherit, to succeed (normalmente el trono o poder parecido). **3** to happen: *sucedió en primavera = it happened in the spring.*
sucedido *p. p.* **1** de **suceder.** • *s. m.* **2** happening, event.
sucesión *s. f.* **1** succession. **2** inheritance (herencia). **3** (form.) issue, offspring (descendencia).
sucesivamente *adv.* successively.
sucesivo, -va *adj.* successive, consecutive.
suceso *s. m.* **1** event, happening, occurrence. **2** course, lapse (de tiempo).
sucesor, -ra *adj.* **1** succeeding. • *s. m.* y *f.* **2** successor; heir.
suciamente *adv.* **1** dirtily, filthily. **2** (fig.) vilely, basely (con vileza).
suciedad *s. f.* **1** dirt, filth. **2** (fig.) vileness, baseness (vileza).
sucintamente *adv.* succinctly, concisely.
sucinto, -ta *adj.* **1** succinct, concise. **2** brief, scanty (corto o escaso en una prenda de vestir, etc.).
sucio, -cia *adj.* **1** dirty, filthy. **2** (fig.) vile, base. **3** shady, dishonest (acción o actividad). **4** blurred, smudged (en los colores). • *adv.* **5** dirtily, unfairly (especialmente en el juego).
suculentamente *adv.* succulently.
suculento, -ta *adj.* succulent.
sucumbir *v. i.* **1** to die, to perish (morir). **2** to yield, to succumb (ceder). **3** DER. to lose a suit (perder un pleito).
sucursal *s. f.* branch (de banco), office (de empresa, etc.).
sudadera *s. f.* (Am.) sweatshirt.
sudado, -da *adj.* sweaty.
Sudáfrica *s. f.* South Africa.
sudafricano, -na *adj./s. m.* y *f.* South African.
Sudamérica *s. f.* South America.
sudamericano, -na *adj./s. m.* y *f.* South American.
sudar *v. t.* e *i.* **1** to sweat, to perspire (el cuerpo). **2** to ooze, to exude (emitir, normalmente humedad). • *v. i.* **3** to work hard. • *v. t.* **4** to sweat for (esforzarse por conseguir algo).
sudario *s. m.* shroud.
sudeste *adj.* **1** southeast, southeastern (región). **2** southasterly (dirección). • *s. m.* **3** southeast (punto cardinal). ◆ **4 el ~ asiático,** Southeast Asia.
sudoeste *adj.* **1** southwest, southwestern (región). **2** southwesterly (dirección). • *s. m.* **3** southwest (punto cardinal).
sudor *s. m.* **1** sweat, perspiration (del cuerpo). **2** moisture (humedad). **3** sweat, toil (esfuerzo).
sudoroso, -sa *adj.* sweaty.
Suecia *s. f.* Sweden.
sueco, -ca *adj.* **1** Swedish. • *s. m.* y *f.* **2** Swede. • *s. m.* **3** Swedish (idioma). ◆ **4 hacerse el ~,** to pretend not to hear, to pretend not to understand.
suegro, -gra *s. m.* y *f.* **1** father-in-law (hombre); mother-in-law (mujer). • *s. m. pl.* **2** in-laws, parents-in-law.
suela *s. f.* **1** sole (del zapato). **2** tanned leather (cuero). **3** leather tip (del taco de billar). ◆ **4 media ~,** half sole.
suelazo *s. m.* (Am.) bump, fall.
sueldo *s. m.* **1** salary, wages, pay. ◆ **2 a ~,** on a salary.
suelo *s. m.* **1** floor (dentro de casa). **2** ground (fuera de casa). **3** AGR. soil: *buen suelo = good soil.* **4** territory, land.
sueltamente *adv.* **1** agilely, nimbly. **2** impudently (impúdicamente).
suelto, -ta *p. p.* **1** de **soltar.** • *adj.* **2** loose (físicamente). **3** nimble, agile. **4** untied (desatado). **5** easy, flowing (estilo de escribir, hablar, etc.). **6** odd, unmatched: *un calcetín suelto = an odd sock.* **7** loose (dinero en calderilla). **8** blank (verso sin rima). • *s. m.* **9** insert (suelto de periódico). **10** loose change (dinero). • *s. f.* **11** release (de animales especialmente).
sueñera *s. f.* (Am.) sleep; sleepy state.
sueño *s. m.* **1** sleep (de dormir). **2** dream (de soñar). **3** dream, wish. ◆ **4 conciliar el ~,** to get to sleep, to fall asleep. **5 descabezar un ~,** to take a short nap. **6 echar un ~,** to take a nap. **7 ni por ~,** not even in one's dreams. **8 ~ dorado,** life's dream. **9 ~ eterno,** (euf.) eternal rest. **10 ~ pesado,** heavy sleep. **11 tener ~,** to be tired/sleepy.
suero *s. m.* MED. serum.
suerte *s. f.* **1** luck. **2** fate, lot (destino). **3** condition, circumstances: *la suerte del pueblo = the condition of the people.* **4** stage (de una corrida de toros). **5** kind, sort: *toda suerte de mentiras = all kinds of lies.* **6** way, manner: *de esta suerte = in this way.* ◆ **7 de ~ que,** in such a way that, so that, in a way that. **8 echar a suertes,** to cast lots, to draw lots. **9 estar de ~,** to be in luck. **10 por ~,** fortunately. **11 ¡~!,** good luck! **12 tener buena/mala ~,** to be lucky/unlucky.
suertudo, -da *adj.* (Am.) lucky.
suéter *s. m.* sweater.
suficiencia *s. f.* **1** sufficiency. **2** competence, ability. **3** self-importance (superioridad pedante).
suficiente *adj.* **1** sufficient, enough. **2** smug, pedantic (pedante).
suficientemente *adv.* sufficiently, enough.
sufijo *s. m.* GRAM. suffix.
sufragar *v. t.* **1** to aid, to support. • *v. t.* y *pron.* **2** to pay. • *v. i.* **3** (Am.) to vote (votar).
sufragio *s. m.* **1** assistance, aid. **2** REL. service for the redemption of souls from Purgatory. **3** vote (voto). ◆ **4 ~ universal,** universal suffrage.
sufragismo *s. m.* POL. suffragism.
sufragista *s. m.* y *f.* POL. suffragette.
sufrible *adj.* endurable, bearable.
sufrido, -da *p. p.* **1** de **sufrir.** • *adj.* **2** patient, long-suffering.
sufridor, -ra *adj.* suffering.
sufrimiento *s. m.* **1** suffering. **2** endurance, tolerance.
sufrir *v. t.* **1** to suffer. **2** to stand, to bear, to endure (aguantar): *no puedo sufrir su comportamiento = I can't stand his behaviour.* **3** to undergo, to experience (experimentar). **4** to support, to hold up (aguantar un peso o parecido).
sugerencia *s. f.* suggestion.
sugerente o **sugeridor, -ra** *adj.* suggestive.
sugerir *v. t.* to suggest.
sugestión *s. f.* **1** suggestion. **2** autosuggestion (mental). **3** fascination.
sugestionable *adj.* impressionable.
sugestionar *v. t.* **1** to influence (influenciar). **2** to hypnotize.
sugestivo, -va *adj.* **1** appealing (que atrae). **2** suggestive.
suicida *adj.* **1** suicidal. • *s. m.* y *f.* **2** suicide (persona).
suicidarse *v. pron.* to commit suicide.
suicidio *s. m.* suicide.
suite *s. f.* **1** MÚS. suite. **2** suite (en un hotel).
Suiza *s. f.* Switzerland.
suizo, -za *adj./s. m.* y *f.* Swiss.
sujeción *s. f.* **1** subjection (poder). **2** fastening (atado físico concreto).
sujetador *s. m.* bra.
sujetapapeles *s. m.* paper clip.
sujetar *v. t.* **1** to hold (poder). **2** to fasten, to tie (con una cuerda). **3** to keep up (sostener). **4** to hold down (a la fuerza). • *v. pron.* **5** to hold on (agarrarse). **6** to tie back (pelo). **7** to abide by something (someterse a algo).
sujeto, -ta *p. p.* **1** de **sujetar.** • *adj.* **2** subject, liable (a castigo o parecido). • *s. m.* **3** GRAM. subject. **4** fellow, individual. ◆ **5 ~ pasivo,** tax-payer.
sulfamida *s. f.* QUÍM. sulphonamide, (EE UU) sulfonamide.
sulfato *s. m.* QUÍM. sulphate, (EE UU) sulfate.

sulfúrico, -ca *adj.* QUÍM. sulphuric, (EE UU) sulfuric.
sultán *s. m.* sultan.
suma *s. f.* ⇒ **sumo.**
sumamente *adv.* extremely, highly: *sumamente interesante = highly interesting.*
sumando *s. m.* MAT. addend.
sumar *v. t.* **1** to add up to, to total. **2** to sum up, to summarize. • *v. t.* y *pron.* **3** MAT. to add. • *v. pron.* **4** to join (participar en algo): *nos sumamos a la fiesta = we joined the party.* **5** to adhere (adherirse, especialmente a una doctrina, teoría, etc.).
sumariamente *adv.* without any delay.
sumario *s. m.* DER. summary.
sumarísimo *adj.* DER. swift.
sumergible *adj.* **1** submergible. • *s. m.* **2** MAR. submarine.
sumergir *v. t.* y *pron.* **1** to submerge, to immerse. **2** to overwhelm (sumir).
sumersión *s. f.* immersion.
sumidero *s. m.* drain, sewer.
suministrable *adj.* that can be supplied.
suministración *s. f.* supplying, providing, furnishing.
suministrar *v. t.* to supply, to provide, to furnish.
suministro *s. m.* supply.
sumir *v. t.* y *pron.* **1** to sink (hundir). • *v. pron.* **2** to immerse oneself, to become absorbed: *se sumió en sus propios pensamientos = he became absorbed in his thoughts.*
sumisamente *adv.* submissively, obediently.
sumisión *s. f.* **1** submission. **2** obedience, compliance (obediencia).
sumiso, -sa *adj.* **1** submissive. **2** obedient, compliant.
sumo, -ma *adj.* **1** supreme, enormous, great: *suma descortesía = supreme lack of politeness.* • *s. f.* **2** sum, collection (de cosas). **3** MAT. addition. ◆ **4 a lo ~,** at most. **5 con suma rapidez,** as quick as possible. **6 en suma,** in short. **7 hacer una suma/sumas,** to add up.
suntuario, -ria *adj.* (form.) sumptuary.
suntuosamente *adv.* sumptuously.
suntuosidad *s. f.* sumptuousness.
suntuoso, -sa *adj.* sumptuous.
supeditación *s. f.* subjection, subordination.
supeditar *v. t.* **1** to subject, to subordinate. **2** to overpower (dominar). • *v. pron.* **3** to accept, to abide by.
super- *prefijo* super-.
súper *s. m.* supermarket.
superabundancia *s. f.* superabundance, overabundance.
superabundante *adj.* superabundant, overabundant.
superabundantemente *adv.* superabundantly, overabundantly.
superabundar *v. i.* to be very plentiful.
superar *v. t.* **1** to exceed (ser superior a): *la respuesta ha superado nuestras expectativas = the response has exceeded our expectations; supera a todos en inteligencia = she is more intelligent than any of them.* **2** to beat (marca, récord). **3** to pass (examen, prueba). **4** to overcome (enfermedad, trance). **5** to overcome (problema, obstáculo). **6** to overcome (inseguridad, timidez, complejo). • *v. pron.* **7** to better oneself (mejorar). **8** to excel (lucirse).
superávit *s. m.* COM. surplus, benefit.
superchería *s. f.* deceit.
superconductor *s. m.* superconductor.
supereminente *adj.* pre-eminent.
superestimar *v. t.* to overestimate.
superestructura *s. f.* superstructure (especialmente política).
superficial *adj.* **1** superficial (de la superficie). **2** shallow (no profundo). **3** (desp.) superficial, frivolous.
superficialidad *s. f.* superficiality.
superficialmente *adv.* superficially.
superficie *s. f.* **1** surface (por ejemplo, del agua). **2** GEOM. area.
superfluamente *adv.* needlessly.
superfluo, -flua *adj.* superfluous, needless, unnecessary.
superíndice *s. m.* superscript, superscript number.
superintendencia *s. f.* superintendence.
superintendente *s. m.* y *f.* supervisor, superintendent.
superior *adj.* **1** top, higher: *parte superior = top part.* **2** GEOG. upper. **3** superior, excellent, of great quality (de gran calidad).
superior, -ra *s. m.* y *f.* REL. Superior (hombre); Mother Superior (mujer).
superioridad *s. f.* **1** higher authority (en una institución, organización, etc.). **2** superiority (mejor que otro).
superiormente *adv.* magnificently.
superlativo, -va *adj.* **1** excellent. • *s. m.* **2** GRAM. superlative.
supermercado *s. m.* supermarket.
supermodelo *s. m.* y *f.* top model.
superponer *v. t.* y *pron.* to superimpose, to place above.
superposición *s. f.* superposition.
superpotencia *s. f.* superpower.
superproducción *s. f.* **1** ECON. overproduction. **2** big-budget film, blockbuster.
supersónico, -ca *adj.* supersonic.
superstición *s. f.* superstition.
supersticiosamente *adv.* superstitiously.
supersticioso, -sa *adj.* superstitious.
superventas *s. m.* best-seller.
supervisar *v. t.* supervise.
supervisión *s. f.* supervision.
supervisor, -ra *adj.* **1** supervising. • *s. m.* y *f.* **2** supervisor.
supervivencia *s. f.* survival.
superviviente *adj.* **1** surviving. • *s. m.* y *f.* **2** survivor.
supino, -na *adj.* **1** face-up (posición del cuerpo). **2** crass, excessive: *supina ignorancia = crass ignorance.*
suplantar *v. t.* to impersonate, to take the place of (otra persona).
suplementario, -ria *adj.* supplementary.
suplemento *s. m.* **1** PER. supplement. **2** extra charge (cobro extra).
suplencia *s. f.* substitution, replacement.
suplente *adj.* **1** substitute. • *s. m.* y *f.* **2** DEP. reserve player. **3** substitute, replacement (en cualquier trabajo o puesto).
supletorio, -ria *adj.* **1** supplementary. • *s. m.* **2** extension (teléfono).
súplica *s. f.* plea; petition.
suplicación *s. f.* **1** plea; petition. **2** DER. appeal (apclación).
suplicante *adj.* **1** entreating, pleading. • *s. m.* y *f.* **2** supplicant, petitioner.
suplicar *v. t.* **1** to plead, to implore. **2** to beg: *te suplico que seas más considerado = I beg you to be more considerate.* **3** DER. to appeal (apelar).
suplicatorio *s. m.* o **suplicatoria** *s. f.* DER. letters rogatory.
suplicio *s. m.* torture.
suplir *v. t.* **1** to make up; to supplement. **2** to replace, to substitute (reemplazar). **3** to infer (entender leyendo entre líneas). **4** to conceal (esconder, especialmente defectos en otras personas).
suponer *v. t.* **1** to suppose, to assume: *supongo que estás cansado = I suppose you are tired.* **2** to imply, to mean; to involve: *esto supone un gran gasto = this involves enormous expense.*
suposición *s. f.* **1** supposition, assumption. **2** guess (adivinanza).
supositorio *s. m.* MED. suppository.
supra- *prefijo* supra-: *intereses supranacionales = supranational interests.*
supremacía *s. f.* supremacy.
supremo, -ma *adj.* **1** supreme. ◆ **2 Tribunal Supremo,** DER. Supreme Court.
supresión *s. f.* **1** suppression, elimination. **2** omission (omisión, especialmente de algo en un escrito, discurso, etc.).
suprimir *v. t.* y *pron.* **1** to suppress, to eliminate. **2** to leave out (omitir).
supuesto, -ta *p. p.* **1** de **suponer.** • *adj.* **2** assumed, false: *nombre supuesto = assumed name.* • *s. m.* **3** hypothesis. ◆ **4 por ~,** certainly, of course. **5 ~ que,** granted that, since, inasmuch as.
supuración *s. f.* suppuration.
supurante *adj.* suppurating, festering.
supurar *v. i.* suppurate.
suramericano *adj./s. m.* y *f.* ⇒ **sudamericano.**
surcar *v. t.* **1** to plough, (EE UU) to plow (hacer surcos). **2** to groove (hacer líneas paralelas). **3** MAR. to cut through, to ply (los mares).
surco *s. m.* **1** furrow (en la tierra). **2** groove (hendedura). **3** wrinkle (arruga, normalmente en la cara). ◆ **4 echarse al ~,** to lie down on the job.
sureste *adj.* y *s. m.* ⇒ **sudeste.**
surfista *s. m.* y *f.* surfer.
surgir *v. i.* **1** to spurt, to shoot out. **2** to emerge, to appear, to rise: *una nueva situación ha surgido en Europa = a new situation has emerged in Europe.*

surmenaje *s. m.* mental fatigue.
suroeste *adj.* y *s. m.* ⇒ **sudoeste.**
surrealismo *s. m.* ART. surrealism.
surrealista *adj./s. m.* y *f.* ART. surrealist.
sursuncorda *s. m.* **1** (fam.) great guy. ◆ **2 ser el ~,** to be number one.
surtido, -da *p. p.* **1** de **surtir.** ● *adj.* **2** assorted (galletas u otros productos). **3** supplied, provided: *estamos bien surtidos de todo = we are well supplied with everything.* ● *s. m.* **4** assortment, selection.
surtidor, -ra *adj.* **1** providing, supplying. ● *s. m.* **2** supplier. **3** jet (chorro, normalmente de agua). **4** pump (normalmente de gasolina).
surtir *v. t.* y *pron.* **1** to supply (suministrar). ● *v. i.* **2** to spurt (arrojar un líquido). ◆ **3 ~ efecto,** to have the desired effect.
sus- *prefijo* under, sub.
susceptibilidad *s. f.* susceptibility.
susceptible *adj.* **1** susceptible (característica personal). **2** (desp.) touchy (quisquilloso). **3** capable, open: *susceptible de mejora = open to improvement.*
suscitar *v. t.* **1** to provoke. **2** to cause, to raise (problemas).
suscribir *v. t.* **1** to sign (carta, documento, etc.). **2** to endorse, to subscribe to (una postura, opinión, etc.) ● *v. pron.* **3** COM. to underwrite (comprometerse a un pago, un envío, etc.). ● *v. t.* y *pron.* **4** to subscribe (a una revista, periódico o similar).
suscripción *s. f.* subscription (a periódico o similar).
suscriptor, -ra *s. m.* y *f.* subscriber.
suscrito, -ta *p. p.* **1** de **suscribir.** ● *adj.* **2** subscribed (a una publicación). **3** DER. undersigned.
susodicho, -cha *adj.* aforesaid, above-mentioned.
suspender *v. t.* **1** to hang; to suspend (físicamente). **2** to stop, to suspend (pagos, a una persona por un descuido, etc.). **3** to fail (un examen). **4** to astonish, to amaze (asombrar). ● *v. t.* y *pron.* **5** to call off, to postpone (posponer).
suspense *s. m.* suspense.
suspensión *s. f.* **1** suspension, hanging (acción física). **2** stoppage, suspension, interruption (de una publicación, acto público, etc.). **3** DER. adjournment. **4** MEC. suspension (sistema de vehículos). **5** QUÍM. suspension. **6** MÚS. suspension. ◆ **7 ~ de pagos,** COM. suspension of payments.
suspensivo *adj.* **puntos suspensivos,** dots.
suspenso, -sa *p. p.* **1** de **suspender.** ● *adj.* **2** hanging, hung, suspending (de manera física). **3** astonished; baffled, bewildered (sorprendido). **4** failed (examen). ● *s. m.* **5** fail (en examen).
suspicacia *s. f.* suspicion, distrust.
suspicaz *adj.* suspicious, distrustful.
suspicazmente *adv.* suspiciously, distrustfully.
suspirado, -da *p. p.* **1** de **suspirar.** ● *adj.* **2** longed for, desired (especialmente una persona a la que se desea tener cerca).
suspirar *v. i.* **1** to sigh. ◆ **2 ~ por una cosa,** to long for something, to desire something very much.
suspiro *s. m.* sigh.
sustancia *s. f.* **1** substance (física). **2** FIL. substance. **3** substance, essence (de un escrito, discurso, opinión, etc.). **4** judgement, sense (sensatez). **5** value, importance (valor o importancia de una obra de arte o similar). ◆ **6 en ~,** in brief, briefly; in essence. **7 ~ blanca,** ANAT. white matter. **8 ~ gris,** ANAT. grey matter.
sustancial *adj.* **1** FIL. sub-stantial. **2** substantial (sustancioso). **3** essential, fundamental, basic.
sustancialmente *adv.* substantially, essentially; basically.
sustanciar *v. t.* **1** to abridge, to condense. **2** DER. to substantiate.
sustancioso, -sa *adj.* **1** substantial, nourishing. **2** substantial, important.
sustantivar *v. t.* GRAM. to make a noun, to turn into a noun.
sustantivo, -va *adj.* **1** substantive. ● *s. m.* **2** GRAM. noun.
sustentación *s. f.* o **sustentamiento** *s. m.* **1** support (físico). **2** holding (de una opinión o parecido). **3** sustenance, nourishment (alimento).
sustentador, -ra *adj.* supporting, sustaining (que sustenta).
sustentar *v. t.* **1** to maintain, to uphold (opinión). **2** to sustain, to nourish (con alimento). **3** to support (el peso físico). ● *v. pron.* **4** to support oneself.
sustento *s. m.* sustenance, food (alimentación).
sustitución *s. f.* substitution; replacement.
sustituible *adj.* replaceable.
sustituir *v. t.* y *pron.* to sub-stitute, to replace.
sustitutivo, -va *adj.* substitute.
sustituto, -ta *s. m.* y *f.* substitute, replacement (persona).
susto *s. m.* **1** scare, fright. **2** dread, deep worry (preocupación).
sustracción *s. f.* **1** removal (acto de quitar). **2** deduction. **3** theft (robo). **4** MAT. subtraction.
sustraer *v. t.* **1** to remove, to take away (quitar). **2** to steal (robar). **3** MAT. to subtract. ● *v. pron.* **4** to elude (responsabilidad, obligación, etc.).
sustrato *s. m.* **1** GEOL. substratum. **2** FIL. substance, essence. **3** FILOL. underlying language.
susurrador, -ra *adj.* **1** whispering, murmuring; rustling (hojas de árboles, plantas, etc.). ● *s. m.* y *f.* **2** whisperer.
susurrante *adj.* whispering, murmuring; rustling (hojas, plantas, etc.).
susurrar *v. i.* **1** to whisper, to murmur. **2** to murmur (el agua); to rustle (hojas, plantas, etc.). ● *v. i.* y *pron.* **3** to be rumoured (noticias o similar).
susurro *s. m.* **1** whisper, murmur. **2** murmur (agua); rustling (de hojas, plantas o similar).
sutil *adj.* **1** fine, delicate (delgado o fino). **2** subtle. **3** clever, sharp (de pensamiento).
sutileza o **sutilidad** *s. f.* **1** fineness, delicateness (finura física). **2** subtlety (tanto un dicho sutil como la calidad en sí). **3** cleverness, sharpness (de inteligencia).
sutilmente *adv.* **1** subtly: *lo dijo sutilmente = he said it very subtly.* **2** finely, delicately (en el aspecto de fineza física).
sutura *s. f.* **1** MED. suture, stitch. **2** ANAT. suture (entre algunos huesos).
suturar *v. t.* MED. to suture, to stitch, to stitch up.
suyo, -ya *adj. pos.* **1** his (de él); her (de ella); its (de ello); their (de ellos o de ellas); yours (de usted o ustedes): *no es culpa suya = it's not his fault; son amigos suyos = they're her friends.* **2 muy suyo,** just like, very typical of: *lo que dijo es muy suyo = what he said is just like him.* **3 muy suyo,** very reserved, very independent sort: *este chico es muy suyo = this boy is very independent.* ● *pron. pos.* **4** his (de él): hers (de ella); its (de ello); theirs (de ellos o ellas); yours (de usted o ustedes): *mi casa es cara pero la suya lo es todavía más = my house is expensive but his is even more so.* ◆ **5 de ~, a)** in itself, per se; **b)** naturally, inherently; intrinsically. **6 hacer de las suyas,** to be up to one's tricks, to get up to one's old tricks. **7 los suyos,** one's people, one's family. **8 salirse con la suya,** to get one's way.
symposium *s. m.* ⇒ **simposio.**

t, T *s. f.* t, T (vigésimoprimera letra del alfabeto español).
taba *s. f.* **1** ANAT. astragulus; anklebone. • *pl.* **2** knucklebones, (EE UU) jackstones.
tabacal *s. m.* tobacco plantation.
tabacalero, -ra *adj.* **1** tobacco. • *s. m.* **2** tobacconist (vendedor), tobacco grower (plantador). • *s. f.* **3** (Am.) cigarette factory.
tabaco *s. m.* **1** tobacco. **2** cigarettes (cigarrillos). ◆ **3** ~ **de hebra,** long cut tobacco. **4** ~ **de mascar,** chewing tobacco. **5** ~ **en polvo,** snuff. **6** ~ **negro,** black or dark tobacco. **7** ~ **rubio,** Virginian tobacco.
tabacón *s. m.* (Am. y fam.) marijuana, grass, dope.
tabalear *v. t.* to rock to and fro. • *v. i.* to drum one's fingers.
tabaleo *s. m.* **1** rocking. **2** drumming of one's fingers.
tabanco *s. m.* **1** market stall, stand, booth. **2** (Am.) loft (desván).
tábano *s. m.* horsefly, gadfly.
tabaquera *s. f.* **1** snuff box (de rapé). **2** tobacco box/jar/pouch. **3** cigarette case (pitillera).
tabaquería *s. f.* **1** tobacconist's. **2** (Am.) cigar factory.
tabaquismo *s. m.* addiction to tobacco.
tabardillo *s. m.* **1** MED. typhoid fever. **2** sunstroke. **3** (fam.) pain in the neck.
tabardo *s. m.* tabard.
tabarra *s. f.* **1** (fam.) nuisance, bore, pain in the neck. ◆ **2 dar la** ~**,** to be a nuisance/a bore/ (fam.) a pain in the neck, to get on someone's nerves.
tabasco *s. m.* tabasco sauce.
taberna *s. f.* **1** bar, pub, tavern. **2** (Am.) gambling joint. **3** (Am.) small grocery shop (ultramarinos).
tabernáculo *s. m.* REL. tabernacle.
tabernario, -ria *adj.* (fam.) rude, coarse, vulgar.
tabernero *s. m.* **1** landlord, publican, licensee. **2** barman, bartender.
tabicar *v. t.* **1** to partition off. **2** to wall up, to brick up. **3** to stop up (nariz).
tabique *s. m.* **1** thin wall, partition. **2** (Am.) brick (ladrillo). ◆ **3** ~ **nasal,** ANAT. nasal septum.
tabla *s. f.* **1** plank, board (de madera). **2** slab (de piedra, mármol). **3** pleat, box-pleat (costura). **4** index, table of contents (índice). **5** table, list (lista). **6** scale (de salarios). **7** ART. panel. **8** AGR. strip of land between two rows of trees. **9** garden bed, patch, plot. **10** butcher's block (de carnicero). • *pl.* **11** stage: *pisar las tablas = to go on the stage.* **12** barrier, fence (en la plaza de toros). **13** DEP. tie, draw: *hacer tablas = to tie, to draw.* ◆ **14** ~ **a vela,** windsurfing board. **15** ~ **de dibujo,** drawing board. **16** ~ **de planchar,** ironing board. **17** ~ **de salvación,** (fig.) last hope. **18 a raja** ~ *loc. adv.* a rajatabla. **19 estar en las tablas,** (Am.) to be broke/destitute. **20 hacer** ~ **rasa de algo,** to sweep something aside, to disregard something completely.
tablado *s. m.* **1** platform. **2** stage. **3** floorboards.
tablaje *s. m.* **1** planks, boards. **2** gaming-house.
tablajería *s. f.* **1** gaming, gambling. **2** butcher's shop.
tablao *s. m.* flamenco show.
tablazón *s. f.* **1** planking. **2** MAR. deck planks.
tablar *v. t.* **1** to saw (en tablas). **2** to divide into plots (jardín). **3** to level (suelo). **4** to pleat (tela). **5** to hammer into plates, to laminate (hierro).
tablero *s. m.* **1** board, plank, panel. **2** blackboard, (EE UU) chalkboard (pizarra). **3** notice board, (EE UU) bulletin board (de avisos). **4** DEP. board (de ajedrez, damas, etc.). **5** shop counter. **6** gambling house. **7** planking (de un puente). **8** ELEC. switchboard. ◆ **9** ~ **de instrumentos,** instrument panel (en avión); dashboard (en automóvil). **10** ~ **contador,** abacus. **11** garden plots/beds.
tableta *s. f.* **1** small board, block (madera). **2** writing pad. **3** MED. tablet. **4** bar (de chocolate).
tabletear *v. i.* to rattle, to clatter.
tableteo *s. m.* rattle, rattling, clatter.
tablilla *s. f.* **1** small board, slab. **2** notice board, (EE UU) bulletin board. **3** MED. splint. **4** (Am.) bar (chocolatería).
tablista *s. m.* y *f.* surfer, windsurfer.
tabloide *s. m.* PER. tabloid.
tablón *s. m.* **1** plank, thick board. **2** notice board, (EE UU) bulletin board. ◆ **3 coger un** ~**,** (fam.) to get drunk, to get tight.
tabú *s. m.* taboo.
tabuco *s. m.* hovel.
tabulación *s. f.* tabbing, tabulation.
tabulador *s. m.* tabulator.
tabular *adj.* **1** tabular. • *v. t.* **2** to tabulate, to tab.
taburete *s. m.* stool.
taca *s. f.* **1** stain. **2** small pantry, cupboard. **3** QUÍM. plates of a crucible.
tacañamente *adv.* in a miserly way.
tacañear *v. i.* to be miserly/stingy/mean.
tacañería *s. f.* miserliness, stinginess, meanness.
tacaño, -ña *adj.* miserly, stingy, mean.
tacatá o **tacataca** *s. m.* baby walker.
tacha *s. f.* **1** fault, flaw, blemish. **2** TEC. large tack, stud. ◆ **3 sin** ~**,** flawless, faultless, unblemished.
tachadura *s. f.* crossing out, correction.
tachar *v. t.* **1** to cross out. ◆ **2** ~ **a alguien de algo,** to accuse somebody of something.
tachón *s. m.* **1** crossing out. **2** ornamental stud.
tachonado, -da *adj.* adorned, studded: *tachonado de estrellas = star-studded.*
tachuela *s. f.* **1** tack, stud. **2** (Am.) drawing pin (chincheta).
tacita *s. f.* **1** small cup. ◆ **2 ser una** ~ **de plata,** (fig.) to be very neat and tidy.
tácitamente *adv.* tacitly.
tácito, -ta *adj.* silent, tacit: *aprobación tácita = silent approval.*
taciturnidad *s. f.* **1** taciturnity. **2** moodiness, sullenness.
taciturno, -na *adj.* **1** taciturn, silent. **2** moody, sullen.
taco *s. m.* **1** plug, stopper. **2** peg (de madera). **3** wedge (cuña). **4** wad: un *taco de billetes = a wad of notes.* **5** book (of tickets). **6** stub (parte que queda de un billete). **7** pad: *taco de papel = pad of notepaper.* **8** cue (billar). **9** piece, chunk (trocito): *taco de jamón = piece of ham.* **10** stud (de una bota). **11** swear word: *soltar un taco = to swear/curse.* **12** desk calendar. **13** (Am.) rolled tortilla. **14** (Am.) heel (de zapato). **15** MIL. ramrod. ◆ **16** ~ **de salida,** DEP. starting block.
tacómetro *s. m.* tachometer, rev counter.

tacón *s. m.* heel: *tacones altos = high heels.*
taconear *v. i.* **1** to stamp with one's heels. **2** MIL. to click one's heels. **3** (fig.) to strut.
tácticamente *adv.* tactically.
táctico, -ca *adj.* **1** tactical. ● *s. m.* **2** tactician. ● *s. f.* **3** tactic (maniobra). **4** MIL. tactics (ciencia).
táctil *adj.* tactile.
tacto *s. m.* **1** touch, feel. **2** tact. ◆ **3 falta de ~,** tactless. **4 tener ~,** to be tactful.
TAE *s. f.* APR.
tafetán *s. m.* **1** taffeta. ● *pl.* **2** flags, colours. **3** frills. ◆ **4 ~ de heridas/inglés,** sticking plaster.
tafilete *s. m.* Morroco leather.
tagalo, -la *adj./s. m.* y *f.* Tagalog.
tagarnina *s. f.* **1** BOT. golden thistle. **2** cheap cigar. **3** (Am. y fam.) drunkenness. ◆ **4 agarrar una ~,** to get tight/plastered.
tahalí *s. m.* swordbelt, baldric.
tahona *s. f.* **1** flour mill (molino). **2** bakery, bakehouse (panadería).
tahúr, -ra *adj.* y *s. m.* gambler, cardsharper.
taifa *s. f.* **1** party, faction. **2** (fam.) gang of thieves.
taimado, -da *adj.* sly, crafty, cunning.
tajada *s. f.* **1** slice, piece: *tajada de carne = slice of meat.* **2** cut, slash (corte). ◆ **3 agarrar una ~,** (fam.) to get drunk/plastered. **4 llevarse la mejor ~,** to get the lion's share. **5 sacar ~,** (fig.) to get one's share, to get a rakeoff.
tajadera *s. f.* **1** chopper. **2** cold chisel, gouge.
tajamar *s. m.* **1** MAR. stem, cutwater. **2** (Am.) dike, seawall.
tajante *adj.* **1** cutting, sharp. **2** (fig.) emphatic, categorical, sharp: *una respuesta tajante = a categorical reply.*
tajar *v. t.* to cut, to chop, to slice.
tajo *s. m.* **1** cut, incision. **2** GEOG. steep cliff, gorge. **3** (fam.) job: *vamos al tajo = let's get on with the job.* **4** place of work (puesto). **5** small three-legged stool (taburete). **6** chopping block (tabla).
tal *adj./ adv.* **1** such a, such: *tal cosa = such a thing; tales cosas = such things.* **2** such, so great, so large: *su interés es tal = his interest is so great* o *he is so interested.* **3** a certain: *un tal Sr. Pérez = a certain Mr. Pérez* o *one Mr. Pérez.* ● *pron.* **4** such a one, somebody, someone: *tal habrá que lo piense = there'll be someone who thinks so.* **5** such a thing, something: *no haré tal = I'll do no such thing.* ◆ **6 con ~ de/con ~ de que/con ~ que,** provided that, as long as. **7 fulano de ~,** Mr. So-and-so. **8 ~ como/ ~ cual,** just as, the way: *está tal como me lo dijo = it's just as he told me; sigue tal cual = he's just the same.* **9 ~ para cual,** two of a kind. **10 ~ vez,** perhaps. **11 ¿qué ~?,** how's things? **12 ¿qué ~ es?,** what's it like? **13 ¿qué ~ estás?,** how are you?
taladrar *v. t.* **1** to drill, to bore holes in. ◆ **2 un ruido que taladra los oídos,** (fig.) an ear-splitting noise.
taladro *s. m.* **1** drill (taladradora). **2** drill hole (agujero).
tálamo *s. m.* (form.) **1** nuptial bed. **2** BOT. thalamus.
talante *s. m.* **1** mood, temper: *estar de buen talante = to be in a good mood.* **2** will: *de buen /mal talante = willingly/unwillingly.* **3** appearance, look.
talar *adj.* **1** full-length (vestido). ● *v. t.* **2** to fell, to cut down (cortar). **3** to prune (podar). **4** to destroy, to devastate, to lay waste to (destrozar).
talasoterapia *s. f.* thalassotherapy.
talco *s. m.* talc, talcum: *polvos de talco = talcum powder.*
talega *s. f.* **1** sack, bag. **2** bagful, sackful.
talegazo *s. m.* heavy fall, bump.
talego *s. m.* **1** long bag, sack. **2** (fam.) clumsy, fat person. **3** money. **4** (fam.) cooler, slammer (cárcel). ◆ **5 no tengo ~,** I'm broke.
taleguilla *s. f.* bullfighter's breeches.
talento *s. m.* **1** talent, gift: *tener talento para la música = to have a gift for music.* **2** understanding, intellect. **3** talent (moneda).
talentoso, -sa *adj.* talented, gifted.
Talgo (*abrev.* de **Tren Articulado Ligero Goicoechea-Oriol**) *s. m.* Talgo high speed inter-city train.
talio *s. m.* QUÍM. thallium.
talión *s. m.* talion, retaliation.
talismán *s. m.* talisman, amulet, lucky charm.
talla *s. f.* **1** wood carving (de madera). **2** engraving (de metal). **3** cutting (de piedras preciosas). **4** height, stature (altura). **5** size (de ropa). **6** tally, measuring rod. **7** ransom, reward (para el rescate de un criminal). **8** (Am.) fib, lie (mentira). **9** (Am.) gossip (charla). ◆ **10 dar la ~,** (fig.) to be up to it.
tallado, -da *adj.* **1** carved (madera). **2** engraved (metal). **3** cut (piedras preciosas). ● *s. m.* **4** carving (de madera). **5** engraving (de metal). **6** cutting (de piedras preciosas).
tallador *s. m.* **1** carver. **2** engraver. **3** (Am.) card dealer.
talladura *s. f.* engraving.
tallar *v. t.* **1** to carve, to shape (madera). **2** to sculpt (piedra, mármol). **3** to engrave (metal). **4** to cut (joyas). **5** MIL. to measure the height of (medir). **6** (Am.) to deal (naipes). ● *v. i.* **7** (Am.) to chat, to gossip.
tallarín *s. m.* noodle.
talle *s. m.* **1** waist (cintura). **2** figure (de mujer): *de talle esbelto = slim.* **3** build, physique (de hombre). **4** (Am.) bodice.
taller *s. m.* **1** workshop, shop: *taller de carpintería = carpenter's workshop.* **2** ART. studio. **3** garage (para coches).
tallista *s. m.* wood carver (en madera); sculptor (en piedra); engraver (en metal).
tallo *s. m.* **1** BOT. stem, stalk. **2** BOT. shoot, sprout (renuevo). **3** (Am.) cabbage (col). ● *pl.* **4** (Am.) greens, vegetables.
talludo, -da *adj.* **1** BOT. tall, long-stemmed. **2** tall, lanky (personas). **3** (fig.) grown-up. **4** (Am.) tough, leathery (fruta).
Talmud *s. m.* REL. Talmud.
talo *s. m.* BOT. thallus.
talofitas *s. f. pl.* BOT. thallophytes.
talón *s. m.* **1** heel. **2** flange, rim (de un neumático). **3** FIN. cheque, (EE UU) check (cheque). **4** FIN. voucher (vale); receipt (recibo). ◆ **5 apretar los talones,** to take to one's heels. **6 pisar los talones a alguien,** to be on someone's heels. **7 Talón de Aquiles,** Achilles' heel.
talonario *s. m.* **1** FIN. cheque book, (EE UU) check book (de cheques). **2** receipt book (de recibos); book of vouchers (de vales).
talud *s. m.* **1** slope, bank. **2** ARQ. talus.
tamal *s. m.* **1** (Am.) tamale. **2** package, bundle, pile. **3** (fam.) intrigue.
tamaño, -ña *adj.* **1** so big a, such a big (grande). **2** so small a, such a small (pequeño). ● *s. m.* **3** size: *¿de qué tamaño es? = what size is it?* ◆ **4 de ~ natural,** life-size.
tamarindo *s. m.* BOT. tamarind.
tambaleante *adj.* **1** staggering, swaying, reeling, tottering, wobbly. **2** (fig.) unstable shaky: *negocio tambaleante = shaky business.*
tambalearse *v. pron.* **1** to stagger, to reel (personas). **2** to wobble (muebles). **3** (fig.) to be shaky, to be unstable.
tambaleo *s. m.* **1** staggering, reeling (de personas). **2** wobbliness (de muebles).
también *adv.* **1** also, too, as well: *es médico también = he's also a doctor/he's a doctor too/he's a doctor as well.* **2** too, so: *yo también = me too, so (do) I.*
tambor *s. m.* **1** drum. **2** drummer (persona). **3** ARQ. tambour. **4** ANAT. eardrum, tympanum. **5** embroidery frame (para bordar). **6** MAR. capstandrum. **7** cylinder (de un revólver).
tamboril *s. m.* MÚS. small drum, tabor.
tamborilear *v. t.* **1** (fig.) to praise, to extol. ● *v. i.* **2** to beat (tamboril); to play a drum (tamborilero). **3** (fig.) to drum one's fingers (con los dedos). **4** (fig.) to patter, to drum (lluvia).
tamborileo *s. m.* drumming.
tamborilero *s. m.* drummer.
tamiz *s. m.* **1** sieve. ◆ **2 pasar por el ~,** to sieve, to sift.
tamizar *v. t.* to sieve, to sift.
tamo *s. m.* **1** fluff, down. **2** AGR. chaff.
tampoco *adv.* neither, not either, nor: *tampoco come pan = he doesn't eat bread either/neither does he eat bread; él no juega y yo tampoco = he doesn't play and nor do I.*
tampón *s. m.* **1** ink-pad. **2** MED. tampon. **3** TEC. plug.
tam-tam *s. m.* MÚS. tom-tom.
tan *adv.* **1** so: *es tan bueno = he is so good.* **2** such: *una casa tan grande = such a big house.* **3** what...!: *¡qué*

chica tan guapa! = what a pretty girl! ◆ **4 ~ ... que,** so... that: *está tan débil que no puede andar = he's so weak that he can't walk.* **5 ~ ... como,** as... as: *tan alto como su padre = as tall as his father.* **6 ~ siquiera,** not even: *no tiene tan siquiera un vestido = she hasn't even got a dress.*

tanates *s. m. pl.* (Am. y fig.) bits and pieces, odds and ends, gear.

tanda *s. f.* **1** group (grupo). **2** batch (lote): *tanda de huevos = batch of eggs.* **3** series (serie): *una tanda de golpes = a shower of blows.* **4** layer (de ladrillos). **5** turn (turno). **6** shift (grupo de obreros, turno de trabajo): *tanda de noche = night shift.* **7** game (billar), innings (béisbol). **8** (Am.) performance, show.

tándem *s. m.* **1** tandem (bicicleta). **2** carriage with two horses (carruaje). ◆ **3 en ~,** (fig.) jointly, together.

tangente *adj.* y *s. f.* **1** tangent. ◆ **2 salir por la ~,** (fig.) to go/fly off at a tangent (hacer una digresión); to avoid/dodge the issue (esquivar una pregunta).

tangible *adj.* tangible, concrete.

tango *s. m.* MÚS. tango.

tanino *s. m.* QUÍM. tannin.

tanque *s. m.* **1** tank (depósito). **2** MIL. tank. **3** tanker (barco). **4** big glass, mug (de cerveza, etc.). ◆ **5 buque ~,** tanker.

tantalio *s. m.* QUÍM. tantalum.

tanteador, -ra *s. m.* y *f.* **1** scorer (goleador). • *s. m.* **2** scoreboard (marcador).

tantear *v. t.* **1** to size up, to gauge, to take the measure of (medir). **2** to work out roughly, to estimate (calcular aproximadamente). **3** (fig.) to consider carefully, to weigh up (calibrar). **4** (fig.) to sound out (una persona). **5** ART. to sketch, to outline. **6** (Am.) to lie in wait for (acechar). **7** (Am.) to swindle (estafar). • *v. i.* **8** DEP. to keep score. **9** to grope, to feel one's way (ir a tientas). ◆ **10 ~ el terreno,** to see how the land lies.

tanteo *s. m.* **1** sizing up (medición). **2** rough estimate, approximate calculation (cálculo). **3** weighing up, careful consideration (calibración). **4** test, trial (prueba). **5** DEP. score. **6** ART. outline, sketch.

tanto *adj.* **1** so much, *(pl.)* so many: *tanta agua = so much water; tantas peras = so many pears.* **2** as much, *(pl.)* so many: *tengo tanto dinero como tú = I've got as much money as you.* **3 ~ tiempo,** such a long time. **4** so much, *(pl.)* so many: *a tantas pesetas la hora = at so many pesetas per hour.* • *s. m.* **5** DEP. point, goal. **6** FIN. a certain amount, a percentage. ◆ **7 al ~,** up to date, in the know. **8 estar al ~,** (fam.) to be on the lookout, to keep an eye on. **9 otro ~,** as much again. **10 no es para ~,** there's no need to make such a fuss. **11 las tantas,** late, the small hours. **12 y tantos,** odd: *30 y tantos = 30 odd.* • *adv.* **13** so much, so often, so long. **14 cuanto más ... ~ más,** the more... the more. **15 en ~, entre ~, mientras ~,** in the meantime, meanwhile. **16 ni ~ ni tan poco,** neither one extreme nor the other. **17 ~ mejor,** all the better, so much the better. **18 ¡y ~!,** and how! **19 por lo ~,** so, therefore. **20 un ~,** rather, somewhat: *un tanto cansado = rather tired.* • *conj.* **21 con ~ que, en ~ que,** provided that, while.

tañer *v. t.* **1** to play. • *v. i.* **2** to toll (campanas).

tapa *s. f.* **1** lid, cover, top. **2** MEC. head (de cilindro). **3** heel plate (de zapato). **4** ap-petizer, snack taken with a drink (aperitivo). ◆ **5 levantarse la ~ de los sesos,** (fig.) to blow one's brains out.

tapacubos *s. m.* MEC. hubcap.

tapadera *s. f.* **1** lid, cover. **2** (fig.) cover, front (encubridor).

tapadillo (de) *loc. adv.* on the quiet.

tapado, -da *adj.* **1** covered (con tapa); wrapped (envuelto). **2** (Am.) all the same colour (de un animal). • *s. m.* (Am.) **3** coat (para mujeres o niños). **4** candidate for the Mexican Presidency (cuyo nombre no se ha revelado).

tapadura *s. f.* **1** covering. **2** plugging, stopping-up.

tapar *v. t.* **1** to cover, to cover up. **2** to put the lid on, to cover (recipiente). **3** to put the top on (botella), to cork (con corcho). **4** to plug, to stop, to stop up (agujero). **5** (fig.) to conceal, to hide: *las nubes tapan el sol = the clouds hide the sun.* **6** (Am.) to fill (diente).

taparrabo *s. m.* **1** swimming trunks. **2** loincloth (de salvaje).

tapete *s. m.* **1** table runner, table cover (de mesa); rug (alfombra). ◆ **2 poner sobre el ~,** (fig.) to raise, to put on the agenda. **3 ~ verde,** card table.

tapia *s. f.* **1** adobe or mud wall. **2** garden wall. ◆ **3 estar más sordo que una ~,** to be as deaf as a post.

tapial *s. m.* (Am.) mud wall.

tapiar *v. t.* **1** to wall in, to enclose. **2** (fig.) to block up, to stop up.

tapicería *s. f.* **1** ART. tapestry making. **2** tapestry (tapiz). **3** upholstery (de coches). **4** upholsterer's (tienda).

tapicero, -ra *s. m.* y *f.* **1** tapestry maker (de tapices). **2** upholsterer (de muebles).

tapioca *s. f.* tapioca.

tapir *s. m.* ZOOL. tapir.

tapiz *s. m.* tapestry.

tapizar *v. t.* **1** to hang with tapestries (pared). **2** to carpet (suelo). **3** to upholster (coches, muebles).

tapón *s. m.* **1** stopper, cap, top (en botella); cork (de corcho). **2** plug, wad. **3** bung (tonel). **4** MED. tampon. **5** (Am.) ELEC. fuse. **6** (fig.) shorty, chubby person. **7** (fig.) hindrance, obstacle (estorbo).

taponar *v. t.* **1** to stopper, to put the top/cap on (una botella). **2** to plug up, to stop up, to block. • *v. pron.* **3** to stop up; to get blocked (los oídos, la nariz).

taponazo *s. m.* **1** pop. **2** (fam.) shot (en el fútbol).

tapujo *s. m.* **1** muffler (para la cara). **2** (fig.) deceit, subterfuge. ◆ **3 andarse con tapujos,** to beat about the bush (hablar veladamente); to behave dishonestly (actuar engañosamente).

taquear *v. t.* (Am.) to fill to the top, to pack tight.

taquicardia *s. f.* MED. tachycardia.

taquigrafía *s. f.* shorthand, stenography.

taquigrafiar *v. t.* to take down in shorthand.

taquigráfico, -ca *adj.* **1** shorthand, stenographic. ◆ **2 acta taquigráfica,** verbatim report.

taquígrafo, -fa *s. m.* y *f.* shorthand writer, stenographer; verbatim reporter (de una conferencia).

taquilla *s. f.* **1** booking office, ticket office, ticket window (en estaciones, etc.). **2** box-office (de teatro, cine). **3** filing cabinet (archivador); locker (en vestuario, etc.). **4** takings (recaudación); DEP. gate money. **5** (Am.) bar, liquor store. **6** (Am.) tack (clavo).

taquillaje *s. m.* takings, box-office receipts.

taquillero, -ra *adj.* **1** box-office draw: *el actor más taquillero = the biggest box-office draw.* • *s. m.* y *f.* **2** ticket clerk.

taquímetro *s. m.* speedometer, tachymeter, tacheometer.

tara *s. f.* **1** defect (defecto). **2** COM. tare. **3** tally stick.

taracea *s. f.* marquetry, inlaid work.

tarado, -da *adj.* **1** defective, damaged (mercancías). **2** (fam.) cretinous, idiotic. • *s. m.* y *f.* **3** (fam.) cretin, idiot.

tarambana *adj.* **1** (fam.) mad, wild. • *s. m.* y *f.* **2** madcap, crackpot.

taranta *s. f.* **1** (Am.) madness, sudden impulse (locura). **2** drunkenness (embriaguez). **3** giddiness (mareo).

tarantela *s. f.* MÚS. tarantella.

tarántula *s. f.* ZOOL. tarantula.

tararear *v. t.* to hum.

tarareo *s. m.* humming.

tarasca *s. f.* **1** monster. **2** (fam.) old hag (mujer).

tarascada *s. f.* **1** bite, snap. **2** tart, rude reply.

tarascar *v. t.* to bite, to snap at.

tarascón *s. m.* bite, nip.

tardanza *s. f.* **1** delay (demora). **2** slowness (lentitud).

tardar *v. i.* **1** to delay. **2** to take: *tardar seis horas = to take six hours.* **3** to be slow: *tardé en reconocerla = I was slow to recognize her, it took me a while to recognize her; no tardaré = I won't be long.*

tarde *s. f.* **1** afternoon, evening. • *adv.* **2** late. ◆ **3 más vale ~ que nunca,** better late than never. **4 ~ o temprano,** sooner or later. **5 de ~ en ~,** from time to time.

tardío, -a *adj.* **1** late, belated. **2** slow: *tardío en decidirse = slow to decide.* **3** late (fruta).

tardo, -da *adj.* **1** slow (lento). **2** dull (torpe).

tarea *s. f.* **1** task, chore. ◆ **2 ~ de colegio,** homework.

tarifa *s. f.* **1** rate, fare: *tarifa turística = tourist rate.* **2** price list, tariff.
tarifar *v. t.* to price, to fix a price for.
tarima *s. f.* platform, podium.
tarja *s. f.* **1** tally, tally stick (medida). **2** shield, buckler (escudo).
tarjar *v. t.* **1** to keep tally. **2** (Am.) to cross out (tachar).
tarjeta *s. f.* **1** card. ◆ **2 ~ de crédito,** FIN. credit card. **3 ~ de embarque,** boarding pass. **4 ~ de identidad,** identity card. **5 ~ de visita,** visiting card, (EE UU) calling card. **6 ~ postal,** postcard. **7 sacar ~ amarilla/roja a alguien,** DEP. to show someone a yellow/red card.
tarlatana *s. f.* tarlatan, transparent stiff muslin.
tarquín *s. m.* mud, slime, ooze.
tarrina *s. f.* tub.
tarro *s. m.* jar.
tarso *s. m.* ANAT. tarsus.
tarta *s. f.* **1** cake, tart. ◆ **2 ~ de cumpleaños,** birthday cake. **3 ~ de manzana,** apple tart.
tartaja *adj.* **1** stuttering, with a stutter. • *s. m.* y *f.* **2** stutterer, stammerer.
tartajear *v. i.* to stammer, to stutter.
tartajeo *s. m.* stammering, stuttering.
tartamudear *v. i.* to stammer, to stutter.
tartamudeo *s. m.* stutter, stuttering, stammering.
tartamudo, -da *adj.* **1** stuttering, stammering. • *s. m.* y *f.* **2** stutterer, stammerer.
tartana *s. f.* light carriage, trap.
tártaro, -ra *adj.* y *s.* **1** Tartar. • *s. m.* **2** QUÍM. tartar. **3** (lit.) Tartarus, hell.
tartera *s. f.* **1** lunch box (fiambrera). **2** cake tin, baking pan.
tarugo *s. m.* **1** blockhead, dolt (idiota). **2** (Am.) fright, scare (susto). **3** chunk, peg, plug (de madera). **4** wooden paving block (adoquín).
tarumba *adj.* **1** (fam.) confused. ◆ **2 volver ~ a alguien,** to drive somebody mad.
tas *s. m.* small anvil (de platero).
tasa *s. f.* **1** appraisal, valuation, estimate (estimación). **2** tax (impuesto): *tasa de importación = import tax.* **3** measure, standard, norm (norma). **4** rate (índice): *tasa de natalidad = birth rate; tasa de interés = interest rate.* • *pl.* **5** fees (de matriculación). ◆ **6 ~ de cambio,** ECON. exchange rate.
tasación *s. f.* valuation, assessment, appraisal.
tasadamente *adv.* sparingly, with moder-ation.
tasador, -ra *adj.* **1** appraising. • *s. m.* y *f.* **2** valuer, (EE UU) appraiser.
tasajear *v. t.* (Am.) to jerk.
tasca *s. f.* **1** bar, tavern. ◆ **2 ir de tascas,** to go on a pub crawl, (EE UU) to go barhopping.
tascar *v. t.* **1** to beat flax (lino). **2** to graze, to browse, to munch (hierba). ◆ **3 ~ el freno,** to champ at the bit.
tata *s. m.* **1** (Am.) dad, daddy. • *s. f.* **2** (fam.) sister (hermana). **3** nursemaid, nanny (niñera).
tatarabuela *s. f.* great-great-grandmother.
tatarabuelo *s. m.* **1** great-great-grandfather. • *pl.* **2** great-great-grandparents.
tataranieta *s. f.* great-great-granddaughter.
tataranieto *s. m.* **1** great-great-grandson. • *pl.* **2** great-great-grandchildren.
tatami *s. m.* tatami.
¡tate! *interj.* **1** look out! be careful! watch your step! (para avisar). **2** so that's it; oh, I see (al comprender).
tatuaje *s. m.* **1** tattoo (dibujo). **2** tattooing (acción).
tatuar *v. t.* to tattoo.
tauca *s. f.* (Am.) heap, pile.
taumaturgo *s. m.* miracle worker, thaumaturge.
taurino, -na *adj.* **1** bull-fighting. ◆ **2 fiesta ~,** bullfight.
Tauro *s. m.* ASTR. Taurus.
tauromaquia *s. f.* art of bullfighting.
tautología *s. f.* LIT. tautology.
tautológico, -ca *adj.* LIT. tautological.
taxativamente *adv.* limitedly, specifically, precisely.
taxativo, -va *adj.* limited, restricted, precise, specific.
taxi *s. m.* taxi, cab, taxi-cab.
taxidermia *s. f.* taxidermy.
taxidermista *s. m.* y *f.* taxidermist.
taxímetro *s. m.* taximeter.
taxista *s. m.* y *f.* taxidriver, cabby.
taxonomía *s. f.* taxonomy.
taza *s. f.* **1** cup. **2** cupful (contenido). **3** bowl (en lavabo). **4** (Am.) basin (palangana).
tazarse *v. pron.* to fray.
tazón *s. m.* bowl (cuenco); large cup (taza).
te *pron.* **1** you: *te llamaré = I'll call you; te lo mandé = I sent it to you.* **2** REL. thee (Dios). • *pron. r.* **3** yourself: *diviértete = enjoy yourself.* **4** REL. thyself (Dios).
té *s. m.* **1** tea. ◆ **2 ~ con leche,** milk tea. **3 ~ con limón,** lemon tea.
tea *s. f.* **1** torch, firebrand. ◆ **2 coger una ~,** (fam.) to get plastered.
teatral *adj.* **1** theatre, drama: *temporada teatral = theatre season; grupo teatral = drama group.* ◆ **2 obra ~,** dramatic work, play. **3** (fig.) theatrical, melodramatic, histrionic.
teatro *s. m.* **1** theatre, (EE UU) theater (edificio). **2** theatre, acting, stage (profesión): *dejar el teatro = to give up the stage.* **3** LIT. drama, plays. ◆ **4 hacer ~,** (fig.) to exaggerate, to play-act.
tebeo *s. m.* comic, comic book.
teca *s. f.* **1** teak. **2** ANAT. theca.
techado *s. m.* roof, covering.
techar *v. t.* to roof, to cover with a roof.
techo *s. m.* **1** ceiling (interior). **2** roof (exterior): *techo corredizo = sunroof, sliding roof; techo de paja = thatched roof.* **3** (fig.) limit, ceiling. ◆ **4 los sin ~,** the homeless.
techumbre *s. f.* roof, roofing.
tecla *s. f.* **1** key (de instrumento musical, máquina de escribir, etc.): *tecla de borrado = delete key; tecla de cambio = shift key; tecla de cursor = cursor key; tecla de desplazamiento = scroll key; tecla de retroceso = back spacer; tecla de tabulación = tab key.* ◆ **2 dar en la ~,** (fig.) to get it right, to to be spot-on. **3 no le queda ninguna ~ por tocar,** there's nothing else left for him to try.
teclado *s. m.* **1** keyboard (de instrumento musical, ordenador, etc.). **2** keys (máquina de escribir).
teclear *v. i.* **1** to play (piano). **2** to type (escribir a máquina). **3** (fig.) to drum one's fingers. **4** (Am.) to be weak, to be ill.
técnica *s. f.* **1** technique, method. **2** technology (tecnología).
técnicamente *adv.* technically.
tecnicidad *s. f.* technicality.
tecnicismo *s. m.* technical term.
técnico, -ca *adj.* **1** technical. • *s. m.* y *f.* **2** technician (mecánico). **3** engineer (ingeniero).
tecnicolor *s. m.* technicolor.
tecnocracia *s. f.* technocracy.
tecnócrata *s. m.* y *f.* technocrat.
tecnocrático, -ca *adj.* technocratic.
tecnología *s. f.* technology.
tecnológico, -ca *adj.* technological.
tecnólogo, -ga *s. m.* y *f.* technologist.
tecolote (Am.) *adj.* **1** reddish-brown (color). • *s. m.* **2** ZOOL. owl.
tectónico, -ca *adj.* tectonic.
tedéum *s. m.* REL. Te Deum.
tedio *s. m.* (fam.) boredom, tedium, lack of interest.
tedioso, -sa *adj.* (form.) tedious, boring, wearisome.
teflón® *s. m.* Teflon®.
Tegucigalpa *s. f.* Tegucigalpa.
tegumento *s. m.* tegument.
teísmo *s. m.* theism.
teísta *adj.* **1** theistic. • *s. m.* y *f.* **2** theist.
teja *s. f.* **1** tile. ◆ **2 de tejas abajo,** in this world. **3 de tejas arriba,** in heaven. **4 pagar a toca ~,** (fam.) to pay cash.
tejadillo *s. m.* top, cover.
tejado *s. m.* **1** roof, tiled roof. ◆ **2 hasta el ~,** (fig.) full, packed.
tejanos *s. m. pl.* jeans, denims.
tejar *v. t.* to tile.
tejedor, -ra *adj.* **1** (Am.) scheming, intriguing. • *s. m.* y *f.* **2** weaver. **3** (Am.) intriguer, schemer, meddler.
tejedura *s. f.* **1** weaving (acción de tejer). **2** texture, weave.
tejemaneje *s. m.* (fam.) **1** to-do, fuss (trajín). **2** scheme, machination (treta). ◆ **3 se trae un ~,** he's up to something.
tejer *v. t.* **1** to weave (con telar); to knit (hacer punto). **2** to spin: *la araña teje su tela = the spider spins its web.*
tejido *s. m.* **1** material, fabric: *tejido de punto = knitted fabric; fábrica de tejidos = textile mill.* **2** weave, texture. **3** ANAT. tissue.
tejo *s. m.* **1** disk (plancha metálica). **2** quoits (juego). **3** hopscotch (rayuela). **4** BOT. yew (árbol). ◆ **5 tirar/echar los tejos a alguien,** (fam.) to make advances to somebody (entre mujer y hombre).
tejolote *s. m.* (Am.) pestle.
tejón *s. m.* ZOOL. badger.
tejuelo *s. m.* book label.

tela *s. f.* **1** material, cloth, fabric, stuff: *tela de saco = sackcloth*. **2** ANAT. membrane, film, skin. **3** ART. canvas (lienzo); painting (cuadro). **4** (fam.) dough (dinero). ◆ **5** ~ **asfáltica,** asphalt roofing. **6** ~ **metálica,** wire netting. **7** ~ **de araña,** spider's web, cobweb. **8** ~ **vaquera,** denim. **9** (fig.) *hay tela que cortar = there's lots to be done; estar en tela de juicio = to be in doubt; un asunto de mucha tela = a complicated matter.*
telar *s. m.* **1** loom. • *pl.* **2** textile mill. **3** gridiron, flies (en un teatro).
telaraña *s. f.* web, spider's web, cobweb.
tele *s. f.* (fam.) telly, T.V.
teleadicto, -ta *s. m.* y *f.* telly addict.
telecomunicación *s. f.* telecommunication.
telecompra *s. f.* teleshopping.
telediario *s. m.* television news bulletin.
teledifusión *s. f.* television broadcast.
teledirigido, -da *adj.* remote-controlled.
teleférico *s. m.* **1** cable car, cable railway. **2** ski lift.
telefilm *s. m.* telefilm.
telefonazo *s. m.* (fam.) **1** ring, call. ◆ **2 dar un ~ a alguien,** to ring someone up, to give someone a call.
telefonear *v. t.* e *i.* to telephone, to phone, to call, to ring.
telefonema *s. m.* telephoned telegram.
telefonía *s. f.* telephony.
telefónicamente *adv.* by telephone.
telefónico, -ca *adj.* telephone, telephonic: *cabina telefónica = telephone box; compañía telefónica = telephone company.*
telefonista *s. m.* y *f.* telephone operator, telephonist.
teléfono *s. m.* **1** telephone, phone. ◆ **2 está hablando por ~,** he's on the phone. **3 llamar por ~,** to call, to phone, to telephone, to ring up. **4** ~ **móvil,** mobile phone.
telefoto *s. f.* telephotograph, telephoto.
telegrafía *s. f.* telegraphy.
telegrafiar *v. t.* e *i.* to telegraph, to wire.
telegráficamente *adv.* by telegraph, by telegram.
telegráfico, -ca *adj.* telegraphic.
telegrafista *s. m.* y *f.* telegrapher, telegraphist, operator.
telégrafo *s. m.* **1** telegraph. ◆ **2** ~ **óptico,** semaphore.
telegrama *s. m.* telegram, wire: *poner un telegrama = to send a telegram/to wire.*
teleimpresor *s. m.* teleprinter, teletype.
telele *s. m.* (fam.) fainting fit, turn.
telemando *s. m.* remote control.
telemarketing *s. m.* telemarketing.
telemática *s. f.* telematics, data transmission.
telemedir *v. t.* INF. to telemeter.
telémetro *s. m.* rangefinder, telemeter.
telenovela *s. f.* TV. television serial, soap opera.
teleobjetivo *s. m.* FOT. telephoto lens, zoom lens.
teleología *s. f.* FIL. teleology.
teleósteo, -a *adj.* y *s. m.* ZOOL. teleost.
telepatía *s. f.* telepathy.
telepático, -ca *adj.* telepathic.
telequinesia *s. f.* telekinesis.
telera *s. f.* **1** plough pin (arado). **2** transom, crosspiece (carro). **3** jaw, cheek (prensa). **4** MIL. transom of a gun carriage. **5** MAR. rack block.
telescópico, -ca *adj.* telescopic.
telescopio *s. m.* telescope.
telesilla *s. m.* chair lift, ski lift.
telespectador, -ra *s. m.* y *f.* viewer.
telesquí *s. m.* ski lift.
teletexto *s. m.* Teletext®.
teletipo *s. m.* teletype, teleprinter, teletypewriter.
teletrabajador, -ra *s. m.* y *f.* teleworker.
teletrabajo *s. m.* telework.
televenta *s. f.* telesales.
televidente *s. m.* y *f.* viewer.
televisar *v. t.* to televise.
televisión *s. f.* television, T.V.: *televisión por cable = cable television; ver la televisión = to watch television.*
televisivo, -va *adj.* **1** television: *serie televisiva = television series/television serial.* **2** telegenic (persona).
televisor *s. m.* television set, T.V. set.
télex *s. m.* telex.
telón *s. m.* **1** curtain: *telón de boca = house curtain.* ◆ **2** ~ **de acero,** POL. iron curtain. **3** ~ **de fondo,** back drop. **4** ~ **metálico,** safety curtain.
telúrico, -ca *adj.* telluric, of the earth; (fig.) earthy.
telurio *s. m.* QUÍM. tellurium.
tema *s. m.* **1** topic, subject, theme, issue: *el tema del debate = the subject of the debate; tema de actualidad = topical issue.* **2** MÚS. theme, motif (de una composición). **3** GRAM. stem. ◆ **4 pasar del ~,** to dodge the issue. **5 cada loco con su ~,** everyone has his own hobbyhorse. **6 tener ~ para rato,** to have plenty to talk about. **7** song (canción); track (de disco). **8** lesson, unit (lección).
temario *s. m.* **1** programme, set of themes, group of subjects. **2** agenda, subjects to discuss (de una reunión).
temática *s. f.* theme, subject matter.
temático, -ca *adj.* **1** thematic. **2** GRAM. stem.
tembladera *s. f.* (fam.) shaking fit, trembling fit.
tembladeral *s. m.* (Am.) quagmire.
temblar *v. i.* **1** to tremble, to shake, to shudder, to quiver: *temblar de miedo = to shake with fright; temblar como un azogado = to shake like a leaf.* **2** to shiver: *temblar de frío = to shiver with cold.* ◆ **3** ~ **por la vida,** to fear for one's life.
tembleque *s. m.* shaking fit.
temblequear *v. i.* **1** to tremble, to shake, to quiver. **2** (fig.) to pretend to tremble.
temblor *s. m.* **1** trembling, shaking, shuddering, shivering, shivers. ◆ **2** ~ **de tierra,** earthquake.
tembloroso, -sa *adj.* **1** shaking, trembling, quivering. **2** tremulous (voz).
temedero, -ra *adj.* dreaded, redoubtable.
temer *v. t.* **1** to be afraid of, to fear, to dread: *temer la oscuridad = to be afraid of the dark; temer a Dios = to fear God.* • *v. i.* **2** to be afraid, to fear: *no temas = don't be afraid; temo por su vida = I fear for his life.* • *v. pron.* **3** to be afraid: *me temo que es imposible = I'm afraid it's impossible.*
temerario, -ria *adj.* rash, reckless, hasty, temerarious.
temeridad *s. f.* temerity, recklessness, rashness, hastiness, folly.
temerosamente *adv.* fearfully, timidly.
temeroso, -sa *adj.* **1** fearful, frightful (cosa). **2** fearful, frightened (persona). ◆ **3** ~ **de Dios,** God-fearing.
temible *adj.* fearsome, fearful, frightful, dreadful.
temor *s. m.* **1** fear, dread (miedo). **2** apprehension, mistrust (recelo).
témpano *s. m.* **1** floe, iceberg. **2** MÚS. small drum, kettledrum. **3** MÚS. drumhead. **4** ARQ. tympan. ◆ **5 quedarse como un ~,** to be chilled to the bone.
témpera *s. f.* tempera.
temperamento *s. m.* **1** temperament, nature, disposition: *tener temperamento = to be temperamental.* **2** (Am.) climate, weather.
temperante *adj.* **1** calming, sedative. **2** (Am.) teetotal, abstemious. • *s. m.* y *f.* **3** (Am.) teetotaller, abstainer.
temperar *v. t.* **1** to moderate, to mitigate, to calm, to relieve. **2** MÚS. to temper. • *v. i.* **3** (Am.) to have a change of air, to spend the summer.
temperatura *s. f.* **1** temperature. **2** MED. temperature, fever.
tempestad *s. f.* **1** storm, tempest. ◆ **2** ~ **de arena,** sandstorm. **3** ~ **de insultos,** storm of insults. **4 una ~ en un vaso de agua,** a storm in a teacup.
tempestivo, -va *adj.* seasonable, opportune, timely.
tempestuoso, -sa *adj.* tempestuous, turbulent, stormy.
templado, -da *adj.* **1** restrained, moderate (en comer o beber). **2** warm, lukewarm (de temperatura). **3** temperate, mild (de clima o tiempo). **4** MÚS. tuned, in tune. **5** (fig.) brave, courageous (valiente). **6** (fig.) steady (nervios).
templanza *s. f.* **1** temperance, moderation, restraint. **2** MET. mildness.
templar *v. t.* **1** to moderate, to restrain, to temper. **2** to warm up (agua fría); to cool down (agua caliente). **3** MÚS. to tune, to temper. **4** MEC. to adjust. **5** to temper (acero). **6** to knock down, to beat (pegar, golpear). • *v. i.* **7** to warm up (del tiempo). • *v. pron.* **8** to be moderate, to control oneself. **9** (Am. y fam.) to get drunk (emborracharse). **10** (fig. y Am.) to fall in love.
templario *s. m.* REL. Templar, Knight Templar.
temple *s. m.* **1** temper (de vidrio, metal). **2** MÚS. tuning. **3** weather. **4**

mood, humour: *estar de buen temple = to be in a good mood.* **5** ART. tempera. **6** courage, (valentía); calmness (tranquilidad). ◆ **7 pintar al ~,** to distemper.

templo *s. m.* **1** temple (edificio); church (iglesia). **2 como un ~,** (fam.) huge, enormous. ◆ **3 es una verdad como un ~,** it is the plain truth.

temporada *s. f.* **1** season: *temporada alta = high season; fuera de temporada = off season; en plena temporada = at the height of the season.* **2** spell, period, time: *temporada de exámenes = examination period; pasar una temporada = to spend some time.* **3 por temporadas,** on and off.

temporal *adj.* **1** temporary, provisional. ● *s. m.* **2** storm, spell of rough weather. **3 capear el ~,** to weather the storm, to ride out the storm. **4 poder ~,** REL. temporal power.

temporalidad *s. f.* temporality.

temporalmente *adv.* temporarily, provisionally.

temporero, -ra *adj.* **1** seasonal, temporary, casual. ● *s. m.* y *f.* **2** temporary worker (obrero); seasonal worker (en el campo).

temporizador *s. m.* timing device.

temporizar *v. i.* **1** to temporize. **2** to pass the time, to kill time (matar el tiempo).

tempranal *adj.* early (fruta y productos de la huerta).

tempranamente *adv.* prematurely, early.

tempranear *v. i.* **1** (Am.) to get up early. **2** to sow early.

tempranero, -ra *adj.* **1** early-rising. **2** AGR. early.

temprano, -na *adj.* **1** early. ● *adv.* **2** early.

tenacidad *s. f.* tenacity, stubbornness, perseverance.

tenaz *adj.* **1** tenacious, stubborn. **2** persistent (dolor). **3** stubborn, hard to remove (mancha). **4** ingrained (suciedad).

tenazas *s. f. pl.* **1** pliers, pincers. **2** tongs (para el fuego). **3** MED. forceps. **4** TEC. jaws. **5** claws, pincers (de crustáceos).

tenazmente *adv.* tenaciously, stubbornly.

tenca *s. f.* ZOOL. tench.

tendal *s. m.* **1** awning. **2** canvas used to catch olives (para recoger aceitunas). **3** (Am.) heap, disorder.

tendedero *s. m.* **1** drying place. **2** clothes line (cuerda).

tendencia *s. f.* tendency, trend: *tendencia imperante = dominant trend; tendencia política = political tendency.*

tendencioso, -sa *adj.* tendentious, (EE UU) tendencious.

tender *v. t.* **1** to stretch, to spread out, to lay out. **2** to hang out (ropa). **3** to build (puente). **4** to draw (arco). **5** to lay (cable). **6** (Am.) to set (la mesa); to make (la cama). ● *v. i.* **7** to tend, to have a tendency (a, towards). ● *v. pron.* to lie down, to stretch out.

tenderete *s. m.* **1** stall, market booth. **2** display (de mercancías). **3** clothes line (para la ropa).

tendero, -ra *s. m.* y *f.* shopkeeper.

tendido, -da *p. p.* **1** de **tender.** ● *adj.* **2** lying down (tumbado). **3** spread out, laid out (extendido). **4** hung out (ropa). ● *s. m.* **5** ARQ. coat of plaster. **6** front rows of seats (en plaza de toros). **7** laying (de cable o vía). **8** (Am.) bedclothes (ropa de cama). **9** (Am.) long tether, rope (cuerda). **10** (Am.) stall, booth (puesto de mercado).

tendinitis *s. f.* tendinitis.

tendón *s. m.* ANAT. tendon, sinew.

tenebrosidad *s. f.* **1** darkness, gloom. **2** (fig.) shadiness.

tenebroso, -sa *adj.* **1** dark, gloomy. **2** (fig.) sinister, shady, obscure.

tenedor *s. m.* **1** fork. **2** COM. holder, bearer: *tenedor de acciones = shareholder.* ◆ **3 ~ de libros,** bookkeeper.

teneduría *s. f.* bookkeeping.

tenencia *s. f.* **1** tenancy, occupancy (de casa). **2** tenure (de puesto). **3** possession: *tenencia ilícita de armas = illicit possession of arms.* **4** deputyship: *tenencia de alcaldía = post of deputy mayor.*

tener *v. t.* **1** to have, to have got: *tiene dolor de cabeza = he has a headache; no tengo dinero = I haven't got any money.* **2** to have, to own, to possess (poseer): *tienen una casa en el campo = they own a house in the country.* **3** to have, to hold (sujetar): *lo tiene en la mano = he is holding it in his hand; ¡ten! = here you are!* **4** to hold, to contain (contener): *la caja tiene galletas = the box contains biscuits.* **5** to be: *tiene dos años = he is two years old; tiene hambre = he is hungry; tiene frío = he is cold; tienes razón = you are right; ¡ten cuidado! = be careful!* **6** to be, to measure: *tiene un metro de largo = it is one meter long.* **7** to keep, to maintain (mantener): *tener al día = to keep up to date; tener al corriente = to keep informed.* ◆ **8 ~ a mano,** to have to hand. **9 ~ por,** to consider: *le tengo por listo = I consider him clever.* **10 ~ que,** to have to: *tengo que irme = I have to go, I must go.* **11 ~ puesto,** to be wearing, to have on. **12 ~ ganas,** to want to, to feel like: *tengo ganas de cantar = I feel like singing.* **13 tenerse en pie,** to stand up. **14 tenerse por,** to consider oneself: *se tiene por listo = he considers himself clever.* **15 ¿qué tiene?,** what's the matter?, what's wrong?

tenia *s. f.* ZOOL. tapeworm, taenia.

tenida *s. f.* (Am.) meeting (reunión).

teniente *s. m.* y *f.* **1** MIL. lieutenant. **2** deputy: *teniente de alcalde = deputy mayor.*

tenis *s. m.* **1** tennis. ◆ **2 ~ de mesa,** table tennis, ping pong.

tenista *s. m.* y *f.* tennis player.

tenístico, -ca *adj.* tennis.

tenor *s. m.* **1** MÚS. tenor. **2** (fig.) purport, tenor. ◆ **3 a ~ de,** according to, judging by.

tenorio *s. m.* ladykiller, Don Juan.

tensar *v. t.* **1** to tauten, to draw tight (cable). **2** to draw (arco).

tensión *s. m.* **1** tension, tautness. **2** MEC. stress, strain. **3** ELEC. voltage. **4** MED. pressure (sanguínea): *tener la tensión alta = to have high blood pressure.* **5** MED. strain, nervous tension, stress (estrés). **6** (fig.) tenseness: *la tensión de la situación política = the tenseness of the political situation.*

tenso, -sa *adj.* **1** taut, tight. **2** (fig.) tense, strained: *relaciones tensas = strained relations.*

tensor, -ra *adj.* tensile, tightening. ● *s. m.* **1** tensor, tightener. **2** TEC. turnbuckle, guy, strut. **3** ANAT. tensor.

tentación *s. f.* temptation: *ceder a la tentación = to yield to temptation; vencer una tentación = to overcome a temptation.*

tentacular *adj.* tentacular.

tentáculo *s. m.* tentacle, feeler.

tentador, -ra *adj.* **1** tempting, enticing. ● *s. m.* **2** tempter. ● *s. f.* **3** temptress.

tentar *v. t.* **1** to touch, to feel (tocar). **2** to attempt, to try (intentar). **3** to try, to test, to try out (probar). **4** to tempt, to entice: *él le tentó con un helado = he tempted him with an ice-cream.* **5** MED. to probe.

tentativa *s. f.* attempt, try: *tentativa de asesinato = attempted murder.*

tentativo, -va *adj.* tentative.

tentemozo *s. m.* prop, support.

tentempié *s. m.* bite to eat, snack.

tentetieso *s. m.* tumbler, roly-poly.

tenue *adj.* **1** thin, tenuous, insubstantial, slight. **2** light (neblina). **3** subdued, faint, weak (sonido, luz). **4** simple, natural (estilo). **5** insignificant.

tenuidad *s. f.* **1** thinness, fineness, tenuousness. **2** thinness (de niebla). **3** weakness, faintness (de sonido, luz). **4** simplicity (de estilo). **5** trifle, triviality.

teñible *adj.* dyeable.

teñido, -da *adj.* **1** dyed. **2** dyed, tinted (pelo). **3** (fig.) tinged. ● *s. m.* **4** dyeing (acción). **5** dye (color).

teñir *v. t.* **1** to dye. **2** ART. to tone down. **3** (fig.) to tinge, to colour. **4** to stain (manchar).

teocracia *s. f.* theocracy.

teocrático, -ca *adj.* theocratic.

teodicea *s. f.* theodicy.

teodolito *s. m.* theodolite.

teologal *adj.* theological, theologic.

teología *s. f.* REL. theology.

teológico, -ca *adj.* theological, theologic.

teólogo, -ga *s. m.* y *f.* theologian.

teorema *s. m.* MAT. theorem.

teorético, -ca *adj.* theoretic, theoretical.

teoría *s. f.* theory: *en teoría = in theory.*

teórica *s. f.* theoretics, theory.

teóricamente *adv.* theoretically.

teórico, -ca *adj.* theoretic, theoretical. ● *s. m.* y *f.* theoretician.

teorizante *s. m.* y *f.* **1** theoretician, theorist. **2** (desp.) theorizer.

teorizar *v. i.* to theorize.
teosofía *s. f.* theosophy.
teosófico, -ca *adj.* theosophical.
teósofo, -fa *s. m.* y *f.* theosophist.
tepe *s. m.* turf, sod.
tequila *s. m.* y *f.* tequila.
TER (siglas de **tren español rápido**) *s. m.* high speed intercity train.
terapeuta *s. m.* y *f.* therapist.
terapéutica *s. f.* therapeutics, therapy.
terapéutico, -ca *adj.* therapeutic, therapeutical.
terapia *s. f.* therapy: *terapia laboral = occupational therapy.*
terbio *s. m.* QUÍM. terbium.
tercamente *adv.* obstinately, stubbornly.
tercer *adj.* third: *el tercer piso = the third floor; Tercer Mundo = Third World.*
tercero, -ra *adj.* **1** third: *una tercera parte = a third.* • *s. m.* **2** third person, third party (parte afectada). **3** mediator, arbitrator, go-between (mediador). **4** (desp.) pimp, pander, procurer (proxeneta).
terceto *s. m.* **1** LIT. tercet, triplet (estrofa). **2** MÚS. trio.
terciar *v. t.* **1** to divide into three parts. **2** to slant, to slope, to place crosswise or diagonally (poner oblicuo). **3** to wear across one's chest (una prenda). **4** (Am.) to water down (vino, etc.). • *v. i.* **5** to arbitrate, to mediate: *terciar entre dos rivales = to mediate between two rivals.* • *v. pron.* **6** to occur, to arise, to present itself: *si se tercia = if it so happens/should the occasion arise.*
terciario, -ria *adj.* tertiary.
tercio, -cia *adj.* **1** third. • *s. m.* **2** third. **3** MIL. infantry regiment (hace muchos años). **4** MIL. legion: *tercio extranjero = foreign legion.* **5** MIL. division (de la Guardia Civil). **6** stage of a bullfight: *tercio de varas = opening stage.* **7** (Am.) pack, bale. ◆ **8 hacer buen ~,** to do a good turn. **9 ~ de libre disposición,** DER. disposable portion of an estate.
terciopelo *s. m.* velvet.
terco, -ca *adj.* obstinate, stubborn: *terco como una mula = as stubborn as a mule.*
terebenteno *s. m.* QUÍM. terebenthene.
tergiversable *adj.* liable to be twisted, easily distorted.
tergiversación *s. f.* distortion, twisting, misrepresentation.
tergiversador, -ra *adj.* **1** distorting. • *s. m.* y *f.* **2** person who distorts the facts.
tergiversar *v. t.* to distort, to twist, to misrepresent.
termal *adj.* thermal.
termas *s. f. pl.* hot baths, hot springs.
termes *s. m.* ZOOL. termite.
térmico, -ca *adj.* thermal, thermic, heat.
terminación *s. f.* **1** end, ending, conclusion, termination. **2** completion: *la terminación de los planes = the completion of the plans.* **3** TEC. finish (acabado). **4** GRAM. ending.
terminador, -ra *s. m.* y *f.* finisher.
terminal *adj.* **1** final, terminal, ultimate. **2** BOT. terminal. • *s. m.* **3** ELEC., INF. terminal. • *s. f.* **4** terminal (aérea). **5** (Am.) terminus (estación de ferrocarril).
terminante *adj.* **1** terminating, ending. **2** final, decisive, definitive (resultados). **3** categorical, conclusive: *respuesta terminante = categorical answer.* **4** strict (prohibición).
terminantemente *adv.* categorically, strictly: *queda terminantemente prohibido = it is strictly forbidden.*
terminar *v. t.* **1** to finish, to end, to conclude, to complete. • *v. i.* **2** to finish, to end. **3** to have just: *termino de llegar = I have just arrived.* **4** to end up: *terminar por hacer algo = to end up doing something; terminaron mal = they ended up on bad terms; este chico terminará mal = this boy will come to no good.* • *v. pron.* **5** to come to an end, to draw to a close (una reunión). **6** to run out: *se ha terminado el pan = the bread has run out.*
terminativo, -va *adj.* terminative.
término *s. m.* **1** end, finish, conclusion: *poner término a = to finish off/to put an end to/to conclude.* **2** terminus (de una línea de transporte). **3** boundary, limit (límite). **4** period, term, time (plazo). **5** POL. district, area. **6** GRAM. term: *en términos sencillos = in simple terms; en términos generales = generally speaking; en otros términos = in other words; según los términos del contrato = according to the terms of the contract.* **7** point (argumento): *invertir los términos = to stand an argument on its head.* ◆ **8 en primer ~,** in first place, firstly. **9 en último ~,** lastly, in the last analysis, as a last resort. **10 ~ medio,** average (media); compromise, middle way, happy medium (compromiso): *no hay término medio = there is no happy medium.*
terminología *s. f.* terminology.
terminológico *adj.* terminological.
termita *s. f.* ZOOL. termite.
termo *s. m.* **1** thermos flask. **2** water heater (calentador).
termodinámico, -ca *adj.* **1** thermodynamic. • *s. f.* **2** thermodynamics.
termoelectricidad *s. f.* thermoelectricity.
termómetro *s. m.* thermometer.
termométrico, -ca *adj.* thermometric, thermometrical.
termosifón *s. m.* **1** boiler, water heater. **2** FÍS. thermosiphon.
termostato *s. m.* thermostat.
terna *s. f.* **1** list of three candidates for a post, shortlist. **2** pair of threes (en los dados). **3** set of dice.
ternario, -ria *adj.* ternary.
ternera *s. f.* **1** heifer calf. **2** veal (carne).
ternero *s. m.* calf, bull calf.
terneza *s. f.* **1** tenderness. • *pl.* **2** tender words, endearments, sweet nothings.
ternilla *s. f.* gristle, cartilage.
ternilloso, -sa *adj.* gristly, cartilaginous.
terno *s. m.* **1** set of three. **2** three piece suit (traje). **3** (Am.) set of jewellery (necklace, earrings, brooch). **4** oath, swearword, curse (palabrota).
ternura *s. f.* tenderness, fondness, affection.
terquedad *s. f.* stubbornness, obstinacy, inflexibility.
terracota *s. f.* terracotta.
terrado *s. m.* flat roof, terrace.
terraja *s. f.* **1** die-stock, screw-plate (para tornillos). **2** modelling board (para molduras).
terraplén *s. m.* **1** embankment (de la vía, carretera). **2** MIL. rampart, bank, mound, earthwork. **3** slope, gradient. **4** AGR. terrace.
terraplenar *v. t.* **1** to level off. **2** to bank up. **3** AGR. to terrace.
terráqueo, -a *adj.* terraqueous: *globo terráqueo = globe/earth.*
terrario *s. m.* terrarium.
terrateniente *s. m.* y *f.* landowner, landholder.
terraza *s. f.* **1** terrace (de un restaurante, etc.). **2** flat roof (azotea). **3** balcony (balcón). **4** pavement café (café). **5** AGR. terrace, terracing. **6** two-handled glazed jar.
terrazo *s. m.* terrazzo.
terremoto *s. m.* earthquake.
terrenal *adj.* worldly, earthly, mundane.
terreno, -na *adj.* terrestrial, earthly, worldly. • *s. m.* **1** ground, land, terrain. **2** AGR. soil, land, earth: *terreno arenoso = sandy soil.* **3** plot, piece of land, lot: *comprar un terreno = to buy a piece of land; terrenos para la construcción = building lots.* **4** DEP. field, ground, pitch. **5** (fig.) field, sphere: *en el terreno de la política = in the political field.* ◆ **6 ganar/perder ~,** to gain/to lose ground. **7 ceder ~,** to give way. **8 preparar el ~,** to prepare, to pave the way. **9 reconocer el ~,** MIL. to reconnoitre. **10 sobre el ~,** on the spot. **11 tantear el ~,** to see how the land lies, to test the water. **12 un coche todo ~,** a jeep, a four-wheel drive.
térreo, -a *adj.* **1** earthy, earthen. **2** earth-coloured.
terrestre *adj.* **1** terrestrial, earthly. **2** ground, land: *fuerzas terrestres = ground troops.*
terrible *adj.* terrible, awful, dreadful.
terriblemente *adv.* terribly, dreadfully, awfully.
terrícola *adj.* **1** terricolous. • *s. m.* y *f.* **2** earth dweller, earthling.
territorial *adj.* territorial.
territorio *s. m.* **1** territory. **2** (Am.) region, district.
terrón *s. m.* **1** clod (de tierra). **2** lump (de azúcar). **3** AGR. field, patch.
terror *s. m.* terror.
terrorífico, -ca *adj.* terrifying, frightening, appalling.
terrorismo *s. m.* terrorism.
terrorista *adj./s. m.* y *f.* terrorist.

terrosidad *s. f.* earthiness.
terroso, -sa *adj.* **1** earthy. **2** brown, earth-coloured.
terruño *s. m.* **1** plot, piece of land. **2** lump, clod. **3** (fig.) country, land, native land.
terso, -sa *adj.* **1** clear. **2** smooth: *piel tersa = smooth skin.* **3** polished, shiny, glossy. **4** (fig.) flowing, smooth, polished (estilo).
tersura *s. f.* **1** smoothness, glossiness, polish, shine. **2** (fig.) smoothness, polish (estilo).
tertulia *s. f.* **1** social gathering, get-together. **2** group, circle, set: *tertulia literaria = literary circle.* **3 estar de ~,** to get together, to sit around talking. **4** (Am.) gallery, boxes (en teatro).
tesela *s. f.* tessala, mosaic piece.
tesina *s. f.* project, minor thesis, dissertation (for a first degree).
tesis *s. f.* **1** thesis: *tesis doctoral = doctoral thesis.* **2** theory, idea: *tenemos la misma tesis = we hold the same idea.*
tesitura *s. f.* **1** mood, attitude, frame of mind. **2** situation, circumstances. **3** MÚS. tessitura.
teso, -sa *adj.* tight, taut.
tesón *s. m.* firmness, inflexibility, tenacity, persistance: *oponerse con tesón = to oppose firmly.*
tesonería *s. f.* stubbornness, obstinacy, perseverance, tenacity.
tesonero, -ra *adj.* tenacious, persistant, persevering.
tesorería *s. f.* **1** treasury, treasurer's office (oficina). **2** treasurership (actividad).
tesorero, -ra *s. m.* y *f.* treasurer.
tesoro *s. m.* **1** treasure: *tesoro escondido = buried treasure.* **2** POL. treasury, exchequer. **3** LIT. thesaurus. **4** (fig.) treasure, gem, jewel: *la chica es un tesoro = the girl is a real treasure.* **5** (fam.) dear, darling.
test *s. m.* test.
testa *s. f.* **1** head (cabeza): *testa coronada = crowned head.* **2** front (frente). **3** (fig.) brains, gumption (inteligencia).
testador *s. m.* testate, testator.
testadora *s. f.* testate, testatrix.
testaferro *s. m.* figurehead, front man.
testamentaría *s. f.* **1** testamentary execution, execution of a will. **2** estate, inheritance. **3** meeting of executors.
testamentario, -ria *adj.* **1** testamentary. • *s. m.* **2** executor. • *s. f.* **3** executrix.
testamento *s. m.* **1** will, testament: *hacer testamento = to make one's will; testamento auténtico = legal will; testamento cerrado = sealed will.* ◆ **2 Antiguo ~,** REL. Old Testament. **3 Nuevo ~,** REL. New Testament.
testar *v. i.* to make a will/testament.
testarada *s. f.* bump, bang on the head: *darse una testarada = to bump one's head.*
testarazo *s. m.* **1** (fam.) bump on the head. **2** butt, header (golpe con la cabeza).
testarudez *s. f.* stubbornness, pigheadedness.
testarudo, -da *adj.* stubborn, pigheaded.
testera *s. f.* front, face, front part, forehead (de un animal).
testículo *s. m.* ANAT. testicle.
testificación *s. f.* testification, testimony.
testificar *v. t.* **1** to testify. • *v. i.* **2** to testify, to give evidence, to attest.
testigo *s. m.* y *f.* **1** witness: *testigo de cargo = witness for the prosecution; testigo de la defensa = witness for the defense; testigo presencial = eye witness.* **2** DEP. baton, stick. **3** proof, evidence, witness (de algo). **4** pilot light (luz).
testimonial *adj.* testimonial.
testimoniar *v. t.* to be evidence of, to be proof of, to bear witness to, to testify to.
testimonio *s. m.* **1** testimony, evidence: *falso testimonio = false evidence/perjury/slander.* **2** mark, token (de amistad).
testosterona *s. f.* testosterone.
testuz *s. m.* y *f.* **1** forehead (frente). **2** nape (nuca del toro).
teta *s. f.* **1** teat, nipple (pezón). **2** breast, (fam.) tit, boob. **3** udder, teat (de animal). ◆ **4 dar la ~,** to breast-feed. **5 niño de ~,** babe-in-arms.
tétano o **tétanos** *s. m.* MED. tetanus.
tetera *s. f.* **1** teapot, tea urn. **2** (Am.) feeding bottle.
tetero *s. m.* (Am.) feeding bottle, baby's bottle.
tetilla *s. f.* **1** nipple (de mamíferos). **2** teat (de biberón).
tetina *s. f.* teat (de biberón).
tetón *adj.* **1** (Am.) stupid, thick (fam.). • *s. m.* **2** bubble (neumático).
tetrabrik® *s. m.* Tetra Brik®.
tetraedro *s. m.* GEOM. tetrahedron.
tetrágono *s. m.* GEOM. tetragon.
tetralogía *s. f.* tetralogy.
tetrápodo *s. m.* ZOOL. tetrapod.
tetrarca *s. m.* HIST. tetrarch.
tétrico, -ca *adj.* **1** gloomy, dismal. **2** dim, wan (luz).
teutón, -na *adj.* **1** teutonic. • *s. m.* y *f.* **2** teuton.
teutónico, -ca *adj.* teutonic.
textil *adj.* **1** textile, fibrous: *industria textil = textile industry.* • *s. m.* **2** textile.
texto *s. m.* text: *libro de texto = text-book.*
textual *adj.* **1** textual. **2** (fig.) exact, literal: *palabras textuales = exact words.*
textualmente *adv.* **1** textually. **2** (fig.) exactly: *dijo textualmente = his exact words were.*
textura *s. f.* **1** texture. **2** weaving (acción de tejer). **3** structure (de un mineral).
tez *s. f.* complexion, skin, colouring.
ti *pron.* **1** you: *es para ti = it is for you.* **2** yourself: *hazlo para ti = do it for yourself.* **3** REL. thee, thyself.
tía *s. f.* **1** aunt: *vivo con mi tía = I live with my aunt.* **2** (fam.) bird, girl. **3** (desp.) whore (puta); old bag (bruja). **4 cuéntaselo a tu ~,** (fam.) tell it to the marines.
tialina *s. f.* BIOL. ptyalin.
tialismo *s. m.* MED. ptyalism.
tiara *s. f.* tiara, diadem.
Tíbet *s. m.* Tibet.
tibetano, -na *adj./s. m.* y *f.* Tibetan.
tibia *s. f.* ANAT. tibia, shinbone.
tibiamente *adv.* (fig.) lukewarmly, unenthusiastically.
tibieza *s. f.* **1** tepidity, tepidness, lukewarmness. **2** (fig.) lack of enthusiasm, coolness.
tibio, -bia *adj.* **1** lukewarm, tepid. **2** (fig.) lukewarm, unenthusiastic, cool. **3** (Am.) cross, angry.
tiburón *s. m.* **1** ZOOL. shark. **2** (fig.) shark, go-getter.
tic *s. m.* **1** tic, twitch. **2** (fig.) habit, mannerism.
tichela *s. f.* (Am.) vessel for collecting rubber.
ticket *s. m.* ticket.
tictac *s. m.* **1** ticktock, tick (de reloj). **2** tapping (de máquina de escribir). **3** beating (de corazón). ◆ **4 hacer ~,** to tick, to tap, to beat.
tiempo *s. m.* **1** time: *no tengo tiempo = I haven't got time.* **2** time, period, age, epoch, era, days: *en tiempo de los Romanos = in Roman times.* **3** age: *son del mismo tiempo = they are the same age.* **4** weather: *¿qué tiempo hace? = what is the weather like?* **5** DEP. half: *primer tiempo = first half.* **6** MÚS. movement. **7** GRAM. tense. **8** MEC. stroke: *motor de 2 tiempos = a two-stroke engine.* **9** season: *fuera de tiempo = out of season.* **10 a ~,** in time (no tarde); on time (a la hora prevista). **11 a su debido ~,** in due course. **12 al mismo ~,** at the same time. **13 al poco ~,** soon after. **14 con el ~,** in time, in the course of time, eventually. **15 ¿cuánto ~?,** how long? **16 de algún ~ a esta parte,** for some time now. **17 de ~ en ~,** from time to time. **18 desde hace ~,** for a long time. **19 en los buenos tiempos,** in the good old days. **20 estar a ~ de,** to still have time to, to be in time to. **21 ganar ~,** to save time. **22 hacer ~,** to kill time, to while away the time. **23 más ~,** longer. **24 perder el ~,** to waste time. **25 tomarlo con ~,** to take one's time. **26 ~ libre,** spare time. **27 ~ muerto,** time out (en baloncesto).
tienda *s. f.* **1** shop, store (comercio): *tienda de comestibles = grocery, grocer's store; ir de tiendas = to go shopping.* **2** tent (de campaña): *tienda de oxígeno = oxygen tent.* **3** MAR. awning.
tienta *s. f.* **1** MED. probe. **2** cleverness, astuteness. ◆ **3 a tientas,** gropingly, blindly: *andar a tientas = to grope one's way along.*
tiento *s. m.* **1** touch, feel, feeling: *por el tiento = by touch.* **2** (fig.) tact, care, wariness, circumspection, prudence (prudencia). **3** steady-handedness, sureness of hand (pulso). **4** blind person's stick (bastón). **5** blow, punch (puñetazo). **6** swig (trago). **7**

ZOOL. feeler, tentacle. **8** MÚS. preliminary notes in tuning up.
tiernamente *adv.* tenderly.
tierno, -na *adj.* **1** tender, soft (carne, etc.). **2** loving, affectionate, sensitive (persona, etc.). **3** (fig.) young. **4** (Am.) green, unripe (frutos).
tierra *s. f.* **1** earth, world (planeta). **2** land: *tierra firme = dry land.* **3** soil, earth, ground (terreno). **4** country: *tierra natal = native country/homeland.* ◆ **5 dar en ~ con,** to drop, to throw on the ground, to knock over. **6 echar a ~,** to pull down, to demolish. **7 echar por ~,** (fig.) to ruin, to wreck, to destroy. **8 la Tierra,** the Earth. **9 poner ~ por medio,** to make oneself scarce, to get out quick. **10 por ~,** overland. **11 tocar ~,** AER. to land, to touch down. **12 tomar ~,** AER. to land, to touch down. **13 ~ de nadie,** no man's land. **14 venirse a ~,** to collapse, to crumble.
tierral *s. m.* (Am.) cloud of dust.
tieso, -sa *adj.* **1** stiff, rigid (rígido). **2** erect, straight, upright (erguido). **3** fit (sano). **4** taut, tense. **5** (fig.) proud, arrogant, conceited, stuck-up (presumido): *tieso de cogote = haughty.* **6** (fig.) stiff, starchy (de manera). **7** (fig.) stubborn, unbending, rigid (de actitud). **8** (fam.) stiff, dead (muerto). **9 estar ~,** to be stony broke. **10 estar más ~ que un ajo,** to be as stiff as a board. **11 poner las orejas tiesas,** to prick up one's ears. **12 tenérselas tiesas con alguien,** to stand up to someone. **13 quedarse ~,** to be frozen stiff.
tiesto *s. m.* **1** flowerpot. **2** shard, piece of pottery or earthenware. **3** (Am.) bowl, pot, vessel.
tifoideo, -a *adj.* typhoid.
tifón *s. m.* **1** typhoon, waterspout. **2** (Am.) outcrop of ore.
tifus *s. m.* typhus.
tigre *s. m.* **1** tiger. **2** (Am.) jaguar.
tigresa *s. f.* ZOOL. tigress.
tijera *s. f.* **1** scissors. **2** sawbuck, sawhorse (para aserrar). ● *pl.* **3** scissors. **4** shears, clippers (para jardinería). **5** secateurs (para podar). **6** back-biter, gossip (persona).
tijereta *s. f.* **1** small scissors. **2** BOT. tendril. **3** ZOOL. earwig.
tijeretada *s. f.* **1** snip, small cut. **2** (Am.) gossip (chismes).
tijeretear *v. t.* **1** to snip, to snick, to cut. ● *v. i.* **2** (Am.) to gossip, to backbite, to meddle.
tila *s. f.* **1** lime tree, linden tree (árbol). **2** lime blossom, linden blossom (flores). **3** limeblossom tea, linden-blossom tea (infusión).
tildar *v. t.* **1** to put an accent on, to put a tilde over. **2** (fig.) to label, to brand.
tilde *s. f.* **1** tilde, swung dash. **2** (fig.) fault, flaw, blemish. ◆ **3 poner ~,** (fig.) to criticize.
tilín *s. m.* **1** ting-a-ling, tinkle. ◆ **2 en un ~,** (fam. y Am.) in a flash. **3 hacer ~,** to become a favourite, to be well liked.
tilingo, -ga *adj.* irresponsible.
tilo *s. m.* BOT. linden tree, lime tree.
timador, -ra *s. m.* y *f.* swindler, cheat, trickster.
timar *v. t.* **1** to swindle, to cheat, to trick (engañar). **2** to steal (robar). ● *v. pron.* **3** (fam.) to make eyes at each other.
timba *s. f.* **1** (fam.) hand (de naipes). **2** (fam.) gambling den.
timbal *s. m.* **1** MÚS. small drum, kettledrum. **2** meat pie.
timbalero, -ra *s. m.* y *f.* kettledrummer.
timbrado, -da *adj.* **1** stamped. ◆ **2 papel ~,** letterhead stationery, stamped paper.
timbrador *s. m.* stamper, rubber-stamp, stamping machine.
timbrar *v. t.* to stamp, to seal.
timbrazo *s. m.* loud ring: *dar un timbrazo = to ring loudly.*
timbre *s. m.* **1** stamp, seal (sello). **2** COM. fiscal stamp. **3** bell (para llamar). **4** MÚS. timbre. **5** (fig.) mark, honour. **6** (Am.) description.
tímidamente *adv.* shyly, timidly, bashfully.
timidez *s. f.* shyness, timidity, bashfulness.
tímido, -da *adj.* shy, timid, bashful.
timo *s. m.* swindle, confidence trick: *dar un timo = to swindle, to hoax.*
timón *s. m.* **1** rudder, helm (de nave). **2** pole (de carro). **3** beam (de arado). **4** (Am.) steering wheel (volante). ◆ **5 empuñar el ~,** to take charge, to take the helm.
timonear *v. t.* **1** (Am.) to direct, to manage. **2** (Am.) to drive. ● *v. i.* **3** to steer, to be at the helm.
timonel *s. m.* **1** MAR. steersman, helmsman. **2** cox.
timonera *s. f.* **1** MAR. wheelhouse. **2** ZOOL. tail feather, rectrix.
timorato, -ta *adj.* **1** feeble-spirited, timorous (tímido). **2** REL. Godfearing. **3** (desp.) pious.
tímpano *s. m.* **1** MÚS. small drum, kettledrum. **2** ANAT. tympanum, eardrum. **3** ARQ. tympanum. ● *pl.* MÚS. timpani (de orquesta).
tina *s. f.* **1** vat, tub. **2** bathtub.
tinaja *s. f.* large earthen jar.
tinglado *s. m.* **1** shed. **2** raised floor, platform. **3** (fig.) intrigue, plot, trick: *armar un tinglado = to lay a plot.* **4** mess-up, muddle: *¡menudo tinglado! = what a fuss!* **5** ZOOL. sea turtle.
tinieblas *s. f. pl.* **1** darkness, shadows, obscurity. **2** hell. **3** (fig.) ignorance, confusion: *estar en tinieblas = to be in the dark.*
tino *s. m.* **1** skill, dexterity (destreza). **2** feel, touch: *a tino = by touch/gropingly.* **3** judgment, tact, common sense, moderation (buen juicio). **4** good aim, good marksmanship (puntería). ◆ **5 sacar de ~ a alguien,** to make someone mad, to exasperate.
tinta *s. f.* **1** ink: *tinta china = Indian ink; con tinta = in ink.* **2** dye (color). **3** ART. colour, shade, hue. ◆ **4 de buena ~,** on good authority, straight from the horse's mouth. **5 medias tintas,** half measures.
tinte *s. m.* **1** dye (sustancia). **2** dyeing process (proceso). **3** (fam.) dry cleaner's (tienda). **4** (fig.) shade, colouring, overtone. **5** veneer, gloss (barniz).
tintero *s. m.* inkwell, inkstand, inkpot.
tintinear *v. i.* **1** to tinkle, to jingle. **2** to clink (vasos).
tintineo *s. m.* **1** tinkle, tinkling, jingle, jingling, ting-a-ling. **2** clink, clinking (de vasos).
tinto, -ta *adj.* **1** dyed. **2** stained (manchado). **3** red (vino). **4** (Am.) black (café). **5** (fig.) tinged. ● *s. m.* **6** red wine. **7** (Am.) black coffee.
tintorera *s. f.* blue shark.
tintorería *s. f.* **1** dyeing (proceso), dyer's, dyeworks (fábrica). **2** drycleaning (limpieza en seco); dry cleaner's (tienda).
tiña *s. f.* **1** MED. ringworm. **2** ZOOL. honeycomb moth. **3** (fig.) poverty, meanness.
tiñoso, -sa *adj.* **1** MED. scabby. **2** (fig.) poor, wretched, mean.
tío *s. m.* **1** uncle: *tío-abuelo = great-uncle.* **2** (fam.) fellow, bloke, chap, guy: *un tío formidable = a great guy.* ● *pl.* **3** uncles and aunts.
tiovivo *s. m.* roundabout, merry-go-round, (EE UU) carousel.
tipear *v. t.* (Am.) to type.
tipejo *s. m.* (fam.) wretch, blighter.
típico, -ca *adj.* **1** typical, characteristic (característico). **2** traditional, picturesque, full of local colour (tradicional).
tipificación *s. f.* **1** typification. **2** standard-ization.
tipificar *v. t.* **1** to typify. **2** to standardize.
tiple *s. m.* MÚS. soprano, treble.
tipo *s. m.* **1** type, kind, class. **2** COM. rate: *tipo de cambio = exchange rate.* **3** figure, shape, build, physique: *tiene un tipo bonito = she has a nice figure.* **4** type (de imprenta). **5** (fam.) chap, fellow, guy. ◆ **6** (fig.) *jugarse el tipo = to risk one's neck.*
tipografía *s. f.* **1** typography, printing (arte). **2** printing works, printing press (imprenta).
tipográfico, -ca *adj.* typographic, typographical, printing.
tipógrafo, -fa *s. m.* y *f.* typographer, printer.
tipología *s. f.* typology.
tiquear *v. t.* (Am.) to punch.
tíquet *s. m.* ticket.
tiquismiquis *s. m. pl.* **1** silly scruples, silly objections, fussy details. (escrúpulos). **2** bowing and scraping, affectations (remilgos). **3** bickering, squabbles (riñas).
tira *s. f.* **1** strip, band. **2** comic strip, strip cartoon (cómica). ● *s. m.* **3** (Am. y fam.) cop. ◆ **4 la ~ de,** lots of, masses of. **5 ~ y afloja,** intermittent struggle, alternately belligerent and conciliatory attitude.
tirabuzón *s. m.* **1** ringlet, curl. **2** corkscrew.
tirachinas *s. m.* catapult.
tirada *s. f.* **1** throw, shot (lanzamiento). **2** distance, stretch (trecho). **3** edition

(edición), print run (número de ejemplares). ◆ **4 de una ~,** at one go.
tirado, -da *adj.* **1** (fam.) dead easy, a cinch (fácil). **2** dirt cheap (barato).
tirador, -ra *s. m.* y *f.* **1** marksman, shot, shooter (con arma). **2** archer (con arco). ● *s. m.* **3** handle, knob (de puerta). **4** catapult, slingshot (EE UU). **5** TEC. drawplate. **6** (Am.) wide gaucho belt. ● *s. m. pl.* (Am.) braces, suspenders (EE UU).
tirafondo *s. m.* screw, bolt.
tiraje *s. m.* **1** printing, print run. **2** (Am.) chimney flue.
tiralíneas *s. m.* drawing pen.
tiranía *s. f.* tyranny.
tiranicida *s. m.* y *f.* tyrannicide.
tiranicidio *s. m.* tyrannicide.
tiránico, -ca *adj.* tyrannic, despotic.
tiranizar *v. t.* to tyrannise, to domineer.
tirano, -na *adj.* **1** tyrannic, tyrannical, despotic. ● *s. m.* y *f.* **2** tyrant, despot.
tiranosaurio *s. m.* tyrannosaur, tyrannosaurus.
tirante *adj.* **1** tight, taut, tense. **2** (fig.) strained, tense (relaciones). ● *s. m.* **3** ARQ. tie, tie beam, crosspiece. **4** TEC. brace, stay, strut. **5** trace, harness (de caballos). **6** strap (de vestido). ● *s. m. pl.* **7** braces, suspenders (EE UU).
tirar *v. t.* **1** to throw, to sling, to hurl, to cast, to toss (lanzar). **2** to drop (dejar caer); to spill (derramar). **3** to knock over (volcar). **4** to pull down, to knock down (derribar). **5** to pull (para sí). **6** to stretch, to draw (estirar). **7** to throw away, to throw out, to discard, (fam.) to chuck out (desechar). **8** to waste, to squander (desperdiciar): *tirar la casa por la ventana = to spare no expense.* **9** to print, to run off (imprimir). **10** to fire, to shoot (disparar). ● *v. i.* **11** to fire, to shoot (con arma). **12** to pull, to tug (de una cuerda). **13** to pull out, to take out (sacar). **14** to draw, to attract (imán). **15** to draw (chimenea). **16** to turn, to go: *tira a la derecha = turn right; tira adelante = go straight on.* **17** to tend towards: *tira a verde = it's greenish.* **18** DEP. to shoot: *tirar al gol = shoot for goal.* **19** to go, to play, to have one's turn (jugar). ● *v. pron.* **20** to throw oneself (lanzarse); to jump (en paracaídas, al vacío); to dive (al agua). **21** to lie down (tumbarse). **22** to spend (tiempo). ◆ **23 dejar tirado,** to abandon, to leave behind. **24 ir tirando,** to get along, to get by, to manage. ◆ **25 tirarse a,** (vulg.) to screw, to have, to lay.
tirilla *s. f.* **1** strip, band. **2** neckband.
tirita *s. f.* sticking plaster, bandaid.
tiritar *v. i.* to shiver, to shake, to tremble.
tiritera *s. f.* shivers, shivering, shaking, trembling.
tiro *s. m.* **1** throw (lanzamiento). **2** shot (disparo). **3** report, discharge, sound of a shot (ruido). **4** impact, hit, bullet mark (huella). **5** shooting, firing (acción): *campo de tiro = shooting range.* **6** range: *a tiro = within range.* **7** flight (escalera). **8** draught, (EE UU) draft (de chimenea). **9** rope, cord, strap (cuerda). **10** DEP. shot, kick, throw. **11** team (de animales). ◆ **12 de tiros largos,** all dressed up, dressed to kill. **13 sentar como un ~,** to come as a blow. **14 ~ al plato/~ de pichón,** clay-pigeon shooting. **15 ~ con arco,** archery. **16 ~ de gracia,** death blow. **17 pegarse un ~,** to shoot oneself. **18 por donde van los tiros,** the way the wind blows. **19 (le) salió el ~ por la culata,** it backfired.
tiroides *adj./s. m.* o *f. inv.* ANAT. thyroid.
tirón *s. m.* **1** tug, pull, jerk, snatch: *dar un tirón = to tug at, to pull at.* **2** bag snatching (de bolso). ◆ **3 de un ~,** at a stretch, in one go, all at once, straight through.
tironear *v. t.* (Am.) to drag.
tirotear *v. t.* to snipe at, to shoot at, to fire at. ● *v. pron.* to shoot at each other, to exchange shots.
tiroxina *s. f.* thyroxine, thyroxin.
tirria *s. f.* dislike, antipathy, ill will: *tener tirria a = to have a grudge against, to have it in for; tomar tirria a = to take a dislike to.*
tisana *s. f.* infusion, tisane.
tisis *s. f.* MED. phthisis, tuberculosis, consumption.
tisú *s. m.* **1** tissue. **2** lamé (tela).
titánico, -ca *adj.* titanic, colossal, huge.
titanio *s. m.* QUÍM. titanium.
títere *s. m.* **1** puppet, marionette. ● *pl.* **2** puppet show. ◆ **3 no dejar ~ con cabeza,** (fig.) to turn everything upside down (trastocar); to spare nobody (criticar).
tití *s. m.* ZOOL. titi.
titilar *v. i.* **1** to quiver, to tremble. **2** to flicker, to twinkle (luz).
tiritar *v. i.* to tremble, to shiver, to shake.
titiritero *s. m.* **1** puppeteer. **2** acrobat. **3** juggler.
tito *s. m.* (fam.) uncle.
titubeante *adj.* **1** shaky, unsteady, unstable, tottering. **2** stammering, faltering. **3** (fig.) hesitant, vacillating.
titubear *v. i.* **1** to stagger, to totter, to be unsteady, to be unstable. **2** to stammer, to falter. **3** (fig.) to be hesitant, to falter, to waver.
titubeo *s. m.* **1** staggering, tottering, un-steadiness, instability. **2** stammering. **3** (fig.) hesitancy, faltering.
titulado, -da *adj.* **1** entitled, titled, called (obra). **2** qualified, with a degree (persona).
titular *adj.* **1** titular: *profesor titular = titular professor.* **2** DEP. reigning, defending (campeón). ● *s. m.* y *f.* **3** holder (de pasaporte, récord). **4** REL. incumbent. ● *s. m. pl.* **5** headlines. ● *v. t.* **6** to title, to entitle, to call. **7** QUÍM. to titrate. ● *v. pron.* **8** to be titled, to be called. **9** to graduate (universidad).
título *s. m.* **1** title (de obra). **2** qualification, diploma, degree (diploma): *título de licenciado = bachelor's degree.* **3** COM. bond: *título al portador = bearer bond.* **4** DER. title: *título de propiedad = title deed.* **5** DER. heading (de texto legal). **6** QUÍM. titre. **7** headline (de periódico). **8** (fig.) right: *¿con qué título? = by what right?* **9 a ~ de,** (fig.) by way of.
tiza *s. f.* chalk.
tizna *s. f.* grime, soot.
tiznar *v. t.* **1** to blacken, to smudge, to soil. **2** (fig.) to blacken, to stain: *tiznar la reputación de alguien = to blacken someone's reputation.* ● *v. pron.* **3** to blacken, to get dirty. **4** (Am.) to get drunk (emborracharse).
tizne *s. m.* o *f.* **1** soot (hollín). **2** grime, dirt, smut. **3** (fig.) stain.
tizón *s. m.* **1** brand, firebrand, half-burnt stick. **2** stain.
tizona *s. f.* (fam.) sword.
tlapalería *s. f.* (Am.) (brit.) ironmonger's, (EE UU) hardware store.
toa *s. f.* (Am.) towrope, rope.
toalla *s. f.* **1** towel. ◆ **2 tirar la ~,** to throw in the towel.
toallero *s. m.* towel rail.
toallita *s. f.* wet wipe.
tobillera *s. f.* ankle strap, ankle support.
tobillo *s. m.* ankle.
tobogán *s. m.* **1** slide, chute (para mercancías). **2** toboggan, sled (trineo, especialmente para la nieve). **3** slide (en juegos de niños).
toca *s. f.* **1** REL. wimple (de monjas). **2** hat (sombrero de señoras con el ala corta). ● *pl.* **3** (arc.) compensation given to a widow of a deceased employee.
tocadiscos *s. m.* record-player.
tocado, -da *p. p.* **1** de **tocar.** ● *adj.* **2** touched, crazy, mad (loco). ◆ **3 ~ de,** wearing (sombrero): *ella iba tocada de un precioso sombrero = she was wearing a beautiful hat.* ● *s. m.* **4** hairdo, hairstyle (estilo de peinado).
tocador *s. m.* dressing table.
tocante *adj.*: **en lo ~ a,** concerning, with reference to.
tocar *v. t.* **1** to touch, to feel (palpando): *toqué su frente y estaba ardiendo = I felt his forehead and it was burning.* **2** to play (un instrumento musical). **3** (fig.) to touch, to affect. **4** to handle (cosas, especialmente en las tiendas). **5** to sound, to ring, to toll (objetos que despiden sonidos). **6** to mention, to touch on, to allude to (un tema o asunto en la conversación): *no tocó el tema del dinero = he didn't touch on the question of the money.* ● *v. pron.* **7** to be next to each other (colindar): *nuestras casas se tocan = our houses are next to each other.* **8** to cover one's head (especialmente con toga). ● *v. t.* **9** to hit, to strike (tropezar muy ligeramente). ● *v. i.* **10** to be one's turn: *todavía no me toca = it's not my turn yet.* **11** to be time: *ahora toca irse a la cama = now it is time to go to bed.* **12** to win (ganar): *me tocaron dos millones en la lotería = I won two million pesetas on the lottery.* ◆ **13 ~ a uno de cerca,** to hit home (la desgracia).
tocata *s. f.* MÚS. toccata.
tocateja (a) *loc. adv.* in cash.
tocayo, -ya *s. m.* y *f.* namesake.
tocho *s. m.* (fam.) tome.

tocino *s. m.* GAST. **1** bacon, salt pork. ◆ **2** ~ **entreverado,** streaky bacon. **3** ~**/tocinillo de cielo,** a type of custard cake.
tocología *s. f.* tocology, obstetrics.
tocólogo, -ga *s. m.* y *f.* tocologist, obstetrician.
tocón *s. m.* stump (de un arbol).
todavía *adv.* **1** still (afirmativa); yet (negativa): *todavía estoy cansado = I'm still tired; no tengo hambre todavía = I'm not hungry yet.* **2** even: *¡y todavía se enfada porque se lo digo! = he even got angry because I told him!* ◆ **3** ~ **no,** not yet.
todo, -da *adj.* **1** all: *todos los tanques usan gasolina = all the tanks use petrol.* **2** every, each: *todo hombre tiene derecho a la libertad = every man has a right to freedom; todos los martes = every Tuesday.* **3** entire, whole (entero): *toda la mañana = the whole morning.* ● *pron. pl.* **4** everybody, everyone, all: *todos vinieron = everybody came.* ● *pron.sg.* **5** everything: *aquí todo es muy bonito = everything is really nice here; no quedaba leche, se la habían bebido toda = there was no milk left, they had drunk it all.* ● *s. m.* **6** whole: *abordó aquella problemática como un todo = she tackled that set of problems as a whole.* ◆ **7 ante** ~**,** first of all, in the first place. **8 así y** ~**,** in spite of everything. **9 con** ~**,** however, still. **10 del** ~**,** completely, absolutely. **11 después de** ~**,** after all. **12 en** ~ **y por** ~**,** completely, thoroughly. **13 sobre** ~**,** above all, above everything else. **14 y** ~**,** even, and all (con énfasis): *vino a verme al hospital y todo = he came to see me at the hospital and all.*
todopoderoso, -sa *adj.* **1** all-powerful. ● *s. m.* **2** REL. God, Almighty.
todoterreno *s. m.* all-terrain vehicle.
toga *s. f.* toga, gown.
Tokio *s. m.* Tokio.
toldilla *s. f.* poop deck.
toldo *s. m.* awning.
tolerable *adj.* tolerable.
tolerablemente *adv.* tolerably.
tolerado, -da *p. p.* **1** de **tolerar.** ● *adj.* **2** certified PG (películas).
tolerancia *s. f.* **1** tolerance: *tolerancia y respeto = tolerance and respect.* **2** MEC. tolerance (en ciertas medidas).
tolerante *adj.* tolerant.
tolerar *v. t.* **1** to bear, to endure (soportar): *él no tolera el dolor = he can't stand pain.* **2** to allow, to tolerate (permitir): *no tolero ese tipo de comportamiento = I don't allow that kind of behaviour.* **3** to keep down (mantener comida en el estómago). **4** MED. to tolerate. **5** MEC. to bear, to support (ciertos pesos, medidas, etc.).
tolva *s. f.* hopper, chute.
toma *s. f.* **1** taking (acción de tomar). **2** capture, seizure (captura). **3** intake (ingestión de comida o bebida). **4** tap, outlet (toma de agua). **5** ELEC. plug, connection. **6** feed (de leche, biberón). **7** take (en cine). ◆ **8** ~ **de decisiones,** decision-making. **9** ~ **de tierra,** ELEC. earth.
tomado, -da *adj.* (Am.) drunk (borracho).
tomadura *s. f.* **1** taking. ◆ **2** ~ **de pelo,** practical joke, leg-pull.
tomar *v. t.* y *pron.* **1** to take: *tomar el autobús = to take the bus.* **2** to have, to eat, to drink: *toma unas copas = have a few drinks.* ● *v. t.* **3** to take, to hold, to seize (agarrar). **4** to make, to take (una decisión). **5** to take, to buy (adquirir). **6** to take, to consider: *no te lo tomes seriamente = don't take it seriously.* **7** to take (una dirección): *toma la primera bocacalle a la derecha = take the first turning on the right.* **8** to take on, to hire (empleados). **9** to take, to mistake: *te tomé por mi hermano = I mistook you for my brother.* **10** to take, to adopt (medidas). **11** to take, to have (lecciones). **12** to take down (notas, apuntes). **13** to shoot (imágenes, escenas, planos). ◆ **14 tomarla con alguien,** to pick on someone, to have a grudge against someone. **15** ~ **las de Villadiego,** ⇒ **Villadiego.**
tomatal *s. m.* AGR. tomato field.
tomate *s. m.* **1** BOT. tomato. **2** tear, hole (agujero, en la ropa). **3** (fam.) mess, fuss (alboroto).
tomatera *s. f.* tomato plant.
tomatero, -ra *s. m.* y *f.* AGR. tomato grower.
tomavistas *s. m.* cinecamera, film camera.
tómbola *s. f.* tombola.
tomillo *s. m.* BOT. thyme.
tomismo *s. m.* thomism.
tomo *s. m.* **1** volume, book. **2** (fig.) importance. ◆ **3 de** ~ **y lomo,** weighty, important.
ton sin ~ **ni son** *loc. adv.* without rhyme or reason.
tonada *s. f.* MÚS. tune, melody.
tonal *adj.* tonal.
tonalidad *s. f.* MÚS. tonality.
tonel *s. m.* barrel, keg, cask.
tonelada *s. f.* ton (medida).
tonelaje *s. m.* tonnage.
tongo *s. m.* fixing (en combates de boxeo, lucha, etc.).
tonicidad *s. f.* tonicity.
tónico, -ca *adj.* **1** tonic: *agua tónica = tonic water.* **2** FON. tonic, accented, stressed. ● *s. f.* **3** MÚS. tonic, keynote. **4** (fig.) trend, tendency: *la tónica estos días es no hacer nada = the trend these days is not to do anything.* **5** tonic water (refresco).
tonificación *s. f.* invigoration, toning up.
tonificador, -ra *adj.* invigorating.
tonificante *adj.* invigorating.
tonificar *v. t.* to invigorate, to tone up.
tonillo *s. m.* **1** singsong, monotone (de una persona). **2** accent, sound, brogue (acento local). **3** mocking undertone (de sarcasmo).
tono *s. m.* **1** tone, level (de voz). **2** MÚS. pitch, key. **3** shade, hue (de color). **4** tone (muscular). **5** tone (social): *buen tono social = good social tone.* ◆ **6 bajar uno el** ~**,** to speak more quietly. **7 darse** ~**,** to give oneself airs. **8 de buen/mal** ~**,** of good/bad breeding, elegant/vulgar. **9 ponerse a** ~**,** to get drunk, (brit.) to get tanked up. **10 fuera de** ~**,** inappropriate, out of order. **11 salida de** ~**,** impertinence.
tonsura *s. f.* REL. tonsure.
tontaina *s. m.* y *f.* fool, dimwit.
tontamente *adv.* foolishly, stupidly.
tontear *v. i.* **1** to fool around. **2** to flirt (flirtear).
tontería *s. f.* **1** foolishness, silliness. **2** triviality (trivialidad). **3** stupid remark (comentario estúpido).
tonto, -ta *adj.* **1** foolish, silly. **2** naive (ingenuo). ◆ **3 a tontas y a locas,** any which way, haphazardly. **4 hacer el** ~**,** to fool around, to mess around. **5 hacerse el** ~**,** to act dumb, to pretend not to understand. **6 ponerse** ~**, a)** to get stupid, to get vain; **b)** to get very stubborn. **7** ~ **de capirote,** total fool. **8 el** ~ **del pueblo**, the village idiot.
topacio *s. m.* topaz.
topar *v. t., i.* y *pron.* to run into, to bump into: *me topé con él en la calle = I bumped into him on the street.*
tope *s. m.* **1** MEC. stop, catch (en cualquier mecanismo). **2** buffer (parachoques de ferrocarriles). **3** butt, end (extremidad de un objeto). **4** limit, maximum: *he alcanzado el tope de mi salario = I have reached the maximum salary.* ● *adj.inv.* **5** top, maximum (máximo). ◆ **6 hasta los topes,** up to the brim, full up. **7 la fecha** ~**,** the deadline, the closing date.
topetón *s. m.* butt, bump.
tópico, -ca *adj.* **1** MED. for external application, topical (especialmente cremas). ● *s. m.* **2** cliché, commonplace, platitude. **3** (Am.) topic, subject (para hablar).
topo *s. m.* ZOOL. mole.
topografía *s. f.* topography.
topográfico, -ca *adj.* topographic.
topógrafo, -fa *s. m.* y *f.* topographer, surveyor.
toponimia *s. f.* toponymy.
topónimo *s. m.* place-name, (form.) toponym.
toque *s. m.* **1** touch. **2** ART. touch, dab (en pintura). **3** QUÍM. test (prueba). **4** warning (aviso): *tendré que darle otro toque mañana = I'll have to give him another warning tomorrow.* **5** peal (de campana). ◆ **6 dar un** ~**,** to sound out (a una persona para saber sus intenciones). **7** ~ **de queda,** curfew.
toquetear *v. t.* to finger repeatedly, to touch repeatedly.
toquilla *s. f.* knitted shawl.
torbellino *s. m.* **1** whirlwind. **2** (fig.) whirlwind, tornado.
torcedura *s. f.* MED. sprain.
torcer *v. t.* **1** to twist. **2** to distort, to twist (malinterpretar). ● *v. pron.* **3** to bend (doblarse). **4** to go wrong (salir mal): *las cosas se han torcido = things have gone wrong.* **5** to become corrupt, to become crooked (pervertirse, una persona). **6** MED. to sprain (una extremidad). ● *v. i.* **7** to turn (un camino, calle, etc.).

torcido, -da *p. p.* **1** de **torcer.** • *adj.* **2** twisted, crooked (físicamente). **3** crooked, shady (de carácter).
tordo *s. m.* ZOOL. thrush (ave).
torear *v. i.* **1** to fight bulls. • *v. t.* **2** (fam.) to play along, to string along.
toreo *s. m.* bullfighting.
torero, -ra *s. m.* y *f.* bullfighter.
toril *s. m.* bullpen.
torio *s. m.* thorium.
tormenta *s. f.* **1** storm, tempest. **2** trouble, misfortune (desgracia). **3** (fig.) turmoil (de pasiones): *una tormenta de pasiones = a turmoil of passions.*
tormento *s. m.* **1** torment, torture (físico). **2** torment, anguish (mental).
torna *s. f.* **1** return. ♦ **2 volver las tornas,** to turn the tables, to reverse roles.
tornado *s. m.* tornado, hurricane.
tornar *v. t.* **1** to return (devolver). • *v. t.* y *pron.* **2** to turn: *el cielo se tornó blanco = the sky turned white.* • *v. pron.* **3** to return (regresar).
tornasol *s. m.* BOT. sunflower.
tornasolado, -da *adj.* iridescent.
torneo *s. m.* **1** HIST. tournament. **2** DEP. championship (campeonato).
tornillo *s. m.* **1** screw, bolt. ♦ **2 apretar a alguien los tornillos,** to put the screws on someone. **3 le falta un ~,** he/she has a screw loose. **4 ~ sin fin,** MEC. worm gear.
torniquete *s. m.* MED. tourniquet.
torno *s. m.* **1** winch, windlass (para sogas, pesos). **2** MEC. lathe. **3** potter's wheel (de alfarería). ♦ **4 en ~ a,** around, about: *hay dudas en torno al crimen de Valladolid = there are some doubts about the crime in Valladolid.*
toro *s. m.* **1** ZOOL. bull. • *pl.* **2** bullfighting, bullfights. ♦ **3 coger el ~ por los cuernos,** to take the bull by the horns. **4 estar hecho un ~,** to be as strong as a horse. **5 ver los toros desde la barrera,** to sit on the fence (sin comprometerse).
toronja *s. f.* BOT. grapefruit.
toronjo *s. m.* BOT. grapefruit tree.
torpe *adj.* **1** clumsy, awkward (con las manos). **2** dull-witted, stupid (de inteligencia).
torpedear *v. t.* MIL. to torpedo.
torpedero *s. m.* torpedo boat.
torpedo *s. m.* **1** MIL. torpedo. **2** ZOOL. torpedo fish.
torpemente *adv.* **1** clumsily, awkwardly (con las manos). **2** stupidly, slowly (mentalmente).
torpeza *s. f.* **1** clumsiness, awkwardness (manual). **2** stupidity, slowness (mental). **3** blunder (de carácter social o similar): *vaya torpeza la mía, pensar que ella estaba viuda = what a blunder it was to think she was a widow.*
tórpido, -da *adj.* torpid, sluggish.
torpor *s. m.* torpor.
torrado, -da *p. p.* **1** de **torrar.** • *s. m.* **2** toasted chickpea (garbanzo).
torrar *v. t.* to toast, to roast.
torre *s. f.* **1** tower. **2** belfry (campanario). **3** rook, castle (en el ajedrez). **4** block of flats, high-rise building (de pisos). ♦ **5 ~ de control,** AER. control tower. **6 ~ del homenaje,** keep, donjon.
torrencial *adj.* torrential.
torrente *s. m.* **1** torrent. **2** FISIOL. bloodstream (sanguíneo). **3** (fig.) flood, rush, onrush (de luz, de personas, etc.).
torrentera *s. f.* gully.
torreón *s. m.* fortified tower.
tórrido, -da *adj.* torrid.
torrija *s. f.* slice of bread soaked in milk or wine, dipped in beaten egg, fried and eaten with sugar or honey.
torso *s. m.* ART. torso.
torta *s. f.* **1** GAST. cake. **2** (fam.) slap, punch (golpe).
tortazo *s. m.* slap.
tortícolis *s. f.* MED. wry neck, (fam.) crick in the neck.
tortilla *s. f.* **1** GAST. omelette. ♦ **2 ~ española,** potato omelette. **3 ~ francesa,** plain omelette. **4 volverse la ~,** *se volvió la tortilla = the tables were turned.*
tórtola *s. f.* ZOOL. turtledove.
tórtolo *s. m.* **1** male turtledove. ♦ **2** *pl.* lovebirds.
tortuga *s. f.* **1** ZOOL. turtle, tortoise. **2** (fig.) slowcoach (persona lenta).
tortuosidad *s. f.* **1** tortuousness (con curvas pronunciadas). **2** deviousness (de carácter).
tortuosamente *adv.* **1** windingly, tortuously (físicamente). **2** deviously (característica personal negativa).
tortuoso, -sa *adj.* **1** winding, tortuous (con curvas). **2** devious (de carácter).
tortura *s. f.* **1** torture. **2** (fig.) torture, agony (sufrimiento agudo).
torturar *v. t.* to torture.
torvamente *adv.* grimly, fiercely (especialmente al mirar).
torvo, -va *adj.* grim, fierce.
torzal *s. m.* cord, twist.
tos *s. f.* **1** cough. ♦ **2 ~ ferina,** MED. whooping cough.
toscamente *adv.* coarsely, rudely.
tosco, -ca *adj.* coarse, crude.
tosquedad *s. f.* coarseness, crudeness, roughness.
tostado, -da *p. p.* **1** de **tostar.** • *adj.* **2** toasted, roasted. **3** tanned, suntanned (por el sol). • *s. f.* **4** toast: *una tostada = a piece of toast.*
tostador, -ra *adj.* **1** toasting, roasting. • *s. m.* y *f.* **2** toaster (utensilio).
tostar *v. t.* to toast, to roast.
tostón *s. m.* **1** GAST. roast suckling pig. **2** (fam.) bore, nuisance (persona o cosa aburrida).
total *adj.* **1** total, complete, whole: *una revisión total = a complete revision.* • *s. m.* **2** total, sum: *el total asciende a 5.000 pesetas = the sum amounts to 5,000 pesetas.* • *adv.* **3** in short, all in all: *total, nos fuimos al día siguiente = in short, we left the following day.* ♦ **4 en ~,** in total, in all: *en total hay dos millones de pesetas = in total, there are two million pesetas.*
totalidad *s. f.* whole, entirety, totality, all: *la totalidad de la plantilla se puso en huelga = all the workers went on strike.*
totalitario, -ria *adj./s. m.* y *f.* totalitarian.
totalitarismo *s. m.* POL. totalitarianism.
totalizador, -ra *adj.* totalizer.
totalizar *v. t.* to totalize.
totalmente *adv.* totally, wholly.
tótem *s. m.* totem.
totémico, -ca *adj.* totemic.
totemismo *s. m.* totemism.
toxemia *s. f.* MED. toxaemia.
toxicidad *s. f.* toxicity.
tóxico, -ca *adj.* toxic.
toxicomanía *s. f.* drug addiction.
toxicómano, -na *adj.* **1** addicted to drugs. • *s. m.* y *f.* **2** drug addict.
toxina *s. f.* toxin.
tozudez *s. f.* obstinacy, stubbornness.
tozudo, -da *adj.* obstinate, stubborn.
traba *s. f.* **1** tie, bond. **2** hobble (para los caballos). **3** (fig.) obstacle, hindrance: *no me pusieron trabas para obtener el visado = I obtained the visa without their putting any obstacles in my way.*
trabado, -da *p. p.* **1** de **trabar.** • *adj.* **2** joined, linked (unido físicamente). **3** (fig.) coherent, well-constructed (discurso, escrito, etc.). **4** (fig.) strong (fuerte). **5** smooth (salsa).
trabajado, -da *p. p.* **1** de **trabajar.** • *adj.* **2** worn out (persona). **3** elaborate, carefully worked, ornate (objeto).
trabajador, -ra *adj.* **1** hard-working, diligent, industrious. • *s. m.* y *f.* **2** worker.
trabajar *v. t.* **1** to work (metal, madera). **2** AGR. to till, to work: *trabajar la tierra = to till the land.* **3** to deal in: *no trabajamos este tipo de producto = we don't deal in this kind of product.* • *v. i.* **4** to work.
trabajo *s. m.* **1** work, employment (actividad). **2** job (puesto, tarea): *conseguir un trabajo = to get a job; aquí mi trabajo consiste en cuidar de estos niños = here my job consists of looking after these children.* **3** effort; trouble: *cuesta trabajo = it takes an effort.* **4** labour (trabajo desde el punto de vista del esfuerzo que conlleva, especialmente cuando es manual o castigo): *trabajos forzados = hard labour.* **5** hardship (penalidad). **6** report, study (académico); essay, composition (escolar): *un trabajo sobre la influencia del ambiente en las hormigas = a study on the influence of the environment on ants.* ♦ **7 ~ en cadena,** ⇒ **cadena. 8 ~ en equipo,** team work. **9 trabajos manuales,** handicrafts, crafts.
trabajosamente *adv.* laboriously, painfully.
trabajoso, -sa *adj.* laborious.
trabalenguas *s. m.* tongue twister.
trabar *v. t.* **1** to link, to join, to unite (físicamente). **2** to start, to strike up (conversación); to join, to engage in (batalla); to strike up (amistad). **3** to hinder, to obstruct (impedir). **4** to lay hold of, to hold, to seize (agarrar). • *v. pron.* **5** to come to blows (pegarse). **6** (Am.) to stammer, to stutter (tartamudear). **7** to jam (atascarse).

trabazón *s. f.* **1** bond, union (física). **2** relation, connection (conexión).
trabucar *v. t.* **1** to upset (el orden de algo). **2** to mix up, to confuse (confundir algo). • *v. pron.* **3** to get all mixed up (hablar de manera confusa): *me trabuqué al verla otra vez = I got all mixed up when I saw her again.*
trabuco *s. m.* MIL. blunderbuss.
traca *s. f.* string of firecrackers.
tracción *s. f.* **1** traction, haulage (acción). **2** MEC. drive: *tracción delantera = front-wheel drive; tracción a las cuatro ruedas = four-wheel drive.*
tracto *s. m.* **1** lapse, interval (de tiempo). **2** REL. tract.
tractor *s. m.* tractor.
tractorista *s. m.* y *f.* tractor driver.
tradicional *adj.* traditional.
tradicionalismo *s. m.* traditionalism.
tradicionalista *adj./s. m.* y *f.* traditionalist.
tradicionalmente *adv.* traditionally.
traducible *adj.* translatable.
traducir *v. t.* e *i.* to translate.
traductor, -ra *s. m.* y *f.* translator.
traer *v. t.* **1** to bring, to get (llevar hasta aquí): *trae los vasos de la cocina = bring the glasses from the kitchen.* **2** to wear (ropa, gafas, etc.): *traía un abrigo nuevo = she was wearing a new coat.* **3** to bring about, to cause (ocasionar): *tu comportamiento te traerá dificultades = your behaviour will get you into trouble.* **4** to carry (un artículo de la prensa): *el periódico no lo traía = the newspaper didn't carry that story.* **5** to bring forward, to bring into play, to adduce (aducir casos, ejemplos, etc.). • *v. pron.* **6** to plan, to scheme (maquinar): *¿qué te traes en la cabecita? = what little plan are you hatching?* ◆ **7** ~ **a alguien a mal,** to pester somebody, not to leave somebody alone. **8 traerse algo entre manos,** to be up to something: *esos dos se traen algo entre manos = those two are up to something.*
tráfago *s. m.* **1** bustle, hustle (ajetreo). **2** traffic; movement (tráfico).
traficante *s. m.* y *f.* trader, dealer, trafficker.
traficar *v. i.* to trade, to deal with/in, to traffic.
tráfico *s. m.* **1** trading, dealing, trafficking (comercio). **2** traffic (de vehículos). **3** (Am.) transit, passage (tránsito). ◆ **4** ~ **de armas,** arms dealing, gun running. **5** ~ **de drogas,** drug trafficking, drug dealing. **6** ~ **de influencias,** graft, political wheeling and dealing.
tragaderas *s. f. pl.* **1** gullibility (credulidad). **2** throat (garganta).
tragaldabas *s. m.* y *f.* glutton.
tragaluz *s. m.* skylight.
traganíqueles *s. m.* (Am.) slot machine.
tragaperras *s. f.* slot machine.
tragar *v. t.* **1** to swallow. **2** (fig.) to eat a lot. • *v. pron.* **3** to swallow up, to eat up (hacer desaparecer): *la nieve se tragó a los perros = the dogs were swallowed up by the snow.* • *v. t.* y *pron.* **4** to use up, to eat up (algo en exceso): *ese vehículo traga mucha gasolina = this car uses up a lot of petrol.* **5** to absorb (especialmente líquidos): *este tipo de tierra traga mucha agua = this kind of soil absorbs a lot of water.* **6** (fig.) to swallow (creer algo inverosímil): *se tragó el cuento = he swallowed the story.* **7** to endure (dificultades, tragedias, amarguras, etc.). ◆ **8 no** ~ **algo** o **a alguien,** not to be able to stomach something/someone, not to be able to stand something/someone.
tragedia *s. f.* tragedy.
trágicamente *adv.* tragically.
trágico, -ca *adj.* **1** tragic. **2** LIT. tragic (del teatro). • *s. m.* y *f.* **3** tragedian.
tragicomedia *s. f.* tragicomedy.
tragicómico, -ca *adj.* tragicomic.
trago *s. m.* **1** swig, gulp. **2** (fig.) drink, shot (copa): *vamos a tomar un trago = let's go and have a drink.* **3** bad time, problem, fix (trance): *vaya trago que nos hiciste pasar = what a bad time we had because of you.* ◆ **4 pasar un mal** ~**,** to have a very rough time.
tragón, -na *adj.* **1** greedy, gluttonous. • *s. m.* y *f.* **2** greedy person.
traguearse *v. pron.* (Am.) to get drunk.
traición *s. f.* **1** treason, treachery (especialmente contra la patria de uno). **2** disloyalty (hacia una persona). ◆ **3 alta** ~**,** high treason. **4 a** ~**,** treacherously.
traicionar *v. t.* **1** to betray. **2** to give away (sentimientos o ideas que uno quería tener ocultos): *te ha traicionado tu sonrisa = your smile gave you away.*
traicionero, -ra *adj.* treacherous.
traído, -da *p. p.* **1** de **traer.** • *adj.* **2** worn-out, threadbare (para ropa muy usada).
traidor, -ra *s. m.* y *f.* **1** traitor. • *adj.* **2** treacherous.
traílla *s. f.* leash (para perros).
traína *s. f.* MAR. dragnet.
trainera *s. f.* **1** MAR. small fishing boat (especialmente para la sardina). **2** DEP. big rowing boat.
traje *s. m.* **1** suit. **2** costume (de una región, un espectáculo, etc.). ◆ **3** ~ **de baño,** bathing costume. **4** ~ **de ceremonia/etiqueta,** full dress, evening dress. **5** ~ **de luces,** bullfighter's costume. **6** ~ **de novia,** wedding dress. **7** ~ **de paisano,** plain clothes (de policía). **8** ~ **espacial,** spacesuit.
trajeado, -da *p. p.* **1** de **trajear.** ◆ **2 ir bien** ~**,** to be well rigged out, to be well dressed, to be dressed up.
trajear *v. t.* y *pron.* to dress, to clothe.
trajín *s. m.* hustle and bustle.
trajinar *v. t.* **1** to transport, to carry. • *v. i.* **2** to bustle around, to come and go: *siempre andas trajinando por la casa = you're always bustling around the house.*
tralla *s. f.* cord, whipcord.
trallazo *s. m.* lash, crack of the whip.
trama *s. f.* **1** plot (de novela). **2** scheme, plot, intrigue (intriga). **3** MEC. woof (de tejidos). **4** FOT. screen.
tramar *v. t.* **1** to plot, to scheme, to intrigue. **2** TEC. to weave (tejidos). • *v. pron.* **3** to be afoot, to be cooking: *algo se está tramando, lo sé = something is afoot, I know it.*
trámite *s. m.* **1** procedure, transaction (especialmente burocrático). ◆ **2 de** ~**,** without any complication, easily done, easily managed (hablando de gestiones, normalmente burocráticas).
tramo *s. m.* **1** section, stretch (de terreno). **2** flight (de escalera). **3** span (de un puente o similar).
tramontana *s. f.* north wind.
tramoya *s. f.* stage machinery (en teatro).
tramoyista *s. m.* y *f.* stagehand.
trampa *s. f.* **1** trap, snare (física). **2** (fig.) trap; trick (broma o similar). **3** hatch (escotilla). **4** bad debt (deuda). ◆ **5 coger a alguien en una** ~**,** to catch somebody red-handed, to catch somebody out.
trampear *v. i.* to live from hand to mouth, to live with great economic difficulties.
trampero, -ra *s. m.* y *f.* trapper.
trampilla *s. f.* trap door.
trampolín *s. m.* **1** DEP. springboard. **2** diving-board (para saltar al agua). **3** (fig.) springboard (cosa o persona que nos sirve para alcanzar algo).
tramposo, -sa *adj.* **1** cheating, tricking. • *s. m.* y *f.* **2** cheat, swindler. **3** cardsharp (tramposo en el juego de cartas).
tranca *s. f.* **1** cudgel, club. **2** crossbar (para sujetar puertas y ventanas). ◆ **3** (fam.) **agarrarse una** ~**,** to get plastered. **4 a trancas y barrancas,** with great difficulty.
trancazo *s. m.* **1** blow with a club, blow with a cudgel. **2** (fig.) bad cold (resfriado fuerte).
trance *s. m.* **1** tight spot, difficulty: *he pasado por muchos trances en la vida = I have gone through many difficulties in my life.* **2** moment, time (especialmente cuando es muy importante para la vida de uno). **3** trance (en el espiritismo). ◆ **4 a todo** ~**,** at all costs. **5 estar en** ~**,** to be in a trance. **6 estar en** ~ **de,** to be on the point of: *está en trance de muerte = he is on the point of death.*
tranquilidad *s. f.* **1** stillness, calmness, peacefulness (especialmente de un paisaje, sitio, etc.). **2** lack of worry, calmness, freedom from anxiety (de persona).
tranquilizante *adj.* **1** calming; reassuring. • *s. m.* **2** MED. tranquillizer.
tranquilizar *v. t.* **1** to quieten, to calm. **2** to reassure, to relieve, to set at ease (especialmente cuando había posibilidad de problemas): *lo que dices me tranquiliza = what you're saying reassures me.* • *v. pron.* **3** to calm down (calmarse). **4** to be relieved, to feel reassured (sentir alivio).

tranquillo *s. m.* **1** (fam.) knack. ◆ **2 coger el ~,** (fam.) to get the knack, to get the hang.

tranquilo, -la *adj.* **1** still (sin movimiento). **2** quiet, peaceful (persona). ◆ **3 estar ~,** to be free of worry, to be free of anxiety (persona).

trans- *prefijo* trans- (en este diccionario se dará en muchos casos la variable posible de este prefijo que es **tras-**).

transacción *s. f.* **1** COM. transaction. **2** agreement (acuerdo).

transaccional *adj.* DER. transitory (se refiere especialmente a enmiendas que con el transcurso del tiempo no tendrán aplicación).

transar *v. i.* (Am.) to compromise, to give in.

transatlántico, -ca o **trasatlántico, -ca** *adj.* **1** transatlantic. ● *s. m.* **2** MAR. ocean liner.

transbordador, -ra o **trasbordador, -ra** *adj.* **1** transferring. ● *s. m.* **2** MAR. ferry.

transbordar o **trasbordar** *v. t.* **1** to transfer. ● *v. i.* **2** to change (autobús o ferrocarril).

transbordo o **trasbordo** *s. m.* **1** transfer. **2** change (de ferrocarril, autobús, etc.).

transcendencia o **trascendencia** *s. f.* **1** FIL. transcendence. **2** importance.

transcendental o **trascendental** *adj.* **1** FIL. transcendental. **2** of great importance, momentous.

transcendentalismo o **trascendentalismo** *s. m.* FIL. transcendentalism.

transcendente o **trascendente** *adj.* **1** FIL. transcendent. **2** of great importance, momentous.

transcender o **trascender** *v. i.* **1** to smell. **2** to emerge, to come to light, to transpire (irse conociendo): *ha transcendido que el rey está gravemente enfermo = it has transpired that the king is seriously ill.* **3** FIL. to transcend.

transcontinental o **trascontinental** *adj.* transcontinental.

transcribir o **trascribir** *v. t.* to transcribe.

transcripción o **trascripción** *s. f.* transcription.

transcriptor, -ra o **trascriptor, -ra** *s. m.* y *f.* transcriber.

transculturización o **trasculturización** *s. f.* transculturation, cross-cultural influence.

transcurrir *v. i.* to pass (tiempo): *transcurrieron diez años = ten years passed.*

transcurso *s. m.* passing; course (de tiempo).

transeúnte *s. m.* y *f.* **1** passer-by (por la calle). **2** temporary resident, nonresident (normalmente extranjeros).

transexual *adj./s. m.* y *f.* transsexual.

transferencia o **trasferencia** *s. f.* **1** transfer, transference (de un puesto de trabajo, responsabilidad, institución, etc.). **2** FIN. transfer, order (de dinero): *transferencia bancaria = banker's order, bank transfer.*

transferible o **trasferible** *adj.* transferable.

transferir o **trasferir** *v. t.* **1** to transfer (trasladar). **2** to postpone (posponer).

transfiguración o **trasfiguración** *s. f.* transfiguration.

transfigurar o **trasfigurar** *v. t.* y *pron.* to transfigure.

transformable o **trasformable** *adj.* transformable, convertible.

transformación o **trasformación** *s. f.* transformation.

transformador, -ra o **trasformador, -ra** *adj.* **1** transforming. ● *s. m.* **2** ELEC. transformer.

transformante o **trasformante** *adj.* transforming.

transformar o **trasformar** *v. t.* **1** to transform. **2** DEP. to convert (un tanto). ● *v. pron.* **3** to be transformed.

transformismo o **trasformismo** *s. m.* transformism, theory of evolution.

transformista *s. m.* y *f.* evolutionist, transformist.

transfusión o **trasfusión** *s. f.* transfusion.

transgénico, -ca *adj.* transgenic.

transgredir o **trasgredir** *v. t.* to transgress, to break.

transgresión o **trasgresión** *s. f.* transgression, violation (de leyes).

transgresor, -ra o **trasgresor, -ra** *adj.* **1** transgressing, violating. ● *s. m.* y *f.* **2** transgressor, law-breaker.

transición *s. f.* transition: *la transición española a la democracia = Spain's transition to democracy.*

transicional *adj.* transitional.

transido, -da *adj.* torn, wracked (por el dolor, especialmente).

transigencia *s. f.* compromise, accommodating attitude, spirit of compromise: *tu transigencia es excesiva = you are far too tolerant.*

transigente *adj.* compromising, accommodating, tolerant.

transigir *v. i.* to compromise, to give in, to make concessions.

transistor *s. m.* ELEC. transistor.

transitable *adj.* passable.

transitar *v. i.* to walk, to pass (pasear); to drive, to travel (viajar): *mucha gente transitaba por la plaza = a lot of people were walking across the square.*

transitivamente *adv.* transitively.

transitivo, -va *adj.* transitive.

tránsito *s. m.* **1** transit, passage (paso). **2** (euf.) REL. passing, death (muerto). **3** stop, stopping place (lugar de descanso). **4** traffic (tráfico rodado).

transitoriamente *adv.* transitorily, temporarily.

transitoriedad *s. f.* transitoriness, temporariness.

transitorio, -ria *adj.* transitory, temporary.

translación o **traslación** *s. f.* **1** movement. **2** ASTR. translation (de los planetas alrededor del Sol).

transliteración o **trasliteración** *s. f.* transliteration.

transliterar o **trasliterar** *v. t.* to transliterate.

translucidez o **traslucidez** *s. f.* translucence, translucency.

translúcido, -da o **traslúcido, -da** *adj.* translucent.

transmigración o **trasmigración** *s. f.* transmigration.

transmigrar o **trasmigrar** *v.intr.* to transmigrate.

transmisible o **trasmisible** *adj.* transmissible.

transmisión o **trasmisión** *s. f.* **1** TV. broadcast (emisión). **2** ELEC. transmission. **3** MEC. transmission (de marchas en vehículos). **4** transference (de patrimonio, bienes).

transmisor, -ra o **trasmisor, -ra** *adj.* **1** transmitting. ● *s. m.* **2** ELEC. transmitter.

transmitir o **trasmitir** *v. t.* y *pron.* **1** to transmit, to communicate. ● *v. t.* **2** TV. to broadcast (emitir). **3** MED. to transmit (una enfermedad). **4** DER. to transfer (derechos, bienes, etc.).

transmutable o **trasmutable** *adj.* transmutable.

transmutación o **trasmutación** *s. f.* transmutation.

transmutar o **trasmutar** *v. t.* y *pron.* to change, to turn (en otra cosa distinta).

transnacional *adj.* transnational (empresas).

transoceánico, -ca *adj.* transoceanic.

transparencia o **trasparencia** *s. f.* **1** transparency (calidad de transparente). **2** FOT. slide (diapositiva). **3** transparency (para retroproyector). **4** openness, transparency (de información).

transparentarse o **trasparentarse** *v. pron.* **1** to show through (vestidos). **2** to be transparent (ser transparente). **3** (fig.) to be obvious (un sentimiento o parecido).

transparente o **trasparente** *adj.* **1** transparent. **2** filmy, see-through (vestidos). **3** (fig.) transparent, clear (sentimientos).

transpirable o **traspirable** *adj.* breathable.

transpiración o **traspiración** *s. f.* **1** perspiration (del cuerpo). **2** BOT. transpiration (en plantas).

transpirar o **traspirar** *v. i.* y *pron.* to perspire (sudar).

transportable o **trasportable** *adj.* transportable, easily transported.

transportación o **trasportación** *s. f.* transportation.

transportador, -ra o **trasportador, -ra** *adj.* **1** transporting. ● *s. m.* y *f.* **2** transporter. ● *s. m.* **3** MEC. conveyor. **4** GEOM. protractor. ◆ **5 cinta transportadora,** conveyor belt.

transportar o **trasportar** *v. t.* **1** to transport. ● *v. pron.* **2** (fig.) to be enraptured, to get carried away (caer en éxtasis).

transporte o **trasporte** *s. m.* **1** transport, transportation (de todas las clases). **2** COM. freight, haulage: *gastos de transporte = freight costs.* **3** MAR. transport ship (barco). **4** (fig.) rapture, ecstasy (éxtasis).

transportista o **trasportista** *s. m.* **1** AER. carrier. **2** carrier, haulage contractor (por carretera).

transposición o **trasposición** *s. f.* transposition.

transubstanciación *s. f.* REL. transubstantiation.

transvasar o **trasvasar** *v. t.* **1** to divert (en ríos). **2** to decant (entre recipientes); to transfer (entre utensilios).

transvase o **trasvase** *s. m.* **1** diversion (de ríos). **2** decanting, pouring (de líquidos entre recipientes).

transversal o **trasversal** *adj.* **1** GEOM. transversal. **2** cross, oblique, transverse (calle).

transversalmente o **trasversalmente** *adv.* transversally.

transverso, -sa o **trasverso, -sa** *adj.* **1** transverse. • *s. m.* **2** ANAT. transverse muscle (músculo).

tranvía *s. m.* tram, tramcar, tramway; (EE UU) streetcar.

trapacear *v. i.* to cheat, to act in a shady way, to make mischief.

trapacería *s. f.* swindle.

trapacero, -ra *adj.* **1** cheating, swindling. • *s. m.* y *f.* **2** cheat, swindler.

trapatiesta *s. f.* racket, uproar, shindy.

trapecio *s. m.* **1** trapeze (circense). **2** GEOM. trapezium. **3** ANAT. trapezius (músculo). **4** ANAT. trapezium (hueso).

trapecista *s. m.* y *f.* trapeze artist.

trapense *adj.* y *s. m.* REL. Trappist (monje).

trapero *s. m.* ragman.

trapezoidal *adj.* GEOM. trapezoidal.

trapichear *v. i.* **1** to hawk, to scrape a living buying and selling. **2** to plot, to scheme (andar en intrigas). **3** (fam.) to deal (con drogas).

trapicheo *s. m.* **1** hawking. **2** plotting, scheming (intrigas). **3** (fam.) dealing (con drogas).

trapisonda *s. f.* (fam.) **1** row, commotion, shindy (alboroto). **2** monkey business, shady affair (asunto deshonesto o ilegal).

trapisondista *s. m.* y *f.* **1** schemer, plotter (intrigante). **2** trouble-maker (que arma follones).

trapo *s. m.* **1** rag, tatter (jirón). **2** cloth (para limpiar). **3** MAR. sails. **4** muleta, cape (para los toros). ◆ **5 a todo ~, a)** MAR. under full sail; **b)** at full throttle (con mucha actividad). **6 entrar al ~, a)** to charge (embestir, el toro); **b)** (fig.) to swallow the bait, to fall into the trap (caer en la trampa). **7 poner a alguien como un ~, a)** to rake someone over the coals (a base de insultos, etc.); **b)** to wipe the floor with someone (desacreditando). **8 sacar los trapos sucios a relucir,** to wash one's dirty linen in public. **9 soltar el ~,** to burst out crying/to burst out laughing.

tráquea *s. f.* ANAT. trachea, windpipe.

traqueal *adj.* tracheal.

traqueotomía *s. f.* MED. tracheotomy.

traquetear *v. i.* **1** to clatter, to rattle. • *v. t.* **2** to shake (causar el traqueteo).

traqueteo *s. m.* **1** bang, crack (sonido). **2** rattling, jolting (movimiento).

tras *prep.* **1** after (después de): *día tras día = day after day.* **2** behind (detrás de): *iban tras los caballos = they were walking behind the horses.* **3** in pursuit of, in search of (en busca de): *ir tras el éxito no es lo importante para mí = to go in search of success is not the important thing for me.* **4** in addition to, besides (además): *tras ser tonto no tiene un duro = besides being foolish he hasn't got a penny.* • *s. m.* **5** backside (trasero).

tras- *prefijo* ⇒ **trans-.**

trasegar *v. t.* **1** to untidy, to jumble, to mix up. **2** to guzzle (beber mucho).

trasero, -ra *adj.* **1** back: *parte trasera de la casa = back of the house.* • *s. m.* **2** (euf.) backside, bottom (nalgas). • *s. f.* **3** back part, rear, hind (de un objeto o vehículo).

trasfondo *s. m.* background.

trashumante *adj.* AGR. migrating, transhumant (rebaños).

trashumar *v. i.* AGR. to make seasonal migrations (rebaños).

trasiego *s. m.* **1** bustle, hustle (movimiento). **2** guzzling (de bebida).

trasladar *v. t.* y *pron.* **1** to move, to shift (de un lado a otro). • *v. pron.* **2** to move (mudarse). • *v. t.* **3** to transfer (a un empleado). **4** to copy, to transcribe (copiar). **5** to postpone, to delay, to adjourn (posponer); to change (fechas). **6** to translate (traducir).

traslado *s. m.* **1** move, removal (mudanza). **2** transfer (de un puesto de trabajo). **3** copy, transcript (copia). **4** DER. communication, notification.

trasluz *s. m.* **1** reflected light. ◆ **2 al ~,** against the light.

trasmano (a) *loc. adv.* out of reach; remote: *ese lugar me pilla a trasmano = that place is a bit out of my way.*

trasmundo *s. m.* the other world, the hereafter.

trasnochado, -da *p. p.* **1** de **trasnochar.** • *adj.* **2** old, obsolete; ancient (pasado de moda). **3** wan, haggard (persona); stale (cosa). • *s. f.* **4** sleepless night, night watch.

trasnochador, -ra *s. m.* y *f.* night owl.

trasnochar *v. i.* to stay up all night, to have a sleepless night.

trasnocharse *v. i.* (Am.) to stay up all night, to have a sleepless night.

traspapelar *v. t.* **1** to misplace, to mislay. • *v. pron.* **2** to get misplaced, to get mislaid.

traspasar *v. t.* **1** to cross, to go across (pasar a otra parte). **2** COM. to transfer, to sell (un negocio). **3** to pierce (con un arma puntiaguda o por el dolor).

traspaso *s. m.* **1** COM. transfer, sale. **2** grief, anguish (aflicción).

traspié *s. m.* **1** slip, stumble. ◆ **2 dar un ~,** to slip; to stumble; (fig.) to make a mistake.

trasplantar *v. t.* **1** to transplant (vegetales, órganos, etc.). • *v. pron.* **2** to uproot oneself, to emigrate (emigrar).

trasponer *v. t.* y *pron.* **1** to move, to shift (cambiar de sitio). • *v. pron.* **2** to set (ponerse, el sol u otro planeta). **3** to disappear from sight (perderse de vista). **4** to doze off, to nod off (quedarse ligeramente dormido).

traspunte *s. m.* y *f.* callboy, prompter.

trasquilador, -ra *s. m.* y *f.* shearer (de ovejas).

trasquiladura *s. f.* shearing, clipping.

trasquilar *v. t.* y *pron.* **1** to clip, to crop (el pelo). **2** to shear (ovejas). **3** (fig.) to cut down, to curtail (menoscabar).

trastabillar *v. i.* **1** to stumble (tropezar). **2** to stutter, to stammer (tartamudear).

trastada *s. f.* **1** prank (típica de chicos). **2** senseless act, stupid act: *fue una trastada = it was a stupid act.*

trastazo *s. m.* whack, blow.

traste *s. m.* **1** MÚS. fret. ◆ **2 dar al ~ con algo,** to spoil something, to ruin something.

trastear *v. i.* **1** to move things around, to rummage around (trajinar). **2** to play around, to mess around (jugueteando). • *v. t.* **3** MÚS. to strum (rasguear un instrumento de cuerda). **4** to tease (juguetear con un toro). **5** to manipulate (cosa o persona).

trastero, -ra *adj.* **1** junk. • *s. m.* **2** junk room, storage room.

trastienda *s. f.* stock room.

trasto *s. m.* **1** old piece of furniture (mueble). **2** piece of junk, piece of lumber (objeto). **3** good-for-nothing, dead loss (persona); rascal, menace (niño muy travieso). • *pl.* **4** tools (de una especialidad). ◆ **5 tirarse los trastos a la cabeza,** to have a good fight, to have a blazing row: *la pareja de al lado siempre se está tirando los trastos a la cabeza = the couple next door are always having blazing rows.*

trastocar o **trastrocar** *v. t.* **1** to upset, to disturb (algo que está en orden). • *v. pron.* **2** to be upset.

trastornado, -da *p. p.* **1** de **trastornar.** • *adj.* **2** disturbed: *está un poco trastornado = he's a bit disturbed.*

trastornador, -ra *adj.* **1** upsetting, disturbing. • *s. m.* y *f.* **2** disturber.

trastornar *v. t.* **1** to upset, to overturn (dar la vuelta físicamente a un objeto): *trastornar las mesas = to overturn the tables.* **2** to disturb, to disrupt (perturbar). **3** to drive mad (volver loco): *la noticia la ha trastornado = the news has driven her mad.* • *v. pron.* **4** to go mad (volverse loco).

trastorno *s. m.* **1** disturbance, upheaval, confusion. **2** MED. disorder, upset, disturbance.

trasunto *s. m.* copy, imitation, transcription.

trata *s. f.* **1** slave trade. ◆ **2 ~ de blancas,** white slave trade.

tratable *adj.* sociable, friendly.

tratadista *s. m.* y *f.* LIT. essayist.

tratado, -da *p. p.* **1** de **tratar.** • *s. m.* **2** treatise (libro). **3** POL. treaty, pact.

tratamiento *s. m.* **1** MED. treatment. **2** form of address (forma de dirigirse a alguien). **3** TEC. processing (de materiales).

tratante *s. m.* y *f.* dealer, trader.
tratar *v. t.* **1** to handle, to use (objeto): *tratar bien los muebles = to handle the furniture with care.* **2** to treat (a personas): *trátele bien = treat him well.* **3** to address (dirigirse a alguien): *nunca te trataré de usted = I'll never address you as "usted".* **4** to treat, to take care of (cuidar): *el doctor que me trata es muy bueno = the doctor that treats me is very good.* • *v. t.* e *i.* **5** to be about, to deal with (de distintos asuntos, en forma de libros, películas, etc.): *el libro trata de las matemáticas = the book is about mathematics.* • *v. t., i.* y *pron.* **6** to have contacts, to have to do: *yo con él no me trato = I don't have anything to do with him.* • *v. i.* **7 ~ de,** to try: *trato de ser amable = I'm trying to be nice.* **8** to deal, to trade (comerciar): *trato en pieles = I deal in furs.* • *v. imp.* **9** to be a matter of, to be a question of (el tema, la cuestión, etc.): *en el juego se trata de meter la pelota por el agujero = in the game it is a question of getting the ball through the hole.*
trato *s. m.* **1** treatment. **2** form of address (forma de llamar a alguien). **3** relationship, dealings (relación). **4** deal, agreement (acuerdo). ◆ **5 cerrar/hacer un ~** to do a deal, to strike an agreement. **6 malos tratos,** physical abuse, battering. **7 ~ de gentes,** social charm.
trauma *s. m.* trauma.
traumático, -ca *adj.* traumatic.
traumatismo *s. m.* traumatism.
traumatizante *adj.* traumatic, causing a trauma.
traumatizar *v. t.* to traumatize.
traumatología *s. f.* MED. traumatology.
traumatólogo, -ga *s. m.* y *f.* MED. traumatologist, trauma care specialist.
través *s. m.* **1** slant, incline (ligera inclinación). **2** misfortune, adversity (desgracia). ◆ **3 a ~ de, a)** across, through: *a través de la jungla = through the jungle;* **b)** across (de un sitio a otro): *a través de la habitación = across the room;* **c)** through, by means of: *a través del estudio = by means of study.* **4 de ~,** crosswise, crossways.
travesaño *s. m.* **1** ARQ. crossbeam. **2** DEP. crossbar. **3** bolster (de la cama).
travesía *s. f.* **1** MAR. crossing, voyage. **2** crossroad, cross street (calle transversal).
travestí o **travestido, -da** *s. m.* y *f.* transvestite.
travesura *s. f.* **1** prank, mischief (acto). **2** wit (ingenio).
travieso, -sa *adj.* **1** mischievous, naughty. **2** transverse (que atraviesa). **3** lively (vivo). • *s. f.* **4** crosstie (de la vía del tren).
trayecto *s. m.* **1** distance, stretch, section (zona). **2** route, way (camino).
trayectoria *s. f.* **1** path (por ejemplo, de una bala). **2** development, evolution, record (de un partido, persona, movimiento, etc.): *la trayectoria del partido es muy limpia = the party has a very clean record.*
traza *s. f.* **1** design. **2** plan. **3** appearance (aspecto): *esto tiene trazas de no acabar nunca = this looks as though it will never end.* **4** GEOM. trace.
trazado *s. m.* route (de carretera).
trazo *s. m.* **1** line. **2** stroke (de las letras). **3** sketch, outline (idea general).
trébol *s. m.* **1** BOT. clover. **2** ARQ. trefoil (como adorno). **3** club (palo de la baraja).
trece *num. card.* **1** thirteen. **2** thirteenth (con fechas). • *s. m.* **3** thirteen (como signo). ◆ **4 mantenerse/seguir en sus ~,** to stick to one's guns.
trecho *s. m.* **1** stretch (de un camino). ◆ **2 de ~ en ~,** at intervals, every now and then, every so often.
tregua *s. f.* **1** truce (especialmente militar). **2** (fig.) rest, respite (descanso): *sin tregua = without respite.*
treinta *num. card.* **1** thirty. **2** thirtieth (con fechas). • *s. m.* **3** thirty (como conjunto de signos).
treintavo, -va *adj. num. ord.* thirtieth.
treintena *s. f.* **1** thirty. **2** thirtieth part (parte).
tremebundo, -da *adj.* dreadful, terrible, frightening.
tremendo, -da *adj.* **1** tremendous, gigantic, huge (enorme). **2** terrible, horrible (que asusta). **3** tremendous, imposing, awesome (digno de respeto). ◆ **4 por la tremenda,** with a big fuss.
trementina *s. f.* QUÍM. turpentine.
tremolante *adj.* waving.
tremolar *v. t.* e *i.* to wave.
tremolina *s. f.* **1** rustling, howling (del viento). **2** row, fuss (alboroto).
trémulamente *adv.* tremulously.
trémulo, -la *adj.* tremulous, flickering.
tren *s. m.* **1** train (ferrocarril). **2** gear, equipment (equipo). ◆ **3 a todo ~,** in style. **4 ~ alta velocidad,** high-speed train. **5 ~ de aterrizaje,** landing gear, undercarriage. **6 ~ de lavado,** car wash. **7 ~ de vida,** lifestyle, way of life.
trena *s. f.* (argot) clink.
trenca *s. f.* duffle coat.
trenza *s. f.* braid, plait.
trenzado *p. p.* **1** de **trenzar.** • *s. m.* **2** braid, plait (del pelo). **3** entrechat (en danza).
trenzar *v. t.* to braid, to plait.
trepa *s. f.* **1** climbing, climb. • *s. m.* y f **2** (argot) social climber.
trepador, -ra *adj.* climbing (especialmente plantas).
trepanación *s. f.* trepanation.
trepanar *v. t.* to trepan.
trepar *v. t.* e *i.* **1** to climb, to clamber up. **2** to climb (plantas).
trepidación *s. f.* vibration, trembling, shaking, trepidation.
trepidante *adj.* **1** shaking, vibrating. **2** (fig.) frenetic (ritmo de vida).
trepidar *v. i.* **1** to shake, to vibrate. **2** (Am.) to hesitate, to doubt (dudar).
tres *adj. num. card.* **1** three. **2** third (con fechas). • *s. m.* **3** three (como signo). ◆ **4 como ~ y dos son cinco,** with absolute certainty, as sure as I am standing here. **5 de ~ al cuarto,** third-rate, small-time. **6 las ~ en raya,** noughts and crosses. **7 ni a la de ~,** not by a long shot, on no account.
trescientos, -tas *adj. num. card.* **1** three hundred. • *s. m.* **2** three hundred (como grupo de signos).
tresillo *s. m.* **1** three-piece suite (mueble). **2** card game for three people (juego de naipes). **3** MÚS. triplet.
treta *s. f.* **1** trick, ruse: *utilizaremos una treta que confundirá al enemigo = we'll use a ruse that will deceive the enemy.* **2** DEP. feint (en la esgrima).
tri- *prefijo* tri-.
tríada *s. f.* triad.
triangular *adj.* **1** triangular. • *v. t.* **2** to triangulate.
triangularmente *adv.* triangularly.
triángulo *s. m.* **1** GEOM. triangle. **2** MÚS. triangle. • GEOM. **3 ~ equilátero,** equilateral triangle. **4 ~ escaleno,** scalene triangle. **5 ~ esférico,** spherical triangle. **6 ~ isósceles,** isosceles triangle. **7 ~ rectángulo,** right-angled triangle.
triásico, -ca *adj.* y *s. m.* triassic.
tribal *adj.* tribal.
tribu *s. f.* tribe.
tribulación *s. f.* tribulation.
tribuna *s. f.* **1** rostrum, platform (para orador). **2** DEP. grandstand. **3** gallery (en iglesia). **4** (fig.) political oratory (oratoria política).
tribunal *s. m.* DER. **1** court, court of justice, tribunal. **2** board of examiners (de oposiciones). ◆ **3 Tribunal Constitucional,** Constitutional Court. **4 Tribunal de Cuentas,** National Audit Office. **5 Tribunal de Dios,** God's own court. **6 Tribunal de la Rota,** Rota Tribunal. **7 Tribunal Supremo,** Supreme Court, High Court. **8 Tribunal Tutelar de menores,** juvenile court.
tribuno *s. m.* **1** HIST. tribune. **2** (fig.) orator (orador).
tributable *adj.* taxable: *ingresos tributables = taxable income.*
tributación *s. f.* **1** payment of taxes (pago). **2** tax system (sistema). **3** tax, taxes (desde un punto de vista abstracto): *la tributación es alta en este país = in this country taxes are high.*
tributar *v. t.* **1** to pay taxes. **2** (fig.) to pay, to show, to give (respeto o similar): *todos le tributamos el respeto que se merecía = we all paid him the respect he deserved.*
tributario, -ria *adj.* **1** tax: *derecho tributario = tax law.* • *s. m.* **2** GEOG. tributary (río afluente).
tributo *s. m.* **1** tax (impuesto). **2** tribute (homenaje). **3** recognition (reconocimiento): *le damos esta medalla como tributo a sus esfuerzos = we are awarding you this medal in recognition of all your work.*
tricentésimo, -ma *adj.* three hundredth.
tríceps *adj.* y *s. m.* ANAT. triceps (musculatura).

triciclo *s. m.* tricycle.
tricot *s. m.* tricot.
tricotar *v. t.* e *i.* to knit.
tricotosa *s. f.* knitting machine.
tridente *adj.* y *s. m.* trident.
trienal *adj.* triennial.
trienio *s. m.* triennium.
triforio *s. m.* triforium.
trifulca *s. f.* scuffle, rumpus.
trifurcación *s. f.* trifurcation.
trifurcado, -da *adj.* trifurcate.
trifurcarse *v. pron.* to divide into three.
trigal *s. m.* AGR. wheat field.
trigémino *s. m.* ANAT. trigeminal nerve.
trigésimo, -ma *adj. num. ord.* thirtieth.
triglifo *s. m.* ARQ. triglyph.
trigo *s. m.* **1** BOT. wheat. ◆ **2 no ser ~ limpio,** to be dishonest, not to be completely above-board.
trigonometría *s. f.* MAT. trigonometry.
trigueño, -ña *adj.* dark blond (color).
triguero, -ra *adj.* of wheat.
trilingüe *adj.* trilingual.
trilla *s. f.* AGR. threshing.
trillado, -da *p. p.* **1** de **trillar.** ● *adj.* **2** worn, overworked, overused (muy común y conocido).
trilladora *s. f.* AGR. threshing machine.
trilladura *s. f.* threshing.
trillar *v. t.* **1** AGR. to thresh. **2** to overwork, to wear out.
trillizo, -za *s. m.* y *f.* triplet.
trillo *s. m.* AGR. thresher.
trillón *s. m.* trillion.
trilogía *s. f.* trilogy.
trimestral *adj.* quarterly: *una revista trimestral = a quarterly journal.*
trimestralmente *adv.* quarterly, every three months.
trimestre *s. m.* **1** term (especialmente en el mundo educativo). **2** FIN. quarter.
trinar *v. i.* **1** to trill (especialmente los pájaros). **2** to be furious, to be fuming (enfadarse mucho): *está que trina = he is fuming.*
trinca *s. f.* trio, threesome.
trincar *v. t.* **1** MAR. to tie, to lash (atar). **2** to break up (partir en trozos). **3** (fam.) to put away, to gulp down (comida o bebida). **4** to hold down (sujetar fuertemente).
trinchador *s. m.* carving knife.
trinchar *v. t.* to carve.
trinchera *s. f.* **1** MIL. trench. **2** cutting (del ferrocarril).
trineo *s. m.* sleigh, sledge, sled.
trinidad *s. f.* **1** REL. Trinity. **2** trio, set of three.
trinitario, -ria *adj.* **1** REL. of the Trinity. ● *s. f.* **2** BOT. wild pansy.
trinitrotolueno *s. m.* QUÍM. trinitrotoluene.
trino, -na *adj.* **1** REL. triune. ● *s. m.* **2** trill (de los pájaros).
trinquete *s. m.* **1** MAR. foremast (palo). **2** MAR. foresail (vela). **3** MEC. pawl, ratchet (mecanismo).
trío *s. m.* trio.
tripa *s. f.* **1** bowel (intestino). **2** (fam.) tummy (estómago). ● *pl.* **3** guts (dentro del cuerpo). **4** innards, insides (de cosas o personas). ◆ **5 hacer de tripas corazón,** to pluck up one's courage, to screw up one's courage. **6 se me revolvieron las tripas,** it turned my stomach.
tripartito, -ta *adj.* tripartite.
tripi *s. m.* (fam.) tab.
triple *adj.* **1** triple. ● *s. m.* **2** triple, three times: *el triple de lo que gano = three times what I earn.*
triplicación *s. f.* triplication.
triplicado, -da *p. p.* **1** de **triplicar.** ● *s. m.* **2** triplicate: *por triplicado = in triplicate.*
triplicar *v. t.* to triplicate.
triplo, -pla *adj.* y *s. m.* triple, treble.
trípode *s. m.* tripod.
tríptico *s. m.* triptych.
triptongo *s. m.* FON. triphthong.
tripudo, -da *adj.* pot-bellied.
tripulación *s. f.* crew.
tripulante *s. m.* y *f.* crew member.
tripular *v. t.* **1** to man (proveer de tripulantes). **2** to be a member of the crew (ir a bordo de).
triquina *s. f.* MED. trichina.
triquinosis *s. f.* trichinosis.
triquiñuela *s. f.* trick, dodge.
triquitraque *s. m.* **1** clickety-clack (sonido acompasado). **2** firecracker (cohete).
trirreme *s. m.* trireme.
tris *s. m.* **1** jiffy, trice (período cortísimo de tiempo). ◆ **2 estar en un ~ de,** to be close to, to be within an inch of.
trisca *s. f.* crack, crunch (ruido onomatopéyico).
triscar *v. i.* **1** to frisk (retozar). **2** to trample (pisotear).
trisección *s. f.* GEOM. trisection.
triste *adj.* **1** sad, melancholy. **2** sad, sorrowful (noticias, por ejemplo). **3** dismal, miserable (vida).
tristemente *adv.* **1** sadly. **2** sadly, sorrowfully. **3** dismally, miserably.
tristeza *s. f.* **1** sadness. **2** sadness, sorrow (pena). **3** gloom (que deprime).
tristón, -na *adj.* a little sad.
tritón *s. m.* ZOOL. newt.
trituración *s. f.* crushing, grinding.
triturar *v. t.* **1** to crush, to grind. **2** to chew well (comida). **3** to beat to a pulp (a una persona): *te voy a triturar = I'm going to beat you to a pulp.*
triunfador, -ra *adj.* **1** victorious. ● *s. m.* y *f.* **2** winner: *este chico fue un triunfador nato = this boy was born a winner.*
triunfal *adj.* triumphal, triumphant.
triunfalismo *s. m.* triumphalism.
triunfalmente *adv.* triumphantly.
triunfar *v. i.* to triumph, to win (en la guerra, el deporte, la vida, etc.).
triunfo *s. m.* **1** triumph, victory, success. **2** trump (en las cartas).
triunvirato *s. m.* triumvirate.
trivial *adj.* **1** trivial, unimportant: *asunto trivial = unimportant matter.* **2** trite, common (mediocre).
trivialidad *s. f.* **1** triviality (característica). **2** trite remark (dicho concreto).
trivialmente *adv.* trivially, tritely.
triza *s. f.* **1** small piece, shred. ◆ **2 hacer trizas,** to tear to shreds, to pull to pieces (material o figurativamente).
trocable *adj.* exchangeable.
trocar *v. t.* **1** to exchange, to change, to swap, to barter. **2** to mix up, to confuse (el orden o parecido).
trocear *v. t.* to divide into pieces.
trocha *s. f.* path, trail (en la jungla).
troche *s. m.* : **a ~ y moche,** pell-mell, helter-skelter, in a mess.
trofeo *s. m.* **1** trophy. **2** spoils of war (botín). **3** (fig.) victory, triumph, success.
troglodita *s. m.* y *f.* **1** cave-dweller, trog-lodyte. **2** (fig.) glutton (glotón).
troica *s. f.* troika.
troje o **troj** *s. f.* granary, barn.
trola *s. f.* **1** (fam.) lie. **2** (Am.) slice of ham (loncha).
trolebús *s. m.* trolley bus.
trolero, -ra *s. m.* y *f.* (fam.) liar.
tromba *s. f.* whirlwind, waterspout (especialmente de agua).
trombo *s. m.* thrombus.
tromboflebitis *s. f.* MED. thrombophlebitis.
trombón *s. m.* MÚS. trombone.
trombonista *s. m.* y *f.* trombonist.
trombosis *s. f.* MED. thrombosis.
trompa *s. f.* **1** MÚS. horn. **2** ZOOL. trunk (de elefante). **3** drunken spree (borrachera). **4** ANAT. tube. **5** snout (de algunos animales). **6** whirlwind (tormenta). ◆ **7 ~ de Eustaquio,** ANAT. Eustachian tube.
trompazo *s. m.* bump, crash.
trompear *v. t.* (Am.) (fam.) to punch, (fam.) to sock.
trompear *v. t.* (Am.) (fam.) to punch, (fam.) to sock.
trompeta *s. f.* **1** MÚS. trumpet, bugle. **2** (Am.) rogue, rascal (charlatán).
trompetazo *s. m.* trumpet blast, bugle blast.
trompeteo *s. m.* trumpet playing.
trompetilla *s. f.* ear trumpet (para los sordos).
trompezón *s. m.* (Am.) stumble, trip.
trompicón *s. m.* stumble, trip.
tronado, -da *p. p.* **1** de **tronar.** ● *adj.* **2** mad, crazy, potty (loco).
tronar *v. i.* **1** to thunder (con truenos). **2** (fig.) to thunder.
tronchante *adj.* hilarious.
tronchar *v. t.* y *pron.* to break off (ramaje especialmente).
troncho *s. m.* stalk.
tronco *s. m.* **1** BOT. trunk (de un árbol); log (como leña). **2** ANAT. trunk. **3** team of horses (caballos). **4** lineage (genealógico). **5** blockhead (lerdo). **6** GEOM. frustum. ◆ **7 dormir como un ~,** to sleep like a log. **8 estar como un ~,** to be fast asleep.
tronera *s. f.* **1** ARQ. small window. **2.** pocket (en billar).
trono *s. m.* **1** throne. ● *pl.* **2** REL. thrones (ángeles).
tropa *s. f.* **1** MIL. troops, army. **2** (fig.) crowd.
tropel *s. m.* **1** milling crowd, bustle. **2** jumble (de cosas desordenadas): *un tropel de vasos y platos = a jumble of*

glasses and plates. ◆ **3 en ~,** in a crowd.

tropelía *s. f.* **1** rush, confusion. **2** outrage, abuse (atropello).

tropezar *v. i.* **1** to stumble, to trip: *cuidado, no tropieces = be careful you don't trip.* **2** to slip up (cometer un error). ● *v. pron.* **3 tropezarse con alguien,** to bump into someone, to run into someone.

tropezón *s. m.* **1** stumble, trip. **2** slip, mistake (error). **3** GAST. small piece of meat added to a stew.

tropical *adj.* tropical.

trópico *s. m.* GEOG. **1** tropic. ◆ **2 Trópico de Cáncer,** Tropic of Cancer. **3 Trópico de Capricornio,** Tropic of Capricorn.

tropiezo *s. m.* **1** stumble, trip (tropezón). **2** slip, mistake (error). **3** downfall (como pecado).

tropismo *s. m.* BIOL. tropism.

tropo *s. m.* trope.

troposfera *s. f.* troposphere.

troquel *s. m.* MEC. die.

troquelar *v. t.* to coin, to mint.

troqueo *s. m.* trochee.

trotacalles *s. m.* y *f.* (fam.) gadabout.

trotamundos *s. m.* y *f.* globetrotter.

trotar *v. i.* to trot.

trote *s. m.* **1** trot, quick pace. **2** difficult chore (tarea ardua). ◆ **3 al ~,** trotting, quickly. **4 para todo ~,** for everyday wear, for everyday use. **5 yo ya no estoy para estos trotes,** I'm not up to this any more.

trotskista *adj./s. m.* y *f.* Trotskyite.

trovador *s. m.* HIST. troubadour.

troyano, -na *adj./s. m.* y *f.* Trojan.

trozo *s. m.* piece, chunk: *un trozo de pan = a chunk of bread.*

trucaje *s. m.* trick photography.

trucar *v. i.* to rig, to fix: *hemos trucado el resultado de las carreras = we have rigged the result of the races.*

trucha *s. f.* ZOOL. trout.

truco *s. m.* **1** trick (de manos). **2** deception (engaño). **3** knack (tranquillo): *sabe el truco de cómo hacerlo = he has the knack of doing it.*

truculencia *s. f.* horror.

truculento, -ta *adj.* horrific.

trueno *s. m.* **1** thunder. **2** bang, explosion (normalmente de un arma). **3** reckless youngster (joven alborotador).

trueque *s. m.* barter, exchange.

trufa *s. f.* BOT. truffle.

truhán, -na *s. m.* y *f.* scoundrel, crook.

truhanería *s. f.* roguishness, roguish behaviour.

truhanesco, -ca *adj.* roguish.

truísmo *s. m.* truism.

trullo *s. m.* (fam.) stir, joint, slammer.

truncadamente *adv.* truncatedly, incompletely.

truncado, -da *p. p.* **1** de **truncar.** ● *adj.* **2** truncated, shortened.

truncamiento *s. m.* truncation, mutilation, cutting.

trust *s. m.* trust.

tse-tsé *s. f.* ZOOL. tsetse.

tu *adj. pos.* your: *tu radio no tiene pilas = your radio has no batteries.*

tú *pron. pers.* **1** you: *fuiste tú quien lo estropeó = it was you who broke it.* ◆ **2 hablar/tratar de ~ a alguien,** to address somebody as "tu", to be on first name terms with someone.

tuba *s. f.* MÚS. tuba.

tuberculina *s. f.* tuberculin.

tubérculo *s. m.* BOT. tuber.

tuberculosis *s. f.* MED. tuberculosis.

tuberculoso, -sa *adj.* MED. **1** tubercular. ● *s. m.* y *f.* **2** tuberculosis sufferer.

tubería *s. f.* plumbing, pipes.

tubo *s. m.* **1** tube, pipe. **2** ANAT. tract, canal (de personas y animales). ◆ **3 ~ de ensayo,** test tube. **4 ~ de escape,** exhaust pipe. **5 ~ intestinal,** ANAT. intestine.

tubular *adj.* tubular.

tucán *s. m.* ZOOL. toucan (ave).

tuerca *s. f.* MEC. nut.

tuerto, -ta *adj.* **1** one-eyed. ● *s. m.* y *f.* **2** one-eyed person.

tueste *s. m.* roasting (con frutos secos y café especialmente).

tuétano *s. m.* **1** ANAT. marrow. **2** (fig.) essence, core (esencia de algo). ◆ **3 hasta los tuétanos,** through and through.

tufo *s. m.* stink, stench.

tugurio *s. m.* hovel, shack.

tul *s. m.* tulle.

tulipán *s. m.* **1** BOT. tulip. **1** (fam.) Dutchman (holandés).

tullido, -da *adj.* crippled, disabled.

tullir *v. t.* to cripple, to maim.

tumba *s. f.* tomb, grave.

tumbar *v. t.* **1** to knock down, to knock over: *me tumbó de un puñetazo = he knocked me down with a blow.* **2** to make (someone) dizzy. ● *v. pron.* **3** to lie down.

tumbo *s. m.* bump, jolt (golpe violento).

tumbona *s. f.* deck chair, lounger.

tumefacción *s. f.* tumefaction, swelling.

tumefacto, -ta *adj.* tumid, swollen.

tumescencia *s. f.* MED. tumescence.

tumescente *adj.* MED. tumescent.

tumor *s. m.* MED. tumour.

tumulto *s. m.* commotion, riot.

tumultuario, -ria *adj.* tumultuous.

tumultuosamente *adv.* tumultuously.

tumultuoso, -sa *adj.* tumultuous.

tuna *s. f.* ⇒ **tuno.**

tunanta *s. f.* hussy.

tunantada *s. f.* dirty trick.

tunante *s. m.* rascal, crook.

tunantería *s. f.* **1** dirty trick (acción concreta). **2** roguishness (cualidad).

tunda *s. f.* whipping, beating.

tundra *s. f.* tundra.

tunecino, -na *adj./s. m.* y *f.* Tunisian.

túnel *s. m.* tunnel.

tungsteno *s. m.* tungsten.

túnica *s. f.* tunic, robe, gown.

tuno, -na *adj.* **1** rascally. ● *s. m.* **2** player in a group of student mistrels. ● *s. f.* **3** band of student minstrels. **4** idleness (holgazanería).

tuntún (al o **al buen)** *loc. adv.* trusting to luck, without due calculation.

tupé *s. m.* **1** forelock, lock of hair on the forehead. **2** toupee.

tupido, -da 1 dense (bosque, arboleda, vegetación). **2** bushy (barba, cejas, vello). **3** thick, dense (niebla). **4** thick (tela). **5** (Am.) blocked (tubería).

tupir *v. t.* to block, to stop up.

turba *s. f.* MIN. peat, turf.

turbación *s. f.* upset, disturbance; confusion.

turbadamente *adv.* worriedly, confusedly.

turbador, -ra *adj.* disturbing, upsetting, confusing.

turbamulta *s. f.* mob, rabble.

turbante *s. m.* turban.

turbar *v. t.* **1** to upset, to disturb. **2** to bewilder, to confuse (poner nervioso). **3** to stir up (el agua o cualquier otra cosa). ● *v. pron.* **4** to get upset.

turbiamente *adv.* **1** muddily (con barro). **2** shadily, suspiciously (con sospechas). **3** turbulently (agitadamente).

turbiedad *s. f.* muddiness.

turbina *s. f.* ELEC. turbine.

turbio, -bia *adj.* **1** muddy (barroso). **2** shady, murky, suspicious (sospechoso). **3** troubled, turbulent (especialmente un período de tiempo). **4** blurred (la visión).

turbión *s. m.* downpour.

turbodiesel *s. m.* **1** turbocharged engine (motor). **2** turbo (automóvil).

turbulencia *s. f.* turbulence.

turbulento, -ta *adj.* turbulent.

turco, -ca *adj./s. m.* y *f.* **1** Turkish. ● *s. m.* **2** Turkish (idioma). ◆ **3 cama turca,** ⇒ **cama.**

turgencia *s. f.* turgescence.

turgente *adj.* turgid, swollen.

turismo *s. m.* **1** tourism (actividad). **2** private car (automóvil).

turista *s. m.* y *f.* tourist.

turístico, -ca *adj.* tourist.

turnarse *v. pron.* to take turns: *tenemos que turnarnos en el cuidado del niño = we have to take turns looking after the baby.*

turno *s. m.* turn; shift: *el turno de la noche = the night shift.*

turquesa *s. f.* MIN. turquoise.

Turquía *s. f.* Turkey.

turrón *s. m.* GAST. Christmas nougat.

turulato, -ta *adj.* (fam.) dazed, stunned.

tute *s. m.* **1** card game (de naipes). **2** hard work, laborious chore: *¡qué tute me he pegado! = what a slog!* ◆ **3 darse un ~,** to slog.

tutear *v. t.* to address as "tú".

tutela *s. f.* guardianship, custody, wardship, protection.

tutelar *adj.* tutelary; protective.

tuteo *s. m.* use of the familiar form of address.

tutiplén (a) *loc. adv.* in abundance, abundantly.

tutor, -ra *s. m.* y *f.* **1** tutor (en la enseñanza). **2** guardian, protector.

tutoría *s. f.* **1** tutor's job. **2** guardianship.

tutú *s. m.* tutu.

tuyo, -ya *pron. pos.* yours: *¿es tuyo este libro? = is this book yours?*

u, U *s. f.* **1** u, U (vigésimosegunda letra del alfabeto español). • *conj.* **2** or (ante palabras que empiezan por "o" u "ho").
ubérrimo *adj.* **1** very fertile, very productive (fértil). **2** abundant, teeming, luxuriant (exuberante).
ubicación *s. f.* position, location (lugar); placing (acto).
ubicar *v. t.* **1** to place, to locate. • *v. i.* **2** to be located, to be situated, to lie. • *v. pron.* **3** to be situated. **4** (Am.) to get a job (colocarse).
ubicuidad *s. f.* ubiquity.
ubre *s. f.* udder.
UCI (siglas de **Unidad de Cuidados Intensivos**) *s. f.* intensive care unit (ICU).
ufanamente *adv.* proudly; boastfully.
ufanarse *v. pron.* **1** to pride oneself, to be conceited. **2** (desp.) to boast (jactarse). ◆ **3** ~ **con/de,** to pride oneself on, to boast of; to glory in.
ufanía *s. f.* **1** pride. **2** (desp.) conceit, vanity.
ufano, -na *adj.* **1** proud (orgulloso). **2** cheerful, gay (alegre). **3** (desp.) conceited, vain (jactancioso).
Uganda *s. f.* Uganda.
ugandés, -sa *adj./s. m.* y *f.* Ugandan.
ujier *s. m.* usher; doorman, janitor; attendant.
úlcera *s. f.* MED. ulcer.
ulceración *s. f.* MED. ulceration.
ulcerante *adj.* MED. ulcerative.
ulcerar *v. t.* y *pron.* MED. to ulcerate.
ulceroso, -sa *adj.* MED. ulcerous, full of sores.
ulterior *adj.* **1** ulterior. **2** following. **3** further, farther (referido a lugar). **4** subsequent, later (posterior).
ulteriormente *adv.* subsequently, later.
ultimación *s. f.* conclusion.
últimamente *adv.* **1** finally, lastly (por último). **2** lately (recientemente).
ultimar *v. t.* **1** to finish, to end, to complete (concluir). **2** to conclude (un trato, un acuerdo). **3** to finalize (los preparativos, los detalles). **4** (Am.) to kill (rematar).
ultimátum *s. m.* ultimatum.
último, -ma *adj.* **1** last: *la última vez = the last time.* **2** latest (más reciente): *las últimas noticias = the latest news.* **3** latter (de dos). **4** furthest (más lejano). **5** top (más alto): *último piso = top floor.* **6** final, last: *último capítulo = final chapter.* **7** bottom: *último dólar = bottom dollar.* **8** (fig.) best, superior (calidad). **9** back (más atrás): *última fila = back row.* **10** lowest (más bajo). • *s. m.* y *f.* **11** last person: *¿quién es el último? = who is the last person in the queue?* ◆ **12 a la última,** up to date. **13 a últimos de,** towards the end of, in the latter part of. **14 en** ~ **caso,** as a last resort. **15 estar en las últimas; a)** to be near one's end, to be on one's last legs; **b)** to be down to one's last penny. **16 por última vez,** for the last time. **17 por** ~**,** lastly, finally.
ultra *adj.* **1** extremist. • *s. m.* y *f.* **2** right-wing extremist.
ultra- *prefijo* ultra-: *ultramoderno = ultramodern.*
ultracongelación *s. f.* deep-freezing.
ultrajador *adj.* ⇒ **ultrajante.**
ultrajante *adj.* **1** outrageous (escandaloso). **2** offensive, injurious; insulting (insultante).
ultrajar *v. t.* **1** to outrage (escandalizar). **2** to offend; to insult (insultar).
ultraje *s. m.* **1** outrage (escándalo). **2** insult, offence (insulto).
ultraligero *s. m.* microlight.
ultramar *s. m.* **1** place/country across the sea. ◆ **2 de** ~**,** from across the sea. **3 en** ~**,** overseas. **4 países de** ~**,** overseas countries.
ultramarino, -na *adj.* **1** overseas. • *s. m. pl.* **2 a)** groceries (productos); **b)** grocer's (tienda).
ultranza (a) *loc. adv.* **1** to the death. **2** (fig.) regardless, at any price (a toda costa). **3** out-and-out, extreme.
ultrasonido *s. m.* ultrasound.
ultratumba *s. f.* beyond the grave.
ultravioleta *adj.* ultraviolet.
ulular *v. i.* **1** to hoot, to screech (el búho, la lechuza). **2** to howl (el viento, los animales).
ululato *s. m.* **1** hoot, screech (del búho, de la lechuza). **2** howl (del viento, de un animal).
umbilical *adj.* ANAT. umbilical.
umbral *s. m.* **1** threshold (de una puerta). **2** (fig.) threshold, beginning. ◆ **3** ~ **de pobreza,** poverty line.
umbrío, -a *adj.* shady, shadowy.
un, una *art.ind.* **1** a, an: *un coche = a car; un huevo = an egg.* • *adj. num.* **2** one: *un perro = one dog.*
OBS. **Un** es la forma apocopada de **uno** delante de *s. m.* o de un *s. f.* que empieze por "a" o por "ha" tónicas: *un hacha = an axe.*
unánime *adj.* unanimous.
unánimemente *adv.* unanimously.
unanimidad *s. f.* **1** unanimity, complete accord. ◆ **2 por** ~**,** unanimously.
unción *s. f.* **1** unction, anointing (acción de ungir). **2** REL. unction, religious fervour (devoción). **3** REL. Extreme Unction (sacramento). ◆ **4** ~ **de enfermos,** REL. Extreme Unction.
uncir *v. t.* to yoke.
undécimo, -ma *adj./s. m.* y *f.* eleventh.
undulación *s. m.* ⇒ **ondulación.**
undulante *adj.* ⇒ **ondulante.**
undular *v. i.* ⇒ **ondular.**
ungido, -da *adj.* anointed.
ungir *v. t.* **1** to anoint, to apply ointment to. **2** REL. to anoint; to consecrate.
ungüento *s. m.* unguent, salve, ointment.
únicamente *adv.* only; simply; solely.
unicidad *s. f.* uniqueness.
único, -ca *adj.* **1** sole, only, single: *hijo único = only child; el único superviviente = the sole survivor.* **2** the only one, the only person: *¿es la única en hablar así? = is she the only one who talks like that?* **3** (fig.) unique; singular, rare, unusual.
unicornio *s. m.* unicorn.
unidad *s. f.* **1** MAT. unit, unity: *unidades métricas = metric units.* **2** LIT. unity: *unidad de tiempo = unity of time.* **3** (fig.) unity, oneness: *no había unidad en sus planes = there was no unity in their plans.* **4** MIL. unit. ◆ **5 coste por** ~**,** COM. unit cost. **6** ~ **de cuidados intensivos,** intensive care unit. **7** ~ **móvil,** TV. mobile unit.
unido, -da *adj.* **1** joined. **2** (fig.) united. ◆ **3 mantenerse** ~**,** to keep together.
unificación *s. f.* unification.
unificador, -ra *adj.* **1** unifying. • *s. m.* y *f.* **2** unifier.
unificar *v. t.* to unify; to unite.
uniformar *v. t.* **1** to furnish with uniforms, to provide a uniform for (ejér-

cito, soldados). **2** to make uniform (regularizar). **3** to standardize (métodos, etc.).

uniforme *adj.* **1** uniform; regular, steady; even: *velocidad uniforme = uniform velocity.* **2** level: *un tono uniforme = a level tone.* • *s. m.* **3** uniform: *uniforme del colegio = school uniform.* ◆ **4** ~ **de gala,** MIL. full-dress uniform. **5** ~ **militar,** MIL. regimentals.

uniformemente *adv.* uniformly; regularly.

uniformidad *s. f.* uniformity; regularity; evenness.

unigénito, -ta *adj.* **1** only (hijo). **2** REL. only begotten (el hijo de Dios).

unilateral *adj.* unilateral, one-sided: *una decisión unilateral = a unilateral decision.*

unión *s. f.* **1** union, uniting; unity. **2** POL. union (confederación). **3** union, marriage (casamiento). **4** MEC. joint (junta).

Unión Europea *s. f.* European Union.

unipersonal *adj.* **1** individual (de una sola persona). **2** GRAM. unipersonal (verbo).

unir *v. t.* **1** to unite, to join, to put together: *unamos las mesas = let's put the tables together.* **2** to unite (en matrimonio). **3** to merge, to bring together (intereses, etc.). **4** to attach, to connect (vincular). **5** to mix (mezclar). **6** to pool (aunar). **7** to link, to link up (enlazar). • *v. pron.* **8** to unite, to join together; to merge, to become united. **9** to wed, to marry (en matrimonio).

unisexual *adj.* unisexual.

unísono, -na *adj.* **1** unisonous, unison; in harmony. ◆ **2 al** ~**,** (fig.) in unison.

unitario, -ria *adj.* **1** unitary. • *adj./s. m.* y *f.* **2** REL. Unitarian.

unitarismo *s. m.* REL. Unitarianism.

universal *adj.* **1** universal: *sufragio universal = universal suffrage.* **2** world: *historia universal = world history.* ◆ **3 de fama** ~**,** world-famous, known all over the world.

universalidad *s. f.* universality.

universalmente *adv.* universally; all over the world.

universidad *s. f.* university.

universitario, -ria *adj.* **1** university: *estudios universitarios = university education.* • *s. m.* y *f.* **2** academic; student (estudiante); lecturer (profesor). **3** (EE UU) collegiate.

universo *s. m.* universe.

unívoco, -ca *adj.* **1** univocal. **2** MAT. one-to-one.

uno, una *adj. num.* **1** one: *una mesa = one table.* • *pron. ind.* **2** one: *¿tienes uno? = have you got one?* **3** you, one: *uno nunca sabe = one never knows.* **4** somebody; a man (hombre), a woman (mujer): *una que dice que te conoce = a woman who says she knows you.* • *s. m.* **5** one (la unidad): *el número uno = the number one.* **6** first: *el día uno de enero = the first of January.* • *s. f.* **7** one: *la una = one o'clock.* ◆ **8 a una,** all together, of one accord. **9 cada** ~**,** each one, everyone. **10 lo** ~ **por lo otro,** it comes to the same thing. **11 una de dos,** either one thing or the other. **12** ~ **a** ~**,** one by one. **13** ~ **mismo,** oneself. **14 unos/ unas, a)** some, a few: *hace unos meses = some months ago;* **b)** some, about, around (aproximadamente): *unas cinco horas = about five hours.* **15 unos cuantos,** a few, some.

untadura *s. f.* **1** smearing, greasing, oiling (acción de untar). **2** ointment (untura).

untar *v. t.* **1** to anoint, to rub, to smear (con ungüento). **2** (fig.) to bribe (sobornar). **3** to spread (mantequilla, etc.). • *v. pron.* **4** to smear oneself. **5** (fam.) to line one's pockets. ◆ **6** ~ **la mano a,** (fig.) to grease the palm of (sobornar).

unto *s. m.* **1** ointment (ungüento). **2** (Am.) polish (betún).

untuosidad *s. f.* **1** unctuousness. **2** greasiness, oiliness (grasa).

untuoso, -sa *adj.* **1** unctuous (empalagoso). **2** greasy, oily (graso); sticky (pegajoso).

untura *s. f.* ⇒ **untadura.**

uña *s. f.* **1** nail; fingernail (de la mano); toenail (del pie). **2** ZOOL. claw (garra, pezuña). **3** ZOOL. hoof (de caballo). **4** ZOOL. sting (de alacrán). **5** hook (de una herramienta). **6** MAR. fluke, bill (punta de ancla). **7** MEC. pallet. ◆ **8 a** ~ **de caballo,** (fig.) at full speed, at full gallop. **9 estar de uñas,** to be at daggers drawn. **10 largas uñas,** (Am. y fig.) thief. **11 ser** ~ **y carne,** to be inseparable, to be hand and glove.

uñada *s. f.* nailmark; nail scratch.

uñarada *s. f.* ⇒ **uñada.**

uñero *s. m.* **1** MED. whitlow. **2** ingrowing nail. • *pl.* **3** thumb index (en un libro).

uñetazo *s. m.* scratch.

uñir *v. t.* to yoke.

¡upa! *interj.* (fam.) upsadaisy!, up!

upar *v. t.* to lift up.

uperizar *v. t.* to UHT process.

uralita® *s. f.* ARQ. fibrocement.

uranio *s. m.* QUÍM. uranium.

Urano *s. m.* Uranus.

urbanamente *adv.* urbanely, politely.

urbanidad *s. f.* urbanity, politeness, good manners.

urbanismo *s. m.* ARQ. urbanism, town-planning.

urbanístico, -ca *adj.* **1** urban. **2** ARQ. town-planning.

urbanización *s. f.* **1** urbanization. **2** ARQ. development (de una ciudad). **3** new development; residential area; housing estate (area residencial).

urbanizar *v. t.* **1** to urbanize. **2** ARQ. to develop (terreno). **3** to civilize (personas).

urbano, -na *adj.* **1** urban: *población urbana = urban population.* **2** urbane, polite (cortés).

urbe *s. f.* large city, metropolis.

urdidura *s. f.* warping.

urdimbre *s. f.* **1** warp (de una tela). **2** (fig.) plot, scheme.

urdir *v. t.* **1** to warp. **2** (fig.) to plot (una conspiración, etc.). **3** (fig.) to invent.

urea *s. f.* FISIOL. urea.

uremia *s. f.* MED. (brit.) uraemia, (EE UU) uremia.

uréter *s. m.* ANAT. ureter.

uretra *s. f.* ANAT. urethra.

urgencia *s. f.* **1** urgency (estado, cualidad). **2** pressing need (necesidad concreta). **3** haste, rush (prisa). **4** MED. emergency. • *pl.* **5** accident and emergency (sección de hospital).

urgente *adj.* **1** urgent, pressing. **2** rush: *un trabajo urgente = a rush job.* **3** express: *una carta urgente = an express letter.* ◆ **4 correo** ~**,** express mail.

urgentemente *adv.* urgently.

urgir *v. i.* **1** to urge, to press (apremiar). **2** to be pressing, to be urgent (ser urgente).

úrico, -ca *adj.* FISIOL. uric.

urinario, -ria *adj.* **1** urinary. • *s. m.* **2** urinal (servicio público).

urna *s. f.* **1** urn. **2** glass case (de cristal). **3** POL. ballot box (electoral). **4** casket (para cenizas de los muertos). ◆ **5 acudir a las urnas,** POL. to go to the polls.

urogallo *s. m.* ZOOL. capercaillie.

urología *s. f.* MED. urology.

urólogo, -ga *s. m.* y *f.* MED. urologist.

urraca *s. f.* ZOOL. magpie.

urticaria *s. f.* MED. hives, nettlerash, urticaria.

Uruguay *s. m.* Uruguay.

uruguayo, -ya *adj./s. m.* y *f.* Uruguayan.

usado, -da **1** *p. p.* de **usar.** • *adj.* **2** used (utilizado). **3** worn, worn-out (gastado). **4** second-hand (ropa, coche, etc.). **5** (p.u.) accustomed, skilled.

usanza *s. f.* **1** usage, custom. ◆ **2 a la antigua** ~**,** in the old style.

usar *v. t.* **1** to use (utilizar). **2** to wear (llevar puesto). **3** (p.u.) to be in the habit of. • *v. i.* **4** ~ **de,** to make use of (hacer uso de). • *v. pron.* **5** to be used. **6** to be in use, to be in fashion (ropa). **7** to wear out, to become worn (gastarse).

usía *pron.* (arc.) your lordship (vuestra señoría).

uslero *s. m.* (Am.) rolling pin.

uso *s. m.* **1** use (empleo, manejo): *uso personal = personal use.* **2** usage, custom: *al uso de la época = according to the custom of the period.* **3** wear: *uso diario = everyday wear.* **4** practice, habit ostumbre). **5** enjoyment, use (usufructo). **6** DER. usage. ◆ **7 con el** ~**,** with wear. **8 en buen** ~**,** in good condition. **9 hacer** ~ **de la palabra,** to speak. **10 lengua de** ~**,** colloquial language, everyday usage. **11** ~ **de razón,** discernment. **12** ~ **externo,** MED. external application, external use.

usted *pron. pers.* you.

usual *adj.* **1** usual; customary, habitual. **2** ordinary, common.

usualmente *adv.* usually; ordinarily.

usuario, -ria *s. m.* y *f.* user.
usufructo *s. m.* DER. usufruct.
usufructuario, -ria *adj./s. m.* y *f.* usufruct-uary.
usura *s. f.* **1** usury. **2** profiteering (ganancia excesiva).
usurero, -ra *s. m.* y *f.* **1** usurer; loanshark. **2** (fig.) profiteer (aprovechado).
usurpación *s. f.* **1** usurpation. **2** encroachment (apropiación).
usurpador, -ra *adj.* **1** usurping. • *s. m.* y *f.* **2** usurper.
usurpar *v. t.* **1** to usurp: *usurpar el poder = to usurp power.* **2** (fig.) to encroach (derechos ajenos).
utensilio *s. m.* **1** utensil (de cocina). **2** tool, implement (herramienta): *utensilios de jardinería = gardening tools.* **3** material (artículo): *utensilios de escritorio = office materials.*
uterino, -na *adj.* ANAT. uterine.
útero *s. m.* ANAT. uterus, womb.
útil *adj.* **1** useful, profitable, helpful, handy. **2** usable (utilizable). **3** MIL. fit (apto, capacitado). • *s. m.* **4** utensil (de cocina); tool, implement (herramienta). ◆ **5 día** ~, weekday, working day. **6 útiles,** set of tools; instruments; implements.
utilidad *s. f.* **1** usefulness, utility. **2** profit, benefit (beneficio). **3** ECON. utility. • *pl.* **4** FIN. profits.
utilería *s. f.* (Am.) props (pl.).
utilitario, -ria *adj.* **1** utilitarian. **2** utility: *coches utilitarios = utility vehicles.* • *s. m.* **3** utility car.
utilitarismo *s. m.* utilitarianism.
utilizable *adj.* **1** useable, utilizable, usable. **2** fit for use, ready for use. **3** serviceable, available.
utilización *s. f.* use, utilization.
utilizar *v. t.* **1** to use, to utilize, to make use of. **2** TEC. to harness (energía, recursos naturales, etc.).
utillaje *s. m.* set of tools, instruments.
útilmente *adv.* usefully.
utopía *s. f.* utopia.
utópico, -ca *adj.* utopian.
utopista *adj.* Utopian.
uva *s. f.* **1** BOT. grape. ◆ **2 estar de mala** ~**,** (fam.) to be in a bad mood. **3** ~ **pasa,** raisin. **4 tener mala** ~**,** to be a nasty piece of work.
uve *s. f.* **1** name of the letter v. ◆ **2 escote en** ~**,** V-neck.
UVI (siglas de **Unidad de Vigilancia Intensiva**) *s. f.* intensive care unit (ICU).
úvula *s. f.* ANAT. uvula.
uvular *adj.* ANAT. uvular.
¡uy! *interj.* oh!
Uzbekistán *s. m.* Uzbekistan.
uzbeko, -ka *adj./s. m.* y *f.* Uzbek.

v, V *s. f. v, V* (vigésimotercera letra del alfabeto español).
vaca *s. f.* **1** cow. **2** cowhide (cuero). **3** GAST. beef. ◆ **4** ~ **marina,** ZOOL. sea-cow, manatee. **5 vacas flacas,** lean years. **6 vacas gordas, a)** period of prosperity; **b)** (fam.) boom.
vacación *s. f.* **1** vacation, holiday. ● *pl.* **2** holidays. ◆ **3 estar de vacaciones,** to be on holiday(s). **4 tomarse vacaciones,** to take a day off, to take a holiday(s).
vacada *s. f.* herd of cows.
vacante *adj.* **1** empty (lugares y espacios). **2** unfilled, vacant (post). ● *s. f.* **3** vacancy, vacant post: *cubrir una vacante = to fill a post.*
vacar *v. i.* **1** to become vacant. **2** to fall vacant. **3** to remain unfilled.
vaciar *v. t.* **1** to empty (out): *vaciar los bolsillos = to empty out one's pockets.* **2** to drain, to pour (líquidos). **3** to grind, to sharpen (cuchillos y herramientas).
vaciedad *s. f.* (fig.) silliness, piece of nonsense (tontería).
vacilar *v. i.* **1** to be unsteady, to wobble (tambalearse). **2** to totter, to stumble (al caminar). **3** to falter (al hablar). **4** to flicker (una llama). **5** (fig.) to hesitate, to vacillate (titubear, dudar): *vacilar entre dos opciones = to hesitate between two options.* **6** (fam.) to show off (jactarse). **7** (fam.) to take the mickey (bromear). ● *v. t.* **8** (fam.) to take the mickey (out of someone).
vacío, -a *adj.* **1** empty. **2** unfilled. **3** (fig.) vain, frivolous. ● *s. m.* **4** FÍS. vacuum. **5** void, empty space, gap (sin nada que ocupe un espacio). ◆ **6 caer en el** ~, to fall flat, to be ineffective. **7 de** ~, empty. **8 envasado al** ~, vacuum-packed. **9 hacer el** ~ **a alguien,** to pretend that someone does not exist, to cut somebody dead. **10 marcharse de** ~, to go away empty-handed.
vacunar *v. t.* **1** to vaccinate. **2** (fig.) to immunize: *estoy vacunado contra los pesados = I am immunized against bores.*
vacuno, -na *adj.* **1** bovine. **2** cattle (ganado). ● *s. f.* **3** vaccine. **4** (Am.) vaccination.
vacuo, -cua *adj.* **1** empty. **2** vacant. **3** (fig.) frivolous, superficial, vacuous. ● *s. m.* **4** hollow (objeto desprovisto de materia). **5** gap (espacio material).
vadeable *adj.* **1** fordable, which can be forded. **2** (fig.) surmountable.
vadear *v. t.* **1** to ford (un río). **2** to wade across, to wade through: *cruzar un río vadeando = to wade across a river.*
vademécum *s. m.* **1** handbook (libro). **2** satchel, case (cartera).
vado *s. m.* **1** ford. **2** (fig.) way out.
vagabundear *v. i.* **1** to wander, to roam (sin rumbo). **2** to idle (ociosamente).
vagabundo, -da *adj.* **1** wandering (errante). **2** (desp.) vagrant, vagabond. ● *s. m.* y *f.* **3** tramp, (EE UU) bum. **4** wanderer.
vagamente *adv.* **1** vaguely, not clearly. **2** in a lazy manner (con pereza).
vagancia *s. f.* **1** idleness. **2** laziness (por gusto). **3** DER. vagrancy.
vagar *v. i.* **1** to idle, to loiter. **2** to laze about (por pereza). **3** to wander (sin dirección).
vagido *s. m.* **1** wail (del recién nacido). **2** cry (del niño).
vagina *s. f.* ANAT. vagina.
vaginal *adj.* vaginal.
vaginismo *s. m.* MED. vaginism.
vago, -ga *adj.* **1** ART. blurred. **2** ill-defined (en sus formas). **3** vague (plan). **4** indistinct. **5** lazy (perezoso). ● *s. m.* y *f.* **6** idler, slacker, good-for-nothing. ● *s. m.* **7** ANAT. vagus (nervio neumogástrico).
vagón *s. m.* **1** coach, carriage (para pasajeros). **2** truck, wagon, van (para mercancías). ◆ **3** ~ **cisterna,** tanker, tank wagon. **4** ~ **de ganado,** cattle truck. **5** ~ **directo,** through carriage. **6** ~ **de mercancías,** goods van; (EE UU) freight car. **7** ~ **de primera,** first-class carriage. **8** ~ **de segunda,** second-class carriage. **9** ~ **restaurante,** dining car.
vagoneta *s. f.* light truck.
vaguada *s. f.* **1** water course, stream bed. **2** lowest part of a valley (la parte más honda de un valle).
vaguear *v. i.* ⇒ **vagar.**
vaguedad *s. f.* **1** vagueness (de contenido). **2** indistinctness (de imagen). **3** indeterminacy (carácter incierto, dudoso). ◆ **4 hablar sin vaguedades,** to get straight to the point. **5 una** ~, a vague remark, a woolly idea.
vaharada *s. f.* **1** puff (de humo). **2** breath (aliento). **3** whiff (soplo). **4** reek (mal olor).
vahído *s. m.* **1** dizzy spell, dizziness (mareo). **2** vertigo.
vaho *s. m.* **1** breath (aliento). **2** vapour, steam (vapor): *hay vaho en las ventanas = the windows are steamed up.* ● *pl.* **3** MED. inhalation. **4** fumes (emanaciones).
vaina *s. f.* **1** sheath (funda). **2** scabbard (de espada). **3** case (de herramientas). **4** BOT. pod, husk, shell. **5** (Am.) nuisance, troublesome thing (molestia). **6** (fam.) fluke, piece of luck (golpe de suerte). **7** (Am. y vulg.) screw. **8** (Am.) thing, knick-knack (cosa). ● *adj.* (Am. y fam.) **9** annoying. ● *s. m.* y *f.* **10** good for nothing.
vainica *s. f.* hemstitch (tipo de punto en costura).
vainilla *s. f.* vanilla.
vaivén *s. m.* **1** swinging (oscilación de un péndulo). **2** swaying (balanceo). **3** rocking (de mecedora, tren). **4** to-and-fro movement (de acá para allá). **5** lurch (movimiento brusco y repentino). **6** seesaw (de columpio). **7** (fig.) change of fortune (avatar).
vajilla *s. f.* **1** crockery. **2** china (de porcelana). **3** dishes: *una vajilla = a dinner service.*
val *s. m.* valley.
OBS. Se usa en composición de palabras: *Valdecaballeros.*
vale *s. m.* **1** voucher, receipt (recibo). **2** promisory note (pagaré). **3** (Am. y fam.) mate (compañero). **4** warrant (garantía).
valedor, -ra *s. m.* y *f.* **1** protector. **2** sponsor (patrocinador). **3** supporter (defensor).
valencia *s. f.* **1** QUÍM. valency.
valenciano, -na *s. m.* y *f.* **1** Valencian. ● *s. m.* **2** LING. Valencian. ● *adj.* **3** Valencian, from Valencia.
valentía *s. f.* **1** bravery, courage. **2** boldness (atrevimiento). ◆ **3** resoluteness (decisión). **4** (desp.) boastfulness. ◆ **5 un acto de** ~, an act of courage.

valentón, -na *s. m.* y *f.* **1** braggart (fanfarrón). **2** bluster, bully (bravucón).

valentonada *s. f.* **1** brag, piece of bluster. **2** boast (con chulería). **3** arrogant act.

valer *v. t.* **1** to be worth, to cost (costar): *esta casa vale un montón = this house is worth a great deal.* **2** to help, to aid (ayudar): *no le valió que su padre fuera el jefe = the fact that his father was the boss didn't help him.* **3** to earn (suponer): *esta táctica les valió la derrota = this move resulted in their defeat; su comportamiento le valió una paliza = his behaviour earned him a beating; mi ensayo me valió un premio = my composition won me a prize.* **4** to deserve: *esta noticia bien vale un brindis = this news certainly deserves a toast.* **5** to be worth, to count as: *las figuras valen diez puntos = the picture cards are worth ten points.* • *v. i.* **6** to be useful, to be of use: *esto no me vale = this is no use to me.* **7** to be worth (persona): *él vale mucho = he's worth a lot.* • *v. pron.* **8** to make use of: *me valí de mi carnet de policía para entrar = I used my police ID to get in.* • *s. m.* **9** worth, value (valor).

valeriana *s. f.* valerian.

valerosamente *adv.* bravely, valiantly, courageously.

valerosidad *s. f.* courage, valiance, bravery.

valeroso, -sa *adj.* brave, valiant, courageous.

valía *s. f.* **1** value, worth. **2** value, merit (de personas).

valido, -da *s. m.* y *f.* favourite (real).

válido, -da *adj.* **1** valid: *válido hasta junio = valid until June.* **2** useful (útil). **3** MED. fit, robust, strong. **4** apt (apropiado); suitable (adecuado).

valiente *s. m.* y *f.* **1** brave man (hombre), brave woman (mujer). • *adj.* **2** brave. **3** valiant. **4** bold (osado). **5** (desp.) boastful; blustering. **6** (fig.) excellent, noble, strong. **7** (fig. y fam.) fine: *¡valiente amigo! = a fine friend you are!* ◆ **8** (fig. y fam.) **¡~ hombre!,** some man!

valija *s. f.* **1** case. **2** valise (portamantas). **3** satchel (cartera). **4** mail bag (correos). ◆ **5 ~ diplomática,** diplomatic bag.

valimiento *s. m.* **1** value. **2** benefit. **3** POL. favour, protection, status of the royal favourite.

valla *s. f.* **1** fence (cerca). **2** palisade (empalizada). **3** MIL. barricade, stockade (barricada). **4** (fig.) obstacle, hindrance (estorbo); barrier, limit. **5** DEP. hurdle: *100 metros vallas = 100 metres hurdles.* **6** (Am.) cockpit (para peleas de gallos). ◆ **7 saltarse las vallas,** to disregard the social conventions, to do away with social niceties. **8 romper las vallas,** to burst through the barriers of convention. **9 ~ para nieves,** snow fence. **10 ~ publicitaria,** hoarding, billboard.

valladar *s. m.* **1** (fig.) defence. **2** barrier.

vallado *s. m.* **1** fence (cerca). **2** defensive wall.

vallar *v. t.* **1** to fence. **2** to put a fence round. **3** to enclose.

valle *s. m.* **1** vale, valley, dale. ◆ **2 ~ de lágrimas,** valley of tears.

valor *s. m.* **1** value. **2** worth. **3** price (precio). **4** importance (importancia). **5** meaning (sentido): *el valor de las palabras = the meaning of words.* **6** bravery, courage, nerve (valentía): *tuvo el valor de hacerlo = he had the nerve to do it.* **7 valores,** FIN. securities (títulos); bonds (obligaciones); stock (capital). **8** credit (credibilidad): *no doy valor a sus palabras = I do not give credit to his words.* ◆ **9 armarse de ~,** to pluck up courage. **10 ¡qué ~!,** of all the cheek! what a nerve! **11 quitar** o **restar ~ a,** to minimize the importance of. **12 por ~ de,** to the value of. **13 tener más ~ que el Guerra,** to not be afraid of anything. **14 ~ adquisitivo,** purchasing power. **15 ~ alimenticio,** food value nutritional value. **16 ~ nominal,** nominal value, par value, (acciones). **17 valores en cartera,** holdings, investments, portfolio. **18 valores fiduciarios,** banknotes. **19 valores inmuebles,** real estate.

valorar *v. t.* **1** to value. **2** to price. **3** to assess: *valoraron la casa en 50.000 libras = they assessed the house at 50,000 pounds.* **4** to estimate (calcular el valor). **5** to rate (en escala numérica). **6** QUÍM. to titrate.

valorizar *v. t.* ⇒ **valorar.**

vals *s. m.* waltz.

valuar *v. t.* **1** (fig.) to price. **2** to assess (tasar). **3** to rate (en escala).

valva *s. f.* valve.

válvula *s. f.* **1** MEC. valve. **2** ANAT. valve (de las venas). ◆ **3 ~ de admisión,** inlet valve. **4 ~ de escape,** exhaust valve. **5 ~ de mariposa,** butterfly valve. **6 ~ de purga,** vent. **7 ~ de seguridad,** safety valve. **8 ser una ~ de escape** o **servir de ~ de escape,** (fig.) to act as a safety valve.

vampiresa *s. f.* vamp (mujer fatal).

vampiro *s. m.* **1** ZOOL. vampire. **2** (fig.) exploiter. **3** blood sucker, vampire (espíritu maligno).

vanagloria *s. f.* vainglory.

vanagloriarse *v. i.* **1** to boast. **2** to be arrogant. ◆ **3 ~ de,** to boast of.

vandálico, -ca *adj.* **1** vandalic. **2** (fig.) loutish, destructive.

vandalismo *s. m.* vandalism.

vándalo, -la *s. m.* y *f.* **1** HIST. vandal. **2** (fig.) vandal, brute.

vanguardia *s. f.* **1** MIL. vanguard: *soldados de vanguardia = soldiers of the vanguard.* **2** ART. avant-garde. **3** van, forefront: *ir a la vanguardia del progreso = to be at the forefront of progress.*

vanguardismo *s. m.* avant-gardism.

vanidad *s. f.* **1** vanity. **2** futility (inutilidad). **3** (fig.) illusion. ◆ **4 hacer algo por pura ~,** to do something out of sheer vanity. **5 alargar la ~ de uno,** to play up someone's vanity.

vanidoso, -sa *s. m.* y *f.* **1** vain person. • *adj.* **2** vain. **3** conceited (presumido). **4** smug.

vano, -na *adj.* **1** vain. **2** useless: *esfuerzos vanos = useless efforts.* **3** groundless, unfounded. **4** frivolous. ◆ **5 en ~,** in vain. **6 promesas vanas,** empty promises.

vapor *s. m.* **1** vapour, (EE UU) vapor (de agua). **2** steam (vaho). **3** MAR. steamer, steamship (barco). **4** mist. **5** fumes. ◆ **6 a todo ~,** at full steam. **7 caldera de ~,** steam boiler. **8 máquina de ~,** steam engine. **9 patatas al ~,** steamed potatoes. **10 ~ de ruedas,** paddle steamer. **11 vapores,** MED. vapours, hysteria.

vapora *s. f.* **1** steam launch. **2** (Am.) steam engine.

vaporización *s. f.* vaporization.

vaporizador *s. m.* **1** vaporizer. **2** (fam.) spray.

vaporoso, -sa *adj.* **1** vaporous, steamy, misty (atmosférico). **2** steaming (procedente de agua en ebullición). **3** light (tela). **4** airy (estilo). **5** sheer (transparente).

vapulear *v. t.* **1** to beat (personas, alfombras). **2** to thrash, to give a thrashing to: *vapulear a alguien = to give someone a thrashing.* **3** (fig.) to slate (criticar).

vapuleo *s. m.* **1** beating, hiding. **2** thrashing.

vaquería *s. f.* **1** cowshed (establo). **2** dairy (central lechera, lechería). **3** herd of cows (manada de vacas).

vaquerizo, -za *s. m.* y *f.* cowherd.

vaquero, -ra *adj.* **1** cattle. • *s. m.* **2** cowboy (hombre), cowgirl (mujer) (del Oeste). **3** cowhand (pastor). **4** (Am.) whip. • *pl.* **5** jeans.

vara *s. f.* **1** stick (palo). **2** pole (poste). **3** rod (caña). **4** MEC. rod. **5** BOT. branch, twig (rama desprovista de hojas). **6** main stalk (tallo). **7** MAT. yard (0,836 m.). **8** pike, lance (en tauromaquia): *poner varas = to wound with a lance.* **9** MÚS. slide (de trombón). ◆ **10 poner varas al toro,** to wound the bull with the lance. **11 ~ de medir,** yardstick. **12 ~ de San José,** golden rod. **13 ~ mágica,** magic wand.

varadero *s. m.* **1** MAR. skid. **2** MAR. dry dock (muelle seco).

varadura *s. f.* **1** running aground (encalladura). **2** beaching.

varal *s. m.* **1** long pole (poste). **2** stout stick. **3** frame work of poles (vara donde se encajan los travesaños de los costados de los carros). **4** shaft (en carruajes). **5** ART. batten. **6** (fam.) thin person, beanpole.

varapalo *s. m.* **1** long pole. **2** blow with a stick (golpe con un palo). **3** blow, setback (contratiempo).

varar *v. t.* **1** MAR. to beach (poner en seco). • *v. i.* **2** to run aground (encallar). **3** to drop anchor (anclar).

varea *s. f.* beating (árboles).

vareador, -ra *s. m.* y *f.* beater (de árboles).

varear *v. t.* to beat.

vareo *s. m.* knocking down (de frutos).
varetazo *s. m.* sideways butt (en tauromaquia).
variabilidad *s. f.* variability.
variable *adj.* **1** variable. **2** changeable (inestable). • *s. f.* **3** MAT. variable.
variación *s. f.* **1** MÚS. variation. **2** change.
variado, -da *adj.* **1** varied. **2** mixed (mezclado). **3** assorted (surtido).
variante *s. f.* **1** variation (variación). **2** variant (ortográfica). **3** bypass, branch road (carretera). **4** draw or away win (en quinielas). • *s. m. pl.* **5** pickles (encurtidos).
variar *v. t.* **1** to vary: *variar el menú = to vary the menu.* **2** to change round (de posición). **3** MAT. to vary. • *v. i.* **4** to differ (ser diferente). **5** to change: *el viento ha variado = the wind has changed.* **6** to vary: *sus respuestas varían = his answers vary.* ♦ **7 para ~,** (hum.) for a change, as usual. **8 ~ de opinión,** to change one's mind.
varice *s. f.* ⇒ **variz.**
varicoso, -sa *adj.* varicose.
variedad *s. f.* **1** variety show (espectáculo). **2** BIOL. variety. **3** variation. ♦ **4 en la ~ está el gusto,** variety is the spice of life.
varilla *s. f.* **1** stick. **2** BOT. twig. **3** wand (mágica). **4** MEC. rod. **5** spoke (de rueda). **6** stay (de corset). **7** rib (de paraguas). **8** ANAT. jawbone. **9** (Am.) small wares, trinkets.
vario, -ria *adj.* **1** varied. **2** variegated (color). **3** mottled (multicolor). **4** varying, variable, changeable. **5** (fig.) fickle (voluble). • *pl.* **6** several, some, a number of.
variopinto, -ta *adj.* colourful; of all kinds, diverse, motley.
varón *s. m.* **1** man. **2** male (masculino). **3** adult male (adulto). **4** (fig.) worthy man. **5** (Am.) beam, timber. ♦ **6 esclarecidos varones,** great men. **7 ¡santo ~!,** saint.
varonía *s. f.* **1** male issue. **2** male descent.
vasallaje *s. m.* **1** HIST. vassalage. **2** subjection, servitude. ♦ **3 rendir ~,** to pay homage.
vasallo *s. m.* **1** vassal. **2** subject (un súbdito).
vasco, -ca *s. m.* y *f.* **1** Basque (el nativo y lengua). ♦ **2 País Vasco,** Basque Country.
vascongado, -da *adj.* ⇒ **vasco.**
vascuence *s. m.* Basque.
vascular *adj.* vascular.
vasectomía *s. f.* vasectomy.
vaselina *s. f.* **1** vaseline. **2** petroleum jelly.
vasija *s. f.* **1** vessel. **2** urn.
vaso *s. m.* **1** glass. **2** tumbler (vaso alto). **3** glassful (medida). **4** ANAT. vessel, tube, duct. **5** MEC. grease cup. ♦ **6 ahogarse en un ~ de agua,** to get worked up about nothing. **7** MED. **~ capilar,** capillary. **8** FÍS. **vasos comunicantes,** communicating vessels. **9 ~ sanguíneo,** ANAT. blood vessel.
vasoconstrictor, -ra *adj.* y *s. m.* vasoconstrictor.
vasodilatador, -ra *adj.* y *s. m.* vasodilator.
vástago *s. m.* **1** BOT. shoot. **2** BOT. sprout (brote). **3** BOT. bud (yema). **4** MEC. rod, stem. **5** (fam.) scion, offspring. **6** (Am.) trunk of the banana tree. ♦ **7 ~ de émbolo,** piston rod. **8 ~ de perforación,** drill stem.
vastedad *s. f.* vastness, immensity.
vasto, -ta *adj.* **1** vast, huge, immense, large: *un vasto territorio = a vast land.*
vate *s. m.* poet, bard.
váter *s. m.* **1** (fam.) toilet (sanitario). **2** (brit.) toilet, (EE UU) bathroom (cuarto).
Vaticano *s. m.* Vatican.
vaticinar *v. t.* **1** to prophesy. **2** to foretell.
vatio *s. m.* watt (unidad).
vaudeville *s. m.* **1** comedy. **2** vaudeville (espectáculo de variedades).
vecinal *adj.* **1** neighbouring. **2** adjacent.
vecindad *s. f.* **1** neighbourhood (vecinos). **2** vicinity (inmediaciones). **3** tenement (casa de vecindad).
vecindario *s. m.* **1** neighbourhood. **2** local comunity. **3** residents. **4** population (población). **5** inhabitants.
vecino, -na *s. m.* y *f.* **1** neighbour: *los vecinos de al lado = the next-door neighbours.* **2** resident: *asociación de vecinos = residents' association.* **3** inhabitant: *un pueblo de 300 vecinos = a village of 300 inhabitants.* • *adj.* **4** neighbouring. **5** adjacent. **6** adjoining: *terrenos vecinos = adjoining plots of land.* **7** nearby. ♦ **8 cualquier hijo de ~,** anyone, every mother's son. **9 en el pueblo ~,** in the next village. **10 es mi ~,** he lives next door. **11 una vecina de la calle...,** a woman who lives in... street.
vector *s. m.* vector.
veda *s. f.* **1** (brit.) close season, (EE UU) closed season (periodo). **2** prohibition (prohibición). ♦ **3 levantamiento de la ~,** opening of the season.
vedado *s. m.* **1** preserve. ♦ **2 cazar en ~,** to poach, to hunt illegally.
vedar *v. t.* **1** to prohibit. **2** to forbid. **3** to ban (proscribir). **4** to veto.
vedette *s. f.* cabaret star.
vega *s. f.* **1** fertile plain. **2** rich lowland area. **3** water meadow (prado). **4** (Am.) tobacco plantation. **5** GEOG. stretch of alluvial soil.
vegetación *s. f.* **1** vegetation. **2** growth. • *f. pl.* **3** MED. adenoids.
vegetal *adj.* y *s. m.* **1** plant, vegetable. ♦ **2 reino ~,** the vegetable kingdom.
vegetar *v. i.* to vegetate (plantas y personas).
vegetarianismo *s. m.* vegetarianism.
vegetariano, -na *adj./s. m.* y *f.* vegetarian.
vegetativo, -va *adj.* vegetative.
vehemencia *s. f.* **1** vehemence, passion; impetuosity. **2** violence.
vehemente *adj.* **1** vehement, passionate (apasionado); impetuous. **2** violent.
vehículo *s. m.* **1** vehicle. **2** (fig.) transmitter (transmisor). ♦ **3 ~ espacial,** spacecraft.
veinte *num.* **1** twenty: *veinte personas = twenty people; siglo XX = twentieth century.* ♦ **2 los años ~,** the twenties. **3 unos ~,** some twenty, about twenty.
veinteavo *adj.* twentieth.
vejación *s. f.* ⇒ **vejamen.**
vejamen *s. m.* **1** satire. **2** vexation. **3** humiliation. **4** satirical composition. **5** taunt (mofa).
vejatorio, -ra *adj.* **1** humiliating (las condiciones de vida). **2** hurtful. **3** offensive, vexatious.
vejestorio *s. m.* **1** old chap (viejo). **2** (fam.) old boy, old crock.
vejez *s. f.* **1** old age. ♦ **2 los males de la ~,** the ills of old age. **3 se hizo famoso en la ~,** he became famous in his old age.
vejiga *s. f.* **1** ANAT. bladder. **2** blister. ♦ **3 ~ de la bilis,** gall bladder. **4 ~ natatoria,** air bladder, swim bladder.
vela *s. f.* **1** MAR. sail: *el deporte de la vela = sailing.* **2** candle (cirio). **3** vigil (vigilia). **4** watch (de un difunto). **5** night work (trabajo nocturno). ♦ **6 aguantar la ~,** (Am.) to face the music. **7 a toda ~,** under full sail. **8 barco de ~,** sailing boat. **9 encender una ~ a Dios y otra al diablo,** to run with the hare and hunt with the hounds. **10 estar a dos velas,** to be broke. **11 izar velas,** to set sails. **12 no tener ~ en un entierro,** to have no say in the matter. **13 pasar la noche en ~,** to have a sleepless night, not to get a wink of sleep all night. **14 ¿quién te dio ~ en este entierro?,** who asked you to poke your nose in? **15 recoger velas,** to back down. **16 ser más derecho que una ~,** to be as straight as a die. **17 ~ mayor,** MAR. main sail. **18 velas** (fam.) mucus, snot (en la nariz).
velado, -da *adj.* **1** veiled (cubierto con velo). **2** FOT. blurred, fogged. **3** muffled (voz). ♦ **4 ojos velados por las lágrimas,** eyes veiled by tears. **5 velada alusión,** veiled reference. • *s. f.* **6** evening party. **7** social gathering. ♦ **8 pasar una buena velada,** to spend a pleasant evening. **9 velada musical,** musical evening.
velador, -ra *s. m.* y *f.* **1** watchman (vigilante), caretaker. • *s. m.* **2** HIST. sentinel. **3** candlestick (candelero). **4** pedestal table, night table (mueble). **5** (Am.) lampshade, night light. **6** (Am.) bedside table.
velamen o **velaje** *s. m.* **1** MAR. sails. **2** canvas (toldo). **3** ANAT. velamen.
velar *v. t.* **1** to watch, to keep watch over (vigilar). **2** to sit up with, to stay by the side of (gente enferma). **3** (Am.) to look covetously at. **4** (fig.) to veil, to hide (disimular). **5** FOT. to blur, to fog. **6** ART. to glaze. • *v. i.* **7** to stay awake (no dormir). **8** to stay

up (no acostarse). **9** to keep watch over (vigilar). **10** REL. to keep vigil. **11** (fig.): ~ **por,** to watch over, to look after. **12** to work late. • *adj.* **13** LING. velar. ♦ **14 no hay quien vele por sus intereses,** there's no one to watch over her interests. **15** ~ **a un cadáver,** to stand vigil over a corpse. **16** ~ **armas,** to carry out the vigil of arms. **17** ~ **por el cumplimiento de la ley,** to make sure that the laws are obeyed. **18** ~ **por la salud de uno,** to watch over one's health, to look after one's health. **19** ~ **porque se haga algo,** to see to it that something is done, to ensure that something is done.

velarización *s. f.* velarization.

velatorio *s. m.* funeral wake.

velcro® *s. m.* Velcro®.

veleidad *s. f.* **1** capriciousness; whim (antojo). **2** unpredictability. **3** fickleness (versatilidad).

velero, -ra *adj.* **1** sailing. • *s. m.* **2** MAR. sailing ship, sailing boat. **3** AER. glider. **4** sailmaker (constructor). • *s. m.* y *f.* **5** chandler (fabricante de velas de cera).

veleta *s. f.* **1** weather vane, weather cock. **2** float (de una caña de pescar). **3** (fig. y fam.) fickle person, inconstant person.

vello *s. m.* **1** ANAT. down, fuzz (pelusa). **2** bloom (en la fruta). **3** nap (en la ropa).

vellocino *s. m.* **1** fleece. ♦ **2** ~ **de oro,** golden fleece.

vellosidad *s. f.* **1** downiness. **2** fluffiness (que tiene mucha pelusa), fuzziness. **3** hairiness.

velloso, -sa *adj.* hairy, fuzzy, fluffy.

velo *s. m.* **1** veil, light covering. **2** (fig.) shroud, film. **3** FOT. fog, veiling. **4** ANAT. velum. ♦ **5 correr un tupido** ~ **sobre algo,** to draw a veil over something, to hush something up. **6 tomar el** ~, to become a nun, to take the veil. **7** ~ **de novia,** bride's veil. **8** ~ **del paladar,** soft palate.

velocidad *s. f.* **1** speed, velocity. **2** gear (marcha de un coche): *tiene 5 velocidades = it has got five gears.* **3** rate (ritmo): *velocidad de trabajo = rate of work.* ♦ **4 a gran** ~, at high speed. **5 ¿a qué** ~ **ibas?,** what speed were you doing? **6 confundir la** ~ **con el tocino,** not to know one's left hand from one's right. **7 de alta** ~, high speed. **8 disminuir la** ~, to slow down, to reduce speed. **9 exceder el límite de** ~, to exceed the speed limit. **10 meter la segunda** ~, to change into second gear. **11 primera** ~, low gear. **12 segunda** ~, second gear. **13** ~ **de crucero,** cruising speed. **14** ~ **limitada,** speed limit. **15** ~ **punta,** top speed, maximum speed.

velocímetro *s. m.* speedometer.

velocípedo *s. m.* velocipede.

velocista *s. m.* y *f.* sprinter.

velódromo *s. m.* cycle track, velodrome.

velomotor *s. m.* moped, small motorcycle.

velorio *s. m.* **1** (fam.) dull party, flat affair. **2** wake, vigil (velatorio). **3** REL. taking of the veil (de una monja).

veloz *adj.* **1** fast (automóviles). **2** quick (referente al modo de actuar). **3** swift (repentino).

vena *s. f.* **1** ANAT. vein. **2** MIN. seam, lode. **3** grain (en piedra). **4** BOT. vein, rib. **5** GEOG. underground stream. **6** (fig.) mood, disposition: *coger a uno en vena = to catch someone in the right mood.* **7** (fig.) talent, promise: *tiene vena de escritor = he shows a talent for writing.* ♦ **8 darle a uno la** ~ **de hacer algo,** to take it into one's head to do something. **9 estar en** ~ **para hacer algo,** to be in the mood for doing something. **10** (fig. y fam.) **trabajar con venas,** to work in fits and starts. **11** ANAT. ~ **porta,** portal vein. **12** ~ **de loco,** a streak of madness. **13** ANAT. ~ **cava,** vena cava.

venablo *s. m.* **1** javelin (jabalina). **2** dart (dardo). **3 echar venablos por la boca,** to burst out angrily, to roar with anger.

venado *s. m.* **1** deer (macho o hembra), stag (macho), doe (hembra). **2** GAST. venison. **3** (Am.) deerskin (cornudo). **4** (Am.) whore. ♦ **5** (Am.) **correr el** ~, to play truant.

venal *adj.* **1** venal, purchasable. **2** ANAT. venous. **3** (desp.) venal, corrupt.

venalidad *s. f.* venality, corruptness.

vencedor, -ra *adj.* **1** victorious. **2** winning, successful (triunfador). • *s. m.* y *f.* **3** winner. **4** victor, conqueror.

vencejo *s. m.* **1** ZOOL. swift. **2** AGR. straw plait, string (para atar gavillas).

vencer *v. t.* **1** to defeat (al enemigo). **2** to conquer (conquistar). **3** (lit.) to vanquish. **4** DEP. to beat. **5** to overcome (dificultades); to surmount (obstáculos). **6** to master, to control (pasiones). **7** to outdo (superar): *vencer a uno en algo = to outdo someone in something.* • *v. i.* **8** to win (ganar). **9** to triumph. **10** to fall due (una factura): *la factura vence mañana = the bill falls due tomor-row.* **11** (fig.) to succeed (tener éxito). **12** to expire (un plazo). ♦ **13 dejarse** ~, to give in, to yield. **14 divide y vencerás,** divide and conquer. **15 le venció el sueño,** sleep overcame him. **16 no dejarse** ~, not to give in, not to let oneself be beaten. **17 ¡venceremos!,** we shall win!, we shall overcome! **18** ~ **una cima,** to conquer a summit. **19** ~ **una distancia,** to cover a distance.

vencido, -da *adj.* **1** beaten. **2** defeated (derrotado). **3** losing (que pierde). **4** due (un pagaré). **5** falling due (deuda). **6** expired (plazo). ♦ **7 ¡ay de los vencidos!,** woe betide the conquered! **8 darse por** ~, to admit defeat. **9 los vencidos,** the conquered, the vanquished. **10 pagar por meses vencidos,** to pay by the month in arrears.

vencimiento *s. m.* **1** falling due (de una deuda). **2** breaking, snapping (por un peso). **3** overcoming, surmounting (de un obstáculo o una dificultad). **4** maturity (de un bono). **5** expiration (de un plazo).

venda *s. f.* **1** bandage (de gasa). **2** band, fillet (de cabeza). ♦ **3 se le cayó la** ~ **de los ojos,** he had his eyes opened. **4 quitar a alguien la** ~ **de los ojos,** to open someone's eyes.

vendaje *s. m.* **1** dressing, bandaging. ♦ **2** ~ **provisional,** first-aid bandage.

vendar *v. t.* **1** to bandage, to dress (una herida). **2** to cover, to put a blindfold over (los ojos). **3** (fig.) to blind, to hoodwink. ♦ **4 tener los ojos vendados,** to be blindfolded; (fig.) to go around with one's eyed closed. **5** ~ **los ojos a alguien,** to blindfold someone.

vendaval *s. m.* **1** gale, strong wind. **2** hurricane (huracán). **3** (fig.) storm.

vendedor, -ra *s. m.* y *f.* **1** seller. **2** sales assistant, shop assistant (en una tienda). **3** sales representative; salesman (hombre), saleswoman (mujer) (en una empresa). **4** ~ **ambulante,** (EE UU) hawker, peddler.

vender *v. t.* **1** to sell: *vendió su casa vieja = he sold his old house.* **2** to market (comercializar): *están empezando a vender un producto nuevo = they are marketing a new product.* **3** (fig.) to betray, (fam.) to sell down the river, to shop (traicionar): *vender a un amigo = to betray a friend.* ♦ **4 no se vende,** not for sale. **5 se vende,** for sale. **6 se vende piso,** flat for sale. **7** ~ **al contado,** to sell for cash. **8** ~ **al por mayor,** to sell wholesale, to wholesale. **9** ~ **al por menor,** to retail. **10** ~ **a plazos,** to sell on credit. **11** ~ **cara la vida,** to sell one's life dearly. **12** ~ **caro,** to sell at high price. **13** ~ **de contrabando,** to sell illegally. **14** ~ **en pública subasta,** to auction, to sell at auction. **15** ~ **por las casas,** to sell from door to door. **16** ~ **salud,** to be glowing with health.

vendible *adj.* saleable, marketable.

vendimia *s. f.* **1** grape harvest, wine harvest. **2** vintage (recolección): *la vendimia de 1973 = the 1973 vintage.* **3** (fig.) big profit, killing.

vendimiar *v. t.* **1** to harvest (cosechar). **2** to pick, to gather (uvas). **3** (fig. y vulg.) to bump off (cargarse a): *se vendimió al jefe = he bumped his boss off.*

veneno *s. m.* **1** poison (químico o vegetal): *el cianuro es un veneno potente = cyanide is a powerful poison.* **2** venom (procedente de un animal). **3** (fig.) venom: *tus palabras destilan veneno = your words are full of venom.*

venenoso, -sa *adj.* **1** poisonous: *hay setas venenosas = there are some poisonous mushrooms.* **2** venomous, poisonous: *una serpiente venenosa = a poisonous snake.* **3** (fig.) venomous: *sus palabras eran venenosas = his words were full of venom.*

venerable *adj.* venerable.

veneración *s. f.* **1** veneration. **2** worship (adoración).

venerar *v. t.* **1** to venerate. **2** to revere (reverenciar). **3** to worship (adorar).

venéreo, -a *adj.* MED. venereal.

venero *s. m.* **1** spring (arroyo). **2** MIN. seam, vein (yacimiento). **3** (fig.) source (origen, fuente). **4** mine: *venero de información = mine of information.*

venezolano, -na *adj./s. m.* y *f.* Venezuelan.

vengador, -ra *adj.* **1** avenging. • *s. m.* y *f.* **2** avenger.

venganza *s. f.* **1** vengeance, revenge. **2** retaliation (como respuesta).

vengar *v. t.* **1** to avenge. • *v. pron.* **2** to retaliate (como respuesta). **3** to take revenge (desquitarse). ◆ **4 vengarse de alguien por una afrenta,** to take revenge on someone for an insult.

vengativo, -va *adj.* **1** vindictive (espíritu). **2** retaliatory (acto).

venia *s. f.* **1** pardon, forgiveness (perdón). **2** permission (permiso). **3** greeting (saludo). ◆ **4 casarse sin la ~ de los padres,** to marry without the consent of one's parents. **5 con la ~,** DER. by your leave.

venial *adj.* venial: *pecado venial = venial sin.*

venialidad *s. f.* veniality.

venida *s. f.* **1** coming: *idas y venidas = comings and goings.* **2** arrival (llegada): *la venida del otoño = the arrival of autumn.* **3** return (regreso).

venidero, -ra *adj.* **1** coming. **2** future: *generaciones venideras = future generations.* ◆ **3 en lo ~,** in (the) future.

venir *v. i.* **1** to come: *mi hermano va a venir = my brother is coming.* **2** to arrive (llegar): *viene mañana = she's arriving tomorrow.* • *v. pron.* **3** to come back (volverse). **4** to come upon (echarse encima una situación). **5** to ferment (el vino). ◆ **6 ¿a qué viene eso?,** what's the point of that? **7 como te venga en gana,** as you like, just as you wish. **8 de ahí viene que,** that is why, so it is that. **9 eso no viene a cuento,** that has nothing to do with it, that's beside the point. **10 estar a verlas ~,** to wait and see what happens. **11 este vino viene de Francia,** this wine comes from France. **12 hacer ~ a uno,** to summon someone, to send for someone. **13 no le va ni le viene,** it has nothing to do with him, it is none of his business. **14 no me vengas con historias,** don't come telling tales to me. **15 tu foto viene en el periódico,** your photo is in the newspaper. **16 ¡ven acá!,** come here! **17 ¡venga!,** come on!, come along! **18 ¡venga lo que venga!,** come what may! **19 venga o no venga a cuento,** with no rhyme or reason. **20 vengo cansado,** I'm tired. **21 ~ bien,** to be convenient, to be fit. **22 ~ bien a alguien,** to suit someone (convenir). **23 ~ bien,** to come in handy (ser útil). **24 ~ hecho polvo,** to be worn out. **25 venirse abajo,** to fall down, to collapse. **26 ver ~ a uno,** (fig.) to see someone coming. **27 viene a ser lo mismo,** it comes to the same thing.

venoso, -sa *adj.* **1** venous (sangre). **2** BOT. veined (hojas). **3** BOT. ribbed (nervudo).

venta *s. f.* **1** COM. sale, selling, marketing: *la venta del pescado = the selling of fish.* **2** country inn (posada). **3** (Am. y fam.) small shop, stall. ◆ **4 estar en ~,** to be for sale. **5 poner algo a la ~,** to put something on sale. **6 precio de ~,** selling price. **7 precio de ~ al público,** retail price. **8 ~ a domicilio,** door-to-door selling. **9 ~ al contado,** cash sale. **10 ~ al por mayor,** wholesale. **11 ~ al por menor,** retail. **12 ~ a plazos,** hire purchase. **13 ~ por balance,** stocktaking sale. **14 ~ pública,** public sale.

ventaja *s. f.* **1** advantage: *tiene la ventaja de ser listo = he has the advantage of being intelligent.* **2** benefit: *ventajas sociales = social benefits.* **3** profit (provecho). **4** odds (apuestas). **5** DEP. advantage (en tenis). **6** DEP. headstart (en una carrera). ◆ **7 dejar buena ~,** to bring in a good profit. **8 llevar ~ a** o **sobre,** to have the advantage over, to be ahead of. **9 sacar ~ de,** to derive profit from.

ventajista *adj.* **1** opportunist, opportunistic. **2** self-seeking, grasping (buscador). **3** sly, treacherous (aprovechado).

ventajoso, -sa *adj.* **1** advantageous. **2** FIN. profitable.

ventana *s. f.* **1** window. **2** ANAT. nasal cavity, nostril. **3** (Am.) forest clearing, glade. ◆ **4 tirar la casa por la ~,** to spare no expense, to go overboard; **b)** (fam.) to splash out. **5 ~ corredera,** sliding window. **6 ~ de guillotina,** sash window.

ventanaje *s. m.* windows.

ventanal *s. m.* large window, picture window.

ventanilla *s. f.* **1** window (en trenes, coches, aviones). **2** porthole (en barcos). **3** ANAT. nostril (de la nariz). **4** window, counter (de atención al público). **5** window (de un sobre).

ventano *s. m.* **1** wicket. **2** small window. **3** peephole (mirilla). **4** ventilator (de un sótano).

ventarrón *s. m.* **1** gale, strong wind. **2** blast (ráfaga).

ventear *v. t.* **1** to sniff (respirar). **2** to air, to air out (una habitación, ropa). **3** to put out to dry. **4** (fig.) to snoop into (investigar). **5** (fig.) to smell (sospechar). • *v. pron.* **6** to crack, to split (agrietarse). **7** to get too dry (resecarse). **8** to spoil. **9** ANAT. to break wind (ventosear). **10** (Am.) to be out of doors a great deal.

ventero, -ra *s. m.* y *f.* innkeeper.

ventilación *s. f.* **1** ventilation. **2** draught (corriente de aire). ◆ **3 sin ~,** unventilated. **4 ~ pulmonar,** pulmonary ventilation.

ventilador *s. m.* **1** ventilator. **2** fan. **3** window fan (situado en una ventana).

ventilar *v. t.* **1** to ventilate (una habitación). **2** to air, to put out to air, to dry in the air (la ropa). **3** (fig.) to air (hacer público). **4** (fig.) to discuss, to clear up (aclarar un problema). • *v. pron.* **5** to get some air, to take a breather.

ventisca *s. f.* snowstorm, blizzard.

ventisquear *v. imp.* to blow a blizzard: *va a ventisquear =there's going to be a blizzard.*

ventisquero *s. m.* **1** glacier (glaciar). **2** snowdrift (nieve acumulada). **3** snowstorm, blizzard (tormenta).

ventolera *s. f.* **1** gust of wind, blast (ráfaga). **2** windmill (juguete). **3** (fig.) vanity, arrogance. **4** wild idea: *le dio la ventolera de irse = he had the wild idea of going away.*

ventorrillo *s. m.* **1** roadhouse (merendero). **2** small inn (venta pequeña). **3** (Am.) small shop.

ventosear *v. i.* to break wind.

ventosidad *s. f.* wind, flatulence.

ventoso, -sa *adj.* **1** windy (tiempo atmosférico). **2** ANAT. windy, flatulent.

ventrículo *s. m.* **1** ventricle. ◆ **2 ~ derecho,** right ventricle. **3 ~ izquierdo,** left ventricle.

ventrílocuo, -cua *s. m.* y *f.* **1** ventriloquist. ◆ **2** *adj.* ventriloquistic.

venturosamente *adv.* fortunately.

venturoso, -sa *adj.* **1** happy (feliz). **2** fortunate, lucky.

venus *s. f.* **1** Venus (diosa, mujer, escultura). ◆ **2 monte de ~,** ANAT. mons veneris. • *s. m.* **3 Venus,** Venus (planeta).

ver *v. t.* **1** to see: *no la vi = I didn't see her.* **2** to look at: *estoy viendo las fotos = I'm looking at the photos.* **3** to watch (la televisión): *está viendo la televisión = he is watching the television.* **4** (fig.) to understand, to see: *¿ves lo que te quiero decir? = do you understand what I mean?* **5** (fig.) to consider, to find: *te veo muy cansado = you look very tired.* • *v. pron.* **6** to consider oneself, to be: *me veo capaz de hacerlo = I think I'm capable of doing it; me veo arruinado = I'm broke.* **7** to meet (encontrarse): *¿dónde nos vemos? = where shall we meet?* **8** to look (parecer): *se te ve bien = you look well.* ◆ **9 a mi modo de ~,** in my view. **10 a ~,** let's see. **11 ¡a ~ qué pasa!,** let's see what happens! **12 de buen ~,** good looking, of agreeable appearance. **13 dejarse ~,** to show up, to show one's face. **14 eso está por ~,** that remains to be seen. **15 verlas venir,** to catch on quickly. **16 ¡habráse visto!,** what a cheek! **17 hasta más ~,** see you later. **18 ¡hay que ~!,** you should see, it's amazing! **19 mirar a ~ si alguien puede hacer algo,** to see if someone can do something. **20 mire a ~,** have a look. **21 no poder ~ a una persona,** not to be able to bear the sight of someone (no soportar): *no puedo verlo = I can't bear the sight of him.* **22 no tener nada que ~ con,** to have nothing to do with. **23 no ~ más allá de sus narices,** ⇒ **nariz. 24 no ~ ni jota,** to be as blind as a bat. **25 ¡para que veas!,** so there! **26 por lo visto,**

apparently. **27 tener que ~ con,** to concern, to have to do with. **28 tener un hambre que no se ve,** to be ever so hungry. **29 vamos a ~,** we'll see. **30 verás,** you'll see. **31 ~ de,** to try to, to see about. **32 ~ para creer,** seeing is believing. **33 ~ y callar,** it is better to keep one's mounth shut.

vera *s. f.* edge, side.

veracidad *s. f.* truthfulness, veracity.

veraneante *s. m.* y *f.* (brit.) holidaymaker; (EE UU) summer vacationist.

veranear *v. i.* **1** to spend one's summer holidays: *¿dónde veraneas? = where do you spend your summer holidays?* **2** to holiday: *ellos veranean en el sur = they are holidaying in the south.* ◆ **3 ser un buen sitio para ~,** to be a nice place for a summer holiday.

veraneo *s. m.* **1** summer holidays; (EE UU) summer vacation. ◆ **2 ir de ~,** to go on summer holidays. **3 lugar de ~,** summer resort.

veraniego, -ga *adj.* summer: *vestido veraniego = summer dress.*

veranillo *s. m.* **1** dry spell in the wet season. **2** spell of good weather. ◆ **3 ~ de san Juan,** warm spell in June. **4 ~ de san Martín,** Indian summer.

verano *s. m.* **1** summer. **2** (Am.) dry season (época seca).

veras *s. f. pl.* **1** truth. ◆ **2 de ~,** honestly (en serio); really (auténticamente, verdaderamente).

veraz *adj.* **1** truthful, veracious. **2** reliable (de fiar).

verbal *adj.* **1** verbal (de la palabra). **2** verbal, oral (oral).

verbalismo *s. m.* verbalism.

verbalista *adj.* **1** verbalistic. ● *s. m.* y *f.* **2** verbalist.

verbalmente *adv.* **1** verbally (con palabras). **2** verbally, orally (oralmente).

verbena *s. f.* **1** BOT. verbena. **2** open air celebration, fair (fiesta). **3** open air dance (baile).

verbigracia *adv.* for example, for instance, e.g.

verbo *s. m.* **1** verb. **2** LIT. language, style: *de verbo sobrio = moderate in style.* ◆ **3 ~ auxiliar,** auxiliary verb. **4 ~ transitivo,** transitive verb.

verborrea *s. f.* **1** verbosity, wordiness (palabrería). **2** (vulg.) verbal diarrhoea. ◆ **3 tener mucha ~,** to be verbose.

verbosidad *s. f.* verbosity, wordiness (palabrería).

verboso, -sa *adj.* verbose, wordy.

verdad *s. f.* **1** truth: *es la pura verdad = it is the plain truth.* **2** reliability (veracidad). ◆ **3 a decir ~,** to tell the truth. **4 bien es ~ que,** it is of course true that. **5 decir cuatro verdades a uno,** to tell someone a few home truths. **6 de ~,** really. **7 de ~ de la buena,** honest to God, honestly. **8 en ~ os digo,** verily I say unto you. **9 hora de la ~,** moment of truth. **10 jurar decir la ~, toda la ~ y nada más que la ~,** to swear to tell the truth, the whole truth and nothing but the truth. **11 las verdades amargan,** the truth hurts. **12 la ~ al desnudo,** the naked truth. **13 ¿no es ~?,** isn't that so? **14 ser una ~ como un puño,** to be as plain as a pikestaff. **15 sólo la ~ ofende,** nothing hurts like the truth. **16 verdades a medias** o **medias verdades,** half-truths.

verdaderamente *adv.* **1** truly, really. **2** indeed (ciertamente).

verdadero, -ra *adj.* **1** true: *es verdadero = it is true.* **2** real, genuine (auténtico). **3** veracious (veraz).

verde *adj.* **1** green (el color): *un toldo verde = a green canvas.* **2** unripe (fruta). **3** unseasoned (leña). **4** premature (planes). **5** dirty, blue (chistes, vocabulario). **6 poner a alguien ~,** to call someone all the names under the sun, to run someone down.

verdear *v. i.* **1** to look green (aspecto). **2** to turn green, to grow green: *los árboles empiezan a verdear = the trees are turning green.* **3** AGR. to graze (pastar). **4** (Am.) to drink mate.

verdecer *v. i.* **1** to turn green, to grow green (las plantas). **2** to go green (las personas).

verdemar *adj.* **1** sea-green. ● *s. m.* **2** sea-green.

verdín *s. m.* verdigris.

verdolaga *s. f.* purslane (planta).

verdor *s. m.* **1** greenness (color). **2** BOT. verdure, lushness. **3** (fig.) youthful vigour (juventud).

verdoso, -sa *adj.* greenish.

verdugo *s. m.* **1** executioner, hangman (ejecutor de la ley). **2** (fig.) cruel master, tyrant, tormentor. **3** BOT. twig, shoot, sprout (vástago). **4** whip (látigo). **5** torment, scourge (tormento). **6** balaclava (pasamontañas).

verduguillo *s. m.* **1** weal-like swelling (especie de roncha en las hojas). **2** small razor (navaja). **3** narrow sword used to kill the bull in bullfighting (en tauromaquia).

verdulería *s. f.* **1** greengrocer's (tienda). **2** coarseness (grosería).

verdulero, -ra *s. m.* y *f.* **1** greengrocer. ● *s. f.* **2** (fig. y vulg.) fishwife: *habla como una verdulera = she speaks like a fishwife.*

verdura *s. f.* **1** BOT. verdure, greenery. **2** greenness (color). **3** GAST. vegetables, greens.

verdusco, -ca *adj.* dark green, dirty green.

vereda *s. f.* **1** lane, path. **2** (Am.) (brit.) pavement; (EE UU) sidewalk (acera). **3** (Am.) village, settlement (asentamiento).

veredicto *s. m.* verdict.

verga *s. f.* **1** rod, stick (palo). **2** MAR. yard, spar. **3** ANAT. (vulg.) prick.

vergonzante *adj.* shamefaced, full of shame.

vergonzosamente *adv.* **1** bashfully, shyly. **2** modestly. **3** shamefully, disgracefully.

vergonzoso, -sa *adj.* **1** bashful, shy, timid (persona). **2** shameful, disgraceful, shocking (materia). ◆ **3 es ~ que...,** it is disgraceful that...

vergüenza *s. f.* **1** shame: *es una vergüenza = it is a shame.* **2** embarrassment (bochorno). **3** basfulness, shyness, timidity (timidez). **4** (fig.) disgrace: *es una vergüenza = it's a disgrace.* **5** modesty (pudor). ◆ **6 se me caía la cara de ~,** I nearly died of shame. **7 eres la ~ de la familia,** you are a disgrace to your family. **8 ¿no te da ~?,** aren't you ashamed? **9 vergüenzas,** private parts.

vericueto *s. m.* rough path, rough track, rugged path.

verídico, -ca *adj.* true, truthful.

verificable *adj.* verifiable.

verificación *s. f.* **1** check, checkup, inspection, testing (de una máquina). **2** verification (de un resultado). **3** carrying out, fulfilment (ejecución).

verificador, -ra *adj.* **1** checking, inspecting. **2** verifying (de un resultado).

verificar *v. t.* **1** to check, to inspect (máquinas, materiales). **2** to test, to verify (resultados). **3** to carry out, to perform (realizar). ● *v. pron.* **4** to take place: *se verificó un atentado = an assault took place.* **5** to come true (una predicción).

verismo *s. m.* **1** realism, truthfulness. **2** factual nature.

verja *s. f.* **1** grating, grille (de puerta, de ventana). **2** railing(s) (cerca).

vermicida o **vermífugo** *s. m.* vermicide, vermifuge.

vermut *s. m.* **1** vermouth. **2** (Am.) matinee (de teatro o cine).

vernáculo, -la *adj.* **1** vernacular. ◆ **2 lengua vernácula,** vernacular language, vernacular.

verónica *s. f.* **1** BOT. speedwell. **2** pass with the cape (en tauromaquia).

verosímil *adj.* **1** likely, probable (probable). **2** credible (cuento, relato).

verraco *s. m.* **1** boar, hog (cerdo). **2** (Am.) ram, wild boar. ◆ **3 gritar como un ~,** to squeal like a pig.

verruga *s. f.* **1** MED. y BOT. wart. **2** (fam.) bore, pest, nuisance. **3** (fam.) defect, stain (en carácter).

verrugoso, -sa *adj.* warty, covered in warts.

versado, -da *adj.* **~ en,** versed in.

versalita *s. f.* small capitals.

versar *v. i.* **1** to turn, to go round (girar). **2** (Am.) to versify, to improvise verses (versificar). **3** (Am.) to chat, to talk (charlar). ◆ **4 ~ sobre,** to deal with, to be about, to turn on.

versátil *adj.* **1** ZOOL. versatile. **2** (desp.) changeable, fickle (inconstante).

versículo *s. m.* **1** versicle. **2** verse (de la Biblia).

versificación *s. f.* versification.

versificador, -ra *s. m.* y *f.* versifier.

versificar *v. t.* **1** to versify, to put into verse. ● *v. i.* **2** to versify, to write verse.

versión *s. f.* **1** version (interpretación). **2** translation (traducción).

verso *s. m.* **1** verse: *verso blanco = blank verse.* **2** line: *un poema de diez versos = a poem of ten lines.* ◆ **3 echar ~,** (Am.) to talk just for tal-

king's sake, to talk nonsense. **4 teatro en ~,** verse drama.
vértebra *s. f.* ANAT. vertebra.
vertebrado, -da *adj.* **1** ZOOL. vertebrate. • *s. m.* **2** ZOOL. vertebrate.
vertebral *adj.* **1** vertebral. ◆ **2 columna ~,** spine, spinal column.
vertedero *s. m.* **1** drain (desagüe). **2** spillway (sumidero). **3** rubbish dump, rubbish tip (de basuras). **4** (Am.) hillside, cliff, slope.
vertedor, -ra *adj.* **1** pouring. • *s. m.* **2** overflow (desagüe). **3** drain (para aguas residuales). **4** MAR. bail (achicador). **5** scoop (en tiendas).
verter *v. t.* **1** to pour (voluntariamente). **2** to spill (involuntariamente): *verter la sal trae mala suerte = spilling salt brings bad luck.* **3** to empty (out) (vaciar). **4** to shed (sangre, lágrimas). **5** to dump (basuras). **6** FILOL. to translate (a, into). • *v. i.* **7** to flow (río). **8** to slope, to fall (una vertiente).
vertical *adj.* **1** upright, vertical: *posición vertical = vertical position.* ◆ **2** *s. f.* vertical.
verticalidad *s. f.* **1** verticality. **2** vertical position. **3** vertical direction.
verticalmente *adv.* vertically.
vértice *s. m.* **1** MAT. vertex. **2** GEOM. apex (ápice). **3** ANAT. crown of the head (coronilla).
vertido *s. m.* discharge, emission.
vertiente *adj.* **1** pouring, flowing: *aguas vertientes = flowing waters.* • *s. f.* **2** slope (de una montaña o tejado). **3** (fig.) aspect, side.
vertiginosamente *adv.* **1** vertiginously, giddily, dizzily. **2** (fig.) excessively, very rapidly: *los precios han subido vertiginosamente = prices have risen very rapidly.*
vertiginosidad *s. f.* vertiginousness.
vertiginoso, -sa *adj.* **1** vertiginous, giddy, dizzy. **2** (fig.) dizzy, very rapid, excessive.
vértigo *s. m.* **1** MED. vertigo, giddiness, dizziness (mareo). **2** (fig.) a fit of madness, sudden frenzy (arrebato). ◆ **3 velocidad de ~,** giddy speed.
vesánico, -ca *adj.* **1** MED. insane, raging, furious. • *s. m.* y *f.* **2** madman, madwom-an, insane person.
vesícula *s. f.* **1** vesicle. **2** blister (ampolla). **3 ~ biliar,** gall-bladder.
vesicular *adj.* vesicular.
vespertino, -na *adj.* vespertine, evening.
vespino® *s. f.* moped.
vestal *s. f.* vestal (virgen o sacerdotisa de vesta).
vestíbulo *s. m.* **1** hall (de una casa). **2** lobby (de un edificio público). **3** foyer.
vestido, -da *p. p.* de **vestir.** • *adj.* **1** dressed, wearing: *vestido de azul = dressed in blue, wearing blue.* • *s. m.* **2** dress (de mujer). **3** garment, clothing. **4** suit (traje).
vestidura *s. f.* **1** clothing, apparel. **2** REL. vestment: *vestiduras sacerdotales = priestly vestments.* ◆ **3 rasgarse las vestiduras,** to make a great to-do.
vestigio *s. m.* **1** vestige (restos). **2** trace (huellas). ◆ **3 vestigios,** remains.
vestimenta *s. f.* **1** clothing. **2** (desp.) gear. **3** REL. vestment.
vestir *v. t.* **1** to clothe, to dress (personas): *va siempre muy bien vestida = she is always very well dressed.* **2** to wear: *viste traje oscuro = he is wearing a dark suit.* **3** to drape (superficies, estatuas). **4** (fig.) to adorn, to embellish: *vestir un poema = to embellish a poem.* • *v. pron.* **5** to get dressed, to put on one's clothes: *se está vistiendo = he's getting dressed.* **6** (fig.) to cover itself, to be-come covered in. ◆ **7 el mismo que viste y calza,** the very same. **8 los campos se visten de verde,** the fields are turning green. **9 vestirse de tiros largos,** to put on one's Sunday best. **10 vísteme despacio que tengo prisa,** more haste less speed.
vestuario *s. m.* **1** wardrobe, clothes (ropa). **2** MIL. uniform. **3** dressing room (habitación). **4** costumes (en cine, teatro). **5** cloakroom (ropero en edificio público). **6** changing room (de deportes).
veta *s. f.* **1** MIN. lode, seam. **2** grain (en madera). **3** streak, stripe (en piedra, carne). **4** vein (de oro).
vetar *v. t.* to veto, to put a veto on.
veteado, -da *adj.* **1** veined, grained. **2** striped (con rayas). • *s. m.* **3** veining, graining, marking.
vetear *v. t.* **1** to grain (madera, piedra). **2** to streak (con rayas). **3** (Am.) to flog, to beat (azotar).
veteranía *s. f.* **1** long experience. **2** seniority (antigüedad). **3** status of being a veteran.
veterano, -na *adj./s. m.* y *f.* veteran: *una maestra veterana = a veteran teacher.*
veterinario, -ria *s. m.* y *f.* **1** (brit.) veterinary surgeon; (fam.) vet; (EE UU) veterinarian. • *s. f.* **4** veterinary science.
veto *s. m.* veto.
vetustez *s. f.* **1** great age, ancientness, antiquity. **2** (fig.) venerable nature.
vetusto, -ta *adj.* **1** very old, ancient. **2** (fig.) venerable.
vez *s. f.* **1** time: *una vez al día = once a day.* **2** turn (turno): *su vez, señora = your turn, madam; perder la vez = to miss one's turn.* **3** occasion, instance (ocasión). ◆ **4 acabemos de una ~,** let's get it over. **5 a la ~,** at the same time. **6 alguna ~,** sometimes, ever: *¿has comido pato alguna vez? = have you ever eaten duck?* **7 cada ~ más,** more and more. **8 cada ~ menos, a)** (+ *adj.*) less and less; **b)** (+ s.) fewer and fewer. **9 cada ~ que,** every time, whenever: *cada vez que te veo estás comiendo = whenever I see you, you are eating.* **10 ceder la ~,** to give up one's turn. **11 contadas veces,** seldom, rarely. **12 demasiadas veces,** too often. **13 de una sola ~,** in one go. **14 de una ~ para siempre,** once and for all. **15 de ~ en cuando,** from time to time. **16 dos veces,** twice. **17 en ~ de,** instead of. **18 érase una ~,** once upon a time. **19 la mayoría de las veces,** most times, usually. **20 miles de veces,** thousand of times, lots of times. **21 otras veces,** other times. **22 por enésima ~,** for the umpteenth time. **23 tal ~,** perhaps. **24 una ~,** once. **25 una ~ al año no hace daño,** once in a while hurts no one. **26 una y otra ~,** time and time again. **27 varias veces,** several times.
vía *s. f.* **1** road, route, track (pista). **2** (fig.) way, means (medio, modo). **3** rails, track (de ferrocarriles). **4** MAR. route. **5** lane (de carreteras o autopistas). **6** QUÍM. process: *vía húmeda = wet process.* **7** ANAT. tract, passage, tube: *vías respiratorias = breathing tract.* **8** procedure (jurídica). ◆ **9** *prep.* via: *Madrid-Roma vía París = Madrid-Rome via Paris.* ◆ **10 cuaderna ~,** verse with four alexandrines. **11 de ~ única,** single track. **12 en vías de,** in the process of (+ *ger.*). **13 un país en vías de desarrollo,** a developing country. **14 ~ aérea,** airmail (correos), by air. **15 ~ láctea,** Milky Way. **16 ¡~ libre!,** make way!, clear the way! **17 ~ romana,** Roman road. **18 ~ sumarísima,** summary proceeding (jurisprudencia).
viabilidad *s. f.* **1** BIOL. viability. **2** viability, feasibility.
viable *adj.* **1** BIOL. viable. **2** viable, feasible.
vía crucis *s. m.* **1** rel. Way of the Cross. **2** (fig.) ordeal (calvario).
viaducto *s. m.* viaduct.
viajante *s. m.* y *f.* **1** commercial traveller, salesman. • *adj.* **2** (brit.) travelling; (EE UU) traveling.
viajar *v. i.* **1** to travel: *viajar por Francia = to travel through France.* **2** to tour (hacer turismo): *está viajando por Canadá = she is touring Canada.*
viaje *s. m.* **1** journey, tour. **2** trip (excursión). **3** travel. **4** (fig.) punch (puñetazo). **5** butt (en tauromaquia). **6** voyage (marítimo largo). **7** load (carga): *viaje de leña = wood load.* ◆ **8 ¡buen ~!,** bon voyage!, have a good journey! **9 estar de ~,** to be away. **10 para este ~ no se necesitan alforjas,** a fat lot of good that is. **11 ~ de ida y vuelta,** round trip, journey there and back. **12 ~ de negocios,** business trip. **13 ~ de novios,** honey-moon. **14 ~ de recreo,** pleasure trip.
viajero, -ra *s. m.* y *f.* **1** traveller, passenger (pasajero). • *adj.* **2** travelling. **3** ZOOL. migratory.
vial *adj.* **1** road (de la carretera). **2** traffic (de la circulación).
vianda *s. f.* **1** food (comida). **2** (EE UU) dinner pail. **3** (Am.) lunch tin (recipiente).
viandante *s. m.* y *f.* **1** traveller, wayfarer (viajero). **2** passerby (transeúnte).
viático *s. m.* **1** REL. viaticum. **2** HIST. food for a journey. **3** travel allowance (dietas).
víbora *s. f.* **1** snake, viper. **2** (Am.) money belt.

vibración *s. f.* **1** vibration. **2** ANAT. throbbing.
vibrador, -ra *s. m.* y *f.* **1** vibrator. • *adj.* **2** vibrating.
vibrante *adj.* vibrant, vibrating.
vibrar *v. i.* **1** to shake, to rattle, to vibrate (traquetear). **2** ANAT. to throb, to pulsate, to beat.
vibratorio, -ria *adj.* vibratory.
vicaría *s. f.* **1** vicarage (residencia). **2** vicariate, vicarship (cargo).
vicarial *adj.* vicarial.
vicariato *s. m.* vicariate.
vicario, -ria *s. m.* **1** curate, vicar. • *s. f.* **2** deputy to the mother superior (monjas).
vice- *prefijo* vice-.
viceversa *adv.* vice versa.
viciar *v. t.* **1** to corrupt, to pervert, to subvert (costumbres). **2** to nullify, to invalidate (ley). **3** to falsify (falsificar). **4** to contaminate, to pollute (la atmósfera). **5** to spoil (estropear). **6** to adulterate (una sustancia). **7** to bend, to warp, to put out of place (objetos, prendas). **8** to distort (el sentido de algo). • *v. pron.* **9** to become spoilt (estropearse). **10** to take to vice, to get depraved, to become corrupted (corromperse). **11** to go out of shape (cualquier objeto). **12** to become stale (el aire).
vicio *s. m.* **1** vice, viciousness, depravity (depravación). **2** bad habit (mal hábito). **3** fault (defecto). **4** BOT. rankness, lushness. **5** warp, twist, bend (en superficie, objeto). ◆ **6 no poder quitarse el ~,** not to be able to get oneself out of the habit. **7 por ~,** out of sheer habit, for no reason at all. **8 quejarse de ~,** to complain for no reason at all.
viciosamente *adv.* **1** viciously, dissolutely, wrongly. **2** BOT. luxurianty.
vicioso, -sa *adj.* **1** depraved, corrupt (persona). **2** faulty, defective (objetos). • *s. m.* y *f.* **3** addict, fiend (adicto).
vicisitud *s. f.* **1** vicissitude. **2** accident. **3** suddent change (cambio repentino).
víctima *s. f.* **1** victim. **2** (fig.) prey: *es víctima de una depresión = he is a prey to depression.* **3** casualty (en accidente): *no hubo víctimas en el accidente = there were no casualties in the accident.*
victimizar *v. t.* to victimize.
victoria *s. f.* **1** victory. **2** win, triumph. ◆ **3 cantar ~,** to proclaim a victory. **4 ~ pírrica,** Pyrrhic victory. **5 ~ rotunda,** over-whelming victory.
victoriosamente *adv.* victoriously.
victorioso, -sa *adj.* victorious.
vid *s. f.* vine, grapevine.
vida *s. f.* **1** life. **2** lifetime (duración). **3** living: *ganarse la vida = to earn one's living.* ◆ **4 dar ~ a,** to give birth to. **5 de por ~,** for life, for the rest of one's life. **6 en mi ~** (negativo), never in my life. **7 entre la ~ y la muerte,** at death's door. **8 esto es ~,** this is living. **9 la otra ~,** the next life, the life to come. **10 meterse en vidas ajenas,** to interfere in other people's affairs. **11 mujer de ~ alegre,** prostitute. **12 ¡por mi ~!,** upon my soul! **13 ¿qué es de tu ~?,** what's the news? **14 ¡qué ~ esta!,** what a life! **15 un amigo de toda la ~,** a lifelong friend. **16 ¡~ perra!,** dog's life! **17 ~ privada,** private life. **18 ~ y milagros de uno,** one's life story.
vidente *s. m.* y *f.* **1** seer, prophet. **2** clairvoyant (clarividente).
video- *prefijo* video.
vídeo o **video** *s. m.* video.
videocámara *s. f.* camcorder, video camera.
videoclip *s. m.* pop video, video clip, video.
videoconferencia *s. f.* video conference.
videoconsola *s. f.* video console.
videodisco *s. m.* videodisc.
videojuego *s. m.* video game.
videoteléfono *s. m.* video telephone.
videotexto *s. m.* videotext.
vidorra *s. f.* easy life.
vidriado, -da *adj.* **1** glazed. • *s. m.* **2** glaze, glazing. **3** glazed earthenware (de cerámica).
vidriar *v. t.* **1** to glaze. • *v. pron.* **2** to become glazed. **3** to glaze over (los ojos).
vidriera *s. f.* **1** glass door, glass partition (puertas). **2** stained-glass window (ventanas). **3** (Am.) (brit.) shop window, (EE UU) show-window.
vidriería *s. f.* **1** glassworks (taller, fábrica). **2** glass shop (tienda).
vidriero, -ra *s. m.* y *f.* **1** glassworker (obrero). **2** glassmaker (fabricante). **3** glazier (fabricante o colocador de cristales).
vidrio *s. m.* **1** glass (cristal). **2** stained glass (coloreado). ◆ **3 fibra de ~,** glass fibre. **4 pagar los vidrios rotos,** to carry the can. **5 ~ laminado,** laminated glass, splinter-proof glass.
vidrioso, -sa *adj.* **1** glassy, glazed: *ojos vidriosos = glazed eyes.* **2** brittle (frágil). **3** slippery (superficie). **4** touchy, sensitive (persona).
viejo, -ja *s. m.* y *f.* **1** old person. **2** *s. m.* old man. **3** *s. f.* old lady, old woman. **4** (Am.) cracker, squib (petardo). • *adj.* **5** old. ◆ **6 cuento de viejas,** old-wives' tale. **7 hacer la cuenta de la vieja,** to count on one's fingers. **8 hacerse ~,** to grow old. **9 no llegar a ~,** not to make old bones. **10 ser más ~ que Matusalén,** to be as old as Methuselah.
Viena *s. f.* Vienna.
viento *s. m.* **1** wind: *vientos alisios = trade winds.* **2** breeze (brisa). **3** ANAT. flatulence. **4** scent (caza). **5** (fig.) vanity, conceit. **6** guy rope (de tienda de campaña). **7** (Am.) strings of a kite. **8** (Am.) rheumatism. ◆ **9 beber los vientos por uno,** to be crazy about someone. **10 contra ~ y marea,** at all cost, regardless of all the difficulties. **11 echar a uno con ~ fresco,** to chuck someone out. **12 hacer un ~ de mil demonios,** to blow a gale. **13 ir ~ en popa,** to go splendidly, to go extremely well. **14 libre como el ~,** free as the wind. **15 publicar algo a los cuatro vientos,** to shout something from the rooftops. **16 ¡vete con ~ fresco!,** get lost! **17 ~ huracanado,** hurricane wind, violent wind.
vientre *s. m.* **1** ANAT. abdomen. **2** (fam.) belly. **3** ANAT. womb (seno materno). **4** (fig.) bowels (intestino). ◆ **5 descargar el ~, hacer de ~,** to have a bowel movement. **6 echar ~,** to get a pot belly. **7 el fruto de tu ~,** the fruit of thy womb. **8 ~ flojo,** looseness of the bowels.
viernes *s. m.* **1** Friday. ◆ **2 comer de ~,** to abstain from eating meat. **3 Viernes Santo,** Good Friday.
viga *s. f.* **1** timber (de madera). **2** beam (construcción): *viga principal = main beam.* **3** girder (metálica).
vigencia *s. f.* **1** validity, applicability. ◆ **2 entrar en ~,** to come into force. **3 estar en ~,** to be in force. **4 tener ~,** to be valid.
vigente *adj.* valid, in force: *la ley vigente = the law in force.*
vigésimo, -ma *adj./s. m.* y *f.* twentieth.
vigía *s. m.* y *f.* **1** lookout, watchman (hombre), watchwoman (mujer). • *s. f.* **2** MAR. watch. **3** MIL. watchtower. **4** GEOG. reef, rock.
vigilancia *s. f.* **1** vigilance, watchfulness. **2** surveillance (acción de vigilar).
vigilante *s. m.* y *f.* **1** watchman (hombre), watchwoman (mujer). **2** guard (de seguridad). **3** (Am.) policeman (hombre), policewoman (mujer). **4** supervisor (colegio, trabajo). **5** warder (prisión). **6** shopwalker (tiendas). **7** nightwatchman (hombre), nightwatchwoman (mujer) (nocturno). • *adj.* **8** vigilant, watchful, alert.
vigilar *v. t.* **1** to watch (over). **2** to look after (cuidar). **3** to supervise (un trabajo). **4** to keep an eye on: *vigila esta máquina = keep an eye on this machine.* **5** to guard (presos). • *v. i.* **6** to be vigilant, to be watchful. **7** to keep watch.
vigilia *s. f.* **1** vigil (el que no duerme), wakefulness. **2** eve (víspera). ◆ **3 día de ~,** day of abstinence. **4 pasar la noche de ~,** to stay awake all night.
vigor *s. m.* **1** vigour, energy. **2** force: *entrar en vigor = to come into force.* **3** strength (fortaleza). **4** vitality.
vigorizador, -ra *adj.* invigorating, fortifying, revitalizing.
vigorizar *v. t.* **1** to invigorate, to strengthen, to stimulate. • *v. pron.* **2** to be invigorated, to be fortified.
vigorosidad *s. f.* vigour, strength.
vigoroso, -sa *adj.* vigorous, strong, tough.
vigueta *s. f.* **1** small beam (de madera). **2** small girder (metálica). **3** joint (junta).
VIH *s. m.* HIV.
vihuela *s. f.* MÚS. an early kind of guitar.
vikingo, -ga *adj./s. m.* y *f.* Viking.
vil *adj.* **1** low, villainous (personas). **2** vile, rotten (un acto). **3** unjust, shabby, mean (tratamiento).

vileza *s. f.* **1** low character. **2** vileness. **3** vile deed (acto). **4** shabbiness, meanness.
vilipendiar *v. t.* **1** to vilify, to insult (insultar). **2** to despise, to scorn (despreciar). **3** to abuse.
vilipendio *s. m.* **1** scorn, contempt (desprecio). **2** vilification, abuse (insulto).
villa *s. f.* **1** villa (casa). **2** small town (pueblo). **3** POL. borough (condado), municipality (municipio).
Villadiego (coger o **tomar las de)** *fr.* (fam.) to beat it, to take to one's heels.
villanaje *s. m.* **1** humble status (humilde). **2** peasant condition, peasantry (campesinos). **3** HIST. villeinage (condición).
villanamente *adv.* basely.
villancico *s. m.* Christmas carol.
villanería *s. f.* **1** villainy (acto vil). **2** villeinage (condición de villano).
villanesco, -ca *adj.* peasant, village, rustic.
villanía *s. f.* **1** humble birth, lowly status (condición). **2** villainy, baseness (cualidad).
villano, -na *adj.* **1** peasant, rustic. **2** (fig.) coarse. • *s. m.* y *f.* **3** villain. **4** low individual. **5** (desp.) rotter.
villorrio *s. m.* one-horse town, dump (poblacho).
vilo *adv.* **1** in the air, suspended (en el aire). **2** (fig.) on tenterhooks (intranquilo). ◆ **3 mantener algo en ~,** to keep something up. **4 quedar en ~,** to be left in the air.
vilorta *s. f.* **1** wooden ring (aro de madera). **2** washer (arandela).
vinagre *s. m.* y *f.* vinegar.
vinagrero, -ra *adj.* **1** vinegar. • *s. m.* y *f.* **2** vinegar maker (fabricante). **3** vinegar seller (vendedor). • *s. f.* **4** vinegar bottle. **5** (Am.) heartburn, acidity. • *s. f. pl.* **6** cruets.
vinagreta *s. f.* vinaigrette (salsa).
vinagroso, -sa *adj.* **1** vinegary, tart. **2** (fig.) bad-tempered, sour.
vinajera *s. f.* REL. altar cruet.
vinatero, -ra *adj.* **1** wine: *industria vinatera = wine industry.* • *s. m.* y *f.* **2** wine merchant. **3** vintner (vinicultor).
vinaza *s. f.* nasty wine, wine from the dregs.
vinazo *s. m.* strong wine.
vinculación *s. f.* **1** linking (acción). **2** bond, link (lazos). **3** entailment (jurisprudencia).
vinculante *adj.* binding.
vincular *v. t.* **1** to link, to tie, to bind. **2** to relate, to connect (relacionar). **3** to entail (jurídicamente). • *v. pron.* **4** to link oneself to.
vínculo *s. m.* **1** link, bond, tie. **2** entailment (jurídico).
vindicación *s. f.* vengeance, revenge, vindication.
vindicador, -ra *adj.* avenging, revenging, vindicatory.
vindicar *v. t.* **1** to avenge, to revenge, to vindicate. **2** to claim, to vindicate (jurídicamente).
vindicativo, -va *adj.* **1** vindictive (vengativo). **2** DER. vindicatory.
vindicatorio, -ria *adj.* vindicatory.
vínico, -ca *adj.* wine.
vinícola *adj.* wine-producing, wine-growing, wine-making.
vinicultor, -ra *s. m.* y *f.* wine-producer, wine-grower.
vinicultura *s. f.* wine-growing, wine-producing.
vino *s. m.* **1** wine: *vino de la tierra = rough wine.* ◆ **2 ahogar las penas en ~,** to drown one's sorrows. **3 bautizar el ~,** to water the wine. **4 ~ a granel,** wine from the barrel. **5 ~ añejo,** vintage wine. **6 ~ blanco,** white wine. **7 ~ de honor,** special wine. **8 ~ espumoso,** sparkling wine. **9 ~ tinto,** red wine.
vinoso, -sa *adj.* vinaceous, wine-coloured.
viña *s. f.* **1** vineyard. **2** (Am.) rubbish dump.
viñador *s. m.* viticulturist, vine-grower.
viñedo *s. m.* vineyard.
viñeta *s. f.* **1** vignette (imprenta). **2** emblem, badge.
viola *s. f.* viola.
violáceo, -a *adj.* **1** violet, purplish. • *s. f. pl.* **2** BOT. violaceae.
violación *s. f.* **1** rape (de una persona). **2** violation (acuerdo, etc.). **3** infringement, breaking (de la ley).
violado, -da *adj./s. m.* y *f.* violet.
violador, -ra *adj.* **1** rapist (personas). **2** violator (ley).
violar *v. t.* **1** to rape (a una persona). **2** to infringe, to break (ley).
violencia *s. f.* **1** violence, force. **2** assault (atentado). **3** rape (violación sexual). **4** embarrassment (situación).
violentamente *adv.* violently, furiously, wildly.
violentar *v. t.* **1** to force (forzar). **2** to break into (casa). **3** to outrage, to violate (un principio). **4** to distort (el sentido de algo). **5** to make uncomfortable (incomodar). • *v. pron.* **6** to feel uncomfortable.
violento, -ta *adj.* **1** violent, furious, wild. **2** DEP. rough. **3** awkward, unnatural (posición). **4** embarrassing (situación).
violeta *s. f.* **1** violet. • *adj.* **2** violet.
violín *s. m.* **1** violin. **2** (Am.) bad breath. ◆ **3 embolsarse el ~,** (Am.) (fig. y fam.) to come back with one's tail between one's legs.
violinista *s. m.* y *f.* violinist.
violonchelista *s. m.* y *f.* cellist.
violonchelo *s. m.* cello.
viperino, -na *adj.* **1** (fig.) viperish. **2** viperine (animal).
viraje *s. m.* **1** bend (curva). **2** turn (el coche). **3** swerve (bruscamente). **4** FOT. toning. **5** change of direction.
virar *v. t.* **1** MAR. to put about, to turn. **2** FOT. to tone. **3** (Am.) to turn upside down, to turn over, to whip. • *v. i.* **4** to change direction. **5** MAR. to tack. **6** to turn, to swerve (vehículo). **7** (fig.) to change one's views (cambiar de opinión). ◆ **8 ~ a babor,** to turn to port. **9 ~ en redondo,** to switch round completely.
virgen *s. f.* **1** virgin. **2** guide (en lagares). • *adj.* **3** virgin. **4** blank (cinta). ◆ **5 la santísima ~,** the blessed Virgin Mary. **6 ser un viva la ~,** to be a happy-go-lucky person.
virginal *adj.* maidenly, virginal.
virginidad *s. f.* virginity.
Virgo *s. m.* ASTR. Virgo.
virguería *s. f.* (fam.) marvel. *esta cámara es una auténtica virguería = this camera is a real marvel; hace virguerías con la guitarra = he's amazing/an ace on the guitar.*
viril *adj.* virile, manly.
virilidad *s. f.* **1** virility, manliness. **2** manhood (hombría).
virólogo, -ga *s. m.* y *f.* virologist.
virreinato *s. m.* viceroyalty.
virrey *s. m.* viceroy.
virtual *adj.* **1** virtual. **2** potential. **3** future, possible. **4** apparent.
virtualidad *s. f.* **1** virtuality. **2** potentiality.
virtualmente *adv.* virtually.
virtud *s. f.* **1** virtue. **2** ability (habilidad): *tiene la virtud de convencerme = she has the ability to convince me.* **3** power, property: *esta planta tiene virtudes medicinales = this plant has medicinal properties.*
virtuosamente *adv.* virtuously.
virtuosismo *s. m.* virtuosity.
virtuoso, -sa *adj.* **1** virtuous (relativo a la virtud). **2** skilled (con habilidad). • *s. m.* y *f.* **3** virtuoso.
viruela *s. f.* **1** smallpox. **2** pockmark (marca). ◆ **3 picado de viruelas,** pock-marked.
virulé (a la) *loc. adj.* (fam.) black (ojo).
virulencia *s. f.* virulence.
virus *s. m.* **1** virus. **2** (fig.) poison, venom.
viruta *s. f.* **1** shaving (de madera, metales). **2** (fig.) bill (factura).
visado *s. m.* **1** visa (de un pasaporte). **2** permit (permiso).
visaje *s. m.* **1** face (rostro). **2** grimace (gesto).
visar *v. t.* **1** to visa. **2** to pass, to approve, to endorse (confirmar).
vis a vis *s. m.* private meeting between a prisoner and a visitor (en la cárcel).
vísceras *s. f. pl.* **1** viscera, entrails. **2** (fig.) guts, bowels.
viscosa *s. f.* viscose.
viscosidad *s. f.* viscosity, stickiness (pegajosidad).
viscoso, -sa *adj.* **1** viscous, sticky. **2** thick (líquido).
visera *s. f.* **1** MIL. visor. **2** peak (de una gorra). **3** eyeshade (de deportista). **4** (Am.) blinkers (para caballos).
visibilidad *s. f.* **1** visibility: *visibilidad de tres metros = visibility of three metres.* ◆ **2 curva con poca ~,** blind bend.
visible *adj.* **1** visible. **2** (fig.) clear, plain, evident.
visiblemente *adv.* **1** visibly. **2** (fig.) evidently, clearly.
visigodo, -da *adj.* **1** Visigothic. **2** *s. m.* y *f.* Visigoth.
visillo *s. m.* net curtain.

visión *s. f.* **1** ANAT. vision. **2** sight (vista): *perdió la visión = he lost his sight.* **3** view: *visión de conjunto = overview, overall view.* **4** (desp.) sight: *iba hecha una visión = she looked a real sight.*

visionario, -ria *adj.* **1** visionary. **2** (fig.) deluded. • *s. m.* y *f.* **3** visionary.

visita *s. f.* **1** visit: *hacer una visita = to pay a visit.* **2** call: *visita de cumplido = courtesy call.* **3** visitor, caller (persona). ◆ **4 devolver una ~,** to return a visit. **5 ~ de médico,** short call. **6 ~ de pésame,** visit of condolence. **7 tarjeta de ~,** visiting card.

visitador, -ra *adj.* **1** fond of visiting. • *s. m.* y *f.* **2** inspector. • *s. f.* **3** (Am.) syringe, enema.

visitante *adj.* **1** visiting. • *s. m.* y *f.* **2** visitor.

visitar *v. t.* **1** to visit, to call on, to go and see. **2** to inspect (oficialmente). • *v. pron.* **3** to visit each other.

vislumbrar *v. t.* **1** to glimpse, to catch a glimpse of. **2** (fig.) to see some slight possibility of (una solución).

viso *s. m.* **1** shimmer, sheen (destellos, coloreados). **2** appearance, aspect (aspecto). **3** gleam (metal). **4** GEOG. viewpoint. **5** underskirt (especie de forro de un vestido transparente). ◆ **6 ser una persona de visos,** to have some standing. **7 tener visos de verdad,** to seem to be true.

visón *s. m.* mink.

visor *s. m.* **1** MIL. sight. **2** FOT. viewfinder (parte de la cámara).

víspera *s. f.* **1** day before. **2** eve (de alguna fiesta). • *pl.* **3** vesper (oficio religioso). ◆ **4 en vísperas de,** on the eve of.

vista *s. f.* **1** sight. **2** vision (capacidad). **3** view (perspectiva): *vista panorámica = panoramic view.* **4** appearance, look (aspecto). **5** glance, look (vistazo). **6** hearing, trial (jurídica). ◆ **7 aguzar la ~,** to look more carefully. **8 apartar la ~,** to look away. **9 a primera ~,** at first sight. **10 a simple ~,** at a glance. **11 a treinta días ~,** thirty days after sight. **12 conocer a uno de ~,** to know someone by sight. **13 con vistas al mar,** overlooking the sea. **14 en ~ de,** in view of. **15 hacer la ~ gorda,** to turn a blind eye. **16 perder algo de ~,** to lose sight of something. **17** (fig.) **tener mucha ~,** to be far-sighted. **18 ~ de pájaro,** bird's-eye view.

vistazo *s. m.* look, glance: *echar un vistazo = to have a look.*

visto, -ta *p. p.* **1** de ver. • *adj.* **2** in view of: *visto lo ocurrido = in view of what happened.* • *s. m.* **3** approval (visto bueno). ◆ **4 estar bien ~,** to be well looked on. **5 estar mal ~,** to be thought improper. **6 estar muy ~,** to be old hat. **7 está ~ que,** it is clear that. **8 por lo ~,** evidently, apparently. **9 ~ que...,** since..., seeing that...

vistosamente *adv.* showily, attractively, colourfully.

vistosidad *s. f.* colourfulness.

vistoso, -sa *adj.* colourful, showy, flashy (llamativo).

visual *adj.* **1** visual. • *s. f.* **2** line of sight. **3** look, glance. ◆ **4 campo ~,** *field of vision.*

vital *adj.* **1** life, living: *espacio vital = living space.* **2** vital: *órgano vital = vital organ.* **3** (fig.) essential, fundamental (importancia).

vitalicio, -cia *adj.* **1** life: *socio vitalicio = life member, cargo vitalicio = post held for life.* • *s. m.* **2** life annuity.

vitalidad *s. f.* vitality.

vitalizar *v. t.* to vitalize, to revitalize.

vitamina *s. f.* vitamin.

vitaminado, -da *adj.* vitaminized, vitamin-enriched.

vitaminar *v. t.* to vitaminize, to add vitamins to.

vitela *s. f.* vellum.

vitícola *adj.* vine-growing, vine.

viticultor, -ra *s. m.* y *f.* vine-grower, viticulturist.

viticultura *s. f.* vine-growing, viticulture.

vitola *s. f.* **1** cigar band. **2** looks, appearance (traza, facha). **3** calibrator (para armas).

vitorear *v. t.* to acclaim, to applaud, to cheer.

vitrina *s. f.* **1** showcase (en una tienda). **2** display cabinet (en casa). **3** (Am.) shop window.

vitrocerámica *s. f.* vitroceramics.

vitualla *s. f.* victuals, provisions.

vituperable *adj.* reprehensible, blameworthy.

vituperar *v. t.* to vituperate, to censure, to condemn.

viudedad *s. f.* **1** widowhood. **2** widow's pension (pensión).

viudo, -da *adj.* **1** widowed. • *s. m.* **2** widower. • *s. f.* **3** widow.

vivacidad *s. f.* **1** vivacity. **2** liveliness (alegría). **3** sharpness (inteligencia).

vivaracho, -cha *adj.* **1** jaunty (garboso). **2** lively, vivacious (alegre).

vivaz *adj.* **1** long-lived, lasting (duradero). **2** quick-witted (ingenio). **3** vigorous. **4** lively, vivacious (lleno de vida).

víveres *pl.* **1** provisions. **2** MIL. stores, supplies.

vivero *s. m.* **1** tree nursery (árboles). **2** fish pond (de peces). **3** fish-hatchery (donde se crían). **4** vivarium (animales).

viveza *s. f.* **1** vividness (de un recuerdo, etc.) **2** liveliness (vivacidad). **3** sharpness (de ingenio). **4** brightness (color, ojos, fuego).

vívido, -da *adj.* vivid, graphic.

vividor, -ra *adj.* **1** (desp.) unscrupulous, opportunist. **2** shrewd, capable. **3** living, alive.

vivienda *s. f.* **1** accommodation, housing. **2** habitat, dwelling (habitáculo). **3** (EE UU) tenement.

viviente *adj.* living.

vivíparo, -ra *adj.* **1** viviparous. • *s. m.* y *f.* **2** viviparous mammal.

vivir *v. t.* **1** to live through, to experience, to go through: *he vivido momentos terribles = I've been through terrible times.* • *v. i.* **2** to live. **3** to live on (vivir de). ◆ **4 alegría de ~,** joy of living. **5 de mal ~,** dissolute, delinquent. **6 ir viviendo,** to get along. **7 no dejar ~ a uno,** not to leave someone in peace. **8 no ~ del miedo que se tiene,** to be scared to death. **9 ¿quién vive?,** who goes there? **10 saber ~,** to enjoy life to the full. **11 tener con que ~,** to have enough to live on. **12 ¡viva!,** hurrah! **13 ¡viva el Rey!,** long live the King! **14 ¡vivan los novios!,** three cheers for the bride and groom. **15 ~ para ver,** to live and learn.

vivo, -va *adj.* **1** living: *seres vivos = living beings.* **2** alive: *¡estoy vivo! = I'm alive!* **3** vivid, graphic (descripción, color, memoria). **4** (fig.) sharp, clever (persona). **5** (Am.) naughty. **6** vivacious (lleno de vida). **7** quick, sharp: *tiene el genio vivo = he is quick tempered.* **8** (Am.) crafty, unscrupulous. • *s. m.* y *f.* **9** living: *los vivos y los muertos = the living and the dead.* • *s. m.* **10** trimming, border (en costura). ◆ **11 donación entre vivos,** gift inter vivos (jurídico). **12 a fuerza viva,** by sheer strength. **13 ser el ~ retrato de,** to be the spitting image of. **14 seto ~,** hedgerow. **15 transmitir en ~,** to broadcast live. **16 vender algo ~,** to sell something alive.

vizconde *s. m.* viscount.

vizcondesa *s. f.* viscountess.

vocablo *s. m.* **1** word, term. ◆ **2 jugar al ~,** to make a pun.

vocabulario *s. m.* vocabulary.

vocación *s. f.* vocation, calling: *errar la vocación = to miss one's vocation.*

vocacional *adj.* vocational.

vocal *s. f.* **1** vowel. • *s. m.* **2** committee member, director. • *adj.* **3** vocal.

vocálico *adj.* vocalic, vowel.

vocalizar *v. t.* e *i.* **1** to vocalize. • *v. i.* **2** MÚS. to hum.

vocativo *s. m.* vocative (declinación del latín).

vocear *v. i.* **1** to shout, to yell, to bawl. • *v. t.* **2** to cry, to shout out (un vendedor). **3** to acclaim, to hail (aclamar).

voceo *s. m.* shouting, yelling, bawling.

vocería *s. f.* **1** uproar, clamour. **2** (fam.) hullabaloo.

vocero *s. m.* spokesman (portavoz).

vociferación *s. f.* vociferation.

vociferador, -ra *adj.* loud-mouthed.

vociferar *v. i.* y *t.* to vociferate, to shout, to scream (gritar).

vocinglero, -ra *adj.* **1** loud-mouthed. **2** loquacious, garrulous.

vodka *s. m.* o *f.* vodka.

voladizo, -za *adj.* **1** ARQ. projecting. • *s. m.* **2** projection.

volado, -da *adj.* **1** superior, raised (en impresión). **2** (Am.) protuberant, big. **3** (Am.) in love (enamorado). • *adv.* **4** (Am.) hastily (de prisa).

volador, -ra *adj.* **1** flying. **2** (fig.) swift, fleeting. • *s. m.* **3** rocket. **4** flying fish (pez).

voladura *s. f.* **1** blowing up, demolition. **2** blast (cantera).

volandas (en) *loc. adv.* in the air, through the air.
volante *adj.* **1** flying. **2** (fig.) unsettled, itinerant. **3** DEP. midfield (medio volante). • *s. m.* **4** steering wheel (coches). **5** MED. note. **6** TEC. flywheel. **7** (Am.) two-wheeled carriage.
volar *v. i.* **1** to fly: *los pájaros vuelan = birds can fly.* **2** to fly off, to fly away. **3** (fig.) to fly, to pass swiftly: *el tiempo vuela = time flies.* **4** to spread rapidly (noticias). **5** to rush, to scorch (coches), to go like the wind. **6** (fig.) to disappear, to vanish: *mi dinero ha volado = my money has vanished.* **7** (Am.) to bluff (juego). • *v. t.* **8** to fly: *volar una cometa = to fly a kite.* **9** to blow up, to demolish (edificios). **10** to blast (una cantera). **11** to rouse, to put to flight (caza). **12** (Am. y fig.) to pinch. **13** (Am.) to swindle (timar). **14** to flirt with (coquetear).
volátil *adj.* **1** volatile. **2** (fig.) changeable, inconstant.
volatilidad *s. f.* **1** volatility. **2** (fig.) inconstancy, fickleness.
volatilizar *v. t.* **1** to volatilize, to vaporize. **2** (fig.) to spirit away. • *v. pron.* **3** to volatilize. **4** to vanish into thin air.
volcán *s. m.* **1** volcano. **2** (Am.) breakdown (colapso). **3** (Am.) avalanche.
volcánico, -ca *adj.* volcanic.
volcar *v. t.* **1** to upset, to overturn (contenido). **2** to empty out, to pour out (deliberadamente). **3** to overturn (un coche). • *v. i.* **4** to overturn (un coche). **5** to capsize (un barco). • *v. pron.* **6** to be upset, to tip over (contenido). **7** to fall over (un vaso, botella, etc.). **8** (fig.) to do one's utmost, to be excessively kind.
volear *v. t.* **1** to volley (pelota). **2** to scatter (semillas). **3** to broadcast (sembrar).
voleo, -a *s. m.* **1** volley. • *s. m.* **2** lob (tenis, fútbol). **3** hard slap (bofetón). **4** high kick (baile). **5** random: *a voleo = at random, haphazardly.*
volframio o **wolframio** *s. m.* QUÍM. wolfram.
volición *s. f.* volition.
volován *s. m.* vol-au-vent.
volquete *s. m.* **1** tipcart (carro). **2** (brit.) dumper truck, (EE UU) dump truck (camión).
voltaje *s. m.* voltage.
voltear *v. t.* **1** to swing. **2** to turn, to turn over (dar la vuelta). **3** to toss (una moneda). **4** to turn upside down (revolver). **5** to spill (derramar).
voltereta *s. f.* **1** somersault. **2** handspring (apoyando las manos).
voltímetro *s. m.* voltmeter.
voltio *s. m.* volt.
volubilidad *s. f.* fickleness, changeableness, unpredictability.
voluble *adj.* **1** changeable, inconstant. **2** BOT. twining.
volumen *s. m.* **1** volume (capacidad). **2** size (tamaño). **3** bulk (grande). **4** volume (libro). ◆ **5 de mucho ~,** important, sizeable.
voluminoso, -sa *adj.* **1** voluminous. **2** bulky, massive: *tomo voluminoso = bulky tome.*
voluntad *s. f.* **1** will. **2** volition. **3** wish, desire (deseo). **4** intention: *tiene buena voluntad = his intentions are good.* **5** willpower (fuerza de voluntad). **6** fondness, affection. ◆ **7 buena ~,** goodwill. **8 con poca ~,** reluctantly. **9 ganar la ~ de alguien,** to win someone over. **10 hacer su santa ~,** to do exactly as one pleases. **11 ¡hágase tu ~!,** thy will be done! (oración). **12 no tener ~ para,** not to have the willpower to. **13 por ~ propia,** of one's own volition, of one's own free will.
voluntariado *s. m.* voluntary work (actividad).
voluntariamente *adv.* voluntarily.
voluntario, -ria *adj.* **1** voluntary. • *s. m.* y *f.* **2** volunteer.
voluntarioso, -sa *adj.* **1** (desp.) headstrong. **2** dedicated, well-intentioned.
voluptuosidad *s. f.* **1** voluptuousness. **2** (desp.) sensuality.
voluptuoso, -sa *adj.* **1** voluptuous. **2** sensual.
voluta *s. f.* **1** ARQ. scroll. **2** spiral, column (humo, similar).
volver *v. t.* **1** to turn, to turn over. **2** to turn upside down (boca abajo). **3** to turn inside out (de dentro hacia fuera). **4** (fig.) to turn (convertir). **5** to drive: *me vuelves loco = you drive me mad.* • *v. i.* **6** to come back (regresar al sitio donde estaba). **7** to go back (regresar a otro sitio). **8** to return. **9** to revert (a un hábito). • *v. pron.* **10** to turn: *se volvió a mí = he turned to me.* **11** to turn round (darse la vuelta). **12** to turn over (una página). **13** to become, to go (convertirse, volverse): *se volvió loco = he went mad.* **14** to turn sour (agriarse).
vomitar *v. t.* **1** to vomit, to bring up, to throw up. **2** to cough up: *vomitar sangre = to cough up blood.* **3** to belch (las llamas). **4** to spew (la lava). • *v. i.* **5** to vomit, to be sick.
vómito *s. m.* **1** vomiting (acción). **2** vomit (resultado).
vomitona *s. f.* **1** bad sick turn. ◆ **2 echar una ~,** to throw up.
voracidad *s. f.* voracity, voraciousness.
voraz *adj.* **1** voracious, greedy. **2** raging (llamas).
vosotros, -tras *pron. pers.* **1** you. • *pron.r.pl.* **2** yourselves.
votación *s. f.* **1** voting (acción), vote. **2** ballot.
votante *adj.* **1** voting. • *s. m.* y *f.* **2** voter.
votar *v. t.* **1** to vote. **2** (fig.) to curse, to swear (blasfemar).
voto *s. m.* **1** vote (política). **2** vow (promesa). **3** (vulg.) swear word, curse, oath. ◆ **4 derecho a ~,** right to vote. **5 no tener ni voz ni ~,** to have no say in the matter. **6 por mayoría de votos,** by a majority vote. **7 ~ de censura,** vote of censure. **8 ~ de confianza,** confidence vote. **9 votos emitidos,** votes cast. **10 votos indecisos,** floating votes.
voz *s. f.* **1** voice. **2** word (palabra). **3** MÚS. tone, sound, note. **4** shout, yell (alta). **5** call (cartas). **6** (fig.) rumour. **7** MIL. order, command. ◆ **8 a ~ en grito,** at the top of one's voice. **9 llevar la ~ cantante,** to rule the roost. **10 pedir a voces,** to cry out for.
vozarrón *s. m.* o **vozarrona** *s. f.* loud voice, powerful voice.
vuelco *s. m.* **1** upset. **2** (fig.) collapse, ruin. ◆ **3 dar un ~,** to overturn.
vuelo *s. m.* **1** flight (aparato). **2** wing, flight feathers (aves). **3** loose part, swirl (costura). **4** ARQ. projection. **5** BOT. timber, woodland. **6** flying (acción). **7** gliding (vuelo planeado).
vuelta *s. f.* **1** walk, stroll (paseo). **2** turn (giro). **3** ASTR. revolution. **4** return (retorno). **5** bend, turn (recodo). **6** (brit.) turn-up, (EE UU) cuff (de un pantalón). **7** row (de puntos). **8** DEP. lap. **9** ARQ. vault. **10** (fig.) change (cambio). **11** round (elecciones). **12** reverse (el otro lado). **13** strip, facing (costura). **14** (fam.) beating.
vulcanizar *v. t.* to vulcanize.
vulcanología *s. f.* volcanology, vulcanology.
vulcanólogo, -ga *s. m.* y *f.* volcanologist, vulcanologist.
vulgar *adj.* **1** common, general, ordinary. **2** (desp.) vulgar.
vulgaridad *s. f.* **1** triviality, banality. **2** ordinariness. ◆ **3 decir vulgaridades,** to use bad language.
vulgarismo *s. m.* vulgarism (expresión popular).
vulgarizar *v. t.* **1** to vulgarize (hacer vulgar). **2** to popularize (popularizar). **3** (fig.) to extend (difundir).
vulgo *s. m.* **1** common people, masses.
vulnerable *adj.* vulnerable.
vulnerar *v. t.* **1** to injure, to wound (herir). **2** to violate (ley, tratado).
vulva *s. f.* ANAT. vulva.

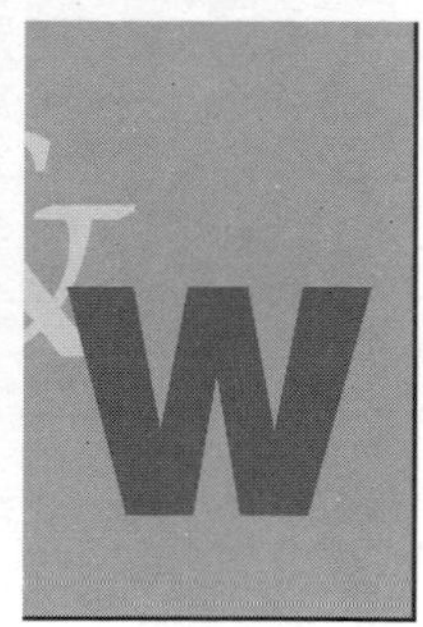

w, W *s. f.* **1** w, W (vigésimocuarta letra del alfabeto español). • *abreviatura* **2** watio.
wafle *s. m.* waffle.
wagneriano, -na *adj./s. m.* y *f.* Wagnerian (amante de o relativo a la música de Wagner).
wagon-lit *s. m.* sleeping car, sleeper.
wahabita *adj./s. m.* y *f.* Wahhabi, Wahabi (seguidores de M. Abdul Mahab).
walki-talkie *s. m.* walkie-talkie.
warrant *s. m.* COM. warrant.
Washington *s. m.* Washington.
wáter *s. m.* lavatory, toilet.
waterpolo *s. m.* water polo.
watio *s. m.* ⇒ **vatio.**
welter *s. m.* welterweight (boxeo).
western *s. m.* western (género cinematográfico).
whisky o **güisqui** *s. m.* whisky.
winchester *s. m.* Winchester® (fusil).
windsurf *s. m.* windsurfing.
windsurfista *s. m.* y *f.* windsurfer.
wolframio *s. m.* ⇒ **volframio.**

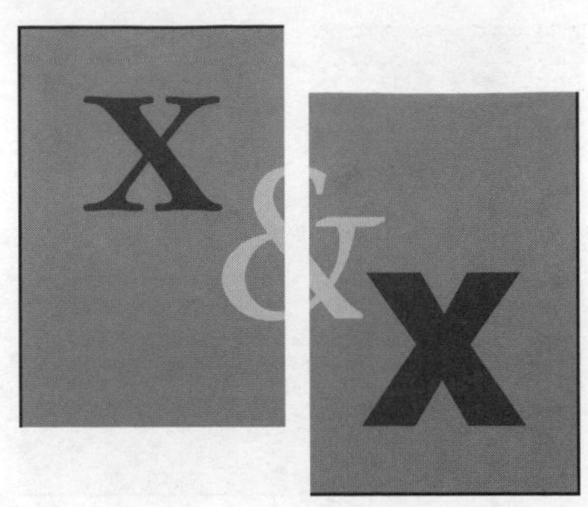

x, X *s. f.* **1** x, X (vigésimoquinta letra del alfabeto español). ◆ **2 rayos X,** MED. X-rays.
OBS. el signo **x** representa una incógnita: *un número x de cosas = x number of things.*

xantofila *s. f.* BOT. xanthophyll.

xenofobia *s. f.* xenophobia.

xenófobo, -ba *adj.* **1** xenophobic. ● *s. m.* y *f.* **2** xenophobe.

xenón *s. m.* QUÍM. xenon.

xenotransplante *s. m.* xenotransplant.

xerocopia *s. f.* xerox.

xerocopiar *v. t.* to xerox.

xerodermia *s. f.* xerosis.

xerófilo, -la *adj.* BIOL. xerophilous.

xerografía *s. f.* xerography, xerox copy.

xerografiar *v. t.* to xerox.

xilófono *s. m.* MÚS. xylophone.

xilografía *s. f.* ART. **1** xylography, wood engraving. **2** xylograph, woodcut.

xilógrafo, -fa *s. m.* y *f.* ART. xylographer, wood engraver.

y, Y *s. f.* **1** y, Y (vigésimosexta letra del alfabeto español). • *conj.* **2** and: *en blanco y negro = in black and white.*
ya *adv.* **1** already: *ya lo acabaron = they have already finished it.* **2** now: *ya son las tres = it's three o'clock now.* **3** soon, presently. **4** finally (por fin). ◆ **5** ~ **lo creo,** of course; I should say so. **6** ~ **no,** no longer, not any more. **7** ~ **que,** since, as (puesto que). **8** ~ **se ve,** that's obvious. **9** ~ **veremos,** we'll see. **10** ¡~ **voy!,** I'm coming!
yaacabó *s. m.* ZOOL. type of curassow.
yac *s. m.* ZOOL. yak.
yacaré *s. m.* ZOOL. (Am.) alligator.
yacente *adj.* **1** lying (tendido, echado). **2** recumbent (estatua).
yacer *v. i.* **1** to lie (en la tumba). **2** to be lying down (estar echado). **3** to lie, to be situated (en un lugar). ◆ **4 aquí yace,** here lies (en una tumba).
yacija *s. f.* **1** makeshift bed. **2** grave, tomb.
yacimiento *s. m.* **1** GEOL. bed (de un mineral). ◆ **2** ~ **de petróleo,** oil field.
yaguar *s. m.* ⇒ **jaguar.**
yámbico, -ca *adj.* LIT. iambic.
yambo *s. m.* **1** LIT. iamb, iambic, iambus. **2** BOT. jambo.
yanacón, -na *adj.* **1** (Am.) sharecropping. • *s. m.* y *f.* **2** HIST. Indian servant.
yanqui *adj./s. m.* y *f.* (fam.) Yankee, North American.
yantar *v. i.* (arc.) **1** to eat. • *s. m.* **2** food, meal (manjar).
yarabí *s. m.* (Am.) Indian song.
yarará *s. f.* ZOOL. (Am.) poisonous snake.
yarda *s. f.* yard.
yate *s. m.* MAR. yacht.
yayo, -ya *s. m.* y *f.* (fam.) grandpa (abuelito); grandma (abuelita).
yedra *s. f.* BOT. ivy.
yegua *s. f.* **1** ZOOL. mare. **2** (Am.) cigar butt (colilla de cigarro).
yeguada *s. f.* **1** herd of mares. **2** (Am.) act of folly (disparate).
yeguar *s. m.* herd of mares.
yeísmo *s. m.* the pronunciation of Spanish «ll» and «y».
yelmo *s. m.* helmet.
yema *s. f.* **1** yolk (de huevo). **2** BOT. bud, shoot (brote). **3** (fig.) the cream, the best part. **4** GAST. sweet made with egg yolk and sugar. **5** fingertip (de los dedos).
yerba *s. f.* ⇒ **hierba.**
yermo, -ma *adj.* **1** uninhabited, deserted, waste. **2** sterile, barren, uncultivated. • *s. m.* **3** wasteland.
yerno *s. m.* son-in-law.
yerro *s. m.* fault, error, mistake.
yerto, -ta *adj.* stiff, rigid (tieso, rígido).
yesal *s. m.* gypsum pit.
yesar *s. m.* ⇒ **yesal.**
yesca *s. f.* **1** tinder. **2** (fig.) fuel, incentive (de pasión). • *pl.* **3** tinder box.◆ **4 estar hecho una** ~, (Am.) to be very angry.
yesería *s. f.* **1** plaster factory (fábrica). **2** gypsum kiln (horno).
yesero, -ra *adj.* **1** plaster. • *s. m.* y *f.* **2** plasterer. • *s. f.* **3** gypsum pit (yesal).
yeso *s. m.* **1** GEOL. gypsum. **2** plaster (para paredes, etc.). **3** MED. plaster, cast (escayola). **4** chalk (polvo). **5** plaster cast (escultura). ◆ **6** ~ **mate,** plaster of Paris.
yesoso, -sa *adj.* **1** gypseous. **2** chalky.
yesquero *s. m.* (Am.) lighter (mechero).
yeti *s. m.* yeti.
yip *s. m.* ⇒ **jeep.**
yo *pron. pers.* **1** I: *¿quién ha cogido mis llaves? – Yo = who took my keys? – I did.* **2** me: *¿quién es? – soy yo. = who is it? – it's me.* ◆ **3 el** ~, FIL. the self, the I, the ego.
yod *s. f.* FILOL. yod.
yodado, -da *adj.* iodized.
yodo *s. m.* QUÍM. iodine.
yoduro *s. m.* QUÍM. iodide.
yoga *s. m.* FIL. yoga.
yogui *s. m.* FIL. yogi.
yogur *s. m.* GAST. yogurt, yoghurt, yoghourt.
yola *s. f.* MAR. yawl.
yonqui *s. m.* y *f.* (fam.) junkie.
yóquei o **yoqui** *s. m.* DEP. jockey.
yoyó *s. m.* yo-yo.
yubarta *s. f.* humpback, humpback whale.
yuca *s. f.* BOT. yucca.
yudo *s. m.* DEP. judo.
yudoca *s. m.* y *f.* DEP. judoka.
yugada *s. f.* **1** AGR. yoke of land. **2** yoke of oxen (yunta de bueyes).
yugo *s. m.* **1** yoke (de animales, de campana). **2** marriage tie (en una ceremonia nupcial). **3** (fig.) bondage, slavery. **4** MAR. transom.
Yugoslavia *s. f.* Yugoslavia.
yugoslavo, -va o **yugoeslavo, -va** *adj./s. m.* y *f.* Yugoslavian, Yugoslav.
yugular *adj.* y *s. f.* **1** ANAT. jugular. • *v. t.* **2** (fig.) to nip in the bud.
yungas *s. f. pl.* warm valleys.
yunque *s. m.* **1** anvil. **2** ANAT. incus, anvil. **3** (fig.) tireless worker.
yunta *s. f.* **1** yoke of oxen (de bueyes). **2** AGR. yoke of land (tierra de labor). **3** pair, couple (de animales de tiro).
yuntero, -ra *s. m.* y *f.* ploughman.
¡yupi! *interj.* yipee!, hooray!
yute *s. m.* jute (textil).
yuxtaponer *v. t.* y *pron.* to juxtapose.
yuxtaposición *s. f.* juxtaposition.
yuxtapuesto, -ta *adj.* juxtaposed.
yuyo *s. m.* (Am.) **1** weed, wild grass. ◆ **2 volverse** ~, to faint.

z, Z *s. f.* z, Z, (vigésimoséptima y última letra del alfabeto español).
zabordar *v. i.* MAR. to run aground, to be stranded.
zacatal *s. m.* pasture.
zacate *s. m.* fodder, hay.
zacatear *v. t.* **1** to beat. • *v. i.* **2** to graze.
zacatín *s. m.* quarter of a town where clothes are sold.
zafacoca *s. f.* (Am.) row, squabble, quarrel, brawl.
zafado, -da *adj.* **1** (Am.) brazen, shameless, cheeky, impudent. **2** dislocated (hueso).
zafadura *s. f.* dislocation, sprain.
zafaduría *s. f.* effrontery, shamelessness, cheek, insolence.
zafar *v. t.* **1** to clear, to free (superficie, etc.). **2** to undo, to untie, to unfasten. **3** to decorate. • *v. i.* **4** (Am.) to leave, to go away. • *v. pron.* **5** to escape, to run away, to slip away. **6** (fig.) to get away, to shake off: *zafarse de alguien = to shake someone off.* **7** (fig.) to evade, to get out (of): *zafarse de una situación delicada = to get out of a delicate situation.* **8** (Am.) to be dislocated (hueso).
zafarrancho *s. m.* **1** MAR. clearing for action. **2** (fam.) quarrel, row. **3** (fig.) havoc, muddle, mess. ◆ **4 armar un ~,** to cause havoc, to kick up a rumpus: *el ataque del enemigo armó un zafarrancho = the enemy attack wrought havoc.* **5 ~ de combate,** call to action stations.
zafio, -fia *adj.* coarse, rude, uncouth.
zafiro *s. m.* sapphire.
zafo *adj.* **1** MAR. free and clear, unobstructed. **2** unharmed, undamaged, unscathed: *salir zafo de = to come out unscathed from.* **3** (Am.) free, disentangled. • *prep.* **4** (Am.) except (for).
zafón *s. m.* slip, mistake, error.
zafra *s. f.* **1** oil jar, oil container. **2** (Am.) AGR. sugar harvest, sugar making.
zaga *s. f.* **1** rear. ◆ **2 a la ~, a ~, en ~,** at the rear, in the rear. **3 no irle a la ~ de nadie,** to be second to none. **4 no irle a uno a la ~,** to be every bit as good as someone. **5 no quedarse a la ~,** not to be outdone.
zagal *s. m.* **1** boy, lad, youth. **2** shepherd boy.
zagala *s. f.* **1** girl, lass. **2** shepherdess.
zaguán *s. m.* hall, entrance, hallway, vestibule.
zaguero *adj.* **1** rear, back, trailing (trasero). **2** (fig.) slow, lagging behind. **3** overloaded at the rear. • *s. m.* **4** DEP. full-back (en fútbol).
zahareño, -ña *adj.* wild, disdainful, unsociable, shy.
zaheridor, -ra *adj.* **1** upbraiding. **2** scoffing, mocking.
zaherimiento *s. m.* **1** sarcastic criticism (crítica). **2** reprimand, upbraiding (reprimenda). **3** mockery (burla).
zaherir *v. t.* to criticise sharply/sarcastically (criticar); to wound, to hurt someone's feelings (herir); to upbraid, to reproach: *zaherir a uno con algo = to reproach someone for something.*
zahína *s. f.* sorghum.
zahinar *s. m.* sorghum field.
zahón *s. m.* (generalmente *pl.*) breeches, chaps.
zahondar *v. t.* **1** to deepen, to dig. • *v. i.* **2** to sink into the ground (los pies).
zahorí *s. m.* y *f.* **1** seer, soothsayer, clairvoyant. **2** water diviner. **3** (fig.) highly perceptive person, mind-reader, very observant person.
zahúrda *s. f.* **1** (brit.) pigsty, (EE UU) pigpen. **2** (fig.) hovel, pigsty.
zahorra *s. f.* (fam.) din, commotion, hullabaloo.
zaida *s. f.* type of heron.
zaino *adj.* **1** false, treacherous, deceitful. ◆ **2 un caballo ~,** a chestnut horse. **3 un toro ~,** a pure black bull.
zalamerear *v. i.* to flatter, to cajole, to wheedle.
zalamería *s. f.* flattery, cajoling, wheedling, coaxing by flattery.
zalamero, -ra *adj.* **1** flattering, cajoling, wheedling; suave. • *s. m.* y *f.* **2** flatterer, wheedler; suave person; cajoler.
zalema *s. f.* **1** deep bow, salaam. **2** coaxing by flattery. • *pl.* **3** (desp.) bowing and scraping, flattering courtesies.
zalenquear *v. i.* to limp, to hobble.
zamarra *s. f.* **1** sheepskin jacket. **2** sheep-skin.
zamarrear *v. t.* **1** to shake, to worry (perro). **2** (fam.) to knock about, to push about, to shove around. **3** (fam.) to sit on, to squash.
zamarreo *s. m.* **1** shaking, shake, dragging about. **2** (fam.) rough treatment.
zamarrilla *s. f.* BOT. germander, mountain germander.
zamarro *s. m.* **1** sheepskin jacket. **2** sheep-skin. **3** stupid person, yokel. • *pl.* **4** (Am.) riding breeches, chaps.
zamba *s. f.* samba.
zambo, -ba *adj.* **1** knock-kneed. **2** half-breed, mulatto. • *s. m.* y *f.* **3** knock-kneed man (hombre), knock-kneed woman (mujer). **4** ZOOL. spider monkey.
zambomba *s. f.* type of drum.
zambombazo *s. m.* **1** explosion, bang. **2** punch, blow, thump (al cuerpo).
zambra *s. f.* **1** gypsy dance. **2** noise, commotion, uproar, rumpus.
zambucar *v. t.* **1** to hide away. **2** to jumble up.
zambuco *s. m.* hiding, concealing.
zambullida *s. f.* **1** dive, plunge (salto). **2** dip (baño). ◆ **3 dar una ~,** to dive into the water.
zambullidor, -ra *s. m.* y *f.* diver.
zambullidura *s. f.* dive, plunge.
zambullimiento *s. m.* dive, plunge.
zambullir *v. t.* **1** to duck, to give a ducking. • *v. pron.* **2** to dive, to plunge, to take a dive. **3** to get involved. **4** to hide.
zampabollos *s. m.* y *f.* **1** glutton, greedy pig. **2** stupid person, clot, nitwit.
zampar *v. t.* **1** to gobble, to wolf down (comida). **2** to put away hurriedly. **3** to hurl, to throw, to dash. **4** to deal (un golpe). • *v. pron.* **5 zamparse en,** to dart into, to whip into, to shoot into.
zampón, -na *adj.* greedy.
zampoña *s. f.* **1** pan pipes, rustic flute. **2** stupid remark.
zampullín *s. m.* grebe.
zanahoria *s. f.* **1** carrot. • *s. m.* **2** (Am.) errand boy. • *s. m.* y *f.* **3** (Am.) nit, nerd.
zanca *s. f.* **1** leg. **2** shank. **3** ARQ. stringpiece (de una escalera). **4** leg (de un andamio). ◆ **5 por zancas o por barrancas,** by hook or by crook.
zancada *s. f.* **1** stride: *a grandes zancadas = with long strides.* ◆ **2 en dos**

zancadas, (fig.) in a couple of ticks, quickly.
zancadilla *s. f.* **1** trip. **2** ruse, trick. **3** booby trap, snare. ◆ **4 echar la ~ a uno,** to trip someone up.
zancadillear *v. t.* **1** to trip up, to make (someone) trip (físicamente). **2** (fig.) to lay a trap for.
zancajo *s. m.* **1** heel. **2** leg-bone.
zancajoso, -sa *adj.* **1** bandy-legged. **2** big-heeled. **3** with a hole in the heel of one's socks (tights, etc.).
zancarrón *s. m.* **1** leg-bone. **2** old bag of bones. **3** poor teacher.
zanco *s. m.* **1** stilt. ◆ **2 estar en zancos,** to be well up, to be in a good position.
zancudo, -da *adj.* **1** long-legged, lanky (patilargo). **2** ZOOL. wading (ave). ● *s. m.* y *f.* **3** long-legged person. ● *s. m.* **4** (Am.) mosquito.
zanganear *v. t.* **1** to idle, to loaf, to fool around, to waste one's time. **2** to make stupid comments.
zanganería *s. f.* **1** (fam.) fooling around. **2** idleness.
zángano *s. m.* **1** ZOOL. drone. **2** (fig.) lazy bones, idler, slacker. **3** boor.
zangolotear *v. t.* **1** to fiddle with, keep playing with. **2** to shake. ● *v. i.* y *pron.* **3** to rattle, to shake (puerta, ventana, etc.). **4** to fidget (persona).
zangoloteo *s. m.* fiddling; shaking, jiggling; fidgeting; rattling.
zangolotino, -na *adj.* **niño ~,** older boy with a childish appearance; (desp.) weedy youth; (desp.) overgrown baby.
zanja *s. f.* **1** ditch (para desagüe). **2** drainage channel (acequia). **3** trench, pit (para cimientos). **4** (Am.) gully, watercourse (barranco).
zanjar *v. t.* **1** to settle, to clear up. **2** to conclude. **3** to excavate, to dig trenches in.
zanquear *v. t.* **1** (Am.) to hunt for. ● *v. i.* **2** to waddle, to walk awkwardly about. **3** to stride along, to walk fast. **4** (fig.) to rush about, to bustle about.
zapa *s. f.* **1** spade. **2** MIL. trench, sap. ◆ **3 a la ~,** by trenching.
zapador *s. m.* sapper.
zapapico *s. m.* pick, pickaxe.
zapata *s. f.* **1** half boot. **2** MEC., MAR. (de un freno) shoe.
zapatazo *s. m.* **1** blow with a shoe. **2** thud, bump, bang. **3** MAR. violent flapping of a sail. ◆ **4 tratar a uno a zapatazos,** to treat someone rudely.
zapateado *s. m.* tap-dance.
zapateador, -ra *s. m.* y *f.* tap-dancer.
zapatear *v. t.* **1** to tap with one's foot. **2** to kick, to prod with one's foot. **3** to ill-treat, to treat roughly. ● *v. i.* **4** (baile) to stamp one's feet, to tap one's feet. ● *v. pron.* **5** (fam.) to get rid of, to polish off. ◆ **6 saber zapatearlas,** (fam.) to know how to look after oneself.
zapateo *s. m.* **1** tapping, stamping with the feet (baile). **2** tap-dance.
zapatería *s. f.* **1** (brit.) shoe shop, (EE UU) shoe store. **2** shoe factory, footwear factory. **3** shoemaking.
zapatero, -ra *adj.* **1** hard, undercooked, underdone: *zanahorias zapateras = undercooked carrots.* **2** tough: *filete zapatero = tough steak.* ● *s. m.* y *f.* **3** shoemaker. **4** shoe seller, shoe dealer. ◆ **5 ¡~ a tus zapatos!,** mind your own business. **6 ~ remendón,** cobbler.
zapateta *s. f.* jump accompanied by a slap on one's shoe.
zapatiesta *s. f.* quarrel, disturbance, (fam.) rumpus: *armar una zapatiesta = to kick up a rumpus.*
zapatilla *s. f.* **1** slipper (para casa). **2** pump, plimsoll. **3** shoe: *zapatilla de baile = dancing shoe; zapatilla de deporte = sports shoe, training shoe.* **4** MEC. washer, gasket.
zapato *s. m.* **1** shoe: *zapatos de tacón = high-heeled shoes.* ◆ **2 estar como tres en un ~,** to be packed in like sardines. **3 meter a uno en un ~,** to bring someone to heel. **4 saber dónde aprieta el ~,** to know where the shoe pinches, to know where one's weakness lies.
zapear *v. t.* (Am.) to spy on, to watch.
zaporro *s. m.* (Am.) dwarf, runt.
zapote *s. m.* **1** BOT. sapodilla. **2** sapodilla plum, naseberry, sapota (tipo de fruta).
zapping *s. m.* **1** zapping, channel surfing. ◆ **2 hacer ~,** to channel-surf.
zaque *s. m.* **1** small wineskin. **2** boozer, tippler, old soak.
zar *s. m.* czar, tzar, tsar.
zarabanda *s. f.* **1** MÚS. sarabande. **2** (fig.) whirl, turmoil, confused movement, rush.
zaragata *s. f.* **1** rumpus, row, squabble, set-to. **2** bustle, turmoil, (fam.) hullabaloo. ◆ **3 zaragatas,** (Am.) cajolery, wheedling.
zaragatero, -ra *adj.* **1** rowdy, noisy. **2** quarrelsome, trouble making. ● *s. m.* y *f.* **3** rowdy person, hooligan, trouble maker.
zaragüelles *s. m. pl.* **1** wide legged overalls. **2** large breeches.
zaranda *s. f.* **1** sieve. **2** (Am.) cruet.
zarandajas *s. f. pl.* (fam.) odds and ends, trifles.
zarandar *v. t.* **1** to sieve, to sift. **2** (fam.) to shake vigorously (sacudir). **3** (fam.) to jostle, to shove. **4** to push, to swing. ● *v. pron.* **5** to strut, to swagger.
zarandear *v. t.* to knock about.
zarandeo *s. m.* shaking.
zarazas *s. f. pl.* poison (for killing animals).
zarazo, -za *adj.* (Am.) underripe (fruit).
zarcillo *s. m.* **1** earring. **2** BOT. runner, tendril.
zarco, -ca *adj.* light blue (ojos).
zarevitz *s. m.* czarevitch, tzarevitch.
zarigüeya *s. f.* opossum.
zarina *s. f.* czarina, tzarina.
zarpa *s. f.* **1** claw, paw. **2** mud splash.
zarpada *s. f.* clawing, swipe with a paw.
zarpar *v. i.* MAR. to put to sea, to set sail, to weigh anchor.
zarpazo *s. m.* swipe with a paw, clawing.
zarpear *v. i.* (Am.) to spatter, to splash with mud.
zarposo, -sa *adj.* (fam.) spattered, splashed with mud.
zarrapastroso, -sa *adj.* (fam.) dirty, ragged, shabby.
zarza *s. f.* BOT. bramble, blackberry bush.
zarzal *s. m.* bramble patch, brier patch.
zarzamora *s. f.* BOT. blackberry.
zarzaparrilla *s. f.* sarsaparilla.
zarzuela *s. f.* **1** MÚS. light opera, musical comedy, Spanish operetta. **2** seafood stew (plato).
zarzuelista *s. m.* y *f.* composer (of zarzuelas).
zas *interj.* bang!, crash!, whack!
zascandil *s. m.* **1** layabout, good-for-nothing. **2** meddler, busybody.
zascandilear *v. i.* **1** to idle, to waste time. **2** to meddle, to snoop, to pry.
zazoso, -sa *adj.* lisping.
zeda *s. f.* name of the letter z.
zedilla *s. f.* cedilla.
zenit *s. m.* zenith.
zepelín *s. m.* zeppelin.
zeta *s. f.* name of the letter z.
zigzag *s. m.* zigzag.
zigzaguear *v. i.* to zigzag.
zinc *s. m.* zinc.
zíngaro, -ra *adj./s. m.* y *f.* gypsy (especialmente húngaro).
zipizape *s. m.* (fam.) row, rumpus, scuffle, set-to.
zócalo *s. m.* **1** ARQ. socle (edificio), plinth (pedestal). **2** (brit.) skirting board, (EE UU) baseboard. **3** (Am.) town square, walk, boulevard. **4** GEOL. insular shelf.
zocato, -ta *adj.* **1** left-handed. **2** overripe (fruit, vegetables). ● *s. m.* y *f.* **3** left-handed person, left-hander.
zoco, -ca *adj.* **1** left-handed. **2** one-armed, maimed, limbless. ● *s. m.* y *f.* **3** left-handed person, left-hander. **4** (Am.) punch. ● *s. m.* **5** souk, Moroccan market square.
Zodiaco o **Zodíaco** *s. m.* zodiac.
zollenco, -ca *adj.* (Am.) big, tough.
zona *s. f.* **1** zone, area, belt. ◆ **2 ~ catastrófica,** disaster area. **3 ~ edificada,** built-up area. **4 ~ fronteriza,** border area. **5 ~ verde,** green belt. ● *s. m.* **6** MED. shingles.
zoncería *s. f.* silliness, stupidity.
zonzo, -za *adj.* **1** silly, stupid, inane. ● *s. m.* y *f.* **2** idiot, dunce, bore.
zoo *s. m.* zoo.
zoófito *adj.* **1** zoophyte. ● *s. m. pl.* **2** zoophytes.
zoología *s. f.* zoology.
zoológico, -ca *adj.* zoological.
zoólogo, -ga *s. m.* y *f.* zoologist.
zopenco, -ca *adj.* **1** dull, stupid. ● *s. m.* y *f.* **2** (fam.) dunce, blockhead, clot, nitwit.
zopilote *s. m.* buzzard.
zopo, -pa *adj.* deformed, crippled, maimed (de manos o pies).
zoquete *s. m.* **1** small block, chunk of wood. **2** piece of stale bread. **3**

(fam.) dunce, blockhead. **4** (fam.) smack, punch. **5** tubby man.

zorcico *s. m.* Basque folk song and dance.

zorongo *s. m.* **1** Andalusian folk song and dance. **2** kerchief, headscarf (Aragón y Navarra). **3** chignon (peinado).

zorra *s. f.* **1** ZOOL. vixen. **2** (desp.) whore, tart. ◆ **3 no tengo ni ~ idea,** (vulg.) I haven't got a clue. **4 toda la ~ noche,** (vulg.) all bloody night.

zorrera *s. f.* **1** foxhole. **2** smoky room. **3** drowsiness, lethargy.

zorrería *s. f.* **1** foxiness, craftiness, cunning. **2** dirty trick.

zorrillo *s. m.* (Am.) skunk.

zorro *s. m.* **1** fox. **2** (fig.) sly person, old fox. ◆ **3** *pl.* duster (made from strips of cloth).

zorruno, -na *adj.* foxy, fox-like.

zorzal *s. m.* **1** ZOOL. thrush. **2** cunning fellow, old fox.

zote *adj.* **1** dull, dim, stupid. • *s. m.* y *f.* **2** dimwit, dunce.

zozobra *s. f.* **1** MAR. capsizing, sinking. **2** worry, anxiety, uneasiness, anguish. ◆ **3 vivir en una perpetua ~,** to live in constant anxiety.

zozobrar *v. i.* **1** MAR. to capsize, to overturn, to founder, to sink. **2** to worry, to fret, to be anxious, to be uneasy. **3** (fig.) to fail, to come to nothing, to be ruined (en negocios).

zozobroso, -sa *adj.* worried, anxious, uneasy, anguished.

zueco *s. m.* clog, wooden shoe.

zulaque *s. m.* **1** packing stuff. **2** MAR. oakum.

zulla *s. f.* **1** BOT. French honeysuckle. **2** human excrement.

zullarse *v. pron.* **1** to dirty oneself. **2** (fam.) to break wind.

zulo *s. m.* hideout.

zulú *adj./s. m.* y *f.* Zulu.

zumaque *s. m.* **1** BOT. sumach tree. **2** (fam.) wine.

zumaya *s. f.* **1** ZOOL. tawny owl (autillo). **2** ZOOL. nightjar (chotacabras).

zumba *s. f.* **1** (fam.) banter, teasing. ◆ **2 hacer ~ a,** to rag, to tease. **3** beating.

zumbador, -ra *s. m.* **1** buzzer. **2** (Am.) ZOOL. humming bird.

zumbar *v. t.* **1** to tease, to rag, to make fun of. **2** to smack, to slap, to hit, to cuff. **3** (Am.) to throw, to toss, (fam.) to chuck. • *v. i.* **4** to buzz, to hum, to drone (insectos). **5** to ring: *me zumban los oídos = my ears are ringing.* ◆ **6 salir zumbando,** to shoot off, to zoom off. **7 zumbarle a uno,** to give someone a beating, to give someone a thrashing.

zumbel *s. m.* cord for spinning tops.

zumbido *s. m.* **1** buzzing, humming, drone (insecto). **2** ringing (de oídos). **3** punch, slap.

zumbón, -na *adj.* **1** waggish, teasing, bantering. • *s. m.* y *f.* **2** wag, joker, jester.

zumiento, -ta *adj.* juicy, succulent.

zumo *s. m.* **1** juice. **2** profit, gain.

zumoso, -sa *adj.* juicy.

zuncho *s. m.* metal band, hoop.

zurcido *s. m.* **1** darning, mending. **2** darn, patch.

zurcidor, -ra *s. m.* y *f.* darner, mender.

zurcir *v. t.* **1** to darn, to mend, to patch. **2** (fig.) to join together. ◆ **3 ¡anda que te zurzan!,** go jump in the lake!/go to hell!

zurdear *v. i.* (Am.) to do things with the left hand.

zurdería *s. f.* left-handedness.

zurdo, -da *adj.* **1** left-handed. • *s. f.* **2** the left hand. • *s. m.* y *f.* **3** left-handed, left-hander, (fam.) southpaw.

zureo *s. m.* coo, billing and cooing.

zurra *s. f.* **1** tanning (de cuero). **2** (fig.) hiding, flogging, beating. **3** (fam.) brawl, scuffle.

zurrador, -ra *s. m.* tanner.

zurrapas *s. f. pl.* dregs (poso); grounds (del café).

zurrar *v. t.* **1** to tan (cuero). **2** (fam.) to tan, to give a hiding, to wallop, to lay into, to flog. **3** to criticize. **4** (fam.) to give a tongue lashing.

zurriago *s. m.* whip, lash.

zurribanda *s. f.* **1** flogging, whipping. **2** noisy scuffle, fight.

zurriburri *s. m.* **1** (fam.) worthless individual, ragamuffin, scamp. **2** gang, riff-raff, rabble. **3** turmoil, confusion, mix-up, mess.

zurrón *s. m.* provision bag, game-bag.

zutano, -na *s. m.* y *f.* so-and-so; a Mr. So-and-So, what's-his-name (hombre); a Mrs. So-and-So, what's-hername (mujer).

ENGLISH-SPANISH

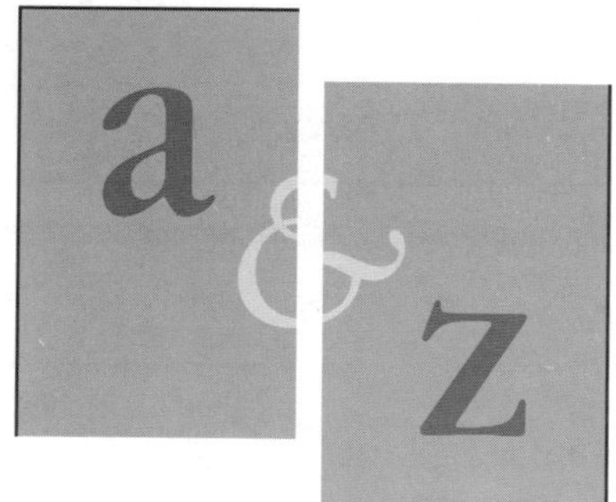

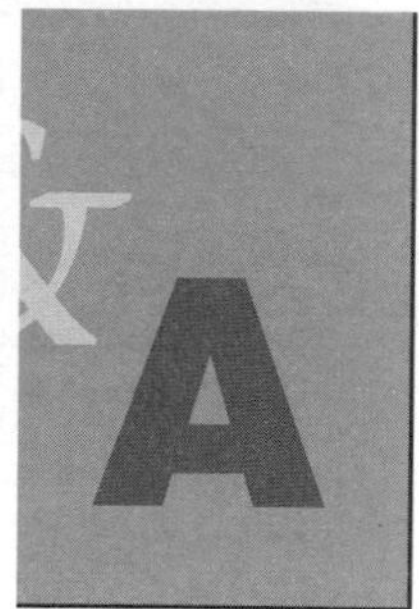

a, A [eɪ] *s. c.* **1** a, A (primera letra del abecedario). • *s. c.* e *i.* **2** MÚS. la (sexta nota en la escala de Do). **3** sobresaliente (nota académica máxima). ◆ **4 A1,** (fam.) excelente, de primera clase. **5 from A to B,** de un lugar a otro, de un sitio a otro (hipotéticamente): *you have to have a car to be able to go from A to B = tienes que tener un coche para poder ir de un sitio a otro.* **6 from A to Z,** de cabo a rabo, de principio a fin, de pe a pa.

a [eɪ] pronunciación relajada [ə] (ante vocal o h muda **an**) *art. ind.* **1** un, una: *a car = un coche; a house = una casa; an aeroplane = un avión.* **2** un, una (sentido general): *a bird can fly = los pájaros saben volar.*
OBS. Esta palabra tiene estos otros sentidos y usos: **3** un, una (delante de una cantidad numérica): *a million = un millón, a quarter = un cuarto.* **4** por, al, a la (indicando frecuencia o distribución): *I work five days a week = trabajo cinco días por semana* o *a la semana.* **5** (con profesiones): *he is a doctor = es médico.* **6** (con algunos sustantivos tiene el sentido de bueno, magnífico, largo en valor, tiempo o cantidad): *that's an idea = ésa es una buena idea.* **7** un, una (con expresiones de tiempo significando una ocasión particular): *the party will be on a Saturday = la fiesta se celebrará un sábado.* **8** un tal, una tal (con nombres propios): *Mr Williams? A Mr Brown for you = Señor Williams, es un tal señor Brown.* **9** (hablando de un miembro de una familia): *Jim is a typical Bartlet = Jim es un Bartlet típico.* **10** un, una (con nombres de pintores, escultores, etc.): *I bought a Dalí recently = recientemente adquirí un Dalí.*
OBS. Finalmente, esta letra sirve como prefijo negativo en sustantivos, adjetivos y adverbios: **11** *asexual = asexual...* y como prefijo que indica un estado: **12** *asleep = dormido.*

aback [ə'bæk] *adv.* ⇒ **take.**

abacus ['æbəkəs] *s. c.* **1** ábaco (instrumento para contar). **2** ARQ. ábaco.

abaft [ə'bɑːft] *adv.* **1** MAR. a popa, en popa, hacia popa. • *prep.* **2** detrás de.

abandon [ə'bændən] *v. t.* **1** abandonar, dejar; desamparar (a alguien). **2** abandonar, desistir de (un plan, un proyecto, etc.) • *v. pron.* **3** (**to** ~ **to**) abandonarse a, entregarse a; dejarse llevar por: *she abandoned herself to grief = se dejó llevar por la pena.* • *s. i.* **4** abandono; desenfreno: *all his student years he lived with total abandon = todos sus años de estudiante vivió con desenfreno.* ◆ **5 to** ~ **ship,** MAR. abandonar el barco.

abandoned [ə'bændənd] *adj.* **1** abandonado; desierto (pueblo, lugar, edificio). **2** desenfrenado: *in an abandoned manner = de manera desenfrenada.* **3** (fig.) libertino, vicioso.

abandonment [ə'bændənmənt] *s. i.* abandono.

abase [ə'beɪs] *v. pron.* humillarse, rebajarse, degradarse: *don't abase yourself in that way = no te rebajes de esa manera.*

abasement [ə'beɪsmənt] *s. i.* humillación, degradación.

abashed [ə'bæʃt] *adj.* avergonzado; desconcertado, confuso, corrido.

abate [ə'beɪt] *v. i.* (form.) disminuir, mitigarse; amainar (tormenta).

abatement [ə'beɪtmənt] *s. i.* (form.) disminución, mitigación.

abattoir ['æbətwɑr] *s. c.* matadero.

abbess ['æbɪs] *s. c.* abadesa.

abbey ['æbɪ] *s. c.* abadía.

abbot ['æbət] *s. c.* abad.

abbreviate [ə'briːvɪeɪt] *v. t.* **1** abreviar. **2** reducir a siglas, poner en siglas.

abbreviated [ə'briːvɪeɪtɪd] *adj.* abreviado.

abbreviation [əˌbriːvɪ'eɪʃn] *s. c.* **1** abreviatura, abreviación. **2** resumen, condensación.

ABC [ˌeɪbiː'siː] *s. i.* **1** alfabeto, abecedario. **2** abecé, rudimentos (de un tema, de una asignatura, etc.).

abdicate ['æbdɪkeɪt] *v. t.* e *i.* **1** abdicar, renunciar (al trono). • *v. t.* **2** eludir, rehuir (responsabilidades, obligaciones, etc.).

abdication [ˌæbdɪ'keɪʃn] *s. c.* e *i.* **1** abdicación, renuncia (al trono). **2** rechazo (de responsabilidades, obligaciones, etc.).

abdomen ['æbdəmen] *s. c.* ANAT. abdomen.

abdominal [æb'dɒmɪnl] *adj.* abdominal.

abdominally [æb'dɒmɪnəlɪ] *adv.* abdominalmente.

abduct [æb'dʌkt] *v. t.* secuestrar, raptar.

abduction [æb'dʌkʃn] *s. c.* e *i.* secuestro, rapto.

abductor [æb'dʌktər] *s. c.* **1** raptor, secuestrador. **2** ANAT. abductor (músculo).

abeam [ə'biːm] *adv.* MAR. de través, al través (en ángulo recto con la quilla).

abed [ə'bed] *adj.* (arc.) en cama, encamado.

aberrant [ə'berənt] *adj.* aberrante, anormal.

aberration [ˌæbe'reɪʃn] *s. c.* e *i.* PSIC. aberración, anormalidad.

abet [ə'bet] *v. t.* **1** instigar, incitar (al mal). ◆ **2 to aid and** ~, DER. ser cómplice e instigador de, encubrir: *to aid and abet the enemy = ayudar y encubrir al enemigo.*

abettor [ə'betər] *s. c.* DER. instigador (de un delito).

abeyance [ə'beɪəns] DER. *s. i.* **1** suspensión. ◆ **2 in** ~, en suspenso: *it will be in abeyance for a year = eso estará en suspenso un año.*

abhor [əb'hɔːr] *v. t.* aborrecer, detestar.

abhorrence [əb'hɒrəns] *s. i.* aborrecimiento, aversión, odio.

abhorrent [əb'hɒrənt] *adj.* aborrecible, abominable, detestable.

abide [ə'baɪd] (*v. irreg.* en la acepción **3** y su *pret.* y *p.p.* es **abode**) *v. t.* **1** soportar, aguantar; tolerar. • *v. i.* **2** aguantar (el paso del tiempo); permanecer, durar. **3** (arc.) morar, habitar. ◆ **4 to** ~ **by,** respetar, acatar, atenerse a (una ley).

abiding [ə'baɪdɪŋ] *adj.* duradero, perdurable, permanente.

ability [ə'bɪlɪtɪ] *s. c.* e *i.* **1** capacidad, facultad: *a great ability to speak languages = una gran capacidad para hablar idiomas.* **2** talento, dotes, aptitudes (naturales de inteligencia): *a man of great ability = un hombre de gran talento.* ◆ **3 to the best of one's** ~**/abilities,** como mejor uno pueda, lo mejor que uno pueda: *to the best of my ability = lo mejor que yo pueda.*

abject ['æbdʒekt] *adj.* **1** abyecto; vergonzante: *abject poverty = pobreza vergonzante.* **2** (desp.) despreciable, vil, rastrero: *an abject apology = una excusa despreciable.*

abjectly ['æbdʒektlı] *adv.* vergonzantemente; abyectamente.

abjuration [,æbdʒʊ'reıʃn] *s. c.* e *i.* (form.) renuncia, abjuración.

abjure [əb'dʒʊər] *v. t.* (form.) renunciar, abjurar (de una creencia, fe, modo de vida, etc.): *he abjured his own faith = abjuró de su propia fe.*

ablative ['æblətıv] *s. c.* **1** GRAM. ablativo. • *adj.* **2** del ablativo.

ablaze [ə'bleız] *adj.* **1** en llamas, ardiendo. **2** (fig.) brillante, resplandeciente (con colores muy vivos). **3** enardecido, emocionado.

able ['eıbl] *adj.* **1** capaz (de hacer algo). **2** competente; valioso: *an able student = un estudiante competente.* ◆ **3 to be ~ to,** poder, ser capaz de.
OBS. Esta última expresión se usa en sustitución de **can** en los tiempos que éste no tiene.

able-bodied [,eıbl'bɒdıd] *adj.* sano, fuerte, robusto.

ablutions [ə'blu:ʃnz] *s. pl.* (form. o hum.) abluciones, lavado.

ably ['eıblı] *adv.* competentemente; hábilmente.

abnegation [,æbnı'geıʃn] *s. i.* (form.) abnegación, sacrificio.

abnormal [æb'nɔ:ml] *adj.* anormal.

abnormality [,æbnɔ:'mælıtı] *s. c.* e *i.* anormalidad.

abnormally [æb'nɔ:məlı] *adv.* excepcionalmente.

aboard [ə'bɔ:d] *prep.* **1** a bordo de: *aboard a ship = a bordo de un barco.* • *adv.* **2** a bordo.

abode [ə'bəʊd] *pret.* y *p.p.* **1** de **abide.** • *s. c.* **2** (arc.) morada; domicilio. ◆ **3 to take up/make one's ~,** fijar residencia. **4 of no fixed ~,** sin domicilio fijo. **5 right of ~,** DER. derecho de residencia (en un país extranjero).

abolish [ə'bɒlıʃ] *v. t.* abolir.

abolition [,æbə'lıʃn] *s. i.* abolición.

abolitionist [,æbə'lıʃənıst] *s. c.* abolicionista.

A-bomb ['eıbɒm] *s. c.* bomba atómica.

abominable [ə'bɒmınəbl] *adj.* **1** abominable, execrable; pésimo. ◆ **2 the ~ snowman,** el abominable hombre de las nieves, el yeti.

abominably [ə'bɒmınəblı] *adv.* abominablemente, pésimamente.

abominate [ə'bɒmıneıt] *v. t.* abominar, detestar.

abomination [əbɒmı'neıʃn] *s. c.* **1** (p.u.) abominación. • *s. i.* **2** odio, aborrecimiento: *my abomination of insects = mi odio hacia los insectos.*

aboriginal [,æbə'rıdʒənl] *adj.* **1** primitivo, originario, indígena, aborigen: *aboriginal population = población indígena.* **2** aborigen (referido a la población nativa australiana). • *s. c.* **3** aborigen (de Australia).

Aborigine [,æbə'rıdʒını] *s. c.* aborigen (de Australia).

abort [ə'bɔ:t] *v. t.* e *i.* **1** MED. abortar (voluntariamente). **2** (fig.) frustrar(se), malograr(se), (un plan, proyecto, idea, etc.).

aborted [ə'bɔ:tıd] *adj.* abortado; fracasado.

abortion [ə'bɔ:ʃn] *s. c.* aborto (voluntario): *to have an abortion = abortar.*

abortionist [ə'bɔ:ʃənıst] *s. c.* abortista.

abortive [ə'bɔ:tıv] *adj.* frustrado, malogrado: *an abortive attemp = un intento frustrado.*

abound [ə'baʊnd] *v. i.* **1** abundar: *difficulties abound = hay muchos problemas, abundan los problemas.* **2** (**to ~ with/in**) estar lleno/repleto/rebosante de, abundar en: *the countryside abounds with wild flowers = el campo está lleno de flores silvestres.*

about [ə'baʊt] *prep.* **1** acerca de, sobre (un tema): *books about animals = libros acerca de* o *sobre animales; my feelings about her = lo que siento por ella.* • *adv.* **2** aproximadamente, alrededor de (con cantidades, horas, etc.). ◆ **3 to be ~ to,** (+ *inf.*) estar a punto de. **4 that's ~ it/all,** eso es todo más o menos (al acabar una conversación, trabajo, actividad, etc.). **5 what are you ~?,** (fam.) ¿qué haces? **6 while one is ~ it,** de paso, aprovechando eso: *clean the kitchen and while you're about it defrost the fridge = limpia la cocina y de paso descongela la nevera.*
OBS. Esta palabra tiene además los siguientes usos preposicionales: **7** (definiendo instituciones o actividades): *democracy is about letting people live their lives freely = la democracia significa dejar que la gente viva su vida con libertad.* **8** (señalando características de personas, instituciones o cosas): *what I hate about the boss is his voice = lo que detesto del jefe es su voz.* **9** señalando la posición alrededor de algo: *I put my arms about the frightened child = rodeé con mis brazos* o *abracé al niño asustado.*
Y el siguiente uso adjetival: **10** (la posición física cercana y disponible de algo o alguien): *is there any water about? = ¿hay agua por aquí?*
OBS. Finalmente, esta palabra añadida a un verbo matiza el verbo de las maneras siguientes: **11** (en muchas direcciones al mismo tiempo o sucesivamente): *the group was wandering about in the park = el grupo vagabundeaba de aquí para allá por el parque.* **12** (sin lugar fijo implicando que la acción expresada además no tiene finalidad determinada): *people were lying about on the beach = la gente estaba tumbada por la playa.*

about-face [ə,baʊt'feıs] *s. c.* ⇒ **about-turn.**

about-turn [ə,baʊt'tɜ:n] *s. c.* **1** giro de 180° (expresando un total cambio de opinión): *I'm used to about-turns in politics = estoy acostumbrado a giros de 180° en la política.* **2** MIL. media vuelta.

above [ə'bʌv] *prep.* **1** sobre, encima de, por encima de (directamente sobre la vertical o a un lado): *the sky above us = el cielo sobre nosotros; above sea level = sobre el nivel del mar.* • *adv.* **2** encima, por encima, de encima. • *adj.* **3** de arriba; anterior (con referencia a algo escrito antes): *the above chapter = el capítulo anterior.* ◆ **4 ~ all,** sobre todo. **5 to get ~ oneself,** darse importancia, creerse mejor que los demás.
OBS. Esta palabra tiene otras matizaciones preposicionales que se expresan a continuación: **6** sobre, por encima de (con cifras): *10% above the usual price = 10% por encima del precio normal.* **7** por encima de (algún fenómeno acústico): *above the noise/music = por encima del ruido/de la música.* **8** por encima de; antes de (con referencia a palabras o textos): *the word is a few entries above = el término está unas cuantas entradas más arriba.* **9** por encima de; mejor que (comparando personas en su clase, oposición, concurso, etc.): *that girl is above anybody else in mathematics = esa chica es la mejor en matemáticas.* **10** por encima de; más que (en autoridad, importancia, valor, etc.): *I value honesty above anything else = yo valoro la honradez por encima de* o *más que cualquier otra cosa.* **11** por encima de, más allá de, fuera de (crítica, sospecha, etc.): *the monarchy should be above criticism = la monarquía debería estar por encima de toda crítica.* **12** (indica demasiada dificultad): *nuclear physics was quite above me = la física nuclear era con mucho demasiado difícil para mí.*
OBS. Los matices adverbiales son los mismos expresados en los números anteriores siguientes: **6, 8, 9** y **10.**

above board [ə,bʌv'bɔ:d] *adj.* legítimo, legal; sin engaño: *the deal is aboveboard = el acuerdo es legal.*

above-mentioned [ə'bʌvmenʃnd] *adj.* susodicho, citado anteriormente.

abracadabra [,æbrəkə'dæbrə] *interj.* abracadabra (especialmente utilizada por los magos).

abrade [ə'breıd] *v. t.* desgastar (especialmente mediante rozamiento).

abrasion [ə'breıʒn] *s. c.* **1** MED. abrasión, raspadura (en el cuerpo). **2** GEOL. erosión.

abrasive [ə'breısıv] *adj.* **1** hosco, desconsiderado. **2** abrasivo (sustancia, líquido). • *s. c.* **3** QUÍM. abrasivo.

abreast [ə'brest] *adv.* **1** juntos, hombro con hombro; de frente: *to walk abreast = caminar juntos.* ◆ **2 ~ of,** a la altura de (en superficie); parejo con; en línea con: *the car came abreast of the policeman = el coche llegó a la altura del policía.* **3 to be/keep ~ of,** estar al día de, mantenerse informado de.

abridge [ə'brɪdʒ] *v. t.* resumir, abreviar (normalmente libros, artículos, documentos, etc.).
abridged [ə'brɪdʒt] *adj.* resumido, abreviado.
abridgement [ə'brɪdʒmənt] *s. c.* resumen, compendio.
abroad [ə'brɔːd] *adv.* **1** al extranjero, en el extranjero: *to be abroad = estar en el extranjero; to go abroad = ir al extranjero.* **2 to be** ~, correr (rumor, noticia, etc.): *there's a rumour abroad = corre el rumor.*
abrogate ['æbrəgeɪt] *v. t.* (form.) revocar, abrogar (ley, regla, rol tradicional, etc.).
abrogation [ˌæbrə'geɪʃn] *s. i.* (form.) revocación, abrogación.
abrupt [ə'brʌpt] *adj.* **1** brusco, repentino (parada). **2** (desp.) áspero, desabrido: *abrupt behaviour = comportamiento desabrido.*
abruptly [ə'brʌptlɪ] *adv.* **1** bruscamente, repentinamente. **2** (desp.) ásperamente, desabridamente.
abruptness [ə'brʌptnɪs] *s. i.* **1** brusquedad. **2** (desp.) aspereza, desabrimiento.
abscess ['æbsɪs] *s. c.* MED. absceso.
abscond [əb'skɒnd] *v. i.* **1** fugarse, huir, escapar (especialmente con algo robado). **2** (**to** ~ {**from**}) escaparse, fugarse, huir (de la cárcel, reformatorio, etc.).
abseil ['æbseɪl] *v. i.* DEP. deslizarse montaña abajo (utilizando la técnica del rápel).
absence ['æbsəns] *s. i.* e *c.* **1** ausencia (de una persona); falta, ausencia (de una cosa). ◆ **2** ~ **of mind,** distracción. **3 in the** ~ **of,** en ausencia de (una persona); ante la falta de (una cosa).
absent ['æbsənt] *adj.* **1** (~ {**from**}) ausente (de clase, del trabajo, etc.). **2** (~ {**from**}) ausente (de una institución, sistema, situación, etc.). **3** distraído. ● [əb'sent] *v. pron.* **4** ausentarse, faltar, no acudir.
absentee [ˌæbsən'tiː] *s. c.* **1** ausente (en un momento concreto), absentista. ◆ **2** ~ **ballot,** (EE UU) POL. voto por correspondencia. **3** ~ **landlord,** HIST. propietario absentista.
absenteeism [ˌæbsən'tiːɪzəm] *s. i.* absentismo.
absentia [əb'sentɪə] *s. c.* **in** ~, (form.) en ausencia.
absently ['æbsəntlɪ] *adv.* distraídamente.
absent-minded [ˌæbsənt'maɪndɪd] *adj.* distraído, despistado.
absent-mindedly [ˌæbsənt'maɪndɪdlɪ] *adv.* distraídamente.
absent-mindedness [ˌæbsənt'maɪndɪdnɪs] *s. i.* distracción, despiste.
absinthe ['æbsɪnθ] (también **absinth**) *s. i.* ajenjo, absenta.
absolute ['æbsəluːt] *adj.* **1** completo, total (enfatizando un sustantivo): *an absolute fool = un tonto de remate.* **2** absoluto (poder, autoridad, etc.). **3** FIL. universal, absoluto (válido siempre): *an absolute truth = una verdad absoluta.* ● *s. c.* **4** absoluto. ◆ **5** ~ **majority,** POL. mayoría absoluta. **6** ~ **zero,** FÍS. cero absoluto (temperatura por debajo de -276°C.).
absolutely ['æbsəluːtlɪ] *adv.* **1** completamente, totalmente, absolutamente (como énfasis): *you're absolutely right = estás completamente o totalmente en lo cierto.* ◆ **2** ~, desde luego, claro que sí. **3** ~ **not,** claro que no, desde luego que no. **4 I** ~ **deny it,** lo niego rotundamente.
absolution [ˌæbsə'luːʃn] *s. i.* REL. absolución.
absolutism ['æbsəluːtɪzəm] *s. i.* POL. absolutismo.
absolutist ['æbsəluːtɪst] *s. c.* POL. absolutista.
absolve [əb'zɒlv] *v. t.* **1** (**to** ~ {**from/ of**}) absolver, exculpar (de un crimen, delito, etc.); exonerar, eximir (de obligación, responsabilidad, etc.): *to be absolved of a crime = ser absuelto de un crimen.* **2** REL. absolver, perdonar.
absorb [əb'zɔːb] *v. t.* **1** absorber (líquido, gas, calor, energía, etc.). **2** amortiguar (un golpe). **3** (fig.) encajar; aguantar (un cambio o similar). **4** asimilar, captar, comprender. **5** interesar; atraer (la atención). **6 to be absorbed into,** ser absorbido por (un estamento o grupo mayor).
absorbed [əb'zɔːbd] *adj.* (~ {**in**}) absorto.
absorbent [əb'zɔːbənt] *adj.* absorbente (de líquidos o similar).
absorber [əb'sɔːbə] *s. c.* ⇒ **shock absorber.**
absorbing [əb'zɔːbɪŋ] *adj.* absorbente, fascinante.
absorption [əb'szɔːpʃn] *s. i.* **1** fascinación (por algún tema). **2** absorción (de líquidos, grupos, etc.). **3** amortiguación (de golpes, impactos).
abstain [əb'steɪn] *v. i.* **1** (**to** ~ {**from**}) abstenerse de, privarse de. **2** POL. abstenerse (en votaciones).
abstainer [əb'steɪnər] *s. c.* abstemio.
abstemious [əb'stiːmɪəs] *adj.* mesurado, frugal.
abstemiously [əb'stiːmɪəslɪ] *adv.* frugalmente, de forma mesurada.
abstemiousness [əb'stiːmɪəsnɪs] *s. i.* frugalidad, mesura.
abstention [əb'stenʃn] *s. c.* e *i.* **1** POL. abstención (en votaciones). ● *s. i.* **2** (~ {**from**}) privación, abstención.
abstinence ['æbstɪnəns] *s. i.* **1** abstinencia; continencia. **2** REL. abstinencia.
abstinent ['æbstɪnənt] *adj.* abstinente.
abstract ['æbstrækt] *adj.* **1** abstracto; teórico. **2** FIL. abstracto. **3** ART. abstracto. ● *s. c.* **4** resumen, extracto. **5** FIL. idea abstracta. **6** ART. cuadro abstracto. ● [əb'strækt] *v. t.* **7** resumir, extractar. **8** (form. y hum.) sustraer, robar. ◆ **9** ~ **noun,** GRAM. nombre abstracto. **10 in the** ~, en abstracto; en general.
abstracted [æb'stræktɪd] *adj.* abstraído, absorto, distraído.
abstractedly [æb'stræktɪdlɪ] *adv.* abstraídamente, distraídamente.
abstraction [æb'strækʃn] *s. c.* **1** FIL. abstracción. ● *s. i.* **2** distracción; ensimismamiento, abstracción.
abstruse [æb'struːs] *adj.* abstruso, oscuro, ininteligible.
abstrusely [æb'struːslɪ] *adv.* abstrusamente, oscuramente.
abstruseness [æb'struːsnɪs] *s. i.* incomprensibilidad, ininteligibilidad.
absurd [əb'səːd] *adj.* absurdo, disparatado.
absurdity [əb'səːdɪtɪ] *s. c.* **1** disparate, absurdo. ● *s. i.* **2** irracionalidad.
absurdly [əb'səːdlɪ] *adv.* **1** absurdamente, disparatadamente. **2** ridículamente, extremadamente (como énfasis): *an absurdly low salary = un salario ridículamente bajo.*
abundance [ə'bʌndəns] *s. i.* **1** abundancia, riqueza. ◆ **2 an** ~ **of,** una gran cantidad de. **3 in** ~, en abundancia.
abundant [ə'bʌndənt] *adj.* abundante, copioso.
abundantly [ə'bʌndəntlɪ] *adv.* **1** abundantemente, copiosamente. **2** rotundamente, claramente (enfatizando una verdad que parece incuestionable): *abundantly clear = rotundamente claro.*
abuse [ə'bjuːs] *s. i.* **1** improperios, insultos. **2** (~ {**of**}) maltrato, abuso: *child abuse = maltrato de niños.* ● *s. i.* y *c.* **3** (~ {**of**}) abuso, mal uso (de poder, posición, droga, etc.). ● [ə'b-juːz] *v. t.* **4** abusar de, hacer mal uso de (posición, poder, etc.). **5** insultar. **6** maltratar (con violencia física y crueldad).
abusive [ə'bjuːsɪv] *adj.* insultante, ofensivo, injurioso: *abusive behaviour = comportamiento injurioso.*
abusively [ə'bjuːsɪvlɪ] *adv.* insultantemente, ofensivamente, injuriosamente.
abut [ə'bʌt] *v. i.* (form.) (**to** ~ **on**) lindar con, estar contiguo a.
abutment [ə'bʌtmənt] *s. c.* TEC. empalme (de construcciones).
abysmal [ə'bɪzməl] *adj.* **1** abismal, insondable. **2** fatal, pésimo (enfatizando algo negativo).
abysmally [ə'bɪzməlɪ] *adv.* estrepitosamente (mal), fatalmente.
abyss [ə'bɪs] *s. c.* **1** (lit.) sima, abismo. **2** (fig.) infierno (como situación muy peligrosa). **3** abismo (entre dos cosas).
acacia [ə'keɪʃə] *s. c.* acacia.
academic [ˌækə'demɪk] *adj.* **1** académico. **2** intelectual, erudito. **3** teórico, especulativo. ● *s. c.* **4** profesor universitario. ◆ **5** ~ **adviser,** jefe de estudios. **6** ~ **freedom,** libertad de cátedra.
academically [ˌækə'demɪklɪ] *adv.* académicamente.
academician [əˌkædə'mɪʃn] *s. c.* académico.
academy [ə'kædəmɪ] *s. c.* academia (normalmente dedicado a una única especialidad).

accede [æk'si:d] *v. i.* (**to** ~ {**to**}) (form.) acceder (a).
accelerando [æk,selə'rændəu] *adj.* y *adv.* MÚS. acelerando.
accelerate [æk'seləreɪt] *v. i.* **1** acelerar, incrementar la velocidad. **2** (fig.) incrementarse, acelerarse. • *v. t.* **3** acelerar (un nombramiento, un proceso, etc.).
acceleration [ək,selə'reɪʃn] *s. i.* **1** FÍS. aceleración. **2** (fig.) incremento, aceleración. • *s. i.* y *c.* **3** aceleración, aumento de velocidad (de un vehículo).
accelerator [ək'seləreɪtər] *s. c.* acelerador.
accent ['æksənt] *s. c.* **1** FON. acento. **2** GRAM. acento, tilde (gráfico). **3** (fig.) énfasis: *the accent is on participation = el énfasis está en la participación.* • [æk'sent] *v. t.* **4** acentuar, enfatizar.
accented [æk'sentɪd] *adj.* acentuado (en general); con acento (de un país o región).
accentuate [ək'sentʃueɪt] *v. t.* acentuar, intensificar (la desigualdad, las diferencias, etc.).
accentuation [ək,sentʃu'eɪʃn] *s. i.* acentuación, intensificación.
accept [ək'sept] *v. t.* aceptar, admitir.
acceptability [ək,septə'bɪlɪtɪ] *s. i.* aceptabilidad.
acceptable [ək'septəbl] *adj.* aceptable, admisible.
acceptably [ək'septəblɪ] *adv.* aceptablemente.
acceptance [ək'septəns] *s. i.* **1** aceptación, admisión. **2** aceptación, adopción, inclusión (dentro de un grupo social, institución, trabajo). **3** aprobación, aceptación (de ideas, creencias políticas, etc.). • *s. c.* **4** COM. aceptación (de una letra, pago, etc.). ♦ **5** ~ **speech,** discurso de agradecimiento.
accepted [ək'septɪd] *adj.* aceptado, reconocido.
acceptor [ək'septər] *s. c.* FÍS. aceptador (tipo de átomo o molécula).
access ['ækses] *s. i.* **1** (~ **to**) entrada, acceso a. **2** (~ {**to**}) derecho de acceso, acceso a. • *v. t.* **3** INF. acceder (a la información almacenada). ♦ **4** ~ **road,** vía de acceso (a una autopista, autovía, etc.). **5** ~ **time,** INF. tiempo de acceso (a la información).
accessibility [æk,sesɪ'bɪlɪtɪ] *s. i.* accesibilidad, asequibilidad.
accessible [æk'sesəbl] *adj.* **1** (~ **to**) accessible a (físicamente). **2** (~ **to**) disponible para, asequible para.
accession [æk'seʃn] *s. i.* (~ {**to**}) POL. ascenso (a trono, poder, etc.).
accessory [æk'sesərɪ] *s. c.* **1** accesorio, complemento. **2** (~ {**to**}) DER. cómplice. ♦ **3** ~ **after the fact,** DER. encubridor.
accident ['æksɪdənt] *s. c.* **1** accidente. ♦ **2 accidents will happen,** son cosas que pasan. **3 by** ~, accidentalmente, fortuitamente, por casualidad.
accidental [,æksɪ'dentl] *adj.* accidental, fortuito.
accidentally [,æksɪ'dentəlɪ] *adv.* accidentalmente, casualmente, fortuitamente.
accident-prone ['æksɪdəntprəun] *adj.* propenso a sufrir accidentes.
acclaim [ə'kleɪm] *v. t.* **1** aclamar, vitorear. **2** elogiar, alabar. • *s. i.* **3** aclamación. **4** elogio, alabanza.
acclamation [,æklə'meɪʃn] *s. i.* aclamación, vítores, aplauso.
acclimatization [ə,klaɪmətaɪ'zeɪʃn] (también **acclimatisation**) *s. i.* aclimatación, adaptación.
acclimatize [ə'klaɪmətaɪz] (en EE UU **acclimatise**) *v. i.* y *pron.* (**to** ~ {**to**}) aclimatarse, adaptarse (a).
accolade ['ækəleɪd] *s. c.* (form.) alabanza, encomio.
accommodate [ə'kɒmədeɪt] *v. t.* **1** alojar, hospedar, albergar (personas); alojar (cosas). **2** complacer, hacer un favor a. • *v. i.* y *pron.* **3** (**to** ~ {**to**}) amoldarse, hacerse (a un cambio, una situación, una institución, etc.).
accommodating [ə,kɒmədeɪtɪŋ] *adj.* complaciente, servicial.
accommodation [əkɒmə'deɪʃn] *s. i.* **1** alojamiento, hospedaje. ♦ **2** ~ **address,** dirección provisional. **3** ~ **ladder,** MAR. escala de portalón.
accompaniment [ə'kʌmpənɪmənt] *s. c.* e *i.* **1** MÚS. acompañamiento. **2** (~ {**to/of**}) complemento, acompañamiento (a/de).
accompanist [ə'kʌmpənɪst] *s. c.* MÚS. acompañante, acompañamiento (una persona).
accompany [ə'kʌmpənɪ] *v. t.* **1** MÚS. acompañar. **2** ir con, acompañar. **3** (fig.) acompañar, venir con (ocurrencia simultánea): *this illness is accompanied by fever = esta enfermedad viene acompañada de fiebre.*
accomplice [ə'kʌmplɪs] *s. c.* cómplice.
accomplish [ə'kʌmplɪʃ] *v. t.* lograr, llevar a cabo, realizar.
accomplished [ə'kʌmplɪʃt] *adj.* experto, consumado: *an accomplished singer = un cantante consumado.*
accomplishment [ə'kʌmplɪʃmənt] *s. c.* **1** logro. • *s. i.* **2** habilidad, capacidad, talento. **3** finalización, conclusión, realización (con éxito). ♦ **4 accomplishments,** talentos, dotes.
accord [ə'kɔ:d] *v. t.* **1** conceder, otorgar. • *v. i.* **2** (**to** ~ **with**) (form.) concordar con, armonizar con. • *s. i.* **3** acuerdo, armonía. • *s. c.* **4** acuerdo, convenio (político, sindical, asociativo, etc.) ♦ **5 in** ~ **with,** de acuerdo con, en armonía con. **6 of one's own** ~, por propia iniciativa. **7 with one** ~, de común acuerdo.
accordance [ə'kɔ:dəns] *s. i.* **in** ~ **with,** de acuerdo con, según.
accordingly [ə'kɔ:dɪŋlɪ] *adv.* **1** consecuentemente, como consecuencia, en consecuencia. **2** adecuadamente, apropiadamente, en justicia.
according to [ə'kɔ:dɪŋ tu:] *prep.* según, de acuerdo con, con arreglo a.
accordion [ə'kɔ:dɪən] *s. c.* MÚS. acordeón.
accost [ə'kɒst] *v. t.* abordar, dirigirse a (molestando).
account [ə'kaunt] *s. c.* **1** relato, narración; informe (detallado). **2** cuenta (bancaria): *current account = cuenta corriente.* ♦ **3 to** ~ **for,** explicar, justificar: *how do you account for this loss? = ¿cómo explicas esta pérdida?* **4** ~ **executive,** ejecutivo de cuentas. **5 accounts,** contabilidad, cuentas. **6 accounts payable,** acreedores, cuentas por pagar. **7 accounts receivable,** deudores, cuentas por cobrar. **8 to bring/call to** ~, pedir cuentas. **9 by/according to one's own** ~, según la versión de uno. **10 from/by all accounts,** a decir de todos, según todos. **11 to give a good** ~ **of oneself,** causar buena impresión. **12 of little/small** ~, de poca importancia. **13 of no** ~, sin ninguna importancia. **14 on** ~, a cuenta. **15 on** ~ **of,** a causa de. **16 on no** ~, de ninguna manera, de ningún modo. **17 on one's** ~, para beneficio de uno. **18 on this/that** ~, por esta/esa razón. **19 to take into** ~**/to take** ~ **of,** tener en cuenta, tomar en consideración. **20 to turn/put to good** ~, aprovechar, sacar provecho de. • *v. t.* **21** (form.) considerar. ♦ **22 to be accounted,** (form.) ser considerado.
accountability [ə,kauntə'bɪlɪtɪ] *s. i.* responsabilidad.
accountable [ə'kauntəbl] *adj.* (~ {**for/to**}) responsable.
accountancy [ə'kauntənsɪ] *s. i.* contabilidad (en el mundo anglosajón, estudios que conllevan cierto nivel en economía de empresas y derecho fiscal).
accountant [ə'kauntənt] *s. c.* contable.
accoutrements [ə'ku:trəmənts] *s. pl.* **1** (form. y hum.) equipaje, equipo, pertrechos. **2** MIL. pertrechos.
accredit [ə'kredɪt] *v. t.* **1** acreditar, dar credenciales a (un embajador, emisario, institución, etc.). **2** (**to** ~ **to/with**) atribuir: *he is accredited with many supernatural gifts = se le atribuyen muchos dones sobrenaturales.*
accreditation [ə,kredɪ'teɪʃn] *s. i.* acreditación.
accredited [ə'kredɪtɪd] *adj.* **1** acreditado (diplomático). **2** autorizada (opinión, teoría, etc.). **3** de calidad acreditada.
accretion [ə'kri:ʃn] *s. c.* e *i.* (form.) aumento, adición, acrecentamiento, aditamento (capa sobre capa).
accrual [ə'kru:əl] *s. c.* acumulación.
accrue [ə'kru:əl] *v. t.* e *i.* **1** ECON. acumular(se) (intereses, dinero, propiedades, etc.). **2** (form.) acumular(se) (poco a poco durante mucho tiempo).
accumulate [ə'kju:mjuleɪt] *v. t.* e *i.* acumular(se), amontonar(se).
accumulation [ə,kju:mju'leɪʃn] *s. c.* **1** montón, gran cantidad. • *s. i.* **2** acumulación, acopio.
accumulative [ə'kju:mjulətɪv] *adj.* acumulativo.

accumulator [ə'kju:mjuleɪtər] *s. c.* **1** ELEC. acumulador. **2** INF. acumulador.

accuracy ['ækjurəsɪ] *s. i.* **1** precisión, exactitud, corrección. **2** veracidad, exactitud.

accurate ['ækjurɪt] *adj.* **1** preciso, correcto, exacto. **2** veraz.

accurately ['ækjurɪtlɪ] *adv.* **1** exactamente, con precisión. **2** fielmente.

accursed [ə'kə:sd] *adj.* (form.) maldito (personas o cosas).

accusation [ˌækju:'zeɪʃn] *s. c.* **1** (~ {**of/against**}) acusación (de/contra), denuncia (por/contra). • *s. i.* **2** acusación, inculpación.

accusative [ə'kju:zətɪv] *adj.* **1** GRAM. acusativo. • *s. c.* **2** GRAM. acusativo.

accusatory [ə'kju:zətərɪ] *adj.* acusatorio.

accuse [ə'kju:z] *v. t.* **1** acusar, culpar. ◆ **2 to stand accused of,** estar acusado de.

accused [ə'kju:zd] *s. sing.* DER. acusado.

accuser [ə'kju:zər] *s. c.* acusador.

accusing [ə'kju:zɪŋ] *adj.* acusador, acusatorio: *an accusing look = una mirada acusadora.*

accusingly [ə'kju:zɪŋlɪ] *adv.* con reproche, en tono acusatorio.

accustom [ə'kʌstəm] *v. t.* y *pron.* (**to** ~ {**to**}) acostumbrar(se), habituar(se).

accustomed [ə'kʌstəmd] *adj.* **1** (~ {**to**}) acostumbrado, habituado. **2** habitual, usual. ◆ **3 to be ~ to,** estar acostumbrado a, estar habituado a. **4 to get ~ to,** acostumbrarse a, habituarse a.

ace [eɪs] *s. c.* **1** as (en el juego de las cartas). **2** DEP. tanto directo de saque (en el tenis). • *adj.* **3** (fam.) excelente: *an ace player = un jugador excelente.* ◆ **4 to be/come within an ~ of,** estar a un paso de, estar a punto de. **5 to have an ~ up one's sleeve,** guardar una carta en la manga. **6 to hold all the aces,** llevar todas las de ganar.

acerbic [ə'sɜ:bɪk] *adj.* acerbo, cruel (una observación o similar).

acerbity [ə'sə:bɪtɪ] *s. i.* (form.) acritud, aspereza (en el hablar o en el comportamiento).

acetate ['æsɪteɪt] *s. i.* QUÍM. acetato.

acetone ['æsɪtəun] *s. i.* QUÍM. acetona.

acetylene [ə'setɪli:n] *s. i.* QUÍM. acetileno.

ache [eɪk] *v. i.* **1** doler: *my leg aches = me duele la pierna.* **2** (**to** ~ {**for**}) (fig.) ansiar, anhelar. • *s. c.* **3** dolor. **4** (fig.) anhelo, ansia, deseo. ◆ **5 aches and pains,** achaques.

achieve [ə'tʃi:v] *v. t.* **1** lograr, conseguir (fama, éxito, objetivos, etc.); realizar (sueño, aspiraciones). • *v. i.* **2** tener éxito.

achievement [ə'tʃi:vmənt] *s. c.* e *i.* logro (de fama, éxito, objetivos, etc.); realización (de un sueño, de aspiraciones).

Achilles heel [əˌkɪli:z'hi:l] *s. c.* talón de Aquiles.

Achilles tendon [əˌkɪli:z'tendən] *s. c.* tendón de Aquiles.

achy ['eɪkɪ] *adj.* (fam.) dolorido.

acid ['æsɪd] *s. c.* e *i.* **1** ácido. • *s. i.* **2** (fam.) ácido, LSD (droga alucinógena). • *adj.* **3** ácido: *acid soil = suelo ácido.* **4** agrio. **5** mordaz, burlón (humor, comentario, etc.). ◆ **6 acetic ~,** QUÍM. ácido acético. **7 ~ rain,** lluvia ácida. **8 ~ test,** prueba de fuego: *the contract is the acid test of his real intention = el contrato es la prueba de fuego que revelará sus verdaderas intenciones.*

acidic [ə'sɪdɪk] *adj.* ácido.

acidity [ə'sɪdɪtɪ] *s. i.* **1** acidez. **2** burla, mordacidad.

acidly ['æsɪdlɪ] *adv.* mordazmente, burlonamente.

acknowledge [ək'nɒlɪdʒ] *v. t.* **1** reconocer, admitir, aceptar. **2** (**to** ~ + *o.* + {**with**}) saludar (con un gesto, sonrisa, etc.). **3** agradecer, apreciar (un favor, un detalle, etc.). **4** acusar recibo de, confirmar. ◆ **5 to be acknowledged (as):** ser reconocido (como).

acknowledged [ək'nɒlɪdʒt] *adj.* reconocido, admirado.

acknowledgement [ək'nɒlɪdʒmənt] *s. c.* e *i.* **1** reconocimiento, admisión. **2** saludo (gesto, sonrisa). **3** agradecimiento, aprecio. **4** (~ {**of**}) acuse de recibo, confirmación (de). ◆ **5 acknowledgements,** agradecimientos, menciones (en un libro por parte del autor a las personas que le ayudaron).

acme ['ækmɪ] *s. i.* (form.) apogeo, cenit.

acne ['æknɪ] *s. i.* MED. acné.

acolyte ['ækəlaɪt] *s. c.* **1** REL. monaguillo, acólito. **2** (lit.) acólito.

aconite ['ækənaɪt] *s. c.* e *i.* BOT. acónito, napelo.

acorn ['eɪkɔ:n] *s. c.* bellota.

acoustic [ə'ku:stɪk] *adj.* acústico.

acoustically [ə'ku:stɪklɪ] *adv.* acústicamente.

acoustics [ə'ku:stɪks] *s. i.* **1** FÍS. acústica. • *s. pl.* **2** acústica (condiciones del sonido en un determinado lugar).

acquaint [ə'kweɪnt] *v. t.* **1** (**to** ~ + *o.* + **with**) (form.) informar de, dar detalles de. • *v. pron.* **2** (**to** ~ **with**) familiarizarse con, informarse de. ◆ **3 to be acquainted with,** conocer a. **4 to get/become acquainted with,** entablar o trabar amistad con.

acquaintance [ə'kweɪntəns] *s. c.* **1** conocido (no amigo íntimo). • *s. i.* **2** relación, trato (superficial). **3** (~ {**with**}) conocimiento (de un tema, asignatura, etc.): *my acquaintance with music = mis conocimientos de música.* ◆ **4 to have a nodding/passing ~ with someone,** conocer a alguien sólo de vista/de pasada. **5 to make someone's ~,** entablar una cierta amistad con alguien, conocer a alguien. **6 of one's ~,** que uno conoce ligeramente: *a man of my acquaintance = un hombre que conozco.* **7 on further/closer ~,** cuando uno profundiza más.

acquiesce [ˌækwɪ'es] *v. i.* (**to** ~ {**to/in**}) consentir (en), acceder (a).

acquiescence [ˌækwɪ'esns] *s. i.* consentimiento, asentimiento, conformidad.

acquiescent [ˌækwɪ'esnt] *adj.* condescendiente, acomodaticio.

acquire [ə'kwaɪər] *v. t.* **1** adquirir, obtener. **2** adquirir (hábito, habilidad, destreza, etc.).

acquired [ə'kwaɪəd] *adj.* **1** adquirido, recibido, heredado. **2** aprendido, adquirido. ◆ **3 an ~ taste,** una cosa a la que uno se puede hacer después de esfuerzos y que acaba por gustar.

acquisition [ˌækwɪ'zɪʃn] *s. c.* e *i.* **1** adquisición. • *s. i.* **2** aprendizaje, adquisición: *acquisition of languages = aprendizaje de idiomas.*

acquisitive [ə'kwɪzɪtɪv] *adj.* (desp.) codicioso, acaparador.

acquisitively [ə'kwɪzɪtɪvlɪ] *adv.* (desp.) codiciosamente, acaparadoramente.

acquisitiveness [ə'kwɪzɪtɪvnɪs] *s. i.* (desp.) codicia.

acquit [ə'kwɪt] *v. t.* **1** DER. absolver, exculpar. • *v. pron.* **2** (form.) comportarse, desempeñar su papel.

acquittal [ə'kwɪtl] *s. i.* y *c.* DER. absolución, exculpación.

acre [eɪkər] *s. c.* **1** acre (medida de superficie). ◆ **2 acres,** (fam.) montones, grandes cantidades.

acreage ['eɪkərɪdʒ] *s. i.* superficie en acres, área en acres.

acrid ['ækrɪd] *adj.* **1** acre, punzante (olor o sabor). **2** desabrido, corrosivo, agrio (comentario, palabra, etc.).

acridity [ə'krɪdɪtɪ] *s. i.* acrimonia, acritud.

acrimonious [ˌækrɪ'məunɪəs] *adj.* (form.) cáustico, mordaz.

acrimoniously [ˌækrɪ'məunɪəslɪ] *adv.* (form.) cáusticamente, mordazmente.

acrimony ['ækrɪmənɪ] *s. i.* (form.) aspereza, acrimonia, acritud.

acrobat ['ækrəbæt] *s. c.* acróbata.

acrobatic [ˌækrə'bætɪk] *adj.* acrobático; ágil.

acrobatically [ˌækrə'bætɪklɪ] *adv.* acrobáticamente; ágilmente.

acrobatics [ˌækrə'bætɪks] *s. i.* acrobacia.

acronym ['ækrənɪm] *s. c.* sigla.

across [ə'krɒs] *prep.* **1** a través de, por, de un lado a otro de (en una superficie). **2** al otro lado de: *my house is across the street = mi casa está al otro lado de la calle.* • *adv.* **3** de ancho: *it is 34 cms. across = mide 34 cm de ancho.* **4 ~ from,** en frente de.

OBS. Esta preposición matiza significados con verbos de la siguiente manera: **5** (indica acercamiento a través de una superficie): *she came across to talk to me = se acercó a hablarme.* **6** (señala un movimiento por encima de un objeto cruzándolo o quedándose cruzado por encima): *he leant across the dead body to take the gun = se inclinó sobre el cadáver para coger el arma.* **7** (expresa la escritura de un lado a otro de una superficie): *the words were written across the wall = las palabras estaban escritas de un lado a otro de la* *pared.* **8** (indica por toda una superficie, en toda su extensión): *the empire stretches across Europe = el imperio se extendía por toda Europa.* **9** (señala que algo afecta a todos los implicados, sin excepción): *the issues at stake cut across party lines = los temas en candelero afectaron por igual a todos los partidos.* **10** (matiza miradas, llamadas, gritos, expresando el recorrido de las mismas hacia la persona receptora): *he shouted across the room = gritó desde el otro lado de la habitación.* **11** (con partes del cuerpo indica la extensión de un golpe o dolor): *to hit across the face = abofetear en la cara; I have a pain across my back = tengo un dolor en la espalda.*

acrostic [ə'krɒstɪk] *s. c.* LIT. acróstico (poema o escrito en el que las primeras, intermedias o últimas letras forman una palabra o frase).

acrylic [ə'krɪlɪk] *adj.* **1** acrílico (tejido o pintura). • *s. c.* **2** pintura acrílica.

act [ækt] *v. t.* **1** representar, hacer el papel de. **2** (fig.) hacer de, representar, hacer el papel de (no en el teatro): *Peter acted the host beautifully = Peter hizo de anfitrión maravillosamente.* • *v. i.* **3** actuar, hacer algo (con un propósito): *act quickly = actúe rápidamente.* **4** funcionar, servir (una medicina, una medida de fuerza, etc.). **5** (**to ~ for/on behalf of**) DER. representar a (un cliente). **6** (**to ~ on/upon**) actuar de acuerdo con, hacer caso de, seguir (un consejo, instrucción, etc.). **7** comportarse, conducirse, actuar (de una manera u otra). **8** (**to ~ like/as**) actuar de, servir de, hacer de. • *s. c.* **9** acto, acción. **10** acto (en una obra de teatro o en un espectáculo). **11** fingimiento, teatro. ◆ **12 Act,** POL. ley (gubernamental). **13 ~ of God,** caso de fuerza mayor. **14 Act of Parliament,** POL. ley. **15 to ~ one's age,** comportarse de acuerdo con su edad. **16 to ~ out, a)** exteriorizar, sacar a la luz (mediante la conducta): *he acts out his fantasies = da rienda suelta a sus fantasías, exterioriza sus fantasías;* **b)** representar (un hecho real teatralmente). **17 to ~/play the fool,** hacer el tonto, hacer el payaso. **18 to ~/play the goat,** (fam.) hacer el bobo. **19 to ~ up,** (fam.) **a)** ir mal, funcionar mal, dar problemas (electrodomésticos), **b)** comportarse mal (especialmente los niños). **20 balancing ~,** equilibrios, malabarismos (de alguien que no desea comprometerse). **21 to be acting,** estar fingiendo. **22 to catch/nab someone in the ~,** agarrar/pillar a alguien con las manos en la masa o in fraganti. **23 disappearing ~,** desaparición por arte de magia. **24 to get/muscle in on the ~,** (fam.) aprovecharse de algo, chupar del bote. **25 to get one's ~ together,** (fam.) organizarse debidamente. **26 in the ~ of,** justo en el momento de. **27 juggling ~,** equilibrios, malabarismos (para salir de una situación comprometida).

acting ['æktɪŋ] *s. i.* **1** profesión de actor. **2** capacidad/habilidad dramática. • *adj.* **3** en funciones, interino: *the acting President = el presidente en funciones.*

action ['ækʃn] *s. c.* e *i.* **1** acción: *a man of action = un hombre de acción.* **2** medidas: *he promised immediate action to curb crime = prometió medidas inmediatas para poner freno a la delincuencia.* **3** DER. demanda. **4** movimiento (de una parte del cuerpo). **5** funcionamiento (de una máquina). **6** MIL. batalla, lucha, acción de guerra. ◆ **7** efecto; proceso (una sustancia química). **8** acción (de una novela, el mundo de los negocios, etc.). ◆ **9 ~ replay,** TV repetición (de la jugada). **10 to be in ~,** MIL. estar en combate o combatiendo. **11 to go into ~, a)** MIL. entrar en batalla. **b)** entrar en funcionamiento, lanzarse a trabajar (una persona). **12 in ~,** en funcionamiento. **13 out of ~,** inutilizado, sin posibilidad de acción alguna. **14 to put/bring/call into ~,** poner en práctica. **15 to see ~,** MIL. tomar parte en la batalla, participar en la guerra. **16 to take ~,** tomar medidas. **17 to take no ~,** no hacer nada.

actionable ['ækʃnəbl] *adj.* DER. demandable, procesable.

activate ['æktɪveɪt] *v. t.* activar, poner en marcha/funcionamiento (máquinas).

activation [,æktɪ'veɪʃn] *s. i.* activación.

active ['æktɪv] *adj.* **1** activo, enérgico. **2** vivo, fuerte (interés). **3** QUÍM. activo (en productos, sustancias, etc.). **4** GRAM. activa (voz). **5** ELECTR. activo (capaz de emitir señales de amplificación). ◆ **6 ~ service,** MIL. servicio activo.

actively ['æktɪvlɪ] *adv.* activamente, vigorosamente, enérgicamente.

activeness ['æktɪvnɪs] *s. i.* vigor, vitalidad, energía.

activist ['æktɪvɪst] *s. c.* activista (normalmente hablando de política o ideología).

activity [æk'tɪvɪtɪ] *s. i.* **1** actividad; diligencia. • *s. c.* **2** actividad, ocupación (no profesional, sino de ocio).

actor ['æktər] *s. c.* **1** actor (profesional). **2** (fig.) actor (persona que finge).

actress ['æktrɪs] *s. c.* **1** actriz (profesional). **2** (fig.) actriz (persona que finge).

actual ['æktʃuəl] *adj.* **1** real, verdadero; objetivo. **2** mismo, en sí mismo: *the actual performance only starts at 6 = la actuación en sí no empieza hasta las 6.*

actuality [,æktʃu'ælɪtɪ] *s. i.* **1** realidad, objetividad. ◆ **2 in ~,** realmente, en realidad (como contraste o contraposición).

actually ['æktʃuəlɪ] *adv.* **1** realmente, verdaderamente, en realidad.

OBS. Este adverbio tiene, además, las siguientes matizaciones: **2** además, y lo que es más (añadiendo detalles sobre algo). **3** además, ni más ni menos que, fíjate (señalando un ligero énfasis). **4** de hecho (introduciendo un comentario o añadiendo información contrastiva). **5** a propósito, en realidad (diciendo algo totalmente nuevo en la conversación). **6** el caso es que, de hecho, en realidad (la persona que está hablando se interrumpe). **7** en realidad (corrigiendo el comentario de otra persona).

actuary ['æktʃuərɪ] *s. c.* actuario (de seguros).

actuate ['æktʃueɪt] *v. t.* TEC. activar, accionar.

acuity [ə'kjuːɪtɪ] *s. i.* (form.) agudeza (de pensamiento, vista, oído, etc.).

acumen ['ækjumen] *s. i.* perspicacia; buen sentido (financiero, político, etc.): *business acumen = (buen) olfato para los negocios.*

acupuncture ['ækjupʌŋktʃər] *s. i.* acupuntura.

acupuncturist ['ækjupʌŋktʃərɪst] *s. c.* acupuntor.

acute [ə'kjuːt] *adj.* **1** agudo; extremo (dolor, sentimiento, etc.). **2** perspicaz, sagaz, sutil (persona). **3** penetrante; fuerte (con referencia a los sentidos). **4** GEOM. agudo (ángulo). **5** FON. agudo (acento).

acutely [ə'kjuːtlɪ] *adv.* **1** intensamente, fuertemente. **2** dolorosamente; extremadamente. **3** perspicazmente, sagazmente.

acuteness [ə'kjuːtnɪs] *s. i.* intensidad, fuerza.

ad [æd] *s. c.* (fam.) anuncio.

AD [,eɪ'diː] *adv.* HIST. d. C., después de Cristo.

adage ['ædɪdʒ] *s. c.* adagio.

adagio [ə'dɑːdʒɪəu] *adj.* y *adv.* MÚS. adagio.

Adam ['ædəm] *s. sing.* **1** Adán. ◆ **2 Adam's apple,** ANAT. nuez, bocado de Adán (de la garganta). **3 not to know somebody from ~,** (fig.) no conocer en absoluto a alguien.

adamant ['ædəmənt] *adj.* inflexible, firme; obstinado.

adamantly ['ædəməntlɪ] *adv.* inflexiblemente, firmemente; obstinadamente.

adapt [ə'dæpt] *v. t.* **1** adaptar. **2** (**to ~ + o. + {to}**) amoldar, adaptar (a). • *v. i.* y *pron.* **3** (**to ~ {to}**) adaptarse, amoldarse (a).

adaptability [ə,dæptə'bɪlɪtɪ] *s. i.* adaptabilidad; flexibilidad.

adaptable [ə'dæptəbl] *adj.* flexible.

adaptation [,ædæp'teɪʃn] *s. c.* **1** (**~ {of}**) adaptación, versión. • *s. i.* **2** adaptación, amoldamiento.

adapted [ə'dæptɪd] *adj.* adecuado, adaptado.

adaptor [ə'dæptər] *s. c.* adaptador.

add [æd] *v. t.* **1** añadir, agregar. **2** añadir (como comentario). **3** MAT. sumar. • *v. i.* **4** (**to ~ to**) sumarse a, añadirse a, unirse a: *his stupidity adds to our problems = su estupidez se suma a nuestros problemas.* ◆ **5 added to this,** además de esto, encima. **6 to ~ in,** incluir; contabilizar. **7 to ~ insult to injury,** para más inri; cebarse. **8 to ~ on, a)** añadir, juntar. **b)** adjuntar, añadir. **9 to ~ up, a)** calcular el total, sumar todo. **b)** ascender a. **c)** tener sentido, ser lógico: *yes, it adds up = sí, tiene sentido.* **10 to ~ up to,** resultar en, querer decir: *it all adds up to one thing: I don't love you = todo esto quiere decir una cosa: no te quiero.*

added ['ædɪd] *adj.* **1** añadido, adicional. ◆ **2 ~ value,** valor añadido.

addendum [ə'dendəm] (*pl.* **addenda**) *s. c.* apéndice.

adder ['ædər] *s. c.* ZOOL. víbora.

addict ['ædɪkt] *s. c.* **1** adicto (a las drogas). **2** (fig.) amante, fanático, adicto.

addicted [ə'dɪktɪd] *adj.* **1** (~ {**to**}) adicto (a). **2** (fig.) (~ {**to**}) amante, fanático (de).

addiction [ə'dɪkʃn] *s. i.* **1** (~ {**to**}) adicción (a), drogodependencia (de). ● *s. c.* e *i.* **2** (fig.) (~ {**to**}) afición (a).

addictive [ə'dɪktɪv] *adj.* **1** adictivo, causante de drogodependencia. **2** (fig.) apasionante, muy interesante.

addition [ə'dɪʃn] *s. c.* **1** adición, suplemento. ● *s. i.* **2** añadido, adición. **3** MAT. suma. ◆ **4 in ~ to,** además de.

additional [ə'dɪʃənl] *adj.* adicional.

additionally [ə'dɪʃənəlɪ] *adv.* **1** adicionalmente, por añadidura. **2** además.

additive ['ædɪtɪv] *s. c.* aditivo.

addle ['ædl] *v. t.* **1** confundir, desconcertar. **2 to be addled,** estar confuso, estar desconcertado.

addled ['ædld] *adj.* podrido (sólo huevos).

address [ə'dres] *s. c.* **1** dirección, domicilio, señas. **2** discurso, conferencia; alocución. ● *v. t.* **3** dirigirse a, dirigir la palabra a. **4** (**to ~ as**) llamar: *you must address him as sir = debes llamarle señor.* **5** dirigir (a) (una carta, etc.). **6** acometer, abordar (una tarea, un problema). ● *v. pron.* **7** (**to ~** {**to**}) enfrentarse (a) (un problema, tarea, para solucionarlo).

address-book [ə'dresbʊk] *s. c.* agenda (de direcciones).

addressee [,ædre'siː] *s. c.* destinatario.

adduce [ə'djuːs] *v. t.* (form.) aducir.

adenoidal [,ædɪ'nɔɪdl] *adj.* MED. nasal (de la voz).

adenoids ['ædɪnɔɪdz] *s. pl.* ANAT. vegetaciones.

adept ['ædept] *adj.* **1** (~ {**at/in**}) experto, versado (en). ● *s. c.* **2** experto.

adequacy ['ædɪkwəsɪ] *s. i.* suficiencia (en cantidad y cualidad).

adequate ['ædɪkwɪt] *adj.* **1** suficiente. **2** adecuado, aceptable.

adequately ['ædɪkwɪtlɪ] *adv.* **1** suficientemente. **2** adecuadamente.

adhere [əd'hɪər] *v. i.* **1** (**to ~ to**) pegarse a, adherirse a. **2** (**to ~ to**) acatar, respetar, observar (una ley, regulación): *the rules must be adhered to = hay que acatar las normas.* **3** (**to ~ to**) suscribir, apoyar (una creencia, una opinión).

adherence [əd'hɪərəns] *s. i.* (~ **to**) observancia de, acatamiento de, respeto a (una ley, normas); fidelidad a, apoyo a (una creencia, una opinión).

adherent [əd'hɪərənt] *s. c.* seguidor, discípulo, fiel.

adhesion [əd'hiːʒn] *s. i.* adherencia (física).

adhesive [əd'hiːsɪv] *s. i.* **1** pegamento, adhesivo. ● *adj.* **2** adhesivo.

ad hoc [,æd'hɒk] *adj.* **1** ad hoc, con un objetivo concreto único. ● *adv.* **2** temporalmente, provisionalmente.

adieu [ə'djuː] *interj.* (lit. y arc.) adiós.

ad infinitum [,æd,ɪnfɪ'naɪtəm] *adv.* sin límite, sin fin.

adipose ['ædɪpəʊs] *adj.* ANAT. adiposo.

adiposity [,ædɪ'pɒsɪtɪ] *s. i.* adiposidad.

adjacent [ə'dʒeɪsnt] *adj.* adyacente, contiguo.

adjectival [,ædʒek'taɪvl] *adj.* GRAM. adjetivo, adjetival.

adjective ['ædʒɪktɪv] *s. c.* GRAM. adjetivo.

adjoin [ə'dʒɔɪn] *v. t.* estar contiguo a, lindar con.

adjoining [ə'dʒɔɪnɪŋ] *adj.* contiguo, adyacente.

adjourn [ə'dʒəːn] *v. t.* **1** aplazar (reunión, encuesta, etc.). **2** DER. levantar (la sesión). ● *v. i.* **3** DER. levantarse (la sesión). **4** (**to ~ to**) (form.) trasladarse a, pasar a: *let's adjourn to the living room for coffee = pasemos al salón a tomar el café.*

adjournment [ə'dʒəːnmənt] *s. c.* **1** aplazamiento, suspensión temporal (de una reunión o similar). **2** DER. aplazamiento (de juicio).

adjudge [ə'dʒʌdz] *v. t.* DER. juzgar, decretar, fallar (sobre una persona).

adjudicate [ə'dʒuːdɪkeɪt] *v. t.* **1** DER. fallar, decidir. **2** declarar (ganador). ● *v. i.* **3** (**to ~** {**on**}) DER. fallar, decidir (sobre) (judicialmente).

adjudication [ə'dʒuːdɪ'keɪʃn] *s. i.* **1** DER. fallo, sentencia. **2** adjudicación (de plazas en una competición).

adjudicator [ə'dʒuːdɪkeɪtər] *s. c.* árbitro, juez.

adjunct ['ædʒʌŋkt] *s. c.* **1** accesorio; apéndice. **2** GRAM. adjunto (concepto nuevo para definir un elemento adverbial, preposicional, etc., de una oración).

adjuration [,ædʒʊə'reɪʃn] *s. c.* e *i.* (form.) juramento solemne.

adjure [ə'dʒʊər] *v. t.* (form.) suplicar, implorar.

adjust [ə'dʒʌst] *v. t.* **1** modificar, cambiar; ajustar (para que sea mejor). **2** ajustar, regular (objetos). ● *v. i.* **3** (**to ~** {**to**}) adaptarse, ajustarse (a una situación, trabajo, ingenio). ● *v. pron.* **4** (**to ~** {**to**}) adaptarse (a).

adjustable [ə'dʒʌstəbl] *adj.* regulable, graduable.

adjusted [ə'dʒʌstɪd] *adj.* equilibrado (de salud mental).

adjustment [ə'dʒʌstmənt] *s. c.* e *i.* **1** ajuste, adaptación (de un aparato o actuación). **2** ajuste, adaptación (de una persona).

adjutant ['ædʒʊtənt] *s. c.* MIL. ayudante, asistente.

ad-lib [,æd'lɪb] *v. t.* **1** improvisar, añadir de cosecha propia (en teatro, discurso, etc.). ● *v. i.* **2** improvisar, (fam.) meter morcillas. ● *s. c.* **3** improvisación, (fam.) morcilla. ● *adj.* **4** improvisado. ● *adv.* **5** improvisadamente.

adman ['ædmæn] (*pl.* **admen**) *s. c.* (fam.) publicista.

admass ['ædmæs] *s. c.* parte de la población que está considerada como fácilmente influible por los medios de publicidad o de propaganda comercial, conjunto de consumidores con poco sentido crítico.

admen ['ædmen] *pl.* de **adman**.

admin ['ædmɪn] *s. i.* (fam.) administración.

administer [əd'mɪnɪstər] *v. t.* **1** administrar; dirigir, llevar (un negocio, fondo). **2** administrar, organizar (una oposición, un examen, la justicia, etc.). **3** (form.) dar, propinar (una patada, bofetada, etc.). **4** (form.) dar, suministrar (una medicina).

administration [əd,mɪnɪ'streɪʃn] *s. i.* **1** administración, dirección, organización (de empresa, universidad, institución, etc.). ◆ **2 the Administration,** el Gobierno, la Administración (de un país, pero especialmente de los Estados Unidos).

administrative [əd'mɪnɪstrətɪv] *adj.* administrativo.

administratively [əd'mɪnɪstrətɪvlɪ] *adv.* administrativamente.

administrator [əd'mɪnɪstreɪtər] *s. c.* administrador.

admirable ['ædmərəbl] *adj.* admirable.

admirably ['ædmərəblɪ] *adv.* admirablemente.

admiral ['ædmərəl] *s. c.* MIL. almirante.

Admiralty ['ædmərəltɪ] *s. sing.* MIL. Almirantazgo, Ministerio de Marina.

admiration [,ædmə'reɪʃn] *s. i.* (~ {**for/of**}) admiración.

admire [əd'maɪər] *v. t.* **1** admirar (a una persona, una acción, etc.). **2** admirar, apreciar (los rasgos de algo o alguien con la vista).

admirer [əd'maɪərər] *s. c.* **1** (~ {**of**}) admirador: *an admirer of Gaudí = un admirador de Gaudí.* **2** pretendiente (de una mujer).

admiring [əd'maɪərɪŋ] *adj.* de admiración.

admiringly [əd'maɪərɪŋlɪ] *adv.* apreciativamente, con admiración.

admissibility [əd,mɪsə'bɪlɪtɪ] *s. i.* admisibilidad.

admissible [əd'mɪsəbl] *adj.* admisible, aceptable.

admissibly [əd'mɪsəblɪ] *adv.* admisiblemente, aceptablemente.

admission [əd'mɪʃn] *s. c.* e *i.* **1** admisión, recepción. **2** reconocimiento, admisión (de culpa, error, etc.). ● *s. i.* **3** (~ {**to/of**}) admisión, ingreso (en/de). ◆ **4 ~/~ fee,** precio de entrada (a museo, espectáculo), matrícula (académica). **5 by one's own ~,** como uno mismo admite.

admit [əd'mɪt] *v. t.* **1** admitir, aceptar, reconocer. **2** (**to** ~ + *o.* + {**to**}) admitir, dejar entrar (en). **3** (**to** ~ + *o.* + {**to/into**}) ingresar (en un hospital). • *v. i.* **4** (form.) (**to** ~ **of**) permitir, admitir: *the novel admits of only one interpretation = la novela sólo permite una interpretación.* ◆ **5 to** ~ **defeat,** reconocer la derrota, reconocer el fracaso.

admittance [əd'mɪtns] *s. i.* admisión, acceso, entrada.

admittedly [əd'mɪtɪdlɪ] *adv.* justo es reconocerlo, es cierto (normalmente entre comas).

admonish [əd'mɒnɪʃ] *v. t.* (form.) amonestar, reprender.

admonition [ˌædmə'nɪʃn] *s. c.* e *i.* (form.) amonestación, reprensión.

admonitory [əd'mɒnɪtərɪ] *adj.* reprobatorio.

ad nauseam [ˌæd'nɔːsɪæm] *adv.* interminablemente, hasta la saciedad (como expresión de queja).

ado [ə'duː] *adv.* **without further** ~**/without more** ~**,** inmediatamente, sin más dilación.

adobe [ə'dəubɪ] *s. i.* adobe.

adolescence [ˌædə'lesns] *s. i.* adolescencia.

adolescent [ˌædə'lesnt] *adj.* **1** adolescente. **2** inmaduro (con cierto sentido negativo). • *s. c.* **3** adolescente.

adopt [ə'dɒpt] *v. t.* **1** adoptar (a un bebé). **2** adoptar, asumir (una actitud, un método de actuación, etc.). **3** adoptar, simular (un acento, un gesto, un tono, etc.). **4** adoptar, adquirir (una nacionalidad o nombre nuevos). **5** (**to** ~ + *o.* + **as**) elegir como, seleccionar como (en la política): *they adopted him as their candidate = lo eligieron como candidato.*

adopted [ə'dɒptɪd] *adj.* adoptivo (familia o país).

adoption [ə'dɒpʃn] *s. c.* e *i.* **1** adopción (de bebés). • *s. i.* **2** (~ **of**) adopción de, asunción de. **3** elección, selección.

adorable [ə'dɔːrəbl] *adj.* adorable, precioso, encantador.

adorably [ə'dɔːrəblɪ] *adv.* adorablemente, encantadoramente.

adoration [ˌædə'reɪʃn] *s. i.* adoración.

adore [ə'dɔːr] *v. t.* **1** adorar, reverenciar. **2** (fam.) querer con locura: I *adore theatre = me encanta* o *me chifla el teatro.*

adoring [ə'dɔːrɪŋ] *adj.* devoto: *an adoring husband = un marido devoto, un amantísimo marido.*

adoringly [ə'dɔːrɪŋlɪ] *adv.* con adoración, con devoción absoluta.

adorn [ə'dɔːn] *v. t.* **1** (lit.y form.) ornamentar, adornar. **2** embellecer; dar prestancia a: *her presence adorned our dining-table = su presencia embelleció nuestra mesa.*

adornment [ə'dɔːnmənt] *s. c.* **1** ornamento, adorno. • *s. i.* **2** decoración.

adrenalin [ə'drenəlɪn] *s. i.* QUÍM. adrenalina.

Adriatic [ˌeɪdrɪ'ætɪk] *s. sing.* mar Adriático.

adrift [ə'drɪft] *adj.* **1** MAR. a la deriva. **2** (fig.) desorientado, a la deriva (en la vida personal). ◆ **3 to be** ~**,** ser un fracaso, ir mal (un proyecto, plan, etc.). **4 to go** ~**,** irse al garete; fracasar totalmente (un proyecto, plan, etc.).

adroit [ə'drɔɪt] *adj.* **1** hábil, mañoso (con las manos). **2** listo (en el comportamiento).

adroitly [ə'drɔɪtlɪ] *adv.* **1** hábilmente, con mucha maña. **2** hábilmente, con listeza, con astucia.

adroitness [ə'drɔɪtnɪs] *s. i.* **1** habilidad, maña. **2** astucia.

adulation [ˌædju'leɪʃn] *s. i.* (form.) adulación.

adult ['ædʌlt] *s. c.* **1** adulto, persona mayor. • *adj.* **2** adulto, maduro, mayor. **3** adulto, desarrollado, crecido (hablando de personas o animales físicamente).

adulterate [ə'dʌltəreɪt] *v. t.* adulterar (calidad de comida o bebida).

adulteration [əˌdʌltə'reɪʃn] *s. i.* adulteración (de la calidad de un producto).

adulterer [ə'dʌltərər] *s. c.* adúltero.

adulteress [ə'dʌltərɪs] *s. c.* adúltera.

adultery [ə'dʌltərɪ] *s. c.* e *i.* adulterio.

adulthood ['ædʌlthud] *s. i.* madurez, edad adulta.

adumbrate ['ædʌmbreɪt] *v. t.* (form.) bosquejar, esbozar.

adumbration [ˌædʌm'breɪʃn] *s. c.* e *i.* (form.) bosquejo, esbozo.

advance [əd'vaːns] *v. i.* **1** avanzar, adelantarse. **2** avanzar, mejorar, progresar. **3** (form.) pasar, transcurrir, avanzar (en el tiempo). **4** (form.) aumentar, incrementarse (el precio o valor de algo). • *v. t.* **5** (form.) apoyar (una causa, un interés, etc.). **6** adelantar (una reunión, una conferencia, etc.). **7** (form.) sugerir, proponer, plantear (una idea, una teoría, etc., de manera hipotética). **8** avanzar, dar hacia adelante (en un aparato). **9** anticipar, adelantar (dinero). • *s. c.* e *i.* **10** avance, progreso (físico y científico). • *s. i.* **11** comienzo, llegada: *the advance of old age has made him clumsy = el comienzo de la vejez le ha hecho torpe.* • *s. c.* **12** anticipo, adelanto (de dinero); cantidad a cuenta. • *adj.* **13** por adelantado, previo: *advance booking = reserva previa.* **14** de reconocimiento, de avanzadilla: *an advance party = una patrulla de reconocimiento.* ◆ **15 advances,** acercamiento (para mejorar las relaciones); insinuaciones, proposiciones (para el comienzo de una relación amorosa). **16 in** ~ **(of), a)** más avanzado; mejor (que) (en calidad). **b)** por adelantado; antes (que).

advanced [əd'vaːnst] *adj.* **1** adelantado, avanzado, aventajado (hablando de estudiantes, estudios o países). **2** moderno, progresista, liberal, avanzado (ideas, libros, etc.). **3** maduro, mayor, de edad. **4** tardío, avanzado (un día, estación, año, etc.). ◆ **5** ~ **credit,** (EE UU) crédito por adelantado (cuando una Universidad reconoce estudios en otra).

advancement [əd'vaːnsmənt] *s. i.* **1** ascenso, mejora (profesional o social). **2** promoción, fomento (de un ideal).

advantage [əd'vaːntɪdʒ] *s. c.* **1** ventaja; mejora. • *s. i.* **2** provecho; ventaja. **3** DEP. ventaja (en tenis). ◆ **4 to be to one's** ~**,** ser ventajoso para uno. **5 to give one the** ~ **over,** dar a uno ventaja sobre. **6 to have the** ~ **over,** gozar de ventaja sobre. **7 to take** ~ **of,** aprovecharse de. **8 to good** ~**/to the best** ~**,** favorablemente, con luz favorable; para lucimiento. **9 to turn something to one's** ~**,** dar la vuelta a algo para propio provecho.

advantaged [əd'vaːntɪdʒt] *adj.* privilegiado (social o económicamente).

advantageous [ˌædvən'teɪdʒəs] *adj.* ventajoso, favorable.

advantageously [ˌædvən'teɪdʒəslɪ] *adv.* ventajosamente, favorablemente.

advent ['ædvənt] *s. sing.* **1** (form.) llegada, advenimiento, aparición: *the advent of new technologies = la llegada de nuevas tecnologías.* ◆ **2 Advent,** REL. Adviento.

adventitious [ˌædven'tɪʃəs] *adj.* (form.) adventicio, accidental, arriesgado, inesperado.

adventure [əd'ventʃər] *s. c.* e *i.* **1** aventura. ◆ **2** ~ **playground,** parque infantil (con puentes y otros elementos un poco peligrosos).

adventurer [əd'ventʃərər] *s. c.* **1** aventurero. **2** (desp.) estafador, vividor; bandido.

adventurous [əd'ventʃərəs] *adj.* **1** arriesgado, atrevido, audaz, intrépido. **2** aventurero.

adventurously [əd'ventʃərəslɪ] *adv.* arriesgadamente, atrevidamente, intrépidamente.

adverb ['ædvəːb] *s. c.* GRAM. adverbio.

adverbial [æd'vəːbɪəl] *adj.* GRAM. adverbial.

adversarial [ˌædvɜː'seərɪəl] *adj.* de enfrentamiento.

adversary ['ædvəsərɪ] *s. c.* oponente, adversario, contrario.

adverse ['ædvəːs] *adj.* adverso, desfavorable, contrario.

adversely ['ædvəːslɪ] *adv.* desfavorablemente; negativamente.

adversity [əd'vəːsɪtɪ] *s. c.* e *i.* adversidad, infortunio.

advert ['ædvəːt] *s. c.* (fam.) anuncio.

advertise ['ædvətaɪz] *v. t.* **1** anunciar. **2** divulgar, propagar. **3** publicar, notificar, avisar, anunciar. **4** descubrir, delatar, proclamar (una característica por los gestos, la voz, etc. de una persona): *the glow in his eyes advertises the hate in him = el brillo de sus ojos descubre el odio que tiene dentro de él.*

advertisement [əd'vəːtɪsmənt] *s. c.* **1** anuncio. **2** (~ **for**) (fig.) modelo de, definición de: *you are an advertisement for happiness = eres la definición de la felicidad.*

advertiser ['ædvətaɪzər] *s. c.* anunciante (persona o empresa).

advertising ['ædvətaɪzɪŋ] *s. i.* **1** publicidad. ♦ **2** ~ **agency,** agencia de publicidad. **3** ~ **copy,** textos publicitarios. **4** ~ **jingle,** sintonía publicitaria. **5** ~ **space,** espacio publicitario.

advertorial [ˌædvɜː'stɔːrɪəl] *s. c.* publirreportaje.

advice [əd'vaɪs] *s. i.* **1** consejo; *a piece of advice = un consejo.* **2** notificación, aviso. **3 to take (legal)** ~, DER. recabar asesoramiento jurídico, hacerse asesorar por un abogado.

advisability [ədˌvaɪzə'bɪlɪtɪ] *s. i.* conveniencia.

advisable [əd'vaɪzəbl] *adj.* aconsejable; conveniente; prudente.

advise [əd'vaɪz] *v. t.* **1** aconsejar, asesorar. **2** (form.) informar; avisar.

advisedly [əd'vaɪzɪdlɪ] *adv.* deliberadamente.

adviser [əd'vaɪzər] *s. c.* asesor, consejero.

advisory [əd'vaɪzərɪ] *adj.* **1** asesor, consultivo. ♦ **2** ~ **body,** consejo asesor, órgano consultivo.

advocacy ['ædvəkəsɪ] *s. i.* (~ {**of**}) defensa, apoyo: *their advocacy of nationalization is ridiculous = su defensa de la nacionalización es ridícula.*

advocate ['ædvəkeɪt] *v. t.* **1** recomendar; abogar por. ● ['ædvəkət] *s. c.* **2** DER. abogado defensor, letrado. **3** (fig.) defensor (de un grupo, plan, método, etc.). ♦ **4 devil's** ~, ⇒ **devil.**

adze [ædz] *s. c.* MEC. azuela (instrumento para cortar madera).

Aegean [iː'dʒiːən] *s. sing.* **the** ~ **(Sea),** el (mar) Egeo.

aegis ['iːdʒɪs] *s. i.* **under the** ~ **of,** (form.) bajo la tutela o el patrocinio de; patrocinado por.

aeon ['iːən] (también **eon**) *s. c.* eón.

aerate ['eəreɪt] *v. t.* oxigenar (la sangre); gasificar (sustancias líquidas).

aerial ['eərɪəl] *s. c.* **1** RAD. antena. ● *adj.* **2** aéreo.

aerobatics [ˌeərə'bætɪks] *s. pl.* acrobacia aérea.

aerobic [eə'rəubɪk] *adj.* **1** BIOQ. aeróbico (que utiliza oxígeno). **2** DEP. aeróbico.

aerobics [eə'rəubɪks] *s. i.* DEP. aerobic.

aerodrome ['eərədrəum] *s. c.* (brit.) aeródromo, aeropuerto (de aviones pequeños).

aerodynamic [ˌeərəudaɪ'næmɪk] *adj.* aerodinámico.

aerodynamics [ˌeərəudaɪ'næmɪks] *s. i.* FÍS. aerodinámica.

aeronautical [ˌeərənɔːtɪkl] *adj.* aeronáutico.

aeronautics [ˌeərə'nɔːtɪks] *s. i.* aeronáutica.

aeroplane ['eərəpleɪn] *s. c.* avión.

aerosol ['eərəsɒl] *s. c.* aerosol.

aerospace ['eərəuspeɪs] *adj.* aeroespacial.

aesthete ['iːsθiːt] (en EE UU **esthete**) *s. c.* esteta.

aesthetic [iːs'θetɪk] (en EE UU **esthetic**) *adj.* estético.

aesthetically [iːs'θetɪklɪ] (en EE UU **esthetically**) *adv.* estéticamente.

aesthetics [iːs'θetɪks] (en EE UU **esthetics**) *s. i.* FIL. estética.

aether ['iːθər] *s. i.* ⇒ **ether.**

afar [ə'fɑː] *adv.* **1** (arc. y lit.) lejos. ♦ **2 from** ~, desde lejos, de lejos, a cierta distancia.

affability [ˌæfə'bɪlɪtɪ] *s. i.* afabilidad, cordialidad, amabilidad.

affable ['æfəbl] *adj.* afable, cordial, amable.

affably ['æfəblɪ] *adv.* afablemente, cordialmente, amablemente.

affair [ə'feər] *s. c.* **1** asunto, caso, negocio. **2** aventura amorosa, asunto. **3** (fam.) cosa, objeto: *his car is a gorgeous affair = su coche es una cosa espectacular.* ♦ **4 affairs, a)** asuntos, temas (de un país, institución, organismo, etc.): *Foreign Affairs = Asuntos Exteriores.* **b)** asuntos; cosas (personales).

affect [ə'fekt] *v. t.* **1** afectar; influir. **2** afectar, emocionar, conmover. **3** (form.) fingir, aparentar: *she affected to laugh = ella fingió reír.* **4** (desp.) lucir, pavonearse con (ropa o estilo de vestir).

affectation [ˌæfek'teɪʃn] *s. c. e i.* (desp.) afectación.

affected [ə'fektɪd] *adj.* (desp.) afectado, amanerado; artificial.

affectedly [ə'fektɪdlɪ] *adv.* (desp.) con afectación, amaneradamente; artificialmente.

affecting [ə'fektɪŋ] *adj.* conmovedor, emocionante.

affection [ə'fekʃn] *s. i.* **1** afecto, cariño. ♦ **2 affections,** (lit.) atenciones; amor, cariño (en una pareja).

affectionate [ə'fekʃənɪt] *adj.* cariñoso, afectuoso.

affectionately [ə'fekʃənɪtlɪ] *adv.* cariñosamente, afectuosamente.

affidavit [ˌæfɪ'deɪvɪt] *s. c.* DER. declaración jurada.

affiliate [ə'fɪlɪeɪt] *v. i.* y *pron.* **1** (**to** ~ **to/with**) (form.) afiliarse a. ● [ə'fɪlɪət] *s. c.* **2** afiliado, socio (persona); filial (empresa).

affiliated [ə'fɪlɪeɪtɪd] *adj.* (form.) afiliado, asociado.

affiliation [əˌfɪlɪ'eɪʃn] *s. c.* e *i.* (~ {**to/with**}) (form.) afiliación (a): *we have no religious affiliation = carecemos de adscripción* o *filiación religiosa.*

affirm [ə'fɜːm] *v. t.* **1** (form.) afirmar, aseverar. **2** apoyar, sostener (ideas, acciones, derechos, etc.). **3** confirmar, ratificar (una creencia o impresión).

affirmation [ˌæfə'meɪʃn] *s. i.* **1** afirmación, aserto. **2** apoyo, sustentación. ● *s. c.* **3** DER. promesa (de decir la verdad en un juicio).

affirmative [ə'fɜːmətɪv] *adj.* **1** afirmativo. ● *s. c.* **2** afirmativa. ♦ **3 in the** ~, afirmativamente. **4** ~ **action,** POL. discriminación positiva (ayuda a minorías discriminadas a conseguir trabajo mediante cuotas).

affirmatively [ə'fɜːmətɪvlɪ] *adv.* afirmativamente.

affix [æ'fɪks] *v. t.* **1** (**to** ~ {**to**}) (form.) pegar, adherir, fijar (póster). ● ['æfɪks] *s. c.* **2** GRAM. afijo.

afflict [ə'flɪkt] *v. t.* afligir, aquejar, atribular: *a strange disease afflicted him = estaba aquejado de una extraña enfermedad.*

affliction [ə'flɪkʃn] *s. c.* e *i.* aflicción, congoja, tribulación.

affluence ['æfluəns] *s. i.* (form.) opulencia; riqueza.

affluent ['æfluənt] *adj.* opulento; rico.

afford [ə'fɔːd] *v. t.* **1** (~ + *inf.*) arriesgarse a, permitirse el lujo de (comprar algo o acometer una acción imprudente). **2** adquirir, comprar (porque hay medios suficientes): *I can afford a new house now = ahora ya puedo adquirir una casa nueva.* **3** disponer de (tiempo, energías, etc.). **4** (form.) proporcionar, conceder (protección, apoyo, etc.). **5** (form.) ofrecer, proporcionar, dar (un sentimiento, oportunidad, etc.): *it will afford your father great satisfaction to see you now = le dará a tu padre una gran satisfacción verte ahora.*

afforestation [æˌfɒrɪ'steɪʃn] *s. i.* AGR. repoblación forestal, reforestación.

affray [ə'freɪ] *s. c.* (form.) reyerta, disputa, pendencia.

affront [ə'frʌnt] *s. c.* **1** afrenta, ultraje, agravio. ● *v. t.* **2** afrentar, ultrajar, agraviar.

Afghan ['æfgæn] *s. c.* **1** afgano. **2** ZOOL. afgano (perro de raza afgana). ● *adj.* **3** afgano (nacionalidad, idioma, etc.).

Afghanistan [æf'gænɪstɑːn] *s. sing.* Afganistán.

aficionado [əˌfɪsjə'nɑːdəu] *s. c.* entusiasta (de algún pasatiempo).

afield [ə'fiːld] *adv.* **far** ~, lejos, a mucha distancia.

afire [ə'faɪəːr] *adj.* **1** (lit.) envuelto en llamas, en llamas. **2** (~ **with**) (fig.) rebosante de, lleno de (sentimientos encendidos). ● *adv.* **3** (lit.) en llamas, ardiento.

aflame [ə'fleɪm] *adj.* **1** ardiente, enrojecido (por los sentimientos o por los rayos del sol): *aflame with excitement = enrojecido de excitación.* **2** en llamas, llameante. ● *adv.* **3** (lit.) en llamas, ardiento.

afloat [ə'fləut] *adj.* y *adv.* **1** a flote, flotando: *the burning ship was still afloat = el barco envuelto en llamas todavía estaba a flote.* **2** (fig.) en el mar. **3** a flote (económicamente). ● *adj.* **4** flotante, flotando (en el aire). ♦ **5 to set** ~, poner en marcha (proyecto, empresa, etc.).

afoot [ə'fut] *adj.* en ciernes, en preparación.

aforementioned [əˌfɔː'menʃənd] *adj.* (form.) anteriormente mencionado, susodicho.

aforesaid [ə'fɔːsed] *adj.* (form.) anteriormente mencionado, susodicho.

afraid [ə'freɪd] *adj.* **1** (~ {**of**}) temeroso, asustado. ♦ **2 to be** ~ **of,** tener miedo de, temer. **3 I'm afraid (to say),** me temo, desgraciadamente: *she's leaving you, I'm afraid to say = te deja,* *me temo.* **4 to be** ~ (+ *inf.*) tener miedo de (hacer algo).

afresh [ə'freʃ] *adv.* de nuevo, nuevamente.

Africa ['æfrɪkə] *s. sing.* África.

African ['æfrɪkən] *adj.* **1** africano. • *s. c.* **2** africano.

Afrikaans [ˌæfrɪ'kaːns] *s. i.* **1** afrikaans (variedad del holandés hablado en Sudáfrica). • *adj.* **2** afrikaans; sudafricano (de la parte procedente de Holanda).

Afrikaner [ˌæfrɪ'kaːnəːr] *s. c.* **1** afrikaner (sudafricano blanco descendiente de holandeses). • *adj.* **2** afrikaner; sudafricano (de la parte procedente de Holanda).

Afro ['æfrəu] *s. c.* **1** peinado (estilo) afro. ◆ **2 Afro-,** afro- (en compuestos).

aft [ɑːft] *adv.* en/a popa (en barcos y aviones).

after [ɑːftər] *prep.* **1** después de, tras: *after the film, we left = tras la película nos fuimos.* • *adv.* **2** después, posteriormente. • *conj.* **3** después que, después de que: *after they left we went home = después de que se fueran nos dirigimos a casa.* ◆ **4 day** ~ **day/week** ~ **week/etc.,** día tras día/semana tras semana/etc. **5 afters,** (fam.) postre. **6** ~ **you,** después de Vd, después de ti. **7 one** ~ **another,** uno tras otro, una tras otra. **8 one** ~ **the other,** consecutivamente, una después de la otra.
OBS. Esta palabra tiene además las siguientes matizaciones cuando sigue a un verbo: **9** tras, detrás de, en persecución de (verbos de movimiento): *he ran after her = corrió tras ella.* **10** (señalando una inspiración o parecido con otra cosa): *this novel is after Charles Dickens = esta novela está escrita al estilo de Charles Dickens.* **11** (indicando la igualdad de nombres propios): *I was named after my grandfather = me llamaron como a mi abuelo.* **12** (denotando interés amoroso en alguien): *Peter has been after Mary for a long time = Peter lleva tras Mary mucho tiempo.* **13** (EE UU) (en las horas del reloj): *it was ten after seven = eran las siete y diez.* **14** a por (algo en poder de otra persona): *that fellow is after my teaching post = ese tipo va a por mi puesto de profesor.* **15** (detrás o más allá de un punto en el espacio): *Newport is just after Trund = Newport queda justo después de Trund.* **16** (indica que la mirada o la voz siguen a una persona que está a cierta distancia o alejándose): *they called after him as he descended the stairs = lo llamaron según bajaba la escalera.* **17** (significa persecución): *the police are after him = la policía va tras él.* **18** (posterior grado o importancia): *I'm the third after him in the department = soy el tercero detrás de él en el departamento.*

afterbirth ['ɑːftəbəːθ] *s. i.* MED. secundinas, placenta (expulsada tras el parto).

aftercare ['ɑːftəkeər] *s. i.* convalecencia; postoperatorio.

after-damp ['ɑːftədæmp] *s. i.* MIN. moteta, gas moteta (que aparece después de una explosión de grisú).

after-effect ['ɑːftəɪfekt] *s. c.* consecuencia; efecto posterior; secuela.

afterglow ['ɑːftəgləu] *s. sing.* resplandor crepuscular.

after-image ['ɑːftəɪmɪdʒ] *s. c.* PSIC. imagen consecutiva, imagen accidental.

afterlife ['ɑːftəlaɪf] *s. i.* vida de ultratumba, vida ultraterrena.

aftermath ['ɑːftəmæːθ] *s. i.* secuela, corolario.

afternoon [ˌɑːftə'nuːn] *s. c.* e *i.* **1** tarde (entre el mediodía y la llegada de la oscuridad aproximadamente). ◆ **2** ~ **tea,** té de la tarde, merienda (comida muy ligera con té). **3 in the** ~, por la tarde.

aftershave ['ɑːftəʃeɪv] *s. i.* loción para después del afeitado.

aftertaste ['ɑːftəteɪst] *s. sing.* dejo, regusto.

afterthought ['ɑːftəθɔːt] *s. i.* pensamiento posterior, idea a posteriori.

afterward ['ɑːftəwədz] (brit. **afterwards**) *adv.* después, luego.

again [ə'gen] *adv.* **1** otra vez, de nuevo, nuevamente. **2** (para pedir que se repita algo): *what's your name again? = ¿cómo ha dicho que se llama Vd.?* **3** sin embargo, no obstante (introduciendo un punto que contradice lo anterior). **4** una vez más, nuevamente (como enfático): *again you are saying the same thing = una vez más, estás diciendo lo mismo.* ◆ **5** ~ **and** ~**/time and** ~, una y otra vez, repetidamente. **6 as much** ~, otro tanto. **7 as many** ~, otros tantos. **8 then** ~, no obstante, sin embargo, a pesar de todo. **9 there** ~, no obstante, sin embargo, a pesar de todo.

against [ə'genst] *prep.* **1** contra, junto a: *I leant against the wall = me apoyé contra la pared.* • *adv.* **2** en contra: *for or against? = ¿a favor o en contra?* ◆ **3 as** ~, en contraste con, frente a, en comparación con, comparado con: *we had two, as against his one = nosotros teníamos dos y él solamente uno.* **4 to have something** ~ **someone,** tener algo contra alguien.
OBS. Esta preposición matiza verbos de las siguientes maneras: **5** (contraste de colores): *his white face stood out against her tan = su cara pálida resaltaba frente a la tez morena de ella.* **6** (en contra de algo legal): *it's against the Constitution = va en contra de la Constitución, es anticonstitucional.* **7** (anticipación de un peligro, precaución): *precautions against fire = precauciones contra incendios.* **8** (en oposición de una acción): *we warned her against marrying him = le advertimos que no se casara con él.* **9** (en contra de ideas, creencias, modas, etc.): *against my deepest beliefs = en oposición a mis creencias más profundas.* **10** (comparación): *the punt has fallen against sterling = la libra irlandesa ha caído frente a la libra inglesa.* **11** (relación de contraste): *we have to measure resistance against bulk = tenemos que medir la resistencia en relación con el volumen.* **12** (oposición deportiva): *we will play against Arsenal = jugaremos contra el Arsenal.*

agape [ə'geɪp] *adj.* boquiabierto.

agate ['ægət] *s. c.* e *i.* MIN. ágata.

age [eɪdʒ] *s. c.* e. *i.* **1** edad: *at the age of 19 = a la edad de 19 años, con 19 años.* • *s. c.* **2** época, era. • *s. i.* **3** vejez, ancianidad. **4** envejecimiento, paso del tiempo. • *v. i.* **5** envejecer; hacerse mayor (cosas o personas). ◆ **6** ~ **of consent,** DER. mayoría de edad (para casarse legalmente). **7 an** ~**/ages,** (fam.) muchísimo tiempo, un siglo, años y años. **8 to be/act one's** ~, comportarse de acuerdo con la edad de uno (en oposición a una conducta infantiloide e inapropiada). **9 to come of** ~, hacerse mayor de edad. **10 to feel one's** ~, sentirse de acuerdo con la edad real de uno (consciente del paso del tiempo). **11 of** ~, DER. mayor de edad (con mayoría de edad legal). **12 of an** ~, (p.u.) de la misma edad (refiriéndose a dos cosas o personas). **13 over** ~, demasiado mayor (para un trabajo o similar). **14 under** ~, menor, sin la edad suficiente.

aged [eɪdʒt] *adj.* **1** de edad: *John Peters, aged 50 = John Peters, de 50 años de edad.* **2** anciano, envejecido. ◆ **3 the aged,** los viejos, los ancianos; la tercera edad.

age-group ['eɪdʒgruːp] *s. c.* grupo de personas de igual edad.

ageing ['eɪdʒɪŋ] (también **aging**) *adj.* y *s. i.* **1** viejo, anciano. • *s. i.* **2** envejecimiento.

ageism ['eɪdʒɪzəm] *s. i.* discriminación por razón de edad.

ageless ['eɪdʒlɪs] *adj.* siempre joven, perenne.

age-limit ['eɪdʒlɪmɪt] *s. c.* límite de edad.

age-long ['eɪdʒlɒŋ] *adj.* de siempre, eterno: *the age-long fight against poverty = la lucha de siempre contra la pobreza.*

agency ['eɪdʒənsɪ] *s. c.* **1** agencia (de noticias, de viajes, etc.). **2** POL. agencia (de la administración de USA). ◆ **3 through/by the** ~ **of,** por medio de, por mediación de.

agenda [ə'dʒendə] *s. c.* orden del día; programa.

agent ['eɪdʒənt] *s. c.* **1** representante, agente, delegado (de empresa, de arte, etc.). **2** espía, agente. **3** instrumento, medio, agente: *an agent of progress = un instrumento de progreso.* **4** QUÍM. agente. ◆ **5** ~ **provocateur,** agente provocador, infiltrado.

age-old [ˌeɪdʒ'əuld] *adj.* muy antiguo, muy viejo, secular.

agglomerate [ə'glɒməreɪt] *v. t.* **1** aglomerar, amontonar (en gran cantidad). • [ə'glɑmərət] *adj.* **2** amontonado. • *s. i.* **3** GEOL. roca fundida (especialmente volcánica).
agglomeration [ə,glɒmə'reɪʃn] *s. c.* aglomeración, amontonamiento, acumulación.
agglutinate [ə'glu:tɪneɪt] *v. t.* e *i.* **1** aglutinar(se), pegar(se) (con pegamento). **2** FILOL. aglutinarse (los idiomas).
agglutination [ə,glu:tɪ'neɪʃn] *s. i.* **1** aglutinación. **2** FILOL. aglutinación.
agglutinative [ə'glu:tɪnətɪv] *adj.* **1** aglutinante, adhesivo. **2** FILOL. aglutinante.
aggrandize [ə'grændaɪz] (también **aggrandise**) *v. t.* (form.) engrandecer, exaltar (a una persona, institución, país, etc.).
aggrandizement [ə'grændɪzmənt] (también **aggrandisement**) *s. i.* (form.) engrandecimiento, exaltación.
aggravate ['ægrəveɪt] *v. t.* **1** agravar, exacerbar. **2** exasperar, irritar, sacar de quicio.
aggravating ['ægrəveɪtɪŋ] *adj.* exasperante, irritante, desquiciante.
aggravation [,ægrə'veɪʃn] *s. i.* irritación, exasperación.
aggregate ['ægrɪgɪt] *s. c.* **1** total; conjunto: *an aggregate of 12 years = un total de 12 años.* • *adj.* **2** total, global; general. • ['ægrɪgeɪt] *v. t.* **3** sumar, juntar, englobar. ◆ **4 in (the)** ~, en total, en su conjunto; todo incluido.
aggression [ə'greʃn] *s. i.* **1** agresividad; competitividad. **2** agresión.
aggressive [ə'gresɪv] *adj.* agresivo, hostil; despiadado.
aggressively [ə'gresɪvlɪ] *adv.* agresivamente, hostilmente.
aggressiveness [ə'gresɪvnɪs] *s. i.* beligerancia, agresividad.
aggressor [ə'gresər] *s. c.* agresor.
aggrieved [ə'gri:vd] *adj.* ofendido; humillado.
aggro ['ægrəu] *s. i.* **1** (fam.) camorra, violencia. **2** (fam.) molestias, follón, jaleo.
aghast [ə'gɑ:st] *adj.* (~ **at**) horrorizado por/ante.
agile ['ædʒaɪl] *adj.* ágil.
agilely ['ædʒaɪllɪ] *adv.* ágilmente.
agility [ə'dʒɪlɪtɪ] *s. i.* agilidad.
agin [ə'gɪn] *prep.* contra (forma escocesa).
aging ['eɪdʒɪŋ] *adj.* y *s. i.* ⇒ **ageing.**
agitate ['ædʒɪteɪt] *v. t.* **1** agitar, sacudir (con fuerza). **2** inquietar, perturbar. • *v. i.* **3** (**to** ~ **for/against**) hacer propaganda a favor de/en contra de, hacer campaña a favor de/en contra de.
agitated ['ædʒɪteɪtɪd] *adj.* inquieto, perturbado.
agitatedly ['ædʒɪteɪtɪdlɪ] *adv.* con gran inquietud, desasosegadamente.
agitation [,ædʒɪ'teɪʃn] *s. i.* **1** inquietud, desasosiego, perturbación. **2** POL. agitación (de matiz político o social), campaña.
agitator ['ædʒɪteɪtər] *s. c.* POL. agitador.
aglow [ə'gləu] *adj.* **1** (lit.) resplandeciente, radiante. **2** (~ **with**) encendido de, resplandeciente de, radiante de.
agnostic [æg'nɒstɪk] *s. c.* **1** agnóstico. • *adj.* **2** agnóstico.
agnosticism [æg'nɒstɪsɪzəm] *s. i.* agnosticismo.
ago [ə'gəu] *adv.* hace (se coloca detrás de la expresión de tiempo): *five minutes ago = hace cinco minutos.*
agog [ə'gɒg] *adj.* (~ **with**) ansioso de, anhelante por.
agonize ['ægənaɪz] (también **agonise**) *v. i.* (~ **over/about**) angustiarse por, atormentarse por.
agonized ['ægənaɪzd] (también **agonised**) *adj.* angustiado, atormentado.
agonizing ['ægənaɪzɪŋ] (también **agonising**) *adj.* **1** angustioso. **2** (fig.) doloroso (decisión o elección).
agonizingly ['ægənaɪzɪŋlɪ] *adv.* **1** angustiosamente (doloroso). **2** desesperantemente (lento).
agony ['ægənɪ] *s. i.* y *c.* **1** angustia, aflicción. **2** dolor (físico) tremendo, agonía. ◆ **3** ~ **aunt,** (fam. y brit.) escritora que contesta las cartas de consultas sentimentales en un periódico o revista. **4** ~ **column,** consultorio sentimental (en la prensa). **5 to pile on the** ~, (fam. y brit.) ser un llorica, comportarse como un llorica.
agoraphobia [,ægərə'fəubɪə] *s. i.* MED. agorafobia (fobia a los lugares abiertos y a salir de casa).
agoraphobic [,ægərə'fəubɪk] *adj.* MED. agorafóbico, que tiene agorafobia.
agrarian [ə'greərɪən] *adj.* agrario.
agree [ə'gri:] *v. i.* **1** (**to** ~ **with/on**) estar de acuerdo con/sobre. **2** (+ *inf.*) consentir en, estar de acuerdo en. **3** (**to** ~ **with**) (fam.) ir bien a, sentar bien a. **4** (**to** ~ **with/on**) coincidir con/en, concordar con/en (cifras, versiones de acontecimientos, etc.). ◆ **5 to be agreed,** estar de acuerdo: *are we agreed? Good! = ¿estamos de acuerdo? ¡Estupendo!*
agreeable [ə'gri:əbl] *adj.* **1** agradable, ameno. **2** (~ **to**) (form.) de acuerdo en: *is your brother agreeable to doing the job? = ¿está de acuerdo tu hermano en hacer el trabajo?*
agreeably [ə'gri:əblɪ] *adv.* agradablemente, amenamente.
agreement [ə'gri:mənt] *s. c.* **1** acuerdo; contrato, pacto, convenio. • *s. i.* **2** (~ **on/about**) concordancia en, conformidad sobre. **3** consentimiento; acuerdo. ◆ **4 in** ~, de acuerdo: *they were in agreement = estaban de acuerdo.*
agricultural [,ægrɪ'kʌltʃərəl] *adj.* **1** agrícola, agrario. ◆ **2** ~ **policy,** política agrícola.
agriculturalist [,ægrɪ'kʌltʃərəlɪst] *s. c.* ingeniero agrónomo, perito, agrónomo.
agriculture ['ægrɪkʌltʃər] *s. i.* agricultura.
agronomist [ə'grɒnəmɪst] *s. c.* ingeniero agrónomo, técnico agrónomo.
agronomy [ə'grɒnəmɪ] *s. i.* agronomía.
aground [ə'graund] *adv.* **1** encallado, varado. ◆ **2 to run/go** ~, encallar, embarrancar.
ah [ɑ:] *interj.* ¡ah! (expresa sorpresa, duda, admiración y un gran número de posibles sentimientos y sensaciones).
aha [ɑ:'hɑ:] *interj.* ¡ajá! (expresa comprensión, satisfacción, triunfo, interés y algunas otras reacciones).
ahead [ə'hed] *adj.* **1** adelantado, avanzado (en un concurso, competición o similar). • *adv.* **2** (~ **of**) por delante de, delante de (en el espacio). **3** hacia delante. **4** (fig.) en el futuro; con antelación: *you must think ahead and invest now = debes pensar en el futuro e invertir ahora.* **5** (~ **of**) antes que: *he arrived ahead of me = llegó antes que yo.* **6** (~ **of**) delante de (en orden de espera). **7** (~ **of**) delante de, por delante de (en el trabajo, en calidad, etc.). ◆ **8 to go** ~, seguir, continuar, proseguir. **9 to move/go** ~, progresar, avanzar (con éxito). **10 to go on** ~, ir por delante.
ahem [ə'həm] *interj.* ¡ejem!
ahoy [ə'hɔɪ] *interj.* MAR. ¡ah!; ¡a la vista!: *ship ahoy! = ¡ah del barco!*
aid [eɪd] *s. i.* **1** ayuda, auxilio, socorro. • *s. c.* **2** instrumento auxiliar, complemento auxiliar: *audiovisual aids = complementos audiovisuales.* • *v. t.* **3** ayudar, auxiliar, socorrer. **4** facilitar, hacer posible. ◆ **5 to go to the** ~ **of/to come to the** ~ **of,** ir/acudir en ayuda de. **6 in** ~ **of,** en pro de, a beneficio de. **7 what's this in** ~ **of?,** (fam.) ¿a qué viene esto? **8 with the** ~ **of,** mediante los servicios de, con la ayuda de.
aide [eɪd] *s. c.* consejero (en el Gobierno); asistente (en el Ejército).
aide-de-camp [,eɪddə'kɒm] *s. c.* MIL. ayudante de campo, edecán.
AIDS [eɪdz] (siglas de **Acquired Immune Deficiency Syndrome**) *s. i.* sida, síndrome de inmunodeficiencia adquirida.
ail ['eɪl] *v. i.* **1** doler; sufrir. • *v. t.* **2** afligir, aquejar: *too many strikes ail the car industry = demasiadas huelgas aquejan a la industria automovilística.* ◆ **3 what ails you/him?,** ¿qué te/le pasa?
aileron ['eɪlərɒn] *s. c.* AER. alerón.
ailing ['eɪlɪŋ] *adj.* **1** enfermizo, achacoso. **2** (fig.) renqueante, que va mal (la economía, una empresa).
ailment ['eɪlmənt] *s. c.* achaque, dolencia.
aim [eɪm] *s. c.* **1** objetivo, fin, finalidad, propósito. • *s. i.* **2** puntería (con armas). • *v. t.* **3** (**to** ~ **at**) apuntar a. **4** (**to** ~ **at**) dirigir a (acciones, palabras, golpes, etc.). • *v. i.* **5** (**to** ~ **at/for**) aspirar a, ambicionar; pretender. ◆ **6 to be aimed at,** estar dirigido a (una actividad o similar). **7 to take** ~ **at,** apuntar a.
aimless ['eɪmlɪs] *adj.* sin voluntad, sin objetivos; pasivo: *an aimless life = una vida sin objetivos.*

aimlessly ['eɪmlɪslɪ] *adv.* sin rumbo fijo; al tuntún.

aimlessness ['eɪmlɪsnɪs] *s. i.* indeterminación, falta de objetivos en la vida.

ain't [eɪnt] *contrac.* (fam.) de **isn't, am not, aren't, hasn't** y **haven't.**

air [eər] *s. i.* **1** aire. **2** (fig.) aire, aspecto, apariencia: *a nostalgic air = un aspecto nostálgico.* • *s. c.* **3** MÚS. aire, melodía, tonada. • *v. t.* **4** ventilar, orear, airear. **5** divulgar, airear; revelar (opiniones, conocimientos, etc.). • *v. i.* **6** ventilarse, orearse, airearse. • *adj.* **7** aéreo. ◆ **8 ~ base,** MIL. base aérea. **9 ~ brake,** freno neumático. **10 a change of ~,** un cambio de ambiente, un cambio de aires. **11 ~ pocket,** turbulencia; bache (en un avión). **12 airs,** aires, vanidad, engreimiento: *what airs she has! = ¡qué aires se da!, ¡qué engreimiento tiene!* **13 airs and graces,** melindres; afectación. **14 ~ terminal,** terminal aérea (en un aeropuerto). **15 to be walking/floating on ~,** estar/sentirse extremadamente feliz, estar en la gloria. **16 by ~,** en avión. **17 to clear the ~,** aclarar las cosas. **18 to give oneself airs,** dárselas, dárselas de importante. **19 in the ~,** en el ambiente: *war is in the air = la guerra se respira en el ambiente.* **20 into thin ~,** sin dejar rastro. **21 off the ~,** RAD. apagado, sin emitir. **22 on the ~,** RAD. emitiendo, transmitiendo. **23 out of thin ~,** de improviso, sin saber de dónde, por arte de magia: *the lost money turned up out of thin air = el dinero extraviado apareció de improviso.* **24 to take the ~,** (p.u.) tomar el aire. **25 to take to the ~,** elevarse por los aires, comenzar a volar. **26 up in the ~/in the ~,** incierto, inseguro.

airbag ['eəbæg] *s. c.* AUT. airbag.

airbed ['eəbed] *s. c.* colchón neumático.

air-bladder ['eəblædər] *s. c.* ANAT. y ZOOL. vejiga natatoria (en peces), vejiga del aire (en pájaros).

airborne ['eəbɔːn] *adj.* **1** MIL. aerotransportado. **2** volando, en el aire.

airbrick ['eəbrɪk] *s. c.* ladrillo agujereado.

air-brush ['eəbrʌʃ] *s. c.* aerógrafo, aerosol de pintura (para las típicas pintadas en las paredes).

airbus ['eəbʌs] *s. c.* aerobús.

air-conditioned ['eəkəndɪʃnd] *adj.* con aire acondicionado.

air-conditioner ['eəkəndɪʃənər] *s. c.* aparato de aire acondicionado.

air-conditioning ['eəkəndɪʃənɪŋ] *s. i.* aire acondicionado, sistema de aire acondicionado.

air-cooled [ˌeə'kuːld] *adj.* MEC. refrigerado por aire, enfriado por aire.

aircraft ['eəkrɑːft] *s. c.* **1** aeronave (cualquier aparato volador). ◆ **2 ~ carrier,** portaaviones.

aircraftman ['eəkrɑːftmən] *(pl.* **aircraftmen)** *s. c.* (brit.) MIL. soldado de las Fuerzas Aéreas.

aircraftwoman ['eəkrɑːftwumən] *(pl.* **aircraftwomen)** *s. c.* (brit.) MIL. mujer soldado de las Fuerzas Aéreas.

aircrew ['eəkruː] *s. c.* tripulación (de un avión).

air-cushion ['eəkuʃn] *s. c.* MEC. cojín neumático.

airfield ['eəfiːld] *s. c.* aeródromo, campo de aviación (más pequeño que un aeropuerto).

air force ['eəfɔːs] *s. c.* Fuerzas Aéreas, Ejército del Aire.

airgun ['eəgʌn] *s. c.* pistola de aire comprimido.

air-hostess ['eəhəustɪs] *s. c.* azafata, (Am.) aeromoza (de avión).

airily ['eərɪlɪ] *adv.* frívolamente, con ligereza.

airing ['eərɪŋ] *s. i.* **1** ventilación. **2** (fig.) divulgación (de ideas, opiniones, etc.). ◆ **3 ~ cupboard,** armario para secado de la ropa.

air lane ['eəleɪn] *s. c.* ruta aérea.

airless ['eəlɪs] *adj.* sofocante, sin ventilación.

airletter ['eəletər] *s. c.* aerograma.

airlift ['eəlɪft] *s. c.* **1** MIL. puente aéreo (en situación de guerra o urgencia). • *v. t.* **2** aerotransportar (puente aéreo).

airline ['eəlaɪn] *s. c.* aerolínea, compañía aérea.

airliner ['eəlaɪnər] *s. c.* avión (de gran tamaño).

airlock ['eəlɒk] *s. c.* **1** MEC. antecámara de compresión. **2** burbuja de aire.

airmail ['eəmeɪ] *s. i.* correo aéreo.

airman ['eəmən] *(pl.* **airmen)** *s. c.* MIL. aviador.

air mattress ['eəmætrɪs] *s. c.* ⇒ **airbed.**

airplane ['eəpleɪnl] *s. c.* (EE UU) avión.

airport ['eəpɔːt] *s. c.* aeropuerto.

air-raid ['eəreɪd] *s. c.* MIL. ataque aéreo.

air-rifle ['eəraɪfl] *s. c.* escopeta de aire comprimido.

air-sea rescue [ˌeəsiː'reskjuː] *s. i.* servicio de salvamento aéreo y marítimo.

airship ['eəʃɪp] *s. c.* dirigible, aeronave.

airsick ['eəsɪk] *adj.* mareado, con mal de altura.

airspace ['eəspeɪs] *s. i.* espacio aéreo.

airspeed ['eəspiːd] *s. i.* velocidad de vuelo.

air strike ['eəstraɪk] *s. c.* ⇒ **air-raid.**

airstrip ['eəstrɪp] *s. c.* pista de aterrizaje.

air terminal ['eatəːiminl] *s. c.* terminal.

airtight ['eətaɪt] *adj.* **1** hermético, herméticamente cerrado. **2** (fig.) perfecto, sin fisuras (una teoría, argumento, etc.).

airtime ['eətaɪm] *s. i.* RAD. tiempo de emisión (de un programa).

air-to-air [ˌeətuː'eər] *adj.* aire-aire: *air-to-air missiles = misiles aire-aire.*

air-traffic control ['eətræfɪkkən'trəul] *s. i.* control del tráfico aéreo.

airwaves ['eəweɪvz] *s. pl.* **1** RAD. ondas radiofónicas. ◆ **2 on the ~,** ⇒ **air 22.**

airway ['eəweɪ] *s. c.* ⇒ **airlane.**

airwoman ['eəwumən] *(pl.* **airwomen)** *s. c.* MIL. aviadora.

airworthiness ['eəwəːθɪnɪs] *s. i.* (buenas) condiciones para el vuelo.

airworthy ['eəwəːθɪ] *adj.* en condiciones de volar, que es seguro para el vuelo.

airy ['eərɪ] *adj.* **1** bien ventilado; fresco. **2** frívolo, ligero (de actitud y comportamiento). **3** insustancial; vacío (teorías, promesas, etc.).

airy-fairy [ˌeərɪ'feərɪ] *adj.* vacuo; nebuloso (palabras, ideas, etc.).

aisle [aɪl] *s. c.* **1** ARQ. nave. **2** pasillo; pasillo central; pasillo lateral. ◆ **3 to walk down the ~/to lead someone down the ~,** (fam.) casarse/casarse con alguien. **4 to be rolling in the aisles,** (fam.) partirse de risa, morirse de risa.

aitch [eɪtʃ] *s. c.* **1** hache (letra del alfabeto). ◆ **2 to drop one's aitches,** no pronunciar las haches (rasgo generalmente considerado como indicio de clase social baja).

ajar [ə'dʒɑːr] *adj.* entreabierto, entornado (puerta o similar).

akimbo [ə'kɪmbəu] *adj.* y *adv.* **(with) arms ~,** con los brazos en jarras.

akin [ə'kɪn] *adj.* **(to)** semejante a, parecido a, análogo a.

alabaster ['æləbɑːstər] *s. i.* alabastro.

à la carte [ˌæːlæː'kɑːt] *adj.* y *adv.* a la carta (en un restaurante).

alacrity [ə'lækrɪtɪ] *s. i.* presteza, rapidez.

à la mode [ˌɑːlɑː'məud] *adj.* y *adv.* (lit. o p.u.) a la moda.

alarm [ə'lɑːm] *s. i.* **1** alarma; sobresalto. • *s. c.* **2** alarma (en una casa, edificio, etc.). **3** despertador, reloj despertador. • *v. t.* **4** alarmar; asustar. ◆ **5 ~ bell,** timbre de alarma. **6 in ~,** alarmado, sobresaltado. **7 to sound/raise the ~,** dar la (voz de) alarma.

alarm-clock [ə'lɑːmklɒk] *s. c.* reloj despertador, despertador.

alarmed [ə'lɑːmd] *adj.* alarmado; asustado.

alarming [ə'lɑːmɪŋ] *adj.* alarmante; inquietante.

alarmingly [ə'lɑːmɪŋlɪ] *adv.* alarmantemente; inquietantemente.

alarmist [ə'lɑːmɪst] *s. c.* **1** alarmista. • *adj.* **2** alarmista.

alas [ə'læs] *adv.* **1** (lit. y p.u.) desgraciadamente, tristemente. • *interj.* **2** (arc.) ¡oh dioses!, ¡oh destino!

Albania [æl'bɪenɪə] *s. sing.* Albania.

Albanian [æl'beɪnɪən] *adj.* albanés. • *s. c.* albanés. • *s. i.* albanés (idioma).

albatross ['ælbətrɒs] *s. c.* **1** ZOOL. albatros. **2** obstáculo; carga: *she's always been an albatross round the family's neck = ella siempre ha sido una carga para la familia.*

albeit [ˌɔl'biːɪt] *conj.* (form.) si bien; aunque: *he continues to travel, albeit seldom, to Ireland = él continúa viajando, si bien con poca frecuencia, a Irlanda.*

albino [æl'biːnəu] *s. c.* **1** albino. • *adj.* **2** albino.

album ['ælbəm] *s. c.* **1** L.P., álbum (musical). **2** álbum (de diversos tipos).

albumen ['ælbjumɪn] *s. i.* clara de huevo.

albumin [ælbjumɪn] *s. i.* QUÍM. albúmina.
alchemist ['ælkɪmɪst] *s. c.* alquimista.
alchemy ['ælkɪmɪ] *s. i.* alquimia.
alcohol ['ælkəhɒl] *s. i.* **1** alcohol. **2** (fig.) bebida alcohólica. ◆ **2** ~ **poisoning,** intoxicación etílica.
alcoholic [ˌælkə'hɒlɪk] *adj.* **1** alcohólico. ● *s. c.* **2** alcohólico.
alcoholism ['ælkəhɒlɪzəm] *s. i.* alcoholismo.
alcove ['ælkəuv] *s. c.* ARQ. nicho, hueco, rincón ovalado (en una habitación).
alder ['ɔːldər] *s. c.* BOT. aliso (tipo de árbol).
alderman ['ɔːldəmən] (*pl.* **aldermen**) *s. c.* POL. concejal (de un municipio).
ale [eɪl] *s. i.* **1** (p.u.) cerveza (cualquier tipo). *s. c.* **2** cerveza amarga (un tipo concreto).
ale-house ['eɪlhaus] *s. c.* taberna, bodega.
alert [ə'ləːt] *adj.* **1** prevenido, alerta. **2** (~ **to**) despierto ante, consciente de. ● *s. c.* **3** MIL. alerta: *general alert* = *alerta general.* ● *v. t.* **4** alertar, poner sobre aviso. **5** (~ **to**) avisar de, alertar sobre. ◆ **6 on the** ~, alerta, sobre aviso.
alertly [ə'ləːtlɪ] *adv.* prevenidamente, con prevención.
alertness [ə'ləːtnɪs] *s. i.* vigilancia.
A-level ['eɪlevl] *s. c.* (examen al final de la enseñanza secundaria en Inglaterra, Gales y Norte de Irlanda).
alfalfa [æl'fælfə] *s. i.* alfalfa.
alfresco [æl'freskəu] *adj.* y *adv.* al aire libre.
algebra ['ældʒɪbrə] *s. i.* MAT. álgebra.
algebraic [ˌældʒɪ'breɪɪk] *adj.* MAT. algebraico.
Algeria [æl'dʒɪərɪə] *s. c.* Argelia.
Algerian [æl'dʒɪərɪən] *adj.* **1** argelino. ● *s. c.* **2** argelino.
ALGOL ['ælgɒl] (acrónimo de **algorithmic oriented language**) *s. i.* INF. lenguaje Algol.
algorithm ['ælgərɪðəm] *s. c.* INF. algoritmo.
alias ['eɪlɪæs] *s. c.* **1** alias, pseudónimo. ● *prep. adv.* **2** alias: *Tony Montana, alias Scarface, was arrested* = *Tony Montana, alias Cara Cortada, fue arrestado.*
alibi ['ælɪbaɪ] *s. c.* **1** DER. coartada. **2** (fam.) excusa, cuento.
alien ['eɪlɪən] *adj.* **1** extranjero, forastero, extraño. **2** extraterrestre. **3** (**to**) extraño a, ajeno a: *the situation was alien to him* = *la situación era ajena a él.* ● *s. c.* **4** extranjero, forastero, extraño. **5** extraterrestre.
alienate ['eɪlɪəneɪt] *v. t.* **1** alienar; antagonizar. **2** DER. enajenar. ◆ **3 to be alienated from,** apartarse de, alejarse de, aislarse de.
alienated ['eɪlɪəneɪtɪd] *adj.* alienado, separado, aislado.
alienation [ˌeɪlɪə'neɪʃn] *s. i.* **1** alienación. **2** DER. enajenación (de propiedades).
alight [ə'laɪt] *adj.* **1** encendido (que está ardiendo). **2** (~ **with**) (fig.) brillante de, iluminado con. **3** (fig.) excitado, emocionado (la cara, el gesto, etc.). ● *v. i.* **4** posarse (pájaros, insectos, etc.). **5** (**to** ~ **from**) bajarse de, descender de.
align [ə'laɪn] *v. t.* **1** (**to** ~ **with/on**) (objeto) alinear con/en, poner en línea con/sobre, colocar paralelamente a. ● *v. t.* **2** (**to** ~ **with/against**) (país, ejército) aliarse con/contra.
alignment [ə'laɪnmənt] *s. c.* **1** alianza; alineamiento (internacional, político, etc.). ● *s. i.* **2** colocación (en un mecanismo). ◆ **3 out of** ~, descolocado.
alike [ə'laɪk] *adj.* **1** igual; parecido. ● *adv.* **2** de la misma manera, igualmente, igual. **3** por igual. **4 to look** ~, parecerse: *they're brothers but they don't look alike* = *son hermanos pero no se parecen en nada.*
alimentary [ˌælɪ'mentərɪ] *adj.* **1** alimenticio. ◆ **2** ~ **canal,** ANAT. conducto digestivo, tubo digestivo.
alimony ['ælɪmənɪ] *s. i.* DER. pensión (de un separado o divorciado a su mujer).
aliquot part ['ælɪkwɒt'paːt] *s. c.* parte alícuota.
alive [ə'laɪv] *adj.* **1** vivo (no muerto). **2** vital, animado: *he's very much alive* = *él es muy vital.* **3** activo, vivo, en funcionamiento (institución, organización, actividad, etc.). **4** (~ **with**) lleno de, pululante con: *the hotel was alive with cockroaches* = *el hotel estaba lleno de cucarachas.* **5** (~ **to**) consciente de; atento a, sensible a (una situación, problema, etc.). ◆ **6** ~ **and kicking,** vivito y coleando. **7** ~ **and well,** sano y salvo. **8 to bring a story/account** ~, dar vida a una historia/narración. **9 to come** ~, **a)** hacerse realidad, cobrar vida (una historia, descripción, carácter novelesco, etc.). **b)** animarse.
alkali ['ælkəlaɪ] *s. i.* QUÍM. álcali.
alkaline ['ælkəlaɪn] *adj.* QUÍM. alcalino.
all [ɔːl] *adj.ind.* **1** todo, toda, todos, todas: *all the boys* = *todos los chicos; all my family congratulated me* = *toda mi familia me felicitó.* ● *adv.* **2** completamente, todo: *he was all smiles* = *él era todo sonrisas.* **3** DEP. empate: *the score was four all* = *el partido acabó con empate a cuatro.* ● *adv.* **4** por todo, todo, totalmente (delante de preposiciones para mayor énfasis): *he travelled all over Europe* = *viajó por toda Europa.* **5** todo: *he's all muscles* = *es todo músculos.* ● *pron.* **6** todo, toda, todos, todas: *we've eaten all of it* = *nos lo hemos comido todo.* **7** (~ **of**) todos: *stand up, all of you!* = *¡levantaos, todos vosotros!* **8** todos (como énfasis): *they all knew* = *todos ellos lo sabían.* **9** todo lo que: *all I know is that I love you* = *todo lo que sé es que te quiero.* ◆ **10 above** ~**/above** ~ **else,** sobre todo. **11 after** ~, después de todo. **12 all** ~, todo (como prefijo en compuestos): *all-Ireland football championship* = *el campeonato de fútbol de toda Irlanda.* **13** ~ **but, a)** todos menos: *all but Mary* = *todos menos Mary.* **b)** casi: *he all but died* = *casi murió.* **14** ~ **clear, a)** señal de que ha pasado el peligro. **b)** (fig.) permiso: *the children got the all clear from their parents* = *los chicos lograron el permiso de sus padres.* **15** ~ **in, a)** (fam.) exhausto, agotado. **b)** todo incluido. **16** ~ **in** ~, con todo; en conjunto: *all in all, I disagree* = *con todo, yo estoy en desacuerdo.* **17** ~ **of,** ni más ni menos que: *the car cost all of six thousand pounds* = *el coche costó 6.000 libras ni más ni menos.* **18** ~ **that,** [con negativa] tan: *he is not all that intelligent* = *no es tan inteligente.* **19** ~ **the better,** tanto mejor, incluso mejor. **20** ~ **the more,** incluso más. **21** ~ **very well/**~ **very fine... but,** todo está muy bien... pero (expresa celos, envidia, desacuerdo, etc.). **22 and** ~, **a)** y todo eso, y todo lo demás (acortando una lista de referencias similares). **b)** y todo, y todos (enfático): *he ate the sardines, bones and all* = *se comió las sardinas, con la espina y todo.* **c)** (fam. y brit.) sí señor, claro que sí, ciertamente. **23 at** ~, en absoluto (como enfático en negativas). **24 to be** ~, ser lo más importante, ser lo más vital: *under the ferocious attack speed was all* = *ante el feroz ataque la velocidad era lo más importante.* **25 for** ~, **a)** a pesar de: *for all his strength he wasn't able to lift it* = *a pesar de su fuerza no pudo levantarlo.* **b)** por lo que, en lo que: *for all I care he can go to hell* = *se puede ir a hacer puñetas en lo que a mí respecta.* **26 to give one's** ~, dar todo lo que uno lleva dentro. **27 in** ~, en total. **28 of** ~, de todo, de todos (con superlativos). **29 of** ~ **the cheek/of** ~ **the luck...,** ¡qué cara/qué suerte! etc. **30 of** ~ **things/people/places,** entre todas las cosas/personas/sitios: *he went to live in Aberdeen of all places* = *entre todos los sitios donde vivir se fue a Aberdeen.* **31 one and** ~, todos y cada uno. **32 that's** ~, eso es todo. **33 that's** ~ **I want/it was** ~ **I needed,** lo que me faltaba.
Allah ['ælə] *s. sing.* Alá (Dios del Islam).
allay [ə'leɪ] *v. t.* apaciguar, calmar (nervios, temor, etc.).
all-comers ['ɔːlkʌməz] *s. pl.* participantes.
allegation [ˌæle'geɪʃn] *s. c.* alegación, alegato.
allege [ə'ledʒ] *v. t.* alegar; afirmar.
alleged [ə'ledʒd] *adj.* supuesto, presunto: *the alleged criminal* = *el presunto criminal.*
allegedly [ə'ledʒɪdlɪ] *adv.* supuestamente.
allegiance [ə'liːdʒəns] *s. i.* (~ **to**) lealtad a, fidelidad a.
allegorical [ˌælɪ'gɒːrɪkl] *adj.* LIT. alegórico.
allegorically [ˌælɪ'gɒːrəklɪ] *adv.* LIT. alegóricamente.

allegory [ˌælɪgərɪ] *s. c.* LIT. alegoría.
allegretto [ˌælɪ'gretəu] *adj.* y *adv.* **1** MÚS. allegretto. • *s. c.* **2** MÚS. allegretto.
allegro [ə'legrəu] *adj.* y *adv.* **1** MÚS. allegro. • *s. c.* **2** MÚS. allegro.
alleluia [ˌælɪ'lu:jə] *interj.* ¡aleluya!
all-embracing ['ɔ:lɪmbreɪsɪŋ] *adj.* global, universal, que lo abarca todo.
allergic [ə'lə:dʒɪk] *adj.* **1** (~ **to**) MED. alérgico a. ◆ **2 to be ~ to,** (fam.) aborrecer, repatear: *I'm allergic to show-offs = me repatean los fanfarrones.*
allergy ['ælədʒɪ] *s. c.* e *i.* **1** MED. alergia. **2** (fam.) aversión, repugnancia, antipatía.
alleviate [ə'li:vɪeɪt] *v. t.* aliviar, mitigar; disminuir.
alleviation [əˌli:vɪ'eɪʃn] *s. i.* alivio; disminución.
alley ['ælɪ] *s. c.* **1** callejón. **2** paseo (flanqueado por árboles o setos). ◆ **3 ~ cat,** gato callejero.
alleyway ['ælɪweɪ] *s. c.* callejón.
alliance [ə'laɪəns] *s. c.* **1** alianza (entre países, partidos, etc.). **2** relación; amistad (entre personas). ◆ **3 in ~ with,** aliado con, en conjunción con.
allied ['ælaɪd] *adj.* **1** aliado. **2** relacionado; conexo: *he works for the explosives and allied industries = trabaja para empresas de explosivos y las relacionadas con ellas.* ◆ **3 the Allies,** los Aliados (Segunda Guerra Mundial).
alligator ['ælɪgeɪtər] *s. c.* **1** caimán. • *s. i.* **2** piel de caimán.
alliteration [əˌlɪtə'reɪʃn] *s. c.* LIT. aliteración.
alliterative [ə'lɪtrətɪv] *adj.* LIT. aliterado.
alliteratively [ə'lɪtrətɪvlɪ] *adv.* LIT. a modo de aliteración, de manera aliterada.
allocate ['æləkeɪt] *v. t.* asignar; distribuir.
allocation [ˌælə'keɪʃn] *s. c.* **1** asignación. • *s. i.* **2** (~ **of**) reparto de.
allot [ə'lɒt] *v. t.* (**to ~ to**) asignar a, adjudicar a.
allotted [ə'lɒtɪd] *adj.* asignado, adjudicado.
allotment [ə'lɒtmənt] *s. i.* **1** porción; cupo. • *s. c.* **2** (brit.) parcela de terreno público que se alquila a particulares para su cultivo.
all-out ['ɔ:laut] *adj.* total, completo, masivo (en acciones agresivas o violentas): *all-out attack = ataque masivo.*
allow [ə'lau] *v. t.* **1** permitir, dejar. **2** reconocer, admitir. • *v. pron.* **3** permitirse, darse. ◆ **4 to ~ for, a)** tener en cuenta, tomar en consideración: *allow five minutes for the taxi to come = calcula cinco minutos para que llegue el taxi.* **b)** calcular: *you must allow for his age = debes tener en cuenta su edad.* **5 ~ me,** permíteme, permítame (como ofrecimiento educado).
allowable [ə'lauəbl] *adj.* **1** FIN. deducible. **2** admisible, permisible.

allowance [ə'lauəns] *s. c.* **1** FIN. subsidio; subvención, ayuda: *maternity allowance = ayuda a la maternidad.* **2** paga, dinero de bolsillo (de los padres a los hijos). ◆ **3 to make allowances for somebody,** ser comprensivo con alguien, ser indulgente con. **4 to make allowances for something,** tener en cuenta algo.
alloy ['ælɔɪ] *s. c.* MET. **1** aleación (de metales). • [ə'lɔɪ] *v. t.* **2** MET. alear (metales).
all-powerful [ˌɔ:l'pauəfl] *adj.* omnipotente, todopoderoso.
all-purpose [ˌɔ:l'pə:pəs] *adj.* multiuso, de usos múltiples.
all-rounder [ˌɔ:l'raundər] *s. c.* (brit.) persona con muchas habilidades (en el deporte, estudio, etc.).
allspice ['ɔ:lspaɪs] *s. i.* GAST. pimienta de Jamaica.
all-star ['ɔ:lstɑ:r] *adj.* cuajado/lleno de grandes figuras/de estrellas, estelar (una película, equipo de algún deporte): *an all-star team = un equipo estelar.*
all-time ['ɔ:ltaɪm] *adj.* de todos los tiempos, como nunca: *housing prices are at an all-time high = los precios de las viviendas están altos como nunca.*
allude [ə'lu:d] *v. i.* (**to ~ to**) (form.) aludir a, referirse a.
allure [ə'luə:] *s. c.* **1** fascinación, encanto; seducción. • *v. t.* **2** (form.) fascinar, encantar.
allurement [ə'luəmənt] *s. c.* ⇒ **allure 1.**
alluring [ə'luərɪŋ] *adj.* fascinante, encantador, atractivo.
allusion [ə'lu:ʒn] *s. c.*e *i.* (~ **to**) alusión a, referencia a.
allusive [ə'lu:sɪv] *adj.* alusivo, referente.
alluvial [ə'lu:vɪəl] *adj.* GEOG. aluvial.
ally [æ'laɪ] *s. c.* **1** aliado. • *v. pron.* **2** (~ **with**) aliarse con, alinearse con, ponerse al lado de.
alma mater [ˌælmə'mɑ:tər] *s. sing.* (lit.) alma mater, universidad (donde uno ha estudiado).
almanac ['ɔ:lmənæk] (también **almanack**) *s. c.* **1** (p.u.) almanaque, anuario (sobre un único tema). **2** calendario (con detalles sobre astronomía y astrología).
almighty [ɔ:l'maɪtɪ] *adj.* **1** todopoderoso, omnipotente (de Dios). **2** enorme, gran, terrible (problema, error, etc.): *there was an almighty crash = hubo un choque enorme.* ◆ **3 God/Christ Almighty,** Dios mío. **4 the Almighty,** el Todopoderoso.
almond ['ɑ:mənd] *s. c.* **1** almendra. **2** almendro. ◆ **3 ~ paste,** mazapán.
almond-eyed [ˌɑ:mənd'aɪd] *adj.* de ojos almendrados.
almoner ['ɑ:mənər] *s. c.* **1** limosnero. **2** (brit.) asistente social de hospital.
almost ['ɔ:lməust] *adv.* **1** casi: *it's almost three o'clock = ya son casi las tres.* **2** por poco: *he almost broke his leg = por poco se rompe la pierna.*
alms [ɑ:mz] *s. pl.* (p.u.) limosna.
almshouse ['ɑ:mzhaus] *s. c.* asilo de pobres, casa de beneficencia.

aloe ['æləu] *s. i.* BOT. áloe.
aloft [ə'lɒft] *adv.* en alto, en lo alto, en el aire: *they held their banners aloft = sostenían las pancartas en alto.*
alone [ə'ləun] *adj.* **1** solo: *I'm alone = estoy solo.* **2** solitario, solo: *they felt so alone they called to se us = se sentían tan solos que vinieron a vernos.* **3** único: *she is not alone in her dislike of Tom = ella no es la única a la que no le gusta Tom.* **4** por sí mismo (un hecho, evidencia, etc.). • *adv.* **5** sólo: *you alone = sólo tú.* ◆ **6 to go it ~,** (fam.) actuar por su cuenta (uno solo sin nadie).
along [ə'lɒŋ] *prep.* **1** a lo largo de, por (con o sin movimiento): *I walked along the avenue = caminé por la avenida.* ◆ **2 all ~,** todo el tiempo, durante todo el tiempo. **3 ~ with,** junto con; al mismo tiempo que.
OBS. Esta palabra matiza verbos de las siguientes maneras: **4** señalando la situación a lo largo de una línea imaginaria a intervalos: *there were flowers along the canal = había flores a lo largo del canal.* **5** indicando en una calle o pasillo un punto concreto: *half way along the street = a medio camino de la calle.* **6** expresando la situación: junto o contra una superficie vertical: *the armchair was along the wall = el sillón estaba junto a la pared.* **7** llevando consigo: *bring your coat along = tráete el abrigo.* **8** señalando el sitio donde está una persona: *the bus will be along at 8 o'clock = el autobús llegará aquí a las 8 en punto.* **9** indica cierta continuidad: *the soldiers were marching along = los soldados iban marchando hacia delante.*
alongside [ə'lɑŋsaɪd] *prep./adv.* **1** al lado, al lado de, junto a: *the police car came alongside ours = el coche de policía se acercó al lado del nuestro.* **2** junto con: *men were working alongside women = los hombres trabajaban junto con las mujeres.*
aloof [ə'lu:f] *adj.* **1** alejado, apartado; reservado. ◆ **2 to stand/keep ~ from,** mantenerse al margen de, estar al margen de.
aloofness [ə'lu:fnɪs] *s. i.* distanciamiento; reserva, retraimiento.
aloud [ə'laud] *adv.* en voz alta.
alpaca [æl'pækə] *s. i.* alpaca.
alpenstock ['ælpɪnstɒk] *s. c.* piolet, bastón de alpinista, bastón de montañero.
alpha ['ælfə] *s. c.i.* **1** alfa (letra griega). ◆ **2 Alpha and Omega,** el principio y el fin, alfa y omega. **3 ~ particle,** FÍS. partícula alfa. **4 ~ radiation,** FÍS. radiación alfa. **5 ~ ray,** rayo alfa.
alphabet ['ælfəbet] *s. c.* alfabeto, abecedario.
alphabetical [ˌælfə'betɪkl] *adj.* alfabético: *in alphabetical order = en orden alfabético.*
alphabetically [ˌælfə'betɪklɪ] *adv.* alfabéticamente.
alphanumeric [alfənju'merik] *adj.* alfanumérico.

alpine ['ælpaɪn] *adj.* **1** alpino; montañoso. • *s. c.* **2** flor alpina.
already [ɔːl'redɪ] *adv.* ya.
alright [ɔːl'raɪt] (también **all right**) *adj.* **1** bien (de salud). **2** no mal, bien; aceptable (en estos sentidos tiene una amplia gama según la entonación). • *adv.* **3** bien, satisfactoriamente. **4** ciertamente, sin duda: *you'll pass all right = aprobarás sin duda.* **5** vale, de acuerdo, bien. ◆ **6** ~ **by one,** bien en lo que a uno concierne.
Alsatian [æl'seɪʃn] *s. c.* ZOOL. pastor alemán.
also ['ɔːlsəu] *adv.* también, además: *she writes plays and also acts = escribe obras de teatro y ademas es actriz.*
also-ran ['ɔːlsəuræn] *s. c.* (fam.) perdedor; fracasado.
altar ['ɔːltər] *s. c.* **1** altar, ara. ◆ **2** ~ **boy,** REL. monaguillo. **3 on the** ~ **of,** en aras de, en el altar de.
altarpiece ['ɔːltəpiːs] *s. c.* REL. retablo, esculturas del altar.
alter ['ɔːltər] *v. t.* e *i.* **1** alterar(se), cambiar(se), modificar(se).
alterable ['ɔːltərəbl] *adj.* mudable, cambiable.
altered ['ɔːltəd] *adj.* alterado.
alteration [ˌɔːltə'reɪʃn] *s. c.* e *i.* cambio, modificación, alteración.
altercation [ˌɔːltə'krkeɪʃn] *s. c.* (form.) altercado.
alter ego, [ˌɔːltər'iːgəv] *s. c.* **a)** alter ego, otro yo. **b)** amigo íntimo.
alternate ['ɔːltəneɪt] *v. t.* e *i.* **1** alternar(se), tornar(se). • [ɔːl'təːnət] *adj.* **2** alterno. **3** alternativo. ◆ **4** ~ **angles,** GEOM. ángulos alternos.
alternately [ɔːl'təːnətlɪ] *adv.* alternativamente; uno tras otro.
alternating ['ɔːltəneɪtɪŋ] *adj.* **1** alternante. **2** ~ **current,** ELEC. corriente alterna.
alternation [ˌɔːltə'neɪʃn] *s. i.* y *c.* turno, alternancia: *alternation of power = alternancia de poder.*
alternative [ɔːl'təːnətɪv] *adj.* **1** alternativo. **2** no convencional, heterodoxo, alternativo (referido a formas de vida y uso de energía más naturales). • *s. c.* **3** alternativa.
alternatively [ɔːl'təːnətɪvlɪ] *adv.* en otro caso; alternativamente, como alternativa.
alternator ['ɔːltəneɪtər] *s. c.* ELEC. alternador.
although [ɔːl'ðəu] *conj.* aunque: *although he's not rich, he always helps those in need = aunque no es rico, siempre ayuda a los necesitados.*
altimeter ['æltɪmiːtər] *s. c.* AER. altímetro.
altitude ['æltɪtjuːd] *s. i.* y *c.* altitud.
alto ['æltəu] *s. c.* **1** MÚS. contralto (hombre o mujer). • *s. i.* **2** MÚS. contralto. • *adj.* **3** MÚS. contralto.
altogether [ˌɔːltə'geðər] *adv.* **1** completamente, enteramente: *he was altogether wrong = estaba completamente equivocado.* **2** en general: *altogether we had a good time = en general nos lo pasamos bien.* **3** en total: there were thirty of us in total = en total eramos 30. ◆ **4 in the** ~, (fam.) en cueros.
altruism ['æltruːɪzəm] *s. i.* altruismo.
altruist ['æltruːɪst] *s. c.* altruista.
altruistic [ˌæltruː'ɪstɪk] *adj.* altruista.
altruistically [ˌæltruː'ɪstɪklɪ] *adv.* de manera altruista.
alum ['æləm] *s. i.* QUÍM. alumbre.
aluminium [ˌælju'mɪnɪəm] (en EE UU **aluminum**) *s. i.* MET. aluminio.
aluminum ['əluːmɪnəm] *s. i.* ⇒ **aluminum.**
alumna [ə'lʌmnə] (*pl.* **alumnae**) *s. c.* (EE UU) antigua alumna (ya licenciada de la Universidad).
alumnus [ə'lʌmnəs] (*pl.* **alumni**) *s. c.* (EE UU) antiguo alumno (ya licenciado de la Universidad).
alveolar [æl'vɪələr] FON. *adj.* **1** alveolar. • *s. c.* **2** alveolar.
always ['ɔːlweɪz] *adv.* **1** siempre: *she's always on time = siempre llega a tiempo* ◆ **2 as** ~, como siempre, como es normal.
am [æm] pronunciación relajada [əm] 1.ª persona sing. del verbo ser/estar. ⇒ **be.**
a.m. [ˌeɪ'em] (*abrev.* de **ante meridiem**) *adv.* desde las 12 de la noche hasta las 12 del mediodía.
amalgam [ə'mælgəm] *s. c.* amalgama, mezcla.
amalgamate [ə'mælgəmeɪt] *v. i.* **1** amalgamarse (metales). **2** federarse, confederarse, fusionarse (empresas, etc.).
amalgamated [ə'mælgəmeɪtɪd] *adj.* **1** federado, confederado, fusionado. ◆ **2 Amalgamated,** Federado, Confederado (aparece en el título de muchas asociaciones, sindicatos, empresas, etc.).
amalgamation [əˌmælgə'meɪʃn] *s. i.* y *c.* fusión, unión.
amanuensis [əˌmænju'ensɪs] *s. c.* (lit.) **1** amanuense. **2** (fig.) secretario.
amass [ə'mæs] *v. t.* amasar, acumular, reunir.
amateur ['æmətər] *s. c.* **1** aficionado, principante. • *adj.* **2** aficionado, principiante. ◆ **3** ~ **dramatics,** teatro aficionado.
amateurish ['æmətərɪʃ] *adj.* (desp.) chapucero, de aficionado.
amateurishly ['æmətərɪʃlɪ] *adv.* de manera no profesional.
amateurism ['æmətərɪzəm] *s. i.* deporte/práctica no profesional.
amatory ['æmətərɪ] *adj.* (lit.) amoroso, amatorio.
amaze [ə'meɪz] *v. t.* asombrar, dejar estupefacto.
amazed [ə'meɪzd] *adj.* asombrado, estupefacto.
amazement [ə'meɪzmənt] *s. i.* asombro, estupefacción.
amazing [ə'meɪzɪŋ] *adj.* asombroso, sorprendente.
amazingly [ə'meɪzɪŋlɪ] *adv.* asombrosamente.
ambassador [æm'bæsədər] *s. c.* embajador.
ambassador-at-large [æm'bæsədəætlɑːdʒ] *s. c.* (EE UU) enviado especial, embajador especial.
ambassadorial [æmˌbæsə'dɔːrɪəl] *adj.* del embajador, de embajada.
ambassadress [æm'bæsədrɪs] *s. c.* **1** embajadora. **2** embajadora (mujer del embajador).
amber ['æmbər] *adj.* **1** ámbar (color). • *s. i.* **2** ámbar (sustancia y color).
ambergris ['æmbəgrːs] *s. i.* ámbar gris.
ambiance ['æmbɪəns] *s. c.* ⇒ **ambience.**
ambidextrous [ˌæmbɪ'dekstrəs] *adj.* ambidiestro.
ambience ['æmbɪəns] (también **ambiance**) *s. c.* (lit.) ambiente, atmósfera (de un lugar).
ambient ['æmbɪənt] *adj.* **1** ambiente: *ambient temperature = temperatura ambiente.* **2** ambiental.
ambiguity [ˌæmbɪ'gjuːɪtɪ] *s. c.* e *i.* ambigüedad.
ambiguous [ˌæm'bɪgjuəs] *adj.* ambiguo.
ambiguously [ˌæm'bɪgjuəslɪ] *adv.* ambiguamente.
ambit ['æmbɪt] *s. i.* (form.) ámbito.
ambition [æm'bɪʃn] *s. c.* **1** ambición; sueño. • *s. i.* **2** (a veces despectivo) ambición. ◆ **3 ambitions,** ambición, ambiciones, aspiraciones.
ambitious [æm'biʃəs] *adj.* **1** (a veces desp.) ambicioso. **2** aventurado, ambicioso (plan, programa, etc.).
ambitiously [æm'bɪʃəslɪ] *adv.* (a veces desp.) ambiciosamente.
ambivalence [æm'bɪvələns] *s. i.* **1** ambivalencia; indecisión. **2** ambivalencia, ambigüedad.
ambivalent [æm'bɪvələnt] *adj.* ambivalente, indeciso.
ambivalently [æm'bɪvələntlɪ] *adv.* ambiguamente, de forma ambivalente.
amble ['æmbl] *v. i.* **1** deambular, andar despacio. • *s. c.* **2** paso lento.
ambrosia [æm'brəuzɪə] *s. i.* **1** LIT. ambrosía. **2** (fig.) delicia (de comer).
ambulance ['æmbjuləns] *s. c.* ambulancia.
ambulanceman ['æmbjulənsmən] (*pl.* **anbulancemen**) *s. c.* conductor de ambulancia.
ambush ['æmbuʃ] *v. t.* **1** MIL. tender una emboscada. • *s. c.* **2** MIL. emboscada. ◆ **3 in** ~, emboscado.
ameba [ˌəmiː'bə] *s. c.* ⇒ **amoeba.**
amelioration [əˌmiːlɪə'reɪʃn] *s. i.* (lit.) mejora.
ameliorate [ə'miːlɪəreɪt] *v. t.* (lit.) mejorar.
amen [ɑː'men] o [eɪ'men] *interj.* **1** REL. amén, así sea. **2** (fig.) sí, de acuerdo.
amenable [ə'miːnəbl] *adj.* (~ **to**) dispuesto a, dócil, a favor de: *he was amenable to the plan = estaba a favor del plan.*
amend [ə'mend] *v. t.* **1** enmendar, reformar, modificar. ◆ **2 to make amends (for),** expiar (por), compensar (por).
amendment [ə'mendmənt] *s. c.* **1** DER. enmienda (de una ley, Constitución, etc.). **2** modificación, reforma (de un

texto o similar). • *s. i.* **3** enmienda, rectificación (del comportamiento, leyes, etc.).

amenity [ə'mi:nɪtɪ] *s. c.* comodidad, disposición adecuada (en una tienda, edificio, etc.).

America [ə'merɪkə] *s. c.* América (referido a Estados Unidos).

American [ə'merɪkən] *adj.* **1** americano. • *s. c.* **2** americano. ◆ **3** ~ **football,** DEP. fútbol americano. **4** ~ **Indian,** indio americano.

Americanism [ə'merɪkənɪzəm] *s. c.* americanismo.

Americanize [ə'merɪkənaɪz] (también **Americanise**) *v. t.* americanizar.

Amerindian [,æmə'rɪndɪən] *s. c.* indio americano.

amethyst ['æmɪθɪst] *adj.* **1** púrpura, violeta (color). • *s. c.* **2** amatista.

amiability [,eɪmɪə'bɪlɪtɪ] *s. i.* cordialidad.

amiable ['eɪmɪəbl] *adj.* cordial.

amiably ['eɪmɪəblɪ] *adv.* cordialmente.

amicable ['æmɪkəbl] *adj.* amistoso.

amicably ['æmɪkəblɪ] *adv.* amistosamente.

amicability [,æmɪkə'bɪlɪtɪ] *s. i.* cordialidad, amistad.

amid [ə'mɪd] (también **amidst**) *prep.* **1** entre, en medio de, rodeado de. **2** durante, en el curso de.

amidships [ə'mɪdʃɪps] *adv.* MAR. en medio del barco.

amidst [ə'mɪdst] *prep.* ⇒ **amid.**

amino acid [ə'mi:nəʊ'æsɪd] *s. i.* QUÍM. aminoácido.

amiss [ə'mɪs] *adj.* **1** horrible; errado, impropio. ◆ **2 to take something** ~, tomar algo a mal. **3 to go/come** ~, ir mal, surgir un problema.

amity ['æmɪtɪ] *s. i.* (lit.) amistad; buenas relaciones.

ammeter ['æmɪtər] *s. c.* ELEC. amperímetro.

ammo ['æməʊ] *s. i.* (fam.) munición.

ammonia [ə'məʊnɪə] *s. i.* QUÍM. amoníaco.

ammonite ['æmənaɪt] *s. c.* HIST. molusco fósil, amonites.

ammunition [,æmjʊ'nɪʃn] *s. i.* **1** MIL. munición. **2** (fig.) información de índole sensible (que se puede utilizar en contra de alguien).

amnesia [æm'ni:zɪə] *s. i.* MED. amnesia.

amnesty ['æmnɪstɪ] *s. c.* amnistía, indulto.

amniocentesis [,amnɪəusen'tɪ:sɪs] *s. c.* e *i.* amniocentesis.

amniotic fluid [amnɪ'ɒtik'flu:ɪd] *s. i.* líquido amniótico.

amoeba [ə'mi:bə] (también **ameba** en EE UU; *pl.* **amoebas** o **amoebae**) *s. c.* BIOL. ameba.

amok [ə'mɒk] (también **amuck**) *adv.* **to run** ~, volverse frenético (con violencia y descontrol).

among [ə'mʌŋ] (también **amongst**) *prep.* **1** entre, en medio de (más de dos unidades): *you are among friends = estás entre amigos.* ◆ **2 to keep something** ~ **themselves/yourselves, etc.,** guardar un secreto entre ellos/vosotros, etc.

amongst [ə'mʌyst] *prep.* **among.**

amoral [,eɪ'mɒrəl] *adj.* (desp.) amoral.

amorality [,eɪmɒ'rælətɪ] *s. i.* (desp.) amoralidad.

amorous ['æmərəs] *adj.* (lit.) amoroso.

amorously ['æmərəslɪ] *adv.* amorosamente.

amorousness ['æmərəsnɪs] *s. i.* naturaleza amorosa (de una persona).

amorphous [ə'mɔ:fəs] *adj.* amorfo, informe.

amortization [ə,mɔ:tɪ'zeɪʃn] *s. c.* FIN. amortización, finalización del pago de una deuda.

amortize [ə'mɔ:taɪz] *v. t.* FIN. amortizar, terminar el pago de una deuda.

amount [ə'maʊnt] *s. c.* **1** (~ **of**) cantidad de: *one million is an enormous amount = un millón es una cantidad enorme.* • *v. i.* **2** (**to** ~) ascender a, totalizar. **3** (**to** ~ **to**) equivaler, significar, ser igual a (dicho de ideas, sentimientos, palabras). **4** (**to** ~ **to**) valer, servir de: *his peace efforts amount to a great deal = sus esfuerzos por la paz valen muchísimo.* ◆ **5 an/the** ~ **of,** una/la cantidad de: *a great amount of work = una gran cantidad de trabajo.* **6 any** ~ **of,** cualquier cantidad de, cualquier número de; todo tipo de.

amour [ə'mʊər] *s. c.* (lit. y p.u.) amor, amor secreto.

amp [æmp] *s. c.* **1** ELEC. amperio. **2** ELECTR. amplificador.

amperage ['æmpərɪdʒ] *s. i.* ELEC. amperaje.

ampère ['æmpeər] *s. c.* ELEC. amperio.

ampersand ['æmpəsænd] *s. c.* el signo & (utilizado con el sentido de "y").

amphetamine [æm'fetəmi:n] *s. c.* MED. anfetamina.

amphibian [æm'fɪbɪən] *s. c.* **1** ZOOL. anfibio, animal anfibio. • *adj.* **2** anfibio.

amphibious [æm'fɪbɪəs] *adj.* **1** ZOOL. anfibio. **2** MIL. anfibio (fuerzas, tanques, etc.).

amphitheatre ['æmfɪθɪətər] (en EE UU **amphitheater**) *s. c.* **1** ART. anfiteatro. **2** GEOL. anfiteatro.

ample ['æmpl] *adj.* **1** amplio. **2** adecuado, suficiente: *ample supplies of food = suministros suficientes de alimentos.*

amplification [,æmplɪfɪ'keɪʃn] *s. i.* y *c.* amplificación, ampliación (de cualquier cosa).

amplified ['æmplɪfaɪd] *adj.* amplificado.

amplifier ['æmplɪfaɪər] *s. c.* amplificador.

amplify ['æmplɪfaɪ] *v. t.* **1** amplificar (sonido, música, etc.). **2** ampliar, amplificar (un texto, una idea, etc.). **3** aumentar, ampliar (la capacidad, fuerza, importancia, etc., de alguna cosa).

amplitude ['æmplɪtju:d] *s. i.* (form.) amplitud, extensión.

amply ['æmplɪ] *adv.* adecuadamente, suficientemente.

ampoule ['æmpu:l] (en EE UU **ampule**) *s. c.* ampolla (inyección).

amputate ['æmpjuteɪt] *v. t.* MED. amputar.

amputation [,æmpjʊ'teɪʃn] *s. c.* e *i.* MED. amputación.

amuck [əmʌk] *adv.* ⇒ **amok.**

amulet ['æmjʊlɪt] *s. c.* amuleto, talismán.

amuse [ə'mju:z] *v. t.* **1** divertir, distraer, entretener. • *v. pron.* **2** divertirse, distraerse, entretenerse: *they amused themselves by doing a jigsaw = se divirtieron haciendo un rompecabezas.*

amused [ə'mju:zd] *adj.* **1** divertido, gracioso: *an amused look = una expresión divertida.* ◆ **2 to be** ~ **at/by,** divertirse con/por. **3 to keep oneself** ~, entretenerse, pasar el tiempo.

amusedly [ə'mju:zɪdlɪ] *adv.* divertidamente, jocosamente.

amusement [ə'mju:zmənt] *s. c.* **1** diversión, entretenimiento, pasatiempo. • *s. i.* **2** regocijo, diversión, entretenimiento. ◆ **3** ~ **arcade,** sala de juegos (electrónicos y similares). **4** ~ **park,** parque de atracciones, feria. **5 amusements,** juegos (electrónicos, tragaperras y de feria en general).

amusing [ə'mju:zɪŋ] *adj.* divertido, gracioso, entretenido.

amusingly [ə'mju:zɪŋlɪ] *adv.* divertidamente, graciosamente, entretenidamente.

an [ən] *art. ind.* ⇒ **a.**

anaconda [,ænə'kɒndə] *s. c.* ZOOL. anaconda.

anachronism [ə'nækrənɪzəm] *s. c.* anacronismo.

anachronistic [ənækrə'nɪstɪk] *adj.* anacrónico.

anaemia [ə'ni:mɪə] (en EE UU **anemia**) *s. i.* MED. anemia.

anaemic [ə'ni:mɪk] (en EE UU **anemic**) *adj.* **1** MED. anémico. **2** debilucho; anémico, pálido.

anaesthesia [,ænɪs'θi:zɪə] (en EE UU **anesthesia**) *s. i.* MED. anestesia.

anaesthetic [,ænɪs'θetɪk] (en EE UU **anesthetic**) *s. c.* **1** MED. anestésico. • *adj.* **2** anestésico.

anaesthetist [æ'ni:sθɪtɪst] (en EE UU **anesthetist**) *s. c.* MED. anestesista.

anaesthetize [æ'ni:sθɪtaɪz] (en EE UU **anesthetise**) *v. t.* MED. anestesiar.

anagram ['ænəgræm] *s. c.* anagrama.

anal ['eɪnl] *adj.* ANAT. anal.

analgesic [,ænæl'dʒi:sɪk] *s. c.* **1** MED. analgésico. • *adj.* **2** analgésico.

analogous [ə'næləgəs] *adj.* (~ **to**) análogo, semejante.

analogously [ə'næləgəslɪ] *adv.* de manera análoga.

analogue ['ænəlɒg] (en EE UU **analog**) *s. c.* **1** copia (algo o alguien exactamente igual que alguna otra cosa o persona). • *adj.* **2** tradicional, de manillas (sólo de relojes). **3** FÍS. análogo (indicando que el mecanismo mide la información usando energía variable). ◆ **4** ~ **computer,** INF. ordenador no digital, analógico.

analogy [ə'nælədʒɪ] *s. c.* **1** analogía, semejanza. ◆ **2 by** ~, por analogía.

analyse ['ænəlaɪz] (en EE UU **analyze**) *v. t.* **1** analizar, estudiar (cualquier

cosa). **2** QUÍM. analizar (sangre, comida, compuestos, etc.). **3** MED. psicoanalizar.
analysis [ə'næləsɪs] *s. c.* **1** análisis, examen, estudio. • *s. i.* **2** MED. psicoanálisis. • *s. c.* e *i.* **3** QUÍM. análisis (de gran número de cosas). **4 in the last ~/in the final ~,** en último término, a fin de cuentas.
analyst ['ænəlɪst] *s. c.* **1** experto, analista: *a political analyst = un analista político.* **2** MED. psicoanalista.
analytic [ˌænə'lɪtɪk] (también **analytical**) *adj.* analítico.
analytically [ˌænə'lɪtɪklɪ] *adv.* analíticamente.
anapaest ['ænəpiːst] (en EE UU **anapest**) *s. c.* LIT. anapesto (pie métrico).
anapaestic [ænə'pestɪk] (en EE UU **anapestic**) *adj.* LIT. anapéstico.
anaphora [ə'næfərə] *s. i.* LIT. anáfora.
anaphoric [ˌænə'fɒrɪk] *adj.* LIT. anafórico.
anarchic [ə'nɑːkɪk] *adj.* (desp.) anárquico.
anarchism ['ænəkɪzəm] *s. i.* POL. anarquismo.
anarchist ['ænəkɪst] *s. c.* **1** POL. anarquista. **2** (desp.) anarquista (que no respeta leyes, etc.). • *adj.* **3** anarquista: *the anarchist creed = el credo anarquista.*
anarchistic [ˌænə'kɪstɪk] *adj.* anárquico.
anarchy ['ænəkɪ] *s. i.* **1** POL. anarquía. **2** (desp.) desgobierno.
anathema [ə'næθɪmə] *s. i.* (~ **to**) anatema.
anatomical [ˌænə'tɒmɪkl] *adj.* anatómico.
anatomically [ˌænə'tɒmɪklɪ] *adv.* anatómicamente.
anatomist [ə'nætəmɪst] *s. c.* anatomista.
anatomy [ə'nætəmɪ] *s. i.* **1** MED. anatomía. • *s. c.* **2** estructura anatómica (de una persona o animal). **3** (hum.) cuerpo, anatomía. **4** (~ **of**) estudio de, análisis de.
ancestor ['ænsestər] *s. c.* **1** predecesor, antepasado. ◆ **2 ancestors,** antepasados.
ancestral [æn'sestrəl] *adj.* ancestral.
ancestry ['ænsestrɪ] *s. c.* e *i.* abolengo, linaje, raza.
anchor ['æŋkər] *s. c.* **1** MAR. ancla. **2** (fig.) soporte, sostén. • *v. t.* **3** anclar, ancorar (barcos, etc.). **4** (fig.) sujetar, fijar (un objeto). • *v. i.* **5** echar el ancla. ◆ **6 at ~,** anclado. **7 to drop/cast ~,** MAR. echar el ancla. **8 to weigh/up ~,** MAR. levar anclas.
anchorage ['æŋkərɪdʒ] *s. c.* MAR. fondeadero.
anchorite ['æŋkəraɪt] *s. c.* REL. anacoreta.
anchorman ['æŋkəmæn] (*pl.* **anchormen**) *s. c.* TV. presentador.
anchovy ['æntʃəvɪ] *s. c.* ZOOL. anchoa.
ancient ['eɪnʃənt] *adj.* **1** antiguo, vetusto. **2** viejísimo. **3** antiguo, clásico. ◆ **4 ~ history, a)** historia antigua (del período clásico de Grecia y Roma). **b)** (fam.) pasar a la historia: *that's ancient history now = eso ya pasó a la historia.* **5 the ancients,** la antigüedad, los clásicos.
ancillary [æn'sɪlərɪ] *adj.* auxiliar (describe el trabajo de porteros, limpiadoras, cocineros, etc.).
and [ænd] pronunciación relajada [ənd,ən] *conj.* **1** y (en múltiples usos). **2** cada vez (comparativos): *it's getting bigger and bigger = se está haciendo cada vez más grande.* ◆ **3 ~ so forth,** y así sucesivamente.
OBS. Esta conjunción tiene dos matizaciones que pueden no traducirse: **4** TV. enlazando un tema ya mencionado con una noticia concreta sobre él: *basketball, and the league is very exciting at the moment = baloncesto, pues la liga está muy emocionante en este momento.* **5** con números compuestos: *three thousand and forty = tres mil cuarenta.*
andante [æn'dæntɪ] *s. c.* MÚS. **1** andante. ◆ **2** *adv.* en andante. • *adj.* **3** de andante.
andiron ['ændaɪən] *s. c.* morillo (los hierros donde descansa la madera en una chimenea).
androgynous [æn'drɒdʒɪnəs] *adj.* (lit.) andrógino.
anecdotal [ˌænɪk'dəutl] *adj.* anecdótico.
anecdote ['ænɪkdəut] *s. c.* anécdota.
anemia *s. i.* ⇒ **anaemia**
anemic *s. i.* ⇒ **anaemic.**
anemometer [ˌænɪ'mɒmɪtər] *s. c.* FÍS. anemómetro.
anemone [ə'nemənɪ] *s. c.* BOT. anémona.
anesthesiologist [ˌænəsθiːzɪ'ɒlədʒɪst] (también **anaesthesiologist**) *s. c.* (EE UU) anestesista.
anew [ə'njuː] *adv.* **1** (lit.) nuevamente, otra vez. **2** de manera diferente.
angel ['eɪndʒl] *s. c.* **1** REL. ángel. **2** (fig.) ángel (persona buena o dulce). **3** cariño, amor. **4 ~ cake,** GAST. bizcocho. **5 to be on the side of the angels,** actuar correctamente, hacer lo que es debido.
angelfish ['eɪndʒlfɪs] *s. c.* ZOOL. angelote (un tipo de pez).
angelic [æn'dʒelɪk] *adj.* **1** REL. angelical. **2** (fig.) buenísimo, angelical.
angelica [æn'dʒelɪkə] *s. i.* BOT. angélica.
angelus ['ændʒɪləs] *s. sing.* REL. ángelus.
anger ['æŋgər] *s. i.* **1** cólera, ira. • *v. t.* **2** enfurecer, encolerizar. ◆ **3 more in sorrow than in ~,** más con pena que con ira.
angina [æn'dʒaɪnə] *s. i.* MED. **1** angina. ◆ **2 ~ pectoris,** angina de pecho.
angle ['æŋgl] *s. c.* **1** ángulo. **2** esquina, codo, ángulo. **3** punto de vista, ángulo. ◆ **4 ~ bracket,** paréntesis angular. • *v. t.* **5** poner en ángulo, colocar en ángulo. **6** (~ **to/towards**) dirigir hacia (una actividad, idea, etc.): *the talks were angled to more parental involvement = las charlas estaban dirigidas hacia una mayor participación de los padres.* • *v. i.* **7** doblarse en ángulo. **8** (**to ~ for**) buscar indirectamente, sonsacar. ◆ **9 at an ~,** en ángulo.
angler ['æŋglər] *s. c.* **1** DEP. pescador. ◆ **2 ~ fish,** pejesapo.
Anglican ['æŋglɪkən] *s. c.* REL. **1** anglicano (la iglesia inglesa). • *adj.* **2** anglicano.
Anglicanism ['æŋglɪkənɪzəm] *s. i.* REL. anglicanismo.
anglicize ['æŋglɪsaɪz] (también **anglicise**) *v. t.* anglicanizar.
angling ['æŋglɪŋ] *s. i.* pescar (con caña).
Anglo- ['æŋgləu] *pref.* anglo: *Anglo-Portuguese = angloportugués.*
Anglo-American [ˌæŋgləuə'merɪkən] *s. c.* y *adj.* angloamericano.
Anglo-Catholic [ˌæŋgləu'kæθlɪk] *s. c.* y *adj.* REL. anglocatólico (sección de los anglicanos que no quiere llamarse Protestante).
Anglo-French [ˌæŋgləu'frenʃ] *s. c.* y *adj.* anglofrancés.
Anglo-Indian [ˌæŋgləu'ɪndɪən] *s. c.* y *adj.* angloindio.
Anglophile ['æŋgləufaɪl] *adj.* anglófilo.
Anglophobe ['æŋgləufəub] *adj.* anglófobo.
Anglophobia [ˌæŋgləu'fəubjə] *s. i.* anglofobia.
Anglo-Saxon [ˌæŋgləu'sæksn] *s. c.* **1** HIST. anglosajón. **2** anglosajón (idioma). • *adj.* **3** HIST. anglosajón.
Angola [æŋ'gəulə] *s. sing.* Angola.
Angolan [æŋ'gəulən] *adj.* **1** angoleño. • *s. c.* **2** angoleño.
angora [æŋ'gɔːrə] *s. i.* **1** angora (tipo de lana). • *adj.* **2** de angora.
angrily ['æŋgrɪlɪ] *adv.* coléricamente, con gran enfado.
angry ['æŋgrɪ] *adj.* **1** colérico, lleno de ira. **2** inflamado, de mal aspecto (herida). **3** (lit.) amenazador (cielo, mar, nubes).
angst [æŋst] *s. i.* (lit.) angustia, ansiedad.
anguish ['æŋgwɪʃ] *s. i.* angustia, aflicción.
anguished ['æŋgwɪʃt] *adj.* atormentado, angustiado.
angular ['æŋgjulər] *adj.* angular.
angularity [ˌæŋgu'lærɪtɪ] *s. c.* e *i.* angulosidad, angularidad.
aniline ['ænɪliːn] *s. i.* QUÍM. anilina.
animadversion [ˌænɪmæd'vəːʃn] *s. c.* e *i.* animadversión; censura.
animal ['ænɪməl] *s. c.* **1** animal. **2** (fig.) bruto, animal. **3** tipo, clase: *he's not a political animal = es un tipo de persona a la que no le interesa la política.* • *adj.* **4** instintivo, animal; carnal. ◆ **5 ~ husbandry,** AGR. ganadería. **6 ~ rights,** derechos de los animales. **7 ~ spirits,** exuberancia vital.
animate ['ænɪmɪt] *v. t.* **1** avivar, animar. • ['ænɪmət] *adj.* **2** animado.
animated ['ænɪmeɪtɪd] *adj.* **1** animado, entusiasmado. **2** TV. animado: *animated cartoons = dibujos animados.*
animatedly ['ænɪmeɪtɪdlɪ] *adv.* animadamente, vivamente, excitadamente.

animation [ˌænɪ'meɪʃn] *s. i.* **1** animación, entusiasmo. **2** TV. animación (de dibujos para películas).
animator ['ænɪmeɪtər] *s. c.* TV. animador, dibujante (para películas).
animism ['ænɪmɪzəm] *s. i.* REL. animismo.
animosity [ˌænɪ'mɒsɪtɪ] *s. i.* y *c.* animosidad, hostilidad, aversión.
animus ['ænɪməs] *s. i.* rencor, animosidad.
anise ['ænɪs] *s. i.* BOT. anís, planta de anís.
aniseed ['ænɪsiːd] *s. i.* anís, semilla de anís.
anisette [anɪ'zet] *s. i.* anís (licor).
ankle ['æŋkl] *s. c.* **1** ANAT. tobillo. ◆ **2 to be ankle-deep,** llegar hasta los tobillos.
annals ['ænəlz] *s. pl.* anales.
annex [ə'neks] (en EE UU **annexe**) *v. t.* **1** POL. anexionar (trozo de país, nación). **2** apoderarse de, quedarse ilegalmente con. ● *s. c.* **3** edificio anexo, ala anexa, pabellón anexo.
annexation [ˌænek'seɪʃn] *s. i.* POL. anexión.
annihilate [ə'naɪəleɪt] *v. t.* **1** aniquilar, exterminar. **2** ganar por completo (en elecciones, discusiones, etc.).
annihilation [əˌnaɪə'leɪʃn] *s. i.* exterminio, aniquilamiento.
anniversary [ˌænɪ'vɜːsərɪ] *s. c.* aniversario.
Anno Domini ['ænəu'dɒmɪnaɪ] *adv.* ⇒ **AD.**
annotate ['ænəteɪt] *v. t.* anotar, poner anotaciones.
annotation [ˌænə'teɪʃn] *s. c.* e *i.* anotación.
announce [ə'nauns] *v. t.* **1** (~ **to**) anunciar a (expresando aviso o similar). **2** anunciar, proclamar (por los altavoces o por un maestro de ceremonias). **3** avisar de, indicar (un letrero, un aviso, una señal, etc.). **4** (lit.) pregonar, anunciar (la llegada o advenimiento de algún acontecimiento).
announcement [ə'naunsmənt] *s. c.* **1** declaración (oficial o similar). **2** anuncio, aviso. ● *s. i.* **3** (~ **of**) anuncio de, declaración de: *the announcement of my marriage* = *el anuncio de mi boda.*
announcer [ə'naunsər] *s. c.* **1** TV. locutor, presentador.
annoy [ə'nɔɪ] *v. t.* molestar, fastidiar, incomodar, irritar.
annoyance [ə'nɔɪəns] *s. c.* e *i.* molestia, irritación, fastidio; inconveniente.
annoyed [ə'nɔɪd] *adj.* molesto, irritado, incomodado.
annoying [ə'nɔɪɪŋ] *adj.* irritante, fastidioso, molesto.
annoyingly [ə'nɔɪɪŋlɪ] *adv.* de manera irritante/molesta, fastidiosamente.
annual ['ænjuəl] *adj.* **1** anual. ● *s. c.* **2** anuario. **3** BOT. planta anual. ◆ **4** ~ **general meeting,** junta general ordinaria.
annualize ['anjuəlʌɪz] *v. t.* calcular en anualidades.
annualized ['anjuəlʌɪzd] ~ **percentage rate,** TAE, tasa anual equivalente.
annually ['ænjuəlɪ] *adv.* anualmente.
annuity [ə'njuːɪtɪ] *s. c.* anualidad, pensión anual (mediante una aseguradora).
annul [ə'nʌl] *v. t.* DER. anular, invalidar (matrimonio, contrato, etc.).
annular ['ænjulər] *adj.* **1** anular. ◆ **2** ~ **eclipse,** FÍS. eclipse anular.
annulment [ə'nʌlmənt] *s. c.* e *i.* DER. anulación, invalidación.
Annunciation [əˌnʌnsɪ'eɪʃn] *s. sing.* **the** ~, REL. la Anunciación.
anode ['ænəud] *s. c.* ELECTR. ánodo.
anodyne ['ænədaɪn] *adj.* **1** anodino. ● *s. c.* **2** paliativo, anodino.
anoint [ə'nɔɪnt] *v. t.* ungir; untar.
anointment [ə'nɔɪntmənt] *s. i.* unción.
anomalous [ə'nɒmələs] *adj.* (form.) anómalo, irregular.
anomalously [ə'nɒmələslɪ] *adv.* anómalamente, de manera anómala.
anomaly [ə'nɒməlɪ] *s. c.* (form.) anomalía, irregularidad.
anomie ['ænəmɪ] *s. i.* FIL. anomia (ausencia de valores éticos).
anon [ə'nɒn] *adv.* (arc. y fam.) prontamente.
anonymity [ˌænə'nɪmɪtɪ] *s. i.* anonimato.
anonymous [ə'nɒnɪməs] *adj.* anónimo.
anonymously [ə'nɒnɪməslɪ] *adv.* anónimamente.
anorak ['ænəræk] *s. c.* anorak.
anorexia [ˌænə'reksɪə] *s. i.* PSIQ. anorexia.
anorexic [ˌænə'reksɪk] *adj.* PSIQ. anoréxico.
another [ə'nʌðər] *pron.* **1** otro, otra. ● *adj.* **2** otro, otra. **3** otro, otra (como, igual): *he's another Dalí* = *él es otro Dalí.* **4** otro, otra, otros, otras (sólo con cantidades numéricas de distancias, tiempos, etc.): *I need another three hundred pounds* = *necesito otras trescientas libras.* ◆ **5 one** ~, el uno al otro (dentro de un grupo). **6 one... after** ~, un... detrás de otro, una... detrás de otra. **7 or** ~, u otro, u otra: *one thing or another* = *una cosa u otra.*
answer ['ɑːnsər] *v. t.* **1** contestar, responder. **2** abrir (la puerta), contestar, coger (el teléfono). **3** satisfacer (una necesidad o propósito). **4** responder a (una acusación, ataque, etc.). **5** (**to** ~ **to**)/(**to** ~) responder a, cuadrar con (una descripción, característica, etc.). ● *v. i.* **6** contestar, responder. ● *s. c.* **7** respuesta, contestación. **8** (~ **to**) respuesta a, solución de (una pregunta de examen, un ataque, etc.). ◆ **9 to** ~ **back,** (fam.) responder malamente, contestar con mala educación. **10 to** ~ **for, a)** pagar: *you'll answer for the consequences* = *pagarás las consecuencias.* **b)** hacerse responsable de, responder por (alguien: sus buenas cualidades, etc.). **11 to have a lot to** ~ **for,** tener la mayor parte de la culpa (de algo), tener mucho de que dar cuenta. **12 in** ~ (**to**), en contestación (a), en respuesta (a).
answerable ['ɑːnsərəbl] *adj.* **1** (~ **for**) responsable de. ◆ **2 to be** ~ **to some thing/someone,** tener que responder ante algo/alguien.
answering ['ɑːnsərɪŋ] *adj.* **1** de respuesta. ◆ **2** ~ **machine,** contestador automático.
ant [ænt] *s. c.* ZOOL. hormiga.
antacid [ænt'æsɪd] *s. i.* QUÍM. antiácido.
antagonism [æn'tægənɪzəm] *s. i.* (~ **towards**) antagonismo hacia, hostilidad hacia.
antagonist [æn'tægənɪst] *s. c.* antagonista, rival, contrario.
antagonistic [ænˌtægə'nɪstɪk] *adj.* (~ **to/towards**) hostil hacia.
antagonistically [ænˌtægə'nɪstɪklɪ] *adv.* hostilmente, antagónicamente.
antagonize [æn'tægənaɪz] (también **antagonise**) *v. t.* enemistarse con, provocar a.
Antarctic [æn'tɑːktɪk] *s. c.* **1** Antártida. ◆ **2 the** ~ **Circle,** GEOG. El Círculo Polar Antártico.
ante ['æntɪ] *s. c.* subir la apuesta inicial.
ant-eater ['æntiːtər] *s. c.* ZOOL. oso hormiguero.
antecedence [ˌæntɪ'siːdəns] *s. c.* (form.) prioridad.
antecedent [ˌæntɪ'siːdnt] *s. c.* **1** (~ **of/to**) antecedente de. ◆ **2 antecedents,** orígenes, antecedentes (familia).
antechamber ['æntɪtʃeɪmbər] *s. c.* vestíbulo, antecámara.
antedate [ˌæntɪ'deɪt] *v. t.* (lit.) preceder, anteceder (sólo en el tiempo).
antediluvian [ˌæntɪdɪ'luːvɪən] *adj.* (lit. y hum.) antediluviano.
antelope ['æntɪləup] *s. c.* ZOOL. antílope.
antenatal [ˌæntɪ'neɪtl] *adj.* MED. **1** prenatal. ● *s. c.* **2** consulta prenatal.
antenna [æn'tenə] (*pl.* **antennae** o **antennas**) *s. c.* **1** ANAT. y ZOOL. antena. **2** (EE UU) RAD. antena.
anterior [æn'tɪərɪər] *adj.* (lit.) anterior, delantero (en el espacio y tiempo).
anteroom ['æntɪrum] *s. c.* antesala.
anthem ['ænθəm] *s. c.* MÚS. y REL. himno.
anther ['ænθər] *s. c.* BOT. antera (parte de la flor).
anthill ['ænthɪl] *s. c.* hormiguero (en forma de pequeño montículo).
anthologist [æn'θɒlədʒɪst] *s. c.* LIT. antólogo.
anthology [æn'θɒlədʒɪ] *s. c.* antología.
anthracite ['ænθrəsaɪt] *s. i.* MIN. y QUÍM. antracita.
anthrax ['ænθræks] *s. i.* MED. y ZOOL. ántrax (enfermedad de animales).
anthropoid ['ænθrəpɔɪd] *adj.* **1** antropoide. ◆ **2 anthropoids,** ZOOL. antropoideos.
anthropological [ˌænθrəpə'lɒdʒɪkl] *adj.* antropológico.
anthropologist [ˌænθrə'pɒlədʒɪst] *s. c.* antropólogo.
anthropology [ˌænθrə'pɒlədʒɪ] *s. i.* antropología.
anthropomorphic [ˌænθrəpə'mɔːfɪk] *adj.* antropomórfico.
anthropomorphism [ˌænθrəpə'mɔːfɪzəm] *s. i.* antropomorfismo.
anti- ['æntɪ] *pref.* anti: *anti-capitalist* = *anticapitalista.*

anti-abortion [ˌantɪə'bɔːʃən] *adj.* antiabortista.
anti-aircraft [ˌæntɪ'eəkrɑːft] *adj.* MIL. antiaéreo.
antibiotic [ˌæntɪbaɪ'ɒtɪk] *s. c.* y *adj.* QUÍM. antibiótico.
antibody [ˌæntɪbɒdɪ] *s. c.* QUÍM. anticuerpo.
anticipate [æn'tɪsɪpeɪt] *v. t.* **1** prever. **2** esperar con anticipación, esperar con ilusión. **3** anticipar, adelantarse a (cualquier cosa).
anticipation [ænˌtɪsɪ'peɪʃn] *s. i.* **1** expectación, anticipación. **2** ilusión.
anticipatory [ænˌtɪsɪ'peɪtərɪ] *adj.* (lit.) expectante.
anticlimactic [ˌæntɪklaɪ'mæktɪk] *adj.* decepcionante.
anticlimax [ˌæntɪ'klaɪmæks] *s. c.* e *i.* desilusión, decepción.
anticlockwise [ˌæntɪ'klɒkwaɪz] *adj.* y *adv.* (brit.) en dirección contraria a las manecillas del reloj (describiendo movimiento).
antics ['æntiks] *s. pl.* **1** travesuras, payasadas. **2** (desp.) bufonadas, bobadas.
anticyclone [ˌæntɪ'saikləʊn] *s. c.* anticiclón.
antidote ['æntɪdəʊt] *s. c.* **1** QUÍM. antídoto. **2** (~ **to**) (fig.) remedio contra, cura para, antídoto contra: *an antidote to laziness = un remedio contra la pereza.*
anti-establishment [ˌantɪɪ'stəblɪʃmənt] *adj.* contra el sistema.
antifreeze ['æntɪfriːz] *s. i.* anticongelante.
antigen ['æntɪdʒən] *s. c.* QUÍM. antígeno.
antihero ['æntɪhɪərəʊ] *s. c.* antihéroe.
antihistamine [ˌæntɪ'hɪstəmiːn] *s. c.* QUÍM. antihistamínico.
antiknock [ˌæntɪ'nɒk] *s. i.* QUÍM. combustible antidetonante.
antilogarithm [ˌæntɪ'lɒgərɪðəm] (también **antilog**) *s. c.* MAT. antilogaritmo.
antimacassar [ˌæntɪmə'kæsər] *s. c.* antimacasar, funda protectora (de muebles).
antimatter ['æntɪmætər] *s. i.* FÍS. antimateria.
antimony ['æntɪmənɪ] *s. i.* MET. antimonio.
antipathetic [ˌæntɪpə'θetɪk] *adj.* (~ **to**) opuesto a; hostil a.
antipathy [æn'tɪpəθɪ] *s. i.* (~ **to/ towards**) antipatía hacia.
anti-personnel [ˌæntɪˌpɜːsə'nel] *adj.* MIL. antipersonal, contra personas (no cosas).
antiperspirant [ˌæntɪ'pɜːspərənt] *s. c.* e *i.* antitranspirante.
Antipodes [æn'tɪpədiːz] *s. pl.* (hum.) antípodas.
antiquarian [ˌæntɪ'kweərɪən] *adj.* **1** de cosas antiguas, de antiguallas. ● *s. c.* **2** anticuario.
antiquary ['æntɪkwərɪ] *s. c.* anticuario.
antiquated ['æntɪkweɪtɪd] *adj.* **1** anticuado, pasado de moda. **2** (fam.) antediluviano, carroza.
antique [æn'tiːk] *s. c.* **1** objeto antiguo, antigüedad. ● *adj.* **2** antiguo, de objetos antiguos. ◆ **3** ~ **shop,** tienda de antigüedades.
antiquity [æn'tɪkwɪtɪ] *s. c.* **1** antigüedad (objeto o edificio de arte antiguo). ● *s. i.* **2** antigüedad (época). **3** (~ **of**) antigüedad de (edad): *a monument of great antiquity = un monumento de gran antigüedad.*
anti-Semite [ˌæntɪ'siːmaɪt] *s. c.* antisemita, antijudío.
anti-Semitic [ˌæntɪsɪ'mɪtɪk] *adj.* antisemítico.
anti-Semitism [ˌæntɪ'semɪtɪzəm] *s. i.* antisemitismo.
antiseptic [ˌæntɪ'septɪk] *adj.* **1** antiséptico. **2** (desp.) aséptico. ● *s. c.* e *i.* **3** antiséptico.
anti-social [ˌæntɪ'səʊʃl] *adj.* **1** (desp.) antisocial. **2** insociable.
anti-tank [ˌæntɪ'tæŋk] *adj.* MIL. antitanque.
antitheft [antɪ'θeft] *adj.* antirrobo.
antithesis [æn'tɪθɪsɪs] (*pl.* **antitheses**) *s. c.* **1** (~ **of**) (form.) opuesto a, antítesis de. ● *s. i.* **2** FIL. antítesis.
antithetical [ˌæntɪ'θetɪkl] *adj.* (~ **to**) (form.) opuesto a, incompatible con; antitético.
antithetically [ˌæntɪ'θetɪklɪ] *adv.* (lit.) antitéticamente.
antitoxin [ˌæntɪ'tɒksɪn] *s. c.* QUÍM. antitoxina.
antitrust [ˌæntɪ'trʌst] *adj.* antitrust (prevención contra monopolios).
antivirus [antɪ'vʌɪrʌəs] *adj.* antivirus.
antler ['æntlər] *s. c.* asta, cornamenta (de ciervo, reno, etc.).
antonym ['æntənɪm] *s. c.* GRAM. antónimo.
antonymous [æn'tɒnəməs] *adj.* GRAM. antónimo.
anus ['eɪnəs] *s. c.* ANAT. ano.
anvil ['ænvɪl] *s. c.* MET. yunque.
anxiety [æŋ'zaɪətɪ] *s. i.* **1** (~ **about/ over**) ansiedad de, ansia por. **2** anhelo, ansia. ● *s. c.* **3** preocupación grave, angustia.
anxious ['æŋkʃəs] *adj.* **1** (~ **about**) muy preocupado sobre, inquieto por. **2** (~ **to** *inf.*) ansioso por, deseoso de. **3** preocupante, inquietante.
anxiously ['æŋkʃəslɪ] *adv.* preocupadamente, ansiosamente, angustiosamente.
anxiousness ['æŋkʃəsnɪs] *s. i.* ansiedad, grave preocupación.
any ['enɪ] *adj.* **1** [con *neg.*] ningún, ninguna, ningunos, ningunas, nada de: *there aren't any sweets left = no queda ningún caramelo.* **2** (con *interr.*) algún, alguna, algunos, algunas, algo de: *have you seen any films recently? = ¿has visto alguna película últimamente?* **3** cualquier: *any child knows that = cualquier niño sabe eso.* **4** (con *neg.*) gran, mucho: *there wasn't any great interest in it = no había mucho interés en ello.* ● *pron.* **5** alguno, alguna: *those sweets were delicious. Are there any left? = los caramelos estaban muy buenos. ¿Queda alguno?*; cualquier. **6** nada, nadie: *there was a lot of money but now there isn't any = había mucho dinero pero ahora no queda nada.* **7** (~ **of**) alguno de, alguna de, alguien de; cualquiera de: *any of these bags will do = cualquiera de estas bolsas nos servirá.* ● *adv.* **8** [enfatizando *comp. neg.*] de ningún modo, de ninguna manera: *you won't be any the richer = de ningún modo serás más rico.* **9** (EE UU) (fam.) en absoluto: *I didn't like that any = no me gustó eso en absoluto.* ◆ **10 not just ~;** no cualquier, no cualquiera: *she's not just any actress = ella no es una actriz cualquiera.*
anybody ['enɪbɒdɪ] *pron.* ⇒ **anyone.**
anyhow ['enɪhau] *adv.* **1** ⇒ **anyway.** **2** (fam.) de cualquier modo, de cualquier manera: *don't leave your room anyhow = no dejes tu habitación de cualquier modo.*
anyone ['enɪwʌn] (también **anybody**) *pron. ind.* **1** (con *neg.* e *interr.*) nadie; alguien: *there isn't anyone in the shop = no hay nadie en la tienda; is there anyone there? = ¿hay alguien ahí?* **2** cualquiera: *anyone would have reacted in the same way = cualquiera hubiera reaccionado del mismo modo.*
anyplace ['enɪpleɪs] *adv.* (EE UU) en cualquier sitio, en cualquier lado.
anything ['enɪθɪŋ] *pron. ind.* **1** (con *neg.* e *interr.*) algo: *is there anything left = ¿queda algo?*; nada, ninguna cosa: *there isn't anything in the cupboard = no hay nada en el armario.* **2** cualquier cosa: *buy anything you like = compra cualquier cosa que te guste.* **3** cualquier (cantidad, tiempo, etc.): *the house costs anything between 5 and 8 million = la casa cuesta cualquier cantidad entre 5 y 8 millones.* ◆ **4** ~ **but,** todo menos: *he's anything but nice = lo es todo menos agradable.* **5** ~ **like/near,** [con *neg.*] ni de lejos: *he hasn't anything near the level of Spanish necessary = no tiene ni de lejos el nivel de español necesario.* **6 for ~,** por nada en el mundo. **7 like ~,** (fam.) a más no poder (como énfasis de cualquier acción). **8 not just ~,** (fam.) no cualquier cosa: *the party is not just anything, it is a very special event for him = la fiesta no es cualquier cosa, es un acontecimiento especial para él.* **9 or ~,** (fam.) o alguna otra cosa, o cualquier otra cosa: *have you got whisky or anything? = ¿tienes whisky o cualquier otra cosa?*
anyway ['enɪweɪ] (también **anyhow**) *adv.* **1** en cualquier caso, de cualquier forma, en todo caso.
OBS. Se usa con las siguientes matizaciones: **2** terminando una conversación: *anyway, I must go = pues bien, me tengo que ir.* **3** después de todo: *there was a lot of ice on the road but anyway we arrived safely = había mucho hielo en la carretera pero después de todo llegamos bien.* **4** pidiendo información: *what are you crying for anyway? = ¿por qué lloras realmente?* **5** al menos: *I loved her,*

or so I thought anyway = yo la quería o al menos eso pensaba.

anywhere ['enɪweər] *adv.* **1** (con *neg.* e *interr.*) en ningún sitio, a ningún sitio, en algún sitio. **2** en todo (como énfasis): *that's the biggest building anywhere in the region = ese es el edificio más grande de toda la región.* **3** (~ **from/between**) en algún punto desde/entre: *he could be anywhere between Dallas and Denver = debe estar en algún punto entre Dallas y Denver.* ◆ **4 to get/go ~,** llegar/ir a alguna parte, lograr algo. **6 miles from ~,** (fam.) en el quinto pino. ◆ **5** *pron.* algún sitio: *is there anywhere I can buy wine round here? = ¿hay algún sitio dónde pueda comprar vino por aquí?*

aorta [eɪ'ɔːtə] *s. c.* ANAT. aorta, vena aorta.

apace [ə'peɪs] *adv.* (lit.) presto, con presteza.

apart [ə'pɑːt] *adv.* **1** (~ **from**) separado de, separadamente de, a un lado de. **2** de intervalo: *the exams took place two days apart = los exámenes tuvieron lugar con dos días de intervalo.* **3** aparte, a un lado: *joking apart, he's a very helpful chap = bromas aparte, es un tipo muy servicial.* ● *adj.* **4** separado, alejado, aparte. ◆ **5** ~ **from,** aparte de, con la excepción de. **6 to tell ~,** distinguir (una cosa de otra).

OBS. Esta partícula matiza el significado de muchos verbos de las siguientes maneras: **7** alejamiento gradual en costumbres, sentimientos, etc.: *before they divorced they had already grown completely apart = antes de que se divorciaran ya se habían alejado completamente el uno del otro.* **8** desmenuzamiento, rotura, hacerse añicos (una cosa): *the toy fell apart after a few weeks = el juguete se hizo añicos después de unas cuantas semanas.* **9** separación: *pull the boys apart, don't let them fight like that = separa a los chicos, no dejes que se peleen así.* **10** fracaso, daño a algo: *the party fell apart after the election defeat = el partido quedó destrozado después de la derrota electoral.*

apartheid [ə'pɑːteɪt] *s. i.* POL. apartheid.

apartment [ə'pɒːtmənt] *s. c.* **1** (EE UU) apartamento, piso. **2** estancia (de un rey o presidente). ◆ **3** ~ **house,** (EE UU) bloque de pisos, edificio de apartamentos. **4** ~ **block,** (brit.) edificio de apartamentos, bloque de pisos.

apathetic [,æpə'θetɪk] *adj.* apático, indiferente; impasible.

apathetically [,æpə'θetɪklɪ] *adv.* apáticamente, indiferentemente; impasiblemente.

apathy ['æpəθɪ] *s. i.* apatía, indiferencia, desinterés.

ape [eɪp] *s. c.* **1** ZOOL. mono (antropoide). **2** (desp.) torpón, bruto; estúpido. ● *v. t.* **3** imitar, copiar (gestos, forma de hablar).

aperient [ə'pɪərɪənt] MED. *s. c.* e *i.* **1** laxativo. ● *adj.* **2** laxativo.

aperitif [ə,perə'tɪf] *s. c.* aperitivo (bebida).

aperture ['æpətʃər] *s. c.* **1** (lit.) abertura, rendija. **2** FOT. abertura.

apex ['eɪpeks] *s. c.* **1** (~ **of**) vértice de, punta de. **2** (fig.) (~ **of**) cúspide de (una organización, institución, etc.).

aphasia [æ'feɪzɪə] *s. i.* MED. afasia.

aphasic [ə'feɪzɪk] *adj.* MED. afásico.

aphid ['eɪfɪd] *s. c.* ZOOL. pulgón.

aphorism ['æfərɪzəm] *s. c.* FILOL. aforismo.

aphoristic [,æfə'rɪstɪk] *adj.* LIT. aforístico.

aphrodisiac [,æfrə'dɪzɪæk] *s. c.* **1** afrodisíaco. ● *adj.* **2** afrodisíaco.

apiarist ['eɪpɪərɪst] *s. c.* apicultor.

apiary ['eɪpɪərɪ] *s. c.* colmenar.

apiece [ə'piːs] *adv.* cada uno, por cada uno, a cada uno.

apish ['eɪpɪʃ] *adj.* **1** (desp.) simiesco, como un mono. **2** bobo, necio.

aplomb [ə'plɒm] *s. i.* aplomo.

apnoea [ap'nɪːə] *s. i.* apnea.

apocalypse [ə'pɒkəlɪps] *s. i.* **1** apocalípsis, catástrofe, destrucción total. ◆ **2 Apocalypse,** Apocalipsis.

apocalyptic [ə,pɒkə'lɪptɪk] *adj.* **1** apocalíptico, catastrófico. **2** profético.

apocalyptically [ə,pɒke'lɪptɪklɪ] *adv.* apocalípticamente, catastróficamente.

apocryphal [ə'pɒkrɪfəl] *adj.* apócrifo; supuesto.

apogee ['æpədʒiː] *s. sing.* **1** FÍS. apogeo (astronómico). **2** (fig.) apogeo, punto culminante.

apolitical [,eɪpə'lɪtɪkl] *adj.* apolítico.

apologetic [ə,pɒlə'dʒetɪk] *adj.* apologético.

apologetically [ə,pɒlə'dʒetɪklɪ] *adv.* apologéticamente.

apologia [,æpə'ləudʒɪə] *s. c.* (~ **for**) (lit.) apología de, defensa de.

apologist [ə'pɒlədʒɪst] *s. c.* (lit.) apologista, defensor.

apologize [ə'pɒlədʒaɪz] (también **apologise**) *v. i.* (**to** ~ **for/to**) pedir perdón por/a, disculparse por/ante.

apology [ə'pɒlədʒɪ] *s. c.* e *i.* **1** (~ **for/to**) disculpa por/ante, excusa por/a. ● *s. c.* **2** (~ **for**) (desp.) substituto malo de, asco de, birria de: *that's an apology for a novel = eso es una birria de novela.* **3** (lit.) apología, defensa.

apophthegm ['æpəθem] (también **apothegm**) *s. c.* apotegma, sentencia breve e ingeniosa.

apoplexy ['æpəpleksɪ] *s. i.* MED. (p.u.) apoplejía.

apostasy [ə'pɒstəsɪ] *s. i.* y *c.* (lit.) apostasía (de religión, ideas, etc.).

apostate [ə'pɒsteɪt] *s. c.* **1** (lit.) apóstata. ● *adj.* **2** apóstata.

a posteriori [,eɪ,pɑsterɪ'ɔːraɪ] *adj. y adv.* FIL. a posteriori.

apostle [ə'pɒsl] *s. c.* **1** REL. apóstol. **2** (fig.) apóstol, campeón.

apostolic [,æpə'stɒlɪk] *adj.* **1** REL. apostólico. ◆ **2** ~ **succession,** sucesión apostólica.

apostrophe [ə'pɒstrəfɪ] *s. c.* GRAM. apóstrofe.

apothecary [ə'pɒθəkərɪ] *s. c.* (arc.) boticario.

apotheosis [ə,pɒθɪ'əusɪs] (*pl.* **apotheoses**) *s. c.* **1** divinización, deificación. **2** (~ **of**) (lit.) apoteosis de: *the apotheosis of classical theatre = la apoteosis del teatro clássico.*

appal [ə'pɔːl] (en EE UU **appall**) *v. t.* horrorizar, pasmar, consternar.

appalled [ə'pɔːld] *adj.* (~ **at/by**) horrorizado por/de, pasmado por/de.

appalling [ə'pɔːlɪŋ] *adj.* **1** horroroso, espantoso. **2** horrible, malísimo (como énfasis): *I had an appalling time = lo pasé fatal.*

appallingly [ə'pɔːlɪŋlɪ] *adv.* **1** horrorosamente. **2** horriblemente (como énfasis).

apparatus [,æpə'reɪtəs] *s. c.* **1** aparato, mecanismo, ingenio. **2** (desp.) aparato (del estado, de un partido, etc.). ● *s. i.* **3** equipamiento, maquinaria.

apparel [ə'pærəl] *s. i.* (lit.) ropaje.

apparent [ə'pærənt] *adj.* **1** aparente. **2** (~ **to**) manifiesto a, patente para.

apparently [ə'pærəntlɪ] *adv.* **1** al parecer, aparentemente, por lo visto. **2** en apariencia.

apparition [,æpə'rɪʃn] *s. c.* aparición.

appeal [ə'piːl] *v. i.* **1** (**to** ~) agradar, atraer, llamar la atención, interesar. **2** (**to** ~ **to**) apelar a, recurrir a (alguien con autoridad). **3** (**to** ~ **to/against**) DER. apelar a favor de/en contra de. **4** (**to** ~ **to**) hacer un llamamiento a, apelar a (sentido de la justicia, del honor, de la razón, etc.). **5** (**to** ~ **for**) solicitar; suplicar. ● *s. c.* **6** (~ **for**) súplica, ruego, llamamiento: *an appeal for money = un llamamiento pidiendo dinero.* **7** (~ **to/against**) solicitud de, petición de. ● *s. c.* e *i.* **8** DER. apelación. ● *s. i.* **9** encanto, atractivo (de un lugar, de una persona, etc.). ◆ **10 on ~,** DER. mediante apelación. **11 without ~,** inapelable.

appealing [ə'piːlɪŋ] *adj.* **1** atrayente, encantador. **2** suplicante, implorante.

appealingly [ə'piːlɪŋlɪ] *adv.* **1** atractivamente. **2** de manera suplicante.

appear [ə'pɪər] *v. i.* **1** aparecer; manifestarse, materializarse. **2** (**to** ~ **in/on**) aparecer en, salir en (un libro, una revista, una película, etc.). **3** DER. comparecer. **4** parecer, tener pinta de estar: *he appears tired = parece cansado.* **5** (~ *inf.* **that**) parecer: *she appears to be afraid = parece tener miedo.* **6** publicarse, aparecer, salir (libros y cosas en general).

appearance [ə'pɪərəns] *s. c.* **1** (~ **of**) aparición de, llegada de. **2** DER. comparecencia. ● *s. i.* **3** (~ **of**) irrupción de, llegada de (algo nuevo o distinto). **4** apariencia (física). ◆ **5 appearances,** apariencias: *you shouldn't judge by appearances = no deberías juzgar por las apariencias.* **6 contrary to all appearances/against all appearances,** en contra de todas las apariencias, contra lo que parece. **7 to have the ~ of,** parecer. **8 to keep up appearances,** salvar las apariencias. **9 to make an ~,** aparecer (en televisión, etc.). **10 to put in an ~,** hacer acto de presencia en un sitio. **11 to all appearances/by all appearances,** según parece, por lo visto.

appease [ə'pi:z] *v. t.* **1** apaciguar, calmar. **2** (lit.) aplacar (el hambre, la ira, etc.).

appeasement [ə'pi:zmənt] *s. i.* apaciguamiento, pacificación.

appellant [ə'pelənt] *s. c.* DER. apelante.

appellation [ˌæpə'leɪʃn] *s. c.* (form.) denominación, título (nombre).

append [ə'pend] *v. t.* (form.) poner como anexo, añadir.

appendage [ə'pendɪdʒ] *s. c.* (form.) **1** anexo; dependencia. **2** ZOOL. apéndice (en el cuerpo de animales).

appendectomy [ˌæpen'dektəmɪ] *s. c.* MED. apendicectomía.

appendices [ə'pendisɪ:z] *pl.* de **appendix**.

appendicitis [əˌpendɪ'saɪtɪs] *s. i.* MED. apendicitis.

appendix [ə'pendɪks] (*pl.* **appendices**) *s. c.* **1** ANAT. apéndice. **2** (fig.) anexo, apéndice (en un libro o similar).

appertain [ˌæpə'teɪn] *v. i.* (~ **to**) (lit.) tener que ver con; pertenecer a, corresponder a.

appetite ['æpɪtaɪt] *s. i.* y *c.* **1** apetito (de comer). • *s. c.* **2** (fig.) deseo, apetito: *sexual appetite = apetito sexual.*

appetizer ['æpɪtaɪzər] (también **appetiser**) *s. c.* aperitivo.

appetizing ['æpɪtaɪzɪŋ] *adj.* apetitoso, apetecible; tentador.

appetizingly ['æpɪtaɪzɪŋlɪ] *adv.* apetitosamente, apeteciblemente.

applaud [ə'plɔ:d] *v. t.* e *i.* **1** aplaudir; alabar. ◆ **2 to be applauded,** ser aplaudido, ser alabado.

applause [ə'plɔ:z] *s. i.* **1** aplauso. **2** (fig.) alabanza, encomio, aplauso.

apple ['æpl] *s. c.* e *i.* **1** manzana. ◆ **2 ~ core,** corazón de manzana. **3 ~ pie,** tarta de manzana, pastel de manzana. **4 the ~ of one's eye,** la niña de los ojos de alguien (el más amado).

applecart ['æplkɑ:t] **to upset the ~/to upset someone's ~,** dar al traste con algún plan/dar al traste con los planes de alguien.

applejack ['æpldʒæk] *s. i.* (EE UU) aguardiente de manzana.

apple-pie [ˌæpl'paɪ] *s. c.* e *i.* **1** pastel de manzana. ◆ **2 in ~ order,** en orden impecable, en perfecto orden.

appliance [ə'plaɪəns] *s. c.* **1** aparato, artefacto, dispositivo (especialmente de electricidad o gas). **2** TEC. coche de bomberos.

applicability [ˌæplɪkə'bɪlɪtɪ] *s. i.* pertinencia; campo de aplicación.

applicable ['æplɪkəbl] *adj.* (~ **to**) aplicable a, pertinente a.

applicant ['æplɪkənt] *s. c.* (~ **for**) solicitante de.

application [ˌæplɪ'keɪʃn] *s. c.* **1** solicitud (verbal o escrita). • *s. c.* e *i.* **2** (~ **of**) utilización de, aplicación de (una ley, un conocimiento, etc.). **3** (~ **of**) aplicación de, uso de (un material, una pintura, etc.). • *s. i.* **4** aplicación, dedicación, esmero. **5** petición, acto de petición: *you'll get it on application = lo recibirás cuando presentes la petición.*

applied [ə'plaɪd] *adj.* aplicado (teoría que tiene aplicación): *applied linguistics = lingüística aplicada.*

apply [ə'plaɪ] *v. t.* **1** aplicar, poner en práctica, emplear (una idea, sistema, mecanismo, etc.). **2** poner, aplicar (medicina en una herida, una pintura, etc.). • *v. pron.* **3** (~ **to**) dedicarse a, concentrar los esfuerzos en. • *v. i.* **4** ser relevante, estar en vigor. **5** (~ **for**) solicitar.

appoint [ə'pɔɪnt] *v. t.* **1** nombrar, designar. **2** fijar, señalar (sitio u hora).

appointed [ə'pɔɪntɪd] *adj.* **1** fijado, señalado (sitio u hora). ◆ **2 well ~/badly ~,** (u otros adv. positivos o negativos) (lit.) bien/mal amueblado.

appointee [ə'pɔɪn'ti:] *s. c.* nombrado, designado (las personas).

appointment [ə'pɔɪntmənt] *s. c.* **1** persona nombrada/designada. **2** puesto (que se cubre mediante nombramiento). **3** (~ **with**) cita con. • *s. c.* e *i.* **4** nombramiento, designación. ◆ **5 by ~,** mediante cita previa.

apportion [ə'pɔ:ʃn] *v. t.* (**to ~ between /among**) distribuir entre, repartir entre.

apposite ['æpəzɪt] *adj.* (lit.) oportuno, adecuado, a propósito.

appositely ['æpəzɪtlɪ] *adv.* (lit.) oportunamente, adecuadamente.

appositeness ['æpəzɪtnɪs] *s. i.* (lit.) oportunidad, tiempo adecuado.

apposition [ˌæpə'ziʃn] *s. i.* **1** GRAM. aposición. ◆ **2 in ~ to,** GRAM. en yuxtaposición con.

appraisal [ə'preɪzl] *s. c.* e *i.* evaluación, valoración (de situaciones, cosas y personas).

appraise [ə'preɪz] *v. t.* evaluar, valorar, hacer una valoración de.

appraising [ə'preɪzɪŋ] *adj.* evaluador, valorador.

appreciable [ə'pri:ʃəbl] *adj.* considerable, notable (de una cantidad o similar).

appreciably [ə'pri:ʃəblɪ] *adv.* considerablemente, notablemente.

appreciate [ə'pri:ʃɪeɪt] *v. t.* **1** apreciar, estimar, valorar (como bueno). **2** entender, comprender (los detalles de una situación, problema, etc.). **3** agradecer. • *v. i.* **4** revalorizarse, aumentar de valor.

appreciation [əˌpri:ʃɪ'eɪʃn] *s. i.* **1** valoración, apreciación; elogio. **2** gratitud, agradecimiento. **3** comprensión, entendimiento; reconocimiento. • *s. c.* **4** estimación, crítica (de alguna obra de arte). • *s. c.* e *i.* **5** revaloración (de acciones, joyas, etc.).

appreciative [ə'pri:ʃətɪv] *adj.* **1** favorable, elogioso: *an appreciative review = una crítica elogiosa.* **2** agradecido, reconocido.

appreciatively [ə'pri:ʃətɪvlɪ] *adv.* **1** favorablemente, elogiosamente. **2** reconocidamente, agradecidamente.

apprehend [ˌæprɪ'hend] *v. t.* **1** (lit.) apresar, detener, prender. **2** (fam.) comprender, captar en su totalidad.

apprehension [ˌæprɪ'henʃn] *s. i.* y *c.* **1** recelo, aprehensión, temor. • *s. i.* **2** (lit.) comprensión. **3** (lit.) captura, detención, aprehensión.

apprehensive [ˌæprɪ'hensɪv] *adj.* (~ **about**) aprensivo acerca de, temeroso de.

apprehensively [ˌæprɪ'hensɪvlɪ] *adv.* con aprensión.

apprentice [ə'prentɪs] *s. c.* **1** aprendiz; principiante. • *v. t.* **2** (**to ~ to**) poner de aprendiz con: *his father apprenticed him to me = su padre lo puso de aprendiz conmigo.*

apprenticeship [ə'prentɪʃɪp] *s. i.* y *c.* **1** aprendizaje, período de aprendiz. ◆ **2 to serve one's ~,** hacer el período de aprendizaje.

apprise [ə'praɪz] *v. t.* (**to ~ of**) (lit.) informar de.

appro ['æprəu] *s. i.* **on ~,** (fam. y brit.) a prueba.

approach [ə'prəutʃ] *v. t.* **1** aproximarse a, acercarse a (un lugar o una fecha). **2** abordar a, entablar conversación con (alguna persona). **3** enfocar, encarar (una situación, problema, etc.). **4** aproximarse, acercarse (a una cifra, cantidad, estado, etc.). • *v. i.* **5** acercarse, aproximarse. • *s. c.* **6** aproximación, acercamiento. **7** (~ **to**) vía de acceso a. **8** propuesta, proposición. **9** (~ **to**) enfoque de, planteamiento de. • *s. i.* **10** llegada, aproximación (de algún acontecimiento).

approachability [əˌprəutʃə'bɪlɪtɪ] *s. i.* accesibilidad: *being a minister his approachability amazes me = siendo ministro me sorprende muchísimo su accesibilidad.*

approachable [ə'prəutʃəbl] *adj.* **1** tratable, accesible (una persona). **2** (~ **by/from**) accesible por/desde (un lugar).

approaching [ə'prəutʃɪn] *prep.* próximo a, cercano a: *the unemployment figures are approaching the million mark = las cifras del paro son cercanas al millón.*

approbation [ə'prəuprɪɪtn] *s. i.* (lit.) aprobación, asentimiento, beneplácito.

appropriate [ə'prəuprɪɪt] *adj.* **1** apropiado, adecuado. • [ə'prəuprɪeɪt] *v. t.* **2** (lit.) apropiarse de, adueñarse de (algo no propio). **3** (~ **for**) asignar para, consignar para, destinar a (hablando de cantidades de dinero).

appropriately [ə'prəuprɪɪtlɪ] *adv.* apropiadamente, adecuadamente.

appropriateness [ə'prəuprɪatnəs] *s. i.* conveniencia.

appropriation [ə'prəuprɪ'eɪʃn] *s. i.* y *c.* **1** (lit.) consignación, asignación (de dinero). ◆ **2 Appropriations Committee,** comisión presupuestaria (del parlamento estadounidense).

approval [ə'pru:vl] *s. i.* **1** aprobación, aceptación. **2** visto bueno. **3** ad-

miración; favor: *he looked at his son with approval* = *miró a su hijo con admiración*. ◆ **4 on ~,** a prueba, provisionalmente.
approve [ə'pruːv] *v. i.* **1** (**to ~ of**) aprobar, dar la aprobación a, consentir. ● *v. t.* **2** ratificar, sancionar. **3** dar el visto bueno a (un proyecto, un plan, una iniciativa, etc.).
approved [ə'pruːvd] *adj.* **1** aprobado, autorizado, sancionado (personas, planes, etc.). ◆ **2 ~ school,** (arc.) reformatorio.
approving [ə'pruːvɪŋ] *adj.* favorable, a favor.
approvingly [ə'pruːvɪŋlɪ] *adv.* favorablemente, con aprobación.
approximate [ə'prɒksɪmɪt] *adj.* **1** aproximado, aproximativo. ● [ə'prɑksɪmeɪt] *v. t.* e *i.* **2** (**to ~ to**) aproximar(se) a, acercar(se) a (una cifra o a algo o alguien en semejanza).
approximately [ə'prɒksɪmetlɪ] *adv.* aproximadamente.
approximation [əˌprɒksɪ'meɪʃn] *s. c.* (**~ to/of**) aproximación a (en cifras o en semejanza).
appurtenances [ə'pəːtɪnənsɪz] *s. pl.* (lit.) accesorios.
apricot ['eɪprɪkɒt] *s. c.* BOT. albaricoque (la fruta y el árbol).
April ['eɪprəl] *s. i.* **1** abril (*abrev.* **Apr.**). ◆ **2 ~ Fool's Day,** día de los inocentes (el primero de abril en la cultura anglosajona).
a priori [ˌeɪpraɪ'ɔːraɪ] *adj.* y *adv.* FIL. a priori.
apron ['eɪprən] *s. c.* **1** delantal, mandil. **2** AER. pista de estacionamiento. ◆ **3 tied to his mother's ~ strings/tied to his wife's ~ strings,** cosido a las faldas de su mamá/cosido a las faldas de su mujer, dominado por su madre/dominado por su esposa.
apropos [ˌæprə'pəʊ] *prep.* **1** a propósito de, tocante a. ● *adv.* **2** (lit.) a propósito. ● *adj.* **3** (lit.) pertinente, oportuno.
apse [æps] *s. c.* ARQ. ábside.
apt [æpt] *adj.* **1** (**~ to +** *inf.*) propenso a. **2** (**~ at**) habilidoso en, capaz de. **3** apropiado, adecuado (palabras, comportamiento, etc.).
aptitude ['æptɪtjuːd] *s. c.* **1** (**~ for**) aptitud para, talento para. ◆ **2 ~ test,** prueba de aptitud.
aptly ['æptlɪ] *adv.* apropiadamente, adecuadamente (dicho o hecho).
aptness ['æptnɪs] *s. i.* aptitud (de palabras, comportamiento, etc.).
aqualung ['ækwəlʌŋ] *s. c.* botella de aire comprimido (para el submarinismo).
aquamarine [ˌækwəmə'riːn] *s. c.* e *i.* **1** MIN. aguamarina. **2** aguamarina (color).
aquaplane ['ækwəpleɪn] *s. c.* DEP. hidropatín.
aquarium [ə'kweərɪəm] (*pl.* **aquaria** o **aquariums**) *s. c.* **1** pecera. **2** acuario.
Aquarius [ə'kweərɪəs] *s. sing.* **1** ASTR. Acuario. ● *s. c.* **2** Acuario, acuario (persona de este signo).
aquatint ['ækwətɪnt] *s. i.* ART. aguatinta (tipo de pintura).
aqueduct ['ækwɪdʌkt] *s. c.* acueducto.
aqueous ['eɪkwɪəs] *adj.* acuoso.
aquiline ['ækwɪlaɪn] *adj.* aquilino, aguileño.
Arab ['ærəb] *s. c.* **1** árabe. ● *adj.* **2** árabe.
arabesque [ˌærə'besk] *s. c.* arabesco.
Arabian [ə'reɪbɪən] *adj.* de Arabia, arábigo.
Arabic ['ærəbɪk] *adj.* **1** árabe, arábigo (cultura, tradiciones, lengua, literatura, etc.). ● *s. i.* **2** árabe (idioma). ◆ **3 ~ numerals/figures,** números arábigos.
Arabist ['ærəbɪst] *s. c.* arabista, experto en temas arábigos.
arable ['ærəbl] *adj.* **1** arable, cultivable. **2** agrícola (no dedicado a la ganadería). ● *s. i.* **3** tierra cultivable.
arachnid [ə'ræknɪd] *adj.* ZOOL. arácnido.
arbiter ['ɑːbɪtər] *s. c.* **1** (lit.) DER. árbitro. **2** (**~ of**) (fig.) árbitro de, artífice de.
arbitrage ['ɑːbɪtrɪʤ] *s. i.* arbitraje (financiero), especulación (financiera).
arbitrageur [ˌɑːbɪtrɑː'ʒəː] *s. c.* arbitrajista (financiero), especulador (financiero).
arbitrarily ['ɑːbɪtrərɪllɪ] *adv.* arbitrariamente.
arbitrariness ['ɑːbɪtrərɪnɪs] *s. i.* arbitrariedad.
arbitrary ['ɑːbɪtrərɪ] *adj.* **1** arbitrario, caprichoso. **2** (desp.) arbitrario.
arbitrate ['ɑːbɪtreɪt] *v. t.* arbitrar (disputa, conflicto, etc.).
arbitration [ˌɑːbɪ'treɪʃn] *s. i.* **1** arbitraje (de disputas). ◆ **2 to go to ~,** recurrir al arbitraje.
arbitrator ['ɑːbɪtreɪtər] *s. c.* árbitro (de disputas).
arbor ['ɑːbər] *s. c.* ⇒ **arbour.**
arboreal [ɑː'bɔːrɪəl] *adj.* arbóreo, arborícola (de animales que viven en los árboles).
arboretum [ˌɑːbə'riːtəm] *s. c.* AGR. vivero.
arbour ['ɑːbə] (en EE UU **arbor**) *s. c.* cenador, pérgola.
arc [ɑːk] *s. c.* **1** GEOM. arco. **2** arco, semicircunferencia. ● *v. i.* **3** hacer una circunferencia, formar un arco. **4** ELEC. formar un arco voltaico.
arcade [ɑː'keɪd] *s. c.* **1** soportales. **2** galería (de tiendas). ◆ **3 shopping ~,** centro comercial.
arcane [ɑː'keɪn] *adj.* (lit.) **1** arcano, misterioso. ● *s. c.* (sólo sing.) **2** arcano.
arch [ɑːtʃ] *s. c.* **1** ARQ. arco. **2** (fig.) curva (en el cuerpo o en una figura). **3** ANAT. empeine. ● *v. t. e i.* **4** arquear(se), curvar(se). ● *adj.* **5** pícaro, socarrón. **6** soberbio, orgulloso (tono de voz). ◆ **7 arch-;** archi- (como prefijo). **8 fallen arches,** pies planos.
archaeological [ˌɑːkɪə'lɒdʒɪkl] (también **archeological**) *adj.* arqueológico.
archaeologist [ˌɑːkɪ'ɒlədʒɪst] (también **archeologist**) *s. c.* arqueólogo.
archaeology [ˌɑːkɪ'ɒlədʒɪ] (también **archeology**) *s. i.* arqueología.
archaic [ɑː'keɪɪk] *adj.* **1** (hum. y desp.) anticuado, pasado de moda. **2** (lit.) arcaico. **3** FILOL. arcaico (sólo encontrado en literatura antigua).
archaism ['ɑːkeɪɪzəm] *s. c.* e *i.* arcaísmo.
archangel ['ɑːkeɪndʒl] *s. c.* REL. arcángel.
archbishop [ˌɑːtʃ'bɪʃəp] *s. c.* REL. arzobispo.
archdeacon [ˌɑːtʃ'diːkən] *s. c.* REL. arcediano (especialmente en la iglesia anglicana).
archdiocese [ˌɑːtʃ'daɪəsɪs] *s. c.* REL. archidiócesis.
archduke [ˌɑːtʃ'djuːk] *s. c.* archiduque.
archduchess [ˌɑːtʃ'dʌtʃɪs] *s. c.* archiduquesa.
arched [ɑːtʃt] *adj.* arqueado, curvado.
arch-enemy [ˌɑːtʃ'enəmɪ] *s. c.* **1** enemigo principal. ◆ **2 the Arch-enemy,** REL. Satanás, el Enemigo.
archer ['ɑːtʃər] *s. c.* arquero.
archery ['ɑːtʃərɪ] *s. i.* DEP. tiro con arco.
archetypal ['ɑːkɪtaɪpl] *adj.* (lit.) arquetípico.
archetypally ['ɑːkɪtaɪpəlɪ] *adv.* (lit.) arquetípicamente.
archetype ['ɑːkɪtaɪp] *s. c.* (**~ of**) arquetipo de, prototipo de.
archipelago [ˌɑːkɪ'pelɪgəʊ] *s. c.* GEOG. archipiélago.
architect ['ɑːkɪtekt] *s. c.* **1** arquitecto. **2** (fig.) artífice, arquitecto: *he was the architect of peace* = *él fue el artífice de la paz*.
architectural [ˌɑːkɪ'tektʃərəl] *adj.* arquitectónico.
architecturally [ˌɑːkɪ'tektʃərəlɪ] *adv.* arquitectónicamente.
architecture ['ɑːkɪtektʃər] *s. i.* **1** arquitectura. **2** (fig.) estructura: *the architecture of neutrons* = *la estructura de los neutrones*.
archive ['ɑːkaɪv] *s. c.* **1** archivo (lugar donde se guardan documentos históricos, etc.). ◆ **2 archives,** archivos.
archivist ['ɑːkɪvɪst] *s. c.* archivero.
archly ['ɑːtʃlɪ] *adv.* **1** picaronamente, socarronamente. **2** orgullosamente, soberbiamente (tono de voz).
archway ['ɑːtʃweɪ] *s. c.* pasaje abovedado.
arctic ['ɑːktɪk] *adj.* **1** polar, digno del ártico (expresando mucho frío). **2** para el ártico (hablando de ropa). ◆ **3 the Arctic,** GEOG. el ártico. **4 the Arctic Circle,** GEOG. el círculo polar ártico.
ardent ['ɑːdənt] *adj.* **1** apasionado, entusiasta (sobre algún tema). **2** ardiente, vehemente (sentimientos).
ardently ['ɑːdntlɪ] *adv.* **1** apasionadamente, fervorosamente, entusiásticamente. **2** ardientemente, vehementemente.
ardor ['ɑːdər] *s. i.* ⇒ **ardour.**
ardour ['ɑːdə] (en EE UU **ardor**) *s. i.* **1** pasión, fervor (sentimiento). **2** (**~ for**) vehemencia a favor de, ardor hacia (interés, entusiasmo): *his ardour for justice* = *su vehemencia a favor de la justicia*.
arduous ['ɑːdjʊəs] *adj.* arduo, trabajoso.

arduously ['ɑːdjʊəslɪ] *adv.* arduamente, trabajosamente.
are [ɑr] pronunciación relajada [ə] 2.ª persona sing. y 1.ª, 2.ª, 3.ª personas pl.) ⇒ **be.**
area ['eərɪə] *s. c.* **1** área, zona. **2** trozo, porción (diferente del resto en una superficie). **3** MAT. área (medida de superficie). **4** campo, especialidad (de estudio). **5** área, terreno (de la vida, de la experiencia, etc.). ◆ **6** ~ **code,** (EE UU) prefijo telefónico de zona.
arena [ə'riːnə] *s. c.* **1** pista, ruedo, arena (de un espectáculo). **2** foro: *the political arena = el foro político.*
aren't [ɑːnt] pronunciación relajada [ənt] *contr.* de **are** y **not.**
Argentina [ˌɑːdʒən'tiːnə] *s. sing.* Argentina.
Argentinian [ˌɑːdʒən'tɪnɪən] *s. c.* **1** argentino. ● *adj.* **2** argentino.
argon ['ɑːgɒn] *s. i.* QUÍM. argón.
argot ['ɑːgəʊ] *s. c.* (lit.) jerga, argot.
arguable ['ɑːgjʊəbl] *adj.* **1** discutible, disputable: *it is arguable whether this is the cause of the change = es discutible que esa sea la causa del cambio.*
arguably ['ɑːgjʊəblɪ] *adv.* posiblemente, probablemente.
argue ['ɑːgjuː] *v. t.* **1** sostener, afirmar (ideas, opiniones, etc.). **2** discutir, debatir (un punto). ● *v. i.* **3** (**to** ~ **for/against**) argumentar a favor de/en contra de, razonar a favor de/en contra de. **4** (**to** ~ **with**) discutir con, pelearse con (verbalmente). ◆ **5 to** ~ **into,** convencer de, persuadir de. **6 to** ~ **out,** discutir hasta llegar a una decisión, discutir de cabo a rabo: *we argued out all the possibilities = discutimos de cabo a rabo todas las posibilidades.* **7 to** ~ **out of,** disuadir de: *I argued him out of the idea = le disuadí de la idea.* **8 to** ~ **the toss,** andar en dimes y diretes.
argument ['ɑːgjumənt] *s. c.* **1** (~ **for/against**) razonamiento a favor de/en contra de, argumento a favor de/en contra de. **2** discusión, pelea (verbal). ● *s. i.* **3** discusión, disputa: *don't accept it without argument = no lo aceptes sin discusión.*
argumentation [ˌɑːgjumen'teɪʃn] *s. i.* (form.) argumentación, raciocinio.
argumentative [ˌɑːgju'mentətɪv] *adj.* (desp.) pendenciero (en peleas verbales), discutidor.
argy-bargy [ˌɑːdʒɪ'bɑːdʒɪ] *s. i.* (fam.) dimes y diretes, discusión futil.
aria ['ɑːrɪə] *s. c.* MÚS. aria.
arid ['ærɪd] *adj.* **1** árido, poco fértil. **2** (fig.) árido, sin ideas (en escritos, en la vida, etc.).
aridity [ə'rɪdɪtɪ] *s. i.* **1** aridez. **2** (fig.) aridez, falta de ideas (en el arte o en la vida, etc.).
aridly ['ærɪdlɪ] *adv.* áridamente.
aridness ['ærɪdnɪs] *s. c.* aridez, estado de aridez.
Aries ['eəriːz] *s. sing.* **1** ASTR. Aries. ● *s. c.* **2** Aries, aries (persona de este signo).
aright [ə'raɪt] *adv.* **1** (p.u.) correctamente, bien. ◆ **2 to put/set** ~, corregir, rectificar, solucionar.
arise [ə'raɪz] (*pret.* **arose,** *p. p.* **arisen**) *v. i.* **1** surgir, presentarse, producirse (una situación, problema, etc.). **2** aparecer, surgir, darse: *new beings will arise in the future = nuevos seres aparecerán en el futuro.* **3** (**to** ~ **from/out of**) ser resultado de, surgir como resultado de: *that arises from your lack of courage = eso es el resultado de tu falta de coraje.* **4** (lit. y p.u.) levantarse (de la cama), ponerse en pie.
arisen [ə'raɪzen] *p. p. irreg. de* **arise.**
aristocracy [ˌærɪs'tɒkrəsɪ] *s. c.* aristocracia.
aristocrat ['ærɪstəkræt] *s. c.* aristócrata.
aristocratic [ˌærɪstə'krætɪk] *adj.* aristocrático.
aristocratically [ˌærɪstə'krætɪklɪ] *adv.* aristocráticamente.
arithmetic [ə'rɪθmətɪk] *s. i.* **1** aritmética. **2** cálculo, cálculos: *your arithmetic is completely wrong = tus cálculos están completamente equivocados.* ● [ˌærɪʃ'metɪk] *adj.* **3** aritmético.
arithmetical [ˌærɪθ'metɪkl] *adj.* **1** aritmético, matemático. ◆ **2** ~ **progression,** progresión aritmética.
arithmetically [ˌærɪθ'metɪklɪ] *adv.* aritméticamente, matemáticamente.
arithmetician [əˌrɪθmə'tɪʃn] *s. c.* especialista en aritmética, experto en aritmética.
ark [ɑːk] *s. c.* **1** REL. arca. ◆ **2 out of the** ~, (fam. y hum.) salido de los tiempos de Maricastaña. **3 the Ark of Covenant,** REL. el Arca de la Alianza.
arm [ɑːm] *s. c.* **1** ANAT. brazo. **2** manga (de vestimenta). **3** brazo (de asientos). **4** brazo, lengua (de mar, agua, tierra). **5** ala, brazo (de una organización): *the political arm of the organization = el brazo político de la organización.* **6** (fig.) autoridad, poder, mano: *the long arm of the law = el largo brazo de la ley.* **7** MEC. brazo, polea, brazo mecánico. ● *v. t.* **8** armar, dar un arma a. **9** (fig.) armar, proveer de (información, autoridad, etc.). ◆ **10** ~ **in** ~, cogidos del brazo. **11 arms, a)** armas, armamento. **b)** escudo de armas (heráldica). **12 arms dealer,** traficante de armas. **13 arms race,** carrera armamentista. **14 as long as one's** ~, muy largo. **15 at arm's length,** a prudente distancia. **16 at arm's reach,** al alcance de la mano. **17 to be the right** ~ **of,** ser el brazo derecho de. **18 to give one's right** ~ **for,** dar el brazo derecho por. **19 to keep someone at arm's length,** mantener a alguien a distancia (para que no se tome confianzas). **20 to lay down one's arms,** (p.u.) rendirse, entregar las armas. **21 to present arms,** MIL. presentar armas. **22 to push into someone's arms,** echar en los brazos de alguien: *I was pushed into Mary's arms by my mother = mi madre me echó en los brazos de Mary.* **23 to rise up in arms,** alzarse en armas. **24 to take up arms,** tomar las armas. **25 to twist someone's** ~, (fam.) presionar a alguien (para que haga lo que uno quiere). **26 under arms,** MIL. en guerra, armados. **27 up in arms,** muy enfadado (poniendo el grito en el cielo). **28 with open arms,** con los brazos abiertos.
armada [ɑː'mɑːdə] *s. c.* **1** MIL. armada. ◆ **2 the Armada,** HIST. la Armada Invencible.
armadillo [ˌɑːmə'dɪləu] *s. c.* ZOOL. armadillo.
armament ['ɑːməmənt] *s. t.* **1** MIL. potencia ofensiva, preparación bélica. ◆ **2 armaments,** MIL. armamento, armas.
armature ['ɑːmətʃər] *s. c.* MEC. armadura (de una dinamo).
armband ['ɑːmbænd] *s. c.* brazalete.
armchair ['ɑːmtʃeər] *s. c.* **1** sillón, butaca. ● *adj.* **2** (desp.) teórico, de sillón.
armed [ɑːmd] *adj.* **1** armado, con armas. **2** (~ **with**) (fig.) dotado de, provisto de. ◆ **3 -armed:** de brazos (como sufijo): *strong-armed soldiers = soldados de brazos fuertes.* **4** ~ **conflict,** conflicto bélico. **5** ~ **forces,** Fuerzas Armadas, ejércitos. **6** ~ **robbery,** DER. robo a mano armada. **7** ~ **to the teeth,** armado hasta los dientes.
armful ['ɑːmful] *s. c.* montón (que se puede llevar en los brazos).
armhole ['ɑːmhəul] *s. c.* sisa, sobaquera.
armistice ['ɑːmɪstɪs] *s. c.* e *i.* **1** POL. armisticio. ◆ **2 Armistice Day,** HIST. Día del Armisticio (que marca el final de la Primera Guerra Mundial).
armour ['ɑːmər] (en EE UU **armor**) *s. i.* **1** armadura. **2** blindaje, coraza. **3** MIL. vehículos blindados: *send in the armour = envía los vehículos blindados.* **4** (fig.) defensa, protección, escudo.
armoured ['ɑːməd] (en EE UU **armored**) *adj.* **1** MIL. blindado. **2** ZOOL. con coraza (animales que tienen una piel fuerte y especial).
armourer ['ɑːmərər] (en EE UU **armorer**) *s. c.* MIL. armero.
armour-plated ['ɑːməpleɪtɪd] (en EE UU **armor-plated**) *adj.* blindado (especialmente coches).
armoury ['ɑːmərɪ] (en EE UU **armory**) *s. c.* **1** MIL. armería, depósito de armas. **2** MIL. arsenal (de todo un país). **3** (fig.) arsenal, colección (de cualquier cosa).
armpit ['ɑːmpɪt] *s. c.* ANAT. axila, sobaco.
army ['ɑːmɪ] *s. c.* **1** MIL. ejército. **2** (~ **of**) (fig.) ejército de, montón de: *an army of advisers = un montón de consejeros.* ● **3** ~ **record,** hoja de servicios, historial militar.
aroma [ə'rəumə] *s. c.* aroma, fragancia, perfume.
aromatherapy [ərəumə'θerəpɪ] *s. i.* aromaterapia.
aromatic [ˌærə'mætɪk] *adj.* aromático.
arose [ə'rəuz] *pret. irreg.* de **arise.**
around [ə'raund] (también **round**) *adv.* **1** ⇒ **round.** ◆ **2 to be** ~, estar por ahí: *I'm going to the pub to see who is around = voy al bar a ver quién hay*

por ahí. **3 to have been ~,** (fam.) ser una persona que ha viajado, ha experimentado otros lugares, que sabe de la vida en general y en profundidad: *it's obvious that he's been around = es obvio que tiene experiencia de la vida.*

arousal [ə'rauzəl] *s. i.* **1** excitación, excitación sexual. **2** (~ **of**) despertar de (sentimientos, intereses, etc.): *the arousal of hate = el despertar del odio.*

arouse [ə'rauz] *v. t.* **1** despertar (interés, atención, etc.). **2** incitar, provocar, despertar (sentimientos). **3** excitar (sexualmente). **4** despertar (del sueño).

arpeggio [ɑː'pedʒɪəu] *s. c.* MÚS. arpegio.

arraign [ə'reɪn] *v. t.* DER. citar, emplazar (ante un tribunal para contestar a una acusación).

arraignment [ə'reɪnmənt] *s. c.* e *i.* DER. emplazamiento, citación.

arrange [ə'reɪndʒ] *v. t.* **1** organizar, ordenar, planificar. **2** cuidar los detalles de, arreglar, encargarse de: *arrange everything, please = por favor, cuida todos los detalles.* **3** disponer, colocar (un objeto para mayor belleza). **4** MÚS. arreglar. ● *v. i.* **5** disponer, ordenar, fijar: *I arranged for my son to go too = dispuse que mi hijo se fuera también.* ◆ **6 arranged marriage,** boda concertada (de antemano y sin el consentimiento de los implicados).

arrangement [ə'reɪndʒmənt] *s. c.* **1** plan, organización; acuerdo. **2** disposición, colocación. **3** MÚS. arreglo. ◆ **4 arrangements,** planificación, planes. **5 to make arrangements,** hacer los preparativos.

arranger [ə'reɪndʒə] *s. c.* MÚS. arreglista.

arrant ['ærənt] *adj.* (desp.) redomado, notorio.

array [ə'reɪ] *v. pron.* **1** (**to** ~ **in**) (lit.) ataviarse con, engalanarse con (vestidos). ● *v. t.* **2** (lit.) ataviar, engalanar, adornar. **3** (lit.) MIL. poner en orden de batalla, formar en orden de batalla. ● *s. c.* **4** (~ **of**) conjunto de, serie de, colección de: *an impressive array of trophies = una colección impresionante de trofeos.* ◆ **5 a battle ~/a military ~,** MIL. una disposición de batalla/una formación de batalla. **6 to be arrayed,** (lit.) estar colocado, estar dispuesto (de modo correcto a la vista de la gente).

arrears [ə'rɪəz] *s. c.* (sólo *pl.*) **1** deudas, atrasos. ◆ **2 in ~, a)** endeudado, atrasado en sus pagos. **b)** a mes, semana, etc., vencido (forma de recibir el sueldo).

arrest [ə'rest] *v. t.* **1** arrestar, detener. **2** cautivar; atraer (la atención). **3** atajar, detener (haciendo su progresión más lenta): *don't arrest the child's growth = no detengas el crecimiento del niño.* ● *s. c.* e *i.* **4** arresto, detención. ◆ **5 to make an ~,** llevar a cabo una detención, hacer un arresto. **6 under ~,** bajo arresto. **7 under house ~,** bajo arresto domiciliario.

arresting [ə'restɪŋ] *adj.* atrayente, cautivador, llamativo.

arrival [ə'raɪvl] *s. i.* **1** llegada (de un tren, de un acontecimiento, etc.). **2** nacimiento, llegada (de un bebé). ◆ **3 new ~,** recién llegado.

arrive [ə'raɪv] *v. i.* **1** llegar. **2** (**to ~ at**) llegar a, alcanzar (una conclusión, idea, etc.). **3** aparecer, llegar: *new inventions arrived = aparecieron nuevos inventos.* **4** nacer (un bebé). **5** (fam.) tener éxito, alcanzar el éxito: *thanks to her film director friend, she has arrived = gracias a su amigo director de cine, ella ha alcanzado el éxito.*

arrogance ['ærəgəns] *s. i.* (desp.) arrogancia, altivez.

arrogant ['ærəgənt] *adj.* (desp.) arrogante, altivo.

arrogantly ['ærəgəntlɪ] *adv.* con arrogancia, altivamente.

arrogate ['ærəgeɪt] *v. pron.* (**to** ~ **to**) (desp. y lit.) arrogarse, atribuirse (funciones no merecidas).

arrow ['ærəu] *s. c.* flecha (como arma o como señal).

arrowhead ['ærəuhed] *s. c.* punta de flecha.

arrowroot ['ærəuruːt] *s. i.* arruruz.

arse [ɑːs] *s. c.* **1** . (fam. y vulgar) culo. ◆ **2 to ~ about/around,** hacer el tonto. **3 to get off one's ~,** darse prisa, moverse, ponerse a ello. **4 to move/shift one's ~,** echarse a un lado, dejar sitio.

arsehole ['ɑːshəul] *s. c.* **1** (fam. y tabú) ano. **2** imbécil, idiota, gilipollas.

arse-licker ['ɑːslɪkər] *s. c.* (fam. y vulg.) lameculos, pelota.

arsenal ['ɑːsɪnl] *s. c.* **1** MIL. arsenal. **2** (fig.) arsenal, caudal (de ideas, etc.).

arsenic ['ɑːsnɪk] *s. i.* QUÍM. arsénico.

arson ['ɑːsn] *s. i.* DER. incendio premeditado.

art [ɑːt] *s. i.* **1** arte. **2** dibujo, pintura: *my child is very good at art = mi hijo es muy bueno en dibujo.* **3** (fig.) arte, habilidad: *the art of listening = el arte de escuchar.* ● *s. c.* **4** arte (cine, pintura, etc.). ◆ **5 ~ gallery,** galería de arte, museo. **6 arts,** letras, humanidades. **7 arts and crafts,** trabajos manuales. **8 to get something down to a fine ~,** hacer algo a la perfección, bordar algo. **9 the arts,** las bellas artes.

artefact ['ɑːtɪfækt] (también **artifact**) *s. c.* artefacto, objeto.

arterial [ɑː'tɪərɪəl] *adj.* **1** ANAT. arterial. **2** principal (carretera, ferrocarril).

arteriosclerosis [ɑːˌtɪərɪəusklə'rəusɪs] *s. i.* MED. arteriosclerosis.

artery ['ɑtərɪ] *s. c.* **1** ANAT. arteria. **2** carretera principal, línea principal de ferrocarril.

artesian well [ɑːˌtiːzɪən'wel] *s. c.* pozo artesiano.

artful ['ɑːtfl] *adj.* **1** astuto, taimado, ladino. **2** ingenioso, habilidoso (en su expresión artística).

artfully ['ɑːtfəlɪ] *adv.* **1** astutamente, taimadamente, ladinamente. **2** ingeniosamente, habilidosamente (en el arte).

arthritic [ɑː'θrɪtɪk] *adj.* **1** MED. con artritis, artrítico, de artritis. ● *s. c.* **2** artrítico, reumático.

arthritis [ɑː'θraɪtɪs] *s. i.* MED. artritis.

artichoke ['ɑːtɪtʃəuk] *s. c.* BOT. **1** alcachofa. ◆ **2 Jerusalem ~,** pataca.

article ['ɑːtɪkl] *s. c.* **1** PER. artículo. **2** artículo, cosa, objeto. **3** DER. artículo, cláusula. **4** GRAM. artículo. ◆ **5 articles of association,** estatutos sociales. **6 ~ of faith,** artículo de fe, creencia básica. **7 articles,** DER. acuerdo de prácticas de abogacía.

articled ['ɑːtɪkld] *adj.* de prácticas profesionales: *an articled clerk = un pasante.*

articulate [ɑː'tɪkjulɪt] *adj.* **1** articulado, claro, inteligible. ● [ɑː'tɪkjuleɪt] *v. t.* **2** (lit.) expresar, articular (ideas, opiniones, etc.).

articulated [ɑː'tɪkjuleɪtɪd] *adj.* articulado (de vehículos).

articulately [ɑː'tɪkjulɪtlɪ] *adv.* articuladamente, inteligiblemente.

articulateness [ɑː'tɪkjulətnɪs] *s. i.* claridad (de expresión o de pensamiento).

articulation [ɑːˌtɪkju'leɪʃn] *s. i.* **1** (lit.) articulación, expresión (de ideas, sentimientos, etc.). ● *s. c.* e *i.* **2** FON. articulación.

artifice ['ɑːtɪfis] *s. c.* e *i.* (lit.) artificio, ardid, estratagema.

artificer [ɑː'tɪfisər] *s. c.* MIL. artificiero.

artificial [ɑːtɪ'fisl] *adj.* **1** artificial (de situaciones, objetos, materiales, etc.). **2** (desp.) artificial, artificioso, afectado. **3** postizo, artificial (partes del cuerpo). ◆ **4 ~ insemination,** MED. inseminación artificial. **5 ~ intelligence,** INFO. inteligencia artificial. **6 ~ light,** luz artificial. **7 artificial limb,** miembro ortopédico. **8 ~ respiration,** respiración artificial.

artificiality [ˌɑːtɪfisɪ'ælɪtɪ] *s. i.* **1** artificialidad (de gran número de cosas). **2** (desp.) afectación, artificialidad.

artificially [ɑːtɪ'fisəlɪ] *adv.* artificialmente.

artillery [ɑː'tɪlərɪ] *s. i.* MIL. **1** artillería. ◆ **2 the Artillery,** la Artillería.

artisan [ˌɑːtɪ'zæn] *s. c.* artesano.

artist ['ɑːtɪst] *s. c.* **1** artista (de todo género). **2** (fig.) artista (en cualquier profesión o empeño).

artiste [ɑː'tiːst] *s. c.* artista (sólo en el canto, el baile y el circo).

artistic [ɑː'tɪstɪk] *adj.* artístico.

artistically [ɑː'tɪstɪklɪ] *adv.* artísticamente.

artistry ['ɑːtɪstrɪ] *s. i.* **1** saber hacer artístico. **2** (fig.) habilidad, toque.

artless ['ɑːtlɪs] *adj.* **1** sencillo, natural. **2** ingenuo. **3** torpe.

artlessly ['ɑːtlɪslɪ] *adv.* **1** sencillamente, con naturalidad. **2** ingenuamente. **3** torpemente.

artlessness ['ɑːtlɪsnɪs] *s. i.* **1** sencillez, naturalidad. **2** ingenuidad. **3** torpeza.

artwork ['ɑːtwəːk] *s. i.* ilustraciones (acompañando un texto).

arty ['ɑːtɪ] *adj.* (desp.) ostentoso, repipi, pseudoartístico.

arty-crafty [ˌɑːtɪ'krɑːftɪ] *adj.* (desp.) artificialmente artístico.

as [æz] pronunciación relajada [əz] *conj.* **1** como, porque, ya que: *as I'm tired, I'll go to bed = como estoy cansado, me voy a la cama.* **2** cuando, al mismo tiempo que, en el momento en que: *he was shot as he was walking out of the house = le dispararon en el momento en que salía de la casa.* **3** de la misma manera que, como, igual que: *do as I do = haz como yo.* **4** (detrás de *adj.*) aunque: *tired as she was, she let the child sleep in the only bed available = aunque estaba cansada, dejó dormir al niño en la única cama disponible.* **5** en la medida en que: *his speech only highlighted unemployment as measured by the Government Statistics Office = su discurso sólo resaltó el paro en la medida en que estaba cuantificado por el Instituto de Estadística.* • *adv.* **6** (en *comp.*) tan... como: *he's as strong as a horse = es tan fuerte como un caballo.* **7** hasta, incluso (como énfasis): *he earns as much as 5,000 dollars a month = gana hasta 5.000 dólares al mes.* • *prep.* **8** como, de (en profesiones, estados vitales y diversas situaciones): *he worked as a teacher for 15 years = trabajó de profesor durante 15 años.* ◆ **9 ~ against,** comparado con, contrastado con. **10 ~ ever,** como siempre. **11 ~ follows,** como sigue: *the text is as follows = el texto es como sigue.* **12 ~ for/to,** en cuanto a, en lo que concierne a: *as for your request, I have no good news at all = en lo que concierne a su petición no tengo en absoluto buenas noticias.* **13 ~ from/~ of,** a partir de, desde, (con expresión de tiempo). **14 ~ if/~ though,** como si. **15 ~ I see it/~ I understand it,** en mi opinión, tal como lo veo. **16 ~ it is/~ it turns out/~ things stand,** tal como está la situación, tal como están las cosas, tal como está todo. **17 ~ it were,** por decirlo así. **18 ~ opposed to,** en contraposición con, en contra de: *it's necessary to have specialists as opposed to general workers = es necesario tener especialistas en lugar de trabajadores no especializados.* **19 ~ regards,** en lo que respecta a, en lo tocante a. **20 ~ such,** per se, en sí mismo, por sí mismo: *I'm not interested in literature as such, but as a reflection of our society = yo no estoy interesado en la literatura por sí misma, sino como reflejo de nuestra sociedad.* **21 ~ to,** (brit.) sobre, acerca de. **22 ~ well,** también. **23 ~ yet,** hasta ahora, aún. **24 ~ you wish/~ you like,** como quieras, como desees, como gustes. **25 it isn't ~ if/it isn't ~ though,** no es el caso que, no es precisamente como si (o en otros tiempos como el pasado, etc.).

asbestos [æz'bestəs] *s. i.* asbesto.

asbestosis [ˌæzbes'təʊsɪs] *s. i.* MED. asbestosis.

ascend [ə'send] *v. i.* **1** (lit.) ascender, elevarse. **2** (**to ~ to**) llevar a (subiendo): *those steps ascend to the tower = esos escalones llevan a la torre.* • *v. t.* **3** subir (una escalera, una montaña, etc.). ◆ **4 to ~ the throne,** subir al trono.

ascendancy [ə'sendənsɪ] (también **ascendency**) *s. i.* (**~ over**) (lit.) dominio sobre, predominio sobre.

ascendant [ə'sendənt] (también **ascendent**) *adj.* **1** (lit.) predominante. ◆ **2 in the ~,** ganando en fuerza, adquiriendo influencia.

ascending [ə'sendɪŋ] *adj.* ascendente, hacia arriba: *in ascending order = en orden ascendente.*

ascension [ə'senʃn] *s. i.* **1** ascensión. ◆ **2 the Ascension,** REL. la Ascensión.

ascent [ə'sent] *s. c.* **1** ascenso, ascensión, subida. **2** cuesta, pendiente. • *s. i.* **3** (lit.) ascenso, progreso (de una persona en la sociedad).

ascertain [ˌæsə'teɪn] *v. t.* (form.) averiguar, determinar, cerciorarse de.

ascertainable [ˌæsə'teɪnəbl] *adj.* (form.) determinable, de posible averiguación, indagable.

ascertainment [ˌæsə'teɪnmənt] *s. i.* (form.) indagación, averiguación, comprovación.

ascetic [ə'setɪk] *adj.* **1** ascético. • *s. c.* **2** asceta.

ascetically [ə'setɪklɪ] *adv.* ascéticamente.

asceticism [ə'setɪsɪzəm] *s. i.* asceticismo.

ascorbic acid [əˌskɔːbɪk'æsɪd] *s. i.* QUÍM. ácido ascórbico.

ascribable [ə'skraɪbəbl] *adj.* atribuible, imputable: *his success is ascribable to good luck = su éxito es imputable a la buena suerte.*

ascribe [ə'skraɪb] *v. t.* atribuir, imputar (un suceso, una virtud, una obra de arte, etc.).

ascription [ə'skrɪpʃn] *s. c.* e *i.* (form.) atribución, adscripción.

asepsis [ˌeɪ'sepsɪs] *s. i.* MED. asepsia.

aseptic [ˌeɪ'septɪk] *adj.* MED. aséptico, libre de gérmenes.

asexual [ˌeɪ'sekʃʊəl] *adj.* asexual.

asexuality [eɪˌsekʃʊ'ælətɪ] *s. i.* asexualidad.

ash [æʃ] *s. i.* **1** ceniza. **2** madera de fresno. • *s. c.* **3** BOT. fresno. ◆ **4 ashes,** cenizas (de cigarrillos, madera, etc.). **5 ~ Wednesday,** REL. Miércoles de Ceniza.

ashamed [ə'ʃeɪmd] *adj.* **1** (**~ of**) avergonzado de. ◆ **2 to be ~ to,** (+ *inf.*) tener vergüenza de, darle a uno vergüenza.

ashcan ['æʃkæn] *s. c.* (EE UU) cubo de basura.

ashen ['æʃn] *adj.* ceniciento (color de la cara), horriblemente pálido.

ashore [ə'ʃɔː] *adv.* MAR. **1** a tierra, a la costa. ◆ **2 to go ~,** ir a tierra, desembarcar.

ashpan ['æʃpæn] *s. c.* cajón para la ceniza (debajo de un fuego de chimenea o similar).

ashtray ['æʃtreɪ] *s. c.* cenicero.

ashy ['æʃɪ] *adj.* de ceniza, con ceniza, parecido a la ceniza.

Asia ['eɪʃə] *s. sing.* GEOG. Asia.

Asian ['eɪʃn] *adj.* **1** asiático. • *s. c.* **2** asiático.

Asiatic [ˌeɪsɪ'ætɪk] *adj.* asiático.

aside [ə'saɪd] *adv.* **1** a un lado: *move aside = échate a un lado.* **2** aparte, excluyendo, dejando aparte, dejando a un lado: *her drinking problem aside, she is a great actress = dejando a un lado su problema con el alcohol, es una actriz estupenda.* • *s. c.* **3** digresión. ◆ **4 ~ from,** (EE UU) aparte de, fuera de.
OBS. Esta partícula matiza el significado de los verbos de las siguientes maneras: **6** expresando separación física mantenida: *I held the curtains aside to see who was coming = mantuve las cortinas separadas para ver quién venía.* **7** señalando rechazo, descarte, etc. de una idea, sugerencia, saludo o similar: *I was never able to sweep all her doubts aside as to my intentions = nunca pude despejar todas sus dudas en cuanto a mis intenciones.*

asinine ['æsɪnaɪn] *adj.* (lit.) estúpido, necio.

ask [ɑːsk] *v. t.* **1** preguntar. **2** (**to ~, +** *o.* **+** *inf.*) pedir: *I asked him to come = le pedí que viniera.* **3** (**to ~ in/out**) invitar a entrar/a salir: *I've asked her out fifty times and she's always rejected me = la he invitado a salir cincuenta veces y siempre me ha rechazado.* **4** pedir, solicitar (una opinión, un permiso, etc.). • *v. i.* **5** preguntar, formular una pregunta. ◆ **6 as +** *adj.* **+ as one could ~ for,** lo/el/la/los/las más o mejores (superlativo del adjetivo) que uno podría desear: *they are as good teachers as he could ask for = ellos son los mejores profesores que él podría desear.* **7 to ~ after/for, a)** preguntar por (queriendo ver a una persona). **b)** pedir (una cosa). **8 to ~ for it/to ~ for trouble,** (fam.) provocar líos, buscarse problemas voluntariamente, meterse en follones queriéndolo. **9 for the asking,** gratis, con sólo pedirlo. **10 I ~ you!,** (fam.) ¡será posible!: *cars being allowed to park on the pavements, I ask you! = ¡que los coches se puedan aparcar en las aceras, será posible!* **11 if you ~ me,** si quieres saber mi opinión, si se me pregunta.

askance [ə'skɑns] *adv.* **1** de reojo, oblicuamente. ◆ **2 to look ~ at,** mirar sospechosa o despectivamente a.

askew [ə'skjuː] *adj.* y *adv.* torcido, torcidamente.

asking price ['ɑːskɪŋ praɪs] *s. c.* precio inicial.

aslant [ə'slɑːnt] *adv.* **1** oblicuamente, sesgadamente.

asleep [ə'sliːp] *adj.* **1** dormido. **2** (fig.) dormido (una parte del cuerpo). ◆ **3 to fall ~,** dormirse. **4 fast ~/sound ~,** profundamente dormido.

asocial [eɪ'səʊʃəl] *adj.* asocial, antisocial.
asp [æsp] *s. c.* ZOOL. áspid (una clase de serpiente).
asparagus [ə'spærəgəs] *s. i.* **1** BOT. espárragos. ◆ **2** ~ **tips,** yemas de espárragos.
aspect ['æspekt] *s. c.* **1** aspecto, faceta. **2** apariencia, aspecto general. **3** (lit.) aspecto, apariencia (referido al rostro). **4** (lit.) orientación (de una casa). **5** (lit.) orientación, posición (para contemplar un paisaje o un lugar especial). ● *s. i.* **6** GRAM. aspecto (de los verbos).
aspectual [æ'spektʃʊəl] *adj.* GRAM. aspectual.
aspen ['æspən] *s. c.* BOT. álamo temblón.
asperity [æ'sperɪtɪ] *s. i.* (lit.) aspereza; severidad (en el tono de voz).
aspersion [ə'spəːʃn] *s. c.* **1** calumnia, injuria. ◆ **2 to cast aspersions on,** (lit.) calumniar, injuriar; arrojar serias dudas sobre.
asphalt ['æsfælt] *s. i.* **1** asfalto. ● *v. t.* **2** asfaltar.
asphyxia [æs'fɪksɪə] *s. i.* MED. asfixia.
asphyxiate [æs'fɪksɪeɪt] *v. t.* e *i.* asfixiar(se), sofocar(se).
asphyxiating [æs'fɪksɪeɪtɪŋ] *adj.* asfixiante.
asphyxiation [æs,fɪksɪ'eɪʃn] *s. i.* asfixia.
aspic ['æspɪk] *s. i.* GAST. gelatina de caldo.
aspidistra [,æspɪ'dɪstrə] *s. i.* BOT. aspidistra.
aspirant ['æspɪrənt] *s. c.* (~ **to**) aspirante a, candidato a.
aspirate ['æspərɪt] *s. c.* **1** FON. aspirada. ● ['æspəreɪt] *v. t.* **2** FON. aspirar.
aspiration [,æspə'reɪʃn] *s. c.* e *i.* **1** (~ **to**) aspiración a, anhelo de, deseo de. ● *s. c.* **2** REL. jaculatoria. ● *s. i.* **3** FON. aspiración.
aspire [ə'spaɪər] *v. i.* (**to** ~ **to**) aspirar a, ambicionar.
aspirin ['æsprɪn] *s. c.* e *i.* QUÍM. aspirina.
aspiring [ə'spaɪərɪŋ] *adj.* ambicioso, aspirante al éxito.
ass [æs] *s. c.* **1** ZOOL. asno, burro. **2** (fam.) tonto, bobo. **3** (EE UU) (fam.) culo, trasero. ● *s. i.* **4** (desp., fam. y EE UU) coño. ◆ **5 to make an** ~ **of oneself,** (fam.) hacer el tonto, hacer el ridículo.
assail [ə'seɪl] *v. t.* **1** (lit.) agredir, acometer, atacar (violentamente o como crítica). **2** asaltar (dudas, temores, problemas, etc.). **3** abrumar (con preguntas).
assailant [ə'seɪlənt] *s. c.* (lit.) agresor, asaltante.
assassin [ə'sæsɪn] *s. c.* asesino (de un personaje importante).
assassinate [ə'sæsɪneɪt] *v. t.* asesinar, matar (personaje importante).
assassination [ə,sæsɪ'neɪʃn] *s. c.* e *i.* asesinato.
assault [ə'sɔːlt] *s. c.* **1** MIL. asalto, ataque. **2** (fig.) ataque (a creencias, actitudes sociales, etc.). ● *s. c.* e *i.* **3** agresión (personal). ● *v. t.* **4** agredir, atacar. ◆ **5** ~ **and battery,** DER. asalto y agresión. **6** ~ **course,** MIL. carrera de obstáculos (con todo tipo de dificultades típicas militares). **7** ~ **craft,** MIL. lancha de asalto.
assaulter [a'sɔːltər] *s. c.* asaltante, agresor.
assay [ə'seɪ] *v. t.* **1** TEC. ensayar (comprobar la pureza de una sustancia o metal). ● *s. c.* **2** ensayo (comprobación de la pureza de un metal). ◆ **3 to make an** ~**,** llevar a cabo un ensayo (sobre un metal).
assemblage [ə'semblɪdʒ] *s. c.* e *i.* (lit.) **1** agrupamiento, conjunción, conjunto. **2** TEC. empalme.
assemble [ə'sembl] *v. i.* **1** reunirse, juntarse (para algún propósito). ● *v. i.* **2** montar, ensamblar, empalmar. **3** reunir, acumular (colección).
assembled [ə'semblɪ] *adj.* reunido, congregado: *the assembled deputies cheered = los diputados congregados dieron vivas.*
assembly [ə'semblɪ] *s. c.* **1** asamblea, reunión. **2** POL. parlamento (regional o nacional). **3** MEC. montaje. ● *s. c.* e *i.* **4** reunión general, asamblea (de todos los profesores y alumnos de una escuela a primera hora de la mañana). ● *s. i.* **5** reunión: *right of assembly = derecho de reunión.* **6** MEC. montaje, ensamblaje.
assembly-line [ə'semblɪ laɪn] *s. c.* línea de montaje.
assent [ə'sent] *s. i.* **1** asentimiento, consentimiento, aquiescencia. ● *v. i.* **2** (**to** ~ **to**) asentir a, consentir en. ◆ **3 to receive Royal Assent/to be given Royal Assent,** POL. sancionar oficialmente, ratificar oficialmente (las leyes emanadas del Parlamento por parte del Rey o la Reina).
assert [ə'səːt] *v. t.* **1** declarar, afirmar, aseverar. **2** hacer valer, sostener (derecho, autoridad, etc.). ● *v. pron.* **3** imponerse, infundir respeto.
assertion [ə'səːʃn] *s. c.* e *i.* **1** declaración, afirmación, aseveración. **2** afirmación (de derechos, autoridad, etc.).
assertive [ə'səːtɪv] *adj.* enérgico, agresivo, lanzado.
assertively [ə'səːtɪvlɪ] *adv.* enérgicamente, agresivamente.
assertiveness [ə'səːtɪvnɪs] *s. i.* agresividad, energía.
assess [ə'ses] *v. t.* **1** valorar, enjuiciar, juzgar (una situación, a una persona, un objeto). **2** tasar, calcular, estimar (cantidades).
assessment [ə'sesmənt] *s. c.* e *i.* **1** valoración, juicio (de una situación o similar). **2** tasación, cálculo (cantidades).
assessor [ə'sesər] *s. c.* **1** asesor (fiscal u otros tipos). **2** DER. tasador.
asset ['æset] *s. c.* **1** punto fuerte, ventaja. ● *s. pl.* **2 assets,** bienes, posesiones. ◆ **3** ~ **management,** gestión de patrimonios.
asset-stripping ['æsetstrɪpɪŋ] *s. i.* COM. liquidación de bienes (compra de una empresa con dificultades y venta progresiva de su capital inmobiliario).
asseverate [ə'sevəreɪt] *v. t.* (form.) aseverar, afirmar firmemente.
asseveration [ə,sevə'reɪʃn] *s. c.* e *i.* (form.) aseveración, afirmación firme.
assiduity [,æsɪ'djuːɪtɪ] *s. i.* (form.) perseverancia, asiduidad.
assiduous [ə'sɪdjʊəs] *adj.* diligente, perseverante, asiduo.
assiduously [ə'sɪdjʊəslɪ] *adv.* diligentemente, con perseverancia, asiduamente.
assign [ə'saɪn] *v. t.* **1** asignar, distribuir (tareas, trabajos, etc.). **2** repartir, dar: *they assigned the big desk to the manager = dieron la mesa grande al director.* **3** destinar (a un puesto de trabajo o militar). **4** señalar, atribuir, asignar (un rol, un nombre, un día etc.): *they assigned him the role of moderator = le asignaron el papel de mediador.*
assignable [ə'saɪnəbl] *adj.* asignable, atribuible.
assignation [,æsɪg'neɪʃn] *s. c.* (lit.) encuentro, cita (especialmente amorosa).
assignment [ə'saɪnmənt] *s. c.* **1** cometido, misión. **2** trabajo, tarea (académica). ● *s. i.* **3** nombramiento, destino.
assimilate [ə'sɪməleɪt] *v. t.* **1** asimilar, comprender. ◆ **2 to be assimilated into,** integrarse en.
assimilation [ə,sɪmɪ'leɪʃn] *s. i.* **1** asimilación, comprensión. **2** integración, asimilación (en un grupo).
assist [ə'sɪst] *v. t.* **1** ayudar, socorrer, auxiliar, prestar ayuda. ● *v. i.* **2** (**to** ~ **in /with**) ayudar en/con, prestar ayuda en /con: *the new nurse will assist with the blind children = la nueva enfermera ayudará a los niños ciegos.*
assistance [ə'sɪstəns] *s. i.* **1** ayuda, auxilio, asistencia. ◆ **2 to be of** ~**,** ayudar, servir de ayuda: *can I be of any assistance? = ¿puedo servirle de ayuda?*
assistant [ə'sɪstənt] *s. c.* **1** ayudante, secretario personal. **2** dependiente (en una tienda). ● *adj.* **3** ayudante, auxiliar, sub-: *assistant manager = subdirector.* ◆ **4** ~ **lecturer,** profesor adjunto.
assizes [ə'saɪzɪz] *s. pl.* DER. sesión de un tribunal de ámbito provincial, tipo de juzgado, (en el sistema jurídico de Inglaterra y Gales).
associate [ə'səʊʃɪeɪt] *v. t.* **1** (**to** ~ **with**) asociar con, relacionar con. ● *v. pron.* **2** (**to** ~ **with**) asociarse con, relacionarse con, tratar con. ● *v. i.* **3** (**to** ~ **with**) juntarse con, asociarse con, mezclarse con. ● [ə'səʊʃɪət] *adj.* **4** adjunto, asociado (no de pleno derecho). ◆ **5 associates,** colegas, socios. **6 to be associated with,** estar asociado, estar unido a, estar relacionado con: *this problem is associated with the new engine = este problema está relacionado con el nuevo motor.*

associated [ə'səʊʃɪeɪtɪd] *adj.* **1** asociado, conexo, relacionado. ◆ **2 associated,** COM. afiliado, asociado.
association [əˌsəʊsɪ'eɪʃn] *s. c.* **1** asociación. **2** conexión, asociación (de ideas, memorias, etc.). ● *s. i.* **3** asociación, participación, relación: *his association with the left is clear = su relación con la izquierda está clara.* ◆ **4 ~ of ideas,** asociación de ideas. **5 in ~ with,** en colaboración con.
assonance ['æsənəns] *s. i.* LIT. asonancia (en la rima).
assorted [ə'sɔːtɪd] *adj.* **1** surtido, variado. ◆ **2 well-badly/... ~,** bien/mal emparejado: *they are a well-assorted couple = son un matrimonio bien emparejado.*
assortment [ə'sɔːtmənt] *s. c.* (**~ of**) surtido de, variedad de.
assuage [æ'sweɪdʒ] *v. t.* (lit.) **1** calmar, aliviar, mitigar. **2** satisfacer (un deseo, una necesidad, etc.).
assume [ə'sjuːm] *v. t.* **1** asumir, suponer. **2** asumir, tomar (responsabilidad, poder, autoridad, etc.). **3** adoptar, asumir (apariencia, expresión facial, comportamiento, etc.) ◆ **4 assumed name,** seudónimo. **5 assuming that,** suponiendo que, dado que. **6 let's ~,** supongamos, imaginemos (hipotéticamente).
assumption [ə'sʌmpʃn] *s. c.* **1** noción, suposición, idea. ● *s. i.* **2** (**~ of**) asunción de (poder, responsabilidades, etc.). ◆ **3 the Assumption,** REL. la Asunción.
assurance [ə'ʃʊəːrəns] *s. c.* e *i.* **1** promesa, afirmación enfática, garantía. ● *s. i.* **2** seguridad, confianza. **3** seguro (como actividad de empresa).
assure [ə'ʃʊər] *v. t.* **1** asegurar, garantizar. ● *v. pron.* **2** (**to ~ of**) asegurarse, hacerse con (un dinero, un futuro, etc.). ◆ **3 to be assured of,** estar seguro de, asegurarse de. **4 I can ~ you/I ~ you,** te lo aseguro; créeme. **5 to rest assured,** estar totalmente seguro, convencerse de.
assured [ə'ʃʊəd] *adj.* **1** seguro, confiado; sereno. **2** seguro, hecho: *her university degree is assured = su licenciatura universitaria está hecha.* ◆ **3 the ~,** el asegurado, los asegurados (en compañía de seguros).
assuredly [ə'ʃʊərɪdlɪ] *adv.* seguramente, ciertamente, con toda seguridad.
aster ['æstər] *s. c.* BOT. áster.
asterisk ['æstərɪsk] *s. c.* **1** asterisco. ◆ **2 to be asterisked,** estar marcado con un asterisco.
astern [ə'stəːn] *adj.* **1** a popa, en la popa. ● *adv.* **2** de popa, hacia atrás.
asteroid ['æstərɔɪd] *s. c.* asteroide.
asthma ['æsmə] *s. i.* MED. asma.
asthmatic [æs'mætɪk] *adj.* **1** asmático. ● *s. c.* **2** asmático (persona con asma).
astigmatism [æ'stɪgmətɪzəm] *s. i.* MED. astigmatismo.
astigmatic [ˌæstɪg'mætɪk] *adj.* que tiene astigmatismo.
astir [ə'stəːr] *adj.* y *adv.* **1** en movimiento, en actividad. **2** (arc.) levantado, fuera de la cama.
astonish [ə'stɒnɪʃ] *v. t.* asombrar, pasmar, sorprender en gran manera.
astonished [ə'stɒnɪʃt] *adj.* asombrado, pasmado, muy sorprendido.
astonishing [ə'stɒnɪʃɪŋ] *adj.* asombroso, sorprendente.
astonishingly [ə'stɒnɪʃɪŋlɪ] *adv.* asombrosamente, sorprendentemente.
astonishment [ə'stɒnɪʃmənt] *s. i.* asombro, gran sorpresa, pasmo.
astound [ə'staund] *v. t.* ⇒ **astonish.**
astounded [ə'staundɪd] *adj.* ⇒ **astonished.**
astounding [ə'staundɪŋ] *adj.* ⇒ **astonishing.**
astoundingly [ə'staundɪŋlɪ] *adv.* ⇒ **astonishingly.**
astrakhan [ˌæstrə'kæn] *s. i.* astracán.
astral ['æstrəl] *adj.* (lit.) astral.
astray [ə'streɪ] *adv.* **1** (p.u.) por mal camino, en el error. ◆ **2 to go ~,** extraviarse, perderse (un objeto). **3 to lead someone ~, a)** despistar a alguien, engañar a alguien. **b)** llevar a alguien por mal camino, descarriar a alguien.
astride [ə'straɪd] *prep.* a horcajadas sobre, a caballo.
astringency [ə'strɪndʒənsɪ] *s. i.* **1** MED. astringencia. **2** (fig.) severidad.
astringent [ə'strɪndʒənt] *adj.* **1** MED. astringente. **2** (fig.) severo, adusto. ● *s. c.* e *i.* **3** MED. astringente.
astrologer [æ'strɒlədʒər] *s. c.* astrólogo.
astrological [ˌæstrə'lɒdʒɪkl] *adj.* astrológico.
astrology [ə'strɒlədʒɪ] *s. i.* astrología.
astronaut ['æstrənɔːt] *s. c.* astronauta.
astronomer [ə'strɒnəmər] *s. c.* astrónomo.
astronomical [ˌæstrə'nɒmɪkl] *adj.* **1** de la astronomía. **2** (fig.) astronómico, gigantesco (especialmente con cantidades).
astronomically [ˌæstrə'nɒmɪklɪ] *adv.* astronómicamente, enormemente.
astronomy [ə'strɒnəmɪ] *s. i.* astronomía.
astrophysics [ˌæstrəʊ'fɪzɪks] *s. i.* astrofísica.
astute [ə'stjuːt] *adj.* astuto, sagaz.
astutely [ə'stjuːtlɪ] *adv.* astutamente, sagazmente.
astuteness [ə'stjuːtnɪs] *s. i.* astucia.
asunder [ə'sʌndər] *adv.* (lit.) en trozos, en pedazos, en dos trozos.
asylum [ə'saɪləm] *s. c.* **1** manicomio, asilo (para enfermos mentales). ● *s. i.* **2** amparo, asilo, protección.
asymmetrical [ˌeɪsɪ'metrɪkl] (también **asymmetric**) *adj.* asimétrico.
asymmetry [eɪ'sɪmətrɪ] *s. i.* asimetría.
at [æt] pronunciación relajada [ət] *prep.* **1** en (un sitio más bien pequeño y concreto): *I was standing at the bus stop = yo estaba en la parada del autobús.* **2** a, en (con un tiempo puntual): *I got up at 9 o'clock = me levanté a las 9 en punto.* ◆ **3 where it is ~,** (fam.) lo mejor del mundo: *this school is where it is at = esta escuela es la mejor del mundo.*
OBS. Esta preposición tiene los siguientes matices: **4** asistiendo a algún acontecimiento: *we were at the race = estuvimos en la carrera.* **5** expresando la razón o causa de una emoción: *we were delighted at your success = nos encantó tu éxito.* **6** señalando el lugar de trabajo o estudio: *I work at that hospital = trabajo en ese hospital.* **7** indicando capacidad o falta de capacidad en algo: *my sister is very good at music = mi hermana es muy buena en música.* **8** durante alguna comida del día: *Mr. Williams is still at breakfast = el Señor Williams está todavía desayunando.* **9** como suposición, cálculo, etc.: *he's thirty at a guess = adivino que tiene 30 años.* **10** expresando el movimiento de los ojos y de los gestos del cuerpo: *he gazed at the trees on the hill = contempló los árboles sobre la colina.* **11** significando que se ha ganado en algo (calidad, virtud, técnica, etc.): *Spanish fiction is at its most prolific = la novela española está en su momento más prolífico.* **12** como dirección de un ataque o violencia: *the dog ran at me = el perro corrió hacia mí.* **13** indicando una acción no totalmente voluntaria, casi desganada: *she was picking at her food = comía sin ganas.* **14** posicionamiento en relación con otro objeto o persona: *he wore his hat at an angle = llevaba el sombrero inclinado.* **15** señalando cómo se lleva a cabo una acción: *he did it at his own risk = lo hizo por su cuenta y riesgo.* **16** con edades: *he died at 75 = murió a los 75 años.* **17** expresando un estado o situación: *the escaped lion was still at large = el león escapado estaba todavía en libertad.* **18** con frecuencias, relaciones de cantidades, precios o similar: *our book is priced at 10 dollars = nuestro libro tiene un precio de 10 dólares.* **19** velocidad: *the car was going at 100 miles per hour = el coche iba a 100 millas por hora.* **20** indicando que lo que ocurre es resultado de una orden, invitación o similar de otra persona: *OK I'll do it at your word = de acuerdo, lo haré porque tú lo dices.* **21** finalidad: *she's always at me to repair the fence = siempre está encima de mí para que repare la valla.* **22** volumen de sonido: *the television is at full blast = la televisión está atronando.*
atavism ['ætəvɪzəm] *s. i.* (form.) atavismo.
atavistic [ˌætə'vɪstɪk] *adj.* (form.) atávico; primitivo.
ate [et] *pret.* de **eat.**
atheism ['eɪθɪɪzəm] *s. i.* REL. ateísmo.
atheist ['eɪθɪɪst] *s. c.* REL. ateo.
atheistic [ˌeɪθɪ'ɪstɪk] *adj.* REL. ateo.
athlete ['æθliːt] *s. c.* **1** DEP. atleta. ◆ **2 athlete's foot,** (fam.) pie de atleta (enfermedad de hongos).

athletic [æθ'letɪk] *adj.* **1** DEP. de atletismo. **2** atlético, robusto.
athletics [æθ'letɪks] *s. i.* DEP. atletismo.
athwart [ə'θwɔːt] *adv.* **1** contra, en contra, en oposición. • *prep.* **2** a través de, en ángulo (oblicuo): *athwart the harbour* = *a través del puerto.*
atlas ['ætləs] *s. c.* GEOG. atlas.
atmosphere ['ætməsfɪər] *s. c.* **1** FÍS. atmósfera. • *s. i.* **2** atmósfera (de una ciudad, etc.). **3** ambiente: *a very good atmosphere* = *un buen ambiente.*
atmospheric [ˌætməs'ferɪk] *adj.* **1** atmosférico. ◆ **2 ~ pressure,** FÍS. presión atmosférica.
atoll ['ætɒl] *s. c.* GEOG. atolón.
atom ['ætəm] *s. c.* **1** FÍS. átomo. **2** (fig.) átomo, pizca: *not an atom of common sense* = *ni una pizca de sentido común.* ◆ **3 ~ bomb,** bomba atómica.
atomic [ə'tɒmɪk] *adj.* **1** FÍS. atómico, del átomo. ◆ **2 ~ bomb,** bomba atómica. **3 ~ energy,** energía atómica. **4 ~ number,** número atómico. **5 ~ pile,** pila atómica. **6 ~ power station,** central nuclear. **7 ~ weight,** peso atómico.
atomize ['ætəmaɪz] (también **atomise**). *v. t.* **1** destrozar mediante bomba atómica, destruir totalmente por artefacto nuclear. **2** (lit.) fragmentar, atomizar (una sociedad, comunidad, etc.).
atomizer ['ætəmaɪzər] (también **atomiser**) *s. c.* aerosol, atomizador.
atonal [eɪ'təunl] *adj.* MÚS. atonal.
atonality [ˌeɪtəu'nælɪtɪ] *s. i.* MÚS. atonalidad.
atone [ə'təun] *v. i.* (~ **for**) (lit.) expiar.
atonement [ə'təunmənt] *s. i.* (~ **for**) (lit.) expiación.
atop [ə'tɒp] *prep.* (EE UU) encima de.
atrocious [ə'trəuʃəs] *adj.* atroz, fatal, infame.
atrociously [ə'trəuʃəslɪ] *adv.* atrozmente, fatalmente, infamemente.
atrociousness [ə'trəuʃəsnɪs] *s. i.* atrocidad.
atrocity [ə'trɒsɪtɪ] *s. c.* e *i.* atrocidad, crueldad, salvajismo.
atrophy ['ætrəfɪ] (lit.) *v. i.* **1** atrofiarse. • *s. c.* **2** atrofia. ◆ **3 to be atrophied,** quedar atrofiado, estar atrofiado.
attach [ə'tætʃ] *v. t.* **1** (**to ~ to**) pegar a, unir a, juntar a. **2** dar, conceder (importancia, interés o similar). • *v. i.* **3** (**to ~ to**) (lit.) corresponder a, pertenecer a (cuando se asocia a una persona con algo): *a lot of blame is attached to him* = *gran parte de la culpa le corresponde a él.* ◆ **4 to be attached to,** formar parte de, ser parte de (una organización, institución, etc.); tener cariño a (una persona, etc.).
attaché [ə'tæʃeɪ] *s. c.* **1** POL. agregado (de embajada): *military attaché* = *un agregado militar.* ◆ **2 ~ case,** maletín, cartera.
attached [ə'tætʃt] *adj.* **1** adjunto (documento). **2** (~ **to**) apegado a (una persona).
attachment [ə'tætʃmənt] *s. c.* **1** (~ **to**) apego a, cariño a. **2** accesorio, complemento (de una máquina para hacer distintas funciones). **3** unión; atadura (en un objeto o similar). • *s. i.* **4** (~ **to**) adhesión a, unión con. ◆ **5 on ~,** en destino transitorio: *he was sent there on attachment before the real posting came up* = *fue enviado allí en destino transitorio antes de que saliera el destino definitivo.*
attack [ə'tæk] *v. t.* **1** atacar, asaltar, agredir. **2** (fig.) criticar; condenar. **3** abordar, acometer (un problema, una dificultad, etc.). **4** atacar, intentar destruir (expresa el efecto de una enfermedad, un producto químico nocivo o similar). • *v. i.* **5** DEP. atacar, lanzarse al ataque. • *s. c.* **6** (~ **on**) ataque a, agresión a, asalto a. **7** (~ **of**) ataque de (enfermedad). • *s. c.* e *i.* **8** (~ **on**) MIL. ataque a, asalto a. **9** (~ **on**) crítica a, condena a. • *s. i.* **10** DEP. ataque: *that team is best in attack* = *ese equipo es mejor en el ataque.*
attacker [ə'tækər] *s. c.* asaltante, agresor.
attain [ə'teɪn] *v. t.* **1** lograr, conseguir, obtener: *Senegal attained its independence in the sixties* = *Senegal consiguió su independencia en los años sesenta.* **2** llegar hasta, alcanzar (un estado dentro de un desarrollo natural): *he attained maturity early in his life* = *llegó a la madurez pronto en su vida.*
attainable [ə'teɪnəbl] *adj.* alcanzable, realizable.
attainment [ə'teɪnmənt] *s. c.* **1** talento, dotes. • *s. i.* **2** (lit.) consecución, logro.
attar ['ætər] *s. i.* esencia (de rosas).
attempt [ə'tempt] *v. t.* **1** (~ + *inf.*) intentar, procurar, probar. **2** intentar hacer, emprender: *after my illness I didn't attempt any writing at all* = *después de mi enfermedad no intenté hacer ningún trabajo literario en absoluto.* • *s. c.* **3** intento, prueba, tentativa. ◆ **4 an ~ on someone's life,** un atentado contra la vida de alguien.
attempted [ə'temptɪd] *adj.* DER. frustrado: *attempted murder* = *asesinato frustrado, tentativa de asesinato.*
attend [ə'tend] *v. t.* **1** asistir a (una clase, conferencia, etc.). **2** (lit.) atender, cuidar (a enfermos). **3** (lit.) acompañar: *jealousy attends her success* = *la envidia acompaña a su éxito.* • *v. i.* **4** (**to ~ to**) atender, intentar resolver, ocuparse de (un problema o similar). **5** (**to ~ to**) (lit.) atender, servir (en una tienda). **6** (**to ~ to**) (lit.) prestar atención a.
attendance [ə'tendəns] *s. c.* e *i.* **1** (~ **at**) asistencia a: *attendance at mass* = *asistencia a misa.* • *s. i.* **2** (~ **at**) concurrencia a, presencia en. **3** (~ **on**) (lit.) asistencia a (enfermos o similar). ◆ **4 in ~,** (lit.) presente, concurrente, asistente.
attendant [ə'tendənt] *s. c.* **1** ayudante, dependiente (en cualquier tipo de tienda o servicio). • *adj.* **2** acompañante. **3** (lit.) concurrente: *the attendant dangers of inflation* = *los peligros concurrentes de la inflación.*
attender [ə'tendər] *s. c.* asistente (a una clase, conferencia, etc.).
attention [ə'tenʃn] *s. i.* **1** atención, concentración. **2** atención, interés. **3** atención, cuidado (médico, mecánico, etc.). ◆ **4 ~!,** MIL. ¡firmes! **5 attentions,** atenciones (mostrando cariño). **6 ~ span,** grado de concentración. **7 to attract/ catch one's ~,** llamar la atención de uno. **8 to bring/come to one's ~,** hacérsele presente a uno. **9 to pay ~ (to),** prestar atención (a), atender (a). **10 to pay little/no ~ (to),** hacer poco/ningún caso (a). **11 to stand to/at ~,** MIL. estar firmes, estar en posición de firmes.
attentive [ə'tentɪv] *adj.* **1** atento, interesado, concentrado. **2** solícito, atento, cortés.
attentively [ə'tentɪvlɪ] *adv.* **1** con atención, con interés, concentradamente. **2** solícitamente, atentamente.
attentiveness [ə'tentɪvnəs] *s. i.* **1** atención, concentración. **2** cortesía, solicitud.
attenuate [ə'tenjueɪt] *v. t.* (lit.) atenuar, debilitar.
attenuated [ə'tenjueɪtɪd] *adj.* (lit.) estilizado (objeto).
attenuating [ə'tenjueɪtɪŋ] *adj.* DER. atenuante.
attenuation [əˌtenju'eɪʃn] *s. i.* (form.) atenuación, debilitamiento.
attest [ə'test] (form.) *v. t.* **1** atestiguar, dar fe de. • *v. i.* **2** (**to ~ to**) atestiguar, testificar.
attestation [ˌæte'steɪʃn] *s. c.* (form.) testimonio, declaración.
attested [ə'testɪd] *adj.* (brit.) certificado (como libre de enfermedad).
attic ['ætɪk] *s. c.* ARQ. ático, desván.
attire [ə'taɪər] *s. i.* (lit.) vestimenta, ropaje (normalmente en grandes ocasiones).
attired [ə'taɪəd] *adj.* (~ **in**) (lit.) vestido de, ataviado con.
attitude ['ætɪtjuːd] *s. c.* **1** actitud, disposición. **2** actitud, modo de tratar (a una persona). **3** postura (física).
attorney [ə'tɜːnɪ] *s. c.* **1** (EE UU) DER. abogado. ◆ **2 Attorney General,** (EE UU) procurador general, (brit) asesor legal del gobierno.
attract [ə'trækt] *v. t.* **1** (**to ~ to**) atraer a. **2** interesar, atraer. **3** recibir, atraer (publicidad, apoyo). **4** FÍS. atraer (un imán).
attracted [ə'træktɪd] *adj.* (~ **to**) atraído por, interesado por: *I'm attracted to her* = *siento atracción por ella.*
attraction [ə'trækʃn] *s. i.* **1** atracción (por el otro sexo). **2** atracción, atractivo (general). • *s. c.* **3** atracción (general). ◆ **4 attractions,** atractivos, encantos (de un lugar, persona, etc.).
attractive [ə'træktɪv] *adj.* **1** atrayente, sugestivo, interesante (plan, paga, etc.). **2** guapo, atractivo.

attractively [ə'træktɪvlɪ] *adv.* con atractivo, de manera atrayente.
attractiveness [ə'træktɪvnɪs] *s. i.* **1** cualidad atractiva, cualidad atrayente. **2** atractivo.
attributable [ə'trɪbjʊtəbl] *adj.* (~ **to**) atribuible a, imputable a.
attribute ['ætrɪbjuːt] *s. c.* **1** atributo, característica, propiedad. • [ə'trɪbjuːt] *v. t.* **2** atribuir, imputar, achacar (cualquier cosa, hecho o palabra a alguien).
attribution [ˌætrɪ'bjuːʃn] *s. i.* atribución, imputación: *the attribution of these paintings to Dalí is completely false = la atribución de estas pinturas a Dalí es completamente falsa.*
attributive [ə'trɪbjʊtɪv] *adj.* GRAM. atributivo.
attributively [ə'trɪbjʊtɪvlɪ] *adv.* GRAM. de manera atributiva.
attrition [ə'trɪʃn] *s. i.* (lit.) desgaste, agotamiento: *a war of attrition = una guerra de desgaste.*
attuned [ə'tjuːnd] *adj.* **1** (~ **to**) en armonía con; en sintonía con: *I am not attuned to the problems of young people = no estoy en sintonía con los problemas de la gente joven.* **2** (~ **to**) sensible a (hablando del oído).
atypical [ˌeɪ'tɪpɪkl] *adj.* atípico.
atypically [ˌeɪ'tɪpɪklɪ] *adv.* atípicamente.
aubergine ['əʊbəʒiːn] *s. c.* (brit.) berenjena.
auburn ['ɔːbən] *adj.* castaño rojizo (color del pelo).
auction ['ɔːkʃn] *s. c.* **1** subasta, licitación. • *v. t.* **2** subastar, vender mediante subasta. ◆ **3 to ~ off,** librarse por subasta de, desembarazarse mediante subasta de: *the Browns didn't want their old inherited furniture and auctioned it off = los Brown no querían los viejos muebles heredados y se libraron de ellos mediante subasta.*
auctioneer [ˌɔːkʃə'nɪər] *s. c.* subastador.
audacious [ɔː'deɪʃəs] *adj.* audaz, osado, intrépido (tiene matiz positivo).
audaciously [ɔː'deɪʃəslɪ] *adv.* audazmente, osadamente, intrépidamente.
audacity [ɔː'dæsətɪ] *s. i.* audacia, atrevimiento, osadía.
audibility [ˌɔːdə'bɪlɪtɪ] *s. i.* audibilidad.
audible ['ɔːdɪbl] *adj.* audible, perceptible (por el oído).
audibly ['ɔːdəblɪ] *adv.* audiblemente, perceptiblemente.
audience ['ɔːdɪəns] *s. c.* **1** público, asistentes, telespectadores, lectores: *this programme has an audience of 15 million = este programa tiene 15 millones de telespectadores.* **2** audiencia: *a private audience = una audiencia privada.*
audio ['ɔːdɪəʊ] *adj.* audio: *audio tapes = cintas de audio* (cintas para magnetófono).
audiotypist ['ɔːdɪəʊtaɪpɪst] *s. c.* mecanógrafo (que transcribe cintas).
audiovisual [ˌɔːdɪəʊ'vɪʒʊəl] *adj.* audiovisual.
audit [ˌɔːdɪt] *s. c.* **1** auditoría. • *v. t.* **2** llevar a cabo una auditoría, hacer una auditoría.
audition [ɔː'dɪʃn] *s. c.* **1** audición; prueba artística (actores y músicos). • *v. t.* **2** hacer una audición, hacer una prueba. • *v. i.* **3** (**to** ~ **for**) hacer una prueba para, tomar parte en una audición para.
auditor ['ɔːdɪtər] *s. c.* ECON. auditor, censor/interventor de cuentas.
auditorium [ˌɔːdɪ'tɔːrɪəm] (*pl.* **auditoriums** o **auditoria**) *s. c.* **1** auditorio (donde se sienta la audiencia). **2** (EE UU) sala de conciertos.
auditory ['ɔːdɪtrɪ] *adj.* (lit.) auditorio, auditivo.
au fait [ˌəʊ'feɪ] *adj.* (~ **with**) al tanto de, conocedor de: *I'm not au fait with the latest in computing = no estoy al tanto de lo último en informática.*
au fond [ˌəʊ'fɒn] *adv.* en el fondo (tomado del francés).
auger ['ɔːgər] *s. c.* MEC. taladro, berbiquí (de carpintería).
aught [ɔːt] *pron.* **1** (lit.) algo. **2** (lit.) nada.
augment [ɔːg'ment] *v. t.* (form.) aumentar, incrementar.
augmentation [ˌɔːgmen'teɪʃn] *s. c.* e *i.* (form.) aumento, incremento.
augur ['ɔːgər] *v. i.* (**to** ~ **for**) (lit.) pronosticar, augurar, ser un augurio para: *this does not augur well for the immediate future = esto no es un buen augurio para el futuro inmediato.*
augury ['ɔːgjʊrɪ] *s. c.* (lit.) augurio, presagio.
august [ɔː'gʌst] *adj.* **1** (lit.) augusto, majestuoso. • ['ɔːgəst] (*abrev.* **Aug.**) *s. c.* **2 August,** agosto.
auk [ɔːk] *s. c.* ZOOL. alca (un tipo de pájaro).
aunt [ɑːnt] *s. c.* tía (relación de parentesco).
auntie ['ɑːntɪ] (también **aunty**) *s. c.* (fam.) tita.
au pair [ˌəʊ'peə] *s. c.* au pair (chica que ayuda en una familia, pero no como una criada).
aura ['ɔːrə] *s. c.* aura; aire.
aural ['ɔːrəl] *adj.* auditivo, auricular.
aureola [ɔː'rɪələ] (también **aureole**) *s. c.* aureola.
au revoir [ˌəʊrə'vwɑːr] *adv.* (lit.) adiós.
auricle ['ɔːrɪkl] *s. c.* ANAT. aurícula.
auricular [ɔː'rɪkjʊlər] *adj.* auricular: *auricular appendix = apéndice auricular.*
auriferous [ɔː'rɪfərəs] *adj.* MIN. aurífero.
aurora borealis [ɔːˌrɔːrəbɔːrɪ'eɪlɪs] *s. i.* FÍS. aurora boreal.
auspices ['ɔːspɪsɪz] *s. pl.* **under the ~ of,** bajo los auspicios de.
auspicious [ɔː'spɪʃəs] *adj.* (lit.) prometedor, propicio.
Aussie ['ɒsɪ] *adj.* (fam.) australiano.
austere [ɒ'stɪər] *adj.* **1** austero; sin adornos. **2** adusto, severo, estricto.
austerely [ɒ'stɪəlɪ] *adv.* austeramente.
austerity [ɒ'sterɪtɪ] *s. i.* **1** austeridad. ◆ **2 austerities,** privaciones; dificultades materiales.
Australasia [ˌɒstrə'leɪʃə] *s. sing.* GEOG. Australasia.
Australasian [ˌɒstrə'leɪʃn] *adj.* GEOG. de Australasia.
Australia [ɒ'streɪlɪə] *s. sing.* GEOG. Australia.
Australian [ɒ'streɪlɪən] *adj.* **1** australiano. • *s. c.* **2** australiano. ◆ **3** ~ **English,** inglés australiano.
Austria ['ɒstrɪə] *s. sing.* Austria.
Austrian ['ɒstrɪən] *adj.* **1** austríaco. • *s. c.* **2** austríaco.
autarchy ['ɔːtɑːkɪ] *s. i.* **1** (lit.) utarquía (sistema). • *s. c.* **2** autarquía (país autárquico).
authentic [ɔː'θentɪk] *adj.* auténtico, verdadero, real.
authentically [ɔː'θentɪklɪ] *adv.* auténticamente, verdaderamente, realmente.
authenticate [ɔː'θentɪkeɪt] *v. t.* (lit.) autentificar, compulsar; confirmar.
authentication [ɔːˌθentɪ'keɪʃn] *s. i.* (lit.) autentificación, compulsa; confirmación.
authenticity [ˌɔːθen'tɪsɪtɪ] *s. i.* autenticidad, veracidad.
author ['ɔːθər] *s. c.* **1** autor (de un libro), escritor. **2** (lit.) autor, creador, inventor (de un plan, proyecto, etc.). • *v. t.* **3** (lit.) escribir, crear, idear: *James authored several plays = James escribió varias obras de teatro.*
authoress ['ɔːθərɪs] *s. c.* autora, escritora.
authoritarian [ɔːˌθɒrɪ'teərɪən] *adj.* **1** autoritario. • *s. c.* **2** autoritario.
authoritarianism [ɔːˌθɒrɪ'teərɪənɪzəm] *s. i.* (lit.) POL. autoritarismo.
authoritative [ɔː'θɒrətətɪv] *adj.* **1** autoritario; dominante. **2** experto, versado; de autoridad: *an authoritative book on the subject = un libro de gran autoridad en la materia.*
authoritatively [ɔː'θɒrɪtətɪvlɪ] *adv.* autoritariamente, perentoriamente.
authority [ɔː'θɒrɪtɪ] *s. i.* **1** autoridad; poder. **2** autorización, permiso (oficial). • *s. c.* **3** (~ **on**) autoridad en, experto en (una materia, especialidad, etc.). **4** organismo (estatal), dirección (de un organigrama gubernamental): *the local authority = el ayuntamiento.* ◆ **5 authorities,** autoridades (de un país). **6 to have it on good ~,** saber de buena tinta, saber de fuentes de información fiables.
authorization [ˌɔːθəraɪ'zeɪʃn] (también **authorisation**) *s. c.* e *i.* autorización.
authorize ['ɔːθəraɪz] (también **authorise**) *v. t.* **1** autorizar, permitir. ◆ **2 to be authorized** (+ *inf.*)**,** estar autorizado, autorizársele a uno.
authorship ['ɔːθəʃɪp] *s. i.* **1** autoría (de libros, artículos, etc.).
autism ['ɔːtɪzəm] *s. i.* PSIQ. autismo.
autistic [ɔː'tɪstɪk] *adj.* PSIQ. autista.
auto ['ɔːtəʊ] (*pl.* **autos**) *s. c.* (EE UU) (fam.) coche, auto.
autobiographical [ˌɔːtəbaɪə'græfɪkl] *adj.* autobiográfico.
autobiography [ˌɔːtəbaɪ'ɒgrəfɪ] *s. c.* e *i.* LIT. autobiografía.

autocracy [ɔː'tɒkrəsɪ] *s. i.* **1** POL. autocracia, dictadura. **2** (fig.) dictadura, autoritarismo (en una empresa, colegio, etc.). • *s. c.* **3** POL. autocracia, dictadura (hablando de un país).

autocrat ['ɔːtəkræt] *s. c.* **1** POL. dictador, autócrata. **2** (fig.) déspota, dictador (en una empresa o similar).

autocratic [ˌɔːtə'krætɪk] *adj.* dictatorial, despótico, autocrático.

autocratically [ˌɔːtə'krætɪklɪ] *adv.* dictatorialmente, despóticamente, autocráticamente.

autocross ['ɔːtəukrɒs] *s. i.* DEP. rally.

autocue ['ɔːtəukjuː] *s. c.* TV. letrero recordatorio, apuntador visual (ingenio donde se ven las palabras que el presentador puede leer mirando a la cámara).

autograph ['ɔːtəgrɑːf] *s. c.* **1** autógrafo. • *v. t.* **2** dedicar (un libro, foto, etc.).

automat ['ɔːtəmæt] *s. c.* **1** (EE UU) máquina automática (donde comprar comida). **2** (EE UU) restaurante de máquinas automáticas.

automate ['ɔːtəmeɪt] *v. t.* automatizar (una máquina, etc.).

automated ['ɔːtəmeɪtɪd] *adj.* **1** automatizado. ◆ **2** ~ **telling machine,** cajero automático.

automation [ˌɔːtə'meɪʃn] *s. i.* automatización.

automatic [ˌɔːtə'mætɪk] *adj.* **1** automático. **2** automático, mecánico, inconsciente (sin pensar): *breathing is a completely automatic action = el respirar es una acción totalmente inconsciente.* **3** inmediato, automático, inevitable: *what you have done means automatic punishment = lo que has hecho significa un castigo inmediato.* • *s. c.* **4** automática (pistola). **5** coche automático. **6** lavadora automática. ◆ **7** ~ **data processing,** procesamiento automático de datos. **8** ~ **pilot,** AER. piloto automático. **9 to be on** ~ **pilot,** actuar inconscientemente; ir con el piloto automático (por las muchas veces que se ha realizado la misma acción).

automatically [ˌɔːtə'mætɪklɪ] *adv.* **1** automáticamente. **2** inconscientemente, mecánicamente, automáticamente. **3** inmediatamente, inevitablemente, automáticamente.

automaton [ɔː'tɒmətən] (*pl.* **automatons** o **automata**) *s. c.* **1** autómata. **2** robot.

automobile ['ɔːtəməbiːl] *s. c.* (EE UU) coche, automóvil.

autonomous [ɔː'tɒnəməs] *adj.* **1** autónomo (región, organismo, etc.). **2** (lit.) independiente, autónomo (una persona).

autonomy [ɔː'tɒnəmɪ] *s. i.* **1** autonomía (de una región, organismo, etc.). **2** (lit.) independencia, autonomía (de una persona).

autopsy ['ɔːtɒpsɪ] *s. c.* **1** MED. autopsia. **2** (lit.) disección, estudio detallado (de un tema).

autosuggestion [ˌɔːtəusə'dʒestʃn] *s. c.* e *i.* PSIQ. autosugestión.

autumn ['ɔːtəm] *s. i.* y *c.* otoño.

autumnal [ɔː'tʌmnəl] *adj.* otoñal.

auxiliary [ɔːg'zɪlɪərɪ] *s. c.* **1** ayudante, auxiliar (normalmente en contextos hospitalarios y militares). **2** GRAM. auxiliar (verbo). • *adj.* **3** auxiliar, de apoyo: *auxiliary troops = tropas de apoyo.* **4** secundario, auxiliar (en equipos, maquinaria, etc.). ◆ **5** ~ **verb,** GRAM. verbo auxiliar.

avail [ə'veɪl] *v. pron.* **1** (**to** ~ **of**) (lit.) aprovecharse de, valerse de, aprovechar: *avail yourself of this wonderful opportunity = aprovecha esta maravillosa oportunidad.* ◆ **2 of no** ~**/to little** ~**, etc.,** en vano, inútilmente, de poco provecho.

availability [əˌveɪlə'bɪlɪtɪ] *s. i.* disponibilidad, asequibilidad: *availability of information is important in a free society = la asequibilidad de la información es importante en una sociedad libre.*

available [ə'veɪləbl] *adj.* **1** disponible, asequible: *all the information is available = toda la información está disponible.* **2** libre, a mano: *we still have five rooms available = todavía tenemos cinco habitaciones libres.* **3** libre, sin compromiso (de tiempo): *I'm not available tomorrow = no estoy libre mañana.* **4** (fig.) libre (sin novia).

avalanche ['ævəlɑːnʃ] *s. c.* **1** avalancha, alud. **2** (fig.) montón, avalancha: *an avalanche of holiday-makers = una avalancha de turistas.*

avant-garde [ˌævɒŋ'gɑːd] *adj.* **1** vanguardista, progresista. ◆ **2 the** ~, los progresistas; la vanguardia, los vanguardistas.

avarice ['ævərɪs] *s. i.* avaricia, codicia.

avaricious [ˌævə'rɪʃəs] *adj.* (desp.) avaricioso, codicioso.

avariciously [ˌævə'rɪʃəslɪ] *adv.* (desp.) avariciosamente, codiciosamente.

avenge [ə'vendʒ] *v. t.* vengar: *he avenged the death of his father = él vengó la muerte de su padre.*

avenue ['ævənjuː] *s. c.* **1** avenida (con árboles a ambos lados). **2** medio, vía, ruta (para alcanzar un objetivo): *we explored every avenue before taking the decision = investigamos todos los medios posibles antes de tomar la decisión.* ◆ **3 Avenue,** Avenida (con un nombre de calle).

aver [ə'vər] *v. t.* (lit. y form.) declarar, afirmar.

average ['ævərɪdʒ] *s. c.* **1** promedio, término medio, media. • *adj.* **2** medio, de término medio. **3** medio, mediano, normal; aceptable. • *v. t.* **4** producir por término medio, fabricar por término medio: *he averages about 100 pages a day = produce por término medio unas 100 páginas al día.* ◆ **5 to** ~ **out,** calcular el término medio, resultar por término medio: *when you average it out, it means 5,000 dollars per person = cuando calculas su término medio, sale 5.000 dólares por persona.* **6 on** ~**/on an** ~, por término medio, como media. **7 the law of averages,** la ley del término medio, la ley estadística: *if there are so many in your family, the law of averages states that at least one will have blue eyes = si hay tantos en la familia, la ley del término medio dice que por lo menos uno tendrá los ojos azules.*

averagely ['ævərɪdʒlɪ] *adv.* medianamente; normalmente: *an averagely clever child = un muchacho medianamente listo.*

averse [ə'vəːs] *adj.* (~ **to**) contrario a, opuesto a: *I'm averse to drink = soy contrario a la bebida.*

aversion [ə'vəːʃn] *s. c.* **1** aversión, repugnancia, antipatía. **2** ojeriza, manía (cosa o persona aborrecida): *I have an aversion to cabbage = odio el repollo.*

avert [ə'vəːt] *v. t.* **1** impedir: *the security forces were unable to avert the catastrophe = las fuerzas de seguridad fueron incapaces de impedir la catrástrofe.* **2** apartar (ojos, mirada, etc.).

aviary ['eɪvɪərɪ] *s. c.* aviario.

aviation [ˌeɪvɪ'eɪʃn] *s. i.* aviación.

aviator ['eɪvɪeɪtər] *s. c.* (p.u.) aviador.

avid ['ævɪd] *adj.* (~ **for**) ávido de, ansioso por.

avidity [ə'vɪdɪtɪ] *s. i.* (form.) avidez (de conseguir algo).

avidly ['ævɪdlɪ] *adv.* ávidamente, ansiosamente.

avocado [ˌævə'kɑːdəu] *s. c.* e *i.* BOT. **1** aguacate. ◆ **2** ~ **pear,** aguacate.

avocet ['ævəset] *s. c.* ZOOL. avoceta (ave zancuda).

avoid [ə'vɔɪd] *v. t.* **1** evitar, eludir (a alguien, una responsabilidad, etc.). **2** (**to** ~ + *ger.*) evitar, abstenerse de. ◆ **3 to** ~ **like the plague,** evitar como si fuera la peste.

avoidable [ə'vɔɪdəbl] *adj.* evitable, eludible.

avoidance [ə'vɔɪdəns] *s. i.* exclusión, evitación (acto de evitar): *the avoidance of a subject = la evitación de un tema.*

avow [ə'vau] *v. t.* (lit.) declarar, confesar, reconocer.

avowal [ə'vauəl] *s. c.* e *i.* (lit.) declaración, confesión: *an avowal of love = una declaración de amor.*

avowed [ə'vaud] *adj.* (lit.) declarado; reconocido: *he's an avowed leftist = él es un izquierdista declarado.*

avowedly [ə'vauɪdlɪ] *adv.* abiertamente, por confesión propia.

avuncular [ə'vʌŋkjulər] *adj.* (p.u.) afable; paternal.

await [ə'weɪt] *v. t.* (lit.) esperar, aguardar.

awake [ə'weɪk] *adj.* **1** despierto. **2** (~ **to**) alerta ante; consciente de: *I'm awake to the risks = soy consciente de los riesgos.* • (*pret.* **awoke** y *p.p.* **awoken**) *v. t.* e *i.* **3** (lit.) despertar(se). ◆ **4 wide** ~, totalmente despierto.

awaken [ə'weɪkən] *v. t.* **1** despertar. **2** (**to** ~ **to**) despertar a, alertar ante (una situación). **3** (fig.) despertar (una emoción, un deseo, etc.). • *v. i.*

4 despertarse. **5** (**to** ~ **to**) despertarse a, alertarse ante (una situación).

awakening [ə'weɪknɪŋ] *s. c.* **1** (lit.) despertar, surgimiento (de emociones, pasiones o similar). **2** (lit.) comienzo, despertar: *the awakening of modern times = el comienzo de los tiempos modernos.* ◆ **3 rude ~,** (fam.) sorpresa desagradable.

award [ə'wɔːd] *v. t.* **1** conceder, otorgar (como recompensa). **2** dar, adjudicar (beca, dinero, etc.). **3** DER. conceder (como decisión judicial): *the judge awarded him 1,000 pounds compensation = el juez le concedió una compensación de 1.000 libras.* ● *s. c.* **4** premio; honor. **5** beca, ayuda. **6** DER. adjudicación, laudo (fruto de decisión judicial).

aware [ə'weər] *adj.* **1** (~ **of**) consciente de, al tanto de, enterado de: *I'm not aware of the situation = no estoy al tanto de la situación.* **2** concienciado, atento: *he is politically aware = está concienciado políticamente.* ◆ **3 to be ~ of/to become ~ of,** caer en la cuenta de, darse cuenta de: *I was suddenly aware of Jenny standing at the door = de repente me di cuenta de que Jenny estaba junto a la puerta.*

awareness [ə'weənɪs] *s. i.* **1** concienciación, concienciación: *political awareness = conciencia política.* **2** (~ **of**) conocimiento de: *his awareness of the problems of education = su conocimiento de los problemas de la educación.*

awash [ə'wɒʃ] *adj.* **1** inundado, lleno de agua. **2** (~ **with**) (fig.) rebosante de, lleno de: *the nation is awash with gold = la nación está llena de oro.*

away [ə'weɪ] *adv.* **1** fuera (del lugar habitual de residencia o trabajo): *John is away in London = John está fuera, en Londres.* **2** (~ **from**) a... de distancia de, a... de camino de: *the village is 5 miles away = el pueblo está a 5 millas de distancia; the school is half an hour away from here = la escuela está a media hora de camino de aquí.* ● *adj.* **3** DEP. fuera (no en casa, hablando de partidos): *an away match = un partido fuera.*

OBS. Esta partícula matiza el significado de los verbos precedentes de la siguiente manera: **4** alejamiento gradual: *he drove away = se alejó en coche.* **5** colocación en un lugar seguro: *put it away = guárdalo en un sitio seguro.* **6** desaparición lenta: *the sound of the music died away = el sonido de la música se apagó gradualmente.* **7** desgaste: *the sides of the armchairs were worn away = los lados de los sillones estaban desgastados.* **8** disminución de cantidades: *the number of refugees dropped away = el número de refugiados disminuyó.* **9** cambio: *the party has moved away to the left = el partido se ha pasado a la izquierda.* **10** repetición continua: *she was smiling away = no cesaba de sonreír.* **11** desviación de mirada, gesto o movimiento: *don't look away from me = no desvíes tu mirada de mí.* **12** extensión hacia el horizonte: *the hills rolled away towards the sea = las colinas se extendían hacia el mar.* **13** acción en el futuro: *the meeting is only a month away = sólo queda un mes para el encuentro.* **14** desposesión de algo (voluntaria o involuntaria): *I took away the dangerous toy from the child = le quité al niño el juguete peligroso.*

awe [ɔː] *s. i.* **1** temor, respeto. ● *v. t.* **2** imponer respeto, dejar atemorizado, impresionar. ◆ **3 to be in ~ of/to stand in ~ of,** tener un temor reverencial a.

awed [ɔːd] *adj.* impresionado, atemorizado.

awe-inspiring ['ɔːɪnspaɪərɪŋ] *adj.* impresionante, imponente.

awesome ['ɔːsəm] *adj.* impresionante, imponente.

awesomely ['ɔːsəmlɪ] *adv.* impresionantemente, imponentemente.

awestruck ['ɔːstrʌk] (también **awestricken**) *adj.* (lit.) impresionado, atemorizado.

awful ['ɔːfl] *adj.* **1** fatal, horrible, mal: *awful weather = tiempo fatal.* **2** mal, enfermo. **3** (lit.) terrible. ◆ **4 an ~ lot,** muchísimo.

awfully ['ɔːflɪ] *adv.* muy, terriblemente: *I'm awfully busy = estoy muy ocupado.*

awhile [ə'waɪl] *adv.* **1** un rato, un corto espacio de tiempo. ◆ **2 not yet ~,** por el momento no.

awkward ['ɔːkwəd] *adj.* **1** torpe, desmañado (de movimiento, posición, etc.). **2** incómodo; nervioso: *he feels awkward at social gatherings = se siente incómodo en reuniones sociales.* **3** difícil (con quien vivir, tratar, trabajar, etc.). **4** complicado, problemático (de uso): *this machine is very awkward = esta máquina es muy complicada.* **5** embarazoso, espinoso, inconveniente: *an awkward time = un momento embarazoso.* ◆ **6 to make things ~,** poner las cosas difíciles. **7 the ~ age,** la edad del pavo, la edad difícil (de los adolescentes).

awkwardly ['ɔːkwədlɪ] *adv.* **1** torpemente, desmañadamente. **2** incómodamente, nerviosamente.

awkwardness ['ɔːkwədnɪs] *s. i.* **1** torpeza (en movimientos o similar). **2** tensión, incomodidad. **3** inconveniencia (de una situación, tiempo, etc.).

awl [ɔːl] *s. c.* MEC. lezna, punzón.

awning ['ɔːnɪŋ] *s. c.* toldo, marquesina.

awoke [ə'wəʊk] *pret.* de **awake.**

awoken [ə'wəʊkn] *p.p.* de **awake.**

AWOL ['eɪwɒl] *adj.* ausente sin permiso.

awry [ə'raɪ] *adj.* **1** torcido (posición de algo). **2** (fig.) mal, torcido. ◆ **3 to go ~,** salir mal (un plan, proyecto, etc.).

axe [æks] (en EE UU **ax**) *s. c.* **1** hacha. **2** corte, recorte (de un presupuesto). ● *v. t.* **3** recortar, reducir (un programa, plan, etc. por falta de dinero). ◆ **4 to have an ~ to grind,** actuar de manera interesada.

axiom ['æksɪəm] *s. c.* axioma.

axiomatic ['æksɪə'mætɪk] *adj.* (lit.) axiomático, incontrovertible.

axis ['æksɪs] (*pl.* **axes**) *s. c.* **1** GEOM. eje. **2** MAT. coordenada.

axle ['æksl] *s. c.* eje, árbol (de unión de dos ruedas).

ayatollah [ˌaɪə'tɒlə] *s. c.* REL. ayatolá (en la religión musulmana, un sacerdote).

aye [aɪ] (también **ay**) *adv.* **1** MIL. sí. ● *s. c.* e *i.* **2** POL. sí, voto a favor (en votaciones). ◆ **3 the ayes,** los votantes.

azalea [ə'zeɪlɪə] *s. c.* BOT. azalea.

azimuth ['æzɪməθ] *s. c.* FÍS. azimut.

azure ['æʒər] *s.i.* y *adj.* **1** (lit.) azul celeste. ● *s. i.* **2** azul celeste.

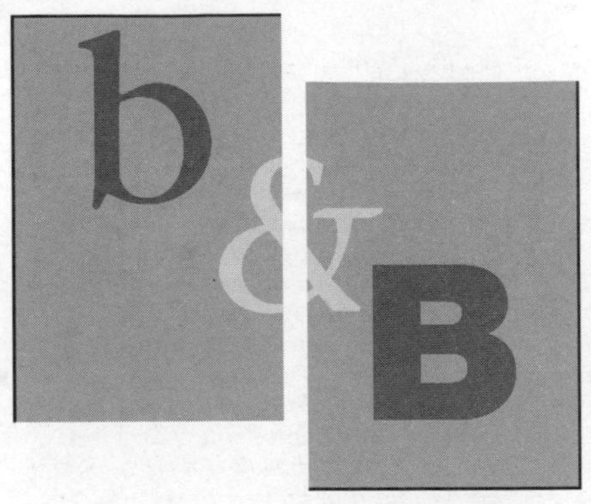

b, B [biː] *s. c.* **1** segunda letra del abecedario. • *s. c.* e *i.* **2** MÚS. si (nota musical). **3** notable (nota académica). **4** ~ **and** ~, (brit.) cama y desayuno (casas particulares o pequeñas pensiones que sólo ofrecen esos dos servicios).
OBS. Puede utilizarse también como sigla de **born, book** y otras palabras.
BA ['biːeɪ] *s. c.* **1** licenciatura (título). **2** licenciado (persona).
babble ['bæbl] *v. i.* **1** parlotear, balbucear. **2** balbucear (los bebés de manera incomprensible). **3** (lit.) susurrar, murmurar (el agua de un arroyo o similar). • *v. t.* **4** decir balbuceando, barbotar. • *s. c.* **5** balbuceo, parloteo. **6** (lit.) susurro, murmullo (de un arroyo o similar).
babe [beɪb] *s. c.* **1** (EE UU) (fam.) cariño, querida; nena (dirigiéndose a mujeres). **2** (p.u.) bebé, pequeñín. ◆ **3 a** ~ **in arms,** un bebé, un niño de pecho (no experimentado): *he was a babe in arms = era como un niño de pecho.*
babel ['beɪbl] *s. sing.* (~ **of**) caos de, algarabía de; ruido incomprensible: *the party was just a babel of voices and noises = la fiesta fue sólo un caos de voces y ruidos.*
baboon [bə'buːn] *s. c.* ZOOL. mandril, babuino.
baby ['beɪbɪ] *s. c.* **1** bebé, recién nacido. **2** (desp.) infantil, pueril: *don't be such a baby! = ¡no seas tan infantil!* **3** (EE UU) (fam.) cariño, lucero, amor. • *adj.* **4** pequeño, de bebé, para bebés: *a baby boy = un chico pequeño.* ◆ **5** ~ **buggy,** (EE UU) cochecito, sillita (para bebés). **6 to be left holding the** ~, (fam.) quedarse sólo con una responsabilidad; cargarle a uno con el mochuelo. **7 to be one's** ~, (fam.) ser el proyecto de uno, ser cosa de uno: *the new petrol station was your baby, not mine = la nueva estación de servicio fue cosa tuya, no mía.* **8 to throw/fling the** ~ **out with the bathwater,** (fam.) tirar todo por la borda (lo bueno y lo malo).
babyhood ['beɪbɪhud] *s. i.* infancia (hasta los tres años aproximadamente).
babyish ['beɪbɪɪʃ] *adj.* de bebé, infantil.
baby-minder ['beɪbɪmaɪndər] *s. c.* chica/mujer que cuida a un niño (normalmente en su propia casa): *I have an excellent baby-minder = tengo una chica excelente para cuidar al niño.*
babysit ['beɪbɪsɪt] *v. i.* cuidar niños (sólo unas horas normalmente esporádicas): *I got some money babysitting for my sister = me gané algún dinero cuidando a los niños de mi hermana.*
babysitter ['beɪbɪsɪtər] *s. c.* niñera, chica canguro.
babysitting ['beɪbɪsɪtɪŋ] *s. i.* cuidado de niños: *I love babysitting = me gusta cuidar niños.*
baby-talk ['beɪbɪtɔːk] *s. i.* balbuceo infantil, habla infantil, modo de hablar típico de los niños.
bacchanal ['bækənl] *s. c.* (lit.) bacanal.
bacchanalian [ˌbækə'neɪlɪən] *adj.* (lit.) orgiástico, bacanal, báquico.
bachelor ['bætʃələr] *s. c.* **1** soltero. ◆ **2 bachelor's degree,** licenciatura de primer grado. **3 Bachelor of Arts,** licenciado en Letras. **4 Bachelor of Science,** licenciado en Ciencias.
back [bæk] *s. c.* **1** ANAT. espalda. **2** lomo (de animal). **3** respaldo, reverso, dorso, parte de atrás (de cualquier objeto o lugar). **4** DEP. defensa, zaguero. • *adj.* **5** posterior, de atrás, trasero. **6** secundario; apartado (carretera, calle, camino, etc.). • *v. t.* **7** dar marcha atrás (a un vehículo). **8** apoyar, dar su apoyo a: *I'll never back him for that important post = nunca le daré mi apoyo para ese puesto importante.* **9** empujar hacia atrás, hacer retroceder: *he backed her towards the bedroom = la hizo retroceder hacia el dormitorio.* **10** apostar por (un caballo, un galgo, etc.). **11** MÚS. acompañar. **12** (**to** ~ **with**) revestir con (un material). • *v. i.* **13** ir marcha atrás, retroceder (vehículos). **14** (**to** ~ **onto**) dar a (por la parte de atrás de una casa o similar): *my garden backs onto the golf course = mi jardín da al campo de golf.* **15** MAR. virar (el viento). • *adv.* **16** hacia atrás, detrás, atrás: *I looked back = miré detrás.* **17** de regreso, de vuelta: *he came back from London = llegó de regreso de Londres.* ◆ **18** ~ **and forth,** de atrás a delante; de allí para allá. **19 to** ~ **away,** retroceder, dar pasos hacia atrás (normalmente nervioso o asustado ante algo): *he saw the strange creature and backed away = vio la extraña criatura y retrocedió.* **20** ~ **copy,** ejemplar atrasado. **21 to** ~ **down,** desdecirse, ceder, echarse atrás (en una protesta, exigencia, etc.). **22** ~ **issue,** ejemplar atrasado. **23** ~ **number,** número atrasado. **24 to** ~ **off,** retirarse; abandonar (dejando a alguien o algo solos): *he was willing for a time but in the end he backed off = estuvo dispuesto durante bastante tiempo pero al final se retiró.* **25 to** ~ **out,** echarse para atrás, salirse (de una decisión, acuerdo, etc.). **26** ~ **passage,** (euf.) culo; ojete. **27** ~ **pay,** atrasos (dinero). **28** ~ **to front,** al revés (cuando la parte de atrás está delante). **29 to** ~ **up, a)** respaldar; confirmar (una historia, una protesta, etc.). **b)** secundar, apoyar (con dinero). **c)** retroceder, ir hacia atrás (en coche o a pie). **30 to be on one's** ~, estar postrado (enfermo). **31 behind someone's** ~, a espaldas de alguien, sin que alguien lo sepa. **32 to break one's** ~, matarse a trabajar; esforzarse sin medida: *I broke my back to get a new car = me maté a trabajar para comprar un coche nuevo.* **33 to break the** ~ **of,** hacer la parte más difícil de. **34 to get off one's** ~, (fam.) dejar a uno en paz, dejar de fastidiar a uno. **35 to have one's** ~ **to the wall,** estar acorralado, estar entre la espada y la pared. **36 to live off the backs of,** gorronear, vivir a expensas de. **37 out the** ~**/round the** ~, (fam.) atrás, a la vuelta. **38 to put one's** ~ **into,** esforzarse al máximo en/con; arrimar el hombro. **39 to put someone's** ~ **up,** (fam.) sacar de quicio a alguien. **40** *if you scratch my back I'll scratch yours* = (fam.) *hoy por ti, mañana por mí.* **41 to see the** ~ **of someone,** perder de vista a alguien: *I'm very happy to see the back of the boss = estoy muy contento de perder de vista al jefe.* **42 to turn one's** ~, dar la espalda, volver la espalda. **43 to turn one's** ~ **on,** no hacer caso a, abandonar a; desdeñar.
OBS. Esta partícula detrás de verbos añade las siguientes matizaciones: **44** posición alejada de otro punto espe-

cial: *keep those children back from the door = mantén a esos niños alejados de la puerta.* **45** respuesta o reacción similar a un estímulo mediante el mismo medio por el que ha venido ese estímulo: *I'll phone you back in a few minutes = te llamaré yo dentro de unos minutos.* **46** posición retraída, normalmente para no tapar algo: *hold back the curtains, I want to see the scenery = no dejes que las cortinas tapen el paisaje que quiero ver.* **47** posición del cuerpo recostada, relajada: *sit back and enjoy the music = recuéstate y disfruta de la música.* **48** regreso al tema que ocupaba la conversación: *come back to the point we are discussing = vuelve al tema que estamos tratando.* **49** regreso a una situación anterior: *this takes us back to the beginning = esto nos devuelve al principio.* **50** regreso al pasado en pensamiento: *I cast back my mind to those times = vuelvo mentalmente a aquellos tiempos.* **51** recuperación de algo: *I got the money back after a long time = recuperé el dinero después de mucho tiempo.* **52** devolución de algo: *put it back = ponlo donde estaba.* **53** señalización del tiempo transcurrido: *a few months back he was deeply in love = hace unos cuantos meses estaba profundamente enamorado.* **54** señalización del tiempo a que se remonta algo: *this goes back to the times when the business was just starting = esto se remonta a los tiempos en que el negocio estaba empezando.*

backache ['bækeɪk] *s. i.* dolor de espalda.

backbeat ['bækbiːt] *s. c.* tiempo débil.

backbench [ˌbæk'bentʃ] *s. c.* POL. escaño de políticos poco conocidos y que no tienen puestos oficiales (esta palabra quiere decir "banco de atrás").

backbencher [ˌbæk'bentʃər] *s. c.* POL. parlamentario poco conocido y sin puesto oficial alguno: *he's been a backbencher all his political life = lleva toda su vida política de parlamentario poco conocido y sin responsabilidad oficial.*

backbiting ['bækbaɪtɪŋ] *s. i.* calumnia, murmuración.

backbone ['bækbəʊn] *s. c.* **1** ANAT. columna vertebral, espinazo. **2** (fig.) base, punto fundamental, columna (de una organización, sistema, etc.). • *s. i.* **3** determinación, firmeza (para llevar a cabo ideales o similar).

backbreaking ['bækbreɪkɪŋ] *adj.* agotador, matador.

backchat ['bæktʃæt] *s. i.* (brit.) (fam.) descaro (en respuestas a alguien con autoridad).

backcloth ['bækklɒθ] *s. c.* **1** (brit.) ART. telón de fondo (en un escenario). **2** (fig.) telón de fondo (de acontecimientos).

back-comb ['bækkəʊm] *v. t.* peinar (el pelo) de detrás hacia delante.

backdate ['bækdeɪt] *v. t.* conceder efectos retroactivos: *we backdated the pay rise = concedimos efectos retroactivos al aumento de sueldo.*

backdoor ['bækdɔːr] *adj.* (desp.) clandestino; deshonesto.

backdrop ['bækdrɒp] *s. c.* **1** (EE UU) telón de fondo. **2** fondo (de un paisaje, lugar, cuadro, etc.).

-backed [bækt] *suf.* indica de qué está recubierto o cómo es la parte de atrás de un objeto: *a hard-backed chair = una silla de respaldo duro.*

backer ['bækər] *s. c.* partidario; patrocinador (que da dinero).

backfire ['bækfaɪər] *v. i.* **1** salir el tiro por la culata, tener un efecto contrario al deseado. **2** MEC. petardear, hacer explosiones (un motor).

backgammon [ˌbæk'gæmən ‖ 'bækgæmən] *s. i.* backgammon.

background ['bækgraʊnd] *s. c.* **1** historial, antecedentes (de la vida de una persona). **2** ART. fondo, trasfondo (de un cuadro o imagen). • *s. sing.* **3** marco (de una situación): *the political background at the present moment = el marco político en la actualidad.* • *adj.* **4** de fondo: *background music = música de fondo.* **5** básico, fundamental (para el entendimiento de algo): *background information = información básica.* ◆ **6** ~, radiación de fondo. **7 in the** ~, en segundo término, en segundo plano.

backhand ['bækhænd] *s. c.* DEP. revés.

backhanded [ˌbæk'hændɪd] *adj.* **1** con el revés de la mano. **2** indirecto, irónico: *that was a backhanded remark = eso fue una observación irónica.*

backhander ['bækhændər] *s. c.* **1** (fam.) astilla; pequeño soborno. **2** indirecta.

backing ['bækɪŋ] *s. i.* **1** apoyo (moral o monetario). **2** MÚS. acompañamiento. • *s. c.* e *i.* **3** revestimiento, forro.

backlash ['bæklæʃ] *s. sing.* reacción violenta, contragolpe: *it was a backlash against the government = fue una reacción violenta contra el gobierno.*

backless ['bæklɪs] *adj.* sin espalda (un vestido).

backlog ['bæklɒg] *s. c.* acumulación, amontonamiento (de trabajo, de pedidos, etc.).

backpack ['bækpæk] *s. c.* (EE UU) mochila, macuto.

back-pedal [ˌbæk'pedl] *v. i.* recoger velas (desdecirse en palabras o actos de lo que uno primero decía o hacía).

backroom [ˌbæk'ruːm] *s. c.* **1** cuarto interior, cuarto de la parte de atrás. ◆ **2** ~ **boy,** persona que trabaja en la sombra.

back-seat [ˌbæk'siːt] *s. c.* **1** asiento de atrás, asiento trasero. ◆ **2** ~ **driver,** pasajero que molesta al conductor con sus advertencias. **3 to take a** ~, tomar una posición secundaria; mantenerse en la sombra: *his wife took a back seat after he got the prize = su mujer se mantuvo en la sombra después de que él consiguiera el premio.*

backside ['bæksaɪd] *s. c.* **1** (fam.) trasero, culo. ◆ **2 to sit on one's** ~, (desp.) no hacer nada, hacer el vago: *don't sit on your backside all day = no hagas el vago todo el día.*

backsliding ['bækslaɪdɪŋ] *s. i.* vuelta a las andadas, reincidencia.

backstage ['bæksteɪdʒ] *s. i.* **1** bambalinas; camerinos. • *adv.* **2** (fig.) entre bastidores; secretamente. • *adj.* **3** de detrás del telón. **4** secreto, confidencial: *backstage talks = conversaciones confidenciales.*

backstreet ['bækstrɪːt] *s. c.* **1** callejuela, calle poco transitado. • *adj.* **2** ilegal, no oficial: *a backstreet abortion = un aborto clandestino.*

backstroke ['bækstrəʊk] *s. i.* DEP. espalda (especialidad de natación).

backtrack ['bæktræk] *v. i.* **1** retroceder, volver sobre los pasos de uno. **2** desdecirse, tragarse las palabras.

backup ['bækʌp] *s. i.* **1** soporte, apoyo: *a backup teacher = un profesor de apoyo.* **2** sustituto, sustitución: *to use it as backup = utilizarlo como sustituto.*

backward ['bækwəd] *adj.* **1** hacia atrás, atrás, de atrás. **2** (desp.) subdesarrollado, atrasado (país, región, etc.). **3** atrasado; torpe (en estudios).

backward-looking [ˌbækwəd'lʊkɪŋ] *adj.* (desp.) retrógrado.

backwards ['bækwədz] (en EE UU **backward**) *adv.* **1** atrás, hacia atrás. **2** hacia atrás, hacia el pasado (en el tiempo): *when I look backwards, I realize I made mistakes = cuando miro hacia atrás me doy cuenta que cometí equivocaciones.* **3** al revés: *you do everything backwards = haces todo al revés.* ◆ **4** ~ **and forwards,** hacia delante y atrás, de aquí para allá. **5** ~ **compatibility,** compatibilidad con anteriores versiones, retrocompatibilidad. **6 to know something** ~, saber algo al dedillo.

backwash ['bækwɑʃ] *s. i.* **1** contracorriente; oleaje (causado por un bote). **2** consecuencias, secuelas.

backwater ['bækwɔːtər] *s. c.* (desp.) lugar alejado, lugar apartado, lugar atrasado.

backwoods ['bækwʊdz] *s. pl.* lugar remoto; quinto pino.

backyard [ˌbæk'jɑːd] *s. c.* **1** (brit.) patio posterior, patio trasero. **2** (EE UU) jardín posterior, jardín trasero.

bacon ['beɪkən] *s. i.* **1** bacon, panceta. ◆ **2 to bring home the** ~, (fam.) **a)** traer los garbanzos a casa; ser el proveedor de la familia. **b)** conseguirlo, lograrlo. **3 to save one's** ~, (brit.) (fam.) salvar el pellejo.

bacteria [bæk'tɪərɪə] (**bacterium** *sing.*) *s. pl.* BIOL. bacterias.

bacterial [bæk'tɪərɪəl] *adj.* BIOL. bacteriano.

bacteriological [bækˌtɪərɪə'lɒdʒɪkl] *adj.* bacteriológico.

bacteriologist [bækˌtɪərɪ'ɒlədʒɪst] *s. c.* bacteriólogo.

bacteriology [bæk,tɪərɪ'ɒlədʒɪ] *s. i.* bacteriología.

bacterium [bæk'tɪərɪəm] *sing.* de **bacteria.**

bad [bæd] (*comp.* **worse,** *super.* **worst**) *adj.* **1** malo, desagradable, fatal: *bad weather = mal tiempo.* **2** grave, serio (herida, accidente, error, etc.). **3** fuerte (catarro, dolor, enfermedad, etc.). **4** malo, vicioso (de comportamiento y carácter). **5** inapropiado, feo (palabras, forma de hablar). **6** podrido (comida). **7** inútil, malo (parte del cuerpo): *I can't do that with my bad arm = no puedo hacer eso con el brazo malo.* **8** travieso. **9** (~ **at**) torpe en, malo en (una asignatura o similar). ◆ **10 a** ~ **buy,** una mala compra, una compra en el peor momento (del mercado). **11 a** ~ **lot/sort/type, etc.,** un tipo/sujeto/elemento malo, etc. **12 a** ~ **name,** mala reputación. **13 a** ~ **turn,** una faena (en sentido negativo). **14** ~ **blood,** malos sentimientos; mala disposición, animosidad. **15** ~ **breath,** mal aliento. **16** ~ **cheque,** COM. cheque sin fondos; cheque erróneo (por algún defecto de forma). **17** ~ **debt,** COM. deuda irrecuperable (deuda que hay que dar por perdida). **18** ~ **feeling,** resentimiento. **19** ~ **form,** de mala educación. **20** ~ **luck,** mala suerte. **21** ~ **news,** (fam.) algo malo, alguien malo; mala persona: *he's bad news = es mala persona.* **22** ~ **taste,** mal gusto. **23 to feel** ~ **about,** sentirse culpable sobre; sentir tristeza sobre. **24 to go** ~, pudrirse (comida). **25 to go from** ~ **to worse,** ir de mal en peor. **26 not** ~, regular (con una entonación no convencida del todo). **27 to take the good with the** ~, aceptar lo bueno y lo malo. **28 too** ~**/it's too** ~**/that's too** ~, (fam.) **a)** lástima; **b)** mala suerte (con dureza o impaciencia).

baddy ['bædɪ] *s. c.* (fam.) malo (en las películas, libros, etc.).

bade [beɪd] *pret.* de **bid.**

badge [bædʒ] *s. c.* **1** insignia, placa, chapa. **2** (fig.) distintivo, señal, símbolo: *a badge of distinction = una señal* o *un símbolo de elegancia.*

badger ['bædʒər] *s. c.* **1** ZOOL. tejón. ● *v. t.* **2** acosar, importunar (verbalmente): *I badgered him until he gave in = le importuné hasta que se rindió.*

badinage ['bædɪnɑːʒ ‖ ,bædən'ɑːʒ] *s. i.* (lit.) chanza.

badly ['bædlɪ] *adv.* **1** mal. **2** seriamente, gravemente (hablando de heridas o similar). **3** mal, pobremente: *badly written = mal escrito.* **4** muchísimo (con la idea de necesitar o desear). **5** mal, desfavorablemente: *to speak badly of someone = hablar mal de alguien.* ◆ **6** ~ **off,** sin blanca, sin un duro. **7** ~ **off for,** muy necesitado de, con falta de: *we're badly off for space = estamos muy necesitados de espacio.*

badminton ['bædmɪntən] *s. i.* DEP. bádminton.

baffle ['bæfl] *v. t.* desconcertar, confundir.

bafflement ['bæflmənt] *s. i.* desconcierto, confusión.

baffling ['bæflɪŋ] *adj.* desconcertante.

bag [bæg] *s. c.* **1** bolsa (de papel, plástico, etc.). **2** bolso (de señora, de viaje). **3** (fig.) bolsa (contenido): *he ate a bag of crisps = se comió una bolsa de patatas fritas.* ● *v. t.* **4** (brit.) (fam.) reservar (una cosa que todos quieren). **5** capturar, cazar (en una cacería). ◆ **6 a** ~ **of bones,** (desp. y fam.) un saco de huesos. **7 a** ~ **of tricks,** todo lo necesario (para hacer algo). **8 old/stupid** ~, (desp.) vieja bruja. **9** ~ **and baggage,** (fam.) con todo lo de uno (normalmente cuando se le echa a alguien de algún sitio). **10 bags (under one's eyes),** ojeras. **11 bags of,** (brit.) (fam.) montones de. **12 to** ~ **up,** meter en bolsas. **13 in the** ~, (fam.) en el bolso. **14 to pack one's bags,** hacer las maletas (para irse de un lugar).

bagatelle [,bægə'tel] *s. c.* (lit.) bagatela, fruslería.

baggage ['bægɪdʒ] *s. i.* equipaje.

baggy ['bægɪ] *adj.* holgado.

bagpipes ['bægpaɪps] *s. pl.* MÚS. gaita.

bagsnatcher ['bæg,snætʃər] *s. c.* tironero.

bah [bɑː] *interj.* (p.u.) ¡bah! (expresa desprecio, desencanto o irritación).

Bahamas [bə'hɑːməz ‖ bə'heɪməz] *s. i.* Bahamas.

Bahamian [bə'heɪmɪən] *adj.* **1** de las Bahamas, bahamés. ● *s. c.* **2** bahamés, habitante de las Bahamas.

Bahrain [bɑː'reɪn] *s. i.* Bahrain.

Bahraini [bɑː'reɪnɪ] *adj.* **1** de Bahrain. ● *s. c.* **2** habitante de Bahrain.

bail [beɪl] (a veces **bale**) *s. c.* **1** DER. fianza. **2** DER. libertad bajo fianza. ● *v. t.* **3** MAR. achicar (el agua en un barco). ◆ **4 to** ~ **out, a)** DER. sacar bajo fianza de; pagar la fianza de. **b)** sacar de apuros (económicos). **5 to** ~ **out (of),** AER. saltar en paracaídas (de) (un avión en peligro). **6 bails,** DEP. estacas (siempre dos en el críquet). **7 to jump** ~, DER. huir (estando en libertad bajo fianza). **8 to stand/go** ~ **(for),** DER. salir fiador (de), pagar la fianza (de).

bailiff ['beɪlɪf] *s. c.* **1** (brit.) DER. alguacil (persona que ejecuta una decisión de embargo). **2** (EE UU) DER. oficial de justicia (administrativo de un tribunal). **3** (brit.) administrador (de propiedades).

bairn [beən] *s. c.* niño, chavalín (en Escocia y el norte de Inglaterra).

bait [beɪt] *s. i.* **1** DEP. cebo, carnada (pesca). **2** (fig.) añagaza, cebo. ● *v. t.* **3** (**to** ~ {**with**}) cebar. **4** (fig.) picar, hacer rabiar. **5** atacar (a osos o tejones con perros). ◆ **6 to rise to the** ~**/to take the** ~, tragar el anzuelo, picar (reaccionar como otro esperaba).

baize [beɪz] *s. i.* tapete (tejido normalmente verde que cubre las mesas de billar).

bake [beɪk] *v. t.* **1** cocer, hacer al horno. ● *v. i.* **2** cocerse, hacerse al horno. **3** endurecerse (normalmente la tierra por el sol).

baked [beɪkt] *adj.* **1** cocido, hecho al horno. ◆ **2** ~ **beans,** judías cocidas en salsa de tomate (normalmente enlatadas).

baker ['beɪkər] *s. c.* **1** panadero. ◆ **2 the** ~**/the baker's,** la panadería. **3 baker's dozen,** trece, docena del fraile.

bakery ['beɪkərɪ] *s. c.* panadería, tahona.

baking ['beɪkɪŋ] *s. i.* **1** GAST. cocción, horneado: *home baking = panadería y bollería casera.* ● *adj.* **2** calurosísimo: *today it's baking = hoy es un día calurosísimo.* **3** ~ **powder,** QUÍM. levadura. **4** ~ **sheet,** bandeja del horno. **5** ~ **soda,** QUÍM. bicarbonato sódico.

bakelite ['beɪkəlaɪt] *s. i.* baquelita (marca registrada de un tipo de plástico).

baksheesh [bæk'ʃiːʃ ‖ 'bækʃiːʃ] *s. i.* propina (en los países árabes).

balaclava [,bælə'klɑːvə] *s. c.* **1** pasamontañas, verdugo (gorro). ◆ **2** ~ **helmet,** pasamontañas, verdugo.

balalaika [,bælə'laɪkə] *s. c.* MÚS. balalaica (instrumento ruso como un laúd).

balance ['bæləns] *s. i.* **1** equilibrio (de una persona, entre naciones, etc.). **2** equilibrio, armonía (de una composición). ● *s. c.* **3** balanza (báscula). **4** COM. balance (contable). **5** (fig.) balanza, peso (a favor de alguien en algún tipo de competición): *the balance is tipping in the Englishman's favour = la balanza se está inclinando del lado del inglés.* **6** COM. resto, balance final (diferencia). ● *v. t.* **7** sopesar (una cosa en comparación con otra). **8** cuadrar (un presupuesto). ● *v. i.* **9** cuadrar (hablando de cuentas o presupuestos). **10** mantener el equilibro (en una cuerda, etc.). ◆ **11** ~ **of payments,** ECON. balanza de pagos. **12 to** ~ **out,** igualarse; equilibrarse (una cantidad con otra o similar). **13** ~ **sheet,** COM. balance general. **14 to hold the** ~, tener la llave de la solución; tener un peso específico decisivo. **15 in the** ~, sin decidir, en el aire. **16 off** ~, **a)** desequilibrado, a punto de caerse. **b)** (fig.) lelo, aturdido. **17 on** ~, pensándolo detenidamente. **18 to strike a** ~, lograr un equilibrio adecuado.

balanced ['bælənst] *adj.* **1** equilibrado, mesurado (opinión, persona, etc.). **2** compensado, equilibrado (algo cuyas partes están adecuadamente unidas). **3** COM. equilibrado, ajustado (cuentas, economía, etc.).

balancing act ['bælənsɪŋ ækt] *s. c.* ⇒ **act.**

balcony ['bælkənɪ] *s. c.* **1** ARQ. balcón (pequeño); terraza (más grande). **2** galería (en cine o teatro).

bald [bɔːld] *adj.* **1** calvo. **2** sin dibujo (en las ruedas de coches). **3** desnudo, descubierto (una superficie que debería estar más protegida). **4** escueto, directo. ◆ **5** ~ **eagle,** ZOOL. águila calva (de EE UU). **6 to go** ~, quedarse calvo.

balderdash ['bɔːldədæʃ] *s. i.* tonterías, bobadas.

bald-headed ['bɔːldhedɪd] *adj.* calvo.

balding ['bɔːldɪŋ] *adj.* que se está quedando calvo.

baldly ['bɔːldlɪ] *adv.* sin rodeos, directamente.

baldness ['bɔːldnɪs] *s. i.* calvicie.

bale [beɪl] *s. c.* **1** bala, fardo. ● *v. t.* **2** embalar, hacer fardos con (normalmente de paja o similar).

Balearic Islands [,bælɪ'ærɪk] *s. pl.* (Islas) Baleares.

baleful ['beɪlfʊl] *adj.* (lit.) pernicioso, siniestro.

balefully ['beɪlfəlɪ] *adv.* perniciosamente, siniestramente.

balk [bɔːk] (también **baulk**) *v. i.* **1** (**to** ~ **at**) resistirse a; oponerse a. **2** (**to** ~ **at**) detenerse ante, plantarse ante (caballos u otro animal). ◆ **3 to be balked of,** (lit.) no poder conseguir: *he was balked of his prey = no le dejaron conseguir su presa.*

ball [bɔːl] *s. c.* **1** pelota, balón. **2** (fig.) pelota, bola (cualquier cosa con esa forma). **3** DEP. pelota, balón (en la habilidad o falta de ella para jugarla): *it was a magnificent ball = fue un balón magnífico.* **4** (fam.) pelota, huevo (testículo). **5** baile de gala. ● *v. t.* e *i.* **6** hacer(se) una bola, hacer(se) una pelota. ◆ **7** ~ **game,** (EE UU) partido de béisbol. **8 a whole new** ~ **game/a completely different** ~ **game, etc.,** (fam.) una cosa totalmente distinta, harina de otro costal. **9 balls,** (fam.) **a)** pelotas, agallas, huevos (vulg.). **b)** una mierda, vaya estupidez (vulg.). **10 to have a** ~, (fam.) pasarlo de fábula. **11 on the** ~, al tanto. **12 to play** ~, (fam.) cooperar con gusto. **13 to start/set the** ~ **rolling,** ponerlo todo en marcha; **to keep the** ~ **rolling,** no dejar que la cosa decaiga. **14 the** ~ **is in someone's court,** le toca a alguien dar el siguiente paso o mover ficha. **15 the** ~ **of one's thumb/foot,** el pulpejo de la mano/del pie.

ballad ['bæləd] *s. c.* MÚS. **1** balada. **2** balada (canción lenta de la música moderna).

ballast ['bæləst] *s. i.* **1** MAR. lastre. **2** grava, gravilla, balasto (en carreteras y líneas de ferrocarril).

ball-bearing [,bɔːl'beərɪŋ] *s. c.* MEC. cojinete de bolas, rodamiento.

ballcock ['bɔːlkɒk] *s. c.* MEC. válvula de flotador, válvula de bola (fontanería).

ballerina [,bælə'riːnə] *s. c.* ART. bailarina.

ballet ['bæleɪ] *s. i.* **1** ART. ballet. ● *s. c.* **2** ART. grupo de ballet. **3** MÚS. pieza musical para ballet, ballet. ◆ **4** ~ **dancer,** ART. bailarín.

ballistic [bə'lɪstɪk] *adj.* **1** balístico. ◆ **2** ~ **missile,** MIL. misil balístico.

ballistics [bə'lɪstɪks] *s. i.* balística.

balloon [bə'luːn] *s. c.* **1** globo (para niños). **2** globo aerostático. **3** bocadillo (donde están las palabras que dicen los dibujos). ● *v. i.* **4** inflarse (como un globo). **5** (fig.) aumentar vertiginosamente. ◆ **6 the** ~ **went up,** estalló la noticia (algo que debía ser secreto y ya no lo es).

ballot ['bælət] *s. c.* **1** votación (secreta). **2** papeleta (para votar). ● *v. t.* **3** solicitar la opinión mediante votación: *the union will ballot its members = el sindicato solicitará a sus miembros una opinión mediante votación.* ◆ **4** ~ **paper,** papeleta (de voto). **5 by** ~, mediante votación secreta.

ballot-box ['bælətbɒks] *s. c.* **1** urna (para votar). ● *s. sing.* **2** (fig.) las urnas; el sistema democrático.

ballpoint ['bɔːlpɔɪnt] *s. c.* **1** bolígrafo; (Am.) esferógrafo, birome, lapicero. ◆ **2** ~ **pen,** bolígrafo.

ballroom ['bɔːlruːm || bɔːlrʊm] *s. c.* **1** salón de baile. ◆ **2** ~ **dancing,** baile de salón.

balls-up ['bɔːlzʌp] (en EE UU **ball-up**) *s. c.* (fam.) estropicio.

balls up *v. t.* hacer una chapuza de: *don't balls up this job, please = no hagas una chapuza de este trabajo.*

ball-up ['bɔːlʌp] *v. t.* ⇒ **balls-up.**

ballyhoo [,bælɪ'huː || 'bælɪhuː] *s. sing.* (fam.) bombo, alharacas: *I don't understand all the ballyhoo about it = no comprendo todo el bombo que se le ha dado.*

balm [bɑːm] (también **balsam**) *s. c.* e *i.* **1** bálsamo. ● *s. i.* **2** (fig.) consuelo, bálsamo.

balmy [bɑːmɪ] *adj.* apacible, agradable (hablando del tiempo atmosférico).

baloney [bə'ləunɪ] *s. i.* (EE UU) (fam.) tonterías, bobadas.

balsa ['bɔːlsə] BOT. *s. i.* **1** madera de balsa. ● *s. c.* **2** balsa (árbol).

balsam ['bɔːlsəm] *s. c.* e *i.* ⇒ **balm.**

Baltic ['bɔːltɪk] *s. sing.* **the** ~ **(Sea),** el (mar) Báltico.

balustrade [,bælə'streɪd] *s. c.* ARQ. balustrada, baranda.

bamboo [bæm'buː] *s. c.* e *i.* BOT. bambú.

bamboozle [bæm'buːzl] *v. t.* (**to** ~ {**into**}) (fam.) embaucar, engañar (para).

ban [bæn] *v. t.* **1** prohibir, proscribir. **2** (**to** ~ + *o.d.* + **from**) prohibir: *he was banned from driving = le prohibieron conducir; the book has been banned = han prohibido el libro.* ● *s. c.* **3** (~ {**on**}) prohibición de: *to put a ban on something = prohibir algo.*

banal [bə'nɑːl || 'beɪnl] *adj.* banal, trivial.

banality [bə'nælɪtɪ] *s. c.* e *i.* trivialidad, banalidad.

banana [bə'nɑːnə || bə'nænə] *s. c.* e *i.* **1** BOT. plátano; (Am.) banana, banano, cambur. ◆ **2 bananas,** (fam.) loco, chiflado. **3** ~ **republic,** (desp.) república bananera. **4** ~ **skin,** (fam.) POL. metedura de pata. **5** ~ **split,** GAST. postre hecho con plátanos. **6 to go bananas,** (fam.) **a)** ponerse negro, ponerse malo (de enfado). **b)** volverse loco.

band [bænd] *s. c.* **1** MÚS. grupo, conjunto, banda, orquesta. **2** grupo, banda (de personas). **3** franja, tira (de cualquier tejido). **4** RAD. banda (de frecuencias). **5** vitola (de un cigarro). **6** MEC. abrazadera, aro, fleje. **7** haz (de luz). **8** muñequera; brazalete (en el deporte o como señal de algo). **9** franja (de tierra). **10** banda (de color distinto al que le rodea). ◆ **11 to** ~ **together,** juntarse; asociarse: *let's band together against them = juntémonos contra ellos.*

bandage ['bændɪdʒ] *s. c.* **1** MED. venda, vendaje. ● *v. t.* **2** vendar. ◆ **3 to** ~ **up,** vendar muy bien; proteger completamente mediante un vendaje.

bandaged ['bændɪdʒt] *adj.* vendado.

bandanna [bæn'dænə] (también **bandana**) *s. c.* pañuelo grande (normalmente de colores).

bandit ['bændɪt] *s. c.* bandido, bandolero.

bandmaster ['bændmɑːstər] *s. c.* MÚS. director de una banda.

bandsman ['bændzmən] (*pl.* **bandsmen**) *s. c.* **1** MÚS. músico (en una orquesta). **2** MIL. y MÚS. miembro de una banda militar.

bandsmen ['bændzmən] *pl. irreg.* de **bandsman.**

bandstand ['bændstænd] *s. c.* MÚS. quiosco de música.

bandwagon ['bændwægən] *s. c.* **1** (arc.) carro de la banda (especialmente en circos). ◆ **2 to jump/climb on the** ~, subirse al carro (de los ganadores).

bandwidth ['bændwɪdθ] *s. c.* e *i.* ancho de banda.

bandy ['bændɪ] *adj.* **1** patizambo, estevado. ● *v. t.* **2** intercambiar (palabras, insultos, etc.). ◆ **3 to** ~ **about,** esgrimir (palabras, nombres, expresiones). **4 to** ~ **words with,** discutir con, pelearse con (verbalmente).

bandy-legged ['bændɪlegd] *adj.* patizambo, estevado.

bane [beɪn] *s. sing.* **1** (**the** ~ **of**) la ruina de, el azote de: *he's the bane of gamblers = es el azote de los jugadores.* ◆ **2 the** ~ **of one's life,** la cruz de uno.

bang [bæŋ] *v. i.* **1** chocar, golpear (haciendo un ruido similar a "bang"): *he banged into the table = chocó con la mesa.* **2** detonar (con ruido parecido a un disparo). ● *v. t.* **3** colocar, poner (con un ruido): *he banged the cup on the shelf = colocó con un golpe fuerte la taza en la estantería.* **4** golpear, chocar (una parte del cuerpo de manera accidental): *I banged my head = me di un golpe en la cabeza.* **5** dar un portazo (sólo con una puerta): *try not to bang the door = procura no dar (un) portazo.* **6** (vulg.) tirarse, follarse (a una mujer). ● *s. c.* **7** golpe; impacto: *she got a bang on the head = se dio un golpe en la cabeza.* **8** detonación, gran ruido, fuerte sonido: *with a bang = con un fuerte ruido.* ● *adv.* **9** (fam.) justo, exactamente (en una posición): *the house is bang in the middle = la casa está justo* o *exacta-*

mente en medio. ◆ **10 to ~ about,** (fam.) maltratar, dar golpes a. **11 to ~ around/ about,** (fam.) dar golpes: *she didn't stop banging around in the kitchen the whole night = no paró de hacer ruido dando golpes por la cocina toda la noche.* **12 to ~ away,** no cesar de golpear. **13 ~ goes,** (vulg.) al carajo con, a la mierda con (indicando fracaso): *bang goes our trip abroad if you fall sick = al carajo con nuestro viaje al extranjero si caes enferma.* **14 to ~ one's head against a brick wall,** (fig.) darse cabezazos contra la pared sin ningún resultado. **15 to ~ out,** (fam.) tocar fatal (una canción). **16 to go ~,** explotar, estallar. **17 to go with a ~,** (fam.) tener un enorme éxito.

banger ['bæŋər] *s. c.* **1** (brit.) (fam.) salchicha. **2** cacharro, tartana (coche viejo). **3** petardo.

Bangladesh [ˌbæŋglə'deʃ] *s. sing.* Bangladesh.

Bangladeshi [ˌbæŋglə'deʃɪ] *adj.* **1** de Bangladesh. ● *s. c.* **2** habitante de Bangladesh.

bangle ['bæŋgl] *s. c.* pulsera, brazalete.

bang-on [ˌbæŋ'ɒn] *adj.* (brit.) (fam.) correcto, perfecto.

banish ['bænɪʃ] *v. t.* **1** (**to ~ {from}**) desterrar, exiliar (de). **2** (**to ~ {from}**) desterrar (de) (pensamientos): *to banish something from one's mind = borrar (se) algo de la mente.*

banishment ['bænɪʃmənt] *s. i.* exilio, destierro.

banister ['bænɪstər] (también **bannister**) *s. c.* ARQ. pasamanos.

banjo ['bændʒəu] *s. c.* MÚS. banjo.

bank [bæŋk] *s. c.* **1** FIN. banco. **2** orilla (de un río o lago). **3** talud (slope). **4** terraplén (ridge). **5** banco (de arena, lodo). **6** banca (en los juegos). **7** INF. banco (de datos). **8** MED. banco (de sangre o similar). **9** ELEC. grupo, fila (de transformadores); batería (de lámparas). **10** MEC. fila, hilera (de instrumentos). **11** banco (de niebla). ● *v. t.* **12** ingresar en el banco (dinero). **13** amontonar (formando como un terraplén): *the soldiers banked the snow for self-protection = los soldados amontonaron la nieve formando un terraplén para su protección.* ● *v. i.* **14** (**to ~ with**) tener una cuenta bancaria con. **15** AER. inclinarse, ladearse (normalmente para cambiar de dirección). ◆ **16 a ~ of keys,** un teclado (de órgano o máquina de escribir). **17 ~ account,** FIN. cuenta bancaria. **18 ~ holiday,** día festivo en que están cerrados los bancos y el comercio en general. **19 ~ loan,** FIN. préstamo bancario. **20 ~ manager,** FIN. director de banco. **21 to ~ on,** contar con; confiar en: *you can't bank on her being there = no se puede contar con que vaya a estar.* **22 ~ statement,** FIN. extracto bancario, estado de cuenta. **23 to ~ up, a)** amontonar, apilar (formando un montón en forma de terraplén). **b)** alimentar (un fuego poniendo gran cantidad de combustible). **24 to break the ~,** ⇒ **break.**

bank-balance ['bæŋkbæləns] *s. c.* FIN. saldo bancario, estado de una cuenta.

banker ['bæŋkər] *s. c.* **1** FIN. banquero. **2** (fig.) banquero, encargado de la banca (en un juego). ◆ **3 banker's card,** FIN. tarjeta bancaria. **4 banker's order,** FIN. domiciliación bancaria (para pagar recibos).

banking ['bæŋkɪŋ] *s. i.* FIN. **1** banca. ◆ **2 ~ house,** (lit. y p.u.) banco.

banknote ['bæŋknəut] *s. c.* FIN. billete de banco.

bank-rate ['bæŋkreɪt] *s. sing.* FIN. tipo de interés bancario; tipo de descuento bancario.

bankroll ['bæŋkrəul] *v. t.* **1** (EE UU) financiar, apoyar financieramente. ● *s. c.* **2** (EE UU) fondos financieros.

bankrupt ['bæŋkrʌpt] *adj.* **1** FIN. quebrado, en quiebra. **2** (fig.) con deficiencias, deficiente: *our society is morally bankrupt = nuestra sociedad vive en la bancarrota moral.* ● *s. c.* **3** FIN. quebrado, insolvente (la persona). ● *v. t.* **4** llevar a la quiebra. ◆ **5 to go ~,** quebrar, entrar en bancarrota; declararse en quiebra.

bankruptcy ['bæŋkrəpsɪ] *s. c.* e *i.* **1** bancarrota, quiebra, insolvencia. **2** (fig.) quiebra, deficiencia.

banner ['bænər] *s. c.* **1** estandarte (de tela). **2** pancarta (en manifestaciones). **3** (fig.) bandera; nombre: *he always fought under the banner of communism = siempre luchó bajo la bandera del comunismo.* **4** INF. anuncio publicitario (en Internet). ◆ **5 ~ headline,** titular a toda plana, titular a toda página.

banning ['bænɪŋ] *s. i.* prohibición.

banns [bænz] *s. pl.* (**the ~**) REL. las amonestaciones (antes de casarse).

banquet ['bæŋkwɪt] *s. c.* banquete.

banshee [bæn'ʃiː ‖ 'bænʃiː] *s. c.* espíritu (en el folklore irlandés, que anuncia con sus gritos una muerte próxima).

bantam ['bæntəm] *s. c.* ZOOL. gallo de Bantam (enano).

banter ['bæntər] *s. i.* **1** guasa, burlas (bienintencionadas): *there was some banter about Jim's new job = hubo algunas burlas sobre el nuevo trabajo de Jim.* ● *v. i.* **2** (**to ~ {with/about}**) bromear (con/sobre), tomar el pelo (a/por).

Bantu [ˌbæn'tuː] *adj.* bantú (cultura, idioma, etc.).

banyan ['bænɪən] *s. c.* BOT. baniano, higuera de Bengala (árbol frutal).

baptise *v. t.* ⇒ **baptize.**

baptism ['bæptɪzəm] *s. c.* e *i.* REL. bautismo.

Baptist ['bæptɪst] *s. c.* REL. baptista.

baptize [bæp'taɪz] (también **baptise**) *v. t.* REL. bautizar.

bar [bɑːr] *s. c.* **1** (brit.) bar (habitación dentro de un pub donde las bebidas cuestan un poco menos). **2** (EE UU) bar (todo el local). **3** barra (de un local). **4** bar (dentro de otro edificio o lugar): *the hotel bar = el bar del hotel.* **5** barra (de metal). **6** ELEC. resistencia (la parte de una estufa que se pone roja). **7** (**a ~ of**) un lingote de (metales), una pastilla de (jabón), una tableta de (chocolate). **8** prohibición: *there was a bar on alcohol = estaban prohibidas las bebidas alcohólicas.* **9** MÚS. compás. **10** establecimiento; salón (con distintas especialidades): *a wine bar = un bar especializado en vinos; a tea bar = un salón de té.* ● *v. t.* **11** atrancar (una puerta). **12** poner rejas a: *to bar the windows = poner rejas a las ventanas.* **13** prohibir: *to bar all sorts of firearms = prohibir todo tipo de armas de fuego.* **14** (**to ~** *o.d.* + **from**) impedir la entrada en; prohibir la entrada en: *I barred him from the house = le impedí la entrada en la casa.* ● *prep.* **15** (lit.) salvo, menos, con la excepción de. ◆ **16 ~ chart,** gráfico de barras. **17 ~ code,** código de barras. **18 ~ mitzvah,** REL. ceremonia judía en que se concede la mayoría de edad a un muchacho de trece años. **19 ~ none,** sin excepción. **20 to ~ someone's way/path,** impedir o cortar el paso a alguien. **21 behind bars,** (euf. y fam.) entre rejas, en la cárcel. **22 no holds barred,** sin reglas, sin tener en cuenta ninguna regla. **23 the Bar** DER. la abogacía.

barb [bɑːb] *s. c.* **1** púa, lengüeta (de una flecha). **2** pincho, espino (de un alambre). **3** (fig.) indirecta, pulla.

Barbadian [bɑː'beɪdɪən] *adj.* **1** de Barbados. ● *s. c.* **2** habitante de Barbados.

Barbados [bɑː'beɪdɒs] *s. pl.* Barbados.

barbarian [bɑː'beərɪən] *s. c.* **1** HIST. bárbaro. **2** (desp.) salvaje, bestia, bárbaro.

barbaric [bɑː'bærɪk] *adj.* salvaje, brutal.

barbarism ['bɑːbərɪzəm] *s. i.* barbarie.

barbarity [bɑː'bærɪtɪ] *s. c.* **1** barbaridad. ● *s. i.* **2** barbarie.

barbarous ['bɑːbərəs] *adj.* (desp.) brutal, bárbaro.

barbarously ['bɑːbərəslɪ] *adv.* (desp.) brutalmente, vandálicamente.

barbecue ['bɑːbɪkjuː] *s. c.* **1** barbacoa (el objeto, la comida, la fiesta). ● *v. t.* **2** hacer a la barbacoa. ◆ **3 ~ sauce,** salsa de barbacoa.

barbed [bɑːbd] *adj.* **1** con púas. **2** (fig.) mordaz, con segundas. ◆ **3 ~ wire,** alambre de espino. **4 barbed-wire fence,** alambrada de espino.

barber ['bɑːbər] *s. c.* **1** barbero, peluquero. ● *v. t.* **2** cortar finamente, recortar cuidadosamente. ◆ **3 barber's pole,** percha de barbero (a rayas rojas y blancas en espiral). **4 the barber's,** la barbería.

barbershop ['bɑːbəʃɒp] *s. i.* MÚS. estilo de canción a cuatro voces.

barbiturate [bɑː'bɪtjurɪt] *s. c.* MED. barbitúrico.

bard [bɑːd] *s. c.* (lit. y p.u.) vate, bardo.

bare [beər] *adj.* **1** desnudo: *bare feet = pies descalzos* o *desnudos.* **2** descubierta (cabeza). **3** desnudo, desolado (paisaje o similar). **4** vacío (habitación, alacena, etc.). **5** sin hojas (árbol). **6** pelado, desnudo (suelo, superficie, etc.). **7** mero (con cantidades): *a bare five pounds = nada más que cinco libras.* • *v. t.* **8** descubrir, desnudar: *bare your arm = descúbrase el brazo.* ◆ **9 to ~ one's head,** descubrirse la cabeza (normalmente como signo de respeto). **10 to ~ one's soul,** abrir el corazón (revelando detalles muy íntimos o similar). **11 to lay ~, a)** desnudar completamente, exhibir. **b)** revelar, descubrir (algo importante o secreto). **12 the ~ bones,** lo fundamental, lo más indispensable. **13 the ~ facts/the barest details,** los hechos básicos, los detalles fundamentales. **14 the ~ minimum/the barest essentials,** lo mínimo, lo esencial. **15 with one's ~ hands,** con las propias manos.

bareback ['beəbæk] *adv.* y *adj.* sin silla, (fam.) a pelo (montando a caballo).

barefaced ['beəfeɪst] *adj.* (desp.) desvergonzado, descarado.

barefoot ['beəfʊt] (también **barefooted**) *adj.* y *adv.* descalzo.

bareheaded [,beə'hedɪd] *adj.* con la cabeza descubierta, sin sombrero.

barely ['beəlɪ] *adv.* apenas: *he could barely talk = apenas podía hablar.*

bareness ['beənɪs] *s. i.* desnudez (de un paisaje o similar).

barf [bɑːf] *v. i.* vomitar; (fam.) devolver, echar la papilla, potar.

bargain ['bɑːgɪn] *s. c.* **1** trato, pacto. **2** ganga. • *v. i.* **3** (**to ~** {**for/with**}) negociar, pactar (sobre/con). **4** regatear. ◆ **5 to ~ for,** prever, anticipar: *I hadn't bargained for such hard opposition = no había previsto una oposición tan fuerte.* **6 to drive a hard ~,** regatear hasta lo indecible. **7 into the ~,** además, encima de todo, por añadidura: *he was a teacher and a very good one into the bargain = era profesor y además muy bueno.* **8 to strike/make a ~,** cerrar un trato.

bargaining ['bɑːgɪnɪŋ] *s. i.* forcejeo (de una negociación).

barge [bɑːdʒ] *s. c.* **1** barcaza, gabarra. • *v. i.* (fam. y desp.) **2** (**to ~ into**) darse de bruces contra, darse contra (una persona). **3** (**to ~** {**through/into**}) irrumpir (entre/en): *he barged in without knocking = entró de repente sin llamar.* ◆ **4 to ~ in/into,** interrumpir (una conversación). **5 to ~ one's way through,** abrirse camino por medio de, abrirse camino a empellones entre (gente). **6 I wouldn't touch it with a ~ pole,** lo quiero ni en pintura o ni regalado.

bargee [bɑː'dʒiː] *s. c.* gabarrero, piloto de barcaza.

baritone ['bærɪtəʊn] *s. c.* MÚS. barítono.

barium ['beərɪəm] *s. i.* MIN. bario.

bark [bɑːk] *v. i.* **1** ladrar. **2** (fig.) vociferar, gritar, (una orden, un aviso, etc.). **3** retumbar (armas de fuego, altavoces y similar). • *v. t.* **4** escupir (humo, llamas, etc.): *his old gun barked smoke after the first shot = su vieja carabina escupía humo después del primer disparo.* • *s. c.* **5** ladrido. **6** (fig.) sonido como un ladrido (de armas, aparatos de alta fidelidad, etc.). • *s. i.* **7** BOT. corteza (de un árbol). ◆ **8 to be barking up the wrong tree,** (fam.) equivocarse de medio a medio. **9 someone's ~ is worse than his/her bite,** (fam.) perro ladrador poco mordedor.

barking ['bɑːkɪŋ] *s. i.* ladridos.

barley ['bɑːlɪ] *s. i.* **1** BOT. cebada. ◆ **2 ~ water,** agua de cebada, hordiate. **3 ~ wine,** vino de cebada (tipo de cerveza fuerte y de sabor dulce).

barley-sugar ['bɑːlɪʃʊgər] *s. i.* azúcar cande, alfeñique.

barmaid ['bɑːmeɪd] *s. c.* camarera (en un pub o similar).

barman ['bɑːmən] (*pl. irreg.* **barmen**) *s. c.* camarero (en un pub o similar).

barmen ['bɑːmən] *pl. irreg.* de **barman.**

barmy ['bɑːmɪ] *adj.* (brit.) (fam.) chiflado, chalado.

barn [bɑːn] *s. c.* **1** granero, pajar. **2** (EE UU) establo, cuadra. **3** (EE UU) cochera (de autobuses, furgonetas de una empresa o similar). ◆ **4 ~ dance,** baile popular rural (que se hace en un granero).

barnacle ['bɑːnəkl] *s. c.* ZOOL. percebe.

barnstorming ['bɑːnstɔːmɪŋ] *s. i.* **1** (EE UU) gira de pueblo en pueblo con algún espectáculo. **2** (EE UU) POL. recorrido de pueblo en pueblo haciendo campaña.

barnyard ['bɑːnjɑːd] *s. c.* corral, patio de granja.

barometer [bə'rɒmɪtər] *s. c.* **1** FÍS. barómetro. **2** (fig.) indicador, barómetro (de una situación).

baron ['bærən] *s. c.* **1** barón (título nobiliario). **2** (fig.) magnate, potentado: *the press barons = los magnates de la prensa.* ◆ **3 Baron,** barón (con un nombre).

baroness ['bærənɪs || ,bærə'nes] *s. c.* **1** baronesa (título nobiliario). ◆ **2 Baroness,** baronesa (con un nombre).

baronet ['bærənɪt] *s. c.* baronet (título nobiliario en Gran Bretaña).

baronetcy ['bærənɪtsɪ] *s. c.* rango de baronet.

baronial [bə'rəʊnɪəl] *adj.* **1** baronial (del barón). **2** señorial, majestuoso.

barony ['bærənɪ] *s. c.* baronía.

baroque [bə'rɒk || bə'rəʊk] *adj.* **1** ART. barroco. **2** (fig. y desp.) barroco, recargado. • *s. i.* **3** ART. barroco (estilo artístico).

barque [bɑːk] *s. c.* (lit. y p.u.) barca, barco.

barrack ['bærək] *v. t.* e *i.* abuchear.

barracking ['bærəkɪŋ] *s. i.* abucheos.

barracks ['bærəks] *s. pl.* **1** MIL. cuartel. **2** barracones.

barracuda [,bærə'kuːdə] *s. c.* ZOOL. barracuda.

barrage ['bærɑːʒ] *s. c.* **1** MIL. andanada, descarga; cortina de fuego. **2** (fig.) andanada, aluvión (de preguntas, quejas, críticas, etc.). **3** presa (de un río). ◆ **4 ~ balloon.** MIL. globo de barrera.

barred [bɑːd] *adj.* enrejado, con rejas: *a barred window = una ventana enrejada.*

barrel ['bærəl] *s. c.* **1** barril, tonel. **2** cañón (de un arma de fuego). **3** barril (medida para el petróleo de 159 litros). **4** MEC. cilindro, tambor. ◆ **5 to have someone over a ~,** (fam.) tener a alguien en un puño. **6 to scrape the ~/to scrape the bottom of the ~,** (fam.) utilizar los últimos recursos (en personas o cosas).

barrel-organ ['bærəlɔːgən] *s. c.* MÚS. organillo.

barren ['bærən] *adj.* **1** estéril, yermo (terreno o planta). **2** improductivo, inútil (discusión o similar). **3** (lit.) estéril (mujer sin hijos).

barricade [,bærɪ'keɪd] *s. c.* **1** barricada. • *v. t.* **2** bloquear, poner barricadas en. • *v. pron.* **3** atrincherarse, hacerse fuerte.

barrier ['bærɪər] *s. c.* **1** barrera, valla. **2** (**~ to**) (fig.) barrera, impedimento, obstáculo: *the language barrier = el obstáculo del idioma; a barrier to communication = un obstáculo para la comunicación.*

barring ['bɑːrɪŋ] *prep.* con la excepción de, salvo: *barring unexpected incidents, there will not be any more problems = salvo incidentes inesperados, no habrá más problemas.*

barrister ['bærɪstər] *s. c.* (brit.) abogado (para tribunales superiores).

bar-room ['bɑːruːm] *s. c.* (EE UU) bar.

barrow ['bærəʊ] *s. c.* **1** carretilla (de mano). **2** carretón (para ventas ambulantes). **3** HIST. túmulo.

bartender ['bɑːtendər] *s. c.* (EE UU) camarero.

barter ['bɑːtər] *v. t.* **1** trocar. • *v. i.* **2** hacer trueques. • *s. i.* **3** trueque, intercambio de mercancías.

basal ['beɪsəl] *adj.* **1** BIOL. y FISIOL. basal. **2** elemental.

basalt ['bæsɔːlt || 'beɪsɔːlt || bə'sɔːlt] *s. i.* GEOL. basalto.

base [beɪs] *s. c.* **1** (**the ~ of**) parte inferior, parte baja, base: *at the base of the mountain = al pie de la montaña.* **2** ARQ. basa. **3** QUÍM. base. **4** GEOM. base. **5** DEP. base (en béisbol). **6** POL. base: *power base = base de poder.* **7** MAT. base (de cálculo). **8** fondo (con pinturas): *I'd choose a blue base = yo elegiría un fondo azul.* **9** GAST. base, sustancia principal (a la que se pueden añadir diversos ingredientes). **10** lugar de trabajo, base (en el trabajo): *my base is London although I spend most of my time in the north = mi lugar de trabajo es Londres aunque paso la mayor parte del tiempo en el norte.* **11** base, referencia (en cálculos, precios, etc.): *base price = precio de referencia.* **12** (**~ for**) base para, apoyo para (sentido físico): *use this as a base for the big box = usa esto como base para la caja grande.* **13** (**~ for**) base de, fundamento de (sentido intangible): *the base for his belief is his sad childhood = el fundamento de su creencia es su triste infancia.* **14** MIL. base. **15** DEP. base, campamento base (en montañismo). • *v. t.* **16** (**to base** *o.d.* + **on**) basar, fundamentar: *he based his novel on his experiences abroad = basó su novela en sus experiencias en el extranjero.* • *v. pron.* **17** emplazarse, establecerse (en un sitio). • *adj.* **18** vil, bajo. ◆ **19 -based, a)** con sede en: *a Madrid-based firm = una empresa con sede en Madrid.* **b)** basado en: *export-based economies = economías basadas en la exportación.* **20 ~ metal,** MET. metal base (no preciado como el oro, plata, etc.). **21 ~ rate,** FIN. tipo de interés básico. **22 to be based,** tener su sede, tener la oficina central: *we are based in Boston = nuestra oficina central está en Boston.* **23 to get to first ~,** (EE UU) (fam.) salvar el primer obstáculo, dar el primer paso (en un proyecto, plan o similar). **24 off ~,** (EE UU) (fam.) despistado, equivocado; desmarcado: *I caught you a bit off base = te cogí un poco despistado.*

baseball ['beɪsbɔːl] *s. i.* DEP. béisbol.

baseless ['beɪslɪs] *adj.* sin base, sin fundamento, infundado.

baseline ['beɪslaɪn] *s. c.* **1** DEP. línea de fondo, línea de saque (en tenis, bádminton y algún otro deporte similar). **2** punto de referencia, referencia (en un cálculo imaginario dentro de una posible escala).

basement ['beɪsmənt] *s. c.* **1** sótano. **2** ARQ. basamento.

bases ['beɪsiːz] *pl.* de **basis.**

bash [bæʃ] *v. t.* **1** golpear, atizar, vapulear (con fuerza). **2** golpearse (una parte del cuerpo). **3** (fig.) criticar, vapulear (especialmente grupos, no individuos). • *v. i.* **4** (**to ~ at**) golpear, atizar, vapulear (con fuerza). **5** (**to ~ into**) darse contra, darse un encontronazo con/contra (fuertemente). • *s. c.* **6** golpe, porrazo. ◆ **7 to ~ on (with),** continuar, aguantar, ir tirando (con) (dificultosamente y sin entusiasmo). **8 to ~ up,** dar una paliza a, dar una zurra a. **9 to have a ~ at something,** (fam.) probar algo, intentar algo: *tomorrow I'll have a bash at fixing the machine = mañana probaré a arreglar la máquina.*

bashful ['bæʃfl] *adj.* tímido, vergonzoso.

bashfully ['bæʃfəlɪ] *adv.* tímidamente, vergonzosamente.

bashfulness ['bæʃflnɪs] *s. i.* timidez, vergüenza.

bashing ['bæʃɪŋ] *s. c.* e *i.* **1** paliza, zurra. ◆ **2 -bashing,** crítica: *party-bashing = crítica de los partidos.*

basic ['beɪsɪk] *adj.* **1** básico, fundamental, esencial. **2** (~ {**to**}) vital, esencial (para). **3** básico, elemental (de nivel sencillo). **4** básico, sencillo, rudimentario: *the small village has basic facilities = el pueblecito tiene servicios básicos.* **5** QUÍM. de base, alcalino. **6** GEOL. básico. ◆ **7 BASIC, (Beginner's All-purpose Symbolic Instruction Code)** INF. BASIC (lenguaje informático). **8 Basic English,** FILOL. inglés básico (método de comunicación en inglés con un vocabulario de 850 palabras). **9 ~ slag,** AGR. fertilizante fosfatado.

basically ['beɪsɪklɪ] *adv.* **1** básicamente, fundamentalmente, en esencia, esencialmente. **2** (fam.) realmente, en el fondo (señalando la importancia de lo que se quiere expresar): *the revolution was, basically, a struggle between rival factions = la revolución fue, en el fondo, una lucha entre faccions rivales.*

basics ['beɪsɪks] *s. pl.* **1** temas fundamentales, cosas esenciales, fundamentos: *to get back to basics = recuperar los principios básicos, volver a las raíces.* **2** (**the ~ of**) los rudimentos de, los principios básicos de (una asignatura, trabajo, actividad, etc.). **3** (**the ~**) los artículos de primera necesidad.

basil ['bæzl] *s. i.* BOT. albahaca.

basilica [bə'zɪlɪkə] *s. c.* ARQ. basílica.

basilisk ['bæzɪlɪsk] *s. c.* **1** ZOOL. basilisco, lagarto americano. **2** basilisco (reptil mítico).

basin ['beɪsn] *s. c.* **1** cuenco, tazón grande (para comida). **2** palangana, jofaina. **3** dique, dársena (para barcos). **4** lavabo. **5** GEOG. cuenca (de un río, lago o mar). **6** GEOL. depresión.

basinful ['beɪsnfʊl] *s. c.* **1** cuenco; palangana (entendido como su contenido): *a few basinfuls of water = unos cuantos cuencos de agua.* ◆ **2 to have had a ~ of something,** estar hasta la coronilla de algo.

basis ['beɪsɪs] (*pl.* **bases**) *s. c.* **1** (~ {**for/of/on**}) fundamento, base (de): *the basis of society = el fundamento de la sociedad.* **2** punto de partida: *the draft provides a basis for further negotiations = el borrador supone un punto de partida para futuras negociaciones.* ◆ **3 on a... ~,** con un sistema...; a..., por...: *on a weekly basis = por semana... this is done on a compulsory basis = esto se hace con un sistema obligatorio.* **4 on the ~ of,** de acuerdo con, a partir de. **5 ~ point,** punto básico.

bask [bɑːsk || bæsk] *v. i.* **1** (**to ~ in**) tomar (el sol); disfrutar del sol: *the whole village was basking in the sunshine = todo el pueblo estaba tomando el sol.* **2** (**to ~ in**) (fig.) disfrutar de (favores, prestigio, etc.).

basket ['bɑːskɪt || 'bæskɪt] *s. c.* **1** cesto, cesta, canasta. **2** (~ {**of**}) cesto, cesta, canasta (de) (expresando su contenido). **3** (**the ~**) DEP. la canasta. **4** (~ **of**) FIN. cesta (de monedas). ◆ **5 ~ case,** (EE UU) caso clínico, chiflado. **6 to put all one's eggs in one ~,** ⇒ **egg.**

basketball ['bɑːskɪtbɔːl || 'bæskɪtbɔːl] *s. i.* DEP. baloncesto.

basketful ['bɑːskɪtfʊl || 'bæskɪtfʊl] *s. c.* cesto, cesta, canasta. ⇒ **basket 2.**

basketry ['bɑːskɪtrɪ || 'bæskɪtrɪ] *s. i.* ⇒ **basketwork.**

basketweave ['bɑːskɪtwiːv || 'bæskɪtwiːv] *s. i.* tejido de esterilla (patrón en el corte y confección).

basketwork ['bɑːskɪtwəːk || 'bæskɪtwəːk] *s. i.* **1** cestería, cestos. **2** labor de cestería, estilo de cestería.

bas-relief [ˌbæsrɪ'liːf || 'bɑːrɪliːf] ARQ. *s. c.* e *i.* bajorrelieve, bajo relieve.

bass [bæs] (*pl.* **bass** o **basses**) *s. c.* ZOOL. lubina, róbalo (pez de agua salada); perca (pez de agua dulce).

bass [beɪs] MÚS. *s. c.* **1** bajo (cantante). **2** bajo (guitarra o violón). **3 ~ baritone,** barítono bajo. • *s. sing.* **4** (**the ~**) los bajos, los graves (en un aparato de música, altavoces, sintonizadores, etc.). • *adj.* **5** bajo, grave.

basset ['bæsɪt] (también **basset-hound** ['bæsɪthaʊnd]) *s. c.* ZOOL. perro basset.

bassinet [ˌbæsɪ'net] *s. c.* cuna de mimbre, moisés, cuco.

bassoon [bə'suːn] *s. c.* MÚS. fagot.

bast [bæst] *s. i.* estera, esterilla (para hacer cuerdas, alfombrillas, etc.).

bastard ['bɑːstəd || 'bæstəd] *s. c.* **1** bastardo, ilegítimo. **2** (desp.) hijo de puta, cabrón. **3** (fam.) lata, engorro: *this problem is a bastard = este problema es un engorro.* • *adj.* **4** bastardo, ilegítimo.

bastardization [ˌbɑːstədɪ'zeɪʃn] (también **bastardisation**) *s. i.* degeneración, degradación (del idioma, costumbres, etc.).

bastardize ['bɑːstədaɪz || 'bæstədaɪz] (también **bastardise**) *v. t.* degradar, degenerar (el idioma, las costumbres, etc.).

bastardy ['bɑːstədɪ || 'bæstədɪ] *s. i.* DER. bastardía.

baste [beɪst] *v. t.* **1** GAST. untar con su propio jugo, pringar. • *v. t.* e *i.* **2** hilvanar (en costura).

bastinado [ˌbæstɪ'nɑːdəʊ || ˌbæstɪ'neɪdəʊ] *s. c.* **1** paliza (normalmente mediante un bastón en las plantas de los pies). • *v. t.* **2** golpear con bastón (normalmente en las plantas de los pies).

bastion ['bæstɪən] *s. c.* **1** ARQ. baluarte, bastión. **2** MIL. fuerte (especialmente situado cerca del enemigo). **3** (~ {**of**}) (fig.) bastión, baluarte de: *they believe they are the bastion of freedom = ellos creen ser el baluarte de la libertad.*

bat [bæt] *s. c.* **1** ZOOL. murciélago. **2** DEP. bate (de béisbol o similar). • *v. i.* **3** DEP. batear. ◆ **4 at a... bat,** (fam.) a... velocidad: *he walked at a terrific bat = él caminaba a gran velocidad.* **5 bats,** (fam.) como una chota. **6 blind as a ~,** ⇒ **blind. 7 to have bats in the/one's belfry,** (fam.) estar como una chota, estar mal de la azotea. **8 like a ~ out of hell,** (fam.) como si le llevaran los demonios. **9 not to ~ an**

eyelid, no pestañear, no inmutarse. **10 off one's own ~,** por propia iniciativa, sin que nadie se lo diga. **11 right off the ~,** (fam.) al instante.

batch [bætʃ] *s. c.* **1** hornada (de pan, pasteles, etc.). **2** (~ {**of**}) grupo, montón, serie, tanda (de cosas o personas iguales): *a batch of letters = un montón de cartas.* **3** COM. y INF. lote. ◆ **4 ~ processing,** INF. procesamiento por lotes.

bated ['beɪtɪd] **with ~ breath,** con la respiración contenida; ansiosamente.

bath [bɑːθ || bæθ] *s. c.* **1** bañera (para bañarse). **2** baño (acción de bañarse): *you can watch TV after your bath = puedes ver la tele después de bañarte* o *de darte un baño.* **3** baño (de ácido, tintura o similar). ● *v. t.* **4** bañar (a un niño o enfermo). ● *v. i.* **5** (brit.) darse un baño, bañarse (en la bañera). ◆ **6 ~ chair,** silla de ruedas (especialmente la utilizada en balnearios). **7 baths,** (brit.) piscina cubierta. **8 to have/take a ~,** darse un baño, tomar un baño. **9 in the ~,** en el baño, bañándose. **10 to run a ~,** llenar el baño. **11 swimming ~,** piscina cubierta.

bathe [beɪð] *v. i.* **1** (**to ~** {**in**}) bañarse (en río, lago o mar). **2** (EE UU) bañarse, darse un baño (en la bañera). ● *v. t.* **3** lavar (una herida). **4** (**to ~** *o.* {**in/with**}) inundar, cubrir (de luz, brillo o similar): *the room was bathed in sunlight = la habitación estaba inundada de luz, la luz del sol inundaba la habitación.* **5** (normalmente pasiva) inundar (con un sentimiento o emoción): *bathed in love = inundado por el amor.* ● *s. sing.* **6** baño, chapuzón. ◆ **7 to be bathed in sweat,** estar bañado en sudor. **8 to go bathing,** irse a bañar (al río, lago o mar).

bather ['beɪðər] *s. c.* bañista (persona que se baña).

bathing ['beɪðɪŋ] *s. i.* **1** baño (actividad): *I love bathing = me encanta bañarme.* ◆ **2 ~ beauty,** joven guapa en traje de baño (típico de concursos de belleza).

bathing-cap ['beɪðɪŋkæp] *s. c.* gorro de baño.

bathing-costume ['beɪðɪŋkɒstjuːm || 'beɪðɪŋkɒstuːm] (también **bathing-suit**) *s. c.* (brit.) traje de baño (de mujer).

bathing-suit ['beɪðɪŋsuːt] *s. c.* ⇒ **bathing costume.**

bathing-trunks ['beɪðɪŋtrʌŋks] *s. pl.* (brit.) bañador (de hombre).

bathmat ['bɑːθmæt] *s. c.* alfombrilla de baño.

bath-oil ['bɑːθɔɪl] *s. i.* aceite perfumado de baño.

bathos ['beɪθɒs] *s. i.* LIT. trivialidad, anticlímax forzado (en una novela o similar).

bathrobe ['bɑːθrəub] *s. c.* **1** albornoz (de baño). **2** (EE UU) bata (de estar en casa).

bathroom ['bɑːθruːm] *s. c.* **1** baño, cuarto de baño. **2** (EE UU) servicio: *can I go to the bathroom? = ¿puedo ir al servicio?* **3** (euf.) servicio, excusado.

bath-salts ['bɑːθsɔːlts] *s. pl.* sales de baño.

bath-towel ['bɑːθtauəl] *s. c.* toalla de baño.

bathtub ['bɑːθtʌb] *s. c.* bañera.

bathwater ['bɑːθwɔːtər] *s. sing.* **1** agua (con la que uno llena el baño). ◆ **2 to throw out the baby with the ~,** ⇒ **baby.**

bathysphere ['bæθɪsfɪər] *s. c.* MAR. batisfera (esfera para observar la vida marítima a grandes profundidades).

batik [bə'tiːk || 'bætɪk] *s.c* e *i.* batik.

batiste [bæ'tiːst || bə'tiːst] *s. i.* batista (un tipo de tejido).

batman ['bætmən] (*pl.* **batmen**) *s. c.* (brit.) MIL. ordenanza, asistente.

batmen ['bætmən] *pl.* de **batman.**

baton ['bætn || 'bætən || bə'tɑn] *s. c.* **1** MÚS. batuta. **2** DEP. testigo, posta (para relevos). **3** porra (de policía). **4** MIL. vara, bastón de mando. ◆ **5 ~ charge,** carga policial con porras. **6 ~ round,** bala de goma.

batsman ['bætsmən] (*pl.* **batsmen**) *s. c.* DEP. bateador (en críquet).

batsmen ['bætsmən] *pl.* de **batsman.**

battalion [bə'tælɪən] *s. c.* MIL. batallón.

batten ['bætn] *s. c.* **1** tabla, listón. ◆ **2 to ~ down,** asegurar con tablas (una ventana ante una tormenta o similar). **3 to ~ down the hatches,** MAR. asegurar las escotillas. **4 to ~ on/upon,** vivir a costa de, aprovecharse de.

batter ['bætər] *v. t.* **1** maltratar, causar malos tratos (especialmente a niños y mujeres, por parte de padres y maridos). **2** golpear, aporrear (un objeto repetidamente). **3** batir, golpear (cuando es causado por la lluvia o el mar). ● *v. i.* **4** (**to ~** {**at/on**}) golpear, aporrear (sobre un objeto repetidamente). ● *s. c.* **5** DEP. bateador (en béisbol). ● *s. i.* **6** GAST. pasta para rebozar. ◆ **7 to ~ down,** derribar, echar abajo (a base de muchos golpes).

battered ['bætəd] *adj.* **1** estropeado, destrozado; abollado (vehículos). **2** objeto de malos tratos, maltratado (niño, mujer). ⇒ **batter 1.**

battering ['bætərɪŋ] *s. c.* **1** paliza, apaleamiento. **2** (fig.) paliza, crítica demoledora. ◆ **3 ~ ram,** ariete (para derribar un gran portón).

battery ['bætərɪ] *s. c.* **1** batería (de coche), pila (de linterna, etc.). **2** MIL. batería. **3** (~ **of**) serie de, conjunto de (cosas, personas, etc.): *a battery of tests = un conjunto de pruebas.* ◆ **4 ~ farm,** AGR. granja factoría, granja de cría intensiva. **5 ~ farming,** AGR. cría intensiva. **6 to recharge one's batteries,** (fam.) recargar las baterías, renovar las fuerzas.

battery-operated ['bætərɪˌɒpəreɪtɪd] *adj.* a pilas o que funciona con pilas.

battle ['bætl] *s. c.* e *i.* **1** batalla, combate. **2** (~ {**against/between/for**}) (fig.) batalla, lucha (contra/entre/a favor de). ● *v. i.* **3** batallar, combatir. ◆ **4 ~ fatigue,** fatiga de combate. **5 ~ of wits,** guerra de ingenio, guerra de inteligencia. **6 to do ~ with,** pelear contra, luchar con, combatir contra. **7 to be fighting a losing ~,** librar una batalla perdida, librar un combate perdido. **8 to give ~,** (p.u.) dar batalla. **9 half the ~,** la mitad del problema resuelto, la mitad del tema solucionado: *get her to go to a doctor, that's half the battle = consigue que ella vaya al médico, esa es la mitad del problema resuelto.* **10 in ~,** MIL. en combate: *he was killed in battle = murió en combate.*

battle-axe ['bætlæks] *s. c.* **1** hacha de guerra. **2** (fam. y desp.) mujer de armas tomar, arpía.

battle-cruiser ['bætlkruːzər] *s. c.* MAR. crucero de combate.

battle-cry ['bætlkraɪ] *s. c.* **1** grito de guerra. **2** (fig.) lema, eslogan.

battledress ['bætldres] *s. i.* MIL. uniforme de campaña.

battlefield ['bætlfiːld] *s. c.* campo de batalla.

battleground ['bætlgraund] *s. c.* **1** campo de batalla. **2** (fig.) punto contencioso, tema de discrepancia: *the big bang theory is still a battleground = la teoría del "big bang" es un tema de discrepancia todavía.*

battlements ['bætlmənts] *s. pl.* almenas.

battleship ['bætlʃɪp] *s. c.* acorazado, barco de guerra.

batty ['bætɪ] *adj.* (fam.) como una regadera.

bauble ['bɔːbl] *s. c.* (desp.) baratija.

baud [bɔːd] *s. c.* baudio.

baulk [bɔːk] ⇒ *v. i.* **balk.**

bauxite ['bɔːksaɪt] *s. i.* MIN. bauxita.

bawdily ['bɔːdɪlɪ] *adv.* obscenamente, indecentemente.

bawdiness ['bɔːdɪnɪs] *s. i.* obscenidad, indecencia.

bawdy ['bɔːdɪ] *adj.* obsceno, indecente.

bawl [bɔːl] *v. i.* **1** berrear, llorar a gritos. ● *v. t.* e *i.* **2** gritar, berrear. ◆ **3 to ~ out, a)** pegar gritos, vociferar. **b)** (fam.) regañar, cantar las cuarenta.

bay [beɪ] *s. c.* **1** GEOG. bahía, ensenada, rada. **2** ZOOL. bayo, caballo bayo. **3** BOT. laurel. **4** compartimento, zona: *bomb bay = compartimento de bombas; loading bay = zona de carga y descarga.* **5** mirador (dentro de una habitación). ● *v. i.* **6** ladrar, aullar (típico de perros y lobos). ◆ **7 at ~,** acorralado, rodeado. **8 to ~ at the moon,** ladrar a la luna. **9 ~ window,** ARQ. ventana saliente (algo parecido al mirador). **10 to bring to ~,** acorralar, rodear. **11 to keep/hold at ~,** mantener a raya.

bay-leaf ['beɪliːf] (*pl.* **bay-leaves**) *s. c.* hoja de laurel.

bay-leaves ['beɪliːvz] *pl.* de **bay-leaf.**

bayonet ['beɪənɪt] *s. c.* **1** bayoneta. ● *v. t.* **2** clavar la bayoneta.

bay-tree ['beɪtriː] *s. c.* BOT. lauro, laurel.

bayou ['baɪuː] *s. c.* GEOG. brazo pantanoso de un río, típico de ciertas zonas del sur de los Estados Unidos.

bazaar [bə'zɑːr] *s. c.* **1** bazar (zona de tiendas). **2** tómbola con fines caritativos.

bazooka [bə'zuːkə] *s. c.* MIL. bazoca, lanzagranadas.

BBC [ˌbiːbiː'siː] (siglas de **British Broadcasting Corporation**) *s. sing.* **1** (**the** ~) la BBC. ◆ **2 on** ~, en la BBC, por la BBC.

B.C. [ˌbiː'siː] *adv.* HIST. a.C., antes de Cristo.

be [bɪ] (forma fuerte [biː]) (*pret.* **was** y **were**, *p. p.* **been**) *v. i.* **1** ser: *I'm John Smith = soy John Smith.* **2** (**to** ~ *adj./adv.*) ser, estar: *she's very happy = es muy feliz.* **3** (**to** ~ profesión) ser, trabajar de: *my brother is a teacher = mi hermano es profesor.* **4** hacer (fenómenos atmosféricos): *it's windy and cold = hace viento y frío.* **5** ser (para expresar la hora): *it is 12 o'clock = son las 12 en punto.* **6** estar (con un lugar): *I'm in the bedroom = estoy en el dormitorio.* **7** FIL. existir: *I think, therefore I am = pienso, luego existo.* **8** (**to** ~ **of**) ser de, estar hecho de: *they were of real cotton = estaban hechos de algodón auténtico.* **9** (**there is/are**) hay: *there were many difficulties = hubo muchas dificultades.* **10** ser, costar: *the meal was 20 pounds = la comida costó 20 libras.* **11** tener (con medidas de altura, densidad, distancia, edad, etc.): *I am 20 = tengo 20 años.* **12** ser: *don't be stupid = no seas estúpido.* ◆ **13 as... as can/ could** ~, lo más... del mundo, tan... como uno se pueda imaginar: *I feel as contented as can be = me siento tan satisfecho como uno se pueda imaginar.* **14 to** ~ **fair/ frank/etc.**, siendo justos/sinceros, etc. **15 to** ~ **in for,** (fam.) *she's in for a surprise = le espera* o *aguarda una sorpresa; we're in for some rain = me parece que nos va a llover.* **16 to** ~ **on to,** (fam.) haber encontrado, tener entre manos: *I think Jim is on to something = me parece que Jim tiene algo entre manos; the police are on to us = la policía nos ha localizado.* OBS. Este verbo tiene las siguientes importantes funciones auxiliares en el inglés: **17** (**to** ~ + *inf.*) indica los siguientes matices: **a)** obligación de llevar a cabo algo previsto: *I am to see the doctor tomorrow = tengo que ir/he de ir al médico mañana.* **b)** tiene la idea de futuro dentro del pasado: *marrying her was to be his biggest mistake = casarse con ella sería su mayor equivocación.* **18** sirve de auxiliar de todos los tiempos de la forma continua, con la traducción de "estar": *I was crossing the street when I saw her = estaba cruzando la calle cuando la vi.* **19** también sirve de auxiliar para la voz pasiva, con la traducción de "ser": *I was deceived = fui engañado.*

beach [biːtʃ] *s. c.* **1** playa. ● *v. t.* **2** varar, arrastrar hasta la playa. ● *v. i.* **3** encallar, quedar varado. **4** ~ **ball,** balón de playa. **5** ~ **buggy,** coche de carreras en playas.

beachcomber ['biːtʃkəumər] *s. c.* raquero; vagabundo de playa.

beachhead ['biːtʃhed] *s. c.* MIL. cabeza de playa.

beachwear ['biːtʃweər] *s. i.* ropa de playa, vestimenta de playa.

beacon ['biːkən] *s. c.* **1** baliza (en el agua, en pista de aterrizaje). **2** faro (torre). **3** almenara, fuego de aviso (especialmente sobre un altozano para avisar de la llegada del enemigo). ◆ **4 Belisha** ~, luz ámbar intermitente (junto a los pasos cebra).

bead [biːd] *s. c.* **1** cuenta, abalorio, bolita (en un collar, rosario o similar). **2** gota (de sudor). ◆ **3 beads, a)** REL. rosario. **b)** collares. **4 to draw a** ~ **on,** apuntar cuidadosamente a.

beaded ['biːdɪd] *adj.* **1** (~ {**with**}) adornado (con cosas como cuentas, bolitas o similar). **2** (~ {**with**}) lleno de gotas (de sudor).

beading ['biːdɪŋ] *s. c.* e *i.* ARQ. moldura.

beadle ['biːdl] *s. c.* (brit.) bedel (en universidad); alguacil (en tribunales).

beady ['biːdɪ] *adj.* pequeño, diminuto (ojos).

beagle ['biːgl] *s. c.* pachón, sabueso pequeño.

beagling ['biːglɪŋ] *s. i.* caza con sabuesos.

beak [biːk] *s. c.* **1** pico (de pájaro). **2** (fig. y fam.) narizota. **3** (**the** ~) (brit.) (p.u. y fam.) el jefazo, el jerifalte (especialmente un juez o director de escuela).

beaked [biːkt] *adj.* como un pico (nariz).

beaker ['biːkər] *s. c.* **1** vaso grande (especialmente de plástico); jarra (con pico). **2** QUÍM. cubeta, vaso de precipitación.

be-all and end-all [ˌbɪɔːlənd'endɔːl] *s. sing.* (**the** ~) el único objeto, la razón de ser.

beam [biːm] *s. c.* **1** rayo (de sol, luz, etc.). **2** gran sonrisa, sonrisa amplia (de satisfacción, felicidad, etc.). **3** ELEC. rayo, haz (de partículas eléctricas). **4** ARQ. viga, travesaño. ● *s. sing.* **5** (**the** ~) DEP. la barra fija. ● *v. i.* **6** (**to** ~ {**at**}) sonreír, sonreír ampliamente. **7** irradiar, emitir haces de luz. ● *v. t.* **8** RAD. emitir (la emisión). **9** expresar mediante una sonrisa (la buena disposición, el agradecimiento, etc.). ◆ **10 broad in the** ~, ancha de caderas. **11 off** ~**/off the** ~, (fam.) despistado, equivocado; descaminado. **12 on the** ~, (fam.) en la pista correcta, por buen camino.

beam-ends [biːm'endz] **on one's** ~, **a)** MAR. escorado (un barco). **b)** (fam.) sin un duro.

bean [biːn] *s. c.* **1** (normalmente *pl.*) judía, frijol, habichuela, alubia. **2** grano (de café o similar). ◆ **3 full of beans,** (fam.) lleno de vida, lleno de energía: *the baby is full of beans again after his illness = el bebé está lleno de energía otra vez después de su enfermedad.* **4 not to be worth a** ~, (fam.) no valer un higo, no valer un pimiento. **5 not to have a** ~, (fam.) no tener ni una perra, no tener un duro. **6 to spill the beans,** (fam.) revelar el secreto involuntariamente; contar el secreto.

beanfeast ['biːnfiːst] (también **beano**) *s. c.* (brit.) (fam. y p.u.) fiestorro, fiesta por todo lo alto.

beano ['biːnəu] *s. c.* ⇒ **beanfeast.**

beanpole ['biːnpəul] *s. c.* (fam.) larguirucho.

beanshoot ['biːnʃuːt] *s. c.* ⇒ **beansprout.**

beansprout ['biːnspraut] (también **beanshoot**) (generalmente *pl.*) *s. c.* GAST. brote tierno de soja (plato típico de la cocina china).

bear [beər] (*pret.* **bore,** *p. p.* **borne**) *v. t.* **1** llevar (una señal, una etiqueta, etc.). **2** aguantar, soportar (un peso físico). **3** dar a luz, dar (a un marido hijos): *she bore him a beautiful daughter = ella le dio una hija preciosa.* **4** (form.) transportar, acarrear, llevar. **5** producir, dar (fruto tangible): *this tree bears fruit in spring = este árbol da fruto en la primavera.* **6** aguantar, soportar (una situación). **7** (form.) llevar, traer (algo a alguien). **8** (form. y lit.) llevar, transportar (un objeto por el viento, el aire o el mar): *the wind bore the sound of trumpets = el viento llevó un sonido de trompetas.* **9** (form.) tener, llevar, ostentar (un título, nombre o similar). **10** resistir, permitir (examen o inspección cuidadosas): *the new project doesn't bear close examination = el nuevo proyecto no resiste un examen atento.* **11** llevar, tener, poseer: *the murder bore all the marks of a crime of passion = el asesinato tenía todas las características de un crimen pasional.* **12** tener, soportar (la responsabilidad de algo). **13** tener (parecido); guardar (relación): *the lecture bore no relation to the interests of the audience = la conferencia no guardaba ninguna relación con los intereses de los oyentes.* **14** (lit.) abrigar, profesar, albergar (sentimientos). **15** (lit.) llevar, mantener (una parte del cuerpo de una manera u otra): *he bore his head high = llevaba la cabeza bien alta.* ● *v. i.* **16** escorarse, dirigirse suavemente (a derecha o izquierda): *bear left at the traffic lights = doble* o *tuerza a la izquierda en el semáforo.* ● *v. pron.* **17** (lit.) tener una postura corporal: *she bears herself beautifully = tiene un porte bellísimo.* ● *s. c.* **18** oso. **19** FIN. bajista (en la bolsa). ◆ **20 to** ~ **a grudge,** guardar rencor. **21 to** ~ **comparison,** ⇒ **comparison.** ◆ **22** ~ **cub,** osezno. **23 to** ~ **down (on), a)** aproximarse amenazadoramente (sobre), echarse encima amenazadoramente (sobre). **b)** apoyarse con fuerza (sobre), cargar todo el peso (sobre). **24 to** ~ **on/upon,** (form.) afectar, tener relación con, atañer (como pura conexión): *your difficult situation* *doesn't bear on his new job at all = tu situación difícil no tiene relación en absoluto con su nuevo empleo.* **25 to ~ out,** confirmar, probar, corroborar, sostener: *the facts bear out my theory = los hechos confirman mi teoría.* **26 to ~ something in mind, ⇒ mind. 27 to ~ the brunt of, ⇒ brunt. 28 to ~ up, a)** sostenerse, tenerse en pie (una idea, teoría, resultado concreto, etc.). **b)** poner buena cara (a las dificultades). **29 to ~ with,** soportar pacientemente, tener paciencia con: *bear with me, I am too tired to explain it coherently = ten paciencia conmigo, estoy demasiado cansado como para explicarlo con coherencia.* **30 to ~ witness, ⇒ witness. 31 to bring pressure/influence to ~,** ejercer presión/influencia (para conseguir los fines que se quieren). **32 can't/couldn't ~,** no poder soportar, aguantar (algo o a alguien): *I can't bear it when he ignores me = no soporto que no me haga caso.* **33 to grin and ~ it, ⇒ grin. 34 like a ~ with a sore head,** (fam.) irritable, de mal humor.

bearable ['beərəbl] *adj.* tolerable, soportable.

beard [bɪəd] *s. c.* **1** barba. ◆ **2 a goat's ~,** una barba de chivo, una perilla de chivo. ● *v. t.* **3** desafiar, retar. ◆ **4 to ~ the lion in his den,** entrar en la boca del lobo, meterse en la boca del lobo (para enfrentarse o concertar un acuerdo).

bearded ['bɪədɪd] *adj.* con barba, barbado.

beardless ['bɪədlɪs] *adj.* barbilampiño, imberbe.

bearer ['beərər] *s. c.* **1** portador (de un objeto). **2** FIN. portador (de un cheque o documento). **3** criado, mozo (en la India y otras colonias). **4** portador, poseedor (de un título o similar). ◆ **5 ~ security,** valor al portador, título al portador.

bear-hug ['beəhʌg] *s. c.* abrazo fuerte, abrazo de oso.

bearing ['beərɪŋ] *s. sing.* **1** porte, aspecto, presencia: *her bearing was impressive = su porte era impresionante.* ● *s. c.* **2** posición, situación, orientación (geográfica). **3** (generalmente *pl.*) MEC. cojinete, soporte, asiento. ● *s. i.* **4** (~ {**on**}) relación, conexión con: *what you're saying has no bearing on the matter = lo que estás diciendo no tiene conexión con el asunto.* ◆ **5 -bearing,** portador (en compuestos con sustantivos): *nitrogen-bearing = portador de nitrógeno.* **6 beyond (all) ~/past all ~,** absolutamente inaguantable, que no se puede seguir aguantando. **7 to get/find one's bearings,** (fig.) encontrar el norte, orientarse. **8 to lose one's bearings,** (fig.) perder el norte, desorientarse.

bearish ['beərɪʃ] *adj.* **1** hosco, malhumorado, rudo, áspero. **2** FIN. bajista, a la baja (en la Bolsa).

bearskin ['beəskɪn] *s. c.* **1** piel de oso (como adorno o alfombra). **2** birretina (típico de soldados vestidos a la antigua usanza en el Reino Unido).

beast [biːst] *s. c.* **1** (lit.) bestia, animal salvaje. **2** (fig. y fam.) bruto, animal, bestia (de una persona): *the beast in me = la bestia que llevo dentro.* **3** (lit.) hombre bruto, hombre bestial (especialmente en el aspecto sexual). **4** (fam.) engorro: *fixing the toilet is a beast of a job = reparar el retrete es un trabajo muy engorroso.* ◆ **5 ~ of burden,** bestia de carga (burro, buey, etc.). **6 ~ of prey,** animal de rapiña, predador.

beastly ['biːstlɪ] (fam.) *adj.* **1** desagradable, horrible, asqueroso. **2** deleznable, detestable (una persona). ● *adv.* **3** (brit.) horriblemente, terriblemente (como enfático de algo negativo).

beat [biːt] (*pret.* **beat,** *p. p.* **beaten**) *v. t.* **1** golpear, aporrear (un objeto); azotar, dar una paliza a (una persona, un animal). **2** DEP. ganar, vencer, derrotar. **3** GAST. batir. **4** MÚS. tocar, golpear (un instrumento de percusión). **5** adelantarse a (un acontecimiento en el tiempo): *we beat the traffic today = hoy nos adelantamos a lo peor del tráfico.* **6** (fam.) ser mejor que, ganar (en calidad u otra característica): *reading beats any other hobby I can think of = la lectura es mejor que cualquier otro entretenimiento que se me pueda ocurrir.* **7** abrirse (paso o camino): *to beat one's way through something = abrirse paso o camino a través de algo.* **8** batir (para la caza). **9** batir, agitar (alas). **10** ganar, vencer (a un sistema u organización): *we have got to beat the system = tenemos que ganar al sistema.* **11** sobrepasar (una marca anterior); batir (un récord). **12** (**to ~ + *o.* +** {**for**}) ganar en (a alguien en una virtud o a algo en una característica positiva): *you can't beat the Spaniards for generosity = no se puede ganar a los españoles en generosidad.* ● *v. i.* **13** agitarse, moverse (alas). **14** batir (en la caza). **15** latir (el corazón). **16** (**to ~** {**against/at/on**}) golpear, dar (contra/en): *the rain was beating on the windowpane = la lluvia golpeaba en el cristal de la ventana.* ● *s. c.* **17** latido (del corazón). **18** movimiento de las alas, aleteo. **19** MÚS. golpe de compás, tiempo de compás. **20** ronda (de un policía o similar). ● *s. sing.* **21** MÚS. ritmo: *keep to the beat of this song = mantén el ritmo de esta canción.* **22** golpeteo, martilleo (de un objeto contra otro o algo de ese estilo). **23** (~ {**of**}) MÚS. golpe, redoble (de tambor). ● *adj.* **24** (fam.) para el arrastre, exhausto, tirado. **25** rebelde, beat (típico de la década de los 50 y 60): *the beat generation = la generación "beat".* ◆ **26 a rod/stick to ~ someone with,** un argumento irrefutable con el que derrotar a alguien. **27 to ~ about the bush, ⇒ bush. 28 to ~ a retreat, ⇒ retreat. 29 to ~ down, a)** achicharrar (el sol): *the sun was beating down = el sol achicharraba.* **b)** caer a cántaros, caer como un diluvio (lluvia). **c)** hacer bajar (el precio de algo): *he wanted 1,000 but I beat him down to 500 = él quería 1.000 pero le hice bajar a 500.* **30 ~ it,** (fam.) lárgate, vete por ahí, márchate, desaparece. **31 to ~ out, a)** extinguir, apagar (un fuego a base de aporrearlo con mantas o algo parecido). **b)** MÚS. aporrear, redoblar (tambores con gran estruendo). **32 to ~ one's breast,** darse golpes de pecho (como muestra de arrepentimiento). **33 to ~ someone at his own game,** ganar a alguien en su propio juego, vencer a alguien en su propio campo. **34 to ~ someone black and blue,** moler a alguien a palos, dar una paliza solemne a alguien. **35 to ~ someone hollow,** dar a alguien una soberana paliza, vencer a alguien facilísimamente. **36 to ~ someone to it,** ganar por la mano a alguien, llegar antes que alguien (a alguna actividad). **37 to ~ the hell/shit/etc. out of somebody,** (fam. y vulg.) dar una paliza de muerte a alguien, destrozar a alguien de una paliza. **38 to ~ the rap,** (EE UU) (vulg.) librarse de una buena. **39 to ~ time,** llevar el ritmo. **40 to ~ someone to death,** matar a alguien a golpes. **41 to ~ up,** dar una paliza, moler a golpes, propinar una buena tunda. **42 can you ~ that/it?,** (fam.) ¿a que es el mayor cara dura? ¿a que no puedes imaginarte mayor cara? (expresando sorpresa) **43 if you can't ~ them, join them,** si no puedes vencerlos, únete a ellos. **44 it beats me/what beats me is,** (fam.) me deja con la boca abierta, lo verdaderamente alucinante es. **45 on the ~,** de ronda (especialmente la policía). **46 off one's ~,** (fam.) fuera de lo normal, desconocido, fuera de lo acostumbrado. **47 two hearts that ~ as one, ⇒ heart.**

beaten ['biːtn] *p. p.* **1** de **beat.** ● *adj.* **2** MET. batido, amartillado (una pieza metálica). ◆ **3 off the ~ track, ⇒ track.**

beaten-up ['biːtnʌp] *adj.* medio destrozado, abollado (vehículo); en muy malas condiciones (cualquier objeto).

beater ['biːtər] *s. c.* **1** batidor (en la caza). **2** batidora (en la cocina).

beatific [bɪə'tɪfɪk] *adj.* (lit.) beatífico, felicísimo.

beatifically [bɪə'tɪfɪklɪ] *adv.* (lit.) beatíficamente, felicísimamente.

beatification [bɪˌætɪfɪ'keɪʃn] *s. i.* REL. beatificación.

beatify [bɪ'ætɪfaɪ] *v. t.* REL. beatificar.

beating ['biːtɪŋ] *s. c.* **1** paliza, zurra, tunda. ● *s. sing.* **2** derrota (normalmente deportiva). ◆ **3 ~ up,** paliza fuerte, zurra de espanto. **4 to take a ~,** sufrir una clara derrota, salir derrotado. **5 to take some ~,** (fam.) ser muy difícil de mejorar: *his latest novel will take some beating = su última novela será muy difícil de mejorar.*

beatitude [bɪ'ætɪtju:d || bɪ'ætɪtu:d] *s. i.* **1** (form.) beatitud. ◆ **2 the Beatitudes,** REL. las Bienaventuranzas.
beatnik ['bi:tnɪk] *s. c.* rebelde, joven rebelde, beatnik (persona inconformista de los años 50 y 60).
beat-up ['bi:tʌp] *adj.* (fam.) escacharrado, en malas condiciones, semidestrozado (cualquier objeto).
beau [bəʊ] (*pl.* **beaus** o **beaux**) *s. c.* **1** admirador, enamorado, pretendiente. ◆ **2** ~ **geste,** gesto noble. **3** ~ **monde,** gran mundo, mundo de la elegancia.
beaut [bju:t] *s. c.* (fam.) maravilla (cualquier objeto o acción): *that goal was a beaut = ese gol fue una maravilla.*
beauteous ['bju:tɪəs] *adj.* (lit.) bello, hermoso.
beautician [bju:'tɪʃn] *s. c.* esteticista, esthéticienne, experta en tratamientos de belleza.
beautification [ˌbju:tɪfɪ'keɪʃn] *s. i.* embellecimiento.
beautiful ['bju:tɪfl] *adj.* **1** hermoso, bello, atractivo, precioso (ante el sentido de la vista). **2** exquisito, excelente, magnífico (en muchísimos contextos, como la comida, las artes, la vida, etc.): *that was a beautiful meal = fue una comida exquisita.* **3** magnífico, excelente (cualquier acción, como el deporte, la música, etc.): *she is a beautiful swimmer = es una excelente nadadora.* **4** maravilloso (experiencia vital): *living with you for so many years has been a beautiful experience = vivir contigo tantos años ha sido una experiencia maravillosa.*
beautifully ['bju:tɪfəlɪ] *adv.* **1** hermosamente, bellamente, atractivamente, preciosamente. **2** exquisitamente, bien. **3** magníficamente, excelentemente.
beautify ['bju:tɪfaɪ] *v. t.* embellecer, mejorar el aspecto de.
beauty ['bju:tɪ] *s. i.* **1** belleza, hermosura (cualidad). ● *s. c.* **2** mujer bella, belleza. **3** (fig. y fam.) maravilla (objeto): *my car is a beauty = mi coche es una maravilla.* **4** (generalmente *pl.*) maravillas, belleza (de algo): *the beauties of nature = la belleza de la naturaleza.* ● *adj.* **5** de belleza, de estética: *beauty creams = cremas de belleza.* ◆ **6** ~ **contest,** concurso de belleza. **7** ~ **parlour,** salón de belleza. **8** ~ **queen,** reina de un concurso de belleza. **9** ~ **salon,** salón de belleza. **10** ~ **sleep,** (hum.) primer sueño (que se dice que ayuda a mantener la juventud). **11** ~ **spot, a)** lunar. **b)** pareje de gran belleza natural. **12 the** ~ **(of),** el atractivo (de), lo mejor (de): *the beauty of the whole project is that it seeks to improve the workers' lives = el atractivo de todo el proyecto es que busca mejorar la vida de los obreros.*
beaux [bəʊz] *pl.* de **beau.**
beaver ['bi:vər] *s. c.* **1** ZOOL. castor. ● *s. i.* **2** castor, piel de castor. ◆ **3 to** ~ **away,** (brit.) (fam.) trabajar sin parar, estar ocupado al máximo. **4 eager** ~, (fam.) hormiguita (trabajadora), tipo trabajador, sujeto muy trabajador.
bebop ['bi:bɒp] (también **bop**) *s. i.* MÚS. bebop (estilo de música de jazz).
becalmed [bɪ'kɑ:md] *adj.* MAR. estático, inmóvil (un barco, por falta de viento).
became [bɪ'keɪm] *pret.* de **become.**
because [bɪ'kɒz || bɪ'kɔ:z] *conj.* **1** porque: *I drove him home because he couldn't walk = le llevé a casa en mi coche porque él no podía caminar.* ◆ **2** ~ **of,** a causa de, por: *because of his ignorance = a causa de su ignorancia.* **3 just** ~, (fam.) sólo por, únicamente por: *just because you spent ten years abroad you are not a genius = sólo por haber pasado diez años en el extranjero no eres un genio.*
OBS. esta palabra suele ser la contestación a la pregunta **why,** manteniendo el significado **1** de arriba: *why did you go? because I wanted to = ¿por qué te fuiste? porque quise.*
beck [bek] *s. c.* **1** arroyo, riachuelo (en el dialecto del norte de Inglaterra). ◆ **2 to be at someone's** ~ **and call,** estar a la entera y total disposición de alguien, estar al servicio de alguien en cuerpo y alma.
beckon ['bekən] *v. t.* **1** (**to** ~ + *o.* {+ *inf./prep.*}) hacer señas a, llamar por señas: *he beckoned them to follow = les hizo señas de que le siguieran; he beckoned me out of the house = me hizo señas para que saliera de la casa.* ● *v. i.* **2** (**to** ~ {**to**}) hacer señas, llamar por señas (a). **3** (**to** ~ {**to**}) (fig.) atraer, llamar poderosamente, atraer con fuerza (a): *New York beckoned to us = Nueva York nos atraía con fuerza.*
become [bɪ'kʌm] (*pret.* **became,** *p. p.* **become**) *v. i.* **1** llegar a ser; convertirse en, hacerse: *she became a writer = se hizo escritora; the situation became awkward = la situación se hizo embarazosa; it's becoming a real problem = se está convirtiendo en un verdadero problema.* ● *v. t.* **2** (form.) sentar bien, caer bien: *that dress becomes you = ese vestido te sienta bien*; (form.) *such rudeness doesn't become you = tamaña grosería es impropia en una persona como tú.* ◆ **3 what has/will** ~ **of,** qué ha sido/será de, qué ha pasado/ pasará con: *I wonder what has become of old Jimmy = me pregunto qué ha sido del viejo Jimmy.*
OBS. Este verbo tiene un uso muy extendido en conexión con adjetivos y adverbios, indicando cambio de estado, apariencia, tiempo atmosférico, etc., con la traducción como verbalización del adjetivo o adverbio o hacerse, convertirse, ponerse: *the day is becoming colder = el día se está poniendo más frío; she became sad = ella se entristeció.*
becoming [bɪ'kʌmɪŋ] *adj.* **1** (form.) decoroso, adecuado (comportamiento o lenguaje). **2** atractivo, favorecedor (ropa, estilo de peinado, etc.).
becomingly [bɪ'kʌmɪŋlɪ] *adv.* **1** (form.) decorosamente, adecuadamente (en el comportamiento o lenguaje). **2** atractivamente, favorecedoramente (de ropa, estilo de peinado, etc.).
becquerel ['bekərel] *s. c.* FÍS. becquerel (unidad de medida de la radiactividad).
bed [bed] *s. c.* **1** cama, lecho. **2** cama, sitio (en un hospital, residencia, etc.). **3** GEOL. lecho, cauce (de un río, lago, etc.). **4** GEOL. estrato, capa: *a bed of hard rock = una capa de roca dura.* **5** base (de una construcción); firme (de carretera). **6** arriate, macizo (de flores, plantas, etc.). ● *v. t.* **7** (fam.) llevar a la cama (para tener contacto sexual). ◆ **8 a** ~ **of roses,** ⇒ **rose. 9** ~ **and board,** cama y comida. **10** ~ **and breakfast,** cama y desayuno, habitación y desayuno. **11 to** ~ **down, a)** meter en la cama, acostar (a niños, por ejemplo). **b)** acomodarse para pasar la noche (normalmente en un sitio transitorio poco cómodo). **c)** asentarse, quedarse fijo (parte de algún objeto). **12 to** ~ **out,** AGR. pasar del semillero a la tierra. **13 to get out of** ~ **on the wrong side,** levantarse con el pie izquierdo. **14 to go to** ~, irse a la cama, acostarse. **15 to go to** ~ **with,** acostarse con, irse a la cama con (expresando que van a tener relaciones sexuales). **16 in** ~, acostado, en la cama. **17 in** ~ **with,** acostado con, en la cama con (realizando el acto sexual). **18 to make the** ~, hacer la cama. **19 you made your bed so you must lie in it,** a lo hecho, pecho. **20 to take to one's** ~, caer en cama, quedar en cama (a causa de una enfermedad o similar). **21 to wet one's** ~, ⇒ **wet.**
bedaub [bɪ'dɔ:b] *v. t.* (**to** ~ {**with**}) embadurnar (de).
bed-bath ['bedbɑ:θ] *s. c.* lavado de un enfermo, lavado en la cama.
bedbug ['bedbʌg] *s. c.* ZOOL. chinche.
bedchamber ['bedtʃeɪmbər] *s. c.* (form. y arc.) alcoba, dormitorio.
bedclothes ['bedkləʊðz] *s. pl.* ropa de cama.
-bedded ['bedɪd] *sufijo* de... camas: *double-bedded room = habitacion de dos camas.*
bedding ['bedɪŋ] *s. i.* **1** ropa de cama. ◆ **2** ~ **plant,** planta de semillero.
bedeck [bɪ'dek] *v. t.* (**to** ~ {**with**}) adornar, embellecer (con).
bedevil [bɪ'devl] *v. t.* confundir, acosar, desesperar: *this problem has bedevilled us for ages = este problema nos ha desesperado durante muchísimo tiempo.*
bedfellow ['bedfeləʊ] *s. c.* **1** compañero de cama, compañero sentimental (del otro sexo). **2** (fig.) peculiar aliado: *during the war conservatives and socialists became strange bedfellows = durante la guerra los conservadores y los socialistas se convirtieron en peculiares aliados.*

bedhead ['bedhed] *s. c.* cabecera (de una cama).
bedlam ['bedləm] *s. i.* follón, escándalo (de ruido).
bed-linen ['bedlɪnɪn] *s. i.* ropa de cama blanca.
Bedouin ['bedʊɪn] (*pl.* **Bedouin** o **Bedouins**) *s. c.* beduino.
bedpan ['bedpæn] *s. c.* cuña (para enfermos en cama).
bedpost ['bedpəust] *s. c.* **1** pilar de la cama, poste de la cama. ◆ **2 between you and me and the ~,** muy confidencialmente, con mucha discreción.
bedraggled [bɪ'drægld] *adj.* sucio y mojado, hecho una sopa y desastrado.
bedridden ['bedrɪdn] *adj.* postrado en la cama (por enfermedad o vejez).
bedrock ['bedrɒk] *s. i.* **1** GEOL. capa de piedra dura, capa de roca base. **2** (fig.) principio fundamental, fundamento, base: *the family is the bedrock of society = la familia es la base de la sociedad.*
bedroll ['bedrəul] *s. c.* petate (para dormir en cualquier sitio).
bedroom ['bedru:m] *s. c.* **1** dormitorio, habitación (de dormir). ◆ **2 -bedroomed,** de... dormitorios: *a four-bedroomed house = una casa de cuatro dormitorios.* **3 ~ scene,** (euf.) escena de cama.
bedside ['bedsaɪd] *s. sing.* **1** lado de la cama: *the dog was lying by his bedside = el perro estaba tumbado en su lado de la cama.* **2** (fig.) cabecera, cabecera de la cama (de un enfermo). ◆ **3 ~ manner,** forma de comportarse con un enfermo, manera de tratar a un enfermo (por parte de un médico).
bedsit ['bedsɪt] *s. c.* ⇒ **bedsitter.**
bedsitter [,bed'sɪtər] (también **bedsit, bedsitting room**) *s. c.* (brit.) habitación de alquiler (con cama).
bedsitting-room [,bed'sɪtɪŋru:m] *s. c.* ⇒ **bedsitter.**
bedsore ['bedsɔ:] *s. c.* MED. úlcera de decúbito.
bedspread ['bedspred] *s. c.* colcha, sobrecama.
bedstead ['bedsted] *s. c.* armadura de cama.
bedtime ['bedtaɪm] *s. i.* **1** hora de acostarse, hora de irse a la cama. ◆ **2 ~ story,** historia para dormir, cuento para irse a la cama.
bed-wetting ['bedwetɪŋ] *s. i.* PSIC. mojar la cama por la noche, micción nocturna, enuresis.
bee [bi:] *s. c.* **1** ZOOL. abeja. **2** (EE UU) reunión, tertulia. ◆ **3 busy ~,** (fam.) trabajador nato, persona ocupadísima. **4 to have a ~ in one's bonnet,** no parar de dar vueltas a una cosa; tener una idea demasiado fija. **5 the bee's knees,** (fam.) lo más fetén (persona o cosa).
Beeb [bi:b] *s. sing.* (**the ~**) (fam.) la BBC.
beech [bi:tʃ] *s. c.* e *i.* **1** BOT. haya. ● *s. i.* **2** madera de haya. ◆ **3 ~ tree,** haya.
beef [bi:f] *s. i.* **1** carne de vacuno, carne de ternera. **2** (fam.) fuerza, músculo. ● (*pl.* **beeves**) *s. c.* **3** res (para el matadero). ● (*pl.* **beefs**) **4** (fam.) quejas, lloriqueos. ● *v. i.* **5** (**to ~ {about}**) (fam.) quejarse (de), llorar (por). ◆ **6 ~ cattle,** ganado de engorde. **7 to ~ up,** reforzar; mejorar; dar más relieve: *we must beef up security = tenemos que reforzar el sistema de seguridad.*
beefburger ['bi:fbɜ:gər] *s. c.* hamburguesa.
beefeater ['bi:fi:tər] *s. c.* HIST. alabardero (de la Torre de Londres).
beefiness ['bi:fɪnɪs] *s. i.* corpulencia, robustez.
beefsteak ['bi:fsteɪk] *s. c.* ⇒ **steak.**
beef-tea [bi:f'ti:] *s. i.* GAST. caldo de carne, consomé de carne, caldo concentrado de carne.
beefy ['bi:fɪ] *adj.* (fam.) corpulento; robusto, musculoso.
beehive ['bi:haɪv] *s. c.* colmena (de abejas).
bee-keeper ['bi:ki:pər] *s. c.* apicultor.
bee-keeping ['bi:ki:pɪŋ] *s. i.* apicultura.
beeline ['bi:laɪn] *s.i* **to make a ~ for,** (fam.) ir pitando para, irse derecho a.
been [bi:n] *p. p.* **1** de **be.** ◆ **2 to have ~,** haber pasado (por la casa de uno, especialmente el cartero, lechero, etc.). **3 to have ~ and,** (fam.) ir y, atreverse a (expresando sorpresa o disgusto ante una acción): *he has gone and lost the keys = va y pierde las llaves.* **4 to have ~ to,** haber estado en, haber ido a, haber visitado (un país): *have you ever been to his restaurant? = ¿has estado alguna vez en su restaurante?*
beep [bi:p] *s. c.* **1** pip (sonido de aparatos diversos eléctricos). ● *v. i.* **2** hacer pip.
beer [bɪər] *s. c.* e *i.* **1** cerveza. ◆ **2 ~ and skittles,** pura diversión; un camino de rosas (la vida, por ejemplo). **3 ~ belly,** (fam.) panza (causada por beber mucha cerveza). **4 ~ parlor,** cervecería.
beer-mat ['bɪəmæt] *s. c.* posavasos.
beery ['bɪərɪ] *adj.* que huele a cerveza; que sabe a cerveza.
beeswax ['bi:zwæks] *s. i.* cera de abeja.
beet [bi:t] *s. i.* remolacha.
beetle ['bi:tl] *s. c.* **1** escarabajo. **2** mazo, martillo de mazo. ● *v. i.* **3** (fam.) dirigirse apresuradamente: he beetled off = se fue pitando. ◆ **4 death-watch ~,** escarabajo de la madera.
beetle-browed [,bi:tl'braud] *adj.* de cejas pobladas.
beetling ['bi:tlɪŋ] *adj.* saliente, que sobresale (un acantilado, un tejado, etc.).
beetroot ['bi:tru:t] *s. c.* e *i.* **1** remolacha. ● *adj.* **2** rojo como un tomate (de vergüenza, cólera, etc.).
beeves [bi:vz] *s. i.* ⇒ **beef 3.**
befall [bɪ'fɔ:l] (*pret.* **befell,** *p. p.* **befallen**) *v. t.* **1** (form. y lit.) ocurrir, suceder, acontecer, sobrevenir. ● *v. i.* **2** ocurrir, suceder, acontecer, acaecer.
befallen [bɪ'fɔ:lən] *p. p.* de **befall.**
befell [bɪ'fel] *pret.* de **befall.**
befit [bɪ'fɪt] *v. t.* (form.) ser propio de, convenir: *he treated her as befitted a Prime Minister = la trató como era propio de un Primer Ministro.*
befitting [bɪ'fɪtɪŋ] *adj.* (form.) digno, conveniente, adecuado.
befittingly [bɪ'fɪtɪŋlɪ] *adv.* (form.) dignamente, convenientemente, adecuadamente.
befog [bɪ'fɒg] (*ger.* **befogging,** *pret.* y *p. p.* **befogged**) *v. t.* confundir (en el pensamiento).
before [bɪ'fɔ:r] *conj.* **1** antes de que, antes que, antes de: *before I got married I finished college = antes de casarme acabé la carrera.* ● *prep.* **2** antes de: *before the traffic lights = antes del semáforo.* **3** ante (un comité, juez, etc.): *he was brought before the headmaster = lo llevaron ante el director.* **4** delante de (físicamente): *before the wall = delante de la pared.* **5** ante (con sentido de peligro o similar): *the man stood back before the horrible beast = el hombre retrocedió ante la horrible bestia.* **6** (form.) antes que, con preferencia sobre: *I love my parents before my wife = amo a mis padres antes que a mi mujer.* **7** (~ + *pron.*) ante, por delante de: *we've got the whole day before us = tenemos todo el día por delante; I have quite a lot of problems before me = tengo bastantes problemas ante mí.* **8** antes de (en el tiempo): *before the war = antes de la guerra.* ● *adj.* **9** (*s.* ~) anterior: *the night before = la noche anterior.* ● *adv.* **10** anteriormente. ◆ **11 ~ long,** ⇒ **long. 12 ~ one's time,** ⇒ **time. 13 ~ one's very eyes,** ⇒ **eye.**
beforehand [bɪ'fɔ:hænd] *adv.* de antemano.
befriend [bɪ'frend] *v. t.* hacerse amigo de.
befuddle [bɪ'fʌdl] *v. t.* aturdir, confundir (mentalmente).
befuddled [bɪ'fʌdld] *adj.* aturdido, confundido (mentalmente).
beg [beg] (*ger.* **begging,** *pret.* y *p. p.* **begged**) *v. t.* **1** pedir, mendigar (comida, cobijo, dinero, etc.). **2** (**to ~ +** *o.* **{+** *inf.*}) rogar, suplicar: *I beg you to understand = te ruego o suplico que lo entiendas.* ● *v. i.* **3** (**to ~ {for}**) pedir, mendigar. **4** (**to ~ {for}**) implorar, suplicar. **5** levantar las patas delanteras sentándose (movimiento de los perros, especialmente para pedir algo). ◆ **6 to ~ leave,** (form.) solicitar permiso. **7 to ~ off,** excusarse (de hacer algo prometido). **8 to ~ someone's pardon,** ⇒ **pardon. 9 to ~ the question,** ⇒ **question. 10 to ~ to differ,** sentir estar en desacuerdo. **11 to go begging:** *I'll drink that coffee, it's going begging = me beberé ese café, no parece que nadie lo quiera.*
began [bɪ'gæn] *pret.* de **begin.**
beget [bɪ'get] (*pret.* **begot,** *p. p.* **begotten**) *v. t.* **1** (form.) causar, generar, provocar: *laziness begets boredom =*

la pereza provoca el aburrimiento. **2** (lit.) engendrar (hijos por parte de un padre).

beggar ['begər] *s. c.* **1** mendigo, indigente. **2** (fam.) tío: *he's a lucky old beggar = es un tío con mucha suerte.* • *v. t.* **3** (form.) empobrecer. ◆ **4 to ~ description,** ser imposible de describir, ser inenarrable. **5 beggars can't be choosers,** a buen hambre no hay pan duro.

beggarly ['begəlɪ] *adj.* mísero, miserable, mezquino (una cantidad).

beggary ['begərɪ] *s. i.* mendicidad, indigencia, pobreza absoluta.

begin [bɪ'gɪn] (*pret.* **began,** *p. p.* **begun**) *v. t.* **1** empezar, comenzar, iniciar: *I began my studies in 1970 = yo comencé mis estudios en 1970.* **2** encabezar, iniciar (un libro, un documento, etc.). **3** (**to ~ +** *o.* **+ by**) empezar, comenzar, iniciar (algo mediante una cierta acción): *he began his speech by welcoming the visitors = comenzó su discurso dando la bienvenida a los visitantes.* • *v. i.* **4** (**to ~ +** *inf./ger.*) empezar, comenzar: *he began to run = comenzó a correr.* **5** comenzar, iniciarse, empezar: *winter began early = el invierno se inició pronto.* **6** (**to ~ {by}**) comenzar, empezar (por) (un discurso o similar). **7** (**to ~ as**) empezar de, ser en un principio: *the building began as the village school = el edificio fue en un principio la escuela del pueblo.* **8** empezar, comenzar (un espacio físico): *Spain begins beyond that mountain = España empieza al otro lado de esa montaña.* **9** (con *neg.*) ni siquiera, con mucho, en absoluto: *I don't begin to understand it = no lo entiendo en absoluto.* **10** (**to ~ with**) empezar por, comenzar por (una letra o signo). ◆ **11 to ~ with,** en principio, primeramente, inicialmente. **12 charity begins at home,** ⇒ **charity.**

beginner [bɪ'gɪnər] *s. c.* **1** principiante, novato, aprendiz. ◆ **2 beginner's luck,** suerte del principiante (típicamente accidental).

beginning [bɪ'gɪnɪŋ] *s. c.* **1** comienzo, inicio, principio. ◆ **2 the ~ of the end,** el principio del fin.

begone [bɪ'gɒn] *interj.* (arc.) ¡fuera!

begonia [bɪ'gəʊnɪə] *s. c.* BOT. begonia.

begot [bɪ'gɒt] (arc.) *pret.* de **beget.**

begotten [bɪ'gɒtn] *p. p. de* **beget.**

begrudge [bɪ'grʌdʒ] *v. t.* **1** tener envidia de (el que otros tengan o alcancen cosas agradables). **2** dar de mala gana (dinero o similar).

begrudgingly [bɪ'grʌdʒɪŋlɪ] *adv.* de mala gana, a regañadientes.

beguile [bɪ'gaɪl] *v. t.* **1** (**to ~** *o.* **+ {with/into}**) engatusar, encandilar (con/para) (para que hagan cosas estúpidas). **2** seducir, cautivar, encantar: *we were beguiled by her voice = su voz nos encantó.* **3** entretener (para pasar el tiempo).

beguilement [bɪ'gaɪlmənt] *s. i.* encantamiento, seducción, encandilamiento.

beguiling [bɪ'gaɪlɪŋ] *adj.* seductor, encantador.

beguilingly [bɪ'gaɪlɪŋlɪ] *adv.* seductoramente, encantadoramente.

begum ['beɪgəm] *s. c.* begum (dama musulmana de gran categoría).

begun [bɪ'gʌn] *p. p.* de **begin.**

behalf [bɪ'hɑːf ‖ bɪ'hæf] *s. i.* **on ~ of someone/on someone's ~,** en nombre de alguien, de parte de alguien, por encargo de alguien.

behave [bɪ'heɪv] *v. i.* **1** comportarse, conducirse, portarse. **2** portarse bien. **3** MEC. funcionar: *this substance behaves in a strange way = este sustancia funciona de una manera extraña.* • *v. pron.* **4** portarse bien, comportarse como es debido. ◆ **5 -behaved,** de conducta (en compuestos): *a well-behaved child = un niño con buena conducta.*

behaviour [bɪ'heɪvjər] (en EE UU **behavior**) *s. i.* **1** comportamiento, conducta. **2** (fig.) funcionamiento, reacción (de productos químicos, etc.). ◆ **3 animal ~,** conducta animal. **4 to be on one's best ~,** comportarse lo mejor posible, portarse como es debido.

behavioural [bɪ'heɪvjərəl] (en EE UU **behavioral**) *adj.* **1** PSIC. de la conducta, del comportamiento. ◆ **2 ~ science,** ciencia conductista, ciencia del estudio del comportamiento humano.

behaviourism [bɪ'heɪvjərɪzəm] (en EE UU **behaviorism**) *s. i.* PSIC. conductismo.

behaviourist [bɪ'heɪvjərɪst] (en EE UU **behaviorist**) *s. c.* PSIC. conductista, seguidor del conductismo.

behead [bɪ'hed] *v. t.* cortar la cabeza a, decapitar.

beheld [bɪ'held] *pret.* y *p. p.* de **behold.**

behest [bɪ'hest] *s. i.* **at someone's ~,** (form.) por orden de alguien, a instancias de alguien, por mandato de alguien.

behind [bɪ'haɪnd] *prep.* **1** detrás de, tras (en el espacio): *I'm sitting behind her = estoy sentado detrás de ella.* **2** detrás de, tras (escondido): *she hid behind the door = se escondió detrás de la puerta.* **3** detrás de, siguiendo: *I walked behind the porter = caminé siguiendo al mozo.* **4** retrasado con respecto a, por detrás de (en cuanto a conocimientos): *he is behind the rest of the class in mathematics = va retrasado con respecto al resto de la clase en matemáticas.* **5** detrás de, tras (como causa de una situación): *the real reasons behind his resignation are unknown = las causas reales de su dimisión son desconocidas.* **6** detrás de, bajo (apariencias): *behind her stand-offish manner there lies a warm and affectionate person = bajo su forma distante de tratarte hay una persona cariñosa y con sentimientos.* **7** apoyando, en apoyo de: *I have the whole party behind me = tengo a todo el partido apoyándome.* **8** detrás de (como artífice de un proyecto, plan, etc.): *the man behind the export drive is the new managing director = el hombre detrás del impulso a la exportación es el nuevo director gerente.* • *adv.* **9** detrás, atrás (en el espacio). **10** atrasado (reloj). **11** (**~ {in/with}**) atrasado (en/con) (en pagos de cualquier clase). • *s. c.* **12** (fam. y euf.) trasero, pompis. ◆ **13 ~ the scenes,** ⇒ **scene. 14 ~ the times,** ⇒ **time. 15 ~ someone's back,** ⇒ **back. 16 to leave ~,** olvidarse, dejarse olvidado. **17 to linger/ stay ~,** quedarse rezagado; retrasarse (en el espacio).

behindhand [bɪ'haɪndhænd] *adv.* atrasado, retrasado (en pagos, trabajo, consejo, etc.).

behold [bɪ'həʊld] (*pret.* y *p. p.* **beheld**) *v. t.* **1** (lit.) contemplar, mirar. ◆ **2 ~!,** ¡he aquí!, ¡contemplad! **3 lo and ~,** ⇒ **lo.**

beholden [bɪ'həʊldən] *adj.* (**~ {to}**) (form.) en deuda (con).

beholder [bɪ'həʊldər] *s. c.* espectador, observador (el que mira).

behoove [bɪ'huːv] *v. t.* ⇒ **behove.**

behove [bɪ'həʊv] (en EE UU **behoove**) *v. t.* (**it behoves**) (form.) es menester: *it behoves you to take care of her = es menester que la cuides.*

beige [beɪʒ] *adj.* **1** beige (color). • *s. i.* **2** beige (color).

Beijing [ˌbeɪ'dʒɪŋ] *s. sing.* Pekín.

being ['biːɪŋ] *ger.* **1** de **be.** • *s. c.* **2** ser: *a human being = un ser humano.* **3** ser, criatura (cualquier cosa viva). • *s. i.* **4** FIL. ser, naturaleza. • *conj.* **5** como; al ser, siendo: *being English, he didn't understand us = al ser inglés, no nos comprendía.* ◆ **6 to bring into ~,** engendrar, procrear, crear. **7 to come into ~,** empezar nacer, ver la luz. **8 for the time ~,** ⇒ **time. 9 in ~,** en existencia, existente. **10 other things ~ equal,** ⇒ **equal. 11 the Supreme Being,** REL. el Ser Supremo.

bejewelled [bɪ'dʒuːəld] (en EE UU **bejeweled**) *adj.* enjoyado, adornado con joyas.

belabour [bɪ'leɪbər] (en EE UU **belabor**) *v. t.* **1** (arc.) apalear, golpear. **2** fustigar.

belated [bɪ'leɪtɪd] *adj.* tardío, retrasado, (Am.) demorado.

belatedly [bɪ'leɪtɪdlɪ] *adv.* tardíamente, con retraso, (Am.) demoradamente.

belay [bɪ'leɪ] DEP. *v. i.* **1** asegurarse, fijar un agarradero (en escalada de montañas). • *s. c.* **2** agarradero.

belch [beltʃ] *v. i.* **1** eructar. **2** (fig.) eructar, hacer un ruido (parecido a un eructo). • *v. t.* **3** (fig.) escupir, arrojar, vomitar (humo, fuego, etc.). • *s. c.* **4** eructo. ◆ **5 to ~ out,** escupir, arrojar, vomitar (humo, fuego, etc.).

beleaguered [bɪ'liːgəd] *adj.* (form.) **1** MIL. sitiado, cercado. **2** (fig.) molestado, importunado (por personas); acosado (por problemas o similar).

belfry ['belfrɪ] *s. c.* **1** campanario. ◆ **2 to have bats in the ~,** ⇒ **bat.**

Belgian ['beldʒən] *adj.* **1** belga (costumbres, tradiciones, cultura, etc.). • *s. c.* **2** belga (ciudadano).

Belgium ['beldʒəm] *s. sing.* Bélgica.
Belgrade [bel'greɪd] *s. sing.* Belgrado.
belie [bɪ'laɪ] (*ger.* **belying**) *v. t.* **1** (form.) representar mal, representar falsamente; contradecir: *his physical fitness belies his age = su buena forma física contradice su edad.* **2** desmentir (una teoría); defraudar (esperanzas o similar).
belief [bɪ'li:f] *s. c.* e *i.* **1** (~ {in}) creencia (en) (filosófica, ética, etc.). **2** REL. creencia, fe. • *s. c.* **3** convicción, opinión. ◆ **4 beyond ~**, increíble, sorprendente en grado sumo. **5 contrary to popular ~**, en contra de la opinión extendida, en contra de lo que todo el mundo cree. **6 in the ~ that,** en la creencia de que, en la convicción de que. **7 to the best of one's ~**, según el leal saber y entender de uno.
believable [bɪ'li:vəbl] *adj.* creíble, digno de crédito.
believably [bɪ'li:vəblɪ] *adv.* creíblemente.
believe [bɪ'li:v] *v. t.* **1** creer: *I believe you = te creo.* **2** tener el convencimiento de que; considerar, creer: *we believed him gone forever = le creíamos ido para siempre; I believe that the President is right = tengo el convencimiento de que el Presidente tiene razón.* • *v. i.* **3** (**to ~** {**in**}) REL. creer (en) (en Dios). **4** (**to ~ in**) creer en (una teoría), confiar en (una persona), tener fe en (en algo o alguien). ◆ **5 ~ it or not,** lo creas o no, por sorprendente que parezca. **6 ~ me/~ you me** créeme, no miento. **7 to give to ~,** ⇒ **give. 8 I ~,** creo, opino, me parece. **9 to make ~,** fingir. **10 not to ~ one's ears/eyes,** no creer lo que uno oye/ve. **11 seeing is believing,** ver para creer. **12 would you ~ it?,** ¡fíjate! (expresando gran sorpresa).
believer [bɪ'li:vər] *s. c.* **1** REL. creyente. **2** (fig.) partidario (de una teoría, persona, etc.).
belittle [bɪ'lɪtl] *v. t.* menospreciar, despreciar (no considerando importante).
belittlement [bɪ'lɪtlmənt] *s. i.* (form.) menosprecio.
belittling [bɪ'lɪtlɪŋ] *adj.* menospreciativo.
Belize [be'li:z] *s. sing.* Belice.
Belizean [be'li:zɪən] *s. c.* **1** habitante de Belize. • *adj.* **2** de Belize.
bell [bel] *s. c.* **1** campana (de un campanario). **2** timbre (de la puerta, bicicleta, etc.). **3** cencerro (en animales). **4** cascabel (en un collar o similar). **5** (normalmente *sing.*) campana, timbre (como sonido). ◆ **6 ~, book and candle,** (form.) REL. por completo (como fórmula de condenación anatemática). **7 ~ pepper,** pimiento dulce. **8 clear as a ~,** con un sonido nítido. **9 to give someone a ~,** (fam.) dar a alguien un telefonazo. **10 to ring a ~,** (fam.) sonar, sonar familiar. **11 sound as a ~,** en perfecto estado de salud. **12 with bells on,** (fam.) hecho un dandi, en plan guapetón.
belladonna [,belə'dɒnə] *s. i.* BOT. belladona.
bell-bottomed ['belbɒtəmd] *adj.* acampanado, de campana (de pantalones).
bell-bottoms ['belbɒtəmz] *s. pl.* pantalones acampanados, pantalones de campana.
bell-boy ['belbɔɪ] (en EE UU **bell-hop**) *s. c.* botones (de hotel).
bell-buoy ['belbɔɪ] *s. c.* MAR. boya sonora.
belle [bel] *s. c.* belleza, mujer bella: *the typical Southern belle = la típica belleza sureña.*
bell-hop ['belhɒp] *s. c.* ⇒ **bell-boy.**
belles-lettres [,bel'letrə] *s. pl.* (form.) letras, literatura.
bellicose ['belɪkəus] *adj.* (lit.) belicoso, agresivo.
bellicosity [,belɪ'kɒsɪtɪ] *s. i.* (lit.) belicosidad, agresividad.
belligerence [bɪ'lɪdʒərəns] (también **belligerency**) *s. i.* beligerancia, hostilidad.
belligerency [bɪ'lɪdʒərənsɪ] *s. i.* ⇒ **belligerence.**
belligerent [bɪ'lɪdʒərənt] *adj.* **1** beligerante, hostil, agresivo. **2** POL. beligerante (de un país en guerra). • *s. c.* **3** POL. país en guerra, país beligerante.
bellow ['beləu] *v. i.* **1** rugir; bramar (toros o animales parecidos). **2** (fig.) rugir, vociferar. • *v. t.* **3** decir con un rugido, lanzar con un rugido: *the sergeant bellowed the orders = el sargento dio las órdenes con un rugido.* • *s. c.* **4** rugido; bramido (de toro o similar). **5** (fig.) rugido (de voz).
bellows ['beləuz] *s. pl.* **1** (+ *v. sing./pl.*) fuelle (para avivar el fuego). **2** MÚS. fuelle, barquín (de un acordeón).
bell-pull ['belpul] *s. c.* cordón del timbre, cordón para llamar.
bell-push ['belpuʃ] *s. c.* timbre (de botón).
bell-ringer ['belrɪŋər] *s. c.* campanero.
bell-ringing ['belrɪŋɪŋ] *s. i.* sonido de campanas.
bell-tent ['beltent] *s. c.* tienda de campaña (en forma de campana).
belly ['belɪ] *s. c.* **1** (brit.) (fam.) tripa, barriga. **2** vientre, abdomen, tripa, panza (de animal). **3** (fig.) panza (de objeto, vehículo, etc.). ◆ **4 big-bellied,** barrigón,barrigudo (en compuestos): *a big-bellied fellow = un tipo barrigón.* **5 to ~ out,** MAR. hincharse, inflarse (velas).
bellyache ['belɪeɪk] *s. c.* e *i.* **1** (fam.) dolor de tripa. • *v. i.* **2** quejarse, lamentarse, estar en plan llorón.
belly-band ['belɪbænd] *s. c.* cincha.
belly-button ['belɪbʌtn] *s. c.* (fam.) ombligo.
belly-dance ['belɪdɑ:ns] *s. c.* danza del vientre.
belly-dancer ['belɪdɑ:nsər] *s. c.* bailarina de la danza del vientre.
belly-flop ['belɪflɒp] *s. c.* **1** (fam.) panzazo, tripazo, barrigazo (al tirarse al agua). ◆ **2 to do a ~,** darse un panzazo, darse un tripazo, darse un barrigazo (sobre el agua).
bellyful ['belɪful] *s. sing.* **to have a ~ (of),** (fam.) darse una comilona (a base de), atiborrarse (de).
belly-laugh ['belɪlɑ:f] *s. c.* (fam.) risotada, carcajada.
belong [bɪ'lɒŋ || bɪ'lɔ:ŋ] *v. i.* **1** (**to ~ to**) pertenecer a, ser de: *that car belongs to me = ese coche es mío.* **2** (**to ~ to**) pertenecer a, ser miembro de (una asociación, grupo, familia, etc.). **3** (**to ~ to**) corresponder a, ser parte de: *these keys belong to another set = estas llaves son parte de otro juego.* **4** encajar, estar en su ambiente (un sitio en un sentido espiritual): *I realize I don't belong here = me doy cuenta de que no aquí no estoy en mi ambiente.* **5** ir (en el sentido de ser el sitio que corresponde): *these books don't belong on this shelf = estos libros no van en esta estantería.* ◆ **6 a sense of belonging,** una sensación de pertenecer a un colectivo.
belongings [bɪ'lɒŋɪŋz || bɪ'lɔ:ŋgɪŋz] *s. pl.* pertenencias, efectos personales.
beloved [bɪ'lʌvd || bɪ'lʌvɪd] *adj.* **1** amado, querido. • *s. c.* **2** amado, persona amada.
below [bɪ'ləu] *prep.* **1** debajo de, por debajo de: *they live below us = ellos viven debajo de nosotros.* **2** por debajo de, debajo de: *20 metres below the surface = 20 metros por debajo de la superficie.* **3** menos de, por debajo de (con cantidades). • *adv.* **4** debajo, abajo. **5** más adelante (en un escrito). **6** MAR. bajo cubierta, abajo. **7** (arc.) en el infierno. ◆ **8 ~ ground/~ the ground,** bajo tierra, por debajo del suelo.
belt [belt] *s. c.* **1** cinturón, cinto, correa. **2** DEP. cinturón (negro, marrón, etc. en karate). **3** (fig.) cinturón, franja (con una característica especial): *the Bible belt = zona del sur de EE UU caracterizada por su fanatismo protestante.* **4** (fam.) golpazo, tortazo. **5** MEC. correa (de un ventilador u otra maquinaria). • *v. t.* **6** poner cinto, poner cinturón (a una prenda de vestir). **7** (fam.) golpear, atizar (un fuerte golpe). • *v. i.* **8** (fam.) ir a toda velocidad, ir a toda mecha: *he belted after them = salió a toda mecha detrás de ellos.* ◆ **9 at one's ~,** en el cinturón, al cinto. **10 below the ~,** DEP. bajo, por debajo del cinto (golpe). **11 ~ line,** (EE UU) trayecto de circunvalación, línea de circunvalación (en autobuses o trenes). **12 to ~ out,** (fam.) chillar, vocear; cantar a gritos. **13 to ~ up,** (vulg.) cerrar el pico, callarse. **14 to hit below the ~,** (fam. y fig.) dar un golpe bajo. **15 to tighten one's ~,** (fig.) apretarse el cinturón (como medida ahorradora). **16 under one's ~,** (fig.) en poder de uno, casi logrado, en el haber de uno: *he's got an MBA under his belt = tiene un máster en su haber.*
belting ['beltɪŋ] *s. c.* (fam.) paliza, zurra.

beluga [bəluːgə] *s. c.* ZOOL. beluga (un tipo de ballena).

bemoan [bɪ'məʊn] *v. t.* (form.) lamentar, llorar por.

bemused [bɪ'mjuzd] *adj.* estupefacto, desconcertado.

ben [ben] *s. c.* pico, cima de montaña (en Escocia).

bench [bentʃ] *s. c.* **1** banco (para sentarse). **2** banco de trabajo. **3** (normalmente *sing.*) estrado (de un tribunal). • *s. sing.* **4** (**the** ~) la magistratura; el tribunal. • *s. pl.* **5** (brit.) POL. escaños. ♦ **6** ~ **seat,** asiento corrido, asiento a todo lo ancho (especialmente en un vehículo). **7 to serve/sit on the** ~, ser miembro de la judicatura.

benchmark [bentʃmɑːk] *s. c.* **1** cota de referencia (en topografía). **2** punto de referencia: *my benchmark in life = mi punto de referencia en la vida.*

bend [bend] (*pret.* y *p. p. irreg.* **bent**) *v. t.* **1** inclinar, doblar (una parte del cuerpo). **2** doblar, curvar (normalmente un objeto). **3** doblegar, hacer cambiar (de opinión, modo de actuación, etc.). **4** torcer, curvar, cambiar de dirección. • *v. i.* **5** inclinarse, doblarse (parte del cuerpo). **6** doblarse, curvarse (normalmente un objeto). **7** (**to** ~ **to**) doblegarse ante (en opiniones o similar). **8** torcerse, curvarse, cambiar de dirección. • *s. c.* **9** curva, vuelta, recodo (de carretera, río); codo (de tubería). **10** ejercicio de doblar (partes del cuerpo). ♦ **11 to** ~ **over backwards,** hacer todo lo humanamente posible, batirse el cobre (por alguna persona). **12 to** ~ **the rules,** manipular la interpretación de las leyes (en favor de uno). **13 to drive/send someone round the** ~, volver a alguien loco. **14 to go round the** ~, volverse loco. **15 the bends,** MAR. parálisis de buceador (al regresar demasiado rápido a la superficie).

bended ['bendɪd] *adj.* **on** ~ **knee,** (form.) arrodillado, de hinojos, rodilla en tierra.

bender ['bendər] *s. c.* (fam.) borrachera: *to go on a bender = irse de borrachera.*

bendy ['bendɪ] *adj.* **1** lleno de curvas (especialmente una carretera). **2** flexible, que se puede doblar fácilmente.

beneath [bɪ'niːθ] (form.) *prep.* **1** bajo, debajo de, por debajo de: *beneath the waves = por debajo de las olas.* **2** bajo, debajo de (en categoría). **3** indigno de: *what you did to her was beneath you = lo que le hiciste fue indigno de ti.* • *adv.* **4** debajo, abajo. ♦ **5** ~ **contempt,** ⇒ **contempt.**

Benedictine [ˌbenɪ'dɪktɪn] *s. i.* **1** benedictine (licor). • *adj.* **2** REL. benedictino. • *s. c.* **3** (monje) benedictino.

benediction [ˌbenɪ'dɪkʃn] *s. c.* e *i.* REL. bendición.

benefaction [ˌbenɪ'fækʃn] (form.) *s. c.* **1** acto caritativo. • *s. i.* **2** beneficencia; merced.

benefactor ['benɪfæktər] *s. c.* bienhechor, benefactor (especialmente de obras benéficas).

benefactress ['benɪfæktrɪs] *s. c.* bienhechora, benefactora. ⇒ **benefactor.**

benefice ['benɪfis] *s. i.* REL. beneficio (puesto eclesial que asegura un cierto ingreso).

beneficed ['benɪfist] *adj.* REL. con beneficio. ⇒ **benefice.**

beneficence [bɪ'nefisns] *s. i.* (form.) beneficencia.

beneficent [bɪ'nefisnt] *adj.* (form.) benéfico.

beneficial [ˌbenɪ'fisl] *adj.* (~ {**to**}) beneficioso, provechoso.

beneficially [ˌbenɪ'fisəlɪ] *adv.* beneficiosamente, provechosamente.

beneficiary [ˌbenɪ'fiserɪ ‖ ˌbenɪ'fɪʃɪerɪ] *s. c.* **1** beneficiado (de un proceso, actividad, etc.): *the European bankers were the main beneficiaries of the Spanish discovery = los banqueros europeos fueron los principales beneficiados del descubrimiento español.* **2** DER. beneficiario.

benefit ['benɪfɪt] *s. c.* **1** beneficio, provecho; ventaja: *becoming an American citizen has brought you a lot of benefits = hacerte ciudadano americano te ha traído muchas ventajas.* **2** subsidio (de la Seguridad Social): *unemployment benefit = subsidio de desempleo.* • *s. sing.* **3** (**the** ~ **of**) el beneficio de, la ventaja de: *I was born with the benefit of being rich = nací con la ventaja de ser rico.* • *s. i.* **4** (~ {**to**}) provecho, ventaja (para): *this will be of benefit to you = esto será de provecho para ti.* • *adj.* **5** benéfico (función, espectáculo, etc.). • *v. t.* (EE UU *ger.* **benefitting,** *pret.* y *p. p.* **benefitted**) **6** beneficiar. • *v. i.* **7** (**to** ~ **from/by**) beneficiarse de/por. ♦ **8 for the** ~ **of,** en atención a. **9 to give someone the** ~ **of the doubt,** conceder a alguien el beneficio de la duda.

benevolence [bɪ'nevələns] *s. i.* benevolencia.

benevolent [bɪ'nevələnt] *adj.* **1** benévolo (virtud personal). **2** caritativo, benéfico (organización, institución, etc.). ♦ **3** ~ **fund,** fondo de ayuda (a alguien necesitado).

benevolently [bɪ'nevələntlɪ] *adv.* benevolamente.

Bengal [beŋ'gɔːl] *s. sing.* Bengala.

Bengali [beŋ'gɔːlɪ] *adj.* **1** de Bengala, bengalí. • *s. c.* **2** bengalí (habitante). • *s. i.* **3** bengalí (idioma).

benighted [bɪ'naɪtɪd] *adj.* (lit.) ignorante.

benign [bɪ'naɪn] *adj.* **1** benigno, afable. **2** MED. benigno. **3** suave, benigno (clima).

benignly [bɪ'naɪnlɪ] *adv.* benignamente, afablemente.

bent [bent] *pret.* y *p. p.* **1** de **bend.** • *adj.* **2** inclinado, doblado (posición de persona u objeto). **3** torcido, curvado (objetos metálicos). **4** (~ **on/ upon**) decidido firmemente a, resuelto a, empeñado en. **5** (fam.) comprado, corrupto: *a bent referee = un árbitro comprado.* **6** (vulg. y desp.) sarasa, maricón. • *s. sing.* **7** (**a** ~ {**for**}) tendencia (a), propensión (a); afición (a): *he's got a bent for chess = tiene afición al ajedrez.* ♦ **8** ~ **double,** encorvado.

benumbed [bɪ'nʌmd] *adj.* (form.) entumecido.

benzene ['benziːn] *s. i.* QUÍM. benceno.

benzine ['benziːn] *s. i.* QUÍM. bencina.

benzocaine ['benzəːkeɪn] *s. i.* QUÍM. benzocaína.

bequeath [bɪ'kwiːð] *v. t.* (form.) **1** legar, dejar en herencia. **2** (fig.) dejar, legar (especialmente una situación determinada, una teoría, etc.).

bequest [bɪ'kwest] *s. c.* (form.) legado, herencia.

berate [bɪ'reɪt] *v. t.* (form.) censurar, reprender.

bereave [bɪ'riːv] *v. t.* (**to** ~ + *o.* {**of**}) (form.) privar (de), separar (de).

bereaved [bɪ'riːvd] *adj.* **1** (form.) desconsolado, desolado (por la muerte de un familiar). ♦ **2 the** ~, los deudos.

bereavement [bɪ'riːvmənt] *s. i.* **1** luto, duelo, desolación (por la muerte de un ser querido). • *s. c.* **2** pérdida, muerte (de un familiar).

bereft [bɪ'reft] (form.) *adj.* **1** (~ **of**) privado de: *bereft of happiness = privado de felicidad.* **2** desolado (como sentimiento).

beret ['bereɪ ‖ bə'reɪ] *s. c.* boina.

beriberi [ˌberɪ'berɪ] *s. i.* MED. beriberi (enfermedad tropical).

berk [bəːk] *s. c.* (brit.) (vulg., y desp.) gilipollas.

Berlin [bəː'lɪn] *s. sing.* Berlín.

Berne [bəːn] *s. sing.* Berna.

berry ['berɪ] *s. c.* **1** BOT. baya, fruta pequeña (como moras, fresas, etc.). ♦ **2 brown as a** ~, ⇒ **brown.**

berserk [bə'səːk ‖ bə'zəːk] *adj.* **1** loco, furioso. ♦ **2 to go** ~, volverse loco.

berth [bəːθ] *s. c.* **1** litera, cama (en transporte ferroviario, marítimo, etc.). **2** amarradero, atracadero. • *v. t.* e *i.* **3** MAR. amarrar, atracar. ♦ **4 to give something a wide** ~, evitar algo, no acercarse a algo, mantenerse apartado de algo (un sitio).

beryl ['berəl] *s. i.* MIN. berilo.

beryllium [bə'rɪljəm] *s. i.* QUÍM. berilio.

beseech [bɪ'siːtʃ] (*pret.* y *p. p.* **beseeched** o **besought**) *v. t.* (lit.) implorar, suplicar.

beseeching [bɪ'siːtʃɪŋ] *adj.* (form.) implorante, suplicante.

beseechingly [bɪ'siːtʃɪŋlɪ] *adv.* (form.) en actitud implorante, en actitud suplicante.

beset [bɪ'set] (*pret.* y *p. p.* **beset**) *v. t.* **1** (**to** ~ + *o.* {**with/by**}) (form.) acosar, asediar (con) (problemas, dudas, etc.). **2** (**to** + *o.* + {**with/by**}) atacar, molestar, hostigar (con) (a personas).

beside [bɪ'saɪd] *prep.* **1** al lado de, junto a. **2** al lado de, en comparación con. **3** junto a, al lado de, en colaboración con: *he worked beside him for years = trabajó junto a él durante años.* ♦ **4 to be** ~ **oneself,** estar fuera de sí. **5** ~ **the point,** ⇒ **point.**

besides [bɪ'saɪdz] *prep.* **1** además de; aparte de: *he speaks three other lan-*

guages besides German = habla otros tres idiomas además de alemán. • *adv.* **2** además; por otro lado.

besiege [bɪ'si:dʒ] *v. t.* **1** asediar, sitiar (normalmente en sentido militar). **2** (**to** + *o.* + {**by/with**}) abrumar (por/con) (con problemas, peticiones, favores, etc.).

besmear [bɪ'smɪər] *v. t.* (form.) ensuciar, manchar (especialmente con sustancia viscosa, grasienta, etc.).

besmirch [bɪ'smɜ:tʃ] *v. t.* (lit.) mancillar, deshonrar; ensuciar (reputación o similar).

besom ['bi:zəm] *s. c.* escoba (hecha con ramas finas).

besotted [bɪ'sɒtɪd] *adj.* entontecido (especialmente por enamoramiento): *he's besotted with her = está loco por ella.*

besought [bɪ'sɔ:t] *pret.* y *p. p.* de **beseech.**

bespeak [bɪ'spi:k] (*pret.* **bespoke,** *p. p.* **bespoken**) *v. t.* (form. y p.u.) revelar, denotar: *his manner bespoke the Englishman in him = su forma de comportarse denotaba el inglés que llevaba dentro.*

bespectacled [bɪ'spektɪkld] *adj.* (form.) con gafas, que lleva gafas.

bespoke [bɪ'spəuk] *pret.* **1** de **bespeak.** • *adj.* **2** a medida, hecho a medida (especialmente ropa).

bespoken [bɪ'spəukən] *p. p.* de **bespeak.**

best [best] *super.* **1** de **good** y **well.** • *adj.* **2** mejor: *that's the best film = esa es la mejor película.* **3** (~ *inf.*) lo mejor, lo más prudente, lo más aconsejable: *it is best to seek professional advice = lo mejor sería dejarse asesorar por un profesional.* • *adv.* **4** mejor: *the best known case = el caso más conocido.* **5** mejor, del mejor modo, de la mejor manera: *this method works best = este método es el que mejor funciona.* **6** más (con verbos que indiquen gustar, sentar, complacer, etc.): *which subject do you like best? = ¿qué asignatura te gusta más?* • *s. sing.* **7** (**the** ~) lo mejor, lo más conveniente, lo más adecuado: *the best is to go abroad when you are older = lo mejor es ir al extranjero cuando eres mayor.* **8** (**the** ~) lo mejor (de alguien): *the best you can say about him is that he is young = lo mejor que se puede decir de él es que es joven.* **9** (*adj. pos.* ~) mejor ropa: *they went out in their best = salieron con su mejor ropa.* ◆ **10 all the** ~**,** que vaya todo bien (como despedida); un saludo, un abrazo (en cartas). **11 as** ~ **one can/could/etc.,** de la mejor manera posible. **12 at** ~**,** en el mejor de los casos. **13 at the** ~ **of times,** ⇒ **time. 14 best-,** mejor, más (en compuestos): *the best-dressed women in America = las mujeres mejor vestidas de América.* **15** ~ **man,** padrino (en una boda). **16** ~ **of luck,** ⇒ **luck. 17** ~ **of friends,** muy amigos: *they're (the) best of friends = son muy amigos.* **18 to be the** ~ **thing since sliced bread,** ⇒ **bread. 19 to do one's** ~**,** ⇒ **do. 20 for the** ~**,** con la mejor intención, con el mejor propósito. **21 had** ~**,** (fam.) será mejor que, sería mejor que: *you'd best shut up = sería mejor que cerraras la boca.* **22 to hope for the** ~**,** ⇒ **hope. 23 to know** ~**,** ⇒ **know. 24 to make the** ~ **of,** hacerlo lo mejor que uno pueda en (una mala situación); sacar el mayor provecho posible de (algo no muy bueno); lo mejor posible de (un mal negocio): *you'll have to make the best of it = tendrás que aprovecharte todo lo que puedas.* **25 to make the** ~ **of a bad job,** ⇒ **job. 26 six of the** ~**,** una buena tunda, unos palmetazos (castigo disciplinar escolar). **27 the** ~ **of both worlds,** ⇒ **world. 28 the** ~ **part of,** ⇒ **part. 29 to the** ~ **of one's ability,** ⇒ **ability. 30 to the** ~ **of one's knowledge,** ⇒ **knowledge. 31 to the** ~ **of someone's belief,** ⇒ **belief.**

bestial ['bestɪəl || bestʃəl] *adj.* (form. o lit.) bestial, brutal.

bestiality [,bestɪ'ælətɪ || ,bestʃɪ'ælətɪ] *s. i.* **1** (form. o lit.) bestialidad, brutalidad. **2** PSIQ. bestialismo (contacto sexual con animales).

bestially ['bestɪəlɪ || 'bestʃəlɪ] *adv.* (form. o lit.) bestialmente, brutalmente.

bestiary ['bestɪərɪ || 'bestɪerɪ] *s. c.* LIT. bestiario.

bestir [bɪ'stɜ:r] *v. pron.* (form.) rebullirse, moverse.

bestow [bɪ'stəu] *v. t.* (**to** ~ *o.* + {**on**}) otorgar (a).

bestowal [bɪ'stəuəl] *s. i.* otorgamiento.

bestrew [bɪ'stru:] (*pret.* **bestrewed,** *p. p.* **bestrewn**) *v. t.* esparcir, desparramar.

bestrewn [bɪ'stru:n] *p. p.* de **bestrew.**

bestride [bɪ'straɪd] (*pret.* **bestrode,** *p. p.* **bestridden**) *v. t.* (form.) sentarse a horcajadas sobre.

bestridden [bɪ'strɪdn] *p. p.* de **bestride.**

bestrode [bɪ'strəud] *pret.* de **bestride.**

bestseller [,best'selə] *s. c.* gran éxito editorial.

best-selling [,best'selɪŋ] *adj.* exitoso, que vende mucho.

bet [bet] (*pret.* y *p. p. irreg.* **bet** o **betted**) *v. t.* **1** (**to** ~ + *o.* + {**on**}) apostar (a): *I bet five pounds on a horse = aposté cinco libras a un caballo.* • *v. i.* **2** hacer apuestas, jugar. • *s. c.* **3** (~ {**on**}) apuesta (a). ◆ **4 a good** ~**/one's best** ~**,** lo mejor que se puede hacer. **5 a safe** ~**,** una suposición más que probable; una cosa segura. **6 do you want a** ~**/to** ~**?,** ¿quieres apostar?, ¿te apuestas algo? **7 to hedge one's bets,** cubirse las espaldas. **8 I** ~**,** (fam.) seguro, claro, claro que sí, ya lo creo. **9 I** ~**/I'll** ~**,** (fam.) y un jamón. **10 I** ~**/I'll** ~**/I'm willing to** ~**/my** ~ **is,** seguro que, a que. **11 I wouldn't** ~ **on/don't** ~ **on,** yo no pondría la mano en el fuego por. **12 you** ~**,** por supuesto, no faltaría más.

beta ['bi:tə || 'beɪtə] *s. c.* e *i.* **1** beta (letra del alfabeto griego). **2** notable (nota académica). • *s. c.* **3** FÍS. partícula beta. ◆ **4** ~ **ray,** FÍS. rayo beta.

betel ['bi:tl] *s. i.* BOT. nuez de betel, nuez de areca.

bête noire [,bet'nwɑ:] *s. c.* bestia negra, persona detestable.

betide [bɪ'taɪd] *v. i.* **1** (lit.) acontecer, acaecer. ◆ **2 woe** ~**,** (form.) que Dios ampare, el Cielo ayude (ante una equivocación): *woe betide the student who makes a mistake here = que Dios ampare al estudiante que cometa un error en este sitio*

betoken [bɪ'təukən] *v. t.* (form. o p.u.) indicar, demostrar.

betray [bɪ'treɪ] *v. t.* **1** traicionar. **2** revelar (secreto). **3** defraudar (esperanzas); traicionar, violar (principios). **4** delatar, descubrir (un sentimiento que se quiere ocultar): *his nervousness betrayed him = su nerviosismo le delató.*

betrayal [bɪ'treɪəl] *s. c.* **1** (~ {**of**}) traición (a). • *s. i.* **2** traición, defraudación.

betrayer [bɪ'treɪər] *s. c.* traidor, delator.

betrothal [bɪ'trəuðl] *s. c.* (~ {**of/to**}) (arc.) compromiso matrimonial (de/con).

betrothed [bɪ'treuðd] *adj.* **1** (arc.) prometido (para matrimonio). ◆ **2 the** ~**,** los prometidos.

better ['betər] *comp.* **1** de **good** y **well.** • *adj.* **2** mejor: *he's a better man than his father = es un hombre mejor que su padre; I feel better = me siento mejor; you look better = tienes mejor aspecto.* **3** (~ **for**/*inf.*) mejor, más conveniente: *it's better for us to go now = es mejor que nos vayamos ya.* **4** (~ **at**) mejor en (de calidad intelectual, manual, etc.): *I am better at music = yo soy mejor en música, a mí se me da mejor la música.* • *adv.* **5** mejor: *this is better written = esto está mejor escrito.* • *v. t.* **6** mejorar (la categoría, posición, estamento, etc.); superar, mejorar (una cifra, un resultado, etc.). • *v. pron.* **7** subir de categoría, subir en la escala social, subir de categoría social: *we want to better ourselves = queremos subir de categoría social.* ◆ **8 to be all the** ~ **for,** venir bien, sentar bien, caer bien: *we'll be all the better for this holiday = nos vendrán muy bien estas vacaciones.* **9 to be** ~ **off, a)** estar mucho mejor: *you'd be better off going to bed = estarías mucho mejor en la cama.* **b)** tener más dinero, salir ganando económicamente. **10** ~ **half,** ⇒ **half. 11** ~ **nature,** ⇒ **nature. 12 betters,** superiores: *pay attention to your betters = haz caso a tus superiores.* **13** ~ **the devil you know,** ⇒ **devil. 14 discretion is the** ~ **part of valour,** la prudencia es la madre de la ciencia. **15 for** ~ **or worse,** para bien o para mal. **16 for the** ~**,** a mejor: *to change for the better = cambiar a mejor.* **17 to get the** ~ **of,** vencer, ganar: *she got the better of me in the debate = me ganó en el debate.* **18 had**

~, será mejor, sería mejor, lo mejor es que: *we'd better get started = será mejor que nos pongamos en camino.* **19 to know ~ than,** ⇒ **know. 20 so much the ~/all the ~,** tanto mejor, mejor así. **21 that's ~,** así está mejor, mucho mejor así. **22 the ~ part of,** ⇒ **part. 23 the ~ to,** para... mejor: *the better to see you = para verte mejor.* **24 the sooner the ~/the more the ~,** cuanto antes mejor/cuantos más mejor. **25 to think ~ of it,** ⇒ **think.**

better ['betər] *s. c.* apostante.

betterment ['betəmənt] *s. i.* (form.) mejora, mejoramiento.

betting ['betɪŋ] *s. i.* **1** apuesta, apuestas. • *s. sing.* **2** probabilidad: *what's the betting she'll be hungry in a few minutes? = ¿qué te juegas a que dentro de un rato tiene hambre?*

betting-shop ['betɪŋʃɒp] *s. c.* despacho de apuestas.

bettor [betə] *s. c.* apostante.

between [bɪ'twiːn] *prep.* **1** entre (dos cosas o personas): *sitting between two policemen = sentado entre dos policías.* **2** entre (varias cosas): *he walked between the tables = caminó entre las mesas.* **3** entre (compartido): *we drank the whole bottle between the two of us = nos bebimos la botella entera entre los dos.* • *adv.* **4** (**in**) ~, en medio, de por medio, por el medio: *we sat together with the baby in between = nos sentamos juntos con el bebé en medio.* ♦ **5 ~ the devil and the deep blue sea,** ⇒ **devil. 6 ~ you and me,** entre tú y yo (confidencialmente).

betwixt [bɪ'twɪkst] *prep.* (lit.) **~ and between,** entre una cosa y otra, entre una posición y otra.

bevel ['bevl] *s. c.* **1** bisel. **2** escuadra. • *v. t.* **3** biselar.

bevelled ['bevld] *adj.* biselado.

beverage ['bevərɪdʒ] *s. c.* (form.) bebida.

bevy ['bevɪ] *s. c.* montón, montonazo.

bewail [bɪ'weɪl] *v. t.* (form.) lamentar, llorar.

beware [bɪ'weər] *v. i.* (**to ~ {of}**) tener cuidado (con) (porque hay peligro): *beware of the dog = cuidado con el perro; ojo, perro peligroso.*

bewhiskered [bɪ'wɪskəd] *adj.* (lit. o hum.) barbado.

bewilder [bɪ'wildər] *v. t.* desconcertar, dejar perplejo.

bewildered [bɪ'wɪldəd] *adj.* (~ **{at/by /about}**) desconcertado, perplejo, aturullado.

bewildering [bɪ'wɪldərɪŋ] *adj.* desconcertante.

bewilderment [bɪ'wɪldəmənt] *s. i.* desconcierto, perplejidad.

bewitch [bɪ'wɪtʃ] *v. t.* **1** hechizar, embrujar. **2** (fig.) encantar, fascinar.

bewitched [bɪ'wɪtʃt] *adj.* **1** hechizado, embrujado. **2** (fig.) encantado, fascinado.

bewitching [bɪ'wɪtʃɪŋ] *adj.* fascinante, encantador.

bewitchingly [bɪ'wɪtʃɪŋlɪ] *adv.* fascinantemente, encantadoramente.

beyond [bɪ'jɒnd] *prep.* **1** más allá de: *beyond the mountains = más allá de las montañas, al otro lado de las montañas.* **2** fuera de (la responsabilidad, cuidado, etc., de alguien): *that is beyond my duty = eso está fuera de mis obligaciones.* **3** fuera de, más allá de (posibilidades económicas). **4** (~ + *pron.*) imposible de entender para: *why she did it is beyond me = no puedo entender por qué lo hizo.* **5** después de, más allá de: *beyond the age of 50 = después de los 50, más allá de los 50.* • *adv.* **6** más allá, más lejos. ♦ **7 ~ belief,** increíble. **8 ~ the pale,** ⇒ **pale. 9 the back of ~,** el quinto pino. **10 to be ~ one's wildest dreams,** ⇒ **dream. 11 to go ~ a joke,** ⇒ **joke. 12 to live ~ one's means,** ⇒ **mean.**

Bhutan [buː'tɑːn] *s. sing.* Bután.

Bhutanese [ˌbuːtɑː'niːz] (*pl.* **Bhutanese**) *s. c.* **1** butanés (ciudadano). • *adj.* **2** butanés (costumbres, tradiciones, etc.).

Bhutani [buː'tɑːnɪ] *s. c.* ⇒ **Bhutanese.**

bi- [baɪ] *prefijo* bi- (indica dos): *bilingual = bilingüe.*

biannual [baɪ'ænjuəl] *adj.* bianual.

bias ['baɪəs] *s. c.* e *i.* **1** prejuicio. **2** parcialidad, sesgo. • *v. t.* **3** predisponer: *my parents biased me against her = mis padres me predispusieron contra ella.*

biased [baɪəst] (también **biassed**) *adj.* parcial, sesgado.

bib [bɪb] *s. c.* **1** babero. **2** peto, pechera (de ropa). ♦ **3 to be in one's best ~ and tucker,** (fam.) ir de punta en blanco.

bible ['baɪbl] *s. c.* **1** REL. biblia, ejemplar de la biblia. **2** (fig.) biblia, manual principal. ♦ **3 the Bible,** REL. la Biblia.

bible-bashing ['baɪblbæʃɪŋ] (también **bible-punching**) *adj.* REL. agresivo en la predicación evangélica (típico de grupos protestantes).

bible-punching ['baɪblpʌntʃɪŋ] *adj.* ⇒ **bible-bashing.**

biblical ['bɪblɪkl] *adj.* REL. bíblico.

bibliographer [ˌbɪblɪ'ɒgrəfər] *s. c.* bibliógrafo.

bibliographical [ˌbɪblɪə'græfɪkl] *adj.* bibliográfico.

bibliography [ˌbɪblɪ'ɒgrəfɪ] *s. c.* e *i.* bibliografía.

bibliophile ['bɪblɪəfaɪl] *s. c.* bibliófilo.

bibulous ['bɪbjuləs] *adj.* (hum.) borrachín.

bicameral [ˌbaɪ'kæmərəl] *adj.* POL. bicameral.

bicarb [ˌbaɪ'kɑːb] *s. i.* (fam.) bicarbonato.

bicarbonate of soda [ˌbaɪ'kɑːbənɪtəv səudə] *s. i.* QUÍM. bicarbonato sódico.

bicentenary [ˌbaɪsen'tiːnərɪ ‖ ˌbaɪ'sentənerɪ] *s. c.* bicentenario.

bicentennial [ˌbaɪsen'tenɪəl] *adj.* bicentenario.

biceps ['baɪseps] (*pl.* **biceps**) *s. c.* ANAT. bíceps (músculo).

bicker ['bɪkər] *v. i.* reñir, pelearse (por algo sin importancia).

bickering ['bɪkərɪŋ] *s. i.* riñas, peleas. ⇒ **bicker.**

bicycle ['baɪsɪkl] *s. c.* **1** bicicleta. • *v. i.* **2** ir en bicicleta, montar en bicicleta.

bicycle-clip ['baɪsɪklklɪp] *s. c.* pinza para montar en bicicleta (para que los bajos de los pantalones no se ensucien).

bicyclist ['baɪsɪklɪst] *s. c.* ciclista.

bid [bɪd] (*pret. irreg.* **bid** o **bade,** *p. p.* **bid** o **bidden**) *v. t.* **1** (**to ~** + *o.* + **{for}**) ofertar, licitar (por) (un contrato); pujar (por) (un objeto);. **2** (form.) dar, decir (un saludo). **3** (**to ~** + *o.* + *inf.*) (form.) solicitar, pedir. • *v. i.* **4** (**to ~ for**) pujar por (un objeto); licitar por (algún contrato, etc.). • *s. c.* **5** (**~ {for}**) puja (por) (un objeto); oferta, licitación (por) (un contrato). **6** intento, tentativa: *he made a bid for the leadership = intentó hacerse con el mando.*

bidden ['bɪdn] *p. p.* de **bid.**

bidder ['bɪdər] *s. c.* **1** postor, licitador. ♦ **2 the highest ~,** el mejor postor.

bidding ['bɪdɪŋ] *s. sing.* **1** puja (en subasta); licitación, oferta (por contrato). ♦ **2 at someone's ~,** (form.) al servicio de alguien, obedeciendo a alguien. **3 to do someone's ~,** (form.) hacer lo que alguien dice, hacer lo que alguien manda.

bide [baɪd] *v. i.* **1** (p.u.) esperar, aguardar. ♦ **2 to ~ one's time,** esperar la ocasión, aguardar el momento oportuno.

bidet ['biːdeɪ ‖ biː'deɪ] *s. c.* bidé.

biennial [baɪ'enɪəl] *adj.* **1** bienal, bianual. • *s. c.* **2** BOT. planta bienal.

biennially [baɪ'enɪəlɪ] *adv.* cada dos años.

bier [bɪər] *s. c.* andas funerarias.

biff [bɪf] (fam.) *v. t.* **1** arrear un tortazo a, atizar un mamporro a. • *s. c.* **2** mamporro, tortazo, sopapo.

bifocal [ˌbaɪ'fəukl] *adj.* bifocal.

bifocals [ˌbaɪ'fəukls] *s. pl.* lentes bifocales, gafas bifocales.

bifurcate ['baɪfəkeɪt] *v. i.* (form.) bifurcarse, dividirse en dos.

bifurcation [ˌbaɪfə'keɪʃn] *s. c.* (form.) bifurcación.

big [bɪg] (*comp.* **bigger,** *super.* **biggest**) *adj.* **1** grande, gran (físicamente, un objeto o una persona). **2** importante, influyente (persona). **3** (a veces desp.) grandioso (idea, proyecto, etc.). **4** generoso, gran (corazón). **5** (fam.) mayor (especialmente hermano o hermana). **6** mayúscula: *written with a big A = escrito con una A mayúscula.* **7** (EE UU) (fam.) que pega fuerte: *war films are big this season = las películas de guerra están pegando fuerte esta temporada.* **8** grande, trascendental, importante (problema, desafío, etc.). **9** (desp.) monumental, enorme: *he's a big fool = es un tonto monumental.* • *adv.* (fam.) **10** jactanciosamente, con enorme chulería: *he's always acting big = siempre está chuleándose.* **11** con gran éxito, con mucho éxito. ♦ **12 ~ bang,** FÍS. gran explosión, big bang (hipótesis sobre la formación del Universo). **13 ~ bang theory,** FÍS. teoría de la gran explosión, teoría del big bang. **14 ~ brother, a)** hermano mayor. **b)** (fig.) el gran hermano (fuerte estructura estatal, fuerte personalidad dictatorial, etc.). **15 ~ business, a)** gran empresa, gran mundo empresarial. **b)** negocio fuerte, buen negocio: *I never thought pop music would become such a big business = nunca pensé que la música pop se convertiría en un negocio tan bueno.* **16 ~ cat,** (fam.) gran felino (tigre, leopardo, pantera, etc.). **17 ~ cheese,** (vulg. y desp.) pájaro de cuenta (poderoso). **18 ~ city,** gran ciudad (en el sentido de la atracción que ejerce). **19 ~ deal,** ⇒ **deal. 20 ~ dipper,** (brit.) montaña rusa. **21 Big Dipper,** (EE UU) ASTR. Osa Mayor. **22 ~ fish,** (fam.) pez gordo. **23 ~ game,** caza mayor. **24 ~ hand,** manecilla grande, minutero (del reloj). **25 ~ head,** (fam. y desp.) sabelotodo. **26 ~ money,** dinero en gran escala. **27 ~ mouth,** (fam. y desp.) bocazas. **28 ~ name,** gran figura; persona de gran relevancia. **29 ~ noise,** (fam.) pez gordo, gerifalte (dentro de una empresa, institución, etc.). **30 ~ shot,** (fam.) pez gordo, gerifalte. **31 ~ time,** (fam.) momento de gran trascendencia, período de gran influencia: *to make the big time = alcanzar la fama, saborear las mieles del éxito.* **32 ~ toe,** dedo gordo (del pie). **33 ~ top,** carpa central (de un circo). **34 ~ wheel,** noria (en ferias). **35 ~ with child,** embarazada, encinta. **36 in a ~ way,** a lo grande: *I'm going to get into the building trade in a big way = me voy a meter en la construcción a lo grande.* **37 to make it ~,** (fam.) tener un gran éxito. **38 to talk ~,** (fam.) chulearse, fanfarronear. **39 to think ~,** pensar a lo grande; no andarse con chiquitas en los planes. **40 that's ~ of you,** (fam.) eso es todo un detalle por tu parte (sarcásticamente). **41 too ~ for one's boots,** ⇒ **boot.**

bigamist ['bɪgəmɪst] *s. c.* bígamo.

bigamous ['bɪgəməs] *adj.* bígamo.

bigamously ['bɪgəməslɪ] *adv.* de forma bígama.

bigamy ['bɪgəmɪ] *s. i.* bigamia.

biggish ['bɪgɪʃ] *adj.* **1** grandote, tirando a grande. **2** de cierta consideración, de cierta importancia: *a biggish salary = un buen sueldo.*

big-headed ['bɪghedɪd] *adj.* (fam. y desp.) sabelotodo; vanidoso.

big-hearted ['bɪghɑːtɪd] *adj.* generoso, magnánimo, de gran corazón.

bight [baɪt] *s. c.* **1** GEOG. ensenada, cala. **2** vuelta, lazo (en una cuerda).

bigness [bɪgnɪs] *s. i.* **1** enormidad (física). **2** importancia (de una persona, proyecto, etc.).

bigot ['bɪgət] *s. c.* (desp.) fanático, sectario, intolerante.

bigoted ['bɪgətɪd] *adj.* (desp.) lleno de prejuicios; fanático, intolerante.

bigotry ['bɪgətrɪ] *s. i.* (desp.) sectarismo, intolerancia, fanatismo.

bigwig ['bɪgwɪg] *s. c.* (fam.) pez gordo, gerifalte.

bijou ['biːʒuː] (*pl.* **bijoux,** misma pronunciación) *s. c.* **1** joya. ● *adj.* **2** mono.

bijoux *pl.* de **bijou.**

bike [baɪk] (fam.) *s. c.* **1** bici; moto. ● *v. i.* **2** ir en bicicleta, ir por ahí en bici; ir en moto. ◆ **3 on your ~,** (brit.) lárgate, pírate.

bikini [bɪ'kiːnɪ] *s. c.* **1** bikini. ◆ **2 ~ pants,** bragas ajustadas, bragas muy pequeñas.

bilabial [,baɪ'leɪbɪəl] FON. *s. c.* **1** bilabial. ● *adj.* **2** bilabial.

bilateral [,baɪ'lætərəl] *adj.* bilateral: *bilateral treaty = tratado bilateral.*

bilateralism [,baɪ'lætərəlɪzəm] *s. i.* POL. reciprocidad (en acuerdos internacionales o similar).

bilaterally [,baɪ'lætərəlɪ] *adv.* bilateralmente, recíprocamente.

bilberry ['bɪlbrɪ || 'bɪlberɪ] *s. c.* arándano.

bile [baɪl] *s. i.* **1** FISIOL. bilis. **2** (fig.) bilis, mal genio. ◆ **3 ~ duct,** ANAT. conducto biliar.

bilge [bɪldʒ] *s. c.* **1** MAR. sentina. ● *s. i.* **2** agua sucia (que se acumula en la sentina). **3** (fig. y fam.) sandeces, bobadas. ◆ **4 ~ water,** agua sucia, agua de sentina.

bilingual [,baɪ'lɪŋgwəl] *adj.* **1** bilingüe (persona, sociedad, diccionario, etc.). ● *s. c.* **2** bilingüe (persona).

bilingually [,baɪ'lɪŋgwəlɪ] *adv.* desde el punto de vista bilingüe.

bilious ['bɪlɪəs] *adj.* **1** pálido, con mala cara, de mal semblante. **2** como de bilis (color). **3** (fig.) con mal genio, de mal genio, de mal humor. ◆ **4 to feel ~,** sentirse a punto de vomitar, sentir ganas de vomitar.

biliousness ['bɪlɪəsnɪs] *s. i.* **1** biliosidad. **2** (fig.) mal humor, mal genio.

bilk [bɪlk] *v. t.* estafa.

bill [bɪl] *s. c.* **1** cuenta (de restaurante u hotel), factura (de compras), recibo, factura (de luz, teléfono, etc.). **2** (EE UU) billete (de dinero). **3** DER. proyecto de ley. **4** cartel, letrero (para pegar en paredes). **5** pico (de pájaros). ● *s. sing.* **6 (the ~)** el elenco (en espectáculos). **7** programa (en espectáculos). ● *v. t.* **8** enviar la factura a, pasar la cuenta a. **9** anunciar, promocionar, poner en cartelera (en espectáculos, congresos, etc.). ◆ **10 to ~ and coo,** (fam.) arrullarse, besarse y susurrarse (típico de amantes). **11 -billed,** de pico… (en compuestos hablando del tipo de pico de pájaros): *a blue-billed bird = un pájaro de pico azul.* **12 ~ of exchange,** FIN. letra de cambio. **13 ~ of fare,** (p.u.) carta (menú). **14 ~ of health,** certificado médico. **15 ~ of lading,** COM. MAR. conocimiento de embarque (lista de artículos de cargo). **16 ~ of rights,** DER. POL. declaración de derechos fundamentales. **17 ~ of sale,** DER. contrato de compraventa. **18 to fill/fit the ~,** (fam.) satisfacer todos los requisitos, cumplir los requisitos. **19 to foot the ~,** correr con los gastos.

billabong ['bɪləbɒŋ] *s. c.* GEOL. arroyo seco, brazo de río seco (en Australia).

billboard ['bɪlbɔːd] *s. c.* cartelera, valla publicitaria.

billet ['bɪlɪt] MIL. *v. t.* **1** alojar, acantonar (especialmente a soldados en casas privadas). ● *s. c.* **2** alojamiento, acantonamiento (para soldados).

billet-doux [bɪleɪ'duː] (*pl.* **billets-doux,** se pronuncia igual) *s. c.* (lit. o hum.) carta de amor, carta amorosa.

billfold ['bɪlfəuld] (brit. **wallet**) *s. c.* (EE UU) billetera, cartera.

bill-hook ['bɪlhʊk] *s. c.* podadera (instrumento).

billiards ['bɪlɪədz] *s. i.* **1** (+ *v. sing.*) billar (juego). ◆ **2 billiard-,** de billar (en compuestos): *billiard-table = mesa de billar.*

billing ['bɪlɪŋ] *s. i.* publicidad (de un espectáculo concreto).

billion ['bɪlɪən] *num.card.* **1** millardo, mil millones; (brit.) billón. ◆ **2 by the ~,** en cantidades ingentes. **3 billions (of),** cantidades ingentes (de); montones (de).

billionaire ['bɪlɪəneə] *s. c.* **1** billonario. ● *adj.* **2** billonario.

billow ['bɪləʊ] *v. i.* **1** ondular, agitarse (banderas, velas, etc., al viento). **2** levantarse, alzarse (polvo, humo, etc.). ● *s. c.* **3** (arc.) ola (de mar). **4** oleada, ola (de humo, polvo, etc.).

billowy ['bɪləʊɪ] *adj.* ondulante (como el movimiento de las olas).

bill-poster ['bɪlpəustər] (también **bill-sticker**) *s. c.* cartelero (persona); empresa anunciadora (entidad).

bill-sticker ['bɪlstɪkər] *s. c.* ⇒ **bill-poster.**

billy ['bɪlɪ] *s. c.* **1** bote, lata (especial para cocinar a cielo abierto). ◆ **2 ~ can,** bote, lata. **3 ~ goat,** ZOOL. macho cabrío.

billy-oh ['bɪlɪəʊ] (también **billy-o**) *s. i.* **like ~,** (p.u., fam. y brit.) con todas las fuerzas.

biltong ['bɪltɒŋ] *s. i.* cecina, tasajo (especialmente en África del Sur).

bimonthly [,baɪ'mʌnθlɪ] *adj.* bimensual.

bin [bɪn] *s. c.* **1** cubo (normalmente de basura). **2** recipiente, cajón (del pan, harina, etc.).

binary ['baɪnərɪ] *adj.* **1** MAT. binario. ◆ **2 ~ digit,** MAT. dígito binario. **3 ~ notation/~ system,** INF. sistema binario. **4 ~ star,** ASTR. estrella binaria.

bind [baɪnd] (*pret.* y *p. p. irreg.* **bound**) *v. t.* **1** atar, liar, amarrar. **2** (fig.) ligar, unir, vincular (a personas): *the gratitude that binds me to you = la gratitud que me une a ti.* **3** GAST. aglutinar, hacer compacto (una masa o mezcla), ligar (una salsa). **4** recoger, sujetar (el pelo). **5** obligar, comprometer (moral o legalmente): *the contract binds you = el contrato te obliga.* **6** encuadernar (un libro). **7 (to ~ + *o.* + {with})** ribetear (con) (ropa). **8** estreñir (comida). • *s. sing.* **9 (a ~)** (fam.) un apuro, un aprieto; una lata, una pesadez. ◆ **10 to be bound (to),** estar ligado (a), estar intimamente relacionado (con): *political power is bound to economic power = el poder político está íntimamente relacionado con el poder económico.* **11 to ~ over,** DER. obligar bajo amenaza legal, obligar (por un juez a hacer algo durante un cierto tiempo).

binder ['baɪndər] *s. c.* **1** archivador, carpeta. **2** aglutinante (sustancia como el cemento). **3** encuadernador (persona). **4** cordel, cuerda para atar.

bindery ['baɪndərɪ] *s. i.* taller de encuadernación.

binding ['baɪndɪŋ] *adj.* **1** obligatorio, que compromete. **2** astringente. • *s. c.* e *i.* **3** encuadernación. **4** ribete, tira (para ropa).

bindweed ['baɪndwi:d] *s. c.* e *i.* BOT. enredadera, convólvulo.

bine [baɪn] *s. c.* BOT. tallo trepador, vástago.

binge [bɪndʒ] *s. sing.* **1** (fam.) ventolera (de hacer algo repentinamente): *a shopping binge = una ventolera por hacer compras.* ◆ **2 to go on a ~,** irse de parranda, irse de juerga (especialmente bebiendo alcohol).

bingo ['bɪŋgəu] *s. i.* **1** bingo (como juego): *a bingo hall = una sala de bingo.* ◆ **2 ~!,** (fam.) ¡acerté!, ¡sí señor!; ¡bingo!

binnacle ['bɪnəkl] *s. c.* MAR. bitácora (caja donde se guarda la brújula).

binoculars [bɪ'nɒkjuləz] *s. pl.* gemelos, prismáticos.

binomial [baɪ'nəumɪəl] *s. c.* MAT. binomio.

bio- [baɪəu] *prefijo* bio-: *biorhythm = biorritmo.*

biochemical [ˌbaɪəu'kemɪkl] *adj.* bioquímico.

biochemist [ˌbaɪəu'kemɪst] *s. c.* bioquímico, experto en bioquímica.

biochemistry [ˌbaɪəu'kemɪstrɪ] *s. i.* bioquímica.

biodegradable [ˌbaɪəudɪ'greɪdəbl] *adj.* biodegradable.

biodiversity [ˌbaɪəudaɪ'vɜ:sɪtɪ] *s. i.* biodiversidad, diversidad biológica.

biofeedback [ˌbaɪəu'fi:dbæk] *s. i.* biorreacción, realimentación biológica.

biographer [baɪ'ɒgrəfər] *s. c.* biógrafo.

biographical [ˌbaɪə'græfɪkl] *adj.* biográfico.

biography [baɪ'ɒgrəfɪ] *s. i.* **1** LIT. biografía. • *s. c.* **2** biografía (libro).

biological [ˌbaɪə'lɒdʒɪkl] *adj.* **1** biológico, de las ciencias naturales. **2** natural, biológico (padre o madre). **3** biológico, bioquímico; bacteriológico: *biological weapons = armas bacteriológicas.* ◆ **4 ~ control,** AGR. control de plagas por métodos naturales. **5 ~ warfare** (también **germ warfare**), MIL. guerra bacteriológica, guerra biológica.

biologically [ˌbaɪə'lɒdʒɪklɪ] *adv.* biológicamente.

biologist [baɪ'ɒlədʒɪst] *s. c.* biólogo.

biology [baɪ'ɒlədʒɪ] *s. i.* **1** biología. • *s. sing.* **2** biología, comportamiento biológico, mecanismo biológico (de un organismo).

biomass ['baɪəuˌmæs] *s. i.* biomasa.

bionic [baɪ'ɒnɪk] *adj.* (fam.) biónico (con partes del cuerpo electrónicas): *the bionic woman = la mujer biónica.*

biophysicist [ˌbaɪə'fɪzɪsɪst] *s. c.* biofísico.

biophysics [ˌbaɪə'fɪzɪks] *s. i.* biofísica.

biopsy ['baɪɒpsɪ] *s. c.* MED. biopsia.

biosphere ['baɪəsfɪər] *s. sing.* ASTR. bioesfera.

biorhythm ['baɪəurɪðəm] *s. c.* biorritmo.

biosynthesis [ˌbaɪə'sɪnθɪsɪs] *s. i.* BIOQ. biosíntesis.

biotechnology [ˌbaɪəutek'nɒlədʒɪ] *s. i.* BIOL. biotecnología.

bipartisan [ˌbaɪpɑ:tɪ'zæn ‖ ˌbaɪ'pɑ:rtɪzn] *adj.* POL. bipartidista, de dos partidos.

bipartite [ˌbaɪ'pɑ:taɪt] *adj.* POL. bipartito (tratado o similar).

biped ['baɪped] *s. c.* bípedo.

biplane ['baɪpleɪn] *s. c.* AER. biplano.

birch [bɜ:tʃ] *s. c.* e *i.* **1** BOT. abedul. • *s. c.* **2** vara (de abedul para dar azotes).

bird [bɜ:d] *s. c.* **1** pájaro (pequeño); ave (grande). **2** (fam.) chavala, moza, nena. **3** (fam.) tipo, fulano, pájaro: *he's an odd bird = es un tipo raro.* ◆ **4 a ~ in the hand is worth two in the bush,** más vale pájaro en mano que ciento volando. **5 ~ of paradise,** ZOOL. ave del paraíso. **6 ~ of passage, a)** ZOOL. ave migratoria. **b)** (fig.) ave de paso (persona). **7 ~ of prey,** ZOOL. (ave) rapaz, ave de rapiña, ave de presa. **8 ~ sanctuary,** parque natural para pájaros. **9 bird's eye view,** vista de pájaro. **10 to kill two birds with one stone,** matar dos pájaros de un tiro. **11 the ~ has flown,** el pájaro ha volado (ha escapado la persona requerida). **12 the birds and the bees,** (euf.) las florecitas y los animalitos, lo de las flores y la semillita (comparación para enseñar a los niños la reproducción sexual).

bird-bath ['bɜ:dbɑ:θ] *s. c.* alberquilla (colocada para el baño de pájaros en el jardín).

birdbrained ['bɜ:dbreɪnd] *adj.* (fam. y desp.) de cabeza de chorlito.

birdcage ['bɜ:dkeɪdʒ] *s. c.* jaula.

birdie ['bɜ:dɪ] *s. c.* **1** pajarito. **2** DEP. birdie, uno bajo par (golpe de golf).

birdlike ['bɜ:dlaɪk] *adj.* de pájaro, como un pájaro, similar a un pájaro.

birdlime ['bɜ:dlaɪm] *s. i.* liga, ajonje (sustancia para cazar pájaros).

birdseed ['bɜ:dsi:d] *s. i.* alpiste.

bird-song ['bɜ:dsɒŋ] *s. i.* trino de los pájaros.

bird-table ['bɜ:dteɪbl] *s. c.* mesita para el alpiste de los pájaros.

bird-watcher ['bɜ:dwɒtʃər] *s. c.* observador de pájaros.

bird-watching ['bɜ:dwɒtʃɪŋ] *s. i.* avistamiento de pájaros en libertad (un hobby con muchos seguidores en el Reino Unido).

biretta [bɪ'retə] *s. c.* REL. birreta, birrete.

biro ['baɪərəu] *s. c.* bolígrafo; (Am.) esferógrafo, birome, lapicero (marca registrada).

birth [bɜ:θ] *s. c.* e *i.* **1** nacimiento, alumbramiento. • *s. i.* **2** cuna, linaje, ascendencia: *of noble birth = de noble cuna.* • *s. sing.* **3 ({the} ~ {of})** (fig.) (el) comienzo, origen, nacimiento (de). ◆ **4 ~ certificate,** partida de nacimiento. **5 ~ control,** control de la natalidad. **6 by ~,** de nacimiento. **7 to give ~ (to),** MED. alumbrar, dar a luz (a). **8 to give ~ to,** dar lugar a, causar, ocasionar, dar origen a: *his decision gave birth to a lot of resentment = su decisión dio lugar a mucho resentimiento.* **9 of one's ~,** natal, del origen de uno: *the city of my birth = mi ciudad natal* o *de origen.*

birthday ['bɜ:θdeɪ] *s. c.* **1** cumpleaños. ◆ **2 in one's ~ suit,** (fam. y hum.) como Dios lo/la trajo al mundo, en porretas.

birthmark ['bɜ:θmɑ:k] *s. c.* antojo, mancha de nacimiento.

birthplace ['bɜ:θpleɪs] *s. c.* **1** lugar de nacimiento. **2 (~ {of})** (fig.) lugar de origen (de) (de hecho histórico o importante).

birth-rate ['bɜ:θreɪt] *s. c.* índice de natalidad.

birthright ['bɜ:θraɪt] *s. c.* e *i.* derecho básico, derecho inalienable (por haber nacido como ser humano).

biscuit ['bɪskɪt] *s. c.* **1** (brit.) galleta. **2** (EE UU) bollo, panecillo. • *s. i.* **3** marrón claro. ◆ **4 to take the ~,** (fam.) ser el colmo, ser la pera.

bisect [baɪ'sekt] *v. t.* **1** dividir en dos. **2** GEOM. bisecar.

bisection [baɪ'sekʃn] *s. c.* e *i.* **1** división en dos. **2** GEOM. bisección.

bisexual [ˌbaɪ'sekʃuəl] *adj.* **1** bisexual. **2** BIOL. hermafrodita. • *s. c.* **3** persona bisexual, bisexual.

bisexuality [ˌbaɪsekʃu'ælətɪ] *s. i.* **1** bisexualidad. **2** BIOL. hermafroditismo.

bishop ['bɪʃəp] *s. c.* **1** REL. obispo. **2** alfil (en ajedrez).

bishopric ['bɪʃəprɪk] *s. c.* REL. obispado.

bismuth ['bɪzməθ] *s. i.* QUÍM. bismuto.

bison ['baɪsn] (*pl.* **bison**) *s. c.* ZOOL. búfalo, bisonte.

bistro ['bi:strəu] *s. c.* casa de comidas, restaurante pequeño.

bit [bɪt] *pret. irreg.* **1** de **bite.** • *s. c.* **2** (fam.) trocito, pedazo, pedacito: *bits of cardboard = trocitos de cartón.* **3** (fam.) zona, parte: *this bit of Spain is beautiful = esta zona de España es preciosa.* **4** (fam.) pequeña parte, pequeña muestra (de un conjunto de cosas): *that's a nice bit of writing = este trozo no está nada mal escrito.* **5** (fam.) parte, trozo, escena (de película, libro, etc.): *I enjoyed the bit about the teacher = me gustó mucho la escena del profesor.* **6** INF. bit. **7** freno (de un caballo). **8** (arc.) moneda (peniques). • *s. sing.* **9** (fam.) rollo: *I don't like the heavy metal bit = no me gusta el rollo de la música heavy.* • *s. pl.* **10 two bits,** (EE UU)

25 centavos. ◆ **11 a ~,** (fam.) **a)** un poco, un poquito, una pizca, una pizquita. **b)** bastante, un poco (con entonación que expresa mucho): *I've been waiting for a long time, you're a bit late, aren't you?* = *llevo esperando mucho tiempo, llegas un poco tarde, ¿no?* **12 a ~ much/a ~ steep/a ~ strong/etc.,** demasiado/ un poquitín caro/un poquitín fuerte: *the price is a bit steep* = *el precio es un poquitín caro.* **13 a ~ of a,** bastante fuerte, considerable; importante: *we are in a bit of a mess* = *estamos metidos en un follón considerable.* **14 a ~ of all right,** (fam.) buenísimo, como un tren (atractivo). **15 ~ by ~,** poquito a poquito, muy poco a poco, muy gradualmente. **16 ~ part,** papel pequeño, papel secundario (en el cine, teatro, etc.). **17 bits and pieces,** (fam.) **a)** cachivaches, cosas sueltas. **b)** pequeñas posesiones. **18 to do one's ~,** poner el granito de arena de uno. **19 every ~ as,** igual de: *I am every bit as good as you* = *yo soy igual de bueno que tú.* **20 for a ~,** durante un ratito, durante un corto espacio de tiempo. **21 for quite a ~,** durante bastante tiempo, durante bastante rato. **22 to get/take the ~ between one's teeth,** fajarse, atarse las machos (para acometer un trabajo). **23 not a ~,** en absoluto, para nada. **24 not a ~ of it,** (fam.) de ninguna manera, nada de nada; todo lo contrario: *I thought he was stupid, but not a bit of it* = *creía que era tonto, pero todo lo contrario.* **25 quite a ~/a ~,** bastante; mucho: *I've got quite a bit of work to do* = *tengo bastante trabajo que hacer.* **26 to bits, a)** en trocitos (romperse o similar): *she tore it to bits* = *lo hizo pedazos, lo rompió en pedazos.* **b)** (fam.) la mar de, en grado sumo: *I am frightened to bits* = *estoy la mar de asustado.*

bitch [bɪtʃ] *s. c.* **1** (desp. y vulg.) bruja, perra (mujer despreciable). **2** ZOOL. loba; perra; zorra. ● *v. i.* **3** (to ~ {**about**}) (fam. y desp.) criticar (a), hablar mal (de). ● *s. sing.* **4** (fam.) fastidio: *this job is a bitch* = *este trabajo es un fastidio.* ◆ **5 son of a ~,** (desp. y vulg.) hijo de puta.

bitchiness ['bɪtʃɪnɪs] *s. i.* malicia, rencor.

bitchy ['bɪtʃɪ] *adj.* malicioso, rencoroso.

bite [baɪt] (*pret.* **bit,** *p. p.* **bitten**) *v. t.* **1** morder. **2** morder (león, perro, etc.), picar (insecto, serpiente). ● *v.* **3** morder: *this dog never bites* = *este perro nunca muerde.* **4** picar (los peces). **5** agarrarse (una superficie contra otra). **6** hacer mella (una medida de fuerza, una ley, etc.): *when the restrictions start to bite* = *cuando las restricciones comiencen a hacer mella.* ● *s. c.* **7** mordisco, dentellada. **8** mordedura (de león, perro, etc.), picadura (de insecto, serpiente). **9** (~ {**of/out of**}) mordisco (a) (trozo de alimento). **10** picada (de pez). ● *s. sing.* **11** (fam.) un poco de comida, un bocado: *I haven't had a bite for two days* = *no he probado bocado durante dos días.* **12** fuerza cortante (del viento, del frío, etc.). ● *s. i.* **13** picante, sabor picante, sabor fuerte. ◆ **14 to be bitten (by),** estar muy interesado (en/por), sentirse atraído poderosamente (por): *I was bitten by painting* = *me sentí atraído poderosamente por la pintura.* **15 to ~ back,** reprimir (un deseo de decir algo); morderse los labios (para callar alguna cosa). **16 to ~ into,** corroer; ir mermando (ahorros, etc.): *the acid bit into the metal* = *el ácido corroyó el metal.* **17 to ~ off more than one can chew,** abarcar más de lo que uno puede. **18 to ~ someone's head off,** ⇒ **head. 19 to ~ the bullet,** hacer de tripas corazón; apretar los dientes (aguantando una dificultad). **20 to ~ the dust,** ⇒ **dust. 21 to ~ the hand that feeds one,** ⇒ **hand. 22 once bitten, twice shy,** el gato escaldado del agua fría huye. **23 someone's bark is worse than their ~,** ⇒ **bark. 24 something/ someone won't ~,** no muerde. **25 what's biting you/ him/etc.?,** (fam.) ¿qué mosca te/le/ etc. ha picado?

biting ['baɪtɪŋ] *adj.* **1** cortante (frío, viento, etc.). **2** mordaz, sarcástico (modo de expresarse de alguien).

bitmap ['bɪt,mæp] *s. c.* mapa de bits.

bitten ['bɪtn] *p. p.* de **bite.**

bitter ['bɪtər] *adj.* **1** amargo (de sabor). **2** amargado, resentido (persona). **3** encarnizado (pelea, guerra, etc.). **4** cortante, desapacible (frío y viento). **5** duro, doloroso, amargo (experiencia, desilusión, etc.): *it was a bitter disappointment* = *supuso una amarga desilusión.* ● *s. i.* **6** cerveza amarga. ◆ **7 ~ lemon,** refresco de limón (bebida). **8 bitters,** bíter (bebida). **9 to the ~ end,** hasta el final, hasta no poder más.

bitterly ['bɪtəlɪ] *adv.* **1** encarnizadamente (lucha). **2** muy (con emociones fuertes): *I was bitterly disappointed* = *yo estaba muy desilusionado.* **3** amargamente (sabor). **4** resentidamente, amargadamente. ◆ **5 to be ~ cold,** hacer un frío insoportable.

bittern ['bɪtən] *s. c.* ZOOL. avetoro (tipo de ave de marisma).

bitterness ['bɪtənɪs] *s. i.* **1** resentimiento, amargura (en una persona). **2** (lo) amargo, sabor amargo. **3** dureza, severidad (de un clima, viento, etc.). **4** severidad, crueldad (de una batalla, acto, experiencia, etc.).

bitter-sweet [,bɪtə'swiːt] *adj.* **1** agridulce. **2** (fig.) agridulce, bueno y malo a la vez, positivo y negativo a la vez.

bitty ['bɪtɪ] *adj.* (fam.) fragmentado, a trozos, inconexo; deshilvanado, desigual, irregular (especialmente de escritos, discursos, conferencias, etc.).

bitumen ['bɪtjumɪn || bə'tuːmən] *s. i.* alquitrán (especialmente en carreteras).

bituminous [bɪ'tjuːmɪnəs || bə'tuːmɪnəs] *adj.* bituminoso.

bivouac ['bɪvuæk] *s. c.* **1** vivac, vivaque (especialmente de soldados o escaladores). ● (*ger.* **bivouacking,** *pret.* **bivouacked**) *v. i.* **2** hacer vivac, vivaquear. ⇒ **bivouac 1.**

bizarre [bɪ'zɑːr] *adj.* extraño, grotesco, extravagante (cosas y personas).

blab [blæb] (*ger.* **blabbing,** *pret.* **blabbed**) *v. i.* (**to ~** {**about/to**}) (fam.) irse de la lengua (sobre/a), chismorrear (de/a) (sobre cosas que deberían quedar en secreto).

blabber ['blæbər] *v. i.* (fam. y desp.) cotorrear, parlotear.

blabbermouth ['blæbəmauθ] *s. c.* (fam. y desp.) chismoso.

black [blæk] *adj.* **1** negro (color de cosas o personas). **2** solo (café o té). **3** negro, desesperado (situación, posición, etc.). **4** negro (humor). **5** negra (magia). **6** (lit.) perverso, malvado, siniestro. **7** negro (de suciedad). **8** sombrío, lúgubre. **9** negro, melancólico, tristón (paisaje, día, estado de ánimo, etc.): *a black day* = *un día tristón.* **10** oscuro (de color). **11** prohibido para un sindicalista (en caso de huelga). ● *s. c.* **12** negro (persona). ● *s. i.* **13** lo negro, lo oscuro. ● *v. t.* **14** boicotear, no tratar con. ⇒ **black 11. 15** poner morado, amoratar (un ojo, etc.). **16** embetunar, dar betún (a zapatos). ◆ **17 as ~ as ink/pitch,** tan negro como el carbón. **18 as ~ as thunder,** negro de ira, negro de cólera. **19 Black,** negro (persona). **20 ~ Africa,** GEOG. POL. África negra (al sur del Sahara). **21 ~ and blue,** totalmente amoratado, lleno de cardenales (por una paliza). **22 ~ and white,** en blanco y negro (especialmente televisor o película). **23 ~ art,** magia negra. **24 ~ belt, a)** DEP. cinturón negro (en artes marciales). **b)** (fig.) cinturón negro (parte donde viven personas de color). **25 ~ box,** AER. caja negra. **26 ~ comedy,** comedia de humor negro. **27 ~ economy,** ECON. economía sumergida. **28 ~ eye,** ojo morado, ojo amoratado (por un golpe). **29 Black Friar,** REL. dominico. **30 ~ hole,** ASTR. agujero negro. **31 ~ ice,** hielo (de carretera que no se puede ver). **32 Black Maria,** (fam.) furgón de policía (para transporte de presos). **33 ~ mark,** punto negro, punto negativo. **34 ~ market,** ECON. mercado negro. **35 ~ marketeer,** ECON. estraperlista, tratante del mercado negro. **36 ~ mass,** REL. misa negra, misa satánica. **37 Black Muslim,** (en EE UU) musulmán del grupo de musulmanes negros. **38 to ~ out, a)** perder el conocimiento, desmayarse. **b)** dejar a oscuras **c)** tapar (algo escrito con pintura o similar). **d)** censurar (un programa de televisión o radio). **39 ~**

pepper, pimienta negra. **40 Black Power,** (en EE UU) POL. el poder negro (movimiento para el poder de los negros). **41 ~ pudding,** morcilla. **42 ~ sheep,** oveja negra (persona). **43 ~ spot, a)** punto negro (de tráfico peligroso). **b)** (fig.) punto negro (lugar con algún tipo de problema). **44 ~ tie,** de etiqueta. **45 ~ widow,** ZOOL. viuda negra (araña). **46 in ~ and white, a)** por escrito. **b)** en términos absolutos de bueno y malo, en términos absolutos de blanco y negro. **47 in the ~,** FIN. con superávit (en una cuenta). **48 not as ~ as it is painted,** no tan negro como se pinta, no tan mal como se dice. **49 the Black Country,** GEOG. la zona industrial de Gran Bretaña. **50 the Black Death,** HIST. la peste negra (de la época medieval).

blackball ['blækbɔːl] *v. t.* excluir, rechazar (especialmente a una persona que quiere hacerse de un club, asociación, etc.).

black-beetle ['blæk,biːtl] *s. c.* ZOOL. cucaracha oriental.

blackberry ['blækbrɪ || 'blækberɪ] *s. c.* **1** BOT. zarza. **2** zarzamora, mora.

blackberrying ['blækberɪɪŋ] *s. i.* **to go ~,** ir a coger moras.

blackbird ['blækbəːd] *s. c.* ZOOL. mirlo (ave).

blackboard ['blækbɔːd] (en EE UU **chalkboard**) *s. c.* pizarra, encerado.

blackcurrant [,blæk'kʌrənt] *s. c.* **1** BOT. grosella negra (matorral). **2** grosella negra (fruto).

blacken ['blækən] *v. t.* **1** ennegrecer, pintar de negro. **2** (fig.) desacreditar, difamar (a personas o grupos).

blackguard ['blægɑːd] *s. c.* (arc.) tunante, bribón, truhán.

blackhead ['blækhed] *s. c.* espinilla (en la piel).

blacking ['blækɪŋ] *s. i.* betún negro, betún abrillantador (para calzado).

blackish ['blækɪʃ] *adj.* negruzco, tirando a negro.

blackjack ['blækdʒæk] *s. c.* **1** (EE UU) cachiporra. **2** veintiuna (juego de cartas). ⇒ **pontoon.**

blackleg ['blækleg] *s. c.* (brit.) (desp.) esquirol.

blacklist ['blæklɪst] *s. c.* **1** lista negra (donde se apuntan nombres de personas que serán represaliadas). • *v. t.* **2** poner en la lista negra, incluir en la lista negra.

blackmail ['blækmeɪl] *s. i.* **1** chantaje, extorsión. • *v. t.* **2** chantajear, extorsionar.

blackmailer ['blækmeɪlər] *s. c.* chantajista.

blackness ['blæknɪs] *s. i.* **1** oscuridad. **2** negritud (como raza).

blackout ['blækaut] *s. c.* **1** apagón, corte de electricidad, corte de luz. **2** MIL. velo negro; luces apagadas. **3** PER. censura, supresión (de noticias o similar). **4** luces fuera (en el teatro). **5** desmayo.

blackshirt ['blækʃəːt] *s. c.* POL. camisa negra (fascista).

blacksmith ['blæksmɪθ] *s. c.* herrero.

blackthorn ['blækθɔːn] *s. c.* BOT. endrino.

bladder ['blædər] *s. c.* **1** ANAT. vejiga. **2** cámara (en balones de fútbol, baloncesto, etc.).

blade [bleɪd] *s. c.* **1** hoja, cuchilla (de espada u otro objeto cortante). **2** pala (de remo); aspa (de molino, hélice, etc.). **3** brizna (de hierba). **4** (arc.) espada, espadachín.

blae [bleɪ] *adj.* azul grisáceo.

blah [blɑː] *s. i.* (fam.) bla, bla, bla (cháchara aburrida, repetitiva, etc.).

blame [bleɪm] *v. t.* **1** (**to ~** + *o.* + {**for**}) culpar (de), echar la culpa (de). • *s. i.* **2** culpa. **3** censura, crítica. ◆ **4 to be to ~ (for),** tener la culpa (de), ser responsable (de). **5 to lay the ~,** ⇒ **lay.**

blameless ['bleɪmlɪs] *adj.* libre de culpa, inocente, intachable.

blamelessly ['bleɪmlɪslɪ] *adv.* inocentemente, intachablemente.

blameworthy ['bleɪmwəːðɪ] *adj.* censurable, culpable.

blanch [blɑːntʃ || blæntʃ] *v. t.* e *i.* **1** palidecer. • *v. t.* **2** GAST. escaldar; blanquear.

blanched [blɑːntʃt || blæntʃt] *adj.* pálido, demacrado.

bland [blænd] *adj.* **1** soso (persona). **2** insípido, soso (de sabor). **3** aburrido, soso (música, libro, etc.).

blandly ['blændlɪ] *adv.* insípidamente, sosamente.

blandness ['blændnɪs] *s. i.* **1** sosería, sosez. **2** falta de sabor, insipidez. **3** falta de fuerza, carencia de atractivo (especialmente en el arte).

blandishments ['blændɪʃmənts] *s. pl.* (form.) lisonjas, zalamerías, halagos.

blank [blæŋk] *adj.* **1** en blanco (papel); cinta virgen. **2** liso (pared); libre, vacío (cielo). **3** sin expresión, inexpresivo (rostro). **4** categórico, absoluto (rechazo, negativa, etc.). • *s. c.* **5** espacio en blanco (en papel). **6** MIL. cartucho de fogueo. • *s. sing.* **7** (**a ~**) un vacío total (de pensamiento): *my mind is a blank* = *mi mente está en blanco.* ◆ **8 ~ cartridge,** MIL. cartucho de fogueo. **9 ~ cheque,** cheque en blanco. **10 ~ verse,** LIT. verso libre. **11 to draw a ~,** (fam.) no sacar nada en claro, no obtener resultado alguno. **12 to give someone a ~ cheque,** (fig.) dar a alguien carta blanca. **13 to go ~,** no saber qué decir, no saber qué responder; quedarse en blanco (la mente).

blanket ['blæŋkɪt] *s. c.* **1** manta (de cama). **2** (fig.) capa, manto (de nieve, niebla, etc.). **3** (fig.) sensación sofocante, sensación opresiva (de desesperación o similar). • *adj.* **4** global: *a blanket agreement* = *un acuerdo global.* • *v. t.* **5** cubrir por completo, tapar totalmente. ◆ **6 ~ stitch,** punto de manta (para protección de los bordes).

blankly ['blæŋklɪ] *adv.* **1** inexpresivamente (rostro). **2** categóricamente, absolutamente (rechazar, negar, etc.).

blankness ['blæŋknɪs] *s. i.* **1** inexpresividad (rostro). **2** lo absoluto, lo radical (de una negativa o similar).

blare [bleər] *v. i.* **1** sonar con gran estruendo, atronar. • *s. sing.* **2** estruendo, fragor, ruido fuerte. ◆ **3 to ~ out,** sonar atronadoramente, lanzar un estruendo infernal.

blarney ['blɑːnɪ] *s. i.* (fam.) labia.

blasé ['blɑːzeɪ || blɑː'zeɪ] *adj.* indiferente, hastiado.

blaspheme [blæs'fiːm] *v. i.* REL. blasfemar.

blasphemer [blæs'fiːmər] *s. c.* REL. blasfemo.

blasphemous ['blæsfəməs] *adj.* REL. blasfemo.

blasphemously ['blæsfəməslɪ] *adv.* REL. de modo blasfemo.

blasphemy ['blæsfəmɪ] *s. i.* REL. blasfemia.

blast [blɑːst || blæst] *s. c.* **1** explosión, estallido. **2** ráfaga (de viento). **3** FÍS. onda expansiva (de una bomba). **4** trompetazo, toque de trompeta. • *v. t.* **5** volar (pared, roca); perforar (túnel, hoyo) (mediante bomba). **6** abrir paso, abrir camino (mediante bombas). **7** (fig.) abrirse paso a tiros, abrirse paso a bombazos. **8** emitir un estruendo ensordecedor. **9** (fig. y fam.) criticar despiadadamente. • *v. i.* **10** hacer explosión, explotar. **11** hacer un ruido fuerte, sonar atronadoramente. **12 blast!,** (vulg.) ¡maldita sea! ◆ **13 at full ~/full ~, a)** atronadoramente, ensordecedoramente. **b)** a toda máquina, a todo vapor. **14 to ~ away, a)** disparar sin parar. **b)** sonar estruendosamente, hacer un sonido atronador. **15 ~ furnace,** MET. alto horno. **16 ~ it!,** ¡maldita sea! **17 to ~ off,** despegar (cohete espacial). **18 to ~ out,** emitir con sonido fuerte.

blasted ['blɑːstɪd] *adj.* (fam.) condenado, maldito: *blasted car!* = *¡maldito coche!*

blasting ['blɑːstɪŋ] *s. i.* voladura (mediante explosivo).

blast-off ['blɑːstɒf] *s. i.* despegue (de cohetes espaciales).

blatancy ['bleɪtnsɪ] *s. i.* evidencia.

blatant ['bleɪtnt] *adj.* patente, evidente, flagrante.

blatantly ['bleɪtntlɪ] *adv.* patentemente, evidentemente, flagrantemente.

blaze [bleɪz] *v. i.* **1** arder, llamear, lanzar llamas (con gran resplandor). **2** (**to ~** {**with**}) (fig.) llamear, brillar, resplandecer: *the countryside blazed with colour* = *el campo brillaba con todo tipo de colores.* **3** (**to ~** {**with**}) (fig. y lit.) arder (de) (ojos o emoción). **4** disparar, escupir fuego (sin parar). • *v. t.* **5** PER. anunciar con grandes titulares, proclamar a grandes titulares. • *s. c.* **6** estallido, llamarada (de sol, color, etc.). **7** PER. fuego, incendio. • *s. sing.* **8** ({**a**} **~ of**) alarde de; resplandor de: *a blaze of colour* = *un alarde de color.* ◆ **9 to be blazed abroad,** (p.u.) ser anunciado a bombo y platillo. **10 to ~ a trail,** abrir caminos nuevos; abrir brecha (en zonas salvajes, experimentos, alguna ciencia, etc.). **11 to ~ away, a)** disparar sin parar, hacer fuego repetidamente. **b)** arder con gran brillo, resplandecer. **12 to ~ up, a)** avivarse repentinamente, coger fuerza inesperada (un fuego). **b)** (fig.) ponerse hecho un basilisco, montar en cólera. **13 go to blazes!,** (vulg.) ¡vete a la mierda! **14 like blazes,** (fam.) como un rayo; como si fuera la vida en ello. **15 the blazes,** (fam.) porras, narices: *where the blazes is my shirt?* = *¿dónde narices está mi camisa?*

blazer ['bleɪzər] *s. c.* chaqueta de sport, chaqueta deportiva (que llevan normalmente miembros de una misma escuela, asociación, etc.).

blazing ['bleɪzɪŋ] *adj.* **1** abrasador (calor). **2** brillante, deslumbrante. **3** (fig.) violento, airado (discusión o similar).

blazon ['bleɪzn] *v. t.* **1** (form.) blasonar. **2** pregonar.

bleach [bliːtʃ] *s. i.* **1** lejía. • *v. t.* e *i.* **2** blanquear, quitar el color. **3** teñir de rubio (cabello).

bleachers ['bliːtʃəz] *s. pl.* (EE UU) gradas descubiertas (en estadio).

bleaching-powder ['bliːtʃɪŋpaudər] *s. c.* e *i.* lejía.

bleak [bliːk] *adj.* **1** desolado, yermo (lugar). **2** sombrío, triste (situación, perspectiva, etc.). **3** desapacible (tiempo). **4** frío, triste (persona).

bleakly ['bliːklɪ] *adv.* **1** sombríamente, tristemente (situación). **2** desapaciblemente (tiempo). **3** fríamente, tristemente (manera de saludar, comportarse, etc.).

bleakness ['bliːknɪs] *s. i.* **1** desolación (de un lugar). **2** lo desapacible (del tiempo). **3** frialdad, tristeza, hosquedad (en las maneras de comportarse).

blearily ['blɪərɪlɪ] *adv.* con mirada cansina, con mirada cansada.

bleary ['blɪərɪ] *adj.* cansado, agotado, enrojecido (ojos, a causa de falta de sueño o fenómeno parecido).

bleary-eyed [,blɪərɪ'aɪd] *adj.* con los ojos enrojecidos.

bleat [bliːt] *v. i.* **1** balar (oveja). • *v. t.* e *i.* **2** (fig.) gemir, gimotear. • *s. c.* **3** balido (de oveja). **4** (fig.) balido, gemido, gimoteo.

bled [bled] *pret.* y *p. p.* de **bleed.**

bleed [bliːd] (*pret.* y *p. p.* **blet**) *v. i.* **1** sangrar, echar sangre. **2** desteñirse (a causa del lavado). • *v. t.* **3** purgar, sangrar (líquidos o gases de radiadores o similar). **4** MED. sacar sangre, sangrar (especialmente con sanguijuelas en el pasado). **5** (fam. y fig.) sacar el dinero a, chupar la sangre a. ◆ **6 to ~ for,** derramar la sangre por (una causa, la patria, etc.). **7 to ~ someone dry/white,** arrancar hasta el último céntimo a alguien, dejar a alguien sin un céntimo. **8 to ~ to death,** morir desangrado.

bleeder ['bliːdər] *s. c.* (vulg.) cabrón, gilipollas (en sentido ofensivo o de lástima): *you poor bleeder* = *pobre cabrón.*

bleeding ['bliːdɪŋ] *s. i.* **1** hemorragia. • *adj.* **2** (brit.) (vulg.) jodido; condenado: *bleeding taxes!* = *¡los jodidos impuestos!* ◆ **3 ~ heart,** pusilánime, blando.

bleep [bliːp] *s. c.* **1** pitido. • *v. i.* **2** dar un pitido. • *v. t.* **3** llamar con un buscapersonas (típico en médicos y otros profesionales).

bleeper ['bliːpər] *s. c.* ELEC. buscapersonas.

blemish ['blemɪʃ] *s. c.* **1** defecto, tacha (en la apariencia de personas especialmente). • *v. t.* **2** manchar (apariencia personal); estropear un poco (fruta). **3** mancillar, empañar (reputación o similar).

blemished ['blemɪʃt] *adj.* estropeado, con algún defecto (especialmente fruta).

blench [blentʃ] *v. i.* (**to ~** {**at**}) acobardarse, retroceder con miedo (ante).

blend [blend] *v. t.* **1** mezclar (sustancias, convirtiéndolas en una). **2** combinar, armonizar (colores, sonidos, estilos, etc.). • *v. i.* **3** mezclarse (varias sustancias en una). **4** (**to ~** {**with**}) combinar(se), armonizar(se) (con): *the colours blended beautifully* = *los colores se combinaban bellísimamente.* • *s. c.* **5** mezcla (sustancias, especialmente café, té y whisky). • *s. sing.* **6** (**~ of**) combinación de: *a blend of beauty and intelligence* = *una combinación de belleza e inteligencia.* ◆ **7 to ~ in/into,** confundirse con (haciéndose parte del objeto en el que desaparece): *the building blends into the background* = *el edificio se confunde con el paisaje de fondo.*

blended ['blendɪd] *adj.* mezclado (tabaco, café, té, whisky, etc.).

blender ['blendər] *s. c.* ELECTR. licuadora.

bless [bles] (*pret.* y *p. p.* **blessed** o **blest**) *v. t.* **1** REL. bendecir. **2** (**to ~ +** *o.* **+** {**for**}) agradecer profusamente, bendecir (por) (a alguien en agradecimiento). **3** (**to ~ +** *o.* **+** {**with**}) dotar (de) (con alguna virtud, gracia, etc.). **4** (normalmente pasiva) aprobar, dar la bendición a (un plan o similar). ◆ **5 ~ my soul,** (p.u.) válgame Dios. **6 ~ you, a)** Jesús (al estornudar). **b)** Dios te bendiga. **7 God ~,** Dios te guarde, Dios quede contigo, adiós. **8 God ~ you/him/etc.,** Dios te/le/etc. bendiga (como agradecimiento, muestra de lástima, alivio, etc.).

blessed ['blesɪd] (a veces **blest** detrás de *s.*) *adj.* **1** REL. bendito, santo: *the Blessed Virgin* = *la Virgen santa.* **2** REL. bienaventurado (de las bienaventuranzas). **3** dichoso, feliz (situación): *days of blessed peace* = *días de paz dichosa.* **4** (fam. y euf.) bendito (queriendo señalar enfado o similar): *the blessed neighbour again!* = *¡el bendito vecino otra vez!* ◆ **5 ~ with,** dotado de: *he was blessed with an incredible intelligence* = *estaba dotado de una inteligencia increíble.*

blessedly ['blesɪdlɪ] *adv.* dichosamente, felizmente.

blessedness ['blesɪdnɪs] *s. i.* **1** REL. beatitud, santidad. **2** dicha, felicidad.

blessing ['blesɪŋ] *s. c.* **1** (normalmente *sing.*) REL. bendición (en la iglesia, antes de comer, etc.). **2** (fig.) bendición, dicha: *this dry weather is a blessing* = *este tiempo seco es una bendición.* **3** (fig.) aprobación, visto bueno: *she got married with her father's blessing* = *ella se casó con la aprobación de su padre.* ◆ **4 a ~ in disguise,** ⇒ **disguise. 5 a mixed ~,** una cosa con pros y contras. **6 to count one's blessings,** darse cuenta de lo afortunado que uno es, estar agradecido (porque uno tiene una buena situación en la vida).

blest [blest] *pret.* y *p. p.* de **bless.**

blether ['bleðər] *v. i.* (**to ~** {**about**}) (fam.) decir bobadas, decir chorradas (sobre).

blew [bluː] *pret.* de **blow.**

blight [blaɪt] *s. i.* **1** AGR. plaga, enfermedad. • *s. c.* **2** (fig.) plaga, ruina: *drugs are a modern blight* = *las drogas son una plaga moderna.* • *v. t.* **3** arruinar, destrozar (a la manera de una plaga).

blighter ['blaɪtər] *s. c.* (fam.) desgraciado: *poor blighter* = *pobre desgraciado.*

blimey ['blaɪmɪ] *interj.* (brit.) (fam.) mecachis, caramba.

blind [blaɪnd] *adj.* **1** ciego, invidente. **2** (**~** {**with**}) cegado (por) (por el humo, lágrimas, emoción, etc.). **3** (**~** {**to**}) ciego, insensible (a/ante). **4** ciego (en la creencia): *blind faith* = *fe ciega.* **5** ARQ. sin vanos, ciega (pared). **6** condenada, cegada (ventana). • *s. c.* **7** persiana. **8** (fig.) pantalla, cortina de humo, pretexto, subterfugio. • *v. t.* **9** cegar, dejar ciego. **10** deslumbrar, cegar momentáneamente. **11** (**to ~ +** *o.* **+** {**to**}) cegar, ofuscar (a) (la razón). **12** (**to ~ +** *o.* **+** {**with**}) (fig.) confundir, deslumbrar (con) (con datos, lenguaje rimbombante, etc.). • *adv.* **13** a ciegas (conducción, caminar, etc.). ◆ **14 as ~ as a bat,** más ciego que un topo. **15 ~ alley, a)** callejón sin salida. **b)** (fig.) callejón sin salida, situación sin solución. **16 ~ date,** (fam.) cita a ciegas. **17 ~ drunk,** (fam.) con una melopea impresionante, borracho como una cuba. **18 ~ man's bluff,** gallina ciega (juego). **19 ~ spot, a)** ANAT. punto ciego (en la retina). **b)** punto negro (en la carretera); ángulo muerto (al conducir). **c)** punto débil (en una persona): *I have a blind spot about this subject* = *este tema es mi punto débil.* **20 love is ~,** el amor es ciego. **21 not to take a ~ bit of notice,** (fam.) no prestar la más mínima atención, no hacer caso alguno, hacer caso omiso. **22 to swear ~,** (fam.) jurar sobre la Biblia, jurar por todos los santos. **23 the ~,** los ciegos. **24 the ~ leading the ~,** tan ciego el uno como el otro, un ciego ayudando a otro ciego. **25 to turn a ~ eye (to),** hacer la vista gorda (ante).

blinder ['blaɪndər] *s. c.* **1** (brit.) (vulg.) melopea, curda, borrachera. **2** (brit.) (vulg.) virguería (especialmente en el deporte).

blinders ['blaɪndəz] *pl.* de **blinkers.**

blindfold ['blaɪndfəuld] *s. c.* **1** venda (para no ver). • *v. t.* **2** vendar (los ojos). • *adv.* **3** con los ojos vendados.

blindfolded ['blaɪndfəuldɪd] *adj.* con los ojos vendados.

blinding ['blaɪndɪŋ] *adj.* **1** deslumbrante, cegador (luz). **2** notable (indicando sorpresa grande): *blinding stupidity = notable estupidez.*

blindingly ['blaɪndɪŋlɪ] *adv.* **1** cegadoramente, deslumbrantemente (luz). **2** notablemente. ⇒ **blinding 2.**

blindly ['blaɪndlɪ] *adv.* **1** ciegamente, sin ver, a ciegas. **2** (fig.) ciegamente.

blindness ['blaɪndnɪs] *s. i.* **1** ceguera, invidencia. **2** ceguera mental, ceguedad intelectual.

blink [blɪŋk] *v. i.* **1** parpadear, pestañear. **2** brillar intermitentemente. • *v. t.* **3** abrir y cerrar (los ojos). • *s. c.* **4** parpadeo, pestañeo. **5** destello, brillo intermitente. ♦ **6 a ~ of an eye/eyelid,** un instante, un segundo; un abrir y cerrar de ojos. **7 on the ~,** (fam.) estropeado, escacharrado (objeto).

blinkered ['blɪŋkəd] *adj.* **1** (brit.) con anteojeras (caballo). **2** (fig. y desp.) cerrado (de mente), de mentalidad estrecha.

blinkers ['blɪŋkəz] (en EE UU **blinders**) *s. pl.* (brit.) **1** anteojeras (de caballo). **2** (fig.) cerrazón mental.

blinking ['blɪŋkɪŋ] *adj.* (fam.) asqueroso, maldito: *blinking watch! = ¡maldito reloj!*

blip [blɪp] *s. c.* **1** punto de luz (en un radar indicando la presencia de algo). **2** cresta, punto de subida (en cualquier aparato con pantalla).

bliss [blɪs] *s. i.* dicha, ventura, felicidad.

blissful ['blɪsfl] *adj.* **1** dichoso, venturoso, feliz. **2** feliz (ignorancia o similar).

blissfully ['blɪsfəlɪ] *adv.* **1** dichosamente, venturosamente, felizmente. **2** felizmente (en su ignorancia, desconocimiento, etc.).

blister ['blɪstər] *s. c.* **1** ampolla. **2** burbuja, ampolla (en una superficie). • *v. t.* e *i.* **3** salir ampollas, ampollar, levantar ampollas. **4** salir burbujas, levantar burbujas (en una superficie).

blistered ['blɪstəd] *adj.* con ampollas, lleno de ampollas.

blistering ['blɪstərɪŋ] *adj.* **1** abrasador (calor). **2** mordaz (palabras).

blisteringly ['blɪstərɪŋlɪ] *adv.* **1** abrasadoramente (calor). **2** mordazmente, severamente (crítica verbal).

blister-pack ['blɪstə,pæk] *s. c.* blister.

blithe [blaɪð] *adj.* **1** jovial, alegre, animado. **2** (p.u.) despreocupado, descuidado.

blithely ['blaɪðlɪ] *adv.* **1** jovialmente, alegremente, animadamente. **2** (p.u.) despreocupadamente, descuidadamente.

blithering ['blɪðərɪŋ] *adj.* (fam.) de capirote: *blithering idiot = tonto de capirote.*

blitz [blɪts] *s. c.* **1** MIL. ataque sorpresa, ataque relámpago. **2** (~ {**on**}) (fam.) acometida, ataque de actividad (para llevar a cabo algo). • *v. t.* **3** bombardear (una ciudad). ♦ **4 the Blitz,** HIST. el ataque aéreo sobre Inglaterra (durante la Segunda Guerra Mundial).

blitzing ['blɪtsɪŋ] *s. i.* MIL. bombardeo aéreo.

blitzkrieg ['blɪtskriːg] *s. c.* MIL. guerra relámpago.

blizzard ['blɪzəd] *s. c.* ventisca o tempestad de nieve.

bloated ['bləutɪd] *adj.* **1** hinchado, inflado (con líquido o gas). **2** harto, hasta arriba (de comer).

bloater ['bləutər] *s. c.* arenque ahumado.

blob [blɒb] *s. c.* **1** masa informe. **2** mancha (lo que se ve a distancia).

bloc [blɒk] *s. c.* **1** POL. bloque (grupo de naciones). ♦ **2 en ~,** en bloque, en masa.

block [blɒk] *s. c.* **1** (~ {**of**}) bloque, edificio (de pisos, apartamentos, etc.). **2** manzana, (Am.) cuadra. **3** témpano (de hielo). **4** bloque (de madera, piedra, etc.). **5** tapón, obstáculo (que bloquea una tubería o similar). **6** fajo (de billetes o similar). **7** bloqueo mental, colapso mental. • *v. t.* **8** obstruir, bloquear, obstaculizar. **9** obstruir, bloquear (la vista). **10** bloquear (acuerdo o similar). ♦ **11 a chip off the old ~,** ⇒ **chip. 12 ~ and tackle,** MEC. aparejo de poleas. **13 ~ capitals/letters,** letras mayúsculas. **14 to ~ in, a)** encajonar (coche). **b)** ART. esbozar en negro (dentro de una figura). **15 to ~ off,** tapar completamente, bloquear por completo. **16 to ~ out, a)** obstaculizar (la publicación de información). **b)** impedir el paso (del sol, luz, etc.). **17 to ~ up,** bloquearse por completo (conducto o parecido). **18 ~ vote,** POL. voto proporcional, voto representativo de calidad (un voto que representa a un grupo de gente). **19 to knock someone's ~ off,** (fam.) pegarle una tunda a alguien, dar a alguien un mamporro en la cabeza. **20 to lay/put one's head on the ~,** arriesgar el cuello, arriesgar la cabeza.

blockade [blɒ'keɪd] *s. c.* **1** bloqueo, asedio (normalmente militar). • *v. t.* **2** bloquear, asediar (normalmente mediante la marina). ♦ **3 to break/ run a ~,** atravesar/romper un asedio. **4 to lift /raise a ~,** levantar/finalizar un asedio.

blockage ['blɒkɪdʒ] *s. c.* e *i.* obstrucción, atrancamiento (normalmente de líquido en tuberías o parecido).

blockbuster ['blɒkbʌstər] *s. c.* (fam.) **1** MIL. bomba de demolición. **2** exitazo (de novela, película, etc.). **3** (EE UU) agente de la propiedad que asusta a propietarios para que vendan sus casas rápido y barato.

blockbusting ['blɒkbʌstɪŋ] *s. i.* actividad inmobiliaria. ⇒ **blockbuster 3.**

blockhead ['blɒkhed] *s. c.* (fam.) cabeza de chorlito.

blockhouse ['blɒkhaus] *s. c.* **1** MIL. búnker. **2** (EE UU) fuerte.

bloke [bləuk] *s. c.* (brit.) (fam.) tipo, tío.

blond [blɒnd] (forma del femenino **blonde**) *adj.* **1** rubio. • *s. c.* **2** rubio, hombre rubio; rubia, mujer rubia.

blood [blʌd] *s. i.* **1** sangre. **2** (fig.) sangre, origen, ascendencia: *oriental blood = ascendencia oriental.* ♦ **3 bad ~,** mala intención, malos sentimientos. **4 to be after someone's ~,** ir a degüello contra alguien, ir a por el cuello de alguien. **5 to be in someone's ~,** estar en la naturaleza de alguien, llevarlo en la sangre. **6 ~ and thunder,** (fam.) de acción violenta (películas y novelas). **7 ~ bank,** MED. banco de sangre, banco de plasma. **8 ~ blister,** ampolla de sangre. **9 ~ cell,** FISIOL. glóbulo rojo. **10 ~ count,** MED. recuento de glóbulos rojos en la sangre. **11 ~ group,** grupo sanguíneo. **12 ~ is thicker than water,** los lazos de la sangre son muy fuertes (por encima de muchas otras lealtades a amigos, ideologías, etc.). **13 ~ money,** dinero ensangrentado (de haber matado a alguien). **14 ~ relation,** familiar de la misma sangre, familiar consanguíneo. **15 ~ test,** MED. análisis de sangre. **16 ~ transfusion,** MED. transfusión de sangre. **17 ~ type,** tipo de sangre, grupo sanguíneo. **18 to get ~ from a stone,** sacar agua de las piedras (casi imposible). **19 to give/donate ~,** donar sangre. **20 to have someone's ~ on one's hands,** tener la sangre de alguien en las manos de uno (ser responsable de la muerte de alguien). **21 in cold ~,** a sangre fría. **22 to make one's ~ boil,** quemarle a uno la sangre, sacar a uno de quicio. **23 to make one's ~ freeze/run cold,** helársele a uno la sangre. **24 new/fresh/young ~,** nuevas ideas, nuevo impulso (en una empresa o similar). **25 one's ~ is up,** uno está hecho un basilisco, uno se encoleriza. **26 one's own flesh and ~,** ⇒ **flesh. 27 to sweat ~,** sudar sangre; trabajar mucho.

bloodbath ['blʌdbɑːθ] *s. c.* carnicería, masacre (de hombres o animales).

blood-brother ['blʌdbrʌðər] *s. c.* hermano de sangre (no de familia).

blood-curdling ['blʌdkəːdlɪŋ] *adj.* que hiela la sangre, espeluznante.

blood-donor ['blʌddəunər] *s. c.* donante de sangre.

blood-heat ['blʌdhiːt] *s. i.* FISIOL. temperatura de la sangre normal.

bloodhound ['blʌdhaund] *s. c.* sabueso.

bloodless ['blʌdlɪs] *adj.* **1** sin derramamiento de sangre (una revolución política, por ejemplo). **2** pálido, anémico. **3** (fig.) sin fuerza, sin entusiasmo.

blood-letting ['blʌdletɪŋ] *s. i.* **1** MED. flebotomía, sangría. **2** (fam.) derramamiento de sangre. **3** (fig.) lucha encarnizada, lucha sin cuartel (dentro de una asociación, familia, etc.).

bloodlust ['blʌdlʌst] *s. i.* deseo de matar, deseo de asesinar.

blood-poisoning ['blʌdpɔɪznɪŋ] *s. i.* MED. envenenamiento de la sangre.

blood-pressure ['blʌdpreʃər] *s. i.* FISIOL. presión sanguínea, tensión arterial.

blood red [,blʌd'red] *s. i.* **1** rojo sangre. • *adj.* **2 blood-red,** rojo como la sangre.

bloodshed ['blʌdʃed] *s. i.* derramamiento de sangre.

bloodshot ['blʌdʃɒt] *adj.* inyectado en sangre, fuertemente enrojecido (ojos).

blood sport ['blʌdspɔːt] *s. c.* deporte con derramamiento de sangre (caza, etc.).

bloodstained ['blʌdsteɪnd] *adj.* ensangrentado, manchado de sangre.

bloodstock ['blʌdstɒk] *s. i.* caballos de raza.

bloodstream ['blʌdstriːm] *s. sing.* corriente sanguínea, flujo sanguíneo.

bloodsucker ['blʌdsʌkər] *s. c.* **1** ZOOL. sanguijuela. **2** (fig.) chupasangre, sanguijuela (persona que se aprovecha).

bloodthirstily ['blʌdθəːstɪlɪ] *adv.* sanguinariamente, cruelmente.

bloodthirstiness ['blʌdθəːstɪnɪs] *s. i.* crueldad, sed de sangre.

bloodthirsty ['blʌdθəːstɪ] *adj.* sanguinario, cruel.

blood-vessel ['blʌdvesl] *s. c.* ANAT. vaso sanguíneo.

bloodily ['blʌdɪlɪ] *adv.* **1** violentamente, cruelmente, sanguinariamente. **2** de manera sanguinolenta.

bloodiness ['blʌdɪnɪs] *s. i.* **1** crueldad, violencia. **2** sanguinolencia.

bloody ['blʌdɪ] *adj.* **1** cruel, violento, cruento (guerra o lucha). **2** sanguinolento, lleno de sangre. **3** (arc.) puñetero, desagradable (con alguien). • *v. t.* **4** ensangrentar. • *adj.* y *adv.* **5** (brit.) (vulg.) jodido, maldito, asqueroso; muy: *the bloody radio's broken = se ha roto la maldita radio.* ◆ **6 bloodied but unbowed,** vencido pero no derrotado, ensangrentado pero no humillado. **7 Bloody Mary,** Bloody Mary, combinado de vodka con jugo de tomate.

bloody-minded [,blʌdɪ'maɪndɪd] *adj.* (desp.) malintencionado, perverso.

bloody-mindedness [,blʌdɪ'maɪndɪdnɪs] *s. i.* (desp.) mala intención, perversidad.

bloom [bluːm] *v. i.* **1** florecer. **2** (fig.) florecer; ser evidente, salir a la luz (para admiración de todos): *the children's health was blooming = la salud de los niños era evidente.* • *s. c.* **3** BOT. florecimiento, floración. • *s. sing.* **4** lozanía, frescor: *the bloom of youth = la lozanía de la juventud.* • *s. i.* **5** BOT. vello, pelusa. ◆ **6 in ~/in full ~,** en flor, en plena floración, lleno de flores. **7 to take the ~ off something,** quitar la alegría a algo, quitar la frescura a algo (un matrimonio, amistad, etc.).

bloomer ['bluːmər] *s. c.* (brit.) (fam. y p.u.) metedura de pata.

bloomers ['bluːməz] *s. pl.* pololos.

blooming ['bluːmɪŋ] *adj.* **1** lozano, fresco: *she was a beautiful blooming girl = era una chica preciosa y lozana.* **2** (brit.) (fam. y euf.) asqueroso, maldito.

blooper ['bluːpər] *s. c.* (EE UU) (fam.) metedura de pata, gazapo.

blossom ['blɒsəm] *v. i.* **1** florecer. **2** (to ~ {into}) (fig.) convertirse, desarrollarse (para admiración de otros): *she blossomed into a lovely girl = se convirtió en una chica preciosa.* • *s. c.* e *i.* **3** floración, florecimiento. ◆ **4 in ~/in full ~,** en flor, en plena floración, lleno de flores.

blot [blɒt] *s. c.* **1** borrón, mancha (especialmente de tinta). • *s. sing.* **2** (~ **on**) mancha en, borrón sobre (reputación de alguien). **3** (~ **on**) borrón en, punto negro en: *a blot on the landscape = mancha en el paisaje.* • *v. t.* **4** (*ger.* **blotting,** *pret.* y *p. p.* **blotted**) secar (normalmente con papel secante). ◆ **5 to ~ one's copybook,** ⇒ **copybook. 6 to ~ out, a)** ocultar, no dejar ver. **b)** suprimir, borrar (pensamientos o recuerdos). **7 to ~ up,** absorber (un líquido, dejando una superficie totalmente seca).

blotch [blɒtʃ] *s. c.* mancha, roncha (en la piel especialmente).

blotched [blɒtʃt] (también **blotchy**) *adj.* manchado, con ronchas.

blotchy ['blɒtʃɪ] *adj.* ⇒ **blotched.**

blotter ['blɒtər] *s. c.* hoja de papel secante.

blotting-paper ['blɒtɪŋpeɪpər] *s. i.* papel secante.

blotto ['blɒtəu] *adj.* (fam.) mamado (borracho).

blouse [blauz ‖ blaus] *s. c.* blusa.

blow [bləu] (*pret.* **blew,** *p. p.* **blown**) *v. i.* **1** soplar (el viento). **2** soplar (con la boca). **3** volar, flotar (en el viento): *the shirts were blowing in the wind = las camisas flotaban en el viento.* **4** sonar (un instrumento de soplar): *the whistle blew = el pito sonó.* **5** explotar (neumático). **6** ELEC. saltar (fusible). • *v. t.* **7** soplar, traer (el viento): *the wind blew this piece of paper here = el viento trajo este trozo de papel hasta aquí.* **8** echar, soplar (con la boca). **9** hacer (burbujas o similar). **10** sonarse (la nariz). **11** (to ~ *(prep.)*) hacer (mediante una explosión): *the bomb blew a huge hole = la bomba hizo un enorme hoyo.* **12** hacer resonar, tocar (instrumento o similar). **13** hacer estallar (neumático). **14** ELEC. hacer saltar (fusible). **15** (to ~ + *o.* + {**on**}) (fam.) malgastar (dinero). **16** (fam.) estropear, echar a perder (una oportunidad). **17** (fam.) revelar (secreto). • *s. c.* **18** golpe, tortazo, porrazo. **19** resoplido (al sonarse la nariz). **20** (~ {**to**}) (fig.) golpe, desilusión, contratiempo. **21** (~ **for/ against**) empujón a/contra, impulso a/contra: *a blow for equality = un impulso a la igualdad.* ◆ **22 ~ ...,** (fam.) **a)** al diablo con: *blow the expense, I've passed = al diablo con el dinero, he aprobado.* **b)** ¡maldita sea! **23 to ~ hot and cold,** ⇒ **hot. 24 ~ me/~ me down/I'll be blowed,** (fam. y p.u.) vaya, pues sí, caramba. **25 to ~ one's own trumpet,** ⇒ **trumpet. 26 to ~ one's top,** ⇒ **top. 27 to ~ out, a)** apagar(se). **b)** terminarse (tormenta). **28 to ~ over, a)** apagarse, terminarse (problema). **b)** disminuir su fuerza (tormenta). **29 to ~ someone's mind,** (fam.) impresionar, dejar lelo (un libro, idea, etc.). **30 to ~ the cobwebs away,** ⇒ **cobweb. 31 to ~ the whistle on something,** ⇒ **whistle. 32 to ~ up, a)** destrozar totalmente (mediante explosión). **b)** (fam.) estallar de cólera, estallar de ira. **c)** inflar (globo, balón, etc.). **d)** FOT. ampliar (foto). **e)** formarse, presentarse, acercarse (tormenta). **33 to ~ up in someone's face,** ⇒ **face. 34 to come to blows,** liarse a golpes, agarrarse a puñetazos. **35 to soften/cushion the ~,** amortiguar el golpe; disminuir la pena.

blow-by-blow ['bləubaɪbləu] *adj.* detallada (narración).

blow-dry ['bləudraɪ] *v. t.* **1** secar (el pelo con secador). • *s. sing.* **2** secado a mano (con secador).

blower ['bləuər] *s. c.* (brit.) (fam.) aparato de teléfono, teléfono.

blowhole ['bləuhəul] *s. c.* **1** respiradero (en un túnel). **2** agujero en el hielo (para facilitar la respiración de mamíferos acuáticos). **3** ANAT. y ZOOL. espiráculo (en los cetáceos).

blowing-up [,bləuɪŋ'ʌp] *s. c.* regañina: *I got a blowing up for being late = me dieron una regañina por llegar tarde.*

blowlamp ['bləulæmp] (en EE UU **blowtorch**) *s. c.* soplete, lámpara de soldar.

blown [bləun] *p. p.* de **blow.**

blow-out ['bləuaut] *s. c.* **1** pinchazo, reventón (neumático). **2** (fam.) comilona, festín. **3** ELEC. fallo (en un fusible). **4** escape (en un pozo de petróleo).

blowpipe ['bləupaɪp] *s. c.* **1** cerbatana. **2** caña de vidriero.

blowsy ['blauzɪ] (también **blowzy**) *adj.* desaliñado (se dice, especialmente, de la persona gorda y colorada).

blowtorch ['bləutɔːtʃ] *s. c.* ⇒ **blowlamp.**

blow-up ['bləuʌp] *s. c.* FOT. ampliación.

blowy ['bləuɪ] *adj.* (fam.) con viento.

blubber ['blʌbər] *s. i.* **1** grasa de cetáceo. • *v. i.* **2** llorar a lágrima viva, lloriquear como un niño.

bludgeon ['blʌdʒən] *s. c.* **1** cachiporra, porra. • *v. t.* **2** golpear con una porra, aporrear. **3** (**to** ~ + *o.* + {**into**}) intimidar, obligar mediante intimidación: *the bully bludgeoned the girl into getting into his car = el matón intimidó a la chica para que subiera a su coche.*

blue [blu:] *adj.* **1** azul. **2** (EE UU) (fam. y p.u.) triste, melancólico. **3** verde (obsceno). **4** (~ {**with**}) helado (de frío). • *s. i.* **5** azul. • *v. t.* **6** (**to** ~ + *o.* + {**on**}) (brit.) (fam.) tirar, malgastar (dinero). **7 a bolt from the** ~, ⇒ **bolt. 8** ~ **blood,** sangre azul, sangre aristocrática. **9** ~ **chip,** COM. acción de una empresa sólida. **10** ~ **pencil,** (fig.) correcciones, alteraciones (en un original escrito). **11** ~ **riband,** cinta azul (como condecoración). **12** ~ **ribbon,** ⇒ **blue 11. 13** ~ **tit,** ZOOL. herrerillo (ave). **14 once in a** ~ **moon,** ⇒ **moon. 15 out of the** ~, sin saber de dónde ha salido, sin saber por qué (de repente). **16 to scream** ~ **murder,** ⇒ **murder. 17 the blues, a)** (fam.) depresión **b)** MÚS. blues. **18 until I'm/you're/he's/etc.** ~ **in the face,** (fam.) hasta que reviente/revientes/ reviente/etc.

bluebell ['blu:bel] *s. c.* BOT. campánula, campanilla.

blueberry ['blu:brɪ || 'blu:berɪ] *s. c.* BOT. arándano.

blue-black ['blu:blæk] *s. c.* y *adj.* azul negruzco, negro azulado.

blue-blooded [ˌblu:'blʌdɪd] *adj.* de sangre aristocrática.

bluebottle ['blu:bɒtl] *s. c.* ZOOL. moscarda, mosca azul.

blue-collar [ˌblu:'kɒlər] *adj.* **1** de obrero, de obreros, de trabajadores. **2** manual: *blue-collar workers = trabajadores manuales.*

blue-eyed ['blu:aɪd] *adj.* **1** de ojos azules. ◆ **2** ~ **boy,** (brit.) (fam.) niño guapo, niño preferido.

blueprint ['blu:prɪnt] *s. c.* **1** (~ {**for/of**}) ARQ. diseño, proyecto. **2** (~ {**for/of**}) anteproyecto, borrador (de una idea o similar).

bluestocking ['blu:stɒkɪŋ] *s. c.* (desp. y p.u.) marisabidilla, mujer pretenciosa sabionda.

bluff [blʌf] *s. c.* **1** engaño, farol (exagerado). **2** GEOG. risco, farallón, escarpadura. • *s. i.* **3** farolada. • *v. t.* e *i.* **4** engañar, farolear, tirarse faroles. • *adj.* **5** brusco: *I don't like his bluff manner = no me gustan sus modos bruscos.* ◆ **6 to** ~ **it out,** salir de una situación mediante faroles. **7 to call someone's** ~, desenmascarar a alguien como farsante; coger a alguien en un farol.

bluffness ['blʌfnɪs] *s. i.* brusquedad.

bluish ['blu:ɪʃ] *adj.* azulado.

blunder ['blʌndər] *s. c.* **1** metedura de pata, gazapo. • *v. i.* **2** meter la pata. **3** pasar por error, pasar por equivocación (a/por un lugar).

blunderbuss ['blʌndəbʌs] *s. c.* MIL. trabuco.

blunderer ['blʌndərər] *s. c.* metedor de gazapos.

blundering ['blʌndərɪŋ] *adj.* torpe, torpón (de movimiento y palabra).

blunt [blʌnt] *adj.* **1** romo, poco afilado, desafilado. **2** franco, sincero; brusco. • *v. t.* **3** mellar, desafilar. **4** (fig.) embotar (los sentimientos, mente, etc.).

bluntly ['blʌntlɪ] *adv.* francamente, sinceramente; bruscamente.

bluntness ['blʌntnɪs] *s. i.* **1** franqueza, sin rodeos, sinceridad; brusquedad. **2** falta de filo, falta de punta.

blur [blə:r] (*ger.* **blurring,** *pret.* **blurred**) *v. t.* e *i.* **1** empañar(se), nublar(se), velar(se). **2** (fig.) oscurecer(se), nublar(se) (el pensamiento). • *s. c.* **3** borrón, manchón. • *s. i.* **4** borrosidad, nebulosidad (mental).

blurb [blə:b] *s. i.* (**the** ~) la propaganda.

blurred [blə:d] *adj.* **1** nublado, velado, empañado. **2** (fig.) oscurecido, nublado (el pensamiento).

blurry ['blə:rɪ] *adj.* poco definido, borroso.

blurt [blə:t] *v. t.* **to** ~ **out, a)** dejar escapar, soltar sin darse cuenta. **b)** confesar, descubrir (algo oculto).

blush [blʌʃ] *v. i.* **1** sonrojarse, ponerse colorado, enrojecer. • *s. c.* **2** sonrojo, rubor. ◆ **3 to spare someone's blushes,** callar algo para no poner colorado a alguien, ahorrarle a alguien rubor.

blusher ['blʌʃər] *s. c.* e *i.* colorete.

blushing ['blʌʃɪŋ] *adj.* ruboroso.

blushingly ['blʌʃɪŋlɪ] *adv.* de manera que produce sonrojo.

bluster ['blʌstər] *v. i.* **1** bramar (viento). **2** vociferar, gritar amenazadoramente. • *s. i.* **3** bravata, fanfarronada (verbal). **4** ráfaga, bramido (del viento).

blustery ['blʌstərɪ] *adj.* borrascoso, tempestuoso (tiempo).

BO ['bɪ:əu] (siglas de **body odour**) *s. i.* olor corporal.

boa ['bəuə] *s. c.* ZOOL. boa.

boar [bɔ:r] (*pl.* **boar** o **boars**) *s. c.* ZOOL. **1** verraco. **2** jabato, jabalí.

board [bɔ:d] *s. c.* **1** tablero, tabla (para todo tipo de usos). **2** tarima (del suelo). **3** tablón (de anuncios). **4** COM. consejo de dirección, consejo. **5** ELEC. tablero (con mandos). • *s. i.* **6** comida, pensión (comida). • *v. t.* **7** subirse a, embarcarse en (tren, avión, etc.). • *v. i.* **8** subir, embarcar. **9** (**to** ~ **with**) hospedarse con. ◆ **10 above** ~, legítimo. **11 across the** ~, a todos los niveles. **12** ~ **and lodging,** cama y comida, pensión completa. **13 to** ~ **out,** enviar a vivir fuera de casa: *the children were boarded out = los niños fueron enviados a vivir fuera de casa.* **14 boards,** tablas (de teatro). **15 to be on the boards,** (fig.) ser actor o actriz. **16 to** ~ **up,** tapar con tablas. **17 to go by the** ~, irse por la borda (un proyecto, plan, etc.). **18 on** ~, a bordo, embarcado (en tren, avión, etc.). **19 to sweep the** ~, llevarse todos los premios. **20 to take on** ~, (fam.) aceptar, comenzar a entender; entrar en el rollo de. **21 to take something on** ~, aceptar la responsabilidad (de una tarea, trabajo, obra, etc.).

OBS. Esta palabra, que puede ser el segundo elemento de un compuesto, aparece frecuentemente sin la primera parte, cuando se sabe de qué se está hablando: *the board = la pizarra (blackboard)... the board = el trampolín (diving board).*

boarder ['bɔ:dər] *s. c.* **1** huésped (en una pensión). **2** alumno interno.

board-game ['bɔ:dgeɪm] *s. c.* juego de tablero (ajedrez, damas, etc.).

boarding ['bɔ:dɪŋ] *s. i.* **1** entarimado, juego de tablas (para una valla, una estantería, etc.). • *adj.* **2** de internado: *boarding fees = precio de matrícula de internado.* ◆ **3** ~ **card,** tarjeta de embarque.

boarding-house ['bɔ:dɪŋhaus] *s. c.* pensión, casa de huéspedes.

boarding-school ['bɔ:dɪŋsku:l] *s. c.* escuela con internado, internado.

boardroom ['bɔ:dru:m] *s. c.* **1** sala de juntas, sala de reuniones. • *s. sing.* **2** (**the** ~) (fig.) la dirección, la jefatura (de una empresa o similar).

boardwalk ['bɔ:dwɔ:k] *s. c.* (EE UU) paseo marítimo con tablas de madera.

boast [bəust] *v. i.* **1** (**to** ~ {**that/of/about**}) jactarse, chulearse, alardear: *he boasted about his new car = se jactó de su coche nuevo.* • *v. t.* **2** jactarse de tener, ufanarse de poder mostrar. • *s. c.* **3** jactancia, alarde.

boastful ['bəustfəl] *adj.* (desp.) jactancioso.

boastfully ['bəustfəlɪ] *adv.* (desp.) jactanciosamente.

boastfulness ['bəustfəlnɪs] *s. i.* (desp.) jactancia.

boat [bəut] *s. c.* **1** bote, barca (siempre pequeño). **2** (fam.) barco (grande). **3** salsera (vasija para servir la salsa). • *v. i.* **4** ir en barca, navegar (como pasatiempo). ◆ **5** ~ **people,** refugiados que huyen en barca (especialmente de Vietnam). **6** ~ **race,** DEP. carrera de barcas, competición de remo. **7 to burn one's boats,** (fam.) quemar las naves de uno, quedarse sin salida posible. **8 in the same** ~, (fam.) en el mismo barco, en el mismo fregado. **9 to miss the** ~, (fam.) perder la oportunidad, perder la ocasión, no aprovechar la ocasión. **10 to push the** ~ **out,** (fam.) organizar la fiesta por todo lo grande. **11 to rock the** ~, (fam.) menearlo, agitar las aguas.

boater ['bəutər] *s. c.* canotier.

boat-hook ['bəuthuk] *s. c.* MAR. bichero.

boathouse ['bəuthaus] *s. c.* cobertizo para barcas.

boatman ['bəutmən] (*pl. irreg.* **boatmen**) *s. c.* barquero.

boatmen ['bəutmən] *pl.* de **boatman.**

boatswain ['bəusn] (también **bosun, bo'sun**) *s. c.* MAR. contramaestre.

boat-train ['bəuttreɪn] *s. c.* tren de enlace con puerto.

bob [bɒb] (*ger.* **bobbing,** *pret.* y *p. p.* **bobbed**) *v. i.* **1** balancearse (hacia arriba y abajo). **2** (**to** ~ *prep.*) moverse, balancearse, ir balanceándose (dentro, fuera, arriba, abajo, etc.). **3** hacer una reverencia. • *v. t.* **4** mover (la cabeza arriba o abajo). **5** dirigir, hacer (una reverencia). **6** cortar muy corto (el pelo, sólo en mujeres). • *s. c.* **7** gesto rápido, inclinación rápida (de la cabeza). **8** corte de pelo corto (especialmente en mujeres). **9** reverencia. **10** (*pl.* **bob**) (p.u. y fam.) chelín. ◆ **11 bits and bobs,** (fam.) cachivaches. **12 bob's your uncle,** (fam.) ya está, ahí lo tienes: *where's the library?, turn right and bob's your uncle = ¿dónde está la biblioteca?, tuerza a la derecha y ya está.*

bobbed [bɒbd] *adj.* cortado corto (el pelo, especialmente de una mujer).

bobbin ['bɒbɪn] *s. c.* bobina, carrete.

bobble ['bɒbl] *s. c.* pompón (de decoración).

bobby ['bɒbɪ] *s. c.* **1** (brit.) (fam.) poli. ◆ **2** ~ **pin,** (EE UU) horquilla, pasador.

bobsled ['bɒbsled] *s. c.* ⇒ **bobsleigh.**

bobsleigh ['bɒbsleɪ] (también **bobsled**) *s. c.* trineo.

bobtail ['bɒbteɪl] *s. c.* cola recortada.

bod [bɒd] *s. c.* (brit.) (fam.) tío, tipo, gachó.

bode [bəud] **to** ~ **well/ill/no good,** ser de buen/mal agüero, presagiar buenas /malas noticias.

bodge [bɒdʒ] *v. i.* **1** (brit.) (fam.) hacer una chapuza. • *s. c.* **2** (brit.) (fam.) chapuza.

bodice ['bɒdɪs] *s. c.* corpiño, corsé.

bodily ['bɒdɪlɪ] *adv.* **1** físicamente, corporalmente. **2** en un solo cuerpo, en un solo bloque; sin desmontar. • *adj.* **3** corporal, del cuerpo.

bodkin ['bɒdkɪn] *s. c.* punzón; pasador.

body ['bɒdɪ] *s. c.* **1** cuerpo. **2** torso, tronco (del cuerpo). **3** cadáver, cuerpo. **4** colectivo, grupo, organización: *different official bodies = distintas organizaciones estatales.* **5** chasis, casco (de un barco), carrocería (de un vehículo), cuerpo (de un mecanismo). **6** (~ **of**) comunidad de, conjunto de (gente con algo en común). **7** cantidad (de datos, información, etc.). **8** (form.) extensión (de agua principalmente). **9** FÍS. cuerpo sólido. • *s. i.* **10** fuerza, cuerpo (en un licor o vino). • *s. sing.* **11** (**the** ~ **of**) la parte principal de, el bloque principal de, el segmento principal de (un edificio, libro, obra, etc.). ◆ **12** ~ **and soul,** en cuerpo y alma, con toda el alma, con todo el corazón. **13** ~ **clock,** BIOL. reloj biológico. **14** ~**image,** imagen del propio cuerpo. **15** ~ **odour,** olor corporal (normalmente desagradable). **16** ~ **piercing,** piercing. **17** ~ **politic,** (form.) POL. el conjunto de los ciudadanos, el conjunto del Estado. **18 in a** ~, como un solo hombre, todos juntos. **19 to keep** ~ **and soul together,** ⇒ **soul. 20 over my dead** ~, ⇒ **dead.**

body-blow ['bɒdɪbləu] *s. c.* **1** DEP. golpe al cuerpo (en boxeo). **2** (fig.) mazazo, golpe fuerte (espiritual o mental): *his failure was a body-blow to his parents = su fracaso fue un mazazo para sus padres.*

body-builder ['bɒdɪbɪldər] *s. c.* culturista.

body-building ['bɒdɪbɪldɪŋ] *s. i.* culturismo.

bodyguard ['bɒdɪgɑːd] *s. c.* guardaespaldas.

body-language ['bɒdɪlæŋgwɪdʒ] *s. i.* lenguaje corporal, expresión corporal.

body-snatcher ['bɒdɪsnætʃər] *s. c.* ladrón de cadáveres (para su posterior venta para prácticas de anatomía).

body-stocking ['bɒdɪstɒkɪŋ] *s. c.* malla (para ballet, gimnasia, etc.).

bodywork ['bɒdɪwəːk] *s. i.* MEC. carrocería (de un vehículo).

Boer [bɔː] *s. c.* HIST. descendiente de colonos holandeses en Suráfrica, bóer.

boffin ['bɒfɪn] *s. c.* (brit.) (fam.) científico, investigador.

bog [bɒg] *s. c.* **1** GEOL. pantano, zona de pantanos, marisma, ciénaga. **2** (brit.) (fam.), retrete. ◆ **3 to** ~ **down, a)** atorarse, atascarse, hundirse (en nieve, barro, etc.). **b)** (fig.) atascarse, empantanarse (en una tarea).

bogey ['bəugɪ] (también **bogie** o **bogy**) *s. c.* **1** pesadilla, preocupación constante. **2** (brit.) DEP. media (de golpes en golf). **3** (fam.) moco. **4** coco, sacamantecas (para asustar a los niños).

bogeyman ['bəugɪmæn] *s. c.* ⇒ **bogey 4.**

boggle ['bɒgl] *v. i.* **1** (**to** ~ {**at**}) intimidarse, sobrecogerse (mentalmente ante algo difícil). **2** (**to** ~ {**at**}) vacilar, dudar (ante algo que no se entiende bien); quedarse pasmasado • *v. t.* **3** intimidar, sobrecoger (la mente).

boggy ['bɒgɪ] *adj.* pantanoso, cenagoso.

bogie *s. c.* ⇒ **bogey.**

bogus ['bəugəs] *adj.* falso, fraudulento (especialmente cuando se quiere hacer pasar por bueno).

bogy *s. c.* ⇒ **bogey.**

bohemian [bəu'hiːmɪən] *adj.* **1** bohemio. • *s. c.* **2** bohemio.

boil [bɔɪl] *v. i.* **1** hervir. **2** GAST. hervir, cocer. **3** (**to** ~ **with**) hervir de/con (alguna emoción fuerte). **4** (**to** ~ **with**) bullir con (actividad). • *v. t.* **5** hervir. **6** GAST. hervir, cocer. **7** hervir, lavar en agua hirviente (ropa). • *s. c.* **8** MED. furúnculo, divieso. ◆ **9 to** ~ **away,** hervir hasta hacer desaparecer. **10 to** ~ **down, a)** reducir hirviendo, hervir para que disminuya (líquido). **b)** (fig.) condensar (información o similar). **11 to** ~ **down to,** (fam.) resumirse en, reducirse a: *it all boils down to lack of money = todo se reduce a la falta de dinero.* **12 to** ~ **dry,** hervir hasta que se quede seco, dejar seco a base de hervir. **13 to** ~ **over, a)** salirse, rebosar (líquido). **b)** (fig.) descontrolarse, estallar (una situación peligrosa, un conflicto, etc.). **14 to** ~ **up,** hervir (para que suba un líquido). **15 to bring something to the** ~, hervir algo, subir algo a punto de cocción. **16 to come to the** ~, llegar al punto de cocción. **17 to make one's blood** ~, ⇒ **blood. 18 on the** ~, hirviendo, en el punto de cocción.

boiled [bɔɪld] *adj.* hervido.

boiler ['bɔɪlər] *s. c.* **1** caldera. **2** cazo.

boiler-suit ['bɔɪləsuːt] *s. c.* (brit.) mono de trabajo, mono.

boiling ['bɔɪlɪŋ] *adj.* **1** hirviendo, sofocante (calor). **2** hirviendo, que hierve. ◆ **3** ~ **hot,** un calor sofocante. **4** ~ **point, a)** punto de ebullición, punto de cocción. **b)** (fig.) punto álgido, momento de crisis (de emociones fuertes).

boisterous ['bɔɪstərəs] *adj.* bullicioso, tumultuoso.

boisterously ['bɔɪstərəslɪ] *adv.* bulliciosamente, tumultuosamente.

boisterousness ['bɔɪstərəsnɪs] *s. i.* tumulto, bullicio.

bold [bəuld] *adj.* **1** atrevido, osado. **2** descarado, lanzado. **3** vívido, fuerte (color). **4** negrita (en tipografía). **5** marcado, pronunciado (trazo). ◆ **6 as** ~ **as brass,** (fam.) más osado que nadie, más atrevido que nadie. **7 If I may be so** ~, (form.) si me permites el atrevimiento.

boldly ['bəuldlɪ] *adv.* **1** atrevidamente, osadamente. **2** descaradamente. **3** vívidamente, fuertemente (color). **4** pronunciadamente, con trazo muy marcado (al escribir, dibujar, etc.).

boldness ['bəuldnɪs] *s. i.* **1** atrevimiento, osadía. **2** descaro. **3** fortaleza, fuerza (color). **4** lo marcado, lo pronunciado (de un trazo).

bole [bəul] *s. c.* tronco (de un árbol).

bolero [bə'leərəu] *s. c.* **1** chaquetilla corta, bolero. **2** MÚS. bolero.

Bolivia [bə'lɪvɪə] *s. sing.* Bolivia.

Bolivian [bə'lɪvɪən] *adj.* **1** boliviano. • *s. c.* **2** boliviano.

bollard ['bɒlɑːd] *s. c.* **1** MAR. bolardo. **2** baliza de aviso (en el centro de las carreteras). **3** guardacantón, pilón (para hacer bajar la velocidad).

bollocking ['bɒləkɪŋ] *s. c.* (fam.) broncazo.

bollocks ['bɒləks] *s. pl.* **1** (brit.) (vulg.) cojones, cataplines. • *interj.* **2** (brit.) (vulg.) y un cojón, y una mierda (en desacuerdo). **3** cojones, qué cojones.

Bolshevik ['bɒlʃəvɪk] HIST. *s. c.* **1** bolchevique. • *adj.* **2** bolchevique.

Bolshevism ['bɒlʃəvɪzəm] *s. i.* POL. bolchevismo.

bolshy ['bɒlʃɪ] (también **bolshie**) *adj.* (brit.) (fam.) rebelde, inconformista; molestón.

bolster ['bəulstər] *v. t.* **1** apoyar, reforzar, reanimar (la confianza, seguridad, etc. de alguien). • *s. c.* **2** cabezal, almohada dura. ◆ **3 to** ~ **up,** apoyar con fuerza, o decisión (una causa, empresa, etc.).

bolt [bəult] *s. c.* **1** MEC. tornillo, perno. **2** pasador, cerrojo (en puertas o ventanas). **3** saeta, flecha de ballesta. **4** rollo (de tejido). **5** relámpago. • *v. t.* **6** sujetar con tornillo, asegurar con tornillo. **7** echar el cerrojo (a la puerta o ventana). **8** engullir, tragar (comida). • *v. i.* **9** (**to ~ to/on/onto**) sujetar con un tornillo a, asegurar con tornillo en. **10** desbocarse (caballo). **11** escaparse a toda velocidad, marcharse rápidamente. **12** AGR. crecer bruscamente sin florecer. ♦ **13 a ~ from the blue,** caído del cielo, lo más inesperado/inesperadamente. **14 to ~ down,** engullir, tragar sin masticar. **15 ~ upright,** totalmente tieso, completamente derecho, derecho como un palo. **16 to make a ~ for/to make a ~ for it,** precipitarse hacia, dar un salto brusco hacia, saltar bruscamente hacia. **17 nuts and bolts,** ⇒ **nut. 18 to shoot one's ~,** echar el resto, agotársele a uno el ingenio. **19 to shut the stable door after the horse has bolted,** ⇒ **stable.**

bolt-hole ['bəulthəul] *s. c.* (brit.) refugio, escondrijo.

bomb [bɒm] *s. c.* **1** MIL. bomba. • *s. sing.* **2** (**the ~**) la bomba (atómica). **3** (**a ~**) (brit.) (fam.) un ojo de la cara, un riñón. • *v. t.* **4** MIL. bombardear. • *v. i.* **5** (**to ~ along**) (fam.) ir a toda velocidad, ir a toda pastilla. ♦ **6 ~ hoax,** amenaza de bomba. ♦ **7 to ~ out,** devastar, destrozar totalmente. **8 to go like a ~,** (fam.) ir a toda velocidad, ir a todo meter. **9 to go like a ~/to go down a ~,** (brit.) (fam.) salir a pedir de boca, resultar un éxito fabuloso.

bombard [bɒm'bɑːd] *v. t.* **1** MIL. bombardear. **2** (**to ~ {with}**) (fig.) abrumar, acosar, bombardear (con preguntas, ataques personales, etc.).

bombardier [,bɒmbə'dɪər] *s. c.* MIL. **1** (brit.) cabo artillero. **2** (EE UU) AER. bombardero, miembro de la tripulación de un bombardero.

bombardment [bɒm'bɑːdmənt] *s. c.* e *i.* **1** MIL. bombardeo. **2** (**~ {of}**) (fig.) acoso, ataque (de preguntas, crítica, etc.).

bombastic [bɒm'bæstɪk] *adj.* pomposo, grandilocuente, rimbombante (forma de hablar).

bombastically [bɒm'bæstɪklɪ] *adv.* pomposamente, grandilocuentemente, rimbombantemente; ampulosamente (hablando).

bomb-bay ['bɒmbeɪ] *s. c.* MIL. compartimento de bombas (en avión).

bomb-disposal ['bɒmdɪspəuzl] *s. i.* MIL. **1** desactivación de explosivos (sin explotar). ♦ **2 ~ squad/team/unit,** unidad de desactivación de explosivos.

bomber ['bɒmər] *s. c.* **1** AER. MIL. bombardero, avión de bombardeo. ♦ **2 ~,** cazadora, cazadora de vuelo.

bombing ['bɒmɪŋ] *s. c.* e *i.* bombardeo, explosión de bombas, colocación de explosivos (por ejemplo en actos terroristas).

bomb-proof ['bɒmpruːf] *adj.* a prueba de bombas.

bombshell ['bɒmʃel] *s. c.* (normalmente *sing.*) (fam.) bombazo, bomba; sorpresa.

bombsite ['bɒmsaɪt] *s. c.* zona arrasada por una bomba, lugar donde explotó una bomba.

bona fide [,bəunə'faɪdɪ] *adj.* y *adv.* verdadero, auténtico, genuino, de buena fe.

bona fides [,bəunə'faɪdɪz] *s. pl.* DER. buena fe, buena intención.

bonanza [bə'nænzə] *s. c.* **1** bonanza, período bueno, boom. **2** (EE UU) bonanza, riqueza (conseguida en una mina, pozo petrolífero, etc.).

bon-bon ['bɒnbɒn] *s. c.* caramelo (de pastelería).

bond [bɒnd] *s. c.* **1** (**~ {between/of}**) lazo, vínculo, unión (de amistad, ideología compartida, matrimonio, etc.). **2** COM. bono, obligación, título (de renta fija). **3** DER. compromiso, garantía (escrita). • *s. pl.* **4** (fig.) lazos, compromisos: *ideological bonds = compromisos ideológicos.* **5** (lit.) cadenas, ataduras. • *v. t.* e *i.* **6** pegar(se), adherir(se), unir(se) (con pegamento). ♦ **7 someone's word is their ~/someone's word is as good as their ~,** la palabra de alguien es de absoluta confianza, la palabra de alguien vale tanto como un contrato por escrito.

bondage ['bɒndɪdʒ] *s. i.* (form.) esclavitud, servidumbre.

bonded warehouse ['bɒndɪd 'weːhaus] *s. c.* depósito franco, depósito aduanero.

bonding [bɒndɪŋ] *s. i.* vinculación afectiva.

bone [bəun] *s. c.* y *i.* **1** hueso. **2** espina (pez). • *s. c.* **3** ballena (en la ropa para que no se arrugue). • *v. t.* **4** quitar los huesos, deshuesar; quitar las espinas (al pescado). • *adj.* **5** de hueso: *a bone handle = un mango de hueso.* **6 a bag of bones/all skin and ~,** (desp. y fam.) en los huesos, chupado, más flaco que la pata de un jilguero. **7 ~ china,** porcelana fina, porcelana china. **8 -boned,** de huesos, de configuración ósea (en compuestos): *a small-boned girl = una chica de huesos pequeños.* **9 ~ idle,** (desp.) redomadamente vago, gandul. **10 ~ meal,** AGR. harina de huesos (fertilizante). **11 ~ of contention,** (fig.) manzana de la discordia; tema de desavenencia. **12 close to the ~/near the ~,** (fam.) **a)** certero, verdadero (aunque escuece). **b)** atrevido, rayano en lo indecente (en temas escabrosos). **13 to feel/know something in one's bones,** tener el presentimiento de algo; estar convencido de algo intuitivamente. **14 to have a ~ to pick with someone,** (fam.) tener una cuenta pendiente con alguien, tener que arreglar las cuentas a alguien. **15 to make no bones (about),** no andarse con rodeos (sobre). **16 the bare bones,** datos básicos, datos fundamentales: *give me the bare bones of the story = dame los datos básicos de la historia.* **17 to work one's fingers to the ~,** matarse trabajando, dejarse las uñas trabajando.

bone-dry [,bəun'draɪ] *adj.* totalmente seco, completamente seco.

boner ['bəunər] *s. c.* (EE UU) (fam.) desatino; patochada, metedura de pata.

bonehead ['bəunhed] *s. c.* (desp. y fam.) imbécil, mentecato, idiota.

boneshaker ['bəunʃeɪkər] *s. c.* (fam. y p.u.) armatoste (vehículo).

bonfire ['bɒnfaɪər] *s. c.* **1** hoguera, fogata, quema (de hojarasca otoñal). ♦ **2 ~ night,** (brit.) noche de las hogueras (Se celebra la noche del 5 de noviembre. La gente hace grandes hogueras para recordar aquel 5 de noviembre de 1605 cuando Guy Fawkes intento quemar el Parlamento.).

bongo ['bɒŋgəu] (*pl.* **bongos** o **bongoes**) *s. c.* MÚS. bongo (tambor que se toca con las manos).

bonhomie ['bɒnɒmɪ] *s. i.* afabilidad, camaradería.

bonk ['bɒŋk] *v. t.* **1** (vulg.) tirarse a; (vulg.) follarse a; (fam.) beneficiarse a. • *v. i.* **2** (vulg.) follar; (vulg.) echar un polvo; (vulg.) (Am.) coger.

bonkers ['bɒŋkəz] *adj.* (fam.) chalado.

bonnet ['bɒnɪt] *s. c.* **1** (brit.) capó (del coche). **2** gorrito (de bebé); cofia (de mujer). ♦ **3 to have a bee in one's ~,** ⇒ **bee.**

bonny ['bɒnɪ] *adj.* bonito, (Am.) lindo (usado en Escocia).

bonsai ['bɒnsaɪ] (*pl.* **bonsai** o **bonsais**) *s. c.* BOT. bonsai.

bonus ['bəunəs] *s. c.* **1** prima, gratificación, cantidad extra. **2** COM. dividendo extra. **3** (fig.) beneficio añadido, ventaja inesperada, punto extra a favor.

bony ['bəunɪ] *adj.* **1** huesudo, flaco. **2** lleno de huesos (carne); lleno de espinas (pescado). **3** de hueso, con hueso, parecido a un hueso.

boo [buː] *v. t.* e *i.* **1** abuchear. • *s. c.* **2** abucheo. • *interj.* **3** bú (para asustar). ♦ **4 not to say ~ to a goose,** (fam.) no decir ni pío, no decir ni tus ni mus (por timidez).

boob [buːb] (fam.) *s. c.* **1** (normalmente *pl.*) (vulg.) teta. **2** (p.u.) bobalicón. **3** (brit.) patochada, metedura de pata, gazapo. • *v. i.* **4** (brit.) meter la pata.

boob tube ['buːb,tjuːb] *s. c.* caja tonta.

booby ['buːbɪ] *s. c.* **1** (fam. y p.u.) bobalicón, atontado. ♦ **2 ~ prize,** premio de consolación (al último).

booby-trap ['buːbɪtræp] *s. c.* **1** MIL. trampa-bomba. **2** (fig.) trampa de broma. • *v. t.* **3** poner una trampa explosiva.

boodle ['buːdl] *s. i.* (EE UU) (fam.) dinero sucio, dinero de soborno.

boogie ['buːgɪ ‖ 'bugɪ] *v. i.* (fam.) MÚS. bailar al son de música moderna.

boohoo [,buː'huː] *v. i.* (fam.) berrear (como lloran los niños).

book [buk] *s. c.* **1** libro, tomo, volumen. **2** libro (parte de una obra más grande). **3** libro, libreta (para colecciones de sellos, monedas, etc.). • *s. pl.* **4** COM. libro de contabilidad, libro de asientos (en una empresa). • *s. sing.* **5** ART. libreto (de opera). • *v. t.* **6** (brit.) reservar (hotel, entrada a espectáculo, etc.). **7** (**to** ~ **+** *o.* **+** {**for**}) (fam.) multar, poner una multa a. **8** (**to** ~ **+** *o.* **+** {**for**}) DEP. sacar tarjeta a. ◆ **9 to be a closed** ~ **to,** ser un misterio para, ser un tema del que uno no sabe nada. **10 to be in someone's bad books,** estar en la lista negra de alguien. **11 to be in someone's good books,** estar a bien con alguien, estar a partir un piñón con alguien. **12** ~ **club,** club de lectura, círculo de lectura. **13 booked up/fully booked up/fully booked, a)** lleno hasta arriba (hotel, cine, etc.). **b)** tener otros compromisos apalabrados, estar ocupado con otros compromisos (un cantante, conferenciante, etc.). **14 to** ~ **in/into, a)** reservar (en hotel o similar). **b)** inscribirse; tomar habitación (en hotel o similar). **15** ~ **token,** cheque para compra de libros. **16 to bring someone to** ~**,** pedir cuentas a alguien, llamar a alguien a capítulo. **17 to go by the** ~**,** actuar según las reglas, proceder según el reglamento. **18 in my** ~**,** según mi opinión, según mi modo de ver. **19 to keep a** ~**,** tener las apuestas abiertas, aceptar apuestas. **20 to open/start a** ~**,** apostar, entrar en apuestas. **21 to take a leaf from someone's** ~**,** ⇒ **leaf. 22 to throw the** ~ **at,** echar la culpa severamente, reprender con toda severidad.

bookable ['bukəbl] *adj.* abierto a reservas, reservable.

bookbinder ['bukbaɪndər] *s. c.* encuadernador.

bookbinding ['bukbaɪndɪŋ] *s. i.* encuadernación.

bookcase ['bukkeɪs] *s. c.* librería, estantería (para libros).

bookend ['bukend] *s. c.* (normalmente *pl.*) sujetalibros, apoyalibros.

bookie ['bukɪ] *s. c.* (fam.) corredor de apuestas.

booking ['bukɪŋ] *s. c.* **1** reserva (hotel, teatro, etc.); contratación por adelantado (artistas). ◆ **2** ~ **clerk,** taquillero, encargado de la taquilla. **3** ~ **office,** taquilla (teatro o similar); despacho de billetes.

bookish ['bukɪʃ] *adj.* empollón; pedante.

bookkeeper ['bukki:pər] *s. c.* contable.

bookkeeping ['bukki:pɪŋ] *s. i.* contabilidad.

book-learning ['buklə:nɪŋ] *s. i.* (fam.) estudio de libros, libros, erudición académica (no práctica).

booklet ['buklɪt] *s. c.* folleto.

bookmaker ['bukmeɪkər] *s. c.* corredor de apuestas.

bookmaking ['bukmeɪkɪŋ] *s. i.* apuestas.

bookmark ['bukma:k] *s. c.* señal de lectura, señal de libro (para saber en qué página se ha dejado la lectura).

book-plate ['bukpleɪt] *s. c.* etiqueta para señalar el nombre, etiqueta para escribir el nombre (señalando quién es el dueño de un libro).

bookseller ['bukselər] *s. c.* librero, vendedor de libros.

bookshelf ['bukʃelf] (*pl.* **bookshelves**) *s. c.* **1** estantería para libros. **2** librería. ⇒ **bookcase.**

bookshop ['bukʃɒp] (en EE UU **bookstore**) *s. c.* librería.

bookstall ['bukstɔ:l] *s. c.* puesto de libros, caseta de libros; quiosco.

bookstore ['bukstɔ:] *s. c.* ⇒ **bookshop.**

bookworm ['bukwə:m] *s. c.* **1** ZOOL. polilla (de libros). **2** (fig.) ratón de biblioteca (persona).

boom [bu:m] *s. c.* **1** (normalmente *sing.*) boom, auge, prosperidad súbita. **2** estampido, trueno, ruido profundo, ruido que retumba. **3** MAR. botavara, botalón. **4** ELECTR. jirafa, brazo (de micrófono). **5** MEC. brazo (de grúa). • *v. i.* **6** prosperar muchísimo, desarrollarse con una rápida prosperidad. **7** retumbar, sonar con ruido profundo. • *v. t.* **8** hacer retumbar. **9** decir con voz fuerte. ◆ **10 to** ~ **out,** decir con una voz tronante, decir con voz profunda.

boomerang ['bu:məræŋ] *s. c.* **1** bumerán. • *v. i.* **2** ser contraproducente; salir al revés de lo deseado (plan).

booming [bu:mɪŋ] *adj.* tronante, profundo (sonido, voz, etc.).

boom-town ['bu:mtaun] *s. c.* ciudad de repentina prosperidad.

boon [bu:n] *s. c.* **1** (~ {**to**}) bendición, dicha. ◆ **2** ~ **companion,** (lit.) compañero del alma, compañero de aventuras.

boor [buər || bɔ:] *s. c.* bruto, bestia.

boorish ['buərɪʃ || bɔ:rɪʃ] *adj.* patán, grosero.

boorishly ['buərɪʃlɪ || bɔ:rɪʃlɪ] *adv.* groseramente, con cierta brutalidad.

boorishness ['buərɪʃnɪs || bɔ:rɪʃnɪs] *s. i.* grosería.

boost [bu:st] *v. t.* **1** elevar, aumentar (la producción, el rendimiento, etc.). **2** (fig.) dar un empujón, elevar (la moral, el ánimo, etc.). **3** dar el espaldarazo, apoyar (algo o a alguien): *we have to boost our new leader = tenemos que apoyar a nuestro nuevo líder.* • *s. c.* **4** elevación, aumento (de la producción, rendimiento, etc.). **5** empujón, elevación (de la moral, ánimo, etc.). **6** espaldarazo, apoyo (a algo o alguien).

booster ['bu:stər] *s. c.* **1** MED. inyección de refuerzo, inyección supletoria. **2** ELEC. elevador de potencia; elevador de voltaje. **3** (fig.) inyección de moral. ◆ **4** ~ **rocket,** AER. cohete acelerador.

boot [bu:t] *s. c.* **1** bota, botín. **2** (brit.) portaequipajes, maletín (de un coche). • *s. sing.* **3** (**a** ~) (fam.) patada, patadón. • *v. t.* **4** (fam.) dar una patada a, dar un patadón a. ◆ **5 to** ~ **out,** (fam.) echar, poner en la calle, dar la patada a (de un empleo, asociación, lugar, etc.). **6 to die with one's boots on,** morir con las botas puestas. **7 to get the** ~**/to be given the** ~**,** (fam.) ser despedido, ser echado (de un trabajo). **8 to get too big for one's boots,** (fam.) tener demasiados humos, darse demasiados humos. **9 to lick someone's boots,** (desp.) hacer la pelota a alguien. **10 to put the** ~ **in,** (fam.) **a)** cebarse, abusar (cuando alguien está mal de forma o similar). **b)** cebarse a patadas. **11 the** ~ **is on the other foot,** ha dado la vuelta la tortilla, los poderes han dado un vuelco. **12 to** ~**,** (lit. o p.u.) por añadidura, además. **13** INF. **to** ~ **up,** cargar.

bootee [bu:'ti:] *s. c.* botín (de bebé).

booth [bu:ð / bu:θ] *s. c.* **1** cabina (de teléfono, votación, etc.). **2** puesto, caseta (normalmente en una feria).

bootlace ['bu:tleɪs] *s. c.* cordón (de las botas).

bootleg ['bu:tleg] (*ger.* **bootlegging,** *pret.* y *p. p.* **bootlegged**) *v. i.* **1** hacer contrabando de alcohol. • *adj.* **2** de contrabando.

bootlegger ['bu:tlegər] *s. c.* contrabandista de licores.

bootstrap ['bu:tstræp] *s. c.* **1** oreja (de la bota). ◆ **2 to pull oneself up by one's bootstraps,** (fig.) lograr algo con el propio esfuerzo, hacer algo sin la ayuda de nadie. **3** ~ **program,** INF programa, secuencia.

booty ['bu:tɪ] *s. i.* botín (especialmente de los soldados vencedores).

booze [bu:z] (fam.) *s. i.* **1** jarabe, bebida alcohólica, licor. • *v. i.* **2** beber, atiborrarse de alcohol. ◆ **3 on the** ~**,** de jarana, de juerga, de borrachera.

booze-up ['bu:zʌp] *s. c.* (fam.) juerga (con consumo de alcohol).

boozy ['bu:zɪ] *adj.* (fam.) de borrachera, de borracho.

bop [bɒp] (*ger.* **bopping,** *pret.* y *p. p.* **bopped**) *v. i.* **1** (fam.) menear el esqueleto. • *s. c.* **2** baile. **3** puñetazo, meneo (golpe). • *v. t.* **4** golpear, dar un meneo.

borage ['bɒrɪdʒ / 'bɔ:rɪdʒ] *s. i.* BOT. borraja.

borax ['bɔ:ræks] *s. i.* QUÍM. bórax.

bordello [bɔ:'deləu] *s. c.* (lit.) burdel.

border ['bɔ:dər] *s. c.* **1** frontera (entre países). **2** orla, franja, ribete (de un objeto). **3** borde, margen (del césped). **4** límite, orilla (de tierra, agua, etc.). • *v. t.* **5** limitar con, tener frontera común con. **6** bordear, estar situado a ambos lados de: *trees bordered the long path = algunos árboles bordeaban el largo sendero.* • *v. i.* **7** (**to** ~ **on**) limitar con, tener frontera común con. ◆ **8 to** ~ **on,** (fig.) rayar en; acercarse a: *his attitude borders on madness = su actitud raya en la locura.* **9 the Border,** GEOG. la frontera (entre Inglaterra y Escocia).

borderland ['bɔ:dəlænd] *s. sing.* **1** (~ {**between**}) zona fronteriza. **2** (~ {**between**}) (fig.) estado intermedio, zona intermedia (entre realidad y fantasía o parecido).

borderline ['bɔːdəlaɪn] *s. sing.* **1** (~ {**between/of**}) línea divisoria, línea limítrofe. ● *adj.* **2** limítrofe: *a borderline case = un caso limítrofe.*

bore [bɔː] *pret.irreg.* **1** de **bear.** ● *v. t.* **2** (**to** ~ + *o.* + {**with**}) aburrir, hartar. ● *v. t.* e *i.* **3** taladrar, perforar. ● *v. i.* **4** (**to** ~ **into**) (fig.) taladrar, perforar (con la mirada). ● *s. c.* **5** pesado, aburrido, pelmazo. **6** MAR. oleada de marea (especialmente en estuarios). ● *s. sing.* **7** (**a** ~) una lata, una pesadez. ◆ **8 -bore,** de calibre (en compuestos): *a 38-bore gun = un arma de fuego del calibre 38.* **9 to ~ somebody stiff/to tears/to death,** (fam.) matar de aburrimiento a alguien.

bored [bɔːd] *adj.* (~ {**with**}) aburrido, harto.

boredom ['bɔːdəm] *s. i.* aburrimiento, tedio.

borehole ['bɔːhəʊl] *s. c.* perforación (especialmente de pozos).

boric ['bɔːrɪk] QUÍM. *adj.* **1** bórico. ◆ **2 ~ acid,** ácido bórico.

boring ['bɔːrɪŋ] *adj.* **1** aburrido, que hace aburrir. **2** sin interés, pedestre.

born [bɔːn] *adj.* **1** de nacimiento, innato, nato: *a born runner = un corredor nato.* ◆ **2 to be ~,** nacer, venir al mundo: *he was born blind = nació ciego.* **3 to be ~ of, a)** nacer de, ser hijo de, ser descendiente de. **b)** nacer en circunstancias de, ser hijo de (una situación): *he was born of hatred = fue hijo del odio.* **4 to be ~ to,** (form.) tener (descendencia): *yesterday a baby girl was born to the Nortons = ayer los Norton tuvieron una niña.* **5 ~ with a silver spoon in one's mouth,** ⇒ **spoon. 6 -born,** nacido en (para compuestos): *French-born = nacido en Francia.* **7 ~ of,** resultado de, venido de, causado por: *born of jealousy = causado por los celos.* **8 I wasn't ~ yesterday,** (fam.) no nací ayer. **9 I wish I had never been ~,** ojalá no hubiera nacido nunca, ojalá no estuviera vivo.

born-again ['bɒːnə'gen] *adj.* converso.

borne [bɔːn] *p. p.* **1** de **bear.** ◆ **2 -borne,** transportado en, transportado por (en compuestos): *air-borne goods = mercancías aerotransportadas.*

borough ['bʌrə || 'bʌrəʊ] *s. c.* **1** (brit.) POL. municipio, distrito municipal (con autogobierno). **2** (brit.) distrito municipal de Londres. **3** (EE UU) municipio (en algunos Estados y la ciudad de Nueva York).

borrow ['bɒrəʊ] *v. t.* **1** (**to** ~ + *o.* + {**from/off**}) tomar prestado, coger prestado. **2** sacar (libro de la biblioteca). **3** agenciar, sacar (un préstamo bancario). **4** coger, tomar prestado, apropiarse (una palabra de otro idioma, una idea de otra persona, etc.). ● *v. i.* **5** tomar a préstamo, agenciarse un préstamo bancario. ◆ **6 to live/exist on borrowed time,** vivir un tiempo prestado, estar aún vivo de milagro.

borrower ['bɒrəʊər] *s. c.* prestatario, persona que toma algo prestado.

borrowing ['bɒrəʊɪŋ] *s. c.* **1** FILOL. préstamo, palabra tomada de otro idioma. ● *s. i.* **2** adopción de préstamos financieros.

borsch [bɔːʃ] *s. i.* GAST. borsch (sopa rusa de remolacha).

borstal ['bɔːstl] *s. c.* reformatorio.

bosh [bɒʃ] *s. pl.* (fam. y p. u.) necedades, majaderías.

bosom ['bʊzəm] (form. o lit.) *s. c.* **1** pecho, seno (de mujer). **2** pecho (entendido como la parte delantera del tronco). **3** (fig.) corazón, interior: *in your bosom = en tu interior.* ● *s. sing.* **4** (**the ~ of**) la parte delantera de, la pechera de (una prenda de vestir de mujer). **5** (**the ~ of**) el seno de (una institución, la Iglesia, etc.) ◆ **6 ~ friend,** amigo íntimo, entrañable, amigo del alma. **7 to take someone to one's ~,** coger afecto a alguien.

bosomy ['bʊzəmɪ] *adj.* de pechos grandes, de pecho voluminoso.

boss [bɒs] *s. c.* **1** jefe, capataz, patrón. **2** (fam.) mandamás, jefazo. **3** almohadilla (techo), protuberancia, tachón. ● *v. t.* **4** (**to ~** {**about/ around**}) (desp.) mangonear, estar en plan mandón hacia (alguien): *my mother bosses us about = mi madre nos mangonea.* ◆ **5 to be one's own ~,** trabajar de manera independiente, ser autónomo en el trabajo, no depender de nadie en el trabajo.

boss-eyed ['bɒsaɪd] *adj.* (fam.) bizco.

bossily ['bɒsɪlɪ] *adv.* de manera mandona, de modo mandón.

bossiness ['bɒsɪnɪs] *s. i.* manera de ser mandón, modo de ser mandón.

bosun ['bəʊsn] (también **bo'sun**) *s. c.* ⇒ **boatswain.**

botanic [bə'tænɪk] *adj.* ⇒ **botanical.**

botanical [bə'tænɪkl] (también **botanic**) *adj.* **1** botánico. ◆ **2 ~ gardens,** jardín botánico.

botanist ['bɒtənɪst] *s. c.* experto en botánica, botánico.

botany ['bɒtənɪ] *s. i.* botánica.

botch [bɒtʃ] (fam.) *v. t.* **1** hacer chapuceramente. ● *s. c.* **2** chapuza, chapucería. ◆ **3 to ~ up,** chapucear al máximo, hacer una chapuza redonda.

botcher ['bɒtʃər] *s. c.* (fam.) chapucero.

botch-up ['bɒtʃʌp] *s. c.* (fam.) chapuza completa, chapucería.

both [bəʊθ] *adj.* **1** los dos, ambos: *both countries are guilty = ambos países son culpables.* ● *pron.* **2** (~ {**of**}) ambos, los dos, dos: *you both stand up = vosotros dos poneros en pie; both of my brothers are doctors = mis dos hermanos son médicos.* ◆ **3 ~ ... and ...,** tanto... como...; *both John and Mary have many difficulties = tanto Juan como María tienen muchas dificultades.*

bother ['bɒðər] *v. i.* **1** (**to** ~ (*inf. /ger.* **/with/about**) tomarse la molestia, fastidiarse: *I don't usually bother to cook for myself = normalmente no me molesto en cocinar para mí sólo.* **2** (**to ~ about**) preocuparse por, inquietarse por: *don't bother about what he says = no te inquietes por lo que dice él.* **3** (**to ~ about**) hacer caso de, prestar atención a, importar, molestar (para su aprobación o no): *do they bother about shorts in this place? = ¿les molesta que se lleven pantalones cortos en este sitio?* ● *v. t.* **4** molestar, fastidiar: *don't bother me = no me molestes.* **5** preocupar, inquietar. **6** hacer caso de, prestar atención a, importar, molestar (para su aprobación o no). ● *s. i.* **7** molestia, fastidio. **8** (fam.) problemas, dificultades. ● *s. sing.* **9** (fam.) pelma, pelmazo, latoso. ◆ **10 ~,** (brit.) (fam.) a la porra con, al carajo con: *let's go in and bother the cost = vamos a entrar y a la porra con lo que cueste.* **11 ~!/~ it!,** (brit. y p.u.) ¡porras!, ¡puñetas!, ¡mecachis! (expresando disgusto). **12 to ~ oneself/to ~ one's head (about),** (fam.) molestarse innecesariamente (con), preocuparse innecesariamente (de): *you needn't bother your head about the report, I'll do it = no tienes por qué molestarte por el informe, lo haré yo.* **13 to go to the ~/to go to all the ~ (of),** ir hasta el extremo (de), llegar (a) (indicando una enorme molestia). **14 it's no ~,** no es ninguna molestia, no significa ninguna molestia (ofreciendo ayuda). **15 I/you/etc. can't be bothered (to do something),** no me/te/etc. apetece hacer (algo), no me/te/etc. parece necesaria la molestia (de).

botheration [,bɒðə'reɪʃn] *interj.* (brit.) (p.u.) porras, mecachis.

bothered ['bɒðəd] *adj.* **1** molesto, incómodo. **2 not ~,** indiferente, neutro: *I am not bothered about the matter = este tema me es indiferente.*

bothersome ['bɒðəsəm] *adj.* (fam. y p.u.) molesto, irritante, cargante.

bottle ['bɒtl] *s. c.* **1** botella, frasco (de perfume o similar). **2** biberón. ● *s. sing.* **3** (**the ~**) (fam. y fig.) la botella, el alcohol, la bebida: *the bottle was always a strong attraction for her = la bebida fue siempre una tremenda atracción para ella.* **4** biberón, alimentación artificial, alimentación por biberón (de bebés). **5** (brit.) (fam.) decisión, nervio, agallas: *have you got the bottle to tell her = ¿tienes agallas para decírselo?* ● *v. t.* **6** envasar, embotellar. **7** poner en frascos, meter en frascos (especialmente fruta). ◆ **8 to ~ out,** (brit.) (fam.) cagarse de miedo, darle a uno una cagalera de miedo; no atreverse por falta de valor. **9 to ~ up,** reprimir, contener (una emoción fuerte). **10 to hit the ~,** (fam.) beber demasiado, beber con exceso; empinar el codo. **11 on a/the ~,** alimentado con biberón. **12 to take to the ~,** (fam.) darse a la bebida.

bottled ['bɒtld] *adj.* **1** embotellado, en botella, envasado. ◆ **2 ~ gas,** gas en bombonas.

bottle-fed ['bɒtlfed] *pret.* y *p. p.* de **bottle-feed.**

bottle-feed ['bɒtlfi:d] (*pret.* y *p. p.* **bottle-fed**) *v. t.* e *i.* alimentar con biberón, alimentar artificialmente (a un bebé).

bottle-green ['bɒtlgri:n] *adj.* (brit.) verde botella.

bottleneck ['bɒtlnek] *s. c.* **1** estrechamiento, embudo (especialmente en carreteras). **2** (fig.) obstáculo, dificultad.

bottle-opener ['bɒtləupənər] *s. c.* abridor, abrebotellas.

bottle-party ['bɒtlpɑ:tɪ] *s. c.* fiesta donde cada invitado debe traer una botella de alguna bebida.

bottom ['bɒtəm] *s. c.* **1** (~ {**of**}) parte inferior, parte de abajo: *the bottom of the tree = la parte inferior del árbol.* **2** (~ {**of**}) fondo (del mar, lago, bolso, etc.). **3** (~ {**of**}) final (parte más alejada del hablante): *the bottom of the street = el final de la calle.* **4** (~ {**of**}) pie (de una página). **5** (fig.) pantalón, pantalones (del pijama, bañador, etc.). **6** (fam.) culo, trasero. • *s. sing.* **7** (**the** ~) lo más bajo, lo último (en una escala cualquiera): *that's the bottom in this firm's salary scale = eso es lo más bajo en la escala salarial de esta empresa.* • *adj.* **8** inferior, más bajo, último (en una serie de capas o niveles): *the bottom book = el libro de abajo.* **9** (fig.) inferior, más bajo, último (socialmente, en categoría, etc.). ◆ **10 at** ~, en el fondo; en lo más íntimo de su ser. **11 at/from the** ~ **of one's heart,** en/desde el fondo del corazón de uno, con/de todo corazón. **12 to be/lie at the** ~ **of,** estar en el fondo de, estar detrás de, subyacer a: *jealousy is at the bottom of his anger = los celos se hallan en el fondo de su enfado.* **13 to bet one's** ~ **dollar,** apostar hasta el último centavo, apostar la última peseta. **14** ~ **drawer,** (brit. y p.u.) ajuar de novia. **15** ~ **line,** (fam.) punto crucial, madre del cordero, quid. **16 to** ~ **out,** nivelarse (algo que estaba bajando): *the price of housing has bottomed out = el precio de la vivienda se ha nivelado.* **17 bottoms up,** (brit.) (fam.) salud (antes de beber). **18 to get to the** ~ **of something,** llegar al fondo de algo, desentrañar (algo secreto). **19 the** ~ **drops/falls out (of) the market,** FIN. el mercado deja de comprar (un producto), el mercado (de)... fracasa.

bottomless ['bɒtəmlɪs] *adj.* **1** sin fondo, muy profundo, insondable. **2** (fig.) inacabable, interminable.

botulism ['bɒtjulɪzəm] *s. i.* MED. botulismo.

boudoir ['bu:dwɑ:r / 'bu:dwɔ:r] *s. c.* (arc.) camarín, tocador (habitación para mujer).

bouffant ['bu:fɔ:n] *adj.* abombado, esponjado (estilo de peinado).

bougainvillea [ˌbu:gən'vɪlɪə] *s. c.* e *i.* BOT. buganvilla.

bough [bau] *s. c.* (lit.) rama (de un árbol).

bought [bɔ:t] *pret.* y *p. p. irreg.* de **buy.**

bouillon ['bu:jɔn] *s. c.* e *i.* GAST. caldo (normalmente de carne).

boulder ['bəuldər] *s. c.* roca grande redonda.

boulevard ['bu:ləvɑ:d / 'buləvɑ:d] *s. c.* bulevar, rambla, paseo (entre árboles).

bounce [bauns] *v. i.* **1** botar, rebotar, dar un bote, dar botes (con una pelota). **2** (fig.) rebotar, reflejarse (la luz o el sonido). **3** (**to** ~ *prep.*) (fam.) dar brincos, dar saltitos: *she bounced off the chair = ella dio un saltito bajándose de la silla.* **4** balancearse, flotar (hacia arriba y abajo): *her long hair bounced off her shoulders = el pelo largo se mecía sobre sus hombros.* **5** FIN. rechazar, negarse a hacer efectivo (un cheque). **6** (**to** ~ {**from**}) saltar, ir (de una idea a otra, de un trabajo a otro, etc.). • *v. t.* **7** botar (una pelota). **8** balancear, hacer botar (a un niño sobre las rodillas). **9** (fig.) rebotar, reflejar (luz o sonido). **10** FIN. rechazar (cheque). • *s. c.* **11** bote, rebote (de pelota). **12** (fam.) brinco, saltito. • *s. i.* **13** (fam.) vitalidad, energía, vigor. **14** elasticidad (hacia arriba): *this carpet has got a lot of bounce = esta alfombra tiene mucha elasticidad.* ◆ **15 to** ~ **back,** (fam.) salir de un estado depresivo, salir a flote (después de una desgracia).

bouncer ['baunsər] *s. c.* (fam.) gorila (de portero).

bouncing ['baunsɪŋ] *adj.* (~ {**with**}) robusto, rebosante (de salud).

bouncy ['baunsɪ] *adj.* **1** boyante (de energía). **2** que rebota bien. **3** (fig.) flexible, elástico.

bound [baund] *pret.* y *p. p.* **1** de **bind.** • *adj.* **2** (~ **for**) con dirección a, en dirección a, destinado a, encaminado hacia. **3** (~ {**by/to**}) sujeto, obligado (por tratado o similar). **4** encuadernado (libro). • *s. c.* **5** salto, brinco. • *s. pl.* **6** límites, fronteras: *his joy had no bounds = su gozo no tenía límites.* • *v. t.* **7** rodear, limitar, poner límites a (físicamente). • *v. i.* **8** (**to** ~ *prep.*) saltar, brincar: *he bounded off into the street = saltó rápidamente a la calle.* ◆ **9 to be** ~ **to,** seguro que, por fuerza que: *it's bound to be cold tomorrow = seguro que hará frío mañana.* **10 -bound, a)** con destino a (en compuestos). **b)** obligado a estar en, confinado en (en compuestos): *house-bound = confinado en casa.* **11** ~ **up in,** (fam.) metido hasta las cejas en, absorto en (trabajo). **12** ~ **up with,** relacionado con. **13 by leaps and bounds,** a grandes saltos; con gran rapidez. **14 to feel** ~ **to,** sentirse moralmente obligado a (hacer algo). **15 I am** ~ **to say/admit,** debo decir/admitir, reconocer. **16 I'll be** ~, (p.u.) ciertamente, seguramente. **17 to know no bounds,** no conocer límites, no tener límites. **18 out of bounds,** prohibido; fuera de los límites permitidos.

boundary ['baundrɪ] *s. c.* **1** frontera, límite. **2** (fig.) límite, frontera, confín, línea divisoria (entre ideas, áreas científicas, etc.).

bounder ['baundər] *s. c.* (brit.) (fam., desp. y arc.) villano, tipo ruin.

boundless ['baundlɪs] *adj.* ilimitado, infinito; vasto.

boundlessly ['baundlɪslɪ] *adv.* ilimitadamente, infinitamente.

bounteous ['bauntɪəs] (también **bounteous**) *adj.* (lit.) **1** abundante, copioso. **2** generoso, pródigo.

bounteously ['bauntɪəslɪ] *adv.* (lit.) abundantemente, copiosamente; generosamente.

bountiful ['bauntɪfl] *adj.* ⇒ **bounteous.**

bounty ['bauntɪ] *s. c.* **1** recompensa; gratificación. • *s. c.* e *i.* **2** (lit.) regalo, dádiva, merced. • *s. sing.* **3** (lit.) generosidad, liberalidad, munificencia.

bouquet [bu'keɪ] *s. c.* **1** (~ {**of**}) ramo, ramillete (de flores). • *s. sing.* **2** buqué (del vino).

bourbon ['bɜ:bən] *s. c.* e *i.* whisky (de maíz o de maíz y centeno, típico del estado de Kentucky en EE UU).

bourgeois ['bɔ:ʒwɑ: ‖ ˌbuər'ʒwɑ:] (*pl.* **bourgeois**) *s. c.* **1** burgués. • *adj.* **2** (desp.) mediocre, aburguesado, burgués. **3** POL. burgués (concepto del marxismo).

bourgeoisie [ˌbɔ:ʒwɑ:'zi:] *s. sing.* POL. burguesía (en el marxismo).

bout [baut] *s. c.* **1** (~ {**of**}) ataque (de alguna enfermedad o sentimiento). **2** (~ {**of**}) ataque, arrebato (de actividad). **3** DEP. combate (de boxeo, lucha, etc.). ◆ **4 'bout,** (fam.) acortamiento de **about.**

boutique [bu:'ti:k] *s. c.* tienda pequeña de moda, boutique.

bovine ['bəuvaɪn] *adj.* **1** AGR. bovino, vacuno. **2** (fig. y desp.) brutote, lerdo, torpón.

bovver ['bɒvər] *s. i.* (brit.) (fam.) comportamiento agresivo, comportamiento violento.

bow [bəu] *s. c.* **1** lazo. **2** arco (arma). **3** MÚS. arco (de violín y similar). ◆ **4 to have two strings/more than one string to one's** ~, ⇒ **string.**

bow [bau] *v. i.* **1** (**to** ~ {**to**}) hacer una reverencia, saludar con una reverencia. **2** (**to** ~ {**to**}) (fig.) doblegarse, ceder (ante una situación inevitable). • *v. t.* **3** inclinar, saludar mediante inclinación de (la cabeza). • *s. c.* **4** reverencia, saludo con una reverencia. **5** (también en *pl.*) MAR. proa. ◆ **6 to** ~ **and scrape,** ⇒ **scrape. 7 to** ~ **down (to),** hacer una reverencia muy respetuosa (ante). **8 to** ~ **in/out,** entrar/salir haciendo una reverencia. **9 to** ~ **out (of),** retirarse, salir (de alguna actividad profesional, política, etc.). **10 to take a** ~, aceptar aplausos con una reverencia (actores o cantantes).

bowed [bəud] *adj.* curvado, en forma de arco.

bowed [baud] *adj.* **1** encorvado (por la edad, enfermedad, etc.). **2** inclinado (como signo de respeto).

bowdlerization [ˌbaudləraɪ'zeɪʃn || ˌbaudlərɪ'zeɪʃn] (también **bowdlerisation**) *s. c.* e *i.* expurgación, mutilación (de un texto).

bowdlerize ['baudləraɪz] (también **bowdlerise**) *v. t.* expurgar, mutilar, recortar (un texto).

bowel ['bauəl] *s. sing.* **1** (**the** ~) ANAT. el intestino. • *s. pl.* **2** intestinos, tripa. **3** (**the** ~ **of**) (fig.) las entrañas de, lo más profundo de: *in the bowels of the earth = en las entrañas de la tierra.* • *adj.* **4** intestinal. ◆ **5** ~ **movement,** (euf.) defecación, deposición, evacuación. **6 to move/relieve/empty one's bowels,** (euf.) evacuar, deponer, defecar.

bower [bauər] *s. c.* (lit.) **1** cenador, emparrado, glorieta. **2** (arc.) tocador, saloncito (de señora).

bowl [bəul] *s. c.* **1** tazón, bol, cuenco. **2** cazoleta (de pipa). **3** taza (de retrete). **4** cuenco, tazón (en general cualquier objeto con forma curvada donde se puede contener algo). **5** anfiteatro (en conciertos o teatro). **6** DEP. estadio. **7** DEP. bola (en cualquiera de las variantes del juego de los bolos). • *v. t.* **8** DEP. lanzar, tirar (en cricket o en bolos). **9** DEP. quitar de enmedio (al bateador en el cricket). **10** DEP. hacer, marcar (puntos). **11** (**to** ~ + *o.* + *prep.*) enviar a gran velocidad, empujar a gran velocidad: *the children bowled the stones down the street = los chicos empujaban las piedras a gran velocidad por la calle.* • *v. i.* **12** bolear, lanzar la bola (en el cricket o los bolos). **13** (**to** ~ *prep.*) ir a gran velocidad, deslizarse a toda velocidad. ◆ **14 to** ~ **out,** DEP. poner fuera de juego (a un equipo o al bateador). **15 to** ~ **over, a)** derribar, tirar al suelo, arrollar. **b)** (fig.) dejar sorprendido/pasmado; aturdir: *her beauty bowled me over = su belleza me dejó pasmado.* **16 bowls,** DEP. bolos (normalmente al aire libre).

bow-legged [ˌbəu'legɪd] *adj.* estevado, patizambo, con las piernas torcidas.

bowler ['bəulər] *s. c.* **1** DEP. lanzador (en cricket y bolos). **2** sombrero hongo. ◆ **3** ~ **hat,** sombrero hongo.

bowling ['bəulɪŋ] *s. i.* **1** DEP. bolos (de bolera). **2** DEP. lanzamiento (de críquet). ◆ **3** ~ **alley, a)** bolera. **b)** pista de recorrido de la bola (en la bolera). **4** ~ **green,** zona de juego de los bolos (al aire libre).

bowman ['bəumən] (*pl.* **bowmen**) *s. c.* HIST. arquero.

bowmen ['bəumən] *pl. irreg.* de **bowman.**

bow-tie [ˌbəu'taɪ] *s. c.* pajarita (en traje formal).

bow-window [ˌbəu'wɪndəu] *s. c.* ARQ. ventana curvada salediza, ventana mirador.

bow-wow [ˌbau'wau] *s. c.* guau-guau (lenguaje de los niños).

box [bɒks] *s. c.* **1** (~ {**of**}) caja, cajita: *a box of matches = una caja de cerillas.* **2** cuadrado, casilla (en un impreso). **3** palco (teatro). **4** apartado, apartado de correos. **5** rinconcito, habitáculo (casa en serie y pequeña). **6** rectángulo prohibido (en aparcamientos). **7** protección (que cubre los genitales, especialmente para juegos duros). • *s. sing.* **8** (**the** ~) (brit.) (fam.) la caja tonta, la tele. • *s. i.* **9** BOT. boj. • *v. i.* **10** (**to** ~ {**against**}) DEP. boxear. • *v. t.* **11** DEP. boxear contra, pelear contra. ◆ **12 -box,** caja, cabina, garito (en formas compuestas): *the phone box = la cabina telefónica.* **13** ~ **camera,** FOT. cámara de cajón. **14** ~ **girder,** ARQ. viga tubular. **15 to** ~ **in,** encajonar. **16** ~ **junction,** zona de líneas a cuadros en un cruce (donde no se debe dejar el coche parado). **17** ~ **lunch,** (EE UU) almuerzo (a base de sándwiches y fruta). **18** ~ **number,** número de apartado de correos. **19 to** ~ **off,** tapar (haciendo un cubículo). **20** ~ **pleat,** pliegue (en faldas). OBS. Esta palabra, cuando es parte de un compuesto, puede aparecer sola con el significado del compuesto cuando el contexto es obvio: *box* en lugar de *telephone-box... box* en lugar de *post-box* y una larga lista.

boxcar ['bɒkskɑːr] *s. c.* (EE UU) furgón de mercancías (tren).

boxed ['bɒkst] *adj.* en cajas, puesto en cajas.

boxer ['bɒksər] *s. c.* **1** DEP. boxeador. **2** ZOOL. perro bóxer, bóxer.

boxing ['bɒksɪŋ] *s. i.* **1** DEP. boxeo. ◆ **2 Boxing Day,** día 26 de diciembre (se llama así por la antigua tradición de dar aguinaldos en una caja al servicio doméstico de una casa, al cartero, etc.).

boxing-glove ['bɒksɪŋglʌv] *s. c.* guante de boxeo.

boxing-match ['bɒksɪŋmætʃ] *s. c.* combate de boxeo.

box-office ['bɒksofis] *s. c.* **1** taquilla (cine, teatro, etc.). • *s. sing.* **2** (**the** ~) (fig.) la taquilla (como éxito de taquilla). • *adj.* **3** taquillero, de taquilla: *a box-office success = un éxito de taquilla.*

boxroom ['bɒksruːm] *s. c.* trastero, cuarto de los trastos.

boxwood ['bɒkswud] *s. i.* madera de boj, boj.

boy [bɔɪ] *s. c.* **1** chico, muchacho, chaval. **2** (fam.) hijo. **3** (fam.) chaval; hombre (apelativo dado por una persona con autoridad): *that's one of my boys, take care = ése es uno de mis hombres, ten cuidado.* **4** (desp.) sirviente, chaval. • *s. pl.* **5** (**the boys**) los chicos, los muchachos (un grupo de la misma profesión, actividad, etc.): *we'll send this to the research boys = enviaremos esto a los chicos de investigación.* **6** (**the boys**) los amigos, los chicos, los compañeros (en un grupo informal de amigos). • *interj.* **7** vaya; mecachis. **8** chico, pequeño (manera de dirigirse a un animal macho). ◆ **9 -boy,** chico (en compuestos): *the newspaper-boy = el chico de los periódicos.* **10 boys will be boys,** los chicos siempre serán chicos. **11 my** ~**/my dear** ~, (p.u.) hijo mío. **12 one of the boys,** uno de los de la panda, uno de los del grupo. **13 the boys/our boys,** los reclutas, los soldados, nuestros reclutas, nuestros soldados (del país de uno, especialmente durante una guerra): *our boys are coming back tomorrow = nuestros soldados regresan mañana.* **14 the boys in blue,** (brit.) (fam.) los chicos de azul (la policía).

boycott ['bɔɪkɒt] *v. t.* **1** hacer un boicot, boicotear. • *s. c.* **2** (~ {**of/against /on**}) boicot.

boyfriend ['bɔɪfrend] *s. c.* novio, amigo especial.

boyhood ['bɔɪhud] *s. i.* niñez, infancia.

boyish ['bɔɪɪʃ] *adj.* **1** juvenil (hablando de un hombre). **2** de chico, de muchacho (hablando de mujeres): *a boyish appearance = un aire de chico.*

boyishly ['bɔɪɪʃlɪ] *adv.* **1** juvenilmente (un hombre). **2** a manera de chico, similar a un muchacho (una mujer).

bra [brɑː] *s. c.* sostén.

brace [breɪs] *v. pron.* **1** (**to** ~ **oneself** {**for** / *inf.*}) prepararse; cobrar ánimo (para enfrentarse a algo negativo): *you have to brace yourself for the bad news = tienes que cobrar ánimo para enfrentarte a las malas noticias.* • *v. t.* **2** fortalecer, poner en tensión, poner en preparación (una parte del cuerpo). **3** apoyar, sostener (una parte del cuerpo en algún lugar). **4** asegurar, apuntalar (un objeto o parte del cuerpo). • *s. c.* **5** abrazadera, laña. **6** reforzamiento. **7** llave, corchete (en tipografía). **8** MED. aparato de ortodoncia. **9** (*pl.* **brace**) par (de caza). ◆ **10** ~ **and bit,** berbiquí. **11 braces,** (brit.) tirantes. **12 to** ~ **up,** animarse, cobrar ánimo, cobrar valor.

bracelet ['breɪslɪt] *s. c.* brazalete.

bracing ['breɪsɪŋ] *adj.* fortificante, vigorizante (clima, lugar, etc.).

bracken ['brækən] *s. i.* BOT. helecho.

bracket ['brækɪt] *s. c.* **1** paréntesis. **2** categoría, grupo (especialmente en el tema fiscal): *I've gone into the upper bracket = he entrado en la categoría superior.* **3** soporte, escuadra (para estantes). • *v. t.* **4** poner entre paréntesis. **5** (**to** ~ + *o.* + {**together/ with**}) agrupar, clasificar, poner juntos, equiparar: *you can't bracket the two novels together = no puedes equiparar las dos novelas.*

brackish ['brækɪʃ] *adj.* salobre (agua).

brad [bræd] *s. c.* punta (parecida a un clavo).

brag [bræg] (*ger.* **bragging,** *pret.* y *p. p.* **bragged**) *v. i.* (**to** ~ {**about/to/of**}) chulearse, jactarse, pavonearse.

braggart ['brægət] *s. c.* (p.u. y desp.) fanfarrón, chulo.

Brahman ['brɑːmən] *s. c.* ⇒ **Brahmin.**

Brahmin ['brɑːmɪn] (también **Brahman**) *s. c.* REL. brahmín (casta superior hindú).

braid [breɪd] *s. i.* **1** trenza, cinta, galón (en cortinas o similar). • *s. c.* **2** (p.u.) (EE UU) trenza (del pelo). • *v. t.* **3** (p.u.) (EE UU) trenzar, hacer trenzas en (el pelo).

braided ['breɪdɪd] *adj.* (~ {**with**}) trenzado (como adorno de ropa).

Braille [breɪl] *s. i.* braille (escritura para ciegos).

brain [breɪn] *s. c.* **1** ANAT. cerebro. **2** (fig.) cabeza, mente: *there was great confusion in his brain = había una gran confusión en su cabeza.* **3** (fig. y fam.) genio, cabeza pensante. **4** (fig.) inteligencia (especialmente de algún tipo): *he has a very mathematical brain = tiene una inteligencia muy matemática.* • *s. pl.* **5** ANAT. sesos. **6** (fig.) inteligencia, cabeza, capacidad. **7** (**the** ~ {**of/behind**}) (fam.) el cerebro (de un grupo, organización, etc.). • *v. t.* **8** (fam.) romper la crisma. ◆ **9 to beat someone's brains out,** (fam.) darle a alguien unos golpes que le causen la muerte, matar a alguien a golpes. **10 to blow someone's brains out,** (fam.) levantarle a alguien la tapa de los sesos (con arma de fuego). **11** ~ **death,** MED. muerte cerebral. **12** ~ **fever,** MED. fiebre cerebral, inflamación febricular del cerebro. **13** ~ **surgeon,** neurocirujano. **14 brains trust,** (EE UU ~ **trust**), grupo de expertos, grupo de consejeros, grupo de asesores. **15 to have something on the** ~, (desp. y fam.) darle vueltas a algo (en la cabeza). **16 to pick someone's brains,** (fam.) exprimir a alguien, sacar a alguien todo el jugo (cuando conoce muy bien un tema que le consultamos). **17 to rack one's brains,** ⇒ **rack.**

brainchild ['breɪntʃaɪld] *s. sing.* idea original, proyecto original: *the new petrol station is my brainchild = la nueva gasolinera fue idea mía.*

brain-drain ['breɪndreɪn] *s. sing.* fuga de cerebros.

brainless ['breɪnlɪs] *adj.* sin cabeza, tonto, atontado, estúpido.

brainstorm ['breɪnstɔːm] *s. c.* **1** (brit.) acceso de estupidez, ataque de locura transitorio. **2** (EE UU) idea brillante y repentina, idea genial.

brainstorming ['breɪnstɔːmɪŋ] *s. i.* intercambio de ideas, reunión creativa.

brain-teaser ['breɪntiːzər] *s. c.* rompecabezas; problema de difícil solución.

brainwash ['breɪnwɒʃ] *v. t.* (**to** ~ + *o.* + {**into**}) lavar el cerebro.

brainwashing ['breɪnwɒʃɪŋ] *s. i.* lavado de cerebro.

brainwave ['breɪnweɪv] (en EE UU **brainstorm**) *s. c.* idea genial, idea luminosa.

brainy ['breɪnɪ] *adj.* (fam.) despierto, listo, inteligente.

braise [breɪz] *v. t.* GAST. dorar a fuego lento.

brake [breɪk] *s. c.* **1** MEC. freno. **2** (~ {**on/upon/off**}) (fig.) freno, parón, control. • *v. i.* **3** frenar, echar el freno. • *v. t.* **4** (fig.) frenar (el progreso o parecido). ◆ **5** ~ **drum,** tambor de freno. **6** ~ **fluid,** líquido de frenos (en vehículo). **7 to put a** ~ **on,** (fig.) poner el freno a (gasto excesivo, actividad perjudicial, etc.). **8 to take the brakes off,** (fig.) dar vía libre a (un proyecto o similar, después de haber estado parado).

brake-shoe ['breɪkʃuː] *s. c.* MEC. zapata (del freno).

bramble ['bræmbl] *s. c.* BOT. zarza, cambrón.

bran [bræn] *s. i.* salvado (normalmente del pan).

branch [brɑːntʃ || bræntʃ] *s. c.* **1** rama (de árbol). **2** sucursal, agencia (de banco, empresa, etc.). **3** ramo, especialidad (de estudio o similar). **4** rama (de familia). **5** bifurcación, brazo (de río, carretera, etc.). **6** sección, división (de la estructura administrativa del Estado). • *v. i.* **7** bifurcarse. ◆ **8 to** ~ **off, a)** separarse, salir, proceder: *a small road branches off at that point = una pequeña carretera se separa en ese punto.* **b)** (fig.) hacer una disgresión, cambiar momentáneamente de tema de conversación. **9** ~ **office,** sucursal. **10 to** ~ **out,** ampliar el campo de operaciones, ampliar las actividades, lanzarse a una nueva actividad.

branch-line ['brɑːntʃlaɪn] *s. c.* ramal secundario (ferrocarril).

brand [brænd] *s. c.* **1** marca (registrada). **2** (fig.) tipo, manera, modo (de comportarse, pensar, etc.). **3** marca (en el ganado). **4** (lit.) tea, antorcha. • *v. t.* **5** marcar, poner una marca (al ganado). **6** (**to** ~ + *o.* + {**as**}) (fig.) tachar, señalar, tildar: *the police branded him as a dangerous criminal = la policía le señaló como un criminal peligroso.* ◆ **7** ~ **loyalty,** fidelidad a una marca. **8** ~ **name,** nombre de marca.

branded ['brændɪd] *adj.* con marca (producto).

branding-iron ['brændɪŋaɪən] *s. c.* hierro de marcar (ganado).

brandish ['brændɪʃ] *v. t.* blandir, esgrimir (especialmente un arma).

brand-new [ˌbrænd'njuː] *adj.* nuevo, recién, totalmente nuevo.

brandy ['brændɪ] *s. c.* y *i.* **1** coñac, brandy. ◆ **2** ~ **butter,** GAST. mezcla de azúcar, mantequilla y coñac (que se come en Navidad).

brandy-snap ['brændɪsnæp] *s. c.* GAST. galleta de gengibre.

brash [bræʃ] *adj.* (desp.) **1** impetuoso, temerario; insolente. **2** chillón (colores o vestimenta).

brashly ['bræʃlɪ] *adv.* (desp.) **1** impetuosamente, temerariamente; insolentemente. **2** chillonamente (colores o vestimenta).

brashness ['bræʃnɪs] *s. i.* (desp.) **1** impetuosidad; insolencia. **2** (lo) chillón (de ropa o colores).

brass [brɑːs || bræs] *s. i.* **1** latón. **2** (fam.) dinero, parné (especialmente en el Norte de Inglaterra). • *s. c.* **3** placa, placa conmemorativa (en latón). • *s. sing.* **4** (**the** ~) MÚS. el metal (en una orquesta las trompetas y similar). • *adj.* **5** (fam.) insolente, descarado: *you have the brass cheek to tell me now! = ¡tienes el descaro de decírmelo ahora!* ◆ **6 as bold as** ~, ⇒ **bold. 7** ~ **band,** MÚS. orquesta de metal. **8 brassed off (with),** (fam.) hasta las narices (de), harto (de). **9** ~ **hat,** (brit.) (fam.) MIL. oficial de alto rango. **10** ~ **knuckles,** (EE UU) manopla. **11** ~ **plate,** placa, rótulo (con el nombre y profesión, típico en puertas). **12** ~ **rubbing,** copia en bronce. **13 to get down to** ~ **tacks,** (fam.) ir al grano, entrar en materia de verdad.

brasserie ['bræsərɪ] *s. c.* cervecería; restaurante (pequeño).

brassiere ['bræsɪər || brə'zɪər] *s. c.* (form. o p.u.) sostén, corpiño.

brassily ['brɑːsɪlɪ || 'bræsɪlɪ] *adv.* **1** chillonamente, estridentemente (sonido). **2** (desp.) desvergonzadamente, descaradamente (vestimenta, comportamiento, etc.).

brassiness ['brɑːsɪnɪs || 'bræsɪnɪs] *s. i.* **1** estridencia (sonido). **2** (desp.) desvergüenza, descaro (en ropa, comportamiento, etc.).

brass-monkey ['brɑːsmʌŋkɪ] *adj.* **brass-monkey weather,** (brit.) (fam.) un frío que corta.

brasswork ['brɑːswɜːk] *s. i.* objetos de latón.

brassy ['brɑːsɪ || 'bræsɪ] *adj.* **1** de color latón. **2** chillón, estridente (sonido). **3** (desp.) desvergonzado, descarado (en vestimenta, comportamiento, etc.).

brat [bræt] *s. c.* (fam. y desp.) malcriado (niño).

bravado [brə'vɑːdəʊ] *s. i.* bravata, baladronada.

brave [breɪv] *adj.* **1** valiente, esforzado. **2** (lit.) magnífico, espléndido. • *v. t.* **3** afrontar, arrostrar, encarar (una situación difícil). • *s. c.* **4** bravo, guerrero (indio). ◆ **5** (euf.) **Brave New World,** utopía, un mundo feliz. **6 to** ~ **out,** encarar valientemente, afrontar con valentía. **7 to put a** ~ **face on,** poner al mal tiempo buena cara.

bravely ['breɪvlɪ] *adv.* **1** valientemente, esforzadamente. **2** (lit.) magníficamente, espléndidamente.

bravery ['breɪvərɪ] *s. i.* valentía, coraje.

bravo [ˌbrɑː'vəʊ] *interj.* (form.) bravo.

bravura [brə'vʊərə] *s. i.* **1** (lit.) excesivo adorno, excesiva apariencia. **2** MÚS. ejecución brillante.

brawl [brɔːl] *s. c.* **1** riña, reyerta, pelea. • *v. i.* **2** pelear (especialmente con los puños).

brawn [brɔːn] *s. i.* **1** fuerza muscular. **2** GAST. carne en gelatina.

brawny ['brɔːnɪ] *adj.* forzudo, musculoso.

bray [breɪ] *v. i.* **1** rebuznar (burro). **2** (fig. y desp.) sonar como un rebuzno. • *s. c.* **3** rebuzno.

brazen ['breɪzn] *adj.* **1** descarado, desvergonzado. ◆ **2 to** ~ **out,** afrontar

descaradamente, salir con descaro (de una situación comprometida).
brazenly ['breɪznlɪ] *adv.* descaradamente, desvergonzadamente.
brazier ['breɪzɪər] *s. c.* brasero.
Brazil [brə'zɪl] *s. sing.* Brasil.
Brazilian [brə'zɪlɪən] *adj.* **1** brasileño. • *s. c.* **2** brasileño.
breach [briːtʃ] *s. c.* e *i.* **1** violación, incumplimiento (de acuerdo, contrato, etc.). • *s. c.* **2** ruptura, rompimiento (de una relación o similar). **3** (~ {**in**}) brecha, abertura (en muro, protección, etc.). • *v. t.* **4** violar, incumplir (acuerdo, ley, etc.). **5** abrir una brecha (especialmente en un muro, protección, etc.). ♦ **6** ~ **of promise,** (p.u.) DER. incumplimiento de compromiso matrimonial. **7** ~ **of the peace,** DER. perturbación del orden público. **8 to step into the** ~, meterse en la brecha (ayudando en alguna situación mala).
bread [bred] *s. i.* **1** pan. **2** (fig.) sustento, comida, pan. **3** (fam.) dinero, pasta, (Am.) plata. ♦ **4** ~ **and butter,** (fig.) **a)** sustento; pan y agua. **b)** lo básico y material, lo fundamental (materialmente): *most people are only interested in bread and butter issues = la mayor parte de la gente sólo está interesada en temas básicos y materiales.* **5 to cast one's** ~ **upon the water/waters,** hacer el bien sin mirar a quién. **6 to know which side one's** ~ **is buttered on,** (fam.) saber lo que a uno le conviene, saber dónde le aprieta a uno el zapato. **7 to be the best thing since sliced** ~, (fam.) lo nunca visto, el mejor invento desde la penicilina.
bread-bin ['bredbɪn] *s. c.* panera.
breadboard ['bredbɔːd] *s. c.* tabla para cortar el pan.
breadcrumb ['bredkrʌm] *s. c.* (generalmente *pl.*) miga, miga de pan, migajas.
breaded ['bredɪd] *adj.* GAST. cocinado con pan rallado, rebozado.
breadfruit ['bredfruːt] *s. c.* e *i.* BOT. fruta del árbol del pan.
breadline ['bredlaɪn] *s. sing.* **1** cola para la sopa boba. ♦ **2 on the** ~, pobre, mísero, en la miseria.
breadth [bretθ] *s. i.* **1** (~ {**of**}) anchura, ancho (físico). **2** envergadura, extensión. **3** liberalidad, carácter abierto (de una opinión o similar). ♦ **4 the length and** ~, ⇒ **length.**
breadwinner ['bredwɪnər] *s. c.* sostén económico de una familia (normalmente el padre).
break [breɪk] (*pret.irreg.* **broke,** *p. p.* **broken**) *v. t.* **1** romper, partir, quebrar. **2** MED. fracturar, romper (un hueso). **3** (fig.) romper, no cumplir (promesa), infringir (ley). **4** batir (un record, normalmente deportivo). **5** DEP. romper (el saque en tenis). **6** descifrar, romper (un código secreto, etc.). **7** cambiar (un billete en moneda menor). **8** forzar (puerta, caja fuerte, etc.). **9** estropear, romper (aparato). **10** destrozar (la vida, carrera, etc. de alguien). **11** comunicar, dar (noticias). **12** amortiguar (la fuerza de algo). **13** interrumpir, romper (silencio, monotonía, etc.). **14** cortar, interrumpir (un proceso, línea, continuidad, etc.): *the trees broke the line of the horizon = los árboles interrumpían la línea del horizonte.* **15** traspasar, penetrar (superficie, piel). **16** poner fin a, romper (huelga laboral). **17** romper (relación amorosa, de amistad, etc.). **18** (**to** ~ + *o.* + **of**) quitar (un hábito, idea, etc.). **19** acabar con (una situación), destrozar (un sistema): *to break a deadlock = acabar con una situación de estancamiento.* • *i.* **20** romperse, partirse; quebrarse. **21** romperse, estropearse, averiarse (aparato). **22** comenzar, estallar (tormenta). **23** cambiar (la voz de un niño). **24** comenzar, amanecer, apuntar, rayar (un nuevo día). **25** cambiar (el tiempo atmosférico). **26** (**to** ~ {**for**}) hacer una pausa, tomarse un descanso. **27** darse a conocer, anunciarse (noticias). **28** romper (olas). **29** AER. separarse, desplegarse. **30** disgregarse (multitud). • *s. c.* **31** MED. rotura, fractura. **32** interrupción (de un proceso, línea, etc.). **33** ruptura (de una relación, conexión, etc.). **34** DEP. ruptura (del saque en tenis); separación (de los boxeadores). **35** (fam.) oportunidad buena, casualidad ventajosa. **36** descanso; cambio (de actividad). **37** DEP. puntuación seguida, puntos conseguidos en serie (en billar). **38** claro (en las nubes, tráfico, etc.). **39** agujero, grieta, raja. • *s. i.* **40** (brit.) recreo (escolar). ♦ **41 at the** ~ **of day,** al despuntar el día, al rayar el día. **42 to** ~ **away (from), a)** separar (de), apartarse (de) (físicamente). **b)** separarse (de), irse (de) (un grupo, colectivo, etc.). **43 to** ~ **camp,** ⇒ **camp. 44 to** ~ **cover,** ⇒ **cover. 45 to** ~ **down, a)** tirar abajo, derribar (físicamente). **b)** averiarse, estropearse (vehículo, maquinaria, etc.). **c)** fracasar, fallar (sistema, conversación, etc.). **d)** descomponerse (una sustancia). **e)** quitar, derribar, tirar (barreras culturales, obstáculos psicológicos, etc.). **f)** perder el control (de uno mismo y, normalmente, echarse a llorar). **g)** derrumbarse (mentalmente). **h)** analizar (una idea, dividiéndola en sus partes). **46 to** ~ **even,** ni ganar ni perder (económicamente). **47 to** ~ **free/loose/someone's hold, a)** soltarse, librarse (de una atadura o similar). **b)** (fig.) escaparse (para iniciar una nueva vida, un nuevo proyecto, etc.). **c)** desencadenarse, estallar (emociones, situaciones apuradas, etc.). **48 to** ~ **fresh ground,** abrir nuevos caminos. **49 to** ~ **in, a)** entrar (en un lugar rompiendo una puerta, ventana, etc.). **b)** acostumbrar gradualmente, dejar que alguien se haga gradualmente (a una nueva situación o parecido). **c)** ir usando, ir llevando (zapatos o botas nuevas hasta que se hacen cómodos). **d)** domar, amansar (especialmente caballos). **50 to** ~ **in (on),** interrumpir, cortar (conversación). **51 to** ~ **into, a)** entrar (en un lugar mediante el rompimiento de algún sistema de seguridad). **b)** dividir (en partes menores). **c)** echar mano de, empezar a utilizar (dinero ahorrado). **d)** comenzar a, iniciar, echarse a (correr, cantar, reír, etc.). **e)** interrumpir (un proceso, pensamiento, etc.). **f)** comenzar la nueva actividad de, iniciarse en (negocios, empresas, etc.). **52 to** ~ **off, a)** separar por completo, desprenderse por entero. **b)** interrumpir súbitamente, parar súbitamente (una actividad). **c)** romper (compromiso, acuerdo, etc.). **53 to** ~ **one's silence,** romper el silencio, interrumpir el período de silencio de uno (revelando un secreto). **54 to** ~ **one's step/pace,** cambiar de ritmo al caminar. **55 to** ~ **open,** forzar, abrir por la fuerza. **56 to** ~ **out, a)** escapar, huir (normalmente de una prisión o parecido). **b)** estallar (guerra, discusión, enfermedad, etc.). **57 to** ~ **out (in),** empezar a (sudar); salirle a uno (sarpullido). **58 to** ~ **out (of),** salir (de), escapar (de) (una situación negativa). **59 to** ~ **ranks,** ⇒ **rank. 60 to** ~ **someone's heart,** ⇒ **heart. 61 to** ~ **the bank, a)** hacer saltar la banca (en un juego). **b)** (fig. y fam.) ser una cantidad de dinero importante. **62 to** ~ **the ice,** ⇒ **ice. 63 to** ~ **through, a)** penetrar a través de, abrirse paso por. **b)** aparecer (algo antes oculto). **c)** vencer (dificultades). **64 to** ~ **up, a)** dividirse en trocitos, romperse en trocitos, partirse en trocitos. **b)** romper (la monotonía). **c)** separarse, disgregarse (en unidades más pequeñas): *the party broke up = el partido se disgregó.* **d)** acabar violentamente con, irrumpir violentamente (y acabar con algo). **e)** (brit.) (fam.) comenzar las vacaciones escolares, iniciar las vacaciones escolares. **65 to** ~ **up (with),** romper (con), terminar (con) (una relación amorosa o amistosa). **66 to** ~ **waters,** ⇒ **water. 67 to** ~ **with, a)** romper con (persona o grupo). **b)** apartarse de, romper con (tradición, cultura, etc.). **68 to make a** ~, escaparse, huir (normalmente de la prisión).
breakable ['breɪkəbl] *adj.* **1** frágil, quebradizo. ♦ **2 breakables,** objetos frágiles, mercancía frágil.
breakage ['breɪkɪdʒ] *s. c.* **1** rotura; objeto roto. • *s. i.* **2** (form.) rotura.
breakaway ['breɪkəweɪ] *s. c.* **1** (normalmente *sing.*) separación, ruptura (de un grupo, partido, asociación, etc.). • *adj.* **2** disidente.
break-dancing ['breɪkdɑːnsɪŋ] *s. i.* baile break, estilo de baile break.
breakdown ['breɪkdaʊn] *s. c.* **1** fracaso, fallo (de plan, proyecto, acuerdo,

etc.). **2** avería (de vehículo o maquinaria). **3** (~ {**of**}) análisis (dividiendo en sus características). **4** depresión (mental). **5** desmoronamiento: *the breakdown in family values = el desmoronamiento de los valores familiares.*

breaker ['breɪkər] *s. c.* ola grande, ola gigantesca.

breakfast ['brekfəst] *s. c.* e *i.* **1** desayuno. • *v. i.* **2** (lit. o arc.) desayunar. ♦ **3 to have ~,** desayunar. **4 ~ television,** TV programa televisivo matutino. **5 the ~ table,** (fig.) la mesa del desayuno.

break-in ['breɪkɪn] *s. c.* entrada forzada, entrada violenta (en un edificio).

breakneck ['breɪknek] *adj.* **1** arriesgada, vertiginosa (velocidad). ♦ **2 to drive at ~ speed,** conducir como un loco.

breakthrough ['breɪkθruː] *s. c.* avance, adelanto, progreso: *a new breakthrough in medicine = un nuevo avance en la medicina.*

break-up ['breɪkʌp] *s. c.* **1** ruptura (de un matrimonio). **2** desintegración (familia, imperio). • *s. sing.* **3** (~ **of**) final de, finalización de. • *s. c.* e *i.* **4** disgregación (de un grupo, asociación, etc.).

breakwater ['breɪkwɔːtər] *s. c.* rompeolas.

breast [brest] *s. c.* **1** pecho, seno, mama (de mujer). **2** pecho (de hombre). **3** pechuga (de ave). **4** (lit.) pecho, corazón (como receptáculo de sentimientos). • *s. sing.* **5** (**the** ~) la parte delantera (de camisas o similar). • *s. c.* e *i.* **6** pechuga (como carne). ♦ **7 to make a clean ~ of,** confesar, reconocer con toda franqueza (una culpa).

breastbone ['brestbəun] *s. c.* ANAT. esternón.

breast-fed ['brestfed] *pret.* y *p. p.* **1** de **breast-feed.** • *adj.* **2** alimentado naturalmente, alimentado con el pecho, amamantado.

breast-feed ['brestfiːd] (*pret.* y *p. p. irreg.* **breast-fed**) *v. t.* e *i.* dar de mamar, alimentar con leche materna, amamantar, dar el pecho.

breast-feeding ['brestfiːdɪŋ] *s. i.* alimentación natural, alimentación de la propia madre.

breast-high [ˌbrest'haɪ] *adj.* a la altura del pecho.

breastplate ['brestpleɪt] *s. c.* peto (armadura).

breast-pocket [ˌbrest'pɒkɪt] *s. c.* bolsillo del pecho.

breaststroke ['breststrəuk] *s. i.* DEP. braza, estilo de braza (en la natación).

breastwork ['brestwɜːk] *s. i.* MIL. parapeto, fortificación (de poca altura).

breath [breθ] *s. c.* **1** respiración, aliento. • *s. sing.* **2** (~ **of**) soplo de (aire). **3** (fig. y lit.) murmullo, pizca (pequeña cantidad). • *s. i.* **4** aliento, fuelle. ♦ **5 a ~ of air,** un soplo de aire: *a breath of fresh air = un soplo de aire fresco.* **6 bad ~,** mal aliento. **7 to catch one's ~, a)** tomar aliento, recobrar el aliento. **b)** quedarse sin aliento (por la sorpresa, miedo, etc.). **8 to draw ~,** tomar aire: *some swimmers can be under water for three minutes without drawing breath = algunos nadadores pueden estar bajo el agua durante tres minutos sin tomar aire.* **9 to get one's ~ back,** recuperar el aliento, recobrar el aliento, recobrarse. **10 to hold one's ~,** contener la respiración, contener el aliento. **11 in the same ~,** al mismo tiempo, simultáneamente (diciendo dos cosas contrarias). **12 out of ~,** sin aliento, sin resuello. **13 to save one's ~,** ahorrar palabras. **14 short of ~,** con dificultad en la respiración, con falta de resuello. **15 to take a ~,** tomar aire, inspirar. **16 to take one's ~ away,** dejar sin aliento, dejar sin resuello; (fig.) dejar sorprendido. **17 the ~ of life,** (fig.) lo más vital, lo más esencial, un estímulo vital (para alguien). **18 under one's ~,** en voz baja. **19 to waste one's ~,** gastar saliva, malgastar saliva. **20 with bated ~,** ⇒ **bated. 21 with one's dying /last ~,** con el último suspiro de uno.

breathable ['briːðəbl] *adj.* respirable.

breathalyze ['breθəlaɪz] (también **breathalyse**) *v. t.* (brit.) hacer la prueba de alcoholemia a alguien.

Breathalyzer ['breθəlaɪzər] (también **Breathalyser**) *s. c.* (brit.) alcoholímetro (marca registrada).

breathe [briːð] *v. i.* **1** respirar, tomar aire. **2** respirar, dejar que se airee (el vino). • *v. t.* **3** respirar, tomar (aire). **4** emanar, emitir, soltar (humo o similar). **5** susurrar, decir en susurros. **6** (**to** ~ + *o.* + {**into**}) inspirar, infundir (confianza u otra emoción). ♦ **7 to ~ again/(more) easily,** respirar tranquilo, relajarse (tras una experiencia preocupante). **8 to ~ down someone's neck,** seguirle a alguien demasiado cerca, estar detrás de alguien (para controlar de cerca lo que hace). **9 to ~ in,** tomar aire, inhalar, aspirar. **10 to ~ one's last,** (lit.) exhalar el último suspiro. **11 to ~ out,** exhalar, espirar.

breather ['briːðər] *s. c.* (fam.) descanso, momento de respiro, respiro, pausa.

breathing ['briːðɪŋ] *s. i.* respiración.

breathing-space ['briːðɪŋspeɪs] *s. c.* respiro, pausa.

breathless ['breθlɪs] *adj.* **1** jadeante, falto de aliento, sofocado. **2** (fig.) estupefacto; intenso, extremo (interés, temor, etc.).

breathlessly ['breθlɪslɪ] *adv.* **1** jadeantemente, sofocadamente. **2** (fig.) de modo estupefacto; intensamente, extremadamente (interés, temor, etc.).

breathlessness ['breθlɪsnɪs] *s. i.* **1** estado sofocado, sofoco, jadeo. **2** (fig.) intensidad (de interés, temor, etc.).

breathtaking ['breθteɪkɪŋ] *adj.* imponente, impresionante.

breathtakingly ['breθteɪkɪŋlɪ] *adv.* imponentemente, impresionantemente, asombrosamente.

bred [bred] *pret.* y *p. p.irreg.* de **breed.**

breech [briːtʃ] *s. c.* **1** recámara (de un arma de fuego). ♦ **2 ~ birth,** MED. parto de nalgas.

breeches ['brɪtʃɪz] *s. pl.* pantalones hasta la rodilla, pantalones bombachos, pantalones de montar (a caballo).

breed [briːd] (*pret.* y *p. p.irreg.* **bred**) *v. t.* **1** criar (ganado, etc.); injertar (plantas). **2** (**to** ~ + *o.* + {**for/***inf.*}) educar, criar, enseñar (desde muy pequeño): *he was bred for the military academy = se le educó para la academia militar.* **3** (fig.) producir, engendrar (una situación, sentimiento, etc.). • *v. i.* **4** reproducirse, procrear (animales). • *s. c.* **5** casta, especie, raza (de animal). **6** (fig.) raza, tipo, clase (de persona). ♦ **7 born and bred,** nacido y criado (en un lugar o acorde con una ideología).

breeder ['briːdər] *s. c.* criador (de perros, especialmente).

breeding ['briːdɪŋ] *s. i.* **1** reproducción, cría, cruce (de animales). **2** clase, buena educación (especialmente en la alta sociedad).

breeding-ground ['briːdɪŋgraund] *s. c.* **1** criadero; zona protegida para la reproducción animal. **2** (fig.) caldo de cultivo (ambiente propicio para el arraigo de algo perjudicial): *a breeding-ground for social unrest = un caldo de cultivo para el malestar social.*

breeze [briːz] *s. c.* **1** brisa, viento suave. • *s. sing.* **2** (fam.) algo tirado, algo chupado (muy fácil de hacer). • *v. i.* **3** (**to** ~ *prep.*) ir como Pedro por su casa, ir sin problemas: *she breezed into my room = entró en mi habitación sin problemas.* ♦ **4 to ~ in/out,** entrar/salir como si nada. **5 to shoot the ~,** (EE UU) (fam.) charlar, mover la sinhueso.

breeze-block ['briːzblɒk] *s. c.* e *i.* ARQ. ladrillo ligero.

breezeway ['briːzweɪ] *s. c.* (EE UU) pasaje (entre dos edificios).

breezily ['briːzɪlɪ] *adv.* jovialmente, despreocupadamente, animadamente, alegremente.

breeziness ['briːzɪnɪs] *s. i.* **1** presencia de brisa, presencia de viento ligero. **2** alegría, jovialidad, despreocupación.

breezy ['briːzɪ] *adj.* **1** con viento suave, con brisa. **2** jovial, alegre, despreocupado, animado.

brethren ['breðrɪn] (no tiene *sing.*) *s. pl.* **1** camaradas. **2** (p.u.) REL. hermanos.

breve [briːv] *s. c.* MÚS. breve.

breviary ['briːvɪərɪ || 'briːvɪerɪ] *s. c.* REL. breviario.

brevity ['brevɪtɪ] *s. i.* **1** brevedad (tiempo). **2** concisión (al hablar).

brew [bruː] *v. i.* **1** hacerse, posarse bien (té o café). **2** (fig.) cocerse (una situación): *there's trouble brewing in the government = algo se está cociendo en el gobierno.* **3** amenazar (tormenta). • *v. t.* **4** hacer, preparar (té o café). **5** fabricar, hacer (cerveza). • *s. c.* **6** (fam.) brebaje (cerveza). **7** infusión, brebaje (de hierbas exóticas normalmente). ♦ **8 to ~ up, a)** (brit.) (fam.) hacer, preparar (té). **b)** tramar(se), urdir(se) (una situación).

brewer ['bru:ər] *s. c.* fabricante de cerveza, cervecero.

brewery ['bruərɪ] *s. c.* fábrica de cerveza.

briar ['braɪər] (también **brier**) *s. c.* **1** BOT. zarza, brezo. ♦ **2 ~ pipe,** pipa de madera de brezo.

bribe [braɪb] *s. c.* **1** soborno. • *v. t.* **2** sobornar: *he bribed his way out of prison = salió de la cárcel mediante sobornos.*

bribery ['braɪbərɪ] *s. i.* soborno.

bric-a-brac ['brɪkəbræk] *s. i.* cachivaches, baratijas.

brick [brɪk] *s. c.* **1** ladrillo. **2** bloque, corte (helado). **3** (fam., brit. y p.u.) maravilla, cielo (de persona). • *s. i.* **4** ladrillo. ♦ **5 to ~ in,** rodear de ladrillo, cerrar con ladrillos. **6 to ~ off,** tapar con ladrillos. **7 to ~ up,** cerrar con ladrillos por completo (una ventana, una puerta, etc.). **8 to come down on someone like a ton of bricks,** (fam.) cantar las cuarenta a alguien, dar una reprimenda de aúpa a alguien. **9 to make bricks without straw,** ⇒ **straw.**

bricklayer ['brɪkleɪər] *s. c.* albañil.

brickwork ['brɪkwɜ:k] *s. i.* trabajo de albañilería, enladrillado: *the brickwork in this building is pretty lousy = el enladrillado en este edificio es bastante malo.*

brickyard ['brɪkjɑ:d] *s. c.* fábrica de ladrillos.

bridal ['braɪdl] *adj.* nupcial, de boda.

bride [braɪd] *s. c.* novia, prometida, desposada.

bridegroom [braɪdgrʊm || braɪdgru:m] *s. c.* novio, prometido.

bridesmaid ['braɪdzmeɪd] *s. c.* dama de honor (de la novia).

bride-to-be ['braɪdtubi:] *s. c.* futura esposa.

bridge [brɪdʒ] *s. c.* **1** puente. **2** (fig.) puente, nexo de unión: *a bridge between the conservatives and the socialists = un nexo de unión entre los conservadores y los socialistas.* **3** ANAT. caballete (de la nariz). **4** MAR. puente (de un barco). **5** MÚS. puente (de un violín). **6** puente (en los dientes). **7** puente (gafas). • *s. i.* **8** bridge (juego de cartas). • *v. t.* **9** tender un puente sobre, construir un puente sobre. **10** (fig.) abarcar, extenderse sobre (la vida, el trabajo de alguien): *my grandfather's life bridged four generations = la vida de mi abuelo abarcó cuatro generaciones.* **11** (fig.) salvar (distancias, separación, etc.): *the gulf between their two worlds could not be bridged = la separación entre sus dos mundos no podía salvarse.* ♦ **12 to ~ the/a gap, a)** salvar las diferencias, acortar la separación (entre personas). **b)** llenar un vacío. **13 to burn one's bridges,** quemar las naves. **14 to cross one's bridges when one comes to them,** encararse con los problemas cuando existan, solucionar los problemas cuando lleguen. **15 water under the ~,** ⇒ **water.**

bridgehead ['brɪdʒhed] *s. c.* MIL. cabeza de puente.

bridging ['brɪdʒɪŋ] *s. i.* **1** ARQ. puntales, puntales de refuerzo. ♦ **2 ~ loan,** FIN. crédito puente.

bridle ['braɪdl] *s. c.* **1** brida, freno (para caballo). • *v. t.* **2** embridar (caballo). **3** (fig.) refrenar, dominar (pasiones, sentimientos, etc.). • *v. i.* **4** (**to ~** {**at** /**with**}) irritarse; ofenderse: *she bridled at my suggestion = se ofendió por mi sugerencia.* **5** erguirse con desdén, erguirse desdeñosamente. ♦ **6 ~ path/ ~ way,** camino de caballos, camino de herradura.

brief [bri:f] *adj.* **1** breve, corto. **2** conciso, sucinto (al hablar o escribir). **3** muy corta (falda). **4** brusco, cortante. • *s. c.* **5** (form.) instrucción, encargo. **6** DER. informe, alegato, escrito. **7** REL. breve. • *v. t.* **8** informar, poner al corriente, dar instrucciones. ♦ **9 briefs,** calzoncillos cortos, bragas cortas. **10 to hold no ~ for,** (form.) tener en poco, no apoyar. **11 in ~,** en pocas palabras, en resumen.

briefcase ['bri:fkeɪs] *s. c.* cartera, cartera portafolio y maletín.

briefing ['bri:fɪŋ] *s. c.* e *i.* **1** sesión informativa, reunión informativa. • *s. c.* **2** instrucción, información, informe.

briefly ['bri:flɪ] *adv.* **1** brevemente, en poco tiempo. **2** concisamente, sucintamente. **3** en resumen, ateniéndose a los detalles fundamentales.

brier *s. c.* ⇒ **briar 1.**

brig [brɪg] *s. c.* **1** MAR. bergantín. **2** (EE UU) buque prisión.

brigade [brɪ'geɪd] (~ *v.sing./pl.*) *s. c.* **1** MIL. brigada. **2** grupo de gente organizada para una actividad especial.

brigadier [ˌbrɪgə'dɪər] *s. c.* (brit.) MIL. general de brigada.

brigand ['brɪgənd] *s. c.* (lit.) bandolero.

bright [braɪt] *adj.* **1** brillante, colorido, lleno de color. **2** brillante, fuerte (color). **3** brillante (idea). **4** brillante, resplandeciente (tiempo, sol, etc.). **5** brillante, inteligente. **6** lleno de luz (lugar). **7** alegre, vivo. **8** prometedor, brillante (futuro). **9** brillante, reluciente (agua o metal). ♦ **10 as ~ as a button,** más listo que el hambre. **11 ~ and early,** a primera hora de la mañana. **12 ~ lights,** vida atrayente, vida de la gran ciudad. **13 ~ spark,** (fam.) listillo. **14 to look on the ~ side,** mirar el lado bueno.

brighten ['braɪtn] *v. i.* **1** animarse, alegrarse (la cara, expresión, etc.), encenderse (ojos). **2** hacerse más intensa, hacerse más fuerte (luz). **3** mejorar, parecer menos negra (una situación). **4** mejorar (tiempo). **5** iluminarse, llenarse de luz (lugar). • *v. t.* **6** dar mayor colorido a, alegrar, animar (lugar). **7** abrillantar (metal). **8** iluminar, llenar de luz (lugar). **9** mejorar, alegrar, dar animación (a una situación): *your arrival will brighten his life = tu llegada alegrará su vida.* ♦ **10 to ~ up, a)** animarse, alegrarse (cara, expresión, etc.). **b)** dar mayor colorido a, alegrar, animar (lugar). **c)** mejorar, alegrar, dar animación (a una situación). **d)** mejorar, parecer menos negra (situación). **e)** mejorar (tiempo). **f)** abrillantar (metal).

brightly ['braɪtlɪ] *adv.* **1** brillantemente, con gran colorido. **2** brillantemente, de color intenso. **3** con gran fuerza, con fuerte resplandor. **4** alegremente, vivamente.

brightness ['braɪtnɪs] *s. i.* **1** brillo, brillantez. **2** fuerza, intensidad (de un color o luz). **3** ingenio, inteligencia. **4** alegría, viveza.

brill [brɪl] *s. c.* **1** ZOOL. rodaballo (pez). • *interj.* **2** (brit.) (fam.) guay, chupi, genial.

brilliance ['brɪljəns] (también **brilliancy**) *s. c.* **1** ingenio, inteligencia, luces, brillantez (mental). **2** brillo, brillantez (de color, luz, etc.).

brilliancy ['brɪljənsɪ] *s. c.* ⇒ **brilliance.**

brilliant ['brɪljənt] *adj.* **1** magnífico, soberbio, sobresaliente (en inteligencia, ideas, obras, etc.). **2** prometedor, brillante, espléndido (futuro). **3** brillante (color). **4** luminoso, lleno de luz. **5** radiante (sonrisa). • *interj.* **6** magnífico, estupendo.

brilliantly ['brɪljəntlɪ] *adv.* **1** magníficamente, soberbiamente, de manera sobresaliente. **2** prometedoramente, brillantemente, espléndidamente (futuro). **3** brillantemente (color). **4** luminosamente, con luz intensa. **5** radiantemente (sonreír).

brim [brɪm] *s. c.* **1** borde (de un recipiente); ala (de sombrero). • *v. i.* **2** (**to ~** {**with**}) estar lleno (de un líquido). **3** (**to ~** {**with**}) (fig.) rebosar, estar lleno (de alegría, animación, ideas, etc.). ♦ **4 to ~ over, a)** estar lleno hasta arriba (de un líquido). **b)** (fig.) rebosar, desbordarse (de alegría, ideas, etc.). **5 to the ~,** hasta el mismo borde, hasta arriba (lleno).

brimful [ˌbrɪm'fʊl] *adj.* **1** (~ **of**) lleno hasta arriba de, rebosante de (líquido). **2** (~ **of**) (fig.) rebosante de, desbordante de (sentimientos, ideas, etc.).

brimming ['brɪmɪŋ] *adj.* **1** (~ {**with**}) lleno hasta arriba, rebosante (de líquido). **2** (~ {**with**}) (fig.) rebosante, desbordante (de ideas, sentimientos, etc.).

brimstone ['brɪmstəʊn] *s. i.* **1** (arc.) azufre. ♦ **2 fire and ~,** (lit.) fuego y azufre, azufre hirviendo.

brine [braɪn] *s. i.* salmuera.

bring [brɪŋ] (*pret.* y *p. p. irreg.* **brought**) *v. t.* **1** traer: *bring me some coffee = tráeme café.* **2** traer consigo: *bring a ruler to class = tráete una regla a clase.* **3** traer (a un sitio): *what brings you here? = ¿qué te trae por aquí?* **4** (**to ~ +** *o.* **+** {**to/for**}) producir, crear, traer (una cualidad a algo): *I want to bring happiness to you = quiero* *traerte felicidad.* **5** alcanzar (un precio). **6** introducir (algo como totalmente nuevo): *the new government brought a lot of changes to the country = el nuevo gobierno introdujo muchos cambios en el país.* **7** (**to** ~ **+** *o.* **+** {**from**}) provocar, causar (reacción positiva o negativa): *my comment brought a remark from him = mi comentario provocó otro comentario por parte de él.* **8** (**to** ~ **+** *o.* **+** *prep.*) meter, llevar, empujar (a alguien a una situación determinada): *it all brought him into conflict with the local police = todo ello le llevó a entrar en conflicto con la policía local.* **9** llevar, traer a colación (para mencionar algo). **10** traer (un espectáculo, programa televisivo, etc.). **11** causar, ser causa de: *the wind brought the roof crashing to the ground = el viento fue la causa de que el tejado cayera estrepitosamente al suelo.* **12** traer, causar, ocasionar (el tiempo, un sentimiento, etc.): *anger brought tears to her eyes = la ira trajo lágrimas a sus ojos.* **13** (**to** ~ **+** *o.* **+ up/down**) hacer subir/hacer bajar, elevar/bajar (el precio). **14** (**to** ~ **+** *o.* **+** {**on/to**}) traer, causar (algo negativo sobre alguien): *she brought shame on her family = trajo la vergüenza sobre su familia.* **15** (**to** ~ **+** *o.* **+** {**against**}) DER. formular (cargos). ● *v. pron.* **16** (**to** ~ **+** *inf.*) hacerse a la idea de, convencerse de: *he couldn't bring himself to greet him = no pudo hacerse a la idea de saludarle.* ◆ **17 to** ~ **about,** causar, ocasionar, acarrear: *he didn't bring about the situation = él no ocasionó la situación.* **18 to** ~ **along,** traer, traer consigo (especialmente a casa de otra persona). **19 to** ~ **back, a)** evocar, traer al pensamiento (recuerdo). **b)** revivir, reintroducir, reimplantar (una tradición, estilo, etc.). **c)** devolver (algo a su lugar de origen). **20 to** ~ **down, a)** derribar, tirar (físicamente). **b)** derribar (gobierno). **21 to** ~ **evidence (against),** DER. traer pruebas palpables (contra), sacar a la luz pruebas (contra). **22 to** ~ **forth, a)** (form.) traer a colación, poner de manifiesto, deparar. **b)** (lit. o p.u.) dar a luz (a un bebé). **23 to** ~ **forward, a)** poner sobre el tapete (para su discusión). **b)** COM. transferir, llevar un saldo (a la siguiente página). **24 to** ~ **forward (to),** adelantar (en la fecha). **25 to** ~ **in, a)** POL. introducir (una regulación, ley, etc.). **b)** producir, rendir (dinero, beneficios). **c)** DER. pronunciar (un veredicto). **d)** arrestar (la policía). **e)** recoger (cosecha). **26 to** ~ **in/into, a)** invitar a participar en (como experto). **b)** mencionar, incluir (tema). **27 to** ~ **off,** (fam.) conseguir, lograr (algo difícil): *rescuing him was difficult, but we brought it off = rescatarle era difícil, pero lo logramos.* **28 to** ~ **on, a)** causar, ocasionar (enfermedad, dolor, etc.). **b)** (p.u.) formar, entrenar, sacar (personas). **29 to** ~ **out, a)** sacar (nuevo producto). **b)** decir, pronunciar (con dificultad). **c)** revelar, mostrar, sacar a relucir (cualidades o vicios que normalmente no se notan). **d)** poner de manifiesto, revelar (algo en una obra artística). **e)** hacer que alguien hable, hacer que alguien tímido se abra. **30 to** ~ **out in,** ocasionar (algún tipo de manchas en la piel). **31 to** ~ **round, a)** hacer volver en sí (a una persona inconsciente). **32 to** ~ **round (to),** hacer cambiar de opinión, convencer. **33 to** ~ **into being,** ⇒ **being. 34 to** ~ **something to an end/halt/stop,** parar algo, acabar con algo, poner fin a. **35 to** ~ **the house down,** ⇒ **house. 36 to** ~ **to,** hacer volver en sí (a una persona inconsciente). **37 to** ~ **up, a)** educar, formar (el carácter). **b)** (fam.) vomitar, devolver. **c)** sacar, traer a colación (un tema).

bring-and-buy sale ['brɪŋənbaɪseɪl] *s. c.* (brit.) mercadillo familiar.

brink [brɪŋk] *s. sing.* **1** (lit.) borde (de un precipicio o parecido). ◆ **2 on/from the** ~ **(of),** al/del borde (de), a punto de: *on the brink of war = al borde de la guerra.*

brinkmanship ['brɪŋkmənʃɪp] *s. i.* POL. política arriesgada, política que raya el límite, la crisis.

briny ['braɪnɪ] *adj.* salado; (lit.) salobre (agua).

briquette [brɪ'ket] *s. c.* briqueta (de carbón o similar).

brisk [brɪsk] *adj.* **1** vigoroso activo, enérgico (cualidad personal). **2** rápido, vigoroso (ritmo de hacer cosas). **3** continuo, abundante (negocio, trato comercial, etc.). **4** vigorizante, tonificante (tiempo atmosférico).

brisket ['brɪskɪt] *s. i.* falda (de una res).

briskly ['brɪsklɪ] *adv.* **1** enérgicamente, activamente, vigorosamente. **2** rápidamente, con vigor (actuar). **3** continuamente, abundantemente (negocios): *business was going briskly = el negocio funcionaba de una manera continua.* **4** de manera que tonifica (tiempo atmosférico).

briskness ['brɪsknɪs] *s. i.* **1** energía, actividad, vigor. **2** rapidez, velocidad. **3** abundancia (de negocios). **4** lo vigorizante, lo tonificante (del tiempo atmosférico).

bristle ['brɪsl] *v. i.* **1** ponerse de punta, erizarse (el pelo). **2** (**to** ~ {**at**}) encolerizarse, montar en cólera. ● *s. c.* **3** (normalmente *pl.*) cerda (pelo de animal). **4** (normalmente *pl.*) (fig.) pelo fuerte (especialmente después del afeitado). ● *s. i.* **5** cerda, pelo fuerte. ◆ **6 to** ~ **with, a)** estar cubierto de, estar lleno de, estar erizado (objetos alargados). **b)** (brit.) (fam.) estar abarrotado de, estar hasta arriba de, estar a más no poder de.

bristly ['brɪslɪ] *adj.* **1** como con espinos, como alambre (pelo). **2** crecida de varios días, sin afeitar durante varios días (barba).

Brit [brɪt] *s. c.* (fam.) británico, inglés.

Britain ['brɪtn] *s. sing.* Gran Bretaña.

British ['brɪtɪʃ] *adj.* **1** británico. ◆ **2** ~ **English,** inglés británico. **3 the** ~**,** los británicos. **4 the** ~ **Isles,** GEOG. las Islas Británicas.

Britisher ['brɪtɪʃər] *s. c.* (EE UU) (fam.) británico, inglés.

Briton ['brɪtn] *s. c.* britano, británico.

brittle ['brɪtl] *adj.* **1** quebradizo, rompible, frágil (objeto). **2** (fig.) frágil, débil, no asentado (costumbres, relación, sistema, etc.). **3** duro, insensible, hosco (persona). **4** seco, duro (sonido).

brittleness ['brɪtlnɪs] *s. i.* **1** fragilidad. **2** (fig.) fragilidad, debilidad (de una relación, hábito, modo de vida, etc.). **3** dureza, insensibilidad, hosquedad (persona). **4** sequedad, dureza (sonido).

broach [brəutʃ] *v. t.* **1** abordar, sacar (un tema de conversación, discusión, etc.). **2** (form. o hum.) abrir, descorchar (botella); espitar (cuba).

broad [brɔːd] *adj.* **1** ancho, amplio. **2** extenso, grande, amplio. **3** amplia (sonrisa). **4** amplio, extenso: *a broad range of subjects = una amplia gama de temas.* **5** general, amplio (término o expresión). **6** pronunciado, marcado (acento, forma de hablar). **7** evidente, claro, obvio: *a broad hint = una indirecta obvia.* **8** liberal, abierto (de ideas). **9** comprehensivo, general, amplio, abarcador: *a broad appeal = una llamada general.* ● *s. c.* **10** (EE UU) (fam.) tía, moza. ◆ **11** ~ **bean,** (brit.) AGR. haba cochinera. **12 Broad Church,** REL. grupo liberal anglicano. **13** ~ **in the beam,** ⇒ **beam. 14** ~ **jump,** (EE UU) DEP. salto de longitud. **15 in** ~ **daylight,** a plena luz del día, a plena luz del sol.

broadband ['brɔːdband] *adj.* de banda ancha.

broadcast ['brɔːdkɑːst || 'brɔːdkæst] (*pret.* y *p. p.* **broadcast** o **broadcasted**) *v. t.* y *i.* **1** RAD. emitir, radiar. **2** TV transmitir, televisar. ● *v. t.* **3** (p.u.) anunciar, decir, informar. ● *s. c.* **4** RAD. TV emisión, transmisión; programa de radio, programa de televisión.

broadcaster ['brɔːdkɑːstər] *s. c.* RAD. TV locutor, periodista de televisión, entrevistador, presentador.

broadcasting ['brɔːdkɑːstɪŋ] *s. i.* RAD. TV transmisión, radiodifusión.

broaden ['brɔːdn] *v. i.* **1** ensancharse, hacerse más ancho. **2** ampliarse, hacerse más grande (cualquier cosa o fenómeno). **3** generalizarse (una experiencia). ● *v. t.* **4** ampliar, hacer más grande (cualquier cosa o fenómeno). **5** generalizar (una experiencia); abarcar (a mucha gente una experiencia). ◆ **6 to** ~ **one's mind,** ampliar las miras de uno, educar el pensamiento. **7 to** ~ **out, a)** ensancharse, ampliarse (físicamente). **b)** ampliar(se), generalizar(se) (con el fin de incluir el máximo número de elementos o personas).

broadly ['brɔːdlɪ] *adv.* **1** en general, en sentido amplio: *this is, broadly, what*

I'm fighting for = esto es, en sentido amplio, por lo que estoy luchando. **2** ampliamente, en sus aspectos generales. **3** ampliamente, abiertamente (modo de sonreír). ◆ **4 ~ speaking,** hablando en general, hablando de modo general.

broadly-based ['brɔːdlɪbeɪst] *adj.* de amplia base.

broad-minded [ˌbrɔːd'maɪnded] *adj.* liberal, tolerante; de miras amplias.

broad-mindedness [ˌbrɔːd'maɪndɪdnɪs] *s. i.* tolerancia; amplitud de miras.

broadsheet ['brɔːdʃiːt] *s. c.* (brit.) **1** PED. periódico de gran formato. **2** folleto de propaganda de una hoja.

broadside ['brɔːdsaɪd] *s. c.* **1** MIL. andanada de costado, descarga de costado (de un barco). **2** (fig.) andanada, retahíla (de críticas, insultos, etc.).

brocade [brə'keɪd] *s. i.* brocado.

broccoli ['brɒkəlɪ] *s. i.* GAST. brécol.

brochure ['brəʊʃər ‖ brəʊ'ʃʊər] *s. c.* folleto, panfleto.

brogue [brəʊg] *s. sing.* **1** acento, acento regional (especialmente el irlandés). ● *s. c.* **2** (normalmente *pl.*) zapato grueso.

broil [brɔɪl] *v. t.* (EE UU) GAST. asar a la parrilla.

broiler ['brɔɪlər] *s. c.* **1** pollo joven, pollo tierno. **2** (EE UU) parrilla.

broiling ['brɔɪlɪŋ] *adj.* (EE UU) (fam.) sofocante, tórrido.

broke [brəʊk] *pret.irreg.* **1** de **break.** ● *adj.* **2** (fam.) sin un céntimo, sin blanca. ◆ **3 to go ~,** (fam.) quedarse sin un duro, quedarse sin pasta. **4 to go for ~,** (fam.) arriesgar el pellejo, poner toda la carne1 en el asador (para conseguir un objetivo concreto).

broken [brəʊkən] *p. p. irreg.* **1** de **break.** ● *adj.* **2** roto, fragmentado, quebrado. **3** roto, fracturado (hueso). **4** averiado, estropeado (maquinaria). **5** chapurreado (idioma). **6** interrumpido (una línea, proceso, etc.). **7** destrozado (física o mentalmente). **8** violado, incumplido (contrato, acuerdo, etc.). **9** roto, acabado (matrimonio, amistad, etc.). **10** accidentado (terreno); turbulento (agua). ◆ **11 ~ home,** hogar roto, familia separada, familia de padres divorciados.

broken-down [ˌbrəʊkən'daʊn] *adj.* **1** averiado, estropeado (maquinaria, vehículo, etc.). **2** derruido, en ruinas.

broken-hearted [ˌbrəʊkən'hɑːtɪd] *adj.* con el corazón destrozado, traspasado de dolor.

broker ['brəʊkər] *s. c.* FIN. agente de bolsa, corredor de bolsa.

brokerage ['brəʊkərɪdʒ] *s. i.* FIN. comisión, corretaje.

brolly ['brɒlɪ] *s. c.* (brit.) (fam.) paraguas.

bromide ['brəʊmaɪd] *s. c.* e *i.* **1** QUÍM. bromuro. **2** (fig. y form.) trivialidad, cliché.

bromine ['brəʊmiːn] *s. i.* QUÍM. bromo.

bronchial ['brɒŋkɪəl] *adj.* **1** MED. bronquial. **2** (fam.) de bronquitis, como bronquitis. ◆ **3 ~ tube,** ANAT. bronquio.

bronchitis [brɒŋ'kaɪtɪs] *s. i.* MED. bronquitis.

bronco ['brɒŋkəʊ] *s. c.* potro semisalvaje.

brontosaurus [ˌbrɒntə'sɔːrəs] *s. c.* ZOOL. brontosauro.

bronze [brɒnz] *s. i.* **1** MET. bronce. **2** color de bronce. ● *s. c.* **3** (fig.) estatua de bronce. ● *adj.* **4** de bronce. ◆ **5 ~ medal,** medalla de bronce. **6 the Bronze Age,** HIST. la Edad de Bronce.

bronzed [brɒnzd] *adj.* bronceado (por el sol).

brooch [brəʊtʃ] *s. c.* broche (de adorno).

brood [bruːd] *v. i.* **1** (to ~ {about}) cavilar, dar vueltas a. **2** (form.) cernerse, pender (sobre algún sitio). ● *s. c.* **3** (~ *v.sing./pl.*) nidada (de pájaros). **4** (~ *v.sing./pl.*) (fig. y hum.) prole, tribu (de niños). ◆ **5 to ~ on/over,** pensar continuamente, no quitarse de la cabeza (algo negativo).

brooding ['bruːdɪŋ] *adj.* **1** amenazante, preocupante. ● *s. i.* **2** (fam.) cavilación. ◆ **3 broodings,** (fam.) cavilaciones.

broodily ['bruːdɪlɪ] *adv.* melancólicamente, tristonamente.

broodiness ['bruːdɪnɪs] *s. i.* melancolía, tristeza.

brood-mare ['bruːdmeə] *s. c.* ZOOL. yegua de cría.

broody ['bruːdɪ] *adj.* **1** melancólico, tristón, deprimido. **2** clueca, a punto de incubar (gallina). **3** (brit.) (fam.) deseosa de tener un niño (mujer).

brook [bruk] *s. c.* **1** arroyo. ● *v. t.* **2** (form.) tolerar (discusión, contradicción, tardanza, etc.).

broom [bruːm] *s. c.* **1** escoba. ● *s. i.* **2** BOT. retama, hiniesta.

broomstick ['bruːmstɪk] *s. c.* palo de la escoba.

broth [brɒθ ‖ brɔːθ] *s. i.* GAST. **1** caldo, sopa. **2** consomé. ◆ **3 too many cooks spoil the ~,** ⇒ **cook.**

brothel ['brɒθl] *s. c.* burdel, casa de citas.

brother ['brʌðər] *s. c.* **1** hermano. **2** (fig.) semejante, compañero, amigo, hermano: *all men should be brothers = todos los hombres deberían ser hermanos.* **3** (fam.) macho, tío, hermano (especialmente entre los negros americanos). **4** (~ {to/of}) parecido, relacionado, semejante (un animal a otro, por ejemplo). **5** (*pl.* **brethren**) REL. hermano (miembro de una congregación religiosa). ● *interj.* **6** (p.u.) ¡jolines! ◆ **7 brothers in arms,** compañeros de armas, compañeros en la guerra.

brotherhood ['brʌðəhud] *s. i.* **1** hermandad, fraternidad. ● *s. c.* **2** (~ {of}) hermandad, gremio, sindicato (asociación). **3** (~ {of}) REL. hermandad (monjes).

brother-in-law ['brʌðərɪnlɔː] *s. c.* cuñado.

brotherliness ['brʌðəlɪnɪs] *s. i.* fraternidad (sentimiento o actitud).

brotherly ['brʌðəlɪ] *adj.* fraternal, fraterno.

brougham ['bruːəm] *s. c.* berlina (coche de caballos).

brought [brɔːt] *pret.* y *p. p. irreg.* **1** de **bring.** ◆ **2 well/badly brought up,** bien/mal educado.

brouhaha ['bruːhɑːhɑː ‖ bruː'hɑːhɑː] *s. i.* (fam.) follón, alboroto.

brow [brau] *s. sing.* **1** frente. ● *s. c.* **2** (p.u.) ceja. **3** (~ {of}) cresta (de una elevación del terreno).

browbeat ['braubiːt] *v. t.* (*pret. irreg.* **browbeat,** *p. p.* **browbeaten**) intimidar, amedrentar.

browbeaten ['braubiːtn] *p. p. irreg.* **1** de **browbeat.** ● *adj.* **2** amilanado, acobardado, intimidado, amedrentado.

brown [braun] *adj.* **1** marrón, castaño, pardo. **2** moreno, tostado (por el sol). **3** cobrizo (de raza). ● *s. i.* **4** marrón, castaño. **5** moreno (del sol). ● *v. t.* e *i.* **6** tostar(se); GAST. dorar(se). ◆ **7 to be as ~ as a berry,** (brit.) estar negro (bronceado). **8 ~ bear,** ZOOL. oso pardo. **9 ~ bread,** pan integral. **10 browned off (with),** (brit.) (fam.) harto (de), cansado (de), hasta las narices (de). **11 ~ paper,** papel de envolver, papel de estraza. **12 ~ rice,** arroz sin descascarillar, arroz integral. **13 ~ sugar,** azúcar moreno. **14 in a ~ study,** ensimismado por completo, ensimismado con los propios pensamientos.

brownie ['braunɪ] *s. c.* **1** (EE UU) bizcocho de chocolate con avellanas o nueces. **2** niña exploradora (equivalente de Boy Scout). ◆ **3 Brownie Guide,** niña exploradora. **4 ~ points,** (fam.) buenas acciones; puntos a favor.

brownish ['braunɪʃ] *adj.* tirando a marrón, parduzco.

brownstone ['braunstəun] *s. i.* **1** piedra arenisca. ● *s. c.* **2** (EE UU) residencia, casa (construida con piedra arenisca).

browse [brauz] *v. i.* **1** (to ~ {through}) hojear, echar un vistazo (a un libro). **2** curiosear. **3** pacer, ramonear (ganado). ● *s. c.* **4** ojeada, vistazo: *a browse in the bookshops = un vistazo a las librerías.*

browser ['brauzə] *s. c.* INF. navegador.

bruise [bruːz] *s. c.* **1** cardenal, magulladura, moratón. **2** trozo pocho (fruta). ● *v. t.* e *i.* **3** magullar(se), contusionar(se), amoratar(se). **4** poner(se) pocha (fruta). ● *v. t.* **5** (normalmente *pas.*) herir (sentimientos).

bruised [bruːzd] *adj.* **1** amoratado, magullado. **2** pocho (fruta).

bruiser ['bruːzər] *s. c.* (fam.) matón (alguien que goza peleando).

bruising ['bruːzɪŋ] *adj.* **1** hiriente (experiencia). ● *s. i.* **2** contusión causante de cardenales, magulladuras.

brunch [brʌntʃ] *s. c.* e *i.* (EE UU) (fam.) desayuno tarde, almuerzo (especialmente cuando uno se levanta muy tarde).

brunette [bruː'net] *s. c.* morena (mujer).

brunt [brʌnt] **to bear/take the ~ (of),** llevar el peso (de), aguantar lo peor (de): *your soldiers will bear the brunt of the enemy attack = sus soldados aguantarán lo peor del ataque enemigo.*

brush [brʌʃ] *s. c.* **1** cepillo (para distintas tareas). **2** brocha (para pintar). **3** ART. pincel. **4** (~ **with**) roce con, escaramuza con (algo o alguien). **5** cola (de zorro). • *s. sing.* **6** (**a** ~) cepillado, restregón. • *s. i.* **7** (EE UU) BOT. monte bajo. **8** maleza, rastrojo. • *v. t.* **9** cepillar, dar un cepillado a. **10** (**to** ~ *prep.*) quitar, echar, apartar (con la mano en un movimiento parecido al del cepillo): *she brushed her hair back = se echó el pelo hacia atrás.* • *v. t.* e *i.* **11** rozar con, rozarse con (físicamente). ◆ **12 to ~ aside,** apartar de la atención, apartar del pensamiento; no hacer caso (a pensamiento, sentimiento, etc.). **13 to ~ by,** pasar rozando (normalmente sin hacer caso). **14 to ~ down,** limpiar bien, quitarse la suciedad (con las manos o un cepillo). **15 to ~ off,** hacer caso omiso de, apartar (a una persona). **16 to ~ past,** pasar rozando (normalmente sin hacer caso). **17 to ~ up/to ~ up on,** ponerse al día en (materia de estudio).

brushed [brʌʃt] *adj.* tratado (tejido).

brush-off ['brʌʃɒf] **to give someone the ~,** (fam.) tratar desconsideradamente a alguien, tratar a alguien a patadas.

brush-up ['brʌʃʌp] *s. c.* **1** restregón (para limpiarse). **2** repaso, puesta al día (en una materia de estudio).

brushwood ['brʌʃwud] *s. i.* **1** BOT. monte bajo. **2** maleza, rastrojos.

brushwork ['brʌʃwəːk] *s. i.* ART. técnica de pincel, técnica de pintar.

brusque [bruːsk ‖ brʌsk] *adj.* brusco, áspero; rudo.

brusquely ['bruːsklɪ ‖ 'brʌsklɪ] *adv.* bruscamente, ásperamente; rudamente.

brusqueness ['bruːsknɪs ‖ 'brʌsknɪs] *s. i.* brusquedad, aspereza; rudeza.

brussels sprout ['brʌslzpraut] *s. c.* col de bruselas.

brutal ['bruːtl] *adj.* **1** brutal, bestial, salvaje. **2** salvaje (sinceridad o similar). **3** crudo, sin paliativos, despiadado (como énfasis de algo negativo): *brutal competition = competencia despiadada.* **4** cruel, duro (tiempo atmosférico).

brutalise *v. t.* ⇒ **brutalize.**

brutality [bruː'tælɪtɪ] *s. i.* **1** brutalidad, salvajismo. • *s. c.* **2** atrocidad, ejemplo de brutalidad.

brutalize ['bruːtəlaɪz] (también **brutalise**) *v. t.* embrutecer, quitar la sensibilidad.

brutally ['bruːtəlɪ] *adv.* **1** brutalmente, bestialmente, salvajemente. **2** salvajemente (sincero o similar). **3** crudamente, despiadadamente (enfatizando algo negativo). **4** cruelmente, duramente (del tiempo atmosférico).

brute [bruːt] *s. c.* **1** bruto, bestia (persona o animal). • *adj.* **2** bruta (fuerza). **3** tosco, grosero; brutal: *brute stupidity = estupidez tosca.*

brutish ['bruːtɪʃ] *adj.* cruel, tosco, grosero.

brutishly ['bruːtɪʃlɪ] *adv.* cruelmente, toscamente, groseramente.

BSE [bies'iː] (siglas de **bovine spongiform encephalopathy**) *s. i.* encefalopatía espongiforme bovina.

bubble ['bʌbl] *s. c.* **1** burbuja. **2** pompa de jabón. **3** ARQ. campana de vidrio. **4** (fig.) burbujeo. • *v. i.* **5** burbujear, hacer burbujas (visual y auditivamente). **6** cocerse, formarse el fermento de, bullir (una situación): *at that time new ideas were bubbling = en esa época estaba naciendo el fermento de nuevas ideas.* **7** (**to** ~ **with**) rebosar de (felicidad u otro sentimiento agradable). ◆ **8 to blow bubbles,** hacer pompas de jabón. **9 ~ and squeak,** (brit.) GAST. mezcla de patatas con repollo. **10 ~ bath, a)** baño espumoso. **b)** gel espumoso de baño. **11 ~ pack,** blíster, blister. **12 to ~ over (with),** rebosar de (felicidad u otro sentimiento positivo). **13 to ~ up,** subir burbujeando, llegar hasta el borde con burbujas. **14 the ~ burst/it burst like a ~/etc.,** la ilusión se deshizo, se derrumbó el castillo de arena, la fantasía desapareció.

bubblegum ['bʌblgʌm] *s. i.* chicle (especialmente el de globos).

bubbly ['bʌblɪ] *adj.* **1** burbujeante, chispeante (bebida). **2** (fam.) llena de vida, llena de chispa (persona). • *s. i.* **3** (fam.) champagne.

buccaneer [ˌbʌkə'nɪər] *s. c.* **1** bucanero, pirata, filibustero. **2** (fig.) empresario desalmado; persona sin escrúpulos.

buccaneering [ˌbʌkə'nɪərɪŋ] *adj.* arriesgado, que se expone (a perder dinero).

buck [bʌk] *s. c.* **1** (fam.) dólar. **2** ZOOL. macho (ciervo, conejo o liebre). • *v. i.* **3** encabritarse, corcovear (caballo). • *v. t.* **4** (fam.) esquivar, quitarse de encima, evitar (un problema). • *adj.* **5** protuberante, de conejo (dientes superiores). ◆ **6 to ~ up,** (fam.) **a)** animar(se), subir (la moral). **b)** alegrarse. **c)** apresurarse, darse prisa. **7 to ~ one's ideas up,** comportarse de forma más positiva, comportarse con más seriedad; tomarse más en serio las cosas. **8 to make a fast/quick ~,** (fam.) ganar una fortuna (de manera deshonesta especialmente). **9 to pass the ~,** (fam.) rechazar la responsabilidad, no cargarse el muerto. **10 the ~ stops here,** yo soy el último responsable.

bucked [bʌkt] *adj.* (fam.) animado, contento (por el elogio de otro).

bucket ['bʌkɪt] *s. c.* **1** cubo, balde. **2** MEC. cubeta (de una máquina). • *v. i.* **3** (fam.) llover a mares. • *s. pl.* **4** (fam.) montones. ◆ **5 to ~ down,** (fam.) llover a cántaros, llover a mares. **6 ~ seat,** asiento acolchado. **7 ~ shop,** (brit.) agencia de viajes especializada en vuelos baratos. **8 to kick the ~,** (fam.) estirar la pata.

bucketful ['bʌkɪtful] *s. c.* cubo (contenido).

buckle ['bʌkl] *s. c.* **1** hebilla. • *v. t.* **2** abrochar (objeto con hebilla). **3** abombar, curvar (por la fuerza o el calor). • *v. i.* **4** abombarse, curvarse (por la fuerza o el calor). **5** ceder, no sostener (las piernas o brazos). ◆ **6 to ~ down (to),** ponerse a trabajar seriamente (en), dedicarse seriamente (a), dedicarse con empeño (a). **7 to ~ in/into,** sujetar, sujetar a (mediante hebilla). **8 to ~ on,** ponerse (algo con hebillas). **9 to ~ to,** (fam.) arreglárselas como una persona pueda.

buckshot ['bʌkʃɒt] *s. i.* posta, perdigón.

buckskin ['bʌkskɪn] *s. i.* **1** ante, piel de ante. • *s. pl.* **2** pantalones de ante, pantalones de piel de ante.

buck-toothed ['bʌktuːθt] *adj.* dentón, con los dientes protuberantes.

buckwheat ['bʌkwiːt ‖ 'bʌkhwiːt] *s. i.* AGR. **1** alforfón, trigo sarraceno. ◆ **2 ~ flour,** harina de trigo sarraceno.

bucolic [bjuː'kɒlɪk] *adj.* (lit.) bucólico, pastoril.

bud [bʌd] *s. c.* **1** BOT. brote, yema, capullo. **2** (EE UU) (fam.) macho, colega, tío, chaval. **3** palito, bastoncillo (normalmente de algodón y para limpiarse los oídos). • *v. i.* **4** echar brotes, echar capullos. ◆ **5 in ~,** en ciernes, con brotes (plantas). **6 to nip in the ~,** cortar de raíz (antes de que se desarrolle).

Buddha ['budə] *s. sing.* **1** REL. Buda (fundador del budismo). • *s. c.* **2** estatua de Buda.

Buddhism ['budɪzəm] *s. i.* REL. budismo.

Buddhist ['budɪst] *s. c.* **1** REL. budista. • *adj.* **2** budista.

budding ['bʌdɪŋ] *adj.* prometedor, en ciernes (artista, intelectual, etc.).

buddy ['bʌdɪ] *s. c.* (EE UU) (fam.) colega, compañero, macho, tío.

budge [bʌdʒ] *v. i.* **1** ceder, moverse lo más mínimo (físicamente). **2** (fig.) ceder lo más mínimo (en una opinión), admitir el más mínimo compromiso (en un asunto). • *v. t.* **3** hacer moverse un poco, hacer ceder un poco (físicamente). ◆ **4 to ~ up,** (fam.) correrse un poquito, hacer un poquito de sitio (en un asiento o similar).

budgerigar ['bʌdʒərɪgɑːr] *s. c.* ⇒ **budgie.**

budget ['bʌdʒɪt] *s. c.* **1** presupuesto. • *v. t.* **2** presupuestar. • *v. i.* **3** planificar el presupuesto. • *adj.* **4** económico, asequible (especialmente en el lenguaje publicitario). ◆ **5 ~ account,** FIN. cuenta comercial con una tienda; cuenta bancaria de gastos corrientes. **6 ~ deficit,** déficit presupuestario. **7 to ~ for,** tener en cuenta, contar en el presupuesto con. **8 to ~ one's time,** organizarse el tiempo.

budgetary ['bʌdʒɪtrɪ || 'bʌdʒɪterɪ] *adj.* presupuestario.
budgeting ['bʌdʒɪtɪŋ] *s. i.* elaboración de un presupuesto.
budgie ['bʌdʒɪ] (también **budgerigar**) *s. c.* ZOOL. periquito (ave).
buff [bʌf] *adj.* **1** color cuero, color ante. • *s. c.* **2** (fam.) enamorado, entusiasta; experto: *he's a science-fiction buff = es un entusiasta de la ciencia ficción.* • *v. t.* **3** pulir (uñas, zapatos, etc.). ◆ **4 in the ~,** (hum. y p.u.) en cueros, en pelota viva.
buffalo ['bʌfələʊ] (*pl.* **buffalo** o **buffaloes**) *s. c.* ZOOL. búfalo.
buffer ['bʌfər] *s. c.* **1** MEC. amortiguador, tope; parachoques. **2** (fig.) protección; salvaguardia: *that's a good buffer against poverty and hunger = ésa es una buena protección contra la pobreza y el hambre.* ◆ **3 old ~** (p.u.), carca, retrógrado.
buffet ['bʊfeɪ || bə'feɪ] *s. c.* **1** cafetería, cantina (típica de las estaciones de tren y autobuses). **2** vagón restaurante, coche bar/restaurante (en un tren). **3** buffet (comida de pie). ◆ **4 ~ car,** vagón restaurante, coche bar/restaurante (en un tren).
buffet ['bʌfɪt] *s. c.* **1** (form.) bofetada. • *v. t.* **2** (form.) abofetear, dar una bofetada a. **3** (form. y fig.) golpear (la vida, una experiencia, etc.). **4** zarandear (el viento o el mar).
buffeting ['bʌfɪtɪŋ] *s. i.* zarandeo, golpeteo (del mar o el viento).
buffoon [bə'fuːn] *s. c.* (p.u.) bufón.
buffoonery [bə'fuːnərɪ] *s. i.* (p.u.) bufonada.
bug [bʌg] *s. c.* **1** bicho, insecto. **2** virus, microbio, germen (causante de enfermedad). **3** INF. virus. **4** micrófono oculto. **5** (fam.) gusanillo (interés por algo). • (*ger.* **bugging,** *pret* y *p. p.* **bugged**) *v. t.* **6** poner micrófonos ocultos en. **7** (fam.) sacar de quicio, volver tarumba. ◆ **8 ~ fix,** INF. corrector de errores. **9 to be bitten by a ~,** (fam.) entrarle a uno el gusanillo; tomarle gusto a algo.
bugbear ['bʌgbeər] *s. c.* terror, coco, fantasma, bestia negra: *privatization was the bugbear of the unions = la privatización fue la bestia negra de los sindicatos.*
bugger ['bʌgər] *s. c.* (vulg.) **1** cabrón, hijo puta. **2** cabroncete (con cierto cariño). **3** gilipollas, agilipollado (tonto). **4** DER. sodomita. • *v. t.* **5** tener relaciones sexuales anales con. • *s. sing.* **6** (**a ~**) una jodienda, una cabronada (algo difícil de hacer). ◆ **7 ~/~ it!,** ¡joder! **8 ~ ...!,** ¡a la mierda con...! **9 to ~ about/around,** andar por ahí jodiendo al personal. **10 ~ all!,** ¡nada de nada! **11 ~ me!,** ¡no jodas! (sorpresa). **12 ~ off!,** ¡vete a la mierda! **13 to ~ off,** salir echando leches (irse rápidamente). **14 to ~ up,** joder el invento, mandar algo a tomar por culo. **15 not to give/mind a ~,** importar un huevo, importar una mierda. **16 poor bugger,** pobre cabrón, pobrecillo hijo puta (con cierta pena).
buggered ['bʌgəd] *adj.* **1** (vulg.) jodido, machacado, exhausto. **2** jodido, (Am.) changado. ◆ **3 ... be ~,** a la mierda con..., que... se vaya a tomar por culo: *the job be buggered! = ¡que el trabajo se vaya a tomar por culo!* **4 I'll be ~!,** ¡joder! (enorme sorpresa). **5 I'll be ~ if,** que me jodan si.
buggery ['bʌgərɪ] *s. i.* sodomía.
buggy ['bʌgɪ] *s. c.* **1** calesa (coche de caballos). **2** cochecito de bebé.
bugle ['bjuːgl] *s. c.* MÚS. corneta.
bugler ['bjuːglər] *s. c.* MIL. corneta (soldado).
build [bɪld] *v. t.* (*pret.* y *p. p. irreg.* **built**) **1** construir, edificar. **2** (fig.) erigir, levantar (una nueva sociedad, organización, etc.). • *s. sing.* **3** figura, tipo (físico). ◆ **4 to ~ into, a)** incorporar; construir dentro de (roca, por ejemplo). **b)** ser parte integrante de, estar profundamente asentado en: *inequality is built into our society = la desigualdad está profundamente asentada en nuestra sociedad.* **5 to ~ on/upon, a)** basar en, fundamentar en: *our policy is built on the belief in democracy = nuestra política está fundamentada en la creencia en la democracia.* **b)** explotar, aprovechar al máximo (un éxito). **6 to ~ up, a)** reunir (una colección). **b)** acumular(se), hacerse mayor, aumentar(se): *traffic is building up this morning = esta mañana está aumentando el tráfico.* **c)** fortalecer (la salud, el cuerpo, etc.). **d)** aumentar, dar más (confianza, moral, etc.). **e)** dar moral, dar coba. **f)** edificar, urbanizar completamente (un espacio). **g)** hacerse (una clientela). **7 Rome was not built in a day,** Roma no se construyó en un día; Zamora no se tomó en una hora.
builder ['bɪldər] *s. c.* contratista de obras, especialista de la construcción, aparejador.
building ['bɪldɪŋ] *s. c.* **1** edificio, construcción. • *s. i.* **2** construcción, edificación. ◆ **3 ~ block,** componente (de algo). **4 ~ site,** solar. **5 ~ society,** (brit.) banco hipotecario.
build-up ['bɪldʌp] *s. c.* **1** aumento, incremento (de cualquier cosa). **2** MIL. concentración (de tropas, fuego, munición, etc.). **3** (**~ to**) el preludio de, la parte anterior a: *the build-up to the confrontation = el preludio de la confrontación.* • *s. c.* e *i.* **4** propaganda, publicidad (de apoyo).
built [bɪlt] *pret.* y *p. p. irreg.* **1** de **build.** • *adj.* **2** construido. ◆ **3 heavily ~,** de complexión robusta.
built-in [ˌbɪlt'ɪn] *adj.* **1** empotrado (armario). **2** MEC. incorporado, integrado.
built-up [ˌbɪlt'ʌp] *adj.* **1** edificado, construido, urbanizado (espacio). **2** reforzado (zapato, especialmente para parecer más alto).
bulb [bʌlb] *s. c.* **1** ELEC. bombilla. **2** BOT. bulbo, tubérculo. **3** (fig.) esfera, ampolleta (de algún objeto).
bulbous ['bʌlbəs] *adj.* bulboso, regordete, inflado, rechoncho, parecido a un bulbo.
Bulgaria [bʌl'geərɪə] *s. sing.* Bulgaria.
Bulgarian [bʌl'geərɪən] *s. c.* **1** búlgaro. • *adj.* **2** búlgaro. • *s. i.* **3** búlgaro (idioma).
bulge [bʌldʒ] *s. c.* **1** protuberancia, bulto (en una superficie). **2** (fam.) aumento transitorio: *the population bulge = aumento transitorio de la población.* • *v. i.* **3** hincharse, abultarse, formar protuberancias. **4** (**to ~ {with}**) (fam. y fig.) estallar (por estar demasiado lleno).
bulging ['bʌldʒɪŋ] *adj.* **1** hinchado, inflado, que sobresale notablemente. **2** (fam. y fig.) que estalla (por demasiado lleno).
bulk [bʌlk] *s. c.* **1** (**~ {of}**) masa, mole (cualquier objeto grande). **2** corpachón (de persona). • *s. i.* **3** grandes proporciones (de una persona). • *s. sing.* **4** mayor parte, mayoría, grueso: *the bulk of his work = la mayor parte de su obra.* ◆ **5 in ~,** a granel, al por mayor. ◆ **6 to ~ buy,** comprar al por mayor, comprar grandes cantidades. **7 to ~ large,** (lit.) alzarse imponente.
bulkhead ['bʌlkhed] *s. c.* ARQ. mampara, tabique (en un avión, construcción, etc.).
bulky ['bʌlkɪ] *adj.* **1** voluminoso, pesado, difícil de mover (objeto). **2** voluminoso, grande (animal o persona).
bull [bʊl] *s. c.* **1** ZOOL. toro. **2** ZOOL. macho (elefante, ballena, etc.). **3** (fig.) fortachón, hombrón. **4** REL. bula. **5** centro de un blanco. **6** FIN. inversión que juega al alza. **7** (EE UU) (fam.) poli. • *s. i.* **8** (fam.) bobada, chorrada. ◆ **9 ~ market,** FIN. mercado alcista. **10 ~ terrier,** ZOOL. bulterrier (perro). **11 like a ~ in a china shop,** como un elefante en una tienda de porcelana. **12 to take the ~ by the horns,** ⇒ **horn.**
bulldog ['bʊldɒg] *s. c.* **1** ZOOL. bulldog (perro). ◆ **2 ~ clip,** clip grande.
bulldoze ['bʊldəʊz] *v. t.* **1** excavar mediante una máquina excavadora, nivelar con una excavadora, tirar con una excavadora. **2** (**to ~** *o.* **{into}**) obligar, intimidar (con malos modos).
bulldozer ['bʊldəʊzər] *s. c.* MEC. máquina excavadora, bulldozer.
bullet ['bʊlɪt] *s. c.* **1** bala, proyectil, cartucho. ◆ **2 to bite the ~,** a lo hecho pecho; arrostrar las consecuencias de los actos de uno.
bulletin ['bʊlətɪn] *s. c.* **1** RAD. boletín (normalmente informativo). **2** parte, comunicado (oficial). **3** revista, boletín, publicación periódica. ◆ **4 ~ board,** (EE UU) tablón de anuncios.
bullet-proof ['bʊlɪtpruːf] *adj.* antibalas.
bullfight ['bʊlfaɪt] *s. c.* corrida de toros.
bullfighter ['bʊlfaɪtər] *s. c.* torero.
bullfighting ['bʊlfaɪtɪŋ] *s. i.* toreo.
bullfinch ['bʊlfɪntʃ] *s. c.* ZOOL. pinzón real (ave).
bullfrog ['bʊlfrɒg] *s. c.* ZOOL. rana toro.

bullhorn ['bulhɔːn] *s. c.* (EE UU) megáfono.
bullion ['buljən] *s. i.* oro en lingotes, plata en lingotes.
bullish ['bul'nekt] *adj.* FIN. en alza.
bull-necked ['bulɪʃ] *adj.* de cuello corto y grueso.
bullock ['bulək] *s. c.* novillo castrado.
bullpen ['bulpen] *s. c.* **1** calabozo. **2** área de calentamiento para lanzadores (en béisbol).
bullring ['bulrɪŋ] *s. c.* plaza de toros; ruedo (terreno circular donde se realiza la lidia).
bull's-eye ['bulzaɪ] *s. c.* **1** blanco, centro del blanco. **2** acierto en el blanco, blanco.
bullshit ['bulʃɪt] (vulg.) *s. i.* **1** mierda, chorrada, gilipollez. • *v. t.* e *i.* **2** tomar el pelo. • *interj.* **3** vaya gilipollez.
bully ['bulɪ] *s. c.* **1** (desp.) matón, chulo. • *v. t.* e *i.* **2** comportarse como un matón, comportarse como un matón con, chulear(se). • *v. t.* **3** (**to** ~ + *o.* + {**into**}) amedrentar, intimidar, obligar por miedo (a hacer algo). ◆ **4** ~ **boy,** matón, canalla a sueldo. **5** ~ **for you /him/etc.,** (fam.) y qué, vaya cosa, no es para tanto (disminuyendo la importancia de algo).
bullying ['bulɪɪŋ] *s. i.* actuación de matón, actuación de chulo.
bulrush ['bulrʌʃ] *s. c.* BOT. espadaña.
bulwark ['bulwək] *s. c.* **1** (~ {**of/ against**}) baluarte, bastión. **2** (fig.) baluarte, defensor, defensa. **3** (normalmente *pl.*) MAR. rompeolas.
bum [bʌm] *s. c.* **1** (fam.) vago, holgazán. **2** vagabundo, correcaminos. **3** caca, mierda (persona que no hace bien algo). **4** (brit.) culo, trasero. • *adj.* **5** inútil, de mierda: *a bum radio = una radio de mierda.* • *v. i.* **6** (**to** ~ + *o.* + {**off**}) gorronear, sablear. ◆ **7 to** ~ **about/ around, a)** vagabundear por el mundo, ir por ahí en plan vagabundo. **b)** holgazanear, estar mano sobre mano, hacer el vago. **8** ~ **bag,** riñonera.
bumble ['bʌmbl] *v. i.* **1** (**to** ~ {**about**}) hablar torpemente, trabucarse al hablar, pronunciar a tropezones. **2** andar torpemente, caminar a tropezones.
bumble-bee ['bʌmblbiː] *s. c.* ZOOL. abejorro.
bumbling ['bʌmblɪŋ] *adj.* inepto, chapucero, incapaz.
bumf [bʌmf] (también **bumph**) *s. i.* (brit.) (fam.) papeleo inútil; papeles para la basura.
bummer ['bʌmər] *s. c.* (fam.) asco, incordio (algo).
bump [bʌmp] *s. c.* **1** choque, topetón, encontronazo. **2** golpe, porrazo (sonido). **3** bache (en carretera). **4** chichón (en el cuerpo). • *v. i.* **5** ir dando tumbos, ir dando botes (en un vehículo). **6** (**to** ~ {**into**}) chocar, darse un golpe. • *v. t.* **7** golpear, dar un golpe a (inconscientemente). ◆ **8 to** ~ **into,** encontrarse con (por casualidad). **9 to** ~ **off,** (fam.) liquidar, matar, despachar. **10 to** ~ **up,** (fam.) subir, aumentar (alguna cantidad). **11 to** ~ **up against,** hacerse amigos, entablar una amistad casual.
bumper ['bʌmpər] *s. c.* **1** parachoques (en vehículo). **2** (EE UU) amortiguador (de tren). • *adj.* **3** abundante, magnífica (cosecha). ◆ **4** ~ **to** ~, uno pegado a otro, pegados (vehículos).
bumph *s. i.* ⇒ **bumf.**
bumpily ['bʌmpɪlɪ] *adv.* accidentalmente, incómodamente (viaje).
bumpiness ['bʌmpɪnɪs] *s. i.* lo accidentado, lo incómodo (de un viaje).
bumpkin ['bʌmpkɪn] *s. c.* (fam.) alcornoque; palurdo, patán.
bumptious ['bʌmpʃəs] *adj.* (desp.) presuntuoso, engreído, pedante.
bumptiously ['bʌmpʃəslɪ] *adv.* (desp.) engreídamente, pedantemente, con pedantería.
bumptiousness ['bʌmpʃəsnɪs] *s. i.* (desp.) engreimiento, pedantería.
bumpy ['bʌmpɪ] *adj.* **1** accidentado, lleno de baches (camino o similar). **2** incómodo, accidentado (viaje por caminos malos).
bun [bʌn] *s. c.* **1** GAST. bollo, panecillo dulce. **2** moño (estilo de peinado). ◆ **3 to have (got) a** ~ **in the oven,** (vulg.) estar preñada, tener un bebé en la barriga.
bunch [bʌntʃ] *s. c.* **1** racimo (de fruta). **2** ramo (de flores). **3** manojo, puñado (de cualquier objeto). **4** grupo (de personas). • *v. t.* e *i.* **5** (**to** ~ + *o.* + {**up/together**}) amontonar(se), agrupar(se); juntar(se). ◆ **6 in bunches,** en dos coletas grandes (pelo). **7 the best of a bad** ~, el tuerto en el reino de los ciegos, lo mejorcito dentro de un grupo malo. **8 the pick of the** ~**/the best of the** ~, lo mejor de lo que hay, lo mejorcito que hay.
bundle ['bʌndl] *s. c.* **1** tajo (atado). **2** fardo, bulto, paquete. **3** (fam.) fastidio (persona, especialmente bebés). • *v. t.* **4** (**to** ~ *prep.*) meter, empujar, lanzar (con rapidez y fuerza): *the kidnappers bundled the minister into the car = los secuestradores metieron al ministro a la fuerza en el coche.* ◆ **5 a** ~ **of laughs,** divertidísimo (persona). **6 a** ~ **of joy,** encanto (niño). **7 a** ~ **of nerves,** un manojo de nervios. **8 to** ~ **off (to),** salir a toda prisa (a), marcharse rápidamente (hacia). **9 to** ~ **up, a)** arroparse, abrigarse, **b)** juntar, amontonar. **10 to go a** ~ **on,** (fam.) chiflar a uno, encantar a uno.
bung [bʌŋ] *s. c.* **1** tapón, bitoque (normalmente de un barril, botella o similar). • *v. t.* **2** (brit.) (fam.) tirar, echar (descuidadamente): *bung it in the drawer = tirarlo al cajón.* ◆ **3 to** ~ **up,** taponar. **4 bunged up,** (fam.) taponado, tupido.
bungalow ['bʌŋgələu] *s. c.* chalé, bungalow (de una sola planta).
bungee-jumping ['bʌndʒi dʒʌmpiŋŋ] *s. i.* puenting.
bungle ['bʌŋgl] *v. t.* e *i.* echar(se) a perder, hacer una chapuza.
bungled ['bʌŋgld] *adj.* chapucero, hecho una chapuza.
bungling ['bʌŋglɪŋ] *adj.* chapucero.
bungler ['bʌnglər] *s. c.* chapuzas; incompetente.
bunion ['bʌnjən] *s. c.* juanete (en el pie).
bunk [bʌŋk] *s. c.* **1** litera, camastro (típico de barcos, trenes, etc.). • *s. i.* **2** (fam.) palabrería insulsa, bobadas. ◆ **3** ~ **bed,** litera. **4 to do a** ~, despedirse a la francesa, irse sin decir nada a nadie.
bunker ['bʌŋkər] *s. c.* **1** MIL. búnker, refugio subterráneo. **2** DEP. arenal (en el golf).
bunny ['bʌnɪ] *s. c.* **1** conejito (lenguaje de niños). ◆ **2** ~ **girl,** chica de club nocturno. **3** ~ **rabbit,** conejito (lenguaje de niños).
bunting ['bʌntɪŋ] *s. i.* banderitas para colgar de adorno.
buoy [bɔɪ] *s. c.* **1** MAR. boya. ◆ **2 to** ~ **up,** dar ánimos, animar, alentar.
buoyancy ['bɔɪənsɪ] *s. i.* **1** FÍS. flotabilidad, capacidad de flotar (en líquido o aire). **2** empuje, ánimo, optimismo.
buoyant ['bɔɪənt] *adj.* **1** flotante. **2** boyante, lleno de alegría, animado. **3** boyante (economía).
buoyantly ['bɔɪəntlɪ] *adv.* **1** con ligereza, con un flotar suave. **2** animadamente, boyantemente.
burble ['bəːbl] *v. i.* **1** borbotar, borbotear (sonido). **2** farfullar (hablar mal).
burden ['bəːdn] *s. c.* **1** (form.) peso, carga (físico). **2** (fig.) gran responsabilidad, peso (mental). • *s. sing.* **3** (**the** ~ **of**) el mensaje principal de, el sentido primario de (una obra de arte). • *v. t.* **4** (**to** ~ + *o.* + {**with**}) apesadumbrar, agobiar. ◆ **5 the** ~ **of proof,** el peso de la prueba, la carga de la prueba.
burdened ['bəːdnd] *adj.* **1** (~ {**with/by**}) (form.) aplastado bajo el peso, cargado (con algún objeto). **2** (~ **with/by**) apesadumbrado con, agobiado por.
burdensome ['bəːdnsəm] *adj.* (form.) gravoso, oneroso.
bureau ['bjuərəu ‖ bju'rəu] (*pl.* **bureaux** o **bureaus**) *s. c.* **1** (EE UU) POL. organismo estatal, instituto estatal (de alguna especialidad). **2** (EE UU) sucursal, delegación (de una empresa, asociación, etc.). **3** (EE UU) cómoda, (mueble). **4** (brit.) escritorio.
bureaucracy [bjuə'rɒkrəsɪ] *s. i.* **1** (desp.) burocracia. • *s. c.* **2** burocracia, sistema burocrático, sistema administrativo. • *s. sing.* **3** (**the** ~) la burocracia, los burócratas.
bureaucrat ['bjuərəkræt] *s. c.* (a veces desp.) burócrata.
bureaucratic [,bjuərə'krætɪk] *adj.* **1** (desp.) burocrático. **2** administrativo, burocrático.
bureaucratically [,bjuərə'krætɪklɪ] *adv.* **1** (desp.) burocráticamente. **2** administrativamente, burocráticamente.

bureaux ['bjuərəuz] *pl. irreg.* de **bureau.**

burgeon ['bəːdʒən] *v. i.* (lit.) florecer, crecer esplendorosamente (plantas, vida, etc.).

burgeoning ['bəːdʒənɪŋ] *adj.* (lit.) floreciente; creciente, esplendoroso.

burger ['bəːgər] *s. c.* **1** (fam.) hamburguesa. ◆ **2 -burger,** hamburguesa (en compuestos): *cheeseburger = hamburguesa con queso.*

burgher ['bəːgər] *s. c.* (arc.) burgués, pequeño comerciante, ciudadano.

burglar ['bəːglər] *s. c.* ladrón de casas, caco.

burglar-alarm ['bəːgləəlɑːm] *s. c.* alarma antirrobo (en casa).

burglarize ['bəːglərаɪz] (también **burglarise**) *v. t.* (EE UU) robar (casa o edificio).

burglary ['bəːglərɪ] *s. c.* e *i.* robo casero, robo en casa; DER. robo con allanamiento de morada.

burgle ['bəːgl] *v. t.* (brit.) robar (casa o edificio).

burial ['berɪəl] *s. c.* **1** MAR. sepelio. ● *s. c.* e *i.* **2** funeral, sepelio, enterramiento. ◆ **3** ~ **ground,** camposanto, cementerio.

burlap ['bəː'lap] *s. i.* arpillera.

burlesque [bəː'lesk] *s. c.* e *i.* LIT. **1** parodia, farsa (novela, ensayo, etc.). **2** espectáculo de variedades (típico de principios de siglo).

burliness ['bəːlɪnɪs] *s. i.* corpulencia, robustez.

burly ['bəːlɪ] *adj.* corpulento, robusto, fornido.

Burma ['bəːmə] *s. sing.* Birmania (Myanma).

Burmese [ˌbəː'miːz] *adj.* **1** birmano (cul- tura, costumbres, etc.). ● *s. c.* **2** birmano (habitante). ● *s. i.* **3** birmano (idioma).

burn [bəːn] (*pret.* y *p. p.* **burned** o **burnt**) *v. t.* **1** quemar, incendiar (persona o cosa). **2** quemar, estropear (comida). **3** quemar, abrasar (una parte del cuerpo). **4** quemar, usar, consumir (combustible). **5** quemar, tostar (la piel por el sol). **6** quemar, incinerar (desechos, cadáveres, etc.). **7** matar mediante el fuego, quemar en la hoguera, quemar. ● *v. i.* **8** quemarse, arder: *the house was burning the whole night = la casa estuvo ardiendo toda la noche.* **9** quemarse, estropearse (comida). **10** quemarse, usarse, consumirse (combustible). **11** quemarse, tostarse (la piel por el sol). **12** (fig.) arder, quemar, doler agudamente (como por el fuego): *his forehead was burning = la frente le ardía.* **13** (**to** ~ *inf.*) (fig.) arder en deseos de, anhelar, desear ardientemente. **14** arder, estar enrojecido, estar encendido (la cara por algún sentimiento). **15** (**to** ~ **with**) arder de, consumirse por (alguna emoción fuerte). **16** (fig.) brillar con fuerza, refulgir, despedir brillo, despedir gran cantidad de luz. ● *v. pron.* **17** quemarse, abrasarse. ● *s. c.* **18** quemadura (en el cuerpo). ◆ **19 to be burned alive/to death,** ser quemado vivo/morir en un incendio. **20 to** ~ **a hole,** hacer un agujero (el fuego). **21 to** ~ **down,** destrozar, arrasar (el fuego). **22 to** ~ **one's bridges,** ⇒ **bridge. 23 to** ~ **oneself out,** (fam.) agotarse, quedarse destrozado físicamente, quedar exhausto (por cansancio o enfermedad). **24 to** ~ **out, a)** apagar(se), agotar(se), extinguir(se) (el fuego). **b)** fundir(se), quedar(se) inservible (maquinaria). **25 to** ~ **the candle at both ends,** ⇒ **candle. 26 to** ~ **the midnight oil,** ⇒ **midnight. 27 to** ~ **to a crisp, a)** GAST. quemar por todos los lados (carne o similar). **b)** (fig.) achicharrar, dejar como un tizón. **28 to** ~ **to the ground,** arrasar (el fuego), destruir por completo (casas o edificios). **29 to** ~ **up, a)** quedar deshecho por el fuego, quedar destrozado por el calor. **b)** consumir mucho, quemar gran cantidad de (combustible).

burned [bəːnd || bəːnt] *pret.* y *p. p.* **1** de **burn.** ◆ **2** ~ **-out,** ⇒ **burnt-out.**

burner ['bəːnər] *s. c.* **1** quemador (de cualquier máquina). ◆ **2 Bunsen** ~, mechero Bunsen (en laboratorios). **3 to put something on the back-** ~, aparcar algo momentáneamente, dejar algo para más tarde.

burning ['bəːnɪŋ] *s. i.* **1** quemado: *it smells of burning = huele a quemado.* **2** quema, destrozo: *the burning of cars = la quema de coches.* ● *adj.* **3** ardiente, abrasador (dolor, sensación, etc.). **4** candente (tema de actualidad o similar): *a burning question = una cuestión candente.* **5** (fig.) ardiente, apasionado; extremo: *a burning desire = un deseo ardiente.* **6** brillante; como un ascua (con el color rojo o el naranja). ◆ **7** ~ **hot,** achicharrante, abrasador.

burnish ['bəːnɪʃ] *v. t.* (lit.) bruñir (metales).

burnished ['bəːnɪʃt] *adj.* (lit.) bruñido, refulgente.

burn-out ['bənəut] *s. i.* agotamiento.

burnt [bəːnt] *pret.* y *p. p. irreg.* **1** de **burn.** ● *adj.* **2** quemado, consumido por el fuego, incinerado: *a burnt piece of paper = un trozo de papel quemado.* ◆ **3** ~ **offering, a)** REL. sacrificio por el fuego, sacrificio de animal en el fuego. **b)** (hum.) comida quemada accidentalmente.

burnt-out ['bəːntaut] *adj.* **1** destrozado, quemado totalmente (objeto). **2** (fam. y fig.) exhausto, agotado, destrozado (física y mentalmente).

burp [bəːp] *v. i.* **1** eructar, echar el aire, lanzar eructos. ● *v. t.* **2** hacer eructar (a un bebé). ● *s. c.* **3** eructo.

burr [bəːr] (también **bur**) *s. c.* **1** BOT. carda. **2** runruneo (especialmente de motor). **3** FON. un sonido de erre especial (en dialectos, por ejemplo). ● *v. i.* **4** hacer un runruneo (motor o similar).

burrow ['bʌrəu] *s. c.* **1** madriguera, conejera, agujero (como guarida de algunos animales). ● *v. i.* **2** hacer un túnel; excavar una madriguera. **3** buscar, rebuscar. **4** (fig.) acurrucarse, hacerse un ovillo (especialmente buscando calor). ● *v. t.* **5** excavar, hacer excavando (una madriguera, agujero, etc.).

bursar ['bəːsər] *s. c.* gerente, secretario de finanzas (de institución educativa).

bursary ['bəːsərɪ] *s. c.* beca, ayuda al estudio.

burst [bəːst] (*pret.* y *p. p. irreg.* **burst**) *v. t.* **1** explotar, hacer estallar, reventar (objeto). **2** arrollar, reventar con gran fuerza. ● *v. i.* **3** estallar, reventarse, explotar. **4** hacer explosión (bomba o similar). **5** (fig.) aparecer en escena repentinamente, irrumpir, entrar súbitamente en escena (un fenómeno sociológico, invento científico, etc.). **6** (**to** ~ {**with**}) (fig.) estallar (con alguna emoción fuerte). **7** (**to** ~ *prep.*) irrumpir, ir volando, moverse a gran velocidad: *the police burst into the room = la policía irrumpió en la habitación.* ● *s. c.* **8** reventón (de neumático, cañería, etc.). **9** (~ {**of**}) arrebato (de actividad), impulso, estallido. **10** (~ {**of**}) andanada, ráfaga (de disparos). **11** (~ **of**) ataque de, arrebato de (emociones fuertes). ◆ **12 to** ~ **apart,** abrirse con fuerza, abrirse de par en par, ceder violentamente. **13 to** ~ **in on,** hacer una entrada violenta en la habitación de (alguien). **14 to** ~ **into, a)** romper en, estallar de (llanto, risa, etc.). **b)** brotar repentinamente, brotar súbitamente (plantas, flores, etc.). **15 to** ~ **into flames,** ⇒ **flame. 16 to** ~ **open,** abrirse violentamente. **17 to** ~ **out, a)** romper en, estallar de (risa, llanto, etc.). **b)** lanzar un exabrupto, lanzar una exclamación.

bursting ['bəːstɪŋ] *adj.* **1** (~ {**with**}) rebosante, hasta arriba, abarrotado. **2** (~ *inf.*) (fam. y fig.) reventado por, deseandito de. **3** (~ {**with**}) (fig.) reventando, lleno de (alguna cualidad positiva). **4** (fam.) reventado (por la necesidad de orinar). ◆ **5** ~ **at the seams,** (fam.) hasta la bandera, reventando, lleno hasta arriba.

burton ['bəːtn] (brit) (vulg. y p.u.) **to go for a** ~, **a)** irse al carajo, irse al cuerno (no resultar). **b)** pegarse un tortazo, darse un porrazo.

Burundi [bə'rundɪ] *s. sing.* Burundi.

Burundian [bə'rundɪən] *adj.* **1** de Burundi. ● *s. c.* **2** burundés.

bury ['berɪ] *v. t.* **1** enterrar, sepultar, poner bajo tierra. **2** (euf.) enterrar, sufrir la muerte de (un ser querido): *I've buried three brothers = he sufrido la muerte de tres hermanos.* **3** esconder, ocultar. **4** (normalmente pasiva) cubrir, enterrar: *he was buried in snow = estaba cubierto por la nieve.* **5** dejar a un lado (diferencias personales), olvidar (agravios). **6** ocultar, esconder (cara o cabeza). ● *v. i.* **7** incrustarse (una bala o similar). **8** aislarse, quedarse voluntariamente aislado. **9 to** ~ **oneself in,** concentrarse en, quedarse absorto con/en, sumergirse en (lectura, estudio, etc.). ◆ **10 to be buried away,** esconderse totalmente, quedar casi escondido a la vista de, ocultarse a medias. **11 to ~ the hatchet,** ⇒ **hatchet.**

burying-ground ['berɪŋgraʊnd] (también **burying place**) *s. c.* camposanto, cementerio.

bus [bʌs] (*pl.* **buses**, en EE UU también **busses**) *s. c.* **1** autobús. ● (*ger.* **bussing,** *pret.* y *p. p.* **bussed**) *v. t.* **2** (brit.) llevar en autobús, transportar en autobús. **3** (EE UU) POL. llevar a la escuela en autobús (para fomentar la integración racial). ● *v. i.* **4** ir en autobús, viajar en autobús. ◆ **5 ~ conductor,** cobrador, cobrador de autobús. **6 by ~,** en autobús.

busby ['bʌzbɪ] *s. c.* MIL. morrión.

bush [bʊʃ] *s. c.* **1** arbusto, matorral. **2** (~ **of**) (fig.) mata de (pelo). ● *s. sing.* **3** (**the ~**) GEOG. maleza, la región de monte bajo, matorral (en zonas de Australia y África). ◆ **4 to beat about the ~,** andarse por las ramas, andarse con rodeos, no ir al grano. **5 ~ telegraph,** (fam.) radio macuto.

bushbaby ['bʊʃbeɪbɪ] *s. c.* ZOOL. gálago (tipo de mono).

bushed [bʊʃt] *adj.* (EE UU) (fam.) tirado, agotado, roto.

bushel ['bʊʃl] *s. c.* **1** celemín (medida de volumen, en especial con granos, de 35/36 litros). ◆ **2 to hide one's light /talent/etc. under a ~,** no darse bombo.

bushy ['bʊʃɪ] *adj.* **1** poblado (cejas, barba). **2** espeso (matorral). **3** tupido (bosque).

busily ['bɪzɪlɪ] *adv.* activamente, diligentemente, afanosamente.

business ['bɪznɪs] *s. i.* **1** negocio, negocios. **2** negocio, comercio, actividad comercial, actividad profesional, oficina: *don't phone during business hours = no llames por teléfono en horas de oficina.* **3** (fam.) cosas importantes, temas importantes: *let's talk business = vamos a hablar de cosas importantes.* **4** asuntos, cosas: *all kind of business = todo tipo de asuntos.* ● *s. c.* **5** empresa, compañía, firma comercial, negocio. ● *s. sing.* **6** (**the ~**) la actividad, el negocio; el mundo, el campo (de los negocios): *the publishing business = el campo de la edición.* **7** asunto de, asunto, cosa, cosa de: *this strike business = este asunto de la huelga.* **8** asunto, tema personal, preocupación individual: *that's my business = eso es asunto mío.* ◆ **9 to be in ~,** (fam.) estar totalmente preparado, estar listo. **10 ~ address,** dirección profesional, señas del trabajo. **11 ~ card,** tarjeta profesional. **12 ~ cycle,** ciclo económico. **13 ~ end,** (fam.) el lado malo, el extremo puntiagudo (de un arma). **14 ~ ethics,** ética empresarial, ética de la empresa. **15 ~ is ~,** los negocios son los negocios. **16 ~ plan,** plan comercial, plan de negocio. **17 ~ studies,** empresariales, estudios empresariales. **18 ~ unit,** unidad de negocio. **19 to do its ~,** (fam. y euf.) hacer caca, ensuciarse (un animal). **20 funny ~,** ⇒ **funny. 21 to have no ~ (to),** (+ *inf.*) no tener ningún derecho (a), no tener por qué. **22 in ~,** en activo, en funcionamiento (una empresa). **23 like nobody's ~,** (fam.) a todo meter (velocidad), de manera brutal (dolor); como nadie se puede imaginar. **24 to mean ~,** (fam.) estar en plan serio, actuar en serio. **25 mind your own ~,** (fam.) métete en tus cosas. **26 it's none of your business,** no es asunto tuyo. **27 on ~,** de negocios (viaje). **28 out of ~,** sin actividad, sin negocio, sin posibilidad de negocio.

businesslike ['bɪznɪslaɪk] *adj.* metódico, eficaz, eficiente, bien organizado (en su forma de trabajar).

businessman ['bɪznɪsmæn] (*pl.* **businessmen**) *s. c.* hombre de negocios, empresario.

businessmen ['bɪznɪsmən] *pl.* de **businessman.**

businesswoman ['bɪznɪswʊmn] (*pl.* **businesswomen**) *s. c.* mujer empresaria, mujer de negocios.

businesswomen ['bɪznɪswɪmɪn] *pl.* de **businesswoman.**

busk [bʌsk] *v. i.* (brit.) ganarse la vida cantando por las calles.

busker ['bʌskər] *s. c.* (brit.) cantante callejero.

busking ['bʌskɪŋ] *s. i.* (brit.) (el) ganarse la vida de cantante callejero.

busman [bʌsmən] (*pl.* **busmen**) *s. c.* **1** empleado de autobús. ◆ **2 busman's holiday,** día de fiesta que uno pasa realizando su trabajo habitual.

busmen ['bʌsmən] *pl.* de **busman.**

bus-shelter ['bʌsʃeltər] *s. c.* parada de autobús cubierta.

bus-stop ['bʌsstɒp] *s. c.* parada de autobús.

bust [bʌst] (*pret.* y *p. p. irreg.* **bust** o **busted**) *v. t.* **1** (fam.) romper, destrozar. **2** (fam.) arrestar (por parte de la policía). **3** (fam.) hacer una redada en. ● *adj.* **4** (fam.) roto, escachifollado. ● *s. c.* **5** ART. busto, escultura de busto. **6** busto, pecho (de mujer). ● *s. i.* **7** busto, medida del busto. ◆ **8 to ~ out,** (fam.) escaparse violentamente, escaparse por la fuerza (de prisión o similar). **9 to ~ up,** (fam.) estropear, fastidiar (un acontecimiento). **10 to ~ up (with),** acabar una relación amorosa (con), terminar (con), acabar (con). **11 to go ~,** (fam.) entrar en bancarrota, irse a la ruina.

buster ['bʌstər] *s. c.* (fam.) machote, tío.

bustle ['bʌsl] *v. i.* **1** (**to ~ {about/around}**) moverse apresuradamente; trabajar con prisas. **2** ir apresuradamente, darse prisa, apresurarse. ● *s. i.* **3** bullicio, animación. ● *s. c.* **4** almohadilla (para mantener la falda levantada en la vestimenta femenina del siglo XIX).

bustling ['bʌslɪŋ] *adj.* **1** activo, vivaz, enérgico (persona). **2** (~ **{with}**) con el bullicio (de algo o alguien): *bustling with people = con el bullicio de la gente.*

bust-up ['bʌstʌp] *s. c.* **1** (fam.) pelea (entre amantes). **2** lucha, pelea, riña (física).

busty ['bʌstɪ] *adj.* (fam.) pechugona, con buena delantera.

busy ['bɪzɪ] *adj.* **1** ocupado, atareado: *are you busy? = ¿estás ocupado?.* **2** activo, ocupado, con una apretada agenda. **3** concurrido, con mucha actividad (carretera, tiempo, etc.). **4** (~ *ger.*) atareado, sin parar, sin pausa: *I was busy revising the book = estuve atareado revisando el libro.* **5** comunicando (teléfono). **6** ART. intricado, recargado (una pintura, escultura, diseño, etc.). ● *v. pron.* **7** estar activo; ocuparse (con alguna actividad).

busybody ['bɪzɪbɒdɪ] *s. c.* (fam. y desp.) entrometido, chismoso.

but [bʌt,/bət] *conj.* **1** pero, mas, sin embargo: *I'm tired but I'll walk on = estoy cansado pero continuaré caminando.* **2** (*neg.* ~) sino: *I'm not angry but disappointed = no estoy enfadado sino desilusionado.* **3** sólo que: *the dog was like a wolf but smaller = el perro era como un lobo sólo que más pequeño.* **4** pero es que (como énfasis): *nothing, but nothing will make me change my mind = nada, pero es que nada me hará cambiar de opinión.* ● *prep.* **5** con la excepción de, menos, excepto: *I can't drink anything but water = no puedo beber nada excepto agua.* ● *adv.* **6** sólo, únicamente: *you can but pray = únicamente puedes rezar.* ● *s. pl.* **7** peros: *you are coming at ten and no buts = vendrás a las diez y nada de peros.* ◆ **8 all ~,** casi: *I'm all but dead = estoy casi muerto.* **9 anything ~,** ⇒ **anything. 10 ~ for,** si no fuera por, de no ser por: *but for you I wouldn't want to live = si no fuera por ti no querría vivir.* **11 ~ then,** sin embargo, pero por otra parte. **12 cannot ~,** no tener más remedio que, no tener más salida que, no poder por menos que. **13 last ~ one,** ⇒ **last. 14 not only... ~ also,** no solo... sino también.

butane ['bjuːteɪn] *s. i.* QUÍM. butano.

butch [bʊtʃ] *adj.* **1** machote, varonil. **2** (vulg.) lesbiana.

butcher ['bʊtʃər] *s. c.* **1** carnicero. **2** (fig.) asesino, sanguinario, carnicero. ● *v. t.* **3** matar (animales). **4** asesinar, matar sanguinariamente (personas). ◆ **5 the butcher's,** la carnicería.

butchery ['bʊtʃərɪ] *s. i.* **1** carnicería, matanza. ● *s. c.* **2** (arc.) carnicería.

butler ['bʌtlər] *s. c.* mayordomo.

butt [bʌt] *s. c.* **1** (~ **{of}**) culata (de un arma). **2** colilla (de cigarrillo). **3** barrica, tonel. **4** (EE UU) (fam.) culo, trasero. ● *s. sing.* **5** (**the ~**) el blanco (de insultos, bromas, etc.). ● *v. t.* e *i.* **6** embestir, topar, dar un topetazo (a). ◆ **7 to ~ in,** (desp.) interrumpir groseramente, entrometerse. **8 to ~ one's way,** irrumpir como un elefante, empujar como un toro (en un sitio).

butter ['bʌtər] *s. i.* **1** mantequilla (de leche u otro producto). • *v. t.* **2** untar con mantequilla, poner mantequilla en. ◆ **3 to ~ up,** (fam.) hacer la pelota a, adular, lisonjear. **4 ~ wouldn't melt in someone's mouth,** ser una mosquita muerta. **5 to know which side one's bread is buttered on,** ⇒ **bread.**

buttercup ['bʌtəkʌp] *s. c.* BOT. botón de oro, ranúnculo.

buttered ['bʌtəd] *adj.* untado con mantequilla.

butterfingers ['bʌtəfɪŋgəz] *interj.* (hum.) manazas.

butterfly ['bʌtəflaɪ] *s. c.* **1** ZOOL. mariposa. ◆ **2 to have butterflies in one's stomach,** (fam.) tener los nervios un poco de punta, tener cosquillas en el estómago. **3 the ~/the ~ stroke,** DEP. el estilo mariposa.

buttermilk ['bʌtəmɪlk] *s. i.* suero de la leche.

butterscotch ['bʌtəskɒtʃ] *s. c.* e *i.* GAST. caramelo (hecho de azúcar y mantequilla).

buttery ['bʌtərɪ] *adj.* **1** cremoso, mantecoso. • *s. c.* **2** cafetería (en algunas universidades).

buttock ['bʌtək] *s. pl.* ANAT. nalgas.

button ['bʌtn] *s. c.* **1** botón (de ropa). **2** botón, pulsador (para cualquier mecanismo). **3** (EE UU) chapa, insignia (redonda). • *v. t.* **4** abotonar, abrochar (con botones). ◆ **5 to ~ up,** abrochar de arriba a abajo, abrochar bien. **6 to ~ up/to ~ one's lip,** (EE UU) (fam.) callarse/punto en boca.

button-down ['bʌtndaʊn] *adj.* con botones en el cuello (camisa).

buttonhole ['bʌtnhəʊl] *s. c.* **1** ojal. **2** (brit.) flor de ojal, flor en el ojal. • *v. t.* **3** arrinconar, detener, retener (casi por la fuerza).

buttress ['bʌtrɪs] *s. c.* **1** ARQ. contrafuerte, botarel. • *v. t.* **2** fortalecer, poner un contrafuerte en (pared). **3** reforzar, apuntalar (un concepto, sistema, etc.).

buxom ['bʌksəm] *adj.* de carnes prietas, pechugona, voluptuosa (mujer).

buy [baɪ] (*pret.* y *p. p. irreg.* **bought**) *v. t.* **1** comprar, adquirir. **2** comprar, sobornar (persona). **3** pagar: *I'll give my children the best education I can buy for them = daré a mis hijos la mejor educación que les pueda pagar.* **4** ganar (tiempo o similar). **5** invitar (a una copa). **6** (fam.) creer, tragar, aceptar. • *s. c.* **7** compra, adquisición. ◆ **8 to ~ in,** hacer acopio de, comprar grandes cantidades de (normalmente comida). **9 to ~ into,** comprar parte de (normalmente una empresa). **10 to ~ off,** sobornar, comprar (personas). **11 to ~ out,** comprar toda la participación de (alguien en una empresa). **12 to oneself out (of),** salirse por medio del pago de dinero (del ejército). **13 to ~ over,** sobornar, comprar (personas). **14 to ~ up,** amasar, hacer acopio, comprar gran cantidad de (tierras, propiedades, etc.).

buyer [baɪər] *s. c.* **1** comprador. **2** COM. agente de compras, jefe de compras (de una empresa, almacén, etc.). ◆ **3 a buyer's market,** ECON. un mercado de precios bajos, un mercado favorable al comprador.

buy-out ['bʌɪəut] *s. c.* COM. adquisición de una empresa.

buzz [bʌz] *s. c.* **1** zumbido (de insectos, sonidos humanos, aparatos, etcétera). • *v. i.* **2** zumbar, dar zumbidos, emitir zumbidos. **3** (**to ~ around/about**) moverse dando zumbidos, ir dando zumbidos; revolotear dando zumbidos. **4** (**to ~ {with}**) bullir, llenar de murmullos (un espacio). **5** revolotear, dar vueltas (pensamientos en la cabeza). **6** zumbar (oídos). • *v. t.* **7** (fam.) llamar por teléfono interior. **8** pasar volando cerca de, volar cerca de. • *s. sing.* **9** (**the ~**) (fam.) lo último (de noticias). **10** (**~ {of}**) zumbido continuo (de conversación). **11** (fam.) ambiente, vida (actividad excitante). ◆ **12 to ~ off,** (fam.) (siempre en imperativo) irse a la mierda, irse a la porra, irse al infierno. **13 to give somebody a ~,** (fam.) dar un telefonazo a alguien.

buzzard ['bʌzəd] *s. c.* ZOOL. águila ratonera.

buzzer ['bʌzər] *s. c.* ELEC. timbre.

buzzing ['bʌzɪŋ] *s. i.* zumbido, sonido zumbante.

buzzword ['bʌzwəːd] *s. c.* palabra de moda.

by [baɪ] *prep.* **1** junto, al lado de: *I was standing by the door = estaba de pie junto a la puerta.* **2** a través de, por (una puerta o ventana): *he came in by the back door = él entró por la puerta de atrás.* **3** en (medio de transporte): *by train = en tren.* **4** (en *pas.*) por (agente): *he was killed by his own father = fue asesinado por su propio padre.* **5** según, por (ley, reglamento, medida internacional, etc.): *you are my wife by law = eres mi esposa según la ley.* **6** por, de (escrito, cantado, etc.): *a book by Cervantes = un libro de Cervantes.* **7** por delante de: *he rushed by us = pasó a toda velocidad por delante de nosotros.* **8** (+ *ger.*) a base de: *by studying you'll pass = a base de estudiar aprobarás.* **9** por parte de: *the use of drugs by children = el consumo de drogas por los niños.* **10** por (a causa de): *by chance = por casualidad.* **11** MAT. por (multiplicación y división). **12** (**~** *num.*) por, a: *he's earning money by the million = está ganando dinero a millones.* **13** más o menos a, más o menos en; justo antes de (tiempo): *I want that by Monday = quiero eso antes del lunes.* **14** (**~ the**) de (una parte del cuerpo): *I caught her by the hand = la agarré de la mano.* **15** con (refiriéndose a algo dicho): *what do you mean by that word? = ¿qué quieres decir con ese término?* **16** por, según (características de la personalidad): *he's, by nature, a swimmer = él es, por naturaleza, un nadador.* **17** (*s.* + **~** + *s.*) a, tras: *day by day = día tras día; bit by bit = poquito a poquito.* ◆ **18 all ~ oneself/~ oneself, a)** a solas, solo, sin compañía. **b)** sin ayuda de nadie, solo. **19 ~ all means,** ⇒ **mean. 20 ~ and ~,** (p.u.) poco tiempo después, un poco más tarde. **21 ~ and large,** ⇒ **large. 22 ~ day/~ night,** por el día/por la noche. **23 side ~ side,** ⇒ **side.**

OBS. Esta palabra tiene un sentido adverbial de difícil traducción: **24** expresa que algo o alguien, en su movimiento físico, pasa por delante: *the cars sped by = los coches pasaron por delante a toda velocidad.*

bye [baɪ] *interj.* (fam.) adiós.

bye-bye [,baɪ'baɪ] *interj.* (fam.) adiós.

bye-byes ['baɪbaɪz] **to go to ~,** (fam.) dormirse (lenguaje de niños).

bye-law *s. c.* ⇒ **by-law.**

by-election ['baɪɪlekʃn] *s. c.* POL. elección local, elección para un solo escaño, elección parcial.

bygone ['baɪgɒn] *adj.* **1** pasado, antaño. ◆ **2 let bygones be bygones,** lo pasado pasado está, olvidemos lo pasado.

by-law ['baɪlɔː] (también **bye-law**) *s. c.* ley local, ordenanza municipal.

by-line ['baɪlaɪn] *s. c.* PER. línea con el nombre del autor de un artículo.

bypass ['baɪpɑːs ‖ baɪpæs] *v. t.* **1** circunvalar (una ciudad). **2** construir para circunvalación (una carretera). **3** evitar, esquivar (alguien en autoridad, un tema de difícil solución, etc.). **4** MED. hacer una derivación coronaria, hacer un bypass. • *s. c.* **5** carretera de circunvalación. • *adj.* **6** MED. de desviación coronaria, de bypass.

by-play ['baɪpleɪ] *s. i.* juego escénico secundario.

by-product ['baɪprɒdʌkt] *s. c.* **1** (**~ {of}**) subproducto, derivado, producto secundario. **2** (**~ {of}**) (fig.) efecto secundario.

bystander ['baɪstændər] *s. c.* espectador, curioso, presente (en un incidente público).

byte [baɪt] *s. c.* INF. byte, unidad de memoria.

byway ['baɪweɪ] *s. c.* camino secundario, carretera secundaria.

byword ['baɪwəːd] *s. c.* **1** sobrenombre, apodo. **2** (**~ for**) símbolo de; prototipo de.

c, C [siː] *s. c.* **1** c, C, (tercera letra del alfabeto inglés). • *s. c.* e *i.* **2** MÚS. do. **3** suficiente, aprobado (en el sistema académico inglés).
OBS. Esta letra sirve como abreviatura de muchos términos: **century, Celsius, copyright,** etc.
cab [kæb] *s. c.* **1** taxi. **2** cabina, cabina del conductor (de un camión o tren). ◆ **3 by** ~, en taxi.
cabal [kə'bæl] *s. c.* (+ *v. sing./pl.*) cábala, camarilla.
cabaret ['kæbəreɪ ‖ ˌkæbə'reɪ] *s. i.* **1** cabaret. • *s. c.* **2** espectáculo de cabaret, show de cabaret. **3** cabaret, club nocturno.
cabbage ['kæbɪdʒ] *s. c.* e *i.* **1** BOT. repollo, berza, col. • *s. c.* **2** (brit.) (fam.) muermo, pasota (persona sin intereses en la vida). **3** (brit.) (fam.) vegetal (persona sin facultades mentales).
cabby ['kæbɪ] (también **cabbie**) *s. c.* (brit.) (p.u.) taxista, conductor de taxi.
cabin ['kæbɪn] *s. c.* **1** MAR. camarote. **2** AER. cabina (de avión). **3** cabaña, cabaña de madera. ◆ **4** ~ **boy,** MAR. chico, camarero; grumete. **5** ~ **class,** segunda clase (en barco). **6** ~ **cruiser,** MAR. barco de recreo con camarote, yate de motor con camarote.
cabinet ['kæbɪnɪt] *s. c.* **1** armario pequeño; vitrina. ◆ **2 the Cabinet,** el Gobierno, el ejecutivo. **3 in cabinet,** POL. en el consejo de ministros.
cabinet-maker ['kæbɪnɪtmeɪkər] *s. c.* ebanista.
cable ['keɪbl] *s. c.* **1** cable, maroma. **2** ELEC. cable (transmisor). **3** telegrama, cablegrama. • *v. t.* **4** enviar un cablegrama, enviar un telegrama. **5** hacer un envío postal, enviar un giro postal (de dinero). ◆ **6** ~ **car,** teleférico, vagón funicular. **7** ~ **railway,** funicular. **8** ~ **television,** televisión por cable.
caboose [kə'buːs] *s. c.* **1** furgón de cola. **2** MAR. cocina, fogón (de barco).
cacao [kə'kaːeʊ ‖ kə'keɪəʊ] *s. c.* **1** (también **cacao-bean**) semilla de cacao. **2** (también **cacao-tree**) árbol de cacao.
cache [kæʃ] *s. c.* **1** alijo (de armas o de drogas). ◆ **2** ~ **memory,** memoria caché.
cachet ['kæʃeɪ ‖ kæ'ʃeɪ] *s. sing.* (form. o lit.) prestigio, distinción; sello distintivo.
cackle ['kækl] *v. i.* **1** cacarear (gallina). **2** reírse con un cierto cacareo. • *s. sing.* **3** (**a** ~) una risa aguda. ◆ **4 cut the** ~, (fam.) cállate, corta el rollo.
cacophonous [kə'kɒfənəs] *adj.* cacofónico.
cacophony [kə'kɒfənɪ] *s. i.* cacofonía.
cacti ['kæktaɪ] *pl.* de **cactus.**
cactus ['kæktəs] (*pl.* **cactuses** o **cacti**) *s. c.* BOT. cacto.
CAD [siːei'dɪː] (siglas de **computer-aided design**) *s. i.* CAD, DAO (diseño asistido por ordenador).
cad [kæd] *s. c.* (fam. y p.u.) caradura, sinvergüenza.
caddish ['kædɪʃ] *adj.* (fam. y p.u.) canallesco, típico de un sinvergüenza.
cadaver [kə'dævər ‖ kə'deɪvə ‖ kə'dɑːvər] *s. c.* (form. y EE UU) MED. cadáver.
cadaverous [kə'dævərəs] *adj.* cadavérico (de apariencia).
caddie ['kædɪ] (también **caddy**) *s. c.* **1** cadi (portador de los palos en el golf). • *v. i.* **2** hacer de cadi, actuar como cadi.
cadence ['keɪdns] *s. c.* **1** cadencia, modulación (de la voz). **2** ritmo, cadencia (del sonido). **3** MÚS. cadencia.
cadenza [kə'denzə] *s. c.* MÚS. cadencia (para solista).
cadet [kə'det] *s. c.* MIL. cadete.
cadge [kædʒ] (desp., fam. y brit.) *v. i.* **1** gorronear, sablear, vivir de gorra. • *v. t.* **2** (**to** ~ + *o.* + **from/off**) sacar de gorra, sablear: *he cadged a few drinks off me = me sacó varias copas de gorra.*
cadger ['kædʒər] *s. c.* (desp., fam. y brit.) gorrón.
cadmium ['kædmɪəm] *s. i.* QUÍM. cadmio.
cadre ['kɑːdə ‖ 'kædrɪ] *s. c.* (+ *v. sing./pl.*) cuadro de dirigentes, cuadro de líderes, grupo directivo (en la política, la administración, el ejército, etc.).
Caesarean [sɪ'zəmərɪən] (también **Cesarian** o **Caesarean section**) *s. c.* MED. cesárea.
caesium [siːzɪəm] *s. i.* cesio.
caesura [sɪ'zjʊərə ‖ sɪ'ʒʊərə] *s. c.* LIT. cesura.
café ['kæfeɪ, ‖ kæ'feɪ] *s. c.* café (establecimiento de bebidas –en Inglaterra sin alcohol– y comidas ligeras).
cafeteria [ˌkæfɪ'tɪərɪə] *s. c.* autoservicio; cafetería (en el lugar de trabajo).
caffeine ['kæfiːn] *s. i.* cafeína.
caftan ['kæftæn ‖ kəf'tɑːn] (también **kaftan**) *s. c.* **1** caftán (vestimenta árabe). **2** túnica, manto (de señora).
cage [keɪdʒ] *s. c.* **1** jaula. **2** MIN. montacargas, ascensor (en una mina). • *v. t.* **3** meter en una jaula, enjaular.
caged [keɪdʒt] *adj.* enjaulado (animal).
cagey ['keɪdʒɪ] (*comp.* **cagier,** *super.* **cagiest**) *adj.* (fam.) cauteloso, prevenido; astuto.
cageyness *s. i.* ⇒ **caginess.**
cagily ['keɪdʒɪlɪ] *adv.* (fam.) cautelosamente, prevenidamente; astutamente.
caginess ['keɪdʒɪnɪs] (también **cageyness**) *s. i.* (fam.) cautela, prevención; astucia.
cagoule [kə'guːl] *s. c.* chubasquero.
cahoots [kə'huːts] **in** ~ **with,** (fam.) confabulado con, compinchado con.
caiman *s. c.* ⇒ **cayman.**
cairn [keən] *s. c.* mojón, montón de piedras (que señala límites, un monumento, etc.).
cajole [kə'dʒəʊl] *v. t.* (**to** ~ + *o.* + {**into/out of**}) engatusar, camelar, persuadir con lisonjas: *we cajoled them into going away with us = les persuadimos con lisonjas para que se vinieran con nosotros.*
cajolery [kə'dʒəʊlərɪ] *s. c.* halagos, lisonjas.
cake [keɪk] *s. c.* e *i.* **1** pastel, tarta, bizcocho; pastelillo. • *s. c.* **2** GAST. pastel, croqueta (comida con forma de pastel): *fish cakes = croquetas de pescado.* **3** (~ **of**) trozo de, barra de (jabón o cera). • *v. t.* **4** (**to** ~ + *o.* + **with**) cubrir con, manchar con (algo endurecido): *your shoes are caked with mud = tus zapatos están cubiertos de barro.* • *v. i.* **5** (**to** ~ {**on/in**}) ponerse sólido, endurecerse, hacerse duro, solidificarse (un líquido); coagularse (la sangre): *the blood had caked on = la sangre se había coagulado.* ◆ **6 a piece of** ~, (fam.) una bicoca, tirado, chollo (algo muy fácil). **7 cakes and ale,** (fam.) color de

rosa, puro placer: *life is not all cakes and ale = la vida no es todo color de rosa.* **8 to get /want/etc. a slice/share of the ~,** conseguir/querer un trozo/una parte del pastel (de los beneficios de una empresa, un trabajo colectivo, etc.). **9 to have one's ~ and eat it,** (fam.) oír misa y andar en la procesión, repicar y oír misa. **10 to sell like hot cakes,** (fam.) venderse como rosquillas. **11 the icing on the ~, ⇒ icing.**

calabash ['kæləbæʃ] *s. c.* calabaza.

calamine ['kæləmaɪn] (también **calamine lotion**) *s. i.* QUÍM. calamina (para las quemaduras).

calamitous [kə'læmɪtəs] *adj.* (a veces hum.) calamitoso, catastrófico, desastroso.

calamity [kə'læmɪtɪ] *s. c.* e *i.* calamidad, catástrofe, desastre.

calcification [ˌkælsɪfɪ'keɪʃn] *s. i.* calcificación.

calcify ['kælsɪfaɪ] *v. t.* e *i.* calcificar(se).

calcination [ˌkælsɪ'neɪʃn] *s. i.* calcinación.

calcine ['kælsaɪn] *v. t.* e *i.* calcinar(se).

calcium ['kælsɪəm] *s. i.* QUÍM. calcio.

calculable ['kælkjələbəl] *adj.* calculable (suma, cantidad); previsible (consecuencia).

calculate ['kælkjuleɪt] *v. t.* e *i.* **1** calcular, estimar, hacer cálculos. • *v. t.* **2** determinar, fijar: *we must calculate all the possible consequences = debemos determinar todas las posibles consecuencias.* ◆ **3 to be calculated to,** (+ *inf.*) tener el propósito de, tener la finalidad de, tener la consecuencia segura de, tener la intención de: *the strike is calculated to last for a long time = la huelga tiene el propósito de durar mucho tiempo.*

calculated ['kælkjuleɪtɪd] *adj.* **1** premeditado, deliberado, nuy calculado (comportamiento negativo). **2** muy pensado, muy meditado (riesgo).

calculating ['kælkjuleɪtɪŋ] *adj.* (desp.) calculador, astuto.

calculation [ˌkælkju'leɪʃn] *s. c.* e *i.* **1** cálculo, cómputo, operación matemática. • *s. c.* **2** estimación, cálculo sopesado. • *s. i.* **3** (desp.) astucia, cálculo (interesado).

calculator ['kælkjuleɪtər] *s. c.* ELECTR. calculadora.

calculus ['kælkjuləs] *s. i.* MAT. cálculo.

caldron *s. c.* ⇒ **cauldron.**

calendar ['kælɪndər] *s. c.* **1** calendario. **2** (fig.) calendario, agenda (de eventos, actuaciones, actividades, etc.). **3** (normalmente *sing.*) calendario, sistema de contabilizar el tiempo: *the Muslim calendar = el calendario musulmán.* ◆ **4 ~ month,** mes de calendario (no lunar). **5 ~ year,** año civil.

calf [kɑːf ‖ kæf] (*pl.* **calves**) *s. c.* **1** ZOOL. carnero, ternero, novillo. **2** ZOOL. cría joven (de elefante, jirafa y otros mamíferos grandes). **3** ANAT. pantorrilla, muslo. • *s. i.* **4** (también **calfskin**) piel de ternero, piel de becerro. ◆ **5 ~ love,** amor juvenil, amor adolescente. **6 in/with ~,** preñada (una vaca). **7 to kill the fatted ~,** celebrar una fiesta por todo lo alto, festejar a lo grande.

caliber *s. c.* ⇒ **calibre.**

calibrate ['kælɪbreɪt] *v. t.* MEC. calibrar, graduar (un instrumento).

calibration [ˌkælɪ'breɪʃn] *s. i.* MEC. calibración, graduación (de un instrumento).

calibre ['kælɪbər] (en EE UU **caliber**) *s. c.* **1** MEC. calibre (de un arma de fuego). • *s. i.* **2** (fig.) calidad, carácter, calibre (de una persona, una institución, etc.).

calico ['kælɪkəu] *s. i.* percal (tela).

calif *s. c.* ⇒ **caliph.**

caliper *s. c.* ⇒ **calliper.**

caliph ['keɪlɪf] (también **calif**) *s. c.* HIST. califa.

calisthenics *pl.* de **callisthenics.**

call [kɔːl] *v. t.* **1** llamar, poner el nombre de, dar el nombre de (persona u objeto). **2** llamar, denominar, etiquetar: *the minister called the students revolutionaries = el ministro etiquetó a los estudiantes de revolucionarios.* **3** convocar (reunión, conferencia, etc.). **4** llamar, hacer venir: *call everybody, everything is ready = llama a todos, está todo listo.* **5** llamar por teléfono, telefonear, llamar. **6** llamar en voz alta, levantar la voz, llamar (con un grito). **7** decir en voz alta (un nombre o número): *I'll call the numbers one by one = diré los números en voz alta uno a uno.* **8** DER. requerir (para aparecer en juicio). **9** (**to ~ it...**) decir (como aproximación o sugerencia): *you owe me, let's call it a meal at Maxim's = digamos que me debes una comida en el restaurante Maxim.* **10** escoger, decir (al echar suertes): *he called heads and lost = él escogió cara y perdió.* • *v. i.* **11** telefonear, llamar por teléfono. **12** (**to ~ {on/at}**) visitar, pasar por (la casa, oficina, etc. de alguien). **13** parar, tener parada, pasar por (un tren, autobús, etc.): *the train calls at every station = el tren para en todas las estaciones.* **14** (**to ~ for/to/from**) llamar a voces: *he called for his wife to help him = llamó a voces a su mujer pidiéndole ayuda.* **15** escoger, decir (al echar suertes). • *s. c.* **16** llamada en voz alta, grito. **17** llamada telefónica. **18** visita. **19** requerimiento, llamada (a un doctor, por ejemplo). **20** (**~ {for}**) demanda, petición, requerimiento (de ayuda, justicia, etc.). **21** ZOOL. sonido característico, canto, reclamo (de un ave u otro animal). **22** DEP. decisión (de un árbitro). • *s. i.* **23** (**~ for**) necesidad de: *there is no call for insults = no hay ninguna necesidad de insultar.* • *s. sing.* **24** (**the ~ {of}**) llamada, la atracción (de la naturaleza, lo desconocido, lo nuevo, etc.). **25** (**~ {of}**) llamada, afición, vocación (religiosa, por ejemplo). • *v. pron.* **26** creerse, proclamarse, (algo que puede ser falso): *he calls himself a progressive = él se cree progresista.* ◆ **27 a ~ of nature, ⇒ nature. 28 to be/feel called to,** tener vocación a, sentirse llamado a (una actividad religiosa, filantrópica, etc.). **29 to ~ a halt, ⇒ halt. 30 to ~ a spade a spade, ⇒ spade. 31 to ~ back, a)** devolver la llamada; volver a llamar (telefónicamente). **b)** hacer regresar, pedir que regrese (alguien). **32 to ~ down something (on),** (form.) implorar que algo (desgraciado) caiga (sobre), pedir al cielo que algo (malo) suceda (a). **33 to ~ for, a)** pasar a recoger a (alguien en su casa). **b)** ir a buscar, ir a reclamar (algún objeto). **c)** demandar, requerir, exigir. **d)** reclamar, exigir, necesitar: *this situation calls for imagination = esta situación necesita imaginación.* **34 to ~ forth,** (form.) inspirar, provocar (un sentimiento, reacción). **35 to ~ in, a)** hacer venir, requerir la presencia de: *call the doctor in = haz venir al médico.* **b)** requerir la devolución de. **c)** llamar al trabajo, llamar a casa (normalmente para avisar de algo). **36 to ~ it a day, ⇒ day. 37 to ~ it quits, ⇒ quit. 38 to ~ off, a)** cancelar, anular. **b)** llamar (a un perro especialmente) para que deje de atacar. **39 to ~ on/upon, a)** pedir, exigir (a alguien que haga algo). **b)** recurrir a (fuerza, esperanza, valentía, etc.). **40 ...to ~ one's own, ...** que uno pueda decir que es suyo: *he hadn't got anything to call his own = él no tenía nada que pudiera decir que era suyo.* **41 to ~ out, a)** gritar, chillar, dar gritos fuertes. **b)** hacer salir, requerir la presencia de (alguna institución para ayudar): *the government called out the army = el gobierno hizo salir al ejército.* **c)** ordenar ir a la huelga, mandar comenzar una huelga. **42 to ~ out for,** requerir gritos, pedir a gritos (algún tipo de reacción): *apartheid calls out for all-out opposition = el sistema racista pide a gritos una oposición total.* **43 to ~ someone names,** insultar a alguien. **44 to ~ someone's bluff, ⇒ bluff. 45 to ~ someone to order,** (form.) llamar al orden a alguien (en una reunión, asamblea, etc.). **46 to ~ something into question, ⇒ question. 47 to ~ something to mind, ⇒ mind. 48 to ~ the tune, ⇒ tune. 49 to ~ up, a)** (fam.) dar un telefonazo, contactar por teléfono con. **b)** evocar, rememorar, venir a la cabeza (un recuerdo). **c)** llamar al servicio militar, llamar a filas, reclutar. **d)** INF. acceder a (información). **e)** DEP. requerir el servicio de (en un deporte). **50 to have first ~ on,** tener prioridad sobre: *I have first call on my dentist, because he is my son = tengo prioridad en el dentista porque es mi hijo.* **51 on ~,** de guardia (médico), en situación de espera activa (bomberos, ejército, etc.).

call-box ['kɔːlbɒks] *s. c.* cabina telefónica.

caller ['kɔːlər] *s. c.* **1** visitante, visita (persona). **2** persona que llama por teléfono, persona que ha llamado por teléfono.

call-girl ['kɔːlgəːl] *s. c.* prostituta (que establece citas por teléfono).

calligraphy [kə'lɪgrəfɪ] *s. i.* caligrafía.

calling ['kɔːlɪŋ] *s. sing.* **1** REL. vocación. **2** vocación profesional, ocupación.

calliper ['kælɪpər] (en EE UU **caliper**) *s. c.* **1** (usualmente *pl.*) MEC. calibrador, compás de calibres (aparato medidor de anchos circulares). **2** (usualmente *pl.*) soporte ortopédico (para personas con problemas en las piernas).

callisthenics [ˌkælɪs'θenɪks] (también **calisthenics**) *s. pl.* calistenia, ejercicios físicos suaves.

callosity [kæ'lɒsətɪ] *s. c.* e *i.* (form.) callosidad, zona endurecida de la piel.

callous ['kæləs] *adj.* **1** con callo, encallecido (piel). **2** (fig.) insensible, cruel.

calloused ['kæləsd] *adj.* lleno de callos (piel).

callously ['kæləslɪ] *adv.* insensiblemente, cruelmente.

callousness ['kæləsnɪs] *s. i.* insensibilidad, crueldad.

callow ['kæləʊ] *adj.* inexperto, novato, inmaduro.

callowness ['kæləʊnɪs] *s. i.* inexperiencia, inmadurez.

call-up ['kɔːlʌp] *adj.* **1** (brit.) MIL. orden de movilización, orden de reclutamiento, llamamiento a filas. ● *s. c.* **2** reclutamiento (número de reclutas).

callus ['kæləs] *s. c.* MED. callo.

calm [kɑːm || kɑːlm] *adj.* **1** sereno, tranquilo. **2** en calma (el mar). **3** calmado, sin viento (tiempo atmosférico). ● *s. i.* **4** calma, paz, serenidad (de un lugar normalmente). ● *s. c.* **5** calma (del tiempo atmosférico). ● *v. t.* **6** calmar, serenar (el tiempo atmosférico). **7** calmar, serenar (a alguien). ● *v. i.* **8** calmarse, serenarse (el tiempo). ● *v. pron.* **9** calmarse, serenarse (alguien). ◆ **10 to ~ down,** recobrar la calma, serenar(se), calmar(se).

calmly ['kɑːmlɪ] *adv.* serenamente, tranquilamente.

calmness ['kɑːmnɪs] *s. i.* serenidad, tranquilidad (cualidad personal).

calorie ['kælərɪ] *s. c.* **1** FÍS. caloría (medida del calor). **2** QUÍM. caloría (en los alimentos).

calorific [ˌkælə'rɪfɪk] *adj.* calorífico: *calorific value = valor calorífico.*

calumniate [kə'lʌmnɪeɪt] *v. t.* (form.) calumniar.

calumnious [kə'lʌmnɪəs] *adj.* (form.) calumnioso.

calumny ['kæləmnɪ] *s. c.* e *i.* (form.) calumnia.

calvary ['kælvərɪ] *s. c.* REL. calvario.

calve [kɑːv || kæv] *v. i.* parir (una vaca).

calves [kɑːvz] *pl.* de **calf.**

Calvinism ['kælvɪnɪzəm] *s. i.* REL. calvinismo.

Calvinist ['kælvɪnɪst] *s. c.* REL. calvinista.

calypso [kə'lɪpsəʊ] *s. c.* MÚS. calipso.

cam [kæm] *s. c.* MEC. leva, cama.

camaraderie [ˌkæmə'rɑːdərɪ || ˌkæmə'rædərɪ] *s. i.* camaradería, compañerismo.

cambric ['keɪmbrɪk] *s. i.* holanda, batista (tejido).

camcorder ['kæmkɔːdə] *s. c.* videocámara.

came [keɪm] *pret.irreg.* de **come.**

camel ['kæml] *s. c.* **1** ZOOL. camello. ◆ **2 ~ hair,** pelo de camello.

camellia [kə'miːlɪə] *s. c.* BOT. camelia.

cameo ['kæmɪəʊ] *s. c.* **1** camafeo (adorno). **2** (fig.) papel secundario brillante en una película u obra de teatro.

camera ['kæmərə] *s. c.* **1** FOT. cámara, máquina fotográfica. **2** TV. cámara. ◆ **3 in ~,** DER. en sesión a puerta cerrada. **4 on ~,** TV. en pantalla.

cameraman ['kæmərəmən] (*pl. irreg.* **cameramen**) *s. c.* TV. cámara, cameraman.

cameramen ['kæmərəmən] *pl.* de **cameraman.**

camera-shy ['kæmərəʃaɪ] *adj.* nervioso ante la cámara.

Cameroon [ˌkæmə'ruːn] *s. sing.* Camerún.

Cameroonian [ˌkæmə'ruːnɪən] *s. c.* **1** camerunés. ● *adj.* **2** camerunés.

camomile ['kæməmaɪl] (también **chamomile**) *s. i.* BOT. manzanilla.

camouflage ['kæməflɑːʒ] *s. i.* **1** MIL. camuflaje. **2** camuflaje, ocultamiento, enmascaramiento. **3** (fig.) pantalla, engaño. ● *v. t.* **4** MIL. camuflar. **5** (fig.) ocultar, fingir, esconder (sentimientos, riqueza, etc.).

camp [kæmp] *s. c.* **1** campamento (de tiendas de campaña). **2** MIL. campamento. **3** campo (de refugiados, prisioneros de guerra, etc.). **4** (fig.) campo, lado, facción (ideológica, religiosa, etc.). ● *s. i.* **5** (fam.) frivolidad, banalidad, superficialidad. ● *adj.* **6** (fam.) afectado, rebuscado, cursi. **7** (fam. y desp.) afeminado. ● *v. i.* **8** acampar. ◆ **9 to break ~,** levantar el campamento. **10 to ~ it up,** (brit.) (fam.) actuar de manera exagerada, comportarse de modo exagerado. **11 to ~ out,** dormir en tienda de campaña. **12 to make ~,** fijar el campamento, acampar.

campaign [kæm'peɪn] *s. c.* **1** campaña (política, social, empresarial, etc.). **2** MIL. campaña, expedición militar. ● *v. i.* **3** hacer una campaña (política o de otra clase).

campaigner [kæm'peɪnər] *s. c.* **1** luchador de campaña, propagandista. ◆ **2 old ~,** veterano, viejo lobo (en alguna actividad).

camp-bed [ˌkæmp'bed] *s. c.* cama de campaña, cama plegable.

camper ['kæmpə] *s. c.* **1** campista, excursionista (persona). **2** rulot, remolque, campera (vehículo).

camp-fire ['kæmpfaɪə] *s. c.* fuego de campamento.

camp-follower ['kæmpfɒləʊər] *s. c.* **1** seguidor (de una causa). **2** MIL. acompañante de un ejército.

campground ['kæmpgraʊnd] *s. c.* ⇒ **campsite.**

camphor ['kæmfər] *s. i.* QUÍM. alcanfor.

camping-site ['kæmpɪŋsaɪt] *s. c.* ⇒ **campsite.**

campsite ['kæmpsaɪt] (también **campground, campping-site**) *s. c.* camping.

campus ['kæmpəs] *s. c.* campus (de una universidad).

can [kæn] (forma relajada [kən, kn]) (*pret.irreg.* **could**) *v. i.* **1** poder: *we can't go to the cinema today = hoy no podemos ir al cine.* **2** poder (permiso): *can I take your newspaper? = ¿puedo cogerte el periódico?* **3** saber (tener los conocimientos o destrezas necesarias): *I can play the piano very well = sé tocar muy bien el piano.* ◆ **4 can't,** no es posible que, no puede, no debe (haciendo una suposición): *but he can't be fifty, he must be much older = pero no es posible que tenga cincuenta años, debe ser mucho más viejo.*
OBS. Este verbo no tiene más tiempos. Cuando se quiere expresar su significado en otros tiempos se debe utilizar la fórmula lingüística **to be able to** + *inf.*: *I'll be able to see you tomorrow = mañana te podré ver.*

can [kæn] (ger. **canning,** *pret.* y *p. p.* **canned**) *v. t.* **1** enlatar, envasar, poner en conserva. ● *s. c.* **2** bote, lata (para conservas, pinturas, bebidas, etc.). **3** bidón (de petróleo). ● *s. sing.* (EE UU) **4** (**the ~**) la cárcel. **5** (**the ~**) el retrete, el water. ◆ **6 to carry the ~,** (brit.) (fam.) pagar el pato. **7 in the ~,** (fam.) en el bote, completamente terminado.

Canada ['kænədə] *s. sing.* Canadá.

Canadian [kə'neɪdɪən] *s. c.* **1** canadiense (habitante). ● *adj.* **2** canadiense (cultura, variante lingüística, etc.).

canal [kə'næl] *s. c.* **1** canal (hecho por el hombre). **2** ANAT. conducto, canal. ◆ **3 ~ boat,** barcaza.

canalise *v. t.* ⇒ **canalize.**

canalization [ˌkænəlaɪ'zeɪʃn || ˌkænəlɪ'zeɪʃn] (también **canalisation**) *s. i.* (form.) canalización (de aguas, energías, etc.).

canalize ['kænəlaɪz] (también **canalise**) *v. t.* **1** (form.) canalizar (aguas). **2** (fig.) canalizar (energías, esfuerzos, etc.).

canapé ['kænəpeɪ || ˌkænə'peɪ] *s. c.* GAST. canapé.

canard [kæ'nɑːd || 'kænɑːd] *s. c.* bulo, patraña, noticia falsa.

canary [kə'neərɪ] *s. c.* **1** ZOOL. canario. ◆ **2 ~ yellow,** amarillo canario.

cancan ['kænkæn] *s. c.* cancán (baile).

cancel ['kænsl] *v. t.* **1** cancelar, anular (evento, reserva, etc.). **2** invalidar, anular (contrato). **3** tachar, borrar (escrito). ◆ **4 to ~ out,** anularse mutuamente, neutralizarse, eliminar.

cancellation [ˌkænsə'leɪʃn] *s. c.* e *i.* cancelación, anulación.

cancer ['kænsər] *s. c.* e *i.* **1** MED. cáncer. ● *s. sing.* **2** ASTR. Cáncer. ● *s. c.* **3** Cáncer, cáncer (persona de este signo).

cancerous ['kænsərəs] *adj.* MED. cancerígeno.

candelabra [ˌkændɪ'lɑːbrə] *s. c.* ⇒ **candelabrum.**

candelabrum [ˌkændɪ'lɑːbrəm] (también **candelabra**) (*pl.* **candelabra** o **candelabras**) *s. c.* candelabro.

candid ['kændɪd] *adj.* franco, sincero.

candidacy ['kændɪdəsɪ] (también **candidature**) *s. i.* candidatura.

candidate ['kændɪdət ‖ 'kændɪdeɪt] *s. c.* **1** POL. candidato. **2** opositor, aspirante (persona que hace un examen). **3** (fig.) candidato (cosa o persona): *my firm is a possible candidate for the next prize = mi empresa es un posible candidato al siguiente premio.*

candidature ['kændɪdətʃər] *s. i.* ⇒ **candidacy.**

candidly ['kændɪdlɪ] *adv.* francamente, sinceramente.

candidness ['kændɪdnɪs] *s. i.* franqueza, sinceridad.

candied ['kændɪd] *adj.* GAST. azucarado, con caramelo.

candle ['kændl] *s. c.* **1** vela. ◆ **2 to burn the ~ at both ends,** (fam.) trasnochar y madrugar, gastar todas las fuerzas de uno, pasarse trabajando. **3 not to hold a ~ to,** no llegar a la suela del zapato de. **4 the game is not worth the ~,** el resultado no merece la pena, el resultado no está en consonancia con el esfuerzo desarrollado.

candlelight ['kændllaɪt] *s. i.* luz de vela.

candlelit ['kændllɪt] *adj.* iluminado con velas.

candlestick ['kændlstɪk] *s. c.* candelero, palmatoria.

candour ['kændər] (en EE UU **candor**) *s. i.* franqueza, sinceridad.

candy ['kændɪ] *s. c.* e *i.* **1** (EE UU) caramelo, dulce. ◆ **2 ~ floss,** (brit.) dulce de hilos.

candy-striped ['kændɪstraɪpt] *adj.* rayado (blanco y rojo o rosa).

cane [keɪn] *s. i.* **1** BOT. caña. **2** caña, bejuco (para muebles). ● *s. c.* **3** caña. **4** vara (para golpear). **5** bastón, báculo (como apoyo). ● *s. sing.* **6** (**the ~**) la vara, el palo (castigo corporal en escuelas británicas). ● *v. t.* **7** dar con la vara, pegar con la vara (como castigo escolar).

canine ['keɪnaɪn] *adj.* **1** canino. ● *s. c.* **2** (form.) canino (perro). **3** colmillo. ◆ **4 ~ tooth,** colmillo.

canister ['kænɪstər] *s. c.* **1** bote, lata (para guardar té, café, etc.). **2** aerosol, bote de aerosol (con algún tipo de gas, crema, etc.).

canker ['kæŋkər] *s. i.* **1** BOT. cancro. **2** MED. llaga, úlcera (en la boca). ● *s. c.* **3** (form. y fig.) llaga, úlcera, cáncer (en la sociedad, asociación, etc.).

cannabis ['kænəbɪs] *s. i.* marihuana.

canned [kænd] *adj.* **1** enlatado, en bote (comida, bebida, etc.). **2** (desp.) enlatado, en conserva (música, aplausos, etc.). **3** (fam.) trompa, bebido.

cannery ['kænərɪ] *s. c.* fábrica de conservas.

cannibal ['kænɪbl] *s. c.* **1** caníbal (humanos). **2** caníbal (animal).

cannibalise *v. t.* ⇒ **cannibalize.**

cannibalism ['kænɪbəlɪzəm] *s. i.* canibalismo.

cannibalize ['kænɪbəlaɪz] (también **cannibalise**) *v. t.* MEC. desmontar piezas viejas (para reparar otro coche).

canning ['kænɪŋ] *s. i.* enlatado.

cannon ['kænən] (*pl.* **cannon** o **cannons**) *s. c.* MIL. **1** HIST. cañón de ruedas. **2** AER. ametralladora automática (en un avión). ◆ **3 ~ ball,** MIL. bola de cañón. **4 ~ fodder,** (fig.) carne de cañón. **5 to ~ into,** estrellarse contra, darse con gran fuerza contra, chocar violentamente contra.

cannonade [ˌkænə'neɪd] *s. c.* MIL. andanada (de cañón).

cannot ['kænɒt] *contrac.* de **can** y **not.**

cannily ['kænɪlɪ] *adv.* cautamente, sagazmente, astutamente.

canniness ['kænɪnɪs] *s. i.* cautela, sagacidad, astucia.

canny ['kænɪ] *adj.* cauto, sagaz, astuto.

canoe [kə'nuː] *s. c.* **1** canoa, piragua. ● *v. i.* **2** ir en canoa/piragua.

canoeing [kə'nuːɪŋ] *s. i.* DEP. remo.

canon ['kænən] *s. c.* **1** REL. canónigo. **2** (form.) principio, regla (de una ideología, de un arte, etc.). **3** LIT. canon, corpus (de un autor, de la Biblia, etc.). ◆ **4 ~ law,** DER. código de derecho canónico.

canonical [kə'nɒnɪkl] *adj.* canónico.

canonise *v. t.* ⇒ **canonize.**

canonization [ˌkænənaɪ'zeɪʃn ‖ ˌkænənɪ'zeɪʃn] (también **canonisation**) *s. c.* e *i.* REL. canonización.

canonize ['kænənaɪz] (también **canonise**) *v. t.* REL. canonizar.

canoodle [kə'nuːdl] *v. i.* (brit.) (fam.) besuquearse.

canopied ['kænəpɪd] *adj.* cubierto por toldo (balcón), cubierto por baldaquín (mueble).

canopy ['kænəpɪ] *s. c.* **1** toldo, marquesina; baldaquín. **2** (fig.) techo (algo que cubre un espacio): *a canopy of leaves = un techo de hojas.*

cant [kænt] *s. i.* tópico, trivialidad, hipocresía.

can't [kɑːnt ‖ kænt] *contrac.* de **can** y **not.**

cantankerous [kæn'tæŋkərəs] *adj.* arisco, irritable, malhumorado, pendenciero.

cantankerously [kæn'tæŋkərəslɪ] *adv.* ariscamente, irritablemente, malhumoradamente, pendencieramente.

cantata [kæn'tɑːtə] *s. c.* MÚS. cantata.

canteen [kæn'tiːn] *s. c.* **1** cafetería, comedor (en el lugar de trabajo). **2** (brit.) juego (de cubertería). **3** cantimplora. **4** cocina de campaña (especialmente para militares).

canter ['kæntər] *v. i.* **1** trotar a buena velocidad, trotar con energía. ● *s. c.* **2** medio galope, trote vivaz. ◆ **3 at a ~,** con facilidad, sin esfuerzo; a buen ritmo y sin agobio.

canticle ['kæntɪkl] *s. c.* REL. cántico litúrgico.

cantilever ['kæntɪliːvər] *s. c.* **1** ARQ. viga voladiza, ménsula. ◆ **2 ~ bridge,** ARQ. puente voladizo.

canto ['kæntəʊ] *s. c.* LIT. canto, capítulo de poema épico.

canton ['kæntɒn] *s. c.* POL. cantón (típico de algunos países, como es el caso de Suiza).

cantonment [kən'tuːnmənt ‖ kæn'təʊnmənt] *s. c.* MIL. acantonamiento, acuartelamiento temporal.

canvas ['kænvəs] *s. i.* **1** lona (para tiendas de campaña, velas, etc.). ● *s. c.* e *i.* **2** ART. lienzo (para pintura). ● *s. c.* **3** ART. lienzo, cuadro. ◆ **4 under ~,** en tienda de campaña (viviendo).

canvass ['kænvəs] *v. t.* **1** POL. dar propaganda, ofrecer explicaciones propagandísticas (casa por casa). **2** sondear, encuestar. ● *v. i.* **3** POL. hacer propaganda (casa por casa). ● *s. c.* **4** POL. propaganda directa en casa, propaganda directa.

canvassing ['kænvəsɪŋ] *s. i.* POL. actividad propagandística.

canyon ['kænjən] *s. c.* GEOG. cañón.

cap [kæp] *s. c.* **1** gorra, gorro. **2** tapa (de botella o similar). **3** capuchón (de pluma o bolígrafo). **4** (fam.) capuchón, diafragma (anticonceptivo). **5** GEOG. casquete (especialmente polar). **6** (brit.) DEP. gorra de selección (para ser parte del equipo). **7** cápsula de pólvora, pistón (en pistolas de juguete). ● (*ger.* **capping,** *pret.* y *p.p.* **capped**) *v. t.* **8** (**to ~ + *o.* + {with}**) coronar, rematar (poniendo algo en la parte superior). **9** DEP. conceder la gorra de selección. **10** rematar, poner como remate (de una actuación o similar). ◆ **11 ~ in hand,** con la cabeza gacha, en actitud de súplica. **12 if the ~ fits,** aplícate el cuento.

capability [ˌkeɪpə'bɪlɪtɪ] *s. c.* e *i.* **1** capacidad, competencia, aptitud. **2** POL. capacidad (militar, nuclear, etc., de un país). ◆ **3 capabilities,** capacidad, competencia, aptitud.

capable ['keɪpəbl] *adj.* **1** (**~ of**) capaz de: *he is capable of killing himself = es capaz de suicidarse.* **2** capaz, competente (persona).

capably ['keɪpəblɪ] *adv.* capazmente, competentemente.

capacious [kə'peɪʃəs] *adj.* espacioso, de gran cabida, capaz.

capaciousness [kə'peɪʃəsnɪs] *s. i.* cabida, capacidad.

capacity [kə'pæsɪtɪ] *s. i.* **1** capacidad (de volumen físico). **2** capacidad, aguante (de beber o comer). **3** ECON. capacidad productiva, rendimiento máximo. ● *s. c.* **4** capacidad, potencialidad (para hacer algo): *the capacity to read is basic = la capacidad de leer es fundamental.* **5** habilidad, aptitud, capacidad. ● *s. c.* e *i.* **6** cilindrada (vehículos). ● *adj.* **7** lleno hasta arriba, totalmente lleno, que abarrota (un teatro, estadios, etc.): *a capacity crowd = una multitud que abarrotaba...* ◆ **8 filled to ~,** lleno hasta arriba, lleno a más no poder. **9 in a ... ~/in someone's ~ as,** en calidad de: *in her capacity as a teacher = en su calidad de profesor.*

cape [keɪp] *s. c.* **1** GEOG. cabo. **2** capa, túnica (de vestir o de torear).

caper ['keɪpər] *v. i.* **1** brincar, dar saltos, hacer cabriolas (de alegría o emoción similar). • *s. c.* **2** (fam.) embrollo, lío (criminal). **3** (p.u.) travesura, broma. **4** BOT. alcaparra. ◆ **5 and all that** ~, y todo ese engorro (algo molesto e innecesario). **6 to cut a** ~, dar saltos, ir dando cabriolas.

capercaillie [,kæpə'keɪlɪ] (también **capercailzie**) *s. c.* ZOOL. urogallo.

capercailzie [,kæpə'keɪlzɪ] *s. c.* ⇒ **capercaillie**.

capillary [kə'pɪlərɪ ‖ 'kæpɪlərɪ] *s. c.* **1** vaso capilar, capilar. • *adj.* **2** capilar, muy fino. ◆ **3** ~ **attraction,** FÍS. fuerza capilar, atracción capilar.

capital ['kæpɪtl] *s. c.* **1** GEOG. capital (de una nación). **2** (fig.) centro, capital (de la moda, arte, etc.). **3** GRAM. mayúscula. **4** ARQ. capitel, base. • *s. i.* **5** ECON. capital, dinero, fondos. **6** (fig.) capital, conocimiento, aptitud (de una persona): *don't waste your academic capital = no malgastes tu conocimiento académico.* • *s. sing.* **7** FIN. capital (no intereses). • *adj.* **8** FIN. de capital: *capital investment = inversión de capital.* **9** GRAM. mayúscula (letra). **10** DER. capital (de un crimen muy grave). **11** (fam. y p.u.) maravilloso, fantástico, magnífico. ◆ **12** ~ **gains,** FIN. plusvalía. **13** ~ **gains tax,** FIN. impuesto sobre plusvalía. **14** ~ **goods,** ECON. bienes de equipo. **15** ~ **intensive,** ECON. necesitado de una fuerte inversión (industria). **16** ~ **market,** mercado de capitales. **17** ~ **punishment,** DER. pena capital. **18 in capitals/in** ~ **letters,** en mayúsculas. **19 to make** ~ **out of/of,** sacar gran partido de, aprovecharse de. **20 with a** ~ ..., (fam.) en su significado más esencial (queriendo marcar la relevancia del tema): *I'm talking about Art with a capital A = estoy hablando del arte en su significado esencial.*

capitalise *v. i.* ⇒ **capitalize.**

capitalism ['kæpɪtəlɪzəm] *s. i.* POL. capitalismo.

capitalist ['kæpɪtəlɪst] *s. c.* **1** POL. capitalista. **2** empresario, capitalista. • *adj.* **3** POL. capitalista. **4** (desp.) POL. capitalista, opresor.

capitalistic [,kæpɪtə'lɪstɪk] *adj.* (desp.) capitalista.

capitalization [,kæpɪtəlaɪ'zeɪʃn ‖ ,kæpɪtəlɪ'zeɪʃn] (también **capitalisation**) *s. i.* FIN. capitalización.

capitalize ['kæpɪtəlaɪz] (también **capitalise**) *v. i.* **1** (to ~ {on/upon}) capitalizar, sacar partido de (una situación). • *v. t.* **2** poner mayúsculas. **3** FIN. convertir en capital, convertir algo en dinero vendiéndolo.

capitulate [kə'pɪtʃʊleɪt] *v. i.* (to ~ {to}) capitular, rendirse, ceder.

capitulation [kə,pɪtʃʊ'leɪʃn] *s. c.* e *i.* capitulación, rendición, cesión.

capon ['keɪpən] *s. c.* capón (gallo).

caprice [kə'pri:s] *s. c.* **1** antojo, capricho. **2** MÚS. capricho. ◆ **3** capricho, humor, veleidad (estado de ánimo personal).

capricious [kə'prɪʃəs] *adj.* **1** caprichoso, antojadizo, veleidoso. **2** (fig.) cambiante, impredecible, caprichoso (tiempo atmosférico).

capriciously [kə'prɪʃəslɪ] *adv.* caprichosamente, antojadizamente, veleidosamente.

capriciousness [kə'prɪʃəsnɪs] *s. i.* (lo) caprichoso, (lo) antojadizo, (lo) veleidoso.

Capricorn ['kæprɪkɔ:n] *s. sing.* **1** ASTR. Capricornio. • *s.c.* **2** Capricornio, capricornio (persona de este signo).

capsicum ['kæpsɪkəm] *s. c.* e *i.* BOT. pimiento, guindilla; (Am.) ají.

capsize [kæp'saɪz ‖ 'kæpsaɪz] *v. t.* e *i.* MAR. zozobrar, volcar.

capstan ['kæpstən] *s. c.* cabrestante.

capsule ['kæpsju:l ‖ 'kæpsl] *s. c.* **1** MED. cápsula (de medicina). **2** BOT. cápsula (donde están las semillas). **3** ASTR. cápsula (espacial). • *adj.* **4** breve, conciso.

captain ['kæptɪn] *s. c.* **1** MIL. capitán. **2** DEP. capitán (de un equipo). • *v. t.* **3** capitanear, liderar. ◆ **4 a** ~ **of industry,** (fam.) un gran industrial.

caption ['kæpʃn] *s. c.* **1** PER. encabezamiento, titular. **2** pie, leyenda (de una fotografía, ilustración, etc.). • *v. t.* **3** titular; poner un pie, poner una leyenda (a una fotografía, ilustración o similar).

captious ['kæpʃəs] *adj.* (form.) capcioso, insidioso, falaz.

captiously ['kæpʃəslɪ] *adv.* (form.) capciosamente, falazmente.

captiousness ['kæpʃəsnɪs] *s. i.* (form.) insidia, falacia.

captivate ['kæptɪveɪt] *v. t.* fascinar, cautivar (atención o similar).

captivating ['kæptɪveɪtɪŋ] *adj.* fascinante, cautivante.

captivation [,kæptɪ'veɪʃn] *s. i.* encanto, fascinación (que alguien tiene).

captive ['kæptɪv] *s. c.* **1** cautivo, prisionero. • *adj.* **2** cautivo, prisionero. ◆ **3** ~ **audience,** espectadores fascinados, espectadores encantados. **4 to hold someone** ~, mantener a alguien prisionero. **5 to take someone** ~, coger a alguien prisionero.

captivity [kæp'tɪvɪtɪ] *s. i.* cautividad, cautiverio.

captor ['kæptər] *s. c.* aprehensor, secuestrador.

capture ['kæptʃər] *v. t.* **1** MIL. capturar, apresar. **2** MIL. capturar, tomar, conquistar (una posición, pueblo, etc.). **3** capturar (animales). **4** ganar, ganarse, controlar: *we must capture the support of old-age pensioners = debemos ganarnos el apoyo de los pensionistas.* **5** captar, reproducir fielmente (mediante música, pintura, escrito, etc.).

car [kɑ:r] (en EE UU **automobile**) *s. c.* **1** coche; (Am.) carro. **2** (brit.) vagón (de tren): *a sleeping car = un vagón cama.* **3** (EE UU) vagón (de pasajeros). ◆ **4** ~ **ferry,** transbordador de automóviles.

carafe [kə'ræf] *s. c.* garrafa.

caramel ['kærəmel] *s. i.* **1** GAST. caramelo (azúcar quemado). • *s. c.* **2** caramelo hecho de leche y azúcar. • *s. i./adj.* **3** color caramelo.

carat ['kærət] (también **karat**) *s. c.* quilate (para medir oro y diamante).

caravan ['kærəvæn] *s. c.* **1** (brit.) rulot. **2** caravana (en el desierto).

caravanning ['kærəvænɪŋ] *s. i.* viaje en rulot (normalmente vacacional).

caravanserai [,kærə'vænsəraɪ] *s. c.* **1** posada para caravanas (típico de los parajes desérticos). **2** (fig.) (~ {of}) follón, estruendo, agitación (de personas o cosas arremolinadas y ruidosas).

caraway ['kærəweɪ] *s. i.* BOT. alcaravea.

carbine ['kɑ:baɪn] *s. c.* carabina (arma de fuego).

carbohydrate [,kɑ:bəʊ'haɪdreɪt] *s. c.* e *i.* QUÍM. hidrato de carbono.

carbolic acid [kɑ:,bɒlɪk'æsɪd] *s. i.* QUÍM. ácido carbólico.

carbon ['kɑ:bən] *s. i.* **1** QUÍM. carbono. • *s. c.* **2** papel carbón. **3** copia hecha en papel carbón. ◆ **4** ~ **copy, a)** copia hecha en papel carbón. **b)** réplica exacta, copia exacta (de persona o cosa). **5** ~ **dating,** QUÍM. datación por el método del carbono 14. **6** ~ **dioxide,** QUÍM. dióxido de carbono. **7** ~ **monoxide,** QUÍM. monóxido de carbono. **8** ~ **paper,** papel carbón.

carbonated ['kɑ:bəneɪtɪd] *adj.* (form.) carbonatada (agua).

carbuncle ['kɑ:bʌŋkl] *s. c.* **1** MED. carbunco, grano, furúnculo. **2** MIN. carbúnculo (tipo de piedra preciosa parecida al rubí).

carburettor [,kɑ:bə'retər] (en EE UU **carburetor**) ['kɑ:rbəreɪtər] *s. c.* MEC. carburador.

carcass ['kɑ:kəs] (también **carcase**) *s. c.* **1** animal muerto; esqueleto (de animal). **2** (fig., fam. y hum. o desp.) corpachón; culo: *take your carcass out of this room = mueve el culo, sal de esta habitación.*

carcinogen [kɑ:'sɪnədʒen] *s. c.* agente cancerígeno, sustancia cancerígena.

carcinogenic [,kɑ:sɪnə'dʒenɪk] *adj.* cancerígeno.

carcinoma [,kɑ:sɪ'nəʊmə] (*pl.* **carcinomas** o **carcinomata**) *s. c.* MED. carcinoma.

carcinomata [,kɑ:sɪ'nəʊmətə] *pl.* de **carcinoma.**

card [kɑ:d] *s. c.* **1** tarjeta (con señas de una empresa, persona, etc.). **2** carnet, tarjeta (documento oficial). **3** tarjeta (de felicitación o similar). **4** postal (correos). **5** cuartilla, tarjeta, tarjetita (para escribir información). **6** carta, naipe (para juego). **7** (p.u.) tipo gracioso, tipo algo excéntrico. **8** (fig.) ventaja, carta: *I have still got a card my enemies don't know about = todavía me queda una carta que mis enemigos desconocen.* • *s. i.* **9** cartulina, papel cartulina. • *s. pl.* **10** cartas (juego). ◆ **11 ~ index,** fichero. **12 ~ sharp/~ sharper,** tahúr. **13 ~ vote,** voto colectivo (especialmente en el mundo sindical). **14 to hold/keep one's cards close to one's chest,** no revelar las intenciones de uno, mantener los planes de uno en secreto. **15 house of cards,** (fig.) castillo de naipes. **16 to lay/put one's cards on the table,** poner las cartas sobre la mesa. **17 on the cards,** (fam.) probable, casi seguro (de ocurrir). **18 to play one's cards right,** obrar con cuidado, actuar con la debida cautela.

cardamom ['kɑːdəməm] *s. i.* BOT. cardamomo (una especia).

cardboard ['kɑːdbɔːd] *s. i.* **1** cartón. ● *adj.* **2** (fig.) falso, de cartón, de bisutería (personas, sentimientos, etc.).

card-carrying ['kɑːdkærɪɪŋ] *adj.* oficialmente inscrito, con carnet: *I am a card-carrying member of the Communist Party = soy un miembro del Partido Comunista con carnet.*

cardiac ['kɑːdɪæk] *adj.* MED. **1** cardíaco. ◆ **2 ~ arrest,** paro cardíaco.

cardigan ['kɑːdɪgən] *s. c.* chaqueta de punto, chaqueta de lana.

cardinal ['kɑːdɪnl] *s. c.* **1** MAT. número cardinal. **2** REL. cardenal. ● *adj.* **3** (form.) cardinal, fundamental, esencial, capital. ◆ **4 ~ number,** MAT. número cardinal. **5 ~ point,** GEOG. punto cardinal. **6 ~ sin, a)** REL. pecado capital. **b)** (fig. y hum.) crimen capital, equivocación importante.

card-table ['kɑːdteɪbl] *s. c.* mesa de juego, mesa para jugar a las cartas.

care [keər] *s. i.* **1** cuidado, atención, esmero: *drink this with a lot of care = bébete esto con mucho cuidado.* **2** atención, cuidado (médico, especialmente hacia personas). ● *s. c.* e *i.* **3** preocupación, inquietud: *I haven't got a care in the world = no tengo preocupaciones en mi vida.* ● *v. i.* **4** importar, preocupar(se), inquietar(se): *I don't care what you think about me = no me preocupa lo que pienses de mí.* **5** (**to ~ {for/about}**) tener cariño, amar; estar dispuesto a amar: *I still care a lot for her = todavía le quiero mucho.* **6** (**to ~ +** *inf.*/**for**) querer, dar la gana, apetecer: *I have a job for him, if he cared to take it = tengo un empleo para él, si quisiera aceptarlo; would you care for an apple? = ¿te apetece una manzana?* ◆ **7 to ~ for, a)** cuidar, atender (algo o alguien). **b)** apetecer, gustar; querer: *I don't care for drink = no me gusta la bebida.* **8 for all I ~,** (fam.) me resulta indiferente, no me importa nada, me da lo mismo. **9 in ~/into ~,** dentro de una institución de atención al niño/anciano/ etc.: *she's been in care all her life = ella lleva toda su vida en instituciones de atención a niños.* **10 I/you/ etc. couldn't ~ less,** (fam.) me/te importa un pimiento, me/te importa un pepino, me/te importa un pito. **11 take ~/take ~ of yourself,** (fam.) cuídate (despedida en carta o hablando). **12 to take ~ of, a)** cuidar, atender, encargarse de (persona). **b)** encargarse de, ocuparse de (algo). **13 to take ~ of oneself,** cuidar uno de sí mismo, protegerse uno a sí mismo. **14 to take ~,** (+ *inf.*) esforzarse por, empeñarse en. **15 who cares?,** (fam.) ¿a quién le importa?

careen [kə'riːn] *v. i.* **1** MAR. carenar, enquillar. **2** (EE UU) ir dando tumbos (especialmente vehículos).

career [kə'rɪər] *s. c.* **1** trayecto profesional, carrera profesional: *my career in teaching started in 1974 = mi carrera profesional en la enseñanza comenzó en 1974.* **2** vida, curso vital. ● *adj.* **3** profesional, por profesión. ● *v. i.* **4** ir a gran velocidad sin control. ◆ **5 ~ girl/woman,** chica/mujer profesional, chica/mujer dedicada a una profesión, chica/ mujer cuya prioridad es el desempeño de trabajo remunerado. **6 careers,** de orientación profesional, de orientación vocacional: *a careers advice department = un departamento de orientación profesional.*

careerist [kə'rɪərɪst] *s. c.* (desp.) persona agresiva en su trabajo; arribista.

carefree ['keəfriː] *adj.* sin preocupaciones, sin problemas, libre de preocupaciones.

careful ['keəfl] *adj.* **1** cuidadoso, cauteloso, prudente. **2** cuidadoso, escrupuloso, meticuloso, esmerado (en el trabajo, por ejemplo). **3** cuidadoso, ahorrativo (con el dinero). ◆ **4 ~!/be ~!,** ¡ten cuidado!, ¡cuidado!

carefully ['keəfəlɪ] *adv.* **1** cuidadosamente, cautelosamente, prudentemente. **2** cuidadosamente, escrupulosamente, meticulosamente, esmeradamente (trabajando, por ejemplo). **3** cuidadosamente, ahorrativamente (dinero).

carefulness ['keəflnɪs] *s. i.* **1** cuidado, cautela. **2** escrupulosidad, meticulosidad (en el trabajo o similar).

careless ['keəlɪs] *adj.* **1** descuidado, negligente, inconsciente. **2** descuidado, relajado, espontáneo (forma de vestir, reír, mirar, etc.). **3** descuidado, irresponsable (con el dinero).

carelessly ['keəlɪslɪ] *adv.* **1** descuidadamente, negligentemente, inconscientemente. **2** descuidadamente, relajadamente, espontáneamente (cualquier acto). **3** descuidadamente, irresponsablemente (con el dinero).

carelessness ['keəlɪsnɪs] *s. i.* **1** descuido, negligencia, inconsciencia. **2** relajo, espontaneidad (de un acto). **3** descuido, irresponsabilidad (en el uso del dinero).

caress [kə'res] *v. t.* **1** acariciar. ● *s. c.* **2** caricia.

caret ['kærət] *s. c.* signo de intercalación.

caretaker ['keəteɪkər] *s. c.* **1** portero, vigilante, conserje. ● *adj.* **2** interino, provisional (gobierno, cargo oficial, administracion, etc.).

careworn ['keəwɔːn] *adj.* agobiado, lleno de ansiedad.

carfare ['kɑːfeər] *s. c.* (EE UU) precio del trayecto (en autobús o similar).

cargo ['kɑːgəu] (*pl.* **cargoes** o **cargos**) *s. c.* e *i.* **1** cargamento, carga. ◆ **2 ~ boat,** carguero, buque de carga.

caribou ['kærɪbuː] (*pl.* **caribou** o **caribous**) *s. c.* ZOOL. caribú.

caricature ['kærɪkətjuər] *s. c.* e *i.* **1** caricatura. ● *s. c.* **2** (~ **{of}**) (fig.) caricatura, remedo. ● *v. t.* **3** caricaturizar, hacer una caricatura de.

caricatured ['kærɪkətjuəd] *adj.* caricaturizado, de caricatura, grotesco.

caricaturist ['kærɪkətjuərɪst] *s. c.* caricaturista.

caries ['keəriːz] *s. i.* MED. caries.

caring [keərɪŋ] *s. i.* **1** cariño, afecto. **2** compasión, actitud servicial. ● *adj.* **3** compasivo. **4** al cuidado de los necesitados/enfermos/mayores: *a caring agency = una agencia para el cuidado de los necesitados.*

carmine ['kɑːmaɪn] *s. i.* y *adj.* carmín (color).

carnage ['kɑːnɪdʒ] *s. i.* matanza, carnicería (de personas).

carnal ['kɑːnl] *adj.* **1** (form. o lit.) carnal. ◆ **2 ~ knowledge,** (form.) conocimiento carnal, coito.

carnation [kɑː'neɪʃn] *s. c.* BOT. clavel.

carnival ['kɑːnɪvl] *s. c.* carnaval.

carnivore ['kɑːnɪvɔːr] *s. c.* BIOL. carnívoro.

carob ['kærəb] *s. c.* BOT. algarrobo.

carol ['kærəl] *s. c.* **1** MÚS. villancico. ● *v. i.* **2** (arc.) MÚS. cantar alegremente (personas o pájaros). ◆ **3 to go carolling,** ir a cantar villancicos para conseguir el aguinaldo.

carotid [kə'rɒtɪd] *adj.* **1** ANAT. carótida. ◆ **2 ~ artery,** arteria carótida.

carouse [kə'rauz] *v. i.* (p.u.) ir de juerga, ir de jarana.

carousel [ˌkæru'sel] (en EE UU **carrousel**) *s. c.* **1** (EE UU) tiovivo. **2** cinta transportadora de equipajes (en un aeropuerto).

carp [kɑːp] (*pl.* **carp**) *s. c.* **1** ZOOL. carpa (pez). ● *v. i.* **2** (**to ~ {at/about}**) quejarse.

car-park ['kɑːpɑːk] *s. c.* aparcamiento de coches, parking.

carpenter ['kɑːpəntər] *s. c.* carpintero.

carpentry ['kɑːpəntrɪ] *s. i.* carpintería.

carpet ['kɑːpɪt] *s. c.* **1** alfombra, moqueta. **2** (fig.) tapiz, alfombra (de cualquier cosa). ● *v. t.* **3** alfombrar, enmoquetar. **4** (fig.) tapizar, alfombrar. ◆ **5 ~ slipper,** zapatilla. **6 ~ sweeper,** escoba para barrer la alfombra. **7 on the ~,** (fam.) a punto de recibir una regañina. **8 to sweep something under the ~,** ⇒ **sweep.**

carpetbagger ['kɑːpɪtbægər] *s. c.* (EE UU y desp.) político de fuera de la localidad; oportunista.

carpeted ['kɑːpɪtɪd] *adj.* alfombrado.

carpeting ['kɑːpətɪŋ] *s. i.* **1** enmoquetado. **2** alfombrado.

carriage ['kærɪdʒ] *s. c.* **1** (brit.) vagón (de tren). **2** coche de caballos, carruaje. **3** MEC. carro (de una máquina de escribir o similar). ● *s. i.* **4** transporte, costo de transporte. **5** (p.u.) porte, postura (de una persona). ◆ **6 ~ return,** retorno de carro.

carriageway ['kærɪdʒweɪ] *s. c.* (brit.) calzada (de una carretera).

carrier ['kærɪər] *s. c.* **1** transportista, transportador, empresa de transporte. **2** MIL. portaaviones. **3** MED. portador (de gérmenes, bacterias, etc.). **4** MEC. soporte transportador, soporte portador (en cualquier mecanismo). ◆ **5** ~ **bag,** (brit.) bolsa (para las compras). **6** ~ **pigeon,** ZOOL. paloma mensajera.

carrillon [kə'rɪljən || 'kærəlɒn] *s. c.* MÚS. carrillón.

carrion ['kærɪən] *s. i.* carroña.

carrot ['kærət] *s. c.* e *i.* **1** zanahoria. ● *s. c.* **2** (fig.) incentivo.

carroty ['kærətɪ] *adj.* pelirrojo.

carry ['kærɪ] *v. t.* **1** transportar, llevar, llevar en brazos. **2** MED. portar, transmitir (enfermedades, microbios, etc.). **3** PER. publicar (noticia, artículo, etc.). **4** POL. ganar en, conseguir los votos de (distrito, circunscripción, etc.): *he only carried one State = sólo ganó en un Estado.* **5** llevar aparejado, acarrear, significar (un castigo). **6** aprobar, pasar (moción, acuerdo, etc.). **7** soportar el peso de, aguantar todo el trabajo de (peso físico, responsabilidad grande, etc.): *he carried the office = él llevaba el peso de la oficina.* **8** conllevar, tener en sí (como consecuencia): *political power carries a lot of responsibility = el poder político conlleva mucha responsabilidad.* **9** (**to** ~ + *o.* + **through**) llevar a término, aguantar durante (algo desagradable): *this money will help to carry you through the winter = este dinero te ayudará a aguantar durante el invierno.* **10** (**to** ~ + *o.* + **with**) convencer, entusiasmar: *he carried everybody with him = él entusiasmó a todos.* **11** (p.u.) estar embarazada de: *I was carrying John when I finished the course = yo estaba embarazada de John cuando acabé el curso.* **12** desarrollar, llevar hasta (ideas, planes, etc.): *he carried out his plans to their logical conclusion = llevó sus planes hasta el final.* **13** tener (en una tienda): *we don't carry postcards = no tenemos postales.* ● *v. i.* **14** oírse, llegar (sonidos y recorridos de distancias). ● *v. pron.* **15** moverse, andar, tener una postura (corporalmente). ◆ **16 to be/get carried away,** perder el control (por emoción, pasión, etc.). **17 to** ~ **a load/burden,** llevar un peso encima, tener como una losa encima (de excesivo trabajo, responsabilidad, etc.). **18 to** ~ **coals to Newcastle,** ⇒ **coal. 19 to** ~ **everything before one/to** ~ **all before one,** vencer todos los obstáculos ante uno, arrollar todos los obstáculos ante uno. **20 to** ~ **in one's head/mind,** retener en la cabeza (sin necesidad de escribirlo o parecido). **21 to** ~ **off, a)** llevarse, ganar, alzarse con (un premio). **b)** salir airoso en: *he carried everything off = salió airoso en todo.* **22 to** ~ **on, a)** continuar, no parar, no cesar (de hacer algo). **b)** (fam.) ponerse (de un determinado humor): *the way he carried on about politics! = ¡cómo se puso con la política!* **c)** seguir, llevar a cabo, conducir (una actividad): *he carried on as mayor despite the scandal = siguió como alcalde a pesar del escándalo.* **23 to** ~ **on (with),** (fam. y desp.) tener una relación amorosa ilícita (con). **24 to** ~ **out,** llevar a cabo, cumplir, realizar: *I want my orders carried out to the letter = quiero que mis órdenes se cumplan al pie de la letra.* **25 to** ~ **over,** llevar hasta, seguir haciendo uso de: *we must not carry our adolescent dreams over into adulthood = no debemos seguir haciendo uso de nuestros sueños adolescentes en la edad madura.* **26 to** ~ **the can,** ⇒ **can. 27 to** ~ **the day,** llevarse el triunfo, conseguir la victoria, triunfar. **28 to** ~ **through,** sacar a flote, hacer que salga algo adelante, llevar a buen término (especialmente lo que es difícil). **29 to** ~ **weight/to** ~ **a lot of weight,** tener peso, tener influencia, gozar de influencias (persona u opinión).

carry-all ['kærɪɔːl] *s. c.* (EE UU) bolsa grande, cesta grande.

carrycot ['kærɪkɒt] *s. c.* (brit.) cestillo, capazo (para bebés).

carry-on ['kærɪɒn] *s. sing.* (fam., brit. y desp.) comportamiento exagerado, lío, conmoción.

carsick ['kɑːsɪk] *adj.* mareado (yendo en coche).

carsickness ['kɑːsɪknɪs] *s. i.* mareo (causado por viajar en coche).

cart [kɑːt] *s. i.* **1** carro, carromato, carreta (tirada por animales). **2** pequeña berlina (para personas). **3** carretilla (de mano). ● *v. t.* **4** llevar en carro, transportar en carro. **5** (fam.) ir tirando de (persona o cosa con dificultad). ◆ **6 to** ~ **off,** arrastrar, llevarse a rastras. **7 to put the** ~ **before the horse,** hacer las cosas al revés, tomar el rábano por las hojas.

carte blanche [ˌkɑːt'blɒnʃ] *s. i.* (~ + *inf.*) carta blanca.

cartel [kɑː'tel] *s. c.* FIN. cartel (para control de precios y de la competencia).

carthorse ['kɑːthɔːs] *s. c.* caballo de tiro.

cartilage ['kɑːtɪlɪdʒ] *s. c.* e *i.* ANAT. cartílago.

cartilaginous [ˌkɑːtɪ'lædʒɪnəs] *adj.* ANAT. cartilaginoso.

cart-load ['kɑːtləud] *s. c.* carretada (cantidad que transporta un carro).

cartographer [kɑː'tɒgrəfər] *s. c.* cartógrafo.

cartography [kɑː'tɒgrəfɪ] *s. i.* cartografía.

carton ['kɑːtən] *s. c.* **1** caja de cartón. **2** envase (para líquidos).

cartoon [kɑː'tuːn] *s. c.* **1** PER. chiste, viñeta de humor, caricatura. **2** dibujo animado. **3** (brit.) PER. historieta de dibujos, historieta humorística, tira cómica (en periódicos). **4** ART. cartón (esbozo preliminar).

cartoonist [kɑː'tuːnɪst] *s. c.* PER. dibujante de tiras cómicas.

cartridge ['kɑːtrɪdʒ] *s. c.* **1** cartucho (de pistola, de tinta). **2** brazo del tocadiscos. **3** recambio (de bolígrafo o pluma). **4** FOT. cartucho, carrete. ◆ **5** ~ **paper,** papel de dibujo (duro).

cartridge-belt ['kɑːtrɪdʒbelt] *s. c.* canana, cartuchera.

cartwheel ['kɑːtwiːl] *s. c.* **1** rueda, rueda de carro. **2** pirueta de lado, pirueta mortal de lado. ● *v. i.* **3** dar piruetas, hacer piruetas.

carve [kɑːv] *v. t.* **1** ART. tallar, cincelar (escultura). **2** (fig.) tallar, cincelar, labrar (el viento, la lluvia, etc.). ● *v. t.* e *i.* **3** tallar, grabar (en madera, metal, etc.). **4** trinchar (carne). ◆ **5 to** ~ **out,** (fam.) labrarse (una carrera, una vida, etc.). **6 to** ~ **out (of),** abrir un espacio, excavar un sitio libre (para hacer una obra). **7 to** ~ **up, a)** (fam. y fig.) acuchillar, herir a cuchilladas. **b)** trocear, cortar en trozos.

carving ['kɑːvɪŋ] *s. i.* **1** talla (de objetos como adorno). ● *s. c.* e *i.* **2** grabado (en madera, metal, etc.). ● *s. c.* **3** escultura, escultura pequeña. ◆ **4** ~ **knife,** cuchillo de trinchar, trinchante.

cascade [kæ'skeɪd] *s. c.* **1** cascada, salto de agua. **2** (lit. y fig.) cascada, como en cascada (pelo o parecido). ● *v. i.* **3** caer en cascada (agua). **4** (lit. y fig.) caer como en cascada (pelo o parecido).

case [keɪs] *s. c.* **1** caso, situación: *this is not our case = éste no es nuestro caso.* **2** caso, ejemplo, caso concreto. **3** caja. **4** maleta. **5** MED. caso. **6** GRAM. caso. **7** vitrina. **8** caja de 12 unidades (de bebida). **9** DER. caso. **10** BOT. vaina (donde están las semillas). **11** estuche, funda (de una guitarra, joya, etc.). **12** caso (policíaco). **13** caso (persona): *he is a hopeless case = él es un caso perdido.* **14** (~ {**for/against**}) DER. evidencia, pruebas. **15** (~ {**for/against**}) hechos, argumentos: *there's a very good case for dismantling nuclear plants = hay muy buenos argumentos a favor del desmantelamiento de centrales nucleares.* ● *s. sing.* **16** (**a** ~) (fam.) un caso, un poema. ● *v. t.* **17** (**to** ~ + *o.* + **in**) enfundar en; revestir de (cubriendo el objeto): *the building was cased in stone = el edificio estaba revestido de piedra.* **18** (fam.) inspeccionar (lugar donde se piensa robar). ◆ **19 as the** ~ **may be/ whatever the** ~ **may be,** según salga la cosa, según el caso (no hay seguridad de lo que ocurrirá). **20 to be a** ~ **in point,** ser un ejemplo que hace al caso. **21 to be a** ~ **of,** ser una situación real de: *it is a case of not knowing how to study it = es una situación real de no saber cómo estudiarlo.* **22 to be the** ~**,** ser el caso, ser la realidad, ser la situación real. **23** ~ **grammar,** gramática de casos. **24** ~ **history,** historial, antecedentes; MED. historial, historia clínica. **25** ~ **law,** DER. derecho consuetudinario, jurisprudencia. **26 in any case, a)** en cualquier caso, en todo caso; además: *he was tired and, in any case, it was too late = estaba cansado y, en cualquier caso, era demasiado tarde.* **b)** al menos, por lo menos: *his teachings or, in any case, his example were very influential = sus enseñanzas o al menos su ejemplo tuvieron gran influencia.* **27 in ~,** por si acaso, por si: *get ready in case she arrives = prepárate por si llega ella.* **28 in ~ of,** en caso de, por si hubiera: *in case of an emergency = por si hubiera una emergencia.* **29 in many/quite a lot of cases,** en muchos/bastantes/etc. casos, en muchas/bastantes/etc. ocasiones. **30 in no ~,** en ningún caso, en ninguna ocasión. **31 in that ~/in which ~,** en ese caso/en cuyo caso, en esa circunstancia/en cuya circunstancia. **32 to make a ~/to make out a ~ (for/against),** presentar argumentos convincentes (a favor/en contra), establecer un punto de vista convincentemente (a favor/en contra). **33 to make one's ~/to make the ~ (for/against),** demostrar el punto de vista de uno (a favor/en contra).

casebook ['keɪsbʊk] *s. c.* registro, diario (de personas tratadas por un médico, detective, etc.).

casement ['keɪsmənt] (también **casement window**) *s. c.* ventana de batiente, ventana a bisagra.

case-study ['keɪsstʌdɪ] *s. c.* estudio de caso, estudio específico, estudio especializado (sobre cualquier tema).

casework ['keɪswɜːk] *s. i.* trabajo de asistencia social, trabajo de rehabilitación social.

caseworker ['keɪswɜːkər] *s. c.* asistente social.

cash [kæʃ] *s. i.* **1** dinero (en efectivo). **2** (fam.) dinero, parné. • *v. t.* **3** hacer efectivo (cheque o similar). ◆ **4 ~ card,** tarjeta de débito, tarjeta de cajero automático. ◆ **5 ~ crop,** AGR. producción agrícola de rápida venta, cultivo de venta inmediata (no para consumición del granjero). **6 ~ discount,** descuento por pronto pago. **7 ~ dispenser,** FIN. cajero automático. **8 ~ down,** al contado. **9 ~ flow,** FIN. flujo de efectivo, movimiento de caja. **10 to ~ in (on),** sacar tajada de, aprovecharse astutamente de. **11 ~ on delivery,** COM. pago contra recepción, pago contra reembolso. **12 ~ prize,** premio en metálico. **13 ~ register,** caja registradora. **14 in ~,** en efectivo, en dinero contante y sonante.

cash-and-carry [,kæʃən'kærɪ] *s. c.* tienda de venta al por mayor.

cashbook ['kæʃbʊk] *s. c.* COM. libro de caja.

cash-box ['kæʃbɒks] *s. c.* caja (del dinero).

cash-desk ['kæʃdesk] *s. c.* caja (donde uno paga).

cashier [kæ'ʃɪər] *s. c.* **1** cajero, caja. • *v. t.* **2** MIL. separar del servicio, dar la baja, despedir (del ejército).

cashmere [,kæʃ'mɪər] *s. i.* cachemir, cachemira.

cashpoint ['kæʃpɔɪnt] cajero automático.

casing ['keɪsɪŋ] *s. c.* envoltura, revestimiento.

casino [kə'siːnəʊ] *s. c.* casino.

cask [kɑːsk ‖ kæsk] *s. c.* tonel, barril.

casket ['kɑːskɪt ‖ 'kæskɪt] *s. c.* **1** cofrecito, cajita, arquilla, joyero (especialmente para cosas valiosas). **2** (EE UU) ataúd.

cassava [kə'sɑːvə] *s. i.* BOT. mandioca.

casserole ['kæsərəʊl] *s. c.* **1** cazuela. • *s. c.* e *i.* **2** GAST. plato de una mezcla de verdura y carne o pescado cocinado lentamente al horno. • *v. t.* **3** GAST. cocinar a la cazuela (carne o pescado).

cassette [kə'set] *s. c.* **1** casete, cinta. **2** magnetófono, casete (aparato). ◆ **3 ~ player/~ recorder,** magnetófo/radiocasete.

cassock ['kæsək] *s. c.* sotana.

cast [kɑːst ‖ kæst] (*pret.* y *p.p. irreg.* **cast**) *v. t.* **1** echar, lanzar (mirada, vista, ojos, etc.). **2** BIOL. mudar de (piel o similar por parte de ciertos animales). **3** formar, moldear (objetos); vaciar (esculturas). **4** (**to ~** + *o.* + {**as**}) ART. dar un papel, conceder un papel (en teatro, cine, etc.): *I was cast as the teacher = me dieron el papel del profesor.* **5** (**to ~** + *o.* + {**on**}) echar (maldición, encantamiento, etc.). **6** DEP. lanzar, tirar (la caña al pescar). **7** (**to ~** + *o.* + {**on/upon**}) arrojar (dudas, sospechas, etc.). **8** (lit.) lanzar, echar, arrojar (luz o sombra). **9** (form. o lit.) arrojar, tirar, echar (algo o alguien). **10** (**to ~** + *o.* + **as/in**) describir como, poner la etiqueta de: *how can you cast your workmates as layabouts? = ¿cómo puedes poner a tus compañeros la etiqueta de vagos?* **11** (form.) quitarse, echar fuera de sí (un pensamiento negativo o similar). • *v. i.* **12** DEP. hacer un lanzamiento (de la caña de pescar). • *s. c.* **13** (**~** *v. sing./pl.*) reparto (de actores). **14** DEP. lanzamiento (con la caña de pescar). **15** molde, forma: *a cast of my wife's hands = un molde de las manos de mi mujer.* **16** molde (objeto). **17** MED. escayola, vendaje enyesado (para roturas, esguinces, etc.). **18** ligera bizquera. **19** (**~ of**) (form.) clase de, tipo de (carácter, actitud mental, etc.). ◆ **20 to be ~ in the same mould,** estar cortado por el mismo patrón. **21 to ~ about/around (for),** (form.) intentar dar (con), buscar rápidamente (una expresión afortunada, la palabra correcta, etc.). **22 to ~ anchor, ⇒ anchor. 23 to ~ aside,** rechazar, apartar (algo o alguien). **24 to ~ a vote,** depositar un voto, votar. **25 to ~ away,** (lit.) descartar, desembarazarse de, arrojar fuera de uno. **26 to ~ down,** (form.) echar abajo, rebajar (normalmente de categoría, clase social, etc.). **27 to ~ lots, ⇒ lot. 28 to ~ off, a)** quitarse de encima, desechar, arrojar lejos (porque no deja progresar). **b)** MAR. levar anclas; quitar amarras. **c)** menguar (en costura). **29 to ~ on,** echar puntos (comenzar la labor de costura). **30 to ~ one's eye over something,** echar un vistazo a algo. **31 to ~ one's mind back,** rememorar, recordar. **32 to ~ one's net wider, ⇒ net. 33 to ~ one's spell on,** encantar, fascinar, dejar maravillado. **34 to ~ out,** (lit.) arrojar del lado de uno, expulsar del lado de uno. **35 to ~ pearls before swine, ⇒ pearl. 36 to ~ up,** arrojar (el mar restos de naufragio, animales muertos, etc.). **37 the die is ~, ⇒ die.**

castanet [,kæstə'net] *s. c.* castañuela.

castaway ['kɑːstəweɪ ‖ 'kæstəweɪ] *s. c.* náufrago.

caste [kɑːst] *s. c.* e *i.* **1** casta (especialmente en la India). **2** (fig.) casta, clase. ◆ **3 to lose ~,** perder el prestigio social, descender en la escala social.

caster *s. c.* **⇒ castor.**

castigate ['kæstɪgeɪt] *v. t.* (form.) reprobar, censurar.

castigation [,kæstɪ'geɪʃn] *s. c.* e *i.* (form.) reprobación, censura.

casting ['kɑːstɪŋ ‖ 'kæstɪŋ] *s. c.* **1** MET. fundición, pieza de fundición, molde fundido. **2** elección del reparto (en teatro). ◆ **3 ~ vote,** voto de calidad (del presidente).

cast-iron [,kɑːst'aɪən ‖ ,kæst'aɪərn] *s. i.* **1** MET. hierro fundido. • *adj.* **2** irrefutable (excusa, coartada, etc.).

castle ['kɑːsl ‖ 'kæsl] *s. c.* **1** castillo, fortaleza. **2** torre (en el ajedrez). ◆ **3 an Englishman's home is his ~,** la casa de un inglés es su refugio privado. **4 castles in the air,** castillos en el aire.

cast-off ['kɑːstɒf ‖ 'kæstɒf] *adj.* **1** para tirar, inservible, viejo y sucio (especialmente ropa). **2** rechazado, no querido (una persona). • *s. c.* **3** ropa vieja.

castor ['kɑːstər ‖ 'kæstər] (también **caster**) *s. c.* **1** MEC. ruedecilla. ◆ **2 ~ oil,** aceite de ricino. **3 ~ sugar** (también **caster sugar**), azúcar extrafino.

castrate [kæs'treɪt ‖ 'kæstreɪt] *v. t.* castrar.

castration [kæs'treɪʃn ‖ 'kæstreɪʃn] *s. i.* castración.

casual ['kæʒʊəl] *adj.* **1** casual, fortuito, no planeado, no intencionado. **2** casual, distraído, superficial: *a casual look = una mirada distraída.* **3** indiferente, despreocupado (cualidad personal). **4** informal (ropa). **5** temporal, eventual (trabajo no fijo).

casually ['kæʒʊəlɪ] *adv.* **1** casualmente, fortuitamente. **2** casualmente, desinteresadamente, superficialmente. **3** indiferentemente, despreocupadamente (forma de comportarse). **4** informalmente (forma de vestir).

casualness ['kæʒʊəlnɪs] *s. i.* indiferencia, despreocupación (cualidad personal).

casualty ['kæʒʊəltɪ] *s. c.* **1** MIL. baja. **2** víctima, accidentado grave. **3** (**~ of**) (fig.) víctima de: *she was the first casualty of the political campaign =*

ella fue la primera víctima de la campaña política. • *s. i.* **4** urgencias, accidentes: *the casualty ward = la sala de urgencias.*

casuistry ['kæzjuɪstrɪ] *s. i.* (form.) FIL. casuística.

cat [kæt] *s. c.* **1** gato. **2** ZOOL. felino (león, tigre, etc.). ◆ **3 a game of ~ and mouse,** el juego del gato y del ratón (una persona con poder burlándose de otra indefensa). **4 curiosity killed the ~,** la curiosidad mató al gato (significando que no hay que ser curiosos). **5 has the ~ got your tongue?,** ¿te ha comido la lengua el gato? **6 to let the ~ out of the bag,** revelar el secreto, soltar el secreto. **7 like ~ and dog,** como el perro y el gato; siempre peleándose. **8 to look like something the ~ brought in/dragged in,** tener una pinta de sucio que no va más. **9 look what the ~ has brought in,** mira quién ha venido (con sorpresa alegre). **10 to rain cats and dogs,** ⇒ **rain. 11 to set the ~ among the pigeons,** ⇒ **pigeon. 12 there are more ways than one to skin a ~,** hay muchas maneras de hacer las cosas (no se puede ser dogmático). **13 there's not enough room to swing a ~,** no cabe ni un alfiler, no hay sitio ni para respirar. **14 while the ~ is away, the mice will play,** mientras los gatos duermen, los ratones bailan.

cataclysm ['kætəklɪzəm] *s. c.* **1** cataclismo (natural). **2** (fig.) cataclismo (político, social, etc.).

cataclysmic [ˌkætə'klɪzmɪk] *adj.* catastrófico, desastroso.

catacombs ['kætəku:mz ‖ 'kætəkəumz] *s. pl.* catacumbas.

catalepsy ['kætəlepsɪ] *s. i.* MED. catalepsia.

cataleptic [ˌkætə'leptɪk] MED. *adj.* **1** cataléptico. • *s. c.* **2** cataléptico.

catalog ['kætəlɔ:g] *s. c.* y *v. t.* ⇒ **catalogue.**

catalogue ['kætəlɒg] (en EE UU **catalog** ['kætəlɔ:g]) *s. c.* **1** catálogo (de una exposición, tienda, etc.). **2** (~ **of**) (fig.) serie de, enumeración de. • *v. t.* **3** catalogar (libros, cuadros, etc.). **4** (fig.) enumerar, hacer una enumeración de.

catalyses [kə'tælɪsɪ:z] *pl.* de **catalysis.**

catalysis [kə'tælɪsɪs] (*pl.* catalysis) *s. i.* QUÍM. catálisis.

catalytic [ˌkætə'lɪtɪk] *adj.* QUÍM. catalítico.

catalyst ['kætəlɪst] *s. c.* **1** QUÍM. catalizador. **2** (fig.) catalizador (de un hecho histórico, acontecimiento político, etc.).

catamaran [ˌkætəmə'ræn] *s. c.* MAR. catamarán.

catapult ['kætəpʌlt] *s. c.* **1** (brit.) tirador, tirachinas (de chicos). **2** AER. lanzador (de aviones en un portaaviones). **3** HIST. catapulta (antigua). • *v. t.* **4** catapultar, lanzar. **5** (fig.) catapultar inesperadamente (a la fama, a un puesto superior, etc.). • *v. i.* **6** lanzarse violentamente, catapultarse.

cataract ['kætərækt] *s. c.* **1** MED. catarata (ocular). **2** GEOG. catarata.

catarrh [kə'tɑ:] *s. i.* MED. catarro con mucosidad.

catastrophe [kə'tæstrəfɪ] *s. c.* catástrofe, desastre.

catastrophic [ˌkætə'strɒfɪk] *adj.* catastrófico, desastroso.

catastrophically [ˌkætə'strɒfɪklɪ] *adv.* catastróficamente, desastrosamente.

catcall ['kætkɔ:l] *s. c.* silbido, abucheo, silbatina (en contra).

catch [kætʃ] (*pret.* y *p.p. irreg.* **caught**) *v. t.* **1** coger, capturar, agarrar. **2** coger, prender, capturar (a un criminal). **3** pillarse (dedo o similar). **4** coger (a alguien haciendo algo). **5** dar con, coger (a una persona a la que se está buscando). **6** coger, agarrar (autobús, tren, etc.). **7** contraer, coger (enfermedad). **8** coger, oír (algo que se ha dicho). **9** dar sobre (la luz): *the morning light caught the dew on the grass = la luz matutina dio sobre el rocío en la hierba.* **10** captar, apresar (un ambiente, paisaje, etc.). **11** adoptar, ser influenciado por (sentimientos de otros): *after a few minutes I started to catch her nerves = después de unos minutos comencé a sentirme influenciado por sus nervios.* **12** llevarse, arrastrar (el viento o el agua). **13** notar, coger, darse cuenta de (una mirada, suspiro, sentimiento, etc.). **14** (fam.) no perderse (un programa, película, espectáculo, etc.). **15** dar, atizar, pegar (en una parte del cuerpo): *the blow caught him on the head = el golpe le dio en la cabeza.* **16** atraer, captar (la atención, el interés, etc.). **17** (**to** ~ + *o.* + **without**) coger, pillar (a alguien) sin: *the teacher caught him without his tie = el profesor le pilló sin la corbata.* **18** captar, entender, comprender: *I caught his hint = comprendí su indirecta.* • *v. i.* **19** engancharse, enredarse, cogerse (la ropa, una extremidad corporal, etc.). • *v. pron.* **20** contenerse, controlarse (para no hacer o decir algo): *I was going to hit him but I caught myself = iba a pegarle pero me controlé.* **21** encontrarse (a sí mismo haciendo algo inconscientemente): *I suddenly caught myself climbing the tree = de repente me encontré trepando el árbol.* • *s. c.* **22** pesca, cantidad de peces atrapados. **23** cogida, acto de agarrar, acto de coger. **24** MEC. pasador, retén, pestillo. • *s. sing.* **25** (fam.) trampa, truco: *there's no catch in this situation = no hay trampa en esta situación.* **26** nudo (en la garganta), voz entrecortada. • *s. i.* **27** coger (cualquier juego a coger a otro o atrapar una pelota). ◆ **28 to be caught in,** estar atrapado en, quedar atrapado en (situación difícil, tormenta, etc.). **29 to be caught out,** coger fuera de juego, coger desprevenido (un acontecimiento reciente). **30 to be caught short,** ⇒ **short. 31 to ~ a glimpse of/to ~ sight of,** ver momentáneamente, ver fugazmente. **32 to ~ at,** agarrar, echar mano de (agarrando). **33 to ~ fire,** ⇒ **fire. 34 to ~ hold of,** asir, agarrar. **35 to ~ on,** (fam.) hacerse popular, ponerse de moda. **36 to ~ on (to),** (fam.) entender, comprender, coger. **37 to ~ one's breath,** ⇒ **breath. 38 to ~ out,** coger desprevenido, coger (en un renuncio, equivocación, etc.). **39 to ~ someone's eye,** ⇒ **eye. 40 to ~ the light/sunlight,** reflejarse a la luz, brillar a la luz. **41 to ~ the post,** coger al cartero (antes de que vacíe el buzón). **42 to ~ the sun,** ⇒ **sun. 43 catch-22,** situación en la que no se puede avanzar, situación en la que hay un círculo vicioso que impide el progreso. **44 to ~ up (on/with),** recuperar, ponerse al corriente (trabajo, falta de sueño, etc.). **45 to ~ up (with),** alcanzar, llegar al mismo nivel que, llegar a la altura de (física o intelectualmente). **46 to ~ up with, a)** arrestar, dar finalmente con (un criminal). **b)** afectar, alcanzar (algo desagradable): *don't laugh, some problems will soon catch up with you = no te rías, algunos problemas te afectarán pronto a ti también.* **47 you'll ~ it,** (fam. y p.u.) te la vas a cargar. **48 you wouldn't ~ me...,** (fam.) a mí no me cogerás (haciendo algo que el hablante no desea).

catcher ['kætʃər] *s. c.* DEP. receptor, catcher (en el béisbol).

catching ['kætʃɪŋ] *adj.* contagioso, infeccioso (enfermedad).

catchment area ['kætʃmənt,eərɪə] *s. c.* zona de influencia (de una cuidad, escuela, etc.).

catchphrase ['kætʃfreɪz] *s. c.* frase atrayente, eslogan, frase pegadiza (de la publicidad, en la propaganda política, etc.).

catchy ['kætʃɪ] *adj.* pegadizo (música o similar).

catechism ['kætəkɪzəm] *s. c.* REL. catecismo.

categorical [ˌkætɪ'gɒrɪkl ‖ ˌkætə'gɔ:rɪkl] *adj.* categórico, rotundo.

categorically [ˌkætɪ'gɒrɪklɪ ‖ ˌkætə'gɔ:rɪklɪ] *adv.* categóricamente, rotundamente.

categorise *v. t.* ⇒ **categorize.**

categorization [ˌkætɪgəraɪ'zeɪʃn ‖ ˌkætɪgerɪ'zeɪʃn] (también **categorisation**) *s. c.* e *i.* categorización, agrupamiento, clasificación.

categorize ['kætɪgəraɪz] (también **categorise**) *v. t.* categorizar, clasificar, agrupar.

category ['kætɪgərɪ ‖ 'kætəgɔ:rɪ] *s. c.* categoría (clase).

cater ['keɪtər] *v. i.* **1** (**to** ~ **to/for**) intentar complacer a, intentar satisfacer los deseos de. **2** (**to** ~ **for**) proveer de comida y bebida a, abastecer a (especialmente en acontecimientos sociales).

caterer ['keɪtərər] *s. c.* abastecedor, proveedor (especialmente referido a banquetes).
catering ['keɪtərɪŋ] *s. i.* organización de banquetes; suministro, abastecimiento (de fiestas).
caterpillar ['kætəpɪlər] *s. c.* **1** BIOL. oruga. ◆ **2 ~ tracks,** cadenas (de un tanque o similar). **3 ~ tractor,** tractor oruga.
caterwaul ['kætəwɔːl] *v. i.* **1** chillar estridentemente. ● *s. sing.* **2** chillido estridente.
catfish ['kætfɪʃ] (*pl.* **catfish** o **catfishes**) *s. c.* ZOOL. barbo; (Am.) bagre.
catharsis [kə'θɑːsɪs] *s. i.* (form.) LIT. catarsis.
cathartic [kə'θɑːtɪk] *adj.* (form.) LIT. catártico.
cathedral [kə'θiːdrəl] *s. c.* catedral.
cathode ['kæθəud] ELECTR. *s. c.* **1** cátodo. ◆ **2 cathode-ray tube,** tubo de rayos catódicos.
Catholic ['kæθəlɪk] *s. c.* **1** REL. católico. ● *adj.* **2** REL. católico. ◆ **3 catholic,** (form.) universal, amplio, general (gusto, interés).
Catholicism [kə'θɒləsɪzəm] *s. i.* REL. catolicismo.
catkin ['kætkɪn] *s. c.* BOT. amento, candelilla.
catnap ['kætnæp] *s. c.* **1** (fam.) sueñecito, cabezada. ● (*ger.* **catnapping,** *p.p.* y *pret.* **catnapped**) *v. i.* **2** dar una cabezada, echar un sueñecito.
cat's-cradle [,kætskreɪdl] *s. c.* e *i.* cunita (juego o forma).
cat's-eye ['kætsaɪ] *s. c.* baliza luminosa de carretera.
cat's-paw ['kætspɔː] *s. c.* (p.u. y fig.) lacayo.
cat-suit ['kætsuːt] *s. c.* mono (para mujeres).
catsup ['kætsəp] *s. i.* (EE UU) ketchup, salsa de tomate.
cattily ['kætɪlɪ] *adv.* (desp.) maliciosamente, rencorosamente (de mujeres).
cattiness ['kætɪnɪs] *s. i.* (desp.) malicia, rencor (normalmente mujeres).
cattle ['kætl] *s. pl.* ganado.
cattle-grid ['kætlgrɪd] *s. c.* enrejado para evitar el paso de ganado.
cattleman ['kætlmən] (*pl. irreg.* **cattlemen**) *s. c.* ganadero.
cattle-market ['kætlmɑːkɪt] *s. c.* **1** mercado de ganado. **2** (desp. y fig.) mercado de carne, mercado sexual (referido a mujeres, especialmente en concursos de belleza).
cattlemen ['kætlmən] *pl. irreg.* de **cattleman.**
catty ['kætɪ] *adj.* (desp.) maliciosa, rencorosa (una mujer).
catwalk ['kætwɔːk] *s. c.* **1** pasarela (para modelos). **2** ARQ. pasarela (entre dos edificios, o partes del mismo edificio).
caucus ['kɔːkəs] *s. c.* POL. **1** consejo político (de un partido). **2** reunión política. **3** (EE UU) comisión electoral (dentro de un partido).
caught [kɔːt] *pret.* y *p.p. irreg.* **1** de **catch.** ◆ **2 to be ~ up in,** estar metido en, estar comprometido en.
cauldron ['kɔːldrən] (también **caldron**) *s. c.* caldero.
cauliflower ['kɒlɪflauər, || 'kɔːlɪflauər] *s. c.* e *i.* BOT. coliflor.
causal ['kɔːzl] *adj.* **1** FIL. causal. **2** GRAM. causal.
causality [kɔː'zælɪtɪ] (también **causation**) *s. i.* FIL. causalidad.
causally ['kɔːzəlɪ] *adv.* como causa.
causation [kɔː'zeɪʃn] *s. i.* ⇒ **causality.**
causative ['kɔːzətɪv] *adj.* **1** FIL. causativo. **2** GRAM. causativo.
cause [kɔːz] *s. c.* **1** causa, motivo. **2** causa (especialmente política). **3** DER. causa. ● *s. i.* **4** (~ *inf.*/**for**) motivo de, razón de, causa de. ● *v. t.* **5** causar, ocasionar, provocar, motivar. ◆ **6 a lost ~,** ⇒ **lost. 7 ~ célèbre,** causa célebre, caso famoso, caso muy conocido. **8 in/for a good ~,** por una buena causa, por una causa noble.
causeway ['kɔːzweɪ] *s. c.* calzada (carretera elevada).
caustic ['kɔːstɪk] *adj.* **1** corrosivo, cáustico. **2** (fig.) cáustico, mordaz (comentario). ◆ **3 ~ soda,** QUÍM. sosa cáustica.
caustically ['kɔːstɪklɪ] *adv.* cáusticamente, mordazmente (comentario).
cauterise *v. t.* ⇒ **cauterize.**
cauterize ['kɔːtəraɪz] (también **cauterise**) *v. t.* cauterizar (herida).
caution ['kɔːʃn] *s. i.* **1** prevención, cautela, prudencia, precaución. ● *s. c.* **2** aviso, advertencia, amonestación. **3** DER. amonestación. ● *v. t.* **4** avisar, advertir (a alguien de un peligro, problema, etc.). **5** DER. amonestar, hacer una amonestación formal. ◆ **6 to throw ~ to the wind,** ⇒ **wind.**
cautionary ['kɔːʃənərɪ || 'kɔːʃənerɪ] *adj.* aleccionador, admonitorio, de escarmiento.
cautious ['kɔːʃəs] *adj.* cuidadoso, cauteloso, precavido, prudente.
cautiously ['kɔːʃəslɪ] *adv.* cuidadosamente, cautelosamente, precavidamente, prudentemente.
cautiousness ['kɔːʃəsnɪs] *s. i.* cuidado, cautela, precaución, prudencia.
cavalcade [,kævl'keɪd] *s. c.* cabalgata, desfile (con caballos).
cavalier [,kævə'lɪər] *adj.* **1** arrogante, desdeñoso, altivo. ● *s. c.* **2** (hum.) galán (acompañando a una dama). ◆ **3 Cavalier,** HIST. partidario del Rey Carlos I en la Guerra Civil inglesa.
cavalry ['kævlrɪ] *s. sing.* (**the** ~) MIL. la caballería (en caballos o tanques).
cave [keɪv] *s. c.* **1** cueva, caverna. ◆ **2 to ~ in, a)** derrumbarse, ceder (un techo). **b)** (fig.) rendirse, ceder, capitular.
caveat ['kævɪæt || 'keɪvɪæt] *s. c.* **1** (form.) advertencia, precaución. **2** DER. notificación, notificación de suspensión.
cave-in ['keɪvɪn] *s. c.* derrumbamiento, derrumbe (de un techo o similar).
caveman ['keɪvmən] (*pl. irreg.* **cavemen**) *s. c.* **1** hombre de las cavernas. **2** (fig. y fam.) bruto, bestia.
cavemen ['keɪvmən] *pl. irreg.* de **caveman.**
cavern ['kævən] *s. c.* gruta, caverna (grande).
cavernous ['kævənəs] *adj.* cavernoso (espacio, ojos, etc.).
caviar ['kævɪɑːr || kə'vɪɑːr] (también **caviare**) *s. i.* **1** caviar. ◆ **2 to be ~ to the general,** (hum. o p.u.) ser demasiado exquisito para paladares rudos.
cavil ['kævɪl] (form.) *v. i.* **1** (**to** ~ {**at**}) poner reparos. ● *s. c.* **2** reparo, crítica trivial.
cavity ['kævɪtɪ] *s. c.* **1** cavidad, oquedad, hueco. **2** MED. caries. ◆ **3 ~ wall,** ARQ. pared doble (con espacio en medio).
cavort [kə'vɔːt] *v. i.* hacer cabriolas, dar saltos, retozar.
caw [kɔː] *v. i.* **1** graznar (ciertas aves). ● *s. c.* **2** graznido.
cayenne [keɪ'en] (también **cayenne pepper**) *s. i.* pimienta de cayena.
cayman ['keɪmən] (también **caiman**) *s. c.* ZOOL. caimán.
CD [sɪː'dɪː] (siglas de **compact disc**) *s. c.* CD, disco compacto.
CD-ROM [sɪː'dɪː'rɔm] (acrónimo de **compact disc read only**) *s. c.* CD-ROM.
cease [siːs] *v. i.* **1** (form.) cesar, terminar. **2** (**to** ~ *inf./ger.*) dejar de, cesar de: *he ceased to be a member last year = dejó de ser miembro el año pasado.* ● *v. t.* **3** cesar, suspender (publicación, apoyo, etc.). ◆ **4 without ~,** incesantemente, sin respiro.
ceasefire [,siːs'faɪər] *s. c.* **1** MIL. alto el fuego, cese el fuego. **2** POL. suspensión de hostilidades, tregua.
ceaseless ['siːslɪs] *adj.* (form.) continuo, incesante, perenne.
ceaselessly ['siːslɪslɪ] *adv.* (form.) continuamente, incesantemente, perennemente.
cedar ['siːdər] *s. c.* BOT. **1** cedro. ● *s. i.* **2** madera de cedro, cedro.
cede [siːd] *v. t.* e *i.* ceder, entregar (obligado).
cedilla [sɪ'dɪlə] *s. c.* GRAM. cedilla.
ceiling ['siːlɪŋ] *s. c.* **1** techo (de una habitación). **2** (~ {**on**}) techo, límite. **3** AER. techo, máxima altura (de vuelo). ◆ **4 to hit the ~,** ⇒ **hit.**
celebrant ['selɪbrənt] *s. c.* REL. celebrante.
celebrate ['selɪbreɪt] *v. t.* **1** celebrar, festejar, conmemorar (fiesta, acontecimiento, etc.). **2** REL. celebrar, decir (misa). **3** (**to** ~ + *o.* + **as/for**) (form.) aclamar como, exaltar por: *they celebrated him as the best living writer = lo aclamaron como el mejor escritor vivo.* ● *v. i.* **4** hacer fiesta, festejar.
celebrated ['selɪbreɪtɪd] *adj.* (~ {**for**}) famoso, célebre.
celebration [,selɪ'breɪʃn] *s. c.* e *i.* **1** celebración, festejo, conmemoración. ● *s. i.* **2** (form.) alabanza, aclamación, exaltación (de algo o alguien).
celebratory [sɪ'lebrətərɪ] *adj.* (form.) conmemorativo.
celebrity [sɪ'lebrɪtɪ] *s. c.* **1** celebridad, persona célebre. ● *s. i.* **2** fama, celebridad.

celerity [sɪ'lerɪtɪ] *s. i.* (form.) rapidez, celeridad.
celery ['selərɪ] *s. i.* BOT. apio.
celestial [sɪ'lestɪəl || sɪ'lestʃl] *adj.* **1** celestial, del espacio. **2** (lit.) celeste, celestial, divino.
celibacy ['selɪbəsɪ] *s. i.* **1** celibato (normalmente religioso). **2** continencia (por un tiempo).
celibate ['selɪbɪt] *adj.* **1** célibe (normalmente religioso). **2** casto, continente, virgen (durante un tiempo). • *s. c.* **3** célibe (religioso). **4** persona virgen/ casta (durante un tiempo).
cell [sel] *s. c.* **1** BIOL. célula. **2** celda (prisión). **3** REL. celda. **4** POL. célula (revolucionaria o similar). **5** BIOL. celda, celdilla (abejas). **6** ELEC. célula, elemento.
cellar ['selər] *s. c.* **1** sótano. **2** bodega (donde se guarda el vino).
cellist ['tʃelɪst] *s. c.* MÚS. violoncelista, concertista de violoncelo.
cello ['tʃeləu] *s. c.* MÚS. violoncelo.
cellophane ['seləfeɪn] *s. i.* celofán (marca registrada).
cellphone ['selfeun] *s. c.* teléfono celular.
cellular ['seljulər] *adj.* **1** BIOL. celular. **2** térmica (prendas de abrigo, ropa, mantas, etc.). **3** ~ **phone,** teléfono celular.
cellulite ['seljəlaɪt] *s. i.* celulitis.
celluloid ['seljulɔɪd] *s. i.* **1** QUÍM. celuloide (tipo de plástico). **2** (lit.) del cine, celuloide. ♦ **3 on** ~, (lit. y p.u.) en el cine, en las películas, sobre el celuloide.
cellulose ['seljuləus] *s. i.* QUÍM. celulosa.
Celsius ['selsɪəs] *s. i.* FÍS. centígrado.
Celt [kelt || selt] *s. c.* celta.
Celtic ['keltɪk || 'seltɪk] *adj.* celta.
cement [sə'ment] *s. i.* **1** cemento. **2** pegamento (un tipo). **3** (fig.) vínculo (lo que une a personas en un grupo). • *v. t.* **4** poner cemento en, echar cemento en. **5** pegar, adherir (físicamente). **6** (fig.) fortalecer, consolidar, cimentar (acuerdo, relación, etc.). ♦ **7** ~ **mixer,** hormigonera.
cemetery ['semɪtrɪ || 'seməterɪ] *s. c.* cementerio (alejado de una iglesia).
cenotaph ['senətɑːf || 'senətæf] *s. c.* ART. cenotafio, memorial, monumento a los caídos.
censor ['sensər] *s. c.* **1** censor (de películas, libros, etc.). • *v. t.* **2** censurar (película, libro, etc.).
censorious [sen'sɔːrɪəs] *adj.* (~ {**of**}) crítico, censurador, reprobador (de).
censoriously [sen'sɔːrɪəslɪ] *adv.* críticamente, censuradoramente, reprobadoramente.
censoriousness [sen'sɔːrɪəsnɪs] *s. i.* crítica, censura, reprobación.
censorship ['sensəʃɪp] *s. i.* (~ {**of**}) censura (de películas, libros, etc.).
censurable ['senʃərəbəl] *adj.* censurable.
censure ['senʃər] *s. i.* **1** censura, reprobación fuerte, condena. • *v. t.* **2** censurar, criticar, condenar.
census ['sensəs] *s. c.* censo.
cent [sent] *s. c.* **1** centavo (de muchas monedas). ♦ **2 cent-/centi-,** centi- (en compuestos). **3 per** ~, ⇒ **per.**
centaur ['sentɔːr] *s. c.* centauro.
centenarian [ˌsentɪ'neərɪən] *adj.* **1** centenario. • *s. c.* **2** centenario.
centenary [sen'tiːnərɪ || 'sentənerɪ] (también form. **centennial**) *s. c.* centenario.
centennial [sen'tenɪəl] *s. c.* ⇒ **centenary.**
center ['sentər] *s. c.* ⇒ **centre.**
centigrade ['sentɪgreɪd] *s. i.* centígrado.
centilitre ['sentɪliːtər] (en EE UU **centiliter**) *s. c.* centilitro.
centimetre ['sentɪmiːtər] (en EE UU **centimeter**) *s. c.* centímetro.
centipede ['sentɪpiːd] *s. c.* ZOOL. ciempiés.
central ['sentrəl] *adj.* **1** central (en el espacio). **2** céntrico, cercano al centro. **3** central, fundamental. **4** POL. central: *central committee = comité central.* ♦ **5 Central America,** Centroamérica, América Central. **6** ~ **bank,** FIN. banco central. **7** ~ **government,** POL. gobierno central. **8** ~ **heating,** calefacción central. **9** ~ **nervous system,** ANAT. sistema nervioso central. **10** ~ **processor,** INF. procesador central.
centralise *adj.* ⇒ **centralize.**
centralism ['sentrəlɪzəm] *s. i.* centralismo (principalmente en sentido político).
centralist ['sentrəlɪst] *s. c.* **1** centralista. • *adj.* **2** centralista.
centrality [sən'trælətɪ] *s. i.* **1** (form.) posición central/céntrica. **2** suma importancia, transcendencia.
centralization [ˌsentrəlaɪ'zeɪʃn] (también **centralisation**) *s. i.* centralización.
centralize ['sentrəlaɪz] (también **centralise**) *v. t.* centralizar.
centralized ['sentrəlaɪzd] (también **centralised**) *adj.* centralizado.
centrally ['sentrəlɪ] *adv.* **1** en posición central, centralmente. **2** céntricamente. **3** de manera fundamental, principalmente, primordialmente. ♦ **4** ~ **heated,** con calefacción central.
centre ['sentə] (en EE UU **center**) *s. c.* **1** (~ {**of**}) centro. **2** centro (de salud, datos, orientación, etc.). **3** centro, zona, región (industrial o de otra actividad). **4** (~ {**of**}) centro (de la atención o interés). **5** (~ {**of**}) meollo, centro. **6** meollo, cogollo, centro (de una fruta, comida, etc.). **7** GEOM. centro geométrico, centro. **8** DEP. centro (movimiento del balón); centrocampista, medio (jugador). • *s. sing.* **9** (**the** ~) POL. el centro. • *v. t.* **10** centrar, poner en el centro. • *adj.* **11** del centro, central. **12** POL. centrista. ♦ **13 to** ~ **around/round,** centrarse en, girar alrededor de. **14** ~ **of gravity,** FÍS. centro de gravedad. **15 to** ~ **on,** centrar(se) en, girar alrededor de. **16** ~ **spread,** PER. páginas centrales.
centred ['sentəd] (en EE UU **centered**) *adj.* (~ {**in**}) basado, fundamentado (en): *a pupil centred approach = un enfoque basado en el alumno.*
centre-forward [ˌsentə'fɔːwəd] *s. c.* DEP. delantero centro.
centre-half [ˌsentə'hɑːf] *s. c.* DEP. defensa central.
centrepiece ['sentəpiːs] *s. c.* **1** centro de mesa. • *s. sing.* **2** (fig.) atracción principal.
centrifugal [sen'trɪfjugl || ˌsentrɪ'fjuːgl] *adj.* **1** centrífugo. ♦ **2** ~ **force,** FÍS. fuerza centrífuga.
centripetal [sen'trɪpɪtl || ˌsentrɪ'piːtl] *adj.* **1** centrípeto. ♦ **2** ~ **force,** FÍS. fuerza centrípeta.
centrist ['sentrɪst] POL. *s. c.* **1** centrista. • *adj.* **2** centrista.
centrism ['sentrɪzəm] *s. i.* POL. centrismo.
centurion [sen'tjuərɪən || sen'tuərɪən] *s. c.* HIST. centurión.
century ['sentʃərɪ] *s. c.* **1** siglo. ♦ **2 the turn of the** ~, el final del siglo.
CEO [ˌsiːiː'əu] (siglas de **Chief Executive Officer**) *s. c.* consejero delegado, director general.
ceramic [sɪ'ræmɪk] *s. i.* **1** cerámica. • *s. c.* **2** objeto de cerámica. • *adj.* **3** de cerámica. • *s. pl.* **4** cerámica.
cereal ['sɪərɪəl] *s. c.* e *i.* **1** AGR. cereal. **2** cereal (para comer).
cerebral ['serɪbrəl || sə'riːbrəl] *adj.* **1** cerebral, del cerebro. **2** (fig.) cerebral, reflexivo. ♦ **3** ~ **palsy,** MED. parálisis cerebral.
cerebra ['serɪbrə] *pl.* de **cerebrum.**
cerebrum ['serɪbrəm] (*pl.* **cerebrums** o **cerebra**) *s. c.* ANAT. cerebro.
ceremonial [ˌserɪ'məunɪəl] *adj.* **1** ceremonial. • *s. i.* **2** ceremonial, rito, ritual.
ceremonially [ˌserɪ'məunɪəlɪ] *adv.* ceremonialmente, con gran ceremonia.
ceremonious [ˌserɪ'məunɪəs] *adj.* ceremonioso.
ceremoniously [ˌserɪ'məunɪəslɪ] *adv.* ceremoniosamente.
ceremony ['serɪmənɪ || 'serɪməunɪ] *s. c.* **1** ceremonia, rito, ritual. • *s. i.* **2** ceremonia (trato formal). ♦ **3 to stand on** ~, hacer cumplidos, andarse con ceremonias. **4 without** ~, sin ceremonias.
cert [sɜːt] *s. c.* (brit.) (fam.) cosa segura, cosa cierta.
certain ['sɜːtn] *adj.* **1** seguro, cierto. **2** (~ + *inf*/**of**) seguro de: *I am certain to pass = estoy seguro de aprobar.* **3** cierto, alguno: *certain people are interested in political upheaval = ciertas personas están interesadas en la inestabilidad política.* **4** (**a** ~) un cierto (persona, sentimiento, cosa, etc.); un tal (persona). • *pron.* **5** (~ **of**) algunos de, determinados: *certain of our students don't pass the exams = algunos de nuestros estudiantes no aprueban los exámenes.* ♦ **6 for** ~, con toda seguridad, a ciencia cierta. **7 to make** ~ **(of),** asegurarse (de), cerciorarse (de). **8 to make** ~ **(that),** asegurarse (de que), cerciorarse (de que). **9 to a** ~ **degree/extent,** hasta cierto punto.

certainly ['sɜːtnlɪ] *adv.* **1** desde luego, por supuesto, claro (contestando a una pregunta). **2** a ciencia cierta, con toda seguridad, sin duda. ◆ **3** ~ **not,** desde luego que no, claro que no, por supuesto que no.

certainty ['sɜːtntɪ] *s. i.* **1** certeza, seguridad, certidumbre. **2** (~ {**of**}) certeza, inevitabilidad. ● *s. c.* **3** cosa cierta, cosa segura: *war is a certainty = la guerra es cosa segura.*

certifiable [ˌsɜːtɪ'faɪəbl] *adj.* MED. demente.

certificate [sə'tɪfɪkɪt] *s. c.* **1** certificado (en general); partida (de nacimiento, defunción, matrimonial). **2** diploma (título académico de menor importancia). ◆ **3 Certificate in Secondary Education,** antiguamente, título de Bachiller (algo menos que el Bachiller Superior español).

certification [ˌsɜːtɪfɪ'keɪʃn] *s. i.* certificación.

certified ['sɜːtɪfaɪd] *adj.* **1** titulado, diplomado: *a certified nurse = una enfermera diplomada.* ◆ **2** ~ **check,** (EE UU) COM. cheque o talón conformado (por un banco).

certify ['sɜːtɪfaɪ] *v. t.* **1** certificar (mediante documento oficial); declarar oficialmente. **2** conceder un título, diplomar (que capacite para ejercer una determinada actividad). **3** MED. declarar demente, certificar la incapacidad mental.

certitude ['sɜːtɪtjuːd || 'sɜːtɪtuːd] *s. i.* (form.) certeza.

cervical [sə'vaɪkl || sɜːvɪkl] *adj.* **1** ANAT. cervical (parte de la columna vertebral). **2** del cuello del útero, cervical (de la zona vaginal).

cervices ['sɜːvɪsiːz] *pl.* de **cervix.**

cervix ['sɜːvɪks] (*pl.* **cervixes** o **cervices**) *s. c.* ANAT. cuello del útero, cerviz (entrada a la vagina).

Cesarian *s. c.* ⇒ **Caesarean.**

cessation [se'seɪʃn] *s. c.* e *i.* (~ **of**) (form.) cese de, suspensión de.

cesspit ['sespɪt] (también **cesspool**) *s. c.* pozo negro; sentina.

cesspool ['sespuːl] *s. c.* ⇒ **cesspit.**

cf [ˌsiː'ef] (*abrev.* de **confer**) cfr. cf.

CFC [ˌsiːə f'siː] (*abrev.* de **chlorofluorocarbon**) *s. c.* CFC, clorofluorocarbono.

cha-cha ['tʃɑːtʃɑː] (también **cha-cha-cha**) *s. c.* MÚS. chachachá.

Chad [tʃæd] *s. sing.* (el) Chad.

Chadian ['tʃædɪən] *adj.* **1** chadiano. ● *s. c.* **2** chadiano.

chafe [tʃeɪf] *v. i.* **1** irritarse (la piel). **2** (**to** ~ **at/under**) irritarse por, enfadarse por. ● *v. t.* **3** irritar (la piel). ● *s. c.* **4** irritación (de la piel).

chaff [tʃɑːf || tʃæf] *s. i.* **1** barcia, paja desmenuzada. ◆ **2 to separate/sift the wheat from the** ~, separar la paja del grano (en sentido literal y figurado).

chaffinch ['tʃæfɪntʃ] *s. c.* ZOOL. pinzón, pinzón vulgar (ave).

chagrin ['ʃægrɪn || ʃəːgriːn] *s. i.* **1** (form.) desazón, disgusto; pesadumbre. ● *v. t.* **2** (normalmente *pas.*) disgustar, desazonar.

chain [tʃeɪn] *s. c.* e *i.* **1** cadena (de eslabones o similar). ● *s. c.* **2** (fig.) cadena, atadura, grillete: *the chains of ignorance = las ataduras de la ignorancia.* **3** cadena (de establecimientos comerciales). **4** cordillera, cadena (de montañas). **5** serie, cadena (de acontecimientos, entrevistas, etc.). ● *s. pl.* **6** cadenas, grilletes (de prisionero). ● *v. t.* **7** encadenar, aherrojar. **8** (**to** ~ + *o.* + {**to**}) (fig.) confinar, limitar (a un espacio, actividad, etc.). ◆ **9** ~ **letter,** carta de una cadena de buena suerte (supersticiosa). **10** ~ **reaction,** reacción en cadena. **11** ~ **store,** sucursal de una cadena de tiendas. **12 to** ~ **up,** encadenar, sujetar con cadenas. **13 in chains,** encadenado, sujeto con cadenas.

chain-mail ['tʃeɪnmeɪl] *s. c.* cota de malla.

chain-saw ['tʃeɪnsɔː] *s. c.* MEC. sierra de cadena.

chain-smoke ['tʃeɪnsməuk] *v. i.* fumar un cigarrillo tras otro.

chain-smoker ['tʃeɪnsməukər] *s. c.* fumador que enciende un cigarrillo tras otro.

chair [tʃeər] *s. c.* **1** silla; sillón. **2** cátedra (universitaria). ● *s. sing.* **3** (**the** ~) el presidente, la presidencia (de una reunión o similar). **4** (**the** ~) (fam.) la silla eléctrica. ● *v. t.* **5** presidir (una reunión o similar). ◆ **6 in the** ~, presidiendo, en la presidencia (de una reunión o similar).

chairlift ['tʃeəlɪft] *s. c.* telesilla.

chairman ['tʃeəmən] (*pl.* **chairmen**) *s. c.* **1** presidente (de reunión o similar). **2** POL. presidente (de la nación u organismo oficial). **3** (brit.) COM. presidente (de una empresa).

chairmanship ['tʃeəmənʃɪp] *s. sing.* presidencia.

chairmen ['tʃeəmən] *pl.* de **chairman.**

chairperson ['tʃeəpəːsn] *s. c.* presidente (cuando no se quiere reflejar el sexo).

chairwoman ['tʃeəwumən] (*pl.* **chairwomen**) *s. c.* presidenta.

chairwomen ['tʃeəwɪmɪn] *pl.* de **chairwoman.**

chaise-longue [ʃeɪz'lɒŋ || ʃeɪz'lɔːŋ] (*pl.* **chaises-longues**) *s. c.* tumbona.

chaises-longues [ʃeɪz'lɒŋ || ʃeɪz'lɔːŋ] *pl.* de **chaise-longue.**

chalet ['ʃæleɪ] *s. c.* **1** casa de campo, chalet. **2** cabaña.

chalice ['tʃælɪs] *s. c.* REL. cáliz.

chalk [tʃɔːk] *s. i.* **1** GEOL. creta. ● *s. c.* e *i.* **2** tiza (para escribir en la pizarra). ● *v. t.* e *i.* **3** escribir con tiza; señalar con tiza; dibujar con tiza. ◆ **4 by a long** ~, (con *neg.*) ni mucho menos, ni de lejos. **5** ~ **and cheese/different as** ~ **and cheese,** diferentes como el agua y el vino, radicalmente distintos. **6 to** ~ **up,** apuntar(se), anotar(se) (victorias, puntos, etc.).

chalky ['tʃɔːkɪ] *adj.* calcáreo (agua); como tiza (cualquier objeto).

challenge ['tʃælɪndʒ] *v. t.* **1** (**to** ~ + *o.* {+ *inf.*}) desafiar, retar. **2** MIL. dar el alto a. **3** cuestionar, disputar, poner en tela de juicio (una idea, aseveración, etc.). **4** DER. recusar (especialmente a un miembro de un jurado). ● *s. c.* **5** reto, desafío. **6** MIL. alto. **7** cuestionamiento, duda. **8** reto, desafío, incentivo, estímulo: *we need new challenges = necesitamos nuevos estímulos.* **9** DER. recusación (especialmente a un miembro de un jurado).

challenger ['tʃælɪndʒər] *s. c.* retador, contrincante (contra el que detenta el primer lugar); DEP., POL. aspirante.

challenging ['tʃælɪndʒɪŋ] *adj.* **1** arduo, difícil (tarea). **2** desafiante. **3** estimulante.

challengingly ['tʃælɪndʒɪŋlɪ] *adv.* **1** arduamente, difícilmente. **2** desafiantemente. **3** estimulantemente.

chamber ['tʃeɪmbər] *s. c.* **1** (arc.) cámara, aposento. **2** cámara (de tortura, gas, etc.). **3** recámara (de arma de fuego). **4** FÍS. cámara (para experimentos). **5** POL. cámara (de diputados). ● *s. pl.* DER. **6** despacho (de juez o magistrado). **7** corte menor. ◆ **8** ~ **concert,** MÚS. concierto de música de cámara. **9** ~ **music,** MÚS. música de cámara. **10** ~ **of commerce,** cámara de comercio.**11** ~ **orchestra,** MÚS. orquesta de cámara.

chamberlain ['tʃeɪmbəlɪn] *s. c.* (arc.) chambelán.

chambermaid ['tʃeɪmbəmeɪd] *s. c.* camarera (en un hotel).

chamber-pot ['tʃeɪmbəpɒt] *s. c.* orinal.

chameleon [kə'miːlɪən] *s. c.* ZOOL. camaleón.

chammy ['ʃæmɪ] *s. c.* (fam.) gamuza (para limpiar).

chamois ['ʃæmwɑː || 'ʃæmɪ] (*pl.* **chamois**) *s. c.* **1** gamuza, trapo (para limpiar). **2** ZOOL. gamuza (pequeño antílope). ◆ **3** ~ **leather,** gamuza (para limpiar).

chamomile *s. i.* ⇒ **camomile.**

champ [tʃæmp] *s. c.* **1** (fam.) campeón. ● *v. i.* **2** tascar (caballos); mascar, mordisquear (animales). **3** impacientarse. ● *v. t.* **4** mordisquear (animales). ◆ **5 to** ~ **at the bit,** volverse loco de impaciencia.

champagne [ʃæm'peɪn] *s. i.* champán.

champion ['tʃæmpɪən] *s. c.* **1** campeón (persona o animal). **2** (~ {**of**}) (fig.) defensor, paladín (de persona, causa, etc.). ● *v. t.* **3** defender, apoyar, abogar por (causa, persona, principio, etc.).

championship ['tʃæmpɪənʃɪp] *s. c.* **1** DEP. campeonato. ● *s. i.* **2** defensa, apoyo (de una causa o similar).

chance [tʃɑːns || tʃæns] *s. c.* e *i.* **1** posibilidad, probabilidad; (Am.) chance: *they haven't got a chance of beating the other team = no tienen ninguna posibilidad de ganar al otro equipo.* ● *s. c.* **2** (~ *inf.*/**of**) oportunidad de, ocasión de: *the extra money gave us the chance to buy some more furniture = el dinero extra nos dio la oportunidad de comprar más muebles.* **3** riesgo, peligro. ● *s. i.* **4** suerte, fortuna; casualidad: *that was pure chance =*

eso fue pura casualidad. • *v. t.* **5** arriesgarse a, correr el riesgo de. • *v. i.* **6** (**to** ~ *inf.*) : *she chanced to meet them = dio la casualidad de que se los encontró, se los encontró por casualidad.* • *adj.* **7** casual, fortuito, accidental. ◆ **8 by any ~,** (con *interr.*) por casualidad. **9 by ~/by pure ~/by sheer ~,** por pura casualidad. **10 to ~ on/upon,** tropezarse con, encontrarse con (alguien o algo). **11 to stand a ~,** tener una posibilidad, tener un mínimo de posibilidad. **12 to take a ~ on,** arriesgarse con. **13 to take chances,** arriesgarse demasiado, jugársela. **14 to take one's chances,** aprovechar las oportunidades, no dejar pasar las oportunidades.

chancel ['tʃɑːnsl || 'tʃænsl] *s. c.* REL. presbiterio, antealtar.

chancellery ['tʃɑːnsələrɪ || 'tʃænsələrɪ] *s. c.* POL. cancillería.

chancellor ['tʃɑːnsələr || 'tʃænsələːr] *s. c.* **1** POL. canciller (en Centroeuropa). **2** (brit.) rector honorífico (de una universidad). ◆ **3 Chancellor of the Exchequer,** (brit.) POL. Ministro de Economía y Hacienda.

chancery ['tʃɑːnsərɪ || 'tʃænsərɪ] *s. c.* **1** (brit.) DER. tribunal superior. **2** archivo de documentos oficiales, registro. **3** (EE UU) DER. juzgado de paz.

chancily ['tʃɑːnsɪlɪ] *adv.* (fam.) de manera arriesgada, con riesgo, con peligro.

chancy ['tʃɑːnsɪ] *adj.* (fam.) arriesgado, peligroso.

chandelier [,ʃændə'lɪər] *s. c.* araña (candelabro con luces colgando del techo).

change [tʃeɪndʒ] *v. t.* **1** cambiar: *that experience changed my life = aquella experiencia cambió mi vida.* **2** cambiar de (autobús, tren, etc.). **3** cambiar de (marcha o piñón). **4** cambiar (dinero en calderilla o en moneda extranjera). **5** (**to** ~ + *o.* + {**for**}) cambiar, trocar, reemplazar (por). **6** cambiar, mudar (ropa, la cama). **7** cambiar (a un bebé). • *v. i.* **8** cambiar. **9** hacer transbordo (en tren). **10** (**to** ~ {**into/out of**}) cambiarse (de ropa). **11** cambiar de dirección (el viento). **12** (**to** ~ {**to**}) cambiar (de un color, de estación, etc.). • *s. c.* e *i.* **13** cambio: *there has been little change = ha habido pocos cambios.* • *s. c.* **14** (~ {**of**}) cambio, recambio. **15** transbordo, cambio (de transporte). **16** cambio (de marcha en un vehículo). **17** (~ **of**) muda de (ropa). • *s. i.* **18** cambio, vuelta (dinero). **19** dinero suelto, calderilla, monedas sueltas. **20** (~ **for**) cambio de (una cantidad de dinero). ◆ **21 all ~!,** ¡todos deben bajarse! (de medio de transporte que ya no sigue). **22 to ~ direction,** cambiar de dirección. **23 to ~ down,** reducir la marcha (en un vehículo). **24 to ~ hands,** ⇒ **hand. 25 ~ of direction,** cambio de dirección (físico o mental). **26 ~ of life,** menopausia. **27 to ~ one's mind,** ⇒ **mind. 28 to ~ one's tune,** ⇒ **tune. 29 to ~ over,** intercambiar (puestos, tareas, etc.). **30 to ~ over (from/to),** pasarse (de/a), cambiar (de/a). **31 to ~ tack,** cambiar de táctica. **32 to ~ the subject,** ⇒ **subject. 33 to ~ up,** cambiar de marcha (de una corta a otra larga). **34 for a ~,** para variar. **35 to get no ~ from/out of,** (fam.) no conseguir sacar nada de (alguien). **36 to make a ~,** ser un cambio para mejor: *it makes a change to work from home = es un cambio para mejor el trabajar desde casa.* **37 to ring the changes,** introducir variaciones.

changeable ['tʃeɪndʒəbl] *adj.* variable, inestable (de carácter, tiempo, etc.).

changeless ['tʃeɪndʒlɪs] *adj.* inmutable, invariable.

changeling ['tʃeɪndʒlɪŋ] *s. c.* niño cambiado por otro.

changeover ['tʃeɪndʒəuvər] *s. c.* (~ {**to**}) cambio (a) (de empleo, de partido político, etc.).

channel ['tʃænl] *s. c.* **1** TV. canal. **2** RAD. canal. **3** canal (de comunicación, distribución, etc.). **4** canal (de irrigación o similar). **5** canal marítimo (de transporte). **6** conducto; ranura. • *v. t.* **7** canalizar (dinero, ayuda, etc.). ◆ **8 the Channel/the English Channel,** GEOG. el Canal de la Mancha. **9 ~ surfing,** zapping, zapeo.

chant [tʃɑːnt] *s. c.* **1** sonsonete, repetición cantada. **2** REL. canto, salmodia, cántico. • *v. t.* e *i.* **3** repetir incansablemente, repetir gritando al unísono. **4** REL. salmodiar.

chaos ['keɪɒs] *s. i.* caos.

chaotic [keɪ'ɒtɪk] *adj.* caótico.

chap [tʃæp] *s. c.* (brit.) (fam.) tipo, tío, colega.

chapel ['tʃæpl] *s. c.* REL. **1** capilla. **2** templo protestante. **3** gremio (de trabajadores). **4** (EE UU) sección (de un club, asociación, etc.). • *adj.* **5** protestante (en contraposición con iglesias establecidas).

chaperon ['ʃæpərəun] (también **chaperone**) *s. c.* **1** carabina (acompañante). **2** acompañante, jefe de grupo (de niños o similar). • *v. t.* **3** ir de carabina con. **4** acompañar, escoltar (a un grupo de menores o similar).

chaplain ['tʃæplɪn] *s. c.* (~ {**to/of**}) capellán (de).

chaplaincy ['tʃæplɪnsɪ] *s. c.* **1** capellanía (lugar). • *s. i.* **2** capellanía.

chapped [tʃæpt] *adj.* agrietada (piel).

chapter ['tʃæptər] *s. c.* **1** capítulo (de un libro). **2** (fig.) capítulo, período (de la vida o similar). **3** capítulo (de una sociedad secreta, especialmente). **4** REL. cabildo (de una catedral). ◆ **5 a ~ of accidents,** una serie de desgracias. **6 ~ and verse,** con pelos y señales.

chapter-house ['tʃæptəhaus] *s. c.* REL. sala capitular.

char [tʃɑːr] (*ger.* **charring,** *pret.* y *p. p.* **charred**) *v. t.* **1** quemar. • *v. i.* **2** (fam. p.u.) estar de limpiadora, trabajar como mujer o señora de la limpieza. • *s. i.* **3** (brit.) (fam. y p.u.) té. • *s. c.* **4** (p.u.) mujer de la limpieza, señora de la limpieza, limpiadora.

character ['kærəktər] *s. c.* **1** carácter, personalidad. **2** LIT. personaje (en cualquier obra literaria). **3** tipo, sujeto: *he's an eccentric character = es un sujeto excéntrico.* **4** carácter tipográfico. **5** FILOL. carácter, ideograma (en idiomas como el chino y otros). • *s. i.* **6** carácter, personalidad (como cosa positiva). **7** reputación, buen nombre. ◆ **8 ~ actor/ actress,** actor/actriz especializado/a en papeles excéntricos. **9 ~ assassination,** calumnia cruel. **10 ~ set,** INF. juego de caracteres. **11 in ~,** característico, en consonancia (con su carácter). **12 out of ~,** nada característico, de ningún modo en consonancia (con su carácter). **13 the ... ~,** la idiosincrasia..., la forma de ser...: *the Chinese character = la idiosincrasia china.*

characterise *v. t.* ⇒ **characterize.**

characteristic [,kærəktə'rɪstɪk] *adj.* **1** (~ {**of**}) característico, peculiar, típico, propio (de). • *s. c.* **2** (~ {**of**}) característica, peculiaridad, rasgo distintivo (de).

characteristically [,kærəktə'rɪstɪklɪ] *adv.* típicamente.

characterization [,kærəktəraɪ'zeɪʃn] (también **characterisation**) *s. i.* LIT. caracterización; presentación (de un hecho, persona, etc.).

characterize ['kærəktəraɪz] (también **characterise**) *v. t.* **1** caracterizar, ser típico de, ser propio de. **2** (**to** ~ + *o.* + {**as**}) describir, caracterizar (como).

characterless ['kærəktəlɪs] *adj.* (desp.) sin carácter, sin personalidad (lugar o persona).

charade [ʃə'rɑːd || ʃə'reɪd] *s. c.* **1** charada, espectáculo absurdo. • *s. pl.* **2** charada (juego).

charcoal ['tʃɑːkəul] *s. i.* **1** carbón vegetal, carbón de leña. **2** ART. carboncillo (forma de dibujar).

charge [tʃɑːdʒ] *v. t.* **1** cobrar (dinero). **2** (**to** ~ + *o.* + {**with**}) DER. acusar formalmente (de) (algún delito). **3** ELEC. cargar, recargar (batería). **4** (**to** ~ + *o.* + *inf.*) (form.) encargar, encomendar: *I charged him to take care of his little sister = yo le encomendé que cuidara de su hermanita.* **5** MIL. cargar (arma). • *v. i.* **6** cobrar (dinero). **7** MIL. cargar, lanzarse al ataque, lanzarse a la carga. **8** (**to** ~ + *prep.*) embestir: *the elephant charged at us = el elefante embistió contra nostros.* • *s. c.* **9** precio, costo. **10** (~ {**against**}) DER. acusación formal (contra). **11** (form.) responsabilidad (de persona); persona a cargo. **12** MIL. carga explosiva. **13** FÍS. carga, carga eléctrica. • *s. i.* **14** cometido, encargo, responsabilidad: *hundreds of students under my charge = cientos de estudiantes bajo mi responsabilidad.* • *s. c.* e *i.* **15** MIL. ataque, carga. **16** embestida (de animal); carga (de jugador). ◆ **17 ~ hand,** ayudante de capataz. **18 ~ nurse,** enfermera jefe (de sección hospitalaria). **19 ~ sheet,** DER. pliego de cargos, pliego de acusaciones. **20 to ~ to someone's account,** cargar a la cuenta de alguien (gasto o similar). **21 to ~ up,** ELEC. cargar, recargar (batería). **22 free of ~,** gratis, totalmente gratis. **23 in ~ (of),** a cargo (de) (persona o cosa). **24 to reverse the charges,** ⇒ **reverse. 25 to take ~,** asumir el mando. **26 to take ~ of,** hacerse cargo de, encargarse de.

chargeable ['tʃɑːdʒəbl] *adj.* **1** FIN. imponible, sujeto a retención (fiscal). **2** DER. imputable (crimen). **3** cobrable, que se puede cobrar (dinero).

charged [tʃɑːdʒt] *adj.* **1** ELEC. cargada (batería). **2** (~ {**with**}) (fig.) impregnado, cargado (de) (emoción o similar).

chargé d'affaires [ˌʃɑːʒeɪdæ'feər] (*pl.* **chargés d'affaires**) *s. c.* POL. encargado de negocios (diplomático).

charger ['tʃɑːdʒər] *s. c.* **1** ELEC. cargador. **2** MIL. caballo de guerra.

chariot ['tʃærɪət] *s. c.* HIST. cuádriga.

charioteer [ˌtʃærɪə'tɪər] *s. c.* HIST. auriga.

charisma [kæ'rɪzmə] *s. i.* **1** carisma, atracción. • *s. c.* **2** REL. carisma.

charismatic [ˌkærɪz'mætɪk] *adj.* **1** carismático. **2** REL. carismático.

charismatically [ˌkærɪz'mætɪklɪ] *adv.* carismáticamente.

charitable ['tʃærətəbl] *adj.* **1** caritativo, generoso (persona). **2** benéfico, caritativo (organización).

charitably ['tʃærətəblɪ] *adv.* caritativamente, generosamente.

charity ['tʃærɪtɪ] *s. i.* **1** caridad, generosidad, benevolencia. **2** limosna. • *s. c.* **3** asociación benéfica, asociación sin ánimo de lucro. ◆ **4 ~ begins at home,** la caridad empieza por uno mismo.

charlady ['tʃɑːleɪdɪ] *s. c.* ⇒ **charwoman.**

charlatan ['ʃɑːlətən] *s. c.* (desp.) farsante, embaucador; charlatán, curandero falso.

charleston ['tʃɑːlstən] *s. c.* MÚS. charlestón.

charlie ['tʃɑːlɪ] *s. c.* (brit.) (fam.) bobalicón.

charm [tʃɑːm] *s. c.* e *i.* **1** encanto, atracción, fascinación. • *s. c.* **2** amuleto. **3** palabra mágica, hechizo (palabra). **4** encanto, atractivo (especialmente de una mujer). • *v. t.* **5** encantar, fascinar, hechizar. ◆ **6 to lead/have a charmed life,** tener suerte para todo. **7 to work like a ~,** (fam.) funcionar estupendamente, funcionar a la perfección.

charmer ['tʃɑːmər] *s. c.* persona fascinante (para el otro sexo).

charming ['tʃɑːmɪŋ] *adj.* fascinante, seductor, encantador.

charmingly ['tʃɑːmɪŋlɪ] *adv.* fascinantemente, encantadoramente, seductoramente.

charred [tʃɑːd] *adj.* quemado, chamuscado.

chart [tʃɑːt] *s. c.* **1** gráfico. **2** carta geográfica; carta astronómica. • *v. t.* **3** hacer un mapa de, trazar un mapa de. **4** recoger, reseñar, anotar, dejar registrado (el desarrollo de algo). **5** planear, planificar (una actividad o similar). ◆ **6 the charts,** MÚS. la lista de éxitos (discos).

charter ['tʃɑːtər] *s. c.* **1** POL. carta (de derechos o similar). **2** estatuto (de una universidad u otra institución). **3** carta fundacional; escritura de constitución; estatutos fundacionales. • *adj.* **4** charter (vuelo). • *v. t.* **5** contratar, fletar (avión no regular). **6** conceder estatutos a. ◆ **7 chartered surveyor/accountant,** perito tasador/ contable, tasador/contable colegiado.

charwoman ['tʃɑːwʊmən] (también **charlady** o **char**) (*pl.* **charwomen**) *s. c.* (p.u.) mujer o señora de la limpieza, limpiadora.

charwomen ['tʃɑːwɪmɪn] *pl.* de **charwoman.**

charily ['tʃeərɪlɪ] *adv.* **1** cautelosamente. **2** parcamente (elogiar o similar).

chary ['tʃeərɪ] *adj.* (~ {**of**}) **1** cauteloso. **2** parco (en elogios o similar).

chase [tʃeɪs] *v. t.* **1** perseguir (dando caza). **2** (**to** ~ + *o.* + *prep.*) expulsar, ahuyentar: *we chased them out of the house = los echamos de la casa.* **3** (fig.) ir a la caza de, perseguir (empleo, éxito, dinero, etc.). **4** (fig.) perseguir (mujeres). • *v. i.* **5** (**to ~ after**) perseguir, (dando caza). **6** (**to ~ after**) (fig.) ir a la caza de, perseguir (empleo, éxito, dinero, etc.). **7** (**to ~** + *prep.*) ir corriendo, ir de prisa. ◆ **8 to ~ up,** (brit.) (fam.) **a)** buscar (alguien que debe dinero, servicio, favor, etc.): *chase him up and ask him to give you the tests = búscalo y pídele que te dé los exámenes.* **b)** ir tras de, acelerar (algo retrasado que es necesario). **9 to give ~,** dar caza, perseguir. **10 to give up the ~,** abandonar la persecución.

chaser ['tʃeɪsər] *s. c.* **1** caballo saltador (de obstáculos). **2** (fam.) bebida que acompaña a otra (pero en distinto vaso). **3** perseguidor, cazador (persona).

chasm ['kæzəm] *s. c.* **1** abismo, precipicio, grieta. **2** (~ {**between/in**}) (fig.) abismo, diferencia abismal (entre/de) (de posturas, intereses, etc.).

chassis ['ʃæsɪ] (*pl.* **chassis** ['ʃæsɪz]) *s. c.* chasis (de vehículo); armazón (de aparato electrónico).

chaste [tʃeɪst] *adj.* **1** (p.u.) casto, virgen. **2** casto, púdico. **3** fiel (a marido o mujer). **4** sencillo (sin decoración barroca).

chastely ['tʃeɪstlɪ] *adv.* **1** castamente, púdicamente. **2** fielmente (a una persona). **3** sencillamente, con sencillez (en su estilo o decoración).

chasten ['tʃeɪsn] *v. t.* (p.u.) escarmentar, dar una reprimenda, disciplinar.

chastise [tʃæ'staɪz] *v. t.* **1** (form.) llamar la atención a, reprender. **2** (p.u.) castigar (físicamente).

chastisement [tʃæ'staɪzmənt ‖ 'tʃæstɪzmənt] *s. c.* e *i.* **1** (form.) reprimenda, llamada de atención. **2** (p.u.) castigo (físico).

chastity ['tʃæstɪtɪ] *s. i.* castidad (en el sentido sexual).

chat [tʃæt] (*ger.* **chatting,** *pret.* y *p.p.* **chatted**) *v. i.* **1** (**to ~** {**about/to/with**}) charlar, conversar; (Am.) platicar (de/con) (informalmente). • *s. c.* e *i.* **2** charla, conversación; (Am.) plática (informal). ◆ **3 ~ show,** TV. programa de entrevistas. **4 to ~ up,** (brit.) (fam.) ligar con (dando palique).

chatline ['tʃætlaɪn] *s. c.* línea compartida.

chattel ['tʃætl] *s. c.* **1** bien (material). ◆ **2 goods and chattels,** (p.u.) bienes y posesiones.

chatter ['tʃætər] *v. i.* **1** charlar, chacharear, parlotear, cotorrear. **2** chillar (pájaros y monos). **3** castañetear (dientes); traquetear (máquina). • *s. i.* **4** charla, cháchara, parloteo, cotorreo. **5** chillido (de ciertos animales). **6** castañeteo (de dientes); traqueteo (de máquinas).

chatterbox ['tʃætəbɒks] (también **chatterer**) *s. c.* parlanchín, charlatán, cotorra (persona).

chatterer ['tʃætərər] *s. c.* ⇒ **chatterbox.**

chattily ['tʃætɪlɪ] *adv.* **1** locuazmente. **2** informalmente, en tono conversacional.

chattiness ['tʃætɪnɪs] *s. i.* **1** locuacidad. **2** informalidad (tono de un escrito o conversación).

chatty ['tʃætɪ] *adj.* **1** locuaz, dicharachero. **2** informal, conversacional (forma de escribir o hablar).

chauffeur ['ʃəufər ‖ ʃəu'fɜːr] *s. c.* **1** chófer, conductor (privado). • *v. t.* **2** llevar en coche, hacer de chófer para (alguien, como trabajo).

chauvinism ['ʃəuvɪnɪzəm] *s. i.* (desp.) chauvinismo, patrioterismo.

chauvinist [ˌʃəuvɪnɪst] *s. c.* (desp.) chauvinista, patriotero.

chauvinistic [ˌʃəuvɪ'nɪstɪk] *adj.* (desp.) chauvinista, patriotero.

chauvinistically [ˌʃəuvɪ'nɪstɪklɪ] *adv.* (desp.) chauvinistamente, patrioteramente.

cheap [tʃiːp] *adj.* **1** barato, económico, de bajo precio. **2** de baja calidad, de mala calidad. **3** reducido (billete, entrada, etc.). **4** (desp.) barato: *cheap labour = mano de obra barata.* **5** (desp.) bajo, vulgar (comportamiento general de una persona). • *adv.* **6** a precio asequible, a bajo precio. ◆ **7 ~ and nasty,** (desp.) de bajo precio e igual calidad. **8 ~ at the price,** barato a la larga. **9 to go ~,** (fam.) dedicarse a productos baratos (una tienda). **10 on the ~,** (fam. y desp.) en plan barato. **11 life is ~,** la vida no vale nada.

cheapen ['tʃiːpən] *v. t.* **1** abaratar, reducir el precio de. **2** (desp.) degradar, depreciar (la valía de alguien). • *v. pron.* **3** rebajarse, degradarse.

cheaply ['tʃiːplɪ] *adv.* **1** a bajo precio, a precio reducido, económicamente. **2**

(desp.) vulgarmente, vilmente (comportarse en general).
cheat [tʃiːt] (desp.) *v. i.* **1** engañar (en general); hacer trampas (en juegos); copiar (en un examen). ● *v. t.* **2** (to ~ + *o.* + of/out of) estafar, timar: *I was cheated out of 20,000 pesetas = me timaron 20.000 pesetas.* ● *s. c.* **3** tramposo, timador. **4** trampa, timo. ◆ **5 to ~ on,** (fam.) **a)** engañar, ser infiel a (en el amor), **b)** engañar, timar (con falsedades, mentiras, etc.). **6 to feel cheated,** sentirse engañado.
cheating ['tʃiːtɪŋ] *s. i.* trampa, engaño.
check [tʃek] *v. t.* **1** comprobar, examinar. **2** frenar, controlar (algo o alguien); reprimir (sentimientos). ● *v. i.* **3** hacer una comprobación. **4** (to ~ on) verificar, comprobar: *he checked on the baby = comprobó si el bebé estaba bien.* **5** (to ~ {with}) estar acorde, cuadrar (con) (una información, dato, etc.). ● *v. pron.* **6** frenarse, controlarse. ● *s. c.* **7** (EE UU) cuenta, nota (en restaurante o similar). **8** (EE UU) cheque. **9** (~ {on}) inspección, comprobación, examen. ● *s. c.* e *i.* **10** tela de cuadros. ● *adj.* **11** a cuadros. ● *s. pl.* **12** cuadros (tejido). ◆ **13 double ~,** segunda comprobación. **14 ~,** jaque (en el ajedrez). **15 to ~ in, a)** registrar(se) (en un hotel o similar). **b)** facturar, (Am.) chequear (equipajes). **16 to ~ off,** comprobar uno a uno, marcar uno a uno, apuntar uno a uno. **17 to ~ out, a)** comprobar completamente, hacer una comprobación minuciosa. **b)** salir, irse (de un hotel mediante el pago y la devolución de llaves). **c)** (fam.) investigar (a alguien); comprobar, investigar (algo). **18 to ~ up (on),** hacer una comprobación (sobre), hacer una investigación (sobre). **19 in ~,** en jaque. **20 to keep/hold something/someone in ~,** mantener algo a alguien a raya.
checkbook *s. c.* ⇒ **chequebook.**
checked [tʃekt] *adj.* a cuadros, de cuadros.
checker ['tʃekər] *s. c.* **1** inspector, verificador. ◆ **2 checkers,** (EE UU) damas (juego).
checkered *adj.* ⇒ **chequered.**
check-in ['tʃekɪn] *s. c.* **1** mostrador de facturación (en un aeropuerto). **2** facturación: *check-in time = hora de facturación.*
checking ['tʃekɪŋ] *s. i.* **1** comprobación (acto de comprobar). **2 ~ account,** (EE UU) FIN. cuenta corriente.
checklist ['tʃeklɪst] *s. c.* lista de comprobación, (Am.) lista de chequeo.
checkmate ['tʃekmeɪt] *s. i.* **1** jaque (y) mate (en ajedrez). **2** (fig.) callejón sin salida. ● *v. t.* **3** dar jaque (y) mate a (en ajedrez). **4** (fig.) poner en un callejón sin salida; frustrar (planes o similar).
checkout ['tʃekaut] *s. c.* **1** salida, marcha (de un hotel). **2** caja; cajero (en un supermercado).
checkpoint ['tʃekpɔɪnt] *s. c.* control, punto de inspección (normalmente en las fronteras entre países).
checkroom ['tʃekrum] *s. c.* (EE UU) guardarropa.
check-up ['tʃekʌp] *s. c.* MED. chequeo revisión (médica).
cheek [tʃiːk] *s. c.* **1** mejilla, carrillo. **2** (fam.) nalga, culo. ● *s. i.* **3** frescura, cara (dura), descaro. ● *v. t.* **4** tratar descaradamente. ◆ **5 ~ by jowl,** ⇒ **jowl. 6 to have the ~** (+ *inf.*) tener la cara de, tener el descaro de. **7 tongue in ~,** ⇒ **tongue. 8 to turn the other ~,** poner la otra mejilla.
cheekbone ['tʃiːkbəun] *s. c.* ANAT. pómulo.
cheekily ['tʃiːkɪlɪ] *adv.* descaradamente, irrespetuosamente, impertinentemente.
cheekiness ['tʃiːkɪnɪs] *s. i.* frescura, cara (dura), descaro, impertinencia.
cheeky ['tʃiːkɪ] *adj.* fresco, caradura, descarado, irrespetuoso, impertinente (personas o acciones).
cheep [tʃiːp] *v. i.* piar (pájaros).
cheer [tʃɪər] *v. t.* e *i.* **1** dar ánimos, alentar; vitorear. ● *v. t.* **2** alegrar, animar (especialmente después de tristezas o dificultades). ● *s. c.* **3** grito de ánimo, vítores, hurra: *three cheers for the President = tres hurras por el Presidente.* ● *s. i.* **4** (p.u.) gozo, alegría; buen humor. ◆ **5 to ~ on,** animar; vitorear (a alguien en su acción). **6 cheers, a)** salud, a tu salud (en un brindis). **b)** (brit.) (fam.) gracias, **c)** (brit.) (fam.) adiós, hasta luego. **7 to ~ up,** alegrarse, animarse.
cheerful ['tʃɪəfl] *adj.* **1** alegre, contento, animado, de buen humor. **2** alegre, de aspecto agradable (habitación, paisaje, libro, etc.).
cheerfully ['tʃɪəfəlɪ] *adv.* **1** alegremente, animadamente. **2** alegremente, con aspecto alegre.
cheerfulness ['tʃɪəfəlnɪs] *s. i.* **1** alegría, animación. **2** aspecto alegre (de un lugar, una obra de arte, etc.).
cheerily ['tʃɪərɪlɪ] *adv.* alegremente, jovialmente, animadamente.
cheeriness ['tʃɪərɪnɪs] *s. i.* alegría, jovialidad, animación.
cheering ['tʃɪərɪŋ] *adj.* **1** esperanzador, que anima, que da ánimos: *cheering news = noticias que animan.* ● *s. i.* **2** aclamación, vítores, vivas.
cheerio [,tʃɪərɪ'əu] *interj.* (brit.) (fam.) adiós, hasta luego, chao.
cheerleader ['tʃɪəliːdər] *s. c.* (EE UU) animadora (de un equipo o similar).
cheerless ['tʃɪəlɪs] *adj.* sombrío, triste, melancólico: *a cheerless afternoon = una tarde triste.*
cheerlessly ['tʃɪəlɪslɪ] *adv.* sombríamente, tristemente, melancólicamente.
cheerlessness ['tʃɪəlɪsnɪs] *s. i.* tristeza, melancolía (de lugar, tiempo, etc.).
cheery ['tʃɪərɪ] *adj.* alegre, jovial, animado.
cheese [tʃiːz] *s. c.* e *i.* **1** queso. ◆ **2 to be cheesed off (with),** (brit.) (fam.) estar hasta las narices (de), estar harto (de). **3 chalk and ~,** ⇒ **chalk. 4 say ~,** un pajarito; sonría por favor; diga "pa-ta-ta"(antes de hacer una foto).
cheeseboard ['tʃiːzbɔːd] *s. c.* **1** tabla de quesos. ● *s. sing.* **2** (the ~) los quesos (como parte final de una comida).
cheeseburger ['tʃiːzbəːgər] *s. c.* GAST. hamburguesa de queso.
cheesecake ['tʃiːzkeɪk] *s. c.* e *i.* **1** GAST. tarta de queso, pastel de queso. ● *s. i.* **2** (vulg.) carnaza, material (en publicidad con mujeres semidesnudas).
cheesecloth ['tʃiːzklɒθ || 'tʃiːzklɔːθ] *s. i.* estopilla (tipo de tela fina).
cheese-paring ['tʃiːzpeərɪŋ] (desp.) *s. i.* **1** tacañería. ● *adj.* **2** tacaño, miserable.
cheesy ['tʃiːzɪ] *adj.* con sabor a queso; parecido al queso.
cheetah ['tʃiːtə] *s. c.* ZOOL. guepardo.
chef [ʃef] *s. c.* chef, jefe de cocina.
chemical ['kemɪkl] *adj.* **1** químico. ● *s. c.* **2** producto químico. ◆ **3 ~ engineer,** ingeniero químico. **4 ~ engineering,** ingeniería química. **5 ~ warfare,** guerra química.
chemically ['kemɪklɪ] *adv.* químicamente.
chemist ['kemɪst] *s. c.* **1** químico. **2** (brit.) farmacéutico. ◆ **3 the ~/the chemist's,** (brit.) la farmacia.
chemistry ['kemɪstrɪ] *s. i.* **1** química (estudio científico). **2** (the ~ of) la reacción, característica o propiedad química de (una sustancia). **3** (fam. y fig.) química, relación mutua (entre dos personas en un trabajo o relación personal): *there's very good chemistry between them = hay buena química* o *relación entre ellos.*
chemotherapy [,kiːməu'θerəpɪ] *s. i.* MED. quimioterapia.
chenille [ʃə'niːl] *s. i.* **1** felpilla (tipo de tejido). **2** adorno de felpilla, cordón de felpilla (especialmente en muebles).
cheque [tʃek] (en EE UU **check**) FIN. *s. c.* **1** cheque. ◆ **2 by ~,** con o mediante cheque. **3 ~ card,** (brit.) tarjeta que certifica la validez de cheques.
chequebook ['tʃekbuk] (en EE UU **checkbook**) *s. c.* talonario.
chequered ['tʃekəd] (en EE UU **checkered**) *adj.* **1** accidentado, lleno de altibajos, lleno de vicisitudes (la historia de una persona o similar). **2** a cuadros.
cherish ['tʃerɪʃ] *v. t.* **1** albergar, abrigar (esperanzas o recuerdos). **2** apreciar, estimar, valorar (privilegios o derechos). **3** querer, tener cariño a (con gran afecto y cariño).
cherished ['tʃerɪʃt] *adj.* estimado, apreciado (recuerdos, derechos, privilegios, etc.).
cheroot [ʃə'ruːt] *s. c.* purito, puro pequeño.
cherry ['tʃerɪ] *s. c.* **1** cereza. **2** BOT. cerezo. ● *adj.* **3** color cereza, rojo fuerte. ◆ **4 to have another/a second bite at the ~,** (fam.) tener una segunda oportunidad, gozar de otra oportunidad. **5 ~ red,** color cereza, rojo fuerte. **6 ~ tree,** BOT. cerezo.

cherub ['tʃerəb] (*pl.* **cherubs** o **cherubim**) *s. c.* **1** REL. querubín. **2** ART. angelote. **3** (fig.) angelito, pequeñín (sólo niños).
cherubic [tʃɪ'ruːbɪk] *adj.* (lit.) inocente, angelical (sólo niños).
cherubim ['tʃerəbɪm] *pl.* de **cherub.**
chervil ['tʃəːvɪl] *s. i.* BOT. perifollo, cerafolio.
chess [tʃes] *s. i.* ajedrez.
chessboard ['tʃesbɔːd] *s. c.* tablero de ajedrez.
chessman ['tʃesmən] (*pl.* **chessmen**) *s. c.* pieza (de ajedrez).
chessmen ['tʃesmən] *pl.* de **chessman.**
chest [tʃest] *s. c.* **1** ANAT. pecho. **2** baúl, arcón. ◆ **3** ~ **expander,** extensor pectoral. **4** ~ **freezer,** máquina congeladora. **5** ~ **of drawers,** cómoda. **6 to get something off one's** ~, (fam.) desahogarse, quitarse un peso de encima.
chestnut ['tʃesnʌt] *s. c.* **1** BOT. castaño. **2** castaña. ● *adj.* **3** castaño, de color castaño. ◆ **4** ~ **brown,** castaño, de color castaño. **5** ~ **tree,** BOT. castaño. **6 old** ~, (fam.) historia de siempre, cuento archiconocido.
chestiness ['tʃestɪnɪs] *s. i.* mucosidad, problemas de pecho, problemas de bronquios.
chesty ['tʃestɪ] *adj.* **1** de pecho voluminoso (especialmente mujeres). **2** cargado (por un catarro); con flemas (tos).
chevron ['ʃevrən] *s. c.* **1** MIL. galón (indicador de rango). **2** (fig.) forma de galón, curva siguiendo la forma de un galón (derecho o revés).
chew [tʃuː] *v. t.* e *i.* **1** masticar, mascar. ● *v. i.* **2** (**to** ~ **at/on**) mascar, comer poco a poco (haciendo un agujero, por ejemplo). **3** (**to** ~ **on/over**) (fam.) rumiar, pensar, meditar, dar vueltas a (un problema o similar). ● *s. c.* **4** bocado (como acción de masticar). **5** caramelo duro (que en la boca se pone blando). ◆ **6 to bite off more than one can** ~, ⇒ **bite. 7 to** ~ **the cud,** ⇒ **cud. 8 to** ~ **the fat/rag,** (fam.) darle a la sinhueso, charlar. **9 to** ~ **up,** masticar bien, masticar como es debido.
chewing-gum ['tʃuːɪŋgʌm] *s. i.* goma de mascar, chicle.
chewy ['tʃuːɪ] *adj.* (fam.) correoso (alimento).
chic [ʃiːk] *adj.* **1** chic, fino, elegante. ● *s. i.* **2** elegancia, estilo, finura.
chicanery [ʃɪ'keɪnərɪ] *s. c.* e *i.* (form.) trapacería, argucia.
chick [tʃɪk] *s. c.* **1** pajarito, polluelo (de ave). **2** (p.u.) chavala, mozuela.
chicken ['tʃɪkɪn] *s. c.* e *i.* **1** gallina (animal); pollo (su carne). **2** (fam.) miedica, gallina. ● *adj.* **3** (fam.) miedica, gallina. ◆ **4 a** ~ **and egg situation,** una situación de la pescadilla que se muerde la cola. **5 to be no** ~**/to be no spring** ~, no ser ya joven, no ser ya ninguna jovencita (de mujeres especialmente). **6 to** ~ **out,** (fam. y desp.) rajase, echarse atrás: *he wanted to climb the mountain but chickened out at the last minute = quería subir la montaña pero en el último momento se rajó.* **7 don't count your chickens before they're hatched,** (fam.) no te adelantes a los acontecimientos, no te ocurra lo del cuento de la lechera.
chickenfeed ['tʃɪkɪnfiːd] *s. i.* **1** pienso para pollos. **2** (fig. y fam.) una miseria, cuatro duros (de dinero).
chickenpox ['tʃɪkɪnpɒks] *s. i.* MED. varicela.
chickpea ['tʃɪkpiː] *s. c.* BOT. garbanzo.
chickweed ['tʃɪkwiːd] *s. i.* BOT. pamplina, álsine.
chicory ['tʃɪkərɪ] *s. i.* **1** BOT. achicoria. **2** achicoria (como bebida).
chid [tʃɪd] *pret.* y *p.p.* de **chide.**
chidden ['tʃɪdn] *p.p.* de **chide.**
chide [tʃaɪd] (*pret.* **chided** o **chid,** *p.p.* **chided, chid** o **chidden**) *v. t.* (p.u.) regañar, reprender.
chief [tʃiːf] *s. c.* **1** jefe (de policía o departamento gubernamental). **2** jefe (de una tribu). **3** (fam.) jefe (forma de llamar a una persona con alguna autoridad): *yes, chief = sí, jefe.* ● *adj.* **4** principal, más importante, fundamental. **5** superior, primero (en rango o categoría): *his chief cashier = su cajero primero.* ◆ **6 Chief Constable,** (brit.) jefe superior de policía. **7** ~ **executive officer,** consejero delegado, director general. **8 Chief Justice,** DER. Presidente de Tribunal. **9** ~ **of police,** jefe de policia. **10 Chief of Staff,** MIL. Jefe del Estado Mayor. **11 in-chief,** en jefe (en compuestos): *commander-in-chief = comandante en jefe.* **12 too many chiefs and not enough Indians/all chiefs and no Indians,** (fam. y desp.) demasiados mandamases y muy pocos mandados (con la consecuencia de no sacar las cosas bien).
chiefly ['tʃiːflɪ] *adv.* principalmente, fundamentalmente.
chieftain ['tʃiːftən] *s. c.* jefe, caudillo (de una tribu).
chiffon ['ʃɪfɒn || ʃɪ'fɒn] *s. i.* chifón, gasa (tejido finísimo).
chihuahua [tʃɪ'wɑːwɑ || tʃɪ'wɑːwɑː] *s. c.* chiuaua (tipo de perro mejicano).
chilblain ['tʃɪlbleɪn] *s. c.* sabañón.
child [tʃaɪld] (*pl. irreg.* **children**) *s. c.* **1** chico, chica; niño, niña (entre 0 y 14 años aproximadamente). **2** hijo, hija. **3** (desp.) niño, niñato (persona mayor comportándose mal). **4** (~ **of**) (fig. y form.) producto de, fruto de, hijo de (algo): *he was a child of his century = él fue producto de su siglo.* ◆ **5** ~ **abuse,** malos tratos a menores (físico, psiquico); abuso de menores (sexual). **6** ~ **benefit,** (brit.) ayuda familiar por hijo. **7** ~ **care,** protección de menores. **8** ~ **prodigy,** niño prodigio. **9** ~ **psychology,** psicologia infantil. **10 child's play,** (fam.) juego de niños. **11 the** ~ **is father of the man,** las experiencias de la infancia dejan una marca imborrable. **12 with** ~, (arc.) encinta, embarazada.
childbearing ['tʃaɪldbeərɪŋ] *s. i.* **1** maternidad. ● *adj.* **2** capaz de procrear, en edad de tener hijos.
childbirth ['tʃaɪldbəːθ] *s. i.* MED. parto, alumbramiento.
childhood ['tʃaɪldhud] *s. c.* e *i.* **1** infancia, niñez. ◆ **2 to be in one's second** ~, estar en la segunda infancia.
childish ['tʃaɪldɪʃ] *adj.* **1** de niño, típico de un niño. **2** (desp.) pueril, infantil, infantiloide.
childishly ['tʃaɪldɪʃlɪ] *adv.* (desp.) puerilmente, infantilmente.
childishness ['tʃaɪldɪʃnɪs] *s. i.* (desp.) puerilidad, infantilismo.
childless ['tʃaɪldlɪs] *adj.* sin hijos, sin descendencia.
childlike ['tʃaɪldlaɪk] *adj.* inocente, infantil, característico de un niño, igual que un niño.
childminder ['tʃaɪldmaɪndər] *s. c.* (brit.) niñera, cuidadora de niños.
childminding ['tʃaɪldmaɪndɪŋ] *s. i.* (brit.) cuidado de niños.
childproof ['tʃaɪldpruːf] *adj.* a prueba de accidentes infantiles.
children ['tʃɪldrən] *pl.* **1** de **child.** ◆ **2 children's home,** centro de acogida para menores, hogar infantil.
Chile ['tʃɪlɪ] *s. sing.* Chile.
Chilean ['tʃɪlɪən] *s. c.* **1** chileno. ● *adj.* **2** chileno.
chili *s. c.* e *i.* ⇒ **chilli.**
chill [tʃɪl] *v. t.* **1** enfriar, refrigerar (comida o bebida). **2** helar, congelar. **3** (fig.) enfriar, hacer disminuir (ánimo, entusiasmo, etc.). **4** (lit.) horrorizar, asustar horriblemente. ● *s. c.* **5** resfriado, enfriamiento. **6** (fig.) escalofrío. **7** (normalmente *sing.*) frialdad, frío (desagradable). ● *adj.* **8** frío, desagradable (tiempo). **9** horrible, escalofriante: *a chill reminder of war = un escalofriante recordatorio de lo que es la guerra.* ◆ **10 to be chilled to the bone/to the marrow,** estar muerto de frío, tener metido el frío en los huesos. **11 to take the chill off something,** calentar un poquito algo (hasta que pierda el exceso de frialdad).
chilli ['tʃɪlɪ] (en EE UU **chili**) *s. c.* e *i.* **1** BOT. chile, guindilla. ◆ **2** ~ **con carne,** GAST. carne picada con chile. **3** ~ **powder,** pimienta picante.
chilliness ['tʃɪlɪnɪs] *s. i.* **1** frío, frialdad. **2** (fig.) frialdad (de trato).
chilling ['tʃɪlɪŋ] *adj.* **1** horrible, horripilante, aterrador. **2** gélido (tiempo atmosférico).
chillingly ['tʃɪlɪŋlɪ] *adv.* horriblemente, de manera horripilante, aterradoramente.
chilly ['tʃɪlɪ] *adj.* **1** frío, desapacible (tiempo). **2** frío, helado, congelado (sentimiento físico de una persona). **3** (fig.) frío, hostil (en las relaciones humanas).
chimaera *s. c.* ⇒ **chimera.**
chime [tʃaɪm] *v. i.* **1** repicar, tañer (campanas o similar). ● *v. t.* **2** dar (horas de reloj mediante campanadas o similar sonido). ● *s. c.* **3** campanada (de campanas, relojes, etc.). ● *s. pl.* **4** carrillón, campanas

(objetos que hacen un ruido de campanillas o parecido): *door chimes* = *campanillas de la puerta.* ◆ **5 to ~ in (with),** intervenir (diciendo): *she always chimes in with "quite, quite"* = *ella siempre interviene diciendo "sí, claro".* **6 to ~ in with,** estar en armonía concordar con (dos cosas).

chimera [kaɪ'mɪərə] (también **chimaera**) *s. c.* **1** quimera (animal mitológico hecho de distintas partes de otros animales). **2** (fig.) quimera, ilusión, cosa imposible.

chimerical [kaɪ'merɪkl] *adj.* quimérico, imposible.

chiming ['tʃaɪmɪŋ] *s. sing.* (~ {**of**}) campanilleo; sonido suave (parecido a campanillas).

chimney [tʃɪmnɪ] *s. c.* **1** chimenea (parte alargada a la vista sobre los tejados). **2** tubo de protección, cristal de protección (de una lámpara). **3** GEOL. chimenea, grieta (en las montañas). ◆ **4 to smoke like a ~,** fumar como un carretero.

chimney-breast ['tʃɪmnɪbrest] *s. c.* (brit.) ARQ. manto de chimenea.

chimney-pot ['tʃɪmnɪpɒt] *s. c.* ARQ. cañón de chimenea.

chimney-stack ['tʃɪmnɪstæk] *s. c.* (brit.) ARQ. fuste de chimenea.

chimneys weep ['tʃɪmnɪswiːp] *s. c.* deshollinador.

chimp [tʃɪmp] *s. c.* (fam.) chimpancé.

chimpanzee [ˌtʃɪmpæn'ziː ‖ ˌtʃɪmpænziː] *s. c.* ZOOL. chimpancé.

chin [tʃɪn] *s. c.* **1** barbilla, mentón. ◆ **2 to keep one's ~ up,** (fam.) no desanimarse, aguantar o mantener el tipo. **3 to take it on the ~,** (fam.) aguantar o tomar algo como un hombre.

china ['tʃaɪnə] *s. i.* **1** porcelana fina. **2** objetos de porcelana fina. ● *s. sing.* **3** (**the ~**) la vajilla de porcelana, la porcelana (platos y demás). ◆ **4 like a bull in a ~ shop,** ⇒ **bull.**

China ['tʃaɪnə] *s. sing.* **1** China. ◆ **2** té chino.

Chinese ['tʃaɪ'niːz] *adj.* **1** chino. ● *s. i.* **2** chino (idioma). ● *s. c.* **3** chino (de procedencia). **4** (brit.) (fam.) comida china. ◆ **5 ~ puzzle,** rompecabezas chino (con objetos que entran dentro de otros).

chink [tʃɪnk] *s. c.* **1** grieta, hendidura; (en pared, roca), resquicio, rendija (en cortinas, puertas, etc.). **2** tintineo, tintín, sonido suave metálico. ● *v. i.* **3** tintinear (sonido metálico). ◆ **4 a ~ in one's armour,** un punto débil, el talón de Aquiles. **5 Chink,** (vulg. y desp.) chino.

chinless ['tʃɪnlɪs] *adj.* sin personalidad, sin carácter.

chintz [tʃɪnts] *s. i.* cretona (tejido).

chintzy ['tʃɪntsɪ] *adj.* con cretona, de oropel.

chinwag ['tʃɪnwæg] *s. sing.* (**a ~**) (fam.) una parrafada larga, una charla larga y distendida.

chip [tʃɪp] (*ger.* **chipping,** *pret.* y *p.p.* **chipped**) *v. t.* **1** astillar (madera); desconchar (pared, pintura). desportillar (objeto, cerámica). ● *s. c.* **2** (brit.) patata frita, (Am.) papa frita (alargada). **3** desconchón (de pared, pintura); desportilladura (en objeto, cerámica), astilla (en madera). **4** (EE UU) patata frita (de las que vienen en bolsa). **5** ficha (especialmente en los casinos). **6** INF. chip, microchip. **7** (fam.) tara (en un objeto). ● *s. sing.* **8** (**the ~**) (fig.) el mundo del microchip, la tecnología del microchip. ◆ **9 a ~ off the old block,** (fam.) de tal palo tal astilla. **10 to have a ~ on one's shoulder,** (fam.) estar resentido, tener algún complejo. **11 to ~ in,** (fam.) **a)** contribuir (en algún gasto). **b)** interrumpir (en la conversación). **12 to ~ off,** quitar poco a poco (empapelado); desconchar poco a poco (capa de pintura, pared.). **13 ~ shop,** (brit.) tienda de patatas fritas y pescado/ trozos de carne/etc. (que normalmente se lleva a casa, listo para comer). **14 to have had one's chips,** (fam.) no tener más oportunidades. **15 potato chips,** (EE UU) patatas fritas (de las que van en bolsa). **16 when the chips are down,** (fam.) a la hora de la verdad, cuando llega el momento (de algo importante o serio).

chipboard ['tʃɪpbɔːd] *s. i.* aglomerado.

chipmunk ['tʃɪpmʌŋk] *s. c.* ZOOL. ardilla listada.

chipped [tʃɪpt] *adj.* desconchado (pared, pintura); astillado (madera); desportillado (objeto).

chippings ['tʃɪpɪŋgz] *s. pl.* gravilla (en las carreteras): *loose chippings* = *gravilla suelta.*

chiropodist [kɪ'rɒpədɪst] (en EE UU **podiatrist**) *s. c.* podologo, pedicuro, callista.

chiropody [kɪ'rɒpədɪ] (en EE UU **podiatry**) *s. c.* podología.

chiropractor ['kaɪərəu'præktər] *s. c.* quiropráctico.

chirp [tʃəːp] *v. i.* **1** gorjear, piar (pájaros); hacer cri-cri (algunos insectos). ● *v. t.* **2** (fig.) decir jovialmente, pronunciar alegremente: *she chirped goodbye and left* = *ella dijo adiós jovialmente y se marchó.* ● *s. c.* **3** gorjeo, trino (de pájaros); cri-cri (de algunos insectos).

chirpily ['tʃəːpɪlɪ] *adv.* (brit.) (fam.) jovialmente, alegremente.

chirpiness ['tʃəːpɪnɪs] *s. i.* (brit.) (fam.) jovialidad, alegría.

chirpy ['tʃəːpɪ] *adj.* (brit.) (fam.) jovial, alegre.

chirrup ['tʃɪrəp] *v. i.* **1** piar, gorjear (pájaros); hacer cri-cri (insectos). ● *s. c.* **2** gorjeo (de pájaros); cri-cri (de insectos).

chisel ['tʃɪzl] (brit. *ger.* **chiselling,** *pret.* y *p.p.* **chiselled;** EE UU *ger.* **chiseling,** *pret.* y *p.p.* **chiseled**) *v. t.* **1** cincelar, tallar (piedra, madera, etc.). ● *s. c.* **2** cincel; formón.

chiseller ['tʃɪzlər] (en EE UU **chiseler**) *s. c.* (fam.) tramposo.

chit [tʃɪt] *s. c.* **1** nota de autorización (de alguien con cierta capacidad oficial). **2** (p.u. y desp.) jovenzuela, mozuela.

chit-chat ['tʃɪttʃæt] *s. i.* (fam.) charla, parloteo, cháchara.

chitter ['tʃɪtər] *v. i.* gorjear repetidamente, lanzar sonidos agudos repetitivos (pájaros y algunos insectos).

chitty ['tʃɪtɪ] *s. c.* (fam.) nota de autorización.

chivalrous ['ʃɪvəlrəs] *adj.* galante, caballeroso, cortés (hombres).

chivalrously ['ʃɪvlrəslɪ] *adv.* galantemente, caballerosamente, cortésmente (forma de actuar hombres).

chivalry ['ʃɪvəlrɪ] *s. i.* **1** HIST. caballería. **2** caballerosidad, cortesía.

chives [tʃaɪvz] *s. i.* BOT. cebollino, cebolleta.

chivvy ['tʃɪvɪ] (también **chivy**) *v. t.* (fam.) incordiar, agobiar, meter prisa a (a alguien para que lleve a cabo algo).

chloride ['klɔːraɪd] *s. c.* e *i.* QUÍM. cloruro.

chlorinate ['klɔːrɪneɪt] *v. t.* clorar, tratar con cloro, echar cloro a.

chlorinated ['klɔːrɪneɪtɪd] *adj.* tratado con cloro, clorado.

chlorination [ˌklɔːrɪ'neɪʃn] *s. i.* cloración.

chlorine ['klɔːriːn] *s. i.* QUÍM. cloro.

chloroform ['klɒrəfɔːm ‖ 'klɔːrəfɔːm] *s. i.* **1** QUÍM. cloroformo. ● *v. t.* **2** anestesiar con cloroformo, cloroformizar.

chlorophyll ['klɒrəfɪl ‖ 'klɔːrəfɪl] *s. i.* BOT. clorofila.

choc-ice ['tʃɒkaɪs] *s. c.* bombón helado.

chock ['tʃɒk] *s. c.* **1** cuña, calzo. **2** MAR. choque.

chock-a-block [ˌtʃɒkə'blɒk] *adj.* (~ {**with**}) abarrotado (de), de bote en bote.

chock-full [tʃɒk'ful] *adj.* (~ {**of**}) (fam.) plagado, lleno (de).

chocolate ['tʃɒklɪt] *s. i.* **1** chocolate (sólido o líquido). ● *s. c.* **2** chocolatina; bombón. ● *adj.* **3** color chocolate. ◆ **4 ~ éclair,** GAST. tarta de chocolate, relámpago de chocolate.

chocolate-box ['tʃɒklɪtbɒks] *s. c.* caja de bombones; caja de chocolatinas.

choice [tʃɔɪs] *s. c.* **1** elección (entre una cosa u otra): *the choice of food* = *la elección de comida.* **2** elección, opción, posibilidad de elección. **3** preferencia: *my choice for a house* = *mi preferencia por una vivienda.* ● *adj.* **4** selecto, de gran calidad. ◆ **5 to have no ~ (but),** no tener más remedio (que), no tener otra alternativa (más que). **6 it's your ~,** es tu propia decisión, es lo que tú quieres. **7 of one's ~,** de la elección de uno: *that's the book of my choice* = *ése es el libro de mi elección.*

choir ['kwaɪər] *s. c.* **1** MÚS. coro. **2** ARQ. coro. ◆ **3 ~ school,** escuela catedralicia; escuela aneja (a una institución universitaria).

choirboy ['kwaɪəbɔɪ] *s. c.* niño cantor, niño de coro.

choirmaster ['kwaɪəmɑːstər] *s. c.* director de coro, maestro de coro.

choke [tʃəuk] *v. t.* **1** ahogar, asfixiar: *the lack of air almost choked me* =

casi me ahogo o *me asfixio por la falta de aire*. **2** estrangular, ahogar (violentamente). **3** taponar, atascar. • *v. i.* **4** ahogarse, asfixiarse (por falta de aire); atragantase (al comer o beber). • *s. c.* **5** MEC. estárter, estrangulador. **6 to ~ back,** contener, ahogar (emociones, lágrimas, etc.).

choked [tʃəukt] *adj.* **1** ahogado (voz, sonido, etc.). **2** sofocado (por la ira, enfado, etc.).

choker ['tʃəukər] *s. c.* gargantilla (de mujer).

choking ['tʃəukɪŋ] *adj.* sofocante, asfixiante: *choking dust = polvo sofocante.*

cholera ['kɒlərə] *s. i.* MED. cólera.

choleric ['kɒlərɪk] *adj.* colérico, de mal genio.

cholesterol [kə'lestərɒl] *s. i.* QUÍM. colesterol.

chomp [tʃɒmp] *v. t.* e *i.* (fam.) mascar ruidosamente, masticar con gran ruido (comida).

choose [tʃu:z] (*pret.* **chose,** *p. p.* **chosen**) *v. t.* **1** escoger, elegir, seleccionar. **2** optar por, decidirse por. • *v.i.* **3** escoger, elegir. **4** considerar oportuno: *do as you choose = haz lo que te apetezca.* **5** (**to ~ +** *inf.*) decidir, preferir: *he chose to start early = decidió empezar pronto.* ◆ **6 there's little/not much to ~ between...,** no hay gran diferencia entre.... **7 to pick and ~, ⇒ pick.**

choosy ['tʃu:zɪ] *adj.* (fam.) melindroso, delicado, quisquilloso.

chop [tʃɒp] (*ger.* **chopping,** *pret.* y *p.p.* **chopped**) *v. t.* **1** cortar, tajar. **2** cortar en rajas (alimentos). **3** picar (en trozos pequeños). **4** (fam.) reducir, recortar (gastos). • *v. i.* **5** cortar, tajar. **6** dar un golpe de karate. • *s. c.* **7** tajo, corte. **8** chuleta (de carne). **9** golpe, golpe de karate. ◆ **10 to ~ and change,** (fam.) cambiar constantemente de opinión. **11 ~ suey,** GAST. chop suey. **12 for the ~,** (brit.) (fam.) destinado a desaparecer, destinado a caer: *the social programs will be the first for the chop = los programas sociales serán los primeros en desaparecer.* **13 to get/to be given the ~,** (brit.) (fam.) ser despedido (del trabajo).

chopper ['tʃɒpər] *s. c.* helicóptero.

choppy ['tʃɒpɪ] *adj.* agitado, picado (mar).

chopstick ['tʃɒpstɪk] *s. c.* palillo (para comida china).

choral ['kɔ:rəl] *adj.* MÚS. coral.

chord [kɔ:d] *s. c.* **1** MÚS. acorde. **2** GEOM. cuerda. ◆ **3 to strike/touch a ~,** calar hondo. **4 to strike/touch a ~ with someone,** tocar la fibra sensible a alguien.

chore [tʃɔ:] *s. c.* tarea, faena, que hacer (especialmente cuando es desagradable).

choreograph ['kɒrɪəgrɑ:f ‖ 'kɒrɪəgræf ‖ 'kɔ:rɪəgræf] *v. t.* **1** hacer la coreografía de (un ballet o similar).

choreographer [,kɒrɪ'ɒgrəfər ‖ ,kɔ:rɪ'ɒgrəfər] *s. c.* coreógrafo.

choreographic [,kɒrɪə'græfɪk ‖ ,kɔ:rɪə'græfɪk] *adj.* coreográfico.

choreography [,kɒrɪ'ɒgrəfɪ ‖ ,kɔ:rɪ'ɒgrəfɪ] *s. i.* coreografía.

chorister ['kɒrɪstər ‖ 'kɔ:rɪstər] *s. c.* corista, miembro de un coro.

chortle ['tʃɔ:tl] *v. i.* **1** reír entre dientes (con placer). • *s. c.* **2** risa entre dientes, risa ahogada.

chorus ['kɔ:rəs] *s. c.* **1** MÚS. coro (grupo). **2** MÚS. coro (composición). **3** MÚS. estribillo. **4** (~ {**of**}) (fig.) coro (de misma opinión, sentimiento, etc.). **5** (~ {**of**}) (fig.) coro (de canto de animales). • *v. t.* **6** decir a coro, decir al unísono. ◆ **7 ~ girl,** corista. **8 in ~,** a coro, al unísono.

chose ['tʃəuz] *pret. irreg.* de **choose.**

chosen ['tʃəuzn] *p.p. irreg.* **1** de **choose.** • *adj.* **2** elegido. ◆ **3 the ~ few,** la minoría, los menos, los pocos elegidos (por la fortuna).

chow [tʃau] *s. c.* **1** ZOOL. chow-chow. • *s. i.* **2** (fam.) papeo, comida.

chowder ['tʃaudər] *s. i.* GAST. sopa de pescado.

Christ [kraɪst] *s. sing.* **1** REL. Cristo. • *interj.* **2** Dios mío.

christen ['krɪsn] *v. t.* **1** REL. bautizar. **2** nombrar, llamar. **3** (fam.) inaugurar.

Christendom ['krɪsndəm] *s. sing.* HIST. Cristiandad.

christening ['krɪsnɪŋ] *s. c.* REL. bautismo, bautizo.

Christian ['krɪstʃən] *s. c.* **1** REL. cristiano. • *adj.* **2** REL. cristiano. **3** (fig.) bueno, virtuoso, cristiano. ◆ **4 ~ name,** nombre de pila.

Christianity [,krɪstɪ'ænɪtɪ] *s. i.* REL. cristianismo.

Christmas ['krɪsməs] *s. c.* e *i.* **1** REL. Navidad. ◆ **2 ~ Day,** día de Navidad. **3 ~ Eve,** Nochebuena. **4 ~ pudding,** pastel de Navidad. **5 ~ tree,** árbol de Navidad.

chrome [krəum] (también **chromium**) *s. i.* MIN. cromo.

chromium ['krəumɪəm] *s. i.* ⇒ **chrome.**

chromosome ['krəuməsəum] *s. c.* BIOQ. cromosoma.

chronic ['krɒnɪk] *adj.* **1** crónico (enfermedad o similar). **2** crónico, empedernido, inveterado (en sus hábitos negativos). **3** severo (problema o situación).

chronically ['krɒnɪklɪ] *adv.* **1** crónicamente. **2** severamente (de un problema o situación).

chronicle ['krɒnɪkl] *s. c.* **1** crónica, historia. • *v. t.* **2** hacer la crónica de, narrar. ◆ **3 Chronicle,** PER. Crónica (formando parte del nombre de un periódico).

chronological [,krɒnə'lɒdʒɪkl] *adj.* cronológico real (edad).

chronologically [,krɒnə'lɒdʒɪklɪ] *adv.* **1** cronológicamente, en orden cronológico. **2** realmente (de la edad).

chronology [krə'nɒlədʒɪ] *s. i.* (~ {**of**}) cronología.

chrysalis ['krɪsəlɪs] *s. c.* BIOL. crisálida.

chrysanthemum [krɪ'sænθəməm] *s. c.* BOT. crisantemo.

chubbiness ['tʃʌbɪnɪs] *s. i.* rechonchez, (lo) regordete (de una cara, cuerpo, etc.).

chubby ['tʃʌbɪ] *adj.* regordete, rellenito, rechoncho.

chuck [tʃʌk] *v. t.* **1** (fam.) arrojar, tirar, echar. **2** (brit.) dejar plantado, plantar (a un novio o novia). **3** abandonar, dejar (un empleo, actividad, etc.). ◆ **4 to ~ away/out,** tirar, arrojar (algo que no se desea). **5 ~ steak,** filete de lomo.

chuckle ['tʃʌkl] *v. i.* **1** reírse ahogadamente, reírse para uno mismo. • *s. c.* **2** risa ahogada, risa para uno mismo.

chuffed [tʃʌft] *adj.* (~ {**about**}) (brit.) (fam.) encantado, contentísimo (con).

chug [tʃʌg] (*ger.* **chugging,** *pret.* y *p. p.* **chugged**) *v. i.* **1** hacer ruidos de explosión repetidamente. **2** (**to ~ +** *prep.*) moverse haciendo ruidos de explosión repetitivos. • *s. c.* **3** ruido explosivo, explosión pequeña.

chum [tʃʌm] (fam. y p.u.) *s. c.* **1** amiguete. ◆ **2 to ~ up (with),** hacerse amigo (de), compadrear (con).

chummily ['tʃʌmɪlɪ] *adv.* simpáticamente, amigablemente.

chumminess ['tʃʌmɪnɪs] *s. i.* simpatía, buenos sentimientos de amistad.

chummy ['tʃʌmɪ] *adj.* (fam. y p.u.) simpático, amigable.

chump ['tʃʌmp] *s. c.* (fam.) bobo, bobalicón.

chunk ['tʃʌŋk] *s. c.* **1** trozo, pedazo. **2** (~ {**of**}) (fam.) porción sustancial.

chunky ['tʃʌŋkɪ] *adj.* **1** fornido, cuadrado (persona). **2** macizo, sólido (objeto).

church [tʃə:tʃ] *s. c.* **1** iglesia; templo. • *s. sing.* **2** REL. iglesia, grupo religioso. ◆ **3 Church of England,** REL. Iglesia anglicana. **4 to go to ~,** ir a la iglesia, ir a misa. **5 the Church/the ~,** REL. la iglesia (sus componentes o su jerarquía).

churchgoer ['tʃə:tʃgəuər] *s. c.* practicante, fiel (que va a misa).

churchman ['tʃə:tʃmən] (*pl.* **churchmen**) *s. c.* clérigo.

churchmen ['tʃe:tʃmən] *pl.* de **churchman.**

churchwarden [tʃə:tʃ'wɔ:dən] *s. c.* REL. laico ayudante del cura (en la Iglesia de anglicana).

churchyard ['tʃə:tʃjɑ:d] *s. c.* cementerio de la iglesia (alrededor del edificio).

churlish ['tʃə:lɪʃ] *adj.* maleducado, grosero.

churlishly ['tʃə:lɪʃlɪ] *adv.* maleducadamente, groseramente.

churlishness ['tʃə:lɪʃnɪs] *s. i.* grosería, mala educación.

churn [tʃə:n] *v. t.* **1** batir (leche, nata, etc.). **2** agitar, remover, revolver (lodo, agua, etc.). • *v. i.* **3** (fam.) dar vuelcos, revolverse (el estómago). **4** agitarse, removerse, revolverse (lodo, agua, etc.). • *s. c.* **5** mantequera (donde se hace mantequilla). ◆ **6 to ~ out,** (desp.) hacer como churros. **7 to ~ up, a)** agitar con fuerza. **b)** (fam.) sacar de quicio, poner malo.

churning ['tʃəːnɪŋ] *s. i.* vuelco (en el estómago).

chute [ʃuːt] *s. c.* **1** tobogán; rampa de caída (para enviar mercancía con rapidez). **2** (fam.) paracaídas.

chutney ['tʃʌtnɪ] *s. i.* GAST. salsa agridulce a base de frutas y especias.

CIA [ˌsiːaɪ'eɪ] (siglas de **Central Intelligence Agency**) *s. c.* (Central Intelligence Agency) CIA.

cicada [sɪ'kaːdə] *s. c.* ZOOL. cigarra.

CID [ˌsiːaɪ'diː] (siglas de **Criminal Investigation Departament**) *s. c.* policía judicial, brigada de investigación (criminal).

cider ['saɪdər] *s. i.* sidra.

cigar [sɪ'gɑːr] *s. c.* puro.

cigarette [ˌsɪgə'ret || 'sɪgərət] *s. c.* **1** cigarrillo, pitillo. ◆ **2** ~ **end,** colilla. **3** ~ **case,** pitillera. **4** ~ **holder,** boquilla. **5** ~ **lighter,** encendedor, mechero. **6** ~ **paper,** papel de fumar.

cinch [sɪntʃ] *s. sing.* (fam.) **to be a** ~**,** estar chupado, estar tirado.

cinder ['sɪndər] *s. c.* **1** (normalmente *pl.*) ceniza; carbonilla; pavesa. ◆ **2 to burn to a** ~**,** quemar por completo, dejar hecho cenizas. **3** ~ **track,** DEP. pista de ceniza.

cine-camera ['sɪnɪkæmərə] *s. c.* FOT. cámara de cine.

cinema ['sɪnəmɑː || 'sɪnəmə] *s. c.* **1** cine (lugar). ● *s. i.* **2** ART. cine.

cinematic [ˌsɪnə'mætɪk] *adj.* del cine, cinematográfico.

cinematography [ˌsɪnəmə'tɒgrəfɪ] *s. i.* cinematografía.

cinnamon ['sɪnəmən] *s. i.* BOT. canela.

cipher ['saɪfər] (también **cypher**) *s. c.* **1** cifra, clave, código secreto. **2** mensaje cifrado, mensaje en clave. **3** (fam. y desp.) cero a la izquierda (persona sin importancia). ◆ **4 in** ~**,** en clave, cifrado.

ciphered ['saɪfəd] *adj.* (form.) cifrado, en clave.

circa ['səːkə] *prep.* (form.) hacia, alrededor de, aproximadamente en (en el tiempo).

circle ['səːkl] *s. c.* **1** círculo. **2** (~ {**of**}) círculo, redondel (cualquier forma). **3** (~ {**of**}) corro (de personas). **4** GEOM. circunferencia. ● *v. t.* **5** dar vueltas a, rodear, circundar. **6** hacer un círculo en, dibujar un círculo en; enmarcar dentro de un círculo. ● *v. i.* **7** dar vueltas, girar: *the plane circled for hours = el avión dio vueltas durante horas.* ● *s. sing.* **8** (**the** ~) entresuelo (en un cine); anfiteatro (en un teatro). ◆ **9 to come full** ~**,** acabar en el punto de partida, volver al en un punto de partida (en un debate, situación, etc.). **10 to go round in circles,** (fam.) no avanzar nada, dar vueltas sin llegar a nada (en una discusión, problema o en un movimiento físico). **11 to run round in circles,** (fam.) ir por la vida corriendo sin parar (especialmente cuando no sirve para nada).

circlet ['səːklɪt] *s. c.* (~ {**of**}) corona (de joyas, flores, etc., como adorno).

circuit ['səːkɪt] *s. c.* **1** ELECTR. circuito. **2** circuito (de un lugar o serie de lugares con alguna característica común). **3** vuelta (física). **4** circuito (de carreras). **5** DER. recorrido (de un juez cuya función es pasar cada cierto tiempo por ciertos lugares).

circuit-breaker ['səːkɪtbreɪkər] *s. c.* ELECTR. cortacircuitos, automático.

circuitous [sə'kjuːɪtəs] *adj.* (form. o lit.) sinuosa, tortuosa (ruta).

circuitously [sə'kjuːɪtəslɪ] *adv.* (form. o lit.) indirectamente, sin seguir un camino recto, sinuosamente (en la ruta).

circuitry ['səːkɪtrɪ] *s. i.* ELECTR. sistema de circuitos.

circular ['səːkjʊlər] *adj.* **1** circular, redondo. **2** en círculo (un viaje que vuelve al punto de partida por distinto trayecto). **3** fallido, tortuoso, ilógico (forma de razonar). **4** enviada a muchas personas (circular, propaganda, etc.). ● *s. c.* **5** circular (administrativa).

circularity [ˌsəːkjʊ'lærɪtɪ] *s. i.* tortuosidad, falta de lógica (en el razonamiento).

circulate ['səːkjʊleɪt] *v. t.* **1** divulgar, propagar, hacer circular (información, escritos, rumores, historias, etc.). **2** pasar, repartir, hacer circular (comida o bebida en alguna ocasión social). ● *v. i.* **3** divulgarse, propagarse, circular (información). **4** moverse, circular (sangre, aire). **5** mezclarse, alternar (con gente, especialmente en una fiesta o situación parecida). **6** moverse con fluidez, circular fácilmente (tráfico).

circulation [ˌsəːkjʊ'leɪʃn] *s. c.* **1** PER. volumen de venta, número de ejemplares vendidos (periódicos, revistas, etc.). ● *s. sing.* **2** movimiento, circulación (del aire o tráfico). **3** ANAT. circulación (de la sangre). ● *s. i.* **4** ECON. circulación (de dinero). ◆ **5 in** ~ **again/back in** ~**,** de vuelta en el trabajo, de vuelta en la vida normal (especialmente después de enfermedad).

circulatory [ˌsəːkjʊ'leɪtərɪ || 'səːkjələtəːrɪ] *adj.* MED. circulatorio (de la sangre).

circumcise ['səːkəmsaɪz] *v. t.* circuncidar.

circumcision [ˌsəːkəm'sɪʒn] *s. c.* e *i.* circuncisión.

circumference [sə'kʌmfərəns] *s. c.* circunferencia.

circumflex ['səːkəmfleks] GRAM. *adj.* **1** circunflejo. ◆ **2** ~ **accent,** acento circunflejo.

circumlocution [ˌsəːkəmlə'kjuːʃn] *s. c.* e *i.* (form.) circunloquio.

circumscribe ['səːkəmskraɪb] *v. t.* **1** (form.) circunscribir, limitar. **2** GEOM. circunscribir, delinear.

circumspect ['səːkəmspekt] *adj.* (form.) circunspecto, discreto, prudente.

circumspectly ['səːkəmspektlɪ] *adv.* (form.) de modo circunspecto, discretamente, prudentemente.

circumspection [ˌsəːkəm'spekʃn] *s. i.* (form.) circunspección, discreción, prudencia.

circumstance ['səːkəmstəns] *s. i.* **1** (form.) circunstancia. ● *s. pl.* **2** circunstancias, situación. ◆ **3 in/under the circumstances,** dadas las circunstancias. **4 under no circumstances,** bajo ninguna circunstancia, de ninguna manera.

circumstantial [ˌsəːkəm'stænʃl] *adj.* (form.) **1** detallada, minuciosa (descripción). **2** circunstancial (prueba).

circumstantially [ˌsəːkəm'stænʃəlɪ] *adv.* (form.) **1** minuciosamente, detalladamente (en una descripción). **2** circunstancialmente (prueba).

circumvent [ˌsəːkəm'vent] *v. t.* (form.) **1** burlar, evitar (reglas, restricciones, etc.). **2** ser más listo que, burlar (a una persona).

circus ['səːkəs] *s. c.* **1** circo. **2** HIST. circo romano. **3** (fam. y fig.) circo, cachondeo. ● *s. sing.* **4** (**the** ~) ART. el circo. ● *adj.* circense.

cirrhosis [sɪ'rəʊsɪs] *s. i.* MED. cirrosis.

cirri ['sɪraɪ] *pl.* de **cirrus.**

cirrus ['sɪrəs] (*pl.* **cirri**) *s. c.* e *i.* cirro (tipo de nube).

cissy *s. i.* ⇒ **sissy.**

cistern ['sɪstən] *s. c.* **1** cisterna (en un servicio). **2** tanque de agua, aljibe, depósito de agua (normalmente en un tejado).

citadel ['sɪtədl] *s. c.* **1** ciudadela, alcázar. **2** (fig. y lit.) reducto, baluarte (ambiente difícil de penetrar).

citation [saɪ'teɪʃn] *s. c.* (form.) **1** mención honorífica (especialmente por un acto de valentía en el ejército). **2** cita (literaria). **3** DER. citación judicial.

cite [saɪt] *v. t.* (form.) **1** citar, (literariamente o como ejemplo de lo que se está diciendo). **2** DER. citar, hacer comparecer (en juicio). **3** mencionar honoríficamente (especialmente en un contexto militar).

citizen ['sɪtɪzn] *s. c.* **1** ciudadano. **2** ciudadano, vecino, habitante (de una localidad). ◆ **3 citizen's arrest,** DER. arresto llevado a cabo por un ciudadano (no un policía). **4 citizen's band,** RAD. banda de uso común (especialmente para radioaficionados y camioneros).

citizenry ['sɪtɪznrɪ] (*pl.* **citizendries**) *s. i.* **1** (lit.) ciudadanía (la gente). ● *s. pl.* **2** ciudadanos.

citizenship ['sɪtɪznʃɪp] *s. i.* **1** nacionalidad. **2** ciudadanía (como pertenencia a una comunidad).

citric acid [ˌsɪtrɪk'æsɪd] *s. i.* QUÍM. ácido cítrico.

citrus ['sɪtrəs] *s. c.* **1** BOT. agrio, producto agrio. ◆ **2** ~ **fruit,** cítrico.

city ['sɪtɪ] *s. c.* **1** ciudad (normalmente con catedral). ◆ **2** ~ **hall,** ayuntamiento. **3** ~ **limits,** término municipal de la ciudad. **4 the City, a)** la zona céntrica comercial de Londres. **b)** (fig.) FIN. el mundo financiero de Londres.

civic ['sɪvɪk] *adj.* **1** POL. municipal, local. **2** cívico, con sentido del bien común.

civics ['sɪvɪks] *s. i.* POL. política local (como estudio).

civies *pl.* de **civvies.**
civil ['sɪvl] *adj.* **1** civil, público. **2** civil (no militar). **3** educado, cortés, urbano. **4** DER. civil (no penal). ♦ **5** ~ **defence,** protección civil, defensa civil. **6** ~ **defences,** MIL. defensas civiles, seguridad civil (en tiempo de guerra). **7** ~ **disobedience,** POL. desobediencia civil. **8** ~ **divorce,** DER. divorcio civil. **9** ~ **engineer,** ingeniero civil, ingeniero de caminos. **10** ~ **engineering,** ingeniería civil. **11** ~ **law,** DER. derecho civil. **12** ~ **liberty,** libertad civil. **13** ~ **list,** (brit.) presupuesto de la Casa Real. **14** ~ **marriage,** matrimonio civil. **15** ~ **rights,** derechos civiles, garantías constitucionales. **16** ~ **servant,** funcionario público. **17 Civil Service,** administración pública, administración del estado. **18** ~ **war,** guerra civil.
civilly ['sɪvəlɪ] *adv.* con urbanidad, cortésmente, educadamente.
civilian [sɪ'vɪlɪən] *s. c.* civil (no militar).
civilise *v. t.* ⇒ **civilize.**
civility [sɪ'vɪlɪtɪ] (form.) *s. c.* e *i.* **1** urbanidad, buena educación, cortesía. ♦ **2 civilities,** fórmulas de cortesía, fórmulas de urbanidad.
civilization [ˌsɪvəlaɪ'zeɪʃn ‖ ˌsɪvəlɪ'zeɪʃn] (también **civilisation**) *s. c.* e *i.* **1** HIST. civilización. ● *s. i.* **2** civilización (estado de modernidad). **3** (hum.) civilización, vida moderna, vida cómoda. **4** civilización, buenas maneras, urbanidad. **5** civilización, humanidad, mundo civilizado.
civilize ['sɪvəlaɪz] (también **civilise**) *v. t.* **1** civilizar. **2** (fig.) embellecer, hacer civilizado, poner con todas las comodidades (lugar).
civilized ['sɪvɪlaɪzd] (también **civilised**) *adj.* **1** civilizado. **2** (fig.) embellecido, acondicionado con todas las comodidades (lugar). **3** refinado, civilizado (en sus maneras).
civilizing ['sɪvɪlaɪzɪŋ] (también **civilising**) *adj.* civilizador, modernizador: *civilizing influences = influencias modernizadoras.*
civvies ['sɪvɪz] (también **civies**) *s. pl.* (fam.) traje de paisano.
clack [klæk] *v. i.* **1** hacer un ruido seco, hacer clac. ● *s. c.* **2** ruido seco, golpe seco. ♦ **3 to** ~ **one's tongue,** decir chismes, murmurar.
clad [klæd] *adj.* (~ {**in**}) (p.u. o lit.) vestido, ataviado (de).
cladding ['klædɪŋ] *s. i.* ARQ. revestimiento.
claim [kleɪm] *v. t.* **1** aseverar, asegurar, mantener: *he claimed he hadn't gone in to steal = él mantuvo que no había entrado a robar.* **2** solicitar, pedir, reclamar (atención): *my son claimed all my attention = mi hijo reclamó toda mi atención.* **3** demandar, exigir (derechos, dinero, ayuda, etc.): *the students claimed higher grants = los estudiantes exigían becas más elevadas.* **4** alegar, afirmar, sostener (la inocencia de una persona). **5** cobrarse (víctimas). ● *v. i.* **6** (**to** ~ **for/on**) solicitar, demandar (cualquier beneficio, derecho o similar): *I want to claim for child benefit = quiero solicitar la ayuda familiar por hijos.* ● *s. c.* **7** aseveración, afirmación. **8** (~ **for**) demanda de, exigencia de (de dinero, derechos, etc.); solicitud de (subsidio). **9** (~ **on/upon/to/of**) derecho a (una propiedad, beneficio, reconocimiento de algo, etc.). **10** reclamación (especialmente de minas de metales preciosos). ♦ **11 to** ~ **responsibility (for),** responsabilizarse (de), aceptar decididamente la responsabilidad (de) (algo de lo que uno se puede enorgullecer). **12 to lay** ~ **to,** reclamar, reclamar la soberanía sobre, reclamar la posesión de. **13 to stake a** ~**,** ⇒ **stake.**
claimant ['kleɪmənt] *s. c.* **1** DER. demandante. **2** solicitante (de ayuda).
clairvoyance [kleə'vɔɪəns] *s. i.* clarividencia.
clairvoyant [kleə'vɔɪənt] *s. c.* **1** clarividente. ● *adj.* **2** clarividente.
clam [klæm] *s. c.* **1** ZOOL. almeja. ♦ **2 to** ~ **up,** (fam.) callarse como un muerto, no decir ni pío. **3 to shut up like a** ~**,** (fam.) negarse a seguir hablando, negarse a hablar, cerrar el pico.
clamber ['klæmbər] *v. i.* **1** encaramarse, trepar. ● *s. c.* **2** escalada.
clammily ['klæmɪlɪ] *adv.* pegajosamente (por la humedad).
clamminess ['klæmɪnɪs] *s. i.* humedad pegajosa.
clammy [klæmɪ] *adj.* pegajoso (por la humedad).
clamor ['klæmər] *s. i.* ⇒ **clamour.**
clamorous ['klæmərəs] *adj.* (form.) clamoroso, tumultuoso; vociferante.
clamour ['klæmər] (en EE UU **clamor**) *s. i.* **1** (form. o lit.) clamor. **2** (~ {**for**}) exigencia o demanda a favor de (alguna medida, castigo, etc.). **3** algarabía, vocerío, griterío. ● *v. i.* **4** (**to** ~ **for**) clamar por, demandar enérgicamente, exigir ruidosamente. **4** gritar, vociferar.
clamp [klæmp] *s. c.* **1** MEC. abrazadera; laña; tornillo de ajuste. ● *v. t.* **2** sujetar fuertemente, agarrar firmemente (como una abrazadera): *they clamped the two legs together = ellos sujetaron las dos patas fuertemente.* **3** apretar con fuerza (ojos o labios). ♦ **4 to** ~ **down (on),** apretar las clavijas (a); intentar acabar (con) (una situación mala): *the police are ready to clamp down on hooligans = la policía está dispuesta a apretar las clavijas a los gamberros.*
clampdown ['klæmpdaun] *s. c.* (~ {**on**}) represión (de).
clan [klæn] *s. c.* **1** HIST. clan (en Escocia). **2** (fig. o hum.) clan (de una familia o grupo de personas).
clandestine [klæn'destɪn] *adj.* (form.) clandestino, furtivo, subrepticio.
clang [klæŋ] *v. t.* **1** golpear con un ruido fuerte (metálico). ● *v. i.* **2** hacer un ruido fuerte (metálico). ● *s. c.* **3** ruido fuerte, ruido estruendoso (metálico).
clanger ['klæŋər] *s. c.* **to drop a** ~**,** (brit.) (fam.) meter la pata hasta el fondo.
clangour ['klæŋgər] (en EE UU **clangor**) *s. i.* (form.) estrépito, estruendo.
clank [klæŋk] *v. i.* **1** hacer un ruido metálico, resonar metálicamente con gran estruendo. ● *s. sing.* **2** estruendo metálico, choque estruendoso (metálico).
clannish ['klænɪʃ] *adj.* (desp.) exclusivista, fiel sólo a su grupo.
clap [klæp] (*ger.* **clapping,** *pret.* y *p.p.* **clapped**) *v. t.* e *i.* **1** aplaudir (con palmas). ● *v. t.* **2** golpear, dar una palmada en (en la espalda, especialmente). **3** poner con fuerza, encasquetarse (en un lugar): *he clapped his hat on = se encasquetó el sombrero.* **4** (fam.) meter (a alguien en la prisión). ● *v. i.* **5** batir palmas. ● *s. c.* **6** aplauso. **7** golpe, palmada (típicamente en la espalda). ● *s. sing.* **8** (**the** ~) (fam.) la sífilis, la gonorrea. ♦ **9 a** ~ **of thunder,** un trueno. **10 to** ~ **eyes on someone,** ver a alguien. **11 to** ~ **hands on,** (brit.) (fam.) coger in fraganti, coger con las manos en la masa.
clapboard ['klæpbɔːd] *s. c.* (EE UU) tabla, tablero (alargado).
clapped-out ['klæptaut] *adj.* (brit.) (fam.) fastidiado (cosa); medio muerto de cansancio (persona).
clapper ['klæpər] *s. c.* **1** badajo (de campana). ♦ **2 like the clappers,** (brit.) (fam.) a toda pastilla, a todo meter.
clapperboard ['klæpəbɔːd] *s. c.* claqueta (en el cine).
claptrap ['klæptræp] *s. i.* (fam.) bobadas, tonterías, chorradas.
claret ['klærət] *s. c.* e *i.* clarete (vino).
clarification [ˌklærɪfɪ'keɪʃn] *s. c.* e *i.* clarificación, esclarecimiento.
clarified ['klærɪfaɪd] *adj.* GAST. clarificado, limpiado (mediante calor).
clarify ['klærɪfaɪ] *v. t.* **1** (form.) aclarar, esclarecer, poner en claro. **2** GAST. clarificar, limpiar de impurezas (mediante calor).
clarinet [ˌklærə'net] *s. c.* MÚS. clarinete (instrumento).
clarinettist [ˌklærə'netɪst] *s. c.* MÚS. clarinetista.
clarion ['klærɪən] *adj.* **1** sonoro, fuerte y claro (sonido). ♦ **2** ~ **call,** (lit.) llamada, exhortación (a hacer algo).
clarity ['klærɪtɪ] *s. i.* **1** claridad, nitidez (de dibujo o sonido). **2** claridad, lucidez (de pensamiento, razonamiento, etc.). **3** claridad, nitidez (de una explicación o similar).
clash [klæʃ] *v. i.* **1** (**to** ~ {**with**}) chocar, pelear, reñir (con) (personas). **2** (**to** ~ {**with**}) chocar, entrar en conflicto, encontrarse (con) (ideas, creencias, etc.). **3** (**to** ~ {**with**}) no ir bien, desentonar (con) (ropa, colores, estilos, etc.). **4** (**to** ~ {**with**}) coincidir (con) (dos acontecimientos, fechas, citas, etc.). **5** chocar con estruendo. ● *v. t.* **6** hacer sonar estruendosamente. ● *s. c.* **7** (~ {**between/with/of/over**}) riña, desacuerdo, pelea, encontronazo. **8** conflicto, choque (de culturas, creencias, etc.). **9** estruendo, ruido atronador. **10** falta de armonía (de co-

lores, estilos, etc.). **11** coincidencia (de fechas o similar).

clasp [klɑːsp || klæsp] *v. t.* **1** agarrar; abrazar; estrechar, apretar. **2** abrochar, mantener abrochado. ● *s. c.* **3** broche, cierre. **4** abrazo fuerte; apretón. ◆ **5** ~ **knife,** navaja de muelle.

class [klɑːs || klæs] *s. c.* **1** clase, grupo de estudiantes. **2** clase, clase social. **3** BIOL. clase (de animales). **4** clase, tipo (de cosas): *a new class of detergents = una nueva clase de detergentes.* ● *s. c.* e *i.* **5** clase, lección (académica). **6** clase, calidad (en productos, viajes, etc.). ● *s. i.* **7** (brit.) (de resultado académico): *first class honours = matrícula de honor.* **8** clase, estilo: *she's got class = ella tiene clase.* ● *s. sing.* **9** (EE UU) promoción (estudiantil). ● *v. t.* **10** clasificar, agrupar. ◆ **11 in a** ~ **of its own/by itself,** único en su género, sin parangón. **12 in the same** ~ **(as),** en la misma clase (que), en la misma categoría (que); de la misma calidad (que). **13 the** ~ **struggle,** POL. la lucha de clases.

class-conscious ['klɑːskɒnʃəs || 'klæskɒnʃəs] *adj.* con conciencia de clase.

class-consciousness ['klɑːskɒnʃəsnɪs || 'klæskɒnʃəsnɪs] *s. i.* conciencia de clase.

classic ['klæsɪk] *adj.* **1** ART. clásico. **2** clásico, típico: *the classic Spaniard = el español clásico.* **3** clásico, definitivo (obra de arte). ● *s. c.* **4** LIT. clásico, obra maestra.

classical ['klæsɪkl] *adj.* **1** clásico, tradicional, de siempre. **2** FILOL. clásico (variante idiomática). **3** MÚS. clásica (música). **4** HIST. clásico (de la época grecorromana). **5** clásico (estilo, belleza, adornos, etc.).

classically ['klæsɪklɪ] *adv.* **1** clásicamente, típicamente. **2** clásicamente (en estilo, belleza, etc.).

classicism ['klæsɪsɪzəm] *s. i.* ART. clasicismo.

classicist ['klæsɪsɪst] *s. c.* especialista en estudios clásicos.

classics ['klæsɪks] *s. i.* clásicas, estudios clásicos.

classification [ˌklæsɪfɪ'keɪʃn] *s. c.* e *i.* clasificación, tipificación, categorización.

classified ['klæsɪfaɪd] *adj.* **1** clasificado, por grupos (una lista). **2** confidential, reservado, secreto (información estatal). ◆ **3** ~ **advertisements,** PER. anuncios por palabras.

classify ['klæsɪfaɪ] *v. t.* clasificar, poner en grupos ordenados.

classless ['klɑːslɪs || 'klæslɪs] *adj.* sin clases, igualitaria (sociedad).

classmate ['klɑːsmeɪt || 'klæsmeɪt] *s. c.* compañero de clase.

classroom ['klɑːsrum || 'klæsrum] *s. c.* aula, clase.

classy ['klɑːsɪ || 'klæsɪ] *adj.* (fam.) con clase, con estilo.

clatter ['klætər] *v. i.* **1** golpetear, tabletear. **2** (**to** ~ + *prep.*) moverse haciendo ruidos repetitivos. ● *s. sing.* **3** golpeteo, traqueteo, ruido repetitivo.

clause [klɔːz] *s. c.* **1** GRAM. oración (subordinada o principal). **2** DER. cláusula.

claustrophobia [ˌklɔːstrə'fəubɪə] *s. i.* PSIQ. claustrofobia.

claustrophobic [ˌklɔːstrə'fəubɪk] *adj.* claustrofóbico.

clavichord ['klævɪkɔːd] *s. c.* MÚS. clavicordio.

claw [klɔː] *s. c.* **1** garra, zarpa (en animales); uña (de gato); tenaza (en marisco). ● *v. t.* **2** arañar; hincar las garras en. ◆ **3 to** ~ **at,** echar zarpazos a. **4 to** ~ **back,** (brit.) recuperar (especialmente el gobierno dinero de los ciudadanos previamente concedido por él). **5 to** ~ **one's way,** abrirse camino con dificultad. **6 to get one's claws into,** (fam.) atacar con furor a (especialmente por parte de mujeres).

clay [kleɪ] *s. i.* **1** arcilla. ◆ **2** ~ **pigeon shooting,** tiro al plato. **3 to have feet of** ~**,** tener pies de barro.

clean [kliːn] *adj.* **1** limpio, aseado. **2** FÍS. limpio, sin radiactividad, descontaminado. **3** en blanco (papel). **4** limpio (reputación, fama, etc.). **5** en limpio (no en borrador). **6** limpio (juego). **7** limpio (aire, agua, etc.). **8** radical, completo, total (cambio vital o parecido): *a clean break = un cambio radical.* **9** limpia, honesta (vida). **10** limpio, nítido (sonido). **11** de formas elegantes: *an aeroplane with clean lines = un avión con líneas de formas elegantes.* **12** REL. limpio, puro (especialmente en el Judaísmo la comida y los objetos). **13** grácil, hábil (movimiento). **14** limpio, fino (en la acción): *a clean cut = un corte limpio.* ● *adv.* **15** (fam.) completamente, totalmente, por completo: *I'm sorry, I'd clean forgotten = perdona, lo había olvidado por completo.* **16** limpiamente: *the bullet went clean through the armour = la bala traspasó limpiamente el blindaje.* ● *v. t.* **17** limpiar, asear. **18** limpiar, pelar (comida). ● *v. i.* **19** hacer la limpieza (en una casa). ● *s. sing.* **20** (**a** ~) una buena limpieza. ◆ **21 a** ~ **bill of health,** ⇒ **bill. 22 as** ~ **as a whistle,** más limpio que una patena. **23** ~ **as a new pin,** (fam.) limpio como los chorros del oro. **24 to** ~ **down,** limpiar de arriba a abajo (casa, estancia, etc.). **25 to** ~ **out, a)** (fam.) dejar limpio (robando). **b)** vaciar (para limpiar). **26 to** ~ **up, a)** limpiarse bien, lavarse bien (normalmente después de estar muy sucio). **b)** dejar bien limpio, dar una buena limpieza (a un lugar). **c)** (fam.) ponerse las botas, sacar una buena tajada (de dinero). **d)** limpiar, hacer una buena batida en (llevándose a los malhechores de un sitio). **27 to** ~ **up after someone,** limpiar lo que otro ensucia. **28 to come** ~**,** (fam.) desembuchar, cantar todo lo que se sabe, confesar todo. **29 to make a** ~ **sweep,** ⇒ **sweep.**

clean-cut [ˌkliːnkʌt] *adj.* **1** limpio, pulcro, aseado (aplicado a personas). **2** perfectamente definido, perfectamente delimitado: *a world of clean-cut choices = un mundo de elecciones perfectamente definidas.* **3** nítido (una línea, punto, letra, etc.).

cleaner ['kliːnə] *s. c.* **1** limpiador, limpiadora, empleado de limpieza. **2** aspiradora. **3** quitamanchas; producto de limpieza. **4** tintorero. ◆ **5 to take somebody to the cleaner's,** (fam.) **a)** dar un rapapolvo a alguien de aúpa. **b)** dejar a alguien sin un duro, dejar a alguien pelado. **6 the** ~**/the cleaner's,** la tintorería, la tienda de limpieza en seco.

cleaning ['kliːnɪŋ] *s. i.* **1** limpieza, aseo. ◆ **2** ~ **woman/lady,** mujer o señora de la limpieza, limpiadora.

cleanliness ['klenlɪnɪs] *s. i.* limpieza.

cleanly ['klenlɪ] *adj.* **1** pulcro, limpio, aseado (persona). ● ['kliːnlɪ] *adv.* **2** limpiamente, con gran suavidad (acción).

cleanse [klenz] *v. t.* **1** MED. limpiar, desinfectar (herida). **2** (**to** ~ + *o.* + {**from /of**}) (form.) limpiar (de) (en un sentido espiritual, o no físico).

cleanser ['klenzər] *s. c.* e *i.* crema limpiadora (especialmente de la piel).

clean-shaven [ˌkliːn'ʃeɪvn] *adj.* bien afeitado, sin barba alguna.

cleanup ['kliːnʌp] *s. sing.* limpieza total, eliminación completa de suciedad.

clear [klɪər] *adj.* **1** claro, diáfano (de comprensión). **2** claro, límpido (luz). **3** claro (de ver u oír). **4** evidente, claro, obvio: *it's clear she's angry = es evidente* o *está claro que está muy enfadada.* **5** transparente (cualquier material). **6** lúcido, claro (pensamiento). **7** claro (luz o color). **8** libre, despejado, sin tráfico (carretera, camino, etc.). **9** libre de culpa, tranquila (conciencia). **10** claro, limpio (ojos, mirada, etc.). **11** neto (interés, beneficio, etc.). **12** limpia, clara, sin manchas (piel). **13** libre, sin compromisos (agenda, día, etc.). ● *adv.* **14** con toda claridad (sonidos y acciones): *the captain could hear the sergeant loud and clear = el capitán oía al sargento con toda claridad.* ● *adj.* y *adv.* **15** (~ **of**) sin tocar: *the aeroplane climbed clear of the trees = el avión se elevó sin tocar los árboles.* ● *v. t.* **16** quitar, despejar, limpiar: *clear the table = quita la mesa.* **17** desbloquear, destapar, dejar libre (conducto, carretera, espacio, etc.). **18** dar el visto bueno a, aprobar (método, proyecto, documento, persona para un trabajo, etc.). **19** salvar, superar (un obstáculo, especialmente en un acontecimiento deportivo). **20** despejar (la cabeza). **21** sacar en limpio, embolsarse (cantidades de dinero). **22** sacar adelante (tareas). **23** permitir el despegue a (avión);

permitir la salida a (de alguien o de un vehículo). **24** declarar inocente, absolver. • *v. i.* **25** despejarse, volver a una expresión normal (la cara, después de una emoción fuerte). **26** quitar de en medio las cosas. **27** aclarar, hacer transparente, limpiar (un líquido). **28** aclarar, limpiar (la piel). **29** FIN. aceptar (el valor de un cheque). **30** aclarar, despejar (tiempo atmosférico). ◆ **31 to be ~,** estar seguro, estar convencido; entender, comprender: *I am not clear about the whole thing = no entiendo toda la cuestión.* **32 ~ as a bell,** de un sonido diáfano. **33 ~ as day,** más claro que el sol, más claro que el agua. **34 ~ as mud,** nada claro, más bien turbio. **35 to ~ away,** quitar las cosas de en medio, guardar las cosas (después de utilizarlas). **36 to ~ off,** (brit.) (fam.) irse a freir espárragos, irse a la porra. **37 to ~ one's throat,** aclarar la garganta, aclarar la voz, carraspear. **38 to ~ out, a)** vaciar, limpiar, hacer limpieza (tirando lo innecesario). **b)** (fam.) marcharse, largarse. **c)** tirar (lo innecesario). **39 to ~ the air,** ⇒ **air. 40 to ~ the decks,** ⇒ **deck. 41 to ~ up, a)** aclarar, solucionar (malentendido, problema, etc.). **b)** dejar las cosas en su sitio, dejar todo colocado. **c)** mejorar (un problema de salud o de tiempo atmosférico): *his dry cough is clearing up = su tos seca está mejorando.* **42 to get something ~,** aclarar algo. **43 in the ~,** (fam.) libre de sospecha, limpio. **44 is that ~?,** ¿entendido?, ¿me explico? (demostrando autoridad). **45 to make oneself ~/to make it ~,** explicarse con toda claridad, dejar las cosas claras. **46 to stay/steer ~ (of),** mantenerse alejado (de). **47 the coast is ~,** ⇒ **coast.**

clearance ['klɪərəns] *s. c.* e *i.* **1** despeje (en general); derribo (de casas); tala (de bosque): *slum clearance = derribo de chabolas.* • *s. i.* **2** permiso oficial, visto bueno (para entrar o salir de un país, aeropuerto, lugar, etc., o para emprender alguna acción oficial). • *s. c.* **3** DEP. despeje (de peligro de gol). ◆ **4 ~ sale,** liquidación de existencias, liquidación total, venta a precios de saldo (normalmente porque la tienda va a cerrar).

clear-cut [ˌklɪə'kʌt] *adj.* clarísimo, meridiano, obvio (a la inteligencia).

clear-headed [ˌklɪə'hedɪd] *adj.* sereno, lúcido.

clear-headedly [ˌklɪə'hedɪdlɪ] *adv.* serenamente, con lucidez.

clear-headedness [ˌklɪə'hedɪdnɪs] *s. i.* serenidad, lucidez.

clearing ['klɪərɪŋ] *s. c.* **1** claro (en un bosque o similar). ◆ **2 ~ bank,** (brit.) FIN. banco en contacto con la cámara de compensación. **3 ~ house, a)** FIN. cámara de compensación. **b)** centro de distribución (especialmente de información a escala nacional). **4 ~ up,** arreglo total, limpieza total.

clearly ['klɪəlɪ] *adv.* **1** claramente, diáfanamente (para la comprensión). **2** evidentemente, obviamente, con toda claridad. **3** claramente, nítidamente (en cuanto a la vista o al oído). **4** lúcidamente, con claridad: *think clearly = piensa con lucidez.* **5** claramente, sin ninguna ambigüedad.

clearness ['klɪənɪs] *s. i.* **1** claridad (de visión o sonido). **2** claridad, lucidez (de pensamiento).

clear-out ['klɪəraut] *s. sing.* (brit.) (fam.) limpieza total, arreglo total.

clear-sighted [ˌklɪə'saɪtɪd] *adj.* clarividente, perspicaz.

clear-sightedness [ˌklɪə'saɪtɪdnɪs] *s. i.* clarividencia, perspicacia, penetración (de pensamiento).

clearway ['klɪəweɪ] *s. c.* (brit.) autovía, vía rápida (donde no se puede parar y sin categoría de autopista).

cleavage ['kli:vɪdʒ] *s. c.* e *i.* **1** escote (espacio entre los senos de una mujer). • *s. c.* **2** (~ {**between**}) división, desunión, separación (entre personas u objetos).

cleave [kli:v] (*pret.* **cleaved** o **clove,** *p.p.* **cleaved, cloven** o **cleft**) *v. t.* **1** (form. o lit.) hendir, partir, dividir. **2** unir, pegar, adherir (una cosa a otra). • *v. i.* **3** (**to ~ in**) partirse en, dividirse en. **4** (**to ~ to**) adherirse a, pegarse a. **5** (**to ~ to**) (desp.) no separarse de, no alejarse de (un enfoque, idea, hábito mental, etc.).

cleaver ['kli:vər] *s. c.* cuchillo de carnicero.

clef [klef] *s. c.* MÚS. clave.

cleft [kleft] *p.p.* **1** de **cleave.** • *s. c.* **2** (lit.) hendidura, grieta (en la roca o suelo). ◆ **3 ~ chin,** mentón hendido, mentón partido. **4 ~ palate,** ANAT. fisura del paladar. **5 in a ~ stick,** (brit.) (fam.) en un brete, en una situación difícil, en un apuro.

clematis ['klemətɪs, ‖ klə'meɪtɪs] *s. i.* BOT. clemátide.

clemency ['klemənsɪ] *s. i.* (form.) clemencia (en el tiempo atmosférico o en una persona).

clench [klentʃ] *v. t.* **1** agarrar con fuerza, apretar con fuerza (algo en la mano). **2** apretar rabiosamente, apretar violentamente (los puños, dientes, etc.). ◆ **3 clenched fist,** puño cerrado.

clergy ['klə:dʒɪ] *s. sing.* (+ *v. sing./pl.*) REL. clérigos, el clero.

clergyman ['klə:dʒɪmən] (*pl.* **clergymen**) *s. c.* REL. clérigo; ministro (de cualquier religión).

clergymen ['klə:dʒɪmən] *pl.* de **clergyman.**

cleric ['klerɪk] *s. c.* REL. clérigo, eclesiástico.

clerical ['klerɪkl] *adj.* **1** REL. clerical, religioso, eclesiástico (referido a los clérigos). **2** de oficina, administrativo.

clerk [klɑ:k ‖ klɜ:rk] *s. c.* **1** administrativo, oficinista; escribiente. **2** (EE UU) recepcionista. **3** (EE UU) dependiente.

clever ['klevər] *adj.* **1** listo, despierto, inteligente. **2** hábil, diestro (en alguna actividad). **3** ingenioso (invención, mecanismo, libro, etc.). **4** avispado, listillo (con cierto tono peyorativo). ◆ **5 ~ Dick,** (fam. y desp.) sabelotodo. **6 to be too ~ by half,** (brit., desp. y fam.) pasarse de listo.

cleverly ['klevəlɪ] *adv.* **1** inteligentemente. **2** hábilmente, diestramente. **3** ingeniosamente. **4** avispadamente.

cleverness ['klevənɪs] *s. i.* **1** inteligencia. **2** habilidad, destreza. **3** ingenio. **4** astucia (algo peyorativa).

cliché ['kli:ʃeɪ ‖ kli:'ʃeɪ] (también **cliche**) *s. c.* (desp.) cliché, tópico, lugar común.

click [klɪk] *v. i.* **1** hacer "clic". **2** (fam.) caer en la cuenta: *at last I clicked = al fin caí en la cuenta.* **3** (fam.) caerse bien (dos personas al conocerse). • *v. t.* **4** chasquear, chascar (dedos); hacer un ruido seco con, hacer un ruido como un "clic" con. • *s. c.* **5** chasquido, "clic", ruido seco. ◆ **6 to ~ one's heels,** ⇒ **heel.**

client ['klaɪənt] *s. c.* **1** cliente. ◆ **2 client/server,** cliente/servidor.

clientele [ˌkli:ən'tel] *s. sing.* (+ *v. sing. /pl.*) clientela.

cliff [klɪf] *s. c.* GEOL. despeñadero, precipicio (en la montaña); acantilado (junto al mar).

cliff-hanger ['klɪfhæŋgər] *s. c.* (fam.) momento crucial, momento emocionante (en cualquier situación).

climactic [klaɪ'mæktɪk] *adj.* culminante, decisivo (momento).

climate ['klaɪmɪt] *s. c.* e *i.* **1** clima. **2** (fig.) clima, ambiente (en un lugar, país, grupo, etc.). ◆ **3 ~ change,** cambio climático.

climatic [klaɪ'mætɪk] *adj.* climático (del clima).

climax ['klaɪmæks] *s. i.* **1** culminación, punto culminante, cumbre; LIT. clímax. **2** orgasmo, clímax. • *v. i.* **3** (form.) culminar, llegar a un punto culminante.

climb [klaɪm] *v. t.* e *i.* **1** trepar, escalar. • *v. i.* **2** (**to ~ +** *prep.*) subirse: *they climbed into the waiting van = se subieron a la furgoneta que les esperaba.* **3** subir, trepar, ascender (en el mundo social). **4** incrementarse, ascender de valor (económicamente). • *s. c.* **5** escalada, subida. **6** elevación (monte). **7** ascenso, subida (social). ◆ **8 to ~ down,** desdecirse, volverse atrás. **9 to ~ on the bandwagon,** ⇒ **bandwagon.**

climb-down ['klaɪmdaun] *s. c.* cambio de opinión, cambio de punto de vista (admitiendo la del contrario).

climber ['klaɪmər] *s. c.* **1** DEP. montañero, escalador, alpinista, (Am.) andinista. **2** BOT. planta trepadora. **3** trepador (cualquier animal o persona): *my son is a good climber = mi hijo es un buen trepador.*

climbing ['klaɪmɪŋ] *s. i.* DEP. montañismo, escalada, alpinismo, (Am.) andinismo.

climbing-frame ['klaɪmɪŋfreɪm] *s. c.* estructura de barras para que trepen los niños.

clime [klaɪm] *s. c.* (lit. o p.u.) clima.
clinch [klɪntʃ] *v. t.* llegar a, alcanzar finalmente (acuerdo); hacer con (título, torneo).
clincher ['klɪntʃər] *s. c.* argumento decisivo.
clinching ['klɪntʃɪŋ] *adj.* decisivo (para llegar a un acuerdo).
cling [klɪŋ] (*pret.* y *p.p. irreg.* **clung**) *v. i.* **1** (**to ~ to**) adherirse a, pegarse a. **2** (**to ~ to**) (desp.) no dejar ni a sol ni a sombra a (una persona); aferrarse a (una tradición, modo de comportarse, etc.).
clinging ['klɪŋɪŋ] *adj.* **1** ceñida, estrecha (ropa). **2** mimoso, que no deja a alguien ni a sol ni a sombra (especialmente un niño). ◆ **3 ~ vine,** (fam.) pesada, lapa.
clinic ['klɪnɪk] *s. c.* **1** clínica, centro médico. **2** clínica, período de enseñanza práctica (en especialidades médicas). **3** clínico, facultativo.
clinical ['klɪnɪkl] *adj.* **1** MED. clínico (no teórico), hospitalario. **2** (desp.) aséptico, frío, desapasionado. **3** monacal, desnudo (habitación, estancia, etc.). ◆ **4 ~ thermometer,** termómetro clínico.
clinically ['klɪnɪklɪ] *adv.* **1** clínicamente. **2** (desp.) asépticamente, desapasionadamente, fríamente. **3** monacalmente, desnudamente.
clink [klɪŋk] *v. i.* **1** tintinear (típico en cristal, loza y metal). ● *s. c.* **2** tintineo. ● *s. sing.* **3** (**the ~**) (brit.) (fam.) la cárcel, el trullo, la trena.
clinker ['klɪŋkər] *s. i.* escoria.
clip [klɪp] (*ger.* **clipping,** *pret.* y *p.p.* **clipped**) *v. t.* **1** recortar, cortar un trozo de, pegar un tijeretazo a. **2** golpear (de refilón). **3** picar (un billete). **4** sujetar con un "clip". **5** reducir un poquito, recortar. **6** omitir (letras o palabras al hablar). ● *v. i.* **7** (**to ~ {onto/to}**) sujetarse (a). ● *s. c.* **8** "clip", sujetapapeles. **9** tijeretazo, recorte. **10** golpe, cachete. **11** MEC. pinza. **12** MIL. cargador. **13** avance, fragmento (de película). ◆ **14 at a ~/at a fast ~,** a toda pastilla, a todo meter. **15 ~ joint,** (fam.) cabaret carísimo. **16 to ~ someone's wings,** cortar las alas a alguien, no dar libertad a alguien.
clipboard ['klɪpbɔːd] *s. c.* tablilla de apoyo (para escribir).
clip-clop ['klɪpklɒp] *s. sing.* sonido de los cascos (de caballos).
clip-on ['klɪpɒn] *adj.* de quita y pon: *clip-on earrings = pendientes de quita y pon.*
clipped [klɪpt] *adj.* **1** bien cortado, bien arreglado (pelo). **2** escueto (manera de hablar).
clipper ['klɪpər] *s. c.* MAR. clíper (barco veloz).
clippers ['klɪpəz] *s. pl.* **1** maquinilla para cortar el pelo. **2** cortaúñas.
clipping ['klɪpɪŋ] *s. c.* **1** recorte (de periódico). **2** (normalmente *pl.*) trozo cortado (de uñas, pelo, etc.).
clique [kliːk] *s. c.* (*v. sing./pl.*) (desp.) camarilla.
cliquey ['kliːkɪ] *adj.* (desp.) exclusivista.
clitoris ['klɪtərɪs] *s. c.* ANAT. clítoris.
cloak [kləuk] *s. c.* **1** capa; manto (prenda de vestir). **2** (fig.) manto (de nieve, abrojo o cualquier objeto); pretexto, excusa: *under a cloak of secrecy = rodeado de un halo de misterio.* ● *v. t.* **3** cubrir, esconder, ocultar, disimular.
cloak-and-dagger [ˌkləukən'dægər] *adj.* de capa y espada; de aventuras (con elementos de secretos e intriga).
cloakroom ['kləukrum] *s. c.* **1** guardarropa. **2** (euf.) servicios, lavabo, baño.
clobber ['klɒbər] (fam.) *v. t.* **1** atizar, pegar, sacudir. **2** (fig.) dar una buena tunda, pegar duro (en deporte, política, discusiones, etc.). ● *s. i.* **3** bártulos, (ropa e instrumental).
cloche [klɒʃ] *s. c.* **1** sombrero en forma de campana. **2** protección de tiestos (en forma de campana y de plástico o cristal).
clock [klɒk] *s. c.* **1** reloj (no portátil). **2** cronómetro. **3** reloj para fichar. ● *s. sing.* **4** cuentakilómetros. ● *v. t.* **5** cronometrar, tomar el tiempo de (un coche, atleta, etc.). **6** (brit.) (fam.) atizar, soltar un sopapo. ◆ **7 against the ~,** contra reloj. **8 around /round the ~,** sin parar, veinticuatro horas seguidas. **9 by the ~/according to the ~,** según la hora exacta. **10 to ~ in/on,** fichar a la entrada (del trabajo). **11 to ~ in (at),** quedar registrado (con) (un peso, medida, etc.). **12 to ~ off/out,** fichar a la salida (del trabajo). **13 to ~ up,** acumular, llegar hasta (una cantidad normalmente grande de algo). **14 to keep one's eyes on the ~/to watch the ~,** (fam.) estar pendiente del reloj, estar pendiente de la hora (para dejar de trabajar). **15 to put the ~ forward, a)** adelantar la hora. **b)** (fig.) transportarse al futuro, imaginar el futuro. **16 to put/turn the ~ back,** (desp.) retroceder en el tiempo, revertir a estilos pasados. **17 to set the ~ back,** retrasar la hora. **18 twenty-four hour ~,** modo numérico de expresar la hora en un ciclo de 24 horas (típico de los horarios de transportes): *at 20.00 = a las veinte horas (a las ocho de la tarde).*
clockwise ['klɒkwaɪz] *adj.* y *adv.* en el sentido de las agujas del reloj.
clockwork ['klɒkwɜːk] *adj.* **1** mecánico, de cuerda. ● *s. i.* **2** mecanismo de relojería. ◆ **3 like ~,** como un reloj, sin tardanza ni problemas.
clod [klɒd] *s. c.* **1** (lit. o p.u.) terrón. **2** (fam.) zoquete, estúpido.
clog [klɒg] (*ger.* **clogging,** *pret.* y *p.p.* **clogged**) *v. t.* **1** atascar, obstruir, atorar. ● *s. c.* **2** (normalmente *pl.*) zueco. ◆ **3 to ~ up (with),** atascar (con), obstruir (con).
clogged [klɒgd] *adj.* atascado, obstruido, atorado.
cloister ['klɔɪstər] *s. c.* **1** ARQ. claustro. **2** convento, monasterio. ● *s. sing.* **3** (fig.) vida monacal. ● *v. pron.* **4** (form.) enclaustrarse.
cloistered ['klɔɪstəd] *adj.* de ermitaño, monacal, retirada (vida).
clone [kləun] *s. c.* **1** BIOQ. clon. ● *v. t.* **2** BIOQ. clonar, hacer una copia clónica de (un animal o planta).
cloning ['kləunɪŋ] *s. i.* BIOQ. clonación, manipulación clónica.
clonk ['klɒŋk] (fam.) *v. i.* **1** hacer un ruido fuerte y seco. ● *s. c.* **2** ruido fuerte y seco.
close [kləuz] *v. t.* e *i.* **1** cerrar(se) (puerta, ventana, tienda, fábrica, etc.). **2** cerrar(se), acabar(se), concluir(se) (período de trabajo). **3** cerrar(se) (una herida). ● *v. t.* **4** cerrar el paso de, bloquear, cerrar. **5** cerrar, concluir, dar por terminado (un caso, discusión, conversación, etc.). **6** FIN. liquidar, cerrar (cuenta). **7** acortar, disminuir (una distancia, separación, etc.). ● *v. i.* **8** (**to ~ {on}**) acercarse, ganar terreno (a). **9** FIN. terminar, cerrar (un valor bursátil). ● *s. sing.* **10** (**the ~ {of}**) (form.) la terminación, el final, la conclusión; el cierre (de alguna actividad o período). ● [kləus] *adj.* **11** (**~ {to}**) cerca (de); cercano, a cercana, junto (a). **12** (**~ {to}**) (fig.) a punto, al borde (de) (un ataque, lágrimas, un acuerdo, etc.). **13** (**~ to**) cercano a, rayano en (en ideas, creencias, sentimientos, etc.): *a look close to admiration = una mirada cercana a la admiración.* **14** (**~ {to}**) (fig.) unido (a): *I feel very close to him = me siento muy unido a él.* **15** íntimo (amigo); cercano (pariente); confidencial (consejero). **16** cuidadoso, minucioso, detenido (inspección, mirada, etc.). **17** ajustado, reñido (resultado de una votación o de una competición deportiva). **18** callado, reservado (que no quiere hablar). **19** apretado (letra). **20** (brit.) densa, cargada (atmósfera). **21** continuo, ininterrumpido (contacto, relación, etc.). ● *adv.* **22** cerca: *they stood close = permanecieron de pie cerca.* ● *s. c.* **23** callejón (normalmente en barrios residenciales). ◆ **24 a ~ eye/watch (on),** una vigilancia estricta (sobre). **25 it was a ~ shave/thing/call,** (fam.) nos salvamos por los pelos. **26 at ~ range/quarters,** de cerca, a quemarropa. **27 to bring something closer to home,** ⇒ **home. 28 to come to a ~/to draw to a ~,** tocar a su fin, terminar, finalizar. **29 to ~ a deal,** cerrar un trato. **30 ~ by/~ at hand/~ to hand,** a mano, muy cerca. **31 to ~ down, a)** TV. cerrar la emisión. **b)** cerrar por completo, liquidar (negocio). **32 to ~ in,** acortarse (los días). **33 to ~ in (on/upon),** acercarse a, echarse encima de (con cierta idea de ataque). **34 to ~ off,** clausurar (parte de un edificio o similar); cerrar al tráfico (una carretera). **35 to ~ one's eyes to something,** ⇒ **eye. 36 to ~ ranks,** ⇒ **rank. 37 ~ season,** veda (de caza y pesca). **38 to ~ the door on something,** ⇒ **door. 39 ~ to/on,** cerca de, aproximadamente, casi (con una cantidad). **40 ~ to the bone,** ⇒ **bone. 41 to ~ up, a)** apretarse, correrse (para dejar sitio). **b)** cerrar bien (un lugar

porque se va a faltar de él un tiempo). **42** ~ **up/to,** de cerca, muy de cerca, a dos dedos de distancia. **43 that was** ~**,** casi me doy, casi me la pego. **44 the closest thing (to),** lo más parecido (a) (para objetos y personas).

close-cropped [ˌkləʊs'krɒpt] *adj.* rapado (pelo).

closed [kləʊzd] *adj.* **1** cerrado (un objeto). **2** cerrado (negocio, tienda, etc.). **3** cerrado, exclusivista (persona). ◆ **4 a** ~ **book,** (fig.) un misterio. **5 behind** ~ **doors,** en secreto, a puerta cerrada. **6** ~ **circuit,** ELEC. circuito cerrado. **7 closed-circuit television,** TV. televisión de circuito cerrado. **8** ~ **season,** (EE UU) veda. **9** ~ **shop,** lugar de trabajo de sindicación obligatoria a un mismo sindicato. **10 to have a** ~ **mind,** ⇒ **mind.**

closedown ['kləʊzdaʊn] *s. c.* e *i.* TV. cierre de emisión.

close-fitting [ˌkləʊs'fɪtɪŋ] *adj.* ajustado, ceñido (ropa).

close-knit [ˌkləʊs'nɪt] *adj.* muy unido, muy integrado, muy homogéneo (grupo de personas con las mismas creencias, ideas, etc.).

closely ['kləʊslɪ] *adv.* **1** apretadamente, densamente (alrededor). **2** atentamente, con mucho cuidado (mirar o escuchar). **3** estrechamente (relacionado). **4** estrechamente (manera de trabajar o cooperar con otros). **5** mucho (parerse, asemejarse). **6** apretadamente (letra escrita).

closeness ['kləʊsnɪs] *s. i.* **1** intimidad (entre amigos). **2** cercanía, proximidad.

close-run [ˌkləʊs'rʌn] *adj.* reñido (competición, elección, etc.).

close-set [ˌkləʊs'set] *adj.* muy juntos (ojos).

closet ['klɒzɪt] *s. c.* **1** retrete, servicio. **2** (p.u.) cámara, gabinete. **3** (EE UU) armario. ● *adj.* **4** secreto: *a closet revolutionary = un revolucionario secreto.* ● *v. pron.* **5** encerrarse, esconderse (con la puerta cerrada por alguna actividad). ◆ **6 to come out of the** ~**,** salir a la luz pública, descubrirse, destaparse (una persona con algún vergonzoso secreto).

closeted ['klɒzɪtɪd] *adj.* encerrado, cerrado a cal y canto: *I was closeted in my study for hours until I finished the book = estuve encerrado a cal y canto en mi estudio durante horas hasta que terminé el libro.*

close-up ['kleʊsʌp] *s. c.* FOT. primer plano.

closing ['kləʊsɪŋ] *adj.* **1** final, de cierre: *closing date = fecha tope.* ◆ **2 closing-down sale,** liquidación por cierre (de negocio). **3** ~ **time,** hora de cerrar, hora de cierre (en un establecimiento público).

closure ['kləʊʒə] *s. c.* e *i.* **1** cierre (de un negocio). ● *s. c.* **2** bloqueo, cierre, obstrucción (de carreteras, canales, etc.). **3** POL. cierre (de un debate en el Parlamento). **4** cierre (de una bolsa u objeto parecido).

clot [klɒt] (*ger.* **clotting,** *pret.* y *p.p.* **clotted**) *v. t.* **1** coagular, solidificar (sangre u otro líquido). ● *v. i.* **2** coagularse, solidificarse.● *s. c.* **3** coágulo (de sangre o similar). **4** (brit.) (fam. y hum.) bobo, simplón, lelo. ◆ **5 clotted cream,** (brit.) GAST. nata espesa (típica del Sur de Inglaterra).

cloth [klɒθ ‖ klɔːθ] (*pl.* **cloths** [klɒθs ‖ klɔːθs]) *s. i.* **1** tela. ● *s. c.* **2** trapo, paño (para limpiar, por ejemplo). ● *s. sing.* **3 (the** ~**)** (fig.) REL. la sotana; el clero. ◆ **4** ~ **cap,** (brit.) gorra de paño. **5 to cut one's coat according to one's** ~**,** ⇒ **coat.**

clothe [kləʊð] *v. t.* **1** vestir (con ropa). **2** recubrir, cubrir.

clothed [kləʊðd] *adj.* **1** (~ **{in}**) vestido (de/con) (por ropa). **2** (~ **{in}**) cubierto, recubierto (de) (cualquier otra cosa).

clothes [kləʊðz] *s. pl.* ropa, vestimenta, indumentaria.

clothes-basket ['kləʊðzbɑːskɪt] *s. c.* canasta de la ropa.

clothes-horse ['kləʊðzhɔːs] *s. c.* **1** tendedero plegable. **2** (desp.) presumido, con la ropa (especialmente mujeres).

clothes-line ['kləʊðzlaɪn] *s. c.* cuerda de tender, cuerda del tendedero.

clothes-peg ['kləʊðzpeg] (en EE UU **clothes-pin**) *s. c.* pinza (para tender ropa).

clothes-pin ['kləʊðzpɪn] *s. c.* ⇒ **clothes-peg.**

clothing ['kləʊðɪŋ] *s. i.* **1** ropa, ropaje. ● *adj.* **2** textil, de tejidos (industria, sector).

cloud [klaʊd] *s. c.* e *i.* **1** nube (atmosférica). ● *s. c.* **2** nube (de humo, polvo, etc.). **3** (fig.) nube (de insectos o pájaros). ● *v. t.* **4** nublar, enturbiar, oscurecer (la visión). **5** empañar(se) (cristal). **6** oscurecer (el planteamiento de un asunto); ofuscar, obnubilar (la inteligencia, la mente, etc.). **7** enturbiar, empañar (situación); estropear (vida). ◆ **8 to** ~ **over, a)** nublarse, llenarse de nubes, encapotarse (el cielo). **b)** ensombrecerse, nublarse (la expresión facial). **9 to have one's head in the clouds,** (desp. y fam.) estar en las nubes. **10 on** ~ **nine,** (fam.) como unas pascuas (de felicidad). **11 under a** ~**,** (fam.) bajo sospecha.

cloudburst ['klaʊdbɜːst] *s. c.* chaparrón, aguacero.

cloud-cuckoo-land [klaʊd'kukuːlænd] *s. c.* **in** ~**,** (fam. y desp.) en la inopia, en otro mundo.

cloudiness ['klaʊdɪnɪs] *s. i.* nubosidad.

cloudless ['klaʊdlɪs] *adj.* despejado, sin nubes, sin una sola nube.

cloudy ['klaʊdɪ] *adj.* **1** nuboso, nublado, encapotado (cielo). **2** turbio (líquido). **3** confuso (pensamiento, ideas, etc.).

clout [klaʊt] (fam.) *v. t.* **1** atizar, pegar, sacudir. ● *s. c.* **2** sopapo, tortazo (fuerte). ● *s. i.* **3** influencia, poder, fuerza (sindical, política, social, etc.).

clove [kləʊv] *pret.irreg.* **1** de **cleave.** ● *s. c.* **2** (~ **{of}**) diente (de ajo). **3** BOT. clavo.

cloven ['kləʊvn] *p.p.irreg.* **1** de **cleave.** ◆ **2** ~ **hoof,** pezuña hendida, pezuña partida en dos (típica de cabras, vacas, etc.).

clover ['kləʊvər] *s. c.* **1** BOT. trébol. ◆ **2 in** ~**,** (fam.) a cuerpo de rey, en la abundancia (vivir).

clown [klaʊn] *s. c.* **1** payaso. **2** (fig.) payaso, bufón; bromista. **3** (desp.) idiota, patán. ● *v. i.* **4** hacer el payaso, hacer el bufón. ◆ **5 to** ~ **around,** hacer el payaso, ir por ahí haciendo el payaso. **6 to make a** ~ **of oneself,** hacer el ridículo.

clownish ['klaʊnɪʃ] *adj.* de payaso, bufonesco.

cloying ['klɔɪɪŋ] *adj.* empalagoso (demasiado dulce).

cloyingly [klɔɪɪŋlɪ] *adv.* empalagosamente.

club [klʌb] (*ger.* **clubbing,** *pret.* y *p.p.* **clubbing**) *v. t.* **1** golpear, dar bastonazos, golpear con un objeto contundente. ● *s. c.* **2** asociación; peña; club. **3** porra, bastón, garrote. **4** DEP. palo de golf. ● *s. pl.* **5** bastos. ◆ **6 to** ~ **together (for/to),** (brit.) juntar dinero (para). **7 golf** ~**,** DEP. palo de golf.

clubhouse ['klʌbhaʊs] *s. c.* sede del club.

cluck [klʌk] *v. i.* **1** cloquear (gallina). **2** (fig.) chasquear la lengua (en tono desaprobatorio). ● *s. c.* **3** chasquido desaprobatorio (con la lengua o labios).

clue [kluː] *s. c.* **1** (~ **{to}**) pista, indicio (para la solución de algo). **2** definición (de los crucigramas). ◆ **3 not to have a** ~**,** no tener la menor idea, no tener ni idea.

clued-up ['kluːdʌp] *adj.* (fam.) muy puesto, al tanto; bien informado.

clueless ['kluːlɪs] *adj.* (fam. y desp.) sin la menor idea, en la higuera.

clump [klʌmp] *s. c.* **1** masa, grupo, conjunto (de árboles o similar). **2** trozo de tierra, terrón. **3** pisada, patadón (fuerte en el suelo). ◆ **4 to** ~ **around/about,** ir dando fuertes pisadas. **5 to** ~ **down,** caer(se) pesadamente, caer haciendo un ruido fuerte. **6 to** ~ **together,** agruparse, estar juntas (personas o cosas).

clumsily ['klʌmzɪlɪ] *adv.* **1** torpemente, desmañadamente. **2** toscamente, chapuceramente (hecho). **3** desatinadamente, torpemente (dicho o hecho por parte de una persona).

clumsiness ['klʌmzɪnɪs] *s. i.* **1** torpeza, falta de maña. **2** tosquedad (de un objeto). **3** torpeza, falta de tino (verbal o en los actos).

clumsy ['klʌmzɪ] *adj.* **1** torpe, desmañado. **2** tosco, chapucero (objeto). **3** desatinado, torpe (comentario o acción).

clung [klʌŋ] *pret.* y *p.p. irreg.* de **cling.**

clunk [klʌŋk] *s. c.* **1** golpe apagado, sonido apagado metálico. ● *v. i.* **2** hacer un ruido apagado metálico.

cluster ['klʌstər] *s. c.* **1** hato, racimo; grupo, montón (de personas o cosas). • *v. i.* **2** apiñarse, arremolinarse, agruparse (personas o cosas).

clutch [klʌtʃ] *v. t.* **1** agarrar con fuerza, sujetar con fuerza. • *s. c.* **2** apretón; agarrón (acto de agarrar). **3** MEC. embrague. **4** BIOL. nidada (de ave). **5** sucesión, serie (de cosas). • *s. pl.* **6** garras, poder: *in the enemy's clutches = en poder del enemigo.* ◆ **7 to ~ at, a)** agarrarse con fuerza a, sujetarse con fuerza a. **b)** echar mano de (una excusa, explicación, etc.). **8 to ~ at straws,** ⇒ **straw. 9 ~ bag,** bolso sin asas.

clutter ['klʌtər] *s. i.* **1** desorden, desbarajuste (de objetos, especialmente innecesarios). • *v. t.* **2** (**to ~** + *o.* + {**with**}) abarrotar, amontonar. ◆ **3 to ~ up,** llenar de cosas innecesarias, atestar.

cluttered ['klʌtəd] *adj.* atestado, abarrotado (sin orden).

coach [kəutʃ] *s. c.* **1** (brit.) autobús, autocar. **2** DEP. entrenador. **3** profesor particular, tutor particular. **4** (brit.) vagón (de tren). **5** carruaje. • *v. t.* **6** DEP. entrenar. **7** dar clases particulares. ◆ **8 by ~,** en autocar, en autobús. **9 ~ park,** cochera. **10 ~ station,** estación de autobuses.

coach-and-fours ['kəutʃənfɔːz] *s. c.* carruaje de cuatro caballos.

coachload ['kəutʃləud] *s. c.* autobús lleno de pasajeros, autobús lleno.

coachman ['kəutʃmən] (*pl.* **coachmen**) *s. c.* cochero (en carruaje).

coachmen ['kəutʃmən] *pl.* de **coachman.**

coadjutant [kəu'ædʒətənt] *s. c.* asistente.

coagulate [kəu'ægjuleɪt] *v. t.* **1** coagular. • *v. i.* **2** coagularse.

coagulation [kəuˌægju'leɪʃn] *s. i.* coagulación.

coal [kəul] *s. i.* **1** carbón. • *s. c.* **2** trozo de carbón. ◆ **3 ~ gas,** QUÍM. gas de hulla. **4 ~ oil,** (EE UU) parafina. **5 ~ tar,** QUÍM. alquitrán mineral. **6 to haul/drag someone over the coals,** (fam.) dar una regañina de aúpa a alguien, reprender con gran severidad a alguien. **7 to take/carry coals to Newcastle,** echar agua en el mar, vendimiar y llevar uvas de postre.

coal-black ['kəulblæk] *adj.* negro como el carbón, negro como el azabache.

coalesce [ˌkəuə'les] *v. i.* (form.) fundirse, unirse (dos cosas).

coalescence [ˌkəuə'lesns] *s. i.* (form.) fusión, unión.

coalface ['kəulfeɪs] *s. c.* MIN. frente de extracción del carbón.

coalfield ['kəulfiːld] *s. c.* MIN. yacimiento de carbón.

coalition [ˌkəuə'lɪʃn] *s. c.* **1** POL. coalición (de gobierno). **2** alianza, liga.

coalman ['kəulmən] (*pl.* **coalmen**) *s. c.* carbonero.

coalmen ['kəulmən] *pl.* de **coalman.**

coalminer ['kəulmaɪnər] *s. c.* minero (del carbón).

coal-scuttle ['kəulskʌtl] *s. c.* cubo de carbón.

coarse [kɔːs] *adj.* **1** áspero, basto (al tacto). **2** vulgar, basto, ordinario, grosero (persona). **3** corriente, ordinario (comida o bebida). ◆ **4 ~ fishing,** DEP. pesca de agua dulce (excluyendo salmón y trucha).

coarsely ['kɔːslɪ] *adv.* **1** toscamente, groseramente, vulgarmente, rudamente. **2** toscamente (hecho, tejido, etc.).

coarsen ['kɔːsn] *v. t.* **1** hacer tosco, hacer ordinario. • *v. i.* **2** hacer tosco, hacer ordinario.

coarseness ['kɔːsnɪs] *s. i.* **1** aspereza (al tacto). **2** grosería, vulgaridad, ordinariez (de una persona). **3** poca calidad (de comida o bebida).

coast [kəust] *s. c.* **1** costa, litoral. • *v. i.* **2** ir en punto muerto (vehículo). **3** (fam.) hacer las cosas sin esfuerzo. ◆ **4 to ~ along,** (fam.) marchar sin esfuerzo, funcionar con facilidad (en la vida). **5 from ~ to ~,** de costa a costa. **6 off the ~,** alejado de la costa un poco, justo apartado de la costa. **7 the ~ is clear,** no hay moros en la costa.

coastal [kəustəl] *adj.* costero.

coaster ['kəustər] *s. c.* **1** posavasos. **2** MAR. barco de cabotaje.

coastguard ['kəustgɑːd] *s. c.* **1** guardacostas. • *s. sing.* **2 the ~,** la guardia costera, el servicio de guardacostas.

coastline ['kəustlaɪn] *s. c.* litoral, línea de la costa.

coat [kəut] *s. c.* **1** abrigo, chaquetón, (Am.) saco. **2** chaqueta. **3** piel, pelaje (de un animal). **4** (~ {**of**}) capa (de pintura o similar). • *v. t.* **5 to ~** + *o* + (**with**) poner una capa en, cubrir, revestir (de) ◆ **6 ~ of arms,** escudo de armas. **7 ~ of mail,** cota de malla. **8 to cut one's ~ according to one's cloth,** adaptarse a las posibilidades reales de uno (económicas, sociales, etc.).

coat-hanger ['kəuthæŋgər] *s. c.* percha.

coating ['kəutɪŋ] *s. c.* baño, capa fina.

coattails ['kəutteɪlz] *s. pl.* **1** faldones, faldillas (de un frac). ◆ **2 to ride on someone's/something's ~,** (fam.) subirse al carro de algo o alguien.

co-author [kəu'ɔːθər] *s. c.* coautor.

coax [kəuks] *v. t.* **1** (**to ~** + *o.* + *inf.*) inducir, instar, intentar persuadir. ◆ **2 to ~ somebody into doing something,** convencer a alguien para que haga algo. **3 to ~ something out of somebody,** sonsacarle algo a alguien.

coaxial [kəu'æksɪəl] *adj.* coaxial.

coaxing ['kəuksɪŋ] *adj.* **1** halagador. • *s. c.* **2** manejo suave (de una máquina o similar).

cob [kɒb] *s. c.* (brit.) hogaza de pan (redonda).

cobalt ['kəubɔːlt] *s. i.* **1** QUÍM. cobalto. • *adj.* **2** azul cobalto.

cobber ['kɒbər] *s. c.* (fam.) tío, macho (en Australia).

cobble ['kɒbl] *s. c.* **1** adoquín. ◆ **2 to ~ together,** (fam. y desp.) sacar a trancas y barrancas, parir malamente (un documento, un acuerdo, un proyecto, etc.).

cobbled ['kɒbld] *adj.* adoquinado, empedrado (calle).

cobbler ['kɒblər] *s. c.* **1** (p.u.) zapatero remendón. ◆ **2 cobblers,** (brit.) (fam.) chorradas, estupideces, memeces.

cobblestone ['kɒblstəun] *s. c.* adoquín (calle).

cobra ['kəubrə] *s. c.* ZOOL. cobra.

cobweb ['kɒbweb] *s. c.* e *i.* **1** telaraña. ◆ **2 to blow the cobwebs away/to clear away the cobwebs,** despejar la mente.

cobwebbed ['kɒbwebd] *adj.* cubierto de telarañas.

cocaine [kə'keɪn] *s. i.* QUÍM. cocaína.

coccyx ['kɒksɪks] *s. c.* ANAT. coxis.

cock [kɒk] *s. c.* **1** gallo. **2** pájaro macho (de cualquier especie). **3** (vulg.) picha, polla. **4** (fam.) tío, macho. **5** espita, llave. • *s. i.* **6** (vulg.) gilipolleces. • *v. t.* **7** levantar, enderezar, dirigir (parte del cuerpo). **8** montar (arma). ◆ **9 to ~ an ear,** pegar o aguzar el oído. **10 to ~ up,** (fam.) estropear, fastidiar. **11 to keep one's ears/eyes cocked,** mantener la mirada/el oído vigilante, mantenerse alerta (visual y auditivamente). **12 the ~ of the walk,** (desp.) el chulo del barrio, el gallito del barrio, el jefe del cotarro.

cock-a-hoop [ˌkɒkə'huːp] *adj.* **1** (~ {**about**}) (fam.) encantado, contentísimo (con). ◆ **2 to be ~ about,** estar como unas castañuelas; estar contentísimo.

cockatoo [ˌkɒkə'tuː] *s. c.* ZOOL. cacatúa.

cockcrow ['kɒkkrəu] (lit.) *s. i.* **1** canto del gallo. ◆ **2 at ~,** al amanecer, con el canto del gallo.

cocked [kɒkt] *adj.* **1** montado (arma). ◆ **2 ~ hat,** sombrero de tres picos (en algunos uniformes militares). **3 to knock/beat into a ~ hat,** dar cien o mil vueltas a, dar quince y raya.

cockerel ['kɒkrəl] *s. c.* gallito, gallo joven.

cocker ['kɒkər] (también **cocker spaniel**) *s. c.* ZOOL. cocker.

cockeyed ['kɒkaɪd] *adj.* **1** bizco (de ojos). **2** sesgado, torcido. **3** demencial (plan, proyecto, etc.).

cockfight ['kɒkfaɪt] *s. c.* pelea de gallos.

cockily ['kɒkɪlɪ] *adv.* (fam.) petulantemente, con chulería.

cockiness ['kɒkɪnɪs] *s. i.* (fam.) petulancia, chulería.

cockle ['kɒkl] *s. c.* **1** berberecho. ◆ **2 to warm the cockles of one's heart,** dar gran satisfacción a uno, dar una gran alegría a uno.

cockleshell ['kɒklʃel] *s. c.* **1** concha de berberecho. **2** bote ligero.

cockney ['kɒknɪ] *s. c.* **1** londinense (especialmente del Este de Londres). • *s. i.* **2** cockney, dialecto popular del este de Londres.

cockpit ['kɒkpɪt] *s. c.* **1** AER. cabina del piloto, carlinga. **2** asiento del conductor (en coche de carreras). **3** palestra (lugar donde se dirimen diferencias).

cockroach ['kɒkrəutʃ] *s. c.* ZOOL. cucaracha.
cockscomb ['kɒkskəum] *s. c.* cresta (de gallo).
cocksure [kɒk'ʃɔː] *adj.* (desp.) engreído, arrogante.
cocktail ['kɒkteɪl] *s. c.* **1** cóctel. **2** GAST. cóctel (de mariscos u otras variedades). **3** (fig.) combinación, mezcla, cóctel (de cosas). ● *adj.* **4** de fiesta (ropa, traje, vestido, etc.). ◆ **5** ~ **party,** cóctel (reunión).
cock-up ['kɒkʌp] *s. c.* (fam.) estropicio, follón.
cocky ['kɒkɪ] *adj.* (fam.) petulante, chuleta.
cocoa ['kəukəu] *s. i.* **1** cacao; chocolate. ● *s. c.* **2** taza de cacao; taza de chocolate. ● *adj.* **3** color cacao.
coconut ['kəukənʌt] *s. c.* **1** BOT. coco. ● *s. i.* **2** coco, fruta de coco. ◆ **3** ~ **matting,** estera de cocotero. **4** ~ **palm,** BOT. cocotero. **5** ~ **shy,** tiro al coco (en barraca de feria).
cocoon [kə'kuːn] *s. c.* **1** capullo (de gusano de seda). **2** (~ {**of**}) (fig.) protección (física o espiritual). ● *v. t.* **3** (**to** ~ + *o.* + {**in**}) proteger (con).
cocooned [kə'kuːnd] *adj.* aislado, escondido.
cod [kɒd] (*pl.* **cod**) *s. c.* e *i.* **1** ZOOL. bacalao, abadejo (pez). ◆ **2** ~ **liver oil,** aceite de hígado de bacalao.
coda ['kəudə] *s. c.* **1** MÚS. coda (de una canción). **2** LIT. epílogo (de un libro).
coddle ['kɒdl] *v. t.* **1** GAST. cocer en agua a fuego lento. **2** mimar, consentir.
code [kəud] *s. c.* **1** código, conjunto de principios. **2** código, clave (secreta). **3** código postal. **4** código numérico, código simbólico (de cualquier clase: telefónico, de comunicación, etc.). ● *v. t.* **5** codificar, cifrar, componer en clave. **6** (fig.) expresar crípticamente (una opinión). ● ~ **of conduct,** código de conducta; código deontológico (de profesión). **8** ~ **of practice,** código deontológico (en una determinada profesión). **9 in** ~, cifrado, codificado, con un código secreto.
code-book ['kəudbuk] *s. c.* libro con clave del código secreto.
codeine ['kəudiːn] *s. i.* QUÍM. codeína.
code-name ['kəudneɪm] *s. c.* nombre secreto, nombre en clave (de una operación militar, policial, etc.).
code-named ['kəudneɪmd] *adj.* con el nombre secreto de.
code-word ['kəudwəːd] *s. c.* contraseña, palabra en clave.
codex ['kəudeks] (*pl.* **codices**) *s. c.* HIST. códice.
codger ['kɒdʒər] *s. c.* (fam.) vejete; viejo excéntrico; (desp.) carcamal.
codices ['kəudɪsiːz] *pl.* de **codex.**
codicil ['kəudɪsɪl ‖ 'kaːdəsl] *s. c.* DER. codicilo.
codification [ˌkəudɪfɪ'keɪʃn ‖ ˌkɒdɪfɪ'keɪʃn] *s. i.* codificación (datos, lenguaje).
codify ['kəudɪfaɪ ‖ 'kɒdifaɪ] *v. t.* codificar.
codswallop ['kɒdzwæləp] *s. i.* (brit.) (fam.) chorradas.
co-ed [ˌkəu'ed] *adj.* mixta (escuela).
co-education [ˌkəuedʒu'keɪʃn] *s. i.* educación mixta.
co-educational [ˌkəuedʒu'keɪʃənl] *adj.* mixta (educación).
coefficient [ˌkəuɪ'fiʃnt] *s. c.* MAT. coeficiente.
coerce [kəu'əːs] *v. t.* (**to** ~ + *o.* + {**into**}) (form.) coaccionar, ejercer, hacer coacción sobre (para).
coercion [kəu'əːʃn ‖ kəu'ɜːʒn] *s. i.* coacción, coerción.
coercive [kəu'əːsɪv] *adj.* coercitivo.
coexist [ˌkəuɪg'zɪst] *v. i.* (**to** ~ {**with**}) coexistir (con).
coexistence [ˌkəuɪg'zɪstəns] *s. i.* coexistencia.
coffee ['kɒfɪ ‖ 'kɔːfɪ] *s. c.* e *i.* **1** café. ● *s. i.* **2** BOT. café (planta). ● *adj.* **3** color café. ◆ **4** ~ **bean,** grano de café. **5** ~ **grinder,** molinillo de café. **6** ~ **shop,** (EE UU) cafetería. **7** ~ **tree,** BOT. árbol del café.
coffee-bar ['kɒfɪbaːr] *s. c.* (brit.) cafetería.
coffee-break ['kɒfɪbreɪk] *s. c.* pausa para tomar un café, descanso para el café (en casa o en el trabajo).
coffee-cup ['kɒfɪkʌp] *s. c.* taza de café.
coffee-house ['kɒfɪhaus] *s. c.* HIST. café (típico del siglo XVIII en Londres).
coffee-mill ['kɒfɪmɪl] *s. c.* molinillo de café.
coffee-morning ['kɒfɪmɔːnɪŋ] *s. c.* reunión social donde se toma café (normalmente para recaudar fondos para organizaciones caritativas).
coffeepot ['kɒfɪpɒt] *s. c.* cafetera.
coffee-table ['kɒfɪteɪbl] *s. c.* **1** mesita de café. ◆ **2** ~ **book,** libro grande (normalmente con grabados atrayentes) que se coloca en la mesita del café.
coffer ['kɒfər] *s. c.* **1** cofre (donde se guardan joyas). ● *s. pl.* **2** fondos, tesorería, arcas (de una organización o similar).
coffered ['kɒfəd] *adj.* artesonado.
coffin ['kɒfɪn] *s. c.* **1** ataúd. ◆ **2 a nail in somebody's/something's** ~, (fig.) un clavo en el ataúd de alguien/algo.
cog [kɒg] *s. c.* **1** MEC. diente (de una rueda). ◆ **2 a** ~ **in the machine /wheel,** (fam.) una pieza del mecanismo; una parte pequeña en entramado.
cog-wheel ['kɒgwiːl] *s. c.* MEC. rueda dentada.
cogency ['kəudʒənsɪ] *s. i.* (form.) fuerza, contundencia, solidez (de un argumento).
cogent ['kəudʒənt] *adj.* (form.) convincente, contundente.
cogently ['kəudʒəntlɪ] *adv.* (form.) convincentemente, contundentemente (en sus argumentos).
cogitate ['kɒdʒɪteɪt] *v. i.* (**to** ~ {**about**}) (form.) reflexionar (sobre).
cogitation [ˌkɒdʒɪ'teɪʃn] *s. i.* (form.) reflexión.
cognac ['kɒnjæk] *s. c.* e *i.* coñac.
cognate ['kɒgneɪt] *adj.* FILOL. afín, relacionado (idiomas o palabras).
cognisance *s.i* .⇒ **cognizance.**
cognisant *adj.* ⇒ **cognizant.**
cognition [kɒg'nɪʃn] *s. i.* PSIC. cognición, proceso de conocimiento.
cognitive ['kɒgnɪtɪv] *adj.* PSIC. cognitivo.
cognizance ['kɒgnɪzəns] (también **cognisance**) *s. i.* **1** (~ {**of**}) (form.) conocimiento, conciencia. ◆ **2 to take** ~ **of,** darse cuenta de, ser consciente de.
cognizant ['kɒgnɪzənt] (también **cognisant**) *adj.* (~ **of**) (form.) consciente de, sabedor de.
cognoscenti [ˌkɒnjə'ʃentɪ] *s. pl.* (form.) expertos, conocedores (de cualquier tema).
cohabit [kəu'hæbɪt] *v. i.* (**to** ~ {**with**}) (form.) cohabitar (con) (hombre y mujer).
cohabitation [ˌkəuhæbɪ'teɪʃn] *s. i.* (~ {**with**}) (form.) cohabitación (con) (entre un hombre y una mujer).
cohere [kəu'hɪər] *v. i.* (form.) **1** tener coherencia, tener sentido, tener lógica. **2** pegarse, adherirse (físicamente).
coherence [ˌkəu'hɪərəns] *s. i.* **1** coherencia, lógica. **2** unión, solidez (de un grupo).
coherent [ˌkəu'hɪərənt] *adj.* **1** coherente, lógico. **2** armonioso, (un edificio, por ejemplo). **3** unido, consistente (grupo).
coherently [ˌkəu'hɪərəntlɪ] *adv.* **1** coherentemente, lógicamente. **2** armoniosamente (la manera de construir algo o actividad parecida).
cohesion [kəu'hiːʒn] *s. i.* cohesión, armonía, unidad (en un grupo).
cohesive [kəu'hiːsɪv] *adj.* armonioso, unido.
cohesively [kəu'hiːsɪvlɪ] *adv.* armoniosamente.
cohesiveness [kəu'hiːsɪvnɪs] *s. i.* armonía, unidad.
cohort ['kəuhɔːt] *s. c.* **1** HIST. cohorte (unidad militar romana). **2** (fig.) cohorte, legión; colectivo, grupo. **3** acólito, seguidor.
coiffure [kwaː'fjuar] *s. c.* (form.) peinado, estilo de peinado.
coil [kɔɪl] *s. c.* **1** rollo (de cuerda, alambre, etc.). **2** vuelta, rosca, bucle. **3** rizo (del pelo). **4** ELEC. bobina, carrete. **5** anillo (de serpiente). **6** MED. DIU, dispositivo intrauterino. ● *v. i.* **7** (**to** ~ {**around**}) enroscarse, enrollarse (alrededor de). **8** moverse en espiral (humo); enroscarse (serpiente, etc.). ● *v. t.* **9** enroscar, enrollar. ◆ **10 to** ~ **up,** enrollar totalmente, enrollar bien (una cuerda, manguera, etc.).
coiled [kɔɪld] *adj.* enroscado, enrollado.
coin [kɔɪn] *s. c.* **1** moneda. ● *s. i.* **2** metálico, moneda, dinero en moneda. ● *v. t.* **3** acuñar (moneda). **4** (fig.) acuñar (palabras, frases, etc.). ◆ **5 to** ~ **a phrase,** (hum.) como se suele decir (cuando se acaba de utilizar un

tópico). **6 ~ box,** (brit.) cabina telefónica (que funciona con monedas). **7 to ~ money/it,** (fam.) hacerse de oro, ganar dinero a espuertas. **8 to pay someone back in their own ~,** pagar a alguien con la misma moneda. **9 the other side of the ~,** el otro lado de la moneda; el otro aspecto del problema. **10 two sides of the same ~,** las dos caras de una misma moneda; los dos lados de un mismo tema.

coinage ['kɔɪnɪdʒ] *s. i.* **1** sistema monetario, moneda (de un país). **2** acuñación (de palabras). • *s. c.* **3** palabra de nuevo cuño.

coincide [,kəuɪn'saɪd] *v. i.* **1** (**to** ~ {**with**}) coincidir (con) (en el tiempo). **2** (**to** ~ {**with**}) coincidir, estar de acuerdo (con) (en opinión). **3** (**to** ~ {**with**}) coincidir (con) (en el espacio).

coincidence [kəu'ɪnsɪdəns] *s. c.* e *i.* **1** coincidencia, casualidad. • *s. sing.* **2** (**the** ~ **of**) (form.) la coincidencia de, la identidad de.

coincident [kəu'ɪnsɪdənt] *adj.* **1** coincidente (en el epacio, en el tiempo). **2** (~ {**with**}) (form.) coincidente (en la opinión).

coincidental [kəu,ɪnsɪ'dentl] *adj.* **1** fortuito, casual, accidental. **2** ⇒ **coincident.**

coincidentally [kəu,ɪnsɪ'dentəlɪ] *adv.* fortuitamente, casualmente, accidentalmente.

coir [kɔɪə] *s. i.* fibra de corteza de coco (para cuerdas).

coitus [kəuɪtəs] *s. i.* (form.) coito.

coke [kəuk] *s. i.* **1** MIN. cok, coque. **2** (fam.) coca (cocaína). ◆ **3 Coke,** (fam.) Coca-Cola (marca registrada).

cola ['kəulə] *s. c.* **1** BOT. cola. • *s. i.* **2** cola (bebida).

colander ['kʌləndər] *s. c.* colador, escurridor (objeto de la cocina).

cold [kəuld] *adj.* **1** frío. **2** frío (en el cuerpo): *I'm cold = tengo frío/estoy helado.* **3** (desp.) frío, indiferente, insensible (persona). **4** frío (comida específicamente hecha para comer así). **5** frío (color). **6** débil, imperceptible (rastro, pista, etc.). **7** frío (de lo que se debe acertar): *no, you are cold = no, frío, frío.* • *s. i.* **8** frío (tiempo). • *adv.* **9** en frío, sin preparación: *don't do that cold = no hagas eso sin preparación.* • *s. c.* **10** resfriado, constipado. ◆ **11 to blow hot and ~,** ⇒ **hot.** ◆ **12 ~ calling,** visita no concertada, visita en frío. **13 to catch a ~,** coger un resfriado, coger un constipado. **14 ~ chisel,** cortafrío. **15 ~ cream,** crema para la piel, crema de belleza (para mujeres). **16 ~ cuts,** (EE UU) fiambres. **17 ~ fish,** (fam.) tipo frío, tipo indiferente. **18 ~ frame,** vivero pequeño (para plantas). **19 ~ front,** frente frío (en meteorología). **20 ~ snap,** ola de frío repentina. **21 ~ sore,** MED. pupa, calentura. **22 ~ storage,** almacenaje refrigerado. **23 ~ store,** almacén de refrigeración. **24 ~ sweat,** sudor frío. **25 ~ turkey,** (EE UU) (fam.) mono (cuando se deja de tomar droga). **26 ~ war,** POL. guerra fría. **27 to have/get ~ feet,** (fam.) amedrentarse, asustarse ante algo. **28 in ~ blood,** ⇒ **blood. 29 to leave somebody ~,** dejar a alguien frío, no provocar ninguna emoción en alguien. **30 left out in the ~/to find oneself out in the ~,** marginado/verse marginado (por un grupo). **31 to make one's blood run ~,** ⇒ **blood. 3 2 out ~,** inconsciente, sin sentido (especialmente por haber sido golpeado). **33 to put into ~ storage,** aparcar, abandonar temporalmente (una idea, plan, proyecto, etc.). **34 to throw/pour ~ water on something,** ⇒ **water. 35 with ~,** de frío, por el frío: *I'm shivering with cold = estoy tiritando de frío.*

cold-blooded [,kəuld'blʌdɪd] *adj.* **1** BIOL. de sangre fría (reptiles). **2** cruel, desalmado, despiadado (persona); a sangre fría (asesinato).

cold-bloodedly [,kəuld'blʌdɪdlɪ] *adv.* a sangre fría, despiadadamente.

cold-hearted ['kəuld'hɑːtid] *adj.* insensible, frío de corazón.

coldly ['kəuldlɪ] *adv.* (desp.) fríamente, insensiblemente, indiferentemente (actitud alejada de personas).

coldness ['kəuldnɪs] *s. i.* **1** frío, frialdad (del tiempo). **2** (desp.) frialdad, indiferencia, insensibilidad.

cold-shoulder [,kəuld'ʃəuldər] *v. t.* dar la espalda a, dar de lado a.

coleslaw ['kəulslɔː] *s. i.* GAST. ensalada fría de col picada con mayonesa.

colic ['kɒlɪk] *s. i.* MED. cólico.

colicky ['kɒlɪkɪ] *adj.* aquejado de cólico.

colitis [kɒ'laɪtɪs] *s. i.* MED. colitis.

collaborate [kə'læbəreɪt] *v. i.* **1** (**to** ~ {**with/in**}) colaborar (con/en). **2** (**to** ~ {**with**}) (desp.) cooperar, colaborar con (el enemigo).

collaboration [kə,læbə'reɪʃn] *s. i.* **1** colaboración, cooperación. ◆ **2 in ~ (with),** en colaboración (con), en cooperación (con), en conjunción (con).

collaborative [kə'læbərətɪv] *adj.* (form.) conjunto, de colaboación, colectivo (trabajo, obra de arte, etc.).

collaboratively [kə'læbərətɪvlɪ] *adv.* (form.) conjuntamente, en colaboración.

collaborator [kə'læbəreɪtər] *s. c.* **1** colaborador. **2** (desp.) colaboracionista (con el enemigo).

collage ['kɒlɑːʒ ‖ kə'lɑːʒ] *s. i.* **1** ART. collage (técnica). • *s. c.* **2** ART. collage (cuadro). **3** (~ {**of**}) (fig.) mezcla, collage (de) (diversas cosas).

collapse [kə'læps] *v. i.* **1** derrumbarse, venirse abajo, desplomarse (edificios, puentes, etc.). **2** hundirse hacia dentro, arrugarse, deformarse: *the balloon collapsed = el globo se arrugó.* **3** desmoronarse, hundirse, venirse abajo (institución, sistema, tradición, etc.). **4** caer rendido, derrumbarse por falta de fuerzas. **5** caer inconsciente, sufrir un colapso. **6** tirarse, desplomarse (movimiento físico causado por agotamiento): *they collapsed on the beds = se desplomaron sobre las camas.* **7** derrumbarse, desmoronarse, desplomarse (moneda, economía, etc.). **8** plegarse (silla o similar). • *v. t.* **9** hacer más corto, comprimir (un escrito). **10** plegar (un objeto plegable). • *s. i.* **11** derrumbamiento, desplome, desmoronamiento (de un edificio o similar). **12** agotamiento, postración. • *s. c.* e *i.* **13** desintegración, fracaso, hundimiento (de una institución o similar). **14** desmayo, pérdida de conocimiento, colapso.

collapsible [kə'læpsɪbl] *adj.* plegable (objeto).

collar ['kɒlər] *s. c.* **1** cuello (de prenda de vestir). **2** collar (de animal). **3** MEC. anillo, aro. • *s. i.* **4** pescuezo (como carne para consumir). • *v. t.* **5** agarrar, capturar, coger, atrapar. **6** no dejar ir, agarrar (a alguien para hablar con él). ◆ **7 to get hot under the ~ (about),** (fam.) sulfurarse (por), indignarse (por).

collarbone ['kɒləbəun] *s. c.* ANAT. clavícula.

collate [kə'leɪt] *v. t.* cotejar, confrontar, comparar.

collateral [kɒ'lætərəl] (form.) *adj.* **1** colateral, paralelo. **2** colateral (pariente). • *s. i.* **3** garantía subsidiaria, garantía prendaria.

collation [kə'leɪʃn] *s. c.* e *i.* **1** cotejo, comparación. • *s. c.* **2** (form.) colación, refrigerio (comida ligera).

colleague ['kɒliːg] *s. c.* colega, compañero (en un trabajo o especialidad profesional o científica).

collect [kə'lekt] *v. t.* **1** coleccionar. **2** juntar, reunir, hacer acopio de: *collect the glasses for later = reúne los vasos para más tarde.* **3** recoger, ir por (personas o cosas): *today I'll collect the children = hoy recogeré yo a los niños.* **4** recoger, recaudar; cobrar (dinero): *in Ireland you collect your pension at the post office = en Irlanda cobras la pensión en correos.* **5** acumular (polvo, suciedad, etc.). **6** atraer (luz, calor, etc.): *this device collects heat from the sun = este mecanismo atrae el calor del sol.* **7** serenar (pensamientos); recobrar (la calma). • *v. i.* **8** reunirse, congregarse (personas); acumularse (cosas). **9** recoger dinero, ir recogiendo dinero (con fines benéficos, por ejemplo). • *v. pron.* **10** serenarse (mentalmente). • *adj.* y *adv.* **11** (EE UU) a cobro revertido. • ['kɒlekt] *s. c.* **12** REL. colecta (oración). ◆ **13 to ~ up,** recoger bien, recoger completamente (instrumental, pertenencias, etc.).

collected [kə'lektɪd] *adj.* **1** LIT. completas (obras). **2** (form.) sosegado, sereno.

collectedly [kə'lektɪdlɪ] *adj.* (form.) con sosiego, con serenidad.

collecting [kə'lektɪŋ] *s. i.* **1** coleccionismo. • *adj.* **2** para la colecta (dinero): *the collecting box = la caja de recoger dinero.*

collection [kə'lekʃn] *s. c.* **1** colección (de objetos). **2** LIT. recopilación, antología, compilación. **3** MÚS. colección, recopilación. **4** recogida (postal). **5** colección, grupo, reunión (de personas o cosas). **6** REL. colecta, cuestación (de dinero). • *s. c.* e *i.* **7** colecta, recaudación (de impuestos, de dinero destinado a una obra de caridad, etc.). **8** cobro (de deudas). **9** recogida (de cualquier objeto)

collective [kə'lektɪv] *adj.* **1** colectivo, conjunto. **2** colectivo, en cooperativa (granja u otro tipo de negocio). **3** GRAM. colectivo (tipo de sustantivo). • *s. c.* **4** (+ *v. sing./pl.*) cooperativa, grupo colectivo de propiedad. ♦ **5** ~ **bargaining,** negociación colectiva (laboral). **6** ~ **ownership,** propiedad colectiva.

collectively [kə'lektɪvlɪ] *adv.* colectivamente, conjuntamente.

collectivise *v. t.* ⇒ **collectivize.**

collectivism [kə'lektɪvɪzəm] *s. i.* POL. colectivismo.

collectivist [kə'lektɪvɪst] POL. *s. c.* **1** colectivista. • *adj.* **2** colectivista.

collectivize [kə'lektɪvaɪz] (también **collectivise**) *v. t.* colectivizar.

collectivized [kə'lektɪvaɪzd] (también **collectivised**) *adj.* colectivizado.

collectivization [kə,lektɪvaɪ'zeɪʃn || kə,lecktɪvɪ'zeɪʃn] (también **collectivisation**) *s. i.* colectivización.

collector [kə'lektər] *s. c.* **1** coleccionista. **2** cobrador, (de cosas variadas: deudas, alquileres, billetes, etc.); recaudador (de impuestos). ♦ **3 collector's item,** pieza de coleccionista.

colleen ['kɒli:n] *s. c.* chica (en Irlanda).

college ['kɒlɪdʒ] *s. c.* **1** instituto de formación profesional. **2** (brit.) colegio universitario (en Oxford, Cambridge y Londres). **3** (~ **of**) colegio de (profesional): *College of Surgeons = Colegio de Cirujanos.*

collegiate [kə'li:dʒɪət] *adj.* **1** universitario; colegial. ♦ **2** ~ **university,** universidad dividida en colegios (como Oxford, Cambridge y Londres).

collide [kə'laɪd] *v. i.* **1** (**to** ~ {**with**}) chocar, colisionar (con). **2** (**to** ~ {**with**}) (fig.) entrar en conflicto, chocar (con) (grupos con intereses encontrados).

collie ['kɒlɪ] *s. c.* pastor escocés, collie.

colliery ['kɒljərɪ] *s. c.* (brit.) MIN. mina de carbón.

collision [kə'lɪʒn] *s. c.* e *i.* **1** (~ {**between/with**}) colisión, choque (entre /con). **2** (~ {**between/with**}) conflicto, enfrentamiento (entre/con). ♦ **3 to be on a** ~ **course (with), a)** ir camino de chocar (con). **b)** estar a un paso del enfrentamiento (con).

collocate ['kɒləkeɪt] FILOL. *s. c.* **1** colocador lingüístico. • ['kɒləkeɪt] *v. i.* **2** (**to** ~ {**with**}) formar colocación lingüística (con).

collocation [,kɒlə'keɪʃn] *s. i.* FILOL. colocación lingüística.

colloquial [kə'ləukwɪəl] *adj.* FILOL. coloquial, informal, familiar (nivel de lenguaje).

colloquialism [kə'ləukwɪəlɪzəm] *s. c.* FILOL. coloquialismo.

colloquially [kə'ləukwɪəlɪ] *adv.* coloquialmente, informalmente, familiarmente.

colloquia [kə'ləukwɪə] *pl.* de **colloquium.**

colloquium [kə'ləukwɪəm] (*pl.* **colloquia**) *s. c.* (form.) seminario científico (de especialistas).

colloquy ['kɒləkwɪ] *s. c.* e *i.* (form.) coloquio.

collude [kə'lu:d] *v. i.* (**to** ~ {**with**}) estar en connivencia, confabularse (con).

collusion [kə'lu:ʒn] *s. i.* (~ {**with**}) (form.) connivencia, confabulación.

collywobbles ['kɒlɪwɒblz] *s. pl.* **1** nervios. ♦ **2 to have the** ~, (fam.) estar muy nervioso.

cologne [kə'ləun] *s. i.* colonia.

Colombia [kə'lɒmbɪə] *s. sing.* Colombia.

Colombian [kə'lɒmbɪən] *s. c.* **1** colombiano. • *adj.* **2** colombiano.

colon ['kəulən] *s. c.* **1** ANAT. colon. **2** dos puntos (en ortografía).

colonel ['kə:nl] *s. c.* MIL. coronel.

colonial [kə'ləunɪəl] *adj.* **1** colonial. **2** ARQ. colonial. **3** ZOOL. colonial (insectos que viven en colonias). • *s. c.* **4** habitante de las colonias.

colonialism [kə'ləunɪəlɪzəm] *s. i.* POL. colonialismo.

colonialist [kə'ləunɪəlɪst] *s. c.* **1** colonialista. • *adj.* **2** colonialista.

colonist ['kɒlənɪst] *s. c.* colono.

colonization [,kɒlənaɪ'zeɪʃn || ,kɒlənɪ'zeɪʃn] (también **colonisation**) *s. i.* colonización.

colonize ['kɒlənaɪz] (también **colonise**) *v. t.* e *i.* **1** colonizar. **2** ZOOL. colonizar (un lugar por parte de insectos).

colonized ['kɒlənaɪzd] (también **colonised**) *adj.* **1** colonizado. **2** colonizado (por insectos).

colonizing ['kɒlənaɪzɪŋ] (también **colonising**) *adj.* colonizador (país).

colonnade [,kɒlə'neɪd] *s. c.* ARQ. columnata.

colony ['kɒlənɪ] *s. c.* **1** POL. colonia (país). **2** ZOOL. colonia (de insectos). **3** colonia, asentamiento (específico): *leper colony = colonia de leprosos.* ♦ **4 the colonies,** (brit.) HIST. las colonias (de Gran Bretaña).

color *s. c.* e *i.* ⇒ **colour.**

coloration [,kʌlə'reɪʃn] *s. i.* coloración (de algo o algún animal).

coloratura [,kɒlərə'tuərə] MÚS. *s. i.* **1** floreo, estilo floreado de cantar. **2** cantante especializada en floreos (mujer).

colossal [kə'lɒsl] *adj.* colosal, inmenso.

colossally [kə'lɒsəlɪ] *adv.* colosalmente, inmensamente.

colossi [kə'lɒsaɪ] *pl.* de **colossus.**

colossus [kə'lɒsəs] (*pl.* **colossuses** o **colossi**) *s. c.* **1** ART. coloso (estatua). **2** (fam.) coloso, persona de gran estatura (moral, política, etc.).

colour ['kʌlər] (en EE UU **color**) *s. c.* **1** color. **2** color, tinte, colorante. • *s. i.* **3** color, colorido (como efecto general). **4** color (de una persona). **5** color (como consecuencia de salud corporal). **6** color, aspecto, atracción (calidad que hace algo más interesante). • *adj.* **7** en color: *colour television = televisión en color.* • *s. pl.* **8** (fig.) colores, bandera. **9** DEP. colores (de un equipo). • *v. t.* **10** colorear, pintar. **11** influir en, afectar (la forma de pensar). • *v. i.* **12** colorearse. **13** ponerse colorado, enrojecer (la cara). ♦ **14 color line,** (EE UU) línea de prohibición de entrada a personas de color. **15** ~ **fast,** de no destiñe (ropa). **16** ~ **scheme,** combinación de colores (de decoración). **17** ~ **supplement,** (brit.) PER. suplemento en color. **18 to** ~ **up,** ponerse muy colorado, sonrojarse. **19 to have a high** ~, tener los colores demasiado subidos, estar demasiado sofocado (con sentido de falta de salud). **20 in** ~**/in full** ~, en color, a todo color (revista, película, etc.). **21 to nail one's colours to the mast,** expresar claramente la opinión. **22 to see someone in their true colours,** caer en la cuenta del verdadero carácter de alguien. **23 to show one's true colours,** mostrar el verdadero carácter de uno, destaparse. **24 with flying colours,** brillantemente, magníficamente, triunfalmente.

colour-bar ['kʌləbɑ:r] *s. sing.* discriminación racial.

colour-blind ['kʌləblaɪnd] *adj.* daltónico.

colour-blindness ['kʌləblaɪndnɪs] *s. i.* MED. daltonismo.

colour-coded ['kʌləkəudɪd] *adj.* identificado según los colores.

coloured ['kʌləd] (en EE.UU **colored**) *adj.* **1** de distintos colores, de diferentes colores: *all sorts of coloured birds = todo tipo de pájaros de distintos colores.* **2** de color (no blancos). **3** mestizo (en Suráfrica). • *s. c.* **4** negro, persona de color. **5** mestizo (en Suráfrica).

colourful ['kʌləfl] (en EE.UU **colorful**) *adj.* **1** lleno de colorido, con colorido. **2** llamativo, excéntrico (personalidad). **3** atrayente, brillante (historia).

colourfully ['kʌləfəlɪ] (en EE UU **colorfully**) *adv.* con gran cantidad de colores, con mucho colorido.

colouring ['kʌlərɪŋ] (en EE UU **coloring**) *s. i.* **1** coloración, colorido (de algo). **2** QUÍM. colorante. • *s. sing.* **3** color, coloración (de la piel, pelo, ojos, etc.).

colourless ['kʌləlɪs] (en EE UU **colorless**) *adj.* **1** incoloro, sin color. **2** deslucido, aburrido.

colt [kəult] *s. c.* potro.

coltish ['kəultɪʃ] *adj.* retozón, juguetón, lleno de energía.

columbine ['kɒləmbaɪn] *s. c.* BOT. aguileña, pajarilla.

column ['kɒləm] *s. c.* **1** columna; pilar. **2** (~ **of**) columna de (humo o similar). **3** columna (formación en fila). **4** PER. columna (de un periódico). **5** PER. columna (periódica).

columnist ['kɒləmnɪst] *s. c.* PER. columnista.

coma ['kəʊmə] *s. c.* MED. coma.

comatose ['kəʊmətəʊs] *adj.* **1** MED. comatoso. **2** (fam.) catatónica, tirado (por cansancio o bebida).

comb [kəʊm] *s. c.* **1** peine. • *v. t.* **2** peinar. **3** (**to** ~ **+** *o.* **+** {**for**}) peinar, registrar (en busca de) (lugares). • *s. sing.* **4 to give one' hair a** ~**,** peinarse. ◆ **5 to** ~ **out,** desenredar, desenmarañar.

combat ['kɒmbæt] *s. c.* e *i.* **1** combate, lucha, pelea. • *v. t.* **2** luchar contra, combatir contra, pelear contra. ◆ **3** ~ **fatigue,** fatiga de combate.

combatant ['kɒmbətənt] *s. c.* MIL. combatiente.

combative ['kɒmbətɪv] *adj.* combativo, belicoso.

combatively ['kɒmbətɪvlɪ] *adv.* combativamente, belicosamente.

combination [,kɒmbɪ'neɪʃn] *s. i.* **1** combinación. • *s. c.* **2** combinación. **3** combinación, clave (para cerraduras). **4** (brit.) moto con sidecar. • *s. pl.* **5** calzoncillos largos y camiseta de manga larga (todo de una pieza). ◆ **6** ~ **lock,** cerradura de combinación numérica. **7 in** ~ **with,** en combinación con.

combine [kəm'baɪn] *v. t.* **1** combinar, mezclar. **2** unir (dos empresas, dos organizaciones, etc.). **3** combinar (dos cualidades, características, actividades, etc.). • *v. i.* **4** combinarse, mezclarse (sustancias). **5** unirse (dos empresas).• ['kɒmbaɪn] *s. c.* **6** agrupación, asociación. ◆ **7** ~ **harvester,** AGR. cosechadora.

combined [kəm'baɪnd] *adj.* **1** (~ {**with**}) combinado (con): *your knowledge combined with my expertise = tu conocimiento combinado con mi experiencia.* **2** conjunto (operación o similar).

combustible [kəm'bʌstbl] *adj.* (form.) combustible.

combustion [kəm'bʌstʃn] *s. i.* QUÍM. combustión.

come [kʌm] (*pret.irreg.* **came,** *p.p.* **come**) *v. i.* **1** venir (hacia uno): *he came towards me = vino hacia mí.* **2** llegar, arribar: *he came late = llegó tarde.* **3** ir, acercarse (a la persona que le llama o con quien está hablando): *I'm coming = voy.* **4** (**to** ~ **from**) ser de, ser originario de, proceder de (país, ciudad, etc.): *where do you come from? = ¿de dónde eres?* **5** (**to** ~ **to**) ascender a, alcanzar la cantidad de; costar (cantidad): *the meal came to 50 pounds = la comida costó 50 libras.* **6** (**to** ~ **to**) alcanzar, lograr (poder, influencia, etc.). **7** (**to** ~ **into**) aparecer ante (la mirada, ojos, etc.): *the village came into view = el pueblo apareció ante la vista.* **8** ir ocurriendo, ir desarrollándose: *my hate came gradually = mi odio fue desarrollándose poco a poco.* **9** (**to** ~ **+** *inf.*): *how did you come to like her? = ¿cómo te diste cuenta de que te gustaba?* **10** (**to** ~ **+** *ger.*) venir, ir (a una actividad deportiva): *come fishing tomorrow = vente de pesca mañana.* **11** (+ *num.ord.*/expresión temporal) suceder, ocurrir; llegar, ser: *she came first in her class = ella fue la primera de su clase.* **12** (fam.) irse, llegar al orgasmo. **13** (**to** ~ **of**) proceder de, ser de (linaje, familia, etc.). **14** (**to** ~ **before**) presentarse ante, comparecer ante (tribunal comité, etc.). **15** (**to** ~ **to**) llegar a, comenzar a tocar (un tema, un aspecto científico, etc. que se está estudiando). **16** (**to** ~ **in**) venir en, fabricarse en (diferentes tamaños, estilos, colores, etc.): *the shirts come in three sizes only = las camisas únicamente se fabrican en tres tamaños.* **17** (con *suj.* pospuesto) (fam.) (indica tiempo): *come the exams they won't go out = cuando lleguen los exámenes no saldrán.* • *v. t.* **18** (**to** ~ **+** *o.* **+ with**) (fam.) hacerse el... con: *don't come the innocent with me = no te hagas el inocente conmigo.* ◆ **19 as... as they come,** (fam.) más... que hecho de encargo: *those girls were as cheeky as they come = esas chicas eran más descaradas que hechas de encargo.* **20** ~**,** vamos, venga: *come, don't cry = venga, no llores.* **21 to** ~ **about,** surgir: *how did the problem come about = ¿cómo surgió el problema?* **22 to** ~ **across, a)** tropezarse con, encontrarse con, toparse con (algo o alguien inesperadamente). **b)** comunicarse, dar una impresión: *I'm afraid he didn't come across the way he wanted = me temo que no dio la impresión que él quería dar.* **23 to** ~ **across (as),** dar una imagen (de): *she comes across as a lovely person = ella da la imagen de ser una persona estupenda.* **24 to** ~ **across (with),** (p.u. y fam.) dar, soltar (dinero o similar). **25** ~ **again?,** ¿cómo?, ¿qué? (con cierta sorpresa ante lo que se ha escuchado). **26** ~ **along, a)** venga, que no pasa nada, ánimo (ante algo que no gusta). **b)** venga, de prisa, que no tenemos tiempo. **27 to** ~ **along, a)** aparecer inesperadamente, venir sin esperarlo. **b)** desarrollarse, progresar, avanzar (en conocimientos, salud, etc.): *the baby is coming along fine = el bebé está desarrollándose estupendamente.* **28 to** ~ **and go,** ir y venir: *people come and go here = aquí la gente va y viene continuamente.* **29 to** ~ **apart,** destrozarse, hacerse añicos, romperse en pedazos. **30 to** ~ **around, a)** ⇒ **to** ~ **round. b)** (brit.) darse una vuelta por, pasar por (la casa de alguien). **31 to** ~ **at, a)** dirigirse amenazadoramente contra, ir en actitud de ataque contra. **b)** bombardear (ideas, imágenes, etc., a la mente). **32 to** ~ **away (from),** separarse (de), desunirse (de), despegarse (de) (físicamente). **33 to** ~ **away (with),** irse (con), marcharse (con) (una impresión, sentimiento, etc.). **34 to** ~ **back, a)** regresar, volver, retornar. **b)** volverse a poner de moda. **c)** reintroducirse, volver a tener vigencia (una tradición, ley, etc.). **35 to** ~ **back (to), a)** volver (a), echar mano nuevamente (de) (un tema, explicación, idea, etc.). **b)** regresar a la memoria, volver a la mente (recuerdos, imágenes, etc.). **36 to** ~ **between,** meterse en medio de, interponerse entre (amigos, pareja, etc.). **37 to** ~ **by,** ganar, lograr (algo): *money is difficult to come by = el dinero es difícil de ganar.* **38** ~**,** ~**,** venga ya, no digas disparates, de ninguna manera (desacuerdo). **39 to** ~ **down, a)** disminuir, decrecer (una cantidad). **b)** caer, desplomarse. **c)** (brit.) dejar la universidad. **d)** caer (lluvia, nieve, etc.). **40 to** ~ **down in the world,** venir a menos. **41 to** ~ **down (to),** bajar (a) (un lugar más al sur). **42 to** ~ **down (to/from),** pasar (a/de), ser transmitido (a/de) (una tradición, costumbre, historia, etc.). **43 to** ~ **down on,** reprobar (algo); regañar (a alguien). **44 to** ~ **down to,** reducirse básicamente a (una cuestión, problema, etc.). **45 to** ~ **down with,** enfermar de. **46 to** ~ **for, a)** venir a por, venir a buscar (algo o alguien). **b)** ir a por, venir a por, dirigirse amenazadoramente a: *he came for me with clenched fists = fue a por mí con los puños apretados.* **47 to** ~ **forward,** ofrecerse voluntario. **48 to** ~ **forward with,** ofrecer (sugerencias, soluciones, propuestas, etc.): *he hasn't come forward with a single proposal = no ha ofrecido ni una sola propuesta.* **49 to** ~ **from,** proceder de, ser de (un ambiente, familia, etc.). **50 to** ~ **in, a)** llegar (tren, barco, avión, etc.). **b)** MAR. subir (marea). **c)** POL. entrar en funciones; acceder al poder (partido). **d)** llegar (noticias). **e)** aportar un granito de arena (en un plan, proyecto, etc.): *where do I come in? = ¿en qué punto aporto yo mi granito de arena?* **f)** ponerse de moda, pegar fuerte. **g)** abundar (por ser la época de algún producto): *apples haven't come in yet = aún no abundan las manzanas.* **h)** participar en, entrar en (negocios, acuerdos, etc.). **51 to** ~ **in/into,** entrar en, venir dentro. **52 to** ~ **in for,** ser el blanco de (críticas, insultos, etc.). **53 to** ~ **into,** heredar (posesiones). **54 to** ~ **into it,** entrar en ello, hacer o venir al caso: *as far as she is concerned money doesn't come into it = por lo que a ella concierne, el dinero no viene al caso.* **55 to** ~ **into line,** ajustarse a, alinear algo con. **56 to** ~ **into one's own,** empezar a destacar, comenzar a hacer valer los propios méritos. **57 to** ~ **into play,** ⇒ **play. 58 to** ~ **of age,** alcanzar la mayoría de edad, hacerse mayor. **59 to** ~ **off, a)** dejar de tomar, dejar el hábito de (bebida, tabaco, etc.). **b)** separarse, desprenderse (físicamente). **c)** salir bien, resultar un éxito: *the party came off fine = la fiesta resultó un éxito total.* **d)** salir de la cartelera (película, obra de teatro, etc.). **e)** tener lugar, ocurrir, efectuarse (cualquier acontecimiento). **f)** salir, resultar, acabar (bien, mal, regular, etc.). **60 ~ off it!,** (fam.) ¡anda ya!, ¡no me digas! (en desacuerdo). **61 ~ on, a)** venga, vamos, ánimo. **b)** de prisa, vamos ya, no demores. **c)** por favor, venga, no seas así (con queja o enfado). **62 to ~ on, a)** desarrollarse, crecer, progresar (en conocimientos, salud, trabajo, etc.). **b)** empezar (una enfermedad): *I feel the flu coming on = siento que me empieza la gripe.* **c)** aparecer (en película); entrar (en escena). **d)** encontrarse (con algo o alguien, bastante inesperadamente). **e)** encenderse, darse (luz, calefacción, etc.). **63 to ~ one's way,** ⇒ **way. 64 to ~ on to,** volver la atención a, dirigir la atención a (tema, idea, punto de vista, etc.). **65 to ~ out, a)** salir a la luz, revelarse (algo secreto, el resultado de una investigación o similar). **b)** publicarse, ver la luz (libro). **c)** parecer, sonar (una frase dicha). **d)** (brit.) hacer huelga, comenzar una huelga, ponerse en huelga. **e)** salir (sol, estrellas o luna). **f)** FOT. salir. **g)** desaparecer, quitarse, irse (manchas); debilitarse (color). **h)** reconocer su condición (alguien con visos de ocultamiento como, por ejemplo, un homosexual). **i)** salir, resultar, acabar (como final de un proceso): *he came out on top = acabó vencedor.* **66 to ~ out (for/against),** declararse (a favor de/en contra de). **67 to ~ out in,** quedar cubierto de (sudor, granos, etc.). **68 to ~ out of,** salir de, proceder de, originarse en, surgir de: *a lot of good has come out of medical research = de la investigación médica han salido muchas cosas buenas.* **69 to ~ out of oneself/to ~ out of one's shell,** salir de uno mismo, salir del cascarón. **70 to ~ out with,** soltar, salir con. **71 to ~ over, a)** ocurrir, pasar (a alguien, que empieza a comportarse extrañamente): *I don't know what has come over him = no sé qué le pasa.* **b)** venir aquí, acercarse aquí (de un país al país donde se está): *come over for Christmas = venid aquí a pasar la Navidad.* **c)** dejarse caer (por la casa de otra persona). **d)** dar una impresión; resultar (simpático, amable, maleducado, etc.). **e)** transmitirse, comunicarse (una idea, proyecto, etc.): *his ideas didn't come over in the proper way = sus ideas no fueron comunicadas de la manera adecuada.* **f)** (fam.) ponerse (enfermo, tonto, etc.): *she came over nervous at the meeting = se puso nerviosa en la reunión.* **72 to ~ round, a)** recuperar el conocimiento, volver en sí (de un desmayo). **b)** acercarse; pasar por (casa de otro). **c)** llegar, llegar el momento de: *when the next meeting comes round call me = cuando llegue el momento de la próxima reunión llámame.* **73 to ~ round (to), a)** llegar a apreciar (a), tomar cariño (a) (alguien que antes se despreciaba). **b)** dejarse convencer (por) (cambiando la opinión de uno en favor de la del otro). **74 to ~ through, a)** pasar por, sufrir (una situación difícil). **b)** darse a conocer (persona); transmitirse (una sensación). **c)** llegar (documento oficial o similar). **75 to ~ through (with),** producir finalmente, sacar a la luz (algo esperado): *he came through with the play = finalmente sacó a la luz la obra de teatro.* **76 to ~ to,** recobrar el conocimiento, volver en sí (después de un desmayo). **77 to ~ to a head,** ⇒ **head. 78 to ~ to grips with,** ⇒ **grip. 79 to ~ to life,** ⇒ **life. 80 to ~ to light,** salir a la luz. **81 to ~ to mind,** ocurrírsele a alguien. **82 to ~ to pass,** ⇒ **pass. 83 to ~ to terms with,** ⇒ **term. 84 to ~ to the fore,** ⇒ **fore. 85 ~ to think of it/when you ~ to think of it,** bien mirado, si bien se mira, ahora que lo pienso. **86 to ~ under, a)** ser responsabilidad de, ser competencia de. **b)** ser el blanco de, sufrir (críticas, insultos, etc.) **c)** venir en, estar bajo (en una lista, libro o similar). **87 to ~ up, a)** surgir, salir a colación (en una conversación). **b)** surgir inesperadamente (asunto o problema): *I can't see you, something has come up = no podemos quedar, me ha surgido un imprevisto.* **c)** prosperar: *he has come up by himself = él ha prosperado sin ayuda de nadie.* **d)** salir (sol o luna). **e)** nacer, crecer (plantas). **f)** surgir (oportunidad, empleo). **g)** DER. ser presentado (un caso ante un tribunal). **h)** intensificarse, hacerse más fuerte (la luz, el calor, etc.). **88 to ~ up (for),** POL. presentarse (a), presentarse de candidato (a). **89 to ~ up (to),** acercarse (a), aproximarse (a) (en el espacio). **90 to ~ up against,** encontrarse con, toparse con (un problema). **91 to ~ up in the world,** prosperar, mejorar de posición social, subir en el escalafón. **92 to ~ upon, a)** toparse con, encontrarse con (algo o alguien). **b)** dar con (una idea repentina o similar). **93 to ~ up to, a)** acercarse, aproximarse a (una fecha, una hora, etc.). **b)** llegar al nivel de, alcanzar el nivel de (en calidad). **94 to ~ up to scratch,** ⇒ **scratch. 95 to ~ up with, a)** sugerir, proponer (plan o similar). **b)** aportar (dinero). **96 ~ what may,** pase lo que pase, ocurra lo que ocurra. **97 to get what is coming to one,** (fam.) recibir lo que uno se merece. **98 to have it coming to one,** (fam.) estarle bien empleado a uno. **99 to have one's tea/ coffee/etc. as it comes,** tomar el té/café/etc., tal y como viene (de concentrado o suave). **100 how ~?/how ~ ...?,** ¿y eso?/¿cómo es (posible) que...? **101 if it comes to that,** si nos ponemos así: *well, if it comes to that I must say you didn't help me at all = bueno, si nos ponemos así, debo decir que tú no me ayudaste en absoluto.* **102 not to know whether one is coming or going,** estar totalmente desconcertado, no saber si uno va o viene. **103 to ~,** en el futuro (en el tiempo): *for a long time to come = durante mucho tiempo en el futuro.* **104 what is it all coming to?,** ¿qué está ocurriendo en este mundo?, ¿a dónde vamos a ir a parar? **105 when it comes to,** cuando se trata de: *when it comes to helping out, there's nobody like my father = cuando se trata de echar una mano, nadie como mi padre.*

OBS. Este verbo tiene los siguientes matices de difícil explicación: **106** expresa la idea de cambio: *my dreams haven't come true yet = mis sueños no se han hecho realidad todavía; the lid finally came unstuck = la tapadera finalmente se despegó.* **107** con las preposiciones **to** e **into** adquiere el significado de la palabra que le sigue: *the car came to a stop = el coche se paró; before computers came into use = antes de que se empezaran a utilizar los ordenadores.*

comeback ['kʌmbæk] *s. c.* **1** reaparición (de moda o similar). **2** (fam.) respuesta, réplica (a acusación, insulto, etc.). **3** (fam.) manera de recuperar (algo material). ◆ **4 to make/stage a ~,** volver al candelero, volver a la luz pública (un actor, por ejemplo).

comedian [kə'miːdɪən] *s. c.* **1** (p.u.) comediante (profesión). **2** cómico (que cuenta chistes o similar).

comedienne [kəˌmiːdɪ'en] *s. c.* cómica. ⇒ **comedian 2.**

comedown ['kʌmdaun] *s. sing.* (fam.) humillación, salto hacia atrás, bajón (en categoría, estilo, etc.).

comedy ['kɒmɪdɪ] *s. c.* e *i.* **1** ART. comedia. ● *s. i.* **2** comedia, humor.

comeliness ['kʌmlɪnɪs] *s. i.* (p.u.) atracción, belleza (mujeres).

comely ['kʌmlɪ] *adj.* (p.u.) atractiva, bien parecida (especialmente refiriéndose a mujeres).

come-on ['kʌmɒn] *s. c.* **1** (desp.) invitación, grito de ánimo, incitación (a hacer algo negativo). ◆ **2 ~ on!,** vamos! ¡date prisa!.

comer ['kʌmər] *s. c.* **1** (normalmente *pl.*) el que llega, persona que llega: *we don't want any late-comers = no queremos personas que lleguen tarde.* ◆ **2 all comers,** todos los aspirantes, todos los contendientes (normalmente en el deporte).

comet ['kɒmɪt] *s. c.* ASTR. cometa.

come-uppance [kʌm'ʌpəns] *s. sing.* (fam.) castigo merecido, castigo justo: *in the end you'll get your come-uppance = al final recibirás el castigo que mereces.*

comfort ['kʌmfət] *s. i.* **1** comodidad, confort; bienestar. ● *s. c.* e *i.* **2** consuelo, solaz, alivio. ● *s. c.* **3** (normalmente *pl.*) comodidad, detalles de comodidad, cosas agradables (de la vida): *the comforts of modern life* = *las comodidades de la vida moderna.* • *v. t.* **4** consolar, dar consuelo; confortar. ◆ **5 cold** ~, triste consuelo, falso consuelo (que no mejora una situación negativa). **6** ~ **station,** (EE UU) (euf.) servicios públicos, lavabos. **7 creature comforts,** ⇒ **creature. 8 too ... for** ~, demasiado ... como para estar a gusto, demasiado ... como para sentirse cómodo: *this is too strange for comfort = esto es demasiado extraño como para sentirse a gusto.*

comfortable ['kʌmftəbl || 'kʌmfərtəbl] *adj.* **1** cómodo, confortable (físicamente). **2** adecuado, cómodo, holgado (con suficientes ingresos). **3** cómodo, a gusto (sensación personal). **4** bien, con estado de salud satisfactorio (especialmente después de una enfermedad). **5** holgada, suficiente (mayoría de gobierno, de decisión, etc.). **6** fácil, cómodo, sin exigencia (trabajo, tarea, responsabilidad, etc.). **7** con la que es fácil comunicarse, amable (cualidad personal).

comfortably ['kʌmftəblɪ] *adv.* **1** cómodamente, confortablemente. **2** adecuadamente, holgadamente (en los medios materiales de la vida). **3** holgadamente, con un margen suficiente (con mayoría en decisiones políticas, de empresa, asociativas, etc.). **4** fácilmente, cómodamente, sin exigencia alguna (trabajo, tarea, responsabilidad, etc.). ◆ **5** ~ **off,** muy bien económicamente, con ingresos muy adecuados.

comforter ['kʌmfətər] *s. c.* **1** consolador, objeto de consuelo/alivio. **2** (EE UU) colcha. **3** (brit.) chupete. **4** (p.u. y brit.) bufanda de lana.

comforting ['kʌmfətɪŋ] *adj.* consolador, tranquilizador: *comforting words = palabras tranquilizadoras.*

comfortless ['kʌmfətlɪs] *adj.* incómodo, sin comodidad (física).

comfy ['kʌmfɪ] *adj.* (fam.) cómodo, a gusto, confortable.

comic ['kɒmɪk] *adj.* **1** cómico, divertido. • *s. c.* **2** cómico, comediante. **3** (brit.) tebeo, cómic, historieta. ◆ **4** ~ **book,** (EE UU) tebeo, cómic, historieta. **5** ~ **opera,** ART. ópera cómica. **6** ~ **strip,** PER. tira cómica, historieta cómica en viñetas.

comical ['kɒmɪkl] *adj.* gracioso, divertido, cómico.

comically ['kɒmɪklɪ] *adv.* graciosamente, divertidamente, cómicamente.

coming ['kʌmɪŋ] *adj.* **1** venidero, próximo (en el tiempo). ◆ **2** ~ **of age,** mayoría de edad. **3 comings and goings,** (fam.) idas y venidas, ir y venir, ajetreo.

comma ['kɒmə] *s. c.* GRAM. coma (signo de puntuación).

command [kə'mɑːnd || kəmænd] *v. t.* **1** (**to** ~ + *o.* + (*inf.*)) mandar, ordenar, dar instrucciones. **2** merecer, obtener (por prestigio): *to command obedience = merecer obediencia (ser obedecido).* **3** estar en control de, controlar totalmente (los mares, ciertas zonas, etc., especialmente en el sentido militar). **4** MIL. estar al mando de. **5** (fig.) dominar, disfrutar de, tener, ofrecer (una vista, paisaje o similar): *the mountain comands beautiful views of the city = la montaña ofrece unas vistas magníficas de la cuidad.* • *v. i.* **6** dar órdenes, mandar. **7** MIL. ser el comandante en jefe, estar al mando. • *s. c.* e *i.* **8** mandato, orden; mando. • *s. i.* **9** MIL. mando. **10** (~ **of**) control de, dominio de. **11** (~ **of**) conocimiento de, manejo de, destreza en (una ciencia, idioma, etc.). • *s. c.* **12** INF. comando. **13** (+ *v. sing./pl.*) MIL. grupo de oficiales al mando, mando, grupo de mando. **14** (+ *v. sing./pl.*) MIL. grupo de soldados bajo mando. • *s. sing.* **15** vista, panorámica. ◆ **16 at/by one's** ~, a la disposición de uno, bajo el dominio de uno, bajo el control de uno: *he has three platoons at his command = tiene tres pelotones bajo su control.* **17 Command,** MIL. mando, comandancia, grupo (del Ejército de Tierra o Aire). **18** ~ **post,** MIL. puesto de mando. **19 in** ~ **(of),** controlando, en posición de control (sobre), con control (sobre): *he wasn't in command of his faculties = él no tenía control sobre sus facultades.* **20 second/third/etc. in** ~, segundo/tercero/etc., de a bordo, segundo/ tercero/etc., en la cadena del mando (no solamente en el contexto militar).

commandant [,kɒmən'dænt] *s. c.* MIL. comandante, jefe (de una plaza, de un puesto, etc.).

commandeer [,kɒmən'dɪər] *v. t.* **1** MIL. requisar, confiscar. **2** (desp. y fig.) confiscar, apoderarse de, coger (algo de alguien menos poderoso), tomar, apropiarse.

commander [kə'mɑːndər || kə'mændər] *s. c.* **1** MIL. comandante (categoría). **2** capitán de fragata.

commander-in-chief [kə,mɑːndərɪn't-ʃiːf || kə,mændərɪn'tʃiːf] (*pl.* **commanders-in-chief**) *s. c.* MIL. jefe supremo, comandante en jefe.

commanding [kə'mɑːndɪŋ || kə'mændɪŋ] *adj.* **1** dominante (posición física o de influencia). **2** impresionante, autoritario, imponente (voz, gesto, apariencia, etc.). **3** MIL. autorizado. ◆ **4** ~ **officer,** MIL. oficial de mando.

commandingly [kə'mɑːndɪŋlɪ] *adv.* impresionantemente, con autoridad, imponentemente.

commandment [kə'mɑːndmənt || kə'mændmənt] *s. c.* REL. mandamiento.

commando [kə'mɑːndəʊ || kə'mændəʊ] *s. c.* **1** MIL. grupo de comandos, pelotón de comandos. **2** comando.

commemorate [kə'meməreɪt] *v. t.* **1** conmemorar, celebrar (algo). **2** conmemorar, inmortalizar (un monumento).

commemoration [kə,memə'reɪʃn] *s. c.* e *i.* conmemoración.

commemorative [kə'memərətɪv || kə'meməreɪtɪv] *adj.* conmemorativo.

commence [kə'mens] *v. t.* e *i.* (form.) comenzar, iniciar.

commencement [kə'mensmənt] *s. i.* **1** comienzo, inicio. ◆ **2 Commencement,** (EE UU) día de licenciatura (en la Universidad).

commend [kə'mend] *v. t.* **1** (**to** ~ + *o.* + (**for/to**)) alabar, aplaudir. **2** (**to** ~ + *o.* + (**to/as**)) recomendar. • *v. pron.* **3** (**to** ~ (**to**)) aprobar, resultar aceptable, resultar adecuado: *his idea didn't commend itself to the committee = el comité no aprobó su idea.*

commendable [kə'mendəbl] *adj.* alabable, digno de encomio, loable.

commendably [kə'mendəblɪ] *adv.* loablemente, meritoriamente.

commendation [,kɒmen'deɪʃn] *s. c.* e *i.* aplauso, alabanza.

commensurate [kə'menʃərət] *adj.* (~ (**with**)) (form.) equivalente, correspondiente.

comment ['kɒment] *v. i.* **1** (**to** ~ (**on/ upon**)) comentar, hacer un comentario. • *s. c.* e *i.* **2** comentario, glosa, observación. ◆ **3 no** ~, sin comentarios.

commentary ['kɒməntrɪ || 'kɒmənterɪ] *s. c.* **1** (~ (**on**)) TV. comentario, descripción. • *s. c.* e *i.* **2** comentario, nota explicativa.

commentate ['kɒmenteɪt] *v. i.* TV. hacer comentarios, comentar (un acontecimiento).

commentator ['kɒmenteɪtər] *s. c.* **1** TV. comentarista, narrador. **2** experto, comentarista (de temas intelectuales).

commerce ['kɒməːs] *s. i.* **1** comercio. **2** (fig.) intercambio, trato, comunicación.

commercial [kə'məːʃl] *adj.* **1** comercial. **2** financiero, comercial (éxito o fracaso). **3** comercial, privado (radio o televisión). **4** industrial, en grandes cantidades (producción). **5** comercial (que está en venta). • *s. c.* **6** TV. RAD. comercial, anuncio. ◆ **7** ~ **art,** arte publicitario. **8** ~ **artist,** publicista, diseñador de publicidad. **9** ~ **bank,** FIN. banco comercial. **10** ~ **paper,** pagaré de empresa. **11** ~ **traveller,** (en EE UU **traveler**), viajante de comercio. **12** ~ **vehicle,** vehículo de transporte público, vehículo de transporte de mercancías.

commercialise *v. t.* ⇒ **commercialize.**

commercialism [kə'məːʃəlɪzəm] *s. i.* (desp.) comercialismo.

commercialization [kə,məʃəlaɪ'zeɪʃn || kə,məʃəlɪ'zeɪʃn] (también **commercialisation**) *s. i.* comercialización.

commercialize [kə'məːʃəlaɪz] (también **commercialise**) *v. t.* comercializar.

commercialized [kə'məːʃəlaɪzd] (también **commercialised**) *adj.* (desp.) comercializado.

commercially [kə'məːʃəlɪ] *adv.* comercialmente.

commie ['kɒmɪ] *s. c.* (fam. y pey.) rojo, comunista.

commiserate [kə'mɪzəreɪt] *v. i.* (**to** ~ (**with**)) (form.) apiadarse, compadecerse, sentir lástima.

commiseration [kə,mɪzə'reɪʃn] *s. i.* **1** conmiseración, compasión. ◆ **2 commiserations,** (form.) lo siento, mi más sentido pésame.

commissar ['kɒmɪsɑːː] *s. c.* POL. comisario, comisario político.

commissariat [,kɒmɪ'seərɪət] *s. c.* (+ *v. sing./pl.*) MIL. intendencia.

commissary ['kɒmɪsərɪ] *s. c.* **1** (EE UU) MIL. economato. **2** intendente (de la policía).

commission [kə'mɪʃn] *s. c.* e *i.* **1** comisión (económica). ● *s. c.* **2** encargo, cometido, misión. **3** encargo (de trabajo). **4** MIL. nombramiento (de un oficial). **5** (+ *v. sing./pl.*) comisión, comité. ● *s. i.* **6** (form.) comisión, ejecución (de un crimen). ● *v. t.* **7** encargar (hacer algo). **8** (normalmente *pas.*) MIL. nombrar oficial. ◆ **9 commissioned officer,** oficial nombrado administrativamente. **10 on/by** ~, a comisión. **1 out of** ~, fuera de servicio (que no funciona).

commissionaire [kə,mɪʃə'neər] *s. c.* portero (de hotel, teatro, cine, etc.).

commissioner [kə'mɪʃənər] *s. c.* **1** jefe de policía; jefe de servicio (en algún departamento administrativo). ◆ **2** ~ **for oaths,** fedatario público.

commit [kə'mɪt] (*ger.* **committing,** *pret.* y *p.p.* **committed**) *v. t.* **1** cometer (crimen o similar). **2** (**to** ~ + *o.* + {**to**}) confinar, recluir (en hospital, manicomio, etc.). **3** (**to** ~ + *o.* + {**to**}) consignar, depositar (dinero); dedicar (esfuerzos); empeñar (medios materiales); MIL. enviar (tropas): *I don't want to commit the company's resources to that project = no quiero empeñar los recursos de la empresa en ese proyecto.* ● *v. pron.* **4** (**to** ~ {**to**}) comprometerse, obligarse (a hacer algo). **5** comprometerse, (fam.) mojarse (en algo personal). ◆ **6 to** ~ **suicide,** suicidarse. **7 to** ~ **to memory,** aprender de memoria; recurrir a la memoria. **8 to** ~ **to paper,** poner por escrito.

commitment [kə'mɪtmənt] *s. i.* **1** dedicación, lealtad: *my commitment to freedom = mi dedicación a la causa de la libertad.* ● *s. c.* **2** responsabilidad, obligación. **3** compromiso (porque se ha prometido).

committal [kə'mɪtl] *s. i.* **1** confinamiento, reclusión (en prisión, manicomio, etc.). ◆ **2** ~ **proceedings,** diligencias de procesamiento.

committed [kə'mɪtɪd] *adj.* comprometido (en alguna ideología o similar).

committee [kə'mɪtɪ] *s. c.* (+ *v. sing./pl.*) comité, comisión (de trabajo, de algún tema administrativo, etc.).

commode [kə'məud] *s. c.* (arc.) silla, retrete, sillico.

commodious [kə'məudɪəs] *adj.* (form.) cómodo, espacioso, amplio.

commodity [kə'mɒdɪtɪ] *s. c.* FIN. **1** producto, mercancía. ◆ **2** ~ **market,** mercado de productos básicos, mercado de materias primas.

commodore ['kɒmədɔː] *s. c.* MAR. y MIL. comodoro.

common ['kɒmən] *adj.* **1** común, general, normal (no único o especial). **2** (~ {**to**}) compartido, común: *the wish for happiness is common to all people = el deseo de ser feliz es compartido por toda la gente.* **3** medio, ordinario, común; MIL. raso. **4** BIOL. común (especies animales). **5** (fam. y desp.) soez, ordinario (cualidad personal). ● *s. c.* **6** (brit.) espacio verde, zona verde; parque público. ◆ **7** ~ **cold,** MED. resfriado común. **8** ~ **denominator,** MAT. común denominador. **9** ~ **ground,** puntos compartidos, puntos de acuerdo (en discusión). **10** ~ **land,** terreno comunal, mancomunidad. **11** ~ **law,** DER. derecho consuetudinario, jurisprudencia. **12 Common Market,** POL. ECON. Mercado Común. **13** ~ **noun,** GRAM. sustantivo, nombre común. **14** ~ **or garden,** común, nada extraño, ordinario, normal y corriente. **15** ~ **room,** sala de profesores o estudiantes (en la universidad o en una escuela). **16 Commons,** (brit.) POL. Cámara Baja. **17** ~ **sense,** sentido común. **18** ~ **stock,** acciones ordinarias. **19 for the** ~ **good,** para bien de todos, a favor del bien común. **20 to have in** ~, compartir, tener en común (características). **21 in** ~ (**with**), en común (con), compartido (con). **22 to make** ~ **cause,** (form.) hacer causa común. **23 the** ~ **touch,** don de gentes.

commoner ['kɒmənər] *s. c.* **1** HIST. plebeyo (no aristócrata). **2** (p.u.) miembro de la Cámara de los Comunes.

common-law [,kɒmən'lɔː] *adj.* DER. no oficial, por mero acuerdo: *his common-law wife = su compañera sentimental (con la que convive sin estar casado oficialmente).*

commonly ['kɒmənlɪ] *adv.* **1** comúnmente, generalmente, normalmente. **2** (fam. y desp.) soezmente, con bastante ordinariez.

commonplace ['kɒmənpleɪs] *adj.* **1** (normalmente desp.) trivial, vulgar, ordinario. ● *s. c.* **2** lugar común, cliché. **3** (normalmente *sing.*) acontecimiento frecuente, cosa normal, cosa habitual.

commonwealth ['kɒmənwelθ] *s. c.* **1** (form. o arc.) POL. estado, república, nación común. ◆ **2 the Commonwealth,** POL. la Commonwealth, la Mancomunidad británica de naciones (antiguas colonias británicas que mantienen ciertos contactos entre ellas).

commotion [kə'məuʃn] *s. i.* conmoción, follón, tumulto.

communal ['kɒmjunl ‖ kə'mjuːnl] *adj.* **1** común, público (no privado). **2** comunal, colectivo.

communally ['kɒmjunəlɪ] *adv.* **1** públicamente, en comunidad. **2** colectivamente, comunalmente.

commune ['kɒmjuːn] *s. c.* **1** (+ *v. sing./pl.*) comuna. ● [kə'mjuːn] *v. i.* **2** (**to** ~ **with**) comunicarse con, conversar con (amigos, la naturaleza, etc.).

communicant [kə'mjuːnɪkənt] *s. c.* REL. persona que comulga.

communicate [kə'mjuːnɪkeɪt] *v. i.* **1** (**to** ~ {**with**}) comunicarse, relacionarse. **2** (**to** ~ {**with**}) relacionarse, tener contacto (personas). **3** (**to** ~ {**with**}) (form.) escribirse, estar en contacto por carta. ● *v. t.* **4** comunicar, transmitir (ideas, sentimientos, etc.).

communicating [kə'mjuːnɪkeɪtɪŋ] *adj.* que se comunican, comunicantes (físicamente).

communication [kə,mjuːnɪ'keɪʃn] *s. i.* **1** comunicación; transmisión. ● *s. c.* **2** (form.) mensaje, carta, comunicación. ● *s. pl.* **3** comunicaciones, sistema de comunicación. ◆ **4 to be in** ~ **with,** estar en contacto con, tener contacto habitual con. **5** ~ **cord,** (brit.) palanca de alarma (en un tren o similar). **6** ~ **skills,** dotes de comunicación.

communicative [kə'mjuːnɪkətɪv] *adj.* **1** comunicativo, de la comunicación. **2** hablador, expansivo, comunicativo.

communion [kə'mjuːnɪən] *s. i.* **1** REL. comunión. **2** (form.) comunión (de ideas, un mismo espíritu, etc.). ● *s. c.* **3** (~ {**of**}) comunidad, hermandad (de personas, especialmente de las mismas creencias religiosas).

communiqué [kə'mjuːnɪkeɪ ‖ kə,mjuːnə'keɪ] *s. c.* comunicado, comunicado oficial, comunicado de prensa.

communism ['kɒmjunɪzəm] *s. i.* POL. comunismo.

communist ['kɒmjunɪst] *s. c.* **1** POL. comunista. ● *adj.* **2** comunista. ◆ **3 the Communist Party,** el Partido Comunista.

community [kə'mjuːnɪtɪ] *s. sing.* **1** (**the** ~) la comunidad, la sociedad. **2** (**the** ~) POL. la comunidad, el acuerdo entre naciones, el pacto entre naciones. ● *s. c.* **3** (+ *v. sing./pl.*) comunidad, agrupación (de cualquier grupo humano nacional, religioso, social, etc.). **4** BIOL. comunidad (de animales). ● *s. i.* **5** comunidad, hermandad: *a feeling of community = un sentimiento de hermandad.* ◆ **6** ~ **centre,** centro social (para la vecindad). **7** ~ **charge,** contribución urbana. **8** ~ **chest,** (EE UU) fondo para beneficencia local. **9** ~ **home,** (brit.) centro de reinserción social. **10** ~ **leader,** líder social, líder de la comunidad. **11** ~ **policing,** policía de barrio. **12** ~ **relations,** relaciones en la comunidad. **13** ~ **service,** servicio a la comunidad (sistema de trabajo para delincuentes, en vez de la prisión).

commute [kə'mjuːt] *v. i.* **1** hacer un largo recorrido diario de casa al trabajo y viceversa. ● *v. t.* **2** conmutar (pena de muerte). **3** conmutar, intercambiar (normalmente una pensión por un pago de una sola vez).

commuter [kə'mjuːtər] *s. c.* persona que tiene que viajar diariamente una cierta distancia para ir al trabajo.

compact [kɒm'pækt] *adj.* **1** compacto, apretado. **2** conciso (estilo). **3** ajustado, compacto, con todo en un espacio mínimo (piso, coche, etc.). • *v. t.* **4** (form.) apretar fuertemente, comprimir con fuerza. • ['kɒmpækt] *s. c.* **5** polvera (de mujer). ◆ **6 ~ disc,** ELECTR. disco compacto, compacto, compact disc.

compactly [kəm'pæktlı] *adv.* **1** apretadamente, compactamente. **2** concisamente, brevemente (expresado).

compactness [kəm'pæktnıs] *s. i.* **1** (lo) compacto. **2** concisión, brevedad (de estilo).

companion [kəm'pænıən] *s. c.* **1** compañero (personal o animal). **2** acompañante, dama de compañía (chica joven que acompaña a una mujer mayor). **3** volumen adicional. **4** manual.

companionable [kəm'pænjəbl] *adj.* sociable, afable, simpático, abierto.

companionship [kəm'pænjənʃıp] *s. i.* compañerismo, camaradería.

companionway [kəm'pænjənweı] *s. c.* MAR. escalera de cámara.

company ['kʌmpənı] *s. c.* **1** (~ + *v. sing. /pl.*) FIN. empresa, compañía. **2** (+ *v. sing./pl.*) MIL. compañía. **3** (+ *v. sing./ pl.*) ART. compañía (de actores). • *s. i.* **4** compañía. **5 the ~** el personal, el acompañamiento, la compañía (en una fiesta u ocasión social). ◆ **6 ~ law,** derecho de sociedades.◆ **7 and ~,** (fam. y desp.) y demás calaña, y los secuaces. **8 in ~,** acompañado, con otras personas (no solo). **9 in ~ with,** junto con otros, al mismo tiempo que otros: *in company with many others, I believe in God = junto con muchos otros, creo en Dios.* **10 in good ~,** con buena compañía, con buena gente, al igual que mucha buena gente (en opiniones, creencias, etc.). **11 to keep bad ~,** andar con malas compañías. **12 to keep someone ~,** acompañar a alguien (para que no esté solo). **13 to part ~ (with), a)** separarse (de), despedirse (de). **b)** no estar de acuerdo (con). **c)** separarse (de), desunirse (de), desconectarse (de) (físicamente): *he parted company with his associates = se separó de sus socios.* **14 two's ~, three's a crowd,** dos es compañía, tres es multitud.

comparability [ˌkɒmpərə'bılıtı] *s. i.* equivalencia; valor.

comparable ['kɒmpərəbl] *adj.* **1** (~ {**to/with**}) comparable, igual, no menos. **2** (~ {**to/with**}) equivalente, comparable.

comparably ['kɒmpərəblı] *adv.* comparablemente, igualmente.

comparative [kəm'pærətıv] *adj.* **1** relativo: *we live in comparative comfort = vivimos con una comodidad relativa.* **2** comparativo, comparado (donde se compara algo). **3** GRAM. comparativo. • *s. c.* **4** GRAM. comparativo.

comparatively [kəm'pærətıvlı] *adv.* en comparación, relativamente: *that's comparatively expensive = eso es relativamente caro.*

compare [kəm'peər] *v. t.* **1** comparar, cotejar. **2** (**to** ~ + *o.* + {**to**}) equiparar, comparar (señalando la similitud). • *v. i.* **3** (**to** ~ **with**) resultar la comparación de, ser la comparación de: *how does your book compare with Whitney's? = ¿cómo resulta la comparación de tu libro con el de Whitney?* ◆ **4 beyond ~,** (lit.) por encima de cualquier comparación, impar. **5 compared with/to,** comparado con, contrastado con. **6 to ~ favourably/ unfavourably (with),** no ser menos (que)/ser peor (que). **7 to ~ notes,** ⇒ **note. 8 not to ~ (with),** no tener ni comparación (con); ser claramente inferior (a).

comparison [kəm'pærısn] *s. c.* e *i.* **1** comparación, cotejo. **2** equiparación, igualación. ◆ **3 in/by ~,** en contraste. **4 in ~ to/with,** en comparación con, comparado con. **5 to stand/bear ~ (with),** poder compararse (con); no ser inferior en nada (a). **6 there's no ~,** ni punto de comparación.

compartment [kəm'pɑːtmənt] *s. c.* **1** compartimento (especialmente en un tren). **2** sección, división (dentro de un todo): *there are three compartments in my desk drawer = hay tres secciones en el cajón de mi escritorio.*

compartmentalize [ˌkɒmpɑːt'mentəlaız] (también **compartmentalise**) *v. t.* dividir en secciones, dividir en compartimentos; separar en categorías.

compartmentalized [ˌkɒmpɑːt'mentəlaızd] (también **compartmentalised**) *adj.* compartimentado, dividido; separado en categorías.

compass ['kʌmpəs] *s. c.* **1** brújula. • *s. i.* **2** extensión, alcance; ámbito: *the compass of the mind = el alcance de la mente.* ◆ **3 ~ point,** punto del compás (brújula). **4 a pair of compasses,** un compás.

compassion [kəm'pæʃn] *s. i.* compasión, conmiseración.

compassionate [kəm'pæʃənıt] *adj.* **1** compasivo. ◆ **2 ~ leave,** permiso especial, permiso extraordinario (por cuestiones familiares serias).

compassionately [kəm'pæʃənıtlı] *adv.* compasivamente.

compatibility [kəmˌpætə'bılıtı] *s. i.* **1** (~ {**with/of/between**}) compatibilidad (de caracteres, creencias, sistemas, etc.). **2** (~ {**with/of/between**}) INF. compatibilidad.

compatible [kəm'pætəbl] *adj.* **1** (~ {**with**}) compatible (carácter, objeto, creencia). **2** (~ {**with**}) INF. compatible.

compatibly [kəm'pætəblı] *adv.* compatiblemente.

compatriot [kəm'pætrıət || kəm'peıtrıət] *s. c.* compatriota.

compel [kəm'pel] (*ger.* **compelling,** *pret.* y *p.p.* **compelled**) *v. t.* **1** (**to** ~ + *o. inf.*) obligar, forzar. **2** exigir (respeto, ayuda y otras actitudes y acciones).

compelling [kəm'pelıŋ] *adj.* **1** convincente; apremiante. **2** irresistible, interesantísimo (historia, novela, etc.).

compensate ['kɒmpenseıt] *v. t.* **1** (**to** ~ + *o.* + {**for**}) compensar, remunerar, indemnizar. • *v. i.* **2** (**to** ~ **for**) compensar: *he bought her a present to compensate for his bad behaviour = le compró un regalo para compensarla por su mal comportamiento.*

compensation [ˌkɒmpen'seıʃn] *s. i.* **1** indemnización, reparación. • *s. c.* e *i.* **2** compensación, recompensa (no económica): *my job is hard, but it has its compensations = mi trabajo es duro pero tiene sus compensaciones.*

compensatory [ˌkɒmpen'seıtərı || kəm'pensətɔːrı] *adj.* **1** de indemnización, de reparación. **2** compensatorio (educación, tratamiento social, etc.).

compere ['kɒmpeər] (también **compère**) *s. c.* **1** (brit.) presentador (espectáculo). • *v. t.* e *i.* **2** presentar (espectáculo); hacer de presentador.

compete [kəm'piːt] *v. i.* **1** competir, rivalizar. **2** DEP. participar en competición. **3** tener opiniones irreconciliables, dar explicaciones irreconciliables. **4** (**to** ~ **with**) tener tanta fuerza como, tener tanta intensidad como (un olor, sabor, ruido, etc.).

competence ['kɒmpıtəns] *s. i.* **1** capacidad (de una persona en algo). **2** DER. competencia.

competent ['kɒmpıtənt] *adj.* **1** competente, capaz. **2** adecuado, suficiente (pero no de calidad superior).

competently ['kɒmpıtəntlı] *adv.* **1** competentemente, capazmente. **2** adecuadamente, suficientemente.

competing [kəm'piːtıŋ] *adj.* irreconciliable, opuesto (ideas, creencias, análisis, etc.).

competition [ˌkɒmpə'tıʃn] *s. i.* **1** competencia, rivalidad. ◆ **2** competición (deportiva o de otra clase). • *s. sing.* **3** (**the** ~) la competencia (especialmente comercial).

competitive [kəm'petıtıv] *adj.* **1** competitivo (ambiente, estilo de vida, etc.). **2** selectivo (examen). **3** económico, competitivo (de precio). **4** ambicioso, luchador, agresivo (por ser mejor que otros).

competitively [kəm'petıtıvlı] *adv.* **1** económicamente, competitivamente (valorado). **2** ambiciosamente, agresivamente (modo de comportamiento que quiere destacar).

competitiveness [kəm'petıtıvnıs] *s. i.* ambición, agresividad (por ser el mejor).

competitor [kəm'petıtər] *s. c.* **1** DEP. participante, rival. **2** competidor (especialmente comercial).

compilation [ˌkɒmpı'leıʃn] *s. c.* e *i.* recopilación.

compile [kəm'paıl] *v. t.* **1** recopilar. **2** INF. trasvasar (instrucciones a programa concreto).

compiler [kəm'paılər] *s. c.* recopilador.

complacency [kəm'pleısnsı] (también **complacence**) *s. i.* (desp.) complacencia, autosatisfacción.

complacent [kəm'pleısnt] *adj.* (~ {**about**}) (desp.) complacido, satisfecho con uno mismo.

complacently [kəm'pleɪsntlɪ] *adv.* (desp.) con complacencia, con un falso sentimiento de satisfacción.

complain [kəm'pleɪn] *v. t.* **1** (**to** ~ {**to** *o.*/**about/of**}) quejarse, lamentarse. **2** (**to** ~ **of**) quejarse de (un dolor, enfermedad, etc.). **3** DER. hacer una denuncia.

complainant [kəm'pleɪnənt] *s. c.* DER. demandante.

complaint [kəm'pleɪnt] *s. c.* e *i.* **1** queja, crítica, objeción. **2** DER. denuncia, demanda, reclamación. • *s. c.* **3** mal, enfermedad, dolencia.

complaisance [kəm'pleɪzəns] *s. i.* (form.) cortesía, deferencia; complacencia (especialmente del marido engañado por su mujer).

complaisant [kəm'pleɪzənt] *adj.* **1** (form.) cortés, deferente; complaciente. **2** ⇒ **complaisance.**

complement ['kɒmplɪmənt] *v. t.* **1** complementar, completar. • *s. c.* **2** (~ {**to**}) complemento. **3** GRAM. complemento. **4** MAR. tripulación. **5** necesidades, dotación, cuota (de puestos de trabajo ofertados o similar). ♦ **6 full** ~ **(of),** total (de), cuota total (de).

complementary [ˌkɒmplɪ'mentrɪ] *adj.* **1** (~ {**to**}) complementario. ♦ **2** ~ **angle,** GEOM. ángulo complementario. **3** ~ **colour,** FÍS. color complementario.

complete [kəm'pliːt] *adj.* **1** completo, total, absoluto. **2** entero (no una parte únicamente). **3** perfecto: *he's a complete idiot = es un perfecto idiota.* **4** completo (con todos sus miembros o partes). **5** terminado, completado. • *v. t.* **6** completar, acabar, terminar. **7** rellenar por completo (un documento, solicitud, etc.). **8** completar (un número de personas o cosas): *we need one more to complete the team = necesitamos uno más para completar el equipo.* ♦ **9** ~ **with,** incluyendo también, con... y todo: *a house complete with a sauna = una casa con sauna y todo.*

completely [kəm'pliːtlɪ] *adv.* completamente, totalmente, absolutamente.

completeness [kəm'pliːtnɪs] *s. i.* integridad (de todas sus partes).

completion [kəm'pliːʃn] *s. i.* terminación, finalización, consumación, cumplimiento.

complex ['kɒmpleks || kəm'pleks] *adj.* **1** complejo, intrincado. **2** complejo, difícil de entender, complicado. • *s. c.* **3** PSIQ. complejo. **4** ARQ. complejo (industrial, conjunto de casas, etc.). **5** (fig.) enmarañamiento, conjunto complejo (de cosas, elementos, teorías, etc.).

complexion [kəm'plekʃn] *s. c.* **1** cutis, tez. • *s. i.* **2** (form.) naturaleza, carácter (de cualquier cosa).

complexity [kəm'pleksɪtɪ] *s. i.* **1** complejidad. • *s. pl.* **2** (**the** ~ **of**) las complejidades de.

compliance [kəm'plaɪəns] *s. i.* (~ {**with**}) (form.) sumisión, acatamiento interior; obediencia.

compliant [kəm'plaɪənt] *adj.* (~ {**to/with**}) (form.) sumiso; obediente.

complicate ['kɒmplɪkeɪt] *v. t.* complicar.

complicated ['kɒmplɪkeɪtɪd] *adj.* complicado, intrincado; enmarañado.

complication [ˌkɒmplɪ'keɪʃn] *s. c.* **1** complicación; dificultad. **2** (normalmente *pl.*) MED. complicación.

complicity [kəm'plɪsɪtɪ] *s. i.* (form.) complicidad.

compliment ['kɒmplɪmənt] *s. c.* **1** cumplido, lisonja. • *v. t.* **2** (**to** ~ + *o.* + {**on/for**}) cumplimentar, felicitar; lisonjear. ♦ **3 a left-handed** ~**,** un cumplido envenenado. **4 to return the** ~**,** devolver el cumplido (que puede ser malo). **5 to send/pay one's compliments,** enviar los saludos de uno. **6 with one's compliments,** con los saludos de uno, con los mejores deseos de uno.

complimentary [ˌkɒmplɪ'mentrɪ] *adj.* **1** halagador (comentario o similar). **2** de regalo (un perfume, libro, etc., como propaganda).

comply [kəm'plaɪ] *v. i.* (**to** ~ **with**) obedecer, acatar.

component [kəm'pəunənt] *s. c.* **1** componente, elemento, ingrediente. • *adj.* **2** constituyente, componente.

comport [kəm'pɔːt] *v. pron.* (form.) comportarse, conducirse (persona).

compose [kəm'pəuz] *v. t.* **1** componer, constituir (diversas partes un todo). **2** MÚS. componer. **3** LIT. escribir, componer. **4** ART. arreglar, hacer una composición de, componer (elementos decorativos, arquitectónicos, etc.). • *v. pron.* **5** calmarse, sosegarse, tranquilizarse. ♦ **6 to be composed of,** estar compuesto de, estar constituido por, estar formado por.

composed [kəm'pəuzd] *adj.* sosegado, calmado, tranquilizado.

composedly [kəm'pəuzɪdlɪ] *adv.* sosegadamente, con calma, con tranquilidad.

composer [kəm'pəuzər] *s. c.* MÚS. compositor.

composite ['kɒmpəzɪt] *adj.* **1** compuesto (con diversas partes en él): *a composite substance = una sustancia compuesta.* • *s. c.* **2** (~ {**of**}) mezcla, síntesis, conjunto.

composition [ˌkɒmpə'zɪʃn] *s. i.* **1** composición (de cualquier cosa). **2** MÚS. composición, creación. **3** ART. ordenamiento, arreglo global, conjunto. ♦ **4** MÚS. composición, pieza (concreta). **5** ensayo, redacción (de escuela). **6** ART. composición, arreglo global (de una fotografía, escultura, etc.), creación, montaje.

compositor [kəm'pɒzɪtər] *s. c.* cajista, impresor.

compost ['kɒmpɒst] AGR. *s. i.* **1** abono vegetal, abono de estiércol. • *v. t.* **2** abonar con abono vegetal, abonar con abono de estiércol.

composure [kəm'pəuʒər] *s. i.* (form.) serenidad, calma.

compote ['kɒmpəut] *s. i.* GAST. compota.

compound ['kɒmpaund] *s. c.* **1** QUÍM. compuesto. **2** GRAM. compuesto. **3** recinto (militar), recinto de seguridad (prisión), recinto (de otros tipos). **4** mezcla: *a compound of jealousy and rage = una mezcla de celos y rabia.* • *adj.* **5** compuesto. • [kəm'paund] *v. t.* **6** componer, combinar, mezclar. **7** agravar (problema, error, etc.). ♦ **8 to be compounded** {**from/of**}, estar formado (por/de), estar compuesto (por/de). **9** ~ **fracture,** MED. fractura abierta. **10** ~ **interest,** FIN. interés compuesto. **11** ~ **sentence,** GRAM. oración compuesta.

comprehend [ˌkɒmprɪ'hend] *v. t.* e *i.* comprender, entender.

comprehensibility [kɒmprɪˌhensə'bɪlɪtɪ] *s. i.* comprensibilidad.

comprehensible [ˌkɒmprɪ'hensəbl] *adj.* comprensible.

comprehensibly [ˌkɒmprɪ'hensɪblɪ] *adv.* comprensiblemente.

comprehension [ˌkɒmprɪ'henʃn] *s. i.* **1** comprensión, entendimiento. • *s. c.* **2** FILOL. ejercicio de comprensión.

comprehensive [ˌkɒmprɪ'hensɪv] *adj.* **1** amplio, comprensivo, abarcador, que incluye todo. **2** (brit.) sin distinción de bachillerato y formación profesional (escuela). • *s. c.* **3** (brit.) (fam.) instituto de enseñanza secundaria.

compress [kəm'pres] *v. t.* **1** comprimir, apretar. **2** comprimir (tiempo). **3** abreviar, condensar (escrito). • *v. i.* **4** comprimirse, apretarse. • *s. c.* **5** compresa (para bajar la fiebre).

compression [kəm'preʃn] *s. i.* **1** compresión. **2** compresión (de tiempo). **3** condensación, reducción (de un escrito).

compressor [kəm'presər] *s. c.* MEC. compresor.

comprise [kəm'praɪz] *v. t.* **1** comprender, incluir. **2** constituir (un colectivo): *Spanish students comprise 5% of the total = los estudiantes españoles constituyen el 5% del total.* ♦ **3 to be comprised of,** constar de.

compromise ['kɒmprəmaɪz] *s. c.* e *i.* **1** compromiso, acuerdo. ♦ **2** (~ **between**) punto medio entre. • *v. i.* **3** llegar a un compromiso, llegar a un acuerdo. • *v. t.* **4** poner en duda, poner en tela de juicio (creencias, principios, etc.). • *v. pron.* **5** comprometerse (haciendo algo negativo).

compromising ['kɒmprəmaɪzɪŋ] *adj.* comprometedor.

compulsion [kəm'pʌlʃn] *s. i.* **1** coacción, obligación. • *s. c.* **2** compulsión, deseo irreprimible.

compulsive [kəm'pʌlsɪv] *adj.* **1** compulsivo, irreprimible (deseo o similar). **2** irresistible, interesantísimo (libro, película, etc.).

compulsively [kəm'pʌlsɪvlɪ] *adv.* **1** compulsivamente, irreprimiblemente (de deseos fuertes). **2** irresistiblemente, interesantísimamente (de películas, libros, etc.).

compulsorily [kəm'pʌlsərəlɪ] *adv.* obligatoriamente.

compulsory [kəm'pʌlsərɪ] *adj.* **1** obligatorio. ◆ **2** ~ **purchase,** expropiación.
compunction [kəm'pʌŋkʃn] *s. i.* (form.) compunción, remordimiento, contrición.
computation [ˌkɒmpju:'teɪʃn] *s. c.* e *i.* MAT. cálculo, cómputo.
compute [kəm'pju:t] *v. t.* calcular, computar.
computer [kəm'pju:tər] *s. c.* **1** INF. ordenador, computadora. ◆ **2** ~ **language,** lenguaje de programación. **3** ~ **literacy,** conocimientos de informática.
computer-aided [kəm'pju:tərˌeɪdəd] *adj.* asistido por ordenador; (Am.) asistido por computadora.
computer-assisted [kəm'pju:tərə'sɪstəd] *adj.* asistido por ordenador; (Am.) asistido por computadora.
computerise *v. t.* ⇒ **computerize.**
computerization [kəmˌpju:tərаɪ'zeɪʃn || kəmˌpju:tərɪ'zeɪʃn] (también **computerisation**) *s. i.* informatización.
computerize [kəm'pju:təraɪz] (también **computerise**) *v. t.* **1** informatizar. **2** meter en el ordenador (datos, información, etc.).
computerized [kəm'pju:təraɪzd] (también **computerised**) *adj.* informatizado (oficina, proceso, etc.).
computer-literate [kəm'pju:tər'lɪtɪrət] *adj.* con conocimientos de informática.
computing [kəm'pju:tɪŋ] *s. i.* informática (entendida como creación y uso de programas).
comrade ['kɒmrɪd || 'kɒmræd] *s. c.* **1** camarada, compañero (de ideología). **2** (p.u.) amigo. ◆ **3** ~ **in arms,** compañero de armas.
comradely ['kɒmreɪdlɪ] *adj.* amigable.
comradeship ['kɒmrɪdʃɪp] *s. i.* camaradería, compañerismo.
con [kɒn] (*ger.* **conning,** *pret.* y *p.p.* **conned**) *v. t.* **1** (**to** ~ + *o.* + {**into/out of**}) (fam.) persuadir, engañar, estafar: *he conned me out of 200 pounds = me estafó 200 libras.* ● *s. c.* **2** timo. **3** engaño. **4** convicto, presidiario. ◆ **5** ~ **trick,** timo. **6 pros and cons,** ⇒ **pro.**
concatenation [kənˌkætɪ'neɪʃn] *s. i.* (~ **of**) (form.) concatenación de, sucesión de, serie de.
concave ['kɒŋkeɪv] *adj.* cóncavo.
conceal [kən'si:l] *v. t.* **1** ocultar, esconder. **2** (**to** ~ + *o.* + {**from**}) disimular, ocultar (información, sentimientos, emociones, etc.).
concealment [kən'si:lmənt] *s. i.* **1** ocultamiento. **2** disimulo, ocultamiento (de sentimientos, información, etc.).
concede [kən'si:d] *v. t.* **1** conceder, admitir (error o similar). **2** ceder, rendir (una posesión). **3** (form.) conceder, otorgar (derechos, privilegios, etc.). **4** DEP. conceder (un punto, un gol, etc.). ◆ **5 to** ~ **defeat,** admitir la derrota.
conceit [kən'si:t] *s. i.* **1** engreimiento, vanidad, presunción, arrogancia. **2** LIT. metáfora ingeniosa.
conceited [kən'si:tɪd] *adj.* (~ {**about**}) engreído, vanidoso, presumido, presuntuoso.
conceitedly [kən'si:tɪdlɪ] *adv.* engreídamente, vanidosamente, con presunción, presuntuosamente.
conceivable [kən'si:vəbl] *adj.* concebible, imaginable.
conceivably [kən'si:vəblɪ] *adv.* concebiblemente, imaginablemente.
conceive [kən'si:v] *v. t.* **1** concebir, idear, formarse una idea de. **2** ver, creer, pensar: *we should do what we conceive to be right = debemos hacer lo que pensamos que es correcto.* **3** concebir (un niño). ● *v. i.* **4** (**to** ~ **of**) concebir, imaginar. **5** quedar embarazada.
concentrate ['kɒnsntreɪt] *v. i.* **1** (**to** ~ {**on**}) concentrarse. **2** concentrarse, agruparse (físicamente). ● *v. t.* **3** concentrar (atención, energías, etc.). **4** concentrar, agrupar (objetos, casas, edificios): *the government should concentrate all industries on the city outskirts = el gobierno debería concentrar todas las industrias en las afueras de la ciudad.* ● *s. i.* **5** concentrado (líquido). ◆ **6 to** ~ **the mind,** agudizar la mente, agudizar el pensamiento.
concentrated ['kɒnsntreɪtɪd] *adj.* **1** concentrado (líquido o sustancia). **2** reconcentrado, pensativo.
concentration [ˌkɒnsn'treɪʃn] *s. i.* **1** concentración, intensidad (de pensamiento). **2** (~ **on**) concentración sobre, dedicación a (un tema). ● *s. c.* e *i.* **3** concentración, acumulación (de dinero, gentes, etc.). ● *s. c.* **4** (~ **of**) QUÍM. concentración de (sustancias). ◆ **5** ~ **camp,** campo de concentración.
concentric [kən'sentrɪk] *adj.* concéntrico.
concept ['kɒnsept] *s. c.* concepto.
conception [kən'sepʃn] *s. c.* **1** concepción, noción. ● *s. i.* **2** concepción, formulación, ideación (de un plan o similar). **3** MED. concepción (de un niño por parte de una mujer).
conceptual [kən'septʃuəl] *adj.* PSIC. conceptual, nocional.
conceptualize [kən'septʃəlaɪz] (también **conceptualise**) *v. t.* FIL. conceptualizar.
concern [kən'sə:n] *v. t.* **1** concernir, atañer, incumbir. **2** preocupar, afectar. **3** tratar de, versar sobre (libro, película, etc.). ● *v. pron.* **4** (**to** ~ **about**) preocuparse por (una persona). **5** (**to** ~ {**with**}) interesarse. ● *s. c.* e *i.* **6** preocupación. ● *s. c.* **7** empresa, grupo empresarial, firma comercial. ● *s. i.* **8** (~ {**for**}) consideración, cuidado, atención: *he showed a lot of concern for me = me mostró mucha consideración.* ● *s. sing.* **9** responsabilidad, asunto: *that field is my concern = ese campo de trabajo es responsabilidad mía.* ◆ **10 a going** ~**,** una empresa en pleno rendimiento, un negocio poóspero. **11 as far as I/you/etc. am concerned,** en lo que a mí respecta, en cuanto alcanza mi responsabilidad. **12 as far as ... is concerned/where ... is concerned,** en lo que afecta a..., por lo que respecta a. **13 none of one's** ~**,** tema que no es asunto de uno, tema que a uno no le tiene por qué importar. **14 of** ~**, a)** preocupante, inquietante. **b)** interés, importancia, cierta consideración. **15 to whom it may** ~**,** a quien le pueda interesar.
concerned [kən'sə:nd] *adj.* **1** preocupado. **2** interesado, con especial interés (por algo o alguien). ◆ **3 the people/teachers/etc.** ~**,** las personas/profesores /etc. a quienes atañe esto.
concernedly [kən'sə:nɪdlɪ] *adv.* preocupadamente.
concerning [kən'sə:nɪŋ] *prep.* tocante a, concerniente a, en cuanto a.
concert ['kɒnsət] *s. c.* **1** MÚS. concierto. ◆ **2 at** ~ **pitch,** con una perfecta preparación, perfectamente dispuesto. **3 in** ~**, a)** MÚS. en concierto. **b)** (form.) en concierto, en conjunción (con otras personas).
concerted [kən'sə:tɪd] *adj.* **1** concertado (plan, esfuerzos, etc.). **2** serio, decidido.
concert-goer ['kɒnsətgəuər] *s. c.* MÚS. aficionado (a conciertos).
concertina [ˌkɒnsə'ti:nə] *s. c.* **1** MÚS. concertina. ● *v. i.* **2** (fig.) ponerse como un acordeón (un objeto).
concertmaster [ˌkɒnsət'mæstər] *s. c.* (EE UU) MÚS. primer violín.
concerto [kən'tʃeətəu || kəntʃərtəu] *s. c.* MÚS. concierto (pieza musical).
concession [kən'seʃn] *s. c.* **1** concesión. **2** (normalmente *pl.*) concesión, privilegio de explotación (por ejemplo, pozos petrolíferos). ● *s. i.* **3** (form.) concesión, entrega, cesión.
conch [kɒntʃ] *s. c.* **1** MAR. caracola. **2** concha (de cualquier especie marina).
concierge [ˌkɒnsɪ'eəʒ] *s. c.* conserje, portero (especialmente en casas).
conciliate [kən'sɪlɪeɪt] *v. t.* e *i.* conciliar(se), calmar(se), apaciguar(se).
conciliation [kənˌsɪlɪ'eɪʃn] *s. i.* reconciliación, conciliación, apaciguamiento.
conciliatory [kən'sɪlɪətərɪ || kən'sɪlɪətɔ:rɪ] *adj.* conciliatorio, apaciguador.
concise [kən'saɪs] *adj.* **1** sucinto, conciso. **2** LIT. básico, resumido (en libros como diccionarios y similares).
concisely [kən'saɪslɪ] *adv.* sucintamente, concisamente.
conciseness [kən'saɪsnɪs] *s. i.* concisión, brevedad.
conclave ['kɒŋkleɪv] REL. *s. c.* **1** cónclave. ◆ **2 in** ~**,** en cónclave.
conclude [kən'klu:d] *v. i.* **1** (**to** ~ {**from**}) concluir, sacar en conclusión. **2** (**to** ~ {**with**}) (form.) concluir, dar por terminado (al hablar en público). **3** (form.) concluirse, terminarse, finalizarse, cerrarse. ● *v. t.* **4** (form.) concluir, terminar, finalizar, cerrar. **5** firmar, acordar (tratado o parecido).

concluding [kən'klu:dɪŋ] *adj.* final (palabra, comentario, etc. en un discurso público).
conclusion [kən'klu:ʒn] *s. c.* **1** conclusión, determinación final, razonamiento final. ● *s. sing.* **2** final, finalización, cierre. **3** (~ {**of**}) acuerdo, firma (de un tratado o similar). ◆ **4 a foregone ~,** un resultado inevitable, un final cantado. **5 in ~,** en conclusión, en suma. **6 to jump to a ~/conclusions,** sacar conclusiones precipitadas.
conclusive [kən'klu:sɪv] *adj.* concluyente, decisivo, convincente.
conclusively [kən'klu:sɪvlɪ] *adv.* concluyentemente, decisivamente, convincentemente.
concoct [kən'kɒkt] *v. t.* **1** confeccionar, elaborar (con distintos elementos y normalmente comida). **2** tramar, urdir (historias falsas, mentiras, etc.).
concoction [kən'kɒkʃn] *s. c.* e *i.* mezcolanza, extraña mezcla.
concomitant [kən'kɒmɪtənt] *adj.* **1** (~ {**with**}) (form.) acompañante, concomitante. ● *s. c.* **2** fenómeno que acompaña, circunstancia concomitante.
concord ['kɒŋkɔ:d] *s. i.* **1** (form.) concordia, armonía. **2** GRAM. concordancia.
concordance [kən'kɔ:dəns] *s. i.* **1** (form.) concordancia, similitud, conformidad. ● *s. c.* **2** índice alfabético de temas. ◆ **3 in ~ with,** en concordancia con, compatible con.
concourse ['kɒŋkɔ:s] *s. c.* **1** ARQ. vestíbulo abierto (en un gran edificio). **2** (+ *v. sing./pl.*) (form.) concurrencia (de personas).
concrete ['kɒŋkri:t] *adj.* **1** concreto, particular. **2** concreto, tangible, sólido. ● *s. i.* **3** cemento, hormigón (Am.) concreto. ● *v. t.* **4** cementar, echar cemento a. ◆ **5 ~ jungle,** jungla de asfalto. **6 ~ mixer,** hormigonera. **7 prestressed ~,** hormigón prensado. **8 reinforced ~,** hormigón armado, hormigón reforzado.
concretely ['kɒŋkri:tlɪ] *adv.* concretamente, específicamente, particularmente.
concubine ['kɒŋkjʊbaɪn] *s. c.* concubina.
concupiscence [kən'kju:pɪsns] *s. i.* (form.) concupiscencia.
concur [kən'kə:r] (*ger.* **concurring,** *pret.* y *p.p.* **concurred**) *v. i.* (**to** ~ {**with**}) (form.) concurrir, convenir, concordar, estar de acuerdo.
concurrence [kən'kʌrəns] *s. i.* **1** coincidencia temporal. ● *s. sing.* **2** (form.) consentimiento, acuerdo.
concurrent [kən'kʌrənt] *adj.* coincidente, concurrente.
concurrently [kən'kʌrəntlɪ] *adv.* al mismo tiempo, concurrentemente.
concuss [kən'kʌs] *v. t.* golpear con fuerza (normalmente en una parte del cuerpo).
concussion [kən'kʌʃn] *s. i.* MED. conmoción cerebral.
condemn [kən'dem] *v. t.* **1** condenar, denunciar, censurar, desaprobar. **2** DER. condenar, sentenciar (a una pena). **3** declarar cerrado (edificio); declarar (malo, por ejemplo un producto alimenticio). **4** (fig.) condenar de por vida, condenar (a un trabajo no querido, a alguna situación desagradable). **5** condenar (las propias palabras o hechos de uno).
condemnation [ˌkɒndem'neɪʃn] *s. c.* e *i.* **1** censura, condena, denuncia. ● *s. sing.* **2** (~ {**of**}) condena (de algo concreto muy negativo).
condemnatory [ˌkɒndem'neɪtərɪ || kən'demnətərɪ] *adj.* condenatorio.
condemned [kən'demd] *adj.* **1** DER. condenado. ◆ **2 ~ cell,** celda de los condenados a muerte.
condensation [ˌkɒnden'seɪʃn] *s. c.* e *i.* **1** condensación (del agua). ● *s. i.* **2** condensación (de un escrito o similar).
condense [kən'dens] *v. t.* e *i.* **1** condensar(se) (agua). ● *v. t.* **2** (**to** ~ + *o.* + {**into/to**}) condensar (un escrito o similar). ◆ **3 condensed milk,** leche condensada.
condescend [ˌkɒndɪ'send] *v. i.* **1** (**to** ~ {**to**}) ser condescendiente, comportarse condescendientemente. **2** (**to** ~ + *inf.*) tener la condescendencia de, dignarse a.
condescending [ˌkɒndɪ'sendɪŋ] *adj.* **1** condescendiente. **2** superior, lleno de superioridad.
condescendingly [ˌkɒndɪ'sendɪŋlɪ] *adv.* condescendientemente.
condescension [ˌkɒndɪ'senʃn] *s. i.* condescendencia.
condiment ['kɒndɪmənt] *s. c.* condimento.
condition [kən'dɪʃn] *s. sing.* **1** condición, situación. **2** (form.) condición: *human condition = condición humana.* ● *s. i.* **3** condición, estado (cualidad física). **4** estado de salud, condición física. ● *s. c.* **5** (~ {**for**}) requerimiento, condición sine qua non. **6** (~ {**of**}) estipulación, condición (de un empleo o similar). **7** enfermedad, mal. ● *s. pl.* **8** circunstancias, situación. **9** condiciones (de vida): *living conditions = condiciones de vida.* ● *v. t.* **10** acondicionar (pelo). **11** condicionar, marcar (el carácter durante largo tiempo): *she was conditioned by her father's character = quedó marcada por el carácter de su padre.* ◆ **12 to be conditioned by,** (form.) estar sujeto a (reglas, estipulaciones, leyes, cláusulas, etc.). **13 to be in no ~,** (+ *inf.*) estar en un estado capaz de, no estar en condiciones de. **14 on ~ that,** con la condición de que, con tal de que, siempre que. **15 out of ~,** desentrenado, no en forma física.
conditional [kən'dɪʃənl] *adj.* **1** (~ {**on/upon**}) condicionado, dependiente (de otra circunstancia). **2** GRAM. condicional. ◆ **3 to be ~ on/upon,** depender de, estar condicionado a: *the outcome is conditional on how much we are all ready to compromise = el resultado depende de hasta qué punto estemos todos dispuestos a ceder.*
conditionally [kən'dɪʃənəlɪ] *adv.* condicionalmente.
conditioner [kən'dɪʃənər] *s. c.* e *i.* **1** acondicionador (de cabello). **2** suavizante (de ropa).
conditioning [kən'dɪʃənɪŋ] *s. i.* PSIC. condicionamiento.
condole [kən'dəul] *v. i.* (**to** ~ {**with**}) (form.) condolerse, compadecerse.
condolence [kən'dəuləns] *s. i.* **1** pésame, condolencia. ◆ **2 condolences,** pésame: *I sent my condolences to the family = di el pésame a la familia.* **3 my condolences,** le acompaño en el sentimiento.
condom ['kɒndəm] *s. c.* condón, preservativo.
condominium [ˌkɒndə'mɪnɪəm] *s. c.* (EE UU) bloque de apartamentos.
condone [kən'dəun] *v. t.* perdonar, condonar.
condor ['kɒndɔ:r] *s. c.* ZOOL. cóndor.
conducive [kən'dju:sɪv || kən'du:sɪv] *adj.* (~ **to**) propicio para, favorable a.
conduct ['kɒndʌkt] *s. i.* **1** conducta, comportamiento (en cuanto a la moralidad). ● *s. sing.* **2** (**the** ~ **of**) la forma de llevar, la manera de gestionar, la manera de proceder (en alguna actividad). ● [kən'dʌkt] *v. t.* **3** conducir, llevar (actividad, tarea, etc.). **4** guiar, conducir, llevar (a un sitio). ● *v. t.* e *i.* **5** MÚS. dirigir (orquesta). **6** ELEC. conducir (electricidad). ● *v. pron.* **7** (form.) conducirse, comportarse. ◆ **8 conducted tour,** viaje con guía, visita con guía.
conduction [kən'dʌkʃn] *s. i.* ELEC. conducción.
conductor [kən'dʌktər] *s. c.* **1** MÚS. director (de orquesta). **2** (brit.) cobrador (autobús); (EE UU) revisor (tren). **3** ELEC. conductor.
conductress [kən'dʌktrɪs] *s. c.* (brit.) cobradora (autobús).
conduit ['kɒndɪt || 'kɒndju:ɪt || 'kɒ:ndu:ət] *s. c.* conducto, tubería de conducción (de agua, cables eléctricos, etc.).
cone [kəun] *s. c.* **1** GEOM. cono. **2** (fig.) cono, forma cónica (cualquier objeto con esa forma). **3** cucurucho (helado). **4** BOT. piña (de pino o árbol con fruto de forma similar). ◆ **5 to ~ off,** cerrar al tráfico, cerrar a los coches (carretera, zona, etc.).
coney *s. c.* ⇒ **cony.**
confection [kən'fekʃn] *s. c.* **1** confitura, producto de confitería, dulce, confite. **2** hechura, confección, creación (de ropa, especialmente llamativa).
confectioner [kən'fekʃnər] *s. c.* confitero, pastelero.
confectionery [kən'fekʃənərɪ || kən'fekʃənerɪ] *s. i.* **1** dulces, productos de confitería. **2** repostería, confitería (especialidad).
confederacy [kən'fedərəsɪ] *s. c.* **1** POL. confederación, alianza, liga de naciones. **2 the Southern Confederacy,** HIST. la Confederación sureña (en 1860, en los Estados Unidos). **3** conspiración.

confederate [kən'fedərət] *adj.* **1** POL. confederado, aliado (naciones). • *s. c.* **2** cómplice, compinche (en actividad ilegal o secreta). ◆ **3 Confederate,** HIST. confederado (soldado). **4 Confederate States,** HIST. Estados confederados (que quisieron separarse del resto de los Estados Unidos en 1860).

confederation [kən,fedə'reɪʃn] *s. c.* e *i.* confederación, alianza (de estados, grupos industriales, asociaciones).

confer [kən'fɜːr] (*ger.* **conferring,** *pret.* y *p.p.* **conferred**) *v. i.* **1** (**to** ~ {**with**}) consultar (comentar un tema). • *v. t.* **2** (**to** ~ + *o.* + {**on/upon**}) (form.) otorgar, conferir, conceder.

conference ['kɒnfərəns] *s. c.* **1** discusión, reunión, junta, deliberación. **2** congreso (sobre algún tema). ◆ **3** ~ **call,** multiconferencia. ◆ **4 in** ~**,** en una reunión, en una junta.

confess [kən'fes] *v. t.* **1** confesar, admitir (crimen). **2** admitir, reconocer: *I confess I haven't lived up to my parents' expectations = reconozco que no he llegado al nivel que mis padres esperaban.* **3** REL. confesar (pecados). • *v. i.* **4** (**to** ~ **to**) admitir, reconocer. **5** (**to** ~ {**to**}) hacer una confesión, confesar, admitir (crimen). **6** REL. hacer una confesión, confesarse. ◆ **7 I** ~**/I must** ~**,** reconocer/deber decir (con cierto matiz de disculpa): *I must confess I am flabbergasted = debo decir que estoy alucinado.*

confessed [kən'fest] *adj.* declarado, patente: *a confessed alcoholic = un alcohólico declarado.*

confessedly [kən'fesɪdlɪ] *adv.* declaradamente (por uno mismo).

confession [kən'feʃn] *s. c.* e *i.* **1** confesión, admisión, reconocimiento (de algo mal hecho). **2** REL. confesión, penitencia. • *s. c.* **3** REL. profesión (de fe). **4** declaración, confesión (formal u oficial): *sign your confession = firma tu confesión.* • *s. pl.* **5** secretos, secretos inconfesables (en títulos de libros). ◆ **6 to make a** ~**,** hacer una confesión. **7 to make one's** ~**,** confesarse. **8 to hear someone's** ~**,** escuchar la confesión de alguien.

confessional [kən'feʃənl] *s. c.* REL. confesional.

confessor [kən'fesər] *s. c.* REL. confesor (sacerdote).

confetti [kən'fetɪ] *s. i.* confeti.

confidant [,kɒnfɪ'dænt] *s. c.* (form.) amigo íntimo, confidente (persona con la cual uno habla de cosas íntimas, importantes, etc.).

confidante [,kɒnfɪ'dænt] *s. c.* (form.) amiga íntima, ⇒ **confidant.**

confide [kən'faɪd] *v. t.* **1** (**to** ~ + *o.* + {**to**}) confiar, revelar, confesar. **2** (**to** ~ + *o.* + **to**) (form.) confiar a, dar a (como signo de confianza). ◆ **3 to** ~ **in,** confiar en (contando un secreto o algo íntimo).

confidence ['kɒnfɪdəns] *s. i.* **1** confianza, fe (en algo o alguien). **2** confidencia; secreto: *breach of confidence = revelación de un secreto.* **3** seguridad, confianza (en uno mismo). • *s. c.* **4** confidencia, comunicación reservada, información secreta. ◆ **5** MAT. ~ **interval,** intervalo de confianza. **6** ~ **man,** (form.) timador, estafador. **7** ~ **trick,** (form.) fraude, timo, embaucamiento. **8 in** ~**,** en plan de secreto, como información reservada. **9 to take into one's** ~**,** confiar en, depositar la confianza de uno en, tener confianza en.

confident ['kɒnfɪdənt] *adj.* **1** seguro: *I am confident I'll win = estoy seguro de que ganaré.* **2** confiado, seguro de uno mismo.

confidential [,kɒnfɪ'denʃl] *adj.* **1** confidencial, secreto. **2** de confianza (un empleado o amigo): *a confidential secretary = una secretaria de confianza.* **3** reservado, confidencial (tono, forma de hablar, etc.).

confidentiality [,kɒnfɪ,denʃɪ'ælɪtɪ] *s. i.* secreto, capacidad de mantener secreto (algo), discreción.

confidentially [,kɒnfɪ'denʃəlɪ] *adv.* **1** confidencialmente, secretamente. **2** reservadamente, confidencialmente (hablar). **3** en secreto, entre nosotros, en confianza.

confidently ['kɒnfɪdəntlɪ] *adv.* **1** seguramente, con certeza. **2** con confianza en uno mismo, con seguridad en uno mismo.

confiding [kən'faɪdɪŋ] *adj.* confiado (persona que confía en otra).

confidingly [kən'faɪdɪŋlɪ] *adv.* confiadamente.

configuration [kən,fɪgə'reɪʃn || kən,fɪgju'reɪʃn] *s. c.* (form.) configuración, figura, forma.

confine [kən'faɪn] *v. t.* **1** confinar, encerrar, recluir (en prisión, manicomio o similar). **2** (**to** ~ + *o.* + **to**) limitar a, confinar a, restringir a: *I wish you confined your criticism to the people at the top = desearía que limitaras tus críticas a los mandamases.* • *v. pron.* **3** (**to** ~ **to**) limitarse a.

confined [kən'faɪnd] *adj.* cerrado, limitado, restringido, confinado (espacialmente).

confinement [kən'faɪnmənt] *s. i.* **1** reclusión, confinamiento. • *s. c.* e *i.* **2** MED. parto, sobreparto (antes y durante el parto).

confines ['kɒnfaɪnz] *s. pl.* (~ **of**) (form.) límites de, confines de (física y figurativamente): *within the confines of family life = dentro de los límites de la vida de familia.*

confirm [kən'fɜːm] *v. t.* **1** confirmar, ratificar, corroborar. **2** confirmar, acordar definitivamente (una fecha, reunión, etc.). **3** REL. confirmar. **4** fortalecer, confirmar (posición de poder, situación social, etc.). **5** (**to** ~ + *o.* + **in**) confirmar en, asegurar en (opinión, creencia, etc.).

confirmation [,kɒnfə'meɪʃn] *s. c.* e *i.* **1** confirmación, ratificación, corroboración. **2** confirmación, acuerdo final (de una fecha, reunión, compromiso, etc.). **3** REL. confirmación.

confirmed [kən'fɜːmd] *adj.* declarado, empedernido (fumador, bebedor u otros hábitos).

confiscate ['kɒnfɪs'keɪt] *v. t.* confiscar.

confiscation [,kɒnfɪ'skeɪʃn] *s. c.* e *i.* confiscación.

conflagration [,kɒnflə'greɪʃn] *s. c.* (form.) conflagración, gran incendio.

conflate [kən'fleɪt] *v. t.* (form.) fundir, combinar (dos ideas, escritos, etc., en uno).

conflation [kən'fleɪʃn] *s. c.* e *i.* (~ **of**) (form.) fusión de, combinación de.

conflict ['kɒnflɪkt] *s. c.* e *i.* **1** conflicto, lucha, pelea, contienda, combate (físico). **2** (fig.) conflicto, desacuerdo (político, social, etc.). **3** choque, conflicto (de intereses, por ejemplo). • *s. i.* **4** agitación anímica, conflicto mental (estado del pensamiento). • [kən'flɪkt] *v. i.* **5** (**to** ~ {**with**}) chocar, entrar en conflicto. ◆ **6 to bring into** ~ (**with**)**,** hacer chocar (con), hacer entrar en conflicto (con). **7 to come into** ~ (**with**)**,** entrar en conflicto (con), chocar (con). **8 in** ~**,** opuesto, contrario. **9 in** ~ (**with**)**,** en pugna (con), en desacuerdo (con).

conflicting [kən'flɪktɪŋ] *adj.* contrario, opuesto (interés, idea, etc.).

confluence ['kɒnfluəns] *s. c.* **1** (~ {**of**}) confluencia (especialmente de dos ríos). • *s. sing.* **2** (~ {**of**}) (form.) confluencia, unión (de fenómenos, aspectos y de elementos físicos).

conform [kən'fɔːm] *v. i.* **1** acomodarse, conformarse (con una solución, situación real, etc.): *at the beginning he didn't want to, but in the end he conformed = al principio no quería, pero al final se conformó.* **2** (**to** ~ **to/with**) obedecer, acatar (ley o similar). **3** (**to** ~ **to/with**) acomodarse a, ajustarse a (una idea, opinión, etc.).

conformist [kən'fɔːmɪst] *s. c.* **1** conformista. • *adj.* **2** conformista.

conformity [kən'fɔːmɪtɪ] *s. i.* **1** conformidad; avenencia. ◆ **2 in** ~ **with/to,** de acuerdo con, conforme a.

confound [kən'faʊnd] *v. t.* **1** dejar perplejo, confundir. ◆ **2** ~ **it!,** ¡maldita sea! **3** ~ **you!,** ¡vete a la porra!

confounded [kən'faʊndɪd] *adj.* maldito, fastidioso, odioso.

confront [kən'frʌnt] *v. t.* **1** afrontar, plantar cara (a problemas). **2** enfrentarse a (algo desagradable). **3** encararse con, hacer frente a (persona). **4** (**to** ~ + *o.* + **with**) exponer los hechos irrefutables, confrontar con: *I confronted her with the bloodstains = le expuse el hecho irrefutable de las manchas de sangre.*

confrontation [,kɒnfrən'teɪʃn] *s. c.* e *i.* confrontación, enfrentamiento (físico o verbal).

confrontational [,kɒnfrən'teɪʃnəl] *adj.* beligerante (actitud, persona); de enfrentamiento (política, situación).

confuse [kən'fjuːz] *v. t.* **1** confundir, mezclar. **2** desconcertar, desorientar

(a una persona). **3** oscurecer, complicar (situación o problema).
confused [kən'fju:zd] *adj.* **1** confuso, desordenado, entremezclado (algo). **2** confundido, desorientado, desconcertado (persona).
confusedly [kən'fju:zɪdlɪ] *adv.* **1** confusamente, desordenadamente, entremezcladamente. **2** desorientadamente, desconcertadamente.
confusing [kən'fju:zɪŋ] *adj.* desconcertante, desorientador.
confusingly [kən'fju:zɪŋlɪ] *adv.* desconcertadamente.
confusion [kən'fju:ʒn] *s. i.* **1** confusión, desorden, caos. **2** confusión, malentendido. **3** confusión (entre una cosa o persona y otra). **4** confusión, desconcierto, desorientación (mental). **5** confusión, vergüenza (personal).
congeal [kən'dʒi:l] *v. t.* e *i.* cuajar(se), coagular(se) (líquidos).
congenial [kən'dʒi:nɪəl] *adj.* **1** agradable, sociable, simpático. **2** compatible, congenial, adecuado (a la salud, trabajo, etc. de uno): *a congenial climate = un clima adecuado (a uno).*
congenially [kən'dʒi:nɪəlɪ] *adv.* agradablemente, sociablemente, simpáticamente.
congenital [kən'dʒenɪtl] *adj.* **1** MED. congénito, de nacimiento. **2** (fig.) de siempre, congénito (gustos, aficiones, manías, etc.).
congenitally [kən'dʒenɪtəlɪ] *adv.* congénitamente, hereditariamente.
congested [kən'dʒestɪd] *adj.* **1** congestionado, transitado (carretera). **2** congestionado (con mucha mucosidad).
congestion [kən'dʒestʃən] *s. i.* **1** congestión (de tráfico). **2** MED. congestión, mucosidad excesiva.
conglomerate [kən'glɒmərət] *s. c.* (form.) **1** COM. conglomerado (de empresas). **2** mezcla, conglomerado, unión desordenada.
conglomeration [kən,glɒmə'reɪʃn] *s. c.* mezcolanza (de personas, teorías, cosas, etc., especialmente sin orden ni concierto).
congrats [kən'græts] *interj.* (fam.) enhorabuena, felicidades.
congratulate [kən'grætʃʊleɪt] *v. t.* **1** (**to** ~ + *o.* + {**on/for**}) felicitar, dar la enhorabuena, cumplimentar. • *v. pron.* **2** (**to** ~ {**on/for**}) felicitarse, congratularse.
congratulation [kən,grætʃʊ'leɪʃn] *s. i.* **1** felicitación, enhorabuena. ◆ **2 congratulations,** felicidades, enhorabuena.
congratulatory [kən'grætʃʊlətərɪ || kən'grætʃʊlətɔ:rɪ] *adj.* congratulatorio, de felicitación (mensaje, etc.).
congregate ['kɒŋgrɪgeɪt] *v. i.* congregarse, reunirse (personas en gran número).
congregation [,kɒŋgrɪ'geɪʃn] *s. c.* (+ *v. sing./pl.*) REL. congregación.
congress ['kɒŋgres || 'ka:ŋgrəs] *s. c.* e *i.* **1** congreso, convención (político, sindical, profesional, etc.). ◆ **2 Congress,** (EE UU) POL. Congreso (cámara baja americana).
congressional [kən'greʃənl] *adj.* de un congreso; (EE UU) POL. del congreso.
congressman ['kɒŋgrəsmən] (*pl.* **congressmen**) *s. c.* (EE UU) POL. congresista, representante, diputado.
congressmen ['kɒŋgrəsmən] *pl.* de **congressman.**
congresswoman ['kɒŋgrəswʊmən] (*pl.* **congresswomen**) *s. c.* (EE UU) POL. congresista, diputada.
congresswomen [kɒŋgrəswɪmɪn] *pl.* de **congresswoman.**
congruence ['kɒŋgrʊəns] *s. i.* (form.) concordancia, congruencia (entre dos cosas).
congruent ['kɒŋgrʊənt] *adj.* (~ {**with**}) (form.) congruente, concordante (dos cosas).
conical ['kɒnɪkl] *adj.* cónico.
conifer ['kɒnɪfər || 'kəʊnɪfə] *s. c.* BOT. conífero.
coniferous [kə'nɪfərəs || kəʊ'nɪfərəs] *adj.* BOT. conífero.
conjectural [kən'dʒektʃərəl] *adj.* hipotético, de pura conjetura.
conjecture [kən'dʒektʃər] *s. c.* e *i.* **1** conjetura, suposición, especulación. • *v. i.* **2** conjeturar, suponer, especular.
conjugal ['kɒndʒʊgl] *adj.* (form.) conyugal, marital.
conjunction [kən'dʒʌŋkʃn] *s. c.* **1** (~ {**of**}) conjunción (de características, cosas, rasgos, etc.). **2** GRAM. conjunción. ◆ **3 in** ~ **(with),** en conjunción (con), conjuntamente (con).
conjunctivitis [kɒn,dʒʌŋktɪvaɪtɪs] *s. i.* MED. conjuntivitis.
conjure ['kʌndʒər] *v. t.* **1** (**to** ~ {**up**}) invocar, hacer venir por magia, hacer aparecer por magia. **2** (arc. y form.) conjurar. ◆ **3 a name to** ~ **with,** un nombre con el que contar, un nombre de gran prestigio. **4 to** ~ **up,** evocar (memoria, imagen, etc.).
conjurer ['kʌndʒərər] (también **conjuror**) *s. c.* mago, prestidigitador.
conjuring ['kʌndʒərɪŋ] *s. i.* **1** trucos de manos. ◆ **2** ~ **trick,** truco de magia, juego de manos.
conk [kɒŋk] *s. c.* **1** (brit.) (fam.) napias. ◆ **2 to** ~ **out,** (fam.) fastidiarse, estropearse.
conker ['kɒŋkər] *s. c.* **1** BOT. castaño de Indias. ◆ **2 conkers,** juego que consiste en romper una castaña que sujeta otro niño.
connect [kə'nekt] *v. t.* **1** (**to** ~ + *o.* + {**to**}) conectar, juntar, unir. **2** comunicar (por teléfono, por parte de una operadora). **3** (**to** ~ + *o.* + {**to/with**}) asociar, relacionar: *I would never have connected you with John = nunca te hubiera relacionado con John.* • *v. i.* **4** (**to** ~ {**with**}) conectar (un medio de transporte con otro). ◆ **5 connecting rod,** biela.
connected [kə'nektɪd] *adj.* **1** (~ {**with**}) conectado, asociado, relacionado (con cosas, asociaciones, hechos, etc.). **2** (~ {**with/to**}) emparentado.
connecting [kə'nektɪŋ] *adj.* que comunica (especialmente puerta entre dos habitaciones).
connection [kə'nekʃn] (también **connexion**) *s. c.* **1** (~ {**with/to/between**}) conexión, relación (de dos cosas). **2** conexión, junta (de tuberías, cables, etc.). **3** enlace, conexión (en un viaje). **4** (normalmente *pl.*) conexión personal, conexión profesional. **5** (normalmente *pl.*) pariente. ◆ **6 in** ~ **with,** relacionado con, con respecto a. **7 in this/that** ~**,** en este/ese sentido, con respecto a esto/eso (refiriéndose a algo que se ha mencionado antes).
connivance [kə'naɪvəns] *s. i.* (desp.) confabulación, connivencia.
connive [kə'naɪv] *v. i.* **1** (**to** ~ **at**) consentir, tolerar (algo malo). **2** (**to** ~ {**with**}) (desp.) confabularse, conspirar.
conniving [kə'naɪvɪŋ] *adj.* conspirador, urdidor (de engaños).
connoisseur [,kɒnə'sɜ:r] *s. c.* gran conocedor, experto (especialmente de comida, bebida y otros placeres).
connotation [,kɒnə'teɪʃn] *s. c.* connotación.
connote [kə'nəʊt] *v. t.* (form.) connotar, sugerir (una palabra).
connubial [kə'nju:bɪəl || kə'nu:bɪəl] *adj.* (form.) conyugal, matrimonial.
conquer ['kɒŋkər] *v. t.* e *i.* **1** conquistar (otro país). **2** (fig.) conquistar (a una mujer o viceversa); ganar la admiración (de personas). **3** dominar, vencer, superar (plagas de la humanidad, obstáculos en el progreso, etc.).
conqueror ['kɒŋkərər] *s. c.* HIST. conquistador.
conquest ['kɒŋkwest] *s. i.* **1** conquista (de un país). • *s. c.* **2** conquista, terreno conquistado. **3** (~ {**of**}) (fig.) conquista, admiración (de personas del otro sexo, de grupos sociales, etc.). • *s. sing.* **4** (**the** ~ **of**) la conquista (de algo serio y grande), el control de (una enfermedad).
conscience ['kɒnʃəns] *s. c.* **1** FIL. conciencia (ética). **2** remordimiento, conciencia (cuando remuerde). ◆ **3 a bad/guilty** ~**,** una mala conciencia, una conciencia que remuerde. **4 a clear** ~**,** una conciencia tranquila. **5 in all/good** ~**,** en verdad, en conciencia, en justicia. **6 on one's** ~**,** pesando sobre la conciencia de uno, como cargo de conciencia de uno. ◆ **7** ~ **money,** dinero que se da porque remuerde la conciencia.
conscience-stricken ['kɒnʃənsstrɪkən] *adj.* lleno de remordimientos.
conscientious [,kɒnʃɪ'enʃəs] *adj.* **1** concienzudo, meticuloso, cuidadoso (persona o su manera de hacer algo). ◆ **2** ~ **objector,** MIL. objetor de conciencia.
conscientiously [,kɒnʃɪ'enʃəslɪ] *adv.* concienzudamente, meticulosamente, cuidadosamente.
conscientiousness [,kɒnʃɪ'enʃəsnɪs] *s. i.* meticulosidad, cuidado (en hacer algo muy bien).

conscious ['kɒnʃəs] *adj.* **1** (~ **of**) consciente de, sabedor de (verdad, hecho, evidencia, etc.). **2** consciente, deliberado, intencional (poniendo en ello la voluntad). **3** consciente, en estado de consciencia (no dormido o parecido). **4** PSIC. consciente (pensamientos, recuerdos, imágenes mentales, etc. que tenemos conscientemente). **5** POL. consciente, alerta (en temas políticos, sociales o similares). ● *s. sing.* **6** (**the** ~) PSIC. el consciente (que se opone al inconsciente). ◆ **7 to be** ~ **of,** consciente de, preocupado por, seguidor de (en compuestos): *fashion-conscious = seguidor de último en moda.*

consciously ['kɒnʃəslɪ] *adv.* **1** conscientemente. **2** deliberadamente, intencionalmente.

consciousness ['kɒnʃəsnɪs] *s. i.* **1** conciencia, conocimiento (dándose cuenta de la realidad). **2** PSIC. mente, cabeza (entendida como receptora de impulsos). **3** conciencia (política, ecológica, etc.). ◆ **4 to lose** ~, perder el conocimiento, desmayarse. **5 to regain** ~, recobrar el conocimiento, volver en sí.

conscript ['kɒnscrɪpt] *s. c.* **1** MIL. recluta, quinto. ● [kən'skrɪpt] *v. t.* **2** MIL. alistar, reclutar. **3** (fig.) obligar por la fuerza a trabajar.

conscripted [kən'skrɪptɪd] *adj.* **1** MIL. alistado, reclutado. **2** obligado por la fuerza a trabajar.

conscription [kən'skrɪpʃn] *s. i.* MIL. reclutamiento, alistamiento.

consecrate ['kɒnsɪkreɪt] *v. t.* **1** REL. consagrar (sitio). **2** REL. consagrar, ordenar (sacerdotes). **3** (**to** ~ + *o.* + {**to**}) (fig.) consagrar, dedicar (un día a la memoria de alguien o algo heroico).

consecrated ['kɒnsɪkreɪtɪd] *adj.* consagrado (sitio, persona, etc.).

consecration [,kɒnsɪ'kreɪʃn] *s. i.* REL. consagración.

consecutive [kən'sekjutɪv] *adj.* consecutivo.

consecutively [kən'sekjutɪvlɪ] *adv.* consecutivamente.

consensus [kən'sensəs] *s. i.* consenso.

consent [kən'sent] *s. i.* **1** consentimiento, permiso. **2** consentimiento, acuerdo. ● *v. i.* **3** (**to** ~ **to**/*inf.*) consentir en, acceder a. ◆ **4 with one** ~, (arc.) unánimemente.

consenting [kən'sentɪŋ] *adj.* capaz de dar su consentimiento (especialmente en relaciones sexuales).

consequence ['kɒnsɪkwəns || 'kɒnsɪkwens] *s. c.* **1** consecuencia, resultado. ◆ **2 in** ~, en consecuencia, por consiguiente. **3 in** ~ **of,** de resultas de. **4 of** ~, de importancia, de gran significado. **5 to take/suffer the consequences,** sufrir las consecuencias, aguantar las consecuencias.

consequent ['kɒnsɪkwənt] *adj.* consecuente, consiguiente.

consequential [,kɒnsɪ'kwenʃl] *adj.* **1** (form.) significante, de consecuencia. **2** consecuente, consiguiente.

consequentially [,kɒnsɪ'kwenʃəlɪ] *adv.* **1** (form.) significantemente, de importancia. **2** consecuentemente, consiguientemente, por consiguiente.

consequently ['kɒnsɪkwəntlɪ] *adv.* consecuentemente, consiguientemente, por consiguiente.

conservation [,kɒnsə'veɪʃn] *s. i.* **1** conservación (animal, de plantas, etc.). **2** conservación (de arte, edificios, etc.). **3** FÍS. conservación (de energía y otros conceptos físicos). **4** ahorro (de energía o similar).

conservationist [,kɒnsə'veɪʃənɪst] *s. c.* conservacionista, ecologista.

conservatism [kən'sɜːvətɪzəm] *s. i.* **1** POL. conservadurismo, tradicionalismo. **2** (desp.) conservadurismo. ◆ **3 Conservatism,** (brit.) POL. conservadurismo.

conservative [kən'sɜːvətɪv] *adj.* **1** POL. conservador. **2** (desp.) conservador, reaccionario, tradicionalista. **3** conservador (cálculo). **4** conservador (en estilo, vestimenta, gustos, etc.). ◆ **5 Conservative,** (brit.) POL. conservador, miembro del partido conservador. **6 Conservative Party,** (brit.) POL. Partido Conservador.

conservatively [kən'sɜːvətɪvlɪ] *adv.* **1** POL. conservadoramente. **2** tradicionalmente, conservadoramente, de modo conservador, reaccionariamente.

conservatory [kən'sɜːvətrɪ || kən'sɜːvətɔːrɪ] *s. c.* **1** galería acristalada contigua a una casa. **2** MÚS. conservatorio.

conserve [kən'sɜːv] *v. t.* **1** conservar, preservar. **2** conservar, ahorrar. ● ['kɒnsɜːv] *s. i.* **3** compota, conserva (como mermelada).

consider [kən'sɪdər] *v. t.* **1** considerar, juzgar, estimar. **2** pensar en, reflexionar sobre. **3** (**to** ~ + *ger./s.*) pensar en, aceptar la consideración de, tener en cuenta de. **4** debatir, considerar, discutir (algo en una reunión de personas). **5** examinar, estudiar (visualmente). ● *v. pron.* **6** considerarse, verse a sí mismos (de una manera u otra). ◆ **7 all things considered,** teniendo todas las circunstancias en cuenta, considerando todos los puntos.

considerable [kən'sɪdərəbl] *adj.* considerable, sustancial, notable (en tamaño, grado o similar).

considerably [kən'sɪdərəblɪ] *adv.* considerablemente, sustancialmente, notablemente.

considerate [kən'sɪdərɪt] *adj.* considerado, atento, educado (en formas cívicas o sociales).

considerately [kən'sɪdərɪtlɪ] *adv.* consideradamente, atentamente, educadamente.

consideration [kən,sɪdə'reɪʃn] *s. i.* **1** consideración, estudio detenido. **2** consideración, atención (hacia alguien). ● *s. c.* **3** factor, consideración. ◆ **4 of no /little** ~, de ninguna/poca importancia, de ninguna/poca significación. **5 to take into** ~, tomar en consideración, tener en cuenta. **6 under** ~, en estudio, en discusión todavía.

considered [kən'sɪdəd] *adj.* **1** pensado, meditado, estudiado. **2** apreciado: *a highly considered writer = un escritor muy apreciado.*

considering [kən'sɪdrɪŋ] *conj.* **1** considerando que, teniendo en cuenta que. ● *adv.* **2** (fam.) después de todo (como contraste): *she's all right considering = ella está bien después de todo.*

consign [kən'saɪn] *v. t.* **1** (**to** ~ + *o.* + **to**) (form.) relegar a (algo no deseado a un sitio). **2** (**to** ~ + *o.* + **to**) encomendar a, destinar a, poner. **3** enviar, dirigir, consignar (mercancías).

consignment [kən'saɪnmənt] *s. c.* (~ {**of**}) (form.) envío (de mercancías).

consist [kən'sɪst] *v. i.* **1** (**to** ~ **of**) constar de, estar compuesto de, estar constituido por: *the company consists of ten departments = la empresa está constituida por diez departamentos.* **2** (**to** ~ **in**) consistir en.

consistency [kən'sɪstənsɪ] *s. i.* **1** consistencia (de una sustancia). **2** coherencia, consistencia (en opiniones o similar). ● *s. c.* **3** consistencia (de las sustancias).

consistent [kən'sɪstənt] *adj.* **1** consistente, constante (que no cambia). **2** (~ {**with**}) consistente, consecuente, coherente.

consistently [kən'sɪstəntlɪ] *adv.* consistentemente, constantemente (sin variación).

consolation [,kɒnsə'leɪʃn] *s. c.* e *i.* **1** consolación, consuelo. ◆ **2** ~ **prize,** premio de consolación.

console [kən'səul] *v. t.* **1** consolar. ● ['kɒnsəul] *s. c.* **2** MEC. panel de instrumentos, tablero de mandos. **3** consola, caja (donde se guarda un televisor, ordenador, etc.).

consolidate [kən'sɒlɪdeɪt] *v. t.* e *i.* **1** consolidar, reforzar (poder, posición, categoría, etc.). **2** COM. fusionar(se), amalgamar(se) (empresas).

consolidation [kən,sɒlɪ'deɪʃn] *s. i.* **1** consolidación, reforzamiento. **2** COM. fusión, amalgamamiento (de empresas).

consommé [kən'sɒmeɪ || 'kɒnsə,meɪ] *s. i.* GAST. consomé.

consonant ['kɒnsənənt] *s. c.* **1** FON. consonante. ● *adj.* **2** (~ **with**) (form.) en consonancia con, conforme con.

consort ['kɒnsɔːt] *s. c.* **1** príncipe consorte, princesa consorte. ● [kən'sɔːt] *v. i.* **2** (**to** ~ **with/together**) (desp.) conchabarse con, asociarse con (para algo malo).

consortia [kən'sɔːtɪə || kən'sɔːrʃɪə] *pl.* de **consortium.**

consortium [kən'sɔːtɪəm || kən'sɔːrʃɪəm] (*pl.* **consortiums** o **consortia**) *s. c.* COM. consorcio.

conspicuous [kən'spɪkjuəs] *adj.* **1** conspicuo, llamativo, sobresaliente (por alguna razón). ◆ **2 to be** ~ **by one's absence,** brillar por su ausencia.

conspicuously [kən'spɪkjuəslɪ] *adv.* llamativamente, visiblemente, notoriamente.

conspicuousness [kən'spɪkjuəsnɪs] *s. i.* notoriedad, (lo) sobresaliente, (lo) llamativo.

conspiracy [kən'spɪrəsɪ] *s. c.* e *i.* **1** conspiración, conjura, conjuración (normalmente política). ● *s. c.* **2** complot, conspiración. ◆ **3 a ~ of silence,** una conspiración de silencio.

conspirator [kən'spɪrətər] *s. c.* conspirador.

conspiratorial [kən,spɪrə'tɔːrɪəl] *adj.* de conspirador, secreto.

conspiratorially [kən,spɪrə'tɔːrɪəlɪ] *adv.* como conspiradores, secretamente.

conspire [kən'spaɪər] *v. i.* **1** conspirar, tramar un complot, conjurarse (normalmente con fines políticos). ◆ **2 to ~ against,** conspirar contra, aunarse, combinarse: *everything conspired against us = todo se aunó en contra nuestra.*

constable ['kʌnstəbl || 'kaːnstəbl] *s. c.* (brit.) policía, agente de policía.

constabulary [kən'stæbjulərɪ || kən'stæbjulerɪ] *s. c.* (brit.) policía local (distrito).

constancy ['kɒnstənsɪ] *s. i.* **1** constancia, perseverancia. **2** lealtad, fidelidad, constancia (especialmente en el matrimonio).

constant ['kɒnstənt] *adj.* **1** constante (en el tiempo). **2** leal, fiel (calificación de una persona). **3** constante, al mismo nivel, invariable. ● *s. c.* **4** FÍS. constante. **5** MAT. constante. **6** elemento constante, característica constante, cosa constante.

constantly ['kɒnstəntlɪ] *adv.* constantemente.

constellation [,kɒnstə'leɪʃn] *s. c.* **1** ASTR. constelación. **2** (~ **of**) (form. y fig.) conjunto de, lista de (razones, excusas, etc.).

consternation [,kɒnstə'neɪʃn] *s. i.* consternación.

constipated ['kɒnstɪpeɪtɪd] *adj.* estreñido.

constipation [,kɒnstɪ'peɪʃn] *s. i.* MED. estreñimiento.

constituency [kən'stɪtjuənsɪ] *s. c.* POL. **1** distrito electoral. **2** (+ *v. sing./pl.*) votantes de un distrito electoral.

constituent [kən'stɪtjuənt] *s. c.* **1** POL. votante (de un distrito electoral). **2** ingrediente, componente (de una mezcla o sustancia). ● *adj.* **3** componente, constituyente. ◆ **4 ~ assembly,** POL. asamblea constituyente.

constitute ['kɒnstɪtjuːt] *v. t.* **1** constituir, representar, formar. **2** constituir, componer (una cantidad): *clerical staff constitute a third of the workforce = el personal administrativo constituye un tercio del total de trabajadores.* ◆ **3 to be constituted by,** (form.) estar integrado por.

constitution [,kɒnstɪ'tjuːʃn || kaːnstɪ'tuːʃn] *s. c.* **1** DER. constitución. **2** constitución (salud). ● *s. sing.* **3** (**the ~ of**) la constitución de, la formación de, el establecimiento de (algo hecho de diversas partes): *the constitution of the board = la constitución del consejo.*

constitutional [,kɒnstɪ'tjuːʃənl || ,kaːnstɪ'tuːʃənl] *adj.* **1** DER. constitucional. **2** de la constitución física. ● *s. c.* **3** (hum. o p.u.) paseo.

constitutionalism [,kɒnstɪ'tjuːʃənəlɪzəm || ,kaːnstɪ'tuːʃənəlɪzəm] *s. i.* POL. constitucionalismo.

constitutionally [,kɒnstɪ'tjuːʃənəlɪ || ,kaːnstɪ'tuːʃənəlɪ] *adv.* **1** DER. constitucionalmente. **2** por constitución física.

constrain [kən'streɪn] *v. t.* **1** constreñir, compeler, obligar. **2** restringir, inhibir.

constrained [kən'streɪnd] *adj.* **1** obligado, constreñido (a algo). **2** forzado, artificial (sonrisa, voz, etc.).

constraint [kən'streɪnt] *s. i.* **1** coacción, compulsión. **2** (form.) forma forzada (de reír, mirar, hablar, etc.). ● *s. c.* **3** (~ **{on/of}**) obligación, limitación (a lo que se puede hacer).

constrict [kən'strɪkt] *v. t.* **1** comprimir, hacer encoger, apretar (físicamente). **2** limitar, constreñir (lo que se puede hacer).

constricted [kən'strɪktɪd] *adj.* limitado, constreñido.

constricting [kən'strɪktɪŋ] *adj.* **1** apretado, comprimido (físicamente). **2** limitador (de la acción o libertad de alguien).

constriction [kən'strɪkʃn] *s. i.* **1** constricción, contracción (física). **2** limitación (de la acción de alguien). ● *s. c.* **3** limitación, restricción. ● *s. sing.* **4** MED. sensación de algo apretando (en pecho o garganta).

construct [kən'strʌkt] *v. t.* **1** construir, hacer. **2** componer, hacer, construir, formular (idea, sistema, escrito, etc.). ● ['kɒnstrʌkt] *s. c.* **3** (form.) creación, fabricación (cosa construida). **4** idea, concepto, construcción mental.

construction [kən'strʌkʃn] *s. i.* **1** construcción, obras públicas. **2** formación, construcción, creación (de maquinaria o parecido uniendo partes diferentes). **3** (~ **{of}**) estructura, estructuración. ● *s. c.* **4** construcción, creación (cualquier cosa). **5** (form.) interpretación (de algo dicho, escrito, etc.). **6** GRAM. estructura. ◆ **7 of simple/solid/etc. ~,** de construcción sencilla/sólida/etc.

constructive [kən'strʌktɪv] *adj.* constructivo, positivo (sugerencia o cosa similar).

constructively [kən'strʌktɪvlɪ] *adv.* constructivamente, positivamente.

construe [kən'struː] *v. t.* (form.) interpretar, explicar (situación, acontecimiento, palabras, etc.).

consul ['kɒnsl] *s. c.* cónsul.

consular ['kɒnsjulər || 'kɒnsələr] *adj.* consular.

consulate ['kɒnsjulət || 'kɒnsələt] *s. c.* consulado.

consult [kən'sʌlt] *v. t.* **1** consultar (alguien o algo). ● *v. i.* **2** (**to ~ {with}**) hablar, discutir, consultar, entrar en consultas. ◆ **3 consulting room,** consultorio (de un médico).

consultancy [kən'sʌltənsɪ] *s. c.* e *i.* **1** COM. asesoría de empresas. ● *s. c.* **2** MED. puesto de médico especialista hospitalario.

consultant [kən'sʌltənt] *s. c.* **1** MED. especialista hospitalario. **2** COM. asesor de empresas, asesor.

consultation [,kɒnsl'teɪʃn] *s. c.* e *i.* **1** (~ **{about/with}**) reunión, consulta. ● *s. i.* **2** consulta (de libros).

consultative [kən'sʌltətɪv] *adj.* consultivo, asesor.

consume [kən'sjuːm || kən'suːm] *v. t.* **1** consumir (comer o beber). **2** consumir (tipos de energías). **3** consumir, destrozar (por el fuego). **4** (fig.) consumir, estar consumido por (sentimientos o deseos).

consumer [kən'sjuːmər || kən'suːmər] *s. c.* **1** consumidor. ◆ **2 ~ durables,** bienes de consumo duraderos. **3 ~ goods,** artículos de consumo. **4 ~ price index,** índice de precios al consumo.

consumerism [kən'sjuːmərɪzəm || kən'suːmərɪzəm] *s. i.* consumismo.

consuming [kən'sjuːmɪŋ] *adj.* dominante, obsesivo, avasallador.

consummate [kən'sʌmət] *adj.* **1** (form.) consumado (en alguna habilidad o aspecto). ● ['kɒnsəmeɪt] *v. t.* **2** consumar (matrimonio). **3** completar, acabar, perfeccionar.

consummation [,kɒnsə'meɪʃn] *s. i.* **1** consumación (de matrimonio). **2** acabamiento, consumación, perfeccionamiento.

consumption [kən'sʌmpʃn] *s. i.* **1** consumo (de comida, energía, etc.). **2** (p.u.) MED. tisis. ◆ **3 for someone's ~,** para consumo de alguien, específicamente para consumo de alguien.

consumptive [kən'sʌmptɪv] *adj.* **1** (p.u.) tísico. ● *s. c.* **2** tísico.

contact ['kɒntækt] *s. c.* e *i.* **1** (~ **{with /between}**) contacto, contacto físico. **2** contacto (de miradas). ● *s. i.* **3** contacto, comunicación, transmisión. ● *s. c.* **4** contacto (persona). **5** ELEC. contacto, conexión. ● [kən'tækt || 'kɒntækt] *v. t.* **6** contactar con, ponerse en contacto con. ◆ **7 ~ lens,** lente de contacto. **8 to lose ~ (with),** perder el contacto (con). **9 to make ~ (with),** establecer contacto (con), contactar (con).

contagion [kən'teɪdʒən] *s. i.* **1** MED. contagio, contaminación. **2** (fig.) contagio, contaminación (de ideas, teorías, etc. negativas). ● *s. c.* **3** MED. enfermedad contagiosa.

contagious [kən'teɪdʒəs] *adj.* **1** MED. contagioso, infeccioso (enfermedad o enfermo). **2** (fig.) contagioso (ideas, teorías, actitudes, etc., pero no necesariamente negativas).

contagiously [kən'teɪdʒəslɪ] *adv.* **1** MED. contagiosamente. **2** (fig.) contagiosamente (acción que se transmite a otros).

contain [kən'teɪn] *v. t.* **1** contener (un volumen). **2** contener, tener (cantidad): *this contains a tiny percentage of gold = esto contiene un pequeño porcentaje de oro.* **3** contener, tener, incluir (ideas, imágenes, verdades, etc.): *this book contains a lot of information on Asia = este libro incluye muchísima información sobre Asia.* **4** contener, controlar, refrenar (algo negativo, un peligro o un sentimiento que se desborda). **5** MAT. ser exactamente divisible por. **6** (normalmente *pas.*) (form.) contener, limitar (físicamente). • *v. pron.* **7** refrenarse, contenerse (para no mostrar sentimientos).

contained [kən'teɪnd] *adj.* sereno, que refrena sus sentimientos.

container [kən'teɪnər] *s. c.* **1** recipiente, envase, caja. **2** contenedor (que se transporta en camiones). ◆ **3** ~ **ship,** MAR. buque de contenedores, barco transportador de contenedores.

containment [kən'teɪnmənt] *s. i.* **1** POL. contención, política de contención (de otro país). **2** contención, represamiento (de una sustancia).

contaminant [kən'tæmɪnənt] *s. c.* (form.) contaminante.

contaminate [kən'tæmɪneɪt] *v. t.* **1** contaminar, causar polución en. **2** contaminar radioactivamente. **3** (fig.) contaminar (las mentes).

contaminated [kən'tæmɪneɪtɪd] *adj.* **1** contaminado, poluto. **2** contaminado por radioactividad. **3** (fig.) contaminado (el pensamiento por teorías malignas).

contamination [kən,tæmɪ'neɪʃn] *s. i.* **1** contaminación, polución. **2** contaminación radioactiva. **3** (fig.) contaminación (de las mentes).

contemplate ['kɒntempleɪt] *v. t.* e *i.* **1** pensar (sobre), reflexionar (sobre), meditar (sobre). **2** proyectar, tener la intención de, entrar en los planes de uno: *are you contemplating retirement? = ¿entra en tus planes la jubilación?* • *v. t.* **3** contemplar, mirar detenidamente (con la vista).

contemplation [,kɒntem'pleɪʃn] *s. i.* **1** contemplación (mirada). **2** intención, proyecto, consideración (de llevar algo a cabo). • *s. c.* e *i.* **3** reflexión, mediación (sobre algo).

contemplative [kən'templətɪv || 'kɒntempleɪtɪv] *adj.* **1** pensativo (persona). **2** REL. contemplativo (de las órdenes contemplativas).

contemplatively [kən'templətɪvlɪ] *adv.* pensativamente; de manera contemplativa.

contemporaneous [kən,tempə'reɪnɪəs] *adj.* (form.) contemporáneo.

contemporary [kən'temprərɪ || kən'tempərərɪ] *adj.* **1** contemporáneo. **2** de la misma época, del mismo tiempo (dentro del pasado): *a play contemporary with Shakespeare's = una obra de teatro de la misma época de Shakespeare.* • *s. c.* **3** contemporáneo, coetáneo.

contempt [kən'tempt] *s. i.* **1** (~ {**for**}) desprecio, desdén. **2** DER. desacato. ◆ **3 beneath ~/beneath one's ~,** absolutamente despreciable. **4** ~ **of court,** DER. desacato al tribunal. **5 to hold in ~,** despreciar, tener por despreciable.

contemptible [kən'temptəbl] *adj.* despreciable, vil.

contemptuous [kən'temptʃuəs] *adj.* (form.) desdeñoso, despectivo.

contemptuously [kən'temptʃuəslɪ] *adv.* (form.) desdeñosamente, despectivamente.

contend [kən'tend] *v. t.* **1** (form.) sostener, mantener, afirmar (una idea, creencia, etc.). • *v. i.* **2** (**to** ~ **with/ against**) luchar, rivalizar, pugnar (con una dificultad, problema, etc.). **3** (**to** ~ **with**) competir, contender, luchar (con alguien).

contender [kən'tendər] *s. c.* competidor, contendiente.

contending [kən'tendɪŋ] *adj.* rival, opuesto, contendiente.

content ['kɒntent] *s. c.* **1** contenido (sustancia): *calcium content = contenido de calcio.* • *s. i.* **2** contenido (de un programa, escrito, película, etc.). • *s. pl.* **3** contenido (de un recipiente, escrito, etc.). **4** índice de materias (en un libro).

content [kən'tent] *adj.* **1** (~ + *inf.* **/with**) contento de/con, feliz de/con. **2** alegre, satisfecho, contento. • *v. t.* **3** satisfacer, contentar. • *v. pron.* **4** (**to** ~ **with**) contentarse con, sentirse satisfecho con (excluyendo otra cosa). • *s. i.* **5** (lit.) contento, satisfacción. ◆ **6 to one's heart's** ~, ⇒ **heart.**

contented [kən'tentɪd] *adj.* satisfecho, contento, contentado (con lo que uno tiene).

contentedly [kən'tentɪdlɪ] *adv.* con satisfacción, con contento.

contention [kən'tenʃn] *s. c.* **1** (form.) argumento, punto de vista, forma de ver las cosas. • *s. i.* **2** contención, disputa. ◆ **3 in** ~, en pugna, en rivalidad, en competencia.

contentious [kən'tenʃəs] *adj.* **1** (form.) conflictivo, causante de controversia, polémico (tema, problema, etc.). **2** pendenciero (cualidad personal).

contentment [kən'tentmənt] *s. i.* satisfacción, alegría, contentamiento.

contest ['kɒntest] *s. c.* **1** certamen, concurso, lid, competición. **2** lucha, pelea, contienda (por el poder o control de algo). • [kən'test] *v. t.* **3** disputar (una elección política, concurso, etc.). **4** impugnar, rechazar (normalmente mediante acción legal una declaración, resultado, etc.).

contestant [kən'testənt] *s. c.* **1** concursante, participante (en certamen, concurso o similar). **2** candidato (a un puesto de cualquier clase).

context ['kɒntekst] *s. c.* **1** contexto, situación (de cualquier acontecimiento). **2** contexto (lingüístico). ◆ **3 in/into** ~, en contexto, en su contexto. **4 out of** ~, fuera de contexto.

contextual [kən'tekstʃuəl] *adj.* contextual, del contexto.

contiguous [kən'tɪgjuəs] *adj.* (~ {**to /with**}) (form.) contiguo, colindante.

continence ['kɒntɪnəns] *s. i.* **1** (form.) continencia (especialmente sexual). **2** MED. continencia (de la orina).

continent ['kɒntɪnənt] *s. c.* **1** GEOG. continente. • *adj.* **2** (form.) continente (especialmente en el tema sexual). **3** MED. continente, con control (de su vejiga urinaria). ◆ **4 the Continent,** (brit.) Europa, el resto de Europa (la manera en que los británicos llaman a la parte continental de Europa).

continental [,kɒntɪ'nentl] *adj.* **1** GEOG. continental. ◆ **2 Continental,** (brit.) **a)** continental, del resto de Europa. **b)** europeo, persona del continente europeo. **3** ~ **breakfast,** (brit.) desayuno ligero (normalmente un café y un bollo). **4** ~ **drift,** GEOG. deriva de los continentes. **5** ~ **quilt,** (brit.) edredón nórdico. **6** ~ **shelf,** GEOG. plataforma continental.

contingency [kən'tɪndʒənsɪ] *s. c.* (form.) contingencia, eventualidad.

contingent [kən'tɪndʒənt] *s. c.* **1** MIL. contingente. **2** (fig.) contingente, grupo (representante ante un congreso, asociación, etc.). • *adj.* **3** FIL. contingente. ◆ **4 to be** ~ **on,** depender de: *the outcome was contingent on the committee's decision = el resultado dependía de la decisión del comité.*

continual [kən'tɪnjuəl] *adj.* **1** continuo, constante (con pequeños descansos entre medias). **2** repetitivo.

continually [kən'tɪnjuəlɪ] *adv.* **1** continuamente, constantemente. **2** repetitivamente.

continuance [kən'tɪnjuəns] *s. i.* (form.) continuación, prolongación, permanencia.

continuation [kən,tɪnju'eɪʃn] *s. i.* **1** prolongación, permanencia. **2** extensión, continuación (añadiendo algo a algo ya existente).

continue [kən'tɪnju:] *v. i.* **1** (**to** ~ + *ger./inf.*) continuar, seguir, proseguir. **2** (**to** ~ + *prep.*) continuar, seguir (movimiento). **3** (**to** ~ **with**) continuar con, seguir con (algo). **4** continuar, seguir, extenderse más allá (una carretera o similar). • *v. t.* e *i.* **5** continuar, seguir (un proceso, suceso, etc.): *I want to continue my training in Canada = quiero continuar mi preparación en Canadá.* **6** durar, continuar (en el tiempo). ◆ **7 continued on,** continúa en (tal página). **8 to be continued,** continuará (película, novela, etc.).

continuity [,kɒntɪ'nju:ɪtɪ || ,kɒntɪ'nu:ətɪ] *s. c.* e *i.* **1** continuidad, permanencia. • *s. i.* **2** continuidad, conexión, lógica, unión (entre dos elementos, especialmente artísticos). **3** TV. continuidad.

continuous [kən'tɪnjuəs] *adj.* **1** continuo, incesante, ininterrumpido (sin descanso). **2** GEOM. continua (línea). **3** GRAM. continuo. ◆ **4** ~ **assessment,** evaluación continua.

continuously [kən'tɪnjuəslɪ] *adv.* continuamente, incesantemente, ininterrumpidamente (sin descanso).

continuum [kən'tɪnjuəm] *s. sing.* (form.) continuo, solución de continuidad.
contort [kən'tɔːt] *v. t.* e *i.* **1** retorcer(se) (el cuerpo). **2** demudar(se) (el rostro).
contorted [kən'tɔːtɪd] *adj.* **1** retorcido (cuerpo). **2** demudado (cara).
contortion [kən'tɔːʃn] *s. c.* e *i.* **1** retorcimiento, contorsión (del cuerpo). **2** demudación, desfiguración (de la cara).
contortionist [kən'tɔːʃənɪst] *s. c.* contorsionista.
contour ['kɒntuər] *s. c.* **1** perfil, contorno (de algo). **2** (también **contour line**) GEOG. curva de nivel. ◆ **3 ~ map,** GEOG. mapa acotado.
contraband ['kɒntrəbænd] *s. i.* **1** contrabando. ● *adj.* **2** de contrabando.
contraception [ˌkɒntrə'sepʃn] *s. i.* MED. contracepción.
contraceptive [ˌkɒntrə'septɪv] *s. c.* MED. **1** anticonceptivo, contraceptivo. ● *adj.* **2** anticonceptivo. ◆ **3 ~ pill,** píldora anticonceptiva.
contract ['kɒntrækt] *s. c.* **1** contrato, convenio (oficial o legal). ◆ **2 to put work out to ~,** COM. subcontratar una obra, hacer una subcontrata en una obra. **3 under ~ (to),** bajo contrato con, ligado por contrato a.
contract [kən'trækt] *v. t.* **1** contraer, tensar, poner en tensión (músculos). **2** (form.) contraer (enfermedad). **3** (form.) contraer (matrimonio). ● *v. i.* **4** contraerse, tensarse (músculos). **5** contraerse, disminuir (sustancia, metal, etc.). **6** ECON. contraerse, debilitarse (la economía). **7** (**to ~** *inf./with*) (form.) estipular mediante contrato con, acordar mediante contrato con. ◆ **8 to ~ in (to),** DER. entrar en la licitación (de), entrar en el concurso público (por) (llevar a cabo una obra de algún tipo). **9 to ~ out (of),** DER. salirse de un plan (de), no querer tomar parte en un plan (de) (pensiones, ayudas, becas, etc.). **10 to ~ out (to),** subcontratar (a), ceder en régimen de subcontrata (a).
contraction [kən'trækʃn] *s. c.* **1** GRAM. contracción. **2** MED. contracción (del útero al dar a luz). ● *s. i.* **3** ECON. contracción, debilitamiento. **4** contracción, empequeñecimiento (de un metal, por ejemplo, por el calor). ● *s. c.* e *i.* **5** contracción, tensión (múscular).
contractor [kən'træktər || 'kɒntræktə] *s. c.* contratista (de obras).
contractual [kən'træktʃuəl] *adj.* (form.) contractual.
contractually [kən'træktʃuəlɪ] *adv.* (form.) por contrato, mediante contrato.
contradict [ˌkɒntrə'dɪkt] *v. t.* **1** contradecir, refutar, disputar, oponerse. ● *v. pron.* **2** contradecirse, oponerse.
contradiction [ˌkɒntrə'dɪkʃn] *s. c.* e *i.* **1** contradicción, inconsistencia. ◆ **2 a ~ in terms,** contradicción, incompatibiliad de términos.
contradictory [ˌkɒntrə'dɪktərɪ] *adj.* contradictorio, inconsistente, incompatible.
contraindication [ˌkɒntrəɪndɪ'keɪʃn] *s. c.* MED. contraindicación.
contralto [kən'træltəu] MÚS. *s. c.* **1** cantante de contralto, contralto. ● *s. sing.* **2** contralto, voz de contralto. ● *adj.* **3** de contralto, contralto.
contraption [kən'træpʃn] *s. c.* (fam.) artilugio.
contrapuntal [ˌkɒntrə'pʌntl] *adj.* MÚS. de contrapunto.
contrary ['kɒntrərɪ || 'kɒntrerɪ] *adj.* **1** (~ {**to**}) opuesto, contrario (actitud, pensamiento, ideas, etc.). ◆ **2 ~ to,** en contra de, en oposición a. **3 on the ~,** por el contrario, al revés. **4 to the ~,** al contrario, en contra, en su contra (contradiciendo algo anterior).
contrary [kən'treərɪ] *adj.* (desp.) terco, díscolo, recalcitrante, que lleva siempre la contraria.
contrarily [kən'treərɪlɪ] *adv.* (desp.) tercamente, díscolamente, recalcitrantemente.
contrariness [kən'treərɪnɪs] *s. i.* (desp.) terquedad.
contrast [kən'trɑːst || kən'træst] *v. t.* **1** (**to ~ +** *o.* **+ {to/with}**) contrastar, contraponer, comparar. ● *v. i.* **2** contrastar, no casar, estar en contraste. ● **contrast** ['kɒntrɑːst || 'kɒntræst] *s. c.* **3** (~ {**to/with**}) contraste, cambio total, diferencia absoluta. ● *s. i.* **4** TV. contraste. ● *s. c.* e *i.* **5** (~ {**between/with**}) contraste, disparidad. ◆ **6 by ~ (to)/in ~ (with),** en contraste (con), en oposición (con); por contra. **7 in ~ (with/to),** completamente distinto (a), completamente opuesto (a).
contrasting [kən'trɑːstɪŋ] *adj.* contrastante.
contravene [ˌkɒntrə'viːn] *v. t.* (form.) **1** contravenir, desobedecer, infringir (orden, regla, etc.). **2** oponerse a, estar en desacuerdo con (teorías, documentos, palabras, etc.) que se oponen.
contravention [ˌkɒntrə'venʃn] *s. c.* e *i.* (~ {**of**}) (form.) infracción, desobediencia (de ley o similar).
contretemps ['kɒntrətɒm] (*pl.* **contretemps**) *s. c.* (form. o lit.) contratiempo.
contribute [kən'trɪbjuːt] *v. t.* e *i.* **1** (**to ~ {to/towards}**) contribuir, aportar, poner un granito de arena (diciendo o haciendo cosas). **2** (**to ~ {to}**) contribuir, aportar (medios materiales). **3** (**to ~ {to}**) contribuir (artículos o escritos en general). ● *v. i.* **4** (**to ~ to**) contribuir a, influir positivamente en, ser la causa fundamental de: *the park has contributed to improving the district = el parque ha contribuido a una mejora del barrio.*
contributing [kən'trɪbjuːtɪŋ] *adj.* de gran influencia, influyente (como una de las causas de una situación).
contribution [ˌkɒntrɪ'bjuːʃn] *s. c.* **1** contribución (material o monetaria). **2** (brit.) derecho pasivo (pensión). **3** contribución (literaria). ● *s. i.* **4** (~ {**of**}) contribución, aportación (material).
contributor [kən'trɪbjuːtər] *s. c.* **1** (~ {**to**}) colaborador (literario). **2** (~ {**to**}) causa, origen. **3** (~ {**to**}) donante (de dinero).
contributory [kən'trɪbjutərɪ || kən'trɪbjutɔːrɪ] *adj.* **1** contributivo, causante, influyente (factor, elemento, etc.). **2** a base de aportaciones periódicas (pensión o similar).
contrite ['kɒntraɪt] *adj.* contrito, arrepentido, pesaroso.
contritely ['kɒntraɪtlɪ] *adv.* con contrición, con arrepentimiento.
contrition [kən'trɪʃn] *s. i.* arrepentimiento, contrición.
contrivance [kən'traɪvəns] *s. c.* **1** artilugio, aparato extraño, ingenio mecánico. **2** (desp.) maquinación, treta (para beneficiarse uno). ● *s. i.* **3** (form.) maniobras, estratagemas.
contrive [kən'traɪv] *v. t.* **1** efectuar, lograr llevar a cabo, idear (algo). **2** inventar (máquina, dispositivo, etc.). ● *v. i.* **3** (**to ~ +** *inf.*) lograr, conseguir. **4** (**to ~ +***inf.*) (form. o hum.) ingeniárselas (para hacer algo bobo).
contrived [kən'traɪvd] *adj.* (desp.) artificial, artificioso, antinatural (cosa u obra de arte).
control [kən'trəul] *v. t.* **1** controlar, estar al mando de (situación, país, etc.). **2** controlar (enfermedad). **3** controlar, dominar (gesto, voz, etc.). **4** controlar, verificar, regular (resultados, maquinaria, cuentas, etc.). **5** controlar, dominar (mecanismos sociales, económicos, etc.). ● *v. pron.* **6** controlarse, dominarse (carácter, sentimientos, etc.). ● *s. i.* **7** (~ {**of/over**}) control (de una situación, país, etc.). **8** (~ {**of/over**}) control, dominio (de la vida, vehículo o similar). **9** (~ {**of**}) control, dominio (de sentimientos, reacciones, etc.). **10** inspección, verificación, control (de un proceso o tarea). ● *s. c.* **11** control, botón. **12** (normalmente *pl.*) control, limitación (a fenómenos económicos, sociales, etc. por parte de un gobierno). **13** (normalmente *sing.*) control (de pasaportes o similar en un aeropuerto). ◆ **14 at the controls (of),** en los controles (de), al mando (de), en el puesto de mando (de) (un vehículo o similar con botones). **15 beyond/outside one's ~,** fuera del control de uno, más allá del control de uno. **16 ~ tower,** AER. torre de control. **17 in ~ (of),** con control (de), controlando (un proceso, reacción, etc.). **18 out of ~,** sin control, descontrolado, fuera de control. **19 under ~,** bajo control, controlado. **20 under one's ~,** bajo el control de uno.
controllable [kən'trəuləbl] *adj.* controlable, dominable.
controlled [kən'trəuld] *adj.* **1** controlado, regulado, dominado. **2** sereno, en calma.
controller [kən'trəulər] *s. c.* **1** interventor (de cuentas). **2** director, superin-

tendente (jefe de una parte de una organización).

controlling [kən'trəʊlɪŋ] *adj.* **1** que da control, que da dominio. ◆ **2** ~ **interest,** COM. interés mayoritario (dentro de una empresa).

controversial [ˌkɒntrəvɜːʃl] *adj.* polémico, discutible (persona o asunto).

controversially [ˌkɒntrəvɜːʃəlɪ] *adv.* polémicamente, discutiblemente.

controversy ['kɒntrəvɜːsɪ || kən'trɒvəsɪ] *s. c.* e *i.* controversia, polémica.

contusion [kən'tjuːʒn || kən'tuːʒn] *s. c.* e *i.* MED. contusión, golpe fuerte, magullamiento.

conundrum [kə'nʌndrəm] *s. c.* **1** (form. o p.u.) asunto intricado, enigma. **2** acertijo.

conurbation [ˌkɒnɜː'beɪʃn] *s. c.* (form.) conurbación, ciudad extendida, gran ciudad (que ha englobado pequeñas ciudades de alrededor).

convalesce [ˌkɒnvə'les] *v. i.* (**to** ~ {**from**}) convalecer.

convalescence [ˌkɒnvə'lesns] *s. i.* convalecencia.

convalescent [ˌkɒnvə'lesnt] *adj.* **1** convaleciente. ● *s. c.* **2** convaleciente, paciente en proceso de recuperación.

convection [kən'vekʃn] *s. i.* FÍS. convección.

convector [kən'vektər] (también **convector heater**) *s. c.* MEC. calentador por aire.

convene [kən'viːn] *v. t.* **1** (form.) convocar, citar (reunión o similar). ● *v. i.* **2** reunirse, juntarse (en una reunión).

convener *s. c.* ⇒ **convenor.**

convenience [kən'viːnɪəns] *s. i.* **1** conveniencia, provecho, utilidad. ● *s. c.* **2** cosa conveniente, asunto provechoso. **3** (normalmente *pl.*) (form.) lavabo público, servicios. ◆ **4 at one's** ~, cuando le venga bien a uno, cuando guste uno. **5 at one's earliest** ~, (form.) con la mayor brevedad, tan pronto como le sea posible a uno. **6** ~ **food,** GAST. comida precocinada, comida rápida (en conservas o similar).

convenient [kən'viːnɪənt] *adj.* **1** conveniente, adecuado, oportuno, apropiado. **2** conveniente (por estar cerca).

conveniently [kən'viːnɪəntlɪ] *adv.* **1** convenientemente, adecuadamente, oportunamente, apropiadamente. **2** convenientemente (cerca).

convenor [kən'viːnər] (también **convener**) *s. c.* **1** convocante (a una reunión). **2** (brit.) presidente de comisión sindical.

convent ['kɒnvənt || 'kaːnvent] *s. c.* **1** REL. convento. ◆ **2** ~ **school,** escuela de monjas.

convention [kən'venʃn] *s. c.* e *i.* **1** convención, costumbre. ● *s. c.* **2** convención, convención artística. **3** POL. convención, acuerdo internacional. **4** convención, congreso, asamblea.

conventional [kən'venʃənl] *adj.* **1** convencional, acostumbrado. **2** tradicional, viejo, antiguo (método, forma, sistema, etc.). **3** MIL. convencional, no nuclear. ◆ **4 the** ~ **wisdom,** (form.) la sabiduría popular.

conventionality [kənˌvenʃən'ælətɪ] *s. i.* convencionalismo, formalismo.

conventionally [kən'venʃənəlɪ] *adv.* **1** convencionalmente, como costumbre. **2** tradicionalmente, antiguamente.

converge [kən'vɜːdʒ] *v. i.* **1** converger, unirse (caminos o similar). **2** converger, unirse (tendencias, fenómenos, etc.). **3** (**to** ~ **in/on/upon**) reunirse, converger (personas o vehículos en la misma dirección).

convergence [kən'vɜːdʒəns] *s. c.* e *i.* (~ {**of/between**}) (form.) fusión, convergencia.

conversant [kən'vɜːsnt] *adj.* (~ **with**) (form.) familiarizado con, al corriente de, experto en.

conversation [ˌkɒnvə'seɪʃn] *s. c.* e *i.* **1** conversación. ◆ **2 in** ~, en conversación, conversando, charlando. **3 to make** ~, dar conversación, charla, (Am.) platicar.

conversational [ˌkɒnvə'seɪʃənl] *adj.* conversacional, de conversación (un idioma); coloquial.

conversationalist [ˌkɒnvə'seɪʃənəlɪst] *s. c.* hablador, conversador.

converse [kən'vɜːs] *v. i.* **1** (**to** ~ {**with**}) (form.) conversar, hablar, (Am.) platicar. ● ['kɒnvɜːs] *adj.* **2** inverso, opuesto. ● *s. sing.* **3** (**the** ~ {**of**}) lo contrario, lo opuesto.

conversely ['kɒnvɜːslɪ] *adv.* a la inversa.

conversion [kən'vɜːʃn || kən'vɜːrʒn] *s. c.* e *i.* **1** conversión (cambio en otra forma). **2** COM. conversión, cambio (de divisas). **3** (~ {**from/to**}) REL. conversión. **4** DEP. transformación (en algunos deportes). **5** MAT. conversión.

convert ['kɒnvɜːt] *s. c.* **1** converso (normalmente religioso). ● [kən'vɜːt] *v. t.* e *i.* **2** (**to** ~ + *o.* + {**from/into/to**}) transformar (una cosa en otra). **3** REL. convertir(se). **4** DEP. transformar. ● *v. t.* **5** (**to** ~ + *o.* + {**into/to**}) transformar, convertir (una cantidad a otra). **6** (**to** ~ + *o.* + {**from/to**}) transformar, adaptar (un sistema). **7** reformar, modificar (edificio).

converted [kən'vɜːtɪd] *adj.* reformada (casa).

converter [kən'vɜːtər] (también **convertor**) *s. c.* ELEC. convertidor.

convertible [kən'vɜːtəbl] *s. c.* **1** descapotable (coche). ● *adj.* **2** FIN. convertible (dinero). **3** adaptable, convertible, transformable (objeto). ◆ **4** ~ **bond,** bono convertible.

convertor *s. c.* ⇒ **converter.**

convex ['kɒnveks] *adj.* GEOM. convexo.

convey [kən'veɪ] *v. t.* **1** llevar, transmitir (un significado, una idea, etc.). **2** (form.) transportar, conducir, llevar. **3** (form.) transmitir (propiedad).

conveyance [kən'veɪəns] *s. c.* **1** (p.u.) medio de transporte. **2** DER. escritura de traspaso.

conveyancing [kən'veɪənsɪŋ] *s. i.* DER. (brit.) transmisión de propiedad.

conveyor [kən'veɪər] *s. c.* **1** portador, transportador. ◆ **2** ~ **belt,** MEC. cinta transportadora.

convict ['kɒnvɪkt] *s. c.* **1** convicto, presidiario. ● [kən'vɪkt] *v. t.* **2** (**to** ~ + *o.* {**of/for**}) condenar a la cárcel, declarar culpable.

conviction [kən'vɪkʃn] *s. c.* e *i.* **1** convicción, convencimiento. **2** (~ {**of/for**}) condena. ◆ **3 to carry** ~, ser convincente, ser creíble.

convince [kən'vɪns] *v. t.* convencer, persuadir.

convinced [kən'vɪnst] *adj.* **1** convencido, persuadido: *I'm convinced that he's dead = estoy convencido de que está muerto.* **2** convencido (de una religión).

convincing [kən'vɪnsɪŋ] *adj.* convincente, persuasivo.

convincingly [kən'vɪnsɪŋlɪ] *adv.* convincentemente, persuasivamente.

convivial [kən'vɪvɪəl] *adj.* **1** jovial, alegre, festivo. **2** (form.) sociable, amigable.

conviviality [kənˌvɪvɪ'ælɪtɪ] *s. i.* jovialidad, buen humor.

convivially [kən'vɪvɪəlɪ] *adv.* jovialmente, festivamente, alegremente.

convocation [ˌkɒnvə'keɪʃn] *s. sing.* **1** (~ {**of**}) (form.) convocación, convocatoria (de una asamblea, especialmente). ● *s. c.* **2** asamblea.

convoluted ['kɒnvəluːtɪd] *adj.* **1** (form.) curvado, con muchas curvas. **2** (fig.) complicado, intricado, tortuoso.

convolution [ˌkɒnvə'luːʃn] *s. c.* (form.) circunvolución, curva.

convoy ['kɒnvɔɪ] *s. c.* convoy.

convulse [kən'vʌls] *v. i.* **1** (form.) agitarse violentamente, tener convulsiones. ● *v. t.* **2** hacer desternillarse (de risa).

convulsion [kən'vʌlʃn] *s. c.* **1** MED. convulsión, espasmo. **2** (fig.) conmoción, agitación. **3** (normalmente *pl.*) ataque de risa irreprimible.

convulsive [kən'vʌlsɪv] *adj.* **1** convulso, espasmódico (movimiento). **2** MED. convulsivo (enfermedad que causa espasmos).

convulsively [kən'vʌlsɪvlɪ] *adv.* convulsivamente, espasmódicamente.

cony ['kəunɪ] *s. c.* **1** (arc.) conejo. ● *s. i.* **2** piel de conejo para abrigos.

coo [kuː] *v. i.* **1** arrullar (sonido de las palomas). ● *v. t.* e *i.* **2** (fig.) arrullar, hablar como con arrullos, decir en arrullos. ● *interj.* **3** (brit.) vaya (como sorpresa).

cooing [kuːɪŋ] *s. i.* **1** sonido arrullador, arrullos. ● *adj.* **2** arrullador (sonido de voces).

cook [kʊk] *v. t.* e *i.* **1** cocinar, guisar. ● *v. t.* **2** (fam.) falsear (cuentas, escritos, etc.). ● *v. i.* **3** (fam.) tramar, maquinar. ● *s. c.* **4** cocinero. ◆ **5 to** ~ **the books,** (desp. y fam.) falsificar las cuentas, falsear los libros de contabilidad. **6 to** ~ **up,** (fam.) maquinar, urdir (trampas o similar). **7 too many cooks/too many cooks spoil the broth,** demasiadas manos/demasiados cocineros arruinan el puchero.

cookbook ['kʊkbʊk] *s. c.* libro de recetas, recetario, libro de cocina.

cooked [kʊkt] *adj.* cocinado, guisado.

cooker ['kʊkər] *s. c.* **1** cocina (el electrodoméstico). **2** (brit.) (fam.) manzana para repostería (no para comer).

cookery ['kʊkərɪ] *s. i.* **1** arte culinario, arte de la cocina. ◆ **2** ~ **book,** libro de cocina, libro de recetas.

cookie ['kʊkɪ] *s. c.* **1** (EE UU) galleta. ◆ **2 that's the way the** ~ **crumbles,** (fam.) así es la vida, las cosas son así.

cooking ['kʊkɪŋ] *s. i.* **1** cocina, arte culinario. ● *adj.* **2** de cocinar, para cocinar (aceite, vino, etc.).

cool [kuːl] *adj.* **1** fresco (moderadamente frío). **2** sereno, tranquilo. **3** indiferente, distante. **4** (fam.) fenómeno. **5** (fam.) ni más ni menos que (cantidad). **6** frío (color, especialmente el verde y el azul). ● *v. t.* e *i.* **7** enfriar(se), refrescar(se). **8** moderar(se), apaciguar(se) (un sentimiento o emoción). ● *s. sing.* **9** (**the** ~) el fresco, el frío. ◆ **10** ~ **as a cucumber,** ⇒ **cucumber. 11 to** ~ **down, a)** enfriar(se), refrescar(se). **b)** calmar(se), serenar(se). **12** ~ **it,** (fam.) cálmate, tranquilo. **13 to** ~ **off,** enfriarse rápidamente, ponerse frío rápidamente. (fig.) perder entusiasmo, entibiarse. **14 to** ~ **one's heels,** ⇒ **heel. 15 to keep one's** ~, (fam.) mantener la calma, mantener la serenidad. **16 to lose one's** ~, (fam.) montar en cólera, ponerse malo (de ira). **17 to play it** ~, (fam.) tomárselo con calma.

coolant ['kuːlənt] *s. c.* e *i.* líquido de refrigeración.

cooler ['kuːlər] *s. c.* **1** nevera portátil. ● *s. sing.* **2** (fam.) cárcel, (Am.) cana.

coolie ['kuːlɪ] *s. c.* (p.u.) culi (portador asiático).

cooling ['kuːlɪŋ] *s. i.* **1** enfriamiento (hacer más frío). ● *adj.* **2** refrescante. ◆ **3 cooling-off period,** período de tregua (en las negociaciones sindicales). **4** ~ **system,** sistema de refrigeración. **5** ~ **tower,** torre de refrigeración.

coolly ['kuːlɪ] *adv.* serenamente, tranquilamente.

coolness ['kuːlnɪs] *s. i.* **1** frescor, frío. **2** serenidad, tranquilidad. **3** indiferencia, distanciamiento (en el carácter de alguien).

coop [kuːp] *s. c.* **1** jaula (para gallinas, conejos, etc.). ◆ **2 to** ~ **up,** enjaular, encerrar.

co-op ['kəʊɒp] *s. c.* (fam.) cooperativa.

cooperate [kəʊ'ɒpəreɪt] *v. i.* (**to** ~ {**with**}) cooperar, colaborar.

cooperation [kəʊ,ɒpə'reɪʃn] *s. i.* cooperación, colaboración.

cooperative [kəʊ'ɒpərətɪv] *s. c.* **1** cooperativa. ● *adj.* **2** cooperativo, colaborador. **3** servicial, dispuesto (a ayudar). ◆ **4** ~ **society,** sociedad cooperativa, cooperativa. **5** ~ **store,** tienda de la cooperativa.

cooperatively [kəʊ'ɒpərətɪvlɪ] *adv.* **1** cooperativamente, con toda cooperación. **2** de manera servicial, en plan colaborador, dispuesto (a ayudar).

co-opt [kəʊ'ɒpt] *v. t.* (form.) elegir, nombrar (miembros de un comité).

co-option [kəʊ'ɒpʃn] *s. i.* (form.) elección, nombramiento.

coordinate [,kəʊ'ɔːdɪneɪt] *v. t.* **1** coordinar. **2** coordinar, controlar (movimientos del cuerpo). ● [kəʊ'ɔːdɪnət] *s. c.* **3** (normalmente *pl.*) MAT. coordenada. **4 coordinating conjunction,** GRAM. conjunción copulativa.

coordinator [,kəʊ'ɔːdɪneɪtər] *s. c.* (~ {**of**}) coordinador (de un proyecto o actividad).

coot [kuːt] *s. c.* **1** ZOOL. fúlica, focha (ave). **2** (p.u. y brit.) bobalicón.

cop [kɒp] *s. c.* **1** (fam.) poli. ● (*ger.* **copping,** *pret.* y *p.p.* **copped**) *v. t.* **2** (fam.) recibir, apechar con, sufrir (algo desagradable). ◆ **3 to** ~ **hold (of),** (brit.) echar mano (a), agarrar, sostener, sujetar (algo). **4 to** ~ **it,** ganárselas, irlas a pagar: *if the boss catches you asleep again, you'll cop it = si el jefe te encuentra otra vez dormida las vas a pagar.* **5 to** ~ **out (of),** (desp.) escaquearse (de), rajarse (de). **6 cops and robbers,** policías y ladrones (juego de niños). **7 not much** ~, (brit.) no gran cosa, una porquería (de calidad o interés).

cope [kəʊp] *v. i.* **1** (**to** ~ **with**) arreglárselas con, solucionar (dificultad, problema, etc.). ● *s. c.* **2** REL. capa consistorial, capa pluvial (de un cura).

copier ['kɒpɪər] *s. c.* copiadora, fotocopiadora.

copilot [,kəʊ'paɪlət] *s. c.* copiloto.

coping ['kəʊpɪŋ] *s. c.* e *i.* ARQ. albardilla, remate.

copious ['kəʊpɪəs] *adj.* copioso, abundante, cuantioso.

copiously ['kəʊpɪəslɪ] *adv.* copiosamente, abundantemente, cuantiosamente.

cop-out ['kɒpaut] *s. c.* (fam. y desp.) salida por la tangente, evasión del tema, miedo a encararse con la responsabilidad de uno.

copper ['kɒpər] *s. i.* **1** QUÍM. cobre. ● *s. c.* **2** (brit.) (fam.) poli. **3** caldero (de cobre). **4** perra (dinero insignificante). ● *adj.* **5** cobre (color). ◆ **6** ~ **beech,** BOT. haya roja.

copperplate [,kɒpə'pleɪt] *s. i.* caligrafía nítida y algo barroca.

coppice ['kɒpɪs] *s. c.* ⇒ **copse.**

copse [kɒps] (también **coppice**) *s. c.* bosquecillo.

Copt [kɒpt] *s. c.* REL. copto.

Coptic ['kɒptɪk] *adj.* **1** REL. copto. ◆ **2 the Coptic Church,** la Iglesia copta.

copula ['kɒpjʊlə] *s. c.* GRAM. cópula.

copulate ['kɒpjʊleɪt] *v. i.* (**to** ~ {**with**}) BIOL. copular (unirse sexualmente, los animales); copular, tener relaciones sexuales (personas).

copulation [,kɒpjʊ'leɪʃn] *s. i.* copulación, coito.

copy ['kɒpɪ] *s. c.* **1** copia, duplicado, reproducción. **2** ejemplar (de un libro, periódico, etc.). ● *s. i.* **3** material escrito. **4** PER. material digno de publicación. ● *v. t.* **5** copiar, reproducir exactamente. **6** copiar, imitar. ● *v. t.* e *i.* **7** copiar (en exámenes). ◆ **8 to** ~ **down/out,** copiar, reproducir con toda exactitud.

copybook ['kɒpɪbʊk] *s. c.* **1** cuaderno de copia. ● *adj.* **2** de libro, llevado a cabo con toda perfección. ◆ **3 to blot one's** ~, manchar la reputación de uno.

copycat ['kɒpɪkæt] *s. c.* **1** (fam. y hum.) mono imitador, imitador. ◆ **2** ~ **killing,** asesinatos en serie.

copyright ['kɒpɪraɪt] *s. c.* e *i.* DER. copyright, derechos de propiedad intelectual, derechos de autor.

copywriter ['kɒpɪraɪtər] *s. c.* publicista, escritor de anuncios.

coquetry ['kɒkɪtrɪ] *s. i.* (form. o lit.) coquetería.

coquette [kə'ket ‖ kɒ'ket] *s. c.* (form.) coqueta (mujer).

coquettish [kə'ketɪʃ] *adj.* (form.) coquetón, coquetona.

coquettishly [kə'ketɪʃlɪ] *adv.* (form.) coquetonamente, con coquetería.

cor [kɔːr] *interj.* **1** ¡jo! (sorpresa o impresión). ◆ **2** ~ **blimey,** (p.u.) ¡qué bárbaro!

coral ['kɒrəl ‖ 'kɔːrəl] *s. i.* **1** BIOL. coral. ● *s. c.* **2** ZOOL. coral. ● *adj.* **3** coralino (color). ◆ **4** ~ **reef,** GEOL. arrecife de coral.

corbel ['kɔːbl] *s. c.* ARQ. voladizo.

cord [kɔːd] *s. c.* e *i.* **1** cordel, cuerda fina. ● *s. c.* **2** ELEC. cable. ● *adj.* **3** de pana. ● *s. pl.* **4** (**a pair of** ~) (fam.) pantalones de pana.

cordial ['kɔːdɪəl ‖ 'kɔːrdʒəl] *adj.* **1** cordial, amistoso. **2** (form.) fuerte (odio o similar): *cordial dislike = antipatía fuerte.* ● *s. c.* e *i.* **3** (brit.) cordial (bebida estimulante de zumo de frutas).

cordiality [,kɔːdɪ'ælɪtɪ ‖ ,kɔːrdʒɪ'ælɪtɪ] *s. i.* cordialidad, afabilidad.

cordially ['kɔːdɪəlɪ ‖ 'kɔːrdʒəlɪ] *adv.* **1** cordialmente, amistosamente. **2** fuertemente (con algo negativo). ⇒ **cordial 2.**

cordite ['kɔːdaɪt] *s. i.* QUÍM. cordita (explosivo).

cordon ['kɔːdn] *s. c.* **1** cordón (policial o parecido). ◆ **2** ~ **bleu,** de primera calidad. **3 to** ~ **off,** acordonar (zona).

corduroy ['kɔːdərɔɪ] *s. i.* **1** pana (tejido). ● *s. pl.* **2** (p.u.) pantalones de pana.

core [kɔː] *s. c.* **1** corazón (fruta). **2** centro, parte central, núcleo (de cualquier objeto o lugar). ● *s. sing.* **3** (~ {**of**}) grupo esencial, minoría dirigente. **4** meollo, punto principal, punto esencial, punto central. ● *v. t.* **5** quitar el corazón (de fruta). ◆ **6 to the** ~, (form.) hasta la médula, hasta lo más íntimo.

coriander [,kɒrɪ'ændər ‖ kɔːrɪ'ændər] *s. i.* BOT. coriandro, cilantro.

cork [kɔːk] *s. i.* **1** BOT. corcho. ● *s. c.* **2** corcho (de una botella). ● *v. t.* **3** poner un corcho (a una botella). ◆ **4 to** ~ **up,** cerrar bien con corcho (una botella).

corkscrew ['kɔːkskruː] *s. c.* **1** sacacorchos. ◆ **2** ~ **curl,** tirabuzón, bucle.
cormorant ['kɔːmərənt] *s. c.* ZOOL. cormorán (ave).
corn [kɔːn] *s. i.* **1** (brit.) cereal, trigo, grano. **2** (EE UU) maíz. **3** (fam.) pura sensiblería (especialmente en espectáculos). ● *s. c.* **4** callo (en el pie). ◆ **5 corned beef,** carne de ternera en lata. **6** ~ **on the cob,** mazorca de maíz (para comer).
cornea ['kɔːnɪə] *s. c.* ANAT. córnea.
corner ['kɔːnər] *s. c.* **1** esquina, ángulo, rincón. **2** comisura (de los labios). **3** recodo, curva (parte de una carretera o conjunción de dos calles). **4** DEP. saque de esquina, córner. **5** (fig.) rincón, lugar apartado, lugar lejano (del mundo). ● *v. t.* **6** atrapar, poner en una situación comprometida. **7** monopolizar, apoderarse de la mayor parte de (algo en el mercado). ● *v. i.* **8** coger las curvas (vehículo). ◆ **9 to be in a tight** ~, estar en una situación comprometida, estar en una situación difícil, estar en un aprieto. **10** ~ **shop,** tienda de la esquina. **11 to cut corners,** reducir gastos (por ahorrar tiempo o dinero). **12 to cut the** ~, atajar por en medio (de una zona, en lugar de seguir el borde). **13 in/into a** ~, en un aprieto, en una situación difícil. **14 just around the** ~, justo a la vuelta de la esquina, justo al lado. **15 to make a** ~ **in,** hacer avances en, apoderarse de, ganar el control de (un producto). **16 to turn the** ~, doblar la esquina.
cornered ['kɔːnəd] *adj.* atrapado, acorralado.
cornerstone ['kɔːnəstəun] *s. c.* **1** ARQ. piedra angular, primera piedra (de un edificio). **2** (fig.) piedra angular, punto de apoyo.
cornet ['kɔːnɪt] *s. c.* **1** MÚS. corneta. **2** cucurucho (helado).
cornfield ['kɔːnfiːld] *s. c.* AGR. campo de maíz.
cornflake ['kɔːnfleɪk] *s. c.* copo de maíz.
cornflour ['kɔːnflauər] *s. i.* harina de maíz.
cornflower ['kɔːnflauər] *s. c.* BOT. aciano, liebrecilla.
cornice ['kɔːnɪs] *s. c.* ARQ. cornisa.
cornucopia [,kɔːnju'kəupɪə] *s. sing.* (~ **of**) (form. o hum.) abundancia de, riqueza de.
corny [kɔːnɪ] *adj.* **1** (fam. y desp.) trillado, muy visto. **2** sentimentaloide, sensiblero.
corollary [kə'rɒlərɪ || 'kɒrəlerɪ] *s. c.* (~ {**to/of**}) (form.) corolario, consecuencia.
corona [kə'rəunə] *s. c.* ASTR. corona (en eclipse solar total), halo (alrededor de la luna).
coronary ['kɒrənrɪ || 'kɔːrənerɪ] MED. *s. c.* **1** ataque al corazón. ◆ **2** ~ **attack,** ataque al corazón. **3** ~ **bypass,** desviación coronaria, bypass (coronario). **4** ~ **thrombosis,** trombosis coronaria.
coronation [,kɒrə'neɪʃn || ,kɔːrə'neɪʃn] *s. c.* coronación (de un rey o reina).
coroner ['kɒrənər || 'kɔːrənər] *s. c.* DER. juez de instrucción de una causa por muerte violenta.
coronet ['kɒrənɪt || 'kɔːrənet] *s. c.* diadema, pequeña corona.
corpora ['kɔːpərə] *pl.* de **corpus.**
corporal ['kɔːpərəl] *adj.* **1** corporal, físico, del cuerpo. ● *s. c.* **2** MIL. cabo. ◆ **3** ~ **punishment,** castigo corporal, castigo físico.
corporate ['kɔːpərət] *adj.* **1** COM. empresarial. **2** colectivo, grupal. ◆ **3** ~ **governance,** gobierno de empresas.
corporately ['kɔːpərətlɪ] *adv.* colectivamente, como grupo.
corporation [,kɔːpə'reɪʃn] *s. c.* **1** COM. gran empresa. **2** (+ *v. sing./pl.*) (brit.) POL. corporación municipal, ayuntamiento. ◆ **3** ~ **tax,** FIN. impuesto sobre sociedades.
corporeal [kɔː'pɔːrɪəl] *adj.* (form.) corpóreo, material, tangible.
corps [kɔː] (*pl.* **corps**) *s. c.* **1** cuerpo (como parte organizada especialmente de la administración pública): *diplomatic corps = cuerpo diplomático.* **2** MIL. cuerpo (de ejército).
corpse [kɔːps] *s. c.* cadáver.
corpulence ['kɔːpjuləns] *s. i.* (form.) corpulencia.
corpulent ['kɔːpjulənt] *adj.* (form.) corpulento, grueso.
corpus ['kɔːpəs] (*pl.* **corpuses** o **corpora**) *s. c.* (form.) corpus, colección (de escritos).
corpuscle ['kɔːpʌsl] *s. c.* ANAT. glóbulo (rojo o blanco).
corral [kə'rɑːl || kə'ræl] *s. c.* **1** corral, cercado (para ganado). ● *v. t.* **2** llevar al corral, encerrar en el corral (al ganado).
correct [kə'rekt] *adj.* **1** correcto. **2** en lo cierto: *I am correct = estoy en lo cierto.* **3** apropiado, correcto, debido (curso de acción). **4** correcto, educado (cualidad personal). **5** adecuado, apropiado, correcto (conducta). ● *v. t.* **6** corregir, rectificar, subsanar (algo o alguien). **7** corregir, rectificar (un mal, enfermedad, etc.). ◆ **8 correcting fluid,** líquido corrector (dentro de un lápiz corrector). **9** ~ **me if I'm wrong,** corrígeme si me equivoco. **10 I stand corrected,** (form.) admito la corrección, admito mi equivocación.
correction [kə'rekʃn] *s. c.* e *i.* **1** corrección, rectificación. ● *s. c.* **2** corrección, tachadura (en el trabajo escolar). ● *s. i.* **3** (p.u.) castigo (referido a reformatorios para los jóvenes).
corrective [kə'rektɪv] *adj.* **1** corrector. ● *s. c.* **2** (~ {**to**}) ajuste, elemento corrector.
correctly [kə'rektlɪ] *adv.* **1** correctamente. **2** apropiadamente, debidamente, correctamente. **3** correctamente, educadamente. **4** adecuadamente, como es debido (conducta).
correctness [kə'rektnɪs] *s. i.* **1** exactitud. **2** buena educación, buenas maneras.
correlate ['kɒrəleɪt || 'kɔːrəleɪt] *v. t.* **1** (normalmente *pas.*) relacionarse estrechamente. ● *v. i.* **2** (**to** ~ **with**) estar en estrecha relación con.
correlation [,kɒrə'leɪʃn || ,kɔːrə'leɪʃn] *s. i.* correlación.
correlative [kɒ'relətɪv] *adj.* (form.) correlativo.
correspond [,kɒrɪ'spɒnd || ,kɔːrɪ'spɒnd] *v. i.* **1** (**to** ~ {**to/with**}) corresponderse (hechos, números, etc.). **2** (**to** ~ {**with**}) mantener correspondencia.
correspondence [,kɒrɪ'spɒndəns || ,kɔːrɪ'spɒndəns] *s. i.* **1** correspondencia (cartas). ● *s. c.* e *i.* **2** (~ {**between /with**}) correspondencia, relación. ◆ **3** ~ **course,** curso por correspondencia.
correspondent [,kɒrɪ'spɒndənt || ,kɔːrɪ'spɒndənt] *s. c.* **1** PER. corresponsal (en el extranjero), periodista especializado (en economía, educación, etc.). **2** escritor de cartas.
corresponding [,kɒrɪ'spɒndɪŋ || ,kɔːrɪ'spɒndɪŋ] *adj.* **1** correspondiente. **2** equivalente (título, cantidad, etc.).
correspondingly [,kɒrɪ'spɒndɪŋlɪ || ,kɔːrɪ'spɒndɪŋlɪ] *adv.* correspondientemente.
corridor ['kɒrɪdɔːr || 'kɔːrɪdɔːr] *s. c.* **1** pasillo. **2** POL. pasillo, corredor (zona de un país que atraviesa otro). ◆ **3 corridors of power,** pasillos del poder.
corroborate [kə'rɒbəreɪt] *v. t.* corroborar, confirmar.
corroboration [kə,rɒbə'reɪʃn] *s. i.* corroboración, confirmación.
corroborative [kə'rɒbərətɪv || kə'rɒbəreɪtɪv] *adj.* corroborante, confirmativo.
corrode [kə'rəud] *v. t.* e *i.* **1** corroer (se), oxidar(se). ● *v. t.* **2** (lit. y fig.) corroer (un sentimiento, pasión, etc.).
corroded [kə'rəudɪd] *adj.* corroído, oxidado.
corroding [kə'rəudɪŋ] *adj.* oxidante, causante de corrosión.
corrosion [kə'rəuʒn] *s. i.* corrosión, oxidación, desgaste.
corrosive [kə'rəusɪv] *adj.* **1** corrosivo. **2** (fig.) mordaz, cáustico. **3** causante de daño a largo plazo (una política económica, educativa, etc.).
corrugated ['kɒrəgeɪtɪd] *adj.* **1** acanalado (para que sea más fuerte cualquier material). ◆ **2** ~ **iron,** hierro corrugado, hierro acanalado.
corrupt [kə'rʌpt] *adj.* **1** corrupto, deshonesto (en cuestiones de dinero). **2** corrupto, pervertido, depravado. **3** viciado, con errores (texto). ● *v. t.* e *i.* **4** corromper(se) (con dinero, poder, etc.). **5** corromper(se), depravar(se). ● *v. t.* **6** DER. pervertir (especialmente a alguien menor). ● *v. i.* **7** corromperse, entrar en corrupción (cuerpo o similar).
corruption [kə'rʌpʃn] *s. i.* **1** corrupción, deshonestidad (en asuntos de dinero, poder, etc.). **2** BIOL. corrupción, putrefacción. **3** DER. corrupción (por ejemplo, de menores).

corsage [kɔː'sɑːʒ] *s. c.* **1** corpiño. **2** (~ {**of**}) ramillete (que las mujeres sujetan en el pecho como adorno).
corset ['kɔːsɪt] *s. c.* **1** corsé. **2** MED. corsé (ortopédico).
cortege [kɔː'teɪʒ] (también **cortège**) *s. c.* (+ *v. sing./pl.*) cortejo.
cortex ['kɔːteks] (*pl.* **cortices**) *s. c.* ANAT. corteza del cerebro.
cortices ['kɔːtɪsiːz] *pl.* de **cortex.**
cortisone ['kɔːtɪzəun] *s. i.* QUÍM. cortisona.
cosh [kɒʃ] *s. c.* **1** (brit.) cachiporra. • *v. t.* **2** (brit.) pegar un cachiporrazo.
cosine ['kəusaɪn] *s. c.* MAT. coseno.
cosily ['kəuzɪlɪ] (en EE UU **cozily**) *adv.* **1** acogedoramente, agradablemente, cómodamente. **2** íntimamente, amistosamente.
cosiness ['kəuzɪnɪs] (en EE UU **coziness**) *s. i.* **1** comodidad, amenidad. **2** intimidad.
cosmetic [kɒz'metɪk] *s. c.* **1** cosmético. • *adj.* **2** (fig.) superficial, poco profundo. ◆ **3** ~ **surgery,** MED. cirugía plástica, cirugía estética.
cosmic ['kɒzmɪk] *adj.* **1** cósmico. **2** (fig.) mundial, total. ◆ **3** ~ **ray,** ASTR. rayo cósmico.
cosmology [kɒz'mɒlədʒɪ] *s. c.* e *i.* cosmología.
cosmonaut ['kɒzmənɔːt] *s. c.* cosmonauta.
cosmopolitan [ˌkɒzmə'pɒlɪtən] *adj.* **1** cosmopolita, internacional. • *s. c.* **2** cosmopolita, ciudadano del mundo.
cosmos ['kɒzmɒs] *s. sing.* (**the** ~) ASTR. el cosmos.
cosset ['kɒsɪt] *v. t.* (desp.) mimar, estropear con mimos.
cosseted ['kɒsɪtɪd] *adj.* (desp.) mimado.
cost [kɒst || kɔːst] (*pret.* y *p. p. irreg.* **cost**) *v. t.* **1** costar (dinero). **2** costar (la vida, la reputación, etc.): *the mistake cost him his promotion = su equivocación le costó su ascenso.* **3** (fam.) costar un potosí. • *s. c.* **4** costo, precio. • *s. sing.* **5** (fig.) precio, coste (en vidas humanas, sufrimiento, etc.). • *s. pl.* **6** costos, gastos. ◆ **7 at all** ~**/at all costs,** a toda costa, cueste lo que cueste (en dinero o esfuerzo). **8 at any** ~**,** a cualquier precio. **9 at** ~**,** COM. a precio de coste. **10** ~ **accountant,** COM. contable. **11** ~ **accounting,** ECON. contabilidad financiera. **12** ~ **control,** fiscalización de costes.**13 to** ~ **money,** costar dinero, no ser gratis (normalmente indica que no se puede comprar). **14** ~ **of living,** ECON. coste de la vida. **15** ~ **price,** COM. precio de coste. **16 to** ~ **somebody dear,** ⇒ **dear. 17 to count the** ~ **(of),** calcular el gasto (de), calcular el esfuerzo (de), calcular el riesgo (de). **18 to one's** ~**,** a expensas de uno, en la propia carne de uno.
co-star ['kəustɑː] *s. c.* **1** coprotagonista, actor acompañante, actriz acompañante. • *v. t.* **2** presentar la actuación conjunta de. • *v. i.* **3** (**to** ~ {**with**}) coprotagnizar (con).
Costa Rica [ˌkɒstə'riːkə] *s. sing.* Costa Rica.
Costa Rican [ˌkɒstə'riːkən] *adj.* **1** costarricense. • *s. c.* **2** costarricense.
cost-benefit analysis [ˌkɒst'benəfət] *s. i.* análisis costo-beneficio.
cost-effective [ˌkɒstɪ'fektɪv] *adj.* económico, rentable.
costing ['kɒstɪŋ || 'kɔːstɪŋ] *s. c.* e *i.* cálculo del coste.
costliness ['kɒstlɪnɪs || 'kɔːstlɪnɪs] *s. i.* carestía.
costly ['kɒstlɪ || 'kɔːstlɪ] *adj.* costoso, caro.
cost-plus ['kɒstplʌs] *adj.* FIN. costo de producción más margen.
costume ['kɒstjuːm || 'kɒstuːm] *s. c.* **1** traje, vestido (en teatro, película, etc.). • *s. i.* **2** vestuario (de película, obra de teatro, etc.). **3** HIST. vestimenta de la época. • *adj.* **4** de trajes de la época (en teatro, cine, etc.). ◆ **5** ~ **designer,** diseñador de vestuario. **6** ~ **drama,** obra de época.**7** ~ **jewellery,** bisutería.
costumier [kɒ'stjuːmɪər || kɒ'stuːmɪər] *s. c.* sastre (de cine, teatro, etc.).
cosy ['kəuzɪ] (en EE UU **cozy**) *adj.* **1** acogedor, agradable, cómodo (habitación, persona, etc.). **2** íntimo, amistoso (charla, ambiente, etc.). • *s. c.* **3** protector del calor (de una tetera o similar).
cot [kɒt] *s. c.* **1** (brit.) cuna. **2** (EE UU) cama portátil, cama plegable. ◆ **3** ~ **death,** MED. muerte súbita (infantil).
coterie ['kəutərɪ] *s. c.* (+ *v. sing./pl.*) (form.) tertulia; círculo.
cottage ['kɒtɪdʒ] *s. c.* **1** casa de campo, casa antigua rural. ◆ **2** ~ **cheese,** GAST. requesón. **3** ~ **industry,** industria casera (normalmente textil o de alfarería). **4** ~ **loaf,** (brit.) pan rural. **5** ~ **pie,** (brit.) GAST. pastel de carne picada con patatas.
cottager ['kɒtɪdʒər] *s. c.* persona que vive en una casa rural.
cotter pin ['kɒtəpɪn] *s. c.* chaveta.
cotton ['kɒtn] *s. i.* **1** algodón. **2** (brit.) hilo de algodón. • *s. pl.* **3** prendas de algodón. ◆ **4** ~ **candy,** (EE UU) algodón de azúcar. **5 to** ~ **on (to),** (fam.) tener pesquis, darse cuenta (de), caer en la cuenta (de).
cotton wool [ˌkɒtn'wul] *s. i.* algodón (para usos médicos).
couch [kautʃ] *s. c.* **1** sofá, diván. **2** diván (del psiquiatra). • *s. sing.* **3 the** ~**,** (fam.) PSIQ. el diván (como símbolo de problemas mentales). • *v. t.* **4** (**to** ~ + *o.* + {**in**}) expresar, formular (pensamiento en lenguaje). • *v. i.* **5** ponerse al acecho, ponerse en actitud de ataque (animal). ◆ **6** ~ **grass,** BOT. grama, bermuda. **7** (fam) ~ **potato,** persona aficionada a pasar mucho tiempo sentada o tumbada delante del televisor.
couchette [kuː'ʃet] *s. c.* litera (de tren o barco).
cougar ['kuːgər] *s. c.* ZOOL. puma.
cough [kɒf || kɔːf] *v. i.* **1** toser. **2** hacer ruidos como tos (maquinaria). • *v. t.* **3** toser, expulsar, escupir (sangre u otra sustancia). • *s. c.* **4** tos. ◆ **5 to** ~ **up, a)** toser con fuerza expulsando algo, expectorar (cualquier sustancia). **b)** (fam.) soltar la pasta, aflojar la cartera.
coughing ['kɒfɪŋ] *s. i.* ataque de tos.
could [kud] (forma relajada [kəd]) *pret. irreg.* **1** de **can.** *he couldn't finish his report = no pudo terminar el informe.* • *v. i.* **2** podría (pidiendo permiso): *could I bother you for a minute? = ¿podría molestarte un minuto?* **3** poder (indicando posibilidad): *that could be Paul on the phone = puede que sea Paul al teléfono; you could have warned me they were coming = podrías haberme avisado de que venían.* ◆ **4** ~ **do with,** ⇒ **do. 5 I couldn't,** no, muchas gracias, no, no podría con más (forma de rechazar cortésmente invitación a comer más).
OBS. Esta forma tiene significados en pasado y otros usos paralelos a los de su forma de presente **can.**
couldn't ['kudnt] *contr.* de **could** y **not.**
could've ['kudəv] *contr.* de **could** y **have.**
council ['kaunsl] *s. c.* **1** (+ *v. sing./pl.*) (brit.) POL. consejo local, diputación provincial. **2** (+ *v. sing./pl.*) consejo (de iglesia, asociación, etc.). **3** POL. conferencia, junta (de algún tema gubernativo específico). ◆ **4** ~ **house/flat,** vivienda social (casa o piso). **5** ~ **of war,** POL. junta de defensa.
councillor ['kaunsələr] (en EE UU **councilor**) *s. c.* (brit.) POL. diputado provincial, consejero local.
counsel ['kaunsl] *s. i.* **1** (form.) consejo, sugerencia. • *s. c.* e *i.* **2** DER. asesor legal, abogado. • *v. t.* **3** dar un consejo, ofrecer una sugerencia. **4** (form.) aconsejar (un tipo de acción). **5** (**to** ~ + *o.* + *inf./* {**against/on**}) (form.) aconsejar, sugerir: *I counselled them against giving money to Jim = yo les aconsejé que no diesen dinero a Jim.* • *v. i.* **6** (**to** ~ **about/on**) aconsejar sobre. ◆ **7 to keep one's own** ~**,** (form.) guardar silencio, callar. **8 to take** ~**/to take** ~ **together,** (form.) consultar (pidiendo consejo sobre un problema).
counselling ['kaunsəlɪŋ] (en EE UU **counseling**) *s. i.* asesoramiento personal, ayuda psicológica, asistencia psiquiátrica.
counsellor ['kaunsələr] (en EE UU **counselor**) *s. c.* consejero (especialmente en temas psicológicos).
count [kaunt] *v. t.* **1** contar (números); incluir (detalles, elementos, propiedades). **2** contar, considerar, estimar (expresa la importancia de algo o alguien): *I don't count him as one of us = no le considero uno de los nuestros.* • *v. i.* **3** contar, hacer cálculos. **4** importar, tener importancia, contar: *what counts is him = lo que cuenta es él.* **5** (**to** ~ **for**) contar para, significar, valer: *he counts for nothing = él no cuenta para nada.* • *s. c.* **6** cifra, cálculo: *the official count of the votes has finished = el cálculo oficial de los votes ha terminado.* **7** DEP. cuenta (en bo-

xeo). **8** nivel (de alguna sustancia en un análisis). **9** DER. cargo, acusación. **10** aspecto, punto (de discusión): *I disagree with you on all counts = estoy en desacuerdo contigo en todos los puntos.* **11** conde (título nobiliario). ● *v. pron.* **12** verse uno a sí mismo como, considerarse: *I count myself very lucky to have him as friend = me considero afortunado de tenerle como amigo.* ◆ **13 to be counted,** ser considerado (algo). **14 to ~ against,** ir en contra, influir en contra, pesar en contra. **15 to ~ in,** incluir, contar con (alguien). **16 ~ noun,** GRAM. sustantivo contable. **17 to ~ on,** contar con, depender de (algo). **18 to ~ on/upon,** contar con, confiar en, depender de (alguien). **19 to ~ one's blessings,** ⇒ **blessing. 20 to ~ one's chickens,** ⇒ **chicken. 21 to ~ out, a)** contar con detenimiento, contar uno por uno (especialmente dinero). **b)** DEP. acabar la cuenta de diez (boxeo). **c)** excluir, no contar con (alguien). **22 to ~ the cost,** ⇒ **cost. 23 to ~ towards,** tenerse en cuenta para, contabilizarse para (hablando de dinero). **24 to ~ up,** contar hasta el final, contar todos, ir añadiendo (en una cuenta). **25 to keep ~ (of),** llevar la cuenta (de). **26 to lose ~ (of),** perder la cuenta (de). **27 not counting,** sin contar, excluyendo. **28 out for the ~,** (fam.) inconsciente, noqueado.

countable ['kaʊntəbl] *adj.* **1** contable, que se puede contar. ◆ **2 ~ noun,** GRAM. sustantivo contable.

countdown ['kaʊntdaʊn] *s. c.* cuenta atrás.

countenance ['kaʊntənəns] *s. c.* **1** (lit.) expresión facial, rostro, semblante. ● *v. t.* **2** (form.) tolerar, aprobar, sancionar. ◆ **3 to keep one's ~,** (form.) mantenerse serio (especialmente por no reírse).

counter ['kaʊntər] *s. c.* **1** mostrador (de cualquier tienda). **2** ficha (en algunos juegos de mesa). ● *v. t.* **3** contradecir, contestar a (con palabras). **4 (to ~ +** *o.* **+ {by/with})** combatir, oponerse a (una determinada política, acción o similar). ● *v. i.* **5 (to ~ {by/with})** replicar, oponerse (con palabras). ◆ **6 counter-,** contra (en compuesto): *counter-insurgency = medidas contra la insurrección.* **7 to run ~ to,** estar en contra de, ser contrario de (algo en contra de otra cosa): *your actions run counter to your beliefs = tus acciones están en contra de tus creencias.* **8 under the ~,** a escondidas, en secreto, por la trastienda, por debajo del tapete.

counteract [ˌkaʊntə'rækt] *v. t.* contrarrestar, neutralizar.

counter-attack ['kaʊntərətæk] *v. t.* e *i.* **1** contraatacar. ● *s. c.* **2** contraataque.

counterbalance ['kaʊntəbæləns] *v. t.* **1** compensar, equilibrar. ● *s. c.* **2** contrapeso, contrabalanza.

counterclockwise [ˌkaʊntə'klɒkwaɪz] *adj.* y *adv.* (EE UU) en sentido contrario a las manillas del reloj.

counter-culture [ˌkaʊntəɪkʌltʃər] *s. c.* contracultura.

counter-espionage [ˌkaʊntər'espɪənɑːʒ] *s. i.* contraespionaje.

counterfactual [ˌkaʊntə'fæktʃl] *adj.* **1 counterfactual,** hipotético. ● *s. c.* **2** argumento hipotético.

counterfeit ['kaʊntəfɪt] *adj.* **1** falsificado, falso (dinero o similar). ● *v. t.* **2** falsificar.

counterfeiter ['kaʊntəfɪtər] *s. c.* falsificador.

counterfoil ['kaʊntəfɔɪl] *s. c.* resguardo, matriz (de cheques, billetes, etc.).

counter-intuitive ['kaʊntəɪn'tjːɪtɪv] *adj.* heterodoxo, contrario a toda lógica.

countermand [ˌkaʊntə'mɑːnd || ˌkaʊntə'mænd] *v. t.* cancelar (un pedido, pidiendo otro).

countermeasure [ˌkaʊntəmeʒər] *s. c.* contramedida, medida en contra.

counterpane ['kaʊntəpeɪn] *s. c.* (form.) colcha de adorno, cubrecama.

counterpart ['kaʊntəpɑːt] *s. c.* homólogo (personas).

counterpoint ['kaʊntəpɔɪnt] *s. i.* MÚS. contrapunto.

counter-productive [kaʊntəprə'dʌktɪv] *adj.* contraproducente.

counter-productively [kaʊntəprə'dʌktɪvlɪ] *adv.* de manera contraproducente.

counter-programming [ˌkaʊntə'prəʊgræmɪŋ] *s. i.* contraprogramación.

counter-revolution [ˌkaʊntəˌrevə'luːʃn] *s. c.* contrarrevolución.

counter-revolutionary [ˌkaʊntəˌrevə'luːʃənərɪ || ˌkaʊntə'ˌrevə'luːʃənərɪ] *s. c.* y *adj.* contrarrevolucionario.

countersign ['kaʊntəsaɪn] *v. t.* refrendar, aprobar, dar la aprobación.

countertrade ['kaʊntəˌtreɪd] *s. i.* trueque.

countess ['kaʊntɪs] *s. c.* condesa (título nobiliario).

countless ['kaʊntlɪs] *adj.* incontable, innumerable.

country ['kʌntrɪ] *s. c.* **1** país, nación, territorio nacional. ● *s. sing.* **2 (the ~)** la nación (la población). **3 (the ~)** el campo (opuesto a la ciudad). ● *adj.* **4** rural, del campo. **5** MÚS. country (tipo de música americana). ● *s. i.* **6** región, distrito, territorio: *this is mountain country = ésta es región montañosa.* ◆ **7 a ~ cousin,** (fam.) un alcornoque, un provinciano, un pueblerino (ignorante de los modos de la ciudad). **8 across ~,** a través del campo (sin utilizar carreteras). **9 ~ and western,** MÚS. música country. **10 ~ club,** club de campo. **11 ~ dancing,** (brit.) baile regional. **12 ~ house,** casa de campo (especialmente de alto nivel). **13 ~ seat,** casa solariega, finca (de alguien de la ciudad). **14 to go to the ~,** (brit.) convocar elecciones generales. **15 one's line of ~,** (fam.) tema en el que uno está puesto, asunto del que uno sabe mucho.

countryman ['kʌntrɪmən] (*pl.* **countrymen**) *s. c.* **1** campesino, granjero. **2** compatriota.

countrymen ['kʌntrɪmən] *pl.* de **countryman.**

countryside ['kʌntrɪsaɪd] *s. i.* campo, campiña.

countrywoman ['kʌntrɪwʊmən] (*pl.* **countrywomen**) *s. c.* campesina.

countrywomen ['kʌntrɪwɪmɪn] *pl.* de **countrywoman.**

county ['kaʊntɪ] *s. c.* **1** condado (como la provincia en España). ● *adj.* **2** (brit.) (fam.) pijo, de clase alta. ◆ **3 ~ council,** POL. diputación provincial. **4 ~ town,** (brit.) capital de provincia. **5 ~ seat,** (EE UU) capital de provincia.

coup [kuː] *s. c.* **1** POL. golpe de Estado. **2** golpe maestro. ◆ **3 ~ de grace,** (form.) golpe de gracia. **4 ~ d'état,** POL. golpe de Estado.

coupé ['kuːpeɪ] (en EE UU **coupe**) *s. c.* cupé (coche).

couple ['kʌpl] *s. c.* **1** (+ *v. sing./pl.*) pareja. **2** par. ● *v. t.* **3 (to ~ +** *o.* **+ to/together)** empalmar a, acoplar a (una cosa a otra). **4 (to ~ +** *o.* **+ with)** unir con, asociar con (otro fenómeno, acción, etc.). ● *v. i.* **5** (lit.) copular, copularse. ◆ **6 a ~ of, a)** un par de; **b)** unos cuantos.

couplet ['kʌplɪt] *s. c.* LIT. pareado.

coupling ['kʌplɪŋ] *s. c.* e *i.* copulación, pareo (sexual).

coupon ['kuːpɒn] *s. c.* **1** cupón, vale (de descuento, publicidad, etc.). **2** boleto (de apuestas).

courage ['kʌrɪdʒ] *s. i.* **1** coraje, valentía, valor, intrepidez. ◆ **2 to have the ~ of one's convictions,** tener el valor para poner en práctica las convicciones de uno; ser consecuente con los principios de uno. **3 to pluck up ~,** ⇒ **pluck. 4 to screw up one's ~,** ⇒ **screw. 5 to take ~,** animarse, cobrar ánimo. **6 to take one's ~ in both hands,** armarse de valor (para algo de lo que uno tiene miedo).

courageous [kə'reɪdʒəs] *adj.* valiente, intrépido, arrojado.

courageously [kə'reɪdʒəslɪ] *adv.* valientemente, intrépidamente, arrojadamente.

courgette [kɔː'ʒet] *s. c.* (brit.) BOT. calabacín.

courier ['kʊrɪər] *s. c.* **1** mensajero. **2** guía (de turismo) (persona).

course [kɔːs] *s. c.* **1** curso (educativo). **2** curso, dirección, rumbo. **3** GEOL. curso (de un río). **4** plato (de una comida). **5 (~ of)** MED. tratamiento de, serie de (medicamento). **6** DEP. pista (de algunos deportes, como el golf). **7** forma de actuar, medida: *what course is the best now? = ¿cuál es la mejor forma de actuar ahora?* **8** ARQ. hilada. ● *adv.* **9** (fam.) por supuesto, desde luego, claro. ● *v. i.* **10** (lit.) recorrer, fluir (un líquido). ● *s. sing.* **11 (the ~ of)** el curso de (la historia, el progreso, etc.). ◆ **12 as a matter of ~,** como algo muy normal, como algo muy corriente, sin nada especial. **13 ~ of action,** línea de actuación, forma de proceder, proceder. **14 in ~ of,** en vías de (cuando se está haciendo algo en ese momento). **15 in due ~, ⇒ due. 16 in the ~ of,** durante, en el transcurso de. **17 in the ~ of time,** con el transcurso del tiempo, con el paso del tiempo, a la larga. **18 in the ordinary/normal/etc. ~ of things/events/etc.,** como cosa normal, de una manera normal, siempre que no ocurra nada extraordinario. **19 of ~,** por supuesto, ciertamente, claro, desde luego, naturalmente (expresando sorpresa, seguridad, afirmación, etc.). **20 of ~ not,** por supuesto que no, claro que no, desde luego que no. **21 off ~,** despistado, fuera del rumbo correcto. **22 on ~,** con el rumbo correcto; en su rumbo. **23 to run/take its ~,** seguir su curso (de una manera natural). **24 to stick/stay the ~,** aguantar hasta el final.

coursing ['kɔːsɪŋ] *s. i.* caza con perros.

court [kɔːt] *s. c.* **1** DER. tribunal, juzgado, corte judicial. **2** patio. **3** DEP. pista (de tenis o similar). **4** corte (de un rey). • *v. t.* **5** (p.u.) cortejar, hacer la corte a. **6** exponerse a (un desastre, muerte, castigo, etc.). **7** (lit.) solicitar, procurar (favor, oportunidad, etc.). • *v. i.* **8** (p.u.) salir de novios, pasar el tiempo juntos en plan de novios. ◆ **9 at ~,** en la corte (de un rey). **10 ~ of appeal,** DER. tribunal de apelación. **11 ~ of inquiry,** comisión de investigación. **12 ~ of law,** DER. tribunal legal, corte de justicia. **13 to go to ~/to take someone to ~,** DER. acudir a los tribunales/llevar a alguien ante los tribunales. **14 to hold ~,** lanzar las parrafadas de uno. **15 in ~,** DER. en los tribunales. **16 to laugh someone out of ~,** burlarse de las opiniones de alguien, poner en ridículo a alguien por sus opiniones. **17 out of ~,** sin recurso a los tribunales, al margen de estos.

courteous ['kəːtɪəs] *adj.* (~ {**to**}) atento, cortés, correcto.

courteously ['kəːtɪəslɪ] *adv.* atentamente, cortésmente, correctamente.

courtesan [ˌkɔːtɪ'zæn ‖ 'kɔːtɪzn] *s. c.* HIST. cortesana, meretriz.

courtesy ['kəːtəsɪ] *s. i.* **1** cortesía, buenas maneras, gentileza. • *s. pl.* **2** detalles de cortesía, atenciones. ◆ **3 by ~ of,** (form.) gracias a, con permiso de. **4 ~ title,** título de cortesía.

courthouse [ˌkɔːthaus] *s. c.* (EE UU) DER. palacio de justicia.

courtier ['kɔːtɪər] *s. c.* HIST. cortesano (acompañante de palacio).

courting ['kɔːtɪŋ] *s. i.* cortejo (entre hombre y mujer).

courtliness ['kɔːtlɪnɪs] *s. i.* fineza, cortesía.

courtly ['kɔːtlɪ] *adj.* fino, detallista; distinguido.

court-martial [ˌkɔːt'mɑːʃl] (*pl.* **courts martial**) *s. c.* **1** MIL. consejo de guerra. • *v. t.* **2** llevar a un consejo de guerra.

courtroom ['kɔːtrum] *s. c.* DER. sala de tribunal.

courtship ['kɔːtʃɪp] *s. i.* cortejeo, galanteo, noviazgo.

courtyard ['kɔːtjɑːd] *s. c.* patio.

cousin ['kʌzn] *s. c.* **1** primo. **2** compañero, camarada, amigo. ◆ **3 first ~ once removed, ⇒ removed.**

couture [kuː'tuə] *s. i.* alta costura.

couturier [kuː'tuərɪeɪ] *s. c.* diseñador de moda.

cove [kəuv] *s. c.* GEOG. cala, caleta.

covenant ['kʌvənənt] *s. c.* **1** DER. contrato, pacto. **2** (form.) contribución periódica a una obra de caridad. ◆ **3 the Covenant,** REL. la Alianza.

Coventry ['kɒvəntrɪ] **to send someone to ~,** hacer a alguien el vacío, no querer tener nada que ver con alguien.

cover ['kʌvər] *v. t.* **1** cubrir, tapar (poner encima). **2** cubrir, ocupar (una zona). **3** PER. informar sobre, cubrir la información sobre. **4** debatir, hablar sobre. **5** cubrir, recorrer (distancia). **6** MIL. proteger, escoltar. **7** hacer frente (a gastos económicos). **8** cubrir, revestir (con algo). **9** apuntar, tener cubierto (por un arma). **10** cubrir, incluir (un seguro, ciertos supuestos). **11** cubrir (un animal macho a una hembra). **12** aplicar, entrar en el ámbito de (una ley). • *s. c.* **13** cubierta, tapa, funda (de muchos objetos). **14** tapa, cubierta (de un libro). **15** tapadera (de algo deshonesto). • *s. i.* **16** refugio, escondite. **17** MIL. protección (aérea, antisubmarinista, etc.). **18** protección (de una póliza de seguros). **19** protección (arbustos o similar). • *s. pl.* **20** (**the ~**) la ropa de sobrecama. ◆ **21 to be covered (with/in),** estar inundado (por), estar desbordado (por) (sentimientos, pasiones, etc.). **22 to break ~,** abandonar el refugio, dejar la protección. **23 ~ charge,** pago extra (algunos establecimientos de lujo). **24 ~ girl,** PER. modelo de portada de revista. **25 to ~ up, a)** cubrir completamente, tapar por completo. **b)** tapar (escándalo o similar). **26 to take ~,** refugiarse, ponerse a cubierto (del tiempo o fuego de armas). **27 under ~,** bajo cubierto, bajo protección. **28 under ~ of,** bajo la protección de, al abrigo de. **29 under plain ~,** en un sobre con sólo el nombre y la dirección (típico de las empresas). **30 under separate ~,** por correo aparte.

coverage ['kʌvərɪdʒ] *s. i.* PER. reportaje, cobertura.

covered ['kʌvəd] *adj.* tapado, dentro de una funda, cubierto.

covering ['kʌvərɪŋ] *s. c.* e *i.* **1** cubierta, envoltura. ◆ **2 ~ letter,** carta adjunta, carta que acompaña (un paquete, otra carta, etc.).

coverlet ['kʌvəlɪt] *s. c.* (form.) colcha, sobrecama.

covert ['kʌvət ‖ 'kəuvəːrt] *adj.* **1** (form.) secreto, furtivo, disimulado. • *s. c.* **2** espesura (vegetal).

covertly ['kʌvətlɪ ‖ 'kəuvəːrtlɪ] *adv.* (form.) secretamente, furtivamente, disimuladamente.

cover-up ['kʌvərʌp] *s. c.* encubrimiento, tapadera (de algo malo).

covet ['kʌvɪt] *v. t.* (form.) codiciar, ambicionar.

covetous ['kʌvɪtəs] *adj.* (form.) codicioso, ambicioso, avaricioso.

covetously ['kʌvɪtəslɪ] *adv.* (form.) codiciosamente, ambiciosamente, avariciosamente.

covetousness ['kʌvɪtəsnɪs] *s. i.* (form.) codicia, avaricia, ambición.

cow [kau] *s. c.* **1** vaca. **2** ZOOL. hembra (de animales grandes). **3** (fam.) adefesio de mujer, bruja. • *v. t.* **4** (normalmente *pas.*) acobardar, amedrentar, intimidar. ◆ **5 till the cows come home,** hasta que las ranas críen pelo.

coward ['kauəd] *s. c.* (desp.) cobarde.

cowardice ['kauədɪs] *s. i.* (desp.) cobardía.

cowardly ['kauədlɪ] *adj.* (desp.) cobarde.

cowboy ['kaubɔɪ] *s. c.* **1** vaquero. **2** (brit.) (fam.) pirata (en alguna profesión). ◆ **3 cowboys and Indians,** indios y vaqueros (juego de niños).

cowed [kaud] *adj.* acobardado, amedrentado, intimidado.

cower ['kauər] *v. i.* agazaparse con miedo, encogerse de temor.

cowhide ['kauhaɪd] *s. i.* cuero de vaca, piel de vaca.

cowl [kaul] *s. c.* **1** ARQ. sombrerete, campana (de chimenea). **2** capucha (especialmente del hábito de un monje).

cowlick ['kaulɪk] *s. c.* mechón sobre la frente.

cowman ['kaumən] (*pl.* **cowmen**) *s. c.* vaquero.

cowmen ['kaumən] *pl.* de **cowman.**

cowpat ['kaupæt] *s. c.* boñiga.

cowshed ['kauʃed] *s. c.* establo (para vacas).

cowslip ['kauslɪp] *s. c.* BOT. prímula.

coxcomb ['kɒkskəum] *s. c.* cresta de gallo.

coy [kɔɪ] *adj.* **1** tímido, esquivo. **2** evasivo, reservado (que no quiere hablar).

coyly ['kɔɪlɪ] *adv.* **1** tímidamente, esquivamente. **2** evasivamente, reservadamente.

coyness ['kɔɪnɪs] *s. i.* **1** timidez, esquivez. **2** reserva, silencio.

coyote [kɔɪ'əutɪ ‖ 'kaɪəut] *s. c.* ZOOL. coyote.

cozily *adv.* ⇒ **cosily.**

coziness *s. i.* ⇒ **cosiness.**

cozy *adj.* ⇒ **cosy.**

CPI [siːpiː'aɪː] (siglas de **consumer price index**) *s. c.* IPC, índice de precios al consumo.

crab [kræb] *s. c.* e *i.* cangrejo.

crab-apple ['kræbæpl] *s. c.* e *i.* BOT. manzano silvestre.

crabbed ['kræbd ‖ kræbɪd] *adj.* **1** apretado (forma de escribir). **2** (p.u.) malhumorado.

crabby ['kræbɪ] *adj.* (fam.) malhumorado.

crabwise ['kræbwaɪz] *adv.* con el movimiento del cangrejo.

crack [kræk] *v. t.* e *i.* **1** romper(se) un poco, hacer(se) una rajita. **2** crujir (sonido). • *v. t.* **3** darse un golpe fuerte en (parte del cuerpo). **4** contar (chistes). **5** abrir (rompiendo un huevo, nuez, etc.). **6** (fam.) solucionar (problemas, dificultades, etc.). **7** abrir (una caja fuerte). • *v. i.* **8** resquebrajarse, romperse (la voz). **9** romperse por dentro, trastornarse mentalmente. **10** traicionar (a uno los nervios). • *s. c.* **11** raja, hendidura, grieta. **12** chasquido, crujido (sonido). **13** descascarillado, pequeño imperfecto (en un objeto). **14** chascarrillo, chiste. **15** (∼ {**at**}) (fam.) intento: *I'll take a crack at that game = haré un intento en ese juego.* • *s. i.* **16** (fam.) droga, crack. • *adj.* **17** de primera, superior, excelente: *a crack team = un equipo de primera.* ◆ **18 a fair ∼ of the whip,** una oportunidad en igualdad de condiciones. **19 at the ∼ of dawn,** (fam.) al amanecer, a primera hora de la mañana. **20 to ∼ down (on),** reprimir con fuerza, actuar duramente (contra). **21 ∼ shot,** tirador de primera, tirador con una puntería excelente. **22 to ∼ up,** hacerse pedazos (interiormente), desmoronarse, perder el control de los nervios. **23 to get cracking,** (fam.) poner manos a la obra, no estarse mano sobre mano. **24 to have a ∼ at,** (fam.) probar, intentar. **25 to paste/paper over the cracks,** poner una enorme tapadera, ocultar los defectos, correr un tupido velo (delante de algo negativo e incluso deshonesto). **26 something/someone is not all/everything they are cracked up to be,** (fam.) algo/alguien no es todo lo que uno esperaba de ellos. **27 the ∼ of doom,** el final del mundo: *I don't want to wait until the crack of doom = no quiero esperar hasta el fin del mundo.*

crackdown ['krækdaun] *s. c.* (∼ {**on**}) medida de fuerza, medida enérgica.

cracked [krækt] *adj.* **1** con algún desperfecto, con algún pequeño descascarillado. **2** cascada (voz). **3** (fam.) loquete, chalado, (Am.) tarado.

cracker ['krækər] *s. c.* **1** galletita salada (de aperitivo). **2** petardo. **3** cascanueces (objeto para hacer ruido en fiestas). **4** (brit.) (fam.) maravilla, belleza (mujer o gesta deportiva). ◆ **5 crackers,** (brit.) (fam.) chiflado, majareta.

cracking ['krækɪŋ] (fam.) *adj.* **1** de primera, de fábula. ◆ **2 at a ∼ pace,** a una velocidad de aúpa.

crackle ['krækl] *v. i.* **1** chisporrotear, crepitar. • *s. c.* e *i.* **2** chisporroteo.

crackling ['kræklɪŋ] *s. i.* **1** ruido de chisporroteo, sonido de chisporroteo. **2** GAST. chicharrones.

crackpot ['krækpɒt] (fam.) *s. c.* **1** tipo chiflado, tipo chalado. • *adj.* **2** alocado, chiflado (con ideas excéntricas).

crack-up ['krækʌp] *s. c.* (fam.) desmoronamiento mental, ataque de nervios.

cradle ['kreɪdl] *s. c.* **1** cuna (de bebé). **2** horquilla, gancho (de teléfono). **3** plataforma colgante (para pintar el exterior de algo, por ejemplo). **4** (**the ∼ of**) (fig.) el origen de, la cuna de: *this land is the cradle of civilization = este territorio es la cuna de la civilización.* • *v. t.* **5** acunar, sostener en los brazos. ◆ **6 from the ∼ to the grave,** desde la cuna a la tumba, desde el nacimiento hasta la muerte.

cradle-snatcher ['kreɪdlsnætʃər] *s. c.* (brit.) (fam. y desp.) viejales, viejo verde que va tras las jovencitas.

craft [krɑːft || kræft] *s. c.* **1** trabajo manual, trabajo de artesanía. **2** ocupación, trabajo: *I still haven't learnt the basics of my craft = todavía no he aprendido lo esencial de mi trabajo.* **3** nave, embarcación (aérea o marítima). • *s. i.* **4** destreza manual, habilidad manual. **5** (p.u.) astucia, artimaña. • *v. t.* **6** (normalmente *pas.*) hacer con gran destreza: *the descriptions are beautifully crafted = las descripciones están bellísimamente escritas.* ◆ **7 ∼ fair,** feria de artesanía.

craftily ['krɑːftɪlɪ || 'kræftɪlɪ] *adv.* (desp.) astutamente, de manera taimada, ladinamente.

craftiness ['krɑːftɪnɪs || 'kræftɪnɪs] *s. i.* (desp.) astucia, malas mañas.

craftsman ['krɑːftsmən || 'kræftsmən] (*pl.* **craftsmen**) *s. c.* **1** artesano, especialista en manualidades. **2** (fig.) maestro (en algo).

craftsmanship ['krɑːftsmənʃɪp || 'kræftsmənʃɪp] *s. i.* **1** artesanía. **2** acabado, calidad del acabado.

craftsmen ['krɑːftsmən || 'kræftsmən] *pl.* de **craftsman.**

craftswoman ['krɑːftswumən || 'kræftswumən] (*pl.* **craftswomen**) *s. c.* mujer artista (en artesanías).

craftswomen ['krɑːftswɪmɪn || 'kræftswɪmɪn] *pl.* de **craftswoman.**

crafty ['krɑːftɪ || 'kræftɪ] *adj.* (desp.) astuto, taimado, ladino.

crag [kræg] *s. c.* GEOG. despeñadero, risco.

craggy ['krægɪ] *adj.* **1** escarpado, rocoso, peñascoso, escabroso (físicamente). **2** de facciones duras, de facciones marcadas.

cram [kræm] (*ger.* **cramming,** *pret.* y *p. p.* **crammed**) *v. t.* **1** llenar hasta arriba, atestar, abarrotar, meter (llenándolo hasta arriba): *I crammed all the children into the car = metí a todos los niños en el coche.* • *v. i.* **2** (**to ∼ {for}**) (fam.) empollar (estudio).

crammed [kræmd] *adj.* (∼ **with/full of**) abarrotado de, hasta arriba de.

cramp [kræmp] *s. i.* **1** (también *pl.*) calambre (muscular). • *v. i.* **2** sufrir alguien un calambre. • *v. t.* **3** entorpecer, restringir (un sentimiento, destreza, etc.) ◆ **4 to ∼ someone's style,** (fam.) cohibir, cortar las alas a alguien.

cramped [kræmpt] *adj.* **1** apretado, sin espacio libre, estrecho. **2** apretada, indescifrable (letra). ◆ **3 ∼ for room/space,** sin espacio libre alguno, como sardinas en lata.

cranberry ['krænbərɪ || 'krænberɪ] *s. c.* BOT. ráspano, arándano.

crane [kreɪn] *s. c.* **1** ZOOL. grulla (ave). **2** MEC. grúa. • *v. t.* e *i.* **3** estirar(se) (normalmente el cuello o cabeza, queriendo ver algo).

cranefly ['kreɪnflaɪ] *s. c.* ZOOL. típula (insecto).

crania ['kreɪnɪə] *pl.* de **cranium.**

cranial ['kreɪnɪəl] *adj.* craneal, craneano.

cranium ['kreɪnɪəm] (*pl.* **craniums** o **crania**) *s. c.* BIOL. cráneo.

crank [kræŋk] *s. c.* **1** MEC. manivela, manubrio. **2** (desp.) maniático (en cualquier tema). • *v. t.* **3** mover mediante manivela. ◆ **4 to ∼ up/to ∼ the engine,** arrancar un vehículo con un golpe de manivela.

crankshaft ['kræŋkʃɑːft || 'kræŋkʃæft] *s. c.* MEC. cigüeñal.

cranky ['kræŋkɪ] *adj.* (fam. y desp.) **1** excéntrico, raro, estrafalario. **2** (EE UU) (vulg.) cabreado.

cranny ['krænɪ] *s. c.* **1** raja minúscula, grieta pequeña (en pared, roca, etc.). ◆ **2 every nook and ∼,** ⇒ **nook.**

crap [kræp] *s. i.* **1** (vulg.) mierda, caca. **2** (vulg. y fig.) mierda, caca (cosas que no sirven, libro, película, lo que otra persona dice, etc.). • *v. i.* **3** (vulg.) cagar. • *s. sing.* **4** (vulg.) cagada (acción). ◆ **5 craps/∼,** (EE UU) juego a dos dados.

crape *s. i.* ⇒ **crepe.**

crappy ['kræpɪ] *adj.* (vulg.) asqueroso, de mierda.

crash [kræʃ] *v. i.* **1** estrellarse, chocar (especialmente un vehículo). **2** COM. hundirse estrepitosamente (empresa). **3** (**to ∼ to**) caer con fuerza y estrépito: *the glass crashed to the floor = el vaso cayó con fuerza y estrépito al suelo.* **4** (**to ∼ down on**) caer (con fuerza y estrépito): *the tree came crashing down on the house = el árbol cayó sobre la casa con estrépito.* **5** (**to ∼ {out}**) retumbar con fuerza, oírse con gran estrépito. **6** (**to ∼ through**) abrirse paso violentamente, abrirse paso por en medio (de algo difícil de atravesar). **7** (EE UU) (fam.) quedarse a dormir transitoriamente, pasar una noche como sea (en la casa de alguien). • *v. t.* **8** estrellar, chocar (un vehículo). **9** (fam.) colarse en, meterse sin ser invitado en. • *s. c.* **10** choque, colisión (de vehículos). **11** estrépito, estampido, estallido. **12** COM. quiebra súbita, bancarrota total. ◆ **13 ∼ barrier,** (brit.) valla protectora (no fija). **14 ∼ course (in),** curso intensivo (en). **15 ∼ diet,** régimen severo. **16 ∼ helmet,** casco, casco protector (típico de un motorista).

crashing ['kræʃɪŋ] *adj.* (fam. y desp.) perfecto, completo, total; inaguantable: *he's a crashing bore = es un aburrimiento total.*

crashingly ['kræʃɪŋlɪ] *adv.* (fam. y desp.) perfectamente, completamente, totalmente; inaguantablemente.

crash-landing [ˌkræʃ'lændɪŋ] *s. c.* AER. aterrizaje de emergencia, aterrizaje forzoso.

crass [kræs] *adj.* (form. y desp.) **1** craso, completo. **2** estúpido, insensato.

crassly ['kræslɪ] *adv.* (form. y desp.) **1** completamente, por completo. **2** estúpidamente, insensatamente.

crassness ['kræsnɪs] *s. i.* (form. y desp.) **1** enormidad (de un error, comentario, etc.). **2** estupidez, insensatez.

crate [kreɪt] *s. c.* **1** caja de madera, cajón de embalaje, (Am.) jaba. **2** caja, cajón (para botellas de todo tipo). **3** (fam.) armatoste, cacharro (coche o avión viejo). • *v. t.* **4** embalar (en caja). ♦ **5 to ~ up,** embalar totalmente, poner en cajas (un objeto).

crater ['kreɪtər] *s. c.* GEOL. cráter.

cravat [krə'væt] *s. c.* fular, pañuelo de cuello (para hombres).

crave [kreɪv] *v. t.* **1** ansiar, anhelar. • *v. i.* **2** (**to ~ for**) ansiar, anhelar.

craven ['kreɪvn] *adj.* (form. y desp.) amilanado, acobardado, pusilánime.

cravenly ['kreɪvnlɪ] *adv.* (form. y desp.) acobardadamente, con pusilanimidad.

craving ['kreɪvɪŋ] *s. c.* (~ {**for**/*inf.*}) anhelo, ansia, deseo fuerte.

crawl [krɔːl] *v. i.* **1** reptar, andar a gatas, arrastrarse. **2** marchar lentísimamente, andar a paso de tortuga (vehículos). **3** (**to ~** {**to**}) (desp. y fam.) hacer la pelota; humillarse. • *s. sing.* **4** (**a ~**) un paso de tortuga, una marcha lentísima (en un vehículo). **5** (**the ~**) DEP. el crol (forma de nadar). ♦ **6 to make one's skin ~,** (fam.) ponerle la carne de gallina a uno, dar repelús a uno (de asco).

crawler ['krɔːlər] *s. c.* (fam. y desp.) pelota, tipo servil.

crawling ['krɔːlɪŋ] *adj.* **1** (~ **with**) (fam.) infectado de, abarrotado de, atestado de. **2** reptante, que se arrastra por el suelo.

crayfish ['kreɪfɪʃ] (*pl.* **crayfish**) *s. c.* ZOOL. ástaco, cangrejo de río.

crayon ['kreɪən] *s. c.* e *i.* **1** lápiz de colores. • *v. t.* e *i.* **2** dibujar con lápices de colores.

craze [kreɪz] *s. c.* furor, delirio (moda pasajera).

crazed [kreɪzd] *adj.* **1** enajenado, enloquecido. **2** agrietado, cuarteado (superficie).

crazily ['kreɪzɪlɪ] *adv.* locamente, lunáticamente, alocadamente.

craziness ['kreɪzɪnɪs] *s. i.* locura.

crazy ['kreɪzɪ] (fam.) *adj.* **1** loco, lunático, majareta. **2** (~ **about**) loco por, interesadísimo por, chalado por (algo o alguien). • *s. c.* **3** (EE UU) loco, chalado. ♦ **4 ~ paving,** (brit.) empedrado irregular, enlosado irregular. **5 to drive/make someone ~,** volver a alguien loco, volver a alguien majara. **6 like ~,** (fam.) como un loco (forma de trabajar, correr y otras acciones).

creak [kriːk] *v. t.* e *i.* **1** rechinar, chirriar. • *s. c.* **2** chirrido.

creakily ['kriːkɪlɪ] *adv.* con sonidos chirriantes.

creaking ['kriːkɪŋ] *s. c.* e *i.* sonidos chirriantes.

creaky ['kriːkɪ] *adj.* chirriante, crujiente.

cream [kriːm] *s. i.* **1** nata, crema (natural o artificial). **2** crema (cutánea). **3** crema (color). • *s. c.* **4** bollo con nata, pastel de crema. • *s. sing.* **5** (**a ~**) GAST. crema (mezcla de líquido y sólido). **6** (**the ~** {**of**}) (fig.) la élite, la flor y nata. • *adj.* **7** de color crema. • *v. t.* **8** (**to ~ +** *o.* **+** {**with**}) GAST. batir, hacer crema de (mezclas). ♦ **9 ~ cheese,** GAST. queso blanco para untar. **10 ~ cracker,** GAST. galleta salada. **11 to ~ off,** separar, seleccionar (de entre muchos para un trato especial): *here we never cream off the best pupils for intensive lessons = aquí nunca seleccionamos a los mejores alumnos para darles lecciones intensivas.* **12 ~ of tartar,** QUÍM. crémor tártaro. **13 ~ tea,** (brit.) merienda de té con bollos, mermelada y nata montada.

creamy ['kriːmɪ] *adj.* **1** cremoso, como crema. **2** lleno de nata, lleno de crema.

crease [kriːs] *v. t.* e *i.* **1** arrugar(se), hacer(se) arrugas (ropa especialmente). **2** arrugar (alguna parte de la cara). • *s. c.* **3** raya (de los pantalones). • *s. pl.* **4** arrugas (de ropa, cara, etc.). • *v. t.* **5** (fam.) hacer reír. ♦ **6 to ~ up,** (fam.) hacer desternillarse de risa.

creased [kriːst] *adj.* arrugado (ropa o parecido).

create [kriː'eɪt] *v. t.* **1** crear. **2** crear, causar, producir (consecuencia, resultado, pensamiento, imagen, etc.). **3** crear, inventar (cualquier cosa o fenómeno). ♦ **4 to ~ a fuss,** (brit.) (fam.) armar un follón, montar un número.

creation [kriː'eɪʃn] *s. i.* **1** (~ {**of**}) creación, producción. **2** ASTR. creación, universo, cosmos. • *s. c.* **3** creación, producción artística, producto de arte. **4** (fig. y a veces hum.) creación, imagen, cosa (cualquier cosa que se hace). ♦ **5 the Creation,** REL. la creación.

creative [kriː'eɪtɪv] *adj.* **1** creativo, imaginativo (especialmente en el arte). **2** inventivo, creativo, novedoso. ♦ **3 ~ accounting,** artificios contables, ingeniería contable.

creatively [kriː'eɪtɪvlɪ] *adv.* **1** creativamente, imaginativamente (en el arte). **2** inventivamente, creativamente, novedosamente.

creativity [ˌkriːeɪ'tɪvɪtɪ] *s. i.* creatividad.

creator [krɪː'eɪtər] *s. c.* **1** creador, inventor. ♦ **2 the Creator,** REL. el Creador.

creature ['kriːtʃər] *s. c.* **1** criatura. **2** (lit.) criatura, persona, hombre, mujer (enfatizando una cualidad): *she's a beautiful creature = es una mujer bellísima.* ♦ **3 a ~ of habit,** ⇒ **habit. 4 ~ comforts,** las necesidades básicas de la vida (cama caliente, un techo, etc.). **5 somebody's ~,** invención de alguien, la creación de alguien: *this project is his creature = este proyecto es creación suya.*

creche [kreɪʃ] (también **crèche** [kreʃ]) *s. c.* (brit.) casa cuna, jardín de infancia.

credence ['kriːdns] *s. i.* (form.) crédito, credibilidad.

credentials [krɪ'denʃlz] *s. pl.* **1** credenciales, documentos de identidad. **2** (fig.) credenciales, referencias, méritos (como reputación).

credibility [ˌkredə'bɪlɪtɪ] *s. i.* **1** credibilidad, verosimilitud. ♦ **2 ~ gap,** inconsistencia, incoherencia.

credible ['kredəbl] *adj.* convincente, creíble, verosímil (algo o alguien).

credibly ['kredəblɪ] *adv.* convincentemente, creíblemente, verosímilmente.

credit ['kredɪt] *s. i.* **1** COM. crédito. **2** crédito, solvencia, confianza (en que se devolverá lo que se debe). **3** (~ {**for**}) fama, honor, crédito, reconocimiento público. **4** credibilidad, crédito. • *s. c.* **5** FIN. ingreso, asiento. **6** crédito, punto (en el sistema de Educación Superior). • *s. pl.* **7** TV. títulos de crédito (también en el cine, música, etc.). • *adj.* **8** con crédito. • *v. t.* **9** (**to ~ +** *o.* **+** {**to/with**}) FIN. abonar en, ingresar en (cuenta). **10** (**to ~ +** *o.* **+ with**) atribuir el mérito de, reconocer: *these savages credit us with all sorts of powers = estos salvajes nos atribuyen el mérito de tener todo tipo de poderes.* **11** (**to ~ +** *o.* **+ to/with**) reconocer (pagos, contribuciones, etc.). **12** creer, dar crédito a. ♦ **13 a ~ to,** un orgullo para. **14 to be credited with/to,** atribuírsele (la autoría de una obra de arte, el comienzo de un partido político u otra acción notable). **15 ~ account,** FIN. credicuenta, cuenta a crédito. **16 ~ card,** FIN. tarjeta de crédito. **17 ~ note,** COM. nota de crédito. **18 ~ rating,** COM. límite de crédito. **19 ~ transfer,** FIN. transferencia bancaria. **20 to do someone ~,** decir mucho a favor de alguien. **21 to give someone ~ for,** reconocer el mérito a alguien: *they gave him no credit for what he did = no le reconocieron el mérito por lo que hizo.* **22 in ~,** FIN. con superávit. **23 on ~,** a crédito, a plazos. **24 on the ~ side,** en el haber (en cuanto a virtudes, cualidades, etc.). **25 to one's ~,** en el haber de uno. **26 to someone's ~,** en el haber de alguien, a favor de alguien.

creditable ['kredɪtəbl] *adj.* **1** magnífico, excelente, digno de crédito. **2** respetable, loable (conducta).

creditably ['kredɪtəblɪ] *adv.* **1** magníficamente, excelentemente. **2** loablemente, respetablemente.

creditor ['kredɪtər] *s. c.* COM. acreedor.

creditworthiness ['kredɪtwɜːθɪnɪs] *s. i.* solvencia.

creditworthy ['kredɪtwɜːθɪ] *adj.* solvente.

credo ['kriːdəʊ ‖ 'kreɪdəʊ] *s. c.* (form.) credo (político, social, etc.).

credulity [krɪ'djuːlətɪ ‖ krɪ'duːlətɪ] *s. i.* credulidad.

credulous ['kredjʊləs || 'kredʒələs] *adj.* crédulo.
creed [kri:d] *s. c.* **1** credo (conjunto de creencias). **2** REL. credo, doctrina religiosa. ◆ **3 the Creed,** REL. el Credo.
creek [kri:k] *s. c.* **1** (brit.) cala, ensenada. **2** (EE UU) riachuelo, arroyo. ◆ **3 up the** ~**,** (fam.) en apuros, con apuros, con el agua al cuello.
creel [kri:l] *s. c.* cesta de pescador.
creep [kri:p] (*pret.* y *p.p.irreg.* **crept**) *v. i.* **1** deslizarse, arrastrarse, moverse (sin apenas ruido). **2** (lit.) avanzar imperceptiblemente (nube, sombra, etc.). **3** (**to** ~ **into**) (lit.) deslizarse dentro de, meterse subrepticiamente dentro de (el pensamiento, corazón, alma, etc.). **4** (**to** ~ **up**) trepar (plantas). ● *s. c.* **5** (fam.) cobista, pelotillero. ◆ **6 to** ~ **in,** entrar poco a poco, penetrar poco a poco (una costumbre, palabra nueva, etc.). **7 to** ~ **up on, a)** acercarse inadvertidamente a, aproximarse sigilosamente a (alguien). **b)** penetrar poco a poco en, insinuarse gradualmente, comenzar a notarse (un sentimiento o sensación). **8 to give one the creeps,** (fam.) **a)** poner a uno enfermo, poner a uno malo, dar a uno asco (otra persona). **b)** dar a uno pavor, sobrecoger a uno de miedo, horripilar a uno. **9 to make one's flesh** ~**,** (fam.) poner a uno la carne de gallina.
creeper ['kri:pər] *s. c.* BOT. planta trepadora.
creeping ['kri:pɪŋ] *adj.* **1** trepadora (cualquier planta con esa característica). **2** progresivo, gradual (que ocurre poco a poco).
creepy ['kri:pɪ] *adj.* (fam.) tétrico, horripilante.
creepy-crawly [ˌkri:pɪ'krɔ:lɪ] *s. c.* (fam.) bicho, insecto.
cremate [krɪ'meɪt] *v. t.* incinerar (cadáver).
cremation [krɪ'meɪʃn] *s. c.* incineración (servicio funerario).
crematoria [ˌkremə'tɔ:rɪə] *pl.* de **crematorium.**
crematorium [ˌkremə'tɔ:rɪəm] (*pl.* **crematoria** o **crematoriums**) *s. c.* horno crematorio.
creole ['kri:əʊl] *s. c.* **1** criollo (persona). **2** criollo (idioma). ● *adj.* **3** criollo.
creosote ['krɪəsəʊt] *s. i.* **1** QUÍM. creosota (para la madera). ● *v. t.* **2** pintar con creosota, recubrir con creosota.
crepe [kreɪp] (también **crape**) *s. i.* **1** crespón (tejido). **2** crepé (en zapatos). **3** GAST. crepe. ◆ **4** ~ **paper,** papel de crepé.
crept [krept] *pret.* y *p.p.irreg.* de **creep.**
crescendi [krɪ'ʃendi:] *pl.* de **crescendo.**
crescendo [krɪ'ʃendəʊ] (*pl.* **crescendos** o **crescendi**) *s. c.* **1** MÚS. crescendo. **2** (fig. y lit.) punto álgido, punto cumbre. ● *adj.* y *adv.* **3** en crescendo.
crescent ['kresnt] *s. c.* **1** calle (curvada). **2** casas (en una calle curvada). **3** semicírculo, forma de media luna. ◆ **4 the Crescent,** REL. (fig.) la Media Luna.
cress [kres] *s. i.* BOT. mastuerzo, berro.
crest [krest] *s. c.* **1** cresta (de ola). **2** cresta (en la cabeza de ciertos pájaros). **3** cimera, blasón (en la heráldica). ◆ **4 on the** ~ **of a wave,** en la cresta de la ola (en un momento de gran éxito).
crested ['krestɪd] *adj.* con cresta (pájaro).
crestfallen ['krestfɔ:lən] *adj.* abatido, alicaído, cabizbajo.
cretin ['kretɪn || 'kri:tn] *s. c.* cretino (uso ofensivo).
cretinous ['kretɪnəs || kri:tɪnəs] *adj.* (de) cretino.
crevasse [krɪ'væs] *s. c.* GEOL. fisura de glaciar, grieta de glaciar.
crevice ['krevɪs] *s. c.* hendedura, grieta rocosa.
crew [kru:] *s. c.* **1** (+ *v. sing./pl.*) tripulación (de barco, avión, etc.). **2** (+ *v. sing./pl.*) equipo técnico, equipo de especialistas. **3** (desp.) pandilla, banda. ◆ **4** ~ **cut,** corte de pelo a cepillo, corte de pelo a rape.
crewman ['kru:mən] (*pl. irreg.* **crewmen**) *s. c.* **1** miembro de la tripulación. **2** miembro del equipo.
crewmen ['kru:mən] *pl. irreg.* de **crewman.**
crib [krɪb] *s. c.* **1** (EE UU) cuna. **2** (~ {**from**}) plagio, copia. **3** chuleta (de la que copiar). **4** REL. nacimiento de Cristo (escena de la Navidad). ● (*ger.* **cribbing,** *pret.* y *p.p.* **cribbed**) *v. t.* e *i.* **5** (desp.) copiar, plagiar. ● *s. i.* **6** ⇒ **cribbage.**
cribbage ['krɪbɪdʒ] *s. i.* juego de cartas.
crick [krɪk] *v. t.* **1** dar dolor en, causar tortícolis (el cuello o espalda). ● *s. c.* **2** dolor, tortícolis.
cricket ['krɪkɪt] *s. i.* **1** DEP. críquet. ● *s. c.* **2** ZOOL. grillo. ◆ **3 it's not** ~**,** (p.u. y brit.) no es juego limpio.
cricketer ['krɪkɪtər] *s. c.* DEP. jugador de críquet.
crier ['kraɪər] (también **town crier**) *s. c.* pregonero.
crikey ['kraɪkɪ] *interj.* (brit.) (fam. y p.u.) atiza, vaya, toma ya (sorpresa).
crime [kraɪm] *s. c.* e *i.* **1** crimen, delito, fechoría (castigable). **2** (fig.) crimen, acción feísima.
criminal ['krɪmɪnl] *adj.* **1** criminal, delictivo. **2** (fig.) fatal, horrible, criminal. ● *s. c.* **3** criminal, delincuente.
criminality [ˌkrɪmɪ'nælətɪ] *s. i.* criminalidad, delincuencia.
criminally ['krɪmɪnəlɪ] *adv.* **1** criminalmente, delictivamente. **2** (fig.) fatalmente, horriblemente, terriblemente, criminalmente.
criminologist [ˌkrɪmɪ'nɒlədʒɪst] *s. c.* criminalista, experto en criminología.
criminology [ˌkrɪmɪ'nɒlədʒɪ] *s. i.* criminología.
crimp [krɪmp] *v. t.* **1** rizar (el pelo). **2** ondular (tejidos, alimentos, etc.).
crimped [krɪmpt] *adj.* **1** rizado (pelo). **2** ondulado (algún objeto o cosa).
crimson ['krɪmzn] *adj.* **1** carmesí (color). **2** rojo, enrojecido (de ira o vergüenza). ● *s. i.* **3** color carmesí.
cringe [krɪndʒ] *v. i.* **1** agacharse, encogerse, recular (con miedo). **2** (fig.) encogerse (por la vergüenza).
crinkle ['krɪŋkl] *v. t.* e *i.* **1** plegar(se), arrugar(se) un poco. ● *s. c.* **2** (normalmente *pl.*) pliegue, arruga leve (en la piel u otra superficie).
crinkled ['krɪŋkld] *adj.* plegado, arrugado (cualquier objeto o superficie).
crinkly ['krɪŋklɪ] *adj.* en pliegues, con pequeñas arrugas.
crinoline ['krɪnəlɪn] *s. c.* (p.u.) miriñaque (usado debajo de faldas).
cripple ['krɪpl] *s. c.* **1** lisiado, tullido, inválido. **2** desfavorecido (socialmente); inválido (mental). ● *v. t.* **3** tullir, lisiar, dejar inválido. **4** (form. o lit.) aherrojar, incapacitar, paralizar (una organización, estado, etc.).
crippled ['krɪpld] *adj.* **1** inválido, tullido. **2** (fig.) incapacitado, paralizado (país, organización, etc.) ◆ **3 the** ~**,** los tullidos, los inválidos, los incapacitados.
crippling ['krɪplɪŋ] *adj.* **1** incapacitadora, que deja inválido (enfermedad, accidente, etc.). **2** paralizante, agobiante, demoledor (impuesto, precio, etc.).
crises ['kraɪsi:z] *pl.* de **crisis.**
crisis ['kraɪsɪs] (*pl.* **crises**) *s. c.* e *i.* **1** crisis, emergencia. ● *s. c.* **2** crisis, punto crucial (en la vida o similar).
crisp [krɪsp] *adj.* **1** crujiente, tostado, frito en su punto (de comida). **2** fresco y crujiente (verdura y fruta). **3** sin arrugas, fino (papel); bien planchada (ropa). **4** firme, duro (aunque esté algo quebradizo, especialmente con nieve o escarcha). **5** vigorizante (tiempo, viento, etc.). **6** sucinto (escrito o discurso). **7** (desp.) brusco, desconsiderado (persona). ● *s. c.* **8** patata frita (de bolsa), (Am.) papa frita. ◆ **9 burnt to a** ~**,** quemado.
crisply ['krɪsplɪ] *adv.* **1** sucintamente (en palabras). **2** (desp.) bruscamente, desconsideradamente.
crispness ['krɪspnɪs] *s. i.* **1** vigor (en el tiempo, viento, etc.). **2** precisión (en el lenguaje). **3** (desp.) brusquedad, desconsideración. **4** (lo) tostado, (lo) bien frito.
crispy ['krɪspɪ] *adj.* crujiente (bien frito).
criss-cross ['krɪskrɒs] *v. t.* e *i.* **1** cruzar de un lado a otro, ir de aquí para allá. ● *adj.* **2** entrecruzado, enmarañado (diseño o patrón). ● *s. c.* **3** red de líneas cruzadas, entrecruzamiento.
criteria [kraɪ'tɪərɪə] *pl.* de **criterion.**
criterion [kraɪ'tɪərɪən] (*pl.* **criteria**) *s. c.* criterio, norma (por la que alguien juzga).
critic ['krɪtɪk] *s. c.* **1** ART. crítico (de cualquier tipo de arte). **2** crítico, oponente, contrario.
critical ['krɪtɪkl] *adj.* **1** crítico, crucial (momento o situación). **2** (~ {**of**}) crítico, censurador. **3** peligroso (especialmente de enfermedades). **4** LIT. crítico. **5** analítico (forma de ver el mundo o un acontecimiento).

critically ['krɪtɪklɪ] *adv.* **1** críticamente, crucialmente (importancia). **2** críticamente, censuradoramente. **3** peligrosamente, arriesgadamente. **4** analíticamente (estudiar, ver, pensar, evaluar, etc.).
criticise *v. t.* ⇒ **criticize.**
criticism [krɪtɪsɪzəm] *s. c.* e *i.* **1** crítica, censura, comentario crítico. **2** LIT. crítica literaria.
criticize ['krɪtɪsaɪz] (también **criticise**) *v. t.* **1** criticar, censurar. **2** analizar, evaluar.
critique [krɪ'tiːk] *s. c.* LIT. crítica, análisis crítico, ensayo crítico (de cualquier fenómeno).
croak [krəuk] *v. i.* **1** croar (rana); graznar (cuervo). **2** hablar como graznando, hablar con voz ronca, gruñir. **3** (fam.) estirar la pata, diñarla. • *v. t.* **4** decir con voz ronca, gruñir. • *s. c.* **5** graznido (cuervo); canto (rana). **6** gruñido, sonido ronco (hablando).
crochet ['krəuʃeɪ || krəu'ʃeɪ] *s. i.* **1** labor de ganchillo, croché. • *v. t.* e *i.* **2** hacer labor de ganchillo, hacer en croché.
croci ['krəukəɪ] *pl.* de **crocus.**
crock [krɒk] *s. c.* **1** (~ {**of**}) olla de barro, tarro de barro. **2** (normalmente *pl.*) loza, objetos de loza. **3** (brit.) (fam.) cacharro (vehículo). **4** (brit.) (fam.) viejales, carcamal.
crockery ['krɒkərɪ] *s. i.* vajilla (platos, tazas, etc.).
crocodile ['krɒkədaɪl] *s. c.* **1** ZOOL. cocodrilo. **2** (brit.) (fam.) fila de escolares. ◆ **3** ~ **tears,** lágrimas de cocodrilo.
crocus ['krəukəs] (*pl.* **crocuses** o **croci**) *s. c.* BOT. azafrán.
croissant ['krwʌsɑŋ] *s. c.* croissant, cruasán.
crone [krəun] *s. c.* (fam. y desp.) arpía, vieja bruja.
crony ['krəunɪ] *s. c.* (fam. y desp.) amigote, compinche.
cronyism ['krəunɪəsm] *s. i.* amiguismo.
crook [kruk] *s. c.* **1** (fam.) maleante, tramposo, ladrón. **2** báculo, cayado (especialmente el de un obispo). **3** (~ **of**) curva de, pliegue de, recodo de (un brazo, camino, río, etc.). • *v. t.* **4** doblar, torcer (especialmente un dedo o el brazo). ◆ **5 by hook or by** ~, ⇒ **hook.**
crooked ['krukɪd] *adj.* **1** doblado, encorvado, torcido (objeto cuerpo). **2** (fam.) deshonesto, tramposo, corrupto. **3** torcida (sonrisa).
crookedly ['krukɪdlɪ] *adv.* **1** encorvadamente, torcidamente. **2** corruptamente, tramposamente, deshonestamente. **3** torcidamente (sonreír).
crookedness ['krukɪdnɪs] *s. i.* **1** sinuosidad (física). **2** deshonestidad, corrupción, trampa.
croon [kruːn] *v. t.* e *i.* **1** cantar dulcemente, cantar melodiosamente, cantar susurrando. **2** decir suavemente, hablar en voz baja y susurrante.
crooner ['kruːnər] *s. c.* cantante de canciones melódicas y susurrantes (especialmente en los años 30 y 40).
crop [krɒp] *s. c.* **1** AGR. cultivo. **2** AGR. cosecha. **3** (fam. y hum.) montón, lote: *a thick crop of hair* = *un montón de pelo fuerte.* **4** buche (de algunas aves). • (*ger.* **cropping,** *pret.* y *p.p.* **cropped**) *v. t.* **5** AGR. cosechar, sacar cosechas de. **6** AGR. cultivar, llevar a cabo el cultivo de. **7** recortar (una foto, por ejemplo). **8** cortar muy corto (el pelo). **9** pacer, comer (animales). • *v. i.* **10** dedicarse a producir, dedicarse a cosechar. • *s. sing.* **11** (**a** ~) un corte de pelo corto. ◆ **12 to** ~ **up,** (fam.) surgir, aparecer, salir (normalmente un problema o dificultad).
cropper ['krɒpər] *s. c.* **1** cultivo. ◆ **2 to come a** ~, (fam.) **a)** darse un porrazo, coger una liebre. **b)** fallar estrepitosamente, fracasar, salir fatal.
croquet ['krəukeɪ] *s. i.* DEP. croquet.
croquette [krəu'ket] *s. c.* GAST. croqueta.
cross [krɒs || krɔːs] *s. c.* **1** cruz. **2** (fig.) cruz, carga pesada vital. **3** cruce, híbrido (animal o planta). **4** cruz, señal (en escrito). • *v. t.* e *i.* **5** cruzar (un espacio). **6** entrecruzar(se), cruzar(se) (caminos o parecido). • *v. t.* **7** cruzar, pasar por, pasar cruzando por. **8** cruzar (una expresión momentáneamente por la cara). **9** vencer, cruzar (obstáculos, impedimentos sociales, prejuicios, etc.). **10** cruzar (piernas o brazos). **11** FIN. cruzar (cheque). **12** (form. o lit.) irritar, cruzarse en el camino de (alguien). **13** BIOL. cruzar (animales o plantas). • *v. pron.* **14** REL. santiguarse, hacer la señal de la cruz. • *adj.* **15** enfadado, enojado, malhumorado. ◆ **16 to be cut on the** ~, ser cortado al sesgo (tejido). **17** ~ **my heart,** ⇒ **heart. 18 to** ~ **off/out,** tachar (en un escrito). **19 to** ~ **one's fingers,** cruzar los dedos de uno. **20 to** ~ **one's mind,** pasar por la cabeza, pasar por la mente. **21 to** ~ **someone's palm with silver,** ⇒ **palm. 22 to** ~ **someone's path,** ⇒ **path. 23 to** ~ **that bridge when one comes to it,** ⇒ **bridge. 24 the Cross,** REL. la cruz, el crucifijo.
crossbar ['krɒsbɑːr || 'krɔːsbɑːr] *s. c.* **1** larguero (de una portería). **2** barra (de una bicicleta).
crossbones ['krɒsbəunz || 'krɔːsbəunz] *s. pl.* ⇒ **skull and crossbones.**
cross-border ['krɒsbɔːdər] *adj.* internacional (comercio) fronterizo (lucha, incursión).
crossbow ['krɒsbəu || 'krɔːsbəu] *s. c.* ballesta.
crossbreeding ['krɒsbriːdɪŋ] *s. i.* hibridación, cruce.
cross-check [ˌkrɒs'tʃek || ˌkrɔːs'tʃek] *v. t.* **1** comprobar (varias veces). • *s. c.* **2** comprobación.
cross-country [ˌkrɒs'kʌntrɪ || ˌkrɔːs-'kʌntrɪ] *adj.* y *adv.* **1** campo a través. ◆ **2** ~ **race,** DEP. carrera de cross, carrera de campo a través.
crossed cheque [krɒst'tʃek] *s. c.* cheque cruzado, talón cruzado.
cross-examination [ˌkrɒsɪgzæmɪ'neɪʃn || ˌkrɔːsɪgˌzæmɪ'neɪʃn] *s. c.* e *i.* interrogatorio profundo, interrogatorio minucioso.
cross-examine [ˌkrɒsɪg'zæmɪn || ˌkrɔːs-ɪg'zæmɪn] *v. t.* hacer un interrogatorio riguroso, preguntar toda clase de detalles.
cross-eyed ['krɒsaɪd || 'krɔːsaɪd] *adj.* bizco.
crossfire ['krɒsfaɪər || 'krɔːsfaɪər] *s. i.* **1** MIL. fuego cruzado. ◆ **2 to be caught in the** ~, encontrarse entre dos fuegos, quedar atrapado en medio (de una discusión o parecido).
crossing ['krɒsɪŋ || 'krɔːsɪŋ] *s. c.* **1** cruce, lugar de cruce (para peatones). **2** MAR. travesía. **3** intersección, cruce (especialmente de carretera con vía férrea).
cross-legged [ˌkrɒs'legd || ˌkrɔːs'legd] *adj.* y *adv.* con las piernas cruzadas.
crossly ['krɒslɪ || 'krɔːslɪ] *adv.* malhumoradamente, enfadadamente, airadamente.
crossness ['krɒsnɪs || 'krɔːsnɪs] *s. i.* mal humor, enfado.
crosspiece ['krɒspiːs] *s. c.* travesaño.
cross-purposes [ˌkrɒs'pɜːpəsɪz || ˌkrɔːs-'pɜːpəsɪz] *s. pl. you're talking at cross-purposes* = *estáis hablando de dos cosas distintas.*
cross-question [ˌkrɒs'kwestʃən || ˌkrɔːs-'kwestʃən] *v. t.* interrogar, hacer todo tipo de preguntas.
cross-reference [ˌkrɒs'refrəns || ˌkrɔːs-'refrəns] *s. c.* **1** referencia cruzada (en libro). • *v. t.* **2** hacer referencias cruzadas en.
crossroads ['krɒsrəudz || 'krɔːsrəudz] *s. pl.* **1** cruce de carreteras. ◆ **2 at a** ~, en una encrucijada.
cross-section [ˌkrɒs'sekʃn || ˌkrɔːs'-sekʃn] *s. c.* **1** corte transversal. **2** (~ **of**) muestra representativa de (opiniones o similar).
crosswind ['krɒswɪnd || 'krɔːswɪnd] *s. c.* viento de costado.
crosswise ['krɒswaɪz || 'krɔːswaɪz] *adv.* en forma de cruz, diagonalmente, transversalmente, al través.
crossword ['krɒswɜːd || 'krɔːswɜːd] (también **crossword puzzle**) *s. c.* crucigrama.
crotch [krɒtʃ] *s. c.* **1** ANAT. entrepierna, horcajadura. **2** entrepierna (de unos pantalones).
crotchet ['krɒtʃɪt] *s. c.* MÚS. negra.
crotchety ['krɒtʃɪtɪ] *adj.* (fam.) caprichoso, inaguantable.
crouch [krautʃ] *v. i.* **1** acuclillarse, agazaparse, agacharse. **2** (**to** ~ **over**) doblarse sobre, inclinarse por encima de. • *s. c.* **3** posición de cuclillas.
croup [kruːp] *s. i.* MED. crup (tos y ahogos).
croupier ['kruːpɪəɪ] *s. c.* crupier.
crow [krəu] *s. c.* **1** ZOOL. cuervo, grajo. • *v. i.* **2** cantar (el gallo). **3** emitir sonidos placenteros (bebés). **4** (**to** ~ **over/ about**) (fam. y a veces desp.) exultar por, gozarse por. ◆ **5 as the** ~ **flies,** en línea recta. **6 crow's feet,** patas de gallo.

crowbar ['krəubɑː] *s. c.* MEC. palanca.
crowd [kraud] *s. c.* **1** multitud, muchedumbre. **2** pandilla (de amigos). • *v. t.* **3** abarrotar, llenar hasta arriba. **4 (to ~ +** *o.* **+ in/into)** meter en (hasta llenar). **5** (fam.) vigilar, dar la lata, estar demasiado encima de. • *v. i.* **6 (to ~ about /round)** congregarse alrededor de, amontonarse alrededor de. **7 (to ~ in/into)** entrar en grupo en, meterse en grupo dentro de. ◆ **8 a whole ~ of /crowds of/a ~ of,** (fam.) un montón de, una pila de. **9 to ~ in (on),** inundar a (alguien, recuerdos, sentimientos, etc.). **10 to ~ out,** dejar fuera aposta, dejar sin sitio a propósito. **11 to follow the ~/to move with the ~/to go with the ~,** (fam. y desp.) seguir a la masa, hacer lo que hace la masa. **12 join the ~!** (fam.) ¡ya eres uno de los nuestros! (cuando hay coincidencia de experiencia). **13 two's company three's a ~,** ⇒ **company.**
crowded ['kraudɪd] *adj.* **1** (~ {**with**}) abarrotado, atestado. **2** apretado, apiñado (personas). **3** (~ {**with**}) (fig.) repleto, abarrotado (de sentimientos, ideas, etc.).
crowing ['krəuɪŋ] *s. i.* canto (del gallo).
crown [kraun] *s. c.* **1** corona. **2** corona, adorno (de flores u otra cosa). **3** coronilla (de la cabeza). **4** copa (del sombrero). **5** cumbre (de colina). **6** corona (moneda). **7** MED. corona, funda (de diente). • *s. sing.* **8** cumbre, cima (de una carrera, por ejemplo). • *v. t.* **9** coronar. **10** MED. poner una corona/funda a (diente). **11** coronar, rematar (tarde, actuación, etc.). **12** (lit.) rematar, culminar (físicamente): *all those objects crowned with gold = todos esos objetos rematados con oro.* **13** (fam.) dar un capón, atizar un capón. ◆ **14 ~ court,** (brit.) DER. tribunal con jurado. **15 crowned head,** (fig.) monarca. **16 ~ jewels,** joyas de la corona. **17 Crown Prince,** príncipe heredero. **18 Crown Princess, a)** princesa heredera. **b)** esposa del príncipe heredero. **19 to ~ it all,** para colmo de desgracias, para remate. **20 the Crown,** POL. la corona, la monarquía.
crowning ['kraunɪŋ] *adj.* culminante, supremo, más importante (libro, acción, etc.).
crucial ['kruːʃl] *adj.* crucial, esencial, fundamental.
crucially ['kruːʃəlɪ] *adv.* crucialmente, esencialmente, fundamentalmente.
crucible ['kruːsɪbl] *s. c.* crisol.
crucifix ['kruːsɪfɪks] *s. c.* crucifijo.
crucifixion [ˌkruːsɪ'fɪkʃn] *s. c.* e *i.* **1** crucifixión. ◆ **2 the Crucifixion,** REL. la crucifixión.
crucify ['kruːsɪfaɪ] *v. t.* **1** crucificar. **2** (fam.) crucificar, hacer pasar canutas, castigar el hígado.
crude [kruːd] *adj.* **1** tosco, simplón, imperfecto (objeto). **2** grosero, ordinario, vulgar. **3** (desp.) simplona, inculta (idea, proposición, etc.). ◆ **4 ~ oil,** petróleo (crudo).
crudely ['kruːdlɪ] *adv.* **1** toscamente, imperfectamente (hecho). **2** groseramente, ordinariamente, vulgarmente. **3** (desp.) simplonamente, incultamente.
crudeness ['kruːdnɪs] *s. i.* (desp.) simplonería, incultura.
crudity ['kruːdɪtɪ] *s. i.* **1** tosquedad, ramplonería, imperfección (en objetos). **2** grosería, ordinariez, vulgaridad.
cruel ['kruəl] *adj.* **1** (~ {**to**}) cruel, despiadado. **2** inclemente, duro (mundo, tiempo, enfermedad, etc.).
cruelly ['kruəlɪ] *adv.* **1** cruelmente, despiadadamente. **2** inclementemente, duramente.
cruelty ['kruəltɪ] *s. c.* e *i.* crueldad, barbaridad.
cruet ['kruːɪt] *s. c.* angarillas, vinagreras (de servicio de mesa).
cruise [kruːz] *v. i.* **1** hacer un crucero, viajar en un crucero. **2** circular a velocidad constante, andar a paso constante. • *s. c.* **3** MAR. crucero, viaje turístico por mar. ◆ **4 ~ missile,** MIL. mísil de crucero.
cruiser ['kruːzər] *s. c.* MAR. MIL. crucero.
crumb [krʌmb] *s. c.* **1** (normalmente *pl.*) miga, migaja. **2** migaja (de dinero, información, etc.). ◆ **3 crumbs,** (brit. y p.u.) ¡mecachis!
crumble ['krʌmbl] *v. t.* e *i.* **1** desmenuzar(se), desmigajar(se). • *v. i.* **2** desmoronarse, caer poco a poco (edificios antiguos o similar). **3** desintegrarse, deshacerse (algo intangible, como una organización). • *s. c.* **4** GAST. pastel de frutas cubierto con una capa crujiente de galleta y hecho al horno. ◆ **5 that's the way the cookie crumbles** ⇒ **cookie.**
crumbly ['krʌmblɪ] *adj.* desmenuzable, fácil de deshacerse.
crummy ['krʌmɪ] *adj.* (fam.) mísero, de mala muerte (baja calidad).
crumpet ['krʌmpɪt] *s. c.* **1** GAST. bollo que se come tostado. • *s. i.* **2** tía buena, ganado (uso ofensivo hacia las mujeres).
crumple ['krʌmpl] *v. t.* e *i.* **1** arrugar(se), estrujar(se). • *v. i.* **2** desplomarse (por fuerte emoción o parecido). ◆ **3 to ~ up,** hacer una bola arrugada de (algún objeto).
crunch [krʌntʃ] *v. t.* e *i.* **1** masticar ruidosamente. **2** hacer un ruido ronzante (como de ser aplastado, por ejemplo, el cristal). • *s. c.* **3** sonido de aplastamiento de cristal, crujido. ◆ **4 when/if it comes to the ~,** (fam.) cuando llega el momento de la verdad.
crunchy ['krʌntʃɪ] *adj.* crujiente (comida o superficie adecuada para un ruido como de crujir o aplastar).
crusade [kruː'seɪd] *s. c.* **1** HIST. cruzada. **2** (fig.) cruzada, lucha moral, campaña. • *v. i.* **3** emprender una cruzada.
crusader [kruː'seɪdər] *s. c.* **1** cruzado. **2** (fig.) cruzado, persona que hace campaña por una idea.
crush [krʌʃ] *v. t.* **1** apretar, aplastar, estrujar. **2** hacer polvo, convertir en polvo (físicamente). **3** aplastar, destrozar (al enemigo). **4** desolar, dejar destrozado (noticia mala o parecido). • *v. t.* e *i.* **5** arrugar(se) (ropa, papel, etc.). • *s. c.* **6** gentío, muchedumbre. **7** (~ {**on**}) (fam.) enamoramiento breve, amorío (típico de quinceañeras). ◆ **8 to be crushed,** ser apretujado, ser aplastado, ser estrujado (físicamente). **9 ~ barrier,** (brit.) barrera de seguridad.
crushed [krʌʃt] *adj.* **1** desolado, destrozado (por mala noticia o similar). ◆ **2 ~ velvet,** terciopelo sintético.
crusher ['krʌʃər] *s. c.* trituradora.
crushing ['krʌʃɪŋ] *adj.* **1** devastador (noticia o similar). **2** aplastante (victoria o parecido).
crust [krʌst] *s. c.* e *i.* **1** corteza (de pan). • *s. c.* **2** costra, capa exterior (de algo). **3** GEOL. corteza (terrestre).
crustacean [krʌ'steɪʃn] *s. c.* BIOL. crustáceo.
crusted ['krʌstɪd] *adj.* (~ {**with**}) cubierto con una costra.
crusty ['krʌstɪ] *adj.* **1** de corteza dura, crujiente. **2** (fam.) irritable, áspero.
crutch [krʌtʃ] *s. c.* **1** muleta. **2** (fig.) sostén, soporte (persona). **3** ⇒ **crotch.**
crux [krʌks] *s. sing.* (**the ~ of**) el quid de, el punto esencial de.
cry [kraɪ] *v. i.* **1** llorar (con algún ruido). **2** gritar, lanzar un grito, exclamar. **3 (to ~ out)** dar un grito fuerte, exclamar con fuerza. **4** lanzar aullidos (animales). • *s. c.* **5** grito, exclamación. **6** aullido (de animal). • *s. sing.* **7** llanto, sesión de llanto. ◆ **8 a far ~ (from),** a millas de distancia de, absolutamente distinto a, lo menos parecido posible a. **9 to ~ down,** (fam.) empequeñecer, desacreditar (lo que hace alguien). **10 to ~ off,** (fam.) rajarse (no querer hacer lo prometido). **11 to ~ oneself to sleep,** dormirse llorando, llorar tanto que uno se duerme. **12 to ~ one's eyes out,** llorar a lágrima viva, llorar como una magdalena. **13 to ~ out against,** ponerse violentamente en contra de, oponerse con fuerza a. **14 to ~ out for,** solicitar decididamente, exigir con fuerza. **15 for crying out loud!** (fam.) ¡por el amor de Dios! **16 in full ~, a)** apasionado con lo que decía, en la mitad de una apasionada charla. **b)** en plena persecución (animales).
cry-baby ['kraɪbeɪbɪ] *s. c.* (fam. y desp.) llorón, llorica.
crying ['kraɪɪŋ] *s. i.* **1** lloro, llanto. • *adj.* **2** perentorio, urgente (necesidad o similar). ◆ **3 a ~ shame,** una verdadera lástima.
crypt [krɪpt] *s. c.* ARQ. cripta.
cryptic ['krɪptɪk] *adj.* enigmático, misterioso, críptico.
cryptically ['krɪptɪklɪ] *adv.* enigmáticamente, misteriosamente, crípticamente.
crystal ['krɪstl] *s. i.* **1** MIN. cristal. **2** cristal, cristal duro, cristal de calidad, vidrio (para objetos, como vasos). •

s. c. **3** MIN. cristal. **4** joya, gema. **5** (EE UU) esfera (del reloj). • *adj.* **6** (lit.) transparente, purísimo. ◆ **7** ~ **ball,** bola de cristal (de las adivinas). **8** ~ **clear, a)** puro, inmaculado (el aire, por ejemplo). **b)** clarísimo, evidente, sin lugar a ninguna duda.

crystalline ['krɪstəlaɪn] *adj.* **1** QUÍM. cristalino. **2** (fig.) cristalino, transparente, puro.

crystallise *v. t.* e *i.* ⇒ **crystallize.**

crystallization [ˌkrɪstəlaɪ'zeɪʃn || ˌkrɪstəlɪ'zeɪʃn] (también **crystallisation**) *s. i.* cristalización.

crystallize ['krɪstəlaɪz] (también **crystallise**) *v. t.* e *i.* **1** cristalizar(se). **2** (fig.) cristalizar(se), cuajar(se), hacer(se), realidad.

crystallized ['krɪstəlaɪzd] (también **crystallised**) *adj.* escarchada (fruta).

CS gas [siːes'gæs] *s. i.* tipo de gas lacrimógeno.

cub [kʌb] *s. c.* **1** cachorro (de felinos especialmente). **2** chaval explorador. ◆ **3** ~ **reporter,** PER. periodista novato (joven). **4** ~ **scout,** explorador (de 8 a 11 años).

Cuba ['kjuːbə] *s. sing.* Cuba.

Cuban ['kjuːbən] *adj.* **1** cubano. • *s. c.* **2** cubano.

cubby-hole ['kʌbɪhəul] *s. c.* cuartito, chiribitil.

cube [kjuːb] *s. c.* **1** GEOM. cuadrado. **2** trocito cuadrado, terrón (de azúcar). **3** MAT. cubo, tercera potencia. • *v. t.* **4** (normalmente pasiva) MAT. elevar al cubo. ◆ **5** ~ **root,**. MAT. raíz cúbica.

cubic ['kjuːbɪk] *adj.* **1** GEOM. cúbico. **2** MAT. cúbico.

cubicle ['kjuːbɪkl] *s. c.* cubículo, compartimento (donde cambiarse la ropa o similar).

cubism ['kjuːbɪzəm] *s. i.* ART. cubismo.

cubist ['kjuːbɪst] *adj.* y *s. c.* ART. cubista.

cuckold ['kʌkəuld] *s. c.* **1** (lit. o p.u.) cornudo (marido). • *v. t.* **2** poner los cuernos a (marido).

cuckoo ['kukuː] *s. c.* **1** ZOOL. cuclillo, cucú. • *adj.* **2** (fam.) como una cabra. ◆ **3** ~, cucú (sonido). **4** ~ **clock,** reloj de cucú.

cucumber ['kjuːkʌmbər] *s. c.* **1** BOT. pepino. ◆ **2 as cool as a** ~, (fam.) tan fresco como una lechuga (sin preocupación).

cud [kʌd] *s. i.* **1** bolo (de rumiantes). ◆ **2 to chew the** ~, **a)** rumiar. **b)** (fig.) rumiar, reflexionar,meditar.

cuddle ['kʌdl] *v. t.* e *i.* **1** hacer mimos, abrazar con cariño, acurrucar. • *s. c.* **2** abrazo cariñoso, mimo, acción de acurrucar. ◆ **3 to** ~ **up,** (fam.) acurrucarse.

cuddly ['kʌdlɪ] *adj.* blando, que dan ganas de abrazarlo.

cudgel ['kʌdʒl] *s. c.* **1** estaca, porra. • *v. t.* **2** aporrear, dar golpes repetitivos con una porra. **3** maltratar de palabra, insultar descaradamente. ◆ **4 to** ~ **one's brains,** (fam.) (Am.) devanarse los sesos (para recordar). **5 to take up/carry cudgels/the** ~ **(for),** salir en defensa (de), estar dispuestos a luchar (por).

cue [kjuː] *s. c.* **1** indirecta, aviso, indicación, señal (para hacer algo). **2** pie, apunte, entrada (del apuntador en teatro). **3** taco (de billar). • *v. t.* **4** dar entrada (a un actor). ◆ **5 on** ~, en el preciso instante, en el momento justo. **6 to take one's** ~ (from), seguir el ejemplo (de).

cuff [kʌf] *s. c.* **1** puño (de prenda de vestir). **2** (EE UU) vuelta, doblez (de pantalón). **3** (normalmente pl.) esposa, grillete. **4** (normalmente sing.) (fam.) torta. • *v. t.* **5** esposar, poner las esposas. **6** (fam.) dar una torta. ◆ **7 off the** ~, improvisadamente, sin pensarlo, de improviso.

cufflink ['kʌflɪŋk] *s. c.* (normalmente pl.) gemelo (para el puño de la camisa).

cuisine [kwɪ'ziːn] *s. i.* cocina, estilo de cocinar.

cul-de-sac ['kʌldəsæk] *s. c.* **1** callejón sin salida. • *s. sing.* **2** (fig.) lugar sin vida.

culinary ['kʌlɪnərɪ || 'kʌlɪnerɪ] *adj.* culinario.

cull [kʌl] *v. t.* **1** (**to** ~ + o. + {**from**}) entresacar (información, ideas, etc.). **2** hacer una selección (matando a los animales débiles en un rebaño). • *s. c.* **3** selección, matanza de selección.

culminate ['kʌlmɪneɪt] *v. i.* (**to** ~ **in**) culminar en, acabar en.

culmination [ˌkʌlmɪ'neɪʃn] *s. sing.* (**the** ~ **of**) la culminación de, el no va más de.

culottes [kjuː'lɒts] *s. pl.* ({**a pair of**} ~) falda pantalón.

culpability [ˌkʌlpə'bɪlɪtɪ] *s. i.* (form.) culpabilidad.

culpable ['kʌlpəbl] *adj.* (form.) culpable.

culprit ['kʌlprɪt] *s. c.* culpable, reo, delincuente (persona o cosa).

cult [kʌlt] *s. c.* **1** (~ {**of**}) REL. culto. **2** (~ {**of**}) (fig.) culto, canonización (de algo o alguien).

cultivate ['kʌltɪveɪt] *v. t.* **1** cultivar (tierra). **2** (fig.) fomentar, cultivar (sentimientos, ideas, etc.). **3** mejorar (los conocimientos intelectuales). **4** (desp.) ganarse la amistad de (para fines malos).

cultivated ['kʌltɪveɪtɪd] *adj.* **1** cultivada, labrada (tierra). **2** refinado, educado (intelectualmente).

cultivation [ˌkʌltɪ'veɪʃn] *s. i.* **1** cultivo (de la tierra). **2** (~ **of**) cultivo de, fomento de, mejora de (ideas, sentimientos, etc.). **3** (~ **of**) (desp.) cultivo de (amistad para fines perversos).

cultivator ['kʌltɪveɪtər] *s. c.* **1** labrador. **2** MEC. máquina labradora.

cultural ['kʌltʃərəl] *adj.* **1** cultural. **2** artístico, cultural. ◆ **3** ~ **desert,** (fam.) desierto cultural.

culturally ['kʌltʃərəlɪ] *adv.* **1** culturalmente. **2** artísticamente.

culture ['kʌltʃər] *s. c.* e *i.* **1** cultura, civilización: *the different African cultures = las diferentes culturas africanas.* • *s. i.* **2** cultura. **3** cultura, arte. **4** cultura, preparación (física, mental, etc.). **5** cultura, buena educación. • *s. c.* **6** cultura, civilización (concreta). **7** BIOL. cultivo (de distintos tipos de células y microorganismos). • *v. t.* **8** BIOL. cultivar, hacer cultivos de. ◆ **9** ~ **medium,** caldo de cultivo. **10** ~ **shock,** choque cultural, falta de acoplamiento a una cultura extraña.

cultured ['kʌltʃəd] *adj.* **1** educado, cultivado, refinado. ◆ **2** ~ **pearl,** perla cultivada.

culvert ['kʌlvət] *s. c.* atarjea.

cumbersome ['kʌmbəsəm] *adj.* **1** embarazoso, engorroso, incómodo, molesto de manejar. **2** torpe, pesado (funcionamiento, proceso, actividad, etc.).

cumin ['kʌmɪn] (también cummin) *s. i.* comino (especia).

cummerbund ['kʌməbʌnd] *s. c.* faja de frac.

cumulative ['kjuːmjulətɪv || 'kjuːmjuleɪtɪv] *adj.* acumulativo.

cumulatively ['kjuːmjulətɪvlɪ || 'kjuːmjuleɪtɪvlɪ] *adv.* acumulativamente.

cumuli ['kjuːmjulaɪ] *pl.* de **cumulus.**

cumulus ['kjuːmuləs] (*pl.* **cumuli**) *s. c.* e *i.* cúmulo (nube).

cunning ['kʌnɪŋ] *s. i.* **1** (desp.) astucia, sagacidad. • *adj.* **2** (desp.) astuto, sagaz. **3** inteligente, ingenioso, hábil. **4** (EE UU) lindo, mono.

cunningly ['kʌnɪŋlɪ] *adv.* **1** (desp.) astutamente, sagazmente. **2** inteligentemente, ingeniosamente, hábilmente.

cunt [kʌnt] *s. c.* **1** (vulg.) coño. **2** gilipollas, coñazo.

cup [kʌp] *s. c.* **1** taza. **2** copa (trofeo). **3** objeto con forma de copa. • *s. sing.* **4** DEP. copa (en distintos deportes). • (*ger.* **cupping,** *pret.* y *p.p.* **cupped**) *v. t.* **5** ahuecar la mano en forma de copa. • *s. i.* **6** ponche (de distintos tipos). ◆ **7 not one's** ~ **of tea,** ⇒ **tea.**

cupboard ['kʌbəd] *s. c.* **1** armario, alacena. ◆ **2 a skeleton in the** ~, ⇒ **skeleton. 3** ~ **love,** amor interesado, amor egoísta.

cupful ['kʌpful] *s. c.* taza (contenido): *a cupful of rice = una taza de arroz.*

cupid ['kjuːpɪd] *s. c.* **1** ART. figura de cupido, niño cupido. ◆ **2 Cupid,** Cupido (símbolo del enamoramiento).

cupidity [kjuː'pɪdɪtɪ] *s. i.* (form.) avaricia, codicia (especialmente de cosas materiales).

cupola ['kjuːpələ] *s. c.* ARQ. cúpula.

cuppa ['kʌpə] *s. c.* (brit.) (fam.) tacita de té.

cup-tie ['kʌptaɪ] *s. c.* DEP. partido de copa.

curable ['kjuərəbl] *adj.* curable, que se puede curar.

curacy ['kjuərəsɪ] *s. i.* REL. curato (de la Iglesia Anglicana).

curate ['kjuərət] *s. c.* REL. cura ayudante, coadjutor (en Anglicanismo). ◆ **2 a curate's egg,** ⇒ **egg.**

curative ['kjuərətɪv] *adj.* curativo.

curator [kjuə'reɪtər] *s. c.* conservador (de museo).

curb [kɜːb] *v. t.* **1** contener, refrenar (algo o alguien). ● *s. c.* **2** (~ {**on**}) freno, restricción. **3** (EE UU) bordillo (de la acera).
curd [kɜːd] *s. c.* cuajada; grumo de sustancia cuajada.
curdle ['kɜːdl] *v. t.* e *i.* **1** cuajar(se) (especialmente la leche). ◆ **2 to ~ one's blood,** helársele a uno la sangre.
cure [kjʊər] *v. t.* e *i.* **1** curar, sanar. **2** curar(se) (tabaco, piel, etc.). ● *v. t.* **3** curar, resolver, salvar (problema, dificultad, etc.). **4** (**to ~** + *o.* + **of**) quitar, curar de (vicio, hábito, etc.). ● *s. c.* **5** (~ {**for**}) cura, remedio (médico). **6** (~ {**of**}) curación. **7** (~ {**of**}) (fig.) cura, cuidado (de almas). ● *s. c.* e *i.* **8** (~ {**for**}) solución, resolución.
cure-all ['kjʊərɔːl] *s. c.* panacea.
curfew ['kɜːfjuː] *s. c.* toque de queda.
curio [kjʊərɪəʊ] *s. c.* objeto curioso, objeto para coleccionista.
curiosity [ˌkjʊərɪ'ɒsɪətɪ] *s. i.* **1** curiosidad, interés. **2** (desp.) curiosidad, espíritu inquisitorio. ● *s. c.* **3** objeto de interés. **4** tipo raro (pasado de moda). ◆ **5 ~ killed the cat,** la curiosidad te perderá.
curious ['kjʊərɪəs] *adj.* **1** curioso, interesado (en saber más). **2** (desp.) entrometido, curioso. **3** extraño, curioso (cosa o acontecimiento).
curiously ['kjʊərɪəslɪ] *adv.* **1** curiosamente, interesadamente. **2** (desp.) entrometidamente, curiosamente. **3** extrañamente, curiosamente.
curl [kɜːl] *s. c.* **1** rizo (de pelo). **2** espiral, bucle (de humo o similar). ● *s. sing.* **3** mueca, torcimiento (de labios). ● *s. i.* **4** rizado (de pelo). ● *v. t.* **5** rizar (el pelo). ● *v. t.* e *i.* **6** retorcer(se), hacer(se) espirales. ● *v. i.* **7** enroscarse, enrollarse (posición del cuerpo). **8** rizarse, formarse rizos (el pelo). **9** ondularse, levantarse los bordes (papel o similar). ◆ **10 to ~ into a ball,** hacerse una bola, enroscarse como una madeja. **11 to ~ one's lips,** fruncir los labios. **12 to ~ up,** enrollarse por completo, hacerse una bola, ondearse hacia arriba (persona o cosa).
curler ['kɜːlər] *s. c.* rulo.
curlew ['kɜːljuː] *s. c.* ZOOL. sarapico (ave).
curling ['kɜːlɪŋ] *s. i.* **1** juego escocés sobre hielo. ◆ **2 ~ tongs,** tenacillas (para rizar el pelo).
curly ['kɜːlɪ] *adj.* **1** rizado (pelo). **2** (fam.) curvado, circular, ondulado. ◆ **3 ~ bracket,** llave (tipográfica).
currant ['kʌrənt] *s. c.* **1** BOT. grosella. **2** pasa de Corinto.
currency ['kʌrənsɪ] *s. c.* e *i.* **1** FIN. moneda (sistema monetario de un país). ● *s. i.* **2** uso general, aceptación (de una palabra, idea, etc.).
current ['kʌrənt] *adj.* **1** actual, moderno, en curso, del presente. **2** aceptada, de uso corriente (palabra, idea, etc.). ● *s. c.* **3** corriente (de agua). **4** corriente (de opinión). **5** corriente (de aire). **6** ELEC. corriente. ◆ **7 ~ account,** FIN. cuenta corriente. **8 ~ affairs, a)** acontecimientos del día, sucesos habituales. b) temas de actualidad (como asignatura). **9 ~ assets,** activo circulante. **10 ~ liabilities,** pasivo circulante.
currently ['kʌrəntlɪ] *adv.* actualmente, modernamente, durante el presente.
curricula [kə'rɪkjʊlə] *pl.* de **curriculum.**
curriculum [kə'rɪkjʊləm] (*pl.* **curriculums** o **curricula**) *s. c.* **1** currículo, plan de estudios (asignaturas). ◆ **2 ~ vitae,** currículum vitae.
curried ['kʌrɪd] *adj.* GAST. con curry.
curry ['kʌrɪ] *s. i.* **1** GAST. curry. ● *v. t.* **2** cocinar condimentando con curry. **3** almohazar (caballos). ◆ **4 to ~ favour** ({**with**}), (desp.) congraciarse vilmente (con), hacer la pelota (a). **5 ~ powder,** GAST. curry en polvo.
curse [kɜːs] *v. i.* **1** (fam.) decir palabrotas, maldecir. ● *v. t.* **2** (**to ~** + *o.* + {**for**}) insultar, maldecir. **3** quejarse con palabrotas de, maldecir. ● *s. c.* **4** palabrota, obscenidad. **5** (~ {**on/upon**}) maldición. **6** (~ {**of**}) azote, calamidad. ● *s. sing.* **7** (**the ~**) (fam. y p.u.) el período.
cursed ['kɜːsɪd] *adj.* **1** maldito (causado por una maldición). ◆ **2 to be ~ with,** estar afligido por, tener que aguantar.
cursedly ['kɜːsɪdlɪ] *adv.* malditamente.
cursive ['kɜːsɪv] *adj.* cursiva (tipo de letra).
cursor ['kɜːsər] *s. c.* INF. cursor.
cursorily ['kɜːsərəlɪ] *adv.* (a veces desp.) superficialmente, sin interés.
cursory ['kɜːsərɪ] *adj.* (a veces desp.) superficial, desinteresado.
curt [kɜːt] *adj.* (desp.) brusco, seco.
curtail [kɜː'teɪl] *v. t.* **1** reducir, cortar, cercenar (especialmente gastos). **2** restringir (poder, libertad, etc.).
curtailment [kɜː'teɪlmənt] *s. i.* (~ **of**) (form.) reducción de, recorte de, restricción de (libertad, crédito, etc.).
curtain ['kɜːtn] *s. c.* **1** cortina (de tela, plástico, etc.). **2** ART. cortina (en el teatro). ● *s. sing.* **3** (fig.) tiempo de comienzo (en el teatro). ● *s. i.* **4** (fig.) cortina, pantalla (de humo, mentiras, obstáculos, etc.). ◆ **5 ~ call,** salida al escenario a recibir aplausos. **6 ~ rail,** riel de las cortinas. **7 ~ rod,** barra de las cortinas. **8 curtains for,** (fam.) se acabó para, se terminó lo que se daba para. **9 to ~ off,** separar con cortinas, dividir con cortinas (una parte de una habitación).
curtained ['kɜːtnd] *adj.* acortinado, con visillos.
curtain-raiser ['kɜːtnreɪzər] *s. c.* **1** comedia corta, preludio (en teatro). **2** (fig.) prólogo, preludio (de algo más importante).
curtly ['kɜːtlɪ] *adv.* (desp.) bruscamente, secamente.
curtness ['kɜːtnɪs] *s. i.* (desp.) brusquedad, sequedad.
curtsey *v. i.* ⇒ **curtsy.**
curtsy ['kɜːtsɪ] (también curtsey) *v. i.* **1** (**to ~** {**to**}) hacer una reverencia (solo mujeres). ● *s. c.* **2** reverencia (de mujeres agachándose).
curvaceous [kɜː'veɪʃəs] *adj.* curvilíneo (especialmente del cuerpo de una mujer).
curvature ['kɜːvətʃər] *s. i.* (~ {**of**}) GEOM. curvatura.
curve [kɜːv] *s. c.* **1** curva. ● *s. pl.* **2** (fam.) curvas (de una mujer). ● *v. i.* **3** curvarse, hacer una curva. **4** moverse haciendo curvas.
curved [kɜːvd] *adj.* curvado.
curving ['kɜːvɪŋ] *adj.* que hace curvas (carretera).
curvy ['kɜːvɪ] *adj.* (fam.) **1** curvado, combado. **2** con magníficas curvas (mujer).
cushion ['kʊʃn] *s. c.* **1** cojín, almohadilla. **2** parte blanda, parte suave (de cualquier objeto). **3** amortiguador (algo que hace de amortiguador). ● *v. t.* **4** amortiguar (un golpe, caída, etc.). **5** disminuir el impacto, amortiguar (algún resultado negativo): *to cushion the blow of the price increase = amortiguar el golpe del incremento de precios.*
cushy ['kʊʃɪ] (fam.) *adj.* **1** segurito, cómodo, fácil (trabajo, tarea, etc.). **2 a ~ number,** un chollo.
cuss [kʌs] *v. t.* e *i./s. c.* (p.u. y fam.) ⇒ **curse.**
cussed ['kʌsɪd] *adj.* obstinado, terco.
cussedly ['kʌsɪdlɪ] *adv.* obstinadamente, tercamente.
cussedness ['kʌsɪdnɪs] *s. i.* obstinación, terquedad.
custard ['kʌstəd] GAST. *s. i.* **1** natillas. ◆ **2 ~ apple,** chirimoya. ◆ **3 ~ pie/tart,** torta de crema.
custodial [kʌ'stəʊdɪəl] *adj.* DER. de prisión.
custodian [kʌ'stəʊdɪən] *s. c.* guarda, guardián.
custody ['kʌstədɪ] *s. i.* **1** DER. custodia. ◆ **2 in ~,** en prisión.
custom ['kʌstəm] *s. c.* **1** costumbre, usanza. ● *s. i.* **2** (form.) clientela, parroquia (de tienda). ◆ **3** customs, aduana. **4** customs duty, derechos de aduana, derechos arancelarios, aranceles. **5** customs house, aduana (sitio). **6** customs union, POL. unión aduanera (entre países).
customarily ['kʌstəmərəlɪ ‖ kʌstə'merəlɪ] *adv.* según costumbre, habitualmente, usualmente.
customary ['kʌstəmərɪ ‖ 'kʌstəmerɪ] *adj.* acostumbrado, usual, habitual.
custom-built [ˌkʌstəm'bɪlt] *adj.* hecho a medida.
customer ['kʌstəmər] *s. c.* **1** cliente, parroquiano. **2** (*adj.* + ~) (fam.) tipo, sujeto: *a cool customer = un tipo frío.* ◆ **3 ~ service,** servicio de atención al cliente.
customise *v. t.* ⇒ **customize.**
customize ['kʌstəmaɪz] (también **customise**) *v. t.* hacer o retocar a gusto del comprador.
custom-made [ˌkʌstom'meɪd] *adj.* ⇒ **custom-built.**
cut [kʌt] (*pret.* y *p.p.irreg.* **cut**) *v. t.* **1** cortar. **2** reducir, cortar (gastos). **3**

cortar, cercenar (trozos de escrito o similar). **4** negar el saludo: *if he gets angry he will cut you for a week = si se enfada te niega el saludo durante una semana.* **5** dejar (de hacer algo que se hacía): *I'm going to cut private classes = voy a dejar las clases particulares.* **6** MÚS. hacer, grabar (disco). **7** cortar (cartas). **8** salirle (un diente a un bebé). **9** cortar (pelo, uñas, etc.). **10** cortar, recortar (hierba). **11** dividir, cortar (algo en dos partes). **12** pulir, cortar (joya). **13** tallar, grabar (metal, madera, etc.). **14** cortar (vestido). **15** afectar, dar en lo vivo (un comentario, palabra, etc.): *my words cut him deeply = mis palabras le afectaron profundamente.* • *v. i.* **16** cortar, tener filo: *this knife cuts very well = este cuchillo corta muy bien.* **17** (**to ~ into**) pegar un corte, cortar, rajar. **18** (**to ~ through**) atravesar, cortar (agua en barco). **19** (**to ~ across/through**) cruzar por (un lugar, normalmente queriendo un atajo). • *v. pron.* **20** cortarse, herirse. • *s. c.* **21** corte, raja. **22** corte, herida. **23** recorte, reducción (de impuestos, salarios, etc.). **24** corte (en película o similar). **25** tajada, trozo, pedazo (de carne). **26** corte (de pelo). • *s. sing.* **27** (fam.) tajada, comisión (en un negocio deshonesto). • *adj.* **28** cortado, hecho rebanada (cualquier cosa). **29** herido, cortado, con corte. **30** cortado, hecho (vestimenta): *a well-cut suit = un traje muy bien hecho.* **31** pulido, cortado (joya). ◆ **32 to be a ~ above,** ser superior a, ser mejor que. **33 ~!,** ¡corten! **34 to ~ across,** más allá de, trascender: *youth unemployment is a problem which cuts across politics = el paro juvenil es un problema que trasciende la política.* **35 to ~ a...** figura, tener un aspecto...: *he cuts a slim figure in that suit = tiene un aspecto muy delgado con ese traje.* **36 to ~ a long story short,** para ser breve. **37 to ~ and run,** (fam. y desp.) salir pitando, huir con el rabo entre las piernas. **38 to ~ back** {**on**}, recortar gastos, reducir el gasto (en). **39 to ~ both ways,** tener doble filo (un problema, situación, etc.). **40 to ~ down,** cortar (árbol). **41 to ~ down** (**on**), reducir el consumo de, tomar menos (de): *I have to cut down on fat = tengo que reducir el consumo de grasa.* **42 to ~ to size,** dejar en su sitio (humillar). **43 to ~ in,** interrumpir. **44 to ~ no ice,** ⇒ **ice. 45 to ~ off, a)** cortar (pelo, cuando es largo). **b)** interrumpir, no dejar continuar, no dejar hablar. **c)** desconectar (en conversación telefónica). **d)** interrumpir el suministro de (agua, electricidad, etc.). **46 to ~ off (from),** aislar (de). **47 to ~ off one's nose to spite one's face,** ⇒ **nose. 48 to ~ one's losses,** ⇒ **loss. 49 to ~ out, a)** recortar (un artículo de periódico, por ejemplo). **b)** calarse (motor). **c)** dejar, abandonar, desechar (hábito, costumbre, conversación, etc.): *don't argue, cut it out = no discutas, déjalo.* **d)** censurar, cortar, dejar fuera. **e)** tapar, ocultar, no dejar pasar (una vista, la luz, etc.). **50 ~ out (to/for),** hecho para, destinado por la providencia para: *I'm not cut out to become a policeman = no estoy hecho para ser policía.* **51 to ~ out (of),** excluir (de), quitar (de) (una actividad). **52 to ~ someone dead,** no hacer caso alguno a alguien, no saludar a alguien, ignorar a alguien. **53 to ~ someone out of one's will,** desheredar, dejar fuera del testamento de uno a alguien. **54 to ~ someone short,** dejar con la palabra en la boca, interrumpir. **55 to ~ up,** hacer cachitos, cortar en pedazos pequeños. **56 ~ up (about),** disgustado (acerca de), afectado (por). **57 to have one's work ~ out,** ⇒ **work.**

cut-and-dried ['kʌtəndraɪd] *adj.* preparado, arreglado, convenido (plan, acuerdo, actividad, etc.).

cutback ['kʌtbæk] *s. c.* (~ {**in**}) reducción (especialmente de personal).

cute [kjuːt] *adj.* (EE UU) **1** mono, (Am.) lindo. **2** atractivo (desde un punto de vista sexual). **3** listo, despierto, agudo (de inteligencia).

cutely ['kjuːtlɪ] *adv.* (EE UU) **1** preciosamente, (Am.) lindamente. **2** inteligentemente, agudamente.

cuteness ['kjuːtnɪs] *s. i.* (EE UU) **1** monería, (Am.) lindeza. **2** atracción (sexual). **3** inteligencia, agudeza.

cut-glass [ˌkʌt'glɑːs] *adj.* **1** de cristal tallado. **2** (fam.) de habla refinada. • *s. i.* **3** cristal tallado.

cutlass ['kʌtləs] *s. c.* alfanje.

cutlery ['kʌtlərɪ] *s. i.* cubertería.

cutlet ['kʌtlɪt] *s. c.* costilla.

cut-off ['kʌtɒf] (también **cut-off point**) *s. c.* límite, máximo.

cut-out ['kʌtaut] *s. c.* **1** recorte (de periódico y similar). **2** válvula de seguridad, cortacircuito de seguridad.

cut-price [ˌkʌt'praɪs] *adj.* de rebajas, de recorte de precios.

cutter ['kʌtər] *s. c.* **1** cúter, cortador, aparato cortador. **2** MAR. balandra, cúter. **3** cortador, sastre (de trajes). • *s. pl.* **4** tijeras grandes.

cut-throat ['kʌtθrəut] *adj.* despiadado, cruel.

cutting ['kʌtɪŋ] *s. c.* **1** recorte (de periódico o similar). **2** BOT. esqueje (que se corta para otro sitio). **3** corte (en una montaña para el paso del tren). • *adj.* **4** sarcástico, despiadado (que hiere). ◆ **5 ~ edge,** (fig.) vanguardia. **6 ~ room,** TV. montaje, sala de montaje.

cuttingly ['kʌtɪŋlɪ] *adv.* sarcásticamente, despiadadamente.

cuttlefish ['kʌtlfɪʃ] (*pl.* **cuttlefish** o **cuttlefishes**) *s. c.* ZOOL. sepia, jibia.

cutwater ['kʌtwɔːtər] *s. c.* tajamar.

CV [sɪː'vɪː] (siglas de **curriculum vitae**) *s. c.* currículum vitae.

cyanide ['saɪənaɪd] *s. i.* QUÍM. cianuro.

cybernetics [ˌsaɪbə'netɪks] *s. i.* cibernética.

cyberspace ['saɪbəspeɪs] *s. i.* ciberespacio.

cyclamen ['sɪkləmən || 'saɪkləmən] *s. c.* e *i.* BOT. ciclamino.

cycle ['saɪkl] *v. i.* **1** ir en bicicleta. • *s. c.* **2** bicicleta. **3** (EE UU) motocicleta. **4** ciclo, secuencia, repetición. **5** ciclo, vuelta. **6** LIT. ciclo (de novelas o parecido).

cyclic ['saɪklɪk] (también cyclical) *adj.* cíclico.

cyclical ['saɪklɪkl] *adj.*⇒ **cyclic.**

cyclically ['saɪklɪkəlɪ] *adv.* cíclicamente.

cyclist ['saɪklɪst] *s. c.* ciclista.

cyclone ['saɪkləun] *s. c.* ciclón.

cygnet ['sɪgnɪt] *s. c.* ZOOL. cisne joven.

cylinder ['sɪlɪndər] *s. c.* **1** GEOM. cilindro. **2** MEC. cilindro (de un motor de vehículo). ◆ **3 working/firing on all cylinders,** (fam.) trabajando a todo trapo, funcionando a pedir de boca.

cylindrical [sɪ'lɪndrɪkl] *adj.* GEOM. cilíndrico.

cymbal ['sɪmbl] *s. c.* MÚS. címbalo.

cynic ['sɪnɪk] *s. c.* cínico.

cynical ['sɪnɪkl] *adj.* cínico, desengañado.

cynically ['sɪnɪklɪ] *adv.* cínicamente, con un gran desengaño.

cynicism ['sɪnɪsɪzəm] *s. i.* cinismo.

cypher *s. c.* ⇒ **cipher.**

cyphered *adj.* ⇒ **ciphered.**

cypress ['saɪprəs] (*pl.* **cypresses**) *s. c.* **1** BOT. ciprés. • *s. i.* **2** madera de ciprés, ciprés.

Cypriot ['sɪprɪət] *s. c.* **1** chipriota. • *adj.* **2** chipriota.

Cyprus ['saɪprəs] *s. sing.* Chipre.

cyst [sɪst] *s. c.* MED. quiste.

cystic fibrosis [ˌsɪstɪkfaɪ'brəusɪs] *s. i.* fibrosis quística.

cystitis [sɪ'staɪtɪs] *s. i.* MED. cistitis.

czar *s. c.* ⇒ **tsar.**

czarina *s. c.* ⇒ **tsarina.**

czarist *s. c.* ⇒ **tsarist.**

Czech [tʃek] *adj.* **1** checo. • *s. c.* **2** checo. • *s. i.* **3** checo (idioma).

Czech Republic [tʃek] *s. sing.* **the ~**, la República Checa.

Czechoslovak [ˌtʃekəu'sləuvæk] (también **Czechoslovakian**) *adj.* **1** HIST. checoslovaco. • *s. c.* **2** HIST. checoslovaco.

Czechoslovakia [ˌtʃekəusləˈvækɪə] *s. sing.* HIST. Checoslovaquia.

Czechoslovakian [ˌtʃəkəusləˈvækɪən] *adj.* ⇒ **Czechoslovak.**

d, D [diː] *s. c.* **1** d, D (cuarta letra del alfabeto inglés). • *s. c.* e *i.* **2** MÚS. re. **3** insuficiente, suspenso (nota académica).
OBS. Esta letra se puede utilizar como abreviatura de palabras tales como: **daughter, died, delete, dimension, penny** (en el sistema monetario vigente en Inglaterra antes de 1971).

'd (contracción verbal de **had, would, do** y **did**).

DA ['diːeɪ] (siglas de **District Attorney**) *s. c.* fiscal del distrito.

dab [dæb] (ger. **dabbing,** *pret.* y *p. p.* **dabbed**) *v. t.* **1** (**to** ~ {**on**}) dar toques ligeros, aplicar con toques suaves: *you have to dab the cream on = debes aplicarte la crema con toques suaves.* • *s. c.* **2** toquecito ligero, pincelada suave. **3** ZOOL. lenguado. ◆ **4 to** ~ **at,** dar toques ligeros en. **5 a** ~ **hand at,** (brit.) (fam.) un manitas en. **6 dabs,** (brit.) (fam.) huellas (dactilares).

dabble ['dæbl] *v. i.* **1** (**to** ~ {**in**}) tener un interés superficial, hacer pinitos en: *he dabbled in politics = hizo pinitos en política.* • *v. t.* **2** mojar; chapotear: *dabble your handkerchief in the water = moja el pañuelo en el agua.*

dabbler ['dæblər] *s. c.* (desp.) aficionado, diletante.

dace [deɪs] (*pl.* **dace**) *s. c.* ZOOL. albur, dardo, breca (pez de agua dulce).

dacha ['dætʃə] *s. c.* dacha (casa chalet rusa en el campo).

dachshund ['dækshund] *s. c.* ZOOL. perro tejonero, dachshund.

dad [dæd] *s. c.* (fam.) papá.

daddy ['dædɪ] *s. c.* (fam.) papá, papaíto.

daddy-long-legs [dædɪ'lɒŋlegz] (*pl.* **daddy-long-legs**) *s. c.* ZOOL. segador, típula (insecto con patas muy largas).

daddy-o ['dædɪəʊ] *s. c.* (fam.) tío, colega, jefe (en los años 60).

dado ['deɪdəʊ] *s. c.* ARQ. friso, dado.

daffodil ['dæfədɪl] *s. c.* BOT. narciso.

daft [dɑːft] *adj.* **1** (brit.) (fam.) estúpido, bobo; chiflado. **2** (~ {**about**}) (fig.) chiflado: *I'm daft about her = estoy chiflado por ella.*

dagger ['dægər] *s. c.* **1** daga. ◆ **2 at daggers drawn,** en desacuerdo total (casi violento). **3 to look daggers at,** atravesar con la mirada a.

dago ['deɪgəʊ] *s. c.* (desp.) término despectivo que se aplica a españoles, portugueses, italianos y sudamericanos.

dahlia ['deɪlɪə] *s. c.* BOT. dalia.

daily ['deɪlɪ] *adj.* **1** diario: *a daily delivery = un reparto diario.* **2** por día, al día. • *s. c.* **3** periódico diario (no se publica los domingos). **4** (brit.) (fam.) asistenta. • *adv.* **5** diariamente.

daintily ['deɪntɪlɪ] *adv.* refinadamente; primorosamente.

dainty ['deɪntɪ] *adj.* refinado; primoroso (normalmente para describir a mujeres): *a dainty little woman = una mujer pequeña y refinada.*

daiquiri ['daɪkərɪ] *s. c.* daiquiri (combinado hecho con ron, zumo de lima, azucar y hielo).

dairy ['deərɪ] *s. c.* **1** lechería. **2** vaquería; quesería. • *s. i.* **3** lácteo, de leche: *dairy products = productos lácteos.*

dairy-farm ['deərɪfɑːm] *s. c.* granja lechera.

dairymaid ['dearimeɪd] *s. c.* (arc.) lechera, vaquera.

dairyman ['deərɪmən] (*pl. irreg.* **dairymen**) *s. c.* lechero.

dairymen ['deərɪmen] *pl. irreg.* **dairyman.**

dais ['deɪɪs] *s. c.* estrado.

daisy ['deɪzɪ] *s. c.* **1** BOT. margarita. ◆ **2 to be pushing up the daisies,** (hum. y fam.) estar criando malvas. **3 fresh as a** ~, ⇒ **fresh.**

daisy-chain ['deɪzɪtʃeɪn] *s. c.* (brit.) guirnalda (hecha con margaritas).

daisywheel ['deɪzɪwɪːl] *s. c.* INF. margarita.

dale [deɪl] *s. c.* **1** (arc.) valle. ◆ **2 up hill and down** ~, por una ruta laboriosa, por una ruta penosa.

dalliance ['dælɪəns] *s. i.* (p.u.) coqueteo; retozo.

dally ['dælɪ] *v. i.* **1** (p.u.) demorarse; holgar. **2** (**to** ~ **with**) acariciar, juguetear con (ideas, proyectos, etc.). **3** (**to** ~ **with**) (p.u.) coquetear con.

Dalmatian [dæl'meɪʃn] *s. c.* ZOOL. dálmata (raza canina).

dam [dæm] *s. c.* **1** presa; dique. **2** pantano, embalse. **3** ZOOL. madre (de animales cuadrúpedos). • (*ger.* **damming,** *pret.* y *p. p.* **dammed**) *v. t.* **4** embalsar, represar (agua). ◆ **5 to** ~ **up, a)** parar el curso (de un río, etc.) con una presa. **b)** (fig.) bloquear; ocultar (sentimientos).

damage ['dæmɪdʒ] *v. t.* **1** dañar, estropear; deteriorar. • *s. i.* **2** daño, avería; deterioro. ◆ **3 damages,** DER. daños y perjuicios. **4 the** ~ **is done,** no hay nada que hacer; el daño está hecho. **5 what's the** ~**?,** (fam.) ¿cuánto te debo?

damaging ['dæmɪdʒɪŋ] *adj.* (~ {**to**}) dañino, perjudicial.

damask ['dæməsk] *s. i.* damasco.

dame [deɪm] *s. c.* (EE UU) (fam.) dama, señora.

dammit *adj.* ⇒ **damn.**

damn [dæm] *adj.* **1** maldito, condenado (en el lenguaje coloquial): *he is a damn fool = es un condenado estúpido.* • *adv.* **2** (fam.) muy; requete: *I'm damn good at maths = soy requetebueno en mates.* • *interj.* **3** ¡mierda! ◆ **4 as near as** ~ **it,** (fam.) (vulg.) casi; por lo menos. **5 to be damned for,** ser culpado de, ser condenado por. **6** ~ **you,** ¡maldito tú! **7** ~ **it/dammit,** (vulg.) ¡maldita sea! **8 to give/care a** ~, (fam.) importar un bledo. **9 not to be worth a** ~, (fam.) no valer un pimiento/céntimo (dinero).

damnable ['dæmnəbl] *adj.* (p.u.) detestable, execrable.

damnably ['dæmnəblɪ] *adv.* (p.u.) detestablemente, execrablemente.

damnation [dæm'neɪʃn] *s. i.* **1** REL. condenación. • *interj.* **2** (p.u.) ¡pardiez!, ¡por Júpiter!

damned [dæmd] *adj.* **1** (fam.) maldito, condenado. **2** REL. condenado. • *adv.* **3** (fam.) muy (lo importante es el énfasis). ◆ **4 to be** ~, (fam.) jamás, nunca, ni por asomo. **5 damnedest,** (fam. y p.u.) más alucinante, más sorprendente: *he's the damnedest artist I've ever met = es el artista más sorprendente que he conocido jamás.* **6 to do one's damnedest,** hacer todo lo que uno pueda de verdad. **7 I'll be** ~**/I'm** ~, ¡mecachis!; ¡y un jamón!; ¡habráse visto!

damning ['dæmɪŋ] *adj.* concluyente; irrecusable.
damp [dæmp] *adj.* **1** húmedo, mojado (con un sentido desagradable). ● *s. i.* **2** humedad (desagradable). ● *v. t.* **3** mojar ligeramente, humedecer. ◆ **4 to ~ down, a)** moderar; amortiguar (la fuerza, violencia, ánimo, etc.). **b)** cubrir (el fuego). **5 ~ squib, ⇒ squib.**
damp course ['dæmpkɔːs] *s. c.* ARQ. hilada de ladrillos (antihumedad).
dampen ['dæmpən] *v. t.* **1** mojar ligeramente, humedecer. **2** moderar; amortiguar (la fuerza, la violencia, el ánimo, etc.).
damper ['dæmpər] *s. c.* **1** regulador de tiro (chimenea). **2** MÚS. apagador; sordina. ◆ **3 to act as a ~ on/to put a ~ on,** (fam.) desanimar, desalentar.
dampness ['dæmpnɪs] *s. i.* humedad.
damsel ['dæmzl] *s. c.* (arc. y lit.) doncella.
dance [dɑːns] *v. i.* **1** bailar, danzar. **2** (fig.) brincar, saltar (de gozo). ● *v. t.* **3** bailar (un baile, una danza). ● *s. c.* **4** baile, danza. **5** baile, fiesta. ● *s. i.* **6** baile, danza. ◆ **7 to ~ attendance on,** estar excesivamente pendiente de, tratar con excesiva deferencia. **8 ~ studio,** estudio de baile. **9 to ~ to someone's tune, ⇒ tune. 10 to lead someone a merry/ pretty ~,** poner muchas dificultades a alguien, hacer a alguien las cosas difíciles. **11 to make a song and ~ about something, ⇒ song.**
dance-floor ['dɑːnsflɔːr] *s. c.* pista de baile.
dance-hall ['dɑːnshɔːl] *s. c.* salón de baile.
dancer ['dɑːnsər] *s. c.* bailarín.
dancing ['dɑːnsɪŋ] *s. i.* **1** baile (como actividad): *dancing is my profession = el baile es mi profesión.* ● *adj.* **2** alegre; danzarín (ojos).
dancing-girl ['dɑːnsɪŋgəːl] *s. c.* bailarina.
dancing-partner ['dɑːnsɪŋ'pɑːtnər] *s. c.* pareja de baile.
dandelion ['dændɪlaɪən] *s. c.* BOT. diente de león.
dandified ['dændɪfaɪd] *adj.* (p.u.) presumido, petimetre (usado sólo para hombres).
dandle ['dændl] *v. t.* mecer; mover repetidamente sobre las rodillas (niño).
dandruff ['dændrəf] *s. i.* caspa.
dandy ['dændɪ] *s. c.* **1** (p.u. y desp.) petimetre. ● *adj.* **2** (EE UU) (fam.) chupi; de rechupete.
Dane [deɪn] *s. c.* danés (persona).
danger ['deɪndʒər] *s. i.* **1** peligro; riesgo. ● *s. c.* **2** peligro, amenaza. ◆ **3 ~ money,** compensación por trabajo peligroso, plus de peligrosidad. **4 ~ signal,** señal de peligro. **5 on the ~ list,** en peligro de muerte. **6 out of ~,** fuera de peligro. **7 there's no ~ of that,** no hay peligro de que eso ocurra.
dangerous ['deɪndʒərəs] *adj.* peligroso.
dangerously ['deɪndʒərəslɪ] *adv.* peligrosamente.
dangle ['dæŋgl] *v. t.* **1** balancear; colgar, suspender (algo sujeto por un solo extremo). **2** (**to ~** {**in front of/before**}) ofrecer como cebo. ● *v. i.* **3** pender, colgar. ◆ **4 to keep someone dangling,** (fam.) mantener en suspenso a alguien.
Danish ['deɪnɪʃ] *adj.* **1** danés. ● *s. i.* **2** danés (idioma). ◆ **3 ~ pastry,** GAST. hojaldre relleno de manzana y almendras.
dank [dæŋk] *adj.* húmedo; malsano (con un sentido muy negativo).
dapper ['dæpər] *adj.* pulcro, aseado; apuesto (sólo hombres).
dappled ['dæpld] *adj.* moteado.
dare [deər] *v. i.* **1** atreverse, osar. ● *v. t.* **2** desafiar. ● *s. c.* **3** desafío. ◆ **4 ~ I say it,** me temo, debo decir a mi pesar. **5 don't you ~,** no te atrevas, no te arriesgues. **6 how ~ you,** cómo te atreves. **7 I ~ say/I daresay,** supongo, me parece.
OBS. Este verbo puede utilizarse sin auxiliar en el sentido de la correspondencia: **1** *I dare not go now = no me atrevo a irme ahora.*
daredevil ['deədevl] *s. c.* temerario, atrevido, osado.
daren't ['deənt] *contr.* de **dare** y **not.**
daring ['deərɪŋ] *s. i.* **1** atrevimiento, osadía. ● *adj.* **2** atrevido, osado.
daringly ['deərɪŋlɪ] *adv.* atrevidamente, osadamente.
dark [dɑːk] *adj.* **1** oscuro. **2** oscuro; negro (pelo, ojos, etc.). **3** sombrío; misterioso (lugar, época). **4** triste; sombrío (ideas, pensamientos, etc.). **5** siniestro; malvado (mirada o comentario). ● *s. i.* **6** oscuridad. ◆ **7 after ~,** después del anochecer/puesta de sol. **8 before ~,** antes de que oscurezca, antes del anochecer, antes de la puesta del sol. **9 ~ age,** edad oscura, edad de retroceso. **10 ~ glasses,** gafas de sol. **11 ~ horse,** persona misteriosa (de la que no se sabe casi nada): *he's a dark horse = es una persona misteriosa.* **12 to be in the ~,** ignorar, no saber nada de: *I'm in the dark about what you say = no sé nada de lo que dices.* **13 to keep something ~,** mantener algo en secreto, no revelar algo.
darken ['dɑːkən] *v. t.* **1** oscurecer, ensombrecer; ennegrecer. **2** entristecer, ensombrecer: *her death darkened his life = la muerte de ella ensombreció su vida.* ● *v. i.* **3** oscurecerse, ensombrecerse; ennegrecerse. ◆ **4 never to ~ one's door again,** (arc. y lit.) nunca volver a pisar el umbral de la casa de uno.
darkie ['dɑːkɪ] (también **darky**) *s. c.* (desp.) negro (término despectivo que se aplica a personas de raza negra).
darkish ['dɑːkɪʃ] *adj.* tirando a oscuro/moreno.
darkness ['dɑːknɪs] *s. i.* oscuridad.
darkroom ['dɑːkrum] *s. c.* FOT. cuarto oscuro.
darling ['dɑːlɪŋ] *s. c.* **1** querido, cariño: *good morning, darling = buenos días, cariño.* **2** favorito, preferido: *she's the teachers' darling = es la favorita de los profesores.* ● *adj.* **3** encantador. **4** amado, querido. ◆ **5 a ~,** un ángel. **6 be a ~,** por favor; sé bueno: *be a darling and bring me a glass of water = sé bueno y tráeme un vaso de agua.*
darn [dɑːn] *v. t.* **1** zurcir. ● *s. c.* **2** zurcido, zurcidura. ● *adj.* **3** (EE UU) (euf. y fam.) maldito, condenado: *I hate this darn car = odio este maldito coche.* ● *adv.* **4** (euf. y fam.) condenadamente. ◆ **5 darned,** maldito, condenado. **6 ~ it!,** (fam. y euf.) ¡maldita sea!
darning ['dɑːnɪŋ] *s. i.* cosas para zurcir; ropa para zurcir.
dart [dɑːt] *v. i.* **1** lanzarse; precipitarse (con gran rapidez): *he darted aside = se lanzó a un lado.* ● *v. t.* **2** lanzar (una mirada). ● *s. c.* **3** movimiento rápido, sprint. **4** dardo, saeta. **5** sisa, pinza (en vestidos). ◆ **6 darts,** dardos (juego).
dartboard ['dɑːtbɔːd] *s. c.* blanco (en el juego de los dardos).
dash [dæʃ] *v. i.* **1** ir a toda velocidad, esprintar. ● *v. t.* **2** arrojar (con gran violencia). **3** destrozar, hacer añicos (esperanzas, ilusiones, etc.). ● *s. c.* **4** sprint, carrera rápida. **5** guión (trazo horizontal). **6** RAD. raya (del sistema Morse). **7** pincelada; toque. **8** pizca; chorrito. **9 ⇒ dashboard.** ● *s. i.* **10** (p.u.) donaire, garbo. ◆ **11 to cut a ~,** (p.u.) tener garbo. **12 ~!/ ~ it!/~ it all,** (p.u. y fam.) ¡porras!, ¡corcholis! **13 to ~ someone's hopes,** destrozar las expectativas/esperanzas de alguien. **14 to ~ off,** escribir a toda velocidad y chapuceramente. **15 to make a ~ for it,** salir pitando/a toda velocidad. **16 must ~/to have to ~,** tengo que darme/tener que darse prisa.
dashboard ['dæʃbɔːd] *s. c.* TEC. tablero de instrumentos, consola.
dashing ['dæʃɪŋ] *adj.* elegante.
dastardly ['dæstədlɪ] *adj.* (arc.) vil.
data ['deɪtə] (*sing.* **datum**) *s. pl.* **1** datos. ● *s. i.* **2** información.
data-bank ['deɪtəbæŋk] *s. c.* INF. banco de datos.
database ['deɪtəbeɪs] *s. c.* INF. base de datos.
data-processing ['deɪtəprəusesɪŋ] *s. i.* INF. proceso de datos.
date [deɪt] *s. c.* **1** fecha, día. **2** cita, compromiso. **3** cita (con persona del sexo opuesto). **4** (EE UU) persona (del otro sexo con quien se sale). **5** BOT. dátil (fruta y árbol). ● *v. t.* **6** fechar, poner la fecha. **7** revelar la edad. **8** (EE UU) salir con (persona del otro sexo). ● *v. i.* **9** pasarse de moda. ◆ **10 at a later ~/at some future ~,** más adelante, en el futuro. **11 to ~ back,** remontarse (en el tiempo): *the car dates back to the 1930's = el coche se remonta a los años 30.* **12 to ~ from,** datar de. **13 ~ of birth,** fecha de nacimiento. **14 ~ palm,** BOT. pal-

mera de dátiles. **15 to ~,** hasta la fecha, hasta ahora.

dated ['deɪtɪd] *adj.* anticuado.

dative ['deɪtɪv] *adj.* **1** GRAM. dativo. • *s. c.* **2** GRAM. dativo.

datum ['deɪtəm] *s. c.* ⇒ **data.**

daub [dɔːb] *v. t.* pintarrajear; embadurnar (poner alguna sustancia en una superficie cualquiera con rapidez y descuido).

daughter [dɔːtər] *s. c.* **1** hija. • *adj.* **2** derivada: *Latin has five daughter languages = el latín tiene cinco lenguas derivadas.*

daughter-in-law ['dɔːtərɪnlɔː] *s. c.* nuera, hija política.

daunt [dɔːnt] *v. t.* acobardar, atemorizar, intimidar.

daunting ['dɔːntɪŋ] *adj.* intimidante, atemorizador.

dauntless ['dɔːntlɪs] *adj.* intrépido; arrojado.

dauntlessly ['dɔːntlɪslɪ] *adv.* intrépidamente.

dawdle ['dɔːdl] *v. i.* demorarse; haraganear.

dawdler ['dɔːdlər] *s. c.* holgazán, haragán.

dawn [dɔːn] *s. c.* e *i.* **1** aurora, alba, amanecer. **2** (fig.) aurora, albor, principio. • *v. i.* **3** amanecer, hacerse de día. **4** (fig. y lit.) amanecer, despertar (un nuevo período literario, una nueva época histórica). ◆ **5 ~ chorus,** canto de los pájaros al alba. **6 to ~ on/upon,** darse cuenta, caer en la cuenta, comenzar a entender.

day [dei] *s. c.* **1** día. **2** (fig.) día, época, tiempo: *the day of the typewriter is gone = la época de las máquinas de escribir ha pasado.* • *s. c.* e *i.* **3** día (contrapuesto a noche). ◆ **4 any ~ now,** en cualquier momento/instante; un día de estos. **5 to call it a ~,** (fam.) dejarlo por hoy, dejar la tarea por hoy. **6 ~ and night/night and ~,** día y noche; a todas horas, continuamente. **7 ~ care,** cuidado de niños, en régimen de guardería. **8 ~ care centre,** guardería. **9 ~ in, ~ out,** un día sí y otro también; todos los días. **10 ~ labourer,** jornalero. **11 ~ nursery,** guardería, casa cuna. **12 ~ off,** día libre (del trabajo). **13 ~ of reckoning,** momento de rendir cuentas; día del juicio final. **14 ~ return,** (brit.) billete de ida y vuelta para un mismo día. **15 ~ school,** escuela sin residencia. **16 in this ~ and age,** en estos tiempos. **17 it's early days yet,** todavía es pronto, pero. **18 to make a ~ of it,** (fam.) continuar/no parar en todo el día (una actividad placentera que se ha comenzado). **19 to make one's ~,** (fam.) poner contento/feliz a uno, dar una gran alegría: *your news has made my day = tus noticias me han dado una gran alegría.* **20 one ~,** un día (cualquiera). **21 one ~/some ~/one of these days,** un día de estos, un día (en el futuro). **22 one of those days,** (fam.) un día negro/aciago. **23 to pass the time of ~,** ⇒ **time. 24 that'll be the ~,** (fam.) eso habrá que verlo, ese día no llegará (contestando negativamente el comentario de alguien). **25 the good old days,** los buenos tiempos pasados. **26 the other ~,** ⇒ **other. 27 those were the days,** ¡qué tiempos aquellos! (con sentido positivo). **28 to the ~,** exactamente (con expresión temporal). **29 to this ~,** hasta el día de hoy. **30 to win/lose the ~,** ganar/perder finalmente, ganar/perder en última instancia.

daybook ['deɪbuk] *s. c.* ECON. diario (de contabilidad).

daybreak ['deɪbreɪk] *s. i.* alba, amanecer.

daydream ['deɪdrɪːm] *s. c.* **1** ensueño. **2** ilusión (improbable). • *v. i.* **3 (to ~ {about/of})** fantasear.

daylight ['deɪlaɪt] *s. i.* **1** luz, luz del día. ◆ **2 ~ robbery,** (fam.) atraco a mano armada (exageración cuando un lugar es demasiado caro). **3 ~ saving,** ahorro de luz mediante cambio horario. **4 in broad ~,** a plena luz, a pleno día. **5 to knock/beat the living daylights out of someone,** (fam.) pegarle una paliza a alguien. **6 to scare the living daylights out of someone,** dar un miedo horrible a alguien, dar un susto de muerte a alguien.

day-pupil ['deɪpjuːpl] *s. c.* alumno no residente (en una escuela con residencia como parte esencial).

day-release [ˌdeɪrɪ'lɪːs] *s. i.* (brit.) día de estudio para obreros (dentro de un sistema británico de obreros perfeccionándose en su trabajo).

daytime ['deɪtaɪm] *s. i.* día (desde salida hasta puesta del sol).

day-to-day [ˌdeɪtə'deɪ] *adj.* cotidiano; rutinario.

day-trip ['deɪtrɪp] *s. c.* excursión, salida de un día.

day-tripper ['deɪtrɪpər] *s. c.* excursionista (de un solo día).

daze [deɪz] *v. t.* **1** (sólo voz pasiva) estar/quedar aturdido; atontado. ◆ **2 in a ~,** aturdido; atontado.

dazed [deɪzd] *adj.* aturdido; atontado.

dazzle ['dæzl] *v. t.* **1** deslumbrar (por el brillo de la luz). **2** (fig.) deslumbrar (a causa de la belleza, inteligencia, etc.). • *s. i.* **3** brillo deslumbrante. **4** (fig.) brillo; atractivo: *the dazzle of high society = el atractivo de la alta sociedad.*

dazzling ['dæzlɪŋ] *adj.* **1** deslumbrante; impresionante; fascinante. **2** cegador; deslumbrante.

D-day ['diːdeɪ] *s. i.* día D, día importante (para algún hecho trascendental).

deacon ['dɪːkən] *s. c.* REL. diácono (en iglesias protestantes).

deaconess ['diːkənəs] *s. c.* REL. diaconisa (en el protestantismo).

deactivate [diː'æktɪveɪt] *v. t.* desactivar (una bomba, objeto, etc.).

dead [ded] *adj.* **1** muerto, difunto. **2** estéril (la tierra); muerta, estancada (el agua). **3** insensible; entumecido: *my foot has gone dead = se me ha quedado insensible el pie.* **4** (fam.) exhausto, agotado, muerto. **5** inactivo; muerto (lugar). **6** ELEC. sin corriente; sin línea. **7** (~ {to}) indiferente; insensible: *he is dead to the problems of the world = es insensible a los problemas del mundo.* **8** apagado; acabado (tema, fuego o cualquier cosa que ya no se puede usar). **9** apagado; opaco (sonido o color). **10** absoluto, completo (silencio, centro, parada). **11** FIN. inactivo, muerto (capital, cuenta, etc.) • *adv.* **12** (fam.) en punto, exactamente: *dead on 12 o'clock = a las 12 en punto.* **13** (fam.) muy, pero que muy: *dead lucky = pero que muy afortunado.* • *s. i.* **14** lo más profundo (de la noche o invierno). ◆ **15 a ~ loss,** ⇒ **loss. 16 as ~ as a doornail,** más muerto que mi abuela. **17 ~ duck,** (brit.) (fam.) plan/proyecto/negocio destinado al fracaso. **18 ~ from the neck up,** (fam.) bobo, imbécil. **19 ~ heat,** empate muy ajustado; llegada al unísono. **20 ~ to the world,** (fam.) frito, cocido; dormido. **21 half ~,** medio muerto (con cansancio o enfermedad). **22 over my ~ body,** por encima de mi cadáver. **23 to rise/be raised from the ~,** (lit.) resucitar de entre los muertos. **24 the ~,** los muertos. **25 I wouldn't be seen ~,** (fam.) jamás me dejaría ver (en un sitio malo, con una persona que se dedica a la delincuencia, etc.).

deadbeat ['dedbiːt] *s. c.* **1** (EE UU) (fam.) hippy. • *adj.* **2** (brit.) (fam.) machacado, agotado.

deaden ['dedn] *v. t.* amortiguar; aliviar, amortecer (sonido, sensación).

dead end ['dedend] *s. c.* **1** callejón sin salida. **2** (fig.) callejón sin salida. • *adj.* **3 dead end,** sin salida. **4** sin futuro: *a dead-end job = un trabajo sin futuro.*

deadening ['dednɪŋ] *adj.* mortecino; sin interés.

deadline ['dedlaɪn] *s. c.* fin/cierre de plazo; fecha señalada.

deadlock ['dedlɒk] *s. i.* punto muerto; estancamiento: *the talks ended in deadlock = las conversaciones finalizaron en un punto muerto.*

deadlocked ['dedlɒkt] *adj.* en un punto muerto, estancado.

deadly ['dedlɪ] *adj.* **1** mortífero, letal, mortal. **2** devastador; implacable (crítica, comentario, etc.). **3** (fam.) pesadísimo, mortal. **4** absoluto, completo (con un matiz desagradable). • *adv.* **5** (desp.) horriblemente; extremadamente.

deadpan ['dedpæn] *adj.* **1** impasible; inexpresivo. • *adv.* **2** impasiblemente; inexpresivamente.

dead-weight [ˌded'weɪt] *s. c.* peso muerto.

deadwood ['dedwud] *s. i.* gente inútil (en una empresa, institución, etc.).

deaf [def] *adj.* **1** sordo. **2** (~ {to}) sordo; insensible. ◆ **3 as ~ as a post,**

tan sordo como una tapia. **4 ~ and dumb,** sordomudo. **5 to fall on ~ ears,** caer en saco roto. **6 to turn a ~ ear,** hacer caso omiso.

deaf-aid ['defeɪd] *s. c.* (brit.) aparato para el oído, audífono.

deafen ['defn] *v. t.* ensordecer; atronar.

deafening ['defnɪŋ] *adj.* ensordecedor; atronador.

deaf-mute ['def'mjuːt] *s. c.* sordomudo.

deafness ['defnɪs] *s. i.* sordera.

deal [diːl] *s. c.* **1** contrato; pacto, acuerdo. **2** trato, tratamiento: *the workers should get a better deal = los trabajadores deberían recibir un mejor trato.* • (*pret.* y *p.p. irreg.* **dealt**) *v. t.* **3** dar, asestar (un golpe). **4** dar, repartir (las cartas). • *s. i.* **5** turno (de dar cartas). ◆ **6 a great/good ~,** mucho, muchos. **7 big ~,** (fam.) ¿y qué?; pues vaya cosa. **8 to ~ in,** comerciar en. **9 to ~ out, a)** dar, repartir (cartas). **b)** dar, imponer (castigo). **10 to ~ with, a)** encargarse de. **b)** tratar de, versar sobre (libro, película, etc.). **c)** tener trato con (empresa, persona, etc.).

dealer ['diːlər] *s. c.* **1** comerciante, negociante. **2** traficante de drogas. **3** repartidor, el que da (cartas).

dealings ['diːlɪŋz] *s. pl.* (~ {**with**}) trato; transacciones, negocios.

dealt [delt] *pret.* y *p. p.* de **deal.**

dean [diːn] *s. c.* **1** decano (Universidad). **2** deán (eclesiástico).

deanery ['diːnərɪ] *s. c.* **1** decanato. **2** deanato.

dear [dɪər] *adj.* **1** querido, apreciado. **2** querido, estimado (encabezando cartas). **3** caro, costoso. **4** (~ {**to**}) querido (para), preciado (por): *my brother is very dear to me = mi hermano es para mí muy querido.* • *s. c.* **5** querido: *hello, dear! = ¡hola, querido!* **6** encanto: *she's a dear = es un encanto.* ◆ **7 to cost someone ~,** costar caro a alguien (con gran esfuerzo y dolor). **8 ~!/oh ~!/~ me!,** ¡madre mía!; ¡Dios mío! **9 dearest, a)** cariño. **b)** más preciado.

dearie ['dɪərɪ] (fam.) *s. c.* **1** querido, pequeño (de manera condescendiente). ◆ **2 ~ me!,** ¡madre mía!, ¡caramba!

dearly ['dɪəlɪ] *adv.* **1** profundamente; con gran cariño. ◆ **2 to pay ~,** pagar caro (con sufrimiento).

dearth [dəːθ] *s. i.* escasez.

death [deθ] *s. c.* e *i.* **1** muerte. **2** (fig.) fin (de una costumbre, de una institución, etc.). ◆ **3 at ~'s door,** a las puertas de la muerte. **4 to be put to ~,** ser ejecutado. **5 bored to ~,** muerto de aburrimiento; muy aburrido. **6 to catch one's ~/to catch one's ~ of cold,** (fam.) morirse de frío. **7 ~ certificate,** partida de defunción. **8 ~ penalty,** pena de muerte. **9 ~ row,** (EE UU) corredor de la muerte, celdas de los que están esperando a ser ejecutados. **10 ~ sentence,** DER. sentencia de muerte. **11 death-watch beetle,** ⇒ beetle. **12 fight to the ~,** lucha a muerte. **13 to fight to the ~,** luchar a muerte. **14 to frighten/scare/ worry someone to ~,** asustar/preocupar a alguien muchísimo: *we've been worried to death about you = nos tenías preocupadísimos* o *muertos de preocupación.* **15 like ~ warmed up,** (fam.) fatal; como un muerto. **16 sick to ~,** malo, enfermo (por enfado). **17 to work someone to ~,** matar a alguien a trabajar. **18 someone will be the ~ of someone else,** alguien va a matar a disgustos a alguna otra persona: *you'll be the death of your mother = vas a matar a tu madre a disgustos.*

deathbed ['deθbed] *s. c.* **1** lecho de muerte. ◆ **2 to be on one's ~,** estar en el lecho de muerte.

deathblow ['deθbləu] *s. c.* golpe mortal.

death-duty ['deθdjuːtɪ] *s. c.* DER. impuesto de o sobre sucesiones.

death-knell ['deθnel] *s. sing.* **1** toque de difuntos. **2** (fig.) golpe de gracia.

deathly ['deθlɪ] *adj.* mortal, de muerte (palidez); sepulcral (silencio).

death-mask ['deθmɑːsk] *s. c.* mascarilla (de alguien muerto).

death-throes ['deθrəus] *s. pl.* **1** agonía, últimos estertores. **2** (fig.) últimos coletazos, últimas (de un plan, proyecto, etc.).

death-toll ['deθtəul] *s. c.* balance de víctimas, número de muertos (en un accidente o similar).

death-trap ['deθtræp] *s. c.* trampa mortal, ratonera, sitio peligroso (edificio o vehículo).

death-warrant ['deθwɒrənt] *s. c.* **1** sentencia de muerte. ◆ **2 to sign one's own ~,** firmar la propia sentencia de muerte de uno.

death-wish ['deθwɪʃ] *s. sing.* instinto suicida; ganas de morir (normalmente subconsciente).

deb [deb] *s. c.* ⇒ **debutante.**

debacle [deɪ'bɑːkl] *s. c.* debacle; MIL. derrota.

debar [dɪ'bɑːr] (*pret.* y *p. p.* **debarred,** *ger.* **debarring**) *v. t.* (**to ~ from**) DER. prohibir; excluir de.

debase [dɪ'beɪs] *v. t.* **1** degradar; envilecer. • *v. pron.* **2** degradarse; envilecerse.

debasement [dɪ'beɪsmənt] *s. i.* degradación; envilecimiento.

debatable [dɪ'beɪtəbl] *adj.* discutible.

debate [dɪ'beɪt] *s. c.* e *i.* **1** debate, discusión. • *v. t.* **2** debatir, discutir: *to debate a point = discutir una cuestión.* • *v. i.* **3** (**to ~** {**with**}) debatir, discutir (con). ◆ **4 in ~,** en discusión; en duda. **5 open to ~,** discutible.

debated [dɪ'beɪtɪd] *adj.* discutido, debatido.

debating [dɪ'beɪtɪŋ] *s. i.* debate, polémica: *the art of debating = el arte del debate, el arte de la dialéctica.*

debater [dɪ'beɪtər] *s. c.* polemista.

debauch [dɪ'bɔːtʃ] *v. t.* pervertir.

debauched [dɪ'bɔːtʃt] *adj.* depravado, degenerado.

debauchery [dɪ'bɔːtʃərɪ] *s. i.* depravación (especialmente en temas sexuales y alcoholismo).

debenture [dɪ'bentʃər] *s. c.* FIN. obligación.

debilitate [dɪ'bɪlɪteɪt] *v. t.* debilitar.

debilitated [dɪ'bɪlɪ'teɪtɪd] *adj.* debilitado.

debilitating [dɪ'bɪlɪteɪtɪŋ] *adj.* debilitador.

debilitation [dɪbɪlɪ'teɪʃn] *s. i.* debilitamiento.

debility [dɪ'bɪlɪtɪ] *s. i.* debilidad.

debit ['debɪt] FIN. *v. t.* **1** cargar (en la cuenta de alguien). • *s. c.* **2** débito, debe, cargo. ◆ **3 ~ note,** nota de adeudo o débito.

debonair [debə'neər] *adj.* gallardo, apuesto.

debrief [diː'briːf] *v. t.* obtener un informe completo de (diplomáticos, políticos, etc. sobre su misión).

debriefing [diː'briːfɪŋ] *s. i.* informe completo.

debris ['deɪbriː] *s. i.* restos; escombros.

debt [det] *s. c.* e *i.* **1** deuda (personal, empresarial o gubernamental). • *s. c.* **2** (fig.) deuda (sentimiento de agradecimiento). ◆ **3 ~ collector,** FIN. agente de cobro de deudas, cobrador de morosos. **4 debt-service ratio,** FIN. coeficiente de servicio de la deuda; coeficiente de amortización del principal. **5 ~ servicing,** FIN. servicio de la deuda; amortización del principal. **6 to get into ~,** endeudarse. **7 in ~,** endeudado. **8 in someone's ~,** (form.) en deuda con alguien (de agradecimiento). **9 out of ~,** libre de deudas. **10 to run up a ~/debts,** contraer una deuda/deudas.

debtor ['detər] *s. c.* deudor.

debug [diː'bʌg] *v. t.* INF. quitar fallos a (un programa para ordenador).

debunk [diː'bʌŋk] *v. t.* echar por tierra (mitos, creencias), desprestigiar (persona, institución); bajar del pedestal (cónyuge, ídolo).

debut ['deɪbuː] *s. c.* debut.

debutante ['debjuːtɑːnt] *s. c.* (p.u.) debutante (mujer joven que es presentada en sociedad).

decade ['dekeid] *s. c.* década, decenio.

decadence ['dekədəns] *s. i.* decadencia.

decadent ['dekədənt] *adj.* decadente.

decaffeinated [diː'kæfɪneɪtɪd] *adj.* descafeinado.

decagon ['dekəgən] *s. c.* decágono.

decalitre ['dekəliːtər] *s. c.* decalitro.

decametre ['dekəmiːtər] *s. c.* decámetro.

decamp [dɪ'kæmp] *v. i.* (fam.) largarse, pirarse, irse (secreta y rápidamente).

decant [dɪ'kænt] *v. t.* trasegar, decantar.

decanter [dɪ'kæntər] *s. c.* licorera.

decapitate [dɪ'kæpɪteɪt] *v. t.* decapitar.

decapitation [dɪkæpɪ'teɪʃn] *s. i.* decapitación.

decathlon [dɪ'kæθlən] *s. c.* DEP. decatlón.

decay [dɪ'keɪ] *v. i.* **1** corromperse, pudrirse; descomponerse (en general); picarse, cariarse (una muela, diente). **2** (fig.) decaer, deteriorarse. • *s. i.* **3** descomposición, putrefacción (del cuerpo, de plantas, etc.). **4** decadencia, deterioro, corrupción (de la sociedad, instituciones, etc.).

decayed [dɪ'keɪd] *adj.* podrido, corrupto; descompuesto (en general); picado, cariado (muela, diente).

decaying [dɪ'keɪɪŋ] *adj.* **1** en descomposición, putrefacción (un cuerpo, un animal, etc.). **2** decadente, en decadencia (una institución o similar).

decease [dɪ'siːs] *s. sing.* DER. deceso, defunción, fallecimiento.

deceased [dɪ'siːsd] *s. c.* **1** DER. difunto, fallecido. • *adj.* **2** (form.) difunto, fallecido: *his deceased mother = su difunta madre.*

deceit [dɪ'siːt] *s. i.* engaño, falsedad, falacia.

deceitful [dɪ'siːtfl] *adj.* engañoso, falaz.

deceitfully [dɪ'siːtfulɪ] *adv.* engañosamente, falazmente.

deceitfulness [dɪ'siːtfulnɪs] *s. i.* engaño, falsedad, falacia.

deceive [dɪ'siːv] *v. t.* **1** (**to** ~ {**into**}) engañar, embaucar (para): *he deceived me into lending him the car = me engañó para que le prestara el coche; don't be deceived = no te engañes.* • *v. pron.* **2** engañarse.

decelerate [diː'seləreɪt] *v. i.* desacelerar, disminuir la velocidad.

deceleration [ˌdiːselə'reiʃn] *s. i.* desaceleración, disminución de velocidad.

December [dɪ'sembər] (*abrev.* **Dec.**) *s. c.* diciembre.

decency ['diːsnsɪ] *s. i.* **1** decoro, decencia. **2** honradez, decencia. ♦ **3 decencies,** (form.) buenos modales. **4 to have the** ~ (**to** + *inf.*) tener la delicadeza de: *at least have the decency to invite her = por lo menos ten la delicadeza de invitarla.*

decent ['diːsnt] *adj.* **1** apropiado, decente, como es debido. **2** decoroso, decente (expresando lo moralmente correcto). **3** (hum.) vestido: *are you decent? = ¿estás visible?, ¿estás vestido?* **4** honrado, decente. **5** (~ **of**) (fam.) gentil de parte de: *that was very decent of him = eso fue muy gentil de su parte.* ♦ **6 to do the** ~ **thing,** portarse como es debido (a pesar de que pueda haber desgana): *after all she's done for you, do the decent thing and thank her = después de todo lo que ella ha hecho por ti, pórtate como es debido y agradécelo.*

decentralization [ˌdiːsentrəlaɪ'zeiʃn] *s. i.* descentralización.

decentralize [ˌdiː'sentrəlaɪz] (también **decentralise**) *v. t.* descentralizar.

decentralized [ˌdiː'sentrəlaɪzd] *adj.* descentralizado.

deception [dɪ'sepʃn] *s. c.* e *i.* engaño; fraude.

deceptive [dɪ'septɪv] *adj.* engañoso.

deceptively [dɪ'septɪvlɪ] *adv.* engañosamente.

decibel ['desɪbel] *s. c.* FÍS. decibelio (unidad para medir sonido).

decide [dɪ'saɪd] *v. i.* **1** (**to** ~ **to** + *inf.*) decidir, tomar la decisión de. **2** llegar a la conclusión de que: *the comittee decided that the Americans were wrong = el comité llegó a la conclusión de que los americanos no tenían razón.* • *v. t.* **3** (**to** ~ *o.d.* + *inf.*) hacer decidirse; persuadir: *his words decided me to leave = sus palabras me persuadieron a marcharme.* **4** decidir, sentenciar (un partido, un debate, etc.). **5** decidir, resolver (por dictamen, decreto o similar). **6 to** ~ **on/upon,** decidirse por, optar por: *have you decided on a name yet? = ¿os habéis decidido ya por algún nombre?*

decided [dɪ'saɪdɪd] *adj.* claro, rotundo: *I have very decided ideas about politics = tengo ideas muy claras sobre la política.*

decidedly [dɪ'saɪdɪdlɪ] *adv.* **1** claramente, decididamente: *he looked decidedly unhappy = se veía claramente que no era feliz.* **2** con decisión, de una manera rotunda (una manera de decir, de hablar): *'I will,' she said decidedly = 'lo haré', dijo ella con decisión.*

deciduous [dɪ'sɪdjuəs] *adj.* BOT. caduco (que pierde hojas en otoño).

decilitre ['desɪliːtər] *s. c.* decilitro.

decimal ['desɪml] MAT. *adj.* **1** decimal: *decimal system = sistema decimal.* • *s. c.* **2** decimal. **3** ~ **place,** decimal, cifra decimal. ♦ **4** ~ **point,** coma decimal.

decimalization [ˌdesɪməlaɪ'zeɪʃn] *s. i.* conversión al sistema decimal.

decimalize ['desɪməlaɪz] (también **decimalise**) *v. t.* convertir al sistema decimal.

decimate ['desɪmeɪt] *v. t.* diezmar.

decimation [desɪ'meɪʃn] *s. i.* gran merma, enormes pérdidas.

decimetre ['desɪmiːtər] *s. c.* decímetro.

decipher [dɪ'saɪfər] *v. t.* descifrar.

decision [dɪ'sɪʒn] *s. c.* **1** (~ {**on/about**}) decisión, resolución (sobre). • *s. i.* **2** decisión, determinación, firmeza. ♦ **3** ~ **theory,** teoría de decisiones.

decision-maker [dɪ'sɪʒnmeɪkər] *s. c.* persona que toma decisiones.

decision-making [dɪ'sɪʒnmeɪkɪŋ] *s. i.* toma de decisiones.

decisive [dɪ'saɪsɪv] *adj.* **1** decisivo (hecho, fase, triunfo). **2** decidido (persona).

decisively [dɪ'saɪsɪvlɪ] *adv.* **1** decisivamente. **2** decididamente.

decisiveness [dɪ'saɪsɪvnɪs] *s. i.* firmeza, decisión.

deck [dek] *s. c.* **1** plataforma, nivel (en un autobús, tranvía, etc. de más de un piso). **2** plato (de un tocadiscos). **3** baraja (de cartas). **4** MAR. cubierta. • *v. t.* **5** (p.u.) engalanar; decorar. **6** (EE UU) (fam.) derribar (de un golpe). ♦ **7 below decks,** MAR. bajo cubierta. **8 to clear the decks,** (fam.) despejarlo todo (preparándose para otro asunto). **9 to** ~ **out,** engalanar (algo); ataviar (a alguien): *the hall was decked out for the occasion = el salón estaba engalanado para la ocasión; he was decked out in full military dress = iba ataviado con el uniforme militar de gala.* **10 to hit the** ~, (fam.) dar con los huesos en tierra.

deckchair ['dektʃeər] *s. c.* hamaca, tumbona.

deckhand ['dekhænd] *s. c.* MAR. grumete.

declaim [dɪ'kleɪm] *v. i.* **1** declamar. • *v. t.* **2** recitar, declamar (poesía o similar).

declamation [ˌdeklə'meɪʃn] *s. i.* **1** recitación, declamación (de poesía o similar). • *s. c.* **2** arenga.

declamatory [dɪ'klæmətərɪ] *adj.* grandioso, dramático (un discurso o escrito).

declaration [ˌdeklə'reɪʃn] *s. c.* **1** (~ {**of**}) declaración, manifestación. **2** (~ {**of**}) declaración (formal), manifiesto: *the Declaration of Independence = la declaración de independencia estadounidense.* **3** DER. declaración.

declaratory [dɪ'klærətrɪ] *adj.* firme, seguro (tono de un discurso, un escrito, etc.).

declare [dɪ'kleər] *v. t.* **1** declarar, aseverar, afirmar. **2** declarar (en Aduanas, ante Hacienda, etc.). **3** proclamar, declarar (una intención o similar): *the party declared its support for the President = el partido proclamó su apoyo al Presidente.* • *v. pron.* **4** manifestarse, pronunciarse, declararse (sobre un asunto). ♦ **5 to** ~ **against,** oponerse a, estar en contra de (mediante declaración). **6 to** ~ **for,** estar a favor de, apoyar (mediante declaración). **7** (**Well**), **I** ~, (p.u.) ¡no me digas!

declared [dɪ'kleəd] *adj.* declarado (que no lo oculta): *he's a declared communist = es un comunista declarado.*

declassification [ˌdiːklæsɪfɪ'keɪʃn] *s. i.* permiso de publicación (de documentación oficial secreta hasta entonces).

declassify [ˌdiː'klæsɪfaɪ] *v. t.* permitir la publicación de (documentación oficial secreta hasta entonces).

decline [dɪ'klaɪn] *v. i.* **1** declinar, disminuir (la importancia, cantidad o similar de algo): *the unions' power is declining = el poder de los sindicatos está declinando.* • *v. t.* **2** (**to** ~ + *o. d./inf.*) (form.) declinar, no aceptar: *she declined to comment = no quizo realizar declaraciones.* • *s. c.* e *i.* **3** disminución, descenso. ♦ **4 to fall/go into a** ~, entrar en declive o decadencia, perder fuerza. **5 on the** ~, en declive, en decadencia.

declining [dɪ'klaɪnɪŋ] *adj.* cada vez menor.

decode [diː'kəud] *v. t.* descifrar; descodificar.

decoder [diː'kəudər] *s. c.* **1** experto en descifrar. **2** ELECTR. descodificador (de una señal electrónica).

décolletage [ˌdeɪkɒl'tɑːʒ] *s. sing.* escote atrevido.

décolleté [deɪ'kɒlteɪ] (también **décolletée**) *s. c.* **1** escote atrevido (el hecho de llevarlo). • *adj.* **2** muy escotada.

decolonization [ˌdiːkɒlənai'zeɪʃn] *s. i.* POL. descolonización.

decolonize [ˌdiː'kɒlənaɪz] (también **decolonise**) *v. t.* POL. descolonizar.

decompose [ˌdiːkəm'pəuz] *v. i.* descomponerse, pudrirse.

decomposition [ˌdiːkɒmpə'zɪʃn] *s. i.* descomposición, putrefacción.

decompression [ˌdiːkəm'preʃn] *s. i.* **1** FÍS. descompresión. ◆ **2** ~ **chamber,** cámara de descompresión.

decongestant [ˌdiːkən'dʒestənt] *s. c.* MED. mucolítico.

deconstruction [ˌdiːkən'strʌkʃn] *s. i.* desconstrucción.

decontaminate [ˌdiːkən'tæmɪneɪt] *v. t.* descontaminar.

decontamination [ˌdiːkəntæmɪ'neɪʃn] *s. i.* descontaminación.

decor ['deɪkɔːr] *s. i.* decoración (de cuarto,casa); decorado (del teatro).

decorate ['dekəreɪt] *v. t.* **1** decorar, adornar. **2** pintar (una habitación con una capa nueva de pintura); empapelar (con nuevo empapelado). ◆ **3 to be decorated,** ser condecorado.

decorating ['dekəreɪtɪŋ] *s. i.* pintado y empapelado (de una habitación).

decoration [ˌdekə'reɪʃn] *s. c.* **1** condecoración. • *s. c.* e *i.* **2** decoración, ornamentación, adorno.

decorative ['dekərətɪv] *adj.* ornamental, decorativo.

decorator [ˌdekəreɪtər] *s. c.* pintor; empapelador.

decorous ['dekərəs] *adj.* decoroso, correcto (de conducta).

decorously [ˌdekərəslɪ] *adv.* decorosamente, correctamente.

decorum [dɪ'kɔːrəm] *s. i.* (form.) decoro, corrección.

decoy ['diːkɔɪ] *s. c.* **1** señuelo, añagaza. **2** reclamo (en la caza). • *v. t.* **3** engañar (mediante algún tipo de señuelo o similar), desviar de su objetivo.

decrease [dɪ'kriːs] *v. i.* **1** disminuir, decrecer, aminorar. • *v. t.* **2** disminuir. • *s. c.* **3** (~ {**of/in**}) disminución, decrecimiento (de).

decreasing [dɪ'kriːsɪŋ] *adj.* decreciente, cada vez menor.

decreasingly [dɪ'kriːsɪŋlɪ] *adv.* decrecientemente, cada vez menos.

decree [dɪ'kriː] *v. t.* **1** decretar. • *s. c.* **2** decreto. **3** (EE UU) DER. fallo; sentencia; auto (proveniente de un tribunal). ◆ **4** ~ **absolute,** DER. sentencia de divorcio firme o definitiva. **5** ~ **nisi,** DER. sentencia provisional de divorcio, fallo de divorcio condicional.

decrepit [dɪ'krepɪt] *adj.* decrépito.

decrepitude [dɪ'krepɪtjuːd] *s. i.* (form.) decrepitud.

decriminalize [diː'krɪmɪnəlaɪz] *v. t.* despenalizar.

decry [dɪ'kraɪ] *v. t.* (form.) desaprobar, censurar.

dedicate ['dedɪkeɪt] *v. t.* **1** dedicar (un libro); consagrar (un monumento, etc.) • *v. pron.* **2** (**to** ~ **to**) dedicarse a, consagrarse a.

dedicated ['dedɪkeɪtɪd] *adj.* **1** de gran dedicación, con gran vocación: *he's a dedicated teacher = es un profesor de gran dedicación.* **2** (~ **to**) entregado a, comprometido con: *he's dedicated to his work = vive entregado a su trabajo.*

dedication [ˌdedɪ'keɪʃn] *s. i.* **1** dedicación; vocación; compromiso. • *s. c.* **2** dedicatoria (en un libro o similar). **3** consagración (de una iglesia, etc.).

deduce [dɪ'djuːs] *v. t.* **1** deducir, sacar como conclusión. **2** FIL. deducir, inferir.

deduct [dɪ'dʌkt] *v. t.* substraer, deducir, restar.

deduction [dɪ'dʌkʃn] *s. c.* **1** deducción, conclusión. • *s. c.* e *i.* **2** FIL. deducción, inferencia. **3** deducción, descuento.

deductive [dɪ'dʌktɪv] *adj.* FIL. deductivo.

deed [diːd] *s. c.* **1** obra, hecho (no palabra). **2** hazaña, proeza. **3** DER. escritura (especialmente de propiedad). ◆ **4** ~ **of covenant,** escritura de garantía. **5** ~ **poll,** DER. escritura legal de cambio de nombre. **6 to do one's good** ~ **for the day,** (fam.) hacer la buena obra del día. **7 in word and** ~, de palabra y obra.

deed-box ['diːdbɒks] *s. c.* caja fuerte (para documentos legales).

deem [diːm] *v. t.* (**to** ~ *o.d.* + *inf.*) (form.) juzgar, considerar: *he wasn't deemed to be fit for the post = no se consideró que fuera la persona adecuada para el puesto.*

deep [diːp] *adj.* **1** profundo, hondo (río, lago, etc.). **2** profundo (superficie a lo ancho): *the new wardrobe is very deep = el armario nuevo es muy profundo.* **3** DEP. profundo (hacia el límite del campo contrario). **4** de profundidad, de hondo (con medidas, en vertical); de fondo (en horizontal): *the canal is 10 feet deep = el canal tiene 10 pies de profundidad.* **5** grave, serio; profundo (dando énfasis a la importancia, gravedad, etc. de algo): *I'm in deep financial trouble = tengo serios o graves problemas de dinero.* **6** profundo, reparador (sueño): *he was in a deep sleep = estaba profundamente dormido.* **7** intenso (color). **8** grave, profundo (sonido, voz, etc.). **9** profundo, insondable (carácter de una persona). **10** penetrante, profunda (una mirada). **11** hondo, profundo (suspiro, toma de aire, etc.): *she gave a deep sigh = suspiró hondo* o *profundamente.* • *adv.* **12** profundamente: *they dived deep = se sumergieron profundamente.* **13** (*num.* ~) de... en fondo: *they stood four deep = permanecieron de pie de cuatro en fondo.* **14** en lo más íntimo, en el fondo (como sentimiento): *I knew deep inside that she was right = en el fondo sabía que ella llevaba razón.* **15** penetrantemente (mirar). **16** (~ {**in/into**}) hasta arriba (de), profundamente (endeudado). • *s. sing.* **17** (lit.) piélago: *a monster of the deep = un monstruo marino, una criatura de las profundidades.* ◆ **18** ~ **down,** en lo más íntimo, en el fondo. **19** ~ **freeze,** congelador. **20** ~ **in thought,** ensimismado, absorto. **21 deeps,** (p.u.) profundidades (de la tierra). **22 to go/ run** ~, estar muy arraigado (problema); tener raíces profundas (cualquier cosa): *the controversy runs deep = la controversia tiene raíces profundas.* **23 to go off the** ~ **end,** (fam.) ponerse hecho un basilisco. **24 in** ~ **mourning,** de luto riguroso. **25 in** ~ **water,** en líos, con problemas. **26 to jump in at the** ~ **end,** lanzarse (a algo) sin encomendarse ni a Dios ni al diablo. **27 still waters run** ~, del agua mansa me libre Dios. **28 to take a** ~ **breath,** aspirar profundamente. **29 to throw somebody in at the** ~ **end,** poner a alguien en un brete.

deep-chested ['diːptʃestɪd] *adj.* ancho de pecho.

deepen ['diːpən] *v. t.* **1** ahondar, hacer más profundo. **2** profundizar en, ahondar en (conocimientos). **3** poner grave (la voz). • *v. i.* **4** hacerse más profundo. **5** intensificarse (un problema). **6** ampliarse (conocimientos). **7** ponerse más grave (voz). **8** oscurecerse (luz o color): *the day deepened = el día se oscureció.*

deep-fry [ˌdiːp'fraɪ] *v. t.* freír en mucho aceite (o sucedáneo).

deeply [diːplɪ] *adv.* **1** profundamente, hondamente. **2** profundamente, seriamente: *he was deeply in love = estaba profundamente enamorado.* **3** reparadoramente, profundamente (dormir). **4** intensamente, profundamente (mirar). **5** hondo, profundamente (suspirar, respirar).

deep-rooted [ˌdiːp'ruːtɪd] *adj.* enraizado, muy arraigado.

deep-sea ['diːpsiː] *adj.* de aguas profundas, de alta mar (en general); de altura (pesca, pescador): *deep-sea diving = submarinismo de aguas profundas.*

deep-seated [ˌdiːp'siːtɪd] *adj.* muy arraigado, inveterado.

deep-set ['diːpset] *adj.* hundido (los ojos).

deer [dɪər] (*pl.* **deer**) *s. c.* ZOOL. ciervo, venado.

deerskin ['dɪəskɪn] *s. i.* de piel de ciervo.

deerstalker ['dɪəstɔːkər] *s. c.* gorra de cazador (con visera atrás y delante).

de-escalate [ˌdiː'eskəleɪt] *v. t.* **1** reducir, aminorar (un problema). • *v. i.* **2** reducirse, aminorarse.

de-escalation [diːˌeskə'leɪʃn] *s. i.* reducción de la tensión (en una situación ya de por sí mala).

deface [dɪ'feɪs] *v. t.* emborronar; pintarrajear; estropear (algo escrito o pintado): *the picture of the Prime Minister was defaced = pintarrajearon el retrato del Primer Ministro.*

defacement [dɪ'feismənt] *s. i.* emborronamiento.

de facto [ˌdeɪ'fæktəu] *adj.* y *adv.* (form.) de hecho, de facto.

defamation [ˌdefə'meɪʃn] *s. i.* (form.) difamación, calumnia.

defamatory [dɪ'fæmətrɪ] *adj.* (form.) difamatorio, calumnioso.

defame [dɪ'feɪm] *v. t.* (form.) difamar, calumniar.

default [dɪ'fɔːlt] *v. i.* **1** (**to ~ {in/on}**) DER. no comparecer (en un juicio); no cumplir, incumplir (un contrato o similar). • *s. i.* **2** DER. incumplimiento (de contrato); incomparecencia (de un juicio). ◆ **3 by ~, a)** DER. en rebeldía. **b)** por defecto (de algo que habría cambiado la situación). **4 in ~ of,** (form.) por falta de. **5 ~ value,** valor por defecto, valor predeterminado.

defaulter [dɪ'fɔːltər] *s. c.* **1** incumplidor; moroso (por deudas). **2** (brit.) rebelde (culpable de algún delito de índole militar).

defeat [dɪ'fiːt] *v. t.* **1** derrotar, vencer, ganar (en deporte, elecciones, batallas, etc.). **2** desesperar (a una persona un problema difícil). **3** desbaratar, frustrar: *the students defeated the goals of the program = los estudiantes frustraron los objetivos del programa.* • *s. c.* **4** derrota, fracaso. • *s. i.* **5** derrota, frustración.

defeatism [dɪ'fiːtɪzəm] *s. i.* derrotismo.

defeatist [dɪ'fiːtɪst] *s. c.* **1** derrotista. • *adj.* **2** derrotista.

defecate ['defəkeɪt] *v. i.* (form.) defecar, evacuar (el vientre).

defecation [ˌdefə'keɪʃn] *s. i.* (form.) defecación.

defect ['diːfekt] *s. c.* **1** (**~ {in/of}**) defecto, desperfecto, imperfección (en/de). • [dɪ'fekt] *v. i.* **2** (**to ~ {from/to}**) abandonar, desertar (el propio país, partido, etc. para pasar a otro país, al bando contrario).

defection [dɪ'fekʃn] *s. c.* e *i.* deserción, defección.

defective [dɪ'fektɪv] *adj.* **1** defectuoso, imperfecto. **2** GRAM. defectivo (verbo carente de todos los tiempos).

defector [dɪ'fektər] *s. c.* desertor (militar); tránsfuga (político).

defence [dɪ'fens] (en EE UU **defense**) *s. i.* **1** defensa, protección. **2** POL. defensa, sistema de defensa (de una nación). • *s. c.* **3** (**~ {of/against}**) defensa, escudo, protección (de/contra). **4** (**~ {of/against}**) justificación, defensa (de/contra) (de una idea, tesis, etc.). **5** DER. defensa. **6** DEP. defensa. • *s. sing.* **7** DER. defensa, abogado defensor. ◆ **8 ~ mechanism,** mecanismo de defensa. **9 defences,** MIL. defensas.

defenceless [dɪ'fenslɪs] (en EE UU **defenseless**) *adj.* indefenso, desamparado, sin posibilidad de defensa.

defencelessness [dɪ'fenslɪsnɪs] (en EE UU **defenselessness**) *s. i.* desamparo, indefensión.

defend [dɪ'fend] *v. t.* **1** defender, proteger. **2** DER. defender. **3** DEP. defender (un título o similar). • *v. pron.* **4** defenderse, protegerse (en todos los sentidos).

defendant [dɪ'fendənt] *s. c.* DER. acusado, demandado.

defender [dɪ'fendər] *s. c.* **1** (**~ {of}**) defensor, protector. **2** DEP. defensa.

defensible [dɪ'fensəbl] *adj.* defendible.

defensive [dɪ'fensɪv] *adj.* **1** defensivo, de defensa, de protección. **2** defensivo (actitud personal): *she always has a defensive tone = siempre tiene un tono defensivo.* ◆ **3 on the ~,** a la defensiva.

defensively [dɪ'fensɪvlɪ] *adv.* a la defensiva.

defensiveness [dɪ'fensɪvnɪs] *s. i.* actitud defensiva.

defer [dɪ'fɜːr] (*pret.* y *p. p.* **deferred,** *ger.* **deferring**) *v. t.* **1** (**to ~** *o.d./gerundio*) diferir, retrasar. aplazar. • *v. i.* **2** (**to ~ to**) someterse a, mostrar deferencia ante (una persona que merece respeto).

deference ['defərəns] *s. i.* **1** (**~ {to}**) deferencia, respeto, (ante, hacia). ◆ **2 in ~ to,** por deferencia a, por consideración con.

deferential [ˌdefə'renʃl] *adj.* deferente, respetuoso.

deferentially [ˌdefə'renʃlɪ] *adv.* deferentemente, respetuosamente.

deferment [dɪ'fɜːmənt] *s. c.* e *i.* (form.) aplazamiento.

deferral [dɪ'fɜːrəl] *s. c.* e *i.* ⇒ **deferment.**

deferred [dɪ'fɜːd] *adj.* **1** aplazado, retrasado. ◆ **2 ~ payment,** pago aplazado, pago a plazos. **3 ~ shares,** FIN. acciones de dividendo diferido. **4 ~ stock,** FIN. paquete de acciones de dividendo diferido.

defiance [dɪ'faɪəns] *s. i.* **1** provocación, desafío, reto. ◆ **2 in ~ of,** a despecho de, como provocación ante.

defiant [dɪ'faɪənt] *adj.* provocador, desafiante.

defiantly [dɪ'faiəntlɪ] *adv.* provocadoramente, de forma desafiante.

deficiency [dɪ'fɪʃnsɪ] *s. c.* e *i.* **1** (**~ {in}**) insuficiencia, deficiencia, carencia (de) (física). **2** imperfección, falta: *his deficiencies are obvious = sus imperfecciones son clarísimas.*

deficient [dɪ'fɪʃnt] *adj.* **1** (**~ {in}**) deficiente (en), carente (de), insuficiente en (alguna cosa necesaria). **2** imperfecto.

deficit ['defɪsɪt] FIN. *s. c.* **1** déficit (presupuestario); descubierto (bancario). ◆ **2 ~ financing,** financiación mediante déficit. **3 in ~,** deficitario; al descubierto.

defile [dɪ'faɪl] *v. t.* **1** profanar. • ['diːfaɪl] *s. c.* **2** (lit.) desfiladero, garganta entre montañas.

definable [dɪ'faɪnəbl] *adj.* definible.

define [dɪ'faɪn] *v. t.* **1** definir (una situación, una palabra, etc.). ◆ **2 to be defined,** perfilarse, delinearse: *the roofs were clearly defined against the sky = los tejados se perfilaban con nitidez contra el cielo.*

defined [dɪ'faind] *adj.* definido, clarificado, explicado.

definite ['defɪnət] *adj.* **1** determinado, fijo; definitivo. **2** preciso, claro, concreto (en su forma o características): *I have a definite task = tengo una tarea precisa.* **3** cierto, determinado (sin duda alguna): *she was very definite about it = se mostró muy segura de ello.* ◆ **4 ~ article,** GRAM. artículo determinado.

definitely ['defɪnətlɪ] *adv.* **1** ciertamente. **2** por supuesto (en contestaciones muy afirmativas).

definition [ˌdefɪ'nɪʃn] *s. c.* **1** definición. • *s. i.* **2** nitidez, claridad, definición. ◆ **3 by ~,** por definición.

definitive [dɪ'fɪnətɪv] *adj.* definitivo, concluyente.

definitively [dɪ'fɪnətɪvlɪ] *adv.* definitivamente.

deflate [dɪ'fleɪt] *v. t.* **1** rebajar, disminuir (reputación, importancia, etc.). **2** ECON. enfriar (la economía). **3** desinflar (un globo o similar). • *v. i.* **4** desinflarse (un globo).

deflated [dɪ'fleɪtɪd] *adj.* desinflado, sin ánimos (de espíritu).

deflation [dɪ'fleɪʃn] *s. i.* **1** ECON. deflación, enfriamiento. **2** desánimo, desilusión.

deflationary [ˌdiː'fleɪʃnərɪ] *adj.* ECON. deflacionario, de enfriamiento.

deflect [dɪ'flekt] *v. t.* **1** desviar (críticas o similar). **2** (**to ~ {from}**) apartar (de): *the new job deflected him from his family duties = el nuevo empleo le apartó de sus deberes familiares.* **3** despejar (en deporte); desviar (en experimentos físicos, etc.). • *v. i.* **4** desviarse, apartarse.

deflection [dɪ'flekʃn] *s. c.* e *i.* **1** desvío, desviación. • *s. c.* **2** FÍS. desviación.

deflower [ˌdiː'flauər] *v. t.* (lit.) desflorar (a una virgen).

defoliant [ˌdiː'fəulɪənt] *s. c.* QUÍM. defoliante.

defoliate [ˌdiː'feulɪeɪt] *v. t.* deshojar (plantas, árboles, etc.).

defoliation [ˌdiːfəulɪ'eɪʃn] *s. i.* defoliación.

deforest [ˌdiː'fɒrɪst] *v. t.* desforestar.

deforestation [ˌdiːfɒrɪ'steɪʃn] *s. i.* desforestación.

deform [dɪ'fɔːm] *v. t.* **1** deformar, desfigurar. **2** distorsionar, deformar (la realidad que sea).

deformed [dɪ'fɔːmd] *adj.* deforme, desfigurado.

deformation [ˌdiːfɔː'meiʃn] *s. c.* e *i.* deformación, desfiguración.

deformity [dɪ'fɔːmətɪ] *s. c.* e *i.* deformidad.

defraud [dɪfrɔːd] *v. t.* (**to ~ of**) estafar, defraudar: *he defrauded all of his employees of their social security payments = estafó a todos sus empleados sus contribuciones a la seguridad social.*

defray [dɪ'freɪ] *v. t.* (form.) sufragar, costear (gastos o similar).

defrost [ˌdiː'frɒst] *v. t.* **1** descongelar (un frigorífico, comida congelada, etc.). • *v. i.* **2** descongelarse.

deft [deft] *adj.* **1** hábil, diestro (con las manos o movimientos corporales). **2** (~ {**at**}) (fig.) hábil (con personas, situaciones, etc.).

deftly [deftlɪ] *adv.* **1** hábilmente, con destreza (física). **2** hábilmente (trato de personas o similar).

deftness ['deftnɪs] *s. i.* **1** habilidad, destreza, maña (física). **2** habilidad (con personas, situaciones, etc.).

defunct [dɪ'fʌŋkt] *adj.* **1** (form.) difunto (persona). **2** desaparecido, extinto (programa, sistema, industria, etc.).

defuse [ˌdiː'fjuːz] *v. t.* **1** neutralizar (una situación problemática). **2** desactivar (bomba o similar).

defy [dɪ'faɪ] *v. t.* **1** desafiar, retar; desobedecer. **2** (**to** ~ + *o.d.* + **to** + *inf.*) desafiar, retar. **3** no admitir, no permitir (descripción, comprensión, análisis, etc.): *her beauty defies description = su belleza no admite descripción* o *es indescriptible.*

degeneracy [dɪ'dʒenərəsɪ] *s. i.* degeneración, degradación, depravación.

degenerate [dɪ'dʒenərɪt] *adj.* **1** (desp.) degenerado, depravado. • *s. c.* **2** degenerado, depravado. • [dɪ'dʒenəreɪt] *v. i.* **3** (**to** ~ {**into/to**}) degenerar en.

degeneration [dɪˌdʒenə'reɪʃn] *s. i.* degeneración, deterioro.

degenerative [dɪ'dʒenerətɪv] *adj.* degenerativo.

degradation [ˌdegrə'deɪʃn] *s. i.* **1** degradación, miseria extrema. **2** degradación, envilecimiento. **3** degradación, deterioro.

degrade [dɪ'greɪd] *v. t.* **1** envilecer, degradar. **2** deteriorar, degradar. • *v. pron.* **3** envilecerse, degradarse.

degrading [dɪ'greɪdɪŋ] *adj.* degradante, envilecedor.

degree [dɪ'griː] *s. c.* **1** FÍS. grado (de temperatura). **2** GEOM. grado. **3** grado, medida: *we are all guilty in different degrees = somos todos culpables en grados diferentes* o *en distinta medida.* **4** título, licenciatura (académico). ◆ **5 by degrees,** gradualmente, poco a poco. **6 to a/some** ~, hasta cierto punto, en cierta medida.
OBS. Esta palabra entra en compuestos numéricos para cuantificar hasta qué punto ha sucedido algo: **7** (EE UU) DER. grado (de criminalidad): *first-degree murder = asesinato en primer grado.* **8** en quemaduras: *third-degree burns = quemaduras de tercer grado.*

dehumanization [diːˌhjuːmənaɪ'zeɪʃn] *s. i.* deshumanización, embrutecimiento.

dehumanize [ˌdiː'hjuːmənaɪz] (también **dehumanise**) *v. t.* **1** deshumanizar, embrutecer. ◆ **2 to be dehumanized,** quedar deshumanizado, estar deshumanizado (actividad humana como el trabajo o similar).

dehumanizing [ˌdiː'hjuːmənaizɪŋ] *adj.* embrutecedor, que deshumaniza.

dehydrate [ˌdiːhaɪ'dreɪt] *v. t.* deshidratar.

dehydrated [ˌdiːhaɪ'dreɪtɪd] *adj.* deshidratado.

dehydration [ˌdiːhaɪ'dreɪʃn] *s. i.* deshidratación.

deification [ˌdiːɪfɪ'keɪʃn] *s. i.* (form.) deificación, divinización.

deify ['diːɪfaɪ] *v. t.* (form.) deificar, divinizar.

deign [deɪn] *v. i.* (**to** ~ *inf.*) dignarse a, condescender en.

deism ['diːɪzəm] *s. i.* REL. deísmo (creencia en la fe como base fundamental de la religión).

deist ['diːɪst] *s. c.* REL. deísta.

deity ['diːɪtɪ] *s. c.* deidad, dios, diosa.

déjà vu [ˌdeɪʒɑː'vjuː] *s. i.* vulgaridad repetitiva, ilusión cansina (sentimiento de haber experimentado lo que está ocurriendo en el presente).

dejected [dɪ'dʒektɪd] *adj.* abatido, desalentado, desanimado.

dejectedly [dɪ'dʒektɪdlɪ] *adv.* abatidamente, con gran desánimo.

dejection [dɪ'dʒekʃn] *s. i.* abatimiento, desánimo.

de jure [ˌdeɪ'dʒʊərɪ] *adj.* DER. de derecho.

dekko ['dekəu] *s. i.* **to have a** ~ **at,** (brit.) (fam. y p. u.) echar un vistazo a.

delay [dɪ'leɪ] *v. t.* **1** atrasar, retardar. **2** (**to** ~ *ger.*) retardar, posponer, atrasar: *don't delay starting the legal procedure = no atrases el inicio del procedimiento judicial.* • *v. i.* **3** atrasarse, retardarse, demorarse. • *s. c.* e *i.* **4** retraso, demora, tardanza. ◆ **5 delayed-action,** de acción retardada. **6 without** ~, sin dilación, sin tardanza, sin demora.

delaying [dɪ'leɪɪŋ] *adj.* dilatorio: *delaying tactics = tácticas dilatorias.*

delectable [di'lektəbl] *adj.* **1** (fam. y lit.) atrayente, atractivo (sexualmente). **2** delicioso, deleitoso.

delectation [ˌdiːlek'teɪʃn] *s. i.* (form.) goce, fruición, deleite.

delegate ['delɪgɪt] *s. c.* **1** delegado, comisionado. • ['delɪgeɪt] *v. t.* **2** delegar, comisionar. **3** (**to** ~ *o.d.* + **to** + *inf.*) comisionar para, autorizar para.

delegation [ˌdelɪ'geɪʃn] *s. c.* **1** delegación (grupo de delegados). • *s. i.* **2** delegación.

delete [dɪ'liːt] *v. t.* borrar, suprimir, tachar.

deleterious [ˌdelɪ'tɪərɪəs] *adj.* (form.) nocivo, pernicioso.

deletion [dɪ'liːʃn] *s. c.* e *i.* supresión (de algo escrito).

deliberate [dɪ'lɪbərɪt] *adj.* **1** deliberado, intencional. **2** pausado (movimiento). • [dɪ'lɪbəreɪt] *v. i.* **3** deliberar, meditar, considerar.

deliberately [dɪ'lɪbərɪtlɪ] *adv.* **1** deliberadamente, intencionalmente. **2** pausadamente.

deliberation [dɪˌlɪbə'reɪʃn] *s. i.* **1** deliberación, meditación, consideración. **2** pausa. ◆ **3 deliberations,** deliberaciones. **4 with** ~, pausadamente, con pausa.

deliberative [dɪ'lɪbərətɪv] *adj.* de deliberación, de reflexión.

delicacy ['delɪkəsɪ] *s. i.* **1** delicadeza, gentileza. **2** carácter delicado (de una cuestión). **3** tacto, finura. • *s. c.* **4** exquisitez, manjar, bocado exquisito.

delicate ['delɪkɪt] *adj.* **1** delicado, fino, exquisito. **2** delicado (de salud). **3** modesto, pudoroso. **4** delicado, suave (de olor, sabor, color, etc.). **5** frágil, delicado. **6** cauto, delicado (con sus palabras). **7** delicado, sensible (un objeto). **8** delicado, precario (situación).

delicately ['delɪkɪtlɪ] *adv.* **1** delicadamente, finamente, exquisitamente. **2** cautamente, delicadamente (con palabras). **3** delicadamente, precariamente, frágilmente.

delicatessen [ˌdelɪkə'tesn] *s. c.* mantequería, (tienda de) charcutería.

delicious. [dɪ'lɪʃəs] *adj.* **1** delicioso, exquisito (comida). **2** (fig.) agradable, placentero: *a delicious girl = una chica agradable.*

deliciously [dɪ'lɪʃəslɪ] *adv.* **1** deliciosamente, exquisitamente. **2** agradablemente, placenteramente.

delight [dɪ'laɪt] *s. i.* **1** deleite, delicia; placer. • *s. c.* **2** delicia, placer. • *v. t.* **3** complacer, dar placer. • *v. i.* **4** (**to** ~ **in/at**) complacerse en, alegrarse con. ◆ **5 to be delighted,** estar encantado, alegrarse: *I was delighted to hear the news = me dio mucha alegría oír la noticia.* **6 to take** ~**/a** ~ (**in**), deleitarse (en).

delighted [dɪ'laɪtɪd] *adj.* encantado, muy contento.

delightedly [dɪ'laɪtɪdlɪ] *adv.* con gran deleite, con gran placer.

delightful [dɪ'laɪtfl] *adj.* encantador, delicioso.

delightfully [dɪ'laɪtfəlɪ] *adv.* encantadoramente, deliciosamente.

delimit [diː'lɪmɪt] *v. t.* (form.) delimitar, deslindar.

delineate [dɪ'lɪnɪeɪt] *v. t.* (form.) describir; trazar.

delineation [dɪˌlɪnɪ'eɪʃn] *s. i.* y *c.* (form.) descripción.

delinquency [dɪ'lɪŋkwənsɪ] *s. i.* y *c.* delincuencia, criminalidad.

delinquent [dɪ'lɪŋkwənt] *adj.* **1** delincuente, criminal. • *s. c.* **2** delincuente, criminal.

delirious [dɪ'lɪrɪəs] *adj.* **1** que desvaría, delirante. **2** (fig.) enfervorizado (multitud); jubiloso (persona).

deliriously [dɪ'lɪrɪəslɪ] *adv.* delirantemente, en desvarío.

delirium [dɪ'lɪrɪəm] *s. i.* **1** delirio, desvarío. **2** (fig.) júbilo. ◆ **3** ~ **tremens,** delirium tremens.

deliver [dɪ'lɪvər] *v. t.* **1** repartir, distribuir (casa por casa; entregar). **2** dar, pronunciar (discurso, sermón, etc.). **3** ayudar en el parto de. **4** (form.) entregar. **5** (lit.) dar, asestar (golpe). **6** (**to** ~ {**from**}) (form.) librar, libertar. • *v. i.* **7** cumplir, ofrecer resultados: *the party failed to deliver = el partido no ofreció resultados.* **8** hacer una entrega; realizar reparto a domicilio (casa por casa). ◆ **9 to be delivered of,** (form.) dar a luz (a un bebé). **10 to ~ the goods,** cumplir lo prometido.

deliverance [dɪ'lɪvərəns] *s. i.* (p.u.) liberación, salvación.

delivery [dɪ'lɪvərɪ] *s. i.* y *c.* **1** reparto (casa por casa). **2** parto, alumbramiento. ● *s. c.* **3** entrega (de un pedido). ● *s. i.* **4** modo, forma, estilo (de expresarse, etc.). **5** (~ {**from**}) (lit.) liberación, salvación. ◆ **6 ~ note,** (brit.) albarán de entrega. **7 ~ truck,** (EE UU) camión/furgoneta de reparto. **8 ~ van,** (brit.) furgoneta de reparto. **9 to take ~ of,** recibir una entrega de.

dell [del] *s. c.* (lit.) valle (pequeño y arbolado).

delouse [ˌdiː'laus] *v. t.* despiojar.

delphinium [del'fɪnɪəm] *s. c.* BOT. delfinio, espuela de caballero.

delta ['deltə] *s. c.* **1** GEOG. delta (de un río). ◆ **2 Delta,** delta (cuarta letra del alfabeto griego). **3 ~ wing aircraft,** DEP. ala delta.

delude [dɪ'luːd] *v. t.* **1** engañar; despistar. ● *v. pron.* **2** engañarse.

deluge ['deljuːdʒ] *s. c.* **1** diluvio, inundación. **2** (**a ~ of**) (fig.) un torrente de (palabras, insultos); un aluvión de (llamadas, cartas y muchas cosas más). ● *v. t.* **3** inundar, anegar. ◆ **4 to be deluged (with),** verse inundado (por/de): *we were deluged with petitions = nos vimos inundados de peticiones.*

delusion [dɪ'luːʒn] *s. c.* e *i.* **1** falsa ilusión. ◆ **2 delusions of grandeur,** delirios de grandeza.

delusive [dɪ'luːsɪv] *adj.* engañoso, falaz.

de luxe [də'lʌks] *adj.* de lujo, lujoso.

delve [delv] *v. i.* **1** (**to ~ {in/into}**) ahondar (en): *I must delve into this matter = debo ahondar en este asunto.* **2** revolver, hurgar (buscando).

demagnetize [ˌdiː'mægnɪtaɪz] (también **demagnetise**) *v. t.* desmagnetizar, desimantar.

demagogic [ˌdemə'gɒgɪk] *adj.* demagógico.

demagogue ['deməgɒg] *s. c.* demagogo.

demagogy ['deməgɒgɪ] *s. i.* POL. demagogia.

demand [dɪ'mɑːnd] *v. t.* **1** exigir, reclamar. **2** requerir: *the situation demands a leader = la situación requiere un líder.* **3** exigir saber, preguntar con gran exigencia: *what are you doing here? he demanded = ¿qué estás haciendo aquí? exigió saber.* ● *s. c.* **4** exigencia, reclamación. ● *s. i.* **5** (~ {**for**}) demanda (de): *the demand for foreign currency = la demanda de moneda extranjera.* ◆ **6 in (great) ~,** (muy) solicitado. **7 to make demands on/of,** exigir un gran esfuerzo de: *this new technique makes tremendous demands on the workers = esta nueva técnica exige un gran esfuerzo de los trabajadores.* **8 on ~,** a petición (sin más trámite): *abortion on demand = aborto libre.*

demanding [dɪ'mɑːndɪŋ] *adj.* **1** agotador; absorbente (tarea). **2** exigente, duro (persona).

demarcate ['diːmɑːkeɪt] *v. t.* (form.) demarcar.

demarcation [ˌdiːmɑː'keɪʃn] *s. i.* demarcación.

demean [dɪ'miːn] *v. t.* rebajar, humillar, degradar. *v. pron.* **2** rebajarse, humillarse, degradarse.

demeaning [dɪ'miːnɪŋ] *adj.* humillante, degradante.

demeanour [dɪ'miːnər] (en EE UU **demeanor**) *s. i.* (form.) proceder, conducta.

demented [dɪ'mentɪd] *adj.* demente, loco.

dementedly [dɪ'mentɪdlɪ] *adv.* locamente.

dementia [dɪ'menʃə] *s. i.* MED. demencia.

demerit [diː'merɪt] *s. c.* (form.) demérito, desmerecimiento.

demijohn ['demɪdʒɒn] *s. c.* garrafón.

demilitarization [ˌdiːˌmɪlɪtəraɪ'zeɪʃn] *s. i.* desmilitarización.

demilitarize [ˌdiː'mɪlɪtəraɪz] (también **demilitarise**) *v. t.* desmilitarizar.

demise [dɪ'maɪz] *s. sing.* **1** fin, hundimiento, muerte (no de una persona). **2** (form. y p.u.) fallecimiento (de alguien).

demist [ˌdiː'mɪst] *v. t.* desempañar (los cristales de un vehículo).

demo ['deməu] *s. c.* (brit.) (fam.) ⇒ **demonstration.**

demob [ˌdiː'mɒb] *v. t.* (brit.) (fam.) ⇒ **demobilize.**

demobilization [ˌdiːˌməubəlaɪ'zeɪʃn] *s. i.* MIL. desmovilización.

demobilize [diː'məubəlaɪz] (también **demobilise**) *v. t.* MIL. desmovilizar.

democracy [dɪ'mɒkrəsɪ] *s. i.* **1** POL. democracia. ● *s. c.* **2** país democrático, democracia.

democrat ['deməkræt] *s. c.* **1** demócrata. **2 Democrat,** (EE UU) demócrata, seguidor del partido demócrata.

democratic [ˌdemə'krætɪk] *adj.* **1** democrático (como sistema de gobierno y postura respetuosa y justa con los deseos de la mayoría). ◆ **2 Democratic,** (EE UU) demócrata (del partido estadounidense).

democratically [ˌdemə'krætɪklɪ] *adv.* democráticamente.

democratization [dɪˌmɒkrətaɪ'zeɪʃn] *s. i.* (form.) democratización.

democratize [dɪ'mɒkrətaɪz] (también **democratise**) *v. t.* (form.) democratizar, hacer democrático.

demographer [dɪ'mɒgrəfər] *s. c.* demógrafo.

demographic [ˌdemə'græfɪk] *adj.* demográfico.

demography [dɪ'mɒgrəfɪ] *s. i.* demografía.

demolish [dɪ'mɒlɪʃ] *v. t.* **1** demoler, derribar, derruir. **2** (fig.) destruir (argumentos, ideas, creencias, etc.).

demolition [ˌdemə'lɪʃn] *s. c.* e *i.* **1** derribo, demolición. **2** (fig.) refutación demoledora (de argumentos, creencias, etc.).

demon ['diːmən] *s. c.* **1** demonio, diablo, espíritu maligno. **2** (fig.) fiera, león (en el trabajo, deporte, etc.): *I've been studying like a demon = he estado estudiando como una fiera.*

demoniac [dɪ'məunɪæk] (también **demoniacal**) *adj.* **1** demoníaco, maligno. **2** (fig.) brutal, salvaje, endemoniado (una actividad).

demonic [diː'mɒnɪk] *adj.* diabólico, demoníaco.

demonstrable ['demənstrəbl] *adj.* demostrable.

demonstrably ['demənstrəblɪ] *adv.* patentemente.

demonstrate ['demənstreɪt] *v. t.* **1** demostrar, probar. **2** demostrar, mostrar, hacer una demonstración de (el funcionamiento de algo). **3** demostrar, mostrar, exhibir (un sentimiento, habilidad, etc.). ● *v. i.* **4** manifestarse, hacer una manifestación (política, social, etc.).

demonstration [ˌdemən'streɪʃn] *s. c.* **1** manifestación (política o similar). **2** demostración (del uso de un objeto). ● *s. c.* e *i.* **3** demostración, prueba. **4** demostración, muestra exhibición (de sentimientos o similar).

demonstrative [dɪ'mɒnstrətɪv] *adj.* **1** efusivo, abierto (con sus sentimientos, emociones, etc.). ● *s. c.* **2** GRAM. demostrativo.

demonstrator ['demənstreɪtər] *s. c.* **1** manifestante (político o similar). **2** vendedor (que demuestra el uso de algo).

demoralization [dɪˌmɒrəlaɪ'zeɪʃn] *s. i.* desmoralización.

demoralize [dɪ'mɒrəlaɪz] (también **demoralise**) *v. t.* desmoralizar.

demoralized [dɪ'mɒrəlaɪzd] *adj.* desmoralizado.

demote [ˌdiː'məut] *v. t.* degradar, rebajar (de categoría).

demotion [ˌdiː'məuʃn] *s. c.* e *i.* degradación (en categoría).

demotic [dɪ'mɒtɪk] *adj.* **1** (form.) demótico (griego, idioma); popular (del pueblo). ● *s. i.* **2** griego moderno o demótico (idioma).

demur [dɪ'məːr] *v. i.* **1** (form.) poner reparos u objeciones. ◆ **2 without ~,** sin objeción.

demure [dɪ'mjuər] *adj.* recatado, pacato (especialmente de mujeres y niños).

demurely [dɪ'mjuəlɪ] *adv.* recatadamente.

demystification [ˌdiːˌmɪstɪfɪ'keɪʃn] *s. i.* aclaración, esclarecimiento.

demystify [ˌdiː'mɪstɪfaɪ] *v. t.* aclarar, esclarecer.

den [den] *s. c.* **1** madriguera (de algunos animales). **2** cuarto de trabajo, rincón privado. **3** (~ {**of**}) cubil, guarida, escondrijo.

denationalization [ˌdiːˌnæʃənəlaɪ'zeɪʃn] (también **denationalisation**) *s. i.* privatización, desnacionalización (de algo en manos estatales).
denationalize [ˌdiː'næʃənəlaɪz] (también **denationalise**) *v. t.* privatizar, desnacionalizar (algo estatal).
denial [dɪ'naɪəl] *s. c.* e *i.* **1** negación, desmentido. **2** denegación (de una derecho, etc.): *the denial of freedom = la denegación* o *privación de la libertad.*
denier ['denɪər] *s. i.* denier (unidad de medida con ciertos tejidos).
denigrate ['denɪgreɪt] *v. t.* denigrar, mancillar, desacreditar (la reputación).
denigration [ˌdenɪ'greɪʃn] *s. i.* (~ {**of**}) denigración, descrédito (de reputación o similar).
denim ['denɪm] *s. i.* **1** tela vaquera. ◆ **2 denims,** pantalones vaqueros; ropa vaquera.
denizen ['denɪzn] *s. c.* (~ {**of**}) (lit.) oriundo (persona, animal, planta).
Denmark ['denmaːk] *s. sing.* Dinamarca.
denomination [dɪˌnɒmɪ'neɪʃn] *s. c.* REL. confesión, religión, creencia.
denominational [dɪˌnɒmɪ'neɪʃənl] *adj.* confesional, religioso, de una religión.
denominator [dɪ'nɒmɪneɪtər] *s. c.* MAT. denominador.
denotation [dɪnə'teɪʃn] *s. i.* denotación, designación.
denote [dɪ'nəut] *v. t.* **1** denotar, indicar, designar. **2** representar, simbolizar, significar: *that sign denotes danger = ese signo significa peligro.*
denouement [ˌdeɪ'nuːmɒŋ] (también **dénouement**) *s. c.* desenlace.
denounce [dɪ'nauns] *v. t.* denunciar, censurar, condenar.
dense [dens] *adj.* **1** denso, apretado, compacto. **2** denso (humo o niebla). **3** denso (libro o película difícil de entender). **4** (fam.) bobo, torpe.
density ['densətɪ] *s. i.* e *c.* **1** densidad, concentración (de población). **2** FÍS. densidad (de un cuerpo). ● *s. i.* **3** densidad; dificultad (de libro, película, etc.).
densely ['denslɪ] *adv.* densamente, apretadamente, de manera compacta.
dent [dent] *v. t.* **1** abollar (vehículo). **2** hacer mella en (orgullo, ideas preconcebidas, etc.). ● *s. c.* **3** abolladura (en vehículo). ◆ **4 to make a ~ in,** hacer mella en.
dental ['dentl] *adj.* dental.
dented ['dentɪd] *adj.* abollado (en un vehículo).
dentist ['dentɪst] *s. c.* **1** dentista. ◆ **2 the dentist's,** la clínica dental, la consulta del dentista.
dentistry ['dentɪstrɪ] *s. i.* odontología.
dentures ['dentʃəs] *s. pl.* dentadura postiza.
denude [dɪ'njuːd] *v. t.* (**to** ~ *o.d.* + **of**) despojar, (un país, un paisaje, etc.).
denuded [dɪ'njuːdɪd] *adj.* despojado.
denunciation [dɪˌnʌnsɪ'eɪʃn] *s. c.* e *i.* (~ {**of**}) condena, denuncia.
deny [dɪ'naɪ] *v. t.* **1** negar; rechazar. **2** (**to** ~ *ger.*) negar (haber hecho algo). **3** denegar (a una persona algo). **4** (p.u.) negar, repudiar (a una persona).
deodorant [diː'əudərənt] *s. c.* desodorante.
deodorize [diː'əudəraɪz] (también **deodorise**) *v. t.* (form.) desodorizar.
deodorized [diː'əudəraɪzd] *adj.* (form.) con desodorante, desodorizado.
depart [dɪ'pɑːt] *v. i.* **1** irse, marcharse. **2** (**to** ~ **from**) apartarse de, desviarse de (una tradición, costumbre, etc.).
departed [dɪ'pɑːtɪd] *adj.* **1** (form.) difunto, fallecido. ● *s. c.* **2** difunto.
department [dɪ'pɑːtmənt] *s. c.* **1** sección, departamento (de hospital, universidad, etc.). **2** POL. Ministerio; Secretaría de Estado. ◆ **3 to be one's ~,** (fam.) ser el tema de uno. **4 ~ store,** grandes almacenes.
departmental [ˌdiːpɑːt'mentl] *adj.* de sección, de departamento: *a departmental meeting = una reunión del departamento.*
departure [dɪ'pɑːtʃər] *s. c.* e *i.* **1** marcha, salida, partida. **2** (~ {**from**}) desviación, alejamiento (de). ● *s. c.* **3** derrotero, rumbo (nuevo en algún aspecto de la vida): *a new departure in my life = un nuevo rumbo en mi vida.*
depend [dɪ'pend] *v. i.* **1** (**to** ~ **on/upon**) depender de; confiar en; contar con (en muchos sentidos). **2** (**to** ~ {**on**}) depender (de): *will you do it for me? It depends = ¿lo harás por mí? Depende.* ◆ **3 depending on,** según.
dependability [dɪˌpendə'bɪlɪtɪ] *s. i.* formalidad.
dependable [dɪ'pendəbl] *adj.* formal, responsable (que puedes contar con él).
dependably [dɪ'pendəblɪ] *adv.* formalmente, responsablemente.
dependant [dɪ'pendənt] (también **dependent**) *s. c.* persona a cargo (ancianos, niños, etc.).
dependence [dɪ'pendəns] (en EE UU también **dependance**) *s. i.* (~ {**on/upon**}) dependencia (de).
dependency [dɪ'pendənsɪ] *s. c.* colonia, posesión (país).
dependent [dɪ'pendənt] *adj.* (~ **on/upon**) dependiente de.
depict [dɪ'pɪkt] *v. t.* retratar, pintar (persona, situación, etc.).
depiction [dɪ'pɪkʃn] *s. c.* retrato, pintura; descripción.
depilatory [dɪ'pɪlətrɪ] *adj.* depilatorio.
deplete [dɪ'pliːt] *v. t.* reducir drásticamente, mermar (la cantidad de algo).
depletion [dɪ'pliːʃn] *s. i.* reducción drástica, merma.
deplorable [dɪ'plɔːrəbl] *adj.* deplorable, lamentable.
deplorably [dɪ'plɔːrəblɪ] *adv.* deplorablemente, lamentablemente.
deplore [dɪ'plɔː] *v. t.* (form.) deplorar, lamentar.
deploy [dɪ'plɔɪ] *v. t.* **1** MIL. desplegar (tanques, buques, etc.). **2** (fig.) hacer uso de, desplegar (para utilización eficaz): *the Ministry deployed the best experts = el Ministerio desplegó a sus mejores expertos.*
deployment [dɪ'plɔɪmənt] *s. i.* **1** MIL. despliegue. **2** (fig.) despliegue.
depopulate [ˌdiː'pɒpjuleɪt] *v. t.* despoblar.
depopulated [ˌdiː'pɒpjuleɪtɪd] *adj.* despoblado.
depopulation [ˌdiːpɒpju'leɪʃn] *s. i.* despoblación.
deport [dɪ'pɔːt] *v. t.* deportar.
deportation [ˌdiːpɔː'teɪʃn] *s. c.* e *i.* deportación.
deportment [dɪ'pɔːtmənt] *s. i.* (p.u.) comportamiento, conducta.
depose [dɪ'pəuz] *v. t.* destituir, deponer.
deposit [dɪ'pɒzɪt] *s. c.* **1** FIN. depósito, depósito bancario. **2** señal, desembolso inicial. **3** fianza (del alquiler de pisos o coches). **4** (brit.) POL. pago de fianza política (que los candidatos al Parlamento recuperan si consiguen el 15%). **5** GEOL. depósito. ● *v. t.* **6** GEOL. sedimentar, posar (arena, tierra, etc.). **7** depositar (dinero, joyas o similar). **8** dejar en depósito (en lugar seguro). **9** dejar (en un sitio): *the bus deposited us outside the hotel = el autobús nos dejó a la puerta del hotel.* ◆ **10 ~ account,** FIN. cuenta de depósito, cuenta a plazo. **11 on ~,** FIN. en depósito (dinero, joyas, o similar).
depositary [dɪ'pɒsɪtəriː] *s. c.* depositario.
deposition [ˌdepə'zɪʃn] *s. i.* **1** GEOL. sedimentación. **2** POL. destitución. **3** DER. declaración jurada.
depot ['depəu] *s. c.* **1** almacén (de mercancías). **2** depósito, cochera (para tren y autobús). **3** (EE UU) estación (de tren o autobús).
deprave [dɪ'preɪv] *v. t.* depravar.
depraved [dɪ'preɪvd] *adj.* depravado.
depravity [dɪ'prævɪtɪ] *s. i.* depravación.
deprecate ['deprɪkeɪt] *v. t.* (form.) desaprobar, condenar.
deprecating ['deprɪkeɪtɪŋ] *adj.* desaprobatorio, condenatorio.
deprecatingly ['deprɪkeɪtɪŋlɪ] *adv.* con desaprobación.
deprecatory [ˌdeprɪ'keɪtərɪ] *adj.* ⇒ **deprecating.**
depreciate [dɪ'priːʃɪeɪt] *v. i.* depreciarse, desvalorizarse.
depreciation [dɪˌpriːʃɪ'eɪʃn] *s. i.* depreciación, desvalorización.
depredation [ˌdeprɪ'deɪʃn] *s. c.* e *i.* depredación, pillaje.
depress [dɪ'pres] *v. t.* **1** deprimir, abatir. **2** reducir, disminuir (precios, salarios, etc.).
depressed [dɪ'prest] *adj.* **1** deprimido, entristecido (persona). **2** empobrecido, deprimido (zona, ciudad).
depressing [dɪ'presɪŋ] *adj.* deprimente, entristecedor.
depressingly [dɪ'presɪŋlɪ] *adv.* deprimentemente.
depression [ˌdɪ'preʃn] *s. i.* y *c.* **1** PSIQ. depresión. ● *s. c.* **2** ECON. depresión. **3** hundimiento, depresión (física). **4**

depresión atmosférica; borrasca, zona de bajas presiones.
depressive [dɪ'presɪv] *adj.* **1** deprimente, desalentador. • *s. c.* **2** PSIQ. depresivo (persona).
deprivation [ˌdeprɪ'veɪʃn] *s. i.* y *c.* privación (de bienes).
deprive [dɪ'praɪv] *v. t.* (**to** ~ *o.d.* + {**of**}) privar, desposeer (de).
deprived [dɪ'praɪvd] *adj.* necesitado, menesteroso (persona); deprimido (zona).
depth [depθ] *s. i.* y *c.* **1** profundidad (vertical y horizontal). • *s. i.* **2** intensidad, profundidad (de una emoción o situación). **3** profundidad, extensión (de conocimientos). **4** gravedad, profundidad (sonido). **5** intensidad; oscuridad (color). ◆ **6** ~ **charge,** MIL. carga de profundidad. **7** ~ **of field,** FOT. profundidad de campo. **8 depths, a)** lo más remoto (en el campo). **b)** lo más íntimo. **c)** (lit.) profundidades, abismos (del mar y la tierra). **9 in** ~**,** en profundidad, con gran detalle. **10 in the depths of,** en pleno...: *in the depths of despair = en plena desesperación.* **11 to be out of one's** ~**, a)** no hacer pie. **b)** (fig.) no saber uno por dónde se anda.
deputation [ˌdepju'teɪʃn] *s. c.* delegación (grupo de personas).
depute [dɪ'pjuːt] *v. t.* (form.) encargar a, dar un encargo a.
deputize ['depjutaɪz] (también **deputise**) *v. i.* (**to** ~ {**for**}) delegar a, suplir a.
deputy ['depjutɪ] *s. c.* **1** suplente. **2** ayudante; adjunto.
derail [dɪ'reɪl] *v. t.* descarrilar.
derailment [dɪ'reɪlmənt] *s. c.* e *i.* descarrilamiento.
deranged [dɪ'reɪndʒd] *adj.* trastornado, loco.
derangement [dɪ'reɪndʒmənt] *s. i.* (p.u.) trastorno mental, locura.
derby ['dɑːbɪ] *s. c.* **1** DEP. derby. **2** (EE UU) bombín (sombrero). ◆ **3 Derby,** Derby (carrera famosa de caballos).
derelict ['derɪlɪkt] *adj.* **1** abandonado, en mal estado (edificio o similar). • *s. c.* **2** indigente.
dereliction [ˌderɪ'likʃn] *s. i.* **1** abandono (de edificio o similar). ◆ **2** ~ **of duty,** (form.) abandono del deber.
deride [dɪ'raɪd] *v. t.* ridiculizar, escarnecer, mofarse de.
de rigueur [dərɪ'gəːr] *adj.* de rigor, imprescindible.
derision [dɪ'rɪʒn] *s. i.* escarnio, burla, mofa.
derisive [dɪ'raɪsɪv] *adj.* burlón, lleno de escarnio.
derisively [dɪ'raɪsɪvlɪ] *adv.* burlonamente, con escarnio, con mofa.
derisory [dɪ'raɪsərɪ] *adj.* irrisorio, ridículo (algo): *a derisory budget = un presupuesto irrisorio.*
derivation [ˌderɪ'veɪʃn] *s. c.* e *i.* FILOL. derivación (de palabras).
derivative [dɪ'rɪvətɪv] *adj.* **1** (desp.) copiado; falto de originalidad. • *s. c.* **2** derivado: *this word is a derivative = esta palabra es un derivado.* **3 derivatives** derivados, productos financieros derivados.
derive [dɪ'raɪv] *v. i.* **1** (**to** ~ **from**) derivar de, tener su origen en (una palabra, una costumbre, etc.). • *v. t.* **2** (**to** ~ *o.d.* + {**from**}) (form.) obtener, sacar: *I derive great joy from my hobby = disfruto mucho con mi hobby.*
dermatitis [ˌdəːmə'taɪtɪs] *s. i.* MED. dermatitis.
derogatory [dɪ'rɒgətrɪ] *adj.* despectivo, desdeñoso, despreciativo.
derrick ['derɪk] *s. c.* **1** grúa, cabria. **2** torre de extracción (de petróleo).
derv [dəːv] *s. i.* gasoil, gasóleo.
dervish ['dəːvɪʃ] *s. c.* derviche (miembro de una secta musulmana que se caracteriza por su enérgica danza).
descale [ˌdiː'skeɪl] *v. t.* quitar el óxido a (tetera, etc.).
descant ['deskænt] *s. c.* MÚS. contrapunto.
descend [dɪ'send] *v. i.* **1** descender, bajar. **2** (**to** ~ **to**) rebajarse a. **3** (**to** ~ **on/upon**) presentarse en casa de (alguien); invadir (un lugar). **4** (lit.) caer, descender (la noche, el crepúsculo, etc.). **5** (**to** ~ **from**) descender de, provenir de (familia, tribu, etc.). **6** (**to** ~ **on/upon**) caer sobre, invadir (personas un sentimiento, una sensación, etc.). • *v. t.* **7** bajar (algo).
descendant [dɪ'sendənt] *s. c.* descendiente.
descended [dɪ'sendɪd] *adj.* (~ **from**) descendiente de.
descending [dɪ'sendɪŋ] *adj.* descendiente (objeto).
descent [dɪ'sent] *s. c.* **1** descenso, bajada. **2** cuesta, declive, pendiente. • *s. i.* **3** ascendencia, extracción (de una familia, individuo, etc.).
describe [dɪ'skraɪb] *v. t.* **1** describir (físicamente). **2** describir, narrar, relatar. **3** (**to** ~ *o.d.* + **as**) describir (ideas, cualidades, etc.): *he described her as a genius = la describió como un genio.* **4** (form.) describir: *the arrow described an elongated curve = la flecha describió una curva alargada.*
description [dɪ'skrɪpʃn] *s. c.* **1** descripción, relato, narración. • *s. i.* **2** descripción, explicación. • *s. sing.* **3** tipo, clase. ◆ **4 beyond/past** ~**,** indescriptible.
descriptive [dɪ'skrɪptɪv] *adj.* **1** descriptivo (explicativo). **2** descriptivo (ciencia): *descriptive linguistics = lingüística descriptiva.*
descriptively [dɪ'skrɪptɪvlɪ] *adv.* descriptivamente.
desecrate ['desɪkreɪt] *v. t.* profanar.
desecration [ˌdesɪ'kreɪʃn] *s. i.* profanación.
desegregate [ˌdiː'segrɪgeɪt] *v. t.* abolir la segregación racial en.
desegregation [ˌdiːˌsegrɪ'geɪʃn] *s. i.* abolición de la segregación racial.
desensitize [ˌdiː'sensɪtaɪz] (también **desensitise**) *v. t.* insensibilizar.
desert ['dezət] *s. c.* **1** desierto. **2** (fig.) páramo, yermo. • *v. t.* [dɪ'zəːt] **3** abandonar (un lugar, una persona, etc.). **4** MIL. desertar. **5** fallar, abandonar: *my courage deserted me = me falló el valor.* • *v. i.* **6** MIL. desertar. ◆ **7** ~ **island,** isla desierta. **8 his/her/their just deserts,** su merecido.
deserted [dɪ'zəːtɪd] *adj.* abandonado.
deserter [dɪ'zəːtər] *s. c.* MIL. desertor.
desertion [dɪ'zəːʃn] *s. i.* **1** deserción, abandono (de un partido, de una ideología, etc.). • *s. c.* e *i.* **2** abandono (del hogar, de una persona, etc.). **3** MIL. deserción.
deserve [dɪ'zəːv] *v. t.* merecer.
deserved [dɪ'zəːvd] *adj.* merecido.
deservedly [dɪ'zəːvɪdlɪ] *adv.* merecidamente.
deserving [dɪ'zəːvɪŋ] *adj.* **1** meritorio, de mérito, digno. ◆ **2** ~ **of,** (form.) digno de, merecedor de.
desiccated ['desɪkeɪtɪd] *adj.* **1** desecado (comida para que dure). **2** (form.) reseco, sin humedad.
desiccation [ˌdesɪ'keɪʃn] *s. i.* (form.) desecación, deshidratación.
design [dɪ'zaɪn] *v. t.* **1** diseñar (casa, producto, etc.). **2** concebir, idear; inventar. • *s. c.* **3** diseño, dibujo; patrón. **4** propósito, designio, intención. • *s. i.* **5** diseño (de objetos o similar). ◆ **6 to be designed (for/to** *inf.*), estar destinado a: *her speech was obviously designed to flatter the visitors = su discurso iba claramente destinado a halagar a los invitados.* **7 by** ~**,** intencionadamente, intencionalmente. **8 to have designs on,** tener la mira puesta en.
designate ['dezɪgnɪt] *adj.* **1** (*s.* + ~) designado, electo. • ['dezɪgneɪt] *v. t.* **2** designar, nombrar. **3** (**to** ~ *o.d.* + **as**) destinar... para.
designation [ˌdezɪg'neɪʃn] *s. c.* **1** (form.) designación, nombre, descripción. • *s. i.* **2** designación, denominación.
designer [dɪ'zaɪnər] *s. c.* **1** diseñador. ◆ **2** ~ **clothing,** ropa de diseño.
designing [dɪ'zaɪnɪŋ] *s. i.* **1** diseño, arte del diseño. • *adj.* **2** (desp.) intrigante, maquinador.
desirability [dɪˌzaɪərə'bɪlɪtɪ] *s. i.* **1** conveniencia (de la existencia de algo). **2** atractivo, atracción sexual.
desirable [dɪ'zaɪərəbl] *adj.* **1** deseable, conveniente. **2** atractivo, atrayente (sexualmente).
desirably [dɪ'zaɪərəblɪ] *adv.* convenientemente.
desire [dɪ'zaɪər] *v. t.* **1** desear, anhelar (con gran fuerza). **2** desear (a una mujer). • *s. c.* **3** deseo, anhelo. • *s. c.* e *i.* **4** (~ {**for**}) deseo, apetencia (sexual). **5 to be one's heart's** ~**,** (lit.) ser la cosa más querida de uno. **6 to leave much/a lot/a great deal to be desired,** dejar mucho que desear.
desired [dɪ'zaɪəd] *adj.* deseado: *the desired effect = el resultado deseado.*
desirous [dɪ'zaɪərəs] *adj.* (~ **of**) (form.) deseoso de.

desist [dɪ'zɪst] *v. i.* (**to** ~ {**from**}) (form.) desistir (de).
desk [desk] *s. c.* **1** mesa de trabajo; pupitre (en la escuela). **2** mostrador: *information desk =(mostrador de) información.* **3** (fig.) sección, departamento (en un periódico o ministerio). ◆ **4** ~ **clerk,** (EE UU) recepcionista (de hotel).
deskill [diː'skɪl] *v. t.* **1** mecanizar, deshumanizar (trabajo). **2** dar subempleo a (trabajadores).
desktop ['desktɒp] *s. c.* **1** parte superior de una mesa de trabajo. ● *adj.* **2** de sobremesa (ordenador). ◆ **3** ~ **publishing,** autoedición.
desolate ['desəlɪt] *adj.* **1** desolado, desierto, solitario. **2** desolado, afligido. ● ['desəleɪt] *v. t.* **3** (lit.) desolar, devastar, arrasar.
desolated ['desəleɪtɪd] *adj.* **1** devastado, arrasado, desolado. **2** (~ {**at/by**}) desolado, afligido, desconsolado (por).
desolation [ˌdesə'leɪʃn] *s. i.* **1** desolación, devastación. **2** desolación, desconsuelo.
despair [dɪ'speər] *s. i.* **1** desesperación, desesperanza. ● *v. i.* **2** (**to** ~ {**at**}) desesperarse (por, ante, con). **3** (**to** ~ **of**) abandonar toda esperanza de. ◆ **4 in** ~**,** totalmente desesperado, lleno de desesperación.
despairing [dɪ'speərɪŋ] *adj.* desesperado, abatido.
despairingly [dɪ'speərɪŋlɪ] *adv.* desesperadamente, abatidamente.
despatch [dɪ'spætʃ] *s. c.* y *v. t.* ⇒ **dispatch.**
desperado [ˌdespə'rɑːdəu] (*pl.* **desperados/desperadoes**) *s. c.* malhechor, bandido, forajido.
desperate ['despərɪt] *adj.* **1** desesperado, desesperanzado. **2** desesperado, crítico (persona, situación, etc.). **3** (**to be** ~ **for/to** + *inf.*) necesitar urgentemente.
desperately ['despərɪtlɪ] *adv.* **1** desesperadamente. **2** muy: *she was desperately ill = estaba muy enferma; desperately poor = tremendamente pobre.*
desperation [ˌdespə'reɪʃn] *s. i.* **1** desesperación. ◆ **2 in** ~**,** con desesperación.
despicable [dɪ'spɪkəbl] *adj.* despreciable, vil.
despicably [dɪ'spɪkəblɪ] *adv.* despreciablemente, vilmente.
despise [dɪ'spaɪz] *v. t.* despreciar, desdeñar.
despite [dɪ'spaɪt] *prep.* **1** a pesar de. ◆ **2** ~ **oneself,** a pesar de los gustos/ideas/ sentimientos de uno: *he laughed despite himself = no pudo evitar reírse.*
despoil [dɪ'spɔɪl] *v. t.* (form.) despojar.
despondency [dɪ'spɒndənsɪ] *s. i.* desaliento, desánimo; melancolía.
despondent [dɪ'spɒndənt] *adj.* desanimado, desalentado; melancólico.
despondently [dɪ'spɒndəntlɪ] *adv.* sin ánimo; melancólicamente.
despot ['despɒt] *s. c.* déspota.
despotic [dɪ'spɒtɪk] *adj.* despótico.
despotism ['despətɪzəm] *s. i.* POL. despotismo.
dessert [dɪ'zəːt] *s. c.* e *i.* postre.
dessertspoon [dɪˌzəːt'spuːn] *s. c.* **1** cuchara de postre. **2** cucharada de postre.
destination [ˌdestɪ'neɪʃn] *s. c.* destino (lugar).
destined ['destɪnd] *adj.* **1** (~ **for**) con destino a. **2** (~ **for/to** + *inf.*) destinado para/a.
destiny ['destɪnɪ] *s. c.* e *i.* destino.
destitute ['destɪtjuːt] *adj.* (form.) necesitado, indigente.
destitution [ˌdestɪ'tjuːʃn] *s. i.* (form.) indigencia.
destroy [dɪ'strɔɪ] *v. t.* **1** destrozar, destruir. **2** matar, sacrificar (animales). **3** destrozar (la vida de alguien).
destroyer [dɪ'strɔɪər] *s. c.* **1** MAR. destructor. **2** fuerza destructora; persona destructora.
destruction [dɪ'strʌkʃn] *s. i.* destrucción, aniquilamiento.
destructive [dɪ'strʌktɪv] *adj.* destructivo, destructor.
destructively [dɪ'strʌktɪvlɪ] *adv.* destructivamente, destructoramente.
destructiveness [dɪ'strʌktɪvnɪs] *s. i.* destructividad, capacidad destructora.
desultorily ['desəltrɪlɪ] *adv.* (form.) desganadamente, sin muchas ganas.
desultory ['desəltrɪ] *adj.* (form.) desganado, a desgana.
detach [dɪ'tætʃ] *v. t.* **1** (**to** ~ {**from**}) separar, apartar (de). ● *v. pron.* **2** (**to** ~ {**from**}) apartarse (de); descomprometerse (de).
detachable [dɪ'tætʃəbl] *adj.* desmontable.
detached [dɪ'tætʃt] *adj.* **1** individual, independiente (casa). **2** separado, aislado (objeto). **3** indiferente; imparcial.
detachment [dɪ'tætʃmənt] *s. i.* **1** desinterés, indiferencia; imparcialidad. ● *s. c.* **2** MIL. destacamento.
detail ['diːteɪl] *s. c.* **1** (~ {**of/about**}) detalle, pormenor (de/sobre). **2** minucia. **3** detalle (de un cuadro). **4** MIL. destacamento (con un objetivo). ● *s. i.* **5** detalle. ● *v. t.* **6** detallar. **7** (**to** ~ *o.d.* + *inf.*) asignar (para alguna tarea). ◆ **8 details,** detalles; información. **9 to go into (the)** ~**/details,** entrar en detalles, entrar en pormenores. **10 in** ~**,** en detalle, con todo detalle.
detailed ['diːteɪld] *adj.* detallado.
detain [dɪ'teɪn] *v. t.* **1** detener, arrestar. **2** retardar, retener.
detainee [ˌdiːteɪ'niː] *s. c.* detenido.
detect [dɪ'tekt] *v. t.* **1** detectar. **2** detectar, percibir, advertir.
detectable [dɪ'tektəbl] *adj.* detectable, perceptible.
detection [dɪ'tekʃn] *s. i.* **1** detección. **2** investigación: *crime detection = investigación del crimen.*
detective [dɪ'tektɪv] *s. c.* **1** detective (privado). **2** agente de policía.
detector [dɪ'tektər] *s. c.* detector (objeto).
detente [ˌdeɪ'tɑːnt] (también **détente**) *s. i.* POL. distensión.
detention [dɪ'tenʃn] *s. i.* **1** detención, arresto. ● *s. c.* e *i.* **2** castigo escolar (quedarse más tiempo en la escuela). ◆ **3** ~ **centre,** centro de reclusión de menores.
deter [dɪ'təːr] *v. t.* (**to** ~ {**from**}) disuadir, desanimar: *his insults didn't deter me from going in = sus insultos no me disuadieron de entrar.*
detergent [dɪ'təːdʒənt] *s. c.* e *i.* detergente.
deteriorate [dɪ'tɪərɪəreɪt] *v. i.* deteriorarse, empeorar.
deterioration [dɪˌtɪərɪə'reɪʃn] *s. i.* deterioro, empeoramiento.
determinant [dɪ'təːmɪnənt] *s. c.* (form.) elemento determinante.
determination [dɪˌtəːmɪ'neɪʃn] *s. i.* **1** determinación, resolución. ● *s. sing.* **2** fijación, determinación (de cantidades o similar).
determine [dɪ'təːmɪn] *v. t.* **1** determinar, decidir, resolver. **2** determinar, asegurarse de: *with a blood analysis we'll determine whether it is serious = con un análisis de sangre podremos determinar si es grave.* **3** fijar, establecer (una fecha, una acción, etc.). **4** (**to** ~ *inf.*) (form.) tomar la decisión de, tomar la resolución de.
determined [dɪ'təːmɪnd] *adj.* **1** decidido (cualidad personal). **2** (~ *inf.*) resuelto a, decidido a.
determinedly [dɪ'təːmɪndlɪ] *adv.* de manera resuelta, con decisión.
determiner [dɪ'təːmɪnər] *s. c.* GRAM. determinante.
determinism [dɪ'təːmɪnɪzəm] *s. i.* determinismo.
determinist [dɪ'təːmɪnɪst] *s. c.* determinista.
deterministic [dɪˌtəːmɪ'nɪstɪk] *adj.* determinista.
deterrence [dɪ'terəns] *s. i.* POL. disuasión (equilibrio armamentístico).
deterrent [dɪ'terənt] *s. c.* **1** disuasión (a no hacer algo). **2** MIL. arma disuasoria (normalmente nuclear). ● *adj.* **3** disuasivo, disuasorio.
detest [dɪ'test] *v. t.* detestar, aborrecer, odiar.
detestable [dɪ'testəbl] *adj.* detestable, aborrecible, odioso.
detestation [ˌdiːte'steɪʃn] *s. i.* aborrecimiento, odio.
dethrone [ˌdiː'θrəun] *v. t.* destronar; derrocar.
detonate ['detəneɪt] *v. t.* e *i.* detonar.
detonation [ˌdetə'neɪʃn] *s. c.* e *i.* detonación, estallido.
detonator ['detəneɪtər] *s. c.* detonador.
detour ['diːtuər] *s. c.* desvío.
detract [dɪ'trækt] *v. i.* (**to** ~ **from**) disminuir; desmerecer (de): *his stupidity does not detract from his achievement = su estupidez no disminuye su logro.*
detractor [dɪ'træktər] *s. c.* detractor.
detriment ['detrɪmənt] *s. i.* **1** detrimento. ◆ **2 to someone's** ~**/to the** ~ **of,** en detrimento de alguien, en per-

juicio de alguien. **3 without ~ to,** sin detrimento para, sin perjuicio para.
detrimental [ˌdetrɪ'mentl] *adj.* (~ {**to**}) dañino, perjudicial.
detritus [dɪ'traɪtəs] *s. i.* detritus, basura.
deuce [djuːs] *s. i.* y *c.* DEP. cuarenta iguales (en el tenis).
devaluation [ˌdiːvæljuˈeɪʃn] *s. c.* e *i.* ECON. devaluación, depreciación.
devalue [ˌdiː'væljuː] *v. t.* **1** desvalorizar, devaluar. **2** ECON. depreciar, devaluar (moneda).
devalued [ˌdiː'væljuːd] *adj.* desvalorizado, devaluado.
devastate ['devəsteɪt] *v. t.* devastar, asolar, arrasar.
devastated ['devəsteɪtɪd] *adj.* desolado, destrozado, abrumado.
devastating ['devəsteɪtɪŋ] *adj.* **1** devastador, desastroso. **2** (fig.) devastador (comentario, crítica, etc.). **3** abrumador, desolador. **4** (fam.) brillante, maravilloso; precioso.
devastatingly [ˌdevəs'teɪtɪŋlɪ] *adv.* **1** abrumadoramente. **2** (fam.) maravillosamente, brillantemente: *a devastatingly beautiful woman = una mujer maravillosamente hermosa.*
devastation [ˌdevəs'teɪʃn] *s. i.* y *c.* devastación, destrucción, arrasamiento.
develop [dɪ'veləp] *v. i.* **1** desarrollarse, evolucionar, crecer. **2** desarrollarse, hacerse más avanzado (país, región, etc.). **3** cobrar fuerza, crecer (problema, dificultad, crisis, etc.). • *v. t.* **4** desarrollar (negocio, producto, técnica, habilidad, idea, argumento). **5** MÚS. desarrollar. **6** FOT. revelar. **7** adquirir, adoptar (un hábito o similar). **8** urbanizar (terrenos). **9** contraer (enfermedad); sufrir (desperfecto, etc.): *to develop a fault = averiarse.* **10** desarrollar; clarificar (una historia, un carácter, etc.).
developed [dɪ'veləpt] *adj.* **1** desarrollado (país o similar). **2** formado, desarrollado (cuerpo, planta, etc.). **3** desarrollado, formulado; ampliado (idea, método, etc.).
developer [dɪ'veləpər] *s. c.* **1** constructora, promotor urbanístico o inmobiliario. **2** creador; diseñador (de un producto, idea, etc.). • *s. i.* **3** FOT. revelador, líquido de revelado.
developing [dɪ'veləpɪŋ] *adj.* en vías de desarrollo (países).
development [dɪ'veləpmənt] *s. i.* **1** desarrollo (de personas, entidades o países). **2** desarrollo (de un prducto, de una idea, de habilidades). • *s. c.* e *i.* **3** FOT. revelado. **4** urbanización (de viviendas, solares, terrenos). **5** MÚS. desarrollo. • *s. c.* **6** acontecimiento, suceso (en una guerra, un caso, etc.)
developmental [dɪˌveləp'mentəl] *adj.* de desarrollo, para el desarrollo.
deviance ['diːvɪəns] *s. i.* desviación (comportamiento diferente).
deviant ['diːvɪənt] *adj.* **1** anómalo (comportamiento). • *s. c.* **2** pervertido.
deviate ['diːvɪeɪt] *v. i.* (**to** ~ {**from**}) desviarse (de), apartarse (de) (en comportamiento).
deviation [ˌdiːvɪ'eɪʃn] *s. c.* e *i.* **1** desviación (en comportamiento o ideas). ◆ **2** MAT. desviación (concepto estadístico).
device [dɪ'vaɪs] *s. c.* **1** ingenio, dispositivo, artefacto. **2** (fig.) ardid, estratagema. **3** LIT. figura (de estilo). ◆ **4 to leave someone to their own devices,** dejar a alguien que se las arregle sólo; dejar a alguien que decida lo que le apetezca.
devil ['devl] *s. c.* **1** diablo. **2** (fam.) diablillo (niños), demonio. **3** (*adj.* + ~) tipo: *a lucky devil = un tipo afortunado.* • *v. t.* **4** sazonar fuertemente. • *v. i.* **5** (**to** ~ **for**) (brit.) trabajar de aprendiz para un abogado. ◆ **6 a ~ of a,** un asco de: *a devil of a job = un asco de trabajo.* **7 be a ~,** date el lujo; adelante con ello. **8 better the ~ you know than the ~ you don't,** más vale lo malo conocido que lo bueno por conocer. **9 between the ~ and the deep blue sea,** entre la espada y la pared. **10 devil's advocate,** abogado del diablo. **11 to give the ~ his due,** a cada uno lo suyo. **12 go to the ~!,** (p.u.) ¡vete a la porra! **13 to have the luck of the ~,** (fam.) tener potra, tener muchísima suerte. **14 like the ~,** (fam.) como un poseso. **15 to play the ~ with,** (fam.) arruinar, destrozar, chafar. **16 to raise the ~,** (p.u.) armar la de San Quintín, armar una buena. **17 talk of the ~,** hablando del rey de Roma (por la puerta asoma). **18 ... the ~!,** ¡...diablos!, ¡...narices!: *what the devil are you laughing at? = ¿de qué narices te estás riendo?* **19 the ~ ...!,** (fam.) ¡ni hablar!: *I'm going out now, daddy. The devil you are! = voy a salir un rato, papá. ¡Ni hablar!.* **20 the Devil,** REL. el Diablo, Satanás. **21 the ~ looks after his own,** la fortuna sonríe a los peores. **22 the ~ makes work for idle hands,** la pereza es la madre de todos los vicios. **23 the ~ of a time,** gran dificultad; follón: *I had the devil of a time trying to understand that Chinese girl = lo pase fatal intentando entender a esa chica china.* **24 the ~ take the hindmost,** el que se quede en zaga, con el diablo se las haya. **25 there will be the ~ to pay,** (fam.) se armará la de Dios es Cristo.
devilish ['devlɪʃ] *adj.* **1** perverso, malvado, diabólico. • *adv.* **2** (p. u.) extremadamente, muy; endemoniadamente: *devilish difficult = endemoniadamente difícil.*
devilishly ['devlɪʃlɪ] *adv.* **1** perversamente, diabólicamente. **2** endemoniadamente.
devil-may-care ['devlmeɪkeər] *adj.* despreocupado, viva la Virgen (actitud).
devilry ['devlrɪ] *s. i.* (p.u.) diablura.
devious ['diːvɪəs] *adj.* **1** taimado, engañoso (persona y conducta). **2** tortuoso (camino, carretera, etc.).
deviousness ['diːvɪəsnɪs] *s. i.* engaño.
devise [dɪ'vaɪz] *v. t.* idear, concebir; inventar (plan, máquina, método, etc.).
devoid [dɪ'vɔɪd] *adj.* (~ **of**) falto de; desprovisto de.
devolution [ˌdiːvə'luːʃn] *s. i.* POL. descentralización; transferencia de competencias (de autoridad desde el centro a la periferia o secciones administrativas menores).
devolve [dɪ'vɒlv] *v. t.* **1** transferir; pasar (una responsabilidad o similar). • *v. i.* **2** (**to** ~ **on/upon**) incumbir a, tocar a (alguien nuevo decidir).
devote [dɪ'vəut] *v. t.* (**to** ~ {**to**}) dedicar: *I devoted all my time to her = le dediqué todo mi tiempo a ella.*
devoted [dɪ'vəutɪd] *adj.* **1** (~ {**to**}) enamorado; leal, fiel. **2** continuado, intenso (en una actividad).
devotee [ˌdevəu'tiː] *s. c.* **1** REL. creyente, devoto. **2** (~ {**of**}) (fig.) entusiasta, fanático.
devotion [dɪ'vəuʃn] *s. i.* **1** (~ {**to**}) devoción, dedicación: *devotion to one's husband = dedicación al marido de una.* **2** REL. devoción. ◆ **3 devotions,** REL. oraciones, devociones personales.
devotional [dɪ'vəuʃənl] *adj.* REL. piadoso, devoto.
devour [dɪ'vauər] *v. t.* **1** devorar, comer. **2** (fig.) devorar (un libro o similar). ◆ **3 to be devoured by,** estar consumido por (emoción, sentimiento, etc.).
devouring [dɪ'vauərɪŋ] *adj.* absorbente, devorador (actividad, interés, etc.).
devout [dɪ'vaut] REL. *adj.* **1** devoto, piadoso. ◆ **2 the ~,** los devotos.
devoutly [dɪ'vautlɪ] *adv.* **1** REL. devotamente, piadosamente. **2** (form.) sinceramente.
devoutness [dɪ'vautnɪs] *s. i.* devoción.
dew [djuː] *s. i.* rocío.
dewlap ['djuːlæp] *s. c.* papada (de algunos animales).
dewy ['djuːɪ] *adj.* húmedo de rocío.
dewy-eyed [ˌdjuːɪ'aɪd] *adj.* inocente, ingenuo.
dexterity [dek'sterɪtɪ] *s. i.* destreza, maña.
dexterous ['dekstrəs] (también **dextrous**) *adj.* mañoso, diestro.
dexterously ['dekstrəslɪ] (también **dextrously**) *adv.* mañosamente, diestramente.
dextrose ['dekstrəus] *adj.* QUÍM. dextrosa.
diabetes [ˌdaɪə'biːtiːz] *s. i.* MED. diabetes.
diabetic [ˌdaɪə'betɪk] MED. *adj.* **1** diabético. • *s. c.* **2** diabético.
diabolic [ˌdaɪə'bɒlɪk] *adj.* **1** REL. del Diablo, diabólico. **2** (fam.) pésimo, espantoso.
diabolical [ˌdaɪə'bɒlɪkl] *adj.* (fam.) **1** diabólico, malísimo. **2** increíble (énfasis para expresar algo extremo o de mala calidad).
diabolically [ˌdaɪə'bɒlɪklɪ] *adv.* diabólicamente.
diadem ['daɪədem] *s. c.* diadema (con gemas en ella).

diagnose [ˌdaɪəgnəuz] *v. t.* diagnosticar (enfermedad o problema).
diagnosis [ˌdaɪəg'nəusɪs] (*pl.* **diagnoses**) *s. c.* e *i.* diagnóstico.
diagnostic [ˌdaɪəg'nɒstɪk] *adj.* de diagnóstico, para diagnóstico.
diagonal [daɪ'ægənl] GEOM. *adj.* **1** diagonal. • *s. c.* **2** diagonal.
diagonally [daɪ'ægənəlɪ] *adv.* diagonalmente.
diagram ['daɪəgræm] *s. c.* diagrama.
diagrammatic [ˌdaɪəgrə'mætɪk] *adj.* de diagrama, en forma de diagrama.
dial ['daɪəl] *v. t.* e *i.* **1** marcar (teléfono). • *s. c.* **2** esfera (de algunos aparatos). **3** mando, dial (de la radio). **4** disco, dial (de marcar el teléfono). ◆ **5 dialling code,** prefijo telefónico. **6 dialling tone,** tono de marcar. **7** ~ **tone,** (EE UU) tono de marcar.
dialect ['daɪəlekt] *s. c.* dialecto.
dialectic [ˌdaɪə'lektɪk] *s. sing.* **1** FIL. dialéctica. **2** dialéctica, juego dialéctico, tensión dialéctica. ◆ **3 dialectics,** FIL. dialéctica (como disciplina).
dialectical [ˌdaɪə'lektɪkl] *adj.* FIL. dialéctico.
dialogue ['daɪəlɒg] (en EE UU **dialog**) *s. c.* e *i.* **1** diálogo. • *s. c.* **2** conversación, diálogo.
dialysis [daɪ'ælɪsɪs] *s. i.* diálisis.
diameter [daɪ'æmɪtər] *s. c.* GEOM. diámetro.
diametrically [ˌdaɪə'metrɪklɪ] *adv.* diametralmente (oposición).
diamond ['daɪəmənd] *s. c.* **1** diamante. **2** GEOM. rombo. ◆ **3** ~ **jubilee,** sexagésimo aniversario (de algún acontecimiento). **4 diamonds, a)** joyas (con diamantes). **b)** diamantes (en una baraja). **5** ~ **wedding,** bodas de diamante, sexagésimo aniversario de boda.
diaper ['daɪəpər] *s. c.* (EE UU) pañal.
diaphanous [daɪ'æfənəs] *adj.* transparente, diáfano.
diaphragm ['daɪəfræm] *s. c.* **1** ANAT. diafragma. **2** diafragma (anticonceptivo).
diarist ['daɪərɪst] *s. c.* diarista, escritor de diario.
diarrhoea [ˌdaɪə'rɪə] (en EE UU **diarrhea**) *s. i.* MED. diarrea.
diary ['daɪərɪ] *s. c.* **1** diario. ◆ **2 to keep a** ~, llevar un diario, escribir un diario.
diaspora [daɪ'æspərə] *s. sing.* (form.) diáspora.
diatribe ['daɪətraɪb] *s. c.* diatriba.
dice [daɪs] (*pl.* **dice**) *s. c.* **1** dado. • *s. i.* **2** dados (juego). • *v. t.* **3** trocear en cubitos (carne). ◆ **4 to** ~ **with death,** jugar con la muerte.
diced [daɪsd] *adj.* troceado en cubitos.
dicey ['daɪsɪ] *adj.* (fam.) peligroso; incierto.
dichotomy [daɪ'kɒtəmɪ] *s. c.* (form.) dicotomía.
dick [dɪk] *s. c.* **1** (fam. y vulg.) picha, polla. **2** (EE UU) (fam. y p.u) polizonte, detective.
dickens ['dɪkɪns]*s. i.* **the dickens,** (brit.) (fam. y p.u.) porras, diantre (en expresiones con **what, where,** etc.): *what the dickens are you looking at? = ¿qué porras estás mirando?*
Dickensian [dɪ'kenzɪən] *adj.* dickensiano, de Dickens.
dicky ['dɪkɪ] *s. c.* **1** pechera, peto. • *adj.* **2** (fam.) debilucho.
dicky-bird ['dɪkɪbɜːd] *s. c.* **1** pajarito (lenguaje para niños). ◆ **2 not to say a** ~, (fam.) no decir ni pío.
dictate [dɪk'teɪt] *v. t.* **1** dictar (una carta o similar). **2** mandar, dictar, ordenar. • *v. i.* **3** (**to** ~ **to**) ordenar a, dar órdenes a. • ['dɪkteɪt] *s. c.* **4** orden, precepto, mandato. **5** dictado (de la conciencia o similar).
dictation [dɪk'teɪʃn] *s. c.* e *i.* **1** dictado. ◆ **2 to take** ~, escribir al dictado.
dictator [dɪk'teɪtər] *s. c.* **1** POL. dictador. **2** (fig.) tirano, dictador.
dictatorial [ˌdɪktə'tɔːrɪəl] *adj.* **1** POL. dictatorial. **2** (fig.) dictatorial, despótico, tiránico.
dictatorship [dɪk'teɪtəʃɪp] POL. *s. c.* e *i.* dictadura.
diction ['dɪkʃn] *s. i.* dicción (claridad de sonido).
dictionary ['dɪkʃənrɪ] *s. c.* diccionario (de un idioma o especialidad).
dictum ['dɪktəm] (*pl.* **dictums/dicta**) *s. c.* **1** máxima: *a wise dictum = una máxima sabia.* **2** declaración, exhortación (de alguien en autoridad). ◆ **3** DER. dictamen.
did [dɪd] *pret.* de **do.**
didactic [dɪ'dæktɪk] *adj.* didáctico.
didactically [dɪ'dæktɪklɪ] *adv.* didácticamente.
diddle ['dɪdl] *v. t.* (brit.) (fam.) estafar, engañar.
didn't ['dɪdənt] *contr.* de **did** y **not.**
die [daɪ] (*ger.* **dying**) *v. i.* **1** morir. **2** apagarse, apagarse poco a poco (una máquina, un fuego, un sentimiento, etc.). • *v. t.* **3** sufrir, morir de: *he died a horrible death = sufrió una muerte horrible.* • *s. c.* **4** MEC. troquel, molde. ◆ **5 to be dying,** estarse muriendo, estar en las últimas. **6 to be dying for,** (fam.) morirse (de ganas) por, estar deseando tomar/beber/etc.: *I'm dying for a glass of beer = estoy deseando tomar un vaso de cerveza.* **7 to be dying of,** (fam.) estar muriéndose de (sed, hambre, etc.). **8 to be dying to** (+ *inf.*), (fam.) estar deseando, morirse (de ganas) por: *I'm dying to know what happened = estoy deseando saber qué pasó.* **9 to** ~ **away,** apagarse, ir desapareciendo (ruidos o sonidos). **10 to** ~ **back,** ponerse mustia, caer la hoja (de una planta). **11 to** ~ **down,** amainar (viento, tormenta); remitir (la polémica, el rencor); debilitarse, apagarse (el sonido, el fuego): *the storm has died down = la tormenta se ha debilitado.* **12 to** ~ **hard,** aguantar, resistir, perdurar (ideas, tradiciones, costumbres, etc.). **13 to** ~ **in harness,** morir trabajando. **14 to** ~ **in one's bed,** morir en la cama, morir de viejo, morir de manera natural. **15 to** ~ **laughing,** (fam.) morirse de risa. **16 to** ~ **like flies,** morir como moscas. **17 to** ~ **off,** irse muriendo, morir uno a uno: *all my friends have died off = todos mis amigos se han ido muriendo.* **18 to** ~ **out,** desaparecer gradualmente, extinguirse. **19 I/you/ etc. nearly died/could have died,** (fam.) era para morirse (de sorpresa, horror, vergüenza, etc.). **20 the** ~ **is cast,** la suerte está echada.
diehard ['daɪhɑːd] *s. c.* reaccionario, intransigente, inmovilista.
diesel ['diːzl] *s. i.* **1** gasoil, gasóleo. • *s. c.* **2** coche diésel, vehículo diésel. ◆ **3** ~ **engine,** MEC. motor diésel. **4** ~ **oil,** gasoil, gasóleo.
diet ['daɪət] *s. c.* **1** dieta (comida habitual). **2** dieta, régimen, régimen alimenticio. **3** (fig.) ración: *the usual diet of stupid ideas = la ración habitual de estupideces.* • *v. i.* **4** estar a dieta/régimen. • *adj.* **5** de dieta, dietético, de régimen; bajo en calorías (bebida, alimento). ◆ **6 to be on a** ~, estar a dieta, estar a régimen. **7 to go on a** ~, ponerse a dieta, comenzar una dieta. **8 to put somebody on a** ~, poner a régimen a alguien.
dietary ['daɪətərɪ] *adj.* alimenticio, dietético.
dietetics [ˌdaɪə'tetɪks] *s. i.* dietética (como ciencia).
dietician [ˌdaɪə'tɪʃn] (también **dietitian**) *s. c.* dietista, experto en dietética.
differ ['dɪfər] *v. i.* **1** (**to** ~ {**from**}) diferir, ser diferente (de). **2** disentir, discrepar. ◆ **3 to agree to** ~, respetar las diferencias, estar de acuerdo en discrepar. **4 I beg to** ~, (form.) siento no estar de acuerdo, siento discrepar.
difference ['dɪfrəns] *s. c.* e *i.* **1** diferencia, disimilitud, desemejanza. • *s. c.* **2** diferencia (de opinión), discrepancia. • *s. sing.* **3** (~ {**between**}) diferencia (numérica) (entre). ◆ **4 to make all the** ~, significar mucho, ayudar mucho: *your help makes all the difference = tu ayuda significa mucho.* **5 to make no** ~**/not to make any** ~, no tener importancia, dar lo mismo. **6 to split the** ~, partir la diferencia, dividir la diferencia (en una transacción). **7 with a** ~, distinto, no como los demás, con un toque especial: *she's a doctor with a difference = es una doctora distinta.*
different ['dɪfrənt] *adj.* **1** (~ {**from/to**}) diferente, distinto (de/a). **2** diferente, original.
differential [ˌdɪfə'renʃl] *s. c.* **1** MAT. diferencial. **2** (brit.) diferencial de sueldo (en una misma empresa por distinto tipo de trabajo). **3** COM. y ECON. diferencial. **4** MEC. diferencial. • *adj.* **5** COM. y ECON. diferencial; MEC. del diferencial.
differentiate [ˌdɪfə'renʃɪeɪt] *v. t.* **1** (**to** ~ {**from**}) diferenciar, distinguir. • *v. i.* **2** (**to** ~ **between**) distinguir entre.
differentiation [ˌdɪfərenʃɪ'eɪʃn] *s. i.* diferenciación.
differently ['dɪfrəntlɪ] *adv.* de modo distinto, de modo diferente.

difficult ['dɪfɪkəlt] *adj.* **1** difícil. **2** terco, obstinado, difícil: *don't be so difficult = no seas tan terco.*
difficulty ['dɪfɪkəltɪ] *s. c.* e *i.* **1** dificultad. ◆ **2 to have/find ~,** tener dificultad, encontrar difícil. **3 in ~/in difficulties,** con problemas (de todo tipo). **4 with ~,** con dificultad.
diffidence ['dɪfɪdəns] *s. i.* reserva, timidez.
diffident ['dɪfɪdənt] *adj.* reservado, tímido.
diffidently ['dɪfɪdəntlɪ] *adv.* reservadamente, tímidamente.
diffuse [dɪ'fjuːz] *v. t.* **1** esparcir, difundir (luz). **2** difundir, propagar (información, conocimientos, etc.). ● *v. i.* **3** esparcirse, difundirse (luz). **4** difundirse, propagarse (información, conocimientos, etc.). **5** diluirse, disolverse (un líquido o un gas). ● [dɪ'fjuːs] *adj.* **6** impreciso, vago, difuso. **7** esparcido, difuso (luz). **8** descentralizado (organización).
diffusion [dɪ'fjuːʒn] *s. i.* **1** difusión, propagación (de información, conocimientos, etc.). **2** disolución (de un líquido o un gas).
dig [dɪg] (*ger.* **digging,** *pret.* y *p. p.* **dug**) *v. t.* **1** cavar, excavar. **2** (fig.) meter, hundir (con cierta fuerza una cosa dentro de otra): *I dug my elbow into his side = le metí el codo en el costado.* **3** (fam. y p.u.) comprender, captar; coger. ● *v. i.* **4** cavar. **5** (**to ~ into**) clavarse en, hundirse en: *the buckle is digging into my neck = la hebilla se me clava en el cuello.* **6** (**to ~ {into}**) buscar, rebuscar, hurgar (en un sitio). ● *s. c.* **7** (fam.) indirecta. **8** golpe, toque fuerte. **9** excavación arqueológica. ● *s. sing.* trabajo de cavar (en el jardín normalmente): *this garden needs a dig = en este jardín hay que cavar.* ◆ **10 to ~ at,** tirar una indirecta a. **11 to ~ in,** (brit.) (fam.) comer, jamar. **12 to ~ something into/in,** mezclar algo con (la tierra). **13 to ~ oneself in,** MIL. atrincherarse. **14 to ~ one's heels in,** ⇒ **heel. 15 to ~ out, a)** sacar (con cierta dificultad). **b)** descubrir, desentrañar, sacar a la luz. **16 digs,** (brit.) alojamiento, pensión. **17 to ~ up, a)** desenterrar. **b)** sacar a la luz, desenterrar (información, hechos, etc. antes ocultos).
digest [daɪ'dʒest] *v. t.* **1** digerir (comida). **2** (fig.) digerir, asimilar (información o similar). ● *s. c.* **3** compendio, resumen.
digestible [dɪ'dʒestəbl] *adj.* digerible (comida).
digestion [dɪ'dʒestʃən] *s. c.* e *i.* digestión.
digestive [dɪ'dʒestɪv] *adj.* digestivo.
digger ['dɪgər] *s. c.* excavadora (máquina).
digit ['dɪdʒɪt] *s. c.* **1** MAT. dígito. **2** (form.) dedo (de la mano o pie).
digital ['dɪdʒɪtl] *adj.* **1** digital (que muestra números). ◆ **2 ~ computer,** INF. ordenador digital, computadora digital. **3 ~ recording,** grabación digital.
digitize ['dɪdʒɪtaɪz] *v. t.* digitalizar.
dignified ['dɪgnɪfaɪd] *adj.* serio, circunspecto (persona); señorial (porte, aspecto).
dignify ['dɪgnɪfaɪ] *v. t.* **1** ennoblecer, dar un toque de distinción a. **2** dignificar (algo más de allá de lo merecido).
dignitary ['dɪgnɪtərɪ] *s. c.* dignatario (de alguna institución relevante).
dignity ['dɪgnɪtɪ] *s. i.* **1** dignidad, excelencia, señorío. ● *s. sing.* **2** dignidad personal: *my dignity doesn't allow me to dance like that = mi dignidad personal no me permite bailar así.* ◆ **3 beneath one's ~,** impropio de uno. **4 to stand on one's ~,** ponerse en su lugar, hacerse respetar.
digress [daɪ'gres] *v. i.* (**to ~ {from}**) apartarse (del tema), hacer una digresión.
digression [daɪ'greʃn] *s. c.* e *i.* digresión.
dike [daɪk] *s. c.* ⇒ **dyke.**
dilapidated [dɪ'læpɪdeɪtɪd] *adj.* ruinoso, (edificio o similar).
dilate [daɪ'leɪt] *v. t.* **1** dilatar (ojos). ● *v. i.* **2** dilatarse.
dilated [daɪ'leɪtɪd] *adj.* dilatado (ojos).
dilatory ['dɪlətərɪ] *adj.* (form.) tardo, remiso.
dilemma [dɪ'lemə] *s. c.* **1** dilema. ◆ **2 on the horns of a ~,** ⇒ **horn.**
dilettante [ˌdɪlɪ'tæntɪ] (*pl.* **dilettantes/ dilettanti**) *s. c.* (desp.) diletante, aficionado.
diligence ['dɪlɪdʒəns] *s. i.* diligencia, esmero.
diligent ['dɪlɪdʒənt] *adj.* diligente, esmerado.
diligently ['dɪlɪdʒəntlɪ] *adv.* diligentemente, con esmero.
dill [dɪl] *s. i.* BOT. eneldo.
dilly-dally ['dɪlɪdælɪ] *v. i.* (fam.) perder el tiempo, estar mano sobre mano.
dilute [daɪ'ljuːt] *v. t.* **1** diluir; aguar (con agua). **2** (fig.) adulterar, debilitar (principios, creencias, etc.). ● *adj.* **3** diluido; aguado.
dilution [daɪ'ljuːʃn] *s. i.* disolución; adulteración.
dim [dɪm] *adj.* **1** débil, tenue (luz). **2** indistinto, difuso, borroso (el objeto que se mira). **3** vago, confuso (pensamiento, recuerdo, etc.). **4** oscuro, negro (futuro). **5** (fam.) lerdo, tonto. **6** velado, empañado (ojos, mirada, etc.). ● *v. i.* **7** debilitarse, atenuarse (la luz). **8** desvanecerse, apagarse (emociones, pensamientos, recuerdos, etc.). ● *v. t.* **9** debilitar, atenuar (luz). **10** velar, empañar (la mirada): *tears dimmed my eyes = las lágrimas velaron mis ojos.* ◆ **11 to take a ~ view of,** ⇒ **view.**
dime [daɪm] *s. c.* moneda de 10 centavos (de dólar).
dimension [dɪ'menʃn] *s. c.* **1** dimensión, ángulo, aspecto. **2** GEOM. dimensión (espacial). ◆ **3 dimensions, a)** dimensiones, tamaño. **b)** extensión, dimensión: *the dimensions of the problem = la extensión del problema.* **4 fourth ~,** FÍS. cuarta dimensión (tiempo).
diminish [dɪ'mɪnɪʃ] *v. i.* **1** disminuir, decrecer, aminorarse. ● *v. t.* **2** disminuir, reducir, aminorar. **3** degradar, rebajar, empequeñecer (algo o alguien).
diminished [dɪ'mɪnɪʃt] *adj.* **1** disminuido, aminorado, debilitado. ◆ **2 ~ responsibility,** DER. responsabilidad atenuada(por trastorno psíquico).
diminishing [dɪ'mɪnɪʃɪŋ] *adj.* **1** decreciente, en declive, en descenso ◆ **2 ~ returns,** ECON. rendimiento decreciente.
diminution [ˌdɪmɪ'njuːʃn] *s. i.* (**~ {of/ in}**) disminución, reducción, merma (de/en).
diminutive [dɪ'mɪnjʊtɪv] *s. c.* **1** diminutivo. ● *adj.* **2** diminuto.
dimly ['dɪmlɪ] *adv.* **1** débilmente, de forma tenue (brillar). **2** vagamente, de forma confusa (recordar).
dimmer ['dɪmər] *s. c.* **1** regulador de (la intensidad de) luz. ◆ **2 ~ switch,** regulador de (la intensidad de) luz.
dimness ['dɪmnɪs] *s. i.* opacidad (luz).
dimple ['dɪmpl] *s. c.* hoyuelo (en la cara, especialmente al sonreír).
dimpled ['dɪmpld] *adj.* con hoyuelos (cara y otras superficies).
dimwit ['dɪmwɪt] *s. c.* (fam.) imbécil, bobo.
din [dɪn] *s. c.* **1** estruendo, ruido, follón. ◆ **2 to ~ into,** meter/enseñar a base de repetir, inculcar: *the teacher dinned the idea into the children = el profesor les metió la idea a los chicos a base de repetírsela.*
dine [daɪn] *v. i.* **1** (form.) cenar, almorzar. ◆ **2 to ~ in,** cenar en casa; almorzar en casa. **3 to ~ off/on,** (p.u.) tomar, comer: *they dined on horse meat = tomaron carne de caballo.* **4 to ~ out,** cenar fuera; almorzar fuera. **5 to ~ out on,** no parar de contar (el mismo chiste, la misma anécdota).
diner ['daɪnər] *s. c.* **1** comensal, cliente (en restaurante). **2** (EE UU) casa de comidas; mesón o parador de carretera. **3** vagón restaurante (en un tren).
ding-dong [ˌdɪŋ'dɒŋ] *s. c.* e *i.* **1** dindon, talán, talán (sonido onomatopéyico de campanas o similar). ● *adj.* **2** reñido (encuentro deportivo o similar). ● *s. sing.* **3** riña, pelea (ruidosa).
dinghy ['dɪŋgɪ] MAR. *s. c.* **1** esquife, bote: *sailing dinghy = bote de vela.* **2** lancha: *inflatable dinghy = lancha de rescate.*
dinginess ['dɪndʒɪnɪs] *s. i.* falta de lustre, suciedad (de ropa o tejido); oscuridad (de edificio).
dingo ['dɪŋgəʊ] (*pl.* **dingoes**) *s. c.* dingo (perro salvaje australiano).
dingy ['dɪŋdʒɪ] *adj* **1** sucio, deslustrado (ropa o tejido). **2** oscuro, sombrío (lugar o edificio).
dining-car ['daɪnɪŋkɑː] *s. c.* vagón restaurante (en un tren).

dining-room ['daɪnɪŋruːm] *s. c.* comedor (en casa o en un hotel).

dining-table ['daɪnɪŋteɪbl] *s. c.* mesa del comedor.

dinner ['dɪnər] *s. c.* e *i.* **1** comida principal (del día); almuerzo (a mediodía); cena (de noche). • *s. c.* **2** banquete, cena (de celebración social). **3** cena (reunión social de amigos).

dinner-dance ['dɪnədɑːns] *s. c.* cena con baile.

dinner-jacket ['dɪnədʒækɪt] *s. c.* esmoquin.

dinner-party ['dɪnəpɑːtɪ] *s. c.* cena, comida (como ocasión de reunión social).

dinner-service ['dɪnəsəːvɪs] *s. c.* vajilla.

dinner-table ['dɪnəteɪbl] *s. c.* mesa del comedor: *I don't want any squabbling at the dinner-table = nada de reñir en la mesa.*

dinnertime ['dɪnətaɪm] *s. i.* hora de la cena; hora de la comida.

dinosaur ['daɪnəsɔː] *s. c.* ZOOL. dinosaurio.

dint [dɪnt] *s. c.* **1** abolladura. ◆ **2 by ~ of,** a fuerza de, a base de.

diocesan [daɪ'ɒsɪsn] *adj.* REL. diocesano.

diocese ['daɪəsɪs] *s. c.* REL. diócesis.

dioxide [daɪ'ɒksaɪd] *s. c.* dióxido.

dip [dɪp] *v. t.* **1** mojar; meter (en un líquido). **2** bañar (animales en desinfectante). **3** (**to** ~ *o.d* + {**in/into**}) mojar en, humedecer en, meter en (en un líquido). *v. i.* **4** bajar, descender (carretera, terreno, avión, nivel, tasa). **5** (**to** ~ **in/into**) meter (la mano, cuchara, etc.) en, hurgar en: *they dipped into the pot with their spoons = metieron sus cucharas en la cacerola.* **6** (**to** ~ **in/into**) hojear, leer superficialmente (un libro). • *s. c.* **7** bajada, descenso (de un camino, de un avión, de un nivel). **8** chapuzón: *to go for a dip = darse un chapuzón.* **9** baño desinfectante (para animales). **10** GAST. salsa (para verduras crudas o galletas). ◆ **11 to ~ in,** empezar a servirse (comida); no tener remilgos (para servirse comida o similar). **12 to ~ into one's savings/purse/pocket,** rascarse el bolsillo; gastar dinero. **13 to ~ one's headlights,** (brit.) dar/poner las luces cortas.

diphtheria [dɪf'θɪərɪə] *s. i.* MED. difteria.

diphthong ['dɪfθɒŋ] *s. c.* FON. diptongo.

diploma [dɪ'pləumə] *s. c.* diploma.

diplomacy [di'pləuməsɪ] *s. i.* **1** diplomacia. **2** (fig.) tacto, diplomacia, discreción.

diplomat ['dɪpləmæt] *s. c.* **1** diplomático. **2** (fig.) diplomático, persona discreta.

diplomatic [ˌdɪplə'mætɪk] *adj.* **1** diplomático. **2** (fig.) diplomático, discreto. ◆ **3 ~ bag,** valija diplomática. **4 ~ corps,** cuerpo diplomático. **5 ~ immunity,** inmunidad diplomática. **6 ~ service,** servicio diplomático.

diplomatically [ˌdɪplə'mætɪklɪ] *adv.* diplomáticamente, discretamente.

dipper ['dɪpər] *s. c.* cazo.

dipping ['dɪpɪŋ] *s. i.* desinfección (de animales).

dipstick ['dɪpstɪk] *s. c.* varilla del (nivel de) aceite.

dire ['daɪər] *adj.* **1** horrendo, calamitoso, fatal (enfatizando lo serio de una situación): *I'm in a dire situation = estoy en una situación fatal.* **2 ~ straits,** situación difícil; posición insostenible.

direct [dɪ'rekt] *adj.* **1** directo, derecho, recto. **2** inmediato, directo (acción). **3** claro, inequívoco, directo (sin duda alguna): *direct answer = contestación inequívoca.* **4** directo, franco, abierto, sincero (cualidad personal). **5** directo, pleno (luz, rayos del sol, calor, etc.): *in direct sunlight = a pleno sol.* **6** directo (descendiente de alguien). • *adv.* **7** directamente: *I'll go to London direct = iré a Londres directamente.* • *v. t.* **8** dirigir, encabezar (un proyecto, un equipo de personas, etc.). **9** dirigir (película o similar). **10** (**to** ~ + *o.* + *inf.*) (form.) ordenar, mandar. **11** (**to** ~ + *o.* + {**to**}) señalar o indicar el camino (a). **12** (**to** ~ *o.* + {**at/to/towards**}) **a)** dirigir (a) (una carta, un paquete); **b)** dirigir (a) (la atención, los esfuerzos); **c)** dirigir (a) (la mirada, una pregunta). ◆ **13 ~ action,** acción directa (especialmente huelgas o similar). **14 ~ current,** ELEC. corriente continua. **15 ~ hit,** blanco, impacto de lleno, impacto directo. **16 ~ object,** GRAM. complemento directo. **17 ~ rule,** POL. gobierno centralizado; gobierno central (cuando antes se tenía algo de autonomía): *Northern Ireland was under direct rule from London = Irlanda del Norte estaba bajo el gobierno central de Londres.* **18 ~ tax,** ECON. impuesto directo. **19 ~ taxation,** ECON. impuestos directos.

direction [dɪ'rekʃn] *s. c.* **1** dirección, trayectoria, sentido. **2** dirección, orientación (de la economía, de las leyes, de la educación, etc.). **3** dirección, supervisión (de una institución, entidad, proyecto, etc.). **4** dirección (de una película, obra de teatro o similar). ◆ **5 directions, a)** instrucciones (para hacer algo). **b)** indicaciones (para llegar a un lugar): *she asked for directions to get to the museum =pidió que le indicaran cómo llegar al museo.* **6 sense of ~,** sentido de la orientación (espacial).

directional [dɪ'rekʃənl] *adj.* **1** TEC. direccional, que marca la dirección. **2** RAD. direccional, de orientación (según la orientación recibe señales mejor o no).

directive [dɪ'rektɪv] *s. c.* directiva.

directly [dɪ'rektlɪ, daɪ'rektlɪ] *adv.* **1** directamente, justo: *directly under = justo debajo.* **2** inmediatamente, en seguida: *I'll be with you directly = le atenderé en seguida.* **3** directamente: *go directly to the headmaster = ve directamente al director.* **4** francamente, sinceramente. • *conj.* **5** inmediatamente que, tan pronto como, en cuanto.

directness [dɪ'rektnɪs] *s. i.* franqueza, sinceridad.

director [dɪ'rektər, daɪ'rektər] *s. c.* **1** director (de cualquier organización). **2** consejero (de una empresa). **3** director (de cine, teatro o similar). ◆ **4 Director of Public Prosecutions,** POL. Fiscal General del Estado.

directorate [dɪ'rektərət] *s. c.* **1** directiva (de una empresa). **2** dirección general (de la administración).

director-general [dɪˌrektə'dʒenrəl] (*pl.* **director-generals** o **directors-general**) *s. c.* director general (de una gran organización).

directorial [dɪrək'tɔːrɪəl] *adj.* de director.

directorship [dɪ'rektəʃɪp] *s. c.* dirección, cargo de director.

directory [dɪ'rektərɪ] *s. c.* **1** guía (de teléfonos); directorio (de empresas o similar). ◆ **2 ~ enquiries,** servicio de información telefónica.

dirge [dəːdʒ] *s. c.* endecha, canto fúnebre.

dirigible ['dɪrɪdʒəbl] *s. c.* AER. dirigible.

dirt [dəːt] *s. i.* **1** suciedad, mugre. **2** tierra, polvo (en su aspecto sucio). **3** excremento (de animales). • *s. sing.* **4** (fam.) escándalo, trapos sucios. ◆ **5 as common/cheap as ~,** ordinario, vulgar. **6 ~ farmer,** (EE UU) labrador sin asalariados (que cultiva su propia tierra solo). **7 ~ road,** (EE UU) carretera o camino de tierra. **8 ~ track,** carretera o camino de tierra. **9 to fling/throw ~ at,** lanzar denuestos contra, insultar asquerosamente a. **10 to treat somebody like ~,** tratar a alguien muy mal, tratar a alguien como si fuera basura.

dirt-cheap [ˌdəːt'tʃiːp] *adj.* y *adv.* (fam.) tirado, baratísimo.

dirty ['dəːtɪ] *adj.* **1** sucio, mugriento. **2** sucio, asqueroso, infame (acción, jugada, etc.). **3** indecente, obsceno (lenguaje); pornográfico (fotos, películas); verde (chiste). **4** (fam.) rencorosa, malévola (mirada). **5** grisáceo, sucio (para colores). **6** desapacible, lluvioso (tiempo). • *v. t.* **7** ensuciar, manchar. ◆ **8 a ~ word, a)** palabrota, taco, obscenidad. **b)** (fig.) tabú, algo que no se quiere oír: *David has become a dirty word for her = David se ha convertido en un tabú para ella.* **9 ~ old man,** (fam.) viejo verde. **10 ~ weekend,** (fam.) fin de semana dedicado al sexo. **11 to do somebody's ~ work,** hacerle el trabajo sucio a alguien. **12 to do the ~ on,** (brit.) (fam.) jugarle una mala pasada a.

disability [ˌdɪsə'bɪlɪtɪ] *s. c.* discapacidad, minusvalía (de todo tipo).

disable [dɪs'eɪbl] *v. t.* dejar inválido a, incapacitar (mentalmente, físicamente, etc.).

disabled [dɪs'eɪbəld] *adj.* **1** minusválido, discapacitado. ◆ **2 the ~,** los discapacitados, los minusválidos.

disablement [dɪs'eɪbəlmənt] *s. i.* incapacitación.
disabuse [ˌdɪsə'bjuːz] *v. t.* (to ~ + *o.* + {of}) (form.) desengañar (de), sacar del error (de).
disadvantage [ˌdɪsəd'vɑːntɪdʒ] *s. c.* **1** desventaja. ◆ **2 at a ~,** en desventaja. **3 to be/work to one's ~,** ir en contra de uno, ser una desventaja para uno. **4 to put one at a ~,** ponerle a uno en desventaja.
disadvantaged [ˌdɪsəd'vɑːntɪdʒd] *adj.* desfavorecidos: *disadvantaged families = familias desfavorecidas.*
disadvantageous [ˌdɪsædvɑːn'teɪdʒəs] *adj.* (~ {to}) desventajoso, desfavorable.
disaffected [ˌdɪsə'fektɪd] *adj.* desafecto (a alguna causa).
disaffection [ˌdɪsə'fekʃn] *s. i.* rebeldía; deslealtad (a alguna causa).
disagree [ˌdɪsə'griː] *v. i.* **1** (to ~ {with/about/over}) estar en desacuerdo (con/sobre), disentir (de/en), discrepar (de/en). **2** (to ~ {with}) no casar (con) (cantidades, balances, versiones, etc.): *the two stories disagree = las dos historias no casan.* **3** (to ~ {with}) oponerse (a). **4** (to ~ {with}) (fam.) sentar mal, caer mal (a) (comida o bebida).
disagreeable [ˌdɪsə'griːəbl] *adj.* desagradable (algo o alguien).
disagreeably [ˌdɪsə'griːəblɪ] *adv.* desagradablemente.
disagreement [ˌdɪsə'griːmənt] *s. c.* **1** desacuerdo. ● *s. i.* **2** desacuerdo, disconformidad, falta de acuerdo. ● *s. c.* e *i.* **3** discordancia (en cifras o similar). ◆ **4 in ~,** en desacuerdo.
disallow [ˌdɪsə'laʊ] *v. t.* anular (gol); rechazar (dictamen, informe, etc.).
disappear [ˌdɪsə'pɪər] *v. i.* **1** desaparecer, perderse de vista. **2** extinguirse, desaparecer (vida, instituciones, acuerdos, etc.).
disappearance [ˌdɪsə'pɪərəns] *s. c.* e *i.* **1** desaparición (de personas). **2** pérdida, desaparición (de cosas). **3** extinción, desaparición (de especie, animal, objeto, etc.).
disappoint [ˌdɪsə'pɔɪnt] *v. t.* decepcionar, defraudar; desilusionar.
disappointed [ˌdɪsə'pɔɪntɪd] *adj.* (~ {in/with/at}/ + *inf.*) decepcionado, desilusionado (con/por): *I was very disappointed at his failure = quedé muy decepcionado por su fracaso.*
disappointing [ˌdɪsə'pɔɪntɪŋ] *adj.* decepcionante.
disappointingly [ˌdɪsə'pɔɪntɪŋlɪ] *adv.* decepcionantemente.
disappointment [ˌdɪsə'pɔɪntmənt] *s. c.* e *i.* desilusión, decepción (cosa o persona): *he was a great disappointment = él significó una gran decepción.*
disapproval [ˌdɪsə'pruːvl] *s. i.* (~ {of}) desaprobación (de).
disapprove [ˌdɪsə'pruːv] *v. i.* (to ~ of) desaprobar.
disapproving [ˌdɪsə'pruːvɪŋ] *adj.* con desaprobación, desaprobatorio.
disapprovingly [ˌdɪsə'pruːvɪŋlɪ] *adv.* de manera desaprobatoria.
disarm [dɪs'ɑːm] *v. t.* **1** desarmar, quitar las armas a. **2** (fig.) neutralizar (críticas). **3** apaciguar, desarmar (a alguien enfadado o similar). ● *v. i.* **4** desarmarse (especialmente un país).
disarmament [dɪs'ɑːməmənt] *s. i.* desarme.
disarmer [dɪs'ɑːmər] *s. c.* pacifista, partidario del desarme.
disarming [dɪs'ɑːmɪŋ] *adj.* apaciguador, cautivador.
disarmingly [dɪs'ɑːmɪŋlɪ] *adv.* apaciguadoramente, cautivadoramente.
disarrange [ˌdɪsə'reɪndʒ] *v. t.* desarreglar, desbaratar (planes); desordenar (cosas ordenadas, etc.).
disarray [ˌdɪsə'reɪ] *s. i.* **1** desorden, confusión; desaliño. ◆ **2 in ~, a)** desorganizado (un ejército, empresa, etc.). **b)** desaliñado (ropa); despeinado (pelo).
disassociate [ˌdɪsə'səʊʃɪeɪt] *v. pron.* (to ~ oneself {from}) desvincularse, separarse (de).
disaster [dɪ'zɑːstər] *s. c.* **1** desastre, catástrofe (natural). **2** (fig.) desastre. ◆ **3 ~ area,** zona catastrófica.
disastrous [dɪ'zɑːstrəs] *adj.* catastrófico, calamitoso, desastroso.
disastrously [dɪ'zɑːstrəslɪ] *adv.* catastróficamente, calamitosamente, desastrosamente.
disavow [ˌdɪsə'vaʊ] *v. t.* (form.) desautorizar; repudiar.
disband [dɪs'bænd] *v. t.* **1** disolver (organización, institución, etc.). ● *v. i.* **2** disolverse.
disbelief [ˌdɪsbɪ'liːf] *s. i.* incredulidad; escepticismo.
disbelieve [ˌdɪsbɪ'liːv] *v. t.* **1** no creer en, desconfiar de. ● *v. i.* **2** (to ~ in) no creer en.
disburse [dɪs'bɜːs] *v. t.* (form.) desembolsar (dinero).
disbursement [dɪs'bɜːsmənt] *s. c.* e *i.* (form.) desembolso (de dinero).
disc [dɪsk] (en EE UU **disk**) *s. c.* **1** disco (cualquier objeto con esa forma). **2** ANAT. disco (de la columna). **3** MÚS. disco. ◆ **4 ~ brake,** freno de disco. **5 ~ jockey,** pinchadiscos, disc jockey.
discard [dɪ'skɑːd] *v. t.* **1** descartar, desechar (posibilidad). **2** tirar (lo que no se quiere).
discarded [dɪ'skɑːdɪd] *adj.* **1** descartado, desechado (posibilidad), tirado (lo que no se quiere): *discarded food = comida tirada.*
discern [dɪ'sɜːn] *v. t.* **1** discernir, darse cuenta de. **2** (form.) distinguir (con la vista).
discernible [dɪ'sɜːnɪbl] *adj.* perceptible, visible.
discernibly [dɪ'sɜːnɪblɪ] *adv.* perceptiblemente, visiblemente.
discerning [dɪ'sɜːnɪŋ] *adj.* entendido, de gusto refinado, exigente.
discernment [dɪ'sɜːnmənt] *s. i.* discernimiento, buen gusto, exigencia.
discharge [dɪs'tʃɑːdʒ] *v. t.* **1** licenciar (del ejército); dar el alta a (médico); poner en libertad a (un preso). **2** (normalmente pasiva) despedir (del trabajo). **3** (p.u.) disparar. **4** pagar, saldar, cancelar (deuda). **5** descargar (mercancías, contenido); verter (residuos); emitir (gases): *the big trawlers discharged tons of fish = los grandes barcos de pesca descargaron toneladas de pescado.* **6** (form.) desempeñar, ejecutar (tareas, responsabilidades, etc.). ● *s. c.* e *i.* **7** MED. secreción. **8** (form.) vertido, descarga (de algún líquido o sustancia). **9** (~ {from}) alta (médica); puesta en libertad (de un preso); licenciamiento (del ejército). **10** (form.) despido (del trabajo). **11** (form.) desempeño (de tareas). **12** ELEC. descarga.
disciple [dɪ'saɪpl] *s. c.* discípulo.
disciplinarian [ˌdɪsɪplɪ'neərɪən] *s. c.* autoritario, partidario de la disciplina férrea.
disciplinary ['dɪsɪplɪnərɪ] *adj.* disciplinario.
discipline ['dɪsɪplɪn] *s. c.* e *i.* **1** disciplina. ● *s. c.* **2** disciplina (de estudio). ● *v. t.* **3** disciplinar. ● *v. pron.* **4** disciplinarse.
disciplined ['dɪsɪplɪnd] *adj.* **1** disciplinado.
disclaim [dɪs'kleɪm] *v. t.* rechazar (responsabilidades, planes, informaciones, etc.).
disclaimer [dɪs'kleɪmər] *s. c.* declaración de rechazo.
disclose [dɪs'kləʊz] *v. t.* revelar, descubrir (información secreta u objeto tapado).
disclosure [dɪs'kləʊʒər] *s. i.* **1** revelación (de información). ● *s. c.* **2** información, revelación.
disco ['dɪskəʊ] *s. c.* discoteca.
discography [dis'kɒgrəfiː] *s. c.* discografía.
discoloration [ˌdɪskʌlə'reɪʃn] *s. i.* descoloramiento.
discolour [dɪs'kʌlər] (en EE UU **discolor**) *v. t.* **1** descolorar. ● *v. i.* **2** descolorarse.
discoloured [dɪs'kʌləd] (en EE UU **discolored**) *adj.* descolorido.
discomfit [dɪs'kʌmfɪt] *v. t.* (normalmente pasiva) (lit.) desconcertar, turbar.
discomfiture [dɪs'kʌmfɪtʃər] *s. i.* (lit.) turbación, desconcierto.
discomfort [dɪs'kʌmfət] *s. i.* **1** malestar, molestia (física). **2** incomodidad, inquietud. ● *s. c.* **3** incomodidad, falta de comodidad.
disconcert [ˌdɪskən'sɜːt] *v. t.* turbar, incomodar, desconcertar.
disconcerting [ˌdɪskən'sɜːtɪŋ] *adj.* turbador, desconcertante.
disconcertingly [ˌdɪskən'sɜːtɪŋlɪ] *adv.* turbadoramente, desconcertantemente.
disconnect [ˌdɪskə'nekt] *v. t.* **1** (to ~ + *o.* + {from}) separar, desunir (objetos). **2** desconectar, apagar (aparato). **3** cortar (luz, teléfono, etc.), cortar la línea/el suministro a (una persona).
disconnected [ˌdɪskə'nektɪd] *adj.* inconexo, incoherente, deslavazado (forma de hablar).

disconsolate [dɪs'kɒnsəlɪt] *adj.* desconsolado, desolado, inconsolable.

disconsolately [dɪs'kɒnsəlɪtlɪ] *adv.* desconsoladamente, desoladamente, inconsolablemente.

discontent [ˌdɪskən'tent] *s. i.* **1** descontento, insatisfacción. ♦ **2 discontents,** (form.) agravios.

discontented [ˌdɪskən'tentɪd] *adj.* (~ {**with**}) descontento, insatisfecho (con).

discontentedly [ˌdɪskən'tentɪdlɪ] *adv.* con descontento, sin satisfacción.

discontinue [ˌdɪskən'tɪnjuː] *v. t.* suspender, interrumpir, anular (proceso, tratamiento); dejar de fabricar (un producto).

discontinuity [ˌdɪskɒntɪ'njuːɪtɪ] *s. i.* y *c.* discontinuidad; interrupción (en un proceso o similar).

discontinuous [ˌdɪskən'tɪnjuəs] *adj.* interrumpido, con interrupciones.

discord ['dɪskɔːd] *s. i.* **1** discordia, desacuerdo, desavenencia. • *s. c.* **2** MÚS. disonancia.

discordant [dɪ'skɔːdənt] *adj.* **1** discordante, discrepante. **2** MÚS. disonante.

discotheque ['dɪskətek] *s. c.* discoteca. ⇒ **disco.**

discount ['dɪskaunt] *s. c.* **1** descuento, rebaja. • *v. t.* **2** descontar, rebajar (un porcentaje de un precio). **3** [dɪs'kaunt] desestimar, descartar (una idea, teoría, etc.). ♦ **4** ~ **store,** tienda de saldos.

discourage [dɪ'skʌrɪdʒ] *v. t.* **1** desanimar. **2** (**to** ~ + *o.* + {**from**}) disuadir.

discouraged [dɪ'skʌrɪdʒt] *adj.* desanimado.

discouragement [dɪ'skʌrɪdʒmənt] *s. i.* **1** desánimo, desaliento. • *s. c.* **2** disuasión; estorbo.

discouraging [dɪ'skʌrɪdʒɪŋ] *adj.* desalentador, descorazonador.

discourse ['dɪskɔːs] *s. c.* **1** (form.) disquisición; disertación. • *s. i.* **2** discurso. • *v. i.* **3** (**to** ~ {**on**}) (form.) disertar (sobre).

discourteous [dɪs'kəːtɪəs] *adj.* (form.) descortés, desatento, grosero.

discourteously [dɪs'kəːtɪəslɪ] *adv.* (form.) de manera descortés, groseramente.

discourtesy [dɪs'kəːtɪsɪ] *s. i.* (form.) descortesía, desatención, grosería.

discover [dɪs'kʌvər] *v. t.* descubrir.

discoverer [dɪs'kʌvərər] *s. c.* (~ {**of**}) descubridor; inventor.

discovery [dɪs'kʌvərɪ] *s. c.* e *i.* **1** descubrimiento. **2** hallazgo, descubrimiento. **3** revelación, descubrimiento (de talento en las artes).

discredit [dɪs'kredɪt] *v. t.* **1** desacreditar, desprestigiar. **2** cuestionar (ideas, creencias, etc.). • *s. i.* **3** descrédito: *you have brought discredit on our profession = has desacreditado a la profesión.* ♦ **4 to one's** ~**,** para descrédito de uno, para desprestigio de uno.

discredited [dɪs'kredɪtɪd] *adj.* **1** desacreditado, desprestigiado. **2** cuestionado, puesto en duda.

discreditable [dɪs'kredɪtəbl] *adj.* (form. y desp.) vergonzoso, deshonroso.

discreet [dɪ'skriːt] *adj.* **1** discreto, prudente (persona). **2** discreto (colores, diseño).

discreetly [dɪ'skriːtliː] *adv.* discretamente.

discrepancy [dɪ'skrepənsiː] *s. c.* (~ {**between/in**}) discrepancia (entre/en).

discrete [dɪ'skriːt] *adj.* individual, discreto.

discretion [dɪ'skreʃn] *s. i.* **1** discreción, tacto. **2** arbitrio, albedrío. ♦ **3 at the** ~ **of,** a juicio de, según el deseo de.

discretionary [dɪ'skreʃənərɪ] *adj.* discrecional.

discriminate [dɪ'skrɪmɪneɪt] *v. i.* **1** (**to** ~ {**between/among**}) (form.) distinguir (entre). **2** (**to** ~ {**against/in favour of**}) discriminar (a/a favor de), hacer discriminación (contra/a favor de).

discriminating [dɪ'skrɪmɪneɪtɪŋ] *adj.* entendido, exigente, que muestra buen gusto.

discrimination [dɪˌskrɪmɪ'neɪʃn] *s. i.* **1** (desp.) discriminación. **2** diferenciación, distinción (entre dos cosas). **3** buen gusto; exigencia de calidad.

discriminatory [dɪ'skrɪmɪnətərɪ] *adj.* discriminatorio.

discursive [dɪ'skəːsɪv] *adj.* (form.) digresivo, divagante.

discus ['dɪskəs] DEP. *s. c.* **1** disco (objeto). • *s. sing.* **2** disco (acontecimiento deportivo).

discuss [dɪ'skʌs] *v. t.* discutir, tratar (por palabra o escrito).

discussion [dɪ'skʌʃn] *s. c.* e *i.* **1** debate, discusión. ♦ **2 under** ~**,** siendo discutido, siendo debatido.

disdain [dɪs'deɪn] *s. i.* **1** (~ {**for**}) desprecio, desdén, menosprecio (por). • *v. t.* **2** despreciar, desdeñar.

disdainful [dɪs'deɪnfl] *adj.* (~ {**of**}) desdeñoso.

disdainfully [dɪs'deɪnfəlɪ] *adv.* desdeñosamente.

disease [dɪ'ziːz] *s. c.* e *i.* enfermedad, mal, dolencia.

diseased [dɪ'ziːzd] *adj.* **1** enfermo. **2** enfermo, morboso (de mente).

disembark [ˌdɪsɪm'bɑːk] *v. i.* **1** (**to** ~ {**from**}) desembarcar (de). • *v. t.* **2** descargar, desembarcar (mercancías).

disembarkation [ˌdɪsɪmbɑː'keɪʃn] *s. i.* **1** desembarco. **2** desembarque, descarga (de mercancías).

disembodied [ˌdɪsɪm'bɒdɪd] *adj.* incorpóreo, sin cuerpo.

disembowel [ˌdɪsɪm'bauəl] *v. t.* destripar (animales o personas).

disenchanted [ˌdɪsɪn'tʃɑːntɪd] *adj.* desencantado, desilusionado.

disenchantment [ˌdɪsɪn'tʃɑːntmənt] *s. i.* desencanto, desilusión.

disenfranchise [ˌdɪsɪn'fræntʃaɪz] *v. t.* privar de derechos a (como el de voto y otros).

disengage [ˌdɪsɪn'geɪdʒ] *v. t.* **1** (**to** ~ + *o.* + {**from**}) soltar (de). • *v. i.* **2** MIL. retirarse.

disengagement [ˌdɪsɪn'geɪdʒmənt] *s. i.* (~ {**from**}) ruptura de compromiso (con/en).

disentangle [ˌdɪsɪn'tæŋgl] *v. t.* desenredar, desenmarañar.

disequilibrium [ˌdɪsiːkwɪ'lɪbrɪəm] *s. i.* (form.) inestabilidad.

disestablish [ˌdɪsɪ'stæblɪʃ] *v. t.* separar del Estado (la Iglesia).

disestablishment [ˌdɪsɪ'stæblɪʃmənt] *s. i.* separación del Estado (por parte de la Iglesia).

disfavour [ˌdɪs'feɪvər] (en EE UU **disfavor**) *s. i.* **1** (form. y p.u.) desagrado, desaprobación. **2** (form.) desgracia, desprestigio. • *s. c.* **3** faena, mala pasada. ♦ **4 to fall into** ~ **with,** caer en desgracia con (persona).

disfigure [ˌdɪs'fɪgər] *v. t.* **1** desfigurar, deformar. **2** (fig.) afear, estropear (el paisaje, un objeto de arte, etc.).

disfigurement [dɪs'fɪgəmənt] *s. c.* desfiguración, deformidad.

disgorge [dɪs'gɔːdʒ] *v. t.* (lit,) vomitar, verter, arrojar fuera de sí (en sentido figurado y normal): *the buildings disgorged thousands of people at 6.30 = los edificios vomitaban miles de personas a las 6.30.*

disgrace [dɪs'greɪs] *s. i.* **1** desgracia, ignominia, oprobio. • *s. sing.* **2** vergüenza: *the new tax is a disgrace = el impuesto nuevo es una vergüenza; he is a disgrace to his family = es una deshonra para su familia.* • *v. t.* **3** deshonrar, desacreditar. *v. pron.* **4** deshonrarse, desacreditarse. ♦ **5 to be a** ~ **to,** ser una deshonra para, ser una vergüenza para. **6 to bring** ~ **on,** deshonrar, traer deshonra sobre. **7 to fall into** ~**,** caer en desgracia. **8 in** ~**,** castigado (colegial); desacreditado (político, etc.).

disgraceful [dɪs'greɪsfl] *adj.* vergonzoso.

disgracefully [dɪs'greɪsfəlɪ] *adv.* vergonzosamente.

disgruntled [dɪs'grʌntld] *adj.* descontento.

disguise [dɪs'gaɪz] *s. c.* **1** disfraz. • *s. i.* **2** enmascaramiento, simulación, disfraz. • *v. pron.* **3** (**to** ~ {**as/with**}) disfrazarse (de/con). • *v. t.* **4** disfrazar. **5** (fig.) disfrazar, ocultar. ♦ **6 a blessing in** ~**,** no hay mal que por bien no venga. **7 to be disguised as/with,** ir disfrazado de/con. **8 in** ~**,** disfrazado.

disgust [dɪs'gʌst] *v. t.* **1** repugnar, dar asco: *he disgusts me = me da asco.* • *s. i.* **2** repugnancia, asco. ♦ **3 in** ~**,** con repugnancia, con asco, asqueado.

disgusted [dɪs'gʌstɪd] *adj.* asqueado; indignado.

disgustedly [dɪs'gʌstɪdlɪ] *adv.* con asco; con indignación.

disgusting [dɪs'gʌstɪŋ] *adj.* (desp.) repugnante, asqueroso; indignante, horrible.

disgustingly [dɪs'gʌstɪŋlɪ] *adv.* (desp.) repugnantemente, asquerosamente; indignantemente, horriblemente.

dish [dɪʃ] *s. c.* **1** plato (de comida, en un menú, etc.); fuente (recipiente). **2** (fig.) plato (el contenido de comida). • *s. sing.* **3** (brit.) (fam.) tío bueno, tía buena: *she's quite a dish = está buenísima.* • *v. t.* **4** (brit.) (fam.) destrozar, echar por tierra (esperanzas, ilusiones). ◆ **5 dishes,** vajilla; platos: *to wash the dishes = lavar los platos.* **6 to ~ it out,** (fam.) liarse a porrazos; pegar fuerte y bien. **7 to ~ out,** (fam.) **a)** servir (comida). **b)** infligir (castigo, crítica, etc.). **c)** repartir, distribuir (generosamente). **d)** soltar, dar (cosas desagradables para que otras personas las hagan): *the boss dished out a lot of work yesterday = el jefe nos soltó mucho trabajo ayer.* **8 to ~ the dirt,** (brit.) (fam.) sacar a la luz los trapos sucios (de alguien): *she's always dishing the dirt about me = siempre está sacando mis trapos sucios.* **9 to ~ up,** (fam.) servir, poner (comida en el plato).

disharmony [dɪs'hɑːmənɪ] *s. i.* (form.) falta de armonía, tensión.

dishcloth ['dɪʃklɒθ] *s. c.* paño de cocina (para secar platos).

disheartened [dɪs'hɑːtnd] *adj.* desalentado, desanimado, descorazonado.

disheartening [dɪs'hɑːtnɪŋ] *adj.* desalentador, descorazonador.

dishevelled [dɪ'ʃevld] *adj.* despeinado; desaliñado (ropa o apariencia general).

dishonest [dɪs'ɒnɪst] *adj.* fraudulento, poco honrado.

dishonestly [dɪs'ɒnɪstlɪ] *adv.* fraudulentamente, falsamente.

dishonesty [dɪs'ɒnɪstɪ] *s. i.* falta de honradez.

dishonour [dɪs'ɒnər] (en EE UU **dishonor**) *s. i.* **1** (form.) deshonor, deshonra. • *v. t.* **2** (form.) deshonrar. **3** FIN. rechazar, rehusar el pago de (un cheque, por parte de un banco).

dishonourable [dɪs'ɒnərəbl] *adj.* deshonroso.

dishonourably [dɪs'ɒnərəblɪ] *adv.* deshonradamente.

dishwasher ['dɪʃwɒʃər] *s. c.* lavaplatos, lavavajillas.

dishwater ['dɪʃwɔːtər] *s. i.* **1** agua de fregar, agua sucia (después del fregado). ◆ **2 as weak as ~/like ~,** muy flojo, aguachirle, (Am.) aguachento (té).

dishy ['dɪʃɪ] *adj.* (brit.) (fam.) buenísimo, buenísima. ⇒ **dish 3.**

disillusion [ˌdɪsɪ'luːzn] *v. t.* **1** desencantar, desilusionar. • *s. i.* **2** ⇒ **disillusionment.**

disillusioned [ˌdɪsɪ'luːznd] *adj.* desilusionado, desencantado.

disillusionment [ˌdɪsɪ'luːznmənt] *s. i.* desilusión, desencanto.

disincentive [ˌdɪsɪn'sentɪv] *s. c.* (~ {to}) (form.) freno (a).

disinclination [ˌdɪsɪnklɪ'neɪʃn] *s. i.* (form.) renuencia, mala disposión.

disinclined [ˌdɪsɪn'klaɪnd] *adj.* renuente, poco dispuesto.

disinfect [ˌdɪsɪn'fekt] *v. t.* desinfectar.

disinfectant [ˌdɪsɪn'fektənt] *s. c.* e *i.* desinfectante.

disinfection [ˌdɪsɪn'fekʃn] *s. i.* desinfección.

disinformation [ˌdɪsɪnfə'meɪʃn] *s. i.* desinformación.

disingenuous [ˌdɪsɪn'dʒenjuəs] *adj.* falso, poco honrado.

disingenuously [ˌdɪsɪn'dʒenjuəslɪ] *adv.* falsamente, con doblez.

disinherit [ˌdɪsɪn'herɪt] *v. t.* (form.) desheredar.

disinherited [ˌdɪsɪn'herɪtɪd] *adj.* (form.) desheredado (cultural o socialmente).

disintegrate [dɪs'ɪntɪgreɪt] *v. i.* **1** desintegrarse; deshacerse. **2** (fig.) desmoronarse, desintegrarse.

disintegration [dɪsˌɪntɪ'greɪʃn] *s. i.* **1** desintegración. **2** (fig.) desmoronamiento, desintegración.

disinter [ˌdɪsɪn'təːr] *v. t.* **1** (hum.) resucitar, dar nueva vida a. **2** desenterrar, exhumar.

disinterest [dɪs'ɪntrəst] *s. i.* **1** desinterés. **2** imparcialidad.

disinterested [dɪs'ɪntrɪstɪd] *adj.* **1** desinteresado, indiferente. **2** imparcial, objetivo.

disinterestedly [dɪs'ɪntrəstɪdlɪ] *adv.* **1** desinteresadamente, indiferentemente. **2** imparcialmente, objetivamente.

disinterestedness [dɪs'ɪntrəstɪdnɪs] *s. i.* imparcialidad, objetividad.

disjointed [dɪs'dʒɔɪntɪd] *adj.* inconexo, incoherente (en las ideas, forma de hablar, etc.).

disk [dɪsk] *s. c.* **1** INF. disco; disquete. **2** ⇒ **disc.** ◆ **3 ~ drive,** unidad de disco.

disk drive [dɪskdraɪv] *s. c.* INF. disquetera.

diskette [dɪs'ket] *s. c.* disquete.

dislike [dɪs'laɪk] *v. t.* **1** tener aversión a • *s. i.* **2** aversión, antipatía. ◆ **3 dislikes,** fobias. **4 to take a ~ to,** tomar aversión a, coger manía a: *I took an immediate dislike to him = me cayó mal inmediatamente.*

dislocate ['dɪsləkeɪt] *v. t.* **1** MED. dislocar, descoyuntar. **2** trastornar; dar al traste con (planes, negocios, rutinas, etc.).

dislocation [ˌdɪslə'keɪʃn] *s. i.* **1** MED. dislocación. **2** trastorno.

dislodge [dɪs'lɒdʒ] *v. t.* desalojar, sacar (algo de un sitio, con mucho esfuerzo): *he dislodged the fish-bone from his teeth = se sacó la espina de entre los dientes.*

disloyal [dɪs'lɔɪəl] *adv.* (~ {to}) desleal (con), infiel (a).

disloyalty [dɪs'lɔɪəltɪ] *s. i.* deslealtad, infidelidad.

dismal ['dɪzməl] *adj.* **1** deprimente, lúgubre. **2** horrible, fatal (de calidad): *what a dismal place! = ¡qué lugar tan horrible!*

dismally ['dɪzməlɪ] *adv.* **1** de manera deprimente, de manera lúgubre. **2** horriblemente, fatal.

dismantle [dɪs'mæntl] *v. t.* **1** desmontar, desarmar. **2** (fig.) desmantelar (una institución, una organización, un sistema, etc.).

dismay [dɪs'meɪ] *v. t.* **1** consternar; desalentar. • *s. i.* **2** consternación; desaliento. ◆ **3 to one's ~,** para consternación de uno.

dismember [dɪs'membər] *v. t.* **1** (form.) desmembrar, despedazar. **2** (fig.) dividir, desmembrar (un imperio, país o similar).

dismemberment [dɪs'membəmənt] *s. i.* **1** (form.) desmembramiento. **2** (fig.) división, desmembramiento (de un imperio, país o similar).

dismiss [dɪs'mɪs] *v. t.* **1** despedir (del trabajo); destituir (de un cargo público); licenciar (del ejército). **2** desechar; alejar (pensamiento, deseo, ocurrencia, etc.). **3** dejar ir, dar permiso para irse: *the teacher dismissed everybody but Mary = la profesora dejó ir a todos menos a Mary.* **4** DER. sobreseer. ◆ **5 ~!,** MIL. ¡rompan filas!

dismissal [dɪs'mɪsl] *s. c.* e *i.* **1** (~ {of/from}) despido (del trabajo). • *s. i.* **2** rechazo (de un plan, una idea, una ocurrencia, etc.).

dismissive [dɪs'mɪsɪv] *adj.* (~ {of}) despectivo, desdeñoso (con).

dismissively [dɪs'mɪsɪvlɪ] *adv.* despectivamente, desdeñosamente.

dismount [ˌdɪs'maunt] *v. i.* (**to** ~ {**from**}) apearse, desmontar (de).

disobedience [ˌdɪsə'biːdɪəns] *s. i.* desobediencia.

disobedient [ˌdɪsə'biːdɪənt] *adj.* desobediente.

disobey [ˌdɪsə'beɪ] *v. t.* desobedecer.

disobliging [ˌdɪsə'blaɪdʒɪŋ] *adj.* **1** poco servicial. **2** desagradable, ofensivo.

disorder [dɪs'ɔːdər] *s. i.* **1** desorden, desbarajuste. **2** alboroto, desorden (público). • *s. c.* e *i.* **3** MED. trastorno: *mental disorder = trastorno mental.* ◆ **4 disorders,** desórdenes, alborotos (públicos).

disordered [dɪs'ɔːdəd] *adj.* **1** desordenado (una habitación o similar). **2** MED. trastornado.

disorderly [dɪs'ɔːdəlɪ] *adj.* **1** desordenado (objetos). **2** alborotador (persona); escandaloso (conducta). ◆ **3 drunk and ~,** DER. alteración del orden público y embriaguez.

disorganization [dɪsˌɔːgənaɪ'zeɪʃn] *s. i.* desorganización.

disorganize [dɪs'ɔːgənaɪz] (también **disorganise**) *v. t.* desorganizar.

disorganized [dɪsˌɔːgənaɪzd] *adj.* desorganizado.

disorientate [dɪs'ɔːrɪənteɪt] (también **disorient**) *v. t.* desorientar.

disorientated [dɪs'ɔːrɪənteɪtɪd] *adj.* desorientado.

disorientation [dɪsˌɔːrɪən'teɪʃn] *s. i.* desorientación.

disown [dɪs'əun] *v. t.* repudiar, no reconocer, renegar de: *her grandfather disowned her = su abuelo la repudió.*

disparage [dɪ'spærɪdʒ] *v. t.* (form.) menospreciar; denigrar.

disparagement [dɪ'spærɪdʒmənt] *s. i.* (form.) menosprecio; descrédito.

disparaging [dɪ'spærɪdʒɪŋ] *adj.* menospreciativo, despreciativo.

disparagingly [dɪ'spærɪdʒɪŋlɪ] *adv.* despreciativamente.
disparate ['dɪspərɪt] *adj.* (form.) dispar, desigual.
disparity [dɪ'spærɪtɪ] *s. c.* e *i.* (~ {**between/in**}) (form.) disparidad, desigualdad.
dispassionate [dɪ'spæʃənɪt] *adj.* desapasionado; imparcial.
dispassionately [dɪ'spæʃənɪtlɪ] *adv.* de modo desapasionado, desapasionadamente; imparcialmente.
dispatch [dɪ'spætʃ] (también **despatch**) *s. c.* **1** PER. crónica, despacho (desde otra ciudad o del extranjero). **2** MIL. despacho, mensaje, envío. • *s. sing.* **3** (form.) envío (de tropas, equipos o similar). • *s. i.* **4** (p.u.) prontitud, diligencia. • *v. t.* **5** (form.) enviar, despachar (algo o a alguien). **6** (euf.) matar, despachar. **7** (p.u.) despachar (una tarea). ◆ **8 to be mentioned in dispatches,** MIL. ser recomendado para una mención especial/una medalla.
dispatch-rider [dɪ'spætʃraɪdər] *s. c.* MIL. mensajero motorizado.
dispel [dɪ'spel] *v. t.* disipar; quitar de la cabeza (pensamientos o similar).
dispensable [dɪ'spensəbl] *adj.* prescindible.
dispensary [dɪ'spensərɪ] *s. c.* MED. dispensario (de medicinas), botiquín.
dispensation [ˌdɪspen'seɪʃn] *s. i.* **1** (form.) dispensación, administración (de justicia, tratamiento médico, etc.). **2** permiso especial, dispensa. • *s. c.* **3** REL. dispensa. **4** exención, permiso, dispensa (en cualquier ámbito). **5** régimen, sistema (religioso o político): *before the new dispensation* = *antes del nuevo régimen.*
dispense [dɪ'spens] *v. t.* **1** (form.) distribuir, repartir. **2** despachar (medicinas). **3** (form.) administrar, aplicar (sistema público de algo). ◆ **4 to ~ with,** prescindir de.
dispenser [dɪ'spensər] *s. c.* máquina expendedora (mediante introducción de una moneda o presión de un botón).
dispersal [dɪ'spɜːsl] *s. i.* dispersión (de cosas o personas).
disperse [dɪ'spɜːs] *v. t.* **1** dispersar, esparcir. • *v. i.* **2** dispersarse, esparcirse.
dispersed [dɪ'spɜːsd] *adj.* esparcido, disperso.
dispersion [dɪ'spɜːʃn] *s. i.* dispersión.
dispirited [dɪ'spɪrɪtɪd] *adj.* desanimado, desalentado, abatido.
dispiritedly [dɪ'spɪrɪtɪdlɪ] *adv.* con desánimo, abatidamente.
dispiriting [dɪ'spɪrɪtɪŋ] *adj.* desalentador; deprimente.
displace [dɪs'pleɪs] *v. t.* **1** desplazar; desalojar. **2** (form.) sustituir, reemplazar. ◆ **3 to be displaced,** ser desplazado del entorno familiar habitual. **4 displaced person,** (p.u.) refugiado.
displacement [dɪs'pleɪsmənt] *s. i.* **1** sustitución (de una cosa por otra). **2** desalojo, expulsión (de gente). **3** FÍS. desplazamiento.
display [dɪ'spleɪ] *v. t.* **1** exhibir, exponer. **2** lucir, hacer ostentación de. **3** demostrar, revelar (emoción, virtud, cualidad, etc.). **4** INF. enseñar, mostrar (la pantalla del monitor). • *s. c.* **5** escaparate; exposición. **6** exhibición, demostración (espectáculo). **7** INF. pantalla. **8** demostración (de sentimientos o similar). • *s. i.* **9** exhibición (de objetos). ◆ **10 on ~,** a la vista, expuesto.
displease [dɪs'pliːz] *v. t.* disgustar, enojar; desagradar.
displeased [dɪs'pliːzd] *adj.* (~ {**with**}) disgustado, enojado (con).
displeasure [dɪs'pleʒər] *s. i.* enojo, desagrado, disgusto.
disport [dɪ'spɔːt] *v. pron.* (p.u. y hum.) divertirse, disfrutar, solazarse.
disposable [dɪ'spəuzəbl] *adj.* **1** desechable: *disposable nappies* = *pañales desechables.* **2** disponible, neto (sueldo o similar). **3** disponible, a su disposición.
disposal [dɪ'spəuzl] *s. i.* **1** (~ {**of**}) eliminación (de basura, productos peligrosos, etc.). ◆ **2 at one's ~,** a la disposición de uno.
dispose [dɪ'spəuz] **1 ~ of,** desembarazarse de, deshacerse de (algo). **2 ~ of,** decidir, resolver. **3 ~ of,** eliminar, matar, quitar de enmedio.
disposed [dɪ'spəuzd] *adj.* **1** (~ *inf.*) dispuesto, decidido. **2** (form.) ordenado, colocado, dispuesto. ◆ **3 to be well/favourably ~ to,** estar bien dispuesto hacia, estar a favor de: *she's favourably disposed to your plan* = *está a favor de tu plan.*
disposition [ˌdɪspə'zɪʃn] *s. i.* **1** (form.) disposición, carácter. **2** tendencia, inclinación. • *s. c.* **3** (~ {**of**}) ordenación, colocación, disposición.
dispossess [ˌdɪspə'zes] *v. t.* (**to ~** + *o.* + {**of**}) desposeer, privar de).
dispossessed [ˌdɪspə'zesd] *adj.* **1** desposeído. ◆ **2 the ~,** los desposeídos.
disproportion [ˌdɪsprə'pɔːʃn] *s. c.* e *i.* (~ {**between**}) (form.) disparidad; desproporción.
disproportionate [ˌdɪsprə'pɔːʃənɪt] *adj.* (form,) desproporcionado; desigual, dispar.
disproportionately [ˌdɪsprə'pɔːʃənɪtlɪ] *adv.* desproporcionadamente; desigualmente.
disprove [ˌdɪs'pruːv] *v. t.* refutar, rebatir.
disputation [ˌdɪspjuː'teɪʃn] *s. i.* y *c.* (form.) disputa, debate, polémica.
dispute [dɪ'spjuːt] *s. c.* **1** conflicto (laboral). **2** debate, polémica. **3** disputa; conflicto (armado). • *s. i.* **4** litigio, disputa (legal). • *v. i.* **5** (**to ~** {**with**}) debatir, disputar (con). • *v. t.* **6** cuestionar, disputar (un hecho, una teoría, una declaración, etc.). **7** contender por, disputarse (un terreno, un trozo de comida, etc.). ◆ **8 beyond ~,** irrefutable, innegable. **9 in ~,** disputado. **10 industrial ~,** huelga. **11 without ~,** sin disputa.
disqualification [dɪsˌkwɒlɪfɪ'keɪʃn] *s. c.* e *i.* (~ {**from**}) descalificación, inhabilitación (para).
disqualify [dɪs'kwɒlɪfaɪ] *v. t.* (**to ~ +** *o.* + {**from**}) descalificar, inhabilitar (para).
disquiet [dɪs'kwaɪət] *s. i.* **1** (form.) desasosiego, intranquilidad, inquietud. • *v. t.* **2** (form.) desasosegar, intranquilizar, inquietar.
disquieting [dɪs'kwaɪətɪŋ] *adj.* (form.) desasosegante, inquietante.
disquisition [ˌdɪskwɪ'zɪʃn] *s. c.* (form.) disertación, disquisición.
disregard [ˌdɪsrɪ'gɑːd] *v. t.* **1** hacer caso omiso de, pasar por alto; descuidar. • *s. i.* **2** (~ {**of/for**}) despreocupación (por), desatención (hacia).
disrepair [ˌdɪsrɪ'peər] *s. i.* **1** mal estado. ◆ **2 in ~,** en mal estado.
disreputable [dɪs'repjutəbl] *adj.* de mala fama; vergonzoso, deshonroso.
disrepute [ˌdɪsrɪ'pjuːt] *s. i.* **1** descrédito, desprestigio. ◆ **2 to bring/fall into ~,** desacreditar/desacreditarse, desprestigiar/desprestigiarse. **3 in ~,** desprestigiado, desacreditado.
disrespect [ˌdɪsrɪ'spekt] *s. i.* descortesía, falta de respeto.
disrespectful [ˌdɪsrɪ'spektfl] *adj.* irrespetuoso, irreverente.
disrespectfully [ˌdɪsrɪ'spektfəlɪ] *adv.* irrespetuosamente, irreverentemente.
disrobe [dɪs'rəub] *v. t.* **1** (form.) desvestir. • *v. i.* **2** desvestirse.
disrupt [dɪs'rʌpt] *v. t.* interrumpir, alterar (un acontecimiento o similar); trastornar (proceso, sistema); trastocar (planes).
disruption [dɪs'rʌpʃn] *s. c.* e *i.* alteración; interrupción (de un acontecimiento); trastorno (de un proceso, sistema); alteración, trastoque (de planes).
disruptive [dɪs'rʌptɪv] *adj.* perjudicial.
disruptively [dɪs'rʌptɪvlɪ] *adv.* perjudicialmente.
dissatisfaction [dɪˌsætɪs'fækʃn] *s. i.* (~ {**with**}) insatisfacción, descontento (con).
dissatisfied [dɪ'sætɪsfaɪd] *adj.* insatisfecho.
dissect [dɪ'sekt] *v. t.* **1** diseccionar. **2** (fig.) analizar minuciosamente.
dissection [dɪ'sekʃn] *s. c.* e *i.* **1** disección. • *s. i.* **2** (fig. y form.) análisis minucioso.
dissemble [dɪ'sembl] *v. i.* (lit.) disimular.
disseminate [dɪ'semɪneɪt] *v. t.* diseminar, difundir (información, conocimientos, etc.).
dissemination [dɪˌsemɪ'neɪʃn] *s. i.* difusión, divulgación.
dissension [dɪ'senʃn] *s. i.* disensión, desacuerdo, discordia.
dissent [dɪ'sent] *v. i.* **1** discrepar, disentir. **2** (**to ~ from**) (form.) discrepar de, disentir de. • *s. i.* **3** disentimiento, discrepancia. **4** disidencia.
dissenter [dɪ'sentər] *s. c.* **1** disidente. ◆ **2 Dissenter,** REL. no conformista (que no es anglicano).

dissenting [dɪ'sentɪŋ] *adj.* discrepante.

dissertation [ˌdɪsə'teɪʃn] *s. c.* **1** tesis; tesina (trabajo académico). **2** disertación (escrito o discurso).

disservice [dɪs'sɜːvɪs] *s. c.* **1** mal servicio, perjuicio. ◆ **2 to do a ~,** perjudicar.

dissident ['dɪsɪdənt] *s. c.* **1** disidente. ● *adj.* **2** disidente.

dissimilar [dɪ'sɪmɪlər] *adj.* (~ {**to/from/in**}) diferente, distinto (a/de/ en).

dissimilarity [ˌdɪsɪmɪ'lærɪtɪ] *s. c.* e *i.* (~ {**between/in**}) diferencia, desemejanza (entre/en).

dissimulate [dɪ'sɪmjuleɪt] *v. t.* e *i.* (form.) disimular, fingir.

dissimulation [dɪˌsɪmju'leɪʃn] *s. i.* (form.) disimulo, fingimiento.

dissipate ['dɪsɪpeɪt] *v. t.* **1** desvanecer, disipar. **2** (form.) malgastar, desperdiciar, derrochar (dinero, tiempo, energía, etc.). ● *v. i.* **3** desvanecerse, disiparse.

dissipated ['dɪsɪpeɪtɪd] *adj.* disoluto, vicioso.

dissipation [ˌdɪsɪ'peɪʃn] *s. i.* **1** (form.) disipación, desaparición. **2** (form.) derroche, desperdicio. **3** disipación, vicio, libertinaje.

dissociate [dɪ'səuʃɪeɪt] *v. t.* **1** (**to** ~ + *o.* + {**from**}) separar, disociar (de). ● *v. pron.* **2** (**to** ~ {**from**}) separarse, disociarse (de).

dissolute ['dɪsəluːt] *adj.* disoluto, libertino.

dissolution [ˌdɪsə'luːʃn] *s. i.* **1** (~ {**of**}) disolución (del Parlamento o parecido). **2** (~ {**of**}) disolución; debilitamiento, degradación. ● *s. c.* **3** disolución (de contrato, matrimonio, etc.).

dissolve [dɪ'zɒlv] *v. t.* **1** disolver (en un líquido). **2** (fig.) disolver (Parlamento, matrimonio, contrato, etc.). ● *v. i.* **3** disolverse (en líquido). **4** desvanecerse, debilitarse. ◆ **5 to ~ into,** deshacerse en (risas o lágrimas).

dissolved [dɪ'zɒlvd] *adj.* disuelto (algo en un líquido).

dissonance ['dɪsənəns] *s. i.* (form.) disonancia.

dissuade [dɪ'sweɪd] *v. t.* (**to** ~ + *o.* + {**from**}) disuadir (de).

distance ['dɪstəns] *s. c.* e *i.* **1** distancia. ● *s. i.* **2** distancia, lejanía; alejamiento. **3** (fig. y form.) reserva, frialdad, distanciamiento. ● *v. pron.* **4** (**to** ~ {**from**}) distanciarse, alejarse (de). ● *v. t.* **5** distanciar, alejar, apartar. ◆ **6 at a ~,** a distancia, a cierta distancia. **7 from a ~,** desde lejos. **8 to go the ~,** DEP. llegar hasta el final. **9 in the ~,** a lo lejos. **10 to keep one's ~, a)** mantenerse a distancia (literalmente). **b)** guardar las distancias.

distant ['dɪstənt] *adj.* **1** distante, alejado, lejano, remoto (lugar); lejano, remoto (tiempo); lejano (viaje, pariente). **2** distante, frío. **3** abstraído: *a distant look = una mirada abstraída.*

distantly ['dɪstəntlɪ] *adj.* **1** a lo lejos, de lejos, en lontananza. **2** (lit.) en un lugar lejano. **3** lejanamente (emparentado). **4** distantemente, fríamente. **5** abstraídamente.

distaste [dɪs'teɪst] *s. i.* aversión, repugnancia.

distasteful [dɪs'teɪstfl] *adj.* desagradable, repugnante.

distastefully [dɪs'teɪstfəlɪ] *adv.* (form.) desagradablemente, repugnantemente.

distemper [dɪs'tempər] *s. i.* **1** moquillo (enfermedad canina). **2** temple, pintura al temple.

distend [dɪ'stend] *v. t.* **1** agrandar, hinchar, dilatar. ● *v. i.* **2** agrandarse, hincharse, dilatarse.

distended [dɪ'stendɪd] *adj.* hinchado, dilatado.

distension [dɪ'stenʃn] (en EE UU **distention**) *s. c.* e *i.* hinchazón, dilatación, distensión.

distil [dɪ'stɪl] (en EE UU **distill**) *v. t.* **1** destilar (líquido). **2** (**to** ~ + *o.* + {**from**}) (fig.) extraer, sacar, entresacar: *his novel was distilled from his experiences in China = su novela fue sacada de sus experiencias en China.*

distillation [ˌdɪstɪ'leɪʃn] *s. i.* **1** destilación, destilado (líquido). ● *s. c.* **2** (fig.) extracción, extracto, esencia.

distilled [dɪ'stɪld] *adj.* **1** destilado (un líquido). **2** (fig.) extraído, entresacado (de la experiencia, del pensamiento, etc.).

distiller [dɪ'stɪlər] *s. c.* destilador.

distillery [dɪ'stɪlərɪ] *s. c.* destilería.

distinct [dɪ'stɪŋkt] *adj.* **1** (~ {**from**}) distinto, diferente (de). **2** nítido, claro (a la vista o al pensamiento). **3** indudable, claro: *a distinct possibility = una clara posibilidad.* ◆ **4 as ~ from,** en contraposición a, a diferencia de.

distinction [dɪ'stɪŋkʃn] *s. c.* **1** distinción, diferencia. **2** mención especial (académicamente); matrícula de honor. ● *s. i.* **3** distinción: *a man of distinction = un hombre distinguido.* ● *s. c.* e *i.* **4** honor, distinción: *I had the distinction of being her pupil = tuve el honor de ser su alumno.* ◆ **5 to draw/ make a ~,** distinguir, hacer una distinción.

distinctive [dɪ'stɪŋktɪv] *adj.* característico, distintivo, peculiar.

distinctively [dɪ'stɪŋktɪvlɪ] *adv.* característicamente, peculiarmente.

distinctiveness [dɪ'stɪŋktɪvnɪs] *s. i.* peculiaridad.

distinctly [dɪ'stɪŋktlɪ] *adv.* **1** claramente, nítidamente, inconfundiblemente. **2** indudablemente, claramente: *he looks distinctly drunk = está claro que está borracho.*

distinguish [dɪ'stɪŋgwɪʃ] *v. t.* **1** (**to** ~ + *o.* + {**from**}) distinguir, diferenciar (de). **2** distinguir (con la mirada). ● *v. pron.* **3** descollar, distinguirse (en el arte, milicia, estudios, etc.). ● *v. i.* **4** (**to** ~ **between**) distinguir entre, diferenciar entre.

distinguishable [dɪ'stɪŋgwɪʃəbl] *adj.* **1** (~ {**from**}) distinguible, diferenciable (de). **2** perceptible, discernible.

distinguished [dɪ'stɪŋgwɪʃt] *adj.* distinguido, prestigioso, ilustre.

distort [dɪ'stɔːt] *v. t.* **1** deformar (el rostro); distorsionar (sonidos, imágenes); tergiversar (hechos, la realidad, etc.). ● *v. i.* **2** deformarse, distorsionarse, retorcerse (objeto).

distorted [dɪ'stɔːtɪd] *adj.* deformado, distorsionado (objeto).

distorting [dɪ'stɔːtɪŋ] *adj.* deformador, distorsionador; tergiversador: *a distorting mirror = un espejo deformador.*

distortion [dɪ'stɔːʃn] *s. c.* e *i.* deformación, distorsión, tergiversación.

distract [dɪ'strækt] *v. t.* distraer (atención).

distracted [dɪ'stræktɪd] *adj.* distraído.

distractedly [dɪ'stræktɪdlɪ] *adv.* distraídamente.

distraction [dɪ'strækʃn] *s. c.* e *i.* **1** distracción. ◆ **2 to drive somebody to ~,** sacar a alguien de sus casillas.

distraught [dɪ'strɔːt] *adj.* perturbado, aturdido, ido.

distress [dɪ'stres] *v. t.* **1** angustiar, afligir; apenar. ● *s. i.* **2** angustia, aflicción, congoja. **3** apuro, necesidad perentoria, escasez. **4** dolor, sufrimiento. **5** situación de emergencia; socorro: *a distress signal = una señal de socorro.*

distressed [dɪ'stresd] *adj.* **1** angustiado, afligido, acongojado. **2** dolido, con gran sufrimiento.

distressful [dɪ'stresfl] *adj.* angustioso, penoso.

distressfully [dɪ'stresfəlɪ] *adv.* ⇒ **distressingly.**

distressing [dɪ'stresɪŋ] *adj.* inquietante, angustioso.

distressingly [dɪ'stresɪŋlɪ] *adv.* angustiosamente, penosamente.

distribute [dɪ'strɪbjuːt] *v. t.* **1** distribuir, repartir. **2** colocar, distribuir (por ejemplo, muebles en una habitación).

distribution [ˌdɪstrɪ'bjuːʃn] *s. c.* e *i.* **1** distribución, reparto. **2** COM. distribución. ◆ **3 ~ channel,** canal de distribución.

distributor [dɪ'strɪbjutər] *s. c.* **1** distribuidor (de cualquier género). **2** MEC. distribuidor (en un motor).

district ['dɪstrɪkt] *s. c.* **1** distrito (area administrativa). ● *s. sing.* **2** barrio (de una cuidad); comarca, región (de un país). ◆ **3 ~ attorney,** (EE UU) fiscal del distrito. **4 ~ nurse,** (brit.) enfermera visitadora.

distrust [dɪs'trʌst] *v. t.* **1** desconfiar de, recelar de. ● *s. i.* **2** (~ {**of**}) desconfianza, recelo.

distrusted [dɪs'trʌstɪd] *adj.* que no goza de confianza: *the most distrusted Minister in the Cabinet = el ministro del gabinete que goza de menos confianza en el gobierno.*

distrustful [dɪs'trʌstful] *adj.* (~ {**of**}) receloso, desconfiado.

disturb [dɪ'stɜːb] *v. t.* **1** molestar. **2** turbar, inquietar. **3** alterar, desordenar, desarreglar (objetos o similar). ◆ **4 to ~ the peace,** DER. alterar el orden público.

disturbance [dɪ'stɜːbəns] *s. i.* **1** alteración: *I don't want the least dis-*

turbance here = no quiero la menor alteración aquí. • *s. c.* **2** conmoción, revuelo, alboroto.

disturbed [dɪ'stɜːbd] *adj.* **1** desequilibrado (mentalmente). **2** afectado (por la preocupación, ansia o similar). **3** insatisfecho; agitado: *a disturbed adolescence = una adolescencia agitada.*

disturbing [dɪ'stɜːbɪŋ] *adj.* inquietante, perturbador, preocupante.

disturbingly [dɪ'stɜːbɪŋlɪ] *adv.* inquietantemente, preocupantemente.

disunite [ˌdɪsjuː'nait] *v. t.* (form.) desunir (personas).

disunited [ˌdɪsjuː'naɪtɪd] *adj.* (form.) desunido (personas).

disunity [dɪs'juːnɪtɪ] *s. i.* (~ {**in/within /among**}) (form.) desunión (en/dentro de/entre).

disuse [dɪs'juːs] *s. i.* **1** desuso, abandono. ◆ **2 to fall into ~,** caer en desuso.

disused [dɪs'juːzd] *adj.* abandonado, deshabitado (especialmente los edificios).

ditch [dɪtʃ] *s. c.* **1** zanja; cuneta (junto a la carretera); acequia (de riego); canal (de desagüe). • *v. t.* **2** (fam.) romper con (novio, novia). **3** (fam.) tirar (objeto no deseado).

ditchwater ['dɪtʃwɔːtər] *s. i.* **1** agua de cuneta. ◆ **2 as dull as ~,** (fam. y p.u.) pesado, latoso, aburridísimo.

dither ['dɪðər] *v. i.* **1** (**to** ~ {**about**}) vacilar (sobre), dudar (de). ◆ **2 in a ~/all of a ~,** (fam.) nerviosísimo, agitadísimo.

ditto ['dɪtəu] *adj.* **1** ídem, lo mismo (en listas escritas). • *adv.* **2** (fam.) ídem de ídem, ídem.

ditty ['dɪtɪ] *s. c.* MÚS. cancioneta, cantinela.

diuretic [ˌdaɪju'retɪk] *adj.* **1** MED. diurético. • *s. c.* **2** diurético.

diurnal [daɪ'əːnl] *adj.* (form.) diurno.

divan [dɪ'væn] *s. c.* **1** cama turca. **2** otomana. ◆ **3 ~ bed,** cama turca.

dive [daɪv] (en EE UU, *pret.* **dove**) *v. i.* **1** (**to** ~ {**into**}) zambullirse (en), tirarse (a), saltar (a) (al agua). **2** bucear; sumergirse. **3** lanzarse en picado. **4** lanzarse, tirarse, meterse (en cualquier dirección o lugar). **5** (**to** ~ **in/into**) (fig.) meterse de lleno en, abordar (una actividad). **6** (**to** ~ **into**) meter la mano en (buscando algo). • *s. c.* **7** zambullida. **8** picado, lanzamiento en picado. **9** estirada (de un portero); salto (a por algo). **10** (fam. y desp.) tugurio. ◆ **11 to ~ for cover,** buscar cobijo de un salto, esconderse del ataque de un salto. **12 ~ in!,** ¡a comer!

dive-bomb ['daɪvbɒm] *v. t.* MIL. bombardear en picado.

dive-bomber ['daɪvbɒmər] *s. c.* MIL. cazabombardero.

diver ['daɪvər] *s. c.* **1** buzo. **2** saltador (de trampolín).

diverge [daɪ'vɜːdʒ] *v. i.* **1** divergir; ser diferente. **2** (**to** ~ **from**) desviarse de (la verdad, un modelo, etc.). **3** (**to** ~ {**from**}) separarse, divergir (carreteras, caminos o similar).

divergence [daɪ'vɜːdʒəns] *s. c.* e *i.* divergencia; desacuerdo.

divergent [daɪ'vɜːdʒənt] *adj.* divergente; diferente.

divers ['daɪvəz] *adj.* (p.u. y form.) diverso, vario.

diverse [daɪ'vɜːs] *adj.* diverso, variado.

diversification [daɪˌvɜːsɪfɪ'keɪʃn] *s. i.* diversificación.

diversify [daɪ'vɜːsɪfaɪ] *v. t.* **1** diversificar. • *v. i.* **2** diversificarse.

diversion [daɪ'vɜːʃn] *s. c.* **1** distracción (que distrae la atención). **2** desvío, desviación (de tráfico). **3** MIL. maniobra de distracción. **4** (p.u.) diversión, entretenimiento, pasatiempo. **5** desviación, desvío, (de un objetivo): *the diversion of funds = la desviación de dinero.*

diversionary [daɪ'vɜːʃənərɪ] *adj.* de distracción (maniobra, táctica, etc.).

diversity [daɪ'vɜːsətɪ] *s. i.* y *c.* **1** diversidad, variedad. • *s. i.* **2** divergencia, desemejanza.

divert [daɪ'vɜːt] *v. t.* **1** desviar (recursos, tráfico etc.). • *v. pron.* **2** (form. y p.u.) distraerse, entretenerse.

divest [daɪ'vest] *v. pron.* **1** (**to** ~ **of**) (form.) despojarse de (ropa, valores, creencias, etc.). • *v. t.* **2** (**to** ~ + *o.* + **of**) despojar de, quitar (función, rol, etc.).

divestment [daɪ'vestmənt] *s. c.* e *i.* desinversión.

divide [dɪ'vaɪd] *v. t.* **1** dividir, partir. **2** (**to** ~ + *o.* + {**among/between**}) repartir (entre). **3** (fig.) separar, desunir, dividir. **4** (**to** ~ + *o.* + {**into/ by**}) MAT. dividir (entre/por). • *v. i.* **5** dividirse, partirse. **6** separarse, desunirse, dividirse. **7** MAT. (**to** ~ **into/by**) ser divisible entre/por. • *s. c.* **8** (EE UU) GEOL. divisoria (tierra entre dos cuencas fluviales). **9** división, separación (de clases sociales, grupos o similar). **10** (fig.) hito decisivo, acontecimiento decisivo, hecho: *the invention of the steam engine marks a great divide in our history = la invención de la máquina de vapor marca un hito decisivo en la historia.* ◆ **11 to be divided in/into,** estar dividido en, dividirse en (partes, trozos, secciones, etc.). **12 ~ and rule,** divide y vencerás. **13 to ~ off,** aislar, separar totalmente (formando una barrera). **14 to ~ up, a)** fragmentar, trocear. **b)** repartir equitativamente.

divided [dɪ'vaɪdɪd] *adj.* **1** (~ {**on/over**}) dividido, desunido (por). **2** de diferente parecer, opuesto, encontrado: *opinion is divided = hay división de opiniones.* ◆ **3 ~ highway,** (EE UU) autovía.

dividend ['dɪvɪdend] *s. c.* **1** FIN. dividendo. **2** (fig.) beneficio, ganancia (especialmente cuando es inesperado). ◆ **3 to pay dividends,** traer beneficios, dar ventajas, beneficiar (especialmente en el futuro).

divider [dɪ'vaɪdər] *s. c.* **1** barrera, separación: *a social divider =una barrera social.* ◆ **2 dividers,** compás de división, compás de puntas.

dividing line [dɪ'vaɪdɪŋlaɪn] *s. c.* (~ {**between**}) línea divisoria (entre).

divination [ˌdɪvɪ'neɪʃn] *s. i.* adivinación.

divine [dɪ'vaɪn] *adj.* **1** divino. **2** (fam. y p.u.) sublime, fantástico, divino. • *s. c.* **3** teólogo. • *v. t.* **4** (lit.) adivinar.

divinely [dɪ'vaɪnlɪ] *adv.* **1** sobrenaturalmente. **2** (fam. y p.u.) divinamente, fantásticamente.

diving ['daɪvɪŋ] *s. i.* **1** DEP. submarinismo. **2** DEP. saltos de trampolín.

diving-board ['daɪvɪŋbɔːd] *s. c.* trampolín.

diving-suit ['daɪvɪŋsjuːt] *s. c.* traje de buzo.

divinity [dɪ'vɪnɪtɪ] *s. i.* **1** teología. **2** divinidad. • *s. c.* **3** divinidad, deidad.

divisible [dɪ'vɪzəbl] *adj.* **1** (~ {**by**}) MAT. divisible (por). **2** (~ {**into/from**}) divisible, fragmentable (en/de).

division [dɪ'vɪʒn] *s. i.* **1** división, distribución. **2** (~ {**into**}) separación, división (en). **3** MAT. división. • *s. c.* **4** (fig.) discordia, desunión, división (en ideas, creencias, etc.). **5** sección, división, departamento (dentro de una empresa o similar). **6** MIL. división. **7** DEP. división, categoría (en el fútbol, baloncesto, etc.). **8** sección, compartimento; hueco (dentro de una caja, bolso o similar). • *s. c.* e *i.* **9** (brit.) POL. votación (del Parlamento británico). ◆ **10 ~ of labour,** reparto de responsabilidades laborales. **11 ~ sign,** MAT. signo de división. **12 without ~,** (brit.) por unanimidad.

divisional [dɪ'vɪʒənl] *adj.* **1** MIL. de división. **2** de sección, de división, departamental (en una empresa).

divisive [dɪ'vaɪsɪv] *adj.* disgregador, separador.

divorce [dɪ'vɔːs] *s. c.* e *i.* **1** divorcio. • *s. i.* **2** (~ {**of/between**}) (fig.) divorcio, separación (de/entre): *divorce between family and school = separación entre la familia y la escuela.* • *v. t.* **3** divorciarse de. **4** (**to** ~ + *o.* + {**from**}) (fig.) separar, disociar (de): *you should divorce your financial interests from your involvement with the party = deberías disociar tus intereses económicos de tu participación en el partido.*

divorcé [dɪ'vɔːsiː] *s. c.* divorciado.

divorced [dɪ'vɔːst] *adj.* **1** divorciado. **2** (~ {**from**}) (fig.) separado, disociado (de): *divorced from reality = separado de la realidad.*

divorcée [dɪ'vɔːsiː] *s. c.* divorciada.

divulge [daɪ'vʌldʒ] *v. t.* revelar, divulgar.

DIY [ˌdiːaɪ'waɪ] (acrónimo de **do-it-yourself**) *s. i.* bricolaje: *a DIY kit = un equipo de bricolaje.*

dizzily ['dɪzɪlɪ] *adv.* aturdidamente; vertiginosamente.

dizziness ['dɪzɪnɪs] *s. i.* **1** mareo, vértigo. **2** aturdimiento.

dizzy ['dɪzɪ] *adj.* **1** mareado. **2** (~ {**with**}) confuso; aturdido. **3** vertiginoso, de vértigo (altura, nivel, etc.):

a dizzy height = una altura vertiginosa • *v. t.* **4** marear; aturdir.

DJ ['di:'dʒeɪ] (siglas de **disc jockey**) *s. c.* pinchadiscos

djinn [dʒɪn] *s. c.* genio, geniecillo (especialmente en cuentos orientales).

DNA [ˌdi:en'eɪ] (*abrev.* de **deoxyribonucleic acid**) *s. i.* **1** BIOL. ADN, ácido desoxirribonucleico ◆ **2** ~ **fingerprinting,** identificación por ADN.

do [du:] (*pret.* **did,** *p. p.* **done**) *v. t.* **1** hacer; realizar, ejecutar: *I'm not doing much work lately = no estoy haciendo mucho trabajo últimamente.* **2** estudiar (un tema, una asignatura, etc.). **3** visitar (un museo, ciudad o similar, de turista). **4** (**to** ~ + *o.* + {**about**}) hacer: *we'll do everything possible about your problem = haremos todo lo posible para solucionar su problema.* **5** causar, hacer: *to do harm = causar daño.* **6** dedicarse a (trabajo), hacer, trabajar en: *what do you do? = ¿a qué te dedicas?, ¿en qué trabajas?* **7** (**to** ~ + *o.* + {**with**}) hacer (con) (expresando utilización): *what are you going to do with that? = ¿qué vas a hacer con eso?* **8** hacer de (con mímica): *he does the teacher very well = hace de profesor muy bien.* **9** (fam.) matar, destrozar: *I'll do you! = ¡te mataré!* **10** tener, ofrecer: *do you do paperbacks? = ¿tiene Vd. libros de bolsillo?* **11** correr a, ir a (velocidad). **12** servir: *this will do me = esto me servirá.* **13** arreglar, limpiar: *do this room = arregla esta habitación.* **14** hacer (una tarea concreta): *do your hair = péinate.* • *v. i.* **15** (**to** ~ **for**) hacer bien, mejorar: *this shirt does a lot for you = esta camisa te mejora mucho.* **16** (**to** ~ *adv.*) tener éxito: *I did very well in my exam = me salió muy bien el examen.* **17** servir: *this will do = esto servirá.* • *s. c.* **18** (fam.) fiesta, festejo. ◆ **19 badly done by,** mal tratado. **20 can** ~ **for,** poder hacer por: *what can I do for you? = ¿qué puedo hacer por ti?* (en general); *¿qué puedo ayudarle?, ¿qué deseaba?* (en tiendas, mostradores). **21 could** ~ **with,** necesitar: *I could do with some sleep = me vendría bien dormir un poco.* **22** ~ **as you would be done by,** haz a los otros lo que quieras que te hagan a ti. **23 to** ~ **away with,** librarse de, acabar con. **24 to** ~ **down,** (fam.) desacreditar. **25 to** ~ **for,** (fam.) destrozar, liquidar. **26 to** ~ **in,** (fam.) matar. **27 done in,** (fam.) agotado, roto, destrozado: *after so much work, I'm done in = después de tanto trabajo estoy destrozado.* **28 to** ~ **one's best,** hacer lo que uno buenamente pueda. **29 to** ~ **out, a)** (fam.) hacer limpieza total de (un objeto). **b)** (fam.) decorar, arreglar perfectamente. **30 to** ~ **out of,** (fam.) privar de, quitar (con engaño). **31 to** ~ **over, a)** (EE UU) (fam.) rehacer. **b)** (EE UU) (fam.) redecorar. **c)** (fam.) robar (en un lugar). **d)** (fam.) dar una paliza. **32 dos and don'ts,** lo que se debe y no se debe hacer; las reglas. **33 to** ~ **up, a)** atar (zapatos); abrochar (botones). **b)** arreglarse (el pelo y normalmente una mujer). **c)** renovar, reformar (edificio). **d)** embellecer, poner bonito (un paquete, regalo, etc.). **34 to** ~ **without,** arreglárselas sin, vivir sin: *I can't do without tea = no puedo vivir sin el té.* **35 easier said than done,** ⇒ **easy. 36 to have to** ~ **with/to be to** ~ **with,** tener que ver con, tener relación con. **37 how** ~ **you** ~**?,** encantado (tanto el saludo como la respuesta). **38 how someone is/was/etc. doing,** cómo le va/iba/etc. a alguien (en la vida): *hello, Anne, how are you doing? = hola, Anne, ¿cómo te va?* **39 in Rome** ~ **as the Romans** ~**,** donde que fueres, haz lo que vieres. **40 to make** ~, ⇒ **make. 41 no sooner said than done,** ⇒ **soon. 42 that will** ~, vale ya, ya está bien (a un niño que molesta o hace algo mal). **43 that will not** ~**/that will never** ~, eso no servirá para nada. **44 the (best) thing to** ~, lo mejor: *the best thing to do is to get married soon = lo mejor es casarse pronto.* **45 what someone /something is/was, etc. doing,** qué hace alguien/algo, a qué viene que alguien/algo esté (con sorpresa): *what's this box doing here? = ¿qué hace aquí está caja?* **46 what someone did with,** qué hizo alguien con, dónde puso alguien: *what have you done with my scissors? = ¿dónde has puesto mis tijeras?* **47 would** ~ **well,** lo mejor que puede hacer, haría bien en: *she would do well not to see him again = lo mejor que puede hacer es no verle más.*

OBS. Este verbo sirve de auxiliar para las formas interrogativas y negativas del presente y del pasado de todos los verbos del inglés (menos los verbos llamados defectivos y los verbos **to be** y **to have,** este último en algunos casos sólo). Además, el verbo sirve para hacer las siguientes precisiones: **48** señala el énfasis en la forma afirmativa del presente, pasado y el imperativo: *do come in = haz el favor de entrar; I did see you last night = claro que te vi ayer por la noche.* **49** indica una contestación o un añadido muy escueto a una pregunta o comentario: *did you go yesterday? yes, I did = ¿te fuiste ayer? sí; I like wine but my brother doesn't = me gusta el vino pero a mi hermano no; you studied in London, didn't you? = estudiaste en Londres, ¿no?*

doc [dɒk] *s. c.* (fam.) doctor.

docile ['dəusaɪl] *adj.* dócil, sumiso.

docilely [dəusaɪllɪ] *adv.* dócilmente, sumisamente.

docility [dəu'sɪlɪtɪ] *s. i.* docilidad, sumisión.

dock [dɒk] *s. c.* **1** muelle; dársena; desembarcadero. • *s. c.* e *i.* **2** BOT. romaza. • *s. sing.* **3** banquillo (del acusado). • *v. t.* **4** atracar (un barco). **5** deducir, descontar (dinero del sueldo). **6** cercenar, desmochar (la cola de un animal). **7** acoplar (naves espaciales). • *v. i.* **8** atracar (un barco). **9** acoplarse (naves espaciales). ◆ **10 docks,** muelles. **11 in** ~, en el dique seco (un barco).

docker ['dɒkər] *s. c.* estibador, trabajador portuario.

docket ['dɒkɪt] *s. c.* **1** (brit.) etiqueta, rótulo, marbete. • *v. t.* **2** etiquetar, poner rótulo a.

dockland ['dɒklænd] *s. c.* e *i.* distrito de los muelles, zona del puerto.

dockworker [ˌdɒk'wə:kər] *s. c.* estibador, trabajador portuario.

dockyard ['dɒkjɑ:d] *s. c.* astillero.

doctor ['dɒktər] *s. c.* **1** médico, doctor. **2** doctor (después de la tesis doctoral). • *v. t.* **3** manipular, alterar, falsear. **4** tratar (a personas). **5** castrar (especialmente a gatos y perros). **6** drogar; añadir alcohol a (una bebida).

doctoral ['dɒktərəl] *adj.* doctoral: *doctoral thesis = tesis doctoral.*

doctorate ['dɒktərɪt] *s. c.* doctorado (rango académico).

doctrinaire [ˌdɒktrɪ'neər] *adj.* doctrinario.

doctrinal [dɒk'traɪnl] *adj.* doctrinal.

doctrine ['dɒktrɪn] *s. c.* e *i.* doctrina (política, religiosa, etc.).

docudrama ['dɒkjudrɑ:mə] *s. c.* TV. docudrama.

document ['dɒkjumənt] *s. c.* **1** documento. • *v. t.* **2** documentar.

documentary [ˌdɒkju'mentrɪ] *s. c.* **1** documental (especialmente películas). • *adj.* **2** documental, basado en documentos.

documentation [ˌdɒkjumen'teɪʃn] *s. i.* documentación.

dodder ['dɒdər] *v. i.* chochear; tambalearse, renquear (como un viejo al andar).

doddering ['dɒdərɪŋ] *adj.* chocho; renqueante (como un viejo al andar).

doddery ['dɒdərɪ] *adj.* chocho; renqueante, senil.

doddle ['dɒdl] *s. sing.* (fam.) pan comido, una tarea chupada; coser y cantar: *this is a doddle = esto es pan comido* o *coser y cantar.*

dodge [dɒdʒ] *v. i.* **1** hurtar el cuerpo (en general); amagar (un boxeador); regatear (un futbolista). • *v. t.* **2** esquivar, evitar (un golpe o similar). **3** (fig.) esquivar, eludir (un tema o similar). **4** evitar (algo desagradable): *to dodge work = evitar el trabajo.* • *s. c.* **5** regate (de futbolista). **6** truco, maniobra, artificio (para evitar algo).

dodgem ['dɒdʒəm] *s. c.* **1** (brit.) coche de choque. ◆ **2** ~ **car,** (brit.) coche de choque.

dodger ['dɒdʒər] *s. c.* tramposo (en general); evasor (de impuestos), persona que se cuela (en el tren, el metro, etc.): *draft dodger = persona que evita ir al servicio militar.*

dodgy ['dɒdʒɪ] *adj.* **1** (fam.) tramposo (persona). **2** incierto, peligroso (asunto, proyecto); chungo (frenos).

dodo ['dəudəu] (*pl.* **dodos** o **dodoes**) *s. c.* **1** ZOOL. dodo (ave extinta). **2** (fam.) bobo, lelo. ◆ **3 as dead as a ~,** más muerto que mi abuela.

doe [dəu] *s. c.* ZOOL. gama; coneja.

doer ['du:ər] *s. c.* persona activa, persona dinámica.

does [dʌz] (tercera persona *sing.* del verbo **to do**).

doesn't ['dʌzənt] *contr.* de **does** y **not**.

doff [dɒf] *v. t.* (p.u.) quitarse (el sombrero o el abrigo).

dog [dɒg] *s. c.* **1** perro. **2** macho de lobo; macho de zorro. **3** (fam.) rata, canalla, perro. **4** (EE UU) (fam.) caca, porquería (algo de mala calidad). ● *v. t.* **5** seguirle los pasos a, ir tras los pasos de, ir pegado detrás de: *they've been dogged by bad luck* = *les persigue la mala suerte.* **6** acosar, atacar como una plaga (problemas, dificultades, etc.). ◆ **7 a dog's life,** una vida de perros. **8 ~ eats ~,** competencia despiadada. **9 every ~ has its day,** a cada uno le llega su turno (para la buena suerte). **10 to give a ~ a bad name,** calumnia que algo queda. **11 to go to the dogs,** echarse a perder, irse a la porra. **12 let sleeping dogs lie,** deja lo bueno en paz, más vale no meneallo. **13 like a dog's dinner,** (brit.) (fam.) de punta en blanco. **14 like cat and ~,** como el perro y el gato. **15 love me, love my ~,** quien quiere a Beltrán quiere a su can. **16 to put on the ~,** (EE UU) darse aires, creerse alguien importante. **17 the dogs,** los galgos, el canódromo (donde hay apuestas). **18 to treat like a ~,** tratar a palos, tratar muy mal. **19 you can't teach an old ~ new tricks,** loro viejo no aprende a hablar.

dogcart ['dɒgkɑ:t] *s. c.* dócar, carruaje ligero.

dog-collar ['dɒgkɒlər] *s. c.* **1** collar de perro. **2** (fam.) alzacuellos (de cura u otro ministro religioso).

dog-eared ['dɒgɪəd] *adj.* ajado, sobado (libro con las puntas dobladas).

dogfight ['dɒgfaɪt] *s. c.* **1** pelea de perros (especialmente organizada). **2** AER. combate aéreo.

dogfish ['dɒgfɪʃ] (*pl.* **dogfish**) *s. c.* cazón (tiburón pequeño).

dogged ['dɒgɪd] *adj.* tenaz, obstinado.

doggedly ['dɒgɪdlɪ] *adv.* tenazmente, obstinadamente.

doggedness ['dɒgɪdnɪs] *s. i.* tenacidad, obstinación.

doggerel ['dɒgərəl] *s. i.* chabacanería, ramplonería (en versos especialmente); coplas de ciego.

doggie ['dɒgɪ] (también **doggy**) *s. c.* perrito, guau-guau (en lenguaje de niños).

doggie-paddle ['dɒgɪpædl] (también **dog-paddle**) *s. i.* (fam.) forma de nadar como un perro.

doggo ['dɒgəu] *adv.* **to lie ~,** (fam.) no mover un dedo, estarse muy quieto (sin emitir sonido alguno).

doggone ['dɒgɒn] *adj.* (EE UU) (fam.) maldito: *that's a doggone lie* = *eso es una burda mentira.*

dog-house ['dɒghaus] *s. c.* **1** (EE UU) caseta del perro. ◆ **2 to be in the ~,** (fam.) estar en desgracia.

dogleg ['dɒgleg] *s. c.* curva cerrada (en una carretera, camino, etc.).

dogma ['dɒgmə] *s. c.* e *i.* dogma.

dogmatic [dɒg'mætɪk] *adj.* dogmático.

dogmatically [dɒg'mætɪklɪ] *adv.* dogmáticamente.

dogmatism ['dɒgmətɪzəm] *s. i.* dogmatismo.

dogmatist ['dɒgmətɪst] *s. c.* dogmático.

dogmatize ['dɒgmətaɪz] (también **dogmatise**) *v. t.* (form.) dogmatizar.

do-gooder [ˌdu:'gudər] *s. c.* (desp.) filántropo; bienhechor torpe.

dogsbody ['dɒgzbɒdɪ] *s. c.* (brit.) (fam.) criado de todos, pupas (a quien le toca la parte peor del trabajo).

dog-tired ['dɒgtaɪəd] *adj.* (fam.) tirado, machacado, rendido.

doily ['dɔɪlɪ] *s. c.* blonda, servilleta para adorno, paño para platos.

doings ['du:ɪŋz] *s. pl.* actividades (en general).

do-it-yourself [ˌdu:ɪtjɔ:'self] *s. i.* ⇒ **DIY.**

doldrums ['dɒldrəmz] *s. pl.* **1** calmas de la zona ecuatorial. ◆ **2 in the ~,** estancado, sin actividad alguna, sin vida.

dole [dəul] *s. sing.* **1** (brit.) paro, subsidio de desempleo. ◆ **2 to be on the ~,** estar en el paro. **3 to ~ out,** repartir, distribuir (cosas en un grupo).

doleful ['deulfl] *adj.* triste, lúgubre, lastimoso (personas y formas).

dolefully ['dəulfəlɪ] *adv.* tristemente, lúgubremente, lastimosamente.

doll [dɒl] *s. c.* **1** muñeca (juguete). **2** (EE UU) (fam.) chavala, moza; muchacha, chica. ◆ **3 dolled up,** (fam.) mona, guapa (con vestidos). **4 doll's house,** casa de muñecas (juguete). **5 to ~ up,** (fam.) ponerse mona (con vestidos).

dollar ['dɒlər] *s. c.* dólar (unidad monetaria estadounidense).

dollop ['dɒləp] *s. c.* pegote, montón (de comida casi como puré): *a dollop of butter on top of the maize* = *un pegote de mantequilla encima del maíz.*

dolly ['dɒlɪ] *s. c.* **1** muñeca (juguete). **2** (brit.) (fam.) muñeca (chica presumida). ◆ **3 ~ girl,** (brit.) (fam.) muñeca (chica presumida).

dolphin ['dɒlfɪn] *s. c.* ZOOL. delfín.

dolt [dəult] *s. c.* imbécil, tonto; bobalicón.

domain [dəu'meɪn] *s. c.* **1** área, campo, esfera (intelectual): *in the domain of linguistics* = *en el campo de la lingüística.* **2** área de influencia, reino, dominio, territorio (de persona o animal). **3** INF. dominio. ◆ **4 ~ name,** INF. nombre de dominio.

dome [dəum] *s. c.* **1** ARQ. cúpula. **2** (fig.) cima redondeada (de una montaña). **3** cabeza (de una persona). **4** bóveda (del cielo).

domed [dəumd] *adj.* abovedado, en forma de cúpula.

domestic [də'mestɪk] *adj.* **1** interno, nacional (de un país). **2** doméstico (de una casa). **3** casero, hogareño. **4** doméstico (de un animal). ● *s. c.* **5** criado, criada, servicio. ◆ **6 ~ help,** servicio (doméstico). **7 ~ science,** hogar (asignatura).

domestically [də'mestɪklɪ] *adv.* **1** internamente, nacionalmente (asuntos de un país). **2** hogareñamente. **3** domésticamente.

domesticate [də'mestɪkeɪt] *v. t.* **1** domesticar, amaestrar, amansar (animales o plantas). **2** (fig.) civilizar (en el comportamiento en casa); acostumbrar a ayudar en casa.

domesticated [də'mestɪkeɪtɪd] *adj.* **1** domesticado, amaestrado (animales y plantas). **2** civilizado; concienciado a ayudar en casa.

domestication [dəˌmestɪ'keɪʃn] *s. i.* amaestramiento, amansamiento.

domesticity ['dəume'stɪsɪtɪ] *s. i.* vida doméstica, estado hogareño, estilo casero.

domicile ['dɒmɪsaɪl] *s. c.* (form.) residencia, domicilio.

domiciled ['dɒmɪsaɪld] *adj.* (form.) domiciliado.

dominance ['dɒmɪnəns] *s. i.* **1** importancia, prominencia (en una situación). **2** (~ {**of/over**}) dominio, predominio.

dominant ['dɒmɪnənt] *adj.* **1** predominante, prominente. **2** dominante (cualidad personal).

dominate ['dɒmɪneɪt] *v. t.* **1** regir, dominar (una situación o país). **2** dominar, tener dominio sobre, ejercer control sobre (personas). **3** (fig.) dominar, sobresalir por encima de (en un paisaje). ● *v. i.* **4** dominar, ejercer dominio.

dominating ['dɒmɪneɪtɪŋ] *adj.* de fuerte personalidad, con una personalidad dominadora.

domination [ˌdɒmɪ'neɪʃn] *s. i.* control, dominio (de una situación, país o personas).

domineering [ˌdɒmɪ'nɪərɪŋ] *adj.* avasallador, mandón, tiránico.

Dominican [də'mɪnɪkən] *adj.* **1** dominico (de la orden religiosa). **2** dominicano (del país). ◆ **3 ~ Republic,** República Dominicana.

dominion [də'mɪnɪən] *s. i.* **1** (~ {**over**}) control, soberanía, dominio. ● *s. c.* **2** territorio, zona aérea (de dominio o control). ◆ **3 Dominion,** POL. colonia con autogobierno (dentro del sistema de la Commonwealth antiguo).

domino ['dɒmɪnəu] (*pl.* **dominoes**) *s. c.* **1** ficha de dominó. ◆ **2 dominoes,** dominó (juego). **3 ~ effect,** efecto dominó (en política u otros campos).

don [dɒn] (*ger.* **donning,** *pret.* y *p. p.* **donned**) *v. t.* **1** (lit.) ponerse (ropa). ● *s. c.* **2** profesor titular (de universidad).

donate [dəu'neɪt] *v. t.* donar; regalar.

donation [dəʊ'neɪʃn] *s. i.* **1** donación. ◆ **2** (~ {**to/from**}) donación, dádiva; regalo.

done [dʌn] *adj.* **1** completado, realizado, hecho. **2** (fam.) socialmente aceptable, mal visto: *cheating at cards is not done = hacer trampas jugando a cartas está mal visto.* ◆ **3** ~! trato hecho. **4** ~ **to a turn,** ⇒ **turn. 5 over and** ~ **with,** totalmente acabado; punto final. **6 what's done is done,** a lo hecho pecho. **7 to be done in,** estar rendido. **8 to have done with,** acabar con.
OBS. Esta palabra también es el *p. p.* del verbo **do.**

Don Juan [ˌdɒn'dʒuːɑːn] *s. c.* Don Juan, seductor.

donkey ['dɒŋkɪ] *s. c.* **1** burro, asno, borrico. ◆ **2** ~ **work,** (fam.) trabajo pesado, trabajo aburrido. **3 donkey's years,** (fam.) muchísimos años. **4 to talk the hind legs off a** ~, (fam.) hablar por los codos; no dejar meter baza.

donkey-jacket ['dɒŋkɪdʒækɪt] *s. c.* gabardo (de trabajo).

donnish ['dɒnɪʃ] *adj.* (brit.) erudito; estudioso.

donor ['dəʊnər] *s. c.* **1** donante (de sangre, órganos, etc.). **2** benefactor, donador (de dinero o similar).

Don Quixote [ˌdɒn'kwɪksət] *s. c.* Quijote; idealista.

don't [dəʊnt] *contr.* de **do** y **not.**

doodah ['duːdɑː] *s. c.* chisme, como se llame (cuando no se da con la palabra exacta de un objeto).

doodle ['duːdl] *v. i.* **1** garabatear, hacer garabatos. ● *s. c.* **2** garabatos.

doom [duːm] *v. t.* **1** (**to** ~ + *o.* + {**to**}) condenar, sentenciar (a algo negativo). ● *s. c.* **2** fatalidad, sino. ◆ **3 to be doomed** (~ *inf.*), estar llamado a, estar destinado a, estar condenado a: *the plan was doomed to fail = el plan estaba condenado al fracaso.*

doomed [duːmd] *adj.* **1** (~ {+ *inf./* **to**}) condenado. **2** sentenciado, condenado/destinado al fracaso: *your project is doomed = tu plan está destinado al fracaso.*

Doomsday ['duːmzdeɪ] *s. sing.* **1** REL. día del Juicio Final. ◆ **2 doomsday,** (fig.) época de problemas serios. **3 till doomsday,** hasta el día del fin del mundo (indicando muchísimo tiempo).

door [dɔː] *s. c.* **1** puerta. **2** (fig.) entrada, acceso. ◆ **3 to answer the** ~, abrir la puerta (después que alguien ha llamado). **4 at death's** ~, ⇒ **death. 5 to close the** ~ **on,** cerrar la puerta a (una posibilidad o similar). **6 from** ~ **to** ~, de puerta en puerta, de puerta a puerta. **7 to get in by the back** ~, entrar (en un trabajo) por enchufe, conseguir mediante influencias. **8 to lay at someone's** ~, echar la culpa a alguien; cargar el muerto a alguien. **9 next** ~, al lado. **10 on the** ~, de portero (especialmente de un club nocturno o similar). **11 to open the** ~ **to,** abrir la puerta a; hacer posible. **12 out of doors,** fuera, en el exterior, al aire libre. **13 to see to the** ~, acompañar a la puerta. **14 to show someone the** ~, echar a alguien fuera (con enfado), enseñarle a alguien la puerta. **15 to shut/slam the** ~ **in somebody's face,** dar con la puerta en las narices a alguien. **16 two/three doors up/down,** (fam.) dos/tres puertas más arriba/más abajo de la calle.

doorbell ['dɔːbel] *s. c.* timbre, campanilla.

door-frame ['dɔːfreɪm] *s. c.* enmarcado, marco de la puerta.

door-handle ['dɔːhændl] *s. c.* picaporte.

doorkeeper ['dɔːkiːpər] *s. c.* conserje; portero. ⇒ **doorman.**

door-knob ['dɔːnɒb] *s. c.* pomo, tirador (de puerta).

door-knocker ['dɔːnɒkər] *s. c.* ⇒ **knocker 1.**

doorman ['dɔːmən] (*pl.* **doormen**) *s. c.* portero.

doormat ['dɔːmæt] *s. c.* **1** felpudo. **2** (fig. y fam.) sufrido, persona con gran aguante (de no rechistar ante abusos contra él).

doormen ['dɔːmən] *pl.* de **doorman.**

doornail ['dɔːneɪl] *s. c.* **1** (arc.) clavo de puerta de gran tamaño. ◆ **2 as dead as a** ~, ⇒ **dead.**

door-plate ['dɔːpleɪt] *s. c.* placa, rótulo (de un médico, abogado, etc.).

doorstep ['dɔːstep] *s. c.* **1** umbral, peldaño (de puerta). ◆ **2 on one's** ~, a un paso, al lado, al ladito.

doorstop ['dɔːstɒp] *s. c.* tope para puertas.

door-to-door [ˌdɔːtə'dɔːr] *adj.* de puerta a puerta.

doorway ['dɔːweɪ] *s. c.* entrada; portal.

dope [dəʊp] *s. i.* **1** (fam.) droga (ilegal). **2** (fam.) medicina, narcótico. **3** DEP. estimulante, doping. ● *s. c.* **4** (fam.) bobo, idiota. ◆ **5** ~ **addict,** drogadicto. ◆ **6** ~ **dealer,** (fam.) camello. ● *v. t.* **7** drogar, dopar. **8** echar narcótico en, adormecer con drogas. ◆ **9 to be doped/to be doped up,** (argot) estar dopado, estar drogado, estar con el mono.

dopey ['dəʊpɪ] *adj.* **1** (fam.) aletargado, adormilado, amodorrado. **2** atontado, embobado.

dorm [dɔːm] (*abrev.* de **dormitory**) *s. c.* (fam.) dormitorio.

dormancy ['dɔːmənsɪ] *s. i.* (form.) inactividad, estado de letargo.

dormant ['dɔːmənt] *adj.* **1** inactivo; latente, en suspensión. ◆ **2 to lie** ~, estar inactivo, estar aletargado.

dormer ['dɔːmər] *s. c.* **1** ventana abuhardillada. ◆ **2** ~ **window,** ventana abuhardillada.

dormice ['dɔːmaɪs] *pl.* de **dormouse.**

dormitory ['dɔːmɪtrɪ] *s. c.* **1** dormitorio (en una residencia o centro similar). **2** (EE UU) residencia estudiantil. ◆ **3** ~ **town/suburb,** (brit.) ciudad/barrio dormitorio.

dormouse ['dɔːmaus] (*pl.* **dormice**) *s. c.* ZOOL. lirón.

dorsal ['dɔːsl] *adj.* ANAT. dorsal (sólo con animales).

dosage ['dəʊsɪdʒ] *s. c.* dosis, dosificación.

dose [dəʊs] *s. c.* **1** dosis, toma (de una medicina). **2** (fig.) dosis, cantidad (de cualquier otra cosa): *my daily dose of exercise = mi dosis diaria de ejercicio.* ● *v. t.* y *pron.* **3** (**to** ~ + *o.* + {**with**}) administrar(se), medicar(se). ◆ **4 to** ~ **up,** administrar una gran cantidad de medicina. **5 like a** ~ **of salts,** (fam.) a todo meter, a toda velocidad.

doss [dɒs] *s. i.***1** (brit.) (fam.) gandul. ● *v. i.* **2 to** ~ **down,** echarse a dormir, (brit.) (fam.) pasar la noche (incómodamente).

dosser ['dɒsər] *s. c.* (brit.) (fam.) vagabundo.

doss-house ['dɒshaus] *s. c.* (brit.) (fam.) pensión de mala muerte.

dossier ['dɒsɪeɪ] *s. c.* expediente, historial.

dot [dɒt] *s. c.* **1** punto (para cifras, para la "i", etc.). **2** punto, mota, puntito. **3** RAD. punto (del código Morse). ● (*ger.* **dotting,** *pret.* y *p. p.* **dotted**) *v. t.* **4** poner el punto a (la letra "i"). **5** motear, salpicar: *small beautiful villages dot this region = pueblecitos preciosos salpican esta región.* ◆ **6 to** ~ **the i's and cross the t's,** poner los puntos sobre las íes. **7 on the** ~, en punto (puntualidad). **8 the year** ~, (fam.) en tiempos de Maricastaña; hace muchísimo tiempo.

dotage ['dəʊtɪdʒ] *s. i.* (fam.) **1** chochez. ◆ **2 in one's** ~, cuando uno chochee.

dote [dəʊt] *v. i.* (**to** ~ **on/upon**) adorar, idolatrar.

doting ['dəʊtɪŋ] *adj.* excesivamente amoroso, amante en demasía: *she's a doting mother = es una madre excesivamente amorosa.*

dot-matrix printer [ˌdɒtmeɪtrɪks'prɪntər] *s. c.* impresora matricial de agujas.

dotted ['dɒtɪd] *adj.* **1** discontinuo, punteado. **2** (~ **with**) moteado de, salpicado de (como puntos): *the mountain was dotted with villas = la montaña estaba salpicada de chalets de verano.* ◆ **3 to sign on the** ~ **line,** formalizar el acuerdo, poner la firma oficial definitiva.

dotty ['dɒtɪ] *adj.* **1** (brit.) (fam.) estrafalario, excéntrico; loco. **2** (~ **about**) chiflado por, loco por: *he's dotty about vintage cars = está chiflado por los coches antiguos.*

double ['dʌbl] *cuant.* **1** doble, el doble, el doble de: *I earn double the amount I was getting last year = gano el doble de la cantidad que ganaba el año pasado.* ● *adj.* **2** doble, dos veces mayor. **3** doble (bebida). **4** doble, para una pareja (habitación, billete, etc.). **5** doble, dos (cosas hechas o compuestas con dos trozos iguales): *double door = doble puerta; double-page ads = anuncios a dos páginas.* ● *s. c.* **6** doble (bebida). **7** doble; sustituto (en películas o similar). ● *adv.* **8** doble, en dos, doblemente: *to fold* *something double = doblar algo en dos.* • *v. t.* **9** doblar en dos. **10** doblar, duplicar (una cantidad). • *v. i.* **11** doblarse, duplicarse (una cantidad). **12** volverse bruscamente, cambiar de dirección rápidamente. **13** (**to** ~ **as**) hacer de, servir de (además de su primera función): *the receptionist used to double as a secretary = la receptionista solía hacer de secretaria.* ◆ **14 at/on the** ~, (fam.) a paso ligero, rápidamente. **15 to bend** ~, inclinar medio cuerpo, doblar medio cuerpo. **16** ~ **agent,** agente doble. **17 to** ~ **back,** volver sobre sus pasos. **18** ~ **bass,** MÚS. contrabajo. **19** ~ **bed,** cama doble, cama de matrimonio. **20** ~ **bill,** programa doble (en cine o similar). **21** ~ **bind,** dilema. **22** ~ **bluff,** engaño por partida doble (cuando se dice la verdad sabiendo que el otro no se lo creerá). **23** ~ **chin,** papada (expresando gordura). **24** ~ **cream,** (brit.) GAST. nata espesa. **25** ~ **date,** (EE UU) salida de dos parejas juntas. **26** ~ **entry,** FIN. partida doble (en contabilidad). **27** ~ **figures,** dos dígitos. **28** ~ **first,** titulación con dos matrículas de honor. **29** ~ **helix,** doble hélice. **30** ~ **negative,** GRAM. doble negación. **31** ~ **or quits,** doble o nada. **32 to** ~ **over,** retorcerse, desternillarse (de dolor, risa, etc.). **33** ~ **pneumonia,** MED. pulmonía doble. **34** ~ **room,** habitación doble. **35 doubles,** DEP. dobles (tenis o bádminton). **36** ~ **standard,** doble moral, distinta vara para medir (la licitud de actos). **37** ~ **time,** doble paga. **38 to** ~ **up, a)** compartir el mismo coche/ habitación, etc. **b)** retorcerse, desternillarse (de dolor, risa, etc.). **39** ~ **vision,** MED. visión doble, diplopía. **40 to see** ~, ver doble.

double-barrelled [ˌdʌbl'bærəld] *adj.* **1** de doble cañón (arma). **2** con apellido compuesto (por dos palabras).

double-book [ˌdʌbl'bʊk] *v. t.* hacer una reserva para más de una persona equivocadamente.

double-booking [ˌdʌbl'bʊkɪŋ] *s. c.* reserva para más de una persona a la vez (en hotel, avión, etc.) equivocadamente.

double-breasted [ˌdʌbl'brestɪd] *adj.* cruzado, con doble hilera de botones.

double-check [ˌdʌbl'tʃek] *v. t.* e *i.* **1** comprobar dos veces, asegurarse. • *s. c.* **2** doble comprobación.

double-click [ˌdʌbl'klɪk] *v. t.* e *i.* INF. pulsar dos veces.

double-cross [ˌdʌbl'krɒs] *v. t.* **1** (fam.) traicionar, engañar, pasarse al enemigo, dar la espalda. • *s. c.* **2** traición, engaño.

double-dealing [ˌdʌbl'diːlɪŋ] *s. i.* duplicidad, doblez.

double-decker [ˌdʌbl'dekər] *s. c.* **1** autobús de dos pisos. ◆ **2** ~ **bus,** autobús de dos pisos.

double-Dutch [ˌdʌbl'dʌtʃ] *s. i.* (brit.) (fam.) chino (algo que no se entiende hablado o escrito).

double-dyed [ˌdʌbl'daɪd] *adj.* (p.u.) inveterado, rematado; vil: *a double-dyed rogue = un canalla inveterado.*

double-edged [ˌdʌbl'edʒd] *adj.* **1** de dos filos. **2** (fig.) de dos filos.

double-entendre [ˌduːblɑːn'tɑːndr] *s. c.* (form. y lit.) de doble sentido (uno de los cuales suele ser sexual).

double-faced [ˌdʌbl'feɪst] *adj.* (desp.) hipócrita.

double-glaze [ˌdʌbl'gleɪz] *v. t.* poner doble acristalamiento en (ventanas, puertas, etc.).

double glazing [ˌdʌbl'gleɪzɪŋ] *s. i.* doble acristalamiento.

double-jointed [ˌdʌbl'dʒɔɪntɪd] *adj.* con articulación flexible (en dedos).

double-park [ˌdʌbl'pɑːk] *v. t.* e *i.* aparcar en doble fila.

double-quick [ˌdʌbl'kwɪk] *adj.* y *adv.* **1** con toda prontitud. ◆ **2 in** ~ **time,** rapidísimamente, a la carrera.

double-stop [ˌdʌbl'stɒp] *v. i.* MÚS. tocar dos notas al mismo tiempo (en instrumento de cuerda).

doublet [ˌdʌblɪt] *s. c.* casaca, jubón.

double-take [ˌdʌbl'teɪk] *s. c.* **to do a** ~, reaccionar tarde, reaccionar con retraso.

double-talk ['dʌbltɔːk] *s. i.* lenguaje engañoso; galimatías.

double-think ['dʌblθɪŋk] *s. i.* pensamiento que admite lo contradictorio.

doubloon [dʌb'luːn] *s. c.* doblón.

doubly ['dʌblɪ] *adv.* **1** doblemente; especialmente. **2** por duplicado, dos veces, doblemente.

doubt [daʊt] *s. c.* e *i.* **1** (~ {**about**}) duda, incertidumbre. • *v. t.* **2** dudar de, desconfiar de, dudar. • *v. i.* **3** tener dudas, dudar. ◆ **4 beyond all** ~**/beyond a** ~, fuera de duda, fuera de toda duda. **5 to cast** ~ **(on),** arrojar dudas (sobre). **6 doubting Thomas,** incrédulo (como Santo Tomás). **7 to give someone the benefit of the** ~, conceder a alguien el beneficio de la duda. **8 to have no** ~ **(about/of),** no tener duda alguna (sobre). **9 to have one's doubts (about),** tener sus/mis/etc. dudas (sobre). **10 in** ~**/open to** ~, incierto, dudoso; en el aire. **11 to leave no** ~**,** no dejar lugar a dudas. **12 no** ~**,** sin duda, sin duda alguna. **13 no** ~ **about it,** sin lugar a dudas, absolutamente seguro. **14 there is no** ~**/little** ~**/not much** ~, no hay duda, no hay duda alguna. **15 without** ~**/without a** ~**/without the slightest** ~, sin duda, sin duda alguna.

doubter ['daʊtər] *s. c.* incrédulo, escéptico (especialmente sobre religión o ideología política).

doubtful ['daʊtfl] *adj.* **1** dudoso, incierto. **2** dudoso, sospechoso (no parece verdadero). **3** (~ **about/of**) indeciso sobre, titubeante sobre: *I'm doubtful about my future = estoy indeciso sobre mi futuro.*

doubtfully ['daʊtfəlɪ] *adv.* **1** dudosamente, inciertamente. **2** sospechosamente, dudosamente. **3** con titubeo, con indecisión.

doubtless ['daʊtlɪs] *adj.* indudable, cierto.

dough [dəʊ] *s. i.* **1** GAST. masa. • *s. c.* **2** (fam.) dinero, pasta, parné.

doughnut ['dəʊnʌt] *s. c.* donut; buñuelo.

doughty ['daʊtɪ] *adj.* (p.u.) valiente, esforzado.

doughy ['dəʊɪ] *adj.* pastoso (como la masa).

dour [dʊər] *adj.* hosco, malhumorado.

dourly ['dʊəlɪ] *adv.* hoscamente, con mal humor.

douse [daʊs] (también **dowse**) *v. t.* **1** apagar, extinguir (una lámpara, fuego o similar). **2** (**to** ~ + *o.* + {**in/with**}) empapar; remojar.

dove [dəʊv] (EE UU) *pret.* de **dive.**

dove [dʌv] *s. c.* **1** paloma, tórtola. **2** (fig.) paloma, pacifista.

dovecote ['dʌvkɒt] *s. c.* palomar.

dove-grey ['dʌvgreɪ] *adj.* grisáceo, gris de paloma.

dovetail ['dʌvteɪl] *v. i.* **1** encajar, ajustarse (una cosa en otra). • *s. c.* **2** cola de milano (en carpintería). ◆ **3** ~ **joint,** cola de milano.

dowager ['daʊədʒər] *s. c.* **1** viuda con título (heredado del marido). **2** (fam.) matrona respetable, señora mayor respetable.

dowdily ['daʊdɪlɪ] *adv.* desaliñadamente, con ropas poco elegantes.

dowdiness ['daʊdɪnɪs] *s. i.* desaliño, vestir mal.

dowdy ['daʊdɪ] *adj.* desaliñado, poco elegante.

dowel ['daʊəl] *s. c.* clavija, espiga (de carpintería).

down [daʊn] *prep.* **1** abajo, hacia abajo, abajo de: *they ran down the stairs = corrieron escaleras abajo.* • *adv.* **2** abajo, hacia abajo: *they all went down = todos fueron abajo.* • *adj.* **3** (fam.) deprimido, tristón. **4** escrito, puesto en papel. **5** INF. estropeado, sin posibilidad de funcionamiento. • *s. i.* **6** plumón, flojel (de pájaros). **7** pelusilla, vello fino. • *v. t.* **8** devorar, acabar con (comida o bebida, de manera rápida). **9** MIL. derribar (especialmente un avión enemigo). ◆ **10** ~**!,** ¡al suelo! (a un perro). **11** ~ **for,** apuntado a (una actividad o similar): *I'm down for basketball = estoy apuntado al baloncesto.* **12 ...** ~ **... to go,** fuera queda(n)...: *one player down, six to go = uno fuera, quedan seis.* **13** ~ **with!,** ¡abajo, muera!: *down with the King! = ¡abajo el rey!* **14 to have a** ~ **on someone,** tener ojeriza a alguien, tener inquina contra alguien. **15 right** ~ **to/**~ **to,** hasta el más mínimo (detalle o similar). **16 the Downs,** GEOG. las praderas sureñas, los llanos sureños. **17 up and** ~, arriba y abajo, repetitivamente (en el espacio), continuo, de un lado a otro. OBS. Esta palabra tiene múltiples matizaciones en sentidos preposicionales y adverbiales: **18** señala el movimiento hacia abajo sin necesidad de que se traduzca: *he sat* *down* = *se sentó; the house was burnt down* = *la casa se quemó.* **19** indica acercamiento o alejamiento al suelo: *the knife is in the fourth drawer down* = *el cuchillo está en el cuarto cajón hacia el suelo.* **20** matiza la colocación en una superficie: *put the cup down* = *pon la taza en la mesa.* **21** ayuda a matizar el sentido de comer o beber, especialmente cuando no se desea hacerlo: *she drank the medicine down* = *se bebió la medicina.* **22** (fam.) señala el sitio al que se va: *I'm going down the factory* = *me voy a la fábrica.* **23** tiene un uso geográfico no científico cuando se piensa que se va a un lugar que está más bajo o hacia el sur, aunque no sea estrictamente cierto: *we'll travel down to Málaga* = *viajaremos hacia el sur, hacia Málaga.* **24** viene a tener la significación de a lo largo hablando de calles o similar: *I was walking down the street* = *yo iba andando por la calle.* **25** indica la dirección hacia el mar de un río: *row down the stream* = *rema arroyo abajo.* **26** significa posición plegada o recogida de algo: *with the blinds down* = *con las persianas bajadas.* **27** expresa reducción de cantidades: *exports are down 10%* = *las exportaciones han bajado un 10%.* **28** en deportes y competiciones señala al perdedor: *the team were one down at the final whistle* = *el equipo perdía por uno cuando sonó el pitido del final del encuentro.* **29** (fam.) indica enfermedad: *I was down with the flu for a whole week* = *estuve enfermo de gripe durante una semana entera.*

down-and-out ['daunənaut] *s. c.* vagabundo, pobre.

down-at-heel ['daunəthiːl] *adj.* venido a menos, decaído.

downbeat ['daunbiːt] *adj.* (fam.) sombrío, poco abierto (en la comunicación de sentimientos o noticias).

downcast ['daunkɑːst] *adj.* **1** abatido, alicaído, deprimido. **2** cabizbajo; bajada (la vista).

downer ['daunər] *s. c.* **1** (fam.) calmante (medicina). ◆ **2 on a ~,** con la depre.

downfall ['daunfɔːl] *s. i.* caída, ruina (de una persona, institución, país, etc.).

downgrade ['daungreɪd] *v. t.* degradar, disminuir (en importancia, prestigio, etc.).

downhearted [ˌdaun'hɑːtɪd] *adj.* descorazonado, desanimado.

downhill [ˌdaun'hɪl] *adv.* **1** cuesta abajo, hacia abajo, abajo (con movimiento). **2** (fig.) en decadencia, en declive, cuesta abajo. ● *adj.* **3** DEP. ladera abajo. **4** (fig.) fácil, factible, asequible.

Downing Street ['daunɪŋ striːt] *s. sing.* residencia del Primer Ministro británico.

download [ˌdaun'ləud] *v. t.* INF. bajar, desargar, transferir, volcar (de un sistema mayor a otro menor).

downmarket [ˌdaun'mɑːkɪt] *adj.* y *adv.* **1** de gama baja, de baja calidad (producto, servicio, hotel, restaurante); popular (barrio); barato (tienda). ◆ **2 to go ~,** perder categoría, perder calidad.

downpayment [ˌdaun'peɪmənt] *s. c.* entrada, señal; depósito.

downpour ['daunpɔːr] *s. c.* chaparrón, aguacero.

downright ['daunraɪt] *adj.* **1** completo, total: *he's a downright liar* = *es un mentiroso total.* ● *adv.* **2** completamente, totalmente.

downsizing [ˌdaun'saɪzɪŋ] *s. i.* reducción de plantilla.

Down's syndrome [daunz sɪndrəum] *s. i.* MED. síndrome de Down.

downstairs [ˌdaun'steəz] *adv.* **1** abajo, hacia abajo, escaleras abajo. ● *adj.* **2** abajo, abajo de las escaleras. **3** de abajo: *the downstairs toilet* = *el servicio de abajo.* **4** de abajo (vecino): *the man downstairs* = *el vecino de abajo.*

downstream [ˌdaun'striːm] *adv.* río abajo, aguas abajo, corriente abajo.

downtime ['dauntaɪm] *s. i.* tiempo de inactividad.

down-to-earth ['dauntə'əːθ] *adj.* práctico, realista.

downtown [ˌdaun'taun] *adj.* y *adv.* del centro, al centro (donde están los almacenes, empresas, oficinas, espectáculos en una ciudad): *let's go downtown* = *vamos al centro.*

downtrodden ['dauntrɒdn] *adj.* oprimido, esclavizado, pisoteado.

downturn ['dauntəːn] *s. c.* ECON. depresión, baja (tendencia depresiva de la economía).

down under [ˌdaun'ʌndər] *adv.* (brit.) (fam.) Australia: *I'm going down under next year* = *me voy a Australia el próximo año.*

downward ['daunwəd] *adj.* **1** hacia abajo. **2** (fig.) en declive, en decadencia.

downwards ['daunwədz] (también **downward**) *adj.* y *adv.* **1** abajo, hacia abajo. **2** (fig.) en decadencia.

downwind [ˌdaun'wɪnd] *adv.* **1** a favor del viento. **2** (~ {**of**}) en el lado del viento (con respecto a un lugar por el que pasa primero el viento).

downy ['daunɪ] *adj.* **1** lleno de plumas, lleno de plumón. **2** velloso, con vello, con pelusilla.

dowry ['dauərɪ] *s. c.* dote (para el matrimonio).

dowse [dauz] *v. t.* **1** ⇒ **douse.** ● *v. i.* **2** (**to** ~ **for**) buscar (agua o metales preciosos) con varita.

dowser ['dauzər] *s. c.* zahorí (del lugar de agua o metales preciosos).

doyen ['dɔɪən] *s. c.* (form.) decano (de un grupo profesional).

doyenne [dɔɪ'en] *s. c.* (form.) decana (de un grupo profesional).

doze [dəuz] *v. i.* **1** dormitar, medio dormir, dormir a medias; sestear. ● *s. c.* **2** siesta, sueño corto, sueño ligero. ◆ **3 to** ~ **off,** adormilarse, quedarse dormido con sueño ligero.

dozen ['dʌzn] *s. c.* **1** (*art.* ~) docena, docena de. ◆ **2 a ~/dozens (of),** montones, montones de; muchos. **3 baker's ~,** ⇒ **baker. 4 it is six of one and half a ~ of the other,** no hay diferencia, es igual, da lo mismo. **5 nineteen to the ~,** ⇒ **nineteen.**

dozy ['dəuzɪ] *adj.* **1** somnoliento, medio dormido, amodorrado, adormecido. **2** (fam.) lento de cascos, abobado.

drab [dræb] *adj.* **1** deslustrado, gris, monótono (cualquier cosa o idea). **2** pardusco. ◆ **3 in dribs and drabs,** (fam.) en cantidades pequeñas, poco a poco, intermitentemente: *they arrived in dribs and drabs* = *llegaron intermitentemente.*

drabness ['dræbnɪs] *s. i.* deslustre, monotonía.

drachma ['drækmə] (*pl.* **drachmae** o **drachmas**) *s. c.* dracma (moneda griega).

draconian [drə'kəunɪən] *adj.* (desp.) draconiano (de leyes, políticas, etc.).

draft [drɑːft] *s. c.* **1** bosquejo, borrador, anteproyecto. **2** FIN. letra de cambio. ● *s. sing.* **3** (EE UU) MIL. reclutamiento, conscripción. ● *v. t.* **4** hacer un borrador de, bosquejar. **5** MIL. destacar, enviar un destacamento de: *they drafted a military unit to the affected zone* = *enviaron un destacamento militar a la zona afectada.* ● *v. i.* **6** (**to** ~ **in**) hacer venir, hacer llegar (como destacamento). ◆ **7 to be drafted,** (EE UU) MIL. ser llamado a filas, ser reclutado. **8** ~ **beer,** cerveza de barril. **9** ~ **dodger,** MIL. persona que evita ir al servicio militar. ⇒ **draught.**

draft-card ['drɑːftkɑːd] *s. c.* (EE UU) tarjeta de recluta, tarjeta de alistamiento (para que se presente a comenzar su servicio militar).

draftee [ˌdrɑːf'tiː] *s. c.* (EE UU) conscripto, recluta.

draftsman ['drɑːftsmən] *s. c.* ⇒ **draughtsman.**

draftsmanship ['drɑːftmənʃɪp] *s. i.* ⇒ **draughtsmanship.**

drafty ['drɑːftɪ] *adj.* ⇒ **draughty.**

drag [dræg] (*ger.* **dragging,** *pret* y *p. p.* **dragged**) *v. t.* **1** arrastrar, tirar (por el suelo con cierta dificultad). **2** (fig.) llevar a la fuerza. **3** caminar arrastrando, arrastrar (una pierna o similar). **4** rastrear, dragar (el fondo de un río, lago, etc.). **5** arrancar, tirar con fuerza: *I dragged him away from his attacker* = *tiré de él con fuerza lejos de su agresor.* ● *v. pron.* **6** arrastrarse, tirar de uno mismo (con dificultad y gran esfuerzo): *she dragged herself upstairs to bed* = *se arrastró escaleras arriba hacia el dormitorio.* **7** (**to** ~ **away**) irse a desgana, alejarse sin quererlo, irse a la fuerza: *I had to drag myself away from the party* = *tuve que irme a la fuerza de la fiesta.* ● *v. i.* **8** ir arrastrando los pies, ir a desgana. **9** pasar lentamente, avanzar lentamente, avanzar tediosamente (el tiempo). ●

s. c. **10** (fam.) chupada, calada (a un cigarrillo). • *s. i.* **11** travestismo, espectáculo de travestismo. **12** FÍS. resistencia (al avance). • *s. sing.* **13** (~ {**on**}) estorbo, traba. **14** (fam.) plasta, aburrimiento, pesadez, rollo: *what a drag!* = *¡qué rollo!* ◆ **15 to ~ down, a)** rebajar de clase social, empujar hacia abajo en la sociedad. **b)** dejar deprimido, dejar sin fuerzas, dejar sin ganas: *the extra work dragged me down* = *el trabajo extra me dejó sin fuerzas.* **16 to ~ in,** traer a cuenta sin razón, traer por los pelos. **17 to ~ into,** meter sin necesidad en, meter sin razón en, mezclar indebidamente con: *don't drag religion into politics* = *no mezcles la religión con la política indebidamente.* **18 to ~ on/along,** ser interminable, transcurrir tediosamente: *the film dragged on for hours* = *la película transcurrió tediosamente durante horas.* **19 to ~ one's feet/heels,** actuar en plan remolón, arrastrar los pies (no haciendo nada). **20 to ~ out, a)** prolon-gar innecesariamente, alargar innecesariamente, dilatar. **b)** sacar, sonsacar (algo a alguien que no lo quería decir). **21 ~ pub,** pub con espectáculos de travestismo. **22 ~ race,** carrera de coches no oficial (en la que los coches luchan desde una misma salida para ver quién acelera más). **23 ~ racing,** carreras de coches no oficiales (⇒ **drag 22**). **24 to ~ up,** sacar a relucir: *you needn't have dragged my mistake up again* = *no tenías porque sacar a relucir mi error otra vez.* **25 in ~,** vestido de mujer, travestido.

dragnet ['drægnɪt] *s. c.* MAR. red barredera.

dragon ['drægən] *s. c.* **1** dragón (animal mítico). **2** (fam.) vieja bruja.

dragonfly ['drægənflaɪ] *s. c.* ZOOL. libélula.

dragoon [drə'gu:n] *s. c.* **1** MIL. dragón (soldado a caballo). ◆ **2 to ~ into,** obligar a, forzar a: *my mother dragooned me into studying music* = *mi madre me obligó a estudiar música.*

dragster ['drægstər] *s. c.* MEC. coche preparado (para **drag races**).

drain [dreɪn] *v. t.* **1** drenar, desaguar. **2** chupar, tomar (líquido de algún sitio). **3** AGR. desecar (tierra). **4** vaciar totalmente, apurar (un vaso, botella o similar). **5** agotar, dejar exhausto. **6** consumir, gastar (energías, fuerzas, etc.). • *v. i.* **7** drenarse, desaguarse; vaciarse. **8** escurrir (platos); secarse. **9** (**to ~ from**) desaparecer, irse (el color de la cara). **10** (**to ~ away/out of**) deshacerse, derretirse, disiparse (un sentimiento o similar): *her happiness drained away when she heard the news* = *su alegría se disipó cuando oyó las noticias.* • *s. c.* **11** tubería de desagüe, sumidero. **12** desagüe, drenaje. • *s. sing.* **13** (~ **on**) (fig.) lastre para, carga para: *the country house is a drain on my salary* = *la casa de campo es un lastre para mi salario.* ◆ **14 to be drained of,** empobrecer, agotar reservas: *the country is being drained of its natural wealth* = *al país se le están agotando las reservas de su riqueza natural.* **15 brain ~,** fuga de cerebros. **16 down the ~,** tirado por la ventana. **17 to go down the ~,** fracasar, irse a la porra (negocio o similar).

drainage ['dreɪnɪdʒ] *s. i.* **1** alcantarillado; saneamiento. **2** sistema de desagüe, sistema de drenaje.

drainage-basin ['dreɪnɪdʒbeɪsn] *s. c.* GEOL. cuenca (hidrográfica).

drained ['dreɪnd] *adj.* agotado, deshecho (especialmente en la mente).

draining-board ['dreɪnɪŋbɔ:d] *s. c.* escurreplatos.

drainpipe ['dreɪnpaɪp] *s. c.* tubo de desagüe, caño de desagüe.

drake [dreɪk] *s. c.* pato (macho).

dram [dræm] *s. c.* copita (medida escocesa para whisky).

drama ['drɑ:mə] *s. c.* **1** drama, obra dramática. **2** (fig.) drama, tragedia (de la vida). • *s. i.* **3** arte escénico, arte dramático, teatro. • *s. sing.* **4** (fig.) arte escénico, teatro (de la vida, política, altas finanzas, etc.).

dramatic [drə'mætɪk] *adj.* **1** teatral, del teatro, dramático. **2** (fig.) impresionante; dramático, trágico. ◆ **3 ~ irony,** ironía dramática, ironía del destino (cuando los espectadores son más conscientes de lo que pasa que los actores).

dramatically [drə'mætɪklɪ] *adv.* **1** radicalmente, totalmente. **2** de manera impresionante, de manera dramática, dramáticamente.

dramatics [drə'mætɪks] *s. pl.* **1** arte dramático (como asignatura). **2** (fig.) dramatismo exagerado, gestos melodramáticos.

dramatis personae [ˌdræmətɪspə:'səʊnaɪ] *s. pl.* (form.) caracteres, personajes (de una obra de teatro).

dramatist ['dræmətɪst] *s. c.* dramaturgo, escritor teatral.

dramatization [ˌdræmətaɪ'zeɪʃn] *s. c.* escenificación, puesta en escena.

dramatize ['dræmətaɪz] (también **dramatise**) *v. t.* **1** escenificar, adaptar para la escena (una novela, historia, etc.). **2** (fig.) dramatizar, exagerar, poner acentos trágicos a (algo que realmente no los tiene).

drank [dræŋk] *pret.* de **drink.**

drape [dreɪp] *v. t.* **1** cubrir, vestir (con algún tipo de colgadura): *she draped my jacket round her shoulders* = *se cubrió los hombros con mi chaqueta.* **2** poner relajadamente, descansar (una parte del cuerpo en algún sitio). • *s. c.* **3** (EE UU) cortina. ◆ **4 to be draped (with/in),** estar cubierto (con), estar adornado (con).

draper ['dreɪpər] *s. c.* **1** (brit.) pañero, lencero, mercero. ◆ **2 the draper's,** la mercería.

drapery ['dreɪpərɪ] *s. i.* **1** (brit.) mercería. **2** cortinaje, tapicería. ◆ **3 draperies, a)** cortinajes, tapicerías. **b)** colgaduras, adornos (de paño).

drastic ['dræstɪk] *adj.* drástico, extremo, dramático.

drastically ['dræstɪklɪ] *adv.* drásticamente, dramáticamente.

drat [dræt] *interj.* **1** (fam.) ¡maldita sea! ◆ **2 ~ it!/~ the man!,** (fam.) ¡maldita sea!

draught [drɑ:ft] (en EE UU **draft**) *s. c.* **1** corriente (de aire). **2** trago (de bebida). **3** (form. y p.u.) jarabe (medicinal). **4** (brit.) ficha (del juego de las damas). • *adj.* **5** de barril (cerveza). **6** de tiro, de carga, de tracción (animal). ◆ **7 draughts,** damas (juego). **8 on ~,** de barril (cerveza).

draughtboard ['drɑ:ftbɔ:d] *s. c.* (brit.) tablero (para juego de damas).

draughthorse ['drɑ:fthɔ:s] *s. c.* caballo de tiro.

draughtsman ['drɑ:ftsmən] (en EE UU **draftsman**) (*pl.* **draughtsmen**) *s. c.* **1** delineante, proyectista. **2** dibujante.

draughtsmanship ['drɑ:ftsmənʃɪp] (en EE UU **draftsmanship**) *s. i.* estilo de dibujante.

draughtsmen ['drɑ:ftsman] *pl.* de **draughtsmen.**

draughty [drɑ:ftɪ] (en EE UU **drafty**) *adj.* lleno de corrientes de aire.

draw [drɔ:] (*pret.* **drew,** *p. p.* **drawn**) *v. t.* **1** dibujar, trazar. **2** tirar de (suavemente). **3** llevar (tranquilamente): *he drew me into the bedroom* = *me llevó a la habitación.* **4** sacar, inferir, extraer (una conclusión). **5** sacar (arma de su vaina). **6** cobrar (sueldo). **7** hacer (comparación, distinción, etc.). **8** atraer (por su interés). **9** FIN. hacer efectivo (un cheque). **10** (p.u.) sacar, extraer (una muela). **11** hacer un reintegro, sacar (dinero). **12** DEP. empatar, igualar (un partido). **13** tomar (inspiración de aire). **14** sacar (en un sorteo). **15** (**to ~** + *o.* + {**from**}) sacar: *I drew inspiration from her* = *saqué inspiración de ella.* **16** ganarse (una reacción): *he drew an angry response* = *se ganó una réplica colérica.* **17** echar, correr (cortinas o similar). **18** tirar de, arrastrar (carros, carrozas, etc.). **19** sacar (suavemente de algún sitio). • *i.* **20** (**to ~** {**with/against**}) DEP. empatar, igualar. **21** (**to ~ away**) (form.) alejarse, irse. **22** posarse; absorberse (las hojas de té por el agua caliente): *wait for the tea to draw* = *espera a que el té se pose.* • *s. c.* **23** (fam.) atracción. **24** sorteo. **25** DEP. empate. ◆ **26 at daggers drawn,** ⇒ **dagger. 27 to beat someone to the ~,** adelantarse a alguien en sacar el revólver. **28 to be drawn,** mojarse (en dar una opinión o similar): *he's always refused to be drawn about his opinions* = *siempre se ha negado a mojarse en cuanto a sus opiniones.* **29 to be quick/slow on the ~, a)** ser rápido/lento para sacar el revólver. **b)** (fam.) entender las cosas rápidamente/ser lento de entendimiento. **30 to ~ a bead on,** (fam.) poner el ojo en, apuntar cuidadosamente a.

31 to ~ a blank, (fam.) no tener éxito (en la búsqueda de alguien). **32 to ~ attention to something/to ~ someone's attention to something,** señalar algo/atraer la atención de alguien sobre algo. **33 to ~ back,** retroceder ante, huir (de una acción, decisión, etc.). **34 to ~ breath, a)** inspirar aire, tomar aire, respirar. **b)** (fig.) vivir, estar vivo. **35 to ~ in, a)** llegar, arribar (un barco). **b)** tomar una bocanada de aire, respirar profundamente. **c)** acortarse las tardes, hacerse de noche antes. **d)** hacer participar, meter (a alguien en una discusión, reunión, etc.): *we were discussing religion and I drew the priest in = estábamos hablando de la religión y metí en ello al cura.* **36 to ~ in one's horns,** tomar precauciones (de índole económica), no pasarse en los gastos. **37 to ~ lots,** ⇒ **lot. 38 to ~ near/closer,** acercarse (en el tiempo o espacio). **39 to ~ off,** extraer, sacar, chupar (líquidos). **40 to ~ on, a)** pasar (el tiempo): *the evening drew on = la tarde pasó.* **b)** hacer uso de, echar mano de. **c)** echar una calada (al cigarrillo o similar). **41 to ~ oneself up to one's full height,** estirarse todo lo largo que es uno. **42 to ~ one's first/last breath,** respirar por primera/última vez; nacer/morir. **43 to ~ out, a)** sacar a alguien de sí mismo, hacer hablar. **b)** partir, salir (un tren). **c)** sacar, sonsacar (alguna información). **d)** alargar, estirar (sonidos). **44 to ~ somebody's fire,** ⇒ **fire. 45 to ~ somebody's/something's teeth/fangs,** hacer a alguien/algo inofensivo. **46 to ~ stumps,** DEP. acabar el juego, terminar el partido (cricket). **47 to ~ the line,** ⇒ **line. 48 to ~ to an end/to a close,** acabar, terminar, tocar a su fin: *the lecture drew to an end = la conferencia terminó.* **49 to ~ trumps,** jugar a la pinta (en cartas, hasta que al adversario no le quede ninguna). **50 to ~ up, a)** pararse, detenerse (un vehículo). **b)** redactar, formular por escrito. **c)** acercar (silla o similar). **d)** *v. pron.* estirarse. **51 to ~ upon,** usar, echar mano de (algo con una finalidad determinada). **52 the luck of the ~,** por pura suerte.

drawback ['drɔːbæk] *s. c.* inconveniente, desventaja; impedimento.

drawbridge ['drɔːbrɪdʒ] *s. c.* puente levadizo.

drawer [drɔːər] *s. c.* **1** cajón. **2** dibujante, bocetista. **3** FIN. librador (de un cheque o similar). ◆ **4 drawers,** (p.u.) bragas.

drawing ['drɔːɪŋ] *s. c.* **1** dibujo, esbozo, boceto. ● *s. i.* **2** dibujo (como asignatura).

drawing-board ['drɔːɪŋbɔːd] *s. c.* **1** tablero de dibujo, tablero de delineación. ◆ **2 to go back to the ~,** a volver a hacerlo, a repetirlo.

drawing-pin ['drɔːɪŋpɪn] *s. c.* (brit.) chincheta.

drawing-room ['drɔːɪŋrum] *s. c.* (p.u.) salón, sala de estar.

drawl [drɔːl] *v. i.* **1** pronunciar lenta y pesadamente, arrastrar las palabras. ● *s. sing.* **2** pronunciación lenta, arrastre de palabras.

drawn [drɔːn] *p. p.* **1** de **draw.** ● *adj.* **2** echado, corrido (las cortinas o similar). **3** contraído, tenso (en las facciones de la cara).
OBS. Esta palabra sirve para compuestos en los que se expresa la siguiente matización: **4** el medio de tracción empleado: *a horse-drawn cart = un carromato tirado por caballos.*

drawn-out ['drɔːnaut] *adj.* interminable, inacabable.

drawstring ['drɔːstrɪŋ] *s. c.* cordel, cuerda, cinta (que al tirar de ella cierra una bolsa o algo similar).

dray [dreɪ] *s. c.* carreta (plana), carreta pesada.

dray-horse ['dreɪhɔːs] *s. c.* caballo de tiro, caballo de carreta (capaz de tirar de grandes pesos).

dread [dred] *v. t.* **1** temer, tener miedo de. ● *s. i.* **2** temor, pavor, espanto. ● *adj.* **3** (arc.) temido, espantoso. ◆ **4 to ~ to think,** tener miedo de pensar, temer imaginar, dar miedo pensar: *I dread to think what the children are doing alone in the house = me da miedo pensar lo que los chicos están haciendo solos en la casa.*

dreaded [dredɪd] *adj.* temido: *the dreaded day has arrived = el día temido ha llegado.*

dreadful ['dredfl] *adj.* **1** fatal, horrible, malísimo, terrible, espantoso: *dreadful weather = tiempo espantoso; dreadful traffic = tránsito fatal.* **2** terrible; increíble (como énfasis de algo malo): *a dreadful mess = un follón increíble.*

dreadfully ['dredfəlɪ] *adv.* **1** horriblemente, espantosamente: *she wrote dreadfully = escribía horriblemente.* **2** muy (enfático): *she was dreadfully late = llegó muy tarde.*

dream [driːm] (*pret.* y *p. p.* **dreamed** o **dreamt**) *v. i.* **1** (**to ~** {**of/about**}) (fig.) soñar, fantasear. ● *v. t.* **2** (**to ~** {**that**}) soñar que. ● *s. c.* **3** (**~** {**of/about**}) sueño. **4** (fig.) sueño, ilusión. **5** (fig.) sueño, ambición. ● *s. c.* e *i.* **6** ensoñación, ensueño. ● *s. sing.* **7** sueño, paraíso: *this place is a single man's dream = este lugar es un paraíso para un soltero.* **8** (fam.) maravilla, sueño: *the house is a dream = la casa es una maravilla.* ● *adj.* **9** de ensueño, fabuloso, ideal: *a dream world = un mundo ideal.* ◆ **10 to be beyond one's wildest dreams,** ser mucho más de lo que se esperaba, quedarse corto (en los sueños, deseos, etc.). **11 to ~ a ~,** soñar, tener un sueño. **12 to ~ up,** idear, concebir (un plan, idea, proyecto, etc.). **13 I/you/etc. never dreamed,** nunca se me/te/etc. pasó por la cabeza. **14 I/you/etc. would not ~ of/would never ~ of,** ni en sueños se me/te/etc. ocurriría. **15 in one's wildest dreams,** en la imaginación desbocada de uno. **16 like a ~,** como un sueño; perfectamente, con total perfección. **17 the (thing or person) of one's dreams,** el (cosa o persona) de sus/mis/etc. sueños.

dreamer ['driːmər] *s. c.* soñador, visionario.

dreamily ['driːmɪlɪ] *adv.* ensoñadoramente, como en ensueño.

dreaminess ['driːmɪnɪs] *s. i.* languidez, estado de ensueño.

dreamland ['driːmlænd] *s. sing.* **1** tierra de fantasía, país de ensueños. ◆ **2 to be in ~,** estar en la luna, no estar en la realidad.

dreamless ['driːmlɪs] *adj.* reparador (sueño).

dreamlike ['driːmlaɪk] *adj.* irreal, como en un sueño.

dreamt [dremt] *pret.* y *p. p.* de **dream.**

dreamy ['driːmɪ] *adj.* **1** ensoñador, soñador. **2** ida, distraída (mirada). **3** tenue, vago, nebuloso (sonido o visión). **4** (fam.) maravilloso, encantador, fantástico.

drearily ['drɪərɪlɪ] *adv.* melancólicamente, monótonamente, tristemente.

dreariness ['drɪərɪnɪs] *s. i.* melancolía, monotonía, tristeza.

dreary ['drɪərɪ] *adj.* melancólico, monótono, triste.

dredge [dredʒ] *v. t.* **1** dragar, rastrear (puerto, río o similar). ◆ **2 to ~ up,** desempolvar (conocimientos, recuerdos, etc.).

dredger ['dredʒər] *s. c.* MAR. draga.

dregs [dregz] *s. pl.* **1** posos, sedimento. **2** (fig.) escoria: *the dregs of society = la escoria de la sociedad.*

drench [drentʃ] *v. t.* empapar.

drenched [drentʃt] *adj.* empapado.

drenching ['drentʃɪŋ] *adj.* torrencial (lluvia).

dress [dres] *s. c.* **1** vestido, traje de mujer. ● *s. i.* **2** ropa, vestimenta, atuendo. ● *v. t.* **3** vestir. **4** limpiar, destripar. **5** aliñar, aderezar (ensalada). **6** vendar (una herida). ● *v. i.* **7** vestirse. **8** (**to ~ for**) vestirse para, ataviarse para, prepararse para: *I dressed for the party = me vestí para la fiesta.* ● *v. pron.* **9** vestirse. ◆ **10 to ~ down, a)** (brit.) vestir un poco informalmente (cuando uno está acostumbrado al estilo formal). **b)** regañar, calentar las orejas. **11 ~ uniform,** MIL. uniforme de gala. **12 to ~ up, a)** disfrazarse. **b)** vestirse de etiqueta, endomingarse. **c)** (fig.) embellecer, adornar.

dressage ['dresɑːʒ] *s. i.* DEP. doma de exhibición (en los caballos).

dress circle ['dres,sɜːkl] *s. sing.* principal (primer piso en teatros).

dressed [drest] *adj.* **1** vestido (no desnudo). **2** (**~** {**in**}) vestido, ataviado. ◆ **3 all ~ up,** vestido como un rey, vestido con elegancia. **4 ~ like a dog's dinner,** (fam.) emperifollado, emperejilado. **5 ~ to kill,** (fam.) impresionantemente vestido (normalmente para llamar la atención del otro sexo). **6 ~ up, a)** disfrazado. **b)** (fig.) embellecido, adornado. **7 ~ up**

to the nines, de punta en blanco. **8 to get ~,** vestirse.

dresser ['dresər] *s. c.* **1** (fam.) persona (en cuanto a su gusto de vestir): *Mary is a hopeless dresser* = *Mary viste fatal.* **2** ayuda de cámara (en el teatro persona que ayuda a los actores a vestirse). **3** (brit.) armario (especialmente de cocina). **4** (EE UU) cómoda, tocador. **5** MED. ayudante de cirujano.

dressing ['dresɪŋ] *s. c.* **1** venda, vendaje. • *s. i.* **2** aliño, aderezo. ◆ **3 ~ station,** MIL. hospital de campaña de primeras curas.

dressing-down [ˌdresɪŋ'daʊn] *s. sing.* regañina, reprimenda.

dressing-gown ['dresɪŋgaʊn] *s. c.* bata, batín, salto de cama.

dressing-room ['dresɪŋruːm] *s. c.* camarín, camerino, vestidor.

dressing-table ['dresɪŋteɪbl] *s. c.* tocador.

dressing-up ['dresɪŋʌp] *s. i.* juego de disfraces (de niños).

dressmaker ['dresmeɪkər] *s. c.* modista, costurera.

dressmaking ['dresmeɪkɪŋ] *s. i.* corte y confección.

dress-rehearsal ['dresrɪhəːsl] *s. c.* ensayo general.

dress-shirt ['dresʃəːt] *s. c.* camisa de frac, camisa de etiqueta.

dressy ['dresɪ] *adj.* **1** (fam.) elegante, de etiqueta. **2** (fam.) acicalado, peripuesto (persona). **3** vistoso, elegante (ropa).

drew [druː] *pret.* de **draw.**

dribble ['drɪbl] *v. i.* **1** gotear. **2** babear (especialmente bebés). **3** ir en grupos, ir en pandillas. • *v. t.* **4** driblar, esquivar mediante un giro de cintura. **5** dejar gotear. • *s. c.* **6** gota, gotita, chorrito. • *s. i.* **7** babas (saliva).

driblet ['drɪblɪt] *s. c.* pizca, gota: *in driblets* = *a gotas.*

dried [draɪd] *adj.* **1** seco (comida en general). ◆ **2 ~ fruit,** frutos secos.

dried-up ['draɪdʌp] *adj.* acartonado, apergaminado (apariencia de personas mayores en general).

drift [drɪft] *v. i.* **1** MAR. flotar a la deriva. **2** ir sin rumbo fijo (en la vida). **3** dejarse llevar, no tener objetivo fijo, ir a la deriva: *his argument began to drift* = *su argumento empezó a ir a la deriva.* **4** amontonarse (la nieve). • *s. i.* **5** flujo, corriente (del agua). • *s. c.* **6** montón irregular, amontonamiento (nieve, arena). **7** tenor; significado (de una conversación). **8** (~ {**of**}) flujo, dirección, movimiento (de gente o animales). **9** nube (de polvo, tierra, arena, etc.). • *s. sing.* **10** tendencia (como cambio): *there was a general drift towards better education* = *hubo una tendencia general hacia una mejor educación.* ◆ **11 to ~ about,** moverse poco a poca, deambular. **12 to ~ away,** irse poco a poco.**13 to ~ off,** quedarse dormido. **14 to get the ~ of,** comprender el significado de.

drifter ['drɪftər] *s. c.* vagabundo.

drift-ice ['drɪftaɪs] *s. i.* hielo flotante.

drift-net ['drɪftnet] *s. c.* MAR. red rastrera.

driftwood ['drɪftwʊd] *s. i.* madera de deriva.

drill [drɪl] *s. c.* **1** taladradora. **2** ejercicio de repetición (especialmente en la enseñanza de idiomas). **3** instrucción, adiestramiento, ejercicio: *fire drill* = *ejercicio contra incendios.* **4** ZOOL. dril (mono). • *s. c.* e *i.* **5** MIL. entrenamiento, instrucción. • *s. i.* **6** algodón de dril. • *s. sing.* **7** (brit.) (p.u.) procedimiento correcto, conducta correcta: *what is the drill for claiming travelling expenses?* = *¿cuál es el procedimiento correcto para reclamar dietas de viaje?* • *v. t.* **8** taladrar. **9** (**to ~** {**in**}) adiestrar, entrenar (mediante ejercicios repetitivos). **10** MIL. instruir, entrenar. • *v. i.* **11** (**to ~** {**into**}) hacer un agujero. **12** (**to ~ for**) excavar en busca de, perforar en busca de. **13** MIL. hacer la instrucción. ◆ **14 to ~ into,** meter a base de ejercicios repetitivos.

drily ['draɪlɪ] *adv.* con sequedad (en la voz).

drink [drɪŋk] (*pret.* **drank,** *p. p.* **drunk**) *v. t.* **1** beber. • *v. i.* **2** beber (alcohol): *do you drink?* = *¿bebes?* • *r.* **3** (**to ~ into/to**) beber hasta (algún estado mental): *last night I drank myself into a stupor* = *ayer por la noche bebí hasta quedar atontado.* • *s. c.* **4** copa (algo de bebida). **5** copa (de algo alcohólico). **6** trago • *s. i.* **7** bebida (especialmente alcohólica). • *s. sing.* **8** (fam.) mar. ◆ **9 to be the worse for ~,** estar beodo, estar borracho. **10 to ~ in,** absorber, beberse (información o similar). **11 to ~ like a fish,** beber como un cosaco. **12 to ~ someone's health,** ⇒ **health. 13 to ~ someone under the table,** beber más que alguien y no emborracharse. **14 to ~ to,** brindar por. **15 to ~ up,** acabar la bebida, beberse todo de un trago. **16 to take to ~,** darse a la bebida. **17 what are you drinking?,** ¿qué quieres tomar?, ¿qué bebes?

drinkable ['drɪŋkəbl] *adj.* **1** potable. **2** bueno, aceptable, agradable (bebida).

drinker ['drɪŋkər] *s. c.* **1** bebedor (de alcohol). **2** bebedor de: *I'm a tea drinker* = *soy bebedor de té.*

drinking ['drɪnkɪŋ] *s. i.* **1** bebida, acción de beber: *there was a lot of drinking at the party* = *se bebió mucho en la fiesta.* • *adj.* **2** de la bebida, consumo de bebidas: *drinking laws* = *leyes del consumo de bebidas.* **3** bebedor. ◆ **4 ~ chocolate,** chocolate a la taza (tableta); chocolate en polvo; chocolate caliente (bebida).

drinking-fountain ['drɪŋkɪŋfaʊntən] *s. c.* fuente.

drinking-song ['drɪŋkɪŋsɒŋ] *s. c.* canción de taberna.

drinking-water ['drɪŋkɪŋwɔːtər] *s. i.* agua potable.

drip [drɪp] *s. c.* **1** goteo. **2** gotera. **3** MED. gota a gota. **4** (fam.) pelma, pelmazo, pesado. • (*ger.* **dripping,** *pret.* y *p. p.* **dripped**) *v. i.* **5** gotear, caer gota a gota. **6** rezumar, chorrear. • *v. t.* **7** hacer caer gota a gota.

drip-dry [ˌdrɪp'draɪ] *adj.* de secado rápido (ropa).

dripping ['drɪpɪŋ] *s. i.* **1** grasa (que cae al freír o asar). • *adj.* **2** empapado, calado. ◆ **3 ~ wet,** calado por completo, empapado totalmente.

drive [draɪv] (*pret.* **drove,** *p. p.* **driven**) *v. t.* **1** conducir (vehículo). **2** llevar (a alguien en un vehículo). **3** impulsar, accionar (una máquina o similar). **4** meter, clavar: *she drove the nail into the wall* = *clavó el clavo en la pared.* **5** impulsar, golpear (el balón). **6** empujar, soplar, inclinar (el viento a la lluvia o nieve): *the wind was driving the snow into our faces* = *el viento soplaba la nieve contra nuestros rostros.* **7** empujar, impulsar, hacer ir, forzar (en una dirección): *we drove the cattle into the yard* = *hicimos ir al ganado dentro del patio.* **8** impulsar, arrastrar (un sentimiento o deseo): *she was driven by jealousy* = *la arrastraban los celos.* **9** llevar a, conducir a; volver (como cambio de situación, tanto anímica como económica o social, etc.): *she's driving me mad* = *me está volviendo loco; the conditions in the hotel drove him to complain* = *el mal estado del hotel le llevó a quejarse.* • *v. i.* **10** conducir, llevar el coche, viajar en coche. • *s. c.* **11** paseo en coche, viaje en coche. **12** acceso particular, camino particular (dentro de los límites de una casa particular). **13** instinto, impulso natural: *sex drive* = *impulso sexual.* **14** DEP. golpe directo, golpe al ras de la red, drive (especialmente en el tenis). **15** MIL. ataque, avance. • *s. i.* **16** ímpetu, dinamismo, empuje: *you need a lot of drive in this job* = *se necesita mucho empuje en este trabajo.* • *sing.* **17** MEC. tracción, mecanismo de transmisión: *front-wheel drive* = *tracción delantera.* **18** campaña (de un grupo social para algo): *the anti-drug drive* = *la campaña antidroga.* **19** avenida, camino (como nombre de una calle). ◆ **20 to be driving at,** (**what** + *estructura*) querer decir, insinuar: *what are you driving at?* = *¿qué insinúas?* **21 to ~ a coach and horses through something,** no hacer el menor caso a algo (normalmente una ley o similar). **22 to ~ a hard bargain,** hacer un buen negocio. **23 to ~ away,** alejar, echar, librarse: *your comments drove him away* = *tus comentarios le alejaron.* **24 to ~ a wedge between,** enemistar, romper la relación entre (dos personas amigas). **25 to ~ home,** hacer entender, hacer comprender: *I think I drove home to him that he had to study seriously* = *me parece que le hice comprender que tenía que estudiar seriamente.* **26 to**

~ **off,** repeler, ahuyentar. **27 to ~ out,** arrojar, echar, expulsar: *to drive out the evil spirits = arrojar a los malos espíritus.*

drive-in ['draɪvɪn] *s. c.* **1** lugar al aire libre, cines, restaurantes etc., donde se sirve a los clientes sin que tengan que salir del coche. • *adj.* **2** un autocine: *a drive-in cinema = un autocine.*

drivel ['drɪvl] *s. i.* **1** (fam.) estupideces, bobadas. ◆ **2 to ~ on,** no parar de decir bobadas.

driven ['drɪvn] *p. p.* de **drive.**

driver ['draɪvər] *s. c.* **1** conductor. **2** (EE UU) carnet de conducir. ◆ **3 in the driver's seat,** en una posición de autoridad, con el control.

drive-shaft ['draɪvʃɑːft] *s. c.* MEC. árbol propulsor, eje transmisor.

driveway ['draɪvweɪ] *s. c.* camino particular, camino de acceso (a una casa particular).

driving ['draɪvɪŋ] *s. i.* **1** conducción. • *adj.* **2** del conductor, del lado del conductor: *the driving seat = el asiento del conductor.* **3** dinámico, enérgico (cualidad personal). **4** violento, torrencial (de lluvia y nieve). ◆ **5 ~ school,** autoescuela. **6 in the ~ seat,** con el control de la situación.

driving-belt ['draɪvɪŋbelt] *s. c.* MEC. correa de transmisión.

driving-licence ['draɪvɪŋlaɪsəns] *s. c.* carnet de conducir.

driving-test ['draɪvɪŋtest] *s. c.* examen de conducir.

drizzle ['drɪzl] *v. i.* **1** chispear, lloviznar (lluvia). • *s. i.* **2** lluvia fina, llovizna, chirimiri.

drizzly ['drɪzlɪ] *adj.* de llovizna, con llovizna.

droll [drəul] *adj.* (p.u.) divertido, gracioso (algo o alguien).

drollery [drəulərɪ] *s. i.* (p.u.) gracia.

dromedary ['drɒmədərɪ] *s. c.* ZOOL. dromedario (una joroba).

drone ['drəun] *v. i.* **1** zumbar (sonido). **2** (fig.) hablar monótonamente. • *s. sing.* **3** zumbido; tono monótono. • *s. c.* **4** ZOOL. zángano. ◆ **5 to ~ on,** hablar interminablemente en tono monótono, dar la tabarra.

drool [druːl] *v. i.* **1** babear incontroladamente. **2** (**to ~** {**over/at**}) (fam.) caérsele a uno la baba (con placer, admiración, etc.). • *s. i.* **3** saliva.

droop [druːp] *v. i.* **1** inclinarse, pender, colgar (perdiendo la verticalidad connatural del objeto que sea): *the willow drooped over the river = el sauce se inclinaba sobre el río.* **2** (fig.) decaer, languidecer, marchitarse.

drooping [druːpɪŋ] *adj.* inclinado; caído (párpados, hombros, etc.).

droopy [druːpɪ] *adj.* lánguido, flojo, fláccido.

drop [drɒp] (*ger.* **dropping,** *pret.* y *p. p.* **dropped**) *v. t.* **1** dejar caer, tirar (involuntariamente): *don't drop it = no lo tires.* **2** dejar caer, tirar, soltar (voluntariamente): *drop your gun = suelta la pistola.* **3** dejar caer (un comentario, una indirecta, etc.). **4** excluir (de un equipo o similar). **5** no pronunciar, no decir: *he drops the "g" sound in "playing" = no pronuncia el sonido "g" en "playing".* **6** dejar caer (un punto mientras se hace calceta). **7** (fam.) dejar de tener contactos con, dejar de tener amistad con. **8** bajar (la voz). **9** dejar (algo o alguien en un sitio): *drop me at the station on your way to work = déjame en la estación de camino al trabajo.* **10** dejar, abandonar (idea, discusión, tarea, etc.): *don't go on insulting me, drop it! = no sigas insultándome, ¡déjalo ya!* **11** DEP. conceder, perder (un punto, un juego, etc.). **12** (fam.) mandar, escribir (tarjeta, carta, nota, etc.). • *v. i.* **13** caer, caerse: *the knife dropped out of the pocket = el cuchillo se cayó del bolsillo.* **14** (fig.) derrumbarse, desplomarse, caer destrozado (por la enfermedad, agotamiento, etc.). **15** descender, bajar, hacer una bajada (camino, carretera, paisaje, etc.). **16** dejarse caer (en un sitio o posición del cuerpo): *I dropped into the armchair = me dejé caer en el sillón.* **17** (**to ~ to**) quedar relegado a, descender a (en una competición): *he dropped to second place after leading for days = descendió a la segunda posición después de ir el primero durante días.* **18** disminuir, reducirse (una cantidad). **19** descender, bajar (la voz). • *s. c.* **20** gota (de líquido). **21** (fam.) gota, gotita, pizca (de líquido). **22** caída, descenso (en una cantidad). **23** caramelo (redondo y pequeño). **24** lanzamiento (de algo, especialmente desde un avión). **25** (fam.) buzón (para cartas, mensajes, notas, etc.). • *s. sing.* **26** declive, pendiente, caída. ◆ **27 a ~ in the ocean,** una gota de agua en el mar. **28 at the ~ of a hat,** al instante, en el acto. **29 to ~ a brick/a clanger,** meter la pata. **30 to ~ away,** debilitarse, decaer; languidecer. **31 to ~ back,** quedarse retrasado, quedarse atrás. **32 to ~ by,** (fam.) pasarse por (casa de alguien). **33 to ~ dead,** desplomarse sin vida (repentinamente). **34 ~ dead!,** (fam.) ¡vete al cuerno!, ¡vete a tomar vientos! **35 to ~ in,** (fam.) visitar inesperadamente, dejarse caer (por casa de alguien). **36 to ~ off, a)** quedarse dormido (sin intención). **b)** llevar y dejar (en un vehículo): *if you like, I'll drop you off at the cinema = si quieres te llevo y te dejo en el cine.* **c)** decaer, ir a menos, decrecer (el interés, el apoyo, etc.). **37 to ~ out, a)** salir, abandonar (una institución o grupo). **b)** dejar de utilizarse, desaparecer (una palabra en un idioma). **38 to ~ round,** (fam.) **a)** ir a ver sin avisar, hacer una visita casual. **b)** acercar (algo a alguien): *I can drop your shopping round later = puedo acercarte las compras luego.* **39 drops,** MED. gotas (de cualquier medicina).

droplet ['drɒplɪt] *s. c.* gotita.

dropout ['drɒpaut] *s. c.* **1** (fam. y desp.) estudiante que abandona/abandonó (sus estudios antes de acabar la carrera). **2** marginado: *John left his job and became a dropout = John dejó su trabajo y se convirtió en un marginado.*

dropper ['drɒpər] *s. c.* MED. cuentagotas.

droppings ['drɒpɪŋz] *s. pl.* excrementos (de animales pequeños, domésticos).

dropsy ['drɒpsɪ] *s. i.* MED. hidropesía.

dross [drɒs] *s. i.* **1** MET. escoria, impureza (después del fundido de metales). **2** (fig.) porquería, basura.

drought [draut] *s. c.* e *i.* sequía.

drove [drəuv] *p. p.* **1** del verbo **drive.** • *s. c.* **2** multitud, muchedumbre. **3** manada, rebaño, piara. ◆ **4 in droves,** en tropel (de gente), a montones (cosas).

drown [draun] *v. i.* **1** ahogarse. • *v. t.* **2** ahogar. **3** inundar, anegar (un lugar). **4** empapar (una comida o bebida con algún condimento que apague su sabor): *he drowned his meat in tomato sauce = empapó la carne en salsa de tomate.* **5** ahogar (sonido o ruido). ◆ **6 to ~ one's sorrows,** ahogar las penas (en alcohol). **7 to ~ out,** ahogar por completo (ruido o sonido).

drowse [drauz] *v. i.* sestear, dormitar; amodorrarse.

drowsily ['drauzɪlɪ] *adv.* adormecidamente, somnolientamente.

drowsiness ['drauzɪnɪs] *s. i.* somnolencia, modorra.

drowsy ['drauzɪ] *adj.* **1** amodorrado, adormecido. **2** soporífero, adormecedor, relajante.

drub [drʌb] (*ger.* **drubbing,** *pret.* y *p. p.* **drubbed**) *v. t.* (fam.) zurrar.

drubbing ['drʌbɪŋ] *s. i.* **1** (fam.) zurra. ◆ **2 to get a good ~,** (fam.) recibir una zurra; perder miserablemente. **3 to give a good ~,** dar una paliza a; vencer con claridad.

drudge [drʌdʒ] *s. c.* persona que realiza un trabajo pesado y aburrido.

drudgery ['drʌdʒərɪ] *s. i.* trabajo pesado, labor pesada.

drug [drʌg] (*ger.* **drugging,** *pret.* y *p. p.* **drugged**) *v. t.* **1** drogar, narcotizar, administrar un narcótico. **2** drogar, poner un narcótico en (comida o bebida). • *s. c.* **3** droga, narcótico. **4** droga, estupefaciente (sustancia ilegal). **5** (fig.) droga, afición favorita. ◆ **6 a ~ on the market,** (fam.) objeto invendible, algo que nadie quiere comprar. **7 ~ abuse,** consumo de drogas. **8 ~ addict,** drogadicto. **9 ~ baron,** gran narcotraficante. **10 ~ dealer/pusher,** camello, vendedor de drogas.

drugged [drʌgd] *adj.* drogado, narcotizado.

druggist ['drʌgɪst] *s. c.* **1** (EE UU) boticario. **2** (EE UU) botica.

drug-induced [ˌdrʌgɪn'djuːsd] *adj.* provocado por las drogas, por efecto de las drogas.

drugstore ['drʌgstɔːr] *s. c.* (EE UU) drugstore, tienda de artículos varios.
druid ['druːɪd] *s. c.* druida.
drum [drʌm] (*ger.* **drumming,** *pret.* y *p.p.* **drummed**) *v. t.* **1** tamborilear (con los dedos): *he was so nervous he didn't stop drumming his fingers on the table = estaba tan nervioso que no paró de tamborilear sobre la mesa con los dedos.* • *v. i.* **2** tocar el tambor. **3** (fig.) golpear repetidamente: *the rain drummed loudly on the roof = la lluvia golpeaba repetidamente el tejado con un fuerte sonido.* • *s. c.* **4** MÚS. tambor. **5** bidón. **6** MEC. cilindro, tambor. ◆ **7 to ~ into,** meter a fuerza de repetir, hacer aprender a base de repeticiones. **8 ~ major,** MIL. tambor mayor. **9 ~ majorette,** majorette jefe. **10 to ~ out,** expulsar, echar ignominiosamente (de una asociación o similar). **11 to ~ up,** reunir, organizar (apoyo): *he drummed up support for the party everywhere he went = organizaba apoyo para el partido dondequiera que fuese.*
drumbeat ['drʌmbiːt] *s. c.* golpe de tambor, toque de tambor.
drummer ['drʌmər] *s. c.* tambor (persona), percusionista.
drumming ['drʌmɪŋ] *s. i.* **1** tamboreo. **2** repiqueteo, martilleo (sonido repetitivo sobre alguna superficie).
drumroll ['drʌmrəul] *s. c.* redoble de tambor.
drumstick ['drʌmstɪk] *s. c.* **1** palillo de tambor. **2** muslo de ave (cocinada).
drunk [drʌŋk] *p. p.* **1** de **drink.** • *adj.* **2** borracho, bebido. **3** (~ **with/on**) borracho de: *drunk with pleasure = borracho de placer.* • *s. c.* **4** borracho, borrachín. **5** alcohólico, bebedor. ◆ **6 ~ as a lord,** borracho como una cuba.
drunkard ['drʌŋkəd] *s. c.* (desp.) borracho, alcohólico, bebedor.
drunken ['drʌŋkən] *adj.* **1** borracho, ebrio. **2** de borrachos, de borrachera: *a drunken party = una fiesta de borrachos.*
drunkenly ['drʌŋkənlɪ] *adv.* ebriamente.
drunkenness ['drʌŋkənnɪs] *s. i.* embriaguez.
dry [draɪ] *adj.* **1** seco (no mojado). **2** seco, desecado (lago, río, etc.). **3** seco, sin explotación (pozo de petróleo). **4** sin leche (vaca o mujer). **5** sin lágrimas. **6** (fam.) sediento. **7** (fam.) sin bebidas alcohólicas. **8** seca, agarrada (tos). **9** irónico (humor). **10** seca (voz). **11** falto de inspiración, sin inspiración (obra escrita, discurso o similar). **12** sin mantequilla (pan). **13** seco (vino). **14** seco (ruido). • *v. t.* **15** secar. • *v. i.* **16** secarse. **17** olvidar su papel (un actor). ◆ **18 as ~ as a bone,** más seco que un muerto, totalmente seco. **19 as ~ as dust,** un plomazo (de aburrido). **20 ~ battery,** ELEC. batería seca. **21 ~ cell,** ELEC. elemento seco, pila seca. **22 ~ dock,** MAR. dique seco (donde se reparan los barcos). **23 ~ ginger,** jengibre seco. **24 ~ goods,** (EE UU) artículos de lencería /mercería. **25 ~ ice,** nieve carbónica. **26 ~ land,** tierra firme. **27 ~ measure,** medida de mercería. **28 to ~ off,** desecarse totalmente. **29 to ~ out, a)** desecarse totalmente. **b)** (fam.) dejar de beber. **30 ~ rot,** putrefacción, podredumbre. **31 ~ run,** (fam.) ensayo, prueba. **32 to ~ up, a)** secarse, quedarse seco. **b)** no dar más de sí (un pozo o similar). **c)** secar (los platos). **d)** quedarse con la mente en blanco (mientras está hablando). **33 ~ up!,** ¡cállate!, ¡cierra el pico! **34 there wasn't a ~ eye in the house,** (fam.) todo el mundo estaba llorando.
dry-clean [ˌdraɪ'kliːn] *v. t.* limpiar en seco, hacer limpieza en seco de.
dry-cleaner [ˌdraɪ'kliːnər] *s. c.* **1** tintorero, limpiador en seco. **2** tintorería, tienda de limpieza en seco. ◆ **3 dry-cleaner's,** tienda de limpieza en seco.
dry-cleaning [ˌdraɪ'kliːnɪŋ] *s. i.* **1** limpieza en seco. **2** ropa para limpieza en seco.
dryer [draɪər] *s. c.* **1** secador (para el pelo). **2** secadora (para ropa).
dry-eyed [ˌdraɪ'aɪd] *adj.* sin una lágrima.
drying-up ['draɪŋ'ʌp] *s. i.* secado (de platos).
dryness ['draɪnɪs] *s. i.* **1** sequedad, aridez. **2** ironía.
dry-stone ['draɪstəun] *adj.* **1** de piedras sin cemento. ◆ **2 ~ wall,** pared de piedras sin cemento.
DT's [ˌdiː'tiːz] *s. pl.* siglas de delirium tremens.
dual ['djuːəl] *adj.* **1** dual, doble. ◆ **2 ~ carriageway,** (brit.) autovía.
dualism ['djuːəlɪzəm] *s. i.* (form.) dualismo.
duality [djuː'ælɪtɪ] *s. i.* (form.) dualidad.
dub [dʌb] (*ger.* **dubbing,** *pret.* y *p.p.* **dubbed**) *v. t.* **1** denominar, bautizar, llamar: *they dubbed him the king = le llamaron el rey.* **2** doblar (películas).
dubbin ['dʌbɪn] *s. i.* (brit.) grasa de caballo (para el cuero).
dubbing ['dʌbɪŋ] *s. i.* doblaje (de películas).
dubious ['djuːbɪəs] *adj.* **1** dudoso, sospechoso. **2** indeciso, irresoluto. **3** (desp.) dudoso: *he's a man of dubious morals = es un hombre de moral dudosa.*
dubiously ['djuːbɪəslɪ] *adv.* indecisamente, irresolutamente.
ducal ['djuːkl] *adj.* ducal.
duchess ['dʌtʃɪs] *s. c.* duquesa.
duchy ['dʌtʃɪ] *s. c.* ducado.
duck [dʌk] *s. c.* **1** pato. **2** pata (hembra). • *s. i.* **3** pato (carne). • *v. t.* **4** esquivar, evitar (golpe o similar). **5** sumergir (la cabeza especialmente). **6** hundir (la cabeza de alguien en agua). **7** (fig.) esquivar, evitar (responsabilidad o algo parecido). • *v. i.* **8** agacharse (esquivando). **9** zambullirse (en el agua). **10** lanzarse, tirarse (normalmente evitando algún peligro). ◆ **11 to ~ out,** remolonear, esquivar (algo que es obligación hacer). **12 ducks and drakes,** ranas (juego de tirar piedras que reboten en el agua). **13 like water off a duck's back,** sin producir efecto alguno, como quien oye llover. **14 to play ducks and drakes with something,** (fam.) tirar algo por los suelos, desperdiciar algo malamente. **15 to take to something like a ~ to water,** (sentirse) como pez en el agua.
ducking ['dʌkɪŋ] *s. c.* aguadilla.
duckling ['dʌklɪŋ] *s. c.* patito.
duct [dʌkt] *s. c.* **1** tubería, tubo, conducto. **2** ANAT. conducto.
dud [dʌd] *adj.* **1** inútil, inoperativo, defectuoso: *a dud engine = un motor defectuoso.* • *s. c.* **2** cosa inútil, inutilidad: *that's a dud = eso es una inutilidad.* ◆ **3 ~ cheque,** FIN. cheque sin fondos.
dude [djuːd] *s. c.* **1** (EE UU) (form. y p.u.) chorvo, fulano, tío. ◆ **2 ~ ranch,** (EE UU) camping de recreo, rancho de recreo.
dudgeon ['dʌdʒən] *s. c.* **in high ~,** hecho un basilisco, encolerizado.
due [djuː] *adj.* **1** debido, merecido: *due attention = debida atención.* **2** (~ {**to**}) debido, acordado. • *prep.* **3** (EE UU) debido a, acordado con. • *adv.* **4** directamente (con puntos cardinales): *due south = directamente al sur.* ◆ **5 to be ~ to,** deber; suponerse que: *the train is due to leave soon = el tren debe salir pronto.* **6 credit where credit's ~,** dando a cada uno su merecido, a fuer de sinceros. **7 ~ date,** (fecha de) vencimiento, plazo. **8 dues,** cuotas (de asociación, sindicato o similar). **9 ~ to,** debido a. **10 to give someone their ~,** dar a alguien lo que le corresponde/lo que es de justicia. **11 in ~ course,** a su debido momento. **12 with ~ respect,** con el debido respeto.
duel ['djuːəl] *s. c.* **1** duelo (entre dos personas). **2** combate, lucha, duelo. • *v. i.* **3** luchar en un duelo.
duet [djuː'et] *s. c.* MÚS. dúo.
duff [dʌf] *adj.* **1** (brit.) (fam.) falso; inútil. • *v. t.* **2 to ~ up,** dar una tunda a, atizar duro.
duffel ['dʌfl] (también **duffle**) *s. c.* trenca.
duffel-bag ['dʌflbæg] *s. c.* petate, bolsa de efectos personales (especialmente para su uso militar).
duffel-coat ['dʌflkəut] *s. c.* trenca.
duffer ['dʌfər] *s. c.* (fam.) zoquete.
dug [dʌg] *pret.* y *p.p.* de **dig.**
dugout ['dʌgaut] *s. c.* **1** piragua, canoa. **2** MIL. trinchera cubierta.
duke [djuːk] *s. c.* duque.
dukedom ['djuːkdəm] *s. i.* ducado.
dulcet ['dʌlsɪt] *adj.* (lit. y a veces hum.) melifluo; melodioso.
dull [dʌl] *adj.* **1** aburrido, tedioso, monótono. **2** lerdo, lento, embotado

(sin reacción anímica animada). **3** opaco, deslustrado (color). **4** gris, nublado (tiempo). **5** apagado, sordo (sonido). **6** (form.) romo, sin punta. **7** torpe, tardo (de entendimiento). **8** apagado, sordo (dolor). • *v. t.* **9** embotar, entorpecer; mitigar (los sentidos, sentimientos, dolores, etc.). **10** oscurecer, opacar, empañar: *the varnish dulled the colours of the painting = el varniz oscureció los colores de la pintura.* • *v. i.* **11** oscurecerse, opacarse, empañarse.

dullard ['dʌləd] *s. c.* (arc.) lerdo, estúpido.

dully ['dʌllɪ] *adv.* **1** sordamente, apagadamente (sonido o dolor). **2** opacamente. **3** sin vivacidad.

dullness ['dʌlnɪs] *s. i.* **1** aburrimiento, tedio, monotonía. **2** estupidez, torpeza. **3** deslustre, opacidad.

duly ['dju:lɪ] *adv.* **1** debidamente, correctamente. **2** apropiadamente, en su momento adecuado.

dumb [dʌm] *adj.* **1** mudo. **2** (fig.) mudo, callado, silencioso (por la sorpresa, el temor, etc.). **3** (fam.) atontado, embobado. **4** reticente, contenido: *a dumb anger = una cólera contenida.* **5** (fam. y desp.) estúpido, bobo. **6** mudo, que no habla (referido a los animales). ◆ **7** ~ **show,** espectáculo de mimo. **8** ~ **waiter,** montacargas (en restaurantes). **9** ~ **down,** *v. t.* stupidizar (audiencia, población); empobrecer (programación, contenidos). **10 to strike somebody** ~**,** dejar sin habla a alguien.

dumb-bell ['dʌmbel] *s. c.* **1** barra con pesas. **2** (EE UU) (fam.) zopenco.

dumbfounded [dʌm'faundɪd] *adj.* atónito, pasmado.

dumbly ['dʌmlɪ] *adv.* en silencio, silenciosamente.

dumbo ['dʌmbəu] *s. c.* (fam.) bobo, imbécil.

dumbstruck ['dʌmstrʌk] *adj.* atónito, pasmado.

dum-dum ['dʌmdʌm] *s. c.* **1** bala de expansión, bala dum-dum. ◆ **2** ~ **bullet,** bala de expansión, bala dum-dum.

dummy ['dʌmɪ] *s. c.* **1** maniquí (en los escaparates de las tiendas). **2** (brit.) chupete. **3** imitación, modelo (de cualquier cosa). **4** (fam.) imbécil. • *adj.* **5** falso, postizo. ◆ **6** ~ **ammunition,** MIL. munición de fogueo. **7** ~ **run,** prueba (con una máquina nueva).

dump [dʌmp] *v. t.* **1** tirar, arrojar, deshacerse de. **2** (fam.) dejar (desde un vehículo a una persona). **3** ECON. hacer dumping (vender por debajo del precio de coste). **4** FIN. volcar. • *s. c.* **5** basurero. **6** MIL. depósito. **7** INF. volcado. **8** (fam.) pocilga; chabola. ◆ **9 down in the dumps,** (fam.) por los suelos (de falta de ánimo). **10** ~ **truck,** volquete, camión de volteo.

dumper-truck ['dʌmpətrʌk] *s. c.* volquete, camión de volteo.

dumping ['dʌmpɪŋ] *s. i.* **1** ECON. dumping, inundación del mercado con precios bajos. **2** arrojado, vaciado, descarga. ◆ **3** ~ **ground,** basurero (especialmente no autorizado).

dumpling ['dʌmplɪŋ] *s. c.* GAST. **1** bola de masa (en estofado). **2** fruta envuelta en masa dulce.

dumpy ['dʌmpɪ] *adj.* regordete.

dun [dʌn] *adj.* pardo.

dunce [dʌns] *s. c.* (desp.) burro, zopenco, zoquete.

dune [dju:n] *s. c.* duna.

dung [dʌŋ] *s. i.* excremento; estiércol.

dunghill ['dʌŋhɪl] *s. c.* estercolero.

dungarees [,dʌŋgə'ri:z] *s. pl.* mono, traje de faena.

dungeon ['dʌndʒən] *s. c.* mazmorra.

dunk [dʌŋk] *v. t.* **1** mojar (algo en un líquido antes de comerlo). **2** (**to** ~ **+** *o.* **+** {**in**}) remojar, poner en remojo.

duo ['dju:əu] *s. c.* **1** MÚS. dúo. **2** (fam.) pareja, dúo.

duodenal [,dju:ə'di:nl] *adj.* ANAT. duodenal.

duodenum [,dju:ə'di:nəm] *s. c.* ANAT. duodeno.

dupe [dju:p] *s. c.* **1** primo, incauto, inocentón. • *v. t.* **2** (**to** ~ **+** *o.* **+** {**into**}) embaucar, timar.

duplex ['dju:pleks] *adj.* **1** TEC. dual, doble. **2** (EE UU) casa. **3** (EE UU) dúplex (piso con dos niveles).

duplicate ['dju:plɪkeɪt] *v. t.* **1** fotocopiar, copiar. **2** reproducir, repetir. • ['dju:plɪkət] *adj.* **3** duplicado, doble. • *s. c.* **4** duplicado, copia. ◆ **5 in** ~**,** por duplicado.

duplication [,dju:plɪ'keɪʃn] *s. i.* duplicación, duplicado.

duplicator ['dju:plɪkeɪtər] *s. c.* multicopista.

duplicity [dju:'plɪsətɪ] *s. i.* duplicidad, doblez, engaño.

durability ['djuərə'bɪlɪtɪ] *s. i.* aguante, resistencia, durabilidad.

durable ['djuərəbl] *adj.* fuerte, resistente, durable.

durables ['djuərəblz] *s. pl.* objetos no perecederos (como los electrodomésticos).

duration [dju'reɪʃn] *s. sing.* **1** duración. ◆ **2 for the** ~**,** mientras esto dure: *I'll be around for the duration = estaré por aquí mientras esto dure.*

duress [dju'res] *s. i.* (**under** ~) bajo coacción.

during ['djuərɪŋ] *prep.* **1** durante. **2** en el transcurso de: *she gave birth during the night = dio a luz en el transcurso de la noche.*

dusk [dʌsk] *s. sing.* e *i.* (lit.) crepúsculo, anochecer.

duskiness ['dʌskɪnɪs] *s. i.* (lit.) oscuridad, luz de la anochecida.

dusky ['dʌskɪ] *adj.* **1** (form. y lit.) oscuro. **2** (lit.) negruzco, oscuro (pelo).

dust [dʌst] *s. i.* **1** polvo (dentro y fuera de casa). **2** polvillo (de metales), serrín (de madera). • *v. t.* **3** quitar el polvo a. **4** empolvarse (especialmente la cara). **5** echar polvo (medicinal, de condimento, etc.) sobre. • *v. i.* **6** limpiar el polvo. ◆ **7 to allow the** ~ **to settle,** (fam.) dejar que se calmen los ánimos, dejar que se pasen las cosas. **8 to bite the** ~**,** (fam. y hum.) morder el polvo. **9** ~ **bowl,** zona de sequía. **10 to** ~ **down,** cepillar el polvo, limpiar el polvo. **11 to** ~ **off,** quitar la suciedad totalmente a. **12** ~ **trap,** foco de polvo. **13 to throw** ~ **in somebody's eyes,** cegar a alguien, engañarle. **14 when the** ~ **has settled,** cuando se pueda ver claro.

dustbin ['dʌstbɪn] *s. c.* (brit.) cubo de la basura.

dustcart ['dʌstkɑ:t] *s. c.* (brit.) camión de la basura.

dust-cover ['dʌstkʌvər] *s. c.* ⇒ **dust-jacket.**

duster ['dʌstər] *s. c.* paño guardapolvo, guardapolvo.

dust-jacket ['dʌstdʒækɪt] *s. c.* sobrecubierta (de un libro).

dustman ['dʌstmən] (*pl.* **dustmen**) *s. c.* (brit.) basurero (persona).

dustpan ['dʌstpæn] *s. c.* recogedor.

dustsheet ['dʌstʃi:t] *s. c.* (brit.) sábana guardapolvo.

dustup ['dʌstʌp] *s. c.* (fam.) pelea, riña.

dusty ['dʌstɪ] *adj.* **1** polvoriento, empolvado. **2** gris monótono. ◆ **3 a** ~ **answer,** (fam.) una respuesta negativa. **4 to get** ~**,** llenarse de polvo.

Dutch [dʌtʃ] *adj.* **1** holandés. • *s. i.* **2** holandés (idioma). ◆ **3** ~ **courage,** (fam.) valor infundido por el alcohol. **4 to go** ~**,** (fam.) pagar cada uno lo suyo. **5 the** ~**,** los holandeses.

Dutchman ['dʌtʃmən] (*pl.* **Dutchmen**) *s. c.* holandés.

Dutchwoman ['dʌtʃwumən] (*pl.* **Dutchwomen**)*s. c.* holandesa.

dutiful ['dju:tɪfl] *adj.* cumplidor, obediente, sumiso.

dutifully ['dju:tɪfəlɪ] *adv.* cumplidoramente, obedientemente, sumisamente.

duty ['dju:tɪ] *s. i.* **1** tarea, trabajo, obligación laboral. • *s. c.* **2** tarea específica, deber concreto: *my duties as a policeman are very important to me = mis deberes concretos como policía son muy importantes para mí.* **3** deber, obligación. • *s. c.* e *i.* **4** arancel, impuesto. ◆ **5 off** ~**,** libre de servicio, fuera de servicio. **6 on** ~**,** de servicio, MIL. de guardia.

duty-bound [,dju:tɪ'baund] *adj.* (~ *inf.*) (form.) obligado por sentido del deber: *you're duty-bound to help your sick mother = estás obligado por sentido del deber a ayudar a tu madre enferma.*

duty-free [,dju:tɪ'fri:] *adj.* y *adv.* **1** libre de impuestos. ◆ **2** ~ **shop,** tienda con artículos libres de impuestos (típica de los aeropuertos).

duvet ['du:veɪ] *s. c.* **1** edredón nórdico. ◆ **2** ~ **cover,** funda de edredón (lavable).

DVD [dɪ:vɪ:dɪ:] (siglas de **Digital Versatile Disc**) *s.c.* DVD, disco digital versátil.

dwarf [dwɔ:f] (*pl.* **dwarfs** o **dwarves**) *s. c.* **1** enano, persona enana. **2**

enano, duende. • *adj.* **3** de miniatura, liliputiense, diminuto. • *v. t.* **4** empequeñecer, hacer que parezca pequeño: *the new building dwarfs the old school* = *el nuevo edificio hace que la vieja escuela parezca pequeña.*

dwarfish ['dwɔfɪʃ] *adj.* diminuto, pequeño, enano.

dwell [dwel] (*pret.* y *p.p.* **dwelled** o **dwelt**) *v. i.* **1** (form.) morar, habitar, residir. ◆ **2 to ~ on/upon,** explayarse en, dedicar mucho tiempo a, meditar sobre: *he dwelt on his unhappy childhood far too long* = *se explayó acerca de su niñez infeliz durante muchísimo tiempo.*

dweller ['dwelər] *s. c.* residente, habitante: *a city dweller* = *habitante de la ciudad.*

dwelling ['dwelɪŋ] *s. c.* **1** (form. y p.u.) residencia, lugar de residencia. ◆ **2 ~ place,** (form. y p.u.) residencia, lugar de residencia.

dwelt [dwelt] *v. i.* ⇒ **dwell.**

dwindle ['dwɪndl] *v. i.* disminuir, menguar.

dwindling ['dwɪndlɪŋ] *adj.* cada vez más pequeño, decreciente.

dye [daɪ] *v. t.* **1** teñir. • *s. c.* **2** tinte (para teñir el pelo). ◆ **3 of the blackest/deepest ~,** (p.u.) de la peor calaña.

dyed [daɪd] *adj.* teñido (pelo).

dyed-in-the-wool [ˌdaɪdɪnðə'wʊl] *adj.* acérrimo, intransigente: *I'm a dyed-in-the-wool conservative* = *soy un conservador acérrimo.*

dyer [daɪər] *s. c.* tintorero.

dying [daɪŋ] *ger.* **1** de **die.** • *adj.* **2** moribundo, agonizante. **3** en las últimas, sin futuro (industria, tradición, etc.). **4** último (suspiro o parecido). ◆ **5 the ~,** los agonizantes, los moribundos; los enfermos terminales.

dyke [daɪk] (también **dike**) *s. c.* **1** dique. **2** (vulg.) lesbiana.

dynamic [daɪ'næmɪk] *adj.* **1** dinámico; enérgico. **2** FÍS. dinámico. • *s. c.* **3** HIST. dinámica, tendencia histórica, fuerza histórica.

dynamically [daɪ'næmɪklɪ] *adv.* **1** con dinamismo, dinámicamente; enérgicamente. **2** FÍS. dinámicamente.

dynamics [daɪ'næmɪks] *s. i.* FÍS. dinámica.

dynamism ['daɪnəmɪzəm] *s. i.* dinamismo (cualidad personal positiva).

dynamite ['daɪnəmaɪt] *s. i.* **1** dinamita. **2** (fig.) dinamita, dinamita pura. • *v. t.* **3** dinamitar.

dynamo ['daɪnəməʊ] *s. c.* **1** MEC. dinamo. **2** (fig.) máquina: *that fellow is a dynamo* = *ese tío es una máquina.*

dynastic [dɪ'næstɪk] *adj.* dinástico.

dynasty ['dɪnəstɪ] *s. c.* **1** dinastía (personas). **2** HIS. dinastía (época histórica).

dysentery ['dɪsəntrɪ] *s. i.* MED. disentería.

dyslexia [dɪs'leksɪə] *adj.* MED. dislexia.

dyslexic [dɪs'leksɪk] *adj.* MED. disléxico.

dyspepsia [dɪs'pepsɪə] *s. i.* MED. dispepsia.

dyspeptic [dɪs'peptɪk] *adj.* MED. dispéptico.

dystrophy ['dɪstrəfɪ] *s. i.* **1** MED. distrofia. ◆ **2 muscular ~,** MED. distrofia muscular.

e, E [iː] *s. c.* **1** e, E (quinta letra del alfabeto inglés). • *s. c.* e *i.* **2** MÚS. mi. **3** suspenso. ◆ **4 E number,** código E (que indica los aditivos de comida y bebida).
OBS. Esta letra sirve como sigla para muchas palabras como **English, east, earth,** etc.

each [iːtʃ] *adj. indef.* **1** (~ + *v./s. sing*) cada (con una sola unidad): *he wrote a sentence for each picture = escribió una frase para cada dibujo.* • *pron.* **2** cada uno: *we each had a surprise = cada uno de nosotros recibió una sorpresa.* **3** (~ **of**) cada uno de: *each of them knows English = cada uno de ellos sabe inglés.* • *adv.* **4** cada uno, por persona, por cabeza: *they bought one each = compraron uno por cabeza.* ◆ **5** ~ **and every,** todos y cada uno: *each and every house = todas y cada una de las casas.* **6** ~ **other,** uno al otro, mutuamente, se: *Mary and John love each other = Mary y John se quieren.*

eager ['iːgər] *adj.* **1** (~ {**for**/*inf.*}) ansioso, impaciente, deseoso, ávido: *he was eager to help = estaba ansioso por ayudar.* **2** excitado, ansioso, entusiasmado. ◆ **3** ~ **beaver,** ⇒ **beaver.**

eagerly ['iːgəlɪ] *adv.* ansiosamente, excitadamente, entusiásticamente; con impaciencia.

eagerness ['iːgənɪs] *s. i.* **1** (~ {**for**/*inf.*}) ansia, impaciencia, avidez. **2** entusiasmo, excitación.

eagle ['iːgl] *s. c.* **1** ZOOL. águila. **2** DEP. "eagle" (en golf, hoyo conseguido en dos golpes menos que la media). ◆ **3** ~ **eye,** vista de lince. **4 golden** ~, ZOOL. águila real.

eagle-eyed [,iːgl'aɪd] *adj.* con vista de lince.

eaglet ['iːglɪt] *s. c.* ZOOL. aguilucho.

ear [ɪər] *s. c.* **1** oreja, oído. **2** BOT. espiga (de cualquier cereal). • *s. sing.* **3** (~ {**for**}) oído, aptitud (para la música, los idiomas o similar). • *s. c.* e *i.* **4** (fig.) atención, predisposición: *he listened with a willing ear = escuchó con buena predisposición.* ◆ **5 a flea in the** ~, ⇒ **flea. 6 to be all ears,** ser todo oídos, estar totalmente dispuesto a escuchar. **7 to box someone's ears,** dar un cachete o abofetear a alguien. **8 -eared,** con orejas, de orejas (en compuestos): *big-eared = de grandes orejas.* **9 in one** ~ **and out the other,** entra por un oído y sale por el otro. **10 to keep/ have one's** ~ **to the ground,** estar al tanto de todo, estar alerta. **11 out on one's** ~, en la calle, despedido, sin trabajo. **12 to play by** ~, tocar de oído. **13 to play it by** ~, improvisar, tocar de oído (en un sentido figurado). **14 to turn a deaf** ~, hacer oídos sordos, hacerse el sordo, cerrar los oídos. **15 to be up to one's ears in,** estar hasta el cuello de: *up to my ears in work = hasta el cuello de trabajo.* **16 wet behind the ears,** ⇒ **wet. 17 with only half an** ~, sin prestar una atención total.

earache ['ɪəreɪk] *s. i.* y *sing.* dolor de oídos.

eardrops ['ɪədrɒps] *s. pl.* gotas para los oídos.

eardrum ['ɪədrʌm] *s. c.* ANAT. tímpano.

earful ['ɪəful] **to give/get an** ~, (fam.) regañar/recibir una regañina.

earl [əːl] *s. c.* **1** conde. ◆ **2 Earl,** Conde (en títulos nobiliarios).

earldom ['əːldəm] *s. i.* condición de conde, dominio del conde, condado.

earlier ['əːlɪər] *comp.* **1** de **early.** • *adj.* **2** anterior, antiguo. • *adv.* **3** antiguamente, anteriormente.

earliest ['əːlɪəst] *super.* **1** de **early.** • *adj.* **2** primero, primerizo. ◆ **3 at one's** ~ **convenience,** (form.) COM. tan pronto como (le) sea posible (especialmente utilizado en cartas comerciales). **4 at the** ~, lo más pronto posible; cuanto antes.

earliness ['əːlɪnɪs] *s. i.* prontitud, presteza; precocidad.

earlobe ['ɪələub] *s. c.* ANAT. lóbulo (de la oreja).

early ['əːlɪ] (*comp.* **earlier,** *super.* **earliest**) *adj.* **1** temprano: *very early = muy temprano.* **2** a principios de, en los primeros días/semanas/meses /etc.: *in early March = en los primeros días de marzo.* **3** temprano, tierno (edad), prematuro (al principio de la vida de alguien): *at an early age = en una edad tierna.* **4** prematuro (que ocurre antes de lo esperado): *an early death = una muerte prematura.* • *adv.* **5** temprano, tempranamente. **6** en los primeros días/ semanas/meses /etc. **7** prematuramente (antes de lo esperado). **8** con antelación, con adelanto: *he arrived early = llegó con adelanto.* ◆ **9 an** ~ **bird,** (hum.) un tipo madrugador. **10 an** ~ **riser,** un madrugador, una persona madrugadora. **11 as** ~ **as,** incluso en, hasta en, ya: *I knew about it as early as 1970 = ya en 1970 yo sabía eso.* **12** ~ **closing,** que cierra temprano (cuando las tiendas cierran antes que otros días). **13** ~ **days,** (brit.) (fam.) demasiado pronto, demasiado temprano (para una decisión, un proyecto, un resultado, etc.). **14** ~ **to bed, and** ~ **to rise (makes a man healthy, wealthy and wise),** al que madruga, Dios le ayuda. **15 to keep** ~ **hours,** ser comedido en las horas de dormir, tener cuidado de dormir suficiente; irse pronto a la cama y levantarse temprano. **16 the** ~ **bird catches the worm,** al que madruga, Dios le ayuda. **17 the** ~ **hours,** las primeras horas del día, la madrugada.

early-warning [,əːlɪ'wɔːnɪŋ] *adj.* de aviso previo.

earmark ['ɪəmɑːk] *v. t.* **1** (**to** ~ **+** *o.* **+** {**for**}) designar, destinar (algo para alguna finalidad).

earmuffs ['ɪəmʌfs] *s. pl.* orejeras (para protección contra el frío).

earn [əːn] *v. t.* ganar (dinero, salario, etc.). **2** ganar, devengar (intereses, beneficios, etc.): *the money earns good interest = el dinero devenga un buen interés.* **3** (fig.) merecer, granjearse, ganar (reputación, honor, etc.): *his good works earned him a lot of respect = sus buenas obras le granjearon mucho respeto.* ◆ **4 to** ~ **an honest penny,** ganarse la vida honradamente. **5 to** ~ **one's keep,** ganar lo suficiente para vivir. **6 to** ~ **one's living,** ganarse la vida, ganarse el pan.

earner ['əːnər] *s. c.* **1** receptor (de un sueldo). **2** fuente de ingresos (persona) (de una familia). **3** fuente de ingresos (cosa): *that deposit account is a good earner = esa cuenta a plazo fijo es una buena fuente de ingresos.*

earnest ['ɜːnɪst] *adj.* **1** serio, formal; ferroroso, ardiente. • *s. i.* **2** pago (a cuenta). **3** (fig.) prenda, fianza, señal. ◆ **4 in ~,** en serio, de manera seria; de veras.

earnestly ['ɜːnɪstlɪ] *adv.* **1** seriamente, con formalidad. **2** con toda seriedad, definitivamente; sin falsos comienzos.

earnestness ['ɜːnɪstnɪs] *s. i.* seriedad, formalidad.

earnings ['ɜːnɪŋz] *s. pl.* ingresos.

earnings-related [ˌɜːnɪŋzrɪleɪtɪd] *adj.* relacionado con los ingresos, en conexión con los ingresos.

earphone ['ɪəfəun] *s. c.* auricular (para escuchar música u otras cosas).

earpiece ['ɪəpiːs] *s. c.* **1** audífono. **2** patilla (de las gafas).

earplug ['ɪəplʌg] *s. c.* tapón para los oídos.

earring ['ɪərɪŋ] *s. c.* pendiente, arete (joya).

earshot ['ɪəʃɒt] *s. c.* **within ~/out of ~,** al alcance del oído/fuera del alcance del oído.

ear-splitting ['ɪəsplɪtɪŋ] *adj.* ensordecedor, atronador, estridente, que rompe los tímpanos.

earth [ɜːθ] *s. sing.* **1 the Earth,** la Tierra (el planeta). **2 the ~,** la tierra, la superficie terrestre. • *s. c.* **3** madriguera (de un zorro o parecido). **4** (generalmente *sing.*) ELEC. toma de tierra (en un enchufe). • *s. i.* **5** tierra, suelo: *red earth is common here = la tierra rojiza es normal aquí.* • *v. t.* **6** (brit.) ELEC. conectar la toma de tierra, hacer que la toma de tierra quede conectada. ◆ **7 to come back to ~,** regresar a la tierra, volver a la realidad, bajarse de las nubes (dejándose de fantasías). **8 to ~ up,** enterrar, cubrir con tierra (las raíces o similar, normalmente de plantas). **9 ~ science,** ciencia de la Tierra. **10 to go to ~,** esconderse, dispersarse y desaparecer. **11 hell on ~, ⇒ hell. 12 like nothing on ~,** (fam.) como nada en el mundo, de una manera impresionante (normalmente tiene sentido negativo): *he cried like nothing on earth = lloró de una manera impresionante.* **13 to move heaven and ~, ⇒ heaven. 14 on ~, a)** (**what ~**) porras, demonios, narices: *what on earth are you doing? = ¿qué demonios estás haciendo?* **b)** en este mundo, del mundo, de todo el mundo: *this is the best food on earth = esta es la mejor comida del mundo.* **15 to pay/cost/etc. the ~,** pagar /costar un potosí, pagar una fortuna/costar una fortuna. **16 to promise someone the ~,** prometer a alguien el oro y el moro. **17 to run someone/something to ~,** dar con alguien/algo, encontrar alguien/algo finalmente (después de una larga búsqueda). **18 the ends of the ~,** los confines del mundo, los lugares más recónditos de la tierra. **19 the salt of the ~, ⇒ salt.**

earthbound ['ɜːθbaund] *adj.* **1** incapaz de volar, terrestre. **2** (fig.) pedestre, prosaico.

earthen ['ɜːθn] *adj.* **1** de arcilla, de barro (cocido). **2** de tierra (dura).

earthenware ['ɜːθnweər] *adj.* **1** de arcilla, de barro (cocido). • *s. i.* **2** objetos de loza, objetos de alfarería.

earthiness ['ɜːθɪnɪs] *s. i.* desenfado, sinceridad natural (virtudes positivas).

earthly ['ɜːθlɪ] *adj.* **1** terrenal, terreno, terrestre (no espiritual o etéreo). **2** (con *neg.*) (fam.) lo más mínimo; posible, concebible: *there's no earthly use in that = eso no sirve lo más mínimo.* ◆ **3 not to have an ~,** (brit.) (fam.) no tener ni remota idea.

earthquake ['ɜːθkweɪk] *s. c.* terremoto.

earth-shattering ['ɜːθʃætərɪŋ] *adj.* importantísimo, de la máxima trascendencia, trascendental (noticia, descubrimiento, etc.).

earthwork ['ɜːθwɜːk] *s. c.* terraplén.

earthworm ['əθwɜːm] *s. c.* ZOOL. lombriz.

earthy ['ɜːθɪ] *adj.* **1** terroso, parecido a tierra, como de tierra. **2** desenfadado, sincero, natural, abierto, campechano: *John has an earthy sense of humour = John tiene un sentido del humor muy campechano.*

ear-trumpet ['ɪətrʌmpɪt] *s. c.* trompetilla (para sordos).

earwig ['ɪəwɪg] *s. c.* ZOOL. tijereta.

ease [iːz] *s. i.* **1** (~ {**of/with**}) facilidad. **2** comodidad, confort, desahogo. • *v. t.* **3** aliviar (dolor), disminuir (tensiones), mejorar (una situación mala). **4** mitigar, moderar. **5** dejar caer, poner, colocarse (un objeto en algún sitio con lentitud y cuidado): *I eased the vase into the box = puse el jarrón en la caja cuidadosamente.* • *v. pron.* **6** dejarse caer, ponerse, colocarse (con lentitud y cuidado): *he eased himself into the armchair = se dejó caer despacio en el sillón.* • *v. i.* **7** mitigarse, moderarse (tensiones, conflictos, etc.). ◆ **8 at ~/at one's ~,** relajado, cómodo, a gusto. **9 at ~/stand at ~,** MIL. ¡descanso! **10 to ~ off,** aflojar, apaciguarse, disminuir (la cantidad, velocidad, intensidad, etc., de algo). **11 to ~ up,** aflojar, apaciguarse, disminuir (la cantidad, velocidad, intensidad, etc. de algo). **12 to ~ up on,** (fam.) tratar con menos rigor, tratar con más relajación. **13 ill at ~,** nervioso, incómodo: *I felt ill at ease while he was around = me sentí incómodo mientras él estaba allí.* **14 to take one's ~,** relajarse. **15 with ~,** con facilidad, con soltura, sin dificultad.

easel ['iːzl] *s. c.* atril, caballete.

easily ['iːzɪlɪ] *adv.* **1** fácilmente, sencillamente. **2** relajadamente, sin excesivas tensiones. **3** sobradamente, con mucho (como énfasis): *that's easily the cheapest car in the world = ese es con mucho el coche más barato del mundo.* **4** probablemente, con toda probabilidad: *the flu could easily leave half the school empty = la gripe podría con toda probabilidad dejar la mitad de la escuela vacía.* ◆ **5 more ~ said than done, ⇒ easy 9.**

easiness ['iːzɪnɪs] *s. i.* facilidad, sencillez.

east [iːst] *s. i.* **1** (**the ~/the East**) este (punto cardinal). • *adv.* **2** hacia el este, en dirección al este: *travel east.* ◆ **3** este, del este: *east coast = costa este; east wind = viento del este.* ◆ **4 East German,** alemán oriental, alemán del este. **5 East Germany,** Alemania Oriental, Alemania del Este. **6 the East,** GEOG. **a)** países del Este de Europa. **b)** el Oriente (China, Japón, India, etc.).

eastbound ['iːstbaund] *adj.* con dirección al este, con rumbo al este.

Easter ['iːstər] *s. i.* **1** Semana Santa, Pascua. ◆ **2 ~ egg,** huevo de Pascua. **3 ~ Monday,** lunes de Pascua. **4 ~ Sunday,** REL. domingo de Resurrección.

easterly ['iːstəlɪ] *adj.* **1** oriental, hacia el este. **2** de levante (viento).

eastern ['iːstən] *adj.* **1** oriental, del este (orientación de una extensión geográfica). **2** oriental, del oriente: *eastern culture = cultura oriental.* **3** POL. del este (referido a los países del Este de Europa).

easterner ['iːstənər] *s. c.* oriental (especialmente los de esa región en Estados Unidos).

easternmost ['iːstənməust] *adj.* más hacia el este, más oriental.

eastward ['iːstwəd] (también **eastwards**) *adj.* y *adv.* hacia el este, en dirección al este; del este.

easy ['iːzɪ] *adj.* **1** fácil, sencillo. **2** relajado. **3** (~ {**on**}) (fam.) bueno para, agradable para: *this kind of music is easy on the ears = este tipo de música es agradable a los oídos.* **4** sencillo, cómodo, sin complicaciones, sin preocupaciones: *an easy life = una vida sin preocupaciones.* **5** propicio (víctima), fácil (presa). **6** (desp. y fam.) chupado, tirado. ◆ **7 as ~ as pie,** (fam.) chupado, tirado; un niño lo podría hacer. **8 to be ~ about, a)** (brit.) (fam.) no tener una preferencia clara por, darle a uno lo mismo (hacer una cosa u otra). **b)** (con *neg.*) encontrarse cómodo con, encontrarse a gusto con: *I have never been easy about Freudian theories = nunca me he encontrado a gusto con las teorías freudianas.* **9 easier said than done,** es más facil predicar que dar trigo, más fácil decirlo que hacerlo. **10 ~ chair,** butacón, poltrona, sillón. **11 ~ come, ~ go,** (fam.) feliz cuando tiene dinero y feliz cuando no, despreocupado por las cosas materiales, el dinero así como viene se va. **12 ~ does it,** (fam.) cuidado, dale despacio, ve con cuidado, no te apresures. **13 ~ touch,** (fam.) toque suave, toque delicado. **14 far from ~/none too ~/no ~ task,** nada fácil, demasiado difícil. **15 to go ~ on,** (fam.) utilizar con parquedad, tomar con moderación, economizar, no pasarse con (usar, tomar, etc., algo): *go easy on the wine or you'll be drunk = no te pases con el vino o te embo-*

rracharás. **16 to stand ~,** MIL. estar en posición de descanso. **17 to take it/ things ~,** tomárselo con calma, tomar las cosas con calma. **18 all too ~,** muy fácil (con matiz negativo): *it's all too easy to criticize = es muy fácil criticar.* **19 woman of ~ virtue,** mujer fácil, mujer de vida fácil.

easygoing [ˌiːzɪ'gəuɪŋ] *adj.* acomodadizo, plácido, de disposición despreocupada.

eat [iːt] (*pret.* **ate,** *p.p.* **eaten**) *v. t.* **1** comer, tomar, ingerir. **2** (fam.) carcomer, corroer por dentro, inquietar, intranquilizar: *what's eating you? = ¿qué te está carcomiendo?* ● *v. i.* **3** comer. ● *s. pl.* **4** (fam.) comida. ◆ **5 to ~ away,** desgastar poco a poco, corroer gradualmente. **6 to ~ humble pie,** ⇒ **humble. 7 to ~ in,** comer en casa. **8 to ~ into, a)** corroer, desgastar. **b)** mermar, hacer estragos en (energía, ahorros, etc.). **9 to ~ like a horse,** (fam.) comer como un lobo, comer muchísimo. **10 to ~ one's hat,** ⇒ **hat. 11 to ~ one's heart out,** sufrir amargamente, sufrir sin rechistar, sufrir en silencio. **12 to ~ one's words,** ⇒ **word. 13 to ~ out,** comer fuera de casa, comer fuera, comer en un restaurante. **14 to ~ someone out of house and home,** ⇒ **house. 15 to ~ up, a)** comer todo, devorar, acabar con todo. **b)** absorber, hacer desaparecer, deshacerse de (cosas en grandes cantidades): *the new job is eating up all my spare time = el empleo nuevo me absorbe todo el tiempo libre.* **c)** (generalmente pasiva) (fam. y desp.) corroer, consumir (la envidia, los celos, el deseo, etc.): *he was eaten up by jealousy = estaba consumido per los celos.* **16 to have someone eating out of one's hand,** (fam.) tener a alguien en el poder de uno, tener a alguien dominado. **17 I could ~ a horse,** (fam.) tengo un hambre de lobo, tengo un hambre atroz, me muero de hambre.

eatable ['iːtəbl] *adj.* comestible, que se puede comer.

eaten ['iːtn] *p. p.* de **eat.**

eater ['iːtər] *s. c.* **1** comedor; devorador. **2** (fam.) fruta de mesa. ◆ **3 to be a big ~,** ser un comilón.

eating ['iːtɪŋ] *adj.* **1** comestible (sólo referido a fruta que se puede comer cruda). ⇒ **eater 2.** ◆ **2 ~ disorder,** trastorno alimentario.

eating-house ['iːtɪŋhaus] *s. c.* (también **eating-place**) *s. c.* casa de comidas, restaurante.

eating-place ['iːtɪŋpleɪs] *s. c.* ⇒ **eating-house.**

eau-de-cologne [ˌəudəkə'ləun] (también **cologne**) *s. i.* agua de colonia, colonia.

eaves [iːvz] *s. pl.* ARQ. aleros (de un tejado).

eavesdrop ['iːvzdrɒp] (*ger.* **eavesdropping,** *p.p.* **eavesdropped**) *v. i.* (**to ~ {on}**) llevar a cabo una escucha, escuchar furtiva y secretamente, escuchar a escondidas.

eavesdropper ['iːvzdrɒpər] *s. c.* persona que escucha a escondidas.

ebb [eb] *v. i.* **1** bajar, menguar (la marea). **2** (lit. y fig.) decaer, menguar, declinar (la fuerza, los sentimientos, etc. de una persona). ● *s. sing.* **3** ({**the**} ~) reflujo (de la marea). ◆ **4 at a low ~,** en un punto bajo, en franca decadencia, muy decaído (en ánimo, fortuna, etc.). **5 to ~ away, a)** bajar, menguar (la marea). **b)** (fig.) disminuir, decaer (sentimientos). **6 ~ tide,** marea baja. **7 on the ~,** en mengua (la marea). **8 the ~ and flow of,** el flujo y reflujo, las subidas y bajadas (de la suerte, vida, progreso, etc.).

ebony ['ebənɪ] *s. c.* **1** BOT. ébano. ● *s. i.* **2** madera de ébano, ébano. ● *adj.* **3** ébano, de color de ébano, de ébano. **4** de ébano (muebles).

ebullience [ɪ'bʌlɪəns] *s. i.* (form.) exaltación, efervescencia, ebullición, exuberancia (de personas).

ebullient [ɪ'bʌlɪənt ‖ ɪ'bulɪənt] *adj.* (form.) exaltado, efervescente, en ebullición, exuberante (de personas).

ebulliently [ɪ'bʌlɪəntlɪ] *adv.* (form.) exaltadamente, efervescentemente, con gran ebullición, exuberantemente.

EC [ˌiː'siː] (siglas de **European Community**) *s. sing.* CE, Comunidad Europea.

eccentric [ɪk'sentrɪk] *adj.* **1** excéntrico, extravagante, no convencional. ● *s. c.* **2** excéntrico, extravagante.

eccentrically [ɪk'sentrɪklɪ] *adv.* excéntricamente, extravagantemente, sin ningún convencionalismo.

eccentricity [ˌeksen'trɪsɪtɪ] *s. i.* **1** excentricidad, extravagancia. ● *s. c.* **2** (generalmente *pl.*) excentricidad (de una persona concreta): *I don't mind my grandfather's eccentricities = no me importan las excentricidades de mi abuelo.*

ecclesiastic [ɪˌkliːzɪ'æstɪk] *s. c.* (form. y p. u.) eclesiástico, clérigo.

ecclesiastical [ɪˌkliːzɪ'æstɪkl] *adj.* eclesiástico.

ecclesiastically [ɪˌkliːzɪ'æstɪklɪ] *adv.* eclesiásticamente, desde una óptica eclesiástica.

echelon ['eʃəlɒn] *s. c.* **1** categoría, grado (en una organización). **2** MIL. escalafón (jerarquía).

echo ['ekəu] (*pl.* **echoes**) *s. c.* **1** eco. **2** (~ {**of**}) (fig.) repetición, eco. **3** (~ {**of**}) eco, trazo (que le recuerda otra cosa a uno): *there are echoes of romanticism in his work = hay ecos del romanticismo en su obra.* ● *v. i.* **4** hacer eco, reverberar. **5** resonar, estar lleno de ecos (un lugar). **6** (fig.) resonar, oírse, estar en candelero (un tema de actualidad, una noticia, etc.). ● *v. t.* **7** hacerse eco de, repetir, reproducir (lo que otro ha dicho, escrito, pintado, etc.): *he echoed my words = él se hizo eco de mis palabras; the rhythm echoes African dances = el ritmo reproduce el de las danzas africanas.* ◆ **8 to the ~,** (arc.) con gran volumen durante mucho tiempo; repetidamente.

echoing ['ekəuɪŋ] *adj.* resonante, reverberante, que hace eco.

echo-sounder ['ekəusaundər] *s. c.* MAR. onda acústica, sonar.

éclair [ɪ'kleər ‖ eɪ'kleər] (también **chocolate éclair**) *s. c.* GAST. pastel relleno de crema y recubierto de chocolate.

éclat ['eɪklɑː ‖ eɪ'klɑː] *s. i.* **1** gran éxito, gran resonancia. **2** aplauso, aclamación.

eclectic [ɪ'klektɪk] *adj.* **1** (form.) ecléctico. ● *s. c.* **2** (form.) ecléctico.

eclectically [ɪ'klektɪklɪ] *adv.* (form.) eclécticamente.

eclecticism [ɪ'klektɪsɪzəm] *s. i.* (form.) FIL. eclecticismo.

eclipse [ɪ'klɪps] *s. c.* **1** ASTR. eclipse. ● *s. sing.* **2** (fig.) eclipse, desaparición, oscurecimiento; pérdida de influencia. ● *v. t.* **3** ASTR. eclipsar. **4** (fig.) eclipsar, dejar empequeñecido. ◆ **5 in/into ~,** en decadencia, en proceso de desaparición, en vías de desaparecer.

eco- [iːkəu] *prefijo* eco (para compuestos que tengan relación con la ecología): *ecotype = ecotipo.*

ecological [ˌiːkə'lɒdʒɪkl] *adj.* **1** BIOL. ecológico. **2** POL. verde, ecológico.

ecologically [ˌiːkə'lɒdʒɪklɪ] *adv.* ecológicamente, desde el punto de vista del equilibrio de la naturaleza.

ecologist [iː'kɒlədʒɪst] *s. c.* **1** BIOL. experto en ecología, ecólogo, ecologista. **2** POL. verde, miembro del partido ecologista.

ecology [iː'kɒlədʒɪ] *s. i.* **1** BIOL. ecología. ◆ **2 the Ecology Party,** (también **the Green Party**) POL. el partido verde, el partido ecologista.

e-commerce [ˌiː'kɒməːs] *s. i.* comercio por internet.

econometrics [ˌiːkɒnə'metrɪks] *s. i.* econometría.

economic [ˌiːkə'nɒmɪk ‖ ˌekə'nɒmɪk] *adj.* **1** económico, financiero: *the economic system = el sistema económico.* **2** económico, que cueste poco, que cueste lo justo.

economical [ˌiːkə'nɒmɪkl ‖ ˌekə'nɒmɪkl] *adj.* **1** barato, económico. **2** cuidadoso con el dinero, frugal, consciente del gasto. **3** eficiente, ajustado (uso de tiempo, energías, etc.).

economically [ˌiːkə'nɒmɪklɪ ‖ ˌekə'nɒklɪ] *adv.* **1** económicamente, desde el punto de vista económico. **2** económicamente, sin demasiado gasto, módicamente. **3** frugalmente, cuidadosamente con el dinero. **4** eficientemente, ajustadamente (en el uso del tiempo, energías, etc.).

economics [ˌiːkə'nɒmɪks ‖ ˌekə'nɒmɪks] *s. i.* **1** economía (como ciencia). ● *s. pl.* **2** economía, medidas económicas.

economise *v. i.* ⇒ **economize.**

economist [ɪ'kɒnəmɪst] *s. c.* economista.

economize [ɪ'kɒnəmaɪz] (también **economise**) *v. i.* (**to ~ {on}**) economizar, reducir costes, ahorrar.

economy [ɪ'kɒnəmɪ] *s. c.* **1** economía, sistema económico. **2** (generalmente *pl.*) ahorro, economía, reducción de costes. **3** (generalmente *sing.*) estado económico, situación económica, economía (de un país, región, etc.). • *s. i.* **4** ahorro, reducción de costes, economía, frugalidad: *the situation is bad, we need to make economies = la situación está mal, necesitamos una reducción de costes.* **5** (~ {**of**}) (fig.) ahorro, uso inteligente, uso cuidadoso (del tiempo, idioma, energías, etc.). • *adj.* **6** ahorrativo, económico (en ofertas de tiendas, de viajes, etc.): *economy class = clase económica/turista.* ◆ **7 economies of scale,** economías de escala.

ecosystem ['iːkəusɪstəm] *s. c.* BIOL. ecosistema.

ecstasy ['ekstəsɪ] *s. c.* e *i.* **1** éxtasis, arrobamiento, embeleso. **2** rapto, frenesí, delirio, ataque agudo (de sentimiento o pasión): *an ecstasy of delight = un rapto de gozo.* ◆ **3 to go into ecstasies (about),** caer en éxtasis **4 in ecstasies,** en puro éxtasis, en arrobamiento.

ecstatic [ɪk'stætɪk] *adj.* eufórico, embelesado, de puro éxtasis: *an ecstatic welcome = una bienvenida eufórica.*

ecstatically [ɪk'stætɪklɪ] *adv.* eufóricamente, embelesadamente, lleno de puro éxtasis.

ectoplasm ['ektəplæzəm] *s. i.* **1** BIOL. ectoplasma. **2** emanación del médium (en el espiritismo).

ECU ['eɪkjuː] (*abrev.* de **European Currency Unit**) *s. c.* ecu.

Ecuador ['ekwədɔːr] *s. sing.* Ecuador.

Ecuadorian [ˌekwə'dɔːrɪən] *adj.* **1** ecuatoriano, de Ecuador. • *s. c.* **2** ecuatoriano.

ecumenical [ˌiːkjuː'menɪkl] (también **oecumenical**) *adj.* **1** REL. ecuménico. ◆ **2** ~ **council,** REL. concilio ecuménico (expresando la universalidad de la iglesia).

ecumenically [ˌiːkjuː'menɪklɪ] *adv.* ecuménicamente.

ecumenicism [ˌɪkjuː'menɪsɪzəm] (también **ecumenism**) *s. i.* REL. ecumenismo.

ecumenism [ɪ'kjuːmənɪzəm] *s. i.* ⇒ **ecumenicism.**

eczema ['eksɪmə || ɪg'ziːmə] *s. i.* MED. eczema.

eddy ['edɪ] *v. i.* **1** remolinear, revolotear, arremolinarse (sin rumbo o propósito fijo). • *s. c.* **2** remolino, revoloteo (del agua, viento, polvo, etc.).

edelweiss ['eɪdlvaɪs] (*pl.* **edelweiss**) *s. c.* BOT. edelweiss.

Eden ['iːdn] *s. sing.* REL. **1** Edén. ◆ **2 the Garden of** ~, el jardín del Edén.

edge [edʒ] *s. c.* **1** (~ {**of**}) borde, límite, margen (de cualquier espacio físico). **2** filo (de un cuchillo o similar). **3** (~ {**of**}) borde (parte fina de un objeto): *on the edge of the table = sobre el borde de la mesa.* • *s. sing.* **4** (**the** ~ {**of**}) el borde, el límite (de una situación): *to the edge of war = al borde de la guerra.* **5** (~ {**over**}) ventaja, prioridad: *he has the edge over the other competitors = él tiene ventaja sobre otros competidores.* **6** (**an** ~ {**to**}) deje, sabor, acento cortante (en la voz, tono o similar). • *v. t.* **7** bordear, ribetear, poner bordes en. **8** empujar poco a poco, trasladar gradualmente (un objeto): *I edged my chair away from him = empujé poco a poco mi silla lejos de él.* • *v. i.* **9 to** ~ **closer/away,** acercar(se)/alejar(se); moverse poco a poco; acercarse/alejarse poco a poco (dependiendo de la preposición).◆ **10 double** ~, de doble filo (espada, etc.). **11 -edged,** de borde, de lado, de filo (en compuestos): *a new five-edged coin = una nueva moneda de cinco lados.* **12 on** ~, en tensión, con los nervios de punta. **13 to set somebody's teeth on** ~, poner los nervios de punta, irritar a alguien en gran manera. **14 to take the** ~ **off,** suavizar, mitigar (un enfado o similar); quitar hierro a (una situación desagradable). **15 to take the** ~ **off one's appetite,** engañar el hambre (comiendo un poquito).

edgeways ['edʒweɪz] (también **edgewise**) *adv.* **1** de filo, de canto. ◆ **2 to get a word in** ~, (generalmente *neg.*) meter baza (hablando): *she didn't let me get a word in edgeways = ella no me dejó meter baza.*

edgewise ['edʒwaɪz] *adv.* ⇒ **edgeways.**

edgily ['edʒɪlɪ] *adv.* (fam.) nerviosamente, con inquietud.

edginess ['edʒɪnɪs] *s. i.* (fam.) nerviosismo, inquietud, intranquilidad.

edging ['edʒɪŋ] *s. c.* reborde, orla, margen.

edging-shears ['edʒɪŋʃɪəz] *s. pl.* tijeras de jardinero para los bordes.

edgy ['edʒɪ] *adj.* (fam.) nervioso, inquieto.

edibility [ˌedɪ'bɪlɪtɪ] *s. i.* condición de ser comestible, no nocividad (de un alimento).

edible ['edɪbl] *adj.* comestible, comible.

edict ['iːdɪkt] *s. c.* **1** (form.) instrucción oficial, mandato oficial. **2** decreto, ordenanza, edicto (gubernamental o de autoridad equivalente).

edification [ˌedɪfɪ'keɪʃn] *s. i.* (form. o hum.) edificación, enseñanza (moral).

edifice ['edɪfɪs] *s. c.* edificio, construcción (especialmente cuando es imponente).

edify ['edɪfaɪ] *v. t.* (form.) instruir, enseñar, edificar, aleccionar (especialmente con un sentido ético).

edifying ['edɪfaɪɪŋ] *adj.* (form.) edificante, ejemplar, aleccionador, instructivo (desde el punto de vista del ejemplo).

edit ['edɪt] *v. t.* **1** corregir, anotar, preparar para su publicación (un texto). **2** editar, preparar una edición, dirigir una colección (de artículos dentro de un mismo libro o de libros): *I'll edit the whole collection = yo dirigiré toda la colección.* **3** PER. dirigir (una publicación como periódico, revista, etc.). **4** TV. montar, hacer el montaje de (película o similar). **5** INF. editar (un texto para su procesamiento por ordenador). • *v. i.* **6** corregir, hacer correcciones, hacer los preparativos para la publicación (de textos). • *s. c.* **7** corrección, arreglo, preparación para publicación (de un texto). ◆ **8 to** ~ **out,** cortar, borrar, suprimir (de un texto o película).

edited ['edɪtɪd] *adj.* corregido, anotado, arreglado, preparado (textos).

editing ['edɪtɪŋ] *s. i.* corrección, anotación, preparación (de textos).

edition [ɪ'dɪʃn] *s. c.* **1** edición (de cualquier tipo de texto): *the morning edition of this newspaper = la edición de la mañana de este periódico.* **2** tirada, edición: *there have been three editions of this book so far = hasta ahora ha habido tres ediciones de este libro.* **3** (~ {**of**}) TV. programa (uno dentro de una serie).

editor ['edɪtər] *s. c.* **1** PER. director. **2** PER. redactor, jefe de sección (con el nombre de la sección bajo su cargo): *the sports editor = el jefe de la sección de deportes.* **3** TV. jefe de montaje. **4** corrector; compilador, coordinador (de una obra literaria). **5** INF. editor de textos (programa).

editorial [ˌedɪ'tɔːrɪəl] *s. c.* **1** PER. editorial. • *adj.* **2** editorial (en cuanto tiene que ver con textos). **3** editorial (en cuanto a la dirección de una publicación): *the editorial policy is not coherent = la política editorial no es coherente.* ◆ **4** ~ **staff,** PER. redacción (grupo de trabajadores).

editorialise *v. i.* ⇒ **editorialize.**

editorialize [ˌedɪ'tɔːrɪəlaɪz] (también **editorialise**) *v. i.* PER. hacer comentarios de matiz subjetivo (especialmente en artículos que deberían ser neutros y objetivos).

editorializing [ˌedɪ'tɔːrɪəlaɪzɪŋ] (también **editorialising**) *adj.* **1** (desp.) subjetivo (especialmente en artículos que se espera que sean objetivos). • *s. i.* **2** (desp.) comentarios subjetivos (cuando especialmente no deberían serlo).

editorially [ˌedɪ'tɔːrɪəlɪ] *adv.* en cuanto a su política editorial (relativo a la opinión oficial de una publicación).

editorship ['edɪtəʃɪp] *s. i.* PER. dirección.

educate ['edjukeɪt] *v. t.* **1** educar (intelectualmente), instruir, formar (la mente). **2** pagar una educación, dar una educación (intelectual, por parte de los padres: *I will try to earn enough to be able to educate my children in the best schools = intentaré ganar lo suficiente para poder educar a mis hijos en las mejores escuelas.* **3** formar, informar, educar (para la mejora): *we must educate parents now = debemos educar a los padres ahora.*

educated ['edjukeɪtɪd] *adj.* **1** educado (intelectualmente), instruido. ◆ **2 an** ~ **guess,** una suposición fundada, una adivinanza probable.

education [ˌedjʊ'keɪʃn] *s. i.* **1** educación, instrucción (como sistema). **2** educación, formación (intelectual): *I am worried about your education = estoy preocupado por tu educación.* **3** pedagogía, teoría de la educación.

educational [ˌedjʊ'keɪʃənl] *adj.* **1** educativo, de la educación. **2** instructivo, educativo, formativo: *the programme was very educational = el programa fue muy instructivo.*

educationalist [ˌedjʊ'keɪʃənəlɪst] (también **educationist**) *s. c.* especialista en educación, experto en educación, pedagogo.

educationally [ˌedjʊ'keɪʃənəlɪ] *adv.* educativamente.

educationist [ˌedjʊ'keɪʃənɪst] *s. c.* ⇒ **educationalist.**

educative ['edjʊkətɪv] *adj.* educativo, instructivo, formativo. ⇒ **educational.**

educator ['edjʊkeɪtər] *s. c.* pedagogo, experto en educación; profesor.

edutainment [ˌedjʊ'teɪnmənt] *s. i.* juegos con contenidos pedagógicos.

Edwardian [e'dwɔːdɪən] *adj.* ARQ. eduardiano, de la época eduardiana (de principios de siglo).

EEC [ˌiːiː'siː] (siglas de **European Economic Community**) *s. sing.* CEE, Comunidad Ecónomica Europea.

eel [iːl] *s. c.* ZOOL. anguila.

e'er [eər] *adv.* (lit.) jamás, nunca (forma poética de **ever**).

eerie ['ɪərɪ] (también **eery**) *adj.* misterioso, fantástico, extraño (con sentimiento de miedo).

eerily ['ɪərɪlɪ] *adv.* misteriosamente, fantásticamente, extrañamente.

eery *adj.* ⇒ **eerie.**

eff [ef] *v. i.* ~ **off,** (euf.) irse a la porra (para no utilizar **fuck**).

efface [ɪ'feɪs] *v. t.* **1** borrar, hacer olvidar (una equivocación, un sentimiento desagradable, etc.); eclipsar (una mala impresión). **2** (form.) borrar, hacer desaparecer (físicamente). • *v. pron.* **3** retirarse de la escena, no hacerse notar, pasar inadvertido (como actitud de humildad): *he effaces himself when his boss is present = no se hace notar cuando su jefe está presente.*

effacement [ɪ'feɪsmənt] *s. i.* **1** borrado, tachadura; desaparición (física). **2** modestia, humildad, discreción.

effect [ɪ'fekt] *s. c.* **1** (~ {**on**}) efecto, resultado, consecuencia. **2** sensación, efecto, resultado (corporal): *under the effect of the strong drug = bajo los efectos de la fuerte droga.* **3** (generalmente *sing.*) impresión, efecto: *if you put the vase on that table you will spoil the effect = si pones el jarrón en esa mesa estropearás el efecto.* • *s. i.* **4** resultado, impacto, consecuencia. • *s. pl.* **5** (form.) efectos personales, posesiones personales, pertenencias. **6** efectos especiales (de una película, entendidos en general, sin distinguir los de sonido de los de escenario, etc.). • *v. t.* **7** (form.) efectuar, ejecutar, llevar a cabo. ◆ **8 for ~,** para causar efecto, para mayor dramatismo, para impresionar. **9 in ~,** en efecto, efectivamente, en realidad. **10 to put /bring/carry something into ~,** poner en marcha algo, llevar a cabo algo, hacer realidad algo. **11 to take ~,** hacer efecto (una medicina, una medida económica, un plan de acción social, etc.). **12 to take ~/come into ~/go into ~,** tener efecto, entrar en vigor (ley o similar). **13 to good/ great/etc. ~,** con buen resultado, con magníficos resultados. **14 to no/ little ~,** sin resultados, sin resultado alguno, inútilmente. **15 to the ~ that,** en el sentido de que, apuntando a que, indicando que: *he repeated what Frank had said to the effect that he wasn't up to the job = repitió lo que Frank había dicho apuntando a que no estaba capacitado para el empleo.* **16 to this/that ~,** en este/ese sentido. **17 with immediate ~/with ~,** con efecto inmediato.

effective [ɪ'fektɪv] *adj.* **1** efectivo, eficaz, con resultados: *an effective measure = una medida eficaz.* **2** efectivo, impactante, impresionante, de impresión: *an effective design = un diseño impresionante.* **3** real, efectivo (no teórico): *the effective boss = el jefe real.* ◆ **4 to become ~,** entrar en vigor (una ley, acuerdo, etc.).

effectively [ɪ'fektɪvlɪ] *adv.* **1** efectivamente, en efecto, en realidad. **2** eficientemente, eficazmente.

effectiveness [ɪ'fektɪvnɪs] *s. i.* **1** eficacia. **2** impresión, impacto (de una acción llamativa). **3** vigencia (de una ley, acuerdo, etc.).

effectual [ɪ'fektʃʊəl] *adj.* (form.) efectivo, eficaz; válido.

effectually [ɪ'fektʃʊəlɪ] *adv.* (form.) efectivamente, eficazmente; válidamente.

effeminacy [ɪ'femɪnəsɪ] *s. i.* (desp.) afeminamiento, afeminación.

effeminate [ɪ'femɪnɪt] *adj.* (desp.) afeminado.

effeminately [ɪ'femɪnətlɪ] *adv.* (desp.) afeminadamente.

effervesce [ˌefə'ves] *v. i.* **1** hacer efervescencia (cualquier líquido). **2** (**to ~** {**with**}) (form.) bullir, estar eufórico (de alegría o similar).

effervescence [ˌefə'vesns] *s. i.* **1** efervescencia (en líquidos). **2** (fig.) efervescencia, euforia (de sentimientos).

effervescent [ˌefə'vesnt] *adj.* **1** efervescente (líquido). **2** (fig.) eufórico, lleno de euforia.

effete [ɪ'fiːt] *adj.* (desp.) incapaz, decadente, debilucho.

effeteness [ɪ'fiːtnɪs] *s. i.* (desp.) incapacidad, decadencia, debilidad.

efficacious [ˌefɪ'keɪʃəs] *adj.* (form.) eficaz, con buenos resultados (nunca hablando de personas).

efficaciously [ˌefɪ'keɪʃəslɪ] *adv.* (form.) eficazmente (nunca sobre acciones de personas).

efficacy ['efɪkəsɪ] *s. i.* eficacia (nunca de una persona).

efficiency [ɪ'fɪʃnsɪ] *s. i.* **1** eficiencia, profesionalidad, competencia. • *s. c.* e *i.* **2** FÍS. eficiencia, rendimiento.

efficient [ɪ'fɪʃnt] *adj.* eficaz, eficiente, profesional, competente.

efficiently [ɪ'fɪʃntlɪ] *adv.* eficazmente, eficientemente, profesionalmente, competentemente.

effigy ['efɪdʒɪ] *s. c.* **1** (form.) efigie, escultura. **2** escultura, estatua, talla, muñeco: *they were carrying effigies of the politicians = llevaban muñecos de políticos.* ◆ **3 in ~,** en efigie, en forma de muñeco.

effing ['efɪŋ] *adj.* (euf.) asqueroso, desagradable, de asco (para no utilizar **fucking**).

efflorescence [ˌeflɔː'resns] *s. i.* (lit.) **1** florecimiento. **2** (fig.) florecimiento, época de florecimiento (de la literatura, artes, etc.).

efflorescent [ˌeflɔː'resnt] *adj.* **1** (lit.) floreciente. **2** (fig.) floreciente, boyante (en el arte o similar).

effluent ['efluənt] *s. c.* e *i.* (form.) desperdicio (en estado líquido).

effort ['efət] *s. c.* **1** esfuerzo. **2** sacrificio, campaña de esfuerzo: *the war effort = la campaña de esfuerzo para la guerra.* **3** intento (fallido), obra (de mala calidad), esfuerzo infructuoso (de hacer algo). • *s. i.* **4** esfuerzo. **5** dificultad, sacrificio: *after so many months in bed he walked with effort = después de tantos meses en la cama caminaba con dificultad.* ◆ **6 an ~ of will,** un esfuerzo de la voluntad. **7 to be worth the ~,** valer la pena el esfuerzo, valer la pena el sacrificio. **8 to make an ~,** esforzarse. **9 to make the ~,** hacer esfuerzos, poner de la parte de uno: *he never makes the effort to talk = nunca pone de su parte para hablar.*

effortless ['efətlɪs] *adj.* **1** sin esfuerzo, sin sacrificio. **2** fácil, de manera natural: *he has an effortless style of writing = tiene un estilo de escribir fácil.*

effortlessly ['efətlɪslɪ] *adv.* de manera fácil, fácilmente, sin esfuerzo alguno.

effortlessness ['efətlɪsnɪs] *s. i.* facilidad, ausencia de esfuerzo, ausencia de sacrificio.

effrontery [ɪ'frʌntərɪ] *s. i.* descaro, insolencia, desfachatez.

effulgence [ɪ'fʌldʒəns] *s. i.* (lit.) refulgencia, resplandor (de luz).

effusion [ɪ'fjuːʒn] *s. c.* e *i.* **1** (lit. o form.) efusión (de líquido, gas, luz, etc.). **2** (fig.) efusión, desahogo (de sentimientos, emociones, ideas, etc.).

effusive [ɪ'fjuːsɪv] *adj.* efusivo, expansivo (especialmente de sentimientos).

effusively [ɪ'fjuːsɪvlɪ] *adv.* efusivamente, expansivamente (en cuanto a sentimientos).

effusiveness [ɪ'fjuːsɪvnɪs] *s. i.* efusividad, naturaleza efusiva.

e.g. [ˌiː'dʒiː] (*abrev.* de **exempli gratia**) *adv.* por ejemplo, es decir.

egalitarian [ɪˌgælɪ'teərɪən] *adj.* **1** igualitario. • *s. c.* **2** igualitario, creyente en el igualitarismo.

egalitarianism [ɪ,gælɪ'teərɪənɪzəm] *s. i.* POL. igualitarismo.

egg [eg] *s. c.* **1** huevo. **2** BIOL. óvulo, huevo (del aparato reproductor femenino). • *s. c.* e *i.* **3** huevo (como comida). ◆ **4 a chicken and ~ situation,** ⇒ **chicken. 5 a curate's ~**, (brit.) (desp.) algo que no es ni fu ni fa, ni chicha ni limoná. **6 a bad /good ~,** (p. u. o hum.) una mala /buena persona, un tipo de cuidado excelente. **7 as sure as eggs is eggs,** con toda seguridad, con total certeza, sin ningún género de dudas. **8 don't teach your grandmother to suck eggs,** (brit.) no hay que enseñar al maestro lo que sabe muy bien. **9 to ~ on,** azuzar, incitar, animar (a alguien a hacer algo). **10 to have ~ on one's face,** quedar como un idiota, hacer el tonto públicamente. **11 to put all one's eggs in one basket,** poner toda la carne en el asador; jugárselo todo a una carta, arriesgar todo al mismo caballo. **12 to walk on eggs,** actuar con precaución, andarse con cuidado.

eggbeater ['egbi:tər] *s. c.* ⇒ **egg-whisk.**

eggcup ['egkʌp] *s. c.* huevera (recipiente donde se sirven los huevos pasados por agua).

egghead ['eghed] *s. c.* (fam. y desp.) cabeza pensante, intelectual.

eggplant ['egplænt] (brit. **aubergine**) *s. c.* e *i.* (EE UU) berenjena.

eggshell ['egʃel] *s. c.* e *i.* **1** cáscara (de huevo). • *adj.* **2** fino; frágil (como la cáscara de un huevo). **3** apagado (tono pintura).

egg-timer ['egtaɪmər] *s. c.* reloj de arena (típico para medir el tiempo de cocción de un huevo).

egg-whisk ['egwɪsk] (también **eggbeater**) *s. c.* batidor de huevos (manual).

eglantine ['egləntaɪn] (también **sweetbriar**) *s. i.* BOT. eglantina.

ego ['egəʊ || 'i:gəʊ] *s. c.* **1** (fam.) ego, autoestima. **2** PSIC. ego.

egocentric [,egəʊ'sentrɪk] *adj.* egocéntrico.

egocentricity [,egəʊsən'trɪsətɪ] *s. i.* egocentrismo.

egoism ['egəʊɪzəm || 'i:gəʊɪzəm] *s. i.* ⇒ **egotism.**

egoist ['egəʊɪst || 'i:gəʊɪst] ⇒ **egotist.**

egoistic [,egəʊ'ɪstɪk || ,i:gəʊ'ɪstɪk] *s. c.* ⇒ **egotistic.**

egomania [,egəʊ'meɪnɪə] *s. i.* PSIQ. egomanía, preocupación obsesiva por el propio yo.

egomaniac [,egəʊ'meɪnɪæk] *s. c.* PSIQ. maníaco obsesivo del yo.

egotism ['egətɪzəm || 'i:gəʊtɪzəm] *s. i.* **1** (desp.) egoísmo. **2** FIL. egocentrismo.

egotist ['egətɪst || 'i:gəʊtɪst] *s. c.* egoísta.

egotistic [,egə'tɪstɪk || ,i:gətɪstɪk] (también **egotistical**) *adj.* egoísta.

egotistical [,egə'tɪstɪkl || ,i:gə'tɪstɪkl] *adj.* ⇒ **egotistic.**

egotistically [,egə'tɪstɪklɪ] *adv.* egoístamente, egoísticamente.

ego-trip ['egəʊtrɪp] *s. c.* (desp.) acción pensando en uno mismo, actitud ególatra.

egregious [ɪ'gri:dʒəs] *adj.* (form.) egregio, insigne; atroz (normalmente para algo negativo).

egregiously [ɪ'gri:dʒəslɪ] *adv.* (form.) insignemente; atrozmente.

egress ['i:gres] *s. i.* **1** (form. y p. u.) salida. • *s. c.* **2** DER. salida, derecho de salida.

egret ['i:grɪt] *s. c.* ZOOL. airón, penacho (tipo de ave).

Egypt ['i:dʒɪpt] *s. sing.* Egipto.

Egyptian [ɪ'dʒɪpʃn] *adj.* **1** egipcio (cultura). • *s. c.* **2** egipcio (habitante).

eh [eɪ] *interj.* **1** ¿eh?, ¿no? (expresando contestación o búsqueda de acuerdo): *that looks beautiful, eh? = eso tiene un aspecto magnífico, ¿no?* **2** ¿eh?, ¿cómo? (queriendo que se repita algo porque no se ha entendido).

eiderdown ['aɪdədaʊn] *s. c.* edredón.

eight [eɪt] *num. card.* **1** ocho. • *s. c.* **2** DEP. ocho, embarcación de ocho remeros. ◆ **3 eight-,** de ocho (en compuestos): *eight-sided = de ocho lados.* **4 to have one over the ~,** (fam.) estar chispa, estar un poco bebido.

eighteen [,eɪ'ti:n] *num. card.* dieciocho.

eighteenth [,eɪ'ti:nθ] *num. ord.* décimo octavo.
OBS. Se utiliza con los siglos y con las fechas: *the eighteenth century = el siglo dieciocho; my birthday is on the eighteenth = mi cumpleaños es el dieciocho.*

eighth [eɪtθ] *num. ord.* **1** octavo. • *s. c.* **2** octavo, octava parte. ◆ **3 ~ note,** (EE UU) MÚS. corchea.

eightieth ['eɪtɪəθ] *num. ord.* octogésimo.

eightsome ['eɪtsəm] *s. sing.* **1** grupo de ocho personas. ◆ **2 ~ reel,** MÚS. baile escocés.

eighty ['eɪtɪ] *num. card.* **1** ochenta. ◆ **2 in one's eighties,** de unos ochenta años, ochenta y tantos. **3 the eighties,** en la década de los ochenta, en los años ochenta.

eisteddfod [,aɪ'steðvɒd] *s. c.* festival galés de las artes (música, poesía, etc.).

either ['aɪðər || 'i:ðər] *adv.* **1** (con *neg.*) tampoco (se coloca al final de la oración): *"I don't like coffee", "I don't like coffee either" = "no me gusta el café", "a mí tampoco me gusta el café".* **2** (con *neg.*) además (se coloca al final de la oración): *I wasn't in a mood to laugh either = además no estaba de humor para reír.* • *pron.* **3** cualquiera (de dos), uno de los dos: *there are two cakes and you can eat either = hay dos pasteles y puedes comer cualquiera de los dos.* **4** (~ **of**) cualquiera de (dos): *either of you can do it = cualquiera de vosotros dos puede hacerlo.* **5** (con *neg.*) ninguno (de dos): *"there is fish or meat", "I don't want either" = "hay pescado o carne", "no quiero ninguna de las dos cosas".* • *adj.* **6** cualquier (de dos): *you can park on either side of the street = se puede aparcar en cualquiera de los dos lados de la calle.* **7** (con *neg.*) ninguno (de dos): *there was no sound coming from either boy = ninguno de los dos chicos emitía sonido alguno.*
OBS. Esta palabra tiene un uso como conjunción con la siguiente estructura: **8 either... or...,** o... o... (a veces no es necesario traducir el primer elemento): *either you say something more intelligent or you shut up = o dices algo más inteligente o te callas.* **9** (con *neg.*) ni... ni... (a veces no es necesario traducir el primer elemento): *I am not ready either for a job or for University = no estoy preparado ni para trabajar ni para la Universidad.*

ejaculate [ɪ'dʒækjʊleɪt] *v. t.* e *i.* **1** FISIOL. eyacular (semen). **2** (form.) exclamar, proferir exclamaciones.

ejaculation [ɪ,dʒækjʊ'leɪʃn] *s. i.* **1** FISIOL. eyaculación (semen). **2** (form.) exclamación.

eject [ɪ'dʒekt] *v. t.* **1** expeler, lanzar, expulsar: *they were laughing and were ejected from the classroom = se estaban riendo y les expulsaron de la clase.* **2** AER. lanzar, expeler (de un avión que se va a estrellar).

ejection [ɪ'dʒekʃn] *s. i.* **1** expulsión, acto de expeler, lanzamiento. **2** AER. expulsión (de un avión en peligro). ◆ **3 ~ seat,** (EE UU) AER. asiento de lanzamiento, asiento proyectable.

ejector seat [ɪ'dʒektəsi:t] (brit.) *s. i.* ⇒ **ejection 3.**

eke [i:k] **1 to ~ out,** estirar (el dinero u otro bien), complementar, suplir (algo de por sí escaso), hacer durar: *they eked out their supply of petrol = hicieron durar su suministro de gasolina.* **2 to ~ out a living/an existence,** ganarse la vida a duras penas.

elaborate [ɪ'læbərɪt] *adj.* **1** elaborado, complicado, complejo, intricado. **2** ornado, muy trabajado (artísticamente). **3** detallado, esmerado (plan, método, preparación, etc.). • [ɪ'læbəreɪt] *v. t.* **4** detallar, explicar con detalle. **5** desarrollar con gran esmero, refinar (una teoría o similar). • *v. i.* **6** (**to ~ on**) detallar, explicar con detalle.

elaborately [ɪ'læbərɪtlɪ] *adv.* **1** elaboradamente, complicadamente, complejamente, intrincadamente. **2** ornadamente, trabajadamente (algún objeto artístico). **3** detalladamente, esmeradamente (desarrollar un plan o similar).

elaborateness [ɪ'læbərətnɪs] *s. i.* **1** complejidad. **2** perfección, primor (en el arte). **3** esmero (en la elaboración de un proyecto o similar).

elaboration [ɪ,læbə'reɪʃn] *s. i.* **1** explicación detallada, desarrollo total. **2** refinamiento (de una teoría o similar). • *s. c.* **3** (generalmente *pl.*) detalle prolijo, adición excesiva, añadido innecesario.

élan [eɪ'lɑ:n || eɪ'læn] *s. i.* (lit.) brío; donaire.

eland ['iːlənd] *s. c.* ZOOL. antílope (africano).
elapse [ɪ'læps] *v. i.* (form.) transcurrir (tiempo).
elastic [ɪ'læstɪk] *adj.* **1** elástico, flexible (físicamente). **2** (fig.) adaptable, flexible (ideas o similar). ● *s. i.* **3** elástico (material). ◆ **4 ~ band,** ⇒ **rubber band.**
elasticated [ɪ'læstɪkeɪtɪd] *adj.* con elástico (ropa).
elasticity [ˌelæ'stɪsɪtɪ] *s. i.* **1** elasticidad. **2** (fig.) flexibilidad, adaptabilidad (a nuevas circunstancias o situaciones).
elated [ɪ'leɪtɪd] *adj.* regocijado, alborozado, gozoso.
elatedly [ɪ'leɪtɪdlɪ] *adv.* regocijadamente, alborozadamente, gozosamente.
elation [ɪ'leɪʃn] *s. i.* alegría, júbilo, alborozo.
elbow ['elbəu] *s. c.* **1** codo. **2** (fig.) codo, codillo, curvatura (en tuberías u otros objetos). ● *v. t.* **3** utilizar los codos (por ejemplo, para abrirse camino): *I elbowed my way to the front = me abrí camino con los codos hasta la parte delantera.* ◆ **4 at one's ~,** a la mano, muy cerca, al lado. **5 to get the ~,** (fam.) ser rechazado, mandado al cuerno. **6 to give someone the ~,** dar esquinazo, dejar plantado, rechazar totalmente a alguien. **7 out at the elbows, a)** raído en los codos, desgastado en los codos. **b)** mal vestido (persona).
elbow-grease ['elbəugriːs] *s. i.* (fam.) ahínco (en el trabajo manual).
elbowroom ['elbəurum] *s. i.* (fam.) espacio libre; libertad de acción.
elder ['eldər] *comp. irreg.* **1** de **old.** ● *adj.* **2** mayor: *my elder daughter = mi hija mayor.* ● *s. c.* **3** mayor: *we must respect our elders = debemos respetar a nuestros mayores.* **4** REL. anciano venerable (en algunas iglesias). **5** BOT. saúco. ◆ **6 ~ statesman, a)** estadista de prestigio, estadista ilustre, **b)** (fig.) jubilado de prestigio (en una empresa, institución, etc.).
elderberry ['eldəbrɪ] *s. c.* **1** BOT. baya (de saúco). ◆ **2 ~ wine,** vino de baya.
elderly ['eldəlɪ] *adj.* **1** metido en años, mayor, de avanzada edad. **2** anticuado (un objeto). ◆ **3 the ~,** los mayores, los ancianos, la tercera edad.
eldest ['eldɪst] *super.irreg.* **1** de **old.** ● *adj.* **2** mayor (más viejo). ● *s. sing.* **3** (fam.) el hijo mayor, la hija mayor.
Eldorado [ˌeldə'rɑːdəu] *s. c.* El Dorado, paraíso imaginario.
elect [ɪ'lekt] *v. t.* **1** elegir, escoger, seleccionar. ● *v. i.* **2** (**to** ~ *inf.*) (form.) apetecer, optar por: *I elected to leave before the end = opté por irme antes del final.* ● *adj.* **3** (*s.* ~) electo: *the President elect = el Presidente electo.* ◆ **4 the ~,** los elegidos, los escogidos.
elected [ɪ'lektɪd] *adj.* elegido (por el pueblo).
election [ɪ'lekʃn] *s. c.* e *i.* **1** elección. ● *s. sing.* **2** nombramiento, elección (normalmente a un puesto político).
electioneering [ɪˌlekʃə'nɪərɪŋ] *s. i.* POL. campaña electoral.
elective [ɪ'lektɪv] *adj.* **1** de elección democrática: *an elective post = un puesto de elección democrática.* **2** (EE UU) optativo, no obligatorio (estudio). ● *s. c.* **3** (EE UU) materia optativa, asignatura optativa.
elector [ɪ'lektər] *s. c.* POL. elector.
electoral [ɪ'lektərəl] *adj.* **1** electoral. ◆ **2 ~ register/roll,** lista electoral, lista de personas con derecho al voto, lista oficial de electores.
electorally [ɪ'lektərəlɪ] *adv.* electoralmente.
electorate [ɪ'lektərɪt] *s. c.* (generalmente *sing.*) electorado.
electric [ɪ'lektrɪk] *adj.* **1** eléctrico (producido o que produce electricidad). **2** (fig.) electrizante, excitante (situación, ambiente, etc.). ◆ **3 ~ blanket,** manta eléctrica. **4 ~ chair,** silla eléctrica. **5 ~ eye,** FOT. célula fotoeléctrica. **6 ~ fence,** valla electrificada. **7 ~ field,** FÍS. campo eléctrico. **8 ~ razor,** máquina de afeitar eléctrica. **9 ~ shock,** sacudida eléctrica, choque eléctrico. **10 ~ storm,** tormenta eléctrica.
electrical [ɪ'lektrɪkl] *adj.* eléctrico (objeto, componente, sistema, etc.).
electrically [ɪ'lektrɪklɪ] *adv.* eléctricamente, desde el punto de vista de la electricidad.
electric-blue [ɪ'lektrɪkbluː] *adj.* **1** azul acero. ● *s. i.* **2** color azul acero, azul acero.
electrician [ɪˌlek'trɪʃn] *s. c.* electricista.
electricity [ɪˌlek'trɪsɪtɪ] *s. i.* electricidad.
electrification [ɪˌlektrɪfɪ'keɪʃn] *s. i.* electrificación.
electrified [ɪ'lektrɪfaɪd] *adj.* electrificado (una valla, por ejemplo).
electrify [ɪ'lektrɪfaɪ] *v. t.* **1** electrificar, instalar la electricidad. **2** cargar con electricidad, suministrar corriente eléctrica (a una valla o similar). **3** (fig.) electrizar, exaltar (ánimos).
electrifying [ɪ'lektrɪfaɪɪŋ] *adj.* electrizante, excitante.
electro- [ɪ'lektrəu] *prefijo* **electro-**: *electrobiology = electrobiología.*
electrocardiogram [ɪˌlektrəu'kɑːdɪəugræm] *s. c.* MED. electrocardiograma.
electrocardiograph [ɪˌlektrəu'kɑːdɪəugrɑːf] *s. c.* MED. electrocardiógrafo.
electrochemistry [ɪˌlektrəu'kemɪstrɪ] *s. i.* electroquímica.
electroconvulsive [ɪˌlektrəukən'vʌlsɪv] *adj.* de electrochoque.
electrocute [ɪ'lektrəkjuːt] *v. t.* **1** electrocutar (matar con carga eléctrica). ● *v. pron.* **2** electrocutarse (accidentalmente).
electrocution [ɪˌlektrə'kjuːʃn] *s. i.* electrocución.
electrode [ɪ'lektrəud] *s. c.* ELEC. electrodo.
electroencephalogram [ɪˌlektrəuen'sefələgræm] *s. c.* MED. electroencefalograma.
electroencephalograph [ɪˌlektrəuen'sefələgrɑːf || ɪˌlektrəuen'sefələgræf] *s. c.* MED. electroencefalógrafo.
electrolysis [ˌɪlek'trɒlɪsɪs] *s. i.* **1** FÍS. electrólisis. **2** electrólisis (método de depilación).
electrolyte [ɪ'lektrəlaɪt] *s. c.* FÍS. electrólito.
electromagnet [ɪˌlektrəu'mægnɪt] *s. c.* FÍS. electromagneto.
electromagnetic [ɪˌlektrəumæg'netɪk] *adj.* FÍS. electromagnético.
electromagnetism [ɪˌlektrəu'mægnətɪzəm] *s. i.* FÍS. electromagnetismo.
electron [ɪ'lektrɒn] *s. c.* **1** FÍS. electrón. ◆ **2 ~ microscope,** microscopio electrónico.
electronic [ˌɪlek'trɒnɪk] *adj.* **1** electrónico. ◆ **2 ~ commerce,** comercio electrónico. **3 ~ data processing,** procesamiento electrónico de datos. **4 ~ mail,** INF. correo electrónico.
electronically [ˌɪlek'trɒnɪklɪ] *adv.* electrónicamente.
electronics [ˌɪlek'trɒnɪks] *s. i.* **1** electrónica. ● *s. pl.* **2** objetos electrónicos, mecanismos electrónicos.
electrophoresis [ɪˌlektrəufə'riːsɪs] *s. i.* electroforesis.
electroplate [ɪ'lektrəpleɪt] *v. t.* galvanizar (mediante galvanoplastia).
electroshock [ɪ'lektrəʃɒk] *adj.* de electrochoque.
elegance ['elɪgəns] *s. i.* elegancia.
elegant ['elɪgənt] *adj.* **1** elegante. **2** refinado, bien meditado (plan, etc.).
elegantly ['elɪgəntlɪ] *adv.* **1** elegantemente. **2** refinadamente, con buena preparación (manera de idear un plan o similar).
elegiac [ˌelɪ'dʒaɪək] *adj.* (lit.) elegíaco.
elegy ['elədʒɪ] *s. c.* LIT. elegía.
element ['elɪmənt] *s. c.* **1** elemento, componente, parte, ingrediente. **2** elemento, característica, factor: *let's not forget the human element in our plans = no olvidemos el elemento humano en nuestros planes.* **3** QUÍM. elemento. **4** ELEC. elemento, resistencia. **5** (normalmente *pl.*) elemento (persona o individuo). ● *s. pl.* **6** puntos elementales, puntos básicos (de una asignatura o similar). **7** (**the elements**) (form.) los elementos (fenómenos atmosféricos naturales). ● *s. sing.* e *i.* **8** (**{an}** ~ **of**) partícula de, grano de, algo de (verdad, virtud, etc.): *there was an element of fear in his voice = había un algo de miedo en su voz.* ◆ **9 in one's ~,** en el elemento de uno. **10 out of one's ~,** fuera del elemento de uno.
elemental [ˌelɪ'mentl] *adj.* (lit.) elemental, primario.
elementary [ˌelɪ'mentrɪ] *adj.* **1** elemental, básico (por ejemplo, en estudios). ◆ **2 ~ particle,** FÍS. partícula elemental. **3 ~ school,** (EE UU) escuela primaria (los 6 u 8 primeros años).
elephant ['elɪfənt] *s. c.* **1** ZOOL. elefante. ◆ **2 a white ~,** ⇒ **white. 3 elephants never forget,** los elefantes nunca olvidan, los elefantes tienen buena memoria.
elephantine [ˌelɪ'fæntaɪn || ˌelɪ'fæntiːn] *adj.* (desp.) torpe, pesado, torpón.

elephantiasis [ˌelɪfən'taɪəsɪs] *s. i.* MED. elefantiasis.

elevate ['elɪveɪt] *v. t.* **1** elevar, empujar hacia arriba (físicamente). **2** (**to** ~ + *o.* + {**to/into**}) elevar, alzar, ascender (a una posición oficial, estatus, etc.). **3** (fig.) ennoblecer, exaltar, elevar de temperatura moral/intelectual.

elevated ['elɪveɪtɪd] *adj.* **1** elevado, a más alto nivel (físico). **2** elevado, ascendido (en la profesión, en categoría social, etc.). **3** (fig.) elevado, ennoblecido, exaltado. ◆ **4** ~ **railway/railroad,** (EE UU) ferrocarril elevado.

elevating ['elɪveɪtɪŋ] *adj.* (form.) eminente, excelso, que ennoblece.

elevation [ˌelɪ'veɪʃn] *s. c.* **1** elevación, altura (física). **2** GEOL. elevación, altiplano, colina. **3** ARQ. alzado (de un edificio). ● *s. sing.* **4** (~ **to**) ascenso a (mayor categoría profesional), nombramiento a (puesto). **5** (**the** ~ **of**) (fig.) la elevación de, la exaltación de, el ennoblecimiento de. ◆ **6 the Elevation,** REL. la Elevación.

elevator ['elɪveɪtər] *s. c.* **1** (EE UU) ascensor. **2** (EE UU) montacargas, elevador (de cajas, etc. en un almacén o similar). **3** AER. timón de profundidad. **4** silo (para el grano).

eleven [ɪ'levn] *num. card.* **1** once. **2** DEP. once (de fútbol u otro deporte de once jugadores). ◆ **3 eleven-,** de once (en compuestos): *an eleven-mile drive = un recorrido de once millas en coche.*

eleven-plus [ɪˌlevn'plʌs] *s. sing.* (brit.) examen de ingreso (en el Bachillerato, ya no en uso).

eleventh [ɪ'levnθ] *num. ord.* **1** decimoprimero, onceavo. ● *s. c.* **2** onceava parte. ◆ **3 the** ~ **hour,** en el último momento, a ultimísima hora.

elevenses [ɪ'levnzɪz] *s. pl.* (+ *v.sing.*) (brit.) (fam.) tentenpié, tapa, refrigerio (a media mañana).

elf [elf] (*pl.* **elves**) *s. c.* LIT. elfo (figura imaginaria).

elfin ['elfɪn] *adj.* **1** de duende, traviesillo. **2** mágico, encantador.

elfish ['elfɪʃ] *adj.* de diablillo, de elfo, travieso.

elicit [ɪ'lɪsɪt] *v. t.* **1** (**to** ~ + *o.* + {**from**}) provocar, producir, sacar (cualquier reacción): *he elicited a reaction from her = provocó una reacción por parte de ella.* **2** (form.) sonsacar (información con preguntas inteligentes).

elide [ɪ'laɪd] *v. t.* FILOL. omitir, suprimir, no pronunciar (una letra o sonido).

eligibility [ˌelɪdʒə'bɪlɪtɪ] *s. i.* **1** elegibilidad, idoneidad (para ser elegido). **2** aceptabilidad, buen partido (para el matrimonio).

eligible ['elɪdʒəbl] *adj.* **1** (~ {**for/***inf.*}) idóneo, apto: *he's not eligible for the grant = no es apto para la beca.* **2** aceptable, de buen partido (para el matrimonio).

eliminate [ɪ'lɪmɪneɪt] *v. t.* **1** (form.) eliminar, erradicar, suprimir. **2** (fam.) eliminar, liquidar, quitar de enmedio (matando). **3** (form.) borrar, eliminar (de una competición).

elimination [ɪˌlɪmɪ'neɪʃn] *s. i.* **1** (form.) erradicación, supresión, eliminación. **2** (fam.) liquidación, eliminación (provocando la muerte).

elision [ɪ'lɪʒn] *s. i.* FILOL. elisión, omisión.

elite [eɪ'liːt] *s. c.* **1** élite. ● *adj.* **2** elitista, selecto.

elitism [eɪ'liːtɪzəm] *s. i.* (a menudo desp.) elitismo.

elitist [eɪ'liːtɪst] (a veces desp.) *s. c.* **1** elitista. ● *adj.* **2** elitista.

elixir [ɪ'lɪksər] *s. c.* e *i.* **1** (~ {**of**}) elixir. **2** (normalmente *sing.*) (fig. y hum.) bebercio, jarabito.

Elizabethan [ɪˌlɪzə'biːθən] *adj.* isabelino (referente al reinado de Isabel I).

elk [elk] (*pl.* **elk** o **elks**) *s. c.* ZOOL. alce.

ellipse [ɪ'lɪps] *s. c.* GEOM. elipse.

ellipsis [ɪ'lɪpsɪs] *s. c.* e *i.* FILOL. elipsis.

elliptic [ɪ'lɪptɪk] (también **elliptical**) *adj.* **1** GEOM. en forma de elipse. **2** LIT. lleno de elipsis.

elliptical [ɪ'lɪptɪkl] *adj.* ⇒ **elliptic.**

elliptically [ɪ'lɪptɪklɪ] *adv.* **1** GEOM. elípticamente, con forma de elipse. **2** LIT. elípticamente, con elipsis.

elm [elm] BOT. *s. c.* e *i.* **1** olmo. ◆ **2** ~ **tree,** olmo.

elocution [ˌelə'kjuːʃn] *s. i.* arte de hablar, declamación, locución.

elocutionary [ˌelə'kjuːʃənərɪ ‖ ˌelə'kjuːʃenerɪ] *adj.* declamatorio.

elocutionist [ˌelə'kjuːʃənɪst] *s. c.* experto en declamación, profesor de elocución.

elongate ['iːlɒŋgeɪt ‖ ɪ'lɔːŋgeɪt] *v. t.* e *i.* (form.) alargar(se).

elongated ['iːlɒŋgeɪtɪd ‖ ɪ'lɔːŋgeɪtɪd] *adj.* (form.) alargado.

elongation [ˌiːlɒŋ'geɪʃn ‖ ɪˌlɔːŋ'geɪʃn] *s. c.* e *i.* (form.) alargamiento, prolongación.

elope [ɪ'ləup] *v. i.* **1** escaparse, evadirse, huir. **2** (**to** ~ **with**) fugarse con (una mujer).

elopement [ɪ'ləupmənt] *s. c.* e *i.* huida, fuga (de dos amantes).

eloquence ['eləkwəns] *s. i.* elocuencia, oratoria convincente.

eloquent ['eləkwənt] *adj.* **1** elocuente; convincente. **2** (fig.) expresivo (en el rostro o de otra manera exterior).

eloquently ['eləkwəntlɪ] *adv.* **1** elocuentemente; convincentemente. **2** expresivamente (de forma visible).

El Salvador [el'sælvədɔːr] *s. sing.* El Salvador.

else [els] *adv.* **1** (**what/etc.** ~) qué/etc. más, qué otra cosa: *what else do you want? = ¿qué más desea?* ◆ **2 if nothing** ~**,** por lo menos, a falta de otra cosa. **3 or** ~**,** si no: **a)** *stop drinking or else I'll leave you = deja de beber, si no te dejaré.* **b)** o si no, o en otro caso, o quizá: *I think I drank coffee or else tea = me parece que bebí café o quizá té.* **c)** (fam.) o si no... (indicando amenaza): *shut up or else = cállate o si no...*
OBS. Esta palabra adquiere diversas posibles traducciones detrás de términos que indiquen las siguientes matizaciones: **4** lugar: *I put the book somewhere else = puse el libro en algún otro sitio.* **5** modo: *how else am I going to learn German? = ¿de qué otra manera voy a aprender alemán?*

elsewhere [ˌels'weər] *adv.* en algún otro sitio, en otro sitio, a otro sitio: *I will go elsewhere if I am not welcome here = iré a otro sitio si no soy bien recibido aquí.*

elucidate [ɪ'luːsɪdeɪt] *v. t.* (form.) elucidar, poner en claro.

elucidation [ɪˌluːsɪ'deɪʃn] *s. i.* (form.) elucidación, aclaración.

elude [ɪ'luːd] *v. t.* **1** eludir, esquivar, evitar (algo o alguien). **2** escapársele a uno, no entender, no comprender: *the idea had always eluded him = nunca entendió esa idea.*

elusive [ɪ'luːsɪv] *adj.* esquivo, escurridizo (difícil de entender, recordar, etc.): *that's an elusive answer = esa es una respuesta esquiva.*

elusively [ɪ'luːsɪvlɪ] *adv.* esquivamente, escurridizamente.

elusiveness [ɪ'luːsɪvnɪs] *s. i.* esquivez.

elves [elvz] *pl.* de **elf.**

emaciated [ɪ'meɪʃɪeɪtɪd] *adj.* esquelético, demacrado.

emaciation [ɪˌmeɪsɪ'eɪʃn] *s. i.* demacración.

e-mail ['iːmeɪl] *s. i.* **1** correo electrónico. ● *s. c.* **2** mensaje electrónico. ● *v. t.* **3** enviar un mensaje eletrónico.

emanate ['eməneɪt] *v. i.* **1** (**to** ~ **from**) (form.) brotar de, surgir de, proceder de (los pensamientos, los sentimientos, etc.). ● *v. t.* **2** irradiar, emitir (deseos, ideas, pensamientos, etc.).

emanation [ˌemə'neɪʃn] *s. i.* (form.) emanación, efluvio.

emancipate [ɪ'mænsɪpeɪt] *v. t.* (form.) emancipar, libertar.

emancipation [ɪˌmænsɪ'peɪʃn] *s. i.* (~ {**of**}) emancipación.

emasculate [ɪ'mæskjuleɪt] *v. t.* (form.) **1** castrar. **2** (fig.) debilitar, enervar (quitando la fuerza).

emasculation [ɪˌmæskju'leɪʃn] *s. i.* **1** (form.) castración. **2** (fig.) debilitamiento, enervación.

embalm [ɪm'bɑːm ‖ ɪm'bɑːlm] *v. t.* **1** embalsamar. **2** perfumar, llenar de bálsamo.

embalmer [ɪm'bɑːmər ‖ ɪm'bɑːlmə] *s. c.* embalsamador.

embalmment [ɪm'bɑːmmənt ‖ ɪm'bɑːlmmənt] *s. i.* embalsamamiento.

embankment [ɪm'bæŋkmənt] *s. c.* malecón, dique, terraplén (de protección de algún tipo).

embargo [ɪm'bɑːgəu] *s. c.* e *i.* **1** (~ {**on**}) embargo. ● *v. t.* **2** embargar. **3** requisar (especialmente en tiempo de guerra).

embark [ɪm'bɑːk] *v. i.* **1** embarcar, subir a un barco. ◆ **2 to be embarked on,** estar embarcado en, estar metido en (alguna actividad o proyecto). **3 to** ~ **on,** embarcarse en, meterse en (una empresa, un proyecto, etc., especialmente cuando es difícil).

embarkation [ˌembɑːˈkeɪʃn] *s. c.* e *i.* embarque.
embarrass [ɪmˈbærəs] *v. t.* **1** avergonzar, hacer enrojecer. **2** POL. poner en apuros (con un escándalo o similar). **3** turbar; desconcertar.
embarrassed [ɪmˈbærəst] *adj.* **1** avergonzado, puesto en evidencia. **2** incómodo, desconcertado (acto).
embarrassing [ɪmˈbærəsɪŋ] *adj.* vergonzoso, embarazoso; desconcertante: *an embarrassing situation = una situación embarazosa.*
embarrassingly [ɪmˈbærəsɪŋlɪ] *adv.* vergonzosamente, embarazosamente; desconcertadamente.
embarrassment [ɪmˈbærəsmənt] *s. i.* **1** (~ {**at/of**}) vergüenza; turbación. **2** incomodidad, dificultad, apuro (económico); desconcierto. • *s. c.* **3** POL. vergüenza, vergüenza política. • *s. sing.* **4** estorbo, impedimento (persona): *he's an embarrassment to his family = es un estorbo para su familia.* ◆ **5 an ~ of riches,** un montón de cosas buenas, demasiada cantidad de cosas buenas.
embassy [ˈembəsɪ] *s. c.* embajada.
embattled [ɪmˈbætld] *adj.* **1** MIL. cercado, sitiado. **2** (fig.) rodeado de dificultades, asediado por problemas: *the party has been embattled for years = el partido ha estado asediado por problemas durante años.*
embed [ɪmˈbed] (*ger.* **embedding,** *pret.* y *p.p.* **embedded**) *v. t.* **1** (**to ~** + *o.* + {**in**}) incrustar, empotrar (un objeto en algún sitio o sustancia). ◆ **2 to be embedded in,** estar enraizado en, estar profundamente asentado en (una persona o sociedad una costumbre o similar).
embellish [ɪmˈbelɪʃ] *v. t.* **1** (**to ~** + *o.* + {**with**}) embellecer; ornamentar. **2** (fig.) exagerar, adornar (con detalles inventados).
embellished [ɪmˈbelɪʃt] *adj.* **1** embellecido; ornamentado. **2** (fig.) exagerado, adornado, embellecido (con detalles inventados).
embellishment [ɪmˈbelɪʃmənt] *s. c.* e *i.* **1** embellecimiento; ornamentación. • *s. c.* **2** (fig.) exageración (con detalles inventados).
ember [ˈembər] *s. c.* (generalmente *pl.*) ascua, brasa, pavesa.
embezzle [ɪmˈbezl] *v. t.* e *i.* malversar, apropiarse ilícitamente de (fondos, dinero, etc.).
embezzlement [ɪmˈbezlmənt] *s. i.* malversación, desfalco (de dinero).
embezzler [ɪmˈbezlər] *s. c.* malversador.
embitter [ɪmˈbɪtər] *v. t.* amargar (carácter); envenenar (relaciones humanas).
embittered [ɪmˈbɪtəd] *adj.* amargado.
embittering [ɪmˈbɪtərɪŋ] *adj.* causante de amargura.
embitterment [ɪmˈbɪtəmənt] *s. i.* (form.) amargura.
emblazon [ɪmˈbleɪzən] *v. t.* adornar con, engalanar con (especialmente grabándolo en su superficie): *his shield was emblazoned with a lion = su escudo estaba adornado con un león.*
emblazonment [ɪmˈbleɪzənmənt] *s. i.* engalanamiento, grabación de adorno, acción de blasonar.
emblem [ˈembləm] *s. c.* **1** emblema, insignia (simbolizando algo). **2** (fig.) símbolo, signo (de una cualidad, virtud o parecido).
emblematic [ˌembləˈmætɪk] *adj.* (form.) emblemático, simbólico.
embody [ɪmˈbɒdɪ] *v. t.* **1** encarnar, personificar. **2** incluir, comprender, englobar.
embodiment [ɪmˈbɒdɪmənt] *s. sing.* personificación, encarnación.
embolden [ɪmˈbəuldən] *v. t.* animar, envalentonar.
emboldened [ɪmˈbəuldənd] *adj.* animado, envalentonado.
embolism [ˈembəlɪzəm] *s. c.* MED. embolia.
embossed [ɪmˈbɒst ‖ ɪmˈbɔːst] *adj.* grabado en relieve, tallado en relieve, repujado.
embrace [ɪmˈbreɪs] *v. t.* e *i.* **1** abrazar, dar un abrazo. • *v. t.* **2** (fig.) adoptar, abrazar, aceptar (una fe, ideología, etc.). **3** abarcar, comprender, incluir: *the project embraces a number of proposals = el proyecto comprende varias propuestas.* • *s. c.* **4** abrazo.
embrasure [ɪmˈbreɪʒər] *s. c.* **1** tronera, cañonera, saetera (en una muralla o pared). **2** ARQ. alféizar; vano, hueco (para ventana o puerta).
embrocation [ˌembrəˈkeɪʃn] *s. i.* linimento.
embroider [ɪmˈbrɔɪdər] *v. t.* **1** bordar, recamar. **2** (fig.) embellecer (una historia o similar con añadidos imaginados). • *v. i.* **3** bordar, recamar. **4** (**to ~ on**) embellecer, adornar (una historia con detalles imaginados).
embroidered [ɪmˈbrɔɪdəd] *adj.* **1** bordado, recamado. **2** (fig.) embellecido, adornado (con detalles imaginados).
embroidery [ɪmˈbrɔɪdərɪ] *s. c.* e *i.* **1** bordado, labor de bordado. **2** (fig.) adorno, añadido innecesario (a una historia, relato, anécdota, etc.).
embroil [ɪmˈbrɔɪl] *v. t.* **1** (**to ~** + *o.* + {**with/in**}) embrollar, enredar (en un asunto desagradable): *I don't want to embroil you in my personal problems = no deseo embrollarte en mis problemas personales.* ◆ **2 to get/become embroiled with,** mezclarse en, verse mezclado, involucrarse con (alguna persona).
embryo [ˈembrɪəu] *s. c.* **1** BIOL. embrión. **2** (fig.) embrión, germen (un proyecto, plan o similar). • *adj.* **3** embrionario, en germen, en embrión. ◆ **4 in ~,** en embrión, en germen (planes o similar).
embryologist [ˌembrɪˈɒlədʒɪst] *s. c.* embriólogo, experto en embriología.
embryology [ˌembrɪˈɒlədʒɪ] *s. i.* embriología.
embryonic [ˌembrɪˈɒnɪk] *adj.* (form.) embrionario (seres o planes).
emcee [ˌemˈsiː] *s. c.* **1** (EE UU) (fam.) maestro de ceremonias (de un espectáculo artístico). • *v. t.* e *i.* **2** (EE UU) hacer de maestro de ceremonias; llevar (un espectáculo).
emend [ɪˈmend] *v. t.* enmendar, corregir (un escrito).
emendation [ˌiːmenˈdeɪʃn] *s. c.* e *i.* corrección, enmienda (en un escrito).
emerald [ˈemərəld] *s. c.* **1** MIN. esmeralda. • *adj.* **2** esmeralda (color). ◆ **3 ~ green,** esmeralda, verde esmeralda. **4 the Emerald Isle,** (fig.) Irlanda.
emerge [ɪˈməːdʒ] *v. i.* **1** (**to ~** {**from/out of**}) surgir, emerger (de un lugar cerrado, del agua, etc.): *the problems only emerged later = los problemas sólo surgieron más tarde.* **2** surgir, aparecer (gradualmente): *banks emerged during the nineteenth century = los bancos aparecieron durante el siglo diecinueve.* **3** (**to ~ from**) surgir de, salir de (un estado mental, una experiencia difícil o situaciones similares). **4** (**to ~ that...**) salir a la luz que, resultar que: *it emerged that he was going out with different women = salió a la luz que él estaba saliendo con distintas mujeres.*
emergence [ɪˈməːdʒəns] *s. sing.* (~ {**of**}) aparición, surgimiento.
emergency [ɪˈməːdʒənsɪ] *s. c.* **1** emergencia, urgencia, apuro, aprieto. • *adj.* **2** de emergencia, de urgencia: *emergency landing = aterrizaje de emergencia.* ◆ **3 ~ services,** servicios de protección civil (bomberos, ambulancias, etc.).
emergent [ɪˈməːdʒənt] *adj.* **1** POL. que emerge, que aparece, naciente (en la escena mundial): *emergent countries = países que aparecen en la escena mundial.* **2** en proceso de aparición, cada vez más patente: *an emergent new ruling class = una nueva clase dirigente cada vez más patente.*
emeritus [ɪˈmerɪtəs] *adj.* **1** emérito, honorario (especialmente un profesor universitario jubilado). ◆ **2 Emeritus,** emérito (como título o forma de respeto).
emery [ˈemərɪ] *s. i.* **1** MIN. esmeril. ◆ **2 ~ board,** lima (de uñas).
emery-paper [ˈemərɪpeɪpər] *s. c.* e *i.* lija, papel de lija, papel de esmeril.
emetic [ɪˈmetɪk] MED. *s. c.* **1** vomitivo. • *adj.* **2** vomitivo.
emigrant [ˈemɪgrənt] *s. c.* emigrante, emigrado.
emigrate [ˈemɪgreɪt] *v. i.* (**to ~** {**to /from**}) emigrar, irse a vivir al extranjero; expatriarse.
emigration [ˌemɪˈgreɪʃn] *s. i.* emigración.
émigré [ˈemɪgreɪ] *s. c.* (form. o lit.) emigrado, expatriado.
eminence [ˈemɪnəns] *s. i.* **1** altura, eminencia, importancia (normalmente de índole intelectual): *he rose to eminence when he was still a young man = él alcanzó gran eminencia cuando todavía era un hombre*

joven. ◆ **2 Your/His Eminence,** REL. Su Eminencia (forma de dirigirse a cardenales de la religión católica).

eminent ['emɪnənt] *adj.* **1** eminente, importante, distinguido (especialmente referido al ejercicio profesional). **2** (form.) sobresaliente, notable (de cualidades personales): *a man of eminent goodness = un hombre de bondad sobresaliente.* ◆ **3 ~ domain,** DER. derecho de expropiación.

eminently ['emɪnəntlɪ] *adv.* (form.) notablemente, de manera sobresaliente, destacadamente.

emir [e'mɪər] (también **amir**) *s. c.* emir.

emirate [e'mɪərɪt] *s. c.* emirato.

emissary ['emɪsərɪ] *s. c.* (form.) emisario.

emission [ɪ'mɪʃn] *s. c.* e *i.* (form.) emisión, emanación, escape (de gas, líquido, luz, etc.).

emit [ɪ'mɪt] (*ger.* **emitting,** *pret.* y *p.p.* **emitted**) *v. t.* (form.) emitir, despedir (luz, sonidos, sustancias, etc.); dar (grito).

emitter [ɪ'mɪtər] *s. c.* RAD. emisor.

emollient [ɪ'mɒlɪənt] *adj.* **1** suavizante (crema). ● *s. c.* **2** crema suavizante, emoliente.

emolument [ɪ'mɒljʊmənt] *s. c.* (normalmente *pl.*) (form.) emolumento, estipendio.

emotion [ɪ'məʊʃn] *s. c.* e *i.* **1** emoción, sentimiento. ● *s. i.* **2** emoción, pasión, sentimientos (en contraste con la razón).

emotional [ɪ'məʊʃənl] *adj.* **1** emocional, del sentimiento. **2** cargado de emoción, emotivo (una situación). **3** impresionable, sensible, sentimental, emocional (característica personal). ◆ **4 to be/get/become, etc. ~,** dar rienda suelta a los sentimientos, no contener los sentimientos. **5 ~ life,** vida afectiva.

emotionalism [ɪ'məʊʃənəlɪzəm] *s. i.* emocionalismo, sentimentalismo.

emotionally [ɪ'məʊʃənəlɪ] *adv.* **1** emocionalmente, sentimentalmente. **2** emotivamente (de situaciones). **3** impresionablemente, sensiblemente, de manera sentimental, en lo que respecta a los sentimientos.

emotionless [ɪ'məʊʃnlɪs] *adj.* sin emoción, sin sentimientos.

emotive [ɪ'məʊtɪv] *adj.* emotivo, lleno de emoción, conmovedor.

empanel [ɪm'pænl] (también **impanel**) *v. t.* DER. seleccionar, nombrar para un jurado.

empathize ['empəθaɪz] (también **empathise**) *v. i.* (**to ~ {with}**) hacerse cargo; sentir una cierta empatía: *I can empathize with your feelings = puedo hacerme cargo de tus sentimientos.*

empathy ['empəθɪ] *s. i.* empatía.

emperor ['empərər] *s. c.* emperador.

emphases ['emfəsiːz] *pl.* de **emphasis.**

emphasis ['emfəsɪs] (*pl.* **emphases**) *s. c.* e *i.* **1** énfasis, acento, relieve. **2** GRAM. énfasis, intensidad.

emphasize ['emfəsaɪz] (también **emphasise**) *v. t.* enfatizar, subrayar, poner el énfasis en.

emphatic [ɪm'fætɪk] *adj.* **1** tajante, lleno de énfasis, fuerte, categórico (cualidad personal, opinión, comentario, etc.). **2** enfático, acentuado (modo de hablar).

emphatically [ɪm'fætɪklɪ] *adv.* enfáticamente, con mucho énfasis, fuertemente, categóricamente: *he emphatically denied the charge = rechazó los cargos categóricamente.*

emphysema [ˌemfɪ'siːmə] *s. i.* MED. enfisema.

empire ['empaɪər] *s. c.* **1** imperio. **2** (fig.) imperio, emporio (de índole comercial): *a real-estate empire = un imperio inmobiliario.*

empirical [ɪm'pɪrɪkl] *adj.* empírico.

empirically [ɪm'pɪrɪklɪ] *adv.* empíricamente, de modo práctico.

empiricism [ɪm'pɪrɪsɪzəm] *s. i.* FIL. empirismo.

empiricist [ɪm'pɪrɪsɪst] *s. c.* FIL. empírico.

emplacement [ɪm'pleɪsmənt] *s. c.* MIL. emplazamiento, ubicación, posición (especialmente de un cañón pesado y fortificada).

employ [ɪm'plɔɪ] *v. t.* **1** dar trabajo a, dar empleo a, emplear. **2** (form.) usar, utilizar, emplear: *I employed all my time doing the job = utilicé todo mi tiempo para hacer la tarea.* ● *s. i.* **3** (form.) servicio, empleo: *I left their employ two years ago = dejé su servicio hace dos años.* ◆ **4 to be better employed,** (**~ + *ger.***) valer más, ser más útil: *you would be better employed doing something else = serías más útil haciendo cualquier otra cosa.* **5 in someone's ~,** (form.) al servicio de alguien.

employable [ɪm'plɔɪəbl] *adj.* **1** utilizable. **2** que puede ser empleado: *that man isn't really employable, he has a drink problem = ese hombre en realidad no puede ser empleado, tiene problemas con la bebida.*

employee [ˌemplɔɪ'iː] *s. c.* empleado, trabajador.

employer [ɪm'plɔɪər] *s. c.* patrono, empresario.

employment [ɪm'plɔɪmənt] *s. i.* **1** empleo, trabajo, ocupación, contratación. **2** uso, utilización, empleo: *the employment of chemical weapons = el uso de armas químicas.* ◆ **3 ~ agency,** agencia de empleo, agencia de colocación.

emporia [ɪm'pɔːrɪə] *s. c.* ⇒ **emporium.**

emporium [ɪm'pɔːrɪəm] (*pl.* **emporiums** o **emporia**) *s. c.* **1** (form. o p. u.) grandes almacenes. **2** (EE UU) bazar, tienda grande.

empower [ɪm'paʊər] *v. t.* (form.) facultar, autorizar, permitir: *the new law empowers the local authorities to increase taxes 20% = la nueva ley faculta a las autoridades locales para elevar los impuestos un 20%.*

empowerment [ɪm'paʊərmənt] *s. i.* capacitación.

empress ['emprɪs] *s. c.* emperatriz.

emptiness ['emptɪnɪs] *s. i.* **1** vacío, espacio vacío: *the emptiness of the house unnerved her = el vacío de la casa le causó zozobra.* **2** (fig.) vacío, vacuidad, vaciedad (entendido como sentimiento). ● *s. c.* **3** (normalmente *sing.*) (lit.) extensión, paisaje (vacío); páramo (sin nada o nadie).

empty ['emptɪ] *adj.* **1** vacío; desocupado: *an empty house = una casa vacía.* **2** (**~ of**) (a veces form.) sin: *our account is empty of money = nuestra cuenta está sin dinero.* **3** hueco, vano, inútil (palabras, gestos, vida, etc.). **4** vacío, sin palabras, sin nada dentro (sentimiento). ● *v. t.* **5** vaciar, verter (el contenido de cualquier cosa). **6** vaciar, desalojar, echar afuera (porque no es lo suficientemente interesante): *his performance emptied the hall = su actuación vació el teatro.* ● *v. i.* **7** vaciarse, verterse. **8** (**to ~ into**) desembocar en, desaguar en (ríos). ◆ **9 empties,** botellas vacías. **10 on an ~ stomach,** con el estómago vacío, en un estómago vacío.

empty-handed [ˌemptɪ'hændɪd] *adj.* con las manos vacías; sin resultado positivo alguno.

empty-headed [ˌemptɪ'hedɪd] *adj.* cabeza de chorlito, frívolo, necio.

empyrean [empɪ'riːən] *s. sing.* **1** (lit.) **the ~,** el firmamento. ● *adj.* **2** del firmamento.

EMU [ˌiːem'juː] (siglas de **Economic and Monetary Union**) *s. sing.* UEM, Unión Económica y Monetaria.

emu ['iːmjuː] *s. c.* ZOOL. emú (un tipo de avestruz australiana).

emulate ['emjʊleɪt] *v. t.* (form.) emular, imitar.

emulation [ˌemjʊ'leɪʃn] *s. i.* emulación, imitación.

emulsifier [ɪ'mʌlsɪfaɪər] *s. c.* QUÍM. emulsionador, sustancia emulsiva.

emulsify [ɪ'mʌlsɪfaɪ] *v. t.* e *i.* QUÍM. emulsionar(se).

emulsion [ɪ'mʌlʃn] *s. c.* e *i.* **1** FOT. emulsión. ● *s. i.* **2** pintura mate. ● *v. t.* **3** pintar con pintura mate. ◆ **4 ~ paint,** pintura mate.

enable [ɪ'neɪbl] *v. t.* **1** permitir, capacitar, posibilitar: *this medicine will enable you to sleep = esta medicina le permitirá dormir.* **2** autorizar, permitir (como contrario de prohibir).

enabling [ɪ'neɪblɪŋ] *adj.* que conceda más derechos, que otorgue más autoridad: *enabling legislation = legislación con más derechos.*

enact [ɪ'nækt] *v. t.* **1** DER. promulgar, sancionar, decretar. **2** (form.) representar, hacer (una obra de teatro, una historia, etc.).

enactment [ɪ'næktmənt] *s. c.* e *i.* **1** DER. promulgación (de una ley o equivalente). ● *s. i.* **2** (form.) representación (de obra de teatro, historia, etc.).

enamel [ɪ'næml] (brit. **enamelling, enamelled;** EE UU **enameling, enameled**) *v. t.* **1** esmaltar, pintar con esmalte. ● *s. i.* **2** esmalte. **3** MED. esmalte (de la dentadura).

enamelled [ɪ'næmld] (en EE UU **enameled**) *adj.* esmaltado.

enamoured [ɪ'næməd] (en EE UU **enamored**) *adj.* **1** (~ {**of**}) (form.) fascinado, cautivado (con algún tema, arte, etc.). **2** (~ {**of**}) (form.) enamorado, prendado (de una persona).

en bloc [,ɒn'blɒk] *adv.* en bloque, al unísono; todos juntos (tomado del francés).

encamp [ɪn'kæmp] *v. i.* (form.) acampar, fijar el campamento.

encampment [ɪn'kæmpmənt] *s. c.* (form.) campamento.

encapsulate [ɪn'kæpsjuleɪt] *v. t.* (form.) narrar de forma resumida, abarcar, incluir (en un pequeño comentario, símbolo, hecho, etc.): *the story encapsulates the fighting spirit of the Irish = la historia narra de forma resumida el espíritu de lucha de los irlandeses.*

encase [ɪn'keɪs] *v. t.* (form.) encerrar, revestir (un objeto otro objeto).

encephalitis [,ensefə'laɪtɪs] *s. i.* MED. encefalitis.

encephalogram [,en'sefələgræm] *s. c.* MED. encefalograma.

enchant [ɪn'tʃɑːnt • ɪn'tʃænt]*v. t.* **1** encantar, hechizar. **2** (fig.) encantar, deleitar, cautivar: *we were enchanted by the beautiful scenery = el bellísimo paisaje nos cautivó.*

enchanted [ɪn'tʃɑːntɪd] *adj.* **1** encantado, hechizado. ◆ **2 to be ~ with something,** estar encantado con algo.

enchanter [ɪn'tʃɑːntər] *s. c.* hechicero, brujo, encantador.

enchanting [ɪn'tʃɑːntɪŋ] *adj.* encantador, fascinante.

enchantingly [ɪn'tʃɑːntɪŋlɪ] *adv.* encantadoramente, fascinantemente, de manera fascinante.

enchantment [ɪn'tʃɑːntmənt] *s. i.* **1** encanto, magia, embeleso, fascinación. • *s. c.* **2** hechizo, encantamiento.

enchantress [ɪn'tʃɑːntrɪs] *s. c.* **1** bruja, hechicera. **2** (fig.) seductora, vampiresa, hechicera.

encircle [ɪn'səːkl] *v. t.* **1** rodear, circundar, circunvalar. **2** MIL. envolver, poner cerco a.

encirclement [ɪn'səːklmənt] *s. i.* **1** circunvalación, rodeo. **2** MIL. envolvimiento, cerco.

enclave ['enkleɪv] *s. c.* enclave; zona.

enclose [ɪn'kləuz] *v. t.* **1** (**to** ~ + *o.* + {**in/with**}) cercar, encerrar. **2** (**to** ~ + *o.* + {**in/with**}) adjuntar, incluir (dentro de un sobre).

enclosed [ɪn'kləuzd] *adj.* **1** cercado, encerrado. **2** adjuntado, incluido (dentro de un sobre). **3** (fig.) cerrado en sí mismo (una comunidad, existencia personal, etc.).

enclosure [ɪn'kləuʒər] *s. c.* **1** cercado, cercamiento, encerramiento. **2** documento adjunto, carta adjunta, anexo.

encode [ɪn'kəud] *v. t.* **1** cifrar, codificar, poner en clave. **2** INF. codificar, poner en un determinado código (datos para su proceso).

encomia [ɪn'kəumɪə] *s. pl.* de **encomium.**

encomium [ɪn'kəumɪəm] (*pl.* **encomiums** o **encomia**) *s. c.* (form.) encomio, elogio.

encompass [ɪn'kʌmpəs] *v. t.* **1** cubrir totalmente, abarcar por entero (un espacio físico). **2** incluir, abarcar (un tema, actividad, etc.).

encore ['ɒŋkɔː] *interj.* **1** otra vez, ¡bis! (en espectáculos cuando se quiere una actuación extra al final). • *s. c.* **2** bis, repetición (de actuación). • *v. t.* **3** pedir una repetición de la actuación.

encounter [ɪn'kauntər] *v. t.* **1** (form.) encontrarse con, toparse con (alguien). **2** encontrar, tropezar con (dificultades, problemas, etc.). **3** experimentar, encontrar por primera vez en la vida: *the Apaches first encountered Franciscan monks in the 18th century = los Apaches encontraron por primera vez en la vida monjes franciscanos en el siglo dieciocho.* • *s. c.* **4** (~ {**with**}) encuentro (inesperado o casual). **5** (~ {**with/between**}) encuentro, choque (con peligro). **6** (~ {**with**}) experiencia, encuentro (como experiencia primeriza).

encourage [ɪn'kʌrɪdʒ] *v. t.* **1** (**to** ~ + *o.* + *inf.*) animar, alentar. **2** fomentar, estimular (una actividad).

encouraged [ɪn'kʌrɪdʒt] *adj.* animado, alentado, estimulado.

encouragement [ɪn'kʌrɪdʒmənt] *s. i.* ánimo, aliento, estímulo.

encouraging [ɪn'kʌrɪdʒɪŋ] *adj.* halagüeño, alentador, que anima.

encouragingly [ɪn'kʌrɪdʒɪŋlɪ] *adv.* halagüeñamente, favorablemente, alentadoramente.

encroach [ɪn'krəutʃ] *v. i.* **1** (**to** ~ **on/upon**) (form.) invadir, usurpar (tierras, derechos, propiedades, etc.). **2** (**to** ~ **on/ upon**) ocupar, robar (tierra por algún agente geofísico): *the sea encroached on the land = el mar ocupaba tierra.*

encroachment [ɪn'krəutʃmənt] *s. c.* e *i.* (form.) **1** (~ {**of/on/upon**}) invasión, usurpación (de tierras, derechos, propiedades, etc.). **2** (~ {**of/on/upon**}) ocupación (de tierra por algo).

encrust [ɪn'krʌst] *v. t.* e *i.* incrustar(se), cubrir(se) con incrustaciones.

encrustation [ɪn,krʌst'eɪʃn] *s. c.* e *i.* incrustación; capa (de alguna sustancia): *encrustations of lime in a teapot = incrustaciones de cal en una tetera.*

encrusted [ɪn'krʌstɪd] *adj.* (~ {**with**}) incrustado (con algún adorno); cubierto (por algo): *the mountains in the distance encrusted with snow = las montañas a lo lejos cubiertas por la nieve.*

encumber [ɪn'kʌmbər] *v. t.* **1** recargar, sobrecargar; estorbar: *I can't encumber my mother-in-law with all the children while I go out shopping = yo no puedo estorbar a mi suegra con todos los niños mientras me voy de compras.* **2** (fig. y desp.) abarrotar, sobrecargar (un espacio con cosas inútiles).

encumbrance [ɪn'kʌmbrəns] *s. c.* estorbo, impedimento.

encyclical [ɪn'sɪklɪkl] *s. c.* REL. encíclica.

encyclopedia [ɪn,saɪklə'piːdɪə] (también **encyclopaedia**) *s. c.* enciclopedia.

encyclopedic [ɪn,saɪklə'piːdɪk] (también **encyclopaedic**) *adj.* enciclopédico, exhaustivo.

end [end] *s. sing.* **1** fin, final: *at the end of the month = al final del mes.* • *s. c.* **2** (normalmente *sing.* {**to/of**}) finalización, término, final: *the end of the war = el final de la guerra.* **3** objetivo, finalidad, propósito, fin. **4** extremo, punta: *to the other end of the street = a la otra punta de la calle.* **5** resto, sobrante (de algo usado cuando tiene forma alargada): *cigarette ends = las colillas.* **6** aspecto, área (de un negocio o similar): *I'll take over the marketing end = yo me ocuparé del área de marketing.* **7** (lit. y euf.) muerte, fin. • *v. i.* **8** finalizar, terminar, acabar. **9** (**to** ~ **with/in**) terminar en (hablando de objetos): *the sword ends in a very sharp point = la espada termina con una punta muy afilada.* **10** (**to** ~ {**on/with**}) concluir, terminarse (discurso, escrito, obra de teatro, etc.). • *v. t.* **11** terminar, finalizar, acabar. **12** concluir (discurso, escrito, obra de teatro, etc.). ◆ **13 a means to an ~, ⇒ means. 14 an ~ in itself,** un fin en sí mismo. **15 at an ~,** finalizado, acabado. **16 at one's wits' ~, ⇒ wit. 17 at the ~ of one's tether, ⇒ tether. 18 at the ~ of the day,** finalmente, después de todo. **19 to be at a loose —, ⇒ loose. 20 to be at the ~ of,** tener agotado/a el/la (paciencia u otra virtud): *I'm at the end of my patience = estoy a punto de perder la paciencia.* **21 to be on the receiving ~, ⇒ receive. 22 to be the ~,** (brit.) (fam.) ser el final, ser el colmo. **23 to burn the candle at both ends, ⇒ candle. 24 to come to an ~,** finalizar, terminar; cesar. **25 to ~ it all,** (euf.) suicidarse. **26 to ~ up, a)** acabar, ir a parar: *he ended up in the army = acabó en el ejército.* **b)** (+ *ger.*) terminar, acabar (de una manera inesperada): *after the argument I ended up drinking in a bar = después de la pelea acabé bebiendo en un bar.* **27 from beginning to ~,** de principio a fin, de cabo a rabo. **28 to get the wrong ~ of the stick, ⇒ stick. 29 to go off the deep ~, ⇒ deep. 30 in at the deep ~, ⇒ deep. 31 in the ~,** al final, finalmente, a la larga. **32 to keep/hold one's ~ up,** defenderse, no ceder cobardemente, cumplir con la parte de uno. **33 to make ends meet,** arreglárselas económicamente, hacer llegar el dinero, llegar a fin de mes. **34 to make one's hair stand on ~, ⇒ hair. 35 no ~,** (fam.) un montón, muchísimo. **36 on ~, a)** vertical, verticalmente, en vertical. **b)** de manera continuada, continuamente, sin parar. **37 to put an ~ to,** poner término a, acabar con: *I'm quite ready to put an end to this stupidity = estoy totalmente dispuesto a poner término a esta estupidez.* **38 the ~ justifies the means,** el fin justifica los medios. **39 the ~ of the road,** ⇒ **road. 40 the ~ of the world,** el fin del mundo, un cataclismo, una tragedia: *failing a subject is not the end of the world = el suspender una asignatura no es el fin del mundo.* **41 the ends of the earth,** muy lejos, los confines de la tierra. **42 the thin ~ of the wedge,** ⇒ **wedge. 43 to the bitter/very ~,** hasta el final, hasta el fin: *we'll fight to the bitter end = lucharemos hasta el final.* **44 to the ~ of time,** hasta siempre, siempre, por siempre: *I'll love her to the end of time = la querré siempre.* **45 without ~,** sin fin, sin final.

endanger [ɪn'deɪndʒər] *v. t.* poner en peligro, comprometer, hacer peligrar.

endangered [ɪn'deɪndʒəd] *adj.* en peligro (de extinción especialmente): *an endangered species = una especie en peligro.*

endear [ɪn'dɪər] *v. t.* hacer querer, encariñar con: *she endeared herself to her sons = se hizo querer por sus hijos.*

endearing [ɪn'dɪərɪŋ] *adj.* cautivador, atractivo, atrayente.

endearingly [ɪn'dɪərɪŋlɪ] *adv.* cautivadoramente, atrayentemente; cariñosamente.

endearment [ɪn'dɪəmənt] *s. c.* e *i.* palabra cariñosa, término cariñoso: *he murmured endearments in her ear = le murmuró palabras cariñosas al su oído.*

endeavor *s. c.* ⇒ **endeavour**.

endeavour [ɪn'devər] (en EE UU **endeavor**) *s. c.* **1** (form.) empeño, esfuerzo, tentativa. ● *s. i.* **2** (form.) empeño, esfuerzo. ● *v. i.* **3** (+ *inf.*) (form.) esforzarse por, procurar con esfuerzo: *I endeavoured to understand but I couldn't = me esforcé por entender pero no pude.*

endemic [en'demɪk] *adj.* (~ {**to/in**}) (form.) endémico.

ending ['endɪŋ] *s. sing.* **1** final, finalización. ● *s. c.* **2** final: *a happy ending = un final feliz.* **3** GRAM. terminación, desinencia (de una palabra). **4** terminación; extremo.

endive ['endɪv || 'endaɪv] *s. c.* e *i.* BOT. **1** escarola. **2** (EE UU) endivia. **3** (EE UU) achicoria.

endless ['endlɪs] *adj.* interminable, sin fin, sin término (temporalmente o en extensión).

endlessly ['endlɪslɪ] *adv.* interminablemente, sin parar, continuamente.

endocrine ['endəkrɪn] *adj.* **1** FISIOL. endocrino. ◆ **2 ~ gland,** FISIOL. glándula endocrina.

endorse [ɪn'dɔːs] *v. t.* **1** apoyar, aprobar (un plan o similar). **2** FIN. endosar, respaldar (un cheque). **3** marcar, confirmar, respaldar (un documento). **4** (brit.) señalar infracciones (en el carnet de conducir).

endorsement [ɪn'dɔːsmənt] *s. c.* e *i.* **1** (~ {**of**}) apoyo, aprobación (de un plan o similar). **2** (~ {**of**}) nota de inhabilitación (en un carnet de conducir). **3** (~ {**of**}) FIN. confirmación, respaldo (de cheque o equivalente).

endoscopy ['endəʊˌskɒpiː] *s. i.* endoscopia.

endow [ɪn'daʊ] *v. t.* **1** donar, entregar una donación (normalmente una cantidad fija durante mucho tiempo). **2** (**to ~ + *o.* + with**) dotar de: *God has endowed her with beauty = Dios le ha dotado de belleza.*

endowment [ɪn'daʊmənt] *s. c.* **1** contribución económica, dotación a una fundación (o equivalente). **2** (form.) parte, dote (de inteligencia u otra cualidad). ◆ **3 ~ policy,** póliza de seguro.

end-product ['end prɒdʌkt] *s. c.* producto final.

end-result ['endrɪzʌlt] *s. c.* resultado final.

endued [ɪn'djuːd || ɪn'duːd] *adj.* (~ **with**) (form.) dotado de.

endurable [ɪn'djʊərəbl] *adj.* soportable, tolerable, que se puede aguantar.

endurance [ɪn'djʊərəns] *s. i.* aguante, resistencia; paciencia.

endure [ɪn'djʊər] *v. t.* **1** aguantar, resistir, sobrellevar. ● *v. i.* **2** perdurar, aguantar el paso del tiempo.

enduring [ɪn'djʊərɪŋ] *adj.* perdurable, permanente, resistente.

enduringly [ɪn'djʊərɪŋlɪ] *adv.* perdurablemente, permanentemente, resistentemente.

end-user ['endˌjuːsər] *s. c.* usuario final.

endways ['endweɪz] (también **endwise**) *adv.* **1** unidos por los extremos. **2** de canto. **3** uno detrás de otro (posición).

endwise ['endwaɪz] *adv.* ⇒ **endways.**

enema ['enɪmə] *s. c.* MED. enema.

enemy ['enɪmɪ] *s. c.* **1** enemigo, adversario, antagonista. **2** MIL. enemigo. **3** (~ {**of**}) (fig.) enemigo: *the enemy of science is ignorance = el enemigo de la ciencia es la ignorancia.*

energetic [ˌenə'dʒetɪk] *adj.* **1** enérgico, vigoroso (persona o actividad). ◆ **2 energetics** energética.

energetically [ˌenə'dʒetɪklɪ] *adv.* enérgicamente, activamente, vigorosamente.

energise *v. t.* ⇒ **energize.**

energize ['enədʒaɪz] (también **energise**) *v. t.* **1** dar vigor a, dar energía a. **2** ELEC. energizar.

energy ['enədʒɪ] *s. i.* **1** energía, vigor; fuerza. **2** vigor, tesón (como cualidad positiva). **3** energía (en forma de petróleo, carbón, etc.). ◆ **4 energies,** energías, esfuerzos.

enervated ['enəveɪtɪd] *adj.* debilitado, sin fuerzas, falto de vigor.

enervating ['enəveɪtɪŋ] *adj.* debilitante; deprimente.

enfant terrible [ˌɒnfɒnte'riːbl] *s. c.* (lit.) enfant terrible.

enfeebled [ɪn'fiːbld] *adj.* debilitado (físicamente).

enfold [ɪn'fəʊld] *v. t.* **1** (**to ~ + *o.* +** {**in**}) abrazar, estrechar (entre los brazos). **2** (**to ~ + *o.* +** {**in**}) (form.y lit.) envolver, cubrir, rodear (totalmente): *they enfolded him in a blanket = le envolvieron en una manta.*

enforce [ɪn'fɔːs] *v. t.* **1** imponer, hacer valer (una ley, la autoridad, etc.). **2** exigir, demandar, forzar: *I'm going to enforce discipline here = voy a exigir disciplina aquí.*

enforceable [ɪn'fɔːsəbl] *adj.* (~ {**by**}) exigible, que se puede hacer cumplir: *a contract enforceable by law = un contrato exigible por ley.*

enforced [ɪn'fɔːst] *adj.* inevitable, obligado, forzoso: *enforced inactivity = inactividad forzosa.*

enforcement [ɪn'fɔːsmənt] *s. i.* (~ {**of**}) imposición (de una ley, modo de actuar, etc.); exigencia (de un comportamiento determinado o similar).

enfranchise [ɪn'fræntʃaɪz] *v. t.* **1** (form.) conceder derechos de sufragio. **2** libertar, dar la libertad (a esclavos).

enfranchisement [ɪn'fræntʃɪzmənt] *s. i.* **1** (form.) concesión del derecho de sufragio. **2** manumisión, liberación, puesta en libertad (a esclavos).

engage [ɪn'geɪdʒ] *v. i.* **1** (**to ~ in/on/upon**) (form.) meterse en, participar en, ocuparse de (asuntos de cualquier tipo): *he's been engaged in politics for a year = lleva un año metido en política.* **2** MIL. entablar batalla, trabarse en combate. **3** (**to ~** {**with**}) MEC. encajar, acoplarse (piezas, mecanismos, etc.). ● *v. t.* **4** captar, atraer (la atención, el interés, etc.); cautivar. **5** alquilar (servicios de alguien), contratar (a una persona). **6** MIL. entablar combate con: *our forces engaged the enemy = nuestras fuerzas entablaron combate con el enemigo.* **7** MEC. acoplar, hacer engranar. ◆ **8 to ~ someone in conversation,** entablar una conversación con alguien.

engaged [ɪn'geɪdʒt] *adj.* **1** (~ {**to**}) prometido (para casarse). **2** ocupado (un servicio o similar). **3** comunicando (teléfono). **4** ocupado, comprometido, con otro compromiso: *I can't see you, I'm otherwise engaged = no puedo verte, tengo otro compromiso.*

engagement [ɪn'geɪdʒmənt] *s. c.* **1** compromiso (para casarse). **2** (form.) cita, compromiso. **3** obligación profesional, compromiso profesional: *my last engagement was in Paris = mi último compromiso profesional fue en París.* **4** tiempo de compromiso (para casarse). **5** MIL. acción militar, batalla. ● *s. i.* **6** contratación, empleo: *the ngagement of new workers isn't feasible = la contratación de nuevos trabajadores no es factible.* **7** MEC. acople, ajuste. ◆ **8 ~ ring,** anillo de compromiso, anillo de prometida. **9 engagements,** (form.) FIN. compromisos financieros, deudas (especialmente cuando constan por escrito).

engaging [ɪn'geɪdʒɪŋ] *adj.* cautivador, atrayente, simpático (usado sólo para personas).

engagingly [ɪn'geɪdʒɪŋlɪ] *adv.* cautivadoramente, simpáticamente.

engender [ɪn'dʒendər] *v. t.* **1** (form.) engendrar. causar, **2** producir.

engine ['endʒɪn] *s. c.* **1** motor (en cualquier tipo de ingenio mecánico). **2** locomotora, máquina (en trenes). **3** (arc. y fig.) maquinaria, instrumento mecánico: *engines of war = maquinaria de guerra.*

engine-driver ['endʒɪndraɪvər] *s. c.* (brit.) conductor de tren, maquinista.

engineer [,endʒɪ'nɪər] *s. c.* **1** ingeniero. **2** especialista, trabajador especializado, técnico (especialmente en la rama eléctrica o electrónica). **3** (EE UU) conductor de tren, maquinista. ● *v. t.* **4** construir, hacer (con conocimientos de ingeniería). **5** (fam.) maquinar, fraguar, tramar, agenciarse (para propio provecho): *he engineered the dismissal of the two workers = tramó el despido de los dos trabajadores.*

engineering [,endʒɪ'nɪərɪŋ] *s. i.* ingeniería (como asignatura y como trabajo o actividad).

English ['ɪŋglɪʃ] *adj.* **1** inglés (idioma, cultura, etc.). ● *s. i.* **2** inglés (idioma o asignatura). ◆ **3** ~ **breakfast,** desayuno inglés (fuerte y copioso). **4 in plain** ~, en cristiano, con claridad, sin rodeos: *if you wanted to go out, why didn't you say so in plain English? = si querías salir, ¿por qué no lo dijiste sin rodeos?* **5 the** ~, los ingleses. **6 the** ~ **Channel,** GEOG. el Canal de la Mancha. **7 the Queen's/King's** ~, el inglés correcto, el tipo de inglés más correcto.

Englishman ['ɪŋglɪʃmən] (*pl.* **Englishmen**) *s. c.* **1** inglés. ◆ **2 an Englishman's home is his castle,** la casa de un inglés es sagrada (proverbio que indica el gusto de los ingleses por su vida privada).

Englishmen ['ɪŋglɪʃmən] *pl.* de **Englishman.**

Englishwoman ['ɪŋglɪʃwumən] (*pl.* **Englishwomen**) *s. c.* inglesa.

Englishwomen ['ɪŋglɪʃwɪmɪn] *pl.* de **Englishwoman.**

engrave [ɪn'greɪv] *v. t.* **1** grabar, burilar: *I want to engrave my father's name on the pipe = quiero grabar el nombre de mi padre en la pipa.* **2** (fig.) grabar, imprimir (en la mente, memoria o similar).

engraved [ɪn'greɪvd] *adj.* **1** grabado, burilado. **2** (fig.) grabado, impreso (en la mente, memoria o similar).

engraver [ɪn'greɪvər] *s. c.* grabador.

engraving [ɪn'greɪvɪŋ] *s. c.* **1** grabado, lámina grabada. ● *s. i.* **2** grabación, método de grabación, arte de grabación.

engross [ɪn'grəus] *v. t.* **1** DER. redactar un documento con claridad, redactar un documento con letras grandes. **2** (normalmente en pasiva) absorber (la atención): *I was engrossed in my book = estaba absorto en mi libro.*

engrossed [ɪn'grəust] *adj.* (~ {**in**}) absorto, enfrascado.

engrossing [ɪn'grəusɪŋ] *adj.* absorbente, fascinante.

engulf [ɪn'gʌlf] *v. t.* **1** cubrir totalmente, sumir por completo (especialmente por el mar, las llamas, etc.). **2** (fig.) sumergir, sumir (en el silencio, oscuridad, ignorancia, etc.).

enhance [ɪn'hɑːns ‖ ɪn'hæns] *v. t.* realzar, aumentar, mejorar (reputación, estatus, cualidades, etc. de personas o cosas).

enhancement [ɪn'hɑːnsmənt ‖ ɪn'hænsmənt] *s. c.* e *i.* realce, aumento, mejora.

enigma [ɪ'nɪgmə] *s. c.* enigma, misterio.

enigmatic [,enɪg'mætɪk] *adj.* enigmático, misterioso.

enigmatically [,enɪg'mætɪklɪ] *adv.* enigmáticamente, misteriosamente.

enjoin [ɪn'dʒɔɪn] *v. t.* (form.) **1** (**to** ~ + *o.* + *inf.*) ordenar, prescribir (especialmente con autoridad). **2** (**to** ~ + *o.* + {**on/upon**}) imponer, mandar.

enjoy [ɪn'dʒɔɪ] *v. t.* **1** disfrutar de/con, pasarlo bien con, gozar de/con, gustar mucho: *enjoy the film = disfruta de la película.* **2** (**to** ~ + *ger.*) disfrutar, gozar, pasarlo bien: *I enjoyed talking to him = lo pasé bien hablando con él.* **3** disfrutar de, gozar de (alto nivel de vida, privilegios, etc.). ● *v. pron.* **4** divertirse, pasarlo bien.

enjoyable [ɪn'dʒɔɪəbl] *adj.* divertido, grato, agradable.

enjoyably [ɪn'dʒɔɪəblɪ] *adv.* gratamente, agradablemente, con gran diversión.

enjoyment [ɪn'dʒɔɪmənt] *s. i.* **1** disfrute, goce. **2** uso, disfrute (de un buen nivel de vida, posición acomodada, etc.). ● *s. c.* **3** disfrute, placer: *reading is one of my most cherished enjoyments = la lectura es uno de mis más queridos placeres.*

enkindle [ɪn'kɪndl] *v. t.* (form. y arc.) avivar, inflamar (pasiones o similar).

enlarge [ɪn'lɑːdʒ] *v. t.* **1** aumentar, agrandar, extender, hacer más grande. **2** FOT. ampliar. ● *v. i.* **3** aumentarse, agrandarse, extenderse, hacerse más grande. ◆ **4 to** ~ **on,** elaborar algo más, explicar con más detalle (algo que se ha dicho o escrito): *could you enlarge on that point? = ¿podrías elaborar algo más ese punto?*

enlargement [ɪn'lɑːdʒmənt] *s. c.* **1** FOT. ampliación. ● *s. i.* **2** agrandamiento, aumento. ● *s. sing.* **3** (**the** ~ **of**) el aumento de, la expansión de, el agrandamiento de.

enlarger [ɪn'lɑːdʒər] *s. c.* FOT. ampliadora.

enlighten [ɪn'laɪtn] *v. t.* aclarar, esclarecer (ayudando a entender); ilustrar (cuestiones de cultura, información, conocimiento, etc.).

enlightened [ɪn'laɪtnd] *adj.* culto, civilizado, bien informado, sin prejuicios arcaicos.

enlightening [ɪn'laɪtnɪŋ] *adj.* aclaratorio, instructivo, con la información adecuada.

enlightenment [ɪn'laɪtnmənt] *s. i.* **1** cultura, ilustración, esclarecimiento. ◆ **2 the Age of Enlightenment,** HIST. el Siglo de las Luces. **3 the Enlightenment,** HIST. la Ilustración.

enlist [ɪn'lɪst] *v. t.* **1** MIL. alistar, reclutar. **2** (fig.) conseguir, asegurarse (la cooperación, ayuda, etc. de alguien); reclutar (gente, normalmente para un trabajo). ● *v. i.* **3** (**to** ~ {**in/into**}) MIL. alistarse, enrolarse.

enlisted [ɪn'lɪstɪd] *adj.* (EE UU) MIL. enrolado, alistado.

enlistment [ɪn'lɪstmənt] *s. c.* e *i.* **1** MIL. alistamiento, reclutamiento. **2** (fig.) reclutamiento, contratación.

enliven [ɪn'laɪvn] *v. t.* animar, dar vida a, avivar (una fiesta, un acontecimiento, una reunión, etc.).

en masse [,ɒn'mæs] *adv.* en masa, como un solo hombre (del francés).

enmeshed [ɪn'meʃt] *adj.* (~ {**in**}) enredado, enmarañado (involuntariamente en una situación no deseada).

enmity ['enmətɪ] *s. c.* e *i.* enemistad, hostilidad.

ennoble [ɪ'nəubl] *v. t.* (form.) **1** hacer noble, dar un título nobiliario. **2** (fig.) ennoblecer, elevar, dignificar.

ennoblement [ɪ'nəublmənt] *s. i.* (form.) **1** concesión de un título nobiliario. **2** (fig.) ennoblecimiento, dignificación.

ennui [ɒn'wiː] *s. i.* (lit.) tedio, fastidio, displicencia.

enormity [ɪ'nɔːmɪtɪ] *s. sing.* **1** (**the** ~ {**of**}) la enormidad, la magnitud, la seriedad (de una situación, problema, etc.). ● *s. i.* **2** monstruosidad, atrocidad (de un crimen o parecido). ◆ **3 enormities,** (form.) monstruosidades, atrocidades.

enormous [ɪ'nɔːməs] *adj.* **1** enorme, inmenso, descomunal, desmesurado. ● *int.* **2** enorme (intensificando la extensión o gran tamaño de algo o de algún sentimiento): *an enormous pleasure = un placer enorme.*

enormously [ɪ'nɔːməslɪ] *adv.* enormemente, inmensamente, descomunalmente, desmesuradamente.

enough [ɪ'nʌf] *adv.* **1** suficientemente, lo suficientemente: *is my explanation clear enough? = ¿es mi explicación lo suficientemente clara?* ● *pron.* **2** bastante, suficiente, suficientemente: *this is enough, I don't want any more = es suficiente, no quiero más.* ● *adj.* **3** suficiente, bastante: *have you got enough money? = ¿tiene Vd. suficiente dinero?* **4** (*s.* ~) (form.) suficientemente, lo bastante: *he's man enough to fight you = él es lo bastante hombre para pelear contigo.* ● *pron.* **5** (~ {**of**}) suficiente, bastante: *I've eaten enough of the meat, you* *have the rest* = *he comido suficiente carne, come tú el resto.* **6** (~ **of**) suficiente, bastante (con matiz negativo): *I've seen enough of you, go away!* = *ya te he visto bastante, ¡vete!* ◆ **7** ~ **is** ~, vale ya, no más, ya es suficiente. **8** ~ **said,** ya no hay que decir más, no digamos más. **9 fair** ~, ⇒ **fair. 10 to have had** ~ **(of),** estar hasta la coronilla (de), estar harto (de). **11 oddly** ~**/strangely** ~**/funnily** ~**/interestingly** ~**/etc.,** curiosamente, extrañamente (matiza una información o comentario intensificando un poco). **12 sure** ~, ⇒ **sure. 13 that's** ~, ya vale, eso es suficiente (especialmente con un niño).

en passant [ˌɒn'pæsɒn] *adv.* (lit.) de pasada, de paso (origen francés).

enquire *v. t.* e *i.* ⇒ **inquire.**

enquirer *s. c.* ⇒ **inquirer.**

enquiry *s. c.* ⇒ **inquiry.**

enrage [ɪn'reɪdʒ] *v. t.* enfurecer, encolerizar.

enraged [ɪn'reɪdʒt] *adj.* enfurecido, encolerizado.

enraptured [ɪn'ræptʃəd] *adj.* (lit.) arrobado, embelesado, extasiado.

enrich [ɪn'rɪtʃ] *v. t.* **1** enriquecer. **2** (**to** ~ **+** *o.* **+** {**with**}) (fig.) enriquecer, mejorar, embellecer: *enrich this soil with fertilizer* = *enriquece esta tierra con fertilizante.*

enriched [ɪn'rɪtʃt] *adj.* enriquecido (con vitaminas o alguna cosa buena).

enrichment [ɪn'rɪtʃmənt] *s. i.* enriquecimiento, mejora, aumento de calidad.

enrol [ɪn'rəul] (en EE UU **enroll**) (*ger.* **enrolling,** *pret.* y *p.p.* **enrolled**) *v. t.* e *i.* apuntar(se), inscribir(se), matricular(se).

enrolment [ɪn'rəulmənt] (en EE UU **enrollment**) *s. i.* **1** matriculación, inscripción. **2** matrícula (número de personas matriculadas).

en route [ˌɒn'ru:t] *adv.* en/por el camino (origen francés).

ensconce [ɪn'skɒns] *v. pron.* (**to** ~ {**in/at**}) (form.) acomodarse, asentarse, situarse.

ensemble [ɒn'sɒmbl] *s. c.* **1** grupo, conjunto, colectividad. **2** conjunto, combinación (de vestir): *she was wearing a lovely ensemble* = *ella llevaba un conjunto precioso.* **3** MÚS. grupo musical, conjunto musical.

enshrine [ɪn'ʃraɪn] *v. t.* (form.) venerar, incluir, establecer como principio fundamental el derecho: *our constitution enshrines the right to life* = *nuestra constitución establece el derecho a la vida.*

enshroud [ɪn'ʃraud] *v. t.* (form. y lit.) ocultar, tapar totalmente, velar.

ensign ['ensaɪn] *s. c.* **1** enseña, pabellón, bandera, insignia. **2** (EE UU) alférez de navío. **3** (brit.) portaestandarte (cargo de rango de oficial en el siglo pasado).

enslave [ɪn'sleɪv] *v. t.* **1** esclavizar, convertir en un esclavo. **2** (fig.) dominar, esclavizar: *drugs enslave many young people today* = *las drogas esclavizan a muchos jóvenes hoy en día.*

enslavement [ɪn'sleɪvmənt] *s. i.* **1** esclavitud. **2** (~ {**to**}) (fig.) dominio, esclavitud, servidumbre.

ensnare [ɪn'sneər] *v. t.* **1** atrapar (a un animal). **2** (fig.) seducir, engañar (a una persona).

ensue [ɪn'sju: ‖ ɪn'su:] *v. i.* (**to** ~ {**from**}) resultar, seguirse, sobrevenir, tener lugar a continuación: *an argument ensued* = *a continuación tuvo lugar una discusión.*

ensuing [ɪn'sju:ɪŋ ‖ ɪn'su:ɪŋ] *adj.* resultante, siguiente.

en suite [ˌɒn'swi:t] *adj.*y *adv.* adjunto, unido (expresión de origen francés).

ensure [ɪn'ʃɔ:r] (en EE UU **insure**) *v. t.* (**to** ~ {**that/***o.*}) asegurar, garantizar: *this new padlock ensures that the place will be safe* = *este candado garantiza que el lugar estará a salvo.*

entail [ɪn'teɪl] *v. t.* **1** significar, conllevar, acarrear. **2** DER. vincular, sujetar a vínculo (bienes, propiedades, etc.). ● *s. c.* e *i.* **3** DER. vínculo, sujeción a vínculo (de bienes, propiedades, etc.).

entangle [ɪn'tæŋgl] *v. t.* **1** enredar, enmarañar (una cuerda, cordón, etc.). ◆ **2 to be entangled in,** (fig.) estar embrollado en (problemas, crisis, situaciones difíciles). **3 to be entangled with,** (fig.) estar enredado con, estar mezclado con (personas de otro sexo, criminales, etc.).

entanglement [ɪn'tæŋglmənt] *s. i.* **1** enredo, enmarañamiento. ● *s. c.* **2** (normalmente *pl.*) enredo, embrollo (en problemas de cualquier tipo). ◆ **3 entanglements,** MIL. alambradas.

entente [ɒn'tɒnt] *s. c.* e *i.* **1** convenio, pacto. **2** alianza (de países). ◆ **3** ~ **cordiale,** entendimiento cordial, entente cordial (entre países).

enter ['entər] *v. t.* **1** entrar en, introducirse en, penetrar en. **2** entrar en, unirse a (una organización, institución o similar). **3** participar en, registrarse en (un acontecimiento deportivo, examen o similar). **4** registrar, apuntar, anotar (en un libro de contabilidad, diario, etc.). **5** (fig.) entrar en, meterse en, introducirse (en la voz, en la vida, etc.). ● *v. i.* **6** entrar en escena (en el teatro). ◆ **7 to** ~ **a protest/plea/etc.,** formular una protesta/petición de gracia/etc. **8 to** ~ **for,** apuntar(se), inscribir(se) (en una carrera, competición o similar). **9 to** ~ **into, a)** participar en, entrar en (acuerdo, compromiso): *we'll enter into high-level negotiations* = *entraremos en negociaciones de alto nivel.* **b)** afectar, entrar en, tener que ver con (señalando un factor necesario en algo): *money considerations don't enter into my decision at all* = *las consideraciones monetarias no afectan en absoluto mi decisión.* **10 to** ~ **one's head,** pasársele a uno por la cabeza, ocurrírsele a uno. **11 to** ~ **the lists,** ⇒ **list. 12 to** ~ **upon, a)** embarcarse en, emprender (un proyecto, plan, etc.): *we're going to enter upon a partnership with them* = *vamos a embarcarnos en un proyecto común con ellos.* **b)** DER. tomar posesión de, hacerse cargo de (una herencia u otra obligación legal).

enteric [en'terɪk] *adj.* MED. entérico, intestinal.

enteritis [ˌentə'raɪtɪs] *s. i.* MED. enteritis, inflamación intestinal.

enterprise ['entəpraɪz] *s. c.* **1** empresa, proyecto, aventura (especialmente nuevo y difícil): *my new enterprise* = *mi nuevo proyecto.* **2** empresa, negocio, compañía. ● *s. i.* **3** iniciativa, resolución, empuje (cualidades positivas). **4** empresa, espíritu de empresa (en el sentido comercial).

enterprising ['entəpraɪzɪŋ] *adj.* emprendedor, acometedor; decidido.

enterprisingly ['entəpraɪzɪŋlɪ] *adv.* con espíritu emprendedor, con ánimo emprendedor; decididamente.

entertain [ˌentə'teɪn] *v. t.* **1** agasajar; invitar a casa (a comer, una copa o similar). **2** divertir, hacer pasarlo bien; distraer (con un espectáculo agradable). **3** (fig.) abrigar, acariciar (ideas, proyectos, sueños, etc.): *going abroad is a dream I've always entertained* = *salir al extranjero es un sueño que siempre he acariciado.* **4** (form.) considerar, estudiar, plantearse: *I refuse to entertain that stupid idea* = *me niego a considerar esa idea estúpida.* ● *v. i.* **5** dar fiestas (en la casa propia), recibir invitados (con gusto). **6** divertir, hacer pasarlo bien; distraer (con un espectáculo agradable).

entertainer [ˌentə'teɪnər] *s. c.* artista (del mundo del espectáculo); animador (callejero,de un hotel, etc.).

entertaining [ˌentə'teɪnɪŋ] *adj.* entretenido, divertido, gracioso.

entertainingly [ˌentə'teɪnɪŋlɪ] *adv.* entretenidamente, divertidamente, con mucha gracia.

entertainment [ˌentə'teɪnmənt] *s. i.* **1** diversión, entretenimiento. ● *s. c.* **2** espectáculo (de cine, teatro, etc.).

enthral [ɪn'θrɔ:l] (en EE UU **enthrall**) (*ger.* **enthralling,** *pret.* y *p.p.* **enthralled**) *v. t.* cautivar, hechizar, encantar: *his speech enthralled me* = *su discurso me cautivó.*

enthralling [ɪn'θrɔ:lɪŋ] *adj.* cautivador, encantador: *an enthralling look* = *una mirada cautivadora.*

enthralment [ɪn'θrɔ:lmənt] (en EE UU **enthrallment**) *s. i.* hechizo, encantamiento, subyugación.

enthrone [ɪn'θrəun] *v. t.* (form.) **1** entronizar (a un rey o similar). **2** (fig.) entronizar, dar prominencia (a una idea).

enthronement [ɪn'θrəunmənt] *s. c.* (form.) **1** entronización (de un rey). ● *s. sing.* **2** (fig.) entronización, prominencia, elevación.

enthuse [ɪn'θju:z ‖ ɪn'θu:z] *v. i.* **1** (**to** ~ **over/ about**) entusiasmarse por, volverse loco por (en sentido muy positivo). **2** decir con entusiasmo, decir animadamente: *"I love your play", he enthused = "me encanta tu obra", dijo él con entusiasmo.* • *v. t.* **3** entusiasmar, animar en gran manera.

enthusiasm [ɪn'θju:zɪæzəm || ɪn'θu:zɪæzəm] *s. c.* e *i.* **1** (~ {**for**}) entusiasmo. • *s. c.* **2** pasión, entusiasmo.

enthusiast [ɪn'θju:zɪæst || ɪn'θu:zɪæst] *s. c.* entusiasta, apasionado.

enthusiastic [ɪn,θju:zɪ'æstɪk || ɪn,θu:zɪ'æstɪk] *adj.* entusiasmado, lleno de entusiasmo, entusiasta.

enthusiastically [ɪn,θju:zɪ'æstɪklɪ || ɪn,θu:zɪ'æstɪklɪ] *adv.* de manera entusiasta, con gran entusiasmo.

entice [ɪn'taɪs] *v. t.* seducir, engatusar, atraer con engaño, tentar.

enticement [ɪn'taɪsmənt] *s. c.* e *i.* tentación, seducción, engatusamiento.

enticing [ɪn'taɪsɪŋ] *adj.* tentador, seductor, engatusador.

enticingly [ɪn'taɪsɪŋlɪ] *adv.* tentadoramente, seductoramente, incitadoramente.

entire [ɪn'taɪər] *adj.* entero, completo, todo (en el espacio y tiempo).

entirely [ɪn'taɪəlɪ] *adv.* **1** exclusivamente: *the school is attended entirely by local children = la escuela es frecuentada exclusivamente por chicos del barrio.* **2** enteramente, totalmente, completamente (en el espacio y tiempo).

entirety [ɪn'taɪərətɪ] **in its ~,** íntegramente, enteramente, en su totalidad.

entitle [ɪn'taɪtl] *v. t.* **1** (normalmente pasiva) titular. **2** habilitar, autorizar, acreditar, permitir, dar derecho a: *this law entitles me to act as your guardian = esta ley me autoriza a actuar como tu tutor.*

entitlement [ɪn'taɪtlmənt] *s. c.* e *i.* (form.) autorización, permiso, derecho.

entity ['entɪtɪ] *s. c.* e *i.* **1** (form.) entidad, ente. **2** FIL. entidad (del ser).

entomb [ɪn'tu:m] *v. t.* (form.) sepultar, enterrar (en sentido real y figurado).

entombment [ɪn'tu:mmənt] *s. i.* (form.) enterramiento.

entomological [,entəmə'lɒdʒɪkl] *adj.* entomológico.

entomologist [,entə'mɒlədʒɪst] *s. c.* entomólogo.

entomology [,entə'mɒlədʒɪ] *s. i.* entomología.

entourage [,ɒntʊ'rɑ:ʒ] *s. c.* cortejo, séquito, acompañantes.

entrails ['entreɪlz] *s. pl.* entrañas, tripas, vísceras.

entrance ['entrəns] *s. c.* **1** (~ {**to/into/of**}) entrada, acceso. **2** entrada, llegada (de una persona en un sitio). **3** ART. entrada en escena, aparición en escena, salida a escena (en el teatro). • *s. i.* **4** (~ {**to/into**}) entrada, acceso: *the entrance to the building is at the back = el acceso al edificio está en la parte trasera.* **5** (~ {**to/into**}) admisión, ingreso (en una profesión, asociación, puesto político, lugar académico, etc.). • [ɪn'trɑ:ns, || ɪn'træns] *v. t.* **6** (normalmente *pas.*) fascinar, encantar. ◆ **7 to gain ~ to,** acceder a. **8 ~ fee,** cuota de entrada, pago de ingreso, billete (de entrada en espectáculo), derechos de admisión.

entranced [ɪn'trɑ:nst] *adj.* fascinado, encantado.

entrancing [ɪn'trɑ:nsɪŋ] *adj.* fascinante.

entrant ['entrənt] *s. c.* **1** persona recién ingresada, miembro nuevo (en una asociación, universidad, etc.). **2** concursante (en cualquier tipo de concurso).

entrap [ɪn'træp] (*ger.* **entrapping,** *pret.* y *p.p.* **entrapped**) *v. t.* (form.) atrapar, hacer caer en una trampa; engañar.

entrapment [ɪn'træpmənt] *s. c.* e *i.* (form.) DER. arresto ilegal (realizado utilizando algún tipo de trampa no admitida por los jueces).

entreat [ɪn'tri:t] *v. t.* (**to** ~ + *o.* + {*inf.*}) (form.) implorar, suplicar.

entreating [ɪn'tri:tɪŋ] *adj.* suplicante, implorante.

entreatingly [ɪn'tri:tɪŋlɪ] *adv.* en actitud de súplica.

entreaty [ɪn'tri:tɪ] *s. c.* e *i.* (form.) súplica.

entrée ['ɒntreɪ] *s. sing.* **1** entrada, admisión (en círculos de clase alta, en la casa de alguien, etc.). • *s. c.* **2** GAST. plato principal, plato más importante (de una comida).

entrench [ɪn'trentʃ] *v. t.* **1** (normalmente pasiva) MIL. atrincherar, fortalecer. **2** (fig.) fortalecer, afianzar (la posición de uno en una institución, empresa, etc.).

entrenched [ɪn'trentʃt] *adj.* fortalecido, afianzado; enraizado, arraigado.

entrenchment [ɪn'trentʃmənt] *s. c.* MIL. trinchera, atrincheramiento.

entrepreneur [,ɒntrəprə'nɜ:r] *s. c.* empresario, hombre de negocios.

entrepreneurial [,ɒntrəprə'nɜ:rɪəl] *adj.* empresarial, con iniciativa empresarial.

entrepreneurship [,ɒntrəprə'nɜ:rʃɪp] *s. i.* espíritu empresarial, iniciativa empresarial.

entropy ['entrəpɪ] *s. i.* (form.) entropía; caos, desorden.

entrust [ɪn'trʌst] *v. t.* (**to** ~ + *o.* + **to /with**) confiar, encomendar, encargar: *I entrusted my wife with the message = confié a mi mujer el encargo.*

entry ['entrɪ] *s. c.* **1** entrada (físicamente hablando). **2** llegada, entrada (de alguien). **3** anotación (en un diario o similar). **4** COM. asiento (de contabilidad). **5** INF. dato. **6** FILOL. entrada, artículo (en diccionario o enciclopedia). **7** participante, participación (persona o cosa que entran en un concurso o competición). • *s. sing.* **8** lista total de participantes (en competición); lista de miembros nuevos (en institución académica o similar). • *s. i.* **9** acceso, admisión, entrada (física). **10** admisión, ingreso (en asociación, institución, etc.). **11** participación, registro de participación (en competición o similar). **12** INF. input. ◆ **13 ~ fee,** cuota de ingreso, derechos de admisión, billete (para espectáculos). **14 no ~,** prohibida la entrada.

entryism ['entrɪɪzəm] *s. i.* POL. submarinismo, entrismo (en un partido para controlarlo).

entwine [ɪn'twaɪn] *v. t.* e *i.* entrelazar(se) (los dedos, por ejemplo).

enumerate [ɪ'nju:məreɪt] *v. t.* enumerar, contar.

enumeration [ɪ,nju:mə'reɪʃn] *s. i.* enumeración.

enunciate [ɪ'nʌnsɪeɪt] *v. t.* **1** pronunciar, articular la pronunciación de. **2** (form.) expresar, proclamar (pensamientos, principios, etc.): *I always try to enunciate my ideas in the clearest way possible = siempre intento expresar mis ideas en la forma más clara posible.* • *v. i.* **3** pronunciar, articular (sonidos), tener una dicción (buena, mala, etc.): *my teacher enunciates extremely well = mi profesor tiene una dicción magnífica.*

enunciation [ɪ,nʌnsɪ'eɪʃn] *s. i.* **1** pronunciación, dicción, articulación (de sonidos). **2** expresión, proclamación (de principios, intenciones, etc.).

envelop [ɪn'veləp] *v. t.* envolver, cubrir, rodear (real y figurativamente): *the mist enveloped the mountains = la neblina envolvía las montañas.*

envelope ['envələʊp] *s. c.* sobre (para cartas).

envelopment [ɪn'veləpmənt] *s. i.* envolvimiento.

enviable ['envɪəbl] *adj.* envidiable, magnífico.

enviably ['envɪəblɪ] *adv.* envidiablemente, magníficamente.

envious ['envɪəs] *adj.* envidioso.

enviously ['envɪəslɪ] *adv.* envidiosamente, con envidia.

environment [ɪn'vaɪərənmənt] *s. sing.* **1** (**the** ~) el medio ambiente, el ambiente (natural). • *s. c.* e *i.* **2** ambiente, entorno, medio (de una persona). • *s. c.* **3** BIOL. hábitat, medio, medio ambiente (de una especie biológica).

environmental [ɪn,vaɪərən'mentl] *adj.* medio ambiental, del medio ambiente, ecológico.

environmentally [ɪn,vaɪərən'mentəlɪ] *adv.* ambientalmente, en el aspecto ecológico.

environmentally-friendly [ɪn,vaɪərən'mentəlɪ'frendli:] *adj.* respetuoso con el medio ambiente, ecológico.

environmentalist [ɪn,vaɪərən'mentəlɪst] *s. c.* **1** ecologista. • *adj.* **2** de protección del medio ambiente, ecologista: *the environmentalist movement = el movimiento ecologista.*

environs [ɪn'vaɪərənz] *s. pl.* (form.) alrededores, cercanías, inmediaciones.

envisage [ɪn'vɪzɪdʒ] (en EE UU **envision**) *v. t.* **1** concebir, imaginar. **2** prever.

envision [ɪn'vɪʒən] *v. t.* ⇒ **envisage.**

envoy ['envɔɪ] *s. c.* **1** mensajero, enviado. **2** POL. representante diplomático (con rango inferior al de embajador).
envy ['envɪ] *s. i.* **1** envidia. • *v. t.* **2** envidiar, tener envidia de, sentir envidia por. ♦ **3 to be the ~ of,** ser la envidia de: *my new car is the envy of all my neighbours = mi coche nuevo es la envidia de todos mis vecinos.* **4 green with ~, ⇒ green.**
enzyme ['enzaɪm] *s. c.* BIOQ. enzima.
eon ⇒ *s. c.* **aeon.**
EP [ˌiː'piː] *s. c.* single, disco sencillo de larga. duración (Extended Play).
epaulet ['epəlet] *s. c.* ⇒ **epaulette.**
epaulette ['epəlet] (también **epaulet**) *s. c.* charretera.
épée ['eɪpeɪ] *s. c.* DEP. espada (usada en la esgrima).
ephemera [ɪ'femərə] *s. pl.* cosas efímeras.
ephemeral [ɪ'femərəl] *adj.* (lit.) efímero, transitorio.
epic ['epɪk] *s. c.* **1** LIT. épica. • *adj.* **2** (fig.) épico, grandioso.
epicenter *s. c.* ⇒ **epicentre.**
epicentre ['epɪsentər] (en EE UU **epicenter**) *s. c.* GEOL. epicentro (de un terremoto).
epicure ['epɪkjuər] *s. c.* **1** FIL. epicúreo. **2** (fig.) gurmet, amante de la buena mesa, sibarita.
epicurean [ˌepɪkju'riːən] *adj.* lujoso, placentero (comida, fiesta, etc.).
epidemic [ˌepɪ'demɪk] *s. c.* **1** MED. epidemia. **2** (fig.) epidemia, ola (algo que a todo el mundo le da por hacer).
epidermis [ˌepɪ'dəːmɪs] *s. sing.* ANAT. epidermis.
epidural [ˌepɪ'djuərəl] MED. *s. c.* **1** epidural (tipo de anestesia mediante inyección en la espina dorsal). • *adj.* **2** epidural.
epiglottides [ˌepɪ'glɒtɪdiːz] *pl.* de **epiglottis.**
epiglottis [ˌepɪ'glɒtɪs] (*pl.* **epiglottides** o **epiglottises**) *s. c.* ANAT. epiglotis.
epigram ['epɪgræm] *s. c.* LIT. epigrama (poema corto).
epigrammatic [ˌepɪgrə'mætɪk] *adj.* epigramático, corto e ingenioso.
epigraph ['epɪgræf] *s. c.* epígrafe.
epilepsy ['epɪlepsɪ] *s. i.* MED. epilepsia.
epileptic ['epɪ'leptɪk] MED. *adj.* **1** epiléptico. • *s. c.* **2** epiléptico (persona).
epilog ['epɪlɔːg] *s. c.* ⇒ **epilogue.**
epilogue ['epɪlɒg] (en EE UU **epilog**) *s. c.* LIT. epílogo.
Epiphany [ɪ'pɪfənɪ] *s. sing.* REL. Epifanía.
episcopal [ɪ'pɪskəpl] *adj.* **1** (form.) episcopal. ♦ **2 Episcopal,** Episcopal (de la denominación protestante).
Episcopalian [ɪˌpɪskə'peɪlɪən] *adj.* **1** REL. episcopaliano. • *s. c.* **2** REL. episcopaliano (miembro de la iglesia episcopal).
episiotomy [əˌpiːzɪ'ɒtəmɪ] *s. c.* MED. episiotomía (corte vaginal para ayudar a la mujer en el parto).
episode ['epɪsəud] *s. c.* **1** episodio: *it was a tragic episode in my life = fue un episodio trágico en mi vida.* **2** TV. capítulo, parte (de una serie).
episodic [ˌepɪ'sɒdɪk] *adj.* (form.) episódico.
epistemology [ɪˌpɪstə'mɒləd͡ʒɪ] *s. c.* FIL. epistemología.
epistle [ɪ'pɪsl] *s. c.* **1** (form.) epístola, misiva. ♦ **2 Epistle,** REL. Epístola.
epistolary [ɪ'pɪstələrɪ ‖ ɪ'pɪstɔlerɪ] *adj.* (form.) epistolar.
epitaph ['epɪtɑːf ‖ 'epɪtæf] *s. c.* epitafio.
epithelia [ˌepɪ'θiːlɪə] *pl.* de **epithelium.**
epithelium [ˌepɪ'θiːlɪəm] (*pl.* **epitheliums** o **epithelia**) *s. c.* BIOL. epitelio.
epithet ['epɪθet] *s. c.* GRAM. epíteto.
epitome [ɪ'pɪtəmɪ] *s. sing.* **1** (lit.) epítome, compendio, extracto, sumario. **2** modelo, ejemplo, personificación: *the epitome of beauty = la personificación de la belleza.*
epitomise *v. t.* ⇒ **epitomize.**
epitomize [ɪ'pɪtəmaɪz] (tambien **epitomise**) *v. t.* **1** tipificar, ejemplificar. **2** resumir, compendiar, ser el epítome de.
epoch ['iːpɒk] *s. c.* **1** época, período. **2** GEOL. era. **3** HIST. edad. ♦ **4 to mark an ~,** marcar época.
epoch-making ['iːpɒkˌmeɪkɪŋ] *adj.* memorable, trascendental, que hace época, importantísimo.
Epsom salts [ˌepsəm'sɔːlts] *s. pl.* sales de Epsom, epsomita, sal de la higuera, sulfato de magnesio natural.
equable ['ekwəbl] *adj.* **1** ecuánime, tranquilo, afable (una persona). **2** equilibrado, calmado, sosegado (el carácter). **3** estable, constante (el tiempo atmosférico).
equably ['ekwəblɪ] *adv.* **1** ecuánimemente, afablemente, tranquilamente. **2** equilibradamente, sosegadamente, calmadamente. **3** establemente (el tiempo atmosférico).
equal ['iːkwəl] *adj.* **1** igual, idéntico, comparable: *equal in value = de igual valor.* **2** tanto, mismo. **3** equitativo (un tratamiento). **4** (arc.) imparcial, justo. **5** (arc.) ecuánime, tranquilo, sosegado. **6** (arc.) liso, a nivel, parejo. • *s. c.* **7** igual, par, semejante (una persona, un número, un tamaño): *her equals = sus semejantes (de ella).* • (*ger.* **equalling,** *pret.* y *p.p.* **equalled**) *v. t.* **8** igualar, nivelar, poner al mismo nivel, emparejar. **9** equivaler a. ♦ **10 to be ~ to,** ser igual a, equivaler a. **11 to be ~ to doing something,** tener fuerzas para algo, ser capaz de algo, poder desempeñar algo. **12 to have no ~,** no tener igual, no tener parangón. **13 on ~ terms,** en términos de igualdad. **14 all other things being ~,** si las circunstancias no cambian. ♦ **15 without ~,** sin par, sin igual.
equalise *v. t.* ⇒ **equalize.**
equality [iː'kwɒlɪtɪ ‖ ɪ'kɑːlətɪ] *s. i.* igualdad, paridad, uniformidad.
equalization [ˌiːkwəlaɪ'zeɪʃn ‖ ˌiːkwəlɪ'zeɪʃn] (también **equalisation**) *s. i.* igualamiento, igualación, equilibrio.
equalize ['iːkwəlaɪz] (también **equalise**) *v. t.* **1** igualar. **2** emparejar, uniformar. • *v. i.* **3** (brit.) equilibrar, nivelar. **4** DEP. (brit.) empatar.
equalizer ['iːkwəlaɪzər] (tambien **equaliser**) *s. c.* **1** DEP. empate. **2** balance, equilibrio. **3** MEC. balancín, compensador. **4** ELECTR. ecualizador. **5** (EE UU) (argot) revólver, pistola, arma, pipa.
equanimity [ˌekwə'nɪmɪtɪ] *s. i.* (lit.) ecuanimidad, calma, equilibrio.
equate [ɪ'kweɪt] *v. t.* **1** comparar, considerar equivalente, considerar idéntico. **2** tratar de igual modo, tratar de igual a igual. • *v. i.* **3** ser igual, corresponder, parecer igual.
equation [ɪ'kweɪʒn] *s. c.* **1** MAT. ecuación. • *s. i.* **2** (lit.) equilibrio, balance, igualdad.
equator [ɪ'kweɪtər] *s. sing.* GEOGR. ecuador, línea del ecuador (gen. en mayúscula).
equatorial [ˌekwə'tɔːrɪəl] *adj.* **1** ecuatorial (posición). **2** ecuatorial, muy caluroso (clima).
equerry [ɪ'kwerɪ ‖ 'ekwərɪ] *s. c.* ayuda de cámara (en la casa real británica).
equestrian [ɪ'kwestrɪən] *adj.* **1** ecuestre. • *s. c.* **2** jinete.
equi- ['iːkwɪ] *prefijo* equi-.
equidistant [ˌiːkwɪ'dɪstənt] *adj.* equidistante, a la misma distancia.
equilateral [ˌiːkwɪ'lætərəl] *adj.* **1** GEOM. equilátero. • *s. c.* **2** GEOM. lado equilátero. **3** GEOM. triángulo equilátero.
equilibrium [ˌiːkwɪ'lɪbrɪəm] (*pl.* **equilibria** o **equilibriums**) *s. c.* e *i.* **1** (lit.) equilibrio, balance, serenidad, aplomo (emocional). **2** FÍS. equilibrio.
equine ['ekwaɪn] *adj.* de caballo, equino.
equinoctial [ˌiːkwɪ'nɒkʃl] *adj.* ASTR. equinoccial.
equinox ['iːkwɪnɒks ‖ 'ekwɪnɒks] *s. sing.* ASTR. equinoccio.
equip [ɪ'kwɪp] (*ger.* **equipping,** *pret.* y *p.p.* **equipped**) *v. t.* **1** (**to ~ {with/for}**) equipar, proveer de, aviar con. **2** (**to ~ {for}**) preparar (para), dotar (para) (un trabajo, una materia). **3** (EE UU) vestirse de etiqueta, endomingarse.
equipment [ɪ'kwɪpmənt] *s. i.* **1** equipo, pertrechos, aparatos (gen. de tipo técnico). **2** (p. u.) equipaje. **3** capacidad, aptitud, eficiencia. **4** dotación, equipamiento. **5** TEC. equipo rodante, material móvil.
equipoise ['ekwɪpɔɪz] *s. i.* (form.) equilibrio, autocontrol (mental).
equitable ['ekwɪtəbl] *adj.* equitativo, justo, razonable, imparcial.
equitably ['ekwɪtəblɪ] *adv.* equitativamente, razonablemente, con justicia.
equity ['ekwɪtɪ] *s. i.* **1** (lit.) equidad, imparcialidad, justicia. **2** DER. derecho natural, justicia natural, equidad. ♦ **3** COM. acciones de interés variable, acciones de dividendo no fijo. ♦ **4 negative ~,** valor de mercado inferior al que consta escriturado en hipoteca.
equivalence [ɪ'kwɪvələns] *s. i.* **1** equivalencia, correspondencia, igualdad. **2** MAT. equivalencia.
equivalent [ɪ'kwɪvələnt] *adj.* **1** equivalente. • *s. c.* **2** equivalente. ♦ **3 to be ~ to,** equivaler a.

equivocal [ɪ'kwɪvəkl] *adj.* **1** equívoco, dudoso, ambiguo, vago (palabras, opiniones). **2** sospechoso, misterioso, incierto (el comportamiento, un acontecimiento). **3** discutible, controvertido.

equivocate [ɪ'kwɪvəkeɪt] *v. i.* **1** (lit.) hablar con ambigüedad, expresarse de forma equívoca (con intención). **2** soslayar el tema, ser poco explícito.

equivocation [ɪ,kwɪvə'keɪʃn] (form.) *s. c.* **1** ambigüedad (del lenguaje). • *s. i.* **2** uso equívoco del lenguaje.

era ['ɪərə] *s. c.* **1** HIST. era, período histórico, edad, época. **2** GEOL. era, edad (período geológico).

eradiate [ɪ'reɪdɪeɪt] *v. t.* (p. u.) irradiar, radiar.

eradication [ɪ,rædɪ'keɪʃn] *s. i.* erradicación, supresión, extirpación, eliminación.

eradicator [ɪ'rædɪkeɪtər] *s. c.* quitamanchas.

erase [ɪ'reɪz || ɪ'reɪs] *v. t.* **1** (lit.) borrar (del papel, de una cinta magnetofónica, etc.). **2** (fig.) borrar, eliminar, hacer desaparecer (de la mente).

eraser [ɪ'reɪzər || ɪ'reɪsər] *s. c.* **1** (EE UU) (fam.) goma de borrar. **2** borrador.

erasure [ɪ'reɪʒər] *s. c.* **1** (lit.) borradura, tachadura, raspadura. • *s. i.* **2** destrucción, eliminación, supresión.

ere [eə] *prep.* (arc.) **1** antes de. • *conj.* **2** antes de que.

erect [ɪ'rekt] *adj.* **1** erecto, erguido, derecho, vertical. **2** FISIOL. erecto, en estado de erección. **3** erizado, de punta (el pelo). **4** (arc.) alerta, despierto. • *v. t.* **5** erigir, elevar, levantar, construir (un edificio). **6** (fig.) establecer, constituir. **7** MAT. construir sobre una base. **8** MEC. montar.

erectile [ɪ'rektaɪl ||ɪ'rektl] *adj.* FISIOL. eréctil.

erection [ɪ'rekʃn] *s. i.* **1** construcción, edificación. **2** MEC. montaje. • *s. c.* **3** estructura, construcción, edificio. • *s. c.* e *i.* **4** FISIOL. erección. **5** (fig.) constitución, establecimiento.

erectness [ɪ'rektnɪs] *s. i.* erguimiento.

erg [ɜːg] *s. c.* FÍS. ergio.

ergonomic [,ɜːgə'nɒmɪk] *adj.* ergonómico.

ergonomics [,ɜːgə'nɒmɪks || ,aːrgə'nɑːmɪks] *s. i.* TEC. ergonomía.

ermine ['ɜːmɪn] *s. i.* **1** armiño (piel). • *s. c.* **2** ZOOL. armiño.

erode [ɪ'rəud] *v. t.* **1** GEOL. erosionar, causar erosión. **2** raer, corroer, desgastar. • *v. i.* **3** GEOL. erosionarse. **4** desgastarse, raerse, corroerse.

erogenous [ɪ'rɒdʒənəs] *adj.* erógeno: *erogenous zones = zonas erógenas.*

erosion [ɪ'rəuʒn] *s. i.* **1** GEOL. erosión. **2** erosión, desgaste. **3** (fig.) erosión, desgaste.

erosive [ɪ'rəusɪv] *adj.* GEOL. erosivo.

erotic [ɪ'rɒtɪk] *adj.* erótico (generalmente aplicado a obras de arte).

erotica [ɪ'rɒtɪkə] *s. pl.* material erótico, literatura erótica.

erotically [ɪ'rɒtɪklɪ] *adv.* eróticamente, voluptuosamente.

eroticism [ɪ'rɒtɪsɪzəm] *s. i.* erotismo, lo erótico.

err [ɜːr] *v. i.* **1** (lit.) errar, equivocarse, cometer errores. **2** pecar, ir por mal camino, descarriarse. ◆ **3 to ~ on the side of,** pecar por exceso de. **4 to ~ is human, to forgive divine,** equivocarse es humano, perdonar, divino.

errand ['erənd] *s. c.* **1** recado, encargo, mandado. **2** (arc.) misión, embajada. ◆ **3 to go on/to run errands for,** hacer recados para, hacer encargos para, llevar recados a. **4 ~ of mercy,** tentativa de salvamento. **5 ~ boy,** mensajero, recadero, mandadero. **6 a fool's ~,** ⇒ **fool.**

errant ['erənt] *adj.* **1** (lit. o hum.) errante, errabundo, andante: *knight errant = caballero andante.* **2** descarriado, desorientado. **3** (fig.) descarriado, infiel.

erratic [ɪ'rætɪk] *adj.* **1** irregular, inconstante. **2** voluble, caprichoso (de carácter). **3** excéntrico (de comportamiento). **4** desigual, poco uniforme (resultados). **5** MED. errático.

erratically [ɪ'rætɪklɪ] *adv.* **1** irregularmente, de modo inconstante. **2** excéntricamente, caprichosamente. **3** desigualmente. **4** erráticamente.

erroneous [ɪ'rəunɪəs] *adj.* (lit.) erróneo, incorrecto, equivocado.

erroneously [ɪ'rəunɪəslɪ] *adv.* (lit.) erróneamente, equivocadamente.

error ['erər] *s. c.* e *i.* **1** (lit.) error, equivocación. **2** transgresión, descarrío. **3** ofensa, falta. **4** MAT. error. ◆ **5 by/in ~,** por equivocación, por error. **6 errors and omissions excepted,** salvo error u omisión. **7 to see the ~ of one's ways,** reconocer los propios errores, reconocer las faltas en que uno ha incurrido. **8 trial and ~,** ⇒ **trial.**

OBS. **error** es más literario que **mistake** y sugiere algo mal hecho moralmente. En ciertas frases hechas, solo puede utilizarse uno de ellos.

ersazt ['eəzæts] *adj.* (desp.) sucedáneo, sustituto, artificial.

erstwhile ['ɜːstwaɪl] *adj.* (lit. y arc.) anterior, de otro tiempo, antiguo: *her erstwhile husband = su anterior marido (de ella).*

erudite ['eruːdaɪt] *adj.* (lit.) erudito, culto, instruido, versado.

eruditely ['eruːdaɪtlɪ] *adv.* eruditamente, cultamente.

erudition [,eruː'dɪʃn] *s. i.* (lit.) erudición, cultura, conocimientos.

erupt [ɪ'rʌpt] *v. i.* **1** GEOL. entrar en erupción, hacer erupción, estar en erupción. **2** estallar (un fuego). **3** (fig.) estallar, explotar, brotar (la violencia, la guerra, etc.). **4** MED. tener una erupción, salir (manchas, granos). **5** salir (un diente). **6** interrumpir (en un lugar). • *v. t.* **7** arrojar (lava).

eruption [ɪ'rʌpʃn] *s. c.* e *i.* **1** GEOL. erupción. **2** MED. erupción, brote. **3** (fig.) estallido, brote, explosión (de violencia, de pasión).

escalate ['eskəleɪt] *v. t.* e *i.* **1** intensificar(se), extender(se). **2** subir, aumentar, ascender (los precios). **3** empeorar, agravarse (una situación).

escalation [,eskə'leɪʃn] *s. c.* e *i.* **1** escalada, intensificación, extensión. **2** ascenso, aumento (de los precios). **3** empeoramiento (de una situación).

escalator ['eskəleɪtər] *s. c.* (brit.) escalera mecánica.

escapade [,eskə'peɪd] *s. c.* escapada, aventura, travesura.

escape [ɪ'skeɪp] *v. i.* **1** escaparse, huir, fugarse (una persona). **2** escaparse, salirse, (un líquido, gas). **3** crecer de forma silvestre (las plantas). • *v. t.* **4** salvarse de, librarse de, escaparse de (algo peligroso o desagradable). **5** evitar, eludir (a una persona, una actividad). **6** escapársele a uno, pasársele desapercibido, olvidársele: *your name escapes me = se me ha olvidado tu nombre.* **7** escapar a, burlar (la vigilancia). • *s. c.* e *i.* **8** evasión, fuga, huida. **9** escape, fuga (de líquido, de gas). **10** escapatoria. **11** (fig.) evasión. **12** planta silvestre. ◆ **13 ~ clause,** DER. cláusula de liberación de obligaciones. **14 ~ velocity,** FÍS. velocidad de escape. **15 to make good one's ~,** escapar sin ser visto, escapar con éxito.

escapee [ɪ,skeɪ'piː] *s. c.* persona escapada, fugado.

escapism [ɪ'skeɪpɪzəm] *s. i.* (desp.) evasión.

escapist [ɪ'skeɪpɪst] *adj.* **1** que se evade o fomenta la evasión. • *s. c.* **2** persona que se evade.

escapologist [,eskə'pɒlədʒɪst] *s. c.* contorsionista (especializado en salirse de sitios bien cerrados, sujetos con cadenas, etc.).

escapology [,eskə'pɒlədʒɪ] *s. i.* contorsionismo. ⇒ **escapologist.**

escarpment [ɪ'skɑːpmənt] *s. c.* **1** acantilado. **2** zona escarpada, escarpadura.

eschatology [,eskə'tɒlədʒɪ] *s. i.* REL. escatología.

eschew [ɪs'tʃuː] *v. t.* (form.) abstenerse, evitar, renunciar, rehuir, esquivar.

escort ['eskɔːt] *s. c.* **1** MIL. escolta. **2** MAR. convoy, escolta. **3** acompañamiento, pareja (para una fiesta). • [ɪs'kɔːt] *v. t.* **4** MIL. escoltar. **5** MAR. convoyar, escoltar. **6** acompañar (a una fiesta).

escritoire [,eskrɪ'twɑː] *s. c.* escritorio.

escrow ['es,krou] *s. c.* **1** DER. plica, depósito, fideicomiso. ◆ **2 in ~,** en depósito, en custodia.

escutcheon [ɪ'skʌtʃən] *s. c.* **1** blasón, emblema, escudo de armas. **2** placa de protección, escudo (de una cerradura). **3** MAR. espejo de popa. **4** (fig.) honor, reputación.

Eskimo ['eskɪməu] (*pl.* **Eskimo** o **Eskimos**) *s. c.* **1** esquimal (persona). **2** esquimal (idioma). • *adj.* **3** esquimal.

esophagus *s. c.* ⇒ **oesophagus.**

esoteric [,esəu'terɪk] *adj.* **1** esotérico, oculto, secreto. **2** confidencial, privado.

especial [ɪ'speʃl] *adj.* (lit.) especial, particular.

especially [ɪ'speʃəlɪ] *adv.* **1** especialmente, particularmente, en particular. **2** ante todo, sobre todo: *especially if I go = sobre todo si voy.*

espionage [,espɪə'nɑːʒ ‖ ,espjə'nɑːʒ] *s. i.* espionaje.

esplanade [,esplə'neɪd] *s. c.* **1** explanada. **2** paseo marítimo.

espousal [ɪ'spauzl] *s. i.* (~ **of**) adopción de (una ideología, causa, etc.).

espouse [ɪ'spauz] *v. t.* **1** (lit.) apoyar, adherirse, abrazar (una causa, una idea). **2** (lit.) desposar, casarse con. **3** casar a, dar en matrimonio.

espresso [e'spresəu] (*pl.* **espressos**) *s. c.* e *i.* café exprés, café de cafetera a presión.

esprit de corps [,espriːdə'kɔːr] *s. i.* espíritu de compañerismo, espíritu de equipo; solidaridad, lealtad.

espy [ɪ'spaɪ] *v. t.* (lit.) divisar, vislumbrar.

esquire [ɪ'skwaɪər] *s. c.* **1** (brit.) (p. u.) señor, don (título de cortesía después del nombre y apellido en la correspondencia): *Charles Starmer Esq. = Don Charles Starmer.* **2** HIST. escudero. **3** (brit.) noble (de rango menor).

essay ['eseɪ] *s. c.* **1** LIT. ensayo. **2** redacción, composición (escolar). **3** (p. u.) tentativa, prueba, intento. **4** muestra, ejemplo. • *v. t.* **5** (p. u.) intentar, probar, ensayar. **6** someter a prueba, probar (a alguien).

essayist ['eseɪɪst] *s. c.* LIT. ensayista.

essence ['esns] *s. sing.* **1** FIL. esencia, naturaleza intrínseca. **2** (**the** ~) lo esencial, lo fundamental, el alma. **3** QUÍM. esencia, extracto. ◆ **4 in** ~, esencialmente, fundamentalmente. **5 of the** ~, fundamental, indispensable, esencial.

essential [ɪ'senʃl] *adj.* **1** esencial, básico, indispensable. **2** FIL. intrínseco, inherente. • *s. c.* **3** parte esencial, elemento imprescindible; (*pl.*) elementos fundamentales, factores más importantes. ◆ **4 in essentials/in all essentials,** básicamente, esencialmente. **5 to stick to the essentials,** ir al grano.

essentially [ɪ'senʃəlɪ] *adv.* **1** esencialmente, básicamente. **2** necesariamente.

establish [ɪ'stæblɪʃ] *v. t.* **1** establecer, instituir, crear, fundar (un negocio, una sociedad, una teoría). **2** establecer, implantar, crear (un precedente). **3** arraigar (en un estado o posición). **4** probar, demostrar (un hecho). **5** (gen. pasiva) reconocer, oficializar (una religión). **6** promulgar, introducir, establecer (una ley). **7** establecer, tomar (contacto). • *v. pron.* **8** (**to** ~ **oneself**) establecerse, asentarse (en una posición, o estado).

established [ɪ'stæblɪʃt] *adj.* **1** sólido, arraigado (una costumbre, un negocio). **2** probado, conocido (un hecho). **3** oficial (una religión). **4** de plantilla, fijo (un empleado).

establishment [ɪ'stæblɪʃmənt] *s. i.* **1** establecimiento, creación, fundación. • *s. c.* **2** establecimiento, negocio, casa, club. **3** MIL. fuerzas, efectivos. **4** **Establishment, a)** clase dirigente, grupo dirigente (político, profesional). **b)** (brit.) Iglesia Anglicana, iglesia oficial. **5** plantilla, personal. **6** servidumbre.

estate [ɪ'steɪt] *s. c.* **1** finca, hacienda, heredad. **2** (brit.) barrio, barriada, zona, polígono (de viviendas, industrial). **3** DER. relictos, herencia, bienes. **4** propiedades, fortuna, bienes (raíces, inmuebles). **5** (arc.) posición social, condición, estado (clero, nobleza, el pueblo). **6** pompa, ostentación. ◆ **7** ~ **administration,** DER. administración de una herencia. **8** ~ **duty/tax,** impuesto de sucesión. **9** ~ **probate,** DER. adjudicación de la herencia, del patrimonio. **10 the fourth** ~, (fam.) el cuarto poder (la prensa).

esteem [ɪ'stiːm] *s. i.* **1** (lit.) estima, respeto, consideración, aprecio. **2** (arc.) juicio, opinión. • *v. t.* **3** (lit.) estimar, apreciar, respetar, admirar, considerar. **4** (**to** ~ + *o.* + *adj./s.*) (lit. y p. u.) considerar, valorar, creer: *I esteem it worthwhile = considero que merece la pena.* ◆ **5 to hold someone in** ~, tener a uno en estima.

esthete ['iːsθiːt] (también **aesthete**) *s. c.* esteta, amante de la belleza.

estimable ['estɪməbl] *adj.* **1** (p. u.) estimable, apreciable, admirable. **2** apreciado, admirado.

estimate ['estɪmɪt] *v. t.* **1** (**to** ~ {**at**}) calcular, valorar, tasar. **2** calcular, juzgar, presuponer. • *v. i.* **3** (**to** ~ {**for**}) presupuestar, hacer un presupuesto. • *s. c.* **4** cálculo, evaluación, valoración, tasación. **5** presupuesto. **6** juicio, suposición, opinión. ◆ **7 at a rough** ~, haciendo un cálculo aproximado.

estimation [,estɪ'meɪʃn] *s. i.* **1** (lit.) juicio, opinión, impresión. **2** aprecio, estima. • *s. c.* **3** cálculo, valoración, tasación. ◆ **4 to go up/down in someone's** ~, subir/bajar en la estima de alguien, mejorar/empeorar en la opinión de alguien.

Estonia [e'stəunjə] *s. sing.* Estonia.

Estonian [e'stəunjən] *s. c.* **1** estonio (de origen). **2** estonio (idioma). • *adj.* **3** estonio.

estrange [ɪ'streɪndʒ] *v. t.* (**to** ~ **from**) separarse de, apartarse de, enemistarse con, enajenar.

estrangement [ɪ'streɪndʒmənt] *s. c.* e *i.* extrañamiento, separación, alejamiento, desavenencia.

estuary ['estjuərɪ] *s. c.* GEOGR. estuario, ría.

et al [,et'æl] *abreviatura* (fam.) y otros, y otras.

etcetera [ɪt'setərə] *adv.* **1** etcétera, así sucesivamente. • *s. pl.* **2** extras, adornos.

etch [etʃ] *v. t.* e *i.* **1** grabar al aguafuerte. **2** (fig.) (normalmente en pasiva) grabarse (en la memoria).

etcher ['etʃər] *s. c.* grabador.

etching [etʃɪŋ] *s. c.* e *i.* aguafuerte, grabado al aguafuerte.

eternal [ɪ'təːnl] *adj.* **1** eterno, sempiterno. **2** perpetuo, perenne, interminable. **3** (fig.) constante, incesante. **4** inmutable, absoluto (un valor, una verdad). • *s.* **5 the Eternal,** el Padre Eterno, el Eterno. ◆ **6 the** ~ **triangle,** el triángulo amoroso típico.

eternally [iː'təːnəlɪ] *adv.* eternamente, constantemente, perpetuamente, por siempre.

eternity [iː'təːnɪtɪ] *s. i.* **1** eternidad. **2** (fig.) eternidad, siglos, mucho tiempo: *it seemed like an eternity = pareció una eternidad.*

ether ['iːθər] (también **aether**) *s. i.* **1** éter; espacio. **2** QUÍM. éter.

ethereal [ɪ'θɪərɪəl] *adj.* **1** etéreo, celestial, sublime, sutil. **2** QUÍM. etéreo, con éter, de éter.

ethic ['eθɪk] *s. sing.* sistema moral, ética: *the Christian ethic = la ética cristiana.*

ethical ['eθɪkl] *adj.* **1** (no *comp.*) ético, moral. **2** honrado.

ethically ['eθɪklɪ] *adv.* **1** éticamente, moralmente. **2** honradamente.

ethics ['eθɪks] *s. i.* **1** FIL. (~ *v.sing./pl.*) ética, moral. **2** moralidad, honradez, principios éticos.

Ethiopia [,iːθɪ'əupjə] *s. sing.* Etiopía.

Ethiopian [,iːθɪ'əupjən] *adj.* **1** etíope, etiope. • *s. c.* **2** etíope, etiope.

ethnic ['eθnɪk] *adj.* étnico, racial.

ethnically ['eθnɪklɪ] *adv.* étnicamente, racialmente.

ethnographer [eθ'nɒgrəfər] *s. c.* etnógrafo.

ethnographic [,eθnə'græfɪk] *adj.* etnográfico.

ethnography [eθ'nɒgrəfɪ] *s. i.* etnografía.

ethnological [,eθnə'lɒdʒɪkl] *adj.* etnológico.

ethnologist [eθ'nɒlədʒɪst] *s. c.* etnólogo.

ethnology [eθ'nɒlədʒɪ] *s. i.* etnología.

ethos ['iːθɒs] *s. sing.* **1** carácter distintivo, rasgo distintivo, espíritu (de un grupo humano o cultural). **2** actitud.

ethyl ['eθɪl] *s. i.* **1** QUÍM. etilo. ◆ **2** ~ **alcohol,** alcohol etílico. **3** ~ **chloride,** QUÍM. cloruro etílico.

etiolated ['iːtɪəuleɪtɪd] *adj.* **1** BOT. descolorido por falta de luz. **2** (form.) pálido, blanquecino (personas).

etiquette ['etɪket] *s. i.* **1** etiqueta, protocolo, convencionalismo, comportamiento social. **2** honor profesional, decoro profesional.

Etruscan [ɪ'trʌskən] *adj.* **1** HIST. etrusco. • *s. c.* **2** HIST. etrusco (persona). **3** etrusco (idioma).

etymological [,etɪmə'lɒdʒɪkl] *adj.* etimológico.

etymologist [,etɪ'mɒlədʒɪst] *s. c.* etimólogo.

etymology [,etɪ'mɒlədʒɪ] *s. i.* **1** etimología (ciencia). • *s. c.* **2** etimología (de una palabra).

EU [,iː'juː] (siglas de **European Union**) *s. sing.* UE, Unión Europea.

eucalypti [ˌjuːkə'lɪptaɪ] *pl.* de **eucalyptus.**

eucalyptus [ˌjuːkə'lɪptəs] (*pl.* **eucalyptuses** o **eucalypti**) *s. c.* e *i.* BOT. eucalipto.

Eucharist ['juːkərɪst] *s. c.sing.* REL. Eucaristía.

eugenics [juː'dʒenɪk] *s. i.* eugenesia.

eugenist ['juːdʒenɪst] *s. c.* MED. versado en eugenesia.

eulogise *v. t.* e *i.* ⇒ **eulogize.**

eulogize ['juːlədʒaɪz] (también **eulogise**) *v. t.* e *i.* (form.) alabar, cantar las alabanzas de.

eulogy ['juːlədʒɪ] *s. c.* e *i.* (lit.) panegírico, apología, alabanza, elogio, encomio.

eunuch ['juːnək] *s. c.* **1** eunuco, castrado. **2** (fig.) don nadie, segundón, figurón (un político).

euphemism ['juːfɪmɪzəm] *s. c.* e *i.* RET. eufemismo.

euphemistic [ˌjuːfə'mɪstɪk] *adj.* eufemístico (lenguaje).

euphemistically [ˌjuːfə'mɪstɪklɪ] *adv.* eufemísticamente.

euphonic [juː'fɒnɪk] *adj.* RET. eufónico.

euphoria [juː'fɔːrɪə] *s. i.* euforia, entusiasmo, optimismo, exaltación, alegría.

euphoric [juː'fɒrɪk] *adj.* eufórico, entusiasta, optimista, exaltado, alegre.

Eurasia [juː'raɪʃə] *s. sing.* Eurasia.

Eurasian [jʊə'reɪʒjən] *adj.* eurasiático.

eureka [jʊə'riːkə] *interj.* eureka.

Euro ['juːreu] *s. c.* euro.

Eurobond ['jʊərəˌbɒnd] *s. c.* COM. eurobono, bono de la Comunidad Económica Europea.

Eurocheque [juːrə'tʃək] *s. c.* eurocheque.

Eurodollar [ˌjʊərə'dɒlər] *s. c.* COM. eurodólar.

Euro-MP ['jureuem'piː] *s. c.* eurodiputado.

Europe ['jʊərəp] *s. sing.* Europa.

European [ˌjʊərə'piːən] *adj.* **1** europeo, de Europa. • *s. c.* **2** europeo (ciudadano).

Eurovision ['jʊərəʊˌvɪʒn] *s. sing.* TV. Eurovisión.

Eurydice [jʊə'rɪdɪsiː] *s. sing.* MIT. Eurídice (esposa de Orfeo).

euthanasia [ˌjuːθə'neɪzjə] *s. i.* eutanasia.

evacuate [ɪ'vækjueɪt] *v. t.* **1** evacuar, desalojar, vaciar, desocupar (un edificio, una ciudad). **2** (lit.) evacuar, expeler (excrementos).

evacuation [ɪˌvækju'eɪʃn] *s. c.* e *i.* **1** evacuación, desalojo. **2** (form.) defecación.

evacuee [ɪˌvækjuː'iː] *s. c.* evacuado, desalojado (una persona).

evade [ɪ'veɪd] *v. t.* **1** (desp.) evadir, eludir, rehuir, esquivar (responsabilidades, una respuesta). **2** defraudar, evadir (impuestos). **3** escaparse de, esquivar a (un perseguidor).

evaluate [ɪ'væljueɪt] *v. t.* **1** evaluar, valorar, tasar, calcular. **2** evaluar (el rendimiento escolar). **3** MAT. calcular, hallar el valor numérico. **4** interpretar.

evaluation [ɪˌvælju'eɪʃn] *s. c.* **1** evaluación, valoración, cálculo. **2** evaluación (del rendimiento escolar). **3** interpretación.

evanescence [ˌiːvə'nesns] *s. i.* evanescencia.

evanescent [ˌiːvə'nesnt] *adj.* (lit.) evanescente, efímero, breve, pasajero.

evangelic(al) [ˌiːvæn'dʒelɪkl] *adj.* REL. evangélico.

evangelise *v. t.* e *i.* ⇒ **evangelize.**

evangelism [ɪ'vændʒəlɪzəm] *s. i.* evangelismo, proselitismo cristiano.

evangelist [ɪ'vændʒəlɪst] REL. *s. c.* **1** evangelista. **2** evangelizador.

evangelize [ɪ'vændʒəlaɪz] (también **evangelise**) *v. t.* e *i.* **1** evangelizar, predicar el Evangelio. **2** convertirse al cristianismo.

evaporate [ɪ'væpəreɪt] *v. t.* e *i.* **1** evaporar. **2** (fig.) evaporarse, desaparecer.

evaporation [ɪˌvæpə'reɪʃn] *s. i.* evaporación.

evasion [ɪ'veɪʒn] *s. c.* e *i.* **1** evasión, fuga (especialmente de algo a lo que obliga la ley). **2** evasiva (no contestar con claridad).

evasive [ɪ'veɪsɪv] *adj.* (desp.) evasivo.

evasively [ɪ'veɪsɪvlɪ] *adv.* evasivamente, de modo evasivo.

evasiveness [ɪ'veɪsɪvnɪs] *s. i.* tono evasivo.

eve [iːv] *s. i.***1** víspera, vigilia. **2** (lit.) atardecer, anochecer. ◆ **3 Christmas Eve,** Nochebuena. **4 New Year's Eve,** Nochevieja.

even ['iːvn] *adv.* **1** incluso, hasta, aún: *even when I sleep = incluso cuando duermo.* **2** (*v.neg.*/**not** ~) ni siquiera: *she couldn't even talk = ni siquiera podía hablar.* **3** aún, todavía (para enfatizar una comparación): *she's even better at maths = aún es mejor en matemáticas.* **4** incluso, verdaderamente, más aun, se diría (que): *he seemed pleased, even amused = parecía encantado, más aun, divertido.* • *adj.* **5** llano, liso, plano. **6** nivelado, paralelo, al ras. **7** ajustado, balanceado (cuentas). **8** empatado, igual, igualado, parejo. **9** MAT. par, divisible por dos. **10** regular, constante, uniforme. **11** apacible, ecuánime, tranquilo (de carácter). • *s. i.* **12** (lit.) tarde. • *v. t.* e *i.* **13** (**to** ~ **out**) igualar, nivelar, emparejar. • *v. t.* **14** (**to** ~ **up**) nivelar, balancear, ajustar (cuentas). ◆ **15 an** ~ **chance,** un 50% de probabilidades. **16 to be** ~ **with,** estar empatado con, tener los mismos tantos que, estar mano a mano con (en el juego); (fig.) estar en paz con, haberse vengado de. **17 to break** ~, no tener ganancias pero tampoco pérdidas, recuperar gastos, salir sin ganar ni perder (en un negocio). **18** ~ **as,** al igual que, lo mismo que; en el mismo momento que. **19** ~ **if/ though,** aunque, aun cuando. **20** ~ **so,** aun así, sin embargo. **21 to get** ~ **with,** vengarse de, desquitarse de.

even-handed [ˌiːvn'hændɪd] *adj.* imparcial, equitativo, justo.

even-handedly [ˌiːvn'hændɪdlɪ] *adv.* imparcialmente, equitativamente, con justicia.

even-handedness [ˌiːvn'hændɪdnɪs] *s. i.* imparcialidad.

evening ['iːvnɪŋ] *s. c.* e *i.* **1** tarde, atardecer, anochecer. **2** noche (antes de acostarse). **3** (fig.) ocaso, final. • *s. c.* **4** velada, noche. • *adj.atr.* **5** de etiqueta, de noche, elegante (un traje). **6** nocturno, vespertino (clases, periódicos, estrellas). ◆ **7 evenings,** generalmente por la tarde, regularmente por la tarde. **8 Evening Star,** Venus. **9 good** ~, buenas tardes /noches.

evenly ['iːvnlɪ] *adv.* **1** lisamente, por igual, uniformemente. **2** imparcialmente, equitativamente. **3** suavemente, apaciblemente, sin alteración.

evenness ['iːvnnɪs] *s. i.* **1** lisura, uniformidad, igualdad. **2** imparcialidad, equidad. **3** suavidad, serenidad, ecuanimidad.

event [ɪ'vent] *s. c.* **1** acontecimiento, evento. **2** suceso, incidente. **3** DEP. prueba, competición. ◆ **4 at all events,** a pesar de todo, en todo caso. **5 in any** ~, en cualquier caso, en todo caso. **6** (brit.) **in the** ~, llegado el momento, en el caso de, al final. **7 in the** ~ **of,** en caso de.

even-tempered [ˌiːvn'tempəd] *adj.* apacible, sosegado, sereno, ecuánime, tranquilo.

eventful [ɪ'ventfəl] *adj.* **1** azaroso, pleno de acontecimientos, ajetreado, accidentado. **2** memorable, inolvidable, emocionante. **3** importante, vital, trascendental.

eventual [ɪ'ventʃuəl] *adj.* **1** final, definitivo, subsiguiente, consiguiente. **2** eventual, casual, fortuito.

eventuality [ɪˌventʃu'ælɪtɪ] *s. c.* (lit.) eventualidad, posibilidad, contingencia (gen. desagradable).

eventually [ɪ'ventʃuəlɪ] *adv.* a la larga, finalmente.

ever ['evər] *adv.* **1** (en frases interrogativas y condicionales) alguna vez, una vez, en algún momento: *have you ever been to London? = ¿has estado en Londres alguna vez?; if you ever come... = si vienes alguna vez...?* **2** (en frases negativas) nunca, jamás, en la vida, en ningún momento: *I haven't ever been there = no he estado allí jamás; funnier than ever = más divertido que nunca.* **3** (con comparativas y superlativas): *the best ever seen = el mejor que se ha visto jamás; the most expensive film ever = la película más cara que se ha hecho jamás.* **4** (EE UU) (fam.) absolutamente, totalmente (para dar énfasis a una exclamación): *was he ever annoyed! = ¡qué irritado estaba!* **5** (para dar énfasis a una pregunta, mostrar sorpresa, etc...; a veces se traduce por "poder" o no se traduce): *why ever did you do that? = ¿cómo pudiste hacer eso?* ◆ **6 all someone** ~ **does,** lo único que hace uno. **7 as** ~, como siempre. **8** ~

since, a) desde entonces. b) desde que. **9 ~ so/such,** tan, muy, sumamente: *she's ever so rude! = ¡es tan maleducada!* **10 for ~,** para siempre. **11 hardly/scarcely ~,** casi nunca. **12 yours ~, / ~ yours,** siempre tuyo (como despedida en una carta).

everglade ['evəgleɪd] *s. i.* **1** terreno pantanoso. ◆ **2 The Everglades,** zona pantanosa al sur de Florida en EE UU.

evergreen ['evəgriːn] *adj.* **1** BOT. de hoja perenne, siempre verde. **2** (fig.) de siempre, que no pasa de moda: *evergreen songs = canciones de siempre.* ● *s. c.* **3** BOT. árbol de hoja perenne, arbusto de hoja siempre verde. ● *s. pl.* **4** ramas verdes, hojas verdes (usadas en decoración). ◆ **5 ~ oak,** encina.

ever-growing [,evə'grəuɪŋ] *adj.* en continuo aumento.

everlasting [,evə'lɑːstɪŋ] *adj.* **1** (lit.) eterno, sin fin, perpetuo. **2** (desp.) interminable, aburrido, tedioso. **3** BOT. duradero, perdurable (el color, la forma). ● *s. c.* **4** REL. **The Everlasting,** El Eterno, Dios. **5** eternidad. **6** BOT. **~ flower,** siempreviva.

everlastingly [,evə'lɑːstɪŋlɪ] *adv.* **1** eternamente, perpetuamente. **2** interminablemente, tediosamente.

evermore [,evə'mɔːr] *adv.* **1** (lit.) eternamente, para siempre. ◆ **2 for ~,** por siempre jamás.

evert [ɪ'vəːt] *v. t.* volver de adentro afuera.

every ['evrɪ] *adj.* **1** (~ *s. c.*) cada: *every time = cada vez.* **2** todos los, todos y cada uno de: *every day = todos los días.* **3** todo: *every student = todo alumno.* **4** absoluto, completo, todo: *there's every chance = existe la absoluta posibilidad.* ◆ **5 ~ bit,** todo, absolutamente todo. **6 ~ bit as +** *adj.* **+ as someone/something,** tan, todo lo + *adj.* + que: *every bit as clever as John = tan inteligente como John.* **7** (fam.) **~ last,** todo, hasta el fondo, hasta el final. **8 ~ man for himself,** cada uno por su cuenta, sálvese quien pueda. **9 ~ now and then /again,** de vez en cuando. **10 ~ other day,** un día sí y otro no, cada dos días. **11 ~ so often,** alguna que otra vez, cada cierto tiempo. **12** (fam.) **~ which way,** desordenadamente, de cualquier modo, por todas partes.

everybody ['evrɪbɒdɪ || 'evrɪbɑːdɪ] (también **everyone**) *pron.* **1** todos, todo el mundo, cada cual. ◆ **2 ~ for himself,** cada uno por su cuenta, sálvese quien pueda.

everyday ['evrɪdeɪ] *adj.* **1** ordinario, corriente, común, acostumbrado. **2** de todos los días, cotidiano, diario. **3** rutinario. **4** vulgar, corriente.

everyone ['evrɪwʌn] *adj.* ⇒ **everybody.**

everyplace ['evrɪpleɪs] *adv.* ⇒ **everywhere.**

everything ['evrɪθɪŋ] *pron.* **1** (~ *v. sing.*) todo, todas las cosas. **2** el todo, lo más importante. ◆ **3 and ~,** (fam.) etcétera, y todo lo demás.

everywhere ['evrɪweər] (en EE UU **everyplace**) *adv.* en todas partes, por todas partes.

evict [ɪ'vɪkt] *v. t.* DER. desahuciar, echar a la calle (a un inquilino).

eviction [ɪ'vɪkʃn] *s. c.* e *i.* desahucio.

evidence ['evɪdəns] *s. i.* **1** DER. evidencia, prueba (de culpabilidad). **2** DER. testimonio, testificación, declaración. **3** evidencia, certeza, seguridad, convicción. ◆ **4 documentary ~,** prueba documental. **5 to give ~,** DER. declarar, testimoniar, testificar. **6 to hold ~,** DER. levantar atestado, tomar declaración. **7 in ~,** a la vista, visible, manifiesto, notorio. **8 to show ~,** presentar indicios, presentar señales. **9** (brit.) **to turn King's/Queen's ~,** (EE UU) **to turn state's ~,** declarar contra los cómplices.

evident ['evɪdənt] *adj.* **1** evidente, claro, obvio, patente. ◆ **2 to be ~ (that),** ser obvio que, ser manifiesto que. **3 to be ~ in,** manifestarse en.

evidently ['evɪdəntlɪ] *adv.* evidentemente, obviamente, patentemente, manifiestamente.

evil ['iːvl] *adj.* **1** (lit.) maligno, perverso, malvado. **2** diabólico, viperino. **3** (fam.) desagradable, fétido, horrible (un olor). **4** aciago, desgraciado (una circunstancia, un día). ● *s. c.* e *i.* **5** (lit.) mal, maldad. **6** desgracia. ◆ **7 the root of all ~,** la causa de todos los males.

evildoer ['iːvlduːər] *s. c.* malhechor, malvado, perverso.

evil-minded [,iːvl'maɪndɪd] *adj.* malintencionado, mal pensado.

evil-smelling [,iːvl'smelɪŋ] *adj.* fétido, maloliente.

evince [ɪ'vɪns] *v. t.* (lit.) revelar, mostrar, manifestar (un sentimiento, una cualidad).

eviscerate [ɪ'vɪsəraɪt] *v. t.* **1** (lit.) destripar, desentrañar. **2** MED. vaciar, remover (la cuenca del ojo). **3** MED. extirpar (un órgano).

evocation [,iːvəu'keɪʃn] *s. c.* e *i.* (form.) evocación, rememoración.

evocative [ɪ'vɒkətɪv || ɪ'vɑːkətɪv] *adj.* evocador, sugerente.

evoke [ɪ'vəuk] *v. t.* (lit.) evocar, sugerir (sentimientos, memorias).

evolution [,iːvə'luːʃn || ,evə'luːʃn] *s. i.* **1** BIOL. evolución. **2** proceso, evolución (de un hecho en la historia o similar).

evolutionary [,iːvə'luːʃnərɪ || ,evə'luːʃənerɪ] *adj.* evolucionista, evolutivo.

evolve [ɪ'vɒlv] *v. t.* e *i.* **1** BIOL. evolucionar. **2** desarrollar, evolucionar. **3** producir, emitir, arrojar (calor).

ewe [juː] *s. c.* oveja (hembra adulta).

exacerbate [ek'sæsəbeɪt] *v. t.* **1** (lit.) exacerbar, agravar (dolor). **2** (lit.) irritar, alterar, enfurecer.

exact [ɪg'zækt] *adj.* **1** exacto, preciso. **2** certero, meticuloso, exacto. ● *v. t.* **3** (lit.) exigir, demandar, requerir (por la fuerza, con amenazas). **4** imponer (por la fuerza).

exacting [ɪg'zæktɪŋ] *adj.* riguroso, severo (persona o tarea).

exactitude [ɪg'zæktɪtjuːd] *s. i.* **1** exactitud, precisión. **2** meticulosidad.

exactly [ɪg'zæktlɪ] *adv.* **1** exactamente, con precisión: *I don't know who he is exactly = no sé quién es exactamente; do you know exactly what you want? = ¿sabes qué quieres exactamente? where have they gone exactly? = ¿dónde han ido exactamente?* **2** en punto (una hora). **3** realmente, en concreto (añade énfasis a lo anterior). **4** ¡exactamente!, ¡claro! ◆ **5 not ~,** no precisamente, no que digamos: *she's not exactly clever = no es precisamente lista que digamos.*

exactness [ɪg'zæktnɪs] *s. i.* **1** exactitud, precisión. **2** meticulosidad.

exaggerate [ɪg'zædʒəreɪt] *v. t.* e *i.* exagerar, ponderar.

exaggerated [ɪg'zædʒəreɪtɪd] *adj.* exagerado, engrandecido.

exaggeratedly [ɪg'zædʒəreɪtɪdlɪ] *adv.* exageradamente.

exaggeration [ɪg,zædʒə'reɪʃn] *s. c.* e *i.* exageración.

exalt [ɪg'zɔːlt] *v. t.* **1** (form.) exaltar, alabar, glorificar, ensalzar, engrandecer. **2** elevar (de rango).

exaltation [,egzɔːl'teɪʃn] *s. i.* **1** (lit.) exaltación, enaltecimiento, glorificación. **2** exaltación, éxtasis, arrebato.

exalted [ɪg'zɔːltɪd] *adj.* **1** eminente, prominente. **2** elevado, sublime. **3** (lit.) exaltado, pleno de felicidad, pleno de júbilo.

exam [ɪg'zæm] *s. c.* (fam.) examen (oral o escrito).

examination [ɪg,zæmɪ'neɪʃn] *s. c.* **1** (form.) examen (académico). ● *s. c.* e *i.* **2** MED. examen, reconocimiento. **3** DER. interrogatorio. **4** investigación, análisis. **5** inspección, revisión. **6** registro. ◆ **7 under ~,** sujeto a investigación, sujeto a análisis.

examine [ɪg'zæmɪn] *v. t.* **1** examinar (académicamente). **2** MED. examinar, hacer un reconocimiento. **3** registrar, inspeccionar (el equipaje en aduanas). **4** inspeccionar, investigar (libros de contabilidad). **5** DER. interrogar (a un testigo). **6** analizar, estudiar (un contrato, un programa político).

examinee [ɪg,zæmɪ'niː] *s. c.* examinando.

examiner [ɪg'zæmɪnər] *s. c.* examinador.

example [ɪg'zɑːmpl] *s. c.* **1** ejemplo, muestra, ejemplar, tipo. **2** ejemplo, modelo (de comportamiento). **3** ejemplo, ilustración (después de una definición). **4** MAT. problema, ejercicio. ◆ **5 to follow the ~,** seguir el ejemplo. **6 for ~,** por ejemplo. **7 to make an ~ of someone,** dar un castigo ejemplar a alguien. **8 to set an ~,** dar ejemplo.

exasperate [ɪg'zæspəreɪt] *v. t.* (gen. pasiva) **1** exasperar, irritar, enfurecer, sacar de quicio. **2** agravar, intensificar.

exasperated [ɪg'zæspəreɪtɪd] *adj.* exasperado, irritado, enfurecido.

exasperating [ig'zæspəreɪtɪŋ] *adj.* irritante, exasperante, que saca a uno de quicio, que vuelve a uno loco, insoportable.
exasperation [ig,zæspə'reɪʃn] *s. i.* exasperación, irritación, enojo.
excavate ['ekskəveɪt] *v. t.* e *i.* **1** excavar, cavar (hoyos). **2** ARQ. excavar, desenterrar, descubrir.
excavation [,ekskə'veɪʃn] *s. c.* e *i.* ARQ. excavación.
excavator ['ekskəveɪtər] *s. c.* **1** excavadora (máquina). **2** ~ **steam shovel,** (EE UU) máquina excavadora, pala excavadora (mecánica).
exceed [ɪk'si:d] *v. t.* **1** exceder, pasar de, superar (una cantidad). **2** (desp.) sobrepasar, rebasar (un límite). **3** extralimitarse en, abusar de (derechos).
exceedingly [ɪk'si:dɪŋlɪ] *adv.* en extremo, sobremanera, extraordinariamente.
excel [ɪk'sel] (*ger.* **excelling,** *pret.* y *p.p.* **excelled**) *v. t.* e *i.* **1** (form.) sobresalir, ser superior, ser el mejor, distinguirse. ◆ **2 to** ~ **oneself,** lucirse, hacer (algo) mejor que nunca.
excellence ['eksələns] *s. c.* excelencia.
Excellency ['eksələnsɪ] *s. c.* Excelencia (título honorífico para gente de Estado o de la Iglesia).
excellent ['eksələnt] *adj.* excelente.
excellently ['eksələntlɪ] *adv.* excelentemente.
except [ɪk'sept] *prep.* **1** excepto, salvo, aparte de, menos. **2** (fam.) pero, solo que (para dar una excusa): *I'd buy it, except it's too expensive* = *lo compraría, pero es demasiado caro.* **3** (arc.) a menos que. ● *v. t.* **4** (form.) exceptuar, excluir. ● *v. i.* **5** objetar a. ◆ **6** ~ **for,** aparte de, con excepción de, excepto, salvo: *except for restaurants...* = *salvo restaurantes...* **7** (fam.) ~ **that,** si no fuera porque; salvo que, solo que.
excepting [ɪk'septɪŋ] *prep.* a menos que, salvo que, excepto.
exception [ɪk'sepʃn] *s. c.* e *i.* **1** excepción, salvedad. ◆ **2 to take** ~ **(to),** ofenderse (por), enfadarse (por), objetar (a). **3 the** ~ **proves the rule,** la excepción confirma la regla. **4 with the** ~ **of,** exceptuando, a excepción de. **5 without** ~, sin excepción.
exceptional [ɪk'sepʃənl] *adj.* **1** excepcional, extraordinario. **2** raro, poco frecuente.
exceptionally [ɪk'sepʃənəlɪ] *adv.* **1** excepcionalmente, extraordinariamente. **2** excepcionalmente, poco corrientemente, en pocos casos, en pocas ocasiones.
excerpt ['eksə:pt] *s. c.* **1** extracto, cita, pasaje (de una obra literaria, musical, etc.). ● *v. t.* **2** seleccionar, extractar, citar.
excess [ɪk'ses] *s. c.* e *i.* **1** exceso, demasía, abuso. **2** (form.) COM. superávit, excedente. **3** tropelía, abuso. **4** intemperancia, exceso (en la comida o la bebida). ● *adj.* **5** excesivo, de más. **6** COM. excedentario, sobrante. **7** suplementario. **8 in** ~ **of,** más que, superior a. **9 to** ~, excesivamente, en exceso, de sobra.
excessive [ɪk'sesɪv] *adj.* excesivo, exagerado, descomunal, desmedido.
excessively [ɪk'sesɪvlɪ] *adv.* excesivamente, exageradamente, desmedidamente.
exchange [ɪks'tʃeɪndʒ] *s. c.* e *i.* **1** intercambio, trueque (de mercancías). **2** canje, intercambio (de prisioneros). **3** COM. cambio (de divisas). **4** COM. documentos de cambio. **5** intercambio (de ideas, golpes, disparos). **6** cruce de palabras: *an angry exchange* = *un agrio enfrentamiento verbal.* ● *s. c.* **7** intercambio (escolar, cultural). **8** ejemplar de canje. **9** central telefónica. **10** COM. mercado de valores, Bolsa. **11** bolsa de trabajo. **12** lonja, mercado. ● *v. t.* **13** cambiar, intercambiar, canjear. ◆ **14 to** ~ **signs,** hacerse señales, intercambiar gestos. **15 to** ~ **words,** cruzar palabras. **16 in** ~ **for,** a cambio de.
exchangeable [ɪks'tʃeɪndʒəbl] *adj.* intercambiable; canjeable.
excise ['eksaɪz] *s. i.* **1** COM. impuesto sobre el consumo (en comercio interior). ● *v. t.* **2** MED. extirpar.
excision [ek'sɪʒn] *s. c.* e *i.* MED. extirpación.
excitability [ɪk,saɪtə'bɪlɪtɪ] *s. i.* excitabilidad, nerviosismo.
excitable [ɪk'saɪtəbl] *adj.* excitable, nervioso.
excite [ɪk'saɪt] *v. t.* **1** excitar, poner nervioso, alterar. **2** enardecer, entusiasmar. **3** excitar (sexualmente). **4** suscitar, despertar, provocar (admiración, interés). **5** BIOL. estimular (órganos, tejidos). **6** FÍS. excitar, activar.
excited [ɪk'saɪtɪd] *adj.* **1** alterado, nervioso. **2** ilusionado, entusiasmado. **3** acalorado, nervioso; alborotado (los niños). **4** excitado, estimulado (sexualmente). **5** FÍS. activado, excitado. ◆ **6 to be nothing to get** ~ **about,** no ser ninguna maravilla, no ser nada del otro mundo. **7 to get** ~, emocionarse, ilusionarse.
excitedly [ɪk'saɪtɪdlɪ] *adv.* acaloradamente; con entusiasmo, con emoción; con excitación.
excitement [ɪk'saɪtmənt] *s. i.* **1** excitación, nerviosismo, alteración. **2** ilusión, emoción, entusiasmo. **3** alboroto; acaloramiento. ● *s. c.* **4** emoción: *after all the excitement* = *después de toda la emoción.*
exciting [ɪk'saɪtɪŋ] *adj.* apasionante, emocionante, excitante.
excitingly [ɪk'saɪtɪŋlɪ] *adv.* apasionantemente, excitantemente.
exclaim [ɪk'skleɪm] *v. t.* e *i.* exclamar (de alegría, sorpresa).
exclamation [,eksklə'meɪʃn] *s. c.* **1** exclamación. **2** GRAM. interjección. ◆ **3** (brit.) ~ **mark/** (EE UU) ~ **point,** signo de admiración.
exclamatory [ɪk'sklæmətərɪ] *adj.* exclamativo.
exclude [ɪk'sklu:d] *v. t.* (**to** ~ {**from**}) excluir (de).
excluding [ɪk'sklu:dɪŋ] *prep.* salvo, excepto, con la excepción de.
exclusion [ɪk'sklu:ʒn] *s. i.* **1** exclusión, omisión. ◆ **2 to the** ~ **of,** excluyendo.
exclusive [ɪk'sklu:sɪv] *adj.* **1** selecto, elegante, distinguido. **2** exclusivo, único (uso, propiedad). **3** incompatible, excluyente. ● *s. c.* **4** exclusiva (una noticia, una venta). ◆ **5** ~ **of,** sin, excluyendo. **6** ~ **OR,** INF. O exclusivo.
exclusively [ɪk'sklu:sɪvlɪ] *adv.* exclusivamente, únicamente.
excommunicate [,ekskə'mju:nɪkeɪt] *v. t.* **1** REL. excomulgar. ● *adj.* **2** excomulgado.
excrement ['ekskrɪmənt] *s. i.* (form.) excrementos, heces.
excrescence [ɪk'skresns] *s. c.* excrecencia (en animales o plantas).
excreta [ɪk'skri:tə] *s. i.* (form.) excreciones (corporales).
excrete [ɪk'skri:t] *v. t.* e *i.* (form.) excretar.
excruciating [ɪk'skru:ʃɪeɪtɪŋ] *adj.* **1** intsoportable, atroz (dolor). **2** (fig.) penoso, fatal, espantoso (una actuación).
excruciatingly [ɪk'skru:ʃɪeɪtɪŋlɪ] *adv.* **1** insoportablemente, atrozmente. **2** (fig.) penosamente, fatal, espantosamente.
exculpate ['ekskʌlpeɪt] *v. t.* (form.) exculpar, exonerar, disculpar.
excursion [ɪk'skə:ʃən ‖ ɪk'skə:ʒən] *s. c.* **1** excursión; paseo, salida. **2** incursión (en un tema, estilo); divergencia (de un tema, estilo). **3** MIL. expedición. ◆ **4** ~ **ticket,** billete de excursión.
excusable [ɪk'skju:zəbl] *adj.* excusable, disculpable, perdonable.
excuse [ɪk'skju:s] *v. t.* **1** excusar, perdonar, disculpar. **2** justificar, excusar (un comportamiento, un error). **3** eximir, dispensar (de un trabajo). **4** (euf.) (gen. pasiva) dar permiso, permitir (ir al retrete los niños en la escuela). **5** dejar salir. ● *s. c.* **6** excusa, pretexto, disculpa. **7** razón, justificación. ◆ **8 by way of** ~**/in** ~, como pretexto, como excusa, como justificación. **9** ~ **me,** perdone, disculpe, oiga (al llamar o interrumpir a alguien); perdone, disculpe, con permiso (al abrirse paso); con permiso, disculpe (al abandonar un lugar). **10 to make one's excuses,** presentar sus excusas.
execrable ['eksɪkrəbl] *adj.* (form.) execrable, abominable.
executant [ɪg'zekjutənt] *s. c.* MÚS. (form.) intérprete, ejecutante.
execute ['eksɪkju:t] *v. t.* **1** ejecutar, ajusticiar. **2** (form.) ejecutar, realizar, cumplir, llevar a cabo (un trabajo, una orden). **3** MÚS. interpretar, ejecutar. **4** DER. cumplir las disposiciones testamentarias de.
execution [,eksɪ'kju:ʃn] *s. c.* e *i.* **1** ejecución, ajusticiamiento. ● *s. i.* **2** (form.) ejecución, cumplimiento, realización (de una orden, un plan). **3** MÚS. (form.) interpretación, ejecu-

ción. **4** DER. cumplimiento de disposiciones testamentarias. ◆ **5** ~ **cycle,** INF. ciclo de ejecución. **6** ~ **time,** INF. tiempo de ejecución. **7** ~ **routine,** INF. rutina de supervisión de un sistema operativo.

executioner [ˌeksɪ'kjuːʃnər] *s. c.* verdugo.

executive [ɪg'zekjutɪv] *adj.* **1** ejecutivo (poder). **2** ejecutivo, directivo. **3** de ejecutivo, para ejecutivos: *executive chair = silla de ejecutivo.* ● *s. c.* **4** ejecutivo, directivo. **5** (**the** ~) el ejecutivo (de un gobierno); la ejecutiva (de un partido político).

executor [ɪg'zekjutər] *s. c.* **1** DER. albacea, testamentario. **2** ejecutor, ejecutante.

exegeses *s. c.* e *i.* ⇒ **exegesis.**

exegesis [ˌeksɪ'dʒiːsɪs] (*pl.* **exegeses**) *s. c.* e *i.* exégesis (de un texto, de la Biblia).

exemplary [ɪg'semplərɪ] *adj.* **1** ejemplar, extraordinario. **2** ejemplar (un castigo).

exemplification [ɪgˌzemplɪfɪ'keɪʃn] *s. c.* e *i.* ejemplificación.

exemplify [ɪg'zemplɪfaɪ] *v. t.* **1** ejemplificar. **2** ilustrar, dar un ejemplo de, servir de ejemplo para.

exempt [ɪg'zempt] *adj.* **1** exento. ● *v. t.* **2** (**to** ~ **from**) eximir de.

exemption [ɪg'zempʃn] *s. c.* e *i.* exención.

exercise ['eksəsaɪz] *s. c.* e *i.* **1** ejercicio. ● *s. c.* **2** ejercicio (escolar). **3** MIL. maniobra, ejercicio. **4** tarea, trabajo, labor, obra. **5** ceremonia (académica). ● *s. pl.* **6** REL. ejercicios espirituales. ● *s. i.* **7** (form.) ejercicio, uso (de un derecho, de una facultad). ● *v. i.* **8** hacer ejercicio físico, entrenarse. ● *v. t.* **9** ejercitar (los músculos). **10** llevar a hacer ejercicio, sacar a pasear (a un animal). **11** (form.) ejercer, hacer uso de (un derecho, una facultad, un poder). **12** preocupar, inquietar. ◆ **13** ~ **bike,** bicicleta estática.**14** ~ **book,** cuaderno (de ejercicios).

exert [ɪg'zəːt] *v. t.* **1** utilizar, emplear, aplicar (la fuerza, autoridad). **2** ejercer (influencia, un derecho). ● *v. pron.* **3** (**to** ~ **oneself**) esforzarse.

exertion [ɪg'zəːʃn] *s. c.* e *i.* esfuerzo extenuante.

exhalation [ˌeksha'leɪʃn] *s. c.* e *i.* exhalación (de aire).

exhale [eks'heɪl] *v. i.* **1** exhalar. ● *v. t.* **2** exhalar, espirar (aire). **3** emitir, despedir (gas, vapor).

exhaust [ɪg'zɔːst] *v. t.* **1** dejar exhausto, agotar, rendir. **2** agotar, consumir (las fuerzas, los recursos). **3** (fig.) agotar (un tema). **4** empobrecer (el suelo). ● *s. c.* **5** tubo de escape. ● *s. i.* **6** gases de escape. ◆ **9** ~ **pipe,** (brit.) tubo de escape.

exhausting [ɪg'zɔːstɪŋ] *adj.* agotador.

exhaustion [ɪg'zɔːstʃən] *s. i.* agotamiento, cansancio.

exhaustive [ɪg'zɔːstɪv] *adj.* exhaustivo, minucioso.

exhaustively [ɪg'zɔːstɪvlɪ] *adv.* exhaustivamente.

exhibit [ɪg'zɪbɪt] *v. t.* **1** exhibir, exponer (obras de arte). **2** mostrar, manifestar, revelar (un sentimiento, una cualidad). ● *v. i.* **3** exponer (un artista). ● *s. c.* **4** obra, objeto expuesto (de una exposición). **5** DER. prueba documental, prueba instrumental. **6** (EE UU) exposición.

exhibition [ˌeksɪ'bɪʃn] *s. c.* **1** exposición. **2** demostración, manifestación (de mal comportamiento, de habilidad, de talento). **3** comportamiento ridículo. **4** (brit.) beca. ◆ **5** ~ **space,** COM. stand de feria. **6 to make an** ~ **of oneself,** hacer el ridículo, dar el espectáculo. **7 on** ~**,** en exposición, expuesto al público.

exhibitionism [ˌeksɪ'bɪʃnɪzəm] *s. i.* exhibicionismo.

exhibitionist [ˌeksɪ'bɪʃnɪst] *s. c.* **1** exhibicionista. ● *adj.* **2** exhibicionista.

exhibitor [ɪg'zɪbɪtər] *s. c.* expositor, participante (en una exposición o feria).

exhilarate [ɪg'zɪləreɪt] *v. t.* entusiasmar, alborozar.

exhilarated [ɪg'zɪləreɪtɪd] *adj.* entusiasmado, alborozado.

exhilaration [ɪgˌzɪlə'reɪʃn] *s. i.* entusiasmo, alborozo.

exhort [ɪg'zɔːt] *v. t.* **1** (form.) exhortar, incitar a alguien. **2** (form.) aconsejar, instar.

exhortation [ˌɪgzɔː'teɪʃn] *s. c.* e *i.* (form.) exhortación.

exhumation [ˌekshjuː'meɪʃn] *s. c.* e *i.* (form.) exhumación (de cadáveres).

exhume [eks'hjuːm ‖ ɪg'zjuːm ‖ ɪk'sjuːm] *v. t.* **1** (form.) exhumar, desenterrar. **2** sacar a la luz (después de un período de oscuridad).

exigence, exigency ['eksɪdʒəns] *s. c.* (gen. *pl.*) **1** (form.) exigencia; emergencia. ● *s. i.* **2** exigencia.

exigent ['eksɪdʒənt] *adj.* **1** (form.) urgente. **2** exigente.

exiguous [eg'zɪgjuəs] *adj.* **1** (form.) exiguo, escaso. **2** diminuto.

exile ['eksaɪl] *s. i.* **1** exilio. ● *s. c.* **2** exiliado. ● *v. t.* **3** exiliar.

exist [ɪg'zɪst] *v. i.* **1** existir. **2** subsistir, sobrevivir.

existence [ɪg'zɪstəns] *s. i.* **1** existencia: *the existence of God = la existencia de Dios.* **2** existencia, vida: *a miserable existence = una vida miserable.* ◆ **3 to come into** ~**,** salir a la luz, nacer, aparecer.

existent [ɪg'zɪstənt] *adj.* existente, actual.

existential [ˌegzɪ'stenʃl] *adj.* (form.) existencial.

existentialism [ˌegzɪ'stenʃəlɪzəm] *s. i.* existencialismo.

existentialist [ˌegzɪ'stenʃəlɪst] *s. c.* **1** FIL. existencialista. ● *adj.* **2** FIL. existencialista.

existing [ɪg'zɪstɪŋ] *adj.* existente, actual.

exit ['eksɪt] *s. c.* **1** salida (escrito en puertas, salidas de autopista, de estaciones, etc.). **2** salida, marcha, partida (de un lugar). **3** mutis, salida de escena (en teatro). **4** (fig.) muerte. **5** INF. salida. ● *v. i.* **6** salir, partir, marchar. **7** hacer mutis, salir de escena: *exit Macbeth... = Macbeth hace mutis.* ◆ **8** ~ **trigger,** disparo externo (en video). OBS. en teatro **exit** se coloca delante del sujeto y la tercera persona del *sing.* no lleva s.

exodus ['eksədəs] *s. sing.* **1** éxodo, emigración masiva. ◆ **2 Exodus,** Éxodo (libro del Pentateuco). **3 the Exodus,** el éxodo (salida de los Israelitas de Egipto).

exonerate [ɪg'zɒnəreɪt] *v. t.* **1** (**to** ~ {**from**}) (form.) exonerar, eximir (de) culpa, responsabilidad). **2** exonerar, eximir, excusar (de) (obligaciones).

exoneration [ɪgˌzɒnə'reɪʃn] *s. i.* **1** exoneración, descargo (de culpa, de responsabilidad). **2** exención, liberación (de obligaciones).

exorbitant [ɪg'zɔːbɪtənt] *adj.* exorbitante, desorbitado.

exorbitantly [ɪg'zɔːbɪtəntlɪ] *adv.* de manera exorbitante, de forma desorbitada, desmesuradamente.

exorcise ['eksɔːsaɪz] (en EE UU **exorcize**) *v. t.* **1** exorcizar (solemnemente). **2** (fig.) librarse de, desembarazarse de (un recuerdo).

exorcism ['eksɔːsɪzəm] *s. c.* e *i.* exorcismo, conjuro.

exorcist ['eksɔːsɪst] *s. c.* REL. exorcista.

exotic [ɪg'zɒtɪk] *adj.* exótico.

exoticism [ɪg'zɒtɪsɪzəm] *s. i.* exotismo.

expand [ɪk'spænd] *v. t.* **1** expandir, agrandar; ampliar (la forma). **2** dilatar (el volumen). **3** incrementar, aumentar (el número). **4** alargar (una historia). **5** desplegar (las alas). **6** MAT. desarrollar. **7** COM. expandir, extender. ● *v. i.* **8** expandirse, agrandarse; ampliarse (en la forma). **9** dilatarse (en volumen). **10** incrementarse, aumentar (en número). **11** COM. expandirse. **12** (**to** ~ **on/ upon**) sentirse expansivo, hablar con confianza, desahogarse.

expandable [ɪk'spændəbl] *adj.* ampliable, expandible.

expander [ɪk'spændər] *s. c.* TV. extensor.

expanse [ɪk'spæns] *s. c.* **1** área, extensión (de tierra, mar, agua). **2** expansión.

expansion [ɪk'spænʃn] *s. i.* **1** expansión, ampliación. **2** expansión, complemento, desarrollo (de un libro). **3** MAT. desarrollo. **4** espacio, extensión. **5** INF. ampliación, expansión. ◆ **6** ~ **card,** tarjeta de ampliación. **7** ~ **slot,** ranura de ampliación.

expansionism [ɪk'spænʃənɪzəm] *s. i.* POL. expansionismo.

expansionist [ɪk'spænʃənɪst] *adj.* POL. expansionista.

expansive [ɪk'spænsɪv] *adj.* **1** expansivo, efusivo, hablador. **2** (form.) grande, extenso, amplio.

expansively [ɪk'spænsɪvlɪ] *adv.* **1** expansivamente, efusivamente. **2** (form.) extensamente, ampliamente (en el espacio).

expansiveness [ɪk'spænsɪvnɪs] *s. i.* **1** efusividad. **2** (form.) extensión, amplitud (espacial).

expatiate [ɪk'speɪʃɪeɪt] *v. i.* (to ~ on/ upon/about) (form.) explayarse con/sobre (un tema).
expatriate [eks'pætrɪət] *s. c.* **1** expatriado. • *v. t.* **2** expatriar. • *v. pron.* **3** expatriarse.
expect [ɪk'spekt] *v. t.* **1** esperar. **2** suponer, imaginar. **3** (to ~ *o.d.* + *inf.*) considerar obligatorio, requerir. ◆ **4 to be expecting,** estar embarazada, estar encinta. **5 only to be expected,** bastante lógico, es muy normal.
expectancy [ɪk'spektənsɪ] *s. i.* **1** expectativa, esperanza, posibilidad. **2** expectación (estado). ◆ **3 life ~,** esperanza de vida.
expectant [ɪk'spektənt] *adj.* **1** expectante. **2** embarazada (madre); futura (madre); futuro (padre).
expectantly [ɪk'spektəntlɪ] *adv.* expectantemente, con expectación.
expectation [ˌekspek'teɪʃn] *s. c.* e *i.* **1** expectativa. **2** (*pl.*) expectativas, perspectivas. ◆ **3 against/contrary to all expectations,** contra todo pronóstico. **4 beyond our expectations,** mejor de lo que esperábamos.
expectorant [ɪk'spektərənt] *s. c.* MED. expectorante.
expedience o **expediency** [ɪk'spiːdjəns ‖ ek'spiːdjənsɪ] *s. i.* conveniencia, oportunidad, utilidad.
expedient [ɪk'spiːdjənt] *adj.* **1** conveniente, apropiado, útil, oportuno. • *s. c.* **2** recurso, medida.
expedite ['ekspɪdaɪt] *v. t.* (form.) acelerar, facilitar (un asunto).
expedition [ˌekspɪ'dɪʃn] *s. c.* **1** expedición, viaje. **2** MIL. expedición, grupo expedicionario.
expeditionary [ˌekspɪ'dɪʃənərɪ ‖ ekspɪ'dɪʃənerɪ] *adj.* MIL. expedicionario.
expeditious [ˌekspɪ'dɪʃəs] *adj.* (form.) expedito, rápido.
expeditiously [ˌekspɪ'dɪʃəslɪ] *adv.* (form.) expeditamente, con prontitud, velozmente.
expel [ɪk'spel] *v. t.* **1** expulsar, echar (de un país). **2** expulsar (de un centro escolar). **3** expulsar (de una organización). **4** (form.) expeler (aire).
expend [ɪk'spend] *v. t.* **1** (form.) consumir, dedicar, pasar (tiempo). **2** (form.) derrochar, gastar (energía, dinero, medios).
expendable [ɪk'spendəbl] *adj.* **1** prescindible (personas). **2** fungible, que se puede tirar (un material). • *s. c.* **3** material fungible. ◆ **4** COM. **~ merchandise,** mercancía desechable. **5 ~ money,** COM. dinero disponible. **6 ~ personnel,** COM. personal excedente (del que se puede prescindir). **7 ~ shares,** COM. acciones amortizables.
expenditure [ɪk'spendɪtʃər] *s. c.* e *i.* **1** gasto, desembolso (de dinero). **2** gasto, consumo, dedicación (de tiempo, energía, etc.).
expense [ɪk'spens] *s. c.* e *i.* **1** gasto (de dinero, de tiempo, de esfuerzo). ◆ **2 expenses,** gastos, dictas (de trabajo). **3 to spare no ~/to go to a lot of ~,** no reparar en gastos. **4 at the ~ of,** a costa de, en detrimento de. **5 at someone's ~,** a costa de alguien. **6 all expenses paid,** a gastos pagados, con todos los gastos pagados. **7 expenses accrued,** gastos acumulados. **8 ~ allowance,** dieta, gastos pagados. **9 ~ account,** cuenta de gastos de representación.
expensive [ɪk'spensɪv] *adj.* caro.
expensively [ɪk'spensɪvlɪ] *adv.* costosamente.
experience [ɪk'spɪərɪəns] *s. i.* **1** experiencia, práctica. • *s. c.* **2** experiencia, vivencia. • *v. t.* **3** experimentar, sufrir; sentir. **4** afrontar, enfrentarse a (una situación); tropezar con (dificultades).
experienced [ɪk'spɪərɪənst] *adj.* experimentado, con experiencia.
experiment [ɪk'sperɪmənt] *s. c.* e *i.* **1** experimento. • *v. i.* **2** (to ~ {on/with}) experimentar, hacer experimentos (con) (científicas). **3** (to ~ {with}) experimentar, probar (con) (un método, una idea).
experimental [ɪkˌsperɪ'mentl] *adj.* **1** experimental, de prueba. **2** experimental, empírico.
experimentally [ɪkˌsperɪ'mentlɪ] *adv.* experimentalmente, de manera experimental.
experimentation [ɪkˌsperɪmen'teɪʃn] *s. i.* experimentación.
expert ['ekspəːt] *s. c.* **1** experto; perito. **2** especialista, técnico. • *adj.* **3** experto, experimentado, versado. ◆ **4 ~ system,** sistema experto.
expertise [ˌekspəː'tiːz] *s. i.* pericia, conocimiento, habilidad.
expertly ['ekspəːtlɪ] *adv.* con pericia, habilidosamente.
expiate ['ekspɪeɪt] *v. t.* (form.) expiar, purgar.
expiation [ˌekspɪ'eɪʃn] *s. i.* expiación (de culpas).
expiatory ['ekspɪətərɪ] *adj.* expiatorio.
expiration [ˌekspɪ'reɪʃn] *s. i.* **1** finalización, terminación. **2** COM. (EE UU) vencimiento (de un plazo). **3** (lit.) muerte.
expire [ɪk'spaɪər] *v. i.* **1** expirar, terminar, finalizar. **2** COM. vencer (un plazo). **3** (lit.) expirar, morir. **4** expirar, exhalar (aire).
expiry [ɪk'spaɪərɪ] *s. sing.* vencimiento (de contrato, período, plazo); caducidad (de tarjeta de crédito, bono).
explain [ɪk'spleɪn] *v. t.* e *i.* explicar. • *v. pron.* **2 to ~ oneself,** explicarse, dar explicaciones. **3 to ~ away,** disculpar, justificar.
explainable [ɪk'spleɪnəbl] *adj.* **1** explicable. **2** justificable.
explanation [ˌeksplə'neɪʃn] *s. c.* e *i.* **1** (~ {of, for}) explicación (de). **2** justificación, explicación, disculpa.
explanatory [ɪk'splænətərɪ] *adj.* explicativo, aclaratorio.
expletive [ɪk'spliːtɪv ‖ 'eksplətɪv] *s. c.* (form.) imprecación, juramento, improperio.
explicable [ɪk'splɪkəbl] *adj.* explicable.
explicit [ɪk'splɪsɪt] *adj.* **1** explícito, preciso, claro. **2** franco, sin reservas. ◆ **3 ~ addressing,** INF. direccionamiento en que la tarjeta viene expresada. **4 ~ operand,** INF. operando no simbólico, explícito.
explicitly [ɪk'splɪsɪtlɪ] *adv.* **1** explícitamente, con precisión, con claridad. **2** abiertamente.
explicitness [ɪk'splɪsɪtnɪs] *s. i.* explicitud, claridad, precisión.
explode [ɪk'spləʊd] *v. i.* **1** estallar, explosionar, hacer explosión, explotar (una bomba). **2** (fig.) estallar, explotar (una persona, una reunión, etc.). • *v. t.* **3** explosionar, hacer estallar (bomba). **4** refutar, rebatir (una teoría).
exploit [ɪk'splɔɪt] *v. t.* **1** (desp.) explotar, aprovecharse de (una persona). **2** explotar, sacar provecho a (la tierra, una idea, etc.). • ['eksplɔɪt] *s. c.* **3** hazaña, gesta, proeza, heroicidad.
exploitable [ɪk'splɔɪtəbl] *adj.* **1** explotable, aprovechable, utilizable (recursos materiales). **2** explotable (gente).
exploitation [ˌeksplɔɪ'teɪʃn] *s. i.* explotación, aprovechamiento.
exploitative [ɪk'splɔɪtətɪv] *adj.* explotador.
exploiter [ɪk'splɔɪtər] *s. c.* explotador.
exploration [ˌeksplə'reɪʃn] *s. c.* e *i.* **1** exploración (viaje). **2** examen, investigación. **3** MED. exploración.
exploratory [ek'splɒrətərɪ] *adj.* exploratorio.
explore [ɪk'splɔː] *v. t.* **1** explorar, descubrir. **2** examinar, investigar, estudiar (posibilidades, un tema). **3** MED. explorar, auscultar, examinar.
explorer [ɪk'splɔːrər] *s. c.* **1** explorador. **2** MED. sonda.
explosion [ɪk'spləʊʒn] *s. c.* **1** explosión, estallido, detonación. **2** (fig.) explosión, estallido (de ira, risas).
explosive [ɪk'spləʊsɪv] *adj.* **1** explosivo. **2** (fig.) explosivo (situación). **3** controvertido, polémico (un tema). • *s. c.* e *i.* **4** explosivo, material explosivo. ◆ **5 high ~,** explosivo de gran potencia. **6 plastic ~, ⇒ plastic.**
explosively [ɪk'spləʊsɪvlɪ] *adv.* **1** con explosión, de manera detonante. **2** fuertemente, con fiereza (reacción de una persona).
explosiveness [ɪk'spləʊsɪvnɪs] *s. i.* delicadeza (de una situación que puede explotar).
exponent [ɪk'spəʊnənt] *s. c.* **1** defensor, partidario. **2** MAT. exponente, índice. **3** INF. exponente. • *adj.* **4** explicativo.
export [ɪk'spɔːt] *v. t.* e *i.* **1** COM. exportar. • *v. t.* **2** (fig.) exportar, extender (una idea). • ['ekspɔːt] *s. i.* **3** COM. exportación. • *s. c.* **4** COM. (producto para la) exportación. ◆ **5 ~ licence,** COM. licencia de exportación.
export-import bank [ˌekspɔːt'ɪmpɔːt bæŋk] *s. c.* COM. banco de exportación e importación.
exportable [ek'spɔːtəbl] *adj.* exportable.
exportation [ˌekspɔː'teɪʃn] *s. i.* **1** COM. exportación. • *s. c.* **2** COM. (EE UU) (producto para la) exportación.

exporter [ek'spɔːtər] *s. c.* COM. exportador (una persona, un país).

expose [ɪk'spəuz] *v. t.* **1** exponer, descubrir, poner al descubierto. **2** (**to** ~ + *o. d.* + **to**) exponer a, (a un peligro, enfermedad, etc.). **3** delatar, desenmascarar(a una persona); revelar, descubrir (una impostura, mentira, etc.). **4** FOT. exponer (a la luz). **5** abandonar (a un niño). • *v. pron.* **6** exhibirse, hacer exhibicionismo (de los genitales).

exposed [ɪk'spəzd] *adj.* **1** expuesto, al descubierto. ◆ **2 to be ~ to,** estar expuesto a.

exposition [,ekspə'zɪʃn] *s. c.* e *i.* **1** exposición, explicación. • *s. c.* **2** exposición, feria (de productos industriales, de obras de arte). **3** MÚS. exordio, introducción (de una sonata, de una fuga).

expostulate [ɪk'spɒstjuleɪt] *v. i.* **1** (form.) objetar, protestar. **2** (**to ~ with**) reprender a, discutir con.

expostulation [ɪk,spɒstju'leɪʃn] *s. c.* e *i.* (form.) objeción, protesta; recriminación.

exposure [ɪk'spəuʒər] *s. c.* e *i.* **1** exposición (a un peligro, enfermedad, etc.). **2** delación (de una persona); revelación (de un hecho). • *s. c.* **3** FOT. fotografía, instantánea; exposición: *one exposure left = queda una fotografía* (en la cámara fotográfica). • *s. i.* **4** hipotermia, frío: *the died of exposure = murió de frío.* **5** orientación, posición (de un edificio): *it has a western exposure = da a poniente.* ◆ **6 ~ meter,** fotómetro.

expound [ɪk'spaund] *v. t.* **1** exponer, explicar (una idea). • *v. i.* **2** (**to ~ on**) exponer.

express [ɪk'spres] *v. t.* **1** expresar, manifestar (una opinión). **2** transmitir, comunicar, dar a entender (a través del comportamiento, de una mirada). **3** (brit.) enviar por correo urgente. **4** (**to ~ {from/out}**) (form.) exprimir, (de) (zumo). **5** MAT. representar, expresar. • *v. pron.* **6** (**to ~ oneself**) expresarse. • *s. c.* **7** rápido, expreso (trenes, autobuses). • *s. i.* **8** (brit.) correo urgente. • *adv.* **9** por servicio urgente, por correo urgente. • *adj.* **10** rápido, expreso (un tren); urgente (un envío, el correo, etc.). **11** (form.) explícito, expreso (un deseo, una orden). **12** específico, particular (un propósito).

expression [ɪk'spreʃn] *s. c.* e *i.* **1** expresión, manifestación. • *s. c.* **2** expresión, semblante. **3** expresión, frase. **4** MAT. expresión, representación. • *s. i.* **5** expresividad (al actuar, al cantar). **6** exprimido (de frutas). ◆ **7 to give ~ to,** expresar, manifestar. **8 as an ~ of thanks,** en señal de agradecimiento.

expressionism [ɪk'spreʃanɪzəm] *s. i.* ART. expresionismo.

expressionist [ɪk'spreʃənɪst] *s. c.* ART. expresionista.

expressionless [ɪk'spreʃanlɪs] *adj.* inexpresivo.

expressive [ɪk'spresɪv] *adj.* **1** (form.) significativo, revelador, indicativo (de algún sentimiento). **2** expresivo, comunicativo.

expressiveness [ɪk'spresɪvnɪs] *s. i.* expresividad.

expressly [ɪk'spreslɪ] *adv.* **1** expresamente, explícitamente. **2** adrede, específicamente, expresamente. ◆ **3 to deny/prohibit ~,** negar/ prohibir terminantemente.

expropriate [eks'prəuprɪəɪt] *v. t.* **1** expropiar (legalmente). **2** expoliar (ilegalmente).

expropriation [eks,prəuprɪ'eɪʃn] *s. c.* e *i.* **1** expropiación. **2** expoliación.

expulsion [ɪk'spʌlʃn] *s. c.* e *i.* **1** expulsión (de un lugar, de un país). **2** expulsión, descarga.

expunge [ek'spʌndʒ] *v. t.* **1** (form.) borrar; tachar; destruir. **2** (fig. y form.) borrar (de la memoria).

expurgate ['ekspəːgeɪt] *v. t.* expurgar, mutilar (una obra literaria).

exquisite [ek'skwɪzɪt] *adj.* **1** exquisito, refinado. **2** delicado, bello. **3** (form.) intenso, vivo (un dolor, un placer). • *s. c.* **4** petimetre (en exceso).

exquisitely [ek'skwɪzɪtlɪ] *adv.* **1** exquisitamente, refinadamente. **2** delicadamente. **3** intensamente, agudamente.

ex-serviceman [,eks'səːvɪsmən] (*pl.* **ex-servicemen**) *s. c.* (brit.) excombatiente.

extant [ek'stænt] *adj.* **1** (form.) existente (un documento, una obra artística, literaria). **2** vigente (un reglamento, una ley).

extemporary [ɪk'stempərərɪ] *adj.* improvisado, sin preparación previa.

extempore [ek'stempərɪ] *adj.* **1** improvisado, sin preparación previa. • *adv.* **2** de improviso, sin preparación.

extemporize [ɪk'stempəraɪz] (también **extemporise**) *v. t.* (form.) improvisar.

extend [ɪk'stend] *v. i.* **1** (**to** ~ *adv./ prep.*) extenderse; prolongarse (en el tiempo). **2** extenderse (en el espacio), abarcar (de un sitio a otro); sobresalir (de entre algo). **3** (fig.) (**to ~ to**) incluir a (a alguien): *this extends to you, too = esto también te incluye a ti.* • *v. t.* **4** extender (en general); alargar (a lo largo); ampliar (una gana, un edificio, actividades, etc.); ensanchar (a lo ancho); prolongar (una estancia, reunión, etc.); prorrogar (un plazo, contrato, etc.). **5** extender, estirar (los brazos). **6** desplegar, extender (las alas). **7** entregar, tender (algo a alguien). **8** (form.) ofrecer, brindar (ayuda, amistad). **9** COM. conceder (un crédito). **10** (gen. pasiva) forzarse a, desplegar todas las fuerzas. • *v. pron.* **11** (**to ~ oneself**) rendir al máximo, trabajar al máximo. ◆ **12 extended memory storage,** INF. almacenamiento ampliado de memoria. **13 extended operating system,** INF. sistema operativo extensivo (EOS).

extension [ɪk'stenʃn] *s. c.* e *i.* **1** extensión (en general); prolongación (de carretera, línea férrea, etc.); alargamiento. **2** prórroga, ampliación (de un plazo, contrato, visado, etc.). • *s. c.* **3** ampliación, anexo (en una vivienda). **4** extensión telefónica. **5** teléfono supletorio. **6** cable alargador.

extensive [ɪk'stensɪv] *adj.* **1** extenso, enorme, amplio, vasto. **2** general, común. **3** frecuente.

extensively [ɪk'stensɪvlɪ] *adv.* **1** extensamente, muchísimo. **2** por todas partes. **3** totalmente, completamente: *extensively modified = completamente modificado.*

extent [ɪk'stent] *s. i.* **1** extensión, dimensión, área. **2** (fig.) magnitud, amplitud (de conocimientos). **3** importancia, alcance (de daños, de problemas). **4** límite. ◆ **5 to a certain/some ~,** hasta cierto punto. **6 to such an ~,** hasta tal punto. **7 to a large/great ~,** en gran parte, en gran medida. **8 to the ~ of,** hasta el punto de.

extenuate [ek'stenjueɪt] *v. t.* **1** atenuar, reducir, mitigar, disminuir. **2** extenuar, debilitar.

extenuating [ek'stenjueɪtɪŋ] *adj.* atenuante, paliativo: *extenuating circumstances = circunstancias atenuantes.*

extenuation [ɪk,stenju'eɪʃn] *s. i.* DER. atenuante.

exterior [ek'stɪərɪər] *adj.* **1** exterior; externo. • *s. c.* **2** exterior, aspecto exterior. **3** ART. paisaje. **4** exterior (cine).

exterminate [ɪk'stəːmɪneɪt] *v. t.* exterminar, aniquilar.

extermination [ɪk,stəːmɪ'neɪʃn] *s. i.* exterminio, aniquilación.

external [ek'stəːnəl ‖ ek'stəːrnl] *adj.* **1** externo; exterior. **2** externo; superficial. • *s. pl.* **3** (form.) apariencias; partes externas. ◆ **4 ~ line,** INF. línea externa. **5 ~ memory/storage,** INF. memoria ‖ almacenamiento externo. **6 ~ name,** INF. nombre externo. **7 ~ procedure,** INF. procedimiento externo.

externality [ek,stəː'nalɪtiː] *s. c.* ECON. factor externo, efecto externo.

externally [ek'stəːnəliː] *adv.* **1** externamente; exteriormente. **2** superficialmente.

externalize [ɪk'stəːnəlaɪz] (también **externalise**) *v. t.* (form.) exteriorizar (pensamientos o similar).

extinct [ɪk'stɪŋkt] *adj.* **1** extinto, extinguido (una raza). **2** (fig.) desaparecida, suprimida (una costumbre). **3** apagado, inactivo (un volcán).

extinction [ɪk'stɪŋkʃn] *s. i.* **1** extinción (de razas, especies). **2** desaparición, (de costumbres,oficios, etc.). **3** (form.) extinción (de un incendio).

extinguish [ɪk'stɪŋgwɪʃ] *v. t.* **1** (form.) extinguir (un incendio); apagar (una luz, un cigarrillo). **2** (fig.) extinguir, desvanecer (una esperanza, la fe). **3** eclipsar, obscurecer. **4** DER. abolir, derogar, suprimir.

extinguisher [ɪk'stɪŋgwɪʃər] *s. c.* extintor.

extirpate ['ekstəpeɪt] *v. t.* **1** (form.) erradicar, exterminar. **2** MED. extirpar. **3** arrancar de raíz, desarraigar.

extol [ɪk'stəul] *v. t.* (form.) ensalzar, alabar, elogiar, encomiar.

extort [ɪk'stɔ:t] *v. t.* **1** obtener por la fuerza, conseguir mediante extorsión. **2** (lit.) arrancar (una promesa).

extortion [ɪk'stɔ:ʃn] *s. i.* **1** extorsión. **2** robo, atropello, atraco (referido al coste excesivo de algo).

extortionate [ɪk'stɔ:ʃnət] *adj.* **1** exorbitante, exagerado, desorbitado (un precio). **2** de extorsión.

extortioner [ɪk'stɔ:ʃnər] *s. c.* extorsionador; concusionario.

extortionist [ɪk'stɔ:ʃənɪst] *s. c.* ⇒ **extortioner.**

extra ['ekstrə] *adj.* **1** extra, adicional, suplementario. **2** extra, de recargo, aparte. **3** de recambio (piezas). **4** superior, óptimo. • *adv.* **5** adicionalmente. **6** especialmente, excepcionalmente, en extremo: *extra kind = excepcionalmente amable.* **7** muy: *extra dry = muy seco.* • *s. c.* **8** suplemento, recargo. **9** extra, gasto extraordinario. **10** sobrante, exceso. **11** edición especial (de periódico). **12** sustituto, suplente (trabajador).
OBS. **extra** se utiliza como prefijo delante de *adj.* para formar otros *adj.*: *extra large = más grande de lo normal; extra parliamentary groups = grupos extraparlamentarios.*

extract [ɪk'strækt] *v. t.* **1** extraer, sacar (un diente). **2** (fig.) arrancar, obtener por la fuerza (una confesión). **3** QUÍM. extraer, sacar, obtener (por destilación, evaporación). **4** extractar, condensar (una obra escrita). **5** MAT. extraer, calcular (una raíz). • ['ekstrækt] *s. c.* **6** extracto, fragmento, pasaje (de una obra escrita). • *s. i.* **7** QUÍM. extracto, esencia.

extraction [ɪk'strækʃn] *s. c.* e *i.* **1** extracción. **2** QUÍM. extracción, obtención. • *s. i.* **3** extracción, origen, descendencia.

extractor [ɪk'stræktər] *s. c.* **1** extractor (un instrumento, una máquina). **2** exprimidor (de zumos). ◆ **3** ~ **fan,** extractor de humos.

extracurricular [ˌekstrəkə'rɪkjələr] *adj.* complementario, extraescolar.

extraditable ['ekstrədaɪtəbl] *adj.* DER. extraditable, sujeto a extradición.

extradite ['ekstrədaɪt] *v. t.* DER. extraditar, extradir.

extradition [ˌekstrə'dɪʃn] *s. c.* e *i.* DER. extradición.

extramarital [ˌekstrə'mærɪtl] *adj.* (form.) adúltero.

extramural [ˌekstrə'mjuərəl] *adj.* **1** de enseñanza de adultos (actividades de las universidades para adultos). **2** externo (actividades de una organización o institución cualquiera).

extraneous [ek'streɪnjəs] *adj.* **1** irrelevante, intrascendente, sin importancia. **2** externo, extraño, ajeno.

extraordinarily [ɪk'strɔ:dnrɪlɪ || ɪkˌstrɔ:rdn'erəlɪ || ˌekstrə'ɔ:rdnerəlɪ] *adv.* extraordinariamente.

extraordinary [ɪk'strɔ:dnrɪ || ɪk'strɔ:rdnerɪ || ˌekstrə'ɔ:rdnerɪ] *adj.* **1** extraordinario, insólito, increíble. **2** extraordinario, excepcional, notable. **3** (form.) extraordinaria (una junta, una reunión). **4** (*s.* + ~) extraordinario, especial: *ambassador extraordinary = embajador extraordinario.*

extrapolation [ɪkˌstræpə'leɪʃn] (form.) *s. i.* **1** extrapolación, inferencia. • *s. c.* **2** (~ {**from**}) extrapolación, proyección, cálculo (basado en puntos previos).

extraterrestrial [ˌekstrətə'restrɪəl] *adj.* **1** extraterrestre. • *s. c.* **2** extraterrestre.

extrasensory [ˌekstrə'sensərɪ] *adj.* extrasensorial.

extraterritorial ['ekstrəˌterɪ'tɔ:rɪəl] *adj.* **1** (form.) extraterritorial. **2** DER. con inmunidad (no sujeto a la jurisdicción local).

extravagance [ɪk'strævəgəns] *s. c.* e *i.* **1** extravagancia, excentricidad. **2** derroche, despilfarro.

extravagant [ɪk'strævəgənt] *adj.* **1** despilfarrador, derrochador. **2** lujoso. **3** exagerado, desorbitado (un precio). **4** excéntrico, extravagante.

extravagantly [ɪk'strævəgəntlɪ] *adv.* **1** extravagantemente, excéntricamente, de modo raro. **2** con derroche, con despilfarro. **3** lujosamente. **4** exageradamente, excesivamente.

extravaganza [ekˌstrævə'gænzə] *s. c.* gran espectáculo (costoso, elaborado, y de gran colorido).

extravert *s. c.* ⇒ **extrovert.**

extreme [ɪk'stri:m] *adj.* **1** extremo, sumo. **2** extremo, mas alejado. **3** extremo, radical (de ideas). **4** drástico, severo. • *s. c.* **5** extremo, límite. **6** FIL. premisa mayor o menor (de un silogismo). **7** MAT. extremo (de una serie). ◆ **8 to go from one** ~ **to the other,** pasar de un extremo a otro. **9 to go to extremes,** excederse; tomar medidas extremas. **10 in the** ~, en grado sumo.

extremely [ɪk'stri:mlɪ] *adv.* extremadamente sumamente.

extremism [ɪk'stri:mɪzəm] *s. i.* extremismo, radicalismo (político).

extremist [ɪk'stri:mɪst] *adj.* extremista, radical (de ideas políticas).

extremity [ɪk'stremɪtɪ] *s. i.* **1** (form.) extremosidad, alto grado (de sufrimiento). • *s. c.* **2** (form.) extremo, punto más lejano. **3** punto extremo, alto grado. • *s. pl.* **4** ANAT. extremidades, miembros.

extricate ['ekstrɪkeɪt] *v. t.* **1** (**to** ~ **from**) retirar de, liberar de, sacar de (entre escombros). **2** desenredar, desenmarañar. • *v. pron.* **3** (**to** ~ **oneself**) (fig.) librarse, lograr salir (de una situación).

extrication [ˌekstrɪ'keɪʃn] *s. i.* liberación (de algo o alguien, o en favor de alguien).

extrinsic [ek'strɪnsɪk] *adj.* **1** extrínseco, externo. **2** extrínseco, accesorio.

extrovert ['ekstrəvə:t] (también **extravert**) *s. c.* extrovertido, extravertido. • *adj.* **2** extrovertido, extravertido.

extrude [ɪk'stru:d] *v. t.* e *i.* extrudir.

extrusion [ɪk'stru:ʒn] *s. c.* e *i.* extrusión.

exuberance [ɪg'zju:bərəns] *s. i.* efusividad, entusiasmo, euforia.

exuberant [ɪg'zju:bərənt || ɪg'zu:bərənt] *adj.* **1** efusivo, entusiasta, eufórico, lleno de vida. **2** (fig.) espléndido, generoso. **3** exuberante, frondoso (una planta).

exude [ɪg'zju:d] *v. t.* **1** rezumar, destilar, exudar. **2** (fig.) destilar, rebosar (confianza, vitalidad). • *v. i.* **3** rezumar.

exult [ɪg'zʌlt] *v. i.* (**to** ~ **at/ in/over**) alegrarse en extremo de, regocijarse de, estar exultante por.

exultant [ɪg'zʌltənt] *adj.* exultante, jubiloso.

exultation [ˌegzʌl'teɪʃn] *s. i.* exultación, júbilo, regocijo.

eye [aɪ] *s. c.* **1** ANAT. ojo. **2** vista, visión. **3** (fig.) vista, ojo, juicio, intuición. **4** ojo (de la aguja). **5** ojo, yema (de la patata). **6** ojo, centro (de la tormenta, del huracán). **7** presilla (en corchetes, botones). **8** centro, foco. **9** opinión, punto de vista. **10** (fam.) detective, investigador. • *v. t.* **11** (**to** ~ {**up**}) mirar detenidamente, observar, echar una ojeada a. ◆ **12 an** ~ **for an** ~, ojo por ojo. **13 to catch someone's** ~, captar la atención de alguien, atraer la atención de alguien. **14 to cry one's eyes out,** llorar a mares, llorar a lágrima viva. **15 to give the** ~**/to make eyes at,** (fam.) lanzar miradas incitantes a, comer con los ojos a. **16 to have an** ~ **to/for the main chance,** estar a la que salta. **17 to have eyes in the back of one's head,** (fam.) tener ojos en el cogote. **18 in the eyes of,** en opinión de, a los ojos de. **19 in a pig's** ~, (argot) ¡jamás!, ¡bajo ningún concepto! **20 to keep one's** ~ **on,** echar una ojeada a, vigilar; (fig.) no perder de vista, estar atento a. **21 to keep one's eyes open /peeled/ skinned,** estar alerta, vigilar atentamente. **22 more than meets the** ~, más complicado de lo que parece. **23 my** ~! (argot y arc.) ¡sí, ya!, ¡y qué más!, ¡anda ya! **24 one in the** ~ **for,** (fam.) una frustración para, una desilusión para. **25 only to have eyes for,** tener ojos solamente para. **26 to see** ~ **to** ~ **with someone,** ver las cosas igual que alguien, ser de la misma opinión que alguien. **27 to shut /close one's eyes to,** cerrar los ojos a, ignorar. **28 your eyes are too big for your stomach,** (hum.) comes más con la vista o con los ojos que con la tripa. **29 under/before one's very eyes,** ante los propios ojos de uno. **30 up to the eyes/one's eyes in,** (fam.) atosigado por, hasta arriba de (de trabajo). **31 with an** ~ **to,** con vistas a, con el propósito de, con la intención de. **32 with half an** ~, (fam.) sin profundizar demasiado, a simple vista. **33 with one's eyes open,** con los ojos bien abiertos, a sabiendas. **34 black ~, ⇒ black. 35 electric ~, ⇒ electric. 36 evil ~,** mal de ojo. **37 magic ~, ⇒ magic. 38 to turn a blind ~, ⇒ blind. 39 to feast your eyes, ⇒ to feast. 40 to look someone in the ~, ⇒ to look. 41 to meet someone in the ~,** tropezar con la mirada de alguien. **42 in the twinkling of an ~, ⇒ twinkling.**

eyeball ['aɪbɔːl] *s. c.* **1** globo ocular. • *v. t.* **2** (EE UU) mirar a la cara a. **3** (Am.) mirar de arriba a abajo. ◆ **4 ~ to ~,** cara a cara, frente a frente.

eyebath ['aɪbaːθ] (*pl.* **eyebaths**) *s. c.* lavaojos.

eyebrow ['aɪbraʊ] *s. c.* **1** ceja. ◆ **2 to raise one's ~,** levantar o arquear las cejas, (desaprobadoramente, sorprendido). **3 up to one's eyebrows,** (fam.) atosigado, abrumado, hasta arriba (de trabajo).

eye-catcher ['aɪˌkætʃər] *s. c.* cosa que llama la atención.

eye-catching ['aɪˌkætʃɪŋ] *adj.* llamativo, atrayente.

-eyed [aɪd] *adj.* (en compuestos) de ojos: *blue-eyed = de ojos azules.*

eyeful ['aɪfʊl] *s. c.* **1** (fam.) una buena ojeada, un buen vistazo. **2** (fam.) persona interesante, persona atractiva (especialmente una mujer).

eyeglass ['aɪglɑːs ‖ 'aɪglæs] *s. c.* **1** monóculo. • *pl.* **2** (Am.) anteojos, lentes gafas.

eyelash ['aɪlæʃ] *s. c.* pestaña.

eyelid ['aɪlɪd] *s. c.* **1** párpado. ◆ **2 without batting an ~,** sin pestañear, sin inmutarse.

eye-opener ['aɪˌəʊpnər] *s. sing.* **1** sorpresa, revelación. **2** (fam.) trago, bebida (alcohólica).

eyepiece ['aɪpiːs] *s. c.* ÓPT. lente, ocular.

eyeshade ['aɪˌʃeɪd] *s. c.* visera.

eyeshadow ['aɪˌʃædəʊ] *s. c.* e *i.* sombra de ojos (cosmético).

eyesight ['aɪsaɪt] *s. i.* vista, visión.

eyesore ['aɪsɔː] *s. c.* engendro, cosa antiestética, monstruosidad, cosa que ofende la vista.

eyestrain ['aɪstreɪn] *s. i.* MED. fatiga ocular, vista cansada.

eyetooth [ˌaɪ'tuːθ] (*pl.* **eyeteeth**) *s. c.* **1** canino, colmillo. ◆ **2 to give one's eyeteeth for,** dar cualquier cosa por, dar todo el oro del mundo por.

eyewash ['aɪwɒʃ] *s. i.* **1** MED. colirio, solución ocular. **2** (fam. y p. u.) bobadas.

eyewitness ['aɪˌwɪtnɪs] *s. c.* testigo ocular, testigo presencial.

eyrie ['aɪərɪ] *s. c.* **1** nido de ave rapaz; aguilera. **2** (fig.) fortaleza inexpugnable.

f, F [ef] *s. c.* **1** f, F (sexta letra del alfabeto inglés). • *s. c.* e *i.* **2** MÚS. Fa. OBS. Esta letra puede servir para señalar la abreviatura de gran número de palabras, entre ellas la más importante puede ser la utilizada para indicar grados de temperatura Fahrenheit.

fab [fæb] *adj.* (fam.) fabuloso, magnífico.

fable ['feɪbl] *s. c.* **1** LIT. fábula. **2** (fig.) cuento, cuento chino.

fabled ['feɪbld] *adj.* legendario, mítico.

fabric ['fæbrɪk] *s. c.* e *i.* **1** tela, tejido. • *s. sing.* **2** ({**the**} ~ {**of**}) (fig.) tejido, estructura: *the fabric of society = el tejido social, la estructura de la sociedad.* **3** estructura: *the fabric of this church is strong = la estructura de esta iglesia es fuerte.*

fabricate ['fæbrɪkeɪt] *v. t.* **1** falsificar (evidencias, pruebas, etc.). **2** (form.) fabricar, manufacturar.

fabrication [,fæbrɪ'keɪʃn] (form.) *s. c.* e *i.* **1** invención, falsificación. • *s. i.* **2** fabricación, manufactura.

fabulous ['fæbjʊləs] *adj.* **1** (fam.) fabuloso, extraordinario, fantástico. **2** legendario, fabuloso, de fábula (criaturas, lugares, monstruos, etc.).

fabulously ['fæbjʊləslɪ] *adv.* fabulosamente, extraordinariamente, fantásticamente.

façade [fə'sɑːd] *s. c.* **1** ARQ. fachada. • *s. sing.* **2** (fig.) fachada, apariencia falsa.

face [feɪs] *s. c.* **1** cara, rostro (como parte anatómica). **2** (fig.) cara, semblante. **3** esfera (del reloj). **4** cara (de cartas o similar). **5** haz, derecho, parte delantera (de un objeto). **6** GEOG. cara, lado. • *s. sing.* **7** (lit.) faz, aspecto (de una ciudad, lugar, etc.). **8** aspecto, apariencia: *the Internet will change the face of the publishing industry = Internet hará que la industria editorial cambie de aspecto.* • *v. t.* **9** dar a, mirar hacia: *the house faces the park = la casa da al* o *mira hacia el parque.* **10** confrontar, ponerse frente a: *I'm afraid to face a board of directors = tengo miedo de ponerme frente al consejo de administración.* **11** plantar cara a, enfrentarse a: *to face a problem = enfrentarse a un problema.* **12** enfrentarse a, arrostrar, afrontar (peligros, acusaciones, etc.). **13** guarnecer (la parte delantera de un vestido). ◆ **14 a long** ~, una cara larga. **15 to be faced (with),** tener que enfrentarse (a). **16 to blow up/explode in one's** ~, (fam.) irse de las manos a uno, explotarle a uno entre las manos. **17 blue in the** ~, ⇒ **blue. 18 (I/etc.) can't/couldn't** ~, (yo/etc.) no puedo/podría soportar. **19 to cut off one's nose to spite one's** ~, ⇒ **spite. 20 to disappear/vanish off the** ~ **of the earth,** desaparecer sin dejar rastro. **21 egg on one's** ~, ⇒ **egg. 22** ~ **down,** boca abajo. **23 -faced,** con la cara (en compuestos): *a ruddy-faced youngster = un joven rubicundo.* **24 to** ~ **down,** (EE UU) vencer con la mirada. **25** ~ **lift, a)** lifting, estiramiento de la piel de la cara. **b)** (fig.) lavado de imagen. **26 to** ~ **out,** (brit.) plantar cara a (un problema, crisis, una personalidad fuerte, etc.). **27** ~ **pack,** mascarilla (de belleza). **28** ~ **powder,** polvos para la cara, polvos de tocador. **29** ~ **to** ~ **(with),** cara a cara (con), frente a frente (con) (problemas, dificultades, personas, etc.). **30** ~ **up,** boca arriba. **31 to** ~ **up to,** enfrentarse a. **32 to** ~ **the music,** (fam.) aguantar las consecuencias, aceptar las responsabilidades. **33** ~ **value,** ⇒ **value. 34 to fly in the** ~ **of,** desafiar, ir en contra de, oponerse resueltamente a. **35 to have the** ~, (fam.) tener el atrevimiento de, tener cara suficiente para. **36 in the** ~ **of,** ante; a pesar de: *she laughed in the face of death = se enfrentaba a la muerte riendo.* **37 to keep a straight** ~, contener la risa, aguantar la carcajada. **38 let's** ~ **it,** admitámoslo, reconozcámoslo, seamos sinceros. **39 to look someone in the** ~, mirar a alguien cara a cara. **40 to lose** ~, quedar mal, perder prestigio. **41 loss of** ~, pérdida de prestigio, ocasión de quedar mal. **42 to make/pull a** ~, hacer una mueca (de disgusto, desafío, asco, etc.). **43 on the** ~ **of it,** a primera vista, según las apariencias. **44 to put on a brave/good** ~, poner buena cara (cuando la procesión va por dentro). **45 to save** ~, salvar las apariencias, no quedar mal. **46 to set one's** ~ **against,** oponerse fuertemente a, mostrarse muy contrario a. **47 to show one's** ~, asomar la cara; mostrarse en público, aparecer en público. **48 to shut one's** ~, ⇒ **shut. 49 to shut/slam the door in someone's** ~, ⇒ **door. 50 slap in the** ~, ⇒ **slap. 51 the** ~ **of the earth/world,** la faz de la tierra. **52 to someone's** ~, a la cara de alguien; abierta y directamente. **53 to wipe the grin/smile off someone's** ~, ⇒ **wipe.**

face-cloth ['feɪsklɔθ] *s. c.* toallita para la cara. ⇒ **face-flannel.**

face-cream ['feɪskriːm] *s. c.* crema facial.

face-flannel ['feɪsflænl] (también **face-cloth**) *s. c.* (brit.) toallita para la cara (para el lavado).

faceless ['feɪslɪs] *adj.* (desp.) desconocido, anónimo, sin rostro: *faceless experts = expertos desconocidos.*

face-saver ['feɪsseɪvər] *s. c.* motivo para/ ocasión de salvar las apariencias.

face-saving ['feɪs seɪvɪŋ] *adj.* para salvar las apariencias: *a face-saving gesture = un gesto para salvar las apariencias.*

facet ['fæsɪt] *s. c.* **1** (~ {**of**}) faceta, aspecto. ◆ **2 facets,** MIN. facetas, caras (de alguna piedra preciosa).

facetious [fə'siːʃəs] *adj.* guasón, chistoso, cómico.

facetiously [fə'siːʃəslɪ] *adv.* guasonamente, cómicamente (con cierto sentido negativo).

facial ['feɪʃl] *adj.* **1** facial. • *s. c.* **2** tratamiento facial, limpieza de cutis.

facially ['feɪʃəlɪ] *adv.* facialmente, en la cara.

facile ['fæsaɪl] *adj.* (desp.) facilón; superficial.

facilitate [fə'sɪlɪteɪt] *v. t.* (form.) facilitar.

facilitation [fə,sɪlɪ'teɪʃn] *s. i.* (form.) facilitación.

facilitator [fə'sɪlɪteɪtə] *s. c.* impulsor, promotor.

facility [fə'sɪlɪtɪ] *s. c.* **1** instalación: *sports facilities = instalaciones deportivas; recreational facilities =*

zonas de ocio o *recreo; research facility = centro* o *departamento de investigación; a free on-line booking facility = un servicio gratuito en línea de reservas.* **2** local, edificio: *facilities management = mantenimiento.* **3** dispositivo, función: *a search facility = un dispositivo de búsqueda.* ● *s. c.* e *i.* **4** facilidad: *with facility = con facilidad; she has a facility for languages = tiene facilidad para los idiomas.* ◆ **5 loan ~,** crédito, línea de crédito.

facing ['feɪsɪŋ] *s. i.* **1** guarnición (en ropa). ● *s. c.* e *i.* **2** ARQ. revestimiento, paramento. ◆ **3 facings,** vueltas (en ropa).

facsimile [fæk'sɪməlɪ] *s. c.* facsímil.

fact [fækt] *s. i.* **1** realidad. ● *s. c.* **2** dato; hecho. ◆ **3 as a matter of ~,** en realidad, de hecho, realmente. **4 ~ sheet,** hoja de datos resumidos; resumen de datos esenciales (especialmente de noticias periodísticas). **5 for a ~,** a ciencia cierta. **6 in ~/in actual ~/as a matter of ~/in point of ~,** de hecho, en realidad (como énfasis para introducir un desacuerdo): *it may look easy but in actual fact it's not = puede parecer fácil, pero de hecho no lo es.* **7 in ~/in point of ~/in actual ~,** de hecho, en realidad (como énfasis o introducción de un nuevo enfoque en la conversación): *he left the company; in fact, he was dismissed = dejó la empresa; en realidad, fue despedido.* **8 is that a ~?,** ¿es eso verdad?, ¿de verdad? **9 that's a ~/and that's a ~,** (fam.) esa es la realidad, así son las cosas. **10 the ~ is/the ~ of the matter is,** el hecho es que, la realidad es que. **11 the ~ remains,** sin embargo, a pesar de todo. **12 the facts of life,** las verdades de la vida, las realidades de la vida, los hechos de la vida (sobre el misterio de la procreación).

fact-finding ['fæktfaɪndɪŋ] *adj.* de investigación.

faction ['fækʃn] *s. c.* **1** facción (dentro de un grupo mayor). ● *s. i.* **2** división, desacuerdo.

factious ['fækʃəs] *adj.* partidista, sectario.

factitious [fæk'tɪʃəs] *adj.* (form.) artificial, artificioso.

factor ['fæktər] *s. c.* **1** factor: *the human factor = el factor humano.* **2** MAT. factor, divisor.

factorial [fæk'tɔːrɪəl] *adj.* MAT. factorial.

factoring ['fæktərɪŋ] *s. i.* gestión de morosidad.

factory ['fæktərɪ] *s. c.* **1** fábrica. ◆ **2 ~ farm,** AGR. granja factoría. **3 ~ farming,** AGR. producción mediante granjas factorías. **4 ~ floor,** (fig.) los obreros. **5 ~ price,** precio de fábrica. **6 ~ ship,** MAR. barco factoría.

factotum [fæk'təutəm] *s. c.* (form.) factótum, persona que lo hace todo.

factual ['fæktʃuəl] *adj.* real, basado en hechos, objetivo.

factually ['fæktʃuəlɪ] *adv.* realmente, objetivamente.

faculty ['fækltɪ] *s. c.* **1** facultad (sección de una Universidad). **2** (EE UU) personal docente. **3** (normalmente *pl.*) facultad (de pensar, sentir, etc.): *I am in possession of all my faculties = estoy en posesión de todas mis facultades.* **4** (~ {**for/of**}) aptitud, habilidad (para/de).

fad [fæd] *s. c.* última novedad, moda pasajera: *the Chinese food fad = la moda pasajera de la comida china.*

faddish ['fædɪʃ] *adj.* (desp.) caprichoso; seguidor de modas pasajeras; de moda.

faddy ['fædɪ] *adj.* (fam. y desp.) tiquismiquis (en la comida).

fade [feɪd] *v. t.* **1** descolorar, hacer desvanecer los colores de: *the sun fades the carpets = el sol descolora las alfombras.* ● *v. i.* **2** descolorarse. **3** desvanecerse, apagarse poco a poco (la señal). **4** decaer, disminuir (interés, sentimiento, etc.). **5** envejecer (en su exterior): *his looks have faded = ha envejecido de aspecto.* **6** marchitarse (flores, plantas, etc.). **7** desaparecer (sonrisa). **8** deslizarse (a algún sitio sin ser notado). **9** (lit.) apagarse, morir. ● *s. c.* **10** TV. fundido (lenta desaparición de una imagen). ◆ **11 to ~ away, a)** desvanecerse, desaparecer, extinguirse (lenta y gradualmente): *my interest in her faded away after a few months = mi interés por ella desapareció después de unos cuantos meses.* **b)** morir lentamente. **12 to ~ in,** TV. aparecer en imagen poco a poco. **13 to ~ out, a)** TV. fundirse en negro (imagen, sonido). **b)** extinguirse: *the rebellion faded out = la rebelión se fue extinguiendo.*

faded [feɪdɪd] *adj.* **1** descolorido (ropa, tejido, etc.). **2** desaparecido, obsoleto.

fade-in ['feɪdɪn] *s. c.* TV. fundido.

fade-out ['feɪdaut] *s. c.* TV. fundido en negro.

faeces ['fiːsiːz] (en EE UU **feces**) *s. i.* (form.) heces.

faecal ['fiːkl] (en EE UU **fecal**) *adj.* (form.) fecal.

faff [fæf] *v. i.* **to ~ about/around,** (brit.) (fam.) hacer el tonto, perder el tiempo.

fag [fæg] *s. c.* **1** (brit.) (fam.) pitillo, cigarrillo. **2** (EE UU) (vulg.) marica, sarasa. **3** estudiante ayudante (de alumnos mayores en escuelas privadas de Gran Bretaña). ● *s. sing.* **4** (fam.) lata, faena pesada. ● *v. i.* **5** (**to ~** {**for**}) atender, servir (a un alumno de los mayores por parte de uno de los pequeños en escuelas privadas inglesas). ◆ **6** (fam.) trabajar duramente, faenar brutalmente. ◆ **7 to ~ out,** (fam.) agotar, dejar rendido (de cansancio).

fag-end ['fægend] *s. c.* **1** (fam.) colilla (de cigarrillo). **2** (~ **of**) última parte de, parte final de: *I only saw the fag-end of the film = sólo vi la parte final de la película.*

fagged [fægd] (también **fagged out**) *adj.* (brit) (fam.) agotado, rendido, machacado.

faggot ['fægət] *s. c.* **1** (p.u.) gavilla, haz de leña. **2** (EE UU) marica, sarasa, tipo de la acera de enfrente. **3** (brit.) GAST. albóndiga.

Fahrenheit ['færənhaɪt] *s. i.* FÍS. Fahrenheit (medida de temperatura).

fail [feɪl] *v. i.* **1** suspender (asignaturas). **2** fracasar, fallar. **3** fallar: *a method that never fails = un método que nunca falla.* **4** fallar, averiarse, dejar de funcionar. **5** fracasar, quebrar (un negocio). **6** debilitarse, fallar, decaer (cualquier cosa): *light is beginning to fail = la luz está empezando a debilitarse.* **7** acabarse, terminarse (el suministro de algo): *the electricity failed at the wrong time = se fue la electricidad en el peor momento.* **8** (**to ~ in**) fracasar en, fallar en (algo de la responsabilidad de uno): *you failed in your duty = no has cumplido con tu deber.* **9** irse, desaparecer (habilidad, cualidad personal, etc.): *his eyesight is failing = le falla la vista.* ● *v. t.* **10** suspender (asignaturas). **11** fallar, desilusionar: *you've failed me again = me has desilusionado otra vez.* **12** abandonar: *strength failed me = la fuerza me abandonó.* **13** (**to ~ +** *inf.*) no lograr, dejar de: *it never fails to astonish me = nunca deja de asombrarme.* ● *s. c.* **14** suspenso. ◆ **15 I ~ to see,** no logro entender, no logro ver. **16 without ~, a)** sin falta, con toda seguridad. **b)** religiosamente, sin fallo alguno: *he pays without fail = paga religiosamente.* **17 words ~ me,** no tengo palabras, no encuentro las palabras.

failed [feɪld] *adj.* **1** fracasado, fallido: *failed plans.* **2** quebrado (negocio o similar).

failing ['feɪlɪŋ] *s. c.* **1** defecto, fallo (personal o de un objeto). ● *adj.* **2** en declive, que falla cada vez más: *failing health = salud en declive.* ◆ **3 ~ that,** de no ser así, si no es así, si no es posible: *put on your vest or, failing that, a thick shirt = ponte la camiseta o, si no es posible, una camisa gruesa.*

fail-safe ['feɪlseɪf] *adj.* de seguridad, de protección: *a fail-safe mechanism = un mecanismo de seguridad.*

failure ['feɪlɪər] *s. c.* **1** fracaso (persona o cosa). ● *s. i.* **2** fracaso. ● *s. c.* e *i.* **3** (~ *inf.*) fracaso en, fallo en: *I questioned her about her failure to report the incident = le pregunté por qué no dio parte del incidente.* **4** fracaso, quiebra (de negocio o similar). **5** fallo, deficiencia (en el funcionamiento de algo): *brake failure = fallo de los frenos; heart failure = paro cardíaco.* **6** fallo; pérdida (de alguna capacidad o habilidad): *failure of understanding = fallo de comprensión.*

fain [feɪn] *adv.* (arc.) alegremente, gustosamente.

faint [feɪnt] *adj.* **1** tenue, débil (color, sonido, etc.). **2** desfallecido, mareado: *I feel faint = estoy mareado.*

3 tibio, desganado: *a faint attempt = un intento sin demasiadas ganas.* • *s. c.* **4** desmayo, desfallecimiento. • *v. i.* **5** desmayarse, desfallecer. ♦ **6 in a (dead) ~,** desfallecido totalmente, desmayado por completo. OBS. La forma de superlativo de este adjetivo es utilizada como un intensivo en oraciones negativas con el sentido: **7** mínimo, menor: *he hasn't got the faintest idea about it = no tiene la menor idea del asunto.*

faint-hearted [ˌfeɪnt'hɑːtɪd] *adj.* **1** pusilánime. ♦ **2 the ~,** los pusilánimes.

faint-heartedly [ˌfeɪnt'hɑːtɪdlɪ] *adv.* pusilánimemente.

faint-heartedness [ˌfeɪnt'hɑːtɪdnɪs] *s. i.* pusilanimidad.

faintly ['feɪntlɪ] *adv.* **1** ligeramente, débilmente, tenuemente. **2** ligeramente, apenas (reduciendo el significado de otro adjetivo): *faintly irritated = ligeramente irritado.*

faintness ['feɪntnɪs] *s. i.* **1** debilidad (de colores, sonidos, etc.). **2** desfallecimiento, desmayo.

fair [feər] *adj.* **1** justo; imparcial; razonable: *a fair decision = una decisión justa.* **2** rubio (de pelo). **3** considerable (cantidad, tamaño, etc.): *a fair amount of money = una cantidad considerable de dinero.* **4** regular, aceptable: *her Italian is only fair = su italiano sólo es regular.* **5** blanca, pálida (piel). **6** agradable, bueno, favorable (tiempo atmosférico). **7** razonable (pensamiento, ocurrencia, conjetura, etc.): *a fair guess/estimate = una suposición/un cálculo razonable.* **8** (p.u.) precioso, bello (persona o lugar). • *s. c.* **9** (brit.) feria, parque de atracciones. **10** feria (de ganado, de algún producto específico, etc.). ♦ **11 all is ~ in love and war,** en el amor y la guerra todo vale. **12 to be ~/I must be ~,** siendo justo, justo es reconocer, para ser justos. **13 by ~ means or foul,** a toda costa, como sea, por cualquier medio. **14 ~ and square, a)** honrada y abiertamente, con toda honradez. **b)** justo en el centro (de un blanco). **15 ~ copy,** copia en limpio. **16 ~ enough,** de acuerdo, vale. **17 ~ game,** blanco de críticas (persona). **18 ~ is ~,** las cosas como son. **19 ~ play,** juego limpio. **20 to play ~,** jugar limpio. **21 the ~ sex,** (hum. y p.u.) el sexo débil.

fairground ['feəgraund] *s. c.* recinto de la feria.

fairly ['feəlɪ] *adv.* **1** bastante (especialmente con adjetivos de sentido positivo y con poco énfasis): *you speak French fairly well = hablas francés bastante bien.* **2** razonablemente, con justicia. **3** (lit.) sobre manera, en gran manera, muchísimo: *he polished the boots till they fairly shone = sacó brillo a las botas hasta que relucieron sobre manera.*

fairness ['feənɪs] *s. i.* **1** justicia; equidad; imparcialidad. **2** (lit.) belleza. **3** palidez, blancura (de tez). ♦ **4 in ~ to/out of all ~,** con toda justicia para/siendo justos.

fairway ['feəweɪ] *s. c.* **1** DEP. calle (en el golf). **2** MAR. paso navegable, canalizo.

fair-weather [ˌfeə'weðər] *adj.* (desp.) mudadizo, inconstante: *a fair-weather friend = un amigo para lo bueno.*

fairy ['feərɪ] *s. c.* **1** hada: *a fairy story = un cuento de hadas.* **2** (vulg.) maricón. ♦ **3 ~ godmother,** hada madrina. **4 ~ lights,** bombillas de colorines (para decorar árboles de Navidad, etc.).

fairyland ['feərɪlænd] *s. i.* **1** país de las hadas. **2** (fig.) mundo mágico, paisaje de encanto.

fairy-tale ['feərɪteɪl] *s. c.* **1** cuento de hadas. **2** (fig.) patraña, embuste.

fait accompli [ˌfeɪtə'kɒmpliː] *s. c.* (form.) hecho consumado.

faith [feɪθ] *s. i.* **1** (~ {in}) fe, confianza (en): *I have faith in you = tengo fe en ti.* **2** REL. fe, creencia. • *s. c.* **3** REL. fe, religión: *the Catholic faith = la fe católica.* ♦ **4 to break ~ with,** faltar a la palabra dada a, engañar. **5 in bad ~,** de mala fe. **6 in good ~,** de buena fe. **7 to keep ~ with,** cumplir la palabra dada a.

faith-cure ['feɪθkjuə] *s. i.* ⇒ **faith-healing.**

faithful ['feɪθfl] *adj.* **1** leal, fiel. **2** (~ {to}) fiel (a) (la esposa, marido, etc.). **3** fiel, exacto (historia, dibujo, etc.). **4** firme, constante, muy fiel: *faithful watchers of the programme = espectadores fieles al programa.* ♦ **5 the ~, a)** REL. los fieles. **b)** (fig.) los incondicionales: *the party faithful = los in condicionales del partido.*

faithfully ['feɪθfəlɪ] *adv.* **1** lealmente, fielmente. **2** con exactitud, fielmente. **3** constantemente, firmemente (en su línea de actuación). ♦ **4 Yours ~,** atentamente, le saluda atentamente (en cartas de registro formal).

faithfulness ['feɪθfəlnɪs] *s. i.* **1** fidelidad, lealtad. **2** exactitud, fidelidad (a la verdad, a lo objetivo, etc.). **3** (fig.) lealtad (a la esposa o esposo). **4** constancia, fidelidad (a una línea de actuación o similar).

faith-healing ['feɪθhiːlɪŋ] (también **faith-cure**) *s. i.* curación por fe (típico de ciertas variantes de protestantismo).

faithless ['feɪθlɪs] *adj.* infiel, desleal; falso: *a faithless friend = un amigo desleal.*

faithlessly ['feɪθlɪslɪ] *adv.* infielmente, deslealmente; falsamente.

faithlessness ['feɪθlɪsnɪs] *s. i.* deslealtad, infidelidad.

fake [feɪk] *adj.* **1** falso, falsificado; fraudulento. • *s. c.* **2** falsificación (de cualquier objeto). **3** falso; farsante; impostor. • *v. t.* **4** falsificar (documentos, dinero, etc.). **5** (fig.) fingir, simular (un sentimiento o similar).

fakir ['feɪkɪər] *s. c.* faquir.

falcon ['fɔːlkən] *s. c.* ZOOL. halcón.

falconer ['fɔːlkənər] *s. c.* cetrero, halconero.

falconry ['fɔːlkənrɪ] *s. i.* cetrería.

Falkland Islands ['fɔːlkland] *s. c.* islas Malvinas.

fall [fɔːl] (*pret.* **fell,** *p.p.* **fallen**) *v. i.* **1** caer, caerse, desplomarse: *to fall down the stairs = caerse por las escaleras.* **2** caer (agua, nieve, etc.). **3** (**to ~ {into/out of}**) (fig.) desplomarse, caer como un fardo (en/de): *I didn't get into bed, I was so tired that I fell into it = no me metí en la cama, estaba tan cansado que me desplomé sobre ella.* **4** caer (la noche, la tarde, la oscuridad, etc.). **5** caer (en una fecha). **6** (**to ~ {on}**) caer, dar (en) (un golpe): *the blow fell on his back = el golpe le dio en la espalda.* **7** envolver, caer (luz, sombra, etc.): *the shadows fell over the house = las sombras envolvieron la casa.* **8** descender, caer (el silencio, la tristeza, la ansiedad, etc.): *an oppressive silence fell = descendió un silencio agobiante.* **9** desaparecer, desvanecerse (barreras de cualquier tipo entre personas). **10** descender, bajar, disminuir (una cantidad, valor, cifra, etc.): *our living standards have fallen = nuestro nivel de vida ha disminuido.* **11** (**to ~ to**) colgar hasta (ropa o pelo): *his coat fell to the floor = el abrigo le colgaba hasta el suelo.* **12** POL. caer (un gobierno, una autoridad, etc.). **13** convertirse en (paso de un estado a otro): *he had fallen victim to despair = él se había convertido en una víctima de la desesperación.* **14** (**to ~ into**) pertenecer a, caer dentro de (una clasificación, grupo o similar): *in this country, political scandals fall into the category of simple human failings = en este país los escándalos políticos pertenecen a la categoría de simples errores humanos.* **15** DEP. caer (un palito del juego de críquet, lo que significa que un bateador debe irse). **16** caer (una ciudad, una empresa, etc.). **17** (lit.) morir, caer (especialmente en combate). **18** (**to ~ from**) (lit.) salir de (la boca): *no words of hate fell from my lips = ninguna palabra de odio salió de mis labios.* **19** (lit. y p.u.) pecar. **20** decrecer, disminuir (un sonido o similar). • *s. c.* **21** caída. **22** caída (de lluvia, nieve o similar). **23** (**~ in**) descenso de, caída de, bajada de: *the fall in the dollar = la bajada del dólar.* **24** DEP. caída (en alguna modalidad de lucha). **25** (EE UU) otoño. • *s. sing.* **26** POL. caída: *the fall of the tyrannical regime = la caída del régimen tiránico.* **27** caída (de una ciudad, institución, empresa, etc.). **28** (**~ of**) caída de (una cortina o similar). **29** (lit.) caída (de la noche, tarde, oscuridad, etc.). **30** declive, inclinación, pendiente. **31** ocurrencia (especialmente por el azar). **32** (~ **of**) caída de, pecado de: *the fall of man = el pecado del hombre*. ◆ **33 to ~ about,** (fam.) desternillarse, partirse (de risa). **34 to ~ apart, a)** romperse en pedazos, desmoronarse (normalmente por estar viejo o en mal estado). **b)** desmoronarse, desintegrarse (un sistema, organización, etc.). **c)** (fam.) quedarse deshecho, quedarse destrozado (anímicamente): *he fell apart after his wife's death = él se quedó destrozado después de la muerte de su mujer*. **35 to ~ asleep,** quedarse dormido, dormirse. **36 to ~ at somebody's feet,** echarse a los pies de alguien (en actitud de súplica). **37 to ~ away, a)** desprenderse, caerse (de una superficie donde debería estar pegado): *pieces of concrete had fallen away = se habían caído trozos de cemento*. **b)** disminuir, reducirse (en número, fuerza, etc.): *the number of students has fallen away = el número de estudiantes ha disminuido*. **c)** descender, ir en declive (un camino, carretera o similar). **d)** cesar, desaparecer (un tipo de comportamiento): *his grand airs fell away gradually = sus aires de grandeza cesaron gradualmente*. **e)** REL. separarse poco a poco: *she has fallen away from the faith = se ha separado poco a poco de la fe*. **38 to ~ back, a)** MIL. retroceder, replegarse. **b)** echarse hacia atrás (especialmente por una emoción fuerte como miedo o similar). **39 to ~ back on,** recurrir a (solución o similar): *I had to fall back on all my charm to calm her down = tuve que recurrir a todos mis encantos para calmarla*. **40 to ~ behind, a)** rezagarse, quedarse atrás, descolgarse. **b)** (fig.) retrasarse (en estudios o similar). **c)** (fig.) retrasarse (en pagos, velocidad de un proyecto, etc.). **41 to ~ by the wayside, ⇒ wayside. 42 to ~ down, a)** caerse, caer al suelo. **b)** desmoronarse (un puente, edificio, etc.). **c)** (fig.) fracasar (idea, teoría, etc.). **43 to ~ flat, ⇒ flat. 44 to ~ for,** (fam.) **a)** prendarse de, quedar cautivado por (persona del otro sexo). **b)** ser embaucado por (un cuento), caer en (una trampa): *the poor fellow fell for the trick immediately = el pobre hombre cayó en la trampa inmediatamente*. **45 to ~ foul of,** ponerse a malas con, enfadarse con, pelearse con. **46 to ~ from grace, ⇒ grace. 47 ~ guy,** cabeza de turco. **48 to ~ in, a)** desplomarse, venirse abajo (un tejado o similar). **b)** MIL. formar, alinearse. **49 to ~ into, a)** iniciar, trabar (conversación, discusión, etc.). **b)** caer en (algún estado anímico). **c)** dividirse en, agruparse en: *they fall into three groups = se dividen en tres grupos*. **d)** caer en (trampa o similar). **50 to ~ into place, ⇒ place. 51 to ~ into step, ⇒ step. 52 to ~ into the hands /clutches of,** caer en las manos/garras de; pasar a ser controlado por. **53 to ~ in with,** dar su conformidad a, estar de acuerdo con (idea, plan, etc.). **54 to ~ off, a)** caerse, desprenderse; desprenderse de, caerse de (una superficie): *all the paintwork is falling off = toda la pintura se está cayendo*. **b)** decrecer, disminuir (una cantidad, cifra o similar). **55 to ~ on/upon, a)** caer encima de. **b)** posarse en, descansar en (la mirada). **c)** caer sobre, abalanzarse sobre (con idea de ataque). **d)** abrazarse: *my aunt fell on me, kissing me fifty times = mi tía se abrazó a mí y me dio cincuenta besos*. **e)** (lit.) asaltar (las penas, desgracias, etc.). **f)** ser responsabilidad de: *it falls on the teacher to organize some matches = es responsabilidad del profesor organizar algunos partidos*. **56 to ~ on one's feet,** caer de pie; tener mucha suerte. **57 to ~ open,** abrirse involuntariamente. **58 to ~ out, a)** caerse (pelo o dientes). **b)** MIL. romper filas, romper la formación. **c)** caerse accidentalmente (de cualquier tipo de recipiente). **d)** (**with**) pelearse, enemistarse, regañar (con alguien). **e)** ocurrir, suceder, resultar: *I'm happy about how everything fell out = estoy contento de cómo resultó todo*. **59 to ~ over, a)** caer; tropezar con; caerse. **60 to ~ over oneself,** (fam.) desvivirse (por hacer algo): *she was falling over herself to please him = se desvivía por agradarle*. **61 to ~ short,** quedarse corto (tema); no alcanzar (objetivo); estar por debajo (expectativas). **62 to ~ through,** fracasar: *the plan fell through = el plan fracasó*. **63 to ~ to, a)** ser responsabilidad de, corresponder a: *it falls to me to talk to her about her son's death = me corresponde a mí hablarle de la muerte de su hijo*. **b)** ponerse a (de manera tonta e inconveniente): *they fell to fighting after their failure = se pusieron a pelearse después de su fracaso*. **64 to ~ to bits/pieces,** hacerse pedazos, hacerse añicos. **65 to ~ to one's knees,** caer de rodillas, ponerse de rodillas (con sentimiento de gran respeto o algo similar). **66 pride comes before a ~,** siempre hay soberbia antes del pecado. **67 to ride for a ~,** jugársela. **68 someone's face falls/fell/etc.,** parecer desilusionado, entristecerse: *her face fell at the news = su cara se entristeció con la noticia*. **69 to stand or ~,** valer o no valer (ideas, creencias, etc.). **70 the Fall,** REL. el Pecado Original, la Caída (de la humanidad). **71 the falls,** las cataratas, los saltos de agua.

fallacious [fə'leɪʃəs] *adj.* (form.) falaz.

fallaciously [fə'leɪʃəslɪ] *adv.* (form.) falazmente.

fallacy ['fæləsɪ] *s. c.* **1** (form.) falacia. ● *s. c.* e *i.* **2** (fig.) falacia (en el razonamiento o lógica).

fallen ['fɔːlən] *p. p.* **1** de **fall.** ● *adj.* **2** caído, desmoronado. **3** (p.u.) sin honra (mujer infiel). **4** (p.u. y lit.) REL. caído, pecador: *the fallen angels = los ángeles caídos*. ◆ **5 ~ arches,** ANAT. pies planos. **6 the ~,** (form.) los caídos (en combate).

fallibility [,fælə'bɪlɪtɪ] *s. i.* (form.) falibilidad.

fallible ['fæləbl] *adj.* (form.) falible.

falling ['fɔːlɪŋ] *adj.* **1** decreciente, en disminución: *falling mortality rates = índices de mortalidad decrecientes*. ◆ **2 ~ star,** ASTR. meteoro, estrella fugaz.

falling-off ['fɔːlɪŋɔf] *s. sing.* (~ {**of/in**}) descenso, disminución (de).

falling-out ['fɔːlɪŋaut] *s. c.* pelea (verbal), discusión, riña.

fallout ['fɔːlaut] *s. i.* FÍS. lluvia (radiactiva).

fallow ['fæləu] *adj.* **1** AGR. en barbecho (tierra). **2** (fig.) inactivo. ◆ **3 ~ deer,** ZOOL. gamo, corzo.

false [fɔːls] *adj.* **1** falso, incorrecto. **2** falso, equivocado: *I was under a false impression = tenía una impresión equivocada*. **3** falso, postizo: *false teeth = dentadura postiza*. **4** falso, engañoso, traicionero: *false promise = promesa engañosa*. **5** desleal, falso, insincero: *false friends = amigos desleales*. ◆ **6 to be ~ to,** traicionar. **7 ~ alarm,** falsa alarma. **8 ~ bottom,** doble fondo (en una maleta o similar). **9 ~ move,** movimiento en falso. **10 ~ start, a)** DEP. salida nula. **b)** comienzo inseguro, comienzo dubitativo (al principio de una conferencia, clase, etc.). **11 ~ step,** paso en falso. **12 to play somebody ~,** traicionar a alguien. **13 to strike/sound a ~ note,** decir una inconveniencia; meter la pata. **14 under ~ colours, a)** MAR. bajo bandera falsa, bajo pabellón falso. **b)** (fig.) con pretextos falsos. **15 under ~ pretences, ⇒ pretence.**

falsehood ['fɔːlshud] *s. i.* **1** falsedad. ● *s. c.* **2** (form.) mentira.

falsely ['fɔːlslɪ] *adv.* **1** falsamente, incorrectamente. **2** engañosamente, deslealmente, falsamente.

falseness ['fɔːlsnɪs] *s. i.* engaño, falsedad.

falsetto [fɔːl'setəu] (*pl.* **falsettos**) *s. c.* e *i.* falsete.

falsies ['fɔːlsɪz] *s. pl.* (fam.) senos postizos, rellenos postizos para los senos.

falsification [,fɔːlsɪfɪ'keɪʃn] *s. c.* e *i.* falsificación.

falsify ['fɔːlsɪfaɪ] *v. t.* falsificar (especialmente documentos).

falsity ['fɔːlsɪtɪ] *s. i.* y *c.* falsedad, mentira: *truth and falsity = la verdad y la mentira*.

falter ['fɔːltər] *v. i.* **1** (**to ~** {**in**}) vacilar, titubear (sobre la acción a seguir). **2** tartamudear, balbucear. **3** tropezar, dar un traspié. **4** perder fuerza, debilitarse: *my father's interest in books never faltered = el interés de mi padre por los libros nunca se debilitó*. ● *v. t.* **5** decir balbuceando.

faltering ['fɔːtərɪŋ] *adj.* vacilante, titubeante.
falteringly ['fɔːtəriŋlɪ] *adv.* de forma vacilante, con titubeos.
fame [feɪm] *s. i.* fama, renombre.
famed [feɪmd] *adj.* (~ {**for**}) renombrado, famoso, afamado (por).
familial [fəmɪlɪəl] *adj.* (form.) de familia, de la familia.
familiar [fə'mɪlɪər] *adj.* **1** (~ {**to**}) familiar (para), muy conocido (por). **2** (~ {**with**}) familiarizado (con): *I'm familiar with that type of problem = estoy familiarizado con ese tipo de problemas.* **3** (desp.) demasiado familiar, que se toma demasiadas confianzas (en el modo de comportarse con alguien). ● *s. c.* **4** espíritu protector (en cuentos antiguos). ◆ **5 to be on ~ terms (with),** tener confianza (con). **6 familiars,** (arc.) íntimos, amigos íntimos.
familiarity [fə,mɪlɪ'ærɪtɪ] *s. i.* **1** familiaridad. **2** (~ {**with**}) familiaridad (con), conocimiento (de). **3** (desp.) confianza, familiaridad. ◆ **4 ~ breeds contempt,** donde hay confianza da asco.
familiarization [fə,mɪlɪəraɪ'zeɪʃn] (también **familiarisation**) *s. i.* familiarización, habituación.
familiarize [fə'mɪlɪəraɪz] (también **familiarise**) *v. t.* **1** (**to** ~ *o.* + **with**) familiarizar con, habituar a, hacerse a. ● *v. pron.* **2** (**to ~ oneself with**) familiarizarse con.
familiarly [fə'mɪlɪəlɪ] *adv.* con confianza, familiarmente.
family ['fæmɪlɪ] *s. c.* **1** (*v. sing./pl.*) familia (en un sentido más amplio o más reducido). **2** (fig.) antepasados, familia: *my family has owned this land for centuries = mi familia posee esta tierra desde hace siglos.* **3** ZOOL. familia: *a member of the cat family = un miembro de la familia de los felinos.* **4** FILOL. familia, grupo (de lenguas). ● *s. i.* **5** familia, linaje: *of good family = de buena familia.* ● *adj.* **6** de familia, adecuado para una familia, familiar. ◆ **7 ~ business,** empresa familiar. **8 ~ circle,** círculo familiar, medio familiar. **9~ doctor,** (brit.) MED. médico de familia, facultativo de medicina general. **10 ~ likeness,** semejanza familiar, parecido familiar. **11 ~ man,** padre de familia; hombre casero. **12 ~ name,** apellido. **13 ~ planning,** planificación familiar. **14 ~ tree,** árbol genealógico. **15 to be in the ~ way,** (fam.) estar embarazada, estar encinta. **16 to put in the ~ way,** (fam.) dejar embarazada.
famine ['fæmɪn] *s. c.* e *i.* hambre, hambruna (cuando la gente muere).
famished ['fæmɪʃt] *adj.* (fam.) muerto de hambre, desmayado de hambre.
famous ['feɪməs] *adj.* **1** (~ {**for**}) famoso, conocido, célebre (por). ◆ **2 ~ last words,** ¡eso dicen todos!
famously ['feɪməslɪ] *adv.* **1** más conocido, mejor conocido: *some succeeded, most famously the Wright brothers = algunos triunfaron, como en el caso de los conocidísimos hermanos Wright.* ◆ **2 to get on ~,** llevarse magníficamente bien, llevarse de maravilla.
fan [fæn] *s. c.* **1** fan, admirador (en general); hincha (de fútbol). **2** abanico. **3** MEC. ventilador. ● *v. t.* **4** abanicar, dar aire. **5** avivar (un fuego). **6** (fig.) excitar, atizar (pasiones, odios, etc.). ● *v. pron.* **7** abanicarse. ◆ **8 ~ belt,** MEC. correa del ventilador (en un vehículo). **9 ~ club,** club de fans, club de admiradores. **10 ~ heater,** calentador de aire. **11 ~ mail,** correo de admiradores. **12 to ~ out, a)** abrirse en abanico (personas). **b)** abrir, desplegar (alas o similar). **13 to ~ the flames,** ⇒ **flame. 14 the shit hit the ~,** (vulg.) se armó un follón del demonio.
fanatic [fə'nætɪk] *s. c.* y *adj.* **1** fanático, extremista. ● *s. c.* **2** (fig. y fam.) amante, fanático: *a television fanatic = un amante de la televisión.*
fanatical [fə'nætɪkl] (también **fanatic**) *adj.* fanático, extremista.
fanatically [fə'nætɪklɪ] *adv.* fanáticamente.
fanaticism [fə'nætɪsɪzəm] *s. i.* fanatismo, extremismo.
fancier ['fænsɪər] *s. c.* **1** criador (de animales o plantas). ● *comp.* **2** de **fancy.**
fanciful ['fænsɪfl] *adj.* **1** fantasioso; caprichoso. **2** (desp.) extravagante, fantástico.
fancifully ['fænsɪfəlɪ] *adv.* **1** fantasiosamente. **2** (desp.) extravagantemente, fantásticamente.
fancy ['fænsɪ] *s. i.* **1** fantasía; imaginación (desbocada). ● *s. c.* **2** (fam.) capricho, antojo. ● *s. c.* e *i.* **3** (form.) fantasía, irrealidad. ● *adj.* **4** (fam.) selecto, fino: *fancy food = comida selecta* o *fina.* **5** (fam.) de postín, de lujo: *a fancy restaurant = un restaurante de postín.* **6** (fam.) excesivo (en el precio). ● *v. t.* **7** (**to ~** *ger/o.*) (fam.) (apetecer): *I fancy a cake = me apetece un pastel.* **8** (fam.) (gustar) (especialmente referido a personas): *do you fancy Laura? = ¿te gusta Laura?* **9** (lit.) imaginar(se), suponer: *I fancy that is the explanation = me imagino que ésa es la explicación.* ● *v. pron.* **10** (fam. y desp.) ser muy engreído, creerse alguien (guapo, inteligente, etc.). **11** (**to ~ oneself as**) (fam.) dárselas de, creerse: *he fancies himself as a dancer = se las da de bailarín.* **12** (**to ~ oneself +** *inf.*) (fam.) imaginarse: *they fancy themselves to be doctors = se imaginan que son médicos.* ◆ **13 fancies,** GAST. pastelillos dulces. **14 ~!,** ¡fíjate!, ¡vaya! **15 ~ dress,** disfraz. **16 ~ dress ball,** baile de disfraces. **17 ~ man,** (fam., desp. y p.u.) amante. **18 ~ woman,** (fam., desp. y p.u.) querida. **19 to take a ~ to,** (fam.) coger cariño a (alguien); aficionarse a (algo): *the girl took a fancy to me = la niña me cogió cariño.* **20 to take/tickle one's ~,** (fam.) cautivar a uno: *the sculpture tickled my fancy = la escultura me cautivó.*
fancy-free [,fænsɪ'friː] *adj.* **1** sin una preocupación, sin una responsabilidad. ◆ **2 footloose and ~,** ⇒ **footloose.**
fandango [fæn'dæŋgəu] (*pl.* **fandangoes**) *s. c.* **1** MÚS. fandango. **2** (fig.) tonterías, bobadas.
fanfare ['fænfeər] *s. c.* **1** MÚS. toque de trompetas, fanfarria. ◆ **2 with a ~,** (fig.) a bombo y platillo.
fang [fæŋ] *s. c.* ANAT. colmillo (animales).
fanlight ['fænlaɪt] *s. c.* ARQ. abanico, montante (ventanilla sobre una puerta).
fanny ['fænɪ] *s. c.* **1** (EE UU) (vulg.) culo. **2** (brit) (vulg.) coño.
fantasia [fæn'teɪzɪə] (también **fantasy**) *s. c.* MÚS. fantasía (composición sin limitaciones de forma).
fantasize ['fæntəsaɪz] (también **fantasise**) *v. t.* e *i.* (**to ~** {**that/about**}) fantasear (que/sobre); soñar (que/con) (cosas imposibles): *she's always fantasizing about her future life = siempre está fantaseando sobre su futuro.*
fantastic [fæn'tæstɪk] *adj.* **1** (fam.) fantástico, magnífico, estupendo. **2** (fam.) fantástico, enorme, grandísimo (cantidad): *he gets a fantastic salary = tiene un sueldo fantástico.* **3** fantástico, imaginario: *a fantastic story = una historia imaginaria.* **4** fantástico, imposible (ideas, planes, proyectos, etc.).
fantastically [fæn'tæstɪklɪ] *adv.* **1** (fam.) enormemente (caro, complicado, bien). **2** fantásticamente (vestido).
fantasy ['fæntəsɪ] *s. c.* e *i.* fantasía.
fanzine [fæn'ziːn] *s. c.* fanzine.
FAQ [efeɪ'kjuː ‖ fæk] (siglas de **Frequently Asked Question**) *s. c.* pregunta habitual.
far [fɑːr] (*comp.* **farther/further,** *super.* **farthest/furthest**) *adv.* **1** lejos (en la distancia). **2** lejos (en el futuro). **3** (fig.) lejos: *the research has not got very far = no ha llegado muy lejos* o *no ha avanzado mucho.* **4** (~ **more**) mucho, más (como enfático): *he's far more intelligent than you = él es mucho más inteligente que tú.* ● *adj.* **5** remoto, alejado, lejano: *the Far West = el lejano Oeste.* **6** opuesto, más alejado: *she lives at the far end of the village = ella vive en el otro extremo del pueblo.* **7** POL. extremo: *he belongs to the far left = pertenece a la extrema izquierda.* ◆ **8 a bit ~/too ~,** demasiado lejos: *he has gone a bit far this time = esta vez ha ido demasiado lejos.* **9 a ~ cry from,** ⇒ **cry. 10 as ~ as, a)** hasta (en el espacio): *walk as far as the traffic lights = camina hasta el semáforo.* **b)** hasta: *control yourself as far as possible = contrólate hasta donde puedas; I'm ready to go as far as divorce = estoy dispuesto a llegar hasta el divorcio.* **11 as/so ~ as somebody is con-**

cerned, por lo que respecta a alguien, en lo que toca a alguien: *as far as I'm concerned he doesn't exist = por lo que a mí respecta él no existe.* **12 as/so ~ as somebody knows/remembers,** que sepa/recuerde alguien: *as far as I remember he is Turkish = que yo recuerde él es turco.* **13 as/so ~ as it goes,** hasta cierto punto, hasta cierto grado (cuando algo es positivo pero no de manera absoluta). **14 as/so ~ as something goes/is concerned,** por/en lo que concierne a algo, en/por lo que respecta a algo. **15 by ~/~ and away,** con mucho, en gran medida: *he is, by far, the best = él es el mejor con mucho.* **16 ~ be it from me,** nada más lejos de mi intención, no lo pretendo: *far be it from me to deny it, but the story sounds too odd = no pretendo negarlo, pero la historia suena demasiado extraña.* **17 ~ from, a)** lejos de, alejado de; distinto de: *it's far from the truth = eso está muy alejado de la verdad.* **b)** ni mucho menos: *the result is far from perfect = el resultado no es ni mucho menos perfecto* o *dista bastante de ser perfecto.* **18 ~ from it,** en absoluto: *are you tired? far from it = ¿estás cansado? en absoluto.* **19 ~ gone, a)** muy deteriorado: *the old man is so far gone he doesn't even recognise me any more = el pobre anciano está tan deteriorado que ni siquiera me reconoce;* **b)** muy borracho. **20 few and ~ between,** ⇒ **few. 21 to go as/so ~ as,** llegar hasta el extremo de. **22 to go ~,** ⇒ **go. 23 to go too ~,** pasarse de la raya. **24 how ~, a)** a qué distancia. **b)** hasta qué punto: *how far are you ready to go? = ¿hasta qué punto estás dispuesto a llegar?* **25 in so ~ as/insofar as,** en la medida en que. **26 not ~ wrong/not ~ out/not ~ off/not ~ short,** no muy alejado de la verdad, casi correcto. **27 so ~, a)** hasta ahora, hasta este momento. **b)** hasta cierto sitio, hasta cierto punto (en el espacio). **28 so ~ so good,** hasta ahora bien. **29 the Far East,** GEOG. el Lejano Oriente. **30 thus ~,** (form.) hasta ahora, hasta aquí.

faraway ['fɑːəweɪ] *adj.* **1** alejado, distante. **2** (fig.) abstraído, distraído.

farce [fɑːs] *s. c.* **1** LIT. farsa. **2** (fig. y desp.) farsa: *this meeting is a farce = esta reunión es una farsa.* ● *s. i.* **3** LIT. farsa, enredo (estilo de escribir).

farcical ['fɑːsɪkl] *adj.* ridículo, absurdo, grotesco.

farcically ['fɑːsɪklɪ] *adv.* ridículamente, absurdamente, grotescamente.

fare [feər] *s. c.* **1** precio del trayecto, tarifa (en autobús, taxi, etc.). **2** pasajero (en un taxi). ● *s. i.* **3** (p.u.) comida, cocina. ● *v. i.* **4** (p.u.) ir (bien o mal).

fare-stage ['feəsteɪdʒ] *s. c.* parada (que marca una nueva zona tarifaria en autobús).

farewell [ˌfeə'wel] *interj.* **1** (p.u.) adiós. **2** (lit.) ¡vaya con Dios! ● *s. c.* **3** despedida. ◆ **4 to bid ~,** despedirse, decir adiós.

far-fetched [ˌfɑː'fetʃt] *adj.* muy improbable, inverosímil.

far-flung [ˌfɑː'flʌŋg] *adj.* **1** vasto, extenso. **2** remoto, muy distante.

farinaceous [færɪ'neiʃəs] *adj.* farináceo.

farm [fɑːm] *s. c.* **1** granja, explotación agrícola. **2** granja, explotación, criadero (de muchas variedades): *a fish farm = piscifactoría.* ● *v. t.* **3** cultivar, labrar (la tierra); criar (ganado). ● *v. i.* **4** cultivar la tierra; criar ganado. **5 to ~ out,** encargar, repartir (trabajos, tareas, etc., enviándoselos a alguien): *I get so many translations that I farm out some of them to friends = tengo tantas traducciones que reparto algunas entre los amigos.*

farmer ['fɑːmər] *s. c.* granjero, agricultor.

farm-hand ['fɑːmhænd] *s. c.* peón agrícola.

farmhouse ['fɑːmhaus] *s. c.* casa de labranza (en una granja).

farming ['fɑːmɪŋ] *s. i.* agricultura.

farmland ['fɑːmlænd] *s. c.* e *i.* tierra de cultivo.

farmstead ['fɑːmsted] *s. c.* granja (con todas sus dependencias).

farmyard ['fɑːmjɑːd] *s. c.* corral.

far-off ['fɑːrɒf] *adj.* distante, remoto (en el tiempo y en el espacio).

far-out ['fɑːraut] *adj.* **1** (fam.) extraño, raro, grotesco: *it's far-out but true = es raro pero verdad.* **2** (fam.) de miedo, fantástico, fabuloso.

farrago [fə'rɑːgəu] (brit. *pl.* **farragos,** EE UU *pl.* **farragoes**) *s. c.* fárrago, mescolanza, mezcla: *a farrago of wild ideas = una mescolanza de ideas alocadas.*

far-reaching [ˌfɑː'riːtʃɪŋ] *adj.* de largo alcance, de gran repercusión: *far-reaching consequences = consecuencias de gran repercusión.*

farrier ['færɪər] *s. c.* herrador.

farrow ['færəu] *v. i.* parir (sólo para cerdas).

far-seeing [ˌfɑː'siːɪŋ] *adj.* previsor, precavido.

far-sighted [ˌfɑː'saɪtɪd] *adj.* **1** prudente; previsor. **2** (EE UU) hipermétrope.

far-sightedness [ˌfɑː'saɪtɪdnɪs] *s. i.* **1** prudencia. **2** clarividencia, previsión. **3** (EE UU) MED. hipermetropía.

fart [fɑːt] (vulg.) *v. i.* **1** pedorrear, tirarse un pedo. ● *s. c.* **2** pedo. **3** (fig.) imbécil, gilipollas. ◆ **4 to ~ about /around,** hacer el tonto, hacer el gilipollas.

farther ['fɑːðər] *comp.* de **far.**

farthest ['fɑːðɪst] *super.* de **far.**

farthing ['fɑːðɪŋ] *s. c.* **1** (brit.) cuarto de penique (moneda no usada en la actualidad). ◆ **2 I don't care a brass ~,** (fam. y p.u.) me importa un pimiento, me importa un comino.

fascia ['feɪʃə] *s. c.* **1** ARQ. faja, imposta. **2** (form.) MEC. panel de mandos (en un vehículo).

fascinate ['fæsɪneɪt] *v. t.* fascinar.

fascinated ['fæsɪneɪtɪd] *adj.* fascinado.

fascinating ['fæsɪneɪtɪŋ] *adj.* fascinante.

fascinatingly ['fæsɪneɪtɪŋlɪ] *adv.* fascinantemente.

fascination [ˌfæsɪ'neɪʃn] *s. c.* e *i.* **1** fascinación. **2 in ~,** fascinado, con gran fascinación: *I looked at her in fascination = la miré con gran fascinación.*

fascism ['fæʃɪzəm] (también **Fascism**) *s. i.* POL. fascismo.

fascist ['fæʃɪst] (también **Fascist**) *s. c.* **1** POL. fascista. ● *adj.* **2** fascista.

fashion ['fæʃn] *s. c.* e *i.* **1** moda (en la ropa). **2** tendencia, moda: *the fashion now is to be liberal = la moda ahora es ser liberal.* ● *s. c.* **3** manera, modo, forma: *in a friendly fashion = de una manera amistosa.* ● *v. t.* **4** (form.) moldear (las actitudes, carácter, etc., de alguien). **5** (form. y p.u.) formar, dar vida a (con las manos, como, por ejemplo, un escultor). ◆ **6 after a ~,** hasta cierto punto, un poco (no completamente bien): *I can swim after a fashion = sé nadar un poco.* **7 after the ~ of,** a la manera de, con el estilo de (alguien): *he writes after the fashion of the '98 generation = escribe con el estilo de la generación del 98.* **8 all the ~,** (fam.) lo que pega, lo que se lleva (actualmente): *living in old houses is all the fashion = vivir en casas viejas es lo que se lleva.* **9 to come into ~,** ponerse de moda. **10 to go out of ~,** pasar de moda. **11 in ~,** de moda, en boga. **12 out of ~,** pasado de moda. **13 to set the ~,** dictar la moda.

fashionable ['fæʃnəbl] *adj.* **1** de moda, en boga. **2** elegante, de buen tono: *a fashionable pub = un bar de buen tono.*

fashionably ['fæʃnəblɪ] *adv.* con el estilo de moda.

fast [fɑːst] *adj.* **1** rápido, veloz. **2** (fig.) vivo, ágil: *fast steps = pasos vivos.* **3** DEP. rápida (pista). **4** rápido (carretera, carril o similar). **5** adelantado (reloj). **6** FOT. de alta sensibilidad (carrete). **7** permanente, fijo (colores de la ropa). **8** intensa (forma de vivir la vida, especialmente en gente joven). **9** (desp.) inmoral, disoluta (especialmente mujer). **10** rápido, inmediato: *a fast profit = un beneficio inmediato.* ● *adv.* **11** rápidamente, velozmente. **12** a toda velocidad, rápidamente: *they are fast disappearing = están desapareciendo rápidamente.* **13** vivamente, ágilmente: *her words tumbled out fast = las palabras le salían a borbotones.* **14** inmediatamente, rápidamente: *I want that letter fast = quiero la carta inmediatamente.* **15** firmemente, establemente (con la sujeción adecuada): *fix it fast = fíjalo firmemente.* ● *v. i.* **16** REL. ayunar, hacer ayuno. ● *s. c.* **17** REL. ayuno. ◆ **18 as ~ as one's legs can carry one,** tan rápido como uno puede aguantar, tan rápido como uno es capaz de soportar. **19 to break one's ~,** romper el ayuno. **20 ~ asleep,** profundamente dormido. **21 ~ breeder reactor,** FÍS. reactor nuclear reproductor de plutonio. **22 ~ day,** día de ayuno. **23 hard and ~,** ⇒ **hard. 24 to hold ~,** **a)** agarrar fuertemente, sujetar con fuerza. **b)** mantenerse firme (en opiniones, línea de actuación, etc.). **25 how ~?,** ¿a qué velocidad? **26 to make a ~ buck,** ⇒ **buck. 27 to make ~,** amarrar, asegurar (mediante atadura). **28 not so ~,** no tan rápido, quieto, calma. **29 to play ~ and loose with,** comportarse muy a la ligera (con); jugar (con) (los sentimientos de otra persona). **30 to pull a ~ one,** (fam.) hacer una jugarreta, tomar el pelo. **31 thick and ~,** ⇒ **thick.**

fasten ['fɑːsn] *v. t.* **1** atar; sujetar; abrochar: *fasten your seat belts = abróchense los cinturones.* **2** (fig.) clavar (dientes, mirada, etc.); poner (manos): *I wish I could fasten my hands on him = ojalá pudiera ponerle las manos encima.* ● *v. i.* **3** atarse; sujetarse; abrocharse: *this dress fastens at the back = este vestido se abrocha en la espalda.* ◆ **4 to ~ on/ upon,** fijarse en (con la atención o el pensamiento): *he needed a scapegoat and he fastened on me = necesitaba una cabeza de turco y se fijó en mí.* **5 to ~ on to,** no separarse de, no irse del lado de. **6 to ~ up,** abrochar de arriba abajo; sujetar totalmente.

fastener ['fɑːsnər] (también **fastening**) *s. c.* mecanismo de cierre; cierre; broche; cremallera (cualquier cosa que sujete, cierre, abroche, ate, etc.).

fastening ['fɑːsnɪŋ] *s. c.* ⇒ **fastener.**

fast-food [,fɑːst'fuːd] *s. i.* comida rápida; platos precocinados.

fastidious [fæ'stɪdɪəs] *adj.* **1** (form.) quisquilloso, exigente. **2** (desp.) remilgado, melindroso (en la limpieza de las cosas).

fastidiously [fæ'stɪdɪəslɪ] *adv.* **1** (form.) quisquillosamente, exigentemente. **2** (desp.) remilgadamente, melindrosamente.

fastidiousness [fæ'stɪdɪəsnɪs] *s. i.* **1** (form.) quisquillosidad, exigencia. **2** (desp.) remilgo, melindre (exagerado en la limpieza).

fastness ['fɑːstnɪs] *s. i.* **1** rapidez, velocidad. **2** firmeza (de colores en la ropa). ● *s. c.* **3** plaza fuerte, fortaleza.

fat [fæt] *adj.* **1** gordo (persona, animal). **2** grueso (libro o similar). **3** fértil, rico (tierra, suelo, etc.). **4** próspero, de abundancia (tiempo). **5** (fam.) pingüe (beneficio); cuantioso, altísimo (precio, tarifa). **6** estúpido, lerdo, torpe (inteligencia): *he can't get it into his fat head = no se lo puede meter en su torpe cabeza.* ● *s. i.* **7** grasa. **8** GAST. manteca (para cocinar). ◆ **9 a ~ lot of good,** (fam.) nada de nada, no vale para nada. **10 to chew the ~,** (fam.) charlar, (Am.) platicar. **11 ~ cat,** (EE UU) (fam.) potentado. **12 ~ chance,** (fam.) ni en sueños, ni por asomo. **13 to grow ~ (on),** (fig.) hacerse rico (con). **14 to run to ~,** engordar. **15 the ~ is in the fire,** (fam.) la situación es crítica. **16 the ~ of the land,** la opulencia, lo mejor de todo.

fatal ['feɪtl] *adj.* **1** funesto (equivocación, decisión, fallo, defecto, etc.). **2** fatal, mortífero, mortal.

fatalism ['feɪtəlɪzəm] *s. i.* fatalismo.

fatalist ['feɪtəlɪst] *s. c.* fatalista.

fatalistic [,feɪtə'lɪstɪk] *adj.* fatalista.

fatality [fə'tælətɪ] *s. c.* **1** fatalidad, calamidad, desgracia. ● *s. i.* **2** fatalidad (sensación o creencia).

fatally ['feɪtəlɪ] *adv.* **1** funestamente, fatalmente. **2** fatalmente, mortíferamente, mortalmente.

fate [feɪt] *s. i.* **1** destino. ● *s. c.* **2** suerte, fortuna (como sino): *she died in a car accident and her brother suffered a similar fate a few years later = ella murió en un accidente de coche y su hermano tuvo una suerte similar unos cuantos años después.* ◆ **3 a ~ worse than death,** (hum.) una experiencia muy desagradable; un asunto muy serio. **4 to meet one's ~,** encontrar la muerte. **5 the Fates,** LIT. las Parcas.

fated ['feɪtɪd] *adj.* predestinado, destinado: *we are fated to love each other = estamos predestinados a amarnos.*

fateful ['feɪtfl] *adj.* trascendental; fatídico: *the fateful moment = el momento trascendental.*

fatefully ['feɪtfəlɪ] *adv.* trascendentalmente; fatídicamente.

fathead ['fæthed] *s. c.* (vulg.) idiota, imbécil, cretino.

father ['fɑːðər] *s. c.* **1** padre. **2** ({**the**} ~ {**of**}) (fig.) padre, autor, inventor. ● *v. t.* **3** engendrar, procrear (hijos). ◆ **4 Father, a)** REL. Padre (Dios). **b)** padre (llamando al padre de uno). **c)** REL. padre (forma de llamar a un cura). **d)** (lit.) Padre (simbólicamente). **5 Father Christmas,** Papá Noel. **6 ~ image,** PSIC. idealización del padre. **7 fathers, a)** antecesores. **b)** padres (de la patria o similar). **8 Father's Day,** el día del Padre. **9 Father Time,** el Tiempo. **10 from ~ to son,** de generación en generación, de padres a hijos. **11 like ~ like son,** de tal palo tal astilla. **12 the child is ~ of the man,** el hombre es el resultado de las vivencias infantiles.

father-figure ['fɑːðəfɪgər] *s. c.* figura paterna (persona, especialmente mayor, a quien uno mira como a un padre).

fatherhood ['fɑːðəhud] *s. i.* paternidad.

father-in-law ['fɑːðərɪnlɔː] *s. c.* suegro, padre político.

fatherland ['fɑːðəlænd] *s. c.* patria.

fatherless ['fɑːðəlɪs] *adj.* huérfano de padre, sin padre.

fatherly ['fɑːðəlɪ] *adj.* paternal.

fathom ['fæðəm] *s. c.* **1** MAR. braza (medida de profundidad). ● *v. t.* **2** desentrañar, resolver. ◆ **3 to ~ out,** desentrañar, resolver.

fathomless ['fæðəmlɪs] *adj.* insondable, impenetrable.

fatigue [fə'tiːg] *s. i.* **1** fatiga, cansancio. **2** (fig.) MET. fatiga (de los metales después del uso frecuente). ● *v. t.* **3** (form.) fatigar, cansar. ◆ **4 fatigues,** MIL. traje de faena.

fatigued [fə'tiːgd] *adj.* fatigado, cansado, agotado.

fatless ['fætlɪs] *adj.* sin grasa.

fatness ['fætnɪs] *s. i.* **1** gordura, obesidad. **2** riqueza, abundancia.

fatso ['fætsəu] *s. sing.* (fam.) gordo, foca, gordinflón (como insulto o apodo).

fatstock ['fætstɒk] *s. i.* ganado de engorde.

fatted ['fætɪd] **to kill the ~ calf,** (p.u.) celebrar por todo lo alto la llegada de alguien.

fatten ['fætn] *v. t.* **1** engordar, cebar. ◆ **2 to ~ up,** engordar, cebar hasta su punto adecuado.

fattening ['fætnɪŋ] *adj.* que engorda.

fattish ['fætɪʃ] *adj.* regordete, rellenito.

fatty ['fætɪ] *s. c.* **1** gordinflón. ● *adj.* **2** grasiento, lleno de grasa. **3** ANAT. adiposo. ◆ **4 ~ acid,** ácido graso.

fatuity [fə'tjuːətɪ] *s. c.* **1** necedad, simpleza, estupidez. ● *s. i.* **2** fatuidad, necedad.

fatuous ['fætʃuəs] *adj.* fatuo, necio.

fatuously ['fætʃuəslɪ] *adv.* fatuamente, neciamente.

fatuousness ['fætʃuəsnɪs] *s. i.* fatuidad, necedad.

faucet ['fɔːsɪt] *s. c.* (EE UU) grifo.

fault [fɔːlt] *s. sing.* **1** culpa: *that's not my fault = no es culpa mía.* ● *s. c.* **2** error, fallo, equivocación. **3** defecto (en el carácter, sistema, institución, máquina, etc.). **4** DEP. falta (en el tenis). **5** GEOL. falla. ● *v. t.* **6** (**to ~** *o.* {**on/with**}) culpar (a alguien); hallar defectos en (algo). ◆ **7 at ~,** culpable. **8 to find ~ with,** criticar, poner peros a. **9 for all her/his/its faults,** a pesar de sus defectos, a pesar de sus fallos. **10 to a ~,** a más no poder (hablando de cualidades personales).

fault-finding ['fɔːltfaɪndɪŋ] *s. i.* crítica mezquina; reparos excesivos.

faultily ['fɔːltɪlɪ] *adv.* defectuosamente (en el funcionamiento de una máquina o parecido).

faultless ['fɔːltlɪs] *adj.* perfecto, impecable.

faultlessly ['fɔːltlɪslɪ] *adv.* perfectamente, impecablemente.

faulty [fɔːltɪ] *adj.* defectuoso (máquina o similar).

faun [fɔːn] *s. c.* LIT. fauno.

fauna ['fɔːnə] *s. c.* ZOOL. fauna.

faux pas [,fəu'pɑː] (*pl.* **faux pas**) *s. c.* (form.) metedura de pata.

favour ['feɪvər] (en EE UU **favor**) *s. c.* **1** favor: *to do a favour = hacer un favor.* ● *s. i.* **2** aprecio, favor, estimación: *I want to win your favour = quiero ganarme tu aprecio.* **3** favoritismo, privilegio. ● *v. t.* **4** preferir, apoyar: *I favour Ian's option = yo prefiero la opción de Ian.*

5 favorecer, beneficiar: *the heat favoured the Mexican team = el calor beneficiaba al equipo mexicano.* **6** tratar con favoritismo, privilegiar. **7** (form.) honrar (con la atención, cuidado, presencia, etc.). ◆ **8 do me a ~!,** (fam.) ¡por favor! (como queriendo decir que no). **9 favours,** (form.) favores (en el campo sexual). **10 in ~ of,** a favor de. **11 in one's ~ ,** favor de uno. **12 out of ~,** en desgracia.

favoured ['feɪvəd] *adj.* **1** preferido, favorito. **2** privilegiado, favorecido (injustamente).

favourable ['feɪvərəbl] *adj.* **1** (~ {**to**}) favorable, positivo (para). **2** beneficioso, favorable: *this is favourable for trade = esto es beneficioso para el comercio.*

favourably ['feɪvərəblɪ] *adv.* **1** favorablemente, positivamente. **2** beneficiosamente.

favourite ['feɪvərɪt] *adj.* **1** favorito, preferido, predilecto. ● *s. c.* **2** favorito (en una elección, partido, etc.). **3** favorito, preferido. **4** favorito (persona).

favouritism ['feɪvərɪtɪzəm] *s. i.* favoritismo.

fawn [fɔːn] *adj.* **1** amarillo-marrón. ● *s. c.* **2** ZOOL. cervatillo, gamo joven. ● *v. i.* **3** (**to ~ on**) adular, lisonjear. **4** (**to ~** {**on**}) saltar alegremente (un perro).

fax [fæks] *s. c. e i.* **1** fax. ● *v. t.* **2** mandar un fax. ◆ **3 ~ machine,** fax.

faze [feɪz] *v. t.* (fam.) molestar, perturbar.

FBI [ˌefbiː'aɪ] *s. sing.* FBI, ⇒ **Federal Bureau of Investigation.**

fealty ['fiːəltɪ] *s. c.* e *i.* HIS. lealtad, fidelidad (de un vasallo hacia su señor feudal).

fear [fɪər] *s. c.* e *i.* **1** temor, miedo. ● *v. t.* **2** (**to ~** *o./ger./inf.*) temer, tener miedo de. **3** (**to ~** {**that**}) temer (que) (p.ej. algo malo va a ocurrir). ● *v. i.* **4** (**to ~ for**) temer por: *I fear for my father's life = temo por la vida de mi padre.* ◆ **5 for ~,** por temor, por miedo: *they never say anything for fear that the headmaster will fire them = nunca dicen nada por temor a que el director les despida.* **6 I fear so/not,** me temo que sí/no. **7 in ~ and trembling,** asustado y acobardado. **8 in ~ of,** temeroso de, acobardado ante: *I am in fear of him = tengo miedo de él.* **9 never ~/~ not,** (form. y p.u.) pierda cuidado. **10 no ~,** (fam.) de eso nada, nanay (de la China). **11 to put the ~ of God into,** dar un susto de muerte a.

fearful ['fɪəfl] *adj.* **1** asustado, temeroso. **2** terrible, espantoso: *a fearful sight = una aparición espantosa.* **3** (fam.) tremendo, brutal (énfasis de lo negativo o malo de algo): *a fearful noise = un ruido tan tremendo.*

fearfully ['fɪəfəlɪ] *adv.* **1** con mucho miedo, temerosamente. **2** terriblemente, espantosamente. **3** (fam.) tremendamente, brutalmente: *the weather was fearfully hot = hacía un calor tremendo.*

fearfulness ['fɪəflnɪs] *s. i.* miedo, temor, espanto.

fearless ['fɪəlɪs] *adj.* intrépido, osado.

fearlessly ['fɪəlɪslɪ] *adv.* intrépidamente, osadamente, arrojadamente.

fearlessness ['fɪəlɪsnɪs] *s. i.* intrepidez, osadía, arrojo.

fearsome ['fɪəsəm] *adj.* (form.) temible, terrible, espantoso.

feasibility [ˌfiːzə'bɪlɪtɪ] *s. i.* **1** viabilidad. ◆ **2 ~ study,** estudio de viabilidad.

feasible ['fiːzəbl] *adj.* viable, realizable, factible.

feasibly ['fiːzəblɪ] *adv.* viablemente, factiblemente.

feast [fiːst] *s. c.* **1** festín, banquete. **2** REL. fiesta, día de fiesta, festividad. **3** (fig.) festejo, gozo, deleite. ● *v. i.* **4** darse un banquete, comer como un rey. **5** (**to ~** {**on/off**}) darse un banquete (de). ● *v. t.* **6** festejar, dar un banquete para. ◆ **7 ~ day,** REL. festividad, día de fiesta. **8 to ~ one's eyes on/upon,** regalarse la vista con.

feasting ['fiːstɪŋ] *s. i.* festejo, banquete.

feat [fiːt] *s. c.* proeza, hazaña.

feather ['feðər] *s. c.* **1** pluma. ● *v. t.* **2** cubrir con plumas, forrar con plumas. **3** poner horizontal (la pala de un remo). ◆ **4 a ~ in one's cap,** motivo de orgullo. **5 birds of a ~,** gente de la misma calaña, lobos de la misma camada. **6 birds of a ~ flock together,** Dios los cría y ellos se juntan. **7 ~ bed,** colchón de plumas. **8 ~ boa,** boa de plumas. **9 ~ duster,** plumero. **10 to ~ one's nest,** hacer su agosto, forrarse de dinero. **11 to show the white ~,** revelar cobardía, mostrarse cobarde.

feather-bedding [ˌfeðə'bedɪŋ] *s. i.* trabajo lento y retardado.

feather-brained ['feðəbreɪnd] *adj.* bobo; casquivano.

feathered ['feðəd] *adj.* con plumas.

featherweight ['feðəweɪt] *s. c.* **1** DEP. peso pluma. **2** (fig.) persona de poca importancia.

feathery ['feðərɪ] *adj.* **1** liviano. **2** lleno de plumas.

feature ['fiːtʃər] *s. c.* **1** característica, peculiaridad; aspecto. **2** rasgo (de la cara). **3** GEOG. accidente geográfico, característica del paisaje. **4** TV. película de larga duración, largometraje. **5** reportaje principal (en periódico). **6** RAD. programa especial. ● *v. t.* **7** ofrecer, incluir: *the exhibition features several paintings by my friend = la exposición incluye varios cuadros de mi amigo.* **8** destacar, promocionar, hacer resaltar. ● *v. i.* **9** (**to ~ in**) aparecer en: *the same landscape features in both films = el mismo paisaje aparece en las dos películas.* ◆ **10 features,** rasgos, facciones, fisonomía. **11 features editor,** cronista.

featureless ['fiːtʃəlɪs] *adj.* sin rasgos sobresalientes, monótono, aburrido.

febrile ['fiːbraɪl] *adj.* (lit.) febril.

February ['februərɪ] (*abrev.* **Feb.**) *s. i.* febrero.

fecal ['fiːkəl] *adj.* ⇒ **faecal.**

feces ['fiːsiːz] *s. i.* ⇒ **faeces.**

feckless ['feklɪs] *adj.* **1** (form. y desp.) débil de carácter, pusilánime. **2** irresponsable; incompetente; inconsciente: *feckless behaviour = conducta inconsciente.*

fecklessly ['feklɪslɪ] *adv.* **1** (form. y desp.) indecisamente, con pusilanimidad. **2** irresponsablemente; incompetentemente; inconscientemente.

fecklessness ['feklɪsnɪs] *s. i.* (form. y desp.) **1** indecisión, pusilanimidad (en el carácter). **2** incompetencia; irresponsabilidad; inconsciencia.

fecund ['fiːkənd] *adj.* (lit.) fecundo.

fecundity [fɪ'kʌndətɪ] *s. i.* (lit.) fecundidad.

fed [fed] *pret.* y *p. p.* de **feed.**

federal ['fedərəl] *adj.* **1** POL. federal. ◆ **2 Federal Bureau of Investigation,** (EE UU) F.B.I., Oficina Central de la Policía Federal.

federalism ['fedərəlɪzəm] *s. i.* POL. federalismo.

federalist ['fedərəlɪst] *s. c.* y *adj.* POL. federalista.

federate ['fedəreɪt] *v. t.* **1** POL. federar. ● *v. i.* **2** federarse, formar una federación.

federation [ˌfedə'reɪʃn] *s. c.* **1** federación, agrupamiento. **2** POL. país federal, federación. ◆ **3 Federation,** Federación (en el asociacionismo).

fed up [ˌfed'ʌp] *adj.* (~ {**with/about**}) (fam.) harto (de): *I'm fed up with you = estoy harto de ti.*

fee [fiː] *s. c.* **1** honorarios (de un abogado, notario, médico o cualquier otra profesión). **2** matrícula (en escuela, academia); cuota (en un club, una asociación). **3** DER. patrimonio, heredad. **4** HIS. feudo. ● *v. t.* **5** (arc.) DER. contratar. ◆ **6 entrance ~,** cuota de admisión. **7 to hold in ~,** DER. poseer de acuerdo con la ley, poseer legalmente. **8 membership ~,** cuota de socio. **9 registration ~,** matrícula, derechos de matrícula (en el mundo académico).

feeble ['fiːbl] *adj.* **1** débil, sin fuerzas, endeble: *a feeble old man = un anciano débil.* **2** tenue, débil (luz). **3** débil, inaudible, imperceptible (sonido). **4** tibio, sin ganas (intento); flojo (excusa, argumento).

feeble-minded [ˌfiːbl'maɪndɪd] *adj.* lento de entendimiento.

feebleness ['fiːblnɪs] *s. i.* **1** debilidad, endeblez (de personas, cosas). **2** flojedad, carácter poco convincente (de excusas, argumentos, etc.). **3** falta de definición (de una persona sobre un tema).

feebly ['fiːblɪ] *adv.* **1** débilmente (moverse); tenuemente (brillar); inaudiblemente (sonar). **2** sin convicción (obrar).

feed [fiːd] (*pret.* y *p .p.* **fed**) *v. t.* **1** dar de comer, alimentar: *she's feeding the children = está dando de comer a los niños.* **2** introducir, meter, cargar (en cualquier tipo de máquina): *to feed ammunition into a gun = meter* *munición en una pistola.* **3** INF. introducir, meter (información en un ordenador). **4** nutrir, alimentar (una planta). **5** dar el pecho a, dar de mamar: *she's feeding the baby = está dando de mamar al bebé.* **6** fomentar (un sentimiento); dar pábulo a (un rumor o comentario): *lack of information feeds rumours = la falta de información da pábulo a rumores.* **7** DEP. pasar, centrar (la pelota). **8** alimentar (un fuego). **9** (normalmente pasiva) recibir como afluente (un río o lago): *this lake is fed by several small mountain streams = various arroyos de montaña vierten sus aguas en este lago.* • *v. i.* **10** (to ~ {on/off}) alimentarse, nutrirse (de). **11** (to ~ on) (fig.) alimentarse de, crecer a base de: *hatred feeds on disillusionment = el odio se alimenta de la desilusión.* • *s. i.* **12** pienso. • *s. c.* **13** comida (animales); toma (bebés). **14** (fam.) comida, comilona. **15** MEC. alimentación, mecanismo de alimentación (en cualquier tipo de máquina). ◆ **16 to ~ a cold,** comer bien para combatir un catarro.

feedback ['fi:dbæk] *s. i.* **1** información acerca del resultado de un proceso, feedback. **2** retroacción, realimentación, efecto recíproco, reacción.

feed-bag ['fi:dbæg] *s. c.* (EE UU) morral.

feeder ['fi:dər] *s. c.* **1** MEC. alimentador. **2** (brit.) biberón; babero. **3** (*adj.* ~): *our baby is a very slow feeder = nuestro pequeño come muy despacio.* **4** ramal secundario (en carreteras, vías de tren, etc.).

feeding ['fi:dɪŋ] *s. c.* e *i.* **1** alimentación. ◆ **2 ~ ground,** zona de alimentos (para un determinado grupo de animales).

feeding-bottle ['fi:dɪŋbɒtl] *s. c.* biberón.

feel [fi:l] (*pret.* y *p. p.* **felt**) *v. i.* **1** sentirse, encontrarse (bien, mal, enfermo, etc.). **2** (**to ~** *adj.*) dar la sensación de, parecer (al tacto): *this sweater feels damp = este jersey parece que está húmedo.* **3** (**to ~ as if/like**) sentirse como si, sentirse como si fuera; parecer como si fuera: *it feels like summer = parece como si fuera verano; I feel as if I was seventy = me siento como si tuviera setenta años.* **4** (**to ~ {about}**) opinar (de): *you know what I feel about Marxism = ya sabes lo que opino del marxismo.* • *v. t.* **5** sentir (emoción, estado físico, etc.): *I feel your father's death = siento la muerte de tu padre.* **6** palpar, tocar (con cierto cuidado): *I felt her cold face = toqué su cara fría.* **7** (**to ~ {that}**) opinar, creer, pensar (que): *I feel your attitude is not correct = me parece que tu actitud no es la correcta.* **8** notar: *the children didn't feel the change = los niños no notaron el cambio.* **9** (**to ~ it** *adj.* + *inf.*) considerar, estimar: *we felt it necessary to leave China = nos pareció necesario irnos de China.* • *v. pron.* **10** darse cuenta de: *he felt himself getting red = se dio cuenta de que se estaba poniendo colorado.* • *s. sing.* **11** tacto (uno de los cinco sentidos). **12** ambiente, atmósfera: *the feel of a place = el ambiente de un lugar.* ◆ **13 to ~ around,** buscar tanteando, buscar a tientas. **14 to ~ for, a)** sentir pena por, sentir compasión por, compadecer a. **b)** buscar a tientas. **15 to ~ like,** tener ganas de: *do you feel like an apple? = ¿te apetece una manzana?* **16 to ~ like rain/snow,** parecer que va a llover/nevar. **17 to ~ oneself,** sentirse bien: *I don't feel myself today = no me siento bien.* **18 to ~ one's oats,** (fam.) sentirse fabulosamente, sentirse lleno de alegría. **19 to ~ one's way, a)** andar a tientas. **b)** actuar con tiento (en unas conversaciones políticas, con una nueva amistad, etc.). **20 to ~ something in one's bones,** ⇒ **bone.** **21 to ~ the cold,** sufrir con el frío, ser friolero. **22 to ~ up to,** sentirse con ganas de: *I don't feel up to going out = no me siento con ganas de salir.* **23 to get the ~ of,** acostumbrarse a, hacerse a: *I haven't got the feel of the new job yet = todavía no me he hecho al nuevo trabajo.*

feeler ['fi:lər] *s. c.* **1** ZOOL. antena (de insectos). ◆ **2 to put feelers out,** tantear, sondear (para ver la reacción de alguien).

feeler-gauge ['fi:ləgeɪdʒ] *s. c.* MEC. calibrador de hojillas, indicador de holgura.

feelgood factor ['fɪ:lgud,fæktər] *s. sing.* sensación de optimismo.

feeling ['fi:lɪŋ] *s. c.* **1** sentimiento (de alegría, tristeza, ira, etc.). **2** sensación (de cansancio o cualquier otra cosa física). **3** impresión: *I have the feeling that she's angry = tengo la impresión de que está enfadada.* • *s. i.* **4** emoción, sentimiento: *she sings with feeling = canta con sentimiento.* **5** tacto, sensación de tacto. **6** (~ {for}) simpatía, afecto (por, hacia). • *s. sing.* **7** (**a ~ for**) un talento especial (por). *my son has a feeling for music = mi hijo tiene un talento especial para la música.* **8** presentimiento, corazonada. **9** ambiente, atmósfera (especialmente de un libro o similar). • *s. c.* e *i.* **10** parecer, opinión. • *adj.* **11** sensible, tierno, compasivo. **12** lleno de sentimiento, conmovedor. ◆ **13 bad ~,** hostilidad, acritud. **14 feelings,** sentimientos (como conjunto de la parte emotiva de una persona): *please, don't hide your feelings from me = por favor, no me ocultes tus sentimientos.* **15 hard feelings,** resentimiento. **16 to have mixed feelings about,** no tener una idea definida sobre. **17 to hurt someone's feelings,** herir los sentimientos de alguien. **18 I know the ~,** sé a qué te refieres.

feelingly ['fi:lɪŋlɪ] *adv.* con gran sentimiento, con mucha emoción.

feet [fi:t] *pl.* de **foot.**

feign [feɪn] *v. t.* (lit.) aparentar, fingir, simular.

feint [feɪnt] *s. c.* e *i.* **1** finta, amago. • *s. i.* **2** papel a rayas. • *v. i.* **3** fintar, hacer una finta, hacer un amago.

feisty ['faistɪ] *adj.* **1** (EE UU) (fam.) lleno de energía, lleno de vida, lleno de fuerza. **2** (desp.) irritable, de mal genio.

feldspar ['feldspɑr] *s. i.* MIN. feldespato.

felicitate [fɪ'lɪsɪteɪt] *v. t.* (lit.) felicitar.

felicitation [fɪ'lɪsɪ'teɪʃn] *s. c.* e *i.* (lit.) felicitación.

felicitous [fɪ'lɪsɪtəs] *adj.* (form. y lit.) afortunado, oportuno, acertado (palabras o imágenes).

felicity [fɪ'lɪsɪtɪ] *s. i.* **1** (form.) dicha, felicidad. **2** (form.) gracia, buen hacer. ◆ **3 felicities,** (form.) palabras ocurrentes, ocurrencias.

feline ['fi:laɪn] *adj.* **1** ZOOL. felino. **2** (fig.) gatuno, felino; ágil. • *s. c.* **3** ZOOL. felino.

fell [fel] *pret.* **1** de **fall.** • *v. t.* **2** talar (un árbol). **3** derribar, tirar al suelo (de un golpe a una persona). • *s. c.* **4** colina, monte (especialmente en el norte de Inglaterra). ◆ **5 with one ~ swoop,** de una sola vez.

fellatio [fɪ'leɪʃi:əu] *s. i.* (form.) felación.

fellow ['feləu] (fam. también **fella/feller**) *s. c.* **1** (fam.) tipo, tío: *he's a nice fellow = es un tío majo.* **2** (fam.) novio, pareja. **3** miembro (de sociedades científicas o consejos académicos). **4** (EE UU) becario (una vez acabada una licenciatura). **5** (form.) par; congénere: *this is one of the socks, but where is its fellow? = este es uno de los calcetines, pero ¿dónde está su par?* • *adj.* **6** : *my fellow workers = mis compañeros de trabajo; fellow student = condiscípulo; fellow citizen = conciudadano.* **7 Fellow,** miembro (como título). **8 ~ feeling,** camaradería, compañerismo. **9 fellows,** compañeros; semejantes.

fellowship ['feləuʃɪp] *s. i.* **1** camaradería, compañerismo. **2** condición de miembro (de algún tipo de asociación académica). • *s. c.* **3** sociedad, hermandad, fraternidad: *the fellowship of the Rose = la hermandad de la Rosa.* **4** beca (después de la licenciatura). **5** puesto de becario universitario.

felon ['felən] *s. c.* DER. criminal, delincuente (de importancia).

felonious [fe'ləunɪəs] *adj.* **1** DER. criminal. ◆ **2 ~ assault,** asalto con propósito criminal. **3 ~ intent,** propósito criminal.

felony ['felənɪ] *s. i.* y *c.* DER. crimen, delito grave o mayor.

felt [felt] *pret.* y *p.p.* **1** de **feel.** • *s. i.* **2** fieltro.

felt-pen [,felt'pen] *s. c.* ⇒ **felt-tip.**

felt-tip ['felt,tɪp] (también **felt-pen**) *s. c.* **1** rotulador. ◆ **2 ~ pen,** rotulador.

female ['fi:meɪl] *s. c.* **1** hembra. **2** (desp.) mujer. • *adj.* **3** hembra; femenino. **4** MEC. hembra, matriz. **5** BOT. gineceo, pistilado.

feminine ['femɪnɪn] *adj.* **1** femenino, de mujer. **2** femenina (como característica personal). **3** GRAM. femenino.
femininity [,femɪ'nɪnɪtɪ] *s. i.* **1** feminidad, sexo femenino. **2** feminidad (característica personal).
feminism ['femɪnɪzəm] *s. i.* POL. feminismo.
feminist ['femɪnɪst] POL. *s. c.* **1** feminista. • *adj.* **2** feminista.
femme fatale [,fæm fə'tɑːl] (*pl.* **femmes fatales**) *s. c.* mujer fatal, vampiresa.
femora ['femərə] *s. pl.* ⇒ **femur.**
femur ['fiːmər] (*pl.* **femurs** o **femora**) *s. c.* ANAT. fémur.
fen [fen] *s. c.* e *i.* GEOG. marjal, ciénaga, pantano.
fence [fens] *s. c.* **1** valla, cerca. **2** DEP. obstáculo. **3** (fam.) perista, receptor (de objetos robados). • *v. t.* **4** cercar, vallar. • *v. i.* **5** DEP. hacer esgrima, practicar esgrima. **6** (form.) lanzar evasivas; no comprometerse (de palabra). ♦ **7 to come down on one side of the ~ or the other,** tomar partido por un bando u otro. **8 to come down on the right side of the ~,** tomar partido por los vencedores; arrimarse al sol que más calienta. **9 to ~ in, a)** vallar, encerrar (especialmente animales para evitar que se escapen). **b)** encajonar, ahogar (dentro de muy poco espacio). **10 to ~ off,** separar mediante cerca. **11 to sit on the ~,** no comprometerse, estar a verlas venir, no querer mojarse.
fenced [fensd] *adj.* vallado, cercado; cerrado con valla, separado por medio de una valla.
fencer ['fensər] *s. c.* DEP. esgrimista.
fencing ['fensɪŋ] *s. i.* **1** DEP. esgrima. **2** material para cercas.
fend [fend] *v. t.* **1 to ~ for oneself,** valerse por sí mismo, ganarse la vida. **2 to ~ off, a)** defenderse de, repeler; mantener a raya. **b)** (fig.) repeler, defenderse de, rechazar (preguntas, críticas, etc.).
fender ['fendər] *s. c.* **1** guardafuego (de una chimenea). **2** MAR. andullo, pallete (como protección contra un choque). **3** (EE UU) guardabarros.
fennel ['fenl] *s. i.* BOT. hinojo.
feral ['fɪərəl] *adj.* (form.) salvaje, asilvestrado (animales).
ferment ['fəːment] *s. i.* **1** agitación, tumulto. • [fə'ment] *v. t.* **2** fermentar (vino, fruta, masa, etc.). • *v. i.* **3** fermentarse.
fermented [fə'mentɪd] *adj.* fermentado (vino, fruta, masa, etc.).
fermentation [,fəːmen'teɪʃn] *s. c.* e *i.* fermentación (proceso químico).
fermium ['fəːmɪəm] *s. i.* fermio.
fern [fəːn] (*pl.* **fern** o **ferns**) *s. c.* BOT. helecho.
ferocious [fə'rəʊʃəs] *adj.* **1** feroz, salvaje (animales, personas, guerras, etc.). **2** (fig.) feroz, terrorífico, brutal: *they used ferocious spears with spikes = utilizaron lanzas terroríficas con clavos; we've had ferocious heat lately = hemos sufrido un calor brutal últimamente.*
ferociously [fə'rəʊʃəslɪ] *adv.* **1** ferozmente, salvajemente. **2** ferozmente, terroríficamente, brutalmente.
ferocity [fə'rɒsɪtɪ] *s. i.* ferocidad, fiereza; crueldad.
ferret ['ferɪt] *s. c.* **1** ZOOL. hurón. • *v. i.* **2** (**to ~ about**) (fam.) hurgar, rebuscar (en busca de algo). ♦ **3 to ~ out,** (fam.) descubrir, sacar a la luz (después de esfuerzo). **4 to go ferreting,** ir de caza con un hurón.
Ferris wheel ['ferɪs wiːl] *s. c.* ⇒ **wheel.**
ferroconcrete [,ferəʊ'kɒŋkriːt] *s. i.* cemento armado, hormigón armado.
ferrous ['ferəs] *adj.* MIN. ferroso, con hierro, de hierro.
ferrule ['feruːl] *s. c.* MEC. contera, virola.
ferry ['ferɪ] *s. c.* **1** ferry, transbordador. • *v. t.* **2** transportar (de una orilla a otra en un río, de un puerto a otro en un canal). **3** MIL. transportar (en barco o en avión).
ferryboat ['ferɪbəʊt] *s. c.* barco transbordador, ferry.
ferryman ['ferɪmən] (*pl.* **ferrymen**) *s. c.* barquero (que lleva objetos o personas de orilla a orilla en tramos cortos).
fertile ['fəːtaɪl] *adj.* **1** fértil (tierra). **2** fecundo, fértil (persona o animal). **3** (fig.) fecundo, productivo (situación): *this is fertile ground for prostitution = este es terreno fecundo para la prostitución.* **4** fértil, creativo: *to have a fertile imagination = tener una imaginación fértil.*
fertility [fə'tɪlɪtɪ] *s. i.* **1** fertilidad, fecundidad (de tierra, animales, personas). **2** (fig.) fertilidad, creatividad. ♦ **3 ~ drug,** medicamento para estimular la fertilidad.
fertilization [,fəːtəlaɪ'zeɪʃn] (también **fertilisation**) *s. i.* fertilización, fecundación.
fertilize ['fəːtəlaɪz] (también **fertilise**) *v. t.* **1** fertilizar, fecundar. **2** abonar (la tierra).
fertilized ['fəːtəlaɪzd] *adj.* fertilizado, fecundado.
fertilizer ['fəːtəlaɪzər] *s. c.* e *i.* fertilizante, abono.
fervent ['fəːvənt] *adj.* ferviente, fervoroso.
fervently ['fəːvəntlɪ] *adv.* fervientemente, fervorosamente.
fervid ['fəːvɪd] *adj.* (form.) fervoroso.
fervour ['fəːvər] (en EE UU **fervor**) *s. i.* fervor, celo, vehemencia.
festal ['festl] *adj.* (form.) festivo.
fester ['festər] *v. i.* **1** MED. supurar. **2** (fig.) deteriorarse; enconarse (una situación, etc.): *the anger festered within him = el enfado iba creciendo en él.*
festival ['festɪvl] *s. c.* **1** festival, fiesta. ♦ **2 Festival,** Festival, Certamen (con nombre propio).
festive ['festɪv] *adj.* **1** festivo, alegre. ♦ **2 the ~ season,** las Navidades.
festivity [fe'stɪvɪtɪ] *s. i.* **1** ambiente de fiesta, alegría. ♦ **2 festivities,** celebraciones, fiestas.
festoon [fe'stuːn] *v. t.* adornar, engalanar.
fetal ['fiːtl] *adj.* ⇒ **foetal.**
fetch [fetʃ] *v. t.* **1** traer, ir a por: *fetch the glasses = ve a por las copas.* **2** alcanzar un precio de: *this house can fetch more than 20 million = esta casa puede alcanzar un precio de más de 20 millones.* **3** (fam.) atizar, pegar (un golpe). **4** (p.u.) tomar (aliento); arrancar (lágrimas o suspiros). ♦ **5 to ~ and carry,** llevar y traer; trajinar (en servicio de alguien). **6 to ~ up,** (EE UU) (fam.) aparecer inesperadamente: *we knew through the papers that he had fetched up in Africa = supimos por los periódicos que había aparecido inesperadamente en África.*
fetching ['fetʃɪŋ] *adj.* atractivo.
fetchingly ['fetʃɪŋlɪ] *adv.* atractivamente.
fete [feɪt] (también **fête**) *s. c.* **1** fiesta (especialmente al aire libre y con algún fin caritativo de recaudación de fondos). ♦ **2 to be feted,** ser agasajado, ser festejado.
fetid ['fetɪd] *adj.* (form.) fétido, hediondo.
fetish ['fetɪʃ] *s. c.* **1** PSIQ. fetiche. **2** (fig.) manía, obsesión: *bikes are almost a fetish with him = las bicicletas son casi una obsesión para él.*
fetishism ['fetɪʃɪzəm] *s. i.* PSIQ. fetichismo.
fetishist ['fetɪʃɪst] *s. c.* PSIQ. fetichista.
fetlock ['fetlɒk] *s. c.* ZOOL. espolón, menudillo (parte de la anatomía caballar, encima de los cascos).
fetter ['fetər] *v. t.* **1** aherrojar, encadenar con grilletes. **2** (fig.) inhibir; estorbar: *I hate fettering my students with all sorts of rules = no me gusta inhibir a mis alumnos con todo tipo de reglas.* • *s. c. pl.* **3** grilletes. **4** (fig.) estorbos, trabas. ♦ **5 in fetters,** encadenado, con grilletes.
fettle ['fetl] *s. i.* **in fine/good ~,** (fam.) en perfectas condiciones físicas, en forma.
fetus ['fiːtəs] *s. c.* ⇒ **foetus.**
feud [fjuːd] *s. c.* **1** disputa permanente, odio inveterado (entre dos familias especialmente). • *v. i.* **2** (**to ~ {with}**) luchar sin tregua, tener una larga disputa (con).
feudal ['fjuːdl] *adj.* HIST. feudal.
feudalism ['fjuːdəlɪzəm] *s. i.* HIST. feudalismo.
fever ['fiːvər] *s. c.* e *i.* **1** MED. fiebre. • *s. c.* **2** (fig.) frenesí, agitación. ♦ **3 at/to ~ pitch,** (fam.) en su punto álgido, al rojo vivo.
fevered ['fiːvəd] *adj.* **1** febril, con fiebre. **2** (fig.) febril, muy excitado.
feverish ['fiːvərɪʃ] *adj.* **1** febril, con fiebre. **2** (fig.) desasosegado; excitadísimo.
feverishly ['fiːvərɪʃlɪ] *adv.* febrilmente, desasosegadamente; con gran excitación, frenéticamente.
few [fjuː] *adj.* **1** algunos, unos cuantos: *I've invited a few friends =*

be invitado a algunos o *a unos cuantos amigos*. **2** pocos (con sentido negativo): *few pianists can equal her = hay pocos pianistas que la igualen*. • *pron*. **3** pocos: *many take the exam but few pass = muchos se examinan pero pocos aprueban*. **4** (**a** ~) algunos, unos cuantos: *we invited many but only a few came = invitamos a muchos pero sólo vinieron unos cuantos*. ◆ **5 as ~ as,** únicamente; tan sólo: *some of the groups have as few as seven students = algunos grupos tienen tan sólo siete alumnos*. **6 ~ and far between,** poquísimos, contadísimos: *good restaurants are few and far between = los buenos restaurantes son contadísimos*. **7 to have had a ~ /to have had a ~ too many,** (fam.) llevar una copa más, haber bebido más de la cuenta. **8 no fewer than,** nada menos que (enfatizando gran cantidad): *he wrote no fewer than 38 novels = escribió nada menos que 38 novelas*. **9 quite a ~/a good ~/not a ~,** bastantes, buen número, no pocos. **10 the ~,** los menos, la minoría; los selectos. **12 the lucky ~,** los pocos afortunados, los pocos privilegiados.

fey [feɪ] *adj*. fantasioso; excéntrico.

fez [fez] *s. c.* fez (rojo y con borla negra).

fiancé [fɪ'ɒnseɪ] *s. c.* prometido.

fiancée [fɪ'ɒnseɪ] *s. c.* prometida.

fiasco [fɪ'æskəu] (EE UU *pl.* **fiascoes;** brit. *pl.* **fiascos**) *s. c.* fracaso, fiasco.

fiat ['faɪæt] *s. c.* (form.) fiat, mandato, orden.

fib [fɪb] (fam.) *s. c.* **1** mentira, mentirijilla. • *v. i.* **2** decir mentiras, contar mentiras.

fibber ['fɪbər] *s. c.* (fam.) embustero, mentiroso.

fibre ['faɪbər] (en EE UU **fiber**) *s. c.* **1** fibra, filamento (naturales o artificiales). **2** ANAT. fibra. • *s. i.* **3** GAST. fibra. **4** (fig.) temperamento, nervio, carácter. • *s. c.* e *i.* **5** hilo, tejido. ◆ **6 ~ optic,** TEC. de fibra óptica. **7 ~ optics,** TEC. transmisión por fibra óptica. **8 with every ~ of one's being,** con toda el alma: *I love you with every fibre of my being = te quiero profundamente*.

fibreglass ['faɪbəglɑːs] (en EE UU **fiberglass**) *s. i.* QUÍM. fibra de vidrio.

fibrosis [faɪ'brəusɪs] *s. i.* MED. fibrosis.

fibrous ['faɪbrəs] *adj*. **1** fibroso. ◆ **2 ~ tissue,** ANAT. tejido fibroso.

fibula ['fɪbjulə] (*pl.* **fibulae** o **fibulas**) *s. c.* ANAT. peroné.

fibulae ['fɪbjulɪː] *s. pl.* ⇒ **fibula**.

fickle [fɪkl] *adj*. **1** (desp.) veleidoso, inestable, voluble. **2** (fig.) inestable, inconstante (el viento o el tiempo).

fickleness ['fɪklnɪs] *s. i.* (desp.) veleidad, inconstancia, inestabilidad.

fiction ['fɪkʃn] *s. i.* **1** ficción, irrealidad. **2** LIT. narrativa. • *s. c.* **3** ficción, mentira, entelequia.

fictional ['fɪkʃənl] *adj*. **1** ficticio, irreal. **2** literario, novelesco.

fictionalization [ˌfɪkʃənəlaɪ'zeɪʃn] (también **fictionalisation**) *s. c.* e *i.* adaptación literaria.

fictionalize ['fɪkʃənəlaɪz] (también **fictionalise**) *v. t.* adaptar (una historia real).

fictionalized ['fɪkʃənəlaɪzd] *adj*. adaptado (que no cuenta toda la realidad).

fictitious [fɪk'tɪʃəs] *adj*. **1** ficticio, falso, inexistente. **2** ficticio, imaginario, inventado: *a fictitious character = un personaje imaginario*.

fiddle ['fɪdl] *v. i.* **1** (**to ~ with**) manosear (nerviosamente). **2** (**to ~ with**) toquetear; manipular (sin conocimientos suficientes): *stop fiddling with the TV = deja de toquetear la televisión*. • *v. t.* **3** (fam.) falsificar: *to fiddle the books = falsificar los libros de cuentas*. • *s. c.* **4** (fam.) MÚS. violín. **5** (fam.) falsificación, fraude. ◆ **6 to ~ about/around,** haraganear, malgastar el tiempo (emprendiendo cosas sin orden ni concierto). **7 to ~ about/around with,** trastocar, toquetear. **8 to ~ while Rome burns,** marear la perdiz, perder el tiempo en tonterías. **9 on the ~,** metido en algo fraudulento, metido en chanchullos. **10 to play second ~ (to),** ser el segundón (de), ir de segundón (de).

fiddler ['fɪdlər] *s. c.* **1** violinista (especialmente de música tradicional, no de orquesta). **2** (fam.) chanchullero; falsificador.

fiddlesticks ['fɪdlstɪks] *interj*. (p.u.) tonterías, bobadas.

fiddling ['fɪdlɪŋ] *s. i.* **1** prácticas fraudulentas; chanchullos. • *adj*. **2** nimio, poco importante.

fiddly ['fɪdlɪ] *adj*. (fam.) difícil, complicado (de usar, manejar, etc.).

fidelity [fɪ'delɪtɪ] *s. i.* **1** (~ {**to**}) fidelidad, lealtad (a una persona). **2** (form.) exactitud, fidelidad (de una traducción, adaptación, etc.) ◆ **3 high ~,** alta fidelidad.

fidget ['fɪdʒɪt] *v. i.* **1** no parar de moverse, estar sin parar: *these boys are always fidgeting = estos chicos no paran de moverse*. **2** (**to ~ with**) manosear, toquetear. • *s. c.* **3** (fam.) culo de mal asiento, lagartija. ◆ **4 to be fidgeting** (+ *inf.*), estar impaciente por: *I'm fidgeting to go = estoy impaciente por irme*. **5 to ~ about,** no parar en un mismo sitio, no parar de moverse de sitio. **6 to have the fidgets,** no parar en un mismo sitio, no parar de moverse de sitio: *she has the fidgets = no para de moverse*.

fidgety ['fɪdʒɪtɪ] *adj*. inquieto, intranquilo, impaciente.

fie [faɪ] *interj*. (~ **on**) (arc.) vergüenza sobre, deshonra sobre: *fie on you! = ¡la vergüenza caiga sobre ti!*

fief [fiːf] *s. c.* HIST. feudo.

field [fiːld] *s. c.* **1** campo (acotado): *a wheat field = un campo de trigo*. **2** DEP. campo, terreno de juego. **3** MIN. yacimiento (de petróleo, de gas, de diamantes, etc.). **4** extensión, campo (de cualquier cosa como nieve, hielo, etc.). **5** FÍS. campo (magnético, de gravedad, etc.). **6** especialidad, campo de investigación, rama (de ciencia). **7** fondo (de una moneda, escudo o bandera). **8** FOT. campo (visual). **9** MIL. campo (de fuego). • *s. sing.* **10** MIL. campo, campo de batalla. **11** (~ *v. sing./pl.*) competidores, participantes (en una carrera o juego). • *adj*. **12** de campo; de campaña; de prácticas (señala un tipo de investigación in situ): *a field trip = un viaje de prácticas*. • *v. t.* **13** contestar satisfactoriamente (preguntas). **14** DEP. parar y devolver (la pelota en ciertos juegos). **15** DEP. sacar a jugar: *Real Madrid fielded a wonderful team = el Real Madrid sacó a jugar un equipo estupendo*. **16** poner a punto: *I can easily field a few repair teams = puedo fácilmente poner a punto unos cuantos equipos de reparación*. • *v. i.* **17** DEP. parar (la pelota). **18** DEP. jugar a la contra (en el béisbol o críquet). ◆ **19 ~ event,** DEP. concurso de salto/lanzamiento (en el atletismo). **20 ~ hockey,** DEP. (EE UU) hockey sobre hierba. **21 ~ sports,** caza y pesca. **22 to have a ~ day,** divertirse de lo lindo. **23 to hold/lead the ~,** estar/ir a la cabeza (en alguna especialidad o actividad). **24 in the ~,** al natural; en la práctica (no teórico). **25 to play the ~,** (fam.) no comprometerse, estar sin compromiso (especialmente con el sexo opuesto). **26 to take the ~, a)** MIL. empezar una campaña. **b)** DEP. salir al campo de juego.

field-day ['fiːlddeɪ] *s. c.* **1** día de investigación práctica en el campo. **2** día de maniobras. **3** (EE UU) día de deportes (en escuela o universidad).

fielder ['fiːldər] *s. c.* DEP. jardinero (en béisbol); servidor (en críquet).

field-glasses ['fiːldglɑːsɪz] *s. pl.* prismáticos, gemelos.

fieldmarshal [ˌfiːld'mɑːʃl] *s. c.* MIL. mariscal de campo.

fieldmice ['fiːldmaɪs] *s. pl.* ⇒ **fieldmouse.**

fieldmouse ['fiːldmaus] (*pl.* **fieldmice**) *s. c.* ZOOL. ratón de campo.

field-test ['fiːldtest] *v. t.* **1** someter a prueba práctica, comprobar el funcionamiento práctico de. • *s. c.* **2** prueba práctica, prueba de funcionamiento práctico.

fieldwork ['fiːldwəːk] *s. i.* **1** trabajo sobre el terreno, estudio práctico, investigación de campo, investigación sobre el terreno. **2** MIL. obras de fortificación temporal.

fiend [fiːnd] *s. c.* **1** (lit. y p.u.) monstruo, demonio, desalmado. **2** (*s.* ~) (fam.) fanático de, entusiasta de, enamorado de: *she's a bodybuilding fiend = es una entusiasta del culturismo*.

fiendish ['fiːndɪʃ] *adj*. **1** cruel, perverso; diabólico. **2** (fam. y fig.) diabólico, perverso (en su inteligencia). **3** (fam. y fig.) diabólico (en su complejidad).

fiendishly ['fiːndɪʃlɪ] *adv.* **1** cruelmente, perversamente, diabólicamente. **2** (fam.) muy (intensificando la idea de dificultad).
fierce [fɪəs] *adj.* **1** fiero, feroz; agresivo. **2** inquebrantable, firme: *fierce loyalty = lealtad inquebrantable.* **3** intenso, fuerte: *fierce heat = calor intenso.*
fiercely ['fɪəslɪ] *adv.* **1** agresivamente; ferozmente. **2** inquebrantablemente, firmemente. **3** intensamente, fuertemente.
fierceness ['fɪəsnɪs] *s. i.* **1** agresividad; ferocidad. **2** firmeza (en los sentimientos). **3** intensidad (de algo en su aspecto desagradable).
fiery ['faɪərɪ] *adj.* **1** llameante, que arde. **2** enrojecido, rojo. **3** muy picante (de comida); ardiente (bebida). **4** apasionado, temperamental; fogoso.
fiesta [fɪ'estə] *s. c.* fiesta (esta palabra tiene sabor latino por su procedencia).
fife [faɪf] *s. c.* MÚS. pífano.
fifteen [ˌfɪf'tiːn] *num. card.* quince.
fifteenth [ˌfɪf'tiːnθ] *num. ord.* **1** decimoquinto. **2** quince (fechas). • *adj.* **3** decimoquinto.
fifth [fɪfθ] *num. ord.* **1** quinto (en general); cinco (en fechas). • *s. c.* **2** MÚS. quinta (intervalo). **3** quinto (fracción). ◆ **4 ~ column,** POL. quinta columna. **5 ~ columnist,** POL. quintacolumnista. **6 ~ wheel,** rueda de repuesto.
fifthly ['fɪfθlɪ] *adv.* en quinto lugar.
fiftieth ['fɪftɪəθ] *num. ord.* quincuagésimo.
fifty ['fɪftɪ] *num. card.* **1** cincuenta. ◆ **2 in one's fifties,** en la cincuentena (edad). **3 the fifties, a)** los años cincuenta, la década de los cincuenta. **b)** la banda de los cincuenta grados (de temperatura).
fifty-fifty [ˌfɪftɪ'fɪftɪ] *adv.* **1** al cincuenta por ciento, a medias, a partes iguales. • *adj.* **2** del cincuenta por ciento, del cincuenta por ciento para cada uno. ◆ **3 to go ~,** ir a medias, ir a partes iguales.
fig [fɪg] *s. c.* **1** higo, breva. ◆ **2 ~ tree,** BOT. higuera. **3 not to care/give a ~ (about),** : *I don't care a fig about her = ella me importa un bledo.*
fight [faɪt] (*pret.* y *p.p.* **fought**) *v. t.* **1** luchar contra, combatir; enfrentarse a: *we must fight disease = debemos luchar contra la enfermedad.* **2** MIL. luchar contra, pelear contra. **3** pelear con, pegarse con (especialmente niños). **4** DEP. pelear contra, enfrentarse a (en el boxeo). **5** reñir con, pelearse con (verbalmente). **6** POL. luchar por un escaño en (una elección). **7** (**to ~** *o.* **+ for**) luchar con... por, competir con... por: *I fought Williams for the post of sales manager = competí Williams por el puesto de director de ventas.* **8** resistir, luchar contra (un sentimiento). **9** tomar parte en, participar en (una guerra, duelo, etc.). • *v. i.* **10** (**to ~ {against}**) luchar, combatir (contra): *I will always fight against ignorance = siempre lucharé contra la ignorancia.* **11** (**to ~ for/** *inf.*) luchar por, pelear por: *fight for your rights = lucha por tus derechos.* **12** (**to ~ {with/against}**) MIL. luchar, guerrear, combatir. **13** (**to ~ {against}**) DEP. pelear, luchar (contra) (en el boxeo). **14** (**to ~ {with/against}**) pegarse, pelearse (especialmente niños). • *s. c.* **15** (**~ {against}**) lucha, batalla. **16** (**~ {for}**) lucha, batalla por (la libertad, los derechos humanos, etc.). **17** MIL. lucha, batalla, pelea, combate. **18** pelea, riña, discusión a golpes. **19** discusión verbal, pelea (no a golpes). **20** (**~ {against}**) DEP. combate pugilístico, combate de boxeo. • *s. i.* **21** combatividad, ánimo combativo, brío. ◆ **22 to ~ a losing battle,** ⇒ **battle. 23 to ~ back, a)** repeler un ataque, responder a un ataque; defenderse de. **b)** resistir, reprimir (sentimientos o similar). **24 to ~ down,** resistir, reprimir (sentimientos o similar). **25 to ~ fire with fire,** ⇒ **fire. 26 to ~ for one's life,** luchar por la vida (cuando se está muy enfermo o en gran peligro). **27 to ~ like a tiger,** (fam.) luchar como un león, luchar como una fiera. **28 to ~ off, a)** repeler, rechazar (ataques). **b)** mantener a raya (sentimientos o similar). **29 to ~ one's way,** abrirse paso. **30 to ~ out,** dirimir mediante pelea. **31 to ~ shy of,** rehuir, esquivar. **32 to put up a ~,** ofrecer resistencia, no amilanarse.
fighter ['faɪtər] *s. c.* **1** luchador (en general); combatiente (en la guerra). **2** (fig.) luchador (que no se rinde fácilmente). **3** MIL. caza (avión). ◆ **4 ~ plane,** MIL. caza.
fighting ['faɪtɪŋ] *s. i.* **1** MIL. combate, batalla, lucha. **2** peleas, luchas: *street fighting = peleas callejeras.* ◆ **3 ~ chance,** buena probabilidad (de sobrevivir, de éxito). **4 ~ cock, a)** gallo de pelea. **b)** (fig.) persona pugnaz. **5 ~ fit,** en plena forma.
figleaf ['fɪgliːf] *s. c.* **1** hoja de higuera. **2** (fig.) hoja de parra (para ocultar el sexo en muchos cuadros).
figment ['fɪgmənt] *s. c.* (**~ {of}**) invención, ficción: *a figment of your imagination = imaginaciones tuyas, un producto de tu imaginación.*
figurative ['fɪgərətɪv] *adj.* **1** figurado, metafórico. **2** figurativo (de pintura y escultura).
figuratively ['fɪgərətɪvlɪ] *adv.* figuradamente, metafóricamente.
figure ['fɪgər] *s. c.* **1** cifra; número: *the export figures = las cifras de la exportación.* **2** silueta, figura, tipo: *she's got a lovely figure = tiene buen tipo.* **3** ART. figura, dibujo (en cuadros o esculturas). **4** (fig.) figura, personaje, celebridad. **5** figura, símbolo: *mother figure = figura materna.* **6** GEOM. figura. **7** ilustración, figura (normalmente acompañando a texto). **8** figura (de baile). • *v. t.* **9** (EE UU) (fam.) creer, imaginar, suponer: *I figure that is right = imagino que eso es correcto.* **10** (EE UU) (p.u.) MAT. calcular. • *v. i.* **11** (EE UU) (p.u.) MAT. hacer cuentas aritméticas. **12** (**to ~ in**) aparecer en, figurar en: *your city doesn't figure in my brochure = tu ciudad no aparece en mi folleto.* ◆ **13 a fine ~ of a man/woman,** un hombre/una mujer imponente. **14 to cut a ~,** ⇒ **cut. 15 double figures,** número de dos cifras: *inflation has gone beyond double figures = la inflación ha sobrepasado los números de dos cifras.* **16 ~ eight,** (EE UU) ocho (figura en el patinaje artístico). **17 ~ of eight,** ocho (figura en el patinaje artístico). **18 ~ of fun,** hazmerreír, personaje, grotesco. **19 ~ of speech,** FILOL. figura retórica; forma de hablar. **20 to ~ on,** (EE UU) (fam.) contar con: *I figure on getting the job very soon = cuento con conseguir el empleo muy pronto.* **21 to ~ out,** (EE UU) (fam.) **a)** calcular (una cantidad o similar). **b)** resolver (problema); deducir (razones, conclusión, etc.): *I figured out she was lying = deduje que estaba mintiendo.* **22 figures,** (fam.) aritmética, cálculo. **23 ~ skating,** DEP. patinaje artístico. **24 to keep one's ~,** guardar la línea, no engordar. **25 to lose one's ~,** perder la línea, engordar. **26 to put a ~ on,** poner una cifra concreta a, decir con exactitud (una cantidad). **27 single figures,** número de un cifra (entre 0 y 9). **28 it/that figures,** eso es lógico, eso tiene sentido.
figurehead ['fɪgəhed] *s. c.* **1** MAR. mascarón de proa. **2** (fig.) testaferro, títere, hombre de paja.
figurine ['fɪgəriːn] *s. c.* estatuilla.
filament ['fɪləmənt] *s. c.* **1** filamento, hilillo. **2** ELEC. filamento.
filch [fɪltʃ] *v. t.* (fam.) afanar, birlar.
file [faɪl] *s. c.* **1** ficha; archivador; carpeta. **2** expediente, archivo. **3** lima (de uñas). **4** INF. archivo, fichero. **5** fila, hilera, columna. • *v. t.* **6** archivar; fichar. **7** cursar, presentar (solicitud, queja, etc.). **8** entregar, presentar (informe o artículo periodístico). **9** limar. • *v. i.* **10** ir en fila, marchar en fila. **11** (**to ~ for**) solicitar oficialmente, cursar la solicitud de: *to file for divorce = cursar la solicitud de divorcio.* **12** limarse. ◆ **13 to ~ an appeal,** DER. presentar un recurso (de apelación). **14 to ~ a suit,** DER. entablar juicio. **15 to ~ away, a)** archivar en su sitio. **b)** (fig.) anotar (para recordar más tarde). **16 (in) single ~,** (en) fila india. **17 on ~/on the files/on someone's files,** archivado, registrado.
filet ['fɪleɪ] *s. c.* **1** (EE UU) GAST. filete de solomillo. ◆ **2 ~ mignon,** (EE UU) GAST. filete de solomillo.
filial ['fɪlɪəl] *adj.* filial.
filibuster ['fɪlɪbʌstər] *s. c.* **1** (EE UU) POL. retraso; maniobra dilatoria (en el Congreso a base de alargar discursos). • *v. i.* **2** (EE UU) POL. realizar

maniobras dilatorias (en sesiones del Congreso).
filigree ['fɪlɪgriː] *s. i.* filigrana.
filing-cabinet ['faɪlɪŋ kæbɪnət] *s. c.* archivador (metálico).
filing-clerk ['faɪlɪŋ klɑːk] *s. c.* archivero; empleado administrativo.
filings ['faɪlɪŋz] *s. pl.* virutas, limaduras (de diversos materiales).
Filipino [ˌfɪlɪ'piːnəʊ] *adj.* **1** filipino (cultura, idioma, etc.). • *s. c.* **2** filipino.
fill [fɪl] *v. t.* **1** llenar (cualquier recipiente, caja o bolsa). **2** rellenar, tapar (hueco, agujero, etc.). **3** ocupar, llenar (un espacio, extensión, etc.). **4** (**to** ~ *o.* {**with**}) embargar, llenar (de) (de emoción o similar). **5** (**to** ~ *o.* {**with**}) inundar (de) (de luz, calor u olor). **6** llenar, ocupar (el tiempo con alguna actividad). **7** (**to** ~ *o.* {**with**}) (fig.) llenar (de ideas, deseos, etc.). **8** cumplir (requisitos, exigencias, etc.). **9** hacer (un papel, rol, etc.). **10** (EE UU) preparar (una bebida o similar). **11** MED. empastar (dientes). **12** MAR. hinchar (velas). **13** ocupar (un puesto de trabajo). • *v. i.* **14** (**to** ~ {**with**}) llenarse (de). **15** MAR. hincharse (las velas). • *v. pron.* **16** (**to** ~ {**with**}) llenarse, hartarse (de) (de comida, bebida, etc.). • *s. sing.* **17** (~ {**of**}) hartazgo, hartura; superabundancia. ◆ **18 to** ~ **in, a)** rellenar (impresos). **b)** rellenar (hueco o agujero). **c)** ocupar (tiempo libre o tiempo de espera): *I filled in my time reading = ocupaba mi tiempo leyendo.* **d)** rellenar (figura o dibujo con pintura o similar). **e)** poner al día, poner al corriente. **f)** (fam.) dar una tunda, atizar hasta en el carnet de identidad. **g)** (**to** ~ **in** {**for**}) sustituir, ocupar el puesto (de). **19 to** ~ **out, a)** rellenar (impresos). **b)** engordar (no necesariamente con sentido negativo). **20 to** ~ **the bill,** ⇒ **bill. 21 to** ~ **up, a)** llenar hasta arriba. **b)** llenar totalmente, ocupar todo el espacio de (cualquier volumen). **c)** (EE UU) rellenar sin despiste alguno, rellenar sin omisión (impresos). **d)** atiborrarse (de comida). **e)** ocupar, llenar (el tiempo con alguna actividad). **f)** hartar, saciar completamente, llenar: *this kind of food fills you up = este tipo de alimento te harta.* **g)** (**to** ~ **up** {**with**}) llenarse (de): *the office filled up with shouting workers = la oficina se llenó de obreros que gritaban.* **22 to have one's** ~ **of,** hartarse de, saciarse de.
filled [fɪld] *adj.* **1** lleno, completo. **2** (~ {**with**}) embargado, lleno (de). ◆ **3 -filled,** lleno de (en compuestos): *tear-filled eyes = ojos llenos de lágrimas.*
filler ['fɪlər] *s. i.* relleno, tapaporos (para madera, grietas, etc.).
filler-cap ['fɪləkæp] *s. c.* MEC. tapón del depósito de la gasolina (en un coche).
fillet ['fɪlɪt] *s. c.* e *i.* **1** filete (de carne o pescado). • *v. t.* **2** cortar en filetes.
filling ['fɪlɪŋ] *s. c.* **1** MED. empaste (de dientes). **2** GAST. relleno (en pasteles, carnes, etc.). **3** relleno (de almohadas o similar). • *adj.* **4** que llena mucho (comida). ◆ **5** ~ **station,** (EE UU) gasolinera, estación de servicio.
fillip ['fɪlɪp] *s. c.* **1** estímulo, incentivo: *this will give a fillip to our new business = esto supondrá un estímulo para nuestro nuevo negocio.* **2** toquecito, tobita (con los dedos).
filly ['fɪlɪ] *s. c.* potrilla, potranca.
film [fɪlm] *s. c.* **1** película, film. **2** capa, película, velo (de polvo, grasa, lágrimas, etc.) • *s. i.* **3** metraje (de película). **4** plástico fino para envolver. • *s. c.* e *i.* **5** FOT. carrete, película para fotos. **6** ART. cine (como arte). • *v. t.* e *i.* **7** filmar. ◆ **8** ~ **star,** estrella de cine. **9** ~ **test,** prueba cinematográfica (para comprobar si una persona puede ser actor o actriz).
filmclip ['fɪlmklɪp] *s. c.* secuencias.
filmography [fɪlm'ɒgrəfiː] *s. c.* filmografía.
film-strip ['fɪlmstrɪp] *s. c.* tira de película; diapositiva.
filmy ['fɪlmɪ] *adj.* tenue, diáfano.
filter ['fɪltər] *s. c.* **1** filtro (para filtrar alguna sustancia). **2** FÍS. filtro (de sonido, luz, etc.). **3** ordenación, filtro (de tráfico). • *v. t.* **4** filtrar, colar (cualquier sustancia). • *v. i.* **5** filtrarse, colarse (de cualquier sustancia). **6** (fig.) filtrarse (luz o sonido). **7** (fig.) filtrarse (noticias, documentos secretos, información, etc.). **8** canalizarse (el tráfico). • *adj.* **9** con filtro, emboquillado (cigarrillos). ◆ **10 to** ~ **out,** quitar mediante filtrado, limpiar con un filtro.
filter-tip ['fɪltətɪp] *s. c.* filtro, boquilla (en cigarrillos).
filter-tipped ['fɪltətɪpt] *adj.* emboquillado, con filtro.
filth [fɪlθ] *s. i.* **1** suciedad; mugre; inmundicia. **2** (fig.) lenguaje burdo, lenguaje obsceno. **3** (fig.) obscenidad, procacidad (en el sexo).
filthily ['fɪlθɪlɪ] *adv.* **1** asquerosamente, con inmundicia. **2** (fig.) suciamente, obscenamente (en palabras). **3** (fig.) procazmente (en temas de sexo).
filthiness ['fɪlθɪnɪs] *s. i.* suciedad, asquerosidad.
filthy ['fɪlθɪ] *adj.* **1** sucio, asqueroso, mugriento. **2** obsceno, asqueroso, grosero (en el plano sexual). **3** (fam.) malo, de perros (tiempo atmosférico). ◆ **4** ~ **dirty,** asquerosamente sucio. **5** ~ **rich,** (fam.) forrado, riquísimo.
fin [fɪn] *s. c.* **1** ANAT. aleta (de peces). **2** AER. plano de deriva.
final ['faɪnl] *adj.* **1** final; último. **2** (fig.) definitivo, irrevocable: *final decision = decisión irrevocable.* **3** PER. última (edición). • *s. c.* **4** DEP. final (de un campeonato). **5** PER. edición final, última edición. ◆ **6 finals, a)** exámenes finales. **b)** DEP. final (último encuentro).
finale [fɪ'nɑːlɪ] *s. c.* **1** última escena, clímax (en un espectáculo). **2** MÚS. final, último movimiento.
finalist ['faɪnəlɪst] *s. c.* finalista (de deporte, concursos, etc.).
finality [faɪ'nælitɪ] *s. i.* rotundidad.
finalization [ˌfaɪnəlaɪ'zeɪʃn] (también **finalization**) *s. i.* retoque último.
finalize ['faɪnəlaɪz] (también **finalise**) *v. t.* dar los últimos toques a, hacer la versión definitiva de (especialmente de contratos legales).
finally ['faɪnəlɪ] *adv.* finalmente, por último; por fin, al final.
finance ['faɪnæns] *s. i.* **1** financiación, fondos: *we need more finance = necesitamos más dinero.* **2** ciencia financiera, finanzas. • *v. t.* **3** financiar, costear, proveer fondos para. ◆ **4 finances,** fondos, fuentes (de ingresos).
financial [faɪ'nænʃl] *adj.* **1** financiero. ◆ **2** ~ **year,** ECON. ejercicio económico.
financially [faɪ'nænʃəlɪ] *adv.* financieramente.
financier [faɪ'nænsɪər] *s. c.* financiero (persona), empresa financiera.
finch [fɪntʃ] *s. c.* ZOOL. pinzón (especie de pájaro).
find [faɪnd] (*pret.* y *p. p.* **found**) *v. t.* **1** encontrar, descubrir, hallar: *I can't find my keys = no encuentro las llaves.* **2** encontrar, descubrir, hallar (la respuesta a algo): *he found a secret entrance = descubrió una entrada secreta.* **3** (**to** ~ **that/***o.* + *inf.*) encontrar que, descubrir que: *he found that he didn't know enough = descubrió que no sabía lo suficiente; I found him to be often wrong = descubrí que él estaba a menudo equivocado.* **4** encontrar, notar, observar: *I find this chair uncomfortable = encuentro esta silla incómoda.* **5** (**to** ~ *o.* {**in**}) encontrar (placer, alegría, etc. en alguna actividad). **6** DER. declarar (culpable o inocente). **7** alcanzar, encontrar, dar en (el objetivo). **8** (**to** ~ *o.* + {**for/***inf.*}) encontrar (dinero, tiempo, oportunidad, etc. para algo): *I couldn't find time to study for the exams = no pude encontrar tiempo para preparar los exámenes.* **9** (lit.) hallar; ver: *the night found him still drinking = la noche le halló bebiendo todavía.* **10** hallar, encontrar (como fórmula en cartas): *I hope this letter finds you happy and energetic = confío que esta carta te halle feliz y lleno de energía.* • *v. pron.* **11** encontrarse inesperadamente: *I found myself crying = me encontré inesperadamente llorando.* **12** encontrarse (por ideas): *I find myself in agreement with you = me encuentro de acuerdo contigo.* • *s. c.* **13** descubrimiento, hallazgo (de carácter científico o similar). • *s. sing.* **14** hallazgo, descubrimiento (persona o lugar). ◆ **15 all found,** todo incluido. **16 to be found,** encontrarse, existir, vivir: *this species is to be found only in Indonesia = esta especie sólo se encuentra en Indonesia.* **17 to** ~ **expression in,** expresarse en forma de, encontrar expresión en

forma de: *his anguish finally found expression in a flood of tears = su angustia se expresó al final en un mar de lágrimas.* **18 to ~ fault,** ⇒ **fault. 19 to ~ favour,** tener buena acogida. **20 to ~ for,** DER. fallar a favor de. **21 to ~ it in one's heart,** sentirse capaz: *can you find it in your heart to forgive her? = ¿te sientes capaz de perdonarla?* **22 to ~ one's feet,** encontrarse a gusto (en una situación nueva). **23 to ~ one's tongue,** ⇒ **tongue. 24 to ~ one's way, a)** encontrar la forma de ir, encontrar el camino. **b)** acabar en (sólo hablando de cosas): *the aid found its way into the pockets of the military = la ayuda acabó en los bolsillos de los militares.* **25 to ~ out, a)** descubrir, averiguar. **b)** descubrir, desenmascarar. **26 to ~ wanting,** encontrar deficiente, encontrar deficiencias en. **27 take me as you ~ me,** hay que aceptarme como soy.

finder ['faɪndər] *s. c.* **1** descubridor, el que encuentra (algo). ◆ **2 finders keepers,** el que se encuentra con algo se lo puede quedar.

finding ['faɪndɪŋ] *s. c.* **1** descubrimiento, hallazgo. ◆ **2 findings,** DER. veredicto, fallo.

fine [faɪn] *adj.* **1** estupendo, excelente, muy bueno, bien: *how are you? fine = ¿cómo está Vd.? bien.* **2** fino (estrecho o delgado): *a fine thread = un hilo fino.* **3** estupendo, excelente, magnífico (tiempo). **4** fino (en cuanto a lo pequeño): *fine dust = polvo fino.* **5** refinado; lindo, bonito (objeto, cosa). **6** sutil (distinción, detalle, etc.). **7** importante, grandioso: *I can't stand your fine friends = no puedo soportar a tus amigos importantes.* **8** (hum.) bonito, agradable: *that's a fine way to thank me, with a kick! = vaya forma tan bonita de darme las gracias, ¡con una patada!* ● *adv.* **9** estupendamente, magníficamente. ● *s. c.* **10** multa. ● *v. t.* **11** multar. ◆ **12 to cut it a bit ~,** dejar muy poco tiempo (para alguna actividad) **13 ~ art/~ arts,** bellas artes. **14 to ~ down,** afinar; perfeccionar (teorías o similar). **15 ~ print,** letra pequeña (de un contrato o similar). **16 to get something down to a ~ art,** ⇒ **art. 17 not to put too fine a point on it,** ⇒ **point. 18 that's ~/~,** vale, estupendo, de acuerdo.

finely ['faɪnlɪ] *adv.* **1** finamente. **2** sutilmente. **3** exquisitamente, refinadamente.

fineness ['faɪnnɪs] *s. i.* **1** sutilidad. **2** fineza.

finery ['faɪnərɪ] *s. i.* galas (de vestimenta y accesorios).

finesse [fɪ'nes] *s. i.* finura, tino, tacto.

fine-tooth comb [faɪn'tu:θkəum] *s. c.* **1** peine fino. **2 to go over/through something with a ~,** examinar algo atentamente.

finger ['fɪŋgər] *s. c.* **1** dedo (únicamente de la mano). **2** dedo (de un guante o similar). **3** (fig.) columna, dedo (algo con forma de dedo): *a finger of land jutting into the sea = una franja de tierra que se mete dentro del mar.* **4** dedo (medida de líquido). ● *v. t.* **5** tocar, palpar (cuidadosamente con los dedos). **6** MÚS. tocar (un instrumento). **7** (fam.) chivarse de, delatar (a la policía). ◆ **8 all fingers and thumbs,** más torpe que nada en el mundo; manazas. **9 to cross one's fingers,** ⇒ **cross. 10 ~ bowl,** aguamanil (para lavarse los dedos durante una comida formal). **11 to get one's fingers burnt/to burn one's fingers,** meter la pata, pillarse los dedos. **12 to have a ~ in every/the pie,** estar metido en todos los asuntos/el asunto. **13 to have green fingers,** tener buena mano para las plantas. **14 to lay a ~ on,** (normalmente en negativa) tocar a: *you mustn't lay a finger on my son = no debe Vd. tocar a mi hijo.* **15 to lift/raise a ~,** mover un dedo (para ayudar). **16 to point the/a ~ at,** señalar con el dedo a (como culpable). **17 to pull/get one's ~ out,** (fam.) empezar la faena, comenzar a trabajar. **18 to put one's ~ on,** acertar con, dar con (la solución, identificación, etc. de un problema): *you have just put your finger on the crucial issue = acabas de poner el dedo en la llaga.* **19 to put the ~ on someone,** (fam.) delatar a alguien (normalmente a la policía). **20 to slip through one's fingers,** escapársele a uno (de) entre los dedos (después de haber estado cerca de ello). **21 to twist someone round one's little ~,** manejar a alguien como se desea. **22 to work one's fingers to the bone,** ⇒ **bone.**

fingering ['fɪŋgərɪŋ] *s. sing.* MÚS. digitación, juego de los dedos (al tocar un instrumento).

fingermark ['fɪŋgəmɑ:k] *s. c.* señal (normalmente sucia de los dedos).

fingernail ['fɪŋgəneɪl] *s. c.* uña.

finger-painting ['fɪŋgəpeɪntɪŋ] *s. i.* y *c.* pintura con los dedos (de niños).

fingerprint ['fɪŋgəprɪnt] *s. c.* **1** huella dactilar. ● *v. t.* **2** coger/tomar las huellas ◆ **3 to take somebody's fingerprints,** tomar las huellas dactilares a alguien.

fingerprinting ['fɪŋgəprɪntɪŋ] *s. i.* toma de huellas dactilares.

fingertip ['fɪŋgətɪp] *s. c.* **1** yema (del dedo). ◆ **2 to have something at one's fingertips, a)** saberse algo al dedillo; **b)** tener algo al alcance de la mano. **3 to the fingertips/to one's fingertips,** de los pies a la cabeza.

finicky ['fɪnɪkɪ] *adj.* (desp.) remilgado, melindroso.

finish ['fɪnɪʃ] *v. t.* **1** acabar, terminar, finalizar (una comida, una actividad, etc.). **2** perfeccionar, acabar bien (un objeto). **3** concluir, acabar diciendo: *I love you, she finished = te quiero, concluyó ella.* **4** (~ *ger.*) acabar de, terminar de: *I finished eating at 4 = terminé de comer a las 4.* ● *v. i.* **5** (~ *num. ord.*) terminar, acabar; llegar (a la meta): *he finished second = llegó segundo.* **6** acabar, terminar, finalizar (una película, una conferencia, etc.). **7** (to ~ {**by/with**}) terminar, acabar: *he finished with a joke = terminó con un chiste.* ● *s. sing.* **8** ({**the**} ~ {**of**}) finalización, final, fin, terminación. ● *s. c.* **9** llegada, meta (de una carrera o similar). ● *s. c.* e *i.* **10** acabado: *the table has a lovely finish = la mesa tiene un acabado precioso.* ◆ **11 a fight to the ~,** una lucha a muerte. **12 to fight to the ~,** luchar a muerte. **13 finishing touch,** toque final. **14 to ~ off, a)** despachar; rematar; matar: *finish off that wounded horse = remata a ese caballo herido.* **b)** completar, rematar (una tarea). **c)** concluir, terminar (una actuación, discurso, etc.). **d)** despachar, terminar (comida o bebida). **15 to ~ up, a)** acabar, terminar (como colofón a algo): *he finished up living with a rich widow = acabó viviendo con una viuda rica.* **b)** despachar, terminar (comida o bebida). **16 to ~ with,** terminar con, acabar con (algo); dejar a (una persona).

finished ['fɪnɪʃt] *adj.* **1** (~ **with**) acabado: *the picture isn't finished yet = el cuadro no está aún acabado.* **2** (~ {**with**}) acabado, finalizado: *Are you finished with the computer? = ¿has acabado con el ordenador?* **3** acabado (una persona). **4** perfeccionado, acabado, rematado (un objeto).

finishing school ['fɪnɪʃɪŋ sku:l] *s. c.* Colegio privado donde se enseña a las alumnas a comportarse en sociedad.

finite ['faɪnaɪt] *adj.* **1** finito, limitado. **2** GRAM. con verbo conjugado.

fink [fɪŋk] *s. c.* (EE UU) (fam. y desp.) soplón, chivato.

Finland ['fɪnlənd] *s. sing.* Finlandia.

Finn [fɪn] *s. c.* finés, finlandés.

Finnish ['fɪnɪʃ] *adj.* **1** finés, finlandés (cultura, tradiciones, etc.). ● *s. i.* **2** finés, finlandés (idioma).

fiord ['fjo:d] *s. c.* ⇒ **fjord.**

fir [fə:r] *s. c.* **1** BOT. abeto. ◆ **2 ~ tree,** BOT. abeto.

fire ['faɪər] *s. i.* **1** fuego. **2** MIL. fuego, disparos. **3** (fig.) ardor, entusiasmo, fuerza: *his fire and competence as a politician impressed us = su entusiasmo y buen hacer como político nos impresionaron.* **4** (fig.) críticas, ataques; disparos: *I don't mind his leftist fire = no me importan sus críticas izquierdistas.* ● *s. c.* **5** fuego, hoguera. **6** estufa (eléctrica o de gas). ◆ **7** incendio. ● *v. i.* **8** disparar, hacer fuego. **9** MEC. hacer contacto (el motor). ● *v. t.* **10** disparar (un arma, una bala, etc.). **11** (fam.) despedir, echar del trabajo. **12** (**to** ~ {**at**}) (fig.) lanzar, hacer (preguntas o similar muy rápidamente). **13** (fig.) encardecer, entusiasmar, apasionar. **14** cocer (en alfarería). ◆ **15 to catch ~,** prender,

encenderse, comenzar a arder. **16 to come under ~, a)** recibir disparos; **b)** ser criticado ferozmente, ser blanco de críticas feroces. **17 to draw the ~ of,** MIL. atraer los disparos/el fuego de. **18 the fat's in the ~, ⇒ fat. 19 to fight a ~,** luchar contra un incendio. **20 to fight ~ with ~,** utilizar los mismos medios que el enemigo. **21 to ~ away,** comenzar a hacer preguntas. **22 ~ drill,** simulacro de incendio. **23 ~ lighter,** enciendefuegos; trozo de material que arde con facilidad (para encender la chimenea o similar). **24 to ~ off,** disparar, lanzar (algún tipo de proyectil sofisticado). **25 ~ service,** cuerpo de bomberos. **26 ~ station,** parque de bomberos. **27 ~ trap,** edificio sin la debida seguridad en caso de incendio. **28 out of the frying pan into the ~, ⇒ frying. 29 to hang ~,** demorarse (un asunto o similar). **30 to hold one's ~,** MIL. dejar de disparar. **31 like a house on ~, ⇒ house. 32 line of ~,** MIL. línea de fuego. **33 on ~, a)** ardiendo, en llamas. **b)** ardiendo (por la fiebre, dolor, etc.). **c)** excitado; ilusionado. **34 to open ~,** abrir fuego, comenzar a disparar. **35 to play with ~,** jugar con fuego. **36 to return someone's ~,** MIL. contestar a los disparos de alguien. **37 to set ~ to something/to set something on ~,** prender fuego a algo. **38 there's no smoke without ~, ⇒ smoke.**
OBS. Esta palabra en forma de participio sirve para formar compuestos: **39** expresando la energía con que funciona un determinado sistema o máquina: *oil-fired central heating = calefacción central de petróleo.*

fire-alarm ['faɪərəlɑːm] *s. c.* alarma de incendios.
firearm ['faɪərɑːm] *s. c.* arma de fuego.
fireball ['faɪəbɔːl] *s. c.* bola de fuego.
firebomb ['faɪəbɒm] *s. c.* bomba incendiaria.
firebrand ['faɪəbrænd] *s. c.* agitador, revolucionario.
firebreak ['faɪəbreɪk] *s. c.* cortafuego.
firebrick ['faɪəbrɪk] *s. c.* e *i.* ARQ. ladrillo refractario.
fire-brigade ['faɪəbrɪgeɪd] *s. sing.* y *c.* bomberos, cuerpo de momberos: *call the fire-brigade = llama a los bomberos.*
firecracker ['faɪəkrækər] *s. c.* petardo.
fire-eater ['faɪəriːtər] *s. c.* **1** tragafuegos, comefuegos (en un circo). **2** (fig.) buscapleitos.
fire-engine ['faɪərendʒɪn] *s. c.* coche de bomberos, camión de bomberos.
fire-escape ['faɪərɪskeɪp] *s. c.* escalera de incendios.
fire-extinguisher ['faɪərɪkstɪŋgwɪʃər] *s. c.* extintor.
fire-fighter ['faɪəfaɪtər] *s. c.* bombero.
fire-fighting ['faɪəfaɪtɪŋ] *s. i.* extinción de incendios.
firefly ['faɪəflaɪ] *s. c.* ZOOL. luciérnaga.
fireguard ['faɪəgɑːd] *s. c.* pantalla guardafuegos (en una chimenea).
fire-hydrant ['faɪəhaɪdrənt] *s. c.* boca de incendios.
fire-irons ['faɪəraɪənz] *s. pl.* utensilios para la chimenea (como el atizador, las tenazas, etc.).
firelight ['faɪəlaɪt] *s. i.* luz del fuego: *in the firelight = a la luz del fuego.*
fireman ['faɪəmən] *s. c.* bombero.
fireplace ['faɪəpleɪs] *s. c.* chimenea; hogar (el sitio concreto donde se enciende el fuego).
fireplug ['faɪəplʌg] *s. c.* (EE UU) boca de incendios.
firepower ['faɪəpauər] *s. i.* MIL. potencia de fuego.
fireproof ['faɪəpruːf] *adj.* **1** a prueba de fuego; incombustible; ignífugo. ● *v. t.* **2** revestir con material ignífugo o incombustible; acondicionar a prueba de fuego.
fire-raising ['faɪəreɪzɪŋ] *s. i.* incendio provocado, incendio deliberado.
fire-sale ['faɪəseɪl] *s. c.* liquidación por incendio (a precios bajísimos).
fireside ['faɪəsaɪd] *s. c.* **1** fuego, hogar. ● *adj.* **2** hogareño. ◆ **3 by the ~,** junto al fuego, al calor del hogar, al amor de la lumbre.
fire-storm ['faɪəstɔːm] *s. c.* MIL. tormenta de fuego (cuando después de un bombardeo el aire caliente se eleva y nuevo aire acude con fuerza al vacío haciendo que el fuego se avive).
firewall ['faɪəwɔːl] *s. c.* INF. cortafuegos.
fire-watching ['faɪəwɒtʃɪŋ] *s. i.* vigilancia contra incendios.
firewater ['faɪəwɔːtər] *s. i.* (fam.) licor (fuerte), aguardiente.
firewood ['faɪəwud] *s. i.* leña.
firework ['faɪəwəːk] *s. c.* **1** fuego de artificio. ◆ **2 fireworks, a)** fuegos artificiales. **b)** (fig.) pelea, follón: *there will be fireworks when he finds out = habrá follón cuando él lo descubra.* **c)** exuberancia (verbal o escrita): *his fireworks don't impress me = no me impresiona su exuberancia.*
firing ['faɪərɪŋ] *s. i.* y *c.* **1** cocción (en alfarería). ● *s. i.* **2** MIL. disparos, fuego. ◆ **3 ~ line,** MIL. línea de fuego. **4 ~ pin,** percutor. **5 ~ squad,** pelotón de fusilamiento, pelotón de ejecución.
firm [fəːm] *s. c.* **1** empresa, compañía, firma comercial. ● *adj.* **2** firme, sólido: *firm ground = tierra firme.* **3** fijo, estable, seguro (que no se mueva). **4** firme, fuerte: *a firm grasp = un apretón fuerte.* **5** definitivo, firme (decisión). **6** FIN. firme, sólido (una moneda, un valor, un índice económico, etc.). **7** decidido (que no cambiará): *I'm firm about that = sobre eso no tengo dudas.* **8** cierto, seguro (evidencia, información, etc.). ● *v. t.* **9** apretar, afirmar (tierra, arena, etc.). ◆ **10 to ~ up, a)** COM. finiquitar (un contrato o similar). **b)** fortalecer, hacer firme (alguna parte del cuerpo). **11 to hold ~ to,** ser fiel a, ser leal a (principios, creencias, etc.). **12 to stand ~,** mantenerse en sus trece, mantenerse firme.
firmament ['fəːməmənt] *s. sing.* (lit.) firmamento, cielo.
firmly ['fəːmlɪ] *adv.* **1** firmemente, sólidamente. **2** fijamente, establemente, seguramente (que no se mueva). **3** firmemente, fuertemente (apretar). **4** decididamente (opinar).
firmness ['fəːmnɪs] *s. i.* **1** firmeza, solidez, consistencia. **2** firmeza, fuerza (de apretón). **3** rotundidad: *he said it with firmness in his voice = lo dijo con un tono de rotundidad.* **4** firmeza (en una decisión o similar).
firmware [fəːst] *s. i.* firmware.
first [fəːst] *num. ord.* **1** (~ *sing.* o *pl.*) primero. ● *adv.* **2** primero, primeramente, en primer lugar; por primera vez. ● *s. c.* **3** primera vez: *it was a first for him = para él era la primera vez.* **4** ({a} ~ {in}) sobresaliente (en) (en enseñanza superior). ● *s. i.* **5** primera (marcha de un vehículo). ◆ **6 at ~,** al principio, en un principio. **7 at ~ hand,** de primera mano. **8 to come ~, a)** llegar el primero (en carreras); **b)** ser lo primero, tener prioridad (un tema, asunto, etc.). **9 ~ aid,** primeros auxilios. **10 ~ and foremost,** ante todo. **11 ~ and last,** desde todos los puntos de vista. **12 ~ come, ~ served,** prioridad para el primero que llegue, el primero se lo queda. **13 ~ cousin,** primo carnal. **14 ~ edition,** primera edición. **15 ~ floor, a)** (brit.) primer piso. **b)** (EE UU) planta baja. **16 ~ fruits,** primeros frutos, primeros resultados. **17 ~ lady,** primera figura. **18 First Lady,** POL. primera dama. **19 ~ language,** lengua materna, idioma materno. **20 ~ name,** nombre de pila. **21 ~ night,** estreno (de una película, obra de teatro, etc.). **22 ~ off,** (fam.) primeramente, en primer lugar. **23 ~ offender,** DER. delincuente sin antecedentes penales. **24 ~ person,** LIT. primera persona (en narración o similar). **25 ~ school,** escuela primaria (entre los 5 y los 8 años aproximadamente). **26 ~ thing,** antes que nada. **27 ~ things ~,** lo primero es lo primero. **28 from ~ to last,** de principio a fin. **29 from the ~,** desde el comienzo, desde el principio. **30 not to know the ~ thing about,** no tener ni idea de, no tener ni repajolera idea de. **31 not to have the ~ idea about,** no entender lo más mínimo de. **32 to put someone /something ~,** dar prioridad a alguien/algo, poner alguien /algo en primer lugar: *she put her children first = ella puso a sus hijos en primer lugar.*
first-born ['fəːstbɔːn] *s. sing.* **1** (lit.) primogénito. ● *adj.* **2** (lit.) primogénito.
first-class [,fəːst'klɑːs] *adj.* **1** de primera clase; de gran calidad. ● *adj.* **2** de primera clase. ● *adv.* **3** en primera clase (en medio de transporte).
first-degree [,fəːstdɪ'griː] *adj.* **1** MED. de primer grado (quemadura). **2** DER. en primer grado (asesinato).

first-ever [ˌfəːst'evər] *adj.* primerísimo; sin precedentes.
first-hand [ˌfəːst'hænd] *adj.* y *adv.* de primera mano.
firstly ['fəːstlɪ] *adv.* en primer lugar, primeramente.
first-nighter [ˌfəːst'naɪtər] *s. c.* asistente a los estrenos.
first-rate [ˌfəːst'reɪt] *adj.* de primera clase, de gran calidad.
fiscal ['fɪskl] *adj.* **1** fiscal. ◆ **2** ~ **year,** año fiscal (para impuestos); ejercicio económico (en finanzas).
fish [fɪʃ] (*pl.* **fish** o **fishes**) *s. c.* **1** pez. ● *s. i.* **2** pescado. ● *v. t.* **3** pescar. **4** (**to** ~ {**out/from**}) (fam.) sacar, extraer (de): *I fished my card out of the bag = saqué mi tarjeta del bolso.* ● *v. i.* **5** pescar. **6** (**to** ~ **for**) buscar (alabanza o información). ◆ **7 an odd/queer** ~, (fam.) un tipo raro/extraño. **8 to drink like a** ~, (fam.) beber como un cosaco. **9** ~ **and chips,** pescado con patatas fritas (comida muy popular). **10** ~ **and chip shop,** tienda de pescado con patatas fritas (sólo dedicada a esto). **11 to** ~ **in troubled waters,** pescar en río revuelto. **12 to have other /bigger** ~ **to fry,** tener cosas más importantes que hacer. **13 like a** ~ **out of water,** como pez fuera del agua. **14 there are other** ~ **in the sea,** hay otras personas en el mundo; hay otras cosas en la vida.
fishbone ['fɪʃbəun] *s. c.* espina, raspa.
fishbowl ['fɪʃbəul] *s. c.* pecera.
fishcake ['fɪʃkeɪk] *s. c.* GAST. medallón de pescado y patatas rebozados o empanados.
fisherman ['fɪʃəmən] (*pl.* **fishermen**) *s. c.* pescador.
fishery ['fɪʃərɪ] *s. c.* caladero (zona rica en peces).
fish-finger [ˌfɪʃ'fɪŋgər] *s. c.* delicia de pescado, palito de pascado.
fishing ['fɪʃɪŋ] *s. i.* **1** pesca. ◆ **2** ~ **ground,** caladero.
fishing-line ['fɪʃɪŋlaɪn] *s. c.* sedal.
fishing-rod ['fɪʃɪŋrɒd] *s. c.* caña de pescar.
fishing-tackle ['fɪʃɪŋtækl] *s. i.* aparejos de pesca.
fish-knife ['fɪʃnaɪf] *s. c.* cuchillo para el pescado (cubierto).
fishmonger ['fɪʃmʌŋgər] *s. c.* **1** (brit.) pescadero. ◆ **2 the fishmonger's,** (brit.) la pescadería.
fishnet ['fɪʃnet] *s. i.* **1** red (de pesca). **2** malla (para medias).
fish-slice ['fɪʃslaɪs] *s. c.* paleta (para servir o cocinar pescado).
fishwife ['fɪʃwaɪf] *s. c.* (desp. y fam.) verdulera.
fishy ['fɪʃɪ] *adj.* **1** a pescado (olor, sabor, etc.). **2** (fam.) sospechoso; dudoso. ◆ **3 there's something** ~ **here,** (fam.) aquí hay gato encerrado.
fission ['fɪʃn] *s. i.* FÍS. fisión: *nuclear fission = fisión nuclear.*
fissure ['fɪʃər] *s. c.* fisura; grieta.
fist [fɪst] *s. c.* **1** puño: *he shook his fist at me = me amenazó con el puño.* ◆ **2 hand over** ~, ⇒ **hand.**
fistful ['fɪstful] *s. c.* puñado: *a fistful of sand = un puñado de arena.*
fisticuffs ['fɪstɪkʌfs] *s. pl.* (p.u.) puñetazos.
fit [fɪt] (*ger.* **fitting,** *pret.* y *p. p.* **fitted**;a veces en EE UU *pret.* y *p. p.* **fit**) *v. t.* **1** sentar bien, caer bien (ropa o similar). **2** ajustar, encajar, acoplar; colocar (en su sitio): *fit this here = coloca esto aquí.* **3** encajar con, ajustarse a: *that fits my theory = eso encaja con* o *se ajusta a mi teoría.* **4** (**to** ~ {**in/into**}) acoplar, encajar (dentro de) (dentro de una categoría o similar): *I can't fit your opinion into any system of thought = no puedo acoplar* o *encajar tu opinión dentro de ningún sistema de pensamiento.* **5** (**to** ~ {**to/with**}) instalar (en); equipar(con): *fit a new lock to the door = instala un nuevo candado en la puerta.* **6** (**to** ~ {**for/to +** *inf.*}) (lit.) capacitar (para). ● *v. i.* **7** ajustarse, ir: *this fits well = esto se ajusta bien.* **8** (**to** ~ **in**) caber, entrar: *all this can't fit in there = todo esto no cabe ahí.* ● *adj.* **9** en forma, sano, fuerte. **10** (~ {**for/to +** *inf.*}) apto: *she's not fit for that job = no es apta para ese trabajo.* ● *adj.* y *adv.* **11** (~ *inf.*) (fam.) como para, dispuesto a: *he looked fit to scream = él parecía dispuesto a chillar.* ● *s. c.* **12** ataque (de rabia, risa, cólera, etc.). ● *s. sing.* **13** encaje, talle (que queda con una vestimenta): *it is a lovely fit = queda precioso.* ◆ **14 as** ~ **as a fiddle,** (fam.) como un roble, en perfectas condiciones físicas. **15 to be fitted,** estar probándose ropa, hacerse pruebas en el sastre: *at the moment she's being fitted = en este momento se está haciendo pruebas en el sastre.* **16 fighting** ~, ⇒ **fighting. 17 to** ~ **in/into, a)** tener tiempo para (una actividad o persona). **b)** encajar en (un grupo o similar). **18 to** ~ **(someone) like a glove,** sentar (a alguien) muy bien. **19 to** ~ **out/up,** equipar por completo. **20 to fit the bill,** ⇒ **bill. 21 to have a** ~, sufrir un ataque (de cólera o enorme sorpresa). **22 in fits,** muerto (de risa). **23 in/by fits and starts,** a trancas y barrancas. **24 to see/think** ~, tener a bien, parecerle a uno bien: *I saw fit to take my child out of that school = me pareció bien sacar a mi chico de esa escuela.*
fitful ['fɪtfl] *adj.* intermitente, irregular: *fitful sleep = sueño intermitente.*
fitfully ['fɪtfəlɪ] *adv.* intermitentemente, irregularmente.
fitment ['fɪtmənt] *s. c.* mueble de acoplamiento.
fitted ['fɪtɪd] *adj.* **1** (~ {**for/to +** *inf.*}) adecuado, idóneo: *I'm not fitted for this job = no soy la persona adecuada para este trabajo.* **2** hecho a medida (ropas, muebles, etc.). **3** empotrado (muebles). **4** amueblado, totalmente amueblado (especialmente la cocina y los dormitorios). **5** enmoquetado, alfombrado (de pared a pared). ◆ **6** ~ **carpet,** moqueta. **7** ~ **sheet,** sábana bajera ajustable.
fitter ['fɪtər] *s. c.* ajustador, montador.
fitting ['fɪtɪŋ] *adj.* **1** conveniente, apropiado: *it is not fitting for you to sit there = no es apropiado que te sientes allí.* ● *s. c.* **2** accesorio (como componentes de objetos). **3** prueba (de ropa). **4** (brit.) horma (para zapatos). ◆ **5 fittings,** aparatos, instalaciones (de calefacción o de electrodomésticos, que se pueden poner o quitar en una casa). OBS. **6 -fitting** es parte de un compuesto adjetival o adverbial que indica la forma en que sienta ropa o similar: *a tight-fitting jacket = una chaqueta muy ajustada* o *ceñida.*
fittingly ['fɪtɪŋlɪ] *adv.* convenientemente, apropiadamente.
five [faɪv] *num. card.* **1** cinco. ◆ **2** ~ **o'clock shadow,** barba de unas horas (que se empieza a notar). **3 fives,** DEP. juego de pelota a tres bandas.
fiver ['faɪvər] *s. c.* (fam.) billete de cinco libras; billete de cinco dólares.
fix [fɪks] *v. t.* **1** fijar, sujetar, asegurar. **2** fijar, establecer, decidir (hora o lugar). **3** arreglar, reparar (un objeto). **4** adecentar, preparar (un lugar, un detalle, etc.). **5** retocar, arreglar (pelo, maquillaje, etc.). **6** preparar (comida o bebida): *I'll fix you a drink = te prepararé una copa.* **7** organizar, planificar (cualquier cosa). **8** resolver, solucionar (cualquier asunto): *don't worry, I'll fix everything for you = no te preocupes, te lo resolveré todo.* **9** (**to** ~ {**on/upon /with**}) fijar (en/con) (la vista, atención, mirada, etc.). **10** QUÍM. fijar (una sustancia volátil o gaseosa). **11** (fam.) amañar, apañar, arreglar (un asunto mediante soborno o similar). **12** (fam.) dar para el pelo, dar donde duele; acabar con (algo o alguien): *I'll fix you = acabaré contigo.* ● *v. pron.* **13** prepararse (comida o bebida). ● *s. c.* **14** AER. punto de posición, determinación de posición (mediante brújula, radar, etc.). **15** (fam.) pico, chute, dosis. **16** (fam.) aprieto, dificultad. ● *s. sing.* **17** apaño, arreglo (mediante soborno). ◆ **18 to** ~ **bayonets,** MIL. calar bayonetas. **19 to** ~ **on/ upon,** decidir, fijar (un asunto). **20 to** ~ **something in one's mind/brain,** grabar algo en el cerebro. **21 to** ~ **up, a)** arreglar, acondicionar (un piso, lugar, etc.). **b)** medio hacer, hacer provisionalmente. **c)** organizar (un viaje, salida, etc.); arreglar (una situación); adecentar (niños). **22 to** ~ **up with,** dar, proporcionar: *I can fix you up with everything = puedo proporcionarles todo.*
fixated [fɪk'seɪtɪd] *adj.* obsesionado.
fixation [fɪk'seɪʃn] *s. c.* fijación, obsesión, manía.
fixative ['fɪksətɪv] *s. c.* e *i.* QUÍM. fijador (sustancia que pega fuertemente).
fixed [fɪkst] *adj.* **1** fijo (posición, idea, mirada, etc.). **2** artificial, postizo (sonrisa, expresión facial). **3** (fam.) amañado, apañado, arreglado (me-

diante soborno o similar). ◆ **4 ~ assets,** inmovilizado, activo fijo. **5 ~ cost,** coste fijo. **6 ~ interest securities,** rente fija. **~ interest,** FIN. interés fijo. **7 no ~ abode/address,** sin domicilio fijo.

fixedly ['fɪksɪdlɪ] *adv.* fijamente (mirar).

fixings ['fɪksɪŋgz] *s. pl.* (EE UU) guarnición (en comidas).

fixity ['fɪksɪtɪ] *s. i.* fijeza (de mirada, propósitos, etc.).

fixture ['fɪkstʃər] *s. c.* **1** DER. accesorio fijo, mueble (fijo en una casa). **2** (brit.) DEP. encuentro, acontecimiento deportivo. **3** (fam.) incondicional, cliente permanente (persona que siempre está en el mismo lugar).

fizz [fɪz] *v. i.* **1** burbujear. **2** hacer un ruido/sonido suave sibilante (onomatopeya). ● *s. i.* **3** efervescencia; burbujeo (de líquido o gas). **4** champán; vino espumoso.

fizzle ['fɪzl] *v. i.* **1** chisporrotear (onomatopeya). ◆ **2 to ~ out,** apagarse (fuego, entusiasmo, interés); quedar en ugua de borrajas, fracasar (asunto).

fizzy ['fɪzɪ] *adj.* efervescente (bebida); espumoso (vino); con gas (en refrescos).

fjord [fjɔːd] (también **fiord**) *s. c.* GEOG. fiordo.

flab [flæb] *s. i.* (fam.) grasa, carne fofa (de una persona).

flabbergasted ['flæbəgɑːstɪd] *adj.* asombrado, alucinado.

flabbiness ['flæbɪnɪs] *s. i.* **1** fofez, flacidez, flojedad. **2** abulia, sosez.

flabby ['flæbɪ] *adj.* **1** fofo, flácido, flojo. **2** abúlico, soso.

flaccid ['flæksɪd] *adj.* flácido.

flag [flæg] *s. c.* **1** bandera, pabellón, estandarte. **2** banderita: *there were lots of flags on the huge map = había muchísimas banderitas en aquel enorme mapa.* **3** bandera (como símbolo de la patria): *under our flag = bajo nuestra bandera.* **4** losa, baldosa. ● *s. sing.* **5** (fig.) bandera, estandarte; causa: *the flag of peace = la causa de la paz.* ● (*ger.* **flagging,** *pret.* y *p.p.* **flagged**) *v. i.* **6** decaer, debilitarse (ánimo o similar). ◆ **7 to ~ down,** hacer señas para que pare (un vehículo, normalmente un taxi). **8 to fly the ~/to keep the ~ flying,** actuar con orgullo patriotero (especialmente en el extranjero). **9 with flags flying,** triunfalmente.

flag-day ['flægdeɪ] *s. c.* día de la banderita (contra el cáncer u otra cosa).

flagellate ['flædʒəleɪt] *v. t.* **1** (lit.) flagelar. **2** (fig.) fustigar, criticar severamente.

flagellation [ˌflædʒə'leɪʃn] *s. i.* flagelación.

flagged [flægd] *adj.* enlosado, con baldosas.

flagging ['flægɪŋ] *adj.* decreciente; cada vez más débil (ánimo).

flagon ['flægən] *s. c.* jarro grande; botellón.

flagpole ['flægpəul] (también **flagstaff**) *s. c.* asta (de bandera).

flagrant ['fleɪgrənt] *adj.* flagrante, notorio: *flagrant injustice = flagrante injusticia.*

flagrantly ['fleɪgrəntlɪ] *adv.* descaradamente, flagrantemente, notoriamente.

flagship ['flægʃɪp] *s. c.* **1** MIL. buque insignia. **2** (fig.) modelo (refiriéndose a algo que es modelo dentro de una empresa o similar): *the firm's flagship is the clinic in London = el modelo de la empresa es la clínica de Londres.*

flagstaff ['flægstɑːf] *s. c.* ⇒ **flagpole.**

flagstone ['flægstəun] *s. c.* losa, baldosa.

flag-waving ['flægweɪvɪŋ] *s. i.* **1** patrioterismo; chovinismo. ● *adj.* **2** patriotero; chovinista.

flail [fleɪl] *v. i.* **1** agitar (brazos o piernas). ● *v. t.* **2** azotar (con un palo o similar). ● *s. c.* **3** mayal, desgranador.

flair [fleər] *s. sing.* **1** ({a} ~ **for**) capacidad para, talento para: *I have a flair for languages = tengo talento para los idiomas.* ● *s. i.* **2** estilo; originalidad.

flak [flæk] *s. i.* **1** MIL. fuego antiaéreo. **2** (fam.) críticas; vituperios.

flake [fleɪk] *s. c.* **1** copo (de nieve, avena, cereales); escama (de piel); desconchón (de pintura, yeso) trocito: *flakes of snow = copos de nieve; flakes of rust = trocitos de óxido.* ● *v. t.* **2** desmenuzar (comida). ● *v. i.* **3** desmenuzarse (comida); descamarse (piel); desconxharse (pintura, yeso); desprenderse en trocitos. ◆ **4 to ~ out,** (fam.) caer rendido: *when I finished the race I flaked out = cuando acabé la carrera caí rendido.*

flaked [fleɪkt] *adj.* **1** desmenuzado. ◆ **2 ~ out,** (fam.) rendido, agotado.

flak-jacket ['flækdʒækɪt] *s. c.* chaleco antibalas.

flaky ['fleɪkɪ] *adj.* **1** escamoso (piel); desmenuzable (comida). ◆ **2 ~ pastry,** GAST. masa de hojaldre, hojaldre (para repostería).

flambé ['flɒmbeɪ] *v. t.* GAST. flamear, flambear.

flamboyance [flæm'bɔɪəns] *s. i.* **1** extravagancia, ostentación. **2** vistosidad (de colores y formas).

flamboyant [flæm'bɔɪənt] *adj.* **1** extravagante. **2** vistoso, deslumbrante: *a flamboyant evening dress = un traje de noche deslumbrante.*

flame [fleɪm] *s. c.* e *i.* **1** llama. ● *s. c.* **2** (lit.) arrebato: *a flame of indignation = un arrebato de indignación.* ● *v. i.* **3** llamear, echar llamas, despedir llamas. **4** encenderse, sonrojarse: *her cheeks flamed = se le sonrojaron las mejillas.* ◆ **5 in flames,** ardiendo, en llamas. **6 to burst into flames,** arder súbitamente. **7 to fan the flames/to add fuel to the flames,** echar (más) leña al fuego. **8 to go up in flames,** ser pasto de las llamas.

flamenco [flə'meŋkəu] *s. c.* e *i.* flamenco.

flameproof ['fleɪmpruːf] *adj.* a prueba de incendios, ignífugo.

flame-thrower ['fleɪmθrəuər] *s. c.* lanzallamas.

flaming ['fleɪmɪŋ] *adj.* **1** llameante. **2** resplandeciente (sólo con el color rojo o muy similar). **3** acalorado (discusión); apasionado (temperamento). **4** maldito, cochino (expresa un enfado que no alcanza a ser palabrota): *flaming teacher! = ¡maldito profesor!*

flamingo [flə'mɪŋgəu] *s. c.* ZOOL. flamenco.

flammable ['flæməbl] *adj.* inflamable.

flan [flæn] *s. c.* GAST. bizcocho (con algún tipo de relleno).

flange [flændʒ] *s. c.* MEC. pestaña, brida, reborde.

flank [flæŋk] *s. c.* **1** costado, ijada (en animales). **2** MIL. flanco. **3** lado. ● *v. t.* **4** flanquear; estar al lado de: *groups of children flanked us = estábamos/íbamos flanqueados por grupos de niños.*

flannel ['flænl] *s. i.* **1** franela. **2** (fam.) lisonja, coba. ● *s. c.* **3** (brit.) toallita (para el lavado personal). ● *v. t.* **4** (fam.) dar coba: *in general, politicians flannel people = en general, los políticos dan coba a la gente.* ◆ **5 flannels,** pantalones de franela (de hombres).

flannelette [ˌflænə'let] *s. i.* muletón, franela fina.

flap [flæp] (*ger.* **flapping,** *p. p.* **flapped**) *v. i.* **1** aletear, mover las alas: *the bird flapped = el pájaro aleteó.* **2** agitarse (en un movimiento parecido al aleteo): *the flag flapped = la bandera se agitó.* ● *v. t.* **3** mover, agitar; batir (las alas): *he flapped his arms = agitó los brazos.* ● *s. c.* **4** solapa (de sobre); ala, hoja (de mesa). **5** AER. alerón. **6** aletazo, golpe de ala (o similar). ◆ **7 in a ~,** (fam.) en un estado de conmoción/agitación/preocupación.

flapjack ['flæpdʒæk] *s. i.* **1** (brit.) GAST. galleta hecha con avena. ● *s. c.* **2** (EE UU) torta (plana y rellena de dulce).

flare [fleər] *s. c.* **1** bengala. ● *v. i.* **2** (**to ~** {**up**}) estallar, explotar (un conflicto); avivarse (un fuego). **3** (**to ~** {**out**}) ensancharse; acampanarse (una falda, un pantalón o similar). ◆ **4 flares,** pantalones de campana o acampanados.

flared [fleəd] *adj.* ade campana, acampanado (de pantalones).

flare-path ['fleəpɑːθ] *s. c.* AER. balizamiento (de una pista de aterrizaje).

flare-up ['fleərʌp] *s. c.* **1** llamarada. **2** estallido súbito (de cólera, de un conflicto, etc.).

flash [flæʃ] *v. i.* **1** destellar, fulgurar; relampaguear: *a light flashed in the distance = una luz destelló a lo lejos.* **2** (**to ~** {**by/past/through**}) pasar como un relámpago: *the car flashed past = el coche pasó como un relámpago.* **3** (fig.) pasar como un rayo (una imagen, un pensamiento, etc.).

4 (fam.) exhibirse (públicamente). **5** brillar de cólera/emoción (los ojos). • *v. t.* **6** hacer destellar: *that car flashed its lights = ese coche hizo destellar sus luces.* **7** lanzar (una mirada o sonrisa). **8** mostrar rápidamente, enseñar al instante: *I flashed my card at the policeman = mostré rápidamente mi carnet al policía.* **9** PER. transmitir (información o noticias). • *s. c.* **10** destello; fogonazo: *a flash of light = destello de luz.* **11** (EE UU) linterna. **12** instante; ráfaga (de algún estado de emoción): *a flash of anger = una ráfaga de cólera.* **13** franja (de color brillante). • *s. i.* **14** FOT. flash. • *adj.* **15** (fam.) chillón, llamativo. ◆ **16 to ~ back (to),** retrotraerse (a) (mentalmente); recordar. **17 ~ burn,** MED. quemadura (por la cercanía a un punto de explosión). **18 ~ in the pan,** destello de brillantez, hecho aislado (que no se repite). **19 in a ~,** en un segundo, inmediatamente. **20 quick as a ~,** como el rayo.

flashback ['flæʃbæk] *s. c.* **1** flashback, escena/narración retrospectiva. **2** recuerdo, rememoración.

flashbulb ['flæʃbʌlb] *s. c.* FOT. flash, lamparilla (de una cámara).

flashcard ['flæʃkɑːd] *s. c.* tarjeta, tarjetón (que muestra letras para enseñar a los niños a leer).

flashcube ['flæʃkjuːb] *s. c.* FOT. juego de bombillas (para flash).

flasher ['flæʃər] *s. c.* **1** intermitente (de un coche). **2** (fam.) exhibicionista (persona).

flash-flood ['flæʃflʌd] *s. c.* riada.

flashgun ['flæʃgʌn] *s. c.* FOT. disparador de flash.

flashing ['flæʃɪŋ] *s. i.* ARQ. capa de alquitrán antigua.

flashlight ['flæʃlaɪt] *s. c.* **1** linterna. **2** (p.u.) FOT. flash. **3** luz intermitente, luz giratoria (de cualquier objeto).

flashpoint ['flæʃpɔɪnt] *s. c.* **1** FÍS. punto de ignición (de una sustancia). **2** sitio conflictivo, lugar de peligro. **3** momento peligroso (en un conflicto en el que las cosas pueden empeorar).

flashy ['flæʃɪ] *adj.* ostentoso, llamativo, relumbrón.

flask [flɑːsk] *s. c.* **1** petaca (para licores). **2** (fam.) termo. **3** QUÍM. matraz.

flat [flæt] *s. c.* **1** piso. **2** neumático pinchado. **3** parte plana (de un objeto). **4** MÚS. bemol. • *adj.* **5** plano, horizontal, liso, llano. **6** achatado, bajo: *a flat box = una caja achatada.* **7** mate (en pintura). **8** rotundo, categórico (negativa, rechazo, etc.). **9** MÚS. bemol. **10** monótono; neutro (tono de voz). **11** flojo (negocios, actividad económica). **12** soso, aburrido (espectáculo, conferencia, etc.). **13** bajo, con poco tacón (zapatos). **14** desinflado; pinchado (neumático). **15** descargado (batería). **16** estándar, básico; uniforme (cantidad, cifra, etc.): *I pay a flat rate of 10% on my income = pago la cantidad uniforme de un 10% de mis ingresos.* **17** sin burbujas; sin gas (bebidas). • *adv.* **18** tumbado: *lie flat on your stomach = échate tumbado sobre tu estómago.* ◆ **19 and that's ~,** y se acabó, y no hay más que hablar. **20 as ~ as a pancake,** extremadamente llano/liso. **21 to fall ~,** fallar, fracasar (plan); caer de bruces (persona): *the plan fell flat = el plan fracasó.* **22 ~ broke,** (fam.) sin un céntimo, sin blanca. **23 ~ cap,** gorra de paño. **24 ~ racing,** carreras de caballos sin obstáculos. **25 flats** (a veces **flat**), llanura; meseta.

flat-chested [,flæt'tʃestɪd] *adj.* de poco pecho, de pecho plano.

flatfish ['flætfɪʃ] *s. c.* ZOOL. pez pleuronecto, pez plano (rodaballo, lenguado, etc.).

flat-footed [,flæt'futɪd] *adj.* **1** de pies planos. **2** (fig.) torpón. **3** bruto, metepatas.

flatiron [flætaɪən] *s. c.* plancha (de estilo antiguo).

flatlet ['flætlɪt] *s. c.* piso pequeño, apartamento.

flatly ['flætlɪ] *adv.* **1** terminantemente, rotundamente. **2** sin emoción alguna.

flatmate ['flætmeɪt] *s. c.* compañero de piso.

flatness ['flætnɪs] *s. i.* **1** llanura, lisura. **2** monotonía; sosería.

flatten ['flætn] *v. t.* **1** aplastar; aplanar, alisar, allanar. **2** derribar (de un golpe). **3** (fig.) desconcertar: *his explanations flattened me = sus explicaciones me desconcertaron.* • *v. pron.* **4** (**to ~ against**) apretarse contra, aplastarse contra: *she flattened herself against the wall = se apretó contra la pared.* • *v. i.* **5** (a veces con **out**) aplastarse; aplanarse, allanarse. ◆ **6 to ~ out,** AER. enderezarse, tomar la posición horizontal.

flattened ['flætənd] *adj.* aplastado; apretado.

flatter ['flætər] *v. t.* **1** halagar, adular. **2** favorecer (ropa, descripción, fotografía, etc.): *this dress flatters you = este vestido te favorece.* • *v. pron.* **3** felicitarse, congratularse; preciarse: *I flatter myself I am a good teacher = me precio de ser un buen profesor.* ◆ **4 to be flattered,** sentirse halagado: *I was flattered to be called a hero = me halagó que me llamaran un héroe.*

flatterer ['flætərər] *s. c.* adulador, piropeador.

flattering ['flætərɪŋ] *adj.* halagador, lisonjero.

flatteringly ['flætərɪŋlɪ] *adv.* halagadoramente, aduladoramente.

flattery ['flætərɪ] *s. i.* adulación, halago.

flatties ['flætɪz] *s. pl.* (fam.) zapatos planos, zapatos bajos.

flatulence ['flætjuləns] *s. i.* (form.) flatulencia, gases.

flatulent ['flætjulənt] *adj.* (form.) flatulento.

flatworm ['flætwɜːm] *s. c.* ZOOL. platelminto.

flaunt [flɔːnt] *v. t.* ostentar, hacer ostentación de.

flautist ['flɔːtɪst] *s. c.* MÚS. flautista.

flavor ['fleɪvər] *s. c.* e *i./v. t.* **flavour.**

flavour ['fleɪvə] (en EE UU **flavor**) *s. c.* e *i.* **1** sabor, gusto. **2** (fig.) sabor, toque: *my guitar gave the party a Spanish flavour = mi guitarra dio a la fiesta un toque* o *sabor español.* • *v. t.* **3** (**to ~ with**) condimentar con, sazonar con.

flavouring ['fleɪvərɪŋ] *s. i.* y *c.* GAST. condimento.

flavourless ['fleɪvəlɪs] *adj.* insípido, soso (comidas, bebidas, etc.).

flaw [flɔː] *s. c.* (~ {**in**}) desperfecto, tara (en ropa, objetos); defecto (en el carácter, objeto, proyecto).

flawed [flɔːd] *adj.* defectuoso, que tiene algún fallo.

flawless ['flɔːlɪs] *adj.* perfecto; impecable.

flawlessly ['flɔːlɪslɪ] *adv.* perfectamente; impecablemente.

flax [flæks] *s. i.* lino.

flaxen ['flæksn] *adj.* pajizo: *flaxen hair = pelo pajizo.*

flay [fleɪ] *v. t.* **1** desollar, despellejar. **2** (fig.) despellejar (a golpes). **3** despellejar, poner verde.

flea [fliː] *s. c.* **1** pulga. ◆ **2 ~ market,** rastro, mercadillo. **3 to send someone away with a ~ in his/her ear,** echar a alguien con cajas destempladas.

fleabite ['fliːbaɪt] *s. c.* picadura de pulga.

flea-bitten ['fliːbɪtən] *adj.* **1** lleno de pulgas, pulgoso. **2** decrépito.

fleapit ['fliːpɪt] *s. c.* (brit) (fam.) cine, teatro, etc., de mala muerte.

fleck [flek] *s. c.* **1** mota, puntito, manchita: *there were flecks of white in his hair = tenía manchitas de color blanco en el pelo.* ◆ **2 to be flecked with,** estar moteado de, estar salpicado de manchitas/puntitos de.

fled [fled] *pret.* y *p.p.* de **flee.**

fledgling ['fledʒlɪŋ] *s. c.* **1** polluelo, pájaro pequeño, cría de pájaro. • *adj.* **2** inexperto, bisoño.

flee [fliː] (*pret.* y *p. p.* **fled**) *v. t.* **1** huir de, escapar de. • *v. i.* **2** huir, escapar.

fleece [fliːs] *s. c.* **1** vellón. **2** piel de lana de oveja. • *v. t.* **3** (fam.) desplumar (de dinero, propiedades, etc.).

fleecy ['fliːsɪ] *adj.* **1** lanudo, de lana. **2** lanoso, como lana: *fleecy clouds = nubes como ovillos de lana.*

fleet [fliːt] *s. c.* flota (de barcos, de automóviles, etc.).

fleeting ['fliːtɪŋ] *adj.* efímero, fugaz, pasajero.

Fleet Street ['fliːt striːt] *s. sing.* la prensa británica (es la calle donde se ubica la mayor parte de los periódicos nacionales británicos): *Fleet Street is very powerful = la prensa es muy poderosa.*

Flemish ['flemɪʃ] *adj.* **1** flamenco (de Flandes). • *s. i.* **2** flamenco (idioma).

flesh [fleʃ] *s. i.* **1** carne (de una persona o de animal cuando no está preparado para ser comido). **2** (fig.) cuerpo (especialmente desnudo). **3**

pulpa (de una fruta o similar). **4** carne (desde el punto de vista sexual): *pleasures of the flesh = placeres de la carne.* ◆ **5** ~ **and blood,** de carne y hueso; humano. **6 to** ~ **out,** desarrollar. **7** ~ **wound,** MED. herida superficial (que no daña órganos vitales). **8 in the** ~, en persona. **9 one's (own) flesh and blood,** la familia de uno. **10 to put** ~ **on something,** ampliar detalles sobre algo. **11 the spirit is willing but the** ~ **is weak,** el espíritu está pronto pero la carne es débil (proverbio).

flesh-coloured ['fleʃkʌləd] *adj.* color carne.

fleshly ['fleʃlɪ] *adj.* carnal, sensual.

fleshpot ['fleʃpɒt] *s. c.* antro de placer y perdición.

fleshy ['fleʃɪ] *adj.* **1** corpulento, tirando a gordo. **2** carnoso, de carne. **3** pulposo, con pulpa (frutas y similar).

flew [flu:] *pret. irreg.* de **fly.**

flex [fleks] *s. c.* e *i.* **1** cordón, hilo, cable (eléctrico). ● *v. t.* **2** flexionar; doblar. ◆ **3 to** ~ **one's muscles,** (fig.) hacer ostentación de poder.

flexibility [ˌfleksi'bɪlɪtɪ] *s. i.* **1** flexibilidad. **2** adaptabilidad.

flexible ['fleksəbl] *adj.* **1** flexible. **2** adaptable.

flexibly ['fleksəblɪ] *adv.* flexiblemente.

flexitime ['fleksɪtaɪm] *s. i.* horario flexible.

flexor ['fleksər] *s. c.* flexor.

flibbertigibbet [ˌflɪbətɪ'dʒɪbɪt] *s. c.* casquivana, frivolona (especialmente con mujeres).

flick [flɪk] *v. t.* **1** dar una toba a (como golpeando una canica con el dedo). **2** dar un latigazo a (con cuerda, látigo, etc.). **3** (**to** ~ {**on/off**}) pulsar (encendiendo y apagando cosas eléctricas). ● *v. i.* **4** moverse (con un movimiento repentino y corto). ● *s. c.* **5** golpe, movimiento rápido y corto: *a flick of the wrist = un golpe de muñeca.* **6** toba. **7** latigazo. **8** ojeada rápida. ◆ **9 the flicks,** (fam. y p.u.) el cine. **10 to** ~ **through,** echar una ojeada rápida, hojear rápidamente (algo que tenga más de una página).

flicker ['flɪkər] *v. i.* **1** parpadear; titilar (luz, llama, etc.). **2** (fig.) vibrar brevemente; fluctuar: *hope still flickered in his heart = su corazón aún albergabe un rayo de esperanza.* **3** oscilar; temblar: *flickering shadows = sombras oscilantes.* ● *v. t.* **4** hacer temblar, hacer oscilar. ● *s. c.* **5** parpadeo. **6** fluctuación, vibración. **7** oscilación, temblor.

flick-knife ['flɪknaɪf] *s. c.* navaja automática.

flier [flaɪər] (también **flyer**) *s. c.* **1** aviador. **2** (fam.) inversión arriesgada. **3** (Am) folleto publicitario.

flight [flaɪt] *s. c.* **1** vuelo (de animal o avión). **2** bandada: *a flight of geese = una bandada de gansos.* **3** tramo (de escalera). **4** arrebato (de emoción); vuelo (de la imaginación). ● *s. i.* **5** vuelo (hecho o acción de volar). **6** huida, fuga. ◆ **7** ~ **engineer,** mecánico de vuelo. **8** ~ **lieutenant,** MIL. teniente de aviación. **9 in** ~, volando, en (pleno) vuelo. **10 to put someone to** ~, (p.u.) hacer huir, poner en fuga, ahuyentar. **11 to take to** ~**/to take** ~, huir, fugarse, escapar.

flight-deck ['flaɪtdek] *s. c.* **1** cubierta de vuelo. **2** AER. cabina del piloto.

flightless ['flaɪtlɪs] *adj.* incapaz de volar.

flight-recorder ['flaɪtrɪkɔ:dər] *s. c.* AER. caja negra (de un avión).

flighty ['flaɪtɪ] *adj.* frívolo, casquivano; veleidoso.

flimsily ['flɪmzɪlɪ] *adv.* frágilmente.

flimsiness ['flɪmzɪnɪs] *s. i.* fragilidad, endeblez.

flimsy ['flɪmzɪ] *adj.* **1** frágil, endeble (una pared). **2** fino, ligero (un vestido). **3** pobre: *a flimsy excuse = pobre excusa.* ● *s. c.* e *i.* **4** papel cebolla.

flinch [flɪntʃ] *v. i.* **1** arredrarse; echarse para atrás (instintivamente): *he flinched when I raised my hand = se echó para atrás cuando levanté la mano.* **2** (**to** ~ {**from**}) acobardarse (ante); retroceder (ante); tener reparos (en): *he didn't flinch from killing his own brother = no tuvo ningún reparo en matar a su propio hermano.*

fling [flɪŋ] (*pret.* y *p. p.* **flung**) *v. t.* **1** arrojar, tirar (con mucha fuerza). **2** echar, agitar (una parte del cuerpo en alguna dirección). **3** tirar; poner (descuidadamente y con un poco de agresividad): *he flung his socks into the drawer = puso de cualquier manera los calcetines en el cajón.* **4** decir (agresivamente): *shut up! he flung at her = ¡cállate! le dijo agresivamente.* ● *v. pron.* **5** arrojarse, tirarse, lanzarse. **6** meterse de lleno y enérgicamente en una actividad, ponerse a... con ahinco. ● *s. c.* **7** (fam.) aventura amorosa, plan. **8** cana al aire (actividad). ◆ **9 to** ~ **off,** quitarse (ropa a toda velocidad). **10 to** ~ **on,** ponerse (ropa a toda velocidad). **11 to** ~ **out, a)** tirar (cosas que no se quieren). **b)** lanzar; proferir (insultos, improperios, etc.).

flint [flɪnt] *s. c.* e *i.* **1** pedernal. ● *s. c.* **2** piedra (de encendedor, en armas de fuego antiguas, etc.).

flintlock ['flɪntlɒk] *s. c.* trabuco de chispa, fusil de chispa (del estilo antiguo).

flinty ['flɪntɪ] *adj.* **1** de pedernal. **2** (fig.) inflexible; duro.

flip [flɪp] (*ger.* **flipping,** *pret.* y *p. p.* **flipped**) *v. t.* **1** dar, golpear (con un dedo). **2** (**to** ~ {**on/off**}) pulsar (encendiendo o apagando objetos eléctricos). **3** tirar al aire (con un golpecito del pulgar): *he flipped a coin = tiró al aire una moneda.* ● *v. i.* **4** (**to** ~ {**through**}) pasar las hojas rápidamente, hojear (buscando algo en un libro, documento, etc.). **5** (fam.) ponerse hecho una furia. ● *adj.* **6** frívolo. ● *interj.* **7** (fam. y brit.) ¡mecachis!, ¡jolín!

flip-flop ['flɪpflɒp] *s. c.* chancleta.

flippancy ['flɪpənsɪ] *s. i.* frivolidad, ligereza.

flippant ['flɪpənt] *adj.* frívolo, ligero.

flipper ['flɪpər] *s. c.* **1** aleta (de mamífero que viva en el agua, no de pez). **2** aleta (para nadar).

flipping ['flɪpɪŋ] *adj.* **1** (fam. y brit.) condenado, maldito: *the flipping handle! = ¡el condenado mango!* ● *adv.* **2** condenadamente.

flip-side ['flɪpsaɪd] *s. sing.* MÚS. cara B (la menos importante en un disco).

flirt [flə:t] *v. i.* **1** (**to** ~ {**with**}) coquetear, flirtear (con). ● *s. c.* **2** coqueta; galán. ◆ **3** ~ **with,** jugar con, considerar con ligereza (alguna idea, un plan, etc.): *he flirted with the idea of writing a novel = jugó con la idea de escribir una novela.*

flirtation [flə:'teɪʃn] *s. c.* e *i.* **1** flirteo, coqueteo. **2** consideración frívola, jugueteo.

flirtatious [flə:'teɪʃəs] *adj.* coqueta, provocador, provocadora.

flit [flɪt] (*ger.* **fitting,** *pret.* y *p. p.* **flitted**) *v. i.* **1** moverse rápidamente, pasar de una cosa a otra con gran velocidad: *the boys flitted into the room and suddenly they were gone = los chicos entraron rápidamente en la habitación y de repente desaparecieron.* **2** (fig.) pasar rápidamente (por el pensamiento, por la mente, por el gesto de la cara, etc.). ● *s. c.* **3** (fam.) desaparición secreta.

float [fləut] *v. i.* **1** flotar. **2** (fig.) flotar (en el aire). **3** acercarse; andar (con cierta liviandad y estilo majestuoso): *the hostess floated over to him = la anfitriona se acercó a él con aire majestuoso.* **4** (lit.) flotar; viajar (el sonido de una voz, de una canción). **5** ECON. fluctuar (libremente) (el cambio de la moneda de un país). **6** vagar (sin sentido, sin finalidad). ● *v. t.* **7** poner en el agua, poner a flote: *efforts to float the ship = esfuerzos para poner el barco a flote.* **8** lanzar; poner en pie (un proyecto, un plan, una sugerencia). **9** FIN. sacar al público, emitir (bonos, acciones o similar). **10** ECON. dejar fluctuar (el cambio de una moneda nacional). ● *s. c.* **11** flotador. **12** corcho (en una caña de pescar). **13** carroza (en un desfile). **14** cambio; dinero suelto (en espera de clientes con necesidad de ello).

floating ['fləutɪŋ] *adj.* **1** POL. indeciso: *floating vote = voto indeciso.* **2** GEOG. flotante (población).

flock [flɒk] *s. c.* **1** (~ *v. sing./pl.*) rebaño (de ovejas), hato, manada (de otros animales); bandada (de aves). **2** multitud, gentío, tropel, muchedumbre. **3** REL. congregación, parroquia, grey. ● *s. i.* **4** borra, vellón de lana, copo de algodón. **5** fieltro, fibra, pelillo (utilizado en la decoración de papel o tela). ● *v. i.* **6** (**to** ~ *adv./prep.*) reunirse, congregarse, afluir, ir en tropel. ◆ **7 birds of a feather** ~ **together,** ⇒ **feather.**

floe [fləu] *s. c.* témpano, masa de hielo flotante.
flog [flɒg] (*ger.* **flogging,** *pret.* y *p. p.* **flogged**) *v. t.* **1** azotar. **2** (brit.) vender. ◆ **3 to ~ a dead horse,** (fam.) perseguir lo imposible, desperdiciar energías (volviendo a algo ya tratado); predicar en el desierto (tratando de convencer o instruir). **4 to ~ somebody to the ground,** (fam.) matar a trabajar a alguien; **to ~ something to the ground,** dejar algo inservible. **5 to ~ something to death,** (fam.) estropear algo repitiéndolo hasta la saciedad.
flogging ['flɒgɪŋ] *s. c.* e *i.* **1** flagelación. **2** apaleamiento, zurra, azotaina.
flood [flʌd] *s. c.* e *i.* **1** inundación, diluvio. **2** desbordamiento, riada. **3** torrente, avalancha (de cosas, personas). ● *v. t.* e *i.* **4** inundar, anegar. **5** entrar/salir a raudales (la luz, gente). **6** saturar, inundar (el mercado). **7** abarrotar (un lugar). ● *v. i.* **8** desbordarse (un río). ◆ **9 to ~ somebody out,** hacer abandonar la vivienda (a causa de inundaciones). **10 in floods of tears,** llorando a mares, hecho un mar de lágrimas. **11 the Flood,** el Diluvio Universal.
floodgate ['flʌdgeɪt] *s. c.* **1** (generalmente *pl.*) compuerta (de pantano, dique). ◆ **2 to open the floodgates,** eliminar restricciones (después de un período de represión).
flooding ['flʌdɪŋ] *s. i.* inundación.
floodlight ['flʌdlaɪt] *s. c.* **1** foco, reflector (utilizado para iluminar edificios públicos). ● (*pret.* y *p.p.* **floodlighted** o **floodlit**) *v. t.* **2** iluminar con focos o reflectores.
floodlit ['flʌdlɪt] *pret.* y *p. p. irreg. de* **floodlight.**
floodtide [flʌdtaɪd] *s. sing.* **1** pleamar, marea alta. **2** punto álgido, clímax.
floor [flɔːr] *s. c.* **1** suelo. **2** piso, planta (de un bloque). **3** (**the ~ of +** *s.*) el fondo de, el lecho de (un río, valle). **4** hemiciclo (de un edificio público). ● *v. t.* **5** pavimentar, solar. **6** tumbar, derribar (de un golpe). **7** vencer, derrotar. **8** desconcertar, confundir, dejar sin capacidad de reacción: *floored by the events = desconcertados por los acontecimientos.* ◆ **9 dance ~,** pista de baile. **10 ~ area, 11 ~ polish,** cera abrillantadora para suelos. **12 ~ polisher,** enceradora. **13 ~ cloth,** bayeta. **14 ~ show,** espectáculo (de cabaret, sala de fiestas). **15 from the ~,** del público, de la concurrencia: *questions from the floor = preguntas de la concurrencia.* **16 to go through the ~,** bajar al mínimo, caer (los precios). **17** (brit.) **ground ~,** (EE UU) **first ~,** planta baja. **18 to have the ~,** tener el uso de la palabra. **19 to hold the ~,** estar en el uso de la palabra. **20 to take the ~,** tomar la palabra.
floorboard ['flɔːbɔːd] *s. c.* tablilla, listón, (de parqué); tabla (de tarima).
floorwalker ['flɔːˌwɔːkər] *s. c.* (EE UU) supervisor (en grandes almacenes).

floozy ['fluːzɪ] *s. c.* (fam.) putilla barata; pelandusca.
flop [flɒp] (*ger.* **flopping,** *pret.* y *p. p.* **flopped**) *v. i.* **1** (**to ~** *adv./prep.*) desplomarse, caer como un fardo. **2** moverse torpemente. **3** (fam.) fracasar, tener poco éxito (un plan, una obra teatral). ● *s. sing.* **4** sonido sordo (producido al desplomarse o caer algo al agua). ● *s. c.* **5** (fam.) fracaso, fiasco.
flop-house ['flɒphaus] (*pl.* **flop-houses**) *s. c.* (EE UU) hotelucho, pensión de mala muerte.
floppy ['flɒpɪ] *adj.* **1** flexible; blando, fofo. **2** flojo, suelto, colgante (ropa). ◆ **3 ~ disk,** INF. disco flexible, diskette.
flora ['flɔːrə] (*pl.* **floras** o **florae**) *s. c.* e *i.* flora.
florae ['flɔːrə] *pl.* de **flora.**
floral [flɔːrəl] *adj.* floral.
florescence [flɒː'resns] *s. i.* BOT. floración, florescencia.
florid [flɒrɪd] *adj.* **1** recargado, florido (decoración, estilo). **2** arrebolado, encendido, subido de color. **3** florido, cubierto de flores.
florin [flɒrɪn] *s. c.* **1** florín (holandés). **2** (arc.) florín (moneda de oro o plata).
florist [flɒrɪst] *s. c.* **1** florista. ◆ **2 florist's/florist's shop,** floristería.
floss [flɒs] *s. i.* **1** borra, cadarzo. ◆ **2 dental ~,** seda dental.
flossy ['flɒsɪ] *adj.* velloso; suave (al tacto).
flotation [fləu'teɪʃn] *s. c.* e *i.* **1** FIN. flotación, lanzamiento (de una empresa mediante la venta de acciones al público). ● *s. i.* **2** flotación: *flotation tank = tanque de flotación.*
flotsam [flɒtsəm] *s. i.* **1** DER. MAR. pecios, restos de naufragio. **2** desechos, basura (que flota en el mar o queda en la playa). ◆ **3 ~ and jetsam,** trastos; restos; transeúntes, vagabundos.
flounce [flauns] *s. c.* **1** cenefa, greca, volante (en vestidos, cortinajes). **2** gesto de desdén. ● *v. i.* **3** (**~ +** *adv./prep.*) hacer aspavientos. **4** contonearse.
flounced [flaunst] *adj.* adornado con grecas o volantes.
flounder [flaundər] *v. i.* **1** caminar torpemente, moverse con dificultad, andar a duras penas. **2** perder el hilo, titubear. ● *s. c.* **3** tropiezo. **4** platija, especie de lenguado.
flour [flauər] *s. i.* **1** harina. ● *v. t.* **2** enharinar, espolvorear con harina, echar harina a. ◆ **3 ~ bin,** harinero, recipiente para la harina.
flourish [flʌriʃ] *v. i.* **1** crecer sanamente. **2** marchar bien, prosperar, tener éxito. ● *v. t.* **3** blandir, esgrimir: *flourishing the documents = esgrimiendo los documentos.* ● *s. c.* **4** gesto, movimiento, ademán (para atraer la atención). **5** floritura (al escribir). **6** rúbrica (al firmar). **7** MÚS. toque de trompeta, floreo (para marcar la entrada de alguien importante).
flourishing ['flʌrɪʃɪŋ] *adj.* floreciente, próspero.

floury ['flauərɪ] *adj.* rebozado, enharinado (con harina); farináceo (al gusto, al paladar).
flout [flaut] *v. t.* **1** desobedecer, despreciar. **2** ir en contra de, llevar la contraria a.
flow [fləu] *s. c.* **1** corriente, flujo, caudal. **2** chorro. **3** (fig.) profusión (de ideas). **4** fluidez. **5** flujo, afluencia, raudal. **6** flujo (de la marea). **7** ondulación, vuelo: *the flow of her dress = el vuelo de su vestido.* **8** menstruación. ● *v. i.* **9** fluir, manar, brotar. **10** discurrir, correr (un líquido). **11** discurrir, pasar, transitar (la gente). **12** subir (la marea). **13** (**to ~ from**) derivar, surgir, nacer de. **14** pasar, fluir (el tiempo). **15** ondear: *flags flowing = banderas ondeando.* **16** (**to ~ with**) nadar en (la riqueza). ● *v. t.* **17** inundar, anegar. ◆ **18 ~ chart,** COM. diagrama de movimiento (representación esquemática de una secuencia de operaciones); organigrama (de directivos); INF. ordinograma, diagrama de flujo. **19 to ~ into,** desembocar en. **20 to ~ together,** confluir. **21 in full ~,** en pleno discurso, sin dejar meter baza.
flower ['flauər] *s. c.* **1** flor. **2** (**the ~ of**) (lit.) la flor y nata de: *the flower of the city = la flor y nata de la ciudad.* **3** QUÍM. flor. ● *v. i.* **4** florecer, dar flores. **5** (fig. y form.) desarrollarse, florecer, brotar (ideas). ◆ **6 ~ shop/~ store,** floristería. **7 ~ show,** concurso de floricultura. **8 in ~/into ~,** en flor.
flowerbed ['flauəbed] *s. c.* macizo, arriate, parterre, cuadro de flores.
flowered [flauəd] *adj.* de flores (paño o papel).
flowering ['flaurɪŋ] *s. c.* **1** (**~ {of}**) florecimiento (de una idea, estilo, etc.). ● *adj.* **2** floreciente, en flor.
flowerpot ['flauəpɒt] *s. c.* tiesto, maceta.
flowery ['flauərɪ] *adj.* **1** floreado, de flores: *a flowery fabric = una tela floreada.* **2** floral, fragante. **3** (fig.) florido, retórico, recargado, barroco (estilo literario, pictórico).
flowing ['fləuɪŋ] *adj.* **1** ondulado, curvilíneo. **2** suelto, flotante. **3** fluido, deslizante.
flown [fləun] *p. p.* de **fly.**
flu [fluː] (también **influenza**) *s. i.* (fam.) gripe.
fluctuate ['flʌktjueɪt] *v. i.* **1** fluctuar, oscilar, variar. ● *v. t.* **2** hacer oscilar, hacer variar, hacer fluctuar.
fluctuation [ˌflʌktju'eɪʃn] *s. c.* fluctuación, oscilación, variación.
flue [fluː] *s. c.* **1** humero, tubo de chimenea. **2** MEC. tubo, conducto. **3** MÚS. cañón, tubo sonoro (en instrumentos de viento). **4** MAR. tipo de red barredera.
fluency ['fluːənsɪ] *s. i.* fluidez, soltura; facilidad de palabra, labia.
fluent ['fluːənt] *adj.* **1** fluido, correcto (en una lengua, escritura). **2** inteligible, claro.

fluently ['flu:əntlı] *adv.* **1** con fluidez. **2** elocuentemente, inteligiblemente, claramente.

fluff [flʌf] *s. i.* **1** (brit.) pelusa, borra. **2** plumón. **3** olvido (de texto en teatro). ● *s. c.* **4** DEP. golpe defectuoso (en golf). ● *v. t.* **5** (to ~ {out/up}), esponjar, ahuecar (el pelo o las plumas los animales). **6** ahuecar, mullir (cojines). **7** (fam.) arruinar, estropear, destrozar (algo por error). **8** olvidar (texto teatral, un actor).

fluffy ['flʌfı] *adj.* **1** esponjoso. **2** ahuecado, mullido. **3** cubierto de pelusa.

fluid ['flu:ıd] *adj.* **1** líquido, fluido. **2** variable, susceptible de cambio: *a fluid arrangement = un plan susceptible de cambio.* **3** dúctil, flexible, plegable. ● *s. c.* e *i.* **4** MED. fluido, líquido. ◆ **5 a ~ ounce,** 0,0284 de litro (unidad de medida).

fluidity [flu:'ıdətı] *s. i.* **1** fluidez. **2** variabilidad, susceptibilidad de cambio.

fluke [flu:k] *s. c.* **1** (fam.) carambola, chiripa, suerte. **2** trematodo. **3** oreja (apéndice triangular de una flecha, ancla). **4** aleta (una de las dos en que termina la cola de la ballena o similar).

fluky ['flu:kı] *adj.* **1** de chiripa, de carambola. **2** caprichoso, cambiante.

flummox ['flʌməks] *v. t.* despistar, confundir: *I'm flummoxed about what to do in my life = estoy despistado sobre qué hacer en mi vida.*

flung [flʌŋ] *pret.* y *p. p.* de **fling.**

flunk [flʌŋk] *v. t.* **1** (EE UU) (fam.) suspender (un examen). **2** (EE UU) dar una mala nota, suspender (a un alumno). ● *s. c.* **3** suspenso. ◆ **4 to ~ out,** (EE UU) expulsar/ser expulsado de un centro de estudios por bajo rendimiento.

flunkey ['flʌŋkı] (también **flunky**) *s. c.* (desp.) lacayo, adulador, pelota (típico servidor de personas importantes).

fluorescence [fluə'resns] *s. i.* fluorescencia.

fluorescent [fluə'resnt] *adj.* fluorescente.

fluoridation [fluərı'deıʃn] *s. i.* adición de fluoruro al agua.

fluoride ['fluəraıd] *s. i.* fluoruro (para añadir al agua).

flurried ['flʌrıd] *adj.* aturdido, nervioso (normalmente por las prisas y la desorganización).

flurry ['flʌrı] *s. c.* **1** ráfaga, racha (de viento, nieve). **2** agitación, desasosiego, conmoción, desazón. **3** COM. subida o bajada repentina (de la bolsa). ● *v. t.* **4** (generalmente *pas.*) aturdir, poner nervioso. ● *v. i.* **5** moverse a ráfagas. ◆ **6 a ~ of excitement,** un frenesí, una locura.

flush [flʌʃ] *s. c.* **1** limpieza, lavado, baldeo. **2** chorro de agua. **3** cadena de retrete. **4** rubor, sonrojo, sofoco. **5** (~ **of**) ataque de, acceso de (ira). **6** (~ **of**) abundancia de. **7** emoción, alegría. **8** frescura, vigor. **9** color, mano de cartas del mismo palo. ● *adj.* **10** TEC. nivelado, al ras, alineado. **11** (~ + {**with**}) (fam.) rico, forrado (de). ● *v. t.* **12** (**to ~ out**) lavar a chorros de agua, baldear. **13** tirar de la cadena (del retrete). **14** (**to ~** *o.* + *adv./prep.*) espantar, ahuyentar, forzar a salir de un escondite, sacar por la fuerza. ◆ **15** ruborizarse, ponerse colorado. ● *adv.* **16** nivel de, a ras de. ◆ **17 in the first ~ of,** en la flor de (la vida); en el emocionante momento de.

flushed [flʌʃt] *adj.* (~ {**with**}) excitado (de) (alegría, emoción, etc.).

fluster ['flʌstər] *s. i.* **1** nerviosismo, confusión, agitación, aturdimiento. ● *v. t.* **2** confundir, poner nervioso, aturdir.

flute [flu:t] *s. c.* **1** MÚS. flauta. **2** ARQ. estría, acanaladura. **3** pliegue, tabla (en la ropa). ● *v. t.* **4** estriar, acanalar.

fluted ['flu:tıd] *adj.* estriado, acanalado.

flutter ['flʌtər] *s. sing.* **1** revoloteo, aleteo. **2** pestañeo. **3** palpitación, latido. **4** estremecimiento, ansiedad, excitación, revuelo. **5** nerviosismo, confusión. **6** TEC. vibración. ● *s. c.* **7** (generalmente *sing.*) (brit.) especulación, apuesta (en pequeñas cantidades). ● *v. t.* **8** agitar. ● *v. i.* **9** revolotear, aletear. **10** pestañear. **11** ir de un lado a otro sin parar. **12** latir. **13** ondear, volar al viento.

fluty [flu:tı] *adj.* aflautado (tono).

flux [flʌks] *s. i.* **1** fluctuación, cambio continuo, transformación. **2** corriente, flujo. **3** MED. flujo, fluido. **4** FÍS. fluido magnético. **5** MET. fundente (para soldar). ◆ **6 in a state of ~,** en estado de cambio permanente.

fly [flaı] (*pret. irreg.* **flew,** *p. p.* **flown**) *v. i.* **1** volar. **2** viajar en avión, volar. **3** flotar, ondear (al viento). **4** pasar rápidamente, moverse a gran velocidad, apresurarse. **5** (**to ~** *adv./prep.*) salir despedido: *it flew from his hand = salió despedido de su mano.* ● *v. t.* **6** volar con (una línea aérea). **7** transportar o enviar por avión. **8** salvar un trayecto ultramarino, cruzar (en avión). ● *v. t.* e *i.* **9** pilotar. **10** ondear (al viento). **11** (**to ~ from**) huir, escapar, evadirse (de la justicia, de un país). ● *s. c.* **12** mosca. **13** mosca artificial (para pescar). **14** vuelo. **15** bragueta (que cubre los botones). **16** toldo. **17** bambalinas (teatro). **18** ancho de la bandera. **19** parte superior de la bandera (la más alejada del asta). **20** (brit.) calesa, cabriolé ● *adj.* **21.** (brit.) astuto, despierto, vivo, espabilado. ◆ **22 a ~ in the ointment,** una nimiedad, una pequeña pega. **23 as the crow flies,** en línea recta. **24 to drop like flies,** caer como moscas. **25 to ~ a kite,** (fig.) sondear la opinión, tantear el terreno, lanzar un globo sondo. **26 to ~ in the face/in the teeth of,** desafiar a, retar a. **27 to ~ into a temper/into a rage,** montar en cólera, perder los estribos. **28 to ~ off the handle,** ponerse hecho un basilisco. **29 go ~ a kite!,** ¡vete y déjame en paz! **30 to let ~ at,** ponerse hecho una furia con. **31 to send something/somebody flying,** lanzar algo/a alguien por los aires. **32 Spanish ~,** cantárida. **33 there are no flies on him/her,** (brit.) no hay quien le tome el pelo, no tiene un pelo de tonto/tonta.

fly-by-night ['flaıbaınaıt] *adj.* **1** arribista, aprovechado (persona); poco fiable, sospechoso (negocio). **2** efímero, fugaz, temporal. ● *s. c.* **3** tiburón, arribista.

flyaway ['flaıəweı] *adj.* suelto (pelo).

flyblown ['flaıbləun] *adj.* **1** pasado, podrido (comida). **2** cubierto de manchas (ropa).

flyby ['flaıbaı] (en EE UU **flypast**) *s. c.* AER. exhibición aérea.

flycatcher ['flaı,kætʃər] *s. c.* ZOOL. papamoscas, cazamoscas.

flyer [flaıər] *s. c.* ⇒ **flier.**

flyfishing ['flaı,fıʃıŋ] *s. i.* pesca con mosca.

flying ['flaııŋ] *adj.* **1** elevado, por los aires, por lo alto (salto). **2** volante, volador (aparato). **3** breve, rápido (visita, estancia). ● *s. i.* **4** volar, vuelo. **5** pilotaje, navegación aérea. ◆ **6 ~ boat,** hidroavión, hidroplano. **7 ~ bomb,** bomba teledirigida. **8 ~ buttress,** arbotante. **9 Flying Dutchman,** Holandés Errante (obra de Wagner); buque fantasma (según la leyenda aparece cerca del Cabo de Buena Esperanza durante la tormenta y presagia desastre). **10 ~ fish,** pez volador. **11 ~ machine,** máquina voladora (de comienzos de la aviación). **12 ~ time,** duración del vuelo. **13 to get off to a ~ start,** empezar con muy buen pie.

flyleaf ['flaıli:f] (*pl.* **flyleaves**) *s. c.* guarda (imprenta).

flyover ['flaı,əuvər] *s.c.* **1** (brit.) paso elevado (en cruces de autopista). **2** (EE UU) vuelo rasante (en exhibiciones aéreas).

flypaper ['flaı,peıpər] *s. i.* papel atrapamoscas.

flypast ['flaıpæst] *s. c.* ⇒ **flyby.**

flysheet ['flaıʃi:t] *s. c.* doble techo (de una tienda de campaña).

flyswatter ['flaı,swɒtər] *s. c.* matamoscas.

flyweight ['flaıweıt] *s. c.* peso mosca (boxeo).

flywheel ['flaıwi:l] *s. c.* MEC. volante (regularizador del movimiento de una máquina).

foal [fəul] *s. c.* **1** potro, potrillo; cría de asno, pollino. ● *v. i.* **2** parir (una yegua, una burra).

foam [fəum] *s. i.* **1** espuma. **2** espumarajo, espumajo. **3** (lit.) el mar. **4** poliexpan, aislante para embalaje. ● *v. i.* **5** echar espumarajos. ◆ **6 to ~ at the mouth,** echar espuma por la boca; (fig.) echar chispas. ◆ **7 ~ rubber,** gomaespuma.

foamy [fəumı] *adj.* espumoso.

fob [fɒb] *s. c.* **1** leontina. ◆ **2 to ~ off,** deshacerse con disculpas de, quitarse de en medio con disculpas a. **3 to ~ off on,** encasquetar (una cosa a alguien especialmente con engaño): *I can't understand how she was able to fob her old typewriter off on Jimmy = no puedo entender cómo pudo encasquetar a Jimmy la vieja máquina de escribir.*

focal ['fəʊkəl] *adj.* **1** focal, céntrico. ◆ **2 ~ point,** OPT. punto focal, foco.

foci ['fəʊsʌɪ] *pl.* de **focus.**

focus [fəʊkəs] (*pl.* **focuses** o **foci**) *s. c.* **1** FÍS. foco. ● *s. c.* e *i.* **2** foco, centro de atención, foco de interés, punto central. **3** OPT. distancia focal. ● *v. i.* **4** (**to ~ on**) enfocar. ● *v. t.* **5** (**to ~ on**) centrar, concentrar, dirigir (la atención). **6** (**to ~ on**) enfocar, ajustar (una lente). ◆ **7 in ~,** enfocado. **8 out of ~,** desenfocado.

fodder [fɒdər] *s. i.* **1** pasto; forraje; pienso. **2** (fig. y desp.) carne, material. ● *v. t.* **3** alimentar con forraje. ◆ **4 cannon ~,** ⇒ **cannon.**

foe [fəʊ] *s. c.* (lit.) enemigo, adversario, oponente.

foetal ['fiːtl] (en EE UU **fetal**) *adj.* MED. fetal.

foetus [fiːtəs] (en EE UU **fetus**) *s. c.* MED. feto.

fog [fɔg] *s. c.* e *i.* **1** niebla; bruma (en el mar, la costa); neblina (menos densa). **2** FOT. velado. **3** confusión, desorientación. **4** segunda cosecha (de pasto). ● *v. t.* **5** cubrir de niebla, envolver en niebla. **6** FOT. velar. **7** (**to ~ up**) empañar (cristal). **8** aturdir, confundir, desorientar. ● *v. i.* **9** cubrirse de niebla. ◆ **10 ~ lamp,** faro antiniebla.

fog-bank ['fɒgbæŋk] *s. c.* banco de niebla.

fogbound ['fɒgbaʊnd] *adj.* detenido por la niebla, inmovilizado por la niebla: *fogbound airport = aeropuerto paralizado por la niebla.*

fogey [fəʊgɪ] (también **fogy**) *s. c.* carcamal, vejestorio.

fogginess ['fɒginəs] *s. i.* niebla.

foggy ['fɒgi] *adj.* **1** brumoso, de niebla. **2** poco claro, confuso, nebuloso (un plan, idea, etc.). ◆ **3 not to have the foggiest idea,** no tener ni la más remota idea.

foghorn ['fɒghɔːn ‖ fɔːghɔːrn] *s. c.* **1** sirena, bocina (para prevenir accidentes en la niebla). ◆ **2 a voice like a ~,** una voz desagradable, una voz estentórea.

foible ['fɔɪbl] *s. c.* **1** (lit.) debilidad, flaqueza, manía, punto flaco, punto vulnerable. **2** parte más débil de la hoja de la espada (desde el centro a la punta).

foil [fɔɪl] *s. i.* **1** papel de aluminio, papel de plata. **2** hojuela, pan (de oro, de plata). ● *s. c.* **3** (**~ to/for**) contraste (con otra cosa o persona): *a foil to tanned skin = un contraste con la piel morena.* **4** DEP. florete. **5** pista, rastro (de animal). **6** realce, pan (bajo una gema falsa). **7** azogue (en espejos). **8** ARQ. lóbulo. ● *v. t.* **9** frustrar, hacer inútil (un plan, intento, etc.). **10** destruir, borrar (huellas).

foist [fɔɪst] *v. t.* **1** (**to ~ on**) imponer, obligar a soportar. **2** introducir con engaño, colar.

fold [fəʊld] *s. c.* **1** doblez, pliegue, arruga. **2** hendidura, hueco (de un pliegue). **3** (brit.) GEOL. pliegue, plegamiento. **4** redil, aprisco. **5** (fig.) redil, filas. **6** MED. pliegue. ● *v. t.* **7** plegar, doblar. **8** replegar, plegar, recoger (las alas). **9** cruzar (los brazos, las manos, etc.). **10** (**to ~** *prep./adv.*) cubrir, envolver. ● *v. i.* **11** plegarse, doblarse. **12** (**to ~ up**) fracasar, cerrar (un negocio). **13** plegarse, doblegarse. ◆ **14 to ~ something in/into,** GAST. mezclar con (en cocina).

fold-away ['fəʊldəweɪ] *adj.* plegable (silla, mesa).

folded ['fəʊldɪd] *adj.* **1** doblado, plegado. **2** cerrado (los pétalos de una flor).

folder [fəʊldər] *s. c.* **1** carpeta. **2** folleto.

folding [fəʊldɪŋ] *adj.* **1** plegable, plegadizo. ◆ **2 ~ chair,** silla de tijera, silla plegable. **3 ~ rule,** metro plegable, metro de carpintero. **4 ~ table,** mesa plegable.

fold-up ['fəʊldʌp] *adj.* abatible, plegable.

foliage ['fəʊlɪɪdʒ] *s. i.* follaje, fronda, hojas.

foliation [fəʊlɪ'eɪʃn] *s. i.* **1** foliación. **2** decoración, ornamentación a base de follaje. **3** foliación, paginación (de un libro). **4** laminación (de cristal o metal).

folio ['fəʊlɪəʊ] *s. c.* **1** TEC. folio, hoja (de manuscrito, libro de contabilidad, etc.). **2** infolio, libro de tamaño folio. ● *s. i.* **3** pliego de papel doblado en dos (que da lugar a cuatro páginas). **4** paginación, numeración de página. **5** DER. folio (unidad de un número específico de palabras en un documento). ● *v. t.* **6** paginar, numerar páginas.

folk [fəʊk] *s. pl.* **1** gente, pueblo (referido a una pequeña comunidad o grupo étnico). **2** (EE UU) gente (en general). ● *s. i.* **3** música tradicional, música popular. ● *adj.* **4** tradicional, popular, folclórico (música). ◆ **5 folks, a)** parientes, familiares; padres; **b)** amigos: *hello, folks! = ¡hola, amigos!* **6 ~ dance,** baile folclórico. **7 ~ tale,** cuento popular.

folklore [fəʊklɔː] *s. i.* **1** folclore, tradiciones, creencias y leyendas de un pueblo. **2** estudio de la cultura de un determinado pueblo o grupo étnico.

folksong ['fəʊksɒŋ] *s. c.* canción folclórica, canción, popular.

folksy ['fəʊksɪ] *adj.* **1** (EE UU) informal, familiar (a veces artificialmente). **2** campechano, sencillo, llano (de costumbres o trato).

follicle ['fɒlɪkl] *s. c.* ANAT. folículo.

follow ['fɒləʊ] *v. t.* **1** seguir, ir detrás de; perseguir. **2** seguir: *they also followed her teachings = también siguieron sus enseñanzas.* **3** suceder, ir después de, seguir a. **4** (**to ~ {that}**) deducirse (que), desprenderse (de), resultar (que). **5** seguir, ir a lo largo de. **6** observar, espiar, acechar, seguir (con la mirada). **7** seguir, atender (instrucciones, una charla). **8** entender, comprender. **9** seguir, aceptar (un consejo, costumbres). **10** cursar (una materia). **11** tratar de, ser sobre: *it follows a couple who... = trata de una pareja que...* ● *v. i.* **12** seguir. **13** tener lógica. **14** seguir el hilo. ◆ **15 as follows,** como sigue, a saber (para introducir una lista, descripción...). **16 to ~,** después, a continuación: *first soup, to follow a steak = primero sopa, a continuación un filete.* **17 to ~ in the footsteps of,** seguir el ejemplo de, seguir las huellas de. **18 to ~ on/upon,** ser el resultado de. **19 to ~ one's nose,** seguir el instinto. **20 to ~ something through/out,** investigar algo a fondo, ir hasta el final (en algo). **21 to ~ something up,** perseguir algo con ahínco, llevar algo hasta las últimas consecuencias; reforzar algo, continuar algo. **22 to ~ suit,** imitar el ejemplo, hacer lo mismo. **23 to ~ the herd/crowd,** dejarse llevar por la corriente. **24 to ~ through/out,** DEP. acompañar el golpe (en tenis, golf, etc.).

follower ['fɒləʊər] *s. c.* **1** partidario, seguidor, discípulo (de un método, enseñanza, teoría). **2** DEP. hincha, seguidor. **3** perseguidor. **4** subalterno, subordinado. **5** MEC. polea, engranaje. ◆ **6 followers,** séquito.

following ['fɒləʊɪŋ] *adj.* **1** (**the ~**) el siguiente, el próximo. **2** (**the ~**) lo siguiente, los siguientes (al iniciar una lista). **3** MAR. de popa. ● *s. c.* **4** (generalmente *sing.*) seguidores, partidarios; DEP. hinchada, afición, seguidores. **5** cortejo, comitiva, séquito. ● *prep.* **6** después de, a raíz de.

follow-through [fɒləʊ'θruː] *s. c.* **1** DEP. acompañamiento (en tenis, golf, etc.); corrido, bola corrida (en billar). **2** acción complementaria o de seguimiento.

follow-up [fɒləʊ'ʌp] *adj.* **1** de seguimiento, complementario (como refuerzo de algo previamente hecho): *a follow-up visit = una visita de seguimiento.* ● *s. c.* **2** seguimiento, continuación.

folly ['fɒlɪ] (pl. **follies**) *s. c.* e *i.* **1** locura, estupidez, insensatez. ● *s. c.* **2** locura, desvarío, extravagancia, insensatez. **3** construcción o edificio extravagante (como elemento decorativo en parques, etc.). ● *s. pl.* **4** revista (de teatro).

foment [fəʊ'ment] *v. t.* (form.) **1** fomentar, avivar, instigar. **2** MED. aplicar cataplasmas o fomentos a, tratar con paños calientes (la piel).

fomentation [fəʊmen'teɪʃn] *s. i.* **1** (form.) fomento, instigación. **2** aplicación de fomentos o paños calientes. **3** cataplasma, fomento.

fond [fɒnd] *adj.* **1** afectuoso, cariñoso, tierno: *to be fond of someone = tener afecto o cariño a alguien.* **2** feliz (recuerdos, etc.). **3** ingenuo, absurdo, inocente, cándido. ◆ **4 to be ~ of,** estar interesado en, ser aficionado a. **5 to become ~ of,** aficionarse a; tomar cariño a. **6 to grow ~ of,** interesarse cada vez más por.

fondant ['fɒndənt] *s. c.* dulce de caramelo, dulce (especial para hacer diversos tipos de pasteles).

fondle [fɒndl] *v. t.* **1** acariciar. **2** (desp.) manosear, meter mano.

fondly ['fɒndlɪ] *adv.* **1** cariñosamente, afectuosamente, tiernamente. **2** estúpidamente, ingenuamente, inocentemente.

fondness ['fɒndnɪs] *s. i.* **1** (~ {**for**}) cariño (a), afecto (a), ternura (hacia). **2** (~ **for**) afición a, interés por, inclinación (hacia).

fondue ['fɒndju:] *s. c.* e *i.* GAST. fondue.

font [fɒnt] *s. c.* **1** pila bautismal, pila de agua bendita. **2** depósito de una lámpara de aceite. **3** fuente, origen: *the font of all problems = el origen de todos los problemas.* **4** fuente, fundición (de tipos de imprenta). **5** INF. familia de caracteres, fuente.

food [fu:d] *s. i.* **1** comida, alimento. **2** pasto. **3** materia, alimento (intelectual). ● *s. c.* e *i.* **4** alimento: *baby foods = alimentos infantiles.* ◆ **5 to be off one's ~,** desganado, tener pocas ganas de comer. **6 ~ for thought,** materia de reflexión. **7 ~ chain,** cadena alimentaria. **8 ~ poisoning,** intoxicación alimenticia. **9 ~ value,** valor nutritivo.

food-mixer ['fu:dmɪksər] *s. c.* batidora.

foodstuffs ['fu:dstʌfs] *s. pl.* productos alimenticios, comestibles.

fool [fu:l] *s. c.* **1** tonto, idiota, necio, estúpido, imbécil, bobo. **2** (~ **for**) loco por (algo, alguien). **3** bufón (en la corte); gracioso (en el teatro) ● *s. c.* e *i.* **4** (brit.) compota con crema (postre). ● *v. t.* **5** engañar, embaucar. ● *v. i.* **6** bromear, hacer el bobo. **7** jugar, juguetear (con algo peligroso). ● *adj.* **8** (EE UU) estúpido, insensato. ◆ **9 a fool's errand,** una empresa descabellada, una misión imposible. **10 any ~,** cualquiera. **11 to act/play the ~,** hacer el tonto. **12 to be nobody's ~,** no tener un pelo de tonto. **13 to ~ about/around,** perder el tiempo a lo tonto. **14 to ~ around with,** tontear con (personas casadas). **15 to ~ away,** malgastar, despilfarrar (tiempo, dinero). **16 to make a ~ of oneself,** hacer el ridículo, ponerse en ridículo. **17 to make a ~ of someone,** poner a alguien en ridículo, engañar a alguien. **18** (brit.) **(the) more ~ you,** más tonto eres tú. **19 no fooling,** nada de bromas.

foolery ['fu:lərɪ] *s. c.* e *i.* tonterías, estupidez, bufonadas.

foolhardiness ['fu:lhɑ:dɪnɪs] *s. i.* temeridad.

foolhardy ['fu:lhɑ:dɪ] *adj.* aventurado, arriesgado, temerario.

foolish ['fu:lɪʃ] *adj.* **1** estúpido, tonto. **2** descabellado, disparatado, absurdo ridículo.

foolishly ['fu:lɪʃlɪ] *adv.* tontamente, estúpidamente.

foolishness ['fu:lɪʃnɪs] *s. i.* estupidez, ridiculez, tontería.

foolproof ['fu:lpru:f] *adj.* **1** infalible, seguro: *a foolproof plan = un plan infalible.* **2** para tontos. **3** fácil de entender, fácil de usar.

foolscap ['fu:lzkæp] *s. i.* hoja de papel del tamaño de un pliego (aproximadamente).

foot [fut] (*pl.* **feet**) *s. c.* **1** pie (de persona); pata (de animal). **2** pie, parte inferior (de escalera, página, etc.). **3** pie (medida de longitud equivalente a 30,48 cm). **4** pie (de calcetín, media). **5** LIT. pie, medida básica de ritmo. **6** MEC. prensatelas, pisacosturas (en máquinas de coser). **7** sedimento (de petróleo refinado). ● *adj.* **8** MIL. de a pie, de infantería. ● *v. i.* **9** caminar, ir a pie. **10** bailar. ● *v. t.* **11** hacer a pie, ir andando (un trayecto). **12** pagar (una factura). **13** sumar (una columna de cifras). ◆ **14 at your feet,** encantado, a sus pies. **15 to be on one's feet,** estar en pie, no parar de trabajar; estar bien de salud. **16 to be rushed off one's feet,** ⇒ **rush. 17 to be under somebody's feet,** incordiar a alguien. **18 to drag one's feet,** ⇒ **drag. 19 to fall on one's feet,** ⇒ **fall. 20 feet of clay,** ⇒ **clay. 21 fleet of ~,** (lit.) de pies alados; raudo. **22 ~ brake,** MEC. freno de pie o de pedal. **23 to get a ~ in the door,** abrirse camino, abrir brecha. **24 to get/rise to one's feet,** ponerse en pie, levantarse. **25 to have a ~ in both camps,** nadar entre dos aguas. **26 to have one ~ in the grave,** ⇒ **grave. 27 to have /keep both feet on the ground,** ser realista, tener los pies en el suelo. **28 to have cold feet,** ⇒ **cold. 29 to keep on one's feet,** mantenerse en pie, no tambalearse. **30 my ~!,** ¡tonterías!, ¡qué disparate!, ¡no lo creo! **31 on ~,** a pie, caminando. **32 to put a ~ wrong,** (brit.) cometer errores, meter la pata. **33 to put one's best ~ forward,** esmerarse, esforzarse, hacer lo posible por causar una buena impresión. **34 to put one's ~ down,** (fig.) no ceder, adoptar una actitud firme. **35 to put one's feet up,** poner los pies en alto. **36** (brit.) **to put one's ~ in it/** (EE UU) **to put one's ~ in one's mouth,** meter la pata. **37 to set ~ in a place,** entrar en un sitio, poner los pies en un lugar. **38 to stand on one's own (two) feet,** ⇒ **stand. 39 to start off on the wrong ~,** empezar con mal pie, empezar mal. **40 to sweep someone off their feet,** enamorar perdidamente a alguien, volver loco a alguien. **41 to tie/bind someone hand and ~,** (lit. y fig.) atar a alguien de pies y manos.

foot-and-mouth disease ['futən'maʊθdɪ'zi:z] *s. i.* fiebre aftosa, glosopeda.

football ['futbɔ:l] *s. i.* **1** DEP. fútbol, balompié. **2** rugby. **3** fútbol americano. ● *s. c.* **4** balón de fútbol. **5** tema de controversia (en política). ◆ **6 ~ pools,** quiniela.

footballer ['futbɔ:lər] *s. c.* DEP. futbolista.

footboard ['futbɔ:d] *s. sing.* **1** estribo (para el cochero). **2** pie de cama.

footbridge ['futbrɪdʒ] *s. c.* puente peatonal, pasarela.

-footed ['futɪd] *sufijo* (en combinación con otra palabra). de... patas, de... pies: *four-footed = de cuatro patas; cuadrúpedo.*

footfall ['futfɔ:l] *s. c.* pisada, paso (sonido).

foothill ['futhɪl] *s. c.* estribación, colina (en la base de grandes montañas).

footing ['futɪŋ] *s. i.* **1** equilibrio; suelo, piso. **2** base, términos, posición: *on an equal footing = en términos o en pie de igualdad.* **3** cimientos (de un edificio). **4** suma de una columna de cifras.

footlights [futlaɪts] *s. pl.* **1** candilejas, luces del proscenio. **2** (fig.) teatro, tablas.

footling ['fu:tlɪŋ] *adj.* (arc. y desp.) nimio (excusa o similar).

footloose ['futlu:s] *adj.* **1** sin obligaciones, libre de ir a cualquier parte. ◆ **2 ~ and fancy-free,** libre como el viento.

footman ['futmən] (*pl.* **footmen**) *s. c.* **1** mayordomo, criado, sirviente. **2** (arc.) soldado de infantería. **3** (arc.) peatón, caminante.

footmark ['futmɑ:k] *s. c.* huella, pisada.

footnote ['futnəut] *s. c.* nota a pie de página.

footpath ['futpɑ:θ] *s. c.* sendero, camino, vereda.

footplate ['futpleɪt] *s. c.* plataforma del maquinista (en trenes antiguos).

footprint ['fut,prɪnt] *s. c.* (generalmente *pl.*) huella, pisada.

footrest ['fut,rest] *s. c.* reposapiés.

footsie ['futsɪ] **to play ~ with,** (fam.) flirtear con (a escondidas); acariciar con el pie a (por debajo de la mesa).

footslogging ['futslɒgɪŋ] *s. i.* caminata.

footsore ['futsɔ:] *adj.* con dolor de pies.

footstep ['futstep] *s. c.* **1** pisada, paso (sonido). **2** paso (longitud). **3** huella, pisada. ◆ **4 to follow in the footsteps of,** seguir los pasos de (un predecesor).

footstool ['futstu:l] *s. c.* escabel.

footway ['futweɪ] *s. c.* vereda, caminito; camino peatonal.

footwear ['futweər] *s. i.* calzado.

footwork ['futwə:k] *s. i.* **1** DEP. juego de piernas (boxeo, baile). **2** manejo (de una situación).

fop [fɒp] *s. c.* (desp.) dandi, petimetre, mequetrefe.

foppish [fɒpɪʃ] *adj.* emperifollado, afectado en el vestir, presumido.

for [fɔ:r ‖ fər] *prep.* **1** para (destinado a): *this letter is for you = esta carta es para ti.* **2** para (una finalidad): *a liquid for cleaning ovens = un* *líquido para limpiar hornos.* **3** por, para (ayudar, beneficiar, mejorar una condición): *shall I open the door for you? = ¿te abro la puerta?; give him an aspirin for his headache = dale una aspirina para el dolor de cabeza.* **4** por, a causa de, debido a, con motivo de: *I told her off for making dirty marks on the wall = le reñí por ensuciar la pared.* **5** para, con ocasión de (una fecha): *guests for her birthday = invitados para su cumpleaños.* **6** para (un momento o fecha concretos); durante (un tiempo, un espacio): *it will be ready for Monday = estará listo para el lunes; on holiday for 2 weeks = de vacaciones durante 2 semanas; we walked for miles = caminamos muchas millas.* **7** por, por lo que respecta a: *it's not nice for a young boy to behave like that = no está bien que un joven se comporte así; Spain is famous for its oranges = España es famosa por sus naranjas.* **8** para, con el fin de (conseguir algo): *for details, write to personnel = para (obtener) más detalles, escriba al departamento de personal.* **9** por (una cantidad, un precio): *for 8 dollars = por 8 dólares.* **10** por, como (representante de): *don't take me for an idiot = no me tomes por idiota.* **11** por, de (como signo de, en representación de): *an MP for Bristol = un diputado por Bristol.* **12** a favor de, de acuerdo con: *are you for the new laws? = ¿estás a favor de las nuevas leyes?* **13** para, hacia, en dirección a: *we are leaving for Greece tomorrow = salimos para* o *hacia Grecia mañana.* **14** (*comp.* ~) espués de, como resultado de, a causa de: *you'll feel all the better for a few minutes rest = te sentirás mejor después de descansar unos minutos.* **15** para: *too hot for spring = demasiado caluroso para ser primavera.* **16** (~ **each/every** + *número*) por (para indicar correlación, correspondencia): *for every point you get 4 dollars = por cada punto te dan 4 dólares.* **17** (~ *s.* + *inf.*) que: *it is necessary for him to come = es necesario que venga él; for a clever boy to cheat is incredible = que un chico inteligente haga trampas es increíble.* ● *conj.* **18** (form.) porque, ya que, puesto que: *I felt tired for I'd worked too hard = me sentía cansada ya que había trabajado demasiado.* ◆ **19 as ~,** ⇒ **as. 20 ~ all I know,** que yo sepa. **21 to be all ~,** estar totalmente a favor de. **22 to be in ~ it,** (fam.) estar jugándosela, ir a cargársela. **23 except ~,** ⇒ **except. 24 ~ a living,** para ganarse la vida. **25 ~ ever and a day,** por siempre jamás. **26 ~ good,** para siempre. **27 ~ one thing...,** en primer lugar... **28 ~ example,** ⇒ **example. 29 ~ instance,** ⇒ **instance. 30 ~ the last/first time,** por última/primera vez. **31 that's... ~ you,** (desp.): *not even a letter, that's friends for you! = ni una carta, ¡eso es típico de los amigos!*

fora [fɒrə] *pl.* de **forum.**

forage ['fɒːre] *s. i.* **1** forraje. **2** forrajeo, búsqueda de forraje. ● *v. i.* **3** (~ *adv./prep.*) forrajear, buscar forraje; buscar provisiones. **4** buscar afanosamente.

foray ['fɒreɪ] *s. c.* **1** incursión, razzia (por un pequeño grupo, para minar al enemigo). **2** (fig.) aventura, incursión. ● *v. i.* **3** (~ {**into**}) saquear, cometer actos de pillaje (en).

forbade [fə'bæd] *pret.* de **forbid.**

forbear [fɔː'beər] (*pret. irreg.* **forbore,** *p. p. irreg.* **forborne**) *v. i.* **1** (**to** ~ + *inf.*/**to** ~ **from** + *ger.*) abstenerse de, renunciar a. ● ['fɔːbeər] *s. c.* **2** (EE UU) variante de **forebear,** (form.) antepasado, ancestro.

forbearance [fɔː'beərəns] *s. i.* paciencia; dominio de uno mismo.

forbearing [fɔː'beərɪŋ] *adj.* paciente, indulgente, condescendiente.

forbid [fə'bɪd] (*pret. irreg.* **forbade,** *p. p. irreg.* **forbidden**) *v. t.* **1** prohibir (por ley). **2** prohibir, no permitir. **3** impedir, obstruir, obstaculizar, hacer imposible. ◆ **4 God ~!/Heaven ~!,** Dios no lo quiera, no lo permita Dios.

forbidden [fə'bɪdn] *p. p.* **1** de **forbid.** ● *adj.* **2** prohibido, vedado, ilícito (por ley, orden, regla). ◆ **3 ~ ground/~ territory,** terreno prohibido, tabú. **4 ~ fruit,** (fig.) fruta prohibida (cualquier cosa).

forbidding [fə'bɪdɪŋ] *adj.* **1** siniestro (de apariencia). **2** amenazante, formidable: *a forbidding mountain = una montaña formidable.*

forbiddingly [fə'bɪdɪŋlɪ] *adv.* amenazantemente; siniestramente.

forbore [fɔː'bɔː] *pret.* de **forbear.**

forborne [fɔː'bɔːn] *p. p.* de **forbear.**

force [fɔːs] *s. i.* **1** fuerza, energía, potencia, vigor. **2** fuerza, violencia. **3** fuerza, peso, influencia (de un argumento). ● *s. c.* **4** fuerza, influencia, poder. **5** MIL. cuerpo, fuerza. **6** MIL. *pl.* el ejército, las fuerzas armadas. ● *s. c.* e *i.* **7** FÍS. fuerza. ● *v. t.* **8** (**to** ~ **on/upon/to**) forzar a, obligar a. **9** forzar, violentar (algo). **10** presionar (sobre un proceso). **11** forzar (una sonrisa, opinión). **12** AGR. acelerar la maduración, hacer madurar a la fuerza (por calor). ◆ **13 by ~ of circumstances,** debido a las circunstancias. **14 by ~ of habit,** por rutina, por la fuerza de la costumbre. **15 to ~ an entry/to ~ one's way,** entrar por la fuerza/abrirse paso a la fuerza. **16 to ~ back,** rechazar, hacer retroceder. **17 to ~ oneself to do something,** esforzarse enormemente por hacer algo, hacer un gran esfuerzo para hacer algo. **18 to ~ someone's hand,** obligar a alguien; (fig.) hacer cantar a alguien. **19 to ~ something from/out of somebody,** lograr algo de alguien por la fuerza, sacar a alguien algo por la fuerza. **20 to ~ something on/ upon somebody,** imponer algo a alguien. **21 in ~,** en gran número, en gran cantidad. **22** DER. **in/into ~,** vigente, en vigor. **23 to join/combine forces with,** unir fuerzas con, aliarse con.

forced [fɔːst] *adj.* **1** forzoso, obligatorio. **2** falso, forzado, fingido, afectado.

force-feed ['fɔːsfiːd] *v. t.* alimentar a la fuerza.

forceful ['fɔːsful] *adv.* vigoroso, enérgico.

forcefully ['fɔːsfəlɪ] *adv.* vigorosamente, enérgicamente.

forcefulness ['fɔːsflnɪs] *s. i.* energía, vigor.

forceps [fɔːseps] *s. pl.* MED. fórceps.

forcible ['fɔːsəbl] *adj.* **1** forzoso, por la fuerza, a la fuerza. **2** potente, vigoroso, poderoso, enérgico (tono de voz).

forcibly ['fɔːsəblɪ] *adv.* enérgicamente; por la fuerza, a la fuerza, violentamente.

ford [fɔːd] *s. c.* **1** vado (de río). ● *v. t.* **2** vadear.

fore [fɔː] *adv.* **1** hacia delante, en la parte delantera. **2** MAR. a proa. ● *adj.* **3** delantero, anterior. **4** MAR. de proa, proel. ● *s. c.* **5** frente, delantera, cabeza (de vehículo, animal). **6** MAR. proa. ◆ **7 to come to the ~,** empezar a sobresalir o a destacar, saltar a un en primer plano. **8 ~ and aft,** de proa a popa.

forearm ['fɔːrɑːm] *s. c.* antebrazo.

forebear ['fɔːbeər] *s. c.* (form.) antepasado, ancestro.

forebode [fɔː'bəud] *v. t.* anunciar, presagiar.

foreboding [fɔː'bəudɪŋ] *s. c.* e *i.* **1** premonición, presagio, corazonada. ● *adj.* **2** agorero.

forecast ['fɔːkɑːst] (*pret.* y *p.p.* **forecast** o **forecasted**) *v. t.* **1** pronosticar, predecir. ● *s. c.* **2** pronóstico, previsión.

forecasting ['fɔːkɑstɪŋ] *s. c.* previsión.

forecastle ['fəuksl] *s. c.* castillo de proa.

foreclose [fɔː'kləuz] *v. t.* **1** DER. ejecutar (una hipoteca). ◆ **2 to ~ on someone,** privar a alguien del derecho a redimir una hipoteca.

forecourt ['fɔːkɔːt] *s. c.* ARQ. patio delantero (de un hotel o similar).

forefather ['fɔːˌfɑːðər] *s. c.* (generalmente *pl.*) ancestro, antepasado.

forefinger ['fɔːfɪŋgər] *s. c.* dedo índice.

forefront ['fɔːfrʌnt] *s. sing.* (**the ~ of**) la vanguardia de, la primera línea de.

forego [fɔː'gəu] *v. t.* ⇒ **forgo.**

foregoing [fɔː'gəuɪŋ] *adj.* **1** anterior, previo, precedente. ● *s. c.* (generalmente *sing.*) **2** lo anterior, lo que precede.

foregone [fɔː'gɒn] *p. p.* **1** de **forego** ● *adj.* **2** previo, anterior, pasado. ◆ **3 a ~ conclusion,** una conclusión inevitable o predecible, una cosa segura.

foreground ['fɔːgraund] *s. sing.* **1** primer plano, primer término (de un cuadro, fotografía, etc.). ◆ **2 to be in the ~,** (fig.) estar en primer

plano, ser el centro de atención, estar en el candelero.
forehand ['fɔːhænd] *s. c.* **1** DEP. drive, golpe directo (tenis, frontón). **2** (arc.) ventaja. ● *adj.* **3** DEP. directo, de drive. ● *adv.* **4** directo.
forehead ['fɒrɪd] *s. c.* frente (parte de la cara).
foreign ['fɒrin] *adj.* **1** extranjero (ciudadano, ciudad, moneda, etc.); exterior (política, comercio, asuntos): *Foreign Minister = ministro de Asuntos Exteriores.* **2** extraño, ajeno (en una persona). **3** (form.) extraño: *a foreign body = un cuerpo extraño.* ◆ **4** ~ **correspondent,** corresponsal en el extranjero. **5** ~ **exchange,** divisas.
foreigner ['fɒrɪnər] *s. c.* extranjero.
foreknowledge [fɔː'nɒlɪdʒ] *s. i.* clarividencia, presciencia.
foreland ['fɔːlənd] *s. c.* GEOG. cabo, punta, promontorio.
foreleg ['fɔːleg] *s. c.* pata delantera (de un animal).
forelock ['fɔːlɒk] *s. c.* mechón del flequillo (pelo).
foreman ['fɔːmən] (*pl.* **foremen**) *s. c.* **1** capataz, encargado, maestro de obras. **2** DER. presidente del jurado.
foremast ['fɔːmɑst] *s. c.* trinquete.
foremost ['fɔːməust] *adj.* **1** más importante, principal, que más sobresale. **2** primero; delantero. ● *adv.* **3** en primer lugar.
forename ['fɔːneɪm] *s. c.* nombre de pila.
forensic [fə'rensɪk] *adj.* DER. forense: *forensic medicine = medicina forense.*
foreordain [,fɔːrɔː'deɪn] *v. t.* REL. predestinar.
forepart ['fɔːpɑːt] *s. c.* (~ {**of**}) (form.) parte delantera (de) (especialmente de animales).
foreplay ['fɔːpleɪ] *s. i.* preliminares antes del acto sexual.
forerunner ['fɔː,rʌnər] *s. c.* **1** presagio. **2** precursor, predecesor, antecesor.
foresaw [fɔː'sɔː] *pret.* de **foresse.**
foresee [fɔː'siː] (*pret.* **foresaw,** *p. p.* **foreseen**) *v. t.* predecir, prever.
foreseeable [fɔː'siːəbəl] *adj.* **1** previsible, probable. ◆ **2 in the** ~ **future,** en el futuro próximo.
foreseen [fɔː'siːn] *p. p.* de **foresee.**
foreshadow [fɔː'ʃædəu] *v. t.* (lit.) anunciar, presagiar.
foreshore ['fɔːʃɔː] *s. c.* playa entre pleamar y bajamar.
foreshorten [fɔː'ʃɔːtn] *v. t.* **1** dibujar en escorzo, escorzar. **2** reducir, condensar, escorzar (objetos).
foresight ['fɔːsaɪt] *s. i.* previsión.
foreskin ['fɔːskɪn] *s. c.* ANAT. prepucio.
forest ['fɒrɪst] *s. c.* e *i.* **1** bosque: *a dense forest = un tupido bosque.* **2** (fig.) bosque: *a forest of tall buildings = un bosque de altos edificios.* ● *adj.* **3** forestal. ● *v. t.* **4** forestar, arbolar. ◆ **5** ~ **fire,** incendio forestal.
forestal ['fɒrɪstl] *adj.* forestal.
forestall ['fɒrɪstl] *v. t.* **1** prevenir, impedir. **2** anticiparse a (un plan). **3** acaparar, hacer acopio de (bienes para que suban de precio).
forester ['fɒrɪstər] *s. c.* **1** guardabosque (s). **2** habitante del bosque. **3** especie de polilla tropical.
forestry ['fɒrɪstrɪ] *s. i.* silvicultura, ciencia forestal.
foretaste [fɔː'teɪst] *s. c.* muestra, anticipo.
foretell [fɔː'tel] (*pret.* y *p. p.* **foretold**) *v. t.* predecir, presagiar, vaticinar.
forethought ['fɔːðɔːt] *s. i.* previsión, prevención.
foretold [fɔ'ːtəuld] *pret.* y *p. p.* de **foretell.**
forewarn [fɔː'wɔːn] *v. t.* **1** (**to** ~ **of/ against/about**) advertir de, prevenir sobre, precaver contra. ◆ **2 forewarned is forearmed,** hombre precavido vale por dos.
forewent [fɔ'wənt] *pret.* de **forego.**
foreword ['fɔːwəːd] *s. c.* prólogo, introducción, prefacio.
forfeit ['fɔːfɪt] *s. c.* **1** penalización, multa; precio. **2** pérdida, confiscación, castigo. **3** prenda (en juego). **4** *pl.* juego de las prendas. ● *v. t.* **5** perder como castigo (una cantidad, un derecho). ● *adj.* **6** perdido, enajenado (por error, delito u ofensa).
forfeiture ['fɔːfɪtʃər] *s. i.* (~ **of**) pérdida, decomiso de.
forgave [fə'geɪv] *pret.* de **forgive.**
forge [fɔːdʒ] *v. t.* **1** falsificar. **2** fraguar, forjar. **3** (fig.) fraguar, forjar. ● *v. i.* **4** (**to** ~ **ahead**) avanzar con firmeza. ● *s. c.* **5** fragua, forja. **6** fundición.
forger ['fɔːdʒər] *s. c.* falsificador.
forgery ['fɔːdʒərɪ] *s. c.* e *i.* falsificación (de cuadros, moneda, documentos).
forget [fə'get] (*pret.* **forgot,** *p. p.* **forgotten**) *v. t.* **1** (**to** ~ **what/about**) olvidar, dejarse olvidado (por negligencia): *I forgot what it was = olvidé que era.* **2** (**to** ~ *inf.*) olvidarse de, olvidar: *don't forget to close the window = no te olvides de cerrar la ventura.* **3** (**to** ~ {**that**}) olvidarse de (que): *I forgot (that) he was coming = se me olvidó que venía , me olvidé de que venía.* ● *v. i.* **4** olvidarse. ◆ **5 to** ~ **about,** olvidarse de. **6** ~ **it!,** ¡déjalo!, ¡no te preocupes!; ¡ni hablar!, ¡de eso nada! **7 to** ~ **oneself,** perder los estribos, propasarse, extralimitarse.
forgetful [fə'getful] *adj.* **1** olvidadizo, desmemoriado, despistado. **2** poco atento, descuidado.
forgetfulness [fə'getflnɪs] *s. i.* olvido, falta de memoria; descuido, despiste.
forget-me-not [fə'getmɪnɒt] *s. c.* BOT. nomeolvides.
forgettable [fə'getəbl] *adj.* corriente, nada especial.
forgivable [fə'gɪvəbl] *adj.* disculpable, perdonable.
forgivably [fə'gɪvəblɪ] *adv.* disculpablemente.
forgive [fə'gɪv] (*pret.* **forgave,** *p. p.* **forgiven**) *v. t.* **1** (**to** ~ {**for**}) perdonar (por) (faltas, errores). **2** eximir de, perdonar (deudas).
forgiven [fə'gɪvn] *p. p.* de **forgive.**
forgiveness [fə'gɪvnɪs] *s. i.* perdón, misericordia, indulgencia, clemencia.
forgiving [fə'gɪvɪŋ] *adj.* indulgente, misericordioso, clemente.
forgo [fɔː'gəu] (también **forego**) (*pret.* **forwent,** *p. p.* **forgone**) *v. t.* **1** renunciar a, privarse de. **2** desperdiciar, perder.
forgone [fɔː'gɒn] *p. p.* de **forgo.**
forgot [fə'gɒt] *pret.* de **forget.**
forgotten [fə'gɒtn] *p. p.* de **forget.**
fork [fɔːk] *s. c.* **1** tenedor. **2** horca, horquilla, bieldo (para labores de jardinería, del campo, etc.). **3** bifurcación, ramificación (de un río, carretera). **4** horqueta, ramificación, horcadura (de un árbol). ● *pl.* **5** MEC. horquilla (de bicicleta). ● *v. t.* **6** mover/lvantar con la horca. ● *v. i.* **7** bifurcarse, ramificarse. **8** (~ *adv. /prep.*) tomar una bifurcación: *fork right at the lights = tuerce a la derecha en el semáforo.* ◆ **9** (fam.) **to** ~ **out,** apoquinar, aflojar, soltar (dinero). **10 to** ~ **up,** pagar de mala gana.
forked [fɔːkt] *adj.* **1** bífido lengua. **2** bifurcado, ahorquillado. ◆ **3** ~ **lightning,** rayo en zig-zag. **4 to speak with a** ~ **tongue,** tener una lengua viperina.
fork-lift truck [,fɔːklɪft'trʌk] *s. c.* carretilla elevadora.
forlorn [fə'lɔːn] *adj.* **1** (form.) desamparado, desgraciado, triste (persona). **2** desolado, desierto: *a forlorn place = un lugar desierto.* **3** desesperado, vano, inútil: *a forlorn effort = un esfuerzo vano.*
forlornly [fə'lɔːnlɪ] *adv.* tristemente, desgraciadamente; con total desamparo.
form [fɔːm] *s. c.* **1** forma **2** impreso, formulario; hoja de inscripción; solicitud. **3** forma (gramatical). **4** (brit.) curso: *4th form = cuarto curso.* **5** forma, figura. **6** banquillo. ● *s. i.* .**7** forma (de una obra de arte, literaria). **8** forma (estado físico o anímico). **9** (**the** ~) el procedimiento, la costumbre, la fórmula. **10** (arc.) educación, comportamiento. ● *v. t.* **11** formar, educar. **12** formar, desarrollar (hábitos, costumbres). **13** formar, componer: *add an "s" to form the plural = añade una "s" para formar el plural.* **14** formar, constituir, integrar, formar parte de. **15** organizar, formar, hacer (un sxc equipo, una fila). ● *v. i.* **16** surgir, aparecer, formarse. ◆ **17 a matter of** ~, cuestión de formas, pura fórmula. **18 to fill in/out a** ~, rellenar un impreso/una solicitud/un formulario. **19 in any shape or** ~, de ninguna clase, de ningún tipo. **20 in great** ~, muy en forma. **21 off** ~, desentrenado, en baja forma. **22 on** ~, en forma (física). **23 to take the** ~ **of,** mostrarse, manifestarse: *salmonella takes the form of… = la salmonelosis se manifiesta con…* **24 true to** ~, como de costumbre. **25** ~ **of address,** fórmula de tratamiento.

formal ['fɔ:ml] *adj.* **1** formal (lenguaje). **2** ceremonioso, solemne (comportamiento). **3** formal, elegante, de etiqueta (ropa). **4** oficial, formal: *a formal visit = una visita oficial.* **5** oficial (educación). **6** regular (de forma). **7** aparente, externo.

formaldehyde [fɔ:'mældɪhaɪd] *s. i.* QUÍM. formaldehído, aldehído fórmico.

formalise ['fɔ:malɑɪz] *v. t.* ⇒ **formalize.**

formalism ['fɔ:məlɪzəm] *s. i.* ART. formalismo.

formalist ['fɔ:məlɪst] *s. c.* ART. formalista.

formality [fɔ:'mælətɪ] *s. i.* **1** convencionalismo, formalidad, ceremoniosidad. • *s. c.* **2** legalismo, formalidad. **3** convencionalismo, formalismo.

formalize ['fɔ:məlaɪz] (también **formalise**) *v. t.* formalizar, concretar (ideas, planes, proyectos, etc.).

formally ['fɔ:məlɪ] *adv.* **1** formalmente, oficialmente. **2** elegantemente. **3** ceremoniosamente. **4** regularmente.

format ['fɔ:mæt] *s. c.* **1** formato, tamaño (de un libro, revista). **2** TV. formato, plan. **3** INF. formato. • *v. t.* **4** INF. formatear (diskettes, datos).

formation [fɔ:'meɪʃn] *s. i.* **1** formación, establecimiento, desarrollo (de hábitos, ideas). • *s. c.* e *i.* **2** orden, formación (de batalla, vuelo). **3** GEOL. formación, estructura.

formative ['fɔ:mətɪv] *adj.* **1** formativo. **2** GRAM. flexional, formante.

former ['fɔ:mər] *adj.* **1** previo, anterior, antiguo. • *s. c.* **2** (**the** ~) el primero (de dos personas, cosas, etc., mencionadas): *I prefer the former = prefiero el primero (al segundo).* ◆ **3 his ~ self,** el que siempre fue.

formerly ['fɔ:məlɪ] *adv.* antes, antiguamente.

formic ['fɔ:mɪk] *adj.* QUÍM. fórmico.

formidable ['fɔ:mɪdəbl] *adj.* **1** formidable, impresionante, asombroso. **2** temible, aterrador. **3** extremadamente difícil.

formidably ['fɔ:mɪdəblɪ] *adv.* formidablemente, impresionantemente, asombrosamente.

formless ['fɔ:mlɪs] *adj.* **1** informe, deforme. **2** (desp.) desordenado, desorganizado, nebuloso.

formula ['fɔ:mjulə] (*pl.* **formulas** o **formulae**) *s. c.* **1** (~ {**for**}) QUÍM. fórmula (de). **2** (~ {**for**}) receta, fórmula (de) (de cocina, de un preparado). **3** método, fórmula, plan. **4** (EE UU) leche en polvo, leche maternizada. • *s. i.* **5** (~ *número*) coche de carreras: *formula one = fórmula uno.*

formulae ['fɔ:mjuli:] *pl.* de **formula.**

formulaic [fɔ:mju'leɪɪk] *adj.* formulista.

formulate ['fɔ:mjuleɪt] *v. t.* formular (una idea, teoría, plan, sugerencia, etc.).

formulation [fɔ:mju'leɪʃn] *s. c.* e *i.* formulación (de un plan, sugerencia, etc.).

fornicate ['fɔ:nɪkeɪt] *v. i.* (**to** ~ {**with**}) fornicar (con).

fornication [ˌfɔ:nɪ'keɪʃn] *s. i.* fornicación.

forsake [fə'seɪk] (*pret.* **forsook,** *p. p.* **forsaken**) *v. t.* **1** (lit.) abandonar, desamparar, desvalir. **2** (lit.) repudiar.

forsaken [fə'seɪkən] *p. p.* **1** de **forsake.** • *adj.* **2** abandonado, desamparado, desvalido. **3** repudiado.

forsook [fə'suk] *pret.* de **forsake.**

forswear [fɔ:'sweər] (*pret.* **forswore,** *p. p.* **forsworn**) *v. t.* **1** (**to** ~ *(ger.)*) renunciar a (posesiones). **2** repudiar, rechazar. **3** (**to** ~ **oneself**) perjurar, jurar en vano.

foreswore [ˌfɔ:'swɔ:] *pret. de* **foreswear.**

foresworn [ˌfɔ:'swɔ:n] *pret. de* **forswear.**

forsythia [fɔ:'saɪθjə] *s. i.* BOT. forsitia.

fort [fɔ:t] *s. c.* **1** fuerte, fortaleza, fortín. ◆ **2 to hold the** ~ (fig.) defender el puesto (asumiendo responsabilidades en ausencia de otros).

forte ['fɔ:tɪ] *s. c.* **1** (generalmente *sing.*) fuerte (algo en lo que una persona sobresale). **2** fuerte, alma (de la espada). • *adj.* **3** MÚS. forte, fuerte, alto. • *adv.* **4** fuertemente, con fuerza.

forth [fɔ:θ] *adv.* **1** (*v.* ~) (lit.) adelante, hacia adelante (lugar): *going forth into the river = adentrándose en el río.* **2** en adelante, en lo sucesivo: *from that time forth = de ese momento en adelante.* ◆ **3 and so** ~, ⇒ **and. 4 back and** ~, ⇒ **back. 5 to bring** ~, ⇒ **bring. 6 to hold** ~, ⇒ **hold.**

forthcoming [ˌfɔ:θ'kʌmɪŋ] *adj.* (no *comp.*) **1** próximo; venidero; futuro. **2** comunicativo, amigable. **3** (fam.) disponible.

forthright [ˌfɔ:θraɪt] *adj.* **1** espontáneo, directo, abierto, franco. **2** contundente, enérgico, terminante, rotundo.

forthwith [ˌfɔ:θ'wɪθ] *adv.* (lit.) inmediatamente, en el acto, sin dilación.

fortieth ['fɔ:tɪəθ] *num. ord.* **1** cuadragésimo. **2** cuarentavo, cuadragésimo (partitivo).

fortification [ˌfɔ:tɪfɪ'keɪʃn] *s. c.* (generalmente *pl.*) e *i.* fortificación.

fortify ['fɔ:tɪfaɪ] *v. t.* **1** MIL. fortificar (lugares). **2** fortalecer (la salud, el ánimo). **3** reafirmar, ratificar, reforzar (una opinión, un punto de vista). **4** enriquecer (los alimentos): *fortified with vitamin A = enriquecido con vitamina A.* **5** encabezar, añadir grados (a un vino).

fortifying ['fɔ:tɪfaɪŋ] *adj.* fortalecedor.

fortissimo [fɔ:'tɪsɪməu] *adj.* y *adv.* MÚS. fortissimo.

fortitude ['fɔ:tɪtju:d] *s. i.* fortaleza, entereza, valor.

fortnight ['fɔ:tnaɪt] *s. c.* quincena, quince días.

fortnightly ['fɔ:tˌnaɪtlɪ] *adj.* **1** quincenal. • *adv.* **2** quincenalmente.

FORTRAN ['fɔ:træn] *s. i.* FORTRAN.

fortress ['fɔ:trɪs] *s. c.* fortaleza, plaza fuerte, fortín.

fortuitous [fɔ:'tju:ɪtəs] *adj.* **1** casual, accidental, fortuito. **2** afortunado.

fortuitously [fɔ:'tju:ɪtəslɪ] *adv.* casualmente, accidentalmente, fortuitamente.

fortunate ['fɔ:tʃnət] *adj.* **1** afortunado, con suerte, exitoso. **2** propicio, adecuado. ◆ **3 to be** ~, tener suerte.

fortunately ['fɔ:tʃnətlɪ] *adv.* afortunadamente, por suerte, felizmente.

fortune ['fɔ:tʃu:n] *s. c.* **1** fortuna, dineral. **2** (generalmente *pl.*) vicisitudes, azares, avatares. **3** buenaventura, suerte, fortuna, futuro. • *s. i.* **4** suerte, fortuna: *the fortune to live in the south = la suerte de vivir en el sur.* ◆ **5 to be worth a ~/to cost a** ~, (fig.) valer una fortuna, costar un potosí, valer un ojo de la cara. **6 to marry a** ~, (fam.) dar un braguetazo. **7 to seek one's** ~, ⇒ **seek. 8 to tell someone's** ~, echar la buenaventura. **9** ~ **hunter,** cazadotes, cazafortunas.

fortune-teller ['fɔ:tʃentelər] *s. c.* adivina, pitonisa.

forty ['fɔ:tɪ] *num.card.* **1** cuarenta. ◆ **2 (the) forties,** (los) años cuarenta. **3 to be in one's forties,** rondar los cuarenta y tantos.

fortyish ['fɔ:tɪɪʃ] *adj.* cuarentón, de aproximadamente cuarenta años.

forum ['fɔ:rəm] (*pl.* **forums** o **fora**) *s. c.* **1** HIST. foro. **2** (~ {**for**}) foro (de debate), tribuna, lugar de discusión.

forward ['fɔ:wəd ‖ 'fɔ:rwərd] (también **forwards.**) *adv.* **1** adelante, hacia delante. **2** hacia el final, hacia el fondo. **3** en adelante: *from the 9th forward = del 9 en adelante.* **4** MAR. a proa. • *adj.* **5** (no *comp.*) delantero, frontal. **6** hacia delante (un movimiento). **7** de futuro (una planificación); futuro, (una venta). **8** adelantado, avanzado (un trabajo, un plan). **9** precoz, adelantado (una persona). **10** progresista, avanzado (de ideas). **11** seguro de sí, confiado. **12** impertinente, descarado, atrevido. **13** MAR. de proa. **14** DEP. delantero. • *s. c.* **15** DEP. delantero. • *v. t.* **16** reenviar, reexpedir (una carta, un paquete). **17** (form.) enviar, expedir. **18** (form.) promover, activar, fomentar. ◆ **19 to bring** ~, ⇒ **bring. 20 to come** ~, presentarse. **21 to look ~ to,** ⇒ **look.**

forward-looking ['fɔ:wədlukɪŋ] *adj.* de ideas avanzadas, progresista.

forwardness ['fɔ:wədnɪs] *s. i.* **1** adelantamiento. **2** avance, progreso, mejora. **3** atrevimiento, impertinencia, descaro. **4** precocidad, adelanto.

forwards ['fɔ:wədz] *adv.* ⇒ **forward.**

forwent [fɔ:'wənt] *pret.* de **forgo.**

fossil ['fɒsl] *adj.* **1** fósil. • *s. c.* **2** fósil. **3** (fig.) fósil (persona). ◆ **4** ~ **fuel,** QUÍM. energía fósil, combustible fósil. **5** ~ **record,** resto fosilizado.

fossilization [ˌfɒsɪlaɪ'zeɪʃn] (también **fossilisation**) *s. i.* fosilización.

fossilize ['fɒsɪlaɪz] (también **fossilise**) *v. t.* **1** fosilizar. • *v. i.* **2** fosilizarse.

fossilized ['fɒsɪlaɪzd] *adj.* **1** fosilizado. **2** (fig.) fosilizado, anticuado, pasado de moda.

foster ['fɒstər] *v. t.* **1** adoptar, criar (hijos ajenos). **2** DER. acoger (hijos ajenos). **3** fomentar, promover, alentar. **4** alimentar, alberger (esperanzas). • *adj.* **5** acogido, adoptivo. **6** temporal, transitorio. ◆ **7 ~ parents,** familia de acogida.

fought [fɔːt] *pret.* y *p. p.* de **fight.**

foul [faʊl] *adj.* **1** repugnante, pútrido, fétido (olor). **2** grosero, obsceno, ofensivo (lenguaje). **3** brutal, violento, desagradable (carácter). **4** sucio, viciado (aire, agua). **5** desabrido, desapacible (tiempo meteorológico): *a foul winter day* = *un desapacible día de invierno.* **6** vil, cruel, indigno, malvado. **7** MAR. enredado, liado, enmarañado (un cabo, una cadena). **8** obstruido, atascado, bloqueado (un conducto). • *s. c.* **9** (**~ against/on**) falta, infracción contra/sobre. **10** obstrucción. • *v. t.* **11** DEP. hacer falta a, cometer falta contra/sobre. **12** MAR. enredar, liar, enmarañar. **13** manchar, ensuciar (animales). • *v. i.* **14** DEP. cometer falta. **15** MAR. enredarse, liarse, enmarañarse. ◆ **16 by fair means or ~,** (lit.) quieras o no, por las buenas o por las malas. **17 to fall ~ of,** ⇒ **fall. 18 to ~ out,** DEP. expulsar por faltas. **19 to ~ up,** desbaratar, frustrar (un plan).

foul-mouthed ['faʊl'maʊðd] *adj.* (desp.) malhablado, grosero, soez.

foul-smelling ['faʊl'smelɪŋ] *adj.* pestilente, fétido, hediondo, nauseabundo.

foul-up ['faʊlʌp] *s. c.* (fam.) desbarajuste.

found [faʊnd] *pret.* y *p. p.* **1** de **find.** • *v. t.* **2** fundar, establecer. **3** constituir, instituir (con dinero). **4** (**to ~ on/upon** y generalmente *pas.*) basar en, fundar en, asentar en (un edificio, una opinión). **5** fundir; fabricar por fundición.

foundation [faʊn'deɪʃn] *s. i.* **1** fundación, establecimiento. **2** fundamento, base (de una idea, opinión). • *s. c.* **3** fundación: *the Rockefeller foundation* = *la Fundación Rockefeller.* **4** *pl.* cimientos. **5** (fig.) fundamento, base: *no foundation in fact* = *sin fundamento.* ◆ **6 ~ cream,** base de maquillaje. **7 ~ stone,** primera piedra, piedra angular. **8 to lay the foundations,** poner los cimientos.

founder ['faʊndər] *s. c.* **1** fundador. • *v. i.* **2** MAR. (lit.) zozobrar, hundirse. **3** (fig.) fracasar, fallar, malograrse (un plan).

founding ['faʊndɪŋ] *adj.* **1** fundador. ◆ **2 Founding Father,** Padre Fundador (asistente a la Convención Constitucional americana de 1787).

foundling ['faʊndlɪŋ] *s. c.* (arc.) niño abandonado, expósito.

foundry ['faʊndrɪ] *s. c.* **1** fundición. **2** arte de fundir metales.

fount [faunt] s. c. **1** (lit.) fuente, origen. **2** manantial, fuente. **3** TEC. fuente, familia de letras (en imprenta). ◆ **4 ~ of wisdom,** fuente de sabiduría.

fountain ['faʊntɪn] *s. c.* **1** fuente (artificial); surtidor. **2** manantial, fuente. **3** chorro. **4** depósito de agua. **5** (fig. y lit.) fuente, origen. **6** (lit.) cascada. ◆ **7 ~ pen,** pluma estilográfica; (Am.) pluma fuente; (Am.) lapicera fuente.

fountain-head [,faʊntɪn'hed] *s. c.* **1** manantial, nacimiento de un río. **2** fuente, origen.

four [fɔːr] *num. card.* **1** cuatro. • *s. c.* **2** equipo de cuatro, juego de cuatro (personas o cosas). **3** bote de cuatro remos. ◆ **4 a coach and ~,** carruaje (tirado por cuatro caballos). **5 to make up a ~,** formar un equipo de cuatro (para el juego). **6 on all fours,** a gatas, a cuatro patas. **7 to scatter to the ~ winds,** esparcir a los cuatro vientos. **8 the ~ corners of the earth,** los confines de la tierra.

four-door ['fɔː'dɔːr] *adj.* de cuatro puertas: *a four-door car* = *un coche de cuatro puertas.*

four-engined ['fɔːr'endʒɪnd] *adj.* cuatrimotor, tetramotor.

fourflusher ['fɔː'flʌʃər] *s. c.* **1** farolero, fanfarrón (en póquer). • *adj.* **2** pretencioso, jactancioso.

fourfold ['fɔː,fəʊld] *adj.* **1** cuádruple. • *adv.* **2** cuatro veces.

fourfooted [,fɔː'fʊtɪd] *adj.* ZOOL. cuadrúpedo.

four-handed ['fɔː'hændɪd] *adj.* de cuatro jugadores.

four-poster ['fɔː,pəʊstər] *s. c.* cama de cuatro columnas (con un dosel).

fourteen [,fɔː'tiːn] *num.card.* catorce.

fourteenth [,fɔː'tiːnθ] *num.ord.* decimocuarto.

fourth [fɔːθ] *num.ord.* **1** cuarto. • *s. c.* **2** cuarta parte. **3** MÚS. cuarta. ◆ **4 ~ dimension,** ⇒ **dimension.** ◆ **5 to make a ~,** formar un equipo de cuatro (para juegos de cartas).

fourthly ['fɔːθlɪ] *adv.* en cuarto lugar (al enumerar varios puntos, cosas, etc.).

four-wheel drive [,fɔːwiːl'draɪv] *s. i.* tracción a las cuatro ruedas, transmisión a las cuatro ruedas.

fowl [faʊl] *s. c.* **1** ave de corral. **2** ave (de caza). • *s. i.* **3** carne de ave de corral. • *v. i.* **4** cazar (aves).

fox [fɒks] *s. c.* **1** zorro, raposa. **2** (fig.) zorro, cuco, artero. **3** MAR. cuerda corta, cabo corto. **4** (EE UU) vampiresa, mujer seductora. • *s. i.* **5** piel de zorro. • *v. t.* **6** confundir, dejar perplejo. **7** despistar, distraer. ◆ **8 ~ cub,** cachorro de zorro, zorrillo. **9 ~ terrier,** fox terrier (perro de compañía).

foxed [fɒkst] *adj.* manchado, descolorido.

foxglove ['fɒksglʌv] *s. c.* BOT. dedalera, digital.

foxhole ['fɒkshəʊl] *s. c.* MIL. trinchera, hoyo de protección (individual).

foxhound ['fɒkshaʊnd] *s. c.* perro raposero (para la caza del zorro).

foxhunting ['fɒkshʌntɪŋ] *s. i.* DEP. caza del zorro.

foxtrot ['fɒkstrɒt] *s. c.* **1** foxtrot (baile, música). **2** trote corto (de caballo). • *v. i.* **3** bailar el foxtrot.

foxy ['fɒksɪ] *adj.* **1** zorro, astuto, taimado. **2** zorruno (de aspecto): *a foxy look* = *una mirada zorruna.* **3** rojizo. **4** descolorido, manchado. **5** agrio (bebidas, especialmente el vino). **6** (fam.) atractivo.

foyer ['fɔɪeɪ] *s. c.* **1** vestíbulo (de hotel, teatro). **2** (EE UU) recibidor, vestíbulo (de la casa).

fracas ['frækɑː] *s. c.* alboroto, disturbio, bronca, jaleo, altercado.

fraction ['frækʃn] *s. c.* **1** MAT. fracción, quebrado. **2** fragmento, porción, fracción.

fractional ['frækʃənl] *adj.* **1** MAT. fraccionario, quebrado. **2** minúsculo, insignificante. **3** fragmentado, fraccionado.

fractionally ['frækʃənəlɪ] *adv.* fraccionadamente.

fractious ['frækʃəs] *adj.* **1** irritable, malhumorado, quejica, rezongón (especialmente niños o ancianos). **2** díscolo, rebelde, desobediente, indisciplinado.

fracture ['fræktʃər] *s. c.* **1** MED. fractura, rotura. **2** brecha, grieta, fisura. • *v. t.* **3** fracturar. • *v. i.* **4** fracturarse (hueso). ◆ **5 compound ~,** fractura abierta. **6 simple ~,** fractura simple (no manifiesta al exterior).

fragile ['frædʒaɪl] *adj.* **1** frágil, quebradizo (material); delicado, frágil (objeto). **2** débil, delicado (de salud).

fragility [frə'dʒɪlɪtɪ] *s. i.* fragilidad.

fragment ['frægmənt] *s. c.* **1** fragmento, trozo, pedazo. • *v. t.* **2** fragmentar. • *v. i.* **3** fragmentarse.

fragmentary ['frægməntərɪ] *adj.* fragmentario, incompleto.

fragmentation [,frægmen'teɪʃn] *s. i.* fragmentación.

fragmented [fræg'mentɪd] *adj.* fragmentado.

fragrance ['freɪgrəns] *s. c.* fragancia, perfume, aroma.

fragrant ['freɪgrənt] *adj.* fragante.

frail [freɪl] *adj.* **1** frágil, débil, delicado. **2** frágil, quebradizo, rompible, delicado. **3** moralmente débil. • *s. c.* **4** cesto de junco (para frutas).

frailty ['freɪltɪ] *s. i.* **1** fragilidad, debilidad. • *s. c.* **2** debilidad, flaqueza (moral).

frame [freɪm] *s. c.* **1** marco, cerco, bastidor. **2** montura (de gafas). **3** esqueleto, cuerpo, figura. **4** forma (de persona). **5** cuadro (de bicicleta). **6** invernadero, vivero cubierto. **7** estructura, sistema. **8** set, juego (de juego en billar, bolos, etc.). **9** fotograma (en cine). • *v. t.* **10** enmarcar, encuadrar. **11** formular, redactar, expresar (una ley). **12** (fam.) incriminar falsamente, tender una trampa a. ◆ **13 ~ of mind,** estado de ánimo.

frame-up ['freɪmʌp] *s. c.* estratagema, trampa, montaje (para incriminar a un inocente).

framework ['freɪmwɜːk] *s. c.* **1** TEC. armazón, esqueleto. **2** (fig.) marco, estructura, sistema: *within the framework of free trade* = *en el marco del libre comercio.* ◆ **3 a ~ agreement,** un acuerdo marco.

franc [fræŋk] *s. c.* franco (unidad monetaria).
France [frɑːns] *s. sing.* Francia.
franchise ['fræntʃaɪz] *s. c.* **1** COM. franquicia. **2** POL. sufragio, derecho de voto. ● *v. t.* **3** COM. conceder en franquicia.
Franciscan [fræn'sɪskən] *s. c.* **1** franciscano. ● *adj.* **2** franciscano.
francophile ['fræŋkəufaɪl] (también **Francophile**) *s. c.* **1** francófilo. ● *adj.* **2** francófilo.
francophobe ['fræŋkəufəub] (también **Francophobe**) *s. c.* **1** francófobo. ● *adj.* **2** francófobo.
frank [fræŋk] *adj.* **1** franco, sincero. **2** claro, evidente, patente. ● *v. t.* **3** franquear.
frankfurt(er) ['fræŋkfəːtər] *s. c.* salchicha de Francfort.
frankincense ['fræŋkɪnsens] *s. i.* incienso, olíbano.
frankly [fræŋklɪ] *adv.* francamente, sinceramente.
frankness ['fræŋknɪs] *s. i.* franqueza, sinceridad.
frantic ['fræntɪk] *adj.* **1** frenético. **2** desesperado.
frantically ['fræntɪklɪ] *adv.* frenéticamente; desesperadamente.
frappé o **frappe** [fræ'peɪ || 'fræpeɪ] *s. c.* granizado.
fraternal [frə'təːnl] *adj.* **1** (lit. y p.u.) fraternal, fraterno. **2** fraternal (sociedad, asociación). **3** BIOL. dicigótico, biovular.
fraternity [frə'təːnɪtɪ] *s. c.* **1** gremio, asociación (profesional): *the medical fraternity = la asociación médica.* **2** (EE UU) club estudiantil masculino. ● *s. i.* **3** (p.u.) fraternidad, hermandad.
fraternization [ˌfrætənaɪ'zeɪʃn] (también **fraternisation**) *s. i.* (~ {**with**}) confraternización, fraternización.
fraternize ['frætənaɪz] (también **fraternise**) *v. i.* **1** (**to** ~ **with**) confraternizar con, fraternizar con. **2** (desp.) confraternizar. ◆ **3 to** ~ **with the enemy,** confraternizar con el enemigo.
fratricidal [ˌfrætrɪ'saɪdl] *adj.* fratricida.
fratricide ['frætrɪsaɪd] *s. c.* **1** fratricida. ● *s. i.* **2** fratricidio.
fraud [frɔːd] *s. c.* **1** fraude, timo. **2** farsante, impostor. ● *s. i.* **3** fraude, engaño.
fraudster [frɔːdstər] *s. c.* estafador.
fraudulence ['frɔːdjuləns] *s. i.* fraudulencia, fraude.
fraudulent ['frɔːdjulənt] *adj.* fraudulento.
fraught [frɔːt] *adj.* **1** (~ **with**) pleno de, lleno de, cargado de. **2** (fam.) preocupado, lleno de ansiedad.
fray [freɪ] *s. c.* **1** batalla, pelea, riña. ● *v. t.* **2** deshilachar, deshilar, desgastar, raer (los bordes de una tela). **3** irritar, exacerbar (los ánimos). ● *v. i.* **4** deshilacharse.
frazzle ['fræzl] *s. i.* **1** agotamiento, cansancio (mental, físico). **2** desgaste, deshilachamiento. ● *v. t.* **3** agotar física o mentalmente. ● *v. i.* **4** deshilacharse, desgastarse. ◆ **5 to beat someone to a** ~, DEP. derrotar aplastantemente. **6 to be worn to a** ~, (fig.) estar rendido de cansancio, estar completamente agotado. **7 burnt to a** ~, achicharrado (la comida).
frazzled [fræzld] *adj.* **1** (fam. y fig.) rendido, agotado (persona). **2** quemado, tostado (por el sol).
freak [friːk] *s. c.* **1** fenómeno, monstruo. **2** anormalidad, rareza; mutación. **3** casualidad, fenómeno fortuito. **4** tipo extravagante, excéntrico. **5** capricho, antojo. **6** (EE UU) hippy; drogadicto. **7** (EE UU) entusiasta, fanático, seguidor. ● *adj.* **8** insólito, inesperado. ● *v. i.* **9** reaccionar de forma extraña al ingerir drogas (con alucinaciones, paranoia), (fam.) tener un mal viaje, coger un mal rollo. **10** comportarse irracionalmente. **11** sorprenderse en extremo, (fam.) flipar, alucinar.
freakish ['friːkɪʃ] *adj.* **1** anormal, extraño. **2** caprichoso, imprevisible.
freakishly ['friːkɪʃlɪ] *adv.* extrañamente, anormalmente.
freaky ['friːkɪ] *adj.* (fam.) extraño, anormal.
freckle ['frekl] *s. c.* (generalmente *pl.*) peca.
freckled ['frekld] *adj.* pecoso, cubierto de pecas.
free [friː] *adj.* **1** libre (hombre, institución o nación). **2** libre, en libertad. **3** libre (elección, acuerdo, prensa, opinión, traducción). **4** (no *comp.*) gratis, gratuito. **5** (no *comp.*) libre (período de tiempo). **6** vacante, libre, desocupado (asiento, etc.). **7** abierto, libre, no bloqueado (camino, conducto, etc.). **8** (no *comp.*) suelto, (ropa, cuerda). **9** (~ **of/from**) exento de, libre de: *free of tax = libre de impuestos.* **10** fluido, suelto (movimiento). **11** (~ **with**) generoso, desprendido con. **12** (no *comp.*) QUÍM. puro, no combinado. ● *adv.* **13** gratis. **14** sin control, suelto, libre (un animal). **15** libremente. **16** sin sujeción, sin fijación (tornillo). ● *v. t.* **17** (~ **from/of**) liberar, poner en libertad de: *freed from prison = puesto en libertad.* **18** (~ **from**) rescatar, salvar de (escombros, pesos). **19** (~ *o.* + *inf.*) dejar en libertad para. **20** desenredar, soltar. **21** eximir (de cargas, impuestos). ◆ **22 to be** ~ **with,** prodigarse, ser generoso con. **23 to be** ~ **with one's money,** ser un manirroto. **24 to break** ~, soltarse, desatarse. **25 feel** ~**!,** ¡adelante!, ¡como si estuvieras en tu casa! **26** ~ **and easy,** despreocupado, informal. **27** ~ **enterprise,** libre empresa. **28** ~ **form,** INF. forma libre. **29** ~ **kick,** DEP. tiro libre. **30** ~ **market,** libre mercado. **31** ~ **of duty,** COM. libre de derechos de aduana. **32** ~ **on board,** COM. franco a bordo. **33** ~ **speech,** libertad de expresión. **34** ~ **stack,** INF. área libre del stack. **35** ~ **trade,** libre comercio. **36** ~ **trader,** librecambista. **37** ~ **will,** libre elección, libre albedrío. **38 to give a** ~ **hand,** dar carta blanca, dar plenos poderes. **39 to let someone go** ~, poner a alguien en libertad. **40 to make** ~ **with,** tomarse libertades con, utilizar como si fuera propio.
OBS. Se combina con nombres para formar otros adjetivos tomando el significado de sin, libre de: *error-free = sin errores, libre de errores; trouble-free = sin problemas,* etc.
freebie ['friːbiː] *s. c.* (fam.) regalito.
freedom ['friːdəm] *s. i.* **1** libertad. ● *s. c.* **2** (~ **of/+** *inf.*) libertad de (prensa, palabra, culto, etc...). **3** (~ {**from**}) inmunidad (de). **4** desenvoltura, falta de modestia. ◆ **5 to give the** ~ **of a city,** nombrar hijo adoptivo (honor concedido a personalidades).
free-fight ['friː'faɪt] *s. c.* **1** lucha libre: *free-fight champion = campeón de lucha libre.* **2** refriega, disputa, riña.
free-for-all ['friːfərˌɔːl] *s. c.* (fam.) altercado, tumulto, alboroto.
freehold ['friːhəuld] *s. c.* e *i.* **1** pleno dominio. ● *adj.* **2** de pleno dominio: *freehold property = propiedad de pleno dominio.* ● *adv.* **3** en propiedad: *they bought it freehold = lo tienen en propiedad.*
freelance ['friːlɑːns] *s. c.* **1** trabajador por cuenta propia, autónomo. **2** independiente políticamente (afín a las ideas de un partido, pero no adscrito a éste). ● *adj.* **3** autónomo, independiente. ● *adv.* **4** como autónomo independientemente, por cuenta propia: *he worked freelance = trabajó por cuenta propia.* ● *v. i.* **5** trabajar, por cuenta propia.
freely ['friːlɪ] *adv.* **1** libremente. **2** francamente. **3** libremente, sin trabas, sin problemas: *freely available = fácil de conseguir.* **4** generosamente, en cantidad: *she spends freely = (ella) gasta en cantidad.*
freeman ['friːmən] (*pl.* **freemen**) *s. c.* **1** HIST. hombre libre, ciudadano libre. ◆ **2** ~ **of a city,** hijo adoptivo (de una ciudad).
Freemason ['friːˌmeɪsn] *s. c.* francmasón, masón.
freemasonry ['friːˌmeɪsnrɪ] *s. i.* **1** francmasonería, masonería. **2** (fig.) compañerismo, camaradería, fraternidad, hermandad.
free-standing [ˌfriː'stændɪŋ] *adj.* sin fijación (muebles independientes).
freestyle ['friːstaɪl] *s. i.* **1** DEP. libre (estilo específico de natación, esquí, etc.): *100 metres freestyle = 100 metros libres.* ● *adj.* **2** libre. ● *adv.* **3** libre, sin reglas.
freethinker [ˌfriː'θɪŋkər] *s. c.* librepensador.
freethinking [ˌfriː'θɪŋkɪŋ] *s. i.* librepensamiento.
freeware ['friːweə] *s. i.* software gratuito.
freeway ['friːweɪ] *s. c.* (EE UU) autopista.
freewheel [ˌfriːwiːl] *v. i.* ir en punto muerto (en automóvil); ir sin dar pedales (en bicicleta).

freewheeling [ˌfriː'wiːlɪŋ] *adj.* despreocupado; vivalavirgen.

freeze [friːz] (*pret.* **froze,** *p. p.* **frozen**) *v. t.* e *i.* **1** congelar(se): *the pond froze = el estanque se congeló.* **2** bloquear(se) por congelación. **3** helar(se): *it will freeze tonight = esta noche helará.* **4** helar(se) de frío: *I'm freezing cold = estoy totalmente helado.* **5** congelar(se), (alimentos). **6** parar(se) en seco, paralizar(se). • *v. t.* **7** congelar: *salaries were frozen = se congelaron los salarios.* **8** congelar (la imagen en una película). • *s. c.* **9** helada. **10** congelación (de precios, salarios). ◆ **11 deep ~,** ⇒ **deep. 12 to ~ in one's tracks,** pararse en seco. **13 to ~ one's blood,** helar a uno la sangre. **14 to ~ over,** congelarse (una superficie). **15 to ~ to death,** morirse de frío. **16 frozen stiff,** tieso de frío, congelado.

freeze-dry ['friːzdraɪ] *v. t.* liofilizar.

freeze-frame ['friːzfreɪm] *s. c.* TV. **1** imagen congelada (especialmente en un vídeo). **2** fotograma (de una película).

freezer ['friːzər] *s. c.* congelador.

freight [freɪt] *s. i.* **1** transporte de mercancías; flete, porte (precio); flete, cargamento (carga). **2 ~ forwarder,** (agente) transitario.

freightage [freɪtɪdʒ] *s. i.* **1** COM. flete, carga. **2** COM. capacidad de carga.

freighter ['freɪtər] *s. c.* **1** MAR. buque de carga, carguero. **2** AER. avión de carga, avión de transportes pesados.

French [frentʃ] *s. c.* **1** francés (lengua). **2 (the ~)** los franceses. • *adj.* **3** francés (nacionalidad). ◆ **4 ~ bean,** judía verde, habichuela verde, (Am.) vainita. **5 ~ bread,** pan de barra. **6 ~ Canadian,** francocanadiense. **7 ~ door,** ARQ. puerta que da al jardín, puerta vidriera. **8 ~ dressing,** GAST. vinagreta, salsa de vinagreta. **9 ~ fries,** (EE UU) patatas fritas (de sartén). **10 ~ horn,** MÚS. corno francés. **11 ~ loaf,** barra larga de pan. **12 ~ window,** ARQ. puerta-ventana de dos hojas.

Frenchman ['frentʃmən] (*pl.* **Frenchmen**) *s. c.* francés (ciudadano).

Frenchwoman ['frentʃwumən] (*pl.* **Frenchwomen**) *s. c.* francesa (ciudadana).

frenetic [frə'netɪk] *adj.* frenético.

frenzied ['frenzɪd] *adj.* **1** frenético, desesperado, loco: *a frenzied rage = una rabia loca.* **2** frenético, enloquecido, histérico (gente, una multitud).

frenzy ['frenzɪ] *s. c.* e *i.* (generalmente *sing.*) **1** frenesí. • *v. t.* **2** enfurecer, volver loco.

frequency ['friːkwənsɪ] *s. i.* **1** frecuencia. • *s. c.* e *i.* **2** MAT. frecuencia. ◆ **3 ~ distribution,** distribución de frecuencias. **4 high ~,** ELECTR. alta frecuencia. **5 low ~,** ELECTR. baja frecuencia.

frequent ['friːkwənt] *adj.* **1** frecuente, habitual, usual. • [friː'kwənt] *v. t.* **2** frecuentar, visitar a menudo.

frequently ['friːkwəntlɪ] *adv.* frecuentemente, repetidamente.

fresco ['freskəu] (*pl.* **frescos** o **frescoes**) *s. c.* e *i.* **1** fresco, pintura al fresco. • *v. t.* **2** pintar al fresco.

fresh [freʃ] *adj.* **1** fresco, natural, reciente (alimentos, flores). **2 (~ from)** (no *comp.*) recién llegado de. **3** (no *comp.*) dulce, potable (agua). **4** (no *comp.*) nuevo, diferente: *a fresh sheet of paper = una hoja nueva (de papel).* **5** fresco, reciente (recuerdos, memorias). **6** lozana, fresca (la tez). **7** saludable, vigoroso, rejuvenecido, descansado (aspecto). **8** puro (aire). **9** TEC. fuerte (viento). **10** (fam.) fresco, ventoso (tiempo atmosférico). **11** (~ {**with**}) (fam.) descarado, impertinente (con). • *adv.* **12** (~ *-adj.*) recién: *fresh-baked bread = pan reciente; fresh-cut flowers = flores recién cortadas.* ◆ **13 as ~ as a daisy,** tan fresco como una rosa. **14 as ~ as paint,** fresco como una lechuga. **15 to be ~ out of something,** (EE UU) acabar de quedarse sin algo. **16 to break ~ ground,** explorar un campo nuevo.

freshen ['freʃn] *v. t.* **1** refrescar. • *v. i.* **2** avivarse (el viento). ◆ **3 to ~ up,** asearse, arreglarse (después de un largo día).

fresher ['freʃər] *s. c.* (brit) (fam.) estudiante de primer año (en la Universidad).

freshly [freʃlɪ] *adv.* **1** (~ *p. p.*) recién. **2** descaradamente, con frescura, con impertinencia.

freshman ['freʃmen] (*pl.* **freshmen**) *s. c.* **1** (brit.) estudiante de primer año (de Universidad o colegio superior). **2** (EE UU) estudiante de primer año (de escuela secundaria, Universidad o colegio superior). **3** principiante, novato.

freshness [freʃnɪs] *s. i.* **1** frescura, frescor. **2** lozanía, verdor, vigor. **3** (fam.) descaro, impertinencia.

freshwater ['freʃˌwɔːtər] *adj.* de agua dulce: *freshwater fish = pez de agua dulce.*

fret [fret] (*ger.* **fretting,** *pret.* y *p. p.* **fretted**) *v. i.* **1** (**to ~** {**about/over**}) preocuparse, inquietarse (por pequeñeces). • *s. c.* **2** irritación, nerviosismo, inquietud: *in a fret = en estado de irritación.* **3** traste (en instrumentos de cuerda).

fretful ['fretful] *adj.* incómodo, molesto, quejoso, irritable, impaciente.

fretfully ['fretfəlɪ] *adv.* impacientemente; de mal humor; de mala gana.

fretsaw ['fretsɔː] *s. c.* segueta, sierra de marquetería, sierra de calados.

fretwork ['fretwəːk] *s. i.* greca, calado.

Freudian [frɔɪdjən] *adj.* **1** PSIC. freudiano. ◆ **2 ~ slip,** lapsus.

friable ['fraɪəbl] *adj.* TEC. friable, desmenuzable, terroso (terreno).

friar ['fraɪər] *s. c.* **1** REL. fraile (de las órdenes mendicantes católicas). **2** fray (ante nombres propios).

fricassee ['frɪkəsiː] *s. c.* e *i.* GAST. fricasé; carne estofada.

fricative ['frɪkətɪv] *s. c.* FON. **1** fricativa, consonante fricativa. • *adj.* **2** fricativo (sonido).

friction ['frɪkʃn] *s. i.* **1** MED. fricción. **2** MEC. fricción, rozamiento. • *s. c.* e *i.* **3** (fig.) desavenencia.

Friday ['fraɪdɪ] *s. c.* **1** viernes. ◆ **2 girl ~,** secretaria personal. **3 Good ~,** REL. Viernes Santo. **4 man ~,** secretario personal, hombre de confianza.

fridge [frɪdʒ] *s. c.* (brit.) frigorífico, nevera, refrigerador.

fried [fraɪd] *pret.* y *p. p.* **1** de **fry.** • *adj.* **2** frito.

friend [frend] *s. c.* **1** amigo. **2 (~ of/to)** partidario (de una causa) **3** MIL. aliado, amigo. **4** gente de paz (en respuesta a un centinela). **5** (desp.) amigo (al mencionar a alguien con alguna particularidad desagradable). **6** REL. cuáquero. ◆ **7 a ~ in need,** un verdadero amigo. **8 to be close friends,** ser amigos íntimos. **9 to be no ~ to,** no ser partidario de. **10 to have a ~ at court/to have friends in high places,** tener influencias, tener amistades en altas esferas. **11 to keep close friends (with),** estar en buenas relaciones/en buenos términos (con). **12 to make friends with,** hacer trabar amistado con. **13 my honourable ~,** Su Señoría (utilizado en la Cámara de los Lores). **14 my learned ~,** mi docto colega (utilizado en los tribunales por los abogados).

friendless ['frendlɪs] *adj.* sin amigos.

friendliness ['frendlɪnɪs] *s. i.* amistosidad, simpatía, cordialidad, amabilidad.

friendly ['frendlɪ] *adj.* **1** (~ **to/towards**) amistoso, amable, cordial, simpático (una persona). **2** (~ **with**) amigo de, en buenas relaciones con. **3** acogedor, agradable. **4** POL. aliado, amigo. **5** amistoso, cordial (tono de voz, relación). • *s. c.* **6** (brit.) partido amistoso. ◆ **7 ~ society,** ECON. (brit.) mutualidad, mutua. **8 to get ~,** (fam.) dirigir indirectas.

friendship ['frendʃɪp] *s. i.* **1** amistad. • *s. c.* **2** amistad, amigo. ◆ **3 to strike up a ~,** entablar amistad, empezar a ser amigos.

Friesland ['friːzlənd] *s. sing.* Frisia (región holandesa)

frieze [friːz] *s. c.* **1** ARQ. friso. **2** cenefa, greca.

frig [frɪg] (*ger.* **frigging,** *pret.* y *p. p.* **frigged**) **to ~ about/around,** (vulg.) hacer el gilipollas.

frigate ['frɪgɪt] *s. c.* MAR. fragata.

frigging ['frɪgɪŋ] *adj.* (vulg.) jodido: *the frigging car's not going properly = el jodido coche no funciona bien.*

fright [fraɪt] *s. i.* **1** susto, miedo, terror. • *s. c.* **2** susto, sobresalto. **3** (fam.) espantajo, esperpento. ◆ **4 to get the ~ of one's life,** llevarse un susto de muerte. ◆ **5 to take ~ at,** asustarse de.

frighten ['fraɪtn] *v. t.* **1** asustar, espantar, sobresaltar. ◆ **2 to be frightened by/of/at,** tener miedo de, estar asustado de. **3 to ~ away/off,** ahuyentar, espantar. **4 to ~ into** (*ger.*) forzar con amenazas a. **5 to ~ someone out of** (*ger.*) intimidar a alguien para no. **6 to ~ the life/the wits out of somebody,** dar un susto de muerte a alguien.

frightened ['fraɪtnd] *adj.* **1** asustado. ◆ **2 to be ~ (of/*inf.*/that)** temer, tener miedo (de/de que).

frightening ['fraɪtnɪŋ] *adj.* aterrador, espantoso.

frightful ['fraɪtful] *adj.* **1** espantoso, horrible, pavoroso. **2** (fam.) espantoso, pésimo, malísimo.

frightfully ['fraɪtfəlɪ] *adv.* **1** espantosamente, terriblemente, tremendamente. **2** (fam.) muy, muchísimo, extremadamente: *I'm frightfully sorry = lo siento muchísimo.*

frightfulness ['fraɪtfəlnɪs] *s. i.* horror, terror, pavor.

frigid ['frɪdʒɪd] *adj.* **1** MED. frígido (sexualmente). **2** (fig.) indiferente, apático, frío. **3** TEC. (no *comp.*) gélido, glacial, extremadamente frío (clima).

frigidity [frɪ'dʒɪdɪtɪ] *s. i.* **1** frigidez (sexual). **2** frialdad, frío (físico).

frill [frɪl] *s. c.* **1** volante, adorno, chorrera. **2** guirnalda, papillote (para decorar las patas de las aves en cocina). ● *s. pl.* **3** (fam.) adorno superfluo: *with no frills = sencillo, sin adornos superfluos.* **4** ZOOL. gola de plumas.

frilled [frɪld] *adj.* con volantes.

frilly ['frɪlɪ] *adj.* lleno de volantes.

fringe [frɪndʒ] *s. c.* **1** (brit.) flequillo. **2** flecos. **3** margen, borde (de un lago, bosque, grupo). **4** OPT. franja oscura o brillante (producida por difracción de la luz). ● *v. t.* **5** bordear, rodear. ◆ **6 ~ benefits,** prestaciones sociales (que se dan en algunas empresas a ciertos trabajadores). **7 ~ group,** grupo marginal, grupo radical.

fringed [frɪndʒt] *adj.* **1** con flecos (ropa, cortinas, etc.). **2** (**~ with/by**) bordeado por, rodeado por (en forma de flequillo o fleco): *the path was fringed by lovely flowers = la sendero estaba bordeada por flores preciosas.*

frippery ['frɪpərɪ] (también **fripperies**) *s. i.* (desp.) chorradas, fruslerías, perifollos (objetos inútiles).

frisk [frɪsk] *s. c.* **1** cacheo, registro. ● *v. t.* **2** retozar, juguetear, brincar (animales). ● *v. i.* **3** (fam.) cachear, registrar.

frisky ['frɪskɪ] *adj.* retozón, juguetón (cachorros).

fritter ['frɪtər] *s. c.* **1** fruta o vegetal rebozado, buñuelo, frisuelo. ● *v. t.* **2** desmenuzar, desmigajar. **3** (**to ~ away**) desperdiciar, malgastar (dinero).

frivolity [frɪ'vɒlɪtɪ] *s. i.* **1** (desp.) frivolidad. ● *s. c. pl.* **2** (desp.) frivolidades, trivialidades.

frivolous ['frɪvələs] *adj.* **1** (desp.) frívolo. **2** superficial, trivial.

frizz [frɪz] *v. t.* **1** rizar (el pelo). ◆ **2 a ~ of hair,** un montón de pelo rizado, pelo rizado.

frizzed [frɪzd] *adj.* rizado (en peluquería).

frizzle ['frɪzl] *v. t.* **1** freír, churruscar. ● *v. i.* **2** freirse, churruscarse.

frizzled [frɪzld] *adj.* frito, churruscado.

frizzy ['frɪzɪ] *adj.* crespo, rizado (el pelo).

fro [frəu] *adv.* **to and ~,** de un lado a otro, de aquí para allá.

frock [frɒk] *s. c.* **1** vestido (de mujer). **2** hábito, túnica, sayo. **3** camiseta de marinero.

frock-coat ['frɒk'kəut] *s. c.* levita.

frog [frɒg] *s. c.* **1** ZOOL. rana. **2** (fam. y desp.) gabacho, franchute, francés. ◆ **3 to have a ~ in one's throat,** (fam.) tener carraspera, tener ronquera.

frogman ['frɒgmən] (*pl.* **frogmen**) *s. c.* hombre rana, buzo, buceador.

frog-march ['frɒgmɑːtʃ] *v. t.* llevar por la fuerza, llevar casi en volandas (normalmente entre dos personas).

frolic ['frɒlɪk] *s. c.* **1** retozo, jugueteo. **2** alegría, júbilo, regocijo. ● *v. i.* **3** juguetear, retozar.

frolicsome ['frɒlɪksəm] *adj.* **1** (lit.) retozón, juguetón, travieso. **2** alegre, jubiloso.

from [frɒm || frəm] *prep.* **1** de, desde (un lugar específico, posición, condición, origen, ocasión, distancia): *from London to Manchester = desde Londres hasta Manchester; it's 5 miles from town = está a 5 millas de la ciudad; a letter from Mary = una carta de Mary.* **2** de, desde, a partir de (un punto en el tiempo, un precio): *from Monday to Sunday = de lunes a domingo; we start from Friday = empezamos a partir del viernes.* **3** de (indica privación, exclusión): *keep away from the fire = aléjate del fuego; they separated the baby from its mother = separaron al niño de su madre.* **4** de, contra (un peligro): *saved from the fire = salvado del fuego.* **5** de, entre (para hacer una diferenciación): *to know right from wrong = distinguir entre el bien y el mal* o *el bien del malo.* **6** de, a partir de (un agente, un instrumento): *we get butter from milk = obtenemos mantequilla de la leche.* **7** de, por, a causa de, como resultado de: *they died from starvation = murieron de inanición.* **8** por, según, a juzgar por, considerando: *from what you say, it's too far = según lo que dices está demasiado lejos.* ◆ **9 ~ A to Z,** de pe a pa, de principio a fin. **10 ~ now on,** de ahora en adelante.

frond [frɒnd] *s. c.* fronda, hoja (especialmente de palma).

front [frʌnt] *s. c.* **1** fachada; parte delantera, parte frontal: *the front of the building = la fachada del edificio.* **2** paseo marítimo. **3** frente (de batalla), línea de combate. **4** frente (unión de fuerzas): *the Popular Front = el Frente Popular.* **5** área (de dificultad). **6** apariencia (de una persona), (fig.) cara, rostro. **7** pantalla, tapadera (de algo ilegal). **8** FÍS. frente (atmosférico): *a cold front = un frente frío.* **9** frente, testuz, testa (de un animal). **10** pechera. **11** (arc.) inicio, comienzo, principio. ● *adj.* **12** primero, delantero, frontal: *the front page = la primera página.* **13** dirigente, directivo. **14** FON. frontal (sonido). ● *v. i.* **15** (**to ~ onto**) dar a, mirar a: *fronting onto the garden = que da al jardín.* ● *v. t.* **16** cubrir, recubrir (una fachada): *they fronted it with tiles = recubrieron la fachada de azulejos.* **17** dirigir, estar al frente de. ◆ **18 to be in ~,** ir delante, ir en cabeza. **19 to come to the ~,** empezar a destacar, empezar a ser famoso. **20 ~ feed,** INF. alimentador principal. **21 ~ feed platen,** rodillo alimentador (de prensa). **22 ~ organization,** tapadera. **23 ~ room,** sala de estar, salón. **24 ~ wheel drive,** tracción o transmisión delantera. **25 in ~ of,** delante de, frente a. **26 out ~,** entre el público. **27 push one's way to the ~,** abrirse camino hasta la primera fila. **28 to put on a bold ~,** hacer de tripas corazón. **29 to put up a ~,** disimular la verdad.

frontage ['frʌntɪdʒ] *s. c.* **1** frente, vista, orientación. **2** fachada, frente. **3** DER. derecho de fachada.

frontal ['frʌntl] *adj.* **1** MED. frontal, (músculo, hueso). **2** frontal, directo, de frente: *a frontal attack = un ataque frontal.* **3** FÍS. frontal (en meteorología).

front-bencher [frʌnt'bentʃər] *s. c.* POL. (brit.) parlamentario con cargo en el gobierno, parlamentario con responsabilidades gubernamentales.

frontier ['frʌnˌtɪər] *s. c.* **1** (**~ between /with**) frontera, límite entre/con. **2** (**the ~**) (EE UU) región fronteriza, la frontera. ● *adj.* **3** limítrofe. ◆ **4 frontiers,** límite, frontera (entre lo conocido y lo desconocido).

frontiersman ['frʌntɪəzmən] (*pl.* **frontiersmen**) *s. c.* explorador, colonizador (en América del Norte).

frontispiece ['frʌntɪspiːs] *s. c.* **1** (generalmente *sing.*) frontispicio (de un libro). **2** ARQ. frontispicio.

front-line [ˌfrʌnt'laɪn] *s. c.* **1** MIL. línea de fuego, primera línea. ◆ **2 in the ~,** (fig.) en primera línea, en situaciones comprometidas.

front-runner [ˌfrʌnt'rʌnər] *s. c.* favorito (persona que todos piensan que pueda ganar en algún tipo de competición).

frost [frɒst] *s. i.* **1** escarcha. ● *s. c.* e *i.* **2** helada (condición o período atmosférico). ● *v. t.* e *i.* **3** (**to ~ over/up**) helar(se), cubrir(se) de escarcha, escarchar(se). ● *v. t.* **4** esmerilar (el cristal). **5** (EE UU) escarchar: *frosted fruit = frutas escarchadas.* ◆ **6 degrees of ~,** grados bajo cero.

frostbite ['frɒstbaɪt] *s. i.* MED. congelación.

frostbitten ['frɒstbɪtn] *adj.* congelado.

frosted ['frɒstɪd] *adj.* **1** empañado (el cristal). **2** recubierto (por algo similar a la escarcha): *frosted with diamonds = recubierto de diamantes.* **3** (EE UU) escarchado, recubierto de azúcar escarchado.

frosting ['frɒstɪŋ] *s. i.* **1** superficie opaca, superficie mate. **2** (EE UU) capa de escarcha, capa de azúcar escarchado (en pastelería, coctelería).

frosty ['frɒstɪ] *adj.* **1** helado, muy frío. **2** cubierto de escarcha. **3** (fig.) frío, indiferente, glacial.

froth [frɒθ] *s. i.* **1** espuma. **2** espumarajo, espumajo. **3** (desp.) trivialidad, frivolidad. • *v. i.* **4** producir espuma. ◆ **5 to ~ at the mouth,** (fig.) echar espuma por la boca, echar chispas, estar hecho un basilisco.

frothy [frɒθɪ] *adj.* espumoso (de cualquier líquido).

frown [fraʊn] *v. i.* **1** fruncir el ceño, fruncir el entrecejo, arrugar la frente. • *s. c.* **2** ceño, entrecejo. ◆ **3 to ~ on/upon,** desaprobar.

frowning ['fraʊnɪŋ] *adj.* ceñudo, malhumorado.

froze [frəʊz] *pret.* de **freeze.**

frozen ['frəʊzn] *p. p.* **1** de **freeze.** • *adj.* **2** (~ **over**) helado, cubierto de hielo. **3** gélido, glacial, extremadamente frío. **4** rígido, duro (el terreno). **5** congelado (un alimento). **6** (fig.) petrificado, inmovilizado (por el pánico). **7** (fig.) desdeñoso, frío. **8** congelado (un precio, el salario, etc.). **9** inmovilizado, sin posibilidad de liquidación (propiedades). ◆ **10 ~ shoulder,** hombro entumecido.

frugal ['fru:gl] *adj.* **1** austero, ahorrador. **2** frugal, sobrio.

frugality [fru:'gælətɪ] *s. i.* frugalidad, sobriedad, austeridad.

fruit [fru:t] (*pl.* **fruit** o **fruits**) *s. c.* e *i.* **1** fruta. **2** fruto. • *s. c.* **3** fruto, producto. **4** *pl.* frutos, resultados. **5** (EE UU) (fam.) homosexual, mariquita. • *v. i.* **6** dar fruto, producir frutos. ◆ **7 to bear ~,** dar fruto. **8 ~ cup,** macedonia de frutas. **9 ~ dish,** frutero. **10 ~ salad,** macedonia de frutas. **11 ~ salts,** sales de fruta. **12 ~ tree,** frutal (árbol).

fruitcake ['fru:tkeɪk] *s. c.* pastel de frutas.

fruitful ['fru:tfʊl] *adj.* **1** fructífero; útil, provechoso. **2** productivo, fértil, fecundo.

fruitfully ['fru:tfəlɪ] *adv.* fructíferamente, provechosamente.

fruition [fru:'ɪʃn] *s. i.* **1** fructificación, realización, cumplimiento (de planes, objetivos). **2** fructificación (de árboles, plantas). **3** alegría, complacencia (por la posesión de algo). ◆ **4 to bring to ~,** cumplir, realizar (los planes, objetivos).

fruitless ['fru:tlɪs] *adj.* **1** vano, infructuoso, inútil. **2** improductivo.

fruity ['fru:tɪ] *adj.* **1** afrutado. **2** profundo, sonoro (tono de voz). **3** meloso, empalagoso. **4** (fam.) verde, procaz.

frump [frʌmp] *s. c.* (fam.) mujer, anticuada (de ideas, de ropa).

frustrate [frʌ'streɪt] *v. t.* frustrar.

frustrated [frʌ'streɪtɪd] *adj.* frustrado (con sentimiento de frustración).

frustrating [frʌs'treɪtɪŋ] *adj.* frustrante.

frustration [frʌ'streɪʃn] *s. i.* **1** frustración, desencanto. • *s. c.* **2** frustración.

fry [fraɪ] (*pret.* y *p. p.* **fried**) *v. t.* **1** freír. • *v. i.* **2** asarse (de calor). **3** (EE UU) (fam.) ser ejecutado (en la silla eléctrica). • *s. pl.* **4** pececillos, alevines.

frying pan ['fraɪɪŋ,pæn] *s. c.* **1** sartén. ◆ **2 out of the ~ into the fire,** de Guatemala a guatepeor.

fuchsia ['fju:ʃə] *s. c.* BOT. fucsia.

fuck [fʌk] (vulg.) *v. t.* **1** follar, joder. • *interj.* **2** joder. • *s. c.* **3** polvo (acción de joder o follar). ◆ **4 to ~ about/around,** hacer el gilipollas a todo pasto. **5 ~ all,** nada en absoluto. **6 ~ off,** vete a tomar por culo. **7 to ~ up,** joder (rompiendo o estropeando).

OBS. Esta palabra muy ofensiva se puede utilizar adjetival y adverbialmente. Como, por ejemplo: **8** *what the fuck are you doing here? = ¿qué coño estás haciendo aquí?*

fucking ['fʌkɪŋ] *adj.* (vulg.) jodido, puto: *the fucking machine isn't working = la jodida máquina no funciona.*

fuddled ['fʌdl] *adj.* confuso, lento de reflejos, aturdido (gen. a causa del alcohol).

fuddy-duddy ['fʌdɪdʌdɪ] *s. c.* **1** (desp. y fam.) tipo estirado,carca. • *adj.* **2** (fam.) estirado, anticuado, carcamal.

fudge [fʌdʒ] *s. i.* **1** GAST. especie de dulce. • *v. t.* **2** no decir claramente, dejar poco claro: *to fudge the issues = dejar los temas poco claros.*

fuel [fjʊəl] *s. i.* **1** combustible, carburante. • *s. c.* **2** combustible, carburante: *alternative fuels = carburantes alternativos.* • *v. t.* **3** (EE UU) abastecer de combustible. **4** estimular, alentar. ◆ **5** (fig.) **to add ~ to the flames,** echar leña al fuego. **6 ~ oil,** petróleo. **7 ~ tank,** depósito de combustible.

fug [fʌg] *s. sing.* (brit) (fam.) humo, atmósfera cargada.

fugitive ['fju:dʒətɪv] *adj.* **1** fugitivo. **2** efímero, breve, corto, fugaz. **3** pasajero, perecedero. • *s. c.* **4** fugitivo, prófugo: *a fugitive from justice = un fugitivo de la justicia.*

fugue [fju:g] *s. c.* e *i.* MÚS. fuga.

fulcra ['fʌlkrə] *pl.* de **fulcrum.**

fulcrum ['fʌlkrəm] (*pl.* **fulcrums** o **fulcra**) *s. c.* MEC. fulcro, punto de apoyo.

fulfil [fʊl'fɪl] (*ger.* **fulfilling,** *pret.* y *p. p.* **fulfilled**) (en EE UU **fulfill**) *v. t.* **1** llevar a cabo, cumplir, ejecutar (una promesa, una orden, una amenaza). **2** desempeñar, cumplir (una función). **3** satisfacer (una necesidad, un propósito). **4** cumplir, hacer realidad (planes, deseos). **5** desarrollar, expresar (habilidades, cualidades).

fulfilled [fʊl'fɪld] *adj.* satisfecho; realizado (lo contrario de frustrado).

fulfilling [fʊl'fɪlɪŋ] *adj.* gratificante.

fulfilment [fʊl'fɪlmənt] (en EE UU **fulfillment**) *s. i.* **1** cumplimiento, ejecución (de una orden, una amenaza). **2** satisfacción, realización, gratificación.

full [fʊl] *adj.* **1** (~ {**of**}) lleno (un recipiente, un espacio, un período de tiempo). **2** (~ {**of**}) lleno, cargado, repleto (de): *full of lies = cargado de mentiras.* **3** (~ {**up**}) repleto, lleno, satisfecho (después de una comida). **4** completo: *a full version = una versión completa.* **5** máximo, todo: *at full speed = a toda velocidad.* **6** rollizo, rechoncho, carnoso, redondo. **7** amplio, ancho, holgado (la ropa). **8** intenso, profundo (el color). **9** fuerte, intenso (el sonido). **10** fuerte, concentrado (el sabor). **11** pleno: *a full life = una vida plena.* **12** de pleno derecho, titular: *a full member = un miembro de pleno derecho.* **13** pleno, total: *a policy of full employment = una política de pleno empleo.* • *adv.* **14** exactamente, directamente. **15** muy, bastante; perfectamente. ◆ **16 ~ moon,** luna llena. **17 at ~ blast,** ⇒ **blast. 18 at ~ length,** todo lo largo, en toda su extensión. **19 at ~ pelt,** ⇒ **pelt. 20 at ~ tilt,** ⇒ **tilt. 21 to be ~ of oneself,** ser un engreído, ser un soberbio, ser un orgulloso. **22 to come ~ circle,** ⇒ **circle. 23 ~ of beans,** ⇒ **bean. 24 ~ to bursting,** lleno a rebosar, hasta la bandera, de bote en bote. **25 ~ to the brim,** hasta el borde, completamente lleno (un recipiente). **26 ~ session,** sesión plenaria. **27 to have one's hands ~,** ⇒ **hand. 28 in ~,** completamente, totalmente. **29 in ~ cry,** ⇒ **cry. 30 in ~ swing,** ⇒ **swing.**

full-back ['fʊlbæk] *s. c.* DEP. defensa, defensor.

full-blooded [,fʊl'blʌdɪd] *adj.* **1** vigoroso. **2** de pura raza.

full-blown [,fʊl'bləʊn] *adj.* **1** totalmente abierto; totalmente desarrollado (especialmente de flores). **2** (fig.) total, completo: *a full-blown attack = un ataque total.*

full-bodied [,fʊl'bɒdɪd] *adj.* **1** corpulento. **2** con mucho cuerpo (especialmente de los vinos).

fuller ['fʊlər] *s. c.* **1** batanero, batán (limpiador de tejidos). ◆ **2 fuller's earth,** tierra de batán, arcilla de batán.

full-face [,fʊl'feɪs] *adj.* y *adv.* de lleno.

full-fledged [,fʊl'fledʒt] *adj.* ⇒ **fully-fledged.**

full-grown [,fʊl'grəʊn] *adj.* maduro (de animales o plantas).

full-length [,fʊl'leŋθ] *adj.* **1** de cuerpo entero (retrato o espejo). **2** de extensión/duración normal (para libros o películas). **3** hasta el suelo (cortinas o parecido). • *adv.* **4** a todo lo largo (del cuerpo): *she was lying full-length on the carpet = estaba tumbada cuan larga era sobre la alfombra.*

fullness ['fʊlnɪs] *s. i.* **1** saciedad; abundancia. **2** redondez (de alguna parte del cuerpo). **3** riqueza (de sonido). **4** aroma pleno (de sabor). ◆ **5 in the ~ of time,** en su momento.

full-page [ˌfʊl'peɪdʒ] *adj.* PER.a toda plana (anuncio, artículo, etc.).

full-scale [ˌfʊl'skeɪl] *adj.* **1** de gran envergadura, total: *full-scale war* = *guerra total.* **2** de tamaño natural.

full-size [ˌfʊl'saɪz] (también **full-sized**) *adj.* **1** totalmente desarrollado. **2** de tamaño natural.

full-throated [ˌfʊl'θrəʊtɪd] *adj.* fuerte, alto (sonidos como la risa, el grito, etc.).

full-time [ˌfʊl'taɪm] *adj.* y *adv.* **1** a tiempo completo, de dedicación plena, de horario: *full-time students = estudiantes a tiempo completo.* ● *s. i.* **2** DEP. final del tiempo reglamentado (en algún juego como fútbol). ◆ **3 a ~ job,** (fam.) tela marinera: *taking care of two babies is a full-time job = cuidar de dos bebés es tela marinera.*

fully ['fʊlɪ] *adv.* **1** completamente, totalmente, enteramente. **2** de cabo a rabo, en su totalidad (sin omitir nada). **3** por lo menos (con cantidades): *fully 300 students have a grant here = por lo menos 300 estudiantes tienen beca aquí.*

fully-fledged [ˌfʊlɪ'fledʒt] (también **full-fledged**) *adj.* **1** ANAT. y ZOOL. totalmente plumado (de aves). **2** (fig.) todo un: *a fully-fledged surgeon = todo un cirujano.*

fulminate ['fʌlmɪneɪt] *v. i.* (**to ~** {**at/ against**}) (form.) tronar, despotricar (contra).

fulmination [ˌfʌlmɪ'neɪʃn] *s. c.* e *i.* (form.) crítica, ataque furibundo.

fulsome ['fʊlsəm] *adj.* (desp.) exagerado (la manera de dar gracias, pedir perdón, etc.).

fulsomely ['fʊlsəmlɪ] *adv.* (desp.) exageradamente.

fumble ['fʌmbl] *v. i.* **1** manosear torpemente; hurgar (en busca de algo). **2** farfullar.

fume [fjuːm] *v. i.* **1** echar humo, emitir gases, humear. **2** (fig. y fam.) echar humo (por enfado), subirse por las paredes. ◆ **3 fumes,** gases, humos, polución.

fumigate ['fjuːmɪgeɪt] *v. t.* fumigar.

fumigation [ˌfjuːmɪ'geɪʃn] *s. i.* fumigación.

fun [fʌn] *s. i.* **1** diversión, regocijo: *it's great fun to work with her = es muy divertido trabajar con ella.* ● *adj.* **2** divertido, gracioso (de personas). ◆ **3 figure of ~, ⇒ figure.** **4 for ~/for the ~ of it/for the ~ of the thing,** (fam.) por pura diversión, por puro regocijo. **5 ~ and games,** (fam. y desp.) cachondeo excesivo: *his fun and games made me angry = su cachondeo excesivo me puso enfermo.* **6 to have ~,** pasarlo bien, divertirse, pasar un buen rato. **7 in ~/out of ~,** de broma. **8 to make ~ of/poke ~ at,** burlarse de, reírse de. **9 to spoil the ~,** aguar la fiesta. **10 what ~!,** ¡qué divertido!

function ['fʌŋkʃn] *s. c.* **1** función, objeto; *the function of power is to serve people = la función del poder es servir a la gente.* **2** recepción, acto. **3** (**~ of**) (form.) función de. **4** MAT. función. **5** INF. función. ● *s. i.* **6** funcionamiento. ● *v. i.* **7** (**to ~** {**as**}) funcionar; servir (de): *this functions as a lever = esto sirve de palanca.*

functional ['fʌŋkʃənl] *adj.* **1** funcional, de funcionamiento. **2** práctico, funcional (muebles, diseños, etc.). **3** en funcionamiento, funcionando. **4** MED. funcional (que no afecta al órgano que está mal).

functionalism ['fʌŋkʃənəlɪzəm] *s. i.* (form.) funcionalismo (visión de la realidad desde un enfoque práctico o utilitarista).

functionalist ['fʌŋkʃənəlɪst] *s. c.* (form.) funcionalista.

functionally ['fʌŋkʃənəlɪ] *adv.* funcionalmente.

functionary ['fʌŋkʃənərɪ] *s. c.* funcionario (gubernamental).

fund [fʌnd] *s. c.* **1** fondo (de dinero). **2** (**~ of**) (fig.) caudal de, montón de: *he has an incredible fund of jokes = se sabe un montón de chistes.* ● *v. t.* **3** financiar, meter dinero en, dedicar fondos a. ◆ **4 funds,** FIN. capital, dinero, fondos disponibles. **5 in funds,** (fam.) con dinero suficiente, con fondos adecuados. **6 ~ manager,** gestor de fondos.

fundamental [ˌfʌndə'mentl] *adj.* **1** (**~** {**to**}) fundamental, esencial (para). **2** FIL. básico, fundamental. ◆ **3 fundamentals,** principios básicos.

fundamentalism [ˌfʌndə'mentəlɪzəm] *s. i.* REL. fundamentalismo.

fundamentalist [ˌfʌndə'mentəlɪst] *s. c.* REL. fundamentalista.

fundamentally [ˌfʌndə'mentəlɪ] *adv.* fundamentalmente, básicamente, esencialmente.

funding ['fʌndɪŋ] *s. i.* financiación.

fund-raising ['fʌndreɪzɪŋ] *s. i.* recogida de fondos, recaudación de fondos.

funeral ['fjuːnərəl] *s. c.* **1** funeral, entierro. ◆ **2 ~ director,** (EE UU) responsable de funeraria. **3 ~ home,** (EE UU) funeraria, pompas fúnebres. **4 ~ march,** marcha fúnebre. **5 ~ parlour,** (brit.) funeraria. **6 ~ procession,** cortejo fúnebre. **7 ~ pyre,** pira funeraria. **8 it's your ~,** (fam.) allá te las apañes, soluciónalo tú que es asunto tuyo.

funerary ['fjuːnərərɪ] *adj.* (form.) funerario, fúnebre.

funereal [fjuː'nɪərɪəl] *adj.* (desp.) funesto, lúgubre.

funfair ['fʌnfeər] *s. c.* (brit.) parque de atracciones.

fungal ['fʌŋgəl] *adj.* (form.) fungoideo, de hongos.

fungi ['fʌŋgaɪ] *s. c.* e *i.* ⇒ **fungus.**

fungicide ['fʌngɪsaɪd] *s. c.* e *i.* QUÍM. fungicida.

fungoid ['fʌŋgɔɪd] *adj.* (form. y lit.) fungoideo.

fungus ['fʌŋgəs] (*pl.* **fungus**, **fungi**, **funguses**) *s. c.* e *i.* BOT. hongo.

funicular [fjuː'nɪkjʊlər] *s. c.* **1** funicular. ◆ **2 ~ railway,** funicular.

funk [fʌŋk] *s. i.* **1** (p.u.) temor, miedo, amilanamiento. **2** MÚS. música funky. ● *s. c.* **3** (p.u.) cobarde, cobardica. ● *v. t.* **4** (p.u.) temer, tener miedo de.

funky ['fʌŋkɪ] *adj.* **1** MÚS. funky. **2** (fam. y p.u.) chulo, molón.

funnel ['fʌnl] *s. c.* **1** embudo. **2** MAR. chimenea (de barcos). **3** (fig.) túnel, embudo. ● *v. t.* **4** dirigir, encauzar), canalizar.

funnily ['fʌnɪlɪ] *adv.* **1** (fam.) extrañamente, raramente. ◆ **2 ~ enough,** curiosamente: *she is, funnily enough, very sensitive = curiosamente, ella es, muy sensible.*

funny ['fʌnɪ] *adj.* **1** extraño, raro, peculiar. **2** divertido, gracioso, cómico, chistoso. **3** (fam.) un poco ido, un poquito loco. **4** (fam.) pachucho. ◆ **5 ~ bone,** (fam.) hueso de la risa. **6 ~ business,** (fam.) negocios sospechosos. **7 to go ~,** (fam.) escacharrarse. **8 ~ money,** dinero de segunda (clase). **9 the funnies,** (EE UU) (fam.) PER. las tiras cómicas.

fur [fəːr] *s. i.* **1** piel, pelaje (de animales). **2** (fig.) piel sintética. **3** MED. sarro, saburra (en la lengua). **4** sarro (en las teteras). ● *s. c.* **5** piel, prenda de piel. ● *adj.* **6** de piel (en su uso para vestir): *a fur coat = un abrigo de pieles.* ● *v. i.* **7** llenarse de sarro (teteras o tuberías). ◆ **8 to ~ up,** llenarse por completo de sarro. **9 to make the ~ fly/to set the ~ flying,** armar follón, armar la maimorena.

furbelow ['fəːbɪləʊ] *s. c.* volante (en un vestido).

furbish ['fəːbɪʃ] *v. t.* (form.) renovar, restaurar.

furious ['fjʊərɪəs] *adj.* **1** furioso, furibundo, colérico. **2** vigoroso, lleno de energía (en la manera de hacer algo).

furiously ['fjʊərɪəslɪ] *adv.* **1** furiosamente, furibundamente, coléricamente. **2** vigorosamente, enérgicamente (manera de hacer algo).

furl [fəːl] *v. t.* cerrar, plegar (paraguas); recogr, enrollar (vela, bandera, etc.).

furled [fəːld] *adj.* plegado, cerrado (paraguas); recogido, enrollado (vela, etc.).

furlong ['fəːlɒŋ] *s. c.* furlong (medida de longitud de unos 200 metros).

furlough ['fəːləʊ] *s. c.* e *i.* licencia, permiso (especialmente militar).

furnace ['fəːnɪs] *s. c.* **1** horno. ● *s. sing.* **2** (fam.) horno (lugar de mucho calor).

furnish ['fəːnɪʃ] *v. t.* **1** amueblar. ◆ **2 to ~ someone with something,** (form.) suministrar algo a alguien.

furnished ['fəːnɪʃt] *adj.* (**~** {**with**}) amueblado.

furnishings ['fəːnɪʃɪŋgz] *s. pl.* muebles (incluyendo accesorios).

furniture ['fəːnɪtʃər] *s. i.* **1** mobiliario, muebles. ◆ **2 part of the ~,** (fam.) parte de la decoración, como un mueble (algo a lo que uno se ha acostumbrado): *she's become part of the furniture after so long = se ha convertido en parte de la decoración después de tanto tiempo.*

furore [fjʊ'rɔːrɪ] (en EE UU **furor**) *s. sing.* escándalo.

furrier ['fʌrɪər] *s. c.* tratante de pieles; peletero.

furrow ['fʌrəʊ] *s. c.* **1** AGR. surco. **2** (fig.) surco, canal (en cualquier superficie plana). **3** arruga (en la cara). • *v. t.* **4** arrugar (la frente). **5** (lit.) hacer un surco en. • *v. i.* **6** arrugarse (la frente).

furrowed ['fʌrəʊd] *adj.* arrugado (en la cara).

furry ['fəːrɪ] *adj.* **1** velloso, lanudo, peludo (animales). **2** parecido a piel, como piel (en objetos). **3** sarroso, lleno de sarro (lengua).

further ['fəːðər] (*comp.* de **far**) *adv.* **1** más: *I have to study the matter further = tengo que estudiar más el tema.* **2** más allá: *I'll go further and say... = iré más allá y diré...* **3** (form.) lo que es más (al principio de una oración). **4** más lejos. **5** más (en el tiempo): *I won't delay you further = no te entretendré más.* • *adj.* **6** más, añadido: *a further problem is drugs = un problema añadido es la droga.* **7** más alejado: *the further end of the street = el otro extremo de la calle.* • *v. t.* **8** promover, fomentar, favorecer. ◆ **9** ~ **back,** más atrás, anteriormente (en el tiempo). **10** ~ **education,** (brit.) formación profesional, estudios superiores no universitatios. **11** ~ **on,** más adelante, posteriormente (en el tiempo). **12** ~ **to,** (form.) en relación con. **13 not to go any** ~, no extenderse; no ir más allá: *this rebellion must not go any further = esta rebelión no se debe extender.*

furtherance ['fəːðərəns] *s. i.* fomento, promoción.

furthermore [ˌfəːðə'mɔː] *adv.* (form.) es más.

furthermost [ˌfəːðə'məʊst] *adj.* más alejado, más distanciado.

furthest ['fəːðɪst] (*super.* de **far**) *adv.* **1** más. **2** más lejos. • *adj.* **3** mas lejano, más alejado, más distanciado.

furtive ['fəːtɪv] *adj.* furtivo, sigiloso, disimulado.

furtively ['fəːtɪvlɪ] *adv.* furtivamente, sigilosamente, disimuladamente, con disimulo.

furtiveness ['fəːtɪvnɪs] *s. i.* sigilo, disimulo.

fury ['fjʊərɪ] *s. i.* **1** furia, ira. ◆ **2 in a** ~, furioso, iracundo. **3 like** ~, como una furia.

fuse [fjuːz] *s. c.* **1** ELEC. fusible. **2** mecha (en explosivos). • *v. t.* e *i.* **3** (brit.) fundir(se), (un fusible). **4** fundir(se), unir (se). **5** fundir(se) (metales). **6** (fig.) mezclar(se), combinar(se) (ideas, creencias, ideologías, etc.). ◆ **7** ~ **box,** ELEC. caja de fusibles. **8** ~ **wire,** ELEC. cable de fusible.

fused [fjuːzd] *adj.* ELEC. con fusible.

fuselage ['fjuːzəlɑːʒ] *s. c.* AER. fuselaje.

fusible ['fjuːzəbl] *adj.* fundible, mezclable.

fusillade [ˌfjuːzə'leɪd] *s. sing.* **1** MIL. descarga, andanada. **2** (~ **of**) (fig.) andanada de, descarga de (críticas o similar).

fusion ['fjuːʒn] *s. c.* **1** fusión, unión. • *s. i.* **2** fusión, síntesis. **3** FÍS. fusión (atómica).

fuss [fʌs] *s. sing.* **1** (~ {**about/over**}) jaleo, follón (por). **2** estado de nervios, agitación. **3** (fam.) bronca, follón. • *v. i.* **4** (**to** ~ {**about/over**}) inquietarse, angustiarse (por). • *v. t.* **5** (EE UU) (fam.) molestar, dar la lata. ◆ **6 to** ~ **over,** prestar excesiva atención a. **7 to make/kick up a** ~, (fam.) protestar airadamente; montar un número; armar un lío. **8 to make a** ~ **of,** (brit.) mimar a, tratar con mimos a, tratar con mucho cuidado.

fussily ['fʌsɪlɪ] *adv.* **1** nerviosamente, agitadamente. **2** remilgadamente, melindrosamente (en el vestir).

fussiness ['fʌsɪnɪs] *s. i.* remilgo, melindre.

fusspot ['fʌspɒt] *s. c.* (fam.) melindroso, quisquilloso, tiquismiquis.

fussy ['fʌsɪ] *adj.* **1** nervioso, agitado (por pequeñeces). **2** remilgado, melindroso (en el vestir). ◆ **3 I'm not** ~, no me importa.

fusty ['fʌstɪ] *adj.* **1** (desp.) anticuado, pasado de moda. **2** rancio (olor).

futile ['fjuːtaɪl] *adj.* **1** fútil, vano, infructuoso. **2** insignificante, baladí (algo que se dice).

futility [fjuː'tɪlətɪ] *s. i.* futilidad, inutilidad.

future ['fjuːtʃər] *s. sing.* **1** futuro, mañana. **2** tiempo futuro. **3** futuro, porvenir: *to have a future = tener un porvenir.* • *s. c.* **4** futuro profesional, futuro (carrera): *my political future = mi futuro político.* • *adj.* **5** futuro: *a future generation = una generación del futuro.* **6** GRAM. futuro. ◆ **7 for the** ~, para el futuro, para el mañana. **8 futures,** COM. futuros. **9 in** ~, en lo sucesivo. **10 in the** ~, en el futuro, en el mañana.

futurism ['fjuːtʃərɪzəm] *s. i.* ART. futurismo.

futuristic ['fjuːtʃərɪstɪk] *adj.* futurista.

fuzz [fʌz] *s. i.* **1** pelusa, vello. **2** pelo fosco. ◆ **3 the** ~, (fam.) la policía, la poli, la pasma.

fuzzily ['fʌzɪlɪ] *adv.* confusamente, con poca claridad (en los pensamientos).

fuzziness ['fʌzɪnɪs] *s. i.* **1** vellosidad. **2** (lo) borroso, (lo) indistinto.

fuzzy ['fʌzɪ] *adj.* **1** crespo, fosco, encrespado (pelo). **2** borroso, indistinto (en fotos o similar). **3** (fig.) confuso, poco claro (pensamientos). **4** con vello, cubierto de pelusa.

g, G [dʒiː] *s. c.* **1** g, G (séptima letra del alfabeto inglés). **2** MÚS. sol. **3** MÚS. clave de sol. **4** TEC. abreviatura de la gravedad, fuerza de la gravedad o de la aceleración. **5** abreviatura de gramo, galón y alemán (german). **6** (EE UU) (fam.) billete de 1.000 dólares. • *adj.* **7** letra de clasificación para películas toleradas para menores.

gab [gæb] *v. i.* **1** (fam.) cotorrear, parlotear, charlar. • *s. i.* **2** cotorreo, parloteo. ◆ **3 the gift of the ~,** ⇒ **gift.**

gabardine ['gæbədiːn] (también **gaberdine**) *s. i.* **1** gabardina (tela). • *s. c.* **2** gabardina (prenda); túnica (usada por los judíos en la Edad Media).

gabble [gæbl] *v. t.* e *i.* **1** (fam.) balbucir, balbucear. **2** cloquear, graznar. • *s. i.* **3** (fam.) cháchara, parloteo.

gable ['geɪbl] *s. c.* ARQ. aguilón, gablete.

gabled ['geɪbld] *adj.* ARQ. de gablete, con gabletes.

gad [gæd] (*ger.* **gadding,** *pret.* y *p. p.* **gadded**) *v. i.* **to ~ about/around,** (fam. y desp.) ir por ahí de juerga, parrandear, andar de juerga.

gadabout ['gædəbaut] *s. c.* (fam. y desp.) juerguista.

gadfly ['gædflaɪ] *s. c.* **1** ZOOL. tábano, moscardón. **2** (fig. y desp.) latoso, pesado.

gadget ['gædʒɪt] *s. c.* artilugio, artefacto, aparato, cachivache.

gadgetry ['gædʒɪtrɪ] *s. i.* artilugios, artefactos (vistos como un todo).

Gael [geɪl] *s. c.* gaélico, habitante de Escocia, Irlanda o la Isla de Man.

Gaelic ['geɪlɪk] *adj.* gaélico (lengua hablada en Escocia, Irlanda e Isla de Man).

gaff [gæf] *s. c.* **1** gancho, garfio (para el izado de peces). ◆ **2 to blow the ~,** (fam.) revelar el secreto, descubrir el pastel.

gaffe [gæf] *s. c.* metedura de pata, indiscreción.

gaffer ['gæfər] *s. c.* **1** (fam.y desp.) vejestorio, viejo. **2** (brit.) capataz, supervisor (de un grupo de obreros).

gag [gæg] *s. c.* **1** chiste, gracia, broma, efecto cómico. **2** morcilla (en teatro). **3** mordaza (para la boca). **4** limitación, censura (de opinión). **5** MED. abrebocas (aparato de dentista). • *v. t.* **6** amordazar, poner mordaza a. **7** (fig.) amordazar, hacer callar, censurar, acallar. **8** mantener la boca abierta (por medio de artilugio de dentista). **9** bloquear, obstruir. • *v. i.* **10** sentir náuseas. **11** meter morcillas (en teatro). **12** contar chistes, bromear.

gaga ['gɑːgɑː] *adj.* (fam.) chiflado, chalado.

gage *s. c.* y *v. t.* ⇒ **gauge.**

gaggle ['gægl] *s. c.* **1** manada (de gansos). **2** (fig.) grupo (ruidoso y normalmente de niños).

gaiety ['geɪətɪ] *s. i.* alegría, regocijo, alborozo, júbilo.

gaily ['geɪlɪ] *adv.* **1** alegremente, jovialmente. **2** vistosamente, brillantemente, vivamente (vestido, coloreado, adornado, etc.).

gain [geɪn] *v. t.* **1** (~ {**by, from**}) (form.) ganar (de) (algo útil o ventajoso). **2** ganar (peso, en riqueza, etc.). **3** (form.) llegar a, alcanzar (un lugar, con esfuerzo). • *v. i.* **4** adelantarse (un reloj). **5** (~ {**on, upon**}) reducir distancias (con), acercarse (a). **6** aumentar (valor, fuerza, salud, etc.). • *s. i.* **7** ganancia, beneficio, provecho. • *s. c.* **8** aumento, subida, incremento. **9** compra, adquisición. **10** mejora, avance, ventaja. **11** ELECTR. amplificación. ◆ **12 to ~ entry,** entrar, conseguir entrar. **13 to ~ ground,** ganar terreno (en fuerza, popularidad, aceptación). **14 ill-gotten gains,** ganancias o beneficios ilícitos.

gainer [geɪnər] *s. c.* **1** ganador. **2** DEP. salto mortal hacia atrás y entrada en el agua de pie (en natación).

gainful ['geɪnful] *adj.* remunerado: *gainful employment = empleo remunerado.*

gainfully ['geɪnfəlɪ] *adv.* remuneradamente.

gainsaid [geɪn'sed] *pret.* y *p. p.* de **gainsay.**

gainsay [ˌgeɪn'seɪ] (*pret.* y *p. p.* **gainsaid**) *v. t.* (p.u. y form.) contradecir, negar.

gait [geɪt] *s. c.* **1** modo de andar. **2** paso, trote corto (caballo). • *v. t.* **3** adiestrar en el trote corto (al caballo).

gaiter ['geɪtər] *s. c.* **1** polaina, sobrebota (para montañeros, esquiadores). **2** botín con una goma elástica en los laterales.

gal [gæl] *s. c.* (fam.) chica, muchacha.

gala ['gɑːlə] *s. c.* **1** gala, celebración, festival, festejo (público): *a gala night = una fiesta nocturna.* **2** (brit.) DEP. certamen, competición: *a swimming gala = una competición de natación.* • *adj.* **3** festivo, de gala.

galactic [gə'læktɪk] *adj.* **1** MED. lácteo. **2** ASTR. galáctico.

galantine ['gæləntiːn] *s. i.* GAST. galantina (carne blanca servida enrollada y que se toma fría).

galaxy ['gæləksi] *s. c.* **1** ASTR. galaxia. **2** (~ **of**) (fig.) constelación, pléyade de: *a galaxy of writers = una pléyade de escritores.* ◆ **3 the Galaxy,** ASTR. la Galaxia.

gale [geɪl] *s. c.* **1** galerna, vendaval. **2** (arc.) brisa. **3** *pl.* (~ {**of**}) estallido (de risas, de carcajadas): *gales of laughter = carcajadas, estallido de carcajadas.*

Galician [gə'lɪʃɪən] *adj.* **1** gallego. • *s. c.* **2** gallego (habitante de Galicia). **3** gallego (idioma).

Galilee ['gælɪliː] *s. sing.* **1** Galilea. **2** pórtico de iglesia, capilla (con minúscula).

gall [gɔːl] *s. i.* **1** descaro, osadía. **2** rencor. **3** (arc.) bilis, hiel. **4** rozadura (especialmente de un caballo). **5** exasperación, irritación. **6** BOT. agalla, gargal. **7** inflamación (causada por una infección o daño). • *v. t.* **8** irritar, exasperar. **9** rozar, desollar. ◆ **10 ~ bladder,** ANAT. vesícula biliar.

gallant ['gælənt] *adj.* **1** (lit.) valeroso, valiente. **2** (lit.) galante, cortés, caballeroso. **3** majestuoso, imponente, deslumbrante. **4** (arc.) galán, galanteador, elegante. • *s. c.* e *i.* **5** (arc.) caballero, señor.

gallantly ['gæləntlɪ] *adv.* **1** valerosamente. **2** galantemente, cortésmente, caballerosamente.

gallantry ['gæləntrɪ] *s. c.* e *i.* **1** (lit.) valentía, valor. **2** galantería, cortesía, caballerosidad.

galleon ['gælɪən] *s. c.* MAR. galeón.

gallery ['gælərɪ] *s. c.* **1** galería de arte. **2** sala (de museo); museo, pinacoteca. **3** galería (de teatro). **4** tribuna. **5** (fig.) galería, espectadores, público.

6 galería, túnel, pasadizo subterráneo (de una mina, una cueva). **7** galería, balconada. **8** (EE UU) porche, pórtico. **9** MAR. galería (plataforma en barcos antiguos). ◆ **10 to play to the ~,** actuar para la galería.

galley ['gælɪ] *s. c.* **1** MAR. galera. **2** cocina (de barco o de avión). **3** galera (para formar la galerada en imprenta). ◆ **4 ~ proof,** galerada, prueba de galera (en imprenta).

galley-slave ['gælɪsleɪv] *s. c.* **1** galeote, esclavo de galeras. **2** (fig.) esclavo (persona a quien se le obliga a trabajar mucho).

Gallic ['gælɪk] *adj.* (form.) galo, francés.

Gallicism ['gælɪsɪzəm] *s. c.* galicismo.

galling ['gɔːlɪŋ] *adj.* irritante, exasperante.

gallium [,gælɪ'am] *s. i.* galio.

gallivant [,gælɪ'vænt] *v. i.* **to ~ about/around,** (desp. y p.u.) salir por ahí a divertirse, parrandear.

gallon ['gælən] *s. c.* galón (medida, brit. = 4,5 l., EE UU = 3,7 l.).

gallop ['gæləp] *s. c.* **1** galope, galopada. ● *v. t.* **2** hacer galopar. ● *v. i.* **3** galopar, ir a galope. ◆ **4 at a ~,** a galope, galopando. **5 to break into a ~,** echar a galopar.

galloping ['gæləpɪŋ] *adj.* **1** galopante, creciente: *galloping inflation* = *inflación galopante.* **2** MED. galopante, de desarrollo acelerado.

gallows ['gæləuz] (*pl.* **gallows**) *s. c.* **1** horca. **2** ejecución en la horca. ◆ **3 ~ humour,** humor negro.

gallstone ['gɔːlstəun] *s. c.* MED. cálculo biliar.

galore [gə'lɔː] *adj.* muchísimo, en cantidad, a porrillo, en abundancia.

galoshes [gə'lɒʃ] *s. pl.* chanclos, botas de goma.

galumph [gə'lʌmf] *v. i.* (hum. y fam.) ir haciendo cabriolas, ir saltando alegremente (típico de niños): *the schoolboys galumphed into the yard* = *los escolares entraron en el patio haciendo cabriolas.*

galvanic [gæl'vænɪk] *adj.* **1** ELEC. galvánico. **2** (fig.) excitante, estimulante, revulsivo.

galvanism ['gælvənɪzəm] *s. i.* ELEC. galvanismo.

galvanization [,gælvənaɪ'zeɪʃn] (también **galvanisation**) *s. i.* galvanización.

galvanize ['gælvənaɪz] (también **galvanise**) *v. t.* **1** galvanizar. **2** (**to ~ into**) excitar, provocar, sacudir, espolear.

galvanized ['gælvənaɪzd] *adj.* galvanizado.

gambit ['gæmbɪt] *s. c.* **1** estratagema, táctica, maniobra. **2** gambito (en el juego de ajedrez).

gamble ['gæmbl] *v. i.* **1** (**to ~ {on/with}**) apostar (a/con) (dinero, propiedades): *to gamble on the horses* = *apostar a los caballos.* **2** especular (en Bolsa). ● *v. t.* **3** (**to ~ {on}**) apostar, jugarse (a). **4** especular (en Bolsa). ● *s. c.* **5** riesgo, empresa arriesgada. **6** apuesta, jugada arriesgada. ◆ **7 to ~ away,** perder en el juego.

gambler ['gæmblər] *s. c.* jugador, tahúr.

gambling ['gæmblɪŋ] *s. i.* **1** juego (por dinero). **2** especulación. ◆ **3 ~ den,** garito, casa de juego. **4 ~ table,** mesa de juego.

gambol ['gæmbl] *v. i.* **1** saltar, brincar, retozar. ● *s. c.* **2** salto, brinco, cabriola.

game [geɪm] *s. c.* **1** juego, deporte; partido, partida. **2** juego (en tenis); set, manga (parte de un partido). **3** torneo, certamen, competición, copa (en el bridge). **4** *pl.* juegos: *Olympic Games* = *Juegos Olímpicos.* **5** juego: *lots of games, such as dice, chess...* = *montones de juegos, como dados, ajedrez...* **6** negocio: *new to the game of...* = *nuevo en el negocio de...* **7** estilo de juego. **8** broma, truco. **9** estratagema, argucia, artimaña. ● *s. i.* **10** caza, animales de caza. **11** presa (de burla, escarnio). ● *adj.* **12** valeroso, animoso. **13** (**~ {for}**) listo, preparado (para): *are you game for a run* = *¿estás listo para correr?* ● *v. i.* **14** apostar, jugar (por dinero). ◆ **15 at their own ~,** con sus mismos métodos. **16 to be on the ~,** (brit.) ser del oficio (de la prostitución). **17 board games,** juegos de mesa. **18 fun and games,** ⇒ **fun. 19 ~ bird,** ave de caza. **20** (fig.) **to give the ~ away,** descubrir las cartas, descubrir el pastel. **21 to make ~ of,** ridiculizar, reírse de, burlarse de. **22 to play the ~,** jugar limpio, observar las reglas. **23 the game's up,** se acabó todo, te he descubierto. **24 the name of the ~,** ⇒ **name. 25 two can play at that ~,** donde las dan las toman. **26 ~ show,** programa concurso. **27 ~ theory,** teoría de juegos.

gamebag ['geɪmbæg] *s. c.* zurrón, morral (del cazador).

gamecock ['geɪmkɒ] *s. c.* gallo de pelea.

gamekeeper ['geɪm,kiːpər] *s. c.* guardabosques.

gamesmanship ['geɪmzmənʃɪp] *s. i.* maestría, saber hacer, picardía (poniendo nervioso al contrincante sin salirse de las reglas).

gamely ['geɪmlɪ] *adv.* animosamente, valerosamente.

gamete ['gæmiːt] *s. c.* BIOL. gameto.

gametic [gə'metɪk] *adj.* BIOL. del gameto.

game-warden ['geɪmwɔːdən] *s. c.* guarda en una reserva; guardabosque.

gamin ['gæmɪn] *s. c.* pilluelo, golfillo.

gamine [gæ'miːn] *s. c.* **1** pilluela, golfilla. ◆ **2 ~ haircut,** corte de pelo a lo garçon.

gaming ['geɪmɪŋ] *s. i.* **1** juego, apuesta (gen. cartas o ruleta). ◆ **2 ~ house,** garito, casa de juego.

gamma ['gæmə] *s. c.* e *i.* **1** gamma (tercera letra del alfabeto griego, a veces utilizada como calificación escolar baja). **2** TV. grado de contraste (fotográfico; también en vídeo y fotografía). ◆ **3 ~ correction,** corrección de gamma (TV, vídeo, fotografía). **4** FÍS. **~ rays,** rayos gamma.

gammon ['gæmən] *s. i.* **1** (brit.) jamón (gen. carne de cerdo para freír o asar, a veces ahumada o curada). **2** juego doble (en backgammon). **3** (brit.) (fam.) charlatanería, charla engañosa. ● *v. t.* **4** ganar al backgammon. **5** MAR. trincar (el bauprés a la roda). ● *v. i.* **6** hablar con engaños.

gammy ['gæmɪ] *adj.* (fam. y brit.) chungo, en mal estado (un miembro del cuerpo); cojo (una pierna).

gamut ['gæmət] *s. c.* **1** serie, gama, variedad. **2** MÚS. escala musical. ◆ **3 to run the ~ of something,** experimentar toda la variedad o gama de algo: *she's run the gamut of all jobs* = *ha experimentado toda clase de trabajos.*

gamy ['geɪmɪ] (también **gamey**) *adj.* **1** fuerte (carne de caza). **2** bravucón, intrépido.

gander ['gændər] *s. c.* **1** ganso (macho). **2** simplón, tontorrón. **3** (fam.) ojeada, vistazo: *take a gander at this* = *echa una ojeada a esto.*

gang [gæŋ] *s. c.* **1** (~ *v. sing.* o *pl.*) banda (de ladrones, criminales). **2** pandilla (de jóvenes peligrosos): *a gang of Hell's Angels* = *una pandilla de ángeles del infierno.* **3** grupo, pandilla, cuadrilla (en gen. de jóvenes.). **4** cuadrilla, brigada (de trabajadores). **5** juego (de herramientas). ● *v. i.* **6** (**to ~ up on/against**) conspirar contra.

ganger ['gæŋər] *s. c.* (brit.) capataz, jefe de grupo (de obreros).

gangland ['gæŋlənd] *s. sing.* mundo del hampa, mundo del crimen organizado.

ganglia ['gæŋglɪa] *s. pl.* ⇒ **ganglion.**

gangling ['gæŋglɪŋ] (también **gangly**) *adj.* desgarbado, larguirucho, delgaducho (gen. chicos).

ganglion ['gæŋglɪən] (*pl.* **ganglions** o **ganglia**) *s. c.* ANAT. ganglio.

gangplank ['gæŋplæŋk] *s. c.* rampa, pasarela (de desembarque).

gangrene ['gæŋgriːn] *s. i.* **1** MED. gangrena. ● *v. t.* **2** gangrenar. ● *v. i.* **3** gangrenarse.

gangrenous ['gæŋgrɪnəs] *adj.* MED. gangrenoso.

gangster ['gæŋstər] *s. c.* mafioso, hampón, gángster.

gangway ['gæŋweɪ] *s. c.* **1** pasadizo, pasaje. **2** pasarela, escalerilla. **3** (brit.) pasillo (de cine, autobús, etc.). **4** nivel (de una mina). **5** MAR. portalón. ◆ **6 ~!,** ¡abran paso!

gannet ['gænɪt] *s. c.* ZOOL. alcatraz (un tipo de pájaro).

gantry ['gæntrɪ] *s. c.* MEC. pórtico, caballete de soporte.

gaol [dʒeɪl] *s. c.* e *i.* (brit.) cárcel, prisión.

gaolbird ['dʒeɪlbɔːd] *s. c.* (brit.) (fam. y p.u.) pájaro de cuenta, carne de presidio.

gaolbreak ['dʒeɪlbreɪk] *s. c.* (brit.) huida de prisión.

gaoler ['dʒeɪlər] *s. c.* (brit.) carcelero.

gap [gæp] *s. c.* **1** brecha, resquicio, boquete, abertura, espacio. **2** (fig.) hueco, vacío, laguna. **3** (fig.) intervalo (de tiempo). **4** espacio (en la escritura). **5** cañada, desfiladero. **6** INF. separación entre bloques de registros. • *v. t.* **7** abrir un espacio en, hacer una brecha en. • *v. i.* **8** abrirse. ♦ **9 credibility ~,** ⇒ **credibility. 10 generation ~,** diferencia generacional (de ideas, intereses).

gape [geɪp] *v. i.* **1** (**to ~ at**) mirar boquiabierto, quedarse mirando boquiabierto. **2** bostezar. **3** separarse, abrirse completamente. **4** (fig.) tener lagunas (en el discurso). • *s. i.* **5** ZOOL. anchura del espacio de las mandíbulas abiertas de los vertebrados. **6** ZOOL. peste aviar. **7** ataque de bostezos.

gaping [geɪpɪŋ] *adj.* **1** boquiabierto, embobado. **2** profundo.

gappy ['gæpɪ] *adj.* desdentado.

gap-toothed [gæp'tu:θt] *adj.* **1** de dientes separados. **2** sin algún (algunos) diente(s).

garage ['gærɑ:dʒ || 'gærɪdʒ] *s. c.* **1** garaje. **2** garaje, taller de reparación (de vehículos). **3** gasolinera. • *v. t.* **4** guardar en un garaje.

garb [gɑ:b] *s. i.* **1** (lit.) vestimenta, atuendo: *doctor's garb = vestimenta de médico.* • *v. t.* **2** (lit.) ir de (un color): *she was garbed in white = ella iba de blanco.*

garbage ['gɑ:bɪdʒ] *s. i.* **1** (EE UU) basura, desperdicios. **2** (brit.) (fam.) tonterías, estupideces. **3** INF. información inservible. ♦ **4 ~ can,** (EE UU) cubo de basura.

garble ['gɑ:bl] *v. t.* distorsionar, falsear (los hechos).

garbled ['gɑ:bld] *adj.* distorsionado (especialmente un mensaje o información).

garden ['gɑ:dn] *s. c.* **1** jardín. **2** huerto, huerta. **3** *pl.* parque, jardines públicos. **4** (fig.) vergel. • *v. i.* **5** trabajar en el jardín. • *adj.* **6** de jardín; de huerto. **7** corriente, ordinario. ♦ **8** (brit.) **~ party/** (EE UU) **~ lawn party,** fiesta al aire libre. **9** (brit.) **to lead someone up the ~ path,** llevar a alguien al huerto, seducir o engañar a alguien.

gardener ['gɑ:dnər] *s. c.* jardinero; hortelano.

gardenia [gɑ:'di:njə] *s. c.* BOT. gardenia.

gardening ['gɑ:dnɪŋ] *s. i.* jardinería, horticultura.

gargantuan [gɑ:'gæntjuən] *adj.* gigantesco, pantagruélico: *a gargantuan meal = una comida pantagruélica.*

gargle ['gɑ:gl] *s. c.* e *i.* **1** gárgaras. **2** gargarismo (con líquido medicinal). • *v. i.* **3** hacer gárgaras.

gargoyle ['gɑ:gɔɪl] *s. c.* ARQ. gárgola.

garish ['geərɪʃ] *adj.* chillón (en colores).

garishly ['geərɪʃlɪ] *adv.* chillonamente (especialmente en colores).

garishness ['geərɪʃnɪs] *s. i.* aspecto chillón.

garland ['gɑ:lənd] *s. c.* e *i.* **1** guirnalda. **2** MAR. estrobo, arza. **3** antología (especialmente de poemas, baladas). • *v. t.* **4** (**to ~ with**) adornar con guirnaldas.

garlic ['gɑ:lɪk] *s. i.* ajo.

garlicky ['gɑ:lɪkɪ] *adj.* con sabor a ajo.

garment ['gɑ:mənt] *s. c.* **1** TEC. prenda de vestir (gen. es exterior). • *v. t.* **2** vestir.

garner ['gɑ:nər] *v. t.* **1** (lit.) hacer acopio de, acumular. • *s. c.* **2** granero.

garnet ['gɑ:nɪt] *s. c.* **1** granate (mineral). **2** granate (color). **3** MAR. aparejo del estrinque (para sujetar carga ligera).

garnish ['gɑ:nɪʃ] *s. c.* e *i.* **1** aderezo, guarnición (cocina). **2** ornamento, embellecimiento, decoración. **3** DER. (fam.) tributo, cuota (con la que los presos extorsionan al recién encarcelado). • *v. t.* **4** (**to ~ with**) aderezar con. **5** adornar, decorar.

garnishee [,gɑ:nɪ'ʃi:] *v. t.* **1** DER. embargar. **2** DER. notificar un embargo a. • *s. c.* **3** DER. embargado. **4** DER. tercero, tercerista.

garnishing [,gɑ:nɪʃɪŋ] *s. c.* e *i.* aderezo; adorno.

garnishment ['gɑ:nɪʃmənt] *s. c.* e *i.* **1** DER. embargo, ejecución de una deuda. **2** DER. notificación de embargo. **3** adorno, ornamento.

garret ['gærit] *s. c.* (lit.) buhardilla, desván.

garrison ['gærɪsn] MIL. *s. c.* **1** (~ *v. sing.* o *pl.*) guarnición, destacamento. **2** campamento, cuartel, guarnición. • *v. t.* **3** destacar (a una compañía).

garrotte [gə'rɒt || gə'rɑ:t] *s. c.* **1** garrote (de ejecución). **2** garrote vil. • *v. t.* **3** dar garrote vil a, ejecutar con garrote vil. **4** estrangular.

garrulity [gæ'ru:lɪtɪ] *s. i.* charlatanería, locuacidad.

garrulous ['gærələs] *adj.* locuaz, charlatán, parlanchín.

garrulously ['gærələslɪ] *adv.* locuazmente, parlanchinamente.

garter ['gɑ:tər] *s. c.* **1** liga, banda elástica (para medias o calcetines). **2** (brit.) jarretera: *The Order of the Garter = la Orden de la Jarretera.* • *v. t.* **3** sujetar con liga o banda elástica. ♦ **4 ~ belt,** liguero, portaligas. **5 to have someone's guts for garters,** (fam.) hacer picadillo a alguien, hacer trizas a alguien.

gas [gæs] (*pl.* **gases** o **gasses**) *s. c.* e *i.* **1** gas. **2** sustancia gaseosa. • *s. i.* **3** (EE UU) (fam.) gasolina. **4** anestésico gaseoso. **5** (EE UU) gas (en el estómago). **6** (EE UU) (fam.) entretenimiento, diversión. **7** (brit.) (fam.) cháchara, cotorreo, palique. • *v. t.* **8** gasear, asfixiar con gas. **9** echar gasolina a. **10** (brit.) (fam.) dar palique a, cotorrear con. ♦ **11 ~ burner,** quemador de gas. **12 ~ chamber,** cámara de gas. **13 ~ cooker,** cocina de gas. **14 ~ fire,** estufa de gas. **15 ~ fitter,** instalador de gas. **16 ~ jet,** llama de quemador de gas. **17 ~ main,** tubería maestra del gas. **18 ~ mask,** máscara de gas. **19 ~ meter,** contador del gas. **20 ~ oven,** horno de gas. **21 ~ ring,** quemador de gas (cocina). **22 ~ stove,** cocina de gas. **23 ~ tank,** depósito de gasolina. **24 ~ tap,** llave de gas. **25** (fam.) **to step on the ~,** apretar el acelerador.

gasbag ['gæsbæg] *s. c.* (desp. y fam.) charlatán, parlanchín.

gaseous ['gæsjəs] *adj.* **1** TEC. gaseoso, gaseiforme. **2** (fig.) inconcreto, tenue.

gash [gæʃ] *v. t.* **1** hacer un corte o herida profunda a/en. • *s. c.* **2** brecha, corte profundo.

gasholder ['gæs,həuldər] *s. c.* **1** bombona (de gas). **2** tanque de gas, gasómetro.

gaslight ['gæslaɪt] *s. i.* **1** luz de gas. • *s. c.* **2** lámpara de gas.

gas-lit ['gæslɪt] *adj.* iluminado por luz de gas.

gasify ['gæsɪfaɪ] *v. i.* convertirse en gas, gasificarse.

gasket ['gæskɪt] *s. c.* MEC. junta, arandela.

gasman ['gæsmæn] (*pl.* **gasmen**) *s. c.* lector de contadores del gas.

gasoline ['gæsəli:n] *s. i.* (EE UU) gasolina.

gasometer [gæ'sɒmɪtər] *s. c.* gasómetro.

gasp [gɑ:sp] *v. i.* **1** (**to ~ at/with/in**) quedarse sin aliento (por/ante) (por la sorpresa, por un susto). **2** jadear, resollar, respirar con dificultad. • *v. t.* **3** (**to ~ out**) decir entrecortadamente. • *s. c.* **4** jadeo, resuello. ♦ **5 at the last ~,** al borde de la asfixia, a punto de dar la última bocanada.

gassy ['gæsɪ] *adj.* gaseoso, con mucho gas (especialmente referido a bebidas con burbujas).

gastric ['gæstrɪk] *adj.* MED. gástrico: *gastric juices = jugos gástricos.*

gastritis [gæ'straɪtɪs] *s. i.* MED. gastritis.

gastroenteritis [,gæstrəu,entə'raɪtɪs] *s. i.* MED. gastroenteritis.

gastronome ['gæstrənəum] *s. c.* (hum.) gastrónomo.

gastronomic [,gæstrə'nɒmɪk] *adj.* gastronómico.

gastronomically [,gæstrə'nɒmɪklɪ] *adv.* gastronómicamente.

gastronomy [gæ'strɒnəmɪ] *s. i.* gastronomía.

gasworks ['gæswə:ks] *s. c.* (*pl.* **gasworks**) fábrica de gas.

gat [gæt] *s. c.* **1** canal, pasaje (entre acantilados). **2** (EE UU) (fam.) pistola, revólver. **3** (arc.) *pret.* de **get.**

gate [geɪt] *s. c.* **1** verja, cancela (de hierro); portezuela, portón (de un cercado). **2** barrera (tren). **3** puerta de embarque (de aeropuerto). **4** compuerta, esclusa. **5** válvula, llave de paso (del gas). **6** (brit.) DEP. taquilla, entrada (ingresos por un partido). **7** MET. conducto de colada. **8** INF. puerta. **9** (arc.) camino, sendero, paso. **10** método, estilo. • *v. t.* **11** (brit.) castigar (con permanencia después del horario escolar). ♦ **12** INF. **~ file,** unidad de disco tipo puerta. **13** DEP.

~ **money,** recaudación. **14 to give someone the ~, a)** despedir a alguien (del trabajo); **b)** dar calabazas a alguien (a un hombre).
gateau ['gætəu] (*pl.* **gateaus** o **gateaux**) *s. c.* e *i.* GAST. pastel, tarta.
gatecrash ['geɪtkræʃ] *v. t.* entrar sin ser invitado en, entrar de gorra en, colarse en.
gatehouse ['geɪthaus] *s. c.* **1** casa del guarda (en mansiones, parques). **2** caseta del guardabarrera (del tren).
gatekeeper ['geɪt,ki:pər] *s. c.* **1** guarda; portero. **2** guardabarrera.
gatepost ['geɪtpəust] *s. c.* **1** pilar, poste (de una verja o portón). ◆ **2 between you, me and the ~,** confidencialmente, entre tú y yo, entre nosotros.
gateway ['geɪtweɪ] *s. c.* **1** entrada, paso, puerta de acceso. **2** (fig.) **(the ~ to)** la puerta de, el camino hacia: *the gateway to success = la puerta del éxito.*
gather ['gæðər] *v. t.* **1** (**to ~ in/up**) (lit.) recoger, juntar, reunir (objetos). **2** recolectar. **3** reunir, acumular (información, cualidades, dinero). **4** ganar, cobrar (velocidad). **5** (~ {**from**}) deducir, inferir, concluir (de). **6** cubrirse con, envolverse con (ropa). **7** fruncir. **8** cobrar, reunir (aliento, fuerzas). **9** atraer. **10** (form.) abrazar. ● *v. i.* **11** (~ **round**) reunirse, juntarse, congregarse. **12** acumularse. **13** MED. formar pus, supurar. ● *s. c.* **14** pliegue, frunce. ● *s. i.* **15** cosecha, recolección. ◆ **16 a rolling stone gathers no moss,** piedra que rueda no cría musgo. **17 to ~ dust,** llenarse de polvo (por falta de uso).
gathering ['gæðərɪŋ] *s. c.* **1** reunión, asamblea. **2** recolección, acopio. **3** pliegue, frunce. **4** MED. absceso.
gather-write ['gæðə,raɪt] *s. i.* INF. escritura agrupada, grabación agrupada.
gauche [gəuʃ] *adj.* patoso, torpe.
gaudily ['gɔ:dɪlɪ] *adv.* (desp.) ostentosamente, chillonamente.
gaudiness ['gɔ:dɪnɪs] *s. i.* (desp.) ostentación.
gaudy ['gɔ:dɪ] *adj.* (desp.) **1** chillón, llamativo (color). **2** recargado.
gauge [geɪdʒ] (también **gage**) *s. c.* **1** calibre, calibrador. **2** pluviómetro. **3** manómetro. **4** medida, norma. **5** tamaño, capacidad; nivel. **6** ancho de vía (en el tren). **7** MAR. calado. **8** MET. espesor, calibre (de una hoja de metal). **9** espesor (de un tejido). ● *v. t.* **10 a)** medir con precisión. **b)** (fig.) calibrar. **11** estimar, juzgar. **12** mezclar en proporciones correctas (peso). **13** tallar, cortar (piedras, ladrillos). ◆ **14 to ~ the right occasion,** elegir la ocasión propicia.
Gaul [gɔ:l] *s.* **1** HIST. Galia. **2** galo.
gaunt [gɔ:nt] *adj.* **1** flaco, delgaducho, chupado. **2** demacrado. **3** (fig.) desolado, desierto, yermo.
gauntlet ['gɔ:ntlɪt] *s. c.* **1** guante de trabajo, protección. **2** HIST. MIL. guantelete, manopla. **3** (fig.) reto (a luchar, competir). ◆ **4 to pick up the ~,** aceptar el reto. **5 to run the ~,** ser despreciado, ser tratado a baquetazos, sufrir malos tratos. **6 to throw down the ~,** arrojar el guante (retar).
gauntness ['gɔ:ntnɪs] *s. i.* flacura, extrema flacura.
gauze [gɔ:z] *s. i.* **1** gasa. **2** (EE UU) venda. **3** malla fina (de plástico o metal). **4** calina, bruma.
gauzy ['gɔ:zɪ] *adj.* **1** brumoso. **2** diáfano, transparente.
gave [geiv] *pret.* de **give.**
gavel ['gævl] *s. c.* **1** martillo, mazo (de jueces, subastadores). **2** mazo, maza (de albañil). **3** HIST. gavela, tributo medieval.
gawk [gɔ:k] *v. i.* **1** (**to ~ at**) mirar boquiabierto a. ● *s. c.* **2** bobo, pánfilo.
gawkily ['gɔ:kɪlɪ] *adv.* torpemente, desmañadamente.
gawkiness ['gɔ:kɪnɪs] *s. i.* torpeza, desmaña.
gawky ['gɔ:kɪ] *adj.* torpe.
gawp [gɔ:p] *v. i.* (**to ~** {**at**}) (fam.) mirar con la boca abierta a.
gay [geɪ] *adj.* **1** homosexual, gay (usado en medios homosexuales). **2** alegre, vistoso (colores). **3** divertido, festivo, alegre (personas). **4** libertino, licencioso. ● *s. c.* **5** homosexual, gay (*gen.* hombre). ◆ **6 ~ lib/liberation,** movimiento de liberación gay.
gayness ['geɪnɪs] *s. i.* homosexualidad.
gaze [geɪz] *v. i.* **1** (**to ~** *adv./prep.*) mirar fijamente (a veces inconscientemente). ● *s. c.* **2** mirada fija. ◆ **3 to meet someone's ~,** cruzar una mirada con alguien.
gazebo [gə'zi:bəu] *s. c.* ARQ. mirador.
gazelle [gə'zel] *s. c.* ZOOL. gacela.
gazette [gə'zet] *s. c.* **1** boletín (de carácter estatal u oficial). **2** gaceta (utilizado como nombre de un periódico). ● *v. t.* **3** publicar en el boletín oficial. **4** (usualmente *pas.*) publicar un nombramiento en el boletín oficial (especialmente en el ámbito militar).
gazetteer [,gæzə'tɪər] *s. c.* **1** índice geográfico (en atlas, diccionarios). **2** (arc.) periodista, gacetillero.
gazump [gə'zʌmp] *v. t.* (brit., fam. y desp.) engañar (subiendo el precio de la vivienda después de acordar una cantidad): *we've been gazumped, we won't buy the house = nos han engañado, no compraremos la casa.*
gazumper [gə'zʌmpər] *s. c.* (brit., fam. y desp.) tramposo, aprovechado (al vender una casa). ⇒ **gazump.**
gazumping [gə'zʌmpɪŋ] *s. i.* (brit.) (fam. y desp.) práctica poco ética consistente en subir el precio de una casa después de haber llegado a un acuerdo. ⇒ **gazump.**
GCSE [dʒi:si:es'i:] (siglas de **General Certificate of Education**) *s. c.* examen realizado al término de la educación secundaria obligatoria británica.
GDP [dʒi:di:'pi:] (siglas de **gross domestic product**) *s. c.* PIB, producto interior bruto.
gear [gɪər] *s. c.* **1** marcha, velocidad (de coches): *change gear = cambia de velocidad.* **2** cambio de piñón, cambio de desarrollos (en una bicicleta). **3** MEC. engranaje, rueda dentada. **4** (fig.) actividad, ritmo, engranaje. ● *s. i.* **5** equipo, ropa. **6** utensilios, instrumentos, bártulos. **7** aparejos (de animales, barcos). **8** tren de aterrizaje. ● *v. t.* **9** engranar. **10** meter una velocidad. **11** (**to ~ to,**) adaptarse a, amoldarse a (a una situación). ● *v. i.* **12** engranarse. ◆ **13** (brit.) **bottom ~,** (EE UU) **low ~,** primera velocidad. **14** (gen. *pas.*) **to ~ up,** (fam.) prepararse. **15** (brit.) **~ lever,** (EE UU) **~ shift,** palanca de cambios (de velocidades). **16 in ~,** con una marcha puesta o metida. **17 neutral ~,** punto muerto.
gearbox ['gɪəbɒks] *s. c.* **1** caja de cambios (automóvil). **2** MEC. caja de engranajes. **3** (fam.) idiota.
gear-change ['gɪətʃeɪndʒ] *s. sing.* MEC. cambio de marcha, cambio de velocidad: *the gear-change works smoothly = el cambio de marcha va muy suave.*
gearwheel ['gɪəwi:l] *s. c.* rueda dentada.
gecko ['gekəu] *s. c.* ZOOL. geco.
gee [dʒi:] *s. c.* **1** letra g. ● *interj.* **2** (EE UU) (fam.) ¡caramba! **3** (euf.) ¡Jesús! (expresión de sorpresa). ◆ **4 to ~ somebody up,** (brit.) apurar a alguien (a hacer algo con amenazas). **5 ~ up!,** ¡arre!
gee-gee ['dʒi:dʒi:] *s. c.* (fam.) caballito.
geek [gi:k] *s. c.* memo, zampabollos.
geese [gi:s] *pl.* de **goose.**
geezer ['gi:zər] *s. c.* **1** (arc.) viejo excéntrico. **2** tipo, tío.
Geiger counter ['gaɪgəkauntər] *s. c.* FÍS. contador Geiger (detector de radioactividad).
geisha ['geɪʃə] *s. c.* geisha.
gel [dʒel] *s. c.* e *i.* **1** gel. ● *v. i.* **2** cuajar (en forma de gelatina). **3** (fig.) cuajar (ideas, proyectos, etc.).
gelatin(e) [dʒelə'ti:n] *s. i.* gelatina.
gelatinous [dʒə'lætɪnəs] *adj.* gelatinoso, viscoso, pegajoso.
geld [geld] *v. t.* **1** capar, castrar (a ciertos animales). ● *s. c.* **2** HIST. impuesto (pagado a reyes anglosajones y normandos por los campesinos).
gelding ['geldɪŋ] *s. c.* animal castrado (especialmente el caballo).
gelignite ['dʒelɪgnaɪt] *s. i.* gelignita (explosivo muy potente).
gem [dʒem] *s. c.* **1** gema, piedra preciosa o semipreciosa, joya. **2** (fig.) joya, tesoro (cosas, personas). **3** bizcocho, bollo, mollete. ● *v. t.* **4** adornar con joyas.
Gemini ['dʒemɪnaɪ] *s. sing.* **1** ASTR. Géminis. ● *s. c.* **2** Géminis, géminis (persona de este signo).
gemstone ['dʒemstəun] *s. c.* piedra preciosa (especialmente sin tallar).
gen [dʒen] *s. i.* **1** (**the ~ on**) (brit.) (p.u.y fam.) la información sobre. ● (*pret. y p. p.* **genned,** *ger.* **genning**) *v. i.* **2 to ~ up on,** (brit.) (fam.) obtener información sobre, ponerse al día sobre.

gendarme ['ʒɒndɑːm] *s. c.* gendarme.
gender ['dʒendər] *s. c.* e *i.* **1** GRAM. género (masculino, femenino o neutro). **2** TEC. sexo. ◆ **3** ~ **studies,** estudios sobre los sexos.
gene [dʒiːn] *s. c.* gene, gen.
genealogical [ˌdʒiːnjə'lɒdʒɪkl] *adj.* genealógico.
genealogically [ˌdʒiːnɪə'lɒdʒɪklɪ] *adv.* genealógicamente, por genealogía.
genealogist [ˌdʒiːnɪ'ælədʒɪst] *s. c.* genealogista, estudioso de la genealogía.
genealogy [ˌdʒiːnɪ'ælədʒɪ] *s. i.* **1** genealogía. ● *s. c.* **2** árbol genealógico, genealogía.
genera ['dʒenərə] *pl.* de **genus.**
generality [ˌdʒenə'rælɪtɪ] *s. c.* **1** generalidad, vaguedad. **2** (**the** ~ **of**) la mayoría de, la mayor parte de. ● *s. i.* **3** generalidad, carácter general.
generalization [ˌdʒenərəlaɪ'zeɪʃn] (también **generalisation**) *s. c.* e *i.* generalización.
generalize ['dʒenərəlaɪz] (también **generalise**) *v. i.* **1** generalizar, hablar en general. **2** sacar conclusiones (de forma inductiva). **3** MED. generalizarse, extenderse (una enfermedad localizada). ● *v. t.* **4** generalizar, aplicar extensamente (una ley).
generalized ['dʒenərəlaɪzd] *adj.* generalizado, extendido.
generally ['dʒenərəlɪ] *adv.* **1** generalmente, por lo general. **2** en general. ◆ **3** ~ **speaking,** en términos generales.
general-purpose [ˌdʒenərəl'pəːpəs] *adj.* multiuso.
generalship ['dʒenərəlʃɪp] *s. i.* **1** generalato. **2** don de mando. **3** táctica.
generate ['dʒenəreit] *v. t.* **1** generar, producir (situación, sentimientos, riqueza). **2** TEC. generar (electricidad). **3** INF. producir (un programa).
generating station ['dʒenəreɪtɪŋ 'steɪʃn] *s. c.* ELEC. planta eléctrica, central eléctrica.
generation [ˌdʒenə'reɪʃn] *s. c.* **1** generación (período de tiempo). **2** generación (de personas o cosas): *the new generation of computers = las computadoras de nueva generación.* ● *s. i.* **3** TEC. generación, producción. ◆ **4 the rising generations,** las nuevas generaciones.
generative ['dʒenərətɪv] *adj.* **1** BIOL. generativo. **2** GRAM. generativo: *generative grammar = gramática generativa.*
generator ['dʒenəreɪtər] *s. c.* **1** generador, dinamo. **2** INF. generador. ◆ **3** TEC. ~ **lock,** modo de sincronización de un equipo de vídeo.
generic [ˌdʒɪ'nerɪk] *adj.* **1** genérico. **2** BIOL. genérico, relativo a los genes. **3** (EE UU) genérico, sin marca registrada.
generically [dʒɪ'nerɪklɪ] *adv.* genéricamente.
generosity [ˌdʒenə'rɒsɪtɪ] *s. c.* e *i.* generosidad.
generous [ˌdʒenərəs] *adj.* **1** generoso, dadivoso, espléndido, desinteresado. **2** generoso, altruista, magnánimo. **3** generoso, abundante (comida, regalos); amplio, holgado (ropa). **4** generoso (vino). **5** (arc.) de noble linaje.
generously ['dʒenərəslɪ] *adv.* generosamente, abundantemente.
genesis ['dʒenɪsɪs] *s.* **1** (**the** ~ **of**) la génesis de, el origen de. **2 Genesis,** REL. Génesis.
genetic [dʒɪ'netɪk] *adj.* **1** BIOL. genético. **2** genético. ◆ **3** ~ **code,** código genético. **4** ~ **engineering,** BIOL. ingeniería genética. **5** ~ **fingerprint,** huella genética.
genetically [dʒɪ'netɪklɪ] *adv.* genéticamente.
geneticist [dʒɪ'netɪsɪst] *s. c.* genetista.
genetics [dʒɪ'netɪks] *s. i.* genética.
genial ['dʒiːnjəl] *adj.* **1** cordial, simpático, afable, amistoso. **2** (EE UU) (p.u.) genial, brillante, agudo, ocurrente. **3** (EE UU) (p.u.) matrimonial, nupcial. ● *s. i.* **4** ANAT. geniano (relativo a la barbilla).
geniality [ˌdʒiːnɪ'ælitɪ] *s. i.* simpatía, cordialidad, afabilidad.
genially ['dʒiːnjəlɪ] *adv.* **1** cordialmente, afablemente, amistosamente. **2** brillantemente, ocurrentemente, genialmente.
genie ['dʒiːnɪ] (*pl.* **genies** o **genii**) *s. c.* genio (típico de las historias arábigas).
genital ['dʒenɪtl] *adj.* **1** genital. ◆ **2 genitals,** órganos genitales.
genitive ['dʒenɪtɪv] *s. c.* **1** GRAM. genitivo (caso). ● *adj.* **2** genitivo.
genius ['dʒiːnjəs] *s. i.* **1** genio, talento. ● *s. c.* **2** genio, lumbrera. **3** (**a** ~ **for**), talento para. **4** influencia: *her evil genius = su influencia maligna.*
genned up ['dʒendʌp] *adj.* (brit.) (fam.) al tanto, al día, bien informado.
genocide ['dʒenəsaɪd] *s. i.* genocidio.
Genoa [ˌdʒenəvə] *s. sing.* Génova.
Genoese [ˌdʒenəʊ'iːz] *adj.* **1** genovés. ● *s. c.* **2** genovés (natural de Génova).
genome ['dzenəum] *s. c.* genoma.
genotype ['dʒenəutaɪp] *s. c.* genotipo.
genre ['ʒɔːŋrə] *s. c.* género.
gent [dʒent] *s. c.* **1** (brit.) (hum. y fam.) caballero. ◆ **2 gents,** retrete o servicio de caballeros.
genteel [dʒen'tiːl] *adj.* **1** afectado, remilgado. **2** (lit.) cortés, refinado. **3** (arc.) de clase alta.
genteelly [dʒen'tiːllɪ] *adv.* **1** remilgadamente, afectadamente. **2** (lit.) cortésmente, refinadamente.
gentian ['dʒenʃn] *s. c.* **1** BOT. genciana. ◆ **2** ~ **violet,** MED. tintura de genciana (para el tratamiento de quemaduras).
gentile ['dʒentaɪl] *s. c.* **1** gentil, no judío. ● *adj.* **2** gentil, no judío.
gentility [dʒen'tɪlitɪ] *s. i.* **1** gentileza, cortesía, refinamiento. **2** afectación, remilgo. **3** nobleza.
gentle ['dʒentl] *adj.* **1** apacible, tranquilo (de carácter, comportamiento). **2** suave, moderado. **3** dócil, manejable (persona). **4** suave (voz, expresión). **5** agradable, benigno, apacible (tiempo). **6** relajante (paisaje). **7** sin malicia, amable (comentario, chiste). **8** amable, querido (lector). **9** de buena familia, bien nacido. **10** (arc.) noble, caballeroso. ● *v. t.* **11** suavizar, moderar. **12** domar, amansar (caballos). **13** (arc.) ennoblecer. ◆ **14 the** ~ **sex,** el sexo débil.
gentleman ['dʒentlmən] (*pl.* **gentlemen**) *s. c.* **1** caballero, señor (posición social). **2** caballero, señor (comportamiento social). **3** *pl.* caballeros, señores (para encabezar cartas o al comienzo de un discurso). **4** señor, hombre (término respetuoso). **5** sirviente, paje. ◆ **6 to be no** ~**,** no ser un caballero, no ser educado. **7 gentlemen,** retrete o servicio de caballeros. **8 gentleman's agreement,** trato entre caballeros (de palabra).
gentlemanly ['dʒentlmənlɪ] *adj.* caballeroso, cortés, educado (de comportamiento o posición social).
gentlemen ['dʒentlmən] *s. pl.* ⇒ **gentleman.**
gentleness ['dʒentlnɪs] *s. i.* **1** suavidad, dulzura, ternura. **2** docilidad, mansedumbre. **3** suavidad, calma. **4** bondad, amabilidad.
gentlewoman ['dʒentlwʊmən] (*pl.* **gentlewomen**) *s. c.* (arc.) señora.
gently ['dʒentlɪ] *adv.* **1** suavemente, dulcemente. **2** dócilmente. **3** poco a poco, suavemente. **4** amablemente, con bondad, con cariño. ◆ **5** ~ **does it!,** ¡con suavidad!, ¡con cuidado! (al manejar objetos frágiles).
gentrify ['dʒentrɪfaɪ] *v. t.* (fam.) embellecer, acondicionar correctamente; (desp.) aburguesar (una zona residencial).
gentry ['dʒentrɪ] *s. i.* (**the** ~) la aristocracia; (brit.) la alta burguesía, la clase acomodada.
genuflect ['dʒenjuːflekt] *v. i.* (**to** ~ {**before**}) hacer una genuflexión, doblar la rodilla (ante) (signo de respeto, reverencia).
genuflexion o **genuflection** [ˌdʒenjuː-'flekʃn] *s. c.* e *i.* genuflexión.
genuine ['dʒenjuin] *adj.* **1** genuino, real, auténtico. **2** sincero, honesto, franco (persona).
genuinely ['dʒenjuɪnlɪ] *adv.* **1** genuinamente, realmente, auténticamente. **2** sinceramente, honestamente, francamente.
genuineness ['dʒenjuɪnnɪs] *s. i.* **1** autenticidad. **2** sinceridad, honestidad, franqueza.
genus ['dʒiːnəs] (*pl.* **genera**) *s. c.* TEC. género,
geocentric [ˌdʒiːəʊ'sentrɪk] *adj.* geocéntrico.
geodesic [ˌdʒiːəʊ'desɪk] *adj.* MAT. geodésico.
geographer [dʒɪ'ɒgrəfər] *s. c.* geógrafo.
geographical [dʒɪə'græfɪkl] *adj.* **1** geográfico. ◆ **2** ~ **breakout,** COM. ventas por zonas; salida en un lugar específico.
geographically [ˌdʒɪə'græfɪklɪ] *adv.* geográficamente.
geography [dʒɪ'ɒgrəfɪ] *s. i.* **1** geografía. **2** (fig.) geografía, emplazamiento, disposición (de un lugar).

geological [ˌdʒɪə'lɒdʒɪkl] *adj.* geológico.
geologically [dʒɪə'lɒdʒɪklɪ] *adv.* geológicamente.
geologist [dʒɪ'ɒlədʒɪst] *s. c.* geólogo.
geology [dʒɪ'ɒlədʒɪ] *s. i.* geología.
geometric(al) [ˌdʒɪə'metrɪkl] *adj.* **1** geométrico (relativo a la geometría). **2** geométrico, regular (formas). ◆ **3** ~ **distorsion,** TEC. distorsión geométrica (en vídeo). **4** ~ **progression,** progresión geométrica.
geometrically [dʒɪə'metrɪklɪ] *adv.* geométricamente.
geometry [dʒɪ'ɒmitrɪ] *s. i.* **1** geometría (ciencia). **2** configuración geométrica (de un objeto determinado). ◆ **3 solid** ~, geometría del espacio.
geophysical [ˌdʒɪəʊ'fɪzɪkl] *adj.* geofísico.
geophysicist [ˌdʒɪəʊ'fɪzɪsɪst] *s. c.* geofísico, experto en geofísica.
geophysics [ˌdʒiːəʊ'fɪzɪks] *s. i.* geofísica (estudio de los fenómenos geológicos).
geopolitical [ˌdʒɪəupə'lɪtɪkl] *adj.* geopolítico.
geopolitics ['dʒiːəʊ'pɒlɪtɪks] *s. sing.* geopolítica.
George [dʒɔːdʒ] *s.* **1** Jorge. ● *s. c.* **2** jorge (moneda británica del reinado de Enrique VIII).
georgette [dʒɔː'dʒet] *s. i.* seda diáfana (tipo de tela).
Georgian ['dʒɔːdʒjən] *adj.* **1** georgiano (natural de una de las dos Georgias: europea o la norteamericana). **2** ARQ. georgiano (estilo británico del período 1714-1830). **3** LIT. georgiano (estilo poético británico del período 1912-1922). ● *s. c.* **4** georgiano (persona, lengua, estilo).
geranium [dʒɪ'reɪnjəm] *s. c.* **1** BOT. geranio. **2** rojo fuerte (color).
geriatric [ˌdʒerɪ'ætrɪk] *adj.* **1** geriátrico. ◆ **2 geriatrics,** geriatría.
geriatrician [ˌdʒerɪə'trɪʃn] *s. c.* geriatra.
germ [dʒəːm] *s. c.* **1** BIOL. germen. **2** (fig.) germen, comienzo. ◆ **3** ~ **carrier,** portador de gérmenes. **4** ~ **cell,** célula embrionaria. **5** ~ **plasm,** citoplasma del germen. **6** ~ **warfare,** guerra biológica o bacteriológica.
German ['dʒəːmən] *s. c.* **1** alemán (persona). ● *s. i.* **2** alemán (lengua). ● *adj.* **3** alemán (nacionalidad). ◆ **4** ~ **measles,** MED. rubeola, rubéola.
germane [dʒəː'meɪn] *adj.* **1** (form.) relacionado, pertinente, oportuno, procedente. ◆ **2 not** ~, inoportuno, que no procede, que no viene al caso.
Germanic [dʒəː'mænɪk] *adj.* **1** germánico, alemán. ● *s. i.* **2** germánico (familia de las lenguas indoeuropeas).
Germanophile [dʒəː'mænəfaɪl] *s. c.* germanófilo.
Germanophobe [dʒəː'mænəfəub] *s. c.* germanófobo.
Germany ['dʒəːmənɪ] *s. sing.* **1** Alemania. ◆ **2 East** ~, Alemania Oriental o del Este. **3 West** ~, Alemania Occidental o del Oeste.
germicidal [ˌdʒəːmɪ'saɪdl] *adj.* germicida, bactericida.
germicide ['dʒəːmɪsaɪd] *s. c.* e *i.* germicida, bactericida.
germinal ['dʒəːmɪnl] *adj.* germinal, embrionario, en embrión.
germinate ['dʒəːmɪneɪt] *v. i.* **1** germinar, brotar. **2** (fig.) germinar, aparecer (una idea). ● *v. t.* **3** hacer germinar, hacer brotar.
germination [ˌdʒəːmɪ'neɪʃn] *s. i.* germinación.
germ-killer [ˌdʒəːm'kɪlər] *s. i.* germicida, bactericida.
germproof ['dʒəːmpruːf] *adj.* a prueba de gérmenes.
gerontology [ˌdʒerɒn'tɒlədʒɪ] *s. i.* gerontología, estudio de la vejez.
gerrymander ['dʒerɪmændər ‖ ˌdʒerɪ'mændar] *v. t.* (desp.) POL. dividir de forma fraudulenta o arbitrariamente (distritos electorales) para conseguir ventaja en unas elecciones.
gerrymandering [ˌdʒerɪ'mændərɪŋ] *s. i.* POL. alteración de distritos fraudulenta. ⇒ **gerrymander.**
gerund ['dʒerənd] *s. c.* GRAM. gerundio.
gerundive [dʒɪ'rʌndɪv] *s. c.* gerundivo (expresa noción de necesidad).
Gestapo [ge'stɑːpəu] *s. c.* (~ + *v. sing.* o *pl.*) HIST. Gestapo (policía secreta del partido nazi en Alemania durante los años 1930-1940).
gestate [dʒe'steɪt] *v. t.* **1** BIOL. gestar. **2** (fig.) gestar, concebir (un plan, una idea).
gestation [dʒe'steɪʃn] *s. i.* **1** TEC. gestación. ◆ **2** ~ **period,** período de gestación (en el sentido biológico y figuradamente).
gesticulate [dʒe'stɪkjuleɪt] *v. i.* gesticular (al hablar).
gesticulation [dʒeˌstɪkju'leɪʃn] *s. c.* e *i.* gesticulación.
gesture ['dʒestʃər] *s. c.* e *i.* **1** gesto, ademán (especialmente de las manos). ● *s. c.* **2** gesto, muestra, demostración. ● *v. i.* **3** (to ~ *adv./prep.*) gesticular, hacer gestos. ● *v. t.* **4** (to ~ + *adv./prep.*) señalar con un gesto, señalar con un ademán.
get [get] (brit., *pret.* y *p. p.* **got,** *ger.* **getting;** EE UU, *pret.* y *p. p.* **got,** *ger.* **gotten**) *v. t.* **1** conseguir, obtener, lograr (permiso, resultado, objeto). **2** comprar, adquirir. **3** experimentar (emoción). **4** recibir (un regalo). **5** ganar, cobrar (dinero). **6** tener (vacaciones, la impresión). **7** (**have got**) tener, poseer. **8** recibir (una llamada telefónica, carta). **9** recibir (una condena). **10** tomar, coger (un medio de locomoción); contraer, coger (una enfermedad). **11** agarrar, coger. **12** recoger, traer, ir a buscar. **13** preparar, hacer (una comida). **14** oír bien, entender, comprender (algo dicho, un mensaje): *don't get me wrong = no me malinterpretes.* **15** contactar con, conseguir hablar con (por teléfono). **16** coger, contestar (al teléfono). **17** sintonizar, coger (una emisora). **18** emocionar, encantar (algo): *classical music really gets me = la música clásica verdaderamente me encanta.* **19** (fam.) fastidiar, molestar, irritar. **20** (to ~ [for]) (por venganza): *I'll get you! = ¡me las pagarás!* **21** dar con, atrapar, coger, apresar. **22** golpear, dar: *I got him right in his head = le di directamente en la cabeza.* **23** sorprender, asombrar, desconcertar. **24** memorizar, aprender de memoria. **25** sacar, conseguir, extraer (un material de otro). **26** reservar, coger (entradas, billetes, etc.). **27** hacerse (una reputación). **28** pasar por, pasar a través de. **29** DEP. eliminar. **30** engendrar (usado en el caso de animales). **31** (**have got** *inf.*) tener que, deber **32** (to ~ *o.* + *p. p.*): *she got her hair cut = se cortó el pelo (en la peluquería); I got my car repaired = me arreglaron el coche (en el taller).* **33** (to ~ *o.* + *ger.*) conseguir que, hacer que: *he got the clock working = consiguió hacer funcionar el reloj.* **34** ganar, obtener (un beneficio). ● *v. i.* **35** (to ~ *adj./p. p.*) (fam.) ponerse, volverse, hacerse (gen. traducido según el *adj./p. p.* que le sigue): *to get cold = enfriarse; to get lost = perderse; to get well = mejorar.* **36** (to ~ + *inf.*) llegar a (con el paso del tiempo): *when you get to know him = cuando llegues a conocerlo.* **37** (p.u. y fam.) salir inmediatamente, marcharse. ◆ **38 to ~ about/around,** salir, viajar, andar por ahí. **39 to ~ across,** hacerse entender (por), lograr comunicarse/entenderse (con). **40 to ~ after,** perseguir. **41 to ~ ahead,** triunfar; prosperar. **42 to ~ a kick out of,** pasárselo bien con, divertirse con. **43 to ~ along, a)** arreglárselas, ir tirando; **b)** avanzar, ir hacia delante (un trabajo). **44 to ~ along with, a)** llevarse (bien) con, congeniar con; **b)** apañárselas con (algo). **45 ~ along with you!,** ¡anda ya!. **46 to ~ a lot out of something,** sacar partido a algo. **47 to ~ around/ round, a)** salir, viajar; **b)** evitar; **c)** solventar (un problema, etc.); **d)** extenderse, hacerse del dominio público (una noticia). **48 to ~ around/ round to,** encontrar tiempo para (hacer algo). **49 to ~ at, a)** encontrar, descubrir; **b)** alcanzar, llegar a (un objeto lejano); **c)** (en forma progresiva) sugerir, dar a entender, insinuar; **d)** (*gen. pas.*) (fam. y brit.) sobornar; **e)** provocar, tomar el pelo. **50 ~ away!,** ¡no digas bobadas! **51 to ~ away, a)** salir (de una situación, de un lugar): **b)** escaparse, huir, evadirse (de la justicia); **c)** romper (con una situación). **52 to ~ away with,** cometer, hacer impunemente: *to get away with it = salirse con la suya.* **53 to ~ away with murder,** salirse con la suya, hacer lo que uno quiere impunemente. **54 to ~ back, a)** volver, regresar; **b)** volver al poder, volver a la política; **c)** retroceder, dar marcha atrás. **55 to ~ back at somebody,** vengarse de alguien, desquitarse de alguien. **56 to**

~ **back to somebody,** volver a llamar a alguien (después de una interrupción). **57 to ~ behind,** retrasarse (en el trabajo, en un pago, etc.). **58 to ~ by, a)** ir tirando, arreglárselas, apañárselas; **b)** pasar, estar pasable (un trabajo); **c)** burlar, eludir (la ley). **59 to ~ cracking,** poner manos a la obra. **60 to ~ down, a)** agacharse, bajarse; **b)** (fam. y brit.) dejar la mesa, levantarse de la mesa. **61 to ~ down to,** abordar, ponerse con (un trabajo). **62 to ~ hold of someone,** encontrar a alguien, localizar a alguien. **63 to ~ in, a)** subir a (a un coche); **b)** llegar a (a un lugar); **c)** ser admitido en, ser aceptado en; **d)** ser elegido para (para un puesto político); **e)** hacer un hueco para (un trabajo dentro de un período de fuerte actividad). **64 to ~ in on,** participar en. **65 to ~ in the way, ⇒ way. 66 to ~ into, a)** subir a, montar en (en un coche); **b)** ser admitido en (en un centro escolar); **c)** *what's got into her = ¿qué mosca le ha picado?* **d)** meterse en (líos, problemas); **e)** acostumbrarse a, aprender a; **f)** embarcarse en, meterse en (política). **67 ~ knotted/ lost/stuffed!,** ¡muérete!, ¡piérdete!, ¡vete al infierno!, ¡fastídiate! **68 to ~ no change, from ⇒ change. 69 to ~ nowhere,** no progresar, (fig.) no ir a ninguna parte. **70 to ~ off, a)** bajarse, apearse (de un autobús, tren, etc.); **b)** quitar (manchas, tapaderas, etc.); **c)** quitarse (ropa); **d)** enviar (cartas, paquetes); **e)** escaparse de, librarse de (un castigo); **f)** conciliar el sueño, conseguir dormir; **g)** irse, marcharse; **h)** acabar, terminar, salir (el trabajo diario); **i)** (fam.) ligar. **71 to ~ off on,** (fam.) divertirse con. **72 to ~ off to a good/bad start,** empezar algo bien/mal. **73 to ~ on, a)** avanzar, progresar; continuar; **b)** (en forma progresiva) hacerse tarde (la hora); **c)** (en forma progresiva) hacerse viejo (una persona); **d)** arreglárselas; **e)** subir, montar (a/un autobús, tren); **f)** ponerse (ropa). **74 to ~ one's own back,** desquitarse, vengarse. **75 to ~ one's own way,** salirse con la suya. **76 to ~ on for,** faltar poco para (una hora), rondar (una edad). **77 to ~ on with,** llevarse bien con. **78 to ~ on with,** continuar con (después de una interrupción). **79 ~ on with it/you!,** ¡no lo creo!, ¡tonterías!; ¡date prisa!, ¡acaba ya! **80 to ~ on together,** llevarse bien. **81 to ~ onto, a)** ponerse en contacto con (por teléfono, carta); **b)** descubrir; caer en la cuenta de; **c)** empezar (a hacer algo). **82 to ~ out, a)** irse, salir (por propia voluntad); **b)** bajar, salir (de un coche); **c)** salir (a divertirse); **d)** publicar, hacer (un trabajo); **e)** hacerse público, filtrar (noticias); **f)** librar (a alguien de la cárcel); **g)** farfullar; **h)** ser descubierto (un agente secreto); **i)** sacar (algo de un sitio); **j)** quitar (manchas). **83 to ~ out of, a)** bajar de (un coche); **b)** escaquearse de, escabullirse de, evitar (hacer algo fastidioso); **c)** sonsacar a (la verdad); **d)** ganar con, sacar de (una actividad no provechosa). **84 to ~ over, a)** recuperarse de, reponerse de (una enfermedad, una mala experiencia); **b)** superar (dificultades, problemas); **c)** dejar claro. **85 to ~ over with,** terminar con (algo desagradable, pero necesario). **86 to ~ round, a)** dar la vuelta; **b)** extender, divulgar (noticias); **c)** evitar, soslayar (ley, regla); **d)** engatusar, convencer, persuadir. **87 to ~ round to, ⇒ ~ around to. 88 to ~ somebody down,** deprimir a alguien. **89 to ~ somebody in,** traer a alguien, llamar a alguien (para un trabajo). **90 to ~ someone's goat, ⇒ goat. 91 to ~ something back,** devolver algo; recuperar algo (gen. algo perdido). **92 to ~ something down, a)** tragar algo con dificultad; **b)** anotar algo, tomar nota de algo. **93 to ~ something in, a)** recoger algo, recolectar algo (la cosecha); comprar algo en abundancia; **b)** entregar algo; **c)** (fam. y brit.) pagar una ronda; **d)** meter baza (en una conversación). **94 to ~ somewhere,** progresar, llegar a algo (después de un estancamiento en una actividad). **95 to ~ the message, ⇒ message. 96 to ~ through, a)** pasar, aprobar (exámenes, leyes); **b)** soportar, aguantar, sobrellevar; **c)** terminar (una comida); gastar, malgastar (todo el dinero); **d)** (EE UU) terminar, acabar (el trabajo); **e) to ~ through to someone,** llegar hasta alguien; comunicar por teléfono con alguien; hacerse entender por alguien. **97 to ~ together, a)** reunirse, hacer una fiesta; **b)** juntar, reunir (cosas, personas). **98 to ~ up, a)** levantarse (de la cama); ponerse en pie; **b)** (brit.) empezar a soplar (el viento); avivarse (el fuego); embravecerse (el mar); **c)** (arc.) organizar (un grupo, un viaje); **d) to ~ oneself up {as}** vestirse de, disfrazarse de. **99 to ~ up to,** (fam.) andar tramando, tramar. **100 to ~ used to something, ⇒ used. 101 to ~ weaving, ⇒ weave. 102 how lucky/stupid can you ~!,** ¡cómo se puede tener tanta suerte/ ser tan estúpido! **103 I can't/couldn't ~ over it!,** ¡si no lo veo, no lo creo! **104 not to ~ a look-in,** no tener la más remota posibilidad. **105 to play hard to ~, ⇒ play. 106 to tell someone where they can ~ off/where to ~ off,** cantar a alguien las cuarenta. **107 there's no getting away from,** admitamos que, hay que tener en cuenta que. **108 you've got me there!,** me has pillado en un renuncio.

OBS. **To get** se usa a menudo en lugar de **to be** como auxiliar de pasiva y también en lugar de "there is/are" = existe, hay, sucede.

getaway ['getəweɪ] *s. c.* **1** huida, fuga, escapada. ◆ **2 the ~ car,** el coche preparado para la huida, el medio de escape.

Gethsemane [geθ'semənɪ] *s. sing.* **1** Getsemaní. **2** (fig.) calvario, sufrimiento.

get-together ['gettə,gedər] *s. c.* reunión, tertulia, fiesta (informal).

get-up ['getʌp] *s. c.* **1** indumentaria. **2** maqueta (revista, libro).

geyser ['gaɪzər] *s. c.* **1** GEOL. géiser. **2** (brit.) calentador de agua (de gas).

Ghana ['gɑːnə] *s. sing.* Ghana (estado africano).

Ghanaian [gɑː'neɪən] *adj.* **1** ghanés. ● *s. c.* **2** ghanés.

ghastliness ['gɑːstlɪnɪs] *s. i.* **1** palidez extrema, palidez cadavérica. **2** brutalidad, enormidad (referido a un crimen o similar).

ghastly ['gɑːstlɪ] *adj.* **1** desagradable, espantoso, terrible. **2** horrible, tremendo, horripilante, atroz (crimen, terror). **3** pálido, cadavérico.

gherkin ['gəːkɪn] *s. c.* BOT. pepinillo.

ghetto ['getəu] *s. c.* **1** gueto, ghetto ◆ **2 ~ blaster,** casete portátil grande.

ghettoize ['getəuaɪz] (también **ghettoise**) *v. t.* meter en guetos.

ghettoization [,getəuaɪ'zeɪʃn] (también **ghettoisation**) *s. i.* marginación en guetos.

ghost [gəust] *s. c.* **1** fantasma, espectro, aparición. **2** (arc.) alma. **3** (fig.) recuerdo, sombra, memoria. **4** TV sombra, imagen falsa. **5** negro (persona que escribe para otra). **6** demonio, espíritu maligno. **7** publicación fantasma (en una bibliografía). ● *v. t.* e *i.* **8** (fam.) escribir para otro (anónimamente). ● *v. t.* **9** rondar, vagar por (como un fantasma). ◆ **10 to give up the ~,** dar el último suspiro, entregar el alma; (fig.) dejar de funcionar definitivamente (una máquina). **11 Holy Ghost,** Espíritu Santo. **12 not to have the ~ of a chance,** no tener la más mínima posibilidad. **13 ~ story,** cuento de fantasmas. **14 ~ town,** ciudad fantasma.

ghostly ['gəustlɪ] *adj.* **1** siniestro, fantasmal, espectral. **2** espiritual.

ghostwrite ['gəustraɪt] *v. t.* e *i.* escribir para otro (de forma anónima).

ghostwriter ['gəustraɪtər] *s. c.* escritor que trabaja para otro. ⇒ **ghostwrite.**

ghostwriting ['gəustraɪtɪŋ] *s. i.* trabajo que un escritor realiza para otro. ⇒ **ghostwrite.**

ghoul [guːl] *s. c.* **1** espíritu necrófago (de las leyendas musulmanas). **2** (fig.) persona de gustos repugnantes, persona morbosa. **3** ladrón, profanador de tumbas.

ghoulish [guːlɪʃ] *adj.* **1** desagradable, macabro, truculento. **2** sádico, cruel, morboso (personas).

GI ['dziːaɪ] *s. c.* soldado estadounidense.

giant ['dʒaɪənt [**1** gigante. ● *adj.* **2** gigantesco, enorme, gigante.

giantess ['dʒaɪəntɪs] *s. c.* giganta.

gibber ['dʒɪbər] *v. i.* **1** farfullar, hablar atropelladamente. ● *s. i.* **2** parloteo, guirigay.

gibberish ['dʒɪbərɪʃ] *s. i.* galimatías.

gibbet ['dʒɪbɪt] *s. c.* (arc.) horca.

gibbon ['gɪbən] *s. c.* ZOOL. gibón.

gibe [dʒaɪb] *s. c.* **1** burla, mofa, escarnio. • *v. t.* **2** burlarse de, mofarse de, escarnecer, ridiculizar. • *v. i.* **3** (**to ~ about/at**) mofarse de, escarnecer, burlarse de, ridiculizar.

giblets ['dʒɪblɪts] *s. pl.* menudillos (de ave).

Gibraltar [dʒɪ'brɔːltər] *s.* **1** Gibraltar. ◆ **2 Straits of ~,** GEOG. Estrecho de Gibraltar.

Gibraltarian ['dʒɪbrɔːl'tɛərɪan] *adj.* y *s.* gibraltareño.

giddily ['gɪdɪlɪ] *adv.* **1** aturdidamente. **2** vertiginosamente. **3** (fam. y arc.) frívolamente, volublemente.

giddiness ['gɪdɪnɪs] *s. i.* mareo, aturdimiento, vértigo.

giddy ['gɪdɪ] *adj.* **1** mareado, aturdido; tambaleante. **2** vertiginoso. **3** (fam. y arc.) frívolo, ligero de cascos, voluble. ◆ **4 ~ up!,** ¡arre! (usado con animales).

gift [gɪft] *s. c.* **1** regalo, obsequio, presente. **2** dádiva, ofrenda. **3** (fig.) regalo. **4** (**~ for**) talento, dote, don para. **5** (brit.) (fam.) chollo, ganga. ◆ **6 a ~ from the Gods,** (fig.) un regalo de los dioses, una suerte enorme. **7 in someone's ~/in the ~ of,** en manos de. **8 I wouldn't have it as a ~,** no lo quiero ni regalado. **9 it's a ~,** (fam.) ¡está tirado! (un examen, una pregunta). **10 never look a ~ horse in the mouth,** a caballo regalado no le mires el diente. **11 the ~ of the gab,** (fam.) pico de oro, labia.

gifted [gɪftɪd] *adj.* **1** dotado, talentoso. **2** superdotado (niños).

gift-wrap ['gɪftræp] *v. t.* envolver para regalo.

gift-wrapped ['gɪftræpt] *adj.* envuelto para regalo.

gift-wrapping ['gɪftræpɪŋ] *s. i.* papel de regalo.

gig [gɪg] *s. c.* **1** (fam.) bolo, actuación, concierto (de jazz, música popular). **2** compromiso, contrato (para dar una actuación). **3** calesa. **4** arpón. **5** anzuelo múltiple. **6** canoa, lancha (de remos, a motor). **7** informe militar (por alguna infracción menor). • *v. i.* **8** remar (en canoa). **9** pescar con anzuelo múltiple o con arpón. • *v. t.* **10** arponear. **11** castigar por infracción menor (en academia militar).

giga- ['gɪgə] *prefijo* giga-.

gigabyte ['gɪgə] *s. c.* gigabyte; (fam.) giga.

gigahertz ['gɪgə,hɜːts] *s. pl.* INF. gigahercio.

gigantic [dʒaɪ'gæntɪk] *adj.* gigantesco, colosal, inmenso.

gigantically [dʒaɪ'gæntɪklɪ] *adv.* gigantescamente.

giggle ['gɪgl] *s. c.* **1** risita, risa nerviosa, risa tonta. **2** (brit.) (fam.) cachondeo, diversión. • *v. i.* **3** reírse tontamente. ◆ **4 he got the giggles,** le dio la risa tonta, no podia parar de reírse.

giggly ['gɪglɪ] *adj.* con facilidad para reír.

GIGO ['gɪgəʊ] (*abrev.* de **garbage in/garbage out**) *s. c.* INF. residuos dentro, residuos fuera.

gigolo ['ʒɪgələʊ] (*pl.* **gigolos**) *s. c.* gigoló.

gild [gɪld] (*pret.* y *p. p.* **gilded** o **gilt**) *v. t.* **1** dorar, dar una capa dorada. **2** dar brillo falso, sobredorar (metales). **3** (arc.) manchar, embadurnar de sangre. ◆ **4 to ~ the lily,** (brit.) dorar la píldora.

gilder ['gɪldər] *s. c.* dorador.

gilding ['gɪldɪŋ] *s. i.* **1** dorado, doradura (arte). **2** pintura dorada, capa de pintura dorada. **3** adorno, oropel.

gill [gɪl] *s. c.* **1** ZOOL. branquias, agallas. **2** papada, barba (de reptiles, aves). **3** (fig.) *pl.* papada (en las personas). **4** BOT. membrana (de los hongos). **5** [dʒɪl] aproximadamente 1/8 de litro (medida de volumen). • *v. t.* **6** limpiar (pescado), quitar las agallas. **7** pescar (con una red especial). ◆ **8 green/white about the gills,** (fam. y hum.) pálido como un cadáver.

gillyflower ['dʒɪlɪ,flaʊər] *s. c.* **1** BOT. alhelí amarillo. **2** BOT. gariofilea.

gilt [gɪlt] **1** *pret.* y *p. p.* de **gild.** • *s. i.* **2** adorno. **3** brillo falso. • *adj.* **4** dorado, recubierto de oro. **5** (fig.) atractivo. ◆ **6 to take the ~ off the gingerbread,** echar un jarro de agua fría, aguar la fiesta.

gilt-edged [,gɪlt'edʒd] *adj.* **1** de cantos dorados. ◆ **2 ~ securities/stocks/shares,** pagarés del Tesoro, valores de máxima garantía (pero de bajo interés).

gimbals ['dʒɪmblz] *s. pl.* MEC. balancines de brújula.

gimcrack ['dʒɪmkræk] *adj.* (desp.) baratucho, de mala calidad.

gimlet ['gɪmlɪt] *s. c.* **1** barrena, taladro de mano. **2** (EE UU) gimlet, cóctel de ginebra con zumo de lima. • *adj.* **3** penetrante (mirada).

gimmick ['gɪmɪk] *s. c.* **1** (fam. y gen. desp.) truco, artimaña publicitaria. **2** dispositivo secreto (para amañar una ruleta). • *adj.* **3** artero, engañoso.

gimmickry ['gɪmɪkrɪ] *s. i.* (desp.) artimañas, tretas, trampas.

gimp [gɪmp] *s. c* . (EE UU) (fam.) cojo.

gimmicky ['gɪmɪkɪ] *adj.* (desp.) tramposo, con trampas, con artimañas.

gin [dʒɪn] *s. c.* e *i.* **1** ginebra. **2** MEC. polea, grúa. **3** MEC. (EE UU) desmotadora de algodón. **4** trampa (para cazar). • *v. t.* **5** desmotar algodón. **6** cazar con trampa. ◆ **7** (fam.) **~ rummy,** gin rummy, juego de cartas. **8 ~ sling,** gin sling, ginebra con limón.

ginger ['dʒɪndʒər] *s. i.* **1** BOT. jengibre. **2** jengibre (especia). **3** (fam.) brío, ánimo, energía. **4** color rojo. • *v. t.* **5** sazonar con jengibre. **6** (fam.) animar, estimular. ◆ **7 ~ ale,** ginger-ale, gaseosa de jengibre (usada en algunos combinados). **8 ~ beer,** cerveza de jengibre (ligeramente alcohólica).

gingerbread man ['dʒɪndʒəbred mæn] (*pl.* **gingerbread men**) *s. c.* galleta de jengibre (con forma de hombrecillo).

gingerly ['dʒɪndʒəlɪ] *adj.* **1** cuidadoso, cauteloso. • *adv.* **2** cuidadosamente, cautelosamente. **3** delicadamente, afectuosamente.

gingery ['dʒɪndʒərɪ] *adj.* con color de jengibre.

gingham ['gɪŋəm] *s. i.* guinga, zaraza (un tipo de tejido).

gingivitis [,dʒɪndʒɪ'vaɪtɪs] *s. i.* MED. gingivitis.

ginseng ['dʒɪnseŋ] *s. i.* BOT. ginseng (raiz de planta).

gipsy ['dʒɪpsɪ] (también **gypsy**) *s. c.* **1** gitano. • *adj.* **2** gitano.

giraffe [dʒɪ'rɑːf] (*pl.* **giraffes** o **giraffe**) *s. c.* jirafa.

gird [gɜːd] (*pret.* y *p. p.* **girded** o **girt**) *v. t.* **1** (arc.) ceñir, rodear, apretar (con cinturón o banda). **2** ceñir, atar. **3** equipar, dotar. **4** (**to ~ oneself**) prepararse, disponerse (para la acción). ◆ **5 to ~ (up) one's loins,** (hum.) prepararse, disponerse (para algo difícil o peligroso).

girder ['gɜːdər] *s. c.* viga maestra.

girdle ['gɜːdl] *s. c.* **1** corsé, faja. **2** cinturón, ceñidor. **3** (fig. y lit.) anillo. **4** corte anular (en la corteza de los árboles). **5** borde de una gema (sujeto por el engarce). **6** ANAT. arco pectoral pelviano. • *v. t.* **7** (lit.) rodear, circundar. **8** atar, rodear (con cinturón, correa). **9** retirar, quitar una tira de corteza a (los árboles).

girl [gɜːl] *s. c.* **1** chica, muchacha; niña. **2** hija (gen. joven). **3** (fam.) chica (término empleado para señoras de cualquier edad). **4** criada, chica. **5** (fam. y arc.) novia, amiga. (a veces puede ser un término ofensivo cuando se dirige a una mujer adulta). ◆ **6 ~ scout,** chica exploradora, guía.

girlfriend ['gɜːl,frend] *s. c.* **1** novia. **2** amiga. **3** amante, amiguita.

girlhood ['gɜːlhud] *s. i.* niñez, juventud, mocedad (femenina).

girlish ['gɜːlɪʃ] *adj.* **1** aniñado, de niña. **2** afeminado.

girly ['gɜːlɪ || gɜːrlɪ] (también **girlie**) *adj.* (fam.) de desnudos femeninos: *a girly magazine = una revista de desnudos femeninos.*

giro ['dʒaɪrəʊ] *s. c.* e *i.* **1** COM. giro, giro bancario. • *s. c.* **2** (brit.) giro (especialmente con el envío de pensiones).

girt [gɜːt] *pret.* y *p. p.* de **gird.**

girth [gɜːθ] *s. c.* e *i.* **1** TEC. circunferencia (medida). **2** tamaño, volumen. • *s. c.* **3** cincha. • *v. t.* **4** cinchar.

gist [dʒɪst] *s. sing.* (**the ~ of**) el quid de, la esencia de, el meollo de, la idea central de.

give [gɪv] (*pret.* **gave,** *p. p.* **given**) *v. t.* **1** dar, entregar. **2** dar (una conferencia, entrevista). **3** dar (nombre, dirección, idea, impresión, prioridad, importancia, etc.). **4** dar (un precio, tiempo, etc.). **5** donar (órganos). **6** dar, donar, contribuir con (dinero). **7** regalar. **8** ofrecer (ayuda). **9** servir (bebidas). **10** subir (el sueldo). **11** dar, sacrificar (la vida). **12** dejar, dar (elección, tiempo). **13** hacer (un descuento). **14** producir, causar, contagiar (una enfermedad). **15** abrir (el apetito). **16**

dar (detalles). **17** arrojar, dar (resultados). **18** dar, administrar (medicamentos). **19** dar, organizar, celebrar (una fiesta). **20** conferir (de autoridad). **21** otorgar, conferir (un derecho, un privilegio). **22** sentenciar, condenar (a prisión). **23** emitir (una señal). **24** entregar, consagrar, dedicar (a una persona, una cosa). **25** prestar (atención). **26** (fam.) admitir (la verdad). **27** excusar, disculpar. **28** brindar. • *i.* **29** hacer donaciones, regalos. **30** rendirse (a una presión, a una evidencia). **31** (fam.) suceder, pasar: *what gives? = ¿qué pasa?* **32** entregarse (sexualmente). • *s. i.* **33** elasticidad, flexibilidad. • *v. + adv./prep.* **34 don't ~ me that!,** ¡no lo acepto! ¡imposible! **35 to ~ as good as one gets,** devolver golpe por golpe (en pelea, en discusión). **36 to ~ away, a)** dar; donar; regalar; **b)** (fig.) perder (posibilidad); **c)** entregar (a la novia); **d)** divulgar (un secreto); **e)** descubrir, revelar; **f)** entregar (premios oficialmente). **37 to ~ back (+ to),** devolver. **38 to ~ in,** rendirse, sucumbir. **39 to ~ it to someone,** echar una regañina a alguien. **40 to ~ it all one's got,** dar lo mejor de sí. **41 to give one's word,** dar su palabra. **42 to ~ notice,** ⇒ **notice. 43 to ~ off,** emitir, despedir (calor, olor, líquido). **44 to ~ on/onto,** dar a, tener vistas a (un lugar). **45 ~ or take,** más o menos (después de una cantidad); (minuto) arriba, (minuto) abajo. **46 to ~ out, a)** repartir, distribuir; **b)** (fam.) dejar de funcionar; **c)** producir (ruido); **d)** acabarse; **e)** dar a conocer, publicar. **47 to ~ over,** (gen. *imperativo)* (brit.) (fam.) parar, dejar de (hacer algo). **48 to ~ over to, a)** asignar, dejar (algo) para; **b)** entregarse a, dedicarse a; **c)** dejar algo en manos de. **49 to ~ rise,** ⇒ **rise. 50 to ~ rent,** pagar el alquiler. **51 to ~ somebody up, a)** dejar de relacionarse con alguien; **b)** delatar a alguien. **52 to ~ someone a ring,** ⇒ **ring. 53 to ~ someone up for dead,** (fam.) dar a alguien por muerto. **54 to ~ someone hell,** ⇒ **hell. 55 to ~ something in,** entregar algo (un examen, un libro). **56 to ~ something up, a)** abandonar (un hábito, esperanza); **b)** desistir de algo; **c)** rendir, entregar algo (al enemigo). **57 to ~ the game away,** descubrir la jugada. **58 to ~ the sack,** ⇒ **sack. 59 to ~ to believe/understand,** dar a entender/creer. **60 to ~ up on somebody,** (fam.) rendirse ante alguien. **61 to ~ up the ghost,** ⇒ **ghost. 62 to ~ way,** ⇒ **way. 63 I don't/couldn't ~ a damn/hoot,** (fam.) me importa un rábano/un pepino. **64 I'll ~ you that!,** ¡te lo admito! ¡te lo concedo! **65 I would ~ a lot/the world/anything/my right arm,** daría lo que fuera/ cualquier cosa/todo el oro del mundo.

give-and-take [ˌgɪvən'teɪk] *s. i.* toma y daca, concesiones mutuas.

giveaway ['gɪvəweɪ] *s. c.* **1** (fam.) indicio. **2** obsequio, regalo (que se da con un producto para animar a comprarlo). ♦ **3 a ~ price,** un precio de saldo.

given ['gɪvn] **1** *p. p.* de **give.** • *adj.* **2** dado, determinado, específico: *at a given distance = a una distancia dada.* • *prep.* **3** (~ *s.*/**that**) teniendo en cuenta (que), puesto (que). ♦ **4 to be ~ to** (*ger./s.*) ser propenso a, ser dado. **5 any ~** *s.* uno en particular.

giver ['gɪvər] *s. c.* donante, donador.

gizmo ['gɪzməu] *s. c.* cacharro, chisme.

gizzard ['gɪzəd] *s.* molleja (de las aves).

glacé [glæ'seɪ] *adj.* escarchado, confitado (cereza).

glacial ['gleɪsjəl] *adj.* **1** glacial. **2** GEOL. glacial (período). **3** (fam. y fig.) glacial.

glacially ['gleɪsjəlɪ] *adv.* con un frío glacial.

glaciation [ˌglæsɪ'eɪʃn] *s. i.* GEOL. glaciación.

glacier ['glæsjər] *s. c.* glaciar.

glad ['glæd] *adj.* **1** (~ **about** *s./inf.*) contento con. **2** (~ **of**) agradecido por. **3** (~ *inf.*) deseoso (de), encantado (de). **4** feliz, buena (noticia). ♦ **5 to be ~,** alegrarse, estar contento, estar encantado. **6 to be ~ for someone,** alegrarse por alguien. **7 ~ tidings,** buenas noticias.

gladden ['glædn] *v. t.* alegrar, hacer feliz.

glade [gleɪd] *s. c.* claro (en el bosque).

glad-hand [ˌglæd'hænd] *v. t.* (fam.) saludar efusiva pero falsamente.

gladiator ['glædɪeɪtər] *s. c.* HIST. gladiador.

gladioli [ˌglædɪ'əulaɪ] *pl.* de **gladiolus.**

gladiolus [ˌglædɪ'əuləs] (*pl.* **gladioli, gladioluses**) *s. c.* BOT. gladiolo.

gladly ['glædlɪ] *adv.* **1** gustosamente, con mucho gusto. **2** alegremente, con satisfacción.

gladness ['glædnɪs] *s. i.* felicidad, alegría, regocijo, satisfacción.

glad-rags ['glædrægz] *s. pl.* (fam.) traje de gala, ropa de los domingos.

gladsome ['glædsəm] *adj.* (arc.) jubiloso, alegre.

gladiatorial [ˌglædɪə'tɔːrɪəl] *adj.* de gladiadores.

glamorize ['glæməraɪz] (también **glamorise**, **glamourise**) *v. t.* **1** hacer atractivo, embellecer. **2** ensalzar, alabar, presentar bajo un prisma favorable. **3** idealizar.

glamorous ['glæmərəs] *adj.* glamoroso, atractivo, hechizante.

glamour ['glæmər] (en EE UU **glamor**) *s. i.* **1** glamour, encanto, hechizo. **2** fascinación, admiración (gen. sexual). ♦ **3 a ~ girl,** una belleza (gen. opuesto a persona inteligente).

glamourise *v. t.* ⇒ **glamorize.**

glamorously ['glæmərəslɪ] *adv.* atractivamente, hechiceramente.

glance [glɑːns] *s. c.* **1** mirada, ojeada, vistazo. **2** GEOL. mineral brillante, lustroso. • *v. i.* **3** (**to ~** *adv./prep.*) mirar, lanzar una mirada. **4** (lit.) brillar, centellear (una superficie). ♦ **5 at a ~,** de una ojeada, de un vistazo. **6 at first ~,** a primera vista. **7 to cast/take a quick ~,** echar una ojeada rápida. **8 to ~ off something,** rebotar en algo.

glancing [glɑːnsɪŋ] *adj.* indirecto, oblicuo.

gland [glænd] *s. c.* **1** ANAT. glándula. **2** MEC. collarín, prensaestopas.

glandular ['glændjulər] *adj.* **1** glandular. ♦ **2 ~ fever,** MED. fiebre linfática, mononucleosis infecciosa.

glare [gleər] *v. i.* **1** (**to ~ at**) mirar con furia a. **2** (**to ~** *adv./prep.*) deslumbrar, fulgurar; (fig.) herir la vista. **3** mostrar odio en la mirada. • *s. c.* **4** mirada fiera, mirada de odio, mirada feroz. **5** resplandor, fulgor, luz deslumbrante. ♦ **6 in the ~ of publicity,** (fig.) en primer plano de la actualidad/en el ojo del huracán/en la cresta de la ola.

glaring [gleərɪŋ] *adj.* **1** deslumbrante, fulgurante, intenso (luz). **2** fuerte, chillón (color). **3** notorio, que salta a la vista. **4** feroz, iracundo (mirada).

glaringly ['gleərɪŋlɪ] *adv.* **1** deslumbrantemente, fulgurantemente, intensamente. **2** notoriamente, visiblemente. **3** ferozmente, iracundamente (mirada).

glasnost ['glæznɒst] *s. i.* POL. apertura, transparencia (expresión rusa).

glass [glɑːs] *s. i.* **1** cristal, vidrio (material). **2** cristalería, objetos de cristal. • *s. c.* **3** vaso, copa. **4** (**a ~ of**) un vaso de, una copa de (licor, vino). **5** (brit.) (fam.) espejo. **6** barómetro. **7** *pl.* gafas, lentes. **8** *pl.* gemelos. • *v. t.* **9** poner en recipiente de cristal, embotellar. **10** (**to ~ in**) acristalar, cubrir con cristal. **11** vitrificar. • *v. i.* **12** vitrificarse. • *adj. atrib.* **13** de cristal, de vidrio. ♦ **14 cut ~,** cristal tallado. **15 dark glasses,** gafas oscuras. **16 ground ~,** cristal esmerilado. **17 magnifying ~,** ⇒ **magnifying. 18 plate ~,** ⇒ **plate. 19 stained ~,** ⇒ **stained. 20 under ~,** en invernadero; en vitrina.

glass-blower ['glɑːsbləuər] *s. c.* vidriero, soplador de vidrio, especialista en fabricación de vidrio (con la técnica de soplar).

glassful ['glɑːsful] *s. c.* vaso (el contenido).

glasshouse ['glɑːshaus] *s. c.* **1** (brit.) invernadero. **2** fábrica de vidrio. **3** (**the ~**) (brit.) (jerga) la prisión (gen. militar).

glassily ['glɑːsɪlɪ] *adv.* **1** con los ojos vidriosos.

glassiness ['glɑːsɪnɪs] *s. i.* **1** transparencia. **2** acuosidad. **3** vidriosidad (de la mirada).

glassware ['glɑːsweər] *s. i.* cristalería.

glassworks ['glɑːswɜːks] (*pl.* **glassworks**) *s. c.* fábrica de vidrio.

glassy ['glɑːsɪ ‖ 'glæsɪ] *adj.* **1** cristalino, transparente (agua). **2** vítreo, acuoso (sustancia). **3** de cristal, de vidrio (objeto). **4** vidrioso (mirada).

glassy-eyed [ˌglɑːsɪ'aɪd] *adj.* con la mirada vidriosa.

glaucoma [glɔː'kəumə] *s. i.* MED. glaucoma.

glaze [gleɪz] *v. t.* **1** barnizar; vidriar. **2** glasear (alimentos). **3** acristalar, poner cristal. • *v. i.* **4** (**to ~ over**) vidriarse (la mirada). • *s. c.* **5** vidriado. **6** barniz. **7** glaseado. **8** capa de barniz o de mogate (en alfarería). **9** mirada vidriosa.
glazed [gleɪzd] *adj.* **1** vidrioso (mirada). **2** vidriado (material). **3** acristalado. **4** glaseado.
glazier ['gleɪzjər] *s. c.* cristalero, vidriero (persona que coloca cristales).
glazing ['gleɪz ɪŋ] *s. c.* cristales.
gleam [gliːm] *s. c.* **1** destello, centelleo, fulgor. **2** luz tenue. **3** (**~ of**) atisbo de, viso de (interés, esperanza). • *v. i.* **4** destellar, fulgurar, centellear. **5** brillar tenuemente. **6** (**to ~** *adv./prep.*) mostrase o atisbarse fugazmente.
gleaming [gliːmɪŋ] *adj.* destellante, centelleante, fulgurante.
glean [gliːn] *v. t.* **1** entresacar, recoger (información poco a poco). • *v. t.* e *i.* **2** espigar.
gleaner [gliːnər] *s. c.* **1** investigador. **2** espigador.
gleanings [gliːnɪŋz] *s. pl.* **1** fragmentos de información. **2** espigas, rebusca (que queda en el campo después de la cosecha).
glee [gliː] *s. i.* **1** satisfacción, júbilo, regocijo, placer. • *s. c.* **2** MÚS. canción para 3 o 4 voces masculinas (sin acompañamiento). ◆ **3 ~ club,** orfeón, coral.
gleeful ['gliːfʊl] *adj.* jubiloso, alegre.
gleefully ['gliːfəlɪ] *adv.* con regocijo, alegremente, jubilosamente.
glen [glen] *s. c.* valle estrecho (en Escocia e Irlanda).
glib [glɪb] *adj.* **1** (desp.) con mucha labia, locuaz. **2** fácil, poco creíble: *a glib reply = una respuesta fácil.*
glibly ['glɪblɪ] *adv.* **1** con ligereza, irreflexivamente. **2** elocuentemente, con desenvoltura.
glibness ['glɪbnɪs] *s. i.* **1** elocuencia, verborrea, labia. **2** ligereza, irreflexión.
glide [glaɪd] *v. i.* **1** (**to ~** *adv./prep.*) deslizarse. **2** moverse furtivamente. **3** escurrirse, escabullirse. **4** AER. planear. • *s. c.* **5** deslizamiento. **6** planeo, vuelo sin motor. **7** MÚS. ligadura. **8** FON. paso gradual de un sonido a otro (al pronunciar un diptongo). **9** FON. semivocal.
glider ['glaɪdər] *s. c.* **1** AER. planeador (avión). **2** planeador (persona). **3** columpio.
gliding ['glaɪdɪŋ] *s. i.* DEP. vuelo sin motor.
glimmer ['glɪmər] *v. i.* **1** brillar con luz tenue e intermitente; reverberar, rielar. **2** vislumbrarse (una esperanza). • *s. c.* **3** luz trémula, tenue. **4** atisbo.
glimmering ['glɪmərɪŋ] *s. c.* brillo vacilante, luz trémula.
glimpse [glɪmps] *v. t.* **1** vislumbrar; entrever; avistar. • *v. i.* **2** mirar fugazmente, echar una ojeada. • *s. c.* **3** ojeada, vislumbre, mirada rápida. **4** (arc.) breve destello, fulgor. ◆ **5 to catch a ~ of,** vislumbrar, entrever.
glint [glɪnt] *v. i.* **1** destellar, fulgurar, (fig.) brillar. • *s. c.* **2** destello, fulgor, centelleo.
glissade [glɪ'seɪd || glɪ'sɑːd] *s. c.* **1** descenso, deslizamiento (por la ladera de una montaña utilizando el piolet). **2** ART. paso suave de ballet. • *v. i.* **3** descender, deslizarse (por una ladera de montaña). **4** ART. dar un paso suave (en ballet).
glissando [glɪ'sændəu] (*pl.* **glissandi** o **glissandos**) *s. c.* MÚS. glissando (arpegiar notas escala tras escala).
glisten ['glɪsn] *v. i.* resplandecer, centellear, relucir, brillar (especialmente describiendo superficies espejadas).
glitch [glɪtʃ] *s. c.* fallo técnico.
glitter ['glɪtər] *v. i.* **1** brillar, rutilar, relucir. **2** (fig.) brillar. • *s. i.* **3** brillo, resplandor. **4** glamour; atracción. **5** lentejuelas; purpurina (usado en decoración). **6** (fig.) brillo, oropel. ◆ **7 all that glitters is not gold,** no es oro todo lo que reluce.
glitterati [,glɪtə'rɑːtɪ] *s. pl.* (fam.) famosos, gente guapa, jet.
glittering ['glɪtərɪŋ] *adj.* **1** reluciente, brillante, rutilante. **2** glamoroso, atractivo.
glittery ['glɪtərɪ] *adj.* brillante, resplandeciente.
glitz [glɪts] *s. i.* (fam.) ostentación, mal gusto; horterada.
glitzy ['glɪtsɪ] *adj.* (fam.) de relumbrón; hortera.
gloaming ['gləumɪŋ] *s. sing.* (arc.) crepúsculo.
gloat [gləut] *v. i.* **1** (**to ~ over**) (desp.) pensar maliciosamente en, relamerse de gusto con, regodearse con. **2** (desp.) recrearse, regocijarse (mirando o pensando). • *s. i.* **3** malicia, placer malsano.
glob [glɒb] *s. c.* **1** gota. **2** grumo. **3** terrón.
global ['gləubl] *adj.* **1** mundial. **2** global, total. **3** esférico. ◆ **4 ~ entry,** COM. asiento global. **5 ~ profits,** COM. beneficios netos. **6 ~ sales,** COM. ventas globales. **7 ~ warming,** calentamiento global (del planeta).
globalization ['gləubələɪ'zeɪʃən] (también **globalisation**) *s. i.* mundialización, globalización.
globally ['gləubəlɪ] *adv.* de manera global, globalmente.
globe [gləub] *s. c.* **1** globo, esfera. **2** globo terráqueo. **3** (**the ~**) la tierra, el globo. **4** orbe (emblema de soberanía).
globe-trot ['gləubtrɒt] *v. i.* (fam.) ver mundo, viajar por todas partes, viajar de un sitio a otro.
globe-trotter ['gləubtrɒtər] *s. c.* (fam.) trotamundos.
globular ['glɒbjulər] *adj.* esférico, redondo.
globule ['glɒbjuːl] *s.cuant.* **1** glóbulo, gota. **2** ANAT. glóbulo.
gloom [gluːm] *s. sing.* **1** desesperanza, tristeza, desilusión; pesimismo. **2** (lit.) penumbra, tenebrosidad. ◆ **3 ~ and doom,** ruina y desesperación.
gloomily ['gluːmɪlɪ] *adv.* **1** desesperadamente, tristemente, melancólicamente; con pesimismo. **2** oscuramente, tenebrosamente.
gloominess ['gluːmɪnɪs] *s. i.* **1** penumbra, oscuridad, sombra (con aspecto lúgubre). **2** aspecto sombrío (del tiempo). **3** tristeza, melancolía, desdicha.
gloomy ['gluːmɪ] *adj.* **1** oscuro, sombrío (lugar). **2** cubierto. **3** triste, desdichado, abatido, melancólico (carácter). **4** desesperado, desalentador (una situación).
glorification [,glɔːrɪfɪ'keɪʃn] *s. sing.* glorificación.
glorified ['glɔːrɪfaɪd] *adj.* (desp.) exagerado; puesto por las nubes (cuando en realidad no es de buena calidad).
glorify ['glɔːrɪfaɪ] *v. t.* **1** ensalzar, adular, alabar, (fig.) dar coba a. **2** glorificar, alabar, dar gracias a (a Dios). • *v. i.* **3** (fam.) tener pretensiones.
glorious ['glɔːrɪəs] *adj.* **1** glorioso, admirable, loable. **2** espléndido, maravilloso. **3** (fam.) magnífico, estupendo, delicioso, fantástico.
gloriously ['glɔːrɪəslɪ] *adv.* **1** gloriosamente, admirablemente, loablemente. **2** espléndidamente, maravillosamente. **3** (fam.) magníficamente, estupendamente, deliciosamente, fantásticamente.
glory ['glɔːrɪ] *s. i.* **1** gloria, fama, prestigio. **2** esplendor, magnificencia. **3** gloria, honra (a Dios). • *v. i.* **4** (**to ~ in**) alegrarse con; vanagloriarse de. **5** (desp.) regodearse, refocilarse, relamerse. ◆ **6 covered in/with ~,** cubierto de gloria. **7 in all its ~,** en todo su esplendor.
glory-hole ['glɔːrɪhəul] *s. c.* (brit.) (fam.) cajón de sastre, cajón donde cabe todo (sin guardarlo en debido orden).
gloss [glɒs] *s. i. sing.* **1** brillo, lustre, pulimento (de una superficie); brillo, lustre (del pelo). **2** (fig.) oropel, engaño, apariencia. **3** glosa, acotación. • *v. t.* **4** lustrar, pulir, pulimentar. **5** glosar, acotar, comentar. **6** (**to ~ [over]**) encubrir, disimular, disculpar. ◆ **7 ~ finish,** acabado satinado. **8 ~ paint,** pintura esmalte.
glossary ['glɒsərɪ] *s. c.* glosario.
glossily ['glɒsɪlɪ] *adv.* **1** lustrosamente, brillantemente (sobre el pelo). **2** satinadamente (con fotos). **3** (desp.) llamativamente, ostentosamente.
glossiness ['glɒsɪnɪs] *s. i.* lustre, pulimento.
glossy ['glɒsɪ] *adj.* **1** lustroso, brillante (el pelo). **2** satinado, con brillo (el papel, fotografías). **3** (desp.) llamativo, ostentoso. ◆ **4 ~ magazine,** revista en papel cuché.
glove [glʌv] *s. c.* **1** guante. **2** guante de boxeo; guante de béisbol. • *v. t.* **3** cubrir con guantes, poner guantes a. ◆ **4 to fit like a ~,** sentar como un guante. **5 hand in ~,** uña y carne, inseparables. **6 with gloves off,** sin miramientos, despiadadamente.

gloved [glʌvd] *adj.* enguantado.

glover ['glʌvər] *s. c.* guantero (que hace o vende guantes).

glow [gləu] *v. i.* **1** estar incandescente, ponerse al rojo (por calor); arder (a causa del fuego). **2** brillar, resplandecer, fulgurar. **3** (to ~ **with**) resplandecer de, rebosar de (orgullo, salud), ruboriarse de, sonrojarse de (vergüenza). ● *s. c.* **4** resplandor, luz difusa. **5** brillo, luminosidad (de color); incandescencia. **6** (~ {**of**}) rubor, sonrojo, arrebol (en las mejillas). **7** (~ {**of**}) sensación de (placer, satisfacción).

glower ['glauər] *v. i.* **1** (to ~ {**at**}) mirar encolerizadamente. **2** (fig.) amenazar. ● *s. c.* **3** mirada colérica.

glowering ['glauərɪŋ] *adj.* **1** colérico. **2** amenazador.

glowing ['gləuɪŋ] *adj.* **1** entusiasta, apasionado, ardoroso. **2** radiante, resplandeciente.

glow-worm ['gləuwəːm] *s. c.* luciérnaga, gusano de luz.

glucose ['gluːkəus] *s. i.* QUÍM. glucosa.

glue [gluː] *s. i.* **1** cola, pegamento. ● *v. t.* **2** encolar; pegar. ◆ **3 to be glued to** (fig. y fam.) estar pegado a: *glued to him = pegada a él (para no perderse detalle)*. **4 glued to the spot,** pegado al suelo, sin moverse.

gluey ['gluːɪ] *adj.* **1** pegajoso, viscoso. **2** cubierto de cola.

glum [glʌm] *adj.* melancólico, triste, abatido, apenado.

glut [glʌt] *s. c.* **1** (~ {**of**}) exceso, sobreabundancia. **2** (fig.) exceso, abuso. ● *v. t.* gen. *pas.* **3** inundar, llenar en exceso. ● *v. pron.* **4** (~ **oneself with**) hartarse de, saciarse de.

gluten ['gluːtən] *s. i.* gluten.

glutinous ['gluːtɪnəs] *adj.* (lit.) glutinoso, pegajoso.

glutton ['glʌtn] *s. c.* **1** (desp.) glotón, comilón, tragón. ◆ **2** (~ **for**) (fam. y fig.): *glutton for punishment = masoquista; glutton for work = trabajador incansable*.

gluttonous ['glʌtənəs] *adj.* (desp.) glotón.

gluttony ['glʌtənɪ] *s. i.* (desp.) glotonería.

glycerine ['glɪsəriːn] *s. i.* QUÍM. glicerina.

G-man ['dʒiːmæn] (*pl.* **G-men**) *s. c.* (EE UU) agente del FBI (de **G(overnment) man**).

gnarled [nɑːld] *adj.* **1** nudoso, retorcido. **2** nudoso (la piel, las manos). **3** curtido (una persona).

gnash [næʃ] *v. t.* **1** hacer rechinar (los dientes). ● *s. i.* **2** crujido (de dientes).

gnaw [nɔː] *v. t.* **1** roer. **2 to ~ at something,** roer algo. **3 to ~ at somebody,** corroer a alguien.

gnome [nəum] *s. c.* **1** gnomo. ◆ **2 the gnomes of Zurich,** (fam.) los banqueros (gen. suizos).

gnu [nuː] *s. c.* ZOOL. ñu.

go [gəu] (*pret.* **went,** *p. p.* **gone**) *v. i.* **1** ir; irse, marcharse, partir. **2** viajar, ir (en medio de locomoción). **3** (to ~ **before**) (fig.) comparecer ante (un tribunal, consejo). **4** (to ~ + *ger.*) ir a, ir de: *to go shopping = ir de compras*. **5** acabarse, consumirse, desaparecer. **6** (to ~ + *ger.*) ir por ahí (haciendo, diciendo). **7** (to ~ + *adj.*) volverse, ponerse (loco, canoso, etc.). **8** guardarse; ponerse, colocarse (en un sitio). **9** ir a parar. **10** pasar, ser heredado. **11** (to ~ + *adj./adv.*) quedar (libre); pasar (inadvertido). **12** quedar, haber. **13** pasar (calamidades). **14** fallar, quebrarse, flaquear (la voz). **15** empezar (un trabajo, deporte). **16** funcionar, andar, marchar (un aparato). **17** estropearse, romperse, fastidiarse. **18** (fam.) decir, rezar (una historia). **19** sonar (el timbre, la campana). **20** (to ~ + *adv./prep.*) ir (un camino de un lado a otro). **21** ir (deprisa, despacio). **22** venir bien, sentar bien, ir bien (ropa). **23** hacer juego, ir bien (los complementos, adornos). **24** (to ~ + *adv./ prep.*) ir, caber, entrar (algo en un espacio). **25** (to ~ *adv./prep.*) marchar, desarrollarse (bien o mal). **26** venderse. **27** pasar (a otro tema). **28** (**to have to** ~) tener que desaparecer. **29** (to ~ **far/further/beyond**) aventurar. **30** ser válido, (fam.) ir a misa (algo). **31** (lit.) morirse, agonizar. **32** (fam.) quedar, faltar (distancia, tiempo). **33** (fam.) llevar (a casa una comida de restaurante): *one hamburger to go = una hamburguesa para llevar*. **34** caber (en una división). **35** circular, pasar de uno a otro. **36** contribuir, ayudar. **37** ser, existir (por regla general): *not expensive, as clothes go = no es caro, para el precio que tiene la ropa*. **38** estar, haber disponible (trabajo). ● *v. t.* **39** decir, rezar (una inscripción): *then he goes... = luego él dice...* **40** sonar, hacer (un ruido); dar (la hora): *it went "boom" = hizo "bum"*. ● *s. c.* **41** (fam.) turno, vez. **42** (brit.) intento, tentativa. ● *s. i.* **43** (fam.) marcha, vida. **44** (fam.) energía, vitalidad. **45** negocio redondo. **46** dosis; porción; trago, copa. **47** (**the** ~) la moda. **48** (brit.) protesta, bronca. **49** éxito. ● *interj.* **50** (fam.) ¡ya! (en las carreras). ◆ **51 to ~ about something, a)** empezar, emprender algo: **b)** realizar algo, abordar algo, afrontar algo; **c)** (to ~ **about**) virar, girar en redondo (barcos). **52 to ~ after something/somebody,** ir detrás de algo/alguien. **53 to ~ against somebody/something, a)** ir en contra de algo/alguien, oponerse a algo/alguien; **b)** estar en contra de algo/alguien; **c)** chocar con algo/alguien. **54 to ~ ahead, a)** seguir, continuar; **b)** proceder; **c)** avanzar. **55 to ~ along,** continuar, seguir, proseguir. **56 to ~ along with something/somebody,** estar de acuerdo con algo/alguien. **57 to ~ around/round, a)** extenderse, propagarse (una enfermedad, noticias); **b)** bastar, alcanzar. **58 to ~ around/round with,** tener tratos con, asociarse con, tener relación con. **59 to ~ at something,** (fam.) atacar, abalanzarse sobre. **60 to ~ back, a)** regresar, volver; **b)** (to ~ **back** + *adv./prep.*) ser originario, tener su origen (fecha). **61 to ~ back on,** romper, traicionar (una promesa). **62 to ~ by, a)** pasar (el tiempo); pasar por (un lugar); (fig.) escaparse (una oportunidad); **b)** (to ~ **by something**) atenerse a algo, guiarse por algo; **c)** juzgar por algo (un modo de actuar). **63 to ~ down, a)** bajar, descender (de un lugar); **b)** bajar, descender (de posición); disminuir, caer (precios, calidad, nivel); **c)** hundirse (barcos); **d)** deshincharse; **e)** ser aceptado, tener buena acogida; **f)** dejarse tragar (comida); **g)** quedar grabado, quedar registrado; **h)** bajar, llegar (hasta un lugar); **i)** (brit.) salir, irse, dejar (un centro de estudios para siempre o por vacaciones); **j)** (jerga) pasar, suceder; **k)** ponerse (el sol). **64 to ~ down with something,** (fam.) caer enfermo con algo, contraer algo, coger algo (una enfermedad infecciosa). **65 to ~ for, a)** atacar (físicamente o de palabra); **b)** intentar conseguir; **c)** escoger, elegir; **d)** (fam.) sentirse atraído por; **e)** concernir a, valer para, aplicarse a. **66 to ~ in, a)** entrar (en un lugar); **b)** ocultarse (el sol, la luna); **c)** (to ~ **in with**) unirse a. **67 to ~ in for something, a)** participar en algo, tomar parte en algo (concurso de habilidad, conocimientos); **b)** dedicarse a algo, interesarse por algo (un pasatiempo). **68 to ~ into something, a)** meterse en algo, dedicarse a algo (una actividad profesional); **b)** ahondar en algo, profundizar en algo (en una materia); **c)** investigar algo. **69 to ~ off, a)** explotar, estallar; **b)** dispararse, sonar (la alarma, timbre); **c)** apagarse, dejar de funcionar; **d)** discurrir, resultar (bien o mal); **e)** estropearse, pudrirse, agriarse (alimentos, comida); **f)** desaparecer; **g)** (fam.) perder el interés por; **h)** (brit.) (fam.) disminuir, bajar, descender (interés, nivel o calidad). **70 to ~ off with,** (fam.) **a)** irse con, largarse (con); **b)** coger, llevarse (sin permiso). **71 to ~ on, a)** suceder, ocurrir, pasar (algo); **b)** empezar a funcionar; **c)** probar, basar; **d)** continuar, ir adelante, proseguir; **e)** pasar, avanzar (el tiempo); **f)** continuar, proseguir, durar (una actividad, un comportamiento); **g)** protestar, criticar; **h)** avanzar, desarrollarse; **i)** (fam.) hablar, charlar. **72 to ~ on with,** ir tirando. **73 to ~ out, a)** salir de casa (a divertirse); **b)** (to ~ **out together/with**), salir juntos con; **c)** irse a vivir; **d)** hacerse público, difundirse (noticias); **e)** apagarse (la luz, el fuego); (fig.) apagarse (sentimiento); (fig.) dormirse; **f)** bajar (la marea); **g)** pasar de moda; **h)** finalizar, terminar, pasar. **74 to ~ over, a)** ver, visitar, examinar (un lugar); **b)** comprobar, repasar (un asunto); **c)** repetir; **d)** aceptarse, acogerse (bien o mal); **e)** (to ~ **over to/from**), cambiarse a/de, pasarse a/de (un partido, una religión); **f)** TV. conectar con (un lugar). **75 to ~ round, a)** bastar, ser suficiente; **b)** extenderse, propagarse; **c)** estar presente, rondar la cabeza. **76 to ~ slow,** (brit.) hacer huelga de brazos caídos. **77 to ~ through, a)** sufrir, experimentar, soportar, sobrellevar; **b)** terminar, acabar; **c)** aprobar (una ley, plan); **d)** practicar, volver sobre (algo); **e)** examinar con cuidado, registrar (ropas, papeles). **78 to ~ through with,** cumplir, llevar a cabo (algo prometido). **79 to ~ to, a)** pasar por, sufrir; **b)** empezar. **80 to ~ together,** hacer juego. **81 to ~ under, a)** hundirse (un barco); **b)** fracasar, fallar, hundirse (un proyecto, un plan). **82 to ~ up, a)** subir, incrementarse, elevarse (precios); **b)** construirse, levantarse (edificios); **c)** estallar (en llamas); destruirse; **d)** subir (el telón); **e)** subir por (una cuesta, etc.); **f)** llegar hasta (una altura). **83 to ~ with, a)** hacer juego con, ir bien con, armonizar con; **b)** tener que ver con, tener relaciones con; **c)** (fam.) salir con, tener relación con (social o sexualmente). **84 to ~ without,** pasarse sin, arreglárselas sin. ◆ **85 anything goes,** todo vale. **86 as (something) goes,** comparado con la media, para lo que hay. **87 to be going,** ir (en el futuro). **88 to be going to,** ir a. **89 from the word ~,** desde el principio, desde el comienzo, desde el primer instante. **90 ~ along with you!,** ¡qué tontería!, ¡qué estupidez! **91 to ~ as far as/so far as,** llegar hasta (un lugar). **92 to ~ by the book,** seguir las normas. **93 gone and done,** dicho y hecho, por fin lo hizo. **94 to ~ far/a long way,** triunfar, ir lejos. **95 to ~ for nothing,** perderse, irse por la borda (un trabajo). **96 to ~ it,** actuar con desenfreno. **97 to ~ it alone,** actuar por cuenta propia, montárselo solo. **98 to ~ into details,** entrar en detalles. **99 ~ on!,** ¡no me lo creo!, ¡tonterías! **100 to ~ out like a light,** quedarse dormido. **101 to ~ one better,** hacerlo mejor. **102 to ~ to great lengths,** tomarse muchas molestias. **103 to ~ to pieces,** sufrir un ataque de nervios, quedarse hecho pedazos, desesperarse. **104 to ~ to show,** probar, confirmar. **105 to ~ with the crowd/the times/the stream,** seguir la corriente. **106 it goes without saying,** huelga decir que, ni que decir tiene que. **107 it's all ~,** (brit.) (fam.) hay exceso de trabajo. **108 it's no ~,** ni hablar, no hubo suerte. **109 to have a ~,** (fam.) intentarlo. **110 to make a ~ of,** (fam.) tener éxito con. **111 on the ~,** en plena actividad.

goad [gəud] *v. t.* **1** (**to ~** {**into/on**}) provocar, picar, enervar. **2** azuzar, incitar. **3** arrear (ganado) con aguijada. ● *s. c.* **4** aguijada.

go-ahead ['gəuəhed] *s. sing.* **1** permiso, aprobación, visto bueno. ● *adj.* **2** emprendedor, enérgico.

goal [gəul] *s. c.* **1** DEP. portería. **2** DEP. gol. **3** objetivo, meta. ◆ **4 ~ area,** (brit.) DEP. área. **5 ~ keeper,** DEP. portero. **6 ~ kick,** DEP. saque de puerta. **7 ~ line,** DEP. línea de gol. **8 to score a ~,** DEP. marcar un gol. **9 to keep ~,** DEP. jugar de portero.

goalie [gəulɪ] *s. c.* DEP. (fam.) guardameta, portero.

goalpost ['gəul,pəust] *s. c.* DEP. poste de la portería.

goat [gəut] *s. c.* **1** cabra. **2** (fam. desp. y hum.) hombre lujurioso, casanova, donjuán. **3** capricornio. **4** chivo expiatorio, cabeza de turco. ◆ **5 to get someone's ~,** tomar el pelo a alguien, irritar a alguien.

goatee [gəu'tiː] *s. c.* perilla.

goatherd ['gəuthəːd] *s. c.* cabrero, pastor de cabras.

goatskin ['gəutskɪn] *s. c.* e *i.* **1** piel de cabra. **2** odre, pellejo; bota de vino.

gob [gɒb] *s. c.* **1** (vulg.) boca, pico, bocaza. **2** (**~** {**of**}) (jerga) grumo, burujo (de algo líquido y pegajoso): *gob of spit = salivazo.* **3** (fam.) mogollón, cantidad (gen. de dinero).

gobble ['gɒbl] *v. t.* e *i.* **1** (**to ~** {**up**}) (fam.) zamparse, engullir, devorar. **2** (fig.) tragar, devorar, arramblar con. ● *v. i.* **3** graznar (el pavo). ● *s.* **4** graznido (del pavo).

gobbledygook o **gobbledegook** ['gɒbəldɪguːk] *s. i.* (fam. y desp.) jerigonza, galimatías; chorradas, bobadas.

go-between ['gəubɪ,twiːn] *s. c.* **1** mensajero, mediador. **2** correveidile, alcahuete.

goblet ['gɒblɪt] *s. c.* copa; ciborio (de cristal o metal).

goblin ['gɒblɪn] *s. c.* duende, trasgo, gnomo.

goby ['gəubɪ] *s. c.* gobio, cadoz.

go-by ['gəubaɪ] *s. c.* **1** (fam.) **to give someone the ~,** dar de lado a alguien. **2 to give a place the ~,** dejar de frecuentar un lugar.

go-cart ['gəukɑːt] *s. c.* **1** tacatá, andador. **2** carretilla de mano. **3** carretón de niños.

god [gɒd] *s. c. m.* **1** dios. **2** ídolo. **3** (fig.) dios, lo más importante: *money was his god = el dinero era lo más importante para él.* **4** *pl.* gallinero, paraíso (en el teatro). ◆ **5 act of God,** ⇒ **act. 6 for God's sake!,** ¡por Dios!, ¡por el amor de Dios! **7 God alone knows,** sólo Dios lo sabe, sabe Dios. **8 God forbid!,** ¡pongo a Dios por testigo! ¡Dios no lo quiera! **9 God helps those who help themselves,** a Dios rogando y con el mazo dando. **10 God willing,** si Dios quiere, Dios mediante. **11 in the lap of the gods,** ⇒ **lap. 12 Oh, God!/my God!/good God!,** ¡Dios mío! **13 thank God,** gracias a Dios. **14 tin ~,** ⇒ **tin.**

godchild ['gɒdtʃaɪld] (*pl.* **godchildren**) *s. c.* ahijado, ahijada.

goddaughter ['gɒd,dɔːtər] *s. c.* ahijada.

goddess ['gɒdɪs] *s. c. f.* **1** diosa. **2** ídolo (femenino). **3** (fig.) diosa, belleza.

godfather ['gɒd,fɑːðər] *s. c.* padrino.

godfearing ['gɒd,fɪərɪŋ] *adj.* (arc.) devoto, piadoso, temeroso de Dios.

godforsaken ['gɒdfə,seɪkən] *adj.* (desp.) remoto, desolado, dejado de la mano de Dios (un lugar).

godless ['gɒdlɪs] *adj.* (form.) impío, ateo, descreído.

godly ['gɒdlɪ] *adj.* **1** (form.) santo, divino. **2** piadoso, devoto.

godmother ['gɒd,mʌðər] *s. c. f.* **1** madrina. ◆ **2 fairy ~,** hada madrina.

godparents ['gɒd,peərənts] *s. pl.* padrinos.

godsend ['gɒdsend] *s. c.* bendición, regalo de Dios, don del cielo.

godson ['gɒdsʌn] *s. c.* ahijado.

goes [gəuz] *3a. persona sing. presente de* **to go.** ⇒ **go.**

go-faster stripes *s. pl.* franjas embellecedoras (pintadas sobre los flancos del automóvil).

go-getter [,gəu'getər] *s. c.* (fam.) emprendedor, ganador, triunfador.

goggle ['gɒgl] *v. i.* **1** (**to ~** {**at**}) mirar con los ojos como platos, quedarse atónito (ante). ● *s. pl.* **2** gafas protectoras (para el agua, el viento). **3** (fam.) gafas.

going [gəuɪŋ] *ger.* **1** de *to go.* ● *s. i.* **2** marcha, partida. **3** ritmo, avance (de un proceso). **4** estado, condiciones (del firme). **5** rumbo, orientación, posibilidad de movimiento. ● *adj.* **6** disponible (un trabajo). **7** actual, existente, corriente (un precio). **8** en marcha, rentable (un negocio). **9** (*adj. sup.* + *s.* + ~) existente, que existe, que hay: *the cheapest car going = el coche más barato del mercado.* ◆ **10 a ~ concern,** COM. un negocio en marcha, un negocio establecido. **11 comings and goings,** ⇒ **coming. 12 to be heavy ~,** (fig.) ser una pesadez. **13 to have a lot/plenty/nothing ~ for one,** tener muchas ventajas o cualidades, /no tener ventajas o cualidades. **14 while the ~ is good,** mientras se pueda.

going-over ['gəuɪŋ'əuvər] *s. c.* **1** revisión, inspección. **2** paliza, tunda, somanta. **3** reprimenda, riña.

goings-on [gəuɪŋz'ɒn] *s. pl.* (fam.) tejemanejes, maniobras.

gold [gəuld] *s. i.* **1** MIN. oro. **2** oro (joyas, monedas). **3** color dorado. **4** (fig.) riqueza. **5** DEP. medalla de oro. ● *adj.* **6** de oro; dorado. ◆ **7 as good as ~,** muy bueno, más bueno que el pan (de un niño). **8 to be worth one's weight in ~,** valer su peso en oro. **9 ~ digger,** (jerga y desp.) buscador de oro; cazadora de fortunas. **10 ~ mine,** mina de oro; (fig.) mina, fuente (de información). **11 ~ standard,** COM. patrón oro. **12 rolled ~,** chapado en oro.

goldbrick ['gəuld,brɪk] *s. i.* **1** oro falso, oropel. **2** (EE UU) holgazán, vago, gandul (un soldado). ● *v. i.* **3** holgazanear, haraganear. ● *v. t.* **4** engañar, embaucar, timar, estafar.

Gold Coast ['gəuldkəust] *s. sing.* Costa de Oro (hoy Ghana).

golden ['gəuldən] *adj.* **1** (lit.) de oro. **2** (lit.) dorado. **3** excelente, de oro (una oportunidad). **4** dorado, prometedor, próspero, exitoso. **5** radiante, espléndido. ◆ **6 Golden Age,** Siglo de Oro; Edad de Oro. **7** ~ **chance /opportunity,** oportunidad de oro. **8** ~ **fleece,** vellocino de oro. **9** ~ **handshake,** fuerte gratificación (por despido o jubilación). **10** ~ **wedding anniversary,** bodas de oro.

goldenrod ['gəuldən,rɒd] *s. c.* BOT. vara de San José.

goldfilled ['gəuld,fɪld] *adj.* **1** TEC. chapado en oro; bañado en oro. **2** empastado de oro (un diente).

goldfinch ['gəuldfɪntʃ] *s. c.* ZOOL. jilguero, pintadillo, siete colores.

goldfish ['gəuldfɪʃ] *s. c.* **1** ZOOL. pez de colores (para peceras). ◆ **2** ~ **bowl,** pecera (redonda). **3 in a** ~ **bowl,** expuesto al público, de cara al público (un actor, un político).

goldsmith ['gəuldsmɪθ] *s. c.* joyero, orfebre.

golf [gɒlf] *s. i.* **1** DEP. golf. ● *v. i.* **2** jugar al golf. ◆ **3** ~ **club, a)** palo de golf. **b)** club de golf. **4** ~ **course,** campo de golf. **5** ~ **links,** campo de golf (al lado del mar).

golfer ['gɒlfər] *s. c.* DEP. jugador de golf, golfista.

Goliath [gə'laɪəθ] *s.* **1** Goliath. **2** (fig.) gigante.

golly ['gɒlɪ] *interj.* (arc. y fam.) ¡caramba!, ¡caracoles!, ¡diantre! (expresa sorpresa).

gonad ['gəunæd] *s. c.* BIOL. gónada.

gondola ['gɒndələ] *s. c.* **1** góndola. **2** (EE UU) batea, barca de fondo plano. **3** AER. barquilla (de aeronave, de globo aerostático). **4** teleférico. **5** góndola (camión).

gone [gɒn] *p. p.* **1** de **to go.** ● *adj.* **2** (fam.) ido, ausente (a causa del alcohol, las drogas). **3** embarazada: *4 months gone = embarazada de cuatro meses.* **4** (~ {**on**}) enamorado (de), loco (por). **5** pasado, transcurrido (tiempo, edad). **6** desaparecido, muerto. **7** perdido, arruinado. **8** exhausto, agotado.

goner ['gɒnər] *s. c.* **1** (fam.) condenado, desahuciado. **2** caso perdido.

gong [gɒŋ] *s. c.* **1** gong. **2** (brit.) (jerga) medalla.

Gongorism [gɒŋgərɪsm] *s. c.* e *i.* gongorismo.

gonorrhoea [,gɒnə'rɪə] (también **gonorrhea**) *s. i.* MED. gonorrea.

goo [gu:] *s. i.* **1** (fam.) sustancia pegajosa. **2** (desp.) zalamería, halago, adulación, lisonja.

good [gud] (*comp.* **better,** *super.* **best**) *adj.* **1** bueno. **2** bueno, útil, práctico. **3** bueno, agradable. **4** apto, válido; en perfectas condiciones. **5** atractivo, espléndido (de aspecto). **6** bueno, beneficioso (para la salud). **7** inteligente, habilidoso. **8** virtuoso, justo, bueno, santo. **9** (~ **to/about**) amable con; generoso con. **10** bueno, bien educado, dócil. **11** bueno, total, completo: *a good look = un buen vistazo, una ojeada completa.* **12** seguro, fiable. **13** (**a** ~) por lo menos: *we spent a good 2 days on it = nos llevó por lo menos dos días; a good three hours = 3 horas largas.* ● *s. i.* **14** bien, beneficio, provecho. **15** bien, bondad. **16** (**the** ~) la buena gente, los buenos de espíritu, los justos. ● *pl.* **17** productos, bienes de consumo, mercancías. **18** COM. carga, mercancía (por barco, avión, o carretera). **19** bienes muebles. ● *adv.* **20** bien. ◆ **21 a** ~ **deal,** ⇒ **deal. 22 a** ~ **few,** ⇒ **few. 23 a** ~ **sailor,** ⇒ **sailor. 24 all in** ~ **time,** (fam.) en el momento oportuno, cada cosa a su debido tiempo. **25 as** ~ **as,** casi, prácticamente. **26 as** ~ **as gold,** ⇒ **gold. 27 as** ~ **as new,** como nuevo. **28 to be as** ~ **as one's word,** mantener lo dicho, cumplir lo prometido. **29 to be in someone's** ~ **books,** ⇒ **book. 30 to catch with the goods,** pillar con las manos en la masa. **31 to come to no** ~, terminar mal. **32 to come up with/deliver the goods,** producir lo esperado. **33 to do someone** ~**/the power of** ~**/the world of** ~, venir o sentar muy bien a alguien. **34 for** ~, definitivamente, para siempre. **35 for** ~ **measure,** ⇒ **measure. 36 for your own** ~, por tu propio bien. **37** ~ **and,** completamente, totalmente, del todo. **38** ~ **enough for,** suficiente para. **39** ~ **for you!,** ¡enhorabuena!; ¡hiciste bien! **40** ~ **God/gracious/grief/heavens/ Lord!,** ¡Dios mío! (expresa sorpresa). **41** ~ **show!,** (brit. arc. y fam.) ¡me alegro! **42** ~ **turn,** ⇒ **turn. 43 to have a** ~ **mind to do something,** tener la intención de hacer algo. **44 to have a** ~ **time,** divertirse, pasarlo bien. **45 to hold** ~, tener validez. **46 in** ~ **faith,** ⇒ **faith. 47 in** ~ **taste,** ⇒ **taste. 48 in** ~ **time,** temprano, pronto. **49 it's a** ~ **thing/job,** afortunadamente, por suerte. **50 to make** ~, tener éxito, hacerse rico. **51 to make** ~ **(something), a)** asumir (deudas, pérdidas); **b)** llevar a cabo; **c)** (brit.) reparar, arreglar (algo que uno ha estropeado). **52 more harm than** ~, más mal que bien. **53 no** ~**/not much** ~**/not any** ~, inútil, vano. **54 so far so** ~, ⇒ **far. 55 that's a** ~ **one!,** ¡buen chiste!; ¡qué mentira! **56 the** ~ **old days,** ⇒ **day. 57 the goods,** (brit.) (fam.) el no va más; expectativas; necesidades. **58 too much of a** ~ **thing,** lo bueno si breve dos veces bueno; lo poco agrada, lo mucho enfada. **59 to the** ~, de beneficio (sobre lo calculado). **60 to be up to no** ~, tramar algo. **61 very** ~**!,** (brit.) (arc.) naturalmente, claro que sí. **62 what's the** ~ **of...?/what** ~ **is...?,** ¿qué sentido tiene...? **63 while the going is** ~, ⇒ **going.**

good-bye [,gud'baɪ] *interj.* adiós.

good-for-nothing ['gudfə,nʌθɪŋ] *s. c.* inútil, gandul.

good-humoured [,gud'hju:məd] (en EE UU **good-humored**) *adj.* afable, jovial.

goodly ['gudlɪ] *adj.* **1** (arc.) grande, considerable. **2** agradable, atractivo.

good-natured [,gud'neɪtʃəd] *adj.* **1** de buen corazón, bondadoso, generoso, amable. **2** dócil.

goodness ['gudnɪs] *s. i.* **1** bondad, generosidad. **2** (**the** ~), lo nutritivo, el alimento (de un alimento). ◆ **3 my** ~**!/**~ **me!/for** ~ **sake!/ I wish to** ~**!,** ¡por Dios!, ¡Dios mío! (expresan sorpresa).

good-tempered [,gud'tempəd] *adj.* afable, tranquilo, de buen carácter.

good-time ['gud,taɪm] *adj.* alegre, frívolo, despreocupado.

goody ['gudɪ] *s. c.* **1** (fam.) *pl.* golosinas, dulces. **2** *pl.* caprichos, cosas deseables. ◆ **3** (**the** ~) el bueno (de la película). ● *interj.* **4** guay, chupi, chachi (expresión infantil).

goodwill [,gud'wɪl] *s. i.* **1** buena voluntad. **2** COM. fondo de comercio (de un negocio al ser vendido).

gooey ['gu:ɪ] *adj.* **1** (fam.) viscoso, pegajoso (masa, sustancia); empalagoso (los dulces). **2** (fig. y desp.) empalagoso, almibarado, sensiblero.

goofy ['gu:fɪ] *adj.* (fam.) ridículo, estúpido, bobo.

goon [gu:n] *s. c.* **1** (fam.) imbécil, tonto, estúpido. **2** (EE UU) gorila, pistolero a sueldo.

goose [gu:s] (*pl.* **geese**) (*m.* **gander**) *s. c.* **1** oca, ganso, ánsar. **2** (fig.) ganso, tonto. ◆ **3 can't/couldn't say boo to a** ~, ⇒ **boo. 4 to cook someone's** ~, echar a perder los planes a alguien, fastidiar los planes a alguien. **5 to kill the** ~ **that lays the golden eggs,** (fig.) matar la gallina de los huevos de oro. **6 a wild** ~ **chase,** una misión inútil.

goosebumps ['gu:sbʌmps] *s. pl.* ⇒ **goosepimples.**

gooseberry ['guzbərɪ] *s. c.* **1** BOT. grosellero, uva espina. **2** grosella. ◆ **3 to play** ~, (brit.) (fam.) hacer de carabina, estar de carabina.

gooseflesh ['gu:sfleʃ] *s. pl.* carne de gallina (por frío, miedo).

goosepimples ['gu:s,pɪmplz] (en EE UU **goosebumps**) *s. i.* carne de gallina (por frío, miedo).

goose-step ['gu:sstep] *s. i.* **1** MIL. paso de la oca (desfilar sin doblar la rodilla). ● *v. i.* **2** MIL. marchar al paso de la oca.

gopher ['gəufər] *s. c.* ZOOL. **1** tuza (mamífero americano similar a la rata). **2** ardilla de tierra. **3** tortuga de tierra.

gore [gɔ:] *v. t.* **1** cornear, dar una cornada a, empitonar. **2** sesgar, nesgar, poner nesgas a. ● *s. i.* **3** (lit.) sangre coagulada, coágulo de sangre. ● *s. c.* **4** nesga, cuchillo. **5** terreno en forma triangular.

gorge [gɔ:dʒ] *s. c.* **1** desfiladero, garganta, paso entre montañas. **2** gola, entrada (a una fortificación). **3** garganta (de una persona). **4** atasco, masa que obstruye. ● *v. t.* **5** atiborrar, llenar, hartar. **6** devorar, engullir. ◆ **7** (**to** ~ **oneself on/with**) (desp.) hartarse de, atiborrarse de, atracarse de. ◆ **8 to make someone's** ~ **rise,** poner

a alguien enfermo, dar a asco a alguien; poner a alguien fuera de sí.
gorgeous ['gɔːdʒəs] *adj.* **1** (fam.) guapísimo. **2** bellísimo, magnífico, espléndido.
gorilla [gə'rɪlə] *s. c.* **1** ZOOL. gorila. **2** (fig.) gorila, bruto.
gormandize ['gɔːməndaɪz] (brit. **gormandise**) *v. t.* e *i.* (form.) glotonear, comer con avidez.
gorse [gɔːs] *s. i.* BOT. tojo, aulaga.
gory ['gɔːrɪ] *adj.* **1** (fam.) sangriento; escabroso. **2** (lit.) sanguinolento, cubierto de sangre.
gosh [gɒʃ] *interj.* (fam.) ¡caramba!, ¡caray!.
gosling ['gɒzlɪŋ] *s. c.* **1** ZOOL. cría de ganso. **2** (fig.) tontorrón, ingenuo, inexperto.
go-slow [,gəʊ'sləʊ] *s. c.* huelga de celo.
gospel ['gɒspl] *s. i.* **1** evangelio. **2** verdad indiscutible, artículo de fe. **3** doctrina, credo. **4** MÚS. música gospel (cantada por los cristianos negros). ◆ **5 the Gospel,** REL. el Evangelio.
gossamer ['gɒsəmər] *s. i.* **1** telaraña, hilo de telaraña (que flota en el aire, en arbustos). **2** gasa; (EE UU) tela delicada, tela finísima. **3** delicadeza, finura.
gossip ['gɒsɪp] *s. i.* **1** cotilleo, chismorreo, rumor. ● *s. c.* **2** cotilla, chismoso. ● *v. i.* **3** cotillear, chismorrear, rumorear. ◆ **4** ~ **column,** ecos de sociedad (en un periódico).
gossiping ['gɒsɪpɪŋ] *adj.* **1** chismoso, cotilla, murmurador. ● *s. i.* **2** cotilleo, chismorreo, rumor.
gossipmonger ['gɒsɪpmʌŋgər] *s. c.* chismoso.
gossipy ['gɒsɪpɪ] *adj.* **1** (fam.) lleno de cotilleo, lleno de rumores. **2** chismoso, cotilla.
got [gɒt] *pret.* y *p. p.* de **to get.**
Goth [gɒθ] *s. c.* HIST. godo.
Gothic ['gɒθɪk] *adj.* **1** ARQ. gótico. **2** LIT. gótico, de terror, de misterio. **3** gótica (tipo de letra). **4** godo. **5** bárbaro, cruel. ● *s. i.* **6** gótico (lengua). **7** ARQ. gótico. **8** letra gótica.
gotten [gɒtn] (EE UU) *p. p.* de **to get.**
gouache [gu'aːʃ] *s. c.* e *i.* aguada, guache.
gouge [gaudʒ] *s. c.* **1** gubia, formón de media caña (para carpintería). **2** ranura, agujero. **3** estría, acanaladura. **4** (jerga) estafa, extorsión, engaño, fraude. ● *v. t.* **5** estriar, acanalar. **6** cavar, mellar. **7** sacar, arrancar (los ojos). **8** (EE UU) (fam.) extorsionar, estafar, engañar.
gourd [guəd] *s. c.* **1** calabaza. **2** recipiente de calabaza.
gourmand ['guəmənd] *s. c.* glotón, goloso (para la comida o la bebida).
gout [gaut] *s. i.* MED. gota.
govern ['gʌvn] *v. t.* e *i.* **1** gobernar, dirigir, gestionar (un país). ● *v. t.* **2** controlar, determinar (las leyes, los precios). **3** GRAM. regir.
governess ['gʌvnɪs] *s. c.* institutriz, aya (encargada de la educación de los niños).
governing ['gʌvnɪŋ] *adj. atr.* gobernante.
government ['gʌvəmənt ‖ 'gʌvənmənt ‖ 'gʌvərnmənt] *s. c.* **1** (~ + *v. sing.* o *pl.*) gobierno: *central government* = *gobierno central.* ● *s. i.* **2** gobierno, administración (el sistema). **3** gobierno, regulación. **4** política administrativa (ciencia). **5** GRAM. concordancia. ◆ **6** ~ **stock,** títulos del Estado, valores del Estado. **7 national** ~, gobierno de concentración nacional (en guerra).
governmental [,gʌvn'mentl] *adj.* **1** gubernamental: *governmental control* = *control gubernamental.* ◆ **2** ~ **policy,** política de gobierno, política administrativa.
governor ['gʌvənər] *s. c.* **1** gobernador. **2** director, alcaide (de una prisión). **3** jefe, patrón. **4** director, administrador. **5** tutor. **6** MEC. automático, regulador. **7** (brit.) (fam.) señor (como título en direcciones).
Governor-General [,gʌvənə'dʒenərəl] (*pl* **Governors-General** o **Governor-Generals**) *s. c.* Gobernador General (representante de la Reina de Inglaterra en países de la Commonwealth no republicanos).
governorship ['gʌvənəʃɪp] *s. i.* **1** gobierno. **2** período de gobierno. **3** jurisdicción.
gown [gaun] *s. c.* **1** traje de noche, vestido de noche (femenino). **2** toga (de profesores, magistrados). **3** bata. **4** sotana, traje talar. **5** (fig.) miembros de la universidad, cuerpo universitario.
GP ['dʒiː'piː] (*abrev.* de **General Practitioner**) *s. c.* médico de cabecera.
grab [græb] *v. t.* **1** agarrar; arrebatar. **2** (fam.) tomar apresuradamente, o a la carrera (un aperitivo, etc.). **3** apresar, capturar; sujetar. **4** (fig.) no dejar escapar (la suerte, una oportunidad). **5** (fam.) apetecer, interesar (una idea, un plan). **6** (jerga) captar, atraer (la atención). **7** (**to** ~ **at**) echar mano a, tratar de agarrar. ● *s. c.* **8** tirón. **9** (~ **at/for something**) ansia de, ambición de, avidez de (fama, poder). ◆ **10 to make a** ~ **at,** dar el tirón (un ladrón). **11 up for grabs,** (fam.) disponible, a su alcance.
grace [greɪs] *s. i.* **1** gracia, elegancia. **2** gracia, favor, concesión, merced. **3** gracia, suspensión de una ejecución. **4** prórroga, gracia (para realizar un pago). **5** bendición (de la mesa). **6** tacto, educación. **7** gracia, don (de Dios). **8** gracia (estado del alma). **9** generosidad, benevolencia; amabilidad. **10** (**his/her/your Grace**) Su Alteza; Su Excelencia; Su Majestad; Vuecencia. **11** MÚS. nota de adorno. **12** *pl.* buenos modos, buenas maneras. ● *v. t.* **13** (**to** ~ **with/by**) (hum. o lit.) *gen.pas.* honrar con, distinguir con. **14** adornar, embellecer. **15** MÚS. poner notas de adorno a. ◆ **16 airs and graces,** ⇒ **air. 17 to be in someone's good graces,** gozar de la estima de alguien, gozar del favor de alguien. **18 by the** ~ **of,** gracias a. **19 by the** ~ **of God,** por la gracia de Dios. **20 coup de** ~, ⇒ **coup. 21 to fall from** ~, caer en desgracia. **22 to have the** ~ **to,** tener la amabilidad de; tener la delicadeza de. **23 saving** ~, ⇒ **saving. 24 with good/bad** ~, de buena/mala gana, de buen/mal talante.
graceful ['greɪsful] *adj.* **1** gracioso, garboso, elegante. **2** amable, educado.
gracefully ['greɪsfəlɪ] *adv.* **1** graciosamente, elegantemente, garbosamente. **2** amablemente, educadamente.
graceless ['greɪslɪs] *adj.* **1** sin gracia, desgarbado. **2** maleducado, grosero, intratable.
gracious ['greɪʃəs] *adj.* **1** condescendiente, bondadoso, generoso (con personas de rango inferior). **2** placentero, ameno, lujoso (la forma de vida). **3** gracioso (en un título): *Her Gracious Majesty* = *Su graciosa Majestad.* ◆ **4 good** ~**!,** ⇒ **good. 5** ~ **me!,** (arc.) ¡Dios mío!
graciousness ['greɪʃəsnɪs] *s. i.* amabilidad, bondad; consideración, generosidad.
gradation [grə'deɪʃn] *s. c.* **1** (~ {**in/of**}) gradación, graduación, escalonamiento. **2** grado, fase, etapa. **3** progreso gradual. **4** GRAM. apofonía.
grade [greɪd] *s. c.* **1** nivel, categoría, calidad (de un producto). **2** grado, nivel, categoría (profesional). **3** (EE UU) curso, grado, año (escolar). **4** (EE UU) nota, calificación (escolar). **5** (EE UU) inclinación, declive. ● *v. t.* **6** clasificar, graduar. **7** (EE UU) evaluar, calificar. **8** mejorar la raza (de un animal). ● *v. i.* **9** tener categoría, tener rango, tener posición. **10** progresar, cambiar gradualmente. ◆ **11** ~ **A,** sobresaliente (calificación). **12** ~ **crossing,** (EE UU) paso a nivel. **13** ~ **school,** (EE UU) escuela primaria o elemental. **14 to make the** ~, (fig.) llegar a la cima, triunfar, tener éxito.
gradient ['greɪdjənt] *s. c.* **1** pendiente, declive, cuesta. **2** nivel de inclinación, nivel de pendiente. **3** curva, nivel de crecimiento, tasa de crecimiento. **4** FÍS. gradiente.
gradual ['grædʒuəl] *adj.* **1** gradual, progresivo, escalonado. ● *s. c.* **2** REL. antífona. **3** REL. gradual (parte de la misa).
gradually ['grædjuəlɪ] *adv.* gradualmente, progresivamente, escalonadamente, paulatinamente.
graduate ['grædjueɪt] *s. c.* **1** licenciado, titulado (en la Universidad). **2** (EE UU) graduado, bachiller (en la escuela). **3** probeta, pipeta. ● *adj.* **4** (EE UU) graduado, titulado. **5** de graduado, para graduado. ● *v. i.* **6** licenciarse, titularse (en la Universidad). **7** (EE UU) graduarse, obtener el título de bachiller (en la escuela). **8** graduarse, dividirse en niveles. ● *v. t.* **9** licenciar, titular. **10** TEC. graduar, (un instrumento).

graduation [ˌgrædjuˈeɪʃn] *s. i.* **1** graduación, diplomatura (una ceremonia). • *s. c.* **2** graduación, marca (en un instrumento).
graft [grɑːft] *s. c.* **1** injerto. **2** MED. injerto, transplante. • *s. i.* **3** (EE UU) soborno, astilla (a un funcionario). **4** mangoneo, chanchullos (ejercido por personas en puestos influyentes en propio beneficio). **5** (brit.) (fam.) trabajo duro. • *v. t.* **6** injertar; aplicar un injerto a. **7** MED. injertar, transplantar, implantar. • *v. i.* **8** injertarse. **9** añadirse, introducirse.
grahamflour [ˈgreɪəmˌflauər] *s. i.* harina de trigo entero.
Grail [greɪl] *s. sing.* Grial.
grain [greɪn] *s. c.* **1** grano, semilla (de cereales). **2** grano, partícula (de arena, de sal). **3** grano (unidad de medida en farmacia). **4** ZOOL. cochinilla, quermes. • *s. i.* **5** mieses, cereales, grano. **6** (**the** ~) la fibra, la hebra (de la madera, de la carne). **7** veta, vena (de la roca). **8** hilo, fibra, granilla (de una tela). **9** flor (del cuero). **10** pizca, miaja, poquito. **11** AER. masa propulsora. **12** FOT. gránulo. **13** superficie veteada, estampado (sobre tela o papel). **14** cristalización, coagulación. **15** (fig.) temperamento, disposición. **16** tinte rápido, tinte, color. **17** *pl.* masa (germinada). • *v. t.* **18** granular, motear. **19** vetear. **20** desgranar. **21** pulir (la piel). • *v. i.* **22** granularse, cristalizarse. ◆ **23 to go against the** ~**,** ir contra corriente, ir a contrapelo. **24** ~ **elevator,** silo con elevador mecánico. **25 to take something with a** ~ **of salt,** ⇒ **salt.**
gram [græm] *s. c.* **1** (también **gramme**) gramo (unidad métrica). **2** BOT. variedad de garbanzo (de Asia tropical).
grammar [ˈgræmər] *s. i.* **1** gramática (ciencia). • *s. c.* **2** gramática (un texto).
grammarian [grəˈmeərɪən] *s. c.* gramático
grammatical [grəˈmætɪkl] *adj.* **1** gramatical. **2** correcto (gramaticalmente).
grammatically [grəˈmætɪklɪ] *adv.* gramaticalmente.
gramophone [ˈgræməfəun] *s. c.* gramófono, fonógrafo: *gramophone record = disco para gramófono.*
granary [ˈgrænərɪ ‖ ˈgreɪnərɪ] *s. c.* **1** granero. **2** (fig.) granero (país productor de grano).
grand [grænd] *adj.* **1** impresionante, imponente, magnífico. **2** ilustre, distinguido (una persona). **3** (arc. y fam.) maravilloso, estupendo. **4** importante, ambicioso (un plan, una acción). **5** gran, principal (un momento, una actividad). **6** gran (ante nombres de edificios, hoteles). • *s. c.* **7** (jerga) 1000 dólares; 1000 libras. **8** piano de cola.
grandad [ˈgrændæd] (también **granddad**) *s. c.* **1** (fam.) abuelo, abuelito, yayo. **2** (desp.) abueleto.
grandchild [ˈgræntʃaɪld] (*pl.* **grandchildren**) *s. c.* nieto, nieta.
granddaughter [ˈgrænˌdɔːtə] *s. c.* nieta.
grandeur [ˈgrændjər] *s. i.* **1** grandeza, grandiosidad, esplendor, magnificencia. ◆ **2 delusions of** ~, delirios de grandeza.
grandfather [ˈgrændˌfɑːðər] *s. c.* **1** abuelo. ◆ **2** ~ **clock,** carillón, reloj de caja.
grandiloquent [grænˈdɪləkwənt] *adj.* (lit. y desp.) grandilocuente, pomposo, rimbombante.
grandiose [ˈgrændɪəus] *adj.* **1** (gen. desp.) ostentoso, pomposo. **2** afectado.
grandma [ˈgrænmɑː] *s. c.* (fam.) abuela, abuelita, yaya.
grandmother [ˈgrænˌmʌðər] *s. c.* abuela.
grandpa [ˈgrænpɑː] *s. c.* (fam.) abuelo, abuelito, yayo.
grandparents [ˈgrænˌpeərənt] *s. pl.* abuelos.
grandson [ˈgrænsʌn] *s. c.* nieto.
grandstand [ˈgrændstænd] *s. c.* **1** tribuna (en estadios, hipódromos, etc.). **2** espectadores de tribuna. • *v. i.* **3** actuar de cara a la galería; tratar de impresionar.
granite [ˈgrænɪt] *s. i.* granito.
granny o **grannie** [ˈgrænɪ] *s. c.* (brit.) (fam.) abuelita.
grant [grɑːnt] *v. t.* **1** consentir, admitir, permitir. **2** (lit.) conferir, dispensar, otorgar, conceder (un favor, un privilegio). **3** admitir, aceptar, reconocer (la verdad). **4** subvencionar, asignar (dinero). • *s. c.* **5** subvención; beca (para estudiante). ◆ **6 granted,** de acuerdo, claro, sí. **7 granted that,** suponiendo que (en una discusión). **8 to take someone for granted,** no apreciar a alguien. **9 to take something for granted,** dar por hecho algo, dar por sentado algo.
granulated [ˈgrænjuleɪtid] *adj.* granulado.
granule [ˈgrænjuːl] *s. c.* **1** gránulo; partícula; granito. **2** ASTR. grano, copo (en la fotosfera del sol).
grape [greɪp] *s. c.* **1** uva. **2** vid; parra. • *s. i.* **3** MIL. metralla. ◆ **4** ~ **harvest,** vendimia. **5 sour grapes,** ⇒ **sour.**
grapefruit [ˈgreɪpfruːt] *s. c.* **1** BOT. pomelo, toronjo, toronjil (árbol). **2** pomelo, toronja (fruto).
grape juice [ˈgreɪpdʒuːs] *s. i.* zumo de uva, mosto.
grapeshot [ˈgreɪpʃɒt] *s. i.* MIL. metralla.
grapevine [ˈgreɪpvaɪn] *s. c.* **1** vid; parra. **2** (fig.) radio macuto, fuentes bien informadas, medios extraoficiales, rumores.
graph [græf] *s. c.* **1** gráfico, gráfica, diagrama. • *v. t.* **2** representar gráficamente, dibujar una gráfica de. ◆ **3** ~ **paper,** papel milimetrado; papel cuadriculado (para gráficos).
graphic [ˈgræfɪk] *adj.* **1** gráfico, detallado, vívido (una descripción). **2** gráficas (las artes). • *s. pl.* **3** representaciones gráficas, gráficos. ◆ **4** ~ **data processing,** INF. proceso de gráficos.
graphite [ˈgræfaɪt] *s. i.* **1** MIN. grafito. **2** lápiz de grafito.
graphologist [græˈfɒlədʒɪst] *s. c.* grafólogo.
graphology [græˈfɒlədʒɪ] *s. i.* grafología.
grapnel [ˈgræpnl] *s. c.* **1** MAR. rezón, arpeo. **2** ancla pequeña (con varios garfios).
grapple [ˈgræpl] *v. t.* **1** (**to** ~ **with**) agarrar con, asir con. **2** MAR. aferrar, asegurar, enganchar (con bichero, con rezón). • *v. i.* **3** agarrarse, aferrarse. **4** luchar cuerpo a cuerpo. **5** (fig.) luchar (consigo mismo, con la conciencia). **6** (**to** ~ **with**) abordar, tratar de resolver (problema). • *s. c.* **7** MAR. garfio; arpón; rezón; bichero. **8** lucha libre, lucha cuerpo a cuerpo. **9** concurso de lucha libre.
grappling iron [ˈgræplɪŋˌaɪən] *s. c.* MAR. rezón, arpeo; bichero; garfio.
grasp [grɑːsp] *v. t.* **1** asir, coger, sujetar (con las manos). **2** aferrar; arrastar (con garfio o arpón). **3** (fig.) aprovechar (una oportunidad). **4** comprender, entender (algo difícil). • *v. i.* **5** (**to** ~ {**at**}) tratar de asir, tratar de coger, tratar de arrebatar. • *s. sing.* **6** asimiento, aferramiento, sujeción. **7** apretón; abrazo. **8** comprensión, entendimiento. **9** (lit.) control, poder, dominio. **10** (fig.) garra, atractivo. **11** alcance, posibilidad. ◆ **12 to** ~ **the nettle,** poner el cascabel al gato, tratar con firmeza (un asunto difícil).
grasping [ˈgrɑːspɪŋ] *adj.* (desp.) pesetero, avaricioso, codicioso.
grass [grɑːs ‖ græs] *s. i.* **1** hierba; pasto, heno. **2** césped. **3** (fam.) hierba, marihuana. **4** ELECTR. oscilación, variación (del oscilógrafo). **5** (jerga) chivato, soplón (que informa a la policía). • *s. pl.* **6** hierbas, hierbajos. • *v. t.* **7** sembrar de hierba, cubrir con hierba. **8** apacentar, alimentar con pasto, con heno. • *v. i.* **9** cubrirse de hierba, llenarse de hierba. **10** pacer, pastar. **11** (**to** ~ **on**) (jerga) delatar, dar el chivatazo sobre (a la policía). ◆ **12 put out to** ~**/pasture,** (fam.) retirar, jubilar (a alguien por incapacidad). **13** ~ **roots,** POL. movimiento de base, las bases; (fig.) origen, fundamento. **14 not to let the** ~ **grow under one's feet,** no perder el tiempo, andarse listo. **15 the** ~ **is always greener on the other side of the fence,** siempre es mejor todo en casa del vecino.
grasshopper [ˈgrɑːsˌhɒpər ‖ ˈgræsˌhɒpər] *s. c.* **1** ZOOL. saltamontes. ◆ **2 kneehigh to a** ~, (fam. y hum.) enano, pequeñajo, renacuajo (especialmente un niño).
grassland [ˈgrɑːslænd] *s. c.* e *i.* pastizal.
grassy [ˈgrɑːsɪ] *adj.* **1** cubierto de hierba. **2** del color de la hierba, verde hierba.
grate [greɪt] *s. c.* **1** parilla (en cocina). **2** rejilla, reja, enrejado. **3** chimenea, hogar. **4** tamiz, cedazo, criba (de minerales). **5** chirrido. • *v. t.* **6** rallar. **7** hacer rechinar (los dientes). •

v. i. **8** chirriar, rechinar. **9** (fig.) irritar, molestar, poner los nervios de punta.

grateful ['greɪtful] *adj.* **1** agradecido, reconocido. **2** agradable, grato. ◆ **3 to be ~ for,** agradecer.

gratefully ['greɪtfəlɪ] *adv.* agradecidamente, con agradecimiento, con gratitud.

grater [greɪtər] *s. c.* rallador.

gratification [,grætɪfɪ'keɪʃn] *s. c.* e *i.* **1** gratificación, recompensa, premio. **2** gratificación, satisfacción, placer. **3** propina (por un servicio).

gratify ['grætɪfaɪ] *v. t.* **1** (lit.) complacer, producir satisfacción a, satisfacer. **2** satisfacer (un deseo).

gratifying ['grætɪfaɪɪŋ] *adj.* gratificante, grato, satisfactorio.

grating ['greɪtɪŋ] *s. c.* **1** reja, enrejado; verja. **2** rejilla. **3** FÍS. red de difracción. ● *adj.* **4** chirriante (sonido).

gratis [greɪtɪs] *adv.* gratis, gratuito.

gratitude ['grætɪtju:d] *s. i.* gratitud, agradecimiento, reconocimiento.

gratuitous [grə'tju:ɪtəs] *adj.* **1** (desp.) gratuito, injustificado, innecesario, inmerecido. **2** (p.u.) voluntario. **3** ECON. natural (bienes que no provienen del trabajo).

gratuitously [grə'tju:ɪtəslɪ] *adv.* gratuitamente.

gratuity [grə'tju:ɪtɪ] *s. c.* **1** propina; aguinaldo (gen. de dinero). **2** (brit.) gratificación, indemnización (por cese en el trabajo, especialmente a militares).

grave [greɪv] *s. c.* **1** sepultura, tumba; fosa. **2** (**the** ~) (lit.) la muerte. ● *adj.* **3** grave, serio (una situación, noticias, amenazas). **4** importante, trascendental (decisión). **5** solemne (ceremonia, saludo). **6** grave (una enfermedad). **7** sombrío, oscuro, sobrio (un color). [grɑ:v] **8** grave (acento, tono). ● *v. t.* **9** esculpir, grabar. **10** fijar, grabar (en la mente). **11** MAR. despalmar y calafatear (cascos de embarcaciones). ● *adv.* **12** gravemente, solemnemente, despacio. ◆ **13 to dig one's own ~,** (fig.) cavar su propia fosa. **14 from the cradle to the ~,** de toda la vida, desde siempre, desde el nacimiento a la tumba. **15 to have one foot in the ~,** tener un pie en la tumba. **16 silent as the ~,** como una tumba. **17 to turn in one's ~,** (fig.) revolverse en la tumba.

gravedigger ['greɪv,dɪgər] *s. c.* sepulturero.

gravel [grævl] (*ger.* **gravelling,** *pret.* y *p. p.* **gravelled;** EE UU *ger.* **graveling,** *pret.* y *p. p.* **graveled**) *s. i.* **1** gravilla, grava. **2** MED. arenilla, cálculo. ● *v. t.* **3** cubrir de grava. **4** confundir, dejar perplejo, desconcertar. **5** (fam.) irritar, exacerbar.

gravelled ['grævld] (en EE UU **graveled**) *adj.* cubierto de grava, de grava: *a gravelled lane = un camino de grava.*

gravelly ['grævlɪ] *adj.* **1** de grava. **2** áspera, ronca (la voz).

gravely ['greɪvlɪ] *adv.* **1** gravemente, seriamente. **2** solemnemente.

graven ['greɪvn] *adj.* **1** grabado, esculpido, tallado: *graven image = ídolo, fetiche.* **2** (fig.) grabado (en la memoria).

gravestone ['greɪvstəun] *s. c.* lápida sepulcral.

graveyard ['greɪvjɑ:d] *s. c.* **1** cementerio, camposanto. ◆ **2 ~ shift,** turno de noche, obreros del turno de noche.

graving dock ['greɪvɪŋdɒk] *s. c.* dique de carenado, dique seco.

gravitate ['grævɪteɪt] *v. i.* **1** gravitar. **2** (**~ to/towards**) tender hacia, estar orientado hacia. **3** (fig.) ir gradualmente hacia, dejarse atraer por.

gravitation [,grævɪ'teɪʃn] *s. i.* **1** FÍS. gravedad, gravitación. **2** (fig.) tendencia, propensión, inclinación, orientación.

gravitational [,grævɪ'teɪʃnl] *adj.* FÍS. gravitatorio, de la gravedad: *the gravitational field = el campo gravitatorio* o *de gravedad.*

gravity ['grævətɪ] *s. i.* **1** FÍS. gravedad, gravitación. **2** (lit.) gravedad, seriedad; importancia, trascendencia. **3** solemnidad (de voz, de movimientos). ◆ **4 centre of ~,** centro de gravedad.

gravy ['greɪvɪ] *s. i.* **1** salsa, jugo (de carne). **2** (EE UU) (jerga) dinero fácil. **3** (jerga) ganga, chollo. ◆ **4 ~ boat,** salsera. **5 the ~ train,** (EE UU) (fam.) un chollo, la oportunidad de conseguir dinero fácil.

gray [greɪ] *adj./s. c.* e. *i.* ⇒ **grey.**

graze [greɪz] *v. t.* e *i.* **1** pacer, pastar. **2** apacentar, pastorear. ● *v. t.* **3** rozar, desollar, raspar. **4** rozar, tocar ligeramente. ● *s. sing.* **5** rozadura, desolladura, rasguño. **6** abrasión, desgaste.

grease [gri:s] *s. i.* **1** grasa, unto. **2** brillantina. **3** grasa, aceite lubricante. **4** juarda, suarda, churre (suciedad grasienta de la lana). **5** lana con juarda. ● *v. t.* **6** engrasar, lubricar (una máquina). **7** untar, dar una capa de grasa; ponerse brillantina en. ◆ **8 ~ gun,** pistola o jeringa engrasadora, inyector de grasa. **9 to ~ someone's palm,** (fam.) sobornar a alguien, untar a alguien (con dinero).

greasepaint ['gri:speɪnt] *s. i.* maquillaje teatral.

greaseproof ['gri:spru:f] *adj.* impermeable a la grasa, encerado: *greaseproof paper = papel de cera o antigraso.*

greasiness ['gri:sɪnɪs] *s. i.* **1** untuosidad, lo grasiento. **2** mugre. **3** zalamería, adulación, coba.

greasy ['gri:sɪ] *adj.* **1** grasiento; graso. **2** resbaladizo. **3** (desp.) zalamero, adulador, cobista. ◆ **4 ~ spoon,** casa de comidas.

great [greɪt] *adj.* **1** gran, grande, enorme. **2** numeroso. **3** avanzado (edad). **4** importante, destacado, significativo. **5** famoso, eminente, distinguido. **6** (fam.) espléndido, fantástico, maravilloso. **7** (**~ at**), experto en. **8** gran: *a great friend = un gran amigo, un amigo íntimo.* **9** principal (un ala, una escalera). **10** largo, grande (tiempo, distancia). **11** noble. **12** poderoso, influyente. **13** (arc.) preñada, embarazada. **14** (fam.) entusiasta. **15** excelente, admirable, de primera categoría. **16** gran, grande, magno (ante nombres propios): *The Great War = la Gran Guerra* (la Primera Guerra Mundial); *Alexander the Great = Alejandro Magno.* ● *s. pl.* **17** los grandes, los famosos, las estrellas. ● *adv.* **18** (fam.) muy bien. ◆ **19 all time greats,** estrellas más importantes de todos los tiempos. **20 to go ~ guns,** ⇒ **gun. 21 Great Britain,** Gran Bretaña. **22 Great Lakes,** los Grandes Lagos. **23 no ~ shakes,** (fam.) no muy bueno, no gran cosa.

great-aunt [,greɪt'ɑ:nt] *s. c.* tía abuela.

great-coat ['greɪtkəut] *s. c.* gabán, sobretodo, tres cuartos (especialmente militar).

greater [greɪtər] *adj.comp.* de **great. 1** mayor. ◆ **2 Greater London,** el Gran Londres (utilizado con nombres de ciudades para designar la ciudad y su área metropolitana).

greatest ['greɪtɪst] *adj.super.* de **great. 1** el mayor, la mayor. **2** el mejor; el más grande. ◆ **3 at its ~,** cuanto más..., en lo más.

great-grandchild [,greɪt'græntʃaɪld] (*pl.* **great-grandchildren**) *s. c.* bisnieto, bisnieta.

great-granddaugther [,greɪt'gran,dɔ:tə] *s. c.* bisnieta.

great-grandfather [,greɪt'grændfɑ:ðər] *s. c.* bisabuelo.

great-great-granddaugther [,greɪt'-,greɪt'gran,dɔɪtə] *s. c.* tataranicta.

great-grandmother [,greɪt'grændmʌðər] *s. c.* bisabuela.

great-great-grandfather [,greɪt,greɪt' grænfɑ:ðər] *s. c.* tatarabuelo.

great-great-grandmother [,greɪt'-,greɪt'grændmʌðər] *s. c.* tatarabuela.

great-great-grandson [,greɪt',greɪt'-grænsʌn] *s. c.* tataranieto.

great-hearted [,greɪt'hɑ:tɪd] *adj.* **1** noble; valiente, atrevido. **2** generoso, magnánimo.

greatly ['greɪtlɪ] *adv.* muy, enormemente, en gran medida, sumamente.

greatness [greɪtnɪs] *s. i.* grandeza, magnificencia.

Grecian ['gri:ʃn] *adj.* (lit.) griego, helénico (de aspecto, estilo).

Greece [gri:s] *s. sing.* Grecia.

greed [gri:d] *s. i.* **1** (desp.) avaricia, codicia (de dinero); avidez, ambición (de poder). **2** gula, glotonería. ◆ **3 ~ makes a hungry puppy,** la avaricia rompe el saco.

greedily ['gri:dɪlɪ] *adv.* **1** ávidamente, con avaricia. **2** glotonamente, con gula; vorazmente.

greedy ['gri:dɪ] *adj.* **1** (desp.) voraz; glotón. **2** (**~ {for}**) ávido, codicioso (de).

Greek [gri:k] *adj.* **1** griego (nacionalidad, idioma). ● *s. i.* **2** griego (idioma). ● *s. c.* **3** griego (persona). ◆ **4 to be all ~ to someone,** (fam.) sonar a chino a alguien (que no se entiende).

green [gri:n] *adj.* **1** verde (color). **2** verde, cubierto de hierba, reverdecido (campo). **3** verde, inmaduro (fruto). **4** crudo, no cocido (verduras). **5** verde (madera). **6** pálido, cetrino, (rostro). **7** inexperto, novato. **8** (fam.) (~ {**with envy**}) muerto de envidia, celoso. **9** (lit.) fresco, juvenil, vigoroso. **10** suave, templado (el clima). **11** completamente nuevo, reciente. **12** verde (partido político, gen. con mayúscula). **13** COM verde (en la política agrícola común de la UE): *the green pound = la libra verde.* ● *s. c.* e *i.* **14** verde (color). ● *s. c.* **15** césped, jardín. **16** DEP. pista, campo de juego (de bolos o petanca); green (en golf). **17** *pl.* follaje. **18** *pl.* verduras, vegetales. ● *v. t.* e *i.* **19** verdear, verdecer. ◆ **20** ~ **about the gills,** ⇒ **gills. 21** ~ **light,** semáforo en verde; (fig.) luz verde.

green-back ['gri:nbæk] *s. c.* (EE UU) (arc. y fam.) dólar.

greenery ['gri:nərɪ] *s. i.* **1** follaje, vegetación. **2** follaje, verde (usado para decoración).

green-eyed ['gri:naɪd] *adj.* **1** de ojos verdes. **2** (lit. y hum.) celoso, envidioso.

greenfield ['gri:nfi:ld] *adj.* rústico, no urbano.

greengrocer ['gri:n,grəusər] *s. c.* **1** verdulero. ◆ **2 greengrocer's,** verdulería.

greenhorn ['gri:hɔ:n] *s. c.* **1** recién llegado. **2** novato, inexperto. **3** crédulo, simplón.

greenhouse ['gri:nhaus] *s. c.* **1** invernadero. ◆ **2** ~ **effect,** efecto invernadero. **3** ~ **gas,** gas causante del efecto invernadero.

greenish ['gri:nɪʃ] *adj.* verdoso, ligeramente verde.

Greenland ['gri:nlənd] *s. sing.* Groenlandia.

Greenlander ['gri:nləndər] *s. c.* groenlandés.

greenness ['gri:nnɪs] *s. i.* **1** verdor. **2** inexperiencia, inmadurez.

greenstuff ['gri:nstʌf] *s. i.* verduras, hortalizas.

greet [gri:t] *v. t.* **1** saludar; dar la bienvenida a (con gestos o con palabras). **2** recibir (con una reacción específica).

greeting [gri:tɪŋ] *s. c.* **1** saludo. **2** bienvenida. **3** *pl.* recuerdos, saludos (despedida de carta).

gregarious [grɪ'geərɪəs] *adj.* **1** sociable, gregario. **2** ZOOL. gregario. **3** BOT. arracimado, en colonias.

gremlin ['gremlɪn] *s. c.* gen. *pl.* (lit.) duende, duendecillo travieso (causante de daños en máquinas, según la leyenda).

grenade [grɪ'neɪd] *s. c.* **1** MIL. granada, bomba de mano. **2** cóctel molotov.

grenadine [,grenə'di:n || 'grenədi:n] *s. i.* **1** granadina (sirope). **2** granadina (tela).

grew [gru:] *pret.* de **to grow.**

grey [greɪ] (en EE UU **gray**) *adj.* **1** gris. **2** canoso, cano (pelo). **3** pálido (rostro). **4** (fig.) gris, triste (situación, persona, día). **5** gris, nuboso (tiempo, clima); gris, plomizo (cielo). **6** (fig.) maduro; venerable; antiguo. **7** de dudosa moralidad (el carácter); semi-ilegal (propiedad). ● *s. c.* e *i.* **8** gris. **9** (EE UU) Ejército Confederado (en la guerra civil). **10** (EE UU) soldado confederado. ● *v. t.* e *i.* **11** encanecer, poner(se) canoso. ◆ **12 Grey Code,** INF. Código de Grey (código de bloques binario). **13** ~ **economy,** economía sumergida.

grey-haired [,greɪ'heəd] *adj.* canoso, de pelo cano (persona).

greyhound ['greɪhaund] *s. c.* **1** galgo, lebrel. **2** (EE UU) autobús de línea, autocar (entre ciudades).

greyish ['greɪɪʃ] (en EE UU **grayish**) *adj.* **1** grisáceo: *a greyish sky = un cielo plomizo.* **2** agrisado, grisáceo (un color). **3** entrecano (pelo).

grey-tones *s. pl.* tonos grises.

grid [grɪd] *s. c.* **1** rejilla; reja. **2** parrilla (de cocina). **3** (brit.) ELEC. red. **4** cuadrícula (de un mapa). **5** DEP. parrilla de salida (en carreras de coches). **6** (EE UU) campo de fútbol. **7** ELECTR. reja de visualizadores fluorescentes. **8** red portaequipajes. **9** plancha de estereotipo (en imprenta).

gridiron ['grɪd,aɪən] *s. c.* **1** parrilla (de asar). **2** (EE UU) campo de fútbol. **3** telar (de teatro).

grief [gri:f] *s. i.* **1** pena, aflicción, pesar. **2** (fam.) problemas. ◆ **3 to come to** ~, fracasar, frustrarse, venirse abajo; sufrir un percance o un accidente. **4 good** ~**!,** ⇒ **good.**

grievance ['gri:vns] *s. c.* e *i.* **1** queja, protesta. **2** injusticia, agravio. **3** resentimiento, indignación. **4** dolor.

grieve [gri:v] *v. i.* **1** (**to** ~ **for/over**) llorar por, afligirse por, apenarse por. ● *v. t.* **2** (lit.) apenar, afligir. **3** (arc.) hacer daño, causar daño, herir.

grievous ['gri:vəs] *adj.* **1** (lit.) grave, lamentable, craso (un error). **2** doloroso (una pérdida). **3** fuerte, severo, intenso, agudo: *a grievous headache = un intenso dolor de cabeza.* **4** atroz, espantoso, horrible (un crimen). **5** penosa: *a grievous task = una tarea penosa.*

griffin, griffon, griphon ['grɪfɪn] *s. c* LIT. grifo, grifón.

grill [grɪl] (en EE UU **broil**) *v. t.* **1** asar a la parrilla. **2** torturar sin piedad. **3** (fam.) interrogar, freír a preguntas (por la policía). ● *v. i.* **4** estar asado, asarse de calor. ● *s. c.* **5 broiler,** (EE UU) parrilla. **6** gratinador. ◆ **7 mixed** ~, parrillada de carne.

grille [grɪl] *s. c.* **1** reja, rejilla (en ventanas). **2** verja. **3** rejilla (del coche). **4** TEC. reja de los visualizadores fluorescentes.

grilled [grɪld] *adj.* **1** a la parrilla, asado a la parrilla. **2** enrejado, con rejas.

grillroom ['grɪlrum] *s. c.* asador, restaurante especializado en asados a la parrilla.

grim [grɪm] *adj.* **1** sombrío, torvo (gesto). **2** horrible, malísimo; desalentador, deprimente (perspectivas, noticias, ambiente). **3** deprimente, funesto, lúgubre (lugar). **4** implacable (determinación, firmeza). ◆ **5 to feel** ~, sentirse muy enfermo. **6 to hang on/hold on like** ~ **death,** agarrarse con determinación/ fuertemente (a causa del miedo). **7 the** ~ **truth,** la verdad pura y dura.

grimace [grɪ'meɪs || 'grɪməs] *v. i.* **1** hacer muecas. ● *s. c.* **2** mueca, gesto.

grime [graɪm] *s. i.* mugre, suciedad.

grimly ['grɪmlɪ] *adv.* **1** l lúgubremente, tétricamente. **2** resueltamente, implacablemente. **3** ferozmente, encarnizadamente. ◆ **4 to hang on** ~, resistir con determinación.

grimy ['graɪmɪ] *adj.* mugriento, sucio.

grin [grɪn] *v. t.* e *i.* **1** sonreír abiertamente (de/a). **2** sonreír irónicamente, sonreír de forma burlona. ● *s. c.* **3** sonrisa abierta. **4** mueca burlona, sonrisa irónica. ◆ **5 to** ~ **and bear it,** poner al mal tiempo buena cara. **6 to** ~ **like a Cheshire cat,** sonreír de oreja a oreja. **7 take/wipe that** ~ **off your face!,** ¡deja de sonreír como un estúpido!

grind [graɪnd] (*pret.* **ground,** *p. p.* **ground**) *v. t.* **1** moler; pulverizar. **2** hacer rechinar (los dientes). **3** pulir (superficies); esmerilar (cristales). **4** afilar (cuchillos). **5** (~ + *o.* + *adv./prep.*) aplastar, apretar. **6** tocar con el manubrio (un organillo). **7** inculcar, meter en la cabeza (por repetición). ● *v. i.* **8** molerse; pulverizarse. **9** rechinar. **10** renquear, circular lenta y ruidosamente. **11** (EE UU) (fam.) empollar, chapar, estudiar. **12** (jerga) menear las caderas (eróticamente). ● *s. sing.* **13** trabajo pesado, rutina, lata. **14** paliza, cansancio. **15** (EE UU) (fam. y desp.) empollón. **16** molienda. **17** (jerga) meneo de caderas, contoneo de caderas. ◆ **18 to** ~ **somebody down,** (fig.) oprimir a alguien. **19 to** ~ **something out,** (desp.) producir, algo como churros (gen. historias, música); repetir algo hasta la saciedad. **20 to** ~ **the faces of the poor,** explotar a o abusar de los pobres. **21 to** ~ **to a halt, a)** parar lentamente, ir deteniéndose (un vehículo); **b)** dejar de funcionar (la economía, un sistema).

grinder ['graɪndər] *s. c.* **1** molinero. **2** afilador. **3** TEC. esmerilador, pulidor. **4** molino, molinillo. **5** afiladora, máquina de afilar. **6** esmeril, máquina esmeriladora, pulidora. **7** picadora (de carne). **8** *pl.* (fam.) las muelas.

grindstone ['graɪndstəun] *s. c.* **1** muela, piedra de afilar. ◆ **2 to keep one's nose to the** ~, (fam.) dar el callo, currárselo, batirse el cobre.

gringo [grɪŋgəu] *s. c.* (desp.) gringo (anglohablante, especialmente norteamericano, en Latinoamérica).

grip [grɪp] (*ger.* **grupping,** *pret.* y *p. p.* **gripped**) *v. t.* **1** agarrar, asir, apretar (la mano, el brazo). **2** empuñar (una espada, bastón). **3** (fig.) atraer, absorber, embelesar (persona). **4** afectar (una enfermedad); embargar (un sentimiento). • *s. c.* **5** agarrón, apretón, asimiento. **6** (fig.) control, poder, influencia. **7** facultad, capacidad (para una actividad). **8** forma de asir, manera de agarrar (un instrumento). **9** asa, asidero, agarradero; mango; empuñadura. **10** prendedor. **11** maletín; bolso o saco de mano. **12** TV. ayudante de dirección; tramoyista (en un teatro). ◆ **13 to come/get to grips with,** llegar al fondo de, llegar a entender (un asunto, un problema). **14 to get /keep a ~ on oneself,** controlarse, dominarse, mantener la calma.

gripe [graɪp] *v. i.* **1** (~ {**at/about**}) refunfuñar, rezongar, quejarse (a/de). **2** sentir retortijones, tener o padecer un cólico. • *s. c.* **3** *pl.* (arc. y fam.) retortijones. **4** queja, lamentación, protesta.

gripping [grɪpɪŋ] *adj.* atractivo; absorbente, apasionante, con garra.

grisly ['grɪzlɪ] *adj.* repugnante, espeluznante, horripilante, macabro.

grist [grɪst] *s. i.* **1** grano, molienda. ◆ **2** (**all**) **~ to the/for one's mill,** todo sirve, todo vale (para una situación particular).

gristle ['grɪsl] *s. i.* ternilla, cartílago.

gristly [grɪslɪ] *adj.* cartilaginoso.

grit [grɪt] *s. i.* **1** gravilla, grava. **2** (fam.) agallas, valor. **3** estructura, dureza de una muela (de moler). **4** GEOL. piedra de asperón. • *v. t.* **5** cubrir de gravilla (a una carretera). ◆ **6 to ~ one's teeth,** apretar los dientes (por dolor, ante una dificultad).

grizzle ['grɪzl] *v. i.* **1** (brit.) (fam.) lloriquear, hacer pucheros (gen. los niños). **2** quejarse autocompasivamente, hablar con voz lastimera.

grizzled [grɪzld] *adj.* canoso.

groan [grəʊn] *v. i.* **1** gemir, quejarse, gimotear. **2** gruñir. **3** crujir. • *v. t.* **4** expresar con gemidos, proferir gemidos de. • *s. c.* **5** gemido, gimoteo. **6** gruñido. **7** crujido.

groat [grəʊt] *s. c.* **1** HIST. (brit.) antigua moneda de cuatro peniques. **2** *pl.* farro, avena descascarillada y a medio moler.

grocer ['grəʊsər] *s. c.* **1** tendero de ultramarinos, (Am.) bodeguero, almacenero. **2** dependiente de ultramarinos, dependiente de almacén. ◆ **3 grocer's shop,** tienda de ultramarinos, tienda de comestibles, (Am.) almacén, bodega, tienda de abarrotes.

groceries ['grəʊsərɪz] *s. pl.* comestibles, ultramarinos, víveres, (Am.) abarrotes.

grocery ['grəʊsərɪ] *s. c.* **1** tienda de ultramarinos, tienda de comestibles, (Am.) almacén, bodega, tienda de abarrotes. ◆ **2 ~ store,** almacén de ultramarinos.

grog [grɒg] *s. i.* grog (bebida).

groggy ['grɒgɪ] *adj.* **1** (fam.) mareado. **2** aturdido, atontado.

groin [grɔɪŋ] *s. c.* **1** ANAT. ingle. **2** (euf.) genitales. **3** ARQ. arista de encuentro (de dos bóvedas). • *v. t.* **4** ARQ. construir con aristas de encuentro.

grommet [grɒmɪt] *s. c.* arandela aislante.

groom [gruːm] *s. c.* **1** mozo de cuadra. **2** novio (el día de la boda). **3** (brit.) oficial, ayuda de cámara (de la casa real). **4** (arc.) criado. **5** (arc.) hombre. • *v. t.* **6** almohazar, cepillar (caballos). **7** (**to ~** {**for**}) acicalar, asear. **8** entrenar, preparar (para una ocasión especial, un trabajo). • *v. i.* **9** despiojarse, limpiarse (los animales).

groove [gruːv] *s. c.* **1** surco (de un disco); , ranura, estría (en otras superficies). **2** (fig.) rutina, costumbre. **3** (jerga) ritmo (en música de baile); gozada, buen rollo. • *v. t.* **4** hacer un surco en, ranurar, estriar. • *v. i.* **5** (jerga) disfrutar, pasárselo bien.

grooved [gruːvd] *adj.* estriado, ranurado, acanalado.

grope [grəʊp] *v. i.* **1** (**to ~** {**for**}) buscar a tientas. **2** (fig.) vacilar, titubear, dudar: *groping for the right answer = buscando la respuesta adecuada con titubeos.* • *v. t.* **3** (**to ~ one's way**) andar a tientas (en la oscuridad). **4** (jerga) meter mano a, magrear. • *s. c.* **5** manoseo, magreo.

gross [grəʊs] *adj.* **1** *no comp.* bruto (un beneficio, una ganancia). **2** (form.) craso (un error). **3** vulgar, burdo, grosero (hábitos, lenguaje). **4** (EE UU) (fam.) soez, obsceno, grosero. **5** grueso, corpulento. **6** denso, espeso. **7** amplio, general. **8** MED. macroscópico, claramente visible. • *v. t.* **9** ganar en bruto. • *s. c.* **10** el total, el bruto. **11** gruesa (12 docenas). ◆ **12 by the ~,** al por mayor. **13 to ~ out,** (EE UU) dar náuseas. **14 in the ~,** en total, en conjunto. **15 ~ national product,** producto nacional bruto.

grossly [grəʊslɪ] *adv.* **1** en total, en bruto. **2** vulgarmente, toscamente, burdamente. **3** groseramente, soezmente. **4** enormemente. **5** aproximadamente, poco más o menos.

grossness [grəʊsnɪs] *s. i.* **1** gordura, corpulencia. **2** densidad, espesor. **3** grosería, vulgaridad. **4** totalidad. **5** flagrancia, injustificación.

grotesque [grəʊ'tesk] *adj.* **1** grotesco. • *s. c.* **2** (**the ~**) lo grotesco.

grotto [grɒtəʊ] (*pl.* **grottoes** o **grottos**) *s. c.* **1** gruta, cueva. **2** hornacina (para imágenes religiosas).

grouch [grautʃ] *s. c.* **1** (fam.) gruñido. **2** gruñón, refunfuñón. **3** mal genio, mal humor. • *v. i.* **4** (fam.) gruñir, refunfuñar, renegar.

grouchy [grautʃɪ] *adj.* gruñón, refunfuñón.

ground [graund] (*pret.* y *p. p.* de **grind**) • *s. i.* **1** suelo, tierra; terreno. **2** suelo, piso (de una habitación). **3** *pl.* tierras, propiedades. **4** fondo (del mar). **5** campo, área (de conocimiento). **6** *pl.* base, fundamento, justificación. **7** causa, motivo, razón. **8** posición, terreno: *she was on safe ground = estaba en terreno seguro, conocía el tema.* • *s. c.* **9** terreno. **10** campo (de juego, de batalla). **11** parque, jardín comunal. **12** área, campo (de desarrollo de ideas). **13** fondo (de una tela): *on a red ground = sobre un fondo rojo.* **14** baño, capa (de pintura). **15** *pl.* posos, sedimentos (generalmente del café). **16** (EE UU) ELEC. tierra, toma de tierra. • *v. t.* e *i.* **17** varar, encallar (un barco). • *v. t.* **18** obligar a permanecer en tierra, impedir despegar: *he was grounded because of the weather = se le impidió volar a causa del tiempo.* **19** (EE UU) (fam.) prohibir salir, castigar a quedarse en casa (a un niño). **20** (**to ~** {**in/on**}) basar, fundar (en) (una idea, una teoría). **21** poner en tierra, colocar en tierra, traer a tierra. **22** (EE UU) ELEC. conectar a tierra. **23** DEP. enviar fuera (la pelota). • *adj.* **24** de tierra, terrestre. **25** a ras del suelo. **26** fundamental, básico. **27** (EE.UU) ELEC. de tierra, a tierra. ◆ **28 to break fresh ~, ⇒ fresh. 29 to cut the ~ from under someone's feet,** anticiparse a alguien; desbaratar los argumentos de alguien (en una discusión). **30 down to the ~,** totalmente, completamente. **31 to gain ~ on,** ganar terreno en, progresar en. **32 to get something off the ~,** poner en funcionamiento algo (un plan). **33 to go to ~,** esconderse, ocultarse. **34 to ~ in,** enseñar los fundamentos de (una materia). **35 ~ colour,** primera capa, capa de fondo (de pintura). **36 ~ crew,** tripulación de tierra, personal de tierra. **37 ~ glass,** cristal esmerilado; vidrio en polvo. **38 ~ hog,** ZOOL. marmota americana. **39 ~ plan,** planta, distribución (de un edificio); proyecto base (de un trabajo). **40 ~ zero,** punto cero. **41 to have/keep both feet on the ~, ⇒ foot. 42 into the ~,** en exceso, demasiado. **43 to lose ~,** perder terreno. **44 on grounds of/on the grounds of/that,** por, a causa de. **45 on one's own ~,** en su elemento, en su propio terreno. **46 to shift one's ~,** cambiar de tema, cambiar de tercio. **47 to stand one's ~,** enfrentarse con valor, mantenerse firme (ante un problema). **48 to suit someone down to the ~,** sentar que ni pintado a alguien (la ropa). **49 well grounded,** bien razonado. **50 well grounded in,** muy versado en.

grounding ['graundɪŋ] *s. sing.* formación básica, fundamentos, rudimentos.

groundless ['graundlɪs] *adj.* sin fundamento, sin base, infundado.

groundsel ['graunsl] *s. i.* BOT. hierba cana, hierba caballar.

groundsheet ['graundʃiːt] *s. c.* tela impermeable, tela de plástico (para proteger de la humedad del suelo o de la lluvia).

groundswell ['graundswel] *s. sing.* **1** (fig.) mar de fondo, corriente (de opinión). **2** MAR. marejada, marejadilla.

ground-to-air ['graʊndtə'eər] *adj.* tierra-aire, de tierra a aire: *a ground-to-air missile = un misil tierra-aire.*
groundwork ['graʊndwɜːk] *s. i.* trabajo de campo, trabajo preparatorio, trabajo previo.
group [gruːp] *s. c.* **1** (~ *v. sing./pl.*) grupo. **2** conjunto, grupo (musical). • *v. t.* **3** agrupar, juntar, reunir. • *v. i.* **4** agruparse, juntarse, reunirse. ◆ **5** ~ **calculation,** INF. cálculo por grupos. **6** ~ **extension,** INF. ampliación por grupos. **7** ~ **insurance,** seguro colectivo, seguro de grupo. **8** ~ **mark,** INF. señal de final de registro. **9** ~ **printing,** INF. tabulado. **10** ~ **separator,** INF. código separador de grupos. **11** ~ **sorting,** clasificación por grupos. **12** ~ **theory,** MAT. teoría de grupos.
grouper ['gruːpər] *s. c.* ZOOL. mero.
grouping ['gruːpɪŋ] *s. c.* colectivo, agrupación.
grouse [graʊs] (*pl.* **grouse** o **grouses**) *s. c.* **1** ZOOL. urogallo. **2** (fam.) queja, refunfuño, protesta. • *v. i.* **3** (**to** ~ {**about**}) (fam.) refunfuñar, rezongar, quejarse (de). ◆ **4 black** ~, ZOOL. ave lira. **5 red** ~, ZOOL. lagópodo escocés.
grout [graʊt] *s. i.* **1** lechada (pintura). **2** yeso fino (para tapar grietas). • *pl.* **3** (brit.) sedimentos, posos. • *v. t.* **4** rellenar con yeso. **5** dar lechada a, enlechar.
grovel ['grɒvl] *v. i.* **1** (**to** ~ {**to**}) (desp.) humillarse (ante), comportarse servilmente (ante), arrastrarse (ante), envilecerse (ante). **2** arrastrarse (un perro, por temor).
grovelling ['grɒvlɪŋ] *adj.* servil, abyecto, rastrero.
grow [grəʊ] (*pret.* **grew,** *p. p.* **grown**) *v. i.* **1** crecer. **2** madurar, desarrollarse (mentalmente). **3** brotar, crecer (las plantas). **4** darse, crecer (una planta en un lugar). **5** desarrollarse, crecer (un lugar, una organización, una idea, un problema). **6** (**to** ~ *adj./p. p./inf.*) (form. o lit.) aprender a; empezar a; convertirse en, volverse (gen. se traduce por el verbo que corresponde al significado del *adj./p. p./inf.* que le sigue): *to grow rich = enriquecerse; to grow accustomed = acostumbrarse a; to grow to enjoy literature = aprender a disfrutar de la literatura.* • *v. t.* **7** cultivar (hortalizas, flores). **8** dejarse crecer (el pelo, la barba). • (**to** ~ *adv./prep.*) **9 to** ~ **away from,** desligarse de, despegarse de, alejarse de (alguien íntimo). **10 to** ~ **into, a)** convertirse en, hacerse (un hombre, una mujer); **b)** hacerse grande para poder ponerse (ropa o zapatos de otros mayores). **11 to** ~ **on somebody,** gustar a alguien cada vez más, llegar a gustar a alguien. **12 to** ~ **on trees,** darse como hongos, abundar. **13 to** ~ **out of something, a)** perder, abandonar (hábito, costumbre); **b)** (lit.) tener origen en, salir de. **14 she has grown out of her clothes,** la ropa se le ha quedado pequeña. **15 to** ~ **up,** hacerse adulto, madurar; criarse. **16** ~ **up!,** ¡no seas infantil!
grower ['grəʊər] *s. c.* cultivador.
growing ['grəʊɪŋ] *adj.* **1** creciente. ◆ **2** ~ **pains, a)** primeras dificultades, primeros obstáculos (de una actividad); **b)** dolores del crecimiento (en los niños).
growl [graʊl] *v. i.* **1** gruñir (los animales). **2** (fig.) aullar, ulular, bramar (el viento). **3** (lit.) gruñir, refunfuñar, rezongar. • *v. t.* **4** decir refunfuñando, expresar con gruñidos. • *s. c.* **5** gruñido (de animal); aullido (del viento).
grown [grəʊn] *p. p.* de **to grow.**
grown-up ['grəʊnʌp] *adj.* **1** adulto. • *s. c.* **2** adulto, persona mayor.
growth [grəʊθ] *s. i.* **1** crecimiento. • *s. c.* **2** protuberancia, bulto. **3** MED. tumor. **4** media barba, barba de días. **5** brote. ◆ **6 full** ~, crecimiento máximo, desarrollo completo; (fig.) madurez, plenitud. **7** ~ **hormone,** hormona del crecimiento. **8** ~ **point,** polo de desarrollo.
grub [grʌb] *s. c.* **1** larva, gusano. **2** (jerga) comida, manduca: *grub's up! = ¡la comida está servida!* **3** esclavo, trabajador servil. • *v. i.* **4** (**to** ~ *adv./prep.*) escarbar (para esconder algo). **5** hurgar, revolverlo todo (buscando algo). **6** trabajar como un esclavo. • *v. t.* **7** arrancar de raíz, desarraigar. **8** limpiar de hierbas, quitar la maleza de. **9** (jerga) birlar, afanar.
grubby ['grʌbɪ] *adj.* (fam.) mugriento, roñoso, sucio.
grudge [grʌdʒ] *v. t.* **1** (**to** ~ *ger.*) resistirse a dar, escatimar, dar de mala gana. **2** admitir de mala gana, permitir con reparos. **3** envidiar. • *s. c.* **4** rencor, resentimiento, hostilidad. ◆ **5 to bear a** ~, guardar rencor, tener manía.
grudging ['grʌdʒɪŋ] *adj.* poco generoso, a regañadientes.
grudgingly ['grʌdʒɪŋlɪ] *adv.* de mala gana, a regañadientes.
gruel [grʊəl] *s. i.* **1** papilla de avena, gachas. **2** (brit.) castigo severo.
gruelling [grʊəlɪŋ] (en EE UU **grueling**) *adj.* **1** agotador, extenuante (una actividad). **2** abrumador, agobiante. **3** reñido, disputado (un partido, una pelea).
gruesome ['gruːsəm] *adj.* horripilante, aterrador, espeluznante (una muerte, un sufrimiento): *gruesome crimes = crímenes horripilantes.*
gruff [grʌf] *adj.* **1** ronco, áspero, bronco (el tono de voz). **2** brusco, rudo.
grumble ['grʌmbl] *v. i.* **1** quejarse, protestar, rezongar. **2** rugir, retumbar (un trueno en la lejanía). • *s. c.* **3** queja, protesta. **4** estruendo, estrépito, trueno (lejano).
grumpy ['grʌmpɪ] *adj.* (fam.) gruñón, quejica, protestón.
grunge ['grʌnʒ] *s. i.* grunge.
grunt [grʌnt] *v. i.* **1** gruñir (los cerdos). **2** refunfuñar, rezongar, gruñir (una persona). • *s. c.* **3** gruñido, refunfuño. **4** ZOOL. ronco. **5** (EE UU) (jerga) infante de marina (en Vietnam).
guarantee [ˌgærən'tiː] *s. c.* **1** garantía (por escrito). **2** garantía, promesa firme. **3** fianza. **4** DER. garante, fiador. • *v. t.* **5** garantizar, prometer, asegurar. **6** avalar, responder por. ◆ **7 under** ~, en periodo de garantía.
guaranteed [ˌgærən'tiːd] *adj.* **1** garantizado, asegurado. **2** avalado.
guarantor [ˌgærən'tɔːr] *s. c.* DER. garante, fiador.
guard [gɑːd] *s. c.* **1** guardián; guarda; guardia; centinela; vigilante. **2** (**the** ~ *v. sing./pl.*) la guardia (grupo de soldados). **3** (gen. en combinación) protector: *knee guards = rodilleras.* **4** jefe de tren. **5** DEP. defensa. **6** MEC. defensa, guarda. **7** ELECTR. dispositivo o cierre de seguridad. • *s. i.* **8** guardia, protección, vigilancia, custodia. **9** (en) guardia, alerta. **10** salvaguarda, protección. • *v. t.* **11** proteger, vigilar; custodiar, escoltar. **12** (fig.) guardar (un secreto). **13** controlar. **14** proteger con seguro o guarda, asegurar. ◆ **15 changing of the** ~, relevo, cambio de guardia. **16 to** ~ **against,** tomar precauciones contra, protegerse de. **17** ~ **band,** banda de protección (en cintas de video, cassetes). **18 to keep** ~ **(over),** vigilar. **19 off** ~, desprevenido, con la guardia baja. **20 on (one's)** ~, en guardia, vigilante, alerta. **21 to stand/mount** ~, montar guardia. **22 under** ~, a buen recaudo, bajo custodia.
guarded ['gɑːdɪd] *adj.* **1** cauteloso, prudente. **2** protegido, vigilado, custodiado.
guardedly ['gɑːdɪdlɪ] *adv.* cautelosamente, prudentemente.
guardhouse ['gɑːdhaʊs] (*pl.* **guardhouses**) *s. c.* **1** caseta del guarda, garita de vigilancia. **2** cuartelillo (para la guardia de vigilancia). **3** prisión militar (para pequeños delitos).
guardian ['gɑːdjən] *s. c.* **1** (form. o lit.) guardián, protector, paladín. **2** DER. tutor. **3** superior franciscano. ◆ **4 guardian angel,** ángel de la guarda.
guardsman ['gɑːdzmən] (*pl.* **guardsmen**) *s. c.* MIL. guardia.
Guatemala [ˌgwætɪ'mɑːlə] *s. sing.* Guatemala.
Guatemalan [ˌgwætɪ'mɑːlən] *adj.* **1** guatemalteco. • *s. c.* **2** guatemalteco.
guava ['gwɑːvə] *s. c.* **1** BOT. guayabo (árbol). **2** guayaba (fruto).
gubernatorial [ˌguːbənə'tɔːrɪəl] *adj.* (EE UU) gubernativo, de gobernador, a gobernador: *gubernatorial elections = elecciones a gobernador.*
guerrilla [gə'rɪlə] (también **guerilla**) *s. c.* **1** guerrillero. ◆ **2** ~ **warfare,** guerra de guerrillas.
guess [ges] *v. t.* **1** adivinar, imaginar, conjeturar: *guess who's coming! = ¡adivina quién viene!* **2** (**to** ~ {**that**}) (EE UU) (fam.) creer, pensar, sospechar: *I guess so = creo que sí.* • *v. i.* **3** hacer una conjetura. • *s. c.* **4** conjetura, suposición. **5** sospecha, teoría (sobre algo dudoso). ◆ **6 anybody's** ~**!,** ¡quién sabe! **7 to keep someone guessing,** mantener a alguien intrigado, mantener a alguien

en suspenso. **8 your ~ is a good as mine,** vaya Vd. a saber.

guesswork ['geswɜːk] *s. i.* suposiciones, conjeturas.

guest [gest] *s. c.* **1** invitado, visita. **2** TV. artista invitado. **3** huésped, cliente (de hotel, restaurante). **4** ZOOL. parásito (animal o vegetal). ● *v. i.* **5** hospedarse. **6** TV. (**to ~** {**on**}) aparecer como artista invitado (en). ◆ **7 be my ~!,** ¡claro!, ¡adelante! (como respuesta a una petición); ¡invito yo! **8 ~ appearance,** artista invitado. **9 ~ house,** pensión, casa de huéspedes. **10 ~ room,** cuarto de invitados. **11 ~ star,** estrella invitada.

guffaw [gʌ'fɔː] *v. i.* **1** reírse a carcajadas, dar risotadas. ● *s. c.* **2** risotada, carcajada.

Guiana [gaɪ'ænə] *s. sing.* Guayana (francesa, holandesa).

guidance ['gaɪdns] *s. i.* **1** asesoramiento, orientación (profesional, escolar). **2** teledirección (de un misil, cohete). ◆ **3** (EE UU) **~ counselor,** asesor, consejero.

guidebook ['gaɪdbʊk] *s. c.* guía de viaje (libro).

guide [gaɪd] *s. c.* **1** asesor, consejero. **2** guía turístico (persona). **3** guía de viaje (libro). **4** manual informativo, guía informativa. **5** MIL. guía. **6** poste indicador, mojón, hito. **7** MEC. guía, montante. ● *v. t.* **8** (**to ~** *o. adv./prep.*) guiar, señalar el camino a, mostrar el camino a, conducir. **9** guiar, aconsejar, asesorar, orientar. **10** guiar, conducir, pilotar, manejar (un aparato en movimiento). **11** *gen. pas.* ejercer control sobre, influir en. **12** teledirigir, dirigir (un misil). ● *v. i.* **13** trabajar como guía. ◆ **14 girl ~,** exploradora. **15 ~ plate,** INF. placa guía.

guided ['gaɪdɪd] *adj.* **1** dirigido, teledirigido. ◆ **2 ~ tour,** visita guiada.

guidepost ['gaɪdpəʊst] *s. c.* poste indicador, señalizador de carretera.

guild [gɪld] *s. c.* **1** gremio, hermandad, cofradía. **2** asociación, sociedad. **3** BOT. grupo ecológico de plantas parásitas.

guilder [gɪldər] *s. c.* florín holandés.

guile [gaɪl] *s. i.* **1** astucia, maña, engaño. **2** ardid, truco, estratagema. ● *v. t.* **3** (arc.) engañar, burlar.

guileful ['gaɪlfʊl] *adj.* astuto, artero, taimado.

guileless ['gaɪllɪs] *adj.* ingenuo, cándido, inocente.

guilty [gɪltɪ] *adj.* **1** DER. culpable. **2** (**~** {**of**}) responsable (de), culpable (de). **3** (**~** {**about**}) lleno de remordimiento (por). ◆ **4 a ~ verdict,** DER. una sentencia de culpabilidad. **5 to find someone ~,** DER. declarar culpable a alguien. **6 to plead ~,** DER. confesarse culpable.

Guinea ['gɪnɪ] *s. sing.* Guinea.

guinea-pig ['gɪnɪpɪg] *s. c.* **1** ZOOL. conejillo de Indias, cobaya, (Am.) cuí. **2** (fig.) conejillo de Indias, cobaya (persona objeto de experimento).

Guinevere ['gwɪnɪ,vɪər] *s.* LIT. Ginebra (esposa del Rey Arturo).

guise [gaɪz] *s. c.* **1** guisa; aspecto; apariencia. **2** vestidura, vestimenta. ◆ **3 in that ~,** de aquella guisa. **4 under the ~ of,** so pretexto de.

guitar [gɪ'tɑːr] *s. c.* MÚS. guitarra.

gulch [gʌltʃ] *s. c.* (EE UU) barranco, cañada, quebrada.

gulf [gʌlf] *s. c.* **1** GEOG. golfo. **2** (lit.) abismo, precipicio, sima. **3** (fig.) diferencia abismal, abismo (entre opiniones). **4** (EE UU) torbellino, remolino. ◆ **5 Gulf Stream,** Corriente del Golfo (de México).

gull [gʌl] *s. c.* **1** ZOOL. gaviota. **2** ingenuo, incauto, primo. ● *v. t.* **3** (lit. y arc.) engañar, estafar, timar.

gullet ['gʌlɪt] *s. c.* **1** ANAT. esófago. **2** (fam.) garganta, gaznate. ◆ **3 to stick in one's ~,** atragantársele a uno (algo).

gullibility [,gʌlə'bɪlɪtɪ] *s. i.* ingenuidad, candidez, inocencia.

gullible ['gʌlibl] *adj.* ingenuo, cándido, inocentón, bobalicón.

gully ['gʌlɪ] *s. c.* **1** barranco, torrentera, hondonada. **2** reguera, reguero. **3** (brit.) faca, navaja larga. ● *v. t.* **4** formar un barranco o una torrentera en.

gulp ['gʌlp] *v. t.* **1** (**to ~** {**down**}) tragar, engullir, devorar. **2** tragar (saliva); ahogar (los sollozos). ● *v. i.* **3** tragar saliva. ● *s. c.* **4** trago. **5** INF. varios bytes (gen. dos). ◆ **6 at one ~,** de un trago. **7 to ~ something back,** (fig.) tragarse (las lágrimas, las palabras).

gum [gʌm] *s. i.* **1** goma, caucho. **2** goma, cola de pegar, pegamento. **3** chicle, goma de mascar. ● *s. c.* **4** gomero, árbol que produce goma. **5** gen. *pl.* ANAT. encías. **6** caramelo de goma, pastilla de goma. ● *v. t.* **7** pegar, engomar. **8** rellenar de cola, cubrir de cola. ● *v. i.* **9** pegarse, ponerse pegajoso. **10** exudar goma. ◆ **11 by ~!,** (p.u.), ¡caramba!, ¡por favor!, ¡válgame Dios! **12 ~ tree,** gomero, árbol que produce goma. **13 to ~ up,** (fam.) fastidiar, estropear, echar a perder, inutilizar. **14 to ~ up the works,** (fam.) estropear todo, fastidiar el invento.

gumdrop ['gʌmdrɒp] *s. c.* caramelo, pastilla de goma (bañado de azúcar).

gummy ['gʌmɪ] *adj.* **1** pegajoso, viscoso. **2** gomoso, de goma. **3** cubierto de cola.

gumption ['gʌmpʃn] *s. i.* **1** (brit.) (fam.) sentido común, sentido práctico. **2** iniciativa; valentía, audacia, coraje.

gun [gʌn] *s. c.* **1** arma de fuego; pistola; revólver; fusil; escopeta, cañón. **2** (**the ~** *pl.*) la artillería. **3** pistola inyectora, pistola de presión. **4** cañonazo, salva (de saludo). **5** (EE UU) (fam.) pistolero. **6** cazador. **7** MEC. inyector, bomba de gasolina. **8** ELECTR. cañón (de luz). ● *v. t.* **9** disparar a, tirar a. **10** acelerar a fondo (el motor de un coche). ● *v. i.* **11** cazar, ir de caza (con arma de fuego). ◆ **12 to go great guns,** progresar con rapidez, hacer grandes progresos. **13 ~ carriage,** MIL. armón de artillería, cureña. **14 ~ licence,** licencia de armas. **15 ~ turret,** torreta. **16 to ~ for somebody,** (brit.) (fam.) perseguir a alguien, andar a la caza de alguien, ir a pillar a alguien. **17 to ~ somebody down,** (fam.) asesinar a tiros a alguien; herir a alguien a tiros. **18 to jump the ~,** ⇒ **jump. 19 to spike someone's guns,** ⇒ **spike. 20 to stick to one's guns,** ⇒ **stick.**

gunboat ['gʌnbəʊt] *s. c.* MIL. lancha cañonera, cañonero.

gunfire ['gʌn,faɪər] *s. i.* **1** MIL. fuego de artillería, cañoneo. **2** tiroteo, disparos (ruido).

gunman ['gʌnmən] (*pl.* **gunmen**) *s. c.* **1** pistolero, (Am.) baleador. **2** terrorista.

gunner ['gʌnər] *s. c.* **1** MIL. soldado (de los tres ejércitos). **2** (brit.) MIL. cabo de artillería, artillero. **3** cazador (con arma de fuego).

gunnery [gʌnərɪ] *s. i.* **1** MIL. artillería. **2** uso de armas de fuego.

gunpowder ['gʌn,paʊdər] *s. i.* pólvora.

gunrunner ['gʌn,rʌnər] *s. c.* traficante de armas.

gunrunning ['gʌn,rʌnɪŋ] *s. i.* tráfico de armas, contrabando de armas.

gunshot ['gʌnʃɒt] *s. c.* **1** disparo, tiro, balazo. ● *s. i.* **2** tiro, alcance (de un arma de fuego). ◆ **3 to be within ~,** estar a tiro. **4 ~ wound,** herida de bala.

gunsmith ['gʌnsmɪθ] *s. c.* armero.

gunwale ['gʌnweɪl] *s. c.* MAR. borda, regala.

gurgle ['gɜːgl] *v. i.* **1** gorjear, hacer gorgoritos (los niños pequeños). **2** (**to ~** *adv./prep.*) gorgotear, hacer gluglú (el agua). ● *v. t.* **3** expresar con gorgoritos. ● *s. c.* **4** gorgoteo, gluglú (del agua); gorjeo, gorgorito (del niño).

guru ['gʊruː] *s. c.* gurú.

gush [gʌʃ] *v. i.* **1** (**to ~** *adv./prep.*) salir a borbotones, salir a chorros, manar. **2** (**to ~** {**over**}) (desp.) hablar efusivamente, deshacerse en elogios (sobre). ● *v. t.* **3** echar a borbotones, verter a chorros, chorrear. ● *s. sing.* **4** chorro, borbotón. **5** (fig.) estallido (de aplausos); derroche (de energía); torrente (de palabras). **6** efusión, afecto.

gushing ['gʌʃɪŋ] *adj.* efusivo, afectuoso.

gusset ['gʌsɪt] *s. c.* cuchillo, nesga, escudete (en una prenda).

gust [gʌst] *s. c.* **1** ráfaga, racha (de aire, de lluvia). **2** explosión. **3** acceso, arrebato: *a gust of happiness = un arrebato de felicidad.* ● *v. i.* **4** soplar a ráfagas o racheado.

gusto ['gʌstəʊ] *s. i.* **1** gusto, placer, deleite. **2** entusiasmo, vitalidad.

gusty ['gʌstɪ] *adj.* **1** borrascoso (tiempo, día); racheado (viento). **2** (jerga) impetuoso.

gut [gʌt] *s. c.* **1** ANAT. intestino. **2** garganta, desfiladero. **3** MAR. estrecho. **4** *pl.* intestinos, entrañas, tripas (de animales, peces). **5** *pl.* (fig.) tripas, interiores (de un aparato); intríngulis (de un tema). **6** (fam.) glotón, comilón. **7**

(fam.) panza, barrigón (de un bebedor). **8** subconsciente. • *s. i.* **9** cuerda (de tripa, para instrumentos musicales, raquetas, suturas quirúrgicas). **10** *pl.* (jerga) agallas, coraje. • *v. t.* **11** destripar (animales); limpiar (pescado). **12** destruir el interior de (una casa por el fuego). • *adj.* **13** visceral. **14** básico, fundamental. ◆ **15 to hate someone's guts,** odiar a alguien a muerte. **16 to work/run/scream one's guts out,** trabajar/correr/gritar hasta la extenuación.

gutter ['gʌtər] *s. c.* **1** cuneta, zanja. **2** canalón. **3** surco, cárcava, acanaladura. **4** (**the** ~) el arroyo, los suburbios, los barrios bajos; la escoria, la clase más depauperada. **5** canal (a ambos lados de una bolera). **6** margen interior (entre dos páginas de un libro). • *v. t.* **7** acanalar, estriar, formar zanjas en. • *v. i.* **8** (lit.) parpadear, brillar con luz mortecina. **9** fluir, correr (un líquido). **10** fundirse, chorrear (una vela). ◆ **11 the ~ press,** la prensa sensacionalista, la prensa amarilla.

guttersnipe ['gʌtəsnaɪp] *s. c.* **1** (desp.) golfillo, pilluelo, pícaro, niño de la calle. **2** vago, maleante.

guttural ['gʌtərəl] *adj.* gutural (sonido).

guy [gaɪ] *s. c.* **1** (fam.) tío, tipo, individuo. • *pl.* **2** (EE UU) chicos, muchachos (dirigiéndose a un grupo). **3** (brit.) muñeco, monigote (que representa a Guy Fawkes). **4** (brit.) adefesio, fantoche, mamarracho. **5** viento, cuerda, cable (de una tienda de campaña). **6** MAR. obenque. • *v. t.* **7** (p.u.) ridiculizar, parodiar, burlarse de, mofarse de. ◆ **8 wise ~,** sabelotodo.

guzzle ['gʌzl] *v. t.* e *i.* tragar, engullir (comida, bebida).

Guyana [gaɪ'ɑːnə] *s. sing.* Guyana.

gym [dʒɪm] *s. c.* **1** (fam.) gimnasio. • *s. i.* **2** gimnasia.

gymnasium [dʒɪm'neɪzjəm] *s. c.* (form.) gimnasio.

gymnast ['dʒɪmnæst] *s. c.* gimnasta.

gymnastic [dʒɪm'næstɪk] *adj.* **1** gimnástico. • *s. pl.* **2** gimnasia.

gynaecologist [ˌgaɪnɪ'kɒlədʒɪst] (en EE UU **gynecologist**)*s. c.* ginecólogo.

gynaecology [ˌgaɪnɪ'kɒlədʒɪ] (en EE UU **gynecology**) *s. i.* ginecología.

gyp [dʒɪp] *s. i.* **1** (brit.) (jerga) dolor agudo, pinchazo. **2** timo, estafa. **3** estafador, timador. **4** (brit.) timar, estafar, embaucar, defraudar. ◆ **5 to give someone ~, a)** echar a uno un rapapolvo; **b)** hacer daño a uno.

gypsum ['dʒɪpsəm] *s. i.* yeso.

gypsy ['dʒɪpsɪ] *s. c.* y *adj.* ⇒ **gipsy.**

gyrate [dʒaɪə'reɪt] *v. i.* **1** (lit.) girar, rotar. • *adj.* **2** redondo, curvo.

gyration [ˌdʒaɪə'reɪʃn] *s. c.* e *i.* (form.) giro, rotación.

gyratory ['dʒaɪərətərɪ] *adj.* (form.) giratorio, rotatorio.

gyrocompass ['dʒaɪərəkʌmpəs] *s. c.* FÍS. girocompás, compás giroscópico.

gyroscope ['dʒaɪərəskəup] *s. c.* FÍS. giroscopio, giróscopo.

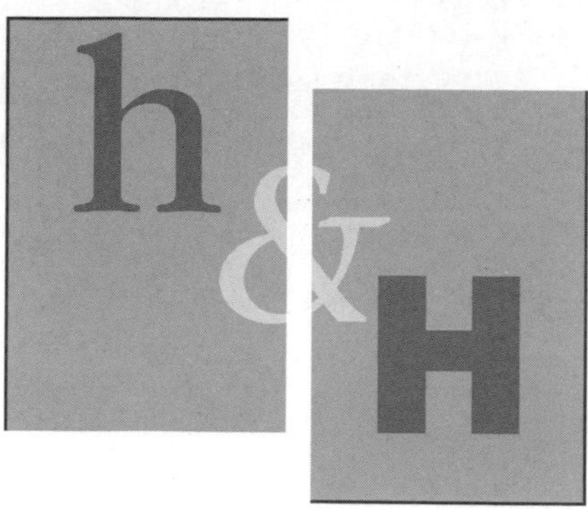

h, H [eɪtʃ] *s. c.* **1** h, H (octava letra del abecedario inglés). ◆ **2 to drop one's h's,** no pronunciar las haches (signo de cierta clase social).

ha [hɑː] (también **hah**) *interj.* **1** ¡ah! (expresando sorpresa, ironía, enfado, etc.). **2** (fam.) ¡ja!, ¡toma!, ¡venga! (expresando sorpresa o enfado). ◆ **3 ~,** ja (sonido de risa).

habeas corpus [ˌheɪbɪəs'kɔːpəs] *s. i.* DER. hábeas corpus.

haberdasher ['hæbədæʃər] *s. c.* **1** (brit.) mercero. **2** (EE UU) especialista en ropa de caballero.

haberdashery ['hæbədæʃərɪ] *s. i.* **1** (brit.) productos propios de mercería. **2** (EE UU) artículos de caballero, ropa de caballero. ● *s. c.* **3** mercería (tienda).

habit ['hæbɪt] *s. c.* e *i.* **1** hábito, costumbre, uso (personal). ● *s. c.* **2** vicio (de drogas). **3** hábito (de un monje o similar). ◆ **4 a creature of ~,** persona de hábitos fijos. **5 a ~ of mind,** un hábito mental. **6 to be in the ~ of,** tener la costumbre de, tener el hábito de. **7 from force of ~,** por puro hábito, por simple costumbre. **8 to make a ~ of/to make something a ~,** adquirir la costumbre de/tener la costumbre de.

habitability [ˌhæbɪtə'bɪlɪtɪ] *s. i.* habitabilidad.

habitable ['hæbɪtəbl] *adj.* habitable.

habitat ['hæbɪtæt] *s. c.* BIOL. hábitat.

habitation [ˌhæbɪ'teɪʃn] *s. i.* **1** habitación, ocupación (de vivienda). ● *s. c.* **2** (form.) vivienda, habitáculo, morada, residencia.

habit-forming ['hæbɪtfɔːmɪŋ] *adj.* causante de adicción, que crea hábito.

habitual [hə'bɪtʃuəl] *adj.* habitual, regular, acostumbrado, usual.

habitually [hə'bɪtʃuəlɪ] *adv.* habitualmente, regularmente, usualmente, acostumbradamente.

habituate [hə'bɪtʃueɪt] *v. t.* y *pron.* (normalmente *pasiva.*) (form.) habituar, acostumbrar.

habitué [hə'bɪtʃueɪ] *s. c.* asiduo, parroquiano (de un lugar).

hack [hæk] *v. t.* **1** cortar, hacer tajos, tajar. **2** abrir camino, hacer una trocha (en un bosque o parecido). **3** toser con gran fuerza. **4** dar una patada fuerte, atizar una patada fuerte. ● *s. c.* **5** caballo de alquiler. **6** monta de alquiler. **7** (fig.) viaje dificultoso, viaje por caminos de mulo. **8** (fam.) escritorzuelo. **9** (EE UU) (fam.) taxi. ● *v. i.* **10** (brit.) ir a caballo (especialmente por carreteras). **11** (EE UU) (fam.) conducir un taxi. ● *adj.* **12** (fam.) pesado, aburrido (trabajo). ◆ **13 to ~ about,** cortar, recortar, arreglar (un texto). **14 to ~ at,** lanzar golpes cortantes a, dar golpes cortantes a; cortar a grandes tajos. **15 to ~ through, a)** abrirse camino con dificultad, abrir una senda. **b)** trabajar a gran velocidad sin prestar atención a la calidad. **16 to go hacking,** ir de paseo a caballo.

hacker ['hækər] *s. c.* (fam.) fanático de los ordenadores, rata de ordenador.

hacking ['hækɪŋ] *adj.* **1** seca y fuerte (tos). ◆ **2 ~ jacket,** chaqueta de montar (a caballo).

hackles ['hæklz] *s. pl.* **1** pelos del cuello, plumas del cuello (en perros, gatos, gallos, etc.). ◆ **2 to make someone's ~ rise,** encolerizar a alguien, poner a alguien enfermo (de ira).

hackneyed ['hæknɪd] *adj.* gastado, trillado, repetido hasta la saciedad (expresión, palabra, etc.).

hacksaw ['hæksɔː] *s. c.* MEC. sierra para cortar metal.

had [hæd] (forma relajada [həd]) *pret.* y *p. p. irreg.* de **have.**

haddock ['hædək] (*pl.* **haddock**) *s. c.* e *i.* ZOOL. abadejo, bacalao.

hadji ['hædʒɪ] (también **hajji**) *s. c.* REL. musulmán que ha estado en La Meca como peregrino.

hadn't ['hædnt] *contr.* de **had** y **not.**

haematologist [ˌhiːmə'tɒlədʒɪst] (en EE UU **hematologist**) *s. c.* hematólogo.

haematology [ˌhiːmə'tɒlədʒɪ] (en EE UU **hematology**) *s. i.* MED. hematología.

haemoglobin [ˌhiːmə'gləubɪn] (en EE UU **hemoglobin**) *s. i.* BIOL. hemoglobina.

haemophilia [ˌhiːmə'fɪlɪə] (en EE UU **hemophilia**) *s. i.* MED. hemofilia.

haemophiliac [ˌhiːmə'fɪlɪæk] (en EE UU **hemophiliac**) *s. c.* MED. hemofílico.

haemorrhage ['hemərɪdʒ] (en EE UU **hemorrhage**) *s. c.* e *i.* **1** hemorragia. ● *v. i.* **2** sufrir una hemorragia, sangrar.

haemorrhoids ['hemərɔɪdz] (en EE UU **hemorrhoids**) *s. pl.* MED. hemorroides.

haft [hɑːft || hæft] *s. c.* mango, puño (de cuchillo, hacha, etc.).

hag [hæg] *s. c.* (desp.) bruja, vieja bruja.

haggard ['hægəd] *adj.* ojeroso, demacrado (normalmente a causa de la falta de sueño).

haggle ['hægl] *v. i.* **1** discutir, disputar (normalmente sobre el precio de algo). ● *s. c.* **2** discusión, disputa (por el precio de algo).

hah *interj.* ⇒ **ha.**

hail [heɪl] *s. i.* **1** granizo. ● *s. c.* **2** (normalmente *sing.*) (fig.) lluvia, torrente (de objetos o insultos): *a hail of criticism = un torrente de críticas.* ● *v. t.* **3** llamar, atraer la atención de (alguien). **4** llamar, parar (taxi o similar). **5** aclamar (persona o acontecimiento de gran importancia). ● *v. i.* **6** granizar. **7** (**to ~ from**) (form.) ser originario de, ser de, venir de, proceder de (lugar, región, país, etc.). ◆ **8 ~!,** (arc.) ¡salve! **9 to ~ down,** (fig.) llover (golpes, tiros, etc.). **10 within hailing distance (of),** al alcance de la voz, al alcance del oído.

hailstone ['heɪlstəun] *s. c.* piedra de granizo, granizo.

hailstorm ['heɪlstɔːm] *s. c.* tormenta de granizo, granizada.

hair [heər] *s. c.* e *i.* **1** pelo, cabello, vello; pelo de animal (para ropa o relleno). ● *s. c.* **2** pelo, crin (de animal). ◆ **3 a hair's breadth,** un pelo, un tanto así, una pizca. **4 to get in one's ~,** (fam.) tener a uno hasta la coronilla, poner a uno malo. **5 -haired,** de pelo (en compuestos): *short-haired = de pelo corto.* **6 ~ shirt,** cilicio. **7 keep your ~ on,** (fam.) cálmate, no te sulfures tanto. **8 to let one's ~ down,** (fam.) relajarse por completo, abandonar toda reserva. **9 to make one's ~ stand on end,** (fam.) poner a uno los pelos de punta. **10 not a ~ out of place,** (fam.) ni el menor detalle incorrecto, absolutamente impecable (especialmente en el vestir). **11 not to turn a ~,** (fam.) no inmutarse, ni pestañear. **12 to split hairs,** (desp. y fam.) hilar demasiado fino, pararse en minucias increíbles, prestar demasiada atención a nimiedades. **13 to tear one's ~ out,** (fam.) mesarse los cabellos. **14 to touch/harm a ~ on someone's head,** tocar un pelo de alguien (hacerle daño).

hairbrush ['heəbrʌʃ] *s. c.* cepillo para el pelo.

hairclip ['heəklɪp] *s. c.* pasador.

haircut ['heəkʌt] *s. c.* corte de pelo, estilo de corte de pelo.

hairdo ['heəduː] *s. c.* (form.) peinado, estilo de peinado (especialmente de una mujer).

hairdresser ['heədresər] *s. c.* peluquero.

hairdressing ['heədresɪŋ] *s. i.* peluquería (como oficio).

hairdryer ['heədraɪər] (también **hairdrier**) *s. c.* secador para el pelo.

hair-grip [heəgrɪp] *s. c.* (brit.) horquilla (para el pelo).

hairiness ['heərɪnɪs] *s. i.* abundancia de pelo, abundancia de cabello, vellosidad.

hairless ['heəlɪs] *adj.* sin pelo, pelón, calvo.

hairline ['heəlaɪn] *s. c.* **1** (normalmente *sing.*) entradas, límite del pelo en la frente: *a receding hairline = entradas pronunciadas.* • *adj.* **2** (fig.) del tamaño de un pelo, mínimo.

hairnet ['heənet] *s. c.* redecilla para el pelo.

hairpiece ['heəpiːs] *s. c.* tupé, peluca.

hairpin ['heəpɪn] *s. c.* **1** horquilla de moño. ◆ **2 ~ bend,** curva cerradísima.

hair-raising ['heəreɪzɪŋ] *adj.* horripilante, que pone los pelos de punta.

hair-slide ['heəslaɪd] *s. c.* (brit.) pasador (para el pelo).

hair-splitting ['heəsplɪtɪŋ] (desp.) *s. i.* **1** detalles nimios, puntos de discusión desechables, puro sofisma. • *adj.* **2** nimio, de pura minucia.

hairstyle ['heəstaɪl] *s. c.* peinado, estilo de peinado.

hairy ['heərɪ] *adj.* **1** peludo, velludo, hirsuto. **2** (fam.) peligroso, enervante (situación).

hake [heɪk] (*pl.* **hake**) *s. c.* ZOOL. merluza.

halcyon ['hælsɪən] *adj.* (form.) pacífico, próspero, apacible (un estado mental).

hale [heɪl] *adj.* **1** (lit.) sano, robusto. ◆ **2 ~ and hearty,** sano y fuerte.

half [hɑːf ‖ hæf] (*pl.* **halves**) *s. c.* **1** medio, mitad: *the first half of May = la primera mitad de mayo.* **2** DEP. mitad, parte (de un partido). **3** media pinta (en medidas de bebida; equivalente aproximadamente a un cuarto). **4** billete de niño (mitad de precio). • *adj.* **5** medio: *a half chicken = medio pollo.* **6** medio, mitad: *half the audience left = la mitad de los espectadores se fueron.* • *pron.* **7** la mitad: *they only gave me half = sólo me dieron la mitad.* • *adv.* **8** a medio: *the fish is half cooked = el pescado está a medio cocer.* **9** (~ **past**) y media (en las horas). **10 half -** (en compuestos) (fam.) medio, casi: *I'm half-dead = estoy medio muerto.* ◆ **11 a problem and a ~,** un problema de aúpa (puede ser positivo o negativo). **12 better/other ~,** (hum.) costilla (esposa). **13 by ~,** en un cincuenta por ciento. **14 to go off at ~ cock,** salir bien sólo a medias. **15 ~ a mind,** ⇒ **mind. 16 ~ a minute/second,** (fam.) en seguida, inmediatamente, sin más tardar. **17 ~ board,** media pensión (en hoteles). **18 at ~ cock,** montado a la mitad, medio amartillado (arma de fuego). **19 ~ holiday,** medio día libre. **20 ~ measures,** a la mitad, a medio gas, a medias. **21 ~ moon,** media luna. **22 ~ the battle,** ⇒ **battle. 23 in ~,** en dos (partido). **24 not ~,** (fam.) ya lo creo, por supuesto. **25 six of one and ~ a dozen of the other,** ⇒ **six. 26 too... by ~,** demasiado... con mucho, pasarse de...: *he's too clever by half = él se pasa de listo.* **27 with ~ an ear,** ⇒ **ear.**

half-baked [ˌhɑːf'beɪkt] *adj.* disparatado, absurdo, a medio hacer (plan, proyecto, etc.).

half-brother ['hɑːfbrʌðər] *s. c.* hermanastro.

half-caste ['hɑːfkɑːst] *s. c.* **1** (desp.) mestizo. • *adj.* (desp.) **2** mestizo.

half-day ['hɑːfdeɪ] *s. c.* medio día de trabajo, medio día de descanso.

half-hearted [ˌhɑːf'hɑːtɪd] *adj.* indiferente, desanimado, poco entusiasta; apático.

half-heartedly [ˌhɑːf'hɑːtɪdlɪ] *adv.* indiferentemente, desanimadamente.

half-life ['hɑːflaɪf] *s. c.* FÍS. período medio (de desintegración de un cuerpo con radioactividad).

half-mast [ˌhɑːf'mɑːst] **at ~,** a media asta (bandera).

half-note ['hɑːfnəut] *s. c.* MÚS. (EE UU) blanca.

halfpenny ['heɪpnɪ] (*pl.* **halfpennies** o **halfpence**) *s. c.* **1** moneda de medio penique. • *s. sing.* **2** (**a ~**) una perra gorda (poco valor).

half-price [ˌhɑːf'praɪs] *adj.* y *adv.* mitad de precio, a mitad de precio.

half-sister ['hɑːfsɪstər] *s. c.* hermanastra.

half-term [ˌhɑːf'təːm] *s. c.* e *i.* vacaciones de mitad de trimestre.

half-timbered [ˌhɑːf'tɪmbəd] *adj.* ARQ. entramado.

half-time [ˌhɑːf'taɪm] *s. i.* DEP. descanso (entre dos tiempos).

halftone ['hɑːftəun] *s. c.* **1** MÚS. (EE UU) semitono. • *adj.* **2** PER. a media tinta (ilustración).

halfway [ˌhɑːf'weɪ] *adv.* **1** a mitad de camino, en la mitad del camino, a mitad de trayecto. **2** en la mitad (de algún proceso temporal). **3** mínimamente, aceptablemente. ◆ **4 to meet someone ~,** hacer concesiones a alguien, encontrarse con alguien a la mitad del camino (en una negociación o similar).

halfwit ['hɑːfwɪt] *s. c.* (fam.) mentecato, tonto, imbécil.

halfwitted ['hɑːfwɪtɪd] *adj.* (fam.) atontado, estúpido.

half-yearly [ˌhɑːf'jɪəlɪ] *adj.* bianual.

halibut ['hælɪbət] (*pl.* **halibut** o **halibuts**) *s. c.* ZOOL. halibut (pez).

halitosis [ˌhælɪ'təusɪs] *s. i.* MED. halitosis.

hall [hɔːl] *s. c.* **1** vestíbulo, entrada, recibidor (de una casa). **2** sala (de conciertos, congresos, etc.). **3** salón de actos. **4** (brit.) comedor (de una Universidad o similar). **5** (brit.) casa señorial, casa de campo señorial. ◆ **6 ~ of fame,** panteón de celebridades. **7 ~ of residence,** residencia universitaria. **8 in ~,** en la universidad (el sitio donde se vive en la época universitaria).

hallelujah [hæli'luːja] (también **halleluiah** o **alleluia**) *interj.* REL. aleluya; aleluya (grito de alegría ante algo bueno).

hallmark ['hɔːlmɑːk] *s. c.* **1** marca, sello (en metales preciosos asegurando su calidad). **2** (fig.) marca esencial, sello distintivo (de algo o alguien). • *v. t.* **3** poner una marca, poner un sello (a metales preciosos).

hallo *s. c.* e *interj.* ⇒ **hello.**

hallowed ['hæləud] *adj.* **1** REL. santo, consagrado (suelo, objeto, etc.). **2** (fig.) muy respetado, altamente reverenciado.

Halloween [ˌhæləu'iːn] (también **Hallowe'en**) *s. i.* víspera de Todos los Santos (fiesta originaria de EE UU).

hall-stand ['hɔːlstænd] *s. c.* perchero.

hallucinate [hə'luːsɪneɪt] *v. i.* ver alucinaciones, alucinar (a causa de drogas o parecido).

hallucination [həˌluːsɪ'neɪʃn] *s. c.* e *i.* alucinación.

hallucinatory [hə'luːsɪnətrɪ ‖ hə'luːsɪnətɔːrɪ] *adj.* con alucinaciones, irreal.

hallucinogen [hə'luːsɪnədʒen] *s. c.* alucinógeno.

hallucinogenic [həˌluːsɪnə'dʒenɪk] *adj.* causante de alucinaciones (droga o similar).

hallway ['hɔːlweɪ] *s. c.* **1** entrada, vestíbulo, zaguán. **2** (EE UU) pasillo.

halo ['heɪləu] (*pl.* **halos** o **haloes**) *s. c.* halo, aureola.

halt [hɔːlt] *v. t.* e *i.* **1** parar(se), detener(se). **2** finalizar(se), interrumpir(se) (un proceso o actividad). • *s. c.* **3** alto, parada. **4** (brit.) apeadero (de tren). ◆ **5 ~!,** MIL. ¡alto! **6 to call a ~ (to),** parar, detener, interrumpir. **7 to come to a ~,** pararse, detenerse, interrumpirse. **8 to a ~,** hasta quedar interrumpido, hasta su final: *his foul brought the game to a halt = su falta hizo que el juego quedara interrumpido.*

halter ['hɔːltər] *s. c.* ronzal.

halter-neck ['hɔːltənek] *adj.* sin hombreras (traje de señora).

halting ['hɔːltɪŋ] *adj.* titubeante, vacilante.

haltingly ['hɔːltɪŋlɪ] *adv.* con titubeos, con vacilación.

halve [hɑːv ‖ hæv] *v. t.* e *i.* **1** reducir(se) a la mitad. • *v. t.* **2** partir en dos, dividir en dos (físicamente).

halves [hɑːvz || hævz] **1** *s. pl.* de **half.** ◆ **2 to go ~ (with),** ir a medias (con), dividir los costes a medias (con). **3 never to do things by ~,** no hacer nunca las cosas a medias.

ham [hæm] *s. i.* **1** jamón. ● *s. c.* **2** jamón, pernil. **3** comicastro, actor fatal. **4** radioaficionado. ● *adj.* **5** fatal, malísimo (actuación artística). ◆ **6 to ~ it up,** exagerar, pasarse (en actuación de teatro o similar).

hamburger ['hæmbəːgər] *s. c.* hamburguesa.

ham-fisted [ˌhæm'fɪstɪd] *adj.* (fam.) torpón, desmañado, manazas.

ham-handed [ˌhæm'hændɪd] *adj.* ⇒ **ham-fisted.**

hamlet ['hæmlɪt] *s. c.* aldea, villorrio.

hammer ['hæmər] *s. c.* **1** martillo. **2** percusor, martillo (de arma de fuego). **3** MÚS. macillo. **4** DEP. martillo. ● *v. t.* **5** golpear con un martillo, martillar. **6** (fig.) golpear sin parar, dar golpes sin parar. **7** (**to ~** + *o.* + **into**) meter como sea, meter a martillazos (una idea, mensaje, etc.). **8** criticar, machacar. **9** (fam.) DEP. derrotar contundentemente. ● *v. i.* **10** (**to ~ at**) repetir insistentemente, decir machaconamente (una idea, mensaje, etc.). **11** (**to ~** *prep.*) golpear, martillear: *the rain was hammering down on the roof* = *la lluvia estaba golpeando sobre el tejado.* **12** (**to ~ at**) empollar, estudiar/trabajar sin parar. ● *s. sing.* **13** (**the ~**) DEP. el martillo. ◆ **14 to come under the ~,** ser vendido en pública subasta, ser subastado. **15 ~ and tongs,** violentamente, con gran fuerza, con ahínco. **16 to ~ away (at),** trabajar con ahínco (en), estudiar con tenacidad. **17 to ~ out,** elaborar con grandes esfuerzos (acuerdo o similar). **18 the ~ and sickle,** la hoz y el martillo.

hammock ['hæmək] *s. c.* hamaca.

hamper ['hæmpər] *s. c.* **1** cesto, canasta, capacho. **2** cesta (especialmente de Navidad). ● *v. t.* **3** impedir, entorpecer, poner trabas a.

hamster ['hæmstər] *s. c.* ZOOL. hámster.

hamstring ['hæmstrɪŋ] (*pret.* y *p. p.* **hamstringed** o **hamstrung**) *v. t.* **1** incapacitar, paralizar. ● *s. c.* **2** ANAT. tendón del corvejón.

hamstrung ['hæmstrʌŋ] *pret.* y *p. p.* de **hamstring.**

hand [hænd] *s. c.* **1** mano. **2** operario, peón (especialmente agrario). **3** manilla (de reloj). **4** mano (en cartas). **5** palmo (para medir especialmente caballos). ● *s. sing.* **6** (**the ~ of**) la mano de (influencia): *the hand of the enemy* = *la mano del enemigo.* **7** (**a ~**) aplauso. **8** (p.u.) mano (matrimonio): *I asked for her hand* = *pedí su mano.* **9** (**a ~** {**with**}) una ayuda, una ayudita, una mano. **10** (lit.) letra, estilo de caligrafía, caligrafía. ● *v. t.* **11** dar, pasar, acercar (en la mano). ◆ **12 a free ~,** carta blanca (total libertad para hacer lo que sea). **13 all hands to the pump,** todos a ayudar, todos a poner su granito de arena. **14 at second ~,** de segunda mano. **15 at ~/near at ~/close at ~,** muy cerca, al lado, muy a mano, a mano. **16 at the hands of,** a manos de (con matiz desagradable). **17 to be a dab hand (at),** ⇒ **dab. 18 to bite the ~ that feeds one,** cría cuervos y te sacarán los ojos; ser desagradecido. **19 by ~, a)** a mano (no hecho a máquina); **b)** en la mano (entregado). **20 to change hands,** cambiar de poseedor, cambiar de propietario, cambiar de manos. **21 to eat out of somebody's ~,** ⇒ **eat. 22 to force someone's ~,** obligar a alguien a actuar, forzar a alguien a actuar (abiertamente o prematuramente para ellos). **23 to get/lay/etc. one's hands on,** (fam.) echar/ poner las manos encima, dar con (alguien o algo). **24 to get out of ~,** desmadrarse, descontrolarse, salirse de madre. **25 to go ~ in ~ (with),** estar íntimamente relacionado (con), ir de la mano (con), ir acompañando (a): *unemployment goes hand in hand with social problems* = *el paro está íntimamente relacionado con los problemas sociales.* **26 ~ and foot,** de pies y manos (atado). **27 to ~ around/round,** repartir, ir dando uno a uno. **28 to ~ back,** devolver (un objeto, normalmente). **29 to ~ down,** pasar, transmitir (objetos, conocimientos, costumbres, etc.). **30 -handed,** de la mano, para... manos (en compuestos): *a left-handed guitar* = *una guitarra para la mano izquierda.* **31 to ~ in,** entregar (trabajo, documentación, carta de renuncia a un trabajo, etc.). **32 ~ in glove (with),** en estrecha relación (con). **33 ~ in ~,** de la mano, cogiéndose de la mano. **34 to ~ on,** dejar, pasar (especialmente herencia a personas). **35 to ~ out, a)** distribuir, repartir (con equidad); **b)** dar (consejo o castigo). **36 to ~ over (to), a)** dar, regalar, entregar para siempre; **b)** entregar, ceder (un prisionero, responsabilidades, etc.). **37 ~ over ~,** una mano tras otra (físicamente). **38 ~ over fist,** a toda velocidad, sin tregua; a manos llenas (referido a ganar dinero especialmente). **39 hands off!** quítame las manos de encima, no me toques, esas manos. **40 hands up!** manos arriba, arriba las manos. **41 to have a ~ in,** estar metido en (cualquier actividad). **42 to have one's hands full,** no tener un minuto libre, estar hasta arriba de trabajo. **43 to have got to ~ it to,** (fam.) tener que reconocer la valía de, no tener más remedio que admitir la valía de: *you've got to hand it to her, she works very hard* = *tienes que reconocer su valía, trabaja muchísimo.* **44 to hold one's ~,** (fam. y fig.) apoyar, ser un apoyo para. **45 to hold hands,** cogerse de la mano. **46 in ~, a)** libre, de sobra (tiempo); **b)** entre manos, a llevar a cabo (tarea o similar); **c)** controlado, bajo control (situación). **47 in the hands of,** bajo el poder de, bajo la poderosa influencia de; controlado por. **48 to keep one's ~ in,** mantenerse al día, estar al tanto, no perder la práctica (en un hobby o destreza). **49 to know something like the back of one's ~,** conocer algo como la palma de la mano. **50 to lend a ~,** ⇒ **lend. 51 to live from ~ to mouth,** pasarlo muy mal económicamente, no tener qué llevarse a la boca. **52 off ~,** sin consultar nada, de corrido (manera de saber algo). **53 off one's hands,** fuera del control de uno, ya no bajo la responsabilidad de uno. **54 on ~,** a mano, disponible (algo o alguien). **55 on one's hands,** bajo el control de uno, bajo la responsabilidad de uno. **56 on one's hands and knees,** a gatas, a cuatro patas. **57 on the one ~,** por una parte. **58 on the other ~,** por otra parte. **59 out of ~,** instantáneamente, sin más. **60 to play right into someone's hands,** caer en la trampa de alguien, actuar de la manera que otra persona quiere, seguirle el juego a alguien. **61 to shake hands,** ⇒ **shake. 62 to show one's ~,** descubrir el juego de uno, revelar la intención de uno. **63 to take in ~,** hacerse cargo (de algo o alguien). **64 to ~,** disponible, a mano. **65 to try one's ~ at,** probar por primera vez, poner la mano por primera vez en. **66 to turn one's ~ to,** emprender por primera vez, iniciar por primera vez (un trabajo o similar). **67 to wait on someone ~ and foot,** ⇒ **wait. 68 to wash one's hands of,** desentenderse de. **69 to win hands down,** ⇒ **win. 70 with one's bare hands,** ⇒ **bare.**

handbag ['hændbæg] *s. c.* bolso (de señora).

handball ['hændbɔːl] *s. c.* DEP. balonmano; pelota mano.

handbill ['hændbɪl] *s. c.* hoja de propaganda, panfleto propagandístico.

handbook ['hændbuk] *s. c.* libro/ cuaderno de instrucciones.

handbrake ['hændbreɪk] *s. c.* freno de mano.

handcart ['hændkɑːt] *s. c.* carretilla, carretilla de mano.

handclap ['hændklæp] *s. c.* **a slow ~,** (brit.) palmas de desencanto, palmas de abucheo.

handcuff ['hændkʌf] *s. c.* **1** (normalmente *pl.*) esposa, manilla. ● *v. t.* **2** esposar.

handful ['hændful] *s. c.* **1** puñado, manojo; pocos: *a handful of supporters turned up* = *asistieron un puñado de seguidores.* **2** (normalmente *sing.*) (fam.) pillo, pillín, trasto (algo o alguien que es difícil de controlar).

handgun ['hændgʌn] *s. c.* pistola, revólver.

hand-held ['hændheld] *adj.* manual.

handicap ['hændɪkæp] (*ger.* **handicapping,** *pret.* y *p. p.* **handicapped**) *v. t.* **1** estorbar, perjudicar, poner trabas a, poner obstáculos a. • *s. c.* **2** MED. hándicap, minusvalía. **3** DEP. desventaja; categoría (en el golf); compensación (en las carreras de caballos). **4** impedimento, estorbo, obstáculo (de cualquier tipo).

handicapped ['hændɪkæpt] *adj.* **1** MED. minusválido, con minusvalía. **2** DEP. con desventaja. ◆ **3 the ~,** los minusválidos, las personas con minusvalía (física o mental).

handicraft ['hændɪkrɑːft ‖ 'hændɪkræft] *s. c.* (normalmente *pl.*) **1** artesanía, oficios manuales. **2** objetos de artesanía.

handily ['hændɪlɪ] *adv.* convenientemente, cómodamente.

handiness ['hændɪnɪs] *s. i.* conveniencia, comodidad.

handiwork ['hændɪwəːk] *s. i.* **1** trabajo manual, obra manual (normalmente de poca monta). **2** (p.u.) artesanía, oficios manuales.

handkerchief ['hæŋkətʃiːf ‖ 'hæŋkətʃɪf] (*pl.* **handkerchiefs** o **handkerchieves**) *s. c.* pañuelo (de bolsillo).

handle ['hændl] *s. c.* **1** manilla, manillar, manija, manivela, manubrio. **2** mango, asa (de una taza, escoba, bolsa, etc.). **3** (fam.) título nobiliario. • *v. t.* **4** manejar (objetos). **5** manosear, toquetear, tocar. **6** (fig.) controlar, resolver, manejar (una situación, problema, etc.). **7** llevar, gestionar (un aspecto empresarial, sección, etc.). **8** manejar, llevar, trabajar con (algún tipo de máquina). **9** manejar, usar (palabras, ideas, números, etc.). • *v. i.* **10** manejarse, llevarse, funcionar (cualquier tipo de máquina). ◆ **11 to fly off the ~,** (fam.) perder los estribos, cogerse un enfado de campeonato.

handlebar ['hændlbɑːr] *s. c.* **1** manillar (de bicicleta). ◆ **2 ~ moustache,** bigote en forma de manillar.

handler ['hændlər] *s. c.* **1** manipulador (de equipajes y otras cosas). **2** entrenador de animales (especialmente perros).

handling ['hændlɪŋ] *s. i.* (~ **of**) control de, manejo de, solución de (problemas o similar).

handmade [,hænd'meɪd] *adj.* hecho a mano, artesanal, de artesanía.

handmaiden ['hændmeɪdən] (también **handmaid**) *s. c.* **1** (lit. o p.u.) criada, chica, doncella. **2** (~ {**of/to**}) auxiliar de/a, secundario de/para, subordinado de/para.

hand-me-down ['hændmiːdaʊn] *s. c.* (normalmente *pl.*) ropa vieja y usada, ropa de segunda mano.

handout ['hændaʊt] *s. c.* **1** donativo, limosna. **2** folleto, impreso, octavilla (con propaganda, resumen de algún tema, etc.).

handpick [,hænd'pɪk] *v. t.* escoger con sumo cuidado, seleccionar con esmero.

handpicked [,hænd'pɪkt] *adj.* escogido con sumo cuidado, seleccionado con esmero.

handrail ['hændreɪl] *s. c.* pasamano, barandilla.

handset ['hændset] *s. c.* auricular, teléfono.

handshake ['hændʃeɪk] *s. c.* apretón de manos.

handsome ['hænsəm] *adj.* **1** bien parecido, guapo (un hombre). **2** guapetona, guapa (con una cara que muestra carácter). **3** majo, elegante, bien puesto (un lugar). **4** considerable, generosa (cantidad de dinero). **5** espléndido, generoso (acción sin reparar en gastos). ◆ **6 ~ is as ~ does,** no hay que hacer caso de las apariencias sino de los hechos.

handsomely ['hænsəmlɪ] *adv.* **1** elegantemente, agradablemente, con buen gusto (la manera de construir, adornar, etc. un lugar). **2** considerablemente, generosamente (en dinero). **3** espléndidamente, sin reparar en gastos, vistosamente.

handsomeness ['hænsəmnɪs] *s. i.* **1** atractivo físico, buen ver. **2** elegancia, buen hacer (en un sitio). **3** generosidad (con dinero o similar).

hands-on ['hændsɒn] *adj.* práctico.

handstand ['hændstænd] *s. c.* posición de pino, pino.

hand-to-hand [,hændtə'hænd] *adj.* y *adv.* cuerpo a cuerpo (lucha).

hand-to-mouth [,hændtə'maʊθ] *adj.* y *adv.* precario, con ingresos mínimos, al día (forma de vivir sin medios).

handwriting ['hændraɪtɪŋ] *s. i.* letra, caligrafía.

handwritten ['hændrɪtn] *adj.* escrito a mano, escrito de su puño y letra.

handy ['hændɪ] *adj.* **1** útil, práctico (objeto). **2** (fam.) mañoso, diestro, manitas. **3** (fam.) a mano, cercano, próximo (un lugar). ◆ **4 to come in ~,** venir bien, resultar ser útil, ser práctico. **5 to keep/have something ~,** tener algo a mano, tener algo en un lugar práctico/accesible.

handyman ['hændɪmæn] (*pl.* **handymen**) *s. c.* persona mañosa, (fam.) manitas.

handymen ['hændɪmən] *pl.* de **handyman.**

hang [hæŋ] (*pret.* y *p. p. irreg.* **hung**) *v. t.* e *i.* **1** colgar, suspender: *there was a huge lamp hanging from the ceiling = había una lámpara enorme colgando del techo.* **2** (fig.) flotar, estar suspendido (en el aire): *there was a lot of smoke hanging in the air = había mucho humo flotando en el aire.* **3** flotar, colgar, tender (ropa). **4** quedar curando, curarse (la comida). **5** (**to ~ over**) cernerse sobre (problemas, dudas, dificultades, etc.): *their threats were hanging over us = sus amenazas se cernían sobre nosotros.* • *v. t.* **6** colgar, suspender: *I hung this big picture myself = colgué este cuadro enorme yo solo.* **7** dejar curar, curar (comida). • *s. sing.* **8** (**the ~**) la forma de colgar, la caída (de ropa o de tejido). ◆ **9 to be hung with,** estar adornado de (objetos que han sido colgados). **10 to get the ~ of,** (fam.) coger el tranquillo de, coger el tino de. **11 ~ ...!,** (fam.) ¡al carajo con...!, ¡a la porra con...! **12 to ~ about,** (fam.) **a)** no hacer nada, estar mano sobre mano, estar en plan vago; **b)** dejar momentáneamente (la tarea). **13 to ~ around,** (fam.) **a)** esperar sin hacer nada, estar sin hacer nada; **b)** frecuentar (un lugar), ir a menudo con, estar siempre con (una persona). **14 to ~ back, a)** quedarse (en un sitio después de que todos los demás se han ido); **b)** titubear, vacilar, no atreverse a (emprender una acción): *we all hung back when he went into the tunnel = todos vacilamos cuando entró en el tunel.* **15 to ~ by a thread,** ⇒ **thread. 16 to ~ in the air,** quedar sin solucionar, quedar sin resolver. **17 to ~ loose,** (EE UU) (fam.) mantenerse en calma, mantenerse bajo control, no perder los estribos. **18 to ~ on, a)** (fam.) esperar, aguardar: *hang on a minute = espera un minuto;* **b)** aguantar (una situación difícil); **c)** depender de: *everything hung on his decision = todo dependía de su decisión.* **19 ~ on in there,** (EE UU) (fam.) aguanta, aguanta fuerte, dale ahí (invitando a alguien a no dejar en su empeño). **20 to ~ one's head,** bajar la cabeza, inclinar la cabeza (como signo de timidez, vergüenza, etc.). **21 to ~ on someone's every word,** estar pendiente de lo que dice alguien, estar embobado con lo que dice alguien. **22 to ~ on/onto, a)** sujetar, agarrarse con fuerza a, apoyarse fuertemente en; **b)** (fig.) agarrarse a, aferrarse (a una situación favorable, a la vida, etc.). **23 to ~ onto, a)** sujetar con fuerza, agarrar con fuerza (en la mano); **b)** conservar, guardar (cosas). **24 to ~ out, a)** tender (la ropa lavada); **b)** (fam.) frecuentar (lugar). **25 to ~ together, a)** vivir juntos, estar juntos, aguantar juntos; **b)** tener sentido, corresponderse (dos historias, cifras, ideas, etc.). **26 to ~ up, a)** colgar (teléfono); **b)** estar colgado, estar suspendido; colgar (normalmente en un lugar alto: *I hung up my hat = colgué el sombrero;* **c)** guardar, no utilizar más, dejar en su sitio. **27 to ~ up on,** (fam.) colgar a, acabar una conversación telefónica con (alguien). **28 to let it all ~ out,** (EE UU) (fam.) relajarse por completo olvidándose de todo, soltarse el pelo y olvidarse de las preocupaciones.

hang [hæŋ] (forma verbal regular) *v. t.* **1** ahorcar, colgar (a alguien). ◆ **2 I am/will be hanged if...,** (fam.) que me ahorquen si..., que me zurzan si... que me maten si... (normalmente indicando que uno no hará algo).

hangar ['hæŋər] *s. c.* hangar.

hangdog ['hæŋdɒg] *adj.* culpable, avergonzado (aplicado a la expresión de la cara).

hanger ['hæŋər] *s. c.* percha (para ropa).

hanger-on [ˌhæŋgə'ɒn] (*pl.* **hangers-on**) *s. c.* (desp.) parásito, acompañante interesado (normalmente de alguien con fama o dinero).
hang-glider ['hæŋglaɪdər] *s. c.* **1** ala delta (aparato). **2** deportista de ala delta.
hang-gliding ['hæŋglaɪdɪŋ] *s. i.* DEP. práctica de ala delta.
hanging ['hæŋɪŋ] *s. c.* e *i.* **1** ahorcamiento, ejecución en la horca. • *s. c.* **2** colgadura (tela de adorno en una pared, por jemplo). • *adj.* **3** pendiente, por decidir (asunto).
hangman ['hæŋmən] (*pl. irreg.* **hangmen**) *s. c.* verdugo (de horca).
hangmen ['hæŋmən] *pl. irreg.* de **hangman.**
hang-out ['hæŋaut] *s. c.* (fam.) lugar (favorito de alguien).
hangover ['hæŋəuvər] *s. c.* **1** resaca. **2** (~ **from/of**) reliquia de, vestigio de, cosa antigua de: *such beliefs are a hangover from earlier times = tales crencias son una cosa de épocas pasadas.*
hang-up ['hæŋʌp] *s. c.* (fam.) inhibición, complejo, corte.
hank [hæŋk] *s. c.* madeja.
hanker ['hæŋkər] *v. i.* (**to** ~ **after/for**) anhelar, desear vivamente, añorar fuertemente.
hankering ['hæŋkərɪŋ] *s. c.* (~ **for**) anhelo por, deseo vivo de, añoranza de.
hanky ['hæŋkɪ] (también **hankie**) *s. c.* (fam.) pañuelo.
hanky-panky [ˌhæŋkɪ'pæŋkɪ] *s. i.* **1** (fam. y hum.) lote, magreo, filete (con personas del otro sexo). **2** trampas, trapicheos, trucos.
hansom ['hænsəm] (también **hansom cab**) *s. c.* (p.u.) cabriolé (tipo de coche de caballos).
haphazard [hæp'hæzəd] *adj.* fortuito, casual, impensado.
haphazardly [hæp'hæzədlɪ] *adv.* fortuitamente, casualmente, impensadamente.
hapless ['hæplɪs] *adj.* (lit.) desventurado, desafortunado, desgraciado.
happen ['hæpən] *v. i.* **1** ocurrir, suceder, acontecer, tener lugar, acaecer: *what happened? he fell = ¿qué ocurrió? se cayó.* **2** (**to** ~ **to**) ocurrir a, pasar a (normalmente con sentido de daño): *what happened to your face? = ¿qué le pasó a tu cara?* **3** (**to** ~ *inf.*) dar la casualidad de (que), por casualidad (que ocurra algo): *I happened to meet him on the street = dio la casualidad de que me encontré con él en la calle.* ◆ **4 accidents will** ~, desgraciadamente hay accidentes, es inevitable que ocurran accidentes. **5 as it happens/happened,** por pura coincidencia, por casualidad, de casualidad. **6 to** ~ **on,** (lit. y p.u.) encontrarse por casualidad con (alguna persona).
happening ['hæpənɪŋ] *s. c.* **1** suceso, acontecimiento. **2** ART. espectáculo improvisado, happening.
happily ['hæpɪlɪ] *adv.* **1** felizmente, alegremente. **2** con mucho gusto, sin problemas: *I'll happily help you = te ayudaré con mucho gusto.* **3** afortunadamente, por suerte.
happiness ['hæpɪnɪs] *s. i.* felicidad, alegría, contento, dicha.
happy ['hæpɪ] *adj.* **1** feliz, alegre, contento (persona, lugar, expresión, etc.). **2** (~ **about/with**) contento con, satisfecho de: *I'm happy about the exam = estoy satisfecho del examen.* **3** (~ *inf.*) dispuesto a (con alegría). **4** afortunada (coincidencia o similar). ◆ **5 a** ~ **event,** (fig.) un feliz acontecimiento (nacimiento de un hijo). **6 as** ~ **as Larry,** más contento que unas pascuas, más contento que un niño con zapatos nuevos. **7** ~ **...!,** ¡feliz...!: *happy anniversary! = ¡feliz aniversario!* **8 many** ~ **returns,** ⇒ **return. 9 to strike a** ~ **medium,** ⇒ **medium.**
happy-go-lucky [ˌhæpɪgəu'lʌkɪ] *adj.* despreocupado, sin cuidados (en la actitud vital).
hara-kiri [ˌhærə'kɪrɪ] *s. i.* haraquiri (suicidio ritual practicado en Japón).
harangue [hə'ræŋ] *s. c.* **1** (a veces desp.) arenga, perorata. • *v. t.* **2** arengar, lanzar una perorata.
harass ['hærəs ‖ hə'ræs] *v. t.* **1** acosar, hostigar, atormentar, vejar. **2** MIL. acosar, hostigar.
harassed ['hærəst ‖ hə'ræst] *adj.* acosado, hostigado, atormentado, vejado (por preocupaciones insistentes o similar).
harassing ['hærəsɪŋ ‖ hə'ræsɪŋ] *adj.* atormentante, preocupante.
harassment ['hærəsmənt ‖ hə'ræsmənt] *s. i.* **1** acoso, hostigamiento, vejamen. **2** MIL. hostigamiento. **3** preocupación excesiva, tormento continuo, irritación continua.
harbinger ['hɑːbɪndʒər] *s. c.* (~ **of**) (lit.) heraldo de, presagio de.
harbor ['hɑːbər] *s. c.* y *v. t.* ⇒ **harbour.**
harbour ['hɑːbə] (en EE UU **harbor**) *s. c.* **1** puerto. **2** (fig.) refugio, lugar protegido. • *v. t.* **3** proteger a, encubrir a (especialmente a alguien buscado por la policía). **4** albergar, abrigar (esperanzas, temores y otras emociones). • *v. i.* **5** encontrar puerto seguro (barco).
hard [hɑːd] *adj.* **1** duro, sólido, firme, compacto. **2** difícil, arduo (problema, vida, situación, etc.). **3** agotador, duro, penoso: *a hard day = un día agotador.* **4** duro, severo (cualidad personal). **5** fuerte, violento (movimiento físico, expresión verbal, etc.). **6** fría, dura (la expresión o la mirada). **7** frío, duro (tiempo o clima). **8** (~ **on**) duro con, inflexible con, enérgico con (alguien): *he's very hard on his children = es muy duro con sus hijos.* **9** (~ **on**) injusto (para alguien): *it's hard on him to have to work so many hours = es injusto que tenga que trabajar tantas horas.* **10** desagradable, fuerte (un color o sonido). **11** dura (agua). **12** concreto, sólido (hecho, evidencia, prueba, etc.). **13** dura (droga). **14** energético, vigoroso (una cualidad para el trabajo o similar). **15** FON. duro (sonido consonántico). • *adv.* **16** duramente, fuertemente, intensamente (trabajar, intentar, entrenar, etc.). **17** fijamente (mirar); atentamente (oír); intensamente (pensar). **18** violentamente, fuertemente (una acción física). **19** mucho, en grandes cantidades, con gran fuerza (reír, llover, nevar, llorar y muchos otros verbos). **20** repentinamente, inesperadamente, pronunciadamente (movimiento direccional). **21** de cerca (en el espacio), inmediatamente, inmediatamente después (en el tiempo). **22** duramente, estrictamente, con fuerza (manera de comportarse con otras personas). ◆ **23 a** ~ **nut to crack,** ⇒ **nut. 24 as** ~ **as nails,** duro, resistente; despiadado, sin compasión. **25 to be** ~ **going,** ser difícil, ser difícil de entender, ser difícil de disfrutar (un viaje, libro, película, etc.). **26 to be** ~ **hit (by),** ser afectado fuertemente (por), ser golpeado severamente (por) (alguna desgracia o algo similar). **27 to be** ~ **put/pushed/pressed,** estar en un aprieto, tenerlo muy negro: *she was hard put to explain her attitude = estuvo en un aprieto para explicar su actitud.* **28 to drive a** ~ **bargain,** ⇒ **bargain. 29 to follow** ~ **on the heels of,** ⇒ **heel. 30** ~ **and fast, a)** estricto, inflexible (regla, ordenanza, orden, etc.); **b)** concreta, real (la información). **31** ~ **at it,** dándole fuerte, pegándole duro (trabajando). **32** ~ **by,** justo al lado de, muy cerca de, muy próximo a. **33** ~ **cash,** dinero contante y sonante, dinero en metálico, (Am.) plata pura. **34** ~ **copy,** INF. copia impresa (que se puede leer directamente). **35** ~ **core,** núcleo duro, grupo intransigente (en un partido, una asociación, etc.). **36** ~ **court,** DEP. pista dura (tenis). **37** ~ **cover,** tapas duras (de un libro). **38** ~ **currency,** ECON. moneda segura, moneda estable. **39** ~ **disk,** INF. disco duro. **40** ~ **done by,** injustamente tratado (persona). **41** ~ **drink,** bebida alcohólica. **42** ~ **labour** (EE UU **labor**), DER. trabajos forzados. **43** ~ **line,** línea dura (ideológica, por ejemplo). **44** ~ **luck/**~ **lines,** (fam.) mala suerte, mala pata. **45** ~ **of hearing,** duro de oído. **46** ~ **porn/**~ **pornography,** pornografía dura. **47** ~ **sell,** venta agresiva. **48** ~ **shoulder,** arcén. **49** ~ **top,** techo duro para el coche. **50** ~ **up,** sin un centavo, sin un duro, en las últimas. **51 to play** ~ **to get,** ⇒ **play. 52 to take something** ~, tomar algo muy mal, tomar algo con la actitud equivocada, no aceptar algo, significar algo un golpe muy fuerte de encajar. **53 (the)** ~ **left,** POL. la izquierda intransigente, la extrema izquierda. **54 (the)** ~ **right,** POL. la derecha montaraz, la extrema derecha, la derecha autoritaria.

hardback ['hɑːdbæk] *s. c.* **1** libro de tapas duras. ◆ **2 in** ~, con tapa dura (libro).
hard-bitten ['hɑːdbɪtn] *adj.* tenaz, decidido.
hardboard ['hɑːdbɔːd] *s. i.* chapa de madera dura.
hard-boiled [ˌhɑːd'bɔɪld] *adj.* **1** duro (huevo). **2** duro, insensible, de carácter endurecido.
hardcore ['hɑːdkɔː] *adj.* básico, de un núcleo básico: *the hardcore activists = los activistas de un núcleo básico.*
hard-drinking ['hɑːddrɪŋkɪŋ] *adj.* muy bebedor, medio alcoholizado.
harden ['hɑːdn] *v. t.* e *i.* **1** endurecer(se), solidificar(se). **2** (fig.) endurecer(se) (ideas, creencias, actitudes, etc.). **3** (fig.) endurecer(se), hacer(se) duro (el carácter). ● *v. i.* **4** ECON. estabilizarse (precios, situación económica, etc.). **5** hacerse más concreta, hacerse más segura (la evidencia, la información, etc.).
hardened ['hɑːdnd] *adj.* empedernido, endurecido (criminal o similar).
hardening ['hɑːdənɪŋ] *s. i.* endurecimiento (de posturas).
hardhat ['hɑːdhæt] *s. c.* casco; obrero de la construcción.
hard-headed [ˌhɑːd'hedɪd] *adj.* práctico, realista, astuto.
hard-hearted [ˌhɑːd'hɑːtɪd] *adj.* despiadado, frío, cruel, insensible, duro de corazón.
hardiness ['hɑːdɪnɪs] *s. i.* **1** dureza, robustez, resistencia (persona). **2** osadía, intrepidez.
hard-line [ˌhɑːd'laɪn] *adj.* intransigente, exagerado (en ideas).
hard-liner [ˌhɑːd'laɪnər] *s. c.* POL. duro, político de la línea dura.
hardly ['hɑːdlɪ] *adv.* **1** apenas: *I can hardly stand = apenas puedo tenerme en pie.* **2** (~ {**ever, any, etc.**}) casi: *do you go out? hardly ever = ¿sales por ahí? casi nunca.* **3** no, casi no (normalmente con cierto tono irónico): *it's hardly surprising she's angry = no es sorprendente que esté enfadada.*
hardness ['hɑːdnɪs] *s. i.* **1** dureza, solidez. **2** dureza, severidad, insensibilidad (de alguien). **3** dureza, crueldad, rigor (de la vida, clima, etc.). **4** dureza (de oído).
hard-nosed [ˌhɑːd'nəuzd] *adj.* práctico, pragmático (con los pies en la tierra).
hard-pressed [ˌhɑːd'prest] *adj.* con dificultades económicas.
hardship ['hɑːdʃɪp] *s. c.* e *i.* dificultad, apuro, privación (de medios económicos).
hardware ['hɑːdweər] *s. i.* **1** artículos de ferretería. **2** INF. hardware. **3** MIL. armamento.
hard-wearing [hɑːd'weərɪŋ] *adj.* fuerte, duradero (ropa especialmente).
hard-wired ['hɑːdwaɪəd] *adj.* cableado.
hardwood ['hɑːdwud] *s. c.* e *i.* madera dura, árbol de madera dura.
hardy [hɑːdɪ] *adj.* **1** duro, fuerte, robusto, resistente (persona). **2** intrépido, osado. **3** BOT. duro, resistente (planta).
hare [heə] *s. c.* e *i.* **1** liebre. ● *v. i.* **2** (**to** ~ **off/away**) irse a toda velocidad, irse rápidamente. ◆ **3 mad as a March** ~, más loco que una cabra. **4 to run with the** ~ **and hunt with the hounds,** ponerle una vela a Dios y otra al diablo. **5 to start/raise a** ~, sacar un tema de conversación; cambiar de tercio en una conversación.
hare-brained ['heəbreɪnd] *adj.* desatinado, alocado (plan o similar).
harelip ['heəlɪp] *s. c.* e *i.* labio leporino.
harem ['hɑːriːm || 'hærəm] *s. c.* harén (mujeres y lugar).
haricot ['hærɪkəu] (también **haricot bean**) *s. c.* BOT. judía, alubia, habichuela.
hark [hɑːk] *v. i.* **1** (arc.) escuchar. ◆ **2 to** ~ **back (to), a)** recordar, rememorar; **b)** recordar (parecer): *the style harks back to the 19th century = el estilo recuerda al siglo XIX;* **c)** volver, regresar (a un tema).
harlequin [hɑːlɪkwɪn] *s. c.* **1** ART. arlequín. ● *adj.* **2** de arlequín, colorido, de distintos colores (especialmente la ropa).
harlot ['hɑːlət] *s. c.* (lit. y desp.) ramera, meretriz.
harm [hɑːm] *s. i.* **1** daño, herida, perjuicio (físico o intangible): *he meant no harm = no tenía ninguna intención de causar daño.* ● *v. t.* **2** dañar, herir, hacer daño (físicamente). **3** perjudicar, estropear (no físicamente): *her words harmed our relationship = sus palabras perjudicaron nuestra relación.* ◆ **4 to come to no** ~, no tener un resultado erjudicial, no recibir ningún prejuicio de ninguna clase, no salir perjudicado de ningún modo. **5 to do no/little** ~, no causar ningún perjuicio. **6 to do someone no** ~, no sentar mal a alguien, no ser motivo de perjuicio para alguien, no perjudicar a alguien: *the medicine will do you no harm = la medicina no te sentará mal.* **7 no** ~ **done,** (fam.) no ha pasado nada, no ha sido nada. **8 there's no** ~ **in,** no haber ningún mal en. **9 out of harm's way, a)** a salvo, en lugar seguro, en sitio protegido, libre de peligro; **b)** a buen recaudo (donde no hará daño a nadie).
harmful ['hɑːmful] *adj.* dañino, perjudicial, nocivo (especialmente en temas de salud).
harmfully ['hɑːmfəlɪ] *adv.* nocivamente, con grave perjuicio (especialmente para la salud).
harmless ['hɑːmlɪs] *adj.* **1** seguro, que no causa daño alguno. **2** (fam.) inofensivo: *a harmless fellow = un tipo inofensivo.* **3** inocuo (algo).
harmlessly ['hɑːmlɪslɪ] *adv.* **1** con toda seguridad, sin posibilidad de daño alguno. **2** (fam.) inofensivamente, inocentemente. **3** inocuamente (forma de reaccionar algo).
harmlessness ['hɑːmlɪsnɪs] *s. i.* **1** ausencia de peligro, ausencia de posibilidad de daño. **2** (fam.) inocencia (de una persona). **3** inocuidad (de una sustancia o cosa).
harmonic [hɑː'mɒnɪk] MÚS. *adj.* **1** de sonido armonioso, armónico. ● *s. c.* **2** armónico (nota más alta en armonía con la primera). ● *s. pl.* **3** armonía.
harmonica [hɑː'mɒnɪkə] *s. c.* MÚS. armónica (instrumento).
harmonious [hɑː'məunɪəs] *adj.* **1** cordial, de buena vecindad (relaciones, discusiones, etc.). **2** MÚS. armonioso, melódico, suave. **3** equilibrado, lleno de armonía (la forma de ordenar o colocar algo).
harmoniously [hɑː'məunɪəslɪ] *adv.* **1** cordialmente, amigablemente. **2** armoniosamente, melódicamente, suavemente (sonido musical). **3** equilibradamente, con buen gusto (el arreglo o la colocación de algo).
harmonium [hɑː'məunɪəm] *s. c.* MÚS. armonio (instrumento).
harmonization ['hɑːmənaɪzeɪʃn] (también **harmonisation**) *s. i.* armonización.
harmonize ['hɑːmənaɪz] (también **harmonise**) *v. t.* e *i.* **1** MÚS. armonizar, poner armonía a (una melodía); cantar en armonía, hacer armonías. ● *v. i.* **2** (**to** ~ {**with**}) ir bien juntos, armonizar (colores, estilos, formas, etc.). **3** (**to** ~ {**with**}) estar en armonía, equilibrar (dos ideas, opiniones, etc.). **4** (form.) estar de acuerdo.
harmony ['hɑːmənɪ] *s. i.* **1** armonía, concordia, unidad (de sentimientos o parecido). ● *s. c.* e *i.* **2** MÚS. armonía. **3** armonía, equilibrio, simetría (de formas, colores, estilos, etc.). ◆ **4 in** ~ **(with),** en armonía (con), en concordancia (con): *her interests are in harmony with mine = sus intereses están en concordancia con los míos.*
harness ['hɑːnɪs] *s. c.* e *i.* **1** arreos (de monturas). ● *s. c.* **2** correaje, correa de sujección (de un paracaidista o niño pequeño). ● *v. t.* **3** (**to** ~ + *o.* + {**to**}) enjaezar, poner los arreos (a una montura, especialmente para que tire de un carro o similar). **4** aprovechar, utilizar, sacar partido de (elementos naturales): *to harness a waterfall = aprovechar una cascada natural.* ◆ **5 to die in** ~, morir al pie del cañón, morir con las botas puestas. **6 in** ~ **(with),** en conjunción (con) (en un trabajo).
harp [hɑːp] *s. c.* **1** MÚS. arpa. ◆ **2 to** ~ **on,** no cesar de repetir, no parar de decir, insistir una y otra vez.
harpist ['hɑːpɪst] *s. c.* MÚS. arpista.
harpoon [hɑː'puːn] *s. c.* **1** arpón. ● *v. t.* **2** arponear.
harpsichord ['hɑːpsɪkɔːd] *s. c.* MÚS. clavicordio.
harpy ['hɑːpɪ] *s. c.* (lit.) arpía (mujer).
harried ['hærɪd] *adj.* atormentado, agobiado (expresión, etc.).
harrow ['hærəu] *s. c.* AGR. grada, rastra.
harrowing ['hærəuɪŋ] *adj.* horroroso, angustioso, horripilante, horrendo.
harry ['hærɪ] *v. t.* **1** acosar, hostigar, molestar constantemente, dar la lata.

2 saquear, pillar (de manera constante).

harsh [hɑːʃ] *adj.* **1** severo, duro (persona o sus acciones). **2** áspero, duro (sonido). **3** chillón, áspero (color, luz, etc.). **4** duro, severo (la forma de vida, el tiempo, etc.).

harshly ['hɑːʃlɪ] *adv.* **1** severamente, duramente (trato o similar). **2** ásperamente, con dureza, estridentemente (sonido).

harshness ['hɑːʃnɪs] *s. i.* **1** dureza, severidad (cualidad personal). **2** dureza, rigor, severidad (de una forma de vivir, clima, etc.). **3** aspereza, estridencia (de un sonido).

hart [hɑːt] (*pl.* **hart** o **harts**) *s. c.* ZOOL. ciervo (macho).

harvest ['hɑːvɪst] *s. c.* **1** AGR. cosecha, recolección; vendimia (uva). • *s. i.* **2** tiempo de la cosecha, tiempo de recolección. • *s. sing.* **3** (**the** ~) AGR. la cosecha, la siega. • *v. t.* **4** AGR. cosechar, recolectar; vendimiar (uva). **5** (lit. y fig.) recoger (fruto de alguna acción o parecido). ◆ **6** ~ **festival,** REL. fiesta de acción de gracias por la cosecha. **7** ~ **home,** (brit.) fiesta de la cosecha. **8** ~ **moon,** luna otoñal (22 ó 23 de Septiembre). **9 to reap the** ~, (fig.) sacar buen partido, sacar ventaja, sacar beneficio (al trabajo de uno o de otros).

harvester ['hɑːvɪstər] *s. c.* **1** MEC. cosechadora. **2** segador (persona).

has [hæz] (forma relajada [həz]) *tercera persona sing. pres.* de **have.**

has-been ['hæzbiːn] *s. c.* (fam. y desp.) vieja gloria, reliquia del pasado.

hash [hæʃ] *s. i.* **1** GAST. picadillo (de carne). **2** (fam.) hachís. ◆ **3 to make a** ~ **of,** (fam.) embrollar, hacer un estropicio de (una situación, tarea, responsabilidad, etc.).

hashish ['hæʃiːʃ] *s. i.* hachís.

hasn't ['hæznt] *contr.* de **has** y **not.**

hasp [hɑːsp || hæsp] *s. c.* MEC. pasador (en una puerta, una ventana, etc.).

hassle ['hæsl] *s. c.* e *i.* **1** (fam.) follón, molestia, incordio. **2** pelea, discusión, regañina. • *v. t.* **3** dar la lata, dar el té, fastidiar, encordiar.

hassock ['hæsək] *s. c.* REL. cojín para arrodillarse.

haste [heɪst] *s. i.* **1** prisa; precipitación. ◆ **2 in** ~, con prisa, apresuradamente, precipitadamente. **3 to make** ~, (p.u.) darse prisa, apresurarse.

hasten ['heɪsn] *v. t.* **1** acelerar, apresurar (cualquier proceso o acción). **2** (**to** ~ *inf.*) apresurarse a, darse prisa en. • *v. i.* **3** (lit.) dirigirse con prisa, apresurarse (a un lugar).

hastily ['heɪstɪlɪ] *adv.* **1** apresuradamente, precipitadamente. **2** irreflexivamente, imprudentemente, inconsideradamente.

hastiness ['heɪstɪnɪs] *s. i.* **1** apresuramiento, precipitación. **2** imprudencia, inconsideración, manera irreflexiva.

hasty ['heɪstɪ] *adj.* **1** apresurado, precipitado (acción). **2** irreflexivo, imprudente, inconsiderado (persona o comportamiento).

hat [hæt] *s. c.* **1** sombrero. • *s. sing.* **2** (fam.) función profesional, capacidad oficial: *today I'm wearing my headmaster's hat = hoy llevo a cabo mi función de director.* ◆ **3 at the drop of a** ~, ⇒ **drop. 4 to eat one's** ~, (fam.): *if he passes I'll eat my hat = si aprueba yo soy cura.* **5 to hang up one's** ~, (fam.) tirar la toalla (especialmente en el trabajo). **6** ~ **trick,** DEP. tercer gol seguido, tercer golpe seguido (en distintos deportes). **7 to keep something under one's** ~, (fam.) guardar un secreto, mantener algo secreto. **8 my** ~**!,** (p.u.) ¡caramba! (expresando sorpresa). **9 old** ~, (fam.) archisabido, archiconocido. **10 to pass the** ~ **round,** (fam.) pasar el sombrero (para recoger dinero). **11 to take off one's** ~ **to someone,** (fam.) quitarse el sombrero ante alguien. **12 to talk through one's** ~, (fam.) decir chorradas, decir bobadas.

hatband ['hætbænd] *s. c.* cinta de sombrero.

hatbox ['hætbɒks] *s. c.* sombrerera, caja de los sombreros.

hatch [hætʃ] *s. c.* **1** MAR. escotilla, compuerta, escotillón de carga. **2** AER. puerta, escotilla. **3** ventanuco (entre habitaciones); ventanilla (en una puerta o similar). • *v. i.* **4** salir del cascarón, romper el cascarón. • *v. t.* **5** (fig.) tra- mar, proyectar, idear (un plan). • **6 down the** ~, (fam.) pa' dentro (al beber). **7 to** ~ **out,** salir del cascarón, acabar la incubación. **8 to** ~ **up,** planear, tramar (plan).

hatchback ['hætʃbæk] *s. c.* **1** coche de cinco puertas. **2** puerta trasera (en un coche de cinco puertas).

hatchery ['hætʃərɪ] *s. c.* vivero, criadero (especialmente de peces).

hatchet ['hætʃɪt] *s. c.* **1** hacha pequeña. ◆ **2 a** ~ **face,** una cara alargada, una cara afilada. **3 to bury the** ~, reconciliarse, enterrar el hacha de guerra. **4** ~ **job,** (fam.) faena de campeonato, ataque brutal (por escrito o de palabra). **5** ~ **man,** (fam.) lacayo a sueldo, asesino a sueldo.

hatchway ['hætʃweɪ] *s. c.* ⇒ **hatch 1.**

hate [heɪt] *v. t.* **1** odiar, detestar: *I hated milk when I was little = cuando era pequeño odiaba la leche.* **2** (**to** ~ *inf./ger.*) no gustar en absoluto: *I hate getting up early = no me gusta en absoluto levantarme temprano.* • *s. c.* **3** odio, repugnancia, aborrecimiento. ◆ **4** ~ **mail,** correo intimidatorio, correspondencia amenazante. **5 to** ~ **somebody's guts,** ⇒ **gut. 6 I** ~ **to disturb/trouble/etc. you,** siento muchísimo molestarte. **7 I** ~ **to say it,** siento mucho tener que decirlo.

hated ['heɪtɪd] *adj.* odiado, detestado, aborrecido.

hateful ['heɪtful] *adj.* odioso, detestable, aborrecible.

hatefully ['heɪtfəlɪ] *adv.* odiosamente, detestablemente, aborreciblemente.

hatefulness ['heɪtfəlnɪs] *s. i.* lo odioso, lo detestable.

hatpin ['hætpɪn] *s. c.* alfiler de sombrero.

hatred ['heɪtrɪd] *s. i.* (~ {**for/of/towards**}) odio, desprecio, aborrecimiento.

hatstand ['hætstænd] *s. c.* percha para sombreros.

hatter ['hætər] *s. c.* **1** fabricante de sombreros, sombrerero. ◆ **2 as mad as a** ~, más loco que una regadera.

haughtily ['hɔːtɪlɪ] *adv.* arrogantemente, desdeñosamente.

haughtiness ['hɔːtɪnɪs] *s. i.* arrogancia, desdén.

haughty ['hɔːtɪ] *adj.* arrogante, desdeñoso, altivo.

haul [hɔːl] *s. c.* **1** tirón, arrastre. **2** captura (de peces de una vez). **3** redada, botín (de algo robado). • *v. t.* e *i.* **4** arrastrar, tirar con fuerza de, acarrear; transportar. • *v. pron.* **5** ponerse, introducirse, meterse (en algún lugar). ◆ **6 a/the long** ~, un/el largo camino, una/la larga lucha (hasta conseguir un derecho, meta, etc.). **7 to** ~ **someone over the coals,** ⇒ **coal. 8 to** ~ **up,** enviar a, llevar ante (un juez o persona con autoridad).

haulage ['hɔːlɪdʒ] *s. i.* transporte por carretera.

hauler ['hɔːlər] *s. c.* ⇒ **haulier.**

haulier [hɔːlɪər] (en EE UU **hauler**) *s. c.* transportista, contratista de transporte por carretera.

haunch [hɔːntʃ] *s. c.* (normalmente *pl.*) cuartos traseros, ancas, grupa (parte del cuerpo de una persona o animal).

haunt [hɔːnt] *v. t.* **1** embrujar (lugar o persona, por parte de fantasmas). **2** obsesionar (una idea, imagen, recuerdo, etc.). **3** frecuentar (lugar). **4** perseguir (problemas, dificultades, etc.): *I've been haunted by continuous economic problems = los problemas económicos me han perseguido.* • *s. c.* **5** sitio favorito, lugar predilecto.

haunted ['hɔːntɪd] *adj.* **1** embrujado (lugar o persona). **2** obsesionado, perturbado (expresión facial).

haunting ['hɔːntɪŋ] *adj.* obsesionante, perturbador: *a haunting melody = una melodía obsesionante.*

hauntingly ['hɔːntɪŋlɪ] *adv.* obsesionantemente, perturbadoramente.

hauteur [əʊ'tɜːr] *s. i.* (form.) desprecio, altivez, altanería.

have [hæv] (forma relajada [həv]) (*pret.* y *p. p. irreg.* **had**) *v. t.* **1** (**to** ~ {**got**}) tener, poseer: *I have a big house = tengo una casa enorme.* **2** (**to** ~ {**got**}) sufrir de, tener (enfermedad). **3** (**to** ~ {**got**}) experimentar, recibir, tener (duda, sospecha, experiencia, etc.). **4** (**to** ~ {**got**}) tener (como resultado): *we've got letters coming from everywhere = tenemos cartas que vienen de todos los sitios.* **5** (**to** ~ {**got**}) tener, recibir (en casa de uno): *I'm having my parents next Christmas = tendré a mis padres las próxi-*

mas Navidades. **6** (**to** ~ {**got**}) tener (postura del cuerpo), sujetar (en una parte del cuerpo); dar (parte del cuerpo): *why did you have your back to us at the table?* = *¿por qué nos diste la espalda en la mesa?* **7** (**to** ~ {**got**}) tener, mostrar (amabilidad, descaro, detalle o cualquier otra cualidad personal): *I didn't have the nerve to refuse* = *no tuve la valentía de negarme.* **8** (**to** ~ {**got**} + *inf.*) tener que, verse obligado a, deber: *I have to go at once* = *tengo que irme enseguida.* **9** dar a luz, tener (bebé). **10** causar, producir (una reacción, efecto, influencia, etc.). **11** recibir, tener (carta, mensaje, etc.). **12** tomar, ingerir, comer, beber (comida o bebida): *I had breakfast at 7* = *tomé el desayuno a las 7.* **13** echarse (un cigarrillo). **14** pasar por, recibir (operación, tratamiento, etc.). **15** (**to** ~ + *o.d.* + *p. p.*) mandar que, encargar que, hacer que: *I had the carpet cleaned* = *encargué que limpiaran la alfombra.* **16** (**to** ~ + *o.d.* + *p. p.*) sufrir (una experiencia dura, desagradable): *I had my suit ruined by the cleaner's* = *me arruinaron el traje en la tintorería.* **17** (**to** ~ + *o.d.* + *inf.*) ordenar, hacer mandar: *I'll have the children wash your car* = *haré que los niños te laven el coche.* **18** (**to** ~ + *o./ger.*) permitir, tolerar: *I won't have anybody shouting* = *no toleraré que nadie grite.* **19** (**to** ~ + *ger.*) causar, tener (un cierto estado en alguien): *she had us all dreaming about a wonderful future* = *nos tuvo a todos soñando con un futuro maravilloso.* **20** tener (como invitados): *we're having the Smiths for dinner* = *tendremos a los Smith a cenar.* **21** (normalmente *pas.*) (fam.) engañar, tomar el pelo: *I was had* = *me tomaron el pelo.* **22** (vulg.) poseer, tirarse, follarse, (Am) coger. **23** (fam.) ganar, vencer (en una discusión): *she certainly had you yesterday* = *ciertamente te ganó ayer (en la discusión).* ◆ **24 to be had up for,** (fam.) ser llevado a juicio por, ser puesto en la picota por. **25 to give something all you ~/to put everything you ~ into something,** (fam.) poner toda la carne en el asador, hacer un esfuerzo sobrehumano en algo. **26 to ~ a good/bad/fantastic/horrible/etc. time,** pasarlo bien/mal/fantásticamente/fatal/etc. **27 to ~ had it,** (fam.) **a)** estar para el arrastre, estar hecho unos zorros; **b)** estropearse, changarse; **c)** haberla diñado, haberla fastidiado (ya no se puede arreglar una situación). **28 to ~ it,** (fam.) recordarlo, venir a la mente. **29 to ~ it in one,** (fam.) tener, poseer (cualidades insospechadas); valer (personalmente): *I never thought you had it in you* = *nunca pensé que tú valías.* **30 to ~ it in for,** (fam.) guardársela a, tenérsela jurada a. **31 to ~ it off/away (with),** (fam. y brit.) pegarse el lote (con), darse un filete (con) (sexualmente). **32 to ~ it/the matter/the whole thing/etc. out (with),** (fam.) hablar a las claras (con), ajustar las cuentas hablando (con). **33 to ~ no time for,** ⇒ **time. 34 to ~ on,** (fam.) **a)** llevar puesto (ropa o similar); **b)** tener encendido (aparato eléctrico). **35 to ~ somebody in,** tener a alguien trabajando en casa (pintores, fontaneros, etc.). **36 to ~ somebody on,** (fam.) burlarse de alguien, cachondearse de alguien. **37 to ~ something over with,** (fam.) acabar algo de una vez, dar algo por terminado definitivamente (y que se está deseando que acabe). **38 I/you/we/etc. ~,** tengo, tienes/tenemos/etc. (como dando un ejemplo): *at the beginning of the century we had a lot of social unrest* = *a principios de siglo tuvimos un gran malestar social.* **39 what ~ you,** ⇒ **what.**

OBS. Este verbo tiene otros muchos usos que se explican a continuación. **40** haber (como verbo auxiliar en los tiempos que lo tienen): *I have read his novel* = *he leído su novela; I would have gone, but I couldn't* = *habría ido, pero no pude.* **41** (form.) si (en las oraciones condicionales): *had there been time, I would have helped* = *si hubiera habido tiempo, habría ayudado.* **42** con muchísimos sustantivos tiene significados acordes con el sustantivo: *to have a holiday* = *tomarse/coger unas vacaciones; to have a meeting* = *celebrar una reunión; to have a general election* = *llevar a cabo unas elecciones generales.* **43** (fam.) con un verbo sustantivado por el artículo indeterminado coge el significado del verbo: *to have a look* = *echar un vistazo; to have a swim* = *darse un chapuzón; to have a try* = *intentar; to have a read* = *leer un rato.* En general, se puede decir que cuando este verbo tiene sentido de "tener" puede ser conjugado como verbo auxiliar, y cuando no lo tiene es verbo normal que debe utilizar *do* y *did.* En el inglés americano este verbo se utiliza de forma distinta. En general, los americanos no utilizan este verbo junto con la partícula *got,* para indicar posesión y siempre, en negativas e interrogativas, utilizan auxiliares.

haven ['heɪvn] *s. c.* **1** lugar seguro, refugio. **2** (arc.) MAR. puerto.

have-nots ['hævnɒts] *s. pl.* pobres, desposeídos.

haven't ['hævnt] *contr.* de **have** y **not.**

haversack ['hævəsæk] *s. c.* mochila, macuto, morral.

haves [hævz] *s. pl.* ricos, acaudalados.

havoc ['hævək] *s. i.* **1** desolación, destrucción total. ◆ **2 to play ~ with,** echar a perder, estropear totalmente.

haw [hɔː] *s. c.* **1** BOT. marzoleta, marjoleta. ◆ **2 ~!,** ¡jo jo! (risa desagradable o con soberbia). **3 to hum and ~,** ⇒ **hum.**

hawk [hɔːk] *s. c.* **1** ZOOL. halcón. **2** (fig.) POL. halcón (que no quiere la paz). ● *v. t.* **3** (frecuentemente desp.) vender en plan barato, pregonar de casa en casa/de calle en calle (los artículos que están en venta). ◆ **4 to watch someone like a ~,** no perder de vista a alguien, vigilar a alguien con todo detenimiento.

hawker ['hɔːkər] *s. c.* vendedor ambulante, quincallero.

hawk-eyed [hɔːk'aɪd] *adj.* de vista de lince.

hawkish ['hɔːkɪʃ] *adj.* POL. de la línea dura, intransigente (en el campo internacional).

hawser ['hɔːzər] *s. c.* MAR. cable, estacha, guindaleza, maroma.

hawthorn ['hɔːθɔːn] *s. c.* e *i.* BOT. espino, marzoleto, marjoleto.

hay [heɪ] *s. i.* **1** AGR. heno. ◆ **2 to have a roll in the ~,** (fam. de connotación sexual) pegarse un revolcón. **3 to hit the ~,** (fam.) meterse en la cama, acostarse. **4 to make ~ while the sun shines,** hacer uso inteligente de las oportunidades mientras duran.

haycock ['heɪkɒk] *s. c.* AGR. cono de heno (que se deja a secar).

hayfever ['heɪfiːvər] *s. i.* MED. fiebre del heno (alergia).

haystack ['heɪstæk] *s. c.* **1** montón grande de heno, almiar. ◆ **2 a needle in a ~,** una aguja en un pajar.

haywire ['heɪwaɪər] **to be/go ~,** (fam.) estar embrollado, embrollarse, ponerse difícil.

hazard ['hæzəd] *s. c.* **1** riesgo, peligro. **2** DEP. obstáculo (en el golf). ● *v. t.* **3** (form.) poner en peligro, arriesgar (algo o a alguien). **4** arriesgar, aventurar (una hipótesis, posibilidad, sugerencia, etc.). ◆ **5 ~ warning lights,** luces de emergencia.

hazardous ['hæzədəs] *adj.* peligroso, arriesgado, aventurado.

hazardously ['hæzədəslɪ] *adv.* peligrosamente, arriesgadamente, aventuradamente.

haze [heɪz] *s. i.* **1** neblina, niebla fina, bruma. **2** humo, neblina (de cualquier sustancia). ◆ **3 to be in a ~,** estar desconcertado/confuso: *my mind's in a haze* = *mi mente está confusa.*

hazel ['heɪzl] *s. c.* e *i.* **1** BOT. avellano. ● *adj.* **2** avellanado (ojos).

hazelnut ['heɪzlnʌt] *s. c.* avellana.

hazily ['heɪzɪlɪ] *adv.* confusamente, desconcertadamente.

haziness ['heɪzɪnɪs] *s. i.* **1** lo neblinoso, lo brumoso. **2** (fig.) confusión, desconcierto.

hazy ['heɪzɪ] *adj.* **1** neblinoso, brumoso. **2** (fig.) confuso, desconcertado. **3** (fig.) débil (después de enfermedad o borrachera). **4** desleído, pálido (color).

H-bomb ['eɪtʃbɒm] *s. c.* QUÍM. bomba de hidrógeno, bomba H.

he [hiː] *pron.pers.* **1** él: *he did it, not me* = *lo hizo él, no yo.* **2** él (desconocido): *if somebody comes, he'll know where we are* = *si alguien viene, (él) ya sabe dónde estamos.*

head [hed] *s. c.* **1** cabeza. **2** (fig.) cabeza, mente, cerebro. **3** jefe, mandamás (en una organización). **4** cabecera, parte superior (de un objeto). **5** nacimiento (de un río). **6** director, directora (de colegio). **7** división, sección, parte. **8** ELECTR. cabezal (de un magnetófono). **9** punta (de algunos objetos). **10** punta inflamada (de un grano o furúnculo). • *s. sing.* **11** parte de arriba, parte superior (de una página). **12** parte de delante, parte frontal (de una procesión, cola, etc.). **13** presión (del agua o vapor). **14** espuma (de cerveza). **15** (fam.) dolor de cabeza. **16** cabeza(s) (de ganado). **17** cabeza (de un caballo): *he won by a head = ganó por una cabeza.* • *adj.* **18** principal, central: *head office = oficina central.* • *v. t.* **19** dirigir, controlar (una empresa, una organización, etc.). **20** encabezar (una manifestación, una procesión, una lista, etc.). **21** dirigir (a alguien a un sitio). **22** titular, poner como título (de un libro o similar). **23** DEP. cabecear (el balón). • *v. i.* **24** dirigirse, dirigir los pasos hacia: *head south = dirígete al sur.* **25** acercarse a, llegar hasta (en una cantidad). ◆ **26 above/over one's ~,** por encima de mis posibilidades intelectuales, más allá de mis entendederas. **27 to bang one's ~ against the wall,** ⇒ **bang. 28 to bite/snap someone's ~ off,** (fam.) maltratar de palabra a alguien, hablar violentamente a alguien. **29 to bring/ come to a ~,** traer a su punto culminante, llevar a un punto álgido (en el que hay que tomar una decisión). **30 to bury one's ~ in the sand,** ocultar la cabeza en la arena (como hace el avestruz). **31 from ~ to foot,** de los pies a la cabeza. **32 to get one's ~ round,** (fam.) entender, sacar en limpio, sacar en claro. **33 to get something into one's ~,** caer en la cuenta de algo, darse cuenta de algo. **34 to get something into someone's ~,** hacer entender algo a alguien, meter algo en la cabeza de alguien. **35 to give someone their ~,** dar rienda suelta a alguien. **36 to go to one's ~, a)** subirse a la cabeza (el alcohol); **b)** (desp. y fig.) subirse a la cabeza (el éxito o similar). **37 to have a good ~ of hair,** tener una magnífica melena. **38 to have a good ~ on one's shoulders,** tener sentido común, tener sentido práctico. **39 to have a swollen ~,** estar hinchado de vanidad, estar lleno de estúpido orgullo. **40 to have one's ~ in the clouds,** ⇒ **cloud. 41 ~ boy,** alumno jefe (el primero entre los delegados de curso). **42 ~ count,** recuento de las personas presentes. **43 headed notepaper,** papel con membrete, papel con encabezamiento. **44 to ~ for,** dirigirse hacia, marchar en dirección a. **45 ~ girl,** alumna jefe. **46 to ~ off,** ahuyentar, desviar (la dirección o la atención). **47 ~ over heels,** de cabeza, con la cabeza por delante. **48 ~ over heels in love,** locamente enamorado. **49 heads or tails,** cara o cruz. **50 heads will roll,** van a rodar cabezas. **51 to hold one's ~ high,** mantener la cabeza bien alta. **52 in one's ~,** en la memoria de uno, en la cabeza de uno. **53 to keep one's ~,** mantener la cabeza, mantener la calma. **54 to keep one's ~ above water,** ⇒ **water. 55 to laugh/cry/etc. one's ~ off,** (fam.) reírse/llorar/ etc. a más no poder. **56 to lose one's ~,** perder la cabeza, perder la calma, perder la serenidad. **57 to make ~ or tail of,** (fam.) sacar en claro, entender. **58 not right in the ~,** ⇒ **right. 59 off one's ~,** (fam.) memo, ido, locatis. **60 off the top of one's ~,** según se le ocurre a uno, a bote pronto. **61 on one's own ~,** que caiga sobre la cabeza de uno (la consecuencia de una acción). **62 on your own ~ be it,** que sea bajo tu responsabilidad, que sepas pechar con las consecuencias. **63 over someone's ~,** sin que alguien se entere, sin consultar con alguien (que está en posición de autoridad). **64 per/a ~,** por barba, por cabeza. **65 to put one's ~ in the noose,** meterse en la trampa tontamente. **66 to put one's heads together,** tratar de resolver algo entre más de uno, colaborar en la solución de algún problema. **67 to put something into someone's ~,** meter algo en la cabeza de alguien, sugerir algo a alguien, dar una idea a alguien. **68 to put something out of someone's ~,** quitarle a alguien algo de la cabeza. **69 to stand on one's ~,** hacer el pino. **70 to stand/turn something on its ~,** dar a algo la vuelta (especialmente en una discusión). **71 to take into its ~ to,** (- *inf.*) metérsele a uno en la cabeza, darle a uno por. **72 to talk one's ~ off,** hablar por los codos. **73 to turn somebody's ~,** subírsele a la cabeza a alguien, envanecer a alguien: *his success has turned his head = su éxito le ha envanecido.* **74 two heads are better than one,** dos piensan mejor que uno.

headache ['hedeɪk] *s. c.* **1** dolor de cabeza. **2** (fig.) fastidio, pesadez, dolor de cabeza.

headband ['hedbænd] *s. c.* cinta (para sujetarse el pelo).

headboard ['hedbɔːd] *s. c.* cabezal, cabecera (de cama).

headdress ['heddres] *s. c.* tocado (en la cabeza).

header ['hedər] *s. c.* **1** DEP. cabezazo. • *s. sing.* **2 (a ~)** un chapuzón de cabeza, un salto de cabeza.

headfirst [ˌhed'fəːst] *adv.* **1** de cabeza, con la cabeza por delante. **2** (fig.) sin pensar, sin más, de cabeza (emprendiendo un proyecto).

headgear ['hedgɪər] *s. i.* adorno en la cabeza, sombreros.

head-hunter ['hedhʌntər] *s. c.* cazatalentos.

heading ['hedɪŋ] *s. c.* encabezamiento (en un escrito).

headlamp ['hedlæmp] *s. c.* ⇒ **headlight.**

headland ['hedlənd] *s. c.* GEOG. cabo, punta.

headless ['hedlɪs] *adj.* descabezado, sin cabeza.

headlight ['hedlaɪt] (también **headlamp**) *s. c.* faro, luz delantera (de vehículo).

headline ['hedlaɪn] PER. *s. c.* **1** titular, encabezamiento. • *s. pl.* **2** grandes titulares. • *v. t.* **3** titular, encabezar (noticia). ◆ **4 to hit/make/reach the headlines,** aparecer en los periódicos, ser objeto de una gran noticia.

headlong ['hedlɒŋ] *adj.* y *adv.* **1** derecho, directo (movimiento físico). • *adj.* **2** precipitado, temerario. • *adv.* **3** precipitadamente, temerariamente.

headman ['hedmæn] (*pl. irreg.* **headmen**) *s. c.* jefe tribal, cacique.

headmaster [hed'mɑːstər] *s. c.* director (de colegio).

headmen ['hedmən] *pl. irreg.* de **headman.**

headmistress [hed'mɪstrɪs] *s. c.* directora (de colegio).

head-on [ˌhed'ɒn] *adj.* **1** frontal (choque). **2** (fig.) total, frontal, sin cuartel (conflicto o similar). • *adv.* **3** frontalmente (choque). **4** de lleno, de frente (forma de encarar algo).

headphone ['hedfəun] *s. c.* (normalmente *pl.*) auricular, casco.

headquarters [ˌhed'kwɔːtəz] *s. pl.* **1** MIL. cuartel general. **2** sede, centro (donde se toman las decisiones directivas de empresa o similar).

headrest ['hedrest] *s. c.* apoyo (para la cabeza), reposacabezas.

headroom ['hedruːm] *s. i.* altura, espacio superior.

headscarf ['hedskɑːf] (*pl. irreg.* **headscarves**) *s. c.* pañuelo de cabeza.

headship ['hedʃɪp] *s. c.* puesto de director, dirección (especialmente de escuelas).

head-shrinker ['hedʃrɪŋkər] *s. c.* (fam.) psiquiatra.

headstand ['hedstænd] *s. c.* pino, posición de pino.

headstart [ˌhed'stɑːt] *s. c.* ventaja, posición ventajosa.

headstone ['hedstəun] *s. c.* lápida.

headstrong ['hedstrɒŋ ‖ 'hedstrɔːŋ] *adj.* obstinado, terco; voluntarioso.

head-teacher [hed'tiːtʃər] *s. c.* director (de escuela primaria).

headway ['hedweɪ] *s. i.* **1** progreso. ◆ **2 to make ~,** abrirse camino, avanzar, progresar.

headwind ['hedwɪnd] *s. c.* viento contrario.

headword ['hedwəːd] *s. c.* vocablo, lema, entrada (especialmente en el caso de un diccionario).

heady ['hedɪ] *adj.* **1** embriagador (bebida, perfume, ambiente). **2** excitante, apasionante, extasiador (experiencia, idea, vida, etc.).

heal [hiːl] *v. t.* e *i.* **1** curar(se), sanar(se) (de una herida o enfermedad). • *v. t.* **2** (fig.) remediar, cicatrizar, curar:

time heals everything = el tiempo lo cura todo. ◆ **3 to ~ up,** cicatrizar(se), sanar(se) por completo.

healer ['hi:lər] *s. c.* médico, curandero, sanador (cosa o persona).

health [helθ] *s. i.* **1** salud, buena salud. **2** (fig.) salud, buen estado, prosperidad (de una empresa o similar). ◆ **3 to drink (to) someone's ~,** beber a la salud de alguien, brindar por la salud de alguien. **4 ~ care,** atención sanitaria. **5 ~ care professional,** profesional de la salud. **6 ~ centre,** (brit.) centro de salud (local o municipal). **7 ~ food,** alimento natural, alimento integral. **8 ~ service,** servicio público de la sanidad, seguridad social. **9 ~ visitor,** (brit.) enfermera visitante (que va por las casas).

healthily ['helθɪlɪ] *adv.* saludablemente, de forma sana.

healthiness ['helθɪnɪs] *s. i.* disfrute de buena salud.

healthy ['helθɪ] *adj.* **1** sano, saludable. **2** (fig.) próspero, sano, fuerte (una empresa o similar). **3** natural, beneficioso (actitud para con algo): *a healthy respect for one's peers = un respeto natural hacia los compañeros.* **4** sustancial (cantidad).

heap [hi:p] *s. c.* **1** montón, pila (en desorden). **2** (fam.) montón, gran cantidad de (lo que sea): *heaps of money = montones de dinero.* ● *v. t.* **3** amontonar, apilar, poner en montones (desordenadamente). **4** (**to ~** + *o.* + **on/upon**) (fig.) prodigar (insultos, críticas, etc.) sobre; colmar de (alabanzas, favores, etc.). ◆ **5 heaps,** (fam.) un montón, muchísimo: *this set is heaps better = este aparato es muchísimo mejor.* **6 to ~ up,** amontonar hasta arriba, apilar totalmente. **7 in a ~,** como un fardo (caer). **8 the bottom/ top of the ~,** el escalón inferior/superior de la sociedad, la parte baja/alta de la escala social.

heaped [hi:pt] *adj.* **1** grande. ◆ **2 ~ with,** hasta arriba, abarrotado, lleno.

hear [hiər] (*pret.* y *p. p. irreg.* **heard**) *v. t.* **1** oír: *I heard you = te oí.* **2** escuchar, prestar atención a (un programa de radio, conferencia, etc.). **3** DER. ver, dar audiencia a (caso judicial). **4** escuchar (una oración, ruego, etc.). **5** saber, estar informado de, oír. ● *v. i.* **6** oír, escuchar. **7** (**to ~** {**about/of**}) tener noticias, recibir noticias; oír hablar: *I have never heard of him = nunca he oído hablar de él.* **8** (**to ~ from**) escuchar a, recibir información de; tener noticias de: *I haven't heard from you for ages = no he tenido noticias tuyas durante muchísimo tiempo.* ◆ **9 to be unable to ~ oneself think,** no poder concentrarse en lo que uno hace (por haber demasiado ruido). **10 do you ~ (me)?,** ¿me oyes?, ¿de acuerdo?, ¿está claro? **11 to have heard something before,** haber oído algo antes, estar al tanto de algo desde hace tiempo. **12 ~, ~!** ¡sí señor!, ¡muy bien dicho!, ¡estupendo!. **13 to ~ a pin drop,** poderse oír el vuelo de una mosca. **14 to ~ somebody out,** escuchar a alguien hasta que acabe de hablar. **15 won't ~ of,** negarse a, negarse a aceptar: *I won't hear of you paying for everything = me niego a aceptar que pagues todo.*

heard [hə:d] *pret.* y *p. p. irreg.* de **hear.**

hearer ['hɪərər] *s. c.* oyente (dentro de una audiencia).

hearing ['hɪərɪŋ] *s. i.* **1** oído (uno de los sentidos corporales). ● *s. c.* **2** audiencia, proceso, investigación oficial; vista. ◆ **3 a (fair) ~,** una oportunidad de expresar la opinión de uno: *I'll give you a fair hearing = te concederé una oportunidad para expresar tu opinión.* **4 hard of ~, ⇒ hard. 5 ~ aid,** audífono, prótesis auditiva. **6 in/within someone's ~,** al alcance del oído.

hearsay ['hɪəseɪ] *s. i.* rumores; habladurías.

hearse [hə:s] *s. c.* coche fúnebre, coche mortuorio.

heart [hɑ:t] *s. c.* **1** corazón. **2** pecho (parte más o menos cercana al corazón). **3** (fig.) corazón (sentimiento). **4** carta del palo de corazones. **5** cogollo (de verduras). **6** centro, corazón, parte más interior, cogollo (física o figurativamente): *the heart of the problem = el centro del problema.* **7** forma de corazón, corazón (forma física). ● *s. i.* **8** coraje, valentía, arrojo: *I haven't got the heart to go = no tengo la valentía de irme.* ● *s. c.* e *i.* **9** (fig.) corazón, generosidad, compasión. ◆ **10 a broken ~,** un corazón roto (normalmente por desengaño amoroso). **11 a change of ~,** cambio de opinión. **12 after one's own ~,** que uno admira, que a uno le gusta mucho. **13 at ~,** en el fondo, básicamente, en lo más íntimo. **14 to break one's ~, a)** romperse el corazón de uno (especialmente por un desengaño amoroso); **b)** dar a uno muchísima pena. **15 by ~,** de memoria. **16 close/dear/near to one's ~,** muy querido por uno, muy importante para uno. **17 to come from the ~,** salir del corazón, ser genuino y natural (un sentimiento). **18 cross my ~ (and hope to die),** lo juro (dicho por niños). **19 to do one's ~ good,** animar a uno, reconfortar a uno. **20 everything the ~ can desire,** todo lo que el corazón pueda desear, todo lo que uno pueda imaginarse (como deseable). **21 from the ~/from the bottom of one's ~,** desde lo más profundo del corazón de uno, desde lo más íntimo de mi alma, con toda sinceridad. **22 to harden/steel one's ~ against,** endurecer el corazón contra, desengañarse de la buena voluntad de. **23 have a ~,** (fam.) ten piedad, ten compasión de mí. **24 to have a ~ of gold,** tener un corazón de oro. **25 to have one's ~ in one's boots,** tener el ánimo por los suelos. **26 to have one's ~ in one's mouth,** tener el corazón en un puño. **27 to have one's ~ in the right place,** tener buen corazón. **28 ~ attack, a)** ataque al corazón; **b)** (fig.) ataque (de rabia, de impotencia, cólera, etc.). **29 ~ condition,** enfermedad cardíaca. **30 -hearted,** de corazón (en compuestos): *a kind-hearted old lady = una anciana de corazón amable.* **31 ~ failure,** MED. insuficiencia coronaria, insuficiencia cardiaca. **32 hearts,** corazones (palo de la baraja). **33 in one's ~ of hearts,** en lo más íntimo del corazón de uno, en lo más íntimo del alma de uno. **34 to lose ~,** desanimarse. **35 to lose one's ~ to,** (lit.) entregar el corazón por completo a (alguien, enamorándose de él). **36 one's heart's desire,** (p.u.) lo más querido por uno, el deseo más íntimo de uno. **37 one's ~ not to be in,** no poner el corazón en: *his heart is not in his work = no pone el corazón en su trabajo.* **38 one's ~ to leap,** darle a uno un vuelco el corazón. **39 one's ~ to sink,** caérsele el alma a uno a los pies. **40 to open one's ~ (to),** abrir el alma de uno (a), abrir el corazón de uno (a). **41 to pour out one's ~ (to),** mostrar los secretos/pensamientos más íntimos del alma de uno (a). **42 to set one's ~ on,** poner todas las esperanzas de uno en, poner toda la ilusión de uno en, poner toda el alma de uno en. **43 to take ~,** cobrar ánimo, animarse. **44 to take something to ~,** tomar algo a pecho. **45 the ~ of the matter,** la madre del cordero, el quid del tema. **46 to throw oneself ~ and soul into,** meterse de lleno en, meterse con todo el ánimo de uno en. **47 to one's heart's content,** a gusto de uno, a plena satisfacción de uno. **48 two hearts that beat as one,** dos personas que están muy unidas, dos personas que se encuentran íntimamente unidas. **49 to wear one's ~ on one's sleeve,** llevar el corazón de uno en la mano, manifestar los sentimientos de uno demasiado abiertamente. **50 to win someone's ~,** enamorar a alguien (real y figuradamente). **51 with all one's ~,** con todo el corazón de uno.

heartache ['hɑ:teɪk] *s. c.* e *i.* pena, tristeza, pesar.

heartbeat ['hɑ:tbi:t] *s. c.* e *i.* latido, latido del corazón.

heartbreak ['hɑ:tbreɪk] *s. c.* e *i.* angustia, congoja (especialmente después de la ruptura de relaciones amorosas).

heartbreaking ['hɑ:tbreɪkɪŋ] *adj.* desgarrador, que parte el corazón.

heartbroken ['hɑ:tbrəʊkn] *adj.* destrozado, con el corazón destrozado.

heartburn ['hɑ:tbə:n] *s. i.* MED. acidez gástrica.

hearten ['hɑ:tn] *v. t.* animar, dar ánimos, alentar.

heartening ['hɑ:tnɪŋ] *adj.* confortante, que infunde ánimo.

hearteningly ['hɑ:tnɪŋlɪ] *adv.* alentadoramente.

heartfelt ['hɑːtfelt] *adj.* sincero, ferviente.
hearth [hɑːθ] *s. c.* **1** chimenea, hogar. • *s. sing.* **2 the ~,** (form.) el hogar (la familia). ◆ **3 ~ and home,** (fig.) el fuego del hogar.
hearthrug ['hɑːθrʌg] *s. c.* alfombra (que se suele poner ante la chimenea).
heartily ['hɑːtɪlɪ] *adv.* **1** cordialmente, con gran entusiasmo, enérgicamente. **2** por completo, totalmente, verdaderamente: *I'm heartily fed up with him = estoy verdaderamente harto de él.*
heartiness ['hɑːtɪnɪs] *s. i.* entusiasmo, energía; cordialidad.
heartland ['hɑːtlænd] *s. c.* GEOG. zona central, centro (de un país).
heartless ['hɑːtlɪs] *adj.* cruel, desalmado.
heartlessly ['hɑːtlɪslɪ] *adv.* cruelmente, sin corazón.
heartlessness ['hɑːtlɪsnɪs] *s. i.* crueldad, ausencia de sentimientos.
heart-rending ['hɑːtrendɪŋ] *adj.* desgarrador, angustioso.
heart-searching ['hɑːtsəːtʃɪŋ] *s. i.* introspección, consideración cuidadosa, examen cuidadoso (de una situación).
heartstrings ['hɑːtstrɪŋz] *s. pl.* **to tug at one's ~,** tocar la fibra sensible de uno, llegar al alma de uno.
heartthrob ['hɑːtθrɒb] *s. c.* (fam.) tipo guaperas, (de quien se enamoran todas las mujeres).
heart-to-heart [,hɑːttə'hɑːt] *s. c.* **1** conversación íntima. • *adj.* **2** íntima (conversación).
heart-warming ['hɑːtwɔːmɪŋ] *adj.* reconfortante, grato; animador.
hearty ['hɑːtɪ] *adj.* **1** enérgico; alegre, campechano, entusiasta (persona). **2** franca (risa); vigoroso (golpe, movimiento, etc.). **3** copioso, abundante (especialmente comidas). **4** total, completo; verdadero: *a hearty dislike of flying = una verdadera aversión a volar.* ◆ **5 a ~ eater,** un tragón, un comilón, una persona de buen saque.
heat [hiːt] *s. i.* **1** calor. **2** temperatura (cuando es alta): *blood heat = temperatura de la sangre.* **3** (fig.) pasión, vehemencia. • *s. sing.* **4** sofoco, calor, bochorno (del tiempo atmosférico). **5** calefacción, punto de calor (en una calefacción): *turn off the heat = quita la calefacción.* ◆ **6 the ~ of,** el calor de, el acaloramiento de (una emoción). • *s. c.* **7** DEP. eliminatoria (carrera o partido). • *v. t.* **8** calentar. ◆ **9 ~ rash,** MED. sarpullido de calor (cuando se bloquean las glándulas del sudor). **10 to ~ up, a)** calentarse, ponerse a una temperatura más alta; **b)** calentar, recalentar (especialmente una comida anteriormente cocinada); **c)** (fig.) ponerse mal, calentarse (una situación). **11 in/on ~,** en celo (animales). **12 in the ~ of the moment,** en el calor del momento. **13 the ~ of the day,** el momento de más calor del día.
heated ['hiːtɪd] *adj.* **1** acalorada (discusión); pasional. **2** que funciona con calor artificial, que funciona con calor eléctrico.
heatedly ['hiːtɪdlɪ] *adv.* acaloradamente, pasionalmente, vehementemente.
heater ['hiːtər] *s. c.* MEC. calentador.
heath [hiːθ] *s. c.* BOT. brezal, tierra de brezos.
heathen ['hiːðn] *s. c.* **1** pagano, infiel. **2** (fig.) vándalo, guerrero. • *adj.* **3** pagano, infiel.
heather ['heðər] *s. i.* BOT. brezo.
heating ['hiːtɪŋ] *s. i.* calefacción.
heat-resistant ['hiːtrɪ,zɪstənt] *adj.* resistente al calor, refractario.
heatstroke ['hiːtstrəuk] *s. i.* insolación.
heatwave ['hiːtweɪv] *s. c.* ola de calor.
heave [hiːv] (*pret.* y *p. p.* **heaved** o MAR. **hove**) *v. t.* **1** tirar de, levantar, mover (algo muy pesado). **2** tirar, arrojar (algo muy pesado). • *v. i.* **3** tirar, empujar, hacer un movimiento fuerte (con algo pesado). **4** vomitar fuertemente, vomitar violentamente. **5** tener náuseas/arcadas. **6** subir y bajar (pechos, por ejemplo); palpitar. • *s. c.* **7** empellón, tirón, movimiento violento (para tirar, mover, etc. algo muy pesado). ◆ **8 to ~ a sigh,** suspirar profundamente, dar un suspiro profundo. **9 to ~ in sight/into view,** (lit.) aparecer ante la vista, surgir ante la mirada. **10 to ~ to,** MAR. ponerse al pairo.
heaven [hevn] *s. i.* **1** (fig. y fam.) paraíso, cielo: *this is heaven = esto es un paraíso.* • *s. pl.* **2** (lit.) cielo, firmamento. ◆ **3 for heaven's sake,** ⇒ **sake. 4 good heavens/heavens!,** ¡cielos! ¡Dios mío! **5 Heaven,** REL. Cielo, Paraíso. **6 ~ forbid,** Dios no lo quiera. **7 ~ knows,** (fam.) **a)** Dios sabe: *heaven knows I've tried = Dios sabe que lo he intentado;* **b)** vete tú a saber, quién sabe. **8 ~ help,** (fam.) Dios ayude (a alguien). **9 ~ on earth,** (fam.) paraíso terrestre, lugar maravilloso. **10 in heaven's name,** por el amor de Dios: *where in heaven's name is the key? = por el amor de Dios, ¿dónde está la llave?* **11 to move ~ and earth,** mover cielo y tierra, hacer lo imposible, remover Roma con Santiago. **12 to smell/stink to high ~,** (fam.) heder a más no poder, echar un olor inaguantable. **13 to thank ~,** ⇒ **thank. 14 the heavens opened,** se puso a llover a mares.
heavenly ['hevnlɪ] *adj.* **1** (fam.) maravilloso, divino. **2** ASTR. celestial, del cielo. ◆ **3 ~ body,** ASTR. cuerpo celeste.
heaven-sent [,hevn'sent] *adj.* providencial, milagroso, venido del cielo.
heavenward ['hevnwəd] (también **heavenwards**) *adv.* (lit.) hacia el cielo, en dirección al cielo.
heavily ['hevɪlɪ] *adv.* **1** abundantemente, considerablemente, fuertemente (en intensidad, fuerza, cantidad, etc.). **2** fornidamente (físicamente formado). **3** laboriosamente, dificultosamente (respirando o similar). **4** pesadamente, torpemente, lentamente (de movimientos).
heaviness ['hevɪnɪs] *s. i.* **1** pesadez (física). **2** corpulencia.
heavy ['hevɪ] *adj.* **1** pesado (de mucho peso): *how heavy is it? = ¿cuánto pesa?* **2** abundante, considerable, fuerte (con gran intensidad, fuerza, cantidad, etc. de algo normalmente desagradable): *heavy rains = lluvias abundantes; heavy responsibility = responsabilidad considerable.* **3** denso, espeso (líquido o sustancia). **4** fornido, grandote (de cuerpo). **5** pesada (maquinaria o artillería). **6** pesado, torpe, lento (en movimientos). **7** ocupado, activo, apretado (tiempo de trabajo). **8** laboriosa (respiración o similar). **9** pesado, difícil, duro, penoso (trabajo). **10** triste, decaído: *with a heavy heart = con el ánimo decaído.* **11** (desp.) pesado, aburrido (libro, música, conferencia, etc.). **12** pesada, indigesta, que llena (comida). **13** (~ **with**) (lit.) cargado de (aire, ambiente, árboles, etc.): *the air was heavy with spring scents = el aire estaba cargado de fragancias primaverales.* **14** (fam.) difícil, serio (problema, situación, etc.). **15** grueso (de apariencia). **16** encapotado (cielo). **17** opresivo, cargado (tiempo atmosférico o ambiente). **18** obvio, torpe (tipo de humor, broma, indirecta, etc.). **19** QUÍM. pesada (agua). **20** empedernido (bebedor o fumador). **21** profundo (dormir). • *s. c.* **22** (fam.) matón, gorila. ◆ **23 to be ~ on,** (fam.) **a)** consumir mucho, gastar mucho: *this car is heavy on petrol = este coche consume demasiada gasolina;* **b)** usar mucho, utilizar mucho (por parte de una persona): *don't be so heavy on the varnish = no uses tanta laca.* **24 a ~ hand,** ser torpe. **25 ~ going,** terreno pesado; marcha difícil. **26 ~ industry,** industria pesada. **27 ~ metal,** MÚS. heavy, duro. **28 to make ~ weather of,** ⇒ **weather.**
heavy-duty [,hevɪ'djuːtɪ] *adj.* duradero, fuerte, para trabajos pesados.
heavy-handed [,hevɪ'hændɪd] *adj.* **1** autoritario, duro, despótico. **2** torpe, desmañado.
heavy-handedly [,hevɪ'hændɪdlɪ] *adv.* **1** autoritariamente, duramente, despóticamente. **2** torpemente, desmañadamente.
heavy-handedness [,hevɪ'hændɪdnɪs] *s. i.* **1** autoritarismo, dureza, despotismo. **2** torpeza (con las manos).
heavy-set [,hevɪ'set] *adj.* (especialmente EE UU) corpulento, fornido.
heavyweight ['hevɪweɪt] *adj.* **1** DEP. de los pesos pesados. **2** (fig.) importante, sustancial (persona o tema). • *s. c.* **3** DEP. peso pesado. **4** (fig.) grandullón, grandote.

Hebraic [hiː'breɪk] *adj.* hebraico.
Hebrew ['hiːbruː] *s. i.* **1** hebreo (idioma). • *s. c.* **2** hebreo, judío (habitante). • *adj.* **3** hebreo, judío.
heck [hek] (vulg.) *interj.* **1** mierda, maldita sea. ◆ **2 a** ~ **of a,**: *there was a heck of a row = había un ruido infernal.*
heckle ['hekl] *v. t.* e *i.* interrumpir con abucheos.
heckler ['heklər] *s. c.* abucheador; provocador (en reuniones públicas).
heckling ['heklɪŋ] *s. i.* abucheos, interrupciones (en reuniones públicas).
hectare ['hekteə] *s. c.* hectárea.
hectic ['hektɪk] *adj.* agitado; frenética (actividad).
hectically ['hektɪklɪ] *adv.* agitadamente; frenéticamente.
hector ['hektər] *v. t.* e *i.* intimidar.
hectoring ['hektərɪŋ] *adj.* intimidante, apabullante.
he'd [hiːd] *contr.* **1** de **he** y **had. 2** de **he** y **would.**
hedge [hedʒ] *s. c.* **1** seto. **2** (~ **against**) protección contra, seguro contra (de índole financiero). • *v. i.* **3** (**to** ~ **against**) asegurarse contra, protegerse contra (mediante medios financieros, seguros, etc.). **4** (**to** ~ {**on**}) no comprometerse; evadir la contestación (de preguntas): *the lecturer hedged on every issue = el conferenciante no se comprometió en ningún tema importante.* • *v. t.* **5** poner un seto alrededor de (un espacio). **6** evadir, evitar (contestación). ◆ **7 to be hedged about/around/in (with),** estar entorpecido (por), estar obstruido (por), estar limitado (por): *we are hedged in with too many petty rules = estamos limitados por demasiadas regulaciones minuciosas.* **8 to** ~ **one's bets,** no querer comprometerse.
hedgehog ['hedʒhɒg ‖ 'hedʒhɔːg] *s. c.* ZOOL. erizo, puerco espín.
hedgerow ['hedʒrəʊ] *s. c.* seto vivo.
hedging ['hedʒɪŋ] *s. i.* FIN. estrategias de cobertura, operaciones de cobertura.
hedonism ['hiːdənɪzəm] *s. i.* (form.) hedonismo.
hedonist ['hiːdənɪst] *s. c.* (form.) hedonista.
hedonistic [ˌhiːdə'nɪstɪk] *adj.* (form.) hedonista.
heed [hiːd] *v. t.* **1** (form.) prestar atención a, atender a. ◆ **2 to take** ~ **of/to pay** ~ **to,** prestar atención a.
heedless ['hiːdlɪs] *adj.* (~ **of**) (form.) sin atención, desatento.
heedlessly ['hiːdlɪslɪ] *adv.* (form.) descuidadamente, sin prestar atención a nada.
hee-haw ['hiːhɔː] *s. c.* rebuzno (onomatopéyico).
heel [hiːl] *s. c.* **1** ANAT. talón. **2** tacón (de zapato). **3** parte del talón (de un calcetín, media, etc.). **4** (~ **of**) base del pulgar de (la mano). • *v. t.* **5** poner tacones (a zapatos). ◆ **6 at someone's heels,** pisándole los talones a alguien; inmediatamente detrás de alguien. **7 to bring someone to** ~, meter a alguien en cintura. **8 to click one's heels,** chocar los tacones de uno. **9 to dig one's heels in,** mantenerse en sus trece. **10 to drag one's heels,** arrastrar los pies; hacer algo sin ganas. **11 to follow hard on the heels of,** suceder inmediatamente después de, seguir inmediatamente después de (en el tiempo). **12 head over heels,** ⇒ **head. 13 to** ~ **over,** ladearse, escorarse, inclinarse pronunciadamente. **14 to kick/cool one's heels,** (fam.) hacer antesala, esperar sin hacer nada. **15 to spin/turn/swing on one's** ~, girar sobre los pasos de uno, dar media vuelta. **16 to take to one's heels,** (lit.) irse corriendo, escaparse, huir. **17 to tread hard on someone's heels/to be hot on someone's heels,** ir pisándole a alguien los talones. **18 under/beneath one's** ~, bajo su poder, bajo su bota.
heftily ['heftɪlɪ] (fam.) *adv.* **1** fuertemente, vigorosamente. **2** sustancialmente, considerablemente (en cantidad, peso o tamaño).
hefty ['heftɪ] *adj.* **1** (fam.) fuerte, vigoroso; robusto. **2** sustancial, considerable (cantidad, peso o tamaño).
hegemony [hɪ'gemənɪ ‖ 'hedʒəməunɪ] *s. c.* e *i.* (form.) hegemonía, preeminencia.
heifer ['hefər] *s. c.* vaquilla, vaca joven, novilla.
height [haɪt] *s. c.* e *i.* **1** altura (de algo o alguien). **2** altura, elevación (sobre el suelo o el nivel del mar). • *s. i.* **3** talla, estatura, medidas (de altura de alguien). • *s. c.* **4** (normalmente *pl.*) altura, cerro, altozano. **5** (normalmente *pl.*) (fig.) apogeo, cumbre (de una profesión, por ejemplo). • *s. sing.* **6** punto más alto, punto más álgido: *the height of the holiday season = el punto más álgido de la época de vacaciones.* **7** (**the** ~ **of**) (form.) el colmo de. ◆ **8 to draw oneself up to one's full** ~, erguirse en toda la estatura de uno. **9 to gain** ~, ganar altura, subir. **10 to lose** ~, perder altura, descender.
heighten ['haɪtn] *v. t.* e *i.* intensificar(se), aumentar (sentimiento o sensación).
heightened ['haɪtnd] *adj.* intensificado, aumentado, fortalecido (sentimiento o sensación).
heinous ['heɪnəs] *adj.* (form.) atroz, infame.
heinously ['heɪnəslɪ] *adv.* (form.) atrozmente, infamemente.
heinousness ['heɪnəsnɪs] *s. i.* (form.) atrocidad, infamia.
heir [eər] *s. c.* **1** heredero. ◆ **2 to be** ~ **to,** (fig.) ser heredero de, heredar (algo que otros han hecho no materialmente). **3** ~ **apparent,** DER. heredero forzoso. **4** ~ **presumptive,** DER. presunto heredero.
heiress ['eərɪs] *s. c.* heredera.
heirloom ['eəluːm] *s. c.* objeto preciado heredado, recuerdo de familia (que se hereda de generación en generación).
heist [haɪst] (EE UU) *s. c.* **1** robo a mano armada. • *v. t.* **2** robar a mano armada.
held [held] *pret.* y *p. p. irreg.* de **hold.**
helicopter ['helɪkɒptər] *s. c.* helicóptero.
heliport ['helɪpɔːt] *s. c.* helipuerto.
helium ['hiːlɪəm] *s. i.* QUÍM. helio.
hell [hel] *s. i.* **1** (fam.) un infierno, un tormento: *his home life is hell = su vida en casa es un infierno.* • *interj.* **2** mecachis, mierda, jolines. ◆ **3 a** ~ **of a/one** ~ **of a,** (fam.) de aúpa, de campeonato, de primera clase: *a hell of a problem = un problema de campeonato.* **4 all** ~ **breaks/broke/ etc. loose,** (fam.) se arma/armó/etc. un follón de espanto. **5 come** ~ **or high water,** (fam.) pase lo que pase, aunque se hunda el mundo. **6 for the** ~ **of it,** (fam.) porque sí, por gusto, por pura gracia: *they stole the car for the hell of it = me robaron el coche por gusto.* **7 to get the** ~ **out (of),** (EE UU) (fam.) irse a la mierda fuera (de), irse a hacer puñetas fuera (de). **8 to give someone** ~**/to make someone's life** ~, (fam.) hacerle a alguien la vida imposible; ponérselo difícil a alguien. **9 go to** ~**!** (fam.) ¡vete a la mierda!, ¡vete a hacer puñetas!. **10 Hell,** REL. Infierno. **11** ~ **for leather,** a toda velocidad, como si le persiguiera a uno el diablo. **12** ~ **on earth,** (fam.) tormento infernal, infierno en vida. **13 like a bat out of** ~, (fam.) como alma que persigue el diablo. **14 like** ~, (fam.) y una mierda, ni loco (desacuerdo). **15 ... like** ~**/... as** ~, (fam.) ... como un loco, a toda mecha, con toda la intensidad que uno pueda (énfasis del verbo que sea): *to work like hell = trabajar como un loco; to run like hell = correr a toda mecha.* **16 not to have a hope in** ~, ⇒ **hope. 17 to play (merry)** ~ **with,** (fam.) destrozar, dejar destrozado, dejar hecho unos zorros, echar a perder. **18 to raise** ~, (fam.) armar un escándalo, armar un follón. **19 the** ~ **out of,** (fam.) hasta la saciedad, hasta un grado increíble (como énfasis de verbos con algún matiz negativo): *they beat the hell out of me = me molieron a palos; she scared the hell out of me = me dio un susto del demonio.* **20 there'll be** ~ **to pay,** (fam.) va a haber follón, va a haber problemas serios, va a haber tela marinera. **21 the road to** ~ **is paved with good intentions,** el camino al infierno está lleno de buenas intenciones. **22 to** ~ **with...,** (fam.) al infierno con..., a la mierda con... **23 what the** ~, (fam.) y qué, y a mí qué (quitando importancia). **24 why/who/ where/ etc. the** ~**...,** (fam.) por qué/quién/ dónde/etc. demonios, coño... **25 to wish/hope to** ~ **(that),** (fam.) por lo que Dios más quiera (que), ojalá por lo que Dios más quiera (que).
he'll [hiːl] *contr.* de **he** y **will.**

hell-bent [ˌhel'bent] *adj.* (~ **on**) resuelto por completo a, decidido firmemente a.
Hellenic [he'liːnɪk] *adj.* helénico.
hellish ['helɪʃ] *adj.* (fam.) **1** infernal, diabólico. **2** ⇒ **hellishly.**
hellishly ['helɪʃlɪ] *adv.* (fam.) diabólicamente, infernalmente (énfasis de algo negativo): *hellishly difficult = infernalmente difícil.*
hello ['heləu] (también **hallo** y **hullo**) *s. c.* **1** hola; saludo. ● *interj.* **2** vaya, caramba (sorpresa). ◆ **3** ~, **a)** hola, qué tal, qué hay; **b)** diga (por teléfono); **c)** ¿hay alguien aquí?, ¿hay alguien en casa?
helm [helm] *s. c.* **1** (normalmente *sing.*) timón. **2** (fig.) timón, mando, dirección (del gobierno, una empresa, etc.). ◆ **3 at the ~,** al mando, al timón (de una organización). **4 to take over the ~,** hacerse cargo del mando, tomar la responsabilidad de dirigir.
helmet ['helmɪt] *s. c.* casco (de todo tipo).
helmsman ['helmzmən] (*pl. irreg.* **helmsmen**) *s. c.* MAR. timonel, piloto.
helmsmen ['helmzmən *pl. irreg.* de **helmsman**.
help [help] *v. t.* **1** ayudar, socorrer, auxiliar: *I helped to lift the case = ayudé a levantar la maleta.* **2** ayudar, asistir, ser útil para: *this photograph will help you to understand = esta fotografía te será útil para entender.* **3** (**to** ~ + *o.* + **to**) servir (comida o bebida): *I'll help you to some more fish = te serviré más pescado.* **4** aliviar, ayudar, contribuir (a sentirse mejor o a aguantar mejor): *an aspirin will help me = una aspirina me aliviará.* **5** (**to** ~ + *o.* + **on/off/up/down + with**) ayudar a (alguien) a subirse/bajarse de (algo), ayudar a (alguien) a ponerse/quitarse (algo): *I helped the old man on with his coat = ayudé al viejo a ponerse el abrigo.* ● *v. pron.* **6** (**to** ~ {**to**}) servirse (comida o bebida). **7** coger uno mismo, tomar uno mismo (algo). **8** solucionar los problemas de uno: *modern societies must help themselves= las sociedades modernas deben solucionar sus propios problemas.* **9** (**to** ~ {**to**}) (fig. y fam.) robar, coger sin permiso. ● *s. i.* **10** ayuda, socorro, asistencia. **11** apoyo, consejo (especialmente psicológico). ● *s. c.* **12** asistenta (persona). ◆ **13 a ~/a great ~/a lot of ~/etc.,** una gran ayuda (persona o cosa). **14 to be of ~,** servir de gran ayuda, ser un magnífico apoyo. **15 can't ~ (but),** (+ *o./ger.*) no poder evitar; no poder dejar de: *I could not help wondering = no pude evitar hacerme preguntas.* **16 ~!,** ¡socorro!, ¡auxilio! **17 to ~ out, a)** ayudar con algo de dinero; **b)** ayudar a acabar el trabajo. **18 to ~ someone to their feet,** ayudar a alguien a ponerse en pie. **19 so ~ me God,** que Dios me ayude; y así lo prometo firmemente (a cumplir una promesa o juramento previamente mencionado). **20 there is no ~ for it,** no hay nada que hacer, no hay otra opción, no hay remedio.
helper ['helpər] *s. c.* ayudante, colaborador.
helpful ['helpfl] *adj.* **1** útil, servicial, que sirve de ayuda (persona o consejo). **2** beneficioso, provechoso (que ayuda a soportar algo mejor).
helpfully ['helpfəlɪ] *adv.* servicialmente, amablemente.
helpfulness ['helpflnɪs] *s. i.* amabilidad (de una persona).
helping ['helpɪŋ] *s. c.* **1** porción, ración (cantidad de comida). ◆ **2 a ~ hand,** una mano, una ayuda.
helpless ['helplɪs] *adj.* desvalido, impotente, desamparado, indefenso; vulnerable.
helplessly ['helplɪslɪ] *adv.* impotentemente, sin posibilidad de defensa; vulnerablemente.
helplessness ['helplɪsnɪs] *s. i.* impotencia, desamparo, indefensión; vulnerabilidad.
helter-skelter [ˌheltə'skeltər] *adv.* **1** atropelladamente, en desbandada; desorganizadamente, sin orden ni concierto. ● *adj.* **2** atropellado, precipitado; desorganizado. ● *s. c.* **3** tobogán gigante (con partes rectas y partes inclinadas).
hem [hem] *s. c.* **1** dobladillo, bajo (de ropa). ● (*ger.* **hemming,** *pret.* y *p. p.* **hemmed**) *v. t.* e *i.* **2** hacer el dobladillo en, hacer los bajos (ropa). ● *v. i.* **3** hacer ejem, decir ejem. ● *interj.* **4** ejem. ◆ **5 to ~ in,** cercar por completo; apretujar, apretar fuertemente (no dejando espacio).
he-man ['hiːmæn] (*pl. irreg.* **he-men**) *s. c.* macho, machote, hombre hecho un macho.
hematologist *s. c.* ⇒ **haematologist.**
hematology *s. i.* ⇒ **haematology.**
he-men ['hiːmən] *pl. irreg.* de **he-man.**
hemisphere ['hemɪsfɪər] *s. c.* **1** GEOM. semiesfera. **2** ANAT. hemisferio (cerebral). **3** GEOG. hemisferio (terráqueo).
hemline ['hemlaɪn] *s. c.* dobladillo, bajo, bastilla (de ropa).
hemlock ['hemlɒk] *s. i.* **1** cicuta (veneno). ● *s. c.* e *i.* **2** BOT. cicuta.
hemoglobin *s. i.* ⇒ **haemoglobin.**
hemophilia *s. i.* ⇒ **haemophilia.**
hemophiliac *s. c.* ⇒ **haemophiliac.**
hemorrhage *s. c.* e *i./v. i.* ⇒ **haemorrhage.**
hemorrhoids *s. pl.* ⇒ **haemorrohoids.**
hemp [hemp] *s. i.* BOT. cáñamo.
hemstitch ['hemstɪtʃ] *s. i.* vainica.
hen [hen] *s. c.* **1** gallina. **2** hembra (de muchas aves).
hence [hens] *adv.* **1** (form.) así, así pues, por lo tanto, por ello. **2** (form.) a partir de ahora, desde este momento. **3** (arc.) desde aquí, desde este sitio, desde este punto.
henceforth [ˌhens'fɔːθ] (también **henceforward**) *adv.* (form.) de ahora en adelante, en lo sucesivo.
henchman ['hentʃmən] (*pl. irreg.* **henchmen**) *s. c.* (desp.) secuaz.
henchmen ['hentʃmən] *pl. irreg.* de **henchman.**
henna ['henə] *s. i.* **1** alheña (tinte para teñir el pelo). ● *s. c.* **2** alheña (planta). ● *v. t.* **3** tenir con alheña.
hennaed ['henəd] *adj.* teñido con alheña (pelo).
hen-party ['henpɑːtɪ] *s. c.* (fam.) despedida de soltera (fiesta de únicamente mujeres).
henpecked ['henpekt] *adj.* (fam.) calzonazos.
hepatitis [ˌhepə'taɪtɪs] *s. i.* MED. hepatitis.
heptagon ['heptəgən ‖ 'heptəgɒn] *s. c.* GEOM. heptágono.
heptagonal [hep'tægənl] *adj.* GEOM. heptagonal.
her [hɜːr] (pronunciación relajada [həːr]) *pron. o. d.* **1** le, la, a ella (persona, algunos animales hembra y coches, barcos o naciones): *give her the book = dale el libro; I saw her yesterday = la vi ayer.* ● *adj. pos.* **2** su (de ella): *Mary's tired, her boss makes her work too hard = Mary está cansada, su jefe le hace trabajar demasiado.*
herald ['herəld] *v. t.* **1** anunciar, señalar el comienzo de, señalar la entrada de: *the Industrial Revolution heralded a new age = la Revolución Industrial señaló el comienzo de una nueva era.* **2** proclamar, anunciar (públicamente). ● *s. c.* **3** (~ **of**) anuncio de, anunciador de, presagio de. **4** HIST. mensajero, heraldo.
heraldic [he'rældɪk] *adj.* heráldico.
heraldry ['herəldrɪ] *s. i.* heráldica.
herb [hɜːb] *s. c.* hierba (de las que se usan en infusiones o similar).
herbaceous [hɜː'beɪʃəs] BOT. *adj.* **1** herbáceo. ◆ **2 ~ border,** banco de flores (en un jardín).
herbal ['hɜːbl] *adj.* herbario, de hierbas (para infusiones): *herbal tea = té de hierbas.*
herbalist ['hɜːbəlɪst] *s. c.* herbolario, experto en hierbas.
herbicide ['hɜːbɪsaɪd] *s. c.* e *i.* QUÍM. herbicida.
herbivore ['hɜːbɪvɔː] *s. c.* BIOL. herbívoro.
herbivorous [hɜː'bɪvərəs] *adj.* herbívoro.
herculean [ˌhɜːkju'liːən] (también **Herculean**) *adj.* (lit.) hercúleo.
herd [hɜːd] *s. c.* **1** rebaño, manada, piara (según la clase de animal). **2** (normalmente desp.) multitud, turba; montón (de personas). ● *v. t.* **3** agrupar, reunir (personas o animales). ◆ **4 to ~ up,** reunir en manada, reunir por completo.
herdsman ['hɜːdzmən] (*pl. irreg.* **herdsmen**) *s. c.* vaquero (de ganado); pastor (de cabras).
herdsmen ['hɜːdzmən] *pl. irreg.* de **herdsman.**
here [hɪər] *adv.* **1** aquí: *come here! = ¡ven aquí!.* **2** aquí, de aquí, junto a mí: *my friend here doesn't like Spanish wine = aquí, a mi amigo, no le gusta el vino español.* **3** en este punto, en este momento: *here I would like to introduce two more points =*

en este punto quisiera introducir dos reflexiones más. **4** (fam.) que tengo aquí, de aquí: *this here prisoner is not English = este prisionero que tengo aquí no es inglés.* • *interj.* **5** presente (contestación a la lectura de una lista). **6** oye, eh. ◆ **7 ~/~ you are,** toma, coge. **8 ~ and now, a)** aquí y ahora, en esta vida; **b)** en este mismo instante (como énfasis). **9 ~ and there,** aquí y allá, por varios sitios, por varios puntos. **10 ~ comes/ here's,** aquí llega, aquí viene: *here comes the train = aquí llega el tren.* **11 ~ I am/~ we are,** ya hemos llegado. **12 ~ it is/~ we are,** ya lo he encontrado, aquí está, ya está (al encontrar algo que se estaba buscando). **13 here's/~ is/~ are,** aquí tenemos, aquí entra a colación, aquí se nos presenta (como fórmula de introducción de un artista, atracción de la atención, introducir un punto nuevo de conversación, etc.). **14 here's to...,** a la salud de (al brindar). **15 ~ we go/~ we go again/~ I go again,** (fam.) seguimos igual, otra vez igual, ya estamos otra vez en lo mismo.

hereabouts [ˌhɪərə'bauts] (también **hereabout**) *adv.* por aquí, en algún sitio de aquí, por esta zona.

hereafter [ˌhɪər'ɑːftər ‖ ˌhɪəræftər] (form.) *adv.* **1** a partir de ahora, desde este momento; en el futuro. • *s. sing.* **2** futuro, otra vida, más allá, eternidad.

hereby [ˌhɪə'baɪ] *adv.* (form.) por esto, como resultado de esto, mediante esto.

hereditary [hɪ'redɪtrɪ ‖ hɪ'redɪtərɪ] *adj.* hereditario (características genéticas, propiedades materiales, título, etc.).

heredity [hɪ'redɪtɪ] *s. i.* herencia (genética).

herein [ˌhɪər'ɪn] *adv.* (form.) en este punto, en este sitio, en esto; en este pasaje (libro o documento).

hereinafter [hɪərɪn'ɑːftər ‖ ˌhɪərɪn'æftər] *adv.* DER. a partir de ahora, desde este punto, a partir de este momento.

heresy ['herəsɪ] *s. c.* e *i.* herejía (especialmente la religiosa).

heretic ['herətɪk] *s. c.* hereje (especialmente religioso).

heretical [hɪ'retɪkl] *adj.* herético.

heretofore [ˌhɪətuː'fɔː] *adv.* (form.) anteriormente, antes; previamente.

herewith [ˌhɪə'wɪð] *adv.* (form.) **1** incluido aquí (especialmente en una carta). **2** ⇒ **hereby.**

heritage ['herɪtɪdʒ] *s. sing.* herencia (cultural, histórica, etc.).

hermaphrodite [hɜː'mæfrədaɪt] *s. c.* BIOL. hermafrodita.

hermetic [hɜː'metɪk] *adj.* (form.) hermético (especialmente, cerrado).

hermetically [hɜː'metɪklɪ] *adv.* (form.) herméticamente.

hermit ['hɜːmɪt] *s. c.* **1** ermitaño (especialmente por razones religiosas). ◆ **2 ~ crab,** ZOOL. cangrejo ermitaño.

hermitage ['hɜːmɪtɪdʒ] *s. c.* REL. ermita; lugar retirado y solitario para ermitaños.

hernia ['hɜːnɪə] *s. c.* e *i.* MED. hernia.

hero ['hɪərəu] (*pl.* **heroes**) *s. c.* **1** héroe; valiente. **2** LIT. héroe, personaje principal. **3** héroe, persona admirada, persona idolatrada (por alguien).

heroic [hɪ'rəuɪk] *adj.* **1** heroico; valiente. **2** LIT. heroico. • *s. pl.* **3** altisonante, rimbombante (lenguaje, comportamiento, etc.). ◆ **4 ~ verse/couplets,** LIT. verso heroico.

heroically [hɪ'rəuɪklɪ] *adv.* heroicamente; valientemente.

heroin ['herəuɪn] *s. i.* QUÍM. heroína (droga).

heroine ['herəuɪn] *s. c.* **1** heroína. **2** LIT. heroína, personaje principal.

heroism ['herəuɪzəm] *s. i.* heroísmo.

heron ['herən] *s. c.* ZOOL. garza, garza real (ave).

herpes ['hɜːpiːz] MED. *s. i.* **1** herpes. ◆ **2 ~ simplex,** herpes simple.

herring ['herɪŋ] (*pl.* **herring** o **herrings**) ZOOL. *s. c.* **1** arenque. ◆ **2 ~ gull,** gaviota argéntea.

herring-bone ['herɪŋbəun] *s. i.* espinapez (patrón de dibujo en las construcciones); punto de espina (costura).

hers [hɜːz] *pron.pos.* suyo, suya, suyos, suyas (de ella): *Pamela has the same car as mine, but hers is blue = Pamela tiene el mismo coche que yo, pero el suyo es azul.*

herself [hɜː'self] *pron.r.* **1** a ella misma, se... a sí misma: *she hurt herself = se lastimó.* **2** ella sola, ella sin ayuda de nadie, ella misma: *she did it herself = lo hizo ella misma.* **3** misma, mismita (enfáticamente).

hertz [hɜːtz] (*pl.* **hertz**) *s. c.* FÍS. hercio.

he's [hiːz] *contr.* de **he** e **is** o **he** y **has.**

hesitancy ['hezɪtənsɪ] (también **hesitance**) *s. i.* vacilación, indecisión, titubeo.

hesitant ['hezɪtənt] *adj.* vacilante, indeciso, titubeante.

hesitantly ['hezɪtəntlɪ] *adv.* con vacilación, de forma indecisa.

hesitate ['hezɪteɪt] *v. i.* **1** vacilar, titubear, mostrarse indeciso. **2** (**to ~ +** *inf.*) vacilar en, titubear en: *I hesitated to ask him why = vacilé en preguntarle por qué.* ◆ **3 don't ~ to,** no dudes/dude en, no vaciles/vacile en: *don't hesitate to contact us = no dudes en llamarnos.*

hesitation [ˌhezɪ'teɪʃn] *s. c.* e *i.* **1** vacilación, indecisión, titubeo. **2** reticencia, indecisión. ◆ **3 to have no ~ in,** no tener vacilación alguna sobre, no tener ninguna duda de. **4 without ~,** sin vacilación alguna, decisivamente.

hessian ['hesɪən ‖ 'heʃn] *s. i.* arpillera (material normalmente para sacos).

heterodox ['hetərədɒks] *adj.* (form.) heterodoxo.

heterodoxy ['hetərədɒksɪ] *s. i.* (form.) heterodoxia.

heterogeneous [ˌhetərə'dʒiːnɪəs] *adj.* (form.) heterogéneo.

heterogeneously [ˌhetərə'dʒiːnɪəslɪ] *adv.* (form.) heterogéneamente.

heterosexual [ˌhetərə'sekʃuəl] *adj.* **1** heterosexual. • *s. c.* **2** heterosexual.

heterosexuality [ˌhetərəˌsekʃu'ælətɪ] *s. i.* heterosexualidad.

het up ['hetʌp] *adj.* (fam.) sofocado, acalorado (por alguna emoción o enfado).

heuristic [hjuə'rɪstɪk] (form.) *adj.* **1** heurístico. • *s. i.* **2** FIL. heurística.

hew [hjuː] (*pret.* **hewed,** *p. p.* **hewed** o **hewn**) *v. t.* **1** (**to ~ +** *o.* **+ out**) hendir, partir (sin ningún cuidado). **2** (**to ~ +** *o.* **+ out/from**) excavar (alguna obra pública considerable); tallar (con cierto objetivo cultural). **3** (**to ~** *prep.*) abrirse camino a base de tajos (hacia cualquier dirección): *they hewed their way through the thick forest = se abrieron camino a machetazos a través del tupido bosque.*

hewn [hjuːn] *p. p. irreg.* de **hew.**

hexagon ['heksəgən ‖ 'heksəgɒn] *s. c.* GEOM. hexágono.

hexagonal [hek'sægənl] *adj.* GEOM. hexagonal.

hey [heɪ] *interj.* **1** (fam.) ¡eh! (sorpresa). **2** (fam.) ¡oye! (llamada), (Am.) ¡che! ◆ **3 ~ presto,** magia potagia.

heyday ['heɪdeɪ] *s. sing.* auge, apogeo.

HGV licence [ˌeɪtʃˌdʒiːˌviː'laɪsəns] *s. c.* permiso de conducir para vehículos pesados.

hi [haɪ] *interj.* **1** (fam.) ¡hola! **2** (fam.) oye, escucha (atrayendo atención).

hiatus [haɪ'eɪtəs] *s. c.* (form.) pausa, interrupción, hiato.

hibernate ['haɪbəneɪt] *v. i.* BIOL. **1** hibernar, invernar (animales). **2** (hum.) pasar el invierno acurrucado (junto al calor).

hibernation [ˌhaɪbə'neɪʃn] *s. i.* BIOL. hibernación: *to go into hibernation = entrar en hibernación.*

hibiscus [hɪ'bɪskəs ‖ haɪ'bɪskəs] *s. c.* BOT. hibisco.

hiccup [hɪkʌp] (también **hiccough**) *s. c.* **1** (normalmente *pl.*) hipo. **2** (fam.) malfuncionamiento, dificultad. • *v. i.* **3** hipar, decir con hipo, dar hipos. ◆ **4 to have hiccups,** tener hipo.

hick [hɪk] *s. c.* **1** (EE UU) (fam.y desp.) palurdo, paleto. • *adj.* **2** (EE UU) (fam.y desp.) de palurdo, de paleto.

hickory ['hɪkərɪ] *s. c.* BOT. nogal, nuez dura.

hid [hɪd] *pret.irreg.* de **hide.**

hidden ['hɪdn] *p. p. irreg.* **1** de **hide.** • *adj.* **2** oculto, escondido, secreto (lugar o significado).

hide [haɪd] (*pret.* **hid,** *p. p.* **hidden**) *v. t.* **1** esconder, ocultar. **2** disimular (sentimientos o similar). **3** ocultar (información). **4** cubrir (ocultando): *his sunglasses hid his eyes = las gafas de sol ocultaban sus ojos.* • *v. i.* y *pron.* **5** esconderse, ocultarse. • *s. c.* **6** piel (de animal más bien grande con la que se hace cuero posteriormente). **7** (hum.) pellejo (para personas). **8** puesto oculto, escondrijo (para la caza o la observación). ◆ **9 I/you/**etc. **haven't seen ~ nor hair (of),** (fam.) no he/ has/etc. visto el pelo (a) (alguien). **10 to tan someone's ~,** (p.u.) zurrarle la badana a alguien.

hide-and-seek [ˌhaɪdn'siːk] *s. i.* escondite (juego de niños).

hideaway ['haɪdəweɪ] *s. c.* escondrijo, escondite; lugar de retiro.

hidebound ['haɪdbaʊnd] *adj.* aferrado al pasado, de miras estrechas, cerrado a lo nuevo.

hideous ['hɪdɪəs] *adj.* espantoso, atroz, horripilante.

hideously ['hɪdɪəslɪ] *adv.* **1** espantosamente, atrozmente, horripilantemente. **2** horriblemente (enfático de algo negativo): *this shop is hideously expensive = esta tienda es horriblemente cara.*

hideousness ['hɪdɪəsnɪs] *s. i.* fealdad; lo espantoso, lo atroz.

hide-out ['haɪdaʊt] *s. c.* escondite, escondrijo (más bien para personas huyendo de la policía o parecido).

hiding ['haɪdɪŋ] *s. c.* **1** (fam.) zurra, paliza. ◆ **2 in/into/from/etc. ~,** en un escondrijo/del escondrijo, en la clandestinidad/de la clandestinidad: *to go into hiding = meterse en un escondrijo.*

hiding-place ['haɪdɪŋpleɪs] *s. c.* escondite, escondrijo, sitio secreto (para cosas o personas).

hierarchical [ˌhaɪə'rɑːkɪkl] *adj.* (form.) jerárquico.

hierarchy ['haɪərɑːkɪ] *s. c.* (form.) **1** jerarquía, sistema jerárquico, ordenación jerárquica. **2** REL. jerarquía (los cardenales y obispos).

hieroglyph ['haɪərəglɪf] *s. c.* FILOL. jeroglífico.

hieroglyphic [ˌhaɪərə'glɪfɪk] FILOL. *adj.* **1** jeroglífico. ● *s. pl.* **2** sistema jeroglífico de escritura.

hi-fi ['haɪfaɪ] *s. c.* e *i.* **1** ELECTR. aparato de alta fidelidad, cadena; alta fidelidad. ● *adj.* **2** de alta fidelidad.

higgledy-piggledy [ˌhɪgldɪ'pɪgldɪ] *adj.* y *adv.* en total desorden, de cualquier manera, a la buena de Dios (desorden de cosas).

high [haɪ] *adj.* **1** alto, elevado (cosas). **2** de altura, de alto: *the house is seven storeys high = la casa tiene siete pisos de altura.* **3** alto, importante (en una empresa u organización). **4** elevado, grande (aprecio, admiración, etc.); buena (opinión). **5** excelente, de primera (en calidad): *a high standard of manufacturing = un nivel de fabricación de primera.* **6** elevado, agudo, alto (voz o sonido). **7** fuerte, intenso (viento). **8** avanzado, alto: *high finance = altas finanzas.* **9** exuberante, alegre (de ánimo). **10** (**~ on**) (fam.) drogado, colocado. **11** elevado, alto (principio, ideal o similar). **12** un poco pasado, empezando a estropearse, dudoso (cualquier tipo de comida). **13** en su punto adecuado (sólo la carne). **14** crecido (río, marea, etc.). **15** intenso (aventura, drama, etc.): *moments of high tension = momentos de tensión intensa.* **16** alta (cambio de velocidad en un vehículo). ● *adv.* **17** alto, elevado, a lo alto: *you missed because you aimed high = fallaste porque apuntaste alto.* **18** intensamente, con fuerza (del soplar del viento). **19** intensamente, acaloradamente, violentamente (de pasiones o emociones). ● *s. c.* **20** punto álgido, punto culminante (cuantitativamente). **21** anticiclón, zona de altas presiones. **22** sentimiento de euforia, momento de euforia. **23** directa, marcha directa (en un vehículo). ◆ **24 to be for the ~ jump,** (fam.) ser el objeto de una buena regañina, ser candidato a una buena bronca. **25 come hell or ~ water, ⇒ hell. 26 to have a ~ old time,** (fam.) pasarlo de maravilla, pasarlo fantásticamente. **27 -high,** de alto, a la altura de (en compuestos): *the snow was ankle-high = la nieve llegaba a la altura de los tobillos.* **28 ~ altar,** altar mayor. **29 ~ and dry,** (fam.) en la estacada, en un apuro. **30 ~ and low,** por todos los sitios, poniendo patas arriba todo (buscando algo). **31 ~ and mighty,** (desp. y fam.) en plan mandón, en plan engreído. **32 ~ chair,** trona. **33 ~ church/High Church,** REL. la sección conservadora de la Iglesia Anglicana. **34 ~ colour,** color subido, color un poco fuerte (en una persona). **35 ~ command,** MIL. alto mando. **36 High Commission,** Embajada de otro país de la Commonwealth. **37 High Commissioner,** Embajador de otro país de la Commonwealth. **38 High Court,** DER. Tribunal Supremo (en Inglaterra y Gales). **39 ~ explosive,** QUÍM. explosivo de alta potencia. **40 ~ heels,** tacones altos. **41 ~ jinks,** (fam.) pipa, guay. **42 ~ jump,** DEP. salto de altura. **43 ~ life,** vida de la jet, vida por todo lo alto. **44 High Mass,** REL. misa mayor, misa solemne. **45 ~ noon,** (lit.) mediodía. **46 ~ point,** momento supremo, momento crucial (de un período de tiempo). **47 ~ resolution,** alta resolución. **48 ~ school,** (EE UU) escuela secundaria, instituto de enseñanza media; (brit.) escuela secundaria (especialmente femenina). **49 ~ season,** temporada alta. **50 ~ society,** alta sociedad. **51 ~ spot,** punto crucial, sitio crucial, acontecimiento más llamativo (de un recorrido, excursión o similar). **52 ~ street,** calle mayor. **53 ~ summer,** mitad del verano. **54 ~ tea,** merienda (cena que se toma con té). **55 ~ tide,** marea alta, pleamar. **56 ~ treason,** alta traición. **57 ~ water,** punto más alto del agua (en un río, lago, etc.). **58 in ~ dudgeon, ⇒ dudgeon. 59 it is ~ time (that),** ya es hora (de que). **60 on ~, a)** REL. de lo alto, del cielo. **b)** (fig. y hum.) de arriba, de los mandamases. **61 on the ~ seas, ⇒ sea. 62 to ~ heaven, ⇒ heaven.**

high-born ['haɪbɔːn] *adj.* de alta cuna, de cuna noble.

highbrow ['haɪbraʊ] (a veces desp.) *adj.* **1** pedante, sofisticado. ● *s. c.* **2** intelectual, intelectualoide, pedante.

highchair ['haɪtʃeər] *s. c.* silla alta, silla para bebé.

high-class [ˌhaɪ'klɑːs] *adj.* de clase alta, de clase superior.

higher ['haɪər] *adj.comp.* **1** de **high.** ● *adj.* **2** superior (cursillo, estudios, examen, etc.). **3** BIOL. superior (forma de vida). ◆ **4 ~ education,** educación superior.

highfalutin [ˌhaɪfə'luːtn] *adj.* (fam.) presuntuoso; chuleta.

high-fidelity [ˌhaɪfɪ'delɪtɪ] *s. i.* **1** ELECTR. alta fidelidad. ● *adj.* **2** ELECTR. de alta fidelidad.

high-flown [ˌhaɪ'fləʊn] *adj.* (desp.) exagerado, pomposo, altisonante (lenguaje).

high-flyer [ˌhaɪ'flaɪər] (también **high-flier**) *s. c.* persona ambiciosa, persona deseosa de triunfar.

high-flying [ˌhaɪ'flaɪɪŋ] *adj.* ambicioso, deseoso de triunfar.

high-handed [ˌhaɪ'hændɪd] *adj.* (desp.) arbitrario; despótico.

high-handedly [ˌhaɪ'hændɪdlɪ] *adv.* arbitrariamente; despóticamente.

high-handedness [ˌhaɪ'handɪdnɪs] *s. i.* (desp.) arbitrariedad; despotismo.

high-heeled [ˌhaɪ'hiːld] *adj.* de tacones altos.

highlander ['haɪləndə] *s. c.* montañés.

highlands ['haɪləndz] *s. pl.* tierras altas, zonas altas.

highlight ['haɪlaɪt] *v. t.* **1** subrayar, destacar. **2** resaltar (escrito). ● *s. c.* **3** momento más importante, momento crucial, momento culminante: *Tom Jones was the highlight of the evening = Tom Jones fue el momento culminante de la noche.* **4** FOT. realce de luz. ● *s. pl.* **5** reflejos (en el pelo).

highly ['haɪlɪ] *adv.* **1** altamente, elevadamente, en alto grado (situado, educado, etc.). **2** bien, favorablemente (hablar, pensar, etc.). **3** altamente, muy (como enfático): *highly interesting = muy interesante.*

highly-strung [ˌhaɪlɪ'strʌŋ] *adj.* muy nervioso.

high-minded [ˌhaɪ'maɪndɪd] *adj.* noble, magnánimo, altruista.

high-mindedly [ˌhaɪ'maɪndɪdlɪ] *adv.* noblemente, magnánimamente, de forma altruista.

high-mindedness [ˌhaɪ'maɪndɪdnɪs] *s. i.* nobleza, magnanimidad, altruismo.

Highness ['haɪnɪs] *s. sing.* **His/Your/His ~,** su alteza (para miembros de la familia real menos el rey y la reina).

high-pitched [ˌhaɪ'pɪtʃt] *adj.* chillona, aguda, estridente (voz).

high-powered [ˌhaɪ'paʊəd] *adj.* **1** de gran potencia (maquinaria). **2** de nivel superior, de exigencia superior (actividad profesional especialmente). **3** dinámico, enérgico (persona).

high-ranking [ˌhaɪ'ræŋkɪŋ] *adj.* MIL. de alta graduación; alto (cargo, funcionario).

high-rise ['haɪraɪz] *adj.* de gran altura, gigante (edificio).
high road ['haɪrəud] *s. c.* **1** carrete- ra principal. **2** (~ **to**) camino más rápido a, camino más fácil a, camino mejor a: *the high road to success is work = el camino más rápido al éxito es el trabajo.*
high-sounding ['haɪsaundɪŋ] *adj.* (a veces desp.) rimbombante, grandioso (lenguaje).
high-spirited [ˌhaɪ'spɪrɪtɪd] *adj.* **1** brioso (caballo). **2** animoso, alegre (alguien).
high-technology [ˌhaɪtək'nɒlədʒɪ] *s. i.* alta tecnología, tecnología avanzada.
high-tension [ˌhaɪ'tenʃn] *adj.* ELEC. de alta tensión (cable).
high-up ['haɪʌp] *s. c.* (fam.) alto personaje, mandamás, pez gordo.
high-water mark [ˌhaɪ'wɔːtəmɑːk] *s. c.* **1** nivel máximo (de un río o del mar). **2** momento más decisorio, momento más importante, estadio más esencial (de un proceso): *the Olympic Games were one of the high-water marks in our history = los Juegos Olímpicos fueron uno de los momentos más decisorios de nuestra historia.*
highway ['haɪweɪ] *s. c.* **1** (EE UU) carretera principal, autopista. **2** (fig.) camino más directo; método más directo (de lograr algo). ◆ **3 Highway Code,** DER. Código de la Circulación. **4** ~ **patrol,** patrulla de policía de carretera.
highwayman ['haɪweɪmən] (*pl. irreg.* **highwaymen**) *s. c.* HIST. salteador de caminos, bandido.
highwaymen ['haɪweɪmən] *pl. irreg.* de **highwayman.**
high wire [ˌhaɪ'waɪə] *s. c.* cuerda, cuerda floja (de funambulistas).
hijack ['haɪdʒæk] *s. c.* **1** secuestro. ● *v. t.* **2** secuestrar (especialmente un avión).
hijacker ['haɪdʒækər] *s. c.* secuestrador, pirata aéreo.
hijacking ['haɪdʒækɪŋ] *s. c.* e *i.* secuestro, secuestro aéreo.
hike [haɪk] *s. c.* **1** paseo largo, caminata (por algún paraje natural). **2** (fam.) subida, incremento (de dinero o similar). ● *v. i.* **3** dar largos paseos, dar largas caminatas (por parajes naturales). ◆ **4 to** ~ **up,** subirse, tirarse hacia arriba de (calcetines, pantalones, etc.).
hiker ['haɪkər] *s. c.* paseante, excursionista (por el campo), senderista.
hiking ['haɪkɪŋ] *s. i.* excursionismo (a pie), senderismo.
hilarious [hɪ'leərɪəs] *adj.* divertidísimo, regocijante.
hilariously [hɪ'leərɪəslɪ] *adv.* divertidísimamente, regocijantemente.
hilarity [hɪ'lærətɪ] *s. i.* regocijo, gran diversión, risas.
hill [hɪl] *s. c.* **1** colina, cerro, altozano. ◆ **2 as old as the hills,** más viejo que Matusalén.
hillbilly ['hɪlbɪlɪ] *s. c.* paleto, habitante rural (del sureste de América).
hillock ['hɪlək] *s. c.* otero, cerro pequeño.
hillside ['hɪlsaɪd] *s. c.* ladera (de una colina).
hilltop ['hɪltɒp] *s. c.* cumbre (de una colina).
hilly ['hɪlɪ] *adj.* lleno de colinas, con fuertes cuestas, de montañas bajas.
hilt [hɪlt] *s. c.* **1** puño, empuñadura (de espada, de cuchillo, etc.). ◆ **2 (up) to the** ~, (fam.) incondicionalmente, totalmente, desde el principio hasta el final (apoyo).
him [hɪm] (pronunciación relajada [həm]) *pron. o. d.* le, lo, a él: *ask him = pregúntaselo a él; I don't know him = no le conozco.*
himself [hɪm'self] *pron.r.* **1** a él mismo, se: *my son hurt himself = mi hijo se hizo daño.* **2** él sólo, él sin ayuda de nadie. **3** mismo, mismito (como énfasis).
hind [haɪnd] *adj.* **1** trasera (pata de un animal). ● *s. c.* (*pl.* **hind** o **hinds**). **2** ZOOL. cierva. ◆ **3 to talk the** ~ **legs off a donkey,** ⇒ **donkey.**
hinder ['haɪndər] *adj.* **1** trasera, posterior, de atrás (pata de un animal). ● ['hɪndə] *v. t.* **2** dificultar, estorbar, impedir (el movimiento, el avance en la vida, el progreso, etc.).
Hindi ['hɪndiː] *s. i.* hindi (idioma).
hindquarters [ˌhaɪnd'kwɔːtəz] *s. pl.* cuartos traseros (de un animal).
hindrance ['hɪndrəns] *s. c.* e *i.* (~ **to**) obstáculo, estorbo, dificultad: *you shouldn't be a hindrance to your son's career = no deberías ser un obstáculo para la carrera de tu hijo.*
hindsight ['haɪndsaɪt] *s. i.* retrospectiva, visión retrospectiva.
Hindu [ˌhɪn'duː ‖ 'hɪnduː] *s. c.* **1** hindú. ● *adj.* **2** hindú.
Hinduism ['hɪnduːɪzəm] *s. i.* REL. hinduismo.
Hindustani [ˌhɪndu'stænɪ] *s. i.* indostaní (grupo de lenguas del norte de India).
hinge [hɪndʒ] *s. c.* **1** gozne, bisagra. ◆ **2 to** ~ **on/upon,** depender de, girar sobre: *the whole plan hinged on James's skill = todo el plan dependía de la destreza de James.*
hinged [hɪndʒt] *adj.* con bisagra, con gozne (objeto).
hint [hɪnt] *v. t.* **1** dar a entender: *they hinted we were wrong = dieron a entender que estábamos equivocados.* ● *v. i.* **2** (**to** ~ **at**) insinuar algo, lanzar una indirecta, hacer alusión a. ● *s. c.* **3** alusión, indirecta, insinuación. **4** sugerencia, consejo (normalmente sobre algo concreto). **5** (~ **of**) señal de, indicio de; posibilidad de: *there was no hint of anger in his voice = no había indicio de cólera en su voz.* ◆ **6 to drop a** ~, soltar una indirecta, dejar caer una insinuación. **7 to take a** ~, darse por aludido, darse cuenta de la indirecta (dirigida a uno).
hinterland ['hɪntəlænd] *s. c.* interior (del país).
hip [hɪp] *s. c.* **1** ANAT. cadera (hueso o parte del cuerpo). **2** BOT. escaramujo. ● *adj.* **3** (fam.) al día, moderno (ropa, ideas, etc.). ◆ **4** ~ **replacement,** implantación de una prótesis de cadera.
hip-bath ['hɪpbɑːθ] *s. c.* baño de asiento (el agua sólo llega a la cintura).
hip-flask ['hɪpflɑːsk] *s. c.* botellín de bolsillo.
hippie ['hɪpɪ] (también **hippy**) *s. c.* hippy.
hippo ['hɪpəu] *s. c.* (fam.) hipopótamo.
Hippocratic oath [ˌhɪpəkrætɪk'əuθ] *s. c.* MED. juramento hipocrático.
hippopotamus [ˌhɪpə'pɒtəməs] (*pl.* **hippopotamuses** o **hippopotami**) *s. c.* ZOOL. hipopótamo.
hippopotami [ˌhɪpə'pɒtəmaɪ] *pl. irreg.* de **hippopotamus.**
hippy *s. c.* ⇒ **hippie.**
hire ['haɪər] *v. t.* **1** alquilar, contratar los servicios de (cosas o personas). ● *s. i.* **2** alquiler, contratación temporal. ◆ **3 for** ~, en alquiler, se alquila (casa, oficina, etc.); libre (taxi). **4 to** ~ **out,** contratar en alquiler, alquilar (a alguien): *I hired out my boat to a Canadian = alquilé mi barca a un canadiense.*
hireling ['haɪəlɪŋ] *s. c.* (desp.) mercenario (que se vende al mejor postor).
hire purchase [ˌhaɪə'pɜːtʃəs] *s. i.* COM. compra a plazos.
hirsute ['hɜːsjuːt] *adj.* (form. o lit.) hirsuto.
his [hɪz] *adj. pos.* **1** su (de él): *James has his car outside = James tiene su coche fuera.* ● *pron.pos.* **2** suyo (de él): *a friend of his = un amigo suyo.* **3** (el) suyo: *that one must be his = ése debe ser el suyo.*
Hispanic [hɪ'spænɪk] *adj.* español, de España; hispanoamericano.
hiss [hɪs] *v. i.* **1** sisear, silbar, hacer un ruido siseante. **2** soltar entre dientes (con ira). ● *v. t.* e *i.* **3** abuchear (discurso, actuación, etc.). ● *s. c.* **4** siseo, ruido siseante.
histamine ['hɪstəmiːn] *s. i.* QUÍM. histamina.
histogram ['hɪstəugræm] *s. c.* histograma.
historian [hɪ'stɔːrɪən] *s. c.* historiador.
historic [hɪ'stɒrɪk ‖ hɪ'stɔːrɪk] *adj.* histórico (especialmente con acontecimientos o personas de gran importancia o trascendencia).
historical [hɪ'stɒrɪkl ‖ hɪ'stɔːrɪkl] *adj.* histórico.
historically [hɪ'stɒrɪklɪ ‖ hɪ'stɔːrɪklɪ] *adv.* históricamente.
history [hɪstrɪ] *s. i.* **1** historia (especialidad de estudio). **2** (fig.) agua pasada, historia (que ya no tiene importancia para el presente). ● *s. c.* **3** historia (concreta). **4** historia, historial (médico, disciplinario, etc.). **5** (~ **of**) pasado lleno de, historial de: *he has a history of heart disease = tiene un historial de problemas de corazón.* ◆ **6 to go down in** ~, pasar a la historia. **7 to make** ~, dejar marca en la historia, dejar huella en la historia; crear un precedente.
histrionic [ˌhɪstrɪ'ɒnɪk] *adj.* **1** histriónico; melodramático. **2** (form.) dramático, teatral. ● *s. pl.* **3** compor-

tamiento histriónico, comportamiento melodramático.

histrionically [ˌhɪstrɪ'ɒnɪklɪ] *adv.* de manera histriónica, de modo melodramático.

hit [hɪt] (*ger.* **hitting,** *pret.* y *p. p. irreg.* **hit**) *v. t.* **1** pegar, golpear, dar (con intención de hacer daño). **2** golpear, pegar, dar (con intención de hacer daño). **3** golpear, pegar, dar (normalmente con un vehículo de manera accidental). **4** (fam.) llegar a, alcanzar: *when you hit the road turn left = cuando llegues a la carretera gira a la izquierda.* **5** DEP. golpear (la pelota con algún instrumento en muchos deportes). **6** venir a la mente, pasar por la cabeza: *the thought hit me suddenly = el pensamiento me vino a la mente de repente.* **7** llegar a, alcanzar (una cantidad): *the jackpot hit 40,000 pounds = el bote llegó a 40.000 libras.* **8** azotar, afectar gravemente (fenómeno meteorológico, catástrofe económica, desgracia familiar, etc.). **9** estallar contra, dar (bomba). • *v. i.* **10** golpear con fuerza (una desgracia, catástrofe o similar). **11** DEP. golpear (la pelota). **12** estallar (bomba). • *s. c.* **13** éxito (película, libro, canción, etc.). **14** (~ **at**) indirecta (llena de veneno). **15** golpe (violento). **16** impacto directo (de bomba o similar). **17** DEP. golpe, acierto (en el balón). ◆ **18 to ~ a man when he's down,** (fam.) pegar fuerte al que está en una situación débil, hacer leña del árbol caído. **19 to ~ back (at),** devolver el golpe (contra) (física o figurativamente). **20 to ~ home,** acertar, dar en el blanco (con lo que uno dice). **21 to ~ it off (with),** hacer buenas migas (con). **22 ~ list,** lista de los que van a ser asesinados (por terroristas, gángsters, etc.). **23 ~ man,** pistolero, asesino a sueldo. **24 to ~ on/upon,** dar con (una idea). **25 to ~ out (at), a)** lanzar un golpe (a), intentar pegar (a); **b)** (fig.) atacar virulentamente (a), lanzar una crítica feroz (contra). **26 ~ parade,** lista de éxitos musicales. **27 to ~ someone for six,** dejar a alguien lelo, dejar a alguien estupefacto. **28 to ~ the bottle,** (fam.) darse a la bebida. **29 to ~ the headlines,** llegar a los grandes titulares de los periódicos. **30 to ~ the nail on the head,** dar en el clavo; acertar con la frase adecuada. **31 to ~ the road,** (fam.) ponerse en camino. **32 to ~ the roof/ceiling,** (fam.) ponerse malo, cogerse un cabreo del demonio. **33 to ~ the sack/hay,** (fam.) irse a acostar, irse a la cama. **34 to make a ~ (with),** causar una profunda impresión (en) (una persona).

hit-and-miss [ˌhɪtn'mɪs] (también **hit-or-miss**) *adj.* al azar, a lo que salga, a la buena de Dios.

hit-and-run [ˌhɪtn'rʌn] *adj.* **a hit-and-run driver,** (conductor) que atropella a alguien y se da a la fuga.

hitch [hɪtʃ] *v. t.* **1** atar, enganchar (especialmente caballos a carros). • *v. t.* e *i.* **2** (fam.) hacer autostop; conseguir, ser llevados en (un viaje gratis): *we hitched from London to Oxford = hicimos autostop desde Londres a Oxford.* • *s. c.* **3** dificultad, problema. **4** tirón, empujón (físico). ◆ **5 to get hitched,** (fam.) atarse la soga al cuello (casarse). **6 to ~ up,** arremangar, levantar, alzar (especialmente una prenda de vestir).

hitchhike ['hɪtʃhaɪk] *v. i.* hacer autostop, viajar en autostop.

hitchhiker ['hɪtʃhaɪkər] *s. c.* autostopista.

hi-tech [ˌhaɪ'tek] *adj.* modernísimo, ultimísimo; de avanzada tecnología.

hither ['hɪðər] *adv.* **1** (lit. o p.u.) aquí, acá. ◆ **2 ~ and thither,** (lit. o p.u.) de aquí para allá, por todos los sitios.

hitherto [ˌhɪðə'tuː] *adv.* (form.) hasta ahora, anteriormente.

hit-or-miss [ˌhɪtɔː'mɪs] *adj.* ⇒ **hit-and-miss.**

HIV [ˌeɪtʃˌaɪ'viː] (siglas de **human immunodeficiency virus**) *s. c.* VIH, virus de inmunodeficiencia humana.

hive [haɪv] *s. c.* **1** BIOL. colmena (de abejas). **2** (~ **of**) hervidero de: *my office is a hive of activity in the mornings = mi oficina es un hervidero de actividad durante la mañana.* ◆ **3 to ~ off,** FIN. vender una buena parte de un negocio por separado (especialmente en los casos de privatización de empresas públicas). **4 hives,** MED. urticaria.

ho [həʊ] *interj.* **1** (p.u.) eh (atrayendo la atención). ◆ **2 ~!,** ¡jo, jo! (imitando risa).

hoard [hɔːd] *v. t.* **1** amontonar, acaparar, acumular. • *s. c.* **2** (~ **of**) tesoro secreto; acumulación.

hoarding ['hɔːdɪŋ] *s. c.* valla publicitaria, cartel gigante publicitario.

hoarfrost ['hɔːfrɒst] *s. i.* escarcha.

hoarse [hɔːs] *adj.* ronco (en la voz).

hoarsely ['hɔːslɪ] *adv.* roncamente, con carraspera.

hoarseness ['hɔːsnɪs] *s. i.* ronquera, carraspera fuerte.

hoariness ['hɔːrɪnɪs] *s. i.* **1** canosidad (del pelo). **2** antigüedad.

hoary ['hɔːrɪ] *adj.* **1** (lit.) plateado (el pelo por la edad). **2** antiquísimo, viejísimo.

hoax [həʊks] *s. c.* **1** burla, engaño; (fig.) cuento. • *v. t.* **2** burlarse de, engañar a.

hob [hɒb] *s. c.* quemador (de una cocina).

hobble ['hɒbl] *v. i.* **1** andar con dificultad, caminar como cojeando. • *v. t.* **2** manear (caballo); poner cadenas (a una persona, para que pueda dar pasos cortos solamente).

hobby ['hɒbɪ] *s. c.* pasatiempo, entretenimiento, hobby.

hobby-horse ['hɒbɪhɔːs] *s. c.* **1** caballo de juguete. **2** caballo de batalla, tema preferido (de conversación, en la discusión, etc.).

hobnail ['hɒbneɪl] (también **hobnailed**) *s. c.* **1** clavo. • *adj.* **2** de clavo (botas).

hobnob ['hɒbnɒb] *v. i.* **to ~ with,** (fam.) codearse con, alternar con.

hobo ['həʊbəʊ] (*pl.* **hobos** o **hoboes**) *s. c.* **1** vagabundo. **2** temporero, trabajador temporero.

Hobson's choice [ˌhɒbsnz'tʃɔɪs] *s. sing.* elección forzosa, situación de lo tomas o lo dejas; falsa elección (porque sólo existe una posibilidad real, aunque parezca que hay más).

hock [hɒk] *s. i.* **1** vino blanco alemán. **2** empeño (acción de empeñar objetos). • *s. c.* **3** ANAT. corvejón (de animales). • *v. t.* **4** (fam.) empeñar. ◆ **5 in ~,** (fam.) **a)** en la cárcel, en chirona; **b)** endeudado, con deudas; **c)** empeñado.

hockey ['hɒkɪ] *s. i.* DEP. hockey.

hocus-pocus [ˌhəʊkəs'pəʊkəs] *s. i.* treta de distracción, truco verbal.

hod [hɒd] *s. c.* capacho (para ladrillos).

hodge-podge [ˌhɒdʒ'pɒdʒ] *s. sing.* (EE UU) mezcolanza, batiburrillo.

hoe [həʊ] *s. c.* **1** azada, azadón. • *v. t.* e *i.* **2** remover el suelo con azada, azadonar.

hog [hɒg ‖ hɔːg] *s. c.* **1** ZOOL. cerdo capado; (Am.) chancho. **2** (fam.) puerco, cerdo, guarro (persona). • (*ger.* **hogging,** *pret.* y *p. p.* **hogged**) *v. t.* **3** acaparar, coger lo mejor de (cualquier cosa). ◆ **4 to go the whole ~,** (fam.) liarse la manta a la cabeza (en gastos, decisiones, etc.).

hogwash [hɒgwɑʃ] *s. i.* (fam.) estupideces, bazofia, chorradas (definiendo algo que alguien ha dicho).

hoi polloi [ˌhɔɪpə'lɔɪ] *s. pl.* **the ~,** (desp.) el vulgo, las masas.

hoist [hɔɪst] *v. t.* **1** enarbolar (bandera); izar (velas). **2** elevar, alzar (mediante grúa o aparato similar). **3** subir, elevar (utilizando las manos): *I hoisted the box on to the shelf = subí la caja a la estantería.* • *s. c.* **4** montacargas, grúa, cabria. ◆ **5 to be ~ with one's own petard,** ⇒ **petard.**

hoity-toity [ˌhɔɪtɪ'tɔɪtɪ] *adj.* (fam. y desp.) presumido, engreído, repipi.

hold [həʊld] (*pret.* y *p. p. irreg.* **held**) *v. t.* **1** sujetar, sostener, agarrar (en la mano). **2** abrazar, coger en los brazos. **3** agarrar, mantener inmóvil, inmovilizar. **4** detener, retener (prisionero). **5** coger, sujetar (una parte del cuerpo): *she held his head in her hands = sujetó su cabeza en sus manos.* **6** mantener (una parte del cuerpo en una posición). **7** mantener, tener (una opinión, una creencia, etc.). **8** aguantar, soportar (un peso notable). **9** contener, tener capacidad para (una cantidad). **10** defender (contra ataque militar o político). **11** mantener abierta (la comunicación telefónica). **12** considerar (culpable, responsable, etc.). **13** mantener (la atención o interés de alguien). **14** tener, retener (una posición, récord, etc.). **15** retener, retrasar (cualquier acontecimiento en el tiempo). **16** reservar, guardar (sitio, billete, etc.). **17** tener, tener la propiedad de. **18** saber beber,

aguantar la bebida (bebida alcohólica): *he can't hold his drink = no aguanta la bebida.* **19** coger (mensajes telefónicos). • *v. i.* **20** (**to ~ on to/to**) sujetar, sostener, agarrar. **21** (**to ~ to**) tener, mantener (opinión, creencia, etc.). **22** mantenerse pegado, mantenerse fijo, mantenerse sujeto. **23** durar, mantenerse agradable (tiempo): *we are lucky, so far the weather has held = tenemos suerte, hasta ahora el tiempo se ha mantenido bien.* **24** durar, mantenerse (la suerte). **25** estar en pie, seguir en pie (invitación u oferta). **26** sostenerse (un argumento, raciocinio, teoría, etc.). **27** valer, estar en vigencia (leyes o similar). **28** estar a la espera (en una llamada telefónica). • *s. c.* **29** apoyo, punto de apoyo (físico). **30** DEP. llave (en lucha libre). **31** compartimento de carga, bodega (en barco o avión). • *s. i.* **32** capacidad de agarrarse (ruedas): *because of the rain the tyres didn't have much hold on the road = a causa de la lluvia los neumáticos no tenían mucha capacidad de agarrarse a la carretera.* • *s. sing.* **33** asimiento, acción de agarrar, acción de sostener; manera de agarrar. **34** (**~ on/over**) poder sobre, control sobre, influencia sobre (otras personas). **35** (**~ over**) poder sobre, dominio sobre (porque se sabe algo que la otra persona quiere mantener secreto). ◆ **36 to be held hostage,** ⇒ **hostage. 37 to get/grab/take/seize ~ (of), a)** agarrar, sujetar (fuertemente); **b)** controlar, hacerse con el control (de). **38 to get ~ of, a)** conseguir, hacerse con (algo); **b)** descubrir (una información que se quería mantener secreta); **c)** contactar con (una persona); **d)** sacar (una impresión, idea, etc. que no es verdad); **e)** captar, entender. **39 to ~ against,** guardar en contra de, tener en cuenta: *he never held what I did against me = nunca tuvo en cuenta lo que hice.* **40 to ~ back, a)** retener, retrasar: *stop trying to hold me back = deja de retenerme;* **b)** reprimir (lágrimas o risa); **c)** mantener bajo control (precios, multitudes, etc.); **d)** mantener secreto, mantener reservado (un secreto, una información, etc.); **e)** mantener en reserva (algo). **41 to ~ court,** ⇒ **court. 42 to ~ down, a)** controlar, sujetar (físicamente a alguien); **b)** mantener (un puesto de trabajo); **c)** mantener reducido, mantener bajo (los sueldos, precios, etc.). **43 ~ everything,** alto todo el mundo. **44 to ~ fast,** ⇒ **fast. 45 to ~ forth,** hablar largo y tendido, disertar. **46 to ~ in,** reprimir, contener (emociones). **47 ~ it,** para, un momento. **48 to ~ off, a)** mantener a distancia, mantener alejado; **b)** no empezar a llover; **c)** retrasar (decisión). **49 to ~ on, a)** continuar con esfuerzo, aguantar con fuerza; **b)** esperar: *hold on a minute = espera un minuto.* **50 to ~ one's breath,** ⇒ **breath. 51 to ~ one's ground,** mantenerse firme (ante un problema). **52 to ~ one's own,** mantenerse firme, mantenerse en su terreno. **53 to ~ one's peace,** ⇒ **peace. 54 to ~ one's tongue,** ⇒ **tongue. 55 to ~ on (to), a)** agarrar, sujetarse (a); **b)** no soltar (algo); **c)** guardar, quedarse (con); **d)** (fam.) guardar transitoriamente (algo de otra persona); **e)** mantener (las ideas, creencias, etc.). **56 to ~ out, a)** extender la mano (para coger algo o saludar); **b)** resistir, aguantar (una situación difícil); **c)** mantener (la esperanza o similar). **57 to ~ out (for),** exigir, no ceder en la exigencia (de) (derechos). **58 to ~ (out) hope,** ⇒ **hope. 59 to ~ out (on),** (fam.) negarse a dar información (a). **60 to ~ over, a)** retrasar, dejar para más tarde, aplazar (asunto); **b)** dejar más tiempo en cartel (película o parecido). **61 to ~ someone to ransom,** ⇒ **ransom. 62 to ~ something at bay,** ⇒ **bay. 63 to ~ something in check,** ⇒ **check. 64 to ~ still/steady,** mantenerse inmóvil, no moverse, quedarse quieto. **65 to ~ sway,** ⇒ **sway. 66 to ~ the door (open) (for),** abrir la puerta (a) (alguien). **67 to ~ the fort,** ⇒ **fort. 68 to ~ the road,** agarrarse bien al firme, agarrarse bien a la carretera (vehículo). **69 to ~ tight,** agarrarse fuerte, sujetarse con fuerza (intentando evitar caerse). **70 to ~ together,** mantener cohesionado (un grupo o colectivo). **71 to ~ up, a)** levantar, elevar, alzar (una extremidad, objeto, etc.); **b)** soportar el peso de, mantener erguido (algo); **c)** detener, retrasar, atrasar; **d)** atracar, asaltar (para robar); **e)** presentar como modelo, ofrecer como modelo (conducta); **f)** mantener fuerza, mantener vigencia, ser válido (ideas, teorías, creencias, etc.); **g)** (fam.) aguantar, soportar (algún objeto un duro tratamiento): *these shoes held up very well = estos zapatos aguantaron muy bien.* **72 to ~ with,** aprobar, estar de acuerdo con, estar a favor de (cualquier actividad). **73 not to ~ a candle to someone,** ⇒ **candle. 74 no holds barred,** ⇒ **bar. 75 there's no holding him/her/etc.,** no hay manera de pararle, no hay quien le/la pare.
OBS. Este verbo tiene muy distintas traducciones que no se pueden abarcar en su totalidad. **76** según el sustantivo que le siga, adquiere un matiz acorde con el significado de ese sustantivo: *to hold a meeting = celebrar una reunión; to hold power = tener el poder; to hold a university degree = estar en poder de un título universitario; the future holds countless promises = el futuro alberga innumerables promesas.*

holdall ['həʊldɔːl] *s. c.* bolsa de viaje; neceser.

holder ['həʊldər] *s. c.* **1** persona que tiene (una opinión, creencia, teoría, etc.). **2** persona que lleva, persona que tiene; poseedor (de un objeto como pasaporte, billete, acción de bolsa, etc.). **3** boquilla (para cigarrillos). **4** soporte, agarradera, base (donde encaja otro objeto).

holding [həʊldɪŋ] *s. c.* **1** posesión de fincas, posesión de terreno; porcentaje de tierras (en propiedad o arrendamiento). **2** participación (en un negocio o empresa). **3** colección (de libros, cuadros, etc.). • *adj.* **4** de contención, controlador (de una situación de cierto peligro). ◆ **5 ~ company,** FIN. holding de empresas.

hold-up ['həʊldʌp] *s. c.* **1** atasco (de tráfico, de trabajo, etc.). **2** atraco, robo.

hole [həʊl] *s. c.* **1** agujero, hoyo, boquete. **2** rotura, agujero, roto (como defecto). **3** agujero, madriguera (para animales). **4** (fig.) agujero, defecto, fallo (en una ley, plan, proyecto, etc.). **5** DEP. hoyo (sección o excavación en la tierra del golf). **6** (fam.) cuchitril, sitio de mala muerte (una vivienda, oficina, etc.). **7** (fam.) apuro, aprieto, dificultad. • *v. t.* **8** hacer un agujero en (normalmente con disparos). • *v. t.* e *i.* **9** DEP. meter en el agujero, embocar (en golf). ◆ **10 a ~ in one,** DEP. un acierto de un solo golpe (golf). **11 to ~ out,** DEP. acabar todos los hoyos, finalizar el recorrido (golf). **12 to ~ up,** (fam.) esconderse, refugiarse (para trabajar tranquilo o para huir de alguien). **13 in holes,** lleno de agujeros, lleno de rotos. **14 to make a ~ in,** (fam.) reducir gravemente, dejar temblando (sueldo, ahorros, etc.). **15 to pick holes in,** (fam.) encontrar fallos en, encontrar defectos en (una teoría, argumento, idea, etc.).

holiday ['hɒlədeɪ] *s. c.* **1** vacaciones, vacación. • *s. c.* e *i.* **2** fiesta, descanso, vacación: *tomorrow is a holiday = mañana es fiesta.* • *v. i.* **3** ir de vacaciones, estar de vacaciones. ◆ **4 ~ camp,** colonia veraniega, centro veraniego (lugar especial con todo tipo de servicios para veraneantes). **5 on ~/on holidays,** de vacaciones.

holiday-maker ['hɒlədeɪmeɪkər] *s. c.* veraneante; turista.

holiness ['həʊlɪnɪs] REL. *s. i.* **1** santidad. ◆ **2 Your/His Holiness,** Su Santidad (forma de dirigirse al Papa o de referirse a él).

Holland ['hɒlənd] *s. sing.* Holanda.

holler ['hɒlər] (fam.) *v. i.* **1** pegar gritos, lanzar chillidos, berrear. • *s. c.* **2** grito, chillido, berrido.

hollow ['hɒləʊ] *adj.* **1** hueco: *a hollow wall = una pared hueca.* **2** hueco, cóncavo, ahuecado, hundido (cualquier superficie): *hollow eyes = ojos hundidos.* **3** hueco, vacío, pobre (idea, teoría, etc.). **4** hueco, sordo (sonido). **5** sepulcral, cavernosa (una voz). **6** falsa (risa o similar). • *s. c.* **7** hueco, agujero: *a hollow in the tree trunk = un agujero en el tronco de un árbol.* **8** cavidad, hondonada (del terreno). • *v. t.* **9** hacer un hueco en. **10** hundir ligeramente (una superficie). ◆ **11 to beat someone ~,** DEP.

ganar a alguien con toda facilidad, dar a alguien una paliza de campeonato. **12 to have ~ legs,** (hum. y brit.) tener la tripa rota, comer como un hambriento. **13 to ~ out, a)** excavar un agujero en, hacer un agujero en; **b)** hundir (una superficie). **14 the ~ of one's hand,** el hueco de la mano de uno.

hollowly ['hɒləulɪ] *adv.* **1** huecamente, sordamente (sonido). **2** falsamente (reír).

hollowness ['hɒləunɪs] *s. i.* vaciedad, falsedad (de ideas, opiniones, etc.).

holly ['hɒlɪ] *s. i.* BOT. acebo.

holocaust ['hɒləkɔːst] *s. c.* e *i.* holocausto.

hologram ['hɒləgræm] *s. c.* FOT. holograma.

holograph ['hɒləgrɑːf ‖ 'hɒləgræf] *s. c.* (form.) escrito a mano, manuscrito.

hols [hɒlz] *s. pl.* **the ~,** (brit.) (fam.) las vacaciones.

holster ['həulstər] *s. c.* funda de pistola, pistolera.

holy ['həulɪ] *adj.* **1** REL. santo, sagrado. ◆ **2 holier than thou,** (desp.) santurrón, meapilas; farisaico. **3 Holy Communion,** REL. Sagrada Comunión. **4 ~ of holies,** (fam. y fig.) sanctasanctórum (despacho, oficina, etc. de una persona importante). **5 ~ water,** REL. agua bendita. **6 Holy Week,** REL. Semana Santa. **7 Holy Writ,** (p.u.) REL. Escritura Santa. **8 the Holy City,** Jerusalén. **9 the Holy Father,** REL. el Papa. **10 the Holy Ghost/ Spirit,** REL. el Espíritu Santo. **11 the Holy Land,** Tierra Santa. **12 the Holy See,** REL. el Vaticano, la Santa Sede.

homage ['hɒmɪdʒ] *s. i.* **1** (~ {**to**}) homenaje. ◆ **2 to pay/do ~ (to),** rendir homenaje (a).

home [həum] *s. c.* e *i.* **1** hogar, casa. **2** patria; patria chica (nación o región de donde uno procede): *I'm going home in summer = en verano me iré a mi país.* ● *s. c.* **3** asilo, casa cuna (para personas o niños sin hogar). **4** (fam.) sitio (donde guardar algo). ● *s. i.* **5** DEP. base, meta, casa (en algunos juegos y deportes). ● *adj.* **6** donde nací, de nacimiento, natal: *my home town = mi ciudad natal.* **7** DEP. en casa (partido). **8** regional; nacional (según el contexto o enfoque): *our home market is not big enough = nuestro mercado nacional no es lo suficientemente grande.* **9** de casa, doméstico, en casa; artesanal (algunos productos naturales): *home-made bread = pan artesanal; home help = ayuda doméstica.* ● *s. sing.* **10** (fig.) cuna, lugar de origen: *Spain is the home of flamenco = España es la cuna del flamenco.* ● *adv.* **11** a casa. **12** en el blanco, con acierto: *I drove the point home = llevé el tema con acierto.* **13** en su sitio exacto: *I hammered the whole thing home = metí todo a martillazos en su sitio exacto.* ◆ **14 a ~ from ~,** un hogar igual que la casa de uno, un hogar lejos del hogar. **15 at ~, a)** en casa; **b)** en el país de uno, en la tierra natal; **c)** como en casa, cómodo, relajado, a gusto: *she was so kind I felt at home straightaway = fue tan amable que me sentí como en casa inmediatamente.* **16 at ~ in,** conocedor de, al tanto de, a gusto en (tema, especialidad, asunto, etc.). **17 to bring something closer to ~,** ayudar a darse cuenta cabal de algo, hacer que algo tenga trascendencia (especialmente por primera vez): *the war brought the darker side of human nature closer to home = la guerra ayudó a darse cuenta cabal del lado peor de la naturaleza humana.* **18 to bring something ~ to someone,** hacer que alguien se dé cuenta de algo, hacer que algo se haga patente para alguien. **19 ~ and dry,** (fam.) a salvo, a buen puerto. **20 ~ economics,** hogar (asignatura). **21 ~ ground,** DEP. campo propio, campo de casa (en algunos deportes, como el fútbol). **22 ~ help,** ayuda doméstica (especialmente aquella subvencionada por la Seguridad Social para personas mayores sin recursos o enfermos). **23 to ~ in (on),** MIL. ir derecho (al), dirigirse directamente (al) (objetivo de la bomba, del misil, etc.). **24 ~ page,** página de inicio. **25 ~ time,** (fam.) hora de irse a casa (utilizado por niños pequeños en la escuela). **26 ~ town,** ciudad natal. **27 ~ truth,** las cuarenta, verdades que no gustan (sobre el carácter de uno): *you're going to listen to some home truths now = ahora vas a oír unas cuantas verdades de las que no gustan.* **28 Home Rule,** POL. Gobierno directo, Gobierno local, Gobierno regional, Gobierno autonómico (de una parte del Reino Unido o caso similar). **29 ~ run, a)** DEP. golpe que permite correr todas las bases de una vez (en béisbol); **b)** (fig.) última sección de un viaje (cuando uno se está acercando a casa). **30 to leave ~,** irse de casa (especialmente gente joven). **31 to make one's ~ somewhere,** hacer el hogar de uno en algún sitio, levantar el hogar de uno en algún sitio. **32 make yourself at ~,** ponte cómodo, siéntete como si estuvieras en tu casa. **33 nothing to write ~ about,** (fam.) nada de extraordinario, nada de particular, nada digno de mencionar. **34 on ~ ground, a)** en sitios conocidos cercanos a casa, en zona cercana a casa y conocida; **b)** (fig.) en temas de los cuales uno es experto, en asuntos de los que uno no es ignorante. **35 the Home Guard,** MIL. la milicia local (durante la Segunda Guerra Mundial). **36 the Home Office,** POL. el Ministerio del Interior inglés. **37 the Home Secretary,** POL. el Ministro del Interior inglés. **38 the ~ straight/stretch, a)** el final, la última parte, el último trecho (antes de llegar a la meta); **b)** el final, lo último, el último esfuerzo, el remate (en cualquier actividad, cuando se está a punto de acabar).

home-brew [,həum'bruː] *s. i.* cerveza casera.

homecoming [,həumkʌmɪŋ] *s. c.* e *i.* regreso a casa (especialmente después de una larga ausencia).

home-grown [,həum'grəun] *adj.* de cosecha casera, de cosecha propia; del propio huerto.

homeland ['həumlænd] *s. c.* **1** patria, solar patrio. ● *s. pl.* **2** POL. regiones teóricamente independientes de población de color en Suráfrica.

homeless ['həumlɪs] *adj.* **1** sin hogar, sin techo, sin casa. ◆ **2 the ~,** las personas sin hogar, los que están sin techo.

homelessness ['həumlɪsnɪs] *s. i.* situación de estar sin casa, problema de no tener techo: *homelessness is a problem nowadays = la situación de estar sin un techo es un problema hoy en día.*

homeliness ['həumlɪnɪs] *s. i.* **1** (brit.) sencillez, simplicidad (del carácter). **2** comodidad (propia de un ambiente). **3** (EE UU) (desp.) poca atracción (física de una persona).

homely ['həumlɪ] *adj.* **1** (brit.) sencillo, simple, llano. **2** hogareño, familiar; cómodo (ambiente). **3** (EE UU) (desp.) feúcho, no muy agraciado.

home-made [,həum'meɪd] *adj.* casero, hecho en casa; artesanal.

homeopath ['həumɪəpæθ] (también **homoeopath**) *s. c.* MED. homeópata, médico homeópata.

homeopathic [,həumɪə'pæθɪk] (también **homoeopathic**) *adj.* MED. homeopático.

homeopathy [,həumɪ'ɒpəθɪ] (también **homoeopathy**) *s. i.* MED. homeopatía.

home-owner [,həum'əunər] *s. c.* propietario, dueño (de una casa).

homesick ['həumsɪk] *adj.* nostálgico, lleno de morriña.

homesickness ['həumsɪknɪs] *s. i.* nostalgia, morriña.

homespun ['həumspʌn] *s. i.* **1** paño casero. ● *adj.* **2** sencillo, llano (en cuanto a opiniones, creencias, virtudes, costumbres, etc.).

homestead ['həumsted] *s. c.* AGR. granja (casa y tierras).

homeward ['həumwəd] *adj.* **1** en dirección a casa. ● *adv.* (también **homewards**). **2** de vuelta a casa, de regreso a casa, en dirección a casa.

homeward-bound ['həumwədbaund] *adj.* y *adv.* en dirección a casa.

homework ['həumwɜːk] *s. i.* **1** deberes, tarea (de la escuela). **2** (fig.) preparación, documentación, trabajo preparatorio (especialmente antes de escribir un libro, dar una conferencia, etc.).

homeworker ['həum,wɜːkə] *s. c.* teletrabajador.

homey ['həumɪ] (también **homy**) *adj.* (EE UU) (fam.) íntimo, cómodo, como en casa.

homicidal [ˌhɒmɪ'saɪdl] *adj.* homicida; (fig.) salvaje.
homicide ['hɒmɪsaɪd] *s. c.* e *i.* **1** homicidio. • *s. c.* **2** homicida (persona).
homily ['hɒmɪlɪ] *s. c.* **1** REL. homilía. **2** (fig. y form.) sermón (normalmente aburrido y para regañar a alguien).
homing ['həʊmɪŋ] *adj.* **1** MIL. direccional, con sistema de dirección (armas). **2** BIOL. con instinto direccional hacia el nido (algunas aves). ◆ **3** ~ **pigeon,** ZOOL. paloma mensajera.
homoeopath *s. c.* ⇒ **homeopath.**
homoeopathic *adj.* ⇒ **homeopathic.**
homoeopathy *s. i.* ⇒ **homeopathy.**
homogeneity [ˌhɒmədʒɪ'niːətɪ] *s. i.* homogeneidad.
homogeneous [ˌhɒmə'dʒiːnɪəs] *adj.* homogéneo.
homogenized [hə'mɒdʒənaɪzd] (también **homogenised**) *adj.* homogeneizada (leche).
homonym ['hɒmənɪm] *s. c.* GRAM. homónimo.
homophone ['hɒməfəʊn] *s. c.* FON. homófono.
homosexual [ˌhɒmə'sekʃʊəl] *adj.* **1** homosexual. • *s. c.* **2** homosexual (persona).
homosexuality [ˌhɒməsekʃʊ'ælətɪ] *s. i.* homosexualidad.
Honduran [hɒn'djʊərən] *adj.* **1** hondureño. • *s. c.* **2** hondureño (persona).
Honduras [hɒn'djʊərəs] *s. sing.* GEOG. Honduras.
hone [həʊn] *v. t.* **1** afilar (especialmente piedras). **2** (fig.) preparar, capacitar, entrenar (la mente, el cuerpo, un objeto para un propósito, etc.).
honest ['ɒnɪst] *adj.* **1** honrado, sincero (que no engaña en ningún sentido). **2** franco, sincero, directo (opinión, palabra, etc.). **3** legal. • *adv.* **4** (fam.) de verdad, te lo juro. ◆ **5 to be** ~**,** de verdad, te lo aseguro, te lo juro. **6** ~ **to God/goodness,** (p.u.) vaya por Dios, por el amor de Dios. **7 to make an** ~ **woman of,** (p.u. o hum.) hacer de alguien una mujer honrada (casarse con una mujer a la que uno ha dejado embarazada).
honestly ['ɒnɪstlɪ] *adv.* **1** de verdad, realmente, francamente (expresando énfasis, remachando que uno dice verdad, indicando impaciencia): *I don't understand you, honestly = francamente no te entiendo.* **2** sinceramente, honradamente. **3** francamente, sinceramente, directamente (sin ocultar nada).
honesty ['ɒnɪstɪ] *s. i.* **1** honradez. **2** franqueza, sinceridad. **3** legalidad. **4** BOT. lunaria. ◆ **5 in all** ~**,** con toda franqueza, con toda honradez, con toda sinceridad.
honey ['hʌnɪ] *s. i.* **1** miel (de abejas). • *s. c.* **2** (fam.) encanto, cielo. **3** (EE UU) cariño, amor, querido.
honey bee ['hʌnɪbiː] *s. c.* ZOOL. abeja (obrera).
honeycomb ['hʌnɪkəʊm] *s. c.* e *i.* panal.
honeydew ['hʌnɪdjuː] *s. i.* **1** BOT. secreción dulce (en algunas plantas). ◆ **2** ~ **melon,** melón dulce.
honeyed ['hʌnɪd] *adj.* suave, meloso, apaciguante (palabras que calman).
honeymoon ['hʌnɪmuːn] *s. c.* **1** luna de miel. **2** (fig.) luna de miel, período de gracia (usado especialmente en política). • *v. i.* **3** ir de luna de miel, viajar de luna de miel.
honeysuckle ['hʌnɪsʌkl] *s. i.* BOT. madreselva.
honk [hɒŋk] *v. t.* **1** tocar (la bocina de un vehículo). • *v. i.* **2** tocar (la bocina). **3** graznar (especialmente los gansos). • *s. c.* **4** bocinazo. **5** graznido.
honor *s. i.* ⇒ **honour.**
honorable *adj.* ⇒ **honourable.**
honorary ['ɒnərərɪ ‖ 'ɒnərerɪ] *adj.* honorario: *honorary consul = cónsul honorario.*
honorific [ˌɒnə'rɪfɪk] *adj.* **1** honorífico. • *s. c.* **2** GRAM. formas respetuosas de dirigirse a las personas, fórmulas de respeto.
honour ['ɒnər] (en EE UU **honor**) *s. i.* **1** honor, honra. **2** honor, señal de respeto; condecoración honorífica. • *s. sing.* **3** (**an** ~ **to**) un honor para, una honra para (persona o cosa). **4** honor: *do me the honour of dancing with me = hágame el honor de bailar conmigo.* • *v. t.* **5** respetar (un acuerdo o similar). **6** honrar, rendir honores a (alguien que se lo merece). **7** respetar, honrar (a una persona): *you should honour your parents = debes honrar a tus padres.* **8** (form.) hacer el honor de, honrar: *would you honour me with your presence? = ¿me honraría con su presencia?* ◆ **9 to do someone** ~**,** honrar a alguien (mediante una buena acción): *what you did does you honour = lo que hiciste te honra.* **10 to do the honours,** hacer los honores (en una fiesta o parecido). **11 to have the** ~ **(of)/to be one's** ~ **to,** (form.) tener el honor (de), tener el privilegio (de). **12 honours,** matrícula, matrícula de honor (en educación). **13 honours list,** (brit.) lista de condecoraciones reales. **14 in** ~ **of,** en honor de. **15 in one's** ~**,** en honor de uno. **16 your** ~**,** señoría (forma de dirigirse a un juez).
honourable ['ɒnərəbl] (en EE UU **honorable**) *adj.* **1** digno, honroso (acción, actitud, etc.). **2** honorable (como título de algunos puestos). ◆ **3** ~ **member,** POL. señoría (del Parlamento). **4** ~ **mention,** mención honorífica.
honourably ['ɒnərəblɪ] *adv.* honorablemente, dignamente.
honoured ['ɒnəd] *adj.* **1** honrado, reverenciado, respetado. **2** celebrado, homenajeado.
hooch [huːtʃ] *s. i.* (fam.) licor, bebida alcohólica.
hood [hʊd] *s. c.* **1** capucha (de una prenda de vestir). **2** capucha (para tapar la cara). **3** (brit.) capota, toldo (de coche, carrito, etc.). **4** (EE UU) capó.
hooded [hʊdɪd] *adj.* **1** con capucha (ropa). **2** de párpados caídos (ojos).
hoodlum [huːdləm] *s. c.* (fam.) matón, gorila; gángster.
hoodwink ['hʊdwɪŋk] *v. t.* burlar, engañar, poner una trampa a.
hooey ['huːɪ] *s. i.* (fam.) bobadas, chorradas, memez.
hoof [huːf] (*pl.* **hoofs** o **hooves**) *s. c.* casco (de equino).
hook [hʊk] *s. c.* **1** gancho, garfio. **2** DEP. gancho (golpe en el boxeo). **3** DEP. golpe desviado a izquierda (en golf y críquet). • *v. t.* **4** enganchar, sujetar con un gancho. **5** pescar (con anzuelo de gancho). **6** (fig. y hum.) pescar (marido o mujer). **7** enganchar (un objeto arqueando un brazo, pie, pierna, etc.). ◆ **8 by** ~ **or by crook,** (p.u.) por las buenas o por las malas. **9 to get off the** ~**,** escaparse de una buena, librarse de una buena, escapar del atolladero. **10** ~ **and eye,** corchete. **11 to** ~ **up,** conectar, enganchar (una computadora u otro aparato a una central). **12 to let/get someone off the** ~**,** sacar a alguien del atolladero, sacar a alguien de un apuro. **13 off the** ~**,** descolgado (teléfono). **14 to sling one's** ~**,** tomar las de Villadiego, largarse.
hookah ['hʊkə] *s. c.* narguile, pipa de agua (para marihuana o tabaco).
hooked [hʊkt] *adj.* **1** en forma de gancho, en forma de garfio. **2** corvada, en gancho (nariz). ◆ **3** ~ **on,** (fam.) **a)** loco por, interesadísimo por; **b)** enganchado a (las drogas).
hooker ['hʊkər] *s. c.* (fam.) puta.
hook-nosed ['hʊknəʊzd] *adj.* de nariz aguileña, de nariz ganchuda.
hook-up ['hʊkʌp] *s. c.* ELECTR. enganche (entre material sofisticado, como computadoras, satélites, etc.).
hooky ['hʊkɪ] **to play** ~**,** (EE UU) hacer novillos.
hooligan ['huːlɪgən] *s. c.* (desp.) gamberro (especialmente en el fútbol).
hooliganism ['huːlɪgənɪzəm] *s. i.* (desp.) gamberrismo.
hoop [huːp] *s. c.* **1** aro (especialmente para juegos de niños). **2** arco, aro (en croquet). ◆ **3 to go through the hoops/to put someone through the hoops,** pasar por las horcas caudinas, pasar las de Caín, hacerle a uno pasar mal.
hooped [huːpt] *adj.* en forma de aro.
hoop-la ['huːplɑː] *s. c.* e *i.* juego de aros.
hooray [hʊ'reɪ] (también **hurrah** y **hurray**) *interj.* hurra.
hoot [huːt] *v. i.* **1** dar un bocinazo. **2** abuchear, armar un griterío. **3** ulular (búho). • *v. t.* **4** dar (bocinazo). • *s. c.* **5** bocinazo. **6** grito ululato (de un búho). **7** abucheo, griterío. ◆ **8 to** ~ **down,** abuchear, acallar a base de abucheos. **9 to** ~ **off,** abuchear, echar a base de abucheos (de un escenario). **10 not to give a** ~**/not to care**

two hoots, importarle a uno un pepino, importarle a uno un pito.

hooter ['huːtər] *s. c.* **1** bocina. **2** (brit.) (fam.) narizotas.

hoover ['huːvər] *s. c.* **1** aspirador (marca registrada). • *v. t.* e *i.* **2** pasar el aspirador.

hooves [huːvz] *pl.* de **hoof.**

hop [hɒp] (*ger.* **hopping,** *pret.* y *p. p.* **hopped**) *v. i.* **1** dar saltitos, saltar, brincar (personas o animales). **2** (**to ~ +** *prep.*) saltar, dar un salto (en distintas direcciones): *I hopped out of bed at 9 = salté de la cama a las 9.* • *s. c.* **3** saltito, brinco. **4** baile concurrido. **5** (fam.) salto, viaje corto. **6** (normalmente *pl.*) BOT. lúpulo (para hacer cerveza). ◆ **7 to catch someone on the ~,** (fam.) coger a alguien desprevenido, coger a alguien en la luna de Valencia. **8 ~ it,** (fam.) lárgate, desaparece de mi vista. **9 to be hopping mad,** estar que trina, echar chispas. **10 on the ~,** (fam.) sin parar, ocupadísimo, desmelenado (con muchísimo trabajo).

hope [həup] *v. t.* **1** (**to ~ that/***inf.*) esperar, confiar: *I hope that you will pass = espero que apruebes.* • *v. i.* **2** (**to ~** {**for**}) esperar, confiar: *I hope for a real improvement = espero una mejora de verdad.* • *s. i.* **3** esperanza (una virtud teologal). • *s. c.* **4** esperanza, deseo, aspiración, ilusión: *don't lose hope! = ¡no pierdas la esperanza!* • *s. sing.* **5** esperanza, posibilidad, salvación (cosa o persona): *you are my only hope = eres mi única esperanza.* ◆ **6 to be beyond ~,** no tener posibilidad alguna (de triunfar, sobrevivir, etc.). **7 to ~ against ~,** esperar contra toda esperanza, aferrarse a la esperanza. **8 ~ chest,** (EE UU) ajuar. **9 to ~ for the best,** esperar que todo vaya bien (especialmente de una manera pasiva). **10 to hold out ~,** mantener esperanzas, tener esperanza. **11 I ~,** confío, espero. **12 in the ~ (of),** con la esperanza (de), con la ilusión (de). **13 to live in ~,** vivir esperanzado, no perder la esperanza. **14 not to have a ~ in hell,** (fam.) carecer de posibilidad alguna, no existir la menor posibilidad. **15 to raise one's hopes,** hacerse ilusiones (fundadas). **16 what a ~/some ~/not a ~,** ninguna posibilidad, nada que hacer, no hay manera, ninguna esperanza en absoluto.

hopeful ['həupfl] *adj.* **1** esperanzado, optimista, confiado: *I am very hopeful everything will turn out all right = estoy confiado de que todo saldrá bien.* **2** esperanzador, prometedor: *hopeful news = noticias esperanzadoras.* • *s. c.* **3** aspirante, candidato, persona llena de ilusión (por un futuro trabajo, puesto político, etc.).

hopefully ['həupfəlɪ] *adv.* **1** lleno de esperanza, esperanzadoramente. **2** es de esperar; con suerte: *hopefully, we'll pass = es de esperar que aprobemos.*

hopefulness ['həupflnɪs] *s. i.* promesa, promisión; optimismo.

hopeless ['həuplɪs] *adj.* **1** imposible, inútil, sin solución: *the situation is hopeless = la situación es imposible de solucionar.* **2** (fam.) inútil, un desastre (en algo): *I am hopeless at music = soy un desastre para la música.*

hopelessly ['həuplɪslɪ] *adv.* inútilmente, desesperanzadoramente, irremediablemente, desesperadamente: *I am hopelessly in love = estoy desesperadamente enamorado.*

hopelessness ['həuplɪsnɪs] *s. i.* desesperanza, desesperación.

hopper ['hɒpər] *s. c.* tolva (para alma cenaje).

hopscotch ['hɒpskɒtʃ] *s. i.* pata coja, castro (juego de niños).

horde [hɔːd] *s. c.* horda.

horizon [hə'raɪzn] *s. c.* **1** horizonte (físico). **2** (normalmente *pl.*) (fig.) futuro, horizonte. ◆ **3 on the ~,** inminente, a punto de llegar. **4 over the ~,** tras la esquina, acercándose peligrosamente.

horizontal [,hɒrɪ'zɒntl ‖ ,hɔːrɪ'zɒntl] *adj.* **1** horizontal. • *s. sing.* **2 the ~,** la horizontal (posición). ◆ **3 ~ integration,** integración horizontal.

horizontally [,hɒrɪ'zɒntəlɪ ‖ ,hɔːrɪ'zɒntəlɪ] *adv.* horizontalmente.

hormonal [hɔː'məunl] *adj.* BIOQ. hormonal.

hormone ['hɔːməun] *s. c.* **1** BIOQ. hormona. ◆ **2 ~ replacement therapy,** terapia hormonal sustitutiva.

horn [hɔːn] *s. c.* **1** (normalmente *pl.*) cuerno, asta. **2** cuerno (órgano de similar apariencia en otros animales); antena (insectos); tentáculo (caracol). **3** MÚS. cuerno, trompa. **4** cuerno, objeto parecido a un cuerno. **5** bocina, claxon. • *s. i.* **6** cuerno (sustancia). ◆ **7 on the horns of a dilemma,** entre la espada y la pared. **8 to take the bull by the horns,** coger al toro por los cuernos.

horned [hɔːnd] *adj.* con cuernos, con cornamenta (animales).

hornet ['hɔːnɪt] *s. c.* **1** ZOOL. avispón. ◆ **2 a hornet's nest,** (fam. y fig.) un avispero (situación muy difícil).

horn-rimmed ['hɔːnrɪmd] *adj.* de concha (gafas).

horny ['hɔːnɪ] *adj.* **1** duro, duro como un hueso. **2** callosa (mano). **3** (fam.) cachondo, caliente, salido.

horoscope ['hɒrəskəup ‖ 'hɔːrəskəup] *s. c.* horóscopo.

horrendous [hɒ'rendəs] *adj.* (fam.) horroroso, horrendo, horrible.

horrendously [hɒ'rendəslɪ] *adv.* (fam.) horrorosamente, horrendamente, horriblemente.

horrible ['hɒrɪbl ‖ 'hɔːrəbl] *adj.* **1** horrible, espantoso (asesinato, accidente, etc.). **2** (fam.) asqueroso, fatal, horrible, desagradable.

horribly ['hɒrəblɪ ‖ 'hɔːrəblɪ] *adv.* **1** horriblemente, espantosamente. **2** (fam.) asquerosamente, fatalmente, horriblemente, desagradablemente.

horrid ['hɒrɪd ‖ 'hɔːrɪd] *adj.* (fam.) **1** desagradable, horroroso, horrible (lo contrario de lo que es agradable): *a horrid taste = un sabor horroroso.* **2** bestia, maleducado, antipático (rasgo del carácter de una persona).

horridly ['hɒrɪdlɪ ‖ 'hɔːrɪdlɪ] *adv.* **1** desagradablemente, horrorosamente, horriblemente. **2** de forma maleducada, antipáticamente.

horridness ['hɒrɪdnɪs ‖ 'hɔːrɪdnɪs] *s. i.* **1** lo desagradable. **2** mala educación, antipatía.

horrific [hɒ'rɪfɪk] *adj.* **1** sobrecogedor, horroroso, espantoso. **2** (fam.) excesivo, de espanto, de susto (especialmente precios).

horrifically [hɒ'rɪfɪklɪ] *adv.* **1** sobrecogedoramente, horriblemente, horrorosamente, espantosamente. **2** (fam.) excesivamente (caro, especialmente).

horrify ['hɒrɪfaɪ ‖ 'hɔːrɪfaɪ] *v. t.* horrorizar, aterrar; (fig.) dejar sorprendidísimo, asombrar, escandalizar: *we were horrified by the news = la noticia nos escandalizó.*

horrifying ['hɒrɪfaɪɪŋ] *adj.* horripilante, horroroso.

horrifyingly ['hɒrɪfaɪɪŋlɪ] *adv.* horripilantemente, horrorosamente.

horror ['hɒrər ‖ 'hɔːrər] *s. i.* **1** horror, pavor, miedo irracional. • *s. c.* **2** (normalmente *pl.*) experiencia horrorosa, hecho pavoroso, horror. **3** (fam.) adefesio, monstruo, cosa/persona horriblemente fea. **4** (fam.) trasto, desobediente (niño). • *s. sing.* **5** (**a ~ of**) odio a, aversión a: *he has a horror of violence = tiene aversión a la violencia.* **6** (**the ~ of**) el horror de, la horrible experiencia de, el golpe horroroso de. • *atr.* **7** de miedo, de terror (una película, historia, etc.). ◆ **8 to give someone the horrors,** (fam.) dar a alguien pavor, causar a alguien espanto: *talking in public gives me the horrors = hablar en público me da pavor.* **9 ~ of horrors,** (hum.) horror y pavor.

horror-stricken ['hɒrəstrɪkn] (también **horror-struck**) *adj.* horrorizado, aterrorizado.

horror-struck ['hɒrəstrʌk] *adj.* ⇒ **horror-stricken.**

hors de combat [,ɔːdə'kɒmbɑː] *adj.* (form. o lit.) fuera de combate (especialmente en la guerra o deporte).

hors d'oeuvre [,ɔː'dɜːvrə ‖ ,ɔː'dɜːv] (*pl.* **hors d'oeuvre** o **hors d'oeuvres**) *s. c.* (normalmente *pl.*) GAST. entremés.

horse [hɔːs] *s. c.* **1** caballo. **2** DEP. potro (usado para saltar en gimnasia). • *s. i.* **3** (fam.) caballo; heroína (droga). ◆ **4 to ~ about/around,** (fam.) hacer el tonto, hacer el chorra, hacer el bobo. **5 ~ laugh,** carcajada, risotada. **6 to put the cart before the ~,** ⇒ **cart. 7 from the horse's mouth,** ⇒ **mouth. 8 the horses,** los caballos, las carreras de caballos.

horseback ['hɔːsbæk] *adj.* y *adv.* **1** a caballo, de montar a caballo. ◆ **2 on ~,** a caballo.

horse-box ['hɔːsbɒks] *s. c.* remolque de transporte de caballos.
horse-chestnut [ˌhɔːs'tʃesnʌt] *s. c.* BOT. **1** castaño de Indias. **2** castaña de Indias.
horse-drawn ['hɔːsdrɔːn] *adj.* tirado por caballos.
horseflesh ['hɔːsfleʃ] *s. i.* **1** (también **horsemeat**) carne de caballo, caballo (para comer). ◆ **2 to be a bad/good judge of ~,** saber poco/mucho de caballos, ser mal/buen conocedor de caballos.
horsefly ['hɔːsflaɪ] *s. c.* ZOOL. tábano.
horsehair ['hɔːsheər] *s. i.* pelo de caballo (de la cola o crin).
horseman ['hɔːsmən] (*pl. irreg.* **horsemen**) *s. c.* jinete.
horsemanship ['hɔːsmənʃɪp] *s. i.* equitación, estilo de equitación, conocimiento de equitación.
horsemeat ['hɔːsmiːt] *s. i.* ⇒ **horseflesh.**
horsemen ['hɔːsmən] *pl. irreg.* de **horseman.**
horseplay ['hɔːspleɪ] *s. i.* (p.u.) peleas de mentirijillas; payasadas.
horsepower ['hɔːspaʊər] *s. i.* FÍS. potencia, caballo.
horse racing ['hɔːsreɪsɪŋ] *s. i.* carreras de caballos; hípica.
horseradish ['hɔːsrædɪʃ] *s. i.* BOT. rábano o picante.
horse riding ['hɔːsraɪdɪŋ] *s. i.* montar a caballo; hípica.
horsesense ['hɔːssens] *s. i.* (fam. y p.u.) sentido común.
horseshoe ['hɔːsʃuː] *s. c.* **1** herradura. **2** forma de herradura.
horse-show ['hɔːsʃəʊ] *s. c.* concurso hípico.
horse-trading ['hɔːstreɪdɪŋ] *s. i.* (EE UU) regateo, chalaneo.
horsewhip ['hɔːswɪp] *s. c.* **1** fusta. ● *v. t.* **2** dar con la fusta.
horsewoman ['hɔːswʊmən] (*pl. irreg.* **horsewomen**) *s. c.* amazona.
horsewomen ['hɔːswɪmɪn] *pl. irreg.* de **horsewoman.**
horsey ['hɔːsɪ] (también **horsy**) *adj.* **1** aficionado a los caballos, interesado por los caballos. **2** de facciones equinas, de caballo (especialmente el rostro).
horticultural [ˌhɔːtɪ'kʌltʃərəl] *adj.* hortícola.
horticulturalist [ˌhɔːtɪ'kʌltʃərɪst] *s. c.* horticultor.
horticulture ['hɔːtɪkʌltʃə] *s. i.* horticultura.
hose [həʊz] *s. c.* **1** manguera. **2** mango, manguito (de conducción de gases o líquidos). ● *s. i.* **3** (arc.) calzas, calzones de pernera (para hombres). **4** medias, leotardos (para mujeres). ● *v. t.* e *i.* **5** regar, echar agua (con manguera). ◆ **6 to ~ down,** limpiar bien (con manguera). **7 to ~ out,** lavar el interior de.
hosiery ['həʊzɪərɪ ‖ 'həʊʒərɪ] *s. i.* (form.) ropa interior.
hospice ['hɒspɪs] *s. c.* **1** hospital de enfermos terminales. **2** casa de beneficencia. **3** (arc.) hospedería (especialmente la llevada por una orden religiosa).
hospitable [hɒ'spɪtəbl ‖ 'hɒspɪtəbl] *adj.* **1** hospitalario, amable con los extraños. **2** acogedor (lugar o persona).
hospitably [hɒ'spɪtəblɪ ‖ 'hɒspɪtəblɪ] *adv.* acogedoramente, hospitalariamente.
hospital ['hɒspɪtl] *s. c.* hospital.
hospitalise *v. t.* ⇒ **hospitalize.**
hospitality [ˌhɒspɪ'tælɪtɪ] *s. i.* hospitalidad.
hospitalization [ˌhɒspɪtəlaɪ'zeɪʃn ‖ ˌhɑːspɪtlɪ'zeɪʃn] (también **hospitalisation**) *s. i.* hospitalización.
hospitalize ['hɒspɪtəlaɪz ‖ 'hɑːspɪtlaɪz] (también **hospitalise**) *v. t.* hospitalizar.
host [həʊst] *s. c.* **1** anfitrión. **2** país anfitrión. **3** TV. presentador, anfitrión (de un programa). **4** (arc.) patrón (de un establecimiento); mesonero. **5** BIOL. huésped (animal o planta). **6** multitud, montón, sinfín: *a host of problems = un sinfín de problemas.* ● *v. t.* **7** TV. presentar (un programa). **8** hacer de anfitrión de, actuar de país anfitrión de. ◆ **9 the Host,** REL. la Hostia.
hostage ['hɒstɪdʒ] *s. c.* **1** rehén. ◆ **2 to be taken/held ~,** ser tomado como rehén.
hostel ['hɒstl] *s. c.* hostal, albergue, residencia (económica).
hostess ['həʊstɪs] *s. c.* **1** anfitriona. **2** TV. presentadora, anfitriona (de un programa). **3** azafata (de avión). **4** acompañante de club nocturno. **5** (EE UU) camarera jefe.
hostile ['hɒstaɪl ‖ 'hɑːstl] *adj.* **1** hostil, poco amable (persona). **2** enemigo (especialmente en lo militar). **3** desfavorable, en contra (de una idea, proyecto, grupo de personas, etc.).
hostility [hɒ'stɪlɪtɪ] *s. i.* **1** hostilidad, antagonismo. ● *s. pl.* **2** (form.) hostilidades (guerra). **3** sentimientos hostiles, sentimientos de enemistad, resentimiento.
hot [hɒt] (*comp.* **hotter,** *super.* **hottest**) *adj.* **1** caluroso, caliente (objeto, sustancia, tiempo atmosférico, etc.): *how hot is it here in summer? = ¿a qué temperatura se está aquí en verano?* **2** caliente, recién hecha (comida). **3** picante (comida). **4** (fam.) intenso, brutal, fiero (lucha, conflicto, etc.). **5** apasionado, pasional, vehemente (de temperamento). **6** (fam.) caliente, reciente, de actualidad (una noticia, información, etc.). **7** (~ **on/at**) (fam.) puesto en, al tanto de, conocedor de, manitas en. **8** (~ **on/at**) (fam.) puntilloso, remilgado con, tiquismiquis con: *that teacher is very hot on pronunciation = ese profesor es muy tiquismiquis con la pronunciación.* **9** de moda, en boga (algo que todo el mundo quiere ver). **10** (fam.) peligroso, comprometido (asunto ilegal). **11** (fam.) caliente (en juegos de niños). ◆ **12 to blow ~ and cold,** (fam.) decidir contradictoriamente, no tener un criterio fijo, ir de un lado para otro (en decisiones, juicios, etc.). **13 to drop something/someone like a ~ potato,** (fam.) dar de lado a algo/alguien, dejar a algo/alguien a un lado: *I dropped him like a hot potato when I learned he was a liar = le dejé a un lado cuando me enteré de que era un mentiroso.* **14 to get into ~ water/to be in ~ water,** (fam.) meterse en un lío, meterse en una buena/estar metido en un lío, estar metido en una buena. **15 to go ~ and cold,** (fam.) darle a uno sudores fríos (al pensar el peligro de algo). **16 ~ air,** (fam. y desp.) promesas huecas, vaciedades. **17 hot-air balloon,** globo (para llevar personas). **18 ~ and bothered,** (fam.) con un sofoco excesivo (preocupación). **19 ~ cross bun,** GAST. bollo (que se come en Semana Santa). **20 ~ dog,** perrito caliente. **21 ~ flush,** sofoco (en la menopausia). **22 ~ line,** teléfono rojo. **23 ~ potato,** (fam.) asunto espinoso, mal asunto, tema peligroso, tema comprometido. **24 ~ spot,** (fam.) **a)** lugar de moda, sitio de moda; **b)** punto conflictivo, lugar conflictivo (políticamente, militarmente, etc.). **25 ~ stuff,** (fam.) **a)** personaje muy cotizado; **b)** éxito de ventas; **c)** (vulg.) tío bueno, tía buena (sexualmente). **26 to ~ up,** (fam.) **a)** intensificarse, ponerse trepidante, ponerse en un plan fantástico (una actividad, un lugar, etc.); **b)** aumentar la potencia de (un vehículo). **27 ~ water bottle,** bolsa de agua caliente. **28 in the ~ seat,** (fam.) con la responsabilidad sobre los hombros; en primera fila (al tomar decisiones).
hotbed [hɒtbed] *s. c.* **1** AGR. almajara, semillero. **2** (fig.) (~ **of**) semillero de (ideas, intriga, crimen, etc.).
hot-blooded [ˌhɒt'blʌdɪd] *adj.* **1** apasionado, vehemente, pasional. **2** pasional (sexualmente).
hotchpotch ['hɒtʃpɒtʃ] *s. sing.* (fam.) mezcolanza, batiburrillo, desorden.
hotel [həʊ'tel] *s. c.* hotel.
hotelier [həʊ'telɪər ‖ ˌhəʊtel'jeɪ] *s. c.* hotelero.
hotfoot ['hɒtfʊt] *adv.* (fam.) a toda prisa, a toda velocidad.
hothead ['hɒthed] *s. c.* (desp.) alocado, arrebatado; extremista.
hot-headed [ˌhɒt'hedɪd] *adj.* (desp.) impulsivo, impetuoso (que no piensa en las consecuencias de sus actos).
hot-headedly [ˌhɒt'hedɪdlɪ] *adv.* (desp.) impulsivamente, impetuosamente.
hot-headedness [ˌhɒt'hedɪdnɪs] *s. i.* (desp.) arrebato, impetuosidad, falta de reflexión.
hothouse ['hɒthaʊs] *s. c.* **1** invernadero. **2** hervidero de ideas (típico de intelectuales y artistas).
hotlist ['hɒtlɪst] *s. c.* lista de los mejores, ranking.
hotly ['hɒtlɪ] *adv.* **1** con vehemencia, apasionadamente, acaloradamente. **2**

de cerca, pisándole los talones (en persecución de alguien).
hot plate ['hɒtpleɪt] *s. c.* fuego, placa (en una cocina).
hotpot ['hɒtpɒt] *s. c.* e *i.* GAST. estofado (de carne con verduras).
hound [haund] *s. c.* **1** perro, sabueso (especialmente de caza). • *v. t.* **2** perseguir, no dejar en paz (con insultos, críticas, etc.). ◆ **3 to ~ out,** obligar a irse, perseguir para que se vaya (a alguien).
hour [auər] *s. c.* **1** hora (sesenta minutos). **2** (**the** ~) la hora: *the clock struck the hour = el reloj dio la hora.* **3** (lit.) hora, momento, tiempo (de hacer algo, de desgracia, de felicidad, etc.): *she helped me in my darkest hour = me socorrió en mi hora más negra.* • *s. pl.* **4** horario (de trabajo, de vida, etc.): *we keep acceptable hours at the bank = en el banco, tenemos un horario aceptable.* **5** período, tiempo (en el que uno hace alguna actividad). **6** horas y horas, muchísimo tiempo. ◆ **7 after hours,** fuera de las horas en que está permitido servir bebidas alcohólicas. **8 at all hours,** continuamente, sin parar, a todas horas. **9 at this/that ~,** a esta hora/a esa hora (expresando lo inusual de la hora). **10 ~ after ~/for ~ after ~,** hora tras hora, continuamente (durante mucho tiempo). **11 ~ hand,** la manilla pequeña (del reloj). **12 on the ~,** en punto. **13 out of hours,** fuera de horas de trabajo, fuera del horario de actividad comercial. **14 the small hours,** la madrugada. **15 till all hours,** hasta tardísimo, hasta horas escandalosas.
hourglass ['auəglɑːs] *s. c.* reloj de arena.
hourly ['auəlɪ] *adj.* **1** de cada hora: *an hourly train service = un servicio de trenes cada hora.* • *adv.* **2** por hora, por cada hora. **3** constantemente.
house [haus] (*pl.* **houses** ['hauzɪz]) *s. c.* **1** casa. **2** empresa, firma, casa: *publishing house = empresa editorial; a fashion house = casa de modas.* **3** POL. cámara parlamentaria. **4** casa real, casa (de gran raigambre). **5** casa (de comidas, restaurante, etc.): *coffee house = café.* **6** (brit.) club (dentro de colegio): *our house won the prize = nuestro club ganó el premio.* • *atr.* **7** de la casa (especialmente vino). • [hauz] *v. t.* **8** albergar, contener (un edificio algo dentro de él). **9** alojar, proveer viviendas para (alguien): *nowadays everybody is better housed than 10 years ago = hoy en día todo el mundo está mejor provisto de vivienda que hace 10 años.* • *s. sing.* **10** (**the** ~) la casa, la familia. **11** (form.) público, sala (en un debate o en un teatro). ◆ **12 to bring the ~ down,** (fam.) hacer venirse abajo la sala (con los aplausos). **13 to eat somebody out of ~ and home,** (fam.) arruinar a alguien a base de gorronear en su casa. **14 to get on like a ~ on fire,** (fam.) llevarse maravillosamente bien, llevarse de miedo (dos personas). **15 ~ arrest,** DER. arresto domiciliario. **16 ~ guest,** invitado en casa. **17 ~ lights,** luces de la sala (en contraposición con las luces del escenario). **18 ~ martin,** ZOOL. avión común (ave). **19 ~ of cards,** castillo de naipes. **20 ~ of God,** REL. casa de Dios. **21 to keep ~,** hacer de ama de casa, llevar la casa. **22 it's on the ~,** (fam.) paga la casa. **23 open ~,** (fam.) casa abierta a todos (para una fiesta). **24 to put/set one's own ~ in order,** arreglar los asuntos personales de uno (más que ir dando consejos a otros). **25 to set up ~,** ⇒ **set up. 26 the House,** la Cámara. **27 the House of Commons,** POL. la Cámara de los Comunes. **28 the House of Lords,** POL. la Cámara de los Lores. **29 the House of Representatives,** (EE UU) POL. la Cámara de los Representantes. **30 the Houses of Parliament,** el Parlamento (británico).
houseboat ['hausbəut] *s. c.* casa flotante.
housebound ['hausbaund] *adj.* que no puede moverse de casa.
houseboy ['hausbɔɪ] *s. c.* (p.u.) criado, sirviente (especialmente en el mundo colonial).
housebreaker ['hausbreɪkər] *s. c.* ladrón de casas.
housebreaking ['hausbreɪkɪŋ] *s. i.* robo de casas.
housecoat ['hauskəut] *s. c.* bata (especialmente de mujer para la casa).
house-father ['hausfɑːðər] *s. c.* tutor, preceptor (en instituciones de atención a niños marginados).
houseful ['hausful] *s. c.* casa llena (de gente, niños, etc.): *on birthdays I've got a houseful of children = en los cumpleaños tengo la casa llena de niños.*
household ['haushəuld] *s. c.* **1** casa, familia (desde el punto de vista de las personas que viven juntas). • *s. sing.* **2** casa, hogar (como trabajo): *household chores = tareas del hogar.* • *adj.* **3** conocido, familiar, conocido en todas las casas. ◆ **4 Household,** MIL. de la casa real (con tipos de soldados conectados con la casa real). **5 ~ appliance,** electrodoméstico.
householder ['haushəuldər] *s. c.* cabeza de familia; arrendatario; propietario.
housekeeper ['hauskiːpər] *s. c.* ama de llaves.
housekeeping ['hauskiːpɪŋ] *s. i.* **1** dirección del hogar, gobierno de la casa. **2** dinero para los gastos de la casa. **3** gestión económica del hogar.
housemaid ['hausmeɪd] *s. c.* criada.
houseman ['hausmən] (*pl. irreg.* **housemen**) *s. c.* (brit.) médico interno (de un hospital).
housemaster ['hausmɑːstər] *s. c.* profesor encargado de una sección (de un internado).
housemen ['hausmən] *pl. irreg.* de **houseman.**
housemistress ['hausmɪstrɪs] *s. c.* profesora encargada de una sección (en un internado).
house-mother ['hausmʌðər] *s. c.* tutora, preceptora (en una institución de acogida de niños con problemas).
house-owner ['hausəunər] *s. c.* propietario (de una casa).
house party ['hauspɑːtɪ] *s. c.* fiesta en una casa.
house-plant ['hausplænt] *s. c.* BOT. planta de casa, planta interior.
house-proud ['hauspraud] *adj.* meticuloso en el cuidado de la casa.
houseroom ['hausruːm] *s. i.* sitio en casa: *I wouldn't give it houseroom = no le haría sitio in mi casa por nada del mundo.*
house-servant ['haussəːvənt] *s. c.* criado, criada.
house-to-house [,haustə'haus] *adj.* de casa en casa; puerta a puerta.
housetop ['haustɒp] *s. c.* **1** tejado, terraza (en el tejado). ◆ **2 to shout/proclaim something from the housetops,** (lit.) anunciar/decir/pregonar algo a los cuatro vientos.
house-train ['haustreɪn] *v. t.* acostumbrar a vivir en casa (a un animal).
house-trained ['haustreɪnd] *adj.* acostumbrado a vivir en casa.
house-warming ['hauswɔːmɪŋ] *s. c.* fiesta de inauguración de una casa.
housewife ['hauswaɪf] (*pl.* **housewives**) *s. c.* ama de casa.
housewives ['hauswaɪvz] *pl.* de **housewife.**
housework ['hauswəːk] *s. i.* tareas de la casa, quehaceres domésticos.
housing ['hauzɪŋ] *s. i.* **1** vivienda. • *s. c.* **2** MEC. caja, cubierta, tapa (en una máquina). ◆ **3 ~ association,** cooperativa de viviendas. **4 ~ development,** urbanización. **5 ~ estate,** urbanización. **6 ~ project,** (EE UU) viviendas de protección oficial.
hove [həuv] *pret.* y *p. p.* de **heave.**
hovel ['hɒvl] *s. c.* **1** casucha, choza. **2** (fig.) chabola, cuchitril.
hover ['hɒvər ‖ 'hʌvər] *v. i.* **1** permanecer quieto en el aire. **2** titubear, dudar, no decidirse (en movimientos físicos o en decisiones de actuación).
hovercraft ['hɒvəkrɑːft] (*pl.* **hovercraft**) *s. c.* aerodeslizador.
how [hau] *adv. interr.* **1** cómo: *how are you? = ¿cómo estás?* **2** de qué manera, de qué modo: *how do you go about this? = ¿de qué manera se hace esto?* **3** (~ *adj./adv.* {**old, long, etc.**}) qué, cuánto, cuántos (para expresar edad, medidas, volúmenes, etc.): *how old are you? = ¿cuántos años tienes?; how often do you go out? = ¿con qué frecuencia sales?; how long are you going to be here? = ¿cuánto tiempo vas a estar aquí?* **4** (~ *adj./adv.*) qué (en formas exclamativas): *how pretty she is! = ¡qué guapa es!* • *conj.* **5** de la manera en que, del modo como: *this is how you do it = es así como se hace.* ◆ **6 and ~!,** (fam.) ¡ya lo creo que sí!, ¡y de qué manera! (contestando afirmativamente con énfasis). **7 ~ about...?,** ¿y...? (introduciendo un tema nuevo dirigiéndose a otra

persona): *OK, everybody likes beer, how about wine? = vale, a todo el mundo le gusta la cerveza, ¿y el vino?* **8 ~ about.../~ would you.../ how's about...?,** (fam.) ¿qué tal si...?, ¿qué te parece si...? **9 ~ about that/how's that?,** ¿qué te parece eso?, ¿qué te parece? (indicando sorpresa). **10 ~ about you?,** ¿y tú qué?, ¿y tú? **11 ~ come/so?,** ¿por qué?, ¿por qué razón?, ¿cómo es que...? **12 ~ do you do,** mucho gusto, encantado (tanto para iniciar como para responder a una presentación). **13 ~ do you mean?** ¿qué quieres decir?, ¿a qué te refieres? **14 ~ much +** *s. i.* ; **how many +** *s. c.* **,** ¿cuánto?, ¿cuánta?/¿cuántos?, ¿cuántas? **15 how's that?, a)** ¿qué te parece?, ¿cómo lo ves?; **b)** (fam.) ¿cómo?, ¿qué dijiste? **16 how's that!,** (grito en el críquet que indica que el bateador ha fallado). **17 how's that for ...?,** ¿qué opinas de...?, ¿qué te parece...?

howdy ['haudɪ] *interj.* (EE UU) (fam.) ¿qué hay?, ¿qué tal?, ¿cómo vas?, ¿cómo estás?

however [hau'evər] *conj.* **1** del modo que, de la manera que: *I travel however I can = viajo del modo que puedo.* • *adv.* **2** sin embargo, no obstante. **3** (~ *adj./adv.*) por mucho... que...: *however hard you try you can't = por mucho que lo intentes, no puedes.* • *adv.interr.* **4** cómo, cómo es posible que: *however can you say that? = ¿cómo es posible que digas eso?*

howitzer ['hauɪtsər] *s. c.* MIL. cañón sin retroceso; mortero.

howl [haul] *v. i.* **1** aullar (lobo o perro); aullar, dar un aullido, dar un alarido (personas): *he howled with pain = dio un aullido de dolor.* **2** aullar (viento). **3** (fam.) decir con una voz estentórea. • *s. c.* **4** aullido (animal); alarido, aullido (personas). ◆ **5 to ~ down,** acallar con alaridos, no dejar hablar a base de chillidos (a alguien). **6 to ~ with laughter,** reírse a carcajadas, reírse como un energúmeno.

howler ['haulər] *s. c.* **1** (fam.) gazapo, metedura de pata de campeonato. **2** persona que da aullidos, animal que da aullidos.

howling ['haulɪŋ] *s. i.* **1** aullidos, alaridos (de personas o animales). **2** aullar (del viento). • *adj.* **3** clamoroso (fracaso o éxito).

HQ [,eɪtʃ'kjuː] *s. c.* (headquarters) cuartel general; sede.

hub [hʌb] *s. c.* **1** (~ {**of**}) cubo, eje (de una rueda). **2** (~ **of**) centro de (una actividad): *a hub of commerce = un centro de comercio.*

hubbub ['hʌbʌb] *s. sing.* **1** barahunda, alboroto, follón (ruido). **2** jaleo, gran confusión.

hubby ['hʌbɪ] *s. c.* (fam.) marido, esposo.

hub-cap ['hʌbkæp] *s. c.* tapacubos (especialmente en vehículo).

hubris ['hjuːbrɪs] *s. i.* (form. o lit.) hibris, soberbia desmedida.

huckster ['hʌkstər] *s. c.* (p.u.) vendedor ambulante, buhonero.

huddle ['hʌdl] *v. i.* **1** apretarse (unos contra otros). **2** (**to ~ with**) reunirse con (con cierto matiz de secreto). **3** agazaparse, acurrucarse. • *s. c.* **4** grupo apelotonado, grupo amontonado (de cosas o personas).

huddled ['hʌdld] *adj.* **1** acurrucado, agazapado. **2** apretado (uno con otro): *we sat huddled together = nos sentamos apretados unos contra otros.*

hue [hjuː] *s. c.* **1** (form.) color. **2** matiz, tono. ◆ **3 a ~ and cry,** clamor, griterío.

huff [hʌf] (fam.) *v. i.* **1** decir con mal humor, decir malhumoradamente. **2** echar aliento. ◆ **3 to ~ and puff, a)** estar indignado; **b)** soplar con fuerza; **c)** jadear. **4 in a ~,** con una rabieta, malhumorado.

huffily ['hʌfɪlɪ] *adv.* (fam.) con un gran pique, con un gran enfado, malhumoradamente, a cajas destempladas.

huffiness ['hʌfɪnɪs] *s. i.* (form.) malhumor, pique.

huffy ['hʌfɪ] *adj.* (fam.) enfadado, malhumorado.

hug [hʌg] (*ger.* **hugging,** *pret.* y *p. p.* **hugged**) *v. t.* e *i.* **1** abrazar, estrechar contra sí. • *v. t.* **2** coger con fuerza, abrazar contra sí, agarrar contra sí (un objeto, un niño, etc.). **3** agarrarse con fuerza a, ceñirse a (la carretera, en el caso de un vehículo). • *s. c.* **4** abrazo.

huge [hjuːdʒ] *adj.* enorme, gigantesco, inmenso (en tamaño, en cantidad, en grado, etc.).

hugely ['hjuːdʒlɪ] *adv.* enormemente, gigantescamente, inmensamente.

hugeness ['hjuːdʒnɪs] *s. i.* inmensidad (en tamaño, cantidad, etc.).

huh [hʌ] *interj.* **1** (EE UU) (fam.) ¿no? **2** (fam.) ¿eh?, ¿cómo? **3** (fam.) bah, ¿y qué? (despreciativamente). **4** (fam.) ¿para qué?

hulk [hʌlk] *s. c.* **1** MAR. barco viejo, cascarón. **2** mole (aplicado a cualquier cosa grande).

hulking ['hʌlkɪŋ] *adj.* gigantesco.

hull [hʌl] *s. c.* **1** armazón, casco (de un barco o tanque). **2** BOT. vaina (en flores o frutos). • *v. t.* **3** quitar la vaina a una cosa.

hullabaloo [,hʌləbə'luː] *s. c.* (normalmente *sing.*) (fam.) bronca, barullo, lío.

hullo *interj.* ⇒ **hello.**

hum [hʌm] (*ger.* **humming,** *pret.* y *pp.* **hummed**) *v. i.* **1** zumbar, hacer un ruido de zumbido (los insectos, especialmente). **2** tararear, canturrear en voz baja. • *v. t.* **3** canturrear (canciones). • *s. c.* **4** zumbido, ruido de zumbidos. • *interj.* **5** ejem (indicando vacilación). ◆ **6 to ~ and haw,** hablar entrecortadamente, hablar con grandes dificultades. **7 humming (with),** vibrando (de) (actividad energética).

human ['hjuːmən] *adj.* **1** humano, del hombre, de hombre. **2** (fig.) humano, frágil: *he's only human = es humano.* • *s. c.* **3** humano, ser humano. ◆ **4 ~ being,** ser humano, criatura. **5 ~ error,** error humano. **6 ~ interest,** PER. interés humano, noticiable. **7 ~ nature,** naturaleza humana. **8 ~ resource management,** gestión de recursos humanos. **9 ~ resources,** recursos humanos. **10 ~ rights,** derechos humanos. **11 the ~ race,** la raza humana, la humanidad.

humane [hjuː'meɪn] *adj.* **1** humano, compasivo, bondadoso. **2** humanizador (tipo de estudio o actividad).

humanely [hjuː'meɪnlɪ] *adv.* compasivamente, bondadosamente.

humaneness [hjuː'meɪnnɪs] *s. i.* compasión, humanidad.

humanise *v. t.* ⇒ **humanize.**

humanism ['hjuːmənɪzəm] *s. i.* FIL. humanismo.

humanist ['hjuːmənɪst] *s. c.* humanista.

humanistic [,hjuːmə'nɪstɪk] *adj.* humanista, humanístico.

humanitarian [hjuː,mænɪ'teərɪən] *adj.* **1** humanitario. • *s. c.* **2** humanitario, filántropo.

humanitarianism [hjuː,mænɪ'teərɪənɪzəm] *s. i.* humanitarismo.

humanity [hjuː'mænɪtɪ] *s. i.* **1** humanidad (colectivo). **2** condición humana, humanidad. **3** humanidad, compasión. • *s. pl.* **4** humanidades, letras (tipo de estudio).

humanization [,hjuːmənaɪ'zeɪʃn ‖ ,hjuːmənɪ'zeɪʃn] (también **humanisation**) *s. i.* humanización.

humanize ['hjuːmənaɪz] (también **humanise**) *v. t.* **1** humanizar. **2** humanizar, hacer muy parecido a un humano (un animal o máquina).

humankind [,hjuːmən'kaɪnd] *s. i.* género humano, raza humana.

humanly ['hjuːmənlɪ] *adv.* **1** humanamente. ◆ **2 to do all that is ~ possible,** hacer lo humanamente posible.

humanoid ['hjuːmənɔɪd] *s. c.* **1** humanoide, robot. • *adj.* **2** de aspecto humano, casi como un hombre (una máquina o similar).

humble ['hʌmbl] *adj.* **1** humilde. **2** humilde (de categoría). **3** insignificante, mínimo (cosas o personas): *he earns a humble salary = gana un sueldo insignificante.* • *v. t.* **4** humillar. ◆ **5 to eat ~ pie,** tragarse lo dicho anteriormente, reconocer que uno estaba equivocado. **6 my ~ opinion,** mi humilde opinión.

humbly ['hʌmblɪ] *adv.* **1** humildemente. **2** modestamente (manera de expresar una opinión o parecido).

humbug ['hʌmbʌg] *s. c.* **1** (brit.) caramelo de menta (previamente hervido). **2** farsante. • *s. i.* **3** embustes; farsa (ideas, palabras, comportamiento, etc.).

humdinger [,hʌm'dɪŋər] *s. c.* (fam.) auténtica maravilla, maravilla.

humdrum ['hʌmdrʌm] *adj.* monótono, tedioso, vulgar, mediocre.

humeri ['hju:mərai] *pl.* de **humerus.**
humerus ['hju:mərəs] (*pl.* **humeruses** o **humeri**) *s. c.* ANAT. húmero (hueso).
humid ['hju:mɪd] *adj.* húmedo.
humidifier [hju:'mɪdɪfaɪə] *s. c.* humidificador.
humidify [hju:'mɪdɪfaɪ] *v. t.* humedecer.
humidity [hju:'mɪdɪtɪ] *s. i.* humedad.
humiliate [hju:'mɪlɪeɪt] *v. t.* humillar (a alguien).
humiliated [hju:'mɪlɪeɪtɪd] *adj.* humillado: *I felt humiliated = me sentí humillado.*
humiliating [hju:'mɪlɪeɪtɪŋ] *adj.* humillante.
humiliatingly [hju:'mɪlɪeɪtɪŋlɪ] *adv.* humillantemente.
humiliation [hju:ˌmɪlɪ'eɪʃn] *s. c.* e *i.* humillación.
humility [hju:'mɪlɪtɪ] *s. i.* humilidad.
hummingbird ['hʌmɪŋbə:d] *s. c.* ZOOL. colibrí.
humor *s. i.* ⇒ **humour.**
humorist ['hju:mərɪst] *s. c.* humorista.
humorous ['hju:mərəs] *adj.* gracioso, divertido, cómico.
humorously ['hju:mərəslɪ] *adv.* graciosamente, divertidamente, cómicamente.
humour ['hju:mər] (en EE UU **humor**) *s. i.* **1** humor. **2** gracia, elemento cómico (de una situación o similar). **3** humor, genio: *in excellent humour = con humor excelente.* • *v. t.* **4** complacer (a alguien fastidioso).
humourless ['hju:məlɪs] *adj.* solemne, serio, adusto.
hump [hʌmp] *s. c.* **1** ANAT. joroba (persona); jiba (animal). **2** altozano, cerro, montículo. • *v. t.* **3** (fam.) llevar con dificultad, arrastrar (objeto pesado). **4** (to ~ + *o.* + {**onto**}) elevar, levantar, tirar de (un objeto pesado).
humpback ['hʌmpbæk] *s. c.* **1** (desp.) joroba, chepa. **2** jorobado (persona). • *adj.* **3** de fuerte pendiente (puente).
humpbacked ['hʌmpbækt] *adj.* **1** con jiba (animal). **2** de fuerte pendiente (puente).
hunch [hʌntʃ] *s. c.* **1** (fam.) corazonada, intuición. • *v. t.* **2** encoger (los hombros). • *v. i.* **3** encogerse (de hombros). **4** encorvarse, doblarse (el cuerpo).
hunchback ['hʌntʃbæk] *s. c.* **1** (desp.) joroba, chepa. **2** jorobado (persona).
hunched ['hʌntʃt] *adj.* doblado, encorvado (posición corporal).
hundred ['hʌndrəd] *num.card.* **1** cien, ciento. • *s. c.* **2** ciento. **3** centenar. ◆ **4 a ~ per cent/one ~ per cent,** totalmente, completamente: *he's one hundred per cent honest = es completamente honrado.* **5 hundreds,** cientos, montones.
hundredth ['hʌndrədθ] *num.ord.* **1** centésimo. • *s. c.* **2** (~ **of**) centésima parte de.
hundredweight ['hʌndrədweɪt] *s. c.* quintal (unidad de medida).
hung [hʌŋ] *pret.* y *p. p. irreg.* **1** de **hang.** ◆ **2 ~ parliament,** POL. situación parlamentaria sin mayoría decisoria. **3 ~ up,** (fam. y desp.) obsesionado; acomplejado.
Hungarian [hʌŋ'geərɪən] *adj.* **1** húngaro. • *s. c.* **2** húngaro. • *s. i.* **3** húngaro (idioma).
Hungary ['hʌŋgərɪ] *s. sing.* Hungría.
hunger ['hʌŋgər] *s. i.* **1** hambre. • *s. sing.* **2** (~ {**for**}) (form. o lit.) ansia, deseo vehemente, anhelo. • *v. i.* **3** (**to ~ for/after**) ansiar, anhelar. ◆ **4 ~ march,** marcha de parados. **5** POL. **~ strike,** huelga de hambre. **6 ~ striker,** huelguista de hambre.
hung over [ˌhʌŋ'gəʊvər] *adj.* (fam.) con una resaca fuerte.
hungrily ['hʌŋgrɪlɪ] *adv.* **1** con hambre, con ansia (de hambre). **2** ávidamente, ansiosamente, anhelantemente.
hungry ['hʌŋgrɪ] *adj.* **1** hambriento. ◆ **2 to be ~,** tener hambre. **3** (fig.) **to be ~ for,** estar hambriento de. ◆ **4 to go ~,** pasar hambre. **5 ~ work,** trabajo de desgaste.
hunk [hʌŋk] *s. c.* **1** pedazo, trozo. **2** (fam.) hombrón, hombre muy macho (sexualmente).
hunt [hʌnt] *v. t.* e *i.* **1** cazar, ir de caza. **2** (brit.) cazar, ir de caza (especialmente del zorro). • *v. i.* **3** (**to ~ for**) buscar afanosamente, buscar ansiosamente. • *v. t.* **4** dar caza, perseguir, perseguir con saña (a un criminal o similar). **5** (**to ~** + *prep.*) perseguir; echar (de un sitio): *the children hunted the dog out of the house = los chicos echaron al perro de la casa.* • *s. c.* **6** caza (en general). **7** (brit.) caza (especialmente del zorro). **8** (~ **for**) búsqueda afanosa de, búsqueda ansiosa de. ◆ **9 to ~ down,** dar caza a, perseguir (a un criminal o similar). **10 to ~ out/up,** intentar encontrar afanosamente, dar con (entre muchos otros objetos o datos): *I must hunt that book out = tengo que dar con ese libro.* **11 to run with the hare and ~ with the hounds,** ⇒ **hare.**
hunter ['hʌntər] *s. c.* **1** cazador (persona o animal): *that dog is a good hunter = ese perro es un buen cazador.* **2** persona a la caza (de oportunidades, objetos, libros extraños, etc.). **3** caballo para la caza (especialmente del zorro en el Reino Unido).
hunting ['hʌntɪŋ] *s. i.* **1** caza: *to go hunting = ir de caza.* **2** (brit.) caza (especialmente del zorro). **3** (fam.) búsqueda (de objetos, de oportunidades, etc.). ◆ **4 ~ ground,** lugar ideal, sitio típico de búsqueda (de algo).
huntsman ['hʌntsmən] (*pl. irreg.* **huntsmen**) *s. c.* cazador (especialmente de zorros).
huntsmen ['hʌntsmən] *pl. irreg.* de **huntsman.**
hurdle ['hə:dl] *s. c.* **1** DEP. obstáculo, valla (en carreras). **2** (fig.) obstáculo, problema, dificultad (no necesariamente física). • *s. pl.* **3** DEP. carrera de vallas, carrera de obstáculos. • *v. t.* **4** DEP. correr en una carrera de obstáculos, participar en una carrera de vallas.
hurdler ['hə:dlər] *s. c.* DEP. especialista en vallas.
hurl [hə:l] *v. t.* **1** arrojar violentamente, tirar con gran fuerza (algo). **2** (fig.) llenar de, arrojar (insultos, críticas, etc.): *they hurled abuse at us = nos llenaron de insultos.* • *v. pron.* **3** arrojarse violentamente (contra alguien, dentro de un sitio, etc.).
hurly-burly ['hə:lɪbə:lɪ] *s. sing.* **the ~** (**of**) el follón, el tumulto, el montaje ruidoso: *the hurly-burly of the city = el bullicio de la ciudad.*
hurrah [hʊ'rɑ:] *interj.* ⇒ **hooray.**
hurray [hʊ'reɪ] *interj.* ⇒ **hooray.**
hurricane ['hʌrɪkən] *s. c.* **1** huracán. **2** (fig.) situación violenta, acontecimiento de gran intensidad. ◆ **3 ~ lamp,** (también **storm lantern**) lámpara con protección de cristal.
hurried ['hʌrɪd] *adj.* **1** apresurado (acción). **2** superficial, hecho con prisa (lectura, estudio, mirada, etc.). **3** apurado, apremiado (persona).
hurriedly ['hʌrɪdlɪ] *adv.* **1** apresuradamente. **2** superficialmente, con demasiada prisa (lectura, mirada, etc.).
hurry ['hʌrɪ] *v. i.* **1** darse prisa, apresurarse, moverse con prisa, andar de prisa. **2** (**to ~** + *inf.*) darse prisa en: *I hurried to finish everything = me di prisa en acabar todo.* • *v. t.* **3** apresurar, dar prisa (a alguien). • *s. i.* **4** prisa, apresuramiento; (Am.) apuro. ◆ **5 to be in a ~,** tener prisa. **6 to ~ on,** darse prisa en, apresurarse en añadir. **7 to ~ up,** darse mucha prisa, apresurarse mucho; apresurar (a alguien). **8 in a ~,** con gran prisa, apresuradamente. **9 in no ~/not in any ~,** sin prisa alguna, sin ninguna urgencia (para hacer algo). **10 there's no ~/no great ~,** no existe urgencia alguna, no hay ninguna necesidad de apresurarse. **11 what's the ~?,** ¿dónde está el incendio?, ¿a qué tanta prisa?
hurt [hə:t] (*pret.* y *p. p. irreg.* **hurt**) *v. t.* **1** herir, hacer daño, lastimar (física o moralmente): *you're hurting me = me estás haciendo daño.* **2** dañar, perjudicar (intereses económicos, posibilidades, etc.). • *v. i.* **3** doler: *my back is hurting = me duele la espalda.* • *adj.* **4** herido, lastimado (física o moralmente). • *s. c.* e *i.* **5** herida, daño (moral), ofensa. ◆ **6 it won't ~ to/it never hurts to,** (fam.) no hace daño, no cuesta nada: *it never hurts to help other people = no cuesta nada ayudar a otras personas.*
hurtful ['hə:tfl] *adj.* hiriente (comentario, artículo escrito, etc.).
hurtfully ['hə:tfəlɪ] *adv.* de manera hiriente.
hurtfulness ['hə:tflnɪs] *s. i.* lo hiriente (de un comentario o similar).
hurtle ['hə:tl] *v. i.* (**to ~** + *prep.*) abalanzarse, arrojarse: *we hurtled down the road = nos abalanzamos por la carretera.*

husband ['hʌzbənd] *s. c.* **1** marido, esposo. • *v. t.* **2** (arc.) conservar, economizar (algo valioso o necesario).
husbandry ['hʌzbəndrɪ] *s. i.* (arc.) **1** AGR. labranza, agricultura; cría (de animales). **2** conservación, economización (de existencias o energía).
hush [hʌʃ] *v. i.* **1** callarse, guardar silencio. • *v. t.* **2** acallar, hacer callar: *my mother finally hushed the baby to sleep = mi madre finalmente hizo callar al niño hasta que se durmió.* • *interj.* **3** silencio. • *s. i.* **4** silencio, quietud. ◆ **5** ~ **money,** dinero por el silencio, dinero para hacer callar (una corruptela). **6 to** ~ **up,** (desp.) encubrir; tapar la boca a (alguien para que no hable).
hushed [hʌʃt] *adj.* en silencio, en calma: *the hushed forest = el bosque en silencio.*
hush-hush [ˌhʌʃ'hʌʃ] *adj.* (fam.) secreto, confidencial.
husk [hʌsk] *s. c.* **1** BOT. cáscara, vaina (del grano, arroz, maíz, etc.). • *v. t.* **2** quitar la vaina a, descascarillar.
huskily ['hʌskɪlɪ] *adv.* con voz ronca.
huskiness ['hʌskɪnɪs] *s. i.* ronquera.
husky ['hʌskɪ] *adj.* **1** ronca (voz). **2** (fam.) fornido, atractivo (especialmente un hombre). • *s. c.* **3** ZOOL. perro esquimal.
hussy ['hʌsɪ] *s. c.* **1** (fam. y desp.) desvergonzada, pícara. **2** (fam. y desp.) libertina (sexualmente).
hustings ['hʌstɪŋz] *s. pl.* (form.) POL. campaña electoral.
hustle ['hʌsl] *v. t.* **1** (fam.) impeler, apresurar, empujar con prisas (molestando o aprovechándose de la fuerza de uno). **2** (EE UU) (fam.) vender agresivamente (y normalmente con medios ilícitos). • *v. i.* **3** (vulg. y EE UU) hacer la calle (como prostituta). • *s. c.* **4** bullicio, actividad vibrante.
hustler ['hʌslər] *s. c.* **1** (fam.) estafador, timador. **2** (EE UU) (vulg.) prostituta.
hut [hʌt] *s. c.* **1** cabaña, choza (por ejemplo, en poblados nativos). **2** barraca temporal (típica de trabajadores mientras hacen obras).
hutch [hʌtʃ] *s. c.* conejera (como jaula).
hyacinth ['haɪəsɪnθ] *s. c.* BOT. jacinto.
hyaena *s. c.* ⇒ **hyena.**
hybrid ['haɪbrɪd] *s. c.* **1** BIOL. híbrido (animal o planta). **2** (fig.) mezcla, híbrido. • *adj.* **3** híbrido (animal o planta). **4** (fig. y form.) mezclado, híbrido, compuesto (sistema, funcionamiento, etc.).
hydrant ['haɪdrənt] *s. c.* boca de riego, boca de incendios.
hydrate ['haɪdreɪt] *s. c.* **1** QUÍM. hidrato. • ['haɪdreɪt ‖ haɪˌdreɪt] *v. t.* e *i.* **2** hidratar.
hydraulic [haɪ'drɔːlɪk] *adj.* **1** hidráulico. • *s. pl.* **2** FÍS. hidráulica.
hydro- [ˌhaɪdrə] *prefijo* hidro, hídrico: *hydrochloric acid = ácido clorhídrico.*
hydrocarbon [ˌhaɪdrə'kɑːbən] *s. c.* QUÍM. hidrocarburo.
hydroelectric [ˌhaɪdrəuɪ'lektrɪk] *adj.* hidroeléctrico.
hydroelectricity [ˌhaɪdrəuˌɪlek'trɪsətɪ] *s. i.* FÍS. energía hidroeléctrica.
hydrofoil ['haɪdrəfɔɪl] *s. c.* MAR. hidroala (tipo de barco).
hydrogen ['haɪdrədʒən] *s. i.* **1** QUÍM. hidrógeno. ◆ **2** ~ **bomb,** FÍS. bomba de hidrógeno. **3** ~ **peroxide,** QUÍM. peróxido de hidrógeno.
hydrophobia [ˌhaɪdrə'fəubɪə] *s. i.* MED. hidrofobia (especialmente como resultado de la rabia).
hydroplane ['haɪdrəpleɪn] *s. c.* **1** hidroavión. • *v. i.* **2** elevarse por encima del agua (un barco cuando va a gran velocidad).
hydroponics [ˌhaɪdrə'pɒnɪks] *s. i.* AGR. acuicultura.
hydrotherapy [ˌhaɪdrəu'θerəpɪ] *s. i.* MED. hidroterapia.
hyena [haɪ'iːnə] (también **hyaena**) *s. c.* ZOOL. hiena.
hygiene ['haɪdʒiːn] *s. i.* higiene.
hygienic [haɪ'dʒiːnɪk] *adj.* higiénico.
hymen ['haɪmən] *s. c.* ANAT. himen.
hymn [hɪm] *s. c.* REL. himno.
hymnal ['hɪmnəl] *s. c.* (form.) REL. libro de himnos, himnario.
hyper- [ˌhaɪpər] *prefijo* hiper: *hypercritical = hipercrítico.*
hyperactive [ˌhaɪpər'æktɪv] *adj.* hiperactivo.
hyperbola [haɪ'pɜːbələ] (*pl.* **hyperbolas** o **hyperbolae**) *s. c.* MAT. hipérbola.
hyperbolae [haɪ'pɜːbəlɪː] *pl.* de **hyperbola.**
hyperbole [haɪ'pɜːbəlɪ] *s. c.* GRAM. hipérbole.
hyperglycaemia [ˌhaɪpɜːglaɪː'sɪːmɪjə] *s. i.* hiperglucemia.
hyperinflation [ˌhaɪpɜːrɪn'fleɪʃn] *s. i.* hiperinflación.
hyperlink [ˌhaɪpɜːlɪnk] *s. i.* hiperenlace.
hypermarket ['haɪpəmɑːkɪt] *s. c.* hiper, hipermercado.
hypersensitive [ˌhaɪpə'sensətɪv] *adj.* **1** hipersensible (a agentes químicos, ambientales, etc.). **2** hipersensible (a la crítica o similar).
hypertension [ˌhaɪpə'tenʃn] *s. i.* MED. hipertensión arterial.
hypertext [ˌhaɪpɜːtekst] *s. i.* hipertexto.
hyphen ['haɪfn] *s. c.* guion (signo de puntuación).
hyphenated ['haɪfəneɪtɪd] *adj.* enguionado, con guión.
hypnosis [hɪp'nəusɪs] *s. i.* hipnosis.
hypnotherapy [ˌhɪpnəu'θerəpɪː] *s. i.* hipnoterepia.
hypnotic [hɪp'nɒtɪk] *adj.* hipnótico.
hypnotise *v. t.* ⇒ **hypnotize.**
hypnotism ['hɪpnətɪzəm] *s. i.* hipnotismo.
hypnotist ['hɪpnətɪst] *s. c.* hipnotista, hipnotizador.
hypnotize ['hɪpnətaɪz] (también **hypnotise**) *v. t.* **1** hipnotizar. **2** (fig.) dejar alelado, hipnotizar, atraer poderosamente la atención.
hypo- [ˌhaɪpə] *prefijo* hipo: *hypothalamus= hipotálamo.*
hypochondria [ˌhaɪpə'kɒndrɪə] *s. i.* PSIQ. hipocondria.
hypochondriac [ˌhaɪpə'kɒndrɪæk] *s. c.* PSIQ. hipocondríaco.
hypocrisy [hɪ'pɒkrəsɪ] *s. c.* e *i.* hipocresía.
hypocrite ['hɪpəkrɪt] *s. c.* hipócrita.
hypocritical [ˌhɪpə'krɪtɪkl] *adj.* hipócrita.
hypodermic [ˌhaɪpə'dɜːmɪk] (también **hypodermic needle** o **hypodermic syringe**) *adj.* **1** hipodérmico. • *s. c.* **2** jeringuilla hipodérmica.
hypotenuse [haɪ'pɒtənjuːz ‖ haɪ'pɒtənuːs] *s. c.* GEOM. hipotenusa.
hypothermia [ˌhaɪpə'θɜːmɪə] *s. i.* MED. hipotermia.
hypotheses [haɪ'pɒθəsiːz] *pl.* de **hypothesis.**
hypothesis [haɪ'pɒθəsɪs] (*pl.* **hypotheses**) *s. c.* e *i.* hipótesis.
hypothetical [ˌhaɪpə'θetɪkl] *adj.* hipotético.
hypothetically [ˌhaɪpə'θetɪklɪ] *adv.* hipotéticamente.
hysterectomy [ˌhɪstə'rektəmɪ] *s. c.* MED. histerectomía.
hysteria [hɪ'stɪərɪə] *s. i.* **1** PSIQ. histeria. **2** (form. o lit. y fig.) histeria. **3** (form.) ataque de risa incontrolada.
hysterical [hɪ'sterɪkl] *adj.* **1** PSIQ. histérico. **2** (fig.) descontrolado (en sus emociones); histérico. **3** (fam.) descontrolada (risa). **4** (fam.) divertidísimo, para mondarse de risa.
hysterically [hɪ'sterɪklɪ] *adv.* **1** histéricamente, descontroladamente, en puro paroxismo. **2** (fam.) descontroladamente (reír). **3** (fam.) con gran regocijo, con gran diversión; a más no poder (de divertido).
hysterics [hɪ'sterɪks] *s. pl.* **1** PSIQ. histerismo, ataque de histeria. **2** (fam.) paroxismo (de miedo, de excitación, etc.). **3** (fam.) ataque de risa incontrolable.

i, I [aɪ] *s. c.* i, I (novena letra del alfabeto inglés).

I [aɪ] *pron. pers.* **1** yo (sujeto). **2** (**the** ∼) FIL. el ego. • *num.* **3** I (número romano). **4** QUÍM. (I) símbolo del yodo.

ice [aɪs] *s. i.* **1** hielo. **2** hielo, cubitos de hielo (para bebidas). **3** (EE UU) joyas; diamantes. **4** (fam.) frialdad, indiferencia, reserva. • *s. c.* **5** (brit) (p.u.) helado, cono de helado. **6** sorbete, granizado. **7** capa de azúcar, glasé, escarcha, garapiña (en pastelería, coctelería). **8** (EE UU) DEP. pista de hielo. • *v. t.* **9** refrigerar, enfriar en refrigerador, helar. **10** glasear, escarchar, cubrir con una capa de azúcar (pasteles, cócteles). **11** congelar. **12** (EE UU) (jerga) DEP. asegurar una victoria, afianzar (un resultado). • *v. t.* e *i.* **13** (**to** ∼ **over/up**) cubrirse de hielo, helarse (una superficie). ◆ **14 black** ∼, ⇒ **black. 15 to break the** ∼, (fig.) romper el hielo, relajar el ambiente. **16 to cut no** ∼, no convencer, no tener efecto especial, no importar nada. **17 to put/keep a plan/project on** ∼, mantener un plan o un proyecto congelado, en suspenso, postergar un plan o un proyecto. **18 to skate on thin** ∼, pisar terreno peligroso.

iceberg ['aɪsbɜːg ‖ 'aɪsbɜːrg] *s. c.* **1** iceberg. **2** (fam.) témpano, hielo (una persona). ◆ **3** ∼ **lettuce,** lechuga iceberg.

ice-breaker ['aɪsbrɪkə'] *s. c.* rompehielos.

ice-blue ['aɪsbluː] *adj.* azul muy claro, azul pálido.

ice-box ['aɪsbɒks ‖ 'aɪsbɑːks] *s. c.* **1** nevera portátil. **2** (EE UU) frigorífico, refrigerador.

ice bucket ['aɪs,bʌkɪt] *s. c.* cubitera (para enfriar bebidas).

ice-cap ['aɪskæp] *s. c.* **1** casquete de hielo, casquete polar. **2** helero, capa de hielo.

ice-cold [,aɪs'kəʊld] *adj.* helado, gélido, glacial.

ice-cream [,aɪs'kriːm] *s. c.* e *i.* **1** helado (golosina, postre). ◆ **2** ∼ **parlour,** heladería.

ice-cube ['aɪs,kjuːb] *s. c.* cubito de hielo.

iced [aɪst] *adj.* **1** helado, refrigerado. **2** helado, cubierto de hielo. **3** glaseado, escarchado, garapiñado, cubierto por una capa dura de azúcar.

ice floe ['aɪs,fləʊ] *s. c.* témpano flotante, masa de hielo flotante.

ice hockey ['aɪs,hɒkɪ] *s. i.* DEP. hockey sobre hielo.

Iceland ['aɪslənd] *s. sing.* Islandia.

Icelander ['aɪsləndər] *s. c.* islandés.

Icelandic [aɪs'lændɪk] *adj.* **1** islandés (de origen). • *s. i.* **2** islandés (lengua).

ice lolly ['aɪs,lɒlɪ] *s. c.* polo (golosina).

ice rink ['aɪsrɪnk] *s. c.* pista de patinaje sobre hielo.

ice-skate ['aɪsskeɪt] *v. i.* **1** patinar sobre hielo. • *s. c.* **2** patín para hielo.

ice-skating ['aɪsskeɪtɪŋ] *s. i.* **1** DEP. patinaje sobre hielo. ◆ **2** pista de hielo.

ichor ['aɪkɔː] *s. c.* MED. icor.

icicle ['aɪsɪkl] *s. c.* carámbano, calamoco, pinganillo.

icily ['aɪsɪlɪ] *adv.* **1** gélidamente, glacialmente. **2** (fig.) fríamente, gélidamente.

iciness ['aɪsɪnɪs] *s. i.* frialdad extrema, gelidez.

icing ['aɪsɪŋ] *s. i.* **1** (brit.) glasé, alcorza, capa de azúcar glasé. ◆ **2** ∼ **sugar,** azúcar glasé. **3 the** ∼ **on the cake,** (fig.) el broche de oro, la guinda en el pastel.

icon ['aɪkɒn ‖ 'aɪkɑːn] (también **ikon**) *s. c.* **1** REL. icono, imagen religiosa. **2** (fig.) símil, símbolo, ideal. **3** INF. icono.

iconoclast [aɪ'kɒnəklæst ‖ aɪ'kɒnə-'klɑːst] *s. c.* **1** (arc.) iconoclasta, hereje. **2** iconoclasta, crítico.

iconoclastic [aɪ,kɒnə'klæstɪk ‖ aɪ,kɒnə-'klɑːstɪk] *adj.* iconoclasta.

icy ['aɪsɪ] *adj.* **1** helado, glacial, gélido. **2** (fig.) glacial, fría (una mirada). **3** helado, cubierto de hielo.

ID [,aɪ,dɪː] *s. c.* **1** (identification) identidad. ◆ **2** ∼ **card,** DNI, carnet de identidad.

idea [aɪ'dɪə] *s. c.* **1** idea, ocurrencia, sugerencia. **2** idea, tema. **3** noción, punto de vista, concepto. **4** impresión, intuición. **5** plan, intención, propósito, objetivo. • *s. c.* e *i.* **6** idea, noción, conocimiento, concepción. ◆ **7 to get the** ∼, (fam.) entender, comprender, coger la idea. **8 to put ideas into someone's head,** sugerir ideas, hacer concebir vanas esperanzas. **9 that's the idea!** ¡eso es!, ¡esa es la idea! **10 what's the idea?,** (fam.) ¿pero qué pretendes? (con enfado). **11 what's the big** ∼**?,** (EE UU) ¿qué estás tramando? **12 you've no** ∼**!,** ¡no tienes ni idea!, ¡no te haces idea!

ideal [aɪ'dɪəl] *adj.* **1** ideal, perfecto. **2** (∼ **for**) ideal para, adecuado para. **3** modélico, soñado. • *s. c.* **4** ideal, modelo, ejemplo perfecto, sueño. ◆ **5 ideals,** ideales, metas, fines.

idealise *v. t.* ⇒ **idealize.**

idealism [aɪ'dɪəlɪzəm] *s. i.* **1** idealismo. **2** ART. idealismo.

idealist [aɪ'dɪəlɪst] *s. c.* idealista.

idealistic [aɪ,dɪə'lɪstɪk] *adj.* idealista, utópico.

idealization [aɪ,dɪəlaɪ'zeɪʃn] (también **idealisation**) *s. c.* e *i.* idealización.

idealize [aɪ'dɪəlaɪz] (también **idealise**) *v. t.* **1** idealizar. • *v. i.* **2** concebir un ideal.

idealized [aɪ'dɪəlaɪzt] (también **idealised**) *adj.* idealizado.

ideally [aɪ'dɪəlɪ] *adv.* **1** idealmente, a la perfección. **2** idealmente, preferiblemente.

identical [aɪ'dentɪkl] *adj.* **1** idéntico, exacto, igual. **2** el mismo. ◆ **3** ∼ **twin,** gen. *pl.* gemelo.

identically [aɪ'dentɪklɪ] *adv.* idénticamente, exactamente.

identifiable [aɪ'dentɪfaɪəbl] *adj.* identificable, reconocible, obvio.

identification [aɪ,dentɪfɪ'keɪʃn] *s. i.* **1** identificación, reconocimiento. **2** (∼ **with**) identificación con, entendimiento con, solidaridad con, empatía con (sentimientos, ideas, personas). ◆ **3** ∼ **parade,** (brit.) rueda de reconocimiento (en comisaría).

identify [aɪ'dentɪfaɪ] *v. t.* **1** identificar, reconocer. **2** descubrir, identificar (un problema, una causa). **3** (**to** ∼ **with**) identificarse con, solidarizarse con, empatizar con (una persona, un problema). **4** (**to** ∼ **somebody with something**) identificar a alguien con algo.

identikit [aɪ'dentɪkɪt] *s. c.* **1** retrato robot. **2** (fig.) copia, imitación, remedo (una persona con respecto a otra).

identity [aɪ'dentɪtɪ] *s. c.* e *i.* **1** identidad. **2** exactitud, parecido exacto. ◆ **3 ~ card,** carnet de identidad. **4 loss of ~,** pérdida de identidad. **5 ~ crisis,** crisis de identidad.

ideological [ˌaɪdɪə'lɒdʒɪkl] *adj.* ideológico.

ideologically [ˌaɪdɪə'lɒdʒɪklɪ] *adv.* ideológicamente.

ideology [ˌaɪdɪ'ɒlədʒɪ ‖ ˌaɪdɪ'ɑːlədʒɪ] *s. c.* e *i.* ideología.

idiocy ['ɪdɪəsɪ] *s. i.* **1** idiotez, imbecilidad. ● *s. c.* **2** idiotez, tontería, estupidez.

idiom ['ɪdɪəm] *s. c.* **1** modismo, frase hecha. **2** lenguaje, jerga, habla peculiar, estilo (de una comunidad, de un período, de una materia).

idiomatic [ˌɪdɪə'mætɪk] *adj.* idiomático.

idiosyncrasy [ˌɪdɪə'sɪŋkrəsɪ] *s. c.* **1** idiosincrasia, peculiaridad. **2** hipersensibilidad (a una droga).

idiosyncratic [ˌɪdɪəsɪŋ'krætɪk] *adj.* idiosincrático, peculiar.

idiot ['ɪdɪət] *s. c.* **1** idiota, imbécil, tonto, majadero. **2** PSIC. deficiente psíquico, deficiente mental.

idiotic [ˌɪdɪ'ɒtɪk ‖ ˌɪdɪ'ɑːtɪk] *adj.* idiota, imbécil, tonto.

idiotically [ˌɪdɪ'ɒtɪklɪ] *adv.* tontamente, estúpidamente, como un imbécil.

idle ['aɪdl] *adj.* **1** ocioso, desocupado, inoperante. **2** inactivo, en paro. **3** holgazán, perezoso, haragán. **4** inútil, vago (una amenaza, un rumor). **5** infundado, frívolo (un comentario). **6** mera, simple (curiosidad). ● *v. i.* **7** estar ocioso, estar inactivo, estar desocupado. **8** haraganear, holgazanear. **9** MEC. marchar en vacío. ● *v. t.* **10** (**to ~ away**) desperdiciar, pasar (el tiempo, el rato).

idleness ['aɪdlnɪs] *s. i.* **1** inactividad, ociosidad. **2** vagancia, holgazanería. **3** desempleo, desocupación, despido. **4** inutilidad. **5** frivolidad, futilidad.

idler ['aɪdlər] *s. c.* **1** holgazán, haragán, vago. **2** ocioso, desocupado.

idling ['aɪdlɪŋ] *adj.* MEC. en baja, en vacío (un motor).

idly ['aɪdlɪ] *adv.* **1** ociosamente, inactivamente. **2** vanamente, fútilmente, frívolamente. **3** distraídamente.

idol ['aɪdl] *s. c.* **1** ídolo, falso dios. **2** (fig.) ídolo, héroe. **3** (arc.) imagen.

idolatrous [aɪ'dɒlətrəs ‖ aɪ'dɑːlətrəs] *adj.* **1** idólatra, idolátrico. **2** (fig.) desmedido, desmesurado (un amor).

idolatry [aɪ'dɒlətrɪ ‖ aɪ'dɑːlətrɪ] *s. i.* **1** idolatría. **2** (fig.) idolatría, amor desmedido, afición desmedida.

idolise *v. t.* ⇒ **idolize.**

idolize ['aɪdəlaɪz] (también **idolise**) *v. t.* idolatrar, adorar, admirar ciegamente.

idyll ['ɪdɪl ‖ 'aɪdl] (también **idyl**) *s. c.* idilio.

idyllic [aɪ'dɪlɪk ‖ ɪ'dɪlɪk] *adj.* idílico, bucólico.

i.e. [ˌaɪ'iː] (**id est.**) es decir, por ejemplo.

if [ɪf] *conj.* **1** si, en caso de que, suponiendo que, supuesto que: *if she should come, ... = en caso de que ella viniera,...* **2** (**even ~**) aunque, a pesar de que: *even if I can't = aunque yo no pueda.* **3** (*s./adj./adv.* ~ *s./adj./adv.*) si bien, aunque, aun aceptando que: *a nice party, if a little noisy = una fiesta agradable, si bien un poco ruidosa.* **4** (**to know/remember/wonder ~,** o en preguntas indirectas) si (o no): *I wonder if he's at home = me pregunto si estará en casa (o no).* **5** (**sorry/don't care/mind ~**) que: *I don't care if he cries = me importa un rábano que llore.* ● *s. c.* **6** (generalmente *pl.*) duda, hipótesis, suposición. ◆ **7 as ~,** como si: *as if it were a problem! = ¡como si eso fuera un problema!* **8 ~ anything,** quizás, si acaso, hasta creo que. **9 ~ ever,** si alguna vez, si en algún momento. **10 ~ not,** si no, por no decir. **11 ~ only,** ¡ojalá!, si por lo menos; aunque solo fuera (para): *if only for a minute = aunque solo fuera durante un minuto.* **12 ~ you like,** si quieres, por decirlo de otro modo, por así decir. **13 ifs and buts,** dudas, reservas, pegas, disculpas. **14 it isn't as/it's not as ~,** no es que sea: *Why is she marrying him? It's not as if he were rich.... = ¿Por qué se casa con él? No es que sea rico...*

iffy ['ɪfɪ] *adj.* (fam.) dudoso, inseguro, lleno de incertidumbre.

igloo ['ɪgluː] *s. c.* iglú.

igneous ['ɪgnɪəs] *adj.* **1** GEOL. ígneo, volcánico. **2** (fig.) apasionado, ardiente.

ignite [ɪg'naɪt] *v. t.* e *i.* (form.) encender, inflamarse, prender (un fuego).

ignition [ɪg'nɪʃn] *s. i.* **1** ignición. **2** MEC. encendido, contacto.

ignoble [ɪg'nəubl] *adj.* **1** (lit.) innoble, abyecto, deshonesto, despreciable, indigno. **2** plebeyo.

ignominious [ˌɪgnə'mɪnɪəs] *adj.* ignominioso, deshonroso, vergonzoso.

ignominiously [ˌɪgnə'mɪnɪəslɪ] *adv.* ignominiosamente, vergonzosamente.

ignominy ['ɪgnɒmɪnɪ] *s. i.* **1** ignominia, deshonra, deshonor, humillación. ● *s. c.* **2** infamia, vergüenza, conducta ignominiosa.

ignoramus [ˌɪgnə'reɪməs] *s. c.* ignorante, inculto, analfabeto.

ignorance ['ɪgnərəns] *s. i.* ignorancia, incultura, desconocimiento.

ignorant ['ɪgnərənt] *adj.* ignorante, inculto, iletrado, indocumentado.

ignore [ɪg'nɔː] *v. t.* ignorar, no prestar atención, desatender, pasar por alto, cerrar los ojos a.

ikon ['aɪkɒn] *s. c.* ⇒ **icon.**

ilk [ɪlk] *s. sing.* clase, tipo, familia, raza.

ill [ɪl] (*comp.* **worse,** *sup.* **worst**) *adj.* **1** enfermo, indispuesto, malo. **2** (brit.) herido, malherido. **3** aciago, funesto, malísimo, poco propicio (un día, la suerte). **4** penoso, adverso (un resultado). **5** nocivo, perjudicial (un efecto). **6** hostil, con mala intención. ● *adv.* (gen. + *p. p.*). **7** cruelmente, desagradablemente, mal: *ill-treated = maltratado.* **8** apenas, pobremente, no suficientemente: *ill-researched = apenas investigado.* **9** desfavorablemente. ● *s. c.* (gen. *pl.*) **10** (arc.) enfermedades, males; desgracias, infortunios, desastres. ● *s. i.* **11** (arc.) mal, pecado, maldad, daño. ◆ **12 to augur/bode ~,** (lit.) presagiar algo malo. **13 to be taken/fall ~,** caer enfermo, ponerse enfermo, enfermar. **14 for good or ~,** para bien o para mal. **15 to make somebody ~,** poner malo a alguien, poner a alguien de los nervios. **16** (lit.) **to serve somebody ~,** poner en desventaja a alguien. **17 to speak ~ of,** criticar, hablar mal de. **18 ~ at ease,** nervioso, incómodo, raro (ante una situación). **19 ~ will,** hostilidad, mala fe, rencor, mala voluntad. **20 it's an ~ wind that blows nobody any good,** a río revuelto ganancia de pescadores.

ill-advised [ˌɪləd'vaɪzd] *adj.* imprudente, insensato, necio, malaconsejado.

ill-assorted [ˌɪlə'sɔːtɪd] *adj.* **1** mal combinado, mal mezclado (la ropa, los complementos). **2** variopinto (grupo de personas).

ill-bred [ˌɪl'bred] *adj.* maleducado, malcriado, rudo, descortés.

ill-disposed [ˌɪldɪ'spəuzt] *adj.* contrario, hostil, maldispuesto, dispuesto en contra.

illegal [ɪ'liːgl] *adj.* **1** ilegal, ilícito, contra la ley (un acto). **2** ilegal, prohibido, fuera de la ley (una organización).

illegality [ˌɪliː'gælətɪ] *s. i.* **1** ilegalidad, ilicitud. ● *s. c.* **2** ilegalidad, acto ilegal.

illegally [ɪ'liːgəlɪ] *adv.* ilegalmente, ilícitamente.

illegible [ɪ'ledʒəbl] *adj.* ilegible, indescifrable, difícil de entender (la escritura).

illegitimacy [ˌɪlɪ'dʒɪtɪməsɪ] *s. i.* ilegitimidad.

illegitimate [ˌɪlɪ'dʒɪtɪmət] *adj.* **1** ilegítimo, bastardo. **2** ilícito, no permitido.

ill-equipped [ˌɪlɪ'kwɪpt] *adj.* mal equipado, mal preparado.

ill-fated [ɪl'feɪtɪd] *adj.* desafortunado, desdichado, trágico, desgraciado.

ill-founded [ɪl'faundɪd] *adj.* infundado, falso, sin fundamento (un rumor).

ill-gotten [ˌɪl'gɒtn] *adj.* (form.) conseguido de forma deshonesta: *ill-gotten gains = dinero conseguido de forma deshonesta.*

ill-health ['ɪl'helθ] *s. i.* mala salud.

illiberal [ɪ'lɪbərəl] *adj.* **1** conservador. **2** intolerante, represor. **3** tacaño, poco generoso, mezquino.

illicit [ɪ'lɪsɪt] *adj.* ilícito, prohibido, ilegal.

illiteracy [ɪ'lɪtərəsɪ] *s. i.* analfabetismo, incultura.

illiterate [ɪ'lɪtərət] *s. c.* y *adj.* **1** analfabeto. **2** (fam.) inculto, iletrado, ignorante.

illness ['ɪlnɪs] *s. c.* e *i.* **1** enfermedad, dolencia, afección, indisposición. **2** perversidad, maldad.

illogical [ɪ'lɒdʒɪkl || ɪ'lɑːdʒkl] *adj.* **1** ilógico, poco razonable. **2** (fam.) irracional, disparatado.
illogically [ɪ'lɒdʒɪklɪ] *adv.* **1** ilógicamente, sin razón. **2** irracionalmente, disparatadamente.
ill-omened [,ɪl'əumend] *adj.* desdichado, desgraciado, aciago.
ill-starred [,ɪl'stɑːd] *adj.* (lit.) desdichado, malaventurado, malhadado.
ill-tempered [,ɪl'tempəd] *adj.* **1** (form.) irritable, irascible, destemplado, regañón. **2** caprichoso, extravagante.
ill-timed [,ɪl'taɪmd] *adj.* inoportuno, falto de tacto, a destiempo (un comentario).
ill-treat [,ɪl'triːt] *v. t.* maltratar, abusar de, tratar con crueldad.
ill treatment [,il'triːtmənt] *s. c.* malos tratos.
illuminate [ɪ'luːmɪneɪt] *v. t.* **1** iluminar, alumbrar, encender (una habitación). **2** (fig.) iluminar, encender (la mirada). **3** iluminar, decorar (con luces de colores). **4** clarificar, esclarecer, explicar, arrojar luz. **5** (arc.) ilustrar (un libro con letras doradas, colores).
illuminated [ɪ'luːmɪneɪtɪd] *adj.* **1** iluminado, luminoso. **2** ilustrado (un libro con letras doradas, colores).
illuminating [ɪ'luːmɪneɪtɪŋ] *adj.* esclarecedor, aclarativo, instructivo.
illumination [ɪ,luːmɪ'neɪʃn] *s. i.* **1** iluminación, alumbrado, luz. • *s. c.* **2** (gen. *pl.*) (arc.) ilustración, grabado (en un libro). **3** (brit.) iluminación, decoración con luces de colores (gen. en Navidad).
illumine [ɪ'luːmɪn] *v. t.* **1** (lit.) iluminar, alumbrar. **2** (lit.) iluminar, decorar (con bombillas de colores). **3** clarificar, esclarecer, arrojar luz. **4** ilustrar (un libro con letras doradas, colores).
illusion [ɪ'luːʒn] *s. c.* e *i.* **1** ilusión, espejismo, fantasía. • *s. c.* **2** ilusión, fantasía, falsa impresión. **3** ilusionismo, truco de magia. **4** gasa, cendal. ◆ **5 to be under an ~,** tener la falsa impresión, pensar equivocadamente. **6 to have no illusions about,** no hacerse ilusiones sobre.
illusive [ɪ'luːsɪv] *adj.* ⇒ **illusory.**
illusory [ɪ'luːsərɪ] (también **illusive**) *adj.* ilusorio, imaginario, engañoso.
illustrate ['ɪləstreɪt] *v. t.* **1** (gen. *pas.*) ilustrar (un libro, una conferencia con grabados, filminas). **2** ilustrar, ejemplificar, demostrar. **3** (arc.) iluminar, alumbrar, encender. • *v. i.* **4** clarificar, poner un ejemplo, explicar con un ejemplo.
illustration [,ɪlə'streɪʃn] *s. c.* **1** ilustración, grabado, lámina, diagrama. **2** ilustración, ejemplo, aclaración, demostración. • *s. i.* **3** ilustración, clarificación. ◆ **4 by way of ~,** como ilustración, como ejemplo.
illustrative ['ɪləstrətɪv || 'ɪlʌstrətɪv] *adj.* ilustrativo, clarificador, aclaratorio, explicativo.
illustrator ['ɪləstreɪtər] *s. c.* ilustrador.
illustrious [ɪ'lʌstrɪəs] *adj.* ilustre, distinguido, eminente, célebre, egregio, emérito, famoso.
image ['ɪmɪdʒ] *s. c.* **1** OPT. imagen. **2** concepto, idea, noción. **3** imagen, reflejo. **4** imagen, opinión, reputación. **5 (the ~ of)** el reflejo de, el retrato de, la estampa de. **6** LIT. metáfora, símil, imagen poética. **7 to be the living/very ~ of,** ser el vivo retrato de. **8** (arc.) imagen, semejanza: *made in the image of = hecho a semejanza de.* ◆ **9 mirror- ~,** ⇒ **mirror image. 10 the spitting ~ of,** ⇒ **spitting.**
imagery ['ɪmɪdʒərɪ] *s. i.* LIT. imágenes, metáforas.
imaginable [ɪ'mædʒɪnəbl] *adj.* imaginable, posible, concebible.
imaginary [ɪ'mædʒɪnərɪ] *adj.* imaginario.
imagination [ɪ,mædʒɪ'neɪʃn] *s. c.* e *i.* **1** imaginación, inventiva, fantasía. **2** imaginación, mente. • *s. i.* **3** (fam.) imaginación, fantasía, ilusión. **4** imaginación, ingenio, creatividad.
imaginative [ɪ'mædʒɪnətɪv] *adj.* imaginativo, creativo, ingenioso, original.
imaginatively [ɪ'mædʒɪnətɪvlɪ] *adv.* imaginativamente, creativamente, ingeniosamente, de forma original, con creatividad.
imagine [ɪ'mædʒɪn] *v. t.* **1** imaginar, figurar, formarse una idea, visualizar. **2** fantasear, soñar, inventar. **3 (to ~ {that}/*o.*)** suponer, pensar, creer. • *v. i.* **4** usar la imaginación, ejercitar la imaginación. **5** hacer conjeturas, adivinar. ◆ **6 just ~ (it/that),** ¡imagínate! (expresa sorpresa).
imaging ['ɪmədʒɪŋ] *s. i.* visualización, representación óptica.
imaginings [ɪ'mædʒɪnɪŋz] *s. pl.* (lit.) imaginaciones, fantasías, ensoñaciones.
imbalance [,ɪm'bæləns] *s. c.* e *i.* desigualdad, desequilibrio, desproporción.
imbecile ['ɪmbəsiːl] *s. i.* **1** imbécil, idiota, tonto, estúpido. **2** (arc.) disminuido psíquico, deficiente mental.
imbecility [,ɪmbə'sɪlɪtɪ] *s. i.* **1** imbecilidad, idiotez, estupidez. • *s. c.* **2** estupidez, disparate, locura.
imbibe [ɪm'baɪb] *v. t.* e *i.* **1** (hum. o form.) beber, absorber (alcohol). **2** (fig.) embeber, absorber, asimilar (ideas). **3** (arc.) saturar, empapar, embeber, absorber (agua, humedad).
imbroglio [ɪm'brəulɪəu] (*pl.* **imbroglios**) *s. c.* **1** (lit.) embrollo, lío, enredo. **2** (lit.) malentendido, situación confusa, embrollo (en una obra de teatro).
imbue [ɪm'bjuː] *v. t.* (gen. *pas.*) **1** imbuir, impregnar (de sentimientos, ideas). **2** (EE UU) saturar, empapar. **3** (EE UU) teñir. **4** (EE UU) manchar.
imbued [ɪm'bjuːd] *adj.* **1** imbuido, impregnado. **2** (EE UU) saturado, empapado. **3** (EE UU) teñido. **4** (EE UU) manchado.
imitate ['ɪmɪteɪt] *v. t.* **1** imitar, copiar, remedar. **2** plagiar. **3** imitar, tomar como ejemplo, tomar como modelo.
imitation [,ɪmɪ'teɪʃn] *s. c.* e *i.* **1** imitación, remedo, copia. **2** plagio. **3** MÚS. repetición melódica. • *s. c.* **4** imitación, reproducción. • *adj.* **5** de imitación, artificial, falso: *imitation flowers = flores artificiales.*
imitative ['ɪmɪtətɪv || 'ɪməteɪtɪv] *adj.* (gen. desp.) imitativo, imitador, que imita.
imitator ['ɪmɪteɪtər] *s. c.* imitador.
immaculate [ɪ'mækjulət] *adj.* **1** inmaculado, limpísimo. **2** perfecto, impecable.
immaculately [ɪ'mækjulətlɪ] *adv.* inmaculadamente, impecablemente, perfectamente, sin tacha.
immaterial [,ɪmə'tɪərɪəl] *adj.* **1** irrelevante, sin importancia, sin consecuencias. **2** indiferente. **3** inmaterial, incorpóreo.
immature [,ɪmə'tjuər] *adj.* **1** inmaduro, verde, sin formar, poco hecho. **2** inmaduro, infantil, juvenil.
immaturity [,ɪmə'tjuərɪtɪ] *s. i.* inmadurez, falta de madurez, infantilismo.
immeasurably [ɪ'meʒərəblɪ] *adv.* inconmensurablemente, enormemente, ilimitadamente.
immediacy [ɪ'miːdɪəsɪ] (también **immediateness**) *s. i.* **1** inmediatez, cercanía, proximidad. **2** urgencia, perentoriedad importancia.
immediate [ɪ'miːdɪət] *adj.* **1** inmediato, instantáneo, apremiante, urgente, sin retraso. **2** inmediato, próximo, a la vista. **3** cercano, directo (un familiar, una causa).
immediately [ɪ'miːdɪətlɪ] *adv.* **1** inmediatamente, sin demora, enseguida, al instante. **2** directamente, al lado mismo: *the flat immediately next to ours = el piso justo al lado del nuestro.* • *conj.* **3** (brit.) tan pronto como, así que, en cuanto.
immediateness [ɪ'miːdɪətnɪs] *s. i.* ⇒ **immediacy.**
immemorial [,ɪmɪ'mɔːrɪəl] *adj.* **1** inmemorial, inmemorable. ◆ **2 from/since ~,** desde tiempo inmemorial, desde hace muchísimo.
immense [ɪ'mens] *adj.* **1** inmenso, enorme, infinito. **2** inconmensurable, vastísimo. **3** (jerga) espléndido, excelente.
immensely [ɪ'menslɪ] *adv.* **1** inmensamente, enormemente, infinitamente. **2** inconmensurablemente.
immensity [ɪ'mensətɪ] *s. i.* inmensidad, magnitud, vastedad.
immerse [ɪ'mɜːs] *v. t.* **1 (to ~ in)** sumergir en, hundir en. **2 (to ~ in)** estar inmerso en, enfrascarse en. **3** REL. bautizar por inmersión.
immersed [ɪ'mɜːst] *adj.* **1** BOT. sumergido. **2** absorto, inmerso, enfrascado.
immersion [ɪ'mɜːʃn] *s. i.* **1** inmersión (en agua). **2** bautismo por inmersión. **3** método de inmersión (para el aprendizaje de lenguas extranjeras). **4** ASTR. inmersión, eclipse. ◆ **5 ~ heater,** (brit.) calentador eléctrico, calentador de inmersión.
immigrant ['ɪmɪgrənt] *s. c.* inmigrante.

immigration [ˌɪmɪ'greɪʃn] *s. c.* e *i.* **1** inmigración. ◆ **2** ~ **control**, control de inmigración.
imminence ['ɪmɪnəns] (también **imminency**) *s. i.* (form.) inminencia.
imminency ['ɪmɪnənsɪ] *s. i.* ⇒ **imminence.**
imminent ['ɪmɪnənt] *adj.* inminente.
immobile [ɪ'məʊbaɪl ‖ ɪ'məʊbəl] *adj.* inmóvil, inmovible, estático, fijo.
immobilise *v. t.* ⇒ **immobilize..**
immobility [ˌɪmə'bɪlɪtɪ] *s. i.* inmovilidad.
immobilize [ɪ'məʊbɪlaɪz] (también **immobilise**) *v. t.* **1** inmovilizar, paralizar. **2** (fig.) paralizar (el trabajo).
immoderate [ɪ'mɒdərət ‖ ɪ'mɑːdərət] *adj.* (form.) inmoderado, excesivo, ilimitado, extremo.
immoderately [ɪ'mɒdərətlɪ] *adv.* excesivamente, sin moderación, ilimitadamente.
immodest [ɪ'mɒdɪst ‖ ɪ'mɑːdɪst] *adj.* **1** (form.) inmodesto, vanidoso, presumido. **2** (form.) impúdico, indecente.
immodestly [ɪ'mɒdɪstlɪ] *adv.* **1** (form.) inmodestamente, vanidosamente, con presunción. **2** (form.) impúdicamente, indecentemente.
immodesty [ɪ'mɒdɪstɪ] *s. i.* **1** (form.) inmodestia, falta de modestia, vanidad, presunción, jactancia. **2** (form.) impudicia, indecencia.
immoral [ɪ'mɒrəl] *adj.* inmoral.
immorality [ˌɪmə'rælɪtɪ] *s. i.* **1** inmoralidad. ● *s. c.* **2** (gen. *pl.*) inmoralidad, acto inmoral.
immortal [ɪ'mɔːtl ‖ ɪ'mɔːrtl] *adj.* **1** inmortal, eterno, imperecedero. **2** inmortal, de fama eterna. ● *s. c.* **3** inmortal (una deidad, un héroe).
immortalise *v. t.* ⇒ **inmortalize.**
immortality [ˌɪmɔː'tælɪtɪ] *s. i.* **1** inmortalidad. **2** fama eterna.
immortalize [ɪ'mɔːtəlaɪz ‖ ɪ'mɔːrtəlaɪz] (también **immortalise**) *v. t.* inmortalizar.
immovable [ɪ'muːvəbl] *adj.* **1** inamovible; inmóvil. **2** inmutable, inalterable. **3** impasible, imperturbable.
immovably [ɪ'muːvəblɪ] *adv.* **1** firmemente. **2** inmutablemente, inalterablemente. **3** impasiblemente, imperturbablemente.
immune [ɪ'mjuːn] *adj.* **1** MED. inmune. **2** inmune, invulnerable (a las críticas). **3** inmune, protegido (ante la ley). ◆ **4** ~ **system,** sistema inmunológico.
immunise *v. t.* ⇒ **inmunize.**
immunity [ɪ'mjuːnətɪ] *s. i.* **1** MED. inmunidad. **2** inmunidad, invulnerabilidad (a las críticas); inmunidad (diplomática). **3** protección (ante la ley).
immunize ['ɪmjuːnaɪz] (también **immunise**) *v. t.* MED. inmunizar.
immunization [ˌɪmjuːnaɪ'zeɪʃn] (también **immunisation**) *s. c.* e *i.* MED. inmunización.
immutable [ɪ'mjuːtəbl] *adj.* (form.) inmutable, inalterable.
imp [ɪmp] *s. c.* **1** diablillo, duende. **2** (fig.) diablillo, travieso, trasto (un niño). **3** (arc.) injerto. ● *v. t.* **4** injertar plumas en, reforzar (las alas de un halcón para mejorar el vuelo).
impact ['ɪmpækt] *s. c.* **1** impacto, choque, golpe, colisión. **2** impacto, impresión, efecto intenso. ● *v. t.* **3** (EE UU) tener impacto en, tener repercusión en. **4** fijar, incrustar. ● *v. i.* **5** (EE UU) (**to** ~ **on**) tener impacto en.
impacted [ɪm'pæktɪd] *adj.* MED. impactado (un diente debajo de otro).
impair [ɪm'peər] *v. t.* debilitar; empeorar; deteriorar; perjudicar.
impaired [ɪm'peəd] *adj.* debilitado; deteriorado; perjudicado; dañado.
impale [ɪm'peɪl] *v. t.* empalar; atravesar; espetar.
impart [ɪm'pɑːt] *v. t.* **1** (form.) comunicar, transmitir (un sentimiento, una cualidad). **2** despedir (un olor). **3** impartir, transmitir, comunicar (formación, conocimientos).
impartial [ɪm'pɑːʃl] *adj.* imparcial, objetivo, neutral, justo, equitativo.
impartially [ɪm'pɑːʃəlɪ] *adv.* imparcialmente, objetivamente, neutralmente, equitativamente.
impartiality [ɪmˌpɑːʃɪ'ælɪtɪ] *s. i.* imparcialidad, objetividad, neutralidad, equidad.
impassable [ɪm'pɑːsəbl ‖ ɪm'pæsəbl] *adj.* intransitable, impracticable (una carretera).
impasse [æm'pɑːs ‖ 'ɪmpæs] *s. sing.* **1** callejón sin salida, punto muerto. **2** atolladero, parálisis; (Am.) impasse.
impassioned [ɪm'pæʃnd] *adj.* **1** apasionado, ardiente. **2** entusiasmado, exaltado.
impassive [ɪm'pæsɪv] *adj.* **1** impasible, imperturbable, impertérrito. **2** indiferente, insensible. **3** inmóvil, quieto.
impassively [ɪm'pæsɪvlɪ] *adv.* **1** impasiblemente, imperturbablemente. **2** indiferentemente, insensiblemente.
impatience [ɪm'peɪʃns] *s. i.* impaciencia.
impatient [ɪm'peɪʃnt] *adj.* impaciente.
impatiently [ɪm'peɪʃntlɪ] *adv.* impacientemente.
impeach [ɪm'piːtʃ] *v. t.* **1** (form.) poner en tela de juicio, poner en duda. **2** DER. inculpar, culpar, acusar (de un crimen de estado). **3** DER. (EE UU) entablar proceso de destitución contra (un presidente o alto funcionario).
impeachable [ɪm'piːtʃəbl] *adj.* inculpable, acusable (de alta traición).
impeachment [ɪm'piːtʃmənt] *s. i.* **1** acusación, inculpación (de alta traición). **2** proceso de destitución (de un presidente o alto funcionario).
impeccable [ɪm'pekəbl] *adj.* impecable, intachable; inmaculado.
impeccably [ɪm'pekəblɪ] *adv.* impecablemente; inmaculadamente.
impecunious [ˌɪmpɪ'kjuːnjəs] *adj.* (form. y hum.) pobre, indigente, menesteroso.
impede [ɪm'piːd] *v. t.* entorpecer, estorbar, dificultar, obstaculizar.
impediment [ɪm'pedɪmənt] *s. c.* **1** impedimento, obstáculo, dificultad, estorbo, traba. **2** impedimento, defecto (físico). ◆ **3 speech** ~, defecto del habla, trastorno del lenguaje.
impedimenta [ɪmˌpedɪ'mentə] *s. pl.* **1** equipaje, parafernalia. **2** MIL. impedimenta.
impel [ɪm'pel] *v. t.* **1** impeler, impulsar. **2** propulsar.
impending [ɪm'pendɪŋ] *adj.* inminente (algo desagradable).
impenetrable [ɪm'penɪtrəbl] *adj.* **1** impenetrable, inaccesible. **2** (fig.) indescifrable, enigmático, insondable.
impenetrability [ɪmˌpenɪtrə'bɪlɪtɪ] *s. i.* impenetrabilidad, inaccesibilidad.
impenetrably [ɪm'penɪtrəblɪ] *adv.* impenetrablemente, inaccesiblemente.
imperative [ɪm'perətɪv] *adj.* **1** urgente, ineludible. **2** imperativo, autoritario (el tono de voz). **3** GRAM. imperativo. ● *s. c.* **4** GRAM. modo imperativo. **5** (form.) imperativo, prioridad.
imperceptible [ˌɪmpə'septɪbl ‖ ˌɪmpər'septəbl] *adj.* imperceptible.
imperceptibly [ˌɪmpə'septɪblɪ] *adv.* imperceptiblemente.
imperfect [ɪm'pəːfɪkt] *adj.* **1** imperfecto, defectuoso, con fallos. **2** GRAM. imperfecto. ● *s. sing.* **3** pretérito imperfecto.
imperfection [ˌɪmpə'fekʃn] *s. i.* **1** imperfección. ● *s. c.* **2** imperfección, defecto, fallo.
imperfectly [ɪm'pəːfɪktlɪ] *adv.* imperfectamente, defectuosamente.
imperial [ɪm'pɪərɪəl] *adj.* **1** imperial. **2** (brit.) imperial (el sistema de pesos y medidas). ● *s. c.* **3** imperial (el techo del automóvil). **4** tamaño imperial (del papel).
imperialism [ɪm'pɪərɪəlɪzəm] *s. i.* imperialismo.
imperialist [ɪm'pɪərɪəlɪst] *adj.* imperialista.
imperil [ɪm'perɪl] *v. t.* (form.) arriesgar, poner en peligro.
imperious [ɪm'pɪərɪəs] *adj.* imperioso, autoritario, dominante.
imperiously [ɪm'pɪərɪəslɪ] *adv.* imperiosamente, autoritariamente.
imperishable [ɪm'perɪʃəbl] *adj.* imperecedero.
impermanence [ɪm'pəːmənəns] *s. i.* temporalidad, transitoriedad.
impermanent [ɪm'pəːmənənt] *adj.* temporal, transitorio.
impermeable [ɪm'pəːmjəbl ‖ ɪm'pəːrmjəbl] *adj.* impermeable.
impersonal [ɪm'pəːsnl ‖ ɪm'pəːrsənl] *adj.* **1** impersonal. **2** GRAM. impersonal.
impersonally [ɪm'pəːsənəlɪ] *adv.* impersonalmente, con frialdad.
impersonate [ɪm'pəːsəneɪt ‖ ɪm'pəːrsəneɪt] *v. t.* **1** imitar. **2** DER. hacerse pasar por, suplantar.
impersonation [ɪmˌpəːsə'neɪʃn] *s. i.* **1** imitación: *to do impersonations = hacer imitaciones.* **2** DER. suplantación (de la personalidad).
impersonator [ɪm'pəːsəneɪtər] *s. c.* imitador.
impertinence [ɪm'pəːtɪnəns] *s. i.* impertinencia, insolencia.
impertinent [ɪm'pəːtɪnənt] *adj.* impertinente, insolente.

imperturbable [ˌɪmpə'tɜːbəbl || ˌɪmpər-'tɜːrbəbl] *adj.* imperturbable, impasible, sereno.
impervious [ɪm'pɜːvjəs || ɪm'pɜːrvjəs] *adj.* **1** impermeable (al agua, al gas, al calor). **2** indiferente, sordo (a las críticas).
impetuosity [ɪmˌpetjʊ'ɒsɪtɪ || ɪmˌpetʃʊ-'ɑːsɪtɪ] *s. i.* impetuosidad.
impetuous [ɪm'petjʊəs] *adj.* impetuoso, impulsivo.
impetuously [ɪm'petjʊəslɪ] *adv.* impetuosamente, impulsivamente.
impetus ['ɪmpɪtəs] *s. i.* **1** ímpetu, fuerza, brío. **2** estímulo, impulso, acicate, incentivo.
impiety [ɪm'paɪətɪ] *s. i.* **1** (form.) irreverencia, impiedad. • *s. c.* **2** acto impío.
impinge [ɪm'pɪndʒ] *v. i.* (**to ~ on/upon**) afectar a, influir sobre.
impious ['ɪmpɪəs] *adj.* impío, irreverente.
impish ['ɪmpɪʃ] *adj.* travieso, revoltoso.
implacable [ɪm'plækəbl] *adj.* implacable, inflexible.
implacably [ɪm'plækəblɪ] *adv.* implacablemente, inflexiblemente.
implant [ɪm'plɑːnt || ɪm'plænt] *v. t.* **1** infundir, inculcar. **2** MED. implantar. • ['ɪmplɑːnt] *s. c.* **3** MED. implante, injerto.
implausible [ɪm'plɔːzəbl] *adj.* improbable, inverosímil.
implement ['ɪmplɪmənt] *s. c.* **1** utensilio, herramienta, apero. **2** medio, instrumento, fórmula (para conseguir un fin). • *v. t.* **3** poner en práctica, llevar a cabo (un plan, las recomendaciones, una política, etc.); ejecutar (una orden); aplicar (la ley).
implementation [ˌɪmplɪmen'teɪʃn] *s. i.* cumplimiento, ejecución (de un plan, recomendaciones, etc.); aplicación (de la ley).
implicate ['ɪmplɪkeɪt] *v. t.* **1** DER. implicar, involucrar. **2** comprometer, envolver (en un asunto). **3** implicar, entrañar, denotar, significar.
implication [ˌɪmplɪ'keɪʃn] *s. c.* e *i.* **1** insinuación, deducción, inferencia. **2** implicación, trascendencia, significado. • *s. i.* **3** DER. implicación.
implicit [ɪm'plɪsɪt] *adj.* **1** implícito, tácito, sobreentendido. **2** inherente, esencial, inseparable. **3** completo, absoluto (confianza).
implicitly [ɪm'plɪsɪtlɪ] *adv.* **1** implícitamente, tácitamente. **2** absolutamente, incondicionalmente, incuestionablemente.
implore [ɪm'plɔː] *v. t.* implorar, rogar, suplicar.
imploring [ɪm'plɔːrɪŋ] *adj.* implorante, suplicante.
imploringly [ɪm'plɔːrɪŋlɪ] *adv.* de forma implorante; a modo de súplica.
implied [ɪm'plaɪd] *adj.* implícito, tácito, sobreentendido.
imply [ɪm'plaɪ] *v. t.* **1** insinuar, dar a entender, sugerir. **2** implicar, entrañar, llevar consigo, suponer, significar.
impolite [ˌɪmpə'laɪt] *adj.* descortés, maleducado, grosero.
impolitely [ˌɪmpə'laɪtlɪ] *adv.* descortésmente, maleducadamente, groseramente.
impoliteness [ˌɪmpə'laɪtnəs] *s. i.* falta de educación, descortesía, grosería.
impolitic [ɪm'pɒlətɪk] *adj.* (form.) inoportuno, imprudente.
imponderable [ɪm'pɒndərəbl] *adj.* **1** imponderable, incalculable, inestimable. • *s. c.* **2** (gen. *pl.*) imponderable.
import ['ɪmpɔːt] *v. t.* **1** COM. importar. **2** introducir (ideas, valores). • *s. c.* **3** (gen. *pl.*) COM. artículo de importación, producto importado. • *s. i.* **4** COM. importación. **5** (form.) significado, sentido. **6** (form.) importancia, valor, trascendencia. ◆ **7 ~ barrier,** barrera a la importación. **8 ~ duty,** arancel, derechos de importación. **9 ~ licence,** licencia de importación.
importance [ɪm'pɔːtns] *s. i.* **1** importancia, valor, significado, alcance. **2** importancia, influencia, peso (social).
important [ɪm'pɔːtnt] *adj.* **1** importante, significativo. **2** importante, valioso. **3** importante, influyente, de peso (social).
importantly [ɪm'pɔːtntlɪ] *adv.* **more ~,** lo que es aún más importante: *she's very organized and more importantly, she knows about computers = se organiza bien y lo que es más importante, entiende de ordenadores.*
importation [ˌɪmpɔː'teɪʃn] *s. i.* **1** importación. • *s. c.* **2** artículo importado, mercancía de importación.
importer [ɪm'pɔːtər] *s. c.* COM. importador.
importunate [ɪm'pɔːtjʊnət || ˌɪmpɔːrt-jʊnət] *adj.* (form.) importuno, insistente.
importune [ɪm'pɔːtjuːn || ɪmpər'tuːn] *v. t.* (form.) importunar, urgir.
importunity [ˌɪmpɔː'tjuːnɪtɪ || ˌɪmpər'-tuːnɪtɪ] *s. c.* e *i.* (form.) importunidad, insistencia, machaconería.
impose [ɪm'pəʊz] *v. t.* **1** imponer. **2** imponer, componer (en imprenta). • *v. i.* **3** (**to ~ upon**) abusar de, molestar a, aprovecharse de. • *v. pron.* **4** (**to ~ oneself**) imponerse, hacerse notar.
imposing [ɪm'pəʊzɪŋ] *adj.* imponente, impresionante, grandioso.
imposition [ˌɪmpə'zɪʃn] *s. c.* e *i.* **1** imposición. **2** abuso, molestia. **3** imposición, composición (en imprenta).
impossibility [ɪmˌpɒsə'bɪlɪtɪ || ɪmˌpɑːsə-'bɪlɪtɪ] *s. i.* **1** imposibilidad, dificultad enorme. • *s. c.* **2** quimera, utopía.
impossible [ɪm'pɒsəbl || ɪm'pɑːsəbl] *adj.* **1** imposible, irrealizable. **2** imposible, insufrible, insoportable. ◆ **3 to be asking/to want the ~,** pedir/querer lo imposible.
impossibly [ɪm'pɒsəblɪ] *adv.* **1** ridículamente, extravagantemente. **2** increíblemente (estrecho, difícil, etc.).
impostor [ɪm'pɒstər || ɪm'pɑːstər] (en EE UU **imposter**) *s. c.* impostor, embaucador.
imposture [ɪm'pɒstʃər || ɪm'pɑːstʃər] *s. c.* e *i.* (form.) engaño, falsedad.
impotence ['ɪmpətəns] *s. i.* **1** impotencia, incapacidad. **2** MED. impotencia.
impotent ['ɪmpətənt] *adj.* **1** impotente, incapaz. **2** MED. impotente.
impound [ɪm'paʊnd] *v. t.* DER. incautar, confiscar (mercancías); embargar (bienes propiedades); llevar al depósito (automóvil).
impoverish [ɪm'pɒvərɪʃ || ɪm'pɑːvərɪʃ] *v. t.* **1** empobrecer, arruinar, depauperar. **2** (fig.) empobrecer (espiritualmente). **3** empobrecer, agotar, esquilmar (los recursos naturales).
impoverished [ɪm'pɒvərɪʃt] *adj.* **1** empobrecido, arruinado, depauperado. **2** (fig.) empobrecido (espiritualmente). **3** empobrecido, esquilmado (el suelo).
impoverishment [ɪm'pɒvərɪʃmənt] *s. i.* **1** empobrecimiento, ruina, depauperación. **2** empobrecimiento, agotamiento (de los recursos naturales).
impracticable [ɪm'præktɪkəbl] *adj.* impracticable, imposible, irrealizable.
impractical [ɪm'præktɪkəl] *adj.* **1** poco práctico (objeto, idea, proceder). **2** desmañado, inútil, torpe, inhábil (persona).
imprecation [ˌɪmprɪ'keɪʃn] *s. c.* e *i.* (form.) imprecación, maldición.
impregnable [ɪm'pregnəbl] *adj.* **1** inexpugnable (lugar). **2** firme, sólido, inconquistable, inatacable (las convicciones).
impregnate ['ɪmpregneɪt || ɪm'pregneɪt] *v. t.* **1** BIOL. (form.) fecundar, preñar, inseminar. **2** impregnar.
impregnation [ˌɪmpreg'neɪʃn] *s. i.* **1** fecundación, inseminación. **2** impregnación.
impresario [ˌɪmprɪ'sɑːrɪəʊ] (*pl.* **impresarios**) *s. c.* empresario (teatral, de ópera).
impress [ɪm'pres] *v. t.* **1** impresionar, causar impresión, asombrar. **2** (**to ~ + o. + on/upon**) inculcar (una idea). **3** imprimir. **4** reclutar por la fuerza. • *s. c.* **5** impresión, marca, huella. **6** sello, estampa. **7** reclutamiento, leva.
impression [ɪm'preʃn] *s. c.* **1** impresión, efecto. **2** (gen. *sing.*) impresión, sensación. **3** impresión, marca, huella. **4** imitación, parodia (de una persona). **5** (gen. *sing.*) impresión, tirada, edición (de un libro). **6 to be under the ~ (that),** tener la impresión (de que). **7 to make an ~,** surtir efecto; impresionar. **8 to make a good/bad ~,** causar buena/mala impresión.
impressionable [ɪm'preʃnəbl] *adj.* impresionable; influenciable.
Impressionism [ɪm'preʃənɪzəm] *s. i.* ART. impresionismo.
impressionist [ɪm'preʃənɪst] *s. c.* **1** imitador (en teatro). ◆ **2 Impressionist,** ART. impresionista.
impressionistic [ɪmˌpreʃə'nɪstɪk] *adj.* subjetivo; vago, basado en impresiones: *an impressionistic account of the event = un relato vago de lo ocurrido.*

impressive [ɪm'presɪv] *adj.* impresionante, grandioso.
impressively [ɪm'presɪvlɪ] *adv.* impresionantemente.
impressiveness [ɪm'presɪvnɪs] *s. i.* grandiosidad, carácter impresionante.
imprest ['ɪmprest] *s. c.* **1** préstamo. **2** fondo fijo (de caja).
imprint [ɪm'prɪnt] *v. t.* **1** imprimir, marcar, dejar una huella en, grabar. **2** (fig.) grabarse en, dejar huella en (la memoria). • ['ɪmprɪnt] *s. c.* **3** impresión, huella, marca, señal. **4** (fig.) influencia, huella, efecto (en la memoria). **5** sello editorial, pie de impresión (en un libro).
imprison [ɪm'prɪzn] *v. t.* encarcelar, recluir en prisión.
imprisonment [ɪm'prɪznmənt] *s. i.* **1** prisión, reclusión, encarcelamiento. ◆ **2 life** ~, cadena perpetua.
improbability [ɪm,prɒbə'bɪlɪtɪ] *s. c.* e *i.* improbabilidad, inverosimilitud.
improbable [ɪm'prɒbəbl] *adj.* **1** improbable, inverosímil. **2** extraño, poco corriente.
improbably [ɪm'prɒbəblɪ] *adv.* inverosímilmente, increíblemente.
impromptu [ɪm'prɒmptjuː ‖ ɪm'prɑːmtuː] *adj.* **1** improvisado, espontáneo. • *s. c.* **2** MÚS. improvisación. • *adv.* **3** improvisadamente, espontáneamente, sobre la marcha.
improper [ɪm'prɒpər ‖ ɪm'prɑːpər] *adj.* **1** impropio, inadecuado, improcedente (un comportamiento). **2** incorrecto, desacertado, impropio (un uso). **3** indecoroso, indecente.
improperly [ɪm'prɒpəlɪ] *adv.* **1** inadecuadamente, improcedentemente. **2** incorrectamente, irregularmente. **3** indecentemente, indecorosamente.
impropriety [,ɪmprə'praɪətɪ] *s. i.* **1** (form.) improcedencia; incorrección (de comportamiento, de lenguaje). **2** indecencia, falta de decoro. • *s. c.* **3** indecencia, acto indecoroso.
improve [ɪm'pruːv] *v. t.* **1** mejorar, perfeccionar (un área de conocimiento). **2** mejorar (una oferta, las condiciones). **3** mejorar, aumentar, incrementar (el valor del suelo, la productividad). **4** mejorar, abonar (la tierra). • *v. i.* **5** mejorar, sanar, recuperarse. **6** mejorar, progresar (con el tiempo). ◆ **7 to** ~ **on/ upon,** mejorar, perfeccionar.
improved [ɪm'pruːvd] *adj.* **1** mejor; mejorado. **2** perfeccionado.
improvement [ɪm'pruːvmənt] *s. c.* e *i.* **1** progreso; perfeccionamiento; mejora. **2** reforma (de casa). **3** mejoría (de enfermo). **4** aumento, subida (de sueldo).
improvidence [ɪm'prɒvɪdəns] *s. i.* imprevisión, descuido, imprudencia.
improvident [ɪm'prɒvɪdənt ‖ ɪm'prɑːvɪdənt] *adj.* (form.) poco previsor, descuidado, imprudente.
improvisation [,ɪmprəvaɪ'zeɪʃn ‖ ,ɪmprəvə'zeɪʃn] *s. c.* e *i.* improvisación.
improvise ['ɪmprəvaɪz] *v. t.* e *i.* improvisar.
improvised ['ɪmprəvaɪzd] *adj.* improvisado, provisional.
imprudent [ɪm'pruːdənt] *adj.* imprudente.
impudence ['ɪmpjuːdəns] *s. i.* insolencia, descaro, atrevimiento, desfachatez.
impudent ['ɪmpjʊdənt] *adj.* insolente, descarado, atrevido, irrespetuoso.
impudently ['ɪmpjʊdəntlɪ] *adv.* insolentemente, descaradamente, irrespetuosamente.
impugn [ɪm'pjuːn] *v. t.* (form.) impugnar, poner en tela de juicio, cuestionar.
impulse ['ɪmpʌls] *s. c.* e *i.* **1** impulso; impulsividad. **2** impulso; instinto; corazonada. • *s. c.* **3** (form.) estímulo, acicate. **4** ELEC. impulso. ◆ **5** ~ **buying,** compra por capricho, compra compulsiva. **6 on** ~, sin reflexionar, por un impulso.
impulsion [ɪm'pʌlʃn] *s. i.* **1** impulsión, impulso. • *s. c.* **2** impulso, estímulo, impulsividad.
impulsive [ɪm'pʌlsɪv] *adj.* impulsivo, irreflexivo.
impulsiveness [ɪm'pʌlsɪvnɪs] *s. i.* impulsividad, impetuosidad.
impunity [ɪm'pjuːnɪtɪ] *s. i.* impunidad.
impure [ɪm'pjʊər] *adj.* **1** impuro, adulterado, mezclado. **2** impuro, impúdico, inmoral, obsceno. **3** impuro, compuesto (un color). **4** ecléctico, sincrético (un estilo artístico, ideas).
impurity [ɪm'pjʊərɪtɪ] *s. i.* **1** impureza, impudicia, inmoralidad. • *s. c.* **2** impureza, elemento contaminante.
impute [ɪm'pjuːt] *v. t.* (**to** ~ **to**) imputar a, achacar a, atribuir a (injustamente).
in [ɪn] *prep.* **1** en, dentro de (un lugar, profesión, actividad): *in a cage = en una jaula.* **2** en (una ciudad, un país, un mar): *she lives in Madrid = vive en Madrid.* **3** de, en: *the tallest building in the world = el edificio más alto del mundo.* **4** en, de (un modo de vestir): *the woman in red = la mujer de rojo.* **5** (**to be** ~ + *s.*) dedicarse a: *she's in publishing = está metida en el mundo editorial; he's in advertising = se dedica a la publicidad.* **6** a, con, en (un instrumento, un color, una lengua): *in ink = con tinta; in Spanish = en español.* **7** en, durante; dentro de: *we're leaving in a few weeks = nos marchamos dentro de unas semanas; in winter = en invierno.* **8** con, en (modo en que se hace algo): *looking at him in surprise = mirándole con sorpresa.* **9** en, en estado de: *they were in love = estaban enamorados.* **10** (división, planificación): *in groups of three = de tres en tres; cut it in two = córtalo por la mitad.* **11** por cada, de cada: *one person in four = una de cada cuatro personas.* **12** de, en, en cuanto a, por lo que respecta a: *equal in strength = igualado en cuanto a fuerza.* **13** en (una persona): *we had great help in her = encontramos una gran ayuda en ella.* **14** (~ *ger.*) al, cuando: *I made a mistake in replying to his letter = me equivoqué al contestar a su carta.* • *adv.* **15** dentro, adentro; en el interior; en casa: *come in = entra; we were in all evening = estuvimos en casa toda la tarde.* **16** hacia dentro; hacia el centro. **17** DEP. en su turno: *our team was in = tenía el turno nuestro equipo.* **18** DEP. dentro (de la portería, la línea). **19** de moda, popular: *suede is in at the moment = el ante está de moda en este momento.* **20** en su punto álgido, en lo más alto: *the tide is in = la marea está alta.* **21** en el poder: *her party was in for 4 years = su partido gobernó durante cuatro años.* **22** recién llegado: *just in –the new XYX discman = novedad – el último reproductor de compactos portátil de XYX; the train is in = ha llegado el tren.* • *adj.* **23** interior; de adentro; interno: *the in pocket = el bolsillo interior.* **24** (fam.) de moda, moderno. **25** compartido por poca gente, para unos pocos elegidos: *an in book = un libro para iniciados.* **26** encendido, ardiendo (el fuego). • *abreviatura* de **inch,** pulgada. • *prefijo* **27 in** ~, in-, des- (se añade a *adj.* y *adv.* para formar opuestos): *inadvisable = desaconsejable.* ◆ **28 to be** ~ **at,** estar presente en (un acontecimiento). **29 to be** ~ **for,** estar a punto de; exponerse a (conseguir algo, tener problemas): *he's in for a surprise = se va llevar una sorpresa.* **30 to be** ~ **for it,** (fam.) estárselas buscando, estar a punto de armar la gorda. **31 to be/get** ~ **on,** (fam.) participar en, tomar parte en. **32 to be** ~ **with,** (fam.) tener amistades con, gozar del favor de (por interés). **33 to go** ~ **for,** tomar parte en, participar en; inscribirse en (una competición, un concurso). **34 to have (got) it** ~ **for someone,** (fam.) ir a por alguien, tenérsela jurada a alguien. **35** ~ **all,** ⇒ **all. 36** ~ **and out (of),** entrando y saliendo (de), dentro y fuera (de). **37** ~ **itself,** en sí mismo, por sí mismo. **38 ins and outs,** (fam.) detalles, pormenores, entresijos (de una situación difícil). **39** ~ **so far as,** en tanto en cuanto. **40** ~ **that,** porque, ya que, dado que.
inability [,ɪnə'bɪlɪtɪ] *s. i.* incapacidad.
inaccessibility ['ɪnæk,sesə'bɪlɪtɪ] *s. i.* inaccesibilidad.
inaccessible [,ɪnæk'sesəbl] *adj.* **1** inaccesible; inalcanzable; remoto. **2** ininteligible, incomprensible.
inaccuracy [ɪn'ækjurəsɪ] *s. c.* e *i.* **1** inexactitud. **2** incorrección, error.
inaccurate [ɪn'ækjurət] *adj.* **1** inexacto. **2** incorrecto, erróneo.
inaction [ɪn'ækʃn] *s. i.* **1** inactividad. **2** ociosidad, pasividad.
inactive [ɪn'æktɪv] *adj.* inactivo, pasivo, ocioso.
inactivity [,ɪnæk'tɪvɪtɪ] *s. i.* inactividad, pasividad, ociosidad.
inadequacy [ɪn'ædɪkwəsɪ] *s. i.* **1** insuficiencia. **2** incapacidad. • *s. c.* **3** debilidad, fallo, insuficiencia.

inadequate [ɪn'ædɪkwɪt] *adj.* **1** insuficiente; deficiente. **2** incompetente, inepto, inútil.
inadequately [ɪn'ædɪkwɪtlɪ] *adv.* insuficientemente; deficientemente.
inadmissible [ˌɪnəd'mɪsəbl] *adj.* inadmisible, inaceptable.
inadvertent [ˌɪnəd'vəːtənt] *adj.* involuntario, sin intención, accidental.
inadvertently [ˌɪnəd'vəːtəntlɪ] *adv.* involuntariamente, accidentalmente.
inadvisability ['ɪnədˌvaɪzə'bɪlətɪ] *s. i.* inconveniencia.
inadvisable [ˌɪnəd'vaɪzəbl] *adj.* desaconsejable, inconveniente.
inalienable [ɪn'eiljənəbl] *adj.* (form.) inalienable, irrenunciable.
inane [ɪ'neɪn] *adj.* estúpido, insustancial, fatuo (el comportamiento, una acción).
inanely [ɪ'neɪnlɪ] *adv.* estúpidamente, insustancialmente, fatuamente.
inanimate [ɪn'ænɪmət] *adj.* inanimado.
inanity [ɪ'nænətɪ] *s. i.* estupidez, insustancialidad, fatuidad.
inapplicable [ɪn'əplɪkəbl ‖ ˌɪnə'plɪkəbl] *adj.* inaplicable, fuera de lugar, irrelevante.
inappropriate [ˌɪnə'prəuprɪət] *adj.* **1** inapropiado, inadecuado (método, ropa, equipo); inoportuno (momento, comentario). **2** impropio (comportamiento).
inappropriately [ˌɪnə'prəuprɪətlɪ] *adv.* **1** inadecuadamente (vestirse). **2** inoportunamente (comportarse).
inapt [ɪn'æpt] *adj.* **1** (form.) inadecuado, inapropiado, inoportuno. **2** inepto, torpe.
inarticulate [ˌɪnɑː'tɪkjulət ‖ ˌɪnɑːr'tɪkjulət] *adj.* sin facilidad de palabra (persona); incoherente, incomprensible (sonidos).
inasmuch [ˌɪnəz'mʌtʃ] *adv.* ~ **as,** (form.) dado que, ya que, puesto que.
inattention [ˌɪnə'tenʃn] *s. i.* desatención, negligencia, descuido, distracción.
inattentive [ˌɪnə'tentɪv] *adj.* desatento, distraído, descuidado, negligente.
inaudible [ɪn'ɔːdəbl] *adj.* inaudible, imperceptible, que no se puede oír.
inaugural [ɪ'nɔːgjurəl] *adj.* **1** inaugural, de inauguración. **2** inaugural, inicial. • *s. c.* **3** (EE UU) discurso inaugural. **4** inauguración.
inaugurate [ɪ'nɔːgjureɪt] *v. t.* **1** inaugurar (un edificio, un festival). **2** (gen. *pas.*) investir, nombrar, dar posesión (de un cargo). **3** (form.) inaugurar, poner en marcha (un sistema, una ley).
inauguration [ɪˌnɔːgju'reɪʃn] *s. c.* e *i.* **1** inauguración. **2** estreno. **3** investidura, toma de posesión.
inauspicious [ˌɪnɔː'spɪʃəs] *adj.* (form.) adverso, poco propicio, desfavorable.
inborn [ˌɪn'bɔːn ‖ ˌɪn'bɔːrn] *adj.* innato, inherente; congénito, connatural, de nacimiento.
inbred [ˌɪn'bred] *adj.* **1** innato, inherente, intrínseco. **2** BIOL. endogámico, producido por endogamia.
inbreeding [ˌɪn'briːdɪŋ] *s. i.* endogamia, consanguinidad.
inbuilt [ˌɪn'bɪlt] *adj.* innato; congénito (cualidad); incorporado (dispositivo).
incalculable [ɪn'kælkjuləbl] *adj.* **1** incalculable, inmenso. **2** voluble, imprevisible.
incandescence [ˌɪnkæn'desns] *s. i.* incandescencia.
incandescent [ˌɪnkæn'desnt] *adj.* incandescente, candente, al rojo.
incantation [ˌɪnkæn'teɪʃn] *s. c.* e *i.* conjuro, encantamiento, sortilegio.
incapable [ɪn'keɪpəbl] *adj.* **1** inepto, incompetente. **2** (~ **of**) incapaz de (hacer algo malo). **3** DER. incapaz, sin cualificación legal; no elegible.
incapacitate [ˌɪnkə'pæsɪteɪt] *v. t.* **1** incapacitar, imposibilitar. **2** DER. inhabilitar.
incarcerate [ɪn'kɑːsəreɪt] *v. t.* **1** (form.) encarcelar, meter en prisión. **2** encerrar, confinar.
incarceration [ɪnˌkɑːsə'reɪʃn] *s. i.* **1** (form.) encarcelamiento, reclusión, prisión. **2** encierro, confinamiento.
incarnate [ɪn'kɑːnɪt ‖ ɪn'kɑːrneɪt] *adj.* **1** encarnado, personificado, en persona. **2** encarnado, de color carne. • *v. t.* **3** encarnar, dar forma (a una idea). **4** encarnar, personificar.
incarnation [ˌɪnkɑː'neɪʃn ‖ ˌɪnkɑːr'neɪʃn] *s. i.* **1** encarnación, personificación. • *s. c.* **2** reencarnación, encarnación (en otra vida). **3** (**the** ~ **of**) la personificación de, la representación de, la encarnación de (una cualidad). ◆ **4 Incarnation,** REL. Encarnación.
incautious [ɪn'kɔːʃəs] *adj.* **1** incauto, ingenuo. **2** imprudente, negligente.
incendiary [ɪn'sendjərɪ ‖ ɪn'sendɪerɪ] *adj.* **1** incendiario (un arma). **2** explosivo, subversivo, revolucionario (una persona, un discurso). • *s. c.* **3** bomba incendiaria. **4** agitador, revolucionario.
incense ['ɪnsens] *s. i.* **1** incienso. **2** sustancia perfumada, perfume, aroma. • [ɪn'sens] *v. t.* **3** enfurecer, encolerizar.
incensed [ɪn'senst] *adj.* enfurecido, encolerizado.
incentive [ɪn'sentɪv] *s. c.* **1** incentivo, aliciente. • *adj.* **2** motivador, estimulante.
inception [ɪn'sepʃn] *s. sing.* (form.) principio, inicio, comienzo.
incessant [ɪn'sesnt] *adj.* incesante, continuo, constante (algo desagradable).
incessantly [ɪn'sesntlɪ] *adv.* incesantemente, continuamente, constantemente.
incest ['ɪnsest] *s. i.* incesto.
incestuous [ɪn'sestjuəs] *adj.* **1** incestuoso. **2** (desp.) cerrado, muy íntimo (un grupo de amigos); endogámico (ambiente, círculo profesional).
inch [ɪntʃ] *s. c.* **1** pulgada (2.54 cm). **2** (fig.) porción mínima, milímetro, palmo: *photos covered every inch of the wall = las fotos cubrían cada palmo o milímetro de la pared. v. i.* **3** (**to** ~ + *adv./prep.*) avanzar con dificultad; avanzar poco a poco. • *v. t.* **4** (**to** ~ + *adv./prep.*) mover con dificultad; llevar con cuidado. ◆ **5 by inches,** por los pelos, de milagro. **6** ~ **by** ~**,** palmo a palmo, milímetro a milímetro. **7 every** ~**,** completamente, de arriba abajo; al dedillo: *every inch a gentleman = todo un cabellero, un caballero de pies a cabeza.* **8 give him an** ~ **and he'll take a yard,** le das la mano y se toma el brazo.
inchoate ['ɪnkəueɪt] *adj.* **1** (form.) incipiente, elemental, rudimentario. **2** incompleto, no acabado de formar, a medias.
incidence ['ɪnsɪdəns] *s. sing.* **1** incidencia, frecuencia; intensidad; distribución. **2** FÍS. incidencia.
incident ['ɪnsɪdent] *s. c.* **1** incidente, acontecimiento, episodio, caso. **2** incidente, suceso, episodio (violento). **3** DER. incidencia.
incidental [ˌɪnsɪ'dentl] *adj.* **1** incidental, casual, fortuito. **2** suplementario, adicional: *incidental benefits = beneficios suplementarios.* • *s. c.* **3** incidencia, circunstancia concomitante. ◆ **4** ~ **music,** música de fondo.
incidentally [ˌɪnsɪ'dentlɪ] *adv.* **1** a propósito, por cierto. **2** casualmente, incidentalmente.
incinerate [ɪn'sɪnəreɪt] *v. t.* incinerar, quemar.
incinerator [ɪn'sɪnəreɪtər] *s. c.* incinerador (de basura).
incipient [ɪn'sɪpɪənt] *adj.* (form.) incipiente, inicial.
incise [ɪn'saɪz] *v. t.* grabar, tallar.
incision [ɪn'sɪʒn] *s. c.* e *i.* **1** incisión, corte.
incisive [ɪn'saɪsɪv] *adj.* **1** incisivo, cortante. **2** incisivo, agudo, mordaz (un discurso, un escrito).
incisor [ɪn'saɪzər] *s. c.* ANAT. incisivo (diente).
incite [ɪn'saɪt] *v. t.* (**to** ~ {**to**}) incitar, instigar (a).
inclement [ɪn'klemənt] *adj.* (form.) inclemente, riguroso (el tiempo atmosférico).
inclination [ˌɪnklɪ'neɪʃn] *s. c.* e *i.* **1** (gen. *pl.*) inclinación, afición, gusto, preferencia, disposición. • *s. c.* **2** (gen. *sing.*) GEOM. inclinación, ángulo inclinado. **3** inclinación, pendiente, rampa, cuesta.
incline [ɪn'klaɪn] *v. t.* **1** inclinar, disponer. **2** inclinar, ladear. • *v. i.* **3** inclinarse por, simpatizar con. **4** (**to** ~ **to/towards**) ser propenso a, tener tendencia a. ◆ **5** inclinarse, ladearse. • *s. c.* **6** cuesta, pendiente.
inclined [ɪn'klaɪnd] *adj.* **1** inclinado, tendente, propenso. **2** dispuesto, preparado. **3** inclinado, atraído (hacia una persona, materia). **4** GEOM. inclinado, oblicuo. **5** en cuesta, en pendiente.
include [ɪn'kluːd] *v. t.* **1** incluir, comprender, contener. **2** incluir, introducir (en un grupo).
included [ɪn'kluːdɪd] *adj.* incluido, comprendido.
including [ɪn'kluːdɪŋ] *prep.* incluido, incluyendo.

inclusion [ɪn'klu:ʒn] *s. i.* **1** inclusión. • *s. c.* **2** inclusión, introducción. **3** GEOL. inclusión (en minerales, rocas).
inclusive [ɪn'klu:sɪv] *adj.* **1** inclusivo, completo, total. **2** (brit.) inclusive.
incoherence [,ɪnkəu'hɪərəns] *s. i.* incoherencia, incongruencia.
incoherent [,ɪnkəu'hɪərənt] *adj.* **1** incoherente, inconexo, incongruente (argumento, razonamiento). **2** indescifrable, difícil de entender (persona, discurso).
incoherently [,ɪnkəu'hɪərəntlɪ] *adv.* **1** incoherentemente, inconexamente (argumentar). **2** de forma indescifrable (hablar, expresarse).
income ['ɪŋkʌm] *s. c.* e *i.* **1** renta, ingresos. **2** interés, rédito, ganancias de capital. **3** ~ **statement,** cuenta de resultados. ◆ **4** ~ **tax,** impuesto sobre la renta.
incoming ['ɪn,kʌmɪŋ] *adj.* entrante; que comienza; inmediato.
incommunicado [,ɪnkəmju:nɪ'kɑ:dəu] *adv.* en régimen de aislamiento.
incomparable [ɪn'kɒmpərəbl ‖ ɪn'kɑ:mpərəbl] *adj.* incomparable, inigualable, inmejorable, sin par.
incomparably [ɪn'kɒmpərəblɪ] *adv.* incomparablemente, inigualablemente, inmejorablemente.
incompatibility ['ɪnkəm,pætə'bɪlɪtɪ] *s. i.* incompatibilidad.
incompatible [,ɪnkəm'pætəbl] *adj.* incompatible.
incompetence [ɪn'kɒmpɪtəns] *s. i.* incompetencia, ineptitud, incapacidad.
incompetent [ɪn'kɒmpɪtənt] *adj.* **1** incompetente, inepto, incapaz. • *s. c.* **2** incompetente, inepto.
incomplete [,ɪnkəm'pli:t] *adj.* incompleto.
incompletely [,ɪnkəm'pli:tlɪ] *adv.* de forma incompleta.
incomprehensible [ɪn,kɒmprɪ'hensəbl ‖ ɪn,kɑ:mprɪ'hensəbl] *adj.* incomprensible, indescifrable.
incomprehension [ɪn,kɒmprɪ'henʃn ‖ ɪn,kɑ:mprɪ'henʃn] *s. i.* incomprensión.
inconceivable [,ɪnkən'si:vəbl] *adj.* inconcebible, increíble, inimaginable, impensable.
inconclusive [,ɪnkən'klu:sɪv] *adj.* no concluyente, no decisivo, no definitivo; cuestionable.
incongruity [,ɪnkɒŋ'gru:ətɪ] (también **incongruousness**) *s. c.* e *i.* incongruencia, incoherencia.
incongruous [ɪn'kɒŋgruəs] *adj.* incongruente, incoherente.
incongruously [ɪn'kɒŋgruəslɪ] *adv.* incongruentemente, incoherentemente.
incongruousness [ɪn'kɒŋgruəsnəs] *adv.* incongruentemente, incoherentemente.
inconsequential [,ɪnkɒnsɪ'kwenʃl ‖ ,ɪnkɑ:nsɪ'kwenʃl] *adj.* insignificante, sin importancia, intrascendente.
inconsequently [ɪn'kɒnsɪkwəntlɪ ‖ ɪn'kɑ:nsɪkwəntlɪ] *adv.* intrascendentemente, inconsecuentemente.
inconsiderable [,ɪnkən'sɪdərəbl] *adj.* insignificante, sin importancia, irrisorio: *a not inconsiderable sum = una suma nada despreciable.*
inconsiderate [,ɪnkən'sɪdərət] *adj.* desconsiderado, desatento.
inconsistency [,ɪnkən'sɪstənsɪ] *s. i.* **1** contradicción, falta de lógica, incoherencia. • *s. c.* **2** contradicción, incoherencia.
inconsistent [,ɪnkən'sɪstənt] *adj.* **1** contradictorio (relato, argumento); falto de lógica, incoherente (comportamiento, actitud, persona). **2** irregular, con altibajos (calidad, trabajo, actuación). **3** (~ **with**) incompatible con.
inconsolable [,ɪnkən'səuləbl] *adj.* inconsolable, abatido, desconsolado.
inconsolably [,ɪnkən'səuləblɪ] *adv.* inconsolablemente, desconsoladamente, con abatimiento.
inconspicuous [,ɪnkən'spɪkjuəs] *adj.* discreto.
inconspicuously [,ɪnkən'spɪkjuəslɪ] *adv.* discretamente.
incontinence [ɪn'kɒntɪnəns] *s. i.* **1** MED. incontinencia. **2** (lit.) lascivia, lujuria, incontinencia sexual.
incontinent [ɪn'kɒntɪnənt] *adj.* **1** MED. incontinente. **2** (lit.) lascivo, lujurioso, incontinente.
incontrovertible [,ɪnkɒntrə'vɜ:təbl ‖ ,ɪnkɑ:ntrə'vɜ:təbl] *adj.* (form.) incontrovertible, innegable.
incontrovertibly [,ɪnkɒntrə'vɜ:təblɪ] *adv.* (form.) incontrovertiblemente, innegablemente.
inconvenience [,ɪnkən'vi:njəns] *s. c. e i.* **1** incomodidad, molestia. **2** problema, estorbo. • *v. t.* **3** incomodar, molestar.
inconvenient [,ɪnkən'vi:njənt] *adj.* **1** incómodo, molesto. **2** inoportuno. **3** inapropiado, poco práctico.
inconveniently [,ɪnkən'vi:njəntlɪ] *adv.* **1** incómodamente. **2** inoportunamente.
incorporate [ɪn'kɔ:pəreɪt ‖ ɪn'kɔ:rpəreɪt] *v. t.* **1** incorporar, incluir, contener. **2** agregar, añadir. **3** admitir como miembro (de una compañía). **4** DER. constituir legalmente (una sociedad). • *v. i.* **5** DER. constituirse en sociedad.
incorrect [,ɪnkə'rekt] *adj.* **1** incorrecto, erróneo, equivocado. **2** defectuoso, con fallos. **3** impropio, inapropiado.
incorrectly [,ɪnkə'rektlɪ] *adv.* **1** incorrectamente, erróneamente, equivocadamente. **2** impropiamente (comportarse).
incorrigible [ɪn'kɒrɪdʒəbl ‖ ɪn'kɑ:rɪdʒəbl] *adj.* incorregible, contumaz, obstinado.
incorrigibly [ɪn'kɒrɪdʒəblɪ] *adv.* incorregiblemente, contumazmente, obstinadamente.
incorruptible [,ɪnkə'rʌptəbl] *adj.* **1** incorruptible, insobornable, íntegro. **2** indestructible.
increase [ɪn'kri:s] *v. t.* **1** incrementar, aumentar. **2** incrementar, elevar, subir (una cantidad). • *v. i.* **3** aumentar. **4** subir (tasa, sueldo, etc.). • ['ɪnkri:s] *s. c.* **5** incremento, aumento. **6** incremento, subida. **6** ◆ **7 to be on the** ~, ir en aumento: *crime is on the increase = la delincuencia va en aumento.*
increased [ɪn'kri:st] *adj.* creciente, elevado.
increasingly [ɪn'kri:sɪŋlɪ] *adv.* **1** cada vez más, más y más, de forma creciente. **2** cada vez más a menudo.
incredible [ɪn'kredəbl] *adj.* **1** increíble, inconcebible (historia). **2** increíble, inmenso (suerte, rapidez). **3** (fam.) maravilloso, fantástico, fabuloso, (gol, álbum, etc.).
incredibly [ɪn'kredəblɪ] *adv.* **1** increíblemente, inconcebiblemente. **2** extremadamente, inmensamente.
incredulity [,ɪnkrɪ'dju:lɪtɪ ‖ ,ɪnkrɪ'du:lɪtɪ] *s. i.* incredulidad.
incredulous [ɪn'kredjuləs ‖ ɪn'kredʒələs] *adj.* incrédulo.
incredulously [ɪn'kredjuləslɪ] *adv.* incrédulamente.
increment ['ɪnkrəmənt] *s. c.* **1** incremento, aumento. **2** aumento, subida (de sueldo). **3** añadidura, añadido. **4** MAT. incremento (en una variable). ◆ **5 unearned** ~, plusvalía.
incremental [,ɪnkrə'mentl] *adj.* creciente, en aumento.
incriminate [ɪn'krɪmɪneɪt] *v. t.* DER. incriminar, imputar un delito a.
incriminating [ɪn,krɪmɪ'neɪʃn] *adj.* DER. incriminador, acusador.
incubate ['ɪnkjubeɪt] *v. t.* **1** incubar. • *v. i.* **2** incubar. **3** MED. incubar (una infección).
incubation [,ɪnkju'beɪʃn] *s. i.* **1** incubación. **2** MED. incubación (de una bacteria).
incubator ['ɪnkjubeɪtər] *s. c.* incubadora artificial.
inculcate ['ɪnkʌlkeɪt ‖ ɪn'kʌlkeɪt] *v. t.* (form.) inculcar, infundir, imbuir.
incumbent [ɪn'kʌmbənt] *s. c.* **1** REL. ministro (de la iglesia Anglicana). **2** (form.) titular. • *adj.* **3** obligatorio, necesario. **4** titular (de un cargo).
incur [ɪn'kɜ:r] *v. t.* **1** incurrir en (una culpa). **2** tener (gastos, pérdidas).
incurable [ɪn'kjuərebl] *adj.* **1** incurable, insanable. **2** (fig.) incurable, incorregible (un hábito).
incurably [ɪn'kjuəreblɪ] *adv.* **1** incurablemente. **2** (fig.) incorregiblemente.
incurious [ɪn'kjuərɪəs] *adj.* poco curioso, falto de interés, indiferente.
incuriously [ɪn'kjuərɪəslɪ] *adv.* con indiferencia, sin curiosidad.
incursion [ɪn'kɜ:ʃn ‖ ɪn'kɜ:rʒən] *s. c.* **1** MIL. incursión, invasión. **2** (fig.) invasión, entrada: *an incursion of foreign cars = una invasión de coches extranjeros.*
indebted [ɪn'detɪd] *adj.* **1** (~ **to**) en deuda con, agradecidísimo a. **2** endeudado, empeñado (económicamente).
indebtedness [ɪn'detɪdnɪs] *s. i.* **1** agradecimiento, reconocimiento, deuda. **2** endeudamiento, deuda (económica).

indecency [ɪn'di:snsɪ] *s. i.* indecencia, inmoralidad, obscenidad.
indecent [ɪn'di:snt] *adj.* **1** indecente, inmoral, obsceno. **2** impropio, vergonzoso.
indecently [ɪn'di:sntlɪ] *adv.* **1** indecentemente, inmoralmente, obscenamente. **2** vergonzosamente.
indecipherable [,ɪndɪ'saɪfərəbl] *adj.* indescifrable, incomprensible, ilegible (texto).
indecision [,ɪndɪ'sɪʒn] *s. i.* indecisión, indeterminación, inseguridad.
indecisive [,ɪndɪ'saɪsɪv] *adj.* **1** indeciso, inseguro, vacilante. **2** no decisivo, no concluyente, no definitivo.
indecisiveness [,ɪndɪ'saɪsɪvnɪs] *s. i.* indecisión, indeterminación, inseguridad.
indefatigable [,ɪndɪ'fætɪgəbl] *adj.* infatigable, incansable.
indefatigably [,ɪndɪ'fætɪgəblɪ] *adv.* infatigablemente, incansablemente.
indefensible [,ɪndɪ'fensəbl] *adj.* injustificable, inaceptable.
indefinable [,ɪndɪ'faɪnəbl] *adj.* indefinible, indescriptible.
indefinably [,ɪndɪ'faɪnəblɪ] *adv.* indefiniblemente, indescriptiblemente.
indefinite [ɪn'defɪnət] *adj.* **1** indefinido, indeterminado (fecha, período de tiempo). **2** indefinido, impreciso, vago, poco claro (respuesta, punto de vista). ◆ **3** ~ **article,** GRAM. artículo indefinido.
indefinitely [ɪn'defɪnətlɪ] *adv.* **1** indefinidamente, por tiempo indefinido. **2** vagamente, de forma imprecisa.
indelible [ɪn'deləbl] *adj.* **1** indeleble, imborrable, permanente. **2** (fig.) indeleble (un recuerdo).
indelibly [ɪn'deləblɪ] *adv.* indeleblemente, imborrablemente, permanentemente.
indelicate [ɪn'delɪkət] *adj.* **1** poco delicado, desconsiderado; vulgar, grosero, ordinario. **2** embarazoso, vergonzoso.
indemnity [ɪn'demnɪtɪ] *s. i.* **1** indemnidad, protección (por daños). ● *s. c.* **2** indemnización, reparación, compensación.
indent [ɪn'dent] *v. t.* **1** dentar, mellar, hacer muescas en. **2** sangrar (párrafos). **3** cortar en zigzag (un documento y copia para establecer más tarde su autenticidad). ● *v. i.* **4** (brit.) COM. hacer un pedido por escrito, extender una orden de pedido. ● *s. c.* **5** (brit.) COM. pedido, orden de envío (gen. al extranjero). **6** (brit.) orden de requisación. **7** muesca, mella. **8** sangría (en texto).
indentation [,ɪnden'teɪʃn] *s. c.* **1** hendidura, mella, muesca. **2** perfil quebrado, perfil recortado (de costa, silueta). **3** sangría (en un párrafo).
indented [ɪn'dentɪd] *adj.* **1** hendido, mellado, con muescas, dentado. **2** quebrado, recortado, accidentado (costa, perfil).
independence [,ɪndɪ'pendəns] *s. i.* independencia.
independent [,ɪndɪ'pendənt] *adj.* **1** independiente, libre, emancipado. **2** independiente, imparcial: *an independent opinion = una opinión imparcial.* **3** independiente, no subvencionado (una organización). ● *s. c.* **4** independiente (políticamente). ◆ **5 of** ~ **means,** de posibles, con suficientes medios económicos, que se mantiene por sus propios medios.
independently [,ɪndɪ'pendəntlɪ] *adv.* **1** independientemente. ◆ **2** ~ **of,** con independencia de.
indescribable [,ɪndɪ'skraɪbəbl] *adj.* indescriptible, inenarrable, increíble.
indescribably [,ɪndɪ'skraɪbəblɪ] *adv.* indescriptiblemente, inenarrablemente, increíblemente.
indestructibility [,ɪndɪ,strʌktə'bɪlɪtɪ] *s. i.* indestructibilidad.
indestructible [,ɪndɪ,strʌktəbl] *adj.* indestructible.
indeterminable [,ɪndɪ'tə:mɪnəbl] *adj.* indeterminable, impreciso, indefinido.
indeterminacy [,ɪndɪ'tə:mɪnəsɪ] *s. i.* indeterminación, imprecisión, vaguedad, indefinición.
indeterminate [,ɪndɪ'tə:mɪnət] *adj.* **1** indeterminado, impreciso, indefinido, vago. **2** BOT. racimado, racimoso.
index ['ɪndeks] (*pl.* **indexes** o **indices**) *s. c.* **1** (form.) índice, indicador, señal. **2** índice: *the cost of living index = el índice del coste de vida.* **3** (*pl.* **indexes**) índice (de un libro). ● *v. t.* **4** confeccionar un índice para, poner índice a. **5** catalogar, clasificar. ◆ **6** ~ **card,** ficha. **7** ~ **finger,** dedo índice.
index-linked ['ɪndeks,lɪŋkt] *adj.* revalorizable, actualizable (en relación con el índice de precios al consumo): *an index-linked pension = una pensión revalorizable.*
India ['ɪndɪə] *s. sing.* (la) India.
india rubber [,ɪndɪə'rʌbər] *s. c.* e *i.* **1** caucho. **2** goma de borrar.
Indian ['ɪndɪən] *adj.* **1** indio, hindú. **2** indio, amerindio. ● *s. c.* **3** indio, hindú. **4** indio, amerindio (de origen). **5** lengua india. ◆ **6** ~ **file,** fila india. **7** ~ **ink,** tinta china. **8** ~ **summer,** veranillo de San Martín.
Indian Ocean ['ɪndɪən 'əʊʃn] *s. sing.* (océano) Índico.
indicate ['ɪndɪkeɪt] *v. t.* **1** indicar, señalar, mostrar, apuntar hacia: *she indicated the school = apuntó hacia la escuela.* **2** explicar, aclarar. **3** MED. (gen. *pas.*) recetar. **4** recomendar, sugerir. ● *v. i.* **5** señalar la dirección, poner un intermitente (en un coche).
indication [,ɪndɪ'keɪʃn] *s. c.* e *i.* **1** indicación, señal, muestra. **2** sugerencia, recomendación.
indicative [ɪn'dɪkətɪv] *adj.* **1** indicativo, sintomático. **2** sugerente, sugestivo. **3** GRAM. indicativo (modo). ● *s. sing.* **4** GRAM. modo indicativo.
indicator ['ɪndɪkeɪtər] *s. c.* **1** MEC. indicador, aguja indicadora (de temperatura, de gasolina). **2** intermitente (de un coche). **3** indicador, señal. **4** indicación, índice.
indices ['ɪndɪsi:z] *pl.* de **index.**
indict [ɪn'daɪt] *v. t.* **1 to** ~ **(for),** DER. procesar (por). **2** DER. acusar, inculpar.
indictable [ɪn'daɪtəbl] *adj.* DER. imputable; procesable.
indiction [ɪn'dikʃən] *s. c.* indicción.
indictment [ɪn'daɪtmənt] *s. c.* e *i.* **1** acusación, denuncia. **2** DER. acusación, incriminación, inculpación.
indie ['ɪndɪ] *s. c.* y *adj.* independiente.
indifference [ɪn'dɪfrəns] *s. i.* ~ **to/towards,** indiferencia (por/hacia).
indifferent [ɪn'dɪfrənt] *adj.* **1** indiferente, falto de interés. **2** mediocre, de poca monta.
indifferently [ɪn'dɪfrəntlɪ] *adv.* indiferentemente.
indigenous [ɪn'dɪdʒɪnəs] *adj.* indígena, autóctono.
indigent ['ɪndɪdʒənt] *adj.* (form.) indigente, menesteroso, necesitado, pobre.
indigestive [,ɪndɪ'dʒestɪv] *adj.* con indigestión; indigesto.
indigestion [,ɪndɪ'dʒestʃən] *s. i.* indigestión, empacho.
indignant [ɪn'dɪgnənt] *adj.* indignado, enfadado, enfurecido.
indignantly [ɪn'dɪgnəntlɪ] *adv.* indignadamente, enfurecidamente.
indignation [,ɪndɪg'neɪʃn] *s. i.* indignación.
indignity [ɪn'dɪgnɪtɪ] *s. c.* e *i.* **1** indignidad, humillación, vejación. **2** afrenta, desprecio.
indigo ['ɪndɪgəʊ] *adj.* **1** añil, índigo. ● *s. i.* **2** añil, color índigo. **3** BOT. índigo, añil.
indirect [,ɪndɪ'rekt] *adj.* **1** indirecto. ◆ **2** ~ **cost,** coste indirecto. **3** ~ **labour,** mano de obra indirecta. **4** ~ **speech,** GRAM. estilo indirecto. **5** ~ **tax,** impuesto indirecto. **6** ~ **taxation,** sistema de imposición indirecta.
indirectly [,ɪndɪ'rektlɪ] *adv.* indirectamente.
indiscernible [,ɪndɪ'sə:nəbl] *adj.* indiscernible, imperceptible.
indiscipline [ɪn'dɪsɪplɪn] *s. i.* indisciplina, insubordinación, desobediencia.
indiscreet [,ɪndɪ'skri:t] *adj.* indiscreto, imprudente.
indiscretion [,ɪndɪ'skreʃn] *s. c.* e *i.* indiscreción.
indiscriminate [,ɪndɪ'skrɪmɪnət] *adj.* indiscriminado (uso, ataque, etc.); falto de criterio (lector).
indiscriminately [,ɪndɪ'skrɪmɪnətlɪ] *adv.* indiscriminadamente (usar, atacar, disparar, etc.); sin criterio (leer).
indispensable [,ɪndɪ'spensəbl] *adj.* indispensable, esencial, imprescindible.
indisposed [,ɪndɪ'spəʊz] *adj.* **1** (form.) indispuesto, enfermo. **2** no dispuesto, poco voluntarioso.
indisposition [,ɪndɪspə'zɪʃn] *s. c.* e *i.* indisposición, malestar.
indisputable [,ɪndɪ'spju:təbl] *adj.* innegable, indiscutible, indudable.

indisputably [ˌɪndɪˈspjuːtəblɪ] *adv.* innegablemente, indiscutiblemente, indudablemente.
indissoluble [ˌɪndɪˈsɒljʊbl ‖ ˌɪndɪˈsɑːljʊbl] *adj.* (form.) indisoluble, permanente.
indistinct [ˌɪndɪˈstɪŋkt] *adj.* indistinto, vago, confuso, oscuro, borroso (para la vista, para el oído, para la mente).
indistinctly [ˌɪndɪˈstɪŋktlɪ] *adv.* confusamente, borrosamente, indistintamente.
indistinguishable [ˌɪndɪˈstɪŋgwɪʃəbl] *adj.* indistinguible, imperceptible, poco claro.
individual [ˌɪndɪˈvɪdjʊəl] *adj.* **1** individual, particular, específico. **2** personal, propio, único, diferente, original: *a highly individual way of dressing = un estilo de vestir muy original* o *personal.* • *s. c.* **3** individuo. **4** (fam.) tipo, personaje.
individualise *v. t.* ⇒ **individualize.**
individualism [ˌɪndɪˈvɪdjʊəlɪzəm] *s. i.* individualismo.
individualist [ˌɪndɪˈvɪdjʊəlɪst] *s. c.* individualista.
individualistic [ˌɪndɪˌvɪdjʊəˈlɪstɪk] *adj.* individualista.
individuality [ˌɪndɪˌvɪdjuˈælɪtɪ] *s. i.* **1** individualidad, singularidad; originalidad. **2** personalidad.
individualize [ˌɪndɪˈvɪdjʊəlaɪz] (también **individualise**) *v. t.* **1** individualizar, caracterizar. **2** particularizar, considerar individualmente, tratar individualmente.
individually [ˌɪndɪˈvɪdjʊəlɪ] *adv.* individualmente, separadamente, uno a uno, de forma individualizada.
indivisible [ˌɪndɪˈvɪzəbl] *adj.* indivisible.
Indo- [ˈɪndəʊ] *prefijo.* indo- (se antepone a adjetivos de nacionalidad): *Indo-European languages = lenguas indoeuropeas.*
indoctrinate [ɪnˈdɒktrɪneɪt] *v. t.* adoctrinar.
indoctrination [ɪnˌdɒktrɪˈneɪʃn ‖ ɪnˌdɑːktrɪˈneɪʃn] *s. i.* adoctrinamiento.
indolence [ˈɪndələns] *s. i.* (form.) indolencia, desidia, pereza, vagancia.
indolent [ˈɪndələnt] *adj.* (form.) indolente, perezoso, desidioso.
indomitable [ɪnˈdɒmɪtəbl ‖ ɪnˈdɑːmɪtəbl] *adj.* **1** (form.) indómito, indomable, rebelde. **2** invencible, inconquistable.
Indonesian [ˌɪndəˈniːzjən ‖ ˌɪndəniːʒən] *adj.* **1** indonesio (nacionalidad). • *s. c.* **2** indonesio.
indoor [ˈɪndɔːr] *adj.* **1** interior, interno (instalaciones, mercado, etc.), de interior (plantas). **2** DEP. en pista cubierta (pruebas, atletismo, etc.), cubierto (polideportivo, pabellón, etc.): *indoor swimming pool = piscina cubierta.* ◆ **3 indoors,** dentro.
indrawn [ˌɪnˈdrɔːn] *adj.* **1** ahogada (la respiración). **2** reservado, introspectivo.
indubitable [ɪnˈdjuːbɪtəbl ‖ ɪnˈduːbɪtəbl] *adj.* (form.) indudable, incuestionable, indiscutible.
indubitably [ɪnˈdjuːbɪtəblɪ] *adv.* (form.) indudablemente, indiscutiblemente, incuestionablemente.
induce [ɪnˈdjuːs] *v. t.* **1** (**to** ~ + *o.* + *inf.*) (form.) inducir, impulsar, persuadir. **2** MED. provocar, inducir (el parto). **3** causar, producir. **4** FIL. inducir. **5** FÍS. producir por inducción, inducir.
-induced [ɪnˈdjuːst] *sufijo.* inducido, producido, causado.
OBS. **-induce** se combina con nombres para formar adjetivos que indican que un estado, una condición o enfermedad se produce por efecto de algo en particular: *work-induced illnesses = enfermedades profesionales.*
inducement [ɪnˈdjuːsmənt ‖ ɪnˈduːsmənt] *s. c.* e *i.* **1** inducción, incitación, persuasión. **2** estímulo, incentivo, aliciente. **3** DER. informe, preámbulo a los alegatos.
induct [ɪnˈdʌkt] *v. t.* **1** (gen. *pas.*) (form.) nombrar, dar posesión (de un cargo). **2** consagrar (a un sacerdote). **3** (EE UU) (form.) admitir, iniciar (en una organización, club, etc.). **4** (EE UU) MIL. reclutar, incorporar a filas.
induction [ɪnˈdʌkʃn] *s. i.* **1** MED. estimulación, provocación (del parto). **2** FÍS. inducción. • *s. c.* e *i.* **3** nombramiento (de un cargo oficial). **4** admisión, iniciación (en una sociedad). **5** FIL. proceso inductivo, inducción. **6** (arc.) preámbulo, prólogo. **7** MIL. incorporación a filas. ◆ **8** ~ **coil,** ELECTR. bobina de inducción, transformador. **9** ~ **course,** cursillo de orientación o formación (al incorporarse a un nuevo trabajo, centro de estudios).
inductive [ɪnˈdʌktɪv] *adj.* **1** FIL. inductivo. **2** inductor, incitador, persuasivo. **3** introductorio. **4** ELECTR. inductor.
indulge [ɪnˈdʌldʒ] *v. t.* **1** mimar, consentir. **2** (**to** ~) satisfacer, complacer, dar gusto a. **3** conceder dispensa a, conceder indulgencia a. • *v. i.* **4** darse a la bebida. **5** (**to** ~ **in**) permitirse el lujo, darse el gusto, entregarse: *indulging in conversation = entregándonos a la conversación.*
indulgence [ɪnˈdʌldʒəns] *s. i.* **1** indulgencia, complacencia; gusto, placer. **2** desenfreno, falta de contención (en la bebida, la comida). **3** tolerancia, comprensión, clemencia. • *s. c.* **4** capricho, antojo. • *s. c.* e *i.* **5** REL. indulgencia. **6** COM. prórroga, aplazamiento, moratoria (para realizar un pago).
indulgent [ɪnˈdʌldʒənt] *adj.* indulgente, complaciente, condescendiente, benevolente.
indulgently [ɪnˈdʌldʒəntlɪ] *adv.* indulgentemente, complacientemente, condescendientemente.
industrial [ɪnˈdʌstrɪəl] *adj.* **1** industrial. • *s. pl.* **2** (EE UU) acciones de una sociedad industrial. ◆ **5** ~ **accident,** accidente laboral. **6** ~ **action,** (brit.) medidas de presión laboral, acciones o movilizaciones reivindicativas (huelgas, manifestaciones). **7** ~ **democracy,** democracia industrial, corresponsabilidad de los trabajadores en la gestión empresarial. **8** ~ **espionage,** espionaje industrial. **9** (brit.) ~ **estate,** (EE UU) ~ **park,** polígono industrial. **10** ~ **relations,** ECON. relaciones laborales. **11** ~ **revolution,** revolución industrial.
idustrialism [ɪnˈdʌstrɪəlɪzəm] *s. i.* industrialismo.
industrialist [ɪnˈdʌstrɪəlɪst] *s. c.* industrial, empresario de la industria.
industrialization [ɪnˌdʌstrɪəlaɪˈzeɪʃn] (también **industrialisation**) *s. i.* industrialización.
industrialize [ɪnˈdʌstrɪəlaɪz] (también **industrialise**) *v. t.* e *i.* industrializar.
industrialized [ɪnˈdʌstrɪəlaɪzd] (también **industrialised**) *adj.* industrializado.
industrious [ɪnˈdʌstrɪəs] *adj.* **1** diligente, trabajador, aplicado. **2** (arc.) experto, hábil.
industry [ˈɪndəstrɪ] *s. i.* **1** industria. **2** (form.) diligencia, trabajo. • *s. c.* **3** industria, sector industrial: *the film industry = la industria cinematográfica.* • *adj.* **4** ~ **standard,** norma estándar de la industria.
inebriate [ɪˈniːbrɪɪt] *v. t.* **1** (form.) embriagar, emborrachar. • *s. c.* **2** (form.) ebrio, beodo. • *adj.* **3** (form.) ebrio, beodo.
inebriated [ɪˈniːbrɪeɪtɪd] *adj.* (form.) embriagado, ebrio, beodo, borracho.
inedible [ɪnˈedɪbl] *adj.* incomestible, incomible.
ineffable [ɪnˈefəbl] *adj.* **1** (form.) inefable, inolvidable, indescriptible. **2** (form.) inexpresable, indecible, tabú (el nombre de Dios en algunas religiones).
ineffably [ɪnˈefəblɪ] *adv.* (form.) inefablemente, inolvidablemente, indescriptiblemente.
ineffective [ˌɪnɪˈfektɪv] *adj.* ineficaz, inútil, falto de eficacia: *the medicine proved ineffective = la medicina no surtió efecto.*
ineffectiveness [ˌɪnɪˈfektɪvnɪs] *s. i.* ineficacia, inutilidad.
ineffectual [ˌɪnɪˈfektʃʊəl] *adj.* **1** ineficaz, inútil: *an ineffectual person = un inútil.* **2** vano, fútil.
ineffectually [ˌɪnɪˈfektʃʊəlɪ] *adv.* ineficazmente, inútilmente; vanamente.
inefficiency [ˌɪnɪˈfɪʃnsɪ] *s. i.* ineficiencia, ineficacia, inoperancia, incompetencia, ineptitud.
inefficient [ˌɪnɪˈfɪʃnt] *adj.* ineficaz, inoperante, incompetente, inepto.
inefficiently [ˌɪnɪˈfɪʃntlɪ] *adv.* ineficazmente, inoperantemente, incompetentemente.
inelegant [ɪnˈelɪgənt] *adj.* poco elegante, de mal gusto, vulgar, ordinario, tosco.
inelegible [ɪnˈelɪdʒəbl] *adj.* **1** no elegible, no apto. **2** (~ + *inf.*) sin derecho a: *inelegible to vote = sin derecho a voto.*
ineluctable [ˌɪnɪˈlʌktəbl] *adj.* (form.) ineluctable, ineludible, inevitable.

inept [ɪ'nept] *adj.* **1** inepto, incompetente. **2** inapropiado.
ineptness [ɪ'neptnəs] *s. i.* ⇒ **ineptitude.**
ineptitude [ɪ'neptɪtjuːd] (también **ineptness**) *s. i.* ineptitud, incapacidad, incompetencia.
inequality [ˌɪnɪ'kwɒlɪtɪ ‖ ˌɪnɪ'kwɑːlɪtɪ] *s. c.* e *i.* **1** desigualdad. **2** MAT. desigualdad.
inequitable [ɪn'ekwɪtəbl] *adj.* (form.) poco equitativo, injusto.
inequity [ɪn'ekwətɪ] *s. c.* e *i.* (form.) injusticia, falta de equidad, desigualdad.
ineradicable [ˌɪnɪ'rædɪkəbl] *adj.* (form.) inextirpable.
inerrable [ɪ'nerəbl] *adj.* (form. y p.u.) infalible.
inert [ɪ'nəːt ‖ ɪ'nəːrt] *adj.* **1** inerte. **2** apático, desidioso, perezoso. **3** QUÍM. inerte (un gas).
inertia [ɪ'nəːʃjə ‖ ɪ'nəːrʃjə] *s. i.* **1** FÍS. inercia. **2** apatía, pereza, inactividad. ◆ **3 inertia-reel seat belt,** cinturón de seguridad autotensable.
inescapable [ˌɪnɪ'skeɪpəbl] *adj.* inevitable, ineludible.
inessential [ˌɪnɪ'senʃl] *adj.* **1** no esencial, prescindible, sin importancia. ● *s. pl.* **2** detalles innecesarios, cosas sin importancia.
inestimable [ɪn'estɪməbl] *adj.* (form.) inestimable, incalculable.
inevitability [ɪnˌevɪtə'bɪlɪtɪ] *s. i.* inevitabilidad, certeza irremediable.
inevitable [ɪn'evɪtəbl] *adj.* **1** inevitable, irremediable, ineludible. **2** (fam.) obligado, de rigor. ● *s. sing.* **3** (**the** ~) lo inevitable, lo irremediable.
inevitably [ɪn'evɪtəblɪ] *adv.* inevitablemente, irremediablemente, ineludiblemente.
inexact [ˌɪnɪg'zækt] *adj.* inexacto, impreciso.
inexcusable [ˌɪnɪk'skjuːzəbl] *adj.* inexcusable, imperdonable, intolerable, injustificable.
inexcusably [ˌɪnɪk'skjuːzəblɪ] *adv.* inexcusablemente, injustificablemente.
inexhaustible [ˌɪnɪg'zɔːstəbl] *adj.* **1** inagotable, infinito. **2** incansable, infatigable.
inexorable [ɪn'eksərəbl] *adj.* inexorable, implacable.
inexorably [ɪn'eksərəblɪ] *adv.* inexorablemente, implacablemente.
inexpensive [ˌɪnɪk'spensɪv] *adj.* de un precio razonable, barato.
inexperience [ˌɪnɪk'spɪərɪəns] *s. i.* **1** inexperiencia, falta de experiencia.
inexperienced [ˌɪnɪk'spɪərɪənst] *adj.* inexperto, falto de experiencia.
inexpert [ɪn'ekspəːt] *adj.* inexperto, falto de experiencia.
inexplicable [ˌɪnɪk'splɪkəbl ‖ ɪn'eksplɪkəbl] *adj.* inexplicable, incomprensible, inconcebible.
inexplicably [ˌɪnɪk'splɪkəblɪ] *adv.* inexplicablemente, incomprensiblemente, extrañamente.
inexpressible [ˌɪnɪk'spresəbl] *adj.* (form.) inexpresable, inenarrable.
inexpressive [ˌɪnɪk'spresɪv] *adj.* inexpresivo, hierático, hermético, distante (el rostro, la mirada).
in extremis [ɪnɪk'striːmɪs] *adv.* (form.) in extremis, en el último momento, al borde de la muerte.
inextricable [ɪn'ekstrɪkəbl] *adj.* **1** (form.) inextricable, insoluble. **2** inseparable, indivisible, consubstancial.
inextricably [ɪn'ekstrɪkəblɪ] *adv.* inseparablemente, consubstancialmente, indivisiblemente.
infallibility [ɪnˌfælə'bɪlɪtɪ] *s. i.* infalibilidad.
infallible [ɪn'fæləbl] *adj.* infalible; indefectible (una persona, un remedio).
infamous ['ɪnfəməs] *adj.* infame, vil, canalla.
infamy ['ɪnfəmɪ] *s. i.* **1** infamia. ● *s. c.* **2** acto infame, acto ignominioso.
infancy ['ɪnfənsɪ] *s. c.* e *i.* **1** infancia, niñez. **2** comienzo, principio, punto de partida. **3** DER. minoría de edad. ◆ **4 to be in its** ~, estar en pañales, estar en mantillas.
infant ['ɪnfənt] *s. c.* **1** bebé; criatura; niño pequeño. **2** DER. menor de edad. **3** cría (de un animal). ● *adj.* **4** infantil. **5** naciente, en sus comienzos: *an infant organization = una organización naciente.* ◆ **6** ~ **school,** escuela de primaria (de primer ciclo).
infanticide [ɪn'fæntɪsaɪd] *s. c.* e *i.* **1** infanticidio. ● *s. c.* **2** infanticida.
infantile ['ɪnfəntaɪl] *adj.* **1** (gen. desp.) infantil, pueril. **2** infantil (una enfermedad). ◆ **3** ~ **paralysis,** parálisis infantil.
infantry ['ɪnfəntrɪ] *s. sing.* MIL. infantería.
infantryman ['ɪnfəntrɪmən] (*pl.* **infantrymen**) *s. c.* MIL. soldado de infantería.
infatuated [ɪn'fætjueɪt] *adj.* (~ **with**) (gen. desp.) loco (por), locamente enamorado (de), encaprichado (de, con) (una persona, una cosa).
infatuation [ɪnˌfætju'eɪʃn] *s. c.* e *i.* (gen. desp.) enamoramiento, encaprichamiento.
infect [ɪn'fekt] *v. t.* **1** MED. infectar, contagiar. **2** contaminar (el aire, los alimentos). **3** (fig.) contagiar, influir: *her happiness infected us all = su felicidad nos contagió a todos.*
infected [ɪn'fektɪd] *adj.* MED. infectado, contagiado.
infection [ɪn'fekʃn] *s. c.* e *i.* **1** MED. infección, contagio. **2** MED. enfermedad infecciosa. **3** (fig.) contagio.
infectious [ɪn'fekʃəs] *adj.* **1** MED. infeccioso, contagioso. **2** (fig.) contagioso: *infectious giggles = risita contagiosa.*
infer [ɪn'fəːr] *v. t.* **1 to** ~ (**from**) inferir, deducir, concluir, colegir (de). ● *v. i.* **2** sacar conclusiones.
inference ['ɪnfərəns] *s. i.* **1** inferencia, deducción. ● *s. c.* **2** deducción, conclusión.
inferior [ɪn'fɪərər] *adj.* **1** inferior, peor, de menor categoría. **2** inferior, subordinado, subalterno, de rango inferior. ● *s. c.* **3** inferior, subordinado, subalterno. **4** BOT. ínfero.
inferiority [ɪnˌfɪərɪ'ɒrɪtɪ ‖ ɪnˌfɪərɪ'ɒːrɪtɪ] *s. i.* **1** inferioridad. ◆ **2** ~ **complex,** PSI. complejo de inferioridad.
infernal [ɪn'fəːnl ‖ ɪn'fəːrnl] *adj.* **1** infernal, desagradable, exasperante: *an infernal noise = un ruido infernal.* **2** terrible, cruel. **3** (lit.) infernal, endemoniado.
inferno [ɪn'fəːnəʊ ‖ ɪn'fəːrnəʊ] (*pl.* **infernos**) *s. c.* **1** (lit.) infierno, lugar infernal. **2** pavoroso incendio.
infertile [ɪn'fəːtaɪl ‖ ɪn'fəːrtaɪl] *adj.* **1** estéril. **2** improductivo, infecundo, baldío (el terreno).
infertility [ˌɪnfə'tɪlɪtɪ ‖ ˌɪnfər'tɪlɪtɪ] *s. i.* **1** esterilidad. **2** infecundidad, improductividad, aridez (del terreno).
infest [ɪn'fest] *v. t.* **to** ~ (**with**) infestar, plagar (de).
infestation [ˌɪnfe'steɪʃn] *s. c.* e *i.* plaga.
infidel ['ɪnfɪdəl] *s. c.* **1** (arc.) infiel, pagano, descreído. ● *adj.* **2** infiel.
infidelity [ˌɪnfɪ'delɪtɪ] *s. c.* e *i.* **1** infidelidad, traición, deslealtad. **2** adulterio, infidelidad conyugal.
infighting ['ɪnfaɪtɪŋ] *s. i.* **1** lucha interna, rivalidad. **2** DEP. lucha cuerpo a cuerpo.
infiltrate ['ɪnfɪltreɪt] *v. t.* **1** infiltrarse en (una organización, un país). **2** infiltrar, calar.● *v. i.* **3** infiltrarse. ● *s. i.* **4** MED. infiltración, acumulación de sustancias (en los tejidos).
infiltration [ˌɪnfɪl'treɪʃn] *s. c.* e *i.* infiltración, penetración.
infinite ['ɪnfɪnət] *adj.* **1** infinito, ilimitado, vasto. **2** enorme, muchísimo: *with infinite care = con enorme cuidado.* **3** MAT. infinito. ● *s. i.* **4 the** ~, el infinito.
infinitely ['ɪnfɪnətlɪ] *adv.* infinitamente, enormemente.
infinitesimal [ˌɪnfɪnɪ'tesɪml] *adj.* **1** infinitesimal, mínimo, minúsculo. **2** MAT. infinitesimal. ● *s. c.* **3** MAT. cantidad infinitesimal.
infinitive [ɪn'fɪnətɪv] *s. c.* GRAM. infinitivo.
infinity [ɪn'fɪnɪtɪ] *s. i.* **1** infinidad, lo infinito. **2** MAT. número infinito. **3** el infinito (punto en el espacio). **4** infinidad, inmensidad (de un área).
infirm [ɪn'fəːm ‖ ɪn'fəːrm] *adj.* **1** débil, achacoso, enfermizo (debido a la edad). **2** de carácter débil, vacilante, inseguro. ● *s. pl.* **3 the** ~, los débiles, los enfermos.
infirmary [ɪn'fəːmərɪ ‖ ɪn'fəːrmərɪ] *s. c.* **1** hospital. **2** enfermería.
infirmity [ɪn'fəːmɪtɪ ‖ ɪn'fəːrmɪtɪ] *s. c.* (gen. *pl.*) e *i.* **1** achaque, dolencia, fragilidad: *infirmities typical of old age = dolencias propias de la vejez.* **2** incapacidad (mental). **3** impedimento (físico).
inflame [ɪn'fleɪm] *v. t.* **1** enconar, enardecer, excitar (los ánimos). **2** enfurecer, encolerizar. **3** MED. inflamar, hinchar. ● *v. i.* **4** MED. inflamarse, hincharse.
inflamed [ɪn'fleɪmd] *adj.* MED. inflamado, hinchado.
inflammable [ɪn'flæməbl] (en EE UU **flammable**) *adj.* **1** inflamable, com-

bustible. **2** (fig.) explosivo (una situación). **3** irritable, violento, vivo de genio.
inflammation [ˌɪnflə'meɪʃn] *s. c.* e *i.* MED. inflamación, hinchazón, hinchamiento.
inflammatory [ɪn'flæmətərɪ] *adj.* **1** MED. inflamatorio. **2** explosivo, incendiario, violento.
inflatable [ɪn'fleɪtəbl] *adj.* hinchable, inflable.
inflate [ɪn'fleɪt] *v. t.* **1** hinchar, inflar, llenar de aire. **2** exagerar. **3** aumentar, inflar (los precios). ● *v. i.* **4** inflarse (un globo). **5** aumentar (los precios).
inflated [ɪn'fleɪtɪd] *adj.* **1** exagerado, excesivo (un precio). **2** desorbitada, exagerada (una idea, una opinión). **3** hinchado, inflado (de aire). **4** ampuloso, pretencioso, pomposo (un estilo, el modo de hablar).
inflation [ɪn'fleɪʃn] *s. i.* **1** ECON. inflación (de precios). **2** inflado (por aire).
inflationary [ɪn'fleɪʃnərɪ || ɪn'fleɪʃənerɪ] *adj.* ECON. inflacionario, inflacionista.
inflect [ɪn'flekt] *v. t.* **1** GRAM. flexionar. **2** modular (la voz).
inflected [ɪn'flektɪd] *adj.* GRAM. flexionada (forma.); flexivo (idioma, lengua).
inflection [ɪn'flekʃn] (también **inflexion**) *s. i.* **1** GRAM. flexión. ● *s. c.* **2** GRAM. desinencia. **3** modulación, inflexión, entonación (de la voz).
inflexibility [ɪnˌfleksə'bɪlɪtɪ] *s. i.* inflexibilidad, rigidez.
inflexible [ɪn'fleksəbl] *adj.* **1** no flexible, rígido, duro. **2** (fig.) inflexible.
inflexion [ɪn'flekʃn] *s. i.* y *c.* ⇒ **inflection.**
inflict [ɪn'flɪkt] *v. t.* **to** ~ **(on/upon)** infligir (un castigo, ideas, a personas).
infliction [ɪn'flɪkʃn] *s. c.* e *i.* **1** imposición (de un castigo). **2** castigo.
inflow ['ɪnfləʊ] (también **influx**) *s. c.* e *i.* afluencia, flujo, entrada: *the inflow of foreign investments = la afluencia de inversiones extranjeras.*
influence ['ɪnflʊəns] *s. c.* e *i.* **1** influencia. ● *v. t.* **2** influir en, afectar a. **3** influenciar, manipular. ◆ **4 to be under the influence of,** estar bajo la influencia de, estar influido por (un grupo, una persona); estar bajo los efectos de (las drogas, el alcohol, etc.). **5 under the** ~**,** (fam.) borracho, ebrio, bebido.
influential [ˌɪnflʊ'enʃl] *adj.* influyente.
influenza [ˌɪnflʊ'enzə] *s. i.* (form.) MED. gripe.
influx ['ɪnflʌks] *s. c.* (gen. *sing.*) ⇒ **inflow.**
info ['ɪnfəʊ] *s. i.* (fam.). ⇒ **information.**
inform [ɪn'fɔːm] *v. t.* **1 to** ~ **(of/about)** informar, comunicar, notificar. **2** (form.) animar, inspirar. ◆ **3 to** ~ **against/on somebody,** denunciar a alguien, delatar a alguien (a la policía).
informal [ɪn'fɔːml || ɪn'fɔːrml] *adj.* **1** informal, extraoficial: *informal talks about the project = conversaciones extraoficiales sobre el proyecto.* **2** informal (la ropa, una reunión). **3** informal, familiar, coloquial (el lenguaje). **4** informal, desenvuelto (el comportamiento).
informality [ˌɪnfɔː'mælətɪ] *s. i.* **1** informalidad, ausencia de ceremonia. **2** desenvoltura, familiaridad.
informally [ɪn'fɔːməlɪ] *adv.* **1** informalmente, extraoficialmente. **2** con desenvoltura, de modo informal.
informant [ɪn'fɔːmənt || ɪn'fɔːrmənt] *s. c.* **1** delator, soplón, confidente. **2** informador, informante (de un investigador, especialmente de un lingüista).
information [ˌɪnfə'meɪʃn] *s. i.* **1** ~**(on/about)** información, noticias (sobre). **2** información, datos. **3** DER. acusación (hecha por el fiscal). ◆ **4** ~ **system,** sistema de información. **5** ~ **superhighway,** autopista de la información. **6** ~ **technology,** informática, tecnología de la információn.
informative [ɪn'fɔːmətɪv] *adj.* informativo, instructivo.
informed [ɪn'fɔːmd] *adj.* **1** ~**(on/about)** informado, al corriente (de). **2** aproximado, aproximativo: *an informed guess = una respuesta aproximada.*
informer [ɪn'fɔːmər] *s. c.* delator, soplón, confidente.
infra dig [ˌɪnfrə'dɪg] *adj.* (brit) (fam.) degradante, deshonroso.
infra-red [ˌɪnfrə'red] *adj.* FÍS. infrarrojos.
infrastructure ['ɪnfrəˌstrʌktʃər] *s. c.* infraestructura.
infrequent [ɪn'friːkwənt] *adj.* (form.) infrecuente, raro, ocasional.
infrequently [ɪn'friːkwəntlɪ] *adv.* (form.) infrecuentemente, raramente, ocasionalmente.
infringe [ɪn'frɪndʒ] *v. t.* **1** infringir, incumplir, quebrantar (la ley, un acuerdo). **2** violar, usurpar (un derecho). ● *v. i.* **3 to** ~ **(on/upon)** traspasar los límites, cometer intrusión.
infringement [ɪn'frɪndʒmənt] *s. c.* e *i.* **1** infracción, quebrantamiento, violación, incumplimiento (de una ley, de un acuerdo). **2** usurpación (de derechos).
infuriate [ɪn'fjʊərɪeɪt] *v. t.* enfurecer, encolerizar.
infuriating [ɪn'fjʊərɪeɪtɪŋ] *adj.* irritante, exasperante.
infuriatingly [ɪn'fjʊərɪeɪtɪŋlɪ] *adv.* irritantemente, exasperantemente.
infuse [ɪn'fjuːz] *v. t.* **1** (**to** ~ + *o.* + **with**) infundir (esperanzas, ánimos). **2** extender, introducir. ● *v. i.* **3** reposar (una infusión, el té).
infusion [ɪn'fjuːʒn] *s. c.* e *i.* **1** infusión, tisana. **2** infusión, inyección (de ideas, de capital).
ingenious [ɪn'dʒiːnjəs] *adj.* ingenioso, imaginativo, genial.
ingeniously [ɪn'dʒiːnjəslɪ] *adv.* ingeniosamente, imaginativamente, de forma genial.
ingenuity [ˌɪndʒɪ'njuːətɪ || ˌɪndʒɪ'nuːətɪ] *s. i.* ingenio, genialidad, inventiva, imaginación.
ingenuous [ɪn'dʒenjʊəs] *adj.* ingenuo, inocente, candoroso.
ingenuously [ɪn'dʒenjʊəslɪ] *adv.* ingenuamente, inocentemente, candorosamente.
inglorious [ɪn'glɔːrɪəs] *adj.* **1** (lit.) vergonzoso, deshonroso, bochornoso. **2** (arc.) desconocido, sin fama.
ingloriously [ɪn'glɔːrɪəslɪ] *adv.* **1** vergonzosamente, bochornosamente, deshonrosamente. **2** (arc.) sin fama.
ingot ['ɪŋgət] *s. c.* **1** lingote, barra. **2** molde de fundición.
ingrained [ˌɪn'greɪnd] *adj.* **1** incrustado; empotrado. **2** (fig.) arraigado, enraizado, innato (un sentimiento, una costumbre).
ingratiate [ɪn'greɪʃɪeɪt] *v. pron.* (**to** ~ **oneself** {**with**}) (desp.) congraciarse (con), ganarse (a).
ingratiating [ɪn'greɪʃɪeɪtɪŋ] *adj.* (desp.) adulador, zalamero, pelotillero.
ingratitude [ɪn'grætɪtjuːd || ɪn'grætɪtuːd] *s. i.* ingratitud, desagradecimiento.
ingredient [ɪn'griːdjənt] *s. c.* **1** ingrediente (de cocina). **2** (fig.) ingrediente, componente, factor: *the ingredients of the detective novel = los componentes de la novela negra.*
ingrowing ['ɪnˌgrəʊɪŋ] (también **ingrown**) *adj.* que crece hacia adentro, encarnado: *an ingrowing toenail = uña del pie que crece hacia dentro.*
ingrown ['ɪnˌgrəʊn] *adj.* ⇒ **ingrowing.**
inhabit [ɪn'hæbɪt] *v. t.* habitar, poblar.
inhabitant [ɪn'hæbɪtənt] *s. c.* habitante.
inhale [ɪn'heɪl] *v. i.* **1** inspirar, aspirar. ● *v. t.* **2** inhalar.
inherent [ɪn'hɪərənt] *adj.* inherente, innato, consubstancial, intrínseco.
inherently [ɪn'hɪərəntlɪ] *adv.* inherentemente, consubstancialmente, intrínsecamente.
inherit [ɪn'herɪt] *v. t.* **1** heredar, recibir en herencia. **2** BIOL. heredar (una característica, una cualidad). ● *v. i.* **3** heredar.
inheritance [ɪn'herɪtəns] *s. c.* **1** herencia; legado, patrimonio. ● *s. i.* **2** herencia, sucesión. **3** BIOL. herencia, transmisión (genética). ◆ **4** ~ **tax** impuesto de sucesiones.
inheritor [ɪn'herɪtər] *s. c.* heredero.
inhibit [ɪn'hɪbɪt] *v. t.* **1** inhibir, impedir. **2** frenar, moderar (el desarrollo). **3** inhibir, reprimir. ◆ **4 to** ~ **somebody from something,** impedir a alguien hacer algo.
inhibited [ɪn'hɪbɪtɪd] *adj.* inhibido; reprimido; reservado, cohibido.
inhibition [ˌɪnhɪ'bɪʃn] *s. c.* e *i.* inhibición; reserva.
inhospitable [ɪn'hɒspɪtəbl || ˌɪnhɑː'spɪtəbl] *adj.* **1** poco hospitalario, poco amistoso, frío (una persona). **2** inhóspito (un lugar).
inhuman [ɪn'hjuːmən] *adj.* **1** inhumano, cruel. **2** frío, adusto. **3** monstruoso, no humano.
inhumane [ˌɪnhjuː'meɪn] *adj.* inhumano, cruel, despiadado.
inhumanity [ˌɪnhjuː'mænətɪ] *s. c.* e *i.* inhumanidad, crueldad.
inimical [ɪ'nɪmɪkl] *adj.* **1** (form.) hostil; adverso; perjudicial: *inimical cir-*

cumstances = circunstancias adversas. **2** poco amistoso, hostil.
inimitable [ɪ'nɪmɪtəbl] *adj.* inimitable, excepcional, único: *an inimitable style = un estilo inimitable.*
iniquitous [ɪ'nɪkwɪtəs] *adj.* (form.) inicuo, perverso, malvado.
iniquity [ɪ'nɪkwəti] *s. c.* e *i.* (form.) iniquidad, maldad, perversidad.
initial [ɪ'nɪʃl] *adj.* **1** inicial, primero. • *s. c.* **2** (letra) inicial. • *v. t.* **3** escribir las iniciales en, firmar con iniciales.
initially [ɪ'nɪʃəlɪ] *adv.* inicialmente, al principio, originalmente.
initiate [ɪ'nɪʃɪeɪt] *v. t.* **1** iniciar, empezar, comenzar. **2 to** ~ (**into**) iniciar, introducir (en): *he was initiated into painting = se le inició en la pintura.* **3 to** ~ (**into**) admitir como miembro, presentar (a alguien en un club o asociación con ceremonia). **4** DER. entablar (un litigio). • [ɪ'nɪʃɪət] *s. c.* **5** iniciado.
initiation [ɪ,nɪʃɪ'eɪʃn] *s. c.* e *i.* **1** ~ (**into**) iniciación, introducción, entrada: *his initiation into adulthood = su entrada en la edad adulta.* **2** inicio, principio, comienzo. **3** admisión.
initiative [ɪ'nɪʃɪətɪv] *s. c.* e *i.* **1** iniciativa. ◆ **2 to do something on one's own** ~**,** hacer algo por propia iniciativa. **3 to use one's** ~**,** tomar la iniciativa.
inject [ɪn'dʒekt] *v. t.* **1 to** ~ (**with**) MED. inyectar; vacunar (con); inocular. **2** (**to** ~ {**into**}) inyectar (en). **3** (fig.) inyectar, insuflar (entusiasmo, alegría). **4** ECON. inyectar (capital).
injection [ɪn'dʒekʃn] *s. c.* e *i.* **1** inyección; vacuna; inoculación. **2** ECON. inyección.
injudicious [,ɪndʒuː'dɪʃəs] *adj.* (form.) imprudente, alocado, poco juicioso, insensato.
injunction [ɪn'dʒʌŋkʃn] *s. c.* DER. orden, requerimiento; interdicto.
injure ['ɪndʒər] *v. t.* **1** herir; lesionar. **2** (fig.) herir, ofender. **3** menoscabar, manchar (la reputación).
injured ['ɪndʒəd] *adj.* **1** herido; lesionado. **2** (fig.) herido, ofendido. • *s. c.* **3** herido, lesionado. ◆ **4** ~ **party,** DER. víctima, parte agraviada.
injurious [ɪn'dʒʊərɪəs] *adj.* **1** (form.) perjudicial; lesivo; nocivo; pernicioso. **2** injurioso, calumnioso.
injury ['ɪndʒərɪ] *s. i.* **1** daño. • *s. c.* **2** lesión; herida. **3** DER. ofensa, agravio; perjuicio. ◆ **3** ~ **time,** DEP. tiempo de descuento.
injustice [ɪn'dʒʌstɪs] *s. c.* e *i.* **1** injusticia. ◆ **2 to do someone an** ~**,** juzgar injustamente a alguien, juzgar mal a alguien.
ink [ɪŋk] *s. c.* e *i.* **1** tinta (de escribir, de los cefalópodos). • *v. t.* **2** entintar, poner tinta a; embadurnar con tinta. ◆ **3 to** ~ **something in,** pasar a tinta (un dibujo a lápiz).
inkjet printer ['ɪŋkdʒet 'prɪntə] *s. c.* impresora de chorro de tinta.
inkling ['ɪŋklɪŋ] *s. c.* **1** idea vaga, noción. **2** indicio, sospecha.
inkstand ['ɪŋkstænd] *s. c.* escribanía, portatinteros.
inkwell ['ɪŋkwel] *s. c.* tintero.
inky ['ɪŋkɪ] *adj.* **1** entintado, manchado de tinta, embadurnado de tinta. **2** (fig.) oscuro, negro: *the inky blackness of the room = la negra oscuridad de la habitación.*
inlaid [,ɪn'leɪd] *pret.* y *p. p.* **1** de **inlay.** • *adj.* **2** incrustado, taraceado.
inland [ɪn'lænd] *adj.* **1** interior, del interior: *an inland region = una región del interior (no costera).* • *adv.* **2** tierra adentro.
in-laws ['ɪnlɔː] *s. pl.* familia política, parientes políticos.
inlay ['ɪnleɪ] (*pret.* y *p. p.* **inlay**) *s. c.* e *i.* **1** incrustación, taracea. • *s. c.* **2** MED. empaste. • *v. t.* **3** incrustar, taracear, decorar con incrustaciones.
inlet ['ɪnlet || 'ɪnlət] *s. c.* **1** brazo de mar; ría; cala, ensenada. **2** MEC. entrada, admisión.
inmate ['ɪnmeɪt] *s. c.* **1** residente, habitante. **2** inquilino, huésped. **3** enfermo, paciente (de un hospital psiquiátrico). **4** preso, recluso.
inmost ['ɪnməʊst] (también **innermost**) *adj.* **1** más interno, más interior. **2** (fig.) recóndito, íntimo, profundo.
inn [ɪn] *s. c.* **1** posada, hostería, fonda (de estilo antiguo). **2** taberna, mesón, bar.
innards ['ɪnədz] *s. pl.* **1** entrañas, vísceras, tripas. **2** (fig.) tripas, interior, parte de dentro (de un aparato).
innate [,ɪ'neɪt] *adj.* **1** innato. **2** inherente, intrínseco.
innately [,ɪ'neɪtlɪ] *adv.* **1** de forma innata. **2** inherentemente, intrínsecamente.
inner ['ɪnər] *adj.* **1** interior, interno. **2** íntimo, secreto (sentimientos, emociones). **3** profundo. **4** influyente, importante. ◆ **5** ~ **city,** área deprimida del centro de la ciudad. **6** ~ **tube,** cámara (de una rueda).
innermost ['ɪnəməʊst] *adj.* ⇒ **inmost.**
inning ['ɪnɪŋ] *s. c.* **1** DEP. turno, entrada (en béisbol). ◆ **2 innings,** DEP. turno, entrada (en críquet). **3 to have had a good innings,** (brit) (fam.) haber tenido mucha suerte en la vida, haber tenido una vida plena.
innkeeper ['ɪn,kiːpər] *s. c.* posadero; hostelero; mesonero.
innocence ['ɪnəsəns] *s. i.* **1** inocencia, ingenuidad. **2** DER. inocencia. **3** BOT. azulejo, anciano.
innocent ['ɪnəsənt] *adj.* **1** DER. inocente. **2** inocente, puro. **3** inocente, sin malicia: *innocent words = palabras sin malicia.* **4** inocente, ingenuo. • *s. c.* **5** inocente. **6** simplón, ignorante; ingenuo.
innocently ['ɪnəsəntlɪ] *adv.* inocentemente; sin malicia; ingenuamente.
innocuous [ɪ'nɒkjʊəs || ɪ'nɑːkjuəs] *adj.* **1** inocuo, inofensivo. **2** insignificante, poco importante, sin impacto: *an innocuous speech = un discurso sin impacto.*
innovate ['ɪnəveɪt] *v. i.* innovar, ser creativo; hacer cambios, introducir reformas.
innovation [,ɪnə'veɪʃn] *s. c.* e *i.* innovación.
innovative ['ɪnə,veɪtɪv] (también **innovatory**) *adj.* innovador, creativo.
innovator ['ɪnəveɪtər] *s. c.* innovador.
innovatory ['ɪnəveɪtərɪ] *adj.* ⇒ **innovative.**
innuendo [,ɪnju'endəʊ] (*pl.* **innuendos** o **innuendoes**) *s. c.* **1** insinuación, indirecta. • *s. i.* **2** insinuación.
innumerable [ɪ'njuːmərəbl || ɪ'nuːmərəbl] *adj.* innumerable, incontable.
inoculate [ɪ'nɒkjʊleɪt || ɪ'nɑːkjuleɪt] *v. t.* (**to** ~ {**with/against**}) MED. inocular, vacunar (con/contra).
inoculation [ɪ,nɒkjʊ'leɪʃn || ɪ,nɑːkjʊ'leɪʃn] *s. i.* MED. inoculación, vacunación.
inoffensive [,ɪnə'fensɪv] *adj.* inofensivo, inocuo.
inoperable [ɪn'ɒpərəbl || ɪn'ɑːpərəbl] *adj.* **1** MED. inoperable, intratable **2** (form.) impracticable, irrealizable.
inoperative [ɪn'ɒpərətɪv || ɪn'ɑːpərətɪv] *adj.* **1** inoperante, ineficaz. **2** inaplicable (una ley, una regla).
inopportune [ɪn'ɒpətjuːn || ,ɪnɒpə'tuːn] *adj.* **1** (form.) inoportuno, inconveniente. **2** desafortunado, fuera de tono.
inordinate [ɪ'nɔːdɪnət || ɪ'nɔːrdənət] *adj.* **1** desproporcionado, desmesurado. **2** irregular, desordenado.
inordinately [ɪ'nɔːdɪnətlɪ] *adv.* desproporcionadamente, desmesuradamente.
inorganic [,ɪnɔː'gænɪk || ,ɪnɔːr'gænɪk] *adj.* **1** inorgánico. **2** artificial.
in-patient ['ɪn,peɪʃnt] *s. c.* paciente interno (en un hospital).
input ['ɪnput] *s. c.* e *i.* **1** INF. entrada (de datos). **2** ELEC. entrada. **3** ECON. inversión, insumo. **4** aportación (de recursos, información, etc.). • *v. t.* (*pret.* y *p. p.* **inputted** o **input**) **5** INF. introducir (datos).
inquest ['ɪnkwest] *s. c.* **1** DER. investigación judicial, indagación judicial (en caso de muerte repentina por si hubiera posibilidad de crimen). **2** (fig.) indagación, análisis.
inquire [ɪn'kwaɪər] *v. t.* **1** preguntar, informarse de, consultar. • *v.i* **2** informarse, preguntar. ◆ **3 to** ~ **after,** preguntar por. **4 to** ~ **into,** investigar, indagar, estudiar (un tema, un asunto). **5 to** ~ **something of somebody,** (form.) preguntar algo a alguien. **6** "~ **within**", "razón aquí".
inquirer [ɪn'kwaɪərər] *s. c.* (form.) investigador.
inquiring [ɪn'kwaɪərɪŋ] *adj.* **1** inquisitivo, de curiosidad (una mirada, una expresión). **2** ávido de conocimientos, lleno de curiosidad, inquieto (mente, actitud).
inquiry [ɪn'kwaɪərɪ || 'ɪŋkwərɪ] *s. c.* **1** (~ {**into/about**}) indagación; pesquisa; consulta. • *s. c.* **2** (~ {**into**}) investigación: *an official inquiry into the accident = una investigación oficial sobre el accidente.* • *s. pl.* **3** departamento de información, información: *could you put me through*

to inquiries? = ¿me pone con información? ◆ **4 to make inquiries,** recabar información, hacer investigaciones.

inquisition [ˌɪnkwɪ'zɪʃn] *s. c.* **1** (desp.) interrogatorio (gen. violando los derechos de la persona). **2 Inquisition,** REL. Inquisición.

inquisitive [ɪn'kwɪzətɪv] *adj.* curioso.

inquisitively [ɪn'kwɪzətɪvlɪ] *adv.* con curiosidad.

inquisitiveness [ɪn'kwɪzətɪvnɪs] *s. i.* curiosidad.

inquisitor [ɪn'kwɪzɪtər] *s. c.* **1** (desp.) interrogador. **2** REL. inquisidor.

inquisitorial [ɪnˌkwɪzɪ'tɔːrɪəl] *adj.* (form. y desp.) inquisitorial.

inroads ['ɪnrəudʒ] *s. pl.* **to make ~ into,** hacer estragos en, hacer mella en.

insalubrious [ˌɪnsə'luːbrɪəs] *adj.* (form.) insalubre, malsano (clima); deprimido (barrio).

insane [ɪn'seɪn] *adj.* **1** demente, loco. **2** (fig.) loco, insensato. ● *s. pl.* **3 the ~,** los enfermos mentales.

insanely [ɪn'seɪnlɪ] *adv.* locamente, absurdamente, terriblemente: *insanely jealous = terriblemente celoso.*

insanitary [ɪn'sænɪtərɪ ‖ ɪn'sænɪterɪ] *adj.* insalubre, antihigiénico.

insanity [ɪn'sænətɪ] *s. i.* **1** locura, demencia, enajenación. **2** (fig.) locura, insensatez.

insatiable [ɪn'seɪʃjəbl] *adj.* **1** insaciable. **2** (fig.) insaciable: *an insatiable desire for knowledge = un deseo insaciable de saber.*

insatiably [ɪn'seɪʃjəblɪ] *adv.* insaciablemente.

inscribe [ɪn'skraɪb] *v. t.* **1** inscribir, grabar (una superficie). **2** inscribir. **3** dedicar (un libro). **4** GEOM. inscribir: *an inscribed triangle = un triángulo inscrito.*

inscription [ɪn'skrɪpʃn] *s. c.* **1** inscripción, grabado. **2** inscripción. **3** dedicatoria.

inscrutability [ˌɪnskrutə'bɪlɪtɪː] *s. i.* impenetrabilidad.

inscrutable [ɪn'skruːtəbl] *adj.* inescrutable, impenetrable.

insect ['ɪnsekt] *s. c.* **1** BIOL. insecto. **2** (fig.) bicho, miserable.

insecticide [ɪn'sektɪsaɪd] *s. c.* e *i.* insecticida.

insecure [ˌɪnsɪ'kjuər] *adj.* **1** inseguro. **2** inseguro, eventual (un trabajo). **3** inseguro, vacilante, dubitativo.

insecurity [ˌɪnsɪ'kjuərɪtɪ] *s. i.* **1** inseguridad, incertidumbre. **2** inseguridad, peligro.

inseminate [ɪn'semɪneɪt] *v. t.* **1** inseminar (artificialmente). **2** sembrar, plantar.

insemination [ɪnˌsemɪ'neɪʃn] *s. i.* inseminación (artificial).

insensible [ɪn'sensəbl] *adj.* **1** (form.) inconsciente, sin conocimiento. **2** insensible (al dolor).

insensitive [ɪn'sensətɪv] *adj.* **1** insensible, frío, indiferente. **2** insensible, inalterable: *insensitive to light = inalterable a la luz.*

insensitivity [ɪnˌsensə'tɪvɪtɪ] *s. i.* **1** insensibilidad, indiferencia, frialdad. **2** insensibilidad (al dolor).

inseparable [ɪn'sepərəbl] *adj.* inseparable; indivisible; indisoluble: *inseparable friends = amigos inseparables.*

inseparably [ɪn'sepərəblɪ] *adv.* inseparablemente; indivisiblemente; indisolublemente.

insert ['ɪnsəːt ‖ 'ɪnsəːrt] *v. t.* **1** insertar, introducir, meter. **2** insertar, intercalar. ● *s. c.* **3** inserción, añadido. **4** lámina intercalada (en un libro); encarte (en una revista).

insertion [ɪn'səːʃn] *s. c.* e *i.* **1** inserción. ◆ **2** INF. punto de inserción.

inset ['ɪnset] *s. c.* **1** recuadro interior (en mapa, etc.). **2** entredós (sobre una tela). **3** (EE UU) flujo (de agua). **4** (EE UU) canal.

inshore [ˌɪn'ʃɔː] *adv.* **1** hacia la orilla; cerca de la orilla. ● *adj.* **2** cercano a la orilla, cercano a la costa.

inside [ˌɪn'saɪd ‖ 'ɪnsaɪd] *s. c.* **1** (**the ~**) el interior, la parte interior: *the inside of the building = el interior del edificio.* **2** (**the ~**) parte interna: *the inside of the arm = la parte interna del brazo.* **3** (form.) forro (de una prenda). **4** (**the ~**) el corazón (de una fruta). **5** (**the ~**) la izquierda (en Gran Bretaña, por ejemplo) la derecha (en la Europa continental, por ejemplo) (la parte más alejada del centro en una carretera, un camino): *he was fined for overtaking on the inside = lo multaron por adelantar por la izquierda* (en Gran Bretaña). **6** (**the ~**) (fam.) (en una organización, una empresa): *they obviously had someone on the inside to help them = está claro que alguien les ayudaba desde dentro.* ● *s. pl.* **7** (argot) información confidencial, secretos, soplos. **8** (fam.) ANAT. entrañas, tripas, vísceras. ● ['ɪnsaɪd] *adj.* **9** interior, interno. **10** central, de dentro. **11** de dentro, cercano al arcén (carril de una carretera). **12** confidencial, secreto. ● [ɪn'saɪd] *adv.* **13** adentro, dentro, en el interior. **14** (fig.) por dentro: *I felt terrified inside = sentía pánico por dentro.* **15** (brit) (jerga) en la cárcel, en prisión. **16** (brit.) piso de abajo, primer piso (de un autobús). ● *prep.* **17** dentro de, en el interior de. **18** (fam.) en menos de, dentro de (un tiempo): *inside an hour = en menos de una hora.* ◆ **19 to be on the ~,** tener un puesto de confianza, tener influencia. **20 ~ of,** (fam.) dentro de (un lugar); en menos de (un período de tiempo). **21 ~ out,** del revés, lo de dentro hacia afuera. **22 to know ~ out,** conocer a fondo, conocer muy bien. **23 to turn ~ out,** registrar de arriba abajo (habitación); dar la vuelta a (una situación).

insider [ˌɪn'saɪdər] *s. c.* **1** persona de confianza, persona, bien informada (en una organización). **2** miembro, socio (de un grupo, de una empresa). ◆ **3 ~ trading,** FIN. uso de información privilegiada.

insidious [ɪn'sɪdɪəs] *adj.* **1** insidioso, malévolo, pérfido. **2** sutil, solapado, subrepticio.

insidiously [ɪn'sɪdɪəslɪ] *adv.* insidiosamente, pérfidamente; subrepticiamente, solapadamente.

insight ['ɪnsaɪt] *s. c.* e *i.* intuición, perspicacia, instinto, clarividencia.

insignia [ɪn'sɪgnɪə] *s. c.* **1** insignia. **2** distintivo.

insignificance [ˌɪnsɪg'nɪfɪkəns] *s. i.* insignificancia.

insignificant [ˌɪnsɪg'nɪfɪkənt] *adj.* insignificante.

insincere [ˌɪnsɪn'sɪər] *adj.* insincero, hipócrita, falso.

insincerely [ˌɪnsɪn'sɪəlɪ] *adv.* hipócritamente, falsamente, de forma insincera.

insincerity [ˌɪnsɪn'serɪtɪ] *s. i.* insinceridad, hipocresía, falsedad, doblez.

insinuate [ɪn'sɪnjueɪt] *v. t.* **1** insinuar, sugerir, dar a entender. ◆ **2 to ~ oneself into,** (fam.) introducirse subrepticiamente en. **3 to ~ something into,** colar algo de rondón en, introducir algo como quien no quiere la cosa en.

insinuation [ɪnˌsɪnjʊ'eɪʃn] *s. c.* e *i.* insinuación, sugerencia, indirecta, alusión.

insipid [ɪn'sɪpɪd] *adj.* **1** insípida, sosa (comida o bebida). **2** soso, insulso (el carácter).

insist [ɪn'sɪst] *v. i.* **1** (**to ~ {on/upon}**) insistir (en). **2** (**to ~ on**) reclamar, demandar, requerir, exigir. ● *v. t.* **3** (**to ~ {that}**) insistir (en que).

insistence [ɪn'sɪstəns] (también **insistency**) *s. i.* insistencia, empeño.

insistency [ɪn'sɪstənsɪ] *s. i.* ⇒ **insistence.**

insistent [ɪn'sɪstənt] *adj.* insistente.

insistently [ɪn'sɪstəntlɪ] *adv.* insistentemente.

in situ [ˌɪn'sɪtjuː ‖ ˌɪn'saɪtuː] *adv.* **1** en el mismo sitio, allí mismo. **2** MED. sin metástasis, sin afectar a partes próximas.

insofar as [ˌɪnsə'fɑːr] *adv.* en tanto en cuanto, en la medida en que.

insole ['ɪnsəul] *s. c.* plantilla (para zapatos, botas).

insolence ['ɪnsələns] *s. i.* insolencia, descaro, impertinencia.

insolent ['ɪnsələnt] *adj.* insolente, descarado, impertinente.

insoluble [ɪn'sɒljəbl ‖ ɪn'sɑːljəbl] *adj.* **1** insoluble, sin solución, inexplicable. **2** insoluble (en agua).

insolvency [ɪn'sɒlvənsɪ] *s. i.* insolvencia, carencia de liquidez.

insolvent [ɪn'sɒlvənt] *adj.* insolvente, en quiebra.

insomnia [ɪn'sɒmnɪə ‖ ɪn'sɑːmnɪə] *s. i.* insomnio.

insomniac [ɪn'sɒmnɪæk ‖ ɪn'sɑːmnɪæk] *adj.* **1** de insomnio, por insomnio, debido al insomnio. ● *s. c.* **2** insomne.

insouciance [ɪn'suːsjəns] *s. i.* (form.) despreocupación, ligereza.

insouciant [ɪn'suːsjənt] *adj.* (form.) despreocupado, indiferente.

inspect [ɪn'spekt] *v. t.* **1** inspeccionar; examinar, revisar. **2** MIL. pasar revista a. **3** MED. reconocer, examinar.

inspection [ɪn'spekʃn] *s. c.* e *i.* **1** inspección; examen, revisión. **2** MIL. revista. **3** MED. reconocimiento, examen.

inspector [ɪn'spektər] *s. c.* **1** inspector; revisor; supervisor. **2** inspector de policía. ◆ **3 customs ~,** inspector de aduanas. **4 ~ of taxes,** inspector de hacienda.

inspectorate [ɪn'spektərət] *s. c.* **1** cuerpo de inspectores. **2** distrito a cargo de un grupo de inspectores.

inspiration [,ɪnspə'reɪʃn] *s. i.* **1** inspiración, iluminación. ● *s. c.* **2** inspiración, idea brillante. **3** inspiración, aspiración (del aire). **4** inspiración, influencia, estímulo: *he is an inspiration to his students = él es un estímulo para sus alumnos.*

inspirational [,ɪnspə'reɪʃənl] *adj.* **1** inspirador, iluminador. **2** inspirado.

inspire [ɪn'spaɪər] *v. t.* **1** inspirar; estimular. **2** inspirar, transmitir, infundir, despertar: *he inspires respect = inspira* o *infunde respeto.*

inspired [ɪn'spaɪəd] *adj.* **1** inspirado, brillante. **2** acertado, certero, inteligente.

inspiring [ɪn'spaɪərɪŋ] *adj.* **1** inspirador, que inspira. **2** alentador.

instability [,ɪnstə'bɪlɪtɪ] *s. i.* inestabilidad; inseguridad; vulnerabilidad.

install [ɪn'stɔːl] (en EE UU **instal**) *v. t.* **1** instalar, colocar. **2** (**to ~ oneself**) (fam.) instalarse, aposentarse, acomodarse: *I installed myself in the rear seat = me instalé en el asiento trasero.* **3** nombrar, designar, dar posesión (de un cargo en una ceremonia). **4** INF. instalar.

installation [,ɪnstə'leɪʃn] *s. i.* **1** instalación, colocación. ● *s. c.* **2** instalación: *an oil installation = una planta petrolífera.* **3** INF. instalación.

instalment [ɪn'stɔːlmənt] (en EE UU **installment**) *s. c.* **1** LIT. fascículo, entrega. **2** TV. capítulo (de una serie). **3** COM. cuota, plazo, mensualidad (de un pago aplazado). ● *s. i.* **4** instalación, colocación.

instance ['ɪnstəns] *s. c.* **1** ejemplo, caso. **2** DER. juicio, pleito, proceso, litigio. **3** instancia, solicitud, petición. ● *v. t.* **4** (form.) citar como ejemplo, poner como ejemplo, poner por caso. ◆ **5 at someone's ~,** a instancias de alguien, a petición de alguien. **6 for ~,** por ejemplo. **7 in the first ~,** en primer lugar, en primer término.

instant ['ɪnstənt] *s. c.* **1** instante, momento. **2** el mes en curso: *the 16th instant = el 16 del mes en curso.* ● *adj.* **3** inmediato, instantáneo (un resultado). **4** instantáneo: *instant coffee = café instantáneo.* **5** urgente, imperioso, perentorio. **6** presente, actual. ● *adv.* **7** (EE UU) instantáneamente, al momento, inmediatamente. ◆ **8 the next ~,** a continuación, inmediatamente después. **9 this ~,** inmediatamente, al momento.

instantly ['ɪnstəntlɪ] *adv.* instantáneamente, al momento, inmediatamente.

instantaneous [,ɪnstən'teɪnjəs] *adj.* instantáneo, inmediato.

instantaneously [,ɪnstən'teɪnjəslɪ] *adv.* instantáneamente, inmediatamente.

instead [ɪn'sted] *adv.* **1** en cambio: *I haven't got any gin, have vodka instead = no me queda ginebra, pero en cambio tengo vodka.* ◆ **2 ~ of,** en lugar de, en vez de.

instep ['ɪnstep] *s. c.* ANAT. empeine.

instigate ['ɪnstɪgeɪt] *v. t.* iniciar, fomentar, promover.

instigation [,ɪnstɪ'geɪʃn] *s. i.* **at the ~ of,** a instancias de.

instigator ['ɪnstɪgeɪtər] *s. c.* instigador (de violencia, disturbios, etc.); promotor (de reformas, procesos, etc.).

instil [ɪn'stɪl] (en EE UU **instill**) *v. t.* **1** (**to ~ {in/into}**) inculcar, infundir. **2** verter gota a gota.

instinct ['ɪnstɪŋkt] *s. c.* e *i.* **1** instinto; inclinación; impulso natural. **2** intuición. ● *adj.* **3** (*p. u.*) saturado, pleno, imbuido: *instinct with love = pleno de amor.*

instinctive [ɪn'stɪŋktɪv] *adj.* instintivo, espontáneo; irracional.

instinctively [ɪn'stɪŋktɪvlɪ] *adv.* instintivamente; irracionalmente.

instinctual [,ɪns'tɪŋktjuəl] *adj.* instintivo; espontáneo; irracional.

institute ['ɪnstɪtjuːt] *s. c.* **1** instituto: *a research institute = un instituto de investigación.* ● *v. t.* **2** (form.) instituir, establecer (una ley, un sistema). **3** organizar, planear (una acción). **4** DER. entablar, iniciar, abrir (acciones judiciales). **5** nombrar (para un cargo, puesto de trabajo).

institution [,ɪnstɪ'tjuːʃn ‖ ,ɪnstɪtuːʃn] *s. c.* **1** institución, fundación, organización, instituto (un banco, una universidad, una iglesia). **2** (fam. y hum.) institución, personaje muy conocido. **3** DER. institución, práctica, costumbre. **4** (euf.) manicomio, hospital psiquiátrico. **5** asilo de ancianos. **6** hospicio. ● *s. i.* **7** institución, establecimiento, puesta en marcha: *the institution of a new tax system = la puesta en marcha de un nuevo sistema fiscal.*

institutional [,ɪnstɪ'tjuːʃənl] *adj.* **1** institucional, de las instituciones. **2** institucional, consubstancial, (relativo a los valores o las cualidades de un grupo, sociedad). ◆ **2 ~ investor,** inversor institucional.

institutionalize [,ɪnstɪ'tjuːʃənəlaɪz] (también **institutionalise**) *v. t.* **1** institucionalizar. **2** (euf.) internar (en un asilo, en un manicomio, en un hospicio).

instruct [ɪn'strʌkt] *v. t.* **1** (**to ~** + *o.* + *inf.*) ordenar, mandar. **2** (**to ~** + *o.* + **{in}**) instruir, enseñar (sobre algo práctico). **3** (**to ~** + *o.* + **that**) DER. informar, notificar. **4** DER. designar, nombrar (abogado). ● *v. i.* **5** actuar como instructor, servir como instructor.

instruction [ɪn'strʌkʃn] *s. c.* **1** instrucción, orden, mandato. ● *s. pl.* **2** instrucciones, (sobre el funcionamiento de máquinas, sobre un trabajo). ◆ **3 ~ leaflet,** folleto de instrucciones.

instructive [ɪn'strʌktɪv] *adj.* instructivo, ilustrativo, aleccionador.

instructor [ɪn'strʌktər] *s. c.* **1** instructor (en general); maestro (de escuela); profesor (de autoescuela); monitor (de esquí). **2** (EE UU) instructor (grado inferior a profesor ayudante en universidades).

instrument ['ɪnstrumənt] *s. c.* **1** instrumento, utensilio, herramienta. **2** MÚS. instrumento. **3** (**~ {of}**) instrumento, agente, medio: *an instrument of torture = un instrumento de tortura.* **4** incauto, víctima de engaño, primo. **5** DER. documento público, escritura. ● *v. t.* **6** equipar, dotar (de instrumentos). **7** DER. notificar, comunicar. ◆ **8 ~ panel,** panel de instrumentos, salpicadero (en coches, aviones).

instrumental [,ɪnstru'mentl] *adj.* **1** MÚS. instrumental. **2** (form.) significativo, útil, de gran ayuda.

instrumentalist [,ɪnstru'mentəlɪst] *s. c.* **1** MÚS. instrumentalista. **2** FIL. instrumentalista.

instrumentation [,ɪnstrumen'teɪʃn] *s. i.* **1** MÚS. instrumentación, orquestación. **2** instrumental, equipo de instrumentos (para el control de una máquina).

insubordinate [,ɪnsə'bɔːdnət ‖ ,ɪnsə'bɔːrdnət] *adj.* insubordinado, rebelde, desobediente.

insubordination ['ɪnsə,bɔːdɪ'neɪʃn] *s. i.* insubordinación, rebelión, desobediencia.

insubstantial [,ɪnsəb'stænʃl] *adj.* **1** insustancial, anodino. **2** frágil, endeble.

insufferable [ɪn'sʌfərəbl] *adj.* insufrible, intolerable, inaguantable.

insufferably [ɪn'sʌfərəblɪ] *adv.* insufriblemente, intolerablemente, inaguantablemente.

insufficiency [,ɪnsə'fɪʃnsɪ] *s. c.* e *i.* insuficiencia, deficiencia, escasez.

insufficient [,ɪnsə'fɪʃnt] *adj.* insuficiente, deficiente, escaso.

insufficiently [,ɪnsə'fɪʃntlɪ] *adv.* insuficientemente, deficientemente, escasamente.

insular ['ɪnsjulər] *adj.* **1** (desp.) estrecho de miras; provinciano; intransigente. **2** aislado, desconectado, apartado. **3** isleño, insular. **4** MED. insular (un tejido).

insularity [,ɪnsju'lærɪtɪ ‖ ,ɪnsə'lærɪtɪ] *s. i.* **1** aislamiento, incomunicación. **2** estrechez de miras; provincianismo.

insulate ['ɪnsjuleɪt ‖ 'ɪnsəleɪt ‖ 'ɪnʃəleɪt] *v. t.* **1** FÍS. aislar. **2** (**to ~** + *o.* + **from/against**) proteger de, aislar de: *we were insulated from the effects of the war = estábamos protegidos* o *aislados de los efectos de la guerra.*

insulating ['ɪnsjuleɪtɪŋ] *adj.* aislante: *insulating tape = cinta aislante.*

insulation [,ɪnsju'leɪʃn ‖ ,ɪnsə'leɪʃn] *s. i.* **1** FÍS. aislamiento. **2** capa aislante, material aislante: *wall insulation = aislante de paredes.*

insulator ['ɪnsjuleɪtər ‖ 'ɪnsəleɪtər] *s. c.* FÍS. aislante.

insulin ['ɪnsjʊlɪn || 'ɪnsəlɪn] *s. i.* BIOQ. insulina.

insult ['ɪnsʌlt] *v. t.* **1** insultar, ofender, afrentar, agraviar. • *s. c.* **2** insulto, agravio, ofensa, afrenta. ◆ **3 to add ~ to injury,** (fig.) echar leña al fuego, colmar el vaso, poner las cosas peor.

insulting [ɪn'sʌltɪŋ] *adj.* insultante, ofensivo.

insultingly [ɪn'sʌltɪŋlɪ] *adv.* insultantemente, ofensivamente.

insuperable [ɪn'sju:pərəbl || ɪn'su:pərəbl] *adj.* insuperable, insalvable, infranqueable.

insupportable [,ɪnsə'pɔ:təbl] *adj.* **1** (form.) insoportable, inaguantable, insufrible, intolerable. **2** injustificable, indefendible.

insurance [ɪn'ʃʊərəns] *s. i.* **1** seguro. **2** seguridad, protección. • *s. c.* **3** (~ {**against**}) seguro, garantía. ◆ **4 ~ broker,** agente de seguros. **5 ~ company,** compañía de seguros. **6 ~ policy,** póliza de seguro.

insure [ɪn'ʃʊər] *v. t.* **1** (**to** ~ {**against**}) asegurar (de vida, accidente, etc.). **2** (EE UU) asegurar, confirmar. • *v. i.* **3** asegurarse.

insured [ɪn'ʃʊəd || ɪn'ʃʊərd] *s. c.* **1** (**the** ~) asegurado, persona asegurada. • *adj.* **2** asegurado.

insurer [ɪn'ʃʊərər] *s. c.* asegurador, compañía aseguradora.

insurgent [ɪn'sə:dʒənt || ɪn'sə:rdʒənt] *s. c.* **1** insurgente, rebelde, sublevado, insurrecto. • *adj.* **2** insurgente, rebelde, insurrecto, sublevado.

insurmountable [,ɪnsə'maʊntəbl || ,ɪnsər'maʊntəbl] *adj.* insuperable.

insurrection [,ɪnsə'rekʃn] *s. c.* e *i.* insurrección, sublevación, rebelión, levantamiento.

intact [ɪn'tækt] *adj.* **1** intacto, indemne, íntegro. **2** (fig.) intacta, incólume, indemne (la reputación).

intake ['ɪnteɪk] *s. i.* **1** consumo, ingestión (de alimentos, bebidas). **2** admisión, entrada (de gente en una organización, escuela). **3** absorción (de aire). • *s. c.* **4** MEC. entrada, toma válvula de admisión. ◆ **5 ~ of breath,** inspiración.

intangible [ɪn'tændʒəbl] *adj.* **1** intangible; inmaterial. • *s. c.* **2** *pl.* bienes inmateriales.

integer ['ɪntɪdʒər] *s. c.* **1** MAT. número entero. **2** unidad, entidad completa.

integral ['ɪntɪgrəl] *adj.* **1** íntegro, completo. **2** intrínseco, esencial, necesario. **3** MAT. integral. • *s. c.* **4** MAT. integral. **5** unidad, conjunto.

integrate ['ɪntɪgreɪt] *v. t.* **1** integrar. **2** MAT. integrar. • *v. i.* **3** integrarsse.

integrated ['ɪntɪgreɪtɪd] *adj.* **1** integrado. **2** de integración: *an integrated school = una escuela de integración* (racial, religiosa). ◆ **3 ~ circuit,** circuito integrado.

integration [,ɪntɪ'greɪʃn] *s. i.* integración.

integrity [ɪn'tegrətɪ] *s. i.* **1** integridad, honestidad, honradez. **2** (form.) integridad, unidad, indivisibilidad.

intellect ['ɪntəlekt] *s. c.* e *i.* **1** intelecto, inteligencia. • *s. c.* **2** persona inteligente, lumbrera, cerebro (aunque poco práctico).

intellectual [,ɪntə'lektjʊəlɪ] *adj.* y *s. i.* **1** intelectual. ◆ **2 ~ property,** propiedad intelectual.

intellectually [,ɪntə'lektjʊəlɪ] *adv.* intelectualmente; teóricamente.

intelligence [ɪn'telɪdʒəns] *s. i.* **1** inteligencia. **2** información secreta (del servicio de inteligencia). **3** servicio de inteligencia, espionaje.

intelligent [ɪn'telɪdʒənt] *adj.* **1** inteligente. **2** inteligente, racional.

intelligently [ɪn'telɪdʒəntlɪ] *adv.* inteligentemente, con sensatez, razonablemente.

intelligentsia [ɪn,telɪ'dʒentsɪə] *s. sing.* **the** ~) la intelectualidad, los intelectuales.

intelligible [ɪn'telɪdʒəbl] *adj.* inteligible, comprensible, fácil de entender.

intemperate [ɪn'tempərət] *adj.* (form.) intemperante, inmoderado, desmedido, exagerado.

intend [ɪn'tend] *v. t.* **1** proponerse, planear, tener en mente. **2** (**to** ~ + *inf./ger.*) pretender, tener intención de, tener el propósito de: *I intend to go there = tengo la intención de ir allí.* **3** (**to** ~ + *o.* + **for/as**) destinar a, reservar a, dirigir a; tener la finalidad de: *the present was intended for him = el regalo era para él.* **4** (**to** ~ + *o.* + *inf.*) pretender: *the film is not intended to be funny = la película no pretende ser divertida.* **5** llevar implícito, querer decir, dar a entender: *what do you intend by it? = ¿qué quieres decir con eso?*

intended [ɪn'tendɪd] *s. c.* **1** (gen. *sing.*) (arc. o hum.) prometido: *your intended is on the phone = tu prometido está al teléfono.* • *adj.* **2** pretendido, deseado, esperado: *her intended visit was postponed = su esperada visita fue pospuesta.*

intense [ɪn'tens] *adj.* **1** intenso, fuerte. **2** intensa, dura (una lucha). **3** intenso, profundo (un sentimiento). **4** exagerado, nervioso, vehemente (una persona). **5** fuerte, vivo, intenso (un color).

intensely [ɪn'tenslɪ] *adv.* **1** intensamente, con fuerza. **2** profundamente.

intensification [ɪn,tensɪfɪ'keɪʃn] *s. i.* intensificación; agravamiento; acrecentamiento.

intensified [ɪn'tensɪfaɪd] *adj.* intensificado; agravado; acrecentado.

intensifier [ɪn'tensɪfaɪər] *s. c.* **1** GRAM. intensificador (un adverbio). **2** FOT. reforzador, intensificador (de contraste).

intensify [ɪn'tensɪfaɪ] *v. t.* **1** intensificar, acrecentar, aumentar. **2** FOT. reforzar. • *v. i.* **3** intensificarse.

intensity [ɪn'tensɪtɪ] *s. i.* **1** intensidad, fuerza. **2** FÍS. potencia.

intensive [ɪn'tensɪv] *adj.* **1** intensivo (un curso, un cultivo). **2** concentrado. ◆ **3 ~ care unit,** MED. unidad de cuidados intensivos.

intensively [ɪn'tensɪvlɪ] *adv.* intensamente, en profundidad.

intent [ɪn'tent] *s. i.* **1** (form.) intención, propósito, objetivo. **2** DER. intencionalidad. **3** significado, sentido. • *adj.* **4** absorto, abstraído. **5** determinado, resuelto, empeñado. ◆ **6 to be ~ on doing something,** tener el firme propósito de hacer algo, estar empeñado en hacer algo. **7 loitering with ~,** DER. merodear con malas intenciones o con intención criminal. **8 to all intents and purposes,** en realidad, a todos los efectos, en el fondo.

intention [ɪn'tenʃn] *s. c.* e *i.* **1** intención, propósito, objetivo. **2** sentido, significado. **3** MED. intención. • *s. pl.* **4 intentions** intenciones (para el matrimonio).

intentional [ɪn'tenʃənl] *adj.* intencionado, a propósito, deliberado.

intentionally [ɪn'tenʃnəlɪ] *adv.* intencionadamente, a propósito, deliberadamente.

intently [ɪn'tentlɪ] *adv.* fijamente, atentamente.

intentness [ɪn'tentnɪs] *s. i.* atención, fijeza, interés.

inter [ɪn'tə:r] *v. t.* (form.) enterrar, sepultar.

inter- ['ɪntər] *prefijo.* **1** inter-, entre. **2** dentro de, en medio de. **3** mutuamente, recíprocamente: *interrelation = interrelación.*

interact [,ɪntər'ækt] *v. i.* **1 to ~ (with)** relacionarse (con) (personas). **2** intercomunicarse (máquinas, ordenadores, personas, etc.). **3** influirse, interaccionar (átomos, células, etc.).

interaction [,ɪntər'ækʃn] *s. i.* interacción; intercomunicación; influencia recíproca.

interactive [,ɪntər'æktɪv] *adj.* **1** recíproco, mutuo. **2** INF. interactivo.

intercede [,ɪntə'si:d || ,ɪntər'si:d] *v. i.* **to ~ (with/for)** interceder, mediar (ante/en favor de).

intercept [,ɪntə'sept || ,ɪntər'sept] *v. t.* **1** interceptar, detener; (arc.) atajar, impedir. **2** prevenir.

interception [,ɪntə'sepʃn] *s. i.* interceptación.

interceptor [,ɪntə'septər || ,ɪntərseptər] *s. c.* **1** MIL. avión de caza. **2** interceptor.

intercession [,ɪntə'seʃn || ,ɪntər'seʃn] *s. i.* **1** intercesión, mediación. • *s. c.* e *i.* **2** REL. oración, intercesión.

interchange [,ɪntə'tʃeɪndʒ || ,ɪntər'tʃeɪndʒ] *v. t.* e *i.* **1 to ~ (with)** intercambiar. • *s. c.* e *i.* **2** intercambio. • *s. c.* **3** cruce, intersección (en autopistas, carreteras).

interchangeable [,ɪntə'tʃeɪndʒəbl || ,ɪntər'tʃeɪndʒəbl] *adj.* intercambiable, permutable.

interchangeably [,ɪntə'tʃeɪndʒəblɪ || ,ɪntər'tʃeɪndʒəblɪ] *adv.* de forma intercambiable, indistintamente.

intercom ['ɪntəkɒm || 'ɪntərkɑ:m] *s. c.* interfono.

interconnect [,ɪntəkə'nekt] *v. t.* **1** interconectar, intercomunicar. • *v. i.* **2** intercomunicarse.

interconnected [ˌɪntəkə'nektɪd] *adj.* interconectado, intercomunicado.

interconnecting [ˌɪntəkə'nektɪŋ] *adj.* que interconecta, que comunica entre sí.

intercontinental ['ɪntəˌkɒntɪ'nentl || 'ɪntərˌkɑːntɪ'nentl] *adj.* intercontinental.

intercourse ['ɪntəkɔːs || 'ɪntərkɔːs] *s. i.* **1** (form.) relación, comunicación. **2** (form.) coito, cópula.

interdependence [ˌɪntədɪ'pendəns] *s. i.* interdependencia, dependencia mutua.

interdependent [ˌɪntədɪ'pendənt || ˌɪntərdɪ'pendənt] *adj.* interdependiente.

interdisciplinary [ˌɪntəˌdɪsə'plɪnərɪ || ˌɪntər'dɪsəplənerɪ] *adj.* interdisciplinar.

interest ['ɪntrɪst] *s. c.* e *i.* **1** interés, preocupación, afán. • *s. i.* **2** interés, atención, curiosidad. **3** COM. interés, rédito. • *s. c.* **4** interés, afición, pasatiempo. **5** interés, beneficio, provecho. **6** COM. acción, participación, parte (en un negocio). **7** COM. sector, grupo de presión (financiero): *the landed interest = los terratenientes.* • *s. pl.* **8** intereses, conexiones financieras: *politicians should declare their interests = los políticos deberían hacer declaración de intereses.* • *v. t.* **9** interesar, preocupar. **10 (to ~ in)** interesar en, llamar la atención sobre, persuadir de. ◆ **11 to have someone's interests at heart,** tener un enorme interés por alguien, tener a alguien en mente. **12 in the interests of,** en interés de, en beneficio. **13 ~ rate,** tipo de interés. **14 vested ~, ⇒ vested.**

interested ['ɪntrɪstɪd] *adj.* **1** interesado, preocupado. **2** interesado (por provecho propio).

interest-free ['ɪntrɪstˌfriː] *adj.* **1** COM. libre de interés, sin interés. • *adv.* **2** sin interés.

interesting ['ɪntrɪstɪŋ] *adj.* interesante.

interestingly ['ɪntrɪstɪŋlɪ] *adv.* curiosamente.

interface ['ɪntəfeɪs] *s. c.* **1** (form.) zona de interconexión, frontera común. **2** INF. interfaz. • *v. t.* e *i.* **3** INF. interconectar.

interfere [ˌɪntə'fɪər] *v. i.* **1 to ~ (in)** (desp.) interferir, interponerse, ingerirse, entrometerse (en). **2** interrumpir, intervenir (en una conversación). **3** tropezar, golpearse una pata con otra (los caballos). **4** ELECTR. interferir (las ondas). **5** DEP. bloquear, obstruir (antirreglamentariamente). ◆ **6 to ~ with, a)** estorbar, obstaculizar, obstruir; **b)** estar en contra de, chocar con (intereses); **c)** husmear, curiosear, revolver, tocar (algo no permitido); **d)** practicar abusos deshonestos a (niños).

interference [ˌɪntə'fɪərəns || ˌɪntər'fɪərəns] *s. i.* **1** interferencia, ingerencia, intromisión. **2** interrupción, intervención. **3** ELECTR. interferencia. **4** DEP. bloqueo, obstrucción (antirreglamentaria).

interfering [ˌɪntə'fɪərɪŋ] *adj.* entrometido, curioso.

intergovernmental [ˌɪntə'gʌvəmentl] *adj.* intergubernamental.

interim ['ɪntərɪm] *adj.* **1** interino, provisional. • *s. sing.* **2** ínterin, intermedio, intervalo. ◆ **3 in the ~,** entre tanto, provisionalmente.

interior [ɪn'tɪərɪər] *s. c.* **1** interior. • *adj.* **2** interior, interno, tierra adentro. **3** (form.) interior, profundo, secreto (un pensamiento). ◆ **4 ~ decorator,** diseñador de interiores, interiorista.

interject [ˌɪntə'dʒekt || ˌɪntər'dʒekt] *v. t.* (form.) intercalar, interponer, insertar.

interjection [ˌɪntə'dʒekʃn || ˌɪntər'dʒekʃn] *s. c.* e *i.* **1** (form.) observación, intervención, interrupción. • *s. c.* **2** GRAM. exclamación, interjección.

interlaced [ˌɪntə'leɪst || ˌɪntər'leɪst] *adj.* entrelazado.

interlink [ˌɪntə'lɪŋk || ˌɪntər'lɪŋk] *v. t.* **to ~ (with)** enlazar, relacionar.

interlinked [ˌɪntə'lɪŋkt] *adj.* enlazado, relacionado.

interlock [ˌɪntə'lɒk || ˌɪntər'lɑːk] *v. t.* **1** entrelazar. **2** INF. interbloquear, trabar con intercierre. • *v. i.* **3** entrelazarse. • *s. i.* **4** INF. interbloqueo.

interlocutor [ˌɪntə'lɒkjutər || ˌɪntər'lɑːkjutər] *s. c.* (form.) interlocutor.

interloper ['ɪntələupər || 'ɪntərləupər] *s. c.* **1** (desp.) intruso. **2** COM. comerciante sin licencia.

interlude ['ɪntəluːd || 'ɪntərluːd] *s. c.* **1** intervalo. **2** descanso, intermedio, entreacto (en el teatro, un concierto). **3** MÚS. interludio. **4** entremés (que se representaba en el entreacto de obras teatrales en el s. XVI).

intermarriage [ˌɪntə'mærɪdʒ || ˌɪntər'mærɪdʒ] *s. i.* **1** matrimonio entre clases sociales, razas o religiones diferentes. **2** matrimonio entre parientes.

intermarry [ˌɪntə'mærɪ || ˌɪntər'mærɪ] *v. i.* **1** casarse con miembros de clases, razas o religiones diferentes. **2** casarse entre parientes.

intermediary [ˌɪntə'miːdjərɪ || ˌɪntər'miːdɪerɪ] *s. c.* **1** intermediario, mediador. **2** intermedio, etapa intermedia.

intermediate [ˌɪntə'miːdjət || ˌɪntər'miːdjət] *adj.* **1** intermedio, de la etapa intermedia. • *v. i.* **2** mediar, hacer de intermediario.

interment [ɪn'tɜːmənt || ɪn'tɜːmənt] *s. c.* e *i.* (form.) entierro, funeral, sepelio, enterramiento.

interminable [ɪn'tɜːmɪnəbl || ɪn'tɜːrmɪnəbl] *adj.* interminable, inacabable, eterno.

interminably [ɪn'tɜːmɪnəblɪ] *adv.* interminablemente, eternamente, de forma inacabable.

intermingle [ˌɪntə'mɪŋgl || ˌɪntər'mɪŋgl] *v. i.* **to ~ (with)** mezclarse, entremezclarse.

intermission [ˌɪntə'mɪʃn || ˌɪntər'mɪʃn] (en EE UU **interval**) *s. c.* intermedio, entreacto, descanso (en el teatro, el cine).

intermittent [ˌɪntə'mɪtənt || ˌɪntər'mɪtənt] *adj.* intermitente.

intermittently [ˌɪntə'mɪtəntlɪ] *adv.* intermitentemente, a intervalos regulares.

intern [ɪn'tɜːn || ɪn'tɜːrn] *v. t.* **1** internar, recluir, confinar (a alguien peligroso en tiempo de guerra). • ['ɪntɜːn] *s. c.* **2** (EE UU) interno, médico residente. **3** (EE UU) profesor en prácticas. **4** interno, recluso.

internal [ɪn'tɜːnl || ɪn'tɜːrnl] *adj.* **1** interno. **2** interior, nacional: *Minister of Internal Affairs = Ministro del Interior.* ◆ **3 ~ combustion engine,** motor de combustión interna. **4 ~ rate of return,** tasa de rentabilidad interna, tasa de rendimiento interno.

internally [ɪn'tɜːnəlɪ || ɪn'tɜːrnəlɪ] *adv.* interiormente, internamente.

internalize [ɪn'tɜːnəlaɪz || ɪn'tɜːrnəlaɪz] (también **internalise**) *v. t.* interiorizar, incorporar (experiencias, ideas).

internalization [ɪnˌtɜːnəlaɪ'zeɪʃn || ɪnˌtɜːrnələ'zeɪʃn] (también **internalisation**) *s. i.* interiorización, incorporación (de ideas, experiencias).

international [ˌɪntə'næʃənl || ˌɪntər'næʃənl] *adj.* **1** internacional. ◆ **2 ~ relations,** relaciones internacionales.

internationally [ˌɪntə'næʃənəlɪ] *adv.* internacionalmente.

internationalism [ˌɪntə'næʃnəlɪzəm || ˌɪntər'næʃnəlɪzm] *s. i.* internacionalismo.

internecine [ˌɪntə'niːsaɪn || ˌɪntər'niːsaɪn] *adj.* (form.) intestino, interno (una lucha, un conflicto).

internee [ˌɪntɜː'niː || ˌɪntɜːr'niː] *s. c.* interno, recluso, prisionero.

Internet ['ɪntənet] *s. c.* Internet.

internment [ɪn'tɜːnmənt || ɪn'tɜːrnmənt] *s. i.* internamiento, reclusión, confinamiento, prisión.

interpersonal [ˌɪntə'pɜːsənəl || ˌɪntər'pɜːrsənəl] *adj.* interpersonal, entre personas.

interplay ['ɪntəpleɪ || ˌɪntər'pleɪ] *s. i.* interacción, influencia mutua.

interpolate [ɪn'tɜːpəleɪt || ɪn'tɜːrpəleɪt] *v. t.* **1** (form.) interpolar, intercalar, añadir (un comentario). **2** intercalar, interpolar, insertar (material nuevo en un texto).

interpolation [ɪnˌtɜːpə'leɪʃn || ɪnˌtɜːrpə'leɪʃn] *s. c.* e *i.* (form.) interpolación, inserción (de material nuevo en un texto).

interpose [ˌɪntə'pəuz || ˌɪntər'pəuz] *v. i.* **1 to ~ (in)** interponerse, ponerse en medio, meterse (en). • *v. t.* **2** interpolar, intercalar (un comentario).

interpret [ɪn'tɜːprɪt || ɪn'tɜːrprɪt] *v. t.* **1** interpretar, entender. **2** interpretar (música, teatro). **3** interpretar, desentrañar, descifrar (un sueño, una obra artística). • *v. t.* **4** traducir simultáneamente (otra lengua). • *v. i.* **5** interpretar, hacer de intérprete.

interpretation [ɪnˌtɜːprɪ'teɪʃn || ɪnˌtɜːrprɪ'teɪʃn] *s. c.* e *i.* **1** interpretación, explicación. **2** interpretación (de una obra teatral o musical). **3** interpretación, trabajo de intérprete.

interpretative [ɪn'tɜːprɪtətɪv || ɪn'tɜːrprəteɪtɪv] (también **interpretive**) *adj.* interpretativo, explicativo.

interpreter [ɪn'tɜːprɪtər || ɪn'tɜːrprɪtər] *s. c.* **1** intérprete, traductor. **2** intérprete, ejecutante (de una obra artística). **3** INF. intérprete, procesador de lenguaje; programa.

interpretive [ɪn'tɜːprətɪv] *adj.* ⇒ **interpretative.**

interregnum [ˌɪntə'regnəm] (*pl.* **interregnums** o **interregna**) *s. c.* interregno (monárquico, parlamentario).

interrelate [ˌɪntərɪ'leɪt] *v. t.* interrelacionar.

interrelationship [ˌɪntərɪ'leɪʃnʃɪp] *s. c.* interrelación, conexión (entre cosas).

interrogate [ɪn'terəgeɪt] *v. t.* **1** interrogar (a veces con violencia). **2** INF. interrogar, conseguir información de, enviar señal a (para que se inicie una respuesta).

interrogation [ɪnˌterə'geɪʃn] *s. c.* e *i.* **1** interrogatorio (a veces con violencia). **2** GRAM. interrogación.

interrogative [ˌɪntə'rɒgətɪv || ˌɪntə'rɑːgətɪv] *adj.* **1** GRAM. interrogativo. • *s. c.* **2** GRAM. interrogativa (una frase); interrogativo (una palabra).

interrogator [ɪn'terəgeɪtər] *s. c.* interrogador.

interrupt [ˌɪntə'rʌpt] *v. t.* **1** interrumpir, cortar. **2** molestar.

interruption [ˌɪntə'rʌpʃn] *s. c.* e *i.* **1** interrupción. **2** molestia.

intersect [ˌɪntə'sekt || ˌɪntər'sekt] *v. i.* **1** intersectar, formar una intersección. • *v. t.* **2** formar una intersección con.

intersection [ˌɪntə'sekʃn || ˌɪntər'sekʃn] *s. c.* **1** intersección, cruce (de calles, carreteras). • *s. i.* **2** intersección.

intersperse [ˌɪntə'spɜːs || ˌɪntər'spɜːs] *v. t.* **to be interspersed with,** estar entremezclado con.

interstate [ˌɪntə'steɪt || ˌɪntər'steɪt] *adj.* **1** (EE UU) interestatal. • *s. c.* **2** carretera interestatal.

interstellar [ˌɪntə'stelər || ˌɪntər'stelər] *adj.* interestelar.

interstice [ɪn'tɜːstɪs || ɪn'tɜːrstɪs] *s. c.* (gen. *pl.*) (form.) intersticio, resquicio (entre objetos).

intertwine [ˌɪntə'twaɪn || ɪntər'twaɪn] *v. t.* **1** entretejer, entrelazar, entrecruzar. • *v. i.* **2** entretejerse, entrelazarse, entrecruzarse.

interval ['ɪntəvl || 'ɪntərvl] *s. c.* **1** intervalo, paréntesis, pausa. **2** (EE UU) descanso, entreacto, intermedio (en el teatro). **3** MÚS. intervalo. ◆ **4 at intervals,** a intervalos. **5 at weekly/ monthly intervals,** semanalmente/ mensualmente. **6 at regular intervals,** regularmente. **7 at rare intervals,** de tarde en tarde.

intervene [ˌɪntə'viːn || ˌɪntər'viːn] *v. i.* **1 to ~ (in)** intervenir, mediar en (para evitar conflicto). **2** surgir, acontecer, sobrevenir: *but war intervened = pero sobrevino la guerra.* **3** intervenir, participar (en una conversación). **4** transcurrir, mediar (tiempo). **5** DER. interponer demanda de tercería.

intervening [ˌɪntə'viːnɪŋ || ˌɪntər'viːnɪŋ] *adj.* intermedio: *the intervening years = los años intermedios.*

intervention [ˌɪntə'venʃn || ˌɪntər'venʃn] *s. c.* e *i.* intervención, mediación (en un conflicto).

interview ['ɪntəvjuː || 'ɪntərvjuː] *s. c.* **1** entrevista. • *v. t.* **2** entrevistar.

interviewee [ˌɪntəvjuˈiː || ˌɪntərvju'iː] *s. c.* entrevistado.

interviewer ['ɪntəvjuːər || 'ɪntərvjuːər] *s. c.* entrevistador.

interweave [ˌɪntə'wiːv || ˌɪntər'wiːv] *v. t.* (*pret. irreg.* **interwove,** *p. p.* **interwoven**) **1** entretejer. **2** (fig.) entrelazar, unir firmemente.

interwove [ˌɪntə'wəuv] *pret.* de **interweave.**

interwoven [ˌɪntə'wəuvən] *p. p.* de **interweave.**

intestate [ɪn'testeɪt] *adj.* DER. intestado, sin testar: *he died intestate = murió sin testar.*

intestinal [ɪn'testɪnl] *adj.* intestinal.

intestine [ɪn'testɪn] *s. c.* **1** ANAT. intestino. ◆ **2 large ~,** ANAT. intestino grueso. **3 small ~,** ANAT. intestino delgado.

intimacy ['ɪntɪməsɪ] *s. i.* **1** intimidad, familiaridad. • *s. pl.* **2** (euf.) relaciones sexuales, relaciones íntimas. • *s. c.* **3** (gen. *pl.*) intimidad, secreto, interioridad: *talking about intimacies = charlando sobre intimidades.*

intimate ['ɪntɪmət] *adj.* **1** íntimo: *an intimate friend = un amigo íntimo.* **2** íntimo, cálido (un lugar). **3** (form.) detallado, profundo (un conocimiento). **4** íntimo, personal, privado (un pensamiento, una conversación). • *s. c.* **5** amigo íntimo, allegado. • ['ɪntɪmeɪt] *v. t.* **6** (form.) sugerir, insinuar, dar a entender. **7** proclamar, anunciar, notificar. ◆ **8 to be ~ with,** (euf.) hacer el amor con, tener relaciones sexuales con.

intimately ['ɪntɪmətlɪ] *adv.* **1** íntimamente, estrechamente. **2** confidencialmente, privadamente. **3** a fondo, profundamente.

intimation [ˌɪntɪ'meɪʃn] *s. c.* e *i.* **1** (form.) indicación, atisbo, sospecha. **2** sugerencia, indirecta, insinuación.

intimidate [ɪn'tɪmɪdeɪt] *v. t.* **1** intimidar, atemorizar, acobardar, amilanar, amedrentrar. **2** (fig.) imponer respeto.

intimidated [ɪn'tɪmɪdeɪtɪd] *adj.* intimidado, amedrentado, atemorizado, amilanado, acobardado.

intimidating [ɪn'tɪmɪdeɪtɪŋ] *adj.* intimidador, atemorizador.

intimidation [ɪnˌtɪmɪ'deɪʃn] *s. c.* e *i.* intimidación, atemorización, amilanamiento.

into ['ɪntu] *prep.* **1** a, en: *to come into the kitchen = entrar en la cocina; to get into trouble = meterse en dificultades.* **2** hasta: *the party continued into the next day = la fiesta se prolongó hasta el día siguiente.* **3** con: *he bumped into me = tropezó conmigo.*

intolerable [ɪn'tɒlərəbl || ɪn'tɑːlərəbl] *adj.* intolerable, insoportable, insufrible, inaguantable.

intolerably [ɪn'tɒlərəblɪ] *adv.* intolerablemente, insoportablemente.

intolerance [ɪn'tɒlərəns] *s. i.* intolerancia, intransigencia.

intolerant [ɪn'tɒlərənt || ɪn'tɑːlərənt] *adj.* intolerante, intransigente.

intonation [ˌɪntə'neɪʃn] *s. c.* e *i.* FON. entonación, inflexión, modulación.

intone [ɪn'təun] *v. t.* e *i.* entonar.

intoxicant [ɪn'tɒksɪkənt || ɪn'tɑːksɪkənt] *s. c.* (form.) bebida intoxicante, bebida alcohólica.

intoxicated [ɪn'tɒksɪkeɪtɪd] *adj.* **1** (form. y hum.) ebrio, beodo, borracho. **2** (fig.) embriagado, excitado: *intoxicated with happiness = embriagado de felicidad.*

intoxicating [ɪnˌtɒksɪkeɪtɪŋ] *adj.* **1** alcohólico, embriagante. **2** (fig.) embriagador, excitante, vivificante.

intoxication [ɪnˌtɒksɪ'keɪʃn || ɪn'tɑːksɪ'keɪʃn] *s. c.* e *i.* **1** intoxicación etílica, embriaguez. **2** (fig.) excitación, embriaguez.

intractable [ɪn'træktəbl] *adj.* **1** (form.) problemática, espinosa, difícil (una situación). **2** intratable, obstinado, terco, cabezota. **3** MED. intratable, incurable.

intranet ['ɪntrənet] *s. c.* intranet.

intransigence [ɪn'trænsɪdʒəns] *s. i.* intransigencia, intolerancia.

intransitive [ɪn'trænsətɪv] *adj.* GRAM. intransitivo.

intravenous [ˌɪntrə'viːnəs] *adj.* MED. intravenoso.

intravenously [ˌɪntrə'viːnəslɪ] *adv.* por vía intravenosa.

in-tray ['ɪntreɪ] *s. c.* bandeja de entrada (para documentos sin tramitar).

intrepid [ɪn'trepɪd] *adj.* (lit.) intrépido, decidido, valiente.

intrepidly [ɪn'trepɪdlɪ] *adv.* (lit.) intrépidamente, decididamente, valientemente.

intricacy ['ɪntrɪkəsɪ] *s. i.* **1** intrincamiento, complejidad. • *s. c.* **2** entresijo, pormenor.

intricate ['ɪntrɪkət] *adj.* intrincado, complejo, enrevesado, complicado.

intricately ['ɪntrɪkətlɪ] *adv.* intrincadamente, de forma complicada, de forma elaborada.

intrigue [ɪn'triːg] *v. t.* **1** intrigar, despertar curiosidad en. • *v. i.* **2** (**to ~ {against}**) intrigar, maquinar, conspirar (contra). • ['ɪntriːg] *s. c.* e *i.* **3** intriga, conspiración, maquinación. **4** intriga amorosa, lío amoroso. **5** LIT. trama, intriga.

intrigued [ɪn'triːgd] *adj.* intrigado, interesado.

intriguing [ɪn'triːgɪŋ] *adj.* intrigante, interesante.

intriguingly [ɪn'triːgɪŋlɪ] *adv.* curiosamente.

intrinsic [ɪn'trɪnsɪk] *adj.* intrínseco, inherente.

intrinsically [ɪn'trɪnsɪklɪ] *adv.* intrínsecamente, inherentemente.

introduce [ˌɪntrə'djuːs || ˌɪntrə'duːs] *v. t.* **1** (**to ~ {to}**) presentar: *she introduced me to her friend = me presentó a su amiga.* **2** (**to ~ {to/into}**) introducir, poner de moda, implantar, lanzar (un producto). **3** introducir, establecer, implantar (una ley, un procedimiento). **4** introducir, dar entrada a, dar comienzo a. **5** mencionar, sacar a colación (un tema). **6** prologar, introducir (un libro). **7** introducir, iniciar (a alguien en una materia nueva). ◆ **8 to ~ (something) into,** (form.) introducir (algo) en, insertar (algo) en, meter (algo) en.

introduction [ˌɪntrə'dʌkʃn] *s. i.* **1** introducción, lanzamiento, presentación (de un producto). **2** introducción, inserción. **3** iniciación (en una materia nueva). ● *s. c.* **4** (gen. *pl.*) presentación: *Sue made the introductions = Sue hizo las presentaciones.* **5** carta de presentación. **6** introducción (de un libro). **7** importación (de animales o plantas nuevas para un país): *tobacco is an introduction from America = el tabaco es una importación de América.*

introductory [ˌɪntrə'dʌktərɪ] *adj.* introductorio, preliminar.

introit [ˌɪntrɔɪt] *s. c.* introito.

introspection [ˌɪntrə'spekʃn] *s. i.* introspección.

introspective [ˌɪntrə'spektɪv] *adj.* introspectivo.

introvert ['ɪntrəvəːt || 'ɪntrəvəːrt] *s. c.* introvertido.

introverted [ˌɪntrə'vəːtɪd || 'ɪntrəvəːrtɪd] *adj.* introvertido.

intrude [ɪn'truːd] *v. i.* **1** (**to ~ {into/on/upon}**) molestar; interrumpir; inmiscuirse (en). **2** entrar ilegalmente.

intruder [ɪn'truːdər] *s. c.* intruso; entrometido; transgresor.

intrusion [ɪn'truːʒn] *s. c.* e *i.* **1** intrusión; intromisión; invasión. **2** DER. allanamiento. **3** interrupción, molestia.

intrusive [ɪn'truːsɪv] *adj.* intruso; entrometido.

intuit [ɪn'tjuːɪt] *v. t.* intuir.

intuition [ˌɪntjuː'ɪʃn] *s. c.* e *i.* intuición, instinto.

intuitive [ɪn'tjuːɪtɪv || ɪn'tuːɪtɪv] *adj.* intuitivo, instintivo.

intuitively [ɪn'tjuːɪtɪvlɪ] *adv.* intuitivamente, instintivamente.

inundate ['ɪnʌndeɪt] *v. t.* **1** inundar, cubrir de agua, anegar, encharcar. **2** (fig.) inundar, abrumar (con preguntas, regalos): *we have been inundated with calls = nos han inundado con llamadas.*

inure [ɪ'njʊər] *v. t.* (**to ~ to**) habituar a, acostumbrar a (cosas desagradables).

inured [ɪ'njʊəd] *adj.* habituado, acostumbrado, endurecido.

invade [ɪn'veɪd] *v. t.* **1** invadir (un país). **2** (fig.) invadir: *we invaded his office = invadimos su oficina.* **3** alterar, destruir (la paz, la intimidad). ● *v. i.* **4** invadir.

invader [ɪn'veɪdər] *s. c.* invasor.

invading [ɪn'veɪdɪŋ] *adj.* invasor.

invalid [ɪn'vælɪd] *adj.* **1** falso, erróneo (una conclusión). **2** DER. inválido, nulo (un matrimonio, elecciones). ● ['ɪnvəliːd] *s. c.* **3** inválido, impedido. ● *v. t.* **4 to ~ somebody out,** (brit.) (gen. *pas.*) dar de baja por invalidez; MIL. licenciar por enfermedad.

invalidate [ɪn'vælɪdeɪt] *v. t.* DER. invalidar, anular (una ley, una conclusión, un matrimonio).

invalidity [ˌɪnvə'lɪdɪtɪ] *s. i.* **1** invalidez, nulidad. **2** invalidez (física).

invaluable [ɪn'væljuəbl] *adj.* inestimable, de gran valor, de incalculable utilidad.

invariable [ɪn'veərɪəbl] *adj.* invariable, constante.

invariably [ɪn'veərɪəblɪ] *adv.* invariablemente, habitualmente, siempre.

invasion [ɪn'veɪʒn] *s. c.* e *i.* **1** MIL. invasión. **2** intromisión, intrusión, irrupción. ◆ **3 ~ of privacy,** intromisión en la vida privada.

invective [ɪn'vektɪv] *s. i.* (form.) improperios.

inveigh [ɪn'veɪ] *v. t.* **to ~ (against)** (form.) condenar, reprobar, censurar.

inveigle [ɪn'veɪgl] *v. t.* (**to ~ someone into +** *ger.*) (form.) engatusar, embaucar, seducir, persuadir con lisonjas.

invent [ɪn'vent] *v. t.* inventar.

invention [ɪn'venʃən] *s. i.* **1** invención. **2** inventiva, ingenio. ● *s. c.* **3** invención, invento. **4** mentira, falsedad.

inventive [ɪn'ventɪv] *adj.* ingenioso, creativo.

inventiveness [ɪn'ventɪvnɪs] *s. i.* inventiva, ingenio, creatividad.

inventor ['ɪnvəntər] *s. c.* inventor, creador.

inventory ['ɪnvəntrɪ || 'ɪnvəntɔːrɪ] *s. c.* **1** inventario. **2** existencias, artículos en existencia. ● *v. t.* **3** inventariar, hacer inventario de.

inverse [ˌɪn'vəːs || ˌɪn'vəːrs] *s. sing.* **1** (form.) lo contrario, lo opuesto. ● *adj.* **2** (form.) inverso, indirecto. **3** invertido, cambiado, del revés.

inversion [ɪn'vəːʃn || ɪn'vəːrʃən] *s. c.* e *i.* **1** inversión, alteración, transmutación. **2** inversión sexual, homosexualidad.

invert [ɪn'vəːt || ɪn'vəːrt] *v. t.* **1** (form.) invertir, alterar. **2** poner del revés, poner boca abajo.

inverted [ɪn'vəːtɪd] *adj.* **1** invertido. ◆ **2 ~ commas,** comillas. **3 in ~ commas,** (fig.) entre comillas (por no decir lo contrario oralmente).

invertebrate [ɪn'vəːtɪbrət || ɪn'vəːrtɪbreɪt] *s. c.* **1** invertebrado. ● *adj.* **2** invertebrado.

invest [ɪn'vest] *v. t.* **1 to ~ (in)** FIN. invertir en. **2** (fig.) invertir, dedicar (tiempo). ● *v. i.* **3** invertir. ◆ **4 to ~ somebody with,** (gen. *pas.*) investir a alguien con, conferir a alguien (un poder, una medalla); (fig.) otorgar, conceder.

investigate [ɪn'vestɪgeɪt] *v. t.* e *i.* **1** investigar, indagar. **2** investigar, estudiar.

investigation [ɪnˌvestɪ'geɪʃn] *s. c.* e *i.* **1 ~(into)** investigación, indagación, averiguación (de). **2** investigación, estudio, análisis, examen (de).

investigative [ɪn'vestɪgeɪtɪv || ɪn'vestɪgətɪv] *adj.* **1** investigador. **2** de investigación: *investigative journalism = periodismo de investigación.*

investigator [ɪn'vestɪgeitər] *s. c.* investigador.

investiture [ɪn'vestɪtʃər] *s. c.* investidura.

investment [ɪn'vestmənt] *s. c.* e *i.* **1** FIN. inversión. **2** inversión, dedicación (de tiempo, esfuerzo). ● *s. c.* **3** investidura (ceremonia). ◆ **4 ~ bank,** banco de negocios.

investor [in'vestər] *s. c.* inversor.

inveterate [ɪn'vetərət] *adj.* inveterado; empedernido; arraigado: *an inveterate smoker = un fumador empedernido.*

invidious [ɪn'vɪdɪəs] *adj.* **1** odioso, fastidioso (de actividades o empleos impopulares). **2** injusto. **3** discriminatorio.

invigilate [ɪn'vɪdʒɪleit] *v. t.* e *i.* (brit.) vigilar (un examen).

invigilator [ɪn'vɪdʒɪleɪtər] *s. c.* (brit.) vigilante.

invigorated [ɪn'vɪgəreɪtɪd] *adj.* revigorizado, revitalizado.

invigorating [ɪn'vɪgəreɪtɪŋ] *adj.* revigorizante, revitalizante, estimulante.

invincible [ɪn'vɪnsəbl] *adj.* **1** invencible, irreductible. **2** inexpugnable. **3** inamovible (creencias, actitudes, convicciones).

invincibly [ɪn'vɪnsiblɪ] *adv.* **1** de modo incuestionable. **2** de forma inamovible.

inviolability [ɪnˌvaɪələ'bɪlɪtɪ] *s. i.* inviolabilidad.

inviolable [ɪn'vaɪələbl] *adj.* inviolable (leyes, principios).

inviolate [ɪn'vaɪəlɪt] *adj.* (form.) intacto, inviolado.

invisibility [ɪnˌvɪzə'bɪlɪtɪ] *s. i.* invisibilidad.

invisible [ɪn'vɪzəbl] *adj.* **1** invisible. **2** FIN. invisible, no declarado (ganancias, exportaciones): *invisible assets = activos invisibles.* ◆ **3 ~ ink,** tinta simpática.

invisibly [ɪn'vɪzəblɪ] *adv.* invisiblemente.

invitation [ˌɪnvɪ'teɪʃən] *s. c.* **1** invitación, convite: *invitation card = tarjeta de invitación.* **2** estímulo, tentación. ◆ **3 an open ~,** un reclamo, una invitación: *an unlocked door is an open invitation to burglary = una puerta sin cerrar es una invitación al robo.*

invite [in'vaɪt] *v. t.* **1** (**to ~ +** *o.* **+ to/for**) invitar a, convidar a. **2** pedir, solicitar (solicitudes). **3** propiciar (la crítica). **4** provocar (problemas). ● ['ɪnvaɪt] *s. c.* **5** (fam.) invitación escrita.

inviting [ɪn'vaitɪŋ] *adj.* **1** atractivo, sugerente; provocativo, seductor. **2** apetitoso (un alimento).

invitingly [ɪn'vaɪtɪŋli] *adv.* apetitosamente; tentadoramente; incitantemente.

in vitro fertilization [ˌɪn 'viːtrəʊ ˌfəːtɪlaɪ'zeɪʃn] *s. i.* fecundación in vitro.

invocation [ɪnvə'keiʃən] *s. i.* **1** invocación. ● *s. c.* **2** oración, invocación. **3** conjuro, encantamiento.

invoice ['ɪnvɔɪs] *s. c.* **1** factura. ● *v. t.* **2** pasar factura a, enviar factura a.

invoke [ɪn'vəuk] *v. t.* **1** (form.) recurrir a, alegar, acogerse a (una ley). **2** in-

vocar, apelar a (un principio). **3** invocar, orar (a Dios). **4** conjurar (a los espíritus). **5** provocar (sentimientos). **6** suplicar, implorar (ayuda).
involuntarily [ɪn'vɒləntərɪlɪ] *adv.* involuntariamente, sin intención.
involuntary [ɪn'vɒləntərɪ] *adj.* **1** involuntario, espontáneo. **2** automático, sin control.
involve [ɪn'vɒlv || ɪn'vɔːlv] *v. t.* **1** implicar, involucrar: *she was trying to involve us in her affairs = trataba de involucrarnos en sus asuntos.* **2** conllevar, implicar, suponer (una situación, una actividad): *the job involves travelling = el puesto conlleva viajar.* **3** afectar, incluir: *the accident involved a car and a cyclist = en el accidente se vieron envueltos un automóvil y un ciclista.* **5** absorber, acaparar (la atención). **6** envolver, embalar.
involved [ɪn'vɒlvd] *adj.* **1** comprometido, involucrado (en una actividad, situación). **2** liado, comprometido (sexualmente). **3** interesado, en juego: *the political parties involved = los partidos políticos en juego.* **4** complicado, complejo, enrevesado, confuso.
involvement [ɪn'vɒlvmənt || ɪn'vəlvmənt] *s. i.* **1** participación; implicación; compromiso. • *s. c.* **2** (fam.) relación amorosa, lío amoroso.
invulnerability [ɪn,vʌlnərə'bilɪti] *s. i.* invulnerabilidad.
invulnerable [ɪn'vʌlnərəbəl] *adj.* invulnerable.
inward ['ɪnwəd] *adj.* **1** interior, interno. **2** privado, secreto, íntimo (un pensamiento, un sentimiento). **3** íntimo, familiar. • (también **inwards**) *adv.* **4** hacia dentro, hacia el interior.
inward-looking ['ɪnwədlukiŋ] *adj.* **1** introspectivo. **2** introvertido.
inwardly ['ɪnwədlɪ] *adv.* **1** interiormente. **2** para sus adentros, para sí.
inwards ['ɪnwədz] *adv.* ⇒ **inward.**
iodine ['aɪədiːn] *s. i.* yodo.
ion ['aiən] *s. c.* FÍS. ión.
ionize ['aiənaiz] *v. t.* e *i.* ionizar.
ionosphere [ai'ənəsfɪeː] *s. c.* ionosfera.
iota [ai'əutə] *s. c.* **1** pizca, ápice. **2** iota, novena letra del alfabeto griego.
IOU ['aɪəu'juː] *s. c.* **I owe you,** pagaré, vale: *an IOU for 300 pounds = un pagaré por valor de 300 libras.*
IQ [aikjuː] (siglas de **intelligence quotient**) *s. c.* cociente o coeficiente intelectual (CI).
IRA [aɪɑr'eɪ] *s. c.* IRA, Ejército Republicano Irlandés.
Iran [ɪ'rɑːn] *s. sing.* Irán.
Iranian [ɪ'reɪnjən] *adj.* **1** iraní. • *s. c.* e *i.* **2** iraní (habitante, lengua).
Iraq [ɪ'rɑːk] *s. sing.* Irak, Iraq.
Iraqi [ɪ'rɑːki] *adj.* **1** iraquí. • *s. c.* e *i.* **2** iraquí (habitante, lengua).
irascible [ɪ'ræsɪbl] *adj.* irascible, irritable.
irate [aɪ'reɪt] *adj.* airado, indignado, furioso.
ire ['aɪə] *s. i.* (lit.) ira, cólera.
Ireland ['aɪələnd] *s. sing.* Irlanda.
iridiscent [ɪrɪ'desnt] *adj.* iridiscente, tornasolado, irisado.
iris ['aiərɪs] *s. c.* **1** ANAT. iris. **2** BOT. lirio.
Irish ['aɪərɪʃ] *adj.* **1** irlandés. • *s. pl.* **2 the ~,** los irlandeses. • *s. i.* **3** irlandés (lengua).
Irishman ['aɪərɪʃmən] (*pl.* **Irishmen**) *s. c.* irlandés.
Irishwoman ['aɪərɪʃwumən] (*pl.* **Irishwomen**) *s. c.* irlandesa.
irk [əːk] *v. t.* molestar, fastidiar, irritar.
irksome ['əːksəm] *adj.* **1** molesto, pesado, fastidioso, irritante. **2** aburrido, tedioso.
iron ['aɪən] *s. i.* **1** MIN. hierro. **2** (fig.) acero, hierro: *nerves of iron = nervios de acero.* • *s. c.* **3** plancha. • *v. t.* **4** planchar. ◆ **5 to have many irons in the fire,** tener muchos asuntos entre manos. **6 to strike while the ~ is hot,** actuar mientras se está a tiempo, actuar en caliente.
iron-grey ['aiən'greɪ] *adj.* gris oscuro.
ironic [aɪ'rɒnɪk] (también **ironical**) *adj.* irónico.
ironical [aɪ'rɒnɪkl] *adj.* ⇒ **ironic.**
ironically [ai'rɒnɪkli] *adv.* irónicamente.
ironing ['aɪənɪŋ] *s. i.* **1** (**the** ~) el planchado de la ropa. **2** ropa planchada o para planchar.
ironing-board ['aɪənɪŋbɔːd] *s. c.* tabla de planchar.
ironmonger ['aɪən,mʌŋgər] *s. c.* **1** ferretería (tienda). **2** (brit.) ferretero.
ironmongery ['aɪən,mʌŋgəri] *s. i.* (brit.) objetos de ferretería.
ironstone ['aɪənstəun] *s. i.* MIN. mineral de hierro, siderita, oligisto.
ironwork ['aɪənwəːk] *s. i.* obras de hierro (verjas, balcones).
irony ['aiərəni] *s. i.* ironía.
irradiate [ɪ'reɪdɪeɪt] *v. t.* **1** irradiar, emitir (luz, energía, radioactividad). **2** MED. tratar con rayos X. **3** exponer a radioactividad.
irradiation [ɪ,reɪdɪ'eɪʃən] *s. i.* **1** irradiación (nuclear). **2** MED. terapia de irradiación.
irrational [ɪ'ræʃənl] *adj.* **1** irracional (un sentimiento, una actitud). **2** ilógico, absurdo. • *s. c.* **3** MAT. número irracional.
irrationality [ɪ,ræʃə'nælɪtɪ] *s. i.* irracionalidad.
irrationally [ɪ'ræʃnəlɪ] *adv.* irracionalmente.
irreconcilable [ɪ'rekənsaɪləbl] *adj.* **1** irreconciliable. **2** incompatible.
irredeemable [ɪrɪ'dɪːməbl] *adj.* **1** (p.u.) incorregible, incurable. **2** COM. no amortizable. **3** inconvertible (papel moneda).
irredeemably [,ɪrɪ'dɪːməbl] *adv.* sin remisión, sin arreglo.
irreducible [,ɪrɪ'djuːsəbl] *adj.* irreducible, irreductible.
irrefutable [ɪ'refjutəbl] *adj.* irrefutable, irrebatible, indiscutible.
irregular [ɪ'regjulər] *adj.* **1** irregular, desigual (una superficie). **2** asimétrica (una cara). **3** irregular; atípico; ilegal (un comportamiento, una actitud). **4** GRAM. irregular. **5** a intervalos irregulares. • *s. c.* **6** soldado irregular.
irregularity [ɪ,regju'læriti] *s. c.* **1** irregularidad, anomalía. **2** falta.
irregularly [ɪ'regjuləli] *adv.* irregularmente.
irrelevance [ɪ'relɪvəns] (también **irrelevancy**) *s. i.* **1** irrelevancia, improcedencia. • *s. c.* **2** nimiedad, cosa sin importancia.
irrelevancy [ɪ'relɪvənsɪ] *s. c.* e *i.* ⇒ **irrelevance.**
irrelevant [ɪ'relɪvənt] *adj.* que no viene al caso, irrelevante, no pertinente.
irrelevantly [ɪ'relɪvəntli] *adv.* sin venir a cuento.
irreligious [ɪrɪ'lɪdʒəs] *adj.* irreligioso, impío.
irremediable [ɪrɪ'miːdjəbl] *adj.* irremediable, irreparable, insubsanable.
irreparable [ɪ'repərəbl] *adj.* irreparable, irrecuperable.
irreplaceable [ɪrɪ'pleisəbl] *adj.* irreemplazable, insustituible.
irrepressible [ɪrɪ'presəbl] *adj.* **1** activo, enérgico, animoso (persona). **2** irreprimible, irrefrenable (cualidad).
irrepressibly [ɪrɪ'presəbli] *adv.* de modo irreprimible.
irreproachable [ɪrɪ,prəutʃəbl] *adj.* irreprochable, intachable (el carácter, los actos).
irresistible [ɪrɪ'zistəbl] *adj.* **1** irresistible (un deseo, una pasión). **2** fascinante, atrayente (una persona, una cosa). **3** inexorable.
irresistibly [ɪrɪ'zɪstəbli] *adv.* **1** irresistiblemente. **2** inexorablemente.
irresolute [ɪ'rezəluːt] *adj.* (form.) indeciso, vacilante, titubeante.
irrespective [iris'pektiv] *prep.* (~ **of**) con independencia de, sin consideración a.
irresponsibility ['ɪrɪs,pɒnsə'bɪlɪtɪ] *s. i.* irresponsabilidad.
irresponsible [ɪrɪs'pɒnsəbl] *adj.* **1** irresponsable (una persona). **2** irresponsable (un acto).
irresponsibly [ɪrɪs'pɒnsibli] *adv.* **1** de manera irresponsable.
irretrievable [ɪrɪ'triːvəbl] *adj.* irreparable, irremediable (un daño).
irretrievably [ɪrɪ'triːvəblɪ] *adv.* irremediablemente, sin remisión.
irreverence [ɪ'revərəns] *s. i.* irreverencia, falta de respeto.
irreverent [ɪ'revərənt] *adj.* **1** irreverente (en asuntos religiosos). **2** irrespetuoso, impertinente.
irreverently [ɪ'revərəntli] *adv.* **1** irrespetuosamente, de modo irreverente. **2** en plan de mofa.
irreversible [ɪrɪ'vəːsəbl] *adj.* **1** irreversible, irreparable (un daño). **2** irrevocable.
irreversibly [ɪrɪ'vəːsəbli] *adv.* de forma irreversible, de forma irreparable.
irrevocable [ɪ'revəkəbl] *adj.* irrevocable, inapelable, inalterable.
irrevocably [ɪ'revəkəbli] *adv.* irrevocablemente, sin remedio.
irrigate ['ɪrɪgeɪt] *v. t.* **1** AGR. regar. **2** MED. irrigar.
irrigated ['ɪrɪgeɪtid] *adj.* de regadío (tierras).

irrigation [ɪrɪ'geɪʃən] *s. i.* **1** AGR. riego. **2** MED. irrigación.
irritability [ˌɪrɪtə'bɪlɪtɪ] *s. i.* irritabilidad.
irritable ['ɪrɪtəbl] *adj.* **1** irritable, nervioso. **2** BIOL. excitable.
irritably ['ɪrɪtəbli] *adv.* con irritación, de mal humor.
irritant ['ɪrɪtənt] *s. c.* **1** (form.) irritación, circunstancia irritante. **2** irritante (una sustancia).
irritate ['ɪrɪteɪt] *v. t.* **1** irritar, exasperar. **2** MED. irritar (la piel, las mucosas). **3** BIOL. excitar.
irritated ['ɪrɪteɪtɪd] *adj.* **1** irritado. **2** MED. irritada (la piel).
irritating ['ɪrɪteɪtɪŋ] *adj.* irritante.
irritatingly ['ɪrɪteɪtɪŋgli] *adv.* de forma irritante.
irritation [ɪrɪ'teɪʃən] *s. i.* **1** irritación. ● *s. c.* **2** molestia, pega. **3** MED. picor, irritación.
is [iz] *v.* **1** 3a. persona sing. de **to be,** es, está. ◆ **2 Is.,** abreviatura de **Island, Islands, Isle** o **Isles,** isla, islas.
Islam ['ɪzlɑːm] *s. sing.* **1** El Islam (religión). **2** El Islam, los países musulmanes.
Islamic [ɪz'læmɪk] *adj.* islámico, mahometano, musulmán.
island ['aɪlənd] *s. c.* **1** isla. **2** isleta (en calles, aeropuertos). **3** (fig.) oasis, lugar de descanso. **4** ANAT. isla.
islander ['aɪləndər] *s. c.* isleño, insular.
isle [ail] *s. c.* (lit.) isla: *the British Isles = las Islas Británicas.*
islet ['aɪlɪt] *s. c.* islote, isleta.
isobar ['aɪsəubɑː] *s. c.* isobara.
isolate [aɪsəleɪt] *v. t.* **1** aislar, apartar, separar. **2** QUÍM. aislar (una sustancia, un elemento). **3** MED. poner en cuarentena. **4** marginar.
isolated ['aɪsəleɪtɪd] *adj.* **1** aislado, apartado, solitario (un lugar). **2** único, aislado (un caso).
isolation [aɪsə'leɪʃən] *s. i.* **1** aislamiento, incomunicación. **2** MED. aislamiento por cuarentena. ◆ **3 in** ~, independientemente, aisladamente.
isolationism [aɪsə'leɪʃənɪzəm] *s. i.* POL. aislacionismo.
isolationist [aɪsə'leɪʃənist] *s. c.* **1** POL. aislacionista. ● *adj.* **2** POL. aislacionista.
isomer [ˌaɪsəu'me] *s. c.* isómero.
isometric [ˌaɪsəu'metrɪk] *adj.* **1** isométrico. **2** MIN. cúbico. **3** perspectiva isométrica. ● *s. pl.* **4** isométricos (ejercicios gimnásticos).
isomorphic [ˌaɪsəu'mɔːfɪk] *adj.* isomorfo.
isosceles [aɪ'sɒsɪliːz] *adj.* isósceles.
isotope ['aɪsətəup] *s. c.* FÍS. isótopo.
Israel ['ɪzreiəl] *s. sing.* Israel.
Israeli [ɪz'reɪlɪ] *adj.* **1** israelí. ● *s. c.* **2** israelí.
issue ['ɪʃuː ‖ 'ɪsjuː] *s. c.* **1** asunto, cuestión, tema (de discusión). **2** emisión (de acciones, bonos, etc.). **3** emisión (de sellos, moneda). **4** número (de revista, periódico). **5** reparto, distribución, entrega. **6** desacuerdo, discusión. **7** (p.u. y form.) resultado, consecuencia. ● *s. i.* **8** MED. flujo, pérdida, emisión. **9** publicación, edición. **10** DER. descendencia, sucesión. **11** salida, partida. ● *s. pl.* **12** ganancias. ● *v. t.* **13** promulgar (un decreto). **14** entregar, dar, proveer (oficialmente). **15** emitir, poner en circulación (sellos, moneda). **16** publicar, editar. **17** distribuir, repartir. **18** expedir (documentos oficiales). **19** extender, librar (un cheque). **20** impartir (una orden). ● *v. i.* **21** emerger, brotar, salir, fluir. **22** (**to** ~ **from**) (fig.) proceder de, provenir de. **23** (**to** ~ **in**) resultar en. ◆ **24 at** ~, en cuestión; DER. causa para sentencia. **25 to cloud/confuse the** ~, irse por las ramas, salirse por la tangente. **26 to duck/evade the** ~, soslayar el problema, no querer abordar el tema. **27 to make an** ~ **of something,** crear un problema en torno a algo, hacer de algo un problema. **28 to take** ~ **with,** contradecir a, mostrar desacuerdo con, llevar la contraria a.
isthmus ['ɪsməs] *s. c.* **1** GEOG. istmo. **2** ANAT. istmo.
it [ɪt] *pron.* **1** (como *suj.* u *o.*) él, ella, ello; lo, la, le; eso, esa, esto, esta. ● *s. i.* **2** el que la liga o la lleva (en el juego del escondite): *you're it! = ¡tú la ligas!* **3** vermut italiano: *gin and it = ginebra con vermut.* **4** (fam.) el momento más importante, la hora de la verdad: *this is it! = ¡llegó la hora!* **5** (argot) sexo, coito; (arc.) atracción sexual, un no sé qué, tilín. **6 IT,** *abreviatura* de **Information Technology,** INF. Tecnología de la información. ◆ **7 catch** ~, ⇒ **catch. 8 to go** ~ **alone,** montárselo por su cuenta. **9 to have had** ~, ⇒ **have. 10 to have what** ~ **takes,** ser apto para. **11 that's** ~, eso es todo, y no hay más que decir; eso es, así es.
OBS. Se utiliza: **12** para sustituir a una cosa, a una idea, o a un grupo anteriormente mencionado: *take the photograph and show it to her = coge la fotografía y enséñasela (a ella);* **13** para personas o animales cuyo sexo se desconoce o no es importante: *they've had a baby! it was born yesterday = ¡han tenido un niño! nació ayer;* **14** como sujeto de un verbo impersonal (que se refiere al tiempo, distancia, hora): *it often rains in April = en abril llueve a menudo;* **15** para referirse a algo que no se menciona, pero se da por entendido: *he can't stand it = no lo puede soportar.* **16** como antecedente de un *suj.* u *o.* que va postergado: *it drives me crazy when he comes late = me pone enferma que llegue tarde; what's it like living in New York? = ¿cómo es la vida en Nueva York?; it's likely that he'll be there = es probable que esté allí;* **17** como *suj.* de **seem, appear, happen o look:** *it seems you've passed = parece que has aprobado; it looks as if she's angry = parece que está enfadada;* **18** para resaltar una parte de la oración: *it was him who sent it = fue él quien lo envió; it was yesterday when he sent it = fue ayer cuando lo envió.*
Italian [ɪ'tæljən] *adj.* **1** italiano. ● *s. c.* e *i.* **2** italiano (habitante, lengua).
italic [ɪ'tælɪk] *s. i.* **1** cursiva, bastardilla (la letra). ● *adj.* **2** cursiva, bastardilla. ◆ **3 in italics,** en cursiva o bastardilla.
Italy ['ɪtəli ‖ 'ɪtlɪ] *s. sing.* Italia.
itch [itʃ] *v. i.* **1** picar: *my back itches = me pica la espalda.* ● *s. c.* **2** picor, picazón, prurito. **3** (**the** ~) la sarna. ● *s. i.* **4** deseo imperioso. ◆ **5 to be itching to do something,** tener ganas de hacer algo, estar impaciente por hacer algo.
itchy ['ɪtʃɪ] *adj.* **1** (fam.) sensible al picor, que pica. **2** (fig.) ansioso, impaciente. ◆ **3 to have** ~ **feet,** ser un culo inquieto, estar deseando moverse o emprender un viaje o cambiar de sitio.
item ['aɪtəm] *s. c.* **1** cosa, artículo, objeto (de una serie). **2** vocablo, palabra. **3** asunto a tratar. **4** noticia, reportaje, artículo: *a news item = una noticia.* **5** COM. partida. ● *adv.* **6** (arc.) y, más, además, también.
itemize ['aɪtəmaɪz] (también **itemise)** *v. t.* pormenorizar los detalles de, detallar, especificar.
iterative ['ɪtərətɪv] *adj.* iterativo.
itinerant [aɪ'tɪnarant] *adj.* **1** ambulante, itinerante. ● *s. c.* **2** viajero, viajante (por razón de trabajo). ◆ **3** ~ **teacher,** profesor suplente, profesor interino.
itinerary [aɪ'tɪnərərɪ] *s. c.* **1** ruta, itinerario, plan de viaje. **2** guía de viaje.
its [ɪts] *adj. pos.* de 3.ª persona *sing.* su, sus (de una cosa, de un animal, de un lugar o de un niño): *the dog lifted its head = el perro levantó la cabeza.*
itself [ɪt'self] *pron. r.* y enfático de 3.ª persona *sing.* **1** mismo, él mismo, ella misma, ello mismo (una cosa, un animal, un lugar, un niño): *it is programmed to switch itself off = está programado para que se apague solo.* **2** sí mismo, se: *the computer selects the program itself = el mismo ordenador selecciona el programa.* **3** solo, por sí, en sí mismo: *the story itself is fairly banal = la historia en sí es bastante banal.* ◆ **4 by** ~, **a)** por sí solo, automáticamente; **b)** solo, solitario, aislado, separado: *the tree stands by itself in the garden = un solo árbol se eleva en el jardín.* **5 he is politiness/kindness, etc.** ~, es la educación/ la amabilidad, etc. en persona.
IUD [ˌaɪjuː'dɪː] (siglas de **Intrauterine Device**) *s. c.* DIU, dispositivo intrauterino.
ivory ['aɪvərɪ] *s. i.* **1** marfil. ● *s. c.* **2** colmillo de elefante. ● *s. pl.* **3** teclas de piano. **4** (fam.) dientes. ● *adj.* **5** de marfil, marfileño. ◆ **6** ~ **tower,** (fig.) torre de marfil.
ivy ['aɪvɪ] *s. i.* hiedra.

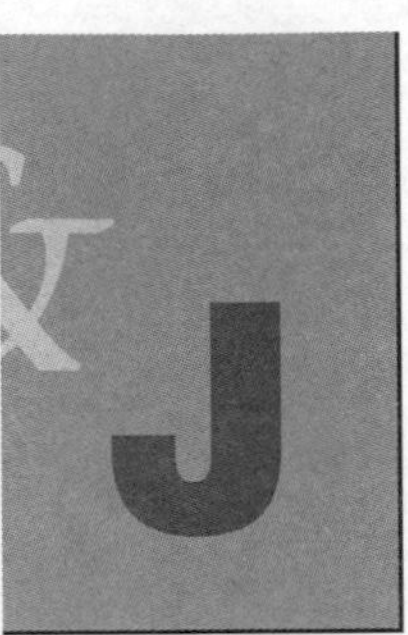

j, J [dʒeɪ] *s. c.* j, J (décima letra del alfabeto inglés).

jab [dʒæb] (*ger.* **jabbing,** *pret.* y *p. p.* **jabbed**) *v. t.* **1** pinchar, clavar. **2** golpear, presionar (con el dedo, o con algo punzante). • *s. c.* **3** pinchazo, punzada. **4** golpe brusco; presión (de algo punzante). **5** (brit.) (fam.) inyección. ◆ **6 to ~ at something,** golpear algo repetidamente, aporrear (con algo punzante): *jabbing at the computer keys = golpeando las teclas del ordenador.*

jabber ['dʒæbər] *v. i.* **1 to ~ (away)** farfullar, hablar atropelladamente, parlotear. • *v. t.* **2 to ~ (out)** mascullar, farfullar, decir atropelladamente. • *s. c.* **3** guirigay, bulla, jaleo, parloteo.

jack [dʒæk] *s. c.* **1** MEC. gato. **2** sacabotas. **3** sota (en baraja española); jota (en baraja francesa). **4** DEP. boliche. **5** jornalero; leñador. **6** marinero. **7** ZOOL. pollino, burro, borrico. **8** ZOOL. lucio. **9** ELEC. enchufe hembra. **10** MAR. bandera de proa. **11** (argot) pasta, (Am.) plata, pelas. **12** licor de manzana. • *v. t.* **13** pescar con farol o con antorcha. ◆ **14 every man ~,** todos y cada uno, absolutamente todos. **15 I'm all right, Jack,** (fam.) ¡paso de todo!, ¡y a mí que me importa! **16 to ~ in,** (brit.) dejar, abandonar (un trabajo, una actividad). **17 to ~ off,** (vulg. y argot) hacerse una paja, masturbarse. **18 to ~ up,** levantar, elevar (con gato); subir, elevar (los precios, la producción); apoyar, tener confianza en.

jackal ['dʒækɔːl || 'dʒækəl] *s. c.* **1** ZOOL. chacal. **2** cómplice, secuaz; mercenario. **3** sirviente, lacayo.

jackass ['dʒækæs] *s. c.* **1** (arc.) imbécil, estúpido, cretino, necio. **2** ZOOL. burro, asno, pollino.

jackboot ['dʒækbuːt] *s. c.* **1** bota militar (hasta la rodilla). ◆ **2 under the ~,** bajo la dictadura militar, bajo una política totalitaria.

jackdaw ['dʒækdɔː] *s. c.* ZOOL. grajilla.

jacket ['dʒækɪt] *s. c.* **1** chaqueta, americana, (Am.) saco; chaquetilla (de camarero). **2** forro, sobrecubierta (de un libro). **3** MEC. camisa (de un cilindro, de los pistones). **4** (EE UU) funda, cubierta (de un disco). **5** carpeta (de cartulina). **6** funda metálica (de una bala). • *v. t.* **7** envolver, cubrir, enfundar. ◆ **8 ~ potato,** patata asada con su piel.

jack-in-the-box ['dʒækɪnðəbɒks] *s. c.* caja sorpresa, caja con muñeco resorte (que salta al ser abierta).

jack-knife ['dʒæknaɪf] *s. c.* **1** navaja. **2** DEP. carpa, salto de la carpa (en natación). • *v. t.* e *i.* **3** derrapar (un camión articulado al perder el control). • *v. t.* **4** dar un navajazo a.

jack-of-all-trades [ˌdʒækəv'ɔːltreɪdz] *s. c.* hombre de muchos oficios (que no es experto en ninguno).

jackpot ['dʒækpɒt || 'dʒækpɑːt] *s. c.* **1** premio gordo; apuesta acumulada; bote. ◆ **2 to hit the ~,** acertar el gordo; ganar el bote; (fig.) tener una suerte loca, dar en el blanco.

jade ['dʒeɪd] *s. i.* **1** MIN. jade. **2** color verde jade. • *s. c.* **3** (desp.) mujerzuela, fulana; pécora, lagartona. **4** rocín, jamelgo. • *v. t.* **5** cansar; hartar.

jaded ['dʒeɪdɪd] *adj.* cansado; harto; aburrido (por exceso de experiencia).

jagged ['dʒægɪd] (también **jaggy**) *adj.* **1** dentado; mellado; desigual. **2** abrupto, escarpado, accidentado. **3** áspero, tosco, basto.

jaggy ['dʒægɪ] *adj.* ⇒ **jagged.**

jaguar ['dʒægjʊər || 'dʒægwɑːr] *s. c.* ZOOL. jaguar.

jail [dʒeɪl] (brit. **gaol**) *s. c.* e *i.* **1** prisión, cárcel. ◆ **2** encarcelar, encerrar en prisión.

jailbird ['dʒeɪlbɜːd || 'dʒeɪlbɜːrd] (brit. **gaolbird**) *s. c.* (fam.) presidiario, convicto.

jailbreak ['dʒeɪlbreɪk] (brit. **gaolbreak**) *s. c.* evasión, fuga.

jailer ['dʒeɪlər] (brit. **gaoler**) *s. c.* (arc.) carcelero, guardián.

jalopy [dʒə'lɒpɪ || dʒə'lɑːpɪ] *s. c.* (fam. y arc.) cacharro, coche destartalado, tartana.

jam [dʒæm] *s. c.* **1** mermelada. • *s. c.* **2** aglomeración, barullo, apelotonamiento (de cosas, de personas). **3** embotellamiento, atasco (de tráfico). **4** apuro, aprieto, embrollo: *a financial jam = apuros económicos.* • (*ger.* **jamming,** *pret.* y *p. p.* **jammed**) *v. t.* **5** apretar, apretujar, estrujar. **6** abarrotar, atestar (un lugar). **7** (generalmente pasiva) bloquear (el teléfono por exceso de llamadas). **8** obstruir, atascar (una tubería). **9** magullar, pillarse (un dedo, una mano). **10** introducir por la fuerza, meter a presión. **11** RAD. interferir. • *v. i.* **12** MÚS. improvisar (en jazz). **13 (to ~ up)** atascarse, obstruirse (una máquina). ◆ **14 to get into a ~,** meterse en un lío. **15 to ~ on the brakes,** dar un frenazo, frenar bruscamente. **16 a ~ session,** una sesión de jazz improvisado, una jam-session.

Jamaica [dʒə'meɪkə] *s. sing.* Jamaica.

Jamaican [dʒə'meɪkən] *adj.* **1** jamaicano. • *s. c.* **2** jamaicano.

jamb [dʒæm] *s. c.* ARQ. jamba.

jamboree [ˌdʒæmbə'riː] *s. c.* **1** (fam.) juerga, jolgorio, fiesta, celebración. **2** congreso de niños exploradores y guías. **3** congreso, reunión, asamblea (profesional).

jam-full ['dʒæm'ful] *adv.* de bote en bote.

jam-jar ['dʒæmdʒɑːr] *s. c.* (brit.) tarro para mermelada.

jammed [dʒæmd] *adj.* congestionado; atascado; bloqueado.

jamming ['dʒæmɪŋ] *s. i.* improvisación. RAD. interferencia.

jammy ['dʒæmɪ] *adj.* **1** (brit) (argot) fácil, tirado, simple (trabajo, tarea). **2** (brit) (argot) suertudo, potrudo (persona). **3** viscoso, pegajoso.

jam-packed [ˌdʒæm'pækt] *adj.* (~ {**with**}) (fam.) a tope, abarrotado, atestado (de).

jangle ['dʒæŋgl] *v. i.* **1** tintinear. • *v. t.* **2** hacer tintinear. **3** crispar, enervar, crispar los nervios, irritar. • *s. i.* **4** tintineo (desagradable).

janitor ['dʒænɪtər] *s. c.* portero, conserje.

January ['dʒænjʊərɪ || 'dʒænjʊrɪ || 'dʒænjʊerɪ] (*abrev.* **Jan**) *s. c.* e *i.* enero.

Japan [dʒə'pæn] *s. sing.* Japón.

Japanese [ˌdʒæpə'niːz] (*pl.* **Japanese**) *s. i.* **1** japonés (lengua). • *s. c.* **2** japonés (persona). • *adj.* **3** japonés (de origen).

jar [dʒɑːr] *s. c.* **1** tarro, pote, bote. **2** contenido de un tarro. **3** impacto, choque, sacudida. **4** chirrido. • (*ger.* **jarring,** *pret.* y *p. p.* **jarred**) *v. i.* **5** irritar, sacar de quicio, crispar. **6** (**to** ~ {**with**}) chocar, discrepar (con); desentonar, no compaginar (con). **7** (**to** ~ {**in**}) chirriar, rechinar, sonar estridentemente. **8** sacudirse, vibrar, estremecerse. • *v. t.* **9** sacudir, agitar, hacer vibrar. **10** sobresaltar, asustar, dar un susto.

jargon ['dʒɑːgən || 'dʒɑːrgən] *s. c.* e *i.* **1** (generalmente desp.) jerga: *computer jargon = la jerga de la informática.* **2** galimatías, jerigonza.

jarring ['dʒærɪŋ] *adj.* **1** crispante, irritante. **2** impactante, estremecedor; discordante.

jasmine ['dʒæsmɪn] *s. c.* e *i.* BOT. jazmín.

jaundice ['dʒɔːndɪs || 'dʒɑːndɪs] *s. i.* MED. ictericia.

jaundiced ['dʒɔːndɪst || 'dʒɑːndɪst] *adj.* **1** amargado, decepcionado. **2** MED. afectado por la ictericia.

jaunt [dʒɔːnt || dʒɑːnt] *s. c.* e *i.* **1** viajecito, excursión; paseo. • *v. i.* **2** hacer un viaje corto, ir de excursión.

jauntily ['dʒɔːntɪlɪ] *adv.* **1** con desenvoltura, con garbo. **2** alegremente.

jaunty ['dʒɔːntɪ] *adj.* **1** elegante, airoso, garboso. **2** seguro de sí, desenvuelto. **3** alegre, enérgico, lleno de vida.

javelin ['dʒævlɪn] *s. c.* **1** DEP. jabalina. **2** DEP. competición de jabalina.

jaw [dʒɔː] *s. c.* **1** ANAT. mandíbula (de persona); quijada (de animal); maxilar inferior. **2** *pl.* ANAT. boca (de persona); fauces (de animales). **3** *pl.* MEC. mordaza, telera, abrazadera. **4** *pl.* (fig.) garras: *the jaws of death = las garras de la muerte.* **5** embocadura, entrada (de un valle, de una caverna). • *s. c.* e *i.* **6** (fam. y desp.) cháchara, palique. • *v. i.* **7** (fam.) charlar; hablar por los codos; estar de cháchara. **8** vociferar, gritar, vocear.

jawbone ['dʒɔːbəʊn] *s. c.* **1** ANAT. mandíbula, maxilar (de persona); quijada (de animal). • *v. t.* **2** presionar, persuadir con presiones.

jay [dʒeɪ] *s. c.* ZOOL. arrendajo.

jaywalker ['dʒeɪwɔːkər] *s. c.* peatón imprudente, peatón atolondrado.

jaywalking ['dʒeɪwɔːkɪŋ] *s. i.* cruce imprudente de una calle.

jazz [dʒæz] *s. i.* **1** MÚS. jazz. **2** (EE UU) (argot) palique, charla; tonterías, bobadas. **3** animación, entusiasmo. • *v. t.* **4** tocar con ritmo sincopado. • *v. t.* **5** (argot) vacilar. ◆ **6 to** ~ **up,** alegrar: *jazzing it up with bright colours = alegrándolo con colores vivos.* **7 and all that** ~, (argot) y todo eso, y todo lo demás, y todas esas historias.

jazzed-up ['dʒæzdʌp] *adj.* (fam.) MÚS. sincopado, al estilo del jazz: *a jazzed-up version of Yesterday = una versión jazz de Yesterday.*

jazzy [dʒæzɪ] *adj.* **1** (fam.) chillón, de colores llamativos; chocante. **2** animado. **3** MÚS. de jazz, jazzístico.

jealous ['dʒeləs] *adj.* **1** (desp.) celoso (con la pareja). **2** envidioso (en general).

jealously ['dʒeləslɪ] *adv.* **1** celosamente. **2** envidiosamente.

jealousy ['dʒeləsɪ] *s. c.* e *i.* **1** celos. **2** envidia.

jeans [dʒiːnz] *s.pl.* pantalones vaqueros, tejanos.

jeep [dʒiːp] *s. c.* jeep, todoterreno (usado por el ejército).

jeer [dʒɪər] *v. i.* **1** (**to** ~ {**at**}) mofarse (de), escarnecer. • *v. t.* **2** mofarse de; abuchear. • *s. c.* **3** abucheo. **4** burla, mofa.

jeering ['dʒɪərɪŋ] *adj.* **1** que abuchea. **2** irónico, burlón.

jeeringly ['dʒɪərɪŋlɪ] *adv.* **1** irónicamente, burlonamente. **2** con insultos, con abucheos.

jejune [dʒɪ'dʒuːn] *adj.* **1** (form.) infantil, pueril, ingenuo. **2** (formal y arc.) aburrido, insustancial, falto de interés (material escrito).

jell [dʒel] (también **gel**) *s. c.* e *i.* **1** gomina; brillantina (para el pelo). • *v. i.* **2** solidificarse, cuajar, convertirse en gelatina. **3** cuajar (una idea); verse con claridad (una forma).

jellied ['dʒelɪd] *adj.* gelatinado, en gelatina, cuajado.

jelly ['dʒelɪ] *s. c.* e *i.* **1** gelatina (para postres). **2** jalea. **3** gelatina (de la carne, del pescado). **4** (EE UU) mermelada. • *v. t.* **5** solidificar, cuajar. • *v. i.* **6** hacerse gelatina.

jellyfish ['dʒelɪfɪʃ] (*pl.* **jellyfish** o **jellyfishes**) *s. c.* **1** ZOOL. medusa, (Am.) aguamala. **2** (argot) calzonazos, persona débil de carácter.

jemmy ['dʒemɪ] (en EE UU **jimmy**) *s. c.* **1** palanca, palanqueta, alzaprima (usada por los ladrones). • *v. t.* **2** abrir con palanqueta (puertas, cajones).

jeopardize ['dʒepədaɪz] (brit. **jeopardise**) *v. t.* exponer, arriesgar, poner en peligro.

jeopardy ['dʒepədɪ] *s. i.* riesgo, peligro.

jerk [dʒəːk] *v. t.* **1** tirar bruscamente de; sacar de un tirón; arrancar con fuerza. **2** quitar de un tirón. **3** arrojar bruscamente. • *v. i.* **4** ir dando sacudidas (automóvil, etc.). **5** moverse con espasmos (persona). • *s. c.* **6** tirón; sacudida; movimiento brusco. **7** FISIOL. espasmo, convulsión. **8** (EE UU) (argot) imbécil, majadero, gilipollas, (Am.) boludo. ◆ **9 to** ~ **off,** (EE UU) (argot) hacerse una paja, masturbarse.

jerkin ['dʒəːkɪn || 'dʒːərkɪn] *s. c.* jubón.

jerkily ['dʒəːkɪlɪ] *adv.* **1** a tirones; a sacudidas. **2** convulsamente, a saltos. **3** estúpidamente.

jerky ['dʒəːkɪ] *adj.* **1** brusco, espasmódico. **2** movido, con mucho traqueteo (un viaje). **3** desigual, con baches (una carretera). **4** estúpido, ignorante.

jerry-build ['dʒerɪbɪld] *v. t.* (desp.) construir deprisa y mal, hacer chapuceramente.

jerry-built ['dʒerɪbɪlt] *adj.* chapucero (una vivienda).

jerry can ['dʒerikæn] *s. c.* bidón.

jersey ['dʒəːzɪ || 'dʒəːrzɪ] *s. c.* **1** jersey, (Am.) chompa. **2 Jersey,** Jersey (raza de vacas lecheras). • *s. i.* **3** tejido de lana, lana (para prendas femeninas).

Jerusalem artichoke [dʒe'rusələm-'ɑːtɪtʃəʊk] *s. c.* aguaturma.

jessamine ['dʒesəmɪn] *s. c.* jazmín.

jest [dʒest] *v. i.* **1** (form.) bromear; burlarse. • *s. c.* **2** broma, chiste, gracia. **3** mofa, befa, burla. ◆ **4 in** ~, en broma, de guasa.

jester ['dʒestər] *s. c.* bufón (medieval).

Jesus ['dʒiːzəs] *s.* **1** REL. Jesús. • *interj.* **2** (argot) ¡Jesús! (para expresar sorpresa, fastidio, utilizado por no católicos). ◆ **3** ~ **Christ,** Jesucristo.

jet [dʒet] *s. c.* **1** avión a reacción, reactor. **2** chorro. **3** quemador (de gas). • *s. c.* e *i.* **4** MIN. azabache. **5** negro azabache. • *adj.* **6** negro azabache, de color negro azabache. • *v. i.* **7** salir a chorro, brotar. **8** (**to** ~ *adv./prep.*) (fam.) viajar en avión, volar. • *v. t.* **9** lanzar a chorro. ◆ **10** ~ **engine,** motor a reacción.

jet-black [ˌdʒet'blæk] *adj.* negro azabache, como el azabache.

jet-lag ['dʒetlæg] *s. i.* desarreglo psicofísico (ocasionado por los viajes transoceánicos en avión).

jet-propelled [ˌdʒetprə'peld] *adj.* AER. con motor a reacción, a reacción.

jetsam ['dʒetsəm] *s. i.* echazón (que los barcos arrojan al mar para liberar peso).

jet-set ['dʒetset] *s.sing.* alta sociedad, jet (que frecuenta los centros de vacaciones de moda).

jettison ['dʒetɪsn || 'dʒetɪzən] *v. t.* **1** arrojar, deshacerse de (carga de un barco, objetos que no se necesitan). **2** rechazar, descartar (ideas, posibilidades). • *s. i.* **3** echazón (que los barcos arrojan al mar).

jetty ['dʒetɪ] *s. c.* **1** espigón, rompeolas, malecón. **2** muelle, embarcadero. • *adj.* **3** negro azabache, de color negro azabache.

Jew [dʒuː] *s. c.* judío.

jewel ['dʒuːəl] *s. c.* **1** piedra preciosa, gema. **2** (generalmente *pl.*) joyas, alhajas. **3** rubí (en relojería). **4** (fig.) joya, tesoro. • *v. t.* **5** adornar con joyas, enjoyar.

jewelled ['dʒuːəld] (en EE UU **jeweled**) *adj.* enjoyado, adornado con joyas.

jeweller ['dʒuːələr] (en EE UU **jeweler**) *s. c.* joyero.

jewellery ['dʒuːəlrɪ] (en EE UU **jewelry**) *s. c.* **1** joyería. • *s. i.* **2** joyas, alhajas.

Jewess ['dʒuːɪs] *s. c.* judía.

Jewish ['dʒuːɪʃ] *adj.* judío.

Jewishness ['dʒuːɪʃnɪs] *s. i.* judaísmo.

Jewry ['dʒʊərɪ] *s. i.* (form.) judaísmo, pueblo judío.

jib [dʒɪb] *s. c.* **1** MEC. brazo de una grúa mecánica. **2** MEC. aguilón, pescante (de grúa). **3** NAUT. foque, vela triangular. • (*ger.* **jibbing,** *pret.* y *p.p.* **jibbet**) *v. i.* **4** rehusar, plantarse, resistirse a avanzar (un animal). **5** (**to** ~

at) resistirse a, oponerse a, negarse a. • *v. i.* **6** NAUT. cambiar la vela de amura (para virar).
jibe [dʒaɪb] *s. c./v. t.* e *i.* ⇒ **gibe.**
jiffy ['dʒɪfɪ] *s. c.* **in a** ~, (fam.) en un periquete, en un santiamén.
jig [dʒɪg] *s. c.* **1** giga (baile rápido). **2** (fig.) papel (que se desempeña). **3** chiste, gracia. **4** MEC. plantilla, patrón, guía. **5** MIN. criba de vaivén, clasificadora hidráulica. • (*ger.* **jigging,** *pret.* y *p. p.* **jigged**) *v. i.* **6** bailar o tocar una giga. **7** moverse a saltitos, a sacudidas. **8** pescar a cuchara. • *v. t.* **9** cribar, separar con criba.
jiggery-pokery [ˌdʒɪgərɪ'pəʊkərɪ] *s. i.* (brit) (fam.) trampa, fraude.
jiggle ['dʒɪgl] *v. i.* **1** (fam.) balancearse, oscilar. **2** moverse nerviosamente. • *v. t.* **3** menear. • *s. c.* **4** balanceo.
jigsaw ['dʒɪgsɔː] *s. c.* **1** rompecabezas (de piezas irregulares y planas). **2** sierra de vaivén. **3** (fig.) rompecabezas, lío, situación complicada. ◆ **4** ~ **puzzle,** rompecabezas, puzzle.
jilt [dʒɪlt] *v. t.* **1** (desp.) dar calabazas a, dejar plantado (a un novio). • *s. c.* **2** mujer que da calabazas.
jilted ['dʒɪltɪd] *adj.* abandonado, rechazado, plantado.
jimmy ['dʒɪmɪ] *s. c.* ⇒ **jemmy.**
jingle ['dʒɪŋgl] *s.sing.* **1** tintineo; cascabeleo. **2** sintonía, jingle (de anuncio comercial). • *v. i.* **3** tintinear; cascabelear. • *v. t.* **4** hacer sonar.
jingling ['dʒɪŋglɪŋ] *adj.* tintineante.
jingoism ['dʒɪŋgəʊɪzəm] *s. i.* (desp.) patrioterismo.
jingoistic [ˌdʒɪŋgəʊ'ɪstɪk] *adj.* (desp.) patriotero.
jink [dʒɪŋk] *v. i.* **1** correr en zigzag. • *s. c.* **2** movimiento en zigzag, regate. **3** *s. pl.* jugueteo, travesuras. ◆ **4 high jinks,** ⇒ **high.**
jinx [dʒɪŋks] *s. c.* **1** (~ {**on**}) mal de ojo (sobre). **2** gafe, cenizo. • *v. t.* **3** (fam.) echar mal de ojo a.
jinxed [dʒɪŋkst] *adj.* gafado.
jitters ['dʒɪtəz ‖ 'dʒɪtərz] *s.pl.* **to have the** ~, estar hecho un manojo de nervios.
jittery ['dʒɪtərɪ] *adj.* **1** (fam.) nervioso, inquieto, hecho un manojo de nervios, (Am.) muñequeado. **2** de nerviosismo, de agitación: *a jittery moment = un momento de nerviosismo.*
jive [dʒaɪv] *s. i.* **1** MÚS. jive, música con mucho ritmo. **2** baile frenético. **3** (EE UU) (argot) palabrería, cháchara, palique. • *v. i.* **4** bailar o tocar música de ritmo frenético. **5** bromear, tomar el pelo.
job [dʒɒb] *s. c.* **1** trabajo, empleo, puesto de trabajo; profesión, trabajo. **2** trabajo, encargo, tarea. **3** labor, chapuza (manual). **4** problema, ardua labor: *it was a job to get it = fue un problema conseguirlo.* **5** deber, responsabilidad; cometido, función: *it's not his job to serve the coffee = no es responsabilidad suya servir el café.* **6** (fam.) desastre: *she had a job done on her hair = le dejaron el pelo hecho un desastre.* **7** maravilla, buen trabajo: *the design was a real job = el diseño era una verdadera maravilla.* **8** (fam.) operación de cirugía plástica. **9** (argot) robo. **10** INF. trabajo, ejecución del conjunto de programas. **11** (arc.) pinchazo, punzada. • *v. i.* **12** hacer chapuzas (de vez en cuando). **13** trabajar a destajo. • *v. t.* **14** especular con. **15** conseguir por tráfico de influencias. • *v. t.* e *i.* **16** subcontratar (comprando o vendiendo). **17** pinchar, punzar (con arma blanca). ◆ **18 to be doing a good** ~, estar haciendo un buen trabajo. **19 to do/make a bad** ~, ser un desastre. **20 to do the** ~, (fam.) conseguirlo; servir: *this screwdriver will do the job = este destornillador servirá.* **21 to give something/someone up as a bad** ~, dejar algo/a alguien por imposible. **22 jobs for the boys,** (desp.) enchufismo. **23** ~ **description,** características del puesto. **24** ~ **lot,** lote, saldo. **25** ~ **sharing,** trabajo compartido (por dos personas). **26 just the** ~, lo adecuado, lo que se necesita; ¡estupendo! **27 to make the best of a bad** ~, poner al mal tiempo buena cara. **28 on the** ~, en su puesto. **29 the** ~ **in hand,** lo que tenemos entre manos. **30 it's a good** ~, menos mal.
Job [dʒəʊb] *s.* **1** Job. ◆ **2 to have the patience of** ~, tener más paciencia que el santo Job. **3 Job's comforter,** persona que cuenta sus desgracias para animar a otro y le desanima más.
jobbing [dʒɒbɪŋ] *adj.* (brit.) ocasional, que hace chapuzas (un trabajador).
jobless [dʒɒblɪs] *adj.* **1** desempleado, en paro, parado. • *s.pl.* **2** (**the** ~) los parados, los desempleados.
jock [dʒɒk] *s. c.* **1** atleta, deportista. **2** pinchadiscos.
jockey ['dʒɒkɪ ‖ 'dʒɑːkɪ] *s. c.* **1** jockey, yoquey, jinete profesional. **2** (EE UU) (argot) conductor, (Am.) operador (de máquinas). • *v. t.* **3** (**to** ~ *o.* {**into**}) manipular, persuadir con mañas. **4** engañar. • *v. i.* **5** montar a caballo (profesionalmente). ◆ **6 to** ~ **for position,** maniobrar para conseguir ventajas (sobre un competidor).
jockstrap ['dʒɒkstræp ‖ 'dʒɑːkstræp] *s. c.* suspensorio.
jocose [dʒə'kəʊs ‖ dʒəʊ'kəʊs] *adj.* (lit.) jocoso, humorístico, burlesco.
jocosely [dʒə'kəʊslɪ] *adv.* (lit.) jocosamente, humorísticamente, burlescamente.
jocular ['dʒɒkjʊlər ‖ 'dʒɑːkjʊlər] *adj.* (form.) jocoso, humorístico, gracioso, festivo.
jocularity [ˌdʒɒkjʊ'lærɪtɪ ‖ ˌdʒɑːkjʊ'lærɪtɪ] *s. i.* (form.) jocosidad, gracia, humor.
jocularly ['dʒɒkjʊləlɪ] *adv.* (form.) jocosamente, humorísticamente, festivamente.
jodhpurs ['dʒɒdpəz] *s.pl.* pantalones de montar, pantalones de equitación.
jog [dʒɒg] (*ger.* **jogging,** *pret.* y *p. p.* **jogged**) *v. t.* **1** empujar levemente, dar un empujoncito a. **2** tocar ligeramente con el codo, dar un ligero codazo a. **3** estimular, avivar (la conciencia). • *v. i.* **4** (**to** ~ *adv./prep.*) moverse lentamente, avanzar lentamente. **5** hacer footing, correr a ritmo lento y regular. **6** (fig.) ir sin prisas, transcurrir sin sobresaltos (la vida). **7** (EE UU) virar, torcer repentinamente. • *s. sing.* **8** empujoncito; sacudida leve; codazo. **9** carrera lenta, trote corto. **10** (EE UU) viraje, cambio repentino de dirección. **11** (EE UU) saliente; elevación; prominencia. ◆ **12 to** ~ **someone's memory,** refrescar a alguien la memoria.
jogger [dʒɒgər] *s. c.* persona que practica footing (ejercicio).
jogging ['dʒɒgɪŋ] *s. i.* footing, carrera lenta.
joggle ['dʒɒgl] *v. t.* **1** (fam.) sacudir ligeramente, menear. • *v. i.* **2** menearse. **3** traquetear, ir dando tumbos. • *s. c.* **4** sacudida; traqueteo.
join [dʒɔɪn] *v. t.* **1 to** ~ (**to/together /up**) unir, juntar; ensamblar; combinar. **2** conectar, unir (dos puntos). **3** unirse a (una diversión). **4** ponerse en (una cola). **5** estar contiguo a, lindar con, colindar con. **6** tomar parte en, intervenir en, participar en (un debate). **7** hacerse socio de (un club). **8** ingresar en, afiliarse a (un partido). **9** MIL. incorporarse a, alistarse en (el ejército). **10** abrazar (una religión). • *v. i.* **11** confluir (ríos, caminos). **12** hacerse socio (de un club); ingresar, afiliarse (a un partido). • *s. c.* **13** juntura, unión, conexión. **14** costura. ◆ **15 to** ~ **battle,** (fam.) trabar combate. **16 to** ~ **hands with,** coger de la mano a. **17 to** ~ **in,** tomar parte en, participar en (una actividad). **18 to** ~ **up,** (brit.) MIL. alistarse, enrolarse; unir, juntar. **19 to** ~ **forces,** ⇒ **forces.**
joiner [dʒɔɪnər] *s. c.* carpintero.
joinery [dʒɔɪnərɪ] *s. i.* carpintería.
joint [dʒɔɪnt] *s. c.* **1** ANAT. articulación, coyuntura; nudillo. **2** BOT. nudo. **3** unión; empalme; conexión; juntura; ensamblaje. **4** ARQ. junta. **5** GEOL. grieta. **6** pieza de carne para asar; cuarto (de ave). **7** (argot) garito, tugurio. **8** residencia, morada; fonda. **9** (argot) porro. **10** (EE UU) (argot) pene. • *adj.* **11** común, combinado (un esfuerzo, una aventura). **12** conjunta, indistinta (una cuenta bancaria). **13** mancomunada, compartida (una propiedad). **14** solidaria (una responsabilidad). **15** mixta (una comisión de estudio). • *v. t.* **16** ensamblar, juntar. **17** articular, unir con articulación. **18** cortar, descuartizar, despiezar (animales). ◆ **19 out of** ~, descoyuntado, dislocado. **20 to put something out of** ~, (fam.) descabalar (una máquina, un ordenador). **21 to put someone's nose out of** ~, (brit.) (fam.) quitar protagonismo a alguien. **22** ~ **venture,** empresa conjunta, empresa en común.

jointed ['dʒɔɪntɪd] *adj.* **1** articulado, plegable. **2** descuartizado, en cuartos (un ave, para asar).

jointly [dʒɔɪntlɪ] *adv.* conjuntamente, en común; mancomunadamente; colectivamente.

joint-stock company ['dʒɔɪntstɒk-'kʌmpənɪ] *s. c.* DER. sociedad anónima, sociedad de capitales.

joist [dʒɔɪst] *s. c.* ARQ. viga, vigueta, cabrio (para fijar las tablas del suelo).

joke [dʒəʊk] *s. c.* **1** chiste; gracia; juego de palabras. **2** broma, burla. **3** escarnio, insulto. • *v. i.* **4** bromear, gastar bromas. **5** hacer chistes, contar chistes. ◆ **6 to be joking,** estar de guasa, estar de broma, bromear. **7 can't take a ~,** no tener aguante, no saber tomar una broma. **8 to go beyond a ~,** pasarse de la raya, ser el colmo. **9 it's no ~,** no es broma, no tiene gracia. **10 the ~ is on someone,** (fam.) alguien fue a por lana y salió trasquilado (alguien que pretende reírse de otro y acaba él mismo haciendo el ridículo). **11 joking apart/ aside,** hablando en serio, bromas aparte. **12 to make a ~ of,** reírse de, tomar a broma (algo serio). **13 you must be joking/ you've got to be joking,** estás de broma.

joker [dʒəʊkər] *s. c.* **1** chistoso, gracioso. **2** (fam.) bromista, guasón. **3** comodín (naipes). **4** (argot) tío, tipo, sujeto.

jokey ['dʒəʊkɪ] *adj.* (fam.) chistoso, gracioso, divertido.

jolliness ['dʒɔːlɪnəs] *s. i.* ⇒ **jollity.**

jokingly ['dʒəʊkɪŋlɪ] *adv.* en broma.

jollity ['dʒɒlətɪ] (también **jolliness**) *s. i.* alegría, contento, gozo, regocijo.

jolly ['dʒɒlɪ || 'dʒɑːlɪ] *adj.* **1** alegre, animado, divertido, jovial (carácter). **2** divertido, agradable, grato. **3** extraordinario, espléndido. • *adv.* **4** (fam.) muy, enormemente, extraordinariamente. • *v. t.* **5** (to ~ *o.* + into/out of) (brit) (fam.) camelar, engatusar. • *s.pl.* **6** (brit) (argot) diversión, juerga. ◆ **7 to ~ somebody along,** animar a alguien. **8 to ~ something up,** (fam.) alegrar, animar (un lugar). **9 ~ good!,** ¡estupendo!, ¡fantástico!

jolt [dʒəʊlt] *v. i.* **1** traquetear (un vehículo). • *v. t.* **2** sacudir, estremecer. **3** (fig.) desconcertar, estremecer, asustar, sobresaltar. • *s. c.* **4** sacudida, impacto. **5** estremecimiento, susto, sobresalto.

jonquil ['dʒɑːŋkwɪ] *s. c.* junquillo.

Jordan ['dʒɔːdn] *s. sing.* **1** Jordania. **2** Jordán (río).

Jordanian [dʒɔː'deɪnɪən] *adj.* **1** jordano, de Jordania. • *s. c.* **2** jordano.

joss stick ['dʒɒs,stɪk || 'dʒɑːs,stɪk] *s. c.* pebete de incienso, varita perfumada.

jostle ['dʒɒsl || 'dʒɑːsl] *v. i.* **1** empujar, dar empellones. **2** forcejear, pasar dando codazos. • *v. t.* **3** empujar, dar empellones a. **4** forcejear con. • *v. i.* **5** competir, luchar. • *s. c.* **6** empujón, empellón; sacudida. **7** hacinamiento, amontonamiento.

jot [dʒɒt || dʒɑːt] *s. c.* **1** (generalmente con *v. negativo*) ápice, pizca. • (*ger.* **jotting,** *pret.* y *p.p.* **jotted**) *v. t.* **2** (to ~ down) anotar, apuntar.

jotter ['dʒɒtər || 'dʒɑːtər] *s. c.* bloc de notas.

jotting ['dʒɒtɪŋ || 'dʒɑːtɪŋ] *s. c.* (generalmente pl.) notas, apuntes.

joule [dʒuːl] *s. c.* FÍS. julio.

journal ['dʒəːnl || 'dʒəːrnl] *s. c.* **1** revista, publicación. **2** periódico. **3** (lit.) diario (personal). **4** acta, registro. **5** NAUT. cuaderno de bitácora, diario de navegación. **6** MEC. muñón.

journalese [,dʒəːnə'liːz || ,dʒəːrnə'liːz] *s. i.* (desp.) lenguaje periodístico, estilo periodístico.

journalism ['dʒəːnəlɪzəm || 'dʒəːrnəlɪzəm] *s. i.* **1** periodismo. **2** prensa.

journalist ['dʒəːnəlɪst || 'dʒəːrnəlɪst] *s. c.* periodista.

journalistic [,dʒəːnə'lɪstɪk || ,dʒəːrnə'lɪstɪk] *adj.* periodístico.

journey ['dʒəːnɪ || 'dʒəːrnɪ] *s. c.* **1** viaje. **2** trayecto, camino. **3** (lit.) experiencia, viaje (vida). • *v. i.* **4** (to ~ *adv./prep.*) viajar, ir de viaje. ◆ **5 to break one's ~,** hacer escala en un viaje (quedándose en una ciudad unos días).

journeyman ['dʒəːnɪmən || 'dʒəːrnɪmən] (*pl.* **journeymen**) *s. c.* aprendiz, oficial (al que se paga por días).

joust [dʒaʊst] *v. i.* **1** (to ~ {with}) justar, tomar parte en un torneo. **2** (fig.) luchar, combatir, trabar combate. • *s. c.* **3** torneo, justa. **4** competición, combate (personal).

Jove [dʒəʊv] *s.* **1** Júpiter (dios mitológico). • *interj.* **2 By ~,** ¡por Júpiter!

jovial ['dʒəʊvjəl] *adj.* jovial, alegre.

joviality [,dʒəʊvɪ'ælɪtɪ] *s. i.* jovialidad, alegría.

jovially ['dʒəʊvjəlɪ] *adv.* jovialmente, alegremente.

jowl [dʒaʊl] (también **jowls**) *s. c.* **1** ANAT. papada, barbada, quijada. **2** ZOOL. carrillada, carrillera. ◆ **3 cheek by ~,** (fig.) uña y carne, amigos inseparables.

joy [dʒɔɪ] *s. i.* **1** alegría, júbilo, regocijo. **2** (brit) (fam.) éxito. • *s. c.* **3** (form.) placer, delicia, deleite. • *v. i.* **4** (to ~ {in}) (lit.) alegrarse, regocijarse, deleitarse.

joyful ['dʒɔɪful] *adj.* (form.) alegre, feliz, jubiloso, gozoso.

joyfully ['dʒɔɪfəlɪ] *adv.* alegremente, jubilosamente, gozosamente.

joyless ['dʒɔɪlɪs] *adj.* **1** triste, sin alegría, compungido. **2** penoso, lúgubre (un acontecimiento).

joyous ['dʒɔɪəs] *adj.* (lit.) alegre, jubiloso, exultante.

joyously ['dʒɔɪəslɪ] *adv.* (lit.) alegremente, gozosamente.

joyride ['dʒɔɪraɪd] *s. c.* **1** (argot) paseo en coche (generalmente robado). • *v. i.* **2** ir a dar una vuelta en coche (robado).

joystick ['dʒɔɪstɪk] *s. c.* **1** AER. palanca de mando. **2** palanca (de máquinas de juego).

JP [dʒeɪ'pɪː] (siglas de **Justice of the Peace**) *s. c.* juez de paz.

jubilant ['dʒuːbɪlənt] *adj.* jubiloso, alborozado (después de un éxito).

jubilation [,dʒuːbɪ'leɪʃn] *s. i.* júbilo, alborozo, regocijo.

jubilee ['dʒuːbɪli || ,dʒuːbɪ'liː] *s. c.* **1** aniversario. **2** fiesta de aniversario.

Judaeo-Christian [dʒuː,deɪəʊ'krɪstʃən] *adj.* judeocristiano.

Judaic [dʒuː'deɪɪk] *adj.* judaico.

Judaism ['dʒuːdeɪɪzəm || 'dʒuːdɪzəm] *s. i.* judaísmo.

Judas ['dʒuːdəs] *s.* **1** Judas (Iscariote). **2** (desp.) judas, traidor, desleal.

judder ['dʒʌdər] *v. i.* (brit.) vibrar, dar sacudidas (un vehículo).

judge [dʒʌdʒ] *v. t.* **1** DER. juzgar. **2** arbitrar, juzgar (una competición). **3** juzgar, formarse una opinión sobre; considerar. **4** calcular (cantidad, peso, tamaño). • *s. c.* **5** DER. juez. **6** juez (en deportes); jurado (de un concurso, de una competición). **7** conocedor, experto, perito (en un tema). ◆ **8 as far as can be judged/as far as you can judge,** en la medida en que puede ser apreciado. **9 I'll be the ~ of that/let me be the ~ of that,** deja que sea yo quien decida, eso lo decidiré yo (en respuesta a consejos que molestan).

judgement ['dʒʌdʒmənt] (también **judgment**) *s. i.* **1** juicio, sensatez. • *s. c.* **2** opinión, juicio. **3** castigo. • *s. c.* e *i.* **4** DER. veredicto, fallo. **5** crítica, enjuiciamiento. ◆ **6 against one's better ~,** en contra de la opinión de uno, contra el parecer de uno. **7 to pass ~,** dar una opinión; DER. emitir un veredicto o fallo. **8 to reserve ~,** reservarse la opinión (hasta tener más datos). **9 to sit in ~ on/over,** juzgar.

judicial [dʒuː'dɪʃl] *adj.* DER. judicial; legal.

judicially [dʒuː'dɪʃəlɪ] *adv.* DER. judicialmente; legalmente.

judiciary [dʒuː'dɪʃɪərɪ || dʒuː'dɪʃərɪ] *s. sing.* el poder judicial, la judicatura.

judicious [dʒuː'dɪʃəs] *adj.* (form.) juicioso, sensato, prudente.

judiciously [dʒuː'dɪʃəslɪ] *adv.* (form.) juiciosamente, sensatamente.

judo ['dʒuːdəʊ] *s. i.* DEP. judo.

jug [dʒʌg] (en EE UU **pitcher**) *s. c.* **1** jarra, jarro. **2** contenido de una jarra. **3** (argot y arc.) chirona, talego, (Am.) cana. • (*ger.* **jugging,** *pret.* y *p.p.* **jugged**) *v. t.* **4** estofar (generalmente liebre). **5** (argot y arc.) enchironar, meter en el talego.

jugged hare ['dʒʌgd'heər] *s. i.* estofado de liebre.

juggernaut ['dʒʌgənɔːt || 'dʒʌgərnɔːt] *s. c.* **1** (brit., fam. y desp.) camión de gran tonelaje. **2** monstruo destructivo; fuerza destructiva.

juggle ['dʒʌgl] *v. t.* **1** hacer juegos malabares con, hacer malabarismo con.

2 (fig.) jugar con, barajar (posibilidades, teorías). 3 (fig.) manipular, falsear (hechos, datos, cifras). • *v. i.* 4 hacer juegos malabares, hacer malabarismo. 5 (**to ~ with**) (fig.) jugar con, barajar (posibilidades, teorías). 6 (**to ~ with**) (fig.) manipular, falsear (hechos, datos, cifras). • *s. i.* 7 malabarismo, juegos malabares. 8 engaño, truco.

juggler ['dʒʌglər] *s. c.* 1 malabarista. 2 impostor, defraudador, tramposo.

jugular ['dʒʌgjʊlər] *s. c.* 1 ANAT. yugular. • *adj.* 2 yugular. ◆ **3 to go for the ~,** (fam.) ir a degüello, lanzarse a la yugular.

juice [dʒu:s] *s. i.* 1 zumo, (Am.) jugo (de frutas); jugo (de carne). 2 (generalmente *pl.*) jugos (gástricos). 3 (argot) bebercio, corriente eléctrica; gasolina; aceite. 4 (argot) bebercio, licor. 5 (EE UU) (argot) meollo, miga. • *v. t.* 6 exprimir (zumos). ◆ 7 **~ extractor,** exprimidor. 8 **to ~ up,** (EE UU) (fam.) animar. 9 **to stew in one's own ~,** ⇒ **stew.**

juicy ['dʒu:sɪ] *adj.* 1 jugoso. 2 (fam.) enjundioso, picante: *a juicy story = una historia picante.* 3 (fam.) interesante, suculento, jugoso.

juju ['dʒu:dʒu:] *s. c.* 1 talismán, amuleto, fetiche. • *s. i.* 2 magia, poder.

jukebox ['dʒu:kbɒks ‖ 'dʒu:kbɑ:ks] *s. c.* máquina de discos, gramola (en bares).

julep ['dʒu:lɪp] *s. c.* julepe (bebida).

July [dʒu:'laɪ] (*abrev.* **Jul.**) *s. c.* e *i.* julio (mes).

jumble ['dʒʌmbl] *v. t.* 1 (**to ~ {up/together}**) (generalmente *pas.*) desordenar, mezclar, embarullar, revolver, amontonar en desorden: *the books were jumbled up = los libros estaban amontonados.* 2 embrollar, confundir. • *s.sing.* 3 embrollo, lío, desorden. • *s. i.* 4 (brit.) mezcolanza, revoltijo; montón. ◆ 5 **~ sale,** (EE UU **rummage sale**), venta de objetos usados, tómbola de caridad.

jumbo ['dʒʌmbəʊ] *adj.* 1 (fam.) de tamaño gigante, de tamaño familiar (en publicidad): *a jumbo sized packet = un paquete de tamaño gigante.* • *s. c.* 2 AER. avión jumbo.

jump [dʒʌmp] *v. i.* 1 saltar, dar saltos. 2 tirarse, arrojarse, saltar. 3 sobresaltarse, asustarse. 4 (**to ~** *adv./prep.*) saltar, pasar (de un tema a otro). 5 dispararse (los precios, el nivel). 6 ascender de golpe (de posición). 7 saltar, moverse con rapidez. 8 llegar (a una conclusión). • *v. t.* 9 saltar, cruzar de un salto. 10 (fam.) escapar de, fugarse de, abandonar (ilegalmente un sitio). 11 (fam.) saltarse, pasarse (un semáforo, una cola). 12 (EE UU) (fam.) colarse en, saltar a (un tren sin billete). 13 (fam.) asaltar, atacar por sorpresa. 14 comer (una ficha en el juego de damas). 15 elevar una apuesta (en el bridge). 16 descarrilar de, salirse de (un tren). • *s. c.* 17 salto, brinco, bote. 18 valla, obstáculo, barrera. 19 salto, desviación (de tema). 20 subida (de precios, nivel). 21 paso, peldaño (para conseguir algo). 22 etapa, fase (de un viaje). ◆ 23 **to ~ at something,** apresurarse a aceptar algo. 24 **to ~ down somebody's throat,** (fam.) estallar contra alguien, interrumpir a alguien con exabruptos. 25 **to ~ for joy,** saltar de alegría, no caber en sí de gozo. 26 **to ~ the gun,** (fam.) adelantarse a los acontecimientos. 27 **to ~ in,** interrumpir (una conversación). 28 **~ jet,** avión de despegue vertical. 29 **to ~ on,** (fam.) poner verde, criticar. 30 **~ leads,** cable auxiliar, cangrejos (para arrancar un vehículo sin batería). 31 **~ to it!,** ¡date prisa!, ¡muévete! 32 **to ~ up and down,** dar botes (de alegría).

jumped-up [,dʒʌmpt'ʌp] *adj.* (brit.) (fam. y desp.) presuntuoso, pretencioso.

jumper [dʒʌmpər] *s. c.* 1 (brit.) jersey, suéter. 2 (EE UU) pichi. 3 saltador (atleta).

jumping-jack [,dʒʌmpɪŋ'dʒæk] *s. c.* títere.

jumping-off point, jumping-off place [,dʒʌmpɪŋ'ɒf,pɔɪnt] *s. c.* 1 punto de partida. 2 lugar remoto, punto lejano.

jump-suit ['dʒʌmpsu:t ‖ 'dʒʌmpsju:t] *s. c.* mono (de paracaidista, de mecánico).

jumpy ['dʒʌmpɪ] *adj.* nervioso, inquieto.

junction ['dʒʌŋkʃn] *s. c.* 1 cruce, intersección (de carreteras). 2 empalme (de ferrocarril). 3 conexión, unión. 4 ELECTR. empalme.

juncture ['dʒʌŋktʃər] *s. c.* 1 coyuntura, punto, momento, ocasión: *at this juncture = en esta coyuntura.* 2 unión, junta, articulación.

June [dʒu:n] (abreviatura **Jun**) *s. i.* junio.

jungle ['dʒʌŋgl] *s. c.* e *i.* 1 jungla, selva. 2 (fig.) selva, maraña, lío. • *s. c.* 3 laberinto, embrollo, jaleo. 4 (EE UU) (argot) campamento, lugar de citas (de jóvenes desocupados).

junior ['dʒu:njər] *s. c.* 1 menor, joven. 2 subordinado, subalterno. 3 (brit.) alumno de primaria. 4 (EE UU) alumno de tercer año de secundaria o de Universidad. 5 (EE UU) juvenil (talla de ropa para adolescentes). 6 júnior, hijo. • *adj.* 7 menor, joven, juvenil. 8 (en EE UU **Junior**), hijo: *James Benn, Jr. = James Benn hijo.* 9 (EE UU) de tercer año de secundaria o de Universidad. 10 subordinado, subalterno. ◆ 11 **~ school,** (brit.) escuela primaria (de 7 a 11 años).

juniper ['dʒu:nɪpər] *s. c.* e *i.* BOT. enebro, junípero, grojo.

junk [dʒʌŋk] *s. i.* 1 (fam.) cachivaches, trastos viejos; basura. 2 (fam.) chatarra; vidrio o papel usado. 3 baratijas: *a junk shop = una tienda de baratijas.* 4 (argot) psicotrópico, narcótico; caballo, heroína. 5 bobadas, tonterías. • *s. c.* 6 NAUT. junco (chino). 7 NAUT. cecina. • *v. t.* 8 deshacerse de, tirar a la basura. ◆ 9 **~ bond,** bono basura. 10 **~ food,** (fam.) comida basura. 11 **~ mail,** (desp.) correo publicitario (que se mete en buzones).

junket ['dʒʌŋkɪt] *s. c.* 1 (fam. y desp.) viaje, visita (pagado con fondos públicos o políticos). • *s. i.* 2 cuajada, crema de queso (con frutas, azúcar). • *v. i.* 3 hacer fiesta; tener un banquete.

junketing ['dʒʌŋkətɪŋ] *s. c.* e *i.* 1 (fam.) fiesta; banquete; guateque. 2 diversión; agasajo.

junkie ['dʒʌŋkɪ] (también **junky**) *s. c.* 1 (argot) drogadicto, colgado, drogata; yonqui, heroinómano. 2 (fig.) adicto, fanático.

junta ['dʒʌntə ‖ 'huntə] *s. c.* 1 (~ *v. sing. /pl.*) (desp.) junta militar. 2 camarilla, facción (política).

Jupiter ['dʒupɪtər] *s. c.* Júpiter.

jurisdiction [,dʒʊərɪs'dɪkʃn] *s. i.* DER. jurisdicción.

jurisprudence [,dʒʊərɪs'pru:dəns] *s. i.* (form.) DER. jurisprudencia, doctrina judicial.

jurist ['dʒʊərɪst] *s. c.* DER. jurista.

juror ['dʒʊərər] *s. c.* DER. jurado, miembro del jurado.

jury ['dʒʊərɪ] *s. c.* 1 (~ *v.sing./pl.*) DER. jurado (grupo de 12 personas). 2 tribunal examinador. • *adj.* 3 NAUT. provisional, temporal. ◆ 4 **~ box,** DER. tribuna del jurado.

juryman ['dʒʊrɪmæn] (*pl.* **jurymen**) *s. c.* DER. jurado, miembro del jurado.

jurywoman ['dʒʊrɪwʊmən] (*pl.* **jurywomen**) *s. c.* DER. jurado, miembro del jurado.

just [dʒʌst] *adv.* 1 exactamente, precisamente; justo: *just by the museum = justo al lado del museo.* 2 (~ *pret.perfecto*) justamente, en este momento, (Am.) recién: *he has just left = acaba de irse.* 3 ya, ahora mismo, enseguida: *I'm just coming = ya voy.* 4 simplemente, solamente, ni más ni menos, no más que: *it was just a joke = no era más que una broma.* 5 sólo: *it takes just 2 hours = sólo se tarda dos horas.* 6 (~ **may/might /could**) posiblemente, quizás: *I just may go = posiblemente vaya.* 7 (fam.) francamente, verdaderamente, sencillamente: *just impossible = sencillamente imposible.* 8 (**can/could ~**) fácilmente, sin problema: *I could just imagine her = la podía imaginar fácilmente.* • *adj.* 9 (form.) justo, imparcial, recto. 10 (form.) correcto, razonable. 11 merecido, adecuado, apropiado (un castigo, una recompensa). 12 legítimo, legal. 13 fundado, justificado, lógico. ◆ 14 **~ a minute/moment/second!,** ¡espera!, ¡un momento!, ¡un minuto! 15 **~ about,** aproximadamente, poco más o menos, casi. 16 **~ like/as/the same,** lo mismo, exactamente: *just as your mum told us = exactamente como nos lo dijo tu madre.* 17 **~ now,** hace un instante, en este momento, ahora mismo. **18 ~ one's luck,** siempre tiene uno la negra. **19 ~ so,** (brit) (form.) perfecto, de acuerdo, naturalmente; a gusto de uno, todo en su sitio, ordenadamente. **20 ~ then,** en aquel preciso momento, justo entonces.

justice ['dʒʌstɪs] *s. i.* **1** justicia, equidad, imparcialidad. **2** justicia, sistema legal. **3** legitimidad, justicia (de una causa, de una reclamación). • *s. c.* **4** (EE UU) juez, magistrado. ◆ **5 to bring to ~,** llevar ante la ley, capturar y enjuiciar. **6 to do ~ to,** hacer justicia a, apreciar lo bueno de (una persona, una cosa). **7 to do oneself ~,** rendir al máximo, dar lo mejor de uno mismo, estar a la altura de las circunstancias.

justiceship ['dʒʌstɪsʃɪp] *s. c.* judicatura.

justifiable ['dʒʌstɪfaɪəbl] *adj.* **1** justificable. ◆ **2 ~ homicide,** DER. homicidio con causa de justificación.

justifiably ['dʒʌstɪfaɪəblɪ] *adv.* justificadamente.

justification [ˌdʒʌstɪfɪ'keɪʃn] *s. i.* **1** justificación, razonamiento. **2** justificación, alineamiento (de márgenes de un escrito). • *s. c.* **3** disculpa, excusa, defensa. ◆ **4 in ~ of,** en defensa de, como justificación de.

justified ['dʒʌstɪfaɪd] *adj.* **1** (~ {**in**}) justificado, excusado, disculpado. **2** justificado, razonable, correcto. **3** justificado, alineado (un margen de un escrito).

justify ['dʒʌstɪfaɪ] *v. t.* **1** (**to** ~ *o.* + *ger.*) justificar, disculpar. **2** defender. **3** justificar, alinear (márgenes).

justly ['dʒʌstlɪ] *adv.* **1** justamente, con justicia, con imparcialidad. **2** con razón, debidamente, cabalmente, merecidamente.

jut [dʒʌt] *v. i.* **1** (**to** ~ *adv./prep.*) sobresalir; proyectarse; resaltar. • *s. c.* **2** proyección; prominencia; saliente.

jute [dʒuːt] *s. i.* BOT. yute, cáñamo.

jutting [dʒʌtɪŋ] *adj.* prominente, saliente, que sobresale.

juvenile ['dʒuːvənaɪl || 'dʒuːvənəl] *adj.* **1** (no *comp.*) DER. de menores, menor. **2** juvenil, inmaduro. • *s. c.* **3** (form.) joven, menor. **4** cachorro. **5** galán (de cine, de teatro). **6** libro juvenil, libro infantil. ◆ **7 ~ court,** DER. tribunal de menores. **8 ~ delinquency,** delincuencia juvenil. **9 ~ delinquent,** delincuente juvenil.

juxtapose [ˌdʒʌkstə'pəuz] *v. t.* (form.) yuxtaponer.

juxtaposition [ˌdʒʌkstəpə'zɪʃn] *s. i.* yuxtaposición.

k, K [keɪ] *s. c.* **1** k, K (decimoprimera letra del alfabeto inglés). • *s. sing.* **2** (fam.) abreviatura de 1000; abreviatura de kilo.

kaftan *s. c.* ⇒ **caftan.**

kale [keɪl] (también **kail**) *s. c.* e *i.* BOT. col rizada.

kaleidoscope [kə'laɪdəskəʊp] *s. c.* caleidoscopio.

kaleidoscopic [kə,laɪdəs'kɒpɪc] *adj.* caleidoscópico.

kamikaze [,kæmɪ'kɑːzɪ] *adj.* kamikaze, suicida (acción): *it was a kamikaze mission = fue una misión suicida.*

kangaroo ['kæŋgə,ruː] *s. c.* **1** ZOOL. canguro. ♦ **2 ~ court,** juicio no oficial a un miembro de alguna organización que haya roto las reglas de la misma.

kapok ['keɪpɒk] *s. i.* capoc (fibra para rellenar cojines, edredones, etc.).

kaput [k'əput] *adj.* estropeado.

karaoke [kærə'əʊkɪ] *s. i.* karaoke.

karate [kə'rɑːtɪ] *s. i.* DEP. kárate.

karma ['kɑːmə] *s. i.* karma, destino.

kayak ['kaɪæk] *s. c.* kayac (barco pequeño usado por los esquimales).

kebab [kə'bæb] *s. c.* GAST. kebab, pincho moruno.

kedgeree ['kedʒəriː] *s. i.* GAST. plato de arroz, pescado y huevos.

keel [kiːl] *s. c.* **1** MAR. quilla. ♦ **2 to be/keep on an even ~,** (fam.) **a)** MAR. estar/mantener en iguales calados; **b)** (fig.) estar/mantener estabilizado o equilibrado: *it was difficult to keep the situation on an even keel = era muy difícil mantener la situación equilibrada.* **3 to ~ over, a)** zozobrar, dar de quilla; **b)** (fig.) desplomarse (persona).

keen [kiːn] *adj.* **1** entusiasta. **2** afilado (filos de cuchillos, etc.). **3** cortante, glacial (viento). **4** agudo (vista, oído). **5** agudo, perspicaz (comentario). **6** penetrante (mirada). **7** bajo, competitivo (precios). **8** reñido, disputado (competición). **9** grande (interés). **10** intenso, hondo (emoción). **11** bueno (apetito). ♦ **12 to be as ~ as mustard,** ser extraordinariamente entusiasta. **13 to be ~ on,** interesarse mucho por: *he is very keen on you = le gustas mucho.* **14 to be ~ to** (+ *inf.*) tener un vivo deseo de, ansiar.

keenly ['kiːnlɪ] *adv.* **1** profundamente, intensamente, con fuerza. **2** con entusiasmo (trabajar).

keenness ['kiːnnɪs] *s. i.* **1** entusiasmo, afición, interés. **2** viveza, agudeza, penetración.

keep [kiːp] (*pret.* y *p. p. irreg.* **kept**) *v. t.* **1** guardar. **2** cumplir, guardar (promesa). **3** observar, atenerse a (regla). **4** acudir a (cita). **5** observar, celebrar (fiesta religiosa). **6** mantener, imponer (el orden). **7** tener (animales, servidumbre). **8** criar, ocuparse de la cría de (animales). **9** mantener económicamente (familia, etc.). **10** tener, ser propietario de llevar (tienda, hotel, negocio). **11** llevar, escribir (diario). **12** llevar (cuentas, la casa). **13** poner aparte, reservar. **14** detener, entretener, retrasar. **15** tener (conversación). • *v. i.* **16** permanecer, seguir, continuar, mantenerse: *to keep warm = mantenerse caliente; to keep doing something = seguir haciendo algo.* • *s. c.* **17** torre del homenaje. **18** manutención, sustento. ♦ **19 for keeps,** permanentemente. **20 to ~ at,** trabajar sin descanso en. **21 ~ at it!,** ¡dale! **22 to ~ away from,** mantenerse alejado de, mantenerse a distancia de; no acudir a, no dejarse ver por. **23 to ~ back, a)** hacerse a un lado; **b)** ocultar (información); **c)** contener, reprimir (emoción); **d)** no dejar avanzar (enemigo). **24 to ~ down, a)** controlar (algo), poner medios para que no vaya a más; **b)** agacharse, bajar la cabeza; **c)** oprimir; **d)** procurar mantener la comida en el estómago para no vomitar. **25 to ~ from** (+ *ger.*) abstenerse de, guardarse de. **26 to ~ someone from doing something,** impedir a alguien hacer algo. **27 to ~ in,** mantener encerrado, no dejar salir (persona); mantener encendido (fuego); dejar castigado en la escuela. **28 to ~ in with,** mantener buenas relaciones con, cultivar la amistad de. **29 to ~ something clean,** conservar limpio algo. **30 to ~ off,** mantenerse alejado de; no aludir a (un tema determinado). **31 to ~ on** (+ *ger.*) **a)** continuar; **b)** mantener en un trabajo; **c)** seguir conservando; **d)** hablar continuamente. **32 to ~ one's end up,** defenderse bien. **33 to ~ one's eyes fixed on something,** tener los ojos puestos en algo. **34 to ~ one's hand in,** mantenerse en forma. **35 to ~ one's head,** conservar la sangre fría. **36 to ~ one's seat,** permanecer sentado; mantener el escaño (parlamentario). **37 to ~ out,** permanecer fuera. **38 to ~ out of,** no entrar en (sitio, organización, etc.); no meterse en (asunto); evitar (problema). **39 to ~ pace,** ir al mismo paso. **40 to ~ quiet,** no hacer ruido; no decir nada; permanecer callado, callarse. **41 to ~ to, a)** observar (ley, reglas); **b)** limitarse a (algo); **c)** permanecer en, guardar (cama). **42 to ~ oneself to oneself,** evitar el contacto con otros, ser muy reservado. **43 to ~ under, a)** controlar (algo o alguien); **b)** tener (a alguien) en estado de inconsciencia bajo los efectos de la anestesia. **44 to ~ track of,** no perder de vista; seguir la suerte de. **45 to ~ up,** no rezagarse, mantenerse a la altura. **46 to ~ up with the times,** mantenerse/estar al día. **47 to ~ well,** estar bien de salud.

keeper ['kiːpər] *s. c.* **1** cuidador (de zoo, campo de juego). **2** conservador (de museo, galería de arte). **3** archivero (en biblioteca). ♦ **4 finders-keepers,** ⇒ **finder. 5 to be someone's ~,** responder por alguien: *I am not my sister's keeper = no respondo por mi hermana.* **6 hotel- ~,** hotelero. **7 wicket- ~,** en críquet, el jugador que está situado en los palos.

OBS. **Keeper** se añade a algunos sustantivos contables para indicar la persona que está a cargo de algo: *shopkeeper = tendero.*

keep-fit [kiːp'fɪt] *s. i.* ejercicio físico.

keeping ['kiːpɪŋ] *s. i.* **1 to be in ~ with,** estar de acuerdo con, estar en armonía con. **2 to be in someone's ~,** estar bajo la custodia de alguien. **3 to be in safe ~,** estar en lugar seguro, estar en buenas manos. **4 to be out of ~ with,** estar en desacuerdo con. **5 to give something to someone for safe ~,** dar algo a alguien, para mayor seguridad.

keepsake ['ki:pseɪk] *s. c.* recuerdo: *he gave me this watch as a keepsake = me dio este reloj como recuerdo.*
keg [keg] *s. c.* **1** barrilete. • *s. i.* **2** cerveza de barril.
ken [ken] **1 to be beyond one's ~,** (arc.) ser incomprensible para uno. **2 to be within one's ~,** (arc.) ser comprensible para uno.
kennel ['kenəl] *s. c.* **1** perrera; caseta del perro. **2** (fig.) cuchitril. ◆ **3 kennels,** residencia canina; centro de adiestramiento de perros.
Kenya ['kenjə || 'ki:njə] *s. sing.* Kenia.
Kenyan ['kenjən || 'kənjən] *s. c.* keniano, keniata.
kept [kept] *pret.* y *p. p.irreg.* **1** de **keep.** • *adj.* **2** mantenido: *he was the old woman's kept boy = era el joven mantenido de la anciana.*
kerb [kə:b] *s. c.* **1** bordillo. ◆ **2 ~ crawler,** persona que busca los servicios de una prostituta junto a la acera y desde su automóvil. **3 ~ crawling,** conducción lenta a lo largo de la acera para tratar con una prostituta.
kerchief ['kə:tʃɪf] *s. c.* pañuelo, pañoleta.
kerfuffle [kə'fʌfl] *s. c.* (brit.) (fam.) tumulto, confusión.
kermis ['kə:mɪs] *s. c.* kermés, quermés.
kernel ['kə:nl] *s. c.* **1** BOT. almendra. **2** (fig.) meollo, esencia. ◆ **3 a ~ of truth,** una parte de verdad.
kerosene ['kerəsɪn] *s. i.* **1** queroseno. ◆ **2 ~ lamp,** lámpara de petróleo.
kestrel ['kestrəl] *s. c.* ZOOL. cernícalo.
ketch [ketʃ] *s. c.* MAR. queche (barco de vela de dos mástiles).
ketchup ['ketʃəp] *s. i.* GAST. (tomate) ketchup, catsup.
kettle ['ketl] *s. c.* **1** tetera; hervidor (eléctrico). ◆ **2 it's another ~ of fish/a different ~ of fish,** (fam.) no tiene nada que ver; es completamente distinto. **3 a fine/pretty ~ of fish,** un buen berenjenal.
kettledrum ['ketlədrʌm] *s. c.* MÚS. timbal.
key [ki:] *s. c.* **1** llave. **2** tecla (de piano, máquina de escribir, ordenador, etc.); pistón, llave (de saxo, trompeta, etc.). **3** ELEC. interruptor, llave. **4** TEC. chaveta, cuña. **5** clave (de libros, mapas, situación). **6** MÚS. tono, tonalidad. • *v. t.* **7** TEC. enchavetear, acuñar. **8** MÚS. templar, afinar. ◆ **9 to be all keyed up,** estar emocionadísimo, tener los nervios de punta. **10 to be in ~,** estar afinado. **11 to ~ in,** INF. meter en el ordenador; teclear (para obtener una información). **12 to ~ up,** emocionar. **13 to play off ~,** desafinar. **14 under lock and ~,** ⇒ **lock.**
keyboard ['ki:bɔ:d] *s. c.* **1** teclado (en máquina de escribir, música y similares). ◆ **2 ~ skills,** mecanografía.
keyboarder ['ki:bɔ:dər] *s. c.* teclista.
keyhole ['ki:həul] *s. c.* **1** ojo de la cerradura. ◆ **2 ~ surgery,** cirugía endoscópica.
keynote ['ki:nəut] *s. c.* **1** idea fundamental, idea clave. ◆ **2 ~ speech,** discurso de apertura en que se sientan las bases de cierto programa político.
keypad ['ki:pæd] *s. c.* teclado, teclas.
keyring ['ki:rɪŋ] *s. c.* llavero.
keystone ['ki:stəun] *s. c.* **1** piedra angular (de edificio). **2** (fig.) pilar, base de un proceso.
kg *s. c.* abreviatura de kilogramo.
khaki ['kɑ:kɪ] *s. i.* **1** caqui (tela). • *adj.* **2** caqui (color).
kibbutz [kɪ'buts] (*pl.* **kibbutzes** o **kibbutzim**) *s. c.* kibutz.
kibbutzim [kɪ'butʒɪ:m] *pl. irreg.* de **kibbutz.**
kibosh ['kaɪbɒʃ] **to put the ~ on something,** acabar con algo definitivamente, arruinar algo.
kick [kɪk] *s. c.* **1** patada, puntapié; coz (animal). **2** (fig.) reacción. • *v. t.* **3** dar patadas a; dar de coces a (animal). • *v. i.* **4** dar patadas; dar coces, cocear (animal); recular (arma); (fig.) protestar, quejarse, reaccionar. ◆ **5** (fam.) **to do something for kicks,** hacer algo sólo para divertirse. **6 a drink with a ~ to it,** una bebida muy fuerte. **7 to get a ~ out of,** encontrar placer en. **8 to ~ about,** (fam.) dejar abandonado. **9 to ~ against,** reaccionar violentamente contra. **10 to ~ around,** (fam.) **a)** considerar, discutir informalmente (ideas, sugerencias); **b)** abandonar. **11 to ~ a ball about,** divertirse dando patadas a un balón. **12 to ~ a ball away,** despejar el balón de una patada. **13 to ~ in,** romper de una patada. **14 to ~ a man when he's down,** dar a moro muerto gran lanzada. **15 to ~ off, a)** DEP. sacar de centro, hacer el saque inicial; **b)** (fam.) empezar una conversación, discusión, etc.; **c)** quitarse de una patada (los zapatos). **16 to ~ one's legs in the air,** agitar las piernas. **17 to ~ out,** echar a alguien. **18 to ~ out against,** reaccionar ante. **19 to ~ someone's bottom,** dar una patada en el culo a alguien. **20 to ~ someone downstairs,** echar a alguien escaleras abajo. **21 to ~ the bucket,** ⇒ **bucket. 22 to ~ up, a)** armar (un lío, un escándalo); **b)** levantar nubes de (polvo, arena, etc.).
kickback ['kɪkbæk] *s. c.* **1** tajada, (Am.) mordida. **2** retroceso (de arma de fuego).
kick-off ['kɪkɒf] *s. c.* **1** saque de centro, saque inicial. **2** (brit.) (fam.) hora de comienzo. ◆ **3 for a ~,** para empezar...
kickstart ['kɪkstɑ:rt] (también **kickstarter**) *s. c.* **1** (brit.) palanca de arranque de una motocicleta. • *v. t.* e *i.* **2** arrancar con la palanca de arranque.
kickstarter ['kɪkstɑ:rtər] *s. c.* ⇒ **kickstart.**
kid [kɪd] *s. c.* **1** (fam.) niño, chaval. **2** ZOOL. cabrito, chivo. **3** GAST. carne de cabrito. • *v. t.* **4** (fam.) tomar el pelo a. • *v. i.* **5** bromear, no hablar en serio. ◆ **6 to ~ oneself,** engañarse a sí mismo, vivir engañado. **7** (fam.) **I ~ you not,** sinceramente, en serio. **8** (fam.) **no kidding,** no me digas. • *adj.* **9** de piel de cabritillo (usada para hacer guantes): *kid gloves = guantes de piel.* **10 to treat/to handle someone with ~ gloves,** tratar a alguien con sumo cuidado.
kiddie ['kɪdɪ] *s. c.* (fam.) niño muy pequeño.
kidnap ['kɪdnæp] *v. t.* secuestrar, raptar.
kidnapper ['kɪdnæpər] *s. c.* secuestrador.
kidnapping ['kɪdnæpɪŋ] *s. c.* secuestro, rapto.
kidney ['kɪdnɪ] *s. c.* **1** FISIOL. y ZOOL. riñón. ◆ **2 ~ bean,** BOT. judía pinta. **3 ~ machine,** MED. riñón artificial.
kill [kɪl] *v. t.* **1** matar; asesinar. **2** (fig.) acabar con (rumor, dolor, pena, engaño). **3** (fig.) destruir (sentimiento, esperanza). **4** (fig.) quitar (sabor, gusto). **5** (fig.) parar (máquina, motor); apagar (la luz). ◆ **6 to be dressed to ~,** vestir con mucha elegancia para impresionar a alguien. **7 to be in at the ~,** presenciar algo desagradable. **8 to come/move/close in for the ~,** prepararse a dar el golpe final (bien figuradamente, bien en el sentido de rematar a un animal). **9 to ~ the goose that lays the golden eggs,** matar la gallina de los huevos de oro. **10 to ~ someone with kindness,** tratar a alguien con tanto cuidado que llega a molestar. **11 to ~ off,** matar, exterminar. **12 to ~ oneself with laughter,** morirse de risa. **13 to ~ time,** matar el tiempo. **14 to ~ two birds with one stone,** matar dos pájaros de un tiro. **15 something will ~ or cure,** en una situación extrema, el hallazgo de alguna solución que puede resolverla o acabar con ella definitivamente.
killer ['kɪlər] *s. c.* **1** asesino. **2** sustancia mortífera; enfermedad mortal. ◆ **3 ~ instinct,** instinto asesino. **4 ~ whale,** ZOOL. orca (ballena blanca y negra).
killing ['kɪlɪŋ] *s. c.* **1** asesinato, matanza. • *adj.* **2** graciosísimo, hilarante. ◆ **3 to make a ~,** tener un gran éxito financiero.
killingly ['kɪlɪŋlɪ] *adv.* **1 ~ funny,** graciosísimo, divertidísimo. **2 to be ~ funny,** ser para morirse de risa.
killjoy ['kɪldʒɔɪ] *s. c.* aguafiestas.
kiln [kɪln] *s. c.* horno.
kilo ['ki:ləu] *s. c.* kilogramo, kilo.
kilocalorie ['kɪləkælərɪ] *s. c.* kilocaloría.
kilogram ['kɪləgræm] *s. c.* kilogramo.
kilohertz ['kɪləhə:tz] (*pl.* **kilohertz**) *s. c.* kilohercio.
kilolitre ['kɪləli:tər] *s. c.* kilolitro.
kilometre ['kɪləmi:tər] (en EE UU **kilometer**) *s. c.* kilómetro.
kilowatt ['kɪləwɒt] *s. c.* kilovatio.
kilt [kɪlt] *s. c.* **1** falda escocesa. ◆ **2 kilted regiment,** regimiento escocés en la armada británica, cuyo uniforme lleva incluida la típica falda escocesa.
kimono [kɪ'məunəu] *s. c.* quimono.
kin [kɪn] *s. c.* **1** familia, parentela, parientes. ◆ **2 to be no ~ to,** no estar

emparentado con. **3 kith and ~,** (arc.) familiares y amigos. **4 next of ~,** pariente más próximo.

kind [kaɪnd] *s. c.* **1** clase, tipo. ● *adj.* **2** amable. **3** buena (acción). **4** benigno (clima). **5** elogioso, favorable (crítica, apreciación, palabras). **6** cariñoso, dulce, tierno (tono de voz). **7** bueno, blando (tratamiento). ◆ **8 all kinds of,** toda clase de. **9 and all that ~ of thing,** y cosas por el estilo. **10 to be ~ enough** (+ *inf.*), tener la amabilidad de. **11 to be ~ to someone,** ser amable con alguien. **12 a ~ of,** algo así como, más o menos: *he's a kind of a doctor = es algo así como un médico.* **13 to pay in ~,** pagar en especie; (fig.) pagar con la misma moneda.

kindergarten ['kɪndəgɑːtən] *s. c.* jardín de infancia.

kind-hearted ['kaɪnd'hɑːtɪd] *adj.* bondadoso, de buen corazón.

kind-heartedly ['kaɪnd'hɑːtɪdlɪ] *adv.* bondadosamente.

kind-heartedness ['kaɪnd'hɑːtɪdnɪs] *s. i.* bondad.

kindle ['kɪndl] *v. t.* **1** encender (fuego). **2** inspirar, encender (emoción, sentimiento). ● *v. i.* **3** encenderse.

kindliness ['kaɪndlɪnɪs] *s. i.* bondad, benevolencia.

kindling ['kɪndlɪŋ] *s. c.* leña menuda, astillas.

kindly ['kaɪndlɪ] *adj.* **1** amable; bondadoso. **2** benigno (clima). **3** elogioso, favorable (crítica, comentario, etc.). **4** cariñoso, dulce (tono de voz). ● *adv.* **5** bondadosamente; amablemente. ◆ **6 to ask someone to ~ do something,** pedirle algo a alguien por favor, pedir algo a alguien amablemente. **7 to look ~ on/upon,** aprobar, mirar con buenos ojos. **8 to think ~ of,** tener buena opinión de. **9 to take ~ to something,** aceptar algo de buen grado.

kindness ['kaɪndnɪs] *s. i.* **1** amabilidad; bondad; benevolencia. ● *s. c.* **2** favor. ◆ **3 to do someone a ~,** hacer un favor a alguien.

kindred ['kɪndrɪd] *s. i.* **1** parentesco, lazos familiares. ● *adj.* **2** emparentado. **3** semejante, análogo, afín. ◆ **4 ~ spirits,** espíritus afines.

kinetic [kɪ'netɪk] *adj.* **1** cinético. ◆ **2 ~ art,** esculturas móviles. **3 ~ energy,** FÍS. energía cinética.

kinetically [kɪne'tɪklɪ] *adv.* cinéticamente, con movimiento.

kinetics [kɪ'netɪks] *s. i.* FÍS. cinética (parte de la física que estudia el movimiento).

king [kɪŋ] *s. c.* **1** rey. **2** rey (ajedrez, cartas). **3** (fig.) rey: *Elvis Presley is the king of rock and roll = Elvis Presley es el rey del rock and roll.* ◆ **4 to live like a ~,** vivir a cuerpo de rey.

kingcup ['kɪŋkʌp] *s. c.* BOT. botón de oro.

kingdom ['kɪŋdəm] *s. c.* **1** reino. **2** (fig.) dominio, feudo (de alguien o algún grupo concreto, partido, etc.). ◆ **3 animal ~,** reino animal, mundo animal. **4 plant ~,** reino vegetal, mundo vegetal.

kingfisher ['kɪŋfɪʃər] *s. c.* ZOOL. martín pescador.

kingly ['kɪŋlɪ] *adj.* real, regio; digno de un rey.

kingpin ['kɪŋpɪn] *s. c.* **1** TEC. perno, pinzote. **2** (fig.) piedra angular. **3** (fig.) personaje principal; cosa fundamental.

kingship ['kɪŋʃɪp] *s. i.* realeza, monarquía.

king-size ['kɪŋsaɪz] *adj.* de tamaño extra.

kink [kɪŋk] *s. c.* **1** coca, enroscadura (en cuerda). **2** rizo (en pelo). **3** arruga, pliegue (en papel, tela, etc.). **4** (fig.) peculiaridad, manía. **5** perversión (sexual).

kinky ['kɪŋkɪ] *adj.* **1** rizado, ensortijado. **2** (fig.) peculiar (personalidad). **3** pervertido (sexualmente).

kinship ['kɪnʃɪp] *s. i.* **1** parentesco. **2** (fig.) afinidad, relación estrecha, relación íntima.

kinsman ['kɪnzmən] (*pl.* **kinsmen**) *s. c.* (arc.) pariente.

kinsmen ['kɪnzmən] *pl. irreg.* de **kinsman.**

kinswoman ['kɪns,wʊmən] (*pl.* **kinswomen**) *s. c.* parienta.

kinswomen ['kɪns,wɪmɪn] *pl. irreg.* de **kinswoman.**

kiosk ['kiːɒsk] *s. c.* **1** quiosco. **2** (brit.) cabina de teléfono.

kip [kɪp] *s. c.* **1** (brit.) (fam.) alojamiento. ● *v. i.* **2** dormir. ◆ **3 to have a ~,** dormir un rato. **4 to ~ down,** echarse a dormir.

kipper ['kɪpər] *s. c.* ZOOL. arenque ahumado.

kirk [kəːk] *s. c.* **1** iglesia (en Escocia). ◆ **2 the Kirk,** la Iglesia Presbiteriana escocesa.

kirsch [kɪəʃ] *s. i.* GAST. kirsch, bebida alcohólica hecha de cereza y que suele servirse después de las comidas.

kiss [kɪs] *s. c.* **1** beso. **2** roce (toque ligero). ● *v. t.* **3** besar. ● *v. i.* **4** besarse. ◆ **5 to blow someone a ~,** tirar un beso a alguien. **6 to ~ and be friends,** hacer las paces. **7 to ~ hands,** (brit.) besar la mano real en la toma de posesión de un cargo. **8 ~ of death,** (fig.) golpe de gracia. **9 ~ of life,** respiración boca a boca; (fig.) impulso vital. **10 to ~ the book,** besar la Biblia en un juramento. **11 to ~ the rod,** aceptar un castigo sin rechistar.

kisser ['kɪsər] *s. c.* (fam.) pico, morros (boca); jeta, rostro (cara).

kissproof ['kɪspruːf] *adj.* indeleble.

kit [kɪt] *s. c.* **1** avíos, equipaje. **2** herramientas, instrumental. **3** botiquín (de primeros auxilios). **4** MIL. equipo. ◆ **5 to ~ someone out,** equipar a alguien.

kitbag ['kɪtbæg] *s. c.* petate, saco, macuto.

kitchen ['kɪtʃɪn] *s. c.* **1** cocina. ◆ **2 ~ garden,** huerto. **3 ~ range,** cocina económica; fogón. **4 ~ sink,** fregadero. **5 ~ sink play,** obra de realismo social. **6 to take everything except/but the ~ sink,** coger muchas cosas, incluso las menos necesarias.

kitchenette ['kɪtʃɪnet] *s. c.* **1** cocina pequeña. **2** parte de una habitación que se usa para cocinar.

kitchenware ['kitʃɪn,weər] *s. c.* menaje de cocina, batería de cocina.

kite [kaɪt] *s. c.* **1** cometa (juguete). **2** ZOOL. milano real. ◆ **3 to fly a ~,** (fig.) lanzar un globo sonda, lanzar una idea para sondear la opinión.

kith [kɪə] *s. c.* **~ and kin,** (arc.) parientes y amigos.

kitten ['kɪtn] *s. c.* **1** gatito. ◆ **2 to have kittens,** (brit.) estar muy nervioso.

kittenish ['kɪtənɪʃ] *adj.* picaruelo; juguetón; coquetón.

kittiwake ['kɪtɪweɪk] *s. c.* gaviota tridáctila, gavina.

kitty ['kɪtɪ] *s. c.* **1** colecta; fondo común. **2** bote, plato, fondos de una apuesta. **3** (fam.) apelativo cariñoso para un gato.

kiwi ['kiːwɪ] *s. c.* **1** BOT. kiwi. ◆ **2 Kiwi,** (fam.) neozelandés.

klaxon ['klæksən] *s. c.* bocina, claxon.

Kleenex ['kliːneks] (*pl.* **Kleenex**) *s. c.* kleenex, marca registrada de unos pañuelos de papel.

kleptomania [,kleptə'meɪnɪə] *s. i.* cleptomanía.

kleptomaniac [,kleptə'meɪnɪæk] *s. c.* cleptómano.

knack [næk] *s. i.* **1** talento, maña, destreza, truco. ◆ **2 it's just a ~,** es un truco que se aprende. **3 to get the ~ of doing something,** coger o pillar el tranquillo a hacer algo, aprender el modo de hacer algo. **4 to have the ~ of doing something,** tener el don de hacer algo. **5 to have the ~ of saying the right thing,** acertar siempre con la palabra exacta.

knacker ['nækər] *s. c.* **1** (brit.) matarife de caballos. **2** persona que vende cosas usadas y de desecho.

knackered ['nækəd] *adj.* (fam.) molido, rendido, hecho migas.

knag [næg] *s. c.* nudo (en madera).

knapsack ['næpsæk] *s. c.* mochila.

knave [neɪv] *s. c.* **1** bellaco, bribón. **2** jota (en baraja francesa); sota (en baraja española).

knavery ['neɪvərɪ] *s. i.* bellaquería, bribonería.

knead [niːd] *v. t.* **1** amasar. **2** masajear, dar masajes a.

knee [niː] *s. c.* **1** rodilla. ● *v. t.* **2** dar un rodillazo a. ◆ **3 on bended knees, on one's knees,** de rodillas. **4 to bow the ~ to,** humillarse ante, someterse a. **5 to bring someone to his knees,** someter a alguien, humillar a alguien. **6 to fall on one's knees,** arrodillarse, caer de rodillas. **7 to go down on one's knees to someone,** implorar a alguien de rodillas. **8 ~ breeches,** calzón corto.

kneecap ['niː,kæp] *s. c.* ANAT. **1** rótula. ◆ **2 to ~ someone,** disparar a alguien en las rodillas.

knee-deep ['niː,diːp] *adj.* **1** hasta las rodillas, al nivel de las rodillas. ◆ **2 to**

be ~ **in,** estar metido hasta las rodillas en. **3 to go into the water ~,** avanzar hasta que el agua llegue a las rodillas.

knee-high [,ni:'haɪ] *adj.* **1** que llega hasta las rodillas, hasta la altura de las rodillas de un adulto. ◆ **2 to be ~ to a grasshopper,** no levantar un palmo del suelo.

kneel [ni:l] (*pret.* y *p. p. irreg.* **knelt**) *v. i.* **1** arrodillarse, ponerse de rodillas, hincarse de rodillas. ◆ **2 to ~ to,** hincar la rodilla ante.

kneepad ['ni:pæd] *s. c.* rodillera.

kneepan ['ni:pæn] *s. c.* rótula.

knees-up ['ni:zʌp] (*pl.* **knees-ups**) *s. c.* (brit.) (fam.) fiestorro, juerga.

knell [nel] *s. c.* toque de difuntos.

knelt [nelt] *pret.* y *p. p.* de **kneel.**

knew [nju:] *pret. irreg.* de **know.**

knickerbockers ['nɪkəbɒkəz] *s. pl.* pantalones bombachos.

knickers ['nɪkəz] *s.pl.* **1** bragas. ◆ **2 to get one's ~ in a twist,** (fam.) ponerse hecho una furia. **3 ~!** (vulg.) ¡contra!, ¡caray!

knick-knack ['nɪknæk] *s. c.* chuchería, baratija.

knife [naɪf] (*pl.* **knives**) *s. c.* **1** cuchillo; navaja. **2** MEC. cuchilla. ◆ **3** *v. t.* acuchillar. ◆ **4 before one can say ~,** en un amén Jesús. **5 the knives are out between them,** están a matar. **6 carving ~,** cuchillo de trinchar. **7 flick ~,** navaja automática. **8 to have one's ~ into someone,** tener inquina a alguien. **9 jack ~,** navaja. **10 ~ and fork,** cubierto (en la mesa). **11 palette ~,** espátula. **12 pen ~,** navaja. **13 paper ~,** abrecartas. **14 pocket ~,** navaja. **15 to twist/turn the ~ in the wound,** hurgar en la herida (en el sentido de recordar algo desagradable).

knife-box ['naɪfbɒks] *s. c.* portacubiertos.

knife-edge ['naɪfedʒ] *s. c.* **1** filo (de un cuchillo). ◆ **2 to be balanced on a ~,** (fig.) estar pendiente de un hilo.

knife-grinder ['naɪf,graɪndər] *s. c.* amolador, afilador.

knifing ['naɪfɪŋ] *s. c.* apuñalamiento, acuchillamiento.

knight [naɪf] *s. c.* **1** caballero. **2** caballo (ajedrez). ● *v. t.* **3** HIST. armar caballero a. **4** (brit.) dar el título de Sir a.

knight-errant [,naɪt'erənt] *s. c.* caballero andante.

knight-errantry [,naɪt'erəntrɪ] *s. i.* caballería andante.

knighthood ['naɪthʊd] *s. c.* **1** orden de caballería. **2** título de caballero. **3** (brit.) título de Sir.

knightly ['naɪtlɪ] *adj.* caballeroso; caballeresco.

knit [nɪt] *v. i.* **1** hacer punto. **2** hacer calceta. **3** soldarse (huesos). **4** (fig.) unirse. ● *v. t.* **5** tejer. **6** fruncir (el ceño). ◆ **7 to ~ together,** juntar, unir. **8 to ~ up,** tejer algo en su totalidad.

knitted ['nɪtɪd] *adj.* **1** de punto. ◆ **2 ~ goods,** géneros de punto.

knitter ['nɪtər] *s. c.* tejedora, persona que hace calceta.

knitting ['nɪtɪŋ] *s. c.* **1** labor de punto. ◆ **2 ~ machine,** máquina de tricotar. **3 ~ needle,** aguja de hacer punto. **4 ~ wool,** lana para hacer punto. **5 plain ~,** punto de media.

knitwear ['nɪtweər] *s. i.* géneros de punto.

knives ['naɪvz] *pl.* de **knife.**

knob [nɒb] *s. c.* **1** protuberancia, bulto. **2** MEC. botón, interruptor. **3** pomo, tirador (de la puerta). **4** puño (del bastón). ◆ **5 ~ of sugar,** terrón de azúcar.

knobbly ['nɒblɪ] *adj.* nudoso.

knobby ['nɒbɪ] *adj.* (EE UU) nudoso.

knock [nɒk] *v. t.* **1** golpear. **2** chocar contra. **3** (fam.) criticar, denigrar, hablar mal de. **4** hacer publicidad en contra de. ● *v. i.* **5** llamar a la puerta. **6** golpear, martillear. ● *s. c.* **7** golpe. **8** choque (colisión). **9** llamada (puerta). ◆ **10 to be knocking on,** (fam.) ir para (edad): *she is knocking on 40 = va para los cuarenta.* **11 to get a ~,** recibir un golpe. **12 to get the ~,** (vulg.) mosquearse, ofenderse, perder la paciencia, ponerse negro. **13 to ~ about/around, a)** vagabundear, andar vagando, rodar; **b)** ver mundo, vivir experiencias; **c)** ser amigo de, salir con; **d)** discutir, comentar (idea). **14 to ~ back,** (fam.) beberse de un trago. **15 to ~ against,** chocar contra, dar contra. **16 to ~ the bottom out of a box,** desfondar una caja. **17 to ~ down, a)** derribar, demoler, echar abajo (edificio); **b)** derribar (persona); **c)** atropellar (peatón); **d)** destruir (argumento); **e)** rebajar (precio). **18 to ~ a hole in something,** abrir a la fuerza un agujero en algo. **19 to ~ in, a)** hacer entrar a golpes; **b)** clavar (clavo). **20 to ~ into, a)** chocar contra; **b)** toparse con (persona). **21 to ~ off, a)** quitar de un golpe; **b)** hacer caer; **c)** (vulg.) birlar, limpiar, mangar; **d)** (vulg.) detener, arrestar; **e)** ejecutar prontamente, despachar (tarea); **f)** terminar, salir de (trabajo). **22 to ~ the price off,** rebajar el precio de. **23 to ~ the smile off someone's face,** hacer que uno deje de sonreír a fuerza de golpes. **24 ~ it off!,** (fam.) ¡déjalo! **25 to ~ out, a)** dejar sin sentido, hacer perder el conocimiento a (persona); **b)** poner fuera de combate (boxeo); **c)** romper (dientes); **d)** suprimir, quitar. **26 to ~ over, a)** volcar; **b)** atropellar (peatón). **27 to ~ together,** construir, componer deprisa. **28 to ~ up, a)** construir toscamente o deprisa (edificio); **b)** llamar, despertar; **c)** agotar; **d)** (vulg.) dejar encinta; **e)** pelotear (tenis). **29 to ~ up against,** chocar contra; topar con, tropezar con (persona, dificultad).

knockabout ['nɒkəbaʊt] *adj.* **1** bullicioso, tumultuoso, confuso. ◆ **2 ~ comedy,** farsa bulliciosa; (fig.) payasada.

knockdown ['nɒkdaʊn] *adj.* **1** baratísimo, de regalo (precio). **2** (fam.) poderoso, convincente (razonamiento, argumento).

knocker ['nɒkər] *s. c.* **1** aldaba. **2** (fam.) detractor, crítico. ◆ **3 knockers** (vulg.) tetas.

knocker-up ['nɒkər,ʌp] *s. c.* (fam.) despertador (persona).

knocking ['nɒkɪŋ] *s. c.* **1** golpe. **2** llamada (a la puerta). ◆ **3 ~ copy,** anuncio destinado a denigrar un producto.

knock-kneed [,nɒk'ni:d] *adj.* **1** patizambo. **2** (fig.) débil, irresoluto.

knock-knees [,nɒk'ni:z] *s.pl.* piernas patizambas.

knock-off ['nɒkɔf] *s. c.* imitación.

knock-on ['nɒkɒn] *adj.* secundario (efecto, acción).

knockout ['nɒkaʊt] *s. c.* **1** K.O., fuera de combate (boxeo). **2** eliminatoria (competición). ◆ **3 to be a ~,** ser estupendo. **4 ~ blow,** golpe aplastante.

knock-up ['nɒkʌp] *s. c.* peloteo (en tenis, badminton, squash).

knoll [nəʊl] *s. c.* otero, montículo.

knot [nɒt] *s. c.* **1** nudo. **2** lazo (pajarita). **3** grupo, corrillo (gente). **4** MAR. nudo. ● *v. t.* **5** anudar, atar. ● *v. i.* **6** anudarse. ◆ **7 to get tied up in knots, a)** anudarse, enmarañarse; **b)** (fig.) hacerse un lío. **8 get knotted!** (fam.) ¡fastídiate! **9 to tie a ~,** hacer un nudo. **10 to travel/move/etc., at a rate of knots,** viajar, moverse, etc., muy deprisa.

knot-hole ['nɒthəʊl] *s. c.* agujero que deja un nudo en la madera.

knotty ['nɒtɪ] *adj.* **1** nudoso. **2** (fig.) difícil, complicado (pregunta, problema).

knout [nəʊt] *s. c.* knut (clase de látigo usado en Rusia para castigar a la gente).

know [nəʊ] (*pret.* **knew** y *p. p. irreg.* **known**) *v. t.* **1** saber; conocer. **2** hablar un idioma: *do you know French? = ¿hablas francés?* ● *v. i.* **3** saber. ◆ **4 as far as I ~,** por lo que yo sé. **5 as we ~ it,** tal como se conoce. **6 to be in the ~,** estar enterado. **7 to get to ~ someone,** conocer a alguien. **8 Heaven/God/Christ knows,** (vulg.) ¡Dios sabe! **9 how was I to ~,** ¡cómo lo iba a saber! **10 I don't ~ about you,** no sé tú... **11 I'm blessed/damned if I ~!,** ¡que me mate si lo sé! **12 to ~ best,** tener el máximo conocimiento. **13 to ~ better than,** conocer mejor que, saber más que. **14 to ~ how to do something,** saber hacer algo. **15 to ~ someone by sight,** conocer a alguien de vista. **16 to ~ someone by his walk,** conocer a alguien por la forma de andar. **17 you never ~/one never knows,** nunca se sabe. **18 not that I ~ of,** no que yo sepa. **19 you don't ~,** no te imaginas: *you don't know how glad I am to see you = no te imaginas lo contento que estoy de verte.* **20 you ~,** (muletilla utilizada en conversación, y sin una traducción concreta; podría traducirse por: ¿sabes?, ¿me sigues?, ¿no?, etc.). **21 you ~ what I mean,** ya sabes lo que quiero decir, ya sabes a lo que me refiero.

knowable ['nəuəbəl] *adj.* conocible.

know-all ['nəuɔ:l] *s. c.* sabelotodo.

know-how ['nəuhau] *s. i.* conocimientos, pericia.

knowing ['nəuɪŋ] *adj.* **1** astuto, avispado. **2** malicioso (mirada). ◆ **3 worth ~,** digno de saberse.

knowingly ['nəuɪŋlɪ] *adv.* **1** a sabiendas, adrede. **2** maliciosamente, con malicia.

know-it-all ['nəuɪtɔ:l] *s. c.* (EE UU) sabelotodo.

knowledge ['nɒlɪdʒ] *s. i.* **1** conocimiento, saber. **2** erudición, conocimiento. ◆ **3 to have a working ~ of,** dominar los principios esenciales de. **4 to have a thorough ~ of,** conocer a fondo. **5 it is common ~ that,** todo el mundo sabe que. **6 not to my ~,** no que yo sepa. **7 to my ~,** según mi leal saber y entender . **8 without my ~,** sin saberlo yo.

knowledgeable ['nɒlɪdʒəbl] *adj.* entendido, erudito.

known [nəun] *p.p.* **1** de **know.** ● *adj.* **2** conocido, reconocido. ◆ **3 to be well ~,** ser conocido en todas partes. **4 to become ~,** llegar a saberse (hecho); llegar a ser conocido (persona). **5 to make something ~ to someone,** anunciar algo a alguien, hacer que uno se entere de algo.

knuckle ['nʌkl] *s. c.* **1** nudillo (de la mano). ◆ **2 to ~ down to something,** ponerse a hacer algo con ahínco, dedicarse a algo en serio. **3 near the ~,** rudo, ofensivo (palabras, acciones). **4 to ~ under,** someterse. **5 to rap someone's knuckles/ to rap someone over the knuckles,** echar un rapapolvo a alguien.

knuckleduster ['nʌkl,dʌstər] *s. c.* puño de hierro, puño americano.

knurl [nə:l] *s. c.* **1** nudo, protuberancia. **2** moleteado (moneda). ● *v. t.* **3** moletear (moneda).

knurled [nə:ld] *adj.* **1** nudoso. **2** moleteado (moneda).

KO [keɪəu] (*abrev.* de **knock out**) *s. c.* fuera de combate.

koala [kəu'ɑ:lə] *s. c.* ZOOL. koala (tipo de oso australiano).

kohl [kəul] *s. i.* cosmético usado por las mujeres del Este para oscurecer los párpados.

Koran [kɒr'ɑ:n] *s. sing.* REL. **the ~,** el Corán (libro sagrado de los islámicos).

Koranic [kɒ'rænɪk] *adj.* coránico.

Korea [kəri:ə] *s. sing.* Corea.

Korean [kə'ri:ən] *adj.* coreano.

kosher ['kəuʃər] *adj.* **1** autorizado por la ley judía. **2** (fam.) legítimo: *these goods are kosher = estos productos son legítimos.*

kow-tow [,kau'tau] *v. i.* **1** saludar humildemente. ◆ **2 to ~ to someone,** humillarse ante uno.

kraal [krɑ:l] *s. c.* **1** tipo de pueblo en África formado por cabañas rodeadas de verjas. **2** en Sudáfrica, pedazo de tierra cercada para criar vacas, ovejas, etc.

Kremlin ['kremlɪn] *s. c.* POL. Kremlin; organismo gubernamental soviético.

kris [krɪs] *s. c.* cuchillo con el filo curvado usado en Malasia e Indonesia como arma.

krona ['krəunə] *s. c.* corona danesa y noruega (moneda).

krugerrand ['kru:gərænd] *s. c.* moneda de oro sudafricana que se compra como inversión.

krypton ['krɪptɒn] *s. i.* kriptón.

kudos ['kju:dɒs] *s. i.* (esp. brit.) mérito, gloria, prestigio.

Ku Klux Klan [,ku:klʌks'klæn] *s. i.* (EE UU) Ku Klux Klan.

kukri ['kukrɪ] *s. c.* tipo de cuchillo curvo usado en Nepal.

kulak ['kju:læk] *s. c.* kulak.

kumis ['ku:mɪs] *s. i.* bebida alcohólica hecha de leche de yegua por los tártaros.

kümmel ['kuməl] *s. i.* GAST. en Alemania, bebida alcohólica hecha de plantas y que se sirve después de las comidas.

kumquat ['kʌmkwɒt] *s. c.* BOT. fruto pequeño parecido a la naranja.

Kung Fu [,kʌŋ'fu:] *s. i.* DEP. Kung Fu (tipo de lucha china en la que sólo se usan pies y manos).

Kuwait [ku'weɪt || ku'waɪt] *s. sing.* Kuwait.

Kuwaiti [ku'weɪtɪ || ku'waɪtɪ] *s. c.* **1** kuwaití (persona). ● *adj.* **2** kuwaití.

kwashiorkor [,kwɒʃɪ'ɔ:kər] *s. i.* MED. enfermedad tropical producida por la falta de alimentación.

l, L [el] *s. c.* l, L (duodécima letra del alfabeto inglés).
lab [læb] *s. c.* (fam.) laboratorio.
label ['leɪbl] *s. c.* **1** etiqueta, rótulo. **2** sello discográfico. ● *v. t.* **3** etiquetar. **4 (to ~ as)** tachar de: *he was labelled as a traitor = lo tacharon de traidor.*
labia ['leɪbɪə] *s. pl.* ANAT. labios (del aparato genital femenino).
labial ['leɪbjəl] *adj.* FON. labial.
labiate ['leɪbɪeɪt] *adj.* BOT. labiado.
labiodental [ˌleɪbɪəʊ'dentl] *adj.* **1** FON. labiodental. ● *s. c.* **2** FON. labiodental.
labionasal [ˌleɪbɪəʊ'neɪzl] *adj.* **1** FON. labionasal. ● *s. c.* **2** FON. labionasal.
labiovelar [ˌleɪbɪəʊ'viːlər] *adj.* **1** FON. labiovelar. ● *s. c.* **2** FON. labiovelar.
laboratory [lə'bɒrətərɪ] *s. c.* laboratorio.
laborious [lə'bɔːrɪəs] *adj.* laborioso, arduo, duro.
laboriously [lə'bɔːrɪəslɪ] *adv.* laboriosamente.
laboriousness [lə'bɔːrɪəsnɪs] *s. i.* diligencia, laboriosidad.
labour ['leɪbər] (en EE UU **labor**) *s. i.* **1** trabajo, tarea, labor, faena. ● *v. i.* **2** trabajar con ahínco, esforzarse. **3** avanzar con dificultad, costar: *the old man laboured up the hill = al viejo le costaba subir la colina.* **4 (to ~ under)** actuar bajo, tener (una falsa impresión, engaño): *he laboured under the misapprehension that... = tenía la falsa impresión de que...* **5** insistir, abundar en detalles. ◆ **6 a ~ of love,** trabajo hecho con gusto. **7 to be in ~,** estar de parto. **8 hard ~,** trabajos forzados. **9 ~ force,** población en edad laboral, asalariados de una empresa. **10 ~ market,** ECON. mercado de trabajo. **11 ~ pains,** dolores de parto. **12 ~ relations,** relaciones laborales. **13 ~ union,** (EE UU) sindicato de trabajadores. **14 the Labour Party,** el Partido Laborista. **15 the labours of Hercules,** los trabajos de Hércules.
laboured ['leɪbəd] (en EE UU **labored**) *adj.* **1** dificultoso (respiración). **2** poco ágil (estilo literario).
labourer ['leɪbərər] (en EE UU **laborer**) *s. c.* peón, bracero.
labour-intensive ['leɪbərɪnˌtensɪv] (en EE UU **labor-intensive**) *adj.* que emplea mucha mano de obra.
labour-saving ['leɪbəˌseɪvɪŋ] (en EE UU **labor-saving**) *adj.* que ahorra trabajo o esfuerzo.
laburnum [lə'bɜːnəm] *s. c.* BOT. codeso.
labyrinth ['læbərɪnθ] *s. c.* laberinto.
labyrinthine [ˌlæbə'rɪnθɪn] *adj.* laberíntico.
lace [leɪs] *s. c.* **1** cordón (de zapato). ● *s. i.* **2** encaje, puntilla. ● *v. t.* **3** atar (los cordones de los zapatos). **4 (to ~ {with})** añadir (licor a bebidas): *he always laces his coffee with brandy = siempre añade coñac al café.* ◆ **5 (to ~ up),** atar los cordones (de los zapatos, botas, etc.): *he laced up his shoes = se ató los zapatos.*
lacerate ['læsəreɪt] *v. t.* **1** lacerar, magullar. **2** (fig.) herir (sentimientos).
laceration [ˌlæsə'reɪʃn] *s. c.* laceración, herida.
lace-ups ['leɪsʌps] *s. pl.* (fam.) zapatos de cordón.
lachrymal ['lækrɪməl] *adj.* lacrimal.
lachrymose ['lækrɪməʊs] *adj.* (lit.) propenso a las lágrimas, llorón.
lack [læk] *s. i.* **1** carencia, falta, escasez, privación: *lack of money = falta de dinero.* ● *v. t.* **2** carecer, faltar: *the book lacks interest = el libro carece de interés; he lacks courage = le falta valor.* ● *v. i.* **3 (to ~ for)** (liter.) carecer de, faltar. ◆ **4 for/through ~ of something,** debido a la falta de... **5 no ~ of something,** abundancia de algo.
lackadaisical [ˌlækə'deɪzɪkl] *adj.* falto de interés, indolente.
lackadaisically [ˌlækə'deɪzɪklɪ] *adv.* con falta de interés, con desgana, lánguidamente.
lackey ['lækɪ] *s. c.* (desp.) lacayo.
lacking ['lækɪŋ] *adj.* **1 (~ in)** carente de. **2** (p.u.) torpe, corto.
lacklustre ['læklʌstər] (en EE UU **lackluster**) *adj.* apagado, carente de brillo.
laconic [lə'kɒnɪk] *adj.* lacónico, conciso, de pocas palabras.
laconically [lə'kɒnɪklɪ] *adv.* lacónicamente.
lacquer ['lækər] *s. i.* **1** laca. ● *v. t.* **2** lacar.
lacquered ['lækəd] *adj.* lacado.
lacrosse [lə'krɒs] *s. i.* DEP. lacrosse (juego de pelota de Canadá, en el que los contendientes recogen y lanzan la pelota con un palo provisto de una pequeña red).
lactation [læk'teɪʃn] *s. i.* secreción de leche, lactancia.
lactic acid ['læktɪkˌæsɪd] *s. i.* QUÍM. ácido láctico.
lactose ['læktəʊs] *s. i.* lactosa.
lacuna [lə'kjuːnə] (*pl.* **lacunae** o **lacunas**) *s. c.* (form.) omisión, laguna (en un manuscrito, libro, discurso, etc.).
lacy ['leɪsɪ] *adj.* **1** de encaje: *a pretty lacy dress = un bonito vestido de encaje.* **2** (fig.) delicado (similar al encaje): *lacy white flowers = flores blancas delicadas.*
lad [læd] *s. c.* **1** (fam.) muchacho, chaval. ◆ **2 lads** (fam.) muchachos (como grupo o equipo que comparte intereses): *the lads won = el equipo ganó.*
ladder ['lædər] *s. c.* **1** escalera de mano. **2** escala social. **3** carrera (en las medias). **4** ANTR. escala, estadio (en la cadena evolutiva). ● *v. t.* **5** romper, hacerse carreras (en las medias).
laddie ['lædɪ] *s. c.* (fam.) muchacho, chaval (en Escocia).
laden ['leɪdn] *adj.* (**~ with**) lleno, repleto, cargado de: *laden with fruit = cargado de fruta.*
la-di-da [ˌlɑːdɪ'dɑː] *adj.* **1** (desp.) afectado, pretencioso. ● *adv.* **2** (desp.) afectadamente: *she speaks so la-di-da... = habla tan afectadamente...*
ladle ['leɪdl] *s. c.* **1** cucharón, cacillo. ● *v. t.* **2** servir (sopa).
lady ['leɪdɪ] *s. c.* **1** señora, dama: *an American lady = una señora americana.* **2** lady (título nobiliario). ◆ **3 Ladies and Gentlemen,** señoras y señores. **4 ladies' man,** mujeriego. **5 ladies' room/the ladies,** lavabo de señoras. **6 ~ friend,** (arc.) amiga, novia. **7 Lady Muck,** (desp.) mandona, engreída. **8 ~ novelist/doctor,** novelista/doctora. **9 lady's maid,** (arc.) camarera, sirvienta. **10 Our Lady,** REL. Nuestra Señora, la Virgen. **11 young ~,** señorita.
ladybird ['leɪdɪbɜːd] *s. c.* ZOOL. mariquita.
lady-in-waiting [ˌleɪdɪɪn'weɪtɪŋ] *s. c.* acompañante (de reina o princesa).
lady-killer ['leɪdɪkɪlər] *s. c.* mujeriego, tenorio.

ladylike ['leɪdɪlaɪk] *adj.* **1** fino, educado (referido a una mujer.): *she's got ladylike manners = posee finos modales.* **2** afeminado (referido a un hombre.).

ladyship ['leɪdɪʃɪp] *s. c.* Señora (tratamiento de damas nobles).

lag [læg] (*ger.* **lagging,** *pret.* y *p. p.* **lagged**) *v. i.* **1** (**to ~ behind**) quedarse atrás, rezagarse: *he lagged behind = se quedó atrás.* **2** descender (en producción). • *v. t.* **3** revestir, proteger (tuberías, depósitos, techos... para ahorrar energía). • *s. c.* **4** (fam.) presidiario reincidente. ◆ **5 time ~,** intervalo de tiempo.

lager ['lɑːgər] *s. i.* cerveza (ligera y clara).

laggard ['lægəd] *s. c.* (desp.) vago, remolón, perezoso.

lagging ['lægɪŋ] *s. i.* aislante, revestimiento (tuberías, techos).

lagoon [lə'guːn] *s. c.* **1** albufera (de mar). **2** laguna (de agua dulce).

laid [leɪd] *pret.* y *p. p.* de **lay.**

laid-back ['leɪdbæk] *adj.* tranquilo, sosegado.

lain [leɪn] *p. p.* de **lie.**

lair [leər] *s. c.* cueva, madriguera, cubil.

laird [leəd] *s. c.* terrateniente, hacendado (en Escocia).

laissez-faire [ˌleɪseɪ'feər] *s. i.* **1** política de libertades. • *adj.* **2** liberal.

laity ['leɪɪtɪ] *s. i.* **1** REL. laicado. **2** legos (ajenos a una profesión).

lake [leɪk] *s. c.* lago.

lakeside ['leɪksaɪd] *s. c.* orilla, ribera de un lago.

lam [læm] (*ger.* **lamming,** *pret* y *p. p.* **lammed**) *v. t.* **1** (fam.) golpear, pegar. • *v. i.* **2** (EE UU) (fam.) largarse, tomar las de Villadiego. ◆ **3 on the ~,** huido, escapado (especialmente de la policía).

lama ['lɑːmə] *s. c.* lama (monje budista).

lamb [læm] *s. c.* **1** cordero. • *s. i.* **2** carne de cordero. ◆ **3 ~ chops,** chuletas de cordero. **4 like a ~,** dócil, sumiso, obediente.

lambaste [læm'beɪst] *v. t.* (fam.) **1** zurrar, dar una tunda a. **2** reprender, regañar, cantar las cuarenta a.

lambency ['læmbənsɪ] *s. i.* brillo tenue, brillo suave (especialmente de las llamas).

lambent ['læmbənt] (form.) *adj.* **1** de brillo suave (las llamas). **2** suavemente brillante (ojos, cielo, etc.). **3** suave, fácil (humor, carácter, estilo, etc.).

lambing ['læmɪŋ] *s. c.* época de parir las ovejas: *spring is the lambing season = la primavera es la estación en que paren las ovejas.*

lambskin ['læmskɪn] *s. i.* piel de cordero.

lamb's-wool ['læmzwʊl] *s. i.* lana de oveja.

lame [leɪm] *adj.* **1** cojo (persona). **2** débil, inconsistente (argumentación, excusa).

lamé ['lɑːmeɪ] *s. i.* lamé.

lame-duck ['leɪmˌdʌk] *s. c.* **1** incapaz, inútil. **2** (EE UU) cesante (funcionario). **3** diputado no reelegido.

lamely ['leɪmlɪ] *adv.* débilmente, sin convicción.

lameness ['leɪmnɪs] *s. i.* **1** cojera. **2** debilidad, inconsistencia (de una argumentación, excusa).

lament [lə'ment] *v. t.* e *i.* **1** lamentar, lamentarse. • *s. c.* **2** lamento, canto elegíaco.

lamentable [lə'mentəbl] *adj.* lamentable, deplorable.

lamentably [lə'mentəblɪ] *adv.* lamentablemente.

lamentation [ˌlæmen'teɪʃn] *s. c.* lamentación.

lamented [lə'mentɪd] *adj.* llorado: *our lamented brother = nuestro llorado hermano.*

laminate ['læmɪneɪt] *v. t.* **1** laminar. • ['læmɪnət] *adj.* **2** laminado.

laminated ['læmɪneɪtɪd] *adj.* laminado.

lamp [læmp] *s. c.* lámpara.

lamplight ['læmplaɪt] *s. i.* luz (de lámpara).

lamplit ['læmplɪt] *adj.* iluminado.

lampoon [læm'puːn] *s. c.* **1** sátira, libelo, invectiva. • *v. t.* **2** satirizar.

lamp-post ['læmppəust] *s. c.* farola.

lamprey ['læmprɪ] *s. c.* ZOOL. lamprea.

lampshade ['læmpʃeɪd] *s. c.* pantalla (de lámpara).

lance [lɑːns] *v. t.* **1** MED. punzar (un absceso). • *s. c.* **2** lanza. **3** MED. lanceta. ◆ **4 ~ corporal,** MIL. cabo interino.

lancer ['lɑːnsər] *s. c.* MIL. lancero.

lancet ['lɑːnsɪt] *s. c.* MED. bisturí.

land [lænd] *s. i.* **1** tierra (en contraste con mar). **2** tierra de labor. • *s. c.* **3** terreno, hacienda, solar. **4** (lit.) patria. **5** *v. i.* aterrizar, poner pie en tierra. • *v. t.* **6** aterrizar (avión). **7** (fam.) llevar (a una situación difícil): *that would land him in jail = eso le llevaría a la cárcel.* **8** (fam.) golpear, dar un puñetazo a. ◆ **9 ~ mass,** gran extensión de tierra, continente. **10 to ~ on one's feet,** caer de pie, tener suerte. **11 ~ reform,** reforma agraria, redistribución de la tierra. **12 ~ registry,** registro de propiedad rústica, catastro. **13 lands,** tierras de una zona o región. **14 to see how the ~ lies,** tantear el terreno.

land-agent ['lændeɪdʒənt] *s. c.* (brit.) administrador (de fincas o similar).

landau ['lændɔː] *s. c.* landó.

land-breeze ['lændbriːz] *s. sing.* terral, brisa (que sopla de la tierra al mar por la noche).

landed ['lændɪd] *adj.* **1** terrateniente, hacendado, que posee terrenos. ◆ **2 ~ gentry,** terratenientes.

landfall ['lændfɔːl] *s. c.* recalada, llegada a tierra.

land-holder ['lændhəuldər] *s. c.* hacendado, propietario de tierras.

landing ['lændɪŋ] *s. c.* **1** rellano. **2** aterrizaje. **3** plataforma de embarco o desembarco. **4** MIL. desembarco de tropas.

landing-craft ['lændɪŋkræft] *s. c.* MAR. lancha de desembarco.

landing-stage ['lændɪŋsteɪdʒ] *s. c.* embarcadero flotante.

landing-strip ['lændɪŋstrɪp] *s. c.* pista de despegue o aterrizaje.

landlady ['lændˌleɪdɪ] *s. c.* **1** patrona. **2** casera, propietaria. **3** encargada.

landless ['lændlɪs] *adj.* desposeído, sin tierras.

landlessness ['lændlɪsnɪs] *s. i.* carencia de tierras, de recursos.

landlocked ['lændlɒkt] *adj.* cercado, rodeado de tierra, sin salida al mar.

landlord ['lændlɔːd] *s. c.* **1** dueño. **2** casero, propietario. **3** encargado.

landlubber ['lændˌlʌbər] *s. c.* MAR. (fam.) marinero de agua dulce.

landmark ['lændmɑːk] *s. c.* señal, mojón, punto de referencia, hito.

landmine ['lændmaɪn] *s. c.* artefacto explosivo, mina.

landowner ['lændˌəunər] *s. c.* terrateniente.

landowning ['lændˌəunɪŋ] *adj.* terrateniente.

landscape ['lændskeɪp] *s. c.* **1** paisaje, vista. • *v. t.* **2** ajardinar. ◆ **3 ~ architect,** arquitecto paisajista. **4 ~ gardener,** jardinero paisajista.

landscaping ['lændskeɪpɪŋ] *s. i.* área ajardinada.

landslide ['lændslaɪd] *s. c.* **1** corrimiento de tierra, avalancha. **2** victoria electoral abrumadora.

landslip ['lændslɪp] *s. c.* pequeña avalancha.

landsman ['lændzmən] (*pl. irreg.* **landsmen**) *s. c.* persona de tierra firme (no marinero).

landsmen ['lændzmən] *pl. irreg.* de **landsman.**

landward ['lændwəd] *adj* y *adv.* orientado a tierra, cercano a tierra.

lane [leɪn] *s. c.* **1** senda. **2** carril (de calzada). **3** calle (de piscina). **4** AER. y MAR. ruta aérea o marítima.

language ['læŋgwɪdʒ] *s. c.* **1** lengua, idioma. **2** lenguaje (el específico de una disciplina, de un grupo o el inarticulado). **3** INF. código, sistema de un lenguaje de máquina. ◆ **4 bad ~,** lenguaje malsonante, palabrotas. **5 ~ laboratory,** laboratorio de idiomas. **6 to talk/speak the same ~,** tener las mismas ideas u opiniones.

languid ['læŋgwɪd] *adj.* (lit.) lánguido, indolente, perezoso.

languidly ['læŋgwɪdlɪ] *adv.* (lit.) lánguidamente.

languish ['læŋgwɪʃ] *v. i.* **1** languidecer, soportar (una situación adversa). **2** (**to ~ {for}**) suspirar por.

languishing ['læŋgwɪʃɪŋ] *adj.* lánguido, sentimental.

languor ['læŋgər] *s. i.* (lit.) languidez, indolencia.

languorous ['læŋgərəs] *adj.* (lit.) indolente, sentimental.

languorously ['læŋgərəslɪ] *adv.* (lit.) indolentemente, sentimentalmente.

lank [læŋk] *adj.* **1** lacio (cabello). **2** alto y delgado.

lankiness ['læŋkɪnɪs] *s. i.* delgadez suma.

lanky ['læŋkɪ] *adj.* larguirucho, desgarbado.

lanolin ['lænəlɪn] (también **lanoline**) *s. i.* lanolina.

lantern ['læntən] *s. c.* **1** farol, linterna. ◆ **2** ~ **jaws,** cara chupada, quijada larga.

lanthanum ['lænθənəm] *s. i.* QUÍM. lantano.

lanyard ['lænjəd] *s. c.* acollador.

Laos ['laʊs] *s. sing.* Laos.

Laotian ['laʊʃɪən] *s. c.* y *adj.* laosiano.

lap [læp] *s. c.* **1** regazo, seno. **2** doblez (de un vestido). **3** etapa. **4** DEP. vuelta (en un circuito). ● *v. t.* **5** doblar, ganar una vuelta a. **6** beber (como un gato). ● *v. i.* **7** (**to** ~ {**against**}) (lit.) chapotear contra, bañar, lamer: *the waves lapped against the shore = las olas bañaban la costa.* ◆ **8 in the** ~ **of luxury,** por todo lo alto, nadar en la abundancia. **9 in the** ~ **of the gods,** en las manos del destino. **10** ~ **of honour,** DEP. vuelta de honor. **11 to** ~ **up,** beber ávidamente, tragarse.

lap-dog ['læpdɒg] *s. c.* perrito faldero.

lapel [lə'pel] *s. c.* solapa.

lapidary ['læpɪdərɪ] (form.) *s. c.* **1** lapidario, cortador/pulidor de piedras. ● *adj.* **2** lapidario; conciso.

lapis lazuli [,læpɪs'læzjəli] *s. i.* lapislázuli.

lapping ['læpɪŋ] *s. i.* chapoteo suave (del mar).

lapse [læps] *s. c.* **1** error, lapsus, olvido momentáneo. **2** espacio temporal. **3** (fig.) desliz (de conducta). ● *v. i.* **4** (**to** ~ {**into**}) sumirse en, descender gradualmente en actividad: *he lapsed into silence = se sumió en el silencio.* **5** pasar, transcurrir (el tiempo). **6** (desp.) incurrir en falta. **7** DER. prescribir, caducar. **8** REL. abandonar (práctica religiosa).

lapsed [læpst] *adj.* **1** REL. no practicante. **2** DER. caducado, prescrito.

laptop (computer) [,læptɒpkəm'pjutər] *s. c.* ordenador portátil, (Am.) computadora portátil.

lapwing ['læpwɪŋ] *s. c.* ZOOL. avefría.

larcenous ['lɑːsənəs] *adj.* DER. de hurto: *a larcenous crime = un delito de hurto.*

larceny ['lɑːsənɪ] *s. i.* DER. **1** hurto, robo. ◆ **2 petty** ~, pequeño robo.

larch [lɑːtʃ] *s. c.* BOT. alerce.

lard [lɑːd] *s. i.* **1** manteca (de cerdo). ● *v. t.* **2** mechar. **3** (**to** ~ {**with**}) (fig.) entreverar, salpicar de (un discurso o escrito).

larder ['lɑːdər] *s. c.* **1** despensa. ◆ **2 to raid the** ~, (fam.) asaltar la despensa.

large [lɑːdʒ] *adj.* **1** grande, voluminoso, abundante. **2** serio (problema). ◆ **3 as** ~ **as life,** en persona. **4 at** ~, libre, sin control, en general. **5 to be larger than life,** ser excesivo, exagerado. **6 by and** ~, en términos generales.

largely ['lɑːdʒlɪ] *adv.* principalmente.

largeness ['lɑːdʒnɪs] *s. i.* **1** tamaño, grosor. **2** (fig.) amplitud (de mente).

large-scale ['lɑːdʒ,skeɪl] *adj.* a gran escala, masivo.

largesse [lɑː'dʒes] *s. i.* generosidad, largueza.

largish ['lɑːdʒɪʃ] *adj.* bastante grande.

largo ['lɑːgəʊ] *s. c.* **1** MÚS. largo. ● *adj.* y *adv.* **2** MÚS. largo.

lariat ['lærɪət] *s. c.* (EE UU) lazo (para coger animales).

lark [lɑːk] *s. c.* **1** ZOOL. alondra. **2** (fam.) broma, travesura. **3** (fam.) juerga. ◆ **4 to get up with the** ~, levantarse con el alba.

larkspur ['lɑːkspəːr] *s. c.* BOT. consólida real, espuela de caballero.

larva ['lɑːvə] (*pl. irreg.* **larvae**) *s. c.* ZOOL. larva.

larval ['lɑːvl] *adj.* **1** ZOOL. larval. **2** MED. larvado.

larynges [lə'rɪndʒɪːz] *s. pl.* ⇒ **larynx.**

laryngitis [,lærɪn'dʒaɪtɪs] *s. i.* MED. laringitis.

larynx ['lærɪŋks] (*pl.* **larynges**) *s. c.* ANAT. laringe.

lasagne [lə'zænjə] *s. i.* GAST. lasaña (un tipo de pasta fina italiana).

lascivious [lə'sɪvɪəs] *adj.* lascivo, lujurioso.

lasciviously [lə'sɪvɪəslɪ] *adv.* lascivamente.

lasciviousness [lə'sɪvɪəsnɪs] *s. i.* lascivia, lujuria.

laser ['leɪzər] *s. c.* **1** láser: *laser beam = rayo láser.* ◆ **2** ~ **printer,** impresora láser.

laserdisc ['leɪzərdɪsk] *s. c.* disco láser, láser disc.

lash [læʃ] *s. c.* **1** látigo, tralla. **2** azote, latigazo. **3** coletazo. **4** golpe (de viento, mar). **5** (fig.) sarcasmo. **6** ANAT. pestaña. **7** MAR. amarra. ● *v. t.* **8** azotar, dar latigazos a. **9** atar. **10** (fig.) fustigar, reprender. **11** MAR. amarrar. ● *v. i.* **12** sacudir, chocar (viento, olas). **13** (**to** ~ **down**) caer con fuerza (lluvia, granizo). **14** (**to** ~ **out**) soltar coces.

lashing ['læʃɪŋ] *s. c.* **1** flagelación, azotes. **2** atadura. **3** gran cantidad, montones: *lashings of... = montones de...*

lass [læs] *s. c.* (fam.) chica, muchacha, novia.

lassie ['læsɪ] *s. c.* (fam.) chica, jovencita (en Escocia).

lassitude ['læsɪtjuːd] *s. i.* lasitud, abandono, pereza.

lasso [læ'suː] *s. c.* **1** lazo (para atrapar animales). ● *v. t.* **2** coger a lazo.

last [lɑːst] *adj.* **1** último, final. **2** pasado: *last week = la semana pasada.* ● *adv.* **3** en último lugar, el último: *he arrived last = llegó el último.* **4** por última vez: *I last saw her in London = la vi por última vez en Londres.* **5** finalmente, por último: *and last he went home = por último se fue a casa.* ● *s. c.* **6** el último, el resto, lo último. **7** horma (de zapato). ● *v. i.* **8** durar. **9** alcanzar, llegarle a uno. **10** resistir. ◆ **11 at** ~, por fin. **12 at long** ~, al fin, al fin y al cabo. **13 at the** ~, por fin. **14 to breathe one's** ~, expirar, exhalar el último suspiro. **15 every** ~, todos y cada uno. **16 if it is the** ~ **thing one does,** por costoso que sea. **17** ~ **but not least,** por último y no menos importante. **18** ~ **but one,** penúltimo. **19** ~ **in, first out,** los últimos en entrar salen los primeros (en reajustes de plantilla). **20** ~ **rites,** últimos sacramentos. **21** ~ **thing,** lo último. **22 to leave something or someone till** ~, dejar algo o a alguien para el final. **23 to look one's** ~, mirar por última vez. **24 not to have heard the** ~ **of,** se volverá a oír hablar de, traer cola. **25 to see the** ~ **of someone,** ver a alguien por última vez. **26 stick to your** ~, ¡zapatero, a tus zapatos! **27 the** ~ **I/he/she... heard,** de acuerdo con la última información. **28 the** ~ **of the month,** el último día del mes. **29 the month/year before** ~, hace dos meses/años. **30 to the** ~, hasta el final. **31 to the** ~ **degree,** al máximo. **32 to the** ~ **man/detail...,** hasta el último hombre/detalle...

last-ditch ['lɑːst,dɪtʃ] *adj.* último, desesperado.

lasting ['lɑːstɪŋ] *adj.* duradero, constante, profundo.

lastly ['lɑːstlɪ] *adv.* finalmente, por último.

last-minute ['lɑːst,mɪnɪt] *adj.* de última hora, el más reciente.

latch [lætʃ] *s. c.* **1** picaporte, pestillo. ● *v. t.* **2** cerrar con picaporte. ◆ **3 to be on the** ~**/off the** ~, estar cerrado con/sin picaporte.

latchkey ['lætʃkiː] *s. c.* **1** llave de picaporte. ◆ **2** ~ **child,** (arc.) niño que posee llave de casa (para entrar y salir mientras sus padres están fuera).

late [leɪt] *adj.* **1** tardío, retrasado. **2** de fines de. **3** reciente. **4** ex, antiguo: *the late Prime Minister = el ex primer ministro.* **5** fallecido, difunto: *her late husband = su difunto marido.* ● *adv.* **6** tarde. **7** al final de. ◆ **8 as** ~ **as,** todavía en. **9** ~ **in the day,** tarde. **10 of** ~, últimamente, recientemente.

latecomer ['leɪtkʌmər] *s. c.* rezagado, recién llegado.

lately ['leɪtlɪ] *adv.* recientemente, últimamente, hace poco.

late-night ['leɪt,naɪt] *adj.* nocturno, de últimas horas de la noche.

latent ['leɪtənt] *adj.* latente, escondido, implícito.

later ['leɪtər] (*comp.* de **late**) *adj.* **1** posterior. ● *adv.* **2** más tarde, después.

lateral ['lætərəl] *adj.* **1** lateral. ◆ **2** ~ **thinking,** pensamiento lateral, proceso indirecto de pensamiento.

laterally ['lætərəlɪ] *adv.* lateralmente.

laterite ['lætəraɪt] *s. i.* GEOL. laterita.

latest ['leɪtɪst] (*super.* de **late**) *adj.* **1** último, más reciente. ◆ **2 at the** ~, como muy tarde, no después.

latex ['leɪteks] *s. i.* látex.

lath [lɑːɵ] *s. i.* listón, soporte.

lathe [leɪð] *s. c.* MEC. torno.

lather ['lɑːðər] *s. c.* **1** espuma, jabonadura. **2** sudor (de caballo). ● *v. i.* **3** hacer espuma. ● *v. t.* **4** enjabonar. ◆ **5 to be in a** ~, estar muy molesto y confuso.

Latin ['lætɪn] *s. i.* **1** latín. ● *s. c. adj.* **2** latino.

Latin American ['lætɪnə'merɪkən] *adj.* *s. c.* latinoamericano.

Latinist ['lætɪnɪst] *s. c.* latinista.

latitude ['lætɪtju:d] *s. c.* **1** GEOG. latitud. • *s. i.* **2** libertad de acción.

latitudinal [,lætɪ'tju:dɪnl] *adj.* latitudinal.

latitudinarian [,lætɪtju:dɪ'neərɪən] *s. c.* (form.) latitudinario, amplio de miras.

latrine [lə'tri:n] *s. c.* letrina.

latter ['lætər] *adj.* **1** posterior, más reciente. **2** segundo, último. ◆ **3 the former... the ~,** aquél... éste.

latter-day ['lætə,deɪ] *adj.* moderno, de nuestros días.

latterly ['lætəlɪ] *adv.* últimamente, recientemente.

lattice ['lætɪs] *s. c.* **1** rejilla, celosía, estructura geométrica. ◆ **2 ~ window,** ventana de cristales emplomados.

latticed ['lætɪst] *adj.* enrejado, con celosías.

lattice-work ['lætɪs,wə:k] *s. i.* enrejado, celosía.

laud [lɔ:d] *v. t.* (arc.) loar, alabar.

laudable ['lɔ:dəbl] *adj.* loable, encomiable, admirable.

laudably ['lɔ:dəblɪ] *adv.* admirablemente, encomiablemente.

laudanum ['lɔ:dənəm] *s. i.* QUÍM. láudano.

laudatory ['lɔ:dətərɪ] *adj.* elogioso, laudatorio, encomiástico.

laugh [lɑ:f] *v. i.* **1** reír. **2** (**to ~** {**at**}) reírse de. • *s. c.* **3** risa, carcajada. ◆ **4 a ~/a good ~/a bit of a ~,** cosa de broma. **5 to be laughing,** mostrar regocijo. **6 to be laughing all the way to the bank,** hacerse de oro. **7 to be laughing on the other side of one's face,** pasar de la risa al llanto. **8 for a ~/for laughs,** para hacer reír, en broma. **9 to get/raise a ~,** provocar risa, hilaridad. **10 to have a ~,** tomar a broma. **11 to have the last ~,** reír el último. **12 he who laughs last laughs longest,** el que ríe el último ríe mejor. **13 to ~ loud/to ~ out loud,** reírse a carcajadas. **14 to ~ one's head off,** partirse de risa. **15 to ~ up one's sleeve,** reírse para los adentros. **16 to make one ~,** hacer reír a alguien. **17 not to know whether to ~ or to cry,** no saber si reír o llorar. **18 you have (got) to ~,** hay que tomarlo a risa.

laughable ['lɑ:fəbl] *adj.* divertido, regocijante.

laughing gas ['lɑ:fɪŋ,gæs] *s. i.* QUÍM. gas hilarante.

laughingly ['lɑ:fɪŋlɪ] *adv.* riendo, entre risas.

laughing-stock ['lɑ:fɪŋ,stɒk] *s. c.* hazmerreír.

laughter ['lɑ:ftər] *s. c.* carcajada, risa, hilaridad.

launch [lɔ:ntʃ] *v. t.* **1** lanzar, enviar. **2** iniciar, emprender. **3** botar (un barco). • *v. i.* **4** (**to ~** {**out into**}) lanzarse a, aventurarse en. • *s. c.* **5** botadura (de un barco). **6** MAR. lancha, chalupa.

launching-pad ['lɔ:ntʃɪŋ,pæd] *s. c.* plataforma de lanzamiento.

launder ['lɔ:ndər] *v. t.* **1** lavar y planchar. **2** blanquear (dinero).

launderette [,lɔ:ndə'ret] *s. c.* lavandería automática.

laundress ['lɔ:ndrɪs] *s. c.* lavandera.

laundry ['lɔ:ndrɪ] *s. c.* **1** lavandería. • *s. i.* **2** (fam.) ropa lavada o por lavar.

laurel ['lɒrəl] *s. i.* **1** laurel. ◆ **2 to be resting on one's laurels,** dormirse en los laureles. **3 laurels,** (fig.) laureles, honores, victoria.

lava ['lɑ:və] *s. i.* lava.

lavatory ['lævətərɪ] *s. c.* **1** lavabo, retrete, servicios. ◆ **2 ~ paper,** papel higiénico.

lavender ['lævəndər] *s. i.* **1** BOT. espliego, lavanda. • *adj.* **2** azul, color de lavanda. ◆ **3 ~ water,** agua de lavanda.

lavish ['lævɪʃ] *adj.* **1** pródigo, generoso. **2** abundante, copioso. • *v. t.* **3** dar a manos llenas, malgastar, derrochar.

lavishness ['lævɪʃnɪs] *s. i.* **1** prodigalidad, generosidad. **2** abundancia, copiosidad. **3** suntuosidad, lujo.

law [lɔ:] *s. c.* **1** ley. **2** norma, regla, reglamento. • *s. i.* **3** derecho, jurisprudencia. ◆ **4 to be a ~ unto oneself,** hacer lo que le viene en gana. **5 to go to ~,** poner un pleito. **6 to have the ~ on,** pleitear contra, llevar a los tribunales a uno. **7 ~ and order,** orden público. **8 to lay down the ~,** hablar con gran autoridad. **9 someone's word is ~,** su palabra es ley. **10 to take the ~ into one's own hands,** tomarse la justicia por su mano.

law-abiding ['lɔ:ə,baɪdɪŋ] *adj.* observante, cumplidor de la ley, probo.

law-breaker ['lɔ:,breɪkər] *s. c.* infractor de la ley.

law-breaking ['lɔ:,breɪkɪŋ] *s. i.* **1** infracción de la ley. • *adj.* **2** que infringe la ley; delictivo.

law-court ['lɔ:,kɔ:t] *s. c.* juzgado, audiencia, tribunal de justicia.

law-enforcement ['lɔ:ɪn,fɔ:smənt] *s. i.* (EE UU) imperio, peso de la ley.

lawful ['lɔ:ful] *adj.* lícito, legal, legítimo, conforme a derecho.

lawfully ['lɔ:fəlɪ] *adv.* legalmente, legítimamente.

lawless ['lɔ:lɪs] *adj.* **1** sin ley, anárquico (país, etc.). **2** incontrolable, rebelde (persona). **3** ilegal (acto).

lawlessly ['lɔ:lɪslɪ] *adv.* anárquicamente, incontroladamente, sin hacer caso caso a las leyes.

lawlessness ['lɔ:lɪsnɪs] *s. i.* ausencia de ley, anarquía, desorden.

lawmaker ['lɔ:meɪkər] *s. c.* POL. legislador.

lawn [lɔ:n] *s. i.* **1** césped. ◆ **2 ~ tennis,** tenis sobre hierba.

lawnmower ['lɔ:n,məuər] *s. c.* segadora de césped, cortacésped.

lawsuit ['lɔ:su:t] *s. c.* DER. pleito, litigio, litis, proceso judicial.

lawyer ['lɔ:jər] *s. c.* abogado.

lax [læks] *adj.* **1** negligente, descuidado, laxo. **2** MED. descompuesto.

laxative ['læksətɪv] *adj.* laxante.

laxity ['læksɪtɪ] *s. i.* **1** negligencia, descuido, relajamiento. **2** MED. colitis, descomposición.

laxly ['lækslɪ] *adv.* negligentemente, descuidadamente, de manera laxa.

lay [leɪ] (*pret.* y *p. p. irreg.* **laid**) *v. t.* **1** poner, colocar, tender. **2** poner, disponer, preparar (la mesa, el fuego). **3** despejar, disipar, asentar (el polvo). **4** poner (huevos). **5** (**to ~** {**on**}) apostar dinero en. **6** reducir, llevar (a una situación anímica determinada). **7** formular (reclamación, acusación, juicio de valor...). **8** cargar (impuestos, obligaciones). **9** cubrir, recubrir (superficies). **10** colorear, poner pintura (en lienzo). **11** (vulg.) tirarse a, follarse a. **12** MIL. poner, sembrar de (minas). • *v. i.* **13** poner huevos (aves). • *s. c.* **14** posición. **15** balada. **16** (vulg.) ligue. • *adj.* **17** lego, profano. ◆ **18 to ~ about,** atacar salvajemente: *he laid about the burglars with a stick = atacó salvajemente a los ladrones con un palo.* **19 to ~ a curse,** amenazar con castigos. **20 to ~ a finger on,** molestar, maltratar. **21 to ~ a ghost, a)** librarse de un fantasma. **b)** (fig.) calmar los ánimos. **22 to ~ aside, a)** reservar, ahorrar: *she laid aside a few pounds out of her wages = ahorró unas libras de su sueldo.* **b)** suspender (prácticas, planes...): *they had to lay aside their plans because of the rain = tuvieron que suspender los planes a causa de la lluvia.* **23 to ~ claim to,** formular una reclamación de propiedad. **24 to ~ down, a)** tirar, dejar caer (armas). **b)** poner (los cimientos de un edificio). **c)** declarar, afirmar expresamente: *it is laid down in the law = se afirma expresamente en la ley.* **25 to ~ emphasis on,** poner énfasis en. **26 to ~ eyes on,** ver, echar la vista a. **27 to ~ hold of,** agarrar. **28 to ~ in,** almacenar (provisiones): *we had to lay in food supplies for the winter = tuvimos que almacenar provisiones para el invierno.* **29 to ~ into,** atacar (física, verbal o figuradamente): *he laid into his opponent =* (fig.) *atacó al adversario.* **30 to ~ off, a)** despedir (empleados temporalmente). **b)** (fam.) dejar, quitarse de (malos hábitos o actitudes). **31 to ~ on, a)** proporcionar, agasajar: *they laid on a huge meal for the authorities = agasajaron con un banquete a las autoridades.* **b)** cargar, depositar (responsabilidad): *it was a lot to lay on one person = era demasiada responsabilidad para cargar en una persona.* **c)** (fam.) exagerar, alabar en demasía. **32 to ~ oneself open to,** estar expuesto a. **33 to ~ open, a)** revelar, descubrir: *he laid the plan open = reveló el plan.* **b)** abrir una herida: *he got his head laid open = le abrieron una herida en la cabeza.* **34 to ~ one's hands on,** adueñarse de. **35 to ~ out, a)** extender: *she laid out the map = extendió el mapa.* **b)** proyectar, diseñar (edificios, ciudades...): *the house was laid out again* = *proyectaron de nuevo la casa.* **c)** amortajar (un cadáver). **d)** dejar inconsciente a golpes: *he was laid out with a blow to the head* = *lo dejaron inconsciente de un golpe en la cabeza.* **36 to ~ something at the door of,** cargar el mochuelo a alguien. **37 to ~ the blame on,** echar la culpa a, acusar. **38 to ~ up, a)** guardar para el futuro. **b)** retener (en casa o cama): *the flu laid him up for a week* = *la gripe lo retuvo en cama una semana.*

layabout ['leɪə,baut] *s. c.* (fam.) vago, gandul, haragán.

layaway ['leɪəweɪ] *s. i.* (EE UU) compra en reserva (pagando sólo parte del precio).

lay-by ['leɪbaɪ] *s. c.* área de descanso (en carreteras, autopistas).

layer ['leɪər] *s. c.* **1** capa, veta. **2** ponedora (gallina). **3** instalador, montador (de materiales, objetos). **4** GEOL. estrato. **5** AGR. acodo.

layered ['leɪəd] *adj.* veteado, a capas o estratos, estratificado.

layette [leɪ'et] *s. c.* canastilla, ajuar (de recién nacido).

layman ['leɪmən] (*pl. irreg.* **laymen**) *s. c.* **1** profano, no experto. **2** REL. lego.

laymen ['leɪmən] *pl. irreg.* de **layman.**

layoff ['leɪɒf] *s. c.* despido (por escasez de trabajo).

layout ['leɪaut] *s. c.* **1** trazado, disposición. **2** formato, diseño.

lay-over ['leɪəuvər] *s. c.* (EE UU) parada.

laze [leɪz] *v. i.* holgar, descansar, holgazanear.

lazily ['leɪzɪlɪ] *adv.* perezosamente.

laziness ['leɪzɪnɪs] *s. i.* pereza, indolencia, vagancia.

lazy ['leɪzɪ] *adj.* **1** perezoso, vago, indolente. **2** dedicado a ocio: *a lazy afternoon* = *una tarde dedicada al ocio.* **3** lento, pausado. ◆ **4 ~ Susan,** bandeja giratoria.

lazybones ['leɪzɪ,bəunz] *s. c.* (fam.) holgazán, vago.

LCD [elsɪː'dɪː] (siglas de **liquid crystal display**) *s. c.* LCD, pantalla de cristal líquido.

lead [liːd] *s. c.* **1** guía, dirección, iniciativa, mando. **2** (~ {**over**}) ventaja sobre. **3** papel de protagonista. **4** cadena, correa (para controlar un perro). **5** mano, salida (en juegos). **6** pista (de información). **7** ELEC. conductor eléctrico principal. ● *adj.* **8** principal, destacado, sobresaliente. ● (*pret.* y *p. p. irreg.* **led**) *v. t.* **9** guiar, conducir. **10** inducir. **11** llevar (un tipo de vida determinado). ● *v. i.* **12** abrir camino, guiar. **13** capitanear, dirigir. **14** ser mano (juego de naipes). **15** DEP. ganar, llevar la delantera. ◆ **16 in the ~,** a la cabeza. **17 to ~ astray,** pervertir, llevar por mal camino. **18 to ~ off,** comenzar, arrancar: *they led off the show with a song* = *comenzaron el espectáculo con una canción.* **19 to ~ on,** inducir: *his older friends led the child on* = *sus amigos mayores indujeron al niño.* **20 to ~ someone by the nose,** (fam.) dominar a alguien completamente. **21 to ~ someone up the garden path,** (fam.) engañar a alguien, llevar al huerto a alguien. **22 to ~ the way,** ir delante. **23 to ~ up to,** llevar a, resultar, acabar en: *his speech led up to a request for money* = *su discurso acabó en una petición de dinero.* **24 one thing leads to another,** una cosa lleva a la otra. **25 to take the ~/a ~, a)** tomar la iniciativa. **b)** dar ejemplo. **26 this leads me to,** esto me lleva a, me hace concluir que...

lead [led] *s. i.* **1** plomo. **2** mina (de lápiz). ◆ **3 to swing the ~,** (fam.) escabullirse, no ayudar inventando excusas, escurrir el bulto.

leaded ['ledɪd] *adj.* emplomado, reforzado con plomo.

leaden ['ledn] *adj.* **1** plúmbeo, de plomo. **2** gris plomizo. **3** (fig.) pesado, aburrido.

leader ['liːdər] *s. c.* **1** líder, cabecilla, guía. **2** primero, líder (de una lista, clasificación o carrera). **3** editorial de un periódico. **4** MÚS. primer violín, concertino. **5** BOT. guía, rama principal (de una planta).

leaderless ['liːdəlɪs] *adj.* descabezado, sin líder.

leadership ['liːdəʃɪp] *s. i.* **1** liderazgo, dirección, primacía, iniciativa. **2** mando o conjunto de jefes (de una organización).

lead-free ['led,friː] *adj.* limpio de plomo, sin plomo.

lead-in ['liːdɪn] *s. c.* entrada, entradilla, introducción (en programas de radio, televisión).

leading ['liːdɪŋ] *adj.* **1** principal, prominente, destacado. ◆ **2 ~ article,** artículo de fondo, editorial. **3 ~ light,** (fam.) persona eminente/destacada. **4 ~ question,** pregunta tendenciosa.

leading ['ledɪŋ] *s. i.* emplomado, emplomadura (de vidrieras, techos...).

leading-rein ['liːdɪŋreɪn] *s. c.* **1** cabestro, ramal (parte del freno de los caballos). **2** correas (para sujetar a un niño que está empezando a andar).

lead-poisoning [,led'pɔɪznɪŋ] *s. i.* MED. envenenamiento por plomo.

lead-time ['liːdtaɪm] *s. c.* plazo de entrega.

leaf [liːf] (*pl. irreg.* **leaves**) *s. c.* **1** hoja (de árbol, de libro). **2** lámina (de metal, especialmente de oro o plata). **3** hoja, ala, trampilla (de una puerta, mesa...). ● *v. t.* **4** (**to ~ through**) hojear (un libro). ◆ **5 to come into ~,** brotar, echar hojas. **6 in ~,** cubierto de hojas. **7 to take a ~ from someone's book,** seguir el ejemplo de alguien. **8 to turn over a new ~,** iniciar una nueva etapa en la vida.

leafage ['liːfɪdʒ] *s. i.* follaje.

leafless ['liːflɪs] *adj.* sin hojas, deshojado.

leaflet ['liːflɪt] *s. c.* **1** folleto, octavilla. ● *v. t.* **2** (brit.) distribuir, repartir (folletos, publicidad...).

leaf-mould ['liːfməuld] (en EE UU **leaf-mold**) *s. i.* mantillo, follaje semipodrido.

leafy ['liːfɪ] *adj.* **1** cubierto de hojas, frondoso. **2** (lit.) arbolado, abundante en árboles.

league [liːg] *s. c.* **1** liga (de equipos). **2** alianza, asociación. **3** (fam.) nivel (de calidad). **4** (arc.) legua (5 km.). ● *v. i.* **5** aliarse. ◆ **6 Holy League** Santa Liga. **7 in ~ with,** conchabado/confabulado con.

leak [liːk] *s. c.* **1** fisura, rotura. **2** gotera. **3** escape, fuga (de líquido, gas, etc.). **4** infiltración (de una noticia). ● *v. i.* **5** escaparse, (líquido, gas, etc.). ● *v. t.* **6** filtrar (noticias, información). ◆ **7 to take a ~/to go for a ~,** (vulg.) echar una meada.

leakage ['liːkɪdʒ] *s. c.* **1** fuga, goteo, filtración. **2** ELEC. pérdida, fuga (de tensión eléctrica).

leaky ['liːkɪ] *adj.* rajado, desajustado, que pierde líquido, gas, etc.

lean [liːn] (*pret.* y *p. p. irreg.* **leant** o **leaned**) *v. i.* **1** inclinarse. **2** (**to ~ {against, on}**) apoyarse sobre. ● *v. t.* **3** (**to ~ {against}**) apoyar, sostener contra: *to lean a ladder against a wall* = *apoyar una escalera contra una pared.* ● *adj.* **4** flaco, enjuto, magro. **5** deficiente, de poco valor. ● *s. i.* **6** magro, carne magra. ◆ **7 to lean over backwards to,** (fig.) no escatimar esfuerzos por. **8 to ~ on/upon someone, a)** necesitar ayuda, depender de alguien, apoyarse en alguien: *he leans upon his friends* = *se apoya en sus amigos.* **b)** presionar a alguien (incluso con amenazas): *he was leant on to pay his debts* = *lo presionaron para que pagara sus deudas.* **9 to ~ out,** asomarse: *she was leaning out of the window* = *estaba asomándose a la ventana.* **10 to ~ towards,** (fam.) inclinarse por, preferir: *she has always leaned towards Henry* = *siempre se ha inclinado por Henry.*

leaning ['liːnɪŋ] *s. c.* **1** inclinación, tendencia, propensión. **2** predilección. ● *adj.* **3** inclinado, agachado.

leanness ['liːnnɪs] *s. i.* **1** delgadez, escasez de carnes. **2** escasez, pobreza.

leant [lent] *pret.* y *p. p.* de **lean.**

lean-to ['liːntuː] *s. c.* cobertizo, colgadizo, anejo.

leap [liːp] (*pret.* y *p. p. irreg.* **leapt,** en EE UU **leaped**) *v. i.* **1** saltar, brincar. **2** (fig.) apresurarse. ● *v. t.* **3** (lit.) saltar, rebasar. ● *s. c.* **4** salto, brinco, bote. **5** incremento súbito. **6** (fig.) esfuerzo mental. ◆ **7 a ~ in the dark,** un salto en el vacío. **8 by leaps and bounds,** a pasos agigantados. **9 to ~ at,** aprovechar (una oferta u oportunidad): *she leapt at the chance of studying abroad* = *aprovechó la oportunidad de estudiar fuera.* **10 to ~ out at/to ~ off the page at,** llamar poderosamente la atención algo escrito. **11 to ~ to one's mind/to ~ into one's mind,** venir a la mente, ocurrírsele a uno. **12 ~ year,** año bisiesto. **13 to look before one leaps,** actuar con cautela. **14 one's heart leaps,** darle a uno un vuelco el corazón.

leapfrog ['li:pfrɒg] *s. i.* **1** juego de la pídola. • *v. t.* **2** saltar (puestos, categorías).

leaping ['li:pɪŋ] *adj.* variable, irregular.

leapt [lept] *pret.* y *p. p. irreg.* de **leap.**

learn [lə:n] (*pret.* y *p. p. irreg.* **learnt** o **learned**) *v. t.* **1** aprender. **2** saber, llegar a saber, darse cuenta. **3** memorizar, aprender de memoria. • *v. i.* **4** (to ~ {**of/about**}) averiguar, informarse de. **5** (fam.) enterarse. ◆ **6 to ~ by heart,** aprender de memoria. **7 to ~ from one's mistakes,** aprender de los errores propios. **8 to ~ the hard way,** aprender sin ayuda de nadie, por propia experiencia.

learned ['lə:nɪd] *adj.* culto, docto, erudito, estudioso.

learnedly ['lə:nɪdlɪ] *adv.* cultamente, doctamente, eruditamente, estudiosamente.

learner ['lə:nər] *s. c.* **1** aprendiz, estudiante. **2 ~ driver,** aprendiz de conductor.

learning ['lə:nɪŋ] *s. i.* **1** ciencia, sabiduría, cultura. ◆ **2 ~ curve,** curva de aprendizaje.

learnt [lə:nt] *pret.* y *p. p. irreg.* de **learn.**

lease [li:s] *s. c.* **1** arriendo. **2** COM. contrato de arriendo. • *v. t.* **3** arrendar, dar o recibir en arriendo. ◆ **4 a new ~ of life,** recuperación de la energía e ilusión, cobro de nuevos bríos.

leasehold ['li:shəuld] *adj.* arrendado, en arriendo.

leaseholder ['li:shəuldər] *s. c.* arrendatario.

leash [li:ʃ] *s. c.* correa, cadena (para controlar al perro).

least [li:st] (*super.* de **little**) *adv.* **1** menos, mínimamente. **2** mucho menos, de ningún modo. • *adj.* y *pron.* **3** mínimo, menor, más pequeño. ◆ **4 at ~,** al menos. **5 it was the ~ I could do,** era lo menos que podía hacer, no tiene importancia. **6 ~ of all,** mucho menos. **7 not in the ~/the ~ bit,** en absoluto. **8 not ~,** principalmente. **9 that is the ~ of it,** eso es lo de menos, nada comparado con. **10 the ~ that someone can do,** lo menos que uno puede hacer. **11 to say the ~/to say the ~ of it,** sin exageración alguna.

leastways o **leastwise** ['li:stweɪz ‖ 'li:stwaɪz] *adv.* (fam. y p.u.) por lo menos, al menos.

leather ['leðər] *s. i.* piel, cuero, suela.

leatherette [,leðə'ret] *s. i.* piel imitación de cuero.

leather-jacket [,leðə'dʒækɪt] *s. c.* chaqueta de cuero.

leathery ['leðədrɪ] *adj.* **1** (desp.) semejante, parecido a la piel o el cuero. **2** (fig.) duro y tieso: *leathery meat = carne dura como una suela.*

leave [li:v] (*pret.* y *p. p. irreg.* **left**) *v. i.* **1** partir, marcharse, irse. • *v. t.* **2** dejar, abandonar. **3** partir de, marcharse de, alejarse de. **4** dejar olvidado. **5** DER. legar, dejar en herencia. • *s. c.* **6** licencia, permiso (en algunas profesiones): *the captain was on leave = el capitán estaba de permiso.* ◆ **7 to be left with,** quedarse con lo que nadie quiere. **8 to be left,** quedar: *there is some food left = queda algo de comida.* **9 to have something left,** quedarle a alguien algo: *they still have ten minutes left = todavía les quedan diez minutos.* **10 to give ~ to,** dar poder o responsabilidad a. **11 ~ of absence,** permiso, ausencia autorizada. **12 to ~ off,** parar, detenerse: *if the rain left off... = si parara de llover...* **13 to ~ out,** dejar fuera, omitir. **14 to ~ someone alone,** dejar a alguien en paz. **15 leaving aside,** prescindiendo de, dejando de lado. **16 take it or ~ it,** tómalo o déjalo, lo tomas o lo dejas. **17 to take ~ of/to take one's ~,** decir adiós, despedirse.

leaven ['levn] *s. c.* **1** levadura, fermento. **2** (lit.) influencia, causa (en el cambio del carácter de una persona). • *v. t.* **3** poner levadura a, fermentar. **4** (lit.) influir, transformar.

leavened ['levnd] *adj.* activado con levadura, fermentado.

leaves [li:vz] *pl irreg.* de **leaf.**

leave-taking ['li:vteɪkɪŋ] *s. c.* (form.) despedida.

leavings ['li:vɪŋz] *s. c.* restos, sobras, desperdicios, despojos.

Lebanese [,lebə'ni:z] *s. c.* **1** libanés (persona). • *adj.* **2** libanés, del Líbano.

Lebanon ['lebənən] *s. sing.* Líbano.

lecher ['letʃər] *s. c.* (desp.) libertino, lascivo.

lecherous ['letʃərəs] *adj.* (desp.) libidinoso, lascivo, lujurioso.

lecherously ['letʃərəslɪ] *adv.* (desp.) libidinosamente, lascivamente, lujuriosamente.

lechery ['letʃərɪ] *s. i.* lascivia, lujuria, libido.

lectern ['lektən] *s. c.* atril.

lecture ['lektʃər] *s. c.* **1** conferencia, disertación, lección magistral. **2** (fig.) advertencia, reprimenda, sermón. • *v. t.* e *i.* **3** disertar, dar una conferencia. **4** (fig.) sermonear.

lecturer ['lektʃərər] *s. c.* **1** conferenciante. **2** profesor universitario (no estable, de rango inferior).

lectureship ['lektʃəʃɪp] *s. i.* plaza o puesto de profesor universitario (de rango inferior).

led [led] *pret.* y *p. p. irreg.* de **lead.**

ledge [ledʒ] *s. c.* **1** repisa, antepecho, alféizar. **2** GEOL. plataforma rocosa (que penetra en el mar).

ledger ['ledʒər] *s. c.* **1** COM. libro mayor. ◆ **2 ~ line,** MÚS. línea suplementaria (para añadir notas que caen fuera del pentagrama).

lee [li:] *s. c.* **1** socaire, abrigo, refugio. **2** MAR. sotavento.

leech [li:tʃ] *s. c.* **1** sanguijuela. **2** (fig.) gorrón. **3** (arc.) médico.

leek [li:k] *s. c.* BOT. puerro.

leer [lɪər] *s. c.* **1** (desp.) mirada maliciosa, insinuante o lasciva. • *v. i.* **2** (to ~ {**at**}) mirar maliciosa o lascivamente.

leery ['lɪərɪ] *adj.* desconfiado, inseguro.

lees [li:z] *s. pl.* sedimentos, posos.

leeward ['li:wəd] *adv.* a sotavento.

leeway ['li:weɪ] *s. i.* **1** libertad de acción, margen de libertad. **2** (brit.) recuperación (por tiempo perdido). **3** MAR. movimiento descontrolado (de un barco).

left [left] *pret.* y *p. p. irreg.* de **leave.**

left [left] *adj.* **1** izquierdo (posición, dirección, referencia). **2** de izquierdas, izquierdista: *he is more left than the other members = es mas de izquierdas que los otros miembros.* • *s. i.* **3** izquierda: *to keep to the left = mantenerse a la izquierda.* **4** golpe de izquierda. **5** POL. la izquierda, las izquierdas. • *adv.* **6** a/hacia la izquierda: *to turn left = girar a la izquierda.* ◆ **7 on the ~,** a la izquierda.

left-hand ['lefthænd] *adj.* **1** izquierdo, de mano izquierda. **2** a la izquierda: *left-hand turn = giro a la izquierda.* ◆ **3 ~ drive car,** coche para circular por la izquierda, coche con volante a la derecha.

left-handed [,left'hændɪd] *adj.* **1** zurdo, izquierdo: *a left-handed tennis-player = un tenista zurdo.* **2** producido con la mano izquierda, de izquierda: *a left-handed shot = un tiro de izquierda.* **3** para zurdos: *left-handed scissors = tijeras para zurdos.* **4** (fig.) ambiguo, irónico (comentario, proposición).

left-handedness [,left'hændɪdnɪs] *s. i.* hecho de ser zurdo, el ser zurdo.

left-hander [,left'hændər] *s. c.* **1** zurdo (persona).**2** izquierdazo.

leftie ['leftɪ] *s. c.* **1** (brit.) (desp.) de izquierdas (en política). **2** (EE UU) zurdo.

leftism ['leftɪzəm] *s. i.* POL. izquierdismo, la izquierda, las izquierdas.

leftist ['leftɪst] *s. c.* y *adj.* POL. izquierdista, izquierdoso.

left-luggage office [,left'lʌgɪdʒ,ɒfɪs] *s. c.* consigna (aeropuertos, estaciones de ferrocarril, etc.).

left-of-centre ['leftəv,sentər] *s. c.* y *adj.* POL. centroizquierda.

leftover ['leftəuvər] *adj.* **1** restante, sobrante. ◆ **2 leftovers,** restos, sobras (de un día para otro).

leftward(s) ['leftwədz] *adj.* y *adv.* hacia la izquierda.

left-wing [left'wɪŋ] *s. i.* **1** POL. izquierda, ala izquierda (dentro de un grupo o partido). • *adj.* **2** izquierdista, de izquierdas: *left-wing policy = política de izquierdas.*

left-winger [left'wɪŋər] *s. c.* POL. izquierdista, del ala izquierda (de un partido o grupo político).

leg [leg] *s. c.* **1** pierna. **2** pata. **3** pernera (de pantalón). **4** DEP. etapa. • *v. i.* **5** (arc.) correr, escapar. ◆ **6 to give someone a ~ up, a)** ayudar a alguien a subir. **b)** (fig.) echar una mano a alguien. **7 to ~ it,** poner pies en polvorosa. **8 on one's last legs,** cerca de

la muerte, en las últimas. **9 to pull someone's ~,** tomar el pelo a alguien. **10 second ~ match,** DEP. partido de vuelta (en eliminatoria de fútbol a doble encuentro). **11 someone does not have a ~ to stand on,** (fig.) quedarse sin base argumental.
legacy ['legəsɪ] *s. c.* **1** DER. herencia, legado. **2** (fig.) resultado, consecuencia.
legal ['li:gl] *adj.* **1** legal, lícito, legítimo. ◆ **2 ~ adviser,** asesor jurídico. ◆ **3** DER. **~ aid,** asistencia jurídica de oficio. **4 ~ profession,** abogacía. **5 ~ tender,** curso legal, moneda de curso legal.
legalisation *s. c.* ⇒ **legalization.**
legalise *v. t.* ⇒ **legalize.**
legalism ['li:gəlɪzəm] *s. i.* (desp.) legalismo.
legalistic [,li:gə'lɪstɪk] *adj.* (desp.) legalista, demasiado pegado a la letra de la ley.
legalistically [,li:gə'lɪstɪklɪ] *adv.* (desp.) de manera legalista.
legality [li:'gælətɪ] *s. i.* legalidad.
legalization [,li:gəlaɪ'zeɪʃn] (también **legalisation**) *s. c.* legalización.
legalize ['li:gəlaɪz] (también **legalise**) *v. t.* legalizar.
legally ['li:gəlɪ] *adv.* legalmente; según la ley.
legate ['legɪt] *s. c.* legado, nuncio.
legatee [,legə'ti:] *s. c.* DER. legatario, asignatario.
legation [lɪ'geɪʃn] *s. c.* legación, sede de una legación diplomática.
legend ['ledʒənd] *s. c.* **1** leyenda. **2** celebridad, personaje famoso, leyenda. ● *s. i.* **3** cuerpo de leyendas, mitología.
legendary ['ledʒəndərɪ] *adj.* **1** legendario. **2** famoso, célebre.
leger ['ledʒər] (también **leger line/ledger line**) *s. c.* MÚS. líneas adicionales al pentagrama.
legerdemain [,ledʒədə'meɪn] *s. i.* (form.) **1** prestidigitación. **2** (fig.) labia, trapacería (en la discusión).
-legged [legd ‖ 'legɪd] *adj.* **1** compuesto del número señalado de patas: *four-legged animals = animales de cuatro patas.* **2** con las piernas en la posición señalada: *he sat cross-legged = se sentó con las piernas cruzadas.*
leggings ['legɪŋz] *s. c.* leggings, mallas.
leggy ['legɪ] *adj.* zanquilargo, zancudo.
legibility [,ledʒɪ'bɪlɪtɪ] *s. i.* legibilidad.
legible ['ledʒəbl] *adj.* legible.
legibly ['ledʒəblɪ] *adv.* legiblemente.
legion ['li:dʒən] *s. c.* **1** legión. **2** legiones, multitud. ● *adj.* **3** innumerables: *his fans are legion = sus admiradoras son innumerables.*
legionary ['li:dʒənərɪ] *s. c.* legionario.
legionnaire [,li:dʒə'neər] *s. c.* **1** legionario (de cualquier legión extranjera). ◆ **2 legionnaire's disease,** enfermedad del legionario, legionela.
legislate ['ledʒɪsleɪt] *v. i.* legislar.
legislation [,ledʒɪs'leɪʃn] *s. i.* legislación.
legislative ['ledʒɪslətɪv] *adj.* legislativo.
legislator ['ledʒɪsleɪtər] *s. c.* legislador.
legislature ['ledʒɪsleɪtʃər] *s. c.* legislatura, poder legislativo como cuerpo, como asamblea.
legitimacy [lɪ'dʒɪtɪməsɪ] *s. i.* legitimidad.
legitimate [lɪ'dʒɪtɪmɪt] *adj.* **1** legítimo, lícito, conforme a derecho. **2** legítimo (hijo). **3** razonable, sensato, justificable (acción, medida, actitud).
legitimately [lɪ'dʒɪtɪmɪtlɪ] *adv.* legítimamente.
legitimation [lɪ,dʒɪtɪ'meɪʃn] *s. c.* legitimación.
legitimization [lɪ,dʒɪtɪmaɪ'zeɪʃn] *s. c.* legitimación.
legitimize [lɪ'dʒɪtɪmaɪz] *v. t.* legitimar, justificar.
legless ['leglɪs] *adj.* (fam.) (brit.) borracho perdido.
leg-room ['legru:m] *s. i.* espacio (para las piernas): *this car has very little leg-room = este coche tiene poco espacio para las piernas.*
legume ['legju:m]] lɪ'gju:m] *s. c.* e *i.* legumbre.
leguminous [lɪ'gju:mɪnəs] *adj.* leguminoso.
leg-warmer ['leg,wɔ:mər] *s. c.* calientapiernas.
leisure ['leʒər] *s. i.* **1** ocio, tiempo libre. ◆ **2 at ~,** desocupado. **3 at one's ~,** cuando a uno le venga bien. ◆ **4 ~ centre,** centro recreativo, polideportivo.
leisured ['leʒəd] *adj.* **1** desocupado, ocioso. **2** pausado, tranquilo. **3** acomodado: *travel used to be for the leisured classes = los viajes eran antes para las clases acomodadas.*
leisurely ['leʒəlɪ] *adj.* **1** pausado, lento, parsimonioso. ● *adv.* **2** (p.u.) pausadamente.
leitmotiv ['laɪtməʊ,ti:f] *s. sing.* **1** leitmotiv, patrón repetido (en obra de arte o conducta de una persona). **2** MÚS. tema musical recurrente, leitmotiv.
lemming ['lemɪŋ] *s. c.* **1** ZOOL. lemming, rata campestre de regiones árticas. **2** (fig.) seguidor seguro y fiel (de su líder).
lemon ['lemən] *s. c.* **1** limón. **2** (EE UU) (fam.) fracaso, ruina: *that car is a real lemon = ese coche es una ruina.* **3** (brit.) (fam.) bobo. ● *s. i.* **4** zumo de limón. **5** limón (color). ◆ **6 ~ cheese/curd,** cuajada de limón. **7 ~ juice/squash,** zumo de limón. **8 ~ sole,** ZOOL. lenguado.
lemonade [,lemə'neɪd] *s. i.* **1** limonada, agua de limón. **2** (brit.) gaseosa con sabor de limón.
lemur ['li:mər] *s. c.* ZOOL. lémur, mono de Madagascar.
lend [lend] (*pret.* y *p. p. irreg.* **lent**) *v. t.* **1** dejar, ceder. **2** prestar. **3** conceder un crédito a. **4** dar, conferir, añadir (calidad): *the Ambassador lent the meeting more dignity = el embajador dio a la reunión mayor dignidad.* ◆ **5 to ~ an ear to,** prestar atención a. **6 lending library,** biblioteca con servicio de préstamo. **7 lending rate,** interés de un préstamo. **8 to ~ oneself to,** prestarse a. **9 to ~ one's name to,** consentir ser asociado públicamente con, dar uno su nombre a: *he lent his name to a campaign against nuclear energy = dio su nombre a una campaña contra la energía nuclear.* **10 to ~ someone a hand,** echar una mano a alguien.
lender ['lendər] *s. c.* prestamista.
length [leŋθ] *s. i.* **1** longitud. **2** duración (espacio-temporal). ● *s. c.* **3** trozo (de algunas materias para ser empleado en una situación concreta): *a length of string = un trozo de cuerda.* **4** DEP. largo (referido a la longitud por la que una embarcación o un caballo ganan en competiciones). ● *adj.* largo (determinado por la primera parte del compuesto, con la que el sufijo forma un *adj.*): *shoulder-length hair = pelo largo hasta el hombro; a knee-length skirt = una falda por la rodilla.* ◆ **5 along the ~ of/the ~ of,** a lo largo de/en toda su longitud: *they walked the length of the street = pasearon a lo largo de la calle.* **6 at full ~,** todo lo largo que uno es: *he was lying at full length on the grass = estaba tumbado en la hierba todo lo largo que era.* **7 at ~, a)** extensamente, detalladamente (discurso, disertación). **b)** (lit.) finalmente, al cabo. **8 to go to any lengths,** estar dispuesto/recurrir a cualquier cosa: *he'll go to any lengths to get his job back = está dispuesto/recurrirá a cualquier cosa para recuperar su empleo.* **9 to keep someone at arm's ~,** evitar la excesiva familiaridad. **10 the ~ and breadth of,** en toda su extensión, a lo largo y ancho de: *he travels the length and breadth of the country every year = recorre el país a lo largo y ancho todos los años.*
lengthen ['leŋθən] *v. t.* e *i.* alargar(se), prolongar(se).
lengthily ['leŋθɪlɪ] *adv.* prolongadamente, dilatadamente, prolijamente.
lengthways ['leŋθweɪz] (también **longways, longwise**) *adv.* a lo largo, en sentido longitudinal.
lengthy ['leŋθɪ] *adj.* largo, prolongado, difuso.
leniency ['li:njənsɪ] *s. i.* suavidad, lenidad, benignidad, indulgencia.
lenient ['li:njənt] *adj.* suave, benigno, indulgente, clemente.
leniently ['li:njəntlɪ] *adv.* suavemente, benignamente.
lens [lenz] *s. c.* **1** lente. **2** ANAT. cristalino. ◆ **3 contact ~,** lente de contacto, lentilla. **4 wide-angle ~,** FOT. lente gran angular, lente de ángulo ancho.
lent [lent] *pret.* y *p. p. irreg.* de **lend.**
Lent [lent] *s. i.* Cuaresma.
lentil ['lentl] *s. c.* lenteja.
lento ['lentəʊ] *adj.* y *adv.* MÚS. lento.
Leo ['li:əʊ] *s. sing.* **1** ASTR. Leo. ● *s. c.* **2** Leo, leo (persona de este signo).
leonine ['li:ənaɪn] *adj.* aleonado, leonino.
leopard ['lepəd] *s. c.* ZOOL. leopardo.
leopardess [,lepə'des] *s. c.* ZOOL. leopardo hembra.

leotard ['li:ətɑ:d] *s. c.* leotardo, malla (para gimnasia).
leper ['lepər] *s. c.* **1** leproso. **2** (fig.) proscrito, indeseable (por razones morales o sociales).
leprosy ['leprəsɪ] *s. i.* lepra.
lesbian ['lezbɪən] *s. c.* **1** lesbiana. • *adj.* **2** lesbiano.
lesbianism ['lezbɪənɪzəm] *s. i.* lesbianismo.
lesion ['li:ʒən] *s. c.* MED. **1** lesión. **2** disfunción (de algún órgano).
less [les] (*comp.* de **little**) *adv.* **1** menos: *you should try to shout less* = *deberías tratar de gritar menos.* • *adj.* **2** menos: *we eat less bread now* = *ahora comemos menos pan.* • *prep.* **3** menos: *100 pounds a week less 10 for insurance contribution* = *100 libras a la semana menos 10 para seguros.* ◆ **4** ~ **and** ~, cada vez menos. **5** ~ **of that/it,** ¡ya está bien! **6** ~ **than** *(adj./adv.)*, (euf.) en absoluto, lejos de. **7 in** ~ **than no time,** en menos de un abrir y cerrar de ojos. **8 no** ~, nada menos. **9 no** ~ **than,** por lo menos, como mínimo. **10 still** ~**/much** ~**/even** ~, mucho menos, menos todavía.
OBS. En inglés coloquial muchos hablantes emplean **less** con sustantivos plurales: *there are less cars in London on Sundays* = *hay menos coches en Londres los domingos.* Pero se considera incorrecto. **Fewer** es la forma gramaticalmente correcta en el ejemplo.
lessee [le'si:] *s. c.* DER. arrendatario, inquilino.
lessen ['lesn] *v. t.* e *i.* **1** reducir, disminuir. **2** restar (importancia, valor).
lesser ['lesər] *adj.* (lit.) menos, menor, inferior (tamaño, grado, valor): *the lesser of two evils* = *el menor entre dos males.*
lesson ['lesn] *s. c.* **1** lección. **2** clase: *the English lesson is at 10* = *la clase de inglés es a las 10.* **3** lección, aviso, escarmiento: *the accident was a lesson to him* = *el accidente le sirvió de lección.* **4** pasaje bíblico (leído en el servicio religioso). ◆ **5 to teach someone a** ~, servirle a uno de escarmiento.
lessor ['lesɔ:r] *s. c.* DER. arrendador.
lest [lest] *conj.* **1** (lit.) para que no, no sea que, por miedo a que: *he ran away lest he should be seen* = *huyó para que no lo vieran.* **2** (lit.) que (determinado por idea de temor): *they were afraid lest she should lose her job* = *temían que perdiera su empleo.*
let [let] (*ger.* **letting,** *pret.* y *p. p. irreg.* **let**) *v. t.* **1** dejar, permitir: *let me buy you a drink* = *déjame invitarte.* **2** (brit.) arrendar, alquilar: *flat to let* = *piso para alquilar.* **3** (lit.) deber: *let each man take his responsibility* = *cada uno debe asumir su responsabilidad.* **4** suponer, tomar como hipótesis (en planes, cálculos, etc.): *let line AD be as long as XY* = *supongamos que la línea AD es tan larga como XY.* • *s. c.* **5** (brit.) arrendamiento, alquiler. **6** casa, piso... en arriendo o alquiler. **7** DEP. repetición de servicio (en tenis). • *s. i.* **8** DER. impedimento: *without let or hindrance* = *sin estorbo ni obstáculo.* **9** ~ **alone,** cuanto menos: *he can't walk let alone run* = *no puede caminar, cuanto menos correr.* **10 to** ~ **by,** dejar pasar. **11 to** ~ **down, a)** alargar (ropa): *to let down an old dress* = *alargar un vestido viejo.* **b)** decepcionar, defraudar (expectativas): *I'm counting on you, don't let me down* = *cuento contigo, no me defraudes.* **12 to** ~ **fall,** dejar caer (una pista, una insinuación, etc.). **13 to** ~ **fly (at),** golpear, disparar a. **14** ~ **it go at that,** dejémoslo así. **15** ~ **me see,** veamos. **16 to** ~ **on, a)** permitir subir (en un vehículo): *he wouldn't let me on the bus with the dog* = *no me permitió subir al autobús con el perro.* **b)** (fam.) decir, revelar (algo secreto): *don't let on who told you* = *no digas quién te lo dijo.* **17 to** ~ **one's hair down,** soltarse el pelo, relajarse. **18 to** ~ **out, a)** dejar salir: *he was let out of prison* = *le dejaron salir de prisión.* **b)** emitir, expresar violentamente: *he let out a cry of pain* = *emitió un grito de dolor.* **c)** sacar, agrandar (ropa): *he had to have all his trousers let out* = *tuvo que sacarse todos los pantalones.* **d)** dar a conocer: *news of the accident was let out yesterday* = *la noticia del accidente se dio a conocer ayer.* **e)** (EE UU) cerrar, terminar: *school lets out at 5* = *el colegio cierra a las 5.* **f)** (brit.) arrendar, alquilar. **19 let's face it,** admitámoslo; **let's go,** vamos. **20 to** ~ **someone alone,** dejar a alguien en paz. **21 to** ~ **someone down lightly,** dar a alguien malas noticias con tacto. **22 to** ~ **someone go, a)** dejar a alguien libre. **b)** (euf.) despedir a alguien de su empleo. **23 to** ~ **someone in,** dejar a alguien entrar. **24 to** ~ **someone in for,** (fam.) meter a alguien, meterse (en una situación difícil): *he didn't know what he was letting himself in for* = *no sabía dónde se estaba metiendo.* **25 to** ~ **someone in on,** (fam.) hacer partícipe a alguien de un secreto. **26 to** ~ **someone into, a)** dejar entrar a alguien. **b)** dejar pertenecer: *they don't let women into their club* = *no dejan a las mujeres pertenecer a su club.* **c)** confiar un secreto. **27 to** ~ **someone know,** avisar a alguien. **28 to** ~ **someone off, a)** perdonar, dejar libre a alguien (de un deber o castigo): *she let the children off their homework* = *perdonó a los niños sus deberes.* **b)** permitir bajar (de un vehículo): *he wouldn't let me off the bus* = *no me dejaba bajar del autobús.* **29 to** ~ **someone off lightly,** rebajar un castigo: *he was let off lightly* = *le rebajaron el castigo.* **30 to** ~ **someone/something be,** dejarlo estar. **31 to** ~ **something drop,** dejar de hablar de algo: *he wouldn't let the matter drop* = *no quería dejar de hablar sobre el tema.* **32 to** ~ **something slip,** perder, dejar pasar (una oportunidad). **33 to** ~ **up,** ceder, acabar, pasar (algo negativo): *when will this bad weather let up?* = *¡cuándo acabará este tiempo!* **34 to** ~ **up on someone,** tratar menos severamente, dejar de estar encima: *let up on him for a while* = *deja de estar encima de él un rato.* **35 to** ~ **well (enough) alone,** dejarlo como está.
letdown ['letdaun] *s. c.* (fam.) decepción, desilusión.
lethal ['li:θl] *adj.* **1** letal, mortal. **2** (fig.) subido de alcohol (una fiesta).
lethally ['li:θəlɪ] *adv.* letalmente, mortalmente.
lethargic [lɪ'θɑ:dʒɪk] *adj.* letárgico, aletargado.
lethargically [lɪ'θɑ:dʒɪklɪ] *adv.* letárgicamente, aletargadamente.
lethargy ['leθədʒɪ] *s. i.* **1** letargo, somnolencia, sueño. **2** (fig.) indolencia.
let's [lets] *contr.* de **let** y **us.**
letter ['letər] *s. c.* **1** letra: *a capital letter* = *una letra mayúscula.* **2** carta, epístola. • *s. i.* **3** letra, texto, redacción, literalidad (de un escrito, ley, acuerdo, etc.). ◆ **4 to keep/stick to the** ~ **(of),** atenerse a la letra o literalidad de.
letter-bomb ['letə,bɒm] *s. c.* carta bomba.
letter-box ['letə,bɒks] *s. c.* **1** buzón (de correos). **2** (brit.) buzón, caja de correspondencia (en casas particulares).
lettered ['letəd] *adj.* (arc.) culto, instruido, cultivado.
letterhead ['letəhed] *s. c.* **1** membrete de una carta. **2** papel con membrete.
lettering ['letərɪŋ] *s. i.* inscripción, rotulación, diseño de letras.
letterpress ['letəpres] *s. i.* impresión tipográfica.
letting ['letɪŋ] *s. c.* **1** (brit.) arrendamiento, casa arrendada, casa para arrendar. • *adj.* **2** inmobiliario.
lettuce ['letɪs] *s. c.* e *i.* BOT. lechuga.
let-up ['letʌp] *s. c.* pausa, interrupción.
leucoblast ['lu:kəblæst] (en EE UU **leukoblast**) *s. c.* BIOL. leucoblasto.
leucocyte ['lu:kəsaɪt] (en EE UU **leukocyte**) *s. c.* BIOL. leucocito.
leukaemia [lu:'kɪ:mɪə] (en EE UU **leukemia**) *s. i.* MED. leucemia.
levee ['levɪ] *s. c.* **1** (arc.) recepción (especialmente formal). **2** (EE UU) dique de contención.
level ['levl] *adj.* **1** plano, llano, raso. **2** nivelado, a nivel, equilibrado, igualado. **3** fijo, penetrante: *he gave her a level look* = *le dirigió una mirada penetrante.* **4** estable, uniforme: *a level temperature* = *una temperatura uniforme.* **5** ecuánime, ordenado: *a level life* = *una vida ordenada.* **6** tranquilo, sin emoción: *a level voice* = *una voz tranquila.* • *s. c.* **7** nivel. **8** plano, llanura, llano. **9** comprobador de nivel. **10** altura: *to come down to someone's level* = *ponerse a la altura de alguien.* **11** índice: *the alcohol level in the blood* = *índice de alcohol en la sangre.* **12** (brit.) grado (cuali-

ficación escolar): *he got A level Maths = alcanzó en matemáticas el grado A.* • *adv.* **13** a nivel, horizontalmente. • *v. t.* **14** nivelar, allanar, igualar. **15** arrasar, destruir: *the hurricane levelled the town = el huracán arrasó la ciudad.* **16** (**to** ~ {**at**}) apuntar (un arma) a. ◆ **17 to do one's ~ best,** hacer todo lo que uno puede (en situaciones difíciles). **18 to find one's own ~,** encontrar su sitio en la sociedad. **19 to ~ against someone,** dirigir, formular (cargos, acusaciones): *serious accusations were levelled against him = le fueron dirigidas serias acusaciones.* **20 to ~ down,** rebajar al mismo nivel. **21 to ~ off/out, a)** estabilizarse: *inflation has levelled off at 5% = la inflación se ha estabilizado en el 5%.* **b)** allanar, terraplenar: *the ground was levelled out = se allanó el suelo.* **22 to ~ up,** elevar al mismo nivel. **23 to ~ with,** ser sincero con, decir la verdad: *I've always levelled with you = siempre he sido sincero contigo.* **24 on a ~ with,** al nivel de, a la misma altura que. **25 on the ~,** (fam.) honrado, serio, en serio: *to tell something on the level = decir algo en serio.*

level-crossing [ˌlevl'krɒsɪŋ] *s. c.* (brit.) paso a nivel.

level-headed [ˌlevl'hedɪd] *adj.* sensato, juicioso, equilibrado.

levelly ['levəlɪ] *adv.* tranquilamente, ordenadamente.

lever ['liːvər] *s. c.* **1** palanca. **2** MEC. mando, palanca (de velocidades). • *v. t.* **3** apalancar.

leverage ['liːvərɪdʒ] *s. i.* **1** apalancamiento. **2** (fig.) influencia, fuerza.

leveret ['levərɪt] *s. c.* ZOOL. lebrato, liebre joven.

leviathan [lɪ'vaɪəθn] *s. c.* leviatán.

levitate ['levɪteɪt] *v. t.* e *i.* levitar, mantener en el aire.

levitation [ˌlevɪ'teɪʃn] *s. c.* e *i.* levitación.

levity ['levɪtɪ] *s. i.* (lit.) ligereza, levedad, frivolidad, superficialidad, informalidad.

levy ['levɪ] *s. c.* **1** exacción, recaudación, impuesto. **2** MIL. leva, alistamiento, reclutamiento (de soldados). •*v. t.* **3** recaudar (impuestos).

lewd [luːd] *adj.* lascivo, lúbrico, obsceno, indecente.

lewdly ['luːdlɪ] *adv.* lascivamente, obscenamente, indecentemente.

lewdness ['luːdnɪs] *s. i.* lascivia, obscenidad.

lexical ['leksɪkl] *adj.* FILOL. léxico.

lexically ['leksɪklɪ] *adv.* en cuanto al léxico, léxicamente.

lexicographer [ˌleksɪ'kɒgrəfər] *s. c.* lexicógrafo.

lexicographical [ˌleksɪkə'græfɪkl] *adj.* lexicográfico.

lexicography [ˌleksɪ'kɒgrəfɪ] *s. i.* lexicografía.

lexicon ['leksɪkən] *s. c.* FILOL. léxico, diccionario.

liability [ˌlaɪə'bɪlɪtɪ] *s. i.* **1** responsabilidad: *you must accept liability for what happened = tienes que aceptar la responsabilidad de lo que pasó.* **2** tendencia. **3** riesgo: *tobacco increases your liability to lung cancer = el tabaco aumenta el riesgo de cáncer de pulmón.* • *s. c.* **4** deuda, debe, débito, pasivo: *liabilities can lead to bankruptcy = las deudas pueden llevar a la bancarrota.* **5** carga, inconveniente: *big houses are often a real liability = las casas grandes son a menudo una auténtica carga.* ◆ **6 to meet one's liabilities,** satisfacer sus deudas.

liable ['laɪəbl] *adj.* **1** (~ {**to**}) expuesto, sujeto, propenso: *liable to floods = expuesto a inundaciones; liable to colds = propenso a catarros.* **2** DER. responsable, acreedor (de sanción): *liable to a fine for driving too fast = acreedor de sanción por conducir deprisa.*

liaise [lɪ'eɪz] *v. i.* (**to** ~ {**with**}) conectar, captar, contactar con.

liaison [lɪ'eɪzən] *s. i.* **1** conexión, relación, coordinación. • *s. c.* **2** lío, relación amorosa (extraconyugal).

liana [lɪ'ɑːnə] *s. c.* BOT. liana.

liar ['laɪər] *s. c.* mentiroso, embustero, cínico.

lib [lɪb] *s. i.* (fam.) movimiento de liberación (de la mujer, de homosexuales).

libation [laɪ'beɪʃn] *s. c.* **1** libación. **2** (p.u.) copa (bebida alcohólica).

libel ['laɪbl] *s. c.* **1** libelo. **2** (fam.) calumnia, difamación, injuria. **3** DER. delito de libelo. • *v. t.* **4** difamar, desacreditar.

libellous ['laɪbələs] *adj.* difamatorio, injurioso.

liberal ['lɪbərəl] *adj.* **1** liberal, tolerante, generoso. **2** POL. **Liberal,** liberal: *the Liberal Party = el partido liberal.* • *s. c.* **3** liberal. **4** POL. **Liberal,** liberal: *the Liberals supported the motion = los liberales apoyaron la moción.*

liberalisation *s. i.* ⇒ **liberalization.**

liberalise *v. t.* ⇒ **liberalize.**

liberalism ['lɪbərəlɪzəm] *s. i.* liberalismo.

liberality [ˌlɪbə'rælɪtɪ] *s. i.* **1** generosidad, liberalidad. **2** apertura mental, liberalidad.

liberalization [ˌlɪbərəlaɪ'zeɪʃn] (también **liberalisation**) *s. i.* liberalización.

liberalize ['lɪbərəlaɪz] (también **liberalise**) *v. t.* liberalizar.

liberally ['lɪbərəlɪ] *adv.* liberalmente, generosamente, abundantemente.

liberate ['lɪbəreɪt] *v. t.* liberar, poner en libertad, librar.

liberated ['lɪbəreɪtɪd] *adj.* liberado, independiente.

liberation [ˌlɪbə'reɪʃn] *s. i.* liberación: *the women's liberation movement = movimiento de liberación de la mujer.*

liberator ['lɪbəreɪtər] *s. c.* libertador.

Liberia [laɪ'bɪərɪə] *s. sing.* Liberia.

Liberian [laɪ'bɪərɪən] *s. c.* y *adj.* liberiano.

libertarian [ˌlɪbə'teərɪən] *s. c.* y *adj.* libertario.

libertine ['lɪbətiːn] *s. c.* y *adj.* libertino.

liberty ['lɪbətɪ] *s. c.* e *i.* **1** (lit.) libertad (de acción o pensamiento). **2** (fam.) libertad, familiaridad, confianza, privilegio: *sorry I took the liberty to answer the telephone = perdón por tomarme la libertad de contestar al teléfono.* **3** MAR. permiso, licencia: *liberty boat = barco que lleva a los marineros de permiso.* ◆ **4 to be at ~ (to), a)** estar en libertad. **b)** estar libre, desocupado. **c)** (fam.) estar autorizado a, tener derecho a: *I'm not at liberty to say it = no estoy autorizado a decirlo.* **5 to take a ~/liberties,** tomarse la libertad, libertades: *you shouldn't take liberties with people like him = no puede uno tomarse libertades con gente como ésa.*

libidinous [lɪ'bɪdɪnəs] *adj.* libidinoso, lujurioso.

libido [lɪ'biːdəu] *s. i.* PSIC. líbido (impulso sexual).

Libra [laiːbrə] *s. sing.* **1** ASTR. Libra. • *s. c.* **2** Libra, libra (persona de este signo).

librarian [laɪ'breərɪən] *s. c.* bibliotecario.

Libra [laiːbrə] *s. sing.* **1** ASTR. Libra • *s. c.* **2** Libra, libra (persona de este signo).

library ['laɪbrərɪ] *s. c.* **1** biblioteca. colección de libros: *a library of modern masters = una colección de maestros modernos.*

librettist [lɪ'bretɪst] *s. c.* libretista.

libretto [lɪ'bretəu] *s. c.* libreto.

Libya ['lɪbɪə] *s. sing.* Libia.

Libyan ['lɪbɪən] *s. c.* y *adj.* libio.

lice [laɪs] *s. pl.* de **louse.**

licence ['laɪsəns] (en EE UU **license**) *s. c.* **1** permiso, carnet: *driving licence = permiso de conducir.* **2** autorización, licencia: *licence to sell alcohol = autorización para vender bebidas alcohólicas.* • *s. i.* **3** libertad (de acción, palabra o pensamiento): *he took some licence in his translation = se tomó cierta libertad en su traducción.* **4** (desp.) libertinaje: *in favour of liberty but against licence = a favor de la libertad pero en contra del libertinaje.* **5** licencia, recurso (en la creación artística): *poetic licence = licencia poética.* **6** COM. patente (cedida o autorizada). ◆ **7 ~ plate,** matrícula (de un coche). **8 under ~,** con patente ajena autorizada: *they make cars under licence = fabrican coches con patente autorizada.*

license ['laɪsəns] *v. t.* **1** permitir, autorizar (oficialmente): *they licensed the sale of alcohol = autorizaron la venta de alcohol.* • *s. c.* e *i.* **2** (EE UU) ⇒ **licence.** ◆ **3 licensing hours,** (brit.) horario autorizado para vender bebidas alcohólicas. **4 licensing laws,** leyes que controlan la venta y consumo de alcohol.

licensed ['laɪsənst] *adj.* autorizado (oficialmente): *a fully licensed restaurant = restaurante oficialmente autorizado para servir bebidas alcohólicas.*

licensee [ˌlaɪsən'siː] *s. c.* concesionario.
licentiate [laɪ'senʃɪət] *s. c.* (form.) licenciado.
licentious [laɪ'senʃəs] *adj.* licencioso, libertino.
licentiously [laɪ'senʃəslɪ] *adv.* licenciosamente, libertinamente.
licentiousness [laɪ'senʃəsnɪs] *s. i.* licenciosidad, libertinaje.
lichen ['laɪkən] *s. i.* BOT. liquen.
lich-gate ['lɪtʃgeɪt] *s. c.* ⇒ **lych-gate.**
lick [lɪk] *v. t.* **1** (fig.) lamer. **2** beber (como un gato). **3** (fig.) bañar: *the waves licked the shore = las olas bañaban la orilla.* **4** (fam.) vencer, dar una paliza a (en juego, deporte). **5** (fig.) superar (problemas, dificultades): *we licked it at last = lo superamos finalmente.* **6** atacar como a lengüetadas (las llamas de fuego): *the flames licked (against) the building = las llamas atacaban como a lengüetadas el edificio.* ● *s. c.* **7** lametón, lamido, lengüetada. **8** (fam.) mano (de pintura, barniz, etc.). **9** (brit.) (fam.) velocidad, rapidez, prisa: *he went downstairs at quite a lick = bajó a toda velocidad.* **10** (fam.) paliza: *to give someone a lick = darle una paliza a alguien.* ◆ **11 at a great/tremendous ~,** a toda velocidad, a toda pastilla. **12 to ~ one's lips,** relamerse, hacerse la boca agua. **13 to ~ one's wounds,** curarse de las heridas para seguir en la brecha. **14 to ~ someone's boots, a)** obedecer sin rechistar, como un esclavo. **b)** hacer la pelota a alguien. **15 to ~ something into shape,** poner a punto: *it was quite a job to lick the house into shape = costó poner la casa a punto.* **16 to ~ something off,** limpiar a lametones: *the girl licked the jam off her lips = la niña se limpiaba la mermelada de sus labios a lametones.* **17 to ~ the dust,** caer al suelo derrotado, morder el polvo. **18 not to do a ~ of work,** no dar ni golpe.
licking ['lɪkɪŋ] *s. c.* (p.u.) (fam.) paliza, derrota.
licorice ['lɪkərɪs] *s. i.* ⇒ **liquorice.**
lid [lɪd] *s. c.* **1** tapa, tapadera. **2 (eye ~)** ANAT. párpado. ◆ **3 to flip one's ~,** volverse loco. **4 to put the (tin) ~ on,** (fam.) para colmo de males. **5 to take the ~ off,** manifestar el lado negativo.
lidded ['lɪdɪd] *adj.* **1** cerrado, provisto de tapa. **2** de párpados (gruesos, finos, etc.): *a man with heavily lidded eyes = un hombre de párpados gruesos.*
lidless ['lɪdlɪs] *adj.* sin tapa.
lido ['liːdəʊ] *s. c.* (brit.) **1** piscina (pública y al aire libre). **2** zona de baño (en playas, orillas de lagos, etc.).
lie [laɪ] (*ger.* **lying,** *pret.* **lay,** *p. p.* **lain**) *v. i.* **1** echarse, tumbarse. **2** estar, permanecer (en posición horizontal): *there was a book lying on the table = había un libro sobre la mesa.* **3** estar tendido: *he lay dead on the ground = estaba tendido sin vida en el suelo.* **4** estar echado, tumbado, acostado: *to lie in bed = estar acostado.* **5** yacer, reposar, estar enterrado: *here lies the hero = aquí yace el héroe.* **6** hallarse, residir, estribar: *the difference lies in the fact that... = la diferencia estriba en el hecho de que...* **7** situarse, estar situado o emplazado: *the town lies down the valley = la ciudad está situada en el valle.* **8 (to ~ with)** depender de: *the decision lies with the minister = la decisión depende del ministro.* **9 (to ~ {with})** (arc.) yacer, copular con. ● *s. c.* **10** posición, situación, emplazamiento. **11** DEP. caída, situación de la pelota (golf). ◆ **12 to let it ~/to let things ~,** dejar las cosas como están. **13 to ~ about/ around, a)** (desp.) holgazanear. **b)** estar desordenado, desparramado. **14 to ~ back, a)** recostarse. **b)** dejarlo como está, despreocuparse. **15 to ~ before,** estar próximo, abrirse: *the future lies before us = el futuro se abre ante nosotros.* **16 to ~ behind,** estar detrás, esconderse: *what lies behind his words? ¿qué se esconde en sus palabras?* **17 to ~ by, a)** estar postergado, sin utilizar. **b)** estar a mano. **18 to ~ down,** echarse, acostarse. **19 to ~ down on the job,** trabajar en algo desagradable. **20 to ~ heavy/heavily on,** producir un efecto incómodo, pesar sobre: *it will lie heavily on his conscience = pesará sobre su conciencia.* **21 to ~ in,** (brit.) levantarse tarde. **22 to ~ in state,** estar a la vista del público (el cadáver de una personalidad), estar de cuerpo presente. **23 to ~ in wait,** esperar escondido, permanecer al acecho: *the thieves were lying in wait for their victims = los ladrones esperaban escondidos a sus víctimas.* **24 to ~ low,** esconderse. **25 to ~ off,** mantener cierta distancia (barcos): *the fleet lay off the coast = la flota se mantenía a cierta distancia de la costa.* **26 to ~ over,** cernirse, extenderse: *a cloud of pollution lay over the city = una nube de contaminación se extendía sobre la ciudad.* **27 to ~ to,** MAR. aguantar con dificultades, estar al pairo (barcos). **28 to ~ up, a)** guardar cama (cierto tiempo). **b)** (brit.) escabullirse, huir de la notoriedad. **29 to take something lying down,** aguantar algo desagradable sin rechistar. **30 the ~ of the land/how the land lies, a)** caída del terreno. **b)** (fig.) estado general de la situación.
lie [laɪ] *v. i.* **1** mentir: *to lie to someone = mentir a alguien.* **2** engañar: *the camera never lies = la cámara nunca engaña.* ● *s. c.* **3** mentira, embuste. ◆ **4 a pack of/a tissue of lies,** una sarta de mentiras. **5 to give the ~ to,** desmentir, demostrar la falsedad de. **6 ~ detector,** detector de mentiras. **7 one ~ makes many,** de una mentira nacen ciento. **8 to tell a ~,** decir una mentira. **9 white ~,** mentira piadosa.
lie-down ['laɪdaʊn] *s. c.* (brit.) (fam.) breve descanso (en cama generalmente).
liege [liːdʒ] *adj.* **1** HIST. feudatario, feudal. ● *s. c.* **2** HIST. feudo. ◆ **3 ~ lord,** HIST. señor feudal.
liegeman ['liːdʒmən] *s. c.* HIST. vasallo.
lie-in ['laɪɪn] *s. c.* **to have a ~,** .(fam.) quedarse en la cama.
lien [lɪən] *s. c.* (~ **{on/upon}**) DER. embargo preventivo, derecho de embargo.
lieu [ljuː] *s. i.* **1** (lit.) lugar, puesto. ◆ **2 in ~ of,** en lugar de, en vez de, a cambio de: *they gave me some wine in lieu of payment = me dieron vino en vez de dinero.*
lieutenancy [lef'tenənsɪ ‖ luː'tenənsɪ] *s. i.* MIL. rango de teniente, oficialato.
lieutenant [lef'tenənt ‖ luː'tenənt] *s. c.* **1** MIL. teniente. **2** MIL. teniente (más la categoría del compuesto): *lieutenant colonel = teniente coronel.* **3** sustituto, lugarteniente.
life [laɪf] (*pl. irreg.* **lives**) *s. i.* y *c.* **1** vida. **2** existencia humana: *life is full of surprises = la existencia humana está llena de sorpresas.* **3** vida, funcionamiento (de una máquina). **4** duración, vigencia (de una institución): *the life of the present parliament = la vigencia del parlamento actual.* **5** vida: *ten lives were lost = se perdieron diez vidas (personas).* **6** tipo concreto de vida: *country life = vida rural; married life = vida de casado; one's private life = la vida privada de uno; the sex life of a monkey = la vida sexual del mono.* **7** mundo, experiencia: *you see a lot of life if you travel = se ve mucho mundo viajando.* **8** actividad social: *there is not much life in the village = no hay mucha vida social en el pueblo.* **9** vigor, energía: *the kids are full of life today = los chicos están llenos de energía hoy.* **10** biografía: *Boswell's life of Dr. Johnson = la biografía del Dr. Johnson por Boswell.* **11** (fam.) cadena perpetua: *the terrorist got life = al terrorista le cayó cadena perpetua.* **12** realidad (como fuente artística): *from life, not from photographs = de la realidad, no de fotografías.* ◆ **13 to be the ~ (and soul) of,** ser el animador de. **14 to come/bring to ~, a)** recuperar la consciencia. **b)** mostrar interés, entusiasmo. **15 for dear ~,** para salvar el pellejo, con todas las fuerzas de uno: *he clung on to the branch for dear life = se agarró a la rama con todas sus fuerzas.* **16 for ~,** de por vida, por el resto de su vida. **17 for the ~ of one,** a pesar de todos sus esfuerzos. **18 to have the time of one's ~,** (fam.) pasarlo en grande. **19 how's ~?,** (fam.) ¿qué tal? **20 ~ assurance,** seguro de vida. **21 ~ expectancy,** esperanza de vida. **22 ~ form,** forma de vida, cualquier viviente. **23 ~ imprisonment,** cadena perpetua. **24 ~ peer,** lord vitalicio (título no heredable por sus sucesores). **25 ~ science,** ciencia relacionada con la vida. **26 ~ sen-**

tence, condena a cadena perpetua. **27 ~ -support system, a)** lo necesario para sobrevivir. **b)** equipo necesario (para circunstancias concretas). **28 ~'s work, a)** trabajo de una vida. **b)** la obra más importante. **29 to live one's own ~,** vivir su vida. **30 matter of ~ and death,** asunto de vida o muerte, de crucial importancia. **31 not on your ~,** en absoluto. **32 to risk ~ and limb,** hacer algo muy arriesgado. **33 to run for one's ~,** correr como alma que lleva el diablo. **34 to take one's ~ in one's (own) hands, a)** (fam.) poner la vida de uno en continuo peligro. **b)** llegar a controlar la propia vida. **35 to take one's own ~,** quitarse la vida, suicidarse. **36 to take someone's ~,** matar a alguien. **37 that's ~,** así es la vida. **38 to the ~,** copia exacta: *the portrait shows him to the life = el retrato es su copia exacta.* **39 the ~ of Riley,** (fam.) la gran vida. **40 this is the ~,** esto es vivir. **41 true to ~,** la vida tal como es: *the film is true to life = la película muestra la vida tal como es.* **42 what a ~!,** ¡qué vida ésta!

life-and-death ['laɪfən'deθ] *adj.* **1** de vida o muerte, crítico, crucial. **2** encarnizado (lucha).

lifebelt ['laɪfbelt] *s. c.* cinturón salvavidas.

lifeblood ['laɪfblʌd] *s. i.* **1** alma, nervio, oxígeno: *expansion is the lifeblood of industry = la expansión es el alma de la industria.* **2** (lit.) sangre vital.

lifeboat ['laɪfbəʊt] *s. c.* **1** lancha de socorro (para protección en costas). **2** bote salvavidas (de buques).

lifebuoy ['laɪfbɔɪ] *s. c.* cinturón salvavidas.

life-cycle ['laɪfsaɪkl] *s. c.* **1** ciclo biológico. **2** pasos, vicisitudes (de un proceso, teoría, etc.).

life-giving [,laɪfgɪvɪŋ] *adj.* revitalizador, vivificante, vigorizante.

lifeguard ['laɪfgɑːd] *s. c.* **1** salvavidas, guarda de playa. **2** MIL. guardia militar. ◆ **3 Life Guards,** (brit.) regimiento real de caballería.

life-insurance ['laɪfɪn,ʃʊərəns] *s. i.* seguro de vida.

life jacket ['laɪfdʒækɪt] *s. c.* chaleco salvavidas.

lifeless ['laɪflɪs] *adj.* **1** (lit.) muerto, sin vida. **2** (desp.) inerme, insípido, apagado, flojo, soso.

lifelike ['laɪflaɪk] *adj.* fiel, parecido, similar, cercano a la realidad: *a lifelike portrait = un fiel retrato.*

lifeline ['laɪflaɪn] *s. c.* **1** cuerda, lazo salvavidas, andarivel de salvamento. **2** cuerda de comunicación (de buceadores). **3** (fig.) medio de comunicación indispensable, cordón umbilical: *the telephone is his lifeline to the world = el teléfono es su cordón umbilical con el mundo.*

lifelong ['laɪflɒŋ] *adj.* que dura toda la vida, para siempre: *a lifelong friend = un amigo de toda la vida.*

life-preserver ['laɪfprɪzəːvər] *s. c.* (EE UU) chaleco salvavidas.

lifer ['laɪfər] *s. c.* (fam.) condenado a cadena perpetua.

life-saver ['laɪfseɪvər] *s. c.* algo que salva, salvación: *the new dishwasher was our life-saver = el lavaplatos nuevo fue nuestra salvación.*

life-size [,laɪf'saɪz] *adj.* de tamaño natural.

life-sized [,laɪf'saɪzd] *adj.* ⇒ **life-size.**

life span ['laɪfspæn] *s. i.* vida, duración media (de vivientes o aparatos): *the lifespan of men = la vida media de los hombres.*

lifestyle ['laɪfstaɪl] *s. c.* forma, talante, estilo de vida: *urban lifestyle = forma de vida urbana.*

lifetime ['laɪftaɪm] *s. c.* **1** vida, duración de una vida: *in my lifetime = en toda mi vida.* ◆ **2 of a ~, a)** de toda una vida. **b)** lo más importante de una vida: *the work of a lifetime = la obra más importante de toda una vida.*

life-work [,laɪf'wəːk] (también **life's work**) *s. c.* (normalmente *sing.*) trabajo de toda una vida.

lift [lɪft] *v. t.* **1** levantar, alzar, elevar (objetos, miembros del cuerpo, los ánimos, etc.). **2** transportar (por avión). **3** rescindir, invalidar, suprimir, levantar (hipotecas, leyes, embargos, etc.). **4 (to ~ {down})** bajar, levantar y bajar: *she lifted the child down from the tree = bajó al niño del árbol.* **5** (fam.) copiar, plagiar (ideas, escritos): *to lift from someone else's work = plagiar la obra de otro.* **6** aliviar (problemas), quitar (peso de encima). **7** (fam.) robar (cosas de poca importancia). **8** arrancar, sacar (verduras, patatas, etc.). **9** (lit.) elevar la voz (al hablar o cantar). **10** mejorar (condiciones socioeconómicas). ● *v. i.* **11** levantar, desaparecer (nubes, niebla, etc.): *the plane took off when the fog lifted = el avión despegó cuando la niebla levantó.* ● *s. c.* **12** levantamiento, elevación. **13** (brit.) ascensor, montacargas. **14** transporte (gratuito y en coche particular): *he gave her a lift to the station = la llevó en su coche a la estación.* **15** empuje (hacia arriba), ascensión. **16** (fam.) energía, vigor, ánimo, exaltación: *the good news gave him a lift = las buenas noticias le dieron ánimos.* ◆ **17 to ~ off,** despegar (un avión). **18 not to ~ a finger to,** no levantar un dedo por, no hacer esfuerzo alguno por: *he wouldn't lift a finger to help her = no haría esfuerzo alguno por ayudarla.*

lift-off ['lɪftɒf] *s. c.* despegue (de avión).

ligament ['lɪgəmənt] *s. c.* ANAT. ligamento.

ligature ['lɪgətʃər] *s. c.* **1** (form.) ligadura, vendaje. **2** MÚS. ligado.

light [laɪt] *s. i.* **1** luz (natural o artificial). **2** claridad, luz, espacio iluminado: *you're standing in my light = estás en medio, me quitas la luz.* **3** luz, viveza, brillo (en la expresión del rostro): *the light died out of her eyes = el brillo de sus ojos se desvaneció.* **4** (lit.) luz, conocimiento, información: *that will shed new light on the matter = eso arrojará nueva luz al asunto.* ● *s. c.* **5** luz (cualquier medio de iluminación): *switch off the lights = apaga las luces.* **6** semáforo: *when you get to the lights, turn left = al llegar al semáforo, doble a la izquierda.* **7** fuego, lumbre, fósforo (para encender un cigarrillo, pipa, etc.): *have you got a light? = ¿tienes fuego?* **8** ventana, claraboya o abertura en la pared (por donde penetre la luz). **9** (lit.) aspecto, perspectiva: *to view the matter in another light = considerar el tema desde otra perspectiva.* **10** lumbrera, eminencia: *one of the shining lights of his age = una de las lumbreras de su tiempo.* **11** claro (parte más iluminada de un cuadro): *light and shade = claro y oscuro.* ● (*pret.* y *p. p. irreg.* **lit** o **lighted**) *v. t.* **12** encender: *to light a cigarette = encender un cigarrillo.* **13** iluminar: *four spotlights lit the stage = cuatro focos iluminaban la escena.* **14** (arc.) alumbrar (el camino): *she lighted him in = le alumbró la entrada.* ● *v. i.* **15** arder (el fuego): *the fire wouldn't light = el fuego se resistía a arder.* **16** (arc.) posarse (pájaros). **17** caer, llegar a tierra: *he fell and lit on his feet = cayó de pie.* ● *adj.* **18** iluminado, claro, encendido. **19** claro, pálido (color): *a light-coloured dress = un vestido claro.* **20** ligero, liviano. **21** corto, reducido, disminuido, menguado: *a light crop of wheat = una cosecha corta de trigo.* **22** llevadero, suave, benigno: *a light punishment = un castigo benigno.* **23** frívolo, de pasatiempo. **24** suave, moderado: *a light wind = un viento suave.* **25** ágil, grácil: *the light movements of a dancer = los gráciles movimientos de un bailarín.* **26** ligero, superficial (sueño). **27** frugal, ligero (comida). **28** moderado, sobrio (fumador, bebedor). **29** suave, de pocos grados (bebidas alcohólicas). **30** (lit.) alegre, feliz, despreocupado. **31** suelto, arenoso (terreno). ● *adv.* **32** ligero (de equipaje): *to travel light = viajar ligero de equipaje.* ◆ **33 according to one's own lights,** según el propio parecer. **34 against the ~,** al contraluz. **35 as ~ as a feather,** ligero como una pluma. **36 to be ~ on one's feet,** ser ágil de movimientos. **37 to bring something to ~,** descubrir, sacar a relucir algo. **38 by the ~ of nature,** por instinto. **39 to go out like a ~,** (fam.) **a)** caer profundamente dormido. **b)** quedar inconsciente. **40 in a bad ~,** en perspectiva desfavorable: *it showed his business in a bad light = ello mostró su negocio bajo una perspectiva desfavorable.* **41 in the ~ of/in ~ of,** teniendo en cuenta, considerando. **42 in this ~,** desde este punto de vista. **43 ~ aircraft,** avioneta. **44 to see (the) ~ at the end of the tunnel,** ver el final de algo desagradable. **45 ~ industry,** industria ligera. **46 to ~ out for,** (EE UU) (fam.) escapar, huir a: *he lit out for the West = escapó hacia el Oeste.* **47 lights, a)** posibilidades, medios, recursos, luces: *do according to your lights = actúa según tus posibilidades.* **b)** (arc.) bofe, pulmones (de animales, como alimento). **48 to ~ up,** iluminar, iluminarse: *two candles lit up the room = dos velas iluminaban la habitación.* **49 to ~ upon/on something,** (arc.) encontrar o descubrir algo que produce satisfacción: *he lit upon a rare book = descubrió un libro raro.* **50 to make ~ of something,** infravalorar, menospreciar algo. **51 to see in a different ~,** ver desde otro punto de vista. **52 to see the ~, a)** (lit.) ver la luz, nacer. **b)** encontrar al fin la solución a algún problema. **53 to set ~ to,** prender fuego a. **54 to stand/be in someone's ~, a)** quitar la luz a alguien. **b)** estorbar el éxito de alguien. **55 to throw/shed ~ on,** (lit.) arrojar luz sobre (algún problema o asunto). **56 traffic lights,** semáforo.

light bulb ['laɪtbʌlb] *s. c.* bombilla, lámpara.

lighted ['laɪtɪd] *adj.* encendido, iluminado.

lighten ['laɪtn] *v. t.* **1** iluminar, alumbrar, dar luz a: *white paint lightens a room = la pintura blanca da más luz a una habitación.* **2** avivar (color). **3** aligerar, aliviar, agilizar: *to lighten a workload = aligerar una carga laboral.* **4** reducir carga, descargar (barcos). • *v. i.* **5** iluminarse, brillar, destellar, fulgurar. **6** clarear, aclararse, despejarse (el cielo). **7** aligerarse (de peso). ◆ **8 to ~ up,** hacerse más alegre, alegrarse: *he lightens up when she's around = se alegra cuando ella está cerca.*

lighter ['laɪtər] *s. c.* **1** encendedor, mechero. **2** MAR. gabarra, barcaza. • *adj.* **3** más ligero, más claro (*comp.* de **light**).

light-fingered [,laɪt'fɪŋgəd] *adj.* **1** (fam.) ladronzuelo. **2** ágil de dedos (para tocar instrumentos musicales).

light-headed [,laɪt'hedɪd] *adj.* **1** aturdido, mareado, torpe. **2** insensato, superficial, frívolo.

light-hearted [,laɪt'hɑːtɪd] *adj.* **1** alegre, optimista, feliz. **2** desenfadado, festivo: *a light-hearted view of life = una visión desenfadada de la vida.*

lighthouse ['laɪthaus] *s. c.* **1** faro. ◆ **2 ~ keeper,** farero.

lighting ['laɪtɪŋ] *s. i.* **1** iluminación, alumbrado, encendido (de habitaciones, edificios, calles, etc.). ◆ **2 ~-up time,** horario o duración del alumbrado.

lightly ['laɪtlɪ] *adv.* ligeramente, suavemente, superficialmente.

lightness ['laɪtnɪs] *s. i.* agilidad, rapidez, ligereza.

lightning ['laɪtnɪŋ] *s. i.* **1** rayo, relámpago. • *adj.* **2** (fig.) fugaz, corto, rápido, relámpago: *a lightning visit = una visita relámpago.* ◆ **3 a flash of ~,** un relámpago. **4 as quick as ~,** rápido como un rayo. **5 ~ conductor,** pararrayos. **6 ~ rod,** (EE UU) pararrayos. **7 ~ strike,** huelga repentina (realizada sin previo aviso).

lightship ['laɪtʃɪp] *s. c.* barco faro.

lightshow ['laɪtʃəu] *s. c.* espectáculo de luces.

lightweight ['laɪtweɪt] *adj.* **1** ligero, de poco peso. **2** (fig.) de poca entidad, de poco peso: *a lightweight politician = un político de poco peso.* • *s. c.* **3** DEP. peso ligero.

light year ['laɪtjɪər] *s. c.* **1** ASTR. año luz. ◆ **2 ~ years,** (fam.) enorme distancia, años luz.

likable ['laɪkəbl] *adj.* ⇒ **likeable.**

like [laɪk] *v. t.* **1** gustarle (a uno), gustar: *I like reading = me gusta leer.* **2** gustar, tener simpatía por: *she likes John = a ella le gusta John.* **3** parecerle (a uno), encontrar, opinar: *how do you like this dress? = ¿qué te parece este vestido?* **4** querer, desear: *what would you like to drink? = ¿qué quiere tomar?* **5** preferir: *I like this better = prefiero éste.* **6 not to like,** no estar dispuesto a: *I don't like to go now = no estoy dispuesto a ir ahora.* • *prep.* **7** como, igual que, del mismo modo que: *to fight like a man = luchar como un hombre.* **8** propio de, típico de: *it's not like her = no es propio de ella.* **9** como, por ejemplo: *all the people, like the Smiths, the Shaws... = todo el mundo, como los Smith, los Shaw...* • *conj.* **10** (fam.) como, del mismo modo que: *do it like he does = hazlo como él lo hace.* • *adj.* **11** parecido, semejante, similar: *people of like tastes = gentes de gustos parecidos.* **12** igual, equivalente, análogo: *like poles = polos equivalentes.* • *adv.* **13** probablemente: *like as not, he won't be back till six = probablemente no volverá hasta las seis.* • *s. c.* **14** igual: *he is the like of Dickens = es el igual de Dickens.* **15** similar: *psychology, sociology and the like = psicología, sociología y similares.* ◆ **16 and the likes,** y cosas por el estilo, etcétera. **17 as ~ as two peas (in a pod),** (fam.) como dos gotas de agua. **18 to be of ~ mind,** ser del mismo parecer. **19 I don't feel ~ it,** (fam.) no me apetece, no me da la gana. **20 I like that!,** (euf.) ¡qué desagradable! **21 ~ anything,** (fam.) a más no poder, muchísimo: *he ran like anything = corrió muchísimo.* **22 ~ as not/~ enough,** probablemente. **23 ~ hell,** (fam.) muchísimo, extraordinariamente duro: *he's worked like hell all morning = ha trabajado muchísimo toda la mañana.* **24 ~ it or not/ whether you ~ it or not,** te guste o no te guste. **25 ~ nothing on earth,** (fam.) como no hay cosa igual (de extraño o desagradable). **26 likes and dislikes,** gustos, preferencias. **27 ~ this/that/so,** así: *do it like this = hazlo así.* **28 more ~,** más bien, más cerca de, mejor: *you said fifty dollars, but it's more like sixty = dijiste 50 dólares, pero vale más bien 60.* **29 nothing ~ it,** nada como: *there's nothing like keeping in bed for colds = no hay nada como guardar cama para curar catarros.* **30 something ~,** algo así como, aproximadamente. **31 that's more ~ it,** eso está mejor. **32 the likes of someone** (fam.): *I won't work for the likes of him = no trabajaré con personas como él.* **33 the ~ of which/the likes of which,** (lit.) como nunca antes, sin parangón: *a massacre the like of which man has never seen = una masacre como nunca antes vista.*

-like [laɪk] *adj.* del tipo de, a modo de, como de (según el significado del sustantivo al que va unido el sufijo para formar *adjs.*): *a landscape with a dream-like air = un paisaje de ensueño.*

likeable ['laɪkəbl] *adj.* agradable, simpático, encantador.

likelihood ['laɪklɪhud] *s. i.* **1** probabilidad, posibilidad: *little likelihood of success = pocas posibilidades de éxito.* ◆ **2 in all ~,** con toda probabilidad, muy probablemente.

likely ['laɪklɪ] *adj.* **1** probable, verosímil, posible, esperado: *he's likely to arrive late = es probable que llegue tarde.* **2** realista, verosímil, sensato: *a likely suggestion = una sugerencia sensata.* **3** (brit.) (fam.) formal, prometedor: *likely lads = chicos prometedores.* • *adv.* **4** probablemente: *very likely nobody will come = muy probablemente nadie vendrá.* ◆ **5 a ~ story/tale,** (fam.) una información de poco crédito, un cuento. **6 as ~ as not,** (fam.) probablemente. **7 not ~,** (fam.) seguro que no.

like-minded [,laɪk'maɪndɪd] *adj.* de la misma opinión: *like-minded people = gente de la misma opinión.*

liken ['laɪkən] *v. t.* (lit.) (**to ~ {to}**) comparar con: *life has been likened to a journey = se ha comparado a la vida con un viaje.*

likeness ['laɪknɪs] *s. i.* y *c.* **1** parecido, semejanza, similitud. **2** (p.u.) retrato: *a good likeness of her = un buen retrato de ella.*

likewise ['laɪkwaɪz] *adv.* **1** de igual modo, igual, lo mismo. **2** también, asimismo, además. ◆ **3 to do ~,** hacer lo mismo, seguir el modelo.

liking ['laɪkɪŋ] *s. c.* **1** afición, simpatía, cariño: *my liking for sports = mi afición a los deportes.* ◆ **2 too + *adj.* + for someone's ~,** demasiado (*adj.*) para el gusto de uno: *too sweet for my liking = demasiado dulce para mi gusto.* **3 to one's ~,** del agrado de uno.

lilac ['laɪlək] *s. c.* **1** BOT. lila. • *adj.* **2** lila (color).

Lilliputian [,lɪlɪ'pjuːʃən] *s. c.* y *adj.* **1** (lit.) liliputiense. • *adj.* **2** (fam.) diminuto, muy pequeño, ínfimo.

lilo ['laɪləu] *s. c.* (brit.) (fam.) colchón de playa hinchable.

lilt [lɪlt] *s. c.* **1** ritmo, cadencia (en habla o canto). **2** (fig.) gracia, soltura (de movimiento).

lilting ['lɪltɪŋ] *adj.* **1** rítmico, cadencioso (voz). **2** gracioso, rítmico (movimiento).

lily ['lɪlɪ] *s. c.* **1** BOT. lirio. ◆ **2 to gild the ~,** recargar, tratar de mejorar algo de por sí bonito. **3 ~ of the valley,** BOT. lirio de los valles. **4 water ~,** BOT. nenúfar. **5 white ~,** BOT. lirio blanco, azucena.

lily-livered [,lɪlɪ'lɪvəd] *adj.* (fam.) cobarde, miedoso, retraído.

limb [lɪm] *s. c.* **1** extremidad (pierna, brazo, pata, ala). **2** (lit.) rama (de árbol). ◆ **3 in wind and ~,** (lit.) en todo el cuerpo, totalmente: *to be sound in wind and limb* = *estar totalmente sano.* **4 out on a ~,** (fam.) en situación precaria (por hechos o palabras). **5 to risk life and ~,** poner la vida en grave peligro. **6 to tear someone ~ from ~,** hacer trizas a alguien.

limbed [lɪmd] *adj.* de piernas y brazos (según especifique el *adj.* al que esta palabra va unida): *loose-limbed* = *de brazos y piernas ágiles y elásticos.*

limber ['lɪmbər] *adj.* **1** (lit.) ágil, flexible, elástico: *limber legs* = *piernas flexibles.* ● *v. i.* **2** (**to ~ up**), entrenar, ejercitar los músculos: *to limber up for a race* = *entrenar para una carrera.*

limbo ['lɪmbəu] *s. c.* **1 to be in ~,** quedar a la expectativa. **2** limbo (danza india). **3** REL. limbo.

lime [laɪm] *s. c.* **1** lima (fruta). **2** BOT. limero (árbol). ● *s. i.* **3** zumo de lima. **4** QUÍM. cal. ● *v. t.* **5** encalar, fertilizar (campos para regular su acidez). ◆ **6 slaked ~,** cal apagada.

lime-green ['laɪmgri:n] *s. i.* y *adj.* verde lima.

lime-juice ['laɪmdʒu:s] *s. i.* zumo de lima.

limelight ['laɪmlaɪt] *s. i.* **1** luz, alumbrado (de carburo). **2** centro, foco (de atención). ◆ **3 to be fond of the ~,** estar ávido de publicidad. **4 to be in the ~,** ser el centro de atención.

limerick ['lɪmərɪk] *s. c.* quintilla absurda y humorística.

limestone ['laɪmstəun] *s. i.* GEOL. piedra caliza.

limey ['laɪmɪ] *s. c.* (EE UU) (desp.) británico.

limit ['lɪmɪt] *s. c.* **1** límite, confín, término (geográfico, temporal, de la paciencia, de la seguridad, en apuestas, etc.). **2 the ~,** colmo, lo último: *that was really the limit* = *aquello fue realmente el colmo.* ● *v. t.* **3** limitar, restringir, reducir: *to limit one's spending* = *limitar los gastos.* ◆ **4 to be the ~,** ser el colmo. **5 off limits (of),** (EE UU) más allá de los límites (de lo permitido o autorizado). **6 the sky is the ~,** sin restricciones, todo vale. **7 within limits, a)** dentro de los limites de lo razonable. **b)** hasta cierto punto.

limitation [,lɪmɪ'teɪʃn] *s. c.* limitación, restricción: *we all have our limitations* = *todos tenemos nuestras limitaciones.*

limited ['lɪmɪtɪd] *adj.* **1** limitado, reducido, restringido: *limited resources* = *recursos limitados.* ◆ **2 ~ edition,** edición de tirada limitada. **3 ~ liability company,** COM. sociedad de responsabilidad limitada. **4 ~ monarchy,** monarquía constitucional.

limiting ['lɪmɪtɪŋ] *adj.* limitativo, restrictivo.

limitless ['lɪmɪtlɪs] *adj.* ilimitado, sin límites.

limousine ['lɪməzi:n] *s. c.* limusina, coche de representación.

limp [lɪmp] *v. i.* **1** cojear, renquear. **2** ser irregular o desequilibrado (discurso, música, poesía, etc.) ● *s. c.* **3** cojera. ● *adj.* **4** flojo, fláccido, mustio, débil.

limpet ['lɪmpɪt] *s. c.* **1** ZOOL. lapa. ◆ **2 to cling like a ~,** pegarse como una lapa.

limpid ['lɪmpɪd] *adj.* (lit.) límpido, claro, transparente.

limpidity [lɪm'pɪdɪtɪ] *s. i.* (lit.) claridad, transparencia, diafanidad.

limply ['lɪmplɪ] *adv.* débilmente, fláccidamente.

linchpin ['lɪntʃpɪn] *s. c.* **1** (fig.) pieza clave, aglutinante: *the linchpin of the economic policy* = *la pieza clave de la política económica.* **2** MEC. pezonera.

linctus ['lɪŋktəs] *s. i.* (brit.) jarabe anticatarral.

linden ['lɪndən] *s. c.* BOT. tilo, limero.

line [laɪn] *s. c.* **1** línea. **2** línea de meta. **3** frontera, divisoria. **4** dirección, trayectoria: *a ball's line of flight* = *la trayectoria de una pelota.* **5** fila: *the soldiers were standing in line* = *los soldados formaban en fila.* **6** generación, familia: *a long line of musicians* = *una larga generación de músicos.* **7** renglón, línea: *ten words to a line* = *diez palabras por línea.* **8** verso (de un poema). **9** arruga (de la piel): *a face covered with lines* = *una cara llena de arrugas.* **10** contorno, línea externa: *the fine lines of a cruise liner* = *la bella línea de un barco deportivo.* **11** cuerda (de tender ropa). **12** sedal, hilo (de pescar). **13** tendido (telefónico o eléctrico): *the lines were damaged by a storm* = *el tendido quedó averiado por una tormenta.* **14** línea, comunicación (telefónica): *the line is engaged* = *la línea está ocupada.* **15** (fam.) carta, (unas) líneas: *drop us a line when you arrive* = *escríbenos unas líneas a la llegada.* **16** línea, medio de transporte (suministrado por una compañía): *shipping line* = *línea de transporte por barco.* **17** cadena (de producción o montaje): *an assembly line* = *una cadena de montaje.* **18** vía, línea (de argumentación, información, investigación, etc.). **19** (fam.) área, línea (de interés o actividad): *what line of business does he work in?* = *¿en qué área de negocios trabaja?* **20** diseño, línea: *a new line of handbags* = *una nueva línea de bolsos.* **21** (fig.) facilidad, gracia, destreza: *a good line in funny stories* = *facilidad para contar historias divertidas.* **22** (fam.) impresión, idea (falsa): *to give the line that...* = *dar la falsa impresión de...* **23** GEOG. ecuador. **24** MIL. frente, línea (que divide dos ejércitos): *behind the enemy lines* = *detrás del frente enemigo.* **25** MIL. (brit.) fuerza de infantería: *a line regiment* = *regimiento de infantería.* **26** MIL. (EE UU) fuerzas de combate (en conjunto). ● *v. t.* **27** trazar líneas en, rayar: *lined paper* = *papel rayado.* **28** marcar con líneas o arrugas, arrugar (el rostro): *age had lined his face* = *la edad le había arrugado el rostro.* **29** alinearse, estar en línea: *trees line the avenues* = *los árboles se alinean en las avenidas.* **30** (**to ~** {**with**}) revestir, forrar: *to line a coat with silk* = *forrar de seda una chaqueta.* **31** enriquecerse, llenarse (el bolsillo), atiborrarse, llenarse (el estómago). ◆ **32 a ~ on,** información de buena fuente. **33 all along the ~,** desde el principio. **34 to be in ~ for,** tener muchas posibilidades de (conseguir un empleo, promoción, etc.). **35 to be in ~ with, a)** estar al mismo nivel de. **b)** estar de acuerdo con. **36 to be on the right lines,** seguir un método acertado. **37 to bring someone into ~ with,** poner a alguien de acuerdo con. **38 down the line,** (EE UU) (fam.) completamente, sin reservas: *they supported her down the line* = *la apoyaron sin reservas.* **39 to draw the ~ (at),** fijar los límites. **40 to follow the party ~,** seguir la política impuesta por el partido. **41 hard lines!,** ¡qué mala suerte! **42 hold in ~,** no cuelgue (el teléfono). **43 in the ~ of duty/service,** en el cumplimiento del deber. **44 to lay down the broad lines,** trazar las grandes líneas. **45 to lay it on the ~,** hablar con franqueza. **46 to keep someone in ~,** mantener bajo control (a miembros de un grupo o partido). **47 ~ drawing,** dibujo lineal. **48 ~ manager,** jefe inmediato, supervisor de línea. **49 ~ of battle,** MIL. orden de combate. **50 ~ of fire,** línea de fuego. **51 ~ of sight/vision,** línea de visión. **52 to ~ one's pocket/purse,** (fam.) forrarse (con dinero no bien visto). **53 ~ printer,** INF. impresora de línea. **54 lines, a)** línea de ferrocarril, raíles, vías: *don't cross the lines* = *no crucen las vías.* **b)** papel, texto (de un actor): *the actor wasn't sure of his lines* = *el actor no se sabía bien su papel.* **55 to ~ someone/something up, a)** alinear, poner en fila. **b)** (fam.) organizar, montar (espectáculos). **c)** contratar (para un espectáculo ocasional): *they've lined up the best tenor* = *han contratado al mejor tenor.* **56 out of ~ (with someone/something), a)** estar fuera de línea. **b)** ser diferente (y menos competitivo). **57 to read between the lines,** leer entre líneas. **58 to shoot a ~,** exagerar, fanfarronear. **59 to sign on the dotted ~,** (fig.)

aprobar a ciegas. **60 to stand in ~,** hacer cola. **61 to step out of ~,** escapar al control. **62 to take a tough/hard ~ with,** emplear mano dura con. **63 to toe the ~,** acatar la disciplina (de un grupo o partido).

lineage ['laɪnɪdʒ] *s. i.* número de líneas, extensión (de un escrito o texto).

lineage ['lɪnɪɪdʒ] *s. c.* (lit.) linaje, ascendencia, dinastía, casta, alcurnia.

lineal ['lɪnɪəl] *adj.* (lit.) lineal, en línea directa, hereditario.

lineally ['lɪnɪəlɪ] *adv.* (lit.) linealmente, directamente (en la ascendencia o descendencia).

lineament ['lɪnɪəmənt] *s. c.* **1** (lit.) corte, línea, configuración, rasgos (de la cara). **2** rasgos, cualidad específica.

linear ['lɪnɪər] *adj.* **1** lineal, compuesto de líneas: *a linear design = un diseño lineal.* **2** de longitud, longitudinal: *linear measurements = medidas de longitud.* ◆ **3 ~ equation,** MAT. ecuación de primer grado. **4 ~ programming,** programación lineal.

linearity [,lɪnɪ'ærɪtɪ] *s. i.* MAT. linealidad.

lined [laɪnd] *adj.* **1** arrugado (de cara). **2** pautado (papel).

linen ['lɪnɪn] *s. i.* **1** lino, tejido de lino. **2** ropa doméstica: *bed linen = ropa de cama.* **3** (arc.) ropa interior. ◆ **4 to wash one's dirty ~ in public, a)** ventilar asuntos privados en público. **b)** sacar a relucir los trapos sucios.

liner ['laɪnər] *s. c.* **1** transatlántico. **2** forro, revestimiento. **3** bolsa de plástico (para depositar la basura).

linesman ['laɪnzmən] (*pl. irreg.* **linesmen**) *s. c.* **1** cuidador, reparador del tendido (eléctrico o telefónico). **2** guardavía (del ferrocarril). **3** DEP. juez de línea, linier.

linesmen ['laɪnzmən] *pl. irreg.* de **linesman.**

line-up ['laɪnʌp] *s. c.* **1** (EE UU) cola, fila (de gente en espera). **2** rueda de sospechosos (para su identificación por testigos). **3** DEP. formación, selección, equipo.

ling [lɪŋ] (*pl.* **ling** o **lings**) *s. i.* **1** BOT. brezo común. ● *s. c.* **2** ZOOL. molva (pez).

linger ['lɪŋgər] *v. i.* **1** persistir, subsistir, continuar (tradición, ideas, sentimientos, etc.). **2** quedarse, retrasarse, rezagarse. **3** alargar el tiempo (dedicado a una actividad). **4** prolongar (agonía).

lingerer ['lɪŋgərər] *s. c.* rezagado.

lingerie ['lænʒərɪ] *s. i.* ropa interior femenina, lencería.

lingering ['lɪŋgərɪŋ] *adj.* lento, rezagado, persistente, último.

lingeringly ['lɪŋgərɪŋlɪ] *adv.* rezagadamente, persistentemente.

lingo ['lɪŋgəʊ] *s. c.* **1** (fam.) lengua, idioma (extranjero, extraño). **2** jerga.

lingua franca [,lɪŋgwə'fræŋkə] *s. c.* (lit.) lengua franca (empleada por hablantes de distintas lenguas para entenderse).

linguist ['lɪŋgwɪst] *s. c.* lingüista.

linguistic [lɪŋ'gwɪstɪk] *adj.* lingüístico.

linguistically [lɪŋ'gwɪstɪklɪ] *adv.* lingüísticamente, desde el punto de vista lingüístico.

linguistics [lɪŋ'gwɪstɪks] *s. i.* lingüística.

liniment ['lɪnɪmənt] *s. i.* linimento.

lining ['laɪnɪŋ] *s. c.* forro, revestimiento, refuerzo.

link [lɪŋk] *s. c.* **1** eslabón. **2** conexión, enlace, vínculo. ● *v. t.* **3** unir, enlazar, conectar. ● *v. i.* **4** (**to ~** {**with**}) unirse, conectarse a. ◆ **5 cuff links,** gemelos (de camisa). **6 links,** campo de golf. **7 to ~ up,** conectar, enlazar. **8 the missing ~,** el eslabón perdido (en la cadena evolutiva entre el mono y el hombre).

linkage ['lɪŋkɪdʒ] *s. c.* **1** unión, conexión, relación. **2** compromiso, concierto (entre países o naciones).

linked [lɪŋkt] *adj.* conectado, enlazado, ligado, vinculado.

linkman ['lɪŋkmən] (*pl. irreg.* **linkmen**) *s. c.* TV. enlace, introductor, presentador (de los distintos componentes de un programa de radio o televisión).

linkmen ['lɪŋkmən] *pl. irreg.* de **linkman.**

link-up ['lɪŋkʌp] *s. c.* conexión, unión (entre cosas o partes alejadas): *a TV link-up between Spain and Latin America = un programa de TV con conexiones entre España y Latinoamérica.*

linnet ['lɪnɪt] *s. c.* ZOOL. pardillo, jilguero.

lino ['laɪnəʊ] *s. i.* (fam.) linóleo.

linoleum [lɪ'nəʊljəm] *s. i.* linóleo.

linseed ['lɪnsiːd] *s. i.* **1** linaza. ◆ **2 ~ oil,** aceite de linaza.

lint [lɪnt] *s. i.* **1** gasa, hilas (para cubrir heridas): *lint bandage = vendaje de gasa.* **2** pelusa, tamo.

lintel ['lɪntl] *s. c.* dintel.

lion ['laɪən] *s. c.* **1** ZOOL. león. **2** (fig.) famoso, bravo, valiente, celebrado: *a literary lion = un escritor famoso.* ◆ **3 to fight like a ~,** luchar como un león, bravamente. **4 the lion's share,** la parte del león, la parte mejor o más importante.

lioness ['laɪənɪs] *s. c.* ZOOL. leona.

lion-hearted [,laɪən'hɑːtɪd] *adj.* valiente, de corazón valeroso.

lionize ['laɪənaɪz] (también **lionise**) *v. t.* agasajar (a las celebridades).

lip [lɪp] *s. c.* **1** labio. **2** borde, reborde, saliente (vasos, vasijas, etc.). **3** (fam.) insolencia, impertinencia, grosería: *no more lip from you = basta de impertinencias.* ◆ **4 to bite one's ~,** morderse la lengua, guardarse la rabia o disgusto. **5 to keep a stiff upper ~,** actuar con decisión. **6 my lips are sealed,** no diré una palabra, seré como una tumba. **7 on everyone's lips/on every ~,** en boca de todos, todo el mundo habla de ello.

liposuction ['lɪpəsʌkʃn] *s. i.* liposucción.

lipped [lɪpt] *adj.* de labios, con labios... (según el significado del *adj.* al que este sufijo adjetival va unido): *thin-lipped = de labios finos; tight-lipped = con los labios apretados.*

lip-read ['lɪpriːd] *v. t.* e *i.* leer los labios (propio de sordos).

lip-reading ['lɪpriːdɪŋ] *s. i.* lectura labial.

lip-service ['lɪpsəːvɪs] *s. i.* (desp.) palabras (sin intención de cumplir), hablar de boquilla: *he's just paying lip-service to the unions = está de acuerdo con los sindicatos sólo de boquilla.*

lipstick ['lɪpstɪk] *s. c.* **1** pintura de labios. **2** barra de labios.

liquefy ['lɪkwɪfaɪ] *v. t.* e *i.* licuar, licuarse.

liquescent [lɪ'kwesnt] *adj.* que se hace líquido.

liqueur [lɪ'kjuər] *s. i.* licor.

liquid ['lɪkwɪd] *s. i.* **1** líquido. ● *s. c.* **2** FON. consonante líquida. ● *adj.* **3** líquido: *liquid soap = jabón líquido.* **4** (lit.) claro, transparente, brillante (ojos): *she has liquid eyes = tiene ojos claros.* **5** claro, fluido (sonido). **6** ECON. líquido: *liquid cash = dinero líquido.* ◆ **7 ~ assets,** ECON. activo (líquido). **8 ~ crystal display,** pantalla de cristal líquido. **9 ~ lunch,** (euf.) comida abundante en bebidas alcohólicas.

liquidate ['lɪkwɪdeɪt] *v. t.* **1** liquidar, matar, eliminar, deshacerse de. **2** COM. cerrar (empresas o negocios). **3** COM. liquidar, saldar (deudas).

liquidation [,lɪkwɪ'deɪʃn] *s. c.* **1** eliminación, aplastamiento. **2** COM. liquidación.

liquidator ['lɪkwɪdeɪtər] *s. c.* COM. liquidador.

liquidity [lɪ'kwɪdɪtɪ] *s. i.* ECON. liquidez.

liquidize ['lɪkwɪdaɪz] (también **liquidise**) *v. t.* licuar (frutas, verduras, etc.).

liquidizer ['lɪkwɪdaɪzər] *s. c.* licuadora.

liquor ['lɪkər] *s. i.* **1** (brit.) licor (cualquier bebida alcohólica). **2** (EE UU) licor (bebida alcohólica de alta graduación). **3** (p.u.) jugo (de carne frita o asada).

liquorice ['lɪkərɪs] (en EE UU **licorice**) *s. i.* **1** regaliz. **2** BOT. orozuz, regaliz (planta).

lira ['lɪərə] (*pl.* **lire** o **liras**) *s. c.* FIN. lira (moneda italiana).

lire *pl.* de **lira.**

lisle [laɪl] *s. i.* hilo de Escocia.

lisp [lɪsp] *s. c.* **1** ceceo. **2** balbuceo. ● *v. t.* e *i.* **3** cecear. **4** balbucear.

lispingly ['lɪspɪŋlɪ] *adv.* con un ceceo (en el habla).

lissom ['lɪsəm] *adj.* ágil, ligero, grácil.

lissomness ['lɪsəmnɪs] *s. i.* agilidad, ligereza, gracia (en los movimientos).

list [lɪst] *s. c.* **1** lista, relación, catálogo: *shopping list = lista de la compra.* **2** inclinación, posición inclinada. ● *v. t.* **3** hacer una lista de, poner en lista, inscribir, catalogar: *he listed the books = catalogó los libros.* ● *v. i.* **4** inclinarse, escorarse, vencerse hacia un lado (especialmente barcos). **5** (arc.) desear. **6** (arc.) escuchar, oír. ◆

7 to enter the lists, (lit.) ser admitido a una competición. **8** ~ **price,** COM. precio de tarifa u oficial. **9 on the danger** ~**,** (fam.) muy enfermo, cercano a la muerte.

listed ['lɪstɪd] *adj.* **1** incluido en lista, catalogado, clasificado. ♦ **2 a** ~ **building,** (brit.) edificio protegido (por su valor histórico o arquitectónico).

listen ['lɪsn] *v. i.* **1** escuchar, atender, prestar atención: *listen to me = escúchenme.* **2** dejarse persuadir: *I never listen to publicity = nunca me dejo persuadir por la publicidad.* **3** enterarse, prestar oídos: *I told him but he wouldn't listen = se lo dije pero no quiso enterarse.* • *s. c.* **4** (fam.) atención, oído, audición: *have a listen to this new record = escucha este nuevo disco.* ♦ **5 to** ~ **for something,** prestar atención a algo, advertir algo: *listen for the change of rhythm = advierte el cambio de ritmo.* **6 to** ~ **in (on/to), a)** escuchar por la radio: *to listen in to the news = escuchar las noticias por la radio.* **b)** espiar, controlar (conversaciones): *they are listening in on his phone calls = le están controlando las llamadas.* **7 to** ~ **out (for),** (fam.) estar al tanto (para oír algo imprevisto): *listen out for the phone while I'm in the bath = estáte al tanto del teléfono mientras estoy en el baño.*

listener ['lɪsnər] *s. c.* oyente, radioyente.

listing ['lɪstɪŋ] *s. c.* **1** lista, listado. **2** FIN. cotización.

listless ['lɪstlɪs] *adj.* lánguido, decaído, apático, indiferente.

listlessly ['lɪstlɪslɪ] *adv.* lánguidamente, débilmente, sin energía.

listlessness ['lɪstlɪsnɪs] *s. i.* indiferencia, languidez, desgana.

lit [lɪt] *pret.* y *p. p. irreg.* de **light.**

litany ['lɪtənɪ] *s. c.* **1** (fig.) letanía, lista (larga y aburrida): *a litany of complaints = una letanía de quejas.* **2** REL. letanía, serie de oraciones.

liter *s. c.* ⇒ **litre.**

literacy ['lɪtərəsɪ] *s. i.* **1** capacidad de leer y escribir. ♦ **2** ~ **campaign,** campaña de alfabetización.

literal ['lɪtərəl] *adj.* **1** literal: *literal sense of a word = sentido literal de una palabra.* **2** (desp.) literal, prosaico, carente de creatividad o imaginación: *a rather too literal interpretation = una interpretación carente de creatividad.*

literally ['lɪtərəlɪ] *adv.* **1** literalmente, al pie de la letra: *most idioms are hard to translate literally = es difícil traducir las expresiones idiomáticas literalmente.* **2** (fam.) literalmente, materialmente, absolutamente: *it was literally impossible to work = era materialmente imposible trabajar.* ♦ **3 to take something** ~**,** tomar algo al pie de la letra.

literalness ['lɪtərəlnɪs] *s. i.* literalidad, exactitud (en escritos).

literary ['lɪtərərɪ] *adj.* literario: *a literary hero = un héroe literario.*

literate ['lɪtərət] *adj.* **1** que sabe leer y escribir. **2** culto, instruido.

literati [,lɪtə'rɑːtiː] *s. c.* (lit.) eruditos, personas de amplios conocimientos literarios.

literature ['lɪtrətʃər ‖ 'lɪtrəltʃuər] *s. i.* **1** literatura (escritos literarios). **2** información, documentación, literatura (sobre una disciplina o campo específico): *scientific literature = documentación científica.* **3** folletos, material escrito (de propaganda o publicidad).

lithe [laɪð] *adj.* ligero, grácil, elástico, flexible (persona o animal).

lithium ['lɪθɪəm] *s. i.* QUÍM. litio.

lithograph ['lɪθəgrɑːf] *s. c.* **1** litografía. • *v. t.* **2** litografiar.

lithographic [,lɪθə'græfɪk] *adj.* litográfico.

lithography [lɪ'θɒgrəfɪ] *s. i.* litografía (forma, proceso de impresión).

Lithuania [,lɪθjuː'eɪnjə] *s. i.* Lituania.

Lithuanian [,lɪθjuː'eɪnjən] *s. c.* y *adj.* lituano.

litigant ['lɪtɪgənt] *s. c.* DER. litigante.

litigation [,lɪtɪ'geɪʃn] *s. c.* e *i.* DER. litigio, pleito.

litigious [lɪ'tɪdʒəs] *adj.* DER. litigioso, pleitista.

litmus ['lɪtməs] *s. i.* **1** tornasol. ♦ **2** ~ **paper,** papel de tornasol. **3** ~ **test,** prueba simple y efectiva.

litre ['liːtər] (en EE UU **liter**) *s. c.* litro.

litter ['lɪtər] *s. i.* **1** basura, desperdicios, papeles. **2** desorden, cosas desordenadas: *a litter of papers and books = un desorden de libros y papeles.* **3** cama, lecho de paja (de animales). • *s. c.* **4** camada. **5** camilla (para transporte de heridos). **6** (arc.) litera (para transporte de personas notables). • *v. t.* **7** ensuciar, desordenar, esparcir, tirar (basura o desperdicios): *to litter the streets = ensuciar la calle.* **8** andar rodando, estar esparcido, estar tirado: *books littered the room = los libros estaban tirados por la habitación.* **9** cubrir, llenar (de cosas desordenadas): *his desk was littered with papers = su mesa estaba cubierta de papeles.* **10** acostar (animales). • *v. i.* **11** parir (animales). ♦ **12** ~ **bin,** papelera (en la calle). **13** ~ **lout,** (brit.) persona que ensucia lugares públicos.

litterbug ['lɪtə,bʌg] *s. c.* (EE UU) persona que ensucia lugares públicos.

little ['lɪtl] *adj.* **1** pequeño (con cierto matiz de afecto): *a little present = un regalito; a little house in the country = una casita en el campo.* **2** corto, poco (tiempo): *he stayed for a little while = se quedó un rato.* **3** menor, más joven: *my little brother = mi hermano menor.* **4** pequeño, intrascendente, insignificante, trivial: *the little things of everyday life = las pequeñas cosas de la vida diaria.* **5** poco, insuficiente: *we have very little money left = nos queda muy poco dinero.* **6** un poco de, algo: *add a little sugar = añada un poco de azúcar.* • *pron.* **7** poco, no mucho, insuficiente: *they see very little of their children = ven muy poco a sus hijos.* **8** un poco, algo: *give me a little more = déme un poco más.* **9** un poco, un rato: *he came back after a little = regresó un poco después.* • *adv.* **10** poco: *the book is little known = el libro es poco conocido.* **11** (form.) poco, nada, en absoluto: *little did we know of his coming = no sabíamos nada de su llegada.* **12** poco, raramente: *they go out very little = salen muy raramente.* ♦ **13 a** ~ **bit,** (fam.) un poco. **14 every** ~ **helps,** aun lo más pequeño tiene su importancia. **15** ~ **by** ~**,** poco a poco, gradualmente. **16** ~ **finger,** dedo meñique. **17** ~ **if any,** muy poco. **18** ~ **or nothing,** casi nada. **19** ~ **people,** duendes, hadas. **20 to make** ~ **of, a)** restar importancia a. **b)** no alcanzar a entender.

OBS. Uno de los significados más frecuentes de **little** es "pequeño", con el matiz afectivo que en español queda expresado con las formas diminutivas de los sustantivos, como se indica en **1**.

littoral ['lɪtərəl] *s. c.* y *adj.* (lit.) litoral, costa.

liturgical [lɪ'təːdʒɪkl] *adj.* litúrgico.

liturgically [lɪ'təːdʒɪklɪ] *adv.* litúrgicamente.

liturgy ['lɪtədʒɪ] *s. c.* e *i.* liturgia.

live [lɪv] *v. i.* **1** vivir, existir: *we need water to live = necesitamos el agua para vivir.* **2** vivir, persistir, perdurar: *his work will live = su obra perdurará.* **3** vivir, residir, morar: *where do you live? = ¿dónde vives?* **4 (to** ~ **by/on)** alimentarse de, vivir de: *sheep live on grass = las ovejas se alimentan de hierba.* **5** vivir, llevar una vida determinada: *he lived alone all his life = vivió solo toda su vida.* **6** vivir, disfrutar de la vida: *he's never really lived = nunca ha disfrutado de la vida.* **7** (fig.) guardar, poner (una cosa en su lugar habitual): *where does this knife live? = ¿dónde se guarda este cuchillo?* • *v. t.* **8** vivir, revivir (experiencias): *the child lived the film = el niño vivía la película.* • [laɪv] *adj.* **9** vivo, viviente: *a live snake = una serpiente viva.* **10** en directo, en vivo (retransmisiones audiovisuales): *live pictures of man on the moon = imágenes en directo del hombre en la luna.* **11** en persona, en directo (espectáculos): *Pavarotti live in concert = concierto de Pavarotti en directo.* **12** candente, de interés, importante: *nuclear armament is still a live issue = el armamento nuclear es todavía un tema candente.* **13** encendido, ardiendo: *a live match = un fósforo encendido.* **14** activado, cargado, sin explotar (munición). **15** conectado, con corriente (material electrónico). • [laɪv] *adv.* **16** en directo: *the speech was broadcast live on the radio = el discurso fue radiado en directo.* ♦ **17 a** ~ **wire,** (fig.) persona viva y activa. **18 a real** ~ **...,** de verdad: *a real live lion = un león de verdad.* **19 to** ~ **a lie,** vivir en la mentira. **20 to ~ and learn,** vivir para ver. **21 to ~ and let ~,** vivir y dejar vivir. **22 to ~ beyond one's means,** vivir por encima de las posibilidades de uno. **23 to ~ by/on one's wits,** vivir del cuento, vivir de recursos dudosos. **24 to ~ by something, a)** vivir o alimentarse de algo. **b)** vivir conforme a (normas). **25 to ~ for,** vivir para, dedicarse por entero a: *he only lives for his work = sólo vive para su trabajo.* **26 to ~ from hand to mouth,** vivir al día. **27 to ~ in,** vivir interno (personal de servicio). **28 to ~ in sin,** (arc.) vivir en pecado, vivir amancebado. **29 to ~ it up,** (fam.) gozar de la vida al máximo. **30 to ~ like fighting cocks,** disfrutar los mejores manjares. **31 to ~ off/on the fat of the land,** disfrutar lo mejor de la vida. **32 to ~ off someone/something,** vivir de/a costa de: *he lives off his parents = vive de sus padres.* **33 to ~ off the land,** vivir de productos naturales. **34 to ~ on,** perdurar, sobrevivir: *his memory will live on = su recuerdo perdurará.* **35 to ~ on borrowed time,** continuar vivo más allá de los pronósticos. **36 to ~ out, a)** vivir hasta: *he won't live out the week = no vivirá hasta el final de la semana.* **b)** vivir externo (personal doméstico). **37 to ~ out something,** hacer realidad (sueños, ambiciones). **38 to ~ rough,** vivir sin techo. **39 to ~ through,** sobrevivir, sobreponerse a: *he lived through the famine = sobrevivió al hambre.* **40 to ~ together,** vivir juntos (sin estar casados). **41 to ~ up to something,** estar a la altura de, responder a lo esperado. **42 to ~ within one's means,** vivir de acuerdo con las posibilidades de uno. **43 to ~ with someone/something, a)** vivir con alguien (sin estar casado). **b)** soportar, aceptar (situaciones desagradables): *you have to live with it = hay que aceptarlo.*

liveable ['lɪvəbl] (también **livable**) *adj.* sufrible, soportable.

liveable-in ['lɪvəbəlɪn] (también **livable-in**) *adj.* habitable.

liveable-with ['lɪvəbəlwɪð] (también **livable-with**) *adj.* tratable, agradable (que se puede vivir con esa persona).

live-in ['lɪvɪn] *adj.* (fam.) interno: *live-in servant = sirviente interno.*

livelihood ['laɪvlɪhud] *s. c.* medio de subsistencia, sustento.

liveliness ['laɪvlɪnɪs] *s. i.* vida, viveza, vivacidad, energía, vigor.

livelong ['lɪvlɒŋ ‖ 'lɔːŋ] *adj.* (lit.) **1** todo, todo a lo largo (del día, de la noche). ◆ **2 all the ~ day,** todo el santo día.

lively ['laɪvlɪ] *adj.* **1** vivo, animado, vigoroso: *a lively girl = una chica animada.* **2** vivo, sorprendente: *a lively imagination = una imaginación sorprendente.* **3** movido, alegre, divertido: *a lively party = una fiesta divertida.* **4** vivo, brillante (color). **5** enérgico, vigoroso (esfuerzo, discurso, campaña, etc.). **6** agitado, revuelto (el mar). ◆ **7 to look ~,** darse prisa, aligerar. **8 to make it/things ~ for someone,** (hum.) poner una trampa a alguien.

liven up ['laɪvnʌp] *v. t.* e *i.* **1** animar(se), alegrar(se): *do liven up a bit = anímate un poco.* ◆ **2 to liven someone /something up,** hacer que alguien o algo se anime.

liver ['lɪvər] *s. c.* e *i.* **1** ANAT. hígado. **2** hígado (como alimento). ● *s. c.* **3** persona (de un determinado modo de vida): *a quiet liver = persona de vida tranquila.* ◆ **4 ~ sausage** (en EE UU **liverwurst**), embutido de hígado.

liveried ['lɪvərɪd] *adj.* uniformado, de librea.

liverish ['lɪvərɪʃ] *adj.* **1** enfermo del hígado: *to feel liverish = sentirse enfermo del hígado.* **2** irritable, irascible.

livery ['lɪvərɪ] *s. c.* e *i.* **1** uniforme, librea: *a servant in livery = un sirviente uniformado.* **2** vestimenta (de los gremios de Londres). ◆ **3 ~ company,** gremio de Londres con su uniforme. **4 liveryman, a)** componente uniformado de un gremio. **b)** caballerizo, empleado de caballerizas de alquiler. **5 ~ stable,** caballeriza de alquiler.

lives [laɪvz] *s. pl.* ⇒ **life.**

livestock ['laɪvstɒk] *s. i.* ganado, ganadería, cabaña.

livid ['lɪvɪd] *adj.* **1** lívido, amoratado: *livid bruises = contusiones amoratadas.* **2** (fam.) furioso, fuera de sí: *when he found out, he was livid with rage = cuando se enteró, se puso furioso.*

living ['lɪvɪŋ] *adj.* **1** vivo, viviente: *the finest living tenor = el mejor tenor vivo.* **2** vivo, en uso, activo: *living languages = lenguas vivas.* ● *s. c.* e *i.* **3** vida, medio de vida: *he earns his living from writing = se gana la vida escribiendo.* **4** forma de vida, vivir: *to understand the art of living = saber vivir.* **5** REL. beneficio, provisión de sustento (de clérigos). ◆ **6 a ~ legend,** una leyenda viviente (persona muy famosa en vida). **7 to be ~ proof of something,** ser la prueba viviente de algo. **8 in the land of the ~,** (hum.) vivo. **9 ~ death,** muerte en vida, vida de continua miseria. **10 ~ image,** la viva imagen, exactamente igual. **11 ~ quarters,** alojamiento. **12 ~ standard,** medio o tren de vida. **13 ~ wage,** salario de subsistencia. **14 to scrape a ~,** ganarse la vida con dificultad. **15 the ~,** los vivos. **16 within/in ~ memory,** que se recuerde, hasta donde alcanza el recuerdo de los vivos: *the coldest winter within living memory = el invierno más frío que se recuerde.*

living-room ['lɪvɪŋrum] *s. c.* salón; cuarto o sala de estar.

lizard ['lɪzəd] *s. c.* ZOOL. lagarto, lagartija.

llama ['lɑːmə] *s. c.* ZOOL. llama.

lo [ləu] *interj.* **1** (arc.) ¡ojo!, ¡mira!, ¡atención! ◆ **2 ~ and behold,** (fam.) hete aquí, mira por dónde.

load [ləud] *s. c.* **1** carga, peso: *he couldn't carry such a heavy load = no podía llevar una carga tan pesada.* **2** cantidad de carga (transportada por un vehículo). **3** carga, cantidad de trabajo (a realizar según un horario o programa): *teaching load = carga docente.* **4** peso, carga (a soportar por una estructura, puente, etc.). **5** (fig.) peso, responsabilidad, preocupación: *the heavy load of guilt = el gran peso de la culpa.* **6** FÍS. fuerza (de una fuente de energía). ● *v. i.* **7** cargar. **8** recibir carga: *the boat is still loading = el barco está aún recibiendo carga.* ● *v. t.* **9** (**to ~ (up) with**) cargar de: *to load a lorry (up) with bricks = cargar un camión de ladrillos.* **10** (**to ~ {into}**) cargar (armas, cámaras de fotografías), poner (munición, carrete, etc.): *to load a new film into the camera = poner carrete nuevo en la cámara.* **11** INF. cargar, pasar, transferir (datos, un programa, etc. a la memoria de un ordenador). ◆ **12 a ~/loads of,** (fam.) gran cantidad de, montones de: *she's got loads of money = tiene montones de dinero.* **13 a ~ of (old) rubbish,** (fam.) una basura, no vale nada: *that book is a load of old rubbish = ese libro no vale nada.* **14 a ~ off someone's mind,** peso que uno se quita de encima. **15 get a ~ of this!** (fam.) ¡mira!, ¡fíjate en eso! **16 -load,** cantidad de carga (determinada por la primera parte del compuesto): *two lorry-loads of sand = dos camiones de arena.* **17 to ~ someone down with, a)** agobiar a alguien con: *he was loaded down with worries = estaba agobiado con sus preocupaciones.* **b)** cargar a alguien con: *he was loaded down with shopping = iba cargado hasta los topes de compras.* **18 to ~ someone with honours/presents, etc.,** colmar a alguien de honores, regalos, obsequios, etc.

loaded ['ləudɪd] *adj.* **1** cargado: *a loaded gun = una escopeta cargada.* **2** reforzado, preparado (como arma contundente): *a loaded stick = un bastón reforzado.* **3** (fam.) forrado (de dinero). ◆ **4 a ~ question,** una pregunta capciosa. **5 the dice are ~ (against someone),** tener los hados en contra, tener mala suerte.

loading ['ləudɪŋ] *s. c.* e *i.* **1** COM. recargo, pago adicional, sobreprima (en pólizas de seguro por riesgo especial). **2** carga (de mercancías): *loading and unloading = carga y descarga.*

load-shedding ['ləud,ʃedɪŋ] *s. i.* corte de energía eléctrica (por sobrecarga).

loadstar ['ləudstɑːr] *s. c.* ⇒ **lodestar.**

loadstone ['ləudstəun] *s. c.* e *i.* ⇒ **lodestone.**

loaf [ləuf] (*pl. irreg.* **loaves**) *s. c.* **1** barra, pistola, hogaza (de pan). ● *v. i.* **2** (**to ~ {around}**) (fam.) holgazanear, gandulear, haraganear. ◆ **3 half a ~ is better than none/no bread,** (fam.) a falta de pan, buenas son tortas. **4 ~**

sugar, azúcar en terrones. **5 use your ~,** (brit.) (fam.) recapacita, usa la cabeza.

loafer ['ləʊfər] *s. c.* **1** holgazán, vago, gandul, haragán. **2** (EE UU) zapato mocasín.

loam [ləʊm] *s. i.* GEOL. marga.

loamy ['ləʊmɪ] *adj.* margoso (arcilloso y con plantas en descomposición).

loan [ləʊn] *s. c.* **1** préstamo (de dinero, principalmente): *a bank loan = un préstamo bancario.* **2** préstamo, permiso (para usar una cosa): *he asked his father for the loan of his car = pidió permiso a su padre para usar su coche.* • *v. t.* **3** (EE UU) prestar, dejar: *can you loan me your bike? = ¿me dejas tu bici?* **4** ceder, prestar (objetos de gran valor por tiempo determinado): *a painting loaned by the National Gallery = cuadro cedido por la National Gallery.* ◆ **5 ~ shark,** (desp.) usurero. **6 ~ word,** FILOL. préstamo lingüístico. **7 on ~,** en calidad de préstamo.

loan-collection ['ləʊnkəlekʃn] *s. c.* ART. préstamo de obras (para una exhibición).

loath [ləʊθ] (también **loth**) (form.) *adj.* reacio, contrario, retraído: *he seemed loath to speak = se mostraba reacio a hablar.*

loathe [ləʊð] *v. t.* odiar, detestar, aborrecer.

loathing ['ləʊðɪŋ] *s. i.* odio, aversión, aborrecimiento, inquina.

loathsome ['ləʊðsəm] *adj.* ocioso, asqueroso, repugnante.

loaves [ləʊvz] *pl.irreg* de **loaf.**

lob [lɒb] (*ger.* **lobbing,** *pret.* y *p. p.* **lobbed**) *v. t.* e *i.* DEP. **1** lanzar un globo (en tenis). • *s. c.* **2** globo (golpe de pelota por encima del contrario, en tenis).

lobby ['lɒbɪ] *s. c.* **1** vestíbulo, antesala (de un hotel, teatro, etc.). **2** antecámara del Parlamento británico (abierta al público y prensa). **3** camarilla, grupo de opinión (capaz de influir en las decisiones políticas). • *v. t.* e *i.* **4** cabildear, hacer política de pasillos, ejercer influencia o presión (en políticos). **5** (**to ~** [**through**]) aprobar o rechazar un proyecto de ley (mediante influencias o presiones).

lobbyist ['lɒbɪɪst] *s. c.* cabildero, intrigante, que ejerce presiones, negociador (político).

lobe [ləʊb] *s. c.* ANAT. lóbulo (de la oreja, del cerebro o del pulmón).

lobed [ləʊbd] *adj.* lobado, lobulado, con lóbulos.

lobotomy [lə'bɒtəmɪ] *s. c.* e *i.* MED. lobotomía.

lobster ['lɒbstər] *s. c.* e *i.* **1** ZOOL. langosta (crustáceo). ◆ **2 ~ pot,** nasa, garlito, langostera.

local ['ləʊkl] *adj.* **1** local, lugareño, de la localidad, del barrio. **2** de cercanías (tren, autobús, etc.). **3** MED. local, localizado, aislado: *is the pain local? = ¿está el dolor localizado?* • *s. c.* **4** (brit.) (fam.) bar, taberna (de la vecindad y frecuentada habitualmente): *what is your local? = ¿qué bar frecuentas?* **5** (EE UU) ramo, sección (de un sindicato). **6** (EE UU) tren o autobús local. ◆ **7 ~ authority,** (brit.) administración local. **8 ~ colour,** detalles minuciosos y concretos (en la descripción de un lugar). **9 ~ time,** hora local.

locale [ləʊ'kɑːl] *s. c.* (form.) lugar o escenario natural, exteriores (para el rodaje de una película).

localise *v. t.* ⇒ **localize.**

localisation *s. i.* ⇒ **localization.**

locality [ləʊ'kælɪtɪ] (form.) *s. c.* **1** posición, situación (de una cosa). **2** localidad, vecindad, zona: *the entire locality is affected by the motorway = toda la zona está afectada por la autopista.*

localization [,ləʊkəlaɪ'zeɪʃn] (también **localisation**) *s. i.* (form.) localización, ubicación (de focos de enfermedad, plaga, violencia, etc.).

localize ['ləʊkəlaɪz] (también **localise**) *v. t.* (form.) localizar, aislar (focos de enfermedad, plaga, violencia, etc.).

localized ['ləʊkəlaɪzd] *adj.* (form.) localizado, aislado (foco de enfermedad, plaga, violencia, etc.).

locally ['ləʊkəlɪ] *adv.* **1** localmente, en ciertas áreas: *there may be some rain locally = puede llover en ciertas áreas.* **2** cerca, en la vecindad: *I live locally, so I come on foot = vivo cerca, por lo que vengo andando.*

locate [ləʊ'keɪt || 'ləʊkeɪt] *v. t.* **1** (form.) localizar, descubrir, encontrar, hallar: *to locate a town on a map = localizar una ciudad en un mapa.* **2** establecer, asentar, abrir: *a bank is to be located on this site = se va a abrir un banco en este local.* • *v. i.* **3** (EE UU) establecerse, asentarse: *the company finally located to Dallas = la compañía se estableció por fin en Dallas.*

location [ləʊ'keɪʃn] *s. c.* e *i.* **1** (form.) lugar, posición, situación: *a suitable location for a cinema = un lugar adecuado para un cine.* **2** localización, hallazgo: *the location of a missing car = la localización de un coche desaparecido.* **3** exteriores (para el rodaje de una película). **4** INF. unidad básica de memoria (capaz de almacenar un dato). ◆ **5 on ~,** en exteriores: *the film was shot on location in China = los exteriores de la película se rodaron en China.*

loch [lɒk || lɒx] *s. c.* **1** (Escocia) lago: *Loch Ness = el lago Ness.* **2** ría, brazo de mar.

lock [lɒk] *s. c.* **1** cerradura. **2** esclusa. **3** (brit.) ángulo de giro (de vehículos): *this car has a good lock = este coche tiene un buen ángulo de giro.* **4** mechón de cabello. **5** DEP. llave (en lucha libre). • *s. i.* **6** posición de bloqueo (en máquinas). • *v. t.* **7** cerrar (con llave): *to lock a door = cerrar una puerta con llave.* **8** guardar (bajo llave o en caja fuerte): *she locked her jewels in the safe = guardó sus joyas en la caja fuerte.* **9** agarrar, amarrar: *the fighters were locked together = los luchadores estaban agarrados.* • *v. i.* **10** (**to ~** [**into**]) (fig.) enzarzarse (en debates, disputas, etc.): *they locked into a senseless dispute = se enzarzaron en una disputa absurda.* **11** bloquearse, atascarse: *the wheels have locked = las ruedas se han bloqueado.* ◆ **12 to ~ away,** guardar, cerrar bajo llave: *lock your valuables away before you go = guarda tus cosas de valor antes de irte.* **13 to ~ in,** encerrar (personas o animales): *they locked him in = lo encerraron.* **14 to ~ onto,** seguir la trayectoria correcta (misiles). **15 to ~ out (of), a)** quedarse fuera, no poder entrar: *I lost my key, so I was locked out = perdí la llave, por lo que me quedé fuera.* **b)** (desp.) impedir la entrada, dejar fuera (por cierre patronal): *the workers were locked out of the factory = se impidió la entrada a la fábrica a los trabajadores.* **16 locks,** (lit.) pelo, cabello: *he shook his black locks = se revolvió su negro pelo.* **17 ~, stock and barrel,** totalmente, al completo: *they sold the firm, lock, stock and barrel = vendieron la empresa al completo.* **18 to ~ up, a)** dejar seguro un edificio (cerrado con llave). **b)** guardar bajo llave. **c)** tener seguro el dinero (invertido). **d)** (fam.) encerrar a alguien (en prisión, hospital, etc.). **19 under ~ and key,** bajo siete llaves.

lockable ['lɒkəbl] *adj.* **1** que se puede cerrar con llave: *the cupboard is lockable = el armario se puede cerrar con llave.* **2** que se puede bloquear: *the car has a lockable steering-wheel = el coche tiene un volante que se puede bloquear.*

locker ['lɒkər] *s. c.* **1** taquilla, armario individual, casillero (en centros escolares o militares, fábricas, etc.). ◆ **2 to be in/go to Davy Jones's locker,** (fam.) ahogarse en el mar.

locker-room ['lɒkərum] *s. c.* vestuario, sala (con taquillas, armarios individuales, etc.).

locket ['lɒkɪt] *s. c.* relicario (para colgar del cuello).

lock-gate ['lɒkgeɪt] *s. c.* compuerta, esclusa (especialmente en un canal).

lock-jaw ['lɒkdʒɔː] *s. i.* (fam.) MED. tétanos.

lock-keeper ['lɒk,kipər] *s. c.* esclusero.

lock-nut ['lɒknʌt] *s. c.* MEC. contratuerca, tuerca de seguridad.

lockout ['lɒkaut] *s. c.* (desp.) cierre patronal.

locksmith ['lɒksmɪθ] *s. c.* cerrajero.

lock-stitch ['lɒkstɪtʃ] *s. c.* doble pespunte; punto de cadeneta.

lockup ['lɒkʌp] *s. c.* calabozo, prisión.

loco ['ləʊkəʊ] *s. c.* **1** (fam.) locomotora. • *adj.* **2** (EE UU) loco, majareta.

locomobile ['ləʊkə,məʊbɪl] *adj.* locomóvil, locomovible.

locomotion [,ləʊkə'məʊʃn] *s. i.* (form.) locomoción.

locomotive ['ləʊkə,məʊtɪv] *s. c.* **1** (form.) locomotora. • *adj.* **2** motriz, locomotor: *locomotive power = energía motriz.*

locum ['ləukəm] *s. c.* (brit.) suplente, interino (hospitales, parroquias, etc.).
locus ['ləukəs] (*pl. irreg.* **loci**) *s. c.* **1** (form.) lugar, sitio, situación, punto. ◆ **2** ~ **classicus,** cita clásica conocida.
locust ['ləukəst] *s. c.* ZOOL. langosta (insecto).
locution [ləu'kjuːʃn] (form.) *s. c.* **1** locución, forma de hablar, acento, habla. **2** expresión local o de un grupo concreto.
lode [ləud] *s. c.* MIN, filón, veta.
lodestar ['ləudstɑːr] (también **loadstar**) *s. c.* **1** ASTR. (lit.) estrella polar. **2** (fig.) norte, guía, ejemplo.
lodestone ['ləudstəun] (también **loadstone**)*s. c.* e *i.* **1** FÍS. magnetita. **2** FÍS. imán. **3** (fig.) imán, foco de atracción: *she's a lodestone for people in trouble = es un imán para la gente necesitada.*
lodge [lɒdʒ] *s. c.* **1** cabina, cuarto, casa (de un vigilante, portero, etc.): *porter's lodge = portería o conserjería.* **2** logia: *Masonic lodge = logia masónica.* **3** cabaña, refugio (de cazadores, esquiadores, etc.). **4** cobertizo, anejo. **5** cubil, madriguera (de castor, principalmente). **6** tienda de campaña (tipo indio). ● *v. t.* **7** presentar, interponer (recursos, quejas, etc., oficialmente). **8** poner, depositar (dinero): *he lodged his money in a bank = depositó su dinero en el banco.* ● *v. t.* e *i.* **9** (form.) alojarse, hospedarse (a cambio de dinero). **10** alojar, acomodar, buscar hospedaje. **11** alojarse, quedarse sujeto o fijo: *the bullet lodged in his spine = la bala se alojó en su columna.* **12** quedar, mantenerse, perdurar (recuerdos, sentimientos, etc.): *her face is still lodged in my mind = su cara perdura aún en mi mente.*
lodgement ['lɒdʒmənt] *s. i.* **1** (form.) hueco, espacio, acomodo, alojamiento. **2** COM. depósito (de dinero).
lodger ['lɒdʒər] *s. c.* huésped, inquilino.
lodging ['lɒdʒɪŋ] *s. c.* e *i.* **1** alojamiento, pensión: *a night's lodging = alojamiento durante la noche.* ◆ **2 lodgings,** habitación amueblada alquilada. **3 to stay in lodgings,** vivir en una pensión.
lodging-house ['lɒdʒɪŋhaus] *s. c.* casa de huéspedes, pensión.
loess ['ləuɪs] *s. i.* GEOL. loes.
loft [lɒft] *s. c.* **1** ático, desván. **2** galería, triforio (en iglesias). **3** pajar. **4** DEP. golpe alto (en golf o críquet). ● *v. t.* **5** DEP. golpear alto (en golf o críquet).
lofted ['lɒftɪd] *adj.* DEP. para golpear hacia lo alto (señalando la forma de un palo de golf).
loftily ['lɒftɪlɪ] *adv.* (desp.) altivamente, arrogantemente, con altanería.
loftiness ['lɒftɪnɪs] *s. i.* **1** (desp.) altivez, orgullo, altanería. **2** nobleza, elevación (de ideales, pensamientos, etc.). **3** distinción, eminencia (en un discurso, escrito, etc.).
lofty ['lɒftɪ] *adj.* **1** noble, elevado: *lofty ideals = nobles ideales.* **2** (desp.) altanero, altivo, arrogante: *lofty disdain = altanero desdén.* **3** (lit.) alto: *the lofty ceilings of the castle = los altos techos del castillo.* **4** elevado, afectado, elaborado (discurso o escrito).
log [lɒg] *s. c.* **1** tronco, leño. **2** AER. y MAR. diario de a bordo, libro de vuelo/de bitácora. ● (*ger.* **logging,** *pret.* y *p. p.* **logged**) *v. t.* **3** escribir, anotar (en el diario de a bordo o libro de navegación). **4** (**to** ~ {**up**}) viajar, navegar (largas distancias o muchas horas): *the plane has logged up hundreds of hours = el avión ha navegado cientos de horas.* ◆ **5 to** ~ **in/on,** INF. iniciar acceso a una base de datos de línea. **6 to** ~ **off/out,** INF. cerrar acceso a una base de datos de línea. **7 to sleep like a** ~, dormir como un tronco.
loganberry ['ləugənbərɪ] *s. c.* e *i.* frambuesa norteamericana.
logarithm ['lɒgərɪðəm] *s. c.* MAT. logaritmo.
logarithmic [,lɒgə'rɪðmɪk] *adj.* MAT. logarítmico.
logarithmically [,lɒgə'rɪðmɪklɪ] *adv.* MAT. logarítmicamente.
log-book ['lɒgbuk] *s. c.* **1** documentación de registro (de un vehículo a motor). **2** AER., MAR. diario de a bordo, libro de vuelo/de bitácora.
loggerheads ['lɒgəhedz] *s. pl.* **at** ~ (**with**), enfrentado, peleado: *he and his wife are always at loggerheads = él y su esposa están siempre peleados.*
loggia ['ləudʒə] *s. c.* galería, mirador.
logging ['lɒgɪŋ] *s. c.* tala forestal.
logic ['lɒdʒɪk] *s. i.* **1** lógica (ciencia). **2** lógica (método de pensamiento). **3** lógica (línea de razonamiento): *the logic of an argument = la lógica de una argumentación.* **4** INF. base lógica (de un ordenador y sus circuitos).
logical ['lɒdʒɪkl] *adj.* **1** lógico, coherente. **2** capaz de razonar.
logicality [,lɒdʒɪ'kælətɪ] *s. i.* lógica (de una persona).
logically ['lɒdʒɪklɪ] *adv.* lógicamente, en buena lógica.
logician [ləu'dʒɪʃn] *s. c.* lógico.
logistic [ləu'dʒɪstɪk] *adj.* logístico.
logistically [ləu'dʒɪstɪklɪ] *adv.* logísticamente.
logistics [ləu'dʒɪstɪks] *s. i.* logística.
log-jam ['lɒgdzæm] *s. c.* (EE UU) obstrucción, bloqueo; estancamiento.
logo ['ləugəu] *s. c.* logotipo.
log-rolling ['lɒgrəulɪŋ] *s. i.* (EE UU) (desp.) intercambio de favores interesados, alabanza recíproca (normalmente entre escritores, políticos, etc.).
loin [lɔɪn] *s. c.* e *i.* **1** lomo (alimento). **2** ANAT. lomo. ◆ **3 to gird** (**up**) **one's loins,** (hum.) aprestarse para la lucha. **4 loins, a)** (arc.) ijada. **b)** (euf.) genitales.
loincloth ['lɔɪnklɒθ] *s. c.* taparrabos.
loiter ['lɔɪtər] *v. i.* **1** merodear: *two boys are loitering on the corner = dos chicos merodean en la esquina.* **2** rezagarse, distraerse, entretenerse, despistarse: *don't loiter or you'll be late = no te entretengas o llegarás tarde.* ◆ **3 loitering with intent,** DER. merodeando con fines delictivos.
loiterer ['lɔɪtərər] *s. c.* holgazán, vagabundo; merodeador.
loll [lɒl] *v. t.* e *i.* **1** (**to** ~ {**about**}) vaguear, estar recostado: *the boys lolled (about) in the grass = los muchachos vagueaban en la hierba.* **2** colgar, dejar caer, caerse: *he was sitting and his head was lolling = estaba sentado y se le caía la cabeza.*
lollipop ['lɒlɪpɒp] *s. c.* **1** pirulí, piruleta. **2** (brit.) polo (helado). ◆ **3** ~ **lady,** (brit.) (fam.) mujer contratada para ayudar a los niños a cruzar la calle, especialmente al entrar y salir del colegio. **4** ~ **man,** (brit.) (fam.) hombre que ejerce la misma función.
lollop ['lɒləp] *v. i.* (fam.) moverse torpe y pesadamente.
lolly ['lɒlɪ] (brit.) (fam.) *s. c.* **1** polo (helado). **2** pasta, parné, dinero.
lombard ['lɔbəd] *s. c.* MIL. lombarda.
lone [ləun] (lit.) *adj.* **1** solo, solitario, aislado, desierto. **2** soltero (sin pareja y con hijos): *a lone mother = una madre soltera.* ◆ **3** ~ **wolf,** persona independiente y solitaria.
loneliness ['ləunlɪnɪs] *s. i.* soledad, aislamiento.
lonely ['ləunlɪ] *adj.* **1** solo, aislado, solitario. **2** solitario, desértico, desolado: *the lonely country roads = las solitarias carreteras rurales.* ◆ **3** ~ **hearts,** corazones solitarios (personas que buscan pareja): *lonely hearts club = club de corazones solitarios.*
loner ['ləunər] *s. c.* solitario, independiente.
lonesome ['ləunsəm] *adj.* **1** (EE UU) (fam.) solo, solitario: *lonesome without her children = sola, sin sus hijos.* **2** (EE UU) (fam.) solitario, desértico, desolado: *a lonesome valley = un valle desértico.* ◆ **3 by/on one's** ~, solo, sin nadie.
long [lɒŋ ‖ lɔːŋ] *adj.* **1** largo (longitud, distancia, tiempo): *a long journey = un largo viaje.* **2** largo, dilatado: *the film is too long = la película es demasiado larga.* **3** largo, cansado, interminable: *I've had a very long day = he tenido un día muy largo.* **4** bueno, que llega muy lejos (memoria): *he's got a long memory = tiene buena memoria.* **5** grande, mucho, numeroso (probabilidades en juego, apuestas, etc.): *the odds against him winning are long = son grandes las probabilidades de que pierda.* **6** fresco, ligero (bebida no alcohólica): *I'd love a nice long drink = me encantaría una buena bebida fresca.* **7** FON. largo (sonido vocálico). ● *s. i.* **8** largo rato, mucho tiempo (poco tiempo, según los casos): *they came back before long = volvieron poco después.* ● *adv.* **9** mucho, mucho tiempo: *were you in London long? = ¿estuviste mucho tiempo en Londres?* **10** hace tiempo, tiempo antes, tiempo después: *he came long ago = llegó hace tiempo.* **11** a lo largo, todo a lo largo: *I've wait-*

ed for this my whole life long = lo he esperado a lo largo de toda mi vida. ● *v. i.* **12** (**to** ~ **for**) estar deseoso de, desear, anhelar, suspirar por: *I'm longing to see her again = estoy deseando verla de nuevo.* ◆ **13 a** ~ **face,** cara larga, expresión de tristeza. **14 a** ~ **haul,** ardua tarea. **15 a** ~ **shot,** intento desesperado. **16 as/so** ~ **as,** siempre que, si: *as long as it doesn't rain we can play = siempre que no llueva, podremos jugar.* **17 at the longest,** lo más tardar, como mucho: *he'll only be away for a couple of days at the longest = estará ausente por poco tiempo, un par de días como mucho.* **18 not to be** ~ **for this world,** no durar mucho vivo. **19 to cut a** ~ **story short,** ir al grano. **20 to go a** ~ **way, a)** tener éxito, llegar lejos. **b)** cundir mucho, dar mucho de sí (dinero, alimento): *she makes a little money go a long way = hace que el dinero cunda para mucho.* **c)** llegar al límite (de lo que se puede aguantar): *a little of his company goes a long way = un rato en su compañía te hace llegar al límite.* **21 to go a** ~ **way towards doing something,** contribuir notablemente a algo: *his efforts went a long way towards solving the problem = sus esfuerzos contribuyeron mucho a resolver el problema.* **22 happy as the day is** ~, muy feliz. **23 to have a** ~ **arm,** tener mucha influencia, tener vara alta. **24 to have come a** ~ **way,** haber progresado mucho. **25 in** ~ **pants,** (EE UU) mayor, adulto: *look, we're already in long pants = mira, ya somos mayores.* **26 in the** ~ **run,** a la larga: *things will get better in the long run = las cosas irán mejor a la larga.* **27 in the** ~**/short term,** a largo/corto plazo. **28** ~ **in the tooth,** (hum.) bastante viejo: *he's getting a bit long in the tooth to... = se está haciendo bastante viejo como para...* **29** ~ **johns,** (fam.) calzoncillos largos. **30** ~ **jump,** DEP. salto de longitud. **31** ~ **odds,** apuestas muy desequilibradas (como 50 a 1). **32** ~ **time no see!** (fam.) ¡cuánto tiempo sin vernos! **33 not by a** ~ **chalk/shot,** en absoluto. **34 to take a** ~ **(cool/hard) look at something,** sopesar la situación. **35 to take the** ~ **view,** analizar todas las implicaciones. **36 the** ~ **and (the) short of it,** todo lo que hay que decir sobre el asunto.

long-awaited [,lɒŋə'weɪtɪd] *adj.* largamente esperado, muy deseado.

longboat ['lɒŋbəut] *s. c.* MAR. lancha (normalmente de salvamento transportada en un barco).

longbow ['lɒŋbəu] *s. c.* arco.

long-distance [,lɒŋ'dɪstəns] *adj.* **1** de gran distancia o recorrido: *long-distance coach = autocar de largo recorrido.* **2** DEP. de fondo: *long-distance runner = corredor de fondo o fondista.* ● *adv.* **3** desde un punto lejano, a larga distancia: *to phone long-distance = poner una conferencia.* ◆ **4 a** ~ **call,** una conferencia telefónica.

long-drawn-out [,lɒŋdrɔːn'aut] *adj.* larguísimo, prolongado, interminable.

longed-for ['lɒŋdfər] *adj.* anhelado, ansiado, soñado.

longevity [lɒn'dʒevɪtɪ] *s. i.* **1** longevidad, larga vida. **2** vida, ciclo vital: *the longevity of the horse = la vida del caballo.*

longhand ['lɒŋhænd] *s. i.* escritura a mano (ordinaria).

longing ['lɒŋɪŋ] *s. c.* e *i.* **1** anhelo, ansia, vivo deseo. ● *adj.* **2** anhelante, ansioso: *a longing look = una mirada anhelante.*

longingly ['lɒŋɪŋlɪ] *adv.* anhelantemente, ansiosamente.

longish ['lɒŋɪʃ] *adj.* (fam.) largo, tirando a largo, bastante largo.

longitude ['lɒndʒɪtjuːd] *s. c.* e *i.* GEOG. longitud.

longitudinal [,lɒndʒɪ'tjuːdɪnl] *adj.* longitudinal, a lo largo.

longitudinally [,lɒndʒɪ'tjuːdɪnəlɪ] *adv.* longitudinalmente, a lo largo.

long-lasting [,lɒŋ'lɑːstɪŋ] *adj.* duradero, perdurable, largo.

long-life [,lɒŋ'laɪf] *adj.* que se conserva mucho tiempo, de larga duración (productos de alimentación o consumo): *long-life milk = leche de larga duración.*

long-lived [,lɒŋ'lɪvd ‖,lɔːŋ-'lɪvd] *adj.* **1** longevo: *a long-lived family = una familia longeva.* **2** largo, duradero: *a long-lived friendship = una amistad duradera.*

long-lost [,lɒŋ'lɒst] *adj.* perdido hace tiempo, largo tiempo perdido.

long-playing [,lɒŋ'pleɪɪŋ] *adj.* **1** de larga duración. ◆ **2** ~ **record,** disco de larga duración, álbum, elepé.

long-range [,lɒŋ'reɪndʒ] *adj.* **1** de largo alcance: *long-range missiles = misiles de largo alcance.* **2** a largo plazo: *the long-range weather forecast = predicción del tiempo a largo plazo.*

long-running [,lɒŋ'rʌnɪŋ] *adj.* de largo tiempo en cartel, de éxito (teatro, televisión).

longshoreman ['lɒŋʃɔːmən] (*pl. irreg.* **longshoremen**) *s. c.* (EE UU) estibador.

longshoremen ['lɒŋʃɔːmən] *pl. irreg.* de **longshoreman**.

long-sighted [,lɒŋ'saɪtɪd] *adj.* que no ve bien de cerca, présbita.

long-standing [,lɒŋ'stændɪŋ] *adj.* largamente establecido o asentado, acreditado, histórico.

long-suffering [,lɒŋ'sʌfərɪŋ] *adj.* paciente, consentidor, condescendiente.

long-suit [,lɒŋ'suːt] *s. c.* e *i.* **1** palo que uno domina (juego de naipes). **2** (fam.) virtud, punto fuerte (de una persona).

long-term [,lɒŋ'tɜːm] *adj.* a largo plazo: *long-term planning = planificación a largo plazo.*

long-time ['lɒŋtaɪm] *adj.* duradero, que viene de antiguo.

long-vacation [,lɒŋvə'keɪʃn] *s. i.* (brit.) vacaciones de verano (universidad inglesa).

longwave ['lɒŋweɪv] *s. c.* e *i.* onda larga (más de mil metros de longitud).

longways ['lɒŋweɪz] *adv.* ⇒ **lengthways.**

long-winded [,lɒŋ'wɪndɪd] *adj.* largo, farragoso, difuso (persona, discurso o escrito).

long-windedness [,lɒŋ'wɪndɪdnɪs] *s. i.* prolijidad, verbosidad, farragosidad.

longwise ['lɒŋwaiz] *adv.* ⇒ **lengthways.**

loo [luː] *s. c.* (brit.) (fam.) lavabo, retrete, servicio.

loofah ['luːfər] *s. c.* esponja de baño.

look [luk] *v. i.* **1** mirar. **2** (**to** ~ {**at**}) mirar, ver, prestar atención: *she's looking at the pictures = está viendo las fotos.* **3** observar, fijarse, notar: *look at the time! = ¡fíjate la hora que es!* **4** parecer, dar la apariencia de, tener aspecto de: *you look tired = pareces cansado.* **5** (**to** ~ **like**) parecer, parecerse a, ser como: *it looks like sugar, but it's salt = parece azúcar pero es sal.* **6** (**to** ~ **out on/onto/towards**) mirar a, dar a, estar orientado a (edificios, generalmente): *the house looks onto the park = la casa da al parque.* **7** dar la apariencia, aspecto o impresión adecuados: *you have to look your best at the interview = tienes que dar tu mejor impresión en la entrevista.* **8** (fam.) pensar, tener la intención de: *if you're looking to buy a new flat... = si piensas comprar un nuevo piso...* ● *v. t.* **9** expresar con los ojos, hablar con los ojos: *she said nothing but looked all interest = no dijo nada pero expresó con los ojos todo su interés.* ● *s. c.* **10** (~ {**at**}) mirada, vistazo: *have a look at this photo = echa un vistazo a esta foto.* **11** mirada (según se especifique): *he gave me an angry look = me dirigió una mirada de enfado.* **12** apariencia, aspecto: *he's got the look of a winner = tiene el aspecto de un ganador.* **13** estilo, moda: *the hippy look is in this year = la moda hippy se lleva este año.* ● *interj.* **14** ¡mira!: *look, I'm fed up! = ¡mira, estoy harto!.* ◆ **15 to be looking to do something,** intentar llevar algo a efecto. **16 by the look(s) of it,** al parecer, probablemente. **17 to give/get a dirty** ~, dirigir/recibir una mirada de desaprobación o disgusto. **18 to** ~ **after,** cuidar, ser responsable de: *her mother looks after the children = la madre de ella cuida de los niños.* **19 to** ~ **ahead,** prever, planificar el futuro. **20 to** ~ **alive/lively,** (fam.) actuar deprisa. **21 to** ~ **around/round (for),** buscar, andar buscando: *we're looking around for a nice place to eat = andamos buscando un sitio agradable para comer.* **22 to** ~ **at, a)** considerar, juzgar: *as a boss, she looks at the work in a different way = como jefe, considera el trabajo de forma distinta.* **b)** examinar, ver: *go to the doctor to have that cough looked at = ve al médico para que te examine esa tos.* **c)** mirar, acordarse de, aprender de: *look at Jane: drugs killed her = acuérdate de Jane: la droga la mató.* **23 to ~ back (to/on), a)** recordar: *I look back on those days as my happiest = recuerdo esos días como los más felices.* **b)** (fam.) cambiar la suerte de uno: *after winning the lottery, he never looked back = tras ganar la lotería, ya no cambió su suerte.* **24 to ~ bad,** estar mal visto: *it looks bad leaving so early = está mal visto irse tan pronto.* **25 to ~ daggers at someone,** mirar muy enojado a alguien. **26 to ~ down on someone/something,** (fam.) mirar con superioridad, minusvalorar. **27 to ~ down one's nose at,** (desp.) mirar por encima del hombro, despreciar. **28 to ~ for, a)** buscar: *I'm looking for a new job = busco un nuevo trabajo.* **b)** (fam.) buscar, provocar, meterse (en problemas): *he's always looking for trouble = siempre está metiéndose en problemas.* **c)** (arc.) esperar: *we're looking for your improvement = estamos esperando que progreses.* **29 to ~ forward to, a)** esperar con ansiedad, estar deseando: *I'm looking forward to seeing you again = estoy deseando volver a verte.* **b)** mantenerse a la espera (cartas comerciales): *we look forward to hearing from you = nos mantenemos a la espera de su respuesta.* **30 to ~ good,** ser prometedor, progresar favorablemente: *the sales figures look good = las cifras de ventas son prometedoras.* **31 to ~ in (on),** (fam.) pasarse un rato por: *I'll look in on the party = me pasaré un rato por la fiesta.* **32 to ~ into,** investigar, examinar: *they're looking into the case = están examinando el caso.* **33 to ~ on, a)** mirar, ser espectador: *they all looked on while the man was being beaten = todos miraban mientras golpeaban al hombre.* **b)** considerar, tener por: *I look on him as a friend = le considero un amigo.* **34 to ~ on the bright side (of things),** ser optimista. **35 to ~ out (for), a)** tener cuidado (en imperativos): *look out, there's a car coming = cuidado, que viene un coche.* **b)** prestar atención (para ver): *look out for your brother coming out = presta atención a la salida de tu hermano.* **c)** (brit.) elegir: *to look out a dress for a party = elegir un vestido para una fiesta.* **36 to ~ over,** examinar por encima: *I only looked over the plans = sólo examiné por encima los planos.* **37 to ~ round,** ver, mirar, observar (en movimiento): *let's look round the shops = vamos a mirar tiendas.* **38 to ~ sharp,** (brit.) (fam.) **a)** darse prisa: *look sharp if you want to get there on time = date prisa si quieres llegar a tiempo.* **b)** tener cuidado. **39 looks,** aspecto de una persona: *she's got her father's good looks = tiene el mismo buen aspecto de su padre.* **40 to ~ small,** no ser tenido en cuenta, ser infravalorado. **41 to ~ someone in the eye/face,** mirar a alguien a los ojos (para descubrir la verdad): *look me in the eye and say you didn't steal it = mírame a los ojos y di que no lo robaste.* **42 to ~ someone up and down,** mirar a alguien de arriba abajo (en busca de algún defecto). **43 to ~ through someone/something, a)** examinar: *look through that report before you speak = examina ese informe antes de hablar.* **b)** mirar en la dirección de alguien (distraídamente): *he just looked through me when I tried to tell him = sólo me miró distraídamente cuando intenté decírselo.* **44 to ~ to one's laurels,** tratar de mantener una buena situación. **45 to ~ to someone/something (for), a)** depender de: *we look to you for support = dependemos de ti para conseguir apoyo.* **b)** (form.) cuidar, prestar atención: *you should look to your health = deberías cuidar tu salud.* **46 to ~ up, a)** (fam.) mejorar, recuperarse (una situación, negocios, etc.): *things are looking up = las cosas están mejorando.* **b)** buscar algo (en un libro, generalmente): *look up the word in the dictionary = busca la palabra en el dicionario.* **c)** (fam.) dar con, localizar y visitar a alguien: *I must look up an old friend who lives nearby = tengo que dar con un viejo amigo que vive por aquí.* **47 to ~ up to someone,** respetar, admirar a alguien: *she really looks up to her father = ella admira mucho a su padre.* **48 to ~ well,** (form.) sentar bien: *the coat looks well on you = la chaqueta te sienta bien.*

look-alike ['lʊkə,laɪk] *s. c.* (fam.) doble, sosia (de una persona): *a Humphrey Bogart look-alike = un doble de Humphrey Bogart.*

looker ['lʊkər] *s. c.* (fam.) mujer bella, belleza: *she's a real looker = es una auténtica belleza.*

looker-on [,lʊkər'ɒn] *s. c.* mirón, espectador, curioso.

look-in ['lʊkɪn] *s. sing.* oportunidad, posibilidad (de participación o éxito): *he's a good player but he never gets a look-in = es un buen jugador pero no le dan una oportunidad.*

-looking ['lʊkɪŋ] *adj.* de un determinado aspecto (definido por la primera parte del compuesto): *a strange-looking girl = una chica de aspecto extraño.*

looking-glass ['lʊkɪŋglɑːs] *s. c.* (arc.) espejo.

lookout ['lʊkaut] *s. c.* e *i.* **1** atalaya, garita, puesto de vigilancia. **2** centinela, vigía, vigilante, guardián. **3** vigilancia, guardia. **4** (~ {**for**}) (fam.) perspectiva, futuro: *it's a bad lookout for the company = hay malas perspectivas para la empresa.* ♦ **5 to keep a ~ for,** estar alerta para detectar algo. **6 one's ~,** (fam.) asunto o responsabilidad de uno mismo, allá uno: *if you go out in this rain, that's your lookout = si sales, con lo que llueve, allá tú.* **7 on the ~,** alerta, en guardia.

look-over ['lʊkəuvər] *s. sing.* vistazo de comprobación.

look-through ['lʊkθruː] *s. sing.* vistazo rápido.

loom [luːm] *s. c.* **1** telar. ● *v. i.* **2** (**to ~** {**up**}) surgir, aparecer, constituirse en amenaza: *a shape loomed (up) out of the mist = una figura surgió de la bruma.* ♦ **3 to ~ large,** hacerse importante y grave, crecer, cernirse amenazante: *the prospect of war loomed large = un futuro de guerra se cernía amenazante.*

looming ['luːmɪŋ] *adj.* **1** elevado, descollante: *the looming towers of the city = las elevadas torres de la ciudad.* **2** futuro, inminente, inquietante: *the looming population problem = los inminentes problemas de población.*

loony ['luːnɪ] *adj.* **1** (fam.) loco, bobo, lunático. ♦ **2 ~ bin,** (hum.) manicomio.

loop [luːp] *s. c.* **1** lazo, vuelta, bucle, lazada, cruce (de cuerda, cable, etc.). **2** trayectoria con giros cruzados, rizos: *the plane flew in wide loops = el avión seguía un vuelo a base de rizos.* **3** espiral, DIU (dispositivo anticonceptivo intrauterino). **4** ELECTR. circuito electrónico completo. **5** INF. bucle repetitivo. ● *v. t.* e *i.* **6** (**to ~** {**up**}) hacer lazos, bucles, lazadas, etc.: *to loop (up) a rope = hacer lazos con una cuerda.* **7** atar, sujetar (haciendo un lazo o lazada): *loop the curtains back = vuelve a sujetar las cortinas.* ♦ **8 ~ line,** desvío o ramal de ferrocarril (que se separa momentáneamente de la línea principal). **9 to ~ the ~,** rizar el rizo.

loophole ['luːphəul] *s. c.* **1** aspillera, tronera. **2** escapatoria, pretexto, subterfugio legales: *a good lawyer can find a loophole = un buen abogado puede encontrar un subterfugio legal.*

loopy ['luːpɪ] *adj.* (fam.) loco, sonado, descabellado: *a loopy idea = una idea descabellada.*

loose [luːs] *adj.* **1** flojo, inseguro, movedizo: *a loose connection of wires = una conexión de cables floja.* **2** suelto, descontrolado: *he let the dogs loose = dejó a los perros sueltos.* **3** suelto, no envasado. **4** holgado, ancho (en prendas de vestir). **5** suelto, ralo, paco firme: *loose soil = tierra suelta.* **6** inexacto, impreciso, aproximado: *loose translation = traducción aproximada.* **7** descuidado, irresponsable, imprudente: *she's got a loose tongue = es imprudente hablando.* **8** (arc.) de moral relajada. **9** flojo, ligero, suelto (de vientre). ● *v. t.* **10** (lit.) soltar, liberar, dejar suelto. **11** (lit.) disparar (flechas, armas de fuego, etc.). ● *adv.* **12** holgado, holgadamente: *I like wearing it loose = me gusta llevarlo holgado.* ♦ **13 to be at a ~ end,** (EE UU) **at ~ ends,** no saber qué hacer, no tener nada que hacer. **14 to break ~,** soltarse, escaparse, liberarse, apartarse: *to break* *loose from tradition = apartarse de la tradición.* **15 to hang/keep/stay ~,** (EE UU) (fam.) estar tranquilo y sin preocupaciones. **16 to have a screw ~,** (fam.) faltarle a uno un tornillo. **17 ~ cover,** funda de mueble. **18 ~ ends,** cosas sueltas, partes sin quilatar, flecos: *there are still a few loose ends in the contract = quedan aún algunos flecos en el contrato.* **19 on the ~, a)** huido de prisión: *a dangerous criminal on the loose = peligroso malhechor huido.* **b)** sin control, sin ataduras, desinhibido.

loose-fitting [,luːs'fɪtɪŋ] *adj.* holgado, ancho, que queda holgado o ancho.

loose-leaf [,luːs'liːf] *adj.* de hojas sueltas, de quita y pon, cambiables (las de un cuaderno de anillas).

loosely ['luːslɪ] *adv.* holgadamente, libremente, aproximadamente, en general.

loosen ['luːsn] *v. t.* e *i.* **1** aflojar: *to loosen one's tie = aflojarse la corbata.* **2** soltar, liberar: *drink loosens the tongue = la bebida hace que la lengua se suelte.* ◆ **3 to ~ someone's tongue,** hacer que alguien hable más libremente. **4 to ~ the purse-strings,** aflojarse el cinturón (aumentar los gastos). **5 to ~ up, a)** relajar (los músculos). **b)** quedarse relajado y distendido.

looseness ['luːsnɪs] *s. i.* soltura, holgura, relajación, imprecisión.

loot [luːt] *s. i.* **1** botín, ganancias (de guerra o de robo). **2** (fam.) dinero, riqueza, plata. ● *v. t.* **3** saquear: *the mob looted the shops = las masas saquearon las tiendas.*

looter ['luːtər] *s. c.* saqueador, que realiza pillaje.

looting ['luːtɪŋ] *s. i.* rapiña, pillaje, desvalijamiento.

lop [lɒp] (*ger.* **lopping,** *pret.* y *p. p.* **lopped**) *v. t.* **1** mochar, desmochar, podar. ◆ **2 to ~ something off/away, a)** cortar, cercenar (ramas de un árbol). **b)** (fig.) cortar (miembros del cuerpo). **c)** acortar, disminuir (carga, beneficios, etc.).

lope [ləup] *v. i.* (**to ~** {**along/away**}) andar/correr a grandes zancadas (animales); andar/correr a paso largo (personas).

lop-eared ['lɒp,ɪəd] *adj.* de orejas caídas: *a lop-eared rabbit = conejo de orejas caídas.*

lopsided [,lɒp'saɪdɪd] *adj.* desequilibrado, ladeado, caído de un lado.

loquacious [lə'kweɪʃəs] *adj.* (form.) locuaz, hablador.

loquaciously [lə'kweɪʃəslɪ] *adv.* locuazmente.

loquacity [lə'kwæsətɪ] *s. i.* (form.) locuacidad, verbosidad.

loquat ['ləukwɒt] *s. c.* BOT. níspero (tanto el árbol como el fruto).

lord [lɔːd] *s. c.* **1** señor, amo. **2** señor feudal. **3** lord (perteneciente a la nobleza): *dukes, earls and barons are all lords = los duques, los condes y los barones son todos lores.* **4** (brit.) miembro de la Cámara de los Lores. **5** (brit.) título de algunos altos cargos: *the Lord Mayor of London = el alcalde de Londres.* ● *v. t.* **6** (p. u.) tratar dominantemente. ◆ **7 good Lord!** ¡santo cielo! **8 to live like a ~,** llevar una vida fastuosa. **9 to ~ it over someone,** (fam.) tratar a alguien con prepotencia.**10 Lord knows,** nadie lo sabe, sabe Dios. **11 lords spiritual,** (brit.) obispos y arzobispos de la Cámara de los Lores. **12 lords temporal,** (brit.) nobles de la Cámara de los Lores (con título heredado o vitalicio). **13 one's ~ and master,** (hum.) el propio marido. **14 our Lord.** REL. nuestro Señor, Cristo. **15 the Lord,** Dios, el Señor, Cristo. **16 the ~ of the manor,** señor feudal medieval. **17 the Lords,** los Lores, la Cámara de los Lores. **18 the Lord's Day,** el día del Señor, el domingo. **19 the Lord's Prayer,** REL. la oración del Señor, el padrenuestro.

lordly ['lɔːdlɪ] *adj.* **1** (desp.) arrogante, dominante, mandón: *lordly manners = modales arrogantes.* **2** (lit.) digno de un lord, señorial, distinguido: *a lordly party = una fiesta distinguida.*

lordship ['lɔːdʃɪp] *s. c.* **1 Lordship,** señoría. ● *s. i.* **2 ~ (over)** (form.) autoridad, mando.

lore [lɔː] *s. i.* conocimiento, cultura, tradiciones (de un grupo o tribu): *Celtic lore = cultura celta.*

lorgnette [lɔː'njet] *s. c.* (arc.) impertinentes, anteojos con mango.

lorn [lɔːn] *adj.* (arc.) (lit.) melancólico, triste, solo.

lorry ['lɒrɪ ‖ 'lɔːrɪ] *s. c.* (brit.) camión.

lose [luːz] (*pret.* y *p. p. irreg.* **lost**) *v. t.* **1** perder (por accidente, desgracia, vejez, muerte, etc.): *he lost his money = perdió el dinero.* **2** perder, dejar de tener, disminuir (calidad mental o moral): *to lose one's confidence = perder confianza.* **3** perder, disminuir, desaparecer, dejar escapar (calor, peso, sangre, etc.): *she lost a lot of weight = perdió mucho peso.* **4** perder, no encontrar: *I've lost my keys = he perdido las llaves.* **5** perder, escapar de, eludir: *we've lost our pursuers = hemos eludido a nuestros perseguidores.* **6** causar, costar (la pérdida de algo): *his nervousness lost him the job = los nervios le costaron el empleo.* **7** perder (tiempo u oportunidades): *there's no time to lose = no hay tiempo que perder.* ● *v. pron.* **8** (**to ~** {**in**}) embeberse, entregarse totalmente: *he loses himself in his reading = se embebe en la lectura.* **9** perder el hilo, cortarse, confundirse, no recordar: *he lost himself in the speech = perdió el hilo del discurso.* ● *v. i.* **10** perder, ser derrotado (en competiciones, disputas, pleitos, etc.): *the team has lost = el equipo ha perdido.* **11** perder, disminuir, empobrecerse: *poetry loses in translation = la poesía se empobrece con la traducción.* **12** retrasar(se), perder tiempo (el reloj): *my watch is losing a little = mi reloj retrasa un poco.* ◆ **13 to have nothing to ~,** no tener nada que perder. **14 to ~ face,** ser humillado, perder imagen, crédito o reputación. **15 to ~ heart,** desanimarse. **16 to ~ one's cool/temper,** ofuscarse por el enfado. **17 to ~ one's head/nerve,** asustarse y perder el control: *he lost his nerve and opened fire = se asustó y comenzó a disparar.* **18 to ~ one's heart (to),** enamorarse de. **19 to ~ one's shirt,** perder hasta la camisa. **20 to ~ one's touch,** perder las facultades que a uno le llevaron al éxito. **21 to ~ one's way,** perderse. **22 to ~ out (on/to something),** (fam.) perder terreno: *cinema has lost out to TV = el cine ha perdido terreno frente a la televisión.* **23 to ~ sight (of),** perder de vista, olvidar. **24 to ~ touch (with),** perder el contacto con alguien. **25 to ~ track,** perder la pista, no tener información.

loser ['luːzər] *s. c.* **1** perdedor. **2** (desp.) calamidad, fracaso, ruina (persona). ◆ **3 a bad ~,** un mal perdedor. **4 a born ~,** un perdedor nato. **5 a good ~,** un buen perdedor.

loss [lɒs ‖ lɔːs] *s. c.* e *i.* **1** pérdida (material, moral, afectiva, etc.): *his death was a great loss = su muerte fue una gran pérdida.* **2** bajas (personas o cosas perdidas en batalla). **3** dinero perdido (en negocios, transacciones, etc.). **4** pérdida, daño, contratiempo, desventaja: *a great loss to the team = una gran desventaja para el equipo.* ◆ **5 at a ~, a)** a precio ruinoso; **b)** sin saber qué hacer o decir: *it left me at a loss (for words) = me dejó sin saber qué decir.* **6 to cut one's losses,** cambiar, rectificar a tiempo los planes equivocados. **7 dead ~,** (form.) inútil, sin valor: *it looked good but it turned out to be a dead loss = parecía bueno pero resultó inútil.*

loss-leader [,lɒs'liːdər] *s. c.* COM. artículo (de) reclamo (vendido a precio muy bajo para atraer clientes).

lost [lɒst ‖ lɔːst] *pret.* y *p. p.* de **1 lose.** ● *adj.* **2** perdido, desaparecido: *lost keys = llaves desaparecidas.* **3** (fig.) perdido, confundido, despistado: *I got rather lost in the city = me vi bastante despistado en la ciudad.* **4** perdido, malogrado, desperdiciado: *a lost chance = una oportunidad perdida.* **5** perdido, desaparecido, destruido, hundido, ahogado: *the boat and its men were lost = el barco y sus hombres fueron dados por desaparecidos.* **6 to be ~ in something,** estar absorto en algo. **7 to be ~ on someone, a)** fracasar un efecto en alguien: *his mother's advice was lost on him = los consejos de su madre fracasaron con él;* **b)** perder significado, no entender, no hacer gracia: *I'm afraid his humour is lost on me = me temo que su humor no me hace gracia.* **8 to be ~ (to someone/ something),** dejar de existir: *when he watches TV, he's lost to the world = cuando ve la televisión, deja de existir.* **9 get ~,** (fam.) vete a paseo, olvídame. **10** ~ **cause,** causa perdida. **11** ~ **property office** (EE UU ~ **-and-found (office)**), oficina de objetos perdidos.

lot [lɒt] *s. c.* **1** (**a** ~ {**of**}) gran cantidad de, número elevado de, mucho, muchos: *she's got a lot of money = tiene gran cantidad de dinero.* **2** todo, el conjunto, el total: *I'll take the lot = me lo llevaré todo.* **3** remesa, tanda, lote: *another lot of first aid = otra remesa de primeros auxilios.* **4** lote, conjunto, grupo (en subastas). **5** (EE UU) solar, terreno, aparcamiento de coches. **6** (lit.) suerte, fortuna, destino, vida (de una persona): *her lot was a hard one = el destino fue duro con ella.* **7** medio, método, objetos (de echar suertes): *they drew lots to decide the winner = lo echaron a suertes para decidir el vencedor.* **8** suerte, azar, sorteo = *the winner was chosen by lot = el vencedor salió por sorteo.* **9** estudio cinematográfico (y espacio que lo rodea). • *adv.* (fam.) **10** bastante, considerablemente: *I'm feeling a lot better now = ahora me siento bastante mejor.* **11** mucho: *I care about you a lot = me preocupo mucho por ti.* **12** a menudo, con frecuencia: *I play chess quite a lot in the winter = en invierno juego a menudo al ajedrez.* ◆ **13 a bad** ~, (arc.) (fam.) persona poco fiable. **14 a fat** ~, (fam. y hum.) absolutamente nada: *a fat lot you care! = ¡mucho que te preocupa!* **15 to cast/draw lots (for something)**, echar suertes, sortear: *they drew lots for the prize = se sortearon el premio.* **16 to fall to someone's** ~ **to do something,** (fam.) caerle a uno en suerte la responsabilidad de hacer algo. **17 lots** (fam.) mucho, muchos. **18 the** ~**/all the** ~**/the whole** ~, todo, todos. **19 to throw in one's** ~ **with someone,** decidir unirse a alguien y compartir su suerte.

loth [ləʊθ] ⇒ **loath.**

lotion ['ləʊʃn] *s. c.* e *i.* loción.

lottery ['lɒtərɪ] *s. c.* e *i.* **1** lotería. **2** (fig.) azar, suerte, lotería, incógnita: *life is a lottery = la vida es una lotería.*

lotto ['lɒtəʊ] *s. i.* loto (juego similar al bingo).

lotus ['ləʊtəs] *s. c.* e *i.* **1** loto (fruta que provocaba indolencia y olvido en la mitología griega). **2** BOT. flor de loto. ◆ **3** ~ **position,** posición de loto (actitud meditativa).

lotus-eater ['ləʊtəs,iːtər] *s. c.* lotófago, persona indolente.

loud [laʊd] *adj.* **1** fuerte, elevado, alto (sonido). **2** ruidoso, gritón, chillón, bullanguero: *a loud customer refused to pay the bill = un cliente chillón no quería pagar la cuenta.* **3** chillón, llamativo (de color): *a rather loud shirt = camisa de colores muy llamativos.* ◆ **4** ~ **and clear,** bien claro. **5 out** ~, bien alto, nada de susurros.

loud hailer [,laʊd'heɪlər] *s. c.* (brit.) megáfono.

loudly ['laʊdlɪ] *adv.* ruidosamente, llamativamente, escandalosamente.

loudmouth ['laʊdmaʊθ] *s. c.* (fam.) gritón, bocazas.

loud-mouthed ['laʊdmaʊðd] *adj.* de voz chillona, gritón.

loudness ['laʊdnɪs] *s. i.* volumen (de sonido), ruido, vulgaridad, mal gusto.

loudspeaker [,laʊd'spiːkər] *s. c.* altavoz.

lough [lɒk || lɒx] *s. c.* lago, brazo de mar (en Irlanda).

lounge [laʊndʒ] *s. c.* **1** sala de espera (en aeropuertos). **2** salón público (hoteles, clubs, etc.). **3** (brit.) salón, cuarto de estar (en casa particular). • *v. i.* **4** estar recostado perezosamente (de pie o sentado). ◆ **5** ~ **bar,** (brit.) bar reservado (más elegante y caro, en hoteles). **6** ~ **suit,** (brit.) traje (de calle u oficina).

lounger ['laʊndʒər] *s. c.* **1** vago, gandul, haragán. **2** hamaca.

lour ['laʊər] (también **lower**) *v. i.* (**to** ~ {**at/on**}) **1** mirar amenazantemente, fruncir el ceño. **2** (fig.) oscurecerse, amenazar tormenta.

louse [laʊs] (*pl.* **lice**) *s. c.* **1** ZOOL. piojo. **2** (fig.) (fam.) persona despreciable. • *v. t.* **3** (**to** ~ {**up**}) (fam.) estropear, echar a perder, arruinar.

lousy ['laʊzɪ] *adj.* **1** (p.u.) piojoso. **2** (fam.) malo, malvado, horrible, asqueroso, desastroso: *lousy holidays = vacaciones desastrosas.* **3** (~ {**with**}) (fam.) abarrotado, infestado.

lout [laʊt] *s. c.* patán, gamberro.

loutish ['laʊtɪʃ] *adj.* grosero, maleducado.

louver *s. c.* ⇒ **louvre.**

louvered *adj.* ⇒ **louvred.**

louvre ['luːvər] (en EE UU **louver**) *s. c.* **1** listón, tablilla, banda (de persiana). **2** persiana.

louvred ['luːvəd] (en EE UU **louvered**) *adj.* que es del tipo de una persiana.

lovable ['lʌvəbl] *adj.* amable, bondadoso, simpático, cariñoso.

love [lʌv] *s. i.* **1** amor, cariño. **2** amor, pasión, deseo, atracción sexual: *their love has cooled = su amor se ha enfriado.* **3** amor, inclinación, interés, afición (por el arte, el deporte, la aventura, etc.): *a strong love of learning = un vivo interés por aprender.* **4** besos, saludos, recuerdos, etc. (en cartas o tarjetas): *give my love to your son = besos para tu hijo.* **5** (fam.) encanto, delicia, cielo: *what a love her daughter is! = ¡qué cielo de hija tiene!* **6** DEP. cero, nada (tenis). **7** REL. amor, caridad, misericordia (de Dios). • *s. c.* **8** amor, persona amada: *the great love of his life = el gran amor de su vida.* **9** (brit.) (fam.) amor, cielo, guapo, cariño (en vocativos; entre personas no enamoradas): *here you are, love = aquí tienes, guapa.* • *v. t.* **10** amar, querer. **11** amar, gustar, sentir debilidad, tener afición (por animales o cosas): *she's always loved cats = siempre ha sentido debilidad por los gatos.* **12** querer, gustar, apetecer: *I'd love a cup of tea = me apetecería un té.* ◆ **13 to be in** ~ **(with)**, estar enamorado de. **14 to fall in** ~ **(with)**, enamorarse de. **15 for the** ~ **of God!**, ¡por el amor de Dios! **16 to give/send someone one's** ~, mandar besos, saludos, recuerdos (por carta, teléfono, etc.). **17 (just) for** ~**/for the** ~ **of something,** sin retribución económica, por amor al arte. **18** ~ **at first sight,** amor a primera vista, flechazo. **19** ~ **-hate relationship,** relación de amor-odio. **20** ~ **me,** ~ **my dog,** quien quiere a Beltrán, quiere a su can. **21 to make** ~ **(to someone)**, **a)** hacer el amor con alguien; **b)** (p.u.) cortejar a, ser especialmente atento y amable con alguien. **22 not for** ~ **or money,** ni a tiros, de ninguna manera posible: *we couldn't find a room for love or money = no hubo manera de encontrar habitación.* **23 the** ~ **of someone's life,** el amor de su vida. **24 there's little/no** ~ **lost (between)**, (fam.) poca o ninguna amistad hay (entre).

love affair ['lʌvəfeər] *s. c.* aventura amorosa.

lovebird ['lʌvbɜːd] *s. c.* **1** periquito, tortolito (pájaro muy enamorado de su pareja). ◆ **2 lovebirds,** (fig.) (fam.) tortolitos, enamorados.

lovebite ['lʌvbaɪt] *s. c.* moratón (por un beso).

love child ['lʌvtʃaɪld] *s. c.* (euf.) hijo natural (nacido fuera del matrimonio).

loveless ['lʌvlɪs] *adj.* sin amor, que no ama ni es amado: *a loveless marriage = matrimonio sin amor.*

love letter ['lʌvletər] *s. c.* carta de amor.

love life ['lʌvlaɪf] *s. c.* vida amorosa, vida sentimental.

loveliness ['lʌvlɪnɪs] *s. i.* belleza, atractivo, encanto.

lovelorn ['lʌvlɔːn] *adj.* triste, infeliz (por ausencia del amado).

lovely ['lʌvlɪ] *adj.* **1** bello, atractivo, precioso (una mujer, un paisaje, el tiempo, etc.): *what a lovely girl = ¡qué chica tan preciosa!* **2** (fam.) agradable, maravilloso, estupendo: *a lovely dinner = una cena estupenda.* • *s. c.* **3** (fam.) belleza, mujer bella: *a couple of lovelies = un par de bellezas.*

OBS. No suele emplearse **lovely** para describir el aspecto físico de un hombre. Se emplea en su lugar **handsome** o **good-looking.**

lovemaking ['lʌv,meɪkɪŋ] *s. i.* relación sexual.

lover ['lʌvər] *s. c.* **1** amante: *she has had many lovers = ha tenido muchos amantes.* **2** amante, aficionado, entusiasta, interesado en (objetos o actividades): *they are music lovers = son amantes de la música.* ◆ **3 lovers,** amantes (pareja de enamorados haciendo vida marital): *they became lovers soon after they met = se hicieron amantes apenas conocerse.*

love match ['lʌvmætʃ] *s. c.* unión matrimonial por amor, matrimonio por amor.
love-potion ['lʌvpəuʃn] *s. c.* filtro de amor, poción de amor.
loveseat ['lʌvsi:t] *s. c.* confidente (sofá cuyos dos asientos se miran).
lovesick ['lʌvsɪk] *adj.* enfermo de amor.
love-song ['lʌvsɒŋ] *s. c.* canción de amor, balada amorosa, romance de amor.
love-story ['lʌv,stɔ:rɪ] *s. c.* historia de amor (en películas y novelas, generalmente).
loving ['lʌvɪŋ] *adj.* amante, amoroso, cariñoso, tierno: *a loving son = un hijo cariñoso.*
loving-cup ['lʌvɪŋkʌp] *s. c.* copa de amistad (normalmente con dos asas, que se pasa de uno a otro).
loving-kindness [,lʌvɪŋ'kaɪndnɪs] *s. i.* (arc.) bondad; compasión.
lovingly ['lʌvɪŋlɪ] *adv.* amorosamente, tiernamente, cariñosamente.
low [ləu] (*comp.* **lower**, *super.* **lowest**) *adj.* **1** bajo (estatura, alzada): *a low building = un edificio bajo.* **2** bajo (colocación en relación con el suelo): *the mirror is too low = el espejo está demasiado bajo.* **3** bajo, pequeño, reducido (en cantidad, grado, valor, etc.): *families on low incomes = familias de ingresos reducidos.* **4** (~ {**on**}) bajo, corto, escaso (de existencias o cantidad disponible): *we're getting low on petrol = vamos escasos de gasolina.* **5** negativo, desfavorable: *they have a low opinion of us = tienen una opinión negativa de nosotros.* **6** (~ {**in**}) bajo en, con poca cantidad de: *this milk is low in fat = esta leche es baja en grasa.* **7** bajo, suave (sonido): *let's keep our voices low = mantengamos la voz baja.* **8** bajo (en tesitura o tono musical): *too low for a tenor = demasiado bajo para un tenor.* **9** triste, deprimido, bajo: *to recover from low spirits = recobrarse de un bajo estado de ánimo.* **10** bajo, corto, lento (velocidad): *use a low gear to drive slowly = pon una velocidad corta para conducir despacio.* **11** bajo, rastrero, vulgar, malintencionado (acción, conducta): *that was a low trick = fue una treta rastrera.* **12** débil, mortecino, insuficiente (luz, alumbrado): *the lights in the corridor are too low = la luz del pasillo es insuficiente.* • *adv.* **13** bajo (nivel, situación, precio, etc.): *to buy low and sell high = comprar bajo (barato) y vender alto (caro).* **14** bajo (tono, voz): *to speak low = hablar bajo.* • *s. c.* e *i.* **15** nivel o valor bajo (de una moneda frente a otra). **16** área de baja presión barométrica. **17** velocidad corta. **18** mugido. • *v. i.* **19** (lit.) mugir. ◆ **20 at a ~ ebb,** en un estado de depresión, en horas bajas: *her spirits are at a very low ebb = sus ánimos están muy bajos.* **21 at a record ~/at an all-time ~,** en los momentos más bajos, peores: *relations between them were at a record low = su relación atravesaba los peores momentos.* **22 to be brought ~,** verse perjudicado (en salud, riqueza, posición, etc.). **23 in the ~ twenties/thirties...,** en los primeros veinte/treinta... **24 to lay someone ~,** derrotar a alguien. **25 to lie ~, a)** estar tumbado todo lo largo que uno es; **b)** estar callado o escondido: *the escaped prisoner lay low for months = el recluso fugado estuvo meses escondido.* **26 ~ season,** estación baja, temporada baja. **27 ~ tide, a)** marea baja; **b)** el tiempo en que ésta se produce. **28 ~ water,** nivel bajo de agua en un río, embalse, etc. **29 ~ watermark, a)** señal que marca el nivel más bajo del agua; **b)** punto más bajo o desfavorable (en fama, fortuna, negocios, etc.).
low-born ['ləubɔ:n] *adj.* (lit.) de baja cuna, de origen humilde.
lowbrow ['ləubrau] *adj.* **1** simple, superficial, ordinario, fácil de entender. • *s. c.* **2** (desp.) persona ignorante, inculta, poco interesada en la cultura.
low-class [,ləu'klɑ:s] *adj.* de clase baja.
low-cost ['ləukɒst] *adj.* de bajo coste.
low-cut ['ləukʌt] *adj.* escotado (de prendas de vestir): *a low-cut dress = un vestido escotado.*
low-down ['ləudaun] *s. sing.* **1** (fam.) la realidad, la verdad de los hechos, lo que hay que saber: *to know the low-down on the conflict = conocer la verdad de los hechos en conflicto.* • ['ləu'daun] *adj.* **2** (fam.) bajo, vil, rastrero: *what a low-down trick = ¡qué treta tan vil!*
lower ['ləuər] *adj.* **1** más bajo (*comp. de* **low**). **2** bajo, inferior: *the lower deck of a bus = el piso inferior de un autobús (de dos pisos).* **3** bajo, segundo, menos importante (de dos sistemas, grupos, etc.): *the Speaker of the Lower House = el presidente de la Cámara Baja.* **4** bajo, parte baja, bajos: *he was wounded in the lower leg = le hirieron en la parte baja de la pierna.* **5** de bajo nivel; de baja graduación (en una escala, cadena, etc.): *the lower military officers = oficiales de baja graduación.* • *v. t.* **6** bajar: *he lowered his arm = bajó el brazo.* **7** bajar, abaratar, reducir, disminuir (en cantidad, calidad, valor, etc.): *they've lowered the price of milk = han abaratado la leche.* **8** rebajarse (en negativas): *I won't lower myself by doing that = yo no me rebajo a hacer eso.* **9** bajar (los ojos): *she lowered her eyes = ella bajó la mirada.* **10** hablar bajo, bajar (la voz): *he lowered his voice = él bajó la voz.* • ['lauə] (también **lour**) *v. i.* **11** oscurecerse, amenazar tormenta (el cielo). **12** (**to** ~ {**at/on**}) mirar con enfado, fruncir el ceño. ◆ **13 ~ class/ classes,** clase baja, clase trabajadora. **14 Lower House,** Cámara Baja, Cámara de los Comunes (en el Parlamento inglés).
lower-case [,ləuə'keɪs] *s. i.* caja baja, caracteres de imprenta pequeños, impresión de letra ordinaria o minúscula.
lowering ['ləuərɪŋ] *s. i.* bajada, descenso: *the lowering of interest rates = la bajada de los tipos de interés.*
lowest common denominator ['ləuɪst-'kɒməndi'nɒmɪ,neɪtər] *s. c.* **1** mínimo común denominador, intereses mayoritarios, intereses del sector más bajo (en un grupo, asociación, sindicato, etc.). **2** MAT. mínimo común denominador.
low-flying [,ləu'flaɪɪŋ] *adj.* de vuelo bajo, que vuela más bajo de lo normal (aves, aviones, etc.): *warning of low-flying aircraft = alarma de un avión al volar demasiado bajo.*
low-key [,ləu'ki:] *adj.* controlado, bajo de tono, contemporizador, conciliador: *a low-key speech = un discurso conciliador.*
lowlands ['ləuləndz] *s. c.* tierras bajas.
low-level ['ləulevl] *adj.* de baja intensidad (radiactividad); de bajo nivel (lenguaje).
lowliness ['ləulɪnɪs] *s. i.* modestia, humildad (en orígenes familiares o similar).
lowly ['ləulɪ] *adj.* **1** bajo, modesto, humilde, discreto. • *adv.* **2** (arc.) modestamente, humildemente, discretamente.
low-lying [,ləu'laɪɪŋ] *adj.* **1** bajo, al nivel o bajo el nivel del mar: *low-lying areas affected by the flood = zonas bajas afectadas por la inundación.* **2** más bajo de lo normal, muy bajo: *low-lying clouds = nubes muy bajas.*
low-minded [,ləu'maɪndɪd] *adj.* vulgar, chabacano, tabernario, procaz.
low-necked [,ləu'nekt] *adj.* escotado, despechugado (prendas de vestir).
low-paid [,ləu'peɪd] *adj.* **1** de remuneración baja, mal pagado: *low-paid workers = trabajadores mal pagados.* ◆ **2 the ~,** los que tienen baja retribución.
low-pitched [,ləu'pɪtʃt] *adj.* **1** bajo, profundo (sonido). **2** suave, tranquilo (voz). **3** de poca inclinación o pendiente (tejado).
low-ranking [,ləu'ræŋkɪŋ] *adj.* MIL. de baja graduación; subalterno (cargo, funcionario).
low-spirited [,ləu'spɪrɪtɪd] *adj.* bajo de ánimos, deprimido, triste, infeliz.
low-tar ['ləu,tɑ:] *adj.* bajo en alquitrán.
lox [lɒks ‖ lɑ:ks] *s. i.* (EE UU) salmón (ahumado).
loyal ['lɔɪəl] *adj.* (~ {**to**}) leal, fiel, consecuente: *loyal to one's principles = fiel a los propios principios.*
loyalism ['lɔɪəlɪsm] *s. i.* fidelidad, lealtad (al gobernante).
loyalist ['lɔɪəlɪst] *s. c.* **1** persona fiel, leal (a un régimen o gobernante en época de revolución, principalmente). • *adj.* **2** fiel, leal.
loyally ['lɔɪəlɪ] *adv.* fielmente, lealmente.
loyalty ['lɔɪəltɪ] *s. c.* e *i.* **1** (~ {**to**}) lealtad, fidelidad. ◆ **2 loyalties,** lealtades:

a case of divided loyalties = conflicto de lealtades.

lozenge ['lɒzɪndʒ] *s. c.* **1** pastilla, gragea, tableta (medicinal): *a throat lozenge = una pastilla para la garganta.* **2** losange, figura romboidal (en heráldica).

LP [,el'piː] (*abrev.* de **long-playing record**) *s. c.* elepé (disco de 33 revoluciones por minuto).

L-plate ['elpleɪt] *s. c.* (brit.) la placa con la letra L (signo de conductor novato).

LSD [,eles'diː] *s. i.* LSD, ácido lisérgico.

lubber ['lʌbər] *s. c.* (p.u.) palurdo, patán.

lubberly ['lʌbəlɪ] *adj.* (p.u.) palurdo.

lubricant ['luːbrɪkənt] *s. c.* e *i.* lubricante.

lubricate ['luːbrɪkeɪt] *v. t.* **1** lubricar, engrasar: *to lubricate the bearings = engrasar los cojinetes.* **2** (generalmente *pasiva*) (fig.) hacer que se suelte la lengua, hacer hablar: *a drink will lubricate him = una copa le soltará la lengua.*

lubrication [,luːbrɪ'keɪʃn] *s. c.* e *i.* lubricación, engrase.

lubricious [luː'brɪʃəs] *adj.* (form.) libidinoso, lúbrico, lujurioso, lascivo.

lucerne [luː'səːn] (en EE UU **alfalfa**) *s. i.* alfalfa.

lucid ['luːsɪd] *adj.* **1** lúcido, claro, fácil (de entender): *a lucid explanation = una explicación clara.* **2** lúcido, consciente, cabal, sano (mental): *lucid intervals = ratos de lucidez mental.*

lucidity [luː'sɪdɪtɪ] *s. i.* lucidez, coordinación (mental).

lucidly ['luːsɪdlɪ] *adv.* lúcidamente, conscientemente, en sus cabales.

luck [lʌk] *s. i.* **1** suerte, fortuna, azar. **2** buena suerte, buena fortuna, buenaventura: *was there any luck with the job? = ¿hubo (buena) suerte con el empleo?* ◆ **3 any** ~**?**, ¿hubo suerte? **4 as (good/ill)** ~ **would have it,** por suerte/por desgracia. **5 a stroke of** ~**,** un golpe de suerte. **6 to be bad/hard/tough** ~ **(on someone),** tener mala suerte, ser mala suerte: *it was hard luck (on you) to get ill on your holiday = ya fue mala suerte que enfermaras en vacaciones.* **7 to be down on one's** ~**,** (fam.) tener la suerte en contra, atravesar una racha de mala suerte. **8 to be in/out of** ~**,** estar de suerte/mala suerte: *we're in luck; the train hasn't left yet = estamos de suerte; el tren no ha salido todavía.* **9 better** ~ **next time,** que haya más suerte la próxima vez. **10 good/best of** ~ **(to someone),** suerte, que haya suerte: *good luck in your exams! = ¡suerte en tus exámenes!.* **11 just one's** ~**,** la misma suerte de siempre, sigue la mala racha. **12 to** ~ **out,** (EE UU) (fam.) tener suerte, ser afortunado. **13 no such** ~**,** desgraciadamente no, no caerá esa breva. **14 one's** ~ **is in,** se tiene la suerte a favor, se tiene una buena racha. **15 to push one's** ~**,** (fam.) tentar a la suerte. **16 the devil's own** ~**,** (fam.) pura chiripa. **17 the** ~ **of the draw,** depende de la suerte. **18 the** ~ **of the game,** efecto del azar (no del mérito o el esfuerzo). **19 to try one's** ~ **(at something),** probar suerte, poner la suerte a prueba: *I'll try my luck at roulette = pondré mi suerte a prueba en la ruleta.* **20 worse** ~**,** mala suerte, qué se le va a hacer.

luckily ['lʌkɪlɪ] *adv.* afortunadamente, por fortuna, por suerte.

luckless ['lʌklɪs] *adj.* desafortunado, desgraciado, desdichado.

lucky ['lʌkɪ] *adj.* **1** afortunado, de suerte (en la vida, en general): *he's a lucky man = es un hombre de suerte.* **2** afortunado, agraciado (en una situación concreta): *the lucky winner = el afortunado ganador.* **3** por suerte, por casualidad: *it's lucky I'm here = por suerte estoy aquí.* **4** que da suerte, de la suerte, de buena suerte: *a lucky rabbit's foot = pata de conejo de la buena suerte.* ◆ **5** ~ **devil/** ~ **you,** (fam.) los hay con suerte. **6** ~ **dip,** (brit.) tómbola. **7 to strike (it)** ~**,** (fam.) tener suerte (en una situación concreta): *we certainly struck it lucky with the weather = tuvimos verdadera suerte con el tiempo.* **8 to thanks one's** ~ **stars,** reconocer, agradecer la buena suerte: *thank your lucky stars you don't have to take orders = agradece que no tengas que obedecer órdenes.* **9 third time** ~**,** a la tercera va la vencida. **10 you'll be lucky/you should be so** ~**,** (hum.) ¡vas a necesitar suerte!

lucrative ['luːkrətɪv] *adj.* lucrativo, rentable (negocio, empleo, actividad).

lucratively ['luːkrətɪvlɪ] *adv.* lucrativamente, rentablemente.

lucrativeness ['luːkrətɪvnɪs] *s. i.* rentabilidad.

lucre ['luːkər] *s. i.* **1** (p.u.) lucro, ganancia, negocio, provecho económico (por medios no muy legales, generalmente). ◆ **2 filthy** ~**,** vil metal.

Luddite ['lʌdaɪt] *s. c.* (form.) reaccionario, retrógrado, enemigo de innovaciones (en la industria, por la destrucción de empleo que pueden traer).

ludicrous ['luːdɪkrəs] *adj.* ridículo, hilarante, absurdo, descabellado.

ludicrously ['luːdɪkrəslɪ] *adv.* ridículamente, absurdamente.

ludicrousness ['luːdɪkrəsnɪs] *s. i.* ridiculez, absurdidad.

ludo ['luːdəʊ] *s. i.* (brit.) parchís.

luff [lʌf] *v. i.* MAR. orzar, barloventear.

lug [lʌg] (*ger.* **lugging,** *pret.* y *p. p.* **lugged**) *v. t.* **1** (fam.) arrastrar, llevar con dificultad: *she lugged the suitcase along the platform = arrastraba la maleta por todo el andén.* ● *s. c.* **2** mango, saliente, asa. **3** (fam.) oreja.

luggage ['lʌgɪdʒ] (en EE UU **baggage**) *s. i.* **1** equipaje, maletas: *five pieces of luggage = cinco bultos de equipaje.* ◆ **2** ~ **boot,** maletero, portaequipajes (en automóviles). **3** ~ **rack,** baca (coche), redecilla (tren). **4** ~ **trolley,** carro, carretilla, portamaletas. **5** ~ **van,** furgón de equipaje.

lugger ['lʌgər] *s. c.* MAR. lugre (tipo de embarcación).

lughole ['lʌghəʊl] *s. c.* (brit.) (hum.) oído.

lugsail ['lʌgseɪl] *s. c.* MAR. vela al tercio.

lugubrious [luː'guːbrɪəs] *adj.* lúgubre, sombrío, triste, tétrico.

lugubriously [luː'guːbrɪəslɪ] *adv.* lúgubremente, sombríamente, tristemente.

lugubriousness [luː'guːbrɪəsnɪs] *s. i.* tristeza, melancolía.

lugworm ['lʌgwəːm] *s. c.* gusano (que se encuentra en la arena de la playa y sirve de cebo para pescar).

lukewarm ['luːkwɔːm] *adj.* **1** tibio, templado (líquidos): *that water is only lukewarm = ese agua está sólo tibia.* **2** (fig.) poco entusiasta, frío, desinteresado: *his plan got a lukewarm reception = su plan recibió una fría acogida.*

lull [lʌl] *s. c.* **1** pausa, calma, momento de inactividad: *after a lull of several weeks = tras una pausa de varias semanas.* ● *v. t.* **2** calmar, sosegar, adormecer: *the motion of the train lulled us = el movimiento del tren nos adormeció.* **3** (**to** ~ {**into**}) dar (falsa impresión): *it lulled him into a false sense of security = le dio una falsa impresión de seguridad.* ◆ **4** ~ **before the storm,** calma antes de la tempestad.

lullaby ['lʌləbaɪ] *s. c.* nana, canción de cuna.

lumbago [lʌm'beɪgəʊ] *s. i.* lumbago.

lumbar ['lʌmbər] *adj.* **1** ANAT. lumbar: *the lumbar region of the spine = la región lumbar de la columna.* ◆ **2** ~ **puncture,** MED. punción en la columna.

lumber ['lʌmbər] *s. i.* **1** (brit.) trastos, cosas inservibles. **2** (EE UU) madera: *piles of lumber = montones de madera.* ● *v. i.* **3** moverse con dificultad, avanzar pesadamente: *the truck lumbered up the hill = el camión subía la cuesta pesadamente.* **4** (EE UU) cortar árboles, hacer madera. ◆ **5 to** ~ **someone with,** (fam.) pasar, dejar a alguien una carga no deseada: *women are lumbered with the housework = se deja a las mujeres las tareas de la casa.*

lumbering ['lʌmbərɪŋ] *adj.* pesado, patoso, lento, torpe: *a lumbering vehicle = un vehículo pesado.*

lumberjack ['lʌmbədʒæk] *s. c.* (EE UU) leñador.

lumber-jacket ['lʌmbədʒækɪt] *s. c.* cazadora de leñador (normalmente a cuadros y corta).

lumberman ['lʌmbəmən] (*pl.* **lumbermen**) *s. c.* (EE UU) leñador, maderero.

lumbermen ['lʌmbəmən] *pl.* de **lumberman.**

lumber-room ['lʌmbərum] *s. c.* (brit.) trastero.

lumber-yard ['lʌmbəjɑːd] *s. c.* almacén de madera.

luminary ['lu:mɪnərɪ] *s. c.* (lit.) lumbrera, figura descollante, persona famosa.

luminescence [ˌlu:mɪ'nesəns] *s. i.* (lit.) luminiscencia, resplandor.

luminosity [ˌlu:mɪ'nɒsɪtɪ] *s. i.* (lit.) luminosidad.

luminous ['lu:mɪnəs] *adj.* luminoso, resplandeciente: *the luminous hands of a watch* = *las luminosas manecillas de un reloj.*

luminously ['lu:mɪnəslɪ] *adv.* resplandecientemente, luminosamente.

lump [lʌmp] *s. c.* **1** trozo, pedazo, bloque (de materia sólida): *a lump of coal* = *un trozo de carbón.* **2** grumo, trozo sin disolver: *lumps in the soup* = *grumos en la sopa.* **3** bulto, protuberancia, dureza (en el cuerpo humano): *to examine one's breast for lumps* = *examinarse el pecho en prevención de bultos.* **4** terrón (de azúcar): *a lump of sugar* = *un terrón de azúcar.* **5** pago único, un solo pago: *a lump donation to a charitable cause* = *una donación en un solo pago a una causa benéfica.* **6** (brit.) (fam.) conjunto de trabajadores eventuales (de la construcción, especialmente). **7** (fig.) pelmazo, imbécil. • *v. t.* **8** (**to** ~ {**together**}) tratar de forma conjunta, amontonar, agrupar, globalizar: *don't lump them all together* = *no los amontones.* **9** aceptar, soportar (algo impuesto). ◆ **10 to have a** ~ **in one's throat,** sentirse embargado por la emoción, tener un nudo en la garganta. **11 to** ~ **it/to have to** ~ **it,** tener que aceptar una situación impuesta, tener que tragar: *he said so, and I had to lump it* = *eso dijo y yo tuve que aceptarlo.* **12** ~ **sum,** entrega de dinero (en un solo pago): *choose between a lump sum or a monthly income* = *elija entre recibir todo en un pago o en ingresos mensuales.*

lumpish ['lʌmpɪʃ] *adj.* patoso, torpe, pesado, bobo.

lumpy ['lʌmpɪ] *adj.* abultado, apelmazado, grumoso, aterronado.

lunacy ['lu:nəsɪ] *s. i.* **1** locura, enajenación mental. **2** (arc.) conducta paranoica. ◆ **3 sheer** ~, disparate en toda regla, auténtica locura.

lunar ['lu:nər] *adj.* (form.) **1** lunar: *a lunar eclipse* = *un eclipse lunar.* ◆ **2** ~ **month,** mes lunar.

lunatic ['lu:nətɪk] *s. c.* **1** (fam.) lunático, loco: *he's an absolute lunatic* = *es un lunático perdido.* **2** (p.u.) enfermo mental. • *adj.* **3** descabellado, erróneo: *I had to listen to his lunatic ideas* = *tuve que eschuchar sus ideas descabelladas.* ◆ **4** ~ **asylum,** (arc.) manicomio. **5** ~ **fringe,** extremistas, fanáticos, radicales (de un grupo, movimiento, etc.).

lunch [lʌntʃ] *s. c.* **1** almuerzo, comida (de mediodía). **2** hora del almuerzo, mediodía: *they met from breakfast till lunch* = *estuvieron reunidos desde el desayuno hasta el mediodía.* **3** almuerzo, banquete (como homenaje o acontecimiento señalado): *the minister is giving a lunch* = *el ministro va a ofrecer un banquete.* • *v. i.* **4** (form.) almorzar (en restaurante, generalmente). • *v. t.* **5** agasajar, divertir a alguien (invitándole a comer). **6** (fam.) **to be out to** ~, estar en las nubes, estar en Babia. ◆ **7** ~ **break,** hora de la comida, hora del almuerzo.

luncheon ['lʌntʃən] *s. c.* **1** (form.) almuerzo, banquete (como celebración especial): *they had a literary luncheon* = *celebraron un almuerzo literario.* **2** (arc.) almuerzo, comida de mediodía. ◆ **3** ~ **meat,** carne enlatada (mezcla de cerdo y cereal). **4** ~ **voucher,** (brit.) bono de comida (concedido a sus empleados por algunas empresas).

luncheonette [ˌlʌntʃə'net] *s. c.* (EE UU) pequeño restaurante (que suele servir comidas muy sencillas).

lunch-hour ['lʌntʃauər] *s. c.* tiempo dedicado al almuerzo (al mediodía e interrumpiendo el trabajo).

lunch-room ['lʌntʃrum] *s. c.* (EE UU) snack bar, restaurante (que sirve comidas ligeras).

lunchtime ['lʌntʃtaɪm] *s. c.* e *i.* hora del almuerzo.

lung [lʌŋ] *s. c.* **1** ANAT. pulmón. ◆ **2 to have good lungs, a)** tener buenos pulmones; **b)** tener voz potente.

lunge [lʌndʒ] *v. i.* **1** (**to** ~ {**at/towards**}) abalanzarse, lanzarse, arremeter, atacar: *he lunged at me with a stick* = *arremetió contra mí con un palo.* • *s. c.* **2** ataque, embestida, arremetida. **3** DEP. directo (boxeo).

lung-power ['lʌŋpauər] *s. i.* capacidad de pulmón, fuelle (para cantar, gritar, etc. con fuerza).

lupin ['lu:pɪn] (en EE UU **lupine**) *s. c.* BOT. lupino, altramuz.

lupine *s. c.* ⇒ **lupin.**

lurch [lɜ:tʃ] *v. i.* **1** dar bandazos, tambalearse, desequilibrarse: *he lurched and fell* = *dio un bandazo y se cayó.* • *s. c.* **2** bandazo, sacudida: *with a lurch he fell over me* = *dando un bandazo cayó sobre mí.* ◆ **3 to leave someone in the** ~, (fam.) dejar a alguien en la estacada.

lure [ljuər ‖ luə] *v. t.* **1** atraer, tentar, fascinar, sugerir, engañar: *low prices lure the public* = *los bajos precios atraen al público.* • *s. c.* **2** atractivo, fascinación, gancho, señuelo, aliciente: *the lure of adventure* = *la fascinación de la aventura.* **3** cebo, señuelo (para atraer animales salvajes).

lurgy ['lɜ:gɪ] *s. sing.* (brit.) (fam.) enfermedad leve.

lurid ['ljuərɪd] *adj.* **1** coloreado, de color vivo, brillante, llamativo, chillón: *a lurid sunset* = *una brillante puesta de sol.* **2** violento, fuerte, horripilante, terrorífico, sobrecogedor: *the lurid details of the murder* = *los terroríficos detalles del crimen.*

luridly ['ljuərɪdlɪ] *adv.* brillantemente, llamativamente, violentamente, horriblemente.

lurk [lɜ:k] *v. i.* **1** estar escondido, acechar, estar al acecho: *someone was lurking in the shadows* = *alguien acechaba en las sombras.* **2** existir (sin ser percibido), estar latente, ocultarse: *danger lurks in that quiet lake* = *el peligro se oculta en la quietud del lago.* **3** surgir (veladamente), insinuarse (especialmente en la mente): *a lurking suspicion* = *la insinuación de una sospecha (una insinuante sospecha).*

luscious ['lʌʃəs] *adj.* **1** delicioso, apetitoso, suculento, exquisito: *the luscious taste of a ripe peach* = *el apetitoso sabor de un melocotón maduro.* **2** rico, sugerente, sensual (en manifestaciones artísticas): *the luscious colour of the picture* = *el sugerente colorido del cuadro.* **3** (fam.) voluptuoso, sensual, apetitoso, atractivo (sexualmente): *a luscious blonde* = *una rubia sensual.*

lusciously ['lʌʃəslɪ] *adv.* deliciosamente, sugerentemente, sensualmente.

lusciousness ['lʌʃəsnɪs] *s. i.* **1** suculencia, sabor suculento, exquisitez. **2** voluptuosidad, sensualidad.

lush [lʌʃ] *adj.* **1** exuberante, lozano, lujuriante (plantas, hierbas, etc.): *lush vegetation* = *vegetación exuberante.* **2** (fam.) lujoso, de lujo, selecto: *a lush atmosphere* = *un ambiente de lujo.* • *s. c.* **3** (EE UU) (fam.) borracho, bebido.

lushness ['lʌʃnɪs] *s. i.* exuberancia, lozanía, lujo.

lust [lʌst] *s. c.* e *i.* **1** lujuria, lascivia, libido: *to curb one's lust* = *reprimirse la lujuria.* **2** (~ {**for/of**}) codicia, afán, ansia, deseo vehemente: *a lust for power* = *afán de poder.* • *v. i.* **3** (**to** ~ {**after/for**}) desear (sexualmente), codiciar, ansiar: *he lusts for money* = *ansía el dinero.*

luster *s. c.* ⇒ **lustre.**

lustful ['lʌstfull] *adj.* lujurioso, libidinoso, lascivo.

lustfully ['lʌstfəlɪ] *adv.* lujuriosamente, lascivamente.

lustily ['lʌstɪlɪ] *adv.* vigorosamente, fuertemente, vitalmente.

lustre ['lʌstər] (en EE UU **luster**) *s. c.* e *i.* **1** lustre, brillo, esplendor. **2** (fig.) lustre, brillo, toque, distinción: *his travels gave his image a new lustre* = *sus viajes añadieron un nuevo brillo a su imagen.*

lustrous ['lʌstrəs] *adj.* (lit.) lustroso, brillante: *lustrous eyes* = *ojos brillantes.*

lustrously ['lʌstrəslɪ] *adv.* (lit.) lustrosamente, brillantemente.

lusty ['lʌstɪ] *adj.* vigoroso, vital, sano, robusto, lozano.

lutanist *s. c.* ⇒ **lutenist.**

lute [lu:t] *s. c.* **1** MÚS. laúd. • *s. i.* **2** zulaque.

lutenist ['lu:tənɪst] (también **lutanist**) *s. c.* tocador de laúd, laudista.

Lutheran ['lu:θərən] REL. *s. c.* **1** luterano. • *adj.* **2** luterano.

luv [lʌv] (grafía regional de **love**) *s. c.* e *i.* (brit.) (p. u.) amor.

luxuriance [lʌg'zjuərɪəns] *s. i.* exuberancia, vigor, lozanía, vicio (vegetación).
luxuriant [lʌg'zjuərɪənt] *adj.* **1** exuberante, lozano, vigoroso, lujuriante. **2** recargado, artificioso (en decoración).
luxuriantly [lʌg'zjuərɪəntlɪ] *adv.* exuberantemente, lozanamente, vigorosamente.
luxuriate [lʌg'zjuərɪeɪt] *v. i.* (**to** ~ {**in**}) disfrutar, deleitarse: *to luxuriate in one's hot bath* = *deleitarse con un baño de agua caliente.*
luxurious [lʌg'zjuərɪəs] *adj.* **1** lujoso, de lujo, fastuoso, caro: *a luxurious flat* = *un piso de lujo.* **2** voluptuoso, sensual, placentero, relajante: *she took a luxurious long hot bath* = *se tomó un largo y placentero baño de agua caliente.*
luxuriously [lʌg'zjuərɪəslɪ] *adv.* voluptuosamente, sensualmente, placenteramente.
luxury ['lʌkʃərɪ] *s. c.* e *i.* **1** lujo, confort (sin considerar el coste): *they live in great luxury* = *llevan una vida de gran lujo.* **2** lujo (bienes superfluos y caros): *clothes, food and little luxuries* = *vestido, comida y pequeños lujos.* • *adj.* **3** de lujo, lujoso, caro, fastuoso: *luxury hotels* = *hoteles de lujo.* ◆ **4** ~ **goods,** artículos de lujo.
LV [,el'vɪː] (*abrev.* de **luncheon voucher**) ⇒ **luncheon.**
LW [,el'dʌbljuː] (*abrev.* de **long wave**) ⇒ ~ **wave.**
lychee ['laɪtʃiː] *s. c.* e *i.* lichi (fruta china parecida a la nuez y de carne blanca y dulce).
lych-gate ['litʃgeɪt] (también **lich-gate**) *s. c.* portada, portadillo, soportal (en cementerios e iglesias).
lye [laɪ] *s. i.* QUÍM. lejía.
lying ['laɪɪŋ] *ger.* **1** de **lie.**• *adj.* **2** mentiroso.• *s. pl.* **3** mentiras.
lying-in [,laɪɪŋ'ɪn] *s. sing.* **1** (arc.) período en cama (de parturienta antes del parto). **2** (fam.) período en cama en plan perezoso después de despertar.
lymph [lɪmf] *s. i.* ANAT. **1** linfa. **2** MED. linfa animal (para vacuna). ◆ **3** ~ **gland,** ANAT. glándula linfática.
lymphatic [lɪm'fætɪk] *adj.* **1** linfático: *lymphatic vessels* = *vasos linfáticos.* **2** (fig. y form.) lento, perezoso, inerte.
lynch [lɪntʃ] *v. t.* **1** linchar. ◆ **2** ~ **law,** procedimiento legal seguido en caso de linchamiento.
lynx [lɪŋks] *s. c.* ZOOL. lince.
lynx-eyed [,lɪŋks'aɪd] *adj.* con vista de lince.
lyre ['laɪər] *s. c.* lira (instrumento).
lyre-bird ['laɪəbəːd] *s. c.* ZOOL. ave lira (Australia).
lyric ['lɪrɪk] *adj.* **1** lírico: *a lyric poet* = *un poeta lírico.* **2** para ser cantado. • *s. c.* **3** poema lírico. ◆ **4 lyrics,** letra (de canción).
lyrical ['lɪrɪkl] *adj.* **1** lírico. **2** jovial, muy entusiasta: *she waxed lyrical about natural food* = *se hizo muy entusiasta de los alimentos naturales.*
lyrically ['lɪrɪkəlɪ] *adv.* líricamente, jovialmente, con mucho entusiasmo.
lyricism ['lɪrɪsɪzəm] *s. c.* e *i.* **1** lirismo. **2** expresión de gran emoción o entusiasmo.
lyricist ['lɪrɪsɪst] *s. c.* letrista, escritor de canciones (de su letra o texto).
lyrics ['lɪrɪks] *s. pl.* letra, texto de canción (en espectáculos musicales.).
lysergic [lɪ'səːdʒɪk] *adj.* lisérgico.

m, M [em] *s. c.* **1** m, M (decimotercera letra del alfabeto inglés). **2** abreviatura de **metre, million, minute, male, masculine** y **married**. **3** 1.000, número romano.

MA [em'əɪ] (*abrev.* de **Master of Arts**) *s. c.* máster.

ma [mɑː] *s. c.* (fam.) mamá, mami.

ma'am [mɑːm || mæm || məm] (*contracción* de **madam**) *s. c.* señora (tratamiento respetuoso para una mujer).

mac [mæk] *s. c.* **1** (brit.) (fam.) impermeable. ◆ **2 hey, mac!** (EE UU) (argot) ¡oiga jefe!, ¡eh amigo! (para dirigirse a un hombre cuyo nombre se desconoce).

macabre [mə'kɑːbr || mə'kɑːbrə] *adj.* macabro, truculento, espantoso, siniestro.

macadam [mə'kædəm] *s. i.* macadán (en la construcción de carreteras).

macadamise *v. t.* ⇒ **macadamize.**

macadamize [mə'kædəmaɪz] (también **macadamise**) *v. t.* echar macadán (en una carretera).

macaroni [ˌmækə'rəunɪ] *s. i.* **1** macarrones. ◆ **2** ~ **cheese,** GAST. macarrones gratinados.

macaroon [ˌmækə'ruːn] *s. c.* galleta de coco y almendra, mostachón.

mace [meɪs] *s. c.* **1** bastón de mando, maza ceremonial. **2** maza, porra. ● *s. i.* **3** macís (especia de la corteza de la nuez moscada).

macerate ['mæsəreɪt] *v. t.* (form.) ablandar, macerar.

maceration [ˌmæsə'reɪʃn] *s. i.* (form.) ablandamiento, maceración.

Mach [mæk || mɑːk] s. i. Mach (cociente entre la velocidad de un avión y el sonido).

machete [mə'ʃetɪ || mə'tʃetɪ] *s. c.* machete.

Machiavellian [ˌmækɪə'velɪən] (también **machiavellian**) *adj.* (lit. y desp.) maquiavélico.

machinations [ˌmækɪ'neɪʃn] *s. pl.* maquinaciones, intrigas, complot.

machine [mə'ʃiːn] *s. c.* **1** máquina, aparato. **2** (fig.) máquina, autómata. **3** computadora, ordenador. **4** (fam.) coche, automóvil, (Am.) carro; motocicleta; avión. **5** (fig.) aparato, maquinaria (política, logística). ● *v. t.* **6** producir a máquina, trabajar a máquina; cortar o coser a máquina. **7** troquelar, fresar, tornear. ◆ **8** ~ **code,** INF. código de máquina, código de operación. **9** ~ **language,** ⇒ ~ **code.**

machine-gun [mə'ʃiːngʌn] *s. c.* **1** MIL. ametralladora. ● *v. t.* **2** ametrallar.

machine-made [məˌʃiːn'meɪd] *adj.* fabricado, hecho en fábrica.

machine-readable [məˌʃiːn'riːdəbl] *adj.* INF. procesable por ordenador, legible por máquina.

machinery [mə'ʃiːnərɪ] *s. i.* **1** maquinaria, equipo. **2** mecanismo. **3** aparato, organización, sistema.

machine tool [mə'ʃiːntuːl] *s. c.* herramienta eléctrica, sierra eléctrica.

machinist [mə'ʃiːnɪst] *s. c.* **1** maquinista, mecánico, operario. **2** costurera a máquina. **3** (arc.) tramoyista.

machismo [mə'tʃɪzməu || mə'kɪzməu || mɑː'tʃɪzməu] *s. i.* (desp.) machismo.

macho ['mætʃəu || 'mɑːtʃəu] *adj.* **1** (desp.) machista, macho. ● (*pl.* **machos**) *s. c.* **2** machista. **3** machismo.

mackerel ['mækrəl] (*pl.* **mackerel** o **mackerels**) *s. c.* e *i.* **1** ZOOL. caballa, escombro, sarda. ◆ **2** ~ **sky,** cielo con nubes como jirones.

mackintosh ['mækɪntɒʃ] *s. c.* **1** (brit.) impermeable, gabardina. ● *s. i.* **2** material impermeable, tela impermeabilizada.

macro- [ˌmækrəu] *prefijo.* macro: *macroeconomics = macroeconomía.*

macrobiotic [ˌmækrəubaɪ'ɒtɪk] *adj.* macrobiótico.

macrobiotics [ˌmækrəubaɪ'ɒtɪks || ˌmækrəubɑː'ɒtɪk] *s. i.* macrobiótica.

macrocosm ['mækrəukɒzəm || 'mækrəukɑːzəm] *s. c.* **1 the** ~, el universo. **2** macrocosmos.

macroeconomics [ˌmækrəuiːkə'nɒmɪks] *s. i.* macroeconomía.

mad [mæd] *adj.* **1** loco, demente, enfermo mental. **2** (fig.) loco, enloquecido, furioso, frenético. **3** insensato, ilógico, disparatado, descabellado. **4** (~ **about**) (fam.) loco por (algo o alguien). **5** (EE UU) furioso, enfurecido, resentido. **6** incontrolado, desenfrenado, desordenado (una carrera). **7** hilarante, divertidísimo. **8** rabioso, afectado por la rabia (un animal). ◆ **9 to drive somebody** ~, enfurecer a alguien, volver loco a alguien. **10 to go** ~, enloquecer, volverse loco (mentalmente, de alegría). **11 like** ~, como loco, intensamente, enloquecidamente. **12** ~ **as a hatter/a March hare,** como una cabra, como una regadera, loco de atar. **13** ~ **cow disease,** mal de las vacas locas. **14** ~ **keen,** (brit.) (fam.) entusiasmado, como loco.

madam ['mædəm] *s. c.* **1** señora (tratamiento respetuoso para una mujer): *good morning, madam = buenos días, señora.* **2** (brit.) (desp.) consentida, caprichosa, mandona (una niña). **3** (arc.) madama, dueña de un prostíbulo.

madcap ['mædkæp] *adj.* **1** (fam.) alocado, tarambana, atolondrado, impulsivo (una persona). **2** insensato (un plan). ● *s. c.* **3** calavera, locuelo, tarambana.

madden ['mædn] *v. t.* e *i.* **1** (gen. *pasiva*) enfurecer, volver loco, perder el juicio, encolerizarse. ● *v. t.* **2** enloquecer, volver loco (mental).

maddened ['mædnd] *adj.* enloquecido, furioso, encolerizado.

maddening ['mædnɪŋ] *adj.* **1** desesperante, enloquecedor, exasperante (un dolor). **2** (fam.) irritante, insufrible, inaguantable (una persona).

maddeningly ['mædnɪŋlɪ] *adv.* de modo exasperante, enloquecedoramente, insufriblemente.

made [meɪd] *pret.* y *p. p.* **1** de **make** ● *adj.* **2** (~ **from/of**) hecho de, formado por, compuesto de, confeccionado con. **3** (~ **for**) hecho para, adecuado para: *really made for him = realmente hecho para él.* ◆ **4 to be** ~ **for life/to have it** ~, (fam.) tener el éxito asegurado.

made-for-TV [ˌmeɪdfɔːˌtɪː'vɪː] *adj.* realizado para televisión.

made-to-measure [ˌmeɪdtə'meʒər] *adj.* a la medida, hecho a medida.

made-up ['meɪdʌp] *adj.* **1** maquillado. **2** falso, inventado, ficticio. **3** preparado. **4** asfaltado.

madhouse ['mædhaus] *s. c.* **1** (arc.) manicomio, psiquiátrico. **2** (fam. y fig.) casa de locos, guirigay.

madly ['mædlɪ] *adv.* **1** enloquecidamente, alocadamente, como loco. **2**

furiosamente, salvajemente. **3** (fam.) muchísimo, enormemente. ◆ **4** ~ **in love,** locamente enamorado, perdidamente enamorado.
madman ['mædmən] (*pl.* **madmen**) *s. c.* loco, demente, lunático.
madmen ['mædmən] *pl* de **madmen**.
madness [mædnɪs] *s. i.* **1** locura, demencia. **2** (fig.) locura, estupidez, insensatez. **3** furia, rabia.
Madonna [mə'dɒnə ‖ mə'dɔːnə] *s. sing.* **1** Madona, la Virgen María. ● *s. c.* **2** ART. madona.
madras [mə'drɑːs] *s. i.* **1** madrás, algodón de Madrás. **2** pañuelo de colores luminosos (usado como turbante).
madrigal ['mædrɪgl] *s. c.* MÚS. y LIT. madrigal.
madwoman ['mæd,wumən] (*pl.* **madwomen**) *s. c.* loca, demente, lunática.
madwomen ['mædwɪmɪn] *pl.* de **madwoman.**
maelstrom ['meɪlstrɒm] *s. sing.* **1** (lit.) remolino. **2** (fig.) torbellino, vorágine, vórtice: *the maelstrom of war = la vorágine de la guerra.*
maestri ['maɪstrɪ] *pl.* de **maestro.**
maestro ['maɪstrəu] (*pl.* **maestros** o **maestri**) *s. c.* MÚS. maestro, profesor, compositor, director de orquesta.
Mafia ['mæfɪə ‖ 'mɑːfɪə] *s. sing.* **1** (**the** ~ + *v. sing./pl.*) la Mafia, la Camorra, la sociedad del crimen organizado. **2** (desp.) mafia, organización (profesional).
Mafiosi [,mæfɪ'əusiː] *pl.* de **Mafioso.**
Mafioso [,mæfɪ'əusəu] (*pl.* **Mafiosi**) *s. c.* mafioso, miembro de la Mafia.
mag [mæg] *s. c.* (fam.) revista.
magazine [,mægə'ziːn ‖ 'mægəziːn] *s. c.* **1** revista. **2** TV. magazine, programa de noticias cortas. **3** recámara, cargador (de un arma). **4** FOT. cámara, cartucho. **5** MIL. polvorín, almacén de armas, depósito (de armas, explosivos). **6** MIL. armas, pertrechos.
magenta [mə'dʒentə] *adj.* **1** magenta, rojo, púrpura. ● *s. i.* **2** color magenta, color rojo púrpura.
maggot ['mægət] *s. c.* **1** larva, gusano (de mosca). **2** capricho, extravagancia.
maggoty ['mægətɪ] *adj.* lleno de gusanos, cubierto de gusanos.
Magi ['meɪdʒaɪ] *s. pl.* **the** ~, los Reyes Magos.
magic ['mædʒɪk] *s. i.* **1** magia, encantamiento. **2** juegos de magia. **3** (fig.) magia, encanto, misterio: *the magic of electronics = la magia de la electrónica.* ● *adj.* **4** mágico, encantado. **5** (fig.) mágico, misterioso, clave. **6** (brit.) (argot.) maravilloso, encantador. ◆ **7 as if by** ~, como por arte de magia, como por ensalmo. **8** ~ **carpet,** LIT. alfombra mágica. **9** ~ **lantern,** OPT. linterna mágica.
magical ['mædʒɪkl] *adj.* **1** mágico, encantador, misterioso. **2** mágico, sobrenatural (un poder).
magically ['mædʒɪkəlɪ] *adv.* mágicamente, misteriosamente.
magician [mə'dʒɪʃn] *s. c.* **1** mago, hechicero, brujo. **2** mago, prestidigitador, nigromante.
magisterial [,mædʒɪ'stɪərɪəl] *adj.* **1** (form.) magistral. **2** autoritario, dominante, dogmático. **3** de magistrado.
magisterially [,mædʒɪ'stɪərɪəlɪ] *adv.* magistralmente, autoritariamente.
magistracy ['mædʒɪstrəsɪ] *s. c.* **1** DER. posición de magistrado. ◆ **2 the magistracy,** la magistratura (el colectivo).
magistrate ['mædʒɪstreɪt] *s. c.* DER. magistrado; juez (local, municipal).
magma ['mægmə] *s. i.* GEOL. magma.
magnanimity [,mægnə'nɪmɪtɪ] *s. i.* **1** (form.) magnanimidad, generosidad, indulgencia. **2** acto magnánimo.
magnanimous [mæg'nænɪməs] *adj.* (form.) magnánimo, generoso, indulgente.
magnanimously [mæg'nænɪməslɪ] *adv.* (form.) magnánimamente, generosamente.
magnate ['mægneɪt] *s. c.* magnate, potentado.
magnesia [mæg'niːʃə] *s. i.* QUÍM. magnesia, magnesio (para tomar como medicina).
magnesium [mæg'niːzjəm] *s. i.* MIN. magnesio.
magnet ['mægnɪt] *s. c.* **1** imán. **2** (fig.) imán, atracción.
magnetic [mæg'netɪk] *adj.* **1** magnético, imantado. **2** (fig.) magnética, atractiva (la personalidad). ◆ **3** ~ **field,** FÍS. campo magnético. **4** ~ **north,** norte magnético (de la brújula). **5** ~ **tape,** cinta de magnetófono.
magnetically [mæg'netɪkəlɪ] *adv.* magnéticamente.
magnetise *v. t.* ⇒ **magnetize.**
magnetism ['mægnɪtɪzəm] *s. i.* **1** magnetismo. **2** (fig.) atracción, atractivo.
magnetize ['mægnɪtaɪz] (también **magnetise**) *v. t.* **1** magnetizar, imantar. **2** (fig.) atraer, fascinar, encantar.
magneto [mæg'niːtəu] *s. c.* ELEC. magneto.
Magnificat [mæg'nɪfɪkæt] *s. sing.* REL. Magnificat (canto de la Virgen).
magnification [,mægnɪfɪ'keɪʃn] *s. i.* **1** magnificación, engrandecimiento. ● *s. c.* **2** aumento, amplificación, agrandamiento.
magnificence [mæg'nɪfɪsns] *s. i.* magnificencia, esplendor.
magnificent [mæg'nɪfɪsnt] *adj.* **1** magnífico, maravilloso, espléndido, soberbio. **2** generoso.
magnificently [mæg'nɪfɪsntlɪ] *adv.* magníficamente, espléndidamente.
magnifier ['mægnɪfaɪər] *s. c.* FOT. amplificadora.
magnify ['mægnɪfaɪ] *v. t.* **1** OPT. aumentar, ampliar, agrandar. **2** (fig.) magnificar, exagerar. **3** (arc.) magnificar, ensalzar (a Dios).
magnifying glass ['mægnɪfaɪɪŋglɑːs] *s. c.* OPT. lupa, lente de aumento.
magniloquence [mæg'nɪləkwəns] *s. i.* (form.) grandilocuencia, pomposidad.
magniloquent [mæg'nɪləkwənt] *adj.* (form.) grandilocuente, pomposo.
magniloquently [mæg'nɪləkwəntlɪ] *adv.* (form.) grandilocuentemente, pomposamente.
magnitude ['mægnɪtjuːd ‖ 'mægnɪtuːd] *s. i.* **1** (form.) magnitud, envergadura, grandeza. **2** magnitud, importancia. ● *s. c.* **3** ASTR. magnitud.
magnolia [mæg'nəuljə] *s. c.* **1** BOT. magnolio, magnolia. ● *s. i.* **2** color rosa pálido, color magnolia.
magnum ['mægnəm] *s. c.* **1** botella de 1.5 litros (de bebidas alcohólicas). ◆ **2** ~ **opus,** ART. obra maestra.
magpie ['mægpaɪ] *s. c.* **1** ZOOL. urraca. **2** (fig.) cotorra, charlatán, parlanchín. **3** (fig. y fam.) coleccionista de objetos sin valor.
maharaja [,mɑːhə'rɑːdʒə] (también **maharajah**) *s. c.* maharajá, príncipe hindú.
maharajah *s. c.* ⇒ **maharaja.**
maharanee *s. c.* ⇒ **maharani.**
maharani [,mɑːhə'rɑːniː] (también **maharanee**) *s. c.* maharani, princesa hindú.
mahatma [mə'hɑːtmə ‖ mə'hætmə] *s. c.* mahatma, gran maestro (en la India título de autoridad espiritual, religiosa).
mah-jong [mɑː'dʒɒŋ ‖ mɑː'dʒɑːŋ] *s. i.* mah-jong (juego chino de mesa parecido al dominó).
mahogany [mə'hɒgənɪ ‖ mə'hɑːgənɪ] *s. c.* **1** BOT. caoba, árbol de la caoba. ● *s. i.* **2** madera de caoba. **3** color caoba.
maid [meɪd] *s. c.* **1** doncella, criada, sirvienta, (Am.) mucama, fámula. **2** (lit. y arc.) doncella, virgen, soltera. ◆ **3** ~ **of honor, a)** (EE UU) dama de honor (en una boda); **b)** doncella (de la reina); **c)** pastelito, tartita.
maiden ['meɪdn] *s. c.* **1** (lit.) joven, doncella, soltera. **2** DEP. caballo no ganador. **3** HIST. guillotina (escocesa). ● *adj.* **4** primero, inaugural (un viaje, una travesía). **5** soltera, virgen. ◆ **6** (arc.) ~ **aunt,** tía solterona. **7** ~ **name,** nombre de soltera. **8** ~ **over,** DEP. juego sin carreras (en críquet). **9** ~ **speech,** discurso inaugural (de un miembro del Parlamento). **10** ~ **voyage,** viaje inaugural, primer viaje (especialmente de un barco).
maidenhair ['meɪdnheər] *s. i.* BOT. cilandrillo.
maidenhead ['meɪdnhed] (arc.) *s. c.* **1** himen. ● *s. i.* **2** virginidad.
maidenhood ['meɪdnhud] *s. i.* (form.) **1** virginidad, estado virginal. **2** período de virginidad.
maidenly ['meɪdnlɪ] *adj.* pudoroso, púdico, modesto.
mail [meɪl] *s. i.* **1** (**the** ~) (EE UU) correo (sistema). **2** correspondencia, correo, cartas; paquetes. ● *s. c.* **3** cota de malla, armadura. **4** caparazón (de animales). ● *v. t.* **5** (EE UU) enviar por correo. **6** proteger con cota de malla. ● *v. i.* **7** enviar cartas.
mailbag ['meɪlbæg] *s. c.* **1** valija, saca de correos. **2** (EE UU) bolsa del cartero.

mailbox ['meɪlbɒks] *s. c.* (EE UU) buzón (en una vivienda).
mailing list ['meɪlɪŋ lɪst] *s. c.* lista de direcciones (para enviar información, propaganda).
mailman ['meɪlmæn] (*pl.* **mailmen**) *s. c.* (EE UU) cartero.
mailmen ['meɪlmən] *s. c.* ⇒ **mailman.**
mailshot ['meɪlʃɒt] *s. i.* "mailing", envío postal de propaganda, etc.
mail order ['meɪl,ɔːdər] *s. i.* **1** pedido por correo, venta por catálogo. • *adj.* **2 mail-order,** de venta por correo/por catálogo.
maim [meɪm] *v. t.* **1** mutilar, tullir, lisiar. **2** estropear, desfigurar, deformar.
main [meɪn] *adj.* (no *comp.*) **1** principal, más importante, esencial. **2** ARQ. maestra (una viga). **3** fundamental, exclusiva. **4** MAR. mayor (una vela). **5** primero, principal, bajo (un piso). **6** central (una oficina). • *s. pl.* **7** cañerías principales, tubería general. **8** ELEC. línea principal, conductor principal. • *s. i.* **9** (p.u.) fuerza física. • *s. sing.* **10** (p.u.) tierra firme. **11** (p.u.) océano, mar abierto. **12** MAR. vela mayor; palo mayor, mástil. ♦ **13 to have an eye to the ~ chance,** (brit.) estar a la que salta, estar atento a la más mínima oportunidad (de obtener ganancias). **14 in the ~,** en general, principalmente, en su mayoría. **15 ~ clause,** GRAM. oración principal. **16 ~ drag,** (EE UU) (fam.) calle mayor, calle principal. **17 ~ line,** línea principal (ferroviaria). **18 ~ road,** carretera principal, carretera nacional.
mainbrace ['meɪnbreɪs] *s. c.* braza mayor.
mainframe ['meɪnfreɪm] *s. c.* INF. superordenador.
mainland ['meɪnlənd] *s. sing.* **1 the ~,** el continente, el interior, tierra firme. • *adj.* **2** interior, continental, de tierra adentro: *mainland Spain = la España continental.*
mainline ['meɪnlaɪn] *v. t.* e *i.* **1** (argot) inyectarse en vena, chutarse, picarse (narcóticos). • *adj.* **2** de la línea principal: *a mainline station = una estación de la línea principal.*
mainly [meɪnlɪ] *adv.* (no *comp.*) principalmente, en la mayoría de los casos, en mayor grado.
mainspring ['meɪnsprɪŋ] *s. c.* (gen. *sing.*) **1** muelle real (de un reloj). **2** móvil, causa, razón, motivo.
mainstay ['meɪnsteɪ] *s. c.* (gen. *sing.*) **1** punto clave, pilar, sostén, soporte. **2** MAR. estay mayor.
mainstream ['meɪnstriːm] *s. sing.* **1 the ~,** la corriente principal, la tendencia principal, la línea convencional. • *adj.* **2** corriente, ordinario, en la línea convencional, de la corriente principal.
maintain [meɪn'teɪn] *v. t.* **1** mantener, conservar (algo en buenas condiciones, un puesto de trabajo). **2** mantener, sostener, afirmar, asegurar. **3** mantener, sostener, alimentar. **4** conservar (la vida). • *v. pron.* **5** (EE UU) (fam.) mantenerse, conservarse (joven).
maintenance ['meɪntənəns] *s. i.* **1** mantenimiento, conservación, reparación; limpieza. **2** (brit.) manutención, pensión, provisión de víveres. **3** mantenimiento, conservación (de leyes, costumbres). ♦ **4 ~ order,** DER. orden judicial de pensión alimenticia.
maisonette [,meɪzə'net] *s. c.* (brit.) apartamento dúplex.
maize [meɪz] (en EE UU **corn**) *s. i.* **1** BOT. maíz. **2** color amarillo anaranjado, color maíz.
majestic [mə'dʒestɪk] *adj.* majestuoso, solemne, sublime, imponente.
majestically [mə'dʒestɪkəlɪ] *adv.* majestuosamente, solemnemente.
majesty ['mædʒəstɪ] *s. i.* **1** majestad, grandeza, solemnidad, esplendor. **2** majestad, soberanía. • *s. c.* **3 Majesty,** Majestad (título).
major ['meɪdʒər] *adj.* **1** mayor, máximo, más significativo, más importante, principal. **2** MÚS. mayor: *in a major key = en clave mayor.* **3** (*s.* + ~) (brit.) mayor (para nombrar a un chico con el mismo apellido que otro en clase): *Robinson major = Robinson el mayor.* **4** grave, seria (una enfermedad). **5** DER. mayor de edad. **6** de especialización, de la especialidad (universitaria). • *s. c.* **7** MIL. comandante, mayor. **8** especialidad, especialización (universitaria). **9** (EE UU) estudiante que está especializándose. **10** DER. mayor de edad. • *v. i.* **11** (to ~ {in}) especializarse en (en la universidad). ♦ **12 ~ premise,** FIL. premisa.
majordomo [,meɪdʒə'dəuməu] *s. c.* mayordomo.
majorette [,meɪdʒə'ret] *s. c.* (EE UU) "majorette" (chica que desfila con uniforme y bastón delante de una banda de músicos).
major-general [,meɪdʒə'dʒenərəl] *s. c.* MIL. general de división.
majority [mə'dʒɒrɪtɪ] *s. sing.* **1** (the ~ + *v. sing./pl.*) la mayoría, la mayor parte. • *s. c.* **2** (gen. *sing.*) mayoría, margen (de votos). • *s. i.* **3** DER. mayoría de edad. **4** MIL. comandancia. ♦ **5 in a/in the ~,** en la mayoría. **6 ~ verdict,** DER. veredicto mayoritario (de un jurado).
make [meɪk] (*pret.* y *p. p. irreg.* **made**) *v. t.* **1** hacer, fabricar, manufacturar, construir, elaborar, confeccionar, crear (un objeto, un vestido, etc.). **2** hacer, preparar, aderezar (una comida, una bebida). **3** (to ~ + *s.*) hacer (un esfuerzo, un descubrimiento, un comentario). **4** traer, proporcionar (problemas). **5** componer, escribir, crear (una obra). **6** pronunciar (un discurso). **7** cometer (errores). **8** instituir, establecer (una ley). **9** redactar (un testamento, un documento). **10** (to ~ + *o.* + *adj.*) poner, hacer, volver: *it makes me crazy = me vuelve loco.* **11** hacer, nombrar, proponer (para un puesto). **12** convertir, hacer: *they made him chairman = le hicieron presidente.* **13** (to ~ + *o.* + *inf.*) obligar a, inducir a, forzar a, causar, motivar: *you made me do it = me obligaste a hacerlo.* **14** (to ~ + *o.* + *inf.*) representar, hacer parecer, suponer: *the story is made to take place in India = se supone que la historia tiene lugar en la India.* **15** (fam.) llegar a, alcanzar (un lugar, un tren). **16** ganar, obtener (dinero); adquirir (renombre, reputación); hacerse, valerse (enemigos). **17** concertar (un cita). **18** hacer, sumar. **19** ofrecer, servir de, constituir: *that will make a good table = eso servirá de mesa estupendamente.* **20** llegar a ser, convertirse en, comportarse como: *you'll make a fantastic clown = llegarás a ser un payaso fantástico.* **21** (fam.) hacer, formar, completar (un grupo, un círculo). **22** hacer, arreglar (la cama). **23** (arc.) hacer, recorrer, cubrir (una distancia). **24** (lit. y arc.) estar a punto de, disponerse a. **25** hacer (donativo). **26** formar parte de, conseguir un puesto en (un equipo). **27** DEP. obtener, marcar, conseguir (un tanto). **28** hacer prosperar, convertir en un éxito: *he can make or break it = puede convertirlo en un éxito o arruinarlo.* **29** (fam. y vulg.) seducir, llevar al huerto, conseguir acostarse con. **30** MAR. avistar (tierra); llegar a puerto, arribar. • *v. i.* **31** comportarse, actuar. • *s. c.* **32** marca, modelo; fabricación, producto. **33** fabricación, manufactura, creación. **34** hechura, estilo, figura. **35** tipo, índole. ♦ **36** (to ~ + *adv./prep.*) **to ~ away with something /someone,** robar algo, llevarse algo. **37 to ~ for something,** dirigirse a, encaminarse a, ir hacia; contribuir a, servir para, resultar. **38 to ~ into,** convertir en. **39 to ~ it,** triunfar. **40 to ~ something of, a)** sacar de, entender por, pensar de; **b)** dar importancia a, hacer un mundo de; **c)** querer guerra (en una discusión). **41 to ~ off,** marcharse deprisa, escapar de estampida, largarse. **42 to ~ off with,** (fam.) llevarse, arrebatar. **43 to ~ out, a)** extender, hacer, rellenar (una solicitud, un cheque); **b)** (fam.) distinguir, vislumbrar, entender, descifrar; **c)** (fam.) mantener, sostener, alegar; **d)** justificar, probar; **e)** ir, salir, marchar (algo bien o mal); **f)** aparentar, dar a entender, fingir, simular. **44 to ~ out with,** (fam.) hacer el amor con. **45 to ~ something over, a)** transferir, ceder, traspasar (una propiedad a otra persona); **b)** (EE UU) rehacer, volver a hacer, renovar. **46 to ~ towards,** (fam.) ir hacia, entrar en dirección a. **47 to ~ up, a)** inventar, tramar (una historia); **b)** maquillar(se), pintar(se); **c)** preparar, arreglar (una cama); **d)** juntar, recopilar, reunir; **e)** formar, constituir, integrar; **f)** confeccionar, realizar, transformar; **g)** conseguir, reunir (una cantidad, una puntuación); **h)** pagar la diferencia (dinero);

i) reconciliarse, hacer las paces; j) subsanar (un error, una opinión); k) cubrir (un déficit); l) indemnizar, compensar; m) componer, maquetar (una página). **48 to ~ up for,** compensar, subsanar, reparar; recuperar. **49 to ~ up to,** (desp.) adular, halagar, hacer la pelota a; recompensar, compensar, devolver el favor. **50 to ~ with,** (EE UU) (argot) traer, poner, sacar (algo de comer). ◆ **51 to ~ a day/an evening/a night of it,** pasar un día/tarde/noche fantásticos, de maravilla. **52 to ~ do (with),** (fam.) conformarse con, arreglarse con. **53 to ~ like,** (fam.) hacer de, actuar de. **54 to ~ one's day,** dar una alegría a alguien. **55 to ~ one's way,** (form.) progresar, avanzar, abrirse camino. **56 on the ~,** decidido a triunfar, a sacar partido (social o económicamente). **57 to ~ up one's mind,** ⇒ **mind.**

make-believe ['meɪkbɪ,liːv] *s. i.* **1** ficción, simulación, ensueño, engaño, falsedad, pretensión. • *adj.* **2** falso, de mentira, fingido.

maker [meɪkər] *s. c.* **1** fabricante, elaborador, productor, constructor. **2** director (de cine). **3** (gen. *pl.*) firma creadora, fábrica, fabricante: *send it to the makers = envíalo a fábrica.* **4** (euf.) Dios, Hacedor, Creador. **5** DER. librador (de una letra). **6** (arc.) poeta.

makeshift ['meɪkʃɪft] *adj.* **1** improvisado, provisional, temporal. • *s. i.* **2** improvisación, invento, arreglo provisional.

make-up ['meɪkʌp] *s. i.* **1** maquillaje, cosmético, afeite. **2** composición, estructura, construcción (de un objeto). **3** modo de ser, temperamento, naturaleza, disposición. **4** composición, maquetación (de una página). **5** examen de repesca, examen de recuperación.

make-weight ['meɪkweɪt] *s. c.* **1** contrapeso (de una balanza). **2** (fig.) suplente, sustituto.

making [meɪkɪŋ] *s. i.* **1** (gen. en combinación) fabricación, creación, elaboración, producción, construcción, confección. **2** (**the ~ of**) la formación de: *the making of a great painter = la formación de un gran pintor.* **3** (*pl.*) cualidades, facultades, ingredientes, elementos necesarios. **4** *pl.* (EE UU) (argot) papel y tabaco (para liar cigarrillos). ◆ **5 to be the ~ of someone,** ser la causa/clave del éxito de alguien. **6 in the ~,** en vías de formación, en marcha, en potencia. **7 of one's own ~,** de su incumbencia, de la propia responsabilidad de uno, debido a los propios actos de uno. OBS. Se usa para formar palabras compuestas: **shoemaking,** la industria del calzado; **film-making,** la producción de películas.

mal- [mæl] *prefijo* mal-, des-: *maladminister = maladministrar.*
OBS. Se usa para formar palabras que se refieren a cosas mal o equivocadamente hechas o que son poco normales.

malachite ['mæləkaɪt] *s. i.* MIN. malaquita.

maladministration [,mæləd,mɪnɪ'streɪʃn] *s. i.* (form.) administración fraudulenta.

maladjusted [,mælə'dʒʌstɪd] *adj.* **1** PSIC. inadaptado, desequilibrado, mal adaptado. **2** desajustado, mal ajustado (un tornillo).

maladjustement [,mælə'dʒʌstmənt] *s. c.* e *i.* **1** PSIC. inadaptación, desequilibrio. **2** MEC. desajuste. **3** desequilibrio (regional).

maladroit [,mælə'drɔɪt] *adj.* (form.) torpe, sin tacto, desacertado.

maladroitly [,mælə'drɔɪtlɪ] *adv.* (form.) torpemente, desacertadamente.

maladroitness [,mælə'drɔɪtnɪs] *s. i.* (form.) torpeza, desacierto, falta de tacto.

malady ['mælədɪ] *s. c.* **1** (lit.) mal, defecto (de un sistema). **2** (lit.) enfermedad, dolencia, trastorno.

malaise [mə'leɪz] *s. i.* **1** malestar, indisposición, desazón. **2** preocupación, intranquilidad, insatisfacción, depresión.

malaria [mə'leərɪə] *s. i.* **1** MED. malaria, paludismo. **2** (arc.) aire malsano, miasma.

malarial [mə'leərɪəl] *adj.* palúdico.

Malay [mə'leɪ || 'meɪleɪ] *adj.* **1** malayo, de Malasia (de origen). **2** malaya (lengua). • *s. i.* **3** malayo (lengua). • *s. c.* **4** malayo (habitante). **5** ZOOL. especie de gallo de plumaje rojo y negro.

Malaysia [mə'leɪzɪə] *s. sing.* Malaysia.

Malaysian [mə'leɪzɪən] *adj.* malayo, de Malaysia.

malcontent ['mælkən,tent || ,mælkən'tent] *s. c.* **1** (form.) descontento, rebelde, agitador, revoltoso. • *adj.* **2** perturbador, revoltoso, descontento.

male [meɪl] *adj.* **1** BIOL. masculino, varón: *a male child = un hijo varón.* **2** ZOOL. macho. **3** machista. **4** masculino, viril, varonil. **5** BOT. masculino. **6** ELEC. macho. • *s. c.* **7** varón. **8** ZOOL. macho. **9** BOT. planta masculina. • *s. i.* **10** lo masculino. ◆ **11 ~ chauvinism,** (desp.) machismo, sexismo, misoginia. **12 ~ chauvinist,** (desp.) machista, chauvinista. **13 ~ chauvinist pig,** (desp.) cerdo machista (insulto a un hombre). **14 ~ model,** modelo masculino. **15 ~ nurse,** enfermero. **16 ~ voice choir,** coro masculino.

malediction [,mælɪ'dɪkʃn] *s. c.* (form.) maldición, maleficio.

malefactor ['mælɪfæktər] *s. c.* **1** (form.) malhechor, criminal. **2** malvado, canalla, perverso.

maleficence [mə'lefɪsns] *s. i.* (form.) maldad, acción maléfica.

maleficent [mə'lefɪsnt] *adj.* (form.) maléfico.

maleness ['meɪlnɪs] *s. i.* masculinidad.

malevolence [mə'levələns] *s. i.* (form.) malevolencia, maldad, perversidad.

malevolent [mə'levələnt] *adj.* (lit.) malévolo, perverso, maligno.

malevolently [mə'levələntlɪ] *adv.* (lit.) con malevolencia, con malicia, perversamente.

malformation [,mælfɔː'meɪʃn] *s. i.* **1** malformación, deformidad. • *s. c.* **2** deformidad, deformación.

malformed [,mæl'fɔːmd] *adj.* malformado, deforme, contrahecho.

malfunction [,mæl'fʌŋkʃn] *s. c.* **1** (form.) funcionamiento defectuoso (de una máquina). • *v. i.* **2** funcionar mal, funcionar defectuosamente.

malice ['mælɪs] *s. i.* **1** malicia, malevolencia, despecho, rencor. ◆ **2 with ~ aforethought,** DER. con premeditación.

malicious [mə'lɪʃəs] *adj.* malicioso, malintencionado.

maliciously [mə'lɪʃəslɪ] *adv.* maliciosamente, con mala intención.

malign [mə'laɪn] *v. t.* **1** difamar, calumniar, desacreditar, tratar injustamente. • *adj.* **2** (desp. y lit.) maligno, pernicioso, nocivo, funesto.

malignancy [mə'lɪgnənsɪ] *s. i.* **1** malignidad, malevolencia, rencor. • *s. c.* e *i.* **2** MED. tumor maligno.

malignant [mə'lɪgnənt] *adj.* **1** maligno, malévolo, rencoroso. **2** injurioso, perverso, pernicioso. **3** MED. maligno; virulento.

malignantly [mə'lɪgnəntlɪ] *adv.* malignamente, con malevolencia.

malignity [mə'lɪgnɪtɪ] *s. i.* (desp. y lit.) malignidad, malevolencia, rencor.

malinger [mə'lɪŋgər] *v. i.* fingirse enfermo, simular una enfermedad (para no ir al trabajo).

malingerer [mə'lɪŋgərər] *s. c.* persona que simula una enfermedad (para no ir al trabajo).

mall [mɔːl || mæl] *s. c.* **1** (EE UU) galerías comerciales, centro comercial en zona peatonal. **2** alameda, paseo (arbolado). **3** mediana (de una autopista).

mallard ['mælɑːd || 'mæləd] (*pl.* **mallard** o **mallards**) *s. c.* pato salvaje, ánade real.

malleability [,mælɪə'bɪlɪtɪ] *s. i.* **1** maleabilidad (metales). **2** (fig.) maleabilidad (persona).

malleable ['mælɪəbl] *adj.* **1** maleable (metales). **2** (fig.) moldeable, influenciable, dócil (una persona).

mallet ['mælɪt] *s. c.* **1** mazo, maza. **2** DEP. mazo, mallete (de croquet).

mallow ['mæləʊ] *s. c.* BOT. malva.

malnourished [,mæl'nʌrɪʃt] *adj.* desnutrido.

malnutrition [,mælnjuː'trɪʃn || ,mælnjʊ'trɪʃn] *s. i.* desnutrición.

malodorous [mæl'əʊdərəs] *adj.* maloliente, fétido.

malpractice [,mæl'præktɪs] *s. c.* e *i.* negligencia, incompetencia; falta de ética profesional.

malt [mɔːlt] *s. i.* **1** malta. **2** bebida malteada (alcohólica). **3** leche malteada (combinación refrescante). • *v. t.* e *i.* **4** maltear(se), convertir(se) en malta.

Malta ['mɔːltə] *s. sing.* Malta.

Maltese [,mɔːl'tiːz] *adj.* **1** maltés, de Malta (la lengua, los habitantes). •

s. c. **2** maltés (habitante). • *s. i.* **3** maltés (idioma).

maltreat [,mæl'tri:t] *v. t.* **1** maltratar, abusar. **2** herir, humillar.

maltreatment [mæl'tri:tmənt] *s. i.* **1** maltrato, abuso. **2** humillación.

mam [mæm] *s. c.* (brit.) mamá.

mama [mɑ:mə || mə'mɑ:] (también **momma**) *s. c.* (EE UU) (fam.) mamá, mama.

mamba ['mæmbə || mɑ:mbə] *s. c.* ZOOL. mamba, cobra africana.

mamma [mə'mɑ:] *s. c.* (fam.) mamá.

mammal ['mæml] *s. c.* ZOOL. mamífero.

mammalian [mæ'meɪljən] *adj.* ZOOL. mamífero.

mammary ['mæmərɪ] *adj.* ZOOL. mamario: *mammary gland = glándula mamaria.*

mammon ['mæmən] (también **Mammon**) *s. i.* **1** (desp.) Mammón, la riqueza (ídolo de la riqueza). **2** (fig.) avaricia, codicia.

mammoth ['mæməθ] *s. c.* **1** ZOOL. mamut. • *adj.* **2** enorme, gigantesco: *a mammoth task = una tarea gigantesca.*

mammy ['mæmɪ] *s. c.* **1** (EE UU) mamá, mami (usado por los niños). **2** (EE UU) (desp.) ama de cría (de color para niños blancos).

man [mæn] (*pl.* **men**) *s. c.* **1** hombre. **2** el ser humano, el hombre. **3** empleado, obrero, trabajador; (arc.) sirviente, criado; (*pl.*) personal, empleados. **4** MIL. soldado raso. **5** DEP. jugador. **6** (fam.) hombre; marido; amante. **7** (fam.) hombre, amigo, tío, chaval (en exclamaciones): *good to see you, man! = ¡qué tal, tío!* **8** pieza, ficha (de ajedrez, damas). **9** NAUT. barco (en combinación con otra palabra): *a man-of-war = un barco de guerra.* **10** (EE UU) (argot) policía, madero. • *s. i.* **11** la raza humana, la humanidad. • *v. t.* **12** tripular, manejar (un barco, un avión). **13** manejar, estar a cargo de (una máquina). **14** dotar de personal. **15** MIL. guarnecer. ♦ **16 a ~ about town,** un hombre de moda, un personaje mundano. **17 ~ management,** gestión de personal. **18 a man's ~,** un hombre popular entre hombres. **19 ~ of letters,** hombre de letras, literato. **20 as one ~,** como un solo hombre, todos a una, unánimemente. **21 to be ~ enough,** ser muy hombre, ser muy valiente. **22 to be one's own ~,** ser dueño de sus propios actos, ser independiente. **23 to make a ~ out of,** hacer un hombre de, convertir en un hombre a (un muchacho). **24 ~ to ~,** de hombre a hombre. **25 my ~/my good ~,** amigo mío, buen hombre. **26 to separate/sort the men from the boys,** dar la verdadera medida de las posibilidades de cada cual. **27 the ~ in the street,** el hombre de la calle. **28 to a ~,** sin excepción.

manacle ['mænəkl] *s. c.* (gen. *pl.*) **1** esposa, grillete. **2** (fig.) freno, traba. • *v. t.* **3** esposar. **4** (fig.) restringir, atar.

manage ['mænɪdʒ] *v. t.* **1** administrar; gestionar; dirigir, llevar, encargarse de (un negocio). **2** controlar, manejar (una máquina). **3** hacer, conseguir, lograr (tiempo). **4** (fam.) tomarse, atreverse con (una comida, bebida): *I couldn't manage another cup = no podría tomarme ni una taza más.* **5** permitirse (vacaciones, tiempo libre). **6** llevar, transportar, poder con (un peso). • *v. i.* **7** arreglárselas, apañarse, ir tirando.

manageable ['mænɪdʒəbl] *adj.* **1** dócil, controlable (una persona). **2** manejable (un objeto).

management ['mænɪdʒmənt] *s. i.* **1** gestión; administración; gerencia. **2** manejo, control. • *s. c.* e *i.* **3** (+ *v. sing./pl.*) junta directiva, dirección; administración; patronal; empresa. ♦ **4 ~ accounting,** contabilidad de gestión. **5 ~ consultant,** consultor de empresas, asesor de empresas. **6 ~ style,** estilo de dirección.

manager ['mænɪdʒər] (*f.* **manageress**) *s. c.* **1** gerente; director; administrador; supervisor: *sales manager = director de ventas.* **2** empresario (de teatro); representante (de un cantante). **3** DEP. entrenador; seleccionador. **4** ahorrador, administrador, gestor.

manageress [,mænɪdʒə'res || 'mænɪdʒərəs] (*m.* **manager**) *s. c.* administradora; gerente; directora.

managerial [,mænə'dʒɪərɪəl] *adj.* administrativo; directivo; gerencial; patronal.

managing director ['mænɪdʒɪŋ,dɪ'rektər] *s. c.* director gerente.

mandarin ['mændərɪn] *s. c.* **1** mandarina (fruta). **2** mandarín (dignatario chino). **3** (fig.) mandarín, persona influyente (un político, un intelectual). **4** (brit.) (fam.) funcionario, burócrata. • *s. i.* **5** mandarín (lengua).

mandate ['mændeɪt] *s. c.* **1** mandato (a un gobierno electo); comisión. **2** (form.) mandato, orden, encargo. **3** DER. mandato, mandamiento. **4** POL. mandato (otorgado por la ONU sobre un territorio); territorio bajo mandato. • *v. t.* **5** (gen. *pas.*) otorgar mandato sobre, administrar (un territorio) bajo mandato. **6** otorgar mandato (a un gobierno por elecciones).

mandatory ['mændətərɪ] *adj.* **1** (form.) obligatorio, forzoso. **2** por mandato, bajo mandato (un territorio). **3** mandatario, mandante.

mandible ['mændɪbl] *s. c.* ANAT. mandíbula, maxilar inferior; quijada; pico; pinza (de insectos, cangrejos).

mandolin ['mændəlɪn] *s. c.* MÚS. mandolina.

mandragora [mæn'drægərə] *s. c.* ⇒ **mandrake.**

mandrake ['mændreɪk] (también **mandragora**) *s. c.* BOT. mandrágora.

mandrill ['mændrɪl] *s. c.* ZOOL. mandril.

mane [meɪn] *s. c.* **1** crin (de caballo); melena (de león); penacho (de pichón). **2** (fig.) melena (de una persona).

man-eater ['mæn,i:tər] *s. c.* **1** caníbal, antropófago. **2** animal carnívoro. **3** (desp. y hum.) devoradora de hombres.

man-eating ['mæn,i:tɪŋ] *adj.* carnívoro.

maneuver *s. c.* y *v. t.* ⇒ **manoeuvre.** (también ⇒ otros derivados de **manoeuvre**).

manfully ['mænfəlɪ] *adv.* (hum.) valientemente, con determinación, resueltamente.

manganese ['mæŋgəni:z] *s. i.* QUÍM. manganeso.

mange [meɪndʒ] *s. i.* MED. sarna animal.

manger ['meɪndʒər] *s. c.* pesebre, comedero.

mangle ['mæŋgl] *v. t.* (gen. *pas.*) **1** destrozar, despedazar. **2** (fig.) deformar, mutilar (un texto, una noticia). **3** escurrir con rodillo, pasar por escurridora de rodillo (ropa). • *s. c.* **4** (brit.) máquina escurridora de rodillo (para la ropa); planchadora de rodillo.

mango ['mæŋgəʊ] (*pl.* **mangoes** o **mangos**) *s. c.* BOT. mango.

mangrove ['mæŋgreʊv] *s. c.* BOT. mangle.

mangy ['meɪndʒɪ] *adj.* **1** sarnoso. **2** (fam.) ajado, pelado (una alfombra, un abrigo de piel).

manhandle ['mæn,hændl] *v. t.* **1** arrastrar, mover a mano, cargar con. **2** tratar a baquetazo, zarandear.

manhole ['mænhəʊl] *s. c.* boca de alcantarilla, registro.

manhood ['mænhʊd] *s. i.* **1** edad adulta, edad viril. **2** (form.) hombres. **3** (euf.) virilidad, hombría.

man-hour ['mæn,aʊər] *s. c.* hora-hombre (medida industrial de producción).

manhunt ['mænhʌnt] *s. c.* persecución, búsqueda, caza del hombre (gen. de un criminal).

mania ['meɪnɪə] *s. c.* e *i.* **1** PSIQ. manía. **2** (fam.) manía, obsesión, idea fija.

maniac ['meɪnɪæk] *s. c.* **1** PSIQ. maníaco. **2** maniático, obsesivo. **3** (fam. y desp.) loco, entusiasta, maniático. • *adj.* **4** maniático, lunático, loco. ♦ **5 like a ~,** como un loco.

maniacal [mə'naɪəkl] *adj.* maníaco.

maniacally [mə'naɪəkəlɪ] *adv.* violentamente, agresivamente; de forma frenética.

manic ['mænɪk] *adj.* **1** PSIQ. maníaco. **2** frenético, enloquecido.

manic-depressive [,mænɪkdɪ'presɪv] *s. c.* **1** PSIQ. maníaco-depresivo. • *adj.* **2** maníaco-depresivo.

manicure ['mænɪ,kjʊər] *s. c.* e *i.* **1** manicura. • *v. t.* **2** hacer la manicura a. **3** (fig.) recortar, podar (plantas).

manicurist ['mænɪ,kjʊərɪst] *s. c.* manicuro.

manifest ['mænɪfest] *adj.* **1** (form.) manifiesto, patente, claro, evidente. • *v. t.* **2** manifestar, revelar, mostrar. **3** probar, demostrar, evidenciar. **4** MAR. registrar en un manifiesto de carga. • *s. c.* **5** MAR. manifiesto de carga; lista de pasajeros; lista de coches (en un tren).

manifestation [ˌmænɪfe'steɪʃn || ˌmænɪfə'steɪʃn] *s. c.* e *i.* **1** (form.) manifestación, evidencia, demostración, prueba. • *s. c.* **2** manifestación, aparición (de un espíritu).

manifestly ['mænɪfestlɪ] *adv.* manifiestamente, claramente, evidentemente.

manifesto [ˌmænɪ'festəu] (*pl.* **manifestoes** o **manifestos**) *s. c.* manifiesto; programa; plataforma (de un partido, un sindicato).

manifold ['mænɪfəuld] *adj.* **1** (form.) múltiple, variado, diverso. • *s. c.* **2** MEC. colector de escape, colector de gases. **3** MAT. variedad.

manikin *s. c.* ⇒ **mannequin.**

manila [mə'nɪlə] *s. i.* **1** papel manila. **2** cuerda de cáñamo. **3** color amarillento. **4** BOT. abacá.

manioc ['mænɪɒk] *s. i.* BOT. mandioca.

manipulate [mə'nɪpjuleɪt] *v. t.* **1** manipular, manejar, controlar (a la gente, la opinión). **2** MED. manipular, colocar en su sitio (un hueso). **3** dar masajes a. **4** falsificar (libros de cuentas, informes).

manipulation [məˌnɪpju'leɪʃn] *s. c.* e *i.* **1** manipulación, manejo, control. **2** falseamiento, falsificación (de documentos, cuentas). **3** MED. manipulación.

manipulative [mə'nɪpjulətɪv || mə'nɪpjuleɪtɪv] *adj.* manipulador, que maneja (una situación).

manipulator [mə'nɪpjuleɪtər] *s. c.* manipulador.

mankind [mæn'kaɪnd] *s. i.* **1** (+ *v. sing./pl.*) la humanidad, el género humano, la especie humana. **2** los hombres, el hombre (por oposición a la mujer).

man-like ['mænlaɪk] *adj.* como de hombre, como un hombre, de hombre.

manliness ['mænlɪnɪs] *s. i.* hombría, virilidad, masculinidad.

manly ['mænlɪ] *adj.* **1** masculino, viril, varonil. **2** valiente, resuelto.

man-made [ˌmænmeɪd] *adj.* **1** hecho por el hombre. **2** artificial, sintético (un material).

manna ['mænə] *s. i.* **1** maná. **2** (fig.) maná, regalo del cielo. **3** BOT. maná (esencia gomosa del fresno florido). ♦ **4 like ~ (from heaven),** como caído del cielo, milagrosamente.

manned ['mænd] *adj.* tripulado (un satélite).

mannequin ['mænɪkɪn] (también **manikin**) *s. c.* **1** maniquí (de escaparate). **2** (arc.) maniquí, modelo.

manner ['mænər] *s. c.* **1** (form.) modo, manera, forma; estilo: *in the manner of* = *al estilo de.* **2** (form.) hábito, costumbre. **3** conducta, proceder, comportamiento. **4** tono (de voz). **5** (**~ of**) (form.) clase de: *what manner of student is she?* = *¿qué clase de alumna es?* ♦ **6 all ~ of,** todo tipo de, todo género de. **7 by any ~ of means,** de todas formas, de todos modos. **8 in a ~,** al estilo, a la manera, al modo. **9 in a ~ of speaking,** por así decirlo, como si dijéramos. **10 manners,** modales: *to have good/bad manners* = *tener buenos/malos modales, tener buena/mala educación.*

mannered ['mænəd || 'mænərd] *adj.* **1** (form.) afectado, amanerado, artificial. **2** de (ciertos) modales: *ill-mannered* = *maleducado; de mala educación.*

mannerism ['mænərɪzəm] *s. c.* **1** hábito, costumbre. **2** (desp.) amaneramiento, afectación. • *s. i.* **3** ART. manierismo.

mannish ['mænɪʃ] *adj.* hombruna, masculina, varonil (una mujer).

mannishly ['mænɪʃlɪ] *adv.* varonilmente, de forma masculina.

mannishness ['mænɪʃnɪs] *s. i.* masculinidad (de una mujer).

manoeuvrable [mə'nuːvrəbl] (en EE UU **maneuverable**) *adj.* maniobrable, manejable, movible.

manoeuvre [mə'nuːvər] (en EE UU **maneuver**) *s. c.* **1** (gen. *pl.*) MIL. maniobra, ejercicio táctico. **2** maniobra, manejo, táctica, truco. • *v. t.* **3** maniobrar, manejar (una máquina). **4** (fig.) maniobrar, manipular (a una persona). ♦ **5 room for ~,** margen de maniobra.

manoeuvring [mə'nuːvərɪŋ] (en EE UU **maneuvering**) *s. c.* e *i.* maniobra, manipulación.

manometer [mə'nɒmɪtər] *s. c.* MEC. manómetro.

manor ['mænər] *s. c.* **1** finca, señorío. **2** HIST. feudo. **3** (brit.) (argot.) distrito. ♦ **4 ~ house,** mansión, casa solariega.

manorial [mə'nɔːrɪəl] *adj.* **1** feudal. **2** señorial, solariego.

manpower ['mænˌpauər] *s. i.* mano de obra.

manqué ['mɑːŋkeɪ || 'mɒŋkeɪ] *adj.* (*s.* + ~) frustrado, fracasado.

mansard ['mænsɑːd] ARQ. *s. i.* **1** mansarda, buhardilla. ♦ **2 ~ roof,** tejado en mansarda, tejado abuhardillado.

manse [mæns] *s. c.* **1** casa parroquial, rectoría, casa del cura (gen. protestante). **2** (arc.) mansión.

manservant ['mænˌsəːvənt] *s. c.* (arc.) sirviente, criado, (Am.) mucamo.

mansion ['mænʃn] *s. c.* **1** mansión, palacete, casa solariega. **2** (brit.) edificio: *Carlisle Mansions* = *edificio Carlisle.* **3** (arc.) morada, residencia, domicilio. **4** ASTR. casa.

manslaughter ['mænˌslɔːtər] *s. i.* DER. homicidio involuntario.

mantel ['mæntl] *s. c.* frente de la chimenea.

mantelpiece ['mæntlpiːs] *s. c.* repisa de la chimenea.

mantelshelf ['mæntlʃelf] (*pl.* **mantelshelves**) *s. c.* (arc.) repisa de la chimenea.

mantis ['mæntɪs] *s. c.* (también **praying mantis**) ZOOL. mantis, mantis religiosa.

mantle ['mæntl] *s. c.* **1** manto, capa. **2** (lit.) manto, capa (de nieve, de vegetación). **3** responsabilidad (profesional). **4** mecha (de una lámpara de gas). **5** ANAT. corteza cerebral. **6** ZOOL. manto, membrana (de moluscos). **7** camisa exterior (de un alto horno). • *v. t.* **8** (lit.) cubrir, envolver, ocultar. • *v. i.* **9** esparcirse, extenderse (sobre una superficie líquida). **10** cubrirse (una superficie líquida de espuma, de impurezas).

man-to-man [ˌmæntə'mæn] *adj.* **1** (fam.) franco, sin formalismos; de tú a tú, de hombre a hombre. **2** DEP. individual, al hombre, hombre a hombre (defensa).

manual ['mænjuəl] *adj.* **1** manual. • *s. c.* **2** manual, libro. **3** MÚS. teclado (de un órgano). **4** MIL. ejercicio de armas.

manually ['mænjuəlɪ] *adv.* manualmente, a mano.

manufacture [ˌmænju'fæktʃər] *v. t.* **1** manufacturar, fabricar, producir, elaborar. **2** (fig.) inventar, urdir, sacarse de la manga (una mentira). • *s. i.* **3** manufactura, fabricación, elaboración, producción. • *s. c.* **4** producto manufacturado. **5** industria, manufactura.

manufacturer [ˌmænju'fæktʃərər] *s. c.* fabricante.

manufacturing [ˌmænju'fæktʃərɪŋ] *s. i.* **1** manufactura, fabricación. • *adj.* **2** manufacturero, fabril, industrial.

manure [mə'njuər || mə'nuər] *s. i.* **1** estiércol, abono (natural). • *v. t.* **2** abonar, estercolar.

manuscript ['mænjuskrɪpt] *s. c.* **1** manuscrito, original (de una obra literaria). **2** manuscrito, pergamino. • *adj.* **3** manuscrito, escrito a mano. ♦ **4 in ~,** sin publicar; en forma de manuscrito.

Manx [mæŋks] *adj.* **1** de la isla de Man. • *s. i.* **2** dialecto de la isla de Man. ♦ **3 ~ cat,** gato de Man (sin cola).

many ['menɪ] (*comp.* **more,** *super.* **most**) *pron.* y *adj.* **1** muchos. **2** (**so ~**) tantos. **3** (**too ~**) demasiados. ♦ **4 a good/ great ~,** muchísimos. **5 as ~ as,** tantos como, no menos de. **6 ~ a,** muchos, más de: *many a time I called him* = *lo telefoneé más de una vez.* **7 many's the time/the day,** más de una vez/más de un día. **8 the ~,** la mayoría, las masas.

many-sided [ˌmenɪ'saɪdɪd] *adj.* **1** multilateral, de múltiples lados. **2** polifacético. **3** complejo, complicado.

map [mæp] *s. c.* **1** mapa; plano. **2** diagrama. • *v. t.* **3** dibujar un mapa de, trazar un mapa de. **4** explorar con fines cartográficos. ♦ **5 to ~ out,** delinear, trazar al detalle, planificar (un itinerario de vacaciones). **6 to put (a place) on the ~,** dar a conocer (un lugar), hacer famoso (un lugar).

maple ['meɪpl] *s. c.* **1** BOT. arce. • *s. i.* **2** (madera de) arce.

map-reader ['mæpriːdər] *s. c.* lector de mapas: *you drive and I'll be the map-reader* = *tú conduce y yo iré consultando el mapa.*

maquis ['mækiː || 'mɑːkiː] (también **Maquis**) *s. sing.* **the ~,** HIST. la resistencia (de los franceses durante la II Guerra Mundial).

mar [mɑːr] *v. t.* **1** (lit.) dañar, perjudicar, estropear, echar a perder. **2**

aguar, fastidiar. ◆ **3 to make or ~,** sacar adelante o hacer fracasar.

marabou ['mærəbu:] *s. c.* ZOOL. marabú (un pájaro).

marathon ['mærə,θɒn || 'mærə,θɒn] *s. c.* **1** maratón (carrera olímpica). **2** (fig.) maratón, prueba de resistencia: *a dance marathon = una maratón de baile.* ● *adj.* **3** interminable, maratoniano: *a marathon play = una obra interminable* o *maratoniana.*

marauder [mə'rɔ:dər] *s. c.* **1** merodeador. **2** ZOOL. depredador.

marauding [mə'rɔ:dɪŋ] *adj.* **1** merodeador. **2** ZOOL. predador.

marble ['mɑ:bl] *s. i.* **1** mármol. **2** veteado, jaspeado. ● *s. c.* **3** canica, bola de cristal. **4** escultura de mármol. ● *adj.* **5** marmóreo; de mármol; como el mármol. ● *v. t.* **6** vetear, jaspear. ◆ **7 to lose one's marbles,** (argot) volverse majara, perder la chaveta. **8 marbles,** canicas (juego de chicos).

marbled ['mɑ:bld] *adj.* veteado, jaspeado.

marcasite ['mɑ:kəsaɪt] *s. c.* e *i.* MIN. marcasita.

march [mɑ:tʃ] *v. i.* **1** marchar, desfilar. **2** manifestarse, ir en manifestación. **3** (fig.) proseguir, avanzar (el tiempo). **4** irse, largarse. ● *v. t.* **5** marchar, recorrer marchando (una distancia). **6** llevar sin contemplaciones, llevar por la fuerza: *she marched me out of the room = me sacó de la habitación sin contemplaciones.* ● *s. c.* e *i.* **7** marcha, caminata; desfile. **8** marcha, progreso, avance. **9** frontera, línea fronteriza, zona fronteriza; HIST. marca. ● *s. c.* **10** MÚS. marcha. **11** manifestación. ◆ **12 a day's ~,** un día de camino (para medir la distancia). **13 marching orders/** (EE UU **walking papers**), (fam.) orden de despido, despido; MIL. orden de movilización. **14 on the ~,** MIL. avanzado; mejorando, progresando. **15 to steal a ~ on someone,** tomar la delantera a alguien.

March [mɑ:tʃ] (*abrev.* **Mar.**) *s. c.* marzo.

marcher [mɑ:tʃər] *s. c.* **1** caminante. **2** manifestante.

marching [mɑ:tʃɪŋ] *s. i.* **1** marcha. ● *adj.* **2** de marcha.

marchioness ['mɑ:ʃənɪs] (*m.* **marquis**) *s. c.* marquesa.

mare [meər] *s. c.* **1** yegua; burra; cebra hembra. **2** *pl.* ASTR. mar, región oscura (de la Luna o de Marte).

margarine [,mɑ:dʒə'ri:n || ,mɑ:gə'ri:n || 'mɑ:rdʒərɪn] *s. i.* margarina.

marge [mɑ:dʒ] *s. i.* (brit.) (fam.) margarina.

margin ['mɑ:dʒɪn] *s. c.* **1** margen (de página). **2** (fig.) margen, diferencia. **3** (lit.) margen, límite, borde, extremo. ● *s. c.* e *i.* **4** margen, reserva. **5** COM. ganancia, margen. **6** FIN. garantía, fianza (dinero depositado para avalar pérdidas en el mercado de valores). ● *v. t.* **7** poner margen a, dejar margen en. **8** bordear, rodear, ribetear. **9** anotar al margen. **10** FIN. depositar en concepto de fianza, depositar en concepto de garantía. **11** FIN. **~ call,** demanda de cobertura suplementaria.

marginal ['mɑ:dʒɪnl] *adj.* **1** marginal, periférico. **2** fronterizo, lindante. **3** insignificante, pequeño. **4** (brit.) incierto, dudoso (un escaño parlamentario a causa del escaso margen de votos). **5** poco fértil, improductiva, de escaso valor agrícola (la tierra). **6** marginal (la economía, un escritor). ◆ **7 marginals,** escaños parlamentarios dudosos o inciertos.

marginally ['mɑ:dʒɪnəlɪ] *adv.* escasamente, ligeramente.

marguerite [,mɑ:gə'ri:t] *s. c.* BOT. margarita.

marigold ['mærɪgəuld] *s. c.* BOT. caléndula, maravilla.

marijuana o **marihuana** [,mærɪ'jwɑ:nə] *s. i.* BOT. marihuana, marijuana.

marimba [mə'rɪmbə] *s. c.* MÚS. marimba (instrumento parecido al xilofón).

marina [mə'ri:nə] *s. c.* puerto deportivo, dársena.

marinade [,mærɪ'neɪd] *s. c.* e *i.* **1** marinado, adobo (para pescados); adobo (para carnes). ● *v. t.* **2** marinar, adobar (pescado); adobar (carnes).

marinate ['mærɪneɪt] *v. t.* marinar, adobar (pescado); adobar (carnes).

marinated ['mærɪneɪtɪd] *adj.* marinado, en adobo, adobado (pescado); en adobo, adobado (carne).

marine [mə'ri:n] *adj.* **1** marino, marítimo (el medio, el derecho, el transporte). **2** náutico. **3** MIL. de marina. ● *s. c.* **4** MIL. infante de marina. **5** flota mercante, flota naval. **6** ART. marina. ◆ **7 the Marines,** MIL. los marines. **8 ~ biology,** biología marina.

mariner ['mærɪnər] *s. c.* (lit.) marinero, marino.

mariolatry [,meərɪ'ɒlətrɪ] *s. c.* mariolatría.

marionette [,mærɪə'net] *s. c.* marioneta, títere.

marital ['mærɪtl] *adj.* **1** marital, conyugal. ◆ **2 ~ status,** estado civil.

maritime ['mærɪtaɪm] *adj.* marítimo.

marjoram ['mɑ:dʒərəm] *s. i.* BOT. mejorana.

mark [mɑ:k] *s. c.* **1** marca; mancha; señal; garabato. **2** marca; huella; indicio. **3** (fig.) marca; huella; efecto; sello. **4** etiqueta, marca, sello (de fábrica); marca (en el ganado). **5** signo, prueba, muestra (de educación, de fuerza). **6** (brit.) calificación, puntuación, nota; apreciación, opinión. **7** objetivo, meta, propósito; blanco. **8 the ~,** (brit.) el estándar, el nivel; la altura; el punto de referencia. **9** marca, cruz, señal (para firmar quien no sabe escribir). **10** MAR. señal de flotación, nudo; línea de carga. **11** importancia, distinción. **12** (argot) tonto, primo. **13** DEP. marca, récord. **14** frontera, límite. **15** marco (moneda alemana, finlandesa, etc...). **16** modelo, versión (de máquina, de coche). ● *v. t.* **17** marcar, señalar, desfigurar. **18** marcar, indicar, señalar. **19** caracterizar, distinguir. **20** marcar, registrar. **21** (brit.) DEP. marcar (a un jugador). **22** (**to ~ + o. /what**) (arc.) escuchar, prestar atención a, tomar nota de. **23** COM. marcar, poner precios a. ● *v. i.* **24** hacer marcas. **25** rayarse. **26** prestar atención; darse cuenta. ● *v. t.* e *i.* **27** DEP. marcar, anotar (tantos). **28** calificar, puntuar. ◆ **29 to leave a ~/one's ~,** dejar huella, dejar impronta. **30 to make a ~/one's ~,** tener éxito, distinguirse. **31 to ~ down, a)** anotar, tomar nota; **b)** rebajar, reducir (los precios); **c)** considerar, suponer, imaginar; **d)** calificar bajo. **32 ~ my words,** piensa en lo que te digo, fíjate en lo que te digo. **33 to ~ off, a)** cerrar, vallar, tapiar (un terreno); **b)** tachar, quitar (nombres o fechas de una lista); **c)** distinguir, separar (una persona o cosa de otra). **34 to ~ out, a)** trazar, delinear; **b)** distinguir, destacar; **c)** destinar a, escoger a (una persona para un puesto). **35 to ~ time, a)** MIL. marcar el paso; **b)** hacer tiempo. **36 to ~ up,** elevar los precios. **37 ~ you,** entiéndeme, si entiendes lo que te digo: *she's not very nice, mark you! = no es muy agradable, si entiendes lo que te digo.* **38 off the ~,** incorrecto. **39 on the ~,** totalmente correcto. **40 on your marks!,** ¡preparados! (al empezar una carrera). **41 quick off the ~,** (fam.) muy inteligente, muy listo. **42 slow off the ~,** (fam.) duro de mollera, poco inteligente. **43 up to the ~,** a la altura de las circunstancias, al nivel esperado. **44 wide of the ~,** poco acertado.

mark-down ['mɑ:kdaun] *s. c.* reducción, rebaja (de precios).

marked [mɑ:kt] *adj.* **1** marcado, significativo, notable, manifiesto. **2** condenado, en peligro:*to be a marked man = correr serio peligro.* **3** marcado, señalado.

markedly [mɑ:kɪdlɪ] *adv.* marcadamente, notablemente, significativamente.

marker [mɑ:kər] *s. c.* **1** rotulador. **2** marca, señal; mojón. **3** calificador, puntuador. **4** línea, orientación, perfil (de un trabajo). **5** DEP. marcador. **6** anotador, apuntador. **7** (jerga) pagaré.

market ['mɑ:kɪt] *s. c.* **1** mercado, plaza de abastos. **2** mercado, comercio (interior, exterior). **3** bolsa, mercado de valores. **4** mercado (de trabajo). ● *s. i.* **5** demanda, mercado. ● *v. t.* **6** comercializar. ● *v. i.* **7** (EE UU) comprar, hacer la compra. ◆ **8 buyer's ~,** mercado favorable al comprador. **9 seller's ~,** mercado favorable al vendedor. **10 to be in the ~ (for),** estar dispuesto a comprar; estar a la caza (de). **11 to bring something onto the ~,** sacar algo a la venta, poner algo a la venta. **12 to come onto the ~,** salir al mercado, ponerse a la venta. **13 ~ economy,** economía de mercado. **14 ~ garden,** huerta, huerto. **15 ~ gardener,** hortelano. **16 ~ gardening,** horticultura, cultivo de hortalizas. **17 ~ leader,** líder de mercado. **18 ~ maker,** creador de mercados. **19 ~ price,** precio de mercado. **20 ~ research,** investigación de mercado. **21 ~ share,** cuota de mercado. **22 on the ~,** a la venta, en el mercado. **23 on the open ~,** fácilmente asequible al público, a la venta.

marketable ['mɑːkɪtəbl] *adj.* vendible, comercializable.

market-day ['mɑːkɪtdeɪ] *s. c.* día de mercado.

market garden *s. c.* huerta.

market gardening *s. i.* horticultura

marketing ['mɑːkɪtɪŋ] *s. i.* **1** comercialización, distribución. **2** marketing, mercadotecnia. ◆ **3 ~ research,** investigación de mercados.

marketplace ['mɑːkɪtpleɪs] *s. c.* **1** mercado, plaza del mercado. **2** comercio, negocio, mercado.

marking ['mɑːkɪŋ] *s. c.* e *i.* **1** marca, mancha, coloración (en animales, plantas). ● *s. i.* **2** corrección (de un trabajo escolar). ◆ **3 ~ ink,** tinta indeleble.

marksman ['mɑːksmən] (*pl.* **marksmen**) *s. c.* DEP. tirador (al blanco, al plato).

marksmanship ['mɑːksmənʃɪp] *s. i.* puntería, tino.

marksmen ['mɑːksmən] *pl.* de **marksman.**

markup ['mɑːkʌp] *s. c.* COM. margen de ganancia, diferencia de precio (que se añade al precio de costo).

marl [mɑːl] *s. i.* marga (fertilizante).

marlin ['mɑːlɪn] (*pl.* **marlin**) *s. c.* pez aguja.

marmalade ['mɑːməleɪd] *s. i.* **1** mermelada (de cítricos). ● *adj.* **2** color naranja oscuro.

marmoreal [mɑː'mɔːrɪəl] *adj.* (form.) marmóreo.

maroon [mə'ruːn] *v. t.* **1** abandonar a su suerte, abandonar en un lugar desierto. **2** (gen. *pas.*) aislar, no prestar atención. ● *adj.* **3** rojo oscuro, rojo marronáceo. ● *s. c.* **4** bengala (que lanzan los barcos en petición de ayuda). **5** (Am.) cimarrón (esclavo fugitivo o sus descendientes).

marooned [mə'ruːnd] *adj.* **1** abandonado (en un lugar desierto). **2** aislado, apartado.

marquee [mɑː'kiː] *s. c.* **1** dosel, entoldado (de grandes dimensiones). **2** toldo, marquesina.

marquis ['mɑːkwɪs] (también **marquess**) (*f.* **marchioness**) *s. c.* marqués.

marriage ['mærɪdʒ] *s. c.* e *i.* **1** boda, casamiento, ceremonia de matrimonio. **2** matrimonio, vida matrimonial. **3** vínculo matrimonial, lazos matrimoniales. **4** (fig.) unión, vínculo. ◆ **5 ~ certificate,** certificado de matrimonio, partida de matrimonio. **6 ~ counsellor,** consejero matrimonial. **7 ~ guidance,** orientación matrimonial, ayuda matrimonial, servicio de ayuda matrimonial. **8 ~ licence,** licencia matrimonial. **9 ~ lines,** (brit.) (fam.) licencia matrimonial. **10 ~ of convenience,** matrimonio de conveniencia.

marriageable ['mærɪdʒəbl] *adj.* (form.) casadera, en edad de casarse (una mujer).

married [mærɪd] *adj.* **1** casado. **2** matrimonial, conyugal. ● *s. c.* **3** casado, persona casada. ◆ **4 to be ~ to,** estar casado con. **5 to get ~ to,** casarse con. **6 ~ name,** apellido de casada.

marrow ['mærəʊ] *s. i.* **1** ANAT. médula espinal, tuétano. **2** (fig.) meollo, esencia. **3** vitalidad, energía, fuerza, vigor. ● *s. c.* **4** calabacín muy grande (de color verde oscuro). ◆ **5 ~ bone,** hueso de caña (con mucho tuétano). **6 to the ~,** (fig.) hasta la médula, hasta el tuétano.

marry ['mærɪ] *v. t.* **1** casar, unir en matrimonio. **2** conseguir por el matrimonio. **3** MAR. unir, ajustar (cabos). **4** (fig.) casar, juntar. **5** unir en matrimonio, casar (un juez, un sacerdote). **6** casar, dar en matrimonio. ● *v. i.* **7** casarse, contraer matrimonio. ◆ **8 to ~ into,** emparentar con (una familia). **9 to ~ somebody off,** casar a alguien con, dar a alguien en matrimonio.

Mars [mɑːz] *s. sing.* **1** ASTR. Marte (planeta). **2** Marte (dios del Olimpo).

marsh [mɑːʃ] *s. c.* e *i.* **1** pantano, marisma, ciénaga. ◆ **2 ~ gas,** gas metano, gas de los pantanos.

marshal ['mɑːʃl] *s. c.* **1** MIL. mariscal. **2** maestro de ceremonias. **3** DEP. organizador (de carreras). **4** (EE UU) DER. alguacil, oficial. **5** (EE UU) jefe de policía; jefe de bomberos (de un área, de un departamento). **6** consejero militar (de un rey). ● (brit. **marshall**) *v. t.* **7** ordenar, clasificar, poner en orden. **8** reunir, conseguir, juntar. **9** guiar, dirigir, conducir.

marshland ['mɑːʃlænd] *s. c.* e *i.* zona pantanosa, cenagal.

marshmallow [ˌmɑːʃ'mæləʊ ‖ 'mɑːrʃmæləʊ] *s. c.* **1** BOT. malvavisco, altea. **2** nube, pastilla de merengue seco. **3** (EE UU) (argot) cobarde, tímido.

marshy ['mɑːʃɪ] *adj.* pantanoso, cenagoso.

marsupial [mɑː'suːpjəl] *s. c.* ZOOL. marsupial.

mart [mɑːt] *s. c.* **1** mercado, mercadillo (para coleccionistas). **2** centro comercial. **3** (arc.) feria.

marten ['mɑːtɪn] *s. c.* ZOOL. marta.

martial ['mɑːʃl] *adj.* **1** marcial, castrense, militar. ◆ **2 ~ arts,** DEP. artes marciales. **3 ~ law,** MIL. ley marcial.

Martian ['mɑːʃɪən] *s. c.* **1** marciano. ● *adj.* **2** marciano, de Marte.

martin ['mɑːtɪn] *s. c.* ZOOL. vencejo, avión.

martinet [ˌmɑːtɪ'net] *s. c.* **1** (desp. y form.) legalista, formalista. **2** tirano, déspota.

martyr ['mɑːtər] *s. c.* **1** mártir. **2** (fig.) mártir, víctima. ● *v. t.* **3** martirizar, torturar. ◆ **4 to be a ~ to,** ser víctima de, sufrir a causa de: *he's a martyr to rheumatism = padece de reúma.*

martyrdom ['mɑːtədəm] *s. i.* **1** martirio, tortura. **2** (fig.) martirio, sufrimiento.

martyred ['mɑːtəd] *adj.* martirizado, patético, de sufrimiento (un gesto).

marvel ['mɑːvl] *s. c.* **1** maravilla, portento, prodigio, milagro. ● *v. t.* e *i.* **2** (form.) maravillarse, admirarse. ◆ **3 marvels,** maravillas: *to work marvels = hacer maravillas.*

marvellous ['mɑːvələs] (en EE UU **marvelous**) *adj.* **1** maravilloso, portentoso, prodigioso. **2** milagroso, sobrenatural. **3** espléndido, magnífico.

marvellously ['mɑːvələslɪ] *adv.* maravillosamente, de maravilla.

Marxism ['mɑːksɪzəm] *s. i.* POL. marxismo.

Marxism-Leninism ['mɑːksɪzəm'lenɪnɪzəm] *s. i.* POL. marxismo-leninismo.

Marxist ['mɑːksɪst] *s. c.* **1** marxista. ● *adj.* **2** marxista.

Marxist-Leninist ['mɑːksɪst'lenɪnɪst] *s. c.* marxista-leninista.

marzipan [ˌmɑːzɪ'pæn] *s. i.* mazapán, pasta de almendras.

mascara [mæ'skɑːrə ‖ mæ'skærə] **1** *s. i.* rímel, cosmético para los ojos ● *v. t.* **2** aplicar rímel.

mascaraed [mæ'skɑːrəd ‖ mæ'skærəd] *adj.* maquillado con rímel.

mascot ['mæskət ‖ 'mæskɑːt] *s. c.* mascota, talismán, amuleto.

masculine ['mæskjulɪn] *adj.* **1** masculino, varonil. **2** hombruna, masculina (una mujer). **3** GRAM. masculino. ● *s. c.* **4** GRAM. género masculino.

masculinity [ˌmæskju'lɪnɪtɪ] *s. i.* masculinidad.

mash [mæʃ] *v. t.* **1** (**to ~** {**up**}) aplastar, hacer puré; despachurrar. **2** majar, moler. **3** (argot) flirtear con, coquetear con (agresivamente). ● *s. i.* **4** (brit.) (fam.) puré de patata. **5** malta remojada (para hacer cerveza). ● *s. c.* e *i.* **6** pienso hervido, mezcla de granos molidos (para animales). **7** masa, mezcla. **8** mezcolanza, batiburrillo.

mashed [mæʃt] *adj.* en puré, hecho puré: *mashed potatoes = puré de patata.*

mask [mɑːsk ‖ mæsk] *s. c.* **1** máscara, careta, antifaz. **2** MED. mascarilla. **3** máscara (para protegerse en esgrima, de gas). **4** (fig.) máscara, disfraz, careta. **5** ARQ. mascarón. **6** mascarilla cosmética. **7** MIL. camuflaje. ● *v. t.* **8** enmascarar, encubrir, ocultar, esconder. **9** MIL. camuflar. **10** FOT. velar.

masked [mɑːskt ‖ [mæskt] *adj.* **1** enmascarado, cubierto, oculto, camuflado. **2** disfrazado, enmascarado, disimulado. **3** MED. latente (una enfermedad). ◆ **4 ~ ball,** baile de disfraces, baile de máscaras.

masking tape ['mɑːskɪŋˌteɪp] *s. i.* cinta adhesiva (para proteger los bordes o esquinas al pintar).

masochism ['mæsəukɪzəm] *s. i.* masoquismo.

masochist ['mæsəukɪst] *s. c.* masoquista.

masochistic [ˌmæsəu'kɪstɪk] *adj.* masoquista.

masochistically [ˌmæsəu'kɪstɪkəlɪ] *adv.* de forma masoquista.

mason ['meɪsn] *s. c.* **1** albañil, cantero. **2 Mason,** masón, francmasón.

masonic [mə'sɒnɪk || mə'sɑːnɪk] *adj.* masónico.

masonry ['meɪsnrɪ] *s. i.* **1** albañilería. **2** mampostería. **3** masonería, francmasonería.

masquerade [ˌmæskə'reɪd] *s. c.* **1** mascarada, farsa. **2** baile de máscaras. ● *v. i.* **3** (**to** ~ **as**) hacerse pasar por.

mass [mæs] *s. c.* **1** masa; montón; mole; bulto. **2** mayoría: *the mass of people = la mayoría de la gente.* ● *pl.* **3** (fam.) un gran número, cantidades ingentes: *we've got masses of time = tenemos un montón de* o *mogollón de tiempo.* ● *s. i.* **4** FÍS. masa. **5** MÚS. misa. ● *v. i.* **6** concentrarse, juntarse en masa. ● *adj.* **7** en masa, en gran número. **8** de masas, para las masas. **9** masivo, en serie (la fabricación). **10** popular, público. ◆ **11 Mass,** REL. misa. **12** ~ **grave,** fosa común. **13** ~ **hysteria,** histeria colectiva. **14** ~ **marketing,** comercialización a gran escala, comercialización masiva. **15** ~ **media,** medios de comunicación de masas. **16** ~ **noun,** GRAM. nombre incontable (a veces con *v. sing.* o *pl.*).

massacre ['mæsəkər] *s. c.* e *i.* **1** masacre, matanza, carnicería. ● *s. c.* **2** (fam.) vapuleo (a un partido en elecciones). ● *v. t.* **3** masacrar, matar en masa. **4** (fam.) machacar, aplastar, infligir una severa derrota.

massage ['mæsɑːʒ || mə'sɑːʒ] *s. c.* e *i.* **1** masaje. ● *v. t.* **2** dar masaje a, masajear, dar fricciones a. **3** (fam.) falsear, manipular, alterar (cifras).

massed [mæst] *adj.* **1** denso, tupido, espeso (follaje, plantas). **2** apiñado, concentrado (un grupo de personas). **3** colectivo, congregado.

masseur [mæ'sɜːr || mə'sɜːr] (*f.* **masseuse**) *s. c.* masajista.

masseuse [mæ'sɜːz || [mə'sɜːz] (*m.* **masseur**) *s. c.* masajista.

massif ['mæsiːf || mæ'siːf] *s. c.* GEOG. macizo.

massive ['mæsɪv] *adj.* **1** enorme, inmenso,. **2** MED. masivo; extendida (una enfermedad). **5** enérgico, fuerte; a gran escala.

massively ['mæsɪvlɪ] *adv.* enormemente.

massiveness ['mæsɪvnɪs] *s. i.* enormidad, inmensidad.

mass-produce ['mæsprəˌdjuːs] *v. t.* producir en masa, fabricar en serie.

mass-produced ['mæsprəˌdjuːst] *adj.* fabricado en serie.

mass-production [ˌmæsprə'dʌkʃn] *s. i.* producción en serie, fabricación en serie.

mast [mɑːst || mæst] *s. c.* **1** MAR. mástil, palo. **2** TV. antena. **3** BOT. bellota, hayuco. ◆ **4 before the** ~, (lit.) como marinero, de marinero. **5 to nail one's colours to the** ~, pronunciarse a favor, dejar claro lo que se piensa.

mastectomy [mæ'stektəmɪ] *s. c.* MED. mastectomía.

master ['mɑːstər] *s. c.* **1** amo, dueño; patrono. **2** (brit.) tutor; maestro; profesor; instructor. **3 Master,** rector, director (de un Colegio Universitario). **4** doctor (universitario). **5** máster (universitario). **6** ART. maestro, artista (del pasado). **7** maestro, experto (en artesanía). **8 The Master,** El Maestro, Jesucristo. **9** MAR. capitán, patrón. **10** maestre. **11** vencedor, triunfador. **12** copia original (de un disco, cinta magnetofónica). **13** (arc.) Señor (como título ante un nombre). ● *s. i.* **14** dueño (de una situación). ● *adj.* **15** experto. **16** original, primera (una copia). **17** principal, más importante; jefe. ● *v. t.* **18** conocer a fondo, dominar (una materia). **19** dominar (una situación); superar, salvar (un sentimiento, un obstáculo). ◆ **20** ~ **bedroom,** dormitorio principal. **21** ~ **key,** llave maestra. **22 Master of Arts,** máster en Humanidades. **23 Master of ceremonies,** maestro de ceremonias. **24 Master of Science,** máster en Ciencias. **25** ~ **copy,** original. **26** ~ **plan,** plan maestro, plan guía. **27** ~ **switch,** ELECT. conmutador, interruptor principal.

masterful ['mɑːstəful || 'mæstərfəl] *adj.* **1** (lit.) magistral, hábil, experto. **2** autoritario, mandón, dominante, imperioso.

masterfully ['mɑːstəfəlɪ] *adv.* **1** (lit.) magistralmente, con gran habilidad. **2** autoritariamente, imperiosamente.

masterly ['mɑːstəlɪ || 'mæstəlɪ] *adj.* magistral, brillante, genial, excelente.

mastermind ['mɑːstəmaɪnd || 'mæstərmaɪnd] *s. c.* **1** cerebro, organizador. **2** cerebro, genio, persona genial. ● *v. t.* **3** (fam.) planificar inteligentemente, dirigir hábilmente, organizar brillantemente.

masterpiece ['mɑːstəpiːs] *s. c.* obra maestra, obra de arte.

masterstroke ['mɑːstəstrəuk] *s. c.* golpe maestro.

mastery ['mɑːstərɪ || 'mæstərɪ] *s. i.* **1** (~ {**over/of**}) dominio, autoridad, poder. **2** competencia, maestría, destreza. **3** dominio, conocimiento (de una materia).

masthead ['mɑːsthed] *s. c.* **1** MAR. celces, tope, espiga. **2** PER. cabecera, rótulo, carátula (de un periódico).

masticate ['mæstɪkeɪt] *v. t.* e *i.* (form.) masticar, mascar.

mastication [ˌmæstɪ'keɪʃn] *s. i.* (form.) masticación.

mastiff ['mæstɪf] *s. c.* mastín, alano.

mastitis [mæ'staɪtɪs] *s. i.* MED. mastitis.

mastodon ['mæstədən] s. c. mastodonte.

masturbate ['mæstəbeɪt] *v. t.* **1** masturbar. ● *v. i.* **2** masturbarse.

masturbation [ˌmæstə'beɪʃn] *s. i.* masturbación.

mat [mæt] *s. c.* **1** estera, esterilla; felpudo; alfombrilla. **2** salvamanteles, mantelito individual. **3** tapete; posavasos. **4** DEP. colchoneta. **5** orla, borde, reborde, marco. **6** matriz (en imprenta). ● *s. i.* **7** (fig.) mata, maraña (de pelo). ● *adj.* **8** mate, sin brillo. ● *v. t.* **9** alfombrar; cubrir con estera. **10** enmarcar, poner orla, poner reborde (a una fotografía). **11** enmarañar, enredar. ● *v. i.* **12** enmarañarse, enredarse.

matador ['mætədɔːr] *s. c.* matador, torero, diestro.

match [mætʃ] *s. c.* **1** DEP. partido; competición; encuentro. **2** (~ {**for**}) contendiente, rival, competidor (de). **3** (~ {**for**}) combinación, conjunto (para) (ropas, zapatos): *the shoes and bag are a nice match = los zapatos y el bolso combinan muy bien.* **4** (gen. *sing.*) (arc.) partido (para casarse). **5** matrimonio, pareja. **6** cerilla, fósforo. **7** mecha. ● *v. t.* e *i.* **8** conjuntar, armonizar. ● *v. t.* **9** valer tanto como, ser tan bueno como. **10** casar, emparejar. **11** DEP. competir con, rivalizar con. **12** comparar con, establecer comparación entre. **13** jugar a las chapas con (monedas). ◆ **14 to be/make a good** ~, hacer buena pareja. **15 to be no** ~ **for,** no poder competir con, no llegar a la altura de. **16 to** ~ **against,** hacer enfrentarse a. **17** ~ **point,** DEP. punto de partido. **18 to** ~ **up to/with,** comparar con, ser tanto como. **19 to meet one's** ~, (fig.) encontrarse con la horma de su propio zapato.

matchbox ['mætʃbɒks || 'mætʃbɑːks] *s. c.* caja de cerillas, caja de fósforos.

matched [mætʃt] *adj.* **1** bien avenido, armonioso (una relación, una pareja). **2** igualado, parejo (equipos, fuerzas).

matching ['mætʃɪŋ] *adj.* a juego, conjuntado, combinado.

matchless ['mætʃlɪs] *adj.* (lit.) sin par, incomparable, sin rival.

matchmaker ['mætʃˌmeɪkər] *s. c.* **1** casamentero. **2** DEP. organizador, promotor.

matchmaking ['mætʃˌmeɪkɪŋ] *s. i.* **1** actividad de casamentero. **2** DEP. promoción, organización (de pruebas deportivas).

matchstick ['mætʃˌstɪk] *s. c.* cerilla, fósforo (usado).

matchwood ['mætʃwud] *s. i.* **1** astillas. **2** madera para fabricar cerillas.

mate [meɪt] *s. c.* **1** (fam.) amigo, compañero, camarada. **2** pareja; hembra; macho (entre animales). **3** esposo, cónyuge. **4** MAR. segundo de a bordo, primer oficial. **5** (brit.) (fam.) amigo, tío, chaval, colega (para dirigirse a un hombre). **6** ayudante, peón. **7** mate (en ajedrez). ● *v. t.* **8** cruzar, aparear (animales). **9** casar, unir en matrimonio. **10** dar mate a. ● *v. i.* **11** aparearse (animales).

material [mə'tɪərɪəl] *adj.* **1** material. **2** físico, corporal. **3** sustancial, relevante, notable; pertinente, oportuno, adecuado. ● *s. c.* e *i.* **4** material, materia. **5** tela, tejido. ● *s. i.* **6** (~ {**for**}) material; ideas; datos; información. **7** *pl.* instrumentos; material; útiles; efectos; herramientas. **8** (fig.) madera, potencial (de una persona para desempeñar un trabajo).

materialisation *s. i.* ⇒ **materialization.**
materialise *v. i.* ⇒ **materialize.**
materialization [mə,tɪərɪəlaɪ'zeɪʃn] (también **materialisation**) *s. i.* materialización.
materialism [mə'tɪərɪəlɪzəm] *s. i.* **1** (desp.) materialismo. **2** FIL. materialismo.
materialist [mə'tɪərɪəlɪst] *s. c.* **1** FIL. materialista. • *adj.* **2** materialista.
materialistic [mə,tɪərɪə'lɪstɪk] *adj.* materialista.
materialize [mə'tɪərɪəlaɪz] (también **materialise**) *v. i.* **1** materializarse, tomar forma. **2** (fig.) aparecer, llegar (alguien a un lugar). **3** materializarse, suceder, producirse.
materially [mə'tɪərɪəlɪ] *adv.* **1** materialmente. **2** esencialmente, notablemente, sensiblemente.
maternal [mə'tɜːnl ‖ mə'tɜːrnl] *adj.* **1** maternal (un sentimiento). **2** materno (un familiar, un rasgo).
maternally [mə'tɜːnəlɪ] *adv.* maternalmente.
maternity [mə'tɜːnɪtɪ ‖ mə'tɜːrnɪtɪ] *s. i.* **1** (form.) maternidad. • *s. c.* **2** maternidad, hospital materno-infantil, casa de maternidad. ◆ **3** ~ **leave,** baja por maternidad.
matey ['meɪtɪ] *adj.* (brit.) (fam.) amistoso, simpático, afable, sociable.
math [mæθ] *s. i.* (EE UU) matemáticas.
mathematical [,mæθə'mætɪkl] *adj.* **1** matemático (una fórmula). **2** matemático, preciso, científico.
mathematically [,mæθə'mætɪkəlɪ] *adv.* matemáticamente.
mathematician [,mæθəmə'tɪʃn] *s. c.* matemático.
mathematics [,mæθə'mætɪks] *s. i.* matemáticas.
maths [mæθs] *s. i.* (brit.) (fam.) matemáticas.
matinee ['mætɪneɪ] *s. c.* función de tarde, (Am.) matinée (de cine, teatro).
mating [meɪtɪŋ] *s. i.* **1** apareamiento, cruce (de animales). • *adj.* **2** de apareamiento, de celo: *mating season = época de celo.*
matins ['mætɪnz] (también **mattins**) *s. i.* (~ + *v. sing./pl.*) REL. maitines.
matriarch ['meɪtrɪɑːk ‖ 'meɪtrɪɑːrk] *s. c.* matriarca.
matriarchal [,meɪtrɪ'ɑːkl ‖ meɪtrɪ'ɑːrkl] *adj.* matriarcal.
matriarchy ['meɪtrɪɑːkɪ ‖ 'meɪtrɪɑːrkɪ] *s. c.* e *i.* matriarcado.
matrices ['meɪtrɪsiːz] *pl.* de **matrix.**
matricide ['mætrɪsaɪd] *s. c.* e *i.* **1** matricidio. • *s. c.* **2** matricida.
matriculate [mə'trɪkjuleɪt] *v. i.* matricularse (en la universidad).
matriculation [mə,trɪkju'leɪʃn] *s. i.* matrícula, matriculación (en la universidad).
matrimonial [,mætrɪ'məunɪəl] *adj.* (form.) matrimonial, marital, conyugal.
matrimony ['mætrɪmənɪ] *s. i.* (form.) matrimonio, nupcias; vida conyugal.
matrix ['meɪtrɪks] (*pl.* **matrices** o **matrixes**) *s. c.* **1** MAT. matriz. **2** matriz, molde. **3** GEOL. roca madre, matriz. **4** matriz (de la uña).
matron ['meɪtrən] *s. c.* **1** (brit.) enfermera jefe (en un hospital). **2** (brit.) supervisora, ama de llaves (en un internado). **3** (EE UU) funcionaria de prisiones (en cárceles, comisarías). **4** (lit. y arc.) matrona, mujer casada (de mediana edad). ◆ **5** ~ **of honour,** (EE UU) madrina de boda.
matronly ['meɪtrənlɪ] *adj.* (euf.) como una matrona, de matrona, de aspecto bonachón.
matt [mæt] (también **mat**) (en EE UU **matte**) *adj.* mate, sin brillo.
matted [mætɪd] *adj.* enmarañado, enredado (el pelo, raíces).
matter ['mætər] *s. c.* **1** tema, asunto, cuestión. **2** (**the** ~ {**with**}) el problema (de): *what's the matter with Ken? = ¿qué le pasa a Ken?* **3** *pl.* las cosas: *that simplifies matters = eso simplifica las cosas.* • *s. i.* **4** FÍS. materia. **5** sustancia, materia: *a pinkish matter = una sustancia rosácea.* **6** contenido, tema (de una charla, de una novela). **7** material impreso, material. • *v. i.* **8** importar, tener importancia. ◆ **9 a** ~ **of,** una cuestión de; aproximadamente, más o menos. **10 a** ~ **of opinion,** cuestión de gustos, cuestión de opiniones; algo discutible. **11 a** ~ **of time/weeks,** cuestión de tiempo/semanas. **12 another/a different** ~, otro asunto, una cuestión diferente. **13 as a** ~ **of,** debido a, a causa de, por. **14 as a** ~ **of course,** automáticamente, porque sí, por rutina. **15 as a** ~ **of fact,** en realidad, de hecho. **16 but that is another** ~, pero eso es otro cantar, pero eso es harina de otro costal. **17 for that** ~, si vamos a eso. **18 is anything the** ~?, ¿algo va mal? **19 it doesn't** ~, no importa, da igual. **20 to make matters worse,** para colmo de males, para empeorar las cosas. **21 no easy** ~, asunto nada fácil. **22 it's no laughing** ~, va en serio, no es cosa de broma. **23 no** ~, no importa, qué importa. **24 no** ~ **what,** a pesar de todo, pase lo que pase, de todos modos. **25 that's the end of the** ~**/that's an end to the** ~, punto final, y punto, asunto zanjado, es todo lo que tengo que decir. **26 the fact/truth of the** ~ **is,** la verdad es, el hecho es. **27 what's the** ~?, ¿qué pasa?, ¿qué hay?
matter-of-fact [,mætərəv'fækt] *adj.* práctico, pragmático, realista; prosaico; desapasionado.
matter-of-factly [,mætərəv'fæktlɪ] *adv.* de forma realista; desapasionadamente.
matter-of-factness [,mætərəv'fæktnɪs] *s. i.* desapasionamiento; pragmatismo; prosaísmo.
matting ['mætɪŋ] *s. i.* estera, esterilla.
mattins *s. i.* ⇒ **matins.**
mattock ['mætək] *s. c.* azadón.
mattress ['mætrɪs] *s. c.* **1** colchón. **2** defensa de alambre y ramaje entretejidos (contra la erosión en embarcaderos).
maturation [,mætju'reɪʃn] *s. i.* maduración.
mature [mə'tjuər] *adj.* **1** maduro, adulto, sensato. **2** curado (queso); maduro (vino). **3** madurado, bien pensado (un plan). **4** COM. pagadero, vencido. **5** GEOL. erosionado. • *v. i.* **6** madurar. **7** COM. vencer, ser pagadero. ◆ **8** ~ **student,** estudiante universitario mayor de 25 años.
maturely [mə'tjuəlɪ] *adv.* con madurez, con sensatez.
maturity [mə'tjurɪtɪ] *s. i.* **1** madurez, desarrollo. **2** madurez, cordura. **3** COM. vencimiento.
maudlin [mɔːdlɪn] *adj.* sensiblero, sentimental, lacrimoso, llorón (por efecto del alcohol).
maul [mɔːl] *v. t.* **1** herir, magullar, lacerar. **2** manosear, sobar (a una persona). **3** (fig.) destrozar, poner por los suelos, hundir (por la crítica). • *s. c.* **4** (EE UU) mazo, maza, moleta.
maunder ['mɔːndər] *v. i.* (fam.) **1** hablar sin sentido, chapurrear. **2** (**to** ~ {**about**}) andar sin rumbo fijo, estar sin hacer nada.
Mauritian [mə'rɪʃən] *adj.* **1** de Isla Mauricio (nacionalidad, origen, lengua). • *s. c.* **2** persona natural de Isla Mauricio.
Mauritius [mə'rɪʃəs] *s. sing.* Isla Mauricio.
mausoleum [,mɔːsə'lɪəm] *s. c.* **1** mausoleo, sepulcro monumental. **2** (fig.) lugar tétrico, deprimente.
mauve [məuv] *adj.* **1** de color malva, malva. • *s. i.* **2** color malva.
maverick ['mævərɪk] *s. c.* **1** (desp.) independiente, disidente, díscolo (un político); inconformista, rebelde. **2** (EE UU) res sin marca. • *adj.* **3** independiente, disidente, inconformista, díscolo.
maw [mɔː] *s. c.* **1** estómago; cuajar; fauces; buche; molleja. **2** (fig.) fauces.
mawkish ['mɔːkɪʃ] *adj.* **1** empalagoso, sensiblero, sentimental. **2** insípido, soso, insulso.
mawkishly ['mɔːkɪʃlɪ] *adv.* **1** empalagosamente, sensibleramente. **2** insípidamente, sosamente, insulsamente.
mawkishness ['mɔːkɪʃnɪs] *s. i.* **1** sensiblería, sentimentalismo. **2** insipidez, insulsez, sosería.
maxim ['mæksɪm] *s. c.* máxima, lema.
maximal ['mæksɪml] *adj.* máximo.
maximisation *s. i.* ⇒ **maximization.**
maximise *v. t.* ⇒ **maximize.**
maximization [,mæksəmaɪ'zeɪʃn ‖ ,mæksəmə'zeɪʃn] (también **maximisation**) *s. i.* incremento máximo, aumento máximo.
maximize ['mæksəmaɪz] (también **maximise**) *v. t.* **1** incrementar al máximo. **2** MAT. maximizar.
maximum ['mæksɪməm] (*pl.* **máxima** o **máximums**) *s. c.* **1** máximo, máximum. • *adj.* **2** máximo, mayor. ◆ **3 at the** ~, como máximo, a lo sumo, como mucho. **4 to the** ~, al máximo.

may [meɪ] (*pret.* **might**) *v. i.* **1** poder, ser posible: *he may come soon = puede que venga pronto.* **2** (form.) poder; tener permiso para: *may I ask you a question? = ¿puedo hacerte una pregunta?* **3** (~ + *suj.*) (form.) ¡ojalá...!, ¡Dios quiera...! (para introducir un deseo): *may you live long! = ¡Dios quiera que viva Vd. muchos años!* **4** DER. deber, tener obligación de (en documentos, estatutos). • *s. i.* **5** (brit.) flor de espino, flor del marjoleto. **6** (fig.) juventud, primavera, flor de la vida.
OBS. **May** es un *v.* defectivo que sólo tiene *presente* y *pret.* y siempre va con un infinitivo sin **to.**

May [meɪ] *s. c.* **1** mayo. ◆ **2 May Day,** Primero de Mayo, Día del Trabajo.

maybe ['meɪbi:] *adv.* quizá, posiblemente, tal vez.

mayday ['meɪdeɪ] *s. c.* llamada de socorro (utilizada en radiotelegrafía internacional desde barcos o aviones en peligro).

mayfly ['meɪflaɪ] *s. c.* ZOOL. efímera, cachipolla, mosca de un día.

mayhem ['meɪhem] *s. i.* **1** caos, pánico, confusión, desorden. **2** DER. mutilación criminal. **3** destrucción, daño (injustificable y cruel).

mayn't [meɪnt] (brit.) *contr.* de **may not.**

mayonnaise [ˌmeɪə'neɪz ‖ 'meɪəneɪz] *s. i.* mayonesa, mahonesa (salsa).

mayor [meər ‖ meɪər] *s. c.m.* alcalde.

mayoral ['meərəl ‖ 'meɪərəl] *adj.* del alcalde.

mayoress [meərɪs ‖ meɪərɪs] *s. c.f.* **1** alcaldesa. **2** (brit.) mujer del alcalde.

maypole ['meɪpəʊl] *s. c.* mayo (palo).

may've [meɪəv] *contr.* de **may have.**

maze [meɪz] *s. c.* **1** laberinto. **2** (fig.) laberinto, embrollo, confusión. • *v. t.* **3** (arc.) asombrar.

mazurka [mə'zə:kə] *s. c.* MÚS. mazurca.

McCarthyism [mə'kɑ:θɪɪzəm] *s. i.* macartismo (caza de brujas anticomunista de los años 50 en Estados Unidos).

McCoy [məkɔɪ] *s. sing.* **the real McCoy** (argot) el auténtico, el genuino, el verdadero.

me [mi: ‖ mɪ] *pron. o.* 1a. persona. **1** me, a mí. ◆ **2 it's ~,** (fam.) soy yo. **3 with ~,** conmigo.

ME [em'i:] *s. i.* (siglas de **myalgic encephalomyelitis**) encefalomielitis miálgica.

mead [mi:d] *s. i.* **1** (brit.) aguamiel, hidromiel. • *s. c.* **2** (lit.) prado, pradera, vega.

meadow ['medəʊ] *s. c.* **1** prado, pradera, vega. ZOOL.

meadowlark ['medəʊˌlɑ:k] *s. c.* sabanero (pájaro).

meagre ['mi:gər] (en EE UU **meager**) *adj.* **1** escaso, exiguo. **2** flaco, esmirriado, delgaducho. **3** estéril (la tierra).

meal [mi:l] *s. c.* **1** comida: *three meals a day = tres comidas al día.* • *s. i.* **2** harina. ◆ **3 ~ ticket, a)** (EE UU) bono canjeable por una comida; **b)** (brit.) (fig.) sustento, fuente de ingresos. **4 to make a ~ of something,** (fam. y desp.) dedicar más tiempo del necesario a algo; dar a algo más importancia de la que tiene.

meals-on-wheels ['mi:lsən'wi:ls] *s. pl.* servicio de comidas a domicilio para enfermos o ancianos (como servicio social).

mealtime ['mi:ltaɪm] *s. c.* e *i.* hora de comer.

mealy ['mi:lɪ] *adj.* **1** enharinado, cubierto de harina. **2** harinoso, farináceo.

mealy-mouthed ['mi:lɪmaʊðd] *adj.* (desp.) hipócrita, que no habla claro.

mean [mi:n] *adj.* **1** tacaño, cicatero, roñoso, ruin. **2** cruel, mezquino, detestable. **3** (EE UU) arisco, peligroso, malo (un animal). **4** perverso, violento, ruin, malvado. **5** (lit. y arc.) humilde, pobre. **6** (lit.) oscuro, miserable (un lugar). **7** (EE UU) (argot) maravilloso, fantástico, estupendo. **8** MAT. medio, de término medio, por término medio. • *v. t.* (*pret.* y *p. p.* **meant**) **9** significar, querer decir. **10** denotar, representar, simbolizar. **11** referirse a, ir dirigido a: *that means you too! = ¡eso también va por ti!* **12** (**to** ~ + *inf.*) pretender, tener intención de, intentar, querer: *I don't mean to be rude = no quiero parecer maleducado.* **13** ser muy importante, tener importancia, importar: *it means a lot to her = para ella significa mucho.* **14** decir en serio, hablar en serio, no bromear, no exagerar. **15** planear, querer (ser): *the photograph is meant to be blurred = la fotografía está movida adrede.* **16** ir dirigido a, ser para (una persona): *the film is not meant for children = no es una película para niños.* **17** estar destinado para (un edificio); estar predestinado, nacer para (una persona). • *s. pl.* **18** medio, instrumento, método. **19** medios, recursos, renta. • *s. sing.* **20** MAT. punto medio, promedio. ◆ **21 a means to an end,** un medio para conseguir un fin. **22 by all means,** por favor, naturalmente, claro que sí. **23 by means of,** por medio de, mediante. **24 by no means/by no manner of means/ not by any means,** de ningún modo, en absoluto. **25 I ~,** o sea, es decir; perdón, lo siento (al corregir un error cometido al hablar). **26 to know what it means,** saber de qué va, saber lo que conlleva, saber de qué se trata. **27 to live beyond one's means,** vivir por encima de sus posibilidades económicas, gastar más de lo que uno gana. **28 to live within one's means,** vivir de acuerdo con los propios medios económicos, vivir de acuerdo a sus ingresos. **29 to ~ something to,** recordarle algo a, sonarle algo a (alguien): *the name means nothing to me = el nombre no me suena de nada.* **30 to ~ well,** tener buenas intenciones. **31 no ~ ...,** nada despreciable..., ... cualquiera, no... corriente: *he's no mean painter = no es un pintor cualquiera.* **32 not to ~ any harm,** no tener mala intención. **33 you ~?,** ¿quieres decir eso?, ¿es eso lo que quieres decir? (al final de una pregunta para pedir más detalles.

meander [mɪ'ændər] *v. i.* **1** serpentear, zigzaguear (un río, una carretera). **2** vagar, andar sin rumbo fijo. **3** (fig.) hablar vagamente. • *s. c.* **4** meandro. **5** camino tortuoso. **6** ARQ. meandro.

meandering [mɪ'ændərɪŋ] *adj.* **1** serpenteante, zigzagueante (un río, una carretera). **2** desordenado, vago, poco claro (un discurso).

meanderingly [mɪ'ændrɪŋlɪ] *adv.* **1** serpenteantemente, en zigzag. **2** desordenadamente, con poca claridad (un discurso o similar).

meanie ['mi:nɪ] *s. c.* (brit.) (fam.) bruto, bestia, persona abominable.

meaning ['mi:nɪŋ] *s. c.* e *i.* **1** significado, acepción, sentido. **2** significado, importancia, valor. **3** objetivo, propósito, intención. • *adj.* **4** significativo, expresivo, elocuente. ◆ **5 to get someone's ~,** entender a alguien, comprender a alguien. **6 not to know the ~ of the word,** no saber lo que significa eso. **7 what's the ~ of this?,** ¿qué sentido tiene esto? (de algo que se desaprueba).

meaningful ['mi:nɪŋfəl] *adj.* **1** significativo, con sentido. **2** comprensible, claro. **3** significativo, elocuente, expresivo. **4** profunda, importante (una relación).

meaningfully ['mi:nɪŋfəlɪ] *adv.* **1** comprensiblemente, claramente. **2** significativamente, elocuentemente. **3** de forma útil.

meaningless ['mi:nɪŋlɪs] *adj.* **1** sin sentido, falto de significado. **2** sin valor, inútil, sin importancia, fútil.

meanly [mi:nlɪ] *adv.* detestablemente, cruelmente, vilmente.

meanness [mi:nnɪs] *s. i.* **1** tacañería, cicatería, ruindad. **2** vileza, bajeza, crueldad.

means test ['mi:nztest] *s. c.* investigación sobre recursos económicos (antes de conceder a alguien una subvención).

means-tested ['mi:nzˌtestɪd] *adj.* sujeto a una investigación sobre recursos económicos (antes de conceder una subvención).

meant [ment] *pret.* y *p. p.* ⇒ **mean.**

meantime [ˌmi:n'taɪm] *s. sing.* **1** ínterin, intervalo. • *adv.* **2** entre tanto, mientras tanto, en el ínterin. ◆ **3 for the ~,** por el momento. **4 in the ~,** entretanto, mientras tanto.

meanwhile [ˌmi:n'waɪl] *adv.* **1** entre tanto, mientras tanto. **2** por otra parte. ◆ **3 in the ~,** entre tanto, mientras tanto.

measles ['mi:zlz] *s. i.* **1** MED. sarampión. ◆ **2 German ~,** MED. rubéola.

measly ['mi:zlɪ] *adv.* (fam. y desp.) miserable, de poquísimo valor, magro.

measurable ['meʒərəbl] *adj.* **1** mensurable, que se puede medir. **2** significativo, perceptible.

measurably ['meʒərəblɪ] *adv.* significativamente, perceptiblemente.

measure ['meʒər] *v. t.* **1** medir. **2** valorar, tasar, estimar. **3** medir; marcar; registrar; señalar (la hora, la temperatura). **4** medir, sopesar, elegir cuidadosamente (las palabras). • *v. i.* **5** medir. • *s. c.* **6** medida. **7** (~ {**of**}) medida, unidad de medida, medición. **8** porción, cantidad, medida (en cocina). **9** (arc.) MÚS. medida, compás, ritmo. • *s. i.* **10** (form.) grado, categoría, extensión, importancia. **11** moderación. **12** LIT. métrica, metro, medida. ♦ **13 beyond** ~ (lit.) excesivo. **14 for good** ~**,** además, por añadidura, para completar. **15 to get/take someone's** ~**,** (fig.) tomarle la medida a alguien, evaluar a alguien. **16 in some/large** ~**,** (form.) hasta cierto punto/en buena medida. **17 to** ~ **against,** medir con, comparar con (la fuerza, la calidad). **18 to** ~ **off /out,** medir, sacar (metros, gramos, etc... de una cantidad mayor). **19 to** ~ **up (to),** estar a la altura de.

measured ['meʒəd] *adj.* **1** mesurado, comedido, moderado, prudente. **2** calculado, preciso, exacto, deliberado. **3** medido. **4** LIT. métrico. **5** regular, rítmico. **6** limitado.

measureless ['meʒəlɪs] *adj.* inconmensurable (que no se puede medir físicamente).

measurement ['meʒəmənt] *s. i.* **1** medida, cálculo. **2** medición. • *s. c.* **3** (gen. *pl.*) medidas (de una persona).

measuring ['meʒərɪŋ] *adj.* medidor: *a measuring spoon = una cuchara medidora.*

measuring-tape ['meʒərɪŋ teɪp] *s. c.* ⇒ **tape-measure.**

meat [miːt] *s. i.* **1** carne (de animales, pescado, fruta). **2** (fig.) sustancia, meollo (de reflexión). **3** punto fuerte, fuerte. **4** (arc.) comida. ♦ **5 to be** ~ **and drink to,** ser muy importante para, producir gran satisfacción a.

meatball ['miːtbɔːl] *s. c.* GAST. albóndiga (o similar).

meaty [miːtɪ] *adj.* **1** rollizo, metido en carnes. **2** (fam. y fig.) sustancioso, lleno de ideas.

mecca ['mekə] *s. c.* **1** (gen. *sing.*) (fig.) meca. ♦ **2 Mecca,** La Meca (en Arabia Saudí).

mechanic [mɪ'kænɪk] *s. c.* mecánico.

mechanical [mɪ'kænɪkl] *adj.* **1** mecánico, automático. **2** (fig. y desp.) mecánico, maquinal, rutinario. **3** mecánico (conocedor de las máquinas). ♦ **4** ~ **engineering,** ingeniería mecánica.

mechanically [mɪ'kænɪkəlɪ] *adv.* **1** mecánicamente, automáticamente. **2** rutinariamente, maquinalmente, como un autómata.

mechanics [mɪ'kænɪks] *s. i.* **1** FÍS. mecánica. ♦ **2 the** ~ **of,** el mecanismo de, la mecánica de, el funcionamiento de.

mechanisation *s. i.* ⇒ **mechanization.**

mechanise *adj.* ⇒ **mechanize.**

mechanism ['mekənɪzəm] *s. c.* **1** mecanismo. **2** (fig.) mecanismo, procedimiento. **3** PSI. mecanismo (de defensa).

mechanistic [ˌmekə'nɪstɪk] *adj.* FIL. mecanicista.

mechanization [ˌmekənaɪ'zeɪʃn] (también **mechanisation**) *s. i.* mecanización, automatización.

mechanize ['mekənaɪz] (también **mechanise**) *v. t.* mecanizar, automatizar.

mechanized ['mekənaɪzd] *adj.* mecanizado, automatizado.

medal ['medl] *s. c.* **1** medalla. **2** medalla (religiosa).

medallion [mɪ'dælɪən] *s. c.* medallón.

medallist ['medlɪst] (en EE UU **medalist**) *s. c.* ganador de medalla, deportista premiado con medalla.

meddle ['medl] *v. i.* **1** entrometerse, interferir. **2** (**to** ~ **with**) manipular indebidamente, estropear, manosear.

meddler ['medlər] *s. c.* entrometido.

meddlesome ['medlsəm] *adj.* entrometido.

media ['miːdɪə] *s. sing.* **1** (~ + *v. sing./pl.*) (form.) medios de comunicación (radio, TV, prensa). **2** *pl.* de **medium.**

mediaeval *adj.* ⇒ **medieval.**

median ['miːdɪən] *s. sing.* **1** GEOM. mediana. **2** media, valor medio, punto medio. **3** (EE UU) mediana (de una autopista). • *adj.* **4** medio, intermedio, corriente. **5** ANAT. medial, del medio.

mediate ['miːdɪəɪt] *v. i.* **1** (**to** ~ {**between/in**}) mediar, actuar como mediador, intervenir (en un conflicto). • *v. t.* **2** resolver, arbitrar, dirimir.

mediation [ˌmiːdɪ'eɪʃn] *s. i.* **1** mediación, arbitraje, intervención. **2** DER. tercería.

mediator ['miːdɪeɪtər] *s. c.* **1** mediador, árbitro. **2** DER. tercero.

medic ['medɪk] (también **medico**) *s. c.* (fam.) médico; estudiante de medicina.

medical ['medɪkl] *adj.* **1** médico, facultativo, clínico. **2** de medicina. • *s. c.* **3** (fam.) reconocimiento médico, examen facultativo.

medically ['medɪkəlɪ] *adv.* médicamente, facultativamente.

medicament [me'dɪkəmənt ‖ mɪ'dɪkəmənt] *s. c.* (form.) medicamento, medicina.

medicated ['medɪkeɪtɪd] *adj.* medicinal (un producto).

medication [ˌmedɪ'keɪʃn] *s. c.* e *i.* **1** (EE UU) medicamento, medicina. **2** tratamiento, medicación.

medicinal [me'dɪsɪnl] *adj.* medicinal, curativo.

medicinally [me'dɪsɪnəlɪ] *adv.* medicinalmente.

medicine ['medsɪn] *s. c.* e *i.* **1** medicina, medicamento. **2** (fig.) remedio, medicina. • *s. i.* **3** medicina, ciencia médica. ♦ **4 to give someone a taste/dose of their own** ~**,** (fam.) pagar a alguien con la misma moneda, castigar a alguien con sus propias armas. **5 to take one's** ~**,** sufrir las consecuencias, recibir su merecido.

medico ['medɪkeu] *s. c.* ⇒ **medic.**

medieval [ˌmedɪ'iːvl ‖ ˌmiːdɪ'iːvl] (también **medioeval**) *adj.* medieval.

mediocre [ˌmiːdɪ'əukər] *adj.* mediocre, mediano.

mediocrity [ˌmiːdɪ'ɒkrɪtɪ] *s. c.* e *i.* mediocridad, medianía.

meditate ['medɪteɪt] *v. i.* **1** (**to** ~ {**on/upon**}) meditar, reflexionar (sobre). **2** REL. meditar, sumirse en estado contemplativo.

meditation [ˌmedɪ'teɪʃn] *s. i.* **1** meditación, contemplación. • *s. c.* e *i.* **2** meditación, reflexión, cavilación.

meditative ['medɪtətɪv ‖ 'medɪteɪtɪv] *adj.* meditabundo, contemplativo.

meditatively ['medɪtətɪvlɪ] *adv.* meditativamente.

Mediterranean [ˌmedɪtə'reɪnjən] *adj.* **1** mediterráneo. • *s. sing.* **2 the Mediterranean,** el Mediterráneo, el mar Mediterráneo.

medium ['miːdɪəm] (*pl.* **media** o **mediums**) *adj.* **1** mediano, medio, intermedio (de tamaño, color, valor...). • *s. c.* **2** medio, forma, instrumento. **3** medio, ambiente. **4** (*pl.* **mediums**) medium (espiritista). **5** posición intermedia, medio. ♦ **6** ~ **term,** medio plazo. **7** ~ **wave,** onda media. **8 to strike a happy** ~**,** llegar a un término medio, encontrar el punto óptimo, encontrar el punto de equilibrio.

medium-dry ['miːdɪəmdraɪ] *adj.* semiseco (el vino, el jerez).

medlar ['medlər] *s. c.* BOT. níspero (la fruta y el árbol).

medley ['medlɪ] *s. c.* **1** mezcla, variedad, mezcolanza. **2** MÚS. popurrí. **3** DEP. prueba de estilos (en natación).

meek [miːk] *adj.* **1** dulce, dócil, tímido, apacible, humilde. **2** sumiso, obediente.

meekly ['miːklɪ] *adv.* **1** dócilmente, tímidamente. **2** sumisamente, obedientemente.

meekness ['miːknɪs] *s. i.* **1** dulzura, timidez, docilidad. **2** sumisión, mansedumbre, obediencia.

meet [miːt] (*pret.* y *p. p.* **met**) *v. t.* **1** encontrarse con, reunirse con, verse con. **2** conocer: *I met him while I was at university = lo conocí cuando estudiaba en la universidad.* **3** DEP. jugar contra, enfrentarse a, batirse con. **4** ir a buscar a, ir a esperar a (alguien al aeropuerto, la estación, etc.); tener correspondencia con (un tren, un autobús con otro). **5** hallar, topar con, tropezar con. **6** (**to** ~ {**with**}) recibir, responder, contestar: *the proposal was met with a refusal = la propuesta fue recibida con una negativa.* **7** satisfacer, cubrir, atender (una demanda, una necesidad). **8** pagar, cubrir, satisfacer, correr con (deudas, gastos). • *v. i.* **9** encontrarse, reunirse, verse. **10** conocerse (por primera vez). **11** reunirse, congregarse (en asamblea); convocarse (una reunión). **12** confluir, unirse (calles, ríos). **13** tocar, encontrarse, rozar. • *s. c.* **14** (EE UU) DEP. encuentro, competición, torneo; (brit.) cacería, partida de caza. ♦ **15 to** ~

one's/a violent death, encontrar la muerte/tener una muerte violenta. **16 to ~ one's eyes,** presentársele a uno a la vista (algo que impresiona). **17 to ~ someone's eyes/gaze,** encontrarse con la mirada de alguien. **18 to ~ someone halfway,** llegar a un acuerdo, hacer concesiones mutuas. **19 to ~ up (with),** (fam.) encontrarse, quedar citados, reunirse. **20 to ~ with, a)** (form.) toparse con, tropezar con (una persona, una dificultad, un accidente); **b)** experimentar, sufrir (un trato); **c)** EE UU) reunirse con, tener una reunión con. **21 there's more to this than meets the eye,** esto no es tan simple como parece, aquí hay gato encerrado.

meeting ['miːtɪŋ] *s. c.* **1** mitin; asamblea; congreso; sesión; junta. **2** (the ~ + *v. sing./pl.*) los asistentes, la concurrencia, el público, la asamblea; REL. la congregación. **3** reunión; encuentro; cita; entrevista. **4** DEP. encuentro, competición, concurso. **5** confluencia (de ríos).

meeting-house ['miːtɪŋhaus] *s. c.* iglesia, capilla, templo (cuáquero).

meeting-place ['miːtɪŋpleɪs] *s. c.* punto de encuentro, lugar de cita.

megabyte ['megəbaɪt] *s. c.* megabyte, (fam.) mega.

megacycle ['megəsaɪkl] *s. c.* ⇒ **megahertz.**

megahertz ['megəhəːts] (también **megacycle**) *s. c.* RAD. megahercio, megaciclo.

megalith ['megəlɪθ] *s. c.* HIST. megalito.

megalomania [,megələu'meɪnjə] *s. i.* megalomanía.

megalomaniac [,megələu'meɪnɪæk] *adj.* megalómano.

megaphone ['megəfəun] *s. c.* megáfono.

megaton ['megətʌn] *s. c.* megatón (medida de fuerza explosiva).

melancholia [,melən'kəuljə] *s. i.* PSIQ. melancolía, depresión.

melancholic [,melən'kɒlɪk ‖ ,melən-'kɑːlɪk] *adj.* (form.) melancólico, triste, lánguido.

melancholy ['melənkəlɪ ‖ 'melənkɑːlɪ] *s. i.* **1** (form.) melancolía, tristeza, languidez. **2** bilis negra. • *adj.* **3** (form.) melancólico, triste. **4** entristecedor, deprimente, funesto. **5** pensativo, meditabundo.

mélange [meɪ'lɑːnʒ] *s. sing.* mezcla, mezcolanza, colección.

melanin ['melənɪn] *s. i.* BIOL. melanina.

mêlée ['meleɪ] *s. c.* **1** barullo, confusión, tumulto. **2** refriega, pelea.

mellifluous [me'lɪfluəs] *adj.* (form.) melifluo, melodioso, dulce.

mellifluously [me'lɪfluəslɪ] *adv.* (form.) melodiosamente, dulcemente (sonidos, música, etc.).

mellow ['meləu] *adj.* **1** maduro, dulce (una fruta). **2** cálido, suave (un color). **3** dulce, melosa, suave, aterciopelada (la voz). **4** tranquilo, apacible, dulcificado (por el paso del tiempo). **5** (fam.) achispado, alegre (por el alcohol). **6** margosa, húmeda (la tierra). • *v. i.* **7** suavizarse, dulcificarse, ablandarse (un color, el carácter). **8** madurar. **9** achisparse, ponerse alegre (con el alcohol).

mellowly ['meləulɪ] *adv.* **1** dulcemente, jugosamente (sabor). **2** cálidamente, suavemente (color). **3** dulcemente, melosamente, aterciopeladamente (sonido). **4** tranquilamente, apaciblemente (en la actitud vital). **5** (fam.) relajadamente, tranquilamente (a causa del alcohol, por ejemplo).

mellowness ['meləunɪs] *s. i.* **1** dulzura (sabor). **2** suavidad, calidez (color). **3** dulzura, melosidad, aterciopelamiento (sonido). **4** tranquilidad (vital). **5** (fam.) relajación.

melodic [mɪ'lɒdɪk ‖ mɪ'lɑːdɪk] *adj.* MÚS. melódico, melodioso.

melodious [mɪ'ləudjəs] *adj.* melodioso, armonioso.

melodiously [mɪ'ləudɪəslɪ] *adv.* melodiosamente, armoniosamente.

melodiousness [mɪ'ləudɪəsnɪs] *s. i.* melodiosidad, armonía.

melodrama ['meləu,drɑːmə] *s. c.* e *i.* melodrama.

melodramatic [,meləudrə'mætɪk] *adj.* melodramático.

melodramatically [,meləudrə'mætɪkəlɪ] *adv.* melodramáticamente.

melody ['melədɪ] *s. c.* **1** melodía, canción. • *s. i.* **2** melodía.

melon ['melən] *s. c.* BOT. melón.

melt [melt] *v. t.* **1** derretir; licuar; fundir; disolver. **2** (fig.) ablandar, enternecer, aplacar. • *v. i.* **3** derretirse; licuarse; fundirse; disolverse. **4** ablandarse, enternecerse, aplacarse. **5** (to ~ {away}) esfumarse, desvanecerse, desaparecer. **6** (to ~ {into}) mezclarse (un sonido, un color con otro); esfumarse, confundirse, desaparecer (entre la multitud). • *s. i.* **7** derretimiento; licuefacción. ◆ **8 to ~ down,** fundir (un metal).

melting [meltɪŋ] *s. i.* **1** licuefacción; disolución; derretimiento. • *adj.* **2** agradable, suave, tierna, dulce (la voz). ◆ **3 ~ point,** punto de fusión. **4 ~ pot,** crisol; (fig.) amalgama, confluencia (de distintas razas, nacionalidades). **5 in the ~ pot,** en formación; en discusión; sujeto a cambios.

member ['membər] *s. c.* **1** miembro; socio; militante. **2** parlamentario, diputado. **3** asistente; integrante. **4** (form.) ANAT. miembro, extremidad; (lit. y euf.) pene. ◆ **5 Member of Parliament,** parlamentario, diputado.

membership ['membəʃɪp ‖ 'membərʃɪp] *s. i.* **1** pertenencia, calidad de socio. • *s. c.* **2** (~ + *v. sing./pl.*) número de socios o militantes, personal afiliado.

membrane ['membreɪn] *s. c.* e *i.* membrana.

memento [mɪ'mentəu] *s. c.* recuerdo, reliquia.

memo ['meməu] *s. c.* (fam.) ⇒ **memorandum.**

memoir ['memwɑːr] *s. c.* **1** (form.) memoria. **2** *pl.* memorias, autobiografía (de un personaje importante).

memorabilia [,memərə'bɪlɪə] *s. pl.* objetos de recuerdo, recuerdos.

memorable ['memərəbl] *adj.* memorable.

memorably ['memərəblɪ] *adv.* memorablemente.

memoranda [,memə'rændə] *pl.* de **memorandum.**

memorandum [,memə'rændəm] (*pl.* **memoranda** o **memorandums**) *s. c.* **1** (form.) memorándum, nota oficial, comunicado; nota diplomática. **2** recordatorio, nota, apunte, minuta. **3** DER. contrato.

memorial [mɪ'mɔːrɪəl] *s. c.* **1** monumento conmemorativo. **2** petición oficial. • *adj.* **3** conmemorativo.

memorise *v. t.* ⇒ **memorize.**

memorize [meməraɪz] (también **memorise**) *v. t.* memorizar, retener en la memoria, aprender de memoria.

memory ['memərɪ] *s. c.* **1** memoria. **2** recuerdo. **3** INF. memoria. ◆ **4 to commit something to ~,** memorizar algo, aprender algo de memoria. **5 from ~,** de memoria. **6 in ~ of,** en memoria de, en recuerdo de (alguien fallecido). **7 to lose one's ~,** perder la memoria. **8 within living ~,** que se recuerda, de que tengamos recuerdo. **9 within one's ~,** que uno recuerde: *the first time within my memory = la primera vez que yo recuerde.*

memsahib ['mem,sɑːhɪb ‖ 'mem,sɑːb] *s. c.* (arc.) señora, título de respeto que se aplicaba a la mujer blanca europea en la India.

men [men] *s. pl.* **1** de **man.** ◆ **2 men's room,** retrete de caballeros, servicio de caballeros.

menace ['menɪs] *s. c.* e *i.* **1** amenaza, intimidación. • *s. c.* **2** (fam.) latoso, pesado, fastidioso (una persona). **3** molestia, estorbo, fastidio.

menacing ['menɪsɪŋ] *adj.* amenazador, amenazante, intimidatorio.

menacingly ['menɪsɪŋlɪ] *adv.* amenazadoramente, de forma intimidatoria.

ménage [me'nɑːʒ ‖ 'meɪnɑːʒ] *s. c.* **1** (~ + *v. sing./pl.*) menaje del hogar; familia. ◆ **2 ~ a trois,** (lit.) triángulo amoroso, ménage a trois.

menagerie [mɪ'nædʒərɪ] *s. c.* parque zoológico, colección de animales salvajes para exhibición.

mend [mend] *v. t.* **1** reparar, arreglar, componer. **2** remendar, zurcir, repasar. • *v. i.* **3** (fam.) recuperarse, reponerse. • *s. c.* **4** remiendo, zurcido. **5** reparación, mejora. ◆ **6 to ~ one's ways,** enmendarse, reformarse. **7 to be on the ~,** (fam.) estar recuperándose, estar reponiéndose (de salud, en los negocios).

mendacious [men'deɪʃəs] *adj.* (form.) mendaz, mentiroso, embustero, falso.

mendaciously [men'deɪʃəslɪ] *adv.* (form.) mendazmente, mentirosamente, falsamente.

mendacity [men'dæsɪtɪ] *s. i.* (form.) mendacidad, falsedad, embuste, mentira.

mending [mendɪŋ] *s. i.* **1** ropas para remendar. **2** zurcido, arreglo (de ropas).

menfolk ['menfəuk] *s. pl.* los hombres (de la familia o en general).
menial ['mi:nɪəl] *adj.* **1** doméstico; modesto; bajo, servil (un trabajo). **2** de criados, de sirvientes. ● *s. c.* **3** (desp.) criado, sirviente.
meningitis [,menɪn'dʒaɪtɪs] *s. i.* meningitis.
menopause ['menəupɔ:z] *s. i.* menopausia.
menstrual ['menstruəl] *adj.* menstrual.
menstruate ['menstrueɪt] *v. i.* tener la menstruación, menstruar.
menstruation [,menstru'eɪʃn] *s. c.* e *i.* menstruación.
menswear [menswεər] *s. i.* ropa de caballero.
mental ['mentl] *adj.* **1** mental, psíquico. **2** mental, intelectual. **3** MED. mental, psiquiátrico. **4** (argot) loco; anormal, estúpido. ◆ **5** ~ **age,** edad mental. **6** ~ **hospital,** hospital psiquiátrico. **7** ~ **patient,** enfermo mental. **8 to make a** ~ **note of,** tomar nota mentalmente de.
mentality [men'tælɪtɪ] *s. i.* **1** capacidad intelectual o mental. ● *s. c.* **2** mentalidad, forma de pensar.
mentally ['mentəlɪ] *adv.* **1** mentalmente, intelectualmente. **2** psicológicamente.
menthol ['menθɒl ‖ 'menθɔ:l ‖ 'menθɑ:l] *s. i.* QUÍM. mentol.
mentholated ['menθəleɪtəd] *adj.* mentolado.
mention [menʃn] *v. t.* **1** mencionar, hablar de, aludir, mentar, referirse a (un tema, una persona). ● *s. c.* **2** mención, alusión, referencia. ◆ **3 don't** ~ **it,** de nada, no hay de qué (para contestar al dar las gracias). **4 not to** ~, además de, amén de, sin olvidar.
mentor ['mentɔ:r] *s. c.* (form.) mentor, consejero, maestro.
menu ['menju:] *s. c.* **1** menú, carta, lista de platos. **2** INF. menú, lista de opciones. ◆ **3** ~ **bar,** INF. barra de menús.
MEP [,emi:'pi:] (siglas de **Member of the European Parliament**) *s. c.* miembro del parlamento europeo, eurodiputado.
mercantile ['mə:kəntaɪl ‖ 'mə:rkənti:l] *adj.* **1** (form.) mercantil, comercial. ◆ **2** ~ **marine,** marina mercante.
mercenary ['mə:sɪnərɪ] *adj.* **1** (desp.) interesado. ● *s. c.* **2** MIL. mercenario.
merchandise ['mə:tʃəndaɪz] *s. i.* **1** mercancía, género. ● *v. t.* **2** comercializar, vender.
merchandising [,mə:tʃən'daɪzɪŋ] *s. i.* artículos promocionales.
merchant ['mə:tʃənt] *s. c.* **1** comerciante, negociante. ● *adj.* **2** mercante. **3** comercial. ◆ **4** ~ **bank,** COM. banco comercial, banco de negocios. **5** ~ **sailor,** marino mercante. **6** ~ **ship,** buque mercante.
merciful ['mə:sɪful] *adj.* **1** misericordioso compasivo, clemente. **2** afortunado, venturoso.
mercifully ['mə:sɪfəlɪ] *adv.* **1** afortunadamente, por ventura. **2** compasivamente, misericordiosamente.
merciless ['mə:sɪlɪs] *adj.* despiadado, inhumano, cruel, implacable.
mercilessly ['mə:sɪlɪslɪ] *adv.* despiadadamente, de modo inhumano, implacablemente, cruelmente.
mercurial [mə:'kjuərɪəl] *adj.* (lit.) imprevisible, veleidoso, variable (una persona, el carácter).
mercury ['mə:kjurɪ] *s. i.* **1** QUÍM. mercurio. **2** (EE UU) termómetro. ● *s. c.* **3 Mercury,** Mercurio (planeta, dios mensajero). **4** BOT. mercurial, malcoraje.
mercy ['mə:sɪ] *s. i.* **1** misericordia, compasión, clemencia. **2** (fam.) suerte, bendición, consuelo. ◆ **3 at the** ~ **of,** a merced de. **4 to be left to the mercies/the tender mercies of,** (hum.) quedar a merced de. **5 in one's** ~, gracias a su generosidad. **6** ~ **killing,** eutanasia, muerte piadosa. **7 to throw oneself upon someone's** ~, suplicar de rodillas a alguien, pedir clemencia a alguien.
mere [mɪər] *adj.* **1** mero, simple. **2** no más de, no más que: *a mere 2% = no más de un 2%, un 2% pelado.* ● *s. c.* **3** (brit.) lago, laguna (generalmente en combinación con otro nombre). **4** (arc.) frontera.
merely [mɪəlɪ] *adv.* **1** meramente, simplemente. ◆ **2 not** ~, no solo.
meretricious [,merɪ'trɪʃəs] *adj.* (form.) falso, engañoso; de relumbrón, de oropel, de apariencia.
meretriciously [,merɪ'trɪʃəslɪ] *adv.* (form.) falsamente, engañosamente.
meretriciousness [,merɪ'trɪʃəsnɪs] *s. i.* (form.) falsedad, engaño.
merge [mə:dʒ] *v. t.* **1** fundir; mezclar; confundir. **2** COM. fusionar. ● *v. i.* **3** fundirse; mezclarse; confundirse. **4** COM. fusionarse.
merger ['mə:dʒər] *s. c.* **1** COM. fusión. **2** DER. absorción (de una ley por otra).
meridian [mə'rɪdɪən] *s. c.* **1** GEOG. meridiano. **2** (**the** ~) (form.) el auge, el culmen, la apoteosis, el súmmum.
meridional [mə'rɪdɪənl] *adj.* GEOG. meridional.
meringue [mə'ræŋ] *s. c.* e *i.* merengue.
merit ['merɪt] *s. i.* **1** mérito, valor. ● *s. c.* **2 merits,** excelencias, cualidades, ventajas. ● *v. t.* **3** (form.) merecer, ser digno de. ● *v. i.* **4** hacer méritos. ◆ **5 to have the** ~ **of being,** tener el mérito de ser. **6 to judge something on its merits,** juzgar algo por sus valores intrínsecos.
meritocracy [,merɪ'tɒkrəsɪ ‖ ,merɪ'tɑ:krəsɪ] *s. c.* **1** meritocracia. **2** (**the** ~ + *v. sing./pl.*) la elite (intelectual, social).
meritorious [,merɪ'tɔ:rɪəs] *adj.* (form.) meritorio, loable, digno, sobresaliente.
meritoriously [,merɪ'tɔ:rɪəslɪ] *adv.* (form.) meritoriamente, loablemente, dignamente.
merlin ['mə:lɪn] *s. c.* ZOOL. esmerejón (ave).
mermaid ['mə:meɪd] *s. c.* sirena.
merman ['mə:mæn] (*pl.* **mermen**) *s. c.* tritón.
merrily ['merɪlɪ] *adv.* alegremente, con alborozo.
merriment ['merɪmənt] *s. i.* **1** hilaridad; diversión. **2** regocijo, alegría, alborozo; juerga, jarana.
merry ['merɪ] *adj.* **1** alegre, feliz, contento; jovial, festivo. **2** divertido, gracioso; simpático. **3** (brit.) (fam.) achispado, contento (por el alcohol). ◆ **4 to make** ~, (fam. y lit.) divertirse, pasarlo bien (comiendo, bebiendo). **5 Merry Christmas,** Feliz Navidad, Felices Navidades.
merry-go-round ['merɪgəu,raund] *s. c.* carrusel, tiovivo, caballitos.
merry-making ['merɪ,meɪkɪŋ] *s. i.* (lit.) jolgorio, jarana, juerga.
mesh [meʃ] *s. c.* e *i.* **1** malla, trama. **2** malla, poro, anilla (en un tejido de red). **3** (fig.) trama, trampa. **4** MEC. engranaje. ● *v. i.* **5** (**to** ~ {**with**}) MEC. engranar, encajar. **6** concordar, encajar, cuadrar. **7** enredarse, entretejerse.
mesmerize ['mezmərаɪz] (también **mesmerise**) *v. t.* **1** fascinar, hechizar, deslumbrar. **2** (arc.) hipnotizar.
mesmerizing ['mezmərаɪzɪŋ] *adj.* fascinante, deslumbrante, hechizante.
mess [mes] *s. i.* **1** desorden; revoltijo; caos. **2** (fam.) confusión, embrollo, lío. ● *s. c.* **3** *sing.* (fam.) persona desarreglada, persona desaliñada; desastre, horror (una cosa): *this painting is a mess = este cuadro es un desastre.* **4** MIL. comedor de cuartel. **5** plato, ración; MIL. rancho. ● *s. c.* e *i.* **6** basura, porquería; heces (de animales). ● *v. i.* **7** MIL. tomar el rancho, hacer el rancho. ◆ **8 in a** ~, hecho un lío, revuelto, desordenado. **9 to** ~ **about/** (en EE UU **around**) (fam.) **a)** perder el tiempo; **b)** hacer el tonto; **c)** liar, confundir, fastidiar (a alguien). **10 to** ~ **up,** (fam.) desordenar, revolver; manchar (en un lugar). **11 to** ~ **with,** mezclarse en, relacionarse con, involucrarse en (algo peligroso). **12 no messing,** (brit.) (fam.) no miento, es la pura verdad.
message ['mesɪdʒ] *s. c.* **1** mensaje; nota; encargo; recado; aviso. **2** mensaje, sentido. ◆ **3 to get the** ~, entender, comprender, darse cuenta, darse por enterado.
messenger ['mesɪndʒər] *s. c.* **1** mensajero; recadero; correo. **2** profeta, precursor. **3** (arc.) heraldo. **4** MAR. virador, calabrote. ◆ **5** ~ **boy,** chico de los recados, recadero.
messiah [mɪ'saɪə] *s. sing.* **1** REL. **Messiah,** Mesías. ● *s. c.* **2** (fig.) mesías, profeta.
messianic [,mesɪ'ænɪk] *adj.* (form.) mesiánico.
messily ['mesɪlɪ] *adv.* **1** desordenadamente; desaliñadamente. **2** confusamente.
Messrs ['mesəz ‖ 'mesərz] *s. pl.* de **Mr.** Sres. (gen. ante 2 o más apellidos en nombres de empresas, firmas).
mess-up ['mesʌp] *s. c.* **1** (fam.) lío, embrollo, enredo. **2** fracaso, error.

messy ['mesɪ] *adj.* **1** desordenado, descuidado, desaliñado, sucio, caótico (un lugar, una persona). **2** mal hecho (un dibujo, un trabajo, etc.). **3** sucio, que hace que te pongas perdido (una tarea, un trabajo, etc.). **4** confuso, complicado, poco claro (un asunto).

met [met] *pret.* y *p. p.* ⇒ **meet.**

metabolic [ˌmetə'bɒlɪk] *adj.* FISIOL. metabólico.

metabolise *v. t.* ⇒ **metabolise.**

metabolism [mə'tæbəlɪzəm] *s. c.* e *i.* metabolismo.

metabolize [mə'tæbəlaɪz] (también **metabolise**) *v. t.* metabolizar.

metal ['metl] *s. c.* e *i.* **1** metal. **2** (fig.) temple, brío, fortaleza. **3** (brit.) gravilla, grava, cascajo. **4** vidrio fundido. **5** hierro fundido. **6** caracteres de imprenta. **7** *pl.* (brit.) raíles. ◆ **8** *v. t.* (arc.) cubrir con grava, con cascajo. ● *adj.* **9** de metal, metálico. ◆ **10** ~ **detector,** detector de metales.

metalanguage [ˌmetə'læŋwɪdʒ] *s. c.* metalenguaje.

metalled ['metld] *adj.* de gravilla; empedrado.

metallic [mɪ'tælɪk] *adj.* **1** metálico, de metal. **2** metalizado (un color). **3** (fig.) metálica, desagradable, bronca (la voz). **4** acre, amargo (un sabor, un alimento).

metallurgist [me'tælədʒɪst] *s. c.* metalúrgico.

metallurgy [me'tælədʒɪ] *s. i.* metalurgia.

metalwork ['metlwɜːk ‖ 'metlwɜːk] *s. i.* **1** artesanía del metal, metalistería. **2** metal, parte metálica (de un objeto).

metamorphose [ˌmetə'mɔːfəʊz ‖ ˌmetə'mɔːrfəʊz] *v. i.* (**to** ~ {**from /into**}) metamorfosearse; transfigurarse; transformarse).

metamorphoses [ˌmetə'mɔːfəsiːz] *pl.* de **metamorphosis.**

metamorphosis [ˌmetə'mɔːfəsɪs] (*pl.* **metamorphoses**) *s. c.* e *i.* metamorfosis; transformación.

metaphor ['metəfər] *s. c.* e *i.* **1** LIT. metáfora. ◆ **2 to mix one's metaphors,** hacer un juego de palabras sin querer; decir un disparate (por la mezcla de dos palabras, dos frases).

metaphorical [ˌmetə'fɔːrɪkl ‖ ˌmetə'fɒrɪkl] *adj.* metafórico.

metaphorically [ˌmetə'fɒrɪklɪ] *adv.* metafóricamente.

metaphysical [ˌmetə'fɪzɪkl] *adj.* **1** FIL. metafísico. **2** (form.) metafísico, abstracto. **3** (brit.) LIT. metafísico (movimiento poético del siglo XVII).

metaphysics [ˌmetə'fɪzɪks] *s. i.* FIL. metafísica.

metastasis [mɪ'tæstəsɪs] (*pl.* **metastases**) *s. c.* metástasis.

metastasize [mɪ'tæstəsaɪz] (también **metastasise**) *v. i.* sufrir metástasis.

mete [miːt] *v. t.* **1** (**to** ~ **out**) imponer. **2** (arc.) medir, mensurar.

meteor ['miːtɪər] *s. c.* ASTR. bólido, meteorito.

meteoric [ˌmiːtɪ'ɒrɪk] *adj.* **1** meteórico. **2** (fig.) rápido, meteórico.

meteorite ['miːtjəraɪt] *s. c.* meteorito.

meteorological [ˌmiːtɪərə'lɒdʒɪkl] *adj.* meteorológico.

meteorologist [ˌmiːtɪə'rɒlədʒɪst] *s. c.* meteorólogo.

meteorology [ˌmiːtɪə'rɒlədʒɪ] *s. i.* meteorología.

meter ['miːtər] *s. c.* **1** contador (de gas, electricidad); taxímetro; parquímetro. **2** (EE UU) metro (unidad de medida). ● *v. t.* **3** medir (con contador).

methadone ['meθədəʊn] *s. i.* QUÍM. metadona.

methane ['miːθeɪn ‖ 'meθeɪn] *s. i.* QUÍM. metano.

method ['meθəd] *s. c.* **1** método; procedimiento; técnica; sistema. ● *s. i.* **2** método, metodología. ◆ **3 there's** ~ **in his/her madness,** no está tan loco/loca como parece por su modo de actuar.

methodical [mɪ'θɒdɪkl ‖ ˌmɪ'θɑːdɪkl] *adj.* metódico; sistemático; ordenado; cuidadoso.

methodically [mɪ'θɒdɪkəlɪ] *adv.* metódicamente; sistemáticamente; ordenadamente.

Methodism ['meθədɪzəm] *s. i.* REL. metodismo.

Methodist ['meθədɪst] *s. c.* REL. metodista.

methodology [ˌmeθə'dɒlədʒɪ ‖ ˌmeθə'dɑːlədʒɪ] *s. c.* e *i.* metodología.

meths [meθs] *s. i.* (brit.) (fam.) alcohol de quemar.

methylated spirit ['meθəleɪtɪd'spɪrɪt] *s. i.* alcohol desnaturalizado, alcohol de quemar.

meticulous [mɪ'tɪkjʊləs] *adj.* meticuloso, minucioso.

meticulously [mɪ'tɪkjʊləslɪ] *adv.* meticulosamente, minuciosamente.

meticulousness [mɪ'tɪkjʊləsnɪs] *s. i.* meticulosidad, minuciosidad.

métier ['metɪeɪ ‖ me'tjeɪ] *s. c.* (form.) trabajo, profesión, oficio.

metre ['miːtər] (en EE UU **meter**) *s. c.* **1** metro (unidad de medida). ● *s. c.* e *i.* **2** LIT. metro, medida.

metric ['metrɪk] *adj.* **1** métrico. ◆ **2** ~ **system,** sistema métrico. **3** ~ **ton,** tonelada métrica.

metrication [ˌmetrɪ'keɪʃn] *s. i.* proceso de cambio del sistema imperial al métrico.

metro ['metrəʊ] *s. c.* metro, metropolitano.

metronome ['metrənəʊm] *s. c.* MÚS. metrónomo.

metropolis [mɪ'trɒpəlɪs ‖ mɪ'trɑːpəlɪs] *s. c.* (form.) metrópolis, metrópoli.

metropolitan [ˌmetrə'pɒlɪtən ‖ ˌmetrə'pɑːlɪtən] *adj.* **1** metropolitano. ● *s. c.* **2** REL. obispo metropolitano (de la iglesia ortodoxa). ◆ **3 Metropolitan Police,** policía metropolitana (de Londres).

mettle ['metl] *s. i.* **1** (form.) coraje, temple, valor, brío. ◆ **2 on one's** ~, (arc.) dispuesto a demostrar lo que uno vale, dispuesto a demostrar lo que uno es capaz de hacer. **3 to show/prove one's** ~, dar pruebas de su valor.

mew [mjuː] *v. i.* **1** maullar, mayar. **2** mudar la pluma, cambiar la pluma (un halcón). ● *v. t.* **3** enjaular (a un halcón cuando cambia de pluma). ● *s. c.* **4** maullido. **5** *pl.* callejón trasero, callejón de garajes, (arc.) callejuela de caballerizas (en la parte trasera de las casas).

Mexican ['meksɪkən] *adj.* **1** mexicano, mejicano, de México. ● *s. c.* **2** mexicano, mejicano.

Mexico ['meksɪkəʊ] *s. sing.* México, Méjico.

Mexico City ['meksɪkəʊ'sɪtɪ] *s. sing.* Ciudad de México.

mezzanine ['metsəniːn ‖ 'mezəniːn] *s. c.* entresuelo.

mezzo ['medzəʊ] *s. c.* e *i.* **1** (fam.) MÚS. mezzosoprano. ● *adv.* **2** MÚS. mezzo, bastante, no demasiado.

mezzo-soprano [ˌmedzəʊsə'prɑːnəʊ] *s. c.* e *i.* mezzosoprano.

miaow [miː'aʊ] (en EE UU **meow**) *v. i.* maullar, mayar.

miasma [mɪ'æzmə] *s. c.* e *i.* **1** (lit.) miasma, hedor, hediondez, olor fétido, emanación nociva. **2** influencia demoniaca, influencia nociva.

mica ['maɪkə] *s. i.* MIN. mica.

mice [maɪs] *pl.* de **mouse.**

mickey ['mɪkɪ] *s. i.* **to take the** ~ **out of someone,** (fam.) tomar el pelo a alguien.

Mickey Finn ['mɪkifɪn] *s. c.* bebida alcohólica a la que se ha añadido droga (para dejar inconsciente a alguien).

mickey-mouse [ˌmɪkiː'maʊs] *adj.* (desp.) poca monta, de la señorita Pepis.

micro ['maɪkrəʊ] *s. c.* **1** (fam.) INF. microordenador, ordenador personal. ● *prefijo* **2** micro: *microbiology = microbiología.*

microbe ['maɪkəʊb] *s. c.* microbio, microorganismo.

microbiological [ˌmaɪkrəʊbaɪə'lɒdʒɪkl ‖ ˌmaɪkrəʊbaɪə'lɑːdʒikl] *adj.* microbiológico.

microbiologist [ˌmaɪkrəʊbaɪ'ɒlədʒɪst ‖ ˌmaɪkrəʊbaɪ'ɑːlədʒɪst] *s. c.* microbiólogo.

microbiology [ˌmaɪkrəʊbaɪ'ɒlədʒɪ ‖ ˌmaɪkrəʊbaɪ'ɑːlədʒɪ] *s. i.* microbiología.

microclimate ['maɪkrəʊˌklaɪmɪt] *s. c.* microclima.

microchip ['maɪkrəʊˌtʃɪp] *s. c.* INF. microchip.

microcomputer [ˌmaɪkrəʊkəm'pjuːtər] *s. c.* microordenador, ordenador personal.

microcosm ['maɪkrəʊkɒzəm] *s. c.* microcosmo, microcosmos.

microeconomics [ˌmaɪkrəʊikə'nɒmɪks] *s. i.* microeconomía.

microelectronics ['maɪkrəʊˌɪlək'trɒnɪks] *s. i.* microelectrónica.

microfiche ['maɪkrəʊfiːʃ] *s. c.* e *i.* microficha.

microfilm ['maɪkrəʊfɪlm] *s. c.* e *i.* **1** microfilm. ● *v. t.* **2** microfilmar, hacer un microfilm de.

microlight ['maɪkrəʊlaɪt] (también **microlite**) *s. c.* ultraligero.

micrometer [maɪ'krɒmɪtə] *s. c.* micrómetro.
micron ['maɪkrɒn] *s. c.* micra, micrón.
micro-organism [,maɪkrəʊ'ɔːgənɪzəm ‖ ,maɪkrəʊ'ɔːrgənɪzəm] *s. c.* BIOL. microorganismo, microbio.
microphone ['maɪkrəfəʊn] *s. c.* micrófono.
microprocessor [,maɪkrəʊ'prəʊsesər] *s. c.* microprocesador.
microscopic [,maɪkrə'skɒpɪk ‖ ,maɪkrə'skɑːpɪk] *adj.* **1** microscópico; a través de microscopio. **2** microscópico; extremadamente pequeño. **3** detallado, minucioso.
microscopically [,maɪkrə'skɒpɪkəlɪ] *adv.* **1** microscópicamente. **2** minuciosamente, detalladamente.
microsecond [,maɪkrəʊ'sekənd] *s. c.* microsegundo, millonésima de segundo.
microwave ['maɪkrəweɪv] *s. c.* **1** RAD. microonda. **2** microondas, horno (de) microondas.
mid- [mɪd] *prefijo* **1** medio; en medio de; a mediados de. **2** pleno: *in mid-winter = en pleno invierno.* • *adj.* **3** medio, central.
mid-air [,mɪd'eər] *s. i.* **1** punto en el aire, región aérea: *in mid-air = en el aire.* • *adj.* **2** en pleno vuelo, en el aire (choque, colisión).
midday ['mɪddeɪ] *s. i.* mediodía.
middle ['mɪdl] *s. c.* (gen. *sing.*) **1** medio, centro, mitad. **2** (fam.) cintura, talle. • *adj.* **3** medio; de en medio; intermedio; central. • *v. t.* **4** DEP. centrar (la pelota). **5** MAR. plegar (velas). ◆ **6 down the ~,** justo por la mitad, por el centro (al cortar o partir algo). **7 ~ finger,** dedo del corazón. **8 in the ~ of,** durante, en mitad de (un proceso, de una tarea). **9 in the ~ of nowhere,** donde Cristo dio las tres voces. **10 ~ manager,** mando intermedio.
middle-age [,mɪdl'eidʒ] *s. i.* **1** mediana edad, edad madura. ◆ **2 ~ spread,** (fam. y hum.) michelines, grasa alrededor de la cintura.
middle-aged [,mɪdl'eɪdʒd] *adj.* de mediana edad.
middle-brow ['mɪdlbraʊ] *adj.* apto para el gran público, sin pretensiones (un libro, música, pintura).
middle-class [,mɪdl'klɑːs] *s. c.* **1** clase media. • *adj.* **2** de clase media.
middle-distance [,midl'dɪstəns] *s. sing.* **1** segundo plano. **2** DEP. medio fondo.
middle-name ['mɪdlneɪm] *s. c.* segundo nombre.
middle-school ['mɪdlskuːl] *s. c.* (brit.) escuela de ciclo medio (de 9 a 13 años).
middleman ['mɪdlmæn] (*pl.* **middlemen**) *s. c.* COM. intermediario.
middle-of-the-road [,mɪdləvðə'rəʊd] *adj.* **1** moderado, de centro (un gobierno, un político). **2** convencional (gustos, música).
middling ['mɪdlɪŋ] *adj.* **1** regular, mediano, mediocre, del montón. • *adv.* **2** (fam.) regular: *"How is your dad?" "Well, middling" = "¿Cómo está tu papá?" "Tirando".* **3** bastante, medianamente.
midge [mɪdʒ] *s. c.* mosquito.
midget ['mɪdʒɪt] *s. c.* **1** enano (una persona). **2** miniatura. • *adj.* **3** en miniatura; diminuto, muy pequeño.
midnight ['mɪdnaɪt] *s. i.* **1** medianoche. • *adj.* **2** de medianoche. ◆ **3 to burn the ~ oil,** quedarse trabajando o estudiando hasta muy tarde; (fig.) quemarse las cejas trabajando.
midpoint ['mɪdpɔɪnt] *s. c.* e *i.* punto medio, centro, mitad.
midriff ['mɪdrɪf] *s. c.* **1** ANAT. diafragma. **2** estómago.
midships ['mɪdʃɪps] *adv.* ⇒ **amidships.**
midst [mɪdst] *prep.* LIT. **1** en medio de. ◆ **2 in the ~ of,** en pleno, en medio de. **3 in our ~/in our very ~,** entre nosotros.
midstream [,mɪd'striːm] *s. i.* **1** centro de la corriente (de un río). ◆ **2 to stop/pause in ~,** hacer una pausa, parar de hablar.
midsummer ['mɪd,sʌmər] *s. i.* **1** pleno verano. **2** solsticio de verano. ◆ **3 Midsummer Day,** 24 de junio (fiesta del verano). **4 ~ madness,** locura total.
mid-teens [,mɪd'tiːns] *s. pl.* plena adolescencia.
midway [,mɪd'weɪ] *adv.* **1** a medio camino (entre dos puntos). **2** hacia la mitad (de un período de tiempo). • *adj.* **3** intermedio, situado a medio camino.
midweek [,mɪd'wiːk] *adv.* **1** a media semana, entre semana. • *adj.* **2** de entre semana.
midwife ['mɪdwaɪf] *s. c.* comadrona.
midwifery ['mɪdwɪfərɪ] *s. i.* MED. obstetricia.
midwinter [,mɪd'wintər] *s. i.* **1** pleno invierno. **2** solsticio de invierno.
mien [miːn] *s. i.* semblante, expresión (de la cara); porte, aire (en general).
miffed [mɪft] *adj.* (~ {**at/by**}) (fam.) enfadado (por).
might [maɪt] *v. i.* **1** poder, tener posibilidad (indica posibilidad o probabilidad): *I might see her again = quizá la vea otra vez.* **2** (*pret.* de **may**) poder: *I thought he might say so = pensé que él podía decir eso.* **3** (brit.) (form.) poder, tener permiso (más amablemente que con **may**): *might I ask you a question? = ¿podría hacerte una pregunta?* **4** deber (similar a **should** o a **ought to**): *you might have helped her = deberías haberla ayudado.* • *s. i.* **5** (form.) poder, fuerza; energía, vigor. ◆ **6 with all one's ~/with all one's ~ and main,** con todas sus fuerzas, a más no poder.
OBS. **might** lo mismo que **may** va seguido por un infinitivo sin **to** y no lleva **s** en la 3a. persona del *sing.* Habitualmente expresa una posibilidad más remota e incierta que **may.** Algunas veces se utiliza en lugar del auxiliar en preguntas: *who might you be? = ¿quién es usted?; what might that mean? = ¿qué significa eso?*
mightily ['maɪtɪlɪ] *adv.* **1** (lit.) con fuerza, poderosamente. **2** (brit.) (p. u.) muy, extremadamente.
mightn't ['maɪtnt] *contracción* de **might not.**
might've ['maɪtəv] *contracción* de **might have.**
mighty ['maɪtɪ] *adj.* **1** . (lit.) poderoso, fuerte. **2** grandioso, inmenso. • *adv.* **3** (EE UU) (fam.) muy, extremadamente: *mighty difficult = extremadamente difícil.*
migraine ['miːgreɪn] *s. i.* MED. migraña, jaqueca.
migrant ['maɪgrənt] *s. c.* **1** emigrante; temporero. **2** animal migratorio. • *adj.* **3** migratorio.
migrate [maɪ'greɪt] *v. i.* **1** emigrar (personas). **2** ZOOL. trashumar, migrar.
migration [maɪ'greɪʃn] *s. i.* **1** emigración. **2** ZOOL. migración, trashumancia. **3** QUÍM. migración (de átomos).
migratory ['maɪgrətəri] *adj.* ZOOL. migratorio.
mike [maɪk] *s. c.* (fam.) micro, micrófono.
milch [mɪltʃ] *adj.* lechera, que da leche (una vaca, una cabra).
mild [maɪld] *adj.* **1** agradable, dulce, cariñoso, apacible, de buen carácter. **2** suave, templado, benigno, bonancible (el tiempo). **3** suave, ligera (una comida, una bebida). **4** leve (un castigo, una riña). **5** MED. leve. **6** (brit.) suave (un tipo de cerveza). ◆ **7 ~ steel,** MET. acero maleable.
mildew ['mɪldjuː] *s. i.* **1** moho. **2** AGR. mildiu de la vid; añublo del trigo. • *v. t.* **3** enmohecer. • *v. i.* **4** enmohecerse.
mildewed ['mɪldjuːd] *adj.* enmohecido, atacado por el moho.
mildly [maɪldlɪ] *adv.* **1** suavemente; apaciblemente; dulcemente. **2** ligeramente. ◆ **3 to put it ~,** por decirlo de alguna manera; por no decir más; por no decir una grosería.
mild-mannered ['maɪldmænəd] *adj.* amable, cortés, delicado.
mildness ['maɪldnɪs] *s. i.* **1** suavidad, dulzura, mansedumbre. **2** levedad, ligereza.
mile [maɪl] *s. c.* **1** milla (1.609 metros). ◆ **2** *pl.* (fam.) mucho, un montón; a años luz: *the new hi-fi is miles better = el equipo nuevo es muchísimo mejor.* ◆ **3 to be miles away,** estar en las nubes, estar en Babia. **4 to run a ~,** (fam.) correr como alma que lleva el diablo (ante un trabajo, algo que asusta). **5 to see/recognize a ~ off,** ver o reconocer a la legua. **6 to stick/stand out a ~,** (fam.) saltar a la vista (algo); sobresalir mucho, dar la nota (alguien).
mileage ['maɪlɪdʒ] *s. c.* (gen. *sing.*) **1** distancia recorrida en millas; kilometraje. **2** gastos de desplazamiento. **3** (fam.) ventaja, partido, rendimiento, utilidad, tajada.
milepost ['maɪlpəʊst] *s. c.* **1** poste kilométrico, mojón. **2** (fig.) hito.
miler ['maɪlər] *s. c.* (fam) DEP. corredor especialista en la milla.

milestone ['maɪlstəʊn] *s. c.* **1** mojón, señal. **2** (fig.) hito, logro, acontecimiento importante (histórico, para una persona).

milieu ['miːljəː] *s. c.* (form.) medio social, entorno, ambiente, medio.

militancy ['mɪlɪtənsi] *s. i.* **1** militancia, activismo (político, social). **2** combatividad, beligerancia.

militant ['mɪlɪtənt] *s. c.* **1** militante, activista. • *adj.* **2** beligerante, combativo.

militantly ['mɪlɪtəntlɪ] *adv.* **1** enérgicamente, activamente. **2** agresivamente.

militarily ['mɪlɪtərɪlɪ] *adv.* militarmente.

militarism ['mɪlɪtərɪzəm] *s. i.* militarismo.

militarist ['mɪlɪtərɪst] *s. c.* **1** militarista. • *adj.* **2** militarista.

militaristic [mɪlɪtə'rɪstɪk] *adj.* militarista, armamentista.

militarized ['mɪlɪtəraɪzd] (también **militarised**) *adj.* militarizado, organizado militarmente.

military ['mɪlɪtərɪ] *adj.* **1** militar. • *s. pl.* **2** (**the** ~) las fuerzas armadas, el ejército. ◆ **3** ~ **police,** policía militar. **4** ~ **policeman,** (miembro de la) policía militar.

militate ['mɪlɪteɪt] *v. i.* (**to** ~ **against**) (form.) debilitar, suponer un obstáculo para.

militia [mɪ'lɪʃə] *s. c.* e *i.* milicia.

militiaman [mɪ'lɪʃəmən] (*pl.* **militiamen**) *s. c.* miliciano, miembro de la milicia.

milk [mɪlk] *s. i.* **1** leche. **2** producto lácteo. **3** jugo de coco. • *v. t.* **4** ordeñar. **5** (desp.) explotar, aprovecharse de, chupar (dinero). **6** presionar, exprimir, sacar. • *v. i.* **7** dar leche, proporcionar leche, suministrar leche. **8** añadir leche. ◆ **9 to cry over spilt** ~, lamentar lo que ya no tiene remedio. **10** ~ **float,** (brit.) (fam.) camioneta del repartidor de leche. **11** ~ **tooth,** diente de leche.

milker ['mɪlkər] *s. c.* (fam.) animal que da mucha leche.

milkiness ['mɪlkɪnɪs] *s. i.* lechosidad (en textura).

milking [mɪlkɪŋ] *s. i.* tarea de ordeñar, ordeño.

milking-machine ['mɪlkɪŋməʃiːn] *s. c.* ordeñadora.

milkmaid ['mɪlkmeɪd] *s. c.* lechera, mujer que ordeña las vacas.

milkman ['mɪlkmən] (*pl.* **milkmen**) *s. c.* lechero, repartidor de leche.

milkshake ['mɪlkʃeɪk] *s. c.* **1** (brit.) batido (con leche como base). **2** (EE UU) leche malteada.

milksop ['mɪlksɒp] *s. c.* (desp.) llorica (especialmente con chicos).

milk-white [,mɪlk'waɪt] *adj.* lechoso (color).

milky ['mɪlki] *adj.* **1** pálido, lechoso, blanquecino. **2** con mucha leche: *milky coffee* = *café con mucha leche* o *largo de leche.* **3** (fig.) tierno, suave, dulce. ◆ **4 Milky Way,** Vía Láctea.

milord [mɪ'lɔːd] *s. c.* señor (forma de llamar a nobles).

mill [mɪl] *s. c.* **1** molino, aceña, molinejo. **2** molinillo de cocina. **3** fábrica, taller (de tejidos, acero). **4** MEC. fresadora, laminadora. **5** prensa para acuñar moneda. • *v. t.* **6** moler, triturar. **7** acordonar (moneda). **8** MEC. fresar, laminar. **9** batir. **10** abatanar (el paño). ◆ **11 to put someone through the** ~, hacérselas pasar moradas a alguien, hacer pasar muchos sufrimientos a alguien.

mill-dam ['mɪldæm] *s. c.* presa de molino.

millenarian [mɪlə'neərɪən] *adj.* milenario.

millennium [mɪ'lenɪəm] *s. c.* **1** milenio. **2** (fig.) período de paz y prosperidad.

miller ['mɪlər] *s. c.* **1** molinero. **2** ZOOL. polilla, mariposa nocturna.

millet ['mɪlɪt] *s. i.* BOT. mijo.

milligram ['mɪlɪgrem] *s. c.* miligramo.

millilitre ['mɪlɪ,liːtər] *s. c.* mililitro.

millimetre ['mɪlɪ,miːtər] *s. c.* milímetro.

milliner ['mɪlɪnər] *s. c.* sombrerero (de sombreros de señora).

millinery ['mɪlɪnərɪ] *s. i.* sombrerería, artículos de sombrerería.

milling ['mɪlɪŋ] *s. i.* **1** molienda. **2** cordoncillo (de la moneda). **3** fresado (del metal). • *adj.* **4** errabundo, errático.

million ['mɪljən] *num. card.* **1** millón. ◆ **2 millions,** (fig.) millones, una gran cantidad.

millionaire [,mɪljə'neər] *s. c.* millonario.

millionth ['mɪljənθ] *num. ord.* **1** millonésimo. **2** millonésima parte (fracción). • *adj.ord.* **3** millonésimo.

millipede ['mɪlɪpiːd] *s. c.* ZOOL. milpiés, miriápodo.

millstone ['mɪlstəʊn] *s. c.* **1** muela, rueda de molino. **2** (fig.) lastre. ◆ **3 a** ~ **round one's neck,** una losa que uno lleva encima, un grave problema que uno tiene que afrontar.

mime [maɪm] *s. i.* **1** mímica, gesticulación, expresión por gestos. **2** pantomima, mimo. **3** (actor de mimo). • *v. t.* **4** representar con mímica, expresar con gestos. • *v. i.* **5** actuar como mimo.

mimeograph ['mɪmɪəgrɑːf] *s. c.* **1** mimeógrafo. **2** mimeografía, copia mimeográfica. • *v. t.* **3** reproducir en el mimógrafo.

mimetic [mɪ'metɪk] *adj.* mimético, imitativo.

mimic ['mɪmɪk] *v. t.* **1** imitar, parodiar, remedar (voces, acentos, expresiones). **2** fingir, simular (que uno es otra persona). • *s. c.* **3** imitador, parodiador. • *adj.* **4** simulado, fingido.

mimicry ['mɪmɪkrɪ] *s. i.* **1** imitación, simulación, remedo. **2** BOT. mimetismo.

minaret ['mɪnəret] *s. c.* ARQ. minarete, alminar.

minatory ['mɪnətərɪ] *adj.* (form.) amenazante, amenazador.

mince [mɪns] *s. i.* **1** (brit.) carne picada. • *v. t.* **2** hacer picadillo, picar (carne). • *v. i.* **3** andar de manera afeminada. ◆ **4 not to** ~ **one's words,** no andarse con rodeos, no tener pelos en la lengua.

minced [mɪnst] *adj.* (brit.) picada (carne de buey o vaca).

mincemeat ['mɪnsmiːt] *s. i.* **1** masa o pasta a base de fruta y frutos secos triturados (para hacer pastelitos de Navidad). **2** (EE UU) carne picada. ◆ **3 to make** ~ **of someone,** (fam. y fig.) hacer picadillo a alguien, hacer pedazos a alguien (en una discusión).

mince-pie [,mɪns'paɪ] *s. c.* pastel relleno de fruta y frutos secos (típico de Navidad).

mincer [mɪnsər] *s. c.* máquina de picar, picadora.

mincing [mɪnsɪŋ] *adj.* afectado, amanerado, afeminado (al andar, al hablar).

mincingly ['mɪnsɪŋlɪ] *adv.* de forma amanerada, con afectación.

mind [maɪnd] *s. c.* e *i.* **1** mente, pensamiento. **2** deseo, intención, voluntad. • *s. c.* **3** (gen. *sing.*) inteligencia, poder mental, intelecto, cerebro, entendimiento. **4** atención, esmero, interés. **5** opinión, juicio, parecer. **6** cerebro, sabio, portento. **7** mentalidad. • *s. i.* **8** memoria, retentiva. **9** espíritu, mente (opuesto al cuerpo). **10** inclinación. • *v. t.* **11** cuidar, atender, vigilar, estar al cuidado de. **12** preocuparse por, considerar, hacer caso de. **13** sentirse molesto por, oponerse a, tener inconveniente en: *do you mind the music?* = *¿te molesta la música?* **14** acordarse de. **15** tener cuidado con: *mind the step* = *ten cuidado con el escalón.* • *v. i.* **16** preocuparse. ◆ **17 a closed** ~, un retrógrado, un conservador, una persona de mente cerrada. **18 that's a load/weight off my** ~, me quito un peso de encima. **19 to have an open** ~, ser abierto, tener una mentalidad abierta; no tener prejuicios. **20 at the back of one's** ~, con recuerdos imprecisos. **21 to bear/keep in** ~, tener presente, tener en cuenta. **22 bored/stoned out of one's** ~, (fam.) mortalmente/totalmente aburrido; colgado (a causa de drogas). **23 to bring/call to** ~, traer a la memoria. **24 to change one's** ~, cambiar de opinión, cambiar de parecer. **25 to change someone's** ~, hacer que alguien cambie de opinión. **26 don't** ~ **me,** no os preocupéis por mí, continuad con lo que estábais haciendo. **27 to get one's** ~ **round something,** llegar a comprender algo complicado. **28 to give someone a piece of one's** ~, (fam.) cantarle a alguien las cuarenta, decirle a alguien cuatro frescas. **29 to go over something in one's** ~**/to turn something over in one's** ~, darle vueltas a algo (un problema). **30 to have a good** ~ **to,** tener la firme intención de. **31 to have a** ~ **to,** estar pensando en, querer (hacer algo). **32 to have half a** ~ **to,** estar dispuesto a, desear (llevar algo a cabo pero sin tomar la decisión). **33 to have in** ~, tener pensado, tener en mente: *what* *do you have in mind? =¿qué tenías pensado?* **34 to have it in ~ to,** tener intención de. **35 to have one's ~ on,** preocuparse de, estar preocupado por. **36 I don't ~,** no me importa, me es igual, me da lo mismo; (fam.) sí, vale (para aceptar algo). **37 I don't ~ if I do,** bueno, no digo que no (para aceptar comida, bebida). **38 if you don't ~,** si no te importa, si no te molesta. **39 if you don't ~ me/my saying so,** permíteme que te diga. **40 in one's mind's eye,** en la imaginación. **41 in one's right ~,** en su sano juicio, en sus cabales. **42 in two minds,** indeciso, dudoso. **43 I/he/you etc. wouldn't ~,** me/le/te etc. gustaría, me/le/te etc. apetecería, no me/le/te etc. importaría. **44 to know one's own ~,** tener ideas claras, saber lo que uno quiere. **45 to lose one's ~,** perder el juicio, volverse loco. **46 to make up one's ~/to make one's ~ up,** tomar una decisión, decidirse. **47 ~ how you go,** (fam.) cuídate (en despedidas). **48 ~ out!,** (brit.) ¡cuidado! **49 ~ over matter,** el poder de la mente, el triunfo de la mente. **50 to ~ one's language/manners,** cuidar lo que uno dice/cómo se comporta. **51 to ~ one's P's and Q's,** tener mucho cuidado con lo que uno dice o hace. **52 ~ reader,** adivino, persona que adivina el pensamiento. **53 ~ you,** fíjate bien (para poner énfasis en lo que uno va a decir); te advierto que... **54 never ~,** no importa, no se preocupe; no haga caso (al aceptar disculpas por algo carente de importancia, o para consolar a alguien). **55 never you ~,** (fam.) no es asunto tuyo, no te metas en esto. **56 of one ~/of like ~/of the same ~,** de la misma opinión. **57 to be on one's ~,** darle a uno vueltas en la cabeza. **58 out of one's ~,** loco, fuera de sí. **59 out of sight, out of ~,** ojos que no ven, corazón que no siente. **60 to put one in ~ of,** recordar a alguien (por asociación, por parecido): *she puts me in mind of another person = me recuerda a otra persona.* **61 to put one's ~ to,** poner (uno) todo su empeño en; dedicarse afanosamente a. **62 to read someone's ~,** adivinar lo que alguien está pensando. **63 to set/put someone's ~ at rest,** tranquilizar a alguien. **64 to slip one's ~/to go out of one's ~,** escapársele a uno (hacer algo). **65 someone's ~ is/was etc. made up,** tener totalmente decidido (sin pensar cambiar de opinión): *my mind is made up = ya estoy decidido, ya me he decidido.* **66 to speak one's ~,** hablar claro, decir lo que uno piensa, no andarse por las ramas. **67 state of ~,** estado de ánimo. **68 to stick in one's ~,** quedársele a uno grabado en la memoria. **69 to take one's ~ off,** hacer olvidar, distraer de. **70 to my ~,** en mi opinión. **71 with something/someone in ~,** pensando en algo/alguien (como estímulo): *I brought it with him in mind = lo traje pensado en él.*

mind-bending ['maɪnd,bendɪŋ] *adj.* (fam.) de solución problemática.

mind-blowing ['maɪnd,bləuɪŋ] *adj.* **1** (fam.) alucinante, alucinógena (una droga). **2** (fam.) asombroso, sorprendente, chocante.

mind-boggling ['maɪnd,bɒglɪŋ] *adj.* (fam.) abrumador, extraordinario (por enorme o complicado).

minded ['maɪndɪd] *adj.* **1** (**to be ~ +** *inf.*) (form.) estar dispuesto. **2** (*adj.* **+ ~**) de mente, de mentalidad, de carácter: *open-minded = abierto, de mente* o *mentalidad abierta, sin prejuicios.* **3** (*adv.* **+ ~**) interesado por: *technically minded = interesado por la técnica.* **4** (*s.* **~**) inclinado a, orientado hacia: *marriage-minded = inclinado al matrimonio.*

minder ['maɪndər] *s. c.* **1** (brit.) (fam.) guardaespaldas. **2** cuidador, celador, vigilante.

mindful ['maɪndful] *adj.* **1** atento, cortés, fino, educado. **2** consciente.

mindless ['maɪndlɪs] *adj.* **1** (desp.) tedioso, estúpido, sin sentido (un trabajo). **2** gratuito, sin sentido, absurdo (violencia).

mindlessly ['maɪndlɪslɪ] *adv.* **1** (desp.) tediosamente, estúpidamente (que no tiene sentido). **2** gratuitamente, de forma absurda (destruir).

mindlessness ['maɪndlɪsnɪs] *s. i.* **1** (desp.) sinsentido, tedio. **2** gratuidad, sinsentido (de la violencia).

mine [maɪn] *pron. pos.* la. persona. **1** mío, míos: *give me back that letter, it's mine = devuélveme esa carta, que es mía; your bicycle is newer than mine = tu bicicleta está más nueva que la mía.* ● *adj.pos.* **2** (arc.) mi (ante palabras que comienzan por h o vocal): *mine aunt = mi tía.* ● *s. c.* **3** mina, yacimiento, filón. **4** MIL. mina. **5** (arc.) MIL. túnel, galería, pasaje (bajo posiciones enemigas). ● *v. t.* **6** extraer de la mina. **7** MIL. minar, sembrar de minas. **8** destruir con minas. ◆ **9 a ~ of information,** una gran fuente de información, una abundante fuente de datos.

minefield ['maɪnfi:ld] *s. c.* **1** campo de minas, zona minada (en tierra o mar). **2** (fig.) avispero, patata caliente, asunto lleno de problemas o dificultades.

miner ['maɪnər] *s. c.* minero.

mineral ['mɪnərəl] *s. c.* e *i.* **1** mineral, mena. ● *s. c.* **2** (gen. *pl.*) (brit.) refrescos, bebidas gaseosas, soda. ● *adj.* **3** mineral. ◆ **4 ~ water,** agua mineral.

mineralogist [,mɪnə'rælədʒɪst] *s. c.* mineralogista.

mineralogy [,mɪnə'rælədʒɪ] *s. i.* mineralogía.

minestrone [,mɪnɪ'strəunɪ] *s. i.* sopa minestrone, sopa de verduras y pasta.

minesweeper ['maɪn,swi:pər] *s. c.* MAR. dragaminas.

mineworker ['maɪnwə:kər] *s. c.* minero.

mingle ['mɪŋgl] *v. i.* **1** mezclarse; entremezclarse; combinarse. **2** (**to ~ {with/together}**) mezclarse, juntarse (con otra gente). ● *v. t.* **3** mezclar; entremezclar; combinar.

mingy ['mɪndʒɪ] *adj.* (brit.) (fam.) **1** tacaño, cicatero (una persona). **2** miserable, mínimo, mísero (una porción).

mini ['mɪnɪ] *s. c.* **1** (fam.) minifalda. ● *prefijo* **2** mini, micro, a pequeña escala: *minibus = microbus; minicomputer = miniordenador.*

miniature ['mɪnətʃə ‖ 'mɪnɪətʃə ‖ 'mɪnɪətʃuər] *s. c.* **1** ART. miniatura. **2** modelo en miniatura, copia en miniatura. ● *s. i.* **3** arte de la miniatura. ● *adj.* **4** en miniatura. ◆ **5 in ~,** en miniatura.

miniaturisation *s. i.* **miniaturization.**

miniaturise *v. t.* ⇒ **miniaturize.**

miniaturization [,mɪnətʃəraɪ'zeɪʃn] (también **miniaturisation**) *s. i.* miniaturización, producción en miniatura.

miniaturize ['mɪnɪtʃəraɪz] (brit. **miniaturise**) *v. t.* construir en miniatura, miniaturizar, producir en miniatura.

miniaturized ['mɪnɪtʃəraɪzt] *adj.* en miniatura.

minibus ['mɪnɪbʌs] *s. c.* microbús.

minicab ['mɪnɪkæb] *s. c.* (brit.) teletaxi (pedido con anticipación).

minim ['mɪnɪm] (en EE UU **half note**) *s. c.* MÚS. mínima.

minima ['mɪnɪmə] *pl.* de **minimum.**

minimal ['mɪnɪml] *adj.* mínimo; diminuto; insignificante.

minimally ['mɪnɪməlɪ] *adv.* mínimamente; insignificantemente.

minimise *v. t.* ⇒ **minimize.**

minimize ['mɪnɪmaɪz] (también **minimise**) *v. t.* **1** reducir al mínimo, minimizar. **2** subestimar, menospreciar, restar importancia a.

minimum ['mɪnɪməm] *adj.* **1** mínimo. ● *s. c.* **2** (*pl.* **minima** o **minimums**) mínimo. ◆ **3 at the ~,** como mínimo, por lo menos. **4 to keep/ reduce something to a ~,** mantener/reducir algo al mínimo. **5 ~ wage,** salario mínimo.

mining ['maɪnɪŋ] *s. i.* **1** minería, extracción de minerales. **2** MIL. minado, siembra de minas.

minion ['mɪnjən] *s. c.* **1** (form. y desp.) subalterno, subordinado; (fig.) esbirro. **2** valido, favorito. **3** adulador, parásito.

miniseries ['mɪnɪsɪəri:s] *s. c.* miniserie.

mini-skirt ['mɪnɪskə:t] *s. c.* minifalda.

minister ['mɪnɪstər] *s. c.* **1** POL. ministro. **2** REL. ministro, pastor. **3** POL. ministro plenipotenciario, enviado extraordinario. **4** agente, enviado. ● *v. i.* **5** (**to ~ to**) (lit.) atender a, ayudar a, auxiliar a. ● *v. t.* **6** administrar, dispensar (un sacramento).

ministerial [,mɪnɪ'stɪərɪəl] *adj.* **1** POL. ministerial. **2** REL. ministerial, pastoral. **3** (form.) instrumental, útil.

ministerially [,mɪnɪ'stɪərɪəlɪ] *adv.* ministerialmente.

ministration [,mɪnɪ'streɪʃn] *s. c.* e *i.* (gen. *pl.*) **1** (form.) ayuda, dedi-

cación, servicio, atención. **2** REL. ministerio, servicio religioso.
ministry ['mɪnɪstrɪ] *s. c.* **1** POL. ministerio. **2 the ~,** el clero, el sacerdocio.
mink [mɪŋk] *s. c.* **1** ZOOL. visón. • *s. i.* **2** piel de visón.
minnow ['mɪnəu] *s. c.* ZOOL. pececillo de agua dulce (plateado, de la familia de la carpa).
minor ['maɪnər] *adj.* **1** meno; mínimo; secundario; inferior; leve; sin importancia. **2** MÚS. menor: *in F minor = en fa menor.* **3** (*s.* + ~) (brit. y arc.) el pequeño (se usa en la escuela para distinguir a dos alumnos del mismo nombre y apellido): *Smith minor = Smith el pequeño.* • *s. c.* **4** DER. menor de edad. **5** (EE UU) asignatura secundaria (en la universidad).
minority [mɪ'nɔːrətɪ ‖ mɪ'nɑːrətɪ ‖ maɪ'nɒrɪtɪ] *s. c.* **1** (**the** ~ + *v. sing./pl.*) la minoría, la mínima parte. **2** minoría (étnica, religiosa). • *s. i.* **3** DER. minoría de edad. • *adj.* **4** de la minoría; de minorías; minoritario. ◆ **5 in a/the ~,** en minoría, dentro de la minoría. **6 ~ government,** POL. gobierno minoritario, gobierno en minoría.
minstrel ['mɪnstrəl] *s. c.* **1** HIST. juglar; trovador; bardo. **2** cómico, cantor, bailarín (que se maquilla de negro y toca y canta música de negros).
minstrelsy ['mɪnstrəlsɪ] *s. i.* LIT. juglaría.
mint [mɪnt] *s. i.* **1** BOT. menta, hierbabuena. • *s. c.* **2** pastilla de menta, caramelo de menta. **3** casa de la moneda, fábrica de moneda. **4** (fam. y fig.) fortuna, dineral. • *v. t.* **5** acuñar, fabricar (moneda, medallas). **6** (fig.) acuñar, inventar, fabricar (frases, palabras). ◆ **7 in ~ condition,** en perfecto estado. **8 ~ sauce,** salsa de menta (para la carne de cordero). **9 ~ tea,** té de menta, infusión de menta.
mintage ['mɪntədʒ] *s. i.* acuñación.
minuet [ˌmɪnju'et] *s. c.* MÚS. minueto.
minus ['maɪnəs] *prep.* **1** menos: *7 minus 3 equals 4 = 7 menos 3 es igual a 4.* **2** bajo, por debajo de: *minus 2 degrees = 2 grados bajo cero.* **3** (fam.) sin. • *s. c.* **4** (*pl.* **minuses**) signo menos. **5** desventaja, inconveniente, problema. • *adj.* **6** menos. **7** negativo. **8** bajo (en calificaciones escolares): *a B minus = un notable bajo.* ◆ **9 ~ sign,** signo menos, signo negativo.
minuscule ['mɪnəskjuːl] (también **miniscule**) *adj.* **1** minúsculo, insignificante, muy pequeño. • *s. c.* **2** (EE UU) letra minúscula, minúscula, letra de caja baja.
minute ['mɪnɪt] *s. c.* **1** minuto. **2** (fam.) momento, minuto, segundo, periquete, instante. **3** GEOM. minuto (de grado). **4** minuta, memorándum, nota. **5** (*pl.*) actas (de una reunión). • *v. t.* **6** escribir en acta, levantar acta de, hacer constar en acta. **7** anotar, apuntar. • [maɪ'njuːt] *adj.* **8** diminuto, minúsculo, muy pequeño. **9** (form.) minucioso, meticuloso. ◆ **10 at any ~,** en cualquier momento. **11 at the last ~,** en el último momento. **12 at this ~,** en este mismo instante, ahora mismo. **13 the ~ that,** en el momento en que, tan pronto como. **14 this ~,** al momento, al instante, ahora mismo. **15 wait/just a ~,** espera un momento o instante. **16 within minutes,** en minutos, segundos más tarde.
minute-book ['mɪnɪtbuk] *s. c.* libro de actas.
minute-hand ['mɪnɪthænd] *s. c.* minutero, manilla para los minutos (en un reloj).
minutely [maɪ'njuːtlɪ] *adv.* (form.) **1** minuciosamente, meticulosamente, con precisión. **2** ligeramente, a intervalos (un movimiento). **3** primorosamente, sutilmente.
minute-man ['mɪnɪtmæn] (*pl.* **minute-men**) *s. c.* (EE UU) HIST. miliciano (en época de la guerra de la Independencia Americana).
minuteness [maɪ'njuːtnɪs] *s. i.* **1** minuciosidad, meticulosidad. **2** pequeñez extrema.
minutiae [maɪ'njuːʃiː ‖ mɪnuːʃɪaɪ] *s. pl.* minucias, nimiedades, pequeñeces.
minx [mɪŋks] *s. c.* (desp. o hum.) coquetona; desvergonzada.
miracle ['mɪrəkl] *s. c.* **1** milagro. **2** (fam. y fig.) milagro, maravilla, prodigio. **3** (~ **of**) obra maestra de. **4** LIT. auto sacramental. ◆ **5 to do/work miracles,** (fam. y fig.) hacer milagros.
miraculous [mɪ'rækjuləs] *adj.* **1** milagroso. **2** sorprendente, extraordinario, inesperado.
miraculously [mɪ'rækjuləslɪ] *adv.* **1** milagrosamente. **2** increíblemente, inesperadamente.
mirage ['mɪrɑːʒ ‖ mə'rɑːʒ] *s. c.* **1** espejismo, ilusión óptica. **2** (fig.) ilusión, sueño imposible.
mire ['maɪər] *s. i.* (lit.) **1** lodazal; fango, cieno. **2** (fig.) cieno, lodo. • *v. t.* (p.u.) **3** enfangar, enlodar. **4** atrapar, enredar, enmarañar.
mirror ['mɪrər] *s. c.* **1** espejo. **2** (fig.) espejo, reflejo. • *v. t.* **3** reflejar. **4** (fig.) reflejar.
mirror-image ['mɪrəˌɪmɪdʒ] *s. c.* **1** ÓPT. imagen refleja. **2** réplica, copia.
mirth [mɜːθ] *s. i.* (lit.) alegría, júbilo, regocijo; hilaridad.
mirthful ['mɜːθfl] *adj.* (form.) alegre, jubiloso.
mirthless [mɜːθlɪs] *adj.* (lit.) triste, alicaído, falto de alegría; fría (sonrisa).
mirthlessly [mɜːθlɪslɪ] *adv.* (lit.) tristemente, sin alegría; fríamente (sonreír).
misadventure [ˌmɪsəd'ventʃə] *s. c.* e *i.* **1** desventura, desgracia; desastre, accidente; percance, contratiempo. ◆ **2 death by ~,** DER. muerte accidental.
misalignment [ˌmɪsə'laɪnmənt] *s. i.* desalineación.
misalliance [ˌmɪsə'laɪəns] *s. c.* unión desgraciada (especialmente matrimonial).
misanthrope, ['mɪzənθrəup] *s. c.* (form. y desp.) misántropo.
misanthropic [ˌmɪzən'θrɒpɪk ‖ 'mɪsən'θrɑːpɪk] *adj.* (form. y desp.) misantrópico.
misanthropist [mɪ'sæn̥θrəpɪst ‖ 'mɪsæn'θəpəst] *s. c.* ⇒ **misanthrope.**
misanthropy [ˌmɪ'zænθrəpɪ] *s. i.* (form. y desp.) misantropía.
misapplication ['mɪsˌæplɪ'keɪʃn] *s. c.* e *i.* mala aplicación, abuso.
misapply [ˌmɪsə'plaɪ] *v. t.* aplicar mal, abusar de.
misapprehend ['mɪsˌæprɪ'hend] *v. t.* (form.) malentender, comprender mal.
misapprehension ['mɪsˌæprɪ'henʃn] *s. c.* e *i.* (form.) malentendido, equívoco, equivocación, interpretación equivocada.
misappropriate [ˌmɪsə'prəuprɪeɪt] *v. t.* (form.) apropiarse indebidamente de, desfalcar, malversar (dinero, fondos).
misappropriation ['mɪsəˌprəuprɪ'eɪʃn] *s. c.* e *i.* (form.) apropiación indebida, desfalco, malversación (de fondos, dinero).
misbegotten [ˌmɪsbɪ'gɒtn] *adj.* espurio, ilegítimo.
misbehave [ˌmɪsbɪ'heɪv] *v. i.* comportarse mal, portarse mal; ser malo, hacer travesuras (un niño).
misbehaviour [ˌmɪsbɪ'heɪvjər] (en EE UU **misbehavior**) *s. i.* mala conducta, mal comportamiento.
miscalculate [ˌmɪs'kælkjuleɪt] *v. t.* e *i.* calcular mal.
miscalculation ['mɪsˌkælkju'leɪʃn] *s. c.* e *i.* error de cálculo, mal cálculo.
miscarriage [ˌmɪs'kærɪdʒ] *s. c.* e *i.* **1** aborto natural o espontánea. **2** COM. extravío, pérdida (de bienes, fletes, cartas). ◆ **3 ~ of justice,** DER. error judicial.
miscarry [ˌmɪs'kærɪ] *v. i.* **1** abortar de forma natural o espontánea. **2** (form.) fallar, fracasar, frustrarse (un plan, una intención). **3** COM. perderse, extraviarse (fletes, cartas).
miscast [ˌmɪs'kɑːst ‖ˌmɪs'kæst] (*pret.* y *p. p.* **miscast**) *v. t.* dar un mal papel a, dar un papel inapropiado a (a un actor).
miscellaneous [ˌmɪsɪ'leɪnjəs] *adj.* misceláneo, heterogéneo, diverso, variado.
miscellany [mɪ'selənɪ ‖ 'mɪsəleɪnɪ] *s. c.* miscelánea, variedad, mezcla, colección.
mischance [ˌmɪs'tʃɑːns ‖ ˌmɪs'tʃæns] *s. c.* e *i.* (form.) desgracia, mala suerte, infortunio.
mischief ['mɪstʃɪf] *s. i.* **1** travesuras, diabluras, mala conducta. **2** malicia, picardía. **3** (form.) mal, daño; deterioro; destrucción; avería. • *s. c.* **4** (fam.) diablillo, trasto (un niño). ◆ **5 to do someone/oneself a ~,** causar o hacer daño a alguien/a uno mismo.
mischief-maker ['mɪstʃɪfˌmeɪkər] *s. c.* revoltoso; intrigante; buscapleitos; alborotador; provocador.
mischievous ['mɪstʃɪvəs] *adj.* **1** travieso, trasto, revoltoso. **2** mali-

cioso, pícaro. **3** dañino, malévolo. **4** irritante, problemático.

mischievously ['mɪstʃɪvəslɪ] *adv.* malévolamente, pícaramente.

misconceived [ˌmɪskən'siːvt] *adj.* mal concebido.

misconception [ˌmɪskən'sepʃn] *s. c.* e *i.* concepto equivocado, idea falsa.

misconduct [ˌmɪs'kɒndʌkt || ˌmɪs'kɑːndʌkt] *s. c.* e *i.* **1** (form.) mala conducta, conducta indebida. **2** malversación (en negocios).

misconstruction [ˌmɪskən'strʌkʃn] *s. c.* e *i.* (form.) **1** mala interpretación. **2** mala construcción (de una frase).

misconstrue [ˌmɪskən'struː] *v. t.* (form.) malinterpretar, malentender (algo que se ha dicho o hecho).

miscreant ['mɪskrɪənt] *s. c.* (p.u.) bribón, villano.

misdate [ˌmɪs'deɪt] *v. t.* poner la fecha errónea en.

misdeal [ˌmɪs'diːl] (*pret.* y *p. p.* **misdealt**) *v. i.* **1** dar mal (las cartas). • *s. c.* **2** equivocación (al dar las cartas).

misdealt [ˌmɪs'delt] *pret.* y *p. p.* de **misdeal.**

misdeed [ˌmɪs'diːd] *s. c.* (form.) fechoría, delito.

misdemeanour [ˌmɪsdɪ'miːnər] (en EE UU **misdemeanor**) *s. c.* e *i.* **1** DER. delito menor, falta, infracción. **2** (form.) fechoría, canallada.

misdirect [ˌmɪsdɪ'rekt] *v. t.* dar una dirección errónea a, informar mal.

misdirected [ˌmɪsdɪ'rektɪd] *adj.* desacertado, descaminado, desorientado, erróneo, equivocado.

miser [maɪzər] *s. c.* avaro, avariento, cicatero, (Amer.) amarrete.

miserable ['mɪzərəbl] *adj.* **1** triste, desdichado, deprimido, infeliz (una persona). **2** deprimente, desagradable (un lugar, el tiempo). **3** miserable, vil, despreciable. **4** pésimo, de mala calidad. **5** mezquino, raquítico (de tamaño).

miserably ['mɪzərəblɪ] *adv.* **1** tristemente. **2** miserablemente.

miserliness ['maɪzəlɪnɪs] *s. i.* **1** avaricia, tacañería, cicatería. **2** mezquindad (en tamaño o calidad).

miserly ['maɪzərlɪ] *adj.* **1** avariento, tacaño, cicatero. **2** raquítico, mezquino (de tamaño o calidad).

misery ['mɪzərɪ] *s. i.* **1** desdicha, desgracia, tristeza, depresión. **2** miseria, pobreza, calamidad. • *s. c.* **3** (brit., fam. y desp.) quejica, llorica, refunfuñón. ◆ **4 to make someone's life a ~,** amargar la vida a alguien. **5 to put an animal out of its ~,** acortar la agonía a un animal, matar a un animal que sufre. **6 to put someone out of their ~,** (fam. y fig.) sacar de dudas a alguien, satisfacer la curiosidad de alguien.

misfire [ˌmɪs'faɪər] *v. i.* **1** errar el tiro, fallar el disparo. **2** fallar al arrancar, no arrancar correctamente (un vehículo). **3** fallar, fracasar, frustrarse (un plan).

misfit ['mɪsfɪt] *s. c.* inadaptado, desplazado.

misfortune [mɪs'fɔːtʃən] *s. c.* e *i.* (form.) **1** desventura, desgracia, infortunio, mala suerte. **2** percance, revés, adversidad.

misgiving [mɪs'gɪvɪŋ] *s. c.* e *i.* duda, desconfianza, suspicacia, recelo, prevención.

misguided [ˌmɪs'gaɪdɪd] *adj.* descaminado, equivocado.

mishandle [ˌmɪs'hændl] *v. t.* **1** manejar mal, llevar mal (un asunto). **2** maltratar.

mishap ['mɪshæp] *s. c.* e *i.* (form.) percance, contratiempo, accidente.

mishear [ˌmɪs'hɪər] (*pret.* y *p. p.* **misheard**) *v. t.* e *i.* oír mal.

misinform [ˌmɪsɪn'fɔːm] *v. t.* (form.) dar información errónea o falsa a, informar mal.

misinformed [ˌmɪsɪn'fɔːmd] *adj.* mal informado.

misinformation [ˌmɪsɪnfə'meɪʃən] *s. i.* información errónea o falsa; desinformación.

misinterpret [ˌmɪsɪn'təːprɪt] *v. t.* interpretar mal.

misinterpretation ['mɪsɪnˌtəːprɪ'teɪʃn] *s. i.* mala interpretación, interpretación errónea.

misjudge [ˌmɪs'dʒʌdʒ] *v. t.* juzgar mal a, equivocarse con (alguien); calcular mal (algo).

misjudgment [ˌmɪs'dʒʌdʒmənt] (también **misjudgement**) *s. c.* e *i.* (~ {**of**}) juicio erróneo, interpretación equivocada; mal cálculo.

mislaid [mɪs'leɪd] *pret.* y *p. p.* ⇒ **mislay.**

mislay [ˌmɪs'leɪ] (*pret.* y *p. p.* **mislaid**) *v. t.* traspapelar, extraviar.

mislead [ˌmɪs'liːd] (*pret.* y *p. p.* **misled**) *v. t.* equivocar, engañar.

misleading [ˌmɪs'liːdɪŋ] *adj.* engañoso.

misleadingly [ˌmɪs'liːdɪŋlɪ] *adv.* engañosamente, falsamente.

misled [ˌmɪs'led] *pret.* y *p. p.* de **mislead.**

mismanage [ˌmɪs'mænɪdʒ] *v. t.* llevar mal (un negocio, un asunto).

mismanagement [ˌmɪs'mænɪdʒmənt] *s. i.* mala administración, desgobierno.

misnamed [ˌmɪs'neɪmd] *adj.* mal llamado, de nombre equivocado.

misnomer [ˌmɪs'nəumər] *s. c.* nombre inapropiado, término erróneo.

misogynist [mɪ'sɒdʒɪnɪst || mɪ'sɑːdʒɪnɪst] *s. c.* misógino.

misplaced [ˌmɪs'pleɪst] *adj.* **1** inapropiado, inoportuno, fuera de lugar. **2** descolocado, mal colocado, equivocado.

misprint ['mɪsprɪnt] *s. c.* **1** errata, error de imprenta. • *v. t.* **2** imprimir con erratas, imprimir mal.

mispronounce [mɪsprə'nauns] *v. t.* pronunciar incorrectamente, pronunciar mal.

mispronunciation ['mɪsprəˌnʌnsɪ'eɪʃn] *s. c.* e *i.* mala pronunciación, pronunciación incorrecta.

misquote [ˌmɪs'kwəut] *v. t.* citar incorrectamente, reproducir inexactamente las palabras.

misread [ˌmɪs'riːd] (*pret.* y *p. p.* **misread** [ˌmɪs'red]) *v. t.* **1** leer mal, equivocarse al leer. **2** juzgar mal, interpretar mal.

misreading [ˌmɪs'riːdɪŋ] *s. c.* lectura errónea (por ejemplo, de un contador).

misrepresent ['mɪsˌreprɪ'zent] *v. t.* **1** distorsionar, tergiversar (palabras, hechos). **2** representar mal (a una persona).

misrepresentation ['mɪsˌreprɪzen'teɪʃn] *s. c.* e *i.* **1** tergiversación, distorsión (de palabras, hechos). **2** mala representación (de una persona).

misrule [ˌmɪs'ruːl] *s. i.* **1** desgobierno, mal gobierno (de un país). **2** (lit.) confusión, desorden. • *v. t.* **3** gobernar mal, desgobernar.

miss [mɪs] *v. t.* **1** fallar, errar (el tiro); no dar a (la pelota); no dar en (el blanco). **2** pasar por alto, saltarse (un error, un nombre en una lista, etc.); perderse (un programa de radio, televisión, etc.); pasarse (un giro, una bocacalle). **3** no encontrar, no dar con (una persona). **4** faltar a (una reunión, al trabajo, a una cita). **5** no comprender, no captar (el mensaje, las palabras). **6** perder (el tren, una oportunidad). **7** no dar con, equivocar (el camino). ◆ **8** evitar, escaparse de (un accidente, un encuentro). **9** añorar, echar de menos, extrañar, echar en falta. **10** descubrir la falta de, descubrir la pérdida de. • *v. i.* **11** errar, fallar. • *s. c.* **12** fracaso; fallo; tiro errado. ◆ **13 Miss, a)** señorita (tratamiento para mujeres solteras ante el apellido); **b)** jovencita, señorita; **c)** miss, representante (en un concurso de belleza); **d)** (brit.) señorita (forma respetuosa para dirigirse a una profesora); **e)** (hum. y arc.) descarada, picarona, atrevida (una mujer). **14 to give something a ~,** (brit.) (fam.) evitar hacer algo, pasar de algo. **15 to ~ the boat/bus,** (fig.) perder el tren, perder una oportunidad de oro, llegar tarde. **16 to ~ the mark,** errar el tiro, malograrse. **17 to ~ out, a)** saltarse, omitir (hechos, personas en una lista); **b)** perderse (algo agradable). **18 to never ~ a trick,** (fam.) no perderse un detalle, estar a la que salta, no dejar pasar nada por alto (de lo que concierne a uno mismo o a otros).

missal ['mɪsl] *s. c.* REL. misal.

misshapen [ˌmɪs'ʃeɪpən] *adj.* deformado, deforme, desfigurado.

missile ['mɪsaɪl || 'mɪsəl] *s. c.* **1** MIL. misil. **2** (form.) arma arrojadiza.

missing ['mɪsɪŋ] *adj.* **1** desaparecido; perdido; extraviado; ausente; que falta: *is anyone missing? = ¿falta alguien?* ◆ **2 ~ in action,** MIL. desaparecido en combate, desaparecido en acto de servicio. **3 ~ link,** eslabón perdido, pieza que falta en el engranaje.

mission ['mɪʃn] *s. c.* **1** MIL. misión. **2** misión, vocación (en la vida). **3** (~ + *v. sing./pl.*) misión diplomática, comisión negociadora, representación diplomática. **4** misión (de tipo religioso, caritativo). **5** legación diplomática, representación diplomática (una oficina, un edificio). ◆ **6** ~ **statement,** COM. declaración de principios y objetivos (empresariales).

missionary ['mɪʃnərɪ ‖ 'mɪʃənerɪ] *s. c.* **1** REL. misionero. **2** propagandista, proselitista. ● *adj.* **3** misional, misionero.

missis *s. c.* ⇒ **missus.**

missive ['mɪsɪv] *s. c.* misiva.

misspell [ˌmɪs'spel] (*pret.* y *p. p.* **misspelt** o **misspelled**) *v. t.* deletrear mal, escribir con faltas de ortografía.

misspelt [ˌmɪs'spelt] *pret.* y *p. p.* de **misspell.**

misspend [ˌmɪs'spend] (*pret.* y *p. p.* **misspent**) *v. t. irreg.* malgastar, desperdiciar, (la vida, el dinero).

misspent [ˌmɪs'spent] *pret.* y *p. p.* de **misspend.**

missus ['mɪsəz] (también **missis**) *s. c.* **1** (fam. y hum.) señora, esposa, mujer. **2** (brit.) (fam.) señora (fórmula de cortesía para llamar la atención de una mujer).

missy ['mɪsɪ] *s. c.* (p.u. y fam.) señorita, jovencita.

mist [mɪst] *s. c.* e *i.* **1** neblina (en ciudades, montañas, etc.); bruma (en el mar); calina, calígine (por el calor). **2** (fig.) bruma, velo, nube. ● *s. i.* **3** velo (de lágrimas). **4** vaho, vapor, empañamiento. ● *v. i.* **5** (**to** ~ **over**) nublarse; oscurecerse; empañarse.

mistake [mɪ'steɪk] (*pret.* **mistook,** *p. p.* **mistaken**) *v. t.* **1** entender mal, comprender mal, malinterpretar, juzgar erróneamente. **2** confundir, equivocar. **3** (**to** ~ **for**) confundir con, tomar por (otra persona). ● *s. c.* e *i.* **4** error, errata. **5** error, equivocación, fallo. ◆ **6 by** ~, por error. **7 there's no mistaking,** no hay duda posible, no hay ni la más mínima duda.

mistaken [mɪ'steɪkən] *p. p.* **1** de **mistake.** ● *adj.* **2** equivocado, confundido. **3** incorrecta, errónea (una creencia, una idea).

mistakenly [mɪ'steɪkənlɪ] *adv.* equivocadamente, erróneamente.

mister ['mɪstər] *s.* **1** señor, caballero (para atraer la atención). **2** ⇒ **Mr.**

mistime [ˌmɪs'taɪm] *v. t.* hacer a destiempo.

mistletoe ['mɪsltəu] *s. i.* BOT. muérdago.

mistook [mɪ'stuk] *pret.* de **mistake.**

mistreat [mɪs'triːt] *v. t.* maltratar, tratar mal.

mistreatment [ˌmɪs'triːtmənt] *s. c.* e *i.* maltrato.

mistress ['mɪstrɪs] *s. c.* **1** dueña, ama, señora. **2** (fig.) dueña (de una situación). **3** amante, querida. **4** LIT. amada, amor. **5** (brit.) profesora (de secundaria); maestra, señorita (de primaria). **6** reina de, experta en, la mejor en. ◆ **7 to be one's own** ~, ser dueña de una misma, ser totalmente independiente.

mistrial [ˌmɪs'traɪəl] *s. c.* **1** DER. juicio nulo. **2** (EE UU) DER. juicio en que no se pone de acuerdo el jurado.

mistrust [ˌmɪs'trʌst] *v. t.* **1** desconfiar de, recelar de, dudar de. ● *s. i.* **2** desconfianza, recelo, duda, sospecha.

mistrustful [ˌmɪs'trʌstful] *adj.* desconfiado, receloso.

mistrustfully [ˌmɪs'trʌstfəlɪ] *adv.* desconfiadamente, recelosamente.

misty ['mɪstɪ] *adj.* **1** neblinosa; brumoso; caliginoso. **2** (fig.) nebuloso, vago, confuso, incierto. **3** pálido, deslucido (un color).

misunderstand [ˌmɪsʌndə'stænd ‖ ˌmɪsʌndər'stænd] (*pret.* y *p. p.* **misunderstood**) *v. t.* entender mal, comprender mal, interpretar mal.

misunderstanding [ˌmɪsʌndə'stændɪŋ ˌmɪsʌndər'stændɪŋ] *s. c.* e *i.* **1** malentendido, equívoco. ● *s. c.* **2** (~ {**with**}) disensión, desavenencia, discrepancia, divergencia.

misunderstood [ˌmɪsˌʌndə'stud] *pret.* y *p. p.* de **misunderstand.**

misuse [ˌmɪs'juːs] *v. t.* **1** malgastar, derrochar, perder (el tiempo). **2** (form.) maltratar, tratar sin consideración (a una persona); estropear (algo).

mite [maɪt] *s. c.* **1** ácaro. **2** (fig.) angelito (de un niño). **3** (arc. y form.) pizca, ápice, poquito. **4** óbolo, contribución, pequeña cantidad (de dinero). ◆ **5 a** ~, (fam.) ligeramente, un tanto: *a mite far-fetched* = *un tanto inverosímil.*

miter *s. c.* y *v. t.* ⇒ **mitre.**

mitigate ['mɪtɪgeɪt] *v. t.* mitigar, aliviar (un dolor, un daño).

mitigating ['mɪtɪgeɪtɪŋ] *adj.* DER. atenuante.

mitigation [ˌmɪtɪ'geɪʃn] *s. i.* **1** mitigación, alivio. ◆ **2 in** ~, DER. como atenuante.

mitre ['maɪtə] (en EE UU **miter**) *s. c.* **1** mitra (de obispos). **2** inglete (para unir piezas de madera en ángulo). ● *v. t.* **3** conferir la mitra. **4** unir con inglete (piezas de madera en ángulo).

mitt [mɪt] *s. c.* **1** mitón (sin dedos); manopla (con los dedos juntos). **2** DEP. guante (de béisbol, de boxeo). **3** (jerga y hum.) manazas, zarpa.

mitten ['mɪtn] *s. c.* mitón (sin dedos); manopla (con los dedos juntos).

mix [mɪks] *v. t.* **1** mezclar. **2** combinar. **3** amasar. **4** mezclar, servir, preparar (un combinado). **5** RAD. hacer mezclas de, mezclar (sonidos). ● *v. i.* **6** mezclarse. **7** ir bien juntos (colores). **8** ser sociable. ● *s. c.* e *i.* **9** mezcla (en general), masa, pasta (en cocina). **10** combinación (de bebidas). ◆ **11 to** ~ **in,** mezclar, combinar (ingredientes de cocina). **12 to** ~ **up,** confundir, mezclar, desordenar.

mixed [mɪkst] *adj.* **1** encontrados, conflictivos (sentimientos). **2** mixto (un centro escolar). ◆ **3 a** ~ **bag,** (fam.) un surtido, una mezcolanza, un poco de todo. **4 in** ~ **company,** ante las damas, delante de una señora. **5** ~ **ability,** heterogéneo, de diferentes niveles (un grupo de alumnos). **6 a** ~ **blessing,** algo bueno y malo a la vez. **7** ~ **doubles,** DEP. partido de dobles mixtos (en tenis). **8** ~ **economy,** economía mixta. **9** ~ **farming,** agricultura mixta. **10** ~ **grill,** parrillada mixta (de carnes).

mixed-up ['mɪkstʌp] *adj.* **1** (~ **in**) implicado en, mezclado en, involucrado en, metido en. **2** (~ **with**) en contacto con, relacionado con, comprometido con. **3** confuso, confundido, atolondrado.

mixer ['mɪksər] *s. c.* **1** batidora; licuadora; hormigonera. **2** complemento sin alcohol para combinados o cócteles. **3** RAD. mezclador (de sonido). ◆ **4 a good/bad** ~, una persona muy/poco sociable, una persona de trato fácil/difícil. **5** ~ **tap,** grifo monobloque.

mixing bowl ['mɪksɪŋ'bəul] *s. c.* cuenco, bol; fuente honda (para mezclar ingredientes de cocina).

mixing-desk ['mɪksɪŋdesk] *s. c.* mesa de mezclas.

mixture ['mɪkstʃər] *s. c.* **1** mezcla; combinación; surtido; mezcolanza. ● *s. i.* **2** jarabe; mixtura. **3** (form.) mezcla, combinación, acción de mezclar. ◆ **4 the** ~ **as before,** lo mismo de siempre.

mix-up ['mɪksʌp] *s. c.* (fam.) **1** lío, confusión. **2** pelotera, riña, pelea.

mizzenmast ['mɪznmɑːst] *s. c.* palo de mesana.

mnemonic [nɪː'mɒnɪk ‖ nɪ'mɑːnɪk] *adj.* **1** mnemotécnico, mnemónico. ● *s. c.* **2** regla mnemotécnica.

mnemonics [nɪ'mɒnɪks] *s. pl.* mnemotecnia.

mo [məu] *s. sing.* (brit.) (fam.) momento, segundo, instante.

MO [ˌem'əu] *s. c.* **1** (*abrev.* de **medical oficer**) (brit.) médico militar. **2** (*abrev.* de **modus operandi**).

moan [məun] *s. c.* **1** gemido, lamento, quejido. **2** (fig.) bramido, silbido, rugido (del viento). **3** (fam. y desp.) queja, protesta. ● *v. i.* **4** gemir, lamentarse, quejarse. **5** ulular, bramar, silbar (el viento). ◆ **6** (fam.) protestar, quejarse.

moaner [məunər] *s. c.* (fam. y desp.) quejica, llorón, protestón.

moat [məut] *s. c.* **1** foso (de una fortificación). ● *v. t.* **2** rodear con foso.

mob [mɒb ‖ mɑːb] *s. c.* (~ + *v. sing./pl.*) **1** (gen. desp.) masa, gentío, turba, tropel de gente. **2** pandilla (de amigos). **3** gentuza, canalla, chusma. **4** (**the** ~) la mafia. ● *v. t.* **5** rodear, acosar, apiñarse alrededor de (una multitud). ◆ **6** ~ **rule,** ley de la calle.

mob-cap ['mɒbkæp] *s. c.* cofia (que llevaban las mujeres en el siglo XVIII).

mobile ['məubaɪl ‖ 'məubəl] 'məu-biːl] *adj.* **1** móvil, movible; cambiante, variable. **2** móvil, ambulante. ● *s. c.* **3** móvil (decorativo). ◆ **4** ~ **home,** casa remolque, caravana, "roulotte." **5** ~ **library,** (EE UU **bookmobile**), biblioteca ambulante. **6** ~ **phone,** teléfono móvil.

mobilise *v. t.* ⇒ **mobilize.**

mobility [məu'bɪlɪtɪ] *s. i.* **1** movilidad. **2** versatilidad. ◆ **3** ~ **allowance,** prestación para disminuidos físicos (como ayuda para transporte).

mobilize ['məubɪlaɪz] (también **mobilise**) *v. t.* **1** movilizar (gente, apoyos). • *v. i.* **2** MIL. movilizarse.

mobilization [ˌməubɪlaɪ'zeɪʃn] (también **mobilisation**) *s. i.* **1** movilización (de gente, apoyo). **2** MIL. movilización.

mobster ['mɒbstər ‖ 'mɑːbstə] *s. c.* gángster, mafioso.

moccasin ['mɒkəsɪn ‖ 'mɑːkəsɪn] *s. c.* **1** mocasín, zapato indio. **2** ZOOL. serpiente mocasín, serpiente de agua.

mock [mɒk ‖ mɑːk] *v. t.* **1** mofarse de, burlarse de. **2** ridiculizar, imitar, parodiar, remedar. **3** (form.) desbaratar, frustrar, estropear, echar por la borda (planes). • *v. i.* **4** mofarse, burlarse. • *adj.* **5** fingido, simulado, falso. • *s. pl.* **6** (brit.) (fam.) simulacro de exámenes, exámenes simulados (antes de los que son enviados a la universidad).

mockers [mɒkəz] *s. pl.* **1** ruina, fracaso. ◆ **2 to put the ~ on,** (fam.) dar al traste con, fastidiar.

mockery ['mɒkərɪ] *s. i.* **1** burla, mofa. **2** farsa, engaño. ◆ **3 to make a ~ of,** poner en ridículo.

mocking [mɒkɪŋ] *adj.* burlón, despectivo, desdeñoso.

mockingly [mɒkɪŋlɪ] *adv.* burlonamente, con sorna.

mock-up ['mɒkʌp] *s. c.* maqueta, modelo a escala.

mod [mɒd ‖ mɑːd] *s. c.* **1** (brit.) (argot.) mod (miembro de tribu urbana en auge en los años 60). ◆ **2 ~ cons,** (brit.) (fam.) servicios, comodidades del hogar : *a flat with all mod cons = un piso con todas las comodidades.*

MoD [ˌeməu'diː] *s. sing.* abreviatura de **Ministry of Defence.**

modal ['məudl] *adj.* **1** GRAM. modal, de modo. **2** MÚS. modal, de tono; en escala; en clave. • *s. c.* **3** GRAM. defectivo, verbo auxiliar de modo.

mode [məud] *s. c.* **1** (form.) modo, estilo, forma, manera. **2** MÚS. modo, tono; escala; clave. **3** (**the** ~) la moda, el estilo, la manera. **4** posición, modalidad (en que se encuentra una tecla de una máquina).

model ['mɒdl] *s. c.* **1** maqueta. **2** modelo (de pasarela, que posa para un artista). **3** modelo (a imitar). **4** patrón, figurín. **5** pauta, norma (a seguir). **6** modelo, versión (de fábrica). • *v. t.* **7** modelar, dar forma a. **8** lucir, llevar puesto (un modelo en un desfile de moda). **9** (**to be modelled on**) seguir el patrón de, tomar como ejemplo. • *v. i.* **10** trabajar como modelo. • *adj.* **11** a escala, en miniatura (tren, avión, etc.). **12** modélico, excelente, ejemplar. **13** modelo, piloto (un centro). ◆ **14 to ~ on/upon,** basar en (un sistema, un comportamiento).

modelling ['mɒdlɪŋ] (en EE UU **modelling**) *s. i.* **1** MAT. e INF. modelización. **2** pase de modelos, profesión de modelo.

modem ['məudəm] *s. c.* modem, módem.

moderate ['mɒdərət ‖ 'mɑːdərət] *adj.* **1** moderado, medio, razonable, normal. **2** POL. moderado. **3** mediocre, regular (de calidad). **4** ligero, moderado (un cambio). • ['mɒdəˌreɪt] *v. t.* e *i.* **5** moderar, atenuar, suavizar. • *s. c.* **6** POL. moderado.

moderately ['mɒdərətlɪ ‖ 'mɑːdərətlɪ] *adv.* moderadamente, ligeramente.

moderating ['mɒdəreɪtɪŋ] *adj.* moderado, mitigado, discreto, atenuante.

moderation [ˌmɒdə'reɪʃn ‖ ˌmɑːdə'reɪʃn] *s. i.* **1** moderación, contención. **2** moderación, atenuación, disminución (de fuerza, de grado). ◆ **3 in ~,** con moderación.

moderator ['mɒdəreɪtər] *s. c.* mediador, moderador (en una disputa).

modern ['mɒdən ‖ 'mɑːdərn] *adj.* **1** moderno, actual. **2** progresista, avanzado. ◆ **3 ~ languages,** lenguas modernas (denominación escolar).

modern-day ['mɒdənˌdeɪ] *adj.* de hoy en día, de nuestro tiempo.

modernisation *s. c.* e *i.* ⇒ **modernization.**

modernise *v. t.* ⇒ **modernize.**

modernism ['mɒdənɪzəm ‖ 'mɑːdərnɪzəm] *s. i.* ART. modernismo.

modernist ['mɒdənɪst ‖ 'mɑːdərnɪst] *s. c.* **1** ART. modernista. • *adj.* **2** modernista.

modernistic [ˌmɒdə'nɪstɪk ‖ ˌmɑːdər'nɪstɪk] *adj.* modernista, vanguardista.

modernity [mɒ'dəːnɪtɪ ‖ mə'dəːrnɪtɪ] *s. i.* modernidad, vanguardia.

modernization [ˌmɒdənaɪ'zeɪʃn ‖ ˌmɑːdərnə'zeɪʃn] (también **modernisation**) *s. c.* e *i.* modernización.

modernize ['mɒdənaɪz ‖ 'mɑːdərnaɪz] (también **modernise**) *v. t.* **1** modernizar; actualizar; poner al día. • *v. i.* **2** modernizarse; actualizarse; ponerse al día.

modest ['mɒdɪst ‖ 'mɑːdɪst] *adj.* **1** modesto, humilde. **2** limitado, moderado (de tamaño); módico (de precio). **3** (arc.) pudorosa, recatada (una mujer, su ropa).

modestly ['mɒdɪstlɪ] *adv.* modestamente; moderadamente; discretamente.

modesty ['mɒdɪstɪ] *s. i.* **1** modestia, humildad. **2** recato, pudor.

modicum ['mɒdɪkəm ‖ 'mɑːdɪkəm] *s. sing.* mínimo, ápice, pizca.

modification [ˌmɒdɪfɪ'keɪʃn] *s. i.* modificación.

modifier ['mɒdɪfaɪər ‖ 'mɑːdɪfaɪə] *s. c.* GRAM. modificador, calificativo.

modify ['mɒdɪfaɪ] *v. t.* **1** modificar. **2** GRAM. modificar.

modish ['məudɪʃ] *adj.* (a veces desp.) en boga, a la última.

modishly ['məudɪʃlɪ] *adv.* (a veces desp.) en boga, a la última.

modular ['mɒdjulər ‖ 'mɑːdʒələr] *adj.* modular; por módulos; de módulos.

modulation [ˌmɒdju'leɪʃn ‖ ˌmɑːdʒə'leɪʃn] *s. c.* e *i.* modulación (de sonido, de frecuencia).

modulate ['mɒdjuleɪt ‖ 'mɑːdʒəleɪt] *v. t.* **1** modular, ajustar, regular. **2** RAD. modular (la frecuencia). • *v. i.* **3** MÚS. modular, cambiar de tono.

modulated ['mɒdjuleɪtɪd ‖ 'mɑːdʒəleɪtɪd] *adj.* modulado (la voz, el tono).

module ['mɒdjuːl ‖ 'mɑːdʒuːl] *s. c.* **1** módulo, elemento, componente, unidad. **2** TEC. módulo (lunar, espacial). **3** módulo (educativo).

modus operandi [ˌmɒdəsˌɒpə'rændɪ ‖ ˌmɒdəsˌɑːpə'rændɪ] *s. sing.* (form.) modus operandi, método, procedimiento.

modus vivendi [ˌməudəsvi'vendi] *s. sing.* (form.) modus vivendi.

mog [mɒg] *s. c.* ⇒ **moggy.**

moggy ['mɒgɪ ‖ 'mɑːgɪ ‖ 'mɔːgɪ] (también **mog**) *s. c.* (brit.) (fam. y hum.) minino, gato.

mogul ['məugʌl] *s. c.* **1** potentado, magnate. **2** HIST. mogol, mongol (en la India).

mohair ['məuheər] *s. i.* moer, mohair, tejido o lana de Angora.

Mohammedan [məu'hæmɪdən] *adj.* (arc.) **1** mahometano, musulmán. • *s. c.* **2** mahometano, musulmán.

Mohammedanism [məu'hæmɪdənɪzəm] *s. i.* (arc.) mahometismo.

moist [mɔɪst] *adj.* **1** húmedo, empapado. **2** llorosos, acuosos (los ojos).

moisten ['mɔɪsn] *v. t.* **1** humedecer, mojar, empapar. • *v. i.* **2** humedecerse.

moisture ['mɔɪstʃə] *s. i.* humedad.

moisturize ['mɔɪstʃəraɪz] (también **moisturise**) *v. t.* hidratar (la piel con cremas de belleza).

moisturizer ['mɔɪstʃəraɪzər] (también **moisturiser**) *s. c.* crema hidratante (de la piel).

moke [məuk] *s. c.* (brit.) (fam. y hum.) burrito, jumento.

molar ['məulər] *s. c.* **1** ANAT. molar, muela. • *adj.* **2** ANAT. molar. ◆ **3** QUÍM. molar.

molasses [mə'læsɪz] *s. i.* melaza.

mold *s/v. t.* e *i.* ⇒ **mould** (y derivados).

mole [məul] *s. c.* **1** ZOOL. topo. **2** (fam. y fig.) topo, espía. **3** lunar (en la piel). **4** MAR. malecón, espigón, rompeolas; muelle, embarcadero. **5** MED. tumor uterino. **6** QUÍM. mol, molécula gramo. • *s. i.* **7** piel de topo. **8** color gris oscuro.

molecular [mə'lekjulər] *adj.* FÍS. molecular.

molecule ['mɒlɪkjuːl ‖ 'mɑːlɪkjuːl] *s. c.* **1** QUÍM. molécula. **2** (fig.) molécula, ápice, pizca.

molehill ['məulhɪl] *s. c.* **1** topera, topinera. ◆ **2 to make a mountain out of a ~,** hacer una montaña de un grano de arena.

molest [mə'lest] *v. t.* **1** (desp.) atacar, agredir. **2** (form. y euf.) abusar sexualmente de, acosar sexualmente. **3** (EE UU) molestar, importunar.

molestation [ˌməule'steɪʃn] *s. i.* **1** molestia, fastidio, incomodo. **2** abuso sexual, acoso sexual.

molester [mə'lestər] *s. c.* persona que comete abusos deshonestos.

moll [mɒl ‖ mɑːl] *s. c.* **1** (EE UU) (argot) amante de un gangster. **2** mujer de vida alegre, golfa.

mollifier ['mɒlɪfaɪər || mɑːlɪfaɪər] *s. c.* apaciguador, pacificador, conciliador.
mollify ['mɒlɪfaɪ || 'mɑːlɪfaɪ] *v. t.* **1** apaciguar, aplacar, calmar. **2** suavizar, ablandar (a una persona).
mollusc ['mɒləsk || 'mɑːləsk] (en EE UU **mollusk**) *s. c.* ZOOL. molusco.
mollycoddle ['mɒlɪ,kɒdl || 'mɑːlɪ,kɑːdl] *v. t.* **1** (fam. y desp.) mimar, consentir. ● *s. c.* **2** mimado, consentido (un niño, un hombre).
molt *v. t.* e *i.* ⇒ **moult.**
molten ['məultən] *adj.* **1** fundido, derretido. **2** resplandeciente, fulgurante.
mom [mɒm] (brit. **mum**) *s. c.* (fam.) mamá.
moment ['məumənt] *s. c.* **1** momento, instante. **2** momento, punto (en el tiempo). **3** momento, minuto, segundo: *do you have a moment?* = *¿tienes un momento* o *minuto* o *segundo?* **4** (gen. *sing.*) MEC. momento. ● *s. i.* **5** (**of** ~) (form.) de importancia, de peso. ◆ **6 at the last** ~, en el último momento, a última hora. **7 at the** ~**/at the present** ~**/at this** ~ **in time,** en este preciso momento, ahora mismo. **8 at this** ~, ahora mismo, en este mismo instante. **9 for the** ~, por ahora, por el momento. **10 in a** ~, enseguida, dentro de un instante. **11 just this** ~, hace un instante. **12** ~ **of truth,** momento de la verdad. **13 not for a/one** ~, ni por un momento, ni por asomo, en absoluto. **14 of great** ~, (form.) de gran importancia. **15 of the** ~, del momento, de actualidad. **16 on the spur of the** ~, ⇒ **spur. 17 the** ~, en el momento en que, en cuanto, tan pronto como: *call me the moment you get back* = *llámame* en cuanto regreses. **18 to have one's moments,** (fam.) tener sus momentos, tener sus ratos.
momentarily ['məuməntərɪlɪ || ,məumən'terəlɪ] *adv.* **1** momentáneamente, temporalmente. **2** (EE UU) al instante, en un momento.
momentary ['məuməntərɪ || 'məuməntərɪ] *adj.* **1** momentáneo, temporal, **2** (EE UU) inmediato.
momentous [məu'mentəs || mə'mentəs] *adj.* importante, crítico, trascendental, decisivo.
momentum [məu'mentəm || mə'mentəm] (*pl.* **momenta** o **momentums**) *s. c.* e *i.* **1** fuerza, ímpetu, velocidad: *to gather momentum* = *adquirir velocidad.* ● *s. i.* **2** FÍS. momento.
momma ['mɒmə || 'mɑːmə] *s. c.* ⇒ **mamá.**
Monaco ['mɒnəkəu] *s. sing.* (Principado de) Mónaco.
monarch ['mɒnək || 'mɑːnərk] *s. c.* **1** monarca, soberano. **2** ZOOL. gran mariposa de alas de color naranja y negro.
monarchical [mɒ'nɑːkɪkl || mə'nɑːrkɪkl] *adj.* monárquico; de monarca.
monarchist ['mɒnəkɪst || 'mɑːnərkɪst] *adj.* monárquico, realista.
monarchy ['mɒnəkɪ || 'mɑːnərkɪ] *s. c.* e *i.* monarquía.
monastery ['mɒnəstərɪ || 'mɑːnəstərɪ] *s. c.* monasterio.
monastic [mə'næstɪk] *adj.* monástico (una comunidad, una vida).
Monday ['mʌndɪ] *s. c.* lunes.
monetarism ['mʌnɪtərɪzəm || 'mɑːnɪtərɪzəm] *s. i.* ECON. monetarismo.
monetarist ['mʌnɪtərɪst || 'mɑːnɪtərɪst] *adj.* **1** ECON. monetarista. ● *adj.* **2** ECON. monetarista.
monetary ['mʌnɪtərɪ || 'mɑːnɪtərɪ] *adj.* monetario.
money ['mʌnɪ] (*pl.* **monies**) *s. i.* **1** dinero, moneda. **2** riqueza, capital, fortuna, peculio, (fig.) plata. ● *s. pl.* **3** fondos, finanzas, caudales. ◆ **4 to be in the** ~, nadar en la abundancia. **5 for my** ~, en mi opinión. **6 to get one's money's worth,** comprar bien, estar contento con lo adquirido, sacar el valor de lo que se paga. **7 to have** ~ **to burn,** (desp.) tener dinero a espuertas. **8** ~ **laundering,** blanqueo de dinero. **9 to make** ~, hacer dinero, ganar dinero. **10** ~ **for old rope/jam,** (brit.) (fam.) dinero fácil, dinero sin esfuerzo. **11** ~ **market,** ECON. mercado monetario. **12 to put one's** ~ **where one's mouth is,** (fam. y hum.) predicar con el ejemplo. **13** ~ **supply,** masa monetaria.
money-bag ['mʌnɪbægz] (*pl.* **money-bags**) *s. c.* (fam. y desp.) ricachón.
moneybox ['mʌnɪbɒks || 'mʌnɪbɑːks] *s. c.* hucha.
money-changer ['mʌnɪtʃeɪndʒər] *s. c.* cambista (de moneda).
money-grubber ['mʌnɪgrʌbər] *s. c.* codicioso, avaro.
money-grubbing ['mʌnɪgrʌbɪŋ] *s. i.* codicia, avaricia.
moneylender ['mʌnɪlendər] *s. c.* **1** (arc.) prestamista. **2** (fig. y desp.) estafador.
moneymaker ['mʌnɪmeɪkər] *s. c.* **1** negocio redondo, éxito económico, negocio lucrativo. **2** (desp.) experto en ganar dinero, experto en hacer negocios.
money-making ['mʌnɪmeɪkɪŋ] *adj.* lucrativo.
money-spinner ['mʌnɪspɪnər] *s. c.* (brit.) (fam.) negocio redondo.
Mongol ['mɒŋgɒl || 'mɑːŋgəl] *adj./s. c.* e *i.* **1** Mongolian. ● *s. c.* **mongol 2** (desp.) mongólico, persona con el síndrome de Down.
Mongolia [mɒŋ'gəuljə] *s. sing.* Mongolia.
Mongolian [mɒŋ'gəuljən] *s. c.* **1** mongol, mogol, de Mongolia. ● *adj.* **2** mongol, mogol (habitante de Mongolia). ● *s. i.* **2** mongol, mogol (la lengua).
mongolism ['mɒŋgəlɪzəm || 'mɑːŋ-gəlɪzəm] *s. i.* (desp.) mongolismo, síndrome de Down.
mongoose ['mɒŋguːs || 'mɑːŋguːs] *s. c.* ZOOL. mangosta.
mongrel ['mʌŋgrəl || 'mɑːŋgrəl] *s. c.* **1** cruce, perro sin pedigrí. **2** (fam. y fig.) híbrido, mezcla.
monied ['mʌnɪd] *adj.* acaudalado, rico, adinerado.
monitor ['mɒnɪtər || 'mɑːnɪtə] *s. c.* **1** TV. monitor, receptor. **2** INF. monitor, pantalla. **3** alumno que ayuda a un profesor en tareas de clase. **4** RAD. escucha (persona encargada de oír noticias y mensajes de radios extranjeras). **5** consejero, amonestador. **6** MED. monitor: *a heart monitor* = *monitor cardiaco.* ● *v. t.* **7** controlar, revisar, comprobar, verificar (sistemáticamente). **8** RAD. escuchar (transmisiones de radio para ser analizadas). **9** supervisar, vigilar (un examen). **10** MED. monitorizar (partes corporales).
monk [mʌŋk] *s. c.* monje.
monkey ['mʌŋkɪ] *s. c.* **1** ZOOL. mono. **2** (fam.) diablillo, trasto (un niño). **3** (brit.) (argot.) 500 libras o 500 dólares. **4** maza, mazo (de martinete). ● *v. i.* **5** (**to** ~ **about/ around**) (fam.) hacer el tonto, hacer payasadas. **6** (**to** ~ **with**) (fam.) jugar con, tratar irresponsablemente (algo peligroso, delicado). ◆ **7 to have a** ~ **on one's back,** (EE UU) (argot) estar con el mono, estar colgado. **8 to make a** ~ **out of someone,** (fam.) poner a alguien en ridículo. **9** ~ **business,** (brit.) (fam.) trampas, trapisondas, juego sucio.
monkey-nut ['mʌŋkɪnʌt] *s. c.* (fam.) cacahuete.
monkey-wrench ['mʌŋkɪ,rentʃ] *s. c.* llave inglesa.
mono ['mɒnəu || 'mɑːnəu] *adj.* **1** mono, monoaural (un aparato de música). ● *s. c.* **2** sonido monoaural. **3** MED. mononucleosis. ● *prefijo.* **4** mono-.
monochrome ['mɒnəkrəum || 'mɑːnəkrəum] *adj.* **1** TV. y FOT. monocromo, en blanco y negro. **2** (fig.) monótono, uniforme, aburrido.
monocle ['mɒnəkl || 'mɑːnəkl] *s. c.* monóculo.
monogamous [mɒ'nɒgəməs] *adj.* monógamo.
monogamy [mɒ'nɒgəmɪ || mə'nɑːgəmɪ] *s. i.* monogamia.
monogram ['mɒnəgræm || 'mɑːnəgræm] *s. c.* monograma (bordado o decorado con iniciales).
monogrammed ['mɒnəgræmd] *adj.* decorado con monograma, con las iniciales grabadas.
monograph ['mɒnəgrɑːf || 'mɑːnəgræf] *s. c.* monografía, tratado sobre un tema.
monolingual [,mɒnə'lɪŋgwəl] *adj.* monolingüe.
monolith ['mɒnəulɪθ || 'mɑːnəulɪθ] *s. c.* monolito.
monolithic [,mɒnəu'lɪθɪk || ,mɑːnəu'lɪθɪk] *adj.* **1** monolítico, colosal, monumental. **2** (desp.) monolítico, sin fisuras (un sistema).
monologue ['mɒnəlɒg || 'mɑːnəlɔːg] (en EE UU **monolog**) *s. c.* e *i.* monólogo, soliloquio.
monopolisation *s. i.* ⇒ **monopolization.**
monopolise *v. t.* ⇒ **monopolize.**
monopolistic [mə,nɒpə'lɪstɪk || mə,nɑːpə'lɪstɪk] *adj.* (form.) monopolizador, monopolista.

monopolization [mə,nɒpəlaɪ'zeɪʃn ‖ mə,nɑːpələ'zeɪʃn] (también **monopolisation**) *s. i.* monopolización.

monopolize [mə'nɒpəlaɪz ‖ mə'nɑːpəlaɪz] (también **monopolise**) *v. t.* monopolizar.

monopoly [mə'nɒpəlɪ ‖ mə'nɑːpəlɪ] *s. c.* **1** monopolio. **2** (~ **of**) monopolio de, propiedad de.

monorail ['mɒnəureɪl ‖ 'mɑːnəureɪl] *s. c.* tren monorraíl, tren monovía.

monosyllabic [,mɒnəusɪ'læbɪk ‖ ,mɑːnəsɪ'læbɪk] *adj.* **1** GRAM. monosilábico. **2** monosilábica (una respuesta).

monosyllabically [,mɒnəusɪ'læbɪklɪ] *adv.* monosilábicamente.

monosyllable ['mɒnəsɪləbl ‖ 'mɑːnə,sɪləbl] *s. c.* monosílabo.

monotheism ['mɒnəuθiːɪzəm] *s. i.* REL. monoteísmo.

monotheist ['mɒnəuθiːɪst] *s. c.* REL. monoteísta.

monotheistic [,mɒnəuθiː'ɪstɪk] *adj.* REL. monoteísta.

monotone ['mɒnətəun ‖ 'mɑːnətəun] *s. c.* **1** tono monocorde. • *adj.* **2** monótono, uniforme.

monotonous [mə'nɒtnəs ‖ mə'nɑːtənəs] *adj.* monótono, repetitivo, aburrido.

monotonously [mə'nɒtnəslɪ] *adv.* monótonamente, uniformemente.

monotonousness [mə'nɑtənənsɪs] *s. i.* ⇒ **monotony.**

monotony [mə'nɒtənɪ] *s. i.* monotonía, falta de variedad.

Monsignor [mɒn'siːnjər ‖ mɑːn'siːnjər] *s. c.* REL. monseñor (en la Iglesia Católica).

monsoon [mɒn'suːn ‖ mɑːn'suːn] *s. c.* **1** (**the** ~) el monzón. **2** (fam.) chaparrón, aguacero.

monster ['mɒnstər ‖ 'mɑːnstər] *s. c.* **1** monstruo; engendro. **2** monstruo, malvado, fiera, loco. **3** (fam.) monstruo, gigante (un objeto, un edificio). • *adj.* **4** monstruo, gigantesco, enorme.

monstrosity [mɒn'strɒsɪtɪ ‖ mɑːn'strɑːsɪtɪ] *s. c.* (fam.) monstruosidad, engendro.

monstrous ['mɒnstrəs ‖ 'mɑːnstrəs] *adj.* **1** monstruoso, vergonzoso, ignominioso. **2** monstruoso, gigantesco, enorme; deforme, grotesco.

monstrously ['mɒnstrəslɪ] *adv.* monstruosamente, vergonzosamente, ignominiosamente.

montage ['mɒntɑːʒ ‖ mɑːn'tɑːʒ] *s. c.* e *i.* FOT. montaje.

month [mʌnθ] *s. c.* **1** mes. ◆ **2 a ~ of Sundays,** (fam.) una eternidad, siglos. **3 ~ after ~,** mes tras mes. **4 ~ by ~,** todos los meses, cada mes. **5 ~ in, ~ out,** con regularidad, un mes sí y otro también.

monthly [mʌnθlɪ] *adj.* **1** mensual. • *adv.* **2** mensualmente. • *s. c.* **3** revista mensual.

monument ['mɒnjumənt ‖ 'mɑːnjumənt] *s. c.* **1** monumento (conmemorativo, histórico). **2** (~ {**to/of**}) (fig.) monumento, modelo. **3** hito, mojón, lindero. **4** documento escrito, documento legal.

monumental [,mɒnju'mentl ‖ ,mɑnju'mentl] *adj.* **1** monumenta. **2** enorme, grandioso. **3** (fam.) monumental, tremendo. **4** (fam.) fantástico, estupendo.

monumentally [,mɒnju'mentəlɪ ‖ ,mɑːnju'mentəlɪ] *adv.* inmensamente, enormemente.

moo [muː] *v. i.* **1** mugir. • *s. c.* **2** mugido. **3** (brit.) (argot.), pánfila, zote (una mujer).

mooch [muːtʃ] *v. t.* **1** (EE UU) (argot) gorronear, sablear; birlar, afanar. • *v. i.* **2** (**to ~ about/around**) (fam.) deambular, vagar sin objetivo alguno.

mood [muːd] *s. c.* **1** humor, estado de ánimo; talante, genio. **2** mal humor. **3** atmósfera, ambiente. **4** inclinación, disposición. **5** GRAM. modo. ◆ **6 to be in a bad/good ~,** estar de mal/buen humor. **7 in no ~ for,** no tener ganas de, no estar de humor para. **8 to be in the ~ for,** tener ganas de, querer.

moodily ['muːdɪlɪ] *adv.* **1** malhumoradamente, displicentemente. **2** melancólicamente.

moodiness ['muːdɪnɪs] *s. i.* **1** inclinación a cambios de humor caprichosos. **2** mal humor; tristeza, melancolía, depresión.

moody ['muːdɪ] *adj.* **1** dado a cambios repentinos de humor, caprichoso. **2** malhumorado; melancólico, triste, deprimido.

moon [muːn] *s. sing.* **1** luna. • *s. c.* **2** (lit.) mes, luna. • *v. i.* **3** (**to ~ about/around**) (fam.) soñar despierto, estar en la luna, mirar a las musarañas; vagar, andar sin objetivo, deambular. **4** (**to ~ over**) (fam.) soñar, fantasear. ◆ **5 once in a blue ~,** de Pascuas a Ramos, muy de vez en cuando, en rarísimas ocasiones. **6 to be over the ~,** (fam.) estar loco de contento, estar encantado.

moonbeam ['muːnbiːm] *s. c.* rayo de luna.

moon-faced ['muːnfeɪst] *adj.* de cara redonda.

moonless ['muːnlɪs] *adj.* sin luna, oscura (la noche).

moonlight ['muːnlaɪt] *s. i.* **1** luz de luna. • *v. i.* **2** pluriemplearse, tener dos trabajos (gen. uno nocturno y sin declarar).

moonlit ['muːnlɪt] *adj.* iluminado por la luna; de luna.

moonshine ['muːnʃaɪn] *s. i.* **1** (fam.) pamplinas, sinsentido. **2** (EE UU) licor destilado ilegalmente. **3** luz de luna, claro de luna. • *v. i.* **4** (EE UU) destilar licor ilegalmente.

moony ['muːnɪ] *adj.* **1** (fam.) despistado, ido. **2** semejante a la luna (en tamaño, color).

moor [muər] *s. c.* **1** (brit.) páramo, brezal. • *v. t.* **2** MAR. amarrar. • *v. i.* **3** echar amarras. ◆ **4 the Moors,** los moros.

moorhen ['muəhen ‖ 'muərhen] *s. c.* (brit.) ZOOL. polla de agua.

mooring ['muərɪŋ] *s. c.* **1** MAR. amarras; guindaste; proís. **2** amarradero; argolla. **3** amarradura, amarre; (fig.) amarras, lazos, ataduras.

Moorish ['muərɪʃ] *adj.* moro, morisco.

moorland ['muələnd ‖ 'muərlənd] *s. i.* (brit.) páramo, paramera.

moose [muːs] (*pl.* **moose**) *s. c.* ZOOL. alce.

mooted ['muːtɪd] *adj.* (form. y arc.) sugerido, insinuado, dado a entender.

moot point ['muːt,pɔɪnt] *s. c.* (generalmente *sing.*) interrogante, cuestión discutible, punto de debate.

mop [mɒp] *s. c.* **1** mopa, fregona. **2** (fam.) greña, mata (de pelo sucio). • *v. t.* **3** limpiar con mopa, fregar con fregona (suelos). **4** (**to ~** {**with**}) secar, enjugar, limpiar (un líquido con un paño). ◆ **5 to ~ up, a)** enjugar, secar, absorber; **b)** MIL. acabar con, limpiar (enemigos).

mope [məup] *v. i.* **1** (desp.) estar deprimido, languidecer, estar taciturno. ◆ **2 to ~ about/around,** (desp.) andar alicaído, vagar lánguidamente.

moped ['məupəd] *s. c.* ciclomotor.

moral ['mɒrəl ‖ 'mɔːrəl] *adj.* **1** (no *comp.*) moral, ético. **2** moral (una responsabilidad, una obligación). **3** intachable, íntegro, honrado. • *s. c.* **4** moraleja, lección. **5** *pl.* moralidad, principios, moral. ◆ **6 a ~ victory,** una victoria moral. **7 ~ support,** apoyo moral.

morale [mɒ'rɑːl ‖ mə'ræl] *s. i.* moral, estado de ánimo.

moralise *s. c.* ⇒ **moralize.**

moralist ['mɒrəlɪst ‖ 'mɔːrəlɪst] *s. c.* **1** FIL. moralista, profesor de ética. **2** (desp.) moralista, moralizador.

moralistic [,mɒrə'lɪstɪk ‖ ,mɔːrə'lɪstɪk] *adj.* (desp.) moralizador, moralista.

morality [mə'rælɪtɪ] *s. i.* **1** moralidad, integridad. • *s. c.* **2** moralidad, sistema de valores. ◆ **3 ~ play,** LIT. auto (representación alegórica de las virtudes por humanos).

moralize ['mɒrəlaɪz ‖ 'mɔːrəlaɪz] (también **moralise**) *v. i.* (**to ~** {**about/on**}) (desp.) moralizar, dar lecciones morales (sobre).

morally ['mɒrəlɪ ‖ 'mɔːrəlɪ] *adv.* **1** moralmente, éticamente. **2** honradamente, de forma íntegra.

morass [mə'ræs] *s. c.* **1** (lit.) marisma, ciénaga, terreno pantanoso. **2** (fig.) laberinto, maraña (de dificultades, de problemas); marasmo (económico).

moratoria [,mɒrə'tɔːrɪə] *pl.* de **moratorium.**

moratorium [,mɒrə'tɔːrɪəm ‖ ,mɔːrə'tɔːrɪəm] (*pl.* **moratoria**) *s. c.* moratoria, período de suspensión (oficial).

morbid ['mɔːbɪd ‖ 'mɔːrbɪd] *adj.* **1** (desp.) morboso, malsano, enfermizo. **2** MED. mórbido; patológico.

morbidity [mɔː'bɪdɪtɪ] *s. i.* **1** (desp.) morbosidad. **2** MED. morbosidad.

morbidly ['mɔːbɪdlɪ] *adv.* (desp.) morbosamente.

mordant ['mɔːdənt ‖ 'mɔːrdənt] *adj.* (lit.) mordaz, sarcástico.

more [mɔːr] *adv.comp.* **1** más. • *pron.* **2** más: *more was told about him* = *se dijo más sobre él.* **3** más, otro: *one more biscuit?* = *¿otra galleta?* ◆ **4 no**

~ than/not ~ than, no más de. **5 not any ~/no ~,** nunca más, ya no: *I saw her no more = no la volví a ver nunca más, ya no la volví a ver.* **6 no ~ than/nothing ~ than/not much ~ than,** no más allá de, apenas. **7 ~ and ~,** cada vez más, más y más. **8 ~ or less,** más o menos. **9 ~ than,** más de. **10 ~ ... than,** más... que: *more tall than short = más alto que bajo.* **11 once ~/twice ~, etc.,** una vez más/dos veces más, etc. **12 what is ~/what's ~,** y lo que es más, es más.

OBS. El *adv.* **more** se usa para formar el comparativo de la mayoría de los *adj.* y *adv.* de más de dos sílabas y de muchos de dos, además de ser el *comp.* de **much** y **many.**

moreover [mɔː'rəuvər] *adv.* además, por otra parte.

mores ['mɔːriːz] *s. pl.* (form.) costumbres, tradiciones, convenciones, hábitos, usos.

morgue [mɔːg ‖ mɔːrg] *s. c.* **1** tanatorio (antes de entierro o cremación); depósito de cadáveres (antes de autopsia). **2** (desp. y fig.) cementerio, lugar aburrido. **3** archivo (de periódico).

moribund ['mɒrɪbʌnd] 'mɔːrɪbʌnd ‖ 'mɑːrɪbʌnd] *adj.* **1** (form.) moribundo, agonizante. **2** moribundo, agonizante (un sistema).

Mormon ['mɔːmən] *s. c.* **1** REL. mormón. • *adj.* **2** REL. mormón, mormónico.

morn [mɔːn] *s. c.* e *i.* (lit.) manãna.

morning ['mɔːnɪŋ] *s. c.* e *i.* **1** mañana. • *adj.* **2** de mañana; matutino; mañanero; de la mañana. ◆ **3 in the ~,** por la mañana. **4 ~ coat,** chaqué, levita. **5 ~ dress,** traje de chaqué; (EE UU) bata de casa; delantal. **6 ~ sickness,** náuseas del embarazo.

morning-room ['mɔːnɪŋrum] *s. c.* (arc.) sala de estar, cuarto de estar (en la parte más soleada por la mañana).

Moroccan [mə'rɒkən ‖ mə'rɑːkən] *adj.* **1** marroquí. • *s. c.* **2** marroquí.

Morocco [mə'rɒkəu ‖ mə'rɑːkəu] *s. sing.* **1** Marruecos. ◆ **2 morocco,** tafilete, marroquín.

moron ['mɔːrɒn ‖ 'mɔːrɑːn] *s. c.* **1** (desp. y fam.) imbécil, idiota. **2** PSIQ. deficiente mental, minusválido psíquico, discapacitado psíquico.

moronic [mə'rɒnɪk] *adj.* **1** (fam. y desp.) imbécil, idiota. **2** deficiente mental.

morose [mə'rəus] *adj.* arisco, hosco, malhumorado.

morosely [mə'rəuslɪ] *adv.* de forma arisca, malhumoradamente.

moroseness [mə'rəusnɪs] *s. i.* mal humor.

morpheme ['mɔːfiːm] *s. c.* FILOL. morfema.

morphia ['mɔːfjə] *s. i.* (arc.) QUÍM. morfina.

morphine ['mɔːfiːn] *s. i.* QUÍM. morfina.

morphology [mɔː'fɒlədʒɪ] *s. i.* GRAM. morfología.

morphological [ˌmɔːfə'lɒdʒɪkl] *adj.* GRAM. morfológico.

morris dancer ['mɒrɪsdɑːnsər] *s. c.* (brit.) bailarín de un baile regional inglés.

morris dancing ['mɒrɪsdɑːnsɪŋ ‖ 'mɔːrɪsdænsɪŋ ‖ 'mɑːrɪsdænsɪŋ] *s. i.* (brit.) baile regional inglés.

morrow ['mɒrəu ‖ 'mɑːrəu] *s. sing.* **(the ~)** (arc. y lit.) el día siguiente, mañana; (fig.) el futuro, el porvenir.

morse [mɔːs] (también **morse code**) *s. i.* código morse, alfabeto morse, morse.

morsel ['mɔːsl ‖ mɔːrsəl] *s. i.* **1** porción, pedazo, trozo. **2** (fam.) bocado.

mortal ['mɔːtl ‖ 'mɔːrtl] *adj.* **1** mortal, perecedero. **2** mortal, humano. **3** mortal, implacable (el odio, un enemigo). **4** mortal (un ataque, un accidente). **5** inmenso, enorme. • *s. c.* **6** (lit.) mortal, ser humano. ◆ **7 ~ sin,** REL. pecado mortal.

mortality [mɔː'tælɪtɪ ‖ mɔːr'tælɪtɪ] *s. i.* **1** mortalidad, mortandad (tasa, promedio). **2** mortalidad (condición de mortal).

mortally ['mɔːtəlɪ] ‖ 'mɔːrtəlɪ] *adv.* **1** mortalmente. **2** enormemente, profundamente.

mortar ['mɔːtər ‖ 'mɔːrtər] *s. i.* **1** mortero, argamasa. • *s. c.* **2** mortero, almirez. **3** MIL. mortero.

mortarboard ['mɔːtəbɔːd ‖ 'mɔːrtəbɔːrd] *s. c.* **1** birrete (de profesor en escuelas británicas). **2** llana (de albañil).

mortgage ['mɔːgɪdʒ ‖ 'mɔːrgɪdʒ] *s. c.* **1** hipoteca, crédito hipotecario, préstamo hipotecario. • *v. t.* **2** hipotecar.

mortician [mɔː'tɪʃən] (brit. **undertaker**) *s. c.* (EE UU) empresario de pompas fúnebres.

mortification [ˌmɔːtɪfɪ'keɪʃn ‖ ˌmɔːrtɪfɪ'keɪʃən] *s. i.* **1** humillación, vergüenza. **2** MED. gangrena. **3** REL. mortificación.

mortify ['mɔːtɪfaɪ] *v. t.* **1** (gen. *pas.*) avergonzar, humillar. **2** controlar, mortificar (pasiones, apetitos).

mortifying ['mɔːtɪfaɪɪŋ] *adj.* humillante, hiriente.

mortise ['mɔːtɪs ‖ 'mɔːrtɪs] *s. c.* **1** muesca, mortaja, entalladura, cavidad rectangular (en madera o piedra). ◆ **2 ~ lock,** cerradura embutida.

mortuary ['mɔːtjuərɪ] *s. c.* **1** depósito de cadáveres. **2** tanatorio. • *adj.* **3** mortuorio, funerario.

mosaic [məu'zeɪɪk] *s. c.* e *i.* **1** mosaico. • *s. c.* **2** (fig.) mosaico, mezcla, variedad. **3** TV. fotosensor (de una cámara). • *v. t.* **4** decorar con mosaico. • *adj.* **5 Mosaic,** mosaico, de Moisés.

Moscow ['mɒskəu ‖ 'mɑːskau] *s. sing.* Moscú.

mosey ['məuzɪ] *v. i.* **1** (EE UU) (fam.) **(to ~ +** *adv./prep.*) deambular, andar sin prisa. **2** irse, marcharse.

Moslem ['mɒzləm] *adj.* y *s. c.* ⇒ **Muslim.**

mosque [mɒsk] *s. c.* mezquita.

mosquito [mɒ'skiːtəu] (*pl.* **mosquitoes** o **mosquitos**) *s. c.* **1** mosquito. ◆ **2 ~ net,** mosquitera.

moss [mɒs ‖ mɔːs] *s. i.* **1** BOT. musgo. ◆ **2 a rolling stone gathers no ~,** ⇒ **gather.**

mossy [mɒsɪ ‖ mɔːsɪ] *adj.* **1** musgoso, cubierto de musgo. **2** de color verde musgo.

most [məust] (*super.* de **many** y de **much**) *adv.* **1** más. **2** (form.) muy, sumamente. **3** (EE UU) casi: *most every day = casi todos los días.* • *pron.* **4** casi todos, la mayoría. **5** el mayor, el máximo (en número, en cantidad). • *adj.* **6** más, mayor; la mayoría de (en número, en cantidad). • *sufijo* **7 -most,** más: *southernmost = más al sur.* ◆ **8 at ~/at the ~,** a lo más, a lo sumo, como máximo. **9 for the ~ part,** en su mayor parte, en la mayoría de los casos, principalmente. **10 to make the ~ of,** sacar el mayor partido de, sacar el mayor provecho de.

OBS. El *adv.* **most** forma el *super.* de *adj.* y *adv.* de más de dos sílabas y de muchos de dos sílabas.

mostly [məustlɪ] *adv.* principalmente, en su mayor parte, en general, en la mayoría de los casos.

motel [məu'tel] (en EE UU **motor lodge**) *s. c.* motel, hotel de carretera.

moth [mɒθ ‖ mɔːθ] *s. c.* ZOOL. polilla, mariposa nocturna; polilla (que ataca las ropas).

mothball ['mɒθbɔːl ‖ 'mɔːθbɔːl] *s. c.* **1** bola de alcanfor; naftalina. • *v. t.* **2** (fig.) aparcar, abandonar.

moth-eaten ['mɒθˌiːtn] *adj.* apolillado.

mother ['mʌðər] *s. c.* **1** madre. **2 (the ~ of)** (lit.) la causa de, el origen de, la fuente de. **3 Mother,** Madre (tratamiento para religiosas). **4** (fam.) señora (tratamiento respetuoso para una anciana). **5** madre, poso (del vino). **6** amor maternal. • *v. t.* **7** mimar, proteger (como una madre). **8** parir, dar a luz. **9** crear, producir. • *adj.* **10** materno; maternal. **11** nativo, patrio. ◆ **12 ~ country,** país de origen, madre patria. **13 Mothering Sunday,** (brit.) (form.) día de la Madre. **14 Mother Nature,** Madre Naturaleza. **15 Mother of God,** REL. Madre de Dios. **16 Mother's Day,** día de la Madre. **17 ~ ship,** MAR. buque nodriza. **18 Mother Superior,** madre superiora (de un convento).

motherboard ['mʌðəbɔːd] *s. c.* placa base.

mother-figure ['mʌðəfɪgər] *s. c.* (fig.) figura materna.

motherhood ['mʌðəhud ‖ 'mʌðərhud] *s. i.* maternidad.

mother-in-law ['mʌðərɪnlɔː] (*pl.* **mothers-in-law**) *s. c.* suegra, madre política.

motherland ['mʌðəlænd] *s. c.* patria, país de origen.

motherless ['mʌðəlɪs] *adj.* huérfano de madre, sin madre.

motherly ['mʌðəlɪ ‖ 'mʌðərlɪ] *adj.* maternal; como una madre; de madre.

mother-of-pearl [ˌmʌðərəv'pɜːl] *s. i.* **1** nácar. • *adj.* **2** nacarado.

mother-to-be [ˌmʌðətə'biː] (*pl.* **mothers-to-be**) *s. c.* embarazada, futura madre.

mother-tongue [ˌmʌðə'tʌŋ] (*pl.* **mother-tongues**) *s. c.* **1** lengua materna. **2** lengua madre (de la que otras se derivan).

motif [məʊ'tiːf] *s. c.* **1** ART. motivo. **2** motivo, adorno. **3** MÚS. tema, motivo.

motion ['məʊʃn] *s. i.* **1** movimiento; marcha. • *s. c.* **2** movimiento, gesto, ademán, señal. **3** moción propuesta. **4** (brit.) (form.)defecación, deposición. **5** impulso, inclinación. **6** MÚS. modulación. **7** DER. recurso, solicitud, petición. • *v. i.* **8** (**to** ~ + *inf./adv./prep.*) hacer señas, hacer un ademán, hacer un gesto (con la mano). ◆ **9 to go through the motions,** (fam.) hacer algo por puro formulismo, hacer lo que mandan los cánones (pero sin interés). **10 in** ~, en marcha, en movimiento. **11 to set something in** ~, poner algo en marcha, empezar algo.

motionless ['məʊʃnlɪs] *adj.* inmóvil, quieto, estático.

motion-picture [ˌməʊʃn'pɪktʃə] *s. c.* (EE UU) (form.) película, filme.

motivate ['məʊtɪveɪt] *v. t.* **1** motivar, estimular, impulsar. **2** ser el motivo de, ser la causa de.

motivated ['məʊtɪveɪtɪd] *adj.* motivado, estimulado.

motivation [ˌməʊtɪ'veɪʃn] *s. i.* **1** motivación, estímulo, impulso. • *s. c.* **2** motivación, incentivo. **3** motivo, causa.

motive ['məʊtɪv] *s. c.* **1** motivo; móvil. **2** ART. motivo, tema. • *adj.* **3** (form.) motriz; motor; impulsor. • *v. t.* **4** motivar, impulsar.

motley ['mɒtlɪ ‖ 'mɑːtlɪ] *adj.* **1** (desp.) heterogéneo, variopinto. **2** (lit.) multicolor, abigarrado. • *s. sing.* **3** (lit.) botarga, traje de colores, traje de payaso. • *s. i.* **4** mezcla multicolor, mezcla heterogénea de colores.

motiveless ['məʊtɪvlɪs] *adj.* sin motivo, sin motivo aparente.

motor ['məʊtər] *s. c.* **1** motor (de un vehículo, de una máquina). **2** (brit.) (fam.) coche, automóvil; (Am.) carro. • *adj.* **3** a motor, de motor. **4** automovilístico, del motor. **5** ANAT. motor. **6** motriz, motor. • *v. i.* **7** (**to** ~ + *adv./prep.*) (brit.) (p. u.) dar una vuelta en coche, pasear en coche.

motorbike ['məʊtəbaɪk ‖ 'məʊtər baɪk] *s. c.* moto.

motorboat ['məʊtəbəʊt ‖ 'məʊtərbəʊt] *s. c.* lancha motora.

motorcade ['məʊtəkeɪd] *s. c.* caravana de automóviles, desfile de automóviles.

motorcar ['məʊtəkɑːr] *s. c.* (brit.) (form.) automóvil, coche; (Am.) carro.

motorcycle ['məʊtəsaɪkl] *s. c.* motocicleta.

motorcyclist ['məʊtəsaɪklɪst] *s. c.* motociclista.

motoring ['məʊtərɪŋ] *adj.* automovilístico, del automóvil.

motorist ['məʊtərɪst] *s. c.* automovilista, conductor.

motorized ['məʊtəraɪzt] (también **motorised**) *adj.* motorizado.

motorway ['məʊtəweɪ] (en EE UU **expressway, freeway**) *s. c.* autopista.

mottled ['mɒtld ‖ 'mɑːtld] *adj.* moteado, jaspeado, con manchas.

motto ['mɒtəʊ ‖ 'mɑːtəʊ] *s. c.* **1** (*pl.* **mottoes** o **mottos**) lema, máxima, divisa. **2** (brit.) mensaje sorpresa (dentro de un pastel, de un objeto). **3** cita (al comienzo de un libro).

mould [məʊld] (en EE UU **mold**) *s. i.* **1** moho, cardenillo. **2** mantillo, tierra vegetal. • *s. c.* **3** molde; matriz; plantilla. **4** (lit.) carácter, naturaleza. **5** forma, configuración. • *v. t.* **6** vaciar; moldear, dar forma a. **7** (fig.) moldear, amoldar (el carácter). **8** ajustarse a (las ropas al cuerpo).

moulder ['məʊldər] (en EE UU **molder**) *v. i.* (lit.) descomponerse (un cuerpo); desmoronarse (un edificio); decaer (personas, ideas, etc.); enmohecerse (alimentos).

moulding ['məʊldɪŋ] (en EE UU **molding**) *s. c.* e *i.* **1** moldura, junquillo, listón. **2** ARQ. cornisa, moldura. • *s. c.* **3** moldura, pieza de vaciado.

mouldy ['məʊldɪ] (en EE UU **moldy**) *adj.* **1** mohoso, enmohecido. **2** (brit.) (argot.) miserable, infame. **3** (brit.) (argot.) pasado de moda, anticuado.

moult [məʊlt] (en EE UU **molt**) *v. t.* e *i.* **1** mudar, cambiar (la pluma, el pelo un animal). • *s. c.* e *i.* **2** muda, cambio (de pluma, de pelo).

mound [maʊnd] *s. c.* **1** túmulo (funerario). **2** montículo, terraplén. **3** montón, pila (de objetos).

mount [maʊnt] *v. t.* **1** (form.) montar (a caballo); subirse (en bicicleta). **2** subir, remontar (una altura, una escalera). **3** (**to** ~ {**on**}) proveer de montura, poner a caballo. **4** lanzar, emprender, iniciar (un ataque, una campaña). **5** montar, poner en marcha (un negocio, una exposición). **6** engastar, montar (una joya); enmarcar (un cuadro, una foto). **7** disecar. **8** montar (un animal a otro para la cría). • *v. i.* **9** montar (a caballo, en bicicleta). **10** subir, aumentar, crecer, elevarse, incrementarse (un precio, una deuda). • *s. c.* **11** engaste (de una joya). **12** base; soporte; montura. **13** montura, cabalgadura. **14** monte; montaña; colina: *Mount Everest = el (Monte) Everest.* ◆ **15 to** ~ **a guard over,** MIL. montar guardia para vigilar. **16 to** ~ **the throne,** subir al trono, acceder al trono.

mountain ['maʊntɪn] *s. c.* **1** montaña, monte. **2** (gen. *pl.*) montón, pila, montaña. **3** (fam.) cúmulo, cantidad enorme, montaña. • *adj.* **4** montañero, montañés, de montaña. ◆ **5** ~ **bike,** bicicleta de montaña. **5** ~ **range/range of mountains,** cordillera, cadena montañosa.

mountaineer [ˌmaʊntɪ'nɪər] *s. c.* **1** DEP. montañero, alpinista, escalador; (Am.) andinista. **2** montañés, serrano. • *v. i.* **3** DEP. escalar, hacer alpinismo, hacer montañismo; (Am.) hacer andinismo.

mountaineering [ˌmaʊntɪ'nɪərɪŋ] *s. i.* DEP. montañismo, alpinismo; (Am.) andinismo.

mountainous ['maʊntɪnəs] *adj.* **1** montañoso. **2** enorme, inmenso, colosal, impresionante.

mountainside ['maʊntɪnsaɪd] *s. c.* (gen. *sing.*) ladera de una montaña, falda de una montaña.

mountebank ['maʊntɪbæŋk] (lit. y arc.) *s. c.* **1** charlatán de feria, embaucador, farsante. • *v. i.* **2** actuar como un charlatán de feria, embaucar, engañar.

mounted ['maʊntɪd] *adj.* **1** montado, a caballo. **2** montada (un arma).

mounting ['maʊntɪŋ] *adj.* **1** ascendente, creciente, progresivo. • *s. c.* **2** engaste (de una joya). **3** base; soporte.

mourn [mɔːn] *v. t.* **1** lamentarse de (algo); llorar la muerte de (alguien). • *v. i.* **2** estar de luto; afligirse. ◆ **3 to** ~ **for someone,** llorar la muerte de alguien.

mourner ['mɔːnər] *s. c.* **1** deudo; asistente a un funeral; plañidera. **2** quejica, llorón.

mournful ['mɔːnfl] *adj.* **1** triste, apesadumbrado, afligido (una persona). **2** triste, lastimero, lúgubre (el tono de voz).

mournfully ['mɔːnfəlɪ] *adv.* tristemente, apesadumbradamente.

mournfulness ['mɔːnflnɪs] *s. i.* tristeza, pesadumbre.

mourning ['mɔːnɪŋ] *s. i.* **1** duelo, luto, dolor, aflicción. **2** luto (ropas). **3** lamento, gemido. ◆ **4 in** ~, de luto.

mouse [maʊs] (*pl.* **mice**) *s. c.* **1** ratón. **2** (fam.) cobarde, apocado (especialmente una mujer). **3** INF. ratón. **4** moretón, cardenal. • *v. i.* **5** cazar ratones. **6** andar al acecho, merodear. ◆ **6** ~ **pad,** almohadilla (para el ratón).

mousetrap ['maʊstræp] *s. c.* ratonera, trampa para ratones.

moussaka [muː'sɑːkə] *s. i.* moussaka, pastel de berenjena, carne y queso (plato griego).

mousse [muːs] *s. c.* e *i.* crema, mousse (de chocolate, etc.).

moustache [mə'stɑːʃ ‖ 'mʌstæʃ] (en EE UU **mustache**) *s. c.* bigote.

mousy ['maʊsɪ] *adj.* **1** (gen. desp.) parduzco, grisáceo (el pelo). **2** (desp.) tímida, poquita cosa, callada, apocada (una mujer). **3** (fam.) ratonil, ratonero, de ratón.

mouth [maʊθ] *s. c.* **1** ANAT. boca. **2** embocadura, boquilla (de un instrumento). **3** boca, entrada (de una cueva). **4** desembocadura (de un río). **5** boca, cuello (de botella, de jarra). **6** mueca, gesto. **7** (fig.) lengua, lenguaje, palabras: *watch your mouth = cuida tus palabras.* **8** portavoz. • *v. t.* **9** recitar silenciosamente, esbozar con los labios. **10** proferir; mascullar; vocear. **11** llevar a la boca; tomar con la boca; mover en la boca. • *v.*

i. **12** declamar afectadamente. **13** gesticular con la boca, hacer muecas. ◆ **14 down in the ~,** (fam.) triste, deprimido, alicaído. **15 from the horse's ~,** de primera mano, de fuentes solventes. **16 to keep one's ~ shut,** mantener la boca cerrada. **17 to make one's ~ water,** hacer que se le haga a uno la boca agua. **18 to ~ off,** (fam. y desp.) protestar a voces, quejarse ruidosamente. **19 ~ organ,** (fam.) MÚS. armónica. **20 mouths to feed,** (fig.) bocas que alimentar. **21 not to open one's ~,** no decir ni una palabra, no abrir la boca. **22 from hand to ~,** ⇒ **hand. 23 by word of ~,** ⇒ **word. 24 to put words into/take the words out of someone's ~,** ⇒ **word.**

mouthful ['maʊθfʊl] *s. c.* **1** bocado. **2** (fam. y hum.) trabalenguas, palabra kilométrica. **3** (EE UU) (fam.) gran verdad, observación perspicaz.

mouthpiece ['maʊθpi:s] *s. c.* **1** embocadura, boquilla (de un instrumento musical, de una pipa). **2** micrófono (del teléfono). **3** (gen. desp.) portavoz, órgano de expresión. **4** DEP. protector dental (en boxeo). **5** (argot) abogado defensor.

mouthwash ['maʊθwɒʃ || 'maʊθwɔ:ʃ || 'maʊθwɑ:ʃ] *s. c.* e *i.* enjuague, colutorio, elixir bucal.

mouth-watering ['maʊθ,wɔ:tərɪŋ] *adj.* apetitoso, que hace la boca agua.

movable ['mu:vəbl] (también **moveable**) *adj.* **1** móvil, articulado. **2** movible, cambiable. ◆ **3 ~ property,** DER. bienes muebles. **4 movables,** bienes muebles.

move [mu:v] *v. t.* **1** mover, desplazar. **2** sacudir, agitar. **3** pasar, cambiar, trasladar. **4** proponer, (Am.) mocionar. **5** vender, promocionar. **6** (**to ~ {to}**) (form.) conmover, emocionar. **7** (form.) motivar, impulsar. ● *v. i.* **8** moverse, desplazarse. **9** sacudirse, agitarse. **10** (fam.) correr, ir deprisa, rodar a gran velocidad (un vehículo). **11** avanzar, progresar, hacer progresos. **12** mudarse, trasladarse, cambiar de casa. **13** (**to ~** + *adv./prep.*) avanzar, moverse (una ficha, una pieza). **14** (**to ~ {on}**) tomar medidas, hacer gestiones, entrar en acción. **15** (**to ~ among/in**) frecuentar, alternar, moverse en (un ambiente). ● *s. c.* **16** movimiento. **17** mudanza, traslado, cambio (de casa, de trabajo). **18** jugada, movimiento (de una ficha). **19** paso, maniobra, gestión: *a bad move = un mal paso.* **20** avance, progreso, marcha. ◆ **21 to get a ~ on,** darse prisa, moverse. **22 to get moving,** ponerse en marcha, ponerse en movimiento; avanzar, hacer progresos. **23 to get something moving,** poner algo en marcha, poner algo en funcionamiento. **24 to make a ~, a)** (fam.) moverse, hacer un ademán, dar un paso; **b)** tomar medidas; **c)** jugar, realizar una jugada. **25 to ~ along,** avanzar, ir hacia delante, pasar hacia delante. **26 to ~ heaven and earth,** remover cielo y tierra, hacer lo imposible. **27 to ~ in,** tomar posesión de, instalarse en; (desp.) invadir, tomar el control de (el mercado). **28 to ~ off,** irse, marcharse, salir. **29 to ~ on, a)** cambiar de tema, pasar a otro tema; **b)** avanzar, progresar; **c)** trasladarse, cambiarse, mudarse; **d)** largar, echar de un lugar (a alguien); **e)** pasar, transcurrir (el tiempo). **30 to ~ one's bowels,** defecar, evacuar. **31 to ~ over,** dejar sitio, hacer sitio, correrse hacia otro lado. **32 to ~ up, a)** dejar sitio, hacer sitio, correrse hacia otro lado; **b)** subir, ascender, pasar (de nivel); **c)** MIL. movilizar. **33 to ~ with the times,** ir con los tiempos, progresar de acuerdo con los tiempos. **34 on the ~,** en movimiento, en marcha, de viaje, de un lado a otro.

moved [mu:vd] *adj.* emocionado, conmovido, enternecido, impresionado, afectado.

moveable *adj.* ⇒ **movable.**

movement ['mu:vmənt] *s. c.* e *i.* **1** movimiento. ● *s. c.* **2** (~ + *v. sing./pl.*) movimiento, organización (sindical, político). **3** MÚS. movimiento. **4** MEC. mecanismo, movimiento. **5** MED. (form.) defecación, evacuación. **6** MIL. maniobra, movimiento. **7** *pl.* movimientos, actividades, planes. **8** LIT. progresión, desarrollo, ritmo.

mover [mu:vər] *s. c.* **1** ponente, promotor, instigador (de una moción). **2** (*adj.* + ~) persona que se mueve: *a slow mover = persona de ritmo lento.* **3** (fam.) éxito, triunfo, logro (una persona, una cosa): *one of the best movers = uno de los mayores éxitos.* **4** (EE UU) transportista de mudanzas, empleado de mudanzas.

movie ['mu:vɪ] *s. c.* **1** (EE UU) (fam.) película, filme. ◆ **2 the movies,** el cine.

moviegoer ['mu:vɪgəʊər] *s. c.* (EE UU) cinéfilo, aficionado al cine.

moving ['mu:vɪŋ] *adj.* **1** conmovedor, enternecedor, emocionante, impresionante. **2** (no *comp.*) motor, motriz. **3** que se mueve, articulado. **4** de mudanza, de traslado. ◆ **5 ~ picture** (arc.) película, filme. **6 the ~ spirit/the ~ force,** la inspiración, el motor, la fuerza matriz (de una actividad, una aventura).

movingly ['mu:vɪŋlɪ] *adv.* conmovedoramente, enternecedoramente, emocionantemente.

mow [məʊ] (*pret.* **mowed,** *p. p.* **mowed** o **mown**) *v. t.* e *i.* **1** segar, cortar (el césped). ◆ **2 to ~ down,** abatir, segar la vida de.

mower [məʊər] *s. c.* **1** segadora; cortacésped. **2** segador.

mown [məʊn] *p. p.* de **mow.**

MP [,em'pi:] *s. c.* **1** (*abrev.* de **Member of Parliament**) parlamentario, diputado, miembro del parlamento. **2** (*abrev.* de **Military Police**), (fam.) policía militar.

mph [,empi:'eɪtʃ] (*abrev.* de **miles per hour**) millas por hora.

Mr ['mɪstər] (*abrev.* de **Mister**) *s.* Sr., señor (ante apellidos de hombres, puestos oficiales masculinos): *Mr. President = Sr. Presidente.*

Mrs ['mɪsɪz] (*abrev.* de **Mistress**), *s.* Sra., señora (ante apellidos de señoras casadas).

Ms [mɪz || məz] *s.* abreviatura ante el apellido de una mujer (que se aplica por igual para casadas o solteras).

much [mʌtʃ] *adv.* **1** mucho. **2** muy. **3** casi. ● *adj.* **4** (~ + *s. i.*) mucho. ● *pron.* **5** mucho, gran cantidad, gran parte. **6** importante, notable. **7** (**how ~**) cuánto (en interrogativas). ◆ **8 as ~ as one could do,** todo cuanto se pudo hacer. **9 I thought as ~,** me lo suponía, me lo figuraba. **10 ~ as,** a pesar de que, aunque. **11 ~ of a muchness,** (brit.) (fam.) iguales en todos los sentidos, no muy diferentes, bastante similares (dos cosas). **12 nothing ~,** no mucho más, apenas nada, nada más. **13 not ~ of a,** no muy bueno, de poca calidad. **14 not ~ of a one for,** no gustar, no estar muy interesado en. **15 not so ~ ... as,** no tanto... como (para expresar contraste). **16 not to hear ~ of,** no tener noticias de, no saber nada de. **17 not to see ~ of,** no ver con frecuencia a, ver poco a. **18 so ~ as,** siquiera, apenas. **19 so ~ for,** se acabó, basta de (un tema). **20 so ~ the better,** tanto mejor. **21 too ~,** demasiado. **22 too ~ for,** demasiado para.

muck [mʌk] *s. i.* (fam.) **1** suciedad, porquería. **2** barro, lodo. **3** estiércol. **4** mantillo. **5** (fig.) basura, bazofia, porquería. ● *v. t.* **6** (fam.) estercolar, abonar. ◆ **7 to make a ~ of,** (brit.) (fam.) estropear, fastidiar, dejar hecho un asco. **8 to ~ about/around,** (brit.) (fam.) hacer el tonto, perder el tiempo; desorientar, despistar, tratar con desconsideración. **9 to ~ in,** (brit.) (fam.) unir fuerzas, juntarse para trabajar, unirse para realizar una actividad. **10 to ~ out,** desestercolar, limpiar (una cuadra, animales). **11 to ~ up,** (brit.) (fam.) manchar, ensuciar, poner hecho un asco; estropear, fastidiar (un plan); hacer mal (un examen).

muckraker ['mʌkreɪkər] *s. c.* periodista o político que anda a la caza de corruptelas o escándalos con fines políticos o comerciales.

muckraking ['mʌkreɪkɪŋ] *s. i.* búsqueda y revelación de escándalos o corrupción (con fines políticos o comerciales).

mucky ['mʌkɪ] *adj.* (fam.) **1** sucio, asqueroso, inmundo. **2** (brit.) horrible, desapacible (en tiempo). **3** sucio, pornográfico (un libro, una película).

mucous ['mjukəs] *adj.* **1** mucoso. ◆ **2 ~ membrane,** ANAT. membrana mucosa, mucosa.

mucus ['mju:kəs] *s. i.* mucosidad.

mud [mʌd] *s. i.* **1** barro, lodo, fango, cieno. ◆ **2 someone's name is ~,** el nombre de alguien está por los suelos, alguien tiene muy mala reputación.

muddiness ['mʌdɪnɪs] *s. i.* **1** fangosidad. **2** turbulencia; suciedad (en el agua).
muddle ['mʌdl] *s. c.* (gen. *sing.*) **1** confusión, desorden, barullo, embrollo. **2** dilema, confusión mental. • *v. t.* **3** (**to** ~ {**up**}) desordenar, revolver, mezclar. **4** confundir, aturdir. **5** estropear, fastidiar. **6** (EE UU) mezclar, revolver (una bebida suavemente). ◆ **7 to** ~ **along,** ir tirando. **8 to** ~ **through,** arreglárselas, apañárselas, salir del paso.
muddled ['mʌdld] *adj.* **1** embarullado, desordenado. **2** confuso, turbado, aturdido.
muddle-headed ['mʌdl,hedɪd] *adj.* **1** confuso, poco claro. **2** atontado.
muddy ['mʌdɪ] *adj.* **1** enlodado, fangoso, lleno de barro. **2** pardusco, descolorido, turbio. **3** confuso, poco claro, vago, impreciso, oscuro. • *v. t.* **4** enlodar, enfangar, embarrar. **5** nublar, oscurecer. **6** confundir, embrollar.
mudflat ['mʌdflæt] *s. c.* (gen. *pl.*) marismas.
mudguard ['mʌdgɑːd || 'mʌdgɑːrd] *s. c.* guardabarros, (Am.) guardafango.
mudslinging ['mʌdslɪŋgɪŋ] *s. i.* (desp.) difamación: *there is too much mudslinging in the newspapers today = hay demasiada difamación en los periódicos hoy.*
muesli ['mjuːzlɪ] (en EE UU **granola**) *s. i.* muesli, mezcla de frutos secos y cereales que se toma con leche para desayunar.
muezzin [muː'ezɪn || 'mwezɪn] *s. c.* REL. almuecín, almuédano.
muff [mʌf] *s. c.* **1** manguito (para proteger las manos). **2** torpeza, error, fallo. • *v. t.* **3** DEP. fallar, errar (el tiro); no lograr coger, dejar escapar (la pelota). **4** (**to** ~ {**up**}) (fam.) desperdiciar, estropear, echar a perder.
muffin ['mʌfɪn] *s. c.* (brit.) bollito, pastelito (que se toma caliente con mantequilla).
muffle ['mʌfl] *v. t.* **1** atenuar, amortiguar, apagar (un sonido). • *v. i.* **2** (**to** ~ {**up**}) embozarse, taparse, envolverse.
muffled ['mʌfld] *adj.* apagado, débil, tenue (un sonido).
muffler ['mʌflər] *s. c.* **1** bufanda, chalina, embozo. **2** (EE UU) MEC. silenciador.
mug [mʌg] *s. c.* **1** taza alta (sin platillo). **2** (brit.) (fam.) primo, incauto, bobo, tonto. **3** (jerga) jeta, hocico, boca. **4** gesto, mueca, ademán. **5** rufián, matón, malhechor. • *v. t.* **6** asaltar, atracar. **7** fotografiar, retratar (a un criminal en comisaría). • *v. i.* **8** gesticular, hacer muecas, hacer gestos. ◆ **9 a mug's game,** (brit.) (fam.) un trabajo poco provechoso. **10** ~ **shot,** (argot) fotografía de identificación (de un criminal); fotografía de tamaño carnet. **11 to** ~ **up,** (brit.) (fam.) empollar, estudiar duramente.
mugger ['mʌgər] *s. c.* asaltante, ladrón, rufián.
mugging ['mʌgɪn] *s. c.* e *i.* asalto, robo con violencia.
muggins ['mʌgɪnz] *s. c.* (brit.) (fam.) tonto, bobalicón, simplón, incauto, primo.
muggy ['mʌgɪ] *adj.* (fam.) bochornoso, sofocante y húmedo (el tiempo).
mulberry ['mʌlbərɪ || 'mʌlberɪ] *s. c.* **1** BOT. morera, moral. **2** BOT. mora. **3** color morado.
mulch [mʌltʃ] *s. i.* **1** mezcla de paja y hojas, compost (de protección a las plantas). • *v. t.* **2** cubrir con paja y hojas, proteger con compost (una planta).
mule [mjuːl] *s. c.* **1** mula; mulo. **2** máquina de hilar intermitente, selfactina. **3** (gen. *pl.*) pantufla, chinela.
mulish ['mjuːlɪʃ] *adj.* testarudo, cabezota, tozudo, terco, obstinado.
mull [mʌl] *v. t.* **1** calentar (vino o cerveza con azúcar y especias). • *s. c.* **2** promontorio sobre el mar. **3** muselina. ◆ **4 to** ~ **over,** meditar, reflexionar, ponderar.
mullah ['mʌlə] *s. c.* mulá, intérprete o profesor de derecho y religión musulmanes.
mulled [mʌld] *adj.* azucarado, especiado y caliente (vino, cerveza).
mullet ['mʌlɪt] *s. c.* ZOOL. mújol; salmonete.
mullion ['mʌlɪən] *s. c.* parteluz, mainel.
multi- ['mʌltɪ] *prefijo* multi-: *multistorey = de muchos pisos.*
multicoloured [,mʌltɪ'kʌləd] (en EE UU **multicolored**) *adj.* multicolor.
multicultural [,mʌltɪ'kʌltʃərl] *adj.* multicultural.
multifarious [,mʌltɪ'feərɪəs] *adj.* múltiple, diverso, variado, plural.
multilateral [,mʌltɪ'lætərəl] *adj.* **1** multilateral (un tratado, un acuerdo). **2** GEOM. multilátero.
multilingual [,mʌltɪ'lɪŋgwəl] *adj.* **1** multilingüe, en muchas lenguas (escrito o dicho). **2** políglota.
multimedia [,mʌltɪ'miːdɪə] *adj.* multimedia.
multimillionaire [,mʌltɪ,mɪljə'neər] *s. c.* multimillonario.
multinational [,mʌltɪ'næʃənəl] *adj.* **1** multinacional, internacional. • *s. c.* **2** multinacional.
multiple ['mʌltɪpl] *adj.* **1** (no *comp.*) múltiple, diverso, variado. • *s. c.* **2** MAT. múltiplo. ◆ **3** ~ **sclerosis,** MED. esclerosis múltiple.
multiple-choice ['mʌltɪpl,tʃɔɪs] *adj.* con varias posibilidades, de elección múltiple, con varias respuestas (pero sólo una es válida).
multiplex ['mʌltɪpleks] *adj.* **1** múltiple, complejo. **2** RAD. multiplex. • *v. t.* **3** RAD. transmitir por sistema multiplex. • *s. c.* **4** multicine, cine multisalas.
multiplication [,mʌltɪplɪ'keɪʃn] *s. i.* **1** MAT. multiplicación. **2** aumento, incremento, multiplicación. ◆ **3** ~ **table,** MAT. tabla de multiplicar.
multiplicity [,mʌltɪ'plɪsɪtɪ] *s. i.* (~ {**of**}) multiplicidad.
multiply ['mʌltɪplaɪ] *v. t.* e *i.* **1** MAT. multiplicar. • *v. t.* **2** incrementar, aumentar, multiplicar. • *v. i.* **3** reproducirse, propagarse (los animales). **4** incrementarse, aumentar, multiplicarse.
multipurpose [,mʌltɪ'pəːpɪs] *adj.* multiuso.
multiracial [,mʌltɪ'reɪʃl] *adj.* multiracial, de diversas razas.
multistorey [,mʌltɪ'stɔːrɪ] *adj.* de muchos pisos, de varios pisos.
multitude ['mʌltɪtjuːd || 'mʌltɪtuːd] *s. c.* **1** (~ *v. sing./pl.*) multitud, sinnúmero, montón. **2** (**the** ~**/multitudes**) (arc. y form.) la multitud, la muchedumbre; la población, la plebe, las masas. ◆ **3 to cover/ hide a** ~ **of sins,** ser una excusa útil, ser una disculpa corriente.
mum [mʌm] (en EE UU **mom**) *s. c.* **1** (fam.) mamá, mami, mamaíta. **2** (fam.) BOT. crisantemo. • *adj.* **3** silencioso, callado. • *v. i.* **4** actuar en una pantomima; tomar parte en una fiesta de disfraces. ◆ **5 to keep** ~**,** (fam.) guardar silencio. **6 mum's the word,** chitón, punto en boca.
mumble ['mʌmbl] *v. i.* **1** mascullar, hablar entre dientes, farfullar, barbotear, balbucir. • *v. t.* **2** mascullar, decir entre dientes, farfullar. **3** masticar con dificultad. • *s. c.* **4** murmullo, balbuceo, barboteo.
mumbo-jumbo [,mʌmbəʊ'dʒʌmbəʊ] *s. i.* (desp.) **1** (fam.) galimatías, monserga, sinsentido, tonterías. **2** fetiche. **3** conjuro, ritual.
mummer ['mʌmər] *s. c.* ART. actor de mimo.
mummified ['mʌmɪfaɪd] *adj.* momificado.
mummify ['mʌmɪfaɪ] *v. t.* **1** momificar. • *v. i.* **2** momificarse.
mumming ['mʌmɪŋ] *s. i.* ART. mimo.
mummy ['mʌmɪ] (en EE UU **mommy, momma**) *s. c.* **1** (fam.) mamá, mami, mamaíta. **2** momia.
mumps [mʌmps] *s. i.* MED. paperas.
munch [mʌntʃ] *v. t.* e *i.* ronchar, ronzar, masticar ruidosamente (algo crujiente).
mundane [,mʌn'deɪn] *adj.* **1** mundano, banal, trivial, prosaico, vulgar. **2** mundano, terrenal.
municipal [mjuː'nɪsɪpl || mjʊ'nɪsɪpl] *adj.* municipal.
municipality [mjuː,nɪsɪ'pælɪtɪ || mjʊ,nɪsɪ'pælətɪ] *s. c.* **1** municipio, ayuntamiento. **2** (~ *v. sing./pl.*) municipalidad, gobierno municipal.
munificence [mjuː'nɪfɪsns] *s. i.* (form.) munificencia.
munificent [mjuː'nɪfɪsnt || mjʊ'nɪfɪsnt] *adj.* (form.) munífico, extremadamente generoso.
munificently [mjuː'nɪfɪsntlɪ] *adv.* (form.) con gran generosidad (especialmente en el dinero).
munitions [mjuː'nɪʃnz || mjʊ'nɪʃnz] *s. pl.* municiones.
mural ['mjʊərəl] *s. c.* **1** ART. mural. • *adj.* **2** mural.
murder ['məːdər || 'məːrdər] *s. c.* e *i.* **1** asesinato. • *s. c.* **2** (fam.) horror, suplicio. • *v. t.* **3** asesinar, matar. **4**

(fam.) destrozar, estropear, fastidiar (una obra musical, literaria). **5** (argot) vapulear, derrotar abrumadoramente. ◆ **6 to be ~,** (fam.) ser horrible, ser una atrocidad. **7 to scream blue ~/to shout bloody ~,** (fam.) poner el grito en el cielo. **8 to get away with ~,** ⇒ **get.**

murderer ['mɜːdərər] *s. c.* asesino.

murderess ['mɜːdərɪs] *s. c.* asesina.

murderous ['mɜːdərəs] *adj.* asesino (persona); sanguinario, criminal (acto).

murderously ['mɜːdərəslɪ] *adv.* criminalmente, sanguinariamente.

murk ['mɜːk] *s. i.* **1** (lit.) oscuridad, penumbra, tenebrosidad. ● *adj.* **2** (arc.) oscuro, en penumbra, lóbrego, tenebroso.

murkily ['mɜːkɪlɪ] *adv.* **1** tenebrosamente, lóbregamente. **2** oscuramente, turbiamente (el pasado de una persona). **3** nebulosamente, calinosamente. **4** confusamente, vagamente, imprecisamente.

murky ['mɜːkɪ] *adj.* **1** sombrío, en penumbra, tenebroso, lóbrego. **2** oscuro, turbio (un líquido, el pasado de una persona). **3** nebuloso, brumoso, calinoso. **4** confuso, vago, impreciso, oscuro.

murmur ['mɜːmər] *s. c.* **1** murmullo, susurro, rumor. **2** queja, lamento, protesta. ● *s. c.* e *i.* **3** MED. soplo cardiaco. ● *v. t.* e *i.* **4** murmurar. ● *v. i.* **5** refunfuñar, rezongar.

muscle ['mʌsl] *s. c.* e *i.* **1** ANAT. músculo; musculatura. ● *s. i.* **2** fuerza muscular. **3** poder, influencia, autoridad (política). ● *v. i.* **4** (**to ~ in/into**) entrar por la fuerza en, abrirse paso a empujones hasta; inmiscuirse. ◆ **5 not to move a ~,** no mover un músculo, quedarse impertérrito.

muscular ['mʌskjulər] *adj.* **1** muscular. **2** musculoso, fuerte, fornido. ◆ **3 ~ dystrophy,** MED. distrofia muscular.

muse [mjuːz] *v. i.* **1** (**to ~** {**over/(up)on**}) meditar, reflexionar, cavilar, especular, ponderar. ● *s. c.* **2** (**the Muse**) la Musa (diosa del arte). **3** musa, inspiración.

museum [mjuː'zɪəm || mju'zɪəm] *s. c.* **1** museo. ◆ **2 ~ piece,** pieza de museo; (fig. y hum.) antigualla, carcamal (una persona).

mush [mʌʃ] *s. i.* **1** (fam.) pasta, masa. **2** (EE UU) papilla de maíz, gachas de maíz. **3** (fam.) sentimentalismo, sensiblería. **4** marcha en trineo, viaje en trineo (arrastrado por perros). ● *v. i.* **5** viajar en trineo (de perros).

mushroom ['mʌʃrum || 'mʌʃruːm] *s. c.* **1** BOT. seta; champiñón; hongo. **2** (forma de) hongo: *a nuclear mushroom = un hongo nuclear.* ● *v. i.* **3** multiplicarse, propagarse, crecer como hongos, crecer de la noche a la mañana, extenderse con rapidez. **4** (**to ~ +** *adv./prep.*) tomar forma de hongo.

mushy ['mʌʃɪ] *adj.* **1** blando, pastoso. **2** sensiblero, sentimental.

music ['mjuːzɪk] *s. i.* **1** música. ◆ **2 ~ to one's ears,** música celestial. **3 to face the ~,** encarar la realidad, enfrentarse al problema.

musical ['mjuːzɪkl] *adj.* **1** (no *comp.*) musical. **2** amante de la música, aficionado a la música; con talento para la música. **3** armonioso, melodioso, musical (el tono de voz). ● *s. c.* **4** musical, comedia musical. **5** (arc.) velada musical. ◆ **6 ~ box,** (EE UU music box), cajita de música. **7 ~ chairs,** juego de la silla vacía. **8 ~ instrument,** instrumento musical.

musically ['mjuːzɪkəlɪ] *adv.* armoniosamente, melodiosamente, musicalmente.

music-hall ['mjuːzɪkhɔːl] (en EE UU **vaudeville**) *s. c.* e *i.* **1** (brit.) variedades; teatro de variedades. ● *s. c.* **2** (EE UU) auditorio, sala de conciertos.

musician [mjuː'zɪʃn || mju'zɪʃn] *s. c.* músico (instrumentista, compositor).

musicianship [mjuː'zɪʃənʃɪp || mju'zɪʃənʃɪp] *s. i.* maestría musical, talento musical, habilidad musical.

music-stand ['mjuːzɪkstænd] *s. c.* atril.

musk [mʌsk] *s. i.* **1** almizcle. **2** perfume de almizcle. **3** ZOOL. almizclero, cervatillo almizclero. **4** BOT. almizcleña.

musket ['mʌskɪt] *s. c.* MIL. mosquete.

muskrat ['mʌskræt] *s. c.* rata almizclada.

musky ['mʌskɪ] *adj.* almizclado, a almizcle (un olor).

Muslim ['muslɪm] (también **Moslem**) *s. c.* **1** musulmán, mahometano. ● *adj.* **2** musulmán, mahometano.

muslin ['mʌzlɪn] *s. i.* muselina.

musquash ['mʌskwɒʃ] *s. c.* rata almizclada.

mussel ['mʌsl] *s. c.* ZOOL. mejillón.

must [mʌst || məst] (*pret.* **had to** o **must**) *v. t.* **1** deber (obligación). **2** requerir, necesitar (físicamente). **3** deber de (probabilidad): *you must be thirsty after the walk = debes de tener sed después del paseo.* **4** tener que (realizar algo). **5** deber, tener que (como invitación, consejo, orden): *you must read it = tienes que leerlo.* ● *s. sing.* **6** (fam.) deber, necesidad, obligación; algo indispensable, algo que uno debe tener; algo que no se debe uno perder: *a microwave is a must today = un microondas es algo indispensable hoy día.* **7** mosto. **8** enmohecimiento.◆ **9 if I ~,** si no tengo más remedio, si es que tengo que hacerlo. **10 if you ~,** si te empeñas, si es absolutamente necesario. **11 if you ~ know,** si quieres saberlo, si quieres saber la verdad.

OBS. **Must** es un verbo defectivo que solamente tiene esta forma. La mayoría de las veces funciona como *pres.* y en ocasiones como *pret.* No añade *s* en la tercera pers. del *pres.* y va seguido de *inf.* sin **to.**

mustache ['mʌstæʃ] *s. c.* ⇒ **moustache.**

mustard ['mʌstəd] *s. i.* **1** mostaza (salsa, polvo). **2** BOT. mostaza. ◆ **3 as keen as ~,** (brit.) (fam.) como un lince, más listo que el hambre. **4 ~ gas,** gas mostaza.

muster ['mʌstər] *v. i.* **1** (form.) agruparse (personas, soldados). ● *v. t.* **2** agrupar. **3** reunir (fuerzas, etc.). ● *s. c.* **4** reunión, asamblea. **5** NAUT. rol, lista de dotación. ◆ **6 to ~ in,** MIL. alistar. **7 to ~ out,** MIL. licenciar, dar de baja. **8 to ~ up,** reunir, cobrar, tomar (ánimo, fuerza). **9 to pass ~,** ser aceptado, ser adecuado.

mustn't ['mʌsnt] *contracción* de **must not.**

must've ['mʌstv] *contracción* de **must have.**

musty ['mʌstɪ] *adj.* **1** mohoso (material); rancio (un olor, un sabor). **2** anticuado, pasado de moda. **3** trillado, gastado.

mutant ['mjuːtənt] *s. c.* BIOL. **1** mutante, mutación. ● *adj.* **2** mutante.

mutate [mjuː'teɪt] *v. i.* BIOL. mutar(se).

mutation [mjuː'teɪʃn] *s. c.* e *i.* BIOL. mutación.

mute [mjuːt] *adj.* **1** mudo; silencioso; callado. **2** FON. muda. ● *s. c.* **3** mudo. **4** FON. muda. **5** MÚS. sordina. ● *v. t.* **6** atenuar, amortiguar, poner sordina a. **7** reprimir (un sentimiento). **8** suavizar, apagar (un color). ● *v. i.* **9** defecar, evacuar (un pájaro).

muted ['mjuːtɪd] *adj.* **1** amortiguado, de poca intensidad (un sonido). **2** reprimido, controlado (un sentimiento, una actividad).

mutilate ['mjuːtɪleɪt] *v. t.* **1** mutilar, lisiar. **2** destrozar (un objeto), adulterar, cambiar, alterar (un texto).

mutilation [ˌmjuːtɪ'leɪʃn] *s. c.* e *i.* mutilación.

mutineer [ˌmjuːtɪ'nɪər || ˌmjuːtə'nɪər] *s. c.* amotinado, rebelde, sedicioso, insurrecto.

mutinous ['mjuːtɪnəs || 'mjuːtənəs] *adj.* **1** amotinado, rebelde, sedicioso, insurrecto. **2** desobediente, rebelde, ingobernable. **3** incontrolable, turbulenta (una pasión).

mutiny ['mjuːtɪnɪ || 'mjuːtənɪ] *s. c.* e *i.* **1** motín, rebelión, sedición, insurrección, revuelta. ● *v. i.* **2** amotinarse, sublevarse, rebelarse.

mutt [mʌt] *s. c.* **1** (fam.) estúpido, tonto, bobo. **2** perro callejero, chucho.

mutter ['mʌtər] *v. t.* e *i.* **1** murmurar, bisbisear. ● *v. i.* **2** refunfuñar, rezongar. **3** retumbar en la lejanía, rugir a lo lejos (una tormenta). ● *s. c.* **4** rumor, murmullo, bisbiseo. **5** refunfuño.

muttering ['mʌtərɪŋ] *s. c.* e *i.* murmullo, bisbiseo; refunfuño.

mutton ['mʌtn] *s. i.* **1** carne de cordero mayor. ◆ **2 ~ dressed as lamb,** (fam.) mujer madura que viste de jovencita.

mutual ['mjuːtʃuəl] *adj.* **1** mutuo, recíproco (un sentimiento). **2** común, compartido (un interés, un gusto). ◆ **3 ~ company,** mutua. **4 ~ fund,** fondo de inversión.

mutually [mjuːtʃuəlɪ] *adv.* **1** mutuamente, recíprocamente. ◆ **2 ~ exclusive/contradictory,** incompatibles, contradictorios, el uno excluye al otro.

muzak ['mjuzæk] *s. i.* música ambiental, música de ambiente.

muzzle ['mʌzl] *s. c.* **1** hocico, morro. **2** bozal. **3** boca, orificio (de un arma de fuego). **4** mordaza. • *v. t.* **5** poner bozal a. **6** (fig. y desp.) amordazar, hacer callar.

muzzy ['mʌzɪ] *adj.* **1** confuso, borroso. **2** atontado, confuso (por el alcohol).

my [maɪ] *adj.pos.* **1** mi. **2** (~ + *s.*) mío: *my darling = querido mío.* • *interj.* **3** ¡oh!, ¡caramba!, ¡Dios mío!

myopia [maɪ'əupjə] *s. i.* MED. miopía.

myopic [maɪ'ɒpɪk || maɪ'ɑːpɪk] *adj.* **1** MED. miope. **2** (fig.) miope, ciego.

myriad ['mɪrɪəd] *adj.* (lit.) **1** innumerable. • *s. c.* **2** miríada, sinnúmero. **3** (arc.) diez mil.

myself [maɪ'self] *pron.* **1** (reflexivo) me, mí. **2** mí mismo, yo mismo (para enfatizar). **3** (fam.) yo mismo: *I wasn't quite myself = no era yo mismo.* ◆ **4 all by ~,** completamente solo.

mysterious [mɪ'stɪərɪəs] *adj.* **1** misterioso, enigmático. ◆ **2 to be ~ about something,** andarse con mucho misterio acerca de algo.

mysteriously [mɪ'stɪərɪəslɪ] *adv.* misteriosamente, enigmáticamente.

mystery ['mɪstərɪ] *s. c.* **1** misterio, enigma. **2** (gen. *pl.*) REL. misterio. **3** LIT. novela negra, novela policiaca; auto sacramental. • *s. i.* **4** misterio, magia, secreto. • *adj.* **5** misterioso, enigmático.

mystic ['mɪstɪk] *s. c.* **1** místico. • *adj.* **2** místico.

mystical ['mɪstɪkl] *adj.* **1** místico. **2** esotérico, taumatúrgico, mágico.

mysticism ['mɪstɪsɪzəm] *s. i.* misticismo.

mystification [ˌmɪstɪfɪ'keɪʃn] *s. i.* **1** engaño. **2** confusión, perplejidad, desconcierto.

mystified ['mɪstɪfaɪd] *adj.* desconcertado, perplejo, confuso.

mystify ['mɪstɪfaɪ] *v. t.* **1** confundir, desconcertar, dejar perplejo. **2** engañar.

mystifying ['mɪstɪfaɪɪŋ] *adj.* desconcertante, turbador.

mystique [mɪ'stiːk] *s. sing.* **1** (form.) misterio, secretismo. **2** capacidad, idoneidad, pericia (para una actividad).

myth [mɪθ] *s. c.* e *i.* **1** mito. • *s. c.* **2** mito, leyenda.

mythic ['mɪθɪk] (también **mythical**) *adj.* mítico.

mythical ['mɪθɪkl] *adj.* ⇒ **mythic.**

mythological [ˌmɪθə'lɒdʒɪkl || ˌmɪθə'lɑːdʒɪkl] *adj.* **1** mitológico. **2** fabuloso, imaginario.

mythologize ['mɪθələdʒaɪz] *v. t.* mitificar.

mythology [mɪ'θɒlədʒɪ || mɪ'θɑːlədʒɪ] *s. c.* e *i.* mitología.

n, N [en] *s. c.* **1** n, N (decimocuarta letra del alfabeto inglés). OBS. **2** Se usa como abreviatura de palabras que empiezan por n: *north, noun, nitrogen...* **3 'n** representa a **and:** *fish'n chips.*

nab [næb] (*pret.* y *p. p.* **nabbed**, *ger.* **nabbing**) *v. t.* **1** atrapar, detener, echar el guante a. **2** arrebatar, sustraer.

nacelle [næ'sel] *s. c.* AER. barquilla, góndola.

nacre [neɪkər] *s. i.* nácar.

nacreous ['neɪkrɪəs] *adj.* nacarino, nacarado, de nácar.

nadir ['neɪdɪər] *s. sing.* **1** ASTR. nadir (punto celeste verticalmente debajo del observador, opuesto a **zenith**). **2** punto en que se toca fondo, peor momento: *the nadir of his political career = el peor momento de su carrera política.*

naff [næf] *adj.* **1** (brit.) (fam.) cutre, pasado, hortera. ◆ **2 to ~ off,** (normalmente *imp.*) irse a tomar por saco.

nag [næg] (*pret.* y *p. p.* **nagged**, *ger.* **nagging**) *v. i.* **1** dar la lata, incordiar: *it's no good my mother nagging at me = no sirve de nada que mi madre me regañe continuamente.* ● *s. c.* **2** jamelgo, penco, rocín.

nagging ['nægɪŋ] *adj.* **1** gruñón, quejica. **2** continuo, persistente (un dolor...): *a nagging headache = un dolor de cabeza continuo.*

naiad ['naɪæd] *s. c.* LIT. náyade.

nail [neɪl] *s. c.* **1** clavo. **2** ANAT. uña. ⇒ **fingernail.** ● *v. t.* **3** (**to ~** {**up/down**}) clavar. **4** descubrir, destapar, detectar. ◆ **5 to hit the ~ on the head,** dar en el clavo, acertar. **6 to ~ a lie,** destapar una mentira.

nail brush ['neɪlbrʌʃ] *s. c.* cepillo de uñas.

nail file ['neɪlfaɪl] *s. c.* lima de uñas.

nailpolish ['neɪlpɒlɪʃ] *s. i.* **1** esmalte de uñas.◆ | **2 ~ remover,** quitaesmalte.

nail scissors ['neɪl,sɪzəz] *s. pl.* tijeras de uñas.

nail-varnish ['neɪlvaːniʃ] *s. i.* **1** laca de uñas.◆ | **2 ~ remover,** quitaesmalte.

naive [neɪv] *adj.* inocente, ingenuo.

naively [naɪ'iːvlɪ] *adv.* inocentemente, ingenuamente.

naivety [naɪ'iːvtɪ] *s. i.* inocencia, ingenuidad, candidez.

naked ['neɪkɪd] *adj.* **1** desnudo; expuesto, al descubierto. **2** claro, patente: *naked emotions = emociones al descubierto.* **3** descarado: *naked racism = racismo descarado.* ◆ **4 to/with the ~ eye,** a simple vista. **5 stark naked,** en cueros. **6 the ~ truth,** la pura verdad.

nakedly ['neɪkɪdlɪ] *adv.* completamente, abiertamente, descarnadamente.

nakedness ['neɪkɪdnɪs] *s. i.* desnudez.

namby-pamby ['næmbɪ'pæmbɪ] *adj.* remilgado, sensiblero, blando, insulso, insípido.

name ['neɪm] *s. c.* **1** nombre: *first name/Christian name = nombre de pila; family name/second name = apellido.* **2** reputación, fama, nombre. ● *v. t.* **3** nombrar, llamar, denominar, dar o poner nombre a. ◆ **4 ~ someone after/for,** poner a alguien el nombre de. **5 to be a ~,** ser alguien (conocido o famoso). **6 by ~,** de nombre, por nombre. **7 by the ~ of...** que responde al nombre de... **8 to call someone names,** insultar a alguien. **9 in all but ~,** de hecho, a todos los efectos. **10 in ~ only,** en apariencia, sólo de nombre, nominalmente. **11 in the ~ of...,** en nombre de.... **12 to make a ~ for oneself,** hacerse un nombre, hacerse famoso. **13 the ~ of the game,** lo que cuenta, la clave del asunto.

named ['neɪmd] *adj.* llamado, un tal... *I'm looking for a man named Tom = estoy buscando a un tal Tom.*

name-day ['neɪmdeɪ] *s. c.* día del santo.

name-drop ['neɪmdrɒp] *v. i.* dejar caer nombres, soltar nombres (de gente famosa como si fueran conocidos con el fin de impresionar).

name-dropping ['neɪmdrɒpɪŋ] *s. i.* mención de gente famosa por su nombre de pila como si fueran amigos con el objeto de impresionar.

nameless ['neɪmlɪs] *adj.* **1** sin nombre, anónimo, desconocido. **2** inconfesable; indescriptible; innombrable: *nameless feelings = sentimientos indescriptibles.* **3** sin clasificar: *he had a new and nameless disease = padeció una enfermedad nueva y sin clasificar.*

namely ['neɪmlɪ] *adv.* a saber.

name-part ['neɪmpɑːt] *s. c.* papel principal (de una obra de teatro, película, etc.).

name-plate ['neɪmpleɪt] *s. c.* placa (con el nombre, que se coloca en la puerta para darse a conocer).

namesake ['neɪmseɪk] *s. i.* tocayo.

name-tape ['neɪmteɪp] *s. c.* etiqueta con el nombre (que se cose en la ropa para no confundirla con la de otras personas).

Namibia [nə'mɪbɪə] *s. sing.* Namibia.

Namibian [nə'mɪbɪən] *adj.* **1** namibio. ● *s. c.* **2** namibio.

nanny ['nænɪ] *s. c.* niñera. ⇒ **nurse.**

nannygoat ['nænɪgəut] *s. c.* cabra, ⇒ **billy-goat.**

nanosecond ['nænəu,sekənd] *s. c.* nanosegundo.

nanotechnology [,nænəutek'nɒlədʒɪ] *s. i.* nanotecnología.

nap [næp] *s. c.* **1** siesta, cabezada, sueñecito. **2** lanilla, pelo de un tejido. **3** juego de cartas. ● *v. i.* (**napping, napped**) **4** echar una cabezada, echar una siesta. ◆ **5 to catch someone napping,** coger a alguien desprevenido.

napalm ['neɪpɑːm] *s. i.* **1** napalm (gelatina de petróleo usada como explosivo). ● *v. t.* **2** atacar con napalm.

nape [neɪp] *s. i.* nuca, cogote: *the nape of the neck = la nuca.*

naphtha ['næfθə] *s. i.* QUÍM. nafta.

naphthalene ['næfθəliːn] *s. i.* QUÍM. naftalina.

napkin ['næpkɪn] *s. c.* **1** servilleta. ◆ **2 ~ ring,** servilletero.

nappy ['næpɪ] *s. c.* (brit.) pañal.

narcissi ['nɑːsɪsaɪ] *s. pl.* **narcissus.**

narcissism ['nɑːsɪsɪzəm] *s. i.* PSIQ. narcisismo.

narcissistic [,nɑːsɪ'sɪstɪk] *adj.* PSIQ. narcisista.

narcissistically [,nɑːsɪ'sɪstɪkəlɪ] *adv.* narcisistamente.

narcissus [nɑː'sɪsəs] (*pl.* **narcissi**) *s. c.* BOT. narciso.

narcotic [nɑː'kɒtɪk] *s. c.* **1** narcótico, estupefaciente. ● *adj.* **2** narcótico.

nark [nɑːk] *s. c.* **1** (brit.) (fam.) soplón (de la policía). ● *v. t.* **2** molestar, incordiar: *I was narked about your attitude = estaba molesto por tu actitud.*

narrate [nə'reɪt] *v. t.* **1** narrar, contar, referir, relatar (sucesos, experiencias...). **2** novelar.

narration [nə'reɪʃn] *s. c.* **1** relato, narración, historia. ◆ **2** *s. i.* narración.

narrative ['nærətɪv] *s. i.* **1** LIT. narrativa. ● *s. c.* **2** narración, relato. ● *adj.* **3** narrativo: *a narrative poem = un poema narrativo.*

narrator [nə'reɪtər] *s. c.* narrador.

narrow ['nærəu] *adj.* **1** estrecho, angosto: *a narrow street = una calle estrecha.* **2** estrecho (de miras), cerrado. **3** escaso, pequeño, estrecho (margen en una votación, competición): *a narrow triumph = una victoria por los pelos.* **4** atento: *a narrow examination = un examen atento.* ● *v. t.* **5** estrechar, entrecerrar (los ojos). ● *v. i.* **6** estrecharse. ◆ **7 to ~ something down,** reducir: *the options were narrowed down to just a few = las opciones quedaron reducidas a unas pocas.* ◆ **8 a ~ squeak,** una situación apurada.

narrowband ['nærəubænd] *adj.* de banda estrecha.

narrowing ['nærəuɪŋ] *s. i.* estrechamiento.

narrowly ['nærəuli] *adv.* **1** estrechamente, por poco, con escaso margen. **2** de modo atento, cuidadosamente.

narrow-minded ['nærəu'maɪndɪd] *adj.* estrecho de miras, cerrado de mente.

narrow-mindedness ['nærəu'maɪndnɪs] *s. i.* cerrazón, estrechez de miras.

narrow-mindedly [ˌnærəu'maɪndɪdlɪ] *adv.* con estrechez de miras, con cerrazón.

narrowness ['nærəunɪs] *s. i.* estrechez.

narrows ['nærəuz] *s. pl.* GEOG. estrechos; pasos estrechos; pasajes angostos.

narwhal ['nɑːwəl] *s. c.* ZOOL. narval.

nasal ['neɪzəl] *s. c.* **1** FON. nasal. ● *adj.* **2** nasal, gangoso.

nasalize ['neɪzəlaɪz] (también **nasalise**) *v. t.* nasalizar; dar un tono nasal a; decir con voz gangosa.

nasally ['neɪzəli] *adv.* nasalmente, gangosamente.

nascent ['neɪsənt] *adj.* naciente, floreciente.

nasturtium [ne'stəːʃəm] *s. c.* BOT. capuchina.

nastily ['nɑːstɪlɪ] *adv.* de modo desagradable, groseramente, de mala manera.

nastiness ['nɑːstɪnɪs] *s. i.* malicia; grosería.

nasty ['nɑːstɪ] *adj.* **1** desagradable, horrible (crimen, tiempo, sensación, etc.); obsceno (chiste, lenguaje). **2** peligroso (un lugar); de mal aspecto (una herida). ◆ **3 a ~ piece of work,** (fam.) un pájaro de cuenta.

nation ['neɪʃən] *s. c.* nación; país.

national ['næʃənəl] *adj.* **1** nacional. ◆ **2 ~ anthem,** himno nacional. **3 ~ government,** gobierno de concentración. **4 ~ insurance,** seguridad social. **5 ~ park,** parque nacional. **6 ~ service,** servicio militar.

nationally ['næʃənəli] *adv.* a nivel nacional, nacionalmente.

nationalism ['næʃənəlɪzəm] *s. i.* nacionalismo.

nationalist ['næʃənəlɪst] *adj.* **1** nacionalista (grupos, partidos...). ● *s. c.* **2** nacionalista (persona).

nationalistic [ˌnæʃənə'lɪstɪk] *adj.* nacionalista.

nationality [ˌnæʃə'nælɪtɪ] *s. i.* nacionalidad.

nationalization [ˌnæʃənəlaɪ'zeɪʃn] (también **nationalisation**) *s. i.* nacionalización.

nationalize ['næʃənəlaɪz] (también **nationalise**) *v. t.* nacionalizar.

nationalized ['næʃənəlaɪzd] *adj.* nacionalizado.

nation-state ['neɪʃən'steɪt] *s. c.* estado nacional, nación-estado.

nationwide [ˌneɪʃən'waɪd] *adj.* a escala nacional, por todo el país.

native ['neɪtɪv] *s. c.* **1** nativo, natural, oriundo. **2** indígena, aborigen. ● *adj.* **3** natal (país, cuidad); nativo (hablante); de nacimiento (cualidad); del lugar, autóctono (planta, animal); materno (idioma). ◆ **4 to go ~,** vivir según las costumbres (de un país extranjero en el que se reside), adoptar las costumbres, adaptarse. **5 ~ speaker,** hablante nativo.

Nativity [nə'tɪvɪtɪ] *s. sing.* **1** Natividad, nacimiento de Cristo. ◆ **2 ~ play,** auto del nacimiento. **3 ~ scene,** escena navideña, belén.

NATO ['nəɪtəu] (siglas de **North Atlantic Treaty Organization**) *s. sing.* OTAN, Organización del Tratado del Atlántico Norte.

natter ['nætər] *v. i.* (fam.) **1** charlar. ● *s. sing.* **2** charla, plática, cháchara. ◆ **3 to have a ~ (with),** echar una parrafada (con).

nattily ['nætɪlɪ] *adv.* peripuestamente, acicaladamente, primorosamente (especialmente en ropa).

natty ['nætɪ] *adj.* **1** elegante, peripuesto, acicalado. **2** ingenioso (objeto): *a natty little gadget = un ingenioso y diminuto aparato.*

natural ['nætʃərəl] *adj.* **1** natural, instintivo. **2** natural, no artificial. ● *s. i.* **3** MÚS. nota natural, tecla blanca (piano). ● *s. c.* **4** superdotado, genio: *he is a very good painter, a natural = es un pintor muy bueno, un superdotado.* **5** (arc.) tonto, idiota. ◆ **6 ~ causes,** causas naturales. **7 ~ childbirth,** parto natural. **8 ~ gas,** gas natural. **9 ~ history,** historia natural. **10 ~ language,** lenguage natural. **11 ~ number,** número natural. **12 ~ resources,** recursos naturales. **13 ~ selection,** selección natural.

naturalism ['nætʃrəlɪzəm] *s. i.* FIL. y LIT. naturalismo.

naturalist ['nætʃrəlɪst] *s. c.* naturalista.

naturalistic [ˌnætʃrə'lɪstɪk] *adj.* FIL. y LIT. naturalista, que sigue la corriente del naturalismo.

naturalization [ˌnætʃrəlaɪ'zeɪʃn] (también **naturalisation**) *s. i.* **1** naturalización. ◆ **2 ~ papers,** DER. documentos de naturalización, papeles de naturalización (cambio de nacionalidad).

naturalize ['nætʃrəlaɪz] (también **naturalise**) *v. i.* **1** naturalizarse, nacionalizarse. ● *v. t.* **2** naturalizar, adaptar (una palabra en otro idioma).

naturally ['nætʃrəlɪ] *adv.* **1** naturalmente, de modo natural, con naturalidad. **2** naturalmente, desde luego, como es lógico. ◆ **3 to come ~ to someone,** ser algo natural en alguien: *languages come naturally to him = los idiomas le resultan fáciles.*

naturalness ['nætʃrəlnɪs] *s. i.* naturalidad, estado natural.

nature ['neɪtʃər] *s. i.* **1** la naturaleza. **2** forma de ser, carácter. ◆ **3 back to ~,** regreso a la naturaleza, vuelta a una forma de vida menos compleja. **4 better ~,** buenos sentimientos. **5 by ~,** por naturaleza. **6 by its (very) ~,** por propia naturaleza. **7 to answer a call of ~,** hacer sus necesidades. **8 in one's ~,** propio de la forma de ser de alguien. **9 in the ~ of,** algo así como. **10 it's in the ~ of things,** es natural, es lógico. **11 ~ study,** ciencias naturales. **12 ~ trail,** circuito señalizado para el estudio de la naturaleza de una zona. **13 or something of that ~,** o algo por el estilo. **14 second ~,** algo completamente natural.

naturism ['neɪtʃərɪzəm] *s. i.* naturismo, nudismo.

naturist ['neɪtʃərɪst] *s. c.* naturista, nudista.

naturopath ['neɪtʃərəpæθ] *s. c.* naturópata, naturista.

naturopathic [ˌneɪtʃərə'pæθɪk] *adj.* propio de naturista.

naturopathically [ˌneɪtʃərə'pæθɪklɪ] *adv.* a la manera de los naturistas.

naturopathy [ˌneɪtʃə'rɒpəθɪ] *s. i.* naturopatía, medicina naturista, naturismo.

naught [nɔːt] *num.* ⇒ **nought.**

naughtily ['nɔːtɪlɪ] *adv.* **1** con travesura; desobedientemente. **2** con picardía.

naughtiness ['nɔːtɪnɪs] *s. i.* **1** mala conducta, travesuras; desobediencia. **2** picardía.

naughty ['nɔːtɪ] *adj.* **1** travieso; desobediente; malo. **2** pícaro: *a naughty joke = un chiste verde.*

nausea ['nɔːzɪə] *s. i.* náusea, deseo de vomitar.

nauseate ['nɔːzɪeɪt] *v. t.* dar náuseas a.

nauseating ['nɔːzɪeɪtɪŋ] *adj.* nauseabundo, repugnante, asqueroso.

nauseatingly ['nɔːzɪeɪtɪŋlɪ] *adv.* repugnantemente, asquerosamente.

nauseous ['nɔːzɪəs] *adj.* **1** nauseabundo, repulsivo. ◆ **2 to feel ~,** tener náuseas, tener ganas de vomitar.

nautical ['nɔːtɪkəl] *adj.* **1** náutico, marítimo. ◆ **2 ~ mile,** milla marina.

nautilus ['nɔːtɪləs] *s. c.* ZOOL. nautilo, nautilus (animal marítimo).
naval ['neɪvəl] *adj.* naval, de la marina (de guerra), marítimo.
nave [neɪv] *s. c.* ARQ. nave.
navel ['neɪvəl] *s. c.* **1** ombligo. ♦ **2** ~ **orange,** naranja grande.
navigability [,nævɪgə'bɪlətɪ] *s. i.* navegabilidad.
navigable ['nævɪgəbəl] *adj.* navegable.
navigate ['nævɪgeɪt] *v. i.* **1** navegar. **2** hacer de copiloto. ● *v. t.* **3** pilotar, gobernar. **4** surcar; transitar por (de un trayecto difícil): *the number of vehicles which navigate the streets is increasing = está aumentando el número de vehículos que transitan por las calles.*
navigation [,nævɪ'geɪʃən] *s. i.* **1** navegación. ♦ **2** ~ **lights,** luces de navegación.
navigational [,nævɪ'geɪʃənəl] *adj.* de navegación.
navigator ['nævɪgeɪtər] *s. c.* AER. y MAR. navegante.
navvy ['nævɪ] *s. c.* peón, bracero.
navy ['neɪvɪ] *s. c.* **1** Armada, flota de guerra. ♦ **2** ~ **blue,** azul marino.
nay [neɪ] *adv.* (arc.) **1** mejor dicho. ● *s. c.* **2** negativa, voto negativo: *the nays have it = ganan los noes.*
Nazi ['nɑːtsɪ] POL. *s. c.* **1** nazi, nazista. ● *adj.* **2** nazi, nazista.
Nazism ['nɑːtsɪzəm] *s. i.* POL. nazismo.
NB [en'biː] (abreviatura de nota bene) nota (aviso), NB.
Neanderthal [niː'ændətɑːl] *adj.* HIST. de Neanderthal.
neap [niːp] (también **neap-tide**) *s. sing.* marea muerta, marea de cuadratura.
Neapolitan [nɪə'pɒlɪtən] *adj.* **1** napolitano (de Nápoles). ♦ **2 neapolitan ice cream,** napolitano (helado a base de capas de distintos sabores).
neap-tide ['niːptaɪd] *s. sing.* ⇒ **neap.**
near [nɪər] *prep.* **1** cerca de; al borde de; a punto de; en torno a; alrededor de. ● *adv.* **2** cerca. ♦ **3 to come/to draw/to pull** ~, acercarse, aproximarse. ● *adj.* **4** cercano, próximo. ♦ **5 a** ~ **thing,** casi, por muy poco, por un pelo. **6 in the** ~ **future,** en un futuro próximo, dentro de poco. **7** ~ **enough/as** ~ **as makes no difference/as** ~ **as no matter,** casi lo mismo. **8 nearest and dearest,** los íntimos, los seres queridos. **9 nowhere** ~**/not anywhere** ~, ni de lejos, ni con mucho. **10 the nearest thing to,** lo más parecido a.
nearby [nɪə'baɪ] *prep.* **1** cerca de. ● *adv.* **2** cercano.
nearly ['nɪəlɪ] *adv.* **1** casi. ♦ **2 not** ~, ni con mucho.
near-miss [,nɪə'mɪs] *s. c.* **1** fallo por poco. **2** salvación de milagro.
nearness ['nɪənɪs] *s. i.* cercanía, proximidad.
nearside ['nɪəsaɪd] *s. sing.* lado interior (costado del vehículo próximo al límite de la vía de circulación). ⇒ **offside.**
nearsighted [,nɪə'saɪtɪd] *adj.* miope.
nearsightedness [,nɪə'saɪtɪdnɪs] *s. i.* miopía.
neat [niːt] *adj.* **1** pulcro, limpio. **2** claro, preciso: *he was neat and methodical in all things = era preciso y metódico en todo.* **3** puro, sin mezcla.
neatly ['niːtli] *adv.* cuidadosamente, con precisión.
neatness ['niːtnɪs] *s. i.* pulcritud, limpieza; precisión.
nebula ['nebjulə] (*pl.* **nebulas** o **nebulae**) *s. c.* ASTR. nebulosa.
nebulae ['nebjuliː] *pl.* de **nebula.**
nebular ['nebjulər] *adj.* ASTR. de nebulosa.
nebulous ['nebjuləs] *adj.* vago, impreciso, nebuloso.
necessaries ['nesəsərɪz] *s. pl.* cosas necesarias (en la vida).
necessarily ['nesɪsərɪlɪ] *adv.* necesariamente, inevitablemente.
necessary ['nesəsrɪ] *adv.* **1** necesario. ● *s. c.* **2 to do the** ~, hacer lo que hay que hacer.
necessitate [nɪ'sesɪteɪt] *v. t.* (form.) necesitar, exigir.
necessitous [nɪ'sesɪtəs] *adj.* (form.) necesitado, indigente.
necessity [nɪ'sesɪtɪ] *s. i.* **1** necesidad. **2** necesidad, indigencia. **3** artículo de primera necesidad. ♦ **4 of** ~, por necesidad, inevitablemente, necesariamente. **5 the necessities of life,** las cosas básicas de la vida.
neck [nek] *s. c.* **1** ANAT. cuello (de persona); cuello, pescuezo de animal; cuello; escote (de prenda de vestir); cuello (de botella); mástil (de un instrumento). ● *v. i.* **2** besarse, acariciarse, besuquearse, abrazarse. ♦ **3 they have it (hanging) around their** ~, pende sobre ellos como una espada de Damocles. **4 to break/wring someone's** ~, retorcer el pescuezo a alguien (dicho en sentido figurado y como muestra de enfado). **5 breathing down one's** ~, pegado a los talones de uno. **6 down one's** ~, por el cuello. **7 to get it in the** ~, recibir una reprimenda, cargársela. **8** ~ **and** ~, a la par, hombro con hombro. **9 to risk one's** ~, arriesgarse; jugarse el cuello o el pellejo. **10 to stick one's** ~ **out,** exponerse a la crítica, o al ataque personal al expresar una opinión. **11 up to one's** ~, metido hasta el cuello. **12 to win by a** ~, ganar por escaso margen.
neckband ['nekbænd] *s. c.* tira del cuello (en ropa).
neckerchief ['nekətʃɪf] *s. c.* pañuelo de cuello.
necklace ['neklɪs] *s. c.* collar (de joyería).
necklet ['neklɪt] *s. c.* piel de cuello; adorno del cuello (en ropa).
neckline ['neklaɪn] *s. c.* escote.
necktie ['nektaɪ] *s. c.* corbata.
neckwear ['nekweər] *s. i.* adornos para el cuello, prendas para el cuello, complementos (bufandas, corbatas, etc.).
necromancer ['nekrəumænsər] *s. c.* nigromante.
necromancy ['nekrəmænsɪ] *s. i.* nigromancia.
necropolis [nɪ'krɒpəlɪs] *s. c.* ART. necrópolis.
nectar ['nektər] *s. i.* néctar.
nectarine ['nektəriːn] *s. c.* nectarina.
née [neɪ] *prep.* de soltera: *Madame de Staël, née Necker = Madame de Staël, Necker de soltera.*
need [niːd] *s. c.* **1** necesidad. ● *s. i.* **2** carencia; indigencia; necesidad; pobreza. ● *v. t.* **3** necesitar; tener la necesidad de. **4** hacer falta: *you need a visa to go to the U.S.A. = hace falta un visado para ir a EE UU* **5** tener que, deber. ● (*auxiliar negativo*) **6** no ser necesario que, no hacer falta que, no tener por qué: *he needn't stay if he doesn't want to = no hace falta que se quede si no quiere; you needn't have bought all that food = no era necesario que comprases toda esa comida* (significa que la compró realmente); *you didn't need to buy all that food = no necesitabas comprar toda esa comida* (no sabemos si la compró o no). ♦ **7 to have no** ~ **of,** no necesitar algo, poder pasar sin. **8 I** ~ **hardly say/**~ **I say,** no hace falta que diga, no es necesario decir. **9 if** ~ **be/if needs be,** si es necesario, llegado el caso. **10 in** ~ **of,** verdaderamente necesitado de. **11 no** ~**/there is no** ~, no haber necesidad de, no valer la pena. **12 who needs...?,** ¿quién necesita...?, ¿a quién le hacen falta...? **13 without the** ~, sin la necesidad de, sin que sea necesario.
OBS. Morfológicamente funciona tanto como verbo modal, necesidad inmediata, como léxico, en sentido más general; siendo esta segunda mucho más frecuente. **Needn't** es la forma modal más común, que se usa como forma de expresar ausencia de obligación. ⇒ **must.** La idea de pasado se construye con infinitivo de perfecto o con **didn't have to,** produciéndose un cambio de significación. ⇒ **6** arriba.
needful ['niːdful] *adj.*(lit.) **1** necesario. ♦ **2 to do the** ~, hacer lo que es necesario.
needfully ['niːdfəlɪ] *adv.* necesariamente.
needle ['niːdl] *s. c.* **1** aguja (en todos los sentidos: de coser, de hacer punto, de jeringuilla, de tocadiscos, de contador,...) ● *v. t.* **2** pinchar, molestar, provocar.
needlecraft ['niːdlkrɑːft] *s. i.* la técnica de la costura, el arte de la costura.
needless ['niːdləs] *adj.* **1** innecesario. ♦ **2** ~ **to say,** ni que decir tiene, es obvio que.
needlessly ['niːdlɪsli] *adv.* innecesariamente, sin necesidad.
needlewoman ['niːdl,wumən] (*pl.* **needlewomen**) *s. c.* costurera.
needlewomen ['niːdl,wɪmɪn] *pl.* de **needlewoman.**
needlework ['niːdlwəːk] *s. i.* la costura, el punto, la labor.

needs [niːdz] *adv.* **1** (**must** ~) (arc.) tener que, tener la manía de (expresando disgusto): *she must needs say the last word = tiene que decir la última palabra.* ◆ **2** ~ **must when the devil drives,** uno se ve obligado a hacer cosas que no quiere.
needy ['niːdɪ] *adj.* necesitado, indigente.
ne'er [neər] *adv.* (arc.) nunca.
ne'er-do-well ['neəduːwel] *s. c.* bala perdida, vago, inútil.
nefarious [nɪ'feərɪəs] *adj.* (form.) injusto, inmoral, vil.
nefariously [nɪ'feərɪəslɪ] *adv.* (form.) injustamente, inmoralmente, vilmente.
nefariousness [nɪ'feərɪəsnɪs] *s. i.* (form.) inmoralidad, vileza.
negate [nɪ'geɪt] *v. t.* negar, invalidar, refutar.
negation [nɪ'geɪʃən] *s. i.* negación, rechazo.
negative ['negətɪv] *s. c.* **1** negativa. **2** FOT. negativo. ● *adj.* **3** negativo, que deniega. **4** negativo (actitud, sentimiento...).◆ **5 in the** ~, en negativa, conteniendo una negación.
negatively ['negətɪvlɪ] *adv.* negativamente, en sentido negativo, con actitud negativa.
neglect [nɪ'glekt] *s. i.* **1** abandono, descuido, negligencia. ● *v. t.* **2** olvidar, desatender, descuidar, dejar de hacer, ignorar.
neglected [nɪ'glektɪd] *adj.* abandonado, descuidado.
neglectful [nɪ'glektful] *adj.* negligente, descuidado.
neglectfully [nɪ'glektfəlɪ] *adv.* negligentemente, descuidadamente.
neglectfulness [nɪ'glektfəlnɪs] *s. i.* negligencia, descuido.
negligee ['neglɪʒeɪ] *s. c.* salto de cama, bata.
negligence ['neglɪdʒens] *s. i.* negligencia.
negligent ['neglɪdʒent] *adj.* negligente, descuidado.
negligently ['neglɪdʒentlɪ] *adv.* de modo descuidado, negligente.
negligible ['neglɪdʒəbəl] *adj.* carente de importancia, insignificante.
negotiable [nɪ'gəuʃɪəbəl] *adj.* **1** negociable, sujeto a acuerdos; transferible: *funds and other negotiable securities = los fondos y otros activos transferibles.* **2** transitable: *the path was easily negotiable = el camino era fácilmente transitable.*
negotiate [nɪ'gəuʃɪeɪt] *v. t.* **1** negociar, gestionar, intentar alcanzar acuerdos. **2** atravesar una zona de difícil tránsito, vérselas con. ● *v. i.* **3 to** ~ **for,** negociar para obtener. **4 to** ~ **with,** negociar con alguien. ◆ **5 the negotiating table,** la mesa de negociación.
negotiation [nɪˌgəuʃɪ'eɪʃən] *s. c.* negociación (política, comercial...).
negotiator [nɪ'gəuʃɪeɪtər] *s. c.* negociador.
Negress ['niːgrəs] *s. c.* negra africana, o de origen africano.
Negro ['niːgrəu] *s. c.* negro africano, o de origen africano.
Negroid ['nɪːgrɔɪd] *adj.* negroide, de rasgos negroides.
neigh [neɪ] *s. c.* **1** relincho. ● *v. i.* **2** relinchar.
neighbour ['neɪbər] (en EE UU **neighbor**) *s. c.* **1** vecino, persona que vive al lado de uno. **2** persona que está o se sienta al lado de uno. **3** país fronterizo. **4** prójimo: *love thy neighbour = ama a tu prójimo.*
neighbourhood ['neɪbəhud] (en EE UU **neighborhood**) *s. c.* **1** vecindario, vecindad, barrio. ◆ **2 friendly** ~, vecindario amable, bien dispuesto. **3 in the** ~, **a)** en las proximidades de, en las cercanías de. **b)** en torno a, aproximadamente: *he was paid in the neighbourhood of £600 for his old car = le pagaron aproximadamente 600 libras por su coche viejo.*
neighbouring ['neɪbərɪŋ] (en EE UU **neighboring**) *adj.* vecino, próximo, contiguo.
neighbourliness ['neɪbəlɪnɪs] (en EE UU **neighborliness**) *s. i.* sentimiento de buena vecindad, buena disposición (a ayudar).
neighbourly ['neɪbəlɪ] (en EE UU **neighborly**) *adj.* amistoso, amigable, servicial, bien dispuesto: *farmers, as a rule, are neighbourly = los agricultores son por lo general serviciales.*
neither ['naɪðər ‖ 'niːðər] *pron.* **1** ninguno, ninguno de los dos, ni el uno ni el otro: *neither of them knew = ninguno de los dos lo sabía.* ● *conj.* **2** ~ **... nor,** ni... ni: *neither my father nor my mother smokes = ni mi padre ni mi madre fuman.* ● *adv.* **3** ~ **am, is, have, has, do, does, ..., I, he, ...,** yo, el..., tampoco. ● *adj.* **4** ningún: *neither brother found a job = ningún hermano encontró un trabajo.* ◆ **5** ~ **here nor there,** no hace al caso, no tiene nada que ver con, es irrelevante.
OBS. **Neither** y **nor** se usan al principio de la oración con el significado de *tampoco,* y con inversión de sujeto y verbo, siendo este último un auxiliar: *"I didn't go to the cinema last night". "Neither did I" = "No fui al cine ayer noche". "Yo tampoco".*
nelly ['nelɪ] *s. c.* **not on your** ~, (brit.) (fam.) en absoluto, ni soñarlo, y un jamón.
nem con [ˌnem'kɒn] *adv.* (form.) con unanimidad, unánimemente (del latín **nemine contradicente**).
nemesis ['nemɪsɪs] *s. sing.* justo castigo, justicia retributiva.
neo- ['niːəu] *prefijo* neo-, nuevo.
neoclassical [ˌnɪːəu'klæsɪkəl] *adj.* ARQ. neoclásico.
neoclassicism [ˌnɪːəu'klæsɪsɪzəm] *s. i.* neoclasicismo.
neocolonialism [ˌnɪːəukə'ləunɪəlɪzəm] *s. i.* neocolonialismo.
neolithic [ˌnɪːə'lɪθɪk] *adj.* HIST. neolítico, edad de la piedra pulimentada.
neologism [niː'ɒlədʒɪzəm] *s. c.* neologismo.
neon ['niːɒn] *s. i.* **1** gas neón. **2** lámpara de neón.
neo-nazi [ˌnɪːə'nɒːtsɪ] *s. c.* y *adj.* neonazi.
neophyte ['nɪəfaɪt] *s. c.* neófito, novicio.
Nepal [nɪ'pɔːl] *s. sing.* Nepal.
Nepalese [ˌnepə'liːz] *adj.* **1** nepalés (cultura, costumbres, etc.). ● *s. c.* **2** nepalés (de nacionalidad). ● *s. i.* **3** nepalés (idioma).
nephew ['nefjuː] *s. c.* sobrino.
nephritis [nɪ'fraɪtɪs] *s. i.* MED. nefritis.
nepotism ['nepətɪzəm] *s. i.* nepotismo, favoritismo.
Neptune ['neptjuːn] *s. sing.* **1** Neptuno (dios de la mitología griega). **2** ASTR. Neptuno (uno de los planetas).
nerd [nəːd] *s. c.* (fam.) tontaina, (vulg.) gil.
nerve [nəːv] *s. c.* **1** ANAT. nervio. ● *s. i.* **2** nervio, valor, coraje. ● *v. t.* **3** infundir(se) valor, armar(se) de valor, dar(se) ánimo: *the student nerved himself to talk to the headmaster = el estudiante se armó de valor para hablar con el director.* ◆ **4 to be a bundle of nerves,** ser un manojo de nervios. **5 to be living on one's nerves,** vivir en tensión. **6 to get on one's** ~, atacar, crispar los nervios, poner los nervios de punta, irritar. **7 to have a/the** ~, tener el valor, la presencia de ánimo. **8 to lose one's** ~, perder el control, desmoronarse. **9** ~ **centre,** cuartel general, centro neurálgico. **10** MIL. ~ **gas,** gas paralizante. **11 to strain every** ~, esforzarse al máximo, intentarlo con todas las fuerzas. **12 to touch a raw** ~, decir algo inconveniente, herir la sensibilidad de alguien. **13 what a** ~**!**, ¡qué cara!
nerve-cell ['nəːvsel] *s. c.* ANAT. célula del sistema nervioso, neurona.
nerveless ['nəːvləs] *adj.* **1** débil, sin fuerza: *his hand lay nerveless = su mano estaba sin fuerza.* **2** valiente, sin miedo, frío. **3** sin carácter, débil (persona).
nervelessly ['nəːvlɪslɪ] *adv.* **1** débilmente, impotentemente (sin fuerza). **2** valientemente; fríamente.
nerve-racking ['nəːvˌrækɪŋ] *adj.* agobiante, angustioso, inquietante: *his time in power was a nerve-racking period for him = su período de tiempo en el poder fue angustioso para él.*
nervous ['nəːvəs] *adj.* **1** nervioso, ansioso, tenso, agitado, inquieto. **2** asustado, preocupado, intranquilo. ◆ **3** ~ **breakdown,** crisis nerviosa, ataque de nervios, agotamiento nervioso. **4** ~ **system,** sistema nervioso. **5** ~ **wreck,** deshecho de los nervios, desquiciado, fuera de sí, histérico.
nervously ['nəːvəslɪ] *adv.* nerviosamente, con nerviosismo.
nervousness ['nəːvəsnɪs] *s. i.* nerviosismo, agitación, inquietud.
nervy ['nəːvɪ] *adj.* **1** (brit.) tenso, nervioso, ansioso, irritable. **2** (EE UU) rudo, áspero.
nest [nest] *s. c.* **1** nido (de pájaros, de arañas...). **2** nido, lugar acogedor. **3** (mesa, cama, etc.) nido. ● *v. i.* **4**

anidar, encajar. ◆ **5 machine-gun ~,** nido de ametralladoras.
nest-egg ['nesteg] *s. c.* ahorros, dinero que se guarda para algún propósito concreto: *a nest-egg of five hundred pounds in the bank = unos ahorros de 500 libras en el banco.*
nesting ['nestɪŋ] *adj.* **1** anidamiento. ● *s. i.* **2** búsqueda de nidos para coger huevos.
nestle ['nesəl] *v. t.* e *i.* **1** acurrucarse, acomodarse, arrimarse. **2** yacer o estar situado al abrigo o al cobijo de algo o alguien. ⇒ **nuzzle.**
nestling ['nestlɪŋ] *s. c.* cría de ave.
net [net] *s. i.* **1** red (en todos los sentidos), tejido, redecilla, enrejado. ● *adj.* **2** neto (beneficio, peso...) ● (*ger.* **netting,** *pret.* y *p. p.* **netted**) *v. t.* **3** adquirir, conseguir, capturar, atrapar. **4** cubrir con una red. **5** ganar dinero neto, en limpio. ◆ **6** INF. **the Net,** la Red, Internet. **7 the nets,** DEP. unas redes de práctica (en el críquet). **8 to cast one's ~ wider,** ampliar el campo de análisis o de acción. **9 to slip through the ~,** escapar, lograr escurrirse.
netball ['netbɔːl] *s. i.* nétbol.
OBS. Juego de equipo, formado por siete jugadores, en el que se puntúa pasando el balón por dos aros situados en lo alto de dos postes, que se encuentran en los extremos de la pista.
nether ['neðər] *adj.* (p.u.) **1** inferior, de abajo: *nether lip = labio inferior.* ◆ **2 the ~ regions/world,** (arc.) el mundo de los muertos.
nethermost ['neðəməust] *adj.* (arc.) el más inferior.
netiquette ['netɪket] *s. i.* netiqueta, protocolo de internautas.
netsurfer ['netsəːfə] *s. c.* internauta.
nett *adj.* ⇒ **net 2.**
netting ['netɪŋ] *s. i.* malla, red (tejido).
nettle ['netl] *s. c.* **1** ortiga. ● *v. t.* **2** molestar, irritar. ◆ **3 to grasp the ~,** actuar con decisión, coger el toro por los cuernos.
nettled ['netld] *adj.* irritado, molesto, ofendido.
nettle-rash ['netlræʃ] *s. i.* urticaria, erupción de manchas rojizas producida por el roce con ortigas.
network ['netwəːk] *s. c.* **1** (fig.) red, sistema (de calles, de tuberías...). **2** organización (servicio organizado a gran escala e interconectado), cadena: *the radio and television network = la cadena de radio y televisión.* ● *v. t.* **3** interconectar, transmitir en conexión.
networking ['netwəːkŋ] *s. i.* COM. establecimiento de una red de contactos; INF. (sistema de) redes informáticas.
neural ['njuərəl] *adj.* MED. neural, nervioso.
neuralgia [njuə'rældʒə] *s. i.* MED. neuralgia.
neuralgic [njuə'rældʒɪk] *adj.* MED. neurálgico.
neurasthenia [ˌnjuərəs'θiːnɪə] *s. i.* PSIQ. neurastenia.
neurasthenic [ˌnjuərəs'θenɪk] *adj.* PSIQ. neurasténico.
neuritis [njuə'raɪtɪs] *s. i.* MED. neuritis.
neurological [njuə'rəlɒdʒɪkəl] *adj.* MED. neurológico.
neurologist [njuə'rɒlədʒɪst] *s. c.* MED. neurólogo.
neurology [njuə'rɒlədʒɪ] *s. i.* MED. neurología.
neuron ['njuərən] (también **neurone**) *s. c.* BIOL. neurona.
neurone ['njuərəun] *s. c.* ⇒ **neuron.**
neurosis [njuə'rəusɪs] *s. c.* e *i.* (*pl.* **neuroses**) **1** PSIQ. neurosis. **2** (fig.) neurosis, manía, fobia.
neurotic [njuə'rɒtɪk] *s. c.* **1** neurótico. ● *adj.* **2** neurótico, maniático: *she is becoming neurotic about the problems at school = se está poniendo neurótica con los problemas de la escuela.*
neurotically [njuə'rɒtɪklɪ] *adv.* neuróticamente.
neuter ['njuːtər] *adj.* **1** GRAM. neutro (género). ● *s. c.* **2** GRAM. neutro. ● *v. t.* **3** castrar, capar.
neutral ['njuːtrəl] *adj.* **1** neutral (un país, una persona...), no alineado, ecuánime. **2** neutral (actitud, opinión...), imparcial, equilibrado. **3** neutral (emociones, sentimientos...), desapasionado, frío, sereno: *a neutral voice = una voz serena.* **4** neutro, sin matices, grisáceo, indeterminado, indefinido: *the sky was a neutral colour = el cielo era de un color grisáceo.* **5** ELEC., FÍS. y QUÍM., neutro, sin carga, ni ácido ni alcalino. ● *s. i.* **6** MEC. punto muerto. ◆ **7 to remain ~,** permanecer neutral.
neutralise *v. t.* ⇒ **neutralize.**
neutralism ['njuːtrəlɪzəm] *s. i.* neutralismo.
neutrality [njuː'trælɪtɪ] *s. i.* neutralidad, imparcialidad.
neutralization [ˌnjuːtrəlaɪ'zeɪʃən] (también **neutralisation**) *s. i.* neutralización, eliminación.
neutralize ['njuːtrəlaɪz] (también **neutralise**) *v. t.* neutralizar, bloquear, contrarrestar, incapacitar: *they want to neutralize the effects of pollution = quieren neutralizar los efectos de la contaminación.*
neutrally ['njuːtrəlɪ] *adv.* **1** neutralmente, ecuánimemente, imparcialmente, equilibradamente. **2** desapasionadamente, fríamente, serenamente (en emociones, sentimientos, etc.). **3** de forma gris, indeterminadamente, indefinidamente.
neutron ['njuːtrɒn] *s. c.* **1** QUÍM. neutrón, partícula atómica. ◆ **2 ~ bomb,** bomba de neutrones.
never ['nevər] *adv.* **1** nunca, nunca antes, en ningún caso, bajo ninguna circunstancia: *you've never been here before = nunca has estado aquí antes.* ◆ **2 ~ ever,** nunca más, nunca jamás. **3 ~ mind,** no te preocupes, no importa. **4 well, I ~,** ¡nunca lo hubiera imaginado!, ¡nunca he visto/oído cosa semejante! **5 will ~ do/would ~ do,** no va a valer, no va a servir, o funcionar.
never-ending [ˌnevər'endɪŋ] *adj.* interminable, inacabable.
nevermore [ˌnevə'mɔːr] *adv.* (arc.) nunca más.
never-never [ˌnevə'nevər] *s. i.* **1** a plazos, a crédito. ◆ **2 to buy on the ~,** comprar a plazos. **3 ~ land,** el país de nunca jamás, jauja.
nevertheless [ˌnevəðə'les] *adv.* sin embargo, no obstante, aun con todo: *he was feeling ill, but he nevertheless went to the party = se sentía enfermo, sin embargo fue a la fiesta.*
new [njuː ‖ nuː] *adj.* **1** nuevo, moderno, reciente. **2** nuevo, fresco, temprano: *new potatoes = patatas nuevas.* **3** nuevo, novato, recién llegado: *the new students = los nuevos estudiantes.* **4** novedoso, original, nuevo, desconocido, extraño, no familiar: *this part of the country is new to me = esta parte del país es desconocida para mí.* **5** un nuevo, otro: *the school had a new head of studies, when the former one was promoted = la escuela recibió otro jefe de estudios después de que el anterior fuera ascendido.* ◆ **6 as good as ~,** como nuevo, en perfectas condiciones de uso. **7 brand ~,** completamente nuevo. **8 ~ moon,** luna nueva, novilunio. ⇒ **full moon. 9 ~ Testament,** Nuevo Testamento. ⇒ **Old Testament. 10** GEOG. **~ town,** ciudad satélite de nueva planta. **11** ART. **~ wave,** nueva ola. **12 ~ World,** el Nuevo Mundo, América del Norte, Central, y del Sur. **13 ~ Year,** Año Nuevo. **14 ~ Year's Day,** el día de Año Nuevo. **15 ~ Year's Eve,** Nochevieja, víspera de Año Nuevo.
newbie ['njuːbɪ] *s. c.* novato.
newborn ['njuːbɔːn] *adj.* recién nacido.
newcomer ['njuːkʌmər] *s. c.* recién llegado.
newel ['njuːəl] *s. c.* **1** pilar de escalera que soporta el pasamanos. **2** pilar en el centro de una escalera de caracol.
newfangled [ˌnjuː'fæŋgəld] *adj.* (desp.) nuevo, moderno: *a newfangled machine = un cachivache moderno.*
new-found ['njuːfaund] *adj.* reciente, recién descubierto.
new-laid ['njuːleɪd] *adj.* fresco, recién puesto: *new-laid eggs = huevos frescos.*
newly ['njuːli] *adv.* **1** recién, reciente. **2** de una nueva manera, de modo novedoso.
newly-weds ['njuːliweds] *s. pl.* recién casados.
newness ['njuːnɪs] *s. i.* novedad.
news [njuːz ‖ nuːz] *s. i.* **1** noticias: *here is the news = ahora vienen las noticias.* ◆ **2 a piece of ~,** una noticia. **3 the ~,** las noticias, el noticiario: *news is at ten on T.V. = a las diez dan las noticias por la televisión.* **4 to be ~,** ser noticia. **5 bad ~,** (fam.) gente problemática. **6 good ~,** (fam.) buena gente. **7 ~ agency,** agencia de noticias. **8 ~ conference,** (EE UU) conferencia de prensa. ⇒ **press conference. 9 no ~ is good ~,** si no hay

noticias es buena noticia. **10 that's ~ to me,** eso es nuevo para mí, es la primera noticia que tengo, no tenía noticia.
newsagent ['nju:z,eɪdʒent] *s. c.* **1** vendedor de periódicos. ◆ **2 news dealer** (EE UU), vendedor de periódicos, **3 newsagent's,** tienda de periódicos.
newscast ['nju:zkɑ:st] *s. c.* TV. telediario.
newscaster ['nju:zkɑ:stər] *s. c.* locutor de noticias en radio o televisión.
newsflash ['nju:zflæʃ] *s. c.* noticia de última hora.
newsletter ['nju:z,letər] *s. c.* hoja informativa.
newsman ['nju:zmən] (*pl.* **newsmen**) *s. c.* periodista, reportero.
newsmen ['nju:zmen] *pl.* de **newsman**.
newsmonger ['nju:zmʌŋgər] *s. c.* sembrador de rumores, cotilla.
newspaper ['nju:z,peɪpər] *s. c.* **1** periódico, diario. **2** editora de periódicos. • *s. i.* **3** papel de periódico: *he wrapped it up in newspaper = lo envolvió en papel de periódico.*
newspaperman ['nju:z,peɪpəmən] (*pl.* **newspapermen**) *s. c.* periodista, reportero.
newspapermen ['nju:z,peɪpəmən] *pl.* de **newspaperman.**
newsprint ['nju:z,prɪnt] *s. i.* **1** TEC. papel de impresión o de imprimir, de periódico, papel offset. • *s. c.* **2** texto impreso.
newsreader ['nju:zri:dər] *s. c.* ⇒ **newscaster.**
newsreel ['nju:zri:l] *s. c.* e *i.* noticiario cinematográfico, documental.
newsroom ['nju:zrum] *s. c.* **1** redacción, sala de prensa. **2** sala de lectura de periódicos (en una biblioteca).
news-sheet ['nju:zʃi:t] *s. c.* hoja informativa, gaceta.
news-stand ['nju:zstænd] *s. c.* quiosco de periódicos.
news-vendor ['nju:zvendər] *s. c.* (EE UU) vendedor de periódicos.
newsworthy ['nju:zwə:ðɪ] *adj.* noticiable, de interés periodístico, que es noticia: *a year book covering the newsworthy events of... = un anuario que incluye los acontecimientos que fueron noticia de...*
newsy ['nju:zi] *adj.* (fam.) lleno de noticias, plagado de noticias.
newt [nju:t || nu:t] *s. c.* tritón.
New Zealand [nju:'zi:lənd] *s. sing.* Nueva Zelanda.
New Zealander [nju:'zi:ləndər] *s. sing.* neozelandés.
next [nekst] *adj.* **1** el siguiente, el próximo, el que viene: *next Friday = el viernes que viene; the next train = el próximo tren; the next street on the left = la siguiente calle a la izquierda.* • *adv.* **2** a continuación, después, de al lado: *when I met her next, she... = cuando me encontré con ella después, ella...* • *prep.* **3** junto a, al lado de, casi: *they live next to me = viven al lado; next to nothing = casi nada.* ◆ **4 as the ~,** como otro cualquiera, como los demás. **5 ~ door,** de al lado, en vecindad, junto a. **6 ~ of kin,** familiar más próximo. **7 ~ thing/the ~ thing I knew,** lo siguiente que recuerdo, sólo sé que a continuación: *next thing I was in an ambulance = lo siguiente que recuerdo es que iba en una ambulancia.* **8 the week (month, year...) after ~,** dentro de dos semanas, meses, años...; la que viene no, la siguiente.
nexus ['neksəs] (*pl.* **nexus** o **nexuses**) *s. c.* nexo, unión, vínculo.
niacin ['naɪəsɪn] *s. i.* QUÍM. niacina (vitamina).
nib [nɪb] *s. c.* plumilla.
nibble ['nɪbəl] *s. c.* **1** bocado, mordisco, picoteo, tentempié, refrigerio: *I'm not hungry, I'll just have a nibble = no tengo hambre, tomaré sólo un bocado.* • *v. t.* e *i.* **2 to ~ (at)** mordisquear, roer, picar (un pez), mermar (el dinero): *small debts nibbled away their savings = las pequeñas deudas mermaron sus ahorros.* ◆ **3 to ~ at,** (fig.) mostrar interés, considerar: *she nibbled at the offer of a new job = mostró interés por la oferta de un nuevo empleo.*
nibs [nɪbz] *s. sing.* **his ~,** (brit.) (hum. y fam.) su excelencia (burlándose de un hombre que se cree muy importante).
nice [naɪs] *adj.* **1** (personas) simpático, agradable, amable, ameno, encantador: *she is an extremely nice woman = es una mujer encantadora.* **2** (actos) amable, bueno, de agradecer, *nice manners = buenos modales; it's nice of you = muy amable por su parte, es todo un detalle, es de agradecer.* **3** (saludos) encantado, es un placer: *nice to meet you = encantado; es un placer conocerle.* **4** (objetos, tiempo) interesante, agradable, ameno, atractivo, buen, bien: *it was a nice film = la película estuvo bien; have a nice time = pásalo bien; nice day, isn't it? = buen día, ¿eh?* **5** fino, sutil, culto: *the nicer shades of meaning = los significados más sutiles.* **6** (fam., desp.) ¡vaya!, ¡valiente!, ¡bonito!, ¡muy bien me parece!: *what a nice friend you are! = ¡vaya/valiente amigo estás tú hecho!; so you broke it, that's very nice! = ¡lo has roto! ¡muy bonito!* ◆ **7 to be ~ (to),** ser agradable con, portarse bien con alguien. **8 ~ and,** (fam.) bien, bastante, muy, tan, -ito (diminutivo): *it's nice and warm in here = se está tan calentito aquí.* **9 a ~ one,** (fam.) ¡muy buena!, ¡buena la has hecho!
nice-looking ['naɪslukɪŋ] *adj.* atractivo, guapo.
nicely ['naɪslɪ] *adv.* **1** amablemente, correctamente, cortésmente: *he behaved very nicely = se comportó muy amablemente.* **2** inteligentemente, sutilmente. **3** bastante bien, bueno: *it's working very nicely = está funcionando bastante bien.* ◆ **4 to be doing very ~/to be doing very ~ for oneself,** prosperar.
niceness ['naɪsnɪs] *s. i.* amabilidad, simpatía, sutileza.
nicety ['naɪsɪtɪ] *s. i.* **1** detalles, sutilezas: *theological niceties = sutilezas teológicas.* **2** placeres, ventajas: *the niceties of country life = los placeres de la vida campestre.* **3** claridad, exactitud, precisión. ◆ **4 to a ~,** hasta el mínimo detalle, con toda precisión.
niche [nɪtʃ] *s. c.* **1** hornacina, nicho (en una pared). **2** buena colocación, buen puesto de trabajo: *to find a niche = encontrar un buen puesto de trabajo.*
nick [nɪk] *s. c.* **1** muesca, marca, corte, entalladura. • *s. sing.* **2** (argot) prisión, trena, chirona. • *v. t.* y *pron.* **3** hacer(se) un corte, hacer una muesca, muescar. **4** (argot) robar, birlar. **5** (argot) arrestar, trincar. **6** (vulg. EE UU) cobrar (abusivamente). ◆ **7 in good/ bad ~,** en buenas/malas condiciones. **8 in the ~ of time,** en el último momento, justo a tiempo, en el momento oportuno.
nickel ['nɪkəl] *s. i.* **1** níquel. • *s. c.* **2 a)** (EE UU) níquel (moneda de cinco centavos). **b)** poco dinero, cuatro perras: *it's worth a nickel = vale cuatro perras.*
nick-nack *s. c.* ⇒ **knick-kack.**
nickname ['nickneɪm] *s. c.* **1** apodo, mote, alias, sobrenombre, mal nombre. • *v. t.* **2** apodar, llamar: *they nicknamed him Little John = le apodaron Pequeño John.*
nicotine ['nɪkəti:n] *s. i.* nicotina.
niece [ni:s] *s. c.* sobrina.
niff [nɪf] *s. i.* (brit.) (argot.) olor, tufo.
niffy ['nɪfɪ] *adj.* (brit.) (argot.) maloliente.
nifty ['nɪfti] *adj.* (fam.) agradable, elegante, bien hecho.
Nigeria [naɪ'dʒɪərɪə] *s. c.* Nigeria.
Nigerian [naɪ'dʒɪərɪən] *adj.* y *s. c.* nigeriano.
niggardliness ['nɪgədlɪnɪs] *s. i.* avaricia, mezquindad, tacañería.
niggardly ['nɪgədli] *adj.* avariento, tacaño, miserable.
nigger ['nɪgər] *s. c.* (desp.) negro.
niggle ['nɪgəl] *v. t.* e *i.* **1** inquietar, molestar, preocupar. **2** criticar, quejarse, murmurar de.
niggling ['nɪgəlɪŋ] *adj.* **1** delicado, melindroso, mezquino, de miras estrechas. **2** nimio, insignificante, de poca monta.
nigh [naɪ] *adv.* **1** (lit., p.u.) cerca, cercano, próximo. ◆ **2 ~ on,** casi, próximo a, cerca de. **3 well ~,** prácticamente, virtualmente.
night [naɪt] *s. c.* e *i.* **1** noche. • *adj.* **2** nocturno. ◆ **3 at ~,** de, por la noche. **4 day and ~/ ~ and day,** noche y día, continuamente. **5 to have a bad ~,** dormir mal, pasar mala noche. **6 to have an early ~,** acostarse pronto. **7 to have a late ~,** acostarse tarde. **8 to make a ~ of it,** echar la noche, pasar la noche de juerga. **9 ~ owl,** trasnochador, nocherniego. **10 ~ porter,** recepcionista de noche, portero de noche. **11 ~ safe,** cajero

nocturno. **12 to work nights,** trabajar por la noche/en el turno de noche.

night-bird ['naɪtbɜːd] *s. c.* **1** ZOOL. ave nocturna. **2** (fig. y fam.) trasnochador.

night-blindness ['naɪtblaɪndnɪs] *s. i.* ceguera nocturna.

nightcap ['naɪtkæp] *s. c.* **1** gorro de noche, de dormir. **2** la espuela, (la última copa que toma un bebedor antes de acostarse).

nightclothes ['naɪtkləʊðz] *s. pl.* ropa de dormir, camisón, pijama.

nightclub ['naɪtklʌb] *s. c.* cabaret, club nocturno, sala de fiestas.

nightdress ['naɪtdres] *s. c.* camisón.

nightfall ['naɪtfɔːl] *s. i.* anochecer, crepúsculo.

nightgown ['naɪtgaʊn] *s. c.* camisón.

nightie ['naɪtɪ] *s. c.* (fam.) camisón.

nightingale ['naɪtɪŋgeɪl] *s. c.* ruiseñor.

nightjar ['naɪtdʒɑːr] *s. c.* ZOOL. chotacabras (pájaro nocturno).

nightlife ['naɪtlaɪf] *s. i.* vida nocturna.

nightlight ['naɪtlaɪt] *s. c.* luz nocturna, lamparilla, piloto.

night-line ['naɪtlaɪn] *s. c.* caña de pescar dejada durante toda la noche.

night-long ['naɪtlɒŋ] *adj.* y *adv.* durante toda la noche, durante la noche, de toda la noche.

nightly ['naɪtlɪ] *adj.* **1** de la noche, de cada noche: *the nightly television news = las noticias de la noche de la televisión.* • *adv.* **2** cada noche, todas las noches: *they broadcast the programme nightly = emiten el programa todas las noches.*

nightmare ['naɪtmeər] *s. c.* **1** sueño angustioso, mal sueño, pesadilla. **2** (fig.) de pesadilla, terrible (situación, experiencia).

nightmarish [naɪtmeərɪʃ] *adj.* aterrador, de pesadilla.

night-school ['naɪtskuːl] *s. c.* e *i.* escuela nocturna.

nightshade ['naɪtʃeɪd] *s. c.* e *i.* BOT. solano; dulcamara.

night-shift ['naɪtʃɪft] *s. c.* e *i.* turno de noche.

nightshirt ['naɪtʃɜːt] *s. c.* camisón, camisa de dormir.

nightstick ['naɪtˌstɪk] *s. c.* (EE UU) cachiporra, porra.

night-time ['naɪttaɪm] *s. i.* noche, las horas de la noche.

night-watch [ˌnaɪt'wɒtʃ] *s. i.* (~ + *v. sing./v.pl.*) vigilancia nocturna, vigilantes nocturnos, ronda nocturna.

nightwatchman [ˌnaɪt'wɒtʃmən] (*pl.* **nightwatchmen**) *s. c.* vigilante nocturno.

nightwatchmen [ˌnaɪt'wɒtʃmən] *pl.* de **nightwatchman**.

nightwear ['naɪtweər] *s. i.* (form.) ropa de dormir, camisón o pijama.

nihilism ['naɪɪlɪzəm] *s. i.* FIL. nihilismo.

nihilist ['naɪɪlɪst] *s. c.* nihilista.

nihilistic [ˌnaɪ'lɪstɪk ‖ ˌnɪhɪ'lɪstɪk] *adj.* nihilista.

nil [nɪl] *s. i.* **1** nada, nulo: *costs can be reduced to nil = los costes pueden quedar reducidos a nada.* **2** (brit.) DEP. a cero: *our team was beaten five points to nil = nuestro equipo fue derrotado 5 a 0.* ⇒ **nought.**

nimbi ['nɪmbʌɪ] *pl.* de **nimbus.**

nimble ['nɪmbʌl] *adj.* **1** ágil, rápido de movimientos, diestro. **2** listo, vivo, ágil, rápido de mente: *a nimble dialectician = un ágil dialéctico.*

nimbleness ['nɪmblnɪs] *s. i.* **1** agilidad, destreza (física). **2** viveza, agilidad (mental).

nimbly ['nɪmblɪ] *adv.* ágilmente, con destreza, con elegancia.

nimbus ['nɪmbəs] (*pl.* **nimbuses** o **nimbi**) *s. c.* **1** GEOG. nimbo. **2** REL. halo, aureola.

nincompoop ['nɪŋkəmpuːp] *s. c.* (fam.) loco, estúpido, tonto.

nine [naɪn] *num. card.* **1** nueve. ◆ **2 to dress oneself up to the nines,** ponerse las mejores ropas, vestirse de gala, de domingo. **3** ~ **times out of ten,** (fam.) casi siempre.

nineteen [ˌnaɪn'tiːn] *num. card.* **1** diecinueve. ◆ **2 to talk** ~ **to the dozen,** (fam.) hablar por los codos.

nineteenth [ˌnaɪn'tiːnθ] *num. ord.* **1** decimonoveno, decimonono. **2** diecinueveavo. **3** diecinueve: *the nineteenth century = el siglo diecinueve.*

ninetieth ['naɪntɪɪθ] *num. ord.* **1** nonagésimo. **2** noventavo.

ninety ['naɪntɪ] *num. card.* **1** noventa. ◆ **2 ninety-nine times out of a hundred,** casi siempre. **3 the nineties, a)** los años noventa. **b)** los noventa grados (temperatura Fahrenheit).

ninny ['nɪnɪ] *s. c.* (fam. y desp.) bobo, memo, tonto.

ninth [naɪnθ] *num. ord.* nono, noveno.

ninthly ['naɪnθlɪ] *adv.* en noveno lugar.

nip [nɪp] (*ger.* **nipping,** *pret.* y *p. p.* **nipped**) *v. t.* **1** pellizcar, atrapar, coger (entre dos cosas, o superficies), mordisquear: *the dog nipped the man on the leg = el perro mordisqueó al hombre en la pierna.* • *v. i.* **2** (**to** ~ **off/in,/out/up/down**) salir o entrar un momento, darse prisa, ir en una corrida: *he nipped into the pub on his way home = = entró un momento en el bar de camino a casa; nip down to the corner shop and get some coffee = baja en un momento a la tienda de la esquina y compra café.* **3** arrancar, cortar: *nip off a feather = arranca una pluma.* • *s. c.* **4** pellizco, mordisco. **5** (fam.) un trago, un sorbo, un latigazo (de bebida alcohólica). ◆ **6 a** ~ **in the air,** (fam.) frío, viento fresco. **7 to** ~ **in the bud,** cortar de raíz.

nipper ['nɪpər] *s. c.* **1** (fam.) chico, muchacho, pibe, zagal. ◆ **2 nippers,** alicates, tenacillas, tenazas.

nipple ['nɪpəl] *s. c.* **1** pezón, tetilla. **2** boquilla de biberón, tetina.

nippy ['nɪpɪ] *adj.* **1** ágil, rápido, listo. **2** frío: *a nippy wind = un viento frío.*

nirvana [nɪə'vɑːnə] *s. i.* **1** nirvana. **2** (fig.) paraíso, estado de felicidad.

Nissen hut ['nɪsnhʌt] *s. c.* barraca prefabricada (normalmente militar).

niter *s. i.* ⇒ **nitre.**

nit [nɪt] *s. i.* **1** liendre, parásito. **2** (desp.) imbécil, idiota.

nitpick ['nɪtˌpɪkɪ] *v. i.* criticar cosas insignificantes.

nitpicking ['nɪtˌpɪkɪŋ] *s. i.* **1** sofismas, insignificancias, nimiedades, objeciones de poca monta: *her arguments were mere nitpicking = sus argumentos eran meras objeciones de poca monta.* • *adj.* **2** insignificante, nimio, trivial.

nitrate ['naɪtreɪt] *s. c.* e *i.* QUÍM. nitrato.

nitre ['naɪtər] (en EE UU **niter**) *s. i.* QUÍM. nitro, nitrato potásico.

nitric ['naɪtrɪk] QUÍM. *adj.* **1** nítrico. ◆ **2** ~ **acid,** ácido nítrico.

nitrogen ['naɪtrədʒən] *s. i.* nitrógeno.

nitrogenous [naɪ'trɒdʒɪnəs] *adj.* QUÍM. nitrógenado, de nitrógeno.

nitty-gritty [ˌnɪtɪ'grɪtɪ] *s. sing.* **1** (fam.) el núcleo, el grano, lo básico, lo fundamental (en un tema). ◆ **2 to get down to the** ~**,** ir al grano.

nitwit ['nɪtwɪt] *s. c.* estúpido, tonto.

nitwitted [ˌnɪt'wɪtɪd] *adj.* estúpido, lelo, imbécil.

nix [nɪks] *s. i.* (EE UU) (argot) nada, ni pun.

no [nəʊ] *interj.* **1** no: *do you want it? No, I don't = ¿lo quieres? No.* **2** ¡no!, ¡vale!, ¡basta!: *no! stop it! =¡no! ¡basta!* • *adv.* **3** no, no sin, sin (con *adj.* para dar el significado opuesto): *the no small admiration = la no poca admiración.* **4** no, ya no, no por más tiempo (con comparativo): *they no longer enjoyed their holidays = ya no siguieron disfrutando de sus vacaciones.* **5** no (disyuntivo): *whether or no = sí o no.* • *adj.* **6** nada de, ningún, no: *there's no wine left = no queda vino.* **7** no, prohibido (en avisos públicos): *no smoking = prohibido fumar.* **8** en poco, casi nada: *we'll be there in no time = estaremos allí en poco tiempo.* • *s. c.* (*pl.* **noes** o **no's**) **9** un no, noes: *she gave a clear no to my request = me dio un claro no a mi petición; the noes and the ayes in Parliament = los noes y los síes en el parlamento.* ◆ **10** ~ **ball,** DEP. lanzamiento incorrecto (en críquet). **11 not to take a** ~ **for an answer,** no aceptar un no por respuesta. **12 there's** ~ **+** *ger.*, no es posible, no hay forma de: *there's no knowing what the end of the affair will be = no hay forma de saber cuál será el final del asunto.* ⇒ **nought.**

nob [nɒb] *s. c.* **1** (vulg.) cabeza. **2** (hum. o desp.) rico, pez gordo. • *v. t.* **3** (vulg.) golpear en la cabeza.

nobble ['nɒbl] *v. t.* (vulg.) **1** atraer la atención, persuadir. **2** presionar, chantajear. **3** drogar, narcotizar (a un caballo).

Nobel Prize [nəʊ'belpraɪz] *s. c.* Premio Nobel.

nobility [nəʊ'bɪlɪtɪ] *s. i.* **1** dignidad, nobleza, rango. **2 the** ~, la aristocracia, la nobleza.

noble ['nəʊbl] *adj.* **1** noble, admirable, valioso: *a noble gesture = un gesto noble.* **2** noble, aristocrático: *noble birth = noble cuna.* **3** agradable, bello, distinguido, superior: *a noble-*

looking man = un hombre de aspecto distinguido. **4** QUÍM. noble (metales como el oro, la plata...). • *s. c.* **5** noble, aristócrata.

nobleman ['nəublmən] (*pl.* **noblemen**) *s. c.* noble, aristócrata.

noblemen ['nəublmən] *pl.* de **nobleman**.

noblewoman ['nəublwumən] (*pl.* **noblewomen**) *s. c.* dama noble, aristócrata.

noblewomen ['nəublwɪmɪn] *pl.* de **noblewoman**.

noblesse oblige [nəu,blesə'bli:ʒ] *interj.* nobleza obliga (proverbio francés).

nobly ['nəubli] *adv.* **1** noblemente, con nobleza, generosamente. **2** espléndidamente, magnificentemente. ◆ **3 ~ born,** de noble cuna: *better to be nobly remembered than nobly born = es mejor ser recordado noblemente que ser de noble cuna.*

nobody ['nəubədɪ] (también **no-one**) *pron.ind.* **1** nadie: *nobody came to his party = nadie asistió a su fiesta.* • *s. c.* **2** don nadie, nulidad, cero a la izquierda.

nocturnal [nɒk'tə:nl] *adj.* nocturno, nocturnal, noctívago.

nocturnally [nɒk'tə:nəlɪ] *adv.* nocturnalmente.

nocturne ['nɒktə:n] *s. c.* MÚS. nocturno, serenata nocturna.

nod [nɒd] *s. c.* **1** cabezada. **2** movimiento, indicación, señal, inclinación, orden o saludo (hecho con la cabeza). • (*ger.* **nodding,** *pret.* y *p. p.* **nodded**) *v. i.* **3** asentir, indicar, señalar, invitar, saludar..., con la cabeza. **4** cabecear, dar cabezadas. **5** inclinarse, moverse: *the trees nodded in the wind = los árboles se inclinaban al viento.* ◆ **6 to be on nodding terms,** conocerse de vista y saludarse. **7 to give the ~, to give someone the ~,** dar permiso, mostrar acuerdo. **8 to ~ off,** quedarse dormido, echar una cabezada. **9 on the ~, a)** con facilidad, fácilmente, ponerse de acuerdo rápidamente. **b)** a crédito.

noddle ['nɒdl] *s. c.* (fam.) la cabeza.

node [nəud] *s. c.* **1** ASTR.y BIOL. nodo. **2** BOT. nudo.

nodular ['nɒdju:lər] *adj.* nodular.

nodule ['nɒdju:l] *s. c.* **1** concreción, dureza, nódulo, protuberancia. **2** GEOL. núcleo, nódulo, gabarro.

Noel [nəu'el] *s. c.* villancico.

noggin ['nɒgɪn] *s. c.* **1** (vulg.) la cabeza. **2** un trago, vaso, vasito, caña. **3** medida de capacidad. ⇒ **dram, gill.**

no-go area [nəu'gəueɪrɪə] *s. c.* zona prohibida, peligrosa. ⇒ **area.**

nohow ['nəuhau] *adv.* (EE UU) (fam.) de ninguna manera.

noise [nɔɪz] *s. c.* **1** ruido. **2** escándalo: *the novel made quite a noise when published = la novela causó bastante escándalo cuando se publicó.* • *s. i.* **3** ruido, ruidos molestos, jaleo, estrépito, clamor, interferencias: *preferring quiet and solitude to the noise of a great town = prefiriendo la tranquilidad y la soledad al ruido de una gran ciudad.* **4 big ~,** personaje, pez gordo. ◆ **5 to make a ~ about,** hacer notar, meter ruido, quejarse. **6 to make noises,** expresar sentimientos, referirse a, manifestarse, hacer notar. **7 to make the right noises/to make all the right noises,** mostrar entusiasmo, hacer el paripé, cumplir. **8 to ~ about/abroad,** divulgar, hacer correr un rumor. **9 ~ pollution,** contaminación acústica.

noiseless ['nɔɪzlɪs] *adj.* silencioso, sin ruido, silente, sosegado, tranquilo: *the noiseless foot of time = el paso sosegado del tiempo.*

noiselessly ['nɔɪzlɪsli] *adv.* silenciosamente.

noiselessness ['nɔɪzlɪsnɪs] *s. i.* paz, tranquilidad, sosiego.

noisily ['nɔɪzɪlɪ] *adv.* ruidosamente, estrepitosamente.

noisiness ['nɔɪzɪnɪs] *s. i.* ruido, estrépito.

noisome ['nɔɪsəm] *adj.* (form.) **1** nocivo, dañoso. **2** desagradable, molesto, ofensivo. **3** maloliente, hediondo.

noisy ['nɔɪzi] *adj.* ruidoso, estrepitoso.

nomad ['nəumæd] *s. c.* nómada, errante.

nomadic [nəu'mædɪk] *adj.* nómada.

no-man's land ['nəumænzlænd] *s. i.* tierra de nadie.

nom de plume [,nɒmdə'plu:m] *s. c.* pseudónimo (forma francesa).

nomenclature [nəu'menklətʃər] *s. i.* clasificación, nomenclatura.

nominal ['nɒmɪnl] *adj.* **1** nominal, aparente, teórico, cabeza visible. **2** nominal, relación nominal. **3** nominal, nominativo, a nombre de. **4** GRAM. nominal, perteneciente al nombre. **5** simbólico (precio).

nominally ['nɒmɪnəli] *adv.* nominalmente, teóricamente.

nominate ['nɒmɪneɪt] *v. t.* **1** nombrar, nominar, llamar, poner un nombre a. **2** elegir, nombrar, proponer. **3** nombrar, asignar, designar (para un puesto de trabajo).

nomination [,nɒmɪ'neɪʃn] *s. c.* **1** seleccionado, clasificado, propuesto. • *s. i.* **2** nombramiento, propuesta, candidatura. **3** elección, asignación, nombramiento. ◆ **4 to place someone's name in ~ for,** proponer a alguien para un cargo.

nominative ['nɒmɪnətɪv] *adj.* **1** GRAM. nominativo (caso del sujeto): *a nominative pronoun = un pronombre nominativo.* • *s. c.* **2** nominativo (caso), palabra en ese caso: *there are three nominatives = hay tres nominativos.*

nominee [,nɒmɪ'nɪ:] *s. c.* candidato, aspirante, pretendiente (a un puesto), persona o cosa propuesta (para un premio, beca, etc.).

non- [nɒn] *prefijo* no-, in-, que no puede ser, sin. *non-attendance = inasistencia; non-absorbable = que no puede ser absorbido.*

nonage ['nəunɪdʒ] *s. i.* (form.) minoría de edad.

nonagenarian [,nɒnədʒɪ'neərɪən] *s. c.* **1** nonagenario. • *adj.* **2** nonagenario.

non-aggression [,nɒnə'greʃn] *s. i.* y *adj.* no agresión: *non-agression treaty = tratado de no agresión.*

non-alcoholic [,nɒn,ælkə'hɒlɪk] *adj.* no alcohólico, sin alcohol.

non-aligned [,nɒnə'laɪnd] *adj.* no alineado, neutral.

non-alignment [,nɒnə'laɪnment] *s. i.* no alineamiento, neutralidad.

nonce [nɒns] *adv.* **for the ~,** (arc.) por esta vez; por el momento.

nonce-word ['nɒnswə:d] *s. c.* palabra ad hoc (creada solamente para una ocasión).

nonchalance ['nɒnʃələns] *s. i.* **1** indiferencia, falta de entusiasmo, despreocupación, falta de interés. **2** frialdad, tranquilidad.

nonchalant ['nɒnʃələnt] *adj.* indiferente, despreocupado, frío.

nonchalantly ['nɒnʃələntlɪ] *adv.* despreocupadamente, indiferentemente, negligentemente.

non-combatant [,nɒn'kɒmbətənt] *s. c.* no combatiente.

non-commissioned officer *s. c.* **suboficial.**

non-committal [,nɒnkə'mɪtl] *adj.* **1** vago, evasivo, sin definir, poco comprometedor. ◆ **2 to be ~,** ser evasivo; no definirse.

non-committally [,nɒnkə'mɪtəli] *adv.* vagamente, evasivamente, sin comprometerse, cautelosamente: *he answered non-committally = contestó evasivamente.*

non-compliance [,nɒnkəm'plaɪəns] *s. i.* incumplimiento, infracción, desobediencia (de una ley o similar).

non compos mentis [,nɒn,kɒmpəs'mentɪs] *adj.* DER. enajenado mental.

non-conductor [,nɒnkən'dʌktər] *s. i.* ELEC. no conductor (hilo, cable, etc.).

nonconformism [,nɒnkən'fɔ:mɪzəm] *s. c.* inconformismo.

nonconformist [,nɒnkən'fɔ:mɪst] *s. c.* **1** inconformista, rebelde, individualista, disidente. **2** no conformista. • *adj.* **3** inconformista, disconforme: *nonconformist party = partido inconformista; nonconformist conscience = conciencia disconforme.* • *adj.*y *s. c.* **4** protestante no anglicano.

nonconformity [,nɒnkən'fɔ:mɪti] *s. i.* (~ **to/with**) inconformismo, disidencia: *the problems caused by nonconformity to the laws of life = los problemas causados por el inconformismo con respecto a las leyes de la vida.*

non-contributory [,nɒnkən'trɪbjutəri] **1** *adj.* sin cotización, sin participación. ◆ **2 a ~ plan,** plan de cotización de pensión o jubilación en el que los derechos pasivos los abona únicamente el empresario.

non-cooperation [,nɒnkəu,ɒpə'reɪʃn] *s. i.* no cooperación, pasividad: *a policy of non-cooperation = una política de no cooperación.*

nondescript ['nɒndɪskrɪpt] *adj.* sin carácter, sin personalidad, mediocre, normal, indeterminado: *he was wearing some nondescript clothes = llevaba puesta ropa sin personalidad.*

none [nʌn] *pron.* **1** nadie, ninguno. *none of them could help us = ninguno de ellos pudo ayudarnos.* **2** nada, ninguno: *there are none left = no queda ninguno.* **3** no, ya no, no... tal cosa, no... de eso: *I used to have some, but now I have none = solía tener, pero ahora no tengo nada de eso.* • *adv.* **4** ~ **the,** (form.) no, no más, de ninguna manera, en modo alguno: *they were none the better off after all = no habían mejorado en modo alguno.* **5** ~ **but,** (form.) solo, únicamente: *none but the best = únicamente lo mejor.* **6** **to have** ~ **of,** (fam.) no aceptar, no tolerar: *I'll have none of your excuses = no aceptaré ninguna excusa.* **7** ~ **other than,** no otra cosa que, ni más ni menos que, el mismísimo: *it was none other than the king = era el mismísimo rey.* **8** ~ **too,** (form.) no muy, no demasiado, de ningún modo: *it was none too easy = no era de ningún modo fácil.*

nonentity [nɒ'nəntɪti] *s. c.* **1** nulidad, cero a la izquierda, don nadie, insignificante. • *s. i.* **2** insignificancia, anonimato.

non-essential [ˌnɒnɪ'senʃl] *adj.* innecesario, no esencial, superfluo.

nonesuch ['nʌnsʌtʃ] (también **nonsuch, nonpareil**) *s. sing.* (form. y lit.) dechado, modelo, persona sin par.

nonetheless [ˌnʌnðə'lɪs] *adv.* sin embargo, no obstante, con todo.

non-event [ˌnɒnɪ'vent] *s. c.* fracaso, decepción: *the debate we had so been looking forward to turned out to be a real non-event = el debate que habíamos esperado tanto resultó ser una decepción.*

non-executive [ˌnɒnek'sekjətɪv] *adj.* sin cargo ejecutivo.

non-existence [ˌnɒnɪg'zɪstəns] *s. i.* inexistencia, ausencia (de algo).

non-existent [ˌnɒnɪg'zɪstənt] *adj.* inexistente.

non-fiction [ˌnɒn'fɪkʃn] *s. i.* no ficción.

non-flammable [ˌnɒn'flæməbl] (también **non-inflammable**) *adj.* no inflamable, ininflamable, resistente al fuego, incombustible, no combustible.

non-human [ˌnɒn'hjuːmən] *adj.* no humano, animal.

non-interference [ˌnɒnɪntə'fɪərəns] *s. i.* ⇒ **non-intervention.**

non-intervention [ˌnɒnɪntə'venʃn] *s. i.* no intervención (política de).

non-iron [ˌnon'aɪən] *adj.* que no necesita plancha (ropa).

non-member [nɒn'membər] *s. c.* no miembro, no afiliado, visitante.

no-no [nəunəu] *s. sing.* (fam.) algo prohibido, inaceptable.

non-nuclear [nɒn'njuːklɪər] *adj.* no nuclear, desnuclearizado.

non-observance [ˌnɒnəb'zəːvəns] *s. i.* (form.) falta de observancia, no observancia, incumplimiento (de una ley, tratado, etc.).

no-nonsense [ˌnou'nɒnsns] *adj.* directo, eficaz, claro, sensato: *his no-nonsense attitude made him a good manager = su sensata actitud le hizo un buen director.*

nonpareil [ˌnɒnpə'reɪl] *s. sing.* ⇒ **nonesuch.**

non-payment [ˌnɒn'peɪment] *s. i.* falta de pago, impago.

nonplussed [ˌnɒn'plʌst] (en EE UU **nonplused**) *adj.* confundido, perplejo, perdido, desconcertado, sorprendido, desorientado, turbado: *he was nonplussed by their questions, and didn't know what to say = quedó confundido por sus preguntas, y no sabía qué decir.*

non-profit-making [nɒn'prɒfɪtmeɪkɪŋ] *adj.* **1** no lucrativo, benéfico, altruista, caritativo. **2** ruinoso, que no produce ganancias.

non-proliferation [ˌnɒnprəlɪfə'reɪʃn] *s. i.* **1** no proliferación, restricción, limitación (referido a armas nucleares). **2** no reproducción, no multiplicación, no generación (acción de limitar la expansión de algo).

non-resident [ˌnɒn'rezɪdənt] *s. c.* no residente, transeúnte, huésped de paso: *the hotel car park is not open to non-residents = el aparcamiento del hotel no está abierto a no residentes.*

nonsense ['nɒnsns] *s. i.* **1** disparate, sinsentido, tontería, tontada, desatino, despropósito, estupidez: *he is always talking nonsense = siempre está diciendo disparates.* ◆ **2** **to make a** ~ **of/to make** ~ **of,** estropear, echar a perder, desbaratar.

nonsensical [nɒn'sensɪkl] *adj.* estúpido, disparatado, ridículo, absurdo, falso: *nobody believed his nonsensical excuses = nadie se creyó sus absurdas excusas.*

nonsensically [nɒn'sensɪklɪ] *adv.* estúpidamente, disparatadamente, ridículamente, absurdamente.

non sequitur [ˌnɒn'sekwɪtər] *s. c.* (form.) falso razonamiento, falsa conclusión, que no se sigue de las premisas: *he came out with a non sequitur because he hadn't been listening = soltó una falsa conclusión porque no había estado escuchando.*

non-shrink [ˌnɒn'ʃrɪŋk] *adj.* que no encoge.

non-skid [ˌnɒn'skɪd] *adj.* antideslizante (neumáticos).

non-smoker [ˌnɒn'sməukər] *s. c.* no fumador.

non-smoking [ˌnɒn'sməukɪŋ] *adj.* de no fumador: *non-smoking area = zona de no fumadores.*

non-standard [ˌnɒn'stændərd] *adj.* no normalizado, no estándar, no tipificado, familiar, llano.

non-starter [ˌnɒn'stɑːtər] *s. c.* **1** imposible, impracticable, irrealizable: *it was a good idea, but an obvious non-starter = la idea era buena, pero irrealizable.* **2** no iniciado, sin futuro: *he was a non-starter in the team = no tenía futuro en el equipo.*

non-stick [ˌnɒn'stɪk] *adj.* antiadherente: *a non-stick frying pan = una sartén antiadherente.*

non-stop [ˌnɒn'stɒp] *adj.* **1** continuo, ininterrumpido, constante, seguido: *a twenty-four-hour non-stop folk music concert = un concierto de música folk de 24 horas ininterrumpidas.* **2** directo: *a non-stop train = un tren directo.*

nonsuch *s. sing.* ⇒ **nonesuch.**

non-U [ˌnɒn'juː] *adj.* (brit.) vulgar, de clase baja, inferior. ⇒ **U.**

non-union [ˌnɒn'juːnɪən] (también **non-unionized**) *adj.* **1** no afiliado, no sindicado, independiente. **2** que emplea a trabajadores no sindicados.

non-unionized [ˌnɒn'juːnɪənaɪzd] *adj.* ⇒ **non-union.**

non-verbal [ˌnɒn'vəːbl] *adj.* no verbal, no oral, no elocutivo, sin palabras: *non-verbal communication = comunicación no verbal.*

non-violence [ˌnɒn'vaɪələns] *s. i.* no violencia, pacifismo, resistencia pasiva.

non-violent [ˌnɒn'vaɪələnt] *adj.* no violento, pacífico.

non-white [ˌnɒn'waɪt] *adj.* de color, que no es de raza blanca.

noodles [nuːdl] *s. pl.* tallarines, fideos.

nook [nuk] *s. c.* **1** rincón, rinconcito, refugio, lugar, retiro, escondrijo, cobijo. ◆ **2** **every** ~ **and cranny,** todos los rincones, por todas partes: *we looked for it in every nook and cranny = lo buscamos por todos los rincones.*

noon [nuːn] *s. c.* **1** mediodía, las doce de la mañana. • *adj.* **2** del mediodía, de la mañana: *try to finish it before the noon break = intenta acabarlo antes del descanso del mediodía.* ◆ **3** **the** ~ **of night,** medianoche. **4** ~ **light,** luz del mediodía.

noonday ['nuːndeɪ] *s. i.* (p.u.) **1** mediodía, la mitad del día. • *adj.* **2** del mediodía: *the noonday press = la prensa del mediodía.*

no-one ['nəuwʌn] *pron. ind.* ⇒ **nobody.**

noose [nuːs] *s. c.* **1** nudo corredizo, lazo. • *v. t.* **2** asegurar con un nudo, ahorcar, lazar, capturar con lazo.

nope [nəup] *adv.* (EE UU) (fam.) no.

nor [nɔːr] *conj.* **1** ni. ⇒ **neither.** OBS. **2** se usa al principio de oraciones, con inversión del orden de sujeto y verbo, para añadir información coincidente: *"I didn't go out yesterday" "Nor did I" = "No salí ayer", "Ni yo".* **3** Se usa para introducir una segunda alternativa negativa: *neither Tom nor John smokes = ni Tom ni John fuman.* **4** En enumeraciones negativas: *she didn't bring her book, nor her pen, nor her notebook = no trajo su libro, ni su pluma, ni su cuaderno.*

Nordic ['nɔːdɪk] *adj.* **1** nórdico, del norte de Europa. **2** nórdico, de los países escandinavos. **3** de aspecto nórdico: *she looked Nordic, she was tall, slender and blonde = tenía aspecto de nórdica, era alta, esbelta y rubia.*

norm [nɔːm] *s. c.* **1** norma, conducta habitual, pauta, norma social. **2** norma, normas legales, requisitos, disposiciones: *it had been built according to the government norms* = *había sido construido según las normas legales gubernamentales.* ◆ **3 the ~,** lo típico, la media.

normal ['nɔːml] *adj.* **1** normal, acostumbrado, corriente: *normal temperatures* = *temperaturas normales.* **2** natural, sano, sin defectos, de carácter normal. **3** TEC. perpendicular. **4** QUÍM. solución normal.

normalcy ['nɔːmlsi] *s. i.* (p.u.) ⇒ **normality.**

normalise *v. t.* ⇒ **normalize.**

normality [nɔː'mælɪtɪ] *s. i.* normalidad, situación normal.

normalization [ˌnɔːməlaɪ'zeɪʃn] (también **normalisation**) *s. i.* normalización.

normalize ['nɔːməlaɪz] (también **normalise**) *v. t.* normalizar, regularizar, poner en regla.

normally ['nɔːməlɪ] *adv.* **1** normalmente, con normalidad, bien: *public transport is now running normally* = *el transporte público ahora funciona con normalidad.* **2** normalmente, frecuentemente, como norma, hábito: *I normally have coffee after lunch* = *normalmente tomo café después de comer.*

Norman ['nɔːmən] *s. c.* **1** normando, natural de Normandía. ● *adj.* **2** normando, referido al período normando: *there is a Norman castle there* = *hay un castillo normando allí.*

normative ['nɔːmətɪv] *adj.* normativo, que sirve de norma.

Norse [nɔːs] *s. i.* **1** escandinavo (idioma antiguo). ● *adj.* **2** escandinavo.

north [nɔːθ] *s. sing.* **1** GEOL. norte, septentrión. **2** el norte, la zona norte: *he lives in the north of Spain* = *vive en el norte de España.* ● *adj.* **3** norteño, del norte, septentrional, boreal: *north wind* = *viento del norte.* ● *adv.* **4** hacia el norte, en el norte: *they were heading due north* = *se dirigían hacia el norte.* ◆ **5 the North Pole,** GEOG. el Polo Norte.

northbound [ˌnɔːθ'baund] *adj.* en dirección norte, que se dirige al norte.

north-east [ˌnɔːθ'iːst] *s. sing.* **1** GEOG. nordeste. **2** el nordeste, la zona nordeste: *the north-east is highly populated* = *la zona nordeste está muy poblada.* ● *adj.* **3** nordestal, del nordeste. ● *adv.* **4** hacia el nordeste, en el nordeste.

north-easterly [ˌnɔːθ'iːstəlɪ] *adj.* y *adv.* **1** en dirección nordeste. **2** del nordeste, proveniente del nordeste (viento).

north-eastern [ˌnɔːθ'iːstən] *adj.* del nordeste, nordestal.

northerly ['nɔːðəlɪ] *adj.* y *adv.* norte, en el norte, del norte.

northern ['nɔːðən] *adj.***1** del norte, norteño. ◆ **2 ~ lights,** aurora boreal.

northerner ['nɔːðənər] *s. c.* habitante del norte, norteño, nortino.

northernmost ['nɔːðənməust] *adj.* más al norte, más septentrional, extremo norte de: *North Cape is regarded as the northernmost point in Europe* = *el cabo del norte se ve como el punto más septentrional de Europa.*

northward [ˌnɔːθwəd] (también **northwards**) *adv.* y *adj.* hacia el norte: *the plane was flying northward* = *el avión estaba volando hacia el norte; there was a northward migration* = *hubo una emigración hacia el norte.*

north-west [ˌnɔːθ'west] *s. sing.* **1** GEOG. noroeste, norueste. **2** el noroeste, la zona noroeste. ● *adj.* **3** del noroeste, noroccidental. ● *adv.* **4** en o hacia el noroeste.

north-westerly [ˌnɔːθ'westəlɪ] *adj.* y *adv.* **1** en dirección noroeste, hacia el noroeste. **2** noroeste, noroccidental, proveniente del noroeste (viento).

north-western [ˌnɔːθ'westən] *adj.* en el noroeste, del noroeste.

Norway ['nɔːweɪ] *s. sing.* Noruega.

Norwegian [nɔː'wiːdʒən] *s. c.* **1** noruego (persona). ● *adj.* **2** noruego, relativo a Noruega. ● *s. i.* **3** noruego (idioma).

nose [nəuz] *s. c.* **1** ANAT. nariz, narices. **2** hocico, morro, trompa. **3** morro, proa, parte delantera de un vehículo, un arma. **4** olfato, intuición: *he's got a good nose for business* = *tiene un buen olfato para los negocios.* ● *v. t.* **5** empujar con la nariz: *the cat nosed the cage door open* = *el gato abrió la puerta de la jaula empujando con la nariz.* ● *v. i.* **6** deslizarse, desplazarse lentamente, con cuidado: *she nosed the car into the garage* = *se deslizó lentamente con el coche hacia el garaje.* ◆ **7 ~ job,** operación de (cirugía estética en la) nariz. **8 to cut off one's ~ to spite one's face,** causarse un daño para perjudicar a otro, no comer rancho para fastidiar al jefe. **9 to follow one's ~,** obedecer, seguir la propia intuición o instinto; dejarse guiar por el olfato. **10 to get up one's ~,** sacar de quicio: *they get up my nose* = *me sacan de quicio.* **11 to have a ~ for,** tener olfato, intuición, instinto para. **12 to have one's ~ in a book,** estar embebido en la lectura de un libro, estar enfrascado en la lectura. **13 to keep one's ~ clean,** mantenerse al margen, no comprometerse, no ser indiscreto. **14 to keep one's ~ out,** no meter las narices donde no le llaman, no injerirse, no meterse en vidas ajenas. **15 to keep one's ~ to the grindstone,** estar metido a fondo en el trabajo, batir el cobre. **16 to lead someone by the ~,** dominar, controlar, tener a alguien sometido. **17 to look down one's ~,** despreciar, tratar con desdén, mirar con superioridad, mirar a alguien por encima del hombro. **18 to ~ about,** curiosear, fisgonear, husmear, fisgar. **19 to ~ out,** descubrir, detectar, destapar. **20 to pay through the ~ for,** pagar demasiado/mucho por: *I'm paying through the nose for the flat* = *estoy pagando demasiado por el piso.* **21 to poke/stick one's ~ into,** meter las narices en, inmiscuirse, entrometerse. **22 to powder one's ~,** empolvarse la nariz, maquillarse, pintarse, arreglarse, acicalarse. **23 to rub someone's ~ in,** pasar, refrotar, refregar una cosa a alguien por las narices. **24 to see no further than one's ~,** no ver más allá de sus narices. **25 to thumb one's ~ at,** ignorar, no hacer caso de, no prestar atención a, mostrar indiferencia hacia, encogerse de hombros. **26 to turn up one's ~ at,** volverle la cara a alguien o a algo, volverle la espalda a alguien o a algo, despreciar. **27 under someone's ~,** delante de, en las propias narices. **28 with one's ~ in the air,** dándose importancia, con aires de superioridad, creyéndose por encima de los demás.

nosebag ['nəuzbæg] *s. c.* morral, cebadera.

nosebleed ['nəuzbliːd] *s. c.* hemorragia nasal, epistaxis.

nosecone ['nəuzkəun] *s. c.* cono de proa (de un cohete o similar).

nosedive ['nəuzdaɪv] *s. c.* **1** AER. caída, bajada en picado. **2** caída repentina, descenso brusco, bajada en picado de los precios. ● *v. i.* **3** AER. picar, entrar, descender un avión en picado, hacer un picado. **4** caer, bajar los precios en picado.

nosegay ['nəuzgeɪ] *s. c.* (arc.) ramillete de flores, ramo de novia.

nose-ring ['nəuzrɪŋ] *s. c.* aro de nariz (para animales especialmente).

nose-wheel ['nəuzwiːl] *s. c.* AER. rueda de proa, rueda delantera.

nosey-parker [ˌnəuzɪ'pɑːkər] (también **nosy-parker**) *s. c.* (desp.) fisgón, cotilla, metomentodo, entrometido.

nosh [nɒʃ] *s. i.* **1** (fam.) papeo, pitanza, manduca. **2** bocado, tentempié: *shall we have some nosh now?* = *¿comemos un bocado?* ● *v. t.* e *i.* **3** tragar, zampar, comer.

nosh-up ['nɒʃʌp] *s. c.* (brit.) (argot.) comilona.

nosily ['nəuzɪlɪ] *adv.* curiosamente, indiscretamente, entrometidamente.

nosiness ['nəuzɪnɪs] *s. i.* curiosidad, indiscreción, entrometimiento.

nostalgia [nɒ'stældʒə] *s. i.* nostalgia, añoranza, remembranza.

nostalgic [nɒ'stældʒik] *adj.* nostálgico, evocativo, sentimental.

nostalgically [nɒ'stældʒɪklɪ] *adv.* nostálgicamente, con nostalgia.

nostril ['nɒstrəl] *s. c.* **1** ventana de la nariz. **2** aletas de la nariz.

nostrum ['nɒstrəm] *s. c.* (p.u.) **1** panacea, curalotodo, remedio de curandero, potingue, mejunje. **2** panacea, teoría particular, proyecto favorito: *another party nostrum is more schools, more teachers* = *otro proyecto favorito del partido son más escuelas, más profesores.*

nosy ['nəuzɪ] (también **nosey**) *adj.* inquisitivo, fisgón, metomentodo, curioso, entrometido. ⇒ **nosey-parker.**

not [nɒt] *adv.* (*contr.* **n't**) **1** no (con verbos): *he's not here* = *no está aquí.* **2** no (con otras palabras): *not every-*

body was there = no todos estaban allí. **3** ni a, no más de (con expresiones de distancia, tiempo y cantidad): *he was not a couple of metres away = no estaba a más de un par de metros.* **4** no tanto: *we did so, not because he wanted to but because it was the only way = lo hicimos no tanto porque él quisiera, sino porque era la única solución.* **5** no es que, no quiero decir que: *not that I mind, but I should have been told = no es que me importe, pero lo deberían haber dicho.* **6** que no (con ciertos verbos): *I hope not = espero que no; I'm afraid not = me temo que no.* ◆ **7** **~ a,** ni un: *not a minute was wasted = no se perdió ni un minuto.* **8** **~ always,** no siempre. **9** **~ at all,** en absoluto, de ninguna manera, de nada. **10** **~ but what,** aunque. **11** **~ even,** ni siquiera, ni tan siquiera. **12** **~ only/~ just/~ simply... (but also),** no sólo, no únicamente, no simplemente... (sino también). **13** **~ to say,** por no decir. OBS. la forma **n't** se usa en las **question tags,** y en formas interrogativo-negativas; es frecuente, en todo caso, en registro oral; pero no en registro escrito formal, o si se quiere enfatizar la negación: **shall + not = shan't; will + not = won't**. Con verbos tales como **think**, **want**, la negativa recae sobre la subordinada. *I thought you weren't coming = pensé que no venías.* **Not any = no.**

notability [ˌnəutə'bɪlɪtɪ] *s. c.* personaje, notable, persona importante.

notable ['nəutəbl] *s. c.* **1** notable, persona importante o principal, ⇒ I.P. • *adj.* **2** importante, interesante, notable, famoso.

notably ['nəutəblɪ] *adv.* **1** notablemente, considerablemente, de modo no común. **2** notablemente, particularmente, especialmente.

notary ['nəutərɪ] *s. c.* notario. ⇒ **solicitor.**

notation [nəu'teɪʃn] *s. i.* **1** notación (matemática, química, musical...), sistema de signos. • *s. c.* **2** signo o signos de una notación.

notch [nɒtʃ] *s. c.* **1** muesca, entalladura, incisión, melladura, escotadura, hendidura. **2** puntos, diferencia, distancia, por encima, por debajo: *his performance was a few notches above the others' = su actuación estuvo por encima de la de los otros.* • *v. t.* **3** hacer una muesca en, mellar. **4** anotarse, apuntarse (una victoria), marcar un hito, reservarse (un puesto en los anales).

note [nəut] *s. c.* **1** nota, mensaje: *she sent me a note with the details = me envió una nota con los detalles.* **2** nota, anotación, apunte: *I made a note so I would remember it = tomé un apunte para acordarme.* **3** nota, aclaración, información adicional: *translator's note = nota del traductor.* **4** nota, circular, certificación: *a diplomatic note = una nota diplomática.* **5** billete de banco, papel moneda. **6** nota musical, nota (su representación gráfica). **7** tecla, llave, registro (de un instrumento musical con teclado). **8** sonido, ruido. **9** nota (tono de voz): *there was a note of bitterness in his voice = había una nota de amargura en su voz.* **10** advertencia, punto. • *v. t.* **11** notar, observar, fijarse, reparar, darse cuenta. **12** anotar, registrar, llevar cuenta. **13** hacer notar, manifestar, citar. ◆ **14** **to compare notes,** discutir, intercambiar opiniones. **15** **to make/have/keep a mental ~ of,** tomar nota mentalmente. **16** **to ~ down,** anotar, tomar nota. **17** **of ~,** importante, digno de ser notado, digno de mención. **18** **to take ~,** tomar nota, fijarse.

notebook ['nəutbuk] *s. c.* libro de notas, cuaderno de clase, libreta.

notecase ['nəutkeɪs] *s. c.* billetera.

noted ['nəutɪd] *adj.* conocido, famoso, notable, notorio.

notepad ['nəutpæd] *s. c.* bloc, taco de papel.

notepaper ['nəutpeɪpər] *s. i.* papel de cartas.

noteworthy ['nəutwəːðɪ] *adj.* notable, significativo, digno de mención.

nothing ['nʌθɪŋ] *pron.* **1** nada, nadería, trivialidad: *they were talking about nothing = hablaban de trivialidades; it cost me nothing = me costó muy poco, casi nada; there's nothing like home = no hay nada como el hogar.* • *adv.* **2** en modo alguno, nada de eso, ni mucho menos, nada por el estilo: *"£ 300!" "No, nothing near!" = "¡300 libras!", "No, en modo alguno te acercas".* • *s. c.* **3** nada, nulidad, nadie, don nadie: *he's a perfect nothing = es una nulidad.* ◆ **4** **all or ~,** o todo o nada. **5** **for ~,** **a)** innecesariamente, por nada, para nada. **b)** gratis. **6** **it's ~,** no es nada, no pasa nada. **7** **not for ~,** no por nada, no en vano. **8** **~ but,** simplemente de, no otra cosa que, nada más que, sólo: *I've had nothing but bread and butter since yesterday = no he tomado nada más que pan y mantequilla desde ayer.* **9** (vulg.) **~ doing,** nada que hacer. **10** **~ if not,** muy, extremadamente, por encima de todo. **11** **~ in it/to it,** es falso, no es nada, no hay nada de eso, no hay tal cosa. **12** **~ less than,** ni más ni menos que, no otra cosa que, nada menos que. **13** **~ more than,** nada más que de, simplemente de. **14** **~ of the sort,** nada por el estilo, de ninguna manera, de eso nada. **15** **~ to it,** es fácil, no tiene nada, eso no es nada, no tiene ciencia. **16** **something for ~/money for ~,** todo por nada, gratuitamente, de balde. **17** (brit.) **there is ~ for it,** no haber otra cosa que hacer más que, no quedar más remedio que.

nothingness ['nʌθɪŋnɪs] *s. i.* la nada, el vacío.

notice ['nəutɪs] *s. i.* **1** aviso, notificación, comunicación, cartel. **2** despido, dimisión. **3** PER. anuncio, nota, reseña, recensión, crítica, noticia crítica, suelto. **4** reconocimiento, consideración, atención, interés. • *v. t.* **5** notar, percibir, fijarse, prestar atención a, darse cuenta de, reconocer. **6** escribir una nota, una reseña de, reseñar, escribir una crítica sobre. ◆ **7** **at a moment's ~/at five minutes' ~,** en un momento, en cinco minutos, en el plazo de cinco minutos, en el término de cinco minutos. **8** **at short ~,** inmediatamente, de repente, con poco tiempo, en muy breve plazo, sin previo aviso. **9** **to bring to someone's ~,** hacer saber, dar a conocer, comunicar algo a alguien, dar cuenta. **10** **to come to one's ~,** darse cuenta, llegar a saber, caer en la cuenta. **11** **to escape one's ~,** no darse cuenta, pasarse por alto. **12** **to give ~,** avisar el despido, dar la cuenta. **13** **to hand in one's ~,** dimitir. **14** **to serve ~,** revelar, manifestar, avisar, hacer un comunicado. **15** **to take ~,** prestar atención, tomar nota. **16** **to take no ~,** no prestar atención, no reparar, no hacer caso. **17** **until further ~,** hasta nuevo aviso.

noticeable ['nəutɪsəbl] *adj.* **1** notable, obvio, evidente, perceptible, muy visible. **2** notable, conspicuo, sobresaliente.

noticeably ['nəutɪsəblɪ] *adv.* notablemente, perceptiblemente, evidentemente, visiblemente, obviamente.

noticeboard ['nəutɪsbɔːrd] *s. c.* (brit.) tablón de anuncios, tablero, tablilla.

notifiable ['nəutɪfaɪəbl] *adj.* (brit.) DER. notificable, que debe ser notificado obligatoriamente a la autoridad, de lo que debe darse parte oficial.

notification [ˌnəutɪfɪ'keɪʃn] *s. i.* notificación, comunicación, aviso oficial.

notify ['nəutɪfaɪ] *v. t.* **1** notificar, comunicar, avisar. **2** denunciar, informar. **3** hacer saber, publicar, proclamar.

notion ['nəuʃn] *s. c.* **1** noción, concepto, categoría. **2** idea, creencia, opinión, teoría, concepción. **3** deseo, intención: *I have no notion of cooperating with them = no tengo intención de cooperar con ellos.* **4** (*pl.*) **a)** invenciones, imaginaciones, ingenios. **b)** (EE UU) COM. complementos; artículos de mercería. ◆ **5** (EE UU) **notions store,** mercería.

notional ['nəuʃənl] *adj.* **1** hipotético, especulativo, abstracto, teórico, imaginario. **2** GRAM. con significado propio.

notoriety [ˌnəutə'raɪətɪ] *s. i.* notoriedad, fama.

notorious [nəu'tɔːrɪəs] *adj.* **1** (desp.) notorio, famoso, conocido por, célebre, de mala fama. ◆ **2** **to be ~ for,** tener fama de: *he's notorious for his lies = tiene fama de mentiroso.*

notoriously [nəu'tɔːrɪəslɪ] *adv.* notoriamente, notablemente, especialmente: *a notoriously bad year for crops = un año especialmente malo para la cosecha.*

notwithstanding [ˌnɒtwɪθ'stændɪŋ] *prep.* **1** (form.) a pesar de, no obstante: *notwithstanding the rise in* *prices, everything has been sold = a pesar del incremento de los precios, se ha vendido todo.* • *adv.* **2** sin embargo, todavía, aún, a pesar de todo: *he did his best but he lost notwithstanding = hizo lo que pudo pero perdió a pesar de todo.* • *conj.* **3** aunque, a pesar de que: *notwithstanding that the weather was good, we stayed in all day = a pesar de que el tiempo era bueno, nos quedamos en casa todo el día.*

nougat ['nu:gɑ:] *s. i.* turrón, guirlache.

nought [nɔ:t] *num.* **1** (brit.) cero. ⇒ **naught/nil.** ◆ **2 noughts and crosses,** (brit.) tres en raya (jugado con papel y lápiz usando los símbolos "O" y "+").
OBS. Se usa **nought** para hablar del cero como parte de un cifra: *a million has six noughts = un millón tiene seis ceros.*

noun [naʊn] *s. c.* nombre, sustantivo (marcados en este diccionario con *s. c.* contable o *s. i.* incontable).

nourish ['nʌrɪʃ] *v. t.* **1** alimentar, dar de comer, nutrir, sustentar, mantener. **2** (**to ~ on**) alimentarse, nutrirse, sustentarse, mantenerse de, con. **3** alimentar, mantener vivo, alentar, favorecer, acariciar: *she nourished a desire to be an actress = acariciaba el deseo de ser actriz.*

nourished ['nʌrɪʃd] *adj.* alimentado, nutrido, lucido.

nourishing ['nʌrɪʃɪŋ] *adj.* nutritivo, nutricio, de valor alimenticio.

nourishment ['nʌrɪʃmənt] *s. i.* **1** alimento, nutrimento, sustento, comida. **2** alimentación, nutrición, dieta alimenticia.

nous [naʊs] *s. i.* (brit., fam.) inteligencia, sentido común, seso.

nouveau-rich [,nu:vəʊ'ri:ʃ] *s. c.* nuevo rico.

nova ['nəʊvə] (*pl.* **novae** o **novas**) *s. c.* ASTR. nova.

novae ['nəʊvi:] *pl.* de **nova.**

novel ['nɒvl] *s. c.* **1** LIT. novela. • *adj.* **2** nuevo, original, novedoso: *the room featured a novel decoration = la habitación se caracterizaba por una decoración original.*

novelette [,nɒvə'let] *s. c.* novela corta, historia, cuento, folletín.

novelettish [,nɒvə'letɪʃ] *adj.* sentimental.

novelist ['nɒvəlɪst] *s. c.* novelista, escritor.

novelty ['nɒvltɪ] *s. i.* **1** novedad. • *s. c.* **2** novedad, invención.

November [nəʊ'vember] (*abrev.* **Nov.**) *s. i.* noviembre.

novice ['nɒvɪs] *s. c.* **1** novato, principiante, aprendiz, inexperto. **2** REL. novicio, neófito.

noviciate [nə'vɪʃɪɪt] (también **novitiate**) *s. i.* noviciado, período de noviciado.

novitiate *s. i.* ⇒ **noviciate.**

now [naʊ] *adv.* **1 a)** ahora, en este momento, ahora mismo, inmediatamente: *I have to leave now = tengo que irme inmediatamente: come here right now! = ¡ven aquí ahora mismo!* **b)** bajo las presentes circunstancias, a la vista de los hechos, visto lo visto: *now I can believe anything = a la vista de los hechos puedo creerme cualquier cosa.* **2** hasta ahora, hace ahora: *it's an hour now since I arrived = hace ahora una hora que llegué.* **3** en aquel momento, por aquel entonces, ya: *they should have arrived by now = ya deberían haber llegado.* **4** bueno: *now, do you want to go for a walk or not?= bueno, ¿quieres ir a dar un paseo o no?* **5** ahora bien, en caso de que, sin embargo: *I don't know, now we can ask him = no sé, sin embargo podemos preguntarle.* ◆ **6 ~ and again,** una y otra vez, cada dos por tres. **7 any day ~/any moment ~/any time ~,** en cualquier momento, cualquier día de estos, al llegar, al caer: *they should be here any moment now = deben de estar al caer.* **8 every ~ and then,** de vez en cuando, ocasionalmente, de cuando en cuando. **9 here and ~,** aquí y ahora. **10 it's ~ or never,** ahora o nunca, este es el momento. **11 just ~,** ahora mismo, hace un momento, recientemente: *he's just got here now = ha venido hace un momento.* **12 ~ and then,** de vez en cuando, algunas veces, ocasionalmente. **13 ~ for,** y ahora. **14 ~ ~,** ¡venga, hombre, vamos!, ¡ánimo!: *now, now, take it easy, it's nothing = ánimo, tómatelo con calma, no es nada.* **15 ~ that,** ahora que, ya que, puesto que: *now that you've bought it, make good use of it = ahora que lo has comprado, úsalo bien.* **16 ~ then,** entonces pues, así pues, y bien: *now then, what's up? = y bien, vamos a ver ¿qué pasa?* **17 there ~,** bueno, pues ya está: *there now, it is working at last = bueno, ¡ya funciona, por fin!*

nowadays ['naʊədeɪz] *adv.* hoy en día, en nuestros días, hoy, ahora, actualmente: *I don't like the fashions nowadays = actualmente no me gustan las modas.*

nowhere ['nəʊweər] *adv.* **1** ningún sitio, sitio alguno, no (hay) donde: *there's nowhere to go = no hay donde ir.* **2** no sirve de nada, a ningún sitio, a ninguna parte: *that behaviour will get you nowhere = esa conducta no conduce a ninguna parte.* • *pron.* **3** ningún sitio/lugar: *there was nowhere for her to hide = no tenía ningún lugar donde esconderse.* ◆ **4 to be ~/to get ~,** fracasar, no tener éxito, no alcanzar resultados, no llegar a nada: *so many years of hard work and we've got nowhere = tantos años de trabajo duro y no hemos llegado a nada.* **5 from ~/out of ~,** de ningún sitio, de ninguna parte, de la nada, como llovido del cielo. **6 in the middle of ~,** en mitad de ningún sitio, un lugar perdido, un lugar dejado de la mano de Dios, que no está en el mapa. **7 ~ near,** en modo alguno, de ninguna manera, ni con mucho, ni mucho menos tan.

noxious ['nɒkʃəs] *adj.* **1** nocivo, dañino, venenoso. **2** desagradable, repugnante, sucio, asqueroso, viciado.

noxiously ['nɒkʃəslɪ] *adv.* **1** nocivamente, dañinamente, venenosamente. **2** desagradablemente, repugnantemente, asquerosamente, viciadamente.

noxiousness ['nɒkʃəsnɪs] *s. i.* **1** nocividad. **2** repugnancia, asquerosidad, vicio.

nozzle ['nɒzl] *s. c.* **1** tobera, inyector, lanza de manga de riego, tubo, boquilla, caño, cánula, pulverizador, dispersor. **2** (vulg.) la nariz.

nth [enə] *adj.* **1** enésimo: *the nth degree = el enésimo grado; the nth power = la enésima potencia.* **2** (fig.) enésima vez, una vez más: *I'm telling you for the nth time to do it = te estoy diciendo una vez más que lo hagas.* ◆ **3 to the ~/~ plus one,** mil veces.

nuance ['nju:ɑ:ns] *s. i.* **1** sutileza, matiz, tono. • *s. c.* **2** matiz, característica. ◆ **3 to give nuances to,** matizar, dar matices, expresión.

nub [nʌb] *s. sing.* **1** el núcleo, lo crucial, el quid, lo esencial: *the nub of the problem = el quid de la cuestión.* • *s. c.* **2** tocón, colilla, cabo, muñón. **3** terrón, trozo, pedazo: *a nub of coal = un pedazo de carbón.* ◆ **4** (vulg.) cuello.

nubile ['nju:baɪl] *adj.* núbil, en edad de merecer, casadera.

nuclear ['nju:klɪər] *adj.* **1** FÍS. nuclear, atómico: *nuclear power = energía nuclear.* **2** nuclear, del núcleo, la parte central de, lo más importante. ◆ **3 ~ family,** familia nuclear (considerando sólo al núcleo familiar, es decir, los padres y sus hijos). **4 ~ power station,** central nuclear. **5 ~ reactor,** reactor nuclear, reactor atómico, pila atómica, generador atómico.

nuclear-free [,nju:klɪə'fri:] *adj.* desnuclearizado, libre de energía nuclear.

nucleic acid [nju:,kli:ɪk'æsɪd] *s. i.* QUÍM. ácido nucleico.

nucleotide ['nju:klɪətaɪd] *s. c.* nucleótido.

nucleus ['nju:klɪəs] *s. c.* **1** FÍS. núcleo del átomo. **2** BIO. núcleo celular. **3** núcleo, conjunto, base, centro: *they formed the nucleus of the community = constituían el núcleo de la comunidad.*

nude [nju:d] *s. c.* **1** ART. desnudo. • *adj.* **2** desnudo, destapado, sin ropas. ◆ **3 in the ~,** desnudo, en cueros vivos.

nudge [nʌdʒ] *v. t.* **1** tocar o dar con el codo, avisar. • *v. i.* **2** abrirse camino, empujar a algo o a alguien, apartar. **3** convencer, incitar, impulsar, empujar a alguien a hacer algo. **4** aproximarse, acercarse, rozar. • *s. c.* **5** golpe con el codo, toque de aviso.

nudism [nju:dɪzəm] *s. i.* nudismo.

nudist [nju:dɪst] *s. c.* nudista.

nudity [nju:dɪtɪ] *s. i.* desnudez.

nugatory ['nju:gətərɪ] *adj.* (form.) vano, fútil.

nugget ['nʌgɪt] *s. c.* **1** pepita, palacra, palacrana, trozo de metal (en estado natural): *gold nugget = pepita de oro.* **2** información valiosa, detalles útiles.

nuisance ['njusns] *s. c.* **1** molestia, problema, fastidio, inconveniente. **2** (fam.) pelma, pesado, impertinente, plomo. ◆ **3 to make a ~ of oneself,** resultar molesto, pesado, cargante, pasarse, convertirse en una molestia.

nuke [nu:k] *s. c.* **1** (EE UU) (fam.) armas nucleares. ● *v. t.* **2** (EE UU) (fam.) atacar, bombardear con armas nucleares.

null [nʌl] *adj.* **1** nulo, no válido. **2 ~ and void,** nulo, sin efecto, inválido: *the election was declared null and void = la elección fue declarada nula.*

nullification [ˌnʌlɪfɪ'keɪʃn] *s. i.* anulación, invalidación.

nullify ['nʌlɪfaɪ] *v. t.* **1** DER. anular, invalidar, declarar legalmente nulo, dejar legalmente sin efecto. **2** cancelar, neutralizar, frustrar, negar: *their opposition nullified all our attempts = su oposición frustró todos nuestros intentos.*

nullity ['nʌlɪtɪ] *s. i.* **1** nulidad: *a petition of nullity of marriage = una petición de nulidad matrimonial.* **2** sin sentido, nada: *such a mere nullity is life = la vida es tal sin sentido.* ● *s. c.* **3** nulidad, inútil (persona).

numb [nʌm] *adj.* **1** aterido, insensible por el frío, adormecido, dormido, entumecido. **2** aturdido, anonadado, pasmado, paralizado: *numb with fear, he couldn't move = paralizado por el miedo, no podía moverse.* ● *v. t.* **3** adormecer, entumecer, aterir: *the icy water numbed his hands = el agua helada entumeció sus manos.* **4** calmar, apaciguar: *to numb the pain = calmar el dolor.*

numbed [nʌmd] *adj.* entumecido, insensibilizado, que no se siente, adormecido, aterido: *hands numbed with cold = las manos ateridas por el frío.*

number ['nʌmbər] *s. c.* **1** número, cifra, guarismo: *odd number = número impar; even number = numero par; phone number = número de teléfono.* **2** cierto número, cierta cantidad: *a number of students didn't sit for the exam = cierto número de estudiantes no hizo el examen.* **3** grupo: *there were several Spaniards among our number = había varios españoles en nuestro grupo.* **4** número, ejemplar, copia: *a back number of "Time" magazine = un ejemplar atrasado de la revista "Time".* **5** número, actuación: *a musical number = un número musical.* **6** prenda de vestir. **7** chica. **8** GRAM. número. ● *v. i.* **9** numerar, contar. **10** sumar un total de, llegar a, alcanzar el número de: *the school numbers 212 students = la escuela suma un total de 212 estudiantes.* **11** contar, incluir, encontrarse entre: *he's numbered among the best painters in the country = se encuentra entre los mejores pintores del país.* ◆ **12 a ~ of,** varios, unos cuantos. **13 any ~ of,** un montón de, muchos. **14 beyond ~/without ~,** incontables, innumerables. **15 by ~,** numerado, por números. **16 by numbers/by the numbers,** ordenadamente, punto por punto. **17 ~ one, a)** el primero, el número uno, el mejor, el jefe, el principal. **b)** uno mismo. **18 one of someone's ~,** uno del grupo, uno de los (nuestros). **19 ~ plate,** (brit.) matrícula de un vehículo. **20 safety in numbers,** más ven cuatro ojos que dos, la unión hace la fuerza. **21 someone's ~ comes up,** tocar el turno, llegar la hora, tocar pasar por algo. **22 someone's days are numbered,** tener los días contados, acabarse el tiempo de. **23 someone's ~ is up,** llegar la hora, estar en las últimas, acabarse todo. **24 to have someone's ~,** tener a alguien cogido, saberlo todo de alguien. **25 to look out for/after ~ one/to take care of ~ one,** creerse el único, pensar sólo en uno mismo, cuidarse a sí mismo: *he's always looking out for number one = siempre ha pensado sólo en sí mismo.*

numberless ['nʌmbəlɪs] *adj.* incontable, innumerable, sin número.

numbly ['nʌmlɪ] *adv.* **1** ateridamente, entumecidamente. **2** aturdidamente, anonadadamente.

numbness ['nʌmnɪs] *s. i.* **1** insensibilidad, adormecimiento. **2** anonadamiento, pasmo.

numbskull *s. c.* ⇒ **numskull.**

numeracy ['nju:mərəsi] *s. i.* capacidad para la aritmética.

numeral ['nju:mərəl] *s. c.* números, sistema numérico: *Arabic numerals = números árabigos.*

numerate ['nju:mərɪt] *adj.* bueno con los números.

numeration [ˌnju:mə'reɪʃn] *s. i.* **1** numeración, ordenación numérica. **2** MAT. numeración, expresión numérica.

numerator ['nju:məreɪtər] *s. c.* MAT. numerador.

numerical [nju:'merɪkl] *adj.* **1** numérico. ◆ **2 ~ control,** control numérico.

numerically [nju:'merɪklɪ] *adv.* numéricamente.

numerous ['nju:mərəs] *adj.* numeroso, muchos.

numinous ['nju:mɪnəs] *adj.* (form.) divino, divinal, deífico, santo.

numismatics [ˌnju:mɪz'mætɪks] *s. pl.* (~ + *v. sing.*) numismática.

numismatist [nju:'mɪzmətɪst] *s. c.* numismático (persona).

numskull ['nʌmskʌl] (también **numbskull**) *s. c.* (p.u. y fam.) estúpido, tonto, zote.

nun [nʌn] *s. c.* monja, religiosa.

nuncio ['nʌnsɪəu] *s. c.* POL. nuncio.

nunnery ['nʌnəri] *s. c.* convento de religiosas.

nuptial ['nʌpʃl] *adj.* (form.) nupcial, de (la) boda: *the nuptial day = el día de la boda.*

nuptials ['nʌpʃlz] *s. pl.* boda, nupcias, ceremonia del casamiento, celebración del matrimonio.

nurse [nə:s] *s. c.* **1** MED. enfermera. **2** niñera. ● *v. t.* e *i.* **3** actuar de enfermera, cuidar, atender, ayudar, asistir. **4** cuidar, reposar, curarse: *go to bed, and nurse that cold = acuéstate y cuida ese resfriado.* **5** amamantar, dar el pecho. **6** acariciar (un deseo), conservar, mantener, alimentar (un sentimiento). **7** saborear, hacer durar: *to nurse a drink = saborear una bebida.* **8** fomentar, promover (un negocio, una candidatura). ◆ **9 to ~ one's pride,** lamerse las heridas, restañar el orgullo, las heridas. **10 wet ~,** nodriza, ama de cría, ama de leche.

nursemaid ['nə:smeɪd] *s. c.* niñera.

nursery ['nə:sərɪ] *s. c.* **1** guardería, habitación para juegos: *nursery education = educación preescolar.* **2** invernadero, plantel, semillero. ◆ **3 ~ nurse,** puericultora. **4 ~ rhyme,** canción infantil. **5 ~ school,** jardín de infancia, escuela de preescolar. **6 ~ slopes,** pistas de esquí para principiantes.

nurseryman ['nə:sərɪmən] (*pl.* **nurserymen**) *s. c.* cuidador de viveros, experto en semilleros, experto en viveros.

nurserymen ['nə:sərɪmən] *pl.* de **nurseryman.**

nursing ['nə:sɪŋ] *s. i.* **1** profesión de enfermera, atención sanitaria: *he went into nursing = se hizo enfermero.* **2** período de lactancia. ◆ **3 ~ home, a)** asilo, hogar de ancianos, residencia para la tercera edad. **b)** (brit.) hospital privado, clínica de reposo. **c)** casa de maternidad particular. **4 ~ mother,** madre que está amamantando (debido al nacimiento de un bebé).

nurture ['nə:tʃər] *s. i.* **1** educación, crianza, formación, nutrición, atención, cuidado. ● *v. t.* **2** nutrir, cuidar, proteger el desarrollo de alguien o de algo. **3** cultivar, animar, hacer prosperar. **4** alimentar, nutrir, conservar, desarrollar (un sentimiento, una emoción...).

nut [nʌt] *s. c.* **1** BOT. fruto seco, nuez: *walnut = nuez; chestnut = castaña; hazelnut = avellana.* **2** tuerca: *wing nut = palomilla.* **3** loco, lunático. **4** admirador, fanático: *he's nuts about chess = es un fanático del ajedrez.* **5** (fam.) el coco, el tarro, la cabeza. **6** MÚS. puente. **7** (vulg.) cojones, huevos. ◆ **8 a hard ~ to crack/a tough ~ to crack,** un hueso duro de roer, tarea o asunto difícil. **9 a tough ~,** un tipo duro, un tipo difícil. **10 nuts and bolts, a)** lo básico, lo esencial, los detalles prácticos, el meollo, lo que cuenta. **b)** los mecanismos, las tripas (de una máquina). **11 to be nuts,** estar loco. **12 to do one's ~, a)** echar el resto. **b)** estar furioso, muy enfadado; estar preocupado, darle a la cabeza.

nut-brown [ˌnʌtbraun] *adj.* color avellana, marrón rojizo oscuro.

nutcase ['nʌtkeɪs] *s. c.* (vulg.) loco, lunático, majareta.
nutcracker ['nʌt,krækər] *s. c.* cascanueces.
nuthouse ['nʌthaus] *s. c.* (desp.) manicomio, casa de locos.
nutmeg ['nʌtmeg] *s. c.* **1** BOT. mirística, otoba. **2** nuez moscada (fruto de la mirística). ● *s. i.* **3** nuez moscada (especia).
nutrient ['nju:trient] *adj.* TEC. **1** alimenticio, nutricio, nutritivo. ● *s. c.* **2** nutriente, nutrimento, alimento (químico o natural).
nutriment ['nju:trɪment] *s. c.* e *i.* alimento, nutrimento, nutriente.
nutrition [nju:'trɪʃn] *s. i.* **1** nutrición, alimentación, dieta alimenticia. **2** nutrientes, valor nutritivo, sustancias nutritivas.
nutritional [nju:'trɪʃənl] *adj.* nutrimental, nutritivo, de la nutrición.
nutritionally [nju:'trɪʃənəlɪ] *adv.* nutritivamente, desde el punto de vista nutritivo.
nutritionist [nju:'trɪʃənɪst] *s. c.* experto en nutrición.
nutritious [nju:'trɪʃəs] *adj.* nutricio, nutritivo, nutriz.
nutritive ['nju:trətɪv] *adj.* nutritivo, nutricio, que nutre.
nutshell ['nʌtʃel] *s. c.* **1** cáscara. ◆ **2 in a ~,** en pocas palabras, en resumidas cuentas, en resumen.
nutter ['nʌtər] *s. c.* (vulg.) loco, chiflado, grillado, majareta.
nutty ['nʌtɪ] *adj.* **1** con sabor a nuez. **2** hecho con nuez. **3** colado por, loco por: *he was nutty about her = estaba colado por ella.* **4** (vulg.) loco, chiflado, majareta: *what a nutty idea! = ¡qué idea más loca!* ◆ **5 ~ as a fruitcake,** (fam.) chalado, majareta.
nuzzle ['nʌzl] *v. t.* (**to ~ against**) **1** rozar, tocar, acariciar con la nariz. ● *v. i.* **2** acomodarse, arrebujarse (contra).
nylon ['naɪlɒn] *s. i.* **1** nilón, fibra sintética. ● *adj.* **2** de nilón. ◆ **3 a pair of nylons,** (p.u.) medias de nilón.
nymph [nɪmf] *s. c.* **1** ninfa, semidiosa o divinidad menor. **2** chica, muchacha, doncella. **3** ZOOL. crisálida.
nymphet [nɪm'fet] *s. c.* (hum. y fam.) ninfa, moza hermosa.
nympho ['nɪmfəu] *s. c.* (fam.) ninfómana.
nymphomania [,nɪmfə'meɪnɪə] *s. i.* PSIQ. ninfomanía.
nymphomaniac [,nɪmfə'meɪnɪæk] *s. c.* **1** ninfómana. ● *adj.* **2** ninfómano.

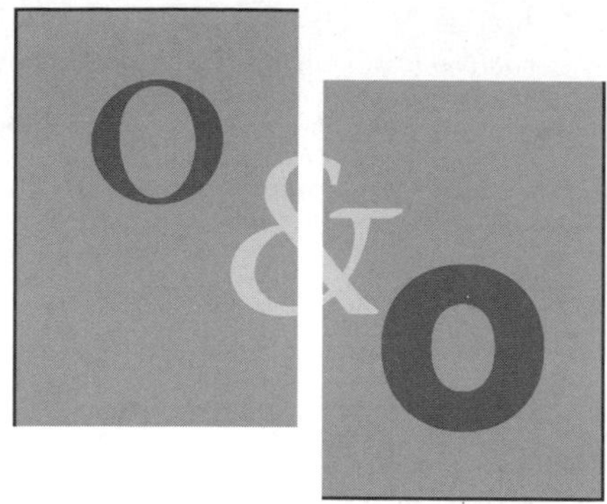

o, O [əʊ] *s. c.* **1** o, O (decimosexta letra del alfabeto inglés). • *num.* **2** cero (principalmente en números de teléfono). • *interj.* **3** ¡oh! ◆ **4 O level,** calificación de asignaturas utilizada antiguamente en las escuelas secundarias de Inglaterra, Gales e Irlanda del Norte.

oaf [əʊf] *s. c.* idiota, bruto, patán.

oafish ['əʊfɪʃ] *adj.* torpe, tosco, rudo.

oak [əʊk] *s. c.* **1** BOT. roble. • *adj.* **2** de roble: *an oak door = una puerta de roble.* ◆ **3 to sport one's ~,** (fam.) cerrar (para que no entren visitas).

oaken ['əʊkən] *adj.* (lit.) de roble.

OAP [,əʊeɪ'piː] (*abrev.* de **old age pensioner**) *s. c.* jubilado, pensionista.

oar [ɔːr] *s. c.* **1** remo. • *v. i.* **2** remar. ◆ **3 to get/put/shove/stick one's ~ in,** (fam.) interferir, entrometerse, meter baza. **4 to rest on one's oars,** dormirse en los laureles.

oases [əʊ'eɪsiːz] *s. c.* ⇒ **oasis.**

oasis [əʊ'eɪsɪs] (*pl.* **oases**) *s. c.* **1** oasis. **2** (fig.) refugio, remanso: *an oasis of peace = un oasis de paz.*

oat [əʊt] *s. c.* **1** avena, copo de avena. ◆ **2 to be off one's oats,** (fam.) estar inapetente, estar indispuesto. **3 to feel one's oats,** (fam.) estar en forma; sentirse importante. **4 to get one's oats,** (brit.) (fam.) tener relaciones sexuales con frecuencia. **5 to sow one's wild oats,** (fam.) ir de parranda, andar de picos pardos.

oath [əʊθ] *s. c.* **1** juramento. **2** insulto, taco, blasfemia. ◆ **3 on/under ~,** bajo juramento: *the witness spoke on oath = el testigo habló bajo juramento.*

oatmeal ['əʊtmiːl] *s. i.* **1** harina de avena. ◆ **2** beige grisáceo (color). • *adj.* **3** color beige grisáceo.

obduracy ['ɒbdjʊrəsɪ] (form.) *s. i.* **1** obstinación, tozudez, obcecación. **2** dureza, inflexibilidad.

obdurate ['ɒbdjʊrɪt] *adj.* **1** obstinado, tozudo. **2** tenaz, inflexible, duro.

obdurately ['ɒbdjʊrətlɪ] *adv.* obstinadamente.

obedience [ə'biːdɪəns] *s. i.* **1** obediencia. ◆ **2 in ~ to,** de conformidad con.

obedient [ə'biːdɪənt] *adj.* **1** obediente; sumiso. ◆ **2 your ~ servant,** (lit.) fórmula convencional para finalizar cartas.

obediently [ə'biːdɪəntlɪ] *adv.* **1** obedientemente. ◆ **2 yours ~,** (lit.) a su entera disposición.

obeisance [əʊ'beɪsəns] *s. i.* **1** (lit.) reverencia, profundo respeto. • *s. c.* **2** reverencia, saludo (gesto). ◆ **3 to do/make/play ~ to,** rendir homenaje a.

obelisk ['ɒbəlɪsk] *s. c.* ARQ. obelisco.

obese [əʊ'biːs] *adj.* (form.) obeso, gordo, corpulento.

obesity [əʊ'biːsɪtɪ] *s. i.* obesidad, gordura, corpulencia.

obey [ə'beɪ] *v. t.* **1** obedecer (una persona, una orden). **2** acatar, cumplir, respetar (una orden, la ley). **3** seguir (reglamentos, instrucciones): *he obeyed the instructions perfectly = siguió las instrucciones al pie de la letra.* • *v. i.* **4** obedecer.

obfuscate ['ɒbfʌskeɪt] *v. t.* e *i.* (lit.) ofuscar, confundir, desorientar.

obfuscation [,ɒbfʌ'skeɪʃn] *s. i.* (lit.) ofuscación, confusión.

obituary [ə'bɪtʃʊərɪ] *s. c.* nota de defunción, obituario.

object ['ɒbdʒɪkt] *s. c.* **1** objeto, cosa. **2** (~ {of}) objetivo, finalidad, propósito, intención: *the object of my journey = el propósito de mi viaje.* **3** GRAM. complemento (del verbo). • ['ɒb'dʒekt] *v. i.* **4** (~ {to}) oponerse, tener inconveniente, desaprobar: *who objects to my decision? = ¿quién se opone a mi decisión?* • *v. t.* **5** objetar, protestar. ◆ **6 to be no ~,** no ser un obstáculo, no importar: *money is no object = no importa cuánto cuesta.* **7 ~ lesson,** lección práctica, demostración. **8 ~ of art,** pequeño objeto artístico.

objection [əb'dʒekʃn] *s. c.* (~ + {to}) objeción, reparo, inconveniente, dificultad.

objectionable [əb'dʒekʃnəbl] *adj.* **1** inadmisible, reprobable, censurable, inaceptable. **2** desagradable, molesto.

objective [əb'dʒektɪv] *s. c.* **1** objetivo, meta. • *adj.* **2** objetivo, imparcial (una persona, una opinión). **3** real, basado en hechos (un dato, una información). ◆ **4 ~ case,** GRAM. dativo; acusativo.

objectively [əb'dʒektɪvlɪ] *adv.* **1** objetivamente, imparcialmente. **2** verdaderamente.

objectivity [,ɒbdʒek'tɪvɪtɪ] *s. i.* objetividad, imparcialidad.

objector [əb'dʒektər] *s. c.* **1** objetor. ◆ **2 conscientious ~,** objetor de conciencia.

obligated ['ɒblɪgeɪtɪd] *adj.* (form.) obligado, comprometido: *he felt obligated to attend = se sintió obligado a asistir.*

obligation [,ɒblɪ'geɪʃn] *s. c.* e *i.* **1** obligación, deber. **2** compromiso. ◆ **3 to be under (an) ~ to,** deber favores a, estar muy agradecido a.

obligatory [ə'blɪgətərɪ] *adj.* obligatorio; necesario.

oblige [ə'blaɪdʒ] *v. t.* **1** (**to ~ +** *o.* **to +** *inf.*) obligar, compeler: *they obliged us to go out = nos obligaron a salir.* **2** ayudar, hacer un favor; complacer. ◆ **3 much obliged/I am obliged to you,** (form.) muy agradecido. **4 would be obliged,** (form.) le agradecería.

obliging [ə'blaɪdʒɪŋ] *adj.* **1** servicial, solícito, condescendiente. **2** cortés, considerado, atento.

obligingly [ə'blaɪdʒɪŋlɪ] *adv.* atentamente.

oblique [ə'bliːk] *adj.* **1** oblicuo; inclinado. **2** (fig.) indirecto (afirmación, comentario). **3** (fig.) evasivo, no sincero (personas, comportamiento). • *s. c.* **4** MAT. oblicua (línea). **5** barra oblicua (signo tipográfico).

obliquely [ə'bliːklɪ] *adv.* oblicuamente, diagonalmente.

obliterate [ə'blɪtəreɪt] *v. t.* **1** arrasar, devastar (un sitio). **2** destruir (un objeto, un sitio). **3** (lit.) borrar, hacer desaparecer (un recuerdo, un pensamiento). **4** matasellar.

obliteration [ə,blɪtə'reɪʃn] *s. i.* eliminación, aniquilación, destrucción.

oblivion [ə'blɪvɪən] *s. i.* **1** inconsciencia. **2** olvido: *rescued from oblivion = rescatado del olvido.* ◆ **3 to fall into ~,** caer en el olvido.

oblivious [ə'blɪvɪəs] *adj.* **1** (~ **of/to**) inconsciente, abstraído: *oblivious of the danger, she lit a cigarette = inconsciente del peligro, encendió un cigarrillo.* **2** olvidadizo, desmemoriado.

oblong ['ɒblɒŋ] *s. c.* **1** GEOM. rectángulo. • *adj.* **2** GEOM. oblongo.

obnoxious [əb'nɒkʃəs] *adj.* **1** desagradable, repugnante (personas, comportamientos). **2** odioso, aborrecible. **3** ofensivo.

obnoxiously [əb'nɒkʃəslɪ] *adv.* ofensivamente.

oboe ['əubəu] *s. c.* MÚS. oboe.

oboist ['əubəuɪst] *s. c.* MÚS. oboísta.

obscene [əb'si:n] *adj.* **1** obsceno, indecente. **2** (fam.) repugnante, asqueroso, repulsivo. **3** grosero.

obscenity [əb'senɪtɪ] *s. i.* **1** obscenidad, indecencia. • *s. c.* **2** (fig.) barbaridad, atrocidad: *holding those children hostage was an obscenity = tener a esos niños como rehenes fue una barbaridad.* ♦ **3 obscenities,** obscenidades, groserías (palabras groseras): *the play was full of obscenities = la obra de teatro estaba llena de obscenidades.*

obscurantism [ˌɒbskju'ræntɪzəm] *s. i.* oscurantismo, obscurantismo.

obscurantist [ˌɒbskju'ræntɪst] *adj.* oscurantista, obscurantista.

obscure [əb'skjuər] *adj.* **1** poco conocido: *an obscure play = una obra poco conocida.* **2** incomprensible, ininteligible: *an obscure manuscript =un manuscrito ininteligible.* **3** confuso, indistinto: *an obscure shape = una forma confusa.* **4** oscuro: *an obscure room = una habitación oscura.* **5** escondido, recóndito (lugares). • *v. t.* **6** esconder, ocultar. **7** oscurecer. **8** (fig.) ocultar, encubrir (la verdad). **9** (fig.) complicar, confundir. **10** (fig.) eclipsar: *nothing could obscure her beauty = nada podía eclipsar su belleza.*

obscurity [əb'skjuərətɪ] *s. i.* **1** penumbra, oscuridad. **2** complejidad, dificultad. **3** (fig.) oscuridad, desconocimiento, olvido: *he died in obscurity = murió en el olvido.*

obsequious [əb'si:kwɪəs] *adj.* servil, adulador, zalamero.

obsequiously [əb'si:kwɪəslɪ] *adv.* servilmente.

obsequiousness [əb'si:kwɪəsnɪs] *s. i.* adulación, servilismo.

observable [əb'zə:vəbl] *adj.* **1** visible, observable: *it is observable from the earth = es visible desde la tierra.* **2** perceptible, notable. **3** claro, evidente.

observably [əb'zə:vəblɪ] *adv.* visiblemente.

observance [əb'zə:vns] *s. i.* **1** obediencia, cumplimiento (leyes, normas). **2** fidelidad, observación (costumbres). ♦ **3 observances,** REL. rito, ceremonia, práctica: *religious observances = prácticas religiosas.*

observant [əb'zə:vnt] *adj.* **1** observador, atento. **2** agudo, perspicaz. **3** cumplidor, observador, obediente (de una regla, de una ley). **4** REL. observante.

observation [ˌɒbzə'veɪʃn] *s. i.* **1** observación, examen, estudio. **2** observación, percepción. • *s. c.* **3** observación, indicación, aclaración: *he made some observations = hizo algunas aclaraciones.* **4** descubrimiento, hallazgo: *scientific observations = descubrimientos científicos.* ♦ **5 under ~,** en observación; bajo vigilancia.

observational [ˌɒbzə'veɪʃənl] (form.) *adj.* **1** relativo a la capacidad de observación: *observational faculties = capacidad de observación.* **2** experimental.

observatory [əb'zə:vətrɪ] *s. c.* **1** ASTR. observatorio. **2** mirador, atalaya.

observe [əb'zə:v] *v. t.* e *i.* **1** observar, examinar. • *v. t.* **2** cumplir, acatar (una regla, una ley). **3** respetar; celebrar (las fiestas). **4** guardar (silencio). **5** (form.) advertir, notar. • *v. i.* **6** (form.) decir, hacer una observación.

observer [əb'zə:vər] *s. c.* observador.

obsess [əb'ses] *v. t.* obsesionar, causar obsesión.

obsession [əb'seʃn] *s. c.* PSIC. obsesión, idea fija.

obsessional [əb'seʃənəl] *adj.* PSIC. obsesivo.

obsessionally [əb'seʃənəlɪ] *adv.* obsesivamente.

obsessive [əb'sesɪv] *adj.* PSIC. obsesivo.

obsessively [əb'sesɪvlɪ] *adv.* obsesivamente.

obsolescence [ˌɒbsə'lesns] *s. i.* caída en desuso, lo obsoleto, obsolescencia.

obsolescent [ˌɒbsə'lesnt] *adj.* que se vuelve anticuado, que cae en desuso, obsolescente.

obsolete ['ɒbsəli:t] *adj.* **1** anticuado, caído en desuso, obsoleto; pasado de moda. **2** BIOL. atrofiado.

obstacle ['ɒbstəkl] *s. c.* **1** obstáculo. **2** (fig.) obstáculo, impedimento, traba: *bureaucratic obstacles = obstáculos burocráticos.* ♦ **3 ~ race,** DEP. carrera de obstáculos.

obstetric [ɒb'stetrɪk] *adj.* MED. obstétrico.

obstetrician [ˌɒbstə'trɪʃn] *s. c.* MED. tocólogo.

obstetrics [ɒb'stetrɪks] *s. i.* MED. tocología, obstetricia.

obstinacy ['ɒbstɪnəsɪ] *s. i.* **1** obstinación, terquedad, tozudez. **2** MED. persistencia (de una enfermedad).

obstinate ['ɒbstɪnɪt] *adj.* **1** obstinado, terco, cabezota. **2** obstinado, tenaz (comportamiento). **3** MED. rebelde (a tratamiento).

obstinately ['ɒbstɪnɪtlɪ] *adv.* **1** obstinadamente; tenazmente. **2** persistentemente.

obstreperous [əb'strepərəs] *adj.* **1** ruidoso, turbulento. **2** rebelde, protestón: *an obstreperous child = un niño protestón.*

obstruct [əb'strʌkt] *v. t.* **1** obstruir, atascar, bloquear: *the lorry is obstructing the traffic = el camión está bloqueando el tráfico.* **2** obstaculizar, estorbar. **3** (fig.) impedir, dificultar, entorpecer (el desarrollo de algo).

obstruction [əb'strʌkʃn] *s. c.* **1** obstrucción, bloqueo, atasco. **2** estorbo, obstáculo. **3** MED. oclusión. • *s. i.* **4** DER. obstrucción: *obstruction of justice = obstrucción de la justicia.*

obstructionism [əb'strʌkʃənɪzəm] *s. i.* DER. obstruccionismo.

obstructive [əb'strʌktɪv] *adj.* que obstruye.

obstructiveness [əb'strʌktɪvnɪs] *s. i.* calidad de lo que obstruye.

obtain [əb'teɪn] *v. t.* **1** obtener, lograr, conseguir. **2** sacar: *it can be obtained from the library = puede sacarse de la biblioteca.* • *v. i.* **3** (form.) ser, existir (costumbres, situaciones). **4** (form.) prevalecer; estar en vigor: *some old customs still obtain here = todavía prevalecen aquí algunas antiguas costumbres.*

obtainable [əb'teɪnəbl] *adj.* asequible, obtenible.

obtrude [əb'tru:d] *v. t.* e *i.* **1** (lit.) imponer: *he always obtruded his opinion = siempre imponía su opinión.* **2** (lit.) manifestar, dejar entrever (a su pesar). **3** entrometerse, inmiscuirse. • *v. i.* **4** asomar, sobresalir (un objeto).

obtrusive [əb'tru:sɪv] *adj.* **1** molesto, fastidioso. **2** intruso, entrometido. **3** visible, evidente, obvio. **4** penetrante (olor).

obtrusively [əb'tru:sɪvlɪ] *adv.* manifiestamente, con toda evidencia.

obtuse [əb'tju:s] *adj.* **1** (form.) torpe, obtuso. **2** (fig.) sordo (dolor). **3** MAT. obtuso (ángulo). **4** (fig.) embotado (sentidos).

obtuseness [əb'tju:snɪs] (fig.) *s. i.* **1** torpeza. **2** embotamiento.

obverse ['ɒbvə:s] *s. sing.* **1** (**the ~ {of}**) lo contrario, lo opuesto (de una opinión, situación o argumento). **2** anverso (de una moneda, de una medalla). • *adj.* **3** del anverso.

obviate ['ɒbvɪeɪt] *v. t.* **1** prevenir, evitar (un peligro, un inconveniente). **2** (form.) apartar, alejar. **3** allanar (obstáculos, dificultades).

obvious ['ɒbvɪəs] *adj.* **1** obvio, evidente, innegable, claro. **2** elemental, de cajón. ♦ **3 to state the ~,** explicar lo obvio, decir algo que es innecesario porque ya se sabe.

obviously ['ɒbvɪəslɪ] *adv.* **1** obviamente, con toda evidencia; claramente. **2** claro, por supuesto (en respuestas).

obviousness ['ɒbvɪəsnɪs] *s. i.* evidencia.

occasion [ə'keɪʒn] *s. c.* **1** ocasión, momento, circunstancia: *on one occasion = en una ocasión.* **2** ocasión, acontecimiento: *a great occasion = una gran ocasión.* **3** ceremonia. **4** (form.) oportunidad: *should the occasion arise = si se da la oportunidad.* **5** (form.) causa, motivo: *by occasion of his illness = a causa de su enfermedad.* • *v. t.* **6** (form.) causar, ocasionar, producir. ♦ **7 on/upon ~,** de vez en cuando, ocasionalmente. **8 to be equal to the ~,** estar a la altura de las circunstancias. **9 to rise to the ~,** ponerse a la altura de las circunstancias.

occasional [ə'keɪʒənl] *adj.* **1** ocasional, infrecuente, excepcional. **2** fortuito,

esporádico. **3** alguno que otro. **4** auxiliar (mueble).
occasionally [ə'keɪʒnəlɪ] *adv.* a veces, de vez en cuando, ocasionalmente.
occidental [,ɒksɪ'dentl] *adj.* (form.) occidental.
occult [ɒ'kʌlt] *s. sing.* **1** ocultismo. • *adj.* **2** oculto, esotérico, misterioso. • *v. t.* **3** ASTR. ocultar.
occupancy ['ɒkjupənsɪ] *s. i.* (form.) ocupación, posesión (de un lugar, de un puesto).
occupant ['ɒkjupənt] *s. c.* **1** ocupante (de un vehículo, asiento, etc.). **2** inquilino (de una casa).
occupation [,ɒkju'peɪʃn] *s. c.* e *i.* **1** ocupación, trabajo, empleo, profesión. • *s. c.* **2** quehacer. **3** pasatiempo. • *s. i.* **4** MIL. ocupación, invasión: *the German occupation = la ocupación alemana.* **5** ocupación (de una casa, de un edificio).
occupational [,ɒkju:'peɪʃənl] *adj.* **1** profesional: *occupational options = alternativas profesionales.* ◆ **2** ~ **disease,** enfermedad laboral. ◆ **3** ~ **hazard/~ hazards,** gajes del oficio. **4** ~ **psychology,** psicología ocupacional. **5** ~ **therapy,** terapia ocupaciona..
occupationally [,ɒkju:'peɪʃnelɪ] *adv.* profesionalmente.
occupied ['ɒkjupaɪd] *adj.* **1** ocupado: *the toilet is occupied = el lavabo está ocupado.* **2** invadido, ocupado (por la fuerza).
occupier ['ɒkjupaɪər] *s. c.* ocupante; inquilino.
occupy ['ɒkjupaɪ] *v. t.* **1** ocupar, habitar. **2** ocupar (llenar un espacio): *it occupied the whole room = ocupaba toda la habitación.* **3** ocupar, invadir, tomar por la fuerza (un sitio, país). **4** ocupar (un puesto). **5** desempeñar (una función). **6** (**to** ~ + *o.* + **in/with**) emplear, utilizar. **7** ocupar (dar en qué trabajar): *he needs something to occupy his hands = necesita en qué ocupar sus manos.* **8** durar: *the negotiations occupied several weeks = las negociaciones duraron varias semanas.*
occur [ə'kɜ:r] (*ger.* **occurring,** *pret.* y *p. p.* **occurred**) *v. i.* **1** ocurrir, suceder; tener lugar. **2** producirse, verificarse: *a sudden change occurred = se produjo un cambio repentino.* **3** hallarse, encontrarse: *this species only occurs in Australia = esta especie solamente se halla en Australia.* **4** ocurrirse, venir a la mente (un pensamiento, una idea): *it occurred to me that... = se me ocurrió que...*
occurrence [ə'kʌrəns] *s. c.* **1** (form.) acontecimiento, incidente. • *s. i.* **2** (form.) incidencia, existencia: *the occurrence of juvenile deliquency = la incidencia de la delincuencia juvenil.*
ocean ['əuʃn] *s. c.* **1** océano. • *s. sing.* **2** (lit. y fig.) mar, océano. **3** (lit. y fig.) gran cantidad, mar: *an ocean of sand = un mar de arena.* ◆ **4 oceans of,** (fam.) montones de: *oceans of money = montones de dinero.*
ocean-going [,əuʃn'gəuɪŋ] *adj.* MAR. transatlántico.
oceanic [,əuʃɪ'ænɪk] *adj.* MAR. oceánico.
oceanographer [,əuʃə'nɒgrəfər] *s. c.* MAR. oceanógrafo.
oceanographic [,əuʃjənə'græfɪk] *adj.* MAR. oceanográfico.
oceanography [,əuʃə'nɒgrəfɪ] *s. i.* MAR. oceanografía.
ocher *adj.* ⇒ **ochre.**
ochre ['əukər] (en EE UU **ocher**) *s. i.* **1** ocre (tierra arcillosa utilizada en pintura). • *adj.* **2** ocre (color).
o'clock [ə'klɒk] *adv.* **1** se utiliza después de los números 1 a 12, para expresar las horas: *it is three o'clock = son las tres.* • *s. sing.* **2** (fam.) se refiere a un vehículo que llega o parte a determinada hora: *he is coming on the one o'clock = viene en el de la una.*
OCR [əusi:'ɒ:] *s. c.* **1** (siglas de **optical character reader**) lector óptico (de caracteres). • *s. i.* **2** (siglas de **optical character recognition**) reconocimiento óptico de caracteres.
octagon ['ɒktəgən] *s. c.* GEOM. octágono, octógono.
octagonal [ɒk'tægənl] *adj.* GEOM. octagonal, octogonal.
octane ['ɒkteɪn] *s. i.* (~ + *s.*) QUÍM. octano: *octane value = índice de octano.*
octave ['ɒktɪv] *s. c.* MÚS. octava.
October [ɒk'təubər] (*abrev.* **Oct**) *s. i.* octubre.
octogenarian [,ɒktəudʒɪ'neərɪən] *s. c.* y *adj.* octogenario.
octopus ['ɒktəpəs] (*pl.* **octopus** u **octopuses**) *s. c.* ZOOL. pulpo.
oculist ['ɒkjulɪst] *s. c.* (EE UU) OPT. oculista, oftalmólogo.
OD [əu'di:] *v. i.* tomar una sobredosis.
odd [ɒd] *adj.* **1** raro, extraño. **2** impar, non (número). **3** desparejado, suelto: *an odd sock = un calcetín desparejado.* **4** libre, de ocio: *odd moments = ratos libres.* **5** suelto: *odd coins = monedas sueltas.* **6** algún/alguno que otro: *he reads the odd book = lee algún que otro libro.* • *adv.* **7** (*num.* - *s. pl.*) aproximadamente, y pico: *thirty odd years = treinta y tantos años.* **8** (**the/an** ~ *s.*) alguno, alguno que otro. ◆ **9 against all the odds/in the face of ... odds,** contra todo pronóstico. **10 to be at odds,** (~ {**with**}) estar enemistado. **11 it makes no odds,** (fam.) da lo mismo. **12** ~ **jobs,** chapuzas, trabajillos. **13** ~ **man out/~ woman out/~ one out,** de más, sobrante. **14 odds,** posibilidades, probabilidades; ventaja (en el juego). **15 odds and ends,** (fam.) cosas sueltas. **16 the odds are...,** (fam.) es probable que... **17 the odds are against,** la suerte es contraria. **18 the odds are in favour,** las posibilidades son a favor.
oddball ['ɒdbɔ:l] *s. c.* (fam.) persona excéntrica.
oddity ['ɒdɪtɪ] *s. c.* **1** rareza, cosa rara. **2** peculiaridad: *her personal oddities = sus peculiaridades personales.* • *s. i.* **3** rareza, extrañeza.
odd-job man [,ɒd'ʒɒbmən] *s. c.* hombre al que se paga para que haga pequeños trabajos.
odd-looking [,ɒd'lukɪŋ] *adj.* de aspecto extraño.
oddly ['ɒdlɪ] *adv.* **1** extrañamente. ◆ **2** ~ **enough,** por extraño que parezca.
oddments ['ɒdmənts] *s. pl.* restos; cosas sueltas.
oddness ['ɒdnɪs] *s. i.* singularidad, peculiaridad.
odds-on [,ɒdz'ɒn] *adj.* **1** (fam.) probable. ◆ **2** ~ **favourite,** DEP. caballo favorito.
ode [əud] *s. c.* LIT. oda.
odious ['əudɪəs] *adj.* odioso, aborrecible.
odium ['əudɪəm] *s. i.* (form.) odio.
odor *s. c.* ⇒ **odour.**
odorous ['əudərəs] *adj.* (lit.) oloroso, fragante.
odour ['əudər] (en EE UU **odor**) *s. c.* **1** olor. **2** aroma, fragancia. ◆ **3 to be in good/bad ~ with,** estar bien/mal visto por, tener buena/mala fama entre.
odourless ['əudəlɪs] (en EE UU **odorless**) *adj.* inodoro.
odyssey ['ɒdɪsɪ] *s. c.* odisea.
OECD [əui:si:'di:] (siglas de la **Organization for Economic Cooperation and Development**) *s. sing.* OCDE, Organización para la Cooperación y el Desarrollo Económico.
oedema [ɪ'dɪ:mə] *s. c.* edema.
o'er [əuər] *prep.* (p.u.) LIT. contracción de **over,** utilizada en poesía.
oesophagi [ɪ'sɒfəgʌɪ] *pl.* de **oesophagus.**
oesophagus [ɪ'sɒfəgəs] (*pl.* **oesophagi** u **oesophaguses**) *s. c.* ANAT. esófago.
oestrogen ['i:strədʒən] (también **estrogen**) *s. i.* MED. estrógeno.
oestrous ['i:strəs] *adj.* estral, del celo.
oestrus ['i:strəs] *s. c.* estro, celo.
of [ɒv] *prep.* **1** (*s.* + ~) de: *a cup of tea = una taza de té.* **2** (~ + *num.*) de: *a girl of sixteen = una chica de dieciséis años.* **3** (*num./cuant.* + ~) de: *one of my brothers = uno de mis hermanos.* **4** (*adj.* + ~ + *pr.*) de parte de: *it was kind of him = fue amable de su parte.* **5** (*s.* + ~ + *s.*) de: *the town of Springfield = la localidad de Springfield.* **6** de, acerca de: *they talked of the economic situation = hablaron de la situación económica.* **7** de, que tiene: *a man of courage = un hombre de valor.* **8** (*s.* + ~ + **a/an** + *s.*) de: *a ruin of a house = una ruina de casa.* **9** (EE UU) menos (en horas): *a quarter of five = las cinco menos cuarto.* **10** en: *doctor of medicine = doctor en medicina.* **11** a: *love of nature = amor a la naturaleza.* **12** entre: *she of all women = ella entre todas.* ◆ **13** ~ **an evening,** (fam.) por la tarde. **14** ~ **course,** por supuesto, claro. **15** ~ **late,** últimamente. **16** ~ **old,** (lit.) de antaño. **17** ~ **someone,** por uno mismo.
OBS. La preposición **of** tiene distintas traducciones según el verbo que la

acompañe; así, por ejemplo: pensar en = **to think of**; soñar con = **to dream of**, etc., por lo que hay que consultar los distintos verbos para encontrar la traducción correspondiente.

off [ɒf] *adv.* **1** de distancia, a una distancia de: *it is ten miles off = está a diez millas de distancia.* **2** de descuento: *twenty per cent off = veinte por ciento de descuento.* **3** (**to be ~ +** *prep./ger.*) lejos; fuera: *they are off in Washington = están fuera, en Washington.*

OBS. **Off** posee varios usos adverbiales: **4** idea de despegarse o desprenderse: *the wallpaper is peeling off = el papel de la pared se está despegando.* **5** idea de alejarse o marcharse: *he went off = se marchó.* **6** idea de apagar o desconectar: *switch off the light = apaga la luz.* **7** idea de ausencia: *he is off work = no trabaja, está ausente del trabajo.* ● *prep.* **8** fuera de; lejos de: *keep off the grass = no pisar el césped.* **9** cerca de (una carretera): *a restaurant off the main road = un restaurante cerca de la carretera principal.* **10** MAR. frente a (una costa): *two miles off Long Island = dos millas frente a Long Island.* **11** de: *she fell off a tree = se cayó de un árbol.* **12** en: *he eats off silver plates = come en vajilla de plata.* **13** con: *it works off two batteries = funciona con dos pilas.* **14** de, a expensas de: *they live off the State = viven del Estado.*

OBS. **Off** posee además otros usos preposicionales: **15** idea de estar fuera o libre de una actividad: *take a week off work = tómate una semana de vacaciones.* **16** (fam.) idea de dejar, abandonar o perder el gusto por algo: *I am off tobacco = he dejado de fumar.* ● *adj.* **17** apagado (luz, aparatos eléctricos): *the lights are off = las luces están apagadas.* **18** cancelado, suspendido: *the wedding is off = se ha suspendido la boda.* **19** remoto, lejano: *off-chance = posibilidad remota.* **20** malo, estropeado (comida): *the fish is off = el pescado está malo.* **21** cortada (leche). **22** no disponible (en un menú): *veal is off = no queda ternera.* **23** malo: *an off year = un año malo.* **24** libre, sin compromisos: *I am off today = hoy es mi día libre.* **25** quitado: *with my hat off = con el sombrero quitado.* **26** equivocado: *you are off in your accounts = estás equivocado en tus cuentas.* **27** cortado (gas, agua). **28** lateral, adyacente (calle). ◆ **29 a bit ~,** (fam.) inaceptable (comportamiento): *that's a bit off = no hay derecho.* **30 to be badly ~,** andar mal de dinero. **31 to be having it ~ with,** (vulg.) hacer el amor con. **32 to be ~,** irse: *he is off to London = se va a Londres.* **33 to be right ~ it,** (fam.) estar completamente equivocado. **34 to be well ~,** andar bien de dinero. **35 to feel ~,** sentirse algo indispuesto. **36 how to be ~ for,** (fam.) qué tal se está de: *how are you off for money? = ¿qué tal estás de dinero?* **37 on the ~ chance,** por si acaso: *he came on the off chance of finding her = vino por si acaso la encontraba.* **38 ~ and on,** de vez en cuando. **39 ~ guard,** desprevenido. **40 ~ the track,** (fam.) despistado. **41 ~ the wind,** MAR. viento en popa. **42 they're ~,** DEP. acaban de tomar la salida.

OBS. Puesto que el sentido de muchos verbos se modifica al ir acompañados de **off,** hay que consultar los verbos para su correspondiente traducción.

offal ['ɒfl] *s. i.* **1** GAST. menudos, menudillos. **2** desechos, despojos (de carnicería).

off-balance [,ɒf'bæləns] *adj.* **1** inestable, sin equilibrio. **2** desprevenido: *they caught us off-balance = nos cogieron desprevenidos.*

offbeat [,ɒf'biːt] (también **off-beat**) *adj.* (fam.) poco ortodoxo; original.

off-centre [,ɒf'sentər] *adj.* descentrado.

off-colour [,ɒf'kʌlər] (en EE UU **off-color**) *adj.* **1** indispuesto, malo: *I am feeling a bit off-colour = me siento algo indispuesto.* **2** verde, atrevido; de mal gusto: *an off-colour joke = un chiste de mal gusto.* **3** desteñido: *an off-colour shirt = una camisa desteñida.*

off-day ['ɒf,deɪ] *s. c.* (fam.) día malo.

off-duty [,ɒf'djuːtɪ] *adj.* libre (que no está de turno).

offence [ə'fens] (en EE UU **offense**) *s. c.* **1** DER. delito, infracción. ● *s. c.* e *i.* **2** ofensa, agravio. ◆ **3 to cause/give ~ (to),** ofender. **4 no ~,** sin intención de ofender. **5 to take ~ (at),** ofenderse por.

offend [ə'fend] *v. t.* **1** ofender, insultar; escandalizar: *his words offended her = sus palabras la ofendieron.* **2** (form.) (~ {**against**}) ir en contra de, infringir, transgredir (una ley): *it offends every law = va en contra de todas las leyes.* ● *v. i.* **3** delinquir. **4** REL. pecar.

offended [ə'fendɪd] *adj.* ofendido, insultado.

offender [ə'fendər] *s. c.* **1** (form.) delincuente, transgresor, infractor. **2** culpable. **3** REL. pecador.

offense *s. c.* ⇒ **offence.**

offensive [ə'fensɪv] *adj.* **1** ofensivo, insultante: *offensive words = palabras ofensivas.* **2** desagradable: *an offensive smell = un olor desagradable.* **3** MIL. ofensivo: *offensive weapon = arma ofensiva.* ● *s. c.* **4** MIL. ofensiva: *the enemy took the offensive = el enemigo tomó la ofensiva.* ◆ **5 to go on the ~/go over to the ~/take the ~,** (fig.) pasar al ataque.

offensively [ə'fensɪvlɪ] *adv.* ofensivamente, insultantemente.

offer ['ɒfər] *v. t.* **1** (**to ~ +** *o.* **+** {**to**}) ofrecer. **2** dar; brindar. **3** proponer (un proyecto, un servicio). **4** presentar, ofrecer: *it offers many advantages = ofrece muchas ventajas.* **5** mostrar: *he offered his driving licence to the policeman = mostró al policía su carnet de conducir.* **6** REL. ofrecer, ofrendar. ● *v. i.* **7** ofrecerse: *they offered to help us = se ofrecieron para ayudarnos.* ● *s. c.* **8** oferta, ofrecimiento. **9** rebaja, oferta (en el precio). **10** propuesta: *offer of marriage = propuesta de matrimonio.* ◆ **11 on ~,** en venta; de oferta. **12 open to offers,** dispuesto a negociar.

offering ['ɒfərɪŋ] *s. c.* **1** oferta (algo para vender). **2** REL. ofrenda, sacrificio (a Dios).

off-guard [,ɒf'gɑːd] (también **off guard**) *adj.* y *adv.* desprevenido, por sorpresa: *it caught me off-guard = me cogió desprevenido.*

offhand [,ɒf'hænd] (también **off-hand**) *adj.* **1** indiferente; displicente (comportamiento). **2** brusco. **3** improvisado, impensado: *an offhand comment = un comentario improvisado.* **4** desenvuelto, natural (comportamiento). ● *adv.* **5** de improviso, sin pensar: *I can't tell you offhand = no te lo puedo decir así de improviso.*

office ['ɒfɪs] *s. c.* **1** oficina, despacho: *a big office = un despacho grande.* **2** oficina (establecimiento público): *post office = oficina de correos.* **3** bufete (de abogados). **4** departamento. **5** POL. ministerio: *Foreign Office = Ministerio de Asuntos Exteriores.* **6** (EE UU) consultorio (de un médico, de un dentista). ● *s. i.* **7** funciones, ejercicio; cargo. ◆ **8 good offices,** (form.) mediación, apoyo (diligencias en favor): *he got it through the good offices of his uncle = lo consiguió por mediación de su tío.* **9 head ~,** oficina central. **10 Holy Office,** Inquisición. **11 in ~,** POL. en el poder. **12 ~ for the dead/last offices,** REL. oficio de difuntos. **13 ~ hours,** horas de oficina. **14 ~ supplies,** material de oficina. **15 out of ~,** POL. fuera del poder. **16 to take ~,** POL. entrar en funciones.

office-boy ['ɒfɪsbɔɪ] (también **office boy**) *s. c.* (p.u.) botones de oficina, recadero.

office-holder [,ɒfɪs'həuldər] *s. c.* (form.) funcionario.

officer ['ɒfɪsər] *s. c.* **1** MIL. oficial. **2** funcionario, alto empleado, secretario (principalmente cargo público). **3** oficial, agente de policía; alguacil. ● *v. t.* **4** MIL. comandar (como oficial). **5** MIL. proveer de oficiales.

official [ə'fɪʃl] *adj.* **1** oficial: *official document = documento oficial* **2** (hum.) aducido, alegado, pretendido (un motivo). ● *s. c.* **3** empleado, funcionario (del gobierno). **4** REL. provisor, juez eclesiástico.

officialdom [ə'fɪʃldəm] *s. i.* **1** burocracia. **2** funcionariado.

officially [ə'fɪʃəlɪ] *adv.* **1** oficialmente. **2** supuestamente, en teoría.

officiate [ə'fɪʃɪeɪt] *v. i.* (~ {**at**}) REL. oficiar.

officious [ə'fɪʃəs] *adj.* **1** entrometido, importuno.

offing ['ɒfɪŋ] *s. sing.* **1** MAR. alta mar. ◆ **2 in the ~,** (fig.) inminente, en perspectiva.

off-key [ˌɒf'kiː] *adj.* MÚS. desentonado.

off-licence ['ɒfˌlaɪsns] (también **off licence**) *s. c.* (brit.) tienda de vinos y licores.

off-limits ['ɒfˌlɪmɪts] (también **off limits**) *adj.* (~ {**to**}) (EE UU) prohibido (un lugar, un acceso).

offload [ˌɒf'ləʊd] *v. t.* (~ {**on to**}) (fam.) endosar algo a alguien: *he offloaded his work on to me = me endosó su trabajo.*

off-peak ['ɒfpiːk] *adj.* **1** fuera de las horas punta: *off-peak bus services = servicio de autobuses fuera de las horas punta.* **2** de horas de menor consumo (de gas, electricidad). **3** de menor demanda, de temporada baja.

off-putting [ˌɒf'pʊtɪŋ] *adj.* desagradable (comportamiento, olor, etc.).

off-season [ˌɒf'siːzn] *s. sing.* temporada baja.

offset ['ɒfset] (*ger.* **offsetting,** *pret.* y *p. p. irreg.* **offset**) *v. t.* (**1** (~ {**against**}) compensar, contrarrestar. **2** TEC. imprimir por offset. ● *s. c.* **3** AGR. acodo. **4** TEC. offset (proceso de impresión).

offshoot ['ɒfʃuːt] *s. c.* **1** rama, ramificación. **2** (fig.) retoño, vástago.

offshore [ˌɒf'ʃɔː] *adj.* **1** MAR. que está a cierta distancia de la costa: *offshore islands = islas a cierta distancia de la costa.* ● *adv.* **2** mar adentro, a vista de la costa: *a boat sailing offshore = un barco que navega mar adentro.* **3** costero (industria, isla, viento). **4** marítimo, marino (plataforma, perforación). **5** submarino (pozo, yacimiento). **6** en paraísos fiscales, transnacional, extraterritorial (inversiones, banca). **7** de ultramar (empresas).

offside [ˌɒf'saɪd] *s. sing.* **1** (brit.) lado derecho (lado del automóvil opuesto al que se conduce). **2** DEP. fuera de juego. ● *adj.* **3** (brit.) del lado derecho.

OBS. Nótese que en los países que se conduce por la derecha hablaríamos del lado izquierdo.

offspring ['ɒfsprɪŋ] *s. i.* **1** (form. y hum.) prole, descendencia, hijos. **2** crías (de animales). **3** (fig.) resultado, producto.

off-stage [ˌɒf'steɪdʒ] (también **off stage**) *adj.* **1** TEAT. de entre bastidores: *off-stage sounds = ruidos entre bastidores.* ● *adv.* **2** entre bastidores; fuera del escenario.

off-the-cuff [ˌɒfðə'kʌf] *adj.* **1** espontáneo. ● *adv.* **2** de improviso.

off-the-peg [ˌɒfðə'peg] *adj.* **1** confeccionado (ropa). ● *adv.* **2** de confección.

off-the-record [ˌɒfðə'rekəd] *adj.* **1** confidencial, oficioso. ● *adv.* **2** confidencialmente, oficiosamente.

off-white ['ɒfˌwaɪt] *adj.* blanquecino, blancuzco.

oft [ɒft] *adv.* (lit.) a menudo, muchas veces.

often ['ɒfn] *adv.* **1** a menudo, con frecuencia, muchas veces. *I go out quite often = salgo a menudo.* ◆ **2 as ~ as not,** casi siempre; la mitad de las veces. **3 every so ~,** cada poco, de cuando en cuando. **4 how ~?,** ¿con qué frecuencia?, ¿cuántas veces? **5 more ~ than not,** la mayoría de las veces, por lo general.

ogle ['əʊgl] *v. t.* **1** (hum.) echar el ojo, comer con los ojos (a alguien). ● *s. c.* **2** mirada provocativa.

ogre ['əʊgər] (*f.* **ogress**) *s. c.* **1** LIT. ogro. **2** (fig.) ogro, monstruo.

oh [əʊ] *interj.* **1** ¡ah!: *¡oh yes! = ¡ah sí!* **2** ¡oh! (para indicar admiración, asombro, alegría, pena o dolor).

ohm [əʊm] *s. c.* FÍS. ohm, ohmio.

oil [ɔɪl] *s. i.* **1** MIN. petróleo. **2** TEC. fuel. **3** aceite: *olive oil = aceite de oliva.* ● *s. c.* **4** ART. óleo. ● *v. t.* **5** engrasar, lubrificar. **6** aceitar, untar con aceite. ◆ **7 ~ paint/~ paintings,** ART. pintura al óleo. **8 to ~ the wheels,** (fig.) preparar el terreno.

oilcan ['ɔɪlkæn] (también **oil-can**) *s. c.* **1** aceitera, alcuza. **2** bidón de aceite.

oilcloth ['ɔɪlklɒθ] *s. i.* hule.

oilfield ['ɔɪlfiːld] (también **oil field**) *s. c.* MIN. yacimiento petrolífero.

oil-fired [ˌɔɪl'faɪəd] *adj.* TEC. alimentado con fuel (calefacciones, radiadores).

oilman ['ɔɪlmən] (*pl.* **oilmen**) *s. c.* **1** dueño de una compañía petrolífera. **2** trabajador de una compañía petrolífera.

oilmen ['ɔɪlmən] *pl. irreg.* de **oilman.**

oilrig ['ɔɪlrɪg] (también **oil rig**) *s. c.* TEC. plataforma de perforación.

oilskin ['ɔɪlskɪn] *s. c.* prenda de vestir impermeable.

oil-slick ['ɔɪlslɪk] (también **oil slick**) *s. c.* capa de aceite (en el agua).

oil-tanker [ˌɔɪl'tæŋkər] (también **oil tanker**) *s. c.* **1** MAR. buque petrolero. **2** petrolero (vehículo que transporta petróleo).

oil-well ['ɔɪlwel] (también **oil well**) *s. c.* TEC. pozo de petróleo.

oily ['ɔɪlɪ] *adj.* **1** aceitoso. **2** grasiento, grasoso. **3** (fig.) cobista, zalamero.

ointment ['ɔɪntmənt] *s. i.* **1** MED. ungüento, bálsamo. ◆ **2 a fly in the ~,** (fig.) pega, inconveniente.

okay [ˌəʊ'keɪ] (también **OK**) *adj.* **1** (fam.) bueno, correcto, adecuado. **2** bien, perfectamente (en perfecto estado): *are you okay? = ¿estás bien?* ● *adv.* **3** muy bien. ● *interj.* **4** ¡bien!, ¡vale! ● *v. t.* **5** aprobar, dar el visto bueno. ◆ **6 to do ~,** ir bien (especialmente de dinero). **7 to give the ~,** dar el visto bueno.

okra ['əʊkrə] *s. i.* BOT. quimgombó.

old [əʊld] *adj.* **1** viejo: *an old man = un anciano; old clothes = ropa vieja.* **2** antiguo: *Old English = el inglés antiguo; an old painting = una pintura antigua.* **3** antiguo (anterior): *an old pupil = un antiguo alumno; her old job = su antiguo trabajo.* **4** (edad): *he's twenty years old = tiene veinte años.* **5** antiguo, viejo (de muchos años): *an old friend = un viejo amigo; an old habit = una vieja costumbre.* **6** familiar: *an old face = una cara familiar.* **7** añejo: *old wine = vino añejo.* ● *s. pl.* **8 the ~,** los ancianos. ◆ **9 any ~,** (fam.) cualquier: *any old thing = cualquier cosa.* **10 in the ~ days/in the olden days,** antaño, antiguamente. **11 of ~,** de antaño: *days of old = antaño.* **12 ~ age pensioner,** pensionista. **13 ~ boy,** (brit.) antiguo alumno de un colegio; (fam. y p.u.) hombre mayor. **14 ~ boy network,** (brit.) intercambio de influencias entre antiguos alumnos. **15 ~ flame,** antiguo amor. **16 ~ girl,** (brit.) antigua alumna (fam. y p.u.) mujer mayor. **17 ~ guard,** (**the ~** + *v. sing./pl.*) vieja guardia. **18 ~ hand,** veterano, experto. **19 ~ hat,** algo que ha perdido interés. **20 ~ maid,** (desp.) solterona. **21 ~ man,** (fam.) padre; marido: *my old man = mi padre; mi marido.* **22 ~ master, a**) ART. maestro de la pintura; **b**) obra maestra (cuadro). **23 ~ school,** vieja escuela. **24 ~ school tie,** (brit.) intercambio de influencias entre antiguos alumnos. **25 Old Testament,** Antiguo Testamento. **26 ~ wives' tale,** cuento de viejas; supersticiones. **27 ~ woman,** (fam.) madre; parienta, mujer. **28 to be ~ enough,** tener suficiente edad.

OBS. (*num.* + **year** ~) *s. c.* se utiliza para indicar una determinada edad: *a five year old child = un crío de cinco años.*

olde [əʊld] *adj.* viejo, antiguo (en nombres de sitios y en publicidad).

old-fashioned [ˌəʊld'fæʃnd] *adj.* **1** pasado de moda, anticuado. **2** chapado a la antigua.

old-style ['əʊldstaɪl] *adj.* a la vieja usanza.

old-timer ['əʊldtaɪmər] *s. c.* **1** (EE UU) (fam.) veterano (en un trabajo). **2** antiguo residente. **3** viejo, anciano.

ole [əʊl] *adj.* LIT. viejo (en inglés escrito, representa la palabra **old** pronunciada de ese modo).

oleander [ˌəʊlɪ'ændər] *s. c.* BOT. adelfa.

olfactory [ɒl'fæktərɪ] *adj.* MED. olfativo.

oligarchy ['ɒlɪgɑːkɪ] *s. c.* e *i.* oligarquía.

oligopoly [ɒlɪ'gɒpəlɪ] *s. c.* oligopolio.

olive ['ɒlɪv] *s. c.* **1** BOT. aceituna. **2** BOT. olivo. ● *adj.* **3** verde oliva. ◆ **4 ~ green,** verde oliva. **5 ~ grove,** BOT. olivar.

olive-branch ['ɒlɪvbrɑːntʃ] (también **olive branch**) *s. c.* **1** ramo de olivo. ● *s. sing.* **2** (fig.) ofrecimiento de paz, de amistad.

olive-oil [ˌɒlɪv'ɔɪl] (también **olive oil**) *s. i.* aceite de oliva.

Olympian [ə'lɪmpɪən] *adj.* (lit.) fenomenal, enorme, tremendo.

Olympic [ə'lɪmpɪk] *adj.* **1** DEP. olímpico (relativo a los Juegos Olímpicos). ● *s. pl.* **2 ~ Games,** DEP. Juegos Olímpicos, Olimpiadas. **3 The Olympics,** DEP. Olimpiadas, Juegos Olímpicos.

ombudsman ['ɒmbʊdzmən] (*pl.* **ombudsmen**) *s. c.* defensor del pueblo.

ombudsmen ['ɒmbʊdzmən] *pl. irreg.* de **ombudsman.**

omega ['əʊmɪgə] *s. i.* omega.

omelet *s. c.* ⇒ **omelette.**
omelette ['ɒmlɪt] (en EE UU **omelet**) *s. c.* **1** tortilla. ◆ **2 you can't make an ~ without breaking eggs,** quien algo quiere algo le cuesta.
omen ['əumen] *s. c.* **1** presagio, augurio. ● *v. t.* **2** presagiar.
ominous ['ɒmɪnəs] *adj.* siniestro; amenazador, inquietante.
ominously ['ɒmɪnəslɪ] *adv.* de modo inquietante; amenazadoramente.
omission [ə'mɪʃn] *s. c.* **1** descuido, olvido: *it was an omission on his part = fue un descuido suyo.* ● *s. i.* **2** omisión.
omit [ə'mɪt] (*ger.* **omitting,** *pret.* y *p. p.* **omitted**) *v. t.* **1** omitir. **2** (~ **to** + *inf.*) (form.) dejar de (deliberadamente); olvidar (accidentalmente): *he omitted to mention it = olvidó mencionarlo.*
omnibus ['ɒmnɪbəs] *s. c.* **1** LIT. antología. **2** RAD. y TV. recopilación (de programas). **3** autobús ● *adj.* **4** de obras completas.
omnipotence [ɒm'nɪpətəns] *s. i.* (form.) omnipotencia.
omnipotent [ɒm'nɪpətənt] *adj.* (form.) omnipotente, todopoderoso.
omnipresent [,ɒmnɪ'preznt] *adj.* (form.) omnipresente.
omniscient [ɒm'nɪsɪənt] *adj.* (form.) omnisciente.
omnivore ['ɒmnɪvɔːr] *s. c.* omnívoro.
omnivorous [ɒm'nɪvərəs] *adj.* **1** BIOL. omnívoro. **2** (fig.) infatigable, que se entrega con ganas a una determinada actividad: *omnivorous reader = lector infatigable.*
on [ɒn] *prep.* **1** en: *it's on the floor = está en el suelo.* **2** sobre, encima de: *on the table = encima de la mesa.* **3** sobre, acerca de: *a book on art = un libro sobre arte.* **4** a costa de: *he lives on his wife = vive a costa de su mujer.* **5** a: *on foot = a pie.* **6** de: *on holiday = de vacaciones.* **7** (~ + *ger.*) (lit.) al: *on arriving... = al llegar...* **8** con: *it works on batteries = funciona con pilas.* **9** por (radio, televisión): *we heard it on the radio = lo oímos por la radio.* **10** por, en: *on the road = en la carretera.* **11** por: *he swore on his honour = juró por su honor.* **12** contra: *attacks on the president = ataques contra el presidente.* **13** bajo: *on his word = bajo su palabra.* **14** junto a (un río, lago, mar, etc.). OBS. Se utiliza **on** antes de una fecha o día determinado: *on May 15th = el 15 de mayo.* ● *adv.* **15** encima, puesto (prendas de vestir): *he had his hat on = tenía el sombrero puesto.* OBS. **On** posee además otros usos adverbiales: **16** idea de seguir, continuar: *he went on talking = siguió hablando.* **17** (*comp.* + ~) enfatiza el sentido de un comparativo: *later on = más tarde.* **18** idea de encender (un interruptor, una luz): *switch on the lights = enciende las luces.* ● *adj.* **19** enchufado, conectado (aparatos eléctricos, luz): *the washing machine is on = la lavadora está enchufada.* **20** puesto: *his coat is on = lleva puesto el abrigo.* **21** empezado: *the show is on = ha comenzado el espectáculo.* **22** abierto (grifo). ◆ **23 and so ~,** y así sucesivamente. **24 to be (just) not ~,** (fam.) estar mal; no ser satisfactorio: *that's not on = eso está mal, eso no se hace.* **25 from now ~/from this time ~/from this moment ~/etc.,** de ahora en adelante, a partir de ahora. **26 to have a lot ~,** (fam.) tener mucho que hacer. **27 ~ about,** (fam.) hablando sobre (un tema o una persona de forma aburrida o reiterativa). **28 ~ (an) average,** por término medio. **29 ~ and off,** de vez en cuando. **30 ~ and ~,** continuamente, sin parar. **31 ~ purpose,** adrede, a propósito. **32 ~ sale,** en venta. **33 ~ time,** puntualmente, a la hora. **34 ~ the sly/quiet,** a escondidas, a hurtadillas. **35 to be ~ at,** tenerla tomada con: *you are always on at me = la tienes tomada conmigo.*
OBS. La partícula **on** modifica el sentido de muchos verbos; consultar cada verbo para la correspondiente traducción.
once [wʌns] *adv.* **1** una vez: *he called me once = me llamó una vez.* **2** (~ **a** + *s.*) una vez: *once a year = una vez al año.* **3** en otro tiempo: *it was once a beautiful house = en otro tiempo fue una casa hermosa.* ● *conj.* **4** cuando, una vez que, en cuanto: *once they finished the exam, they left = en cuanto terminaron el examen, se fueron.* ◆ **5 all at ~,** de repente; simultáneamente, al mismo tiempo. **6 at ~,** en seguida, en el acto; simultáneamente, al mismo tiempo. **7 for ~,** por una vez. **8 not ~,** ni siquiera una vez. **9 ~ again/ ~ more,** de nuevo, una vez más. **10 ~ and for all,** de una vez por todas, definitivamente. **11 ~ every...,** una vez cada...: *Halley's comet comes once every seventy-five years = el cometa Halley viene una vez cada setenta y cinco años.* **12 ~ in a while,** de vez en cuando. **13 ~ or twice,** un par de veces. **14 ~ upon a time,** érase una vez; en otro tiempo.
once-over ['wʌns,ʊvər] *s. c.* (fam.) vistazo, mirada, ojeada.
oncology [ɒŋ'kɒlədʒɪ] *s. i.* oncología.
oncoming ['ɒn,kʌmɪŋ] *adj.* **1** que se aproxima: *the oncoming hurricane = el huracán que se aproxima.* **2** próximo: *the oncoming decade = la próxima década.* ● *s. sing.* **3** proximidad: *the oncoming of spring = la proximidad de la primavera.*
one [wʌn] *num.* **1** un, uno: *one book = un libro.* ● *adj.* **2** (~ + *sing.*) único: *he was the one person who understood her = fue la única persona que la entendió.* **3** (form.) un tal: *one Mr. Smith = un tal señor Smith.* **4** primero: *chapter one = primer capítulo.* **5** mismo: *of one height = de la misma altura.* ● *pron.* **6** (form.) uno: *one can get lost here = uno se puede perder aquí.* **7** uno: *one of your friends = uno de tus amigos.* ● *s. c.* **8** uno (número uno). ● *s. sing.* **9** la una (hora): *it's one o'clock = es la una.* ◆ **10 a hundred and ~/a thousand and ~/etc.,** muchísimos, gran cantidad de. **11 all ~,** indiferente: *it's all one to me = me es indiferente, me da lo mismo.* **12 a quick ~,** (fam.) un trago. **13 as ~,** (form.) a la vez. **14 at ~,** (p.u.) en armonía, de acuerdo. **15 to be a ~,** (fam.) ser único: *you're a one! = ¡eres único!* **16 to be (a real) ~ for,** ser aficionado a: *my friend is a real one for basketball = mi amigo es aficionado al baloncesto.* **17 for ~,** desde luego: *I for one don't like it = a mí, desde luego, no me gusta.* **18 in ones and twos,** en pequeños grupos. **19 not ~,** (~ **to** + *inf.*) no ser de la clase de persona que: *he's not one to give up = no es la clase de persona que se da por vencida.* **20 ~ after another,** uno tras otro: *one excuse after another = disculpa tras disculpa.* **21 ~ after the other,** uno tras otro (en sucesión): *I saw four films, one after the other = vi cuatro películas, una tras otra.* **22 ~ and all,** todo el mundo, todos. **23 ~ and only,** (fam.) único e inimitable (para presentar cantantes o personajes famosos). **24 ~ at a time,** uno cada vez. **25 ~ by ~,** uno por uno. **26 one-eyed,** tuerto. **27 ~ in a million/~ in a thousand/ etc.,** singular, poco común. **28 ~ for the road,** (fam.) la última copa, la espuela (antes de irse). **29 ~ or two,** unos pocos. **30 ~ up on,** (fam.) tener ventaja sobre: *they were one up on us = tenían ventaja sobre nosotros.* **31 the ~ who,** el que: *I'm the one who telephoned = soy el que llamó por teléfono.* **32 two in ~/three in ~/all in ~,** dos/tres/todo a la vez. **33 with ~ accord,** de común acuerdo. **34 you've got it in ~,** (fam.) acertaste.
one-armed bandit [,wʌn'ɑːmd'bændɪt] *s. c.* máquina tragaperras.
one-horse [,wʌn'hɔːs] *adj.* **1** de un caballo: *a one-horse sledge = un trineo de un caballo.* ◆ **2 ~ town,** ciudad de poca importancia, poblacho.
one-liner [,wʌn'laɪnər] *s. c.* (fam.) golpe (de ingenio).
one-man ['wʌnmæn] *adj.* **1** de un solo hombre: *a one-man television programme = un programa de televisión realizado por un solo hombre.* **2** individual, para una sola persona: *a one-man vehicle = un vehículo para una sola persona.* ◆ **3 ~ band,** hombre orquesta. **4 ~ woman,** (p.u.) mujer de un solo hombre.
one-night stand [,wʌnnaɪt'stænd] *s. c.* **1** ligue de una noche, lío. **2** (fam.) única actuación (concierto).
one-off [,wʌn'ɒf] *s. c.* **1** único ejemplar. ● *adj.* **2** único.
one-parent family [,wʌnpeərənt'fæməlɪ] *s. c.* familia monoparental (formada por uno solo de los padres y sus hijos).
one-piece [,wʌn'piːs] *adj.* de una sola pieza (principalmente ropa).

onerous ['ɒnərəs] *adj.* **1** (form.) pesado, fastidioso. **2** caro, costoso.
oneself [wʌn'self] *pron.ref.* **1** uno mismo, sí mismo: *to speak to oneself* = *hablar consigo mismo.* **2** se: *to cut oneself* = *cortarse.* **3** (form.) solo, sin ayuda: *to do it oneself* = *hacerlo solo.* ◆ **4 by ~,** solo; por sí solo.
one-sided [ˌwʌn'saɪdɪd] *adj.* **1** unilateral: *one-sided agreement* = *acuerdo unilateral.* **2** parcial: *a one-sided report* = *un informe parcial.* **3** desigual, injusto. **4** de un solo lado: *a one-side street* = *calle con casas en un solo lado.*
one-time [ˌwʌn'taɪm] (también **onetime**) *adj.* **1** ex (que fue): *a one-time actor* = *un ex actor.* **2** antiguo; anterior.
one-to-one [ˌwʌntə'wʌn] *adj.* **1** individual (de una persona a otra): *these patients need one-to-one attention* = *estos pacientes necesitan atención individual.* **2** exacto: *a one-to-one correspondence* = *correspondencia exacta.*
one-track mind [ˌwʌntræk'maɪnd] *s. sing.* **to have a ~,** no tener más que una idea en la cabeza, pensar en una sola cosa: *he has a one-track mind* = *sólo piensa en una cosa.*
one-upmanship [ˌwʌn'ʌpmənʃɪp] *s. i.* afán de estar por encima de los demás.
one-way [ˌwʌn'weɪ] *adj.* **1** de sentido único: *a one-way street* = *una calle de sentido único.* **2** de ida (un billete, un viaje). **3** unilateral. ◆ **4 ~ mirror,** espejo en el que sólo se ve por un lado.
one-woman [ˌwʌn'wumən] *adj.* **1** de una sola mujer: *a one-woman show* = *espectáculo realizado por una sola mujer.* ◆ **2 ~ man,** (p.u.) hombre de una sola mujer.
ongoing ['ɒnˌgəuɪŋ] *adj.* **1** actual (que está ocurriendo): *the ongoing energy crisis* = *la actual crisis de energía.* **2** continuo (en progreso) *an ongoing increase in the number of unemployed* = *un continuo incremento en el número de parados.*
onion ['ʌnjən] *s. c.* e *i.* **1** BOT. cebolla. ◆ **2 to be off one's ~,** (fam.) estar loco. **3 to know one's onions,** (fam.) saber mucho de la materia.
on-line ['ɒnlaɪn] *adj.* en línea.
onlooker ['ɒnˌlukər] *s. c.* **1** espectador. **2** mirón.
only ['əunlɪ] *adv.* **1** sólo, solamente: *it was only a joke* = *sólo era un chiste.* **2** únicamente. ● *adj.* **3** único: *his only hope* = *su única esperanza.* ● *conj.* **4** (~ {**if**}) sólo: *I'll buy it only if you lend me the money* = *sólo lo compraré si me prestas el dinero.* **5** (fam.) pero: *I wanted to go, only I couldn't* = *quería ir, pero no pude.* ◆ **6 if ~,** ojalá, si. **7 not ~,** no sólo: *she not only sings but composes her songs* = *no sólo canta sino que también compone sus canciones.* **8 ~ just,** apenas: *it has only just begun* = *apenas ha empezado, acaba de empezar.* **9 ~ too,** muy, demasiado (más de lo que se quisiera): *I remember it only too clearly* = *lo recuerdo demasiado bien.*
onomatopoeia [ˌɒnəmætə'piːə] *s. i.* onomatopeya.
onomatopoeic [ˌɒnəmætə'piːɪk] *adj.* onomatopéyico.
onrush ['ɒnˌrʌʃ] *s. sing.* **1** embestida, arremetida. **2** (form. y fig.) oleada, avalancha.
onset ['ɒnˌset] *s. sing.* **1** principio (normalmente de algo desagradable). **2** ataque, embestida.
onshore ['ɒnˌʃɔː] *adj.* o *adv.* **1** del mar, que viene hacia tierra: *onshore wind* = *viento hacia tierra.* **2** costero, en tierra.
onslaught ['ɒnˌslɔːt] *s. c.* **1** ataque violento. **2** (fig.) crítica, ataque.
on the spot [ˌɒnðə'spɒt] *adv.* **1** inmediatamente, en el acto. ● *adj.* **2 on-the-spot, a**) que está en el lugar (donde ha ocurrido o está ocurriendo algo); **b**) instantáneo, inmediato.
onto ['ɒntu] (también **on to**) *prep.* hacia; sobre.
onus ['əunəs] *s. sing.* (form.) responsabilidad: *the onus is on the government* = *es responsabilidad del gobierno.*
onward ['ɒnwəd] *adj.* **1** que avanza hacia adelante. **2** (fig.) que progresa, que cobra importancia.
onwards ['ɒnwədz] *adv.* **1** (brit.) hacia adelante. ◆ **2 from then ~/from 1980 ~, etc.,** desde entonces, a partir de 1980, etc.
onyx ['ɒnɪks] *s. i.* GEOL. ónice, ónix.
oodles ['uːdəlz] *s. pl.* (fam.) montones, cantidad: *oodles of money* = *cantidad de dinero.*
ooh [uː] (también **o**) *interj.* ¡oh!
oomph [umf] (fam.) *s. i.* **1** vigor, energía, vitalidad. **2** atractivo (especialmente sexual). **3** encanto personal, magnetismo.
oops [ups ‖ uːps] *interj.* ¡uy!
ooze [uːz] *v. t.* e *i.* **1** rezumar(se), manar, fluir, gotear (un líquido). ● *v. t.* **2** sudar. **3** (fig.) rebosar: *he oozed with pride* = *rebosaba de orgullo.* ● *s. i.* **4** fango, lodo, cieno.
op [ɒp] (fam.) *s. c.* **1** operación, intervención (quirúrgica). **2** operación militar.
opacity [əu'pæsɪtɪ] *s. i.* **1** (fam.) opacidad. **2** (fig.) complejidad, falta de claridad: *Nietzsche's opacity* = *la complejidad de Nietzsche.* **3** torpeza (de mente).
opal ['əupl] *s. c.* e *i.* GEOL. ópalo.
opalescent [ˌəupə'lesnt] *adj.* opalescente.
opaque [əu'peɪk] *adj.* **1** (form. o lit.) opaco. **2** (fig.) ininteligible. **3** torpe, obtuso.
OPEC ['əupek] (siglas de **Organization of Petroleum-Exporting Countries**) *s. sing.* OPEP, Organización de Países Exportadores de Petróleo.
open ['əupən] *v. t.* **1** abrir: *open the window* = *abre la ventana.* **2** inaugurar, poner (una tienda, un negocio). **3** inaugurar, empezar (una exhibición). **4** empezar (una maniobra militar). **5** emprender, iniciar (un negocio). **6** inaugurar (un edificio, una plaza, etc.). **7** abrir, iniciar (un debate). **8** entablar (una conversación). ● *v. i.* **9** abrirse: *the door opened* = *la puerta se abrió.* **10** estrenarse (una obra, una película). **11** empezar, comenzar: *the story opens with a robbery* = *la historia empieza con un robo.* ● *adj.* **12** abierto: *an open book* = *un libro abierto.* **13** franco, abierto: *an open smile* = *una sonrisa franca.* **14** abierto, receptivo: *open to suggestions* = *abierto a las sugerencias.* **15** expuesto: *open to criticism* = *expuesto a las críticas.* **16** descubierto: *open carriage* = *coche descubierto.* **17** destapado: *an open bottle* = *una botella destapada.* **18** despejado. **19** manifiesto, evidente (actitud, situación). **20** abierto a todos (una reunión, una competición). **21** abierto, desabrochado: *an open jacket* = *una chaqueta desabrochada.* **22** sin resolver: *an open question* = *una cuestión sin resolver.* **23** disponible, vacante (un empleo, un puesto). **24** libre (sin obstáculos). **25** sin nieve: *open winter* = *un invierno sin nieve.* ◆ **26 to have/keep one's ears ~,** afinar el oído. **27 to have/keep one's eyes ~,** estar atento. **28 in the ~/into the ~,** revelado, sacado a la luz (una actitud, una situación). **29 ~ book,** (fig.) persona fácil de entender. **30 ~ day,** jornada de puertas abiertas (día en que una institución está abierta al público). **31 ~ fire,** hogar, chimenea. **32 to ~ fire,** abrir fuego. **33 ~ house,** casa abierta (a amigos o visitantes). **34 to ~ into/on/upon /toward,** comunicarse con, tener paso a, dar a, mirar a, salir a. **35 to ~ its borders/frontiers,** abrir sus fronteras. **36 ~ letter,** carta abierta. **37 ~ market,** mercado libre. **38 to ~ one's eyes/to ~ someone's eyes,** (fig.) abrir los ojos, desengañar. **39 to ~ one's heart,** sincerarse. **40 to ~ out to someone,** confiarse a alguien. **41 ~ secret,** secreto a voces. **42 to ~ the door/to ~ doors,** (fig.) abrir puertas (hacer algo posible). **43 Open University,** (brit.) universidad que enseña por medio de emisiones de radio o televisión. **44 to ~ up, a**) hablar francamente; **b**) abrir fuego; **c**) abrir (un local); **d**) conquistar (tierras, mercados); **e**) crear (oportunidades). **45 the clouds/the heavens/the skies opened,** (lit.) empezó a llover. **46 with ~ arms,** con los brazos abiertos, con entusiasmo.
open-air [ˌəupən'eər] *s. sing.* al aire libre.
open-and-shut [ˌəupənən'ʃʌt] *adj.* claro, evidente.
open-cast ['əupənkɑːst] (también **opencast**) *adj.* MIN. a cielo abierto (mina).
open-ended [ˌəupən'endɪd] *s. c.* indefinido (sin límites determinados).

opener [əupənər] *s. c.* **1** abrelatas. **2** abridor (de cartas, de botellas). **3 for openers,** (fam.) para principiantes.
opening ['əupnɪŋ] *s. i.* **1** abertura. • *s. c.* **2** abertura, hendidura, grieta. **3** principio, comienzo: *the opening of the book = el principio de un libro.* **4** apertura (en ajedrez). **5** apertura (de un acto). **6** oportunidad. **7** inauguración. **8** puesto vacante. **9** (EE UU) claro (en un bosque). • *adj.* **10** primero: *the opening scene = la primera escena.* ◆ **11 ~ hours,** horario de apertura, horas de comercio. **12 ~ night,** noche de estreno (de una obra, de una ópera). **13 ~ times,** horario de apertura, horas de comercio.
openly [əupənlɪ] *adv.* abiertamente, francamente.
open-minded [,əupən'maɪndɪd] *adj.* **1** receptivo. **2** liberal, sin prejuicios, de miras amplias.
open-mindedness [əupən'maɪndɪdnɪs] *s. i.* liberalidad, amplitud de miras.
open-mouthed [,əupən'mauðd] *adj.* boquiabierto.
open-necked [,əupən'nekt] *adj.* con el cuello desabrochado: *an open-necked shirt = una camisa con el cuello desabrochado.*
openness ['əupənnɪs] *s. i.* sinceridad, franqueza.
open-plan [,əupən'plæn] *adj.* ARQ. de planta corrida, sin paredes interiores: *an open-plan house = una casa sin paredes interiores.*
opera ['ɒpərə] *s. c.* **1** MÚS. ópera: *a Verdi opera = una ópera de Verdi.* • *s. i.* **2** MÚS. ópera (género). • *s. sing.* **3** compañía de ópera. ◆ **4 comic ~,** ópera cómica. **5 light ~,** opereta. **6 ~ glasses,** prismáticos de teatro. **7 ~ house,** ópera, teatro de la ópera.
operate ['ɒpəreɪt] *v. t.* e *i.* **1** operar, actuar, funcionar. **2** manejar, hacer funcionar, funcionar (una máquina, un aparato). • *v. t.* **3** realizar, llevar a cabo (un plan, un proyecto). • *v. i.* **4** MED. operar, intervenir. **5** obrar, actuar, producir efecto. **6** MIL. operar, efectuar una maniobra militar.
operatic [,ɒpə'rætɪk] *adj.* MÚS. operístico.
operating ['ɒpəreɪtɪŋ] *adj.* **1** que opera. ◆ **2 ~ profit,** beneficio de explotación. **3 ~ room/theatre,** MED. quirófano, sala de operaciones. **4 ~ system,** sistema operativo. **5 ~ table,** MED. mesa de operaciones.
operation [,ɒpə'reɪʃn] *s. c.* **1** operación, actuación. **2** maniobra. **3** MIL. operación, maniobra: *military operations = maniobras militares.* **4** COM. empresa, actividad. **5** MED. operación, intervención. • *s. i.* **6** funcionamiento. **7** manejo ◆ **8 to come into ~/to put something into ~,** poner en funcionamiento; entrar en vigor (una ley). **9 in ~,** en funcionamiento, en vigor. **10 operations research,** investigación operativa. **11 to undergo an ~,** someterse a una operación.
operational [,ɒpə'reɪʃənl] *adj.* **1** apto para su función (una máquina, un aparato). **2** coyuntural: *operational difficulties = dificultades coyunturales.* **3** operacional.
operative ['ɒpərətɪv] *adj.* **1** operante, operativo. **2** MED. operatorio. • *s. c.* **3** (form.) operario; artesano. **4** (EE UU) agente secreto, detective privado. ◆ **5 the ~ word,** la palabra clave (palabra de especial relevancia en un contexto; se utiliza normalmente en sentido humorístico).
operator ['ɒpəreɪtər] *s. c.* **1** telefonista. **2** operador (encargado de hacer funcionar una máquina o aparato). **3** (EE UU) especulador (en la Bolsa). **4** explotador (empresario): *mine operator = explotador de minas.* **5** (fam.) embaucador, timador. **6** INF. operador: *computer operator =operador.* **7** MAT. operador.
operetta [,ɒpə'retə] *s. c.* e *i.* MÚS. opereta; zarzuela.
ophthalmic [ɒf'θælmɪk] *adj.* MED. (form.) oftálmico.
opiate ['əupɪət] *s. c.* **1** (form.) narcótico. **2** (fig.) droga.
opine [əu'paɪn] *v. t.* e *i.* (form. y p.u.) opinar.
opinion [ə'pɪnjən] *s. c.* **1** opinión; parecer, modo de ver: *nobody asked his opinion = nadie pidió su opinión.* **2** dictamen (de un experto). • *s. sing.* **3** opinión, juicio, concepto (referente a personas): *I have a good opinion of him = tengo una buena opinión de él.* • *s. i.* **4** opinión, criterio: *a difference of opinion = diferencia de criterio.* **5** opinión (parecer general): *public opinion = opinión pública.* ◆ **6 to be of the ~ that,** ser de la opinión que. **7 in one's ~,** según la opinión de uno. **8 ~ poll,** sondeo de opinión, encuesta.
opinionated [ə'pɪnjəneɪtɪd] *adj.* testarudo, terco, obstinado.
opium ['əupjəm] *s. i.* opio.
opossum [ə'pɒsəm] *s. c.* ZOOL. zarigüeya, oposum.
opponent [ə'pəunənt] *s. c.* **1** adversario, oponente: *political opponent = adversario político.* **2** contrincante, competidor, antagonista. **3** (~ {**of**}) enemigo, contrario (que se opone a algo): *opponent of the arms race = contrario a la carrera armamentista.* • *adj.* **4** opuesto. ◆ **5 ~ muscle,** ANAT. oponente.
opportune ['ɒpətju:n] (form.) *adj.* **1** oportuno: *opportune moment = momento oportuno.* **2** providencial. **3** conveniente.
opportunism ['ɒpətju:nɪzəm] *s. i.* (form.) oportunismo: *commercial opportunism = oportunismo comercial.*
opportunist [,ɒpə'tju:nɪst] *s. c.* **1** (form.) oportunista. • *adj.* **2** oportunista, egoísta.
opportunistic [,ɒpətju:'nɪstɪk] *adj.* (form.) oportunista, sin escrúpulos.
opportunity [,ɒpə'tju:nɪtɪ] *s. c.* e *i.* **1** oportunidad, ocasión. ◆ **2 at every ~,** siempre que sea posible. **3 at the earliest/first ~,** a la primera oportunidad. **4 ~ cost,** coste de oportunidad. **5 to take the ~,** aprovechar la ocasión.
oppose [ə'pəuz] *v. t.* **1** (form.) oponerse a, mostrarse contrario a: *he opposed my plan = se opuso a mi proyecto.* **2** (**to** ~ + *o.* + {**to**}), contrastar, comparar. **3** oponer (poner frente a frente): *to oppose two forces = oponer dos fuerzas.* ◆ **4 as opposed to,** en contraste con, en comparación con. **5 to be opposed to,** estar/ir en contra de: *it is opposed to my principles = va en contra de mis principios.* **6 to ~ oneself to,** (form.) oponerse a: *I opposed myself to it with all my power = me opuse con todas mis fuerzas.*
opposed [ə'pəuzd] *adj.* **1** (~ {**to**}) contrario: *he is opposed to the scheme = es contrario al proyecto.* **2** contradictorio, opuesto: *two opposed versions = dos versiones opuestas.*
opposing [ə'pəuzɪŋ] *adj.* contrario, opuesto: *the opposing team = el equipo contrario.*
opposite ['ɒpəzɪt] *prep.* **1** enfrente de, frente a: *my house is opposite the school = mi casa está enfrente del colegio.* • *adv.* **2** enfrente: *the school is opposite = el colegio está enfrente.* • *adj.* **3** opuesto, de enfrente: *the opposite door = la puerta de enfrente.* **4** contrario, opuesto: *the opposite effect = el efecto contrario.* **5** (~ {**to/from**}) completamente diferente, opuesto: *your tastes are opposite to mine = tus gustos son opuestos a los míos.* • *s. c.* **6** (**the** ~) lo opuesto, lo contrario: *that's the opposite of what you told me = eso es lo contrario de lo que me contaste.* ◆ **7 ~ number,** colega. **8 the ~ sex,** el sexo opuesto.
opposition [,ɒpə'zɪʃn] *s. i.* **1** oposición, disconformidad, resistencia. • *s. sing.* (~ + *v. sing.* o *pl.*) **2** POL. oposición (partido de la oposición): *the leader of the opposition = el líder de la oposición.* **3** oposición (grupo de personas que se oponen a algo). **4** DEP. persona o equipo contrario. ◆ **5 in ~ to,** en desacuerdo con.
oppress [ə'pres] *v. t.* **1** oprimir, sojuzgar; tiranizar. **2** agobiar, angustiar: *his work oppressed him = el trabajo le agobiaba.*
oppressed [ə'prest] *adj.* **1** oprimido, tiranizado: *oppressed peoples = los pueblos oprimidos.* ◆ **2 the oppressed,** los oprimidos.
oppression [ə'preʃn] *s. c.* e *i.* **1** opresión. • *s. c.* **2** tiranía, abuso. • *s. i.* **3** agobio, angustia; desánimo.
oppressive [ə'presɪv] *adj.* **1** sofocante, bochornoso (tiempo, atmósfera). **2** agobiante, abrumador: *an oppressive situation = una situación agobiante.* **3** opresor, opresivo, injusto, tiránico: *an oppressive law = una ley opresiva.*
oppressively [ə'presɪvlɪ] *adv.* opresivamente, agobiantemente.
oppressor [ə'presər] *s. c.* opresor, tirano.
opprobrious [ə'prəubrɪəs] *adj.* (form.) infamante, ultrajante, ignominioso.

opprobrium [ə'prəubrɪəm] *s. i.* (form.) oprobio, infamia; deshonra.

opt [ɒpt] *v. i.* **1** (**to** ~ + **for**) optar por, elegir (algo). **2** (**to** ~ + **to** + *inf.*) optar (por hacer algo). ◆ **3 to** ~ **out,** ~ (**of**) optar (por no hacer algo).

optic ['ɒptɪk] *adj.* **1** OPT. óptico. **2** (hum.) ojo.

optical ['ɒptɪkl] *adj.* **1** OPT. óptico: *optical microscope = microscopio óptico.* **2** visual, óptico: *optical art = arte visual.* ◆ **3** ~ **character reader,** lector óptico (de caracteres). **4** ~ **character recognition,** reconocimiento óptico de caracteres. **5** ~**disc,** disco óptico. **6** ~ **fibre,** fibra óptica. **7** ~ **illusion,** ilusión óptica.

optician [ɒp'tɪʃn] *s. c.* OPT. óptico.

optics ['ɒptɪks] *s. i.* óptica (ciencia).

optimism ['ɒptɪmɪzəm] *s. i.* optimismo, confianza.

optimist ['ɒptɪmɪst] *s. c.* optimista.

optimistic [,ɒptɪ'mɪstɪk] *adj.* optimista; animoso.

optimistically [,ɒptɪ'mɪstɪkəlɪ] *adv.* con optimismo.

optimum ['ɒptɪməm] (form.) *adj.* **1** óptimo: *optimum temperature = temperatura óptima.* ● *s. sing.* **2** grado óptimo.

option ['ɒpʃn] *s. c.* **1** opción, alternativa: *I have two options = tengo dos opciones.* **2** asignatura opcional. ● *s. sing.* **3** derecho a elegir, elección, alternativa: *we had no option = no teníamos elección.* ◆ **4 to have no** ~ **but,** no tener más remedio que. **5 to keep/leave one's options open,** no comprometerse. **6 to make one's** ~ **between,** elegir entre.

optional ['ɒpʃənl] *adj.* opcional, facultativo; discrecional.

opulence ['ɒpjuləns] *s. i.* (form.) opulencia, riqueza.

opulent ['ɒpjulənt] (form.) *adj.* **1** opulento, rico, acaudalado. **2** abundante. **3** suntuoso, fastuoso.

opus ['əupəs] (*pl.* **opuses** u **opera**) *s. c.* **1** (~ + *num.*) MÚS. opus (cada una de las obras de un compositor).

or [ɔː] *conj.* **1** o; u: *tea or coffee? = ¿té o café?* **2** (**not ...** ~) ni: *she doesn't work or study = no trabaja ni estudia.* ◆ **3** ~ **else,** sino, de otro modo. **4** ~ **no,** con o sin: *you'll have to study, noise or no noise = tendrás que estudiar, con ruido o sin él.* **5** ~ **so,** más o menos.

oracle ['ɒrəkl] *s. c.* **1** oráculo: *Delphic oracle = oráculo de Delfos.* **2** oráculo, predicción (respuesta de una pitonisa).

oracular [ɒ'rækjulər] (form.) *adj.* **1** relativo al oráculo. **2** misterioso, ambiguo. **3** profético.

oral ['ɔːrəl] *adj.* **1** oral, verbal: *oral tradition = la tradición oral.* **2** oral, bucal (que se toma por vía oral): *oral contraceptive = anticonceptivo oral.* ● *s. c.* **3** (fam.) oral, examen oral.

orally ['ɔːrəlɪ] *adv.* **1** oralmente, verbalmente. **2** por vía oral.

orange ['ɒrɪndʒ] *s. c.* **1** BOT. naranja. ● *adj.* **2** naranja, color naranja. ● *s. i.* **3** bebida de naranja (natural o artificial). **4** naranja (color). ◆ **5** ~ **blossom,** BOT. azahar.

orangeade [,ɒrɪndʒ'eɪd] *s. i.* naranjada (natural o artificial).

orangery ['ɒrɪndʒərɪ] *s. c.* BOT. naranjal.

orangey ['ɒrɪndʒɪ] *adj.* anaranjado (color).

orang-utang [ɔː,ræŋuː'tæŋ] (también **orang-outan**) *s. c.* ZOOL. orangután.

oration [ɔː'reɪʃn] *s. c.* **1** discurso; arenga. ◆ **2 funeral** ~, oración fúnebre.

orator ['ɒrətər] *s. c.* orador.

oratorical [,ɒrə'tɒrɪkl] *adj.* (form.) oratorio (relativo al discurso).

oratorio [,ɒrə'tɔːrɪəu] *s. c.* MÚS. oratorio (drama musical de tema religioso).

oratory ['ɒrətərɪ] *s. i.* **1** (form.) RET. oratoria. ● *s. c.* **2** REL. capilla, oratorio.

orb [ɔːb] *s. c.* **1** esfera, globo. **2** (lit.) orbe; cuerpo celeste. **3** (lit.) ojo.

orbit ['ɔːbɪt] *s. c.* **1** (**in/into** ~) ASTR. órbita: *a satellite in orbit = un satélite en órbita.* **2** ANAT. órbita ocular. ● *v. t.* **3** girar alrededor de. **4** poner en órbita (un satélite). ● *v. i.* **5** moverse en órbita, girar. ● *s. sing.* **6** (fig.) órbita, ámbito, esfera: *out of the family orbit = fuera de la órbita familiar.*

orbital ['ɔːbɪtl] *adj.* **1** que rodea una gran ciudad (una carretera). **2** ASTR. orbital: *orbital flight = vuelo orbital.*

orchard ['ɔːtʃəd] *s. c.* AGR. huerto, pomar.

orchestra ['ɔːkɪstrə] *s. c.* **1** MÚS. orquesta. **2** (EE UU) platea, patio de butacas. ◆ **3** ~ **pit,** foso (piso inferior del escenario donde se coloca la orquesta).

orchestral [ɔː'kestrəl] *adj.* MÚS. orquestal.

orchestrate ['ɔːkɪstreɪt] *v. t.* **1** MÚS. orquestar, instrumentar para orquesta (una partitura). **2** (fig.) orquestar, organizar, dirigir.

orchestrated ['ɔːkɪstreɪtɪd] *adj.* **1** MÚS. orquestado. **2** (fig.) organizado, dirigido.

orchestration [,ɔːke'streɪʃn] *s. i.* **1** MÚS. orquestación. **2** (fig.) organización, dirección.

orchid ['ɔːkɪd] *s. c.* BOT. orquídea.

ordain [ɔː'deɪn] *v. t.* **1** REL. ordenar: *he was ordained priest = fue ordenado sacerdote.* **2** (form.) decretar; mandar, ordenar (una autoridad). **3** (form.) destinar, establecer (Dios, el destino, etc.).

ordained [ɔː'deɪnd] *adj.* REL. ordenado.

ordeal [ɔː'diːl] *s. c.* experiencia muy dura, situación penosa.

order ['ɔːdər] *conj.* **1** (**in** ~ **to/that**) para (que), a fin de (que): *he came here in order to see you = vino para verte.* ● *s. c.* **2** orden, instrucción: *to obey orders = obedecer las órdenes.* **3** COM. pedido, encargo: *an order for books = un pedido de libros.* **4** DER. orden, mandato. **5** giro postal. **6** REL. orden (comunidad religiosa): *the Franciscan order = la orden franciscana.* **7** orden (civil o militar): *order of knighthood = orden de caballería.* **8** BIOL. orden, clase: *order of arthropoda = orden de los artrópodos.* ● *s. c.* e *i.* **9** orden: *in alphabetical order = por orden alfabético.* ● *s. c.* **10** orden, tranquilidad: *to restore order = restablecer el orden.* ● *s. sing.* **11** orden, sistema (forma de organización): *a new moral order = un nuevo orden moral.* **12** (form.) tipo, categoría, índole: *problems of another order = problemas de otro tipo.* ● *v. t.* **13** (**to** ~ + *o.* + {**to**}) ordenar: *they ordered me to go out = me ordenó que saliese.* **14** (**to** ~ + *o.* + *prep.*) ordenar, mandar: *he ordered me in = me mandó entrar.* **15** pedir (en un bar, restaurante, etc.): *he ordered a beer = pidió una cerveza.* **16** COM. encargar, hacer un pedido. **17** organizar, ordenar, poner en orden: *I have to order my life = tengo que organizar mi vida.* **18** BIOL. clasificar (animales, plantas). ◆ **19 in good** ~**/in perfect** ~**, etc.,** en buen estado, en perfecto estado. **20 in** ~, en regla, en orden; por (su) orden (en correcta sucesión); correcto. **21 in** ~**/in working** ~, en buen estado, en funcionamiento (una máquina, un vehículo). **22 in/of/on the** ~ **of,** aproximadamente, del orden de. **23 to keep** ~**/to keep someone in/into** ~, mantener el orden, controlar. **24 law and** ~, orden público. **25 on** ~, pedido, encargado. **26 to** ~ **about/around,** traer de acá para allá, dominar. **27 out of** ~, **a**) en desorden; **b**) estropeado (máquina, aparato, vehículo); **c**) fuera de lugar (persona, comportamiento); **d**) descompuesto (vientre). **28 the** ~ **of the day,** imperante; de moda. **29 to** ~, siempre que se requiera; a petición. **30 to take orders,** REL. ordenarse. **31 under orders,** bajo órdenes.

ordered ['ɔːdəd] *adj.* ordenado, organizado; controlado.

order-form ['ɔːdəfɔːm] *s. c.* COM. orden de pedido.

orderliness ['ɔːdəlɪnɪs] *s. i.* **1** orden, método, disciplina. **2** orden, pulcritud.

orderly ['ɔːdəlɪ] *adj.* **1** ordenado, organizado. **2** disciplinado, obediente. ● *s. c.* **3** asistente de hospital. **4** MIL. ordenanza.

ordinal ['ɔːdɪnl] *adj.* y *s. c.* **1** ordinal, número ordinal. ◆ **2** ~ **number,** número ordinal.

ordinance ['ɔːdɪnəns] *s. c.* **1** (form.) ordenanza, decreto, ley. **2** REL. rito religioso.

ordinand ['ɔːdɪnænd] *s. c.* REL. ordenando.

ordinarily ['ɔːdnrɪlɪ] *adv.* de ordinario, normalmente, comúnmente.

ordinary ['ɔːdnrɪ] *adj.* **1** común, corriente: *an ordinary ball-pen = un bolígrafo corriente.* **2** (desp.) mediocre, ordinario, vulgar: *an ordinary person = una persona vulgar.* **3** habitual: *in his ordinary manner of talking = con su habitual modo de hablar.* ◆ **4 in the** ~ **way,** en circunstancias normales. **5** ~ **share,** acción

ordinaria. **6 out of the ~,** fuera de lo común, especial, extraordinario.
ordination [ˌɔːdɪ'neɪʃn] *s. c.* **1** REL. ordenación. **2** ley, ordenanza. • *s. i.* **3** ordenación, disposición, arreglo. **4** REL. ordenación.
ordnance ['ɔːdnəns] *s. i.* **1** MIL. suministros de guerra (especialmente armas); artillería. ◆ **2 Ordnance Survey,** (brit.) servicio oficial de topografía y cartografía.
ordure ['ɔːˌdjuər] (form.) *s. i.* **1** excrementos, porquería, suciedad. **2** estiércol. **3** lenguaje obsceno.
ore [ɔː] *s.inv.* **1** MIN. mineral, mena: *iron ore = mineral de hierro.* **2** (lit.) metal (especialmente oro).
oregano [ˌɒriː'gɑːnəʊ] *s. i.* GAST. orégano.
organ ['ɔːgən] *s. c.* **1** ANAT. órgano: *vital organs = órganos vitales.* **2** MÚS. órgano. **3** órgano (compañía, periódico o revista portavoz de un grupo, causa u opinión): *government organ = órgano del gobierno.*
organdie ['ɔːgəndɪ] (en EE UU **organdy**) *s. i.* organdí.
organdy *s. i.* ⇒ **organdie.**
organ-grinder ['ɔːgənˌgraɪndər] *s. c.* MÚS. organillero.
organic [ɔː'gænɪk] *adj.* **1** FISIOL. orgánico: *organic life = vida orgánica.* **2** (form.) orgánico, constitucional, fundamental (una estructura, una entidad, una ley). **3** (form.) sistemático, coordinado (desarrollo, cambio). **4** MED. orgánico (enfermedad). ◆ **5 ~ chemistry,** química orgánica.
organically [ɔː'gænɪkəlɪ] *adv.* sistemáticamente, de forma coordinada.
organise *v. t.* e *i.* ⇒ **organize.**
organism ['ɔːgənɪzəm] *s. c.* **1** BIOL. organismo (ser vivo). **2** FISIOL. organismo (conjunto de órganos y funciones): *the human organism = el organismo humano.* **3** (fig.) organismo (cuerpo o institución).
organist ['ɔːgənɪst] *s. c.* MÚS. organista.
organization [ˌɔːgənaɪ'zeɪʃn] (también **organisation**) *s. c.* **1** organización (organismo, entidad): *World Health Organization = Organización Mundial de la Salud.* • *s. i.* **2** organización, preparación: *the organization of the feast = la preparación del banquete.* **3** organización, estructura (de una sociedad, institución o entidad). **4** organización, planificación, ordenación. ◆ **5 ~ chart,** organigrama.
organizational [ˌɔːgənaɪ'zeɪʃnəl] (también **organisational**) *adj.* **1** organizativo, organizador. **2** relativo a un organismo, sistema o entidad. ◆ **3 ~ behavaiour,** comportamiento en organizaciones.
organize ['ɔːgənaɪz] (también **organise**) *v. t.* **1** organizar, preparar: *they organized the party = ellos organizaron la fiesta.* **2** ordenar, poner en orden: *who organized these papers? = ¿quién ordenó estos papeles?* • *v. i.* **3** organizarse (formar una sociedad, un sindicato, etc.). ◆ **4 to ~ oneself,** organizarse.
organized ['ɔːgənaɪzd] (también **organised**) *adj.* **1** organizado, ordenado. **2** planificado, estructurado. ◆ **3 ~ labour,** obreros sindicados.
organizer ['ɔːgənaɪzər] (también **organiser**) *s. c.* organizador.
orgasm ['ɔːgæzəm] *s. c.* **1** orgasmo. **2** (form.) exaltación, frenesí.
orgasmic [ɔː'gæzmɪk] *adj.* **1** MED. relativo al orgasmo. **2** (fam.) culminante.
orgiastic [ˌɔːdʒɪ'æstɪk] *adj.* orgiástico, desenfrenado.
orgy ['ɔːdʒɪ] *s. c.* **1** orgía. **2** (fig.) exceso, abuso.
orient ['ɔːrɪənt] *v. t.* **1** (form.) adaptarse, aclimatarse (a una nueva situación). **2** orientar. • *adj.* **3** brillante (perlas, piedras preciosas). ◆ **4 to be oriented (to/towards),** (form.) inclinarse, interesarse (por algo, por alguien). **5 the Orient,** (lit.) Oriente. **6 to ~ oneself,** orientarse.
oriental [ˌɔːrɪ'entl] *s. c.* y *adj.* oriental.
orientate ['ɔːrɪenteɪt] *v. t.* e *i.* **1** orientar(se). **2** (fig.) adaptarse, aclimatarse. ◆ **3 to be orientated (to/towards),** (fig.) inclinarse (por); dirigir su mirada (hacia). **4 to ~ oneself,** orientarse.
orientated ['ɔːrɪenteɪtɪd] *adj.* (*adv./s.* + ~) orientado (que tiende hacia algo): *politically orientated = orientado hacia la política.*
orientation [ˌɔːrɪen'teɪʃn] *s. c.* **1** orientación, tendencia, inclinación. **2** orientación, situación, posición. • *s. i.* **3** orientación: *orientation course = curso de orientación.*
oriented ['ɔːrɪentɪd] *adj.* (*adv./s.* + ~) orientado (que tiende hacia algo): *politically orientated = orientado hacia la política.*
orifice ['ɒrɪfɪs] (form.) *s. c.* **1** (hum.) orificio (principalmente del cuerpo). **2** orificio, abertura, agujero.
origin ['ɒrɪdʒɪn] *s. c.* e *i.* **1** origen, principio: *the origin of the universe = el origen del universo.* **2** origen, causa, motivo: *the origin of this dispute = el origen de esta disputa.* **3** origen, procedencia: *of Spanish origin = de procedencia española.* **4** origen, ascendencia (clase social de la que se procede): *of humble origin = de origen humilde.*
original [ə'rɪdʒɪnl] *adj.* **1** original, inicial: *the original idea = la idea inicial.* **2** primero, primitivo: *the original inhabitants = los primeros habitantes.* **3** auténtico, genuino (que no es copia): *the original picture = el cuadro original.* **4** nuevo, inédito (un texto, una partitura, etc.): *an original story = una historia inédita.* **5** original, poco común: *a very original programme = un programa muy original.* **6** creativo, original: *an original mind = una mente creativa.* • *s. c.* **7** original (de un documento, de una obra de arte): *where is the original? = ¿dónde está el original?* **8** persona excéntrica. ◆ **9 in the ~,** en el (idioma) original. **10 ~ sin,** pecado original.
originality [əˌrɪdʒə'nælɪtɪ] *s. i.* originalidad.
originally [ə'rɪdʒənəlɪ] *adv.* inicialmente, en un principio.
originate [ə'rɪdʒəneɪt] *v. t.* **1** originar, dar origen a, iniciar: *he originated the fashion = él inició la moda.* • *v. i.* **2** originarse, tener su origen (en), surgir: *football originated in England = el fútbol tuvo su origen en Inglaterra.* ◆ **3 to ~ from/in,** tener su origen en: *Romanesque art originated in the Middle Ages = el arte románico tuvo su origen en la Edad Media.* **4 to ~ with/from,** surgir de (alguien): *the idea originated with her = la idea surgió de ella.*
originator [ə'rɪdʒəneɪtər] *s. c.* (~ + {of}) (form.) creador; autor; inventor.
ornament ['ɔːnəmənt] *s. c.* **1** adorno. **2** (p.u.) honra, orgullo (persona de la que se está orgulloso): *he was the ornament of his regiment = fue un orgullo para su regimiento.* **3** REL. ornamento. • *s. i.* **4** adorno. **5** adornos, arabescos. **6** MÚS. florituras. • *v. t.* **7** adornar, decorar; embellecer.
ornamental [ˌɔːnə'mentl] *adj.* ornamental, decorativo, de adorno.
ornamentation [ˌɔːnəmen'teɪʃn] *s. i.* decoración, ornamentación, adorno.
ornate [ɔː'neɪt] *adj.* **1** excesivamente adornado, recargado (un objeto, un estilo). **2** adornado, florido; rebuscado (lenguaje).
ornately [ɔː'neɪtlɪ] *adv.* cuidadosamente (con todo detalle).
ornery ['ɔːnərɪ] *adj.* **1** (EE UU) (fam.) terco, testarudo. **2** (EE UU) (fam.) malhumorado, intratable; grosero.
ornithological [ˌɔːnɪθə'lɒdʒɪkl] *adj.* ZOOL. ornitológico.
ornithologist [ˌɔːnɪ'θɒlədʒɪst] *s. c.* TEC. ornitólogo.
ornithology [ˌɔːnɪ'θɒlədʒɪ] *s. i.* ZOOL. ornitología.
orphan ['ɔːfn] *s. c.* y *adj.* **1** huérfano: *an orphan boy = un niño huérfano.* **2** (fig.) (persona) privada de algo. ◆ **3 to be orphaned,** quedar huérfano.
orphanage ['ɔːfənɪdʒ] *s. c.* **1** orfanato, orfelinato. • *s. i.* **2** orfandad. **3** (fig.) desamparo.
orphaned ['ɔːfnd] *adj.* huérfano.
orthodox ['ɔːθədɒks] *adj.* **1** ortodoxo, convencional: *orthodox medicine = medicina convencional.* **2** ortodoxo, tradicional: *Orthodox Jews = judíos ortodoxos.* ◆ **3** REL. **~ Church,** iglesia ortodoxa.
orthodoxy ['ɔːθədɒksɪ] *s. c.* e *i.* (form.) ortodoxia.
orthography [ɔː'θɒgrəfɪ] *s. i.* (form.) GRAM. ortografía.
orthopaedic [ˌɔːθəʊ'piːdɪk] (en EE UU **orthopedic**) *adj.* MED. ortopédico.
orthopedic *adj.* ⇒ **orthopaedic.**
oscillate ['ɒsɪleɪt] *v. i.* **1** (form.) oscilar. **2** (to ~ {between}) vacilar, estar indeciso, titubear. **3** oscilar, variar, fluctuar.
oscillation [ˌɒsɪ'leɪʃn] *s. c.* fluctuación, variación, cambio.
osier ['əʊzɪər] *s. c.* e *i.* BOT. mimbre.

osmosis [ɒz'məusɪs] *s. i.* **1** BIOL. ósmosis. **2** (fig.) ósmosis (influencia recíproca).

ossification [,ɒsɪfɪ'keɪʃn] *s. i.* **1** (fig.) estancamiento (falta de evolución). **2** osificación.

ossified ['ɒsɪfaɪd] *adj.* **1** osificado. **2** (fig.) estancado, fosilizado.

ossify ['ɒsɪfaɪ] (form.) *v. t.* e *i.* **1** osificar(se). **2** (fig.) estancar(se), fosilizar(se), (no evolucionar).

ossuary ['ɒsjuərɪ] *s. c.* osario.

ostensible [ɒ'stensəbl] *adj.* (form.) aparente: *the ostensible aim of his visit = el aparente objectivo de su visita.*

ostensibly [ɒ'stensəblɪ] *adv.* al parecer, aparentemente.

ostentation [,ɒsten'teɪʃn] *s. i.* (form.) ostentación, alarde.

ostentatious [,ɒsten'teɪʃəs] *adj.* **1** ostentoso, lujoso: *an ostentatious car = un coche ostentoso.* **2** ostentoso, extravagante (una persona). **3** claro, manifiesto; aparatoso (acción, comportamiento).

ostentatiously [,ɒsten'teɪʃəslɪ] *adv.* **1** con ostentación, extravagantemente: *ostentatiously dressed = vestido extravagantemente.* **2** manifiestamente; aparatosamente.

osteopath ['ɒstɪəpæθ] *s. c.* MED. osteópata.

osteopathy [ɒstɪ'ɒpəθi:] *s. i.* osteopatía.

ostracise *v. t.* ⇒ **ostracize.**

ostracism ['ɒstrəsɪzəm] *s. i.* (form.) ostracismo.

ostracize ['ɒstrəsaɪz] (también **ostracise**) *v. t.* (form.) condenar al ostracismo, tratar con frialdad.

ostrich ['ɒstrɪtʃ] *s. c.* **1** ZOOL. avestruz. **2** (fig.) persona que se niega a aceptar los hechos.

other ['ʌðər] *adj.* **1** otro: *do you know the other girl? = ¿conoces a la otra chica?* **2** demás: *the other people = la demás gente.* • *pron.* **3** otro: *this box and the other = esta caja y la otra.* • *s. pl.* **4** otros, demás: *I don't care what the others think = no me importa lo que piensen los demás.* ◆ **5 every ~,** cada dos: *every other day = cada dos días.* **6 none/no ~ than,** nada menos que: *it was none other than his father = era nada menos que su padre.* **7 no/nothing ~ than,** nada más que, otra cosa que (lo único posible). **8 one after the ~,** uno tras otro. **9 one or ~,** uno de, cualquiera de: *one or other of us = cualquiera de nosotros.* **10 on the ~,** por otra parte, por otro lado (cuando la oración va introducida por "on the one hand"): *on the one hand I would like to go, on the other I know it is dangerous = por una parte me gustaría ir, por otra sé que es peligroso.* **11 on the ~ hand,** por otra parte. **12 ~ than,** excepto, a parte de: *there wasn't anyone there other than yourself = no había nadie allí excepto tú.* **13 some or ~/something or ~/somehow or ~, etc.,** (principalmente en inglés hablado) uno u otro; de uno u otro (modo); por una u otra (razón), etc. **14 the ~ day/evening/etc.,** el otro día, la otra tarde, etc.

otherness ['ʌðənɪs] *s. i.* calidad de lo que es extraño, nuevo o diferente de lo que se conoce: *the otherness of India = lo exótico de la India.*

otherwise ['ʌðəwaɪz] *adv.* **1** de otro modo: *I couldn't have acted otherwise = no pude actuar de otro modo.* **2** por lo demás: *she is a little absent-minded, but otherwise a good student = es un poco distraída, pero por lo demás buena estudiante.* **3** de lo contrario, o si no: *hurry up, otherwise you will miss the bus = apresúrate o de lo contrario perderás el autobús.* • *adj.* **4** otro; diferente, distinto: *I wish the reality were otherwise = desearía que la realidad fuese otra.* ◆ **5 and/or ~,** o no; o de otro tipo; o lo contrario (de lo que se ha dicho). **6 ~ called,** alias.

other-worldly [,ʌðə'wə:ldlɪ] *adj.* de(l) otro mundo, alejado de lo mundano, espiritual.

OTT [əut,i:'ti:] (*abrev.* de **over the top**) *adj.* (fam.) exagerado, excesivo.

otter ['ɒtər] *s. c.* **1** ZOOL. nutria. **2** piel de nutria.

ouch [autʃ] *interj.* ¡ay! (para expresar dolor).

ought [ɔ:t] *v.mod.* **1** deber, tener que: *I think you ought to sit down = creo que deberías sentarte.* **2** deber, tener que (implica una obligación moral): *you ought to help them = deberías ayudarlos, debes ayudarlos.* **3** deber (implica una obligación pasada): *you ought to have done it = deberías haberlo hecho.* **4** deber (expresa una posibilidad): *they ought to be there = deben estar allí, debieran estar allí.*

oughtn't ['ɔ:tnt] *v. mod.* (fam.) *contracción* de **ought not,** (utilizada habitualmente en inglés hablado).

ounce [auns] *s. c.* **1** onza (medida de peso). **2** ZOOL. onza. • *s. sing.* **3** (fig. y fam.) pizca: *an ounce of common sense = una pizca de sentido común.*

our ['auər] *adj. pos.* nuestro: *our parents = nuestros padres.*

ours ['auəz] *pron. pos.* (el) nuestro: *it is better than ours = es mejor que el nuestro.*

ourselves [,auə'selvz] *pron.* **1** nosotros mismos (enfatiza el sujeto): *we ourselves will do it = nosotros mismos lo haremos.* **2** nos, a nosotros (reflexivo): *we won't hurt ourselves = no nos haremos daño.* **3** por nosotros mismos, solos, sin ayuda: *we want to do it ourselves = queremos hacerlo solos.* **4** nosotros (normalmente después de *prep.*; tiene sentido enfático): *for ourselves = para nosotros.*

oust [aust] (form.) *v. t.* (**to ~** + *o.* + {**from**}) **1** echar, despedir (de un trabajo): *they are going to oust her from her job = la van a echar del trabajo.* **2** echar (de un sitio), desalojar. **3** expulsar. **4** destituir

out [aut] *adv.* **1** fuera: *he always eats out = siempre come fuera.* **2** afuera: *she was out on the terrace = estaba afuera en la terraza.*

OBS. **Out** posee varios usos adverbiales: **3** idea de estar de viaje: *he is out in America = está de viaje por América.* **4** (~ {**of**}) idea de salir: *he went out of the house = salió de la casa.* **5** idea de estar fuera (de casa o del trabajo): *Mrs. Jones is out = la Sra. Jones está fuera.* **6** idea de sacar: *he took some coins out of his pocket = se sacó unas monedas del bolsillo.* **7** idea de echar o mantener alejado: *keep him out = mantenlo alejado.* **8** idea de haberse descubierto (algo secreto): *the secret is out = se ha revelado el secreto.* **9** idea de que un libro, etc., salió a la venta o ha sido publicado: *when will your new book come out? = ¿cuándo saldrá su próximo libro?* **10** idea de apagar(se): *your cigarette is out = tu cigarrillo está apagado.* **11** idea de acabarse: *we're out of coffee = se nos ha acabado el café.* **12** idea de desaparecer: **to die out,** extinguirse. **13** idea de estar dislocado: *he put his arm out = se dislocó el brazo.* **14** idea de no estar de moda: *goatees are out = las perillas están pasadas de moda.* **15** idea de agotarse: *the edition sold out = la edición se agotó.* **16** idea de estar dormido o inconsciente: *I was out for five minutes = estuve inconsciente durante cinco minutos.* **17** idea de estar descartado (un plan, una idea, una posibilidad): *that idea is out = esta idea queda descartada.* **18** ideas de distribuir: *they gave out food to the children = repartieron comida entre los niños.* **19** idea de despedir (un olor, una luz, etc.). **20** idea de llegar hasta el final: *he heard me out = me escuchó hasta el final.* **21** (arc.) idea de ser presentado en sociedad (una joven). • *adj.* **22** en huelga: *the miners are out = los mineros están en huelga.* **23** equivocado: *you were not out in your calculations = no te equivocabas en tus cálculos.* **24** abierta, en flor (una planta, una flor): *the roses are out = las rosas están abiertas.*

OBS. Como adjetivo **out** posee otros significados: **25** idea de que se termina un período de tiempo determinado: *before the week is out = antes de que termine la semana.* **26** (~ {**for**}) idea de querer, buscar o intentar obtener algo: *they are out for money = intentan conseguir dinero.* **27** (~ {**to**}) idea de tener la intención de hacer algo: *they are out to win = están decididos a vencer.* • *prep.* (~ **of**) **28** fuera de: *out of the building = fuera del edificio.* **29** por, movido por (una razón, un sentimiento, etc.): *I asked out of curiosity = pregunté por curiosidad.* **30** de: *he made it out of wood = lo hizo de madera.* **31** de cada: *two children out of ten = dos de cada diez niños.* **32** entre: *she must choose out of these five options = debe escoger entre estas cinco opciones.* **33** sin: *out of breath* = *sin aliento.* **34** sacado de (un libro, una película): *out of a Fellini film* = *sacado de una película de Fellini.* **35** de (indicando origen): *a scene out of a play* = *una escena de una obra.*

OBS. **Out** tiene además otros usos preposicionales: **36** idea de quedarse sin: *I'm out of money* = *me he quedado sin dinero.* **37** idea de conseguir algún beneficio de algo: *did you get any benefit out of it?* = *¿sacaste algún provecho de ello?* **38** idea de que se ha perdido un hábito: *he has got out of the habit of smoking* = *ha perdido el hábito de fumar.* **39** idea de estar a cierta distancia de un sitio: *it is five miles out of London* = *está a cinco millas de Londres.* **40** idea de sacarle algo a alguien: *I got some money out of him* = *le saqué algún dinero.* ◆ **41** ~ **and about,** haciendo vida normal (después de una enfermedad). **42** ~ **loud,** en voz alta. **43** ~ **tray,** bandeja para cartas o documentos (de una oficina). **44** ~ **with it,** suéltalo, desembucha. **45 the ins and outs,** los pormenores, los detalles.

OBS. La partícula **out** acompaña a muchos verbos modificando su significado. Consultar los distintos verbos para conocer su correspondiente traducción.

out-and-out [autnd'aut] *adj.* **1** empedernido: *he's an out-and-out romantic* = *es un romántico empedernido.* **2** perfecto, completo: *an out-and-out fool* = *un perfecto idiota.* **3** rotundo, categórico: *an out-and-out refusal* = *una negativa rotunda.* **4** acérrimo: *an out-and-out supporter* = *un acérrimo partidario.*

outback ['autbæk] *s. sing.* el interior (se dice de las remotas zonas interiores y casi despobladas de Australia).

outbid [,aut'bɪd] (*ger.* **outbidding,** *pret.* y *p. p.* **outbid**) *v. t.* pujar más alto que, mejorar la oferta de.

outboard ['autbɔːd] MAR. *adj.* **1** cercano al borde de una embarcación. ◆ **2** ~ **motor,** motor fuera borda.

outbreak ['autbreɪk] *s. c.* **1** comienzo (de algo desagradable). **2** estallido (de una guerra). **3** aparición, brote (de una epidemia). **4** erupción (de un volcán). **5** estallido (de violencia, de rabia); arrebato (de cólera, de ira). **6** motín, tumulto, insurrección.

outbuilding ['aut,bɪldɪŋ] *s. c.* construcción anexa a otra mayor del mismo propietario.

outburst ['autbəːst] *s. c.* **1** explosión (de algo repentino, normalmente de un sentimiento). **2** arranque, arrebato (de ira, de cólera, de pasión, etc.). **3** ataque (de risa).

outcast ['autkɑːst] *s. c.* y *adj.* proscrito; paria.

outclass [,aut'klɑːs] *v. t.* superar con mucho a, aventajar a, eclipsar a: *she outclassed all her rivals* = *aventajaba a todas sus rivales.*

outcome ['autkʌm] *s. c.* **1** resultado: *the outcome of the elections* = *el resultado de las elecciones.* **2** consecuencias: *the outcome of the event* = *las consecuencias del suceso.*

outcrop ['autkrɒp] *s. c.* **1** GEOL. afloramiento. ● (*ger.* **outcropping,** *pret.* y *p. p.* **outcropped**) *v. i.* **2** GEOL. aflorar. **3** (fig.) aparecer, surgir, manifestarse.

outcry ['autkraɪ] *s. c.* **1** protesta pública. **2** tumulto, alboroto. **3** clamor, griterío.

outdated ['aut,deɪtɪd] *adj.* anticuado, obsoleto; pasado de moda: *outdated ideas* = *ideas anticuadas.*

outdid [,aut'dɪd] *pret.* de **outdo.**

outdistance [,aut'dɪstəns] *v. t.* **1** dejar atrás (en una carrera). **2** (fig.) superar, dejar atrás (en una actividad).

outdo [,aut'duː] (*pret.* **outdid,** *p. p.* **outdone**) *v. t.* superar, aventajar: *nobody outdoes him in his job* = *nadie le supera en su trabajo.*

outdoor ['autdɔːr] *adj.* **1** al aire libre: *outdoor sports* = *deportes al aire libre.* **2** de calle (ropa). **3** persona a la que le gusta estar al aire libre. **4** de exterior (planta). ◆ **5 outdoors, a)** al aire libre: *it's too cold to sleep outdoors* = *hace demasiado frío para dormir al aire libre;* **b)** afuera: *it's hot outdoors* = *hace calor afuera.*

outer ['autər] *adj.* **1** externo, exterior: *the outer part* = *la parte externa.* ◆ **2** ~ **space,** ASTR. espacio exterior.

outermost ['autəməust] *adj.* **1** más alejado: *the outermost districts* = *los barrios más alejados.* **2** más exterior.

outfit ['autfɪt] *s. c.* **1** conjunto (de ropa): *she was wearing a pretty blue outfit* = *llevaba un bonito conjunto azul.* **2** (fam.) equipo (grupo de personas que hacen un mismo trabajo). **3** equipo, herramientas, útiles de trabajo: *a plumber's outfit* = *las herramientas de un fontanero.* **4** equipo, pertrechos: *a camping outfit* = *pertrechos de camping.* **5** uniforme: *a schoolboy's outfit* = *el uniforme de un colegial.* ● (*ger.* **outfitting,** *pret* y *p. p.* **outfitted**) *v. t.* **6** equipar.

outfitter ['autfɪtər] *s. c.* (p.u.) **1** vendedor de ropa, especialmente masculina. **2** tienda de ropa masculina.

outflank [,aut'flæŋk] *v. t.* **1** MIL. rebasar el flanco enemigo. **2** (fig.) colocarse en posición ventajosa.

outflow ['autfləu] *s. c.* **1** salida de agua u otro líquido; flujo. **2** desagüe. **3** (fig.) fuga: *capital outflow* = *una fuga de capital.*

outfox ['aut,fɒks] *v. t.* (fam.) burlar; ser más listo que.

outgoing [,aut'gəuɪŋ] *adj.* **1** cesante, saliente, que se va (que deja un lugar, puesto o empleo): *the outgoing government* = *el gobierno cesante; the outgoing ship* = *el barco que se va.* **2** extrovertido (persona, carácter). **3** descendiente (marea). ◆ **4 outgoings,** gastos: *more outgoings than revenue* = *más gastos que ingresos.*

outgrew [aut'gruː] *pret.* de **outgrow.**

outgrow [aut'grəu] (*pret.* **outgrew,** *p. p.* **outgrown**) *v. t.* **1** crecer más que: *he has outgrown his brother* = *ha crecido más que su hermano.* **2** dejar atrás, perder (hábitos, opiniones, gustos, etc.) al hacerse mayor: *he will outgrow the habit* = *perderá el hábito con la edad.* **3** crecer o engordar demasiado para ponerse una prenda: *he has outgrown his suit* = *ya no le vale el traje.*

outgrown [əut'grəun] *p. p.* de **outgrow.**

outgrowth ['autgrəuθ] *s. sing.* resultado, producto, consecuencia natural.

outhouse ['authaus] *s. c.* **1** edificio pequeño anexo a otro mayor. **2** (EE UU) servicio, retrete que está fuera de la casa.

outing ['autɪŋ] *s. c.* **1** excursión, viaje de placer: *an outing to the seaside* = *una excursión a la costa.* **2** vuelta, caminata, paseo.

outlandish [aut'lændɪʃ] *adj.* **1** estrafalario: *outlandish dress* = *vestimenta estrafalaria.* **2** extraño, raro. **3** extravagante (comportamiento). **4** grosero, tosco.

outlast [,aut'lɑːst] *v. t.* sobrevivir a (una persona); durar más que.

outlaw ['autlɔː] *v. t.* **1** declarar ilegal, prohibir: *the unions were outlawed for many years* = *los sindicatos estuvieron prohibidos durante muchos años.* **2** declarar fuera de la ley, proscribir (a alguien). ● *s. c.* **3** (p.u.) proscrito; forajido; bandido.

outlay ['autleɪ] *s. c.* gasto, inversión.

outlet ['autlet] *s. c.* **1** (~ + {for}) (fig.) desahoga, vía de escape (de sentimientos, emociones, energía, etc.). **2** COM. salida, mercado (para un producto). **3** COM. punto de venta. **4** desagüe. **5** conducto (por donde sale gas, aire, etc.).

outline ['autlaɪn] *v. t.* **1** esbozar, trazar las líneas generales (un plan, un proyecto, etc.). **2** perfilar: *the light outlined her figure* = *la luz perfilaba su silueta.* **3** resumir. ● *s. sing.* **4** visión general: *an outline of American Literature* = *una visión general de la literatura americana.* **5** silueta, contorno, perfil: *you could see the outline of the mountains against the sky* = *se podía ver el contorno de las montañas contra el cielo.* **6** esquema (de un proyecto, de un discurso). **7** bosquejo (de una situación). **8** ART. boceto, esbozo (dibujo).

outlive [,aut'lɪv] *v. t.* **1** sobrevivir a, vivir más que: *she outlived her husband* = *vivió más que su marido.* **2** durar más que. ◆ **3 to** ~ **one's usefulness,** perder su razón de ser.

outlook ['autluk] *s. c.* **1** actitud, punto de vista a: *pessimistic outlook* = *una actitud pesimista.* **2** vista, panorama: *a lovely outlook from the hill* = *una agradable vista desde la colina.* **3** mirador, atalaya. ● *s. sing.* **4** expectativas, perspectivas: a *good economic outlook* = *buenas perspectivas económicas.* **5** predicción (meteorológica): *the outlook for the next three days* = *la predicción meteorológica para los próximos tres días.*

outlying ['aut,laɪɪŋ] *adj.* **1** distante, remoto; aislado: *outlying villages = pueblos aislados.* **2** alejado del centro (de una ciudad): *New York's outlying areas = zonas alejadas del centro de Nueva York.*

outmaneuver *v. t.* ⇒ **outmanoeuvre.**

outmanoeuvre [,autmə'nu:vər] (en EE UU **outmaneuver**) *v. t.* ganar a, superar a (utilizando una estrategia): *I haven't found the way to outmanoeuvre him = no he encontrado la manera de ganarle.*

outmoded [,aut'məudɪd] *adj.* pasado de moda, anticuado.

outnumber [,aut'nʌmbər] *v. t.* exceder en número a, ser más numeroso que: *Catholics outnumber Protestants = los católicos son más numerosos que los protestantes.*

out-of-court [,autəv'kɔ:t] *adj.* extrajudicial.

out-of-date [,autəv'deɪt] (también **out of date** cuando no antecede a un *s.*) *adj.* **1** pasado de moda, anticuado. **2** desfasado: *an out-of-date dictionary = un diccionario desfasado.*

out-of-doors [,autəv'dɔ:z] (también **out of doors** cuando no antecede a un *s.*) **1** al aire libre; afuera. ● *adv.* **2 out of doors,** al aire libre. ● *s. pl.* **3** el exterior.

out-of-pocket [,autəv'pɒkɪt] (también **ouf of pocket** cuando no antecede a un *s.*) *adj.* de su propio bolsillo.

out-of-the-way [,autəvðə'weɪ] *adj.* **1** aislado, apartado, remoto (lejos de una ciudad): *an out-of-the-way hamlet = una aldea remota.* **2** (fig.) no muy conocido, poco corriente.

out-of-work [,autəv'wə:k] (también **out of work** cuando no antecede a un *s.*) *adj.* sin trabajo, en paro: *an out-of-work doctor = un médico en paro.*

out-patient ['aut,peɪʃnt] (también **outpatient**) *s. c.* MED. paciente externo, paciente no hospitalizado.

outpost ['autpəust] *s. c.* **1** MIL. avanzada (partida de soldados). **2** puesto fronterizo.

outpouring ['aut,pɔ:rɪŋ] *s. c.* **1** (~ {of}) torrente, flujo, chorro: *an incessant outpouring of words = un incesante flujo de palabras.* ◆ **2 outpourings,** efusión, manifestación de un sentimiento; desahogo.

output ['autput] *s. i.* **1** producción: *the output of a factory = la producción de una fábrica; literary output = producción literaria.* ● *s. c.* e *i.* **2** INF. salida de información. **3** ELECTR. producción total de energía; circuito de salida de energía. ● *v. t.* **4** INF. producir información (una computadora).

outrage ['autreɪdʒ] *v. t.* **1** escandalizar. **2** ultrajar, ofender. **3** violar. **4** ir en contra de (la ley, la moralidad, etc.). ● *s. c.* **5** ataque, atentado: *an outrage against mankind = un atentado contra la humanidad.* **6** atropello, agravio. **7** atrocidad. ● *s. i.* **8** indignación, enojo.

outraged ['autreɪdʒd] *adj.* furioso, indignado.

outrageous [aut'reɪdʒəs] *adj.* **1** chocante, extravagante. **2** escandaloso, inmoral (que ofende la opinión pública): *outrageous behaviour = una conducta inmoral.* **3** atroz, monstruoso. **4** ofensivo, ultrajante, desaforado. **5** escandaloso, exorbitante: *an outrageous price = un precio exorbitante.*

outrageously [aut'reɪdʒəslɪ] *adv.* de forma escandalosa.

outran [,aut'ræn] *pret.* de **outrun.**

outré ['u:treɪ] *adj.* (form.) estrafalario, extravagante.

outrider ['aut,raɪdər] *s. c.* escolta (a caballo o en moto).

outright ['autraɪt] *adj.* **1** claro, inequívoco: *an outright refusal = un claro rechazo.* **2** franco, directo, abierto: *outright hostility = abierta hostilidad.* **3** absoluto, total: *outright certainty = certeza absoluta.* ● *adv.* **4** abiertamente, francamente, sin reserva: *I'm going to tell you outright what I think of you = te voy a decir francamente lo que pienso de ti.* **5** de una vez, al contado: *he bought the car outright = compró el coche al contado.* **6** completamente, en su totalidad. ◆ **7 to be killed ~,** morir en el acto.

outrun [,aut'rʌn] (*pret.* **outran,** *p. p.* **outrun**) *v. t.* correr más que, adelantar: *he outran me and won the prize = me adelantó y se llevó el premio.*

outsell [,aut'sel] (*pret.* y *p. p.* **outsold**) *v. t.* venderse más, más caro o más de prisa que (otro producto): *small cars are outselling big ones = los coches pequeños se están vendiendo más que los grandes.*

outset ['autset] *s. sing.* **1** principio, comienzo. ◆ **2 at the ~,** al principio. **3 from the ~,** desde el principio.

outshine [,aut'ʃaɪn] (*pret.* y *p. p.* **outshone**) *v. t.* **1** brillar más que. **2** (fig.) superar, ser mejor que.

outshone [,aut'ʃɒn] *pret.* y *p. p.* de **outshine.**

outside [,aut'saɪd] *s. c.* **1** parte exterior, exterior: *the outside of the cathedral = el exterior de la catedral.* **2** aspecto exterior, apariencia externa: *on the outside he looked like an ordinary businessman = tenía la apariencia externa de un hombre de negocios cualquiera.* ● *adj.* **3** exterior (que da para afuera): *outside room = habitación exterior.* **4** exterior (ajeno a lo que se está acostumbrado): *the outside world = el mundo exterior.* **5** externo (que viene de fuera): *outside help = ayuda externa.* ● *adv.* **6** fuera, afuera: *wait for me outside = espérame fuera.* **7** en la calle; al aire libre. ● *prep.* **8** fuera de: *outside the house = fuera de la casa.* **9** al otro lado de (una puerta, una pared, etc.). **10** más allá de: *it is outside his jurisdiction = está más allá de su jurisdicción.* ◆ **11 at the ~,** a lo sumo, como mucho: *there were twenty people at the outside = había como mucho veinte personas.*

outside broadcast [,aut'saɪd'brɔ:dka:st] *s. c.* **1** TV. emisión fuera del estudio. ● *adj.* **2 outside-broadcast,** en exteriores. ◆ **3 outside-broadcast unit,** unidad móvil.

outsider [,aut'saɪdər] *s. c.* **1** extraño, persona de fuera (que no pertenece al grupo). **2** intruso. **3** DEP. caballo que no está entre los favoritos en una carrera.

outsize ['autsaɪz] *adj.* **1** más grande de lo normal; muy grande. **2** talla muy grande (en prendas de vestir).

outsized ['autsaɪzd] *adj.* más grande de lo normal: *an outsized hat = un sombrero más grande de lo normal.*

outskirts ['autskə:ts] *s. pl.* afueras, alrededores, cercanías: *the outskirts of London = las afueras de Londres.*

outsmart [,aut'smɑ:t] *v. t.* ser más astuto que, burlar: *they outsmarted the police = burlaron a la policía.*

outsold [,əut'səuld] *pret.* y *p. p.* de **outsell.**

outspoken [,aut'spəukən] *adj.* **1** franco, atrevido: *an outspoken remark = una observación atrevida.* ◆ **2 to be outspoken,** no tener pelos en la lengua.

outspokenness [,aut'spəukənnɪs] *s. i.* franqueza, sinceridad.

outspread [,aut'spred] *adj.* abierto, extendido, desplegado (alas, brazos, etc.): *he lay down on the sand with his arms outspread = se tumbó en la arena con los brazos desplegados.*

outstanding [,aut'stændɪŋ] *adj.* **1** notable, excepcional, sobresaliente: *an outstanding lawyer = un abogado notable; an outstanding piece of work = un trabajo excepcional.* **2** notable, digno de tener en cuenta: *an outstanding success = un éxito notable.* **3** sin cobrar (dinero, deudas, etc.). **4** pendiente (un trabajo, un asunto, un problema).

outstandingly [,aut'stændɪŋlɪ] *adv.* excepcionalmente, notablemente.

outstay [,aut'steɪ] *v. t.* **1** quedarse más tiempo que (otros). ◆ **2 to ~ one's welcome,** quedarse demasiado tiempo (más de lo conveniente).

outstretched [,aut'stretʃt] *adj.* estirado, extendido: *outstretched hands = manos extendidas.*

outstrip [,aut'strɪp] (*ger.* **outstripping,** *pret.* y *p. p.* **outstripped**) *v. t.* **1** superar (en habilidad, en importancia, etc.). **2** dejar atrás, sobrepasar (en una carrera).

out-take ['autteɪk] *s. c.* descarte.

outvote [,aut'vəut] *v. t.* **1** ganar en una votación. ◆ **2 to be outvoted,** perder/ser derrotado en una votación.

outward ['autwəd] *adj.* **1** de ida: *the outward voyage = el viaje de ida.* **2** externo: *outward signs = signos externos.* ● *adv.* (también **outwards**) **3** hacia fuera: *fold it outwards = dóblalo hacia fuera.* ◆ **4 to be ~ bound for/from,** salir hacia/de (un barco, un viajero): *they are outward bound for Africa = salen hacia África.*

outwardly ['aʊtwədlɪ] *adv.* **1** aparentemente: *he is outwardly calm = aparentemente está tranquilo.* **2** por fuera, exteriormente.
outweigh [ˌaʊt'weɪ] *v. t.* (form.) superar, tener más importancia que: *the advantages outweigh the disadvantages = las ventajas superan a las desventajas.*
outwit [ˌaʊt'wɪt] (*ger.* **outwitting,** *pret.* y *p. p.* **outwitted**) *v. t.* burlar con astucia, ser más astuto que: *you can't outwit this detective = no puedes burlar a este detective.*
outworn ['aʊtwɔːn] *adj.* **1** anticuado, antiguo (prácticas, creencias, costumbres, etc.). **2** demasiado usado, trillado: *an outworn phrase = una frase demasiado trillada.*
ova ['əʊvə] *pl.* de **ovum.**
oval ['əʊvl] *s. c.* **1** óvalo. ● *adj.* **2** ovalado, oval: *an oval face = una cara ovalada.*
ovary ['əʊvərɪ] *s. c.* BIOL. ovario.
ovation [əʊ'veɪʃn] *s. c.* **1** (form.) ovación. ◆ **2 a standing ~,** una ovación con el público puesto en pie.
oven ['ʌvn] *s. c.* horno.
ovenproof ['ʌvnpruːf] *adj.* resistente al horno, refractario (fuente de horno).
over ['əʊvər] *prep.* **1** sobre, por encima de: *a plane is flying over the ocean = un avión vuela sobre el océano.* **2** sobre: *her fringe hung over her eyes = le caía el flequillo sobre los ojos.* **3** por encima de: *throw it over the gate = lánzalo por encima de la verja.* **4** sobre, encima de: *he always wears a waistcoat over his shirt = siempre lleva un chaleco encima de la camisa.* **5** más de: *she is over thirty = tiene más de treinta años.* **6** (fig.) por encima de: *there is nobody over him in the firm = no hay nadie por encima de él en la empresa.* **7** al otro lado de: *over the road = al otro lado de la carretera.* **8** (fig.) sobre: *he has no control over his son = no tiene control sobre su hijo.* **9** junto a: *over the fire = junto al fuego.* **10** por (radio, teléfono, televisión, etc.): *did you hear it over the radio? = ¿lo oíste por la radio?* **11** por (un precipicio, un acantilado, etc.). **12** por, a causa de: *they quarrelled over a woman = discutían por una mujer.* **13** mientras: *he fell asleep over his work = se quedó dormido mientras trabajaba.* **14** a lo largo de: *it has evolved over many centuries = ha evolucionado a lo largo de muchos siglos.* **15** durante: *I met him over Christmas = lo conocí durante las navidades.*
OBS. **Over** posee además otros usos preposicionales: **16** idea de hacer algo a la vez que se está haciendo otra cosa: *let's talk over a cup of tea = hablemos mientras tomamos una taza de té.* **17** idea de recobrarse, recuperarse (de una enfermedad, de una mala experiencia): *I'll get over it = se me pasará, me recuperaré.* **18** idea de cruzar (una calle, una carretera): *help him over the road = ayúdale a cruzar la carretera.* **19** para indicar división en matemáticas: *five hundred and three over twenty one = quinientos tres dividido por veintiuno.* ● *adv.* **20** hasta el final: *I read it over = lo leí hasta el final.* **21** otra vez, de nuevo: *count them over = cuéntalos de nuevo.* **22** más: *two metres and a bit over = dos metros y algo más.*
OBS. **Over** posee varios usos adverbiales: **23** indica movimiento hacia abajo, a menudo violento: *he fell over on the ground = se cayó al suelo.* **24** idea de que algo pasa por encima: *there is a plane going over = hay un avión pasando por encima.* **25** se utiliza para enfatizar el hecho de estar mirando hacia una dirección, hacia algo o alguien: *she looked over at him with horror = lo miró con horror.* **26** idea de movimiento (de un lugar a otro): *she is going over to the other room = se va a la otra habitación.* **27** idea de cruzar (unos límites, una calle, un río, etc.). **28** idea de moverse o deslizarse sobre una superficie: *the sledge slid over the ice = el trineo se deslizaba por el hielo.* **29** idea de cambiar de grupo, partido, opinión, etc.: *they passed over to the opposition = se pasaron a la oposición.* **30** idea de pasar algo a otra persona: *hand it over to me = entrégamelo.* **31** idea de sobrar: *I have ten pounds over = me sobran diez libras.* **32** idea de darse la vuelta (estando tumbado): *he turned over in bed = se dio la vuelta en la cama.* **33** idea de dar la vuelta (a un objeto): *turn the page over = vuelve la página.* **34** idea de desaparecer, disiparse: *the dispute blew over = la disputa pasó sin más.* **35** idea de hablar, discutir o pensar en algo con detenimiento: *they talked over what they had seen = hablaron detenidamente sobre lo que habían visto.* **36** se utiliza para referirse a toda la extensión de un determinado sitio: *she is famous all the world over = es famosa por todo el mundo.* **37** idea de salirse o rebosar (un líquido al hervir): *the milk boiled over = se salió la leche.* ◆ **38 all ~, a**) por todo: *all over the city = por toda la ciudad;* **b**) (fam.) demasiado atento con: *he is all over her = es demasiado atento con ella;* **c**) del todo, cien por cien: *he is English all over = es inglés cien por cien.* **39 ~ again/all ~ again,** de nuevo, una vez más (algo desagradable, que se repite): *I couldn't do it all over again = no podría hacerlo de nuevo.* **40 to be ~/to be all ~,** haberse terminado: *the job is over = se terminó el trabajo; it is all over = se ha acabado.* **41 ~ and above,** además de. **42 ~ and out,** RAD. cambio y corto. **43 ~ and ~ (again),** repetidas veces, muchas veces: *he saw the film over and over again = vio la película repetidas veces.* **44 ~ to,** le toca el turno a: *over to you = le toca el turno a usted.* **45 twice ~/three times ~, etc.,** dos veces seguidas, tres veces seguidas, etc. **46 that's him/her/you all ~,** etc., (fam.) eso es muy propio de él, de ella, de ti, etc.
OBS. La partícula **over** acompaña a muchos verbos modificando su sentido, por lo que es necesario consultar el verbo para conocer su correspondiente traducción.
overact [ˌəʊvər'ækt] *v. t.* e *i.* exagerar (emociones, gestos, etc., principalmente representando un papel).
overall ['əʊvərɔːl] *adj.* **1** total: *the overall length = la largura total.* **2** global, general: *the overall impression = la impresión general.* ● *adv.* **3** en general, en términos generales. **4** en todas partes. ● *s. c.* **5** bata, guardapolvo, baby. ◆ **overalls,** mono de trabajo.
overarm ['əʊvərɑːm] *adj.* y *adv.* DEP. de brazo, por encima del brazo.
overate [ˌəʊvər'eɪt] *pret.* de **overeat.**
overawe [ˌəʊvər'ɔː] *v. t.* intimidar; impresionar: *all of us are overawed by his knowledge = todos estamos impresionados por sus conocimientos.*
overbalance [ˌəʊvə'bæləns] *v. i.* **1** perder el equilibrio: *he overbalanced and fell from the horse = perdió el equilibrio y se cayó del caballo.* ● *v. t.* **2** hacer perder el equilibrio. **3** hacer volcar (una embarcación). **4** (lit.) preponderar.
overbearing [ˌəʊvə'beərɪŋ] *adj.* dominante, autoritario: *she has an overbearing father = tiene un padre autoritario.*
overboard ['əʊvəbɔːd] *adv.* **1** por la borda. ◆ **2 to go ~,** (fam.) pasarse de la raya. **3 to go ~ for,** (fam.) estar loco por (alguien). **4** MAR. **man ~!,** ¡hombre al agua! **5 to throw somebody ~,** (fam.) librarse de (alguien). **6 to throw something ~,** (fam.) descartar, abandonar (un proyecto, un plan, una idea).
overburdened [ˌəʊvə'bɜːdnd] *adj.* (~ {with}) sobrecargado (de trabajo, de problemas).
overcame [ˌəʊvə'keɪm] *pret.* de **overcome.**
overcast ['əʊvəkɑːst] *adj.* **1** nublado, encapotado (el cielo, el tiempo). **2** cubierto (el cielo). **3** (lit. y fig.) triste, sombrío. ● (*pret.* y *p. p.* **overcast**) *v. t.* **4** (p. u.) nublar, encapotar. **5** (fig.) entristecer. **6** sobrehilar. ● *v. i.* **7** (p. u.) nublarse.
overcharge [ˌəʊvə'tʃɑːdʒ] *v. t.* e *i.* cobrar de más, cobrar demasiado: *she was overcharged for the fish = le cobraron demasiado por el pescado.*
overcoat ['əʊvəkəʊt] *s. c.* abrigo.
overcome [ˌəʊvə'kʌm] (*pret.* **overcame,** *p. p.* **overcome**) *v. t.* **1** superar (un problema, una dificultad). **2** vencer: *to overcome the enemy = vencer al enemigo.* **3** resistir (a la tentación). **4** salvar (un obstáculo). ◆ **5 to be ~ (by/with),** estar/sentirse

agobiado (generalmente por un sentimiento).
overcrowded [ˌəʊvə'kraʊdɪd] *adj.* **1** superpoblado (una ciudad, un país). **2** lleno, abarrotado (de gente, de cosas): *an overcrowded bus = un autobús abarrotado de gente.*
overcrowding [ˌəʊvə'kraʊdɪŋ] *s. i.* superpoblación.
overdid [ˌəʊvə'dɪd] *pret.* de **overdo.**
overdo [ˌəʊvə'dɪd] (*pret.* **overdid**, *p. p.* **overdone**) *v. t.* **1** excederse en: *you have overdone the punishment = te has excedido en el castigo.* **2** (**to ~ it**) exagerar: *don't overdo it = no exageres.*
overdone [ˌəʊvə'dʌn] *p. p.* **1** de **overdo,** ⇒ **overdo.** • *adj.* **2** demasiado hecho, demasiado cocido (comidas).
overdose ['əʊvədəʊs] *s. c.* dosis excesiva, sobredosis.
overdraft ['əʊvədrɑːft] *s. c.* descubierto (en una cuenta bancaria).
overdrawn [ˌəʊvə'drɔːn] *adj.* en descubierto, en números rojos: *an overdrawn account = una cuenta en descubierto.*
overdressed [ˌəʊvə'drest] *adj.* demasiado vestido (con mucha ropa); demasiado bien vestido (más de lo que requiere la ocasión).
overdue [ˌəʊvə'djuː] *adj.* **1** atrasado, retrasado: *the bus is overdue = el autobús lleva retraso.* **2** atrasado (un pago, una renta, etc.). **3** requerido (una reforma, un cambio, etc.).
overeat [ˌəʊvər'iːt] *v. i.* (*pret.* **overate,** *p. p.* **overeaten**) comer demasiado.
overeaten [ˌəʊvər'iːtən] *p. p.* de **overeat.**
overeating [ˌəʊvər'iːtɪŋ] *s. i.* excesiva comida.
overemphasise *v. t.* ⇒ **overemphasize.**
overemphasize [ˌəʊvər'emfəsaɪz] (también **overemphasise**) *v. t.* dar demasiada importancia a.
overestimate [ˌəʊvər'estɪmeɪt] *v. t.* sobreestimar.
overexpose ['əʊvərɪk'spəʊz] *v. t.* sobreexponer.
overflow ['əʊvəfləʊ] *v. t.* e *i.* **1** rebosar (un líquido de un recipiente). **2** desbordarse (un río, un lago, etc.). • *v. i.* **3** (**to ~** {**with**}) rebosar, desbordarse (por estar muy lleno). • *s. c.* **4** salida (de un líquido); desagüe. **5** excelente. ◆ **6 to be overflowing with,** estar rebosante de: *they were overflowing with happiness = estaban rebosantes de felicidad.* **7 to overflowing,** hasta los topes: *full to overflowing = lleno hasta los topes.*
overgrown [ˌəʊvə'grəʊn] *adj.* **1** cubierto de plantas, hierbas, etc. (por falta de cuidado): *an overgrown garden = un jardín cubierto de hierbas.* **2** que ha crecido demasiado deprisa (una persona).
overhang ['əʊvəhæŋ] (*pret.* y *p. p.* **overhung**) *v. t.* **1** pender sobre, colgar/sobresalir por encima de: *her balcony overhung the street = su balcón sobresalía por encima de la calle.* **2** (fig.) cernerse sobre, amenazar (un peligro, un desastre). • *v. i.* **3** pender, colgar; sobresalir. • *s. c.* **4** saliente, parte que sobresale: *the overhang of a roof = el saliente de un tejado.*
overhaul ['əʊvəhɔːl] *v. t.* **1** revisar (una máquina, un aparato). **2** revisar, someter a un nuevo examen (con objeto de corregir o mejorar algo): *they are overhauling their old techniques = están revisando sus viejas técnicas.* **3** alcanzar (a una persona, a un vehículo). • *s. c.* **4** examen, revisión.
overhead [ˌəʊvə'hed] *adv.* **1** arriba, en lo alto; por lo alto, por encima de la cabeza: *it passed overhead = pasó por encima de nuestras cabezas.* • *adj.* **2** de arriba; situado en sitio elevado. ◆ **3 overheads,** gastos generales (de un negocio, de una empresa).
overhear [ˌəʊvə'hɪər] (*pret.* y *p. p.* **overheard**) *v. t.* e *i.* acertar a oír, oír (por casualidad o intencionadamente).
overheard [ˌəʊvə'həːd] *pret.* y *p. p.* de **overhear.**
overheat [ˌəʊvə'hiːt] *v. t.* e *i.* **1** calentar(se) demasiado (líquido). **2** recalentar(se), sobrecalentar(se) (motor).
overheated [ˌəʊvə'hiːtɪd] *adj.* acalorado (una persona, una discusión, etc.).
overheating [ˌəʊvə'hiːtɪŋ] *s. i.* recalentamiento, sobrecalentamiento.
overhung [ˌəʊvə'hʌŋ] *pret.* y *p. p.* de **overhang.**
over-indulgence ['əʊvərɪn'dʌldʒəns] *s. i.* excesos (con la comida, bebida).
overjoyed [ˌəʊvə'dʒɔɪd] *adj.* (~ {**at**}) encantado: *I am overjoyed at the lessons = estoy encantado con las clases.*
overkill ['əʊvəkɪl] *s. i.* poder de destrucción que excede al necesario para destruir al enemigo; exceso.
overlaid ['əʊvəˌleɪd] *pret.* y *p. p.* de **overlay.**
overland ['əʊvəlænd] *adj.* y *adv.* por tierra, por vía terrestre (un viaje, una ruta): *to travel overland = viajar por tierra.*
overlap ['əʊvəlæp] (*ger.* **overlapping,** *pret.* y *p. p.* **overlapped**) *v. t.* e *i.* **1** cubrir (una cosa a otra, tapándose parcialmente). **2** (fig.) coincidir (dos cosas a la vez): *their meetings overlapped = sus reuniones coincidieron.* • *s. c.* e *i.* **3** coincidencia.
overlay ['əʊvəleɪ] (*pret.* y *p. p.* **overlaid**) *v. t.* **1** (**to ~** {**with**}) recubrir, cubrir con una capa: *it is overlaid with silver = está recubierto de plata.* • *s. sing.* **2** capa, revestimiento.
overleaf [ˌəʊvə'liːf] *adv.* en la otra página, al dorso de la página.
overload ['əʊvələʊd] *v. t.* **1** sobrecargar. **2** (fig.) sobrecargar, abrumar (con trabajo, preocupaciones, etc.). • *s. c.* **3** sobrecarga.
overlook [ˌəʊvə'lʊk] *v. t.* **1** mirar a, dar a: *my window overlooked the garden = mi ventana daba al jardín.* **2** pasar por alto, ignorar (sin querer o deliberadamente). **3** perdonar (un error, una falta). **4** supervisar.
overlord ['əʊvəlɔːd] *s. c.* HIST. señor feudal.
overly ['əʊvəlɪ] *adv.* (form.) demasiado.
overmanned [ˌəʊvə'mænd] *adj.* con exceso de personal (un trabajo, una empresa).
overmanning [ˌəʊvə'mænɪŋ] *s. i.* exceso de personal (en una empresa, en un trabajo).
overmuch [ˌəʊvə'mʌtʃ] (form.) *adv.* **1** demasiado, excesivamente. • *adj.* **2** demasiado, excesivo.
overnight [ˌəʊvə'naɪt] *adv.* **1** durante la noche. **2** (fig.) de la noche a la mañana: *he can't change overnight = no puede cambiar de la noche a la mañana.* • *adj.* **3** de una noche: *overnight trip = viaje de una noche.* **4** para la noche (ropa, etc. para pasar la noche fuera).
overpaid [ˌəʊvə'peɪd] *adj.* demasiado bien pagado (una persona, un trabajo).
overpass ['əʊvəpɑːs] *s. c.* (EE UU) viaducto.
overplay [ˌəʊvə'pleɪ] *v. t.* **1** dar demasiada importancia a, exagerar. ◆ **2 to ~ one's hand,** darse demasiada importancia.
overpopulated [ˌəʊvə'pɒpjuleɪtɪd] *adj.* superpoblado.
overpopulation ['əʊvəˌpɒpju'leɪʃn] *s. i.* superpoblación.
overpower [ˌəʊvə'paʊər] *v. t.* **1** dominar, subyugar, vencer. **2** (fig.) embargar, abrumar (una sensación, una emoción). **3** agobiar, sofocar (un olor, el calor).
overpowering [ˌəʊvə'paʊərɪŋ] *adj.* **1** irresistible, arrollador (una emoción, una sensación). **2** muy intenso (un perfume).
overpriced [ˌəʊvə'praɪst] *adj.* demasiado caro.
overprotect [ˌəʊvəprə'tekt] *v. t.* proteger en exceso.
overran [ˌəʊvə'ræn] *pret.* de **overrun.**
overrate [ˌəʊvə'reɪt] *v. t.* sobrevalorar, sobrestimar; dar demasiada importancia a.
overreach [ˌəʊvə'riːtʃ] *v. t.* **1** engañar, embaucar. **2** pasar, llegar más allá de. ◆ **3 to ~ oneself,** extralimitarse, pasarse de listo, propasarse.
overreact [ˌəʊvərɪ'ækt] *v. i.* reaccionar desmedidamente.
override [ˌəʊvə'raɪd] (*pret.* **overrode,** *p. p.* **overridden**) *v. t.* **1** sustituir, reemplazar. **2** hacer caso omiso de (una orden, una objeción). **3** agotar, fatigar (a un caballo). **4** anular, invalidar. **5** (fig.) pisotear (a alguien).
overridden [ˌəʊvə'rɪdən] *p. p.* de **override.**
overriding [ˌəʊvə'raɪdɪŋ] *adj.* primordial, principal, más importante.
overrode [ˌəʊvə'rəʊd] *pret.* de **override.**
overrule [ˌəʊvə'ruːl] *v. t.* **1** rechazar (una objeción, un argumento, una propuesta). **2** anular, invalidar (una decisión). **3** DER. denegar. **4** DER. rescindir.

overrun [ˌəuvə'rʌn] (*pret.* **overran**, *p. p.* **overrun**) *v. t.* **1** extenderse por; invadir, infectar (malas hierbas, insectos, etc.). **2** MIL. invadir (un país). **3** rebasar, sobrepasar (un límite). **4** inundar. • *v. i.* **5** excederse (en tiempo).

oversaw [ˌəuvə'sɔː] *pret.* de **oversee.**

overseas [ˌəuvə'siːz] *adj.* **1** de ultramar. **2** COM. exterior: *overseas market = mercado exterior.* **3** extranjero (persona). • *adv.* **4** allende los mares, en ultramar. **5** en el extranjero.

oversee [ˌəuvə'siː] (*pret.* **oversaw,** *p. p.* **overseen**) *v. t.* **1** supervisar, dirigir (un trabajo). **2** (form.) controlar, vigilar (a una persona).

overseen [ˌəuvə'siːn] *p. p.* de **oversee.**

overseer ['əuvəsɪər] *s. c.* **1** supervisor. **2** capataz (de una construcción, de una finca).

oversell [ˌəuvə'sel] (*pret.* y *p. p.* **oversold**) *v. t.* sobrevalorar, valorar en exceso (méritos o habilidades).

over-sensitive ['əuvə'sensɪtɪv] *adj.* hipersensible.

oversexed [ˌəuvə'sekst] *adj.* demasiado interesado por el sexo.

overshadow [ˌəuvə'ʃædəu] *v. t.* **1** dominar (estar en una posición más alta): *the mountains that overshadow the city = las montañas que dominan la ciudad.* **2** (fig.) eclipsar: *she overshadows her sister in every way = eclipsa a su hermana en todos los aspectos.* **3** (fig.) ensombrecer, entristecer (una situación, un acontecimiento). **4** deslucir.

overshoe ['əuvəʃuː] *s. c.* chanclo.

overshoot [ˌəuvə'ʃuːt] (*pret.* y *p. p.* **overshot**) *v. t.* e *i.* **1** pasarse (de), ir más allá (de) (el sitio a/por donde se quiere ir): *you overshot the turning again = te pasaste de nuevo el cruce.* ◆ **2 to ~ the mark,** (fig.) pasarse de listo, ir demasiado lejos.

overshot [ˌəuvə'ʃɒt] *pret.* y *p. p.* de **overshoot.**

oversight ['əuvəsaɪt] *s. c.* e *i.* **1** descuido, negligencia. **2** vigilancia.

oversimplify ['əuvəˌsɪmplɪfaɪ] *v. t.* e *i.* simplificar demasiado.

oversize [ˌəuvə'saɪz] (también **oversized**) *adj.* demasiado grande, extra grande (una prenda, una talla).

oversized [ˌəuvə'saɪzd] *adj.* ⇒ **oversize.**

oversleep [ˌəuvə'sliːp] (*pret.* y *p. p.* **overslept**) *v. i.* quedarse dormido (más de la cuenta).

overslept [ˌəuvə'slept] *pret.* y *p. p.* de **oversleep.**

oversold [ˌəuvə'səuld] *pret.* y *p. p.* de **oversell.**

overspill ['əuvəspɪl] *s. i.* exceso de población.

overstaffed [ˌəuvə'stɑːft] *adj.* con demasiado personal (trabajando): *an overstaffed restaurant = un restaurante con demasiado personal.*

overstate [ˌəuvə'steɪt] *v. t.* exagerar.

overstatement [ˌəuvə'steɪtmənt] *s. c.* e *i.* exageración.

overstay [ˌəuvə'steɪ] *v. t.* **1** quedarse demasiado. ◆ **2 to ~ one's time/ welcome,** quedarse más tiempo del conveniente.

overstep [ˌəuvə'step] (*ger.* **overstepping,** *pret.* y *p. p.* **overstepped**) *v. t.* **1** propasar, pasarse, ir más allá de (unos límites convenientes): *she overstepped the bounds of decency = fue más allá de los límites de la decencia.* ◆ **2 to ~ the mark,** (fig.) pasarse de la raya, ir demasiado lejos.

overt ['əuvəːt] *adj.* claro, evidente, manifiesto: *overt injustice = injusticia manifiesta.*

overtly ['əuvəːtlɪ] *adv.* abiertamente, claramente, manifiestamente.

overtake [ˌəuvə'teɪk] (*pret.* **overtook,** *p. p.* **overtaken**) *v. t.* e *i.* **1** adelantar (en una carretera, en un camino): *I couldn't overtake that car = no pude adelantar ese coche.* **2** sorprender (algo que ocurre inesperadamente): *a storm overtook us = nos sorprendió una tormenta.* **3** (lit.) apoderarse de: *fear overtook them = el miedo se apoderó de ellos.* ◆ **4 to be overtaken by,** ser reemplazado por.

overtaken [ˌəuvə'teɪkən] *p. p.* de **overtake.**

overtax [ˌəuvə'tæks] *v. t.* **1** abrumar con impuestos. ◆ **2 to ~ oneself,** exigirse demasiado. **3 to be overtaxed,** estar física o mentalmente agotado.

overthrew [ˌəuvə'θruː] *pret.* de **overthrow.**

overthrow ['əuvəθrəu] (*pret.* **overthrew,** *p. p.* **overthrown**) *v. t.* **1** derribar, derrocar (un gobierno, un régimen). **2** derribar (un líder). **3** deponer (un rey). • *s. c.* **4** derrocamiento (de un gobierno, de un régimen, de un líder). ◆ **5 to be overthrown,** ser sustituido.

overthrown [ˌəuvə'θrəun] *p. p.* de **overthrow.**

overtime ['əuvətaɪm] *s. i.* **1** horas extras. • *s. c.* **2** (EE UU) DEP. prórroga (en un partido). • *adv.* **3** en horas extraordinarias. ◆ **4 to work ~,** (fam.) hacer horas extras.

overtone ['əuvətəun] *s. c.* **1** MÚS. armónico. **2** (fig.) indicio: *overtones of madness = indicios de locura.* **3** insinuación, alusión: *political overtones = alusiones políticas.* **4** sugerencia.

overtook [ˌəuvə'tuk] *pret.* de **overtake.**

overture ['əuvəˌtjuər] *s. c.* **1** MÚS. obertura. **2** preludio: *the overture to a war = el preludio de una guerra.* **3** proposición, oferta: *overtures of friendship = proposiciones de amistad.* **4** propuesta (amorosa).

overturn [ˌəuvə'təːn] *v. t.* e *i.* **1** volcar(se): *the car overturned = el coche volcó.* • *v. t.* **2** DER. invalidar, anular (una decisión legal). **3** derrocar (un gobierno, un régimen).

overvalue [ˌəuvə'væljuː] *v. t.* supervalorar, dar demasiada importancia a.

overview ['əuvəvjuː] *s. c.* (~ + {**of**}) visión general.

overweening [ˌəuvə'wiːnɪŋ] *adj.* (form.) **1** desmesurado, desmedido: *overweening ambition = ambición desmesurada.* **2** arrogante, presuntuoso.

overweight ['əuvəweɪt] *adj.* **1** obeso. **2** que pesa más de lo permitido (un equipaje). • *s. i.* **3** exceso de peso (en un equipaje). • *v. t.* **4** cargar excesivamente.

overwhelm [ˌəuvə'welm] *v. t.* **1** abrumar, confundir: *your kindness overwhelms me = tu amabilidad me abruma.* **2** abrumar, dejar atónito: *the news overwhelmed us = las noticias nos dejaron atónitos.* **3** (**to** ~ {**with**}) abrumar, agobiar (con trabajo, preocupaciones, etc.). **4** (**to** ~ {**with**}) abrumar, molestar (con un exceso de algo): *I was overwhelmed with questions = me abrumaron con preguntas.* **5** colmar (de atenciones, de honores, etc.). **6** arrollar, confundir (en una discusión). **7** MIL. arrollar, derrotar (al enemigo).

overwhelming [ˌəuvə'welmɪŋ] *adj.* **1** abrumador, agobiante: *an overwhelming task = una tarea abrumadora.* **2** abrumador, aplastante, arrollador (una victoria, una mayoría). **3** irresistible (un deseo, un dolor).

overwhelmingly [ˌəuvə'welmɪŋlɪ] *adv.* abrumadoramente.

overwork ['əuvəwəːk] *v. t.* **1** abrumar con excesivo trabajo, hacer trabajar demasiado. **2** (fam. y fig.) utilizar demasiado, abusar de, emplear mucho. • *v. i.* **3** trabajar demasiado. • *s. i.* **4** exceso de trabajo.

overwrite ['əuvər'rait] *v. t.* escribir encima de; INF. sobreescribir.

overwritten ['əuvər'rɪtən] *p. p.* de **overwrite.**

overwrote ['əuvər'rəut] *pret.* de **overwrite.**

overwrought [ˌəuvə'rɔːt] *adj.* **1** sobreexcitado, con los nervios de punta. **2** exhausto, rendido, extenuado (por el trabajo). **3** demasiado trabajado (un estilo, un objeto, etc.).

ovulate ['ɒvjəˌleɪt] *v. i.* FISIOL. ovular.

ovulation [ˌɒvju'leɪʃn] *s. i.* FISIOL. ovulación.

ovum ['əuvəm] (*pl.* **ova**) *s. c.* BIOL. óvulo.

ow [au] *interj.* ¡ay! (denota dolor repentino).

owe [əu] *v. t.* **1** deber (dinero): *he owes me some money = me debe algún dinero.* **2** (**to** ~ + *o.* + {**to**}) deber (una cualidad, una habilidad, un logro, etc. a alguien o a algo): *I owe my success to my father = mi éxito se lo debo a mi padre.* **3** deber (respeto, lealtad). **4** deber, tener que dar: *you owe me an explanation = me debes una explicación.* ◆ **5 to ~ someone a living,** tener la obligación de atender o apoyar. **6 owing to,** debido a: *owing to the circumstances = debido a las circunstancias.*

owl [aul] *s. c.* ZOOL. **1** búho. ◆ **2 barn ~,** lechuza. **3 little ~,** mochuelo.

owlish ['aulɪʃ] *adj.* (fig.) serio, austero, grave (con un semblante que recuerda a un búho).

owlishly ['aulɪʃlɪ] *adv.* con seriedad.

own [əun] *adj.* **1** propio (para enfatizar el poseedor): *with my own eyes = con mis propios ojos.* **2** propio, característico: *her own style = su estilo característico.* **3** propio, natural: *his own hair = su pelo natural.* **4** propio (con sentido enfático): *she makes her own decisions = toma sus propias decisiones.* ● *pron.* **5** (*adj.pos.* + ~) los míos, los tuyos, los suyos, etc. (parientes o personas relacionadas con uno). **6** (*adj.pos.* + ~) (el) mío, (el) tuyo, (el) suyo, etc.: *this is your own = esto es suyo.* ● *v. t.* **7** poseer, tener, ser dueño de: *he owns a mansion = posee una mansión.* **8** (p.u.) reconocer: *I own my defects = reconozco mis defectos.* **9** (p.u.) confesar, admitir: *I own I was afraid = confieso que tenía miedo.* ● *v. i.* **10** (p.u.) (**to** ~ + {**to** + *ger.*}) reconocer, confesar, admitir: *he owned to having done it = reconoció haberlo hecho.* ◆ **11 each to one's** ~, cada uno a lo suyo, cada uno tiene su gusto. **12 for my** ~, para mí solo. **13 to get one's** ~ **back,** (fam.) tomar revancha, desquitarse. **14 to hold one's** ~, mantenerse firme (no abandonar). **15 like/as if to** ~ **the place,** (fam.) como Pedro por su casa. **16 to make something one's** ~, hacer algo suyo, apoderarse de algo (como si no pudiera ser de nadie más). **17 of one's** ~, suyo, de su propiedad: *money of my own = dinero mío.* **18 of one's** ~**/all of one's** ~, muy suyo, muy peculiar: *it has a value all of its own = tiene un valor muy peculiar.* **19 on one's** ~, por su cuenta, solo: *I work on my own = trabajo por mi cuenta.* **20** ~ **goal,** autogol, gol en propia meta. **21 to** ~ **up (to)**, admitir, confesar.

owner ['əunər] *s. c.* propietario, dueño, amo.

owner-occupier [,əunər'ɒkjupaɪər] *s. c.* propietario de la casa en la que vive.

ownership ['əunəʃɪp] *s. i.* propiedad, posesión.

ox [ɒks] (*pl.* **oxen**) *s. c.* ZOOL. buey.

oxcart ['ɒkskɑːt] *s. c.* carreta de bueyes.

oxen ['ɒksən] *pl.* de **ox.**

oxidation [,ɒksɪ'deɪʃn] *s. i.* TEC. oxidación.

oxide ['ɒksaɪd] *s. c.* e *i.* QUÍM. óxido.

oxidise *v. t.* e *i.* ⇒ **oxidize.**

oxidize ['ɒksɪdaɪz] (también **oxidise**) *v. t.* e *i.* QUÍM. oxidar(se).

oxtail ['ɒksteɪl] *s. i.* GAST. rabo de buey: *oxtail soup = sopa de rabo de buey.*

oxyacetylene [,ɒksɪə'setɪliːn] *s. i.* **1** QUÍM. oxiacetileno. ● *adj.* **2** TEC. oxiacetilénico: *oxyacetylene welding = soldadura oxiacetilénica.*

oxygen ['ɒksɪdʒən] *s. i.* **1** QUÍM. oxígeno. ◆ **2** ~ **mask,** máscara de oxígeno. **3** ~ **tent,** cámara de oxígeno.

oxygenate ['ɒksɪdʒəneɪt] *v. t.* QUÍM. oxigenar.

oxygenated ['ɒksɪdʒəneɪtɪd] *adj.* QUÍM. oxigenado: *oxygenated water = agua oxigenada.*

oyster ['ɔɪstər] *s. c.* **1** ZOOL. ostra. ◆ **2** ~ **bed,** criadero de ostras. **3 the world is your** ~, tienes el mundo a tus pies.

ozone ['əuzəun] *s. i.* **1** QUÍM. ozono: *ozone layer = capa de ozono.* **2** (fam.) aire puro, aire saludable de la costa.

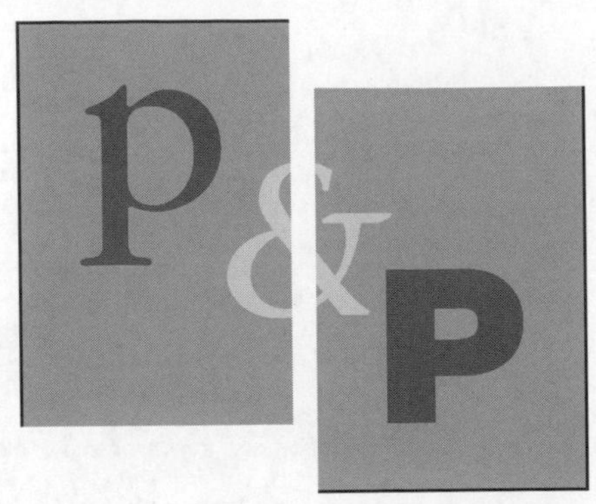

p, P [piː] *s. c.* **1** p, P (decimosexta letra del alfabeto inglés.) ◆ **2** p (brit.) (fam.) *abreviatura* de **penny** o **pence**: *it costs 50p = cuesta 50 peniques.* **3** *abreviatura* de **page, participle, population.** **4** MÚS. piano, suave (en partituras). **5** *abreviatura* de **parking, police.** ◆ **6** P *abreviatura* de **phosphorus.** ◆ **7 to mind one's p's and q's,** ⇒ **mind.**

pa [pɑː] *s. sing.* (fam. y p.u.) papá, papi, papaíto.

PA [ˌpiː'eɪː] (*abrev.* de **personal assistant**), *s. c.* **1** PA secretario particular. **2** ~ **system,** megafonía.

pace [peɪs] *s. i.* **1** paso, velocidad, ritmo, marcha: *at a slow pace = a ritmo lento.* ● *s. c.* **2** aire, caminar, forma de andar: *a jaunty pace = un caminar garboso.* **3** paso (de distancia, de velocidad). ● *v. t.* e *i.* **4** caminar de un lado a otro, pasear (a ritmo regular). ● *v. t.* **5** (**to** ~ {**out**}) medir a pasos. **6** controlar el ritmo, fijar el ritmo: *she paced my exercises = controlaba el ritmo de mis ejercicios.* ● ['peɪsi ‖ 'pɑːtʃeɪ] *prep.* **7** (form.) en contra de, a pesar de (para contradecir). ◆ **8 at one's own** ~, a su propio ritmo, a su propio paso. **9 to go through one's paces/to show one's paces,** mostrar lo que uno vale, mostrar las cualidades que uno tiene. **10 to keep** ~, mantener el ritmo, ir al mismo paso, avanzar al mismo ritmo. **11 to put someone through one's paces,** poner a uno a prueba. **12 to set the** ~, marcar el ritmo, imponer la velocidad, establecer el paso. **13 to stand the** ~, soportar el ritmo.

pacemaker ['peɪsˌmeɪkər] *s. c.* **1** el que marca el paso, el que impone el ritmo (una persona, un animal). **2** ejemplo, modelo, inspirador. **3** MED. marcapasos.

pachyderm ['pækɪdəːm] *s. c.* ZOOL. paquidermo.

pacific [pə'sɪfɪk] *adj.* **1** pacífico, conciliador, apaciguador, tranquilo. ◆ **2 Pacific,** GEOG. del Pacífico: *Pacific islands = islas del Pacífico.* **3 the Pacific Ocean,** GEOG. el océano Pacífico.

pacification [ˌpæsɪfɪ'keɪʃn] *s. i.* pacificación, conciliación, calma, apaciguamiento.

pacifier ['pæsɪfaɪər] *s. c.* **1** pacificador, conciliador. **2** (EE UU) chupete, chupeta, (Am.) chupón.

pacifism ['pæsɪfɪzəm] *s. i.* pacifismo.

pacifist ['pæsɪfɪst] POL. *s. c.* **1** pacifista. ● *adj.* **2** pacifista: *the pacifist movement = el movimiento pacifista.*

pacify ['pæsɪfaɪ] *v. t.* **1** calmar, tranquilizar, apaciguar, aplacar. **2** pacificar, llevar la paz (a un territorio).

pack [pæk] *s. c.* **1** fardo, lío, envoltorio, atadijo. **2** mochila, morral; alforja. **3** (EE UU) cajetilla, paquete. **4** caja, envase. **5** (~ *v.sing./pl.*) manada, hato (de animales salvajes). **6** jauría (de perros de caza). **7** baraja, naipes, cartas. **8** DEP. delanteros, grupo de ataque (en rugby). **9** grupo, partida: *a pack of scouts = un grupo de boy scouts.* **10** (desp.) pandilla, cuadrilla, banda. **11** MED. gasa, compresa. **12** mascarilla cosmética. ● *v. t.* e *i.* **13** empaquetar, empacar, embalar. **14** atestar, llenar de bote en bote. **15** amontonar, aglomerar, apilar, hacinar, formar una masa compacta. ● *v. t.* **16** empacar, hacer el equipaje, hacer las maletas. **17** proteger con, embalar entre, envolver en (algo, un objeto frágil): *pack the newspaper round the vase = protege el jarrón con papel de periódico.* **18** envasar, enlatar. **19** (desp.) elegir con fraude, nombrar con fraude. **20** (EE UU) (fam.) ir regularmente armado. ● *v. i.* **21** salir a toda prisa, irse de estampida. ◆ **22 a** ~ **of lies,** un montón de mentiras. **23** ~ **animal,** animal de carga. **24** ~ **ice,** témpanos flotantes. **25 to** ~ **off,** (fam.) quitar(se) de en medio a, deshacerse de: *she packed him off on a holiday = se lo quitó de en medio mandándole de vacaciones.* **26 to** ~ **something in,** (fam.) dejar algo de una vez, abandonar algo definitivamente. **27 to** ~ **them in,** (fam.) ser un exitazo, tener lleno continuo (un espectáculo). **28 to** ~ **up,** (fam.) **a)** acabar de trabajar, abandonar la tarea: *I packed up at 6 = acabé el trabajo a las seis*; **b)** (brit.) (fam.) estropearse, apagarse, dejar de funcionar (una máquina); **c)** dejar de: *I packed up smoking = dejé de fumar.* **29 to send someone packing,** (fam.) despedir a alguien con cajas destempladas, echar a alguien sin miramientos.

package ['pækɪdʒ] *s. c.* **1** paquete, bulto, lío. **2** (EE UU) cajetilla, paquete. **3** caja, envase. **4** paquete, proposición, oferta: *a package of economic measures = un paquete de medidas económicas.* ● *v. t.* **5** (**to** ~ {**up**}) empaquetar, embalar, hacer un paquete. **6** envasar, enlatar. ◆ **7** ~ **deal,** (fam.) convenio, acuerdo (con concesiones mutuas); COM. lote de productos vendidos en conjunto. **8** ~ **holiday,** vacaciones organizadas, vacaciones programadas.

packaging ['pækɪdʒɪŋ] *s. i.* embalaje, envase, empaquetado, envoltura.

packed [pækt] *adj.* **1** atestado, abarrotado, colmado, lleno hasta los topes, repleto, hasta el borde. **2** con las maletas hechas, con el equipaje preparado: *I was already packed = ya tenía las maletas hechas.* ◆ **3** ~ **lunch,** almuerzo, merienda, bocadillo (para comer fuera de casa al mediodía). **4** ~ **out,** (brit.) (fam.) abarrotado, hasta la bandera.

packer ['pækər] *s. c.* **1** empaquetador, embalador, envasador. **2** empleado de una empresa de mudanzas.

packet ['pækɪt] (en EE UU **pack**) *s. c.* **1** paquete, cajetilla: *a packet of plasters = un paquete de tiritas.* **2** envase, caja, sobre. **3** (generalmente *sing.*) (argot) fortuna, dineral, pastón. **4** MAR. paquebote. ● *adj.* **5** de sobre (sopa, comida). ◆ **6 to catch/cop/stop a** ~, (brit.) (argot.) tener un enorme disgusto, meterse en problemas graves; ser castigado con rigor, resultar herido de gravedad.

packing ['pækɪŋ] *s. i.* **1** equipaje, maletas: *I'll do my packing = haré mi equipaje.* **2** embalaje, empaquetado, envoltura: *with nice packing = con una envoltura bonita.* **3** MED. aplicación de compresas o gasas (a una herida). ◆ **4** ~ **case,** caja de embalaje.

pact [pækt] *s. c.* pacto, acuerdo, compromiso, trato.

pad [pæd] *s. c.* **1** almohadilla, cojinete, hombrera, relleno, postizo (para dar forma). **2** bayeta, bola (de algodón, etc. para limpiar). **3** DEP. peto, plastrón protector. **4** taco de papel, bloc de notas. **5** tampón, almohadilla de entintar. **6** almohadilla, carnosidad (en las patas de los gatos). **7** yemas (de los dedos). **8** BOT. hoja de planta acuática, hoja de nenúfar. **9** plataforma de lanzamiento, pista de despegue (para cohetes, helicópteros). **10** (argot) casa, nido, vivienda. **11** ruido de pisadas; golpe sordo. **12** caballo al paso (sonido). • (*ger.* **padding,** *pret.* y *p. p.* **padded**) *v. t.* **13** rellenar, almohadillar, acolchar, forrar. **14** (**to** ~ {**out**}) meter mucha paja, alargar, hinchar con material innecesario (un discurso, un escrito); poner postizos, meter relleno (a una prenda). • *v. i.* **15** (**to** ~ *adv./prep.*) ir al paso, andar sin hacer ruido.

padded ['pædɪd] *adj.* **1** forrado, relleno, almohadillado. **2** gordo, grueso, con una capa de grasa. ◆ **3** ~ **cell,** celda acolchada (en un manicomio).

padding ['pædɪŋ] *s. i.* **1** relleno, almohadilla, borra, miraguano. **2** (fig.) paja (libro, examen, etc.).

paddle ['pædl] *s. c.* **1** remo, canalete, zagual. **2** paleta, espátula (de cocina). **3** paleta, pala (para revolver, sacudir). **4** MEC. paleta de hélice. **5** (EE UU) DEP. raqueta de ping-pong. **6** chapoteo. • *v. t.* e *i.* **7** remar, impulsar con remo o canalete. • *v. t.* **8** (EE UU) (argot) dar un sopapo, dar una torta; dar de paletazos, pegar con paleta. **9** remover con paleta, revolver con espátula. • *v. i.* **10** nadar como un pato, nadar como un perro. **11** chapotear, golpear el agua (con manos y pies). ◆ **12** ~ **boat/steamer,** vapor de ruedas. **13 to paddle one's own canoe,** aguantar cada uno su vela, arreglárselas uno mismo, bastarse a sí mismo. **14 paddling pool, a)** estanque de recreo; **b)** piscina hinchable.

paddock ['pædək] *s. c.* **1** prado, corral, cercado (al lado de los establos). **2** DEP. paddock, corral de ensilladura.

paddy ['pædɪ] (también **paddy field, rice paddy**) *s. c.* **1** arrozal. **2** (brit.) (fam.) rabieta, pataleo. • *s. i.* **3** arroz con cáscara. ◆ **4 in a** ~, enrabietado, con una pataleta. **5 Paddy,** (fam. y desp.) irlandés típico (forma familiar del nombre Patrick). **6** (argot) policía.

padlock ['pædlɒk] *s. c.* **1** candado. • *v. t.* **2** cerrar con candado.

padre ['pɑːdrɪ ‖ 'pɑːdreɪ] *s. c.* **1** (fam.) padre, capellán. **2** MIL. cura castrense, capellán castrense.

paean ['piːən] *s. c.* **1** (lit.) himno, encomio, apología, alabanza: *a paean to love* = *una alabanza al amor.* **2** canto de alabanza, acción de gracias.

paediatrician [ˌpiːdɪə'trɪʃn] (en EE UU **pediatrician**) *s. c.* MED. pediatra, médico puericultor.

paediatrics [ˌpiːdɪ'ætrɪks] (en EE UU **pediatrics**) *s. i.* MED. pediatría.

paella [paɪ'elə ‖ pɑɪ'elə] *s. i.* paella.

pagan ['peɪgən] *s. c.* **1** (desp.) pagano, infiel, impío. **2** HIST. pagano, gentil. **3** hedonista. • *adj.* **4** pagano, infiel, impío; idólatra.

paganism ['peɪgənɪzəm] *s. i.* paganismo.

page [peɪdʒ] *s. c.* **1** página, plana, cuartilla, folio, hoja. **2** (lit.) página, (acontecimiento histórico). **3** chico de los recados, botones (de hotel). **4** acomodador. **5** (EE UU) ujier, ordenanza. **6** paje (en una boda). **7** HIST. paje, escudero. • *v. t.* **8** hacer llamar, buscar por medio de un botones, llamar por altavoz (en hoteles, aeropuertos): *can you page Mr Jones* = *¿puede llamar por el altavoz al Sr. Jones?* **9** servir como paje. **10** trabajar como botones, acomodador u ordenanza. **11** paginar, numerar las páginas. • *v. i.* **12** pasar páginas.

pageant ['pædʒənt] *s. c.* **1** exhibición al aire libre, espectáculo teatral al aire libre, fiestas públicas. **2** desfile, cortejo, procesión. • *s. i.* **3** pompa, exhibición, ostentación, esplendor, boato.

pageantry ['pædʒəntrɪ] *s. i.* pompa, boato, esplendor, ostentación, vistosidad: *the pageantry of the ceremony* = *el esplendor de la ceremonia.*

pageboy ['peɪdʒbɔɪ] *s. c.* **1** paje (en una ceremonia). **2** corte de pelo al estilo de un paje.

pager ['peɪdʒə] *s. c.* buscapersonas; (fam.) busca.

pagination [ˌpædʒɪ'neɪʃn] *s. i.* (form.) paginación, foliación, numeración de páginas.

pagoda [pə'gəudə] *s. c.* pagoda, templo oriental.

pah [pɑː] *interj.* (arc.) ¡bah! (expresa disgusto).

paid [peɪd] **1** *pret.* y *p. p.* de **pay.** • *adj.* **2** remunerado, retribuido, pagado. ◆ **3 to put** ~ **to,** dar al traste con, acabar con (las esperanzas, una posibilidad).

paid-up [ˌpeɪd'ʌp] *adj.* **1** de pleno derecho, que paga su cuota: *they are paid-up members* = *son socios de pleno derecho.* **2** militante, afiliado (a un grupo político).

pail [peɪl] *s. c.* e *i.* cubo, tina, pozal, balde (instrumento, cantidad).

pain [peɪn] *s. i.* **1** dolor, malestar, sufrimiento. **2** angustia, disgusto, dolor. • *s. c.* **3** dolor, punzada, retortijón: *a pain in the stomach* = *un dolor de estómago.* **4** (fam.) aburrimiento, fastidio (una persona o cosa). • *v. t.* **5** (lit.) dar pena, dar lástima, angustiar, disgustar, causar dolor (mental): *it pained me to leave* = *me daba pena irme.* **6** (form.) doler, hacer daño. ◆ **7 a** ~ **in the arse/backside,** (argot y vulg.) pelmazo, plasta, pesado (persona). **8 a** ~ **in the neck,** (argot) un tostonazo, una persona o cosa inaguantable. **9 to be at pains,** esmerarse, afanarse, tomárselo con interés. **10 for one's pains,** por el esfuerzo hecho, por el trabajo realizado: *not much for my pains* = *no mucho por el esfuerzo que hice.* **11 to go to great pains/to take pains,** esmerarse, molestarse, afanarse, tomarse un trabajo enorme. **12 pains,** dolores de parto. **13 under/on** ~ **of,** (form.) so pena de, bajo pena de.

pained [peɪnd] *adj.* **1** herido, ofendido, disgustado; de reproche: *a pained look* = *una mirada de reproche.* **2** afligido, apenado, dolorido.

painful ['peɪnful] *adj.* **1** doloroso, penoso, dolorido (físicamente). **2** penoso, embarazoso, difícil, traumático, desagradable: *a painful decision* = *una decisión desagradable.* **3** laborioso, arduo, difícil (una actividad). **4** (arc.) diligente, esmerado, cuidadoso.

painfully ['peɪnfəlɪ] *adv.* **1** dolorosamente, penosamente. **2** desagradablemente, de forma embarazosa. **3** laboriosamente, con dificultad.

painkiller ['peɪnˌkɪlər] *s. c.* analgésico, calmante.

painless ['peɪnlɪs] *adj.* **1** indoloro, que no causa dolor. **2** (fam.) que no exige esfuerzo, fácil, hacedero, elemental, libre de complicación.

painlessly ['peɪnlɪslɪ] *adv.* **1** sin dolor. **2** fácilmente, sin esfuerzo.

painstaking ['peɪnzˌteɪkɪŋ] *adj.* esmerado, cuidadoso, laborioso, concienzudo, escrupuloso.

painstakingly ['peɪnzˌteɪkɪŋlɪ] *adv.* esmeradamente, cuidadosamente, concienzudamente, escrupulosamente.

paint [peɪnt] *s. i.* **1** pintura, tinte, coloración. **2** (arc.) maquillaje, cosmético, afeite, colorete. **3** (EE UU) caballo pinto con manchas. • *v. t.* e *i.* **4** pintar, decorar, aplicar pintura (a una superficie). **5** pintar (un cuadro). • *v. t.* **6** (desp. y arc.) maquillar, pintar (el rostro). **7** MED. limpiar con algodón, aplicar con algodón. ◆ **8 to** ~ **a gloomy/vivid picture,** pintar una escena desalentadora/con todo lujo de detalles, etc. **9 to** ~ **over,** tapar con pintura, cubrir con pintura. **10** ~ **stripper,** decapante, quitapintura. **11 to** ~ **the town red,** (fam.) irse de juerga, salir de copas (para celebrar algo).

paintbox ['peɪntbɒks] *s. c.* estuche de pinturas, caja de acuarelas.

paint-brush ['peɪntbrʌʃ] *s. c.* brocha; pincel.

painted ['peɪntɪd] *adj.* **1** pintado, decorado. **2** maquillado.

painter ['peɪntər] *s. c.* **1** pintor, decorador. **2** pintor, artista. **3** MAR. amarra, cabo. **4** (EE UU) ZOOL. puma.

painting ['peɪntɪŋ] *s. i.* **1** pintura, decoración: *we've just done the painting* = *acabamos de pintar.* • *s. c.* **2** cuadro, pintura: *a painting by Miró* = *un cuadro de Miró.*

paintwork ['peɪntwɜːk] *s. i.* pintura, capa de pintura, superficie: *it damaged the paintwork* = *estropeó la pintura.*

pair [peər] *s. c.* **1** (~ **of**) par: *a pair of shoes* = *un par de zapatos.* **2** (~ *v.sing./pl.*) pareja: *in pairs* = *por parejas.* **3** yunta (de animales). **4** dos miembros de un tribunal que se abstienen de votar por diferir exageradamente. • *v. t.* e *i.* **5** (**to ~ off**) emparejarse, casarse. **6** aparear(se), cruzar(se) (los animales). **7** (**to ~ up**) emparejar(se), formar pareja, hacer pareja (para un juego, un trabajo).

paisley ['peɪzlɪ] *s. i.* de cachemir (diseño).

Pakistan [ˌpɑːkɪ'stɑːn] *s. sing.* Pakistán.

Pakistani [ˌpɑːkɪ'stɑːnɪ] *adj.* **1** pakistaní, de Pakistán. • *s. c.* **2** paquistaní.

pal [pæl] *s. c.* **1** (fam.) amigo, camarada, compañero, compinche. • *v. i.* **2** (**to ~ {up/with}**) (brit.) (fam.) hacerse amigos.

palace ['pælɪs] *s. c.* **1** palacio, mansión. • *s. sing.* **2** (**the ~**) la gente de palacio.

palatable ['pælətəbl] *adj.* **1** sabroso, delicioso, apetitoso, suculento. **2** (fig.) agradable, aceptable, admisible: *a palatable solution = una solución aceptable.*

palate ['pælət] *s. c.* **1** ANAT. paladar. • *s. c.* e *i.* **2** (**~ {for}**) paladar, gusto: *a fine palate for wine = un paladar exquisito para el vino.*

palatial [pə'leɪʃl] *adj.* **1** grandioso, suntuoso, espléndido. **2** palaciego, de palacio.

palaver [pə'lɑːvər || 'lævər] s. i. **1** (fam.) palabrería, cháchara, tonterías, banalidades. **2** (fam.) incomodidad, molestia, engorro, lío. • *s. c.* **3** (p.u.) debate, conferencia, parlamento (entre dos opositores).

pale [peɪl] *adj.* **1** pálido, blanquecino, descolorido. **2** claro, pálido, apagado (un color). **3** tenue, débil: *a pale light = una luz tenue.* **4** estaca. **5** empalizada, vallado. • *v. i.* **6** palidecer, ponerse pálido. **7** (**to ~ {before/beside}**) (fig.) palidecer, perder importancia: *she paled beside her sister = ella perdía importancia frente a su hermana.* • *v. t.* **8** (p.u.) cercar, empalizar, vallar. ◆ **9 beyond the ~,** totalmente inaceptable, que pasa de la raya, irrazonablemente.

paleness ['peɪlnɪs] *s. i.* palidez, blancura.

Palestine ['pæləstaɪn] *s. sing.* Palestina.

Palestinian [ˌpælə'stɪnɪən] *adj.* **1** palestino, de Palestina. • *s. c.* **2** palestino.

palette ['pælɪt] *s. c.* **1** paleta, tabloza (de artista). **2** paleta, gama de colores, cualidades: *a limited palette = una gama de colores limitada.* ◆ **3 ~ knife,** espátula.

palindrome ['pælɪndrəum] *s. c.* palíndromo (frase o palabra que se lee igual de derecha a izquierda que viceversa).

palings ['peɪlɪŋz] *s. pl.* empalizada, valla, vallado, cerca.

palisade [ˌpælɪ'seɪd] *s. c.* **1** empalizada, estacada (de defensa). ◆ **2 palisades,** (EE UU) acantilado.

pall [pɔːl] *v. t.* e *i.* **1** (**to ~ {on/upon}**) dejar de gustar, cansar, aburrir, hastiar, empalagar, dejar de interesar: *going out every night began to pall on him = salir cada noche empezó a aburrirle.* • *s. sing.* **2** nube, capa, manto: *a pall of silence = un manto de silencio.* • *s. c.* **3** paño mortuorio, mortaja. **4** (EE UU) ataúd, féretro.

pall-bearer ['pɔːlˌbeərər] *s. c.* portador del féretro, miembro de la comitiva fúnebre.

pallet ['pælɪt] *s. c.* **1** MEC. palet, plataforma de carga (de una carretilla elevadora). **2** jergón, camastro, colchoneta de paja. **3** paleta, base del torno (de ceramista). **4** paleta (de pintor). **5** MEC. trinquete.

palliative ['pælɪətɪv] *s. c.* y *adj.* paliativo, calmante.

pallid ['pælɪd] *adj.* **1** pálido, enfermizo, macilento, descolorido. **2** (fig.) soso, insípido, sin interés.

pallor ['pælər] *s. i.* palidez.

pally ['pælɪ] *adj.* (**~ {with}**) (fam.) amistoso, amigo.

palm [pɑːm] *s. c.* **1** BOT. (también **palm tree**) palmera, palma. **2** palma (de la mano, de un guante). **3** palmo (medida). **4** pala (de remo). **5** triunfo, palma, victoria. • *v. t.* **6** esconder en la mano, hacer desaparecer en la mano: *he palmed the scarf = hizo desaparecer el pañuelo dentro del puño.* ◆ **7 to bear the ~,** llevarse la palma. **8 to cross one's ~/to cross one's ~ with silver,** (fig.) untarle a uno la mano, comprar a uno (para obtener información). **9 to grease someone's ~,** ⇒ **grease.** **10 to have/hold someone in the ~ of one's hand,** tener a uno en el bolsillo, tener a uno totalmente controlado, hacer de uno lo que se quiere. **11 to ~ off (with)/(on/onto),** colar, endosar, deshacerse de (algo que no merece la pena); engañar, distraer, disuadir: *he tried to palm me off with his old car = trató de endosarme su viejo coche.* **12 ~ oil,** aceite de palma. **13 Palm Sunday,** REL. Domingo de Ramos.

palmistry ['pɑːmɪstrɪ] *s. i.* quiromancia.

palmtop (computer) ['pɑːmtɒp] *s. c.* miniordenador, (Am.) minicomputadora.

palomino [ˌpælə'miːnəu] *s. c.* caballo alazán, caballo pardo con crin y cola blancas.

palpable ['pælpəbl] *adj.* (form.) **1** perceptible, obvio, notorio, evidente, manifiesto. **2** palpable, tangible.

palpably ['pælpəblɪ] *adv.* **1** perceptivamente, obviamente, manifiestamente, evidentemente. **2** palpablemente, al tacto.

palpitate ['pælpɪteɪt] *v. i.* **1** palpitar. **2** (**to ~ {with}**) (form.) temblar, vibrar: *to palpitate with emotion = temblar de emoción.*

palpitation [ˌpælpɪ'teɪʃn] *s. c.* e *i.* palpitación.

palsied ['pɔːlzɪd] *adj.* (arc.) paralítico, debilitado, paralizado.

palsy ['pɔːlzɪ] *s. i.* **1** MED. (arc.) parálisis, perlesía. **2** MED. debilitamiento muscular, pérdida de control muscular. **3** (fig.) impotencia, incapacidad (de acción). • *v. t.* **4** paralizar.

paltry ['pɔːltrɪ] *adj.* **1** insignificante, miserable, mezquino, misérrimo, magro: *a paltry rise = una subida miserable.* **2** despreciable, bajo, vil, ruin (una actitud).

pampas ['pæmpəs] *s. sing.* **1** pampa, llanura (de Argentina). ◆ **2 ~ grass,** BOT. cortadera argentina.

pamper ['pæmpər] *v. t.* **1** mimar, consentir: *he's always pampering that child = siempre está mimando al niño.*

pamphlet ['pæmflɪt] *s. c.* panfleto, folleto.

pamphleteer [ˌpæmflɪ'tɪər] *s. c.* **1** panfletista, folletista. • *v. i.* **2** escribir panfletos.

pan [pæn] *s. c.* **1** cazuela, cacerola, perol, sartén, cazo. **2** plato (de la balanza). **3** (brit.) taza (del retrete). **4** batea, criba (para separar metales preciosos). **5** charco, hoyo, fangal (con agua). **6** salina, mina de sal. **7** MIL. cazoleta (de un arma de fuego). **8** (argot) cara, jeta, rostro, semblante. **9** (fam.) palo, vapuleo (de la crítica). **10** hoja de betel, hoja de betel rellena de nueces y lima (que se mastica en Oriente). • (*ger.* panning, *pret.* y *p. p.* panned) *v. t.* e *i.* **11** lavar en batea, separar con la batea, cribar en batea (un metal precioso). **12** tomar panorámicas (con cámara de cine). • *v. i.* **13** girar para tomar panorámicas (la cámara de cine). • *v. t.* **14** (fam.) poner por los suelos, censurar, criticar con severidad. **15** (EE UU) cocinar en cazuela. ◆ **16 to ~ out,** (fam.) funcionar bien, desarrollarse adecuadamente, tener éxito, dar resultado. • *prefijo.* **17** pan: *pan-American = panamericano.*

panacea [ˌpænə'sɪə] *s. c.* **1** (generalmente desp.) panacea, remedio. **2** medicina, elixir.

panache [pæ'næʃ || pə'næʃ] *s. i.* **1** desenvoltura, garbo, brío, donaire, estilo, elegancia, talento. **2** penacho (en un casco).

Panama [ˌpænə'mɑː] *s. sing.* Panamá.

panama hat [ˌpænə'mɑː'hæt] (también **panama**) *s. c.* sombrero panamá, sombrero jipijapa.

Panamanian [ˌpænə'meɪnjən] *adj.* **1** panameño, de Panamá. • *s. c.* **2** panameño.

panatella [ˌpænə'telə] *s. c.* panatela (purito).

pancake ['pænkeɪk] *s. c.* **1** hojuela, tortilla fina, crepe, (Am.) panqueque (generalmente relleno). • *v. t.* e *i.* **2** aterrizar verticalmente, aterrizar de plano. ◆ **3 Pancake Day,** Martes de Carnaval. **4 ~ landing,** aterrizaje de emergencia, aterrizaje en vertical. **5 ~ roll,** GAST. rollo de primavera (plato chino).

pancreas ['pæŋkrɪəs] *s. c.* ANAT. páncreas.

panda ['pændə] *s. c.* **1** ZOOL. panda. ◆ **2 ~ car,** (brit.) coche patrulla, coche policial.

pandemic [pæn'demɪk] *adj.* **1** MED. pandémico. • *s. c.* **2** MED. pandemia, plaga.

pandemonium [ˌpændɪ'məunjəm] *s. i.* pandemonio, caos, griterío, bullicio, desorden, estruendo infernal.

pander ['pændər] *v. t.* (**to** ~ **to**) (desp.) satisfacer a, complacer a, mimar a, dar gusto a, condescender con: *pandering to the public love of scandals* = *condescendiendo con el gusto del público por los escándalos.*

pandit ['pʌndɪt] *s. c.* pandit (título que se da en la India a un hombre prudente).

pane [peɪn] *s. c.* **1** hoja de vidrio, cristal (de una ventana). **2** panel, tablero, entrepaño (de una puerta, de una pared). **3** cara, lado (de tuerca).

panegyric [ˌpænɪ'dʒɪrɪk] *s. c.* (~ {**on/upon**}) (form.) panegírico, elogio, encomio, alabanza.

panel ['pænl] *s. c.* **1** panel, tablero, entrepaño (de puerta, de ventana, de pared). **2** artesón (del techo). **3** tablero, panel, cuadro (de control, de mando): *all the switches on the control panel* = *todos los botones del tablero de control.* **4** paño (de tela). **5** ART. tabla. **6** (~ *v. sing./pl.*) TV. panel, equipo (de gente): *a panel of writers on the program* = *un equipo de escritores en el programa.* **7** grupo, equipo (de expertos). **8** jurado. • (*ger.* **panelling,** *pret.* y *p. p.* **panelled**) *v. t.* **9** poner paneles, decorar con paneles, con artesonado: *the ceiling, panelled with wood* = *el techo, decorado con artesonado de madera.* **10** seleccionar jurado, elegir jurado. ◆ **11** ~ **pin,** punta, clavo fino de cabeza pequeña.

panelled ['pænld] (en EE UU **paneled**) *adj.* decorado con paneles (pared); artesonado (techo).

panelling ['pænəlɪŋ] (en EE UU **paneling**) *s. i.* paneles (en la pared); artesonado (en el techo).

panellist ['pænəlɪst] (en EE UU **panelist**) *s. c.* TV. miembro de un equipo; miembro de un jurado (de un concurso); contertulio (en un debate).

pang [pæŋ] *s. c.* dolor agudo, punzada, pinchazo: *she felt a pang of remorse* = *sintió remordimiento.*

panic ['pænɪk] *s. c.* e *i.* **1** pánico, terror, pavor, horror. **2** (EE UU) (fam.) persona o cosa hilarante. **3** (brit.) (fam.) prisa, urgencia, precipitación, apuro: *there's no panic* = *no hay prisa.* • *v. i.* **4** tener pánico, ser presa del pánico. • *v. t.* **5** dar pánico, aterrar, infundir terror. ◆ **6 to push the** ~ **button,** actuar presa del pánico, actuar llevado por el pánico.

panicky ['pænɪkɪ] *adj.* aterrado, dominado por el pánico, presa del terror.

panic-stricken ['pænɪkˌstrɪkən] *adj.* aterrorizado, aterrado, muerto de miedo.

pannier ['pænɪər] *s. c.* **1** cesta, cesto, canasta. **2** alforja. **3** cartera, bolsa (en las bicicletas, motocicletas). **4** miriñaque.

panoply ['pænəplɪ] *s. i.* (form.) panoplia, esplendor, pompa, boato, ceremonial, lujo.

panorama [ˌpænə'rɑːmə] *s. c.* **1** panorama, vista panorámica. **2** panorama, visión de conjunto: *a panorama of Spanish painting* = *un panorama de la pintura española.*

panoramic [ˌpænə'ræmɪk] *adj.* panorámico.

panpipes ['pænpaɪps] *s. pl.* siringa, flauta de Pan.

pansy ['pænzɪ] *s. c.* **1** BOT. pensamiento. **2** (fam. y desp.) marica, mariquita, afeminado, homosexual.

pant [pænt] *v. i.* **1** jadear, resollar, respirar fatigadamente, resoplar. **2** (**to** ~ {**for**}) (lit.) suspirar por, anhelar, ansiar, desear vehementemente. • *v. t.* **3** decir entrecortadamente, decir jadeando. • *s. c.* **4** pants, **a)** (brit.) calzoncillos; bragas; **b)** (EE UU) pantalones. ◆ **5 to bore the pants off somebody,** aburrir mortalmente a alguien. **6 by the seat of one's pants,** instintivamente, guiándose por la experiencia de uno mismo. **7 to catch someone with their pants down,** pillar a alguien por sorpresa; sorprender a alguien con la guardia baja; coger a alguien en un renuncio.

pantaloons [ˌpæntə'luːnz] *s. pl.* **1** HIST. calzas; pantalones bombachos. ◆ **2 Pantaloon,** LIT. Pantalón (en la Comedia del Arte).

pantechnicon [pæn'teknɪkən] *s. c.* **1** camión de mudanzas. **2** depósito de muebles, guardamuebles.

pantheism ['pænθiːɪzəm] *s. i.* panteísmo.

pantheist ['pænθiːɪst] *s. c.* panteísta.

pantheistic [ˌpænθiː'ɪstɪk] *adj.* panteísta.

pantheon ['pænθɪən || 'pænθɪɒn] *s. c.* **1** panteón; (fig.) flor y nata, firmamento, conjunto estelar, grupo principal. **2** panteón (monumento funerario, templo).

panther ['pænθər] *s. c.* ZOOL. pantera, leopardo.

panties ['pæntɪz] *s. pl.* bragas, (Am.) bombacha.

panto ['pæntəu] *s. c.* (fam.) obra de teatro infantil con música representada por Navidad.

pantomime ['pæntəmaɪm] *s. c.* e *i.* **1** obra de teatro infantil con música representada por Navidad. • *s. i.* **2** pantomima, mimo. • *s. c.* **3** pantomima, farsa.

pantry ['pæntrɪ] *s. c.* despensa.

pantyhose ['pæntɪhəuz] *s. pl.* (EE UU) medias hasta la cintura, pantis.

pap [pæp] *s. i.* (generalmente desp.) **1** papilla, gachas. **2** (EE UU) cultura basura, información poco valiosa.

papa [pə'pɑː] (tabién **poppa**) *s. c.* (EE UU) (fam.) papá, papaíto, papi.

papacy ['peɪpəsɪ] *s. sing.* papado, pontificado.

papadom ['pæpədən] *s. c.* **poppadum.**

papadum ['pæpədʌm] *s. c.* **poppadum.**

papal ['peɪpl] *adj.* papal, pontificio.

papaya [pə'paɪə] (también **pawpaw**) *s. c.* e *i.* BOT. **1** papaya (fruta). **2** papayo (árbol).

papor ['pcɪpər] *s. i.* **1** papel. **2** papel pintado. • *s. c.* **3** periódico, diario. **4** (form.) cuestionario de examen, examen, ejercicio. **5** disertación, ponencia; conferencia, discurso; artículo; lección magistral. **6** COM. valor, letra de cambio, pagaré, vale. **7** (argot) pase (para el teatro). • *v. t.* **8** empapelar, decorar con papel (una pared). **9** (**to** ~ {**over/up**}) tapar, esconder, disimular, ocultar, encubrir. **10** envolver, cubrir con papel, forrar. **11** (argot) regalar pases a (para el teatro). • *adj.* **12** de papel; como el papel: *paper thin* = *delgado como el papel.* **13** (fig. y gen. desp.) de papel; de mentira; de boquilla: *paper threats* = *amenazas de boquilla.* **14** escrito: *paper evidence* = *testimonio escrito.* **15 not to be worth the** ~ **it's written on,** no tener valor alguno, ser completamente inservible. **16 on** ~**,** por escrito; sobre el papel; teóricamente. **17** ~ chase, carrera de persecución a campo traviesa en la que los corredores siguen un rastro de papelitos. **18** ~ **money,** billetes de banco, papel moneda. **19** ~ **round,** ruta de reparto de periódicos por las casas. **20** ~ **shop,** quiosco de prensa. **21 papers,** documentación, papeles; escritos. **22** ~ **tiger,** (fig.) tigre de papel (persona, institución, país). **23 to put pen to** ~**,** empezar a escribir.

paperback ['peɪpəbæk] *s. c.* libro de bolsillo, libro en rústica.

paperboy ['peɪpəbɔɪ] *s. c.* repartidor de periódicos.

paperclip ['peɪpəklɪp] *s. c.* clip, sujetapapeles.

paper-knife ['peɪpənaɪf] *s. c.* abrecartas, plegadera.

paperweight ['peɪpəweɪt] *s. c.* pisapapeles.

paperwork ['peɪpəwəːk] *s. i.* papeleo; burocracia, trámites burocráticos; trabajo de oficina, trabajo administrativo; aspecto teórico.

papery ['peɪpərɪ] *adj.* delgado como el papel, fino como el papel.

papier-mâché [ˌpæpɪeɪ'mæʃeɪ] *s. i.* **1** cartón piedra. • *adj.* **2** de cartón piedra.

paprika ['pæprɪkə] *s. i.* pimienta roja, pimentón.

Papua New Guinea ['pæpjuəˌnjuː'gɪnɪ] *s. sing.* Papúa Nueva Guinea.

papyri ['pæpɪraɪ] *s. c.* ⇒ **papyrus.**

papyrus [pə'paɪərəs] (*pl.* **papyruses** o **papyri**) *s. c.* **1** BOT. papiro. **2** papiro, documento sobre papiro. • *s. i.* **3** papel de papiro.

par [pɑːr] *s. sing.* **1** par, nivel. **2** FIN. paridad, patrón, par. • *s. i.* **3** DEP. par, número de golpes establecidos para un hoyo (en golf). • *v. t.* **4** DEP. hacer el par (en golf). • *adj.* **5** normal, corriente, común. **6** FIN. nominal. ◆ **7 below/under/not up to** ~ mal, indispuesto; agotado, cansado; inferior a la calidad normal, por debajo de la media, insatisfactorio. **8 on a** ~**,** a la par, al mismo nivel. **9** ~ **for the course,** lo normal. **10** ~ value, valor nominal.

para ['pærə] *s. c.* **1** (fam.) MIL. paraca, paracaidista. **2** *abreviatura* de **paragraph.**

parable ['pærəbl] *s. c.* parábola.

parabola [pə'ræbələ] *s. c.* GEOM. parábola.

parabolic [,pærə'bɒlɪk || ,pærə'bɑːlɪk] *adj.* **1** GEOM. parabólico. **2** parabólico, alegórico.

parachute ['pærəʃuːt] *s. c.* **1** paracaídas. **2** ZOOL. patagio, membrana alar. • *v. t.* **3** arrojar en paracaídas, lanzar en paracaídas. • *v. i.* **4** arrojarse en paracaídas.

parachutist ['pærəʃuːtɪst] *s. c.* paracaidista.

parade [pə'reɪd] *s. c.* **1** desfile, marcha, procesión. **2** MIL. desfile, parada. **3** exhibición, ostentación, alarde. **4** (brit.) fila de tiendas. **5** sucesión, serie, secuencia: *a parade of changes* = *una serie de cambios.* **6** plaza o calle comercial. • *v. i.* **7** desfilar, marchar, ir en procesión. **8** MIL. desfilar. **9** (generalmente desp.) exhibirse, alardear, hacer ostentación, lucirse. • *v. t.* **10** hacer desfilar (soldados). **11** pasear (prisioneros, una estatua). **12** exhibir, hacer ostentación de, alardear de (un triunfo, etc.). **13 to be on ~,** MIL. desfilar, marchar. **14 ~ ground,** MIL. patio de armas, plaza de armas.

paradigm ['pærədaɪm] *s. c.* **1** (~ {**of**}) paradigma, ejemplo, modelo. **2** GRAM. paradigma.

paradise ['pærədaɪs] *s. i.* **1** paraíso, cielo. **2** (fig.) paraíso, gloria, Jauja: *being on my own was paradise* = *quedándome a solas estaba en la gloria.* ◆ **3 a shopper's/swimmer's ~,** un paraíso para el comprador/nadador.

paradox ['pærədɒks] *s. c.* paradoja, contradicción.

paradoxical [,pærə'dɒksɪkl || ,pærə'dɑːksɪkl] *adj.* paradójico, contradictorio.

paradoxically [,pærə'dɒksɪklɪ || ,pærə'dɑːksɪklɪ] *adv.* paradójicamente, contradictoriamente.

paraffin ['pærəfɪn] (EE UU **kerosene**) *s. i.* **1** parafina. • *v. t.* **2** parafinar, impregnar de parafina. ◆ **3 ~ wax,** parafina sólida, parafina en cera.

paragliding ['pærə,glaɪdɪŋ] *s. i.* parapente.

paragon ['pærəgən || 'pærəgɒn] *s. c.* **1** (~ {**of**}) parangón, dechado, modelo: *a paragon of virtue* = *un dechado de virtud.* **2** diamante de 100 kilates. **3** perla esférica enorme. • *v. t.* **4** (arc.) parangonar, comparar, confrontar, equiparar.

paragraph ['pærəgrɑːf || 'pærəgræf] *s. c.* **1** párrafo: *new paragraph* = *punto y aparte.* **2** PER. artículo breve, noticia.

Paraguay ['pærəgwaɪ] *s. sing.* (el) Paraguay.

parakeet ['pærəkiːt] *s. c.* ZOOL. periquito.

parallel ['pærəlel] *adj.* **1** GEOM. paralelo. **2** (~ {**to/with**}) paralelo (a). **3** (~ {**to**}) paralelo, análogo, semejante: *a parallel case* = *un caso semejante.* • *s. c.* **4** GEOM. línea paralela, paralela. **5** (~ {**between/with**}) paralelismo, semejanza, afinidad, analogía (entre/con). **6** GEOG. paralelo. **7** (~ {**to/with**}) equivalente (persona o cosa): *it has no parallel in real life* = *no tiene equivalente en la vida real.* • *v. t.* **8** ser paralelo a, ser análogo a, ser similar a, ser comparable con. **9** (form.) igualar, equiparar. ◆ **10 in ~,** ELEC. en paralelo.

parallelogram [,pærə'leləgræm] *s. c.* GEOM. paralelogramo.

paralyse ['pærəlaɪz] (en EE UU **paralyze**) *v. t.* **1** paralizar, inmovilizar. **2** (fig.) paralizar, petrificar: *paralysed by terror* = *paralizado de terror.* **3** paralizar, parar, suspender (una actividad).

paralysed ['pærəlaɪzd] *adj.* **1** paralizado, inmovilizado. **2** paralizado, petrificado (por el miedo).

paralysing ['pærəlaɪzɪŋ] *adj.* paralizante.

paralysis [pə'rælɪsɪs] *s. c.* e *i.* **1** MED. parálisis. **2** (fig.) parálisis, inmovilización.

paralytic [,pærə'lɪtɪk] *adj.* **1** MED. paralítico. **2** (brit.) (fam.) borracho como una cuba. • *s. c.* **3** MED. paralítico.

paramedic [,pærə'medɪk] *s. c.* auxiliar sanitario (enfermero, auxiliar de clínica, conductor de ambulancia).

parameter [pə'ræmɪtər] *s. c.* parámetro.

paramilitary [,pærə'mɪlɪtrɪ] *adj.* **1** paramilitar. • *s. c.* **2** paramilitar, miembro de banda paramilitar.

paramount ['pærəmaunt] *adj.* **1** (form.) máximo, supremo, capital: *of paramount importance* = *de capital importancia.* **2** primordial, primero: *safety is paramount* = *la seguridad es (lo) primordial o lo primero.* • *s. c.* **3** soberano, autoridad, gobernador.

paranoia [,pærə'nɔɪə] *s. i.* **1** MED. paranoia. **2** (fam.) paranoia, suspicacia.

paranoiac [,pærə'nɔɪæk] (también **paranoic**) *adj.* MED. **1** paranoico. • *s. c.* **2** paranoico.

paranoid ['pærənɔɪd] *adj.* **1** paranoico, paranoide, neurótico (una persona). **2** obsesivo (una idea, un sentimiento). • *s. c.* **3** MED. paranoico.

paranormal [,pærə'nɔːml] *adj.* paranormal, sobrenatural.

parapet ['pærəpɪt] *s. c.* **1** parapeto, brocal. **2** MIL. parapeto.

paraphernalia [,pærəfə'neɪlɪə] *s. i.* pertrechos, parafernalia.

paraphrase ['pærəfreɪz] *s. c.* **1** paráfrasis. • *v. t.* e *i.* **2** parafrasear.

paraplegia [,pærə'pliːdʒə] *s. i.* MED. paraplejía.

paraplegic [,pærə'pliːdʒɪk] *s. c.* MED. **1** parapléjico. • *adj.* **2** parapléjico.

parapsychology [,pærəsaɪ'kɒlədʒɪ || ,pærəsaɪ'kɑːlədʒɪ] *s. i.* parapsicología.

parasite ['pærəsaɪt] *s. c.* **1** BIOL. parásito. **2** (desp.) parásito, gorrón, oportunista.

parasitic [,pærə'sɪtɪk] (también **parasitical**) *adj.* parásito, parasitario: *a parasitic animal* = *un animal parásito.*

parasol ['pærəsɒl || 'pærəsɔːl] *s. c.* sombrilla.

paratrooper ['pærətruːpər] *s. c.* MIL. soldado paracaidista.

paratroops ['pærətruːps] *s. pl.* MIL. tropas paracaidistas.

parboil ['pɑːbɔɪl] *v. t.* **1** sancochar, cocer parcialmente, cocer a medias. **2** (fig.) hacer sudar, someter a calor intenso.

parcel ['pɑːsl] (en EE UU **package**) *s. c.* **1** paquete. **2** DER. parcela, porción (de tierra). **3** lote, partida (de mercancía). • *v. t.* **4** (**to ~ out**) parcelar, dividir, fraccionar. **5** (**to ~ up**) empaquetar, embalar, envolver. **6** MAR. precintar cabos.

parch [pɑːtʃ] *v. t.* **1** tostar, torrar, asar. **2** secar, agostar (plantas terreno). **3** resecar, secar (labios, garganta).

parched ['pɑːtʃt] *adj.* **1** seco, agostado (terreno). **2** reseco, seco (labios, garganta). **3** (fam.) sediento: *I'm parched!* = *¡tengo una sed que me muero!*

parchment ['pɑːtʃmənt] *s. i.* **1** pergamino. • *s. c.* **2** escrito en pergamino. • *s. c.* e *i.* **3** papel pergamino.

pardon ['pɑːdn] *s. c.* **1** DER. perdón, indulto. **2** REL. indulgencia. • *s. i.* **3** perdón, excusas. • *v. t.* **4** perdonar, excusar, dispensar. ◆ **5 to beg someone's ~,** pedir perdón a alguien. **6 I beg your ~,** lo siento (al cometer un error al hablar, al pisar o empujar, etc.). **7 if you'll ~ the expression,** (fam.) con perdón de la expresión. **8 pardon?/I beg your ~?,** ¿cómo ha dicho? ¿cómo? (si no se ha entendido algo, o es sorprendente u ofensivo). **9 ~ me/I beg your ~,** perdone que disienta, perdone que le contradiga. **10 ~ me for existing, etc.,** (fam.) gracias por dejarme vivir, etc. (en tono sarcástico). **11 ~ me for interrupting,** perdone que le interrumpa. **12 ~ my bluntness,** perdone mi brusquedad.

pardonable ['pɑːdnəbl] *adj.* perdonable, excusable.

pare [peər] *v. t.* **1** cortar (uñas). **2** pelar (fruta). • *v. i.* **3** (**to ~** {**down**}) recortar.

parent ['peərənt] *s. c.* **1** padre, madre. **2** progenitor, ancestro. ◆ **3 parents,** padres. **4 ~** company, empresa matriz.

parentage ['peərəntɪdʒ] *s. i.* **1** paternidad; origen, ascendencia, linaje. **2** origen, procedencia, derivación.

parental [pə'rentl] *adj.* paterno o materno, de los padres.

parentheses [pə'renθɪsiːz] *s. pl.* ⇒ **parenthesis.**

parenthesis [pə'renθɪsɪs] (*pl.* **parentheses**) *s. c.* **1** (brit.) (form.) (generalmente *pl.*) paréntesis. **2** (form.) paréntesis, intervalo.

parenthetical [,pærən'θetɪkl] (también **parenthetic**) *adj.* parentético, explicativo, aclarativo, entre paréntesis.

parenthetically [,pærən'θetɪkəlɪ] *adv.* entre paréntesis, a modo de aclaración, a modo de explicación.

parenthood ['peərənthʊd] *s. i.* paternidad o maternidad.

parenting ['peərəntɪŋ] *s. i.* cuidado de los hijos.

parent-teacher association [,peərənt'tiːtʃəəsəu,sɪ'eiʃn] *s. c.* asociación de padres de alumnos y profesores (en cada escuela).

par excellence [ˌpɑːr'eksəlɑːns] *adj.* por excelencia, más típico.

pariah ['pærɪə ‖ pə'raɪə] *s. c.* paria, desposeído.

paring ['peərɪŋ] *s. c.* (generalmente *pl.*) peladura, mondadura, piel, cáscara.

Paris ['pærɪs] *s. sing.* París.

parish ['pærɪʃ] *s. c.* **1** REL. parroquia. **2** (brit.) ayuntamiento, municipio: *the parish has 400 inhabitants = el municipio tiene 400 habitantes.* **3** parroquia, feligresía, comunidad. **4** (EE UU) condado (sólo en Luisiana).

parishioner [pə'rɪʃənər] *s. c.* feligrés, parroquiano.

Parisian [pə'rɪzjən] *s. c.* **1** parisino, parisiense. ● *adj.* **2** parisino, parisiense.

parity ['pærɪtɪ] *s. i.* paridad, igualdad, equivalencia.

park [pɑːk] *s. c.* **1** parque, jardines. **2** ({**the**} ~) (brit.) (argot.) DEP. campo de fútbol; estadio. **3** polígono: *industrial park = polígono industrial.* **4** (brit.) jardines (pertenecientes a una gran casa de campo). **5** MIL. parque (armamentístico). ● *v. t.* **6** aparcar, estacionar, (Am.) parquear (un vehículo). **7** (fam.) aparcar, dejar, colocar: *park your books anywhere = deja los libros en cualquier parte.* ● *v. i.* **8** aparcar, estacionar.

parka [pɑːkə] *s. c.* parka.

parking [pɑːkɪŋ] *s. i.* **1** aparcamiento, estacionamiento (de un vehículo) ◆ **2** ~ **lot,** (EE UU) zona de estacionamiento, aparcamiento. **3** ~ **meter,** parquímetro. **4** ~ **ticket,** multa de aparcamiento.

Parkinson's disease ['pɑːkɪnsnzdɪˌziːz] *s. i.* MED. enfermedad de Parkinson.

Parkinson's law ['pɑːkɪnsnzˌlɔː] *s. i.* (hum.) ley de Parkinson (la idea de que el trabajo se alarga para llenar el tiempo de que se dispone).

parkway ['pɑːkweɪ] *s. c.* (EE UU) avenida (con plantas o árboles en el centro y los lados).

parky [pɑːkɪ] *adj.* (brit.) (fam.) frío, helado, glacial.

parlance ['pɑːləns] *s. i.* (form.) lenguaje, jerga: *legal parlance = jerga legal.*

parley ['pɑːlɪ] *s. c.* e *i.* **1** negociaciones, parlamento (para llegar a un acuerdo dos grupos opuestos). ● *v. i.* **2** parlamentar, entablar negociaciones.

parliament ['pɑːləmənt] *s. c.* **1** parlamento (cuerpo legislativo, edificios). **2** legislatura: *within this Parliament = en esta legislatura, en este período legislativo.*

parliamentarian [ˌpɑːləmen'teərɪən] *s. c.* **1** parlamentario, miembro del Parlamento, diputado. **2** (brit.) HIST. partidario del Parlamento, oponente de Carlos I en la Guerra Civil.

parliamentary [ˌpɑːlə'mentərɪ] *adj.* parlamentario.

parlour ['pɑːlər] (en EE UU **parlor**) *s. c.* **1** (EE UU) tienda; salón, sala; casa: *a beauty parlour = salón de belleza.* **2** (arc.) sala de estar, salón recibidor, sala de visitas (en una vivienda, un centro oficial). ◆ **3** ~ **game,** juego de salón.

parlourmaid ['pɑːləmeɪd] (EE UU **parlormaid**) *s. c.* camarera, doncella.

parlous ['pɑːləs] *adj.* (form. o hum.) precario, peligroso.

Parmesan [ˌpɑːmɪ'zæn] *s. i.* **1** queso parmesano. ● *adj.* **2** parmesano, de Parma. ◆ **3** ~ **cheese,** queso parmesano.

parochial [pə'rəukɪəl] *adj.* **1** parroquial. **2** (desp.) provinciano, estrecho de miras.

parochialism [pə'rəukɪəlɪzəm] *s. i.* (desp.) provincianismo, estrechez de miras.

parodist ['pærədɪst] *s. c.* parodista, parodiador, imitador.

parody ['pærədɪ] *s. c.* e *i.* **1** parodia. ● *v. t.* **2** parodiar, imitar.

parole [pə'rəul] *s. i.* **1** DER. libertad bajo palabra, libertad condicional. **2** MIL. santo y seña. **3** palabra de honor, promesa. ● *v. t.* **4** dar libertad bajo palabra, dar libertad condicional. ● *adj.* **5** bajo palabra, condicional. ◆ **6 to be on** ~, estar en libertad bajo palabra.

paroxysm ['pærəksɪzəm] *s. c.* **1** ataque, arrebato. **2** MED. paroxismo.

parquet ['pɑːkeɪ ‖ pɑːr'keɪ] *s. i.* **1** parquet. ● *s. c.* **2** platea (en un teatro). ● *v. t.* **3** poner parquet en.

parricide ['pærɪsaɪd] *s. i.* **1** parricidio. ● *s. c.* **2** parricida.

parrot ['pærət] *s. c.* **1** ZOOL. loro, papagayo, cotorra. **2** (fig. y desp.) loro, papagayo. ● *v. t.* **3** (desp.) repetir como un papagayo o como un loro. ◆ **4** ~ **fashion,** (desp.) mecánicamente, como un loro.

parry ['pærɪ] *v. t.* **1** esquivar, parar (un golpe, un ataque). **2** (fig.) rehuir, eludir, soslayar (una respuesta). ● *s. c.* **3** quite, parada. **4** evasiva.

parse [pɑːz] *v. t.* GRAM. analizar (oraciones).

parsimonious [ˌpɑːsɪ'məunjəs] *adj.* (form. y desp.) tacaño, cicatero.

parsimony ['pɑːsɪmənɪ] *s. i.* (form. y desp.) tacañería, cicatería.

parsley ['pɑːslɪ] *s. i.* BOT. perejil.

parsnip ['pɑːsnɪp] *s. c.* e *i.* chirivía.

parson ['pɑːsn] *s. c.* **1** pastor (de la iglesia protestante). **2** (fam.) sacerdote. ◆ **3 parson's nose,** (EE UU **pope's nose**) mitra, rabadilla, obispillo (de las aves).

parsonage ['pɑːsnɪdʒ] *s. c.* casa parroquial, casa del cura.

part [pɑːt] *s. c.* e *i.* **1** (~ {**of**}) parte, trozo: *the last part of the book = la última parte del libro.* ● *s. c.* **2** entrega, episodio, parte, capítulo: *a serial in three parts = un serial en tres capítulos.* **3** fascículo, número. **4** MEC. pieza, elemento. **5** parte, porción, medida (en recetas). **6** papel: *he played the part of an old lady = hacía el papel de una vieja dama.* **7** (EE UU) raya (del pelo). ● *s. i.* **8** (~ {**in**}) parte, participación: *he had no part in it =no tomó parte* o *no participó en ello.* **9** lado, parte, partido (en una discusión). **10** DER. parte, parte litigante. **11** MÚS. parte: *the mezzosoprano part = la parte de la mezzosoprano.* ● *v. t.* **12** separar (amigos). **13** (**to** ~ + *o* + **from**) separar de. **14** abrir (cortinas). **15** hacerse la raya en (el pelo). ● *v. i.* **16** separarse, despedirse (personas). **17** abrirse (cortinas). ● *adv.* **18** parcialmente, en parte. ● *adj.* **19** parcial. ● *prefijo.* **20** (~ *adj./s./v.*) co: *part-owner = copropietario.* ◆ **21 a good /large** ~ **of,** una gran parte de, una buena parte de. **22 to do one's** ~, cumplir con sus obligaciones, hacer lo que le toca a uno. **23 for one's** ~, en lo que a uno respecta, por lo que a uno concierne. **24 for the most** ~, por lo general, en su mayor parte; en la mayoría de los sitios. **25 in large** ~, principalmente, mayormente. **26 in** ~, parcialmente, hasta cierto punto, en parte. **27 in/round these parts,** (fam.) por estos pagos, por estas tierras. **28 more/greater than the sum of its parts,** mayor que la suma de sus partes. **29 on the** ~ **of,** (form.) de parte de, por parte de. **30** ~ **and parcel,** parte esencial, elemento básico, parte integral. **31 to** ~ **company,** separarse, distanciarse; estar en desacuerdo, romper relaciones. **32** ~ **of it is...,** en parte es..., parte de ello es... **33** ~ **of speech,** GRAM. categoría gramatical, parte de la oración. **34 parts,** (euf.) partes, genitales (externos). **35 to** ~ **with,** desprenderse de, deshacerse de, renunciar a. **36 to play a** ~, **a)** tomar parte, participar, contribuir; **b)** fingir. **37 to play/act the** ~ **of,** (fig.) hacer el papel de. **38 to take** ~ **in,** participar en, tomar parte en. **39 to take somebody's** ~, ponerse del lado de alguien, tomar partido por alguien, apoyar a alguien. **40 to take something in good** ~, no ofenderse por algo, tomarse algo bien: *he took the criticism in good part = no se ofendió por la crítica.* **41 the best** ~ **of/the better** ~ **of/the greater** ~ **of,** la mayor parte de, casi todo: *for the best part of this year = casi todo este año.* **42 to want no** ~ **in,** no querer tener nada que ver en.

partake [pɑː'teɪk] (*pret.* **partook,** *p. p.* **partaken**) *v. i.* **1** (**to** ~ {**in**}) (arc.) participar, tomar parte en (en una actividad). **2** (**to** ~ {**of**}) (hum.) beber, comer, tomar, consumir. **3** (**to** ~ **of**) tener algo de, tener rasgos de (una cualidad).

partaken [pɑː'teɪkn] *p. p.* de **partook.**

partial ['pɑːʃl] *adj.* **1** parcial, incompleto. **2** (desp.) parcial, sesgado, poco objetivo. **3** (~ **to**) (fam.) aficionado a, con gusto por, con predilección por: *she is very partial to ice-cream = es muy aficionada a los helados.* ● *s. i.* **4** MÚS. tono parcial. **5** MAT. diferencial parcial.

partiality [ˌpɑːʃɪ'ælɪtɪ] *s. i.* **1** (desp.) parcialidad, falta de objetividad. **2** (~

for) predilección por, inclinación hacia, afición a, gusto por: *her partiality for antiques = su afición a las antigüedades.*

partially ['pɑːʃəlɪ] *adv.* **1** parcialmente, en parte. **2** con parcialidad, de forma poco objetiva.

participant [pɑː'tɪsɪpənt] *s. c.* **1** participante, concursante. • *adj.* **2** participante, partícipe.

participate [pɑː'tɪsɪpeɪt] *v. i.* (**to** ~ {**in**}) participar, tomar parte, intervenir (en).

participation [pɑːˌtɪsɪ'peɪʃn] *s. i.* (~ {**in**}) participación, intervención.

participatory [pɑːˌtɪsɪ'peɪtərɪ] *adj.* participativo.

participial [ˌpɑːtɪ'sɪpɪəl] *adj.* GRAM. participial.

participle ['pɑːtɪsɪpl] *s. c.* GRAM. participio.

particle ['pɑːtɪkl] *s. c.* **1** partícula. **2** (fig.) pizca, ápice: *not a particle of doubt = ni un ápice de duda.* **3** GRAM. partícula. **4** REL. partícula (consagrada). **5** (arc.) cláusula, artículo (de un documento).

particular [pə'tɪkjulər] *adj.* **1** particular, especial, singular, peculiar, raro, excepcional. **2** particular, individual, determinado, específico, concreto. **3** (~ {**about/ over**}) exigente, quisquilloso, delicado. **4** minucioso, cuidadoso, escrupuloso. **5** FIL. particular, privativo. • *s. c.* **6** (generalmente *pl.*) detalle, pormenor. **7** FIL. proposición particular. ♦ **8 in** ~, en particular, particularmente, especialmente. **9 nothing/nobody in** ~, nada o nadie en particular.

particularize [pə'tɪkjuləraɪz] (brit. **particularise**) *v. t.* e *i.* (form.) particularizar, pormenorizar, detallar, especificar, concretar.

particularly [pə'tɪkjuləlɪ] *adv.* en particular, particularmente, especialmente.

parting ['pɑːtɪŋ] *s. c.* e *i.* **1** división, separación, distribución, segmentación, repartición. **2** despedida, partida. • *s. c.* **3** (brit.) raya (del pelo). • *adj.* **4** de despedida: *a parting present = un regalo de despedida.* ♦ **5 a** ~ **of the ways,** el momento de la separación, el momento de las despedidas. **6** ~ **shot,** corte, punto y final (en una discusión, una conversación).

partisan [ˌpɑːtɪ'zæn ‖ 'pɑːrtəzən ‖ 'pɑːrtɪzn] *adj.* **1** (desp.) partidista, parcial (una opinión, una actitud). **2** de partisanos, de guerrilleros. • *s. c.* **3** MIL. partisano, guerrillero. **4** militante, partidario, afecto.

partition [pɑː'tɪʃn] *s. c.* **1** tabique; mampara. **2** parte, sección, compartimento. • *s. i.* **3** partición, división. • *v. t.* **4** (**to** ~ {**into**}) dividir, fragmentar, seccionar. **5** (**to** ~ **off**) dividir, separar, poner tabiques.

partitive ['pɑːtɪtɪv] *s. c.* **1** GRAM. partitivo. • *adj.* **2** partitivo.

partly ['pɑːtlɪ] *adv.* parcialmente, en parte, en cierto modo, hasta cierto punto.

partner ['pɑːtnər] *s. c.* **1** compañero, pareja (de juegos, de baile). **2** COM. socio; accionista. **3** compañero, cónyuge. **4** cómplice, compinche. **5** (EE UU) (fam.) amigo, camarada (para dirigirse amistosamente a alguien). • *v. t.* **6** acompañar. **7** emparejar. • *v. i.* **8** (**to** ~ {**up/with**}) formar pareja, emparejarse.

partnership ['pɑːtnəʃɪp] *s. i.* **1** asociación. • *s. c.* **2** COM. sociedad.

partook [pɑː'tuk] *pret.* de **partake.**

partridge ['pɑːtrɪdʒ] (*pl.* **partridges** o **partridge**) *s. c.* ZOOL. perdiz.

part-singing ['pɑːtˌsɪŋɪŋ] *s. i.* MÚS. canto a varias voces, canto coral.

part-time ['pɑːtˌtaɪm] *adj.* **1** a tiempo parcial, por horas, de media jornada (una actividad). • *adv.* **2** a tiempo parcial, por horas, de media jornada: *I work part-time = trabajo por horas.*

part-timer ['pɑːtˌtaɪmər] *s. c.* trabajador a tiempo parcial, trabajador por horas.

partway ['pɑːtˌweɪ] *adv.* (fam.) parcialmente, hasta un punto, a medias.

party ['pɑːtɪ] *s. c.* **1** fiesta. **2** (~ *v.sing./pl.*) grupo, partida, cuadrilla: *a rescue party = un grupo de rescate.* **3** MIL. pelotón, destacamento. **4** (~ *v.sing./pl.*) POL. partido. **5** DER. parte, interesado. **6** (fam.) persona, individuo, sujeto, tipo. **7** (argot) coito, cópula. **8** (argot) orgía, desenfreno. • *v. i.* **9** (EE UU) (fam.) hacer una fiesta, celebrar una fiesta; divertirse en una fiesta. • *adj.* **10** de fiesta, de gala. **11** POL. de partido. ♦ **12 to be a** ~ **to/to be** ~ **to,** tomar parte en; DER. ser cómplice de; firmar (un acuerdo). **13** ~ **line,** línea oficial del partido, línea ideológica; línea telefónica colectiva (para varios abonados). **14** ~ **piece,** (fam. y hum.) gracia, representación de costumbre (chiste, poema, canción que alguien siempre hace en una fiesta). **15** ~ **political broadcast,** TV. espacio de propaganda electoral. **16** ~ **politics,** (desp.) actividades electoralistas de partido, politiqueo, partidismo (para conseguir más votos). **17** ~ **wall,** pared medianera (entre dos viviendas).

parvenu ['pɑːvənjuː] *s. c.* (gen. desp.) nuevo rico, arribista, advenedizo.

pas de deux [ˌpɑːdə'dəː] *s. c.* paso de dos, variación (en ballet).

pasha ['pæʃə] *s. c.* pachá.

pass [pɑːs ‖ pæs] *v. t.* e *i.* **1** (**to** ~ {**by**}) pasar (por). • *v. t.* **2** pasar, cruzar, atravesar, traspasar (fronteras, límites). **3** DEP. pasar. **4** aprobar (una ley, un examen). **5** pasar, gastar (el tiempo). **6** DER. pronunciar dictar (sentencia). **7** (**to** ~ + *o.* {**to**}) pasar, dar, entregar. **8** poner en circulación, pasar (dinero generalmente falso). **9** (**to** ~ {**on/upon**}) expresar, exponer, dar (una opinión). **10** (form.) evacuar, segregar (del cuerpo). **11** exceder, ir más allá de, sobrepasar. • *v. i.* **12** pasar, moverse (persona, coche). **13** pasar, ocurrir (hechos). **14** pasar, transcurrir (tiempo); discurrir, pasar (río). **15** intercambiarse, cruzarse (palabras). **16** aprobar (examen). **17** DEP. hacer un pase. **18** (**to** ~ + {**from/to/to**}) pasar a ser, convertirse en, cambiar a. **19** (**to** ~ + {**to/into**}) pasar, ir a parar, ser transferido: *the property passed to his daughter = la propiedad pasó a su hija.* **20** pasar (en juegos de cartas). **21** morir, fallecer, expirar. • *s. c.* **22** pase; pasada; MIL. vuelo rasante (sobre un objetivo). **23** certificado, papeleta (de notas). **24** aprobado (en examen). **25** DEP. pase (de pelota); finta (en boxeo, esgrima). **26** desfiladero, paso de montaña. **27** (fam.) situación crítica, trance. **28** paso, fase: *the first pass was easy = el primer paso fue fácil.* **29** salvoconducto, pase; MIL. permiso, autorización; entrada de favor; carnet de admisión. **30** pase (en juegos de cartas). ♦ **31 to come to** ~, (arc.) suceder, ocurrir, acontecer. **32 to let something** ~, dejar pasar algo, no hacer caso de algo, pasar algo por alto. **33 to make a** ~, intentar ligar, tirar los tejos, hacer proposiciones amorosas. **34** ~ **/I** ~, paso (en juegos de cartas). **35 to** ~ **as/for,** pasar por, ser considerado como, ser aceptado como. **36 to** ~ **away,** (euf.) morir, fallecer, expirar. **37 to** ~ **the buck,** ⇒ **buck. 38 to** ~ **by,** dejar de lado, olvidarse de, no hacer caso de; pasar de largo. **39 to** ~ **down,** pasar, transmitir (de uno a otro). **40 to** ~ **judgement,** ⇒ **judgement. 41 to** ~ **muster,** ⇒ **muster. 42 to** ~ **off, a)** transcurrir (un acto); **b)** (**to** ~ + *o.* + **off** {**as**}) hacer pasar por. **43 to** ~ **on, a)** (euf.) morir, expirar, fallecer; **b)** transmitir, pasar (de uno a otro); **c)** cambiar, pasar (a otro tema). **44 to** ~ **out, a)** (fam.) desmayarse, perder el conocimiento; **b)** (brit.) graduarse (en una escuela militar); **c)** distribuir, repartir, pasar. **45 to** ~ **over,** dejar de lado, olvidarse de, postergar. **46 to** ~ **up,** perder, dejar pasar (una oportunidad). **47 to** ~ **water,** (form.) orinar, evacuar. **48 to** ~ **the word,** ⇒ **word.**

passable ['pɑːsəbl] *adj.* **1** pasable, aceptable, tolerable, adecuado. **2** transitable; vadeable.

passably ['pɑːsəblɪ] *adv.* adecuadamente, medianamente.

passage ['pæsɪdʒ] *s. c.* **1** pasillo, corredor; pasaje, pasadizo; callejón. **2** MED. conducto, tubo, canal: *nasal passage = tubo nasal.* **3** (~ {**through**}) paso, camino (entre la gente). **4** (~ {**from/ to**}) pasaje (precio de viaje); travesía, viaje, trayecto (en avión, en barco). **5** LIT. pasaje, episodio, parte. • *s. i.* **6** (~ {**of**}) (form.) tránsito, circulación, tráfico, cruce, paso; acceso, permiso de paso. **7** promulgación, aprobación (de una ley). **8** paso, transcurso (del tiempo). **9** (arc.) muerte, fallecimiento. ♦ **10 to work one's** ~, conseguir pasaje a cambio de trabajo en el barco.

passageway ['pæsɪdʒˌweɪ] *s. c.* pasillo, corredor, pasaje; pasadizo; callejón.

passé ['pæseɪ || pæ'seɪ] *adj.* **1** (desp.) pasado de moda, anticuado. **2** en decadencia, marchito (una persona).

passenger ['pæsɪndʒər] *s. c.* **1** pasajero, viajero. **2** (brit.) (desp.) parásito, aprovechado, caradura: *we don't want any passengers in the team* = *no queremos caraduras en el equipo.*

passerby [,pɑːsə'baɪ] (*pl.* **passersby**) *s. c.* peatón, viandante, transeúnte.

passim ['pæsɪm] *adv.* frecuentemente, en varios lugares (en índices de libros).

passing ['pɑːsɪŋ || 'pæsɪŋ] *s. i.* **1** paso, transcurso: *the passing of the time* = *el paso del tiempo.* **2** desaparición, supresión. **3** (euf.) muerte, desaparición, fallecimiento. ● *adj.* **4** que pasa, que circula. **5** efímero, fugaz, pasajero. ◆ **6 in** ~**,** de pasada, de paso. **7 with each** ~ **day/with every** ~ **week,** conforme pasan los días/las semanas, a cada día/semana que pasa, a medida que los días/las semanas. ● *adv.* **8** (arc.) muy, sobremanera, sumamente.

passion ['pæʃn] *s. c.* e *i.* **1** pasión, ardor, fervor. **2** pasión, deseo. **3** ira, furia. ● *s. sing.* **4** ataque de ira, arranque de furia. **5** (~ **for**) (fam.) pasión por, amor por, entusiasmo por (algo): *his passion for music* = *su pasión* o *amor por la música.* ◆ **6** (**the**) **Passion,** REL. (la) Pasión. **7** ~ **fruit,** granadilla. **8** ~ **play,** REL. auto de la Pasión de Cristo.

passionate ['pæʃənət] *adj.* **1** apasionado, ferviente, ardiente. **2** vehemente, entusiasta, enardecido: *passionate words* = *palabras entusiastas.* **3** intenso, grande, profundo. **4** colérico, airado.

passionately ['pæʃənətlɪ] *adv.* **1** apasionadamente, ardientemente. **2** apasionadamente, vehementemente.

passive ['pæsɪv] *adj.* **1** (generalmente desp.) pasivo, resignado. **2** pasivo, inactivo. **3** pasiva (resistencia). **4** GRAM. pasivo. **5** COM. pasivo. ● *s. i.* **6** (**the** ~) GRAM. la voz pasiva, la pasiva.

passively ['pæsɪvlɪ] *adv.* pasivamente, resignadamente.

passiveness ['pæsɪvnɪs] *s. i.* ⇒ **passivity.**

passivity [pæ'sɪvɪtɪ] *s. i.* (generalmente desp.) pasividad, inactividad.

passivize ['pæsɪvaɪz] (también **passivise**) *v. t.* GRAM. convertir en voz pasiva, pasar a pasiva.

Passover ['pɑːs,əuvər] *s. i.* REL. Pascua judía.

passport ['pɑːspɔːt || 'pæspɔːt] *s. c.* **1** pasaporte. **2** (~ {**to**}) (fig.) pasaporte, catapulta: *beauty as a passport to fame* = *la belleza como pasaporte a la fama.*

password ['pɑːswɜːd || 'pæswɜːrd] *s. c.* **1** MIL. santo y seña, contraseña. **2** INF. contraseña, clave, código de entrada.

past [pɑːst || pæst] *adj.* **1** pasado, anterior; último: *in the past four months* = *en los últimos cuatro meses.* **2** terminado, finalizado, concluido: *our problems were now past* = *nuestros problemas habían terminado.* **3** anterior, previo: *his past wife* = *su anterior esposa.* **4** GRAM. pasado, pretérito. ● *prep.* **5** más allá de, pasado: *past the bank* = *más allá del banco.* **6** más de: *she's past 45* = *tiene más de 45 años.* **7** y (con las horas): *a quarter past seven* = *las siete y cuarto.* **8** más allá de: *past my understanding* = *incomprensible.* ● *s. c.* **9** ({**the**} ~) (el) pasado: *in the past* = *en el pasado, antiguamente.* **10** ({**the**} ~) GRAM. (el) pasado, (el) pretérito. **11** (arc. y desp.) pasado, antecedentes, historia: *he had a strange past* = *tenía un extraño pasado.* ● *adv.* **12** más allá; por delante; de un lado a otro: *she walked past without looking at us* = *pasó por delante sin siquiera mirarnos.* ◆ **13 to be** ~ **it,** (fam.) no estar ya para esos trotes, no valer ya para nada. **14 not to put it** ~ **someone,** creer a alguien muy capaz de eso, no poner la mano en el fuego por alguien. **15** ~ **master,** experto, gran conocedor, maestro. **16** ~ **participle,** GRAM. participio pasado. **17** ~ **perfect,** GRAM. pretérito pluscuamperfecto. **18** ~ **tense,** GRAM. tiempo pasado.

pasta ['pæstə || 'pɑːstə] *s. i.* pasta (macarrones, tallarines).

paste [peɪst] *s. c.* e *i.* **1** pasta, masa. **2** engrudo, goma. **3** paté, crema, puré: *salmon paste* = *paté de salmón.* **4** vidrio para fabricar bisutería. **5** (argot) puñetazo; bofetada. ● *v. t.* **6** pegar; engomar; encolar. **7** (argot) abofetear; pegar un puñetazo; pegar un guantazo.

pastel ['pæstel || pæ'stel] *s. c.* e *i.* **1** pastel. ● *s. c.* **2** pintura al pastel; dibujo al pastel. **3** color pastel. ● *adj.* **4** al pastel. **5** de color pastel.

pasteurization [,pɑːstʃəraɪ'zeɪʃn || ,pæstʃərɪ'zeɪʃn] *s. i.* pasteurización.

pasteurize ['pɑːstʃəraɪz || 'pæstʃəraɪz] (también **pasteurise**) *v. t.* pasteurizar.

pasteurized ['pɑːstʃəraɪzd || 'pæstʃəraɪzd] *adj.* pasteurizado.

pastiche [pæ'stiːʃ] *s. c.* e *i.* MÚS. pastiche; imitación, parodia, remedo.

pastille ['pæstɪl] *s. c.* pastilla, tableta (generalmente medicinal).

pastime ['pɑːstaɪm || 'pæstaɪm] *s. c.* pasatiempo, afición.

pasting ['peɪstɪŋ] *s. sing.* (fam.) **1** rapapolvo, repaso: *they gave him quite a pasting* = *le echaron un buen rapapolvo.* **2** DEP. paliza, zurra.

pastor ['pɑːstər || 'pæstə] *s. c.* **1** REL. pastor protestante. **2** (p.u.) pastor, ovejero, zagal.

pastoral ['pɑːstərəl || 'pæs-tərəl] *adj.* **1** REL. pastoral, sacerdotal. **2** (lit.) pastoril, bucólico. **3** de pasto, con pasto (una tierra). **4** campestre, rústico, rural. ● *s. c.* **5** ~ **letter,** carta pastoral, pastoral.

pastrami [pæ'strɑːmɪ] *s. i.* (EE UU) pastrami, buey ahumado y muy sazonado (plato judío-rumano).

pastry ['peɪstrɪ] *s. i.* **1** pasta, masa. ● *s. c.* **2** pasta; pastel.

pasture ['pɑːstʃər || 'pæstʃər] *s. c.* e *i.* **1** pasto, hierba, forraje; prado, dehesa, pastizal. ● *v. t.* **2** apacentar, pastorear, llevar a pacer, llevar a pastar. ● *v. i.* **3** (**to** ~ {**on**}) pastar, pacer. ◆ **4 to put out to** ~**,** llevar a pacer, llevar al prado; (fig .) jubilar a alguien. **5 greener/lusher pastures,** nuevas experiencias, nuevos horizontes, aires más frescos.

pastureland ['pɑːstʃəlænd || 'pæstʃərlænd] *s. i.* pastizal, prado, dehesa.

pasty ['pæstɪ] *s. c.* **1** empanadilla. ● ['peɪstɪ] *adj.* **2** pálido, paliducho (la cara).

pat [pæt] *s. c.* **1** golpecito, palmadita, palmada. **2** (generalmente *sing.*) ruido de palmadas, ruido de pasos. **3** bola, nuez, pedacito, trocito (de mantequilla). ● *v. t.* **4** dar una palmadita; golpear ligeramente; acariciar. **5** aplastar con golpecitos, moldear con la palma: *she patted the pastry* = *moldeó la masa con la palma de la mano.* ● *adv.* **6** (generalmente desp.) sin vacilación, rotundamente; con prontitud, al instante. ● *adj.* **7** (generalmente desp.) rápido; rotundo. ◆ **8 a** ~ **on the back,** (fam.) una palmadita en la espalda, una felicitación, un elogio. **9 to have/know something off** ~**,** saberse algo al dedillo, saberse algo de memoria. **10 to** ~ **somebody on the back,** (fam.) elogiar a alguien, felicitar a alguien, alabar a alguien.

patch ['pætʃ] *s. c.* **1** mancha, lunar; trozo, parte. **2** parche; remiendo. **3** parcela (de terreno). **4** parche de ojo. **5** (brit.) (fam.) zona, distrito, área, territorio (policial). **6** fragmento, pasaje, trozo. ● *v. t.* **7** parchear, remendar. ◆ **8 a bad/sticky** ~**,** (brit.) un mal momento, una mala racha. **9 in patches,** por partes, a trozos. **10 not to be a** ~ **on,** no estar a la altura de, no poderse comparar con. **11 to** ~ **together,** recomponer, formar. **12 to** ~ **up,** hacer las paces; poner un parche, remendar; componer, arreglar; (fig.) MED. curar.

patchwork ['pætʃwɜːk] *s. c.* e *i.* **1** labor hecha a base de retazos de distintos colores. **2** (fig.) mezcolanza, batiburrillo, combinación.

patchy ['pætʃɪ] *adj.* **1** desigual, irregular, a trozos. **2** (generalmente desp.) incompleto, defectuoso, insuficiente.

pate [peɪt] *s. i.* (arc. y fam.) **1** coronilla. **2** cerebro, mollera, sesera.

pâté ['pæteɪ || pɑː'teɪ] *s. i.* paté.

patella [pə'telə] *s. c.* ANAT. rótula.

paten ['pætən] *s. c.* patena.

patent ['peɪtənt || 'pætənt || 'pætnt] *adj.* **1** (form.) patente, obvio, evidente, manifiesto. **2** COM. patentado, de patente; de patentes: *patent law* = *ley de patentes.* **3** (fam.) ingenioso, hábil, genial. ● *s. c.* **4** COM. patente. **5** título de propiedad (de una tierra). ● *v. t.* **6** patentar. ◆ **7** ~ **medicine,** específico, medicamento específico; elixir, curatodo, medicina de curanderos.

patented ['peɪtəntɪd] *adj.* patentado, registrado.
patentee [,peɪtən'tɪ] *s. c.* poseedor de una patente.
patently ['peɪtəntlɪ] *adv.* patentemente, claramente, manifiestamente, obviamente.
paterfamilias [,peɪtəfə'mɪlɪæs || ,pætəfə'mɪlɪæs] *s. c.* (form.) paterfamilias, patriarca.
paternal [pə'tɜːnl] *adj.* paternal, paterno.
paternalism [pə'tɜːnəlɪzəm] *s. i.* paternalismo.
paternalist [pə'tɜːnəlɪst] *s. c.* **1** paternalista. ● *adj.* **2** paternalista.
paternalistic [pə'tɜːnəlɪstɪk] *adj.* paternalista.
paternally [pə'tɜːnəlɪ] *adv.* paternalmente.
paternity [pə'tɜːnɪtɪ] *s. i.* DER. **1** paternidad: *paternity test = prueba de paternidad.* **2** (form.) paternidad, condición paterna. **3** (fig.) autoría, paternidad (de una obra). ◆ **4** ~ **leave,** baja por paternidad. **5** ~ **suit,** DER. pleito de paternidad.
paternoster [,pætə'nɒstər] *s. c.* **1** REL. padrenuestro, paternóster. **2** undécima cuenta del rosario. **3** jaculatoria, ruego; hechizo, conjuro. **4** ascensor, elevador, montacargas (de varios compartimentos que suben y bajan lentamente).
path [pɑːθ || pæθ] *s. c.* **1** camino, sendero, senda, vereda. **2** (fig.) camino, trayectoria, senda, vía: *the path of success = el camino del éxito.* **3** (~ {**of**}) curso, trayectoria, ruta (de un proyectil, de un huracán). ◆ **4 to cross someone's** ~**/one's paths cross,** tropezar con alguien, cruzarse los caminos.
pathetic [pə'θetɪk] *adj.* **1** patético, conmovedor, lastimoso. **2** (desp.) inútil (una persona); penoso, deplorable (una cosa): *a pathetic excuse = una pobre excusa.*
pathetically [pə'θetɪkəlɪ] *adv.* patéticamente, lastimosamente, de forma conmovedora.
pathfinder ['pɑːθ,faɪndər] *s. c.* **1** explorador, guía. **2** descubridor, inventor.
pathological [,pæθə'lɒdʒɪkl] *adj.* **1** MED. patológico; patógeno. **2** (fam.) patológico, compulsivo, irracional.
pathologist [pə'θɒlədʒɪst] *s. c.* MED. patólogo.
pathology [pə'θɒlədʒɪ] *s. i.* MED. patología.
pathos ['peɪθɒs] *s. i.* LIT. patetismo, lo patético.
pathway ['pɑːθweɪ] *s. c.* sendero, camino, vereda, senda.
patience ['peɪʃns] *s. i.* **1** paciencia. **2** solitario (juego de cartas). ◆ **3 to try someone's** ~, acabar con la paciencia de alguien, impacientar a alguien.
patient ['peɪʃnt] *adj.* **1** paciente. ● *s. c.* **2** MED. paciente, enfermo.
patiently ['peɪʃntlɪ] *adv.* pacientemente, tranquilamente, con calma.
patina ['pætɪnə] *s. i.* **1** pátina, brillo, lustre. **2** (fig.) pátina, capa, lustre.
patio ['pætɪəʊ] (*pl.* **patios**) *s. c.* **1** patio (zona no verde, sino enlosada, de un jardín). ◆ **2** ~ **doors,** puertas acristaladas.
patisserie [pə'tiːsərɪ] *s. c.* e *i.* pastelería de estilo francés.
patois ['pætwɑː || 'pætwɑːz] (*pl.* **patois**) *s. c.* e *i.* dialecto.
patriarch ['peɪtrɪɑːk] *s. c.* **1** patriarca, anciano venerable. **2** REL. (arc.) obispo; patriarca.
patriarchal [,peɪtrɪ'ɑːkl] *adj.* **1** patriarcal, gobernado por hombres: *a patriarchal society = una sociedad patriarcal.* **2** patriarcal, venerable.
patriarchy ['peɪtrɪɑːkɪ] *s. c.* e *i.* patriarcado.
patrician [pə'trɪʃn] *s. c.* **1** HIST. patricio. **2** aristócrata, noble. ● *adj.* **3** HIST. patricio. **4** aristocrático, noble.
patricide ['pætrɪsaɪd] *s. i.* **1** DER. parricidio. ● *s. c.* **2** parricida.
patrimony ['pætrɪmənɪ || 'pætrɪməunɪ] *s. i.* (form.) patrimonio, herencia, posesiones.
patriot ['pætrɪət || 'peɪtrɪət] *s. c.* patriota.
patriotic [,pætrɪ'ɒtɪk || ,peɪtrɪ'ɒtɪk] *adj.* patriótico.
patriotically [,pætrɪ'ɒtɪklɪ] *adv.* patrióticamente.
patriotism ['pætrɪətɪzəm] *s. i.* patriotismo, lealtad a la patria.
patrol [pə'trəʊl] *s. i.* **1** patrulla, ronda. ● *s. c.* **2** (~ *v.sing./pl.*) patrulla de vigilancia. **3** (~ *v.sing./pl.*) grupo de exploradores, grupo de guías. ● *v. t.* e *i.* **4** patrullar. ◆ **5** ~ **car,** coche patrulla (de policía).
patrolman [pə'trəʊlmæn] (*pl.* **patrolmen**) *s. c.* **1** (EE UU) agente de policía. **2** (brit.) empleado de una asociación de ayuda en carretera.
patron ['peɪtrən] (*f.* **patroness**) *s. c.* **1** (~ {**of**}) benefactor; patrocinador: *a patron of the arts = un protector del arte.* **2** mecenas. **3** (form.) cliente. ◆ **4** ~ **saint,** patrono, santo patrón.
patronage ['pætrənɪdʒ] *s. i.* **1** patrocinio, mecenazgo. **2** defensa, apoyo, protección. **3** influencia política, enchufe, prebendas. **4** clientela.
patroness ['peɪtrənɪs] *s. c.* ⇒ **patron.**
patronize ['pætrənaɪz || 'peɪtrənaɪz] (brit. **patronise**) *v. t.* **1** (desp.) tratar con aire paternalista, tratar condescendientemente, tratar como a un inferior. **2** (form.) frecuentar, ser cliente de. **3** patrocinar.
patronizing ['pætrənaɪzɪŋ] (también **patronising**) *adj.* (desp.) condescendiente, paternalista.
patronizingly ['pætrənaɪzɪŋlɪ] (también **patronisingly**) *adv.* (desp.) condescendientemente, con aire paternalista.
patsy ['pætsɪ] *s. c.* (argot) simplón, panoli.
patter ['pætər] *v. i.* **1** golpear, golpetear, repiquetear, tamborilear: *the rain pattered on the roof = la lluvia golpeteaba sobre el tejado.* **2** corretear, dar pasitos: *the dog pattered into the kitchen = el perro entró correteando en la cocina.* ● *s. sing.* **3** tamborileo, repiqueteo, golpeteo. ● *s. i.* **4** charlatanería (de vendedor). ◆ **5 the** ~ **of tiny feet,** (hum.) sonidos infantiles, pasitos infantiles.
pattern ['pætən] *s. c.* e *i.* **1** dibujo, estampado, motivo. **2** diseño, configuración, esquema. ● *s. c.* **3** pauta, regla, línea, norma: *patterns of behaviour = pautas de comportamiento.* **4** modelo, muestra; molde; diagrama, plano. **5** patrón (de costura). **6** (EE UU) corte de tela. ● *v. t.* **7** (**to** ~ {**with**}) estampar, dibujar, decorar, adornar. **8** (**to** ~ + *o* + **after/on/upon**) (form.) hacer a imagen y semejanza de, basar en.
patterned ['pætənd] *adj.* estampado, con dibujos.
patterning ['pætənɪŋ] *s. i.* **1** (form.) formación de pautas de comportamiento, adiestramiento, habituación. **2** marcas, manchas (en la piel de un animal).
patty ['pætɪ] *s. c.* **1** (EE UU) empanadilla, pastelito de carne. **2** hamburguesa, filete ruso. **3** pastilla, caramelo.
paucity ['pɔːsətɪ] *s. sing.* (form.) escasez, falta, carencia.
paunch [pɔːntʃ] *s. c.* panza, barriga, tripa.
paunchy ['pɔːntʃɪ] *adj.* panzudo, barrigudo, tripudo.
pauper ['pɔːpər] *s. c.* pobre, mendigo, indigente.
pauperism ['pɔːpərɪzəm] *s. i.* pobreza, indigencia, mendicidad.
pauperize ['pɔːpəraɪz] *v. t.* depauperar, empobrecer, arruinar, reducir a la miseria.
pause [pɔːz] *s. c.* **1** pausa, alto, parada (en el trabajo). **2** pausa, silencio. **3** MÚS. pausa. **4** LIT. pausa, cesura. ● *v. i.* **5** hacer una pausa, callar, parar. **6** pararse, detenerse (una actividad). ◆ **7 to give one** ~, (form.) dar que pensar a uno, hacer dudar a uno, hacer vacilar a uno.
pave [peɪv] *v. t.* **1** (**to** ~ {**with**}) pavimentar. ◆ **2 to** ~ **the way,** (fig.) preparar el terreno, allanar el camino. **3 paved with gold,** (un camino) empedrado de oro (facilidad para enriquecerse).
paved [peɪvd] *adj.* pavimentado.
pavement ['peɪvmənt] *s. c.* **1** (brit.) acera. ● *s. c.* e *i.* **2** (EE UU) calzada. **3** pavimento, pavimentación. ◆ **4** ~ **artist,** pintor de aceras, artista callejero.
pavilion [pə'vɪlɪən] *s. c.* **1** DEP. caseta, vestuario. **2** pabellón, tienda de campaña, dosel (en fiestas y ferias, como protección o para exhibición). **3** pabellón, anexo, ala (de un edificio). **4** quiosco, cenador (en un parque, en una casa de campo).
paving ['peɪvɪŋ] *s. i.* **1** pavimentación, pavimento. ◆ **2** ~ **stone,** losa, baldosa.
paw [pɔː] *s. c.* **1** garra, zarpa; pata. **2** (fam. y hum.) mano, manaza: *his big*

paw = su manaza. • *v. t.* **3** escarbar, arañar, dar zarpazos (con las patas). **4** (fam.) meter mano, manosear, toquetear (a una persona).

pawn [pɔːn] *v. t.* **1** empeñar, dejar en prenda, pignorar. **2** arriesgar, exponer, comprometer. • *s. i.* **3** depósito, prenda, garantía. • *s. c.* **4** peón (de ajedrez). **5** (fig.) peón, títere, instrumento. ◆ **6** ~ **shop,** casa de empeños, monte de piedad.

pawnbroker ['pɔːnˌbrəʊkər] *s. c.* prestamista, dueño de una casa de empeños.

pawpaw ['pɔːpɔː] *s. c.* (brit.) BOT. papaya.

pax [pæks] *s.* **1** REL. paz. **2** ¡me rindo! (convencionalismo que utilizan los niños para finalizar una pelea).

pay [peɪ] (*pret.* y *p. p.* **paid**) *v. t.* **1** pagar, abonar. **2** pagar, saldar, liquidar, satisfacer (una deuda). **3** (**to** ~ + *o.* + **in/into**) ingresar en, depositar en (un cheque). **4** ofrecer, presentar: *to pay one's respects = presentar sus respetos.* **5** prestar, poner: *to pay attention = prestar atención.* **6** hacer: *to pay a visit = hacer una visita.* **7** rendir (homenaje). • *v. i.* **8** (**to** ~ {**for**}) pagar. **9** ser rentable: *the job pays well = el trabajo es baastante rentable.* **10** compensar, tener cuenta, traer cuenta: *it pays to be careful = trae cuenta andarse con cuidado.* • *s. i.* **11** sueldo, salario, honorarios, remuneración, retribución, paga, jornal. ◆ **12 to be in the** ~ **of,** estar a sueldo de, estar al servicio de, estar pagado por. **13 to** ~ **back,** devolver, retornar, reembolsar, restituir. **14 to** ~ **for,** (fig.) pagar por, recibir su merecido por (algo mal hecho). **15 to** ~ **off, a)** terminar de pagar, saldar, redimir, amortizar (una deuda, un crédito); **b)** pagar y despedir (a un trabajador); **c)** tapar la boca con dinero, pagar por mantener la boca cerrada; **d)** tener éxito, dar resultado. **16 to** ~ **one's way,** costearse uno sus propios gastos. **17 to** ~ **out, a)** pagar, desembolsar (una gran cantidad); **b)** MAR. arriar. • *s. i.* **18** ~ **television,** televisión de pago. **19 to** ~ **up,** devolver, restituir, cancelar (una deuda de mal grado).

payable ['peɪəbl] *adj.* **1** COM. pagadero. **2** (~ **to**) a favor de.

pay-bed ['peɪbed] *s. c.* (brit.) cama de pago (en hospitales públicos).

payday ['peɪdeɪ] *s. i.* día de paga, día de cobro.

paydesk ['peɪdesk] *s. c.* (mostrador de) caja.

payee [peɪ'iː] *s. c.* COM. beneficiario (de un cheque).

payer [peɪər] *s. c.* pagador.

paying guest ['peɪɪŋˌgest] *s. c.* inquilino, huésped de pago.

paying-in book ['peɪɪŋɪnˌbʊk] *s. c.* libreta de ingresos.

paying-in slip ['peɪɪŋɪnˌslɪp] *s. c.* resguardo de ingreso; formulario de depósito.

payload ['peɪləʊd] *s. c.* e *i.* **1** carga útil, cargamento (de un vehículo). **2** pasaje, carga aérea. • *s. c.* **3** MIL. carga explosiva (en la cabeza de un cohete). **4** AER. tripulación y equipo (en una nave espacial, en un avión, en un cohete).

paymaster ['peɪˌmɑːstər] *s. c.* pagador, habilitado, cajero, tesorero.

payment [peɪmənt] *s. i.* **1** pago, retribución, remuneración. **2** (fig.) pago, recompensa: *in payment for my efforts = en pago por mis esfuerzos.* • *s. c.* **3** pago: *yearly payments = pagos anuales.*

payoff ['peɪɒf] *s. c.* (inf.). **1** indemnización por despido. **2** soborno. **3** recompensa; resultado; castigo, venganza. **4** desenlace (de una historia).

pay-packet ['peɪˌpækɪt] (en EE UU **pay-envelope**) *s. c.* **1** (brit.) sobre de la paga. **2** salario, paga.

pay-phone ['peɪfəʊn] *s. c.* teléfono público.

payroll ['peɪrəʊl] *s. c.* **1** nómina: *he had 12 workers on the payroll = tenía 12 trabajadores en nómina.* **2** dinero para pagar la nómina.

payslip ['peɪslɪp] *s. c.* nómina (que un trabajador recibe a fin de mes).

PC [ˌpiː'siː] *s. c.* (*abrev.* de **personal computer**) PC, ordenador personal.

PDQ [ˌpiːdiː'kjuː] *adv.* (fam.) (abrev. de **pretty damn quick**) por la vía rápida.

PE [ˌpiː'iː] *s. c.* (*abrev.* de **Physical Education**) educación física.

pea [piː] *s. c.* **1** BOT. guisante. ◆ **2 like two peas in a pod,** (fam.) como dos gotas de agua.

peace [piːs] *s. i.* **1** paz. **2** la paz, la tranquilidad. **3** acuerdo, pacto, tratado de paz. **4** armonía, conformidad. **5** calma, sosiego, serenidad (interior). • *interj.* **6** ¡paz! ¡silencio! ¡tranquilidad! ◆ **7 to be at** ~, estar en paz (un país, una persona fallecida). **8 to hold/keep one's** ~, guardar silencio, mantenerse callado. **9 in** ~, como amigos, como gente de paz. **10 to keep the** ~, mantener el orden. **11 to make** ~ **with/to make one's** ~ **with,** hacer las paces con. **12 may he/she rest in** ~, que en paz descanse, que Dios lo/la tenga en su gloria.

peaceable ['piːsəbl] *adj.* pacífico.

peaceably ['piːsəblɪ] *adv.* pacíficamente.

peaceful ['piːsful] *adj.* **1** tranquilo: *a peaceful street = una calle tranquila.* **2** pacífico: *peaceful coexistence = coexistencia pacífica.*

peacefully ['piːsfəlɪ] *adv.* **1** tranquilamente. **2** pacíficamente: *they demonstrated peacefully = se manifestaron pacíficamente.*

peace-keeping ['piːsˌkiːpɪŋ] *adj.* pacificador, de pacificación: *peace-keeping troops = fuerzas de pacificación.*

peace-loving ['piːsˌlʌvɪŋ] *adj.* pacífico, amante de la paz.

peacemaker ['piːsˌmeɪkər] *s. c.* mediador, conciliador, pacificador.

peace-offering ['piːsˌɒfərɪŋ] *s. c.* oferta de paz, regalo de conciliación.

peacetime ['piːstaɪm] *s. i.* tiempos de paz, período de paz.

peach [piːtʃ] *s. c.* **1** melocotón, (Am.) durazno. **2** BOT. melocotonero, (Am.) durazno. • *s. i.* **3** color de melocotón. • *s. sing.* **4** (fam.) belleza, monada, encanto, bombón. • *adj.* **5** de color melocotón. • *v. i.* **6** (argot) (**to** ~ **on**) delatar, denunciar, incriminar. ◆ **7** ~ **melba,** melocotón con helado y zumo de frambuesas (postre).

peacock ['piːkɒk] *s. c.* **1** ZOOL. pavo real. **2** dandi, petimetre. • *adj.* **3** verde azulado (color).

pea-green [ˌpiː'griːn] *adj.* verde claro.

peahen ['piːhen] *s. c.* ZOOL. hembra de pavo real, pava real.

peak [piːk] *s. c.* **1** pico, cima, cumbre. **2** cresta, (de una ola). **3** punto culminante, apogeo, cumbre, cima: *at the peak of his career = en la cumbre de su carrera.* **4** visera. **5** NAUT. rasel, racel, delgado. • *v. i.* **6** alcanzar la cumbre, llegar al máximo (del valor, la intensidad, el desarrollo). • *v. t.* **7** MAR. embicar; orzar. • *adj.* **8** punta, de máximo tráfico: *peak hour = hora punta.* **9** máximo, óptimo, más elevado.

peaked ['piːkt] *adj.* con visera.

peaky ['piːkɪ] *adj.* (brit.) (fam.) demacrado, pálido.

peal [piːl] *s. c.* **1** estruendo, ruido, fragor: *peals of laughter = carcajadas; peals of thunder = truenos.* **2** tañido, repique (de campanas). **3** MÚS. melodía, son, sonsonete. • *v. i.* **4** repicar, tañer.

peanut ['piːnʌt] *s. c.* **1** cacahuete, (Am.) cacahuate, (Am.) maní. ◆ **2** ~ **butter,** mantequilla de cacahuete.

pear [peər] *s. c.* e *i.* **1** pera. **2** BOT. peral.

pearl [pɜːl] *s. c.* e *i.* **1** perla. • *s. i.* **2** color gris perla. **3** nácar, madreperla. **4** (fig.) perla, joya. • *v. t.* **5** adornar con perlas, cubrir de perlas. **6** formar perlas con; dar forma de perla. • *v. i.* **7** pescar perlas. **8** formarse en perlas. • *adj.* **9** de color gris perla; en forma de perla, perlado. **10** de perlas: *a pearl necklace = un collar de perlas.* ◆ **11 to cast pearls before swine,** echar margaritas a los cerdos.

pearl-grey ['pɜːlˌgreɪ] *adj.* gris perla.

pearly ['pɜːlɪ] *adj.* **1** nacarado. **2** adornado con perlas, cubierto de perlas.

peasant ['peznt] *s. c.* **1** campesino, labrador, labriego. **2** (fam. y desp.) palurdo, pueblerino, rústico, gañán, patán. • *adj.* **3** pueblerino, rústico, paleto.

peasantry ['pezntrɪ] *s. sing.* (**the** ~ *v.sing./pl.*) el campesinado, los campesinos, la gente del campo.

pease pudding ['piːz'pʊdɪŋ] *s. i.* (brit.) puré de guisantes, pasta de guisantes.

peashooter ['piːˌʃuːtər] *s. c.* cerbatana, canuto, bodoquera, tiratacos (juguete).

peasouper [ˌpiː'suːpər] *s. c.* (brit.) (fam.) niebla densa y sucia, dorondón.

peat [pi:t] *s. c.* e *i.* turba.
peaty ['pi:tɪ] *adj.* con turba.
pebble ['pebl] *s. c.* **1** guijarro, china, guija, piedrecita. ◆ **2 the only ~ on the beach,** la única persona en el mundo.
pebbledash ['pebldæʃ] (en EE UU **rock dash**) *s. i.* (brit.) mezcla de cemento con guijarros, cascajo (para recubrir paredes exteriores).
pebbly ['peblɪ] *adj.* guijarroso: *a pebbly beach = una playa de piedras.*
pecan [pɪ'kæn \'pi:kæn || pɪ'kɑ:n] *s. c.* **1** pacana, nuez lisa. **2** BOT. nogal pacanero.
peccadillo [,pekə'dɪləʊ] (*pl.* **peccadillos** o **peccadilloes**) *s. c.* desliz, falta.
peck [pek] *v. t.* **1** picar, picotear (un ave). **2** (**to ~** {**on**}) (fam.) besar apresuradamente. ● *v. i.* **3** picar, picotear. **4** (**to ~ at**) comer sin muchas ganas, picar, picotear. **5** censurar, criticar, rezongar. ● *s. c.* **6** picotazo, picotada. **7** (~ {**on**}) (fam.) beso apresurado, beso rápido. **8** medida de áridos (equivalente a 9,087 litros).
pecker [pekər] *s. c.* **1** (EE UU) (vulg.) verga (pene). ◆ **2 to keep one's ~ up,** (brit.) (fam.) animarse.
pecking order ['pekɪŋ,ɔ:dər] *s. c.* (**the** ~) **1** la jerarquía, el orden jerárquico. **2** BIOL. orden en que picotean las gallinas.
peckish ['pekɪʃ] *adj.* (brit.) (fam.) ligeramente hambriento, con el gusanillo: *I felt rather peckish = necesitaba matar el gusanillo.*
pectin ['pektɪn] *s. i.* BIOQ. pectina.
pectoral ['pektərəl] *adj.* **1** ANAT. pectoral. **2** pectoral, del pecho. ● *s. c.* **3** ANAT. pectoral, músculo pectoral. **4** adorno para el pecho. **5** bálsamo para el pecho. ◆ **6 ~ fin,** ZOOL. aleta pectoral.
peculiar [pɪ'kju:ljər] *adj.* **1** extraño, raro. **2** (~ {**to**}) peculiar, propio, típico, característico (de). **3** (euf.) extravagante, excéntrico. **4** (fam.) malo, pachucho: *I'm feeling peculiar = me encuentro mal.*
peculiarity [pɪ,kju:lɪ'ærɪtɪ] *s. i.* **1** peculiaridad, particularidad. ● *s. c.* **2** peculiaridad, característica, cualidad: *a peculiarity of the country = una característica del país.* **3** excentricidad, extravagancia.
peculiarly [pɪ'kju:lɪəlɪ] *adv.* **1** peculiarmente, particularmente, especialmente. **2** extrañamente, de forma rara.
pecuniary [pɪ'kju:nɪərɪ || pɪ'kju:nɪerɪ] *adj.* (form.) pecuniario.
pedagogic [,pedə'gɒdʒɪk] (también **pedagogical**) *adj.* pedagógico.
pedagogically [,pedə'gɒdʒɪklɪ] *adv.* pedagógicamente.
pedagogue ['pedəgɒg] *s. c.* **1** pedagogo, educador. **2** (desp.) pedante, sabihondo.
pedagogy ['pedəgɒdʒɪ] *s. i.* (form.) pedagogía.
pedal ['pedl] *s. c.* **1** pedal (de una máquina, de un vehículo, de un piano). ● *v. t.* e *i.* **2** pedalear. ● *adj.* **3** de pedal, a pedal. **4** del pie: *pedal extremities = los pies.* ◆ **5 ~ bin,** cubo de pedal.
pedant ['pedənt] *s. c.* **1** formalista. **2** pedante, exhibicionista, ostentador. **3** (arc.) maestro de escuela.
pedantic [pɪ'dæntɪk] *adj.* meticuloso, puntilloso, formalista.
pedantry ['pedəntrɪ] *s. c.* e *i.* meticulosidad, formalismo.
peddle ['pedl] *v. t.* (generalmente desp.) **1** vender de puerta en puerta, vender por las calles. **2** extender, hacer correr, difundir (rumores). **3** (argot) traficar con, pasar (drogas). ● *v. i.* **4** vender de puerta en puerta, vender por las calles.
peddler ['pedlər] *s. c.* **1** camello, traficante (de drogas). **2** (EE UU) buhonero, mercachifle, vendedor ambulante.
pedestal ['pedɪstl] *s. c.* **1** pedestal, basamento, soporte, pie. **2** (fig.) pedestal. ◆ **3 to put someone on a ~,** poner a alguien en un pedestal, idolatrar a alguien. **4 to knock someone off his/her ~,** desenmascarar a alguien, tirar a alguien de su pedestal.
pedestrian [pɪ'destrɪən] *s. c.* **1** peatón. ● *adj.* **2** (desp.) pedestre, ramplón, ordinario, vulgar, mediocre. **3** peatonal, de peatones, para peatones. ◆ **4 ~ crossing,** paso de cebra, paso de peatones. **5 ~ precinct,** zona peatonal, calle peatonal.
pedestrianize [pɪ'destrɪənaɪz] (también **pedestrianise**) *v. t.* peatonalizar, hacer peatonal (una zona, una calle).
pedestrianized [pɪ'destrɪənaɪzd] *adj.* peatonal.
pediatrician *s. c.* ⇒ **paediatrician.**
pediatrics *s. i.* ⇒ **paediatrics.**
pedicure ['pedɪ,kjʊər] *s. i.* **1** pedicura. ● *s. c.* **2** pedicuro, callista. ● *v. t.* **3** hacer la pedicura a.
pedigree ['pedɪgri:] *s. c.* **1** pedigrí, pura raza. **2** genealogía, linaje. ● *adj.* **3** con pedigrí, de pura raza, de casta.
pediment ['pedɪmənt] *s. c.* ARQ. frontón.
pedlar ['pedlər] (en EE UU **peddler**) *s. c.* (brit.) buhonero, mercachifle, vendedor ambulante.
pee [pi:] *v. i.* (fam. y vulg.) **1** mear, hacer pis, hacer pipí. ● *s. c.* **2** meada: *he's gone for a pee = ha ido a echar una meada* o *a mear.* ● *s. i.* **3** pis, pipí.
peek [pi:k] *v. i.* **1** (fam.) fisgar, mirar a hurtadillas. ● *s. c.* **2** (~ {**at**}) ojeada, mirada rápida, mirada furtiva.
peekaboo [,pi:kə'bu:] (también **peepbo**) *s. i.* **1** juego en que repetidamente uno se oculta y aparece de pronto para divertir a los niños. ● *interj.* **2** ¡cucú! (grito que se da al aparecer súbitamente frente a un niño en este juego).
peel [pi:l] *v. t.* **1** pelar, mondar, quitar la piel a (la fruta); despegar (un papel). ● *v. i.* **2** desconcharse; desprenderse; despegarse; quitarse: *the wall paper was peeling = el papel de la pared se estaba despegando.* **3** pelarse (la piel con el sol). ● *s. i.* **4** monda; peladura; cáscara; corteza; hollejo; pellejo; piel. ● *s. c.* **5** pala de horno (para sacar el pan). **6** colgador (en imprenta). ◆ **7 to keep one's eyes peeled,** ⇒ **eye. 8 to ~ off, a)** salirse de la formación (un avión para atacar, aterrizar); **b)** desvestirse, desnudarse.
peeler ['pi:lər] *s. c.* **1** peladora (de patatas, de frutas). **2** (argot) bailarina de striptease, (Am.) desnudista, calatista. **3** (brit. y arc.) policía.
peelings [pi:lɪŋz] *s. i.* peladuras; raspas; mondaduras; pieles; hollejo.
peep [pi:p] *v. i.* **1** fisgar, mirar a hurtadillas. **2** piar (un pájaro). **3** asomarse: *the ticket was peeping out of his top pocket = el billete le asomaba del bolsillo de arriba.* ● *s. c.* **4** (~ {**at**}) ojeada, mirada. **5** pío, piada. **6** (fam.) pío, palabra: *I don't want to hear a peep out of you = no quiero oíros decir ni pío.*
peepbo ['pi:pbəʊ] *s. i.* e *interj.* ⇒ **peekaboo.**
peephole ['pi:phəʊl] *s. c.* mirilla.
Peeping Tom [,pi:pɪŋ'tɒm] *s. c.* mirón, voyeur.
peepshow ['pi:pʃəʊ] *s. c.* **1** espectáculo pornográfico, película pornográfica corta (que se puede ver en una máquina de monedas). **2** titirimundi (de feria).
peer [pɪər] *s. c.* **1** (brit.) par, noble (título). **2** (form.) par, igual. ● *v. i.* **3** mirar con dificultad, mirar con ojos escrutadores: *she peered at me = me miraba con ojos escrutadores.* **4** asomarse, aparecer poco a poco. ◆ **5 ~ group,** grupo de la misma edad, clase social, intereses, etc. **6 ~ of the realm,** par del reino, miembro de la Cámara de los Lores. **7 ~ pressure,** presión del entorno humano/social.
peerage ['pɪərɪdʒ] *s. c.* **1** rango de par, título de nobleza. **2** guía de la nobleza (libro). ● *s. sing.* **3** (**the** ~ *v.sing./pl.*) la nobleza, la aristocracia.
peeress ['pɪərɪs] *s. c.* **1** paresa, mujer de la nobleza. **2** esposa de un par.
peerless ['pɪəlɪs] *adj.* (form.) sin par, sin igual, incomparable.
peeve [pi:v] *v. t.* **1** (fam.) enfadar, enojar, irritar. ● *s. c.* **2** vejación, ofensa. **3** resentimiento, rencor.
peeved [pi:vd] *adj.* resentido, ofendido.
peevish ['pi:vɪʃ] *adj.* **1** irritado, enfadado, de mal humor. **2** terco, rebelde, díscolo.
peevishly ['pi:vɪʃlɪ] *adv.* **1** malhumoradamente, impacientemente. **2** tercamente, de forma díscola.
peewit ['pi:wɪt] *s. c.* ZOOL. avefría.
peg [peg] *s. c.* **1** gancho, percha, colgador. **2** (brit.) pinza de la ropa. **3** clavija, estaca; espiga, perno: *tent peg = clavija de la tienda de campaña.* **4** MÚS. clavija. **5** (brit.) (p. u.) traguito, pequeña cantidad (de alcohol). **6** garfio, gancho. **7** (fam.) grado, nivel (en estimación, jerarquía). **8** (fig.) pretexto, disculpa; ocasión, oportunidad; pie: *a peg for complaints = un motivo de queja.* **9** (fam.) pata de pa-

lo, pierna de madera. **10** DEP. tiro corto y bajo (en béisbol). • *v. t.* **11** asegurar con clavijas, fijar con estacas. **12** (brit.) colgar con pinzas, sujetar con pinzas, tender. **13** (**to ~ out**) delimitar con estacas, demarcar con estacas, jalonar. **14** fijar, estabilizar (precios). **15** (fam.) clasificar, categorizar, jerarquizar. **16** (fam.) arrojar, tirar. • *v. i.* **17** (**to ~ away**) afanarse, trabajar con ahínco. **18** (**to ~ out**) (brit.) (fam.) diñarla, espicharla, estirar la pata. ◆ **19 to bring someone down a ~ or two,** bajar un poco los humos a alguien. **20 ~ on which to hang something,** pretexto en que basar algo, pie para algo. **21 square ~ in a round hole,** como pez fuera del agua, fuera de su ambiente.

peg-leg ['pegleg] *s. c.* (fam.) pata de palo, pierna de madera.

pejorative [pɪ'dʒɒrɪtɪv \'piːdʒərɪtɪv ‖ pɪ'dʒɔːrətɪv] *adj.* **1** (form.) peyorativo, despectivo. • *s. c.* **2** término peyorativo.

pekinese [ˌpiːkɪ'niːz] *s. c.* pequinés.

pelican ['pelɪkən] *s. c.* **1** ZOOL. pelícano. ◆ **2 ~ crossing,** (brit.) paso de peatones (donde el peatón pone en marcha un semáforo presionando un botón).

pellagra [pə'lægrə] *s. i.* MED. pelagra.

pellet ['pelɪt] *s. c.* **1** bolita (de algo suave): *wax pellets = bolitas de cera.* **2** perdigón. **3** proyectil de piedra (para una catapulta).

pell-mell [ˌpel'mel] *adv.* desordenadamente, atropelladamente, confusamente.

pellucid [pe'ljuːsɪd] *adj.* (lit.) límpido, diáfano, transparente.

pelmet ['pelmɪt] (en EE UU **valance**) *s. c.* galería (para ocultar la barra de las cortinas en ventanas).

pelt [pelt] *v. t.* **1** (**to ~** {**with**}) atacar, arremeter contra (con) (piedras, etc.): *pelting him with dishes = arrojándole platos.* **2** (fig.) bombardear con, acribillar a (preguntas). • *v. i.* **3** (**to ~** {**down/with**}) llover a cántaros, diluviar, llover a mares. **4** (**to ~ +** *adv./prep.*) (fam.) ir como un rayo, correr a gran velocidad. • *s. c.* **5** golpe, empellón. **6** piel, pellejo (de animales). ◆ **7 at full ~,** a toda velocidad, como un rayo.

pelvic ['pelvɪk] *adj.* ANAT. pelviano, pélvico.

pelvis ['pelvɪs] *s. c.* ANAT. pelvis.

pen [pen] *s. c.* **1** pluma, estilográfica, (Am.) pluma fuente; bolígrafo, (Am.) birome, (Am.) lapicera, (Am.) esferógrafo; rotulador. **2** (fig.) pluma, estilo (de escritura). **3** ZOOL. pluma, concha (del calamar). **4** (generalmente en combinación) redil, corral. **5** corralito, parque (para niños). **6** dique de reparación (para submarinos). **7** ZOOL. hembra de cisne. **8** (EE UU) (argot) chirona, trena, trullo. • *v. t.* **9** (form.) escribir, redactar. **10** encerrar en redil, acorralar (animales). **11** recluir, confinar (personas en un espacio pequeño). ◆ **12 a slip of the ~,** lapsus calami, error de escritura. **13 ~ pal,** (EE UU) (fam.) amigo por correspondencia, amigo epistolar. **14 to put ~ to paper,** (lit.) ponerse a escribir.

penal ['piːnl] *adj.* **1** penal (un castigo); penitenciario (una institución, un establecimiento). **2** muy severo, muy gravoso, muy desagradable. ◆ **3 ~ code,** DER. código penal. **4 ~ servitude,** trabajos forzados.

penalize ['piːnəlaɪz] (también **penalise**) *v. t.* (**to ~** {**for**}) penalizar; perjudicar; castigar; sancionar.

penalty ['penltɪ] *s. c.* **1** (**~** {**for**}) pena; sanción; multa; castigo. **2** precio, desventaja, inconveniente: *the penalties of fame = el precio de la fama.* **3** DEP. penalty; golpe de castigo. ◆ **4 ~ area,** DEP. área de castigo, área de penalty. **5 ~ box,** DEP. **a)** área de penalty, área de castigo; **b)** área de castigo (en hockey lugar en que se sienta un jugador penalizado). **6 ~ clause,** DER. cláusula de penalización.

penance ['penəns] *s. c.* e *i.* penitencia.

pen-and-ink [ˌpenənd'ɪŋk] *adj.* a pluma, a tinta (un dibujo).

pence [pens] *s. pl.* de **penny. 1** peniques. ◆ **2 -pence,** de... peniques, por valor de... peniques: *a 12-pence stamp = un sello de 12 peniques.*

penchant ['pɑːnʃɑːn ‖ 'pentʃənt] *s. sing.* (**~** {**for**}) (form.) afición (por, a); propensión (a); pasión (por).

pencil ['pensl] *s. c.* **1** lapicero, lápiz. **2** lápiz de ojos. **3** haz, rayo (de luz). • *v. t.* **4** escribir a lápiz, anotar a lápiz. **5** dibujar a lápiz, esbozar a lápiz. ◆ **6 in ~,** a lápiz. **7 ~ case,** plumier, estuche. **8 to ~ in,** añadir a lápiz, incluir a lápiz (algo que se puede borrar más tarde).

pencilled ['pensld] *adj.* a lápiz, con lápiz.

pendant ['pendənt] (también **pendent**) *s. c.* **1** colgante. **2** lámpara de techo; araña. **3** complemento, pareja. • *adj.* (lit.) **4** colgante, pendiente, suspendido, que pende. **5** saliente, que se proyecta, que sobresale.

pending ['pendɪŋ] *prep.* **1** (form.) hasta, a la espera de: *pending her arrival = hasta que llegara.* • *adj.* **2** (form.) pendiente, sin decidir, en trámite, a la espera: *a pending decision = una decisión pendiente.* **3** inminente, cercano.

pendulous ['pendjuləs ‖ 'pendʒuləs] *adj.* (form.) colgante, oscilante, bamboleante.

pendulum ['pendjuləm] *s. c.* **1** péndulo. **2** (**the ~** {**of**}) (fig.) el péndulo: *the pendulum of public opinion = el movimiento pendular de la opinión pública.*

penetrate ['penɪtreɪt] *v. t.* e *i.* **1** penetrar, traspasar, atravesar. **2** (fig.) infiltrar(se). **3** (fam.) comprender, entender. • *v. t.* **4** (generalmente pasiva) afectar profundamente, conmover, invadir. **5** penetrar, ahondar en, llegar al fondo de. **6** calar, difundir, afectar profundamente.

penetrating ['penɪtreɪtɪŋ] *adj.* **1** penetrante (una mirada, un sonido). **2** (fig.) penetrante, agudo, sagaz (una persona, la mente). **3** creciente, que se extiende.

penetration [ˌpenɪ'treɪʃn] *s. c.* e *i.* **1** penetración. **2** infiltración. **3** perspicacia, sagacidad, agudeza.

penfriend ['penfrend] *s. c.* (brit.) amigo epistolar, amigo por correspondencia.

penguin ['peŋgwɪn] *s. c.* ZOOL. pingüino, pájaro bobo.

penicillin [ˌpenɪ'sɪlɪn] *s. i.* MED. penicilina.

penile ['piːnaɪl] *adj.* (form.) fálico, del pene, relativo al pene.

peninsula [pɪ'nɪnsjulə] *s. c.* GEOG. península.

penis ['piːnɪs] *s. c.* ANAT. pene.

penitence ['penɪtəns] *s. i.* arrepentimiento, contrición, remordimiento.

penitent ['penɪtənt] *adj.* **1** (form.) contrito, arrepentido, compungido. • *s. c.* **2** penitente.

penitential [ˌpenɪ'tenʃl] *adj.* **1** penitencial, de penitencia. • *s. c.* **2** libro de penitencias, manual de penitencias. **3** penitente.

penitentiary [ˌpenɪ'tenʃərɪ] *s. c.* **1** (EE UU) penitenciaría, cárcel, presidio. • *adj.* **2** penitenciario, carcelario. **3** penal. **4** penitencial, de penitencia.

penknife ['pennaɪf] *s. c.* navaja.

penmanship ['penmənʃɪp] *s. i.* (form.) caligrafía, escritura.

pen-name ['penneɪm] *s. c.* seudónimo.

pennant ['penənt] *s. c.* **1** DEP. banderín, banderola. **2** MAR. gallardete, pendón; bandera de señales.

pennies ['penɪz] *pl. irreg.* de **penny.**

penniless ['penɪlɪs] *adj.* pobre, sin un céntimo.

penny ['penɪ] (*pl.* **pennies** o **pence**) *s. c.* **1** (brit.) penique; (EE UU) centavo. **2** (fig. y en frases negativas) ochavo, perra, céntimo, duro: *it's not worth a penny = no vale un duro.* ◆ **3 a ~ for your thoughts,** ¿en qué piensas? **4 a pretty ~,** una fortuna, un dineral, un ojo de la cara. **5 in for a ~ in for a pound,** (brit.) de perdidos al río, preso por mil, preso por mil quinientos. **6 not to have a ~ to one's name,** no tener un céntimo, no tener un duro, no tener donde caerse muerto. **7 not to have two pennies to rub together,** (brit.) no tener donde caerse muerto, ser más pobre que las ratas. **8 ~ whistle,** silbato, pito. **9 to spend a ~,** (brit. y arc.) ir al retrete. **10 take care of the pennies and the pounds will take care of themselves,** toda economía es buena por pequeña que esta sea. **11 the ~ dropped,** (brit.) (fam.) caí/cayó/etc. en la cuenta. **12 to turn up like a bad ~,** aparecer como la falsa moneda, aparecer en el momento menos oportuno. **13 two/ten a ~,** (fam.) a porrillo, en cantidad, a patadas: *books like this are ten a penny = libros como ese los hay a patadas.*

penny-farthing [ˌpenɪ'fɑːðɪŋ] *s. c.* (brit.) velocípedo.

penny-pinching ['penɪˌpɪntʃɪŋ] *s. i.* **1** tacañería, cicatería. ● *adj.* **2** cicatero, tacaño, mezquino, miserable.

pennyworth ['penɪwɜːθ] *s. sing.* **1** valor de un penique, lo que se compra con un penique: *it was a pennyworth* = *costó un penique.* **2** poco, pizca. **3** ganga, chollo.

penpusher ['penˌpʊʃər] *s. c.* (desp. y hum.) chupatintas.

pension ['penʃn] *s. c.* **1** pensión, jubilación. ['pɑːŋsɪɔːŋ] **2** pensión (generalmente en Europa): *we stayed at a pension in Rome* = *en Roma nos hospedamos en una pensión.* ● *v. t.* **3** (**to ~ off**) jubilar, conceder una pensión de jubilación. **4** (fig.) jubilar, retirar de la circulación (algo viejo). ◆ **5 ~ book,** (brit.) libreta de la Seguridad Social con los bonos canjeables por la pensión. **6 ~ fund,** fondo de pensiones. **7 ~ scheme,** plan de jubilación.

pensionable ['penʃənəbl] *adj.* con derecho a jubilación, con derecho a pensión.

pensioned ['penʃnd] *adj.* jubilado, pensionista, retirado.

pensioner ['penʃənər] *s. c.* pensionista, jubilado, retirado.

pensive ['pensɪv] *adj.* pensativo, meditabundo.

pensively ['pensɪvlɪ] *adj.* pensativamente, meditabundamente.

pentagon ['pentəgən] *s. c.* **1** GEOM. pentágono. ◆ **2 the Pentagon,** (EE UU) el Pentágono (ministerio de Defensa).

pentameter [pen'tæmɪtər] *s. c.* e *i.* LIT. pentámetro.

pentathlon [pen'tæθlɒn] *s. c.* DEP. pentatlón.

Pentecost ['pentɪkɒst] *s. i.* Pentecostés.

penthouse ['penthaʊs] *s. c.* **1** ático (generalmente de lujo). **2** cobertizo, caseta.

pent-up [ˌpent'ʌp] *adj.* reprimido, contenido: *pent-up emotions* = *emociones reprimidas.*

penultimate [pe'nʌltɪmət] *adj.* penúltimo.

penurious [pɪ'njʊərɪəs] *adj.* (form.) **1** pobrísimo, indigente. **2** tacaño, cicatero. **3** pobre, árido (un terreno).

penury ['penjʊrɪ] *s. i.* (form.) penuria, miseria, indigencia.

peony ['pɪənɪ] *s. c.* BOT. peonía.

people ['piːpl] *s. pl.* **1** gente, personas: *there are a lot of people waiting* = *hay mucha gente esperando.* **2** los humanos, la raza humana. **3** pueblo, ciudadanos: *a man of the people* = *un hombre del pueblo.* **4** (**the ~**) (desp.) la plebe, las masas, el populacho. **5** antepasados; parientes; (fam.) padres; familia, gente: *my people come from the North* = *mi familia es del norte.* ● *s. c.* **6** (~ *v.sing./pl.*) nación; pueblo: *the Spanish people* = *el pueblo español.* ● *v. t.* (generalmente *pasiva*) **7** habitar, poblar. **8** (**to** ~ {**with**}) (lit.) llenar, abarrotar: *peopled with narrow-minded writers* = *abarrotado de escritores de miras estrechas.*

pep [pep] *s. i.* (fam.) **1** energía, empuje, vigor. ● *v. t.* **2** (**to ~ up**) animar, alentar, estimular. ◆ **3 ~ pill,** (fam.) píldora estimulante (como la anfetamina). **4 ~ talk,** (fam.) discurso para elevar los ánimos, exhortación, arenga.

pepper ['pepər] *s. i.* **1** pimienta (condimento). ● *s. c.* **2** pimiento, ají. **3** BOT. planta de pimiento. ● *v. t.* **4** (**to** ~ {**with**}) (fam.) acribillar (a tiros). **5** (**to** ~ {**with**}) salpicar (de) (colores, ideas, etc.). **6** sazonar con pimienta.

pepper-and-salt [ˌpepərən'sɔːlt] *adj.* **1** mezclado de blanco y negro (ambos por igual): *a pepper-and-salt dress* = *un vestido en blanco y negro.* **2** entrecano (el pelo).

peppercorn ['pepəkɔːn] *s. c.* **1** grano de pimienta. **2** pequeñez, insignificancia, bagatela.

peppered ['pepəd] *adj.* **1** sazonado con pimienta. **2** lleno, abarrotado; salpicado: *peppered with stars* = *abarrotado de estrellas.*

peppermint ['pepəmɪnt] *s. i.* **1** menta (planta, sabor). ● *s. c.* **2** caramelo de menta, pastilla de menta.

pepperplant ['pepəˌplɑːnt] *s. c.* pimentero (de la pimienta); pimiento (de los pimientos).

pepperpot ['pepəpɒt] (en EE UU **pepperbox**) *s. c.* **1** pimentero. ● *s. i.* **2** sopa de legumbres con carne y callos sazonada con pimienta.

peppery ['pepərɪ] *adj.* **1** picante, con sabor a pimienta. **2** irritable, malhumorado.

peptic ulcer ['peptɪk'ʌlsər] *s. c.* MED. úlcera de estómago.

per [pɜːr] *prep.* **1** por, a: *50 miles per hour* = *50 millas por hora.* **2** cada, a: *4 pages per day* = *4 páginas al día.* ◆ **3 as ~,** (fam.) según, de acuerdo con: *as per instructions* = *según las instrucciones.* **4 as ~ usual,** (fam.) como de costumbre, como siempre. **5 ~ annum,** al año, por año. **6 ~ capita,** per cápita. **7 ~ capita income,** renta per cápita. **8 ~ cent,** por ciento. **9 ~ head,** por cabeza, por persona. **10 ~ se,** de por sí.

perambulate [pə'ræmbjʊleɪt] *v. i.* **1** (form.) deambular, pasear. ● *v. t.* **2** (form.) recorrer andando, visitar (para inspeccionar).

perambulation [pəˌræmbjʊ'leɪʃn] *s. c.* e *i.* **1** paseo. **2** visita de inspección.

perambulator [pə'ræmbjʊleɪtər] *s. c.* (brit.) (form.) cochecito de niño.

perceive [pə'siːv] *v. t.* (form.) **1** percibir, darse cuenta de, percatarse de, notar, observar. **2** comprender, entender, percibir.

percentage [pə'sentɪdʒ] *s. c.* **1** porcentaje, tanto por ciento. **2** (fam.) porcentaje, tajada, comisión.

perceptible [pə'septəbl] *adj.* perceptible, apreciable, discernible.

perceptibly [pə'septɪblɪ] *adv.* perceptiblemente, apreciablemente, de modo discernible.

perception [pə'sepʃn] *s. i.* (form.) **1** percepción, apreciación, discernimiento. **2** percepción, sagacidad, penetración, agudeza.

perceptive [pə'septɪv] *adj.* **1** perceptivo. **2** sagaz, agudo, penetrante.

perceptively [pə'septɪvlɪ] *adv.* sensiblemente, sagazmente, agudamente.

perceptiveness [pə'septɪvnɪs] *s. i.* capacidad de percepción, sagacidad, agudeza, penetración.

perch [pɜːtʃ] *s. c.* **1** percha, vara, rama, cetro (para los pájaros). **2** (fam.) posición elevada; (fig.) pedestal. **3** asiento, lugar de descanso. **4** (brit.) medida de longitud (equivalente a 5,029 m). **5** ZOOL. perca. ● *v. i.* **6** posarse (un pájaro). **7** sentarse (persona). **8** ubicarse, emplazarse, situarse (pueblo, etc.). ● *v. t.* **9** colocar (un objeto).

perchance [pə'tʃɑːns] *adv.* (arc. y lit.) **1** quizá, acaso, por ventura, tal vez. **2** (**if/lest ~**) por casualidad.

perched [pɜːtʃt] *adj.* sentado (persona); colocado (objeto).

percipient [pə'sɪpɪənt] *adj.* (form.) perspicaz, agudo, sagaz, penetrante, observador.

percolate ['pɜːkəleɪt] *v. i.* **1** filtrarse (café). **2** (fig.) infiltrarse, extenderse (ideas, noticias).

percolator ['pɜːkəleɪtər] *s. c.* cafetera con filtro, percolador.

percussion [pə'kʌʃn] *s. i.* **1** (**the ~ +** *v. sing./pl.*) MÚS. la percusión, los instrumentos de percusión. ● *adj.atr.* **2** MÚS. de percusión. ◆ **3 ~ cap,** cápsula fulminante (de un arma, de un juguete).

percussionist [pə'kʌʃənɪst] *s. c.* MÚS. percusionista, músico que toca instrumentos de percusión.

perdition [pə'dɪʃn] *s. i.* (form.) perdición.

peregrination [ˌperɪgrɪ'neɪʃn] *s. c.* **1** (lit.) peregrinación. **2** (fig.) vagabundeo, viaje, periplo.

peregrine falcon ['perɪgrɪn 'fɔːlkən ‖ 'perɪgrɪn 'fɑːlkən] *s. c.* ZOOL. halcón peregrino.

peremptorily [pə'remptərɪlɪ] *adv.* (form.) perentoriamente, autoritariamente, imperiosamente.

peremptory [pə'remptərɪ ‖ 'perəmptɔːrɪ] *adj.* (form.) **1** (desp.) perentorio, autoritario, imperativo. **2** indiscutible, incuestionable (una orden). **3** urgente, perentorio: *in a peremptory tone* = *en tono perentorio.*

perennial [pə'renɪəl] *adj.* **1** perenne, eterno, constante, permanente: *perennial conflicts* = *conflictos constantes.* **2** BOT. perenne, vivaz.

perennially [pə'renɪəlɪ] *adv.* perennemente, eternamente, constantemente, permanentemente.

perfect ['pɜːfɪkt] *adj.* **1** perfecto: *a perfect artist* = *un artista perfecto.* **2** perfecto, correcto; preciso, exacto. **3** (~ {**for**}) perfecto, adecuado. **4** perfecto, excelente, fantástico: *a perfect party = una fiesta fantástica; in perfect condition = en perfectas* o *en excelentes condiciones*. **5** puro, sin mezcla (un color). **6** integral, redomado, perfecto: *a perfect idiot = un idiota redomado, un perfecto idiota*. **7** GRAM. perfecto. • *v. t.* **8** perfeccionar, mejorar, pulir. • *s. c.* **9** (**the** ~) GRAM. el perfecto, el pretérito perfecto. ◆ **10** ~ **pitch,** MÚS. afinación perfecta. **11 practice makes** ~, la práctica nos hace perfectos.

perfection [pə'fekʃn] *s. i.* **1** perfección, excelencia. **2** perfeccionamiento, mejora. ◆ **3 to** ~, a la perfección, perfectamente.

perfectionism [pə'fekʃnɪzm] *s. i.* perfeccionismo.

perfectionist [pə'fekʃnɪst] *s. c.* perfeccionista.

perfectly [pɜː'fektlɪ] *adv.* **1** perfectamente, correctamente. **2** completamente, absolutamente, totalmente: *perfectly stupid = completamente estúpido*.

perfidious [pə'fɪdɪəs] *adj.* (form. y lit.) pérfido, desleal, traidor.

perfidy ['pɜːfɪdɪ] *s. c.* e *i.* (form. y lit.) perfidia, deslealtad, traición.

perforate ['pɜːfəreɪt] *v. t.* perforar, agujerear.

perforation [ˌpɜːfə'reɪʃn] *s. c.* **1** perforación, agujero, orificio. • *s. i.* **2** perforación.

perforce [pə'fɔːs] *adv.* (arc. y form.) forzosamente, por fuerza.

perform [pə'fɔːm] *v. t.* **1** llevar a cabo, realizar, efectuar, ejecutar (una tarea complicada). **2** desempeñar, ejercer (un trabajo, una función). **3** interpretar, representar (en teatro). **4** MÚS. interpretar, ejecutar. • *v. i.* **5** actuar (en el teatro). **6** MÚS. tocar; cantar. **7** MEC. funcionar, marchar, andar, comportarse. **8** funcionar, trabajar (una persona, un equipo).

performance [pə'fɔːməns] *s. c.* **1** interpretación, actuación (teatral, musical). **2** función, sesión (teatral, cinematográfica). **3** actuación, papel, comportamiento, realización: *her performance in the job = su rendimiento en el trabajo*. **4** funcionamiento, rendimiento (de una máquina). **5** DEP. actuación. **6** (brit.) (fam.) número, espectáculo: *what a performance! = ¡menudo numero!* ◆ **7** ~ **appraisal,** evaluación (de un empleado). **8** ~ **art,** espectáculo escénico multidisciplinar.

performer [pə'fɔːər] *s. c.* **1** artista, actor, actriz, bailarín, acróbata. **2** músico, intérprete, ejecutante, cantante.

performing arts [pə'fɔːmɪŋˌɑːts] *s. pl.* artes escénicas (teatro, danza, música, etc.).

perfume ['pɜːfjuːm ‖ pər'fjuːm] *s. c.* e *i.* **1** perfume, aroma, fragancia. **2** perfume, esencia: *he gave her a bottle of perfume = le regaló un frasco de perfume*. • [pə'fjuːm] *v. t.* **3** (**to** ~ {**with**}) (form.) perfumar.

perfumed ['pɜːfjuːmd] *adj.* perfumado, aromatizado, impregnado de aroma.

perfunctorily [pə'fʌŋktərɪlɪ] *adv.* superficialmente; a la ligera; mecánicamente; con desgana.

perfunctory [pə'fʌŋktərɪ] *adj.* superficial; mecánico; desganado.

pergola ['pɜːgələ] *s. c.* pérgola.

perhaps [pə'hæps ‖ præps] *adv.* quizá(s), tal vez.

peril ['perɪl] *s. i.* **1** (form. y lit.) peligro: *he was in great peril = estaba en grave peligro*. • *s. c.* **2** peligro, riesgo: *the perils of mountain climbing = los peligros del alpinismo*. ◆ **3 at one's** ~, por cuenta y riesgo de uno: *he did it at his peril = lo hizo por su cuenta y riesgo*.

perilous ['perɪləs] *adj.* (lit.) peligroso, arriesgado.

perilously ['perɪləslɪ] *adv.* (lit.) peligrosamente, arriesgadamente.

perimeter [pə'rɪmɪtər] *s. c.* e *i.* **1** GEOM. perímetro. **2** perímetro, contorno.

period [pɪərɪəd] *s. c.* **1** período, etapa, ciclo, fase, temporada. **2** racha: *rainy periods = rachas de lluvia*. **3** HIST. era, época, edad. **4** hora, clase: *I teach four periods today = hoy doy cuatro clases*. **5** regla, período (menstruación). **6** GRAM. punto (ortográfico). **7** DEP. tiempo. **8** MÚS. frase musical.

periodic [ˌpɪərɪ'ɒdɪk] *adj.* **1** periódico, regular. ◆ **2** ~ **table,** QUÍM. tabla periódica.

periodical [ˌpɪərɪ'ɒdɪkl] *s. c.* **1** publicación periódica, revista. • *adj.* **2** periódico, regular.

periodically [ˌpɪərɪ'ɒdɪklɪ] *adv.* periódicamente, regularmente, a intervalos regulares.

peripatetic [ˌperɪpə'tetɪk] *adj.* **1** (form.) itinerante, ambulante, sin residencia fija. ◆ **2 Peripatetic** FIL. peripatético.

peripheral [pə'rɪfərəl] *adj.* (form.) **1** menor, secundario, marginal: *of peripheral importance = de menor importancia*. **2** periférico. • *s. c.* **3** INF. periférico (que se conecta a un ordenador).

periphery [pə'rɪfərɪ] *s. c.* (form.) **1** periferia, afueras, parte exterior: *situated on the periphery = situado en la periferia* o *las afueras*. **2** (fig.) margen: *on the periphery of politics = al margen de la política*. **3** MED. periferia. **4** MAT. perímetro.

periscope ['perɪskəup] *s. c.* periscopio.

perish ['perɪʃ] *v. i.* **1** PER. perecer, fallecer. • *v. t.* **2** (brit.) estropear, deteriorar, echar a perder (la comida, un material). • *v. i.* **3** estropearse, deteriorarse, echarse a perder. ◆ **4** ~ **the thought,** (fam.) ni pensarlo, Dios me valga, Dios no lo permita.

perishable ['perɪʃəbl] *adj.* perecedero (un alimento).

perisher ['perɪʃər] *s. c.* (arc. y fam.) diablo, tunante, golfo (se dice de un niño).

perishing ['perɪʃɪŋ] *adj.* **1** helado: *it's perishing (cold) = hace un frío que pela*. **2** (brit. y arc.) maldito.

peritonitis [ˌperɪtə'naɪtɪs] *s. i.* MED. peritonitis.

periwinkle ['perɪˌwɪŋkl] *s. c.* **1** BOT. vincapervinca, hierba doncella. **2** ZOOL. bígaro.

perjure ['pɜːdʒər] *v. t.* (**to** ~ **oneself**) perjurar, perjurarse.

perjured ['pɜːdʒəd] *adj.* falso.

perjury ['pɜːdʒərɪ] *s. c.* e *i.* DER. perjurio, falso testimonio.

perk [pɜːk] *s. c.* **1** (fam.) ventaja, extra, sobresueldo, plus, salario en especie, paga extra (de un trabajo). • *v. t.* **2** (**to** + ~ *o.* + **up**) (fam.) animar, alegrar. **3** (**to** ~ **up**) (fam.) levantar (la cola, las orejas un perro). • *v. i.* **4** (**to** ~ **up**) (fam.) animarse, alegrarse.

perky ['pɜːkɪ] *adj.* (fam.) animado, alegre.

perm [pɜːm] (también **permanent ware**) (en EE UU **permanent**) *s. c.* **1** (fam.) permanente, moldeado. • *v. t.* **2** (fam.) hacer la permanente en, moldear. ◆ **3** (**to** ~ {**from**}) (brit.) (fam.) hacer combinaciones (al hacer quinielas).

permafrost ['pɜːməfrɒst ‖ 'pɜːməfrɔːst] *s. i.* GEOL. permafrost, permagel.

permanence ['pɜːmənəns] (también **permanency**) *s. i.* permanencia, continuidad.

permanent ['pɜːmənənt] *adj.* **1** permanente, constante. **2** fijo, estable: *a permanent job = un trabajo fijo*. • *s. c.* **3** (EE UU) permanente, moldeado.

permanently ['pɜːmənəntlɪ] *adv.* permanentemente, constantemente, continuamente.

permeable ['pɜːmjəbl] *adj.* permeable, absorbente.

permeate ['pɜːmɪeɪt] *v. t.* **1** impregnar, penetrar en. • *v. i.* **2** penetrar, filtrarse.

permissible [pə'mɪsəbl] *adj.* permisible.

permission [pə'mɪʃn] *s. i.* permiso, consentimiento, autorización, licencia.

permissive [pə'mɪsɪv] *adj.* **1** (generalmente desp.) permisivo: *the permissive society = la sociedad permisiva*. **2** permitido, consentido, lícito. **3** tolerante, condescendiente, indulgente. **4** opcional, alternativo, facultativo.

permissiveness [pə'mɪsɪvnɪs] *s. i.* permisividad.

permit [pə'mɪt] *v. t.* **1** permitir, autorizar, consentir. **2** permitir: *permit me to tell you... = permítame decirle...* **3** (**to** ~ + *o.* + *inf.*) permitir. • *v. i.* **4** (p. u.) (**to** ~ **of**) admitir: *his behaviour permits of no other explanation = su conducta no admite otra explicación*. **5** permitir: *if time permits = si el tiempo lo permite*. • ['pɜːmɪt] *s. c.* **6** permiso, autorización, licencia (por escrito).

permutation [ˌpɜːmjuː'teɪʃn] *s. c.* (form.) permutación, permuta.

pernicious [pə'nɪʃəs] *adj.* **1** (form.) pernicioso, nocivo; perjudicial, dañino. **2** (arc.) maligno, malvado, demoníaco.

pernickety [pə'nɪkɪtɪ] (en EE UU **persnickety**) *adj.* (fam. y desp.) **1** quisquilloso, maniático, escrupuloso. **2** minucioso, delicado, meticuloso (un trabajo).

peroration [,perə'reɪʃn] *s. c.* **1** (form.) peroración. **2** (desp.) perorata, rollo.

peroxide [pə'rɒksaɪd] *s. i.* **1** QUÍM. peróxido, peróxido de hidrógeno, agua oxigenada. ● *v. t.* **2** tratar con agua oxigenada; aplicar agua oxigenada a. **3** teñir con agua oxigenada. ◆ **4** ~ **blonde,** rubia de bote, rubia teñida.

perpendicular [,pɜːpən'dɪkjulər] *adj.* **1** perpendicular. **2** (fam.) derecho, en pie, de pie. **3** GEOM. perpendicular. **4** ARQ. perpendicular (estilo gótico). ● *s. c.* e *i.* **5** línea perpendicular, posición vertical.

perpetrate ['pɜːpɪtreɪt] *v. t.* (form.) perpetrar, cometer, llevar a cabo, consumar (un crimen).

perpetrator ['pɜːpɪtreɪtər] *s. c.* (form.) perpetrador, autor.

perpetual [pə'petʃuəl] *adj.* **1** (generalmente desp.) perpetuo, continuo, incesante, constante. **2** perpetuo: *perpetual snows = nieves perpetuas.*

perpetually [pə'petʃuəlɪ] *adv.* perpetuamente, constantemente, incesantemente, continuamente.

perpetuate [pə'petʃueɪt] *v. t.* (form.) perpetuar: *perpetuating sex inequality = perpetuando la desigualdad de los sexos.*

perpetuation [pə,petʃu'eɪʃn] *s. i.* perpetuación.

perpetuity [,pɜːpɪ'tjuːətɪ ‖ ,pɜːpɪ'tuːətɪ] *s. i.* **1** perpetuidad, eternidad. **2** anualidad perpetua, renta perpetua. ◆ **3 in** ~, a perpetuidad, para siempre.

perplex [pə'pleks] *v. t.* (form.) dejar perplejo, desconcertar, desorientar, confundir.

perplexed [pə'plekst] *adj.* **1** (form.) perplejo, desconcertado, confuso, desorientado. **2** complicado, enredado, confuso.

perplexing [pə'pleksɪŋ] *adj.* (form.) que deja perplejo, confuso, desconcertante.

perplexity [pə'pleksətɪ] *s. i.* (form.) perplejidad, desconcierto, desorientación, confusión.

perquisite ['pɜːkwɪzɪt] *s. c.* (form.) beneficio extra, incentivo.

persecute ['pɜːsɪkjuːt] *v. t.* **1** perseguir, hostigar, maltratar, oprimir. **2** molestar, vejar, atormentar.

persecution [,pɜːsɪ'kjuːʃn] *s. c.* e *i.* persecución, hostigamiento, opresión.

persecutor ['pɜːsɪkjuːtər] *s. c.* perseguidor, torturador.

perseverance [,pɜːsɪ'vɪərəns] *s. c.* perseverancia, constancia, tenacidad, persistencia, tesón.

persevere [,pɜːsɪ'vɪər] *v. i.* (**to** ~ {**at/in/with**}) perseverar, insistir, persistir, continuar con tenacidad, no abandonar.

persevering [,pɜːsɪ'vɪərɪŋ] *adj.* perseverante, tenaz, insistente, persistente.

Persia ['pɜːʃə] *s. sing.* Persia.

Persian ['pɜːʃən] *adj.* **1** persa, de Persia (lengua, nacionalidad, etc.). ● *s. i.* **2** persa (la lengua).

persimmon [pɜː'sɪmən] *s. c.* BOT. caqui, placaminero.

persist [pə'sɪst] *v. i.* **1** (**to** ~ {**in/with**}) persistir, insistir, obstinarse, obcecarse, empeñarse. **2** persistir, continuar, seguir: *if the rain persists we'll stay home = si sigue lloviendo nos quedaremos en casa.*

persistence [pə'sɪstəns] *s. i.* **1** persistencia, insistencia, continuidad. **2** persistencia, perseverancia, tenacidad.

persistent [pə'sɪstənt] *adj.* (generalmente desp.) **1** persistente, pertinaz, continuo. **2** persistente, permanente: *a persistent sore throat = un dolor de garganta persistente.*

persistently [pə'sɪstəntlɪ] *adv.* **1** persistentemente, constantemente, permanentemente. **2** tenazmente, con tesón, con determinación, con firmeza.

person ['pɜːsn] *s. c.* **1** (*pl.* **people**) persona. **2** (*pl.* **persons**) DER. persona: *missing persons = desaparecidos.* **3** (*pl.* **persons**) (form.) persona, cuerpo: *he was carrying a weapon concealed about his person = llevaba consigo un arma escondida.* **4** personalidad, carácter: *the religious person in me = mi personalidad religiosa.* ● *s. c.* e *i.* **5** (*pl.* **persons**) GRAM. persona. ◆ **6 in** ~, en persona, personalmente. **7 in the** ~ **of,** (form.) en, en la persona de: *we have an admirer in the person of Peter = tenemos un admirador en Peter.* OBS. **-person,** funciona como sufijo en palabras como **chairperson, spokesperson,** en lugar de **man** o **woman,** e indica que una persona realiza un trabajo determinado sin prejuzgar el sexo de la persona que lo desempeña.

persona [pɜː,səunə] *s. c.* **1** (form.) personaje; imagen; carácter. ◆ **2** ~ **non grata,** persona non grata.

personable ['pɜːsnəbl] *adj.* agradable.

personage ['pɜːsnɪdʒ] *s. c.* **1** (form.) personaje, persona famosa. **2** personaje (dramático).

personal ['pɜːsnl] *adj.* **1** personal, privado, particular. **2** personal, en persona: *a personal visit = una visita en persona.* **3** personal, íntimo, maleducado, rudo, grosero (una observación, una persona). **4** (form.) íntimo, personal, corporal (la higiene). **5** DER. personal, privado: *personal possessions = propiedades privadas.* **6** GRAM. personal. ● *s. c.* **7** (EE UU) anuncio personal, nota personal (en un periódico). ◆ **8** ~ **assistant,** secretario particular. **9** ~ **column,** PER. sección de anuncios personales. **10** ~ **computer,** INF. ordenador personal. **11** ~ **organizer,** agenda; agenda electrónica. **12** ~ **pronoun,** GRAM. pronombre personal.

personality [,pɜːsə'nælɪtɪ] *s. c.* e *i.* **1** personalidad, carácter, naturaleza. ● *s. c.* **2** personalidad, celebridad. ◆ **3 personalities,** alusiones personales, personalismos. **4** ~ **disorder,** trastorno de la personalidad.

personalization ['pɜːsənəlaɪ'zeɪʃn] *s. i.* personalización.

personalize ['pɜːsnəlaɪz] (también **personalise**) *v. t.* **1** personalizar, poner membrete personal a (con iniciales sobres, ropa, etc.). **2** (desp.) personalizar, dar carácter individual a: *don't personalize the subject = no personalices el tema.*

personalized ['pɜːsnəlaɪzd] *adj.* **1** grabado con nombre, marcado con iniciales, con nombre: *personalized envelopes = sobres con el nombre.* **2** personalizado, particularizado, individual: *personalized teaching = enseñanza personalizada.*

personally ['pɜːsnəlɪ] *adv.* **1** personalmente, directamente, en persona. **2** personalmente, particularmente: *Personally, I think... = yo personalmente pienso...* **3** personalmente, como persona, como individuo. **4** personalmente, de forma personal: *she shouldn't take it so personally = no se lo debería tomar de forma tan personal.*

personification [pɜː,sɒnɪfɪ'keɪʃn] *s. c.* e *i.* personificación, encarnación.

personify [pɜː'sɒnɪfaɪ] *v. t.* personificar, encarnar.

personnel [,pɜːsə'nel] *s. pl.* **1** personal, plantilla. **2** MIL. personal, dotación. ● *s. i.* **3** (~ *v.sing./pl.*) personal (departamento en una organización, fábrica): *she used to work in personnel = solía trabajar en personal.*

perspective [pə'spektɪv] *s. i.* **1** ART. perspectiva. **2** perspectiva, objetividad. ● *s. c.* e *i.* **3** perspectiva, punto de vista. ◆ **4 in/into** ~, **a)** en perspectiva; **b)** ART. en perspectiva, de tamaño y posición correctas. **5 out of** ~, ART. sin perspectiva, sin el debido tamaño o posición: *the drawing is out of perspective = al dibujo le falta la perspectiva.*

perspicacious [,pɜːspɪ'keɪʃəs] *adj.* (form.) perspicaz, astuto, sagaz, agudo.

perspicacity [,pɜːspɪ'kæsətɪ] *s. i.* (form.) perspicacia, sagacidad, astucia, agudeza.

perspiration [,pɜːspə'reɪʃn] *s. i.* (form.) transpiración, sudor.

perspire [pə'spaɪə] *v. i.* (form.) transpirar, sudar.

persuade [pə'sweɪd] *v. t.* **1** (**to** ~ + *o.* {+ *inf.*}) persuadir (para), convencer (de). **2** (**to** ~ + *o.* + {**that**}) persuadir, convencer (de que): *he persuaded his father he was sincere = convenció a su padre que era sincero.* **3** (**to** ~ + *o.* + **of**) persuadir de, convencer de. **4** (**to** ~ + *o.* + **into/out of** + *ger.*) persuadir/disuadir de.

persuaded [pə'sweɪdɪd] *adj.* persuadido, convencido.

persuasion [pə'sweɪʒn] *s. i.* **1** persuasión, convicción: *her powers of* *persuasion = su poder de persuasión.* • *s. c.* **2** (form.) creencia, credo, convicción (política, filosófica). **3** (form.) escuela, estilo, género.

persuasive [pə'sweɪsɪv] *adj.* persuasivo, convincente.

persuasively [pə'sweɪsɪvlɪ] *adv.* persuasivamente, convincentemente.

pert [pɜːt] *adj.* **1** descarada (una niña, una joven). **2** gracioso, coquetón (una cosa): *a pert little dress = un vestido coquetón.*

pertain [pə'teɪn] *v. i.* (**to** ~ {**to**}) (form.) pertenecer (a), corresponder (a), atañer (a), incumbir (a), tener que ver (con), tener relación (con): *all questions pertaining to Social Security = todas las preguntas relacionadas con la Seguridad Social.*

pertinacious [ˌpɜːtɪ'neɪʃəs] *adj.* (form.) pertinaz, tenaz; obstinado, terco.

pertinent ['pɜːtɪnənt] *adj.* (~ {**to**}) (form.) pertinente, relevante, oportuno.

perturb [pə'tɜːb] *v. t.* (form.) perturbar, inquietar.

perturbation [ˌpɜːtə'beɪʃn] *s. i.* perturbación, inquietud.

perturbed [pə'tɜːbd] *adj.* inquieto.

Peru [pə'ruː] *s. sing.* (el) Perú.

perusal [pə'ruːzl] *s. i.* (form.) lectura cuidadosa; examen detenido.

peruse [pə'ruːz] *v. t.* **1** (form.) leer cuidadosamente, leer con atención; examinar a fondo. **2** (fig.) leer, estudiar, inspeccionar.

Peruvian [pə'ruːvjən] *adj.* **1** peruano (nacionalidad, origen). • *s. c.* **2** peruano.

pervade [pə'veɪd] *v. t.* (form.) extenderse por, impregnar: *an awful smell pervaded the house = un olor horrible impregnaba la casa.*

pervasive [pə'veɪsɪv] *adj.* penetrante, extendido, omnipresente.

perverse [pə'vɜːs] *adj.* **1** perverso, poco razonable, inaceptable: *she took a perverse pleasure in irritating people = disfrutaba sacando de quicio a la gente.* **2** terco, contumaz. **3** díscolo, desobediente, rebelde: *a perverse child = un niño díscolo.*

perversely [pə'vɜːslɪ] *adv.* tercamente, contumazmente.

perversion [pə'vɜːʃn ‖ pə'vɜːʒn] *s. c.* **1** distorsión, alteración, falseamiento. **2** perversión (sexual). • *s. i.* **3** perversión, corrupción.

perversity [pə'vɜːsɪtɪ] (también **perverseness**) *s. i.* **1** perversidad, depravación. **2** terquedad, contumacia.

pervert [pə'vɜːt] *v. t.* **1** pervertir, corromper, viciar, depravar. **2** emplear mal, utilizar con malos propósitos. **3** distorsionar, alterar, falsear, adulterar. • ['pɜːvɜːt] *s. c.* **4** pervertido, depravado (sexual).

perverted [pə'vɜːtɪd] *adj.* **1** pervertido, depravado, vicioso, corrompido. **2** malsano, enfermizo, perverso.

pesky ['peskɪ] *adj.* (EE UU) (fam.) cargante, molesto, fastidioso.

pessary ['pesərɪ] *s. c.* MED. **1** pesario, dispositivo intrauterino. **2** pesario (anticonceptivo).

pessimism ['pesɪmɪzəm] *s. i.* pesimismo.

pessimist ['pesɪmɪst] *s. c.* pesimista.

pessimistic [ˌpesɪ'mɪstɪk] *adj.* pesimista.

pessimistically [ˌpesɪ'mɪstɪkəlɪ] *adv.* con pesimismo.

pest [pest] *s. c.* **1** plaga. **2** (fam.) pelmazo, pesado (persona); lata, gaita (cosa).

pester ['pestər] *v. t.* molestar, importunar, no dejar en paz.

pesticide ['pestɪsaɪd] *s. i.* QUÍM. pesticida.

pestilence ['pestɪləns] *s. c.* e *i.* (lit.) epidemia, peste.

pestle ['pesl] *s. c.* mano de mortero, mano de almirez.

pet [pet] *s. c.* **1** animal de compañía, animal doméstico, mascota. **2** (a veces desp.) niño mimado, favorito, preferido, predilecto. ◆ **3** *s. sing.* (fam.) cariño, amor, cielo, encanto: *come here, pet = ven aquí, cariño.* **4** rabieta, enfado, enojo (pasajero). • *v. t.* **5** acariciar; mimar (a una persona, a un animal). ◆ **6** (fam.) acariciar, besuquear, sobar. • *v. i.* **7** (fam.) acariciarse, besuquearse, sobarse. ◆ **8** ~ **name,** apelativo cariñoso.

petal ['petl] *s. c.* BOT. pétalo.

petard [pe'tɑːd] *s. c.* **1** petardo. ◆ **2 to be hoist with one's own** ~**,** salirle a uno el tiro por la culata.

peter ['piːtər] *v. i.* (**to** ~ **out**) agotarse, acabarse, desaparecer (gradualmente): *my interest in the matter petered out = mi interés por la materia desapareció poco a poco.*

petit bourgeois ['pətɪˌbuʒwɑː] *s. c.* pequeño burgués.

petite [pə'tiːt] *adj.* pequeña, chiquita, menuda (una mujer).

petitfour [ˌpetɪ'fuər] *s. c.* pastelito, mazapán, galletita.

petition [pɪ'tɪʃn] *s. c.* **1** (~ {**for/against**}) petición, solicitud, instancia. **2** DER. demanda, recurso. **3** ruego, súplica. **4** oración, petición. • *v. i.* **5** (**to** ~ {**for /against**}) solicitar, requerir, pedir.

petitioner [pɪ'tɪʃənər] *s. c.* **1** solicitante, firmante de una solicitud o instancia. **2** DER. demandante, solicitante (de divorcio).

petrification [ˌpetrɪfɪ'keɪʃn] *s. i.* **1** petrificación, fosilización. **2** (form. y fig.) fosilización, estancamiento, paralización (de una institución).

petrified ['petrɪfaɪd] *adj.* **1** petrificado, aterrado, horrorizado. **2** (form. y fig.) petrificado, fosilizado.

petrify ['petrɪfaɪ] *v. t.* **1** petrificar, paralizar, aterrar, horrorizar. • *v. i.* **2** petrificarse, fosilizarse.

petrochemical ['petrəu'kemɪkəl] *s. c.* sustancia petroquímica.

petrodollar ['petrəuˌdolə] *s. c.* petrodólar.

petrol ['petrəl] (en EE UU **gasoline, gas**) *s. i.* **1** (brit.) gasolina, (Am.) bencina, (Am.) nafta. ◆ **2** ~ **bomb,** cóctel molotov, bomba de gasolina. **3** ~ **station,** gasolinera, estación de servicio.

petroleum [pɪ'trəulɪəm] *s. i.* **1** petróleo. ◆ **2** ~ **jelly,** MED. vaselina; (EE UU **petrolatum**).

petticoat ['petɪkəut] *s. c.* **1** enaguas, combinación, (Am.) fustán. **2** (argot) chica, muchacha, mujer. • *adj.* **3** (fam. y arc.) de mujeres, por las mujeres: *petticoat government = un gobierno de mujeres.*

pettifogging ['petɪfɒgɪŋ] *adj.* **1** (arc.) quisquilloso, puntilloso, meticuloso. **2** insignificante, baladí, trivial.

pettiness ['petɪnɪs] *s. i.* **1** mezquindad, estrechez de miras. **2** insignificancia, trivialidad, nimiedad, pequeñez.

pettish ['petɪʃ] *adj.* malhumorado.

petty ['petɪ] *adj.* **1** insignificante, nimio, de poca monta, trivial, menor: *petty problems = problemas insignificantes.* **2** (desp.) mezquino, cicatero, ruin: *don't be so petty = no seas tan mezquino.* ◆ **3** ~ **cash,** dinero para gastos menores (en una oficina). **4** ~ **larceny,** DER. hurto menor, ratería. **5** ~ **officer,** MAR. suboficial de marina.

petulance ['petjuləns] *s. i.* mal humor, enfurruñamiento.

petulant ['petjulənt] *adj.* malhumorado, enfurruñado, de malas pulgas.

petulantly ['petjuləntlɪ] *adv.* malhumoradamente, con malas pulgas, con mal genio.

petunia [pɪ'tjuːnɪə] *s. c.* BOT. petunia.

pew [pjuː] *s. c.* **1** banco (de iglesia). ◆ **2 to take a** ~**,** (brit.) (fam.) tomar asiento, sentarse.

pewter ['pjuːtər] *s. i.* **1** peltre. • *adj.* **2** de peltre. ◆ **3** ~ **ware,** utensilios de peltre (tazas, platos).

phalanges ['fælændʒɪz] *s. pl.* ⇒ **phalaux.**

phalanx ['fælæŋks] (*pl.* **phalanxes** o **phalanges**) *s. c.* **1** (~ *v.sing./pl.*) (form.) falange: *a phalanx of soldiers = una falange de soldados.* **2** ANAT. falange.

phallic ['fælɪk] *adj.* fálico.

phallus ['fæləs] *s. c.* falo, pene.

phantasmagoria [ˌfæntæzmə'gɒrɪə ‖ ˌfæntæzmə'gɔːrɪə] *s. c.* fantasmagoría.

phantom ['fæntəm] *s. c.* **1** fantasma, espectro. **2** (fig.) fantasma, ilusión, quimera. • *adj.* **3** fantasma, fantasmal; imaginario, irreal. ◆ **4** ~ **limb,** miembro fantasma (sensación imaginaria en un miembro amputado). **5** ~ **pregnancy,** embarazo psicológico.

pharaoh ['feərəu] *s. c.* faraón.

Pharisee ['færɪsiː] *s. c.* **1** HIST. fariseo. ◆ **2 pharisee,** (form. y desp.) fariseo, hipócrita.

pharmaceutical [ˌfɑːmə'sjuːtɪkl] *adj.* **1** farmacéutico. ◆ **2 pharmaceuticals,** productos farmacéuticos.

pharmacist ['fɑːməsɪst] *s. c.* farmacéutico, boticario, (Am.) químico farmacéutico.

pharmacologist [ˌfɑːmə'kɒlədʒɪst] *s. c.* farmacólogo.

pharmacology [ˌfɑːmə'kɒlədʒɪ] *s. i.* farmacología.
pharmacy ['fɑːməsɪ] *s. c.* **1** (form.) farmacia, botica. • *s. i.* **2** farmacia (ciencia).
phase [feɪz] *s. c.* **1** fase, período, etapa. **2** ASTR. fase. **3** parte, aspecto (de una operación). • *v. t.* **4** realizar en fases, proyectar por etapas, organizar en fases: *the course is phased = el curso está organizado en fases.* ◆ **5 to ~ in,** introducir gradualmente, implantar por etapas: *the new sytem will be phased in = se implantará gradualmente el nuevo sistema.* **6 to ~ out,** retirar gradualmente, eliminar por etapas. **7 in ~,** sincronizado, correlacionado, en fase. **8 out of ~,** desincronizado, sin correlación, fuera de fase.
PhD [ˌpiːeɪtʃ'diː] *s. c.* doctorado (título); doctor (persona).
pheasant ['feznt] *s. c.* (*pl.* **pheasant**) ZOOL. faisán.
phenomena [fɪ'nɒmɪnə] *pl.* de **phenomenon.**
phenomenal [fɪ'nɒmɪnəl] *adj.* **1** fenomenal, excepcional, extraordinario. **2** FIL. fenoménico, percibido por los sentidos.
phenomenally [fɪ'nɒmɪnəlɪ] *adv.* extremadamente, excepcionalmente, extraordinariamente.
phenomenon [fɪ'nɒmɪnən] (*pl.* **phenomena**) *s. c.* **1** FIL. fenómeno. **2** fenómeno, prodigio, portento.
pheromone ['ferəməun] *s. c.* feromona.
phew [fjuː] *interj.* ¡puf!, ¡fiu! (sonido silbante que expresa sorpresa, cansancio).
phial ['faɪəl] (también **vial**) *s. c.* frasco, ampolla.
philanderer [fɪ'lændərər] *s. c.* mujeriego, tenorio, conquistador.
philanthropic [ˌfɪlən'θrɒpɪk] *adj.* filantrópico.
philanthropist [fɪ'lænθrəpɪst] *s. c.* filántropo, benefactor.
philanthropy [fɪ'lænθrəpɪ] *s. i.* filantropía.
philatelist [fɪ'lætəlɪst] *s. c.* filatelista, coleccionista de sellos.
philately [fɪ'lætəlɪ] *s. i.* filatelia.
philharmonic [ˌfɪlhɑː'mɒnɪk] *adj.* filarmónico.
Philippine ['fɪlɪpiːn] *adj.* **1** filipino (nacionalidad).
Philippines ['fɪlɪpiːnz] *s. sing.* Filipinas.
philistine ['fɪlɪstaɪn] *s. c.* **1** inculto, ignorante (que se vanagloria de ello). • *adj.* **2** ignorante, inculto.
philistinism ['fɪlɪstɪnɪzəm] *s. i.* ignorancia, incultura.
philologist [fɪ'lɒlədʒɪst] *s. c.* filólogo.
philology [fɪ'lɒlədʒɪ] *s. i.* filología.
philosopher [fɪ'lɒsəfər] *s. c.* **1** filósofo. **2** (fig.) filósofo, pensador.
philosophic [ˌfɪlə'sɒfɪkl] (también **philosophical**) *adj.* **1** filosófico: *a philosophical essay = un ensayo filosófico.* **2** (fig.) filosófico, estoico: *to be philosophical about something = tomarse algo con filosofía.*
philosophically [ˌfɪlə'sɒfɪkəlɪ] *adv.* **1** filosóficamente. **2** (fig.) filosóficamente, estoicamente, con filosofía.
philosophize [fɪ'lɒsəfaɪz] (también **philosophise**) *v. i.* (**to ~ {about}**) filosofar, especular.
philosophy [fɪ'lɒsəfɪ] *s. i.* filosofía.
phlegm [flem] *s. i.* **1** flema, mucosidad. **2** (form.) flema, calma, cuajo, cachaza, pachorra.
phlegmatic [fleg'mætɪk] *adj.* (form.) flemático, cachazudo.
phobia ['fəubjə] *s. c.* (**~ {about}**) fobia, aversión.
phobic ['fəubɪk] *adj.* fóbico.
phoenix ['fiːnɪks] *s. c.* **1** fénix, ave fénix. **2** ASTR. constelación fénix. ◆ **3 to rise like a ~ from the ashes,** resurgir de las cenizas como el ave fénix.
phoenix-like ['fiːnɪksˌlaɪk] *adj.* como ave fénix.
phone [fəun] *s. c.* e *i.* **1** teléfono. **2** (EE UU) audífono. **3** FON. fonema. • *v. t.* e *i.* **4** (**to ~ {up}**) telefonear, llamar por teléfono. ◆ **5 to be on the ~, a)** estar al teléfono, estar hablando por teléfono; **b)** tener teléfono, estar abonado al teléfono: *she wasn't on the phone = no tenía teléfono.* **6 ~ book,** guía telefónica. **7 to ~ in,** llamar por teléfono al centro de trabajo/a la radio (para justificar una ausencia, recibir instrucciones).
phone-booth ['fəunˌbuːð] *s. c.* **1** locutorio telefónico. **2** (EE UU) cabina telefónica.
phone-box ['fəunˌbɒks] *s. c.* cabina telefónica.
phone-in ['fəunˌɪn] *s. c.* RAD. programa con llamadas telefónicas de oyentes.
phoneme ['fəuniːm] *s. c.* fonema.
phonetic [fə'netɪk] *adj.* fonético.
phonetically [fə'netɪkəlɪ] *adv.* fonéticamente.
phonetics [fə'netɪks] *s. i.* fonética.
phoney ['fəunɪ] (en EE UU **phony**) *adj.* **1** (fam. y desp.) falso; fingido, simulado: *a phoney accent = un acento falso.* **2** falso, hipócrita (una persona). • *s. c.* **3** fraude, engaño (una persona, una cosa).
phony *adj.* ⇒ **phoney.**
phonograph ['fəunəgrɑːf] *s. c.* (EE UU y brit.) (arc.) gramófono, fonógrafo.
phonological [ˌfəunə'lɒdʒɪkl] *adj.* fonológico.
phonology [fə'nɒlədʒɪ] *s. i.* fonología.
phooey ['fuːɪ] *interj.* (fam.) ¡puf!, ¡bueno!, ¡tonterías! (expresa desprecio, decepción o irritación).
phosphate ['fɒsfeɪt] *s. c.* e *i.* **1** QUÍM. fosfato. **2** fertilizante (para plantas).
phosphorescence [ˌfɒsfə'resns] *s. i.* fosforescencia, luminiscencia.
phosphorescent [ˌfɒsfə'resnt] *adj.* fosforescente, luminiscente.
phosphorus ['fɒsfərəs] *s. i.* fósforo.
photo ['fəutəu] *s. c.* (*pl.* **photos**) **1** (fam.) foto, fotografía.• *prefijo* **2** foto-: *photoelectric = fotoeléctrico.* ◆ **3 ~ finish,** resultado comprobado por fotocontrol (en una carrera); (fig.) final muy reñido, competición muy reñida: *a photo finish contest = un concurso con final muy reñido.*
photochemical [ˌfəutəu'kemɪkəl] *adj.* fotoquímico.
photocopier ['fəutəuˌkɒpɪər] *s. c.* fotocopiadora.
photocopy ['fəutəuˌkɒpɪ] *s. c.* **1** fotocopia. • *v. t.* **2** fotocopiar.
photoelectric [ˌfəutəuɪ'lektrɪk] *adj.* fotoeléctrico.
Photofit ['fəutəufɪt] *adj.* retrato robot (es marca registrada y forma compuesto con un nombre): *a Photofit picture = un retrato robot.*
photogenic [ˌfəutə'dʒenɪk] *adj.* **1** fotogénico. **2** BIOL. fotógeno, fosforescente. **3** FÍS. fotogénico, causado por la luz.
photograph ['fəutəgrɑːf ‖ 'fəutəgræf] *s. c.* **1** fotografía. • *v. t.* **2** fotografiar, hacer fotografías a, sacar fotografías de. ◆ **3 to ~ well,** ser fotogénico, salir bien en las fotos: *models usually photograph well = las modelos suelen ser muy fotogénicas.* **4 to take a ~,** sacar una foto.
photographer [fə'tɒgrəfər] *s. c.* fotógrafo.
photographic [ˌfəutə'græfɪk] *adj.* **1** fotográfico. **2** fotográfica (la memoria).
photography [fə'tɒgrəfɪ] *s. i.* fotografía.
photon ['fəutɒn] *s. c.* fotón.
photosensitive [ˌfəutəu'sensɪtɪv] *adv.* fotosensible.
photostat ['fəutəustæt] *s. c.* **1** fotostato, copia fotostática (es marca registrada). • *v. t.* **2** fotocopiar con fotostato, hacer una copia fotostática de.
photosynthesis [ˌfəutəu'sɪnθəsɪs] *s. i.* fotosíntesis.
phrasal verb [ˌfreɪzl'vɜːb] *s. c.* GRAM. verbo con partícula (*prep.* o *adv.*).
phrase [freɪz] *s. c.* **1** frase, locución. **2** expresión, giro, dicho. **3** MÚS. frase. • *v. t.* **4** formular, expresar (oralmente o por escrito): *she phrased it well = lo expresó bien.* **5** MÚS. dividir en frases. ◆ **6 in ... ~/to use ... ~** en palabras de ..., según ... **7 ~ book,** libro de frases hechas. **8 to turn a ~,** expresarse de forma original, expresarse con ingenio. **9 turn of ~,** forma de expresarse: *an elegant turn of phrase = una forma de expresarse elegante.*
phraseology [ˌfreɪzɪ'ɒlədʒɪ] *s. i.* fraseología.
phrasing [freɪzɪŋ] *s. i.* **1** fraseología; estilo, modo de expresarse; términos; redacción. **2** MÚS. fraseo.
phrenologist [frɪ'nɒlədʒɪst] *s. c.* frenólogo.
phrenology [frɪ'nɒlədʒɪ] *s. i.* frenología.
phut [fʌt] *interj.* **1** (brit.) (fam.) puf, pof (sonido de una máquina que deja de funcionar, de algo que estalla). ◆ **2 to go ~,** (brit.) (fam.) estropearse, averiarse, hacer puf.
physical ['fɪzɪkəl] *adj.* **1** físico, corporal: *physical strength = fuerza física.* **2** físico, material. **3** físico, de la física. **4** GEOG. física. **5** (euf.) violento, brutal, brusco (especialmente en deporte). **6** (fam.) sobón, tocón, pulpo. **7** real (un hecho). • *s. c.* **8**

MED. reconocimiento médico, chequeo médico. ◆ **9** ~ **education,** educación física. **10** ~ **jerks,** (arc. y hum.) ejercicios físicos, gimnasia (para estar en forma). **11** ~ **science/sciences,** ciencia(s) físicas. **12** ~ **training,** preparación física, entrenamiento.

physically ['fɪzɪkəlɪ] *adv.* **1** físicamente, corporalmente. **2** físicamente, materialmente, realmente. **3** (fam.) físicamente, completamente, totalmente: *it's physically impossible = es totalmente imposible.*

physician [fɪ'zɪʃn] *s. c.* **1** (form.) médico, doctor. **2** (EE UU) curandero.

physicist ['fɪzɪsɪst] *s. c.* físico, especialista en ciencias físicas.

physics ['fɪzɪks] *s. i.* **1** física. **2** física, propiedades físicas, leyes físicas.

physio ['fɪzɪəu] *s. c.* **1** (fam.) fisioterapeuta. ● *s. i.* **2** fisioterapia. ● *prefijo.* **3** fisio-: *physiological = fisiológico.*

physiognomy [ˌfɪzɪ'ɒnəmɪ] *s. c.* **1** (form.) fisionomía, fisonomía. **2** fisonomía, características geográficas (de un país).

physiological [ˌfɪzɪə'lɒdʒɪkl] (también **physiologic**) *adj.* fisiológico.

physiologist [ˌfɪzɪ'ɒlədʒɪst] *s. c.* fisiólogo.

physiology [ˌfɪzɪ'ɒlədʒɪ] *s. i.* fisiología.

physiotherapist [ˌfɪzɪəu'θerəpɪst] *s. c.* MED. fisioterapeuta.

physiotherapy [ˌfɪzɪəu'θerəpɪ] *s. i.* MED. fisioterapia.

physique [fɪ'ziːk] *s. c.* e *i.* físico, aspecto físico, planta: *a splendid physique = un físico espléndido.*

phytoplankton [ˌfaɪtə'plæŋktən] *s. i.* fitoplancton.

pi [paɪ] *num.* **1** GEOM. pi, 3.14159. **2** decimosexta letra del alfabeto griego. **3** mezcla de tipos, pastel, encaballado (en imprenta). ● *v. t.* **4** mezclar, encaballar, empastelar (los caracteres, los renglones en imprenta).

pianissimo [pjæ'nɪsɪməu] *adv.* MÚS. **1** pianísimo. ● *adj.* **2** pianísimo.

pianist ['pɪənɪst] *s. c.* pianista.

piano [pj'ɑːnəu] *s. c.* e *i.* MÚS. **1** piano. ● *adv.* **2** piano, suavemente.

pianoforte [ˌpjænəu'fɔːtɪ] *s. c.* e *i.* (form) MÚS. piano.

piazza [pɪ'ætsə] *s. c.* **1** plaza (en ciudades italianas). **2** pórtico, galería, columnata; soportales. **3** (EE UU) porche, terraza.

picalilli ['pɪkəlɪlɪ] *s. i.* salsa picante a base de verduras en vinagre (que se toma con la carne).

picaresque [ˌpɪkə'resk] *adj.* LIT. picaresco (un género).

piccolo ['pɪkələu] (*pl.* **piccolos**) *s. c.* MÚS. flautín.

pick [pɪk] *v. t.* **1** elegir, escoger; seleccionar; optar por. **2** coger, recoger; recolectar: *they were picking fruit = estaban recogiendo fruta.* **3** (**to** ~ + *o.* + {**from/off/out of**}) coger de: *she picked a book off the shelf = cogió un libro del estante.* **4** hurgarse (la nariz). **5** mondarse, limpiarse, escarbarse (los dientes). **6** provocar, causar intencionadamente: *to pick a fight = provocar una riña.* **7** picar, picotear (los pájaros). **8** forzar, abrir con ganzúa. **9** (EE UU) desplumar (un ave). **10** picar, cavar, hacer (un agujero). **11** pulsar, puntear (cuerdas). **12** lanzar (la lanzadera al tejer). **13** tirar, lanzar, arrojar. ● *s. i.* **14** elección, opción, selección. **15** (**the** ~ **of**) lo mejor de, la crema de, lo más escogido de: *the pick of the month = lo mejor del mes.* **16** recolección, cosecha. ● *s. c.* **17** pico, piqueta. **18** MÚS. púa. **19** hilo de la trama (de un tejido). **20** golpe de lanzadera (al tejer). ◆ **21 to have a bone to** ~ **with someone,** ⇒ **bone. 22 to have one's** ~, escoger lo que a uno le gusta, elegir a gusto de uno. **23 to** ~ **and choose,** (fam.) andar escogiendo, escoger con muchos miramientos. **24 to** ~ **at, a)** picar, picotear, comer sin ganas (la comida); **b)** arrancar, hurgar en (costra, herida); **c)** (fam.) regañar, irritar, picar. **25 to** ~ **holes in,** (fam.) sacar faltas a, poner pegas a (de un argumento). **26 to** ~ **one's way,** andar con tiento, caminar con cuidado. **27 to** ~ **off, a)** matar a tiros sucesivos, tirotear (uno a uno); **b)** (EE UU) DEP. eliminar de un golpe, poner fuera de juego con un golpe (en béisbol); **c)** (EE UU) DEP. interceptar un pase (en fútbol). **28 to** ~ **on, a)** (fam.) meterse con, tomarla con; **b)** escoger, elegir. **29 to** ~ **out, a)** elegir con cuidado, escoger con esmero, entresacar; **b)** distinguir, reconocer, discernir, identificar; **c)** (generalmente *pas.*) resaltar, destacar (en un cuadro): *the trees were picked out in an intense green = los árboles se destacaban en un color verde intenso.* **d)** MÚS. tocar de oído (una melodía). **30 to** ~ **over,** tomar y examinar con cuidado, escoger (generalmente fruta). **31 to** ~ **someone's brains,** robar parte del tiempo a alguien, pedir ayuda sobre una materia a alguien: *can I pick your brains about this exercise? = ¿puedo robarle un poco de su tiempo para ayudarme con este ejercicio?* **32 to** ~ **someone's pocket,** robar a alguien lo que lleva en el bolsillo, quitar a alguien la cartera. **33 to** ~ **up, a)** recoger, levantar (del suelo); **b)** levantarse del suelo; recuperarse, recobrarse (después de un error, un susto, una enfermedad); **c)** juntar, recoger, acumular (objetos); **d)** retomar, continuar, tomar el hilo de (una conversación); **e)** adquirir, aprender (ideas, hábitos); obtener, comprar, adquirir: *where did you pick up this cupboard? = ¿dónde compraste este armario?;* comprender, entender: *you'll soon pick it up = lo vas a entende en seguida*; coger (una enfermedad); **f)** ir a buscar, ir a recoger; **g)** (fam.) coger, recoger (a un autostopista); **h)** (fam.) ligar con, enrollarse con (un desconocido); **i)** detener, arrestar (a un criminal); **j)** captar, recibir, interceptar (un mensaje, la radio); **k)** ECON. mejorar, recuperarse. **34 to** ~ **up speed,** acelerar, tomar velocidad. **35 to** ~ **up the pieces,** (fig.) recoger los pedazos (después de un desastre). **36 to** ~ **up the tab,** (fam.) pagar la cuenta; correr con los gastos. **37 to take one's** ~, escoger, elegir (lo que uno quiera).

pickax *s. c.* ⇒ pickaxe.

pickaxe ['pɪkæks] (en EE UU **pickax**) *s. c.* **1** pico, piqueta. ● *v. t.* **2** picar con piqueta.

picked [pɪkt] *adj.* escogido, elegido, selecto.

picker ['pɪkər] *s. c.* recolector.

picket ['pɪkɪt] *s. c.* **1** piquete (de huelga). **2** MIL. piquete. **3** estaca puntiaguda, piquete. ● *v. t.* **4** actuar como piquete en (una fábrica, huelga). **5** MIL. colocar piquetes en.

picketing ['pɪkɪtɪŋ] *s. i.* actuación de piquetes, vigilancia de piquetes.

picket-line ['pɪkɪtˌlaɪn] *s. c.* línea de piquetes de huelga, grupo de vigilancia de huelguistas.

pickings ['pɪkɪŋz] *s. pl.* **1** ganancias extra, comisiones adicionales, sobresueldo (ganados deshonestamente en ciertas empresas o actividades). **2** sobras, desperdicios.

pickle ['pɪkl] *s. i.* **1** escabeche, adobo, salmuera. **2** (brit.) encurtido (de verduras); (EE UU) encurtido de pepino. **3** (fam.) lío, aprieto, apuro. **4** ácido para limpiar metales oxidados. ● *s. c.* **5** (brit.) (fam.) diablo, pilluelo. ● *v. t.* **6** encurtir, escabechar, conservar en vinagre. **7** limpiar con ácido, dar un baño químico a (un metal).

pickled ['pɪkld] *adj.* **1** en vinagre, en escabeche, en salmuera. **2** (fam.) borracho, mamado, (Am.) chupado.

pick-me-up ['pɪkmiːʌp] *s. c.* **1** (fam.) estimulante, reconstituyente, tónico (para animarse, para ponerse fuerte). **2** tentempié, refrigerio.

pickpocket ['pɪkˌpɒkɪt] *s. c.* carterista, ratero, (Am.) pericote.

pick-up ['pɪkʌp] *s. c.* **1** brazo (fonocaptor) (de tocadiscos). **2** camioneta, furgoneta. **3** reparto, distribución. **4** (fam.) ligue, rollo, conquista (especialmente una mujer). **5** recogida, encuentro (un punto). **6** DEP. recogida (de pelota). **7** (argot) arresto, detención. **8** pasajero, viajero. **9** RAD. dispositivo de captación (de ondas). ● *s. i.* **10** (EE UU) aceleración, aceleramiento (de un automóvil). ◆ **11** ~ **truck,** camioneta, furgoneta.

picky ['pɪkɪ] *adj.* (EE UU) (fam. y desp.) quisquilloso, melindroso.

picnic ['pɪknɪk] *s. c.* **1** merienda campestre; comida campestre. **2** (fam.) tarea fácil. ● *v. i.* (*pret.* y *p. p.* **picnicked**) **3** merendar en el campo, ir de merienda al campo. ◆ **4 to be no** ~, (fam.) no ser tarea fácil, no ser nada fácil.

picnicker ['pɪknɪkər] *s. c.* excursionista, participante en una merienda campestre.

pictorial [pɪk'tɔːrɪəl] *adj.* **1** pictórico. **2** ilustrado, gráfico.

picture ['pɪktʃər] *s. c.* **1** pintura, cuadro; dibujo; lámina, ilustración. **2** fotografía. **3** TV. imagen. **4** (fig.) descripción, imagen, visión, cuadro: *an awful picture of her future = una horrible descripción de su futuro.* **5** situación, circunstancia. **6** maravilla, belleza, hermosura: *the mountains are a picture with the snow = las montañas son muy hermosas con nieve.* **7** película, filme. • *v. t.* **8** imaginar. **9** pintar, representar, retratar. **10** (fig.) describir, ilustrar, ofrecer una visión. ◆ **11 a ~ of health/misery, etc. ...,** la salud/la miseria, etc. ... personificada, la viva imagen de la salud/de la miseria, etc. ... **12 to get the ~,** (fam.) entender la situación; coger el mensaje. **13 the pictures,** (brit.) el cine; la industria del cine. **14 to put someone in the ~,** (fam.) poner a alguien al tanto.

picture-book ['pɪktʃəbuk] *s. c.* libro infantil ilustrado.

picture-rail ['pɪktʃəreɪl] *s. c.* moldura (situada en la pared, bajo el techo para colgar cuadros).

picturesque [,pɪktʃə'resk] *adj.* **1** pintoresco, encantador, atractivo (un lugar). **2** pintoresco, extraño, raro (una persona, sus ropas). **3** (euf.) expresivo, descriptivo, colorista (el lenguaje).

picturesquely [,pɪktʃə'resklɪ] *adv.* pintorescamente.

piddle ['pɪdl] *v. i.* (fam.) **1** mear, hacer pis. • *v. t.* **2** malgastar, perder (tiempo). • *s. i.* **3** pis, orina, meados.

piddling ['pɪdlɪŋ] *adj.* (fam. y desp.) sin importancia, insignificante, trivial, de poca monta.

pidgin ['pɪdʒɪn] *s. c.* e *i.* lengua franca (mezcla de dos o más idiomas, generalmente usada en los negocios).

pie [paɪ] *s. c.* e *i.* **1** empanada, pastel (de carne). **2** tarta, pastel, bizcocho relleno. **3** ZOOL. urraca. ◆ **4 as easy as ~,** ⇒ **easy. 5 to eat humble ~,** ⇒ **humble. 6 to have a finger in every ~,** ⇒ **finger. 7 ~ in the sky,** (fam.) castillos en el aire. **8 ~ chart,** gráfico sectorial, gráfico por sectores.

piebald ['paɪbɔːld] *adj.* pío; de dos colores, moteado (un animal).

piece [piːs] *s. c.* **1** (~ {**of**}) trozo, pedazo. **2** ART. obra, pieza (musical, literario, etc.). **3** prenda (de vestir). **4** ficha, pieza (de juego). **5** PER. artículo, noticia. **6** moneda, pieza: *10 pieces of gold = 10 monedas de oro.* **7** trabajo realizado (a destajo): *they are paid by the piece = les pagan por trabajo realizado.* **8** (fam.) arma. **9** un acto de, un ejemplo de: *a piece of folly = una locura.* **10** (argot y vulg.) tía, gachí. • *v. t.* **11** remendar. **12** (**to ~ together**) pegar las partes de, unir los fragmentos de. **13** (**to ~ together**) (fig.) atar cabos. • *sufijo.* **14 -piece,** de... piezas, de... elementos: *a 15-piece coffee set = un juego de café de 15 piezas.* ◆ **15 a ~ of cake,** ⇒ **cake. 16 all of a ~,** de una sola pieza. **17 bits and pieces,** ⇒ **bit. 18 to give someone a ~ of one's mind,** ⇒ **mind. 19 to go to pieces,** desmoronarse, venirse abajo, desmoralizarse (una persona). **20 in one ~,** entero, de una pieza, en perfecto estado (una persona). **21 in pieces,** hecho pedazos, acabado, roto (un plan, un sistema). **22 of a ~** (form.) del mismo tipo, de la misma clase. **23 to pick up the** pieces, ⇒ **pick up. 24 ~ by ~,** trozo a trozo. **25 to say one's ~,** expresar su opinión, decir todo lo que hay que decir. **26 to tear/pull to pieces,** (fam.) hacer pedazos, destrozar (un objeto, una teoría). **27 to pieces,** en pedazos, roto, deshecho, destrozado.

piecemeal ['piːsmiːl] *adj.* **1** gradual; fragmentado; a intervalos. • *adv.* **2** gradualmente, poco a poco, por etapas. **3** por fragmentos, por trozos.

piecework ['piːswɜːk] *s. i.* trabajo a destajo.

pie-eyed [,paɪ'aɪd] *adj.* (fam. y hum.) ajumado, achispado.

pier [pɪər] *s. c.* **1** espigón, malecón (con restaurantes, diversiones). **2** embarcadero, muelle. **3** ARQ. pilar, machón, pilastra; entrepaño, muro entre ventanas.

pierce [pɪəs] *v. t.* **1** agujerear, perforar; atravesar; pinchar: *to have one's ears pieced = hacerse agujeros en las orejas.* **2** cortar; apuñalar. **3** (fig.) penetrar, atravesar (la luz, el sonido). **4** comprender. **5** paralizar: *pierced by terror = paralizado por el terror.*

pierced ['pɪəst] *adj.* agujereado, perforado, horadado.

piercing ['pɪəsɪŋ] *adj.* **1** cortante, helado (el viento). **2** estremecedor, desgarrador (un sonido). **3** penetrante, agudo, punzante (un dolor, una mirada). **4** inquisitivo.

piercingly [pɪəsɪŋlɪ] *adv.* **1** estremecedoramente, desgarradoramente. **2** penetrantemente, agudamente, punzantemente. **3** inquisitivamente.

pierrette ['pɪəret] *s. c.* ⇒ **pierrot.**

pierrot ['pɪərəu] (*f.* **pierrette**) *s. c.* pierrot.

piety [paɪətɪ] (también **piousness**) *s. i.* (form.) piedad, devoción, fervor religioso.

piffle ['pɪfl] *s. i.* (fam.) tonterías, disparates, chorradas.

piffling ['pɪflɪŋ] *adj.* (fam.) ridículo, insignificante, trivial, absurdo.

pig [pɪg] (en EE UU **hog**) *s. c.* **1** ZOOL. puerco, cerdo, gorrino, cochino, marrano, (Am.) chancho. **2** carne de cerdo. **3** (fam. y fig.) cerdo, marrano, cochino. **4** (brit.) (fam.) puñeta, putada (un asunto, un problema). **5** (fam. y desp.) poli, policía. **6** lingote (de metal); molde de lingote. • *v. i.* **7** parir (una cerda). **8** (**to ~ {out/on}**) vivir como un cerdo. ◆ **9 to make a ~ of oneself,** (brit.) (fam.) ponerse como un cerdo, darse un atracón. **10 to make a pig's ear of,** (brit.) (fam.) estropear, fastidiar (algo). **11 ~ in a poke,** trato a ciegas, gato por liebre. **12 to ~,** (brit.) vivir como cerdos. **13 pigs might fly,** (fam. y hum.) imposible, y qué más, claro, como que los cerdos vuelan (ante algo que no se cree). **14 ~/piggy in the middle,** (brit.) balón prisionero, bureo, buré (juego infantil de pelota); (nadar) entre dos aguas, (estar) entre dos fuegos.

pigeon ['pɪdʒən] (*pl.* **pigeon** o **pigeons**) *s. c.* **1** ZOOL. pichón, paloma, palomo. **2** primo, incauto. ◆ **3 to be someone's ~,** (fam.) ser responsabilidad de alguien, ser asunto de alguien. **4 to set/put the cat among the pigeons,** mentar la bicha, mentar el diablo, armar el follón (al decir o hacer algo inesperado que causa disgusto).

pigeon-hole ['pɪdʒənhəul] *s. c.* **1** casilla, casillero (para cartas, papeles). ◆ **2** (fam.) compartimento, categoría, clase. • *v. t.* **3** archivar, dar carpetazo a (un asunto). **4** encasillar, etiquetar, clasificar (algo o a alguien).

piggery ['pɪgərɪ] *s. c.* **1** granja de cerdos. **2** pocilga, cochiquera, zahúrda. • *s. i.* **3** (desp.) cerdada, guarrería, indecencia.

piggy ['pɪgɪ] *s. c.* (fam.) **1** cerdito, lechón, cochinillo, (Am.) chanchito. • *adj.* **2** (desp.) glotón, goloso, tragón (un niño). **3** de cerdo: *piggy face = cara de cerdo.*

piggyback ['pɪgɪbæk] *s. c.* **1** carrera a cuestas, paseo sobre los hombros (a un niño). • *adv.* **2** a cuestas, a caballo, sobre los hombros: *I carried her piggyback = la llevé a cuestas.*

piggybank ['pɪgɪbæŋk] *s. c.* hucha (en forma de cerdito).

pigheaded [,pɪg'hedɪd] *adj.* (fam. y desp.) terco, cabezota, obstinado, testarudo.

piglet ['pɪglɪt] *s. c.* cerdito, lechón, cochinillo, (Am.) chanchito.

pigment ['pɪgmənt] *s. c.* e *i.* **1** pigmento, colorante. • *s. i.* **2** BIOL. pigmento.

pigmentation [,pɪgmen'teɪʃn] *s. i.* pigmentación, coloración.

pigpen ['pɪgpen] *s. c.* (EE UU) pocilga, cochiquera, zahúrda.

pigskin [,pɪgskɪn] *s. i.* **1** piel de cerdo. **2** (fam.) balón de fútbol. **3** (fam.) silla de montar.

pigsty [,pɪgstaɪ] *s. c.* **1** pocilga, cochiquera, zahúrda. **2** (fig. y fam.) pocilga, leonera: *their house was a real pigsty = su casa era una verdadera pocilga.*

pigtail [,pɪgteɪl] *s. c.* **1** trenza; coleta. **2** hoja de tabaco enrollado.

pike [paɪk] (*pl.* **pike** o **pikes**) *s. c.* **1** ZOOL. lucio. **2** MIL. pica. **3** (EE UU) carretera de peaje. **4** peaje (barrera o dinero). • *v. t.* **5** matar con lanza, herir con pica. • *v. i.* **6** irse deprisa, marchar rápidamente.

pikestaff [,paɪkstɑːf] *s. c.* **1** asta de lanza, asta de pica. ◆ **2 as plain as a ~,** claro como la luz del día, más claro que el agua.

pilaf [pɪ'læf] *s. i.* ⇒ **pilau.**

pilau [pɪ'lau] (también **pilaf**) *s. c.* e *i.* plato oriental a base de arroz con verdura, carne, o pescado y especias.

pilchard ['pɪltʃəd] *s. c.* ZOOL. sardina.

pile [paɪl] *s. c.* **1** (~ {**of**}) montón; pila, cúmulo; montaña. **2** pira funeraria, hoguera. **3** (fam.) montón, abundancia, cantidad, sinnúmero: *piles of problems = cantidad de problemas.* **4** (generalmente *sing.*) (fam.) fortuna, dineral. **5** conjunto grandioso, complejo imponente, mole (edificio). **6** FÍS. reactor nuclear, pila atómica. **7** ELEC. pila, batería. **8** pilar, pilote. **9** HIST. pilo, jabalina romana. • *s. c.* e *i.* **10** pelo, pelillo, lana, lanilla (de un tejido, de una alfombra). • *v.t* **11** (**to** ~ {**on/up**}) amontonar, apilar. • *v. i.* **12** (**to** ~ **up**) acumularse. **13** (fam.) entrar o salir en tropel, entrar o salir desordenadamente: *people piled off the bus = la gente salió del autobús en tropel.* ◆ **14 at the bottom of the** ~, (brit.) (fam.) de la escoria de la sociedad; poco pudiente, poco influyente. **15 at the top of the** ~, con influencias; con dinero, de lo mejor. **16 to make a** ~, ganar una fortuna, hacer el agosto. **17 piles,** MED. hemorroides, almorranas. **18 to** ~ **it on,** (fam.) exagerar, pasarse.

pile-up [,paɪlʌp] *s. c.* colisión múltiple, accidente múltiple (de vehículos).

pilfer [,pɪlfər] *v. t.* e *i.* ratear, sisar, robar (en pequeñas cantidades).

pilfering [,pɪlfərɪŋ] *s. i.* ratería, hurto, sisa.

pilgrim [,pɪlgrɪm] *s. c.* peregrino; romero.

pilgrimage [,pɪlgrɪmɪdʒ] *s. c.* e *i.* peregrinaje, peregrinación; romería.

pill [pɪl] *s. c.* **1** píldora, pastilla. **2** (**the** ~) (fam.) la píldora (anticonceptiva). **3** (argot) pelota, bola de billar, bala de cañón. **4** disgusto, sinsabor. **5** bobalicón, papanatas. • *v. t.* **6** recetar píldoras a, dar pastillas a. **7** (argot) boicotear, rechazar, votar en contra de. **8** (arc.) extorsionar, chantajear. • *v. i.* **9** formar bolas, hacer bolas (un tejido). **10** (brit.) desprenderse en escamas, desprenderse en copos. ◆ **11 a bitter** ~**/a bitter** ~ **to swallow,** un trago amargo, un mal trago. **12 to be on the** ~, tomar la píldora (anticonceptiva). **13 to sugar/ sweeten the** ~, suavizar el mal trago, endulzar la píldora.

pillage [,pɪlɪdʒ] *s. i.* (arc.) **1** pillaje, saqueo, rapiña. **2** botín, despojos. • *v. t.* e *i.* **3** pillar, saquear.

pillar [,pɪlər] *s. c.* **1** pilar, pilastra. **2** columna, pedestal (monumento). **3** (~ {**of**}) columna (de humo). **4** (fig.) pilar, soporte, sostén, puntal. • *v. t.* **5** sostener con pilares. ◆ **6 from** ~ **to post,** de la Ceca a la Meca.

pillar-box [,pɪləbɒks] *s. c.* (brit.) buzón.

pillared [,pɪləd] *adj.* de pilares, de columnas.

pillbox [,pɪlbɒks] *s. c.* **1** pastillero, cajita para píldoras. **2** MIL. búnker, fortín (en la costa). **3** sombrero pequeño de ala corta (de señora).

pillion [,pɪljən] *s. c.* **1** asiento trasero, asiento de pasajero (en motos). ◆ **2 to ride** ~, ir de paquete, ir en el asiento trasero.

pillory [,pɪlərɪ] *s. c.* **1** cepo, picota (como castigo público). • *v. t.* **2** (fig.) poner en la picota, poner en ridículo. **3** castigar en la picota.

pillow [,pɪləu] *s. c.* **1** almohada; cojín. **2** mundillo, almohadilla de bolillos. • *v. t.* **3** apoyar, recostar, descansar (sobre una almohada, sobre un hombro). ◆ **4** ~ **talk,** (fam.) charla de alcoba, conversación íntima.

pillowcase [,pɪləukeɪs] *s. c.* funda de almohada.

pillowslip [,pɪləuslɪp] *s. c.* funda de almohada.

pilot [,paɪlət] *s. c.* **1** AER. piloto, aviador. **2** MAR. práctico. **3** MAR. timonel. **4** guía, director, consejero. **5** MEC. pieza guía. **6** ELEC. piloto. **7** TV. programa piloto. • *adj.* **8** piloto, experimental: *a pilot scheme = un plan piloto.* • *v. t.* **9** pilotar, llevar (un avión). **10** (**to** ~ + *o.* + *adv./prep.* {**through**}) guiar, conducir, dirigir (por). **11** (fig.) conducir, llevar a buen término, dirigir (un asunto, una negociación). ◆ **12** ~ **light,** luz indicadora; piloto de un calentador (de gas).

pimento [pɪ'mentəu] *s. c.* **1** BOT. pimiento morrón. • *s. i.* **2** pimienta.

pimp [pɪmp] *s. c.* **1** proxeneta, chulo. • *v. i.* **2** ser un proxeneta, ser un chulo.

pimple [,pɪmpl] *s. c.* **1** grano, espinilla. ◆ **2 goose pimples,** carne de gallina.

pimply [,pɪmplɪ] *adj.* lleno de granos.

pin [pɪn] *s. c.* **1** alfiler. **2** (generalmente en combinación) alfiler, pasador: *a tie pin = un alfiler de corbata.* **3** (EE UU) broche, prendedor; insignia, escudo, emblema. **4** espiga, clavija, clavo, ensambladura, chaveta. **5** pinza (de ropa, de dentista). **6** paletón (de la llave). **7** (fam.) pierna. **8** MIL. clavija (de granada). **9** (fam.) comino, pepino; *I don't care a pin = me importa un pepino.* **10** MAR. cabilla, cabillero. **11** MÚS. clavija. **12** DEP. asta del banderín (en golf). **13** DEP. bolo (parte alargada). • *v. t.* (*ger.* **pinning,** *pret.* y *p. p.* **pinned**). **14** (**to** ~ *o.* + *adv./prep.*) prender con alfileres, sujetar con alfiler. **15** sujetar, apretar, aprisionar, inmovilizar (con un peso). ◆ **16 for two pins,** (fam.) por poco, por menos de nada, casi: *she goes to pieces for two pins = por menos de nada se desmorona.* **17 to** ~ **back one's ears/lugholes,** (brit.) (fam.) abrir bien los oídos, escuchar atentamente, prestar atención. **18 to** ~ **down, a)** precisar, concretar, especificar; **b)** forzar, obligar (a tomar una decisión). **19** ~ **money,** dinero para caprichos, dinero para imprevistos. **20 to** ~ **the blame on/upon,** echar la culpa a. **21 to** ~ **one's hopes on someone,** poner o cifrar las esperanzas en alguien.

PIN [pɪn] (siglas de **personal identification number**) *s. c.* PIN, número de identificación personal.

pinafore [,pɪnəfɔːr] *s. c.* **1** delantal, mandil. ◆ **2** ~ **dress,** pichi (para llevar con blusa debajo).

pinball [,pɪnbɔːl] *s. i.* **1** millón, flípper, petaco. ◆ **2** ~ **machine,** (EE UU) máquina de bolas.

pince-nez [,pæns'neɪ] *s. c.* quevedos.

pincer [,pɪnsər] *s. c.* (generalmente *pl.*) **1** ZOOL. pinza (de crustáceos). ◆ **2** ~ **movement,** MIL. movimiento de pinza. **3 pincers,** tenazas, pinzas.

pinch [pɪntʃ] *v. t.* **1** pellizcar. **2** pillar, aplastar: *the rock pinched my finger = la roca me aplastó el dedo.* **3** (brit.) (fam.) afanar, guindar, birlar, robar. **4** (**to** ~ (**with**) y generalmente *pas.*) causar dolor, acongojar, angustiar, consumir: *he was pinched with grief = estaba consumido por la pena.* **5** (fam.) pescar, pillar; arrestar, detener: *he got pinched for shoplifting = le pescaron robando en una tienda.* **6** reducir, constreñir (a un país). **7** MEC. mover con palanca. **8** MAR. flamear la vela, navegar ciñendo el viento. • *v. i.* **9** apretar (zapatos). • *s. c.* **10** pellizco: *I gave him a pinch = le di un pellizco.* **11** (~ {**of**}) pellizco, pizca: *a pinch of pepper = una pizca de pimienta.* **12** apuro, aprieto, mal momento, dificultad: *if it comes to the pinch = si la cosa se pone fea.* **13** (fam.) robo, hurto. **14** (fam.) arresto, detención. ◆ **15 at a** ~, para un apuro, en caso de necesidad, si es absolutamente necesario. **16 to feel the** ~, pasar apuros: *the shipyards are feeling the pinch = los astilleros se empiezan a resentir de la crisis.* **17 to** ~ **and scrape/save,** hacer economías, economizar gastos, pasar privaciones. **18 to take something with a** ~ **of salt,** ⇒ **salt.**

pinched [pɪntʃt] *adj.* **1** (~ {**for**}) corto, escaso (de) (dinero). **2** consumido, angustiado, pálido.

pincushion ['pɪn,kuʃn] *s. c.* acerico.

pine [paɪn] (también **pine-tree**) *s. c.* **1** BOT. pino. • *s. i.* **2** madera de pino. • *v. i.* **3** (**to** ~ {**away**}) languidecer, consumirse: *after she left he pined away = cuando ella se fue él languideció.* **4** (**to** ~ **for**) suspirar por, llorar por, consumirse pensando en: *pining for her mum = suspirando por su mamá.*

pineapple ['paɪn,æpl] *s. c.* e *i.* **1** BOT. piña, (Am.) ananás. • *s. c.* **2** (argot) MIL. granada de mano.

pine cone ['paɪn,kəun] *s. c.* BOT. piña.

pine-needle ['paɪn,niːdl] *s. c.* BOT. aguja de pino.

pine-tree ['paɪntriː] *s. c.* ⇒ **pine.**

pinewood ['paɪnwud] *s. c.* **1** pinar. • *s. i.* **2** madera de pino.

ping [pɪŋ] *s. c.* **1** (fam.) tintineo (de cristales); zumbido, silbido (de bala). • *v. i.* **2** (fam.) tintinear; silbar, zumbar.

ping-pong ['pɪŋpɒŋ] *s. i.* ping-pong, tenis de mesa.

pinhead ['pɪnhed] *s. c.* **1** cabeza de alfiler. **2** (fam. y desp.) cabeza de chorlito, bobalicón, estúpido. **3** pizca, insignificancia, nadería.

pinion ['pɪnjən] *v. t.* (form.) **1** sujetar, aprisionar, amarrar, maniatar. **2** atar las alas; atar las patas (a un animal). • *s. c.* **3** MEC. piñón. **4** LIT. ala (de un pájaro). **5** ZOOL. extremo del ala, punta del ala.
pink [pɪŋk] *adj.* **1** rosa (color). **2** ruborizado. **3** (desp.) POL. izquierdoso, rojillo. • *s. c.* e *i.* **4** color rosa. • *s. c.* **5** BOT. clavel, clavelina. **6** MAR. pingue. • (en EE UU **pring**) *v. i.* **7** zumbar, hacer un ruido metálico (un motor). • *v. t.* **8** picar, cortar en ondas, perforar (una tela para que no deshile). **9** pinchar, herir ligeramente, picar (con un arma). ◆ **10 to be tickled ~,** ⇒ **tickled. 11 in the ~,** rebosante de salud.
pinkie ['pɪŋkɪ] *s. c.* **1** (EE UU) (fam.) dedo meñique. **2** MAR. pingue.
pinking shears ['pɪŋkɪŋ,ʃɪəz] *s. pl.* tijeras de corte ondulado (usadas en costura).
pinkish ['pɪŋkɪʃ] *adj.* rosáceo, rosado.
pinnacle ['pɪnəkl] *s. c.* **1** (~ {**of**}) apogeo, cima, cumbre, cúspide: *the pinnacle of success = la cima del éxito.* **2** ARQ. pináculo. **3** punta, pico (de una roca).
pinny ['pɪnɪ] *s. c.* (fam.) mandil, delantal.
pinochle ['piːnʌkəl] *s. i.* pinacle.
pinpoint ['pɪnpɔɪnt] *v. t.* **1** detectar, identificar, determinar, establecer (una causa). **2** localizar, encontrar (un punto). **3** atravesar, punzar. **4** apuntar con precisión a (un objetivo). • *s. c.* **5** partícula, punto diminuto. • *adj.* **6** exacto, preciso, matemático. **7** diminuto, minúsculo.
pinprick ['pɪnprɪk] *s. c.* **1** pinchazo. **2** molestia menor, pinchazo.
pins and needles [,pɪnzən'niːdlz] *s. pl.* (fam.) **1** hormiguillo, hormigueo. ◆ **2 on ~,** (EE UU) en ascuas, lleno de ansiedad.
pinstripe ['pɪnstraɪp] *s. c.* **1** raya (en un tejido). ◆ **2 pinstripes/pinstripe suit,** traje a rayas.
pint [paɪnt] *s. c.* **1** pinta (medida del sistema imperial = 0,57 litros). **2** (brit.) (fam.) pinta, jarra de cerveza (de esta medida).
pin-table ['pɪn,teɪbl] *s. c.* (brit.) máquina de bolas.
pint-size ['paɪnt,saɪz] (también **pint-sized**) *adj.* (fam.) insignificante, minúsculo, diminuto.
pinup ['pɪnʌp] *s. c.* **1** fotografía de chica o chico atractivo (que se pone en la pared). **2** muchacha sexualmente atractiva. • *adj.* **3** para poner en la pared.
pioneer [,paɪə'nɪər] *s. c.* **1** pionero, colonizador. **2** (fig.) pionero; innovador; iniciador: *a pioneer in the use of computers = un pionero en el uso de los ordenadores.* **3** MIL. zapador. • *adj.* **4** pionero, de colonización, colonizador. **5** experimental, innovador. • *v. t.* **6** iniciar, promover, poner los cimientos de. **7** innovar. **8** explorar, colonizar (una región).
pioneering [,paɪə'nɪərɪŋ] *adj.* pionero, innovador; iniciador; experimental.
pious ['paɪəs] *adj.* **1** pío, piadoso, devoto. **2** (desp.) gazmoño, mojigato. **3** improbable, vano (esperanza). **4** recomendable, que merece la pena.
piousness ['paɪəsnɪs] *s. i.* ⇒ **piety.**
pip [pɪp] (en EE UU **seed**) *s. c.* **1** pepita, semilla (de una fruta). **2** (fam.) maravilla, prodigio, preciosidad. **3** RAD. pitido, señal (al dar las horas). **4** señal (de teléfono). **5** mancha, mota. **6** (fam.) punto (de naipes, de dados). **7** (brit.) estrella en trajes militares. **8** BOT. rizoma, bulbo (del lirio). **9** señal de radar. **10** MED. moquillo, pepita (de las aves). **11** (fam.) disgusto; fastidio; contrariedad; malestar. • *v. t.* (*ger.* **pipping,** *pret.* y *p. p.* **pipped**). **12** (brit.) (fam.) superar, derrotar; suspender (por décimas): *she pipped Maths = suspendió las matemáticas por décimas.* **13** (brit.) (argot.) herir, lesionar. ◆ **14 to give someone the ~,** (fam.) fastidiar enormemente a alguien, irritar enormemente, disgustar mucho a alguien. **15 to ~ someone at the post,** derrotar a alguien por un margen mínimo.
pipe [paɪp] *s. c.* **1** tubería, cañería; tubo, conducto (de gas, agua). **2** pipa, cachimba (de fumar). **3** MÚS. flauta, flautín, caramillo. **4** MÚS. tubo, cañón (de órgano); canuto (de gaita). **5** silbido, voz atiplada. **6** MAR. silbato, pito (para llamar a los marineros). **7** BIOL. vaso, tubo, conducto. **8** pipa, barrica (de vino). **9** (argot) tarea fácil (escolar). • *v. t.* **10** conducir por tubería, llevar por tubos, entubar. **11** poner tuberías, conectar con tuberías. **12** MAR. recibir al son del silbato; despedir al son del silbato; llamar con silbato. **13** (**to ~** {**with**}) ribetear, adornar con galones (un vestido); decorar (una tarta). • *v. i.* **14** LIT. cantar, silbar (un pájaro). **15** hablar o cantar con voz atiplada. **16** tocar la flauta, la gaita o el caramillo. ◆ **17 ~ cleaner,** limpiador de pipas (de fumar). **18 to ~ down,** (fam.) callar, bajar la voz; dejar de hacer ruido. **19 pipes,** (brit.) (fam.) MÚS. gaita escocesa. **20 to ~ up,** (fam.) comenzar a cantar o hablar inesperadamente y con voz de pito.
piped music [,paɪpt'mjuːzɪk] *s. i.* hilo musical, música enlatada (que suena sin parar en hoteles, restaurantes).
pipe-dream ['paɪpdriːm] *s. c.* sueño imposible, castillos en el aire.
pipeline ['paɪplaɪn] *s. c.* **1** oleoducto; gasoducto. **2** tubería, conducto, cañería (de distribución). **3** fuente confidencial, canal de información. **4** línea, conducto, canal (de distribución). ◆ **5 in the ~,** a punto de suceder, en camino, en trámite.
piper ['paɪpər] *s. c.* **1** MÚS. gaitero; flautista. ◆ **2 he who pays the ~ calls the tune,** el que paga manda. **4 to pay the ~,** pagar el pato, cargar con los gastos.
pipette [pɪ'pet || paɪ'pet] *s. c.* QUÍM. pipeta, probeta, tubo de ensayo.
piping ['paɪpɪŋ] *s. i.* **1** sistema de tuberías, cañerías. **2** vivo, ribete, cordoncillo (en costura). **3** adorno, figura (de una tarta). **4** MÚS. música de gaita; música de flauta. **5** silbido, pitido. • *adj.* **6** agudo, silbante, aflautado (un sonido). ◆ **7 ~ hot,** quemando, extremadamente caliente.
pipsqueak ['pɪpskwiːk] *s. c.* (fam.) insignificancia, poquita cosa; nulidad.
piquancy ['piːkənsɪ] *s. i.* **1** sabor picante, interés (de una situación). **2** sabor picante, sabor a especias.
piquant ['piːkənt] *adj.* **1** agradablemente picante, especiado (de sabor). **2** (fig.) picante, excitante.
pique [piːk] *s. i.* **1** pique, resentimiento, despecho, rencor. • *v. t.* (generalmente pasiva) **2** ofender, herir, agraviar, incomodar, irritar. **3** provocar, picar, despertar (la curiosidad). ◆ **4 in a fit of ~,** en un ataque de despecho.
piqued [piːkt] *adj.* picado, resentido, rencoroso.
piracy ['paɪərəsɪ] *s. i.* **1** piratería. **2** piratería, publicación no autorizada (literaria, musical, etc.).
piranha [pɪ'rɑːnjə] *s. c.* ZOOL. piraña.
pirate ['paɪərɪt] *s. c.* **1** pirata, corsario, bucanero; barco pirata. **2** pirata, pirateador (de música, literatura, programas). • *v. t.* **3** piratear, copiar, reproducir o editar sin permiso. ◆ **4 ~ radio,** RAD. emisora pirata, emisora clandestina.
pirouette [,pɪru'et] *s. c.* **1** pirueta, cabriola (en baile). • *v. i.* **2** hacer piruetas, hacer cabriolas.
Pisces ['pɑɪsiːz] *s. sing.* **1** ASTR. Piscis. • *s. c.* **2** Piscis, piscis (persona de este signo).
piss [pɪs] (argot y vulg.) *v. i.* **1** mear, hacer pis, orinar. **2** (**to ~** {**down**}) (brit.) llover a cántaros. • *v. pron.* **3** (**to ~ oneself**) mearse de risa, partirse de risa, no poder parar de reír. • *s. i.* **4** meados, pis, orina. • *s. c.* **5** meada, pis. ◆ **6 to ~ about/around,** perder el tiempo, hacer el tonto. **7 to ~ off, a)** aburrir, hartar; **b)** cabrear; fastidiar. **8 ~ off!,** ¡lárgate!, ¡vete al cuerno! **9 to take the ~ out of,** (brit.) cachondearse de, burlarse de, reírse de.
pissed ['pɪst] *adj.* **1** (brit.) (argot y vulg.) borracho, curda, trompa. **2** (EE UU) (vulg.) cabreado, enfadado, hasta la coronilla. ◆ **3 ~ as a newt/~ out of one's head/~ out of one's mind,** completamente borracho, borracho como una cuba.
pissed off [,pɪst'ɒf] *adj.* (argot y vulg.) cabreado, enfadado.
pistol ['pɪstl] *s. c.* **1** pistola. • *v. t.* **2** disparar con pistola.
piston ['pɪstən] *s. c.* **1** MEC. pistón. **2** MÚS. pistón, llave.
pit [pɪt] *s. c.* **1** hoyo, fosa, agujero. **2** mina; pozo; cantera. **3** (**the ~**) el foso de la orquesta (de un teatro). **4** (**the ~**) (brit.) la platea, el patio de butacas (de un teatro). **5** cicatriz, hoyo (de viruela, natural). **6** (brit.) (hum.) cama. **7** abismo, sima,

precipicio, depresión. **8** (**the** ~) REL. el infierno. **9** cancha, reñidero (para peleas de gallos, perros). **10** corro (parte donde se produce el intercambio). **11** (EE UU) BOT. hueso, pipo (de fruta). • *v. t.* (*ger.* **pitting,** *pret.* y *p. p.* **pitted**). **12** hacer hoyos en, hacer marcas en, agujerear. **13** oponerse a, luchar contra. **14** deshuesar, quitar el pipo a (la fruta). **15** DEP. parar en los boxes (durante una carrera de coches). ◆ **16 to** ~ **against,** competir con, habérselas con, oponerse a. **17 to** ~ **one's wits against,** medir la inteligencia de uno con. **18 the** ~ **of one's stomach,** la boca del estómago. **19 the pits, a)** DEP. los boxes (en carreras de coches); **b)** (fam.) lo peor de lo peor.

pit-a-pat [ˌpɪtə'pæt] (también **pitter-patter**) *adv.* **1** con latidos rápidos, con un rápido tictac (el corazón). **2** con un trotecito rápido, a pasitos. • *s. c.* **3** latido rápido, tic-tac. **4** pasitos rápidos. • *v. i.* **5** latir violentamente. **6** trotar.

pitch [pɪtʃ] *v. t.* **1** montar, armar (una tienda, un campamento). **2** clavar, fijar (una estaca). **3** (**to** ~ + *o.* + *adv./prep.*) MÚS. graduar, ajustar (un sonido, una nota). **4** (**to** ~ + *o.* + *adv./prep.*) expresar en forma clara, ajustar (un discurso). **5** (**to** ~ + *o.* + *adv./prep.*) arrojar, lanzar, tirar. **6** DEP. dejar (la pelota); golpear el suelo (en críquet). **7** (argot) bregar, pelear, trabajar con fuerte presión. • *v. i.* **8** cabecear (un barco, un avión). **9** DEP. golpear el suelo (la pelota en críquet, golf). **10** (**to** ~ + *adv./prep.*) inclinarse, caer en declive. **11** tambalearse; bambolearse. **12** tomar una decisión rápida, precipitarse. **13** precipitarse, caerse (hacia delante, de cabeza). **14** DEP. lanzar, jugar de lanzador (en críquet). • *s. c.* **15** (brit.) DEP. campo, terreno: *a football pitch = un campo de fútbol.* **16** DEP. lanzamiento, tiro. **17** MÚS. tono, altura; diapasón (de voz). **18** puesto callejero (de ventas, de un mimo, de un músico). **19** cabeceo, balanceo (de un barco, avión). **20** (fam.) dotes de convicción (comercial). **21** MEC. paso, avance (en la rosca de un tornillo). • *s. sing.* **22** (~ {**of**}) grado, nivel, tono: *voices rising to a pitch of anger = voces que alcanzaron un tono de ira.* **23** inclinación, desnivel, declive, pendiente. **24** ARQ. ángulo de inclinación, grado de inclinación (de un tejado, de una escalera). • *s. i.* **25** galipote, brea, pez (para calafatear). ◆ **26 to** ~ **in,** echar una mano, ayudar; ponerse a ello. **27 to** ~ **into,** arremeter contra, atacar, criticar. **28 to queer someone's** ~ (fam.) estropear los planes a alguien.

pitch-black [ˌpɪtʃ'blæk] *adj.* oscuro como la boca de un lobo.

pitch blackness [ˌpɪtʃ'blæknɪs] *s. i.* oscuridad total.

pitched [pɪtʃt] *adj.* **1** inclinado (un techo). ◆ **2** ~ **battle,** batalla campal.

pitcher [ˌpɪtʃər] *s. c.* **1** (brit.) cántaro, jarro (grande). **2** (EE UU) jarra. **3** DEP. lanzador (en béisbol). **4** DEP. palo de hierro con cabeza ligeramente inclinada (en golf).

pitchfork ['pɪtʃfɔːk] *s. c.* **1** horca, bieldo. • *v. t.* **2** tirar con horca; recoger con horca (el heno). **3** (**to** ~ + *o.* + *adv./prep.*) impeler, lanzar, forzar (a una situación inesperada).

piteous ['pɪtɪəs] *adj.* (lit.) lastimero, lastimoso.

piteously ['pɪtɪəslɪ] *adv.* (lit.) de forma lastimera, lastimosamente.

pitfall ['pɪtfɔːl] *s. c.* problema, peligro, escollo.

pith [pɪθ] *s. i.* **1** BOT. médula. **2** pan (de la naranja). **3** (fig.) meollo, esencia (de una idea).

pithead ['pɪthed] *s. c.* bocamina.

pithy ['pɪθɪ] *adj.* **1** directo y conciso. **2** meduloso, medular.

pitiable ['pɪtɪəbl] *adj.* (form.) lastimoso, deplorable, digno de compasión.

pitiably ['pɪtɪəblɪ] *adv.* (form.) lastimosamente, deplorablemente.

pitiful ['pɪtɪful] *adj.* **1** lastimoso, digno de compasión, conmovedor, patético. **2** (desp.) despreciable, deplorable. **3** (arc.) compasivo.

pitifully ['pɪtɪfulɪ] *adv.* **1** lastimosamente, conmovedoramente, patéticamente. **2** lamentablemente, deplorablemente.

pitiless ['pɪtɪlɪs] *adj.* **1** despiadado, inhumano, cruel, desalmado, implacable. **2** (fig.) severo, sin señales de cambio (el tiempo).

pitilessly ['pɪtɪlɪslɪ] *adv.* despiadadamente, cruelmente, de forma inhumana.

pittance ['pɪtəns] *s. sing.* miseria, sueldo de hambre, sueldo mísero.

pitted ['pɪtɪd] *adj.* **1** picado de viruelas, lleno de cicatrices, lleno de hoyos. **2** deshuesado, sin hueso (una fruta).

pitter-patter ['pɪtəpætər] *s. sing.* ⇒ **pit-a-pat.**

pituitary [pɪ'tjuɪtərɪ] *s. c.* **1** ANAT. pituitaria. **2** mucus pituitario. • *adj.* **3** pituitario. ◆ **4** ~ **gland,** ANAT. glándula pituitaria.

pity ['pɪtɪ] *s. i.* **1** lástima, pena; piedad; compasión. **2** clemencia, compasión. • *v. t.* **3** apiadarse de; compadecer a; sentir lástima por. ◆ **4 a thousand pities,** muy lamentable, una verdadera lástima. **5 for pity's sake!,** ¡por el amor de Dios! **6 more's the** ~, tanto peor. **7 to take** ~ **on,** apiadarse de, compadecerse de.

pitying ['pɪtɪɪŋ] *adj.* compasivo, de lástima (una mirada).

pityingly ['pɪtɪɪŋlɪ] *adv.* compasivamente, con lástima.

pivot ['pɪvət] *s. c.* **1** pivote, fulcro, eje; (fig.) factor esencial, punto crucial, eje central. ◆ **2** DEP. pivote. • *v. i.* **3** (**to** ~ {**on**}) girar sobre un eje, dar vueltas sobre un pivote, rotar. • *v. t.* **4** montar con pivote, fijar con eje. ◆ **5 to** ~ **on,** (fig.) depender de: *his future pivoted on the outcome of this interview = del resultado de esta entrevista dependía su futuro.*

pivotal ['pɪvətl] *adj.* **1** de pivote. **2** central, más importante, crucial: *the pivotal scene = la escena crucial.*

pixel ['pɪksəl] *s. c.* píxel.

pixie ['pɪksɪ] *s. c.* **1** duende, trasgo. • *adj.* **2** travieso (un niño). ◆ **3** ~ **hat,** gorro en punta, caperuza.

pizza ['piːtsə] *s. c.* e *i.* pizza (plato italiano).

pizzaz [pɪ'zæz] *s. i.* (EE UU) (argot) atractivo, carisma, elegancia, gusto, gracia.

pizzicato [ˌpɪtsɪ'kɑːtəu] *adv.* **1** MÚS. pizzicato, con los dedos. • *adj.* **2** MÚS. pizzicato, pulsada con el dedo (una cuerda de violín).

placard ['plækɑːd] *s. c.* **1** pancarta; cartel. • *v. t.* **2** poner pancartas en; cubrir con carteles.

placate [plə'keɪt ‖ 'pleɪkeɪt] *v. t.* aplacar, calmar, sosegar, apaciguar.

placating [plə'keɪtɪŋ] *adj.* conciliador, apaciguador.

placatory [plə'keɪtərɪ ‖ 'pleɪkətɔːrɪ] *adj.* conciliatorio, apaciguador.

place [pleɪs] *s. c.* **1** lugar, sitio; paraje; zona; parte; punto. **2** (fig.) lugar, cabida, espacio: *people with her views have no place in this party = en este partido no hay sitio o cabida para gente con esas ideas.* **3** turno, puesto, vez (en una cola). **4** pasaje, parte, página, línea: *I closed the book and lost my place = cerré el libro y perdí la página.* **5** lugar, sitio, localidad, región; casa; piso; habitación: *they've got a place in the country = tienen una casa en el campo; they come from a place called Newville = son de un sitio llamado Newville.* **6** (brit.) plaza: *Stansfield Place = Plaza Stansfield.* **7** (generalmente *sing.*) sitio, plaza (en un hotel, teatro, etc.); plato, cubierto (lugar a la mesa). **8** plaza, puesto (escolar, de trabajo). **9** ocasión, momento, circunstancia, lugar (apropiada para algo). **10** posición, puesto, lugar, calificación (en una competición, una carrera, un examen). **11** posición, rango, condición (social). **12** MAT. lugar, puesto (decimal). **13** deber, cometido, responsabilidad. **14** DEP. primera, segunda o tercera posición (en carreras de caballos). • *v. t.* **15** (**to** ~ + *o.* + *adv./prep.*) (form.) situar, colocar; ubicar; instalar; disponer; emplazar. **16** imponer, asignar (una responsabilidad, restricción). **17** COM. hacer (un pedido). **18** poner (un anuncio, llamada telefónica). **19** (**to** ~ + *o.* + *adj./adv./prep.*) (generalmente *pasiva*) DEP. colocar (en una posición): *she was placed second = se colocó en segunda posición.* **20** recordar, acordarse de, identificar: *I can't really place this face = no recuerdo dónde he visto esta cara.* **21** colocar, emplear, dar un trabajo a. • *v. i.* **22** DEP. llegar colocado, llegar entre los tres primeros (en una carrera de caballos). **23** (EE UU) DEP. llegar en segunda posición. ◆ **24 all over the ~,** a) por todas partes, en muchos sitios; b) en completo desorden. **25 to be going places,** poder llegar muy lejos, estar en camino del éxito. **26 to fall/click/fit into ~,** tener sentido, cuadrar, encajar: *everything started falling into place when I saw her = todo empezó a cuadrar cuando la vi.* **27 to change places with,** intercambiarse con; cambiar de sitio con. **28 to go places,** (EE UU) salir a divertirse; salir de excursión. **29 in a high ~/in high places,** en un puesto de influencia, en las altas esferas. **30 in one's ~,** en su lugar, en lugar de uno: *in his place I wouldn't go = yo en su lugar no iría.* **31 in/into ~,** en su sitio, en el lugar adecuado. **32 in ~ of,** en lugar de, reemplazando a. **33 in places,** a veces, en algunos sitios, en algunas zonas: *the road is icy in places = la carrera tiene hielo en algunos sitios.* **34 in the first ~,** al principio; en primer lugar. **35 not to be one's ~,** no ser de la incumbencia de uno. **36 out of ~,** fuera de lugar, poco apropiado. **37 ~ setting,** cubierto completo, servicio de mesa (para una persona). **38 to put into ~,** poner en su sitio, poner en el lugar donde debe estar. **39 to put someone in their place,** bajar los humos a alguien, poner a alguien en su sitio. **40 to scream/howl /etc... the ~ down,** no parar de gritar como un loco. **41 to take one's ~,** ir a su sitio, tomar asiento. **42 to take ~,** ocurrir, suceder, tener lugar. **43 to take the ~ of,** sustituir a, reemplazar a. **44 the other/another ~,** (brit.) (fam.) la otra Cámara (los Comunes o los Lores se nombran así recíprocamente).

placebo [plə'siːbəu] *s. c.* **1** MED. placebo. **2** (fig.) palabra de ánimo; regalo, capricho (para animar a alguien).

placement ['pleɪsmənt] *s. c.* e *i.* **1** colocación, empleo. **2** emplazamiento, colocación.

placenta [plə'sentə] *s. c.* ANAT. placenta.

placid ['plæsɪd] *adj.* plácido, apacible, tranquilo (lugar, persona).

placidity [plæ'sɪdɪtɪ] *s. i.* placidez, serenidad, sosiego, tranquilidad.

placidly ['plæsɪdlɪ] *adv.* plácidamente, sosegadamente, con tranquilidad.

plagiarise *v. t.* e *i.* ⇒ **plagiarize.**

plagiarism ['pleɪdʒjərɪzəm] *s. i.* plagio.

plagiarist ['pleɪdʒjərɪst] *s. c.* plagiario.

plagiarize ['pleɪdʒjəraɪz] (también **plagiarise**) *v. t.* e *i.* plagiar.

plague [pleɪg] *s. c.* **1** MED. plaga, peste, epidemia. **2** (~ {**of**}) (fig.) plaga (de), invasión (de), epidemia (de). **3** azote, maldición. ● *s. i.* **4** (**the** ~) la peste bubónica. ● *v. t.* **5** afectar, afligir (una enfermedad). **6** plagar, infectar. **7** importunar, fastidiar, molestar. ◆ **8 a ~ on ...!,** ¡maldito sea...! **9 to avoid someone/something like the ~,** huir de alguien o de algo como de la peste.

plaice [pleɪs] (*pl.* **plaice**) *s. c.* e *i.* ZOOL. platija, platuja, acedía.

plaid [plæd] *s. i.* **1** tela escocesa. ● *s. c.* **2** manta escocesa.

plain [pleɪn] *adj.* **1** sencillo, simple, normal. **2** simple, claro (hecho, lenguaje). **3** franco, directo, honesto. **4** liso, sencillo (tela, papel). **5** liso, de media (punto). **6** sin atractivo, corriente (chica). **7** pura (verdad). ● *s. c.* **8** GEOG. llanura, llano, planicie. ● *adv.* **9** (fam.) completamente, totalmente; claramente. ◆ **10 as ~ as day/as the nose on your face,** tan claro como la luz del día. **11 in ~ clothes,** de paisano, de calle. **12 ~ chocolate,** chocolate sin leche. **13 ~ flour,** harina pura, harina sin aditivos.

plain-clothes [,pleɪn'kləuðz] *adj.* de paisano, de calle (policía, militar).

plainly ['pleɪnlɪ] *adv.* **1** claramente, sin lugar a dudas. **2** franciamente, sin tapujos. **3** claramente (culpable, equivocado, etc.); visiblemente (enfadado); evidentemente. **4** de forma sencilla (vestirse, decorar, etc.).

plainness ['pleɪnnɪs] *s. i.* **1** sencillez, simplicidad, llaneza. **2** claridad, evidencia. **3** franqueza, sinceridad. **4** fealdad, falta de atractivo.

plainsong ['pleɪnsɒŋ] *s. i.* MÚS. canto gregoriano, canto llano.

plainspoken [,pleɪn'spəukən] *adj.* franco, directo, llano, sincero.

plaint [pleɪnt] *s. c.* **1** (lit.) queja, lamento. **2** DER. querella; demanda.

plaintiff ['pleɪntɪf] *s. c.* DER. demandante; querellante.

plaintive ['pleɪntɪv] *adj.* **1** lastimero, desconsolado, quejumbroso. **2** triste, melancólico (canción).

plaintively ['pleɪntɪvlɪ] *adv.* lastimeramente, desconsoladamente, en forma quejumbrosa.

plait [plæt] (en EE UU **braid**) *s. c.* **1** trenza; coleta. **2** tabla, plisado, fruncido. ● *v. t.* **3** trenzar. **4** fruncir, plisar.

plan [plæn] *s. c.* **1** (~ {**for/of**}) plan, estrategia, proyecto. **2** plan, intención. **3** plano, mapa; esquema; diagrama. **4** ARQ. plano, proyecto. ● (*ger.* **planning** *pret.* y *p. p.* **planned**) *v. t.* e *i.* **5** planear, planificar, proyectar. ● *v. t.* **6** ARQ. hacer un plano de, hacer un proyecto de, diseñar. ◆ **7 according to ~,** como estaba previsto, de acuerdo con lo planeado. **8 to ~ for,** prever, tener previsto. **9 ~ of action /campaign,** plan de actuación/campaña. **10 to ~ on,** a) proponerse, tener intención de; b) esperar, sospechar, suponer (que algo va a suceder de otro modo). **11 to ~ out,** planificar al detalle.

plane [pleɪn] *s. c.* **1** AER. avión; aeroplano; plano, ala (de avión). **2** plano, nivel (de desarrollo). **3** GEOM. plano, superficie plana. **4** garlopa, cepillo (de carpintero). **5** BOT. plátano. ● *adj.* **6** plano, liso. **7** GEOM. plano. ● *v. t.* **8** cepillar, alisar (con garlopa). ● *v. i.* **9** AER. planear. **10** (EE UU) viajar en avión. ◆ **11 ~ tree,** BOT. plátano.

planet ['plænɪt] *s. c.* ASTR. planeta.

planetaria [,plænɪ'teərɪə] *s. pl.* ⇒ **planetarium.**

planetarium [,plænɪ'teərɪəm] (*pl.* **planetariums** o **planetaria**) *s. c.* planetario.

planetary ['plænɪtərɪ] *adj.* **1** planetario, de los planetas. **2** terrestre, mundial. **3** MEC. planetario (engranaje).

plangent ['plændʒənt] *adj.* (lit.) **1** lastimero, quejumbroso (tono). **2** vibrante, reverberante (sonido).

plank [plæŋk] *s. c.* **1** tablón, tabla. **2** POL. punto básico del programa (de un partido). ● *s. i.* **3** tarima, entarimado. ● *v. t.* **4** entarimar. **5** cocinar y servir en tabla. **6** (fam.) pagar en el acto, apoquinar deprisa. **7** tirar violentamente, arrojar con fuerza. ◆ **8 to walk the ~,** caminar sobre la tabla (como castigo de pirata).

planking ['plæŋkɪŋ] *s. i.* tarima, entarimado, tablado.

plankton ['plæŋktən] *s. i.* BIOL. plancton.

planned [plænd] *adj.* **1** planeado, premeditado. **2** planificado, proyectado. **3** dirigida (economía).

planner ['plænər] *s. c.* **1** urbanista, planificador. **2** persona metódica, persona minuciosa.

planning ['plænɪŋ] *s. i.* **1** planificación, control. **2** urbanismo, trazado urbanístico. ◆ **3 ~ permission,** licencia de edificación.

plant [plɑːnt ‖ plænt] *s. c.* **1** BOT. planta. **2** planta, instalación, fábrica: *new nuclear plants = nuevas instalaciones nucleares.* **3** (argot) infiltrado, espía (en una organización). **4** (fam.) pista falsa, prueba falsa (para inculpar a un inocente). ● *s. i.* **5** maquinaria, equipo, instalación. ● *v. t.* **6** plantar, cultivar. **7** (**to ~** {**with**}) sembrar (de) (un campo, jardín). **8** (fig.) introducir, inculcar, implantar (ideas). **9** criar (ostras, truchas). **10** establecer, fundar (una colonia). **11** (**to ~** {**on**}) (fam.) colocar (una prueba falsa para inculpar a alguien): *they planted the drugs in her house = colocaron las drogas en su casa para inculparla.* **12** (**to ~ +** *o.* **+** *adv./prep.*) (fam.) colocar, camuflar (un micrófono, un policía). **13** (**to ~ +** *o.* **+** *adv./prep.*) (fam.) plantar, clavar: *he planted himself in front of her = se plantó delante de ella.* ◆ **14 ~ pot,** tiesto, maceta. **15 to ~ out,** trasplantar (de una maceta al exterior).

plantain ['plæntɪn] *s. c.* e *i.* BOT. **1** plátano, bananero. **2** llantén, arta.

plantation [plæn'teɪʃn ‖ plɑːn'teɪʃn] *s. c.* **1** plantación (de té, de algodón). **2** plantío, arboleda. **3** hacienda, granja. **4** colonia.

planter ['plɑːntər] *s. c.* **1** dueño de una plantación, hacendado. **2** máquina sembradora. **3** (EE UU) jardinera; maceta, tiesto (decorativo). **4** colonizador.

planting ['plɑːntɪŋ] *s. i.* siembra, cultivo.

plaque [plɑːk] *s. c.* **1** placa (conmemorativa, decorativa). **2** insignia, medalla (de una asociación). ● *s. i.* **3** placa (bacteriana).

plasma ['plæzmə] *s. i.* **1** FISIOL. plasma, suero. **2** BIOL. protoplasma, citoplasma. **3** suero (de la leche). **4** FÍS. gas (presente en el sol y estrellas).

plaster ['plɑːstər || 'plæstər] *s. i.* **1** yeso, escayola. • *s. c.* e *i.* **2** (brit.) tirita®, (Am.) curita®. **3** emplasto, cataplasma. • *v. t.* **4** enyesar, enlucir, revocar (una pared). **5** (fig.) ocultar, encubrir, disimular. **6** cubrir totalmente, llenar hasta arriba (de carteles, de suciedad). **7** (**to** ~ + *o.* + *adv./prep.*) fijar, engominar, aplastar (el cabello). **8** poner tiritas en. **9** (fam.) dar una paliza a. ◆ **10 in** ~, enyesado, escayolado. **11** ~ **of Paris,** escayola, yeso mate, sulfato de cal.

plaster-board ['plɑːstəbɔːd] *s. i.* cartón de yeso, pladur®.

plaster-cast [ˌplɑːstə'kɑːst] *s. c.* **1** escultura vaciada en escayola, vaciado. **2** MED. escayola, vendaje de escayola.

plastered ['plɑːstəd] *adj.* **1** engominado (cabello). **2** cubierto, lleno (de una sustancia pegajosa). **3** extendido de arriba abajo, colocado muy a la vista. **4** (argot) borracho como una cuba, curda, ajumado.

plasterer ['plɑːstərər] *s. c.* enyesador, enlucidor, revocador.

plastering ['plɑːstərɪŋ] *s. i.* enlucido, enyesado, revoque.

plastic ['plæstɪk] *s. c.* e *i.* **1** plástico. • *adj.* **2** plástico, dúctil. **3** (fam. y desp.) artificial, sintético (comida, forma de vida). **4** BIOL. plástico, formativo. ◆ **5** ~ **bomb,** bomba de plástico. **6** ~ **explosive,** explosivo plástico. **7** ~ **money,** dinero de plástico, tarjeta de crédito. **8** ~ **surgery,** MED. cirugía plástica.

plasticity [plæ'stɪsɪtɪ] *s. i.* plasticidad, ductilidad.

plat du jour [ˌplɑːdu'ʒuə] *s. c.* plato del día (del francés).

plate [pleɪt] *s. c.* **1** (en EE UU **dish**) plato (de comida). **2** (**the** ~) platillo de colectas (en la iglesia). **3** placa; lámina; plancha; chapa; blindaje. **4** rótulo, placa, letrero (de metal). **5** lámina, ilustración, grabado (en un libro). **6** FOT. placa. **7** base de una dentadura postiza (de metal o plástico). **8** matrícula, placa de matrícula (en un coche). **9** plancha, estereotipo (en imprenta). **10** DEP. base del bateador (en béisbol). **11** DEP. copa, bandeja (de premio en competiciones). **12** ELEC. electrodo; placa de ánodo. • *s. i.* **13** orfebrería, plata, objetos de valor (en una casa, una iglesia). **14** metal chapado (en oro o plata): *gold plate = oro chapado.* **15** falda (de vaca). • *v. t.* **16** chapar. **17** blindar. **18** satinar (el papel). **19** hacer un estereotipo de (en imprenta). ◆ **20 to clean/empty one's** ~, rebañar el plato, acabar todo lo del plato. **21 to hand on a** ~, (fam.) entregar en bandeja de plata, servir en bandeja. **22 to have a lot on one's** ~, (fam.) tener mucho que hacer, estar muy ocupado, tener muchos asuntos entre manos.

plateau ['plætəu || plæ'təu] *s. c.* **1** meseta, altiplanicie, altiplano. **2** estabilización, situación de estancamiento: *prices have reached a plateau = los precios se han estabilizado.*

plateful ['pleɪtful] *s. c.* plato (lleno de comida): *a plateful of soup = un plato de sopa.*

plate-glass [ˌpleɪt'glɑːs] *s. i.* vidrio cilindrado, luna (de escaparates).

platform ['plætfɔːm] *s. c.* **1** andén. **2** plataforma, tribuna, estrado. **3** plataforma (petrolífera); andamio (de construcción). **4** (fig.) plataforma, tribuna: *a good platform for spreading his ideas = una buena tribuna para extender sus ideas.* **5** (brit.) plataforma de autobús. **6** programa electoral (de un partido). • *adj.* **7** de plataforma (zapatos). ◆ **8 to appear on the same** ~ **as/to share a** ~ **with,** aparecer en el mismo mitin electoral que.

plating ['pleɪtɪŋ] *s. i.* **1** chapado. **2** blindaje.

platinum ['plætɪnəm] *s. i.* **1** QUÍM. platino. • *adj.* **2** platino: *a platinum blonde = una rubia platino.*

platitude ['plætɪtjuːd] *s. c.* (desp.) tópico; perogrullada.

platitudinous [ˌplætɪ'tjuːdɪnəs] *adj.* tópico; de perogrullo.

Platonic [plə'tɒnɪk] *adj.* **1** platónico, ideal (un sentimiento). **2** FIL. platónico, de Platón.

platoon [plə'tuːn] *s. c.* (~ *v.sing./pl.*) MIL. pelotón, compañía, sección.

platter ['plætər] *s. c.* **1** (EE UU) fuente, (Am.) azafate. **2** (brit. y arc.) bandeja de madera. **3** (EE UU) (fam.) disco de gramófono.

plaudits ['plɔːdɪts] *s. pl.* (form.) aplausos, alabanzas, aclamaciones.

plausibility [ˌplɔːzə'bɪlɪtɪ] *s. i.* credibilidad, verosimilitud.

plausible ['plɔːzəbl] *adj.* **1** (desp.) plausible, razonable, verosímil, creíble (explicación). **2** convincente, de argumentos convincentes (persona).

plausibly ['plɔːzəblɪ] *adv.* convincentemente, razonablemente, verosímilmente.

play [pleɪ] *s. i.* **1** juego, diversión, entretenimiento. **2** DEP. juego: *fair play = juego limpio.* **3** (form.) juego, acción: *all her influence was in play = toda su influencia estaba en juego.* **4** juego, movimiento libre, holgura: *the chain allowed little play = la cadena dejaba poca holgura.* **5** (fig.) libertad, rienda suelta (a un sentimiento). **6** juego, reflejo (de luz, color). • *s. c.* **7** obra de teatro, obra. **8** función, representación (de teatro). **9** turno, vez, jugada. **10** apuesta, juego (por dinero). **11** broma, burla, chanza. • *v. i.* **12** jugar. **13** (**to** ~ *adv./prep.*) (lit.) reflejarse, rielar (la luz); flotar (una tela); brotar, manar (agua): *the light played on the water = la luz se reflejaba en el agua; the fountain was playing noisily = la fuente manaba ruidosamente.* • *v. t.* **14** (**to** ~ {**on**}) jugar (una mala pasada) (a), gastar (una broma) (a). **15** (**to** ~ + *o.* + *adv./prep.*) DEP. lanzar, enviar (una pelota). **16** (**to** ~ + *o.* + *adv./prep.*) dirigir: *he played the torch on me = me enfocó con la linterna.* **17** (**to** ~ + *adv./prep.*) (fam.) manejar, llevar, tratar (un asunto). **18** echar, jugar (una carta); mover (una ficha). **19** apostar, jugar (dinero). **20** DEP. incluir (a un jugador en un equipo). **21** agotar, cansar (a un pez en el anzuelo). • *v. i.* **22** sonar (la música); tocar (un músico). • *v. t.* **23** poner (discos, música): *we were playing records = estuvimos poniendo discos.* **24** tocar (un instrumento, una pieza musical): *he plays the violin = toca el violín.* **25** DEP. jugar contra (un equipo); jugar a, practicar (un deporte); jugar de (portero, defensa). **26** representar, hacer el papel de (un personaje); pasar, poner, dar (una obra, una película): *he plays Romeo = hace el papel de Romeo; "Distant Voices" is playing at the Rosi = ponen "Voces Distantes" en el cine Rosi.* **27** (fig.) desempeñar, tener (un papel): *she played an important role in my life = tuvo* o *desempeñó un papel importante en mi vida.* **28** fingir(se); hacer(se) pasar por; jugar a: *he usually plays the fool = generalmente se hace el loco.* **29** comportarse, conducirse, actuar (fríamente, seriamente). ◆ **30 a smile plays on/over someone's lips,** una sonrisa brota en los labios de alguien, alguien esboza una sonrisa, una sonrisa se dibuja en los labios de alguien. **31 at** ~, jugando. **32 to come/to be brought/to be called into** ~, (form.) entrar en juego. **33 to give/allow full** ~ **to,** dar rienda suelta a. **34 to give no** ~ **to,** contener, frenar (la imaginación, un sentimiento). **35 to have (time/money) to** ~ **with,** (fam.) tener (tiempo/dinero) para gastar. **36 in** ~, DEP. en juego. **37 to make a** ~ **for/to make one's** ~, (fam.) hacer un intento, hacer su jugada. **38 out of** ~, DEP. fuera de juego. **39 to** ~ **a part/role,** desempeñar un papel. **40 to** ~ **about/around,** pasárselo bien, divertirse. **41 to** ~ **about/around with,** coquetear, flirtear, tontear. **42 to** ~ **along with,** seguir la corriente a (por miedo, para obtener ventajas). **43 to** ~ **somebody along,** engañar con falsas promesas. **44 to** ~ **around with, a)** jugar con distintas posibilidades de, hacer juegos malabares con; **b)** jugar con, tratar irresponsablemente a; **c)** considerar, pensar en, jugar con (una idea); **d)** juguetear nerviosamente con (un objeto). **45 to** ~ **at, a)** jugar a; **b)** fingir, jugar a (ser algo). **46 to** ~ **something back,** volver a poner (un disco, una canción). **47 to** ~ **ball,** (fam.) cooperar. **48 to** ~ **something down,** quitar importancia a algo, restar importancia a algo. **49 to** ~ **for time,** tratar de ganar tiempo. **50 to** ~ **in, a)** DEP. hacer ejercicios de precalentamiento; **b)** (fig.) adaptarse, acostumbrarse (a un trabajo). **51 to** ~ **hard to get,** (fam.) hacerse de rogar (ante una enamorada). **52 to** ~ **into someone's hands,**

hacer el juego a alguien. **53 to ~ it by ear,** actuar según las circunstancias. **54 to ~ it cool,** (fam.) mantener la calma (en una situación de peligro). **55 to ~ it safe,** (fam.) curarse en salud. **56 to ~ off,** DEP. jugar un partido de desempate (para decidir el desempate en una competición). **57 to ~ off against,** enfrentar (a dos personas para sacar provecho). **58 to ~ on/upon,** jugar con, aprovecharse de (los sentimientos de otros, con ideas, palabras). **59 ~ on words,** juego de palabras. **60 to ~ one's cards close to one's chest,** (fig.) tener sus cartas bien guardadas, mantener sus planes en secreto. **61 to ~ one's cards right/properly,** (fam. y fig.) jugar bien las cartas que uno tiene, montárselo uno bien. **62 to ~ out, a)** continuar hasta el final (un juego, una pelea); consumir (el tiempo); **b)** representar, hacer (una escena). **63 to ~ the devil with,** perjudicar a, hacer mucho daño a. **64 to ~ the field,** (EE UU) (fam.) salir con varios ligues. **65 to ~ the game,** (fam.) ser honesto, ser justo. **66 to ~ the market,** ECON. jugar en bolsa. **67 to ~ to the gallery,** (fig.) actuar para la galería. **68 to ~ up, a)** exagerar, dar mucha importancia a, dar énfasis a (un hecho); **b)** (fam.) causar problemas, funcionar mal; **c)** (fam.) portarse mal, dar guerra, dar la lata (un niño). **69 to ~ up to,** (desp.) hacer la pelota a. **70 to ~ with, a)** dar vueltas a, juguetear con (una idea, un objeto); **b)** disponible: *not much money to play with* = *no mucho dinero disponible.* **71 to ~ with oneself,** (euf.) masturbarse. **72 state of ~,** el estado de la cuestión, las cosas, la situación. **73 what someone is playing at,** (fam.) a qué juega alguien (para indicar que alguien se equivoca).

play-act ['pleɪˌækt] *v. i.* **1** (desp.) fingir, hacer teatro. **2** actuar, representar un papel (en el teatro).

playback ['pleɪbæk] *s. i.* **1** reproducción (de grabaciones, imágenes, sonido). **2** previo (grabación del sonido antes de rodar la imagen en cine).

playbill ['pleɪbɪl] *s. c.* cartel, anuncio (de teatro).

playboy ['pleɪbɔɪ] *s. c.* vividor, hombre de mundo, playboy.

player ['pleɪər] *s. c.* **1** DEP. jugador. **2** MÚS. músico. **3** (form.) actor (de teatro).

playful ['pleɪful] *adj.* **1** juguetón, retozón, travieso, alegre, vivaracho. **2** en broma, de guasa, humorístico.

playfully ['pleɪfəlɪ] *adv.* en broma; jugando; humorísticamente.

playground ['pleɪgraʊnd] *s. c.* **1** (en EE UU **recreation ground**) patio de recreo. **2** área infantil (en un parque). **3** (fig.) dominio, imperio: *the South coast was the playground of gangsters* = *la costa sur era del dominio de los gángsters.*

playgroup ['pleɪgruːp] *s. c.* e *i.* (brit.) guardería, jardín de infancia.

playhouse ['pleɪhaʊs] (*pl.* **playhouses** ['pleɪhaʊzɪz]) *s. c.* **1** teatro, sala de teatro. **2** casa de muñecas; cabaña en miniatura (para jugar).

playing ['pleɪɪŋ] *s. i.* **1** MÚS. modo de tocar, estilo de tocar. ◆ **2 ~ card,** naipe, carta.

playing-field ['pleɪɪŋfiːld] *s. c.* DEP. campo de deporte (generalmente en escuelas, universidades).

playlet ['pleɪlɪt] *s. c.* comedia corta, obra de teatro corta.

playmate ['pleɪmeɪt] *s. c.* compañero de juegos.

playoff ['pleɪɒf] *s. c.* DEP. partido de desempate (en una competición).

playpen ['pleɪpen] *s. c.* corralito, parque (de niños).

playroom ['pleɪrʊm] *s. c.* cuarto de los juguetes.

plaything ['pleɪθɪŋ] *s. c.* **1** (form.) juguete. **2** (lit. y fig.) juguete, muñeco, títere: *a plaything of fate* = *un juguete del destino.*

playtime ['pleɪtaɪm] *s. i.* hora del recreo, recreo (en la escuela).

playwright ['pleɪraɪt] *s. c.* dramaturgo, autor dramático.

plaza ['plɑːzə || 'plæzə] *s. c.* **1** plaza (en ciudades españolas o latinoamericanas). **2** (EE UU) centro comercial.

plc [ˌpiːel'siː] (*abrev.* de **public limited company**) S.A., sociedad anónima.

plea [pliː] *s. c.* **1** (~ {**for**}) (form.) petición, ruego, súplica. **2** (~ {**of**}) DER. alegato, defensa; apelación, petición (de clemencia). **3** (p.u. y form.) excusa, pretexto, disculpa, justificación. ◆ **4 ~ bargaining,** DER. declaración de culpabilidad en un crimen menor (para no ser acusado de otro mayor).

pleached ['pliːtʃt] *adj.* trenzado, entretejido, entrelazado (las ramas de un árbol).

plead [pliːd] (*pret.* y *p. p.* **pleaded;** en EE UU **pled**) *v. t.* **1** DER. abogar por, defender: *no one to plead his cause* = *nadie que defendiera su causa.* **2** rogar, pedir, suplicar, implorar. **3** DER. alegar, aducir (algo como excusa): *he pleaded insanity* = *alegó locura.* ● *v. i.* **4** rogar, pedir, suplicar, implorar. **5** DER. declararse, confesarse (inocente, culpable): *do you plead guilty?* = *¿se declara culpable?*

pleading ['pliːdɪŋ] *adj.* **1** suplicante, implorante. ● *s. i.* **2** ruego, súplica. **3** DER. alegato, defensa.

pleadingly ['pliːdɪŋlɪ] *adv.* suplicantemente, en tono implorante.

pleasant ['pleznt] *adj.* **1** agradable; grato; placentero. **2** simpático; amable, atento, educado (una persona).

pleasantly ['plezntlɪ] *adv.* **1** agradablemente; gratamente; placenteramente. **2** amablemente, educadamente, atentamente.

pleasantness ['plesəntnɪs] *s. i.* simpatía, amabilidad (de persona).

pleasantry ['plezntrɪ] *s. c.* (form.) cumplido, galantería.

please [pliːz] *v. t.* e *i.* **1** agradar, complacer: *certain people are difficult to please* = *es difícil complacer a ciertas personas.* ● *v. i.* **2** (**to ~** + *adv./prep.* en *oraciones subordinadas*) gustar, desear, apetecer: *do whatever you please* = *haz lo que te apetezca.* ● *interj.* **3** por favor (para pedir algo amablemente, para expresar un deseo, indignación): *coffee, please* = *café, por favor; Clare, please!* = *¡Clara, por favor!* **4** gracias, sí, gracias (para aceptar algo): *"milk?" "Please"* = *"¿leche?" "Sí, gracias".* **5** por favor, oiga, discúlpeme (para llamar la atención). ◆ **6 if you ~, a)** (form.) si le parece, si hace el favor (para reforzar una petición); **b)** (arc.) ¡créetelo!, ¡imagínate!, ¡fíjate!: *she wanted me to pay for it, if you please!* = *quería que yo se lo pagara, ¡imagínate!* **7 ~ God,** (form.) Dios lo quiera, así lo espero. **8 ~ yourself,** ¡como quieras!

pleased [pliːzd] *adj.* **1** (~ {**with/about**}) encantado; satisfecho; complacido; feliz; dichoso. ◆ **2 ~ to meet you/etc.,** (form.) encantado de conocerte.

pleasing ['pliːzɪŋ] *adj.* (form.) (~ {**to**}) **1** agradable; grato; placentero. **2** satisfactorio, favorable.

pleasurable ['pleʒərəbl] *adj.* (form.) agradable; placentero; grato.

pleasurably ['pleʒərəblɪ] *adv.* (form.) agradablemente; placenteramente; gratamente.

pleasure ['pleʒər] *s. i.* **1** placer, deleite, gusto. **2** placer, recreo, diversión: *a pleasure trip* = *un viaje de placer.* ● *s. c.* **3** placer, delicia, lujo. **4** (form.) placer, honor: *it's a pleasure to join you* = *es un honor poder acompañaros.* ◆ **5 at someone's ~,** (form.) a la voluntad de uno, como a uno le plazca. **6 during the king's/queen's ~,** DER. a voluntad del rey o de la reina (una condena sin límite preciso). **7 it was a ~/my ~/a ~,** ha sido un placer/de nada/no hay de qué (al contestar a quien da las gracias). **8 ~ boat,** embarcación de recreo. **9 to take ~ in (doing something),** disfrutar (haciendo algo). **10 with ~,** con mucho gusto.

pleat [pliːt] *s. c.* **1** pliegue, tabla. ● *v. t.* **2** plisar, tablear.

pleated ['pliːtɪd] *adj.* plisado, tableado.

pleb [pleb] *s. c.* (fam. y desp.) plebeyo.

plebeian [plɪ'biːən] *s. c.* **1** (desp.) plebeyo. ● *adj.* **2** plebeyo; ordinario, de clase baja.

plectra ['plektrə] *pl.* de **plectrum.**

plectrum ['plektrəm] (también **pick**) (*pl.* **plectrums** o **plectra**) *s. c.* MÚS. plectro, púa.

pled [pled] *pret.* y *p. p.* de **plead** (EE UU).

pledge [pledʒ] *s. c.* **1** promesa formal, compromiso (del gobierno, de un político, en la prensa): *the pledge to stop producing nuclear weapons* = *la promesa formal de detener la producción de armamento nuclear.* **2** (~ {**of**}) prenda, señal, prueba (de amor, amistad). **3** fianza, señal. **4** brindis. ● *v. t.* **5** prometer formalmente, jurar, garantizar. **6** (**to ~** {**to**}) (form.) hacer prometer; comprometerse a: *I pledged myself to help them = me comprometí a ayudarles.* **7** empeñar, dejar en prenda, pignorar. • *v. i.* **8** brindar. ♦ **9 to ~ one's word,** empeñar uno la palabra, dar uno su palabra. **10 to sign/take the ~,** prometer dejar de tomar alcohol.

plenary ['pli:nərɪ] *adj.* (form.) **1** plenaria (una asamblea, una sesión). **2** plenario, completo, ilimitado (un poder).

plenipotentiary [ˌplenɪpə'tenʃərɪ] *s. c.* **1** (form.) plenipotenciario. • *adj.* **2** plenipotenciario, con todos los poderes (ministro).

plenitude ['plenɪtjud] *s. i.* plenitud (en cualidad); profusión (en cantidad).

plentiful ['plentɪful] *adj.* abundante, copioso.

plentifully ['plenɪtju:d] *adv.* abundantemente, copiosamente.

plenty ['plentɪ] *pron.* **1** abundante, mucho, muchísimo; bastante, suficiente: *we've got plenty of work = tenemos muchísimo trabajo.* • *s. i.* **2** (form.) abundancia, copiosidad; prosperidad, opulencia. • *adv.* **3** bastante, muy: *she's plenty fat enough = está muy gorda.* ♦ **4 in ~,** en abundancia, bastante. **5 to see ~ of,** ver a menudo, ver con frecuencia.

plethora ['pleθərə] *s. sing.* (form.) **1** plétora, superabundancia. **2** MED. plétora, exceso de sangre.

pleurisy ['pluərɪsɪ] *s. i.* MED. pleuresía.

pliable ['plaɪəbl] *adj.* **1** flexible, dúctil, moldeable (metal). **2** adaptable, flexible (persona). **3** (desp.) dócil, manejable, influenciable.

pliant ['plaɪənt] *adj.* **1** (desp.) influenciable, impresionable, maleable. **2** adaptable, flexible (una persona). **3** flexible, dúctil (metal).

pliers ['plaɪəz] *s. pl.* alicates.

plight [plaɪt] *s. sing.* **1** adversidad. • *v. t.* **2** prometer, jurar, dar palabra de. ♦ **3 to ~ one's troth,** (arc.) prometerse en matrimonio, dar palabra de casamiento.

plimsoll ['plɪmsəl] (en EE UU **sneaker**) *s. c.* **1** (brit.) zapatilla playera, playera. ♦ **2 Plimsoll line/mark,** MAR. línea de flotación.

plinth [plɪnθ] *s. c.* **1** peana. **2** ARQ. plinto, basamento.

plod [plɒd] (*ger.* **plodding,** *pret.* y *p. p* **plodded**) *v. i.* **1** (**to** ~ *adv./prep.*) caminar cansina y penosamente, andar pesadamente. **2** (**to** ~ {**away/on**}) trabajar con perseverancia, trabajar laboriosamente. • *s. i.* **3** trabajo o camino lento y pesado.

plodder ['plɒdər] *s. c.* (desp.) **1** trabajador perseverante pero poco entusiasta; persona trabajadora pero falta de talento. **2** empollón, (Am.) chancón.

plonk [plɒŋk ‖ plɔ:ŋk ‖ plɑ:ŋk] (en EE UU **plunk**) *s. c.* **1** golpe seco, sonido seco, ruido seco. **2** (brit.) (fam.) vino peleón. **3** MÚS. rasgueo; punteo (de guitarra). • *v. t.* **4** (**to** ~ + *o.* + *adv./prep.*) (fam.) dejar caer con ruido seco, arrojar pesadamente. **5** MÚS. rasguear; puntear (una guitarra).

plop [plɒp ‖ plɑ:p] *s. c.* **1** (fam.) plaf, plof, catapún (ruido al caer el agua). • *adv.* **2** plaf, plof, catapún: *he fell plop into the water = cayó haciendo plof en agua.* • (*ger.* **plopping,** *pret.* y *p. p.* **plopped**) *v. i.* **3** (**to** ~ + *adv./ prep.* {**into**}) caer haciendo plaf.

plot [plɒt ‖ plɑ:t] *s. c.* **1** LIT. argumento, trama (de una obra). **2** complot, conspiración, conjura, confabulación. **3** parcela, solar, terreno. **4** (EE UU) plano de un terreno (para construir). • *v. i.* (*ger.* **plotting,** *pret.* y *p. p.* **plotted**). **5** (**to** ~ + {**against**}) conspirar, conjurarse. • *v. t.* **6** AER. trazar, marcar (la posición en un mapa, con radar). **7** delinear, dibujar (un gráfico). **8** (**to** ~ {**out**}) urdir la trama, realizar el argumento (de una novela).

plotter ['plɒtər] *s. c.* **1** conspirador, conjurado. **2** localizador de coordenadas, persona o instrumento que marca posiciones (en un mapa).

plough [plau] (en EE UU **plow**) *s. c.* **1** arado. • *v. t.* e *i.* **2** (**to** ~ {**up/in**}) arar. **3** (argot) catear, cargar, suspender. • *v. i.* **4** (**to** ~ **into/through**) abrirse paso a la fuerza, destrozar a su paso: *the lorry ploughed into the wall = el camión destrozó el muro.* **5** (**to** ~ + *adv./prep.*) surcar (las aguas). **6** (fig.) terminar con dificultad, conseguir acabar (una lectura). • *v. t.* **7** acanalar. ♦ **8 to go under the ~,** roturar (un terreno para siempre). **9 to ~ back, (into),** reinvertir (ganancias). **10 The Plough** (EE UU **The Big Dipper**) ASTR. la Osa Mayor.

ploughed [plaud] *adj.* arado, roturado.

ploughman ['plaumən] (*pl.* **ploughmen**) *s. c.* **1** campesino, labrador, arador. ♦ **2 ploughman's lunch,** (brit.) plato de pan y queso con encurtidos vegetales que se toma en bares como almuerzo.

ploughmen ['plaumən] *pl. irreg.* de **ploughman.**

ploughshare ['plauʃeər] *s. c.* **1** reja de arado. ♦ **2 to turn swords into ploughshares,** hacer las paces (después de una pelea).

plover ['plʌvər] *s. c.* ZOOL. chorlito.

ploy [plɔɪ] *s. c.* táctica, estratagema, truco.

pluck [plʌk] *v. t.* **1** desplumar, pelar (un ave). **2** (**to** ~ {**out/from/of**}) depilar (las cejas). **3** (**to** ~ {**out/from/of**}) arrancar, extraer, quitar de un tirón. **4** (lit.) cortar, coger (una flor). **5** (fig.) sacar, rescatar (de una situación de peligro, desagradable). • *v. t.* e *i.* **6** MÚS. pulsar, puntear (las cuerdas de un instrumento). • *s. i.* **7** (fam.) coraje, valor. • *s. c.* **8** tirón. **9** asadura (de un animal). ♦ **10 to ~ at,** tirar de, dar tirones a: *plucking at his mother's skirt = tirando de la falda de su madre.* **11 to ~ something out of the air,** sacarse algo de la manga, decir algo sin pensarlo bien. **12 to ~ up courage,** armarse de valor.

pluckily ['plʌkɪlɪ] *adv.* valientemente, intrépidamente.

plucky ['plʌkɪ] *adj.* valiente, valeroso, intrépido.

plug [plʌg] *s. c.* **1** tapón (para obstruir, contra ruidos): *bath plug = tapón de la bañera; ear plugs = tapones para los oídos.* **2** taco (de madera, de plástico). **3** MED. tampón. **4** ELEC. enchufe, clavija; toma de corriente. **5** (fam.) publicidad solapada (desde un medio de difusión): *he kept giving his new book plugs = estuvo todo el rato haciendo publicidad solapada de su nuevo libro.* **6** (fam.) bujía (de automóvil). **7** porción de tabaco, pastilla de tabaco (de mascar). **8** GEOL. obturación ígnea (de un volcán). **9** (argot), penco, jamelgo. **10** balazo, tiro. **11** (argot), chistera, sombrero de copa. • *v. t.* (*ger.* **plugging,** *pret.* y *p. p.* **plugged**). **12** (**to** ~ {**up**}) tapar, cerrar, bloquear, taponar, obstruir, obturar. **13** MED. empastar (un diente). **14** (fam.) hacer publicidad solapada de. **15** (EE UU) (argot) pegar un tiro a, (Am.) balear, abalear. **16** (EE UU) (argot) dar un puñetazo a, pegar un puñetazo a. ♦ **17 to ~ away at,** (fam.) trabajar con perseverancia en (algo aburrido). **18 to ~ in/into,** ELEC. enchufar, conectar. **19 to ~ into, a)** (EE UU) (fam.) conectar con, sintonizar con (ideas, gente), **b)** conectar con, engancharse a (un sistema bancario a través de computadora). **20 to pull the ~ on,** (fam.) abandonar, renunciar a, dejar (un proyecto).

plugged [plʌgd] *adj.* obstruido, obturado, bloqueado.

plughole ['plʌghəul] *s. c.* **1** (brit.) desagüe (de una bañera, de un fregadero). ♦ **2 down the ~,** al traste.

plug-in ['plʌgɪn] *s. c.* INF. dispositivo adicional.

plum [plʌm] *s. c.* **1** BOT. ciruela, pruna. **2** (fam.) chollo, bicoca, (Am.) pichincha. • *adj.* **3** (lit.) morado, rojizo, rojo oscuro. ♦ **4 ~ pudding,** pudín de Navidad, pastel de ciruelas.

plumage ['plu:mɪdʒ] *s. i.* **1** plumaje. **2** (hum.) ropaje, ropas (de gran colorido, raras).

plumb [plʌm] *v. t.* **1** (fig.) sondear, examinar en profundidad, estudiar a fondo, profundizar en. **2** sondar, sondear, verificar la profundidad de. **3** aplomar, comprobar la verticalidad o el ángulo. • *adv.* (fam.) **4** (~ *adv./ prep.*) exactamente, directamente, de lleno: *plumb in the middle = de lleno en el centro.* **5** (EE UU) completamente, absolutamente, totalmente: *they are plumb fools = están completamente locos.* • *adj.* **6** vertical, recto, a plomo. **7** (fam.) completo, total, absoluto. • *s. c.* **8** plomada, plomo. ♦ **9 to ~ in,** (brit.) instalar, conectar (un aparato, un tubo a la red de agua): *the dishwasher was plumbed in in seconds = instalaron el lavavajillas en un momento.* **10 to ~ the depths (of),** alcanzar al grado más absoluto (de), ser el súmmum (de).

plumber ['plʌmər] *s. c.* fontanero.

plumbing ['plʌmɪŋ] *s. i.* tuberías, cañerías (instalación); fontanería (trabajo): *he did all the plumbing him-*

self = *él mismo instaló toda la fontanería* o *todas las tuberías*.

plumb-line ['plʌmlaɪn] *s. c.* cuerda de plomada.

plume [pluːm] *s. c.* **1** pluma; penacho (de adorno). **2** pluma (de ave). **3** (~ {**of**}) penacho, nubecilla, voluta (de humo). **4** condecoración, premio, laurel. • *v. t.* **5** arreglarse (las plumas un pájaro). **6** adornar con plumas, decorar con plumas. ◆ **7 to ~ oneself on,** enorgullecerse, felicitarse (por una victoria).

plumed ['pluːmd] *adj.* (lit.) **1** adornado con plumas, con penacho. **2** en forma de pluma.

plummet ['plʌmɪt] *v. i.* **1** caer en picado, caer a plomo. • *s. c.* **2** peso, carga, opresión. **3** plomada.

plummy ['plʌmɪ] *adj.* (fam.) **1** (desp.) engolada, afectada (la voz). **2** deseable, envidiable, fabuloso. **3** (lit.) rojizo, rojo oscuro, morado.

plump [plʌmp] *adj.* **1** (euf.) regordete, gordinflón, rechoncho, rollizo, relleníto. **2** abundante, amplio, generoso. **3** brusco, de lleno (un golpe). • *s. c.* **4** caída pesada, porrazo, golpazo. • *adv.* **5** a plomo, directamente, de lleno. **6** bruscamente, contundentemente, sin miramientos. • *v. t.* **7** (**to ~** {**up**}) mullir, sacudir (un cojín, una almohada). ◆ **8 to ~ down,** (fam.) caer como un peso muerto, dejarse caer como un fardo. **9 to ~ for,** (brit.) (fam.) optar por, decidirse por, elegir.

plumply ['plʌmplɪ] *adv.* firmemente, decididademte.

plumpness ['plʌmpnɪs] *s. i.* gordura, rechonchez.

plunder ['plʌndər] *v. t.* e *i.* **1** saquear, rapiñar. **2** robar, expoliar. • *s. i.* **3** botín. **4** saqueo, pillaje, rapiña.

plunge [plʌndʒ] *v. t.* **1** (**to** + *o.* + {**into**}) hundir, clavar (en) (una espada, navaja, etc.); sumergir (en) (en el agua, un líquido); (fig.) sumir (en) (en el caos, la desesperación, etc.). **2** (**to ~ oneself into**) lanzarse a (hacer algo). • *v. i.* **3** zambullirse (un nadador, un animal); hundirse (un vehículo, etc.); (fig.) caer en picado, venirse asajo (los precios). ◆ **4** cabecear (un barco). **5** tener mucho escote, ser muy escotado (un vestido). **6** (fig.) lanzarse, meterse, engancharse (en un trabajo). **7** sumirse, hundirse (en un estado, condición). **8** (fam.) apostar arriesgadamente, arriesgar mucho dinero, especular. • *s. c.* **9** salto, zambullida, inmersión, baño, remojón. **10** caída en picado, hundimiento (de precios). **11** piscina, estanque. ◆ **12 to take the ~,** arriesgarse, dar el paso decisivo, decidirse.

plunger ['plʌndʒər] *s. c.* **1** desatascador. **2** MEC. émbolo. **3** nadador.

plunging ['plʌndʒɪŋ] *adj.* de escote en pico muy pronunciado (un vestido).

plunk [plʌŋk] *s. c.* (EE UU) (fam.) ⇒ **plonk.**

pluperfect [,pluː'pəːfɪkt] GRAM. *s. sing.* **1** (**the ~**) el pluscuamperfecto. • *adj.* **2** pluscuamperfecto.

plural ['plʊərəl] *s. c.* **1** GRAM. plural. • *adj.* **2** GRAM. plural. **3** plural, diverso, variado: *a plural society* = *una sociedad plural.*

pluralism ['plʊərəlɪzəm] *s. i.* **1** pluralismo, pluralidad, diversidad. **2** (desp.) pluriempleo (especialmente eclesiástico).

pluralist ['plʊərəlɪst] *adj.* **1** pluralista, diverso, plural. • *s. c.* **2** pluralista, partidario del pluralismo.

pluralistic [,plʊərə'lɪstɪk] *adj.* pluralista.

plurality [plʊə'rælɪtɪ] *s. i.* **1** GRAM. pluralidad. **2** pluralidad, multiplicidad. • *s. c.* **3** (~ {**of**}) POL. mayoría, pluralidad.

plus [plʌs] *prep.* **1** más: *3 plus 3 is 6* = *3 más 3 son seis.* **2** (fam.) además de, y además: *this includes lessons plus accommodation* = *esto incluye las clases además del alojamiento.* • *s. c.* (*pl.* **plusses,** o **pluses**). **3** (también **plus sign**) más, signo más, signo positivo. **4** (fam.) ventaja; gratificación: *she gets a plus apart from her salary* = *aparte del sueldo le dan una gratificación.* • *adj.* **5** más de, por encima de: *he earns 1,500 plus* = *gana más de 1.500 dólares.* **6** adicional, extra, de más. **7** positivo, de signo positivo. ◆ **8 ~ sign,** signo más, signo positivo.

plush [plʌʃ] (también **plushy**). *adj.* **1** (fam.) lujoso, de lujo. **2** de felpa, afelpado. • *s. i.* **3** felpa.

plushy ['plʌʃɪ] *adj.* lujoso, de lujo.

Pluto ['pluːtəʊ] *s. sing.* **1** Plutón.

plutocracy [pluː'tɒkrəsɪ] *s. c.* e *i.* **1** (form.) plutocracia, gobierno de los ricos. **2** plutocracia, élite financiera.

plutocrat ['pluːtəkræt] *s. c.* **1** plutócrata. **2** (fam. y desp.) ricachón, ricacho.

plutonium [pluː'təʊnjəm] *s. i.* QUÍM. plutonio.

ply [plaɪ] *s. i.* **1** cabo; hilo; cordón; capa (para medir el grosor de la lana, cuerda, tela): *three-ply wool* = *lana de tres cabos.* **2** chapa, capa (de la madera contrachapada). **3** inclinación, propensión, tendencia, predisposición. • *v. i.* **4** (**to ~** + *adv./prep.*) estar de servicio, buscar pasajeros (especialmente un taxista). • *v. t.* e *i.* **5** volar, navegar (entre ciudades, aeropuertos, puertos, etc.). • *v. t.* **6** (lit. y arc.) realizar, ejercer (un trabajo). **7** manejar, usar, utilizar (una herramienta). ◆ **8 to ~ somebody with, a)** atiborrar a alguien de (comida, bebida); **b)** importunar a alguien con, atosigar a alguien con (preguntas).

plywood ['plaɪwʊd] *s. i.* madera contrachapada, (Am.) triplex.

p.m., P.M. [,piː'em] *abreviatura* de **1 post meridiem,** después del mediodía: *2.30 p.m.* = *2 y media de la tarde.* **2 Prime Minister,** (brit.) Primer Ministro. **3 pay master,** habilitado, pagador. **4 police magistrate,** DER. juez de instrucción.

pneumatic [njuː'mætɪk] *adj.* **1** neumático. **2** FIL. espiritual.

pneumonia [njuː'məʊnɪə] *s. i.* MED. neumonía, pulmonía.

PO [,piː'əʊ] *s. c.* **1** (*abrev.* de **Post Office**), Correos, Oficina Central de Correos. **2** (*abrev.* de **postal order**), giro postal. **3** (*abrev.* de **Petty Officer**), MAR. suboficial. ◆ **4** (*abrev.* de **PO box**), apartado de correos.

poach [pəʊtʃ] *v. t.* **1** escalfar (huevos). • *v. t.* e *i.* **2** cazar furtivamente; pescar en zona vedada. **3** (**to ~** {**from /on**}) pisar, robar (ideas o empleados una compañía a otra). **4** pisotear, pisar, hollar (un terreno).

poacher ['pəʊtʃər] *s. c.* cazador furtivo.

pock [pɒk ‖ pɑːk] *s. c.* **1** pústula, grano. **2** cicatriz de viruela o grano, hoyo de viruela. • *v. t.* **3** marcar (la viruela); dejar hoyos (la viruela).

pocked [pɒkt ‖ pɑːkt] *adj.* picado de viruela.

pocket ['pɒkɪt ‖ 'pɑːkɪt] *s. c.* **1** bolsillo (en una prenda). **2** bolsa, monedero. **3** saco, saca, bolsa. **4** (fam.) bolsillo, dinero: *he paid the bill out of his pocket* = *pagó la factura de su bolsillo.* **5** compartimento, bolsillo (en una maleta, en un asiento, en la puerta de un coche). **6** bolsa, bache (de aire); área, zona (de niebla). **7** GEOL. bolsa. **8** foco (de resistencia). **9** tronera (de billar). **10** DEP. encajonamiento, posición encajonada (en una carrera). • *v. t.* **11** meter al bolsillo; guardar en el bolso. **12** embolsarse, guardarse, quedarse con, apropiarse de (dinero de otros). **13** meter en la tronera (en el billar). **14** tolerar, aguantar (un insulto). **15** tragarse (el orgullo). **16** (EE UU) POL. retener sin firmar una ley hasta después de la clausura del Congreso (el presidente). **17** DEP. encajonar (a un corredor, un caballo). • *adj.* **18** de bolsillo. **19** en pequeño, en miniatura, minúsculo. ◆ **20 to have someone in one's ~,** tener a uno metido en el bolsillo, tener a uno en el bote. **21 in ~,** (brit.) con beneficios, con ganancias (después de hacer un negocio). **22 to line one's pockets,** forrarse (deshonestamente). **23 to live in each other's pockets,** (desp.) ser uña y carne, ser inseparables. **24 out of ~,** (brit.) con pérdidas, sin beneficios (después de realizar un negocio). **25 to pick someone's ~,** robar a alguien (un carterista), vaciar a alguien los bolsillos. **26 ~ calculator,** calculadora de bolsillo. **27 ~ handkerchief,** pañuelo de bolsillo. **28 to put one's hand in/into one's ~,** rascarse el bolso, gastar.

pocketbook ['pɒkɪtbʊk] *s. c.* **1** libreta de notas; libro de bolsillo. **2** (EE UU) (arc.) bolso de mano. **3** cartera portafolios, carpeta. **4** (EE UU) recursos financieros, dinero.

pocketful ['pɒkɪtfʊl] *s. c.* **1** bolsillo lleno (cantidad que en él cabe): *a pocketful of pebbles* = *un bolsillo lleno de guijarros.* **2** (fam.) montón, pellizco (de dinero).

pocket-knife ['pɒkɪtnaɪf ‖ 'pɑːkɪtnaɪf] (*pl.* **pocket-knives**) *s. c.* navaja.

pocket-money ['pɒkɪt,mʌnɪ] *s. i.* **1** propina. **2** dinero para gastos personales, dinero para caprichos.

pocket-sized ['pɒkɪt,saɪzd] *adj.* de bolsillo.

pockmark ['pɒkmɑːk ‖ 'pɑːkmɑːrk] *s. c.* cicatriz de viruelas, marca de viruelas.

pockmarked ['pɒkmɑːkt] *adj.* **1** picado de viruelas. **2** (fig.) lleno de hoyos (un terreno).

pod [pɒd ‖ pɑːd] *s. c.* **1** BOT. vaina (de legumbres). **2** depósito, receptáculo (en aviones bajo las alas, para gasolina, armas). **3** AER. cabina de pasajeros y material (en una nave espacial). **4** manada (de ballenas, de focas). **5** MEC. portabroca, mandril (de taladro, de berbiquí). • (*ger.* **podding,** *pret.* y *p. p.* **podded**) *v. t.* **6** quitar vainas a (las legumbres). • *v. i.* **7** producir vainas. **8** engordar, abultarse, hincharse.

podgy ['pɒdʒɪ ‖ 'pɑːdʒɪ] (también **pudgy**) *adj.* (desp.) regordete, rechoncho, gordito, gordinflón.

podia ['pəudɪə] *s. pl.* ⇒ **podium.**

podiatrist [pə'daɪətrɪst] *s. c.* (EE UU) podólogo.

podium ['pəudɪəm] (*pl.* **podiums** o **podia**) *s. c.* podio, estrado.

poem ['pəuɪm] *s. c.* LIT. poema, poesía.

poet ['pəuɪt] *s. c.* **1** poeta. ◆ **2** ~ **laureate,** poeta laureado.

poetic [pəu'etɪk] *adj.* **1** poético, lírico. **2** bello, emotivo, expresivo, imaginativo, con gran sensibilidad. ◆ **3** ~ **justice,** totalmente merecido, justa retribución. **4** ~ **licence,** licencia poética.

poetically [pəu'etɪkəlɪ] *adv.* poéticamente, líricamente.

poetry ['pəuɪtrɪ] *s. i.* **1** poesía, poemas. **2** poesía, lírica (como arte). **3** (fig.) poesía, belleza, sensibilidad: *the poetry of his paintings = la belleza de sus cuadros.*

pogo stick ['pəugəu stɪk] *s. c.* saltador, pogo saltarín (juguete consistente en una barra con muelles para saltar).

pogrom ['pɒgrəm ‖ pə'grɑːm] *s. c.* pogromo, limpieza étnica (de un grupo social y animada desde el poder).

poignancy ['pɔɪnjənsɪ] *s. i.* (form.) **1** patetismo, sentimentalismo, emoción, profundidad de sentimientos. **2** mordacidad, sarcasmo, acritud.

poignant ['pɔɪnjənt] *adj.* (form.) **1** patético, conmovedor, emocionante. **2** profundo, hondo, intenso, agudo (un dolor, una pena). **3** incisivo, mordaz, punzante. **4** importante, relevante, al día (información). **5** picante; agrio, ácido, fuerte (olor, sabor).

poignantly ['pɔɪnjəntlɪ] *adv.* (form.) **1** patéticamente, de forma conmovedora, emocionantemente. **2** profundamente, intensamente, agudamente. **3** incisivamente, mordazmente.

poinsettia [pɔɪn'setɪə] *s. c.* BOT. poinsetia, flor de Pascua.

point [pɔɪnt] *s. c.* **1** punta (de aguja, de herramienta). **2** punto, lugar, sitio. **3** punto, característica, cualidad: *his strong point was English = su punto fuerte era el inglés.* **4** DEP. punto, tanto. **5** punto; idea; detalle; hecho: *a few interesting points in his speech = algunas ideas interesantes en su discurso.* **6** (**the** ~) lo importante (de un asunto). **7** (también **decimal point**). MAT. coma decimal, coma. **8** (EE UU) punto (ortográfico, vocálico). **9** ECON. punto, entero: *the pound has gained 2 points = la libra ha subido dos puntos.* **10** (~ {**of**}) punto, foco (de luz). **11** MAR. cuarta (de la rosa náutica). **12** GEOG. punta, cabo. **13** (también **power point**), (brit.) ELECT. toma, conexión. **14** clavija, borne. **15** punzón, buril. **16** MÚS. melodía corta, frase corta. **17** HIST. cordón de corpiño. • *s. c.* e *i.* **18** punto, grado; momento, instante, ocasión. • *s. i.* **19** (~ {**in/of**}) sentido, ventaja, utilidad, beneficio, provecho: *there's no point in telling her = no merece la pena decírselo a ella.* **20** encaje de bolillos; punto de cruz. • *v. i.* **21** (**to** ~ {**at/to**}) apuntar, señalar con el dedo, indicar con el dedo. **22** (**to** ~ + *adv./prep.*) apuntar, señalar (una dirección). • *v. t.* e *i.* **23** DEP. pararse y mostrar la caza (un perro). **24** MAR. barloventear, navegar de bolina, avanzar contra el viento. • *v. t.* **25** (**to** ~ {**at /towards**}) apuntar, dirigir (un arma). **26** rellenar, rejuntar, resanar (grietas). **27** afilar, sacar punta. **28** puntuar, separar por punto; separar con coma decimal. ◆ **29 at this** ~ **in time,** ahora, en este momento. **30 beside the** ~, que no viene a cuento, que no viene al caso, irrelevante. **31 case in** ~, ⇒ **case. 32 to come/get to the** ~, ir al grano. **33 finer points,** sutilezas, aspectos más complicados. **34 from the** ~ **of view of,** desde el punto de vista de. **35 to get the** ~, entender, comprender. **36 to have its points,** tener algunas cualidades, tener algunos puntos favorables. **37 high** ~, punto álgido, apogeo, mejor momento. **38 in** ~ **of fact,** ⇒ **fact. 39 I take your** ~, lo admito, lo acepto. **40 low** ~, punto bajo, peor momento. **41 to make/prove one's** ~, establecer su punto de vista. **42 not to put too fine a** ~ **on it,** hablando claro, sin tapujos, en román paladino. **43 on the** ~ **of,** a punto de. **44** ~ **of no return,** ⇒ **return. 45** ~ **of order,** (form.) cuestión de orden, cuestión de procedimiento. **46** ~ **of reference,** punto de referencia. **47** ~ **of sale,** punto de venta. **48** ~ **of view,** punto de vista. **49 to** ~ **out, a)** señalar, indicar, mostrar; **b)** (**to** ~ **out** {**that**}) hacer notar, observar, advertir. **50 points, a)** (EE UU **switches**) agujas (de ferrocarril); **b)** puntas (de los pies en ballet); **c)** DEP. puntos (en boxeo). **51 to** ~ **someone in the direction,** (fam.) indicar a alguien la dirección (de un lugar). **52** ~ **taken,** lo admito, acepto el punto de vista. **53 to** ~ **the finger at,** ⇒ **finger. 54 to** ~ **the way,** indicar el modo, señalar la forma. **55 to** ~ **to/towards,** apuntar hacia, señalar a. **56 to** ~ **up,** (form.) destacar, poner de relieve. **57 saturation** ~, ⇒ **saturation. 58 to score points,** ⇒ **score. 59 to see someone's** ~, comprender el punto de vista de alguien. **60 sore** ~, ⇒ **sore. 61 to stretch a** ~, hacer una concesión. **62 to the** ~ **of,** casi, rayando en: *to the point of stupidity = rayando en la estupidez.* **63 up to a** ~, hasta cierto punto.

point-blank [,pɔɪnt'blæŋk] *adv.* **1** a quemarropa, a bocajarro, muy de cerca. **2** directamente, sin ambages. • *adj.* **3** a quemarropa, a bocajarro. **4** directo, franco, sin ambages.

pointed ['pɔɪntɪd] *adj.* **1** puntiagudo, afilado, en punta. **2** directo, evidente, claro. **3** sarcástico, mordaz, cortante, agudo (un comentario).

pointedly ['pɔɪntɪdlɪ] *adv.* mordazmente, cortantemente, sarcásticamente.

pointer ['pɔɪntər] *s. c.* **1** aguja, manecilla, indicador. **2** puntero. **3** pista, dato, indicación. **4** ZOOL. pointer, perro de muestra.

pointing ['pɔɪntɪŋ] *s. i.* **1** trabajo de restauración de fachadas de ladrillo o piedra. **2** cemento (entre los ladrillos o las piedras de un edificio).

pointless ['pɔɪntlɪs] *adj.* (generalmente desp.) **1** sin razón, inmotivado. **2** sin sentido, inútil: *talking to her was pointless = fue inútil hablar con ella.*

pointlessly ['pɔɪntlɪslɪ] *adv.* inútilmente.

pointlessness ['pɔɪntlɪsnɪs] *s. i.* inutilidad, falta de sentido.

point-of-sale terminal [,pɔɪntəv'seɪl-'tɜːmɪnəl] *s. c.* terminal de punto de venta.

poise [pɔɪz] *s. i.* **1** aplomo, serenidad, calma. **2** elegancia, donaire, porte, gracia. **3** estabilidad, equilibrio. • *v. t.* **4** (**to** ~ + *adv./prep.*) colocar en equilibrio; llevar en equilibrio. • *v. i.* **5** cernerse, mantenerse en el aire (un ave). **6** flotar en el aire, estar en suspenso, pender en el aire.

poised [pɔɪzd] *adj.* **1** (~ **between**) suspendido entre: *poised between life and death = entre la vida y la muerte.* **2** (~ **for/to** + *inf.*) preparado para, listo para, dispuesto para, presto a. **3** (~ + *adv./prep.*) flotante, en suspenso, en equilibrio. **4** sereno, ecuánime, tranquilo.

poison [pɔɪzn] *s. c.* e *i.* **1** veneno. **2** (fig.) veneno, ponzoña. • *s. i.* **3** (argot) bebida alcohólica, matarratas: *what's your poison? = ¿qué te tomas?* • *v. t.* **4** envenenar, matar con veneno. **5** corromper, contaminar, viciar, emponzoñar. **6** (fig.) estropear, corromper, envenenar (a una persona, una situación). **7** (brit.) infectar (una herida). **8** QUÍM. inhibir, retardar (una reacción). ◆ **9 to be** ~, (arc.) ser un veneno, ser muy desagradable (una persona). **10 to hate somebody like** ~, odiar a alguien a muerte, odiar enormemente a alguien. **11 ~ gas,** gas tóxico. **12 to ~ someone's mind,** poner a alguien en contra, envenenarle a alguien la cabeza (en contra de otra persona).

poisoner ['pɔɪznər] *s. c.* envenenador.

poisoning ['pɔɪznɪŋ] *s. i.* envenenamiento; intoxicación.

poisonous ['pɔɪznəs] *adj.* **1** venenoso, tóxico. **2** (fig.) perniciosa, perjudicial, dañina, peligrosa (una influencia, una persona). **3** (desp.) desagradable, perverso, detestable, malintencionado.

poison-pen letter [ˌpɔɪzənpən'letər] *s. c.* anónimo injurioso.

poke [pəuk] *v. t.* e *i.* **1** (to ~ + *o.* + *adv./prep.*) asomar. **2** (to ~ {in/with}) pinchar, clavar, punzar, aguijonear. • *v. t.* **3** (fig.) abrirse camino a través de, atravesar, pasar a través de. **4** (to ~ {at}) atizar, remover (el fuego). • *v. i.* **5** (fig.) entrometerse, inmiscuirse. **6** perder el tiempo, haraganear. • *s. c.* **7** pinchazo; codazo; empujón; golpe. **8** holgazán, haragán. ♦ **9 pig in a ~, ⇒ pig. 10 to ~ fun at, ⇒ fun. 11 to ~ about/around,** fisgonear, husmear. **12 to ~ one's nose into,** (fam.) meter las narices en.

poker ['pəukər] *s. c.* **1** badila, atizador. • *s. i.* **2** póquer (juego de cartas). ♦ **3 ~ face,** (fam.) cara de póquer, expresión impasible, (Am.) cara de palo.

poker-faced ['pəukəfeɪst] *adj.* (fam.) impasible, inmutable, con cara de póquer.

poky ['pəukɪ] (también **pokey**). *adj.* (*comp.* **pokier,** *super.* **pokiest**) **1** (brit.) (fam. y desp.) pequeño, estrecho (una habitación). **2** lento, perezoso. **3** desaliñado, andrajoso, raído.

Poland ['pəulənd] *s. sing.* Polonia.

polar ['pəulər] *adj.* **1** polar. **2** (form.) totalmente opuesto, contrario. ♦ **3 ~ bear,** oso polar, oso blanco. **4 ~ circle,** círculo polar.

polarise *v. t.* **⇒ polarize.**

polarity [pəu'lærɪtɪ] *s. c.* e *i.* polaridad.

polarization [ˌpəulərai'zeɪʃn ‖ ˌpəulərə'zeɪʃn] *s. i.* polarización.

polarize ['pəuləraɪz] (también **polarise**) *v. t.* **1** polarizar. • *v. i.* **2** polarizarse.

pole [pəul] *s. c.* **1** poste, palo; mástil. **2** DEP. pértiga. **3** GEOG. polo. **4** (fig. y lit.) polo, extremo, punta: *from pole to pole = de punta a punta.* **5** FÍS. polo. ♦ **6 Pole,** polaco (nacionalidad). ♦ **7 ~ star,** ASTR. estrella polar. **8 ~ vault,** DEP. salto con pértiga. **9 poles apart,** totalmente contrarios, en mundos completamente diferentes.

poleaxe ['pəulæks] *v. t.* **1** derribar de un golpe, (Am.) noquear. **2** descabellar, desnucar (a un animal). • *s. c.* **3** hacha de matadero.

poleaxed ['pəulækst] *adj.* (fam.) **1** patitieso, estupefacto, extremadamente sorprendido, incapaz de reaccionar. **2** completamente borracho, trompa, mamado, curda.

polecat ['pəulkæt] *s. c.* ZOOL. **1** turón. **2** (EE UU) mofeta.

polemic [pɒ'lemɪk] *s. c.* e *i.* (form.) **1** polémica, debate, controversia. • *adj.* **2** polémico, controvertido. ♦ **3 polemics,** arte de polemizar, polémica.

polemical [pɒ'lemɪkl] *adj.* polémico, controvertido.

polemicist [pɒ'lemɪsɪst] *s. c.* polemista.

police [pə'liːs] *s. pl.* **1** ({the} ~) (la) policía, (el) cuerpo de policía. **2** policías (hombres o mujeres). **3** (EE UU) MIL. pelotón de limpieza, brigada de limpieza. • *v. t.* **4** patrullar, vigilar (la policía, el ejército). **5** controlar, supervisar, vigilar. **6** MIL. mantener la limpieza en (un cuartel). ♦ **7 ~ constable,** (brit.) policía,. **8 ~ force,** cuerpo de policía, fuerza policial. **9 ~ officer,** oficial de policía. **10 ~ state,** (desp.) estado policial. **11 ~ station,** comisaría de policía.

policeman [pə'liːsmən] (*pl.* **policemen**) *s. c.* policía.

policemen [pə'liːsmən] *s. pl.* **⇒ policeman.**

policewoman [pə'liːsˌwumən] (*pl.* **policewomen**) *s. c.* policía.

policewomen [pə'liːsˌwɪmɪn] *s. pl.* **⇒ policewoman.**

policy ['pɒləsɪ ‖ 'pɑːləsɪ] *s. c.* e *i.* **1** política: *they'll have to change their policy = tendrán que cambiar de política.* **2** sagacidad, prudencia, precaución. • *s. c.* **3** póliza (de seguros).

polio ['pəulɪəu] (también **poliomyelitis**) *s. i.* (fam.) MED. poliomielitis, polio.

poliomyelitis [ˌpəulɪəumaɪə'laɪtɪs] *s. i.* **⇒ polio.**

polish ['pɒlɪʃ ‖ 'pɑːlɪʃ] *v. t.* **1** (to ~ {up}) lustrar, abrillantar, pulimentar, bruñir. **2** refinar, educar, pulir (a una persona). • *s. i.* **3** cera, betún, líquido abrillantador. **4** lustre, brillo. **5** brillantez, elegancia, gracia. **6** refinamiento, finura, urbanidad. **7** polaco (idioma). • *s. c.* **8** limpieza, pulido, lustre, bruñido: *he gave the table a good polish = sacó brillo a la mesa.* **9** polaco (de origen). ♦ **10 to ~ off,** (fam.) terminar rápidamente, dar cuenta de (especialmente comida). **11 to ~ up,** perfeccionar, mejorar (con la práctica).

Polish ['pəulɪʃ] *adj.* **1** polaco, de Polonia. • *s. i.* **2** polaco (lengua).

polished ['pɒlɪʃt] *adj.* **1** perfecto, correcto, impecable. **2** refinado, elegante, culto, fino. **3** bruñido, pulido, brillante.

polisher ['pɒlɪʃər] *s. c.* máquina enceradora.

Politburo ['pɒlɪtˌbjuərəu] *s. c.* Buró Político, Politburó (en países comunistas).

polite [pə'laɪt] *adj.* **1** cortés, educado, atento, fino, correcto. **2** (arc.) refinado, elegante. **3** de cortesía, de cumplido: *a polite smile = una sonrisa de cortesía.*

politely [pə'laɪtlɪ] *adv.* cortésmente, atentamente, correctamente.

politeness [pə'laɪtnɪs] *s. i.* cortesía, corrección, finura, educación, urbanidad.

politic ['pɒlɪtɪk ‖ 'pɑːlɪtɪk] *adj.* (form.) **1** prudente, sensato, juicioso. **2** ingenioso, hábil, astuto.

politics ['pɒlɪtɪks] *s. i.* política.

political [pə'lɪtɪkl] *adj.* **1** político. **2** politizado. ♦ **3 ~ asylum,** asilo político. **4 ~ economy,** economía política. **5 ~ prisoner,** prisionero político. **6 ~ science,** políticas, ciencia política. **7 ~ scientist,** politólogo, experto en ciencias políticas.

politically [pə'lɪtɪkəlɪ] *adv.* **1** políticamente. ♦ **2 ~ correct,** políticamente correcto.

politician [ˌpɒlɪ'tɪʃn] *s. c.* político, estadista.

politicization [pəˌlɪtɪsaɪ'zeɪʃn] *s. i.* politización.

politicize [pə'lɪtɪsaɪz] (también **politicise**) *v. t.* (generalmente desp.). **1** politizar, dar carácter político. **2** politizar, concienciar políticamente. • *v. i.* **3** politizarse; meterse en política; discutir de política.

politicking ['pɒlɪtɪkɪŋ] *s. i.* (desp.) politiqueo, manejos electorales, electorerismo.

politico [pə'lɪtɪkəu] (*pl.* **politicoes** o **politicos**) *s. c.* **1** (desp.) politiquero, politicastro. ♦ **2 politico-,** (~ + *adj.*) político-: *a politico-social problem = un problema político-social.*

polity ['pɒlɪtɪ] (*pl.* **polities**) *s. c.* e *i.* (form.) **1** organización política; gobierno; estado; forma de gobierno. **2** administración, gobierno (eclesiástico).

polka ['pɒlkə] *s. c.* **1** polca (baile). ♦ **2 ~ dot,** estampado de lunares: *she was wearing a polka dot dress = llevaba un vestido de lunares.*

poll [pəul] *s. c.* **1** (también **opinion poll**) encuesta, sondeo de opinión. **2** votos, porcentaje de votos, número de votos. **3** cuero cabelludo; cogote, nuca. **4** cotillo, cabeza (de un martillo). • *v. t.* **5** encuestar. **6** conseguir, obtener, recibir (votos). **7** descornar, afeitar (al ganado). **8** desmochar, podar (árboles). **9** esquilar, trasquilar. **10** cortar a tijera, recortar (el pelo). • *v. i.* **11** votar, emitir un voto. ♦ **12 ~ tax,** impuesto de capitación (impuesto obligatorio para ciudadanos en edad de votar). **13 polls,** POL. elecciones, comicios.

pollarded ['pɒlədɪd] *adj.* **1** podado, desmochado, recortado (un árbol). **2** descornado, mocho (un animal).

pollen ['pɒlən ‖ 'pɑːlən] *s. i.* **1** BOT. polen. ♦ **2 ~ count,** medida de la concentración de polen en el aire.

pollinate ['pɒlɪneɪt ‖ 'pɑːləneɪt] *v. t.* BOT. polinizar.

pollination [ˌpɒlɪ'neɪʃn ‖ ˌpɑːlɪ'neɪʃn] *s. i.* BOT. polinización.

polling ['pəulɪŋ] *s. i.* POL. **1** votación. **2** porcentaje de votantes, número de votos: *polling was very low = el porcentaje de votantes fue muy bajo.* ♦ **3 ~ day,** día de elecciones. **4 ~ station,** colegio electoral.

pollutant [pə'luːtənt] *s. c.* e *i.* agente contaminante, sustancia contaminante.

polluted [pə'luːtɪd] *adj.* contaminado.

pollution [pəˈluːʃn] *s. i.* polución, contaminación.
polo [ˈpəuləu] *s. i.* DEP. polo.
polo-necked [ˈpəuləunek] (también **polo-neck**) *adj.* de cuello alto (jersey).
poltergeist [ˈpɒltəgaɪst] *s. c.* espíritu, fuerza paranormal (que hace ruidos, mueve objetos, muebles).
poly [ˈpɒlɪ ‖ ˈpɑːlɪ] *s. c.* **1** (brit.) (fam.) escuela politécnica. • *prefijo.* **2** poli-: *polychromatic = policromático.*
polyandry [ˈpɒlɪændrɪ ‖ ˌpɒlɪˈændrɪ] *s. i.* poliandria.
polyester [ˌpɒlɪˈestər ‖ ˈpɒliːestər] *s. i.* QUÍM. poliéster.
polyethylene [ˌpɒlɪˈeθɪliːn ‖ ˌpɑːlɪˈeθɪliːn] (brit. **polythene**) *s. i.* QUÍM. polietileno.
polygamy [pəˈlɪgəmɪ] *s. i.* poligamia.
polyglot [ˈpɒlɪglɒt ‖ ˈpɑːlɪglɑːt] *adj.* **1** políglota, multilingüe. • *s. c.* **2** políglota.
polygon [ˈpɒlɪgən ‖ ˈpɑːlɪgɑːn] *s. c.* GEOM. polígono.
polymath [ˈpɒlɪmæθ ‖ ˈpɑːlɪmæθ] *s. c.* (form.) polifacético.
polymer [ˈpɒlɪmər] *s. c.* QUÍM. polímero.
Polynesia [ˌpɒlɪˈniːzɪə] *s. sing.* Polinesia.
Polynesian [ˌpɒlɪˈniːzɪən] *adj.* **1** polinesio, de la Polinesia. • *s. c.* **2** polinesio, persona natural de la Polinesia.
polyp [ˈpɒlɪp ‖ ˈpɑːlɪp] *s. c.* e *i.* **1** ZOOL. pólipo. • *s. c.* **2** MED. pólipo.
polyphony [pəˈlɪfənɪ] *s. i.* MÚS. polifonía.
polystyrene [ˌpɒlɪˈstaɪriːn] *s. i.* QUÍM. poliestireno.
polysyllable [ˈpɒlɪsɪləbl] *s. c.* GRAM. palabra polisílaba.
polytechnic [ˌpɒlɪˈteknɪk] *s. c.* (brit.) escuela politécnica.
polythene [ˈpɒlɪθiːn] *s. i.* (brit.) QUÍM. polietileno.
polyunsaturated [ˌpɒlɪʌnˈsætʃəreɪtɪd] *adj.* QUÍM. poliinsaturado.
polyurethane [ˌpɒlɪˈjuərɪθeɪn] *s. i.* QUÍM. poliuretano.
pom [pɒm] *s. c.* (fam.) ⇒ **pommy.**
pomegranate [ˈpɒmɪˌgrænɪt ‖ ˈpɑːmɪgrænɪt] *s. c.* BOT. **1** granado. **2** granada (fruto).
pommel [ˈpɒml] *s. c.* **1** perilla (de la montura). **2** pomo (de la empuñadura de una espada). • *v. t.* **3** (EE UU) dar puñetazos, golpear con los puños, aporrear.
pommy [ˈpɒmɪ] (también **pom**) *s. c.* (desp.) inglés (apelativo para inmigrantes en Nueva Zelanda, Australia).
pomp [pɒmp ‖ pɑːmp] *s. i.* pompa, ostentación, fasto, boato.
pom-pom [ˈpɒmpɒm] *s. c.* **1** pompón (de adorno). **2** MIL. cañón antiaéreo automático.
pomposity [pɒmˈpɒsɪtɪ ‖ pɑːmˈpɑːsɪtɪ] *s. i.* (form.) pomposidad, ostentación.
pompous [ˈpɒmpəs ‖ ˈpɑːmpəs] *adj.* (desp.) **1** pomposo, ostentoso, ceremonioso. **2** pomposo, grandioso, magnífico (un edificio, una ceremonia). **3** ampuloso, rimbombante.
pompously [ˈpɒmpəslɪ] *adv.* (desp.) **1** pomposamente, ostentosamente, ceremoniosamente. **2** ampulosamente, de forma rimbombante.
ponce [pɒns ‖ pɑːns] *s. c.* **1** (brit.) (desp. y vulg.) afeminado, marica, homosexual. **2** proxeneta, chulo. • *v. i.* **3** (**to ~ about/around**) (brit.) (desp.) moverse amaneradamente, actuar de forma afeminada. **4** perder el tiempo, haraganear.
poncho [ˈpɒntʃəu ‖ ˈpɑːntʃəu] *s. c.* poncho.
pond [pɒnd ‖ pɑːnd] *s. c.* estanque.
ponder [ˈpɒndər ‖ ˈpɑːndər] *v. t.* e *i.* (lit.) reflexionar (sobre), considerar, meditar (sobre): *we'll have to ponder the situation = tendremos que considerar la situación.*
ponderous [ˈpɒndərəs ‖ ˈpɑːndərəs] *adj.* (form.) **1** voluminoso. **2** torpe, lento. **3** aburrido, pesado (un discurso).
ponderously [ˈpɒndərəslɪ] *adv.* pesadamente, lentamente, tediosamente.
pong [pɒŋ ‖ pɑːŋ] *s. c.* **1** (brit.) (fam. y desp.) peste, pestilencia, tufo, hediondez. • *v. i.* **2** apestar, desprender mal olor.
pontiff [ˈpɒntɪf ‖ ˈpɑːntɪf] *s.* REL. (form.) pontífice, Sumo Pontífice.
pontifical [pɒnˈtɪfɪkl] *adj.* **1** pontificio, pontifical. **2** (form.) pontifical, dogmático, autoritario.
pontificate [pɒnˈtɪfɪkɪt ‖ pɑːnˈtɪfɪkeɪt] *v. i.* **1** (**to ~ {about/on}**) (desp.) pontificar, dogmatizar. • *s. c.* **2** pontificado.
pontoon [pɒnˈtuːn ‖ pɑːnˈtuːn] *s. c.* **1** pontón, plataforma flotante (para sujetar un puente). **2** AER. flotador. • *s. i.* **3** (brit.) veintiuna (juego de cartas).
pony [ˈpəunɪ] *s. c.* **1** poney. **2** (fam.) caballo de carreras. **3** (EE UU) (fam.) chuleta (para un examen). **4** (brit.) (argot.) 25 libras esterlinas. ◆ **5 on Shanks's ~/mare,** en el coche de San Fernando. **7 to ~ up,** (EE UU, fam.) pagar deudas, apoquinar.
ponytail [ˈpəunɪteɪl] *s. c.* cola de caballo (como peinado).
poodle [ˈpuːdl] *s. c.* **1** caniche, perro de lanas. ◆ **2 to be someone's ~,** (brit., hum. y desp.) ser el perrillo faldero de alguien.
poof [puf] (también **poofter**). *s. c.* (brit., argot y desp.) marica, afeminado.
poofter [ˈpuftər] *s. c.* ⇒ **poof.**
pooh [puː] *interj.* (fam.) **1** ¡uf! (expresa desagrado, mal olor). **2** ¡bah!, ¡qué va! (expresa desdén, desaprobación). • *s. i.* **3** (brit.) caca (usado por los niños).
pooh-pooh [ˌpuːˈpuː] *v. t.* (fam.) desdeñar, desechar, menospreciar, burlarse de, restar importancia a.
pool [puːl] *s. c.* **1** poza, balsa, remanso (en un río). **2** laguna, charca; alberca; estanque. **3** charco (de cualquier líquido). **4** piscina. **5** COM. consorcio, mancomunidad (entre empresas, utilizando en común trabajadores, maquinaria, etc...). **6** apuesta, pozo (en juegos de cartas). • *s. i.* **7** (EE UU) billar americano. • *v. t.* **8** combinar, mancomunar, aunar (recursos, ideas). ◆ **9 pools,** DEP. quinielas.
poop [puːp] *s. c.* MAR. **1** popa. **2** (también **poop deck**) castillo de popa, toldilla. • *v. t.* **3** (argot) cansar, agotar, rendir.
pooped [puːpt] *adj.* (EE UU) (argot) exhausto, agotado, rendido.
poor [puər ‖ pɔːr] *adj.* **1** pobre, indigente, menesteroso, necesitado. **2** (form.) malo, deficiente, de baja calidad, pobre: *poor attendance = atención deficiente.* **3** (form.) escaso, exiguo, pobre, modesto, humilde: *she gets quite a poor salary = gana un salario bastante modesto.* **4** (form.) débil, endeble, enfermizo, malo. **5** (desp.) mal (perdedor). **6** pobre, desgraciado, infortunado. **7** árido, yermo, estéril (el suelo). **8** desnutrido, flaco. **9** trivial, insignificante. • *sufijo.* **10** (*s.* **poor-**) pobre en, pobre de, falto de: *poor-spirited = mezquino, pobre de espíritu.* ◆ **11 ~ box,** cepillo (de los pobres). **12 ~ girl/boy, etc.,** pobrecito, pobrecita. **13 ~ relation,** (fig.) pariente pobre. **14 the ~,** los pobres.
poorhouse [ˈpuəhaus] *s. c.* asilo, institución de beneficencia.
poorly [ˈpuəlɪ] *adv.* **1** pobremente, humildemente, modestamente. **2** mal, desastrosamente, insatisfactoriamente. • *adj.* **3** (brit.) (fam.) enfermo, malo, indispuesto. ◆ **4 to think ~ of,** tener una mala opinión de.
pop [pɒp] (*ger.* **popping,** *pret.* y *p. p.* **popped**). *v. i.* **1** estallar, reventar (un globo). **2** saltar (un corcho). **3** (**to ~** + *adv./prep.*) (fam.) saltar, salirse (los ojos de las órbitas). **4** (**to ~** + *adv./prep.*) entrar de sopetón, llegar por sorpresa. **5** (**to ~** + *adv./prep.*) marcharse repentinamente, largarse de sopetón. • *v. t.* **6** reventar, hacer estallar. **7** (**to ~** + *o.* + *adv./prep.*) (fam.) asomar, meter (la cabeza, algo en un sitio); poner (durante breves instantes): *I'll pop it in the fridge to chill = lo meteré en el frigorífico para que se enfríe.* **8** (brit., arc. y argot) empeñar, pignorar. **9** pegar, golpear. **10** (EE UU) (argot) ingerir, tomar (drogas por vía oral); echar, tomar (un trago). • *s. c.* **11** ruido seco; chasquido; estallido; taponazo. **12** detonación, pistoletazo. **13** (EE UU) (fam.) papá. **14** (argot) trago, bebida alcohólica. • *s. i.* **15** (EE UU) gaseosa. **16** MÚS. música pop, pop. ◆ **17** (*abrev.* de **population**), población. • *adv.* **18** deprisa, inesperadamente. **19** ruidosamente, estrepitosamente. ◆ **20 ~ art,** ART. arte pop. **21 to ~ off, a)** (brit.) (fam.) morir repentinamente; **b)** largarse, irse de repente; **c)** vociferar, gritar. **22 to ~ on, a)** (fam.) ponerse (un vestido); **b)** (fam.) enchufar, poner. **23 ~ psychology,** psicología popular. **24 to ~ the question,** ⇒ **question. 25 to ~**

up, aparecer de repente, inesperadamente.

popadam ['pɒpədəm] *s. c.* ⇒ **poppadum.**

popcorn ['pɒpkɔːn] *s. i.* palomitas de maíz.

Pope [pəʊp] *s.* REL. **1** Papa. **2** pope (sacerdote ortodoxo). **3** (fig.) pope, autoridad.

popery ['pəʊpərɪ] *s. i.* (desp. y arc.) papismo.

pop-eyed [,pɒp'aɪd] *adj.* (fam.) de ojos saltones; con los ojos desorbitados (por la sorpresa): *she looked at me pop-eyed = me miró con ojos desorbitados.*

popish ['pəʊpɪʃ] *adj.* (desp. y arc.) papista.

poplar ['pɒplər] *s. c.* e *i.* BOT. chopo; álamo.

poplin ['pɒplɪn] *s. i.* popelín.

poppa ['pɒpə || 'pɑːpə] *s. c.* ⇒ **papa.**

poppadum ['pɒpədəm || 'pɑːpədəm] (también **papadom, papadum, popadam**) *s. c.* papadom (pan redondo, fino y crujiente que se toma con la comida india).

popper ['pɒpər || 'pɑːpər] (en EE UU **press-stud**). *s. c.* **1** (brit.) (fam.) corchete, automático, botón de presión. **2** utensilio para tostar maíz. **3** QUÍM. popper, ampolla de nitrato de amilo (que se toma ilícitamente como estimulante).

poppet ['pɒpɪt || 'pɑːpɪt] *s. c.* **1** (brit.) (fam.) amor, cariño, chiquitín, cielo, encanto (se le dice a un niño o a un animal como expresión de cariño). **2** MAR. escálamo, tolete.

poppy ['pɒpɪ || 'pɑːpɪ] *s. c.* **1** BOT. amapola; adormidera. • *s. i.* **2** QUÍM. opio. **3** color rojo amapola, rojo vivo. ◆ **4 Poppy Day,** (fam.) Día de la Amapola (día de noviembre en que los británicos recuerdan a los muertos de las dos guerras mundiales, adornándose con una amapola artificial).

poppycock ['pɒpɪkɒk || 'pɑːpɪkɑːk] *s. i.* (fam.) tonterías, estupideces, memeces.

populace ['pɒpjʊlɪs || 'pɑːpjʊləs] *s. sing.* (**the** ~ + *v.sing./pl.*) (form.) el pueblo, la plebe, el vulgo, el populacho, las masas.

popular ['pɒpjʊlər || 'pɑːpjʊlər] *adj.* **1** (~ {**with**}) popular; querido, respetado. **2** generalizado, corriente, extendido: *it's a popular belief = es una creencia extendida.* **3** popular, de divulgación (una obra); sensacionalista, amarilla (la prensa). **4** (no *comp.*) popular, de masas: *a popular sport = un deporte de masas.*

popularity [,pɒpjʊ'lærɪtɪ || ,pɑːpjʊ'lærɪtɪ] *s. i.* popularidad, renombre, fama.

popularization [,pɒpjələraɪ'zeɪʃən] *s. i.* popularización, difusión (de moda, etc.); vulgarización (de obra difícil).

popularize ['pɒpjʊləraɪz || 'pɑːpjʊləraɪz] (también **popularise**). *v. t.* **1** popularizar, divulgar, extender. **2** vulgarizar (una obra difícil).

popularly ['pɒpjʊləlɪ || 'pɑːpjʊləlɪ] *adv.* popularmente, corrientemente, vulgarmente; por regla general.

populate ['pɒpjʊleɪt || 'pɑːpjʊleɪt] *v. t.* (generalmente *pasiva*) poblar, habitar.

populated ['pɒpjʊleɪtɪd || 'pɑːpjʊleɪtɪd] *adj.* poblado, habitado.

population [,pɒpjʊ'leɪʃn || ,pɑːpjʊ'leɪʃn] *s. sing.* **1** población, habitantes. **2** población, demografía. **3** poblamiento, asentamiento (de pobladores en una zona). **4** ECOL. colonia de organismos.

populism ['pɒpjʊlɪzəm] *s. i.* POL. populismo.

populist ['pɒpjʊlɪst] *s. c.* POL. **1** populista. • *adj.* **2** populista.

populous ['pɒpjʊləs] *adj.* populoso, muy poblado.

pop-up ['pɒpʌp] *adj.* **1** con mecanismo de expulsión, automático: *a pop-up toaster = un tostador automático.* **2** (cuento infantil) que lleva escenas en relieve al abrirse sus páginas.

porcelain ['pɔːslɪn] *s. i.* porcelana.

porch [pɔːtʃ] *s. c.* **1** porche, pórtico. **2** (EE UU) terraza cubierta. **3** (EE UU) soportales, paseo cubierto.

porcine ['pɔːsaɪn] *adj.* porcino.

porcupine ['pɔːkjʊpaɪn] *s. c.* ZOOL. puerco espín.

pore [pɔːr] *s. c.* **1** poro (en la piel, suelo, etc.). • *v. i.* **2** (**to** ~ **over**) examinar, analizar, estudiar atentamente. **3** observar absorto, clavar la mirada en. **4** meditar, reflexionar, considerar.

pork [pɔːk] *s. i.* **1** carne de cerdo. ◆ **2** ~ **pie, a)** (brit.) empanada de cerdo, pastel de cerdo; **b)** sombrero de hombre de ala ancha y copa baja y plana.

porn [pɔːn] *s. i.* (fam.) **1** porno, pornografía. • *adj.* **2** pornográfico.

pornographic [,pɔːnə'græfɪk] *adj.* pornográfico.

pornography [pɔː'nɒgrəfɪ || pɔː'nɑːgrəfɪ] *s. i.* pornografía.

porous ['pɔːrəs] *adj.* poroso.

porphyry ['pɔːfɪrɪ] *s. i.* MIN. pórfido.

porpoise ['pɔːpəs] *s. c.* ZOOL. marsopa.

porridge ['pɒrɪdʒ] *s. i.* **1** papilla de avena, gachas de avena (para desayunar). ◆ **2 to do** ~, (brit.) (fam.) pasar un tiempo a la sombra.

port [pɔːt] *s. c.* e *i.* **1** MAR. puerto. **2** puerto de mar, ciudad portuaria. **3** INF. puerto. **4** MAR. portilla, lumbrera. **5** MAR. ojo de buey. **6** MIL. tronera, cañonera. **7** puerta, entrada (a una ciudad, en Escocia). • *s. i.* **8** MAR. babor. **9** oporto, vino de Oporto. • *adj.* **10** portuario, de puerto. • *v. t.* **11** MIL. presentar, colocar terciado (el fusil): *port arms! = ¡presenten armas!* • *v. t.* e *i.* **12** virar a babor. ◆ **13 any** ~ **in a storm,** en el peligro cualquier refugio es bueno, en peligro se agarra uno a un clavo ardiendo. **14** ~ **of call,** MAR. escala, puerto de escala.

portability [,pɔːtə'bɪlɪtɪ] *s. i.* portabilidad, transportabilidad.

portable ['pɔːtəbl] *adj.* **1** portátil, transportable. **2** (arc.) soportable, tolerable, llevadero. • *s. c.* **3** máquina de escribir portátil; objeto portátil.

portal [pɔːtl] *s. c.* **1** (form.) pórtico, portada, atrio, entrada. **2** (fig.) umbral, puerta. **3** ANAT. vena porta.

portcullis [,pɔːt'kʌlɪs] *s. c.* rastrillo (de una fortificación, de un castillo).

portend [pɔː'tend] *v. t.* (form.) presagiar, augurar, anunciar, pronosticar (generalmente algo malo).

portent ['pɔːtent] *s. c.* (form.) **1** (~ {**of**}) presagio, augurio, premonición. • *s. i.* **2** carácter profético, significado premonitorio, sentido amenazador. **3** portento, prodigio, maravilla.

portentous [pɔː'tentəs] *adj.* (form.) **1** (desp.) pomposo, petulante, pretencioso. **2** amenazador, siniestro, de mal agüero. **3** portentoso, prodigioso, maravilloso.

portentously [pɔː'tentəslɪ] *adv.* (form.) **1** petulantemente, de forma pretenciosa, con pomposidad. **2** ominosamente, amenazadoramente, siniestramente. **3** portentosamente.

porter ['pɔːtər] *s. c.* **1** mozo de estación, mozo de cuerda, maletero. **2** porteador, descargador. **3** (brit.) portero, conserje (de hotel, escuela, etc.). **4** (EE UU) mozo, camarero (de trenes). • *s. i.* **5** cerveza negra (fuerte).

portfolio [,pɔːt'fəʊlɪəʊ] *s. c.* **1** portafolios, cartera de ejecutivo. **2** muestra, muestrario (especialmente del trabajo de un artista): *he sent a portfolio of his drawings = envió una muestra de sus dibujos.* **3** COM. cartera de valores. **4** POL. cartera, ministerio. ◆ **5 minister without** ~, ministro sin cartera. **6** ~ **management,** gestión de carteras.

porthole ['pɔːthəʊl] *s. c.* **1** MAR. ojo de buey; portilla, lumbrera. **2** MIL. tronera, cañonera; saetera.

portico ['pɔːtɪkəʊ] (*pl.* **porticoes** o **porticos**). *s. c.* ARQ. pórtico, atrio, portada.

portion ['pɔʃn] *s. c.* **1** (~ {**of**}) parte, sección, porción; zona, área, región. **2** parte, porcentaje, cuota: *a portion of the responsability = una parte de la responsabilidad.* **3** porción, ración. **4** dote. **5** (lit.) destino, sino, fortuna, suerte. • *v. t.* **6** (**to** ~ **out**) repartir, dividir en porciones. **7** legar bienes a, dotar.

portly ['pɔːtlɪ] *adj.* (euf. o hum.) **1** corpulento, fuerte. **2** (arc.) majestuoso, solemne, imponente.

portmanteau [,pɔːt'mæntəʊ] (*pl.* **portmanteaus** o **portmanteaux**). *s. c.* **1** (arc.) baúl de viaje, valija. ◆ **2** ~ **word,** palabra que resulta de la combinación de otras dos (p.ej. "smog" viene de **smoke** y **fog**).

portrait ['pɔːtrɪt] *s. c.* **1** ART. retrato. **2** (fig.) retrato, descripción vívida.

portraiture ['pɔːtrɪtʃər] *s. i.* **1** ART. retrato, pintura de retrato. • *s. c.* **2** retrato.

portray [pɔː'treɪ] *v. t.* **1** retratar, pintar un retrato de, dibujar un retrato de. **2**

(~ {as}) describir, retratar. **3** representar, hacer de, actuar de (en teatro).

portrayal [pɔː'treɪəl] *s. c.* e *i.* **1** representación (teatral): *his portrayal of Richard V = su representación de Ricardo V.* **2** ART. retrato. **3** (fig.) retrato, descripción: *her portrayal of life in India is excellent = su descripción de la vida en la India es excelente.*

Portugal ['pɔːtʃugl] *s. sing.* Portugal.

Portuguese [,pɔːtʃu'giːz] *adj.* **1** portugués, de Portugal (de nacionalidad). ● *s. c.* **2** portugués. ● *s. i.* **3** portugués, lengua portuguesa.

pose [pəuz] *v. i.* **1** posar (para una fotografía, un cuadro). **2** (desp.) darse tono, pavonearse, hacerse el importante. ● *v. t.* **3** plantear (un problema, una pregunta). ● *s. c.* **4** postura, pose, posición. **5** (desp.) pose.

poser ['pəuzər] *s. c.* (fam.) **1** enigma, problema, misterio, rompecabezas. **2** (desp.) presumido, jactancioso, presuntuoso.

poseur [pəu'zəːr] *s. c.* presumido, jactancioso, presuntuoso.

posh [pɒʃ] *adj.* **1** (brit.) (fam.) de lujo, caro (coche, hotel, etc.); de altos vuelos (fiesta, etc.). **2** refinado, de clase alta; (desp.) pijo, afectado, cursi, (Am.) pituco (gente, un acento). ◆ **3 to talk ~,** hablar con afectación.

posit ['pɒzɪt] *v. t.* (form.) **1** postular, proponer. **2** situar, colocar.

position [pə'zɪʃn] *s. c.* **1** posición, situación, emplazamiento: *the house was in a good position = la casa estaba en un buen lugar.* **2** posición, postura: *in a horizontal position = en posición horizontal.* **3** DEP. posición, puesto. **4** categoría, rango (en una jerarquía). **5** (generalmente *sing.*) situación, estado, condición: *in his present position, he can't do anything = no puede hacer nada en su actual situación.* **6** (~ {on}) opinión, política, actitud, punto de vista: *what's your position on this matter? = ¿cuál es tu opinión sobre este asunto?* **7** (form.) empleo, colocación, puesto: *to apply for a position = solicitar un empleo.* **8** postulado, aserto, propuesta. ● *v. t.* **9** (**to** ~ + *o.* + *adv./prep.*) situar, colocar, emplazar, ubicar. **10** MIL. localizar la posición de, marcar el emplazamiento de. ◆ **11 to be in a ~ to,** estar en condiciones de. **12 to be in no ~ to,** no estar en condiciones de. **13 in/into ~,** en posición correcta, en su lugar. **14 out of ~,** desplazado, fuera de su sitio. **15 ~ paper,** POL. documento de base ideológica.

positional [pə'zɪʃənɪŋ] *adj.* de posición, de puesto.

positioning [pə'zɪʃənɪŋ] *s. c.* posicionamiento.

positive ['pɒzɪtɪv ‖ 'pɑːzətɪv] *adj.* **1** (~ {**about/of**}) seguro de, convencido de: *he's absolutely positive about it = está totalmente seguro de ello.* **2** positivo, constructivo. **3** positiva, optimista (una actitud). **4** definitivo, seguro, cierto, firme: *positive proof = una prueba definitiva.* **5** GRAM. positivo (el grado); afirmativa. **6** MAT., MED. etc. positivo. **7** ELEC. positivo, electropositivo. **8** absoluto, enorme, sumo: *a positive pleasure = un placer absoluto.* **9** MEC. de acción directa. ● *s. c.* **10** GRAM. grado positivo (de la comparación). **11** FOT. positivo. ◆ **12 ~ discrimination/reverse discrimination,** discriminación positiva. **13 ~ vetting,** (brit.) (form.) investigación (relativa a una persona que va a disponer de información secreta).

positively ['pɒzətɪvlɪ] *adv.* **1** con toda seguridad, definitivamente. **2** (fam.) absolutamente, realmente. **3** positivamente, afirmativamente. **4** ELEC. positivamente, con carga positiva.

positivism ['pɒzɪtɪvɪzəm] *s. i.* FIL. positivismo.

positivist ['pɒzɪtɪvɪst] *s. c.* FIL. positivista.

posse ['pɒsɪ] *s. c.* **1** partida, pelotón, somatén (bajo el mando del sheriff para ayudar a la captura de un criminal). **2** (fig.) recua, tropel (de gente).

possess [pə'zes] *v. t.* **1** (form.) poseer, tener. **2** (generalmente pasiva) poseer, dominar, influir: *he's possessed by a strange idea = está dominado por una idea extraña.* ◆ **3 to be possessed of,** (lit.) disfrutar de, estar en posesión de. **4 what possessed someone to ...?,** ¿cómo pudo alguien...?: *what possessed him to do that? = ¿cómo pudo él hacer eso?*

possession [pə'zeʃn] *s. i.* **1** posesión. **2** (form.) posesión, conocimiento: *I had a few details in my possession = tenía conocimiento de algunos detalles.* **3** (~ {**of**}) DER. posesión, tenencia. **4** posesión, endemoniamiento. ● *s. c.* **5** (generalmente *pl.*) posesión, propiedad, bien. **6** posesión, territorio, colonia. ◆ **7 to be in ~ of,** (form.) estar en posesión de.

possessive [pə'zesɪv] *adj.* **1** posesivo; absorbente; dominante; egoísta. **2** GRAM. posesivo. ● *s. c.* **3** GRAM. posesivo.

possessively [pə'zesɪvlɪ] *adv.* posesivamente; absorbentemente, dominantemente; egoístamente.

possessiveness [pə'zesɪvnɪs] *s. i.* posesividad; egoísmo; carácter absorbente.

possessor [pə'zesər] *s. c.* (form.) poseedor, dueño (de una cualidad).

possibility [,pɒsə'bɪlɪtɪ] *s. c.* e *i.* **1** posibilidad, perspectiva, probabilidad. ◆ **2 possibilities,** posibilidades, potencial, condiciones.

possible ['pɒsəbl] *adj.* **1** posible, factible, realizable: *it's not possible to cure this disease = no es posible curar esta enfermedad.* **2** posible, probable: *it's possible that she went without permission = es probable que fuera sin permiso.* **3** razonable, aceptable: *a possible solution = una solución razonable.* ● *s. c.* **4** (**the** ~) lo posible, lo factible, lo realizable. **5** candidato, aspirante, pretendiente: *two of them could be possibles = dos de ellos podrían ser candidatos.* ◆ **6 as much as ~,** todo lo posible. **7 as soon as ~,** cuanto antes, lo antes posible. **8 if ~/if at all ~/etc.,** de ser posible, si es posible. **9 the best/biggest ~,** lo mejor que hay/lo más grande que existe, etc. **10 where/wherever/whenever, etc. ~,** si es posible, si hay posibilidad.

possibly ['pɒsəblɪ] *adv.* **1** posiblemente, razonablemente, concebiblemente. **2** probablemente, quizás, tal vez.

possum ['pɒsəm] (brit. **opossum**) *s. c.* **1** (fam.) ZOOL. zarigüeya, (Am.) carachupa, churcha. ◆ **2 to play ~,** hacerse el dormido, hacerse el muerto.

post [pəust] *s. c.* **1** poste; pila; columna; estaca. **2** (**the** ~) DEP. la meta, el poste de llegada. **3** (también **goalpost**) DEP. portería, puerta, marco, meta. **4** (fam.) puesto, empleo, cargo, colocación. **5** MIL. puesto (de vigilancia); fuerte, guarnición. **6** factoría, establecimiento comercial. ● *s. i.* (en EE UU **mail**). **7** (**the** ~) correos, el servicio de correos. **8** (**the** ~) el correo, la correspondencia; la entrega, la recogida (de correspondencia). **9** (**the** ~) la oficina de correos, la estafeta de correos. **10** (brit.) MIL. retreta, toque de retreta. ● *prefijo.* **11** pos-, post-: *post-industrial = postindustrial.* ● *v. t.* **12** (**to** ~ {**off/to**}) (EE UU **mail**) echar al correo, enviar por correo, mandar por correo. **13** contabilizar, asentar (en el libro de contabilidad). **14** INF. registrar, actualizar (ficheros). **15** (**to** ~ {**up**}) apostar, situar, colocar (centinelas, policías). **16** (**to** ~ + *o.* + *adv./prep.*) (brit.) anunciar, informar de, comunicar, avisar, hacer saber (por medio de carteles). **17** fijar, pegar, poner (carteles). **18** denunciar públicamente, delatar (a un ladrón). **19** publicar en una lista, anotar en una lista (un nombre). **20** destinar, nombrar, asignar (a un puesto); delegar (el mando, para un cargo). ● *v. i.* **21** viajar en posta, viajar por etapas. ● *adv.* **22** en posta, por etapas. **23** a toda prisa, a toda velocidad, rápidamente. ◆ **24 to catch the ~,** alcanzar el correo, llegar al correo. **25 first past the ~,** POL. sistema mayoritario (en elecciones). **26 in the ~,** en el correo, enviado por correo. **27 to keep someone posted,** mantener a alguien informado, tener a alguien al día. **28 ~ office,** correos, oficina de correos, estafeta de correos.

postage ['pəustɪdʒ] *s. i.* **1** franqueo, gastos de correo, porte. ◆ **2 ~ stamp,** (form.) sello de correos.

postal ['pəustəl] *adj.* **1** postal, de correos. ● *s. c.* **2** (EE UU) tarjeta postal. ◆ **3 ~ order,** (brit.) giro postal.

postbag ['pəustbæg] *s. c.* **1** (en EE UU **mailbag**) cartera de cartero. **2** (fam.) correo, correspondencia, cartas (especialmente las recibidas por un periódico, TV., etc.): *they always re-*

ceive a big postbag = siempre reciben mucha correspondencia.

post-box ['pəustbɒks] (en EE UU **mailbox**) *s. c.* buzón de correos.

post-card ['pəustkɑːd] *s. c.* postal, tarjeta postal.

postcode ['pəustkəud] (en EE UU **zip code**) *s. c.* código postal.

postdate [,pəust'deɪt] *v. t.* **1** fechar con posterioridad, extender con fecha posterior (un cheque). **2** HIST. ocurrir después de, suceder con posterioridad a, venir después de.

poster ['pəustər] *s. c.* **1** cartel, póster. ◆ **2** ~ **paint/colour,** pintura al temple.

poste restante [,pəust'restɑːnt ‖ ,pəust-'restɒnt] (en EE UU **general delivery**). *s. i.* **1** lista de correos. ● *adv.* **2** a lista de correos: *the letter was sent post restante = la carta se envió a lista de correos.*

posterior [pɒ'stɪərɪər ‖ pɑː'stɪərɪər] *adj.* **1** (~ **to**) (form.) posterior, ulterior. **2** BIOL. posterior, trasero. ● *s. c.* **3** (form. o hum.) trasero, posaderas, culo.

posterity [pɒ'sterɪtɪ ‖ pɑː'sterɪtɪ] *s. i.* posteridad.

postgraduate [,pəust'grædjuət ‖ ,pəust-'grædʒuət] (en EE UU **graduate**). *s. c.* **1** postgraduado. ● *adj.* **2** postgraduado, para postgraduados, de postgrado.

posthumous ['pɒstjuməs ‖ 'pɑːstʃəməs] *adj.* póstumo.

posthumously ['pɒstjuməslɪ ‖ 'pɑːst-ʃəməslɪ] *adv.* póstumamente.

post-industrial [,pəustɪn'dʌstrɪəl] *adj.* postindustrial.

posting ['pəustɪŋ] *s. c.* (brit.) destino, traslado (generalmente otra ciudad, otro país).

postman ['pəustmən] (*pl.* **postmen**) *s. c.* cartero.

postmark ['pəustmɑːk ‖ 'pəustmɑːrk] *s. c.* **1** matasellos. ● *v. t.* **2** (generalmente pasiva) matasellar, timbrar (el sello).

postmaster ['pəustmɑːstər ‖ ,pəust-mæstər] (*f.* **postmistress**) *s. c.* **1** administrador de correos. **2** administrador de una estación para viajeros, el que suministraba caballos de posta.

postmen ['pəustmən] *pl.* de **postman.**

postmistress ['pəust,mɪstrɪs] (*m.* **postmaster**) *s. c.* administradora de correos.

postmodernism [pəust'mɒdənɪzm] *s. i.* posmodernismo.

post-mortem [,pəust'mɔːtem ‖ ,pəust'-mɔːrtem] (también **postmortem examination**). *s. c.* **1** autopsia. **2** (fig.) investigación, estudio, análisis: *a postmortem on the failure of the meeting = una investigación sobre el fracaso de la reunión.*

post-natal [,pəust'neɪtl] *adj.* postnatal, de posparto.

postpone [,pəust'pəun] *v. t.* (**to** ~ {**to/until**}) posponer, aplazar, retrasar, postergar.

postponement [,pəust'pəunmənt] *s. c.* e *i.* aplazamiento.

post-production [pəustprə'dʌkʃn] *s. i.* pos(t)producción.

postscript ['pəustskrɪpt] (también **P.S.**). *s. c.* posdata.

postulate ['pɒstjuleɪt ‖ 'pɑːstʃəleɪt] *v. t.* **1** (form.) postular, argüir, invocar, aducir, presuponer, dar por sentado. **2** solicitar, reivindicar, demandar, reclamar. ● ['pɒstjulət ‖ 'pɑːstʃələt] *s. c.* **3** (form.) postulado, hipótesis, planteamiento.

posture ['pɒstʃər ‖ 'pɑːstʃər] *s. c.* e *i.* **1** postura, posición, pose. ● *s. c.* **2** (~ {**on**}) postura, actitud, disposición. **3** tendencia, inclinación, preferencia. ● *v. i.* **4** (generalmente desp.) adoptar una postura, asumir una actitud, actuar con afectación. ● *v. t.* **5** posar, colocarse en una postura.

post-war [,pəust'wɔː ‖ ,pəust'wɔːr] *adj.* **1** de la posguerra. ● *adv.* **2** de la posguerra.

posy ['pəuzɪ] *s. c.* **1** (lit.) ramillete de flores. **2** lema, inscripción.

pot [pɒt ‖ pɑːt] *s. c.* **1** tiesto, maceta. **2** tarro, frasco, bote, recipiente. **3** pote, olla, marmita, puchero (el cacharro y el contenido). **4** jarra, copa, vaso (y su contenido). **5** (~ {**of**}) cafetera, tetera: *she brought a pot of tea for two = trajo té para dos.* **6** (fam.) fuente, plato. **7** orinal, bacinilla. **8** apuesta, banca, pozo (cantidad total apostada en juegos de cartas). **9** (brit.) carambola (en billar). **10** (fam.) disparo a mansalva, tiro al azar. **11** nasa (para la pesca de crustáceos). **12** escote, fondo común (de dinero para gastos entre varios). ● *s. i.* **13** (argot) marihuana, yerba. ● (*ger.* **potting,** *pret.* y *p. p.* **potted**) *v. t.* e *i.* **14** cazar, disparar, abatir, matar: *potting hares = cazando liebres.* ● *v. t.* **15** (**to** ~ {**up**}) plantar, poner (flores en tiestos). **16** (brit.) hacer carambola, entronerar. **17** conservar, poner en conserva, envasar (alimentos). **18** cocinar en olla, hacer en marmita. ◆ **19 gone to** ~**,** (fam.) deteriorado, estropeado, echado a perder. **20 to keep the** ~ **boiling,** mantener las cosas en marcha, mantener el interés. **21** ~ **belly,** panza, tripa, barrigaza. **22** ~ **luck dinner/supper,** comida/cena improvisada. **23** ~ **plant,** planta ornamental, planta de interior. **24 pots,** (fam.) montones, cantidades ingentes (de dinero). **25 potting compost,** mantillo (para macetas). **26 potting shed,** cobertizo para utensilios de jardinería. **27 to take a** ~ **at,** (fam.) disparar a mansalva a, disparar al azar. **28 to take** ~ **luck,** conformarse con lo que haya (de comer), improvisar algo (de comer). **29 the** ~ **calling the kettle black,** el puchero dijo a la sartén "apártate de mí que me tiznas".

potash ['pɒtæʃ ‖ 'pɑːtæʃ] *s. i.* QUÍM. potasa.

potassium [pə'tæsɪəm] *s. i.* QUÍM. potasio.

potato [pə'teɪtəu] (*pl.* **potatoes**) *s. c.* e *i.* **1** BOT. patata, (Am.) papa. ◆ **2 a hot** ~**,** (fig.) una patata caliente, un asunto molesto.

potatoes [pə'teɪtəuz] *pl.* de **potato.**

pot-bellied ['pɒt,belɪd ‖ 'pɑːt,belid] *adj.* tripudo, panzudo, barrigudo.

pot-boiler ['pɒt,bɔɪlər ‖ 'pɑːt,bɔɪlər] *s. c.* obra artística mediocre producida para obtener dinero.

pot-bound ['pɒt,baund ‖ 'pɑːt,baund] *adj.* sin espacio para el crecimiento de las raíces (una planta).

potency ['pəutənsɪ] *s. i.* **1** fuerza, poder, acción, influencia. **2** potencia (sexual).

potent ['pəutənt] *adj.* **1** fuerte, eficaz, efectiva (una bebida, una medicina). **2** efectivo, convincente, persuasivo (un argumento). **3** (lit.) potente, poderoso. **4** potente, viril.

potentate ['pəutənteɪt] *s. c.* potentado, señor feudal, soberano.

potential [pə'tenʃl] *adj.* **1** (no *comp.*) potencial, en potencia, posible, latente. **2** GRAM. potencial. ● *s. i.* **3** (~ {**for**}) potencial, potencialidad, futuro, perspectivas, posibilidades. **4** ELEC. potencia, voltaje, tensión. **5** GRAM. modo potencial.

potentiality [pə,tenʃɪ'ælɪtɪ] *s. c.* e *i.* **1** (generalmente *pl.*) (form.) potencialidad, poderes ocultos. **2** potencialidad, posibilidad, futuro, perspectivas.

potentially [pə'tenʃlɪ] *adv.* potencialmente, virtualmente, presumiblemente.

potently ['pəutəntlɪ] *adv.* potentemente.

pot-herb ['pɒthɜːb ‖ 'pɑːthɜrb] *s. c.* hierba aromática (para condimentar).

pothole ['pɒthəul ‖ 'pɑːthəul] *s. c.* **1** poza, pozo, hoyo (en terrenos calizos). **2** bache (en carretera).

potholer ['pɒthəulər ‖ 'pɑːthəulər] *s. c.* DEP. espeleólogo.

potholing ['pɒthəulɪŋ ‖ 'pɑːthəulɪŋ] *s. i.* DEP. espeleología.

potion [pəuʃn] *s. c.* (lit.) poción, pócima, brebaje.

pot-pourri [,pəu'puriː] (también **potpourri**) *s. c.* **1** mezcla de flores secas aromáticas, popurrí. **2** (~ {**of**}) MÚS. popurrí. **3** LIT. antología, colección, miscelánea. **4** mezcolanza, batiburrillo.

potroast ['pɒt,rəust ‖ 'pɑːt,rəust] *s. c.* e *i.* **1** GAST. trozo de carne de vaca que se dora y cuece a fuego lento en marmita. ● *v. t.* **2 to pot-roast,** asar carne en una olla o marmita.

pot-shot ['pɒtʃɒt ‖ 'pɑːtʃɑːt] *s. c.* **1** (~ {**at**}) (fam.) disparo al azar, tiro al azar. **2** (fig.) crítica irresponsable.

potted ['pɒtɪd ‖ 'pɑːtəd] *adj.* **1** en conserva, de bote, de lata. **2** plantado en tiesto, de maceta. **3** (brit.) simplificado, condensado, resumido. **4** (argot) intoxicado, achispado, bebido; pasado, flipado (con psicotrópicos).

potter ['pɒtər ‖ 'pɑːtər] *s. c.* **1** alfarero, ceramista. ● (en EE UU **putter**) *v. i.* **2** (**to** ~ + *adv./prep.*) (brit.) (fam.) andar con desgana, vagar, deambular. **3** (brit.) (fam.) pasar el rato, perder el tiempo, ocuparse de cosas sin importancia, en fruslerías. ◆ **4 potter's wheel,** torno de alfarero.

pottery ['pɒtərɪ || 'pɑːtərɪ] *s. i.* **1** alfarería, cerámica, artesanía del barro. **2** objetos de cerámica, piezas de barro, loza. • *s. c.* **3** alfar, taller de alfarería, fábrica de cerámica.

potty ['pɒtɪ || 'pɑːtɪ] *adj.* (brit.) (fam.). **1** chiflado, loco, extravagante, alocado. **2** insignificante, trivial, poco importante. • *s. c.* **3** orinal, bacinilla (para niños). ◆ **4 to be ~ about,** estar loco por, encantar, gustar mucho (una persona, una actividad).

potty-trained ['pɒtɪtreɪnd || 'pɑːtɪtreɪnd] (también **toilet-trained**). *adj.* (brit.) que ya no necesita pañales (un niño).

potty-training ['pɒtɪtreɪnɪŋ || 'pɑːtɪtreɪnɪŋ] *s. i.* (brit.) período en que el niño aprende a hacer sus necesidades controladamente.

pouch [pautʃ] *s. c.* **1** bolsillo, saquito, faltriquera, taleguilla, zurrón (para dinero, objetos, etc.). **2** tabaquera, petaca. **3** valija (de correos, diplomática). **4** ZOOL. bolsa (de los marsupiales). **5** bolsa (bajo los ojos). **6** ZOOL. abazón (de ciertos animales). • *v. t.* **7** embolsar, meter en el bolsillo. **8** tragar, comer, ingerir (ciertos animales). • *v. t.* e *i.* **9** abolsar(se), formar(se) en una bolsa.

pouf [puːf] *s. c.* ⇒ **pouffe.**

pouffe [puːf] (también **pouf**) *s. c.* puf (asiento).

poultice ['pəultɪs] *s. c.* **1** cataplasma, emplaste. • *v. t.* **2** aplicar una cataplasma, poner un emplaste.

poultry ['pəultrɪ] *s. i.* **1** carne de aves de corral, volatería. • *s. pl.* **2** aves de corral.

pounce [pauns] *v. i.* **1** (to ~ {on}) saltar (sobre), arrojarse (sobre), atacar (a), precipitarse (sobre). • *v. t.* **2** empolvar, secar con polvo de sandáraca. • *s. sing.* **3** ataque, salto (sobre una presa). **4** zarpa, garra (de un ave de presa). • *s. i.* **5** polvo de sandáraca, grasilla, arenilla, polvo secante. **6** carbón en polvo. ◆ **7 to ~ on, a)** (fig.) coger al vuelo, aceptar sin pensarlo dos veces (un ofrecimiento); **b)** abalanzarse sobre, echarse encima (de alguien a causa de un error).

pound [paund] *s. c.* **1** (*abreviatura* **lb**) libra (unidad de peso equivalente a 0.454 kg): *half a pound of sugar* = *media libra de azúcar.* **2** libra (unidad monetaria). **3** perrera municipal, refugio de animales (perdidos). **4** depósito municipal de automóviles. • *v. t.* **5** (to ~ {up}) triturar, machacar, majar, moler, pulverizar. • *v. i.* **6** (to ~ + *adv./prep.*) moverse estrepitosamente, caminar ruidosamente: *the gang came pounding down the street* = *la banda bajaba por la calle caminando ruidosamente.* • *v. t.* **7** aporrear, golpear, martillear: *pounding on the wall in despair* = *aporreando la pared con desesperación.* • *v. i.* **8** latir con fuerza, palpitar con violencia (el corazón). ◆ **9 to have one's ~ of flesh,** exigir lo que es de uno pese a quien pese.

pounded ['paundɪd] *adj.* triturado, molido, en polvo.

pounding ['paundɪŋ] *s. c.* e *i.* **1** latido, palpitación. **2** martilleo, golpeteo, aporreamiento. • *s. c.* **3** (fam.) DEP. paliza, derrota. **4** apaleamiento, paliza.

pour [pɔːr] *v. t.* **1** (to ~ + *o.* + *adv./prep.*) escanciar, servir, derramar, verter (un líquido). **2** (fig.) invertir mucho dinero, subvencionar con abundantes fondos. • *v. i.* **3** (to ~ + *adv./prep.*) manar, fluir, salir, brotar, salir a raudales. **4** (fam.) servir, llenar (una copa, una taza). **5** (to ~ **badly/well**) dejar salir, derramar/servir, mal/bien (un líquido): *this teapot pours badly* = *esta tetera no sirve bien.* **6** (to ~ {**down**}) diluviar, llover torrencialmente, llover a cántaros: *it's pouring down* = *está lloviendo a cántaros.* ◆ **7 to ~ cold water on,** echar un jarro de agua fría, desanimar, desalentar. **8 to ~ oil on troubled waters,** ⇒ **water. 9 to ~ out, a)** desahogarse, abrir el corazón, revelar, contar atropelladamente (problemas, noticias, historias); **b)** servir, escanciar. **10 to ~ scorn on,** reírse de, mofarse de, hablar despectivamente de.

pout [paut] *v. t.* e *i.* **1** hacer pucheros, poner mala cara. **2** hacer gestos provocativos, poner morritos (con los labios). • *s. c.* **3** pucheros, mala cara. **4** morritos: *a sensual pout* = *morritos sensuales.*

poverty ['pɒvətɪ] *s. i.* **1** pobreza, miseria, indigencia, escasez, penuria. **2** (~ {**of**}) (form.) pobreza, escasez, falta, carencia.

poverty-stricken ['pɒvətɪˌstrɪkən] *adj.* extremadamente pobre, menesteroso, indigente.

pow [pau] *interj.* (fam.) ¡paf!, ¡zas!

POW [ˌpiːəu'dʌbljuː] *s. c.* (*abrev.* de **prisoner of war**) prisionero de guerra.

powder ['paudər] *s. c.* e *i.* **1** polvo. • *s. i.* **2** polvos de maquillaje. **3** pólvora. • *s. c.* **4** (arc.) medicina en polvo. • *v. t.* **5** empolvar, polvorear, poner polvos. **6** pulverizar, triturar. **7** (argot) hacer polvo, dar una paliza, derrotar completamente. ◆ **8 to ~ one's nose,** (euf.) ir al tocador, ir al lavabo, ir al retrete (una mujer). **9 to take a ~,** tomar las de Villadiego, poner pies en polvorosa.

powdered ['paudəd] *adj.* **1** en polvo. **2** cubierto de polvo, lleno de polvo.

powder-puff ['paudəpʌf] *s. c.* borla (para empolvarse).

powder-room ['paudəruːm] *s. c.* (euf.) tocador de señoras, lavabo de señoras (en hoteles).

powdery ['paudərɪ] *adj.* **1** quebradizo, quebrajoso, friable, frágil, delicado. **2** polvoriento, empolvado. **3** en polvo, polvoroso.

power [pauər] *s. i.* **1** poder, autoridad, influencia, control: *I'll do everything in my power* = *haré todo lo que esté en mi poder.* **2** POL. poder, gobierno, mandato: *the Labour Party are in power* = *los laboristas están en el poder.* **3** (~ {**of**}) facultad, habilidad, capacidad. **4** fuerza, empuje, impulso, poderío. **5** MEC. potencia, energía, fuerza motriz. **6** ELEC. electricidad, luz, energía, fluido. **7** OPT. potencia. **8** potencia, nación influyente; autoridad, persona influyente: *Japan is an industrial power* = *Japón es una potencia industrial.* **9** MAT. potencia, exponente. **10** (~ {**of**}) (fam.) montón, cantidad, multitud. • *s. c.* e *i.* **11** poder, derecho, facultad, mandato, autoridad: *the power of veto* = *el derecho de veto.* • *v. t.* **12** (generalmente pasiva) impulsar, mover, accionar, funcionar (un vehículo, una máquina): *the car is powered by petrol* = *el coche funciona con gasolina.* • *v. i.* **13** (to ~ + *adv./prep.*) (fam.) ir a gran velocidad, pasar volando (un vehículo). • *adj.* **14** eléctrico, mecánico: *a power saw* = *una sierra eléctrica.* ◆ **15 at the height of one's powers,** (lit.) en el momento cumbre de su vida, en lo mejor de su carrera. **16 to do someone a ~ of good,** hacerle a uno mucho bien, sentarle (algo) a uno estupendamente: *the holidays did her a power of good* = *las vacaciones le sentaron estupendamente.* **17 everything in one's ~,** todo lo posible, todo lo que esté en las manos de uno. **18 in ~,** POL. en el poder, gobernando. **19 in someone's ~,** bajo control de alguien, en poder de alguien, bajo su férula. **20 in/within someone's ~,** dentro de las posibilidades de uno, en manos de uno. **21 -powered,** *sufijo,* impulsado por, que funciona con, mecánico: *electrically-powered tools* = *herramientas eléctricas.* **22 ~ dressing,** estilo de vestir serio. **23 ~ failure,** apagón, corte de luz. **24 ~ game,** lucha por el poder. **25 ~ line,** ELEC. línea de conducción eléctrica. **26 ~ plant, a)** (brit.) ELEC. central eléctrica; **b)** AER. grupo electrógeno, grupo motor. **27 ~ point,** (brit.) ELEC. enchufe. **28 ~ station,** (brit.) ELEC. central eléctrica. **29 ~ steering,** dirección asistida, servodirección. **30 ~ supply,** suministro eléctrico. **31 ~ worker,** empleado de una central eléctrica. **32 the powers that be,** las autoridades, los que mandan.

powerboat ['pauəbəut] *s. c.* lancha motora.

power-cut ['pauəkʌt] *s. c.* corte de luz, apagón.

powerful ['pauəful] *adj.* **1** fuerte, robusto, fornido, vigoroso: *his powerful arms* = *sus brazos robustos.* **2** fuerte, potente, agudo: *a powerful voice* = *una voz potente.* **3** eficaz, eficiente: *a powerful pill* = *una pastilla eficaz.* **4** fuerte, intenso (un olor, una emoción). **5** poderoso, influyente, pujante (una persona, un país). **6** enérgico, contundente (un argumento). • *adv.* **7** (fam.) muy, enormemente: *powerful hot* = *muy caluroso.*

powerhouse ['pauəhaus] (*pl.* **powerhouses** ['pauəhauzɪz]) *s. c.* **1** (fam.) persona enérgica, persona fuerte. **2** fuerza motriz o dinámica. **3** central eléctrica.

powerless ['pauəlɪs] *adj.* **1** impotente, incapaz, ineficaz. **2** sin autoridad, sin poder, sin influencia.

powerlessness ['pauəlɪsnɪs] *s. i.* impotencia, incapacidad, ineficacia.

power-sharing ['pauəʃeərɪŋ] *s. i.* participación en el poder, autogestión, cogestión.

pox [pɒks] *s. sing.* **1** MED. (fam.) sífilis. • *s. i.* **2** (arc.) viruela. ◆ **3 a ~ on...!,** (arc.) maldito sea...

PR [piː'ɑːr] *s. i.* **1** (siglas de **public relations**) RP, relaciones públicas. **2** (**proportional representation**) representación proporcional.

practicability [ˌpræktɪkə'bɪlɪtɪ] *s. i.* viabilidad, factibilidad.

practicable ['præktɪkəbl] *adj.* (form.) **1** practicable, posible, realizable, factible. **2** práctico, adecuado, útil (una cosa).

practical ['præktɪkl] *adj.* **1** práctico: *she gave us practical advice = nos dio unos consejos prácticos.* **2** práctico, conveniente, efectivo, útil, funcional. **3** práctico, pragmático, sensato. **4** practicable, viable, posible, factible. **5** virtual. • *s. c.* **6** (fam.) examen práctico. ◆ **7 for all ~ purposes,** en realidad, de hecho. **8 ~ joke,** broma pesada.

practicality [ˌpræktɪ'kælɪtɪ] *s. c.* e *i.* **1** funcionabilidad (objeto). **2** viabilidad, factibilidad (proyecto, etc.). **3** sentido práctico, dotes prácticas.

practically ['præktɪklɪ] *adv.* **1** prácticamente, virtualmente, casi. **2** de modo práctico, de modo útil.

practice ['præktɪs] *s. c.* e *i.* **1** práctica, entrenamiento, adiestramiento, ejercicio. **2** práctica, costumbre, hábito, procedimiento. • *s. c.* **3** clientela (de un médico, de un abogado). **4** consulta (médica). **5** bufete, despacho (de abogado). ◆ **6 in ~, a)** en la práctica; **b)** en forma, entrenado. **7 out of ~,** en baja forma, desentrenado. **8 ~ makes perfect,** la práctica hace maestro. **9 to put something into ~,** poner algo en práctica.

practise ['præktɪs] (en EE UU **practice**) *v. t.* e *i.* **1** practicar, entrenar, hacer ejercicios (de), ejercitarse (en), ensayar. **2** (**to ~ {as}**) ejercer de, practicar la profesión de (médico, abogado). • *v. t.* **3** practicar, ejercitar, predicar, observar (una religión, la paciencia, una creencia). **4** (form.) efectuar, hacer, realizar. ◆ **5 to ~ what one preaches,** predicar con el ejemplo.

practised ['præktɪst] (en EE UU **practiced**) *adj.* **1** (**~ {in}**) experimentado, experto, avezado, diestro. **2** (generalmente desp.) estudiado, aprendido, poco natural.

practising ['præktɪsɪŋ] (en EE UU **practicing**) *adj.* **1** en ejercicio, en activo, que ejerce (una profesión). **2** REL. practicante.

practitioner [præk'tɪʃnər] *s. c.* (form.) **1** médico. **2** abogado. **3** (a veces desp.) profesional, practicante.

praesidium [prɪ'sɪdɪəm] *s. c.* ⇒ **presidium.**

praetorian guard [priː'tɔːrɪən'gɑːd] *s. c.* clan, cohorte (de gente ambiciosa alrededor de un político, banquero, etc.).

pragmatic [præg'mætɪk] *adj.* **1** pragmático, práctico, realista. • *s. c.* **2** HIST. sanción pragmática. **3** entrometido, chismoso. ◆ **4 pragmatics,** FIL. pragmatismo.

pragmatically [præg'mætɪkəlɪ] *adv.* pragmáticamente, prácticamente.

pragmatism ['prægmətɪzəm] *s. i.* pragmatismo.

pragmatist ['prægmətɪst] *s. c.* pragmático, realista.

prairie ['preərɪ] *s. c.* e *i.* pradera, llanura, (Am.) pampa, sabana.

praise [preɪz] *v. t.* **1** (**~ {for}**) alabar, elogiar, ensalzar, exaltar, encomiar: *praising him for his results = elogiándole por sus resultados.* **2** (lit.) glorificar, loar, ensalzar (a Dios). • *s. i.* **3** alabanza, elogio, encomio, aplauso, admiración. **4** (lit.) gloria, loa. **5** (arc.) mérito, estimación, valía. ◆ **6 ~ be!/~ be to God!/~ God!,** (arc.) ¡gracias a Dios!, ¡menos mal! **7 to ~ someone/something to the skies,** poner a uno por las nubes, elogiar a uno efusivamente. **8 to sing one's own praises,** ponerse a sí mismo por las nubes, hacer alarde de uno mismo, fanfarronear. **9 to sing someone's praises,** cantar las alabanzas de alguien, elogiar a uno con efusión.

praiseworthy ['preɪzˌwəːðɪ] *adj.* digno de alabanza, digno de elogio, loable, meritorio, plausible.

pram [præm] (también arc. y brit. **perambulator,** en EE UU **baby buggy, baby carriage**) *s. c.* cochecito de niño.

prance [prɑːns || præns] *v. i.* (**to ~ +** *adv./prep.*) **1** encabritarse, empinarse (un caballo). **2** (a veces desp.) pavonearse, contonearse, moverse con afectación.

prancing ['prɑːnsɪŋ || 'prænsɪŋ] *adj.* ostentoso, con pavoneo, con afectación.

prank [præŋk] *s. c.* **1** travesura, broma, jugarreta. • *v. t.* e *i.* **2** acicalar(se), engalanar(se), vestir(se) llamativamente. • *v. i.* **3** hacer ostentación, jactarse, pavonearse.

prankster ['præŋkstər] *s. c.* bromista.

prat [præt] *s. c.* **1** (brit., desp. y argot) bobo, idiota, necio, lerdo, payaso. **2** (argot) trasero, nalgas.

prattle [prætl] *v. i.* (fam. y desp.) **1** (**to ~ {about/on}**) parlotear, balbucear, chacharear (como los niños). • *s. i.* **2** parloteo, balbuceo, cháchara (de niños).

prawn [prɔːn] *s. c.* **1** gamba, langostino. ◆ **2 ~ cocktail,** GAST. cóctel de gambas.

pray [preɪ] *v. t.* e *i.* **1** rezar, orar, rogar, implorar. **2** (fig.) esperar, hacer votos (para), rogar (que): *I pray he doesn't come now = espero fervientemente que no venga ahora.* • *v. t.* **3** (lit.) rogar fervientemente, suplicar, implorar: *I pray you not to go! = ¡te suplico que no vayas!* • *adv.* **4** (lit.) por favor, haga el favor, se lo ruego: *pray come in! = ¡entre, por favor!.*

prayer ['preɪər] *s. c.* **1** oración, plegaria. **2** ruego, súplica, esperanza. **3** DER. petición. • *s. i.* **4** oración, devoción. ◆ **5 to be at/in ~,** estar en oración: *she was kneeling there in prayer = estaba allí arrodillada orando.* **6 evening prayers,** vísperas. **7 morning prayers,** maitines. **8 not to have got a ~,** (fam.) no tener ni la más mínima posibilidad de sacar (algo) adelante. **9 ~ book,** misal, devocionario, libro de oraciones. **10 prayers,** servicio religioso, oraciones, rezos (que un grupo celebra diariamente).

praying mantis ['preɪɪŋ'mæntɪs] *s. c.* ZOOL. mantis religiosa.

preach [priːtʃ] *v. t.* e *i.* **1** predicar, sermonear, exhortar. • *v. t.* **2** (generalmente desp.) predicar, aconsejar, alentar, defender, apoyar (ideas, creencias). • *v. i.* **3** (**to ~ {at/about/to}**) (fig.) dar lecciones, moralizar, sermonear. ◆ **4 to practise what one preaches,** predicar con el ejemplo.

preacher ['priːtʃər] *s. c.* predicador.

preamble [priː'æmbl || 'priːæmbl] *s. c.* e *i.* (form.) preámbulo, prefacio, prólogo, introducción.

prearranged [ˌpriːə'reɪndʒt] *adj.* planeado de antemano, dispuesto de antemano.

precarious [prɪ'keərɪəs] *adj.* (form.) **1** precario, inseguro, peligroso, arriesgado. **2** incierto, improbable, dudoso.

precariously [prɪ'keərɪəslɪ] *adv.* precariamente.

precaution [prɪ'kɔːʃn] *s. c.* precaución, cautela, cuidado, prudencia.

precautionary [prɪ'kɔːʃnərɪ] *adj.* (form.) precautorio, cautelar, preventivo.

precede [ˌprɪ'siːd] *v. t.* **1** (form.) preceder, anteceder. **2** (**to ~ +** *o.* **+** *adv./prep.*) prologar, hacer una introducción, empezar con.

precedence ['presiːdəns] *s. i.* **1** (form.) precedencia, prioridad, preferencia, primacía. ◆ **2 to take ~ over,** tener prioridad sobre, primar sobre.

precedent ['prezɪdənt] *s. c.* e *i.* (form.) precedente, antecedente.

preceding [ˌprɪ'siːdɪŋ] *adj.* (form.) precedente, anterior, previo.

precept ['priːsept] *s. c.* precepto, regla, pauta, mandato, norma.

precinct ['priːsɪŋkt] *s. c.* **1** (brit.) zona comercial peatonal. **2** (EE UU) distrito, circunscripción (electoral, policial). ◆ **3 precincts, a)** recinto, alrededores, límites, contorno; **b)** (p.u.) vecindad, vecindario.

precious ['preʃəs] *adj.* **1** preciado, costoso, caro. **2** apreciado, querido, valioso. **3** (desp.) preciosista, amanerado, afectado, rebuscado. **4** (fam. y

desp.) estúpido, despreciable, inservible; querido, amado (indica desprecio): *you may as well go with your precious friend!* = *¡puedes largarte con tu querido amigo!* • *adv.* **5** (fam.) muy: *precious little* = *poquísimo*. • *s. c.* **6** (fam. y p.u.) querido, amor, encanto: *my precious!* = *¡querido!* ◆ **7** ~ **metal,** metal precioso. **8** ~ **stone,** piedra preciosa.
precipice ['presɪpɪs] *s. c.* **1** precipicio, abismo, despeñadero, sima. **2** (fig.) abismo, desastre, fracaso, ruina.
precipitate [prɪ'sɪpɪtɪt] *v. t.* **1** (form.) precipitar, acelerar, provocar (un acontecimiento). **2** (**to** ~ {**into**}) (form.) precipitar, arrojar, lanzar, despeñar. **3** motivar, provocar, producir, causar (problemas). • *v. t.* e *i.* **4** (**to** ~ {**out**}) QUÍM. precipitar. • *s. c.* e *i.* **5** QUÍM. precipitado. • *adj.* (también **precipitous**) **6** (form.) precipitado, apresurado, alocado, impulsivo, atropellado.
precipitately [prɪ'sɪpɪtətlɪ] *adv.* precipitadamente, apresuradamente.
precipitation [prɪˌsɪpɪ'teɪʃn] *s. i.* **1** (form.) precipitación, apresuramiento, prisa, atropellamiento. **2** precipitación (atmosférica). **3** QUÍM. precipitado.
precipitous [prɪ'sɪpɪtəs] *adj.* (form.) **1** escarpado, pendiente, empinado. **2** precipitado, alocado, precipitoso.
précis ['preɪsiː ‖ preɪ'siː] *s. c. sing.* y *pl.* **1** resumen, sumario. • *v. t.* **2** resumir, compendiar, sintetizar.
precise [prɪ'saɪs] *adj.* **1** preciso, exacto, riguroso, matemático. **2** preciso, mismo, exacto (momento). **3** (a veces desp.) meticuloso, claro, escrupuloso. ◆ **4 to be** ~**,** para ser exacto, en rigor.
precisely [prɪ'saɪslɪ] *adv.* **1** con precisión, puntualmente, en punto. **2** exactamente, claro que sí, eso es, perfectamente. **3** claramente, meticulosamente, escrupulosamente.
preciseness [prɪ'saɪsnɪs] *s. i.* ⇒ **precision.**
precision [prɪ'sɪʒn] (también **preciseness**). *s. i.* **1** precisión, exactitud, claridad. **2** puntualidad. **3** meticulosidad, escrúpulo. • *adj.* **4** de precisión. **5** exacto, matemático.
preclude [prɪ'kluːd] *v. t.* (form.) (**to** ~ {**from**}) excluir, descartar, eliminar, imposibilitar, evitar, impedir.
precocious [prɪ'kəʊʃəs] *adj.* (generalmente desp.) precoz, adelantado.
precociously [prɪ'kəʊʃəslɪ] *adv.* precozmente.
precociousness [prɪ'kəʊʃəsnɪs] (también **precocity**). *s. i.* precocidad.
precocity [prɪ'kɒsɪtɪ] *s. i.* ⇒ **precociousness.**
preconceived [ˌpriːkən'siːvd] *adj.* preconcebido, prejuzgado, premeditado (una opinión, una idea).
preconception [ˌpriːkən'sepʃn] *s. c.* (~ {**about**}) preconcepción, prejuicio, idea preconcebida.
precondition [ˌpriːkən'dɪʃn] *s. c.* (~ {**for/ of**}) condición previa, requisito, formalidad previa.
pre-cooked [priː'kʊkt] *adj.* precocinado.
precursor [prɪ'kɜːsər] *s. c.* (~ {**of/to**}) (form.) precursor, predecesor.
predaceous, predacious [prɪ'deɪʃəs] *adj.* ⇒ **predatory.**
predate [priː'deɪt] *v. t.* (**to** ~ {**by**}) (form.) preceder, anteceder, ser anterior a.
predator ['predətər] *s. c.* **1** ZOOL. depredador, animal de rapiña. **2** (fig.) persona ambiciosa, aprovechado, buitre, carroñero, oportunista, abusón.
predatory ['predətərɪ] *adj.* **1** (también **predaceous** o **predacious**) ZOOL. de presa, de rapiña, rapaz, depredador. **2** (fig.) aprovechado, buitre, ladrón, voraz, oportunista.
predecessor ['priːdɪsesər] *s. c.* **1** predecesor, antecesor. **2** antepasado, precursor.
predestination [priːˌdestɪ'neɪʃn ‖ prɪˌdestɪ'neɪʃn] *s. i.* predestinación, destino.
predestined [ˌpriː'destɪnd] *adj.* predestinado.
predetermined [ˌpriːdɪ'tɜːmɪnd] *adj.* predeterminado.
predeterminer [ˌpriːdɪ'tɜːmɪnər] *s. c.* GRAM. determinante agrupado: *"all", "half" and "both" may be predeterminers* = *"half", "all" y "both" pueden ser determinantes agrupados.*
predicament [prɪ'dɪkəmənt] *s. c.* **1** (form.) dilema, apuro, aprieto, situación difícil, situación embarazosa. **2** LOG. predicamento.
predicate ['predɪkət] *s. c.* **1** GRAM. predicado. • ['predɪkeɪt] *v. t.* (form.) **2** (**to** ~ {**on**}) (generalmente *pasiva*) basar, apoyar, fundar: *arguments predicated on several facts* = *argumentos que se basan en varios hechos.* **3** (**to** ~ {**of**}) predicar, proclamar, declarar, divulgar. **4** dar a entender, denotar, entrañar. **5** LOG. predicar, formar el predicado (de una proposición).
predicative [prɪ'dɪkətɪv] *adj.* GRAM. predicativo.
predict [prɪ'dɪkt] *v. t.* predecir, profetizar, anticipar, pronosticar.
predictability [prɪˌdɪktə'bɪlɪtɪ] *s. i.* pronosticabilidad, posibilidad de predecir.
predictable [prɪˌdɪktə'bl] *adj.* **1** previsible, predecible, pronosticable, profetizable. **2** (desp.) fácil de predecir, esperado, conocido (un hecho). **3** de reacciones predecibles, falto de imaginación (una persona).
predictably [prɪ'dɪktəblɪ] *adv.* previsiblemente, de manera que se puede pronosticar.
prediction [prɪ'dɪkʃn] *s. c.* e *i.* predicción, profecía, pronóstico.
predictive [prɪ'dɪktɪv] *adj.* profético, que vale como predicción, que pronostica.
pre-digested [ˌpriːdaɪ'dʒestɪd] *adj.* **1** (desp. y fam.) simplificada, fácil, sintetizada (información). **2** digerido de antemano.
predilection [ˌpriːdɪ'lekʃn ‖ ˌpredl'ekʃn] *s. c.* (~ {**for**}) (form.) predilección, inclinación, preferencia, propensión.
predispose [ˌpriːdɪ'spəʊz] *v. t.* (**to** ~ + *o.* + *adv./prep.* + **to** + *inf.*) (form.) predisponer, inclinar.
predisposed [ˌpriːdɪ'spəʊzd] *adj.* predispuesto, inclinado, propenso.
predisposition [ˌpriːˌdɪspə'zɪʃn] *s. c.* predisposición, inclinación, propensión.
predominance [prɪ'dɒmɪnəns] *s. i.* (~ {**of**}) (form.) predominio, preponderancia, dominación.
predominant [prɪ'dɒmɪnənt] *adj.* (~ {**over**}) (form.) predominante, preponderante.
predominantly [prɪ'dɒmɪnəntlɪ] *adv.* predominantemente, principalmente.
predominate [prɪ'dɒmɪneɪt] *v. i.* (**to** ~ {**over**}) (form.) **1** predominar, ser preponderante. **2** prevalecer, influir, dominar.
pre-eminence [priː'emɪnəns] *s. i.* preeminencia, superioridad.
pre-eminent [priː'emɪnənt] *adj.* (~ {**among/at/in**}) (form.) preeminente, superior, que sobresale.
pre-eminently [priː'emɪnəntlɪ] *adv.* preeminentemente, predominantemente, sobre todo.
pre-empt [priː'empt] *v. t.* **1** (generalmente *pasiva*) frustrar, malograr, estropear. **2** apropiarse de, adquirir por derecho de prioridad. **3** preceder, darse con prioridad a. **4** tomar la delantera, ganar un lugar preferencial.
pre-emptive [priː'emptɪv] *adj.* **1** prioritario, por derecho de prioridad. **2** preventivo (ataque).
preen [priːn] *v. t.* e *i.* **1** limpiar, arreglar con el pico (las plumas un pájaro). **2** (fig. y desp.) acicalarse, componerse, aderezarse, atildarse. ◆ **3 to** ~ **oneself on/upon,** (desp. y p.u.) jactarse de, enorgullecerse de, mostrarse pagado de sí mismo, pavonearse de.
prefab ['priːfæb] *s. c.* (brit.) (fam.) casita prefabricada, estructura prefabricada.
prefabricated [priː'fæbrɪkeɪtəd] *adj.* prefabricado.
preface ['prefɪs] *s. c.* **1** prólogo, introducción. **2** REL. prefacio. **3** fase preliminar. • *v. t.* (form.) **4** prologar, servir como introducción. **5** (**to** ~ + *o.* + *adv./prep.* {**with**}) preceder, anunciar.
prefect ['priːfekt] *s. c.* **1** (brit.) prefecto, tutor, monitor (en escuelas). **2** prefecto (de policía).
prefer [prɪ'fɜːr] (*ger.* **preferring,** *pret.* y *p. p.* **preferred**) *v. t.* **1** preferir. **2** (**to** ~ {**to**}) (form.) ascender, nombrar, promover (especialmente por la iglesia). **3** DER. dar prioridad, dar preferencia. ◆ **4 to** ~ **charges,** DER. presentar cargos, acusar formalmente; formular una reclamación.
preferable ['prefərəbl] *adj.* (~ {**to**}) preferible.
preferably ['prefərəblɪ] *adv.* preferiblemente, preferentemente.

preference ['prefərəns] *s. c.* e *i.* **1** (~ {**for/to**}) preferencia. **2** (~ {**over/to**}) preferencia, prioridad, favoritismo. ◆ **3** ~ **share,** acción preferente, acción privilegiada.

preferential [ˌprefə'renʃl] *adj.* preferencial, preferente, de favor.

preferentially [ˌprefə'renʃəlɪ] *adv.* preferencialmente, preferentemente, con favoritismo.

preferment [ˌprɪ'fɜːmənt] *s. i.* (~ {**to**}) ascenso, promoción, nombramiento (especialmente dentro de la iglesia).

preferred [prɪ'fɜːd] *adj.* preferido.

prefigure [priː'fɪgər] *v. t.* (form.) prefigurar; presagiar, anunciar.

prefix ['priːfɪks] *s. c.* **1** GRAM. prefijo. **2** título: *"Dr" is a prefix = "Dr" es un título.* ● *v. t.* **3** anteponer un prefijo, colocar un prefijo. **4** anteponer, colocar al principio: *he prefixed a few lines on theory = antepuso unas líneas de teoría.* **5** (arc.) prefijar, fijar de antemano.

pregnancy ['pregnənsɪ] *s. c.* e *i.* **1** embarazo. ◆ **2** ~ **test,** prueba del embarazo.

pregnant ['pregnənt] *adj.* **1** embarazada, preñada, encinta. **2** (lit.) significativo, importante, característico. **3** creativo, inventivo. **4** (~ {**with**}) fructífero, fecundo, abundante, pleno, profuso, rico.

preheat ['priː'hiːt] *v. t.* precalentar, calentar de antemano.

prehensile [prɪ'hensaɪl || prɪ'hensəl] *adj.* prensil: *a prehensile tail = una cola prensil.*

prehistoric [ˌpriːhɪ'stɒrɪk] *adj.* **1** prehistórico. **2** (fig.) prehistórico, anticuado.

prehistory [priː'hɪstərɪ] *s. i.* prehistoria.

pre-ignition [ˌpriːig'nɪʃn] *s. i.* preignición.

pre-industrial [ˌpriːin'dʌstrɪəl] *adj.* preindustrial.

prejudge [ˌpriː'dʒʌdʒ] *v. t.* (desp.) prejuzgar, juzgar de antemano.

prejudice ['predʒʊdɪs] *s. c.* e *i.* **1** (~ {**against/in favour of**}) prejuicio, parcialidad, prevención, discriminación: *racial prejudice = prejuicios raciales.* **2** perjuicio, detrimento, deterioro, menoscabo. ● *v. t.* **3** (**to** ~ {**against/in favour of**}) (generalmente *pasiva*) predisponer, inclinar, mostrar prejuicios, prevenir (contra). **4** perjudicar, vulnerar, dañar, menoscabar. ◆ **5 without** ~ **to,** DER. sin detrimento de, sin perjuicio de.

prejudiced ['predʒʊdɪst] *adj.* (desp.) con prejuicios, parcial, injusto, arbitrario.

prejudicial [ˌpredʒʊ'dɪʃl] *adj.* (form.) perjudicial, lesivo, dañino, pernicioso.

prelate ['prelɪt] *s. c.* prelado (obispo, abad, etc.).

preliminary [prɪ'lɪmɪnərɪ || prɪ'lɪmɪnerɪ] *adj.* **1** preliminar, primero, preparatorio. ● *s. c.* **2** (generalmente *pl.*) medida preliminar, preparativo.

prelude ['preljuːd] *s. c.* **1** preludio, principio, preámbulo. **2** MÚS. preludio.

premarital [priː'mærɪtl] *adj.* premarital, prematrimonial, prenupcial.

premature ['premətjʊər || ˌpriːmə'tʊər] *adj.* **1** prematuro, temprano, anticipado (un hecho). **2** precoz. **3** prematuro (un niño). **4** (desp.) prematuro, inapropiado, pronto: *her judgement was a bit premature = su juicio fue un poco prematuro.*

prematurely ['premə,tjʊəlɪ] *adv.* prematuramente, antes de tiempo.

premeditated [priː'medɪteɪtɪd] *adj.* premeditado, deliberado.

premeditation [priːˌmedɪ'teɪʃn] *s. i.* premeditación.

premier ['premɪər || ˌpriːmɪər] (también **première**) *s. c.* **1** PER. primer ministro, presidente. ● *adj.* **2** principal, primordial, vital, capital: *Spain's premier interests = los intereses primordiales de España.*

premiere ['premɪər || prɪ'-mɪər] *s. c.* **1** estreno (teatral, cinematográfico). ● *v. t.* **2** (generalmente *pasiva*) estrenar.

premiership ['premjəʃɪp] *s. i.* presidencia, cargo de primer ministro.

premise ['premɪs] *s. c.* **1** (form.) premisa, aseveración, aserto. **2** LOG. premisa. ● *v. t.* **3** (form.) basar, fundar, apoyar, asentar (una teoría). ◆ **4 premises,** establecimiento, local, edificio, propiedad.

premium ['priːmɪəm] *s. c.* **1** prima, pago (de seguro). **2** prima, bonificación, gratificación, premio. ● *adj.* **3** mayor, más alto (un precio). ◆ **4 at a** ~**,** COM. **a)** sobre la par, a más de su valor nominal (debido a la escasez); **b)** muy solicitado, difícil de conseguir. **5** ~ **bond,** bonos del Estado (que participan en sorteos mensuales). **6 to put/place a high** ~ **on,** dar mucha importancia a, sobrevalorar.

premonition [ˌpriːmə'nɪʃn || ˌpremə'nɪʃn] *s. c.* premonición, presentimiento, corazonada.

premonitory [prɪ'mɒnɪtərɪ] *adj.* premonitorio.

prenatal [ˌpriː'neɪtl] *adj.* prenatal.

preoccupation [priːˌɒkjʊ'peɪʃn] *s. i.* **1** (~ {**with**}) preocupación, inquietud, obsesión. ● *s. c.* **2** preocupación, problema, tribulación, desvelo.

preoccupied [priː'ɒkjʊpaɪd] *adj.* preocupado, intranquilo, atribulado, inquieto.

preoccupy [priː'ɒkjʊpaɪ] *v. t.* preocupar, inquietar, intranquilizar, desvelar.

preordained [ˌpriːɔː'deɪn] *adj.* (form.) predestinado, preordinado.

pre-packed [priː'pækt] *adj.* preempaquetado, empaquetado de antemano.

prepaid [priː'peɪd] *adj.* **1** pagado por adelantado. ◆ **2** ~ **envelope,** sobre franqueado.

preparation [ˌprepə'reɪʃn] *s. i.* **1** (~ {**for/ of**}) preparación, preparamiento. **2** (form.) deberes, estudio, trabajo escolar (que se hace en casa para un examen). ● *s. c.* **3** (~ {**for**}) (generalmente *pl.*) preparativo, plan. **4** QUÍM. preparado.

preparatory [prɪ'pærətrɪ || prɪ'pærətɔːrɪ] *adj.* **1** preparatorio, introductorio, preliminar. ◆ **2** ~ **school/ prep school, a)** (brit.) escuela preparatoria privada (de los 7 a los 13 años); escuela primaria; **b)** (EE UU) curso preparatorio (para entrar en la Universidad). **3** ~ **to,** con miras a, antes de.

prepare [prɪ'peər] *v. t.* (**to** ~ {**for**}) **1** preparar, disponer, aprestar. **2** preparar, organizar, arreglar (un asunto, una comida). ● *v. t.* e *i.* **3** planificar, hacer preparativos. **4** preparar(se) (para una situación nueva): *prepare yourself for what's coming next = prepárate para lo que viene ahora.*

prepared [prɪ'peəd] *adj.* **1** preparado, hecho de antemano. **2** (~ **to +** *inf.*) preparado, dispuesto: *I was prepared to do anything = estaba preparado para cualquier cosa.* **3** (~ **for**) preparado, acostumbrado, prevenido.

preparedness [prɪ'peədnɪs || prɪ'peərədnəs] *s. i.* estado de preparación, preparación, apresto.

preponderance [prɪ'pɒndərəns] *s. i.* (form.) preponderancia, predominio, superioridad.

preponderant [prɪ'pɒndərənt] *adj.* (form.) preponderante, predominante, superior.

preponderantly [prɪ'pɒndərəntlɪ] *adv.* predominantemente, principalmente, en su mayoría.

preposition [ˌprepə'zɪʃn] *s. c.* GRAM. preposición.

prepossessing [ˌpriːpə'zesɪŋ] *adj.* (form.) encantador, atractivo, agradable, encantador, seductor (de apariencia, modales).

preposterous [prɪ'pɒstərəs] *adj.* (form.) **1** absurdo, ilógico, descabellado. **2** ridículo, grotesco, cómico.

preposterously [prɪ'pɒstərəslɪ] *adv.* (form.) **1** absurdamente, ilógicamente, descabelladamente. **2** ridículamente.

prep school ['prepskuːl] *s. c.* e *i.* (fam.) **1** (brit.) escuela preparatoria privada, escuela primaria privada. **2** (EE UU) curso preparatorio (para entrar en la Universidad).

prepubescent [ˌpriːpjuː'besənt] *adj.* (form.) prepúber, prepubescente.

Pre-Raphaelite [ˌpriː'ræfəlaɪt || ˌpriː'ræfɪəlaɪt] *s. c.* ART. **1** prerrafaelista. ● *adj.* **2** prerrafaelista.

pre-recorded [ˌpriːrɪ'kɔːd] *adj.* pregrabado, grabado de antemano.

prerequisite [ˌpriː'rekwɪzɪt] (~ {**for/ of/to**}) (form.) *s. c.* **1** requisito previo, condición previa. ● *adj.* **2** necesario de antemano, esencial.

prerogative [prɪ'rɒgətɪv] *s. c.* (generalmente *sing.*) prerrogativa, ventaja, privilegio.

presage ['presɪdʒ || prɪ'seɪdʒ] *v. t.* **1** (lit.) presagiar, predecir, pronosticar, anunciar. ● *s. c.* **2** (~ {**of**}) (lit.) presagio, premonición, augurio.

presbytery ['prezbɪtrɪ || 'prezbɪtərɪ] *s. c.* **1** tribunal eclesiástico presbiteriano. **2** parroquia, rectoría. **3** presbiterio.

pre-school [ˌpriːˈskuːl] *adj.* **1** preescolar: *pre-school age = edad preescolar.* • *s. c.* **2** preescolar, jardín de infancia.

prescience [ˈpresɪəns] *s. i.* (form.) presciencia.

prescient [ˈpresɪənt] *adj.* (form.) presciente.

prescribe [prɪˈskraɪb] *v. t.* e *i.* **1** prescribir, recetar (un medicamento). **2** (form.) prescribir, ordenar, dictar, preceptuar (la ley).

prescribed [prɪˈskraɪbd] *adj.* prescrito, determinado, fijado, establecido.

prescription [prɪˈskrɪpʃn] *s. c.* **1** (~ {**for**}) prescripción médica, receta. **2** (fig.) consejo, prescripción, sugerencia. **3** DER. precepto, regla. ◆ **4 on ~,** con receta.

prescriptive [prɪˈskrɪptɪv] *adj.* (form.) prescriptivo, preceptivo, legal, sancionado por la ley, estricto.

presence [ˈprezns] *s. i.* **1** presencia, existencia. **2** presencia, cooperación, ayuda (militar, policial). **3** personalidad, carácter: *a person of enormous presence = una persona de gran personalidad.* • *s. c.* **4** (generalmente *sing.*) presencia, influencia, entidad: *a mysterious presence = una presencia misteriosa.* ◆ **5 in someone's ~,** en presencia de alguien. **6 to make one's ~ felt,** hacerse valer, hacer que se den cuenta de lo que uno vale. **7 ~ of mind,** presencia de ánimo, sangre fría.

present [ˈpreznt] *s. c.* **1** presente, regalo, obsequio. **2** (**the** ~) el presente, la actualidad. **3** GRAM. presente. • [prɪˈzent] *v. t.* **4** presentar, plantear, representar, mostrar (problemas, dificultades). **5** (**to** ~ {**to**}) presentar, exponer, poner a consideración (un trabajo, un informe). **6** presentar, retratar, mostrar, exhibir (un aspecto). **7** representar, exhibir, poner (un espectáculo). **8** TV. presentar, tomar parte en (un programa). **9** presentar, ofrecer (excusas, respetos). **10** MIL. presentar (armas). • *v.r.* **11** presentarse: *if the opportunity presents itself = si se presenta la oportunidad.* • *adj.* **12** presente, asistente: *all the staff were present = estaba presente todo el personal.* **13** actual, presente, vigente, existente: *the present government = el gobierno actual.* **14** GRAM. presente (tiempo verbal). **15** presente, que se recuerda, que se siente: *an accident still present in her mind = un accidente que aún recuerda.* **16** (arc.) inmediato, instantáneo, asequible. ◆ **17 at ~/at the ~ time,** en este momento, ahora, en la actualidad. **18 by these presents,** DER. por este documento. **19 for the ~,** por lo presente, por el momento, por ahora. **20 ~ company excepted/excepting ~ company,** exceptuando a los presentes (al hacer una crítica). **21 ~ participle,** GRAM. gerundio, participio de presente. **22 ~ perfect,** GRAM. pretérito perfecto. **23 ~ tense,** GRAM. tiempo presente. **24 the ~ day,** la actualidad, hoy en día, hoy.

presentable [prɪˈzentəbl] *adj.* **1** presentable, adecuado, aceptable. ◆ **2 to make oneself ~,** arreglarse, vestirse.

presentably [prɪˈzentəblɪ] *adv.* presentablemente, adecuadamente.

presentation [ˌprezənˈteɪʃn ‖ ˌpriːzenˈteɪʃn] *s. c.* e *i.* **1** presentación, representación, ceremonia. **2** MED. presentación, colocación (de un niño en el vientre de su madre). • *s. i.* **3** (~ {**of**}) presentación, apariencia. • *s. c.* **4** (~ {**on**}) presentación, exposición, introducción (de un tema).

present-day [ˈprezntˌdeɪ] *adj.* actual, moderno, de hoy en día.

presenter [prɪˈzentər] *s. c.* TV. presentador.

presentiment [prɪˈzentɪmənt] *s. c.* (form.) presentimiento, premonición, presagio.

presently [ˈprezntlɪ] *adv.* **1** pronto, en un momento, dentro de poco. **2** (EE UU) actualmente, en este momento, ahora.

preservation [ˌprezəˈveɪʃn] *s. i.* preservación, conservación, mantenimiento, custodia, defensa.

preservative [prɪˈzəːvətɪv] *s. c.* e *i.* **1** conservante, preservativo, antiséptico (para alimentos, madera, metal). • *adj.* **2** conservante, preservativo, antiséptico.

preserve [prɪˈzəːv] *v. t.* **1** (**to** ~ {**from**}) preservar, proteger, amparar, defender. **2** (**to** ~ {**from**}) (hum.) guardar, librar: *God preserve us from this kind of person = Dios nos libre de esa clase de persona.* **3** preservar, mantener, salvaguardar (la paz, la independencia). **4** (**to** ~ {**in**}) poner en conserva, hacer conserva de, confitar, curar. • *s. c.* **5** coto, zona vedada, reserva. **6** dominio, propiedad exclusiva: *politics no longer remains a male preserve = la política ya no es propiedad exclusiva de los hombres.* ◆ **7 preserves,** conservas en vinagre; mermelada, confitura.

preserved [prɪˈzəːvd] *adj.* **1** conservado, cuidado (un lugar, un mueble). **2** en conserva (un alimento).

preserver [prɪˈzəːvər] *s. c.* preservador, conservador.

preset [ˌpriːˈset] (*ger.* **presetting,** *pret.* y *p. p.* **preset**) *v. t.* programar, prefijar: *preset the video before you leave = programa el vídeo antes de irte.*

preside [prɪˈzaɪd] *v. i.* **1** (**to** ~ {**at/over**}) (form.) presidir, dirigir. **2** (**to** ~ {**over**}) (form.) presidir, dominar, destacar.

presidency [ˈprezɪdənsɪ] *s. c.* e *i.* presidencia.

president [ˈprezɪdənt] *s. c.* **1** POL. presidente. **2** presidente, rector, decano (de una sociedad, de Universidad). **3** (EE UU) COM. presidente, director.

president-elect [ˈprezɪdəntɪˈlekt] *s. c.* POL. presidente electo.

presidential [ˌprezɪˈdenʃl] *adj.* presidencial.

presidia [prɪˈsɪdɪə] *pl.* de **presidium.**

presidium [prɪˈsɪdɪəm] (también **praesidium**) (*pl.* **presidiums** o **presidia**) *s. c.* presidium, comité administrativo y gubernamental en países comunistas.

press [pres] *v. t.* **1** presionar, apretar, empujar, pulsar: *press the switch = aprieta el interruptor.* **2** prensar, exprimir, estrujar. **3** planchar. **4** apretar (la mano), abrazar. **5** (**to** ~ + *o.* + **to** *inf.*) obligar, exigir, forzar, urgir: *she pressed me to accompany her = me forzó a acompañarla.* **6** insistir en, porfiar en, persistir en. **7** hacer una copia de la matriz (de un disco). • *v. i.* **8** (fam.) ejercer presión, presionar, apremiar, acuciar, pesar: *time presses! = ¡el tiempo apremia!* **9** hacer presión, apretarse, apiñarse (la gente). • *s. i.* **10** (**the** ~ + *v. sing./pl.*) la prensa; el periodismo, los periodistas. • *s. c.* **11** prensa, imprenta, impresión. **12** editorial: *Ullswater Press = Editorial Ullswater.* **13** presión, apretón. **14** (fam.) planchazo, planchada (a una prenda). **15** prensa, compresor, prensador (para una raqueta, para hacer vino). ◆ **16 to get a good/bad/etc. ~,** tener buena, mala, etc. prensa. **17 to go to ~,** PER. entrar en prensa, entrar en máquinas. **18 to ~ ahead/forward/on,** seguir adelante (a pesar de las dificultades). **19 ~ box,** tribuna de la prensa. **20 ~ conference,** rueda de prensa, conferencia de prensa. **21 ~ corps,** (EE UU) plantilla de periodistas. **22 ~ cutting,** (en EE UU **~ clipping**) recorte de prensa. **23 ~ home, a)** aprovechar al máximo, sacar el máximo rendimiento; **b)** presionar, atacar. **24 to ~ for,** pedir con urgencia, insistir en. **25 to ~ into service,** utilizar temporalmente, utilizar por necesidad. **26 ~ officer,** jefe de prensa, portavoz (de un grupo, de un partido político). **27 to ~ one's advantage/to ~ an advantage,** (lit.) aprovecharse al máximo de una ventaja. **28 ~ release,** comunicado de prensa.

pressed [prest] *adj.* en apuros, escaso (de tiempo, de dinero).

press-gang [ˈpresgæŋ] *s. c.* **1** HIS. patrulla de reclutamiento, ronda de enganche. ◆ **2 to be press-ganged into,** estar forzado a, verse obligado a.

pressing [ˈpresɪŋ] *adj.* **1** apremiante, urgente, imperioso, acuciante. **2** insistente, pesado: *pressing demands = peticiones insistentes.* • *s. c.* **3** copia (de la matriz de un disco). **4** planchado: *the skirt needed a quick pressing = la falda necesitaba un planchado rápido.*

pressman [ˈpresmæn] (*pl.* **pressmen**) *s. c.* **1** (brit.) (fam.) periodista, reportero. **2** impresor.

pressmen [ˈpresmən] *pl.* de **pressman.**

press-up [ˈpresʌp] (en EE UU **push-up**). *s. c.* (generalmente *pl.*) flexión (ejercicio): *he did 10 press-ups and fell down = hizo 10 flexiones y cayó.*

pressure [ˈpreʃər] *s. i.* **1** presión, prensadura, compresión. **2** presión, influencia, persuasión. **3** urgencia, apremio, prisa. • *s. c.* e *i.* **4** presión, fuerza, peso: *he stopped to check the tyre pressure = paró a comprobar la presión de las ruedas.* **5** tensión, fatiga, cansancio, agotamiento. • *v. t.* **6** (**to** ~ {**into**}) (EE UU) ejercer presión, forzar, obligar. ◆ **7 to bring** ~ **to bear,** ejercer presión sobre, hacer presión (para que alguien haga algo). **8** ~ **group,** POL. grupo de presión. **9 under** ~**,** bajo presión, presionado, forzado, obligado.

pressure-cooker ['preʃə,kʊkər] *s. c.* olla a presión.

pressurise *v. t.* ⇒ **pressurize.**

pressurize ['preʃəraɪz] (también **pressurise**) *v. t.* **1** (EE UU) presionar, obligar, forzar. **2** AER. presurizar.

pressurized ['preʃəraɪzd] (también **pressurised**) *adj.* a presión, presurizado, altimático.

prestige [pre'sti:ʒ] *s. i.* **1** prestigio, fama, reputación, renombre. • *adj.* **2** (desp.) de prestigio, prestigioso, de renombre.

prestigious [pre'stɪdʒəs] *adj.* prestigioso, afamado, reputado.

prestressed concrete [,pri:strest'kɒnkri:t] *s. i.* ⇒ **concrete.**

presumably [prɪ'zju:məblɪ] *adv.* presumiblemente, probablemente.

presume [prɪ'zju:m] *v. t.* **1** presumir, suponer, dar por sentado: *I presume she'll be here soon = supongo que llegará pronto.* **2** DER. presumir: *he was presumed innocent = se le presumía inocente.* • *v. i.* **3** (form.) atreverse, ser un atrevido, tomarse la libertad, permitirse la confianza de: *he presumed to tell me how to mark an exam = se atrevió a decirme como debía calificar un examen.* ◆ **4 I** ~**,** presumiblemente, según creo, tengo entendido: *you are coming, I presume = tengo entendido que vienes.* **5 to** ~ **on/upon,** pedir demasiado, pasarse de la raya, abusar.

presumption [prɪ'zʌmpʃn] *s. c.* e *i.* **1** DER. presunción. **2** presunción, suposición, conjetura. • *s. i.* **3** (form. y desp.) atrevimiento, falta de respeto, insolencia.

presumptive [prɪ'zʌmptɪv] *adj.* (form.) DER. presunto, probable.

presumptuous [prɪ'zʌmptjuəs] *adj.* (desp.) presuntuoso, atrevido, insolente, vanidoso, presumido.

presumptuously [prɪ'zʌmptjuəslɪ] *adv.* presuntuosamente, con atrevimiento, insolentemente.

presumptuousness [prɪ'zʌmptjuəsnɪs] *s. i.* presuntuosidad, presunción, insolencia, vanidad.

presuppose [,pri:sə'pəuz] *v. t.* (form.) presuponer, asumir, dar por sentado, suponer.

presupposition [,pri:sʌpə'zɪʃn] *s. c.* e *i.* (form.) presuposición.

pretence [prɪ'tens] (en EE UU **pretense**). *s. c.* e *i.* **1** simulación, farsa, fingimiento. • *s. i.* **2** (~ **to**) pretensión, vanidad. ◆ **3 under false pretences,** con engaño, fraudulentamente, bajo apariencia engañosa.

pretend [prɪ'tend] *v. t.* e *i.* **1** fingir, simular, aparentar: *she was just pretending she was ill = sólo fingía que estaba enferma.* **2** imaginar, hacer (de mentirijillas), suponer (en juegos): *let's pretend we are the parents = nosotros hacemos de padres.* • *v. t.* **3** pretender, tener la pretensión de, afirmar: *I won't pretend to solve your problems = no pretendo solucionar tus problemas.* • *adj.* **4** (fam.) imaginario, de mentirijillas (usado en juegos de niños).

pretender [prɪ'tendər] *s. c.* pretendiente (al trono, a un puesto).

pretense ['pri:tens] *s. c.* e *i.* ⇒ **pretence.**

pretension [prɪ'tenʃn] *s. c.* **1** (~ {**to**}) pretensión, demanda, reclamación, aspiración. **2** pretexto, alegación. • *s. i.* **3** presunción, ostentación, pretenciosidad, suntuosidad.

pretentious [prɪ'tenʃəs] *adj.* **1** pretencioso, ambicioso. **2** pretencioso, ostentoso, jactancioso, cursi.

pretentiousness [prɪ'tenʃəsnɪs] *s. i.* pretenciosidad, presunción, cursilería.

preternatural [,pri:tə'nætʃrəl] *adj.* (form.) **1** preternatural, inexplicable, increíble. **2** preternatural, extraño, insólito.

preternaturally [,pri:tə'nætʃrəlɪ] *adv.* inexplicablemente, increíblemente.

pretext ['pri:tekst] *s. c.* (~ {**for/of**}) pretexto, disculpa, evasiva, excusa.

prettify ['prɪtɪfaɪ] *v. t.* (generalmente desp.) adornar extravagantemente, embellecer, acicalar.

prettily ['prɪtɪlɪ] *adv.* hermosamente, bellamente, atractivamente, con gracia, con donaire.

prettiness ['prɪtɪnɪs] *s. i.* hermosura, belleza, encanto, atractivo, gracia, donaire.

pretty ['prɪtɪ] *adj.* **1** bonito, precioso, gracioso, encantador, atractivo (un niño, una mujer, un lugar). **2** elegante, mono, fino (un vestido, un objeto). **3** (desp.) afeminado. **4** (arc.) bonito, desagradable, lamentable: *the pretty state of affairs = el lamentable estado del asunto.* **5** (arc.) excelente, bueno, fantástico. **6** (arc.) enorme, considerable, importante: *a pretty packet = un considerable paquete.* • *adv.* (fam.) **7** bastante, moderadamente, un poco, hasta cierto punto; muy, considerablemente: *a pretty hot day = un día bastante caluroso.* ◆ **8 a** ~ **pass,** (arc.) una situación límite, tal extremo. **9 to cost a** ~ **penny,** costar un ojo de la cara, ser muy caro. **10 to lead someone a** ~ **dance,** ⇒ **dance. 11 not a** ~ **sight,** (fam.) poco agradable de ver, poco atractivo a la vista. **12** ~ **fair,** astuto, adecuado, magnífico. **13** ~ **much /nearly,** (fam.) bastante, casi, aproximadamente: *she's pretty much the same as him = ella es casi igual que él.* **14** ~ **well,** medianamente, regular: *she's doing pretty well at school = va regular en los estudios.* **15 to sit** ~**,** (fam.) estar bien situado, estar en circunstancias favorables.

pretzel ['pretsl] *s. c.* rosquilla crujiente espolvoreada con sal (generalmente en forma de ocho, que se toma con la cerveza).

prevail [prɪ'veɪl] *v. i.* (form.) **1** (**to** ~ {**among/in**}) prevalecer, ser corriente, imperar, regir, predominar, estar extendido: *some old-fashioned ideas still prevail = aún prevalecen algunas viejas ideas.* **2** (**to** ~ {**against/over**}) prevalecer, vencer, triunfar, imponerse: *they prevailed over the enemy = vencieron al enemigo.* **3** (**to** ~ {**on/upon**}) (form.) persuadir, convencer.

prevailing [prɪ'veɪlɪŋ] *adj.* **1** predominante, reinante: *prevailing winds from the north = vientos predominantes del norte.* **2** (form.) existente, actual, corriente: *the prevailing point of view = el punto de vista actual.*

prevalence ['prevələns] *s. i.* predominio, preponderancia, frecuencia: *the prevalence of Dutch players in the league = el predominio de jugadores holandeses en la liga.*

prevalent ['prevələnt] *adj.* (form.) (~ {**among/in**}) **1** existente, predominante, frecuente, corriente, generalizado. **2** de moda, en boga, actual.

prevaricate [prɪ'værɪkeɪt] *v. i.* (form.) **1** tergiversar, equivocar, contestar con evasivas. **2** (euf.) mentir, engañar. **3** DER. prevaricar.

prevarication [prɪ,værɪ'keɪʃn] *s. c.* e *i.* **1** tergiversación, equívoco, engaño, evasiva. **2** DER. prevaricación.

prevaricator [prɪ'værɪkeɪtər] *s. c.* **1** tergiversador, liante, mentiroso. **2** DER. prevaricador.

prevent [prɪ'vent] *v. t.* (**to** ~ {**from**}) **1** prevenir, precaver, evitar, impedir, eludir, obstruir: *they prevented him from coming = le impidieron que viniera.* **2** anticipar, prever. **3** (arc.) preceder, anteceder.

preventable [prɪ'ventəbl] (también **preventible**). *adj.* evitable: *preventable deseases = enfermedades que se pueden prevenir.*

preventative [prɪ'ventətɪv] *adj.* ⇒ **preventive.**

preventible *adj* ⇒ **preventable.**

prevention [prɪ'venʃn] *s. i.* **1** prevención. • *s. i.* **2** obstáculo, impedimento.

preventive [prɪ'ventɪv] (también **preventative**) *adj.* **1** preventivo, de precaución, impeditivo: *preventive measures = medidas de precaución.* **2** MED. profiláctico, preventivo. • *s. c.* **3** obstáculo, impedimento.

preverbal [,pri:'vɜ:bl] *adj.* (form.) preverbal (estadio infantil).

preview ['pri:vju:] (también **prevue**) *s. c.* **1** preestreno (de una película). **2** vista anticipada, muestra anticipada, pase privado: *we had a preview of the exhibition = logramos un pase privado de la exposición.* **3** avance, resumen (de un libro, de una película): *I heard a preview of the book on* *the radio = oí un resumen del libro por la radio.* • *v. t.* **4** preestrenar, presentar previamente. **5** dar un avance, hacer una presentación preliminar (de un libro, una obra, etc...).

previous ['pri:vɪəs] *adj.* **1** previo, anterior, precedente: *her previous husband = su anterior marido.* **2** (fam.) prematuro, apresurado, anticipado: *I told him he was a bit previous acting like that = le dije que era un poco prematuro actuar así.*

previously ['pri:vɪəslɪ] *adv.* **1** previamente, anteriormente, con anterioridad. **2** antes: *he had been there two months previously = había estado allí dos meses antes.*

prevue *s. c.* ⇒ **preview.**

pre-war [,pri:'wɔ:r] *adj.* de preguerra, de antes de la guerra (especialmente la Segunda Guerra Mundial).

prey [preɪ] *s. i.* **1** presa, despojos: *an eagle looking for prey = un águila buscando despojos.* **2** rapiña, caza: *a bird of prey = un ave de rapiña.* • *v. i.* **3** cazar, rapiñar. ◆ **4 to be ~ to,** ser víctima de, ser presa de: *she was prey to suspicions = fue víctima de sospechas.* **5 to fall ~ to,** (desp.) caer víctima de, estar atormentado por. **6 to ~ on/upon, a)** atacar, devorar, comer (un animal); **b)** aprovecharse, abusar. **7 to ~ on one's mind,** preocupar, atormentar, atosigar, abrumar, agobiar, afectar profundamente.

price [praɪs] *s. c.* **1** precio, importe, valor, tarifa, cuantía. **2** cotización (bolsa). **3** recompensa, precio (por la captura de alguien). • *v. t.* **4** (**to ~ +** *o.* **+** *adv./prep.*) (generalmente pasiva) tasar, valorar, preciar: *the watch was priced at 150 = el reloj estaba valorado en 150 dólares.* **5** (fam.) establecer el precio, poner precio, fijar precio, tasar: *he used to price paintings = solía tasar cuadros.* ◆ **6 at any ~,** (fig.) **a)** a toda costa, cueste lo que cueste, a cualquier precio; **b)** de ningún modo. **7 at a ~,** al precio: *she bought it at a price of $ 60 = lo compró al precio de 60 dólares.* **8 ~ fixing,** acuerdo de imposición de precios. **9 ~ war,** guerra de precios. **10 to ~ oneself out of the market,** subir (un artículo) exageradamente hasta que resulte imposible de vender, alcanzar un precio que excluye (un artículo) del mercado. **11 a/the ~ to pay,** (fig.) el precio que hay que pagar, el coste que supone, el castigo que hay que pagar: *there was a high price to pay for democracy = se tuvo que pagar un alto precio por la democracia.* **12 to set a ~ on someone's head,** poner precio a la cabeza de uno. **13 what ~ ...,** de qué vale, de qué sirve, y qué me dicen de.

priceless ['praɪslɪs] *adj.* **1** que no tiene precio, inestimable, inapreciable. **2** (fam.) divertido, cómico, para morirse de risa.

pricey ['praɪsɪ] *adj.* (brit., fam.) caro, costoso.

prick [prɪk] *s. c.* **1** pinchazo, punzada, picotazo. **2** (fig.) remordimiento, escrúpulo (de conciencia). **3** aguijón, púa, espino, espina, punzón. **4** (desp. y vulg.) pito, polla, pene. **5** (argot, vulg. y desp.) gilipollas, soplapollas, estúpido. **6** rastro, pisadas (de liebre). • *v. t.* **7** (**to ~** {**with /on**}) pinchar, punzar, picar, agujerear. **8** incitar, animar, aguijonear. **9** marcar con agujeritos, dibujar con agujeritos. • *v. t.* e *i.* **10** causar escozor, picar, tener picazón. **11** (fig.) tener escrúpulos, remorder (la conciencia). • *v. i.* **12** galopar, ir a galope. ◆ **13 to ~ out,** trasplantar, plantar. **14 to ~ up one's ears, a)** aguzar el oído, escuchar con atención; **b)** levantar las orejas (un animal).

pricking ['prɪkɪŋ] *adj.* **1** agudo, punzante, penetrante (un dolor). • *s. c.* **2** punzada, pinchazo, picotazo. **3** picazón, escozor: *he felt a pricking in his eyes = sintió escozor en los ojos.* ◆ **4 prickings,** remordimientos, escrúpulos.

prickle ['prɪkl] *s. c.* **1** BOT. espina, espino, pincho. **2** ZOOL. púa, aguijón. **3** ({**the**} **~**) picazón, escozor. • *v. t.* e *i.* **4** picar, causar picazón: *pure wool makes my skin prickle = la pura lana me causa picazón.* **5** sentir picazón. **6** (fig.) sentir hormigueo.

prickly ['prɪklɪ] *adj.* **1** espinoso, lleno de espinas. **2** lleno de púas. **3** que pica, que causa picor (la lana). **4** (fam.) malhumorado, difícil, avinagrado, destemplado (de carácter). ◆ **5 ~ heat,** MED. sarpullido causado por el sol o por el calor. **6 ~ pear,** BOT. **a)** higo chumbo, higo de pala; **b)** chumbera, higuera de pala.

pride [praɪd] *s. i.* **1** (desp.) orgullo, altanería, arrogancia, soberbia. **2** orgullo, amor propio, dignidad. **3** orgullo, satisfacción. **4** flor y nata, lo mejor. **5** REL. orgullo (pecado). **6** temperamento (de un caballo). • *s. c.* **7** (~ *v. sing./pl.*) manada de leones. • *v. pron.* **8** (**to ~ on/ upon**) enorgullecerse de, ufanarse de, jactarse de. ◆ **9 to have/take ~ in,** enorgullecerse de, deleitarse en, sentirse orgulloso de. **10 to nurse one's ~,** recuperar el amor propio, recuperar la dignidad perdida. **11 ~ and joy,** la niña de los ojos de uno, la joya más preciada, el mayor tesoro. **12 ~ of place,** el puesto más importante, el lugar de honor. **13 to swallow one's ~,** tragarse el orgullo de uno, hacer de tripas corazón, tragarse la afrenta.

priest [pri:st] *s. c.* sacerdote, cura, clérigo, religioso.

priestess ['pri:stɪs] *s. c.* sacerdotisa (en religiones no cristianas).

priesthood ['pri:sthud] *s. sing.* (**the ~**) el sacerdocio, el clero.

priestly ['pri:stlɪ] *adj.* (form.) sacerdotal, pastoral, clerical: *priestly duties = deberes sacerdotales.*

prig [prɪg] *s. c.* (desp.) **1** melindroso, mojigato, gazmoño. **2** presumido, pedante, engreído.

priggish ['prɪgɪʃ] *adj.* (desp.) **1** melindroso, mojigato, gazmoño: *a priggish old lady = una anciana mojigata.* **2** presumido, engreído, pedante.

priggishness ['prɪgɪʃnɪs] *s. i.* **1** mojigatería, gazmoñería. **2** presunción, engreimiento, pedantería.

prim [prɪm] *adj.* **1** (desp.) remilgado, pudibundo, excesivamente sensato, gazmoño, melindroso. **2** formalista, decoroso. **3** primoroso, pulido, pulcro, arreglado.

prima ballerina [,pri:mə bælə'ri:nə] *s. c.* primera bailarina (en ballet).

primacy ['praɪməsɪ] *s. i.* **1** (~ {**of/over**}) (form.) primacía, superioridad, supremacía, preeminencia. **2** REL. primacía, posición de primado.

prima donna [,pri:mə'dɒnə] *s. c.* **1** MÚS. prima donna, primera cantante. **2** (desp.) diva, persona caprichosa, persona de carácter cambiante.

primaeval [praɪ'mi:vl] *adj.* ⇒ **primeval.**

prima facie [,praɪmə'feɪʃi:] *adj.* **1** DER. prima facie, suficiente a primera vista, suficiente para justificar la presunción de un hecho, presunto: *prima facie evidence = prueba suficiente a primera vista.* • *adv.* **2** a primera vista, presuntamente.

primal ['praɪml] *adj.* (form.) **1** original, inicial, primitivo. **2** primario, primero, elemental, básico, fundamental: *primal needs = necesidades básicas.*

primarily ['praɪmərɪlɪ] *adv.* (form.) **1** primordialmente, principalmente, esencialmente, ante todo. **2** primitivamente, originalmente, al principio.

primary ['praɪmərɪ ‖ 'praɪmerɪ] *adj.* **1** primero, principal, fundamental, vital, primordial, cardinal: *a case of primary importance = un caso de vital importancia.* **2** de educación primaria (un curso, un profesor). **3** primario, original, elemental, primitivo. **4** GEOL. primario. • *s. c.* **5** (EE UU) POL. primarias, elección preliminar. **6** lo fundamental, lo primordial, lo principal. ◆ **7 ~ care,** atención primaria, asistencia primaria. **8 ~ colour,** color primario, color simple. **9 ~ education,** educación primaria. **10 ~ school,** (brit.) escuela primaria; (EE UU) escuela elemental.

primate ['praɪmeɪt] *s. c.* **1** ZOOL. primate. **2** REL. primado.

prime [praɪm] *s. sing.* **1** ({**the**} **~**) juventud, plenitud, lo mejor, la flor (de la vida): *she's 50 but still in her prime = tiene 50 años pero aún está en la flor de la vida.* **2** REL. hora prima, primera hora del día. **3** (lit.) amanecer, aurora, alba. **4** (lit.) primavera. **5** (**the ~**) la flor y nata, lo más valioso, lo escogido. **6** DEP. primera (en esgrima). • *s. c.* **7** MAT. número primo. • *v. t.* **8** imprimar, preparar (una pared, un objeto), dar una primera mano de pintura. **9** (**to ~** {**with**}) preparar, dar instrucciones, aleccionar, informar: *she has been well primed to say what they wanted = ha estado bien aleccionada* *para decir lo que ellos quieren.* **10** cebar (un arma de fuego antigua). **11** (to ~ {with}) cargar, llenar (una máquina de gasolina, de aceite). **12** **primed,** (fig.) cargado, borracho. ♦ **13 in the ~ of life,** en la flor de la vida. **14 Prime Minister,** POL. Primer Ministro. **15 ~ mover, a)** inspirador, instigador, incitador (de un plan, de una idea); **b)** móvil, motivo, fundamento (de una causa); **c)** fuerza motriz, fuente de energía (de una máquina); **d)** generador, motor; **e)** remolcador, tractor. **16 ~ number,** MAT. número primo. **17 ~ time,** horario de máxima audiencia. **18 to ~ the pump,** (fam.) animar el crecimiento, insuflar ánimos; invertir, meter una inyección de capital (a un negocio en baja).

primer ['praɪmər] *s. c.* e *i.* **1** imprimación (para pintar). ● *s. c.* **2** cartucho, carga; detonador (de una bomba). **3** (arc.) catón, silabario, cartilla, libro de texto elemental. **4** manual, compendio (de una materia).

primeval [praɪ'mi:vl] (también **primaeval**) *adj.* primitivo, primario.

primitive ['prɪmɪtɪv] *adj.* **1** HIST. primitivo. **2** rudimentario, elemental. **3** primitivo, pasado de moda, miserable, espantoso: *primitive living conditions = condiciones de vida miserables.* ● *s. c.* **4** ART. primitivo (anterior al Renacimiento, o que lo imita).

primly ['prɪmlɪ] *adv.* decorosamente, remilgadamente.

primogeniture [praɪmə'dʒenɪtʃə] *s. i.* primogenitura.

primordial ['praɪ'mɔ:dɪəl] *adj.* (form.) primordial.

primrose ['prɪmrəuz] *s. c.* **1** BOT. prímula, primavera. ♦ **2 ~ yellow,** amarillo pálido.

primula ['prɪmjulə] *s. c.* BOT. prímula.

prince [prɪns] *s. c.* **1** príncipe. **2** (~ {**among/of**}) (lit.) epítome, príncipe; persona importante, personaje influyente, poderoso: *a prince among poets = el más importante de los poetas.* ♦ **3 Prince Charming,** (fam. y hum.) el príncipe azul (que esperan las jovencitas). **4 Prince of Wales,** Príncipe de Gales.

princely ['prɪnslɪ] *adj.* **1** principesco, regio. **2** (fam.) espléndido, magnífico, muy generoso: *a princely present = un regalo magnífico.* ♦ **3 a ~ sum,** una bonita suma.

princess [prɪn'ses] *s. c.* princesa.

principal ['prɪnsəpl] *adj.* **1** principal, primordial, esencial, capital, mayor. ● *s. c.* **2** director, rector (de escuela, de Universidad). **3** FIN. principal, capital. **4** protagonista, actor principal. **5** MÚS. cantante solista, músico solista. **6** (form.) principal, representado, jefe. **7** DER. cómplice, criminal. **8** ARQ. cimbra, cercha; jácena, viga maestra.

principality [,prɪnsɪ'pælɪtɪ] *s. c.* **1** principado. ♦ **2 principalities,** REL. principado (uno de los nueve coros de ángeles).

principally ['prɪnsəplɪ] *adv.* principalmente, en su mayor parte.

principle ['prɪnsəpl] *s. c.* e *i.* **1** principio, norma, pauta, precepto. ● *s. c.* **2** principio, regla, ley: *the principles of geometry = las reglas geométricas.* **3** principio, dogma, doctrina: *based on the latest economic principles = basado en las últimas doctrinas de economía.* ♦ **4 a matter of principle,** cuestión de principios. **5 in ~,** en teoría; en principio. **6 on ~,** por principio, por norma.

principled ['prɪnsəpld] *adj.* (generalmente en combinación) de principios, basado en principios: *low-principled behaviour = comportamiento de bajos principios.*

print [prɪnt] *s. i.* **1** letra impresa. ● *s. c.* **2** (en combinación) huella, marca, señal: *a footprint = una pisada.* **3** (fam.) huella digital. **4** FOT. copia, positivo. **5** grabado, estampa, dibujo, diseño. **6** sello, molde. ● *s. c.* e *i.* **7** estampado (en tejido). ● *v. t.* e *i.* **8** imprimir, grabar, ilustrar. **9** imprimir, editar, tirar. **10** escribir en letras de molde, escribir con letra de imprenta. ● *v. t.* **11** FOT. sacar una copia. **12** publicar, sacar (en la prensa). **13** estampar (un tejido). **14** grabar, marcar, hacer marcas: *she printed her name in the sand = grabó su nombre en la arena.* ♦ **15 in ~,** publicado, impreso. **16 into ~,** en la prensa, en los periódicos. **17 out of ~,** agotado (un libro). **18** *s. c.* **printed circuit,** circuito impreso. **19** *s. c.* **printed circuit board** (placa de) circuito impreso. **20 to ~ money,** (desp.) darle a la máquina del dinero. **21 to ~ out,** INF. imprimir, editar. **22 small/fine ~,** letra pequeña, letra menuda. **23 the printed word,** la letra impresa, la información.

printable ['prɪntəbl] *adj.* publicable, editable, imprimible.

printer ['prɪntər] *s. c.* **1** impresor, trabajador gráfico; editor. **2** fotocopiadora. **3** INF. impresora.

printing ['prɪntɪŋ] *s. i.* **1** imprenta, tipografía. **2** escritura (a mano). ● *s. c.* **3** tirada, impresión: *a printing of 40,000 copies = una tirada de 40.000 ejemplares.* ♦ **4 ~ press,** prensa, máquina impresora.

printout ['prɪntaut] *s. c.* e *i.* INF. impresión de salida.

print-run ['prɪntrʌn] *s. c.* tirada.

prior ['praɪər] *adj.* **1** previo, anterior, precedente: *a prior appointment = una cita previa.* **2** prioritario, más importante. ● *s. c.* **3** REL. prior. ♦ **4 ~ to,** (form.) antes de, previamente.

priority [praɪ'ɒrɪtɪ] *s. i.* **1** (~ {**over**}) prioridad, anterioridad, precedencia. **2** preferencia: *vehicles entering the roundabout have priority = los vehículos que entran en la rotonda tienen prioridad.* ● *s. c.* **3** prioridad, inquietud, preocupación, finalidad: *the main priority was to get the tickets = la principal preocupación era conseguir los billetes.* ♦ **4 to give ~,** dar prioridad. **5 to take/have ~,** tener prioridad.

priory ['praɪərɪ] *s. c.* REL. priorato.

prise [praɪz] (en EE UU **prize**) *v. t.* **1** abrir por la fuerza, abrir con palanca; abrir una tapa con palanca. ♦ **2 to ~ out,** sonsacar, conseguir con maña, obtener con halagos (información).

prism ['prɪzəm] *s. c.* GEOM., OPT. prisma.

prismatic [prɪz'mætɪk] *adj.* (form.) **1** prismático, en forma de prisma. **2** brillante, claro, centelleante, luminoso (un color).

prison ['prɪzn] *s. c.* e *i.* **1** prisión, cárcel, presidio. ● *s. i.* **2** prisión, reclusión, cautiverio, encarcelamiento. **3** (fig.) prisión, cautiverio, jaula: *the house became a prison = la casa se convirtió en una prisión.* ● *v. t.* **4** (lit.) encarcelar, recluir, meter en presidio. ♦ **5 ~ camp,** campamento de prisioneros (de guerra). **6 ~ officer,** funcionario de prisiones. **7 ~ sentence,** condena de cárcel, pena de prisión.

prisoner ['prɪzənər] *s. c.* **1** preso, recluso, convicto, detenido. **2** prisionero, cautivo. ♦ **3 to hold someone ~,** mantener a uno preso, tener en prisión a uno. **4 ~ of war,** prisionero de guerra. **5 to take someone ~,** hacer prisionero a uno, apresar a uno.

prissy ['prɪsɪ] *adj.* (form. y desp.) escrupuloso, remilgado, afectado, melindroso.

pristine ['prɪstaɪn] *adj.* (form.) prístino, inmaculado, primero, original, primigenio, puro.

privacy ['prɪvəsɪ] *s. i.* **1** privacidad, intimidad, soledad. **2** secreto, ocultación, reserva.

private ['praɪvɪt] *adj.* **1** privado, íntimo, confidencial, personal, secreto: *private documents = documentos privados.* **2** privado, particular, propio: *private property = propiedad privada.* **3** privado, independiente, no estatal, particular (una industria, la educación, un banco, etc.): *she has private lessons = le dan clases particulares.* **4** privado, personal, no oficial: *a private visit = una visita no oficial.* **5** privado, solitario, retirado, aislado (un lugar). **6** callado, reservado, solitario, casero (una persona). ● *s. c.* **7** MIL. soldado raso. ♦ **8 to be ~,** estar a solas. **9 in ~,** en privado, en secreto. **10 ~ detective,** detective privado, investigador privado. **11 ~ enterprise,** empresa privada. **12 ~ eye,** (EE UU) (fam.) detective privado, investigador privado. **13 ~ label,** marca de distribuidor. **14 ~ member's bill,** POL. proposición de ley particular. **15 ~ parts/privates,** (euf.) genitales, partes pudendas. **16 ~ school,** escuela privada, colegio privado. **17 ~ sector,** ECON. sector privado.

privately ['praɪvɪtlɪ] *adv.* **1** privadamente, en privado, en secreto, a puerta cerrada: *the talks were held privately = las conversaciones se tuvieron a puerta cerrada.* **2** personalmente, en particular: *privately I* *thought it wasn't a good idea = personalmente pensé que no era una buena idea.* **3** íntimamente, en la intimidad. **4** extraoficialmente.

privation [praɪ'veɪʃn] *s. c.* e *i.* (form.) privación, estrechez.

privatise *v. t.* ⇒ **privatize.**

privatization [ˌpraɪvɪtaɪ'zeɪʃn] (también **privatisation**) *s. i.* ECON. privatización (de industrias, servicios gubernamentales).

privatize ['praɪvɪtaɪz] (también **privatise**) *v. t.* ECON. privatizar (industrias, servicios gubernamentales).

privatized ['praɪvɪtaɪzd] (también **privatised**) *adj.* ECON. privatizado.

privet ['prɪvɪt] *s. i.* BOT. ligustro, aligustre, alheña.

privilege ['prɪvɪlɪdʒ] *s. c.* e *i.* **1** privilegio, prerrogativa, ventaja, gracia. • *s. c.* **2** privilegio, honor, oportunidad, favor especial: *working with her was a privilege = fue un privilegio trabajar con ella.* • *v. t.* **3** privilegiar, conceder privilegios. **4** liberar, eximir.

privileged ['prɪvɪlɪdʒd] *adj.* **1** privilegiado, afortunado: *only some privileged people could go = sólo algunos afortunados pudieron ir.* **2** (desp.) con privilegios, que gozan de privi legios: *some privileged students = algunos alumnos que gozan de privilegios.*

privy ['prɪvɪ] *adj.* **1** (~ **to**) informado de, enterado de, al tanto de: *he was privy to all the details = estaba informado de todos los detalles.* **2** (arc.) secreto, privado, reservado, oculto. • *s. c.* **3** (arc.) retrete, servicio. ◆ **4 Privy Council,** (brit.) Consejo Privado del rey o la reina.

prize [praɪz] *s. c.* **1** premio, galardón. **2** (fig.) recompensa, retribución. **3** HIST. buque apresado, botín. **4** presa, víctima: *the lion was eating its prize = el león devoraba a su presa.* • *adj.* **5** premiado, galardonado: *the prize book = el libro premiado.* **6** de premio, ofrecido como premio: *the prize medal was real gold = la medalla del premio era de oro.* **7** perfecto, clásico, de primera clase: *a prize example = un ejemplo clásico.* **8** (fam.) completo, de remate: *he's a prize fool = está loco de remate.* • *v. t.* **9** apreciar, estimar, valorar: *this material is highly prized = este tejido es muy apreciado.* **10** (EE UU) (**to** ~ + *o.* + *adv./prep.*) levantar con palanca, mover a palanca, palanquear, abrir por la fuerza: *prizing the lid off the tin with a knife = forzando la tapa del bote con un cuchillo.* ◆ **11 no prizes for guessing,** (fam.) extremadamente fácil de adivinar. **12 to ~ out (of),** conseguir por la fuerza, sacar con engaño (información).

prize-fighter ['praɪzfaɪtər] *s. c.* boxeador profesional.

prize-giving ['praɪzgɪvɪŋ] *s. c.* e *i.* ceremonia de entrega de premios (en la escuela).

pro [prəu] (*pl.* **pros**) *s. c.* **1** (fam.) profesional. **2** (brit., desp.) prostituta. • *prefijo.* **3** (**pro-** *adj./s.*) pro, a favor de, partidario de: *are you pro or anti abortion? = ¿estás a favor o en contra del aborto?; pro-American = proamericano; pro-English = anglófilo.* **4** en lugar de, en sustitución de: *pronoun = pronombre.* ◆ **5 ~ rata,** prorrata, en proporción. **6 ~ tem,** (fam.) temporalmente, por el momento, de forma interina. **7 the pros and cons,** los pros y los contras.

proactive [prəu'æktɪv] *adj.* con iniciativa propia, con sentido de la anticipación.

probabilistic [ˌprɒbəbə'lɪstɪk] *adj.* probabilista.

probability [ˌprɒbə'bɪlɪtɪ] *s. c.* e *i.* **1** (~ {**of**}) probabilidad, posibilidad. ◆ **2 in all ~,** muy probablemente, sin duda.

probable ['prɒbəbl] *adj.* probable, verosímil, posible.

probably ['prɒbəblɪ] *adv.* probablemente, posiblemente, sin duda, a lo mejor: *he's probably thinking he's going to pass = a lo mejor piensa que va a aprobar.*

probation [prə'beɪʃn ‖ prəu'beɪʃn] *s. i.* **1** período de prueba, prueba (antes de dar un contrato laboral). **2** DER. libertad provisional, libertad vigilada. ◆ **3 on ~,** a prueba, en período de prácticas; en libertad condicional. **4 ~ officer,** agente judicial de vigilancia (para alguien en libertad condicional).

probational [prə'beɪʃənl] *adj.* ⇒ **probationary.**

probationary [prə'beɪʃnrɪ ‖ prəu'beɪʃənerɪ] (también **probational**) *adj.* probatorio, de prueba (un período de tiempo).

probationer [prə'beɪʃnər] *s. c.* **1** enfermera en período de prueba. **2** persona en libertad condicional, delincuente en libertad vigilada.

probe [prəub] *s. c.* **1** MED. sonda; cala, tienta; excavador. **2** BOT. antena, tentáculo. **3** (también **space** ~) sonda espacial, nave de exploración espacial. **4** (~ {**into**}) PER. investigación, indagación, averiguación, interrogatorio. • *v. t.* e *i.* **5** (**to ~ amongst**) tentar, explorar, registrar, examinar: *she probed amongst the objects in the cupboard = examinó los objetos del cajón.* **6** MED. sondar, explorar. **7** (**to ~** {**into**}) (fig.) indagar, investigar, averiguar.

probing ['prəubɪŋ] *s. i.* investigación, indagación.

probity ['prəubɪtɪ] *s. i.* (form.) probidad, honestidad, rectitud, honradez, integridad.

problem ['prɒbləm] *s. c.* **1** problema, dificultad. **2** MAT. problema. • *adj.* **3** difícil, que da problemas (un niño). ◆ **4 no ~,** (fam.) seguro, no hay problema.

problematic [prɒblə'mætɪk] (también **problematical**) *adj.* **1** problemático, complicado, lleno de problemas, lleno de dificultades. **2** dudoso, incierto, discutible.

problematical [prɒblə'mætɪkl] *adj.* ⇒ **problematic.**

proboscis [prəu'bɒsɪs] *s. c.* **1** ZOOL. (form.) probóscide, trompa. **2** (fam.) trompa, nariz prominente.

procedural [prə'siːdjurəl] *adj.* DER. procesal, de procedimiento.

procedure [prə'siːdʒər] *s. c.* e *i.* procedimiento, fórmula, trámite.

proceed [prə'siːd] *v. i.* (form.) **1** (**to ~** {**to/with**}) proceder, ir, continuar, seguir su curso, seguir adelante (con una acción, un proceso): *can we proceed with the plan? = ¿podemos seguir adelante con el plan?* **2** (**to ~ +** *adv./prep.*) proceder, avanzar, trasladarse, proseguir: *we proceeded north = avanzamos hacia el norte.* ◆ **3 to ~ against,** DER. procesar a, proceder contra. **4 to ~ from,** (form.) proceder de, originarse en. **5 proceeds,** ganancias, ingresos (de una venta).

proceeding [prə'siːdɪŋ] *s. c.* (generalmente *pl.*) **1** procedimiento, medida, trámite. **2** (form.) acto, función, práctica. ◆ **3 proceedings, a)** actas de sesiones (de un club, asociación); **b)** DER. procedimientos, acciones legales, trámites.

process ['prəuses ‖ 'prɒses] *s. c.* **1** proceso, avance, desarrollo, progresión. **2** procedimiento, sistema, técnica, método. **3** ANAT. protuberancia, bulto, excrecencia. **4** DER. proceso, causa, expediente. **5** fotograbado, fotomecánica (en imprenta). • *v. t.* **6** tratar, procesar, elaborar. **7** FOT. procesar, elaborar (una película). **8** someter a examen, estudiar (una petición). **9** INF. procesar (textos). • *v. i.* **10** ir en procesión, desfilar. • *adj.* **11** procesado, elaborado con procedimientos especiales. **12** FOT. fotograbado fotomecánico. ◆ **13 to be in the ~ of,** estar en proceso de, estar en: *the tower is in the process of being built = la torre está en construcción.* **14 in the ~,** al mismo tiempo, mientras tanto, durante el proceso.

processed [prəu'sest] *adj.* elaborado, tratado, preparado: *processed materials = materiales elaborados.*

processing ['prəusesɪŋ] *s. i.* elaboración, tratamiento, preparación.

procession [prə'seʃn] *s. c.* **1** desfile, cabalgata, parada; cortejo, comitiva. **2** (fig.) procesión, ir y venir. • *s. c.* e *i.* **3** procesión, movimiento. **4** (lit.) sucesión, avance, desfile, paso: *the procession of the years = el paso de los años.*

processional [prə'seʃənl] *adj.* **1** procesional. • *s. c.* **2** procesionario (libro). **3** himno procesionario, música de procesión.

proclaim [prə'kleɪm] *v. t.* **1** (form.) proclamar, anunciar, declarar oficialmente, divulgar. **2** (lit.) proclamar, ser signo de, mostrar, indicar: *her way of dressing proclaimed that she was middle-class = su forma de vestir indicaba que pertenecía a la clase media.* **3** elogiar, ensalzar.

proclamation [ˌprɒklə'meɪʃn] *s. c.* **1** proclamación, declaración. **2** proclama, anuncio, edicto.

proclivity [prə'klɪvɪtɪ] *s. c.* propensión, tendencia, inclinación, predisposición.

procrastinate [prəʊ'kræstɪneɪt] *v. i.* (form. y desp.) aplazar, retrasar, demorar, retardar, diferir (un asunto, una decisión).

procrastination [prəʊ,kræstɪ'neɪʃn] *s. i.* (form. y desp.) aplazamiento, retraso, demora, dilación.

procreate ['prəʊkrɪeɪt] *v. t.* e *i.* (form.) procrear, reproducir, engendrar.

procreation [,prəʊkrɪ'eɪʃn] *s. i.* (form.) procreación, reproducción.

procurator ['prɒkjuəreɪtər] *s. c.* DER. **1** procurador. **2** HIST. procurador. ◆ **3** ~ **fiscal,** fiscal (especialmente en Escocia).

procure [prə'kjuə || prəʊ'kjʊr] *v. t.* **1** (**to** ~ {**for**}) (form.) procurar, obtener, adquirir, conseguir, lograr (con esfuerzo). **2** (p.u.) causar, motivar, ocasionar. ● *v. t.* e *i.* **3** (lit.) proporcionar una prostituta a otro, hacer de alcahuete, presentar una prostituta a un cliente.

procurement [prə'kjuəmənt] *s. i.* adquisición, obtención, consecución.

procurer [prə'kjuərər] *s. c.* **1** alcahuete. **2** proveedor (de bienes para una organización).

procuress [prə'kjuərɪs] *s. c.* alcahueta, madama.

prod [prɒd] (*ger.* **prodding,** *pret.* y *p. p.* **prodded**) *v. t.* e *i.* **1** (**to** ~ {**at**}) pinchar, picar, aguijonear. **2** (**to** ~ {**at**}) empujar con el dedo, señalar con el dedo; dar un codazo. ● *v. t.* **3** (**to** ~ {**into**}) (fig.) estimular, urgir, apremiar, acuciar, meter prisa: *sometimes they need to be prodded = a veces necesitan que se les meta prisa.* ● *s. c.* **4** pinchazo, picotazo. **5** (fig.) empujón, estímulo; recordatorio, advertencia. **6** aguijada, pincho.

prodding ['prɒdɪŋ] *s. i.* aviso, recordatorio, estímulo.

prodigal ['prɒdɪgl] *adj.* **1** (desp.) pródigo, derrochador, gastador, despilfarrador: *he's quite prodigal with money = es bastante despilfarrador con el dinero.* **2** (~ {**of**}) (form.) pródigo, exuberante, abundante, profuso: *trees prodigal of fruit = árboles con abundante fruta.* ● *s. c.* **3** (form. y hum.) pródigo, despilfarrador, derrochador, gastador. ◆ **3 the** ~ **son,** el hijo pródigo.

prodigious [prə'dɪdʒəs] *adj.* (lit.) **1** prodigioso, colosal, impresionante, tremendo. **2** extraordinario, excepcional, maravilloso. **3** portentoso.

prodigiously [prə'dɪdʒəslɪ] *adv.* (lit.) **1** prodigiosamente, colosalmente, de forma impresionante. **2** extraordinariamente, excepcionalmente. **3** portentosamente.

prodigy ['prɒdɪdʒɪ] *s. c.* **1** prodigio, portento: *a child prodigy = un niño prodigio.* **2** maravilla, prodigio (de la naturaleza).

produce [prə'dju:s || prə'du:s] *v. t.* **1** producir, dar (un fruto, una sustancia). **2** producir, elaborar, hacer, crear, inventar. **3** producir, parir (un animal). **4** sacar, mostrar, presentar, exhibir: *he produced some sweets from his pocket = sacó unos caramelos del bolsillo.* **5** aducir, presentar (una prueba). **6** presentar al público (una obra, un libro). **7** ocasionar, producir, causar, originar: *the food produced spots on his skin = la comida le produjo granos en la piel.* **8** GEOM. prolongar, alargar, extender (una línea). ● *v. t.* e *i.* **9** manufacturar, fabricar: *it produces 100 items per hour = fabrica 100 elementos por hora.* ● [,prɒdju:s || ,prɑ:du:s] *s. i.* **10** producto, producción.

producer [prə'dju:sər] *s. c.* **1** productor, fabricante, proveedor (un país, una compañía, una persona). **2** productor (de cine, de teatro).

product ['prɒdʌkt] *s. c.* **1** producto, fruto. **2** (fig.) producto, resultado, consecuencia: *unemployment is a product of the crisis = el desempleo es producto de la crisis.* **3** (~ {**of**}) MAT. producto. ◆ **4** ~ **line,** gama de productos, línea de productos. **5** ~ **manager,** jefe de producto. **6** ~ **placement,** publicidad encubierta (en cine, televisión).

production [prə'dʌkʃn] *s. i.* **1** presentación, exhibición. **2** producción, elaboración, fabricación: *the production of vehicles has decreased = la producción de vehículos ha descendido.* ● *s. c.* **3** producción, obra, producto. ◆ **4 to make a** ~ **out of,** (fam.) montar una película a causa de, montar un número por. **5** ~ **capacity,** capacidad de producción. **6** ~ **line,** línea de montaje, cadena de producción.

productive [prə'dʌktɪv] *adj.* **1** productivo, prolífico: *a very productive film director = un director de cine muy prolífico.* **2** fértil, fructífero, provechoso, útil: *a productive experience = una experiencia fructífera.* **3** productivo, lucrativo. **4** (form.) productor, causante, resultante: *productive of dispute = causante de disputas.*

productively [prə'dʌktɪvlɪ] *adv.* productivamente, provechosamente.

productivity [,prɒdʌk'tɪvɪtɪ] *s. i.* productividad, rendimiento.

prof [prɒf] *s. c.* (juv. y hum.) profe, profesor.

profane [prə'feɪn] *adj.* **1** profano, irreverente, sacrílego, irrespetuoso (un acto). **2** blasfemo, fuerte, obsceno (el lenguaje). **3** (form.) profano, no religioso (arte). ● *v. t.* **4** profanar.

profanity [prə'fænɪtɪ] *s. c.* e *i.* irreverencia, blasfemia, obscenidad, sacrilegio (en el lenguaje).

profess [prə'fes] *v. t.* (form.) **1** confesar, alegar, reconocer, admitir (generalmente con falsedad): *she professed to know nothing about computers = confesó no tener ni idea de informática.* **2** profesar, declarar, manifestar (una creencia, sentimiento). **3** profesar (una religión).

profession [prə'feʃn] *s. c.* **1** profesión, carrera, trabajo, oficio. **2** (**the** ~ + *v. sing./pl.*) profesionales, cuerpo: *the legal profession = la abogacía, los profesionales de la abogacía.* **3** (~ {**of**}) (form.) profesión, declaración, aserción.

professional [prə'feʃənl] *adj.* **1** (no *comp.*) profesional, de carrera: *a professional actor = un actor profesional.* **2** de profesional, de experto: *a very professional job = un trabajo de experto.* **3** (no *comp.*) (euf.) DEP. intencionada (una falta). ● (también **pro**) *s. c.* **4** profesional, experto, perito. **5** DEP. jugador profesional.

professionalism [prə'feʃnəlɪzəm] *s. i.* profesionalismo.

professionally [prə'feʃnəlɪ] *adv.* **1** profesionalmente, como profesional. **2** expertamente, con pericia, con gran habilidad.

professor [prə'fesər] *s. c.* **1** (brit.) catedrático (de universidad). **2** (EE UU) profesor, instructor (de universidad o instituto).

professorial [,prɒfɪ'sɔ:rɪəl] *adj.* (form.) profesoral, de profesor.

professorship [prə'fesəʃɪp] *s. c.* cátedra, puesto profesoral.

proffer ['prɒfər] *v. t.* (**to** ~ {**to**}) (form.) **1** ofrecer, brindar, tender: *he proffered his hand to me = me ofreció su mano.* **2** (fig.) ofrecer, proponer, brindar, dar (consejos, ayuda, amistad). ● *s. c.* **3** oferta, proposición, propuesta.

proficiency [prə'fɪʃnsɪ] *s. i.* **1** (~ {**at/in**}) habilidad, pericia, destreza. **2** rendimiento, aprovechamiento: *a proficiency test = un examen de rendimiento.*

proficient [prə'fɪʃnt] *adj.* **1** (~ {**at/in**}) experto, versado, experimentado, competente. ● *s. c.* **2** (p.u.) perito, conocedor.

profile ['prəʊfaɪl] *s. c.* **1** perfil, silueta: *she has a nice profile = tiene un perfil agradable.* **2** atractivo, característica. **3** PER. perfil, biografía, descripción: *a profile of British romantic painters = un perfil de los pintores británicos románticos.* **4** gráfico. ● *v. t.* **5** PER. perfilar, hacer una breve biografía, describir. ◆ **6 in** ~, de perfil. **7 to keep a low** ~, mantenerse en segundo plano, actuar con discreción.

profit ['prɒfɪt] *s. c.* e *i.* **1** beneficio, ganancia, rendimiento, rentabilidad. ● *s. i.* **2** (form.) utilidad, provecho, aprovechamiento. ● *v. t.* **3** (**to** ~ + *o. i.* + *o. d.*) (form.) beneficiar, ser de provecho, tener utilidad. ◆ **4** ~ **and loss account,** cuenta de resultados. **5** ~ **centre,** centro de beneficio, unidad de rentabilización. **6** ~ **margin,** margen de beneficios, margen comercial. **7 to** ~ **by /from,** sacar provecho de, beneficiarse de.

profitability [,prɒfɪtə'bɪlɪtɪ] *s. i.* rentabilidad, rendimiento, beneficios.

profitable ['prɒfɪtəbl] *adj.* **1** rentable, productivo, lucrativo, ventajoso. **2**

útil, valioso, provechoso: *a profitable course = un curso provechoso.*

profitably ['prɒfɪtəblɪ] *adv.* **1** rentablemente, ventajosamente, de forma lucrativa. **2** útilmente, provechosamente.

profiteer [,prɒfɪ'tɪər] *s. c.* (desp.) **1** buitre, acaparador (de bienes para sacarles rendimiento en períodos de escasez). • *v. i.* **2** acaparar (bienes), vender a precios abusivos (en períodos de escasez).

profiteering [,prɒfɪ'tɪərɪŋ] *s. i.* acaparamiento, explotación, ganancias abusivas (al vender en períodos de escasez).

profit-making ['prɒfɪt,meɪkɪŋ] *s. i.* **1** rentabilidad, ganancias, beneficios. • *adj.* **2** rentable, lucrativo (un negocio).

profit-sharing ['prɒfɪt,ʃeərɪŋ] *s. i.* participación en beneficios, reparto de beneficios.

profligacy ['prɒflɪgəsɪ] *s. i.* **1** prodigalidad, derroche, despilfarro. **2** (form.) libertinaje, licencia, relajación.

profligate ['prɒflɪgɪt] *adj.* **1** pródigo, derrochador, despilfarrador. **2** (form.) libertino, inmoral, licencioso. • *s. c.* **3** (form.) pródigo, derrochador, despilfarrador. **4** libertino, inmoral, licencioso, disoluto.

pro forma [prəu'fɔːmə] *adj.* provisional (balance); proforma (factura).

profound [prə'faund] *adj.* **1** profundo, intenso, extremo, vehemente, agudo, marcado: *a profound dislike = una marcada aversión.* **2** profundo, serio, inteligente, sabio. **3** (lit.) profundo, hondo: *a profound well = un pozo profundo.*

profoundly [prə'faundlɪ] *adv.* **1** profundamente, intensamente, vehementemente. **2** profundamente, completamente, totalmente.

profundity [prə'fʌndɪtɪ] *s. i.* (form.) **1** profundidad, seriedad, erudición, inteligencia. **2** profundidad, grandeza (de un sentimiento). ◆ **3 profundities,** ideas profundas, pensamientos profundos.

profuse [prə'fjuːs] *adj.* **1** profuso, copioso, cuantioso, abundante: *profuse tears = abundantes lágrimas.* **2** pródigo, generoso.

profusely [prə'fjuːslɪ] *adv.* profusamente, copiosamente, abundantemente.

profusion [prə'fjuːʒn] *s. i.* (form.) profusión, abundancia, copiosidad, exceso, prodigalidad.

progenitor [prəu'dʒenɪtər] *s. c.* (form.) **1** progenitor, antepasado, ancestro. **2** precursor.

progeny ['prɒdʒɪnɪ] *s. i.* (~ *v.sing./pl.*) **1** (form.) progenie, descendientes. **2** (hum.) prole.

prognoses [prɒg'nəusiːz] *s. pl.* ⇒ **prognosis.**

prognosis [prɒg'nəusɪs] (*pl.* **prognoses**) *s. c.* (form.) **1** MED. pronóstico. **2** pronóstico, prognosis, predicción.

prognostication [prəg,nɒstɪ'keɪʃn] *s. c.* e *i.* (form.) pronosticación, pronóstico.

program ['prəugræm] *s. c.* **1** INF. programa. **2** (EE UU) programa, proyecto, plan. **3** (EE UU) TV. programa, espacio. **4** (EE UU) programa (de actividades, de teatro, etc.). • (*ger.* **programming,** *pret.* y *p. p.* **programmed;** EE UU *ger.* **programing,** *pret.* y *p. p.* **programed**) *v. t.* **5** INF. introducir un programa, programar.

programme ['prəugræm] (en EE UU **program**) *s. c.* **1** programa (de teatro, actividades, etc.). **2** TV. programa, espacio. **3** programa, proyecto, plan. • *v. t.* **4** programar: *the video is programmed for 6.00 = el vídeo está programado para las 6.*

programmer ['prəugræmər] (en EE UU **programer**) *s. c.* INF. programador.

programming ['prəugræmɪŋ] (en EE UU **programing**) *s. i.* INF. programación.

progress ['prəugres ‖ 'prɑːgres] *s. i.* **1** progreso, avance, movimiento hacia delante, marcha. **2** progreso, desarrollo, mejora. • *s. c.* **3** (arc.) viaje oficial (de reyes). • [prəu'gres] *v. i.* **4** progresar, avanzar, marchar hacia delante. **5** progresar, hacer progresos, mejorar. **6** viajar. ◆ **7 in ~,** en proceso de realización, en vías de realización. **8 ~ chasing,** seguimiento.

progression [prə'greʃn] *s. i.* **1** progresión, secuenciación. • *s. c.* **2** MAT. progresión. **3** MÚS. sucesión, secuencia (de acordes).

progressive [prə'gresɪv] *adj.* **1** (no *comp.*) progresivo, gradual (un movimiento). **2** POL. progresista, radical, de ideas avanzadas. **3** (no *comp.*) progresivo (un impuesto). **4** (no *comp.*) GRAM. progresivo, continuo (un tiempo verbal). • *s. c.* **5** POL. progresista, radical.

progressively [prə'gresɪvlɪ] *adv.* progresivamente, cada vez (más, mejor, etc.).

prohibit [prə'hɪbɪt ‖ prəu'hɪbɪt] *v. t.* **1** (**to** ~ {**from**}) (form.) prohibir, vedar, restringir: *they prohibited him from leaving the house = le prohibieron abandonar la casa.* **2** impedir, entorpecer, dificultar: *her illness prohibits her from moving = su enfermedad le impide moverse.* ◆ **3 smoking is prohibited,** prohibido fumar.

prohibition [,prəuɪ'bɪʃn] *s. c.* e *i.* **1** prohibición, restricción. **2** (EE UU) prohibicionismo.

prohibitionist [,prəuɪ'bɪʃnɪst] *s. c.* prohibicionista.

prohibitive [prə'hɪbɪtɪv ‖ prəu'hɪbɪtɪv] *adj.* prohibitivo, excesivo (un precio).

prohibitively [prə'hɪbɪtɪvlɪ] *adv.* prohibitivamente.

project ['prɒdʒekt] *s. c.* **1** proyecto, investigación. **2** plan, esquema. [prə'dʒekt] *v. t.* e *i.* **3** proyectar(se), sobresalir, resaltar. **4** vender, ofrecer, hacer propaganda de (ciertas cualidades para obtener una ventaja). **5** (**to** ~ {**on/onto**}) proyectar(se), cargar (los malos sentimientos propios sobre otros). • *v. t.* **6** (generalmente pasiva) proyectar, planear, programar (una acción). **7** calcular, estimar, prever (crecimiento, ventas, etc.). **8** (**to** ~ {**into/onto**}) proyectar, pasar (una película, diapositivas). **9** proyectar, emitir, difundir (un sonido, una luz). ◆ **10 ~ management,** gestión de proyectos. **11 ~ manager,** jefe de proyecto.

projectile [prəu'dʒektaɪl ‖ prəu'dʒektl] *s. c.* **1** (form.) proyectil. • *adj.* **2** arrojadizo. **3** ZOOL. que sobresale, protuberante, abultado.

projection [prə'dʒekʃn] *s. c.* **1** saliente, protuberancia. **2** planificación, plan, cálculo, suposición. **3** proyección (imagen, sonido). • *s. i.* **4** proyección (de imagen, sonido). **5** PSIC. proyección (de sentimientos, deseos).

projectionist [prə'dʒekʃənɪst] *s. c.* operador de cabina.

projector [prə'dʒektər] *s. c.* **1** proyector (máquina, de luz). **2** planificado, proyectista.

proletarian [,prəulɪ'teərɪən] *adj.* (generalmente desp.) **1** proletario. • *s. c.* **2** proletario.

proletariat [,prəulɪ'teərɪət] *s. sing.* (**the** ~ *v. sing./pl.*) el proletariado, la clase trabajadora.

proliferate [prə'lɪfəreɪt] *v. i.* proliferar, multiplicarse, extenderse, abundar.

proliferating [prə'lɪfəreɪtɪŋ] *adj.* que prolifera, que se multiplica, que abunda.

proliferation [prə,lɪfə'reɪʃn] *s. i.* **1** proliferación, multiplicación, abundancia. • *s. c.* **2** BIOL. multiplicación.

prolific [prə'lɪfɪk] *adj.* prolífico, fértil, productivo, fecundo.

prolix ['prəulɪks ‖ prəu'lɪks] *adj.* (form.) prolijo, detallado, tedioso, pesado, extenso (discurso, escritor, texto).

prolog *s. c.* ⇒ **prologue.**

prologue ['prəulɒg ‖ ,prəulɔːg] (en EE UU **prolog**). *s. c.* **1** LIT. prólogo, prefacio. **2** (~ {**to**}) preludio, introducción: *her speech was a prologue to the congress = su discurso fue del preludio del congreso.*

prolong [prə'lɒŋ ‖ prə'lɔːŋ] *v. t.* prolongar, dilatar, retardar, alargar, extender.

prolonged [prə'lɒŋd ‖ prə'lɔːŋd] *adj.* prolongado, dilatado, extenso.

prom [prɒm] *s. c.* **1** (brit.) (fam.) concierto con localidades de pie; concierto al aire libre. **2** (brit.) (fam.) paseo, alameda (al lado del mar). **3** (EE UU) baile de etiqueta (en colegios y universidades).

promenade [,prɒmə'nɑːd ‖ ,prɒmə'neɪd] *s. c.* **1** (brit. **prom**) paseo, alameda (al lado del mar). **2** (form.) paseo, caminata, vuelta. • *v. t.* e *i.* **3** (form. y arc.) pasear, salir de paseo, dar una vuelta. • *v. t.* **4** (desp.) pasear, llevar a dar una vuelta (a alguien para presumir). ◆ **5 ~ concert,** concierto con localidades de pie.

prominence ['prɒmɪnəns] *s. i.* **1** preeminencia, importancia, notabilidad, distinción. • *s. c.* **2** (form.) prominencia, protuberancia, abultamiento.

prominent ['prɒmɪnənt] *adj.* **1** prominente, protuberante, sobresaliente. **2** destacado, visible, perceptible (un

lugar). **3** notable, sobresaliente, eminente, famoso, significativo.
prominently ['prɒmɪnəntlɪ] *adv.* **1** destacadamente, visiblemente, de forma perceptible. **2** notablemente, significativamente.
promiscuity [,prɒmɪ'skjuːɪtɪ] *s. i.* **1** (desp.) promiscuidad, libertinaje (sexual). **2** (form.) promiscuidad, mezcolanza, confusión, desorden. **3** (form.) indiscriminación.
promiscuous [prə'mɪskjuəs] *adj.* **1** (desp.) promiscuo, libertino (sexual). **2** (form.) confuso, mezclado, desordenado. **3** (form.) indiscriminado.
promiscuously [prə'mɪskjuəslɪ] *adv.* promiscuamente.
promise ['prɒmɪs || 'prɑːməs] *s. c.* (~ {**of**}) **1** promesa, palabra, compromiso. • *s. i.* **2** promesa, expectativa, esperanza: *she is a writer of promise = es una escritora que promete.* • *v. t.* e *i.* **3** prometer, dar palabra, comprometerse. • *v. t.* **4** prometer, pronosticar, presagiar: *her good humour promised a nice evening = su buen humor prometía una tarde agradable.* ◆ **5 to ~ someone the moon/the earth,** (fam.) prometer la luna a alguien.
promising ['prɒmɪsɪŋ] *adj.* prometedor, halagüeño, que promete: *a promising painter = un pintor que promete.*
promissory note ['prɒmɪsərɪ 'nəut] *s. c.* pagaré.
promontory ['prɒməntrɪ || 'prɑːməntɔːrɪ] *s. c.* promontorio, acantilado.
promote [prə'məut] *v. t.* **1** ascender, promover, subir (de rango, de posición): *she has just been promoted = acaban de ascenderla.* **2** adelantar, pasar de curso (escolar). **3** promover, alentar, apoyar; (form.) favorecer, fomentar: *promoting peace = fomentando la paz.* **4** presentar, apoyar (una ley). **5** anunciar, hacer publicidad de, promocionar: *promoting a new product = promocionar un producto nuevo.*
promoter [prə'məutər] *s. c.* **1** promotor, agente, empresario. **2** promotor, motor (de una causa).
promotion [prə'məuʃn] *s. c.* e *i.* **1** promoción, ascenso. **2** promoción, fomento, propaganda (de ventas). • *s. c.* **3** campaña de promoción, campaña publicitaria.
promotional [prə'məuʃənl] *adj.* promocional, de promoción: *a promotional campaign = una campaña de promoción.*
prompt [prɒmpt] *v. t.* **1** inspirar, evocar, sugerir, traer a la memoria, hacer pensar. **2** impulsar, mover, alentar, instigar, ocasionar. **3** recordar, insinuar (algo a alguien). • *v. t.* e *i.* **4** apuntar (en teatro). • *adj.* **5** pronto, rápido, inmediato. **6** puntual, diligente, rápido (una persona). • *adv.* **7** puntualmente, a la hora en punto. • *s. c.* **8** aviso, toque, recordatorio. **9** (también **prompter**) apuntador (de teatro).
prompter ['prɒmptər] *s. c.* apuntador (de teatro).
prompting ['prɒmptɪŋ] *s. c.* e *i.* aviso, ayuda, recordatorio.
promptly ['prɒmptlɪ] *adv.* puntualmente, a la hora en punto.
promptness ['prɒmptnɪs] *s. i.* prontitud, puntualidad, rapidez.
promulgate ['prɒmlgeɪt] *v. t.* (form.) **1** promulgar (una ley). **2** promulgar, divulgar, propagar (una idea, una creencia).
prone [prəun] *adj.* **1** propenso, con tendencia, susceptible, inclinado: *prone to infection = propenso a la infección.* **2** (form.) tendido boca abajo, postrado boca abajo.
prong [prɒŋ || prɔːŋ] *s. c.* púa, diente, punta.
-pronged [prɒŋd || prɔːŋd] *sufijo.* **1** de... púas, de... dientes: *a three-pronged fork = un tenedor de tres dientes.* **2** (fig.) en... flancos, en... direcciones: *a two-pronged attack = un ataque en dos direcciones.*
pronominal [prəu'nɒmɪnl] *adj.* GRAM. pronominal.
pronoun ['prəunaun] *s. c.* GRAM. pronombre.
pronounce [prə'nauns] *v. t.* **1** pronunciar, articular, emitir (sonidos). **2** (**to** ~ + *o.* + *adj./s.*) declarar, proclamar, anunciar: *the judge pronounced them free = el juez los declaró libres.* • *v. i.* **3** (**to** ~ + *prep.*) pronunciarse, expresar una opinión: *she pronounced in favour of the project = se pronunció a favor del proyecto.*
pronounced [prə'naunst] *adj.* **1** pronunciado, obvio, marcado, notable: *a very pronounced accent = un acento muy marcado.* **2** tajante, decidido, terminante, resuelto (un punto de vista, una opinión).
pronouncement [prə'naunsmənt] *s. c.* (form.) pronunciamiento, declaración solemne.
pronto ['prɒntəu] *adv.* (fam.) pronto, al momento, en seguida, presto.
pronunciation [prə,nʌnsɪ'eɪʃn] *s. c.* e *i.* pronunciación.
proof [pruːf] *s. c.* e *i.* **1** (~ {**of**}) prueba, comprobación, evidencia. • *s. c.* **2** prueba, demostración, examen. **3** prueba, galerada (de imprenta). **4** MAT. prueba, demostración. • *s. i.* **5** graduación (del alcohol). • *adj.* **6** (~ {**against**}) a prueba de, protegido contra, resistente a: *proof against robbers = a prueba de ladrones.* **7** de volumen de alcohol, de graduación alcohólica. • *v. t.* **8** (**to** ~ {**against**}) impermeabilizar, someter a prueba de (especialmente agua). • *sufijo* **9 -proof,** a prueba de, resistente a: *shockproof = a prueba de choques.* **10 ~ of purchase,** tíquet de compra, comprobante de venta. **11 the ~ of the pudding is in the eating,** el movimiento se demuestra andando.
proof-read ['pruːf,riːd] (*pret.* y *p. p.* **proof-read**) *v. t.* e *i.* corregir pruebas, corregir galeradas (en imprenta).
proof-reader ['pruːf,riːdər] *s. c.* corrector de pruebas, corrector de galeradas.
prop [prɒp] *s. c.* **1** puntal, poste, entibo, horquilla, rodrigón. **2** (fig.) sostén, soporte, apoyo: *she was the prop of his old age = ella fue el apoyo de su vejez.* **3** (fam.) atrezzo escenográfico, accesorios de escena (en teatro). **4** (también **propeller**) (fam.) AER. hélice. • (*ger.* **propping,** *pret.* y *p.p.* **propped**) *v. t.* **5** (**to** ~ + *o.* + *adv./prep.*) sostener, sujetar, apoyar: *she propped the ladder against the wall = apoyó la escalera contra la pared.* **6** apuntalar, postear, entibar (un edificio, un árbol). ◆ **7 to ~ something up,** (desp.) sostener, apoyar, mantener (económicamente).
propaganda [,prɒpə'gændə] *s. i.* (desp.) propaganda (generalmente oficial).
propagandise *v. t.* e *i.* ⇒ **propagandize.**
propagandist [,prɒpə'gændɪst] *s. c.* **1** (desp.) propagandista. • *adj.* **2** propagandístico.
propagandize [,prɒpə'gændaɪz] (también **propagandise**) *v. t.* e *i.* (desp.) hacer propaganda de, adoctrinar a.
propagate ['prɒpəgeɪt] *v. t.* e *i.* **1** propagar(se), multiplicar(se). • *v. t.* **2** (form.) propagar, difundir, divulgar, extender, diseminar (ideas, información).
propagation [,prɒpə'geɪʃn] *s. i.* **1** propagación, multiplicación, generación, procreación. **2** propagación, difusión, divulgación, diseminación.
propane ['prəupeɪn] *s. i.* QUÍM. propano.
propel [prə'pel] *v. t.* (*ger.* **propelling,** *pret.* y *p.p.* **propelled**) **1** propulsar, impulsar, impeler, empujar. ◆ **2 propelling pencil,** lapicera, lapicero portaminas.
propellant [prə'pelənt] (también **propellent**) *s. c.* e *i.* **1** carga de proyección, explosivo. **2** propulsor (gas). • *adj.* **3** propulsor, impelente.
propellent ⇒ **propellant.**
propeller [prə'pelər] *s. c.* hélice (de barco, de avión).
propensity [prə'pensɪtɪ] *s. c.* (~ {**for/to/towards**}) (form.) propensión, tendencia, inclinación, disposición.
proper ['prɒpər] *adj.* **1** (no *comp.*) correcto, adecuado, apropiado: *a proper diet = una dieta adecuada.* **2** (desp.) respetable, decente, oportuno, conveniente (vestido, comportamiento). **3** (fam.) verdadero, de verdad, real, auténtico, genuino: *she's only had one proper holiday = sólo una vez ha disfrutado de unas verdaderas vacaciones.* **4** (*s.* + ~) propiamente dicho, mismo, exacto: *she's just started the course proper = acaba de empezar el curso propiamente dicho.* **5** (no *comp.*) (brit.) (fam.) total, completo, absoluto, verdadero: *a proper cleaning = una limpieza en condiciones.* **6** (~ **to**) (form.) propio de, natural de, perteneciente a: *proper to liquids = propio de los líquidos.* • *adv.* **7** (fam.) realmente, completamente, totalmente, muy. ◆ **8 ~ noun,** GRAM. nombre propio.

properly ['prɒpəlɪ] *adv.* **1** correctamente, adecuadamente, apropiadamente. **2** realmente, en realidad, exactamente, propiamente: *properly speaking, she's not one of the family = en realidad no es un miembro de la familia.* **3** (brit.) (fam.) completamente, totalmente, verdaderamente, absolutamente: *she seemed properly bored = parecía absolutamente aburrida.*

propertied ['prɒpətɪd] *adj.* (form.) acomodado, adinerado, acaudalado, propietario.

property ['prɒpətɪ] *s. i.* **1** propiedad, posesión, pertenencia, bienes: *personal property = bienes personales.* **2** propiedad, hacienda: *the price of property in the centre is going up = el precio de la propiedad en el centro está subiendo.* • *s. c.* **3** propiedad, finca, casa, bienes muebles: *she owns several properties = posee varias fincas.* **4** propiedad, cualidad, atributo, característica: *healing properties = propiedades curativas.* **5** (generalmente *pl.*) (form.) atrezzo escenográfico, accesorios de escena (en teatro).

prophecy ['prɒfɪsɪ] *s. c.* e *i.* profecía, predicción.

prophesy ['prɒfɪsaɪ] *v. t.* e *i.* profetizar, predecir, vaticinar.

prophet ['prɒfɪt || 'prɑːfɪt] *s. c.* **1** REL. profeta. **2** (fig.) profeta, difusor, abogado (de una causa). **3** profeta, vaticinador.

prophetess ['prɒfɪtɪs] *s. c.* profetisa, vaticinadora.

prophetic [prə'fetɪk] (también **prophetical**) *adj.* profético.

prophetical [prə'fetɪkl] *adj.* ⇒ **prophetic.**

prophetically [prə'fetɪkəlɪ] *adv.* proféticamente.

prophylactic [ˌprɒfɪ'læktɪk] *adj.* (form.) MED. **1** profiláctico, preventivo. • *s. c.* **2** profiláctico.

prophylaxis [ˌprɒfɪ'læksɪs] (*pl.* **prophylaxes**) *s. i.* (form.) MED. profilaxis, tratamiento preventivo.

propinquity [prə'pɪŋkwɪtɪ] *s. i.* (∼ {**of/to**}) (form.) **1** propincuidad, cercanía, proximidad. **2** consanguinidad, parentesco.

propitiate [prə'pɪʃɪeɪt] *v. t.* (form.) sosegar, apaciguar, aplacar, calmar.

propitiation [prəˌpɪʃɪ'eɪʃn] *s. i.* (∼ {**for**}) apaciguamiento, aplacamiento, sosiego.

propitiatory [prə'pɪʃɪətərɪ || prə'pɪʃɪətɔːrɪ] *adj.* (form.) propiciatorio, expiatorio, conciliatorio.

propitious [prə'pɪʃəs] *adj.* (∼ {**for/to/towards**}) (form.) propicio, ventajoso, favorable, oportuno: *a propitious time = un momento propicio.*

proponent [prə'pəunənt] *s. c.* defensor, partidario, abogado: *an active proponent of disarmament = un activo defensor del desarmamento.*

proportion [prə'pɔːʃn] *s. i.* **1** proporción, simetría. **2** MAT. proporción. • *s. c.* e *i.* **3** (∼ {**of**}) parte, fracción, porción, porcentaje, número: *a large proportion of them were left-handed = un gran porcentaje de ellos eran zurdos.* • *v. t.* **4** (**to** ∼ {**to**}) (form.) adecuar, adaptar, ajustar a proporción, proporcionar. ◆ **5 a sense of** ∼**,** un sentido de la medida, un sentido de la proporción. **6 to get something out of** ∼**,** sacar las cosas de quicio. **7 in** ∼**,** en proporción, en relación. **8 in** ∼ **to/ with,** en proporción a, en relación con. **9 out of all** ∼**,** totalmente desproporcionado, muy exagerado. **10 -proportioned,** proporcionado: *well-proportioned = bien proporcionado.* **11 proportions,** dimensiones, medidas.

proportional [prə'pɔːʃənl] *adj.* **1** (∼ {**to**}) proporcional, en proporción. **2** proporcionado, a medida. **3** MAT. proporcional. ◆ **4** ∼ **representation,** POL. representación proporcional del electorado.

proportionally [prə'pɔːʃnəlɪ] *adv.* proporcionalmente, en proporción.

proportionate [prə'pɔːʃnət] *adj.* **1** (∼ {**to**}) proporcionado, en proporción: *a pay rise proportionate to experience = un aumento de sueldo en proporción con la experiencia* • *v. t.* **2** adecuar, adaptar, hacer proporcional.

proportionately [prə'pɔːʃnɪtlɪ] *adv.* proporcionadamente.

proposal [prə'pəuzl] *s. c.* e *i.* **1** proposición, propuesta, oferta, sugerencia. • *s. c.* **2** propuesta de matrimonio.

propose [prə'pəuz] *v. t.* **1** proponer, sugerir, plantear, ofrecer (un candidato, una idea, un plan). **2** (form.) tener en mente, tener intención de, planear, pensar: *I propose to take a break next week = tengo intención de tomar un descanso la semana que viene.* **3** (form.) brindar, ofrecer un brindis: *he proposed the health of the bride = brindó por la salud de la novia.* • *v. t.* e *i.* **4** (**to** ∼ {**to**}) proponer matrimonio, pedir la mano, declararse.

proposed [prə'pəuzd] *adj.* planeado, pensado, intencionado.

proposer [prə'pəuzər] *s. c.* proponente.

proposition [ˌprɒpə'zɪʃn] *s. c.* **1** proposición, materia, tesis. **2** propuesta, oferta, plan, sugerencia: *his proposition wasn't accepted = su sugerencia no fue aceptada.* **3** (fam.) asunto, proyecto, empresa, problema: *a difficult proposition = un asunto difícil.* **4** (euf.) proposición (amorosa, sexual). **5** LOG. proposición. **6** MAT. proposición, teorema. • *v. t.* **7** (fam.) hacer una proposición (amorosa, sexual).

propound [prə'paund] *v. t.* (form.) proponer, plantear, presentar, exponer (un asunto, un problema).

proprietary [prə'praɪətərɪ || prə'praɪəterɪ] *adj.* **1** patentado: *a proprietary cleaning material = un producto de limpieza patentado.* **2** de propietario, de dueño: *a proprietary air = un aire de propietario.* **3** privado, exclusivo. • *s. c.* **4** (arc.) propietario, dueño. **5** (EE UU) HIST. propietario, dueño (de una colonia). **6** medicina patentada, fórmula patentada. • *s. i.* **7** propiedad, derecho de propiedad, posesión.

proprietor [prə'praɪətər] *s. c.* propietario, dueño (de un negocio, de una patente).

proprietorial [prəˌpraɪə'tɔːrɪəl] *adj.* (form.) **1** de propietario, de propiedad: *proprietorial rights = derechos que poseen los propietarios.* **2** típico de propietario, de dueño, de amo: *proprietorial manners = comportamientos típicos de propietario.*

proprietorship [prə'praɪətəʃɪp] *s. i.* derecho de propiedad, posesión.

proprietress [prə'praɪətrɪs] *s. c.* propietaria, dueña (de un negocio, de una patente).

propriety [prə'praɪətɪ] *s. i.* **1** corrección, educación, modales, compostura, decoro. **2** conveniencia, adecuación, interés, utilidad: *I doubt the propriety of the plan = dudo de la conveniencia del plan.* ◆ **3 proprieties,** las convenciones, los cánones sociales.

propulsion [prə'pʌlʃn] *s. i.* propulsión.

prosaic [prəu'zeɪɪk] *adj.* **1** prosaico, aburrido, falto de interés. **2** prosaico, vulgar, ordinario, poco imaginativo.

prosaically [prəu'zeɪɪkəlɪ] *adv.* prosaicamente, vulgarmente.

proscenium [prəu'siːnɪəm || prə'siːnɪəm] *s. c.* proscenio (de un teatro).

proscribe [prəu'skraɪb] *v. t.* **1** (form.) proscribir, prohibir (por ley). **2** denunciar, condenar. **3** (arc.) proscribir, publicar el nombre de un proscrito.

proscription [prəu'skrɪpʃn || prə'skrɪpʃn] *s. c.* e *i.* **1** proscripción, prohibición. **2** proscripción, condición de proscrito.

prose [prəuz] *s. i.* **1** LIT. prosa. • *s. c.* **2** (brit.) ejercicio de traducción (a una lengua extranjera): *have you finished your English prose? = ¿has acabado tu ejercicio de inglés?* **3** REL. himno (que se canta después del gradual).

prosecute ['prɒsɪkjuːt] *v. t.* e *i.* **1** (**to** ∼ {**for**}) DER. procesar, demandar, proceder legalmente contra: *he was prosecuted for his crime = fue procesado por el delito.* • *v. i.* **2** DER. acusar, querellarse. • *v. t.* **3** (form.) proseguir, continuar, seguir adelante con.

prosecution [ˌprɒsɪ'kjuːʃn] *s. c.* e *i.* DER. **1** procesamiento, proceso, demanda. **2** (**the** ∼ + *v. sing./pl.*) acusación, parte acusadora. • *s. i.* **3** prosecución, continuación, proseguimiento (de una acción).

prosecutor ['prɒsɪkjuːtər] *s. c.* DER. acusador, querellante, demandante.

proselytise *v. t.* e *i.* ⇒ **proselytize.**

proselytize ['prɒsɪlɪtaɪz] (también **proselytise**) *v. t.* e *i.* (form. y desp.) hacer proselitismo, ganar adeptos, convertir.

prospect ['prɒspekt] *s. c.* e *i.* **1** (∼ {**of**}) esperanza, confianza, expectativa. •

s. i. **2** (~ {**of**}) perspectiva, probabilidad, posibilidad: *there's little prospect of reducing military service = existen pocas posibilidades de reducir el servicio militar.* ● *s. c.* **3** vista, panorama, perspectiva: *a fantastic prospect of the town = una fantástica vista de la ciudad.* **4** posible candidato; posible cliente, comprador en perspectiva. ● *v. t.* e *i.* **5** (**to** ~ {**for**}) realizar una prospección, explorar, buscar (oro, petróleo). ◆ **6 prospects,** probabilidades de éxito, expectativas de futuro, posibilidades de promoción.

prospective [prə'spektiv] *adj.* **1** probable, posible, presunto, supuesto: *a prospective client = un posible cliente.* **2** inminente, esperado: *the prospective closing of the shipyards = el inminente cierre de los astilleros.*

prospector [prə'spektər] *s. c.* prospector, buscador (de oro, petróleo).

prospectus [prə'spektəs] *s. c.* prospecto, programa, folleto informativo.

prosper ['prɒspər] *v. i.* **1** prosperar, florecer, progresar, triunfar (financieramente). **2** mejorar, crecer sano. ● *v. t.* **3** (arc.) favorecer, proteger, hacer triunfar, hacer progresar.

prosperity [prɒ'sperɪtɪ] *s. i.* prosperidad, buena fortuna, éxito, bienestar.

prosperous ['prɒspərəs] *adj.* próspero, floreciente.

prostate ['prɒsteɪt] (también **prostate gland**) *s. c.* ANAT. próstata, glándula prostática.

prostitute ['prɒstɪtjuːt || 'prɑːstɪtuːt] *s. c.f.* **1** prostituta, ramera. ● *v. t.* **2** (form.) prostituir. **3** (fig.) prostituir, vender (el talento). ● *v. pron.* **4** prostituir(se). ◆ **5 male** ~, prostituto.

prostitution [ˌprɒstɪ'tjuːʃn || ˌprɑstɪ'tuːʃn] *s. i.* prostitución.

prostrate [prɒ'streɪt || 'prɑːstreɪt] *v. pron.* **1** postrarse, arrodillarse. ● *v. t.* **2** (generalmente pasiva) postrar, humillar, abatir. ● ['prɒstreɪt || 'prɑːstreɪt] *adj.* **3** postrado.

prostration [prɒ'streɪʃn || prɑː'streɪʃən] *s. i.* **1** postración. **2** postración, humillación, abatimiento.

prosy ['preuzɪ] *adj.* prosaico, pesado, aburrido, tedioso (un discurso, un escrito).

protagonist [prəu'tægənɪst] *s. c.* **1** protagonista, mentor, defensor, dirigente (de una idea). **2** LIT. protagonista, héroe, carácter principal. **3** DEP. campeón.

protean [prəu'tiːən || 'prəutɪən] *adj.* (lit.) proteico, versátil, inconstante.

protect [prə'tekt] *v. t.* **1** (**to** ~ {**against/from**}) proteger, defender, amparar, custodiar. **2** ECON. proteger arancelariamente, favorecer, ayudar (la industria, el comercio). **3** (**to** ~ {**against**}) FIN. asegurar (contra pérdida, desastre).

protection [prə'tekʃn] *s. i.* **1** protección, custodia, defensa, amparo: *protection of the army = la protección del ejército.* **2** (también **protection money**) (fam. y euf.) canon de protección, dinero de extorsión (que se paga a una organización criminal para proteger un negocio.). **3** ECON. proteccionismo, protección (a la industria, al comercio). ● *s. c.* **4** protección, elemento protector: *she used gloves as protection from the cold = llevaba guantes como protección contra el frío.* **5** pase, salvoconducto, pasaporte.

protectionism [prə'tekʃənɪzəm] *s. i.* (generalmente desp.) ECON. proteccionismo.

protectionist [prə'tekʃənɪst] *s. c.* ECON. **1** proteccionista. ● *adj.* **2** proteccionista.

protective [prə'tektɪv] *adj.* **1** (no *comp.*) protector, defensor, de protección: *protective paint = pintura de protección.* **2** (~ {**towards**}) protector, deseoso de proteger: *protective towards her friends = deseosa de proteger a sus amigos.* **3** preventivo.

protectively [prə'tektɪvlɪ] *adv.* protectoramente, de modo protector.

protectiveness [prə'tektɪvnɪs] *s. i.* protección, proteccionismo.

protector [prə'tektər] *s. c.* **1** protector, defensor, guardián. **2** protector, defensa: *knee protectors = protectores para las rodillas.* **3** (arc.) HIST. regente (príncipe o noble en lugar del rey).

protectorate [prə'tektərət] *s. c.* protectorado.

protégé ['prɒteʒeɪ || ˌprəutɪ'ʒeɪ] *s. c.* (*f.* **protégée**) protegido, favorito (por un personaje influyente).

protein ['prəutiːn] *s. c.* e *i.* BIOQ. proteína.

protest ['prəutest] *s. c.* e *i.* **1** protesta, queja, objeción, disconformidad, desacuerdo. ● *s. c.* **2** DER. protesta. **3** COM. protesto. ● [prə'test] *v. i.* **4** (**to** ~ {**about/against/at**}) protestar, quejarse, indignarse, abuchear. ● *v. t.* **5** protestar, declarar, asegurar, afirmar: *he protested that they were wrong = aseguró que ellos estaban equivocados.* **6** (EE UU) manifestarse contra, realizar una protesta contra. **7** DER. recusar, rechazar. ◆ **8** ~ **march,** manifestación, marcha de protesta. **9 under** ~, contra su voluntad.

Protestant ['prɒtɪstənt] *s. c.* **1** REL. protestante. ● *adj.* **2** REL. protestante.

Protestantism ['prɒtɪstəntɪzəm] *s. i.* REL. protestantismo.

protestation [ˌprəute'steɪʃn || ˌprɒte'steɪʃn] *s. c.* **1** (form.) declaración, afirmación (solemne, enérgica): *protestations of innocence = declaraciones de inocencia.* ● *s. i.* **2** protesta, queja, objección.

protester [prə'testər] *s. c.* manifestante.

protocol ['prəutəkɒl] *s. c.* e *i.* protocolo.

proton ['prəutɒn] *s. c.* FÍS. protón.

protoplasm ['prəutəuplæzəm] *s. i.* BIOL. protoplasma.

prototype ['prəutəutaɪp] *s. c.* prototipo, original.

protract [prə'trækt || prəu'trækt] *v. t.* **1** prolongar, alargar, dilatar: *he protracted his investigation = prolongó la investigación.* **2** trazar con transportador (en dibujo). **3** ANAT. extender, sobresalir.

protracted [prə'træktɪd || prəu'træktɪd] *adj.* extenso, prolongado, dilatado.

protractor [prə'træktər || prəu'træktər] *s. c.* **1** transportador (instrumento de dibujo). **2** ANAT. músculo tensor.

protrude [prə'truːd || prəu'truːd] *v. i.* **1** (**to** ~ {**from**}) (form.) sacar fuera, sobresalir, destacarse, resaltar: *his head protruded from the window = su cabeza sobresalía por la ventana.* ● *v. t.* **2** (form.) empujar hacia afuera, hacer salir.

protruding [prə'truːdɪŋ || prəu'truːdɪŋ] *adj.* sobresaliente, prominente, saltón.

protrusion [prə'truːʒn || prəu'truːʒn] *s. c.* **1** prominencia, protuberancia, saliente, bulto, proyección. ● *s. i.* **2** prominencia, relieve.

protuberance [prə'tjuːbərəns || prəu'tuːbərəns] *s. c.* protuberancia, prominencia, bulto, chichón.

protuberant [prə'tjuːbərənt || prəu'tuːbərənt] *adj.* **1** (form.) prominente, sobresaliente, abultado. **2** saltón.

proud [praud] *adj.* (*comp.* **prouder,** *super.* **proudest**) **1** orgulloso, digno: *they're poor but proud = son pobres pero orgullosos.* **2** (desp.) orgulloso, altanero, engreído, soberbio, vano. **3** (~ {**of**}) orgulloso, satisfecho, contento, encantado: *he's proud of his daughter = está orgulloso de su hija.* **4** gratificante, glorioso, memorable: *a proud day = un día glorioso.* **5** magnífico, espléndido, imponente. **6** (brit.) sobresaliente, prominente, en proyección, saliente, que resalta. ◆ **7 to do someone** ~, (fam.) tratar a alguien espléndidamente, ser muy hospitalario con alguien, dar buena vida a alguien. **8** ~ **as a peacock,** engreído como un pavo real. **9 someone's proudest possession,** la más preciada posesión de alguien.

proudly ['praudly] *adv.* **1** orgullosamente, con orgullo, con dignidad. **2** altivamente, arrogantemente, con engreimiento, soberbiamente.

provable ['pruːvəbl] *adj.* comprobable, verificable, demostrable (una teoría).

prove [pruːv] (*pret.* **proved,** *p. p.* **proved** o **proven**) *v. t.* **1** probar, demostrar, hacer ver: *the documents prove him innocent = los documentos prueban que es inocente.* **2** confirmar, verificar. **3** DER. verificar, autentificar (un testamento). **4** experimentar, sufrir. ● *v. i.* **5** resultar, venir a ser, salir, comprobarse: *it proved easier than I thought = resultó más fácil de lo que pensaba.* ◆ **6 the exception proves the rule,** la excepción confirma la regla.

proven ['pruːvən] *adj.* **1** comprobado, verificado, demostrado. ◆ **2 not** ~, DER. no probado, sin pruebas (en Escocia).

provenance ['prɒvɪnəns] *s. i.* (form.) procedencia, origen.

provender ['prɒvɪndər] *s. i.* **1** (arc.) pienso, forraje. **2** (fam. y hum.) provisiones, comida.

proverb ['prɒvɜːb] *s. c.* proverbio, refrán.

proverbial [prə'vɜːbjəl] *adj.* **1** proverbial. **2** relativo al dicho, al refrán (popular).

proverbially [prə'vɜːbjəlɪ] *adv.* proverbialmente.

provide [prə'vaɪd] *v. t.* **1** (**to** ~ {**for/with**}) suministrar, proporcionar, facilitar, dar: *it provides shelter = proporciona cobijo.* **2** (**to** ~ **that**) (form.) disponer que, ordenar que, estipular que (una ley, un acuerdo): *the law provides that they will receive a pension = la ley dispone que reciban una pensión.* ◆ **3 to** ~ **against, a)** tomar precauciones contra, tomar medidas contra; **b)** prohibir, impedir. **4 to** ~ **for, a)** mantener, alimentar, sustentar; **b)** prever, prepararse para; **c)** estipular, disponer.

provided [prə'vaɪdɪd] (también **provided that, providing, providing that**). *conj.* si, con tal que, siempre que, siempre y cuando, a condición de que; sólo si: *come, provided (that) you get the money = ven, siempre y cuando consigas el dinero.*

providence ['prɒvɪdəns] *s. i.* **1** providencia, destino. **2** (arc.) prevención, previsión, vista. **3** prudencia, economía.

providential [,prɒvɪ'denʃl] *adj.* (form.) providencial, milagroso, afortunado.

providentially [,prɒvɪ'denʃəlɪ] *adv.* providencialmente, milagrosamente, afortunadamente.

provider [prə'vaɪdər] *s. c.* proveedor, suministrador, abastecedor.

providing [prə'vaɪdɪŋ] *conj.* ⇒ **provided.**

province ['prɒvɪns || 'prɑːvɪns] *s. c.* **1** HIST. provincia, departamento (romanos). **2** rama, campo, especialidad: *a topic outside my province = un tema que no es de mi especialidad.* **3** competencia, incumbencia, jurisdicción. **4** REL. diócesis. ◆ **5 provinces,** provincias.

provincial [prə'vɪnʃl] *adj.* **1** (no *comp.*) provincial, de provincia. **2** (desp.) provinciano, rústico, de pueblo, paleto. ● *s. c.* **3** (desp.) provinciano. **4** REL. arzobispo; padre provincial.

provincialism [prə'vɪnʃəlɪzəm] *s. c.* e *i.* (desp.) provincianismo.

provision [prə'vɪʒn] *s. i.* **1** (~ {**of**}) provisión, abastecimiento, suministro. **2** (~ {**against/for**}) previsión, prevención: *provision against fire = prevención contra el fuego.* ● *s. c.* **3** disposición, estipulación, cláusula (en un contrato). ● *v. t.* **4** (**to** ~ {**for**}) aprovisionar, abastecer, surtir, equipar: *provisioned for a long siege = aprovisionados para un largo asedio.* ● *adj.* **5** de aprovisionamiento, de abastecimiento (un barco). ◆ **6 to make** ~ **for,** proveerse de, prepararse para, asegurarse el porvenir. **7 provisions,** alimentos, provisiones.

provisional [prə'vɪʒənl] *adj.* provisional, transitorio, temporal, interino, potencial.

provisionally [prə'vɪʒnəlɪ] *adv.* provisionalmente, transitoriamente, temporalmente.

proviso [prə'vaɪzəʊ] (*pl.* **provisos**) *s. c.* cláusula, disposición, estipulación, condición.

provocation [,prɒvə'keɪʃn] *s. i.* **1** provocación, incitación. ● *s. c.* **2** reto, desafío, estímulo.

provocative [prə'vɒkətɪv] *adj.* **1** provocativo, erótico, sugestivo. **2** provocador, incitador.

provocatively [prə'vɒkətɪvlɪ] *adv.* **1** provocativamente, sugestivamente. **2** provocadoramente.

provoke [prə'vəʊk] *v. t.* **1** (**to** ~ {**in to/to**}) provocar, irritar, excitar, poner nervioso. **2** provocar, suscitar, causar, motivar, producir: *his behaviour provoked a violent reaction = su comportamiento provocó una reacción violenta.*

provost ['prɒvəst || 'prəʊvəst] *s. c.* **1** (brit.) director, rector (de un colegio universitario). **2** alcalde, jefe de la corporación municipal (en ciudades escocesas). **3** REL. prepósito, superior. **4** director de prisión, guardián de prisión.

prow [praʊ] *s. c.* MAR. proa.

prowess ['praʊɪs] *s. c.* (lit.) (~ {**as/at/in**}) **1** destreza, aptitud, habilidad. **2** valentía, valor, coraje.

prowl [praʊl] *v. t.* e *i.* **1** merodear, acechar, rondar (animales, ladrones). **2** vagar, rondar, ir de un lado a otro. ● *s. c.* **3** ronda, acecho, merodeo. ◆ **4 on the** ~, al acecho. **5** ~ **car,** (EE UU) coche patrulla, (Am.) radiopatrulla.

prowler ['praʊlər] *s. c.* (fam.) merodeador, hombre que ronda en busca de mujeres.

proximity [prɒk'sɪmɪtɪ] *s. i.* (~ {**of/to**}) (form.) proximidad, cercanía.

proxy ['prɒksɪ] *s. i.* **1** poder, procuración, representación, delegación. ● *s. c.* **2** apoderado, representante, delegado, sustituto. ◆ **3 by** ~, por poderes, mediante sustituto (un matrimonio, una votación).

prude [pruːd] *s. c.* (desp.) puritano, mojigato, remilgado.

prudence ['pruːdns] *s. i.* (form.) prudencia, discreción, sensatez, seriedad, juicio.

prudent ['pruːdnt] *adj.* (form.) prudente, discreto, juicioso, sensato, serio, cauto.

prudently ['pruːdntlɪ] *adv.* prudentemente, con discreción, con sensatez, juiciosamente, con cautela.

prudery ['pruːdərɪ] (también **prudishness**). *s. i.* (desp.) puritanismo, mojigatería, remilgo.

prudish ['pruːdɪʃ] *adj.* (desp.) puritano, mojigato, gazmoño, remilgado.

prudishness ['pruːdɪʃnɪs] *s. i.* ⇒ **prudery.**

prune [pruːn] *v. t.* **1** podar, desramar, mochar, cortar. **2** (**to** ~ {**away/down**}) recortar, reducir, cortar (un discurso, gastos). ● *s. c.* **3** ciruela pasa, pruna.

pruning ['pruːnɪŋ] *s. i.* **1** poda, desrame. ◆ **2** ~ **hook,** podadera.

prurience ['prʊərɪəns] *s. i.* sensualidad, lascivia, salacidad, líbido.

prurient ['prʊərɪənt] *adj.* (form.) lascivo, salaz, sensual, libidinoso.

pry [praɪ] *v. i.* **1** (**to** ~ {**into**}) (desp.) entrometerse, fisgonear (en las vidas de otros). ● *v. t.* **2** (**to** ~ **open**) abrir con palanca, forzar, levantar por la fuerza (una caja, una tapadera). ◆ **3 prying eyes,** mirada(s) indiscreta(s).

PS [,piː'es] *s. c.* (*abrev.* de **postscript**) postdata.

psalm [sɑːm || sɑːlm] *s. c.* salmo, cántico religioso.

psephology [se'fɒlədʒɪ || siː'fɑːlədʒɪ] *s. i.* psefología, tratado del voto.

pseud [sjuːd || suːd] *s. c.* (brit.) (fam. y desp.) seudoentendido (en arte, literatura).

pseudonym ['sjuːdənɪm || 'suːdənɪm] *s. c.* seudónimo.

psych [saɪk] *v. t.* **1** (**to** ~ **out**) (EE UU) (argot) alterar, poner nervioso, conturbar, minar la confianza (mentalmente a un oponente). **2** (**to** ~ **out**) conocer por intuición, intuir: *I psyched her out immediately = intuí cómo era en seguida.* ● *v.r.* **3** (**to** ~ **up**) (EE UU) (argot) prepararse mentalmente, mentalizarse, concentrarse (para una competición). ● *s. i.* **4** psicología. ◆ **5 psyched up,** concentrado, mentalizado.

psyche ['saɪkɪ] *s. sing.* PSIC. psique, alma.

psychedelic [,saɪkɪ'delɪk] *adj.* **1** psicodélico, alucinógeno. **2** ART. psicodélico.

psychiatric [,saɪkɪ'ætrɪk] *adj.* psiquiátrico.

psychiatrist [saɪ'kaɪətrɪst] *s. c.* psiquiatra.

psychiatry [saɪ'kaɪətrɪ] *s. i.* MED. psiquiatría.

psychic ['saɪkɪk] (también **psychical**) *adj.* **1** adivino, con poderes psíquicos (persona). **2** (no *comp.*) psíquico, mental. ● *s. c.* **3** médium, vidente (espiritista).

psychical ['saɪkɪkl] *adj.* ⇒ **psychic.**

psycho ['saɪkəʊ] *s. c.* **1** (fam.) psicópata. ● *prefijo* **2 psycho-,** psico: *psychodrama = psicodrama.*

psychoanalyse [,saɪkəʊ'ænəlaɪz] (en EE UU **psychoanalyze**) *v. t.* psicoanalizar.

psychoanalysis [,saɪkəʊə'næləsɪs] *s. i.* psicoanálisis.

psychoanalyst [,saɪkəʊ,ænə'lɪst] *s. c.* psicoanalista.

psychoanalytic [,saɪkəʊ,ænə'lɪtɪk] *adj.* psicoanalítico.

psychoanalyze *v. t.* ⇒ **psychoanalyse.**

psychological [,saɪkə'lɒdʒɪkl] *adj.* **1** psicológico, mental. ◆ **2** ~ **warfare,** guerra psicológica. **3 the** ~ **moment,** (fam.) el momento oportuno, el momento idóneo.

psychologically [,saɪkə'lɒdʒɪkəlɪ] *adv.* psicológicamente.

psychologist [saɪ'kɒlədʒɪst] *s. c.* psicólogo.

psychology [saɪ'kɒlədʒɪ] *s. i.* psicología.

psychopath ['saɪkəupæθ] *s. c.* psicópata.

psychopathic [,saɪkəu'pæθɪk] *adj.* psicopático, psicópata.

psychoses [saɪ'kəusiːz] *s. pl.* **psychosis.**

psychosis [saɪ'kəusɪs] (*pl.* **psychoses**) *s. c.* e *i.* psicosis.

psychosomatic [,saɪkəusəu'mætɪk || ,saɪkəsə'mætɪk] *adj.* psicosomático.

psychotherapist [,saɪkəu'θerəpɪst] *s. c.* psicoterapeuta.

psychotherapy [,saɪkəu'θerəpɪ] *s. i.* MED. psicoterapia.

psychotic [saɪ'kɒtɪk] *adj.* **1** psicótico, psicópata. • *s. c.* **2** psicópata.

psychotropic ['səɪkə'trɒpɪk] *adj.* psicotrópico.

PT [,piː'tiː] *s. i.* **1** (*abrev.* de **physical training**) educación física, gimnasia. **2** (*abrev.* de **Pacific Time**) hora del Pacífico.

PTA [,piːtiː'eɪ] *s. c.* (*abrev.* de **Parent Teacher Association**) Asociación de Padres y Profesores.

pterodactyl [,tərəu'dæktɪl] *s. c.* ZOOL. pterodáctilo.

pub [pʌb] (también **public house**). *s. c.* **1** (brit.) bar, taberna, tasca, cantina. ◆ **2** ~ **crawl,** (fam.) de bar en bar, (ir de) bares: *we all went on a pub crawl after the meeting = después de la reunión nos fuimos todos de bares.*

puberty ['pjuːbətɪ] *s. i.* pubertad, adolescencia.

pubescent [pjuː'besnt] *adj.* púber, pubescente, adolescente.

pubic ['pjuːbɪk] *adj.* ANAT. púbico, pubiano.

public ['pʌblɪk] *adj.* **1** (no *comp.*) público, general. **2** público, estatal (servicios). **3** público, conocido, sabido. • *s. sing.* **4** (**the** ~ + *v. sing./pl.*) el público, la gente. **5** (**the** + ~ *v.sing./pl.*) el público, la concurrencia, los aficionados, los espectadores; los lectores. ◆ **6 from the** ~ **eye,** (desaparecer) de la vida cotidiana, (quitarse) de en medio. **7 to go** ~**,** ECON. entrar en Bolsa, empezar a cotizar en Bolsa (las acciones de una empresa). **8 in** ~**,** en público, públicamente, abiertamente. **9 in the** ~ **eye,** en el ojo del huracán, muy popular. **10** ~ **address system,** sistema de megafonía, sistema de amplificación. **11** ~ **bar,** (brit.) reservado de bar, de tasca, de cantina, de taberna (donde la bebida es más barata). **12** ~ **company,** ECON. empresa que cotiza en Bolsa. **13** ~ **convenience,** retrete público (en la calle, en estaciones). **14** ~ **enterprise,** ECON. empresa pública, empresa estatal. **15** ~ **house,** (brit.) (form.) bar, tasca, taberna, cantina. **16** ~ **nuisance, a)** DER. desorden público; **b)** molestia, estorbo (una persona). **17** ~ **opinion,** opinión pública. **18** ~ **relations,** relaciones públicas. **19** ~ **relations officer,** encargado de las relaciones públicas (en una organización, en una compañía). **20** ~ **school,** (brit.) escuela privada; (EE UU) escuela pública. **21** ~ **sector,** ECON. sector público, sector estatal. **22** ~ **works,** obras públicas (carreteras, edificios).

publican ['pʌblɪkən] *s. c.* (brit.) cantinero, tabernero, dueño de un bar.

publication [,pʌblɪ'keɪʃn] *s. i.* **1** publicación, divulgación (de una noticia). **2** publicación, impresión, edición, lanzamiento (de un libro, revista). • *s. c.* **3** publicación, libro, revista.

publicise *v. t.* ⇒ **publicize.**

publicist ['pʌblɪsɪst] *s. c.* publicista.

publicity [pʌb'lɪsɪtɪ] *s. i.* **1** publicidad, propaganda. **2** publicidad, atención, notoriedad: *he was just seeking publicity = sólo buscaba notoriedad.* ◆ **3** ~ **agent,** agente publicitario.

publicize ['pʌblɪsaɪz] (también **publicise**) *v. t.* dar publicidad, dar a conocer, hacer campaña publicitaria de, divulgar.

public-spirited [,pʌblɪk'spɪrɪtɪd] *adj.* cívico, modelo, ejemplar, consciente: *a public-spirited citizen = un ciudadano consciente.*

publish ['pʌblɪʃ] *v. t.* e *i.* **1** publicar, editar. • *v. t.* **2** (generalmente pasiva) publicar, divulgar, dar a conocer, revelar: *all the information will soon be published = pronto se dará a conocer toda la información.*

publisher ['pʌblɪʃər] *s. c.* editor.

publishing ['pʌblɪʃɪŋ] *s. i.* **1** publicación, edición. ◆ **2** ~ **house,** editorial, empresa editora.

puce [pjuːs] *adj.* de color castaño rojizo.

puck [pʌk] *s. c.* **1** DEP. disco de goma (en hockey). ◆ **2 Puck,** duende, trasgo.

pucker ['pʌkər] *v. t.* e *i.* **1** enfurruñar(se), fruncir, arrugar (el ceño, los labios, la boca); hacer pucheros. **2** arrugar(se), fruncir(se) (una tela). • *s. c.* **3** arruga, frunce, pliegue.

puckered ['pʌkəd] *adj.* arrugado, lleno de arrugas, fruncido.

puckish ['pʌkɪʃ] *adj.* (lit. y arc.) travieso, juguetón, malicioso.

pud [pʊd] *s. c.* e *i.* (fam.) pudín, budín.

pudding ['pʊdɪŋ] *s. c.* e *i.* **1** pudín, budín (postre). **2** (brit.) (fam.) postre, dulces. ◆ **3 Christmas** ~**,** ⇒ **Christmas** ~**. 4 plum** ~**,** ⇒ **plum** ~**. 5 the proof of the** ~ **is in the eating,** ⇒ **proof. 6** ~ **basin,** bol para el pudín, fuente honda (para mezclar los ingredientes del pudín). **7 Yorkshire** ~**,** ⇒ **Yorkshire** ~**.**

puddle ['pʌdl] *s. c.* **1** charco, poza. **2** mezcla de grava y arcilla, argamasa (para impermeabilizar). • *v. t.* **3** enlodar, embarrar. **4** mezclar arcilla y arena, hacer argamasa (para impermeabilizar). **5** pudelar (metales impuros).

puerile ['pjuəraɪl] *adj.* (form.) pueril, infantil, inmaduro, ingenuo, tonto.

puff [pʌf] *v. i.* **1** resoplar, resollar, respirar agitadamente. • *v. t.* e *i.* **2** (**to** ~ + *adv./prep.*) aspirar, absorber, inhalar (humo); fumar, dar caladas, chupar: *puffing a cigarette = dando caladas al cigarro.* **3** (**to** ~ + *adv./prep.*) echar humo, lanzar humo, salir humo a bocanadas (de un vehículo). **4** hinchar(se), ufanarse (de orgullo); alabar exageradamente, magnificar, dar(se) bombo: *he kept puffing his new novel = seguía dando bombo a su nueva novela.* • *s. c.* **5** bocanada, soplido, resoplido. **6** calada, chupada (al cigarro). **7** ráfaga, soplo (de aire). **8** racha, nubecilla (de humo). **9** bullón; borla (adorno). **10** borla (de polvera). **11** buñuelo, pastelito de crema. **12** (fam.) elogio exagerado, bombo. **13** (argot) marica, homosexual. • *s. i.* **14** aliento, respiración, jadeo, resuello. ◆ **15 out of** ~**,** sin resuello, sin aliento. **16 to huff and** ~**,** ⇒ **huff. 17 to** ~ **and blow/to** ~ **and pant, a)** jadear, respirar con dificultad (después de un esfuerzo); **b)** echar chispas, ponerse como una fiera. **18** ~ **pastry,** hojaldre fino. **19** ~ **sleeve,** manga abullonada. **20 to** ~ **out,** hinchar, expandir, abullonar: *puffing out his chest = hinchando el pecho.* **21 to** ~ **up,** hinchar(se), inflamarse, inflar(se) (una herida, de orgullo).

puffball ['pʌfbɔːl] *s. c.* BOT. bejín, pedo de lobo (hongo esférico).

puffed [pʌft] *adj.* **1** hinchado, inflamado. **2** (~ {**out**}) sin resuello, sin aliento, extenuado. ◆ **3** ~ **sleeve,** manga abullonada. **4** ~ **up,** engreído, henchido de orgullo, presuntuoso, jactancioso.

puffin ['pʌfɪn] *s. c.* ZOOL. frailecillo.

puffy ['pʌfɪ] *adj.* hinchado, inflamado, abultado.

pug [pʌg] *s. c.* **1** ZOOL. doguillo, dogo faldero. **2** máquina para batir arcilla. **3** huella, pisada (de animal). **4** (jerga) púgil, boxeador. • *s. i.* **5** arcilla batida. • (*ger.* **pugging,** *pret.* y *p. p.* **pugged**) *v. t.* **6** mezclar, amasar (arcilla). **7** rellenar de arcilla, tapar con argamasa. **8** impermeabilizar (con argamasa, con arcilla). ◆ **9** ~ **nose,** nariz respingona, nariz chata.

pugnacious [pʌg'neɪʃəs] *adj.* (form.) beligerante, belicoso, guerrero, agresivo.

puke [pjuːk] *v. t.* e *i.* **1** (**to** ~ {**up**}) (argot) vomitar, devolver. • *s. i.* **2** (argot) vómito.

pull [pʊl] *v. t.* e *i.* **1** tirar de, arrastrar, empujar, remolcar. **2** DEP. golpear oblicuamente, tirar (la pelota) con efecto (en béisbol, en golf). **3** remar, tirar de los remos. **4** virar, desviar, torcer (a la derecha, o a la izquierda). • *v. t.* **5** apretar, presionar (el gatillo de un arma). **6** (**to** ~ {**out**}) extraer, sacar, quitar, arrancar (un diente). **7** correr, extender (una cortina). **8** dislocar, forzar, causar un tirón (a un músculo). **9** atraer, ganar (apoyo, espectadores). **10** (fig.) conquistar, seducir, enamorar: *dressed like that just to pull the girls = vestido de ese modo sólo para seducir a las chicas.* **11** (**to** ~ {**on**}) sacar, desenvainar (un arma). **12** (brit.) tirar (una cerveza de barril). **13** (EE UU) (argot) cometer, realizar, llevar a cabo con éxito (un crimen, un robo). **14** frenar, sujetar (a un caballo para impedir que gane). **15** DEP. suavizar el golpe, golpear con poca fuerza, contener el golpe (en boxeo, para evitar la victoria). **16** imprimir, tirar (una prueba de imprenta). • *v. i.* **17** tirar, dar un tirón (de la brida, un caballo). **18** (**to** ~ {**at/on**}) dar una calada, chupar (un cigarro). • *s. c.* e *i.* **19** tirón, estirón, golpe. **20** cuesta, pendiente, repecho, subida (con esfuerzo): *a long pull up to the top = una buena subida hasta la cima.* **21** calada, bocanada, chupada (de cigarrillo). **22** trago. **23** (generalmente en combinación) aldaba, llamador, tirador, cuerda: *the bell pull = el llamador.* **24** DEP. tiro desviado (en golf). • *s. i.* **25** (fam.) atracción, atractivo, magnetismo, tirón: *an actress with a strong pull = una actriz con gran magnetismo.* **26** influencia, fuerza, poder, peso, cuña: *he has pull with the headmaster = tiene influencia en el director.* • *v. pron.* **27** arrastrarse, salir arrastrándose. ◆ **28 to be pulled off/out of,** (fam.) retirar de (la circulación), quitar de (en medio) (un objeto, una persona). **29 to** ~ **ahead (of),** adelantar velozmente (a), pasar por delante (de). **30 to** ~ **apart/to pieces, a)** separar, desunir, romper en dos; **b)** criticar severamente, destrozar (un trabajo). **31 to** ~ **at, a)** dar tirones a, tirar de (repetidamente); **b)** (arc.) dar caladas, dar chupadas (a un cigarrillo); **c)** (arc.) dar un buen trago, beber un buen trago. **32 to** ~ **away (from),** alejarse, marchar, salir (un vehículo, el conductor). **33 to** ~ **back, a)** MIL. retirarse; **b)** no actuar, dejar, retirarse. **34 to** ~ **down, a)** derribar, demoler, derruir, tirar (un edificio); **b)** debilitar (la salud); **c)** (fig.) hacer fracasar, hacer caer, debilitar (a una persona, a un gobierno). **35 to** ~ **a face,** ⇒ **face. 36 to** ~ **a fast one,** ⇒ **fast. 37 to** ~ **one's finger out,** ⇒ **finger. 38 to** ~ **in, a)** llegar a la estación, llegar al andén (un tren); **b)** parar junto a la acera, aparcar (un vehículo); **c)** (brit.) (fam.) arrestar, detener; **d)** (fam.) ganar, hacer (dinero); **e)** atraer, ganar (público). **39 to** ~ **someone's leg,** ⇒ **leg. 40 to** ~ **off, a)** parar, aparcar (un vehículo); **b)** salir, arrancar, alejarse (un vehículo después de estar estacionado); **c)** lograr, conseguir, terminar con éxito; **d)** arrancar, quitar de un tirón, quitarse deprisa (las ropas). **41 to** ~ **out, a)** salir, marchar, arrancar (un vehículo después de estar estacionado, un tren); **b)** salir, retirar(se), apartar(se) (de una actividad poco interesante, de una situación de peligro); **c)** extraer, sacar (información). **42 to** ~ **something out of the bag,** (fam.) sacarse algo de la manga. **43 to** ~ **over,** estacionar(se), aparcar, echarse a un lado de la carretera (un vehículo). **44 to** ~ **all the stops out,** ⇒ **stop. 45 to** ~ **punches,** ⇒ **punch. 46 to** ~ **rank,** ⇒ **rank. 47 to** ~ **round,** volver en sí (de un desmayo), recuperarse de una enfermedad. **48 to** ~ **the rug out from under someone's feet,** (fam.) dejar a alguien colgado/plantado. **49 to** ~ **your socks up,** ⇒ **sock. 50 to** ~ **strings,** ⇒ **strings. 51 to** ~ **through,** recuperarse de, superar, salir de (una enfermedad, un problema, un apuro). **52 to** ~ **together, a)** trabajar en equipo, aunar esfuerzos; **b)** organizar, ordenar, coordinar, poner en orden. **53 to** ~ **oneself together,** animarse, sobreponerse, dominarse, controlarse. **54 to** ~ **up, a)** parar(se), detener(se), refrenar(se) (un vehículo, una persona); **b)** nivelar(se), ganar terreno (en una carrera, en una competición); **c)** reprender, reñir, regañar (por errores); **d)** mejorar, ayudar a mejorar (en una materia); **e)** bajar el ritmo de trabajo, tomarse las cosas con calma; **f)** arrancar, extraer, quitar, sacar. **55 to** ~ **up short/with a jerk,** detenerse a pensar, pararse y pensar. **56 to** ~ **one's weight,** ⇒ **weight. 57 to** ~ **the wool over someone's eyes,** ⇒ **wool.**

pullet ['pʊlɪt] *s. c.* ZOOL. pollo (de menos de un año).

pulley ['pʊlɪ] *s. c.* MEC. polea, garrucha.

pull-in ['pʊlɪn] *s. c.* (brit.) (fam.) bar de carretera, restaurante de carretera.

Pullman ['pʊlmən] *s. c.* **1** coche pullman, coche-cama, vagón de primera. ◆ **2 Pullman train,** tren pullman, tren de lujo.

pull-out ['pʊlaʊt] *s. c.* **1** separata, parte despegable (de una revista). **2** MIL. evacuación, retirada. **3** AER. nivelado, restablecimiento (después de un picado).

pullover ['pʊləʊvər] *s. c.* jersey.

pulmonary ['pʌlmənərɪ ‖ 'pʊlmənerɪ] *adj.* pulmonar.

pulp [pʌlp] *s. i.* **1** BOT. pulpa, carne (de una fruta, de un vegetal). **2** pulpa, masa, puré (de fruta, de vegetales). **3** pasta de madera. **4** ANAT. pulpa dentaria. **5** (EE UU) (jerga) revista sensacionalista, basura informativa. • *v. t.* e *i.* **6** reducir(se) a pulpa, hacer(se) pulpa. • *adj.* **7** (desp.) sensacionalista, de mala calidad (un libro, una revista). ◆ **8 to beat/mash someone to a** ~, darle una paliza a uno. **9 to reduce someone to a** ~, asustar a uno, intimidar a uno.

pulpit ['pʊlpɪt] *s. c.* **1** púlpito. **2** (**the** ~) (form.) los predicadores.

pulpy ['pʌlpɪ] *adj.* **1** pulposo, carnoso. **2** de mala calidad, sensacionalista (una revista, un libro).

pulsate [pʌl'seɪt ‖ 'pʌlseɪt] *v. i.* **1** (**to** ~ {**with**}) vibrar, temblar, agitarse. **2** palpitar, latir.

pulsation [pʌl'seɪʃn] *s. c.* **1** latido, palpitación. • *s. i.* **2** pulsación, palpitación.

pulse [pʌls] *s. c.* **1** ANAT. pulso, latido. **2** ritmo, cadencia. **3** RAD. impulso. **4** ELEC. pulsación. • *v. i.* **5** (**to** ~ {**through /with**}) latir, palpitar. **6** temblar, agitarse. **7** enviar señales a intervalos regulares. ◆ **8 to have/keep one's finger on the** ~, estar a la última, conocer las últimas tendencias. **9 pulses,** BOT. legumbres, leguminosas. **10 to take someone's pulse,** tomar el pulso a alguien.

pulverise *v. t.* ⇒ **pulverize.**

pulverize ['pʌlvəraɪz] (también **pulverise**) *v. t.* **1** moler, reducir a polvo, triturar, machacar. **2** (fam. y fig.) pulverizar, hacer polvo, destrozar, aniquilar, anonadar, cascar.

puma ['pjuːmə] *s. c.* ZOOL. puma.

pumice ['pʌmɪs] (también **pumice stone**). *s. i.* **1** pómez, piedra pómez. • *v. t.* **2** limpiar o suavizar o pulir con piedra pómez.

pummel ['pʌml] (en EE UU **pommel**). (*ger.* **pummelling,** *pret* y *p. p.* **pummelled**) *v. t.* golpear con los puños, dar puñetazos (repetidos), aporrear: *she pummelled the table with her fists = aporreó la mesa con los puños.*

pump [pʌmp] *s. c.* **1** bomba: *a water pump = una bomba de agua.* **2** bomba, bombín, inflador (de aire). • *s. sing.* **3** bombeo, extracción; inflamiento (de agua, de aire). • *v. t.* **4** (**to** ~ + *adv./prep.*) inflar, llenar de aire. **5** (**to** ~ + *adv./prep.*) sacar con bomba, extraer, bombear (agua, aire). **6** mover de arriba para abajo: *his legs pumped up and down =movía las piernas de arriba para abajo.* **7** (fam.) sonsacar, interrogar sin tregua. • *v. i.* **8** (**to** ~ {**away**}) accionar una bomba, mover una bomba (de agua, de aire). **9** (**to** ~ {**away**}) latir con fuerza, palpitar violentamente. **10** (**to** ~ + *adv./prep.*) salir a borbotones, manar, brotar (un líquido). ◆ **11 petrol** ~, surtidor de gasolina. **12 to prime the** ~, ⇒ **prime. 13 to** ~ **out,** (fam.) producir en enormes cantidades, abrumar continuamente. **14 to** ~ **out rounds,** disparar ráfagas (de metralleta). **15 pumps,** zapatillas de lona. **16 to** ~ **someone full of bullets,** llenarle a uno el cuerpo de balas.

pumpernickel ['pʊmpənɪkl] *s. i.* pan de centeno.

pumpkin ['pʌmpkɪn] *s. c.* e *i.* BOT. calabaza, (Am.) zapallo (el fruto y la planta).

pun [pʌn] *s. c.* **1** retruécano, juego de palabras. • (*ger.* **punning,** *pret.* y *p. p.* **punned**) *v. i.* **2** (**to** ~ {**on/upon**}) hacer juegos de palabras, hacer retruécanos.

punch [pʌntʃ] *v. t.* **1** (**to** ~ {**in/on**}) dar puñetazos, golpear con los puños. **2** picar, perforar, taladrar, horadar, agujerear. **3** INF. apretar, presionar (una tecla). • *s. c.* **4** (~ {**in/on**}) puñetazo, golpe, trompazo. **5** punzón, taladro, perforadora. • *s. i.* **6** fuerza, energía, empuje, gancho, atractivo. **7** ponche (bebida). ◆ **8 not to pull one's punches,** no morderse la lengua, contenerse. **9 to pull one's punches, a)** contener el golpe, no emplear toda la fuerza de que uno es capaz (en una pelea); **b)** andarse con rodeos, no decir las cosas claras. **10 Punch and Judy show,** teatrillo de títeres, de marionetas. **11 to ~ in,** (EE UU) fichar a la entrada (del trabajo). **12 to ~ out,** (EE UU) fichar a la salida (del trabajo). **13 to ~ up,** (brit.) (fam.) dar puñetazos, golpear con los puños repetidamente. **14 punching bag,** saco de arena (para entrenarse en boxeo).

punchbag ['pʌntʃbæg] *s. c.* DEP. saco de arena (para entrenarse en boxeo).

punchball ['pʌntʃbɔːl] *s. c.* DEP. balón (de entrenamiento en boxeo).

punchbowl ['pʌntʃbəul] *s. c.* ponchera.

punch-drunk [ˌpʌntʃ'drʌnk] *adj.* **1** aturdido, tocado (por los golpes en boxeo). **2** (fam.) confuso, aturdido (por el trabajo, por la desgracia).

punchline ['pʌntʃlaɪn] *s. c.* **1** gracia, esencia, final (de un chiste). **2** parte más ingeniosa, parte humorística (de una historia).

punch-up ['pʌntʃʌp] *s. c.* (brit.) (fam.) riña, pelea, batalla, lucha.

punchy ['pʌntʃɪ] *adj.* **1** (fam.) incisivo, agudo, mordaz, ingenioso (un escrito). **2** (fam.) aturdido, tocado (por los golpes).

punctilious [pʌŋk'tɪlɪəs] *adj.* (form.) puntilloso, meticuloso, escrupuloso.

punctiliously [pʌŋk'tɪlɪəslɪ] *adv.* puntillosamente, meticulosamente, escrupulosamente.

punctual ['pʌŋktjuəl] *adj.* puntual, preciso, exacto.

punctuality [ˌpʌnktju'ælɪtɪ] *s. i.* puntualidad, precisión, exactitud.

punctually ['pʌŋktjuəlɪ] *adv.* puntualmente, con precisión, de manera exacta.

punctuate ['pʌŋktjueɪt] *v. t.* **1** GRAM. puntuar, poner puntuación. **2** (**to ~ (by/with)**, generalmente *pasiva*) interrumpir, cortar: *the silence was punctuated by the sound of bells = el silencio fue interrumpido por el sonido de las campanas.*

punctuation [ˌpʌŋktju'eɪʃn] *s. i.* **1** GRAM. puntuación (sistema, signos). ♦ **2 ~ mark,** signo de puntuación.

puncture ['pʌŋktʃər] *s. c.* **1** pinchazo, perforación, picadura (especialmente en un neumático). **2** MED. punción. ● *v. t.* e *i.* **3** pinchar, picar, perforar. ● *v. t.* **4** (fig.) deshinchar, desinflar, demoler, dejar por los suelos, mermar (la confianza, el orgullo): *his remarks punctured her ego = sus comentarios dejaron su ego por los suelos.*

punctured ['pʌŋktʃəd] *adj.* pinchado, picado, perforado.

pundit ['pʌndɪt] *s. c.* **1** (hum.) experto, erudito, sabio, maestro, autoridad: *he is a literary pundit = es una autoridad en literatura.* **2** pandit, brahmán erudito.

pungency ['pʌndʒənsɪ] *s. i.* **1** sabor picante; olor fuerte. **2** (form.) mordacidad, incisión, sarcasmo, causticidad (en el lenguaje, la escritura).

pungent ['pʌndʒənt] *adj.* **1** fuerte, picante, agrio (un sabor, un olor). **2** mordaz, incisivo, sarcástico, cáustico (el lenguaje).

punish ['pʌnɪʃ] *v. t.* **1** (**to ~ {for}**) castigar, penalizar, penar; multar, encarcelar. **2** (fam. y fig.) castigar, maltratar, golpear, debilitar, agotar: *he severely punished his opponent = golpeó duramente a su oponente.* **3** (fam.) devorar, agotar, reducir (reservas).

punishable ['pʌnɪʃəbl] *adj.* castigable, punible, penalizable, penable.

punishing ['pʌnɪʃɪŋ] *adj.* **1** severo, duro, agotador, debilitador. ● *s. sing.* **2** (fam.) castigo, paliza, desgaste, destrozo: *I've taken a good punishing this morning = me he dado una buena paliza esta mañana.*

punishment ['pʌnɪʃmənt] *s. i.* **1** castigo, pena, penalización, multa, encarcelamiento: *they won't escape punishment = no escaparán al castigo.* **2** (fam.) maltrato, paliza, desgaste, destrozo. ● *s. c.* **3** (**~ {for}**) castigo, sanción, correctivo: *an unjust punishment = un castigo injusto.*

punitive ['pjuːnɪtɪv] *adj.* **1** (form.) punitivo, de castigo. **2** exagerado, severo, duro, fuerte: *punitive prices = precios exagerados.*

Punjab [pʌn'dʒɑːb] *s. sing.* Punjab (estado de la India).

Punjabi [pʌn'dʒɑːbiː] *s. i.* **1** penjabi (lengua). ● *s. c.* **2** penjabo (habitante de Punjab). ● *adj.* **3** del Punjab, penjabo.

punk [pʌŋk] *adj.* **1** (juv.) punk (estilo de ropa, arte o diseño de esta tribu urbana). **2** (EE UU) (argot y p.u.) enfermizo, delicado, débil. **3** (EE UU) malo, de baja calidad, inferior. ● *s. c.* **4** (también **punk rocker**) (juv.) rockero punk. **5** (EE UU) (argot y desp.) gamberro, macarra, joven antisocial. ♦ **6 ~ rock,** (juv.) rock punk. **7 ~ rocker,** (juv.) rockero punk.

punnet ['pʌnɪt] *s. c.* (brit.) cesta, canasta, caja (en que se vende la fruta).

punt [pʌnt] *s. c.* **1** batea, barquita de fondo plano. **2** DEP. puntapié, patada dejando la pelota caer de las manos (en fútbol). ● *v. t.* e *i.* **3** llevar en batea, transportar en batea. **4** DEP. dar un puntapié, dar una patada (sin que la pelota toque el suelo en fútbol). ● *v. t.* **5** navegar en batea, impulsar la batea con percha. ● *v. i.* **6** jugar contra la banca (en la ruleta). **7** (brit.) apostar (a los caballos).

punter ['pʌntər] *s. c.* (brit.) **1** bateador. **2** (fam.) jugador de apuestas (de caballos). **3** (fam.) consumidor, cliente (de un servicio, de un producto). **4** (vulg.) putero, putañero.

puny ['pjuːnɪ] *adj.* (desp.) **1** débil, canijo, insignificante. **2** insignificante, pequeño.

pup [pʌp] *s. c.* **1** cría (de foca). **2** cachorro, perrito. **3** joven inexperto, novel. ● *v. i.* (*ger.* **pupping,** *pret.* y *p. p.* **pupped**) **4** parir cachorros. ♦ **5 to sell someone a ~,** timar a alguien.

pupa ['pjuːpə] (*pl.* **pupas** o **pupae**) *s. c.* ZOOL. crisálida.

pupil ['pjuːpl] *s. c.* **1** alumno, estudiante, discípulo. **2** DER. pupilo. **3** ANAT. pupila.

puppet ['pʌpɪt] *s. c.* **1** títere, marioneta. **2** muñeca. **3** (fig.) títere, marioneta: *he's a puppet of the president = es una marioneta del presidente.*

puppeteer [ˌpʌpə'tɪər] *s. c.* titiritero, marionetista.

puppy ['pʌpɪ] *s. c.* **1** cachorro, perrito. **2** (arc.) petimetre, lechuguino, pisaverde. ♦ **3 ~ fat,** (brit.) (fam.) mollas, mollete (en los bebés). **4 ~ love,** amor de adolescente, amor juvenil.

purchase ['pəːtʃəs] *v. t.* (form.) **1** comprar, mercar, adquirir. **2** ganar, alcanzar, lograr, conquistar, conseguir (con esfuerzo). **3** elevar con palanca, subir mecánicamente. ● *s. i.* **4** (form.) compra, adquisición. **5** punto de apoyo, soporte, punto de agarre (en una roca). ● *s. c.* **6** (form.) compra, artículo: *she made several purchases = compró varios artículos.* **7** MEC. palanca, cabrestante, gato. ♦ **8 ~ tax,** (brit.) impuesto de venta. **9 ~ power,** poder adquisitivo, poder de compra; valor adquisitivo (de una moneda).

purchaser ['pəːtʃəsər] *s. c.* (form.) comprador, cliente.

purchasing ['pəːtʃəsɪŋ] *s. i.* **1** compras. ♦ **2 ~ power,** poder adquisitivo.

purdah ['pəːdɑː] *s. i.* **1** sistema indio de reclusión y ocultamiento de la mujer. **2** cortina, biombo. ♦ **3 in ~,** en reclusión, oculto, tras el velo.

pure [pjuər] *adj.* **1** puro, sin mezcla (un material, el sonido, el color). **2** puro, limpio, sin contaminar: *pure air = aire puro.* **3** potable (el agua). **4** (lit.) puro, casto, virtuoso. **5** (no *comp.*) (fam.) puro, completo, mero, simple: *pure coincidence = mera coincidencia.* **6** ART. puro. **7** pura, teórica, no aplicada (una ciencia). ♦ **8 ~ and simple,** simple, sencillamente, exclusivamente, pura y simplemente.

pure-bred ['pjuəbred] *adj.* **1** de raza, de pura raza, de pura sangre. ● *s. c.* **2** animal de pura sangre, animal de raza.

purée ['pjuəreɪ || pju'reɪ] (también **puree**) *s. c.* e *i.* **1** puré. ● *v. t.* **2** hacer puré de.

purely ['pjuəlɪ] *adv.* **1** puramente, solamente, exclusivamente, completamente, simplemente. ♦ **2 ~ and simply,** pura y simplemente, exclusivamente, sencillamente.

purgative ['pəːgətɪv] *s. c.* **1** MED. purgante, laxante. ● *adj.* **2** MED. purgante, laxante, purgativo.

purgatory ['pəːgətərɪ] *s. i.* **1** purgatorio. **2** (hum.) purgatorio, sufrimiento.

purge [pəːdʒ] *v. t.* **1** (**to ~ {of/from}**) POL. purgar, depurar, deshacerse de. **2** (**to ~ {of/from}**) (lit.) purgar, purificar. **3** DER. cumplir, purgar (una sentencia), expiar (una culpa). **4** MED. purgar, evacuar. ● *s. c.* **5** purga, depuración, eliminación. **6** MED. purgante, purgativo, laxante.

purification [ˌpjʊərɪfɪ'keɪʃn] *s. i.* purificación.
purify ['pjʊərɪfaɪ] *v. t.* **1** (to ~ {of}) purificar, refinar (la sal); acrisolar (un metal); depurar, potabilizar (agua). **2** purificar, limpiar de culpa, librar de pecado. **3** POL. depurar.
purism ['pjʊərɪzm] *s. i.* purismo.
purist ['pjʊərɪst] *s. c.* purista.
puritan ['pjʊərɪtən] *adj.* **1** (desp.) puritano, gazmoño, mojigato. **2** HIST. puritano. ● *s. c.* **3** puritano, austero, mojigato. **4** HIST. puritano.
puritanical [ˌpjʊərɪ'tænɪkl] *adj.* (desp.) puritano, austero, riguroso.
puritanism ['pjʊərɪtənɪzəm] *s. i.* **1** puritanismo, rigor, austeridad. **2** HIST. puritanismo.
purity ['pjʊərɪtɪ] *s. i.* pureza, castidad, virginidad.
purl [pəːl] *s. i.* **1** punto del revés, punto invertido. **2** remate bordado o de encaje, cenefa bordada o de encaje. **3** hilo de plata o de oro (para bordar). **4** murmullo, susurro (del agua). ● *v. t.* e *i.* **5** TEC. tejer del revés, hacer (puntos) del revés. **6** rematar con encaje o con bordado. ● *v. i.* **7** (lit.) susurrar, murmurar (el agua).
purlieus ['pəːljuːz ‖ 'pəːljuːz] *s. pl.* **1** (~ {of}) alrededores, cercanías, contornos, inmediaciones, afueras: *the purlieus of the town = las afueras de la ciudad.* **2** lugar frecuentado.
purloin [pəː'lɔɪn] *v. t.* (form.) hurtar, ratear, substraer.
purple ['pəːpl] *adj.* **1** de color púrpura, purpúreo, morado. **2** real, imperial. **3** elaborado, barroco, artificioso (el estilo). ● *s. i.* **4** color púrpura, color morado. **5** púrpura (mano real). **6** rango imperial, poder real. **7** cardenalato; obispado (rango). ◆ **8** ~ **heart,** (EE UU) medalla al valor (para soldados heridos en combate).
purplish ['pəːplɪʃ] *adj.* ligeramente purpúreo, purpurino, de tono morado.
purport ['pəːpət] *v. t.* **1** (to ~ to *v./o.*) (form.) pretender, dar a entender, aparentar, manifestar: *he purported to end corruption = pretendía terminar con la corrupción.* **2** proponer, proyectar. ● *s. i.* **3** (~ {of}) (form.) significado, sentido, contenido, intención: *I didn't understand the purport of the letter = no comprendí el sentido de la carta.*
purpose ['pəːpəs] *s. c.* **1** propósito, intención, objetivo, razón, finalidad: *the purpose of the trip = la finalidad del viaje.* **2** uso, utilidad, fin. ● *s. i.* **3** determinación, resolución, fuerza de voluntad. ● *v. t.* **4** (to ~ + to + *inf.*) (form.) proponerse, tener intención de, proyectar, planear. ◆ **5 for all practical purposes,** prácticamente, en el fondo. **6 on** ~, deliberadamente, intencionadamente, a posta. **7 to serve a** ~, servir para el caso, ser de utilidad; venir al caso. **8 to all intents and purposes,** ⇒ **intent. 9 to good** ~, con buenos resultados, provechosamente. **10 to no** ~, inútilmente, en vano. **11 to the** ~, (form.) pertinente, procedente, conveniente.
purpose-built [ˌpəːpəs'bɪlt] *adj.* (brit.) hecho con el propósito de ser, construido expresamente para: *a purpose-built children's hospital = un hospital construido especialmente para niños.*
purposeful ['pəːpəsful] *adj.* determinado, resuelto, intencionado: *she said it in a purposeful way = lo dijo de forma intencionada.*
purposefully ['pəːpəsflɪ] *adv.* con determinación, resueltamente.
purposeless ['pəːpəslɪs] *adj.* sin propósito, sin finalidad, sin objetivo concreto.
purposely ['pəːpəslɪ] *adv.* intencionadamente, deliberadamente, adrede, aposta.
purposive ['pəːpəsɪv] *adj.* (form.) intencionado, deliberado.
purr [pəːr] *v. i.* **1** ronronear (un gato). **2** (fig.) ronronear, zumbar (un motor). ● *v. t.* e *i.* **3** murmurar, susurrar, musitar (una persona). ● *s. sing.* **4** ronroneo. **5** zumbido (de un motor).
purring ['pəːrɪŋ] *s. i.* **1** ronroneo (de un gato). **2** zumbido, ronroneo (de un motor).
purse [pəːs] *s. c.* **1** (brit.) monedero, billetera. **2** (EE UU) bolso de mano. **3** premio (en metálico en una competición). ● *s. sing.* **4** (form.) bolsillo, finanzas, gastos, recursos. ● *v. t.* **5** (to ~ {up}) fruncir (los labios).
purser ['pəːsər] *s. c.* MAR. sobrecargo.
purse-strings ['pəːsstrɪŋz] *s. pl.* **1** finanzas, recursos. ◆ **2 to hold the** ~, controlar las finanzas, disponer del dinero, tener la llave de la caja.
pursuance [pə'sjuːəns ‖ pə'suːəns] *s. i.* **1** prosecución, cumplimiento, ejecución. ◆ **2 in the** ~ **of,** en cumplimiento de, en el curso de.
pursue [pə'sjuː ‖ pə'suː] *v. t.* **1** perseguir, acosar, asediar, seguir la pista de, dar caza a: *they were pursued by a police car = fueron perseguidos por un coche de la policía.* **2** proseguir, continuar, seguir (estudios, un plan). **3** desempeñar, dedicarse, ejercer (una profesión).
pursuer [pə'sjuːər ‖ pə'suːər] *s. c.* perseguidor.
pursuit [pə'sjuːt ‖ pə'suːt] *s. i.* **1** persecución, seguimiento, busca. **2** (fig.) prosecución, búsqueda, afán: *the pursuit of happiness = la búsqueda de la felicidad.* ● *s. c.* **3** (form.) ocupación, actividad, pasatiempo, profesión: *dedicated to literary pursuits = dedicado a actividades literarias.* ◆ **4 in hot** ~, pisando los talones, siguiendo muy de cerca.
purvey [pə'veɪ] *v. t.* (form.) **1** proveer, abastecer, suministrar. **2** propagar, divulgar, transmitir (información).
purveyor [pə'veɪər] *s. c.* (form.) **1** proveedor, abastecedor, suministrador. **2** propagador, divulgador, transmisor (de noticias).
pus [pʌs] *s. i.* pus.
push [pʊʃ] *v. t.* e *i.* **1** empujar, dar empujones, mover, impeler: *we were pushed inside = entramos a empujones.* **2** pulsar, presionar, apretar: *push the button = aprieta el botón.* **3** abrirse paso a empujones, pasar dando empujones: *she pushed her way out = se abrió paso a empujones hasta la salida.* ● *v. t.* **4** (to ~ {into}) presionar, forzar, urgir, apremiar, obligar, incitar, animar: *don't push me into doing it = no me obligues a hacerlo.* **5** (fam.) promover, divulgar, hacer propaganda de: *they were pushing a new product = estaban promoviendo un producto nuevo.* **6** (to ~ {forward}) poner en el candelero, hacer notar, colocar en primer término (un asunto, una persona). **7** (fam.) vender, pasar (drogas ilegales). **8** explotar, aprovechar, utilizar (una oportunidad, una ventaja). **9** INF. apilar, cargar. ● *v. i.* **10** (to ~ {into}) MIL. avanzar, atacar. **11** (lit.) extenderse, proyectarse, ir hacia, seguir: *the road pushes north = la carretera sigue hacia el norte.* ● *s. c.* **12** empujón, empellón, envite. **13** ofensiva, acometida, embestida. **14** estímulo, esfuerzo. ● *s. i.* **15** (fam.) empuje, energía, brío, fuerza, nervio: *he's got a lot of push = tiene mucho brío.* ◆ **16 at a** ~, (brit.) (fam.) si es necesario, en un apuro. **17 to be pushing,** estar cerca de, tener casi (unos años). **18 to get the** ~, (fam.) **a)** ser despedido (de un trabajo); **b)** ser plantado (por un novio/a). **19 to give someone the** ~**/to get the** ~, (fam.) **a)** despedir a alguien, ser despedido (de un trabajo); **b)** dejar a alguien, cortar una relación con alguien (amorosa). **20 to** ~ **about/around,** dar órdenes, mandonear, intimidar, maltratar, dirigir. **21 to** ~ **ahead/forward/on,** continuar, avanzar, seguir (un viaje, una actividad, un plan). **22 to** ~ **along,** (fam.) marcharse, irse, largarse. **23 to** ~ **around,** ⇒ **to** ~ **about. 24 to** ~ **aside,** dejar de lado, poner a un lado, arrinconar, no prestar atención. **25** ~ **bike,** (fam.) bici, bicicleta. **26 to** ~ **for,** (p.u.) presionar, ejercer presión, forzar, urgir. **27 to** ~ **forward,** (generalmente desp.) atraer la atención, llamar la atención (sobre uno mismo). **28 to** ~ **in,** dar empujones, entrar a la fuerza. **29 to** ~ **off, a)** (generalmente *imperativo*) (fam. y vulg.) largarse, irse, marcharse; **b)** MAR. alejarse del muelle, desatracar. **30 to** ~ **on,** ⇒ **to** ~ **ahead. 31 to** ~ **one's luck,** ⇒ **luck. 32 to** ~ **out, a)** (generalmente pasiva) despedir, deshacerse de, destituir (de un puesto); **b)** producir en cantidad; enviar en cantidad. **33 to** ~ **over,** tirar al suelo, hacer caer. **34 to** ~ **through, a)** abrirse paso a empujones; **b)** hacer aprobar, hacer aceptar (a una persona), conseguir llevar a cabo (un plan, un asunto): *they pushed the law through Parliament = consiguieron que la ley se aprobara en el*

Parlamento; **c)** nacer, aparecer (las plantas). **35 to ~ up,** elevar en exceso, poner por las nubes (un precio). **36 to ~ up daisies,** (hum.) estar muerto y enterrado, estar alimentando a los gusanos.

push-button ['pʊʃˌbʌtn] *adj.* accionado por botones, pulsadores, de botón, de llave: *it wasn't a push-button radio = no era una radio de pulsadores.*

pushcart ['pʊʃkɑːt] *s. c.* (EE UU) carretilla de mano, carrito de mano.

pushchair ['pʊʃtʃeər] (en EE UU **stroller**) *s. c.* sillita de ruedas, cochecito de niño.

pushed [pʊʃt] *adj.* (fam.) **1** (~ {**for**}) apurado, justo (de tiempo, de dinero): *she was pushed for time = iba justa de tiempo.* **2** ocupado, atareado, con mucho que hacer. ◆ **3 to be hard ~/to be ~,** encontrar muy difícil (un asunto, una idea).

pusher ['pʊʃər] *s. c.* (desp.) **1** (argot) camello, traficante (de drogas). **2** (fam.) impulsor, emprendedor, brioso, persona con empuje. **3** (brit.) empujador (que usan los niños para colocar la comida en la cuchara).

pushing ['pʊʃɪŋ] *prep.* **1** (fam.) cerca de, casi con, llegando a (una edad determinada). ● *adj.* **2** emprendedor, agresivo, enérgico, ambicioso, lleno de empuje.

pushover ['pʊʃəuvər] *s. c.* (fam.) **1** chollo, ganga, cosa fácil. **2** (~ {**for**}) incauto, inocente, persona fácil de engañar.

push-up ['pʊʃʌp] *s. c.* (EE UU) ⇒ **press-up.**

pushy ['pʊʃɪ] (también **pushing**) *adj.* (desp.) emprendedor, agresivo, ambicioso.

pusillanimity [ˌpjuːsɪlə'nɪmɪtɪ] *s. i.* (form.) pusilanimidad, cobardía, timidez.

pusillanimous [ˌpjuːsɪ'lænɪməs] *adj.* (form. y desp.) pusilánime, cobarde, tímido.

puss [pʊs] *s. c.* **1** (fam.) gato, gatito, minino, micifú. **2** (fig.) chica, chavala, moza. **3** (argot) morro, hocico. **4** (argot) jeta, cara, rostro.

pussy ['pʊsɪ] *s. c.* **1** (brit.) (fam.) gatito, minino, micifú. **2** (argot y vulg.) coño, conejo (órgano sexual femenino). **3** (fig.) gatita, nena. **4** (fam.) amento (del sauce). ● *adj.* **5** lleno de pus.

pussyfoot ['pʊsɪfʊt] *v. i.* (**to ~** {**about, around**}) (fam. y desp.) andar con mucho tiento, ser muy cauteloso, ser poco directo, andar con rodeos, andar con contemplaciones.

pussy-willow [ˌpʊsɪ'wɪləu] *s. c.* e *i.* BOT. sauce.

pustule ['pʌstjuːl || 'pʌstʃuːl] *s. c.* MED. pústula.

put [pʊt] (*ger.* **putting,** *pret.* y *p. p. irreg.* **put**) *v. t.* **1** (**to ~** + *o.* + *adv./prep.*) poner, colocar, situar, ubicar, introducir, meter. **2** poner, echar, añadir, usar: *she put too much sugar in the coffee = echó demasiado azúcar en el café.* **3** (**to ~** + *o.* + *adv./prep.*) poner, colocar (en un estado o condición): *he put me in an awful position = me puso en una terrible situación; the children put her in a bad mood = los niños le pusieron de mal humor.* **4** (**to ~** + *o.* + *adv./prep.*) echar (la culpa), ejercer (presión), poner (fin), poner (la cabeza), concentrarse en: *she put her mind to the problem = se concentró en el problema.* **5** (**to ~** + *o.* + *adv./prep.*) invertir, colocar (dinero), comprar (acciones). **6** (**to ~** + *o.* + *adv./prep.*) expresar, exponer, decir: *to put it simply = por decirlo de un modo más simple.* **7** (**to ~** {**to/before**}) formular, hacer (preguntas), presentar, exponer (una sugerencia). **8** (**to ~** + *o.* + *adv./prep.*) escribir, poner, trazar: *put a line underneath = traza una línea debajo.* **9** (**to ~** + *o.* + *adv./prep.* {**into**}) pasar a, traducir a, adaptar (un texto, una pieza musical): *put the text into French = traduce el texto al francés; put prose into verse = versificar un texto en prosa.* **10** (**to ~** + *o.* + *adv./prep.*) ocupar, emplear, destinar (a un trabajo): *they were put to work = se les puso a trabajar.* **11** (**to ~** + *o.* + *adv./prep.*) dirigir, conducir, encaminar, guiar (un caballo, un barco). **12** DEP. arrojar, lanzar (la jabalina). **13** clasificar, colocar: *where would you put his book? = ¿cómo clasificarías su libro?* **14** (**to ~ above/before/over**) anteponer, dar mayor importancia a: *he often puts his family before work = a menudo antepone la familia al trabajo.* **15** (**to ~** + *o.* + {**on**}) poner, imponer (un impuesto). **16** (**to ~** + *o.* + {**on**}) apostar: *put 5 pounds on that horse = apuesta 5 libras a ese caballo.* ● *v. i.* (**to ~** + *adv./prep.*) **17** dirigirse, encaminarse, empezar a moverse. ◆ **18 as somebody ~ it,** como alguien dijo, como ya dijo alguien. **19 to be hard ~ to do,** ⇒ **hard. 20 not to know where to ~ oneself,** no saber dónde meterse uno, estar totalmente abochornado. **21 to ~ about, a)** (fam.) extender, divulgar, propagar, hacer correr (rumores); **b)** MAR. virar, cambiar de rumbo, cambiar de bordada. **22 to ~ across/ over, a)** comunicar, lograr explicar, hacer entender, dejar claro (ideas, sentimientos); **b)** (brit.) (fam.) engañar, embaucar, hacer creer. **23 to ~ aside, a)** dejar a un lado (un trabajo), ahorrar (dinero); **b)** hacer caso omiso de, desatender, no prestar atención; **c)** desechar, rechazar. **24 to ~ at,** calcular, estimar, suponer: *he put the time at 2.30 = calculó que eran las 2.30.* **25 to ~ away, a)** guardar, devolver a su sitio, colocar en su lugar; **b)** guardar dinero, poner aparte un dinero (para una ocasión); **c)** (fam.) comer exageradamente, ponerse como un pepe; **d)** (euf.) encarcelar, poner a la sombra; **e)** (euf.) internar en un manicomio; **f)** (arc.) DER. repudiar (a una mujer). **26 to ~ back, a)** retrasar, demorar, posponer, aplazar; **b)** retrasar, atrasar (un reloj); **c)** devolver algo a su lugar, guardar algo; **d)** MAR. volver, regresar, retornar (a puerto); **e)** (fam.) beber muy deprisa (alcohol). **27 to ~ by,** ⇒ **to ~ aside. 28 to ~ down, a)** sofocar, reprimir, aplastar (una rebelión); **b)** (fam.) humillar, bajar los humos; **c)** (euf.) matar, sacrificar (a un animal viejo); **d)** escribir, anotar, tomar nota de; **e)** (brit.) dejar apearse, poner en tierra, dejar (a un pasajero): *you can put me down at the corner = déjame en la esquina;* **f)** hacer un desembolso inicial, pagar una entrada (de una deuda); **g)** AER. aterrizar, llevar a tierra; **h)** dejar, posar, poner en el suelo (un objeto); **i)** dejar, abandonar (una actividad interesante): *I couldn't put the novel down = me era imposible dejar la novela.* **29 to ~ down as,** considerar, calificar como, creer que es. **30 to ~ down for,** inscribir para, apuntar para (una competición, una donación). **31 to ~ down roots,** echar raíces, establecer la residencia en. **32 to ~ down to,** atribuir (un estado) a, achacar (una causa) a. **33 to ~ forth,** (form.) **a)** BOT. echar (hojas, brotes); **b)** publicar, dar a conocer (una idea, una teoría). **34 to ~ forward, a)** sugerir, exponer, proponer (un plan, un candidato); **b)** adelantar, anticipar (un asunto); **c)** adelantar (el reloj); **d)** llamar la atención sobre, dar a conocer a, presentar a (una persona). **35 to ~ in, a)** MAR. entrar en puerto, hacer escala, atracar; **b)** presentar, enviar (una reclamación, una solicitud); **c)** pasar, echar, emplear (tiempo en una actividad); **d)** interrumpir, intercalar, añadir, insertar; **e)** votar a, elegir a (un gobierno, una persona); **f)** instalar, colocar; plantar. **36 to ~ in for,** solicitar formalmente, hacer una petición formal. **37 to ~ in a good word for,** ⇒ **word. 38 to ~ in mind,** recordar. **39 to ~ into,** MAR. atracar, hacer escala. **40 to ~ it to someone (that),** sugerir, invitar a considerar. **41 to ~ off, a)** retrasar, aplazar, posponer; **b)** deshacerse de, desembarazarse de, dar largas, dar una disculpa; **c)** desanimar, disuadir, apartar de su propósito, distraer, desconcentrar; **d)** apartar, alejar, hacer repeler, quitar las ganas (de algo o de alguien); **e)** dejar en tierra, apear (de un vehículo). **42 to ~ on, a)** ponerse, vestirse, calzarse (ropa, zapatos, gafas); **b)** encender, enchufar, poner (la radio, la luz); **c)** engordar, aumentar (de peso); **d)** aumentar, elevar (un precio); **e)** calcular, suponer, estimar; **f)** apostar, arriesgar; **g)** adoptar, representar (una actitud); **h)** poner en escena, representar (una obra); **i)** (EE UU) (fam.) tomar el pelo, bromear, engañar. **43 to ~ on a brave/good face,** ⇒ **face. 44 to ~ one's back into,** ⇒ **back. 45 to ~ one's finger on,** señalar con el dedo, identificar. **46 to ~**

one's foot down, plantarse, ponerse en actitud muy firme. **47 to ~ one's foot in one's mouth,** meter la pata, decir algo inconveniente, decir algo sin tacto alguno. **48 to ~ one's house in order,** organizar los asuntos de uno. **49 to ~ one's shirt on something,** ⇒ **shirt. 50 to ~ on the dog,** (fam.) darse aires de suficiencia. **51 to ~ onto,** (fam.) poner al corriente, hablar de, recomendar. **52 to ~ out, a)** apagar, extinguir (un fuego); **b)** disgustar, enfadar, irritar, molestar; **c)** publicar, extender, divulgar; **d)** MED. dislocar, descoyuntar; **e)** MAR. salir de puerto, iniciar la navegación, echarse a la mar; **f)** MED. anestesiar; **g)** (EE UU) (argot) desear irse a la cama con alguien; **h)** sacar, alargar (la lengua, un brazo); **i)** DEP. expulsar, eliminar (a un jugador). **53 to ~ over,** ⇒ **to ~ across. 54 to ~ over on,** (fam.) engañar, embaucar. **55 to ~ someone off their stroke,** ⇒ **stroke. 56 to ~ someone out of his/her/their misery,** quitarle a uno la intriga, satisfacer la curiosidad de uno (contando algo que deseaba saber). **57 to ~ someone's mind at rest,** ⇒ **mind. 58 to ~ someone through it/the mill,** (fam.) probar a uno hasta límites insospechados, someter a una severa prueba. **59 to ~ someone through their paces,** ⇒ **pace. 60 to ~ someone to death,** ejecutar, matar. **61 to ~ the clock back,** ⇒ **clock. 62 to ~ through, a)** conectar, poner con (al teléfono); **b)** llevar a cabo, completar con éxito, concluir. **63 to ~ the arm/bite on,** (argot) pedir dinero, pedir pelas. **64 to ~ the finger on,** (jerga) delatar, informar, soplonear (a la policía). **65 to ~ the screws on someone,** apretarle los tornillos a alguien, presionar a alguien. **66 to ~ to, a)** proponer, sugerir, hacer (una pregunta); **b)** someter a, someter a (votación, consideración). **67 to ~ to sea,** salir al mar, navegar. **68 to ~ together, a)** componer, reunir, juntar; **b)** combinar, coordinar. **69 to ~ two and two together,** sacar la conclusión correcta, cuadrar los hechos. **70 to ~ up, a)** construir, montar, levantar, colocar en alto, alzar; **b)** poner, fijar, pegar, colgar (en sitio visible); **c)** elevar, incrementar (los precios); **d)** alojar, acomodar, hospedar, albergar; **e)** oponer, mostrar, ofrecer (resistencia); **f)** poner, ofrecer (a la venta); **g)** financiar, contribuir con, colaborar con, cooperar con (dinero); **h)** recomendar, encomendar, proponer (para un puesto); **i)** TEC. levantar (la caza); **j)** enlatar, poner en conserva; **k)** nombrar, nominar, ser candidato (en unas elecciones). **71 to ~ up a fight,** ⇒ **fight. 72 to ~ up a good show,** ⇒ **show. 73 to ~ upon,** (brit.) causar molestias, abusar de la amabilidad, incomodar. **74 to ~ up to,** incitar, animar, alentar (a hacer algo malo). **75 to ~ up with,** (fam.) soportar, aguantar, tolerar (algo o alguien molesto).

putative ['pju:tətɪv] *adj.* **1** (form.) supuesto. **2** DER. putativo.

put-down ['putdaun] *s. c.* (fam.) humillación, desaire, desprecio, rechazo.

putrefaction [,pju:trɪ'fækʃn] *s. i.* putrefacción, corrupción, descomposición.

putrefy ['pju:trɪfaɪ] *v. t.* e *i.* **1** (form.) corromper(se), pudrir(se), descomponer(se). **2** MED. gangrenar(se).

putrescent [,pju:'tresnt] *adj.* (form.) putrescente, en estado de descomposición.

putrid ['pju:trɪd] *adj.* **1** pútrido, putrefacto, podrido, descompuesto. **2** corrupto, depravado, malsano. **3** (fam.) malísimo, espantoso, horrible, terrible: *what a putrid book! = ¡qué libro tan espantoso!*

putsch [putʃ] *s. c.* golpe de estado.

putt [pʌt] *s. c.* **1** DEP. golpe suave, golpe corto (en golf). • *v. t.* e *i.* **2** DEP. dar un golpe corto, golpear suavemente (en golf).

putter ['pʌtər] *s. c.* DEP. **1** palo de golf para golpes cortos. **2** putter, jugador de golpe corto (en golf). • *v. t.* e *i.* **3** (EE UU) perder el tiempo, zascandilear, pasar el rato ocupado en tonterías.

putting-green ['pʌtɪŋgri:n] *s. c.* DEP. campo de minigolf, campo de golf en miniatura.

putty ['pʌtɪ] *s. i.* **1** masilla (ventanas). **2** emplaste, mastique, almáciga. **3** color pardusco, color amarillento. • *v. t.* **4** rellenar, emplastecer, enmasillar. ◆ **5 to be like ~ in someone's hands,** ser un títere en manos de alguien.

put-up [,put'ʌp] *adj.* (fam.) tramado, planeado, proyectado de antemano, urdido: *a put-up job = un trabajo planeado de antemano.*

put-upon ['put,ʌpɒn] *adj.* utilizado, engañado, explotado (una persona).

puzzle ['pʌzl] *v. t.* **1** (generalmente pasiva) confundir, dejar perplejo, asombrar, extrañar. • *v. i.* **2** (to ~ + *adv./prep.*) tratar de descifrar, darle vueltas, desenmarañar, volverse loco tratando de entender: *puzzling over the loss of my watch = dándole vueltas a la pérdida del reloj.* • *s. c.* **3** rompecabezas (juego). **4** crucigrama. **5** acertijo, adivinanza. **6** enigma, misterio. ◆ **7 to ~ out,** resolver, descifrar. **8 to ~ over,** devanarse los sesos acerca de.

puzzled ['pʌzld] *adj.* **1** perplejo, confuso, desorientado, desconcertado. **2** misterioso, enigmático, oscuro, inexplicable.

puzzlement ['pʌzəlmənt] *s. i.* perplejidad, confusión, desconcierto.

puzzling ['pʌzlɪŋ] *adj.* misterioso, enigmático, desconcertante, inexplicable, incomprensible.

PVC [,pi:vi:'si:] *s. i.* (*abrev.* de **polyvinyl chloride**) PVC (material plástico).

pygmy ['pɪgmɪ] *s. c.* **1** pigmeo. • *adj.* **2** enano, diminuto, minúsculo. **3** (fig.) insignificante, sin importancia.

pyjamas [pə'dʒɑ:məz] (en EE UU **pajamas**) *s. pl.* pijama.

pylon ['paɪlən || 'paɪlɒn] *s. c.* **1** ELEC. poste, torre metálica. **2** AER. torre marcadora, poste marcador. **3** ARQ. pilón, pilono (de un templo egipcio).

pyramid ['pɪrəmɪd] *s. c.* **1** GEOM. pirámide. **2** ARQ. pirámide. ◆ **3 ~ selling,** venta piramidal.

pyramidal [pɪ'ræmɪdl] *adj.* piramidal.

pyre ['paɪər] *s. c.* pira, hoguera (funeraria).

pyrotechnics [,paɪrəu'teknɪks || ,paɪərə'teknɪks] *s. i.* **1** pirotecnia. **2** espectáculo de fuegos artificiales. **3** (fig. y a veces desp.) elocuencia, retórica, brillantez, ingenio.

Pyrrhic [,pɪrɪk'vɪktərɪ] *adj.* **1** pírrico. ◆ **2 -victory,** triunfo pírrico.

python ['paɪθn || 'paɪθɒn] *s. c.* ZOOL. pitón, serpiente pitón.

q, Q [kjuː] *s. c.* **1** q, Q (décimo séptima letra del alfabeto inglés). **2** abreviatura **Q** de **question** o **Queen.** ◆ **3 to mind one's p's and q's,** ⇒ **p.**

QC [ˌkjuː 'siː] (siglas de **Queen's Counsel**) *s.* (brit.) DER. abogado emérito (título que suele seguir al nombre).

QED [ˌkjuː iː 'diː] (siglas del latín **quod erat demonstrandum**) **1** (fam.) ahí está la respuesta. **2** MAT. queda demostrado.

qua [kweɪ ‖ kwɑː] *prep.* (form.) en cuanto, en tanto que, como.

quack [kwæk] *s. c.* **1** graznido (de pato). **2** (desp.) charlatán, curandero, matasanos. ● *v. i.* **3** graznar (el pato).

quad [kwɒd] *s. c.* **1** cuatrillizo. **2** (brit.) patio interior, claustro (de centro docente).

Quadragesima [ˌkwɒdrə'dʒesɪmə] *s. sing.* primer domingo de cuaresma.

quadrangle ['kwɒdræŋgl] *s. c.* **1** patio interior, claustro (de centro docente). **2** GEOM. cuadrángulo.

quadrangular [kwɒ'dræŋgjʊlər] *adj.* cuadrangular.

quadrant ['kwɒdrənt] *s. c.* **1** GEOM. cuadrante. **2** ASTR. cuadrante.

quadraphonic [ˌkwɒdrə'fɒnɪk] *adj.* cuadrafónico.

quadrilateral [ˌkwɒdrɪ'lætərəl] *s. c.* GEOM. cuadrilátero.

quadrille [kwə'drɪl] *s. c.* contradanza.

quadriplegia [kwɒdrɪ'pliːdʒɪə] *s. i.* tetraplejia, tetraplejía.

quadruped ['kwɒdrʊped] *s. c.* (form.) cuadrúpedo.

quadruple ['kwɒdrʊpl ‖ kwɒ'druːpl] *s. c.* **1** cuádruplo. ● *adj.* **2** cuádruple. ● *v. t.* **3** cuadruplicar. ● *v. i.* **4** cuadruplicar(se).

quadruplet ['kwɒdrʊplet ‖ kwɒ'druːplit] *s. c.* cuatrillizo.

quaff [kwɑːf] *v. t.* (arc.) beber de un trago.

quagmire ['kwægmaɪə] *s. c.* **1** tremedal, cenegal. **2** atolladero, apuro.

quail [kweɪl] *s. c.* **1** ZOOL. codorniz. ● *v. i.* **2** (**to** ~ {**at/before**}) acobardarse, amedrentarse, intimidarse.

quaint [kweɪnt] *adj.* curioso, original, típico, pintoresco.

quaintly ['kweɪntlɪ] *adv.* curiosamente, típicamente.

quaintness ['kweɪntnɪs] *s. i.* curiosidad, originalidad, tipismo.

quake [kweɪk] *v. i.* **1** temblar, estremecerse. **2** temblar (la tierra). ● *s. c.* **3** (fam.) terremoto.

Quaker ['kweɪkər] *s. c.* y *adj.* cuáquero.

qualification [ˌkwɒlɪfɪ'keɪʃn] *s. c.* **1** calificación: *good academic qualifications = buenas calificaciones académicas.* **2** cualificación, aptitud, capacidad, habilitación (para desempeñar un puesto o trabajo). **3** reserva. **4** puntualización, restricción, salvedad. **5** modificación: *the contract had several qualifications = el contrato tuvo varias modificaciones.* ● *s. i.* **6** calificación, cualificación.

qualified ['kwɒlɪfaɪd] *adj.* **1** cualificado, capacitado, habilitado, apto, competente (para desempeñar un trabajo, etc.). **2** limitado, con reservas, matizado (acuerdo, aprobación, alabanza, etc.).

qualifier ['kwɒlɪfaɪər] *s. c.* **1** clasificado (persona que supera una prueba). **2** GRAM. calificativo. **2** DEP. eliminatoria.

qualify ['kwɒlɪfaɪ] *v. t.* e *i.* **1** capacitar(se), habilitar(se) (para desempeñar un oficio). **2** matizar, especificar, limitar, restringir (una afirmación o juicio general). **3** (**to** ~ {**for**}) tener derecho, tener acceso, optar, conseguir. **4** (**to** ~ {**as**}) calificar, describir, considerar. **5** pasar, clasificarse (para la siguiente prueba).

qualitative ['kwɒlɪtətɪv ‖ 'kwɒlɪteɪtɪv] *adj.* cualitativo.

qualitatively ['kwɒlɪtətɪvlɪ] *adv.* cualitativamente.

quality ['kwɒlɪtɪ] *s. i.* **1** calidad, clase, categoría. ● *s. c.* **2** características, atributos, virtudes (personales). **3** propiedades, características (positivas de objetos). **4** carácter, espíritu, sabor (que guardan un objeto o lugar). ● *adj.* **5** serio, de calidad (periódicos). ◆ **6 the** ~ **press,** la prensa seria. **7** ~ **control,** control de calidad.

qualm [kwɑːm] *s. c.* duda, reparo, escrúpulo.

quandary ['kwɒndərɪ] *s. c.* dilema, aprieto, apuro, perplejidad.

quanta ['kwɒntə] *pl. irreg.* de **quantum.**

quantifiable ['kwɒntɪfaɪəbl] *adj.* cuantificable.

quantification [ˌkwɒntɪfɪ'keɪʃn] *s. i.* cuantificación.

quantify ['kwɒntɪfaɪ] *v. t.* cuantificar.

quantitative ['kwɒntɪtətɪv ‖ 'kwɑːntəteɪtɪv] *adj.* cuantitativo.

quantity ['kwɒntɪtɪ] *s. c.* e *i.* **1** cantidad, volumen. ◆ **2 to be an unknown** ~**,** ser un misterio, una incógnita. **3** ~ **surveyor,** aparejador.

quantum ['kwɒntəm] *s. c.* (*pl. irreg.* **quanta**) **1** (form.) cantidad (pequeña), cantidad requerida. **2** FÍS. cuanto. ◆ **3** ~ **leap/jump,** salto cuántico; (fig.) salto hacia delante. **4** ~ **mechanics,** mecánica cuántica. **5** ~ **physics,** física cuántica.

quarantine ['kwɒrəntiːn] *s. sing.* **1** cuarentena. ● *v. t.* **2** poner en cuarentena.

quark [kwɑːk] *s. c.* quark, cuark.

quarrel ['kwɒrəl] *s. c.* **1** disputa, riña, pelea, bronca, reyerta, pendencia, (Am.) zafacoca, follisca. **2** razón, causa (de pelea). ● (*ger.* **quarrelling,** *pret.* y *p. p.* **quarrelled**) *v. i.* **3** (**to** ~ {**about/over/with**}) disputar sobre, reñir por, pelear con. **4** objetar, estar en desacuerdo (con un juicio, frase, etc.).

quarrelling ['kwɒrəlɪŋ] (en EE UU **quarreling**) *s. i.* disputa, riña, altercado.

quarrelsome ['kwɒrəlsəm] *adj.* pendenciero, provocador, peleador, (Am.) rechelero.

quarry ['kwɒrɪ ‖ 'kwɔːrɪ] *s. c.* **1** presa, caza. **2** cantera, mina. ● *v. t.* **3** extraer, sacar, cortar (piedra). ● *v. i.* **4** investigar, seguir el rastro (de un tema o de una información).

quart [kwɔːt] *s. c.* cuarto de galón (1,136 litros).

quarter ['kwɔːtər] *s. c.* e *i.* **1** cuarto, cuarta parte. **2** (~ {**to**}) (menos) cuarto (hora). **3** (~ {**past**}) (y) cuarto (hora). **4** parte, dirección (del viento): *the wind blew from all quarters = el viento soplaba de todas partes.* **5** barrio, distrito. **6** sector, parte, grupo, mundo: *a warning from scientific quarters = un toque de alarma del sector científico.* **7** (arc.) cuartel, piedad. **8** cuarto, fase (lunar). ● *v. t.* **9** cuartear; dividir, partir (en cuatro partes). **10** reducir a un cuarto (la cantidad, el precio, etc. originales). **11** acomodar, alojar, dar cobijo (durante un cierto tiempo). ◆ **12 at close quarters,** de cerca. **13 quarters,** alojamiento (prestado a soldados, principalmente).

OBS. La frase *it's a quarter to five = son las cinco menos cuarto* puede convertirse en *it's a quarter of five,* en inglés americano; del mismo modo que *it's a quarter past five* encuentra su correspondencia en *it's a quarter after five = son las cinco y cuarto.*

quarterdeck ['kwɔːtədek] *s. c.* MAR. alcázar.

quarter-final [ˌkwɔːtə'faɪnl] *s. c.* **1**. partido de cuartos de final. ◆ **2 quarter-finals,** cuartos de final (en competiciones deportivas).

quarterly ['kwɔːtəlɪ] *adv.* **1** trimestralmente, cuatro veces al año. ● *adj.* **2** trimestral: *a new quarterly journal = una nueva publicación trimestral.* ● *s. c.* **3** publicación trimestral.

quartermaster ['kwɔːtəˌmɑːstər] *s. c.* MIL. intendente, comisario, furriel.

quartet [kwɔː'tet] *s. c.* **1** cuarteto, conjunto de cuatro (personas o cosas). **2** MÚS. cuarteto (grupo de intérpretes, pieza musical).

quarto ['kwɔːtəʊ] *s. i.* **1** cuarto (hoja de papel de 20 x 26 cm aproximadamente). ● *s. c.* **2** libro en cuarto.

quartz [kwɔːts] *s. i.* **1** MIN. cuarzo. ● *adj.* **2** de cuarzo.

quasar ['kweɪzɑːr] *s. c.* ASTR. quasar.

quash [kwɒʃ] *v. t.* **1** anular, invalidar, revocar (decisiones, juicios, etc.). **2** reprimir (personas, emociones, deseos, etc.).

quasi- ['kweizaɪ] *prefijo* cuasi- (en compuestos de sustantivos o adjetivos): *a quasi-republic = una cuasi república; a quasi-official body = un cuerpo cuasi oficial.*

quatrain ['kwɒtreɪn] *s. c.* cuarteto, estrofa de cuatro versos.

quaver ['kweɪvər] *v. i.* **1** temblar, vibrar (la voz o sonido musical). **2 (to ~ {out})** decir o cantar con voz temblorosa. ● *s. sing.* **3** temblor, vibración (de la voz). ● *s. c.* **4** MÚS. (brit.) corchea.

quavering ['kweɪvərɪŋ] *adj.* tembloroso, trémulo.

quay [kiː] *s. c.* muelle, desembarcadero.

quayside ['kiːsaɪd] *s. sing.* plataforma del muelle.

queasiness ['kwiːzɪnɪs] *s. i.* indisposición, náuseas, incomodidad.

queasy ['kwiːzɪ] *adj.* **1** indispuesto, mareado. **2** delicado, revuelto (estómago). **3** incómodo, preocupado, escrupuloso.

queen [kwiːn] *s. c.* **1** reina, reina consorte. **2** reina, figura (famosa, sobresaliente en un campo): *a great movie queen = una gran reina del cine.* **3** reina (elegida en una competición, para presidir un festival, etc.). **4** reina (abeja, avispa, etc.). **5** reina (en ajedrez, en juegos de cartas). **6** (fam.) mariquita (homosexual). ● *v. t.* **7** coronar peón, meter reina (ajedrez). ◆ **8 to be a ~ bee,** creerse una reina. **9 to ~ it (over someone),** ser demasiado mandona (una mujer). **10 ~ mother,** reina madre (madre de rey o reina).

queenly ['kwiːnlɪ] *adj.* regio, de reina.

queer [kwɪər] *adj.* **1** extraño, raro, peculiar, inesperado, excéntrico. **2** indispuesto, enfermo. **3** (fam.) loco, chalado, irracional, desequilibrado. **4** (fam.) amariconado. ● *s. c.* **5** (fam.) maricón. ◆ **6 to be in Queer Street,** (brit.) (fam.) atravesar malos momentos (económicos). **7 to ~ someone's pitch, ⇒ pitch.**

queerly ['kwɪəlɪ] *adv.* extrañamente, raramente.

quell [kwel] *v. t.* **1** suprimir, reprimir, sofocar, eliminar (conducta violenta, rebelión, oposición, etc.). **2** vencer, superar, reprimir (temor, dolor, etc.).

quench [kwentʃ] *v. t.* **1** calmar, apagar (la sed). **2** dominar, sofocar, apagar (fuego). **3** enfriar en agua (objetos candentes). **4** poner fin, reprimir (sentimientos).

querulous ['kweruləs] *adj.* **1** quejoso, quejumbroso, irritable. **2** impaciente, exigente (niño).

querulously ['kweruləslɪ] *adv.* quejosamente, impacientemente.

query ['kwɪərɪ] *s. c.* **1** pregunta, duda, cuestión, interrogante. ● *v. t.* **2** poner en duda, cuestionar. **3** (EE UU) preguntar, indagar, inquirir.

quest [kwest] (lit.) *s. c.* **1** (~ {for}) busca, búsqueda. ● *v. i.* **2** (to ~ {for}) buscar (objetos de gran aprecio). ◆ **3 in ~ of something,** a la busca de algo.

question ['kwestʃən] *s. c.* **1** pregunta, interrogante. **2** problema, cuestión, asunto. ● *s. i.* **3** duda, incertidumbre. ● *v. t.* **4** interrogar, hacer preguntas. **5** cuestionar, poner en duda. ◆ **6 to beg the ~,** dejar sin resolver el asunto en discusión: *your proposal begs the question whether ... = su propuesta deja sin resolver si...* **7 beyond ~,** fuera de toda duda. **8 to bring something/come into ~,** poner algo en duda. **9 to call something into ~,** manifestar serias dudas sobre algo, poner en entredicho. **10 in ~, a)** en cuestión, ya aludido; **b)** en cuestión, en duda. **11 open to ~,** abierto a discusión, debatible. **12 out of the ~,** impensable, no merece la pena discutirlo. **13 to pop the ~,** (fam.) declararse. **14 ~ mark, a)** el signo de interrogación; **b)** interrogante, incertidumbre (que pesa sobre alguien o algo). **15 ~ tag,** coletilla o breve pregunta de confirmación (que sigue a un enunciado). **16 ~ time,** (brit.) tiempo dedicado a plantear cuestiones a los ministros (en la Cámara de los Comunes).

questionable ['kwestʃənəbl] *adj.* cuestionable, discutible, dudoso.

questioner ['kwestʃənər] *s. c.* preguntador, interrogador (en concursos o entrevistas).

questioning ['kwestʃənɪŋ] *s. i.* **1** interrogatorio: *taken to the police station for questioning = llevado a comisaría para el interrogatorio.* ● *adj.* **2** interrogante, inquisitivo: *a questioning expression = expresión interrogante.*

questioningly ['kwestʃənɪŋlɪ] *adv.* interrogantemente, inquisitivamente.

question-master ['kwestʃənˌmɑːstər] *s. c.* presentador de un programa concurso.

questionnaire [ˌkwestʃə'neər] *s. c.* cuestionario.

queue [kjuː] *s. c.* **1** (brit.) cola, fila (de gente, coches, etc. esperando). ● *v. i.* **2** hacer cola. ◆ **3 to ~ up,** hacer cola.

quibble ['kwɪbl] *v. i.* **1** argumentar con sutilezas, hablar de detalles sin importancia. ● *s. c.* **2** objeción menor, menudencia, sutileza, detalle sin importancia.

quiche [kiːʃ] *s. c.* quiche.

quick [kwɪk] *adj.* **1** rápido, veloz, ligero. **2** rápido, presto (que lleva poco tiempo). **3** inteligente, brillante, despierto. **4** sensible, fino (de oído), agudo (de vista). **5** fácilmente irritable. ● *s. sing.* **6** carne viva (debajo de las uñas). ● *adv.* **7** rápido, pronto: *he wants to get rich quick = quiere hacerse rico pronto.* ◆ **8 to cut someone to the ~,** pincharle a uno donde le duele. **9 quick-,** de rápido... (según el adjetivo con el que forma un compuesto): *quick-growing plants = plantas de crecimiento rápido.* **10 ~ as a flash, ⇒ flash. 11 ~ march,** MIL. paso ordinario. **12 ~ off the mark, ⇒ mark. 13 ~ one,** (fam.) trago rápido, copa rápida (antes de marchar). **14 ~ on the uptake, ⇒ uptake. 15 the ~ and the dead,** (arc.) todos, los vivos y los muertos.

quicken ['kwɪkən] *v. t.* e *i.* **1** acelerar, avivar, aligerar, apresurar. **2** avivar, aumentar (el interés, la atención, etc.).

quickie ['kwɪkɪ] *s. c.* (fam.) una rápida (copa, pregunta, sexo, etc., cuando no hay tiempo para más).

quicklime ['kwɪklaɪm] *s. i.* QUÍM. cal viva.

quickly ['kwɪklɪ] *adv.* rápidamente, velozmente, deprisa, pronto.

quickness ['kwɪknɪs] *s. i.* velocidad, rapidez, inteligencia, agudeza.

quicksand ['kwɪksænd] *s. c.* e *i.* arena movediza.

quicksilver ['kwɪkˌsɪlvər] *s. i.* (arc.) QUÍM. mercurio.

quid [kwɪd] (*pl.* **quid**) *s. c.* **1** (brit.) (fam.) libra (esterlina). ◆ **2 to be quids in,** forrarse.

quid pro quo [ˌkwid prəʊ'kwəʊ] *s. c.* (form.) quid pro quo, compensación, recompensa.

quiescent [kwaɪ'esnt] *adj.* (form.) inactivo, quieto, pasivo, apaciguado.

quiet ['kwaɪət] *adj.* **1** callado, silencioso, de poco ruido. **2** suave, bajo (voz): *a quiet voice = una voz suave.* **3** tranquilo, sosegado, apacible, sin sobresaltos: *a quiet life = una vida tranquila.* **4** suave, discreto, callado (actitud): *a lady of quiet disposition = una señora de porte discreto.* **5** apagado, suave (color). **6** tranquilo, inactivo, de poco movimiento (negocio, ciudad, institución, etc.). **7** reservado, secreto, confidencial. • *v. t.* e *i.* **8** (EE UU) calmar, callar, acallar, tranquilizar, apaciguar. • *s. i.* **9** tranquilidad, descanso. ◆ **10 to do something on the ~,** hacer algo en secreto. **11 to keep ~ about something/to keep something ~,** mantener algo en secreto. **12 to ~ down,** (EE UU) calmar, callar, tranquilizar, apaciguar.

quieten ['kwaiətn] *v. t.* **1** calmar, tranquilizar, apaciguar, acallar, hacer callar. • *v. i.* **2** calmarse, tranquilizarse, sosegarse, callarse. ◆ **3 to ~ down,** (brit.) calmar, callar, apaciguar.

quietism ['kwaɪətɪzəm] *s. i.* (form.) quietismo.

quietist ['kwaɪətɪst] *s. c.* (form.) quietista.

quietly ['kwaɪətlɪ] *adv.* **1** calladamente, en silencio. **2** tranquilamente, sosegadamente, mansamente. **3** en voz baja (hablar). **4** discretamente.

quietness ['kwaiətnɪs] *s. i.* silencio, calma, tranquilidad, sosiego, quietud, discreción.

quiff [kwɪf] *s. c.* copete.

quill [kwɪl] *s. c.* **1** pluma (grande: de la cola o ala de un ave). **2** pluma (de ganso: para escritura). **3** púa. ◆ **4 ~ pen,** pluma (de ganso: de escritura).

quilt [kwɪlt] *s. c.* edredón, colcha.

quilted ['kwɪltɪd] *adj.* acolchado.

quin [kwɪn] *s. c.* ⇒ **quintuplet.**

quince [kwɪns] *s. c.* membrillo (árbol, fruta).

quinine [kwɪ'ni:n] *s. i.* quinina.

Quinquagesima [,kwɪŋkwə'dʒesɪmə] *s. sing.* domingo de quincuagésima.

quint [kwɪnt] (EE UU) *s. c.* ⇒ **quintuplet.**

quintessence [kwɪn'tesns] *s. sing.* (form.) quintaesencia.

quintessential [,kwɪntɪ'senʃl] *adj.* por antonomasia, genuino, prototípico.

quintet [kwɪn'tet] *s. c.* quinteto.

quintuplet ['kwɪntjuplet] (también brit. **quin,** EE UU **quint**) *s. c.* quintillizo.

quip [kwɪp] (arc.) *s. c.* **1** ingeniosidad, gracia, agudeza, chiste, pulla. • (*ger.* **quipping,** *pret.* y *p. p.* **quipped**) *v. i.* **2** hacer o decir una gracia, apuntillar, ironizar.

quirk [kwə:k] *s. c.* **1** rareza, originalidad, excentricidad, manía. **2** casualidad, accidente. **3** capricho, quiebro (del destino, suerte o fortuna).

quirkily ['kwə:kɪlɪ] *adv.* de forma rara, de forma extraña, de forma extravagente.

quirky ['kwə:kɪ] *adj.* raro, original, extraño, extravagante.

quisling ['kwɪzlɪŋ] *s. c.* (arc.) colaboracionista, traidor.

quit [kwɪt] (fam.) (*ger.* **quitting,** *pret.* y *p. p.* **quitted** o **quit**) *v. t.* e *i.* **1** dejar, abandonar (hábitos, trabajos, lugares, etc.). **2** irse, marcharse. **3** cesar, dimitir, desistir. • *adj.* **4** (p.u.) libre, liberado, descargado. ◆ **5 to be quits,** estar en paz, quedar en paz (no deber nada). **6 to call it quits,** acabar la discusión, quedar en paz.

quite [kwaɪt] *adv.* **1** bastante, relativamente, hasta cierto punto: *he was quite young = era bastante joven.* **2** completamente, totalmente, del todo: *I'm not quite sure = no estoy seguro del todo.* **3** (brit.) ciertamente, así es, de acuerdo (como respuesta): *it's impossible to do it faster = no se puede hacer más rápido; quite = así es.* ◆ **4 to be ~ something,** (fam.) tener su importancia, ser algo a tener en cuenta. **5 (not) ~ the (done) thing,** no ser costumbre, no estar bien visto. **6 ~ a/~ some,** (EE UU) excepcional, fuera de serie (persona o cosa): *it must be quite some car = debe de ser un coche fuera de serie.* **7 ~ a few,** muchos de: *quite a few of them didn't turn up = muchos de ellos no se presentaron.* **8 ~ so,** así es, ciertamente, de acuerdo. **9 ~ the fashion/rage/etc.,** (estar) muy de moda, (hacer) furor.

quittance ['kwɪtəns] *s. c.* DER. diligencia de exoneración (de deuda, obligación, etc.).

quitter ['kwɪtər] *s. c.* (fam.) inconstante, remolón, perezoso.

quiver ['kwɪvər] *v. i.* **1** temblar, estremecerse. • *s. c.* **2** temblor, estremecimiento. **3** aljaba, carcaj.

quixotic [kwɪk'sɒtɪk] *adj.* (form.) quijotesco, idealista, romántico.

quixotically [kwɪk'sɒtɪkəlɪ] *adv.* quijotescamente, de manera idealista.

quiz [kwɪz] *s. c.* (*pl.* **quizzes**) **1** concurso, competición. **2** (EE UU) examen, prueba rápida (de conocimientos). • (*ger.* **quizzing,** *pret.* y *p. p.* **quizzed**) *v. t.* **3** (**to ~** {**about**}) (p.u.) interrogar.

quizmaster ['kwɪz,mɑ:stər] *s. c.* presentador (de un programa concurso).

quizzical ['kwɪzɪkl] *adj.* burlón, irónico, intencionado.

quizzically ['kwɪzɪkəlɪ] *adv.* burlonamente, irónicamente, con intención.

quod [kwɒd] *s. i.* (brit. y argot.) chirona, trena, talego, (Am.) chichera.

quoit [kɔit] *s. c.* **1** aro, tejo. • *s. pl.* **2** juego de aros, juego de tejo.

quorum ['kwɔ:rəm] *s. sing.* quórum.

quota ['kwəutə] *s. c.* **1** cuota, cupo. **2** ración, parte (que corresponde dar o recibir).

quotable ['kwəutəbl] *adj.* **1** citable, digno de mención. **2** FIN. cotizable.

quotation [kwəu'teɪʃn] *s. c.* **1** cita (de un libro, etc.). **2** precio, presupuesto (de un trabajo). **3** FIN. cotización (de valores). ◆ **4 ~ marks,** comillas.

quote [kwəut] *v. t.* e *i.* **1** citar; decir, expresar (con las mismas palabras). **2** presupuestar, señalar precio (a un trabajo). **3** citar, mencionar (como ejemplo o prueba de autoridad). **4** (**to ~** {**at**}) FIN. cotizar (en mercado de valores). • *s. c.* **5** cita (de un libro, etc.). **6** precio, presupuesto (de un trabajo). ◆ **7 quotes,** comillas. **8 ~ ...unquote,** y cito...: *he said, quote "you're impetuous", unquote = él dijo, y cito: "eres impetuoso".*

quoth [kwəuθ] *v. t.* (arc.) dijo.

quotidian [kwɒ'tidiən] *adj.* (form.) cotidiano, diario, habitual.

quotient ['kwəuʃnt] *s. sing.* **1** cociente, grado, nivel: *intelligence quotient = cociente intelectual.* • *s. c.* **2** MAT. cociente.

Quran [kɔ:'rɑ:n] (también **Koran**) *s. sing.* Corán.

Quranic [kə'rænɪk] (también **Koranic**) *adj.* coránico.

qv [,kju: 'vi:] *abreviatura* del latín *quod vide* (form.).

qwerty ['kwə:tɪ] *adj.* INF. (brit.) qwerty, ordinario (teclado): *qwerty system = sistema qwerty.*

r, R [ɑː] *s. c.* **1** r, R (decimoctava letra del alfabeto inglés). ◆ **2 the three R's,** lectura, escritura y aritmética.

rabbi ['ræbaɪ] *s. c.* REL. rabino; rabí (cuando precede a un nombre).

rabbit ['ræbɪt] *s. c.* **1** ZOOL. conejo. **2** (fam.) mal jugador (principalmente en tenis y golf). ● *s. i.* **3** conejo (su carne; su piel). ◆ **4 to go rabbiting,** cazar conejos. **5** ~ **punch,** colleja.

rabble ['ræbl] *s. sing.* **1** multitud, muchedumbre, gentío. **2** (**the** ~) (desp.) populacho, gentuza, plebe, chusma.

rabble-rouser ['ræbl,rauzər] *s. c.* POL. agitador (provocador de conflictos sociales); demagogo.

rabble-rousing ['ræbl,rauzɪŋ] *s. i.* **1** POL. incitación, instigación. ◆ **2** *adj.* demagógico, que provoca agitación: *a rabble-rousing speech = un discurso demagógico.*

rabid ['ræbɪd] *adj.* **1** exaltado, ferviente. **2** fanático. **3** violento, furioso. **4** rabioso (que padece rabia): *a rabid dog =un perro rabioso.*

rabies ['reɪbiːz] *s. i.* MED. rabia.

raccoon [rə'kuːn] *s. c.* ZOOL. mapache.

race [reɪs] *s. c.* **1** DEP. carrera, competición de velocidad: *horse race = carrera de caballos.* **2** DEP. regata. ● *s. c.* e *i.* **3** raza: *the human race = la raza humana.* **4** estirpe, familia, linaje. ● *s. sing.* **5** carrera (lucha por lograr algo antes que el adversario): *arms race = carrera armamentista.* ● *v. t.* **6** (**to** ~ {**against**}) competir en una carrera: *he has to race against the best runners in the world = tiene que competir con los mejores corredores del mundo.* **7** DEP. hacer correr, presentar a una carrera (un vehículo o animal). **8** acelerar al máximo (un motor). **9** (fam.) echar una carrera (a alguien): *I'll race you = te echo una carrera.* ● *v. i.* **10** correr, ir corriendo a toda velocidad. **11** DEP. correr, competir en una carrera o regata: *they won't race tomorrow = no correrán mañana.* **12** latir apresuradamente (el corazón, el pulso). ◆ **13 to** ~ **against time,** ir contra reloj. **14** ~ **relations,** relaciones de convivencia entre distintas razas. **15 the races,** DEP. carreras (de caballos).

racecourse ['reɪskɔːs] (también **racecourse** o **race course**). *s. c.* (brit.) DEP. hipódromo.

racehorse ['reɪshɔːs] *s. c.* DEP. caballo de carreras.

race-meeting ['reɪs,miːtɪŋ] (también **race meeting**) *s. c.* concurso hípico.

racer ['reɪsər] *s. c.* **1** vehículo de carreras (coche, bicicleta, moto, etc.). **2** caballo de carreras.

racetrack ['reɪstræk] *s. c.* **1** pista de carreras. **2** (EE UU) hipódromo.

racial ['reɪʃl] *adj.* racial: *racial conflicts = conflictos raciales.*

racialism ['reɪʃəlɪzəm] *s. i.* (brit.) (p. u.) racismo.

racialist ['reɪʃəlɪst] *adj.* y *s. c.* (brit.) (p. u.) racista.

racing ['reɪsɪŋ] *s. i.* **1** DEP. carreras (de caballos, de coches, etc.). ● *adj.* **2** de carreras: *a racing car = un coche de carreras.* ◆ **3** ~ **world,** hipismo, deporte hípico.

racism ['reɪsɪzəm] *s. i.* racismo.

racist ['reɪsɪst] *adj.* y *s. c.* racista.

rack [ræk] *s. c.* **1** percha, perchero. **2** escurreplatos. **3** estante. **4** rejilla, portaequipajes (en un vehículo). **5** potro de tortura. **6** soporte. ● *v. t.* (EE UU también **wrack**) **7** (lit.) torturar, atormentar: *he was racked by guilt = estaba atormentado por la culpa.* **8** pedir demasiado alquiler (a un inquilino). ◆ **9 to go to** ~ **and ruin,** venirse abajo, echarse a perder. **10 on the** ~, (fig.) atormentado. **11 to** ~ **one's brains** (**for**), (fam.) devanarse los sesos.

racket ['rækɪt] *s. sing.* **1** jaleo, alboroto, bullicio: *those boys are making a racket = aquellos niños están armando jaleo.* ● *s. c.* **2** (fam.) estafa, timo, fraude organizado. **3** chantaje. **4** negocio sucio, actividad ilegal: *the drug racket = el negocio de la droga.* **5** (hum.) actividad, negocio: *the buying and selling racket = el negocio de la compraventa.* **6** (también **racquet**) DEP. raqueta. ● *v. i.* **7** (lit.) alborotar, armar jaleo. ◆ **8 to kick up/make a** ~, armar jaleo, alborotar. **9 to** ~ **about,** armar jaleo, alborotar. **10 rackets,** (también **racquets**) DEP. juego parecido a la pelota vasca o al frontón. **11 to stand the** ~, **a)** superar una prueba; **b)** pagar el pato, sufrir las consecuencias.

racketeer [,rækə'tɪər] *s. c.* **1** timador, estafador. **2** chantajista.

racketeering [,rækə'tɪərɪŋ] *s. i.* estafa.

racking ['rækɪŋ] *adj.* **1** terrible (dolor): *a racking headache = un terrible dolor de cabeza.* **2** muy fuerte (emoción).

raconteur [,rækɒn'tɔː] *s. c.* narrador (persona con facilidad para contar chistes o anécdotas con gracia o ingenio).

racily ['reɪsɪlɪ] *adv.* de forma graciosa; con salero.

racy ['reɪsɪ] *adj.* **1** gracioso, saleroso (persona, comportamiento). **2** picante, gracioso (chiste). **3** vigoroso (estilo). **4** (fig.) fuerte, picante (un sabor).

radar ['reɪdɑːr] *s. i.* radar.

radar-trap ['reɪdɑː,træp] (también **radar trap**) *s. c.* radar utilizado por la policía para detectar el exceso de velocidad.

radial ['reɪdjəl] *adj.* **1** radial: *radial road = carretera radial.* ● *s. c.* **2** neumático radial.

radiance ['reɪdɪəns] *s. i.* **1** resplandor. **2** (fig.) esplendor, brillo (de una persona, de una cara).

radiant ['reɪdɪənt] *adj.* **1** radiante (de alegría, satisfacción, etc.): *a radiant face = un rostro radiante.* **2** esplendoroso, hermoso. **3** (lit.) brillante, resplandeciente: *the radiant sun = el sol brillante.* **4** FÍS. radiante (transmitido por radiación): *radiant heat = calor radiante.*

radiantly ['reɪdɪəntlɪ] *adv.* **1** esplendorosamente. **2** con alegría. **3** con brillo, con resplandor.

radiate ['reɪdɪeɪt] *v. i.* **1** (**to** ~ {**from**}) extenderse (desde un punto central), salir (de un punto central): *streets that radiate from the main square = las calles que salen de la plaza mayor.* **2** FÍS. irradiar, emitir radiaciones. ● *v. t.* e *i.* **3** (**to** ~ {**from**}) irradiar, despedir, emitir (luz, rayos, calor). **4** (**to** ~ {**from**}) (fig.) irradiar, transmitir (una emoción, un sentimiento): *she radiated happiness = irradiaba felicidad.*

radiation [ˌreɪdɪ'eɪʃn] *s. c.* e *i.* **1** FÍS. radiación. ♦ **2** ~ **sickness,** MED. enfermedad causada por la exposición a la radiación. **3** ~ **therapy,** radioterapia.
radiator ['reɪdɪeɪtər] *s. c.* **1** radiador (aparato de calefacción). **2** MEC. radiador.
radical ['rædɪkl] *adj.* **1** radical, extremista: *a radical politician = un político radical.* **2** radical, fundamental, básico: *a radical error = un error fundamental.* **3** radical, absoluto, total: *a radical change = un cambio radical.* ● *s. c.* **4** POL. radical (persona con ideas radicales). **5** FILOL. radical. ♦ **6** ~ **party,** POL. partido radical. **7** ~ **sign,** MAT. radical.
radicalise *v. t* ⇒ **radicalize.**
radicalism ['rædɪkəlɪzəm] *s. i.* radicalismo.
radicalize ['rædɪkəlaɪz] (también **radicalise**) *v. t.* (form.) radicalizar, volver radical.
radically ['rædɪkəlɪ] *adv.* radicalmente, fundamentalmente.
radio ['reɪdɪəu] *s. i.* **1** radio: *the message was sent by radio = se envió el mensaje por radio.* ● *s. c.* **2** radio (aparato de radio), receptor de radio, radiorreceptor. ● *v. t.* e *i.* **3** radiar, radiodifundir, transmitir por la radio. ● *adj.* **4** radiofónico, de radio: *radio programme = programa de radio.* ♦ **5 on the/by** ~, por radio. **6** ~ **microphone,** micrófono inalámbrico. **7** ~ **telephone,** radioteléfono. **8** ~ **transmitter,** radiotransmisor.
radii ['reɪdɪaɪ] *pl.* de **radius.**
radioactive [ˌreɪdɪəu'æktɪv] *adj.* FÍS. radiactivo.
radioactivity [ˌreɪdɪəuæk'tɪvɪtɪ] *s. i.* FÍS. radiactividad.
radiocarbon [ˌreɪdɪəu'kɑːbən] *s. i.* QUÍM. carbono 14, radiocarbono.
radio-controlled [ˌreɪdɪəukən'trəuld] *adj.* teledirigido, radiodirigido.
radiogram ['reɪdɪəugræm] *s. c.* (brit.) radiogramola.
radiograph ['reɪdɪəugrɑːf] *s. c.* **1** (p.u.) MED. radiografía (imagen). ● *v. t.* **2** MED. radiografiar.
radiographer [ˌreɪdɪ'ɒgrəfər] *s. c.* MED. radiógrafo.
radiography [ˌreɪdɪ'ɒgrəfɪ] *s. i.* MED. radiografía (procedimiento).
radiologist [ˌreɪdɪ'ɒlədʒɪst] *s. c.* MED. radiólogo.
radiology [ˌreɪdɪ'ɒlədʒɪ] *s. i.* MED. radiología.
radio-telephone [ˌreɪdɪəu'telɪfəun] *s. c.* TEC. radioteléfono.
radio-telescope [ˌreɪdɪəu'telɪskəup] (también **radio telescope**) *s. c.* ASTR. radiotelescopio.
radiotherapist [ˌreɪdɪəu'θerəpɪst] *s. c.* MED. radioterapeuta.
radiotherapy [ˌreɪdɪəu'θerəpɪ] *s. i.* MED. radioterapia.
radish ['rædɪʃ] *s. c.* BOT. rábano.
radium ['reɪdɪəm] *s. i.* QUÍM. radio.
radius [reɪdɪəs] (*pl.* **radii** o **radiuses**) *s. c.* **1** MAT. radio (de una circunferencia). **2** ANAT. radio (hueso). **3** (fig.) radio: *within a 50-mile radius = en un radio de 50 millas.*
raffia ['ræfɪə] *s. i.* BOT. rafia.
raffish ['ræfɪʃ] (lit.) *adj.* **1** de mala reputación (una persona, un lugar). **2** chulo.
raffishness ['ræfɪʃnɪs] *s. i.* (lit.) chulería.
raffle ['ræfl] *s. c.* **1** rifa, sorteo: *a ticket for a raffle = un boleto para una rifa.* ● *v. t.* **2** rifar, sortear.
raft [rɑːft] *s. c.* **1** balsa, plataforma flotante. **2** colchón hinchable, colchoneta. ♦ **3 a** ~ **of,** (EE UU) (fam.) un montón de, gran cantidad de.
rafter ['rɑːftər] *s. c.* ARQ. viga.
rag [ræg] *s. c.* e *i.* **1** trapo, paño (para limpiar). **2** trapo, harapo. **3** trozo de tela. **4** (fam.) periodicucho. **5** (fam.) festividad anual estudiantil organizada con fines benéficos. **6** broma. **7** canción con ritmo de jazz. ● (*ger.* **ragging,** *pret.* y *p. p.* **ragged**) *v. t.* **8** (p.u.) tomar el pelo a. ♦ **9 to be in rags and tatters,** ir hecho un desastre. **10 a red** ~ **to a bull,** (brit.) (fam.) una provocación (lo que más enfurece a alguien). **11** ~ **and bone man,** (brit.) trapero. **12** ~ **doll,** muñeca de trapo. **13 rags,** harapos, andrajos. **14 from rags to riches,** (fam.) de la nada a la riqueza o al éxito. **15 the** ~ **trade,** (brit.) (fam.) la industria de la confección. **16** ~ **week,** (brit.) semana en que se celebra una fiesta estudiantil anual con fines benéficos.
ragamuffin ['rægəˌmʌfɪn] *s. c.* **1** (p.u.) golfillo, pilluelo, granuja. **2** pelagatos.
ragbag ['rægbæg] (también **rag-bag**) *s. c.* **1** (fig. y fam.) mezcolanza, revoltijo, cajón de sastre. **2** bolsa para guardar trapos. **3** (fam.) persona andrajosa.
rage [reɪdʒ] *s. c.* e *i.* **1** ira, rabia: *a fit of rage = un arrebato de ira.* **2** (fig.) furia: *the rage of the wind = la furia del viento.* ● *s. sing.* **3** (~ {**for**}) (fam.) manía, pasión: *the present rage for old cars = la mania de ahora por los coches antiguos.* ● *v. i.* **4** (**to** ~ {**about/at/against**}) rabiar, encolerizarse, estar enfurecido (una persona). **5** seguir con gran violencia, hacer estragos (una pasión, una catástrofe, un dolor, una enfermedad, una batalla, etc.). ♦ **6 to be** (**all**) **the** ~, (fam.) estar muy de moda, hacer furor: *this record was all the rage that summer = este disco hizo furor aquel verano.* **7 to be in/to fly into a** ~, ponerse hecho una furia.
ragged ['rægɪd] *adj.* **1** andrajoso, harapiento: *a ragged old man = un viejo andrajoso.* **2** roto, raído (ropa): *a ragged jacket = una chaqueta rota.* **3** desaseado, desaliñado, descuidado (persona, aspecto). **4** desarreglado: *a ragged beard = una barba desarreglada.* **5** desigual (una superficie). **6** descuidado (un estilo). **7** imperfecto: *a ragged piece of work = un trabajo imperfecto.* **8** mellado (un borde). **9** desordenado: *a ragged line = una fila desordenada.* ♦ **10 to be at the** ~ **edge,** (EE UU) estar muy nervioso. **11 to run someone** ~, (fam.) agotar.
raggedly ['rægɪdlɪ] *adv.* **1** pobremente, de forma andrajosa: *he was raggedly dressed = vestía de forma andrajosa.* **2** desordenadamente.
raggedy ['rægɪdɪ] (fam.) *adj.* **1** desgastado (por los bordes). **2** raído. **3** deshilachado.
raging ['reɪdʒɪŋ] *adj.* **1** violento (un sentimiento, un deseo): *raging passions = pasiones violentas.* **2** furioso (viento, tempestad). **3** feroz, terrible (hambre). **4** (fig.) embravecido, encrespado (el mar). **5** terrible (sed, dolor, deseo).
raglan ['ræglən] *adj.* **1** raglán (manga). **2** de manga raglán: *a raglan sweater = un jersey de manga raglán.* ● *s. c.* **3** abrigo de manga raglán.
ragtag ['rægtæg] (también **rag-tag**) *adj.* **1** (fam.) desorganizado, alborotado. **2** poco respetable (personas). ♦ **3** ~ **and bobtail,** (fam.) gente poco respetable, gentuza, chusma.
ragtime ['rægtaɪm] *s. i.* MÚS. estilo de música jazz de origen negro americano.
raid [reɪd] *s. c.* **1** (~ {**on**}) MIL. incursión, invasión repentina. **2** batida policial, redada. **3** asalto, atraco: *a raid on a bank = un atraco a un banco.* ● *v. t.* **4** MIL. invadir, tomar por asalto. **5** hacer una redada, registrar (la policía). **6** asaltar, atracar. **7** (fig.) invadir, asaltar: *the children raided the larder last night = anoche los niños asaltaron la despensa.* ♦ **8 air** ~, MIL. ataque aéreo.
raider [reɪdər] *s. c.* **1** MIL. invasor. **2** agente de policía que hace una redada. **3** asaltante.
raiding [reɪdɪŋ] *adj.* invasor.
rail [reɪl] *s. c.* **1** verja. **2** cerca, vallado. **3** barra (para colgar). **4** barandilla (de un barco). **5** raíl, carril (de una vía férrea). **6** DEP. barrera. **7** baranda, barandilla, pasamano. ● *v. i.* **8** (**to** ~ {**against/at**}) (p.u.) protestar, quejarse amargamente. ♦ **9 by** ~, por vía férrea, por ferrocarril. **10 to go off the rails,** (fig. y fam.) descarriarse. **11 to** ~ **in,** cercar, poner cerco (a personas, a animales). **12 to** ~ **off,** cercar, vallar (una zona, un terreno).
railcard ['reɪlkɑːd] *s. c.* (brit.) tarjeta con la cual se obtienen descuentos en las tarifas ferroviarias.
railing [reɪlɪŋ] *s. c.* **1** verja. **2** baranda, barandilla. **3** pasamanos, barandilla (en una escalera). **4** barrera. ♦ **5 railings,** verja, cerca.
raillery ['reɪlərɪ] *s. i.* (lit.) guasa, broma, burla.
railroad ['reɪlrəud] *s. c.* **1** (EE UU) ferrocarril. **2** (EE UU) vía férrea. ♦ **3** ~ **car,** (EE UU) vagón ferroviario. **4** ~ **crossing,** paso a nivel. **5** ~ **track,** vía férrea.
railway ['reɪlweɪ] (brit.) *s. c.* **1** ferrocarril. **2** vía férrea. **3** línea ferroviaria. ♦ **4** ~ **car,** (EE UU) vagón ferroviario. **5**

~ **crossing, a)** paso a nivel; **b)** cruce de vías. **6** ~ **line,** (brit.) **a)** línea ferroviaria; **b)** vía férrea, carriles ferroviarios. **7** ~ **engine,** locomotora. **8** ~ **station,** estación de ferrocarril. **9** ~ **track,** (brit.) vía férrea.

railwayman ['reɪlweɪmən] *(pl. irreg.* **railwaymen**) *s. c.* (brit.) ferroviario.

railwaymen ['reɪlweɪmən] *pl.* de **railwayman.**

raiment ['reɪmənt] *s. i.* (lit.) vestimentas, ropaje.

rain [reɪn] *s. i.* **1** lluvia. ● *s. sing.* **2** (**a** ~) (lit. o fig.) lluvia (gran cantidad): *a rain of kisses = una lluvia de besos.* ● *v.imp.* **3** llover: *it is raining = está lloviendo.* ● *v. i.* **4** (**to** ~ **down on/upon**) (fig.) llover, caer como lluvia: *rice rained down on the newlyweds = el arroz llovió sobre los novios.* **5** (**to** ~ **on/upon**) (fig.) caer: *misfortune rained upon him = la desgracia cayó sobre él.* **6** caer (del cielo, de las nubes, etc.). ● *v. t.* **7** colmar, enviar en grandes cantidades: *they rained gifts upon us = nos colmaron de regalos.* ◆ **8 as right as** ~, (fam.) perfectamente; como una rosa. **9 to be rained off,** DEP. ser suspendido a causa de la lluvia (un partido). **10 come** ~ **or shine,** (fam.) llueva o no llueva; pase lo que pase. **11 it never rains but it pours,** las desgracias nunca vienen solas. **12 to** ~ **cats and dogs,** (fam.) llover a cántaros, caer chuzos de punta. **13 rains, (the** ~) estación de las lluvias, temporada de lluvias. **14 to take a** ~ **check (on)** (EE UU) (fam.) **a)** DEP. coger una entrada para poder presenciar un partido que se había interrumpido a causa de la lluvia; **b)** (fig.) declinar una invitación, etc. dando a entender que se aceptará en otra ocasión: *we'll take a rain check on that = ya lo haremos otro día.*

rainbow ['reɪnbəʊ] *s. c.* **1** arco iris. ◆ **2 at the end of the** ~, (fig.) inalcanzable.

raincoat ['reɪnkəʊt] *s. c.* impermeable, chubasquero.

raindrop ['reɪndrɒp] *s. c.* gota de lluvia.

rainfall ['reɪnfɔːl] *s. i.* precipitación, lluvia (cantidad de lluvia que ha caído en un sitio y espacio de tiempo determinados).

rainforest ['reɪn,fɒrɪst] (también **rain forest**). *s. c.* ECOL. bosque tropical.

rainstorm ['reɪnstɔːm] *s. c.* chaparrón, aguacero.

rainwater ['reɪn,wɔːtər] *s. i.* agua de lluvia.

rainy ['reɪnɪ] *adj.* **1** lluvioso: *a rainy day = un día lluvioso.* ◆ **2 for a** ~ **day,** (fig.) para tiempos difíciles, para cuando se pueda necesitar.

raise [reɪz] *v. t.* **1** levantar, alzar: *he raised his hand = alzó la mano.* **2** aumentar, subir (sueldos, precios, etc.): *they raised his salary = aumentaron su sueldo.* **3** levantar, construir: *they raised a wall = levantaron una pared.* **4** subir, alzar, elevar (la voz, el tono, etc.). **5** levantar, elevar (un peso). **6** erigir, construir, levantar (un monumento, un edificio). **7** levantar, reclutar (un ejército). **8** sacar a flote (un barco hundido). **9** levantar (polvo). **10** conseguir, reunir (dinero, fondos). **11** mejorar, subir (una apuesta, una puja). **12** mejorar (el nivel de algo). **13** levantar (una prohibición, protestas). **14** provocar (risa, sonrisa, controversia). **15** (fig.) ascender, poner en un cargo más elevado (a alguien). **16** educar (a un niño). **17** cultivar (una planta). **18** criar (un animal). **19** plantear (un tema, una pregunta). **20** causar (perjuicios, problemas). **21** suscitar (falsas esperanzas, controversias, dudas). **22** poner (objecciones). **23** contactar con (por la radio o teléfono). **24** traer (recuerdos). **25** armar (un alboroto). **26** MAT. elevar (a una potencia). ● *v. pron.* **27** (lit.) levantarse: *she raised herself = se levantó.* ● *s. c.* **28** (EE UU) aumento de sueldo. ◆ **29 to** ~ **one's eyebrows,** alzar las cejas (para mostrar sorpresa).

raised [reɪzd] *adj.* **1** abultado: *a raised scar = una cicatriz abultada.* **2** en relieve.

raisin ['reɪzn] *s. c.* pasa, uva pasa.

raison d'etre [,reɪzɔːn'deɪtrə] *s. c.* (form.) razón de ser.

rake [reɪk] *s. c.* **1** AGR. rastrillo, rastro. **2** (p.u.) libertino. ● *s. sing.* **3** inclinación (de una superficie, de un objeto). ● *v. t.* **4** AGR. rastrillar, rastrear. **5** AGR. barrer con el rastrillo, rastrillar: *to rake the weeds = rastrillar las hierbas.* **6** atizar (el fuego). **7** (**to** ~ {**around/through/over**}) rebuscar, escudriñar: *to rake through old documents = rebuscar en viejos documentos.* **8** (fig.) recorrer (un área, con una luz o un arma): *the army raked the open field from one end to the other = el ejército recorrió el descampado de punta a punta.* ◆ **9 to** ~ **in,** (fam.) ganar mucho (dinero); amasar (una fortuna). **10 to** ~ **over,** (fig.) hurgar (en la memoria, en algo ya pasado). **11 to** ~ **up, a)** reunir (con dificultad); **b)** sacar a relucir (algo que es preferible olvidar): *they raked up her past = sacaron a relucir su pasado.*

raked [reɪkt] *adj.* inclinado.

rake-off ['reɪkɒf] *s. sing.* (vulg.) comisión (ilegal); tajada.

rakish ['reɪkɪʃ] *adj.* **1** (p.u.) disoluto, libertino (una persona, un modo de vida). **2** garboso: *a rakish appearance = un aspecto garboso.* ◆ **3 at a** ~ **angle,** (un sombrero) ladeado, inclinado hacia un lado (con garbo).

rakishly ['reɪkɪʃlɪ] *adv.* **1** de forma disoluta. **2** (ladeado) con garbo, con gracia: *his hat was tilted rakishly = su sombrero estaba ladeado con garbo.*

rally ['rælɪ] *s. c.* **1** POL. mitin, manifestación: *a peace rally = una manifestación en pro de la paz.* **2** recuperación (financiera, de fuerzas, de salud). **3** DEP. rally. **4** DEP. peloteo (en tenis, badminton, etc.). ● *v. t.* **5** reunir: *he rallied his men = reunió a sus hombres.* **6** MIL. rehacer, concentrar: *the enemy rallied their troops = el enemigo concentró sus tropas.* **7** recuperar (fuerzas, ánimos). **8** burlarse de, tomar el pelo a. ● *v. i.* **9** reunirse. **10** MIL. rehacerse, organizarse (tropas, fuerzas, etc.). **11** MED. reponerse (de una enfermedad). **12** ECON. recuperarse (las finanzas, el mercado, etc.). ◆ **13 to** ~ **round,** reunirse (en apoyo de algo o alguien): *they rallied round their leader = se reunieron en torno a su líder.*

rallying ['rælɪɪŋ] *adj.* **1** de adhesión: *a rallying call = una llamada de adhesión.* ◆ **2** ~ **point,** punto de encuentro, punto de reunión.

RAM [ræm] (siglas de **Radom Acces Memory**) *s. i.* RAM, memoria de acceso aleatorio.

ram [ræm] *s. c.* **1** ZOOL. carnero. **2** TEC. maza; pisón. **3** (**the** ~) ASTR. Aries (constelación). **4** TEC. ariete. ● (*ger.* **ramming,** *pret.* y *p. p.* **rammed**) *v. t.* **5** colisionar (un vehículo, un barco). **6** (**to** ~ {**against/ at/on/into**}) chocar fuertemente contra: *it rammed against the wall = chocó fuertemente contra la pared.* **7** apisonar. **8** (fam.) meter apretadamente: *she rammed her clothes into the suitcase = metió su ropa apretadamente en la maleta.* ◆ **9 to** ~ **something down someone's throat,** (fig.) enseñar o hacer creer algo a alguien a fuerza de repetírselo. **10 to** ~ **something home,** consolidar, dar firmeza.

Ramadan [,ræmə'dæn] *s. sing.* REL. Ramadán.

ramble ['ræmbl] *s. c.* **1** excursión, caminata, paseo: *he went for a ramble = fue a dar un paseo.* ● *v. i.* **2** pasear, caminar sin rumbo fijo. **3** (fig.) divagar, perder el hilo (en una conversación). **4** trepar (una enredadera).

rambler ['ræmblər] *s. c.* **1** excursionista, caminante, paseante. ◆ **2** BOT. ~ **rose,** rosal trepador.

rambling ['ræmblɪŋ] *adj.* **1** que se extiende de forma irregular; laberíntico (un edificio, una calle, una ciudad). **2** (fig.) inconexo, confuso, incoherente (un discurso, un escrito, etc.): *a rambling essay = una redacción incoherente.* **3** BOT. trepador (una planta). ● *s. i.* **4** excursionismo.

ramification [,ræmɪfɪ'keɪʃn] *s. c.* (form.) implicación: *they don't know all the ramifications of their decision = no conocen todas las implicaciones de su decisión.*

ramp [ræmp] *s. c.* **1** rampa. **2** desnivel en una carretera debido a obras. **3** topes puestos en la carretera para que los coches reduzcan la velocidad. **4** (vulg.) estafa. ◆ **5 to** ~ **about,** (hum.) ponerse hecho una furia.

rampage [ræm'peɪdʒ] *v. i.* **1** correr de un lado a otro haciendo estragos (personas, animales). ◆ **2 to be/go on the** ~, alborotarse, desmandarse (causando estragos).

rampant ['ræmpənt] *adj.* **1** incontrolado (males sociales, enfermedades, etc.): *rampant violence = violencia incontrolada.* **2** exuberante (vegetación). **3** rampante: *a rampant lion = un león rampante.*

rampart ['ræmpɑːt] *s. c.* **1** muralla: *the ramparts of Avila = las murallas de Ávila.* **2** (fig.) defensa, protección.

ramrod ['ræmrɒd] *s. c.* **1** baqueta. ● *adj.* **2** rígido, tieso, erguido. ◆ **3 as stiff/straight as a ~,** (fig.) más tieso que el palo de una escoba.

ramshackle ['ræmˌʃækl] *adj.* **1** ruinoso, a punto de caerse: *a ramshackle building = un edificio ruinoso.* **2** destartalado, desvencijado (un vehículo). **3** (fig.) decadente: *a ramshackle empire = un imperio decadente.*

ran [ræn] *pret.* de **run.**

ranch [rɑːntʃ] *s. c.* **1** hacienda, finca, rancho (especialmente en EE UU y Canadá). **2** (EE UU) granja.

rancher ['rɑːntʃər] *s. c.* (EE UU) ranchero.

rancid ['rænsɪd] *adj.* rancio: *rancid butter = mantequilla rancia.*

rancor *s. i.* ⇒ **rancour.**

rancorous ['ræŋkərəs] *adj.* (form.) rencoroso.

rancour ['ræŋkər] (en EE UU **rancor**) *s. i.* (form.) rencor.

random ['rændəm] *adj.* **1** hecho al azar: *a random shot = un disparo hecho al azar.* **2** tomado al azar: *a random sample = una muestra tomada al azar.* **3** fortuito, hecho al azar: *random remarks = comentarios fortuitos.* **4** casual, accidental. ◆ **5 at ~,** al azar. **6 ~ access memory,** memoria de acceso aleatorio.

randomly ['rændəmlɪ] *adv.* al azar.

randy ['rændɪ] *adj.* (vulg.) cachondo (excitado sexualmente).

rang [ræŋ] *pret.* de **ring.**

range [reɪndʒ] *s. c.* **1** (~ {**of**}) alcance (de una radio, de un telescopio, etc.). **2** alcance, radio de acción (de un arma). **3** (fig.) alcance, importancia (de una actividad). **4** (fig.) esfera (de influencias). **5** (fig.) incumbencia. **6** surtido, variedad, gama: *a wide range of colours = una amplia gama de colores.* **7** (fig.) alcance: *this author is outside my range = este autor no está a mi alcance (no lo entiendo).* **8** escala, gama (de precios, etc.). **9** FÍS. escala (de un termómetro, barómetro, etc.). **10** dehesa. **11** hilera, fila (de casas, edificios, árboles). **12** cadena (de montañas). **13** MIL. campo de tiro. **14** cocina económica. **15** (EE UU) campo de pasto. ● *s. i.* **16** alcance: *it is out of range = está fuera de alcance.* ● *s. sing.* **17** autonomía (de un vehículo). **18** MÚS. registro (vocal). ● *v. t.* **19** poner en fila, alinear (personas, cosas): *the teacher ranged his pupils = el profesor puso a sus alumnos en fila.* **20** (lit.) recorrer, rondar (un sitio): *they ranged the forests = rondaban los bosques.* ● *v. i.* **21** extenderse: *his properties ranged from the river to the mountains = sus propiedades se extendían desde el río hasta las montañas.* **22** (**to ~** {**from... to/between... and**}) oscilar: *temperatures here range from 15 to 25 degrees = aquí las temperaturas oscilan entre los 15 y los 25 grados.* **23** alcanzar, tener un alcance de (un arma): *this gun ranges ten miles = este arma tiene un alcance de diez millas.* **24** (**to ~** {**through/over/along**}) (lit.) recorrer: *they ranged through the village = recorrieron el pueblo.* **25** (**to ~** {**through/over**}) (fig.) abarcar: *his research ranged over the whole of Europe = su investigación abarcó toda Europa.* ◆ **26 at point-blank ~,** a quemarropa.

rangefinder ['reɪndʒˌfaɪndər] (también **range-finder**) *s. c.* TEC. telémetro.

ranger ['reɪndʒər] *s. c.* **1** guardabosque. **2** (EE UU) miembro de la policía montada.

rank [ræŋk] *s. c.* e *i.* **1** categoría, clase: *a teacher of the first rank = un profesor de primera categoría.* **2** MIL. rango, graduación: *what rank is that officer? = ¿qué graduación tiene aquel oficial?* **3** (p.u.) rango, posición social: *a man of high rank = un hombre de alto rango.* ● *s. c.* **4** fila, hilera. **5** MIL. fila (de soldados). **6** parada de taxis. ● *adj.* **7** completo, absoluto; auténtico: *it's rank stupidity = es una auténtica tontería.* **8** (form.) maloliente; acre. **9** (form.) de mal sabor; acre. **10** (form.) exuberante (vegetación). ● *v. t.* **11** clasificar, situar: *nobody knows where to rank this author = nadie sabe dónde clasificar a este autor.* **12** MIL. alinear (soldados). ● *v. i.* **13** figurar, encontrarse: *he ranks among the best athletes in the world = se encuentra entre los mejores atletas del mundo.* ◆ **14 to break ranks, a)** MIL. romper filas; **b)** (fig.) desertar. **15 to close ranks, a)** MIL. cerrar filas; **b)** apoyarse. **16 to pull ~,** utilizar influencias. **17 ~ and file, a)** MIL. tropa; **b)** gente corriente; **c)** bases (de un partido o empresa). **18 ranks,** filas (de un partido, sindicato o agrupación).

ranking [ræŋkɪŋ] *s. c.* **1** clasificación, categoría. ● *adj.* **2** (EE UU) de más categoría, de mayor graduación.

rankle ['ræŋkl] *v. i.* (**to ~** {**with**}) doler, apenar: *your insults still rankle = sus insultos todavía me duelen.*

ransack ['rænsæk] *v. t.* **1** registrar de arriba abajo, revolver (para buscar algo): *to ransack a drawer = revolver un cajón.* **2** desvalijar: *they killed the owner and ransacked his house = mataron al propietario y desvalijaron la casa.*

ransom ['rænsəm] *s. c.* **1** rescate. ● *v. t.* **2** rescatar (mediante pago). ◆ **3 to hold someone to ~, a)** pedir rescate por alguien; **b)** (fig.) chantajear, poner entre la espada y la pared.

rant [rænt] *v. i.* **1** vociferar, gritar necedades. **2** desvariar. **3** hablar ampulosamente (en tono teatral). ◆ **4 to ~ and rave,** vociferar; despotricar; desvariar.

ranting [ræntɪŋ] *s. c.* desvaríos, necedades: *nobody listened to his rantings = nadie escuchó sus desvaríos.*

rap [ræp] (*ger.* **rapping,** *pret.* y *p. p.* **rapped**) *v. t.* e *i.* **1** (**to ~** {**at**}) golpear, dar golpes: *someone rapped (at) the door = alguien daba golpes en la puerta.* ● *v. i.* **2** (EE UU) (fam.) charlar. ● *s. c.* **3** golpe seco. **4** reprimenda, crítica. ◆ **5 to care a ~,** importar un comino: *I don't care a rap = me importa un comino.* **6 a ~ on/over the knuckles,** una llamada al orden, reprimenda. **7 ~ music,** rap. **8 to ~ something out,** soltar, decir algo de golpe. **9 to take the ~,** (fam.) pagar el pato.

rapacious [rə'peɪʃəs] *adj.* (form.) codicioso, avaricioso: *a rapacious person = una persona codiciosa.*

rapacity [rə'pæsɪtɪ] *s. c.* (form.) codicia, avaricia.

rape [reɪp] *v. t.* **1** violar, forzar (sexualmente) **2** (lit. y fig.) tomar por la fuerza. ● *s. c.* e *i.* **3** violación, estupro. ● *s. c.* **4** (lit.) rapto. ● *s. sing.* **5** (~ {**of**}) (form.) ECOL. destrucción, ruina (de un paisaje, bosque, etc.). ● *s. i.* **6** BOT. colza.

rapid ['ræpɪd] *adj.* **1** rápido: *a rapid victory = una victoria rápida.* **2** veloz: *a rapid messenger = un mensajero veloz.* ◆ **3 rapids,** rápidos (de un río).

rapidity [rə'pɪdɪtɪ] *s. i.* rapidez; velocidad.

rapidly ['ræpɪdlɪ] *adv.* rápidamente; velozmente.

rapier ['reɪpɪər] *s. c.* (form. y p.u.) estoque.

rapist ['reɪpɪst] *s. c.* violador.

rapper [ræpə] *s. c.* rapero.

rapport [ræ'pɔː] *s. i.* (~ {**between/with**}) compenetración, entendimiento mutuo.

rapprochement [ræ'prɒʃmɑːŋ] *s. sing.* (~ {**between/of/with**}) (form.) reconciliación, restablecimiento de las relaciones.

rapt [ræpt] *adj.* **1** absorto, ensimismado: *he was rapt in his work = estaba absorto en su trabajo.* **2** extasiado, embelesado. **3** profundo: *rapt attention = profunda atención.*

rapture ['ræptʃər] *s. i.* **1** (lit.) éxtasis. ◆ **2 to go into raptures (over/about)** extasiarse, quedarse extasiado: *he went into raptures over the pictures I showed him = se quedó extasiado ante los cuadros que le enseñé.*

rapturous ['ræptʃərəs] *adj.* (lit.) entusiasta (aplausos, etc.).

rare [reər] *adj.* **1** raro, poco frecuente: *a rare event = un suceso poco frecuente.* **2** raro, singular, poco corriente: *a rare book = un libro poco corriente.* **3** extraordinario, poco común: *a rare beauty = una belleza extraordinaria.* **4** poco hecho (carne). **5** enrarecido (aire). **6** estupendo. **7** inusitado.

rarebit ['reəbɪt] *s. i.* GAST. tostada con queso fundido.
rarefied ['reərɪfaɪd] (también **rarified**) *adj.* **1** (fig.) refinado (ambiente). **2** (fig.) enrarecido (atmósfera, ambiente). **3** enrarecido (aire).
rarely [reəlɪ] *adv.* raramente, apenas, rara vez.
rarified *adj.* ⇒ **rarefied.**
raring [reərɪŋ] *adj.* **1** (**to be** ~ + *inf.*) deseoso: *he is raring to try it = está deseoso de probarlo.* ◆ **2** ~ **to go,** (fam.) deseando empezar.
rarity ['reərətɪ] *s. c.* **1** rareza (cosa poco frecuente). ● *s. i.* **2** rareza, escasez: *its rarity makes it so valuable = su escasez lo hace tan valioso.*
rascal ['rɑːskəl] *s. c.* **1** bribón, pillo, travieso (un niño). **2** (desp. y p.u.) granuja, canalla.
rascally ['rɑːskəlɪ] *adj.* bribón, pillo.
rase *v. t.* ⇒ **raze.**
rash [ræʃ] *adj.* **1** impetuoso, irreflexivo: *a rash boy = un chico impetuoso.* **2** temerario, imprudente, precipitado: *a rash act = un acto temerario.* ● *s. c.* **3** MED. sarpullido. ● *s. sing.* **4** (fig.) oleada súbita: *a rash of strikes = una súbita oleada de huelgas.*
rasher ['ræʃər] *s. c.* loncha: *a rasher of ham = una loncha de jamón.*
rashly ['ræʃlɪ] *adv.* precipitadamente, temerariamente.
rashness ['ræʃnɪs] *s. i.* imprudencia, temeridad.
rasp [rɑːsp] *s. sing.* **1** chirrido, sonido estridente. ● *s. c.* **2** TEC. escofina. ● *v. i.* **3** chirriar. ● *v. t.* **4** raspar. **5** pronunciar con voz áspera (una orden, un insulto). ◆ **6 to** ~ **on,** (fig.) crispar, irritar: *it rasps on my nerves = me crispa los nervios.*
raspberry ['rɑːzbərɪ] *s. c.* **1** BOT. frambuesa. **2** BOT. frambueso. **3** (fam.) pedorreta (sonido grosero hecho con la lengua y los labios para ofender o burlarse de alguien).
rasping ['rɑːspɪŋ] *adj.* áspero, irritante, desagradable (un sonido): *a rasping voice = una voz áspera.*
Rasta ['ræstə] *s. c.* y *adj.* (fam.) REL. rastafari.
Rastafarian [,ræstə'feərɪən] *s. c.* y *adj.* REL. rastafari.
raster ['rɑːstə] *s. c.* TV. trama.
rat [ræt] *s. c.* **1** ZOOL. rata. **2** (fig. y fam.) canalla, miserable. **3** (fig.) traidor, delator. **4** POL. esquirol. **5** (EE UU) postizo (para el pelo). ● (*ger.* **ratting,** *pret.* y *p. p.* **ratted**) *v. i.* **6** (**to** ~ {**on**}) (fam.) chivarse. **7** (**to** ~ {**on**}) desertar. **8** (**to** ~ {**on**}) (fam.) romper (un trato, una promesa). ◆ **9 like a drowned** ~**,** calado hasta los huesos. **10 rats!,** ¡mecachis!
ratchet ['rætʃɪt] *s. c.* TEC. trinquete.
rate [reɪt] *s. c.* **1** razón: *they pay us at the rate of two hundred dollars a week = nos pagan a razón de doscientos dólares a la semana.* **2** índice, tasa: *birth rate = índice de natalidad.* **3** tipo, porcentaje (de interés, de cambio, de descuento): *interest rate = tipo de interés.* **4** velocidad: *the car is travelling at a great rate = el coche circula a gran velocidad.* **5** tarifa, precio: *reduced rate = tarifa reducida.* **6** ritmo: *the rate of work is too slow = el ritmo de trabajo es demasiado lento.* ● *v. t.* **7** (**to** ~ {**as**}) (normalmente *pasiva*) considerar: *he is rated as the best = se le considera el mejor.* **8** (**to** ~ {**at**}) (normalmente *pasiva*) valorar, tasar: *it was rated at 50 pounds = fue valorado en 50 libras.* **9** (fam.) estimar, apreciar: *everybody rates him = todos le tienen aprecio.* **10** (EE UU) merecer: *he rates whatever he gets = merece todo lo que le ocurra.* **11** DEP. clasificar. **12** regañar, echar una bronca. **13** FIN. gravar (con un tributo). ● *v. i.* **14** (**to** ~ {**as**}) ser considerado (como): *he rates as the best = es considerado el mejor.* ◆ **15 at any** ~**,** **a)** en todo caso, de todos modos; **b)** para ser más exactos. **16 at this** ~**,** a este paso (si las cosas siguen así). **17 rates,** (brit.) FIN. contribución municipal, impuesto municipal. **18** ~ **of return,** tasa de rentabilidad, tasa de rendimiento.
rateable value ['reɪtəbl'væljuː] *s. c.* (brit.) ECON. valor catastral.
ratepayer ['reɪt,peɪər] *s. c.* (también **rate-payer**) FIN. (brit.) contribuyente.
rather ['rɑːðər] *adv.* **1** algo, ligeramente: *I feel rather better today = me siento algo mejor hoy.* **2** (~ **than**) más bien (que): *he preferred to be honest rather than deceitful = prefirió ser más bien sincero que mentiroso.* **3** bastante: *the show was rather good = el espectáculo era bastante bueno.* **4** (**or** ~) mejor dicho: *that man, or rather, that boy... = ese hombre, o mejor dicho, ese chico...* **5** por el contrario: *it was not a matter of money, but rather a matter of time = no era cuestión de dinero sino, por el contrario, de tiempo.* ● *prep.* o *conj.* **6** (~ **than**) antes que, en vez de: *he remained silent rather than say something silly = se calló antes que decir una tontería.* ● *interj.* **7** (brit.) (p. u.) ¡sin duda!, ¡por supuesto! ◆ **8** ~ **you than me,** no te envidio, me alegro de no ser yo el que lo tiene que (hacer, decir, etc.).
OBS. **9** (**would/had** ~ {**than**}) se utiliza para expresar preferencias: *he would rather die than go = preferiría morirse antes que ir.* **10** se utiliza para hacer más suave una afirmación o una crítica: *I rather think she has made a mistake = me inclino a creer que se ha equivocado.*
ratification [,rætɪfɪ'keɪʃn] *s. i.* (form.) ratificación.
ratify ['rætɪfaɪ] *v. t.* (form.) ratificar: *they ratified the treaty = ratificaron el tratado.*
rating ['reɪtɪŋ] *s. c.* **1** categoría, clase, rango. **2** puntuación. **3** FIN. gravamen. **4** MAR. marinero. **5** (fam.) reprensión, bronca. ● *s. i.* **6** valoración, tasación (de una propiedad). ◆ **7 ratings,** TV. índice de audiencia.
ratio ['reɪʃɪəu] *s. c.* **1** MAT. proporción, razón, relación: *they are in the ratio of 3 to 1 = están en la proporción de 3 a 1.* ◆ **2 in direct** ~ **to,** en relación directa con.
ration ['ræʃn] *s. c.* **1** ración (porción de algo escaso que se reparte a alguien): *two rations of bread a day = dos raciones de pan al día.* **2** (fig.) porción: *her ration of pride = su porción de orgullo.* ● *v. t.* **3** racionar (algo que escasea): *to ration sugar = racionar el azúcar.* **4** (**to** ~ {**to**}) (fig.) restringir, limitar el consumo de algo a una cantidad determinada: *his doctor rationed him to a couple of cigarettes a day = su médico le limitó a un par de cigarrillos al día.* ◆ **5** ~ **book/card,** MIL. cartilla de racionamiento. **6 to** ~ **out,** MIL. racionar. **7 rations,** víveres, provisiones.
rational ['ræʃənl] *adj.* **1** racional: *a rational being = un ser racional.* **2** sensato, razonable: *rational behaviour = una conducta razonable.*
rationale [,ræʃə'nɑːl] *s. sing.* (~ {**for/of**}) (form.) fundamento, base lógica.
rationalisation *s. c.* e *i.* ⇒ **rationalization.**
rationalise *v. t.* e *i.* ⇒ **rationalize.**
rationalism ['ræʃnəlɪzəm] *s. i.* FIL. racionalismo.
rationalist ['ræʃnəlɪst] *s. c.* y *adj.* FIL. racionalista.
rationalistic [,ræʃnə'lɪstɪk] *adj.* FIL. racionalista.
rationality [,ræʃə'nælɪtɪ] *s. i.* racionalidad, lógica, sensatez: *it lacks rationality = carece de lógica.*
rationalization [,ræʃnəlaɪ'zeɪʃn] (también **rationalisation**) *s. c.* e *i.* **1** justificación, disculpa. ● *s. i.* **2** racionalización. *s. c.* e *i.* **3** reconversión (una industria).
rationalize ['ræʃnəlaɪz] (también **rationalise**) *v. t.* e *i.* **1** (fam.) justificar, buscar excusas: *she had to rationalize her misbehaviour = tenía que justificar su mala conducta.* ● *v. t.* **2** razonar, analizar por medio de la razón: *try to rationalize your fears = trata de razonar tus temores.* **3** reconvertir (una industria, un sistema, etc.). **4** MAT. extraer raíces.
rationally ['ræʃnəlɪ] *adv.* razonablemente.
rationing ['ræʃnɪŋ] *s. c.* racionamiento.
rat-race ['rætreɪs] (también **rat race**) *s. sing.* (fig.) competición, lucha constante (en busca del éxito).
rattiness ['rætɪnɪs] *s. i.* mal genio, mal humor.
rattle ['rætl] *v. t.* e *i.* **1** golpear (haciendo ruido); sacudir ruidosamente: *the wind rattled the blinds = el viento sacudió las persianas.* ● *v. t.* **2** desconcertar, turbar, desorientar: *her presence rattled him = su presencia le turbaba.* ● *v. i.* **3** traquetear: *a bus that rattles = un autobús que traquetea.* **4** sonar, hacer ruido. ● *s. c.* **5** ruido. **6** traqueteo. **7** sonajero. **8** carraca. **9** golpeteo: *the rattle of a door = el golpeteo de una puerta.* **10** MED. estertor. ◆ **11 to** ~ **away/on/along,**

(**about**) (fam.) estar de cháchara. **12 to ~ off, a)** decir de corrido; **b)** despachar. **13 to ~ through,** despachar (terminar rápidamente).

rattler ['rætlər] *s. c.* (EE UU) ZOOL. cascabel (serpiente).

rattlesnake ['rætlsneɪk] *s. c.* ZOOL. serpiente de cascabel, crótalo.

rattling ['rætlɪŋ] *adv.* (~ + *adj./adv.*) (fam. y p.u.) realmente, muy: *it is a rattling good book = es un libro realmente bueno.*

ratty ['rætɪ] *adj.* (brit.) (fam.) malhumorado, irritable.

raucous ['rɔːkəs] *adj.* **1** ronco, bronco (un sonido). **2** áspero (voz). **3** estentóreo, estridente: *a raucous laugh = una risa estridente.*

raucously ['rɔːkəslɪ] *adv.* **1** de forma ruidosa. **2** ásperamente.

raunchy ['rɔːntʃɪ] *adj.* (fam.) lascivo, erótico, provocativo: *a raunchy look = un aspecto provocativo.*

ravage ['rævɪdʒ] (form.) *v. t.* **1** devastar, arrasar, estropear: *the fire has ravaged the crops = el incendio ha arrasado la cosecha.* **2** destruir, asolar (una enfermedad, una epidemia, una desgracia): *civilizations ravaged by war = civilizaciones asoladas por la guerra.* **3** saquear. ● *s. i.* **4** destrucción, destrozo. ◆ **5 ravages,** estragos: *the ravages of war = los estragos de la guerra.*

rave [reɪv] *v. i.* **1** desvariar, desatinar, delirar: *the patient is raving = el enfermo está delirando.* **2** (**to ~ {against/about/at}**) (fam.) echar pestes, despotricar: *he began to rave at me = empezó a despotricar contra mí.* **3** (**to ~ {about/of/over}**) deshacerse en elogios, hablar con entusiasmo: *they raved about her new novel = hablaron con entusiasmo de su nueva novela.* ● *s. c.* **4** (fam.) reseña elogiosa (sobre un libro, obra de arte, etc.). **5** (juv.) fiesta muy animada. ◆ **6 to ~ it up,** (fam. y p.u.) estar de juerga. **7 the latest ~,** (juv.) el último grito, lo último.

raven ['reɪvn] *s. c.* **1** ZOOL. cuervo. ● *adj.* **2** (lit.) negro como el azabache (pelo). ● ['rævən] *v. t.* (p.u.) devorar.

ravenous ['rævənəs] *adj.* **1** (fam.) muerto de hambre, hambriento: *I'm ravenous = estoy muerto de hambre.* **2** voraz: *a ravenous appetite = un apetito voraz.* **3** (**~ {for}**) (fig.) ansioso, ávido: *he is ravenous for money = está ansioso de dinero.*

ravenously ['rævənəslɪ] *adv.* vorazmente; con ansia.

raver ['reɪvər] *s. c.* (brit.) (fam.) juerguista.

rave-up ['reɪvʌp] *s. c.* (brit.) (fam.) guateque, fiesta.

ravine [rə'viːn] *s. c.* GEOG. barranco, garganta, desfiladero.

raving ['reɪvɪŋ] *adj.* **1** (fam.) chalado. ◆ **2 ~ mad,** loco perdido. ◆ **3 ravings,** desvaríos.

ravioli [ˌrævɪ'əʊlɪ] *s. i.* GAST. raviolis.

ravish ['rævɪʃ] *v. t.* **1** (form. y lit.) deleitar, encantar, fascinar: *I was ravished with her beauty = me quedé fascinado con su belleza.* **2** (p.u.) violar (a una persona). **3** (arc.) arrebatar. **4** MIL. saquear (una ciudad). **5** (arc.) llevarse a la fuerza.

ravishing ['rævɪʃɪŋ] *adj.* **1** encantador. **2** (fam.) arrebatador, imponente: *a ravishing brunette = una morena imponente.*

ravishingly ['rævɪʃɪŋlɪ] *adv.* sorprendentemente, asombrosamente.

raw [rɔː] *adj.* **1** crudo (sin cocer): *raw fish = pescado crudo.* **2** crudo, sin elaborar (una sustancia, un material): *raw silk = seda cruda.* **3** sin clasificar (datos). **4** bruto, sin refinar: *raw sugar = azúcar sin refinar.* **5** puro, sin mezcla: *raw spirit = alcohol puro.* **6** natural (una cualidad). **7** en carne viva (una parte del cuerpo, una herida). **8** riguroso, crudo (clima). **9** frío y húmedo: *a raw morning = una mañana fría y húmeda.* **10** sin pulir (un estilo). **11** franco, directo (un escrito, un informe). **12** (EE UU) inexperto, novato. **13** sin coser (un dobladillo). **14** basto, ordinario (una persona). ◆ **15 a ~ deal,** (fam.) un trato injusto. **16 in the ~, a)** (fam.) desnudo, en cueros vivos; **b)** en su estado natural. **17 ~ cotton,** algodón en rama. **18 ~ material,** materia prima. **19 to touch a ~ nerve/to touch someone on the ~,** (fig.) herir a alguien donde más le duele, herir en lo más vivo.

raw-boned ['rɔːbəʊnd] *adj.* flaco, esquelético, en los huesos: *a raw-boned girl = una chica esquelética.*

rawhide ['rɔːhaɪd] (EE UU) *s. i.* **1** cuero crudo, sin curtir. ● *s. c.* **2** látigo de cuero.

ray [reɪ] *s. c.* **1** rayo: *a ray of sunshine = un rayo de sol.* **2** ZOOL. raya. ● *s. sing.* **3** (fig.) pizca, poquito: *a ray of truth = una pizca de verdad.* **4** MÚS. re.

rayon ['reɪɒn] *s. i.* rayón.

raze [reɪz] (también **rase**) *v. t.* **1 to ~ (to})** arrasar, destruir (un edificio, una ciudad). **2** (fig.) borrar (de la memoria). ◆ **3 to ~ to the ground,** arrasar.

razor ['reɪzər] *s. c.* **1** maquinilla de afeitar. **2** navaja de afeitar. **3** máquina de afeitar (eléctrica). ◆ **4 ~ blade,** cuchilla.

razor-sharp ['reɪzəˌʃɑːp] *adj.* **1** afilado. **2** (fig.) agudo, perspicaz.

razzle ['ræzl] *s. i.* **1** animación, juerga, parranda. ◆ **2 to go on the ~,** (fam.) ir de juerga.

re [riː] *prep.* **1** (form.) ref. a, con respecto a, en cuanto a (para iniciar cartas comerciales o documentos legales). ● [reɪ] *s. sing.* **2** MÚS. re.

reach [riːtʃ] *v. t.* **1** llegar a: *we reached his house by seven = llegamos a su casa sobre las siete.* **2** alcanzar, pasar, acercar: *reach me that shirt from the wardrobe = alcánzame esa camisa del armario.* **3** alcanzar, llegar hasta: *the child can't reach the window = el crío no puede alcanzar la ventana.* **4** ponerse en contacto con: *I was unable to reach him by telephone = no pude ponerme en contacto con él por teléfono.* **5** (fig.) llegar a, alcanzar: *his message didn't reach the audience = su mensaje no llegó al público.* **6** (fig.) ascender a: *the number of competitors reached 500 = el número de participantes ascendió a 500.* **7** alcanzar, conseguir, lograr (un objetivo). **8** llegar a (un acuerdo, un arreglo, una conclusión). **9** (**to ~ out {for}**) alargar, extender (la mano, para coger algo): *she reached out her hand for her glass = extendió la mano para coger el vaso.* **10** extenderse a, llegar a: *the fire reached the roof = el fuego se extendió al tejado.* ● *v. i.* **11** (**to ~ {to}**) extenderse: *his land reaches to the mountains = sus tierras se extienden hasta las montañas.* **12** llegar: *this ladder won't reach = esta escalera no llega.* ● *s. i.* **13** alcance: *it's out of their reach = está fuera de su alcance.* ◆ **14 beyond one's ~,** fuera del alcance de uno. **15 reaches (of), a)** tramos, extensiones (de terreno); **b)** cuenca (de un río). **16 within (easy) ~,** a corta distancia, muy cerca. **17 within one's ~,** al alcance de uno.

reach-me-downs ['riːtʃmɪˌdaʊnz] *s. pl.* (vulg.) ropa usada, ropa de segunda mano.

react [rɪ'ækt] *v. i.* **1** (**to ~ {to}**) reaccionar (ante un estímulo): *how did he react to your question? = ¿cómo reaccionó ante tu pregunta?* **2** (**to ~ {against}**) reaccionar, rebelarse: *some day he will react against their methods = algún día se rebelará contra sus métodos.* **3** (**to ~ {with}**) QUÍM. producirse una reacción. **4** (**to ~ {on/upon}**) producir un efecto (sobre).

reaction [rɪ'ækʃn] *s. c.* e *i.* **1** reacción: *an unexpected reaction = una reacción inesperada.* ● *s. c.* **2** (**~ {against}**) reacción: *a reaction against Romanticism = una reacción contra el Romanticismo.* **3** QUÍM. reacción: *chain reaction = reacción en cadena.* **4** (**~ {to}**) MED. reacción: *a reaction to antibiotics = una reacción a los antibióticos.* **5** MIL. contraataque. ● *s. i.* **6** POL. conservadurismo, oposición al progreso: *their reaction made changes difficult = su conservadurismo dificultaba los cambios.* ● *s. sing.* **7** (**~ {against}**) reacción en contra, rechazo a: *a reaction against divorce = una reacción en contra del divorcio.* ◆ **8 reactions,** reflejos (reacciones rápidas y automáticas).

reactionary [rɪ'ækʃnərɪ] *adj.* y *s. c.* POL. reaccionario.

reactivate [rɪ'æktɪveɪt] *v. t.* reactivar.

reactivation [rɪˌæktɪ'veɪʃn] *s. i.* reactivación.

reactive [rɪ'æktɪv] *adj.* QUÍM. reactivo: *reactive compounds = compuestos reactivos.*

reactiveness [rɪ'æktɪvnɪs] *s. i.* reactividad.

reactor [rɪ'æktər] *s. c.* **1** FÍS. reactor nuclear. **2** QUÍM. reactor.

read [ri:d] (*pret.* y *p. p.* **read**) *v. t.* e *i.* **1** leer: *to read the newspaper = leer el periódico.* ● *t.* **2** leer (en voz alta): *she read me the letter twice = me leyó la carta dos veces.* **3** descifrar: *he can read hieroglyphics = sabe descifrar jeroglíficos.* **4** comprender, entender: *I don't read what he means = no entiendo lo que quiere decir.* **5** indicar, señalar, marcar (un instrumento): *the thermometer reads 14º = el termómetro señala 14º.* **6** leer, consultar (un instrumento): *to read the meter = leer el contador.* **7** interpretar: *it was read as cowardice = fue interpretado como cobardía.* **8** RAD. oír (recibir la transmisión). **9** (**to** ~ {**for**}) estudiar (una asignatura universitaria): *she is reading for a degree in chemistry = está estudiando para licenciarse en química.* **10** adivinar (un acertijo, el pensamiento, el porvenir). **11** interpretar (un sueño, un presagio). **12** (fig.) leer (el pensamiento, la palma de la mano, en la cara, en la mirada). **13** PER. corregir: *to read proofs = corregir pruebas.* ● *i.* **14** leerse: *it reads easily = se lee fácilmente.* **15** leer: *this child can't read = este niño no sabe leer.* **16** decir: *the text reads thus = el texto dice así.* ● *s. sing.* **17** (**a** ~) lectura (tiempo dedicado a leer). ◆ **18 a good/excellent/etc.** ~, una buena/excelente lectura. **19 to have a reading knowledge of,** tener un conocimiento académico de (un idioma). **20 to** ~ **between the lines,** (fig.) leer entre líneas. **21 to** ~ **into,** ver (más de lo que hay en realidad). **22 to** ~ **out,** leer en voz alta. **23 to** ~ **over/through, a)** volver a leer, repasar; **b)** leer por encima. **24 to** ~ **up, a)** estudiar, empollar; **b)** (~ **on**) documentarse (sobre).

read [red] *pret.* y *p. p.* de **read.**

readable ['ri:dəbl] *adj.* **1** que vale la pena leer, ameno. **2** legible, que se puede leer.

reader ['ri:dər] *s. c.* **1** lector (persona aficionada a la lectura). **2** lector (de manuscritos, en una editorial). **3** corrector (de pruebas tipográficas). **4** RAD. locutor. **5** LIT. libro de texto. **6** INF. dispositivo para leer microfilms. **7** INF. lector, dispositivo informático capaz de leer textos. **8** (brit.) profesor adjunto (en una universidad).

readership ['ri:dəʃɪp] *s. sing.* **1** número de lectores de una publicación. ● *s. c.* **2** puesto de profesor adjunto.

readily ['redɪlɪ] *adv.* **1** de buena gana, con gusto: *I readily accepted his invitation = acepté con gusto su invitación.* **2** pronto, con presteza, rápidamente. **3** fácilmente, sin dificultad: *he understood it readily = lo comprendió sin dificultad.*

readiness ['redɪnɪs] *s. i.* **1** prontitud, presteza. **2** buena disposición (para hacer o aceptar algo). **3** rapidez, celeridad. **4** agudeza (de ingenio). **5** facilidad. ◆ **6 to be in** ~ **(for),** estar preparado (para).

reading ['ri:dɪŋ] *s. i.* **1** lectura. **2** cultura, erudición, conocimientos: *a man of vast reading = un hombre con amplios conocimientos.* ● *s. c.* **3** lectura (texto que se lee). **4** FILOL. versión (de un texto). **5** (fig.) interpretación, visión, versión: *my reading of the facts = mi visión de los hechos.* **6** lectura, indicación (de un instrumento). **7** recital (de poesía). **8** DER. (brit.) lectura (de un proyecto de ley en el parlamento).

reading-lamp ['ri:dɪŋlæmp] (también **reading lamp**) *s. c.* flexo.

reading-room ['ri:dɪŋrum] (también **reading room**) *s. c.* sala de lectura.

readjust [,ri:ə'dʒʌst] *v.r.* e *i.* **1** (~ {**to**}) readaptarse: *we have to readjust (ourselves) to this way of life = tenemos que readaptarnos a este modo de vida.* ● *v. t.* **2** reajustar, volver a ajustar.

readjustment [,rɪə'dʒʌstmənt] *s. i.* **1** readaptación: *they need a period of readjustment = necesitan un período de readaptación.* ● *s. c.* e *i.* **2** reajuste: *readjustment of salaries = reajuste salarial* o *de sueldos.*

ready ['redɪ] *adj.* **1** (~ {**for/to**}) listo, preparado (para): *is everything ready? = ¿está todo listo?* **2** dispuesto: *we are ready to help you = estamos dispuestos a ayudarte.* **3** (~ {**for/to**}) preparado (para) (algo): *he's not ready to face the facts = no está preparado para afrontar los hechos.* **4** rápido, pronto: *a ready answer = una respuesta rápida.* **5** (en) efectivo, contante: *ready cash = dinero (en) efectivo.* **6** agudo (el ingenio). ● *v. t.* **7** (~ {**for**}) preparar. **8** (~ + *pron.r.* + {**for/to**}) (form.) prepararse (para): *they are readying themselves for the race = se están preparando para la carrera.* ◆ **9 at the** ~, MIL. en ristre, listo para disparar (un fusil). **10 to get/make something** ~, preparar algo. **11 to have a** ~ **tongue,** (fig.) no tener pelos en la lengua. **12 readies,** (fam.) dinero contante; pasta. **13** ~ **and waiting,** a punto, preparado. **14** ~ **when you are,** (fam.) cuando quieras.

ready-made [,redɪ'meɪd] *adj.* **1** confeccionado, de confección : *ready-made clothes = ropa de confección.* **2** prefabricado. **3** precocinado: *ready-made food = comida precocinada.* **4** (fig.) preconcebido: *ready-made ideas = ideas preconcebidas, tópicos.*

reaffirm [,ri:ə'fə:m] *v. t.* reafirmar: *he reaffirmed his loyalty to our cause = reafirmó su fidelidad a nuestra causa.*

real [rɪəl] *adj.* **1** real, verdadero (no ficticio): *based on real events = basado en hechos reales.* **2** auténtico, legítimo: *a real diamond = un brillante auténtico.* **3** verdadero: *the real reason = la verdadera razón.* **4** verdadero, de verdad: *a real friend = un amigo de verdad.* **5** verdadero, auténtico: *she's a real hypochondriac = es una auténtica hipocondríaca.* **6** efectivo, real: *real help = ayuda efectiva.* **7** real, total: *the real cost = el coste real.* ● *adv.* **8** (EE UU) muy, realmente: *it's real good = es realmente bueno.* ◆ **9 for** ~, de verdad, de veras. **10** ~ **estate,** (también ~ **estate** cuando precede a un *s.*) **a)** DER. bienes inmuebles, bienes raíces; **b)** (EE UU) inmobiliario: *real estate agent = agente inmobiliario.* **11** ~ **world** la realidad, el mundo real. **12 the** ~ **thing,** lo auténtico, lo genuino.

realign [,ri:ə'laɪn] (form.) *v. t.* **1** reorganizar, reestructurar. **2** reagrupar. ● *v. i.* **3** POL. aliarse, coligarse, unirse (partidos políticos).

realignment [,ri:ə'laɪnmənt] *s. i.* (form.) reestructuración, reorganización.

realise *v. t.* ⇒ **realize.**

realism ['rɪəlɪzəm] *s. i.* **1** realismo, pragmatismo. **2** realismo, verosimilitud. **3** autenticidad. **4** ART. realismo.

realist ['rɪəlɪst] *s. c.* realista (persona partidaria del realismo).

realistic [,rɪə'lɪstɪk] *adj.* **1** realista, pragmático: *a realistic politician = un político realista.* **2** ART. realista, figurativo.

realistically [,rɪə'lɪstɪkəlɪ] *adv.* de un modo realista, con realismo.

reality [rɪ'ælɪtɪ] *s. i.* **1** realidad: *he is out of touch with reality = ha perdido el contacto con la realidad.* ● *s. c.* e *i.* **2** realidad: *her dreams have become reality = sus sueños se han hecho realidad.* ◆ **3 in** ~, **a)** en realidad, de hecho; **b)** en la realidad (no en la ficción). **4** ~ **show,** reality show.

realizable ['rɪəlaɪzəbəl] *adj.* **1** realizable, viable, factible: *your proyect is not realizable = su proyecto no es factible.* **2** FIN. realizable, convertible (bienes, inversiones, etc.).

realization [,rɪəlaɪ'zeɪʃn ‖ rɪəlɪ'zeɪʃn] *s. sing.* **1** comprensión, reconocimiento; descubrimiento (de un hecho). **2** realización (de un plan, de una ambición, etc.). **3** FIN. realización (de bienes, inversiones, etc.).

realize ['rɪəlaɪz] (también **realise**) *v. t.* **1** darse cuenta de, comprender: *he didn't realize what was happening = no se dio cuenta de lo que estaba ocurriendo.* **2** (form.) realizar, hacer realidad (un proyecto, una aspiración, un deseo). **3** (form.) llevar a cabo (un proyecto, un plan). **4** (~ {**on**}) FIN. sacar, obtener (por): *to realize a profit = obtener un beneficio.* **5** FIN. realizar, convertir en dinero (acciones, bienes, etc.).

realized ['rɪəlaɪzd] *adj.* realizado, hecho realidad.

really ['rɪəlɪ] *adv.* **1** (fam.) verdaderamente, realmente: *it is really good = es realmente bueno.* **2** de verdad, de veras: *I'm really sorry = lo siento de veras.* **3** en realidad: *I don't really want to go = en realidad no quiero ir.* OBS. **Really** también se utiliza como *interj.* para expresar sorpresa, interés, censura, enfado, duda o incredulidad, según el contexto, variando en cada caso su entonación.

realm [relm] *s. c.* **1** (fig. y form.) reino, campo, terreno, esfera: *in the realm of poetry = en el terreno de la poesía.* **2** reino (país gobernado por un rey o reina).

real-time ['rɪəl,taɪm] *adj.* en tiempo real.

realtor ['rɪəltɔːr] *s. c.* (EE UU) COM. agente inmobiliario.

reams [riːmz] *s. pl.* (fam.) gran cantidad de, montones de (algo escrito): *he wrote reams of verse = escribió montones de versos.*

reap [riːp] *v. t.* e *i.* **1** AGR. cosechar. **2** AGR. segar. ● *v. t.* **3** (fig.) cosechar, recoger (el fruto de algo). **4** (fig.) obtener (ganancias, provecho). **5** (fig.) cosechar, ganar: *he reaped numerous awards = cosechó numerosos galardones.*

reaper [riːpər] AGR. *s. c.* **1** segadora (máquina). **2** segador.

reaping [riːpɪŋ] AGR. *s. i.* **1** siega. ◆ **2 ~ machine,** segadora.

reappear [,riːə'pɪər] *v. i.* reaparecer.

reappearance [,riːə'pɪərəns] *s. c.* reaparición.

reappraisal [,riːə'preɪzəl] *s. c.* e *i.* (form.) nueva valoración, nueva evaluación, nuevo examen: *he wants a reappraisal of the situation = quiere un nuevo examen de la situación.*

reappraise [,riːə'preɪz] *v. t.* (form.) reconsiderar, reexaminar, volver a evaluar.

rear [rɪər] *s. sing.* **1** (**the** ~ {**of**}) la parte trasera, la parte de atrás, la parte posterior: *the rear of the house = la parte trasera* o *de atrás* o *posterior de la casa.* **2** (fam.) trasero. **3** MIL. retaguardia. ● *adj.* **4** trasero, de atrás, posterior: *rear entrance = entrada trasera.* ● *v. t.* **5** criar, educar (a un niño). **6** criar (animales). **7** cultivar (vegetales). **8** erguir, levantar: *it reared its head = irguió la cabeza.* **9** alzar, levantar (la voz, la mano). **10** erigir, levantar (un monumento). ● *v. i.* **11** erguirse, levantarse, empinarse. **12** (~ {**over**}) alzarse, erguirse (un edificio, una montaña). ◆ **13 to bring up the ~/to take up the ~, a)** cerrar la marcha (del desfile, cortejo, etc.); **b)** MIL. cubrir la retaguardia. **14 to ~ its ugly head,** (fig.) empezar a asomar (algo desagradable). **15 to ~ up, a)** erguirse, empinarse (una persona, un animal); **b)** encabritarse (un caballo). **16 ~ view mirror,** (espejo) retrovisor.

rearguard ['rɪəgɑːd] *s. sing.* **1** MIL. retaguardia. ◆ **2 to fight a ~ action,** (fig.) luchar a la desesperada.

rearm [,riː'ɑːm] *v. t.* **1** MIL. rearmar.● *v. i.* **2** rearmarse.

rearmament [rɪ'ɑːməmənt] *s. i.* MIL. rearme.

rearmost ['rɪəməust] *adj.* último (en una fila).

rearrange [,riːə'reɪndʒ] *v. t.* **1** ordenar de otro modo, colocar de distinta forma: *who rearranged my books? = ¿quién ha cambiado mis libros de sitio?* **2** volver a concertar (una cita).

rearrangement [,riːə'reɪndʒmənt] *s. c.* e *i.* **1** reordenación, nueva colocación. **2** cambio (en la hora o en la fecha de una cita).

reason ['riːzn] *s. c.* e *i.* **1** (~ {**for/to**}) razón, motivo (de/para): *there is no reason to be worried = no hay razón para estar preocupado.* **2** porqué, causa: *he wants to know the reason for everything = él quiere saber el porqué de todas las cosas.* ● *s. i.* **3** razón, raciocinio: *animals lack reason = los animales carecen de raciocinio.* **4** razón, sentido común. ● *v. i.* **5** razonar. **6** pensar, discurrir. **7** argumentar, alegar. **8** reflexionar. ◆ **9 all the more ~, (for/to)** razón de más (para). **10 to bring somebody to ~,** hacer que alguien entre en razón. **11 by ~ of,** (form.) a causa de, en virtud de. **12 for reasons best known to himself/herself, etc.,** por motivos que a mí se me escapan, por los motivos que él/ella, etc. sabrá. **13 for some ~,** por alguna razón (desconocida): *for some reason I remembered her = por alguna razón me acordé de ella.* **14 to listen to/hear ~,** avenirse a razones. **15 to lose one's ~,** perder el juicio, perder la razón. **16 to ~ out,** resolver por medio del razonamiento (un problema, una cuestión). **17 to ~ with somebody,** discutir o razonar con alguien. **18 to see ~,** entrar en razón. **19 to stand to ~,** ser lógico, ser razonable. **20 within ~,** dentro de lo razonable.

reasonable ['riːznəbl] *adj.* **1** razonable, sensato: *be reasonable, you can't see him now = sé razonable, no lo puedes ver ahora.* **2** razonable, lógico: *a reasonable explanation = una explicación razonable.* **3** razonable (un precio, una suma, etc.). **4** justo, razonable: *reasonable complaints = quejas razonables.* **5** razonable, aceptable: *it's a reasonable offer, you shouldn't decline it = es una oferta razonable, no deberías rechazarla.*

reasonableness ['riːznəblnɪs] *s. i.* sentido común, sensatez.

reasonably ['riːznəblɪ] *adv.* **1** razonablemente, bastante: *reasonably good salaries = sueldos bastante buenos.* **2** razonablemente, con sensatez.

reasoned ['riːznd] *adj.* razonado, basado en la razón.

reasoning ['riːznɪŋ] *s. i.* razonamiento, argumentos: *I don't understand your reasoning = no entiendo tu razonamiento.*

reassemble [,riːə'sembl] *v. i.* **1** reagruparse, volverse a reunir: *his family will reassemble to talk about the question = su familia se volverá a reunir para discutir el asunto.* ● *v. t.* **2** reagrupar, volver a reunir. **3** TEC. volver a montar (una máquina, un aparato).

reassembly [,riːə'semblɪ] *s. i.* **1** reagrupación, nueva reunión. **2** TEC. nuevo montaje (de una máquina, de un aparato).

reassert [,riːə'sɜːt] *v. t.* **1** reafirmar (posición, autoridad, etc.). **2** reafirmar (una idea, un principio, un hábito, etc.).

reassess [,riːə'ses] *v. t.* **1** reconsiderar, volver a analizar: *to reassess the situation = reconsiderar la situación.* **2** volver a tasar.

reassessment [,riːə'sesmənt] *s. c.* e *i.* **1** reconsideración. **2** nuevo análisis. **3** nueva valoración; nueva tasación.

reassurance [,riːə'ʃuərəns] *s. i.* **1** confianza, tranquilidad. **2** apoyo. ● *s. c.* **3** palabra reconfortante.

reassure [,riːə'ʃuər] *v. t.* **1** reconfortar, tranquilizar (a una persona, diciéndole algo). **2** alentar, dar ánimos a.

reassuring [,riːə'ʃuərɪŋ] *adj.* reconfortante, tranquilizador; alentador.

reassuringly [,riːə'ʃuərɪŋlɪ] *adv.* de modo reconfortante, de modo tranquilizador.

rebate ['riːbeɪt] *s. c.* **1** FIN. devolución, reembolso. **2** COM. descuento, rebaja. **3** COM. reintegro.

rebel ['rebl] *s. c.* **1** rebelde, inconformista: *my son is a rebel = mi hijo es un rebelde.* **2** MIL. rebelde, insurrecto: *the rebels attacked at dawn = los rebeldes atacaron al alba.* ● *adj.* **3** rebelde: *the rebel forces = las fuerzas rebeldes.* ● [rɪ'bel] *v. i.* **4** (~ {**against**}) rebelarse, sublevarse (contra): *they rebelled against the government = se rebelaron contra el gobierno.* **5** negarse a obedecer; rebelarse. **6** (fig.) rebelarse, no aguantar (el cuerpo, una parte del cuerpo): *he ran until his legs rebelled = corrió hasta que sus piernas no aguantaron más.*

rebellion [rɪ'beljən] *s. c.* e *i.* **1** MIL. rebelión, revuelta, sublevación, levantamiento: *a rebellion against the government = una sublevación contra el gobierno.* **2** rebeldía. **3** POL. oposición, resistencia.

rebellious [rɪ'beljəs] *adj.* **1** rebelde, incontrolable, revoltoso: *a rebellious child = un niño rebelde.* **2** MIL. rebelde, sedicioso.

rebelliously [rɪ'beljəslɪ] *adv.* sediciosamente.

rebelliousness [rɪ'beljəsnɪs] *s. i.* rebeldía.

rebirth [,riː'bɜːθ] *s. i.* **1** renacimiento. **2** renovación. **3** resurgimiento. **4** despertar.

rebirthing [,riː'bɜːθɪŋ] *s. i.* renacimiento.

reborn [,riː'bɔːn] *adj.* renacido.

rebound [rɪ'baund] *v. i.* **1** (~ {**from**}) rebotar: *the ball rebounded off the wall = la pelota rebotó en la pared.* **2** (~ {**on/upon**}) (fig.) recaer (sobre), tener repercusiones (en): *his selfish acts will rebound on him = todo su egoísmo se volverá contra él.* ● ['riːbaund] *s. c.* **3** rebote. ◆ **4 on the ~, a)** DEP. de rebote; a bote pronto; **b)** (fig.) de rebote de una relación anterior: *she married John on the rebound = se casó con John al ser rechazada por otro.*

rebuff [rɪ'bʌf] *v. t.* **1** despreciar, desairar; rechazar (una oferta, una sugerencia, una propuesta): *they rebuffed his offer = rechazaron su oferta.* • *s. c.* **2** desaire, desdén. **3** negativa.

rebuild [,riː'bɪld] (*pret.* y *p. p.* **rebuilt**) *v. t.* e *i.* **1** reconstruir: *after the storm they began to rebuild the huts = después de la tormenta empezaron a reconstruir las cabañas.* **2** reedificar. • *v. t.* **3** arreglar (una máquina, un aparato). **4** restablecer (un negocio, una organización).

rebuilt [,riː'bɪlt] *pret.* y *p. p.* de **rebuild.**

rebuke [rɪ'bjuːk] *v. t.* **1** reprender, regañar: *his mother rebuked him for hitting his sister = su madre le regañó por pegar a su hermana.* **2** censurar, criticar, reprochar. • *s. c.* e *i.* **3** reprimenda, reprensión. **4** censura, reproche.

rebut [rɪ'bʌt] *v. t.* (form.) refutar, rebatir; impugnar.

rebuttal [rɪ'bʌtl] *s. c.* (form.) refutación; impugnación.

recalcitrance [rɪ'kælsɪtrəns] *s. c.* (form.) obstinación.

recalcitrant [rɪ'kælsɪtrənt] *adj.* (form.) recalcitrante, obstinado.

recall [rɪ'kɔːl] *v. t.* **1** recordar, acordarse de: *I can't recall when I did it = no recuerdo* o *no me acuerdo de cuándo lo hice.* **2** (~ + *o.* + {**from/to**}) reclamar, hacer volver (a su país, después de haber estado trabajando en el extranjero). **3** retirar, llamar a consultas (a un embajador o miembro del cuerpo diplomático). **4** revocar, anular (una decisión, una orden). **5** traer a la memoria, recordar: *this street recalls my schooldays = esta calle me trae a la memoria mis años de escuela.* **6** MIL. llamar (a filas). **7** retirar del mercado; solicitar la devolución de (un producto defectuoso). • *s. i.* **8** recuerdo; memoria. **9** aviso, llamada (para hacer que alguien vuelva). **10** retirada, llamada a consultas (de un embajador o miembro del cuerpo diplomático). **11** MIL. llamada (a filas). **12** revocación, anulación (de una orden, de una decisión). • *s. c.* **13** MIL. toque de llamada. ◆ **14 to be beyond/past** ~, **a)** ser irrevocable (una decisión, una orden); **b)** pertenecer al pasado, ser imposible de recordar.

recant [rɪ'kænt] (form.) *v. t.* **1** retractarse de: *they recanted their statements = se retractaron de sus declaraciones.* **2** renunciar a (creencias): *he recanted his religion = renunció a su religión.* • *v. i.* **3** retractarse.

recap [riː'kæp] (fam.) *v. t.* e *i.* **1** resumir, recapitular. • *v. t.* **2** (EE UU) recauchutar. • *s. c.* **3** resumen, recapitulación.

recapitulate [,riːkə'pɪtjuleɪt] *v. t.* e *i.* resumir, recapitular.

recapitulation ['riːkə,pɪtju'leɪʃn] *s. c.* e *i.* resumen, recapitulación.

recapture [,riː'kæptʃər] *v. t.* **1** recuperar, recobrar: *try to recapture your good mood = trata de recobrar tu buen humor.* **2** volver a capturar, volver a apresar. **3** (fig.) recordar, recuperar (el pasado). **4** MIL. recuperar, reconquistar (una ciudad, una tierra, etc.). • *s. sing.* **5** (**the** ~ {**of**}) MIL. recuperación, reconquista (de una ciudad, tierra, etc.).

recast [,riː'kɑːst] (*pret.* y *p. p.* **recast**) *v. t.* **1** reestructurar, remodelar: *they are recasting the system = están reestructurando el sistema.* **2** volver a escribir, reescribir: *I had to recast two paragraphs = tuve que volver a escribir dos párrafos.* **3** refundir (una obra literaria). **4** cambiar el reparto de (una obra de teatro, una película).

recede [rɪ'siːd] *v. i.* **1** (~ {**from**}) alejarse; retroceder (hasta desaparecer): *the shore receded as we moved away towards the open sea = la costa se alejaba según nos adentrábamos en el mar.* **2** (fig.) descender, bajar (los precios, la marea). **3** (fig.) caerse: *his hair is receding = se está quedando calvo.* **4** (~ {**from**}) (fig.) desvanecerse, disiparse (un sentimiento, un recuerdo). **5** (~ {**from**}) desvanecerse, esfumarse (un color).

receding [rɪ'siːdɪŋ] *adj.* **1** que se aleja, que retrocede. **2** que desaparece gradualmente, que se desvanece. **3** (fig.) que se inclina hacia atrás o hacia adentro: *he has a receding forehead = tiene muchas entradas.*

receipt [rɪ'siːt] *s. c.* **1** COM. recibo. • *s. i.* **2** (~ {**of**}) (form.) recibo, recepción: *you have to acknowledge receipt of the books = tiene que acusar recibo de los libros.* • *s. pl.* **3** ingresos, entrada, recaudación. • *v. t.* **4** dar un recibo por. ◆ **5 on** ~ **of,** (form.) al recibo de, al recibir. **6** ~ **book,** talonario de recibos.

receive [rɪ'siːv] *v. t.* **1** recibir: *I received your letter yesterday = recibí tu carta ayer.* **2** recibir (ser objeto de): *he received many insults = recibió muchos insultos.* **3** recibir (salir al encuentro): *she came out to receive me = salió a recibirme.* **4** (~ {**into**}) admitir (en) (como miembro de un grupo, organización, etc.): *she wasn't received into the club = no fue admitida en el club.* **5** recibir, acoger: *the actress was received with applause = la actriz fue recibida con aplausos.* **6** (form.) recibir, contener: *the barrels are prepared to receive the wine = los barriles están preparados para recibir el vino.* **7** aceptar: *I'm not going to receive his gift = no voy a aceptar su regalo.* **8** DEP. restar (el saque, la pelota). **9** REL. recibir (un sacramento). **10** DER. receptar (objetos robados). **11** RAD. y TV. recibir, captar (imágenes, sonidos). **12** recibir, dar la bienvenida a. • *v. i.* **13** receptar objetos robados. ◆ **14 to be at/on the receiving end (of),** llevarse la peor parte (de) (algo desagradable).

received [rɪ'siːvd] *adj.* **1** admitido por la mayoría, que se da por bueno (un texto, una versión, una opinión). ◆ **2 received pronunciation,** (brit.) FILOL. forma de pronunciación inglesa admitida como modelo académico.

receiver [rɪ'siːvər] *s. c.* **1** auricular (del teléfono). **2** TEC. aparato receptor (de televisión, de radio, etc.). **3** perista, receptador (de objetos robados). **4** (brit.) DER. síndico de la quiebra, administrador judicial. **5** QUÍM. recipiente.

receivership [rɪ'siːvəʃɪp] *s. i.* DER. quiebra: *to go into receivership = pasar a manos de la administración judicial, quebrar.*

recent ['riːsnt] *adj.* **1** reciente: *a recent accident = un accidente reciente.* **2** último, reciente: *recent news = últimas noticias.*

recently ['riːsntlɪ] *adv.* **1** recientemente. **2** últimamente.

receptacle [rɪ'septəkl] *s. c.* (form.) receptáculo, recipiente.

reception [rɪ'sepʃn] *s. i.* **1** recepción (de un hotel, hospital, etc.). **2** RAD. y TV. recepción, captación (de una emisión). • *s. c.* **3** recibimiento, acogida: *his novel had a good reception = su novela tuvo (una) buena acogida.* **4** recepción (ceremonia oficial). **5** banquete (de boda, etc.). • *s. sing.* **6** (form.) recibimiento (de invitados). ◆ **7** ~ **center,** centro de acogida (de personas refugiadas, evacuadas, etc.). **8** ~ **class,** (form.) primera clase a la que van los párvulos. **9** ~ **room,** recibidor (en una casa); salón (de banquetes) (en un hotel).

receptionist [rɪ'sepʃənɪst] *s. c.* recepcionista.

receptive [rɪ'septɪv] *adj.* (~ {**to/of**}) receptivo, abierto: *a receptive mind = una mente abierta.*

receptiveness [rɪ'septɪvnɪs] *s. i.* receptividad.

receptivity [,resep'tɪvətɪ] *s. c.* (~ {**to**}) receptividad.

receptor [,rɪ'septə] *s. c.* receptor.

recess [rɪ'ses] *s. c.* e *i.* **1** descanso, pausa (en el trabajo). **2** receso, período vacacional (del Parlamento). **3** (EE UU) recreo (en una escuela). • *s. c.* **4** ARQ. hueco, nicho (en la pared de una habitación). • *v. t.* **5** suspender (el trabajo, la sesión). • *v. i.* **6** (EE UU) levantar la sesión. ◆ **7 recesses, a)** lugar remoto o secreto; **b)** (fig.) lo más hondo, lo más recóndito: *in the recesesses of my mind = en lo más recóndito de mi mente.*

recessed ['riːsest] *adj.* colocado en un hueco de la pared.

recession [rɪ'seʃn] *s. c.* e *i.* **1** ECON. recesión económica. **2** retroceso.

recharge [,riː'tʃɑːdʒ] *v. t.* **1** recargar (una batería). ◆ **2 to** ~ **one's batteries,** (fig.) recargar las pilas, tomarse un período de descanso para recuperarse.

rechargeable [,riː'tʃɑːdʒəbəl] *adj.* recargable (una batería).

recherché [rə'ʃeəʃeɪ] *adj.* rebuscado.

recidivist [rɪ'sɪdɪvɪst] *s. c.* DER. reincidente.

recipe ['resɪpɪ] *s. c.* **1** (~ {**for**}) GAST. receta (de): *a recipe for a pie = una receta de un pastel.* **2** (arc.) MED. receta. **3** (fig.) fórmula, receta: *a recipe for making money = una fórmula para ganar dinero.* ◆ **4 to be a ~ for something,** (fig.) ser la fórmula para conseguir algo: *this is a recipe for disaster = esto es una forma segura de que la cosa acabe en desastre.* **5 ~ book,** *recetario, libro de recetas.*

recipient [rɪ'sɪpɪənt] *s. c.* (~ {**of**}) (form.) receptor; destinatario.

reciprocal [rɪ'sɪprəkl] *adj.* recíproco, mutuo: *reciprocal love = amor recíproco.*

reciprocate [rɪ'sɪprəkeɪt] *v. t.* e *i.* **1** (form.) corresponder: *he is very kind to her but she doesn't reciprocate = él es muy amable con ella pero ella no le corresponde.* **2** intercambiar: *they reciprocated good wishes = se intercambiaron votos de felicidad.*

reciprocity [,resɪ'prɒsɪtɪ] *s. i.* reciprocidad, correspondencia mutua.

recital [rɪ'saɪtl] *s. c.* **1** MÚS. recital: *a piano recital = un recital de piano.* **2** recital: *a poetry recital = un recital de poesía.*

recitation [,resɪ'teɪʃn] *s. c.* e *i.* **1** recitación, declamación. **2** relación, enumeración: *the recitation of his talents = la enumeración de sus cualidades.* ● *s. c.* **3** poema o texto recitado.

recite [rɪ'saɪt] *v. t.* e *i.* **1** recitar, declamar (un poema, un texto). ● *v. t.* **2** (EE UU) decir de memoria (la lección). **3** enumerar.

reckless ['reklɪs] *adj.* **1** temerario, imprudente: *reckless driving = conducción temeraria.* **2** irreflexivo. **3** desconsiderado. **4** alocado: *a reckless youth = un joven alocado.* ◆ **5 to be ~ with one's money,** ser derrochador.

recklessly ['reklɪslɪ] *adv.* imprudentemente; de forma temeraria.

recklessness ['reklɪsnɪs] *s. i.* **1** temeridad, imprudencia. **2** irreflexión.

reckon ['rekən] *v. t.* **1** (fam.) creer, pensar: *I reckon they'll come = creo que vendrán.* **2** considerar: *he is reckoned the cleverest boy in the class = se le considera el chico más listo de la clase.* **3** juzgar, estimar. **4** calcular: *did you reckon the costs of the trip? = ¿calculaste los gastos del viaje?* **5** contar: *I reckon him among my friends = lo cuento entre mis amigos.* **6** (~ **to** + *inf.*) calcular: *we reckon to arrive there by ten = calculamos que llegaremos para las diez.* ◆ **7 to ~ in,** incluir. **8 to ~ on one's fingers,** contar con los dedos. **9 to ~ on/upon,** contar con: *I reckon on your help = cuento con tu ayuda.* **10 to ~ up,** calcular (el total). **11 to ~ with, a)** tener en cuenta, contar con: *I didn't reckon with this = no contaba con esto;* **b)** tratar con, ajustar las cuentas con (alguien). **12 to ~ without,** (fam.) no tener en cuenta.

reckoning ['rekənɪŋ] *s. c.* e *i.* **1** cálculo. ● *s. c.* **2** cuenta, factura. **3** ajuste de cuentas. ◆ **4 to be out in one's ~,** equivocarse en los cálculos. **5 the day of ~,** (fig.) el momento del ajuste de cuentas.

reclaim [rɪ'kleɪm] *v. t.* **1** reclamar (para recobrar algo): *he reclaimed his money = reclamó su dinero.* **2** aprovechar, recuperar (tierras baldías para cultivar o edificar). **3** (~ {**from**}) (p.u.) reformar, regenerar (a una persona): *to reclaim a juvenile delinquent = reformar a un joven delincuente.* **4** reciclar; recuperar (materiales usados). ◆ **5 to be past/beyond ~,** no tener remedio; ser irrecuperable.

reclaimed [rɪ'kleɪmd] *adj.* **1** recuperado (tierra). **2** regenerado, reformado (persona). **3** reciclado; recuperado (material).

reclamation [,reklə'meɪʃn] *s. i.* **1** recuperación, aprovechamiento (de tierras baldías, para cultivar o edificar). **2** reciclaje; recuperación (de materiales). **3** regeneración, reforma moral.

recline [rɪ'klaɪn] *v. i.* **1** recostarse, reclinarse: *a reclining seat = un asiento reclinable.* **2** (~ {**on**}) apoyarse. ● *v. t.* **3** recostar, reclinar. **4** (~ {**on**}) apoyar: *she reclined her arms on the table = apoyó sus brazos sobre la mesa.*

recluse [rɪ'klu:s] *s. c.* solitario, ermitaño.

reclusive [rɪ'klu:sɪv] *adj.* (form.) solitario, huraño.

recognisable *adj.* ⇒ **recognizable.**

recognise *v. t.* ⇒ **recognize.**

recognised *adj.* ⇒ **reconized.**

recognition [,rekəg'nɪʃn] *s. i.* **1** reconocimiento, acción de reconocer (a una persona, una cosa). **2** identificación (de un objeto). **3** reconocimiento, aceptación: *the recognition of their mistakes = el reconocimiento de sus equivocaciones.* **4** reconocimiento, aceptación oficial (de un nuevo estado, administración, gobierno, etc.). **5** reconocimiento (de un hijo). ◆ **6 beyond/out of (all) ~,** hasta hacerse irreconocible: *it has changed beyond recognition = ha cambiado hasta hacerse irreconocible.* **7 in ~ of,** en reconocimiento a.

recognizable ['rekəgnaɪzəbl] (también **recognisable**) *adj.* **1** reconocible. **2** identificable.

recognizably ['rekəgnaɪzəblɪ] *adv.* sensiblemente.

recognize ['rekəgnaɪz] (también **recognise**) *v. t.* **1** (~ {**as**}) reconocer, identificar (a una persona, un objeto): *nobody recognized him = nadie lo reconoció.* **2** reconocer, admitir, aceptar: *he recognized his mistakes = admitió sus errores.* **3** reconocer oficialmente (un gobierno, un título, unos servicios prestados, etc.). **4** reconocer (a un hijo).

recognized ['rekəgnaɪzd] (también **recognised**) *adj.* reconocido: *a recognized authority = una autoridad reconocida.*

recoil [rɪ'kɔɪl] *v. i.* **1** (~ {**at/from**}) retroceder, echarse atrás: *he recoiled in fear = retrocedió atemorizado.* **2** (~ {**on/ upon**}) (form.) repercutir (desfavorablemente): *his impudence may recoil on his sons = su desvergüenza puede repercutir en sus hijos.* **3** retroceder, dar un culatazo (un arma de fuego). ● ['ri:kɔɪl] *s. i.* **4** culatazo, retroceso (de un arma de fuego). **5** (fig.) retroceso (acción de retroceder, de dolor o miedo).

recollect [,rekə'lekt] *v. t.* (form.) recordar: *he couldn't recollect where he had left it = no podía recordar dónde lo había dejado.*

recollection [,rekə'lekʃn] *s. c.* **1** recuerdo: *an unpleasant recollection = un recuerdo desagradable.* ● *s. i.* **2** memoria. ◆ **3 to the best of my recollection,** que yo recuerde.

recombinant DNA [rɪ'kɒmbɪnənt di:en'eɪ] *s. i.* ADN recombinante, preparado en laboratorio.

recommend [,rekə'mend] *v. t.* **1** (~ {**as/for/to**}) recomendar: *I don't recommend her as an assistant = no la recomiendo como ayudante.* **2** (~ **that/** *o.* + *inf.*) recomendar, aconsejar: *I recommend you to take your umbrella = le recomiendo* o *aconsejo que coja su paraguas.* **3** hablar en favor de: *the way he acts doesn't recommend him = la forma en que actúa no habla en su favor.* **4** (arc.) encomendar, confiar a la protección de: *I recommend my son to you = os encomiendo a mi hijo.*

recommendation [,rekəmen'deɪʃn] *s. c.* e *i.* recomendación: *I bought it on the recommendation of a friend = lo compré por recomendación de un amigo.*

recompense ['rekəmpens] *v. t.* **1** (~ {**for**}) recompensar, premiar (por): *they recompensed her for her work = la recompensaron por su trabajo.* **2** (~ {**for**}) compensar, indemnizar (por) (por una pérdida). ● *s. c.* e *i.* **3** (~ {**for**}) recompensa, premio (por): *they gave me a little recompense for my help = me dieron una pequeña recompensa por mi ayuda.* **4** compensación, indemnización.

reconcile ['rekənsaɪl] *v. t.* **1** (~ {**to/ with**}) conciliar, compatibilizar (dos cosas opuestas). **2** (~ {**to/ with**}) reconciliar (a enemigos). ● *v. pron.* **3** (~ **to**) resignarse a; amoldarse a: *she will have to reconcile herself to a life of poverty = tendrá que amoldarse a una vida de pobreza.*

reconciled ['rekənsaɪld] *adj.* **1** (~ {**to**}) adaptado. ◆ **2 to become ~ to,** resignarse a; amoldarse a. **3 to become ~ with,** reconciliarse con.

reconciliation [,rekənsɪlɪ'eɪʃn] *s. c.* e *i.* **1** (~ {**between/of/with**}) reconciliación (entre personas). ● *s. c.* **2** (~ {**between/of/with**}) conciliación; compatibilización (de ideas, etc.).

recondite ['rekəndaɪt] *adj.* (form.) abstruso, oscuro, difícil de comprender.

recondition [ˌriːkən'dɪʃən] *v. t.* **1** arreglar, reparar (una máquina, un aparato). **2** poner a punto, revisar: *to recondition an engine = revisar* o *poner a punto un motor.* **3** volver a equipar.
reconditioned [ˌriːkən'dɪʃənd] *adj.* revisado, puesto a punto (una máquina, un aparato): *a reconditioned car = un coche revisado.*
reconnaissance [rɪ'kɒnɪsəns] *s. i.* MIL. reconocimiento: *reconnaissance flight = vuelo de reconocimiento.*
reconnoitre [ˌrekə'nɔɪtər] (en EE UU **reconnoiter**) *v. t.* **1** MIL. reconocer, explorar. • *v. i.* **2** hacer un reconocimiento.
reconsider [ˌriːkən'sɪdər] *v. t.* **1** reconsiderar. • *v. i.* **2** reconsiderarlo.
reconsideration ['riːkənˌsɪdə'reɪʃn] *s. i.* reconsideración; revisión; nuevo examen.
reconstitute [ˌriː'kɒnstɪtjuːt] *v. t.* **1** reconstituir, reorganizar: *to reconstitute a political party = reconstituir un partido político.* **2** reconstituir (hechos pasados). **3** GAST. reconstituir (un alimento deshidratado).
reconstituted [ˌriː'kɒnstɪtjuːtɪd] *adj.* reconstituido.
reconstruct [ˌriːkən'strʌkt] *v. t.* **1** reconstruir, reedificar: *the opera house has been reconstructed = se ha reconstruido el teatro de la ópera.* **2** reconstituir, reorganizar: *to reconstruct a system = reconstituir un sistema.* **3** reconstruir: *the police reconstructed the crime = la policía reconstruyó el crimen.*
reconstructed [ˌriːkən'strʌktɪd] *adj.* reconstruido.
reconstruction [ˌriːkən'strʌkʃn] *s. i.* **1** reconstrucción, reedificación. **2** reorganización, reconstitución (de un sistema u organización). **3** reconstrucción (de hechos pasados). • *s. c.* **4** reproducción, copia (de algo que ya no existe): *a reconstruction of a Spanish caravel = una reproducción de una carabela española.*
record ['rekɔːd] *s. c.* **1** registro. **2** acta (de una reunión, tribunal, etc.). **3** antecedentes (personales): *criminal record = antecedentes penales.* **4** DEP. plusmarca, récord. **5** hoja de servicio (de un empleado, de un funcionario). **6** currículum vitae; historial profesional. **7** expediente académico. **8** nota, calificación (de un alumno). **9** MÚS. disco. **10** MÚS. grabación. • *adj.* **11** récord: *a record time = un tiempo récord.* **12** sin precedentes; inigualable. • [rɪ'kɔːd] *v. t.* **13** registrar. **14** anotar, apuntar: *to record an order = apuntar un pedido.* **15** grabar (en una cinta magnetofónica o de vídeo): *this phone call is being recorded = esta llamada está siendo grabada.* **16** dejar constancia de, hacer constar (una opinión). **17** indicar, marcar (una medida, un valor, etc.): *the thermometer records 25º = el termómetro marca 25º.* **18** consignar, poner por escrito; citar. • *v. t.* e *i.* **19** MÚS. grabar. ◆ **20 a matter of ~,** un hecho constatado, un hecho indiscutible. **21 to beat/ break the ~,** batir el récord. **22 for the ~,** públicamente, oficialmente. **23 to go/to be on ~** (**~ as +** *ger.*), declarar públicamente. **24 off the ~,** (fam.) confidencialmente; extraoficialmente. **25 on ~, a)** (*super.* ~) jamás alcanzado, jamás registrado: *the best score on record = la mejor puntuación jamás registrada;* **b)** archivado. **26 ~ library,** MÚS. fonoteca. **27 records, a)** archivos; **b)** vestigios; muestras: *records of ancient civilizations = vestigios de antiguas civilizaciones.* **28 to set/put/get the ~ straight,** deshacer un malentendido.
record-breaker ['rekɔːdˌbreɪkər] *s. c.* DEP. plusmarquista.
record-breaking ['rekɔːdˌbreɪkɪŋ] *adj.* **1** extraordinario, excepcional. **2** DEP. que ha batido todos los récords: *a record-breaking team = un equipo que ha batido todos los récords.*
recorded [rɪ'kɔːdɪd] *adj.* **1** grabado: *a recorded programme = un programa grabado.* **2** constatado: *a recorded fact = un hecho constatado.* ◆ **3 ~ delivery,** (brit.) por correo certificado: *I sent the letters recorded delivery = envié las cartas por correo certificado.*
recorder [rɪ'kɔːdər] *s. c.* **1** MÚS. flauta dulce. **2** TEC. indicador, contador. **3** TEC. registrador. **4** (brit.) DER. juez municipal. **5** magnetófono. ◆ **6 tape ~,** magnetófono, casete.
recording [rɪ'kɔːdɪŋ] *s. c.* **1** grabación: *a recording of her voice = una grabación de su voz.* • *s. i.* **2** grabación: *recording session = una sesión de grabación.* ◆ **3 ~ tape,** cinta magnetofónica.
record-player ['rekɔːdˌpleɪər] (también **record player**) *s. c.* MÚS. tocadiscos.
recount [rɪ'kaunt] *v. t.* **1** (form.) relatar (un suceso, un cuento). • ['riːkaunt] *s. c.* **2** recuento (de votos).
recoup [rɪ'kuːp] *v. t.* **1** recuperar (una suma de dinero). **2** (~ {**for**}) compensar, indemnizar (por una pérdida).
recourse [rɪ'kɔːs] (form.) *s. i.* **1** recurso, medio: *his only recourse was violence = su único recurso era la violencia.* ◆ **2 to have ~ to,** recurrir a: *I advised her to have recourse to her parents = le aconsejé que recurriera a sus padres.*
recover [rɪ'kʌvər] *v. i.* **1** (~ {**from**}) recuperarse, reponerse (de). **2** (~ {**from**}) recuperarse (de) (la economía). • *v. t.* **3** recobrar, recuperar: *he recovered his good humour = recobró su buen humor.* **4** (~ {**from**}) recobrar, recuperar (de): *did you recover your money? = ¿recuperaste tu dinero?* **5** (~ {**from**}) rescatar, recuperar (de): *the police will recover the prisoner = la policía rescatará al prisionero.*
re-cover [ˌriː'kʌvə] *v. t.* **1** tapizar: *to re cover a chair = tapizar una silla.* **2** revestir.
recoverable [rɪ'kʌvərəbl] *adj.* **1** recuperable. **2** DER. reivindicable.
recovered [rɪ'kʌvəd] *adj.* recuperado.
recovery [rɪ'kʌvərɪ] *s. c.* e *i.* **1** (~ {**from**}) restablecimiento, recuperación: *a quick recovery from an illness = una rápida recuperación de una enfermedad.* **2** ECON. recuperación, reactivación. • *s. i.* **3** rescate, recuperación. **4** ECON. reembolso.
recreate [ˌriːkrɪ'eɪt] *v. t.* recrear, crear de nuevo (algo ya pasado).
recreation [ˌrekrɪ'eɪʃn] *s. c.* e *i.* **1** distracción, entretenimiento; ocio. • [ˌriːkrɪ'eɪʃn] *s. i.* **2** (~ {**of**}) recreación (de algo que ya no existe). ◆ **3 ~ ground,** parque recreativo.
recreational [ˌrekrɪ'eɪʃnəl] *adj.* recreativo, de recreo.
recriminate [rɪ'krɪmɪneɪt] *v. i.* recriminar.
recrimination [rɪˌkrɪmɪ'neɪʃn] *s. pl.* y *s. i.* **1** recriminación. ◆ **2 to make a ~** (**against**), recriminar (a).
recriminatory [rɪ'krɪmɪnətərɪ] *adj.* recriminatorio.
recruit [rɪ'kruːt] *s. c.* **1** MIL. recluta. **2** nuevo miembro (de una organización, institución, etc.). • *v. t.* **3** MIL. reclutar, alistar (reclutas voluntarios). **4** (fig.) contratar (trabajadores, ayudantes). • *v. i.* **5** MIL. reclutar, alistar.
recruiting [rɪ'kruːtɪŋ] *s. i.* ⇒ **recruitment.**
recruitment [rɪ'kruːtmənt] *s. i.* **1** MIL. reclutamiento. **2** contratación.
recta ['rektə] *pl.* de **rectum.**
rectangle ['rekˌtæŋgl] *s. c.* GEOM. rectángulo.
rectangular [rek'tæŋgjulər] *adj.* GEOM. rectangular.
rectification [ˌrektɪfɪ'keɪʃn] *s. i.* (form.) rectificación.
rectifiable ['rektɪfaɪəbl] *adj.* rectificable.
rectify ['rektɪfaɪ] *v. t.* **1** (form.) rectificar, enmendar, corregir: *she could not rectify her mistakes = no pudo rectificar sus errores.* **2** ELEC. rectificar (transformar corriente alterna en continua). **3** QUÍM. rectificar, purificar (una bebida alcohólica).
rectilineal [ˌrektɪ'lɪnɪəl] *adj.* ⇒ **rectilinear.**
rectilinear [ˌrektɪ'lɪnɪər] (también **rectilineal**) *adj.* GEOM. rectilíneo.
rectitude ['rektɪtjuːd] *s. i.* (form. o lit.) rectitud, probidad, honradez.
rector ['rektər] *s. c.* **1** REL. vicario, cura párroco. **2** (brit.) rector, superior de una universidad.
rectory ['rektərɪ] *s. c.* REL. casa parroquial.
rectum ['rektəm] *s. c.* (*pl.* **rectums** o **recta**) ANAT. recto.
recumbent [rɪ'kʌmbənt] *adj.* (lit.) tendido, yacente.
recuperate [rɪ'kuːpəreɪt] *v. i.* **1** (~ {**from**}) (form.) recuperarse, restablecerse, reponerse (de una enfermedad, de una conmoción, etc.). • *v. t.* **2** recuperar, recobrar.
recuperation [rɪˌkuːpə'reɪʃn] *s. i.* (form.) recuperación, restablecimiento.

recuperative [rɪ'kju:pərətɪv] *adj.* (form.) de recuperación, recuperativo.

recur [rɪ'kɜ:r] *v. i.* **1** repetirse: *the same dream recurred frequently* = *el mismo sueño se repetía frecuentemente.* **2** (~ {**to**}) volver: *recurring to that matter* = *volviendo a ese asunto.* **3** volver a la mente.

recurrence [rɪ'kʌrəns] (form.) *s. c.* e *i.* **1** repetición, reaparición. **2** MED. recaída.

recurrent [rɪ'kʌrənt] *adj.* **1** recurrente: *a recurrent theme* = *un tema recurrente* o *que se repite.* **2** ANAT. recurrente: *recurrent nerves* = *nervios recurrentes.* ◆ **3** ~ **decimals,** MAT. fracciones decimales periódicas.

recurring [rɪ'kɜ:rɪŋ] *adj.* ⇒ **recurrent.**

recycle [ˌri:'saɪkl] *v. t.* TEC. reciclar (un material).

recycled [ˌri:'saɪkld] *adj.* TEC. reciclado (un material).

recycling [ri:'saɪklɪŋ] *s. i.* reciclaje, reciclado.

red [red] *adj.* **1** rojo, colorado: *a red carnation* = *un clavel rojo.* **2** (fig.) encendido, muy colorado: *a red face* = *una cara encendida.* **3** (fam. y desp.) POL. rojo, comunista, izquierdista. **4** enrojecido, rojo: *red eyes* = *ojos enrojecidos.* ● *s. c.* e *i.* **5** rojo, color rojo: *the reds and blues of the picture* = *los rojos y azules del cuadro.* ● *s. i.* **6** vino tinto. ● *s. c.* **7** (fam. y desp.) POL. rojo, comunista, izquierdista. ◆ **8 as ~ as a beetroot/peony/lobster/tomato,** (fam.) **a)** colorado o rojo como un tomate (por el rubor); **b)** rojo como un cangrejo (por el sol). **9 in the ~,** ECON. en números rojos, en descubierto: *my bank account is in the red* = *mi cuenta bancaria está en descubierto.* **10 in ~,** de rojo (vestido de rojo): *the girl in red* = *la chica de rojo.* **11 ~ alert,** alerta roja. **12 ~ carpet,** tratamiento privilegiado que recibe un visitante importante. **13 ~ cell/ corpuscle,** ANAT. glóbulo rojo, hematíe, eritrocito. **14 Red Crescent,** Media Luna Roja. **15 Red Cross,** Cruz Roja. **16 ~ ensign,** MAR. bandera de la marina mercante británica. **17 ~ herring,** (fam.) pretexto para desviar la atención. **18 Red Indian,** (desp.) piel roja. **19 ~ light, a)** disco rojo, semáforo en rojo (señal de tráfico); **b)** (fig.) señal de peligro. **20 ~ light district,** barrio chino (de prostitución). **21 ~ meat,** GAST. carne roja. **22 ~ pepper,** GAST, **a)** pimiento rojo; **b)** pimentón. **23 Red Sea,** Mar Rojo. **24 ~ tape,** (fig.) papeleo, trámites burocráticos. **25 ~ wine,** vino tinto. **26 to see ~,** enfurecerse, salirse de sus casillas.

red-blooded [ˌred'blʌdɪd] *adj.* (fam.) enérgico, vigoroso, fuerte: *a red-blooded youth* = *un joven vigoroso.*

redbrick ['redbrɪk] (también **red-brick**) *adj.* **1** de ladrillo rojo (una construcción). **2** (brit.) adjetivo que se aplica a las universidades inglesas fundadas con posterioridad a las de Oxford y Cambridge.

redcurrant ['redˌkʌrənt] BOT. *s. c.* **1** grosella roja. **2** grosellero.

redden ['redn] *v. i.* **1** enrojecer(se): *his face reddened* = *se le enrojeció el rostro.* **2** ruborizarse, ponerse colorado (una persona). ● *v. t.* **3** teñir de rojo.

reddish ['redɪʃ] *adj.* rojizo.

redecorate [ˌri:'dekəreɪt] *v. t.* volver a pintar/empapelar (un edificio, una habitación, etc.).

redecoration [ˌri:dekə'reɪʃən] *s. i.* nueva pintura/nuevo empapelado.

redeem [rɪ'di:m] *v. t.* **1** (fig. y form.) salvar (una situación desagradable). **2** (~ {**from**}) (fig. y form.) compensar (un defecto, una característica desagradable). **3** (form.) redimir, recuperar (algo empeñado). **4** (form.) cumplir (una promesa, una obligación). **5** (form.) liquidar, amortizar, cancelar (una deuda, una hipoteca, etc.). **6** (form.) recuperar (honor, posición, derechos). **7** (form.) redimir (a un esclavo); salvar, rescatar (a un cautivo). **8** REL. redimir, salvar.

redeemable [rɪ'di:məbl] *adj.* COM. amortizable.

redeemer [rɪ'di:mər] *s. sing.* **1** (**the** ~) REL. el Salvador, el Redentor. ● *s. c.* **2** (p.u.) salvador: *the redeemer of our country* = *el salvador de nuestra patria.*

redeeming [rɪ'di:mɪŋ] *adj.* compensatorio (aplicado a una característica o cualidad que compensa un defecto): *a dreadful film with no redeeming features* = *una película malísima sin nada que la salve.*

redemption [rɪ'dempʃn] (form.) *s. i.* **1** REL. redención, salvación. **2** cumplimiento (de una promesa). ◆ **3 past/ beyond ~,** irremediable.

redemptive [rɪ'demptɪv] *adj.* (form.) REL. redentor.

redeploy [ˌri:dɪ'plɔɪ] *v. t.* **1** redistribuir, reorganizar (trabajadores). **2** movilizar (tropas).

redeployment [ˌri:dɪ'plɔɪmənt] *s. i.* **1** redistribución (de trabajadores). **2** movilización (de tropas).

redevelop [ˌri:dɪ'veləp] *v. t.* reurbanizar (una zona de una ciudad, un barrio, etc.).

redevelopment [ˌri:dɪ'veləpment] *s. c.* e *i.* reurbanización (de una zona de una ciudad, un barrio, etc.).

redid [ri:'dɪd] *pret.* ⇒ **redo.**

red-faced [ˌred'feɪst] *adj.* de rostro encendido, colorado (por el sonrojo o por la bebida).

redhead ['redhed] *s. c.* pelirrojo.

redheaded [ˌred'hedɪd] *adj.* pelirrojo: *a redheaded boy* = *un chico pelirrojo.*

red-hot [ˌred'hɒt] *adj.* **1** candente, al rojo vivo (un metal). **2** al rojo, demasiado caliente (un objeto). **3** (fig.) ardiente, apasionado, vehemente: *a red-hot speech* = *un discurso vehemente.* **4** candente, de máxima importancia o actualidad.

redirect [ˌri:dɪ'rekt] *v. t.* **1** reencauzar, volver a orientar. **2** desviar: *to redirect traffic* = *desviar el tráfico.* **3** volver a enviar, reexpedir (por correo).

redistribute [ˌri:dɪ'strɪbju:t] *v. t.* redistribuir.

redistribution ['ri:ˌdɪstrɪ'bju:ʃn] *s. i.* redistribución.

redness ['rednɪs] *s. i.* rojez.

redo [ˌri:'du:] (*pret.* **redid;** *p. p.* **redone**) *v. t.* rehacer, volver a hacer.

redolent ['redələnt] *adj.* **1** (~ **of**) (fig. y lit.) evocador de, que recuerda a, que hace pensar en: *it is a film redolent of the epoch of silent films* = *es una película que recuerda a o evoca la época del cine mudo.* **2** (~ **of**) (lit.) que huele a, que tiene la fragancia de: *sheets redolent of jasmine* = *sábanas que huelen a jazmín.*

redone [rɪ:'dʌn] *p. p.* de **redo.**

redouble [ˌri:'dʌbl] *v. t.* **1** redoblar, intensificar, aumentar: *I redoubled my efforts* = *redoblé mis esfuerzos.* **2** redoblar (en el bridge).

redoubt [rɪ'daut] (form.) *s. c.* **1** MIL. reducto. **2** (fig.) refugio.

redoubtable [rɪ'dautəbl] *adj.* (form. o lit.) temible: *a redoubtable opponent* = *un adversario temible.*

redress [rɪ'dres] (form.) *v. t.* **1** reparar (un daño). **2** rectificar, corregir, enmendar (un error). ● *s. i.* **3** desagravio, reparación. **4** compensación. ◆ **5 to ~ the balance** (~ {**between**}), equilibrar la balanza.

redskin ['redskɪn] *s. c.* (desp.) piel roja.

reduce [rɪ'dju:s] *v. t.* **1** (~ {**from/to**}) reducir: *I'll reduce my expenses* = *reduciré mis gastos.* **2** (~ {**to**}) reducir (a), convertir (en): *his house was reduced to ashes* = *su casa quedó reducida a cenizas.* **3** COM. rebajar (un precio, un sueldo). **4** reducir, someter: *they reduced the rebels* = *sometieron a los rebeldes.* **5** (~ {**to**}) llevar (a): *it reduced her to despair* = *la llevó a la desesperación.* **6** obligar, reducir: *to reduce to silence* = *reducir al silencio.* **7** QUÍM. reducir (separar el oxígeno). **8** (~ {**to**}) reducir, concentrar (un líquido, una solución). ● *v. i.* **9** (EE UU) (fam.) bajar peso.

reduced [rɪ'dju:st] *adj.* **1** reducido. ◆ **2 to be ~,** (~ **to +** *ger.*) verse obligado a: *she was reduced to begging* = *se vio obligado a pedir limosna.*

reduction [rɪ'dʌkʃn] *s. i.* **1** (~ {**in/of**}) reducción: *reduction of prices* = *reducción de los precios.* ● *s. c.* **2** (~ {**in**}) COM. rebaja, descuento. **3** reducción, copia reducida (de un mapa, cuadro, escultura, etc.). ● *s. sing.* **4** (~ **of**) simplificación.

redundancy [rɪ'dʌndənsɪ] *s. c.* **1** despido por reducción de plantilla. ● *s. i.* **2** desempleo por reducción de plantilla ◆ **3 ~ payment,** indemnización por despido.

redundant [rɪ'dʌndənt] *adj.* **1** superfluo, innecesario, sobrante. **2** sin empleo (por reducción de plantilla): *to be made redundant* = *ser despedido.* **3** GRAM. redundante, pleonástico.

redwood ['redwud] BOT. *s. c.* e *i.* **1** secoya. **2** madera de secoya.

reed [ri:d] *s. c.* e *i.* **1** BOT. caña, carrizo. • *s. c.* **2** MÚS. lengüeta (de un instrumento de viento). **3** MÚS. caramillo, flautilla de caña. ◆ **4 broken ~,** (fig.) persona o cosa de poco fiar. ◆ **5 reeds,** MÚS. instrumentos de lengüeta.

reedy ['ri:dɪ] *adj.* **1** BOT. lleno de cañas o carrizos. **2** agudo, estridente (un sonido); aflautado (una voz).

reef [ri:f] MAR. *s. c.* **1** arrecife; banco: *coral reef = arrecife de coral; banco de coral.* **2** escollo. **3** rizo. • *v. i.* **4** tomar rizos. ◆ **5 ~ knot,** MAR. nudo de rizo. **6 to take in a ~,** (lit. o fig.) proceder con cautela.

reefer ['ri:fər] *s. c.* **1** chaqueta gruesa ajustada (utilizada a menudo por los marineros). **2** (argot y p.u.) porro de marihuana. **3** (p.u.) MAR. guardiamarina. ◆ **4 ~ jacket,** chaqueta gruesa ajustada (utilizada a menudo por los marineros).

reek [ri:k] *v. i.* **1** (~ {**of/with**}) apestar (a): *the whole house reeked of fish = toda la casa apestaba a pescado.* **2** (~ {**of**}) (fig.) oler a, apestar a: *it reeked of corruption = olía a corrupción.* • *s. sing.* **3** (~ {**of**}) peste, hedor, tufo.

reel [ri:l] *s. c.* **1** bobina, carrete (de hilo). **2** rollo, carrete (de película). **3** carrete (de caña de pescar). **4** baile escocés. • *v. i.* **5** tambalearse: *the drunkard reeled to and fro = el borracho se tambaleaba de un lado para otro.* **6** (fig.) dar vueltas: *her head was reeling = la cabeza le daba vueltas.* • *v. t.* **7** devanar. ◆ **8 off the ~,** (fam.) de un tirón, sin parar. **9 to ~ in,** sacar con el carrete (un pez del agua). **10 to ~ off,** decir de un tirón.

re-elect [ˌri:ɪ'lekt] *v. t.* POL. reelegir: *to re-elect a member of parliament = reelegir a un diputado.*

re-election [ˌri:ɪ'lekʃn] *s. i.* POL. reelección.

re-enact [ˌri:ɪ'nækt] *v. t.* **1** volver a representar (un papel, una obra, una escena). **2** POL. volver a promulgar (una ley).

re-entry [ri:'entrɪ] *s. i.* reentrada; reingreso.

re-establish [ˌri:ə'stæblɪʃ] *v. t.* restablecer.

re-examination ['ri:ɪgˌzæmɪ'neɪʃn] *s. c.* e *i.* (~ {**of**}) revisión, nuevo examen.

re-examine [ˌri:ɪg'zæmɪn] *v. t.* **1** revisar, reconsiderar. **2** DER. revisar (un testimonio).

ref [ref] *s. c.* (fam.) DEP. árbitro.

refectory [rɪ'fektərɪ] *s. c.* refectorio, comedor (de un convento, monasterio o universidad).

refer [rɪ'fɜ:r] *v. i.* **1** (~ {**to**}) referirse (a): *I am not referring to that girl = no me refiero a esa chica.* **2** consultar, acudir, recurrir (a una fuente de información): *he translated the text without referring to a dictionary = tradujo el texto sin acudir a un diccionario.* **3** (~ {**to**}) aludir, mencionar, hacer referencia a: *he has never referred to that subject = nunca ha aludido a ese tema.* • *v. t.* **4** remitir, enviar: *the author refers us to the first page = el autor nos remite a la primera página.* **5** enviar (a un especialista, a un hospital, etc.). **6** remitir: *the judge referred the matter to the High Court = el juez remitió el asunto al Tribunal Supremo.* ◆ **7 to ~ to something/someone as,** denominar algo/referirse a alguien: *Christmas is often referred to as the season of goodwill = a la Navidad se la suele denominar la época de la buena voluntad.*

referee [ˌrefə'ri:] *s. c.* **1** DEP. árbitro. **2** DER. mediador, intermediario. **3** fiador, garante. • *v. t.* e *i.* **4** DEP. arbitrar.

reference ['refrəns] *s. i.* **1** (~ {**to**}) referencia, mención, alusión (a). **2** (~ {**to**}) consulta: *works of reference = obras de consulta.* **3** (~ {**to**}) relación (con): *it has no reference to the subject = no tiene relación con el tema.* • *s. c.* **4** FILOL. remisión, llamada (en un libro. **5** informe, referencia, recomendación. **6** (~ {**to**}) referencia, alusión, mención: *biblical references = alusiones bíblicas, referencias a la Biblia.* **7** fiador, garante. **8** nota, referencia: *a reference in the margin of a book = una nota al margen de un libro.* ◆ **9 for future ~,** para utilización futura (una información). **10 ~ book,** FILOL. libro de consulta. **11 ~ mark,** FILOL. llamada. **12 with ~ to,** con referencia a.

referenda [ˌrefə'rendə] *pl.* de **referendum.**

referendum [ˌrefə'rendəm] (*pl.* **referenda** o **referendums**) *s. c.* POL. referéndum.

refill ['ri:fɪl] *v. t.* **1** volver a llenar: *he refilled my glass = me volvió a llenar el vaso.* **2** cargar (un bolígrafo, pluma, etc.). • *s. c.* **3** recambio, carga (de bolígrafo, de pluma, etc.).

refine [rɪ'faɪn] *v. t.* **1** refinar, librar de impurezas (una sustancia): *to refine sugar = refinar azúcar.* **2** (fig.) refinar, depurar, perfeccionar: *she is refining her style = está perfeccionando su estilo.* • *v. i.* **3** refinarse.

refined [rɪ'faɪnd] *adj.* **1** refinado: *refined sugar = azúcar refinado.* **2** (fig.) refinado, distinguido, cultivado (una persona). **3** perfeccionado, sofisticado: *a highly refined process = un proceso muy sofisticado.* **4** refinado, pulido, primoroso: *refined language = lenguaje refinado.*

refinement [rɪ'faɪnmənt] *s. c.* e *i.* **1** modificación, alteración (hecha para perfeccionar algo). • *s. i.* **2** refinamiento, buen gusto, distinción: *a man of refinement = un hombre de buen gusto.* **3** esmero, refinamiento. **4** finura, cortesía; elegancia. • *s. c.* **5** sutileza: *refinements of meaning = sutilezas de significado.*

refinery [rɪ'faɪnərɪ] *s. c.* refinería: *oil refinery = refinería de petróleo.*

refit [ˌri:'fɪt] *v. t.* MAR. volver a equipar (un barco).

reflate [ˌri:'fleɪt] *v. t.* ECON. reactivar: *to reflate the economy = reactivar la economía.*

reflation [ˌri:'fleɪʃn] *s. i.* ECON. reflación.

reflationary [ˌri:'fleɪʃənərɪ] *adj.* ECON. reflacionario.

reflect [rɪ'flekt] *v. t.* **1** reflejar: *her expression reflected her feelings = su expresión reflejaba sus sentimientos.* **2** reflejar, reflectar. • *v. i.* **3** (~ {**on/over/upon**}) meditar, reflexionar: *I have to reflect on the matter = tengo que reflexionar sobre el asunto.* **4** (~ {**on/upon**}) repercutir.

reflection [rɪ'flekʃn] *s. c.* **1** (~ {**of**}) reflejo: *a reflection of reality = un reflejo de la realidad.* **2** reflejo, imagen: *a reflection in a mirror = una imagen en un espejo.* **3** reflexión: *moral reflections = reflexiones morales.* • *s. c.* e *i.* **4** meditación, reflexión. • *s. i.* **5** FÍS. reflexión (de la luz o del sonido). • *s. sing.* **6** (~ {**on/upon**}) comentario (que trae descrédito), crítica, reproche. ◆ **7 on ~,** pensándolo bien.

reflective [rɪ'flektɪv] *adj.* **1** pensativo, meditabundo. **2** reflexivo (que obra con reflexión). **3** reflectante.

reflectively [rɪ'flektɪvlɪ] *adv.* pensativamente.

reflector [rɪ'flektər] *s. c.* **1** reflector. **2** catafaro (de coche).

reflex ['ri:fleks] *s. c.* **1** reflejo (movimiento involuntario). • *adj.* **2** reflejo: *a reflex movement = un movimiento reflejo.* ◆ **3 reflexes,** reflejos (reacción rápida y automática ante un estímulo): *quick reflexes = reflejos rápidos.* **4 ~ camera,** cámara réflex, réflex.

reflexive [rɪ'fleksɪv] *adj.* **1** FISIOL. reflejo. ◆ **2 ~ pronoun,** GRAM. pronombre reflexivo. **3 ~ verb,** GRAM. verbo reflexivo.

reflexively [rɪ'fleksɪvlɪ] *adv.* en un acto reflejo.

reflexology [ˌri:fleks'ɒlədʒɪ] *s. i.* reflexología.

reforest [ˌri:'fɒrɪst] *v. t.* ECOL. repoblar de árboles, reforestar.

reforestation [ˌri:fɒrɪ'steɪʃn] *s. i.* ECOL. repoblación forestal, reforestación.

reform [rɪ'fɔ:m] *s. c.* e *i.* **1** reforma: *the reform of our administrative system = la reforma de nuestro sistema administrativo.* • *s. i.* **2** regeneración, reforma (moral). • *v. t.* **3** corregir, enmendar, reformar: *this experience reformed him = esta experiencia hizo que se reformara.* **4** reformar: *to reform a law = reformar una ley.* • *v. i.* **5** corregirse, enmendarse, reformarse. ◆ **6 ~ school,** reformatorio.

re-form [ri:'fɔ:m] *v. i.* **1** volverse a formar: *the party re-formed two years later = el partido se volvió a formar dos años más tarde.* • *v. t.* **2** volver a formar.

reformation [ˌrefə'meɪʃn] *s. i.* **1** reforma, modificación; cambio radical. ◆ **2 The Reformation,** REL. la Reforma.

reformed [rɪ'fɔːmd] *adj.* reformado: *a reformed delinquent = un delincuente reformado.*
reformer [rɪ'fɔːmər] *s. c.* reformador: *a social reformer = un reformador social.*
reformist [rɪ'fɔːmɪst] *adj.* y *s. c.* POL. reformista.
refract [rɪ'frækt] *v. t.* e *i.* FÍS. refractar.
refraction [rɪ'frækʃn] *s. i.* FÍS. refracción.
refractory [rɪ'fræktərɪ] *adj.* **1** (form.) terco, obstinado. **2** (form.) rebelde, difícil de tratar (una persona, una enfermedad). **3** FÍS. refractario (una sustancia, un material).
refrain [rɪ'freɪn] *v. i.* **1** (~ {**from**}) (form.) abstenerse (de): *he refrained from drinking = se abstuvo de beber.* **2** (~ {**from**}) contenerse, reprimirse: *I couldn't refrain from laughing = no pude contener la risa.* • *v. t.* **3** (arc.) contener, reprimir: *she couldn't refrain her tears = no pudo reprimir las lágrimas.* • *s. c.* **4** MÚS. estribillo. **5** (fig.) cantinela, canción.
refresh [rɪ'freʃ] *v. t.* **1** refrescar. • *v. pron.* **2** refrescarse (por calor, etc.); recuperarse, recobrar fuerzas (tras un esfuerzo, etc.): *we refreshed ourselves with a nice cup of hot coffee = nos recuperamos con una taza de café caliente.* ◆ **3 to ~ one's memory,** (fig.) refrescar la memoria, recordar.
refresher [rɪ'freʃər] *s. c.* **1** (fam.) refresco. ◆ **2 ~ course,** curso de repaso.
refreshing [rɪ'freʃɪŋ] *adj.* **1** refrescante: *a refreshing shower = una ducha refrescante.* **2** reparador: *a refreshing sleep = un sueño reparador.* **3** agradable: *a refreshing change = un cambio agradable.* **4** estimulante.
refreshingly [rɪ'freʃɪŋlɪ] *adv.* agradablemente.
refreshment [rɪ'freʃmənt] *s. i.* **1** refresco; refrigerio. **2** (lit.) alimento. ◆ **3 refreshments,** refrescos; refrigerio.
refrigerate [rɪ'frɪdʒəreɪt] *v. t.* enfriar, refrigerar (un alimento).
refrigeration [rɪˌfrɪdʒə'reɪʃn] *s. i.* refrigeración.
refrigerator [rɪ'frɪdʒəreɪtər] *s. c.* nevera, frigorífico.
refuel [ˌriː'fjuəl] *v. t.* **1** repostar combustible a, reponer de combustible (principalmente un avión o un buque). • *v. i.* **2** repostar.
refuge ['refjuːdʒ] *s. i.* **1** (fig.) refugio, cobijo, amparo: *he seeks refuge in books = busca refugio en los libros.* • *s. c.* **2** refugio, cobijo: *a refuge from the rain = un refugio contra la lluvia.* **3** refugio (de montaña). **4** albergue. **5** refugio (para mujeres maltratadas). ◆ **6 to take ~,** refugiarse.
refugee [ˌrefju'dʒiː] *s. c.* POL. refugiado: *a refugee camp = un campo de refugiados.*
refund ['riːfʌnd] *s. c.* **1** COM. reembolso, reintegro, devolución. • *v. t.* **2** (~ {**to**}) COM. reembolsar, devolver: *the company refunded him his money = la compañía le devolvió el dinero.*
refurbish [ˌriː'fəːbɪʃ] *v. t.* (form.) reformar (un edificio, un local, una habitación).
refusal [rɪ'fjuːzl] *s. i.* **1** (~ {**to**}) negativa: *her refusal surprised him = su negativa le sorprendió.* **2** (~ {**of**}) desaire, rechazo. ◆ **3 blank/flat ~,** negativa rotunda. **4 (the) first ~,** COM. primera opción de compra.
refuse [rɪ'fjuːz] *v. i.* **1** (~ + *inf.*) rehusar, negarse: *they refuse to do it = se niegan a hacerlo.* • *v. t.* **2** negar, denegar: *the bank refused me a loan = el banco me negó un préstamo.* **3** rechazar: *he refused my offer = rechazó mi oferta.* • ['refjuːs] *s. i.* **4** desperdicios; basura. ◆ **5 ~ disposal,** eliminación de residuos, tratamiento de residuos.
refutation [ˌrefjuː'teɪʃn] *s. c.* e *i.* (~ {**of**}) (form.) refutación.
refute [rɪ'fjuːt] (form.) *v. t.* **1** refutar, rebatir: *they refuted my arguments = refutaron mis argumentos.* **2** contradecir (con argumentos).
regain [rɪ'geɪn] *v. t.* **1** recobrar, recuperar: *he regained his strength = recuperó su fuerza.* **2** (form.) volver a (un sitio, después de haber estado perdido o en peligro).
regal ['riːgl] *adj.* real, regio: *regal power = poder real.*
regale [rɪ'geɪl] *v. t.* (~ {**with/on**}) (hum.) deleitar; entretener.
regalia [rɪ'geɪlɪə] *s. i.***1** (form.) atributos reales, emblemas reales (cetro, corona, orbe, etc.). **2** vestiduras.
regard [rɪ'gɑːd] *v. t.* **1** (~ {**as**}) considerar: *they regard her as a heroine = la consideran una heroína.* **2** (~ {**with**}) mirar, considerar: *he is regarded with respect = se le mira con respeto.* **3** (form.) referirse a, concernir a, afectar a. **4** tener en cuenta, tomar en consideración: *you never regard my wishes = nunca tienes en cuenta mis deseos.* **5** (lit.) mirar, contemplar. • *s. i.* **6** (~ {**for**}) consideración, respeto, estima: *I have a high regard for them = les tengo un gran respeto.* **7** (lit.) mirada (fija o significativa). ◆ **8 as regards,** en cuanto a, por lo que respecta a. **9 to hold someone/something in high ~,** tener algo/a alguien en gran estima. **10 to hold someone/something in low ~,** no tener ninguna consideración por algo/a alguien. **11 in this/that ~,** (form.) con respecto a esto/eso. **12 regards,** (fam.) recuerdos, saludos: *give my regards to your parents = dales recuerdos a tus padres.* **13 with/in ~ to,** (form.) por lo que se refiere a, en lo tocante a.
regarded [rɪ'gɑːdɪd] *adj.* **1** considerado, apreciado. **2** respetado.
regarding [rɪ'gɑːdɪŋ] *prep.* referente a, concerniente a.
regardless [rɪ'gɑːdlɪs] *adv.* **1** a pesar de todo: *she went on regardless = siguió a pesar de todo.* ◆ **2 ~ of,** a pesar de, sin preocuparse por, sin tener en cuenta: *regardless of the consequences = sin tener en cuenta las consecuencias.*
regatta [rɪ'gætə] *s. c.* DEP. regata.
regency ['riːdʒənsɪ] *s. c.* **1** regencia. ◆ **2 Regency,** ART. de estilo Regencia: *a Regency dress = un vestido de estilo Regencia.*
regenerate [rɪ'dʒenəreɪt] *v. t.* **1** regenerar, renovar (moralmente, espiritualmente). **2** renovar (un lugar). **3** reactivar, reanimar: *to regenerate the economy = reactivar la economía.* **4** MED. regenerar, reconstituir (un órgano, un tejido orgánico). **5** transformar (para mejor). • *v. i.* **6** regenerarse. **7** renovarse. • *adj.* **8** renovado, transformado (espiritualmente).
regeneration [rɪˌdʒenə'reɪʃn] *s. i.* **1** regeneración, renovación. **2** reactivación. **3** transformación (para mejor). **4** revitalización.
regenerative [rɪ'dʒenərətɪv] *adj.* (form.) regenerador; revitalizador.
regent ['riːdʒənt] *s. c.* **1** POL. regente. **2** (EE UU) superior de una universidad estatal. • *adj.* **3** (*s.* ~) regente: *Queen Regent = reina regente.*
reggae ['regeɪ] *s. i.* MÚS. reggae, música de origen jamaicano.
regicide ['redʒɪsaɪd] *s. c.* **1** (form.) regicida. • *s. i.* **2** (form.) regicidio.
regime [reɪ'ʒiːm] (también **régime**) *s. c.* **1** POL. régimen: *political regime = régimen político.* **2** (form.) MED. régimen.
regimen ['redʒɪmen] *s. c.* **1** (form.) MED. régimen. **2** (form.) GRAM. régimen (relación sintáctica entre palabras). **3** (arc.) sistema de gobierno.
regiment ['redʒɪmənt] *s. c.* **1** MIL. regimiento: *an artillery regiment = un regimiento de artillería.* • *v. t.* **2** MIL. agrupar en regimientos. **3** (fig.) organizar, reglamentar. ◆ **4 a (whole) ~ of,** (fig.) (todo) un ejército de, gran cantidad de: *a whole regiment of ants = todo un ejército de hormigas.*
regimental [ˌredʒɪ'mentl] *adj.* **1** MIL. del regimiento. ◆ **2 regimentals,** uniforme (del regimiento, militar).
regimentation [ˌredʒɪmen'teɪʃn] *s. i.* **1** reglamentación, organización (bajo estricto control). **2** POL. control disciplinario.
regimented ['redʒɪmentɪd] *adj.* reglamentado; estrictamente controlado.
region ['riːdʒən] *s. c.* **1** GEOG. región, zona: *a fertile region = una región fértil.* **2** (fig.) campo, terreno: *the region of psychoanalysis = el terreno del psicoanálisis.* **3** ANAT. región, zona: *abdominal region = región abdominal.* ◆ **4 in the ~ of,** alrededor de, aproximadamente. **5 regions,** GEOG. comarcas, regiones. **6 the lower regions,** (fig.) el infierno.
regional ['riːdʒənl] *adj.* regional.
regionalism ['riːdʒənəlɪzəm] *s. i.* (form.) regionalismo.
register ['redʒɪstər] *s. c.* **1** registro (libro de registro): *parish register = registro parroquial.* **2** censo: *electoral register = censo electoral.* **3** (EE UU) registrador: *cash register = caja registradora.* • *s. c.* e *i.* **4** FILOL. registro, nivel (lingüístico). • *s. sing.*

5 MÚS. registro (de la voz, de un instrumento). • *v. t.* **6** registrar (anotar en un registro): *to register a birth = registrar un nacimiento.* **7** manifestar: *he registered his opposition = manifestó su oposición.* **8** mostrar, expresar: *her face registered disbelief = su rostro mostraba incredulidad.* **9** certificar (una carta, un envío postal). **10** (form. o lit.) registrar, conseguir (un éxito, una victoria, etc.): *they registered a new triumph = consiguieron un nuevo triunfo.* **11** matricular: *to register a car = matricular un coche.* **12** inscribir, matricular (en un centro de enseñanza). **13** marcar, indicar, señalar: *the thermometer registers 20º = el termómetro marca 20º.* **14** facturar (el equipaje). **15** acusar, registrar, experimentar: *he registered an improvement = acusó una mejoría.* • *v. i.* **16** registrarse (en un libro de registro). **17** inscribirse, matricularse (en un centro de enseñanza). **18** quedar registrado, quedar grabado (en un registro, en un instrumento). **19** (~ {**with**}) (fam.): *my name didn't register with her = mi nombre no le sonaba.* ◆ **20** ~ **office,** ⇒ **registry office. 21 to call the** ~, pasar lista.

registered ['redʒɪstəd] *adj.* **1** registrado: *registered trade mark = marca registrada.* **2** certificado: *registered package = paquete certificado.* **3** acreditado, titulado, diplomado (oficialmente): *registered nurse = enfermera diplomada.* **4** matriculado (una persona, un coche). **5** facturado (un equipaje).

registrar [ˌredʒɪ'strɑːr] *s. c.* **1** registrador (funcionario encargado del registro). **2** secretario general (de una universidad). **3** MED. médico especialista en prácticas (en un hospital).

registration [ˌredʒɪ'streɪʃn] *s. i.* **1** registro. **2** matriculación (de un coche, de un barco). **3** matrícula, inscripción (en un centro de enseñanza). **4** facturación (de equipaje). **5** certificación (de una carta, de un envío postal). ◆ **6** ~ **number,** número de matrícula (en un vehículo).

registry ['redʒɪstrɪ] *s. c.* **1** registro. **2** oficina de registro. ◆ **3** ~ **office,** (brit.) registro civil.

regress [rɪ'ːgres] (form.) *v. i.* (~ {**to**}) retroceder, volver (a) (un estado anterior o más primitivo).

regression [rɪ'greʃn] (form.) *s. i.* **1** vuelta, retorno, retroceso (a un estado anterior o más primitivo): *regression to puritanism = retorno al puritanismo.* **2** PSIC. y MAT. regresión.

regressive [rɪ'gresɪv] (form.) *adj.* regresivo; retrógrado.

regret [rɪ'gret] *v. t.* **1** arrepentirse de: *I regret what I have done = me arrepiento de lo que he hecho.* **2** (~ {**to**}) lamentar, sentir: *I regret not having seen her = lamento no haberla visto.* **3** llorar (una pérdida). • *s. i.* **4** pesar, pena, dolor: *we heard with great regret that he had died = nos enteramos con mucho dolor de que había muerto.* **5** arrepentimiento, pesar. ◆ **6 to express one's regrets (for/to),** disculparse (por/con). **7 regrets, a)** pesar, dolor; **b)** disculpas, excusas (por rechazar una invitación): *accept my regrets = acepte mis disculpas;* **c)** arrepentimiento.

regretful [rɪ'gretful] *adj.* **1** apenado, pesaroso. **2** triste. **3** arrepentido.

regretfully [rɪ'gretfulɪ] *adv.* **1** con pesar. **2** con arrepentimiento. **3** con tristeza.

regrettable [rɪ'gretəbl] *adj.* deplorable, lamentable: *a regrettable failure = un fracaso lamentable.*

regrettably [rɪ'gretəblɪ] *adv.* **1** lamentablemente. **2** desafortunadamente, desgraciadamente.

regroup [ˌriː'gruːp] *v. t.* **1** reagrupar. • *v. i.* **2** reagruparse.

regular ['regjʊlər] *adj.* **1** regular, uniforme: *regular rhythm = ritmo regular.* **2** normal, corriente: *regular size = tamaño normal.* **3** habitual: *a regular customer = un cliente habitual.* **4** regular, fijo: *regular habits = hábitos regulares.* **5** metódico, ordenado: *a regular life = una vida ordenada.* **6** regular, simétrico, armonioso: *regular features = facciones armoniosas.* **7** (fam.) regular (que menstrúa o evacúa a intervalos regulares). **8** correcto, convencional: *a regular attitude = una actitud correcta.* **9** GRAM. regular: *regular verb = verbo regular.* **10** acostumbrado: *regular bedtime = hora acostumbrada de acostarse.* **11** MIL. regular: *regular army = ejército regular.* **12** REL. regular: *regular clergy = clero regular.* **13** (fam.) verdadero, completo: *a regular fool = un verdadero imbécil.* **14** fijo, estable: *a regular salary = un sueldo fijo.* **15** (fam.) majo, decente: *a regular fellow = un tipo majo.* • *s. c.* **16** (fam.) cliente habitual. **17** MIL. soldado regular. **18** trabajador fijo.

regularise *v. t.* ⇒ **regularize.**

regularity [ˌregjʊ'lærɪtɪ] *s. c.* e *i.* regularidad.

regularize ['regjʊləraɪz] (también **regularise**) *v. t.* regularizar: *to regularize a situation = regularizar una situación.*

regularly ['regjʊləlɪ] *adv.* **1** regularmente, de modo regular. **2** uniformemente. **3** con regularidad. **4** normalmente. **5** habitualmente.

regulate ['regjʊleɪt] *v. t.* **1** regular, controlar: *to regulate the traffic = regular la circulación.* **2** regular, ajustar (un mecanismo, un aparato). **3** reglamentar. **4** regular (la velocidad).

regulated ['regjʊleɪtɪd] *adj.* controlado; ordenado.

regulation [ˌregjʊ'leɪʃn] *s. c.* **1** reglamento, regla: *I'm against regulations = estoy en contra de los reglamentos.* • *s. i.* **2** reglamentación. **3** regulación, reajuste; control. • *adj.* **4** reglamentario: *regulation uniform = uniforme reglamentario.* **5** normal, estándar: *regulation size = tamaño normal.*

regulator ['regjʊleɪtər] *s. c.* TEC. regulador.

regulatory [ˌregjə'leɪtərɪ] *adj.* regulador.

regurgitate [rɪ'gəːdʒɪteɪt] *v. t.* e *i.* **1** regurgitar. • *v. t.* **2** (fig.) repetir de forma mecánica (algo que se ha aprendido).

rehabilitate [ˌriːə'bɪlɪteɪt] *v. t.* **1** rehabilitar (a un delincuente, a un enfermo). **2** POL. rehabilitar (restituir sus derechos o situación). **3** restaurar, rehabilitar: *to rehabilitate an old church = restaurar una antigua iglesia.*

rehabilitation ['riːəˌbɪlɪ'teɪʃn] *s. i.* **1** rehabilitación: *rehabilitation centre = centro de rehabilitación.* **2** restauración, rehabilitación (de edificios, calles, etc.).

rehash [ˌriː'hæʃ] *s. c.* **1** (~ {**of**}) refrito: *the article is a rehash of various earlier pieces = este artículo es un refrito de otros anteriores.* **2** (~ {**of**}) refundición (de una obra literaria). • *v. t.* **3** rehacer, hacer un refrito de (con ligeros cambios para que parezca original).

rehearsal [rɪ'həːsl] *s. c.* e *i.* **1** ART. ensayo (de una obra, concierto, etc.). ◆ **2 dress** ~, ensayo general.

rehearse [rɪ'həːs] *v. t.* e *i.* **1** ensayar: *I have to rehearse my part = tengo que ensayar mi papel.* • *v. t.* **2** (form.) repetir, enumerar. **3** (fig.) ensayar, probar (repetir mentalmente).

rehouse [ˌriː'hauz] *v. t.* realojar, proporcionar una nueva vivienda a: *the government will have to rehouse them = el gobierno tendrá que realojarlos en una nueva vivienda.*

reign [reɪn] *v. i.* **1** (~ {**over**}) reinar (un rey, una reina). **2** (fig.) reinar, prevalecer, imperar: *an atmosphere of anxiety reigned everywhere = reinaba por todas partes un ambiente de desasosiego.* • *s. c.* **3** reinado (gobierno de un rey o reina). • *s. sing.* **4** (~ {**of**}) (form.) reinado, imperio, dominio: *the reign of democracy = el imperio de la democracia.* ◆ **5** ~ **of terror,** régimen de terror.

reigning [reɪnɪŋ] **1** reinante; actual: *the reigning champion = el campeón actual.* **2** (fig.) dominante, reinante, que prevalece: *the reigning tendency = la tendencia dominante.*

reimburse [ˌriːɪm'bəːs] *v. t.* **1** (~ {**to**}) reembolsar: *they reimbursed her expenses = le reembolsaron los gastos.* **2** (~ {**for**}) indemnizar (por): *who will reimburse me for it? = ¿quién me indemnizará por ello?*

reimbursement [ˌriːɪm'bəːsmənt] *s. i.* **1** reembolso, reintegro. **2** indemnización.

rein [reɪn] *s. c.* **1** rienda (de una caballería). • *s. pl.* **2** andadores (para sostener a un niño que aprende a andar). ◆ **3 to give a free** ~ **to,** (fig.) **a)** dar rienda suelta a: *he gave a free* *rein to his imagination = dio rienda suelta a su imaginación;* **b)** dar plena libertad a, dar carta blanca a. **4 to hold/take the reins,** (fig.) tomar las riendas. **5 to keep a tight ~ on,** (fig.) mantener estricto control sobre. **6 to ~ in,** refrenar (a un caballo). ◆ **7 the reins of power,** (fig.) las riendas del poder.

reincarnate [ˌriːɪn'kɑːneɪt] *v. t.* REL. reencarnar.

reincarnated [ˌriːɪnkɑː'neɪtɪd] *adj.* REL. reencarnado.

reincarnation [ˌriːɪnkɑː'neɪʃn] *s. i.* **1** REL. reencarnación. ● *s. c.* **2** metempsicosis, espíritu reencarnado.

reindeer ['reɪndɪər] (*pl.* **reindeer**) *s. c.* ZOOL. reno.

reinforce [ˌriːɪn'fɔːs] *v. t.* **1** reforzar, aumentar, intensificar: *it reinforces his guilt feelings = aumenta su sentimiento de culpabilidad.* **2** confirmar, ratificar: *this reinforces what I said = esto confirma lo que dije.* **3** (~ {**with**}) reforzar: *to reinforce a wall = reforzar una pared.* **4** afianzar. **5** MIL. reforzar. ◆ **6 reinforced concrete,** ⇒ **concrete.**

reinforcement [ˌriːɪn'fɔːsmənt] *s. c.* e *i.* **1** aumento, intensificación. **2** refuerzo (algo que se añade a un objeto para fortalecerlo). ◆ **3 reinforcements,** MIL. refuerzos.

reinstate [ˌriːɪn'steɪt] *v. t.* **1** readmitir (en un puesto). **2** reincorporar. **3** recobrar.

reinstatement [ˌriːɪn'steɪtmənt] *s. i.* **1** readmisión (en un puesto). **2** reincorporación.

reissue [ˌriː'ɪʃuː] *s. c.* **1** reedición, nueva edición (de un libro). **2** nueva emisión (de un sello). ● *v. t.* **3** reeditar. **4** volver a emitir.

reiterate [riː'ɪtəreɪt] (form.) *v. t.* reiterar, repetir: *to reiterate a statement = reiterar una afirmación.*

reiteration [riːˌɪtə'reɪʃn] (form.) *s. c.* e *i.* reiteración, repetición.

reject [rɪ'dʒekt] *v. t.* **1** rechazar, rehusar, denegar: *he rejected my offer = rechazó mi oferta.* **2** rechazar, desairar: *to reject a suitor = rechazar a un pretendiente.* **3** repudiar: *his parents rejected him = sus padres lo repudiaron.* **4** desestimar: *to reject a claim = desestimar una petición.* **5** descartar: *they rejected the plan = descartaron el plan.* **6** MED. rechazar (no aceptar un injerto o un trasplante). ● ['riːdʒekt] *s. c.* **7** desecho (cosa que se desecha).

rejection [rɪ'dʒekʃn] *s. c.* e *i.* **1** rechazo, negativa. **2** MED. rechazo. ● *s. i.* **3** desprecio; desestimación. **4** repulsa.

rejoice [rɪ'dʒɔɪs] *v. i.* **1** (form. y lit.) (~ {**in/at/over/to**}) regocijarse, alegrarse (por/con). ◆ **2 to ~ in the name of/in the title of,** (hum.) tener el honor de llamarse.

rejoicing [rɪ'dʒɔɪsɪŋ] *s. i.* **1** (lit.) júbilo, alegría, regocijo. ◆ **2 rejoicings,** fiestas, celebraciones, diversión.

rejoin [ˌriː'dʒɔɪn] *v. t.* **1** reunirse con: *he'll rejoin them at six = se reunirá con ellos a las seis.* **2** reincorporarse a: *he must rejoin his regiment = debe reincorporarse a su regimiento.* ● [rɪ'dʒɔɪn] *v. i.* **3** (form.) replicar, responder.

rejoinder [rɪ'dʒɔɪndər] *s. c.* (form. o lit.) réplica, contestación.

rejuvenate [rɪ'dʒuːvəneɪt] *v. t.* e *i.* **1** (form.) rejuvenecer: *this haircut rejuvenates you = este corte de pelo te rejuvenece.* ● *v. t.* **2** (fig.) renovar, modernizar (una organización, un sistema).

rejuvenating [rɪ'dʒuːvəneɪtɪŋ] *adj.* **1** (form.) rejuvenecedor. **2** renovador.

rejuvenation [rɪˌdʒuːvə'neɪʃn] *s. i.* **1** (form.) rejuvenecimiento. **2** (fig.) renovación, modernización.

rekindle [ˌriː'kɪndl] *v. t.* **1** volver a encender: *to rekindle a fire = volver a encender un fuego.* **2** (lit. o fig.) reavivar, despertar (un sentimiento).

relaid [ˌriː'leɪd] *pret.* y *p. p.* de **relay.**

relapse [rɪ'læps] *v. i.* **1** (form. o lit.) (~ {**into**}) reincidir, volver a caer (en) (un vicio, un error). **2** recaer, volver a (un estado anterior). **3** MED. recaer. ● ['rɪːlæps] *s. c.* **4** (~ {**into**}) recaída, vuelta (a un vicio, error, etc.). **5** reincidencia. **6** MED. recaída.

relate [rɪ'leɪt] *v. t.* **1** (~ {**to/with**}) relacionar, poner en relación (una cosa con otra): *it's impossible to relate one fact to another = es imposible relacionar un hecho con otro.* **2** (form.) relatar, contar, narrar: *he is always relating strange stories = siempre está contando historias extrañas.* ● *v. i.* **3** (~ {**to**}) relacionarse (con), tener que ver (con), referirse (a): *my question relates to what you said yesterday = mi pregunta se refiere a lo que dijiste ayer.* **4** (~ {**to**}) relacionarse, mantener relaciones (con otras personas). ◆ **5 strange to ~,** (form.) por extraño que parezca.

related [rɪ'leɪtɪd] *adj.* **1** (~ {**to**}) de la misma familia: *we are not related = no somos de la misma familia.* **2** (~ {**to**}) emparentado (que ha contraído parentesco por vía matrimonial). **3** vinculado, relacionado. **4** afín: *related languages = idiomas afines.*

relating [rɪ'leɪtɪŋ] *prep.* (~ **to**) acerca de, en relación con, referente a, concerniente a: *questions relating to her private life = preguntas en relación con su vida privada.*

relation [rɪ'leɪʃn] *s. i.* **1** (~ {**of/to**}) relación, conexión (de/con): *the film bears no relation to the book = la película no guarda relación con el libro.* **2** (form.) narración, relato. ● *s. c.* **3** (~ {**between /with**}) relación (entre/con): *the relation between us is that of father and son = nuestra relación es la de un padre y un hijo.* **4** pariente: *is he a relation of yours? = ¿es pariente tuyo?* ◆ **5 in/with ~ to,** en relación con, en comparación con. **6 relations, a)** relaciones (trato entre personas): *friendly relations = relaciones amistosas;* **b)** (form.) relaciones sexuales.

relationship [rɪ'leɪʃnʃɪp] *s. c.* **1** (~ {**between/with**}) relaciones: *the relationship between Spain and Portugal = las relaciones entre España y Portugal.* **2** (~ {**between/with**}) relación amorosa. **3** (~ {**between/to/of/with**}) relación, conexión. ● *s. sing.* **4** relación: *the relationship between Paul and his boss = la relación entre Paul y su jefe.* **5** parentesco.

relative ['relətɪv] *adj.* **1** relativo (verdadero hasta cierto punto): *relative success = éxito relativo.* **2** respectivo: *the relative advantages of the two systems = las respectivas ventajas de los dos sistemas.* **3** FIL. relativo (no absoluto). **4** GRAM. relativo: *relative pronoun = pronombre relativo.* ● *s. c.* **5** pariente. ◆ **6 ~ to,** (form.) **a)** en relación con, referente a; **b)** en comparación con.

relatively ['relətɪvlɪ] *adv.* relativamente: *the exam was relatively easy = el examen fue relativamente fácil.*

relativity [ˌrelə'tɪvɪtɪ] *s. i.* **1** FÍS. relatividad: *theory of relativity = teoría de la relatividad.* **2** FIL. relatividad, calidad de relativo.

relax [rɪ'læks] *v. t.* **1** relajar, aflojar: *he relaxed his muscles = relajó los músculos.* **2** relajar, hacer menos riguroso, aflojar: *to relax the rules = suavizar las normas.* **3** reducir, disminuir: *I didn't relax my efforts = no reduje mis esfuerzos.* ● *v. i.* **4** relajarse, descansar, reposar: *his muscles relaxed = sus músculos se relajaron.* **5** aflojarse. ◆ **6 to ~ the bowels,** hacer de vientre.

relaxation [ˌriːlæk'seɪʃn] *s. i.* **1** esparcimiento, recreo. **2** relajación, aflojamiento: *relaxation of discipline = relajación de la disciplina.* **3** reducción, disminución. **4** relajación, disminución de la tensión. ● *s. c.* **5** distracción, pasatiempo: *reading is my favourite relaxation = la lectura es mi pasatiempo favorito.*

relaxed [rɪ'lækst] *adj.* **1** relajado, tranquilo, sosegado. **2** distendido, relajado: *a relaxed atmosphere = un ambiente distendido.* ◆ **3 ~ throat,** MED. garganta dolorida.

relaxing [rɪ'læksɪŋ] *adj.* **1** relajante. ◆ **2 ~ climate,** clima que causa amodorramiento.

relay ['riːleɪ] *s. c.* **1** relevo: *relay race = carrera de relevos.* **2** (fam.) DEP. carrera de relevos. **3** ELECTR. relé, repetidor (de radio o televisión). ● [rɪ'leɪ ‖ riː'leɪ] (*pret.* y *p. p.* **relaid** [ˌriː'leɪ]) *v. t.* **4** (~ {**to**}) transmitir: *I relayed the message to him = le transmití el mensaje.* ● **5** RAD. y TV. retransmitir. **6** volver a tender; volver a colocar, volver a poner. ◆ **7 in relays,** por turnos. ◆ **8 ~ station,** RAD. y TV. repetidor (estación retransmisora).

release [rɪ'liːs] *v. t.* **1** (~ {**from**}) soltar, poner en libertad: *they released the prisoner = soltaron al prisionero.* **2** (~ {**from**}) (form.) librar, liberar, eximir (de un deber, carga u obligación). **3** soltar: *don't release the* *brakes = no sueltes los frenos.* **4** lanzar (una bomba, un misil o similar). **5** desprender, despedir, emitir (calor, energía, radiactividad, etc.). **6** disparar (apretar el disparador de un mecanismo). **7** estrenar (una película). **8** sacar, lanzar, poner a la venta (un disco). **9** (form.) entregar, dar. **10** divulgar, dar a conocer, hacer público: *to release a piece of news = divulgar una noticia.* **11** (form.) desahogar, dar libre curso a (un sentimiento). • *s. c.* e *i.* **12** liberación, puesta en libertad. • *s. c.* **13** anuncio, comunicado (para ser publicado o emitido). **14** nuevo disco, novedad discográfica (disco). • *s. i.* **15** (~ {**from**}) alivio: *a feeling of release = un sentimiento de alivio.* **16** exención (de un deber, carga u obligación). **17** lanzamiento (de un mísil, de una bomba o similar). **18** estreno (de una película). **19** desprendimiento, emisión (de energía, de calor, etc.). ◆ **20 on (general)** ~, en cartelera (una película de cine).

relegate ['relɪgeɪt] *v. t.* **1** (~ {**to**}) relegar (enviar a una posición o situación inferior). **2** (~ {**to**}) desterrar. **3** (~ {**to**}) remitir, confiar (un asunto a alguien). ◆ **4 to be relegated** DEP. bajar, descender (a una división inferior): *his team has been relegated to the second division = su equipo ha bajado* o *descendido a segunda división.*

relegation [,relɪ'geɪʃn] *s. i.* DEP. descenso (de un equipo a una división inferior).

relent [rɪ'lent] (form.) *v. i.* ceder, ablandarse: *at last her father relented and let her go with him = al final su padre cedió y la dejó ir con él.*

relentless [rɪ'lentlɪs] (lit.) **1** implacable, inexorable, despiadado: *relentless persecution = persecución implacable.* **2** (fig.) incesante: *this relentless noise is driving me mad = este ruido incesante me está volviendo loco.*

relentlessly [rɪ'lentlɪsnɪs] *adv.* **1** implacablemente, inexorablemente, de forma despiadada. **2** incesantemente.

relevance ['reləvəns] *s. i.* **1** (~ {**to**}) pertinencia, conexión. **2** (~ {**to**}) relevancia, importancia: *the relevance of these documents = la importancia de estos documentos.*

relevant ['reləvənt] *adj.* **1** (~ {**to**}) pertinente, oportuno: *a relevant answer = una respuesta pertinente.* **2** (~ {**to**}) relativo, concerniente, referente (a): *documentation relevant to the case = documentación relativa al caso.* **3** adecuado, apropiado (para un propósito determinado).

reliability [rɪ,laɪə'bɪlɪtɪ] *s. i.* fiabilidad, seguridad (de una máquina, de un dispositivo).

reliable [rɪ'laɪəbl] *adj.* **1** fiable, de confianza, digno de confianza (una persona). **2** fiable, seguro (una máquina, un dispositivo). **3** fiable, formal, serio: *a reliable company = una empresa seria.* **4** fidedigna: *reliable sources = fuentes fidedignas.* **5** fehaciente: *a reliable document = un documento fehaciente.*

reliably [rɪ'laɪəblɪ] *adv.* de fuentes fidedignas.

reliance [rɪ'laɪəns] *s. i.* **1** (~ {**on/upon**}) confianza (en): *he has no reliance on doctors = no tiene confianza en los médicos.* **2** dependencia: *his reliance on his parents = su dependencia de sus padres.*

reliant [rɪ'laɪənt] *adj.* **1** (~ {**on/upon**}) dependiente (de). ◆ **2 to be** ~ **(on), a)** depender (de); **b)** confiar (en).

relic ['relɪk] *s. c.* **1** reliquia, resto, vestigio: *relics of old traditions = vestigios de antiguas tradiciones.* **2** reliquia (objeto). **3** REL. reliquia (de un santo). ◆ **4 old** ~, antigualla. **5 relics, a)** restos mortales; **b)** ruinas; **c)** restos, residuos.

relief [rɪ'li:f] *s. i.* o *s. sing.* **1** alivio: *she heaved a sigh of relief = dio un suspiro de alivio.* **2** descanso, consuelo, alivio: *it was a relief for her = fue un consuelo para ella.* • *s. i.* **3** ayuda (social). **4** relieve: *a profile in relief = un perfil en relieve.* **5** DER. remedio. • *s. c.* **6** ART. relieve (escultura). **7** relevo (persona o grupo de personas que releva). • *s. sing.* **8** (**the** ~ {**of**}) MIL. la liberación (de) (una ciudad sitiada). ◆ **9 to be on** ~, recibir ayuda social, vivir de la beneficencia. **10 light/comic** ~, diversión, distracción. **11 low/high** ~, ART. bajo/alto relieve. **12** ~ **map,** mapa en relieve. **13 to stand out in bold/sharp/clear** ~ **(against), a)** resaltar (sobre); **b)** contrastar (con).

relieve [rɪ'li:v] *v. t.* **1** aliviar, mitigar: *this medicine will relieve the pain = esta medicina aliviará el dolor.* **2** aliviar (una pena). **3** (~ {**of**}) librar de (una preocupación, un deber, una dificultad o un sentimiento desagradable). **4** ayudar, socorrer: *to relieve the poor = ayudar a los pobres.* **5** relevar, tomar el relevo de. **6** MIL. liberar (una ciudad o plaza fuerte sitiada). **7** MIL. relevar (tropas). **8** aligerar (una carga). ◆ **9 to** ~ **oneself,** (p.u.) hacer sus necesidades. **10 to** ~ **one's feelings,** desahogarse. **11 to** ~ **someone of something,** (form.) **a)** cogerle algo a alguien (para ayudarle): *let me relieve you of your cases = déjame que coja tus maletas;* **b)** (hum.) quitar o robar algo a alguien: *somebody relieved him of his wallet = alguien le robó la cartera.* **12 to** ~ **someone of their duties,** (form.) relevar a alguien de sus responsabilidades. **13 to** ~ **somone of their post,** destituir a alguien de su cargo.

relieved [rɪ'li:vd] *adj.* aliviado: *all of us felt relieved = todos nos sentimos aliviados.*

religion [rɪ'lɪdʒən] *s. i.* **1** REL. religión. **2** (fig.) religión: *he made a religion of sport = hizo del deporte una religión.* • *s. c.* **3** REL. religión, doctrina, fe: *Muslim religion = religión musulmana.* ◆ **4 freedom of** ~, DER. libertad de culto.

religious [rɪ'lɪdʒəs] *adj.* **1** REL. religioso: *religious beliefs = creencias religiosas.* **2** REL. religioso, devoto, piadoso, creyente. **3** (fig.) concienzudo, escrupuloso. • *s. c.* **4** religioso (persona perteneciente a una orden religiosa).

religiously [rɪ'lɪdʒəslɪ] *adv.* **1** religiosamente; puntualmente; exactamente; fielmente. **2** concienzudamente, escrupulosamente.

relinquish [rɪ'lɪŋkwɪʃ] *v. t.* **1** (form.) abandonar (una esperanza, un plan, un hábito, una creencia). **2** renunciar a: *he relinquished his rights = renunció a sus derechos.* **3** dejar (un trabajo).

reliquary ['relɪkwərɪ] *s. c.* TEC. relicario.

relish ['relɪʃ] *v. t.* **1** (form. o lit.): *he didn't relish the idea of sleeping outside = no le gustaba* o *agradaba la idea de dormir fuera.* **2** disfrutar con, apreciar: *I relish a good book = disfruto con un buen libro.* **3** saborear (una comida o bebida). • *s. i.* **4** (~ {**for**}) gusto, deleite; entusiasmo (por): *he read it with relish = lo leyó con deleite.* **5** apetencia. **6** (~ {**of**}) atractivo (cualidad atractiva). **7** GAST. condimento, aderezo. ◆ **8 to** ~ **of,** saber a.

relive [,ri:'lɪv] *v. t.* **1** revivir, recordar: *to relive the old days = revivir los viejos tiempos.* **2** revivir, volver a pasar por (una experiencia). **3** volver a vivir, vivir de nuevo.

reload [,ri:'ləud] *v. t.* volver a cargar (un arma).

relocate [,ri:ləu'keɪt] *v. t.* **1** (form.) trasladar a otro sitio, establecer en otro sitio. • *v. i.* **2** trasladarse a otro sitio, establecerse en otro sitio.

relocation [,ri:ləu'keɪʃən] (form.) *s. i.* traslado; cambio de residencia.

reluctance [rɪ'lʌktəns] *s. i.* **1** (~ {**to**}) oposición, resistencia. **2** (~ {**to**}) desgana; repugnancia.

reluctant [rɪ'lʌktənt] *adj.* **1** (~ {**to**}) desganado, poco entusiasta, poco dispuesto. **2** reacio, reticente: *he is reluctant to wear ties = es reacio a ponerse corbata.*

reluctantly [rɪ'lʌktəntlɪ] *adv.* **1** con desgana, sin entusiasmo. **2** a regañadientes, de mala gana.

rely [rɪ'laɪ] *v. i.* **1** (~ **on/upon**) confiar en; contar con: *you can rely on me = puedes confiar en mí; puedes contar conmigo.* **2** (~ **on/upon**) (fig.) fiarse de: *one can't rely on trains = uno no se puede fiar de los trenes.*

remade [rɪ:'meɪd] *pret.* y *p. p.* de **remake.**

remain [rɪ'meɪn] *v. i.* **1** permanecer, quedar(se): *he remained motionless = permaneció inmóvil.* **2** seguir, continuar: *he remained sitting = siguió sentado.* **3** quedar; sobrar: *nothing remained of his house = no quedó nada de su casa.* **4** quedar, restar, faltar: *many things remain to be done = quedan muchas cosas por hacer.* ◆ **5 remains, a)** (~ {**of**}) restos, sobras: *the remains of the dinner = las sobras de la cena;* **b)** restos (mortales); **c)** ruinas: *Roman remains = ruinas romanas;* **d)** restos, vestigios: *the remains of an ancient civilization = los vestigios de una antigua civilización.* **6 to ~ to be seen,** estar por ver.

remainder [rɪ'meɪndər] *s. sing.* **1** (**the ~** {**of**}) el resto: *the remainder of my fortune = el resto de mi fortuna.* **2** (**the ~**) el resto, los demás: *two of them went out and the remainder stayed at home = dos de ellos salieron y los demás se quedaron en casa.* **3** MAT. resto. • *v. t.* **4** saldar, liquidar (libros). ◆ **5 remainders,** restos de edición (de libros).

remaining [rɪ'meɪnɪŋ] *adj.* **1** sobrante; restante. **2** que queda: *my remaining relatives = los parientes que me quedan.*

remake [ˌriː'meɪk] (*pret.* y *p. p.* **remade**) *v. t.* **1** rehacer, hacer de nuevo; reconstruir. • ['riːmeɪk] *s. c.* **2** nueva versión (cinematográfica): *a remake of "Tarzan" = una nueva versión de "Tarzán".*

remand [rɪ'mɑːnd] *v. t.* **1** DER. dictar auto de prisión preventiva contra. • *s. i.* **2** (auto de) prisión preventiva, reencarcelamiento (en espera de juicio). ◆ **3 to be remanded in custody,** estar en prisión preventiva (a la espera de juicio). **4 to be remanded on bail,** quedar en libertad bajo fianza. **5 on ~,** en prisión preventiva (a la espera de juicio). **6 ~ centre,** centro (penitenciario) para presos preventivos. **7 ~ home,** centro tutelar o de internamiento de menores.

remark [rɪ'mɑːk] *v. t.* **1** comentar: *"she won't marry him", he remarked = "ella no se casará con él", comentó.* **2** (p.u.) advertir, notar, observar. • *v. i.* **3** (~ {**on/upon**}) hacer una observación sobre; aludir a. • *s. c.* **4** comentario, observación: *he made some remarks about it = hizo algunos comentarios sobre ello.* ◆ **5 to pass remarks on/about someone,** (fam.) criticar a alguien. **6 worthy of ~,** notable, digno de mención.

remarkable [rɪ'mɑːkəbl] *adj.* **1** notable, excepcional, extraordinario. **2** notable, digno de mención. **3** excepcional, fuera de lo común.

remarkably [rɪ'mɑːkəblɪ] *adv.* **1** extraordinariamente. **2** extremadamente. **3** notablemente.

remarriage [ˌriː'mærɪdʒ] *s. i.* segundas nupcias.

remarry [ˌriː'mærɪ] *v. t.* **1** volver a casarse con. • *v. i.* **2** volver a casarse.

remediable [rɪ'miːdjəbl] *adj.* remediable.

remedial [rɪ'miːdɪəl] *adj.* **1** (form.) terapéutico, curativo: *remedial measures = medidas terapéuticas.* **2** de recuperación: *remedial class = clase de recuperación.* **3** correctivo, corrector: *remedial exercises = ejercicios correctivos.*

remedy ['remədɪ] *s. c.* **1** (form.) (~ {**for**}) remedio (para): *a household remedy for colds = un remedio casero para los catarros.* **2** (~ {**for**}) remedio, solución (para): *there is no remedy for your problem = no hay solución para su problema.* **3** DER. recurso. • *v. t.* **4** remediar, curar (un mal). **5** remediar, reparar (un daño). **6** corregir, arreglar. **7** rectificar (un error).

remember [rɪ'membər] *v. t.* **1** recordar, acordarse de: *I don't remember his address = no recuerdo su dirección.* **2** recordar, tener presente, no olvidar: *remember that he is the boss = no olvides que él es el jefe.* **3** acordarse de, no olvidarse de dar una propina a: *remember the waiter = no te olvides de darle una propina al camarero.* **4** (~ **+** *o.* **+ to**) dar recuerdos a: *remember me to him = dale recuerdos de mi parte.* • *v. i.* **5** recordar, acordarse: *if I remember rightly = si mal no recuerdo.* ◆ **6 to ~ someone in one's will,** dejar una herencia a alguien, acordarse de alguien en el testamento. **7 you ~,** como sabes: *her husband, you remember, was a famous actor = su marido, como sabes, fue un actor famoso.*

remembrance [rɪ'membrəns] *s. c.* **1** (form.) recuerdo: *an unpleasant remembrance = un recuerdo desagradable.* **2** (form.) recuerdo (objeto que se guarda como recuerdo). • *s. i.* **3** recuerdo, memoria: *a plaque in remembrance of the boys who died = una placa en memoria de los chicos que murieron.* ◆ **4 Remembrance Day/Sunday,** (brit.) día en que se recuerda a los caídos en las dos guerras mundiales. **5 remembrances,** saludos, recuerdos: *give my remembrances to your mother = dale recuerdos de mi parte a tu madre.*

remind [rɪ'maɪnd] *v. t.* **1** (~ {**of /about/to**}) recordar (algo a alguien): *please remind me to lock the doors = por favor recuérdame que cierre las puertas.* **2** (~ **of**) recordar a, hacer pensar en: *this boy reminds me of his father = ese chico me recuerda a su padre.*

reminder [rɪ'maɪndər] *s. c.* **1** recordatorio (algo que hace recordar). **2** advertencia. **3** notificación, aviso.

reminisce [ˌremɪ'nɪs] *v. i.* (~ {**about**}) (form. o lit.) rememorar el pasado.

reminiscence [ˌremɪ'nɪsns] (form. o lit.) *s. i.* **1** memoria, recuerdo. • *s. c.* **2** recuerdo: *an unpleasant reminiscence = un recuerdo desagradable.* **3** reminiscencia; algo que recuerda a (alguna otra cosa o persona): *there is a reminiscence of Bach in this symphony = hay algo que recuerda a Bach* o *reminiscencias de Bach en esta sinfonía.* ◆ **4 reminiscences, a)** memorias; **b)** recuerdos.

reminiscent [ˌremɪ'nɪsnt] *adj.* **1** (form. o lit.) (~ {**of**}) evocador: *old photographs reminiscent of our youth = viejas fotos que evocan nuestra juventud.* **2** que habla del pasado, nostálgico. **3** lleno de recuerdos. ◆ **4 to be ~ of,** recordar a: *his voice is reminiscent of his father's = su voz recuerda a la de su padre.*

remiss [rɪ'mɪs] *adj.* (form.) descuidado, negligente.

remission [rɪ'mɪʃn] *s. i.* **1** DER. reducción de condena (por buena conducta, etc.). **2** (form.) REL. remisión, perdón: *the remission of sins = la remisión de los pecados.* **3** MED. remisión (de unos síntomas, de una enfermedad, de un dolor).

remit [rɪ'mɪt] *v. t.* **1** (form.) remitir (dinero, cheques, etc., por carta). **2** aplacar: *remit your anger = aplaca tu ira.* **3** (~ {**to**}) DER. remitir. **4** remitir, perdonar: *to remit sins = remitir los pecados.* **5** condonar (una deuda, una pena). **6** remitir (un castigo, un deber). • *v. i.* **7** remitir, disminuir en intensidad: *the fever has remitted = la fiebre ha remitido.*

remittance [rɪ'mɪtəns] *s. c.* **1** (form.) giro, envío (de dinero). ◆ **2 ~ man,** emigrante que sobrevive con el dinero que le envían de su patria.

remnant ['remnənt] *s. c.* **1** (~ {**of**}) resto: *remnants of a meal = restos de una comida.* **2** resto, vestigio: *remnants of her former beauty = vestigios de su antigua belleza.* **3** retal, retazo (de una tela).

remodel [ˌriː'mɒdl] *v. t.* remodelar, transformar (una casa, una habitación, etc.).

remonstrance [rɪ'mɒnstrəns] *s. i.* (form.) protesta, reconvención.

remonstrate ['remənstreɪt] *v. i.* **1** (form.) (~ {**with/against**}) protestar (ante/contra): *he remonstrated against any kind of violence = protestaba contra cualquier tipo de violencia.* **2** (~ {**with**}) reprender, censurar (a). **3** (~ {**about**}) objetar a.

remorse [rɪ'mɔːs] *s. i.* (form.) remordimiento: *a twinge of remorse = un remordimiento.*

remorseful [rɪ'mɔːsful] *adj.* **1** (form.) lleno de remordimiento; arrepentido. **2** compungido.

remorsefully [rɪ'mɔːsfəlɪ] *adv.* (form.) con remordimiento; con arrepentimiento.

remorseless [rɪ'mɔːslɪs] *adj.* (form.) **1** despiadado, cruel. **2** implacable, inexorable.

remorselessly [rɪ'mɔːslɪslɪ] *adv.* (form.) **1** despiadadamente, cruelmente; **2** implacablemente, inexorablemente.

remote [rɪ'məʊt] *adj.* **1** remoto, lejano, distante: *remote lands = tierras lejanas; in the remote future = en un futuro remoto.* **2** apartado, aislado: *a remote village = un pueblo apartado.* **3** (~ {**from**}) (fig.) alejado (de), apartado (de), ajeno (a): *remote from the subject = ajeno al tema.* **4** (~ {**from**}) reservado, distante (una persona). **5** lejano (un pariente). **6** remoto, ligero: *a remote possibility = una remota posibilidad.* ◆ **7 not to have the remotest chance,** no tener la menor o más remota posibilidad. **8**

not to have the remotest idea/notion, no tener la menor o más remota idea. **9** ~ **control,** TEC. mando a distancia, telemando.

remote-controlled [rɪ'məutkən'trəuld] *adj.* TEC. teledirigido, controlado por control remoto.

remotely [rɪ'məutlɪ] *adv.* **1** en un lugar remoto. **2** remotamente: *I know it is not even remotely possible = sé que no es ni remotamente posible.* ◆ **3 to be** ~ **related,** ser parientes lejanos.

remoteness [rɪ'məutnɪs] *s. i.* **1** distancia, lejanía. **2** alejamiento. **3** aislamiento. **4** reserva (de carácter).

remould ['riːməuld] *s. c.* **1** neumático recauchutado. ● [,riː'məuld] *v. t.* **2** (form.) cambiar, reestructurar (basándose en diferentes principios): *she remoulded her way of thinking = cambió su forma de pensar.* **3** (p.u.) recauchutar.

remount [,riː'maunt] *v. t.* **1** volver a montar, volver a montarse en: *he remounted his bike = se volvió a montar en la bici.* **2** volver a enmarcar (un cuadro, una fotografía o similar); volver a engastar (una joya). ● *v. i.* **3** volver a montar (a caballo). ● *s. c.* e *i.* **4** MIL. remonta.

removable [rɪ'muːvəbl] *adj.* **1** trasladable (una cosa, una persona en un cargo). **2** separable; desmontable; extraíble; de quita y pon: *a removable hood = una capucha de quita y pon.*

removal [rɪ'muːvl] *s. i.* **1** traslado. **2** cambio de residencia, mudanza. **3** supresión, eliminación; MED. extirpación. ● *s. c.* **4** traslado de muebles. ◆ **5** ~ **from office/from one's post,** destitución (de un cargo); despido (de un empleo). **6** ~ **van,** camión de mudanzas.

remove [rɪ'muːv] *v. t.* **1** (~ {**from/to**}) retirar, llevarse (de/a): *they removed the cutlery from the table = retiraron los cubiertos de la mesa.* **2** quitar; quitarse: *he removed his coat = se quitó el abrigo.* **3** (~ {**from**}) quitar, eliminar (de) (una mancha). **4** (~ {**from**}) expulsar, echar (de) (a alguien de un sitio). **5** (~ {**from**}) retirar, quitar, apartar (de) : *she removed her hand from my shoulder = apartó la mano de mi hombro.* **6** suprimir: *the government removed some taxes = el gobierno suprimió algunos impuestos.* **7** quitar, robar: *someone removed my watch = alguien me quitó o robó el reloj.* **8** destituir (de un cargo); despedir (de un empleo). **9** quitar de en medio (un obstáculo). **10** MED. extirpar: *to remove a tumour = extirpar un tumor.* **11** (~ {**from**}) apartar, alejar (de): *an illness removed him from football = una enfermedad lo apartó del fútbol.* **12** disipar, hacer desaparecer (una duda, un temor, una sospecha, etc.). ● *v. i.* **13** (form.) (~ {**to**}) mudarse, trasladarse: *I am removing from Madrid to Barcelona = me mudo o traslado de Madrid a Barcelona.* ◆ **14 to be at many removes from,** (form.) apartarse bastante de, distar mucho de. **15 to be at one** ~ **from,** (form.) estar muy cercano a, estar a un paso de.

removed [rɪ'muːvd] *adj.* **1** (~ {**from**}) distante, remoto, lejano.

OBS. **2 Once/twice/three times, etc. removed** indica un grado de parentesco: *first cousin once removed = primo segundo.*

remover [rɪ'muːvər] *s. c.* **1** agente de mudanzas.

OBS. **Remover** es también cualquier sustancia que se utiliza para eliminar algo; va normalmente con otro *s.* formando compuestos: **2 makeup** ~, desmaquillador. **3 stain** ~, quitamanchas. **4 superfluous hair** ~, depilatorio del vello.

remunerate [rɪ'mjuːnəreɪt] *v. t.* (form.) (~ {**for**}) remunerar, retribuir (por).

remuneration [rɪ,mjuːnə'reɪʃn] *s. c.* e *i.* (form.) remuneración, retribución.

remunerative [rɪ'mjuːnərətɪv] *adj.* (form.) **1** rentable. **2** remunerado.

renaissance [rə'neɪsəns] *s. sing.* **1** renacimiento: *literary renaissance = renacimiento literario.* ● *adj.* **2** HIST. renacentista: *Renaissance style = estilo renacentista.* ◆ **3 the Renaissance,** HIST. el Renacimiento.

renal ['riːnl] *adj.* MED. renal.

rename [,riː'neɪm] *v. t.* cambiar de nombre, poner nuevo nombre a.

rend [rend] (*pret.* y *p. p.* **rent**) *v. t.* **1** (lit.) desgarrar, rasgar: *she rent her dress = se desgarró el vestido.* **2** (fig.) desgarrar: *my cough rent my chest = la tos me desgarraba el pecho.* **3** (fig.) desgarrar, dividir: *a war that rent the country = una guerra que dividió el país.* **4** (fig.) hender, desgarrar: *a cry rent the air = un grito hendió el aire.* **5** arrancar (violentamente).

render ['rendər] *v. t.* **1** (form.) dejar; volver; hacer: *to render useless = dejar inservible, inutilizar.* **2** dejar (en un estado): *the accident rendered her paralytic = el accidente la dejó paralítica.* **3** proporcionar, prestar (ayuda, asistencia, servicios, etc.). **4** rendir (honores, un homenaje). **5** dar, rendir: *she rendered thanks to God = ella rindió gracias a Dios.* **6** COM. presentar, pasar (una factura). **7** mostrar (obediencia). **8** devolver: *to render good for evil = devolver bien por mal.* **9** MÚS. interpretar, ejecutar (una pieza musical). **10** hacer (justicia). **11** representar, interpretar (un papel). **12** retratar, reproducir: *no picture could render the scene = ningún cuadro podría reproducir la escena.* **13** (~ {**into/from**}) traducir (a/de): *how would you render this idiom into English? = ¿cómo traducirías este modismo al inglés?* **14** enlucir, revocar (una pared). **15** GAST. derretir (grasa). ◆ **16 to** ~ **an account of,** (fig.) dar cuenta de, rendir cuentas de. **17 to** ~ **an account of oneself,** (fig.) justificarse.

rendering ['rendərɪŋ] *s. c.* **1** representación (de una obra teatral). **2** MÚS. interpretación, ejecución (de una pieza musical). **3** interpretación (de un poema). **4** traducción, versión: *a rendering of the Bible = una versión de la Biblia.* **5** enlucido, revoque, revoco (de una pared).

rendezvous ['rɒndɪvuː] *s. c.* **1** (form.) cita. **2** lugar donde se tiene una cita. **3** punto de encuentro, lugar de reunión: *his house is a rendezvous for writers = su casa es un punto de encuentro de escritores.* ● *v. i.* **4** (~ {**with**}) encontrarse (con alguien con quien se ha concertado una cita previa).

OBS. La pronunciación del *pl.* y de la tercera persona de *sing.* del *v.* es ['rɒndɪvuːz].

rendition [ren'dɪʃn] *s. c.* **1** representación, (de una obra teatral). **2** MÚS. interpretación, ejecución (de una pieza musical). **3** interpretación (de un poema, de una canción). **4** traducción.

renegade ['renɪgeɪd] *s. c.* y *adj.* renegado.

renege [rɪ'niːg] *v. i.* **1** (~ {**on**}) (form.) volverse atrás (en) (una promesa, un acuerdo, etc.). **2** renunciar (en un juego de naipes).

renew [rɪ'njuː] *v. t.* **1** reemprender (una actividad, las negociaciones, los ataques); reanudar (una relación): *they renewed their friendship = reanudaron su amistad.* **2** renovar (prolongar validez): *to renew a contract = renovar un contrato.* **3** renovar, cambiar (por algo nuevo): *to renew the furniture = renovar el mobiliario.* **4** reponer (suministros). **5** recuperar (la fuerza, la juventud, etc.). **6** sustituir, cambiar (una pieza estropeada). ◆ **7 to be renewed,** renovarse, transformarse.

renewable [rɪ'njuːəbl] *adj.* **1** transformable. **2** renovable: *a renewable contract = un contrato renovable.*

renewal [rɪ'njuːəl] *s. i.* **1** (~ {**of**}) reanudación: *renewal of our relations = reanudación de nuestras relaciones.* **2** ARQ. renovación, reestructuración: *urban renewal = reestructuración urbana.* **3** REL. renovación: *spiritual renewal = renovación espiritual.* ● *s. c.* e *i.* **4** renovación (de un documento, permiso, contrato, etc.).

renewed [rɪ'njuːd] *adj.* renovado, nuevo: *with renewed enthusiasm = con renovado entusiasmo.*

rennet ['renɪt] *s. i.* GAST. cuajo.

renounce [rɪ'nauns] *v. t.* **1** (form.) renunciar a, renegar de, abjurar (de): *he renounced his faith = renegó de su fe.* **2** renunciar a: *they renounced their rights = renunciaron a sus derechos.* **3** (p.u.) rechazar, repudiar: *she renounced his son = ella repudió a su hijo.* ● *v. i.* **4** renunciar, hacer renuncio (en un juego de naipes). ● *s. i.* **5** renuncio (en naipes). ◆ **6 to** ~ **the world,** apartarse del mundo, hacer una vida de recogimiento.

renovate ['renəveɪt] *v. t.* **1** reformar (un edificio viejo); restaurar (un cuadro antiguo). **2** reparar (una máquina). **3** renovar (algo en mal estado).

renovation [,renə'veɪʃn] *s. c.* e *i.* **1** renovación. **2** reforma; restauración. **3** reparación.

renown [rɪ'naʊn] *s. i.* (form. o lit.) renombre, fama: *a painter of international renown = un pintor de renombre internacional.*

renowned [rɪ'naʊnd] *adj.* (form. o lit.) (~ {**for**}) famoso, célebre (por): *he is renowned for his research = es famoso por sus investigaciones.*

rent [rent] *v. t.* **1** alquilar, (Am.) rentar; arrendar: *to rent a flat = alquilar un piso.* ● *v. i.* **2** alquilarse; arrendarse: *this house rents at £30 a month = esta casa se alquila por 30 libras al mes.* ● *s. c.* e *i.* **3** alquiler: *the rent for the flat = el alquiler del piso.* ● *s. c.* **4** rasgadura, desgarrón. **5** grieta, raja, hendidura. **6** (fig.) división: *a rent in the party = una división en el partido.* ◆ **7 for** ~, **a)** (EE UU) se alquila; **b)** de alquiler: *cars for rent = coches de alquiler.* **8** ~ **book,** libro donde se registran los pagos del alquiler. **9 to** ~ **out,** alquilar: *I'll rent out this room to a student = alquilaré esta habitación a un estudiante.*

rent *pret.* y *p. p.* de **rend.**

rental ['rentl] *adj.* **1** de alquiler. ● *s. c.* **2** alquiler: *quarterly rental = alquiler trimestral.* **3** (EE UU) inmueble alquilado.

rented ['rentɪd] *adj.* alquilado: *a rented house = una casa alquilada.*

rent-free [,rent'friː] *adj.* **1** exento de alquiler. ● *adv.* **2** gratuitamente (sin pagar alquiler).

renunciation [rɪ,nʌnsɪ'eɪʃn] *s. i.* (form.) (~ {**of**}) renuncia (a).

reopen [,riː'əʊpən] *v. i.* **1** volver a abrir (un establecimiento, después de haber estado cerrado durante algún tiempo). **2** volver a empezar: *school reopens on Monday = la escuela vuelve a empezar el lunes.* **3** MED. volver a abrir (una herida). ● *v. t.* **4** DER. reabrir (un caso). **5** reanudar (una conversación, una discusión). **6** reabrir, volver a abrir (una frontera, una ruta).

reopening [,riː'əʊpənɪŋ] *s. c.* reapertura.

reorganise *v. t.* e *i.* ⇒ **reorganize.**

reorganization ['riː,ɔːgənaɪ'zeɪʃn] (también **reorganisation**) *s. c.* e *i.* reorganización.

reorganize [,riː'ɔːgənaɪz] (también **reorganise**) *v. t.* **1** reorganizar. ● *v. i.* **2** reorganizarse.

rep [rep] (fam.) *s. c.* **1** COM. representante; viajante (de comercio). **2** representante (de una colectividad). **3** (vulg.) canalla. ● *s. i.* **4** reps (tejido). **5** (vulg.) reputación. ◆ **6 in** ~, en un teatro o compañía de repertorio. OBS. Con la grafía **Rep.: 7** (EE UU) POL. representante, diputado (abreviatura). **8** republicano; república (abreviatura).

repaid [riː'peɪd] *pret.* y *p. p.* de **repay.**

repair [rɪ'peər] *s. c.* e *i.* **1** reparación: *this house needs some repairs = esta casa necesita algunas reparaciones.* **2** reforma: *closed for repairs = cerrado por reformas.* ● *v. t.* **3** reparar, arreglar: *he is repairing my bicycle = me está arreglando la bicicleta.* **4** remendar (ropas, zapatos). **5** (form.) enmendar, corregir: *he repaired his error = corrigió su error.* ● *v. i.* **6** (**to** ~ **to**) (form.) dirigirse a; ir a, acudir a. **7 beyond** ~, irreparable. **8 in good/bad** ~, (form.) en buen/mal estado. **9** ~ **shop,** taller de reparaciones.

reparation [,repə'reɪʃn] *s. i.* **1** (form.) reparación, satisfacción (de un daño o agravio). ● *s. c.* **2** (generalmente en *pl.*) indemnización (por daños de guerra).

repartee [,repɑː'tiː] *s. c.* **1** réplica ingeniosa. ● *s. i.* **2** charla ingeniosa, sucesión de réplicas ingeniosas.

repast [rɪ'pɑːst] *s. c.* (lit.) comida: *a slight repast = una comida ligera.*

repatriate [riː'pætrɪeɪt] *v. t.* **1** repatriar (a una persona). **2** COM. enviar a su patria (beneficios, ganancias, conseguidos en otro país). ● *s. c.* **3** repatriado.

repatriation [,riːpætrɪ'eɪʃn] *s. i.* repatriación.

repay [riː'peɪ] (*pret.* y *p. p.* **repaid**) *v. t.* **1** (~ {**to**}) devolver (dinero). **2** (~ {**for**}) pagar: *he repaid me with ingratitude = me pagó con ingratitud.* **3** corresponder a: *she didn't repay his kindness = ella no correspondió a su amabilidad.* **4** (form.) requerir, merecer: *it repays investigation = requiere una investigación.* **5** recompensar, resarcir, compensar: *how can I repay you? = ¿cómo puedo recompensarle?*

repayable [riː'peɪəbl] *adj.* reintegrable, reembolsable.

repayment [riː'peɪmənt] *s. c.* **1** pago: *loan repayments = pagos de un crédito.* ● *s. i.* **2** reintegro, reembolso. **3** devolución.

repeal [rɪ'piːl] *v. t.* **1** DER. revocar, anular, derogar (una ley). ● *s. i.* **2** (~ {**of**}) revocación, anulación, derogación (de una ley).

repeat [rɪ'piːt] *v. t.* e *i.* **1** repetir: *repeat it, please = repítelo, por favor.* ● *v. t.* **2** contar (algo confidencial): *don't repeat it to anybody = no se lo cuentes a nadie.* **3** recitar: *to repeat a poem = recitar un poema.* **4** repetir, reiterar: *to repeat a statement = reiterar una afirmación.* ● *v. i.* **5** (~ {**on**}) (brit.) (fam.) repetir (comidas): *sardines repeat on me = las sardinas me repiten.* **6** (EE UU) votar más de una vez. ● *s. c.* **7** repetición. **8** RAD. y TV. reposición, repetición (de un programa). ◆ **9 to** ~ **oneself,** repetirse: *history repeats itself = la historia se repite.*

repeated [rɪ'piːtɪd] *adj.* **1** repetido, reiterado: *repeated absences = repetidas ausencias.* ◆ **2 to be repeated,** RAD. y TV. reponerse, repetirse (un programa).

repeatedly [rɪ'piːtɪdlɪ] *adv.* repetidamente, reiteradamente, una y otra vez.

repeater [rɪ'piːtər] *s. c.* **1** arma de repetición. **2** reloj de repetición. **3** TEC. repetidor.

repeating [rɪ'piːtɪŋ] *adj.* **1** de repetición: *repeating rifle = rifle de repetición.* **2** GAST. que repite: *repeating food = comida que repite.* ◆ **3** ~ **decimal,** MAT. fracción decimal periódica.

repel [rɪ'pel] *v. t.* **1** repeler, repugnar: *that idea repels me = esa idea me repugna.* **2** repugnar, dar asco: *snakes repel him = las serpientes le dan asco.* **3** rechazar: *he repelled my offer = rechazó mi ofrecimiento.* **4** (form.) rechazar, repeler (obligar a retroceder): *they repelled their assailants = rechazaron a sus atacantes.* **5** (form.) resistir: *he repelled temptation = resistió la tentación.* **6** (fig.) repeler: *this material repels water = esta tela repele el agua.* ● *v. t.* **7** FÍS. repeler (polos magnéticos opuestos). ● *v. t.* **8** FÍS. repelerse.

repellent [rɪ'pelənt] *adj.* **1** (~ {**to**}) (form.) repelente, repugnante, repulsivo. ● *s.inv.* **2** QUÍM. repelente (sustancia): *mosquito repellent = repelente para los mosquitos.*

repent [rɪ'pent] *v. i.* (~ {**of/for**}) (form.) arrepentirse (de): *she repented of having bought it = se arrepintió de haberlo comprado.*

repentance [rɪ'pentəns] *s. i.* (form.) arrepentimiento.

repentant [rɪ'pentənt] *adj.* (form.) arrepentido: *a repentant sinner = un pecador arrepentido.*

repercussion [,riːpə'kʌʃn] *s. c.* e *i.* **1** (form.) repercusión, eco, resonancia. ● *s. c.* **2** (normalmente en *pl.*) repercusión, consecuencia: *it had great political repercussions = tuvo grandes repercusiones políticas.*

repertoire ['repətwɑː] *s. sing.* (form.) repertorio: *a wide repertoire of songs = un amplio repertorio de canciones.*

repertory ['repətərɪ] *s. sing.* **1** (form.) repertorio. ● *s. i.* **2** repertorio: *repertory theatre = teatro de repertorio.* ◆ **3 in** ~, en un teatro o compañía de repertorio.

repetition [,repɪ'tɪʃn] *s. c.* e *i.* **1** repetición. ● *s. c.* **2** recitado. **3** copia, réplica.

repetitious [,repɪ'tɪʃəs] *adj.* **1** (form.) repetitivo, monótono. **2** reiterativo.

repetitive [rɪ'petɪtɪv] *adj.* **1** repetitivo, monótono: *repetitive work = trabajo monótono.* **2** reiterativo.

rephrase [,riː'freɪz] *v. t.* expresar de otro modo, decir con otras palabras.

replace [rɪ'pleɪs] *v. t.* **1** (~ {**with/by**}) sustituir (por): *it will taste nice if you replace vinegar with lemon juice = sabrá bien si sustituyes el vinagre por limón.* **2** reemplazar, sustituir: *nothing can replace a mother's care = nada puede sustituir el cuidado de una madre.* **3** volver a colocar (en un sitio): *he replaced the book on the shelf = volvió a colocar el libro en la* *estantería.* **4** colgar (el auricular del teléfono). **5** restituir, reponer: *he had to replace the money he had stolen = tuvo que reponer el dinero que había robado.*

replaceable [rɪ'pleɪsəbl] *adj.* reemplazable, sustituible.

replacement [rɪ'pleɪsmənt] *s. i.* **1** sustitución, cambio. **2** restitución, reposición. • *s. c.* **3** sustituto, suplente. **4** repuesto, pieza de recambio. **5** MIL. reemplazo. ◆ **6 ~ cost,** coste de reposición, coste de sustitución.

replay ['riːpleɪ] *s. c.* **1** DEP. partido de desempate. **2** repetición (de una grabación). • *v. t.* **3** DEP. volver a jugar (un partido). **4** volver a poner (una grabación).

replenish [rɪ'plenɪʃ] *v. t.* **1** (form.) (~ {**with**}) rellenar, volver a llenar (de/con): *he replenished my glass = volvió a llenarme el vaso.* **2** reponer (existencias). **3** (~ {**with**}) reabastecer; volver a aprovisionar de.

replete [rɪ'pliːt] *adj.* **1** (form. y p.u.) (~ {**with**}) lleno, ahíto (saciado de comida y bebida). **2** (~ {**with**}) repleto, totalmente lleno (de): *a drawer replete with clothes = un cajón repleto de ropa.*

replica ['replɪkə] *s. c.* **1** (~ {**of**}) réplica, copia, reproducción. **2** (~ {**of**}) ART. réplica, reproducción (de una obra de arte). **3** (~ {**of**}) copia exacta, doble (de una persona).

replicate ['replɪkeɪt] *v. t.* (form.) reproducir fielmente.

reply [rɪ'plaɪ] *v. i.* **1** (~ {**to**}) contestar, responder: *he didn't reply to my question = no contestó a mi pregunta.* **2** (~ {**to**}) responder (con una acción): *the enemy didn't reply to our attack = el enemigo no respondió a nuestro ataque.* • *s. c.* **3** (~ {**to**}) contestación, respuesta. ◆ **4 in ~ (to),** como respuesta, en respuesta, como contestación (a) (algo que se ha dicho o hecho): *he said nothing in reply = no dijo nada como contestación; in reply to your letter = en respuesta a su atenta carta.*

repoint [ˌriː'pɔɪnt] *v. t.* TEC. volver a cementar.

report [rɪ'pɔːt] *v. t.* **1** relatar, contar (un suceso). **2** informar (de): *they reported that everything was going well = informaron que todo iba bien.* **3** (~ {**to**}) denunciar: *I reported the theft to the police = denuncié el robo a la policía.* **4** (~ {**to**}) comunicar, informar de (un suceso, a una autoridad): *did they report his death to the police? = ¿informaron a la policía de su muerte?* **5** comunicar: *the results of his investigations have been reported = se han comunicado los resultados de sus investigaciones.* **6** PER. informar de. • *v. i.* **7** (~ {**to/for**}) presentarse (en/ante/para): *he had to report to headquarters = tuvo que presentarse en el cuartel.* **8** (~ {**on/upon**}) presentar un informe, informar (sobre). **9** (~ {**to**}) (form.) rendir cuentas (ante) (alguien). **10** PER. trabajar como reportero: *he reported for the "Daily News" for 10 years = trabajó como reportero para el "Daily News" durante 10 años.* • *s. c.* e *i.* **11** rumor: *the report goes that she is pregnant = corre el rumor de que está embarazada.* • *s. i.* **12** (form.) reputación, fama: *a man of evil report = un hombre de mala reputación.* • *s. c.* **13** informe: *I need a complete report of the situation = necesito un informe completo de la situación.* **14** parte; informe; boletín: *weather report = parte meteorológico.* **15** (form.) estallido, detonación, estampido (de un disparo, de una explosión). **16** PER. reportaje: *illustrated report = reportaje gráfico.* **17** memoria, informe: *annual report = memoria anual.* **18** relación, relato. **19** reseña (de un libro, en un periódico). **20** (brit.) boletín de notas (de un alumno). **21** DER. ponencia, informe. **22** noticia: *the report of his father's death upset him greatly = la noticia de la muerte de su padre le afectó mucho.* ◆ **23 it is reported (that),** se dice (que), se rumorea (que). **24 to ~ back, a)** dar cuenta de, comunicar; **b)** presentarse de vuelta. **25 to ~ fit,** darse de alta (después de haber estado de baja por enfermedad). **26 to ~ sick,** darse de baja por enfermedad. **27 reported speech,** estilo indirecto.

reportage [ˌrepɔː'tɑːʒ] *s. i.* PER. **1** técnica o estilo de informar de las noticias. **2** reportaje.

reportedly [rɪ'pɔːtɪdlɪ] *adv.* (form.) supuestamente.

reporter [rɪ'pɔːtər] *s. c.* **1** PER. reportero, periodista. **2** DER. ponente.

reporting [rɪ'pɔːtɪŋ] *s. i.* PER. información: *sports reporting = información deportiva.*

repose [rɪ'pəuz] *s. i.* **1** (form.) reposo, descanso. **2** tranquilidad, sosiego, calma. • *v. i.* **3** (form.) reposar, descansar. **4** (fig.) reposar (estar): *her coat reposed on the floor = su abrigo reposaba en el suelo.* **5** (fig.) descansar, yacer (un muerto). **6** (~ {**on**}) (fig.) basarse (en): *his system reposes on new theories = su sistema se basa en nuevas teorías.* • *v. t.* **7** (form.) recostar: *she reposed her head on the pillow = recostó la cabeza en la almohada.* **8** (~ {**in**}) depositar: *she reposed her trust in me = depositó en mí su confianza.*

repository [rɪ'pɒzɪtərɪ] *s. c.* **1** (form.) (~ {**of**}) depositario: *they are repositories of a secret = son depositarios de un secreto.* **2** almacén, depósito. **3** panteón.

repossess [ˌriːpə'zes] *v. t.* (form.) embargar por impago (bienes confiscados).

repot [ˌriː'pɒt] *v. t.* trasplantar, cambiar de maceta (una planta).

reprehensible [ˌreprɪ'hensɪbl] *adj.* (form.) reprensible, reprochable, censurable.

represent [ˌreprɪ'zent] *v. t.* **1** representar: *he was represented by his wife = estaba representado por su esposa.* **2** (form.) representar: *this drawing represents a horse = este dibujo representa a un caballo.* **3** (form.) representar: *this house represents five years' work = esta casa representa cinco años de trabajo.* **4** representar, simbolizar: *this yellow spot represents the sun = esta mancha amarilla representa* o *simboliza el sol.* **5** describir: *they are not what you represented them to be = no son como los describiste.* **6** representar (en un escenario). ◆ **7 to be well/strongly/etc. represented,** estar ampliamente representado: *Spanish painters were strongly represented at the exhibition = los pintores españoles estaban ampliamente representados en la exposición.*

representation [ˌreprɪzen'teɪʃn] *s. i.* **1** representación. • *s. c.* **2** (~ {**of**}) representación. ◆ **3 representations,** (form.) protestas, quejas (hechas a una autoridad u organismo oficial).

representational [ˌreprɪzen'teɪʃənəl] *adj.* ART. (form.) figurativo (arte).

representative [ˌreprɪ'zentətɪv] *s. c.* **1** representante: *they didn't come but they sent some representatives = no vinieron pero enviaron a algunos representantes.* **2** (form.) COM. representante, comercial, agente. **3** apoderado. **4** POL. diputado. **5** COM. delegado (de una sucursal). • *adj.* **6** (~ {**of**}) representativo, típico, característico: *this play is representative of modern Japanese theatre = esta obra es representativa del teatro japonés moderno.* **7** POL. representativo: *representative assembly = asamblea representativa.*

repress [rɪ'pres] *v. t.* **1** contener, reprimir: *she couldn't repress her laughter = no pudo contener la risa.* **2** refrenar (las pasiones). **3** PSIC. reprimir. **4** reprimir, oprimir, subyugar, dominar por la fuerza.

repressed [rɪ'prest] *adj.* PSIC. reprimido (una persona).

repression [rɪ'preʃn] *s. i.* **1** MIL. represión: *the government's brutal repression = la brutal represión del gobierno.* **2** PSIC. represión.

repressive [rɪ'presɪv] *adj.* POL. represivo: *repressive measures = medidas represivas.*

reprieve [rɪ'priːv] *v. t.* **1** DER. indultar (a un condenado a muerte). **2** (fig.) dar un respiro a (aliviar temporalmente). • *s. c.* **3** DER. indulto (de un reo). **4** DER. suspensión temporal de una pena de muerte. **5** (fig.) respiro, alivio.

reprimand ['reprɪmɑːnd] *v. t.* **1** amonestar, reprender. • *s. c.* e *i.* **2** reprimenda, reprensión, amonestación.

reprint [ˌriː'prɪnt] *v. t.* **1** reimprimir (una publicación). • ['riːprɪnt] *s. c.* **2** reimpresión, nueva edición (de una publicación).

reprisal [rɪ'praɪzl] *s. i.* **1** (form.) venganza, represalia. ◆ **2 reprisals,** represalias: *the military forces took violent reprisals against the students*

= *las fuerzas militares tomaron violentas represalias contra los estudiantes.*

reproach [rɪ'prəʊtʃ] *s. i.* **1** (form.) reproche, censura: *a look of reproach = una mirada de reproche.* **2** reproche, crítica. **3** (~ {**to**}) vergüenza, deshonra: *these roads are a reproach to our country = estas carreteras son una vergüenza para nuestro país.* • *v. t.* **4** (~ {**for/with**}) reprochar, censurar, criticar (por): *she reproached me with my behaviour = me reprochó mi comportamiento.* ◆ **5** (**to** ~ **oneself** {**for/with**}) reprocharse, culparse: *they have nothing to reproach themselves with = no tienen nada que reprocharse.*

reproachful [rɪ'prəʊtʃful] *adj.* reprobador, recriminatorio, de reproche: *a reproachful look = una mirada de reproche.*

reproachfully [rɪ'prəʊtʃfəlɪ] *adv.* con reproche.

reprobate ['reprəʊbeɪt] *s. c.* **1** (p.u.) réprobo. • *adj.* **2** depravado, inmoral. • *v. t.* **3** reprobar, condenar.

reproduce [,ri:prə'dju:s] *v. t.* **1** reproducir, repetir: *the tape reproduced our voices perfectly = la cinta reprodujo nuestras voces a la perfección.* **2** imitar. **3** copiar. **4** BIOL. regenerar (una parte del cuerpo). • *v. i.* **5** BIOL. reproducirse, multiplicarse.

reproduction [,ri:prə'dʌkʃn] *s. i.* **1** reproducción. **2** BIOL. reproducción, procreación. • *s. c.* **3** ART. reproducción, copia (de un cuadro, de un objeto antiguo, etc.).

reproductive [,ri:prə'dʌktɪv] *adj.* BIOL. reproductor: *reproductive organs = órganos reproductores.*

reprography [rɪ'prɒgrəfɪ:] *s. i.* reprografía.

reproof [rɪ'pru:f] *s. i.* **1** (form.) reproche, censura, reprensión. • *s. c.* **2** reprimenda, reproche.

reprove [rɪ'prɒgrəfɪ] *v. t.* (form.) (~ {**for**}) reprender, regañar.

reproving [rɪ'pru:vɪŋ] *adj.* (form.) recriminatorio, de reprobación, de reproche: *reproving words = palabras de reproche.*

reptile ['reptaɪl] *s. c.* **1** ZOOL. reptil. • *adj.* **2** (fig.) rastrero, vil, ruin.

reptilian [rep'tɪlɪən] *adj.* **1** ZOOL. de reptil. **2** (fig.) rastrero, vil, ruin.

republic [rɪ'pʌblɪk] *s. i.* **1** POL. república (sistema de gobierno). • *s. c.* **2** república (país cuyo sistema de gobierno es la república).

OBS. Se utiliza en los nombres de algunas repúblicas: *the Argentine Republic = la República Argentina.*

republican [rɪ'pʌblɪkən] *s. c.* y *adj.* POL. republicano: *Republican Party = partido Republicano.*

republicanism [rɪ'pʌblɪkənɪzəm] *s. i.* POL. republicanismo.

repudiate [rɪ'pju:dɪeɪt] *v. t.* **1** (form.) repudiar (a una persona). **2** negar, rechazar: *he repudiated the charge = negó la acusación.* **3** negarse a aceptar. **4** negarse a pagar (una deuda). **5** negarse a cumplir (un compromiso, un contrato, etc.).

repudiation [rɪ,pju:dɪ'eɪʃn] *s. i.* rechazo, repudio.

repugnance [rɪ'pʌgnəns] *s. i.* **1** repugnancia, repulsión, asco, aversión: *she felt repugnance towards them = sentía repugnancia hacia ellos.* **2** (fig.) repugnancia, aversión: *his repugnance to work = su aversión al trabajo.*

repugnant [rɪ'pʌgnənt] *adj.* **1** (~ {**to**}) repugnante, repulsivo. **2** (~ {**to**}) desagradable.

repulse [rɪ'pʌls] *v. t.* **1** repeler, rechazar: *to repulse an attack = rechazar un ataque.* **2** repeler, asquear. • *s. c.* **3** desaire: *she suffered a repulse = sufrió un desaire.*

repulsion [rɪ'pʌlʃn] *s. i.* **1** repulsión, aversión, asco: *I felt repulsion for him = me daba asco.* **2** FÍS. repulsión.

repulsive [rɪ'pʌlsɪv] *adj.* **1** repulsivo, repugnante, asqueroso: *a repulsive appearance = un aspecto repulsivo.* **2** repelente: *a repulsive child = un crío repelente.* **3** FÍS. opuesto, que se repelen: *repulsive forces = fuerzas opuestas.*

repulsively [rɪ'pʌlsɪvlɪ] *adv.* asquerosamente: *repulsively dirty = asquerosamente sucio.*

reputable ['repjutəbl] *adj.* **1** de buena reputación, acreditado, de confianza: *a reputable make = una marca de confianza.* **2** respetable: *a reputable business = un negocio respetable.*

reputably ['repjutəblɪ] *adv.* respetablemente.

reputation [,repju'teɪʃn] *s. c.* e *i.* reputación, fama.

repute [rɪ'pju:t] *s. i.* **1** (form.) reputacion, fama: *a place of ill repute = un sitio de mala reputación.* ◆ **2 by** ~, de oídas: *I know her by repute = la conozco de oídas (por su reputación).* **3 to hold someone in (high)** ~, tener a alguien en alta estima. **4 of** ~, de buena reputación, prestigioso: *a lawyer of repute = un prestigioso abogado.*

reputed [rɪ'pju:tɪd] *adj.* **1** supuesto: *the reputed father of the baby = el supuesto padre del bebé.* **2** reputado, considerado. ◆ **3 to be** ~ **(as/to be),** tener fama de: *they are reputed to be very rich = tienen fama de ser muy ricos.* **4 it is** ~, se supone; se rumorea.

reputedly [rɪ'pju:tɪdlɪ] *adv.* supuestamente, según se cree.

request [rɪ'kwest] *v. t.* **1** (form.) solicitar: *I requested his presence = solicité su presencia.* **2** rogar, pedir: *he requested me not to smoke = me rogó que no fumara.* • *s. c.* **3** petición; súplica, ruego. **4** instancia, solicitud: *they turned down my request = rechazaron mi solicitud.* **5** RAD. petición (de un radioyente). ◆ **6 at someone's** ~**/at the** ~ **of someone,** a petición de alguien; a instancias de alguien. **7 by** ~, RAD. a petición (de un oyente). **8 on** ~, por encargo, sobre pedido. **9** ~ **stop,** parada discrecional.

requiem ['rekwɪəm] *s. c.* **1** REL. réquiem. **2** MÚS. réquiem: *Mozart's Requiem = el Réquiem de Mozart.* ◆ **3** ~ **mass,** REL. misa de réquiem.

require [rɪ'kwaɪər] *v. t.* **1** (form.) requerir, exigir: *this job requires imagination = este trabajo requiere imaginación.* **2** necesitar: *they require another glass = necesitan otro vaso.* **3** desear: *do you require coffee? = ¿desea usted café?* ◆ **4 to be required,** requerirse, necesitarse; exigirse: *what is required to enter the university? = ¿qué se requiere para ingresar en la Universidad?*

required [rɪ'kwaɪəd] *adj.* **1** requerido, necesario: *he hasn't the required qualities = no tiene las cualidades necesarias.* **2** obligatorio.

requirement [rɪ'kwaɪəmənt] *s. c.* **1** requisito, condición: *it fulfils all the requirements = cumple con todos los requisitos.* **2** necesidad: *his requirements are few = sus necesidades son pocas.* **3** exigencia: *requirements of the law = exigencias de la ley.*

requisite ['rekwɪzɪt] *adj.* **1** (form.) (~ {**for**}) requerido, necesario. • *s. c.* **2** requisito.

requisition [,rekwɪ'zɪʃn] *v. t.* **1** MIL. requisar (por orden militar). **2** requerir: *they requisitioned our services = requirieron nuestros servicios.* • *s. c.* **3** MIL. (~ {**for**}) requisa. • *s. i.* **4** MIL. requisición.

requite [rɪ'kwaɪt] *v. t.* (form.) **1** corresponder a: *she didn't requite his love = ella no correspondió a su amor.* **2** recompensar, pagar.

reran ['ri:ræn] *pret.* de **rerun**.

re-route [,ri:'ru:t] *v. t.* desviar (el tráfico, un tren, etc.).

rerun ['ri:rʌn] *s. c.* **1** reposición (de una película, obra teatral, etc.). • [,ri:'rʌn] (*pret.* **reran**, *p. p.* **rerun**) *v. t.* **2** reponer (una película, una obra teatral, etc.).

rescind [rɪ'sɪnd] *v. t.* **1** (form.) rescindir, anular. **2** DER. derogar (una ley). **3** revocar (una orden, una ley).

rescue ['reskju:] *v. t.* **1** rescatar, salvar (de un peligro). **2** (fig.) rescatar, sacar del olvido. • *s. i.* **3** rescate. • *s. c.* **4** salvamento. ◆ **5 to go /come to the** ~ **(of),** acudir en ayuda de, ir a salvar a. **6** ~ **team,** equipo de rescate, equipo de salvamento. **7** ~ **work,** trabajos de rescate.

rescuer ['reskjuər] *s. c.* salvador, rescatador.

research [rɪ'sə:tʃ] *s. i.* **1** investigación, investigaciones (un tema): *scientific research = investigación científica.* • *v. t.* e *i.* **2** investigar (un tema). ◆ **3 to do** ~ **(on),** investigar. **4** ~ **fellowship,** beca de investigación. **5** ~ **paper,** documento de investigación, trabajo de investigación.

researcher [rɪ'sə:tʃər] *s. c.* investigador.

reseat [,ri:'si:t] *v. t.* **1** (form.) poner un nuevo asiento a poner nuevos asientos a. **2** volver a ajustar (una válvula).

resell [ˌriː'sel] (*pret.* **resold,** *p. p.* **resold**) *v. t.* revender.
resemblance [rɪ'zembləns] *s. sing.* o *s. i.* **1** (~ {**to/between**}) parecido; semejanza: *family resemblance = parecido de familia.* ◆ **2 to bear a ~ to,** tener parecido con; tener semejanza con.
resemble [rɪ'zembl] *v. t.* asemejarse a; parecerse a: *she resembles her mother = se parece a su madre.*
resent [rɪ'zent] *v. t.* **1** tomarse a mal, tomar a pecho, ofenderse por. **2** estar resentido por (algo); estar resentido con (alguien).
resentful [rɪ'zentful] *adj.* **1** resentido. **2** ofendido; indignado. **3** rencoroso.
resentfully [rɪ'zentfəlɪ] *adv.* **1** con resentimiento. **2** con rencor.
resentment [rɪ'zentmənt] *s. c.* e *i.* **1** resentimiento. **2** rencor: *I bear no resentment against you = no te guardo rencor.* ● *s. i.* **3** indignación.
reservation [ˌrezə'veɪʃn] *s. c.* **1** reserva, salvedad. **2** limitación. **3** reserva (de un asiento, localidad, habitación, etc.). **4** (EE UU) reserva, territorio reservado: *Indian reservation = reserva india.* ● *s. i.* **5** REL. Reserva. ◆ **6 without ~,** sin reservas, incondicionalmente. **7 with ~/ reservations,** con reservas.
reserve [rɪ'zɜːv] *v. t.* **1** reservar, guardar: *they are reserved for you = están reservadas para ti.* **2** reservar (un asiento, localidad, habitación, etc.). ● *s. c.* **3** reserva: *food reserves = reservas de comida.* **4** DEP. reserva, suplente (jugador). **5** ECOL. reserva: *forest reserve = reserva forestal.* **6** (brit.) precio mínimo. ● *s. sing.* **7** (**the ~**) MIL. la reserva. ● *s. i.* **8** reserva, comedimiento. **9** cautela. **10** introversión, timidez. ◆ **11 in ~,** de reserva. **12 ~ price,** (brit.) precio mínimo. **13 reserves,** MIL. reservas. **14 to ~ the right,** reservarse el derecho.
reserved [rɪ'zɜːvd] *adj.* **1** reservado, introvertido, circunspecto. **2** reservado (una localidad, habitación, asiento, etc.).
reservist [rɪ'zɜːvɪst] *s. c.* MIL. reservista.
reservoir ['rezəvwɑːr] *s. c.* **1** embalse, pantano. **2** depósito. **3** (~ {**of**}) (fig.) mina: *a reservoir of knowledge = una mina de conocimientos.*
reset [ˌriː'set] (*pret.* y *p. p.* **reset**) *v. t.* **1** reajustar (una máquina, un aparato). **2** volver a montar (una joya). **3** ANAT. volver a encajar (hueso). **4** volver a afilar. **5** recomponer (caracteres de imprenta).
resettle [ˌriː'setl] *v. i.* **1** volver a instalarse, volver a establecerse (en un nuevo lugar de residencia). ● *v. t.* **2** ayudar a establecerse (en un nuevo lugar de residencia). **3** volver a colonizar, volver a poblar.
resettlement [ˌriː'setlmənt] *s. i.* **1** nuevo establecimiento (de personas, en un nuevo lugar de residencia). **2** repoblación, nueva colonización.
reshuffle [ˌriː'ʃʌfl] *s. c.* **1** POL. remodelación (de un gabinete político). **2** nueva mezcla (de naipes). ● *v. t.* **3** reorganizar. **4** volver a barajar (naipes).
reside [rɪ'zaɪd] (form.) *v. i.* **1** residir, morar. **2** (~ {**in**}) (fig.) residir: *power resides in the King = el poder reside en el rey.*
residence ['rezɪdəns] *s. c.* **1** (form.) residencia, domicilio. ● *s. i.* **2** residencia: *residence permit = permiso de residencia.* **3** permanencia, estancia. ◆ **4 in ~,** residente. **5 to take up ~,** establecer su residencia, instalarse.
resident ['rezɪdənt] *s. c.* **1** residente, habitante (de una zona). **2** vecino (de un barrio, bloque de pisos, vivienda, etc.). **3** ZOOL. animal no migratorio. ● *adj.* **4** (~ {**in**}) residente (habitante o morador permanente de un sitio). **5** residente, interno (que vive donde trabaja). **6** residente (un especialista): *resident doctor = médico residente.* ◆ **7 residents' association,** asociación de vecinos.
residential [ˌrezɪ'denʃl] *adj.* **1** residencial: *residential area = zona residencial.* **2** residencial (un trabajo, un empleo, un curso). **3** interno (que tiene su residencia donde estudia o trabaja).
residual [rɪ'zɪdjuəl] *adj.* (form.) residual.
residue ['rezɪdjuː] *s. c.* **1** (form.) residuo, sobra, desecho. **2** DER. bienes residuales. **3** (fig.) resto (lo que queda de un sentimiento).
resign [rɪ'zaɪn] *v. t.* **1** dimitir de, renunciar a: *he resigned his post = dimitió de su cargo.* **2** (**to ~ oneself** {**to**}) resignarse (a), conformarse (con): *she must resign herself to a modest life = debe resignarse a vivir modestamente.* ● *v. i.* **3** (~ {**from**}) dimitir (de), renunciar (a).
resignation [ˌrezɪg'neɪʃn] *s. c.* e *i.* **1** dimisión, renuncia: *I offered my resignation = presenté mi dimisión.* ● *s. i.* **2** resignación: *she accepted her misfortune with resignation = aceptó su desgracia con resignación.*
resigned [rɪ'zaɪnd] *adj.* (~ {**to**}) resignado (a).
resignedly [rɪ'zaɪnɪdlɪ] *adv.* con resignación.
resilience [rɪ'zɪlɪəns] *s. i.* **1** elasticidad. **2** (fig.) resistencia. **3** (fig.) capacidad de recuperación. **4** (fig.) entereza, fuerza moral.
resilient [rɪ'zɪlɪənt] *adj.* **1** elástico. **2** (fig.) resistente, fuerte. **3** (fig.) que se recobra fácilmente (de una desgracia, de una enfermedad).
resin ['rezɪn] *s. i.* **1** BOT. resina. **2** QUÍM. resina sintética.
resinous ['rezɪnəs] *adj.* resinoso.
resist [rɪ'zɪst] *v. t.* **1** resistir: *he couldn't resist temptation = no pudo resistir la tentación.* **2** oponerse a: *they resisted the changes = se opusieron a los cambios.* **3** resistirse a: *did they resist the attack? = ¿resistieron el ataque?* **4** (form.) resistir, aguantar: *this kind of glass does not resist heat = este tipo de vidrio no resiste el calor.* ● *v. i.* **5** resistirse, ofrecer resistencia.
resistance [rɪ'zɪstəns] *s. i.* **1** (~ {**to**}) resistencia, oposición: *my plan met fierce resistance = mi plan tuvo fuerte oposición.* **2** POL. resistencia. **3** (~ {**to**}) MED. resistencia, capacidad de defensa (del organismo). **4** (~ {**to**}) FÍS. resistencia. ◆ **5 to take the line of least ~,** (fig.) tomar el camino más fácil; seguir la ley del mínimo esfuerzo.
resistant [rɪ'zɪstənt] *adj.* **1** (~ {**to**}) contrario (a): *I am resistant to the disciplinary measures = soy contrario a las medidas disciplinarias.* **2** (~ {**to**}) resistente, inmune (a): *many pests are resistant to insecticides = muchos insectos son resistentes a los insecticidas.*
OBS. **3** *s.* + **-resistant** significa resistente a + *s.*: *water-resistant suntan oil = aceite bronceador resistente al agua.*
resistor [rɪ'zɪstər] *s. c.* ELECTR. reostato.
resold [ˌriː'səuld] *pret.* y *p. p.* de **resell.**
resolute ['rezəluːt] **1** (form.) resuelto, decidido: *a resolute man = un hombre decidido.* **2** firme, inflexible: *a resolute attitude = una postura inflexible.*
resolutely ['rezəluːtlɪ] *adv.* decididamente, con determinación.
resolution [ˌrezə'luːʃn] *s. i.* **1** resolución, determinación, decisión. ● *s. c.* **2** (~ {**to**}) propósito: *good resolutions = buenos propósitos.* **3** POL. resolución. ● *s. sing.* **4** (form.) resolución (de un problema, de una dificultad). **5** FÍS. descomposición. **6** resolución, definición (de una imagen). ◆ **7 to make a ~,** tomar una determinación.
resolve [rɪ'zɒlv] *v. i.* **1** (form.) (~ {**to**}) resolver, decidir: *she resolved to stay = decidió quedarse.* **2** (~ {**to**}) proponerse. ● *v. t.* **3** resolver, solucionar (un problema, una dificultad). **4** FÍS. descomponer. ● *s. c.* e *i.* **5** propósito. **6** resolución, decisión.
resolved [rɪ'zɒlvd] *adj.* (~ {**to**}) resuelto, decidido: *he was resolved to leave = estaba decidido a marcharse.*
resonance ['rezənəns] *s. i.* **1** (form.) resonancia. ● *s. c.* e *i.* **2** vibración (por resonancia).
resonant ['rezənənt] *adj.* **1** (form.) resonante, sonoro: *a resonant voice = una voz sonora.* **2** que produce resonancia (un sitio). ● *s. c.* **3** FON. fonema sonoro.
resonate ['rezəneɪt] *v. i.* **1** (form.) resonar. **2** (~ {**with**}) retumbar.
resort [rɪ'zɔːt] *v. i.* **1** (~ {**to**}) recurrir (a) (a algo o alguien): *they resorted to weapons = recurrieron a las armas.* **2** (~ {**to**}) acudir frecuentemente (a) (un sitio). ● *s. c.* **3** lugar (al que se acude): *summer resort = lugar de veraneo.* **4** recurso: *the only resort = el único recurso.* **5** punto de encuentro, lugar de reunión. **6** refugio. ● *s. i.* **7** recurso (acción de recurrir). **8** concurrencia. ◆ **9 as a last ~,** como último recurso. **10 in the**

last ~, en último caso. **11 without ~ to,** sin recurrir a.

resound [rɪ'zaʊnd] *v. i.* **1** resonar. **2** (~ {**with**}) retumbar. **3** repercutir (el sonido). **4** (form. y fig.) tener repercusiones, tener resonancia: *his fame resounded through all Europe = su fama tuvo resonancia en toda Europa.*

resounding [rɪ'zaʊndɪŋ] *adj.* **1** sonoro: *a resounding voice = una voz sonora.* **2** clamoroso, sonado: *a resounding success = un éxito clamoroso.*

resoundingly [rɪ'zaʊndɪŋlɪ] *adv.* sonoramente.

resource [rɪ'sɔːs] *s. c.* **1** recurso, medio: *economic resources = recursos económicos.* • *s. i.* **2** inventiva, ingenio. ◆ **3 resources,** FIN. recursos.

resourceful [rɪ'sɔːsfʊl] *adj.* ingenioso, con recursos.

resourcefulness [rɪ'sɔːsfʊlnɪs] *s. i.* inventiva, ingenio.

respect [rɪ'spekt] *v. t.* **1** respetar: *you must respect your parents = debes respetar a tus padres.* **2** respetar, acatar, cumplir: *he didn't respect the law = no cumplió la ley.* **3** respetar, tomar en consideración: *I respect their opinion = respeto su opinión.* • *s. i.* **4** (~ {**for**}) respeto: *they inspire respect = infunden respeto.* **5** (~ {**for**}) respeto, estima, consideración: *he has litle respect for me = me tiene muy poco respeto.* ◆ **6 as respects,** por lo que respecta a. **7 in all respects,** en todos los sentidos. **8 in this ~,** en cuanto a esto, a este respecto. **9 in many respects,** en cierto modo; en muchos sentidos. **10 respects,** (form.) respetos, saludos: *she sends you her respects = le envía sus respetos.* **11 to pay one's respects,** (form.) **a)** presentar sus respetos (haciendo una visita, etc.); **b)** dirigir sus saludos respetuosos. **12 to pay one's last respects,** presentar sus últimos respetos (a un fallecido). **13 to treat with ~,** (fig.) tratar con respeto; manejar con cuidado (algo peligroso). **14 with (all) due ~,** (form.) con el debido respeto. **15 with ~ to/in ~ of,** con relación a, con respecto a.

respectability [rɪˌspektə'bɪlɪtɪ] *s. i.* respetabilidad; dignidad; reputación.

respectable [rɪ'spektəbl] *adj.* **1** respetable, decente: *respectable home = un hogar respetable; a respectable woman = una mujer decente.* **2** (fam.) respetable, considerable, nada despreciable: *a respectable wage = un sueldo considerable.*

respectably [rɪ'spektəblɪ] *adv.* de forma respetable, dignamente, decentemente: *respectably dressed = vestido dignamente.*

respected [rɪ'spektɪd] *adj.* respetado, considerado, estimado.

respecter [rɪ'spektər] *s. c..* **1** persona respetuosa (de una creencia, con una idea, etc.). **2 to be no ~ of persons,** no hacer distinción de personas.

respectful [rɪ'spektfʊl] *adj.* (~ {**to**}) respetuoso: *respectful behaviour = un comportamiento respetuoso.*

respectfully [rɪ'spektfəlɪ] *adv.* respetuosamente.

respective [rɪ'spektɪv] *adj.* respectivo: *we went to our respective rooms = nos fuimos a nuestras respectivas habitaciones.*

respectively [rɪ'spektɪvlɪ] *adv.* respectivamente.

respiration [ˌrespə'reɪʃn] *s. i.* **1** (form.) respiración. ◆ **2 mouth-to-mouth ~,** MED. respiración boca a boca.

respirator ['respəreɪtər] *s. c.* **1** MED. respirador (artificial). **2** careta antigás.

respiratory [rɪ'spɪərətərɪ] *adj.* MED. respiratorio: *respiratory disease = enfermedad respiratoria.*

respire [rɪ'spaɪər] *v. i.* (form. y p.u.) respirar.

respite ['respaɪt] *s. i.* **1** (form.) respiro, tregua, descanso: *they worked without respite = trabajaron sin descanso.* **2** aplazamiento, prórroga. **3** alivio. • *s. c.* **4** DER. suspensión (de una pena).

resplendence [rɪ'splendəns] *s. i.* (lit.) resplandor, esplendor.

resplendent [rɪ'splendənt] *adj.* (~ {**in**}) (lit.) resplandeciente, radiante, espléndido, esplendoroso (con).

resplendently [rɪ'splendəntlɪ] *adv.* (lit.) esplendorosamente; con resplandor.

respond [rɪ'spɒnd] *v. i.* **1** (~ {**to /with/by**}) responder, contestar (a/con): *he insulted her and she responded with a slap = él la insultó y ella respondió con una bofetada.* **2** (form.) replicar, contestar. **3** (~ {**to**}) reaccionar, responder: *she is responding to treatment = está reaccionando o respondiendo al tratamiento.* **4** (~ {**to**}) corresponder, ser sensible: *she responded to his attentions = correspondió a sus atenciones.*

respondent [rɪ'spɒndənt] *s. c.* **1** encuestado. **2** DER. demandado (especialmente en un caso de divorcio).

response [rɪ'spɒns] *s. c.* **1** (form.) respuesta, contestación. **2** REL. responsorio. • *s. c.* e *i.* **3** reacción: *the response was favourable = la reacción fue favorable.* **4** (~ {**to**}) acogida. ◆ **5 in ~ to,** como respuesta a.

responsibility [rɪˌspɒnsə'bɪlɪtɪ] *s. i.* **1** (~ {**for**}) responsabilidad (de): *on my responsibility = bajo mi responsabilidad.* **2** formalidad, seriedad, (sentido de la) responsabilidad. • *s. c.* **3** responsabilidad, obligación: *I know my responsibilities = conozco mis obligaciones.*

responsible [rɪ'spɒnsəbl] *adj.* **1** (~ {**for/to**}) responsable (de/ante): *he is not responsible for his acts = no es responsable de sus actos.* **2** responsable, formal, digno de confianza: *a responsible man = un hombre responsable.* **3** de responsabilidad: *a responsible post = un cargo de responsabilidad.*

responsibly [rɪ'spɒnsəblɪ] *adv.* responsablemente; con seriedad.

responsive [rɪ'spɒnsɪv] *adj.* **1** (~ {**to**}) sensible (a): *they are responsive to affection = son sensibles al afecto.* **2** fácil de conmover, impresionable. **3** que responde (a una acción).

responsiveness [rɪ'spɒnsɪvnɪs] *s. i.* **1** interés. **2** sensibilidad.

rest [rest] *s. i.* **1** descanso, reposo: *a moment's rest = un rato de descanso.* **2** MÚS. pausa. **3** tregua, pausa. • *s. c.* **4** apoyo, soporte. **5** posada. **6** MÚS. pausa (signo). **7** FILOL. cesura, pausa (en poesía). • *s. sing.* **8** (**the** ~ {**of**}) el resto (de): *the rest of the year = el resto del año.* **9** (**the** ~ {**of**}) demás: *the rest of the people = los demás, la demás gente.* • *v. t.* **10** apoyar: *don't rest your elbows on the table = no apoyes los codos sobre la mesa.* **11** descansar; relajar: *rest your muscles = relaje sus músculos.* **12** descansar (la vista). • *v. i.* **13** descansar, reposar: *he is resting = está descansando.* **14** apoyarse, descansar, reposar; *his head rested on my shoulder = tenía la cabeza apoyada sobre mi hombro; her hands rested on the table = sus manos descansaban sobre la mesa.* **15** (~ {**with**}) residir (en): *the authority rests with the President = la autoridad reside en el Presidente.* **16** (~ {**on**}/(**upon**}) apoyarse, basarse (en): *my argument rests on reality = mi argumento se basa en la realidad.* **17** (~ {**on/upon**}) (lit.) posarse (en/sobre) (los ojos, la mirada). **18** (~ {**with**}) depender (de): *it rests with you = depende de ti.* ◆ **19 and the ~/and all the ~ of it,** (fam.) y todo lo demás. **20 at ~, a)** en reposo, descansando (una persona); **b)** parado (un objeto); **c)** (euf.) muerto. **21 to come to ~,** (form.) pararse (un objeto). **22 for the ~,** por lo demás. **23 to give something a ~,** (fam.) dejar de hacer algo un rato (una actividad). **24 I ~ my case,** DER. no tengo más que alegar, doy por concluido mi alegato. **25 to lay/put to ~,** (fig.) enterrar (una idea). **26 to lay someone to ~,** (euf.) enterrar a alguien. **27 to let something ~,** dejar algo en paz (un tema). **28 to put/set someone's mind at ~,** tranquilizar a alguien. **29 ~ assured that,** tenga la seguridad de que, tenga por seguro que. **30 to ~ in peace, ⇒ peace. 31 to be resting ~ on one's laurels, ⇒ laurel.**

restate [ˌriː'steɪt] *v. t.* **1** (form.) reafirmar, reiterar. **2** reformular, replantear. **3** repetir.

restatement [ˌriː'steɪtmənt] *s. c.* e *i.* **1** reafirmación, reiteración. **2** reformulación, replanteamiento. **3** repetición.

restaurant ['restərɒnt] *s. c.* restaurante.

restaurateur [ˌrestərə'təːr] *s. c.* (form.) restaurador, propietario de un restaurante.

rested ['restɪd] *adj.* descansado, tranquilo: *are you rested now? = ¿ahora estás descansado?*

restful ['restfʊl] *adj.* **1** tranquilo, apacible, sosegado: *a restful place = un sitio tranquilo.* **2** reparador.

rest-home ['resthəum] *s. c.* casa de reposo (para enfermos); asilo (de ancianos).
resting-place ['restɪŋpleɪs] (también **resting place**) *s. c.* **1** lugar de descanso. **2** última morada.
restitution [ˌrestɪ'tjuːʃn] *s. i.* **1** (form.) restitución, devolución. **2** indemnización.
restive ['restɪv] *adj.* **1** impaciente; inquieto, intranquilo, agitado: *the audience was restive = el público estaba impaciente.* **2** desobediente, ingobernable, inquieto (un caballo).
restiveness ['restɪvnɪs] *s. i.* impaciencia; agitación, inquietud, intranquilidad.
restless ['restlɪs] *adj.* **1** inquieto, movido: *a restless person = una persona inquieta.* **2** impaciente: *a restless audience = un público impaciente.* **3** intranquilo, revoltoso: *a restless child = un crío revoltoso.* **4** (fig.) agitado: *a restless night = una noche agitada.*
restlessly ['restlɪslɪ] *adv.* **1** con impaciencia. **2** nerviosamente; con inquietud.
restlessness ['restlɪsnɪs] *s. i.* **1** impaciencia. **2** agitación, nervios. **3** desasosiego, inquietud, intranquilidad.
restock [ˌriː'stɒk] *v. t.* **1** reabastecer, reaprovisionar. **2** ECOL. repoblar (un río, un lago, etc.). • *v. i.* **3** reponer existencias.
restoration [ˌrestə'reɪʃn] *s. i.* **1** (~ {**of**}) restauración, restablecimiento: *the restoration of the monarchy = el restablecimiento de la monarquía.* **2** recuperación (de algo perdido). **3** devolución, restitución. **4** restauración: *the restoration of ancient monuments = la restauración de monumentos históricos.* • *adj.* **5** ART. de la Restauración (de la monarquía británica en 1660): *a Restoration drama = un drama de la Restauración.* ◆ **6 the Restoration,** HIST. la Restauración (de la monarquía británica en 1660).
restorative [rɪ'stɔːrətɪv] *adj.* **1** reconstituyente; tonificante. • *s. c.* **2** (hum.) reconstituyente (bebida, especialmente alcohólica).
restore [rɪ'stɔː] *v. t.* **1** (~ {**to**}) devolver, restituir (a): *it was restored to its owner = fue devuelto a su dueño.* **2** restaurar: *the church will be restored = la iglesia será restaurada.* **3** restablecer: *order was restored = se restableció el orden.* **4** (~ {**to**}) restituir, devolver (a un estado o condición anterior). **5** reconstruir (un texto).
restorer [rɪ'stɔːrər] *s. c.* **1** ART. restaurador. ◆ **2 hair ~,** tónico capilar, crecepelo.
restrain [rɪ'streɪn] *v. t.* **1** (~ {**from**}) reprimir, contener: *I couldn't restrain myself from laughing = no puede contener la risa.* **2** (~ {**from**}) moderar, reducir: *they restrained the use of energy = redujeron el gasto de energía.* **3** (~ {**from**}) frenar, restringir; refrenar. **4** (~ {**from**}) impedir: *the rain restrained him from going out = la lluvia le impidió salir.* **5** cohibir: *your presence restrains me = su presencia me cohíbe.*
restrained [rɪ'streɪnd] *adj.* controlado, comedido, moderado.
restraint [rɪ'streɪnt] *s. c.* e *i.* **1** restricción, limitación. • *s. i.* **2** moderación, control, comedimiento.
restrict [rɪ'strɪkt] *v. t.* (~ {**to**}) restringir; limitar: *I restrict myself to five cigarettes a day = me limito a cinco cigarrillos diarios.*
restricted [rɪ'strɪktɪd] *adj.* **1** restringido, limitado. **2** reducido. **3** reservado, secreto (un documento). ◆ **4 ~ area, a)** zona de velocidad limitada; **b)** MIL. zona de acceso restringido.
restriction [rɪ'strɪkʃn] *s. c.* **1** (~ {**of/on**}) restricción: *restrictions on the sale of alcohol = restricciones en la venta de alcohol.* **2** limitación: *the restrictions of poverty = las limitaciones de la pobreza.* • *s. i.* **3** restricción; limitación.
restrictive [rɪ'strɪktɪv] *adj.* restrictivo: *restrictive practice = práctica (comercial) restrictiva.*
rest-room ['restruːm] (también **rest room**) *s. c.* (EE UU) servicio(s), retrete, lavabo, aseo(s) (en un sitio público).
restructure [ˌriː'strʌktʃər] *v. t.* reestructurar.
result [rɪ'zʌlt] *s. c.* e *i.* **1** resultado: *it had satisfactory results = tuvo resultados satisfactorios.* • *s. c.* **2** MAT. resultado, solución (de un problema). • *v. i.* **3** (~ **in**) terminar en/con; tener como resultado; causar: *the accident resulted in his death = el accidente causó su muerte.* **4** (~ **in**) resultar: *it resulted in failure = resultó un fracaso.* **5** (~ {**from**}) resultar, derivarse, ser consecuencia (de): *this situation results from the fact that some people are too careless = esta situación se deriva del hecho de que algunas personas son demasiado descuidadas.* ◆ **6 as a ~,** como resultado, como consecuencia.
resultant [rɪ'zʌltənt] *adj.* **1** (**from**) resultante, consiguiente. • *s. c.* **2** FÍS. resultante.
resume [rɪ'zjuːm] *v. t.* **1** reanudar, proseguir: *the trade unions resumed their activities = los sindicatos reanudaron sus actividades.* **2** retomar: *he resumed the thread of the story = retomó el hilo de la narración.* **3** volver a ocupar (un asiento, un territorio). **4** reasumir: *he resumed his duties = reasumió sus funciones.* • *v. i.* **5** recomenzar, volver a empezar.
résumé ['rezjuːmeɪ] (también **resumé**) *s. c.* **1** resumen, sumario. **2** (EE UU) currículum vitae.
resumption [rɪ'zʌmpʃn] *s. i.* **1** reanudación: *the resumption of diplomatic relations = la reanudación de las relaciones diplomáticas.* **2** reasunción. **3** continuación.
resurface [ˌriː'səːfɪs] *v. t.* **1** poner nueva superficie a; revestir. **2** poner nuevo firme a (una carretera). • *v. i.* **3** volver a salir a la superficie (un submarino). **4** (fam.) reaparecer (después de haber estado alejado de la vida social); resurgir (ideas, conflictos, etc.).
resurgence [rɪ'səːdʒəns] *s. i.* (~ {**of**}) (lit.) reaparición, resurgimiento: *the resurgence of nationalism = el resurgimiento del nacionalismo.*
resurgent [rɪ'səːdʒənt] *adj.* (lit.) renaciente.
resurrect [ˌrezə'rekt] *v. t.* **1** (fig.) resucitar, hacer revivir: *they want to resurrect some old customs = quieren resucitar algunas viejas costumbres.* **2** (fam.) desenterrar (un objeto). **3** desenterrar (un cadáver). • *v. t.* e *i.* **4** (p.u.) resucitar.
resurrection [ˌrezə'rekʃn] **1** (fig.) resurgimiento, reaparición. ◆ **2 The Resurrection,** REL. la Resurrección.
resuscitate [rɪ'sʌsɪteɪt] *v. t.* **1** MED. revivir, reanimar, resucitar. • *v. i.* **2** recuperar o recobrar el conocimiento; revivir.
resuscitation [rɪˌsʌsɪ'teɪʃn] *s. i.* MED. reanimación, resucitación.
retail ['riːteɪl] *s. i.* **1** COM. venta al por menor. • *adv.* **2** COM. al por menor. • *adj.* **3** COM. al por menor: *retail price = precio de venta al público.* • *v. t.* **4** COM. vender al por menor. **5** (~ {**to**}) (form. y p.u.) detallar, relatar detalladamente. • *v. i.* **6** COM. (~ {**at**}) venderse al por menor. ◆ **7 at/by ~,** COM. al por menor. **8 ~ price index,** (brit.) ECON. índice de precios al consumo.
retailer ['riːteɪlər] *s. c.* COM. minorista, detallista.
retailing ['riːteɪlɪŋ] *s. i.* venta al por menor.
retain [rɪ'teɪn] *v. t.* **1** conservar, mantener: *I want to retain my independence = quiero conservar mi independencia.* **2** retener, conservar: *it retains heat = retiene el calor.* **3** guardar, conservar: *I retain pleasant memories of my stay in Madrid = guardo buenos recuerdos de mi estancia en Madrid.* **4** retener, guardar (en la memoria). **5** mantener (en su sitio). **6** DER. contratar (a un abogado).
retainer [rɪ'teɪnər] *s. c.* **1** anticipo (a un abogado). **2** (p.u.) criado, sirviente. **3** HIST. secuaz.
retake [ˌriː'teɪk] (*pret.* **retook,** *p. p.* **retaken**) *v. t.* **1** MIL. reconquistar, volver a tomar: *the soldiers retook the building = los soldados volvieron a tomar el edificio.* **2** volver a capturar. **3** volver a rodar (una escena); volver a tomar (una foto). **4** volver a presentarse a, repetir (un examen). • *s. c.* **5** nueva toma (de una escena). **6** nuevo examen.
retaken [ˌriː'teɪkən] *p. p.* de **retake.**
retaliate [rɪ'tælɪeɪt] *v. i.* (~ {**against/on/upon**}) vengarse (de), desquitarse (de), tomar represalias (contra): *they will retaliate against us = tomarán represalias contra nosotros.*
retaliation [rɪˌtælɪ'eɪʃn] *s. i.* **1** venganza, revancha, represalia. ◆ **2 in ~ for,**

en represalia por, como venganza por.

retaliatory [rɪ'tælɪətərɪ] *adj.* **1** de desquite. ◆ **2 to take ~ measures,** tomar represalias.

retard [rɪ'tɑːd] *v. t.* **1** retrasar, retardar (el progreso o desarrollo de algo). **2** atrasar. **3** demorar.

retardation [ˌriːtɑː'deɪʃn] *s. i.* (form.) retraso, atraso.

retarded [rɪ'tɑːdɪd] *adj.* **1** PSIQ. retrasado, atrasado: *a retarded child = un niño retrasado.* ◆ **2 the ~,** PSIQ. los retrasados mentales.

retch [retʃ] *v. i.* **1** tener arcadas, tener náuseas. ● *s. c.* **2** arcada, náusea.

retell [ˌriː'tel] (*pret.* y *p. p.* **retold**) *v. t.* volver a contar (un cuento, una historia, etc.).

retention [rɪ'tenʃn] *s. i.* **1** conservación: *the retention of democracy = la conservación de la democracia.* **2** retención, conservación: *they will fight for the retention of their lands = lucharán por la conservación de sus tierras.* **3** MED. retención: *urine retention = retención de orina.*

retentive [rɪ'tentɪv] *adj.* retentivo: *retentive memory = memoria retentiva.*

rethink [ˌriː'θɪŋk] (*pret.* y *p. p.* **rethought**) *v. t.* e *i.* reconsiderar.

rethought [ˌriː'θɔːt] *pret.* y *p. p.* de **rethink.**

reticence ['retɪsəns] *s. c.* e *i.* (form.) reticencia, reserva.

reticent ['retɪsənt] *adj.* (~ {**about /on**}) reticente, reservado, callado (con).

reticule ['retɪkjuːl] *s. c.* (arc.) bolso pequeño de mujer.

retina ['retɪnə] (*pl.* **retinae** o **retinas**) *s. c.* ANAT. retina.

retinae ['retɪniː] *pl.* de **retina.**

retinal ['retɪnəl] *adj.* OPT. de retina; referente a la retina.

retinue ['retɪnjuː] *s. c.* (~ {**of**}) séquito (de una persona): *the retinue of the king = el séquito del rey.*

retire [rɪ'taɪər] *v. i.* **1** jubilarse, retirarse: *my father retired last year = mi padre se jubiló el año pasado.* **2** (form.) retirarse, marcharse: *she retired to her room = se retiró a su habitación.* **3** (form.) retirarse, recogerse, acostarse. **4** MIL. retirarse, replegarse. **5** DEP. abandonar (una competición). ● *v. t.* **6** jubilar, retirar. **7** FIN. retirar, quitar de la circulación (un billete, moneda, etc.). ● *s. sing.* **8** MIL. retirada, retreta (toque militar). ◆ **9 to ~ from the world,** (fig.) apartarse del mundo. **10 to ~ into oneself,** (fig.) encerrarse en sí mismo.

retired [rɪ'taɪəd] *adj.* **1** jubilado, retirado. **2** solitario, retirado: *a retired life = una vida retirada.* ◆ **3 ~ list,** MIL. lista de oficiales retirados. **4 ~ pay,** FIN. pensión de jubilación. **5 ~ person,** jubilado.

retirement [rɪ'taɪəmənt] *s. i.* **1** jubilación, retiro. ◆ **2 to go into ~,** jubilarse, retirarse. **3 ~ pension,** pensión de jubilación.

retiring [rɪ'taɪərɪŋ] *adj.* **1** (form.) reservado, retraído: *a retiring boy = un chico reservado.* **2** saliente, que abandona sus funciones: *the retiring mayor = el alcalde saliente.*

retold [ˌriː'təʊld] *pret.* y *p. p.* de **retell.**

retook [ˌriː'tʊk] *pret.* de **retake.**

retort [rɪ'tɔːt] *v. i.* **1** replicar. ● *s. c.* **2** réplica, contestación. **3** QUÍM. retorta (recipiente de laboratorio).

retouch [ˌriː'tʌtʃ] *v. t.* ART. retocar (una foto, una pintura, etc.).

retrace [rɪ'treɪs] *v. t.* **1** repasar mentalmente, evocar, recordar. ◆ **2 to ~ one's steps/way,** volver sobre sus pasos, desandar el camino.

retract [rɪ'trækt] *v. t.* **1** (form.) retirar, retractarse de: *he retracted what he had said = retiró lo que había dicho.* **2** retraer, encoger (garras, cuernos, etc.): *the cat retracted its claws = el gato retrajo sus garras.* **3** replegar (tren de aterrizaje). **4** abandonar (un movimiento de ajedrez). ● *v. i.* **5** (form.) retractarse. **6** retraerse (garras). **7** replegarse (tren de aterrizaje).

retractable [rɪ'træktəbl] *adj.* replegable; retráctil.

retractile [rɪ'træktaɪl] *adj.* retráctil, contráctil: *retractile claws = garras retráctiles.*

retraction [rɪ'trækʃn] *s. c.* e *i.* **1** retractación: *public retraction = retractación pública.* **2** MED. retracción.

retrain [ˌriː'treɪn] *v. t.* reciclar, dar nueva formación a (trabajadores).

retraining [ˌriː'treɪnɪŋ] *s. i.* reciclaje, nueva formación (de trabajadores).

retread ['riːtred] *s. c.* **1** neumático recauchutado. ● *v. t.* **2** recauchutar (un neumático).

retreat [rɪ'triːt] *v. i.* **1** (~ {**to**}) retirarse, apartarse. **2** MIL. retroceder, batirse en retirada. **3** (~ {**from**}) volverse atrás. **4** (form. y fig.) (~ {**into**}) refugiarse (en una actitud, etc.). ● *s. c.* e *i.* **5** MIL. retirada. **6** (form. y fig.) (~ {**into**}) refugio (en una actitud, etc.). **7** (~ {**from**}) apartamiento, alejamiento. ● *s. i.* **8** (form.) retiro (espiritual). ● *s. c.* **9** (form.) retirada. **10** retiro: *a country retreat = un retiro campestre.* **11** MIL. retreta. ◆ **12 to beat a ~** (fig. y form.) batirse en retirada.

retrench [rɪ'trentʃ] *v. t.* **1** (p.u.) reducir (gastos). ◆ **2** *v. i.* economizar, ahorrar.

retrenchment [rɪ'trentʃmənt] *s. c.* e *i.* **1** (form.) reducción (de gastos). **2** ahorro, economía.

retrial [ˌriː'traɪəl] *s. c.* DER. nuevo proceso, nuevo juicio.

retribution [ˌretrɪ'bjuːʃn] *s. i.* (form.) REL. castigo, pena: *divine retribution = castigo divino.*

retributive [rɪ'trɪbjʊtɪv] *adj.* (form.) de castigo, punitivo; de venganza.

retrieval [rɪ'triːvl] *s. i.* **1** recuperación (de un objeto). **2** DEP. cobra (del perro de caza). **3** reparación. **4** INF. recuperación (de información). ◆ **5 beyond/past ~,** irrecuperable.

retrieve [rɪ'triːv] *v. t.* **1** (form.) recuperar, recobrar. **2** salvar (una situación). **3** reparar (un error, una pérdida). **4** (~ {**from**}) (fig.) rescatar, salvar: *he retrieved me from ruin = me salvó de la ruina.* **5** INF. recuperar (información). ● *v. t.* e *i.* **6** DEP. cobrar (la caza). ● *s. i.* **7** recuperación. ◆ **8 beyond/past ~,** irrecuperable.

retriever [rɪ'triːvər] *s. c.* DEP. perro cobrador.

retroactive [ˌretrəʊ'æktɪv] *adj.* **1** (~ {**to**}) (form.) retroactivo. ◆ **2 ~ law,** DER. ley con efectos retroactivos.

retrograde ['retrəʊgreɪd] *adj.* **1** (form.) de retroceso, retrógrado, hacia atrás: *retrograde motion = movimiento retrógrado.* ● *v. i.* **2** (fig.) ir hacia atrás, empeorar, decaer.

retrogress [ˌretrəʊ'gres] *v. i.* **1** (form.) (~ {**to**}) retroceder. **2** (~ {**to**}) (fig.) degenerar, empeorar.

retrogression [ˌretrəʊ'greʃn] *s. i.* **1** (form.) retroceso. **2** empeoramiento; decaimiento. **3** ASTR. retrogradación.

retrogressive [ˌretrəʊ'gresɪv] *adj.* (form.) retrógrado.

retrospect ['retrəʊspekt] *s. sing.* **1** mirada retrospectiva, examen retrospectivo. ◆ **2 in ~,** mirando hacia atrás; retrospectivamente.

retrospective [ˌretrəʊ'spektɪv] *s. c.* **1** ART. retrospectiva (exposición). ● *adj.* **2** retrospectivo. **3** DER. con efecto retroactivo: *a retrospective law = una ley con efecto retroactivo.*

retrospectively ['retrəʊˌvaɪrəs] *adv.* retrovirus.

retrovirus ['retrəʊˌvaɪrəs] *s. c.* retrovirus.

return [rɪ'tɜːn] *v. i.* **1** volver, regresar: *they never returned = nunca regresaron.* **2** (~ {**to**}) volver (a) (un tema). **3** (~ **to**) volver a, reanudar (una actividad que se había interrumpido). **4** MED. volver, reaparecer (un dolor, un síntoma). **5** (p.u.) replicar, contestar. ● *v. t.* **6** (~ {**to**}) devolver: *he didn't return me the book I lent him = no me devolvió el libro que le presté.* **7** (~ {**to**}) devolver (a), volver a colocar (en) (su sitio). **8** devolver, corresponder a (un saludo, una mirada, etc.). **9** DEP. devolver; restar (la pelota). **10** (brit.) POL. elegir (en una votación). **11** DER. emitir (un fallo); pronunciar (una sentencia). **12** dar (las gracias). **13** declarar (oficialmente): *he was returned guilty = fue declarado culpable.* **14** ECON. producir (lucro, beneficios, intereses, etc.). ● *s. i.* **15** vuelta, regreso, retorno: *we are celebrating his return = estamos celebrando su regreso.* **16** ECON. devolución (de una mercancía). **17** devolución, restitución (de algo prestado). **18** reaparición (de un síntoma, de un dolor). **19** retroceso; retorno (de una máquina de escribir). **20** regreso, vuelta (a algo anterior). ● *s. c.* e *i.* **21** ECON. beneficio; rédito, interés. ● *s. c.* **22** DEP. resto, devolución (de la pelota). **23** FIN. informe, declaración: *official returns = informes oficiales.* **24** billete de ida y vuelta. • *s. sing.* **25** (~ {**to**}) retorno, vuelta: *return to dictatorship* = *vuelta a la dictadura.* ◆ **26 by ~/by ~ mail/by ~ of post,** a vuelta de correo. **27 in ~ (for),** a cambio (de); en recompensa (por). **28 law of diminishing returns,** ECON. ley de rendimientos decrecientes. **29 many happy returns (of the day),** feliz cumpleaños. **30 point of no ~,** (fig.) punto sin retorno (sin opción a volverse atrás). **31 ~ address,** señas del remitente. **32 to ~ fire,** MIL. responder al ataque del enemigo. **33 returning officer,** (brit.) POL. funcionario encargado de la organización electoral y del escrutinio de votos en una circunscripción. **34 to ~ like for like,** pagar con la misma moneda. **35 ~ match,** DEP. partido de vuelta. **36 ~ on equity,** rendimiento de los recursos propios. **37 returns,** POL. resultados (de un escrutinio). **38 ~ ticket,** billete de ida y vuelta. **39 ~ trip/journey,** viaje de regreso, trayecto de vuelta.

returnable [rɪ'tɜːnəbl] *adj.* **1** retornable (envases, botellas, cascos, etc.). **2** restituible.

reunion [ˌriː'juːnjən] *s. c.* e *i.* reunión, reencuentro.

reunite [ˌriːjuː'naɪt] *v. t.* **1** (~ {**with**}) reunir. **2** reunificar. • *v. i.* **3** reunirse.

re-use [ˌriː'juːs] (también **reuse**) *s. c.* **1** reutilización, aprovechamiento (de un material). • [ˌriː'juːz] *v. t.* **2** reutilizar, aprovechar, volver a emplear (un material).

rev [rev] *v. t.* **1** (fam.) acelerar (un coche, un motor). • *v. i.* **2** acelerarse. ◆ **3 revs,** revoluciones (de un motor). **4 to ~ up,** acelerar(se).
OBS. **5 Rev.** se utiliza: **a)** (form.) abreviatura de reverendo (en lenguaje escrito); **b)** (fam.) reverendo (en lenguaje coloquial).

revaluation [ˌriːvælju'eɪʃən] *s. i.* revalorización, revaluación: *the revaluation of the peseta* = *la revalorización de la peseta.*

revalue [ˌriː'væljuː] *v. t.* **1** revalorizar. **2** volver a valorar.

revamp [ˌriː'væmp] *v. t.* **1** (fam. y fig.) enmendar, corregir. **2** renovar.

revamped [ˌriː'væmpt] *adj.* (fam.) corregido; renovado.

revamping [ˌriː'væmpɪŋ] *s. sing.* (fam.) renovación.

reveal [rɪ'viːl] *v. t.* **1** revelar, dar a conocer: *she revealed her secret* = *reveló su secreto.* **2** dejar al descubierto, mostrar. **3** revelar, manifestar: *you never revealed your feelings* = *nunca manifestaste tus sentimientos.* **4** (fig.) revelar, reflejar: *his face reveals goodness* = *su cara refleja bondad.*

revealing [rɪ'viːlɪŋ] *adj.* revelador: *a revealing talk* = *una conversación reveladora.*

revealingly [rɪ'viːlɪŋlɪ] *adv.* de forma reveladora.

reveille [rɪ'vælɪ] *s. i.* MIL. toque de diana.

revel ['revl] *v. i.* **1** (~ {**in**}) gozar, disfrutar (con): *she revels in gossip* = *disfruta con el cotilleo.* **2** divertirse, pasarlo bomba. • *s. c.* e *i.* **3** (normalmente en *pl.*) (p.u.) juerga, jolgorio, diversión.

revelation [ˌrevə'leɪʃn] *s. c.* e *i.* **1** (~ {**of**}) revelación (de un hecho). **2** REL. revelación (divina). • *s. sing.* **3** (~ {**to**}) revelación, descubrimiento (para): *that news was a revelation for them* = *esa noticia fue una revelación para ellos.* ◆ **4 Revelation(s),** REL. Apocalipsis: *the Book of Revelation* = *el libro del Apocalipsis.*

reveler *s. c.* ⇒ **reveller.**

reveller ['revələr] (en EE UU **reveler**) *s. c.* (p.u.) juerguista.

revelry ['revlrɪ] *s. i.* **1** juerga, jolgorio. ◆ **2 revelries,** fiestas, diversiones.

revenge [rɪ'vendʒ] *s. i.* **1** venganza: *to be full of revenge* = *arder en deseos de venganza.* **2** DEP. revancha. • *v. t.* **3** (form.) vengar: *he will revenge his brother* = *vengará a su hermano.*

revengeful [rɪ'vendʒful] *adj.* vengativo.

revengefully [rɪ'vendəfəlɪ] *adv.* vengativamente.

revenue ['revənjuː] *s. i.* o *s. pl.* **1** FIN. renta, ingresos: *national revenue* = *renta pública.* **2** ingresos (del Estado). ◆ **3 Revenue,** Hacienda (pública). ◆ **4 ~ cutter,** (brit.) guardacostas. **5 ~ officer, a)** agente de aduanas; **b)** inspector fiscal. **6 ~ stamp,** timbre (fiscal).

reverberate [rɪ'vɜːbəreɪt] (form. o lit.) *v. i.* **1** retumbar; resonar: *her scream reverberated through the wood* = *su grito resonó por todo el bosque.* **2** (~ {**with**}) retumbar: *the walls reverberated with their shouts* = *las paredes retumbaban con sus gritos.* **3** (fig.) tener repercusiones. **4** FÍS. reverberar.

reverberation [rɪˌvɜːbə'reɪʃn] (normalmente *pl.*) *s. c.* **1** (form. o lit.) repercusión (de un hecho). • *s. c.* e *i.* **2** eco, resonancia.

revere [rɪ'vɪər] *v. t.* (form.) reverenciar, venerar.

revered [rɪ'vɪəd] *adj.* (form.) venerado, respetado.

reverence ['revərəns] *s. i.* **1** reverencia, veneración, profundo respeto: *they feel reverence for their elders* = *sienten profundo respeto por sus mayores.* • *s. c.* **2** (arc.) reverencia (gesto). • *v. t.* **3** reverenciar, venerar, respetar profundamente.

reverend ['revərənd] *s.inv.* **1** REL. reverendo. • *s. c.* **2** (fam.) REL. padre (católico); pastor (protestante). • *adj.* **3** (p.u.) venerable.

reverent ['revərənt] *adj.* (form.) reverente, respetuoso.

reverently ['revərəntlɪ] *adj.* (form.) respetuosamente.

reverential [ˌrevə'renʃl] *adj.* (form.) reverencial.

reverie ['revərɪ] *s. c.* e *i.* (form.) ensueño, ensoñación.

reversal [rɪ'vɜːsl] *s. c.* **1** (form.) inversión, cambio de papeles. **2** cambio radical, transformación.

reverse [rɪ'vɜːs] *v. t.* **1** invertir: *they reversed the procedure* = *invirtieron el procedimiento.* **2** DER. revocar, anular (una decisión, una ley, una sentencia, etc.). **3** invertir, dar la vuelta (a un objeto). **4** intercambiar, trocar. **5** cambiar radicalmente de (política, opinión). • *v. t.* e *i.* **6** dar marcha atrás a (un vehículo). • *v. i.* **7** moverse en sentido contrario. • *s. i.* **8** marcha atrás. • *s. c.* **9** revés, contratiempo: *the reverses of fortune* = *los reveses de la fortuna.* **10** MIL. derrota. • *s. sing.* **11** reverso (de una moneda, medalla, etc.). **12** dorso (de un escrito). **13** revés (de la ropa). **14** (**the ~**) lo contrario, lo opuesto. • *adj.* **15** inverso: *in reverse order* = *en orden inverso.* **16** opuesto, contrario. ◆ **17 to ~ arms,** MIL. llevar las armas a la funerala. **18 in /into ~,** al revés; marcha atrás. **19 quite the ~,** todo lo contrario. **20 ~ charge call,** (brit.) llamada a cobro revertido. **21 ~ gear,** marcha atrás. **22 to ~ oneself,** (EE UU) cambiar de opinión. **23 to ~ the charges,** (brit.) llamar a cobro revertido. **24 reversing light,** luz de marcha atrás.

reversible [rɪ'vɜːsəbl] *adj.* **1** reversible: *a reversible raincoat* = *un chubasquero reversible; a reversible process* = *un proceso reversible.* **2** revocable: *a reversible decision* = *una decisión revocable.*

reversion [rɪ'vɜːʃn] *s. c.* **1** (~ {**to**}) (form.) regreso, vuelta (a un estado o condición anterior). **2** (~ {**to**}) BIOL. regresión, salto atrás (en la evolución). **3** DER. reversión, restitución.

revert [rɪ'vɜːt] *v. i.* **1** (~ {**to**}) (form.) regresar, volver: *they are reverting to former ways* = *están volviendo a procedimientos antiguos.* **2** BIOL. sufrir una regresión, retroceder, dar un salto atrás (en la evolución). **3** (~ {**to**}) (form.) volver (a algo que se ha dicho anteriormente). **4** PSIQ. sufrir una regresión (un enfermo mental). **5** (~ {**to**}) DER. revertir: *his properties will revert to his descendants* = *sus bienes revertirán a sus descendientes.*

review [rɪ'vjuː] *s. c.* **1** crítica, reseña (de un libro, obra teatral, etc.). **2** artículo: *stage review* = *artículo teatral.* **3** revista: *literary review* = *revista literaria.* • *s. c.* e *i.* **4** revisión: *a periodic review* = *una revisión periódica.* **5** análisis, examen: *a review of the situation* = *un análisis de la situación.* **6** repaso: *a review of the lesson* = *un repaso de la lección.* **7** DER. revisión (de un caso, sentencia, etc.). **8** MIL. revista. • *v. t.* **9** hacer una crítica de, reseñar (una obra, un libro, etc., en un medio de comunicación). **10** volver a examinar, revisar; analizar. **11** repasar: *let us review the lesson* = *repasemos la lección.* **12** MIL. pasar revista a. **13** DER. revisar (un caso, una sentencia, etc.). ◆ **14 to come up for ~,** estar preparados para revisión. **15 under ~,** en estudio.

reviewer [rɪ'vju:ər] *s. c.* ART. crítico.
revile [rɪ'vaɪl] *v. t.* (form.) insultar, injuriar, denigrar.
revise [rɪ'vaɪz] *v. t.* **1** revisar; volver a examinar. **2** modificar, reconsiderar: *you should revise your attitude = deberías modificar tu actitud.* **3** revisar, corregir (un texto, una traducción, etc.). • *v. t.* e *i.* **4** repasar.
revised [rɪ'vaɪzd] *adj.* corregido, revisado: *a revised version = una versión corregida.*
revision [rɪ'vɪʒn] *s. c.* e *i.* **1** (~ {**of**}) revisión, corrección. **2** modificación. • *s. i.* **3** repaso (de una lección, tema, etc.).
revisionism [rɪ'vɪʒənɪzəm] *s. i.* FIL. revisionismo.
revisionist [rɪ'vɪʒənɪst] *adj.* y *s. c.* FIL. revisionista.
revisit [ˌri:'vɪzɪt] *v. t.* volver a visitar.
revitalise *v. t.* ⇒ **revitalize.**
revitalize [ˌri:'vaɪtəlaɪz] (también **revitalise**) *v. t.* revivificar, reavivar, infundir nueva fuerza a.
revival [rɪ'vaɪvl] *s. c.* e *i.* **1** resurgimiento, reaparición: *the revival of old customs = el resurgimiento de antiguas costumbres.* **2** REL. despertar (religioso). • *s. sing.* **3** reanimación, reactivación (de la economía, las ventas, un sector, etc.). **4** (fig.) renacimiento: *revival of art = renacimiento del arte.* • *s. c.* **5** reposición, reestreno (de película, obra, etc.).
revivalism [rɪ'vaɪvəlɪzəm] *s. i.* REL. movimiento dedicado a propagar una determinada religión.
revivalist [rɪ'vaɪvəlɪst] *s. c.* **1** REL. predicador. • *adj.* **2** dedicado a propagar una determinada fe o doctrina religiosa.
revive [rɪ'vaɪv] *v. t.* **1** reactivar, impulsar (economía, ventas, sector); reavivar (interés, entusiasmo); resucitar (un recuerdo); restablecer (viejas costumbres): *to revive foreign trade = reactivar el comercio exterior.* **2** (fig.) reanimar, infundir ánimos: *a glass of wine will revive you = un vaso de vino te reanimará.* **3** MED. reanimar. **4** reponer, reestrenar (una película, una obra, etc.). • *v. i.* **5** reactivarse (la economía, las ventas, un sector, etc.); reavivarse (el interés, el entusiasmo); resucitar (un recuerdo). **6** MED. recuperar el conocimiento, volver en sí.
revivify [ri:'vɪvɪfaɪ] *v. t.* (form.) revivificar, reavivar; reanimar.
revocable [ˌrɪ'vɒkəbəl] *adj.* revocable.
revocation [ˌrevə'keɪʃn] *s. i.* DER. revocación, anulación.
revoke [rɪ'vəʊk] *v. t.* **1** DER. revocar: *to revoke a law = revocar una ley.* **2** anular, cancelar. **3** renunciar (en juego de naipes). • *s. c.* **4** renuncio (en juegos de naipes).
revolt [rɪ'vəʊlt] *s. c.* e *i.* **1** revuelta, rebelión. **2** sublevación, insurrección. • *s. i.* **3** rebeldía. • *v. i.* **4** (~ {**against**}) rebelarse, sublevarse: *they revolted against the government = se rebelaron contra el gobierno.* • *v. t.* **5** repugnar, repeler: *it revolts me = me repugna.* **6** indignar; escandalizar. ◆ **7 to be in ~,** estar en rebeldía.
revolting [rɪ'vəʊltɪŋ] *adj.* **1** repugnante, asqueroso. **2** odioso, detestable.
revoltingly [rɪ'vəʊltɪŋlɪ] *adv.* de forma repugnante; asquerosamente.
revolution [ˌrevə'lu:ʃn] *s. c.* e *i.* **1** POL. revolución: *the French Revolution = la Revolución Francesa.* • *s. c.* **2** (fig.) revolución, cambio radical: *it entails a revolution in our lifestyle = ello supone una revolución en nuestro estilo de vida.* **3** TEC. revolución, vuelta: *thirty revolutions per minute = treinta revoluciones por minuto.* **4** revolución, giro, vuelta: *the revolutions of the moon round the earth = las vueltas de la luna alrededor de la tierra.*
revolutionary [ˌrevə'lu:ʃnərɪ] *adj.* **1** POL. revolucionario. ◆ **2** (fig.) revolucionario: *a revolutionary idea = una idea revolucionaria.* • *s. c.* **3** revolucionario.
revolutionise *v. t.* ⇒ **revolutionize.**
revolutionize [ˌrevə'lu:ʃənaɪz] (también **revolutionise**) *v. t.* revolucionar, transformar totalmente.
revolutionising *adj.* ⇒ **revolutionizing.**
revolutionizing [ˌrevə'lu:ʃənaɪzɪŋ] (también **revolutionising**) *adj.* revolucionario.
revolve [rɪ'vɒlv] *v. i.* **1** (~ {**around /round**}) girar, dar vueltas (alrededor de): *the earth revolves round the sun = la tierra gira alrededor del sol.* **2** (~ {**around/round**}) (fig.) girar (en torno a, alrededor de), centrarse (en): *the conversation revolved around football = la conversación giró en torno al fútbol.*
revolver [rɪ'vɒlvər] *s. c.* revólver.
revolving [rɪ'vɒlvɪŋ] *adj.* giratorio.
revue [rɪ'vju:] *s. c.* ART. revista (espectáculo).
revulsion [rɪ'vʌlʃn] *s. i.* **1** repulsa. **2** repugnancia, asco.
reward [rɪ'wɔ:d] *s. c.* e *i.* **1** recompensa, premio. • *s. c.* **2** recompensa, gratificación: *they offered a reward of two hundred dollars = ofrecieron una recompensa de doscientos dólares.* **3** galardón. • *v. t.* **4** recompensar, premiar. **5** (form.) merecer: *the matter rewarded my attention = el asunto merecía mi atención.* ◆ **6 as a/in ~ for,** en recompensa por.
rewarding [rɪ'wɔ:dɪŋ] *adj.* **1** que merece la pena: *a rewarding film = una película que merece la pena.* **2** gratificante: *a rewarding task = una tarea gratificante.* **3** provechoso: *a rewarding read = una lectura provechosa.*
rewind [ˌri:'waɪnd] (*pret.* y *p. p.* **rewound**) *v. t.* **1** rebobinar (una cinta). **2** dar cuerda a (un reloj).
rewire [ˌri:'waɪər] *v. t.* ELECTR. cambiar la instalación eléctrica a.
rewound [ˌri:'waʊnd] *pret.* y *p. p.* de **rewind.**
rework [ˌri:'wɜ:k] *v. t.* volver a hacer.
rewrite [ˌri:'raɪt] (*pret.* **rewrote,** *p. p.* **rewritten**) *v. t.* **1** reescribir, volver a redactar (un escrito). • *s. c.* **2** (fam.) corrección, revisión (en un texto).
rewritten [ˌri:'rɪtn] *p. p.* de **rewrite.**
rewrote [ˌri:'rəʊt] *pret.* de **rewrite.**
Reykjavik ['reɪkjəˌvɪk] *s. sing.* Reikaivik.
rhapsodic [ræp'sɒdɪk] *adj.* entusiasta.
rhapsodise *v. i.* ⇒ **rhapsodize.**
rhapsodize ['ræpsədaɪz] (también **rhapsodise**) *v. i.* (form.) (~ {**about/ on/ over**}) hablar con entusiasmo (de).
rhapsody ['ræpsədɪ] *s. c.* **1** MÚS. rapsodia. ◆ **2 to go into rhapsodies,** entusiasmarse.
rheostat ['rɪəʊstæt] *s. c.* ELECTR. reostato.
rhesus ['ri:səs] *s. c.* **1** ZOOL. macaco de la India. ◆ **2 ~ factor,** BIOL. factor Rh.
rhetoric ['retərɪk] *s. i.* **1** (desp.) palabrería, retórica. **2** ART. retórica, oratoria.
rhetorical [rɪ'tɒrɪkl] *adj.* **1** (fig.) retórico, afectado, exagerado. **2** ART. retórico. ◆ **3 ~ question,** pregunta retórica.
rhetorically [rɪ'tɒrɪkəlɪ] *adv.* de forma retórica.
rhetorician [ˌretə'rɪʃn] *s. c.* **1** HIST. retórico. **2** orador.
rheumatic [ru:'mætɪk] *adj.* o *s. c.* **1** MED. reumático. ◆ **2 ~ fever,** fiebre reumática. ◆ **3 rheumatics,** (fam.) reúma, reumatismo.
rheumatism ['ru:mətɪzəm] *s. i.* MED. reumatismo, reúma.
rheumy ['ru:mɪ] *adj.* (lit.) legañoso; acuoso (ojos).
rhinestone ['raɪnstəʊn] *s. c.* diamante falso.
rhino ['raɪnəʊ] *s. c.* ZOOL. (fam.) rinoceronte.
rhinoceros [raɪ'nɒsərəs] *s. c.* ZOOL. rinoceronte.
rhododendron [ˌrəʊdə'dendrən] *s. c.* BOT. rododendro.
rhombi ['rɒmbaɪ] *pl.* de **rhombus.**
rhombus ['rɒmbəs] (*pl.* **rhombuses** o **rhombi**) *s. c.* GEOM. rombo.
rhubarb ['ru:bɑ:b] *s. i.* **1** BOT. ruibarbo. **2** (EE UU) discusión acalorada. **3** (fam.) murmullo, bisbiseo, bla-bla-bla.
rhyme [raɪm] *v. i.* **1** (~ {**with**}) LIT. rimar. • *s. c.* e *i.* **2** LIT. rima. • *s. c.* **3** LIT. rima, poema. ◆ **4 in ~,** LIT. en verso. **5 without ~ or reason,** (fig.) sin ton ni son.
rhymed [raɪmd] *adj.* LIT. rimado: *rhymed verse = verso rimado.*
rhyming [raɪmɪŋ] *adj.* **1** que rima. ◆ **2 ~ dictionary,** diccionario de rimas. **3 ~ slang,** jerga que en vez de utilizar una palabra normal la cambia por otra que rime con ella.
rhythm ['rɪðəm] *s. c.* e *i.* **1** ritmo. ◆ **2 ~ and blues,** MÚS. rhythm and blues, género de música popular que surge de la combinación del blues con los ritmos más briosos del rock. **3 ~ method,** MED. método de Ogino.
rhythmic ['rɪðmɪk] (también **rhythmical**) *adj.* rítmico, cadencioso.
rhythmical ['rɪðmɪkl] *adj.* ⇒ **rhythmic.**
rhythmically ['rɪðmɪkəlɪ] *adv.* rítmicamente, de forma rítmica.

rib [rɪb] *s. c.* **1** ANAT. costilla. **2** varilla (de un abanico, de un paraguas, de una cometa, etc.). **3** BOT. nervio. **4** ARQ. cercha, cimbra. **5** MAR. cuaderna. • *s. i.* **6** cordoncillo (labor). • *v. t.* **7** (fam.) tomar el pelo a.

ribald ['rɪbəld] *adj.* (p.u.) obsceno, grosero: *a ribald jest = una broma grosera.*

ribaldry ['rɪbəldrɪ] *s. i.* (p.u.) humor grosero u obsceno.

riband ['rɪbənd] (también **ribband**) *s. c.* (arc.) lazo, cinta.

ribband *s. c.* ⇒ **riband.**

ribbed [rɪbd] *adj.* **1** BOT. con nervadura. **2** acanalado: *a ribbed sock = un calcetín acanalado.*

ribbing [rɪbɪŋ] *s. i.* punto acanalado.

ribbon ['rɪbən] *s. c.* e *i.* **1** cinta (de adorno). **2** cinta (de máquina de escribir). • *s. c.* **3** MIL. banda, condecoración. ◆ **4 cut/torn/slashed to ribbons,** hecho jirones, hecho trizas.

rib-cage ['rɪbkeɪdʒ] (también **rib cage**) *s. c.* ANAT. caja torácica.

rib-tickler ['rɪb,tɪklər] *s. c.* (arc.) historia o chiste divertido.

rice [raɪs] *s. i.* **1** BOT. arroz. ◆ **2** ~ **field,** BOT. arrozal. **3** ~ **paper,** papel de arroz. **4** ~ **pudding,** GAST. arroz con leche.

rich [rɪtʃ] *adj.* **1** rico, adinerado. **2** (~ {**in/with**}) rico, abundante: *rich in minerals = rico en minerales.* **3** fértil (suelo). **4** lujoso, suntuoso: *rich furnishings = mobiliario suntuoso.* **5** melodioso (una voz). **6** vivo (un color). **7** opíparo, copioso (una comida). **8** fuerte, pesado (una comida). **9** (p.u.) divertido, gracioso: *a rich joke = un chiste divertido.* **10** fuerte (una fragancia, un perfume). **11** abundante: *a rich harvest = una cosecha abundante.* ◆ **12 natural riches,** ECOL. riquezas naturales. **13 riches,** riqueza, riquezas. **14 the** ~, los ricos.
OBS. **15 -rich** forma *adj.* en combinación con algunos *s.: protein-rich food = alimento rico en proteínas.*

richly [rɪtʃlɪ] *adv.* **1** generosamente: *they rewarded me richly = me recompensaron generosamente.* **2** ampliamente. **3** abundantemente. **4** magníficamente, espléndidamente: *he was richly dressed = iba espléndidamente vestido.* **5** suntuosamente.

richness [rɪtʃnɪs] *s. i.* **1** riqueza. **2** fertilidad (del suelo). **3** viveza (de un color). **4** suntuosidad.

Richter scale ['rɪktər skeɪl] *s. c.* escala Richter.

rick [rɪk] *s. c.* **1** almiar, montón de paja o heno. **2** (fam.) torcedura; tirón. • *v. t.* **3** (fam.) torcer; sufrir un tirón en: *he ricked his back = sufrió un tirón en la espalda.* **4** amontonar (la paja, el heno).

rickets ['rɪkɪts] *s. i.* MED. raquitismo.

rickety ['rɪkətɪ] *adj.* **1** desvencijado, destartalado: *a rickety car = un coche desvencijado.* **2** tambaleante, inestable: *a rickety chair = una silla tambaleante.* **3** MED. raquítico.

rickshaw ['rɪkʃɔː] *s. c.* carreta oriental tirada por un hombre.

ricochet ['rɪkəʃeɪ] *v. i.* **1** rebotar (una piedra, una bala). • *s. c.* **2** rebote (de alguna bala o piedra).

rid [rɪd] (*pret.* **rid** o **ridded,** *p. p.* **rid** o **ridded**) *v. t.* **1** (~ {**of**}) librar: *they rid their country of terrorists = libraron a su país de terroristas.* • *adj.* **2** (~ {**of**}) libre: *we are rid of her = nos hemos librado de ella.* ◆ **3 to get** ~ **of, a)** librarse de (alguien); **b)** deshacerse de, desembarazarse de (algo); **c)** (fig.) librarse de (un sentimiento, un pensamiento, una situación, etc.); **d)** (fam.) vender.

riddance ['rɪdəns] *s. i.* **1** acción de desembarazarse de algo o librarse de alguien. ◆ **2 good** ~**/good** ~ **to bad rubbish,** vete con viento fresco.

ridden ['rɪdn] *p. p.* de **ride.**

riddle ['rɪdl] *s. c.* **1** adivinanza, acertijo. **2** enigma, misterio. **3** criba, tamiz. • *v. t.* **4** (~ {**with**}) acribillar. **5** (fig.) acribillar a preguntas. **6** refutar (un argumento). **7** pasar por la criba, tamizar. ◆ **8 to** ~ **with bullets,** acribillar a balazos. **9 to speak/talk in riddles,** hablar en clave.

riddled ['rɪdld] *adj.* **1** (~ {**with**}) acribillado (a). **2** (~ {**with**}) (fig.) lleno, plagado, infestado (de) ◆ **3 to be** ~ **like a sieve,** (fig.) estar como una criba.

ride [raɪd] (*pret.* **rode,** *p. p.* **ridden**) *v. t.* **1** montar (en): *to ride a bicycle = montar en bicicleta.* **2** montar: *to ride a horse = montar a caballo.* **3** (EE UU) ir en (tren, autobús, etc.). **4** (fig.) dominar (a alguien). **5** recorrer (una distancia). **6** DEP. correr en (una carrera). • *v. i.* **7** (~ **in**) ir en, viajar en (un vehículo): *to ride in a car = ir en un coche.* **8** (~ {**on**}) montar (en) (bici, moto); flotar en (el aire, el agua). **9** montar a caballo; montar a hombros. • *s. c.* **10** viaje; paseo, vuelta (a caballo, en un vehículo). **11** cabalgata. **12** camino (sin asfaltar). ◆ **13 to give someone a** ~, llevar a alguien en coche (en autostop). **14 to let something** ~, (fig.) dejar que algo siga su curso. **15 to** ~ **at anchor,** MAR. estar anclado. **16 to** ~ **bareback,** montar a pelo. **17 to** ~ **horseback,** montar a caballo. **18 to** ~ **out,** (fig.) salir de, librarse de (un peligro, una dificultad, etc.). **19 to** ~ **out the storm,** (fig.) capear el temporal. **20 to** ~ **up,** subirse (una falda, un jersey, etc.). **21 to take someone for a** ~, (fam.) engañar a alguien, embaucar a alguien, dar gato por liebre a alguien.

rider ['raɪdər] *s. c.* **1** jinete. **2** ciclista. **3** motociclista, motorista. **4** (form.) añadidura. **5** DER. cláusula adicional.

ridge [rɪdʒ] *s. c.* **1** GEOG. loma, colina, cerro. **2** GEOG. contrafuerte, estribación. **3** AGR. lomo, caballón, caballete. **4** ARQ. lomo, caballete (de un tejado). **5** ANAT. caballete (de la nariz). **6** (~ {**of**}) TEC. zona (en meteorología): *a ridge of high pressure = una zona de altas presiones.* **7** ondulación (en una superficie). **8** cordoncillo (en una tela).

ridicule ['rɪdɪkjuːl] *s. i.* **1** ridículo, burlas. • *v. t.* **2** ridiculizar, burlarse de, poner en ridículo. ◆ **3 to hold someone up to** ~, mofarse de alguien, ridiculizar a alguien. **4 to lay oneself open to** ~, exponerse al ridículo.

ridiculous [rɪ'dɪkjʊləs] *adj.* **1** ridículo, grotesco. **2** absurdo, ridículo: *a ridiculous idea = una idea ridícula.* **3** (fig.) ridículo, escaso: *a ridiculous profit = una ganancia ridícula.*

ridiculously [rɪ'dɪkjʊləslɪ] *adv.* ridículamente.

riding ['raɪdɪŋ] *s. i.* **1** DEP. equitación. • *adj.* **2** DEP. de montar, de equitación. ◆ **3** ~ **habit,** DEP. traje de montar. **4** ~ **light/lamp,** MAR. luz de posición (de un barco). **5** ~ **master,** DEP. maestro de equitación.

rife [raɪf] (form.) *adj.* **1** corriente, frecuente: *corruption is rife in this country = la corrupción es frecuente en este país.* **2** (~ {**with**}) plagado, lleno de.

riff [rɪf] *s. c.* riff, fraseo.

riffle ['rɪfəl] *v. t.* e *i.* (~ {**through**}) hojear, mirar por encima: *I was riffling through a magazine = estaba hojeando una revista.*

riffraff ['rɪfræf] (también **riff-raff**) *s. i.* gentuza, chusma.

rifle ['raɪfl] *s. c.* **1** rifle. • *v. t.* **2** robar, saquear; vaciar (bolsillos); desvalijar (una casa).

rifleman ['raɪflmən] (*pl.* **riflemen**) *s. c.* MIL. fusilero.

rifle-range ['raɪflreɪndʒ] (también **rifle range**) *s. c.* **1** campo de tiro. • *s. i.* **2** alcance (de una bala de rifle).

rift [rɪft] *s. c.* **1** (~ {**between/in**}) desacuerdo, desavenencia, discrepancia. **2** (fig.) ruptura (de una amistad, de una relación). **3** grieta, abertura, hendidura. **4** claro (en una nube).

rig [rɪg] *v. t.* **1** amañar, arreglar (unas elecciones, un combate, una carrera, etc.). **2** trucar: *he rigged the dice = trucó los dados.* **3** improvisar: *we will have to rig a table = tendremos que improvisar una mesa.* **4** MAR. equipar, aparejar (un barco). • *s. c.* **5** MAR. aparejo, equipo. **6** TEC. plataforma: *drilling rig = plataforma de perforación.* • *s. i.* **7** (fam. y arc.) atuendo, indumentaria. ◆ **8 to** ~ **oneself out/up,** (fam.) vestirse. **9 to** ~ **up,** improvisar.

rigging ['rɪgɪŋ] *s. c.* MAR. aparejo.

right [raɪt] *adj.* **1** correcto: *the right way = la manera correcta.* **2** justo, exacto: *the right time = la hora exacta.* **3** justo, debido: *the right price = el precio debido.* **4** apropiado, adecuado: *the right place = el sitio adecuado.* **5** derecho: *right foot = pie derecho.* **6** justo: *it is not right = no es justo.* **7** (fam.) bien: *are you right? = ¿está usted bien?* **8** verdadero: *a right idiot = un verdadero idiota.* **9** respetable: *right people = gente respetable.* **10** oportuno: *the right mo-*

ment = *el momento oportuno*. • *adv*. **11** bien, correctamente. **12** a la derecha: *turn right* = *gire a la derecha*. **13** justo, exactamente: *it is right behind you* = *está justo detrás de ti*. **14** (fam.) muy: *right hungry* = *muy hambriento*. **15** (fam.) inmediatamente: *I'll be right back* = *vuelvo en seguida*. **16** directamente. **17** completamente. **18** de lleno: *he hit me right in the eye* = *me dio de lleno en el ojo*. • *s. c.* **19** (~ {**to**}) derecho: *he has the right to complain* = *tiene derecho a quejarse*. **20** DEP. derechazo (en boxeo). • *s. i.* **21** bien: *right and wrong* = *el bien y el mal (lo que está bien y lo que está mal)*. **22** derecho: *his right to the throne* = *su derecho al trono*. • *s. sing.* **23** derecha (lado derecho): *on the right* = *a la derecha*. **24** (**the** ~) POL. la derecha. • *v. t.* **25** enderezar: *the boat righted herself* = *la barca se enderezó sola*. **26** enderezar, arreglar (una situación). **27** deshacer (un entuerto). **28** corregir, rectificar (una falta, un error). ◆ **29 as ~ as rain,** (fam.) perfectamente bien. **30 at ~ angles (to),** perpendicular (a). **31 at somebody's ~ hand,** al lado de alguien (para ayudarle o aconsejarle). **32 to be in one's ~ mind,** estar en sus cabales. **33 to be ~,** tener razón: *you are right* = *tienes razón*. **34 by rights,** por derecho; en justicia. **35 to give one's ~ arm,** (fig.) dar su brazo derecho (por conseguir algo). **36 to go ~,** salir bien: *the plan went right* = *el plan salió bien*. **37 in one's own ~,** por derecho propio. **38 in the ~,** del lado de la razón. **39 not ~ in the head,** (fam.) un poco mal de la cabeza. **40 on the ~ side of,** ⇒ **side. 41 to put/set something ~,** poner algo en orden, arreglar algo. **42 to reserve the ~ to,** ⇒ **reserve. 43 ~ along,** sin cesar. **44 ~ and left,** a diestro y siniestro. **45 ~ angle,** GEOM. ángulo recto. **46 ~ away,** enseguida, inmediatamente. **47 ~ now,** (fam.) ahora mismo, en este momento. **48 ~ of way, a)** prioridad de paso, preferencia (de un vehículo); **b)** derecho de paso (por una propiedad privada). **49 ~ reverend,** REL. reverendísimo. **50 rights,** derechos: *human rights* = *derechos humanos*. **51 ~ side,** derecho (de un tejido, traje, etc.). **52** FIN. **rights issue,** emisión de acciones con derechos preferentes de suscripción. **53 to serve someone ~,** ⇒ **serve. 54 when the time is ~,** en el momento apropiado. **55 within one's rights,** en su derecho.

right-about turn ['raɪtəbaut tɜːn] *s. c.* media vuelta.

right-angled ['raɪtæŋgl] *adj.* **1** GEOM. rectangular; rectángulo: *a right-angled triangle* = *un triángulo rectángulo*. **2** en ángulo recto.

righteous ['raɪtʃəs] *adj.* **1** virtuoso, honrado (una persona). **2** justo, justificado (un sentimiento).

righteousness ['raɪtʃəsnɪs] *s. i.* **1** honradez, virtud. **2** justicia.

rightful ['raɪtfʊl] *adj.* **1** (form.) legítimo: *rightful heir* = *heredero legítimo*. **2** justo; justificable.

rightfully ['raɪtfəlɪ] *adv.* legítimamente, verdaderamente.

right-hand ['raɪthænd] *adj.* **1** de la derecha; derecho. ◆ **2 ~ drive,** con volante a la derecha (un vehículo). **3 ~ man,** (fig.) brazo derecho: *he is my right-hand man* = *es mi brazo derecho*.

right-handed [ˌraɪt'hændɪd] *adj.* diestro.

right-hander [ˌraɪt'hændər] *s. c.* persona diestra.

rightism ['raɪtɪzm] *s. i.* POL. derechismo, conservadurismo.

rightist ['raɪtɪst] *s. c.* **1** POL. derechista, conservador. • *adj.* **2** de derechas, conservador: *a rightist politician* = *un político de derechas*.

rightly [raɪtlɪ] *adv.* **1** convenientemente, adecuadamente. **2** con razón, acertadamente. **3** correctamente, debidamente. **4** exactamente.

right-minded [ˌraɪt'maɪndɪd] *adj.* **1** honrado, virtuoso. **2** razonable, sensato.

righto [ˌraɪt'əʊ] (también **right-ho**) *interj.* (fam.) vale, de acuerdo.

right-of-centre [ˌraɪtəv'sentə] *adj.* POL. de centro derecha.

right-thinking [ˌraɪt'θɪŋkɪŋ] *adj.* ⇒ **right-minded.**

right-wing [ˌraɪt'wɪŋ] (también **rightwing**) *adj.* **1** POL. de derechas: *a right-wing government* = *un gobierno de derechas*. • *s. c.* **2** derecha más radical, extrema derecha.

right-winger [ˌraɪt'wɪŋər] *s. c.* POL. persona de derechas.

rigid ['rɪdʒɪd] *adj.* **1** estricto, riguroso: *rigid principles* = *principios rigurosos*. **2** severo, riguroso, inflexible (una persona). **3** rígido (un objeto, un material). ◆ **4 to go ~,** quedarse rígido (un cadáver). **5 to shake someone ~,** (fig. y fam.) dejar tieso a alguien.

rigidity [rɪ'dʒɪdɪtɪ] *s. i.* **1** rigidez, firmeza. • *s. c.* e *i.* **2** inflexibilidad. **3** austeridad.

rigidly ['rɪdʒɪdlɪ] *adv.* **1** rígidamente. **2** firmemente, inflexiblemente. **3** estrictamente, rigurosamente.

rigmarole ['rɪgmərəʊl] *s. c.* **1** (fam.) galimatías (historia, discurso). **2** lío, rollo (proceso, procedimiento).

rigor *s. i.* ⇒ **rigour.**

rigorous ['rɪgərəs] *adj.* **1** riguroso, estricto, severo: *rigorous discipline* = *disciplina rigurosa*. **2** escrupuloso, meticuloso. **3** riguroso, duro (clima).

rigorously ['rɪgərəslɪ] *adv.* **1** rigurosamente, estrictamente. **2** escrupulosamente, cuidadosamente.

rigour ['rɪgər] (en EE UU **rigor**) *s. i.* **1** (brit.) (form.) severidad; rigor; inflexibilidad; rigidez. ◆ **2 rigours (of),** (form.) rigores (condiciones duras): *the rigours of the winter* = *los rigores del invierno*.

rig-out ['rɪgaut] *s. c.* (arc. y fam.) atavío, indumentaria.

rile [raɪl] *v. t.* (fam.) enfadar, sacar de quicio, irritar.

rim [rɪm] *s. c.* **1** borde; orilla: *the rim of a glass* = *el borde de un vaso*. **2** llanta (de una rueda). **3** montura (de gafas). **4** (~ {**of**}) cerco.

rimless [rɪmlɪs] *adj.* sin montura (gafas).

rimmed [rɪmd] *adj.* **1** (~ {**with**}) (lit.) bordeado (de): *a glass rimmed with silver* = *un vaso bordeado de plata*. **2** (~ {**with**}) con montura (gafas).
OBS. **3 -rimmed** se añade un *s.* o *adj.* formando otro *adj.*: *gold-rimmed glasses* = *gafas con montura de oro*.

rind [raɪnd] *s. c.* e *i.* **1** cáscara, corteza (de naranja, limón). **2** corteza (de queso, de tocino).

ring [rɪŋ] (*pret.* **rang,** *p. p.* **rung**) *v. t.* **1** llamar por teléfono a: *ring him later* = *llámale más tarde*. **2** tocar: *did you ring the bell?* = *¿tocaste el timbre?* **3** repicar, tañer, tocar (una campana). **4** (~ {**for**}) anunciar (con un timbre, una campana, etc.).
OBS. **Ring** tiene forma regular en los siguientes significados del *v. t.*: **5** (~ {**with/by**}) rodear (de): *they are ringed with policemen* = *están rodeados de policías*. **6** encerrar, rodear (el ganado). **7** anillar, poner una anilla a (un animal). **8** rodear con un círculo. • *v. i.* **9** sonar: *the telephone is ringing* = *suena el teléfono*. **10** repicar, tañer, tocar (una campana). **11** llamar por teléfono. **12** (~ {**with**}) (lit.) resonar. **13** zumbar (los oídos). **14** llamar: *they rang at the door* = *llamaron a la puerta*. **15** (~ {**for**}) llamar (para pedir algo). • *s. c.* **16** llamada: *a ring at the door* = *una llamada a la puerta*. **17** timbre, timbrazo. **18** telefonazo. **19** tañido, repique. **20** anillo, sortija. **21** (~ {**of**}) corro, cerco (de personas). **22** argolla, aro. **23** DEP. ruedo, arena. **24** cerco (de una mancha). **25** halo. **26** aureola. **27** DEP. cuadrilátero (en boxeo). **28** anilla. **29** hornillo. **30** ojera. **31** banda, pandilla (que opera en algo ilegal). **32** pista (de circo). • *s. sing.* **33** (fig.) tono, retintín: *sarcastic ring* = *tono sarcástico, retintín*. **34** timbre, sonido metálico. ◆ **35 to give someone a ~,** (fam.) dar un telefonazo a alguien. **36 key ~,** llavero. **37 to ~ a bell,** (fam.) sonar, ser familiar. **38 to ~ around/round,** hacer varias llamadas telefónicas. **39 to ~ back,** volver a llamar. **40 ~ binder,** cuaderno de anillas. **41 ~ finger,** dedo anular. **42 to ~ in the New Year/to ~ out the Old Year,** recibir el Año Nuevo/despedir el Año Viejo. **43 to ~ off,** colgar (el teléfono). **44 to ~ out,** oírse. **45 rings,** DEP. anillas. **46 to ~ true/false, etc.,** sonar verdadero/falso, etc. **47 to ~ up,** (fam.) llamar por teléfono. **48 to run rings round somebody,** (fig.) dar cien vueltas a alguien.

ringer ['rɪŋər] *s. c.* **1** campanillero. ◆ **2 to be a dead ~ for,** (fam.) ser la viva imagen o el vivo retrato de.

ringing ['rɪŋɪŋ] *s. i.* **1** timbre (sonido). **2** campanilleo, tintineo. **3** zumbido. • *adj.* **4** sonoro: *a ringing laugh = una risa sonora.*
ringleader ['rɪŋ,liːdər] *s. c.* cabecilla.
ringlet ['rɪŋlɪt] *s. c.* **1** bucle, tirabuzón, rizo. **2** (arc.) pequeña sortija.
ringmaster ['rɪŋ,mɑːstər] *s. c.* director de pista (de un circo).
ring-road ['rɪŋrəud] (también **ringway**) *s. c.* (brit.) carretera de circunvalación.
ringside ['rɪŋsaɪd] *s. sing.* **1** primera fila. • *adj.* **2** de primera fila, en primera fila: *a ringside seat = un asiento en primera fila.*
ringway ['rɪŋweɪ] *s. c.* ⇒ **ring-road.**
ringworm ['rɪŋwəːm] *s. i.* MED. tiña.
rink [rɪŋk] *s. c.* DEP. pista de patinaje.
rinse [rɪns] *v. t.* **1** aclarar, enjuagar (la ropa, los platos, el pelo, etc.). **2** enjuagar (la boca). **3** dar reflejos (al pelo). • *s. c.* **4** aclarado: *I gave my hair a good rinse = me aclaré bien el pelo.* **5** reflejo: *she gave her hair a red rinse = se dio reflejos rojizos en el pelo.* ◆ **6 to ~ out,** aclarar, enjuagar.
riot ['raɪət] *s. c.* **1** motín: *student riots = motines estudiantiles.* **2** disturbio, alboroto. • *s. sing.* **3** (~ {**of**}) (fig.) explosión, orgía (de colores). **4** (fig.) derroche. **5** (**a** ~) (fam.) éxito: *the party was a riot = la fiesta fue un éxito.* • *v. i.* **6** amotinarse. ◆ **7 to read the ~ act,** (fam. y fig.) leer la cartilla, reprender. **8 to run ~, a)** desmandarse, alborotarse; **b)** (fig.) volar (la imaginación).
rioter ['raɪətər] *s. c.* alborotador, amotinado.
rioting ['raɪətɪŋ] *s. i.* motín; tumulto, alboroto; disturbios.
riotous ['raɪətəs] *adj.* **1** alborotado: *a riotous crowd = una multitud alborotada.* **2** desenfrenado, disoluto: *a riotous life = una vida disoluta.* **3** ruidoso, bullicioso.
rip [rɪp] *v. t.* **1** rasgar, romper: *she ripped the seams = rompió las costuras.* **2** arrancar: *he ripped the poster from the wall = arrancó el cartel de la pared.* • *v. i.* **3** rasgarse, romperse. • *s. c.* **4** rasgadura, rasgón, desgarrón. **5** descosido. ◆ **6 let it ~/let her ~,** (fam.) ¡acelera!, ¡más rápido! **7 to ~ off, a)** (fam.) timar, estafar; **b)** arrancar, quitar; robar. **8 to ~ open,** abrir desgarrando o rompiendo. **9 to ~ through,** extenderse por. **10 to ~ up, a)** arrancar, desgarrar; **b)** destrozar, romper.
ripcord ['rɪpkɔːd] *s. c.* cuerda de abertura (de un paracaídas).
ripe [raɪp] *adj.* **1** maduro: *ripe fruit = fruta madura.* **2** en su punto. **3** (fam.) acre, fuerte (olor). **4** (fam.) basto, grosero: *ripe language = lenguaje grosero.* **5** (~ {**for**}) listo, preparado (para). ◆ **6 ~ old age,** avanzada edad. **7 the time is ~ (for/to),** es el momento propicio (para).
ripen ['raɪpən] *v. t.* e *i.* **1** madurar: *the sun is ripening the crops = el sol está madurando las cosechas.* **2** (form. y fig.) madurar (un sentimiento, una relación). **3** MED. madurar.
ripeness [raɪpnɪs] *s. i.* madurez, sazón.
rip-off ['rɪpɒf] (también **ripoff**) *s. c.* (fam.) timo, estafa.
riposte [rɪ'pɒst] *s. c.* **1** (lit.) réplica ingeniosa, contestación aguda. • *v. i.* **2** contestar con ingenio.
ripper ['rɪpər] *s. c.* (fam.) destripador.
ripple ['rɪpl] *s. c.* **1** ondulación, rizo (en el agua). **2** onda (en el pelo). **3** pliegue (en un tejido). • *s. sing.* **4** (~ {**of**}) murmullo (de voces, de risas, de conversación, etc.). • *v. t.* e *i.* **5** ondear; rizar, ondular. • *v. i.* **6** agitarse; estremecerse. **7** murmurar.
rise [raɪz] (*pret.* **rose,** *p. p.* **risen**) *v. i.* **1** subir, ascender: *it rose into the air = ascendió por los aires.* **2** subir, aumentar (los precios, la temperatura). **3** salir (el sol, la luna). **4** GASTR. subir (una masa). **5** MIL. ascender (a un rango superior). **6** (form.) levantarse, ponerse de pie. **7** (form.) levantarse (de la cama). **8** (~ {**against**}) MIL. alzarse, sublevarse, rebelarse (contra). **9** ascender (a una posición o nivel superior). **10** aumentar, incrementarse. **11** (**to ~ to**) alcanzar (un nivel). **12** elevarse (la voz, un sonido). **13** DER. suspender la sesión. **14** elevarse, alzarse (una montaña, un edificio, etc.). **15** surgir, aparecer. **16** (~ {**from**}) proceder (de), originarse (en). **17** levantarse, aumentar (el viento). **18** (fig.) crecer (un río, un sentimiento). **19** elevarse (un objeto, del suelo). **20** subir (la marea). **21** emerger. **22** (~ {**to**}) replicar, contestar. **23** REL. resucitar: *Christ rose from the dead = Cristo resucitó de entre los muertos.* **24** nacer (un río). • *s. c.* **25** pendiente, cuesta. **26** (fam.) aumento de sueldo. **27** (~ {**in**}) subida, aumento, alza. • *s. i.* **28** subida, ascenso. • *s. sing.* **29** nacimiento (de un río). **30** (~ {**of**}) aumento. ◆ **31 to give ~ to,** dar origen a. **32 on the ~,** en aumento. **33 to ~ above,** sobreponerse a (una dificultad, un problema). **34 to ~ to the occasion,** ⇒ **occasion. 35 to ~ up, a)** (fig.) crecer (un sentimiento, una emoción); **b)** MIL. rebelarse, sublevarse, alzarse.
risen ['rɪzn] *p. p.* de **rise.**
riser ['raɪzər] *s. c.* **1** TEC. contrahuella. ◆ **2 early ~,** madrugador. **3 late ~,** dormilón.
risible ['rɪzəbl] *adj.* (form.) risible, cómico.
rising ['raɪzɪŋ] *s. c.* **1** MIL. levantamiento, rebelión, revuelta. • *s. i.* **2** salida: *the rising of the sun = la salida del sol.* • *adj.* **3** creciente. **4** ascendente. **5** elevado, en pendiente. **6** prometedor, de porvenir. ◆ **7 ~ damp,** humedad (en un edificio).
risk [rɪsk] *s. c.* e *i.* **1** riesgo; peligro. • *v. t.* **2** arriesgar, poner en peligro: *he risked his life = arriesgó su vida.* **3** correr el riesgo de, exponerse a: *he risked failure = se expuso al fracaso.* ◆ **4 at one's own ~,** por su cuenta y riesgo. **5 at ~,** en peligro. **6 at the ~ of,** a riesgo de. **7 calculated ~,** ⇒ **calculated. 8 to take a ~,** arriesgarse, correr riesgo. **9 to run the ~ (of),** correr el riesgo.
risky [rɪskɪ] *adj.* arriesgado, aventurado, peligroso.
risotto [rɪ'zɒtəu] *s. sing.* GAST. plato italiano de arroz.
risqué ['riːskeɪ] *adj.* escabroso, subido de tono (un relato); verde (un chiste).
rissole ['rɪsəul] *s. c.* GAST. croqueta.
rite [raɪt] *s. c.* REL. rito.
ritual ['rɪtʃuəl] *s. c.* e *i.* **1** REL. ritual, ceremonia. **2** (fig.) ritual, costumbre. • *adj.* **3** REL. ritual: *ritual murder = sacrificio ritual.*
ritualism ['rɪtʃuəlɪzəm] *s. i.* REL. ritualidad; ritualismo.
ritualistic [,rɪtʃuə'lɪstɪk] *adj.* **1** REL. ritual: *ritualistic words = palabras rituales.* **2** ritualista.
ritually ['rɪtʃuəlɪ] *adv.* según el ritual, de forma ritual.
rival ['raɪvl] *s. c.* y *adj.* **1** rival: *rival teams = equipos rivales.* • *v. t.* **2** (**to ~ + o. +** {**in**}) rivalizar con, competir con: *she can't rival Mary in beauty = no puede competir con María en belleza.*
rivalry ['raɪvlrɪ] *s. c.* e *i.* rivalidad, competencia: *rivalry between companies = rivalidad entre empresas.*
riven ['rɪvən] *adj.* (form. y p.u.) partido (rama, árbol, etc.); dividido (un país, una organización, etc.).
river ['rɪvər] *s. c.* **1** río: *a large river = un río caudaloso.* **2** (lit. y fig.) río: *a river of blood = un río de sangre.* • *adj.* **3** fluvial: *river traffic = tráfico fluvial.* ◆ **4 to sell someone down the ~,** ⇒ **sell.**
river-bank ['rɪvəbæŋk] (también **river bank**) *s. c.* orilla del río, margen del río, ribera del río.
river-bed ['rɪvəbed] (también **river bed**) *s. c.* lecho del río.
riverside ['rɪvəsaɪd] *s. sing.* **1** ribera del río. • *adj.* **2** ribereño.
rivet ['rɪvɪt] *v. t.* **1** (normalmente en *pasiva*) absorber, cautivar, subyugar. **2** atraer (la atención): *it riveted my attention = atrajo mi atención.* **3** (~ {**on**}) (fig.) clavar (la mirada, los ojos, etc.). **4** TEC. remachar. • *s. c.* **5** TEC. remache.
riveted ['rɪvɪtɪd] *adj.* (fig.) clavado: *my eyes were riveted on the scene = mis ojos estaban clavados en la escena.*
riveting ['rɪvɪtɪŋ] *adj.* **1** cautivador, subyugante, absorbente. • *s. i.* **2** TEC. remache.
rivulet ['rɪvjulɪt] *s. c.* (form.) riachuelo, arroyo.
roach [rəutʃ] *s.inv.* **1** ZOOL. gobio. • *s. c.* **2** (fam.) ZOOL. cucaracha.
road [rəud] *s. c.* **1** carretera: *main road = carretera principal.* **2** vía: *Roman road = calzada o vía romana.* **3** camino: *local road = camino vecinal.* **4** calle (en una ciudad). **5** calzada. **6** (~ {**to**}) (fig.) camino: *the road to world peace = el camino a la paz mundial.* **7** carretera de: *Madrid*

road = carretera de Madrid (que va a Madrid). • *adj.* **8** de carretera: *road accidents = accidentes de carretera.* **9** vial: *road safety = seguridad vial.* ◆ **10 one for the ~,** (fam.) la última copa. **11 on the ~, a)** en la carretera (de viaje); **b)** en circulación (un vehículo); **c)** de gira (una compañía de teatro, un circo, etc.); **d)** (~ {**to**}) (fig.) camino de: *they are on the road to ruin = van camino de la ruina.* **12 roads,** MAR. rada, ensenada. **13 ~ sense,** habilidad al volante. **14 the end of the ~,** (fig.) el final (de algo que ha fracasado).

roadblock ['rəudblɒk] *s. c.* control de carretera.

roadhog ['rəudhɒg] *s. c.* (fam.) conductor desconsiderado.

roadhouse ['rəudhaus] *s. c.* (p.u.) restaurante de carretera.

roadside ['rəudsaɪd] *s. c.* **1** borde del camino. • *adj.* **2** de carretera: *a roadside inn = un albergue de carretera.*

roadster ['rəudstər] *s. c.* coche deportivo descapotable.

roadway ['rəudweɪ] *s. c.* calzada; carretera.

road-works ['rəudwə:ks] (también **road works**) *s. pl.* obras de carretera.

roadworthy ['rəud,wə:ðɪ] *adj.* en buenas condiciones (un coche).

roam [rəum] *v. t.* **1** vagar por. • *v. i.* **2** vagar, andar errante: *he is roaming about the world = vaga por el mundo.*

roan [rəun] *s. c.* ZOOL. roano (caballo o yegua).

roar [rɔ:r] *v. i.* **1** bramar (el mar, el viento). **2** rugir (un animal). **3** (fig.) bramar, vociferar (una persona). **4** (~ {**with**}) aullar, gritar: *she roared with pain = aulló de dolor.* • *s. c.* **5** bramido, rugido. **6** estruendo: *the roar of engines = el estruendo de los motores.* ◆ **7 ~ of laughter,** carcajada. **8 to ~ with laughter,** reír a carcajadas.

roaring ['rɔ:rɪŋ] *adj.* **1** ruidoso. **2** tempestuoso: *a roaring night = una noche tempestuosa.* **3** (fam.) clamoroso: *a roaring success = un éxito clamoroso.* **4** magnífico (fuego). ◆ **5 to be ~ drunk,** (fam.) estar borracho como una cuba. **6 to do a ~ trade,** (fam.) hacer un negocio redondo.

roast [rəust] *v. t.* **1** GAST. asar. **2** GAST. tostar (café, granos). • *v. i.* **3** asarse. **4** (fig.) asarse, achicharrarse, morirse de calor. **5** (EE UU) criticar duramente; ridiculizar. • *adj.* **6** asado: *roast sucking pig = cochinillo asado.* • *s. c.* e *i.* **7** GAST. asado, carne asada.

roasted ['rəustɪd] *adj.* torrefacto, tostado (café).

roaster ['rəustər] *s. c.* **1** tostador (de café). **2** GAST. alimento listo para asar.

roasting ['rəustɪŋ] *s. c.* **1** (fam.) bronca, rapapolvo. • *s. i.* **2** tostado (del café).

rob [rɒb] *v. t.* **1** (~ {**of**}) robar: *I was robbed of my money = me robaron el dinero.* **2** robar; asaltar, atracar. **3** (~ {**of**}) privar: *I don't want to rob you of her company = no quiero privarte de su compañía.* ◆ **4 to ~ Peter to pay Paul,** (fig.) desnudar a un santo para vestir a otro.

robber ['rɒbər] *s. c.* ladrón; atracador, asaltante.

robbery ['rɒbərɪ] *s. c.* e *i.* robo; atraco, asalto.

robe [rəub] *s. c.* **1** bata. **2** toga (de un magistrado). **3** (form.) manto, túnica. **4** (form.) faldón (de bebé). • *v. t.* **5** (~ {**in**}) (form.) vestir. ◆ **6 robes,** (form.) ropajes.

robin ['rɒbɪn] *s. c.* ZOOL. petirrojo.

robot ['rəubɒt] *s. c.* **1** TEC. robot. **2** autómata; androide. **3** (fig.) autómata. ◆ **4 ~ arm,** brazo mecánico.

robotic [rəu'bɒtɪk] *adj.* (fig.) robótico, mecánico: *robotic movements = movimientos mecánicos.*

robotics [rəu'bɒtɪks] *s. i.* TEC. robótica.

robust [rəu'bʌst] *adj.* **1** robusto, fuerte: *a robust boy = un chico robusto.* **2** saludable. **3** duro (una actividad). **4** vigoroso. **5** firme (una afirmación, un discurso, etc.).

robustly [rəu'bʌstlɪ] *adv.* con fuerza; firmemente.

robustness [rəu'bʌstnɪs] *s. i.* robustez, fuerza, vigor.

rock [rɒk] *s. i.* **1** roca. **2** MÚS. rock. **3** (brit.) GAST. golosina de forma cilíndrica. • *s. c.* **4** GEOG. peña. **5** GEOG. peñón: *the Rock of Gibraltar = el Peñón de Gibraltar.* **6** roca, piedra. **7** (EE UU) guijarro, canto. **8** (fam.) diamante; piedra preciosa. • *v. t.* **9** balancear; mecer: *she was rocking her baby = estaba meciendo a su bebé.* **10** sacudir, estremecer; (fig.) conmocionar: *an earthquake rocked the building = un terremoto sacudió* o *estremeció el edificio; a crime wave rocked the country = una ola de crímenes conmocionó al país.*• *v. i.* **11** balancearse; mecerse. **12** sacudirse, estremecerse. ◆ **13 on the rocks, a)** con (mucho) hielo (una bebida alcohólica); **b)** a punto de romperse, en peligro (una relación, un matrimonio); **c)** (fam.) sin blanca, arruinado; **d)** (fam.) en bancarrota (un negocio); **e)** MAR. encallado, varado (un barco). **14 ~ and roll,** (**~ -and-roll** cuando precede a un *s.*) MÚS. rock and roll. **15 ~ bun,** ⇒ **bun. 16 ~ cake,** GAST. pastel que tiene una superficie dura. **17 ~ climbing,** DEP. alpinismo, escalada. **18 ~ music,** MÚS. (música) rock. **19 ~ plant,** BOT. planta de roca, planta rupestre. **20 rocks,** (EE UU y vulg.) huevos, cojones **21 ~ salt,** sal gema. **22 to ~ the boat,** (fig. y fam.) causar problemas. **23 to ~ with laughter,** partirse de risa.

rock-bottom [,rɒk'bɒtəm] *adj.* mínimo, muy bajo: *rock-bottom prices = precios muy bajos.*

rock-climber [,rɒ'klaɪmər] (también **rock climber**) DEP. alpinista, escalador.

rocker [rɒkər] *s. c.* **1** mecedora. **2** arco (de una mecedora, de una cuna). **3** MÚS. rockero. ◆ **4 to be off one's ~,** (fam.) estar chalado.

rockery ['rɒkərɪ] *s. c.* BOT. jardincillo de rocalla.

rocket ['rɒkɪt] *s. c.* **1** TEC. cohete: *space rocket = cohete espacial.* **2** cohete (fuego artificial). • *s. sing.* **3** (fam.) rapapolvo, reprimenda: *he gave me a rocket = me echó un rapapolvo.* • *v. i.* **4** (fam.) dispararse, subir vertiginosamente (precios, beneficios, ventas, etc.). ◆ **5 ~ launcher,** lanzacohetes.

rock-garden ['rɒk,gɑ:dn] (también **rock garden**) *s. c.* BOT. jardín de rocalla.

rock-hard ['rɒk,hɑ:d] *adj.* durísimo.

rocking-chair ['rɒkɪŋtʃeər] (también **rocking chair**) *s. c.* mecedora.

rocking-horse ['rɒkɪŋhɔ:s] (también **rocking horse**) *s. c.* caballito de balancín.

rock-like ['rɒklaɪk] *adj.* firme como una roca.

rock'n'roll [,rɒkən'rəul] *s. i.* ⇒ **rock and roll.**

rock-pool ['rɒkpu:l] (también **rock pool**) MAR. charca entre rocas, poza.

rocky ['rɒkɪ] *adj.* **1** rocoso, pedregoso. **2** (fam.) inestable: *a rocky government = un gobierno inestable.* **3** (fam.) tambaleante: *a rocky chair = una silla tambaleante.*

rococo [rəu'kəukəu] (también **Rococo**) *adj.* ART. rococó.

rod [rɒd] *s. c.* **1** varilla. **2** barra. **3** vara. **4** caña: *fishing rod = caña de pescar.* **5** (EE UU y vulg.) pistola, pipa. **6** medida de longitud de 5,03 metros.

rode [rəud] *pret.* de **ride.**

rodent ['rəudənt] *s. c.* ZOOL. roedor.

rodeo [rəu'deɪəu] *s. c.* rodeo (fiesta de rancheros norteamericanos).

roe [rəu] *s. i.* ZOOL. **1** hueva (de pescado). • *s. c.* o *inv.* **2** corzo.

rogue [rəug] *s. c.* **1** tunante, bribón, granuja. **2** canalla, sinvergüenza. • *adj.* **3** solitario (un animal salvaje). **4** (fig.) solitario (persona que posee su propio sistema de trabajo). ◆ **5 rogue's gallery, a)** (hum.) pandilla de indeseables; **b)** colección de fotografías de delincuentes.

roguery ['rəugərɪ] *s. i.* **1** (p.u.) desvergüenza. **2** picaresca.

roguish ['rəugɪʃ] *adj.* **1** pícaro, picaruelo, burlón: *a roguish smile = una sonrisa picaruela.* **2** malicioso. **3** travieso.

roguishly ['rəugɪʃlɪ] *adv.* con picardía, con malicia, burlonamente.

role [rəul] (también **rôle**) *s. c.* **1** ART. papel (en una obra, película, etc.). **2** (fig.) papel, función: *the role of women in the business world = el papel de la mujer en el mundo de los negocios.* ◆ **3 to play/take a ~, a)** desempeñar un papel; **b)** ART. representar un papel. **4 ~ model,** ejemplo a seguir, modelo a imitar.

role-playing ['rəulpleɪɪŋ] *s. i.* ART. representación (de un papel).

roll [rəul] *v. t.* **1** hacer rodar: *he rolled the barrel across the floor = hizo rodar el barril por el suelo.* **2** doblar (una prenda). **3** liar (un cigarrillo). **4** enrollar: *he rolled the carpet = enro-*

lló la alfombra. **5** laminar (un metal). **6** allanar, aplanar, alisar. **7** alisar con el rodillo (una masa). **8** (lit.) mover en círculo; poner en blanco (los ojos). **9** balancear. • *v. i.* **10** rodar: *the coin rolled and fell into the hole = la moneda rodó y cayó al agujero.* **11** balancearse, bambolearse (un barco, un avión). **12** retumbar (el trueno, un cañón). **13** redoblar (un tambor). **14** revolcarse: *they were rolling on the ground = se revolcaban por el suelo.* **15** moverse, rodar (un vehículo). **16** funcionar (una máquina). **17** (~ {**down**}) correr, resbalar (lágrimas, sudor, etc.). **18** ondular. • *s. c.* **19** rollo: *rolls of paper = rollos de papel.* **20** rollo, carrete (de película). **21** GAST. bollo, panecillo. **22** registro; lista (de nombres): *did he call the roll? = ¿pasó lista?* **23** estruendo, ruido (del trueno, de un cañón). **24** redoble (de un tambor). **25** rodete, rosca (de pelo). **26** (EE UU) fajo (de billetes). • *s. sing.* **27** balanceo (de un barco, de un avión). ♦ **28 to ~ about/around,** revolcarse. **29 to ~ down, a)** desenrollar (una persiana, etc.); **b)** desdoblar (una manga, una pernera, etc.). **30 to be rolling in,** (fam.) llegar a raudales. **31 to be rolling in money/in it,** (fig. y fam.) estar forrado, nadar en dinero. **32 to ~ in the aisles,** (fam.) revolcarse de risa (el público). **33 ~ of fat,** (fam.) michelín, protuberancia de grasa (del cuerpo). **34 ~ of honour,** lista de los que murieron por la patria. **35 to ~ on, a)** (fam.) que llegue pronto: *roll on one o'clock = que llegue pronto la una;* **b)** pasar (el tiempo). **36 to ~ one's r's,** pronunciar exageradamente las erres. **37 to ~ over,** volverse, darse la vuelta. **38 to ~ up, a)** enrollar(se): *roll up the carpet = enrollar la alfombra;* **b)** remangar; **c)** venir, acudir (en grandes grupos); **d)** envolver: *he rolled himself up in a blanket = se envolvió en una manta.*

roll-call ['rəulkɔːl] (también **roll call**) *s. c.* lista: *to take a roll-call = pasar lista.*

rolled [rəuld] *adj.* **1** enrollado. **2** TEC. laminado: *rolled steel = acero laminado.* ♦ **3 ~ into one,** en una sola pieza.

rolled-up [,rəuld'ʌp] *adj.* **1** enrollado: *a rolled-up map = un mapa enrollado.* **2** remangado.

roller [rəulər] *s. c.* **1** TEC. rodillo; cilindro. **2** rulo (para el pelo). ♦ **3 road ~,** TEC. apisonadora.

roller-coaster ['rəulə,kəustər] *s. c.* montaña rusa.

roller-skate ['rəuləskeɪt] (también **roller skate**) *s. c.* **1** patín de ruedas. • *v. i.* **2** patinar (sobre ruedas).

rolling ['rəulɪŋ] *s. i.* **1** balanceo (de un barco). **2** TEC. laminado. • *adj.* **3** bamboleante. **4** ondulado (una superficie). **5** rodante. ♦ **6 ~ stone,** (fig.) culo de mal asiento.

rolling-pin ['rəulɪŋpɪn] (también **rolling pin**) *s. c.* rollo de cocina, rodillo.

rolling-stock ['rəulɪŋstɒk] (también **rolling stock**) *s. c.* material rodante.

roly-poly [,rəulɪ'pəulɪ] *adj.* (fam.) regordete, rechoncho.

ROM [rɒm] (siglas de **read only memory**) *s. i.* ROM.

Roman ['rəumən] *adj.* **1** romano. • *s. c.* **2** romano. **3** redonda (tipo de letra). ♦ **4 ~ alphabet,** FILOL. alfabeto romano. **5 ~ Catholic,** REL. católico (romano). **6 ~ Catholicism,** REL. catolicismo (romano). **7 ~ law,** DER. derecho romano. **8 ~ nose,** ANAT. nariz aguileña. **9 ~ numeral,** número romano.

romance [rəu'mæns] *s. c.* e *i.* **1** romance, idilio, aventura amorosa. • *s. i.* **2** fantasía romántica. **3** lo romántico, lo poético. **4** LIT. literatura fantástica medieval. • *s. c.* **5** LIT. novela de amor. **6** LIT. libro de caballerías. • *adj.* **7** FILOL. romance, románico: *romance language = lengua románica.* • *v. i.* **8** (~ {**about**}) fantasear.

Romanesque [,rəumə'nesk] *adj.* ART. románico.

Romania [ruː'meɪnɪə] *s. sing.* Rumanía.

Romanian [ruː'meɪnɪən] (también **Roumanian, Rumanian**) *adj./s. c.* e *i.* rumano.

romantic [rəu'mæntɪk] *adj.* **1** romántico, idealista. **2** poco realista. **3** romántico, amoroso: *a romantic scene = una escena amorosa.* **4** romántico, sugerente: *a romantic landscape = un paisaje romántico.* **5** ART. romántico. **6** romanticón. • *s. c.* **7** romántico, idealista.

romantically [rəu'mæntɪkəlɪ] *adv.* románticamente.

romanticism [rəu'mæntɪsɪzəm] *s. i.* **1** romanticismo, idealismo. **2** ART. romanticismo.

romanticise *v. t.* ⇒ **romanticize.**

romanticize [rə'mæntɪsaɪz] (también **romanticise**) *v. t.* idealizar: *he romanticized her = él la idealizó.*

Romany ['rɒmənɪ] *s. c.* y *adj.* **1** romaní, gitano. • *s. i.* **2** lengua gitana; caló.

Rome [rəum] *s. sing.* Roma.

romp [rɒmp] *v. i.* **1** juguetear, divertirse. • *s. sing.* **2** jugueteo, diversión.

rompers ['rɒmpəz] *s. pl.* pelele (traje).

rondo ['rɒndəu] *s. c.* MÚS. rondó.

roof [ruːf] *s. c.* **1** tejado, azotea. **2** techo (de un coche, de una mina, de una cueva). **3** techumbre. **4** cielo (de la boca). **5** (fig.) techo, hogar. • *v. t.* **6** (**to ~** + *o.* + {**in/over**}) techar. ♦ **7 to be going through the ~,** (fam.) ponerse por las nubes (el precio de algo). **8 flat ~,** azotea. **9 to go through the ~,** (fam.) salirse de sus casillas, subirse por las paredes. **10 to hit the ~,** (fam.) poner el grito en el cielo. **11 to raise/lift the ~,** (fig.) echar el techo abajo. **12 -roofed,** con techo de: *a wood-roofed hut = una caseta con techo de madera.* **13 ~ over one's head,** (fig.) techo, hogar. **14 to take somebody under one's ~,** (fig.) acoger a alguien bajo su techo. **15 under one ~/ under the same ~,** bajo el mismo techo, en la misma casa. **16 under one's ~,** bajo su techo, en su casa.

roofed [ruːft] *adj.* (~ {**with**}) techado (de/con).

roofing ['ruːfɪŋ] *s. i.* **1** techumbre, techado. ♦ **2 ~ felt,** revestimiento para tejados.

roofless ['ruːflɪs] *adj.* **1** sin tejado; sin techo. **2** (fig.) sin hogar, sin techo.

roof-rack ['ruːfræk] (también **roofrack**) *s. c.* baca (en un vehículo).

rooftop ['ruːftɒp] (también **roof-top**) *s. c.* **1** tejado. ♦ **2 to shout/proclaim from the rooftops,** (fig.) proclamar a los cuatro vientos.

rook [ruk] *s. c.* **1** ZOOL. grajo. **2** torre (pieza de ajedrez). • *v. t.* **3** (fam. y p.u.) timar, estafar.

rookery ['rukərɪ] *s. c.* **1** colonia de grajos. **2** colonia de pingüinos. **3** colonia de focas.

rookie ['rukɪ] *s. c.* **1** (fam.) MIL. bisoño. **2** novato.

room [ruːm] *s. c.* **1** habitación: *a big room = una habitación grande.* **2** cuarto, dormitorio. **3** despacho. **4** cuarto. **5** sala. **6** alojamiento. • *s. i.* **7** espacio: *it takes too much room = ocupa demasiado espacio.* **8** (~ {**for**}) sitio, cabida: *there is no room here for cowards = aquí no hay sitio para los cobardes.* • *v. i.* **9** (~ {**with/together**}) (EE UU) vivir; compartir habitación. **10** (~ {**with**}) alojarse, hospedarse. ♦ **11 to give something houseroom,** ⇒ **houseroom. 12 ~ for manoeuvre,** ⇒ **manoeuvre. 13 rooms,** aposentos. **14 ~ temperature,** temperatura ambiente.

-roomed [ruːmd] *adj.* de... habitaciones: *a five-roomed flat = un piso de cinco habitaciones.*

roomful ['ruːmful] *s. i.* (~ {**of**}) habitación llena de: *a roomful of women = una habitación llena de mujeres.*

rooming house ['ruːmɪŋ,haus] (también **rooming-house**) *s. c.* (EE UU) casa de huéspedes.

roommate ['rummeɪt] (también **room-mate**) *s. c.* compañero de habitación.

room service ['ruːm,səːvɪs] (también **room-service**) *s. i.* servicio de habitaciones (de un hotel).

roomy ['ruːmɪ] *adj.* **1** espacioso, amplio (un lugar). **2** amplio, holgado (una prenda de vestir).

roost [ruːst] *s. c.* **1** percha, vara (para pájaros). **2** gallinero. • *v. i.* **3** acurrucarse para dormir (un ave, en una percha). **4** (fig.) pasar la noche. ♦ **5 to come home to ~/one's chickens have come home to ~,** (fam.) volverse en contra de uno (acciones pasadas). **6 to rule the ~,** (fam.) llevar la voz cantante.

rooster [ruːstər] *s. c.* (EE UU) ZOOL. gallo.

root [ruːt] *s. c.* **1** BOT. raíz. **2** ANAT. raíz (del pelo, de un diente). **3** MAT. raíz: *square root = raíz cuadrada.* **4** FILOL. raíz; radical. **5** (fig.) raíz, base: *the root of the problem = la raíz del problema.* **6** (fig.) causa, origen: *his yearning for power is the root of his misfortune = su ansia de poder es la* *causa de su desgracia.* • *adj.* **7** básico, fundamental. • *v. i.* **8** BOT. prender, arraigar. **9** ZOOL. husmear, hozar. **10** (~ {**through/ among**}) (fig.) husmear, fisgonear. • *v. t.* **11** BOT. fijar en la tierra (para que prenda) (una planta, un esqueje). ◆ **12 to put down roots,** (fig.) echar raíces, establecerse. **13 to ~ about/around,** fisgonear. **14 ~ and branch,** (form.) de raíz, del todo, completamente. **15 ~ crop,** BOT. tubérculo. **16 to ~ for,** (EE UU) (fam.) animar; vitorear, aclamar. **17 ~ ginger,** tallos de jengibre. **18 to ~ out,** (fig.) **a)** acabar con; **b)** sacar a la fuerza (a alguien de un sitio). **19 roots,** (fig.) raíces, orígenes (de una persona). **20 to ~ up,** BOT. arrancar, extraer de raíz (una planta). **21 to take ~, a)** BOT. prender, echar raíces; **b)** (fig.) arraigar (ideas, costumbres, etc.).

rooted ['ru:tɪd] *adj.* **1** arraigado: *a rooted sentiment = un sentimiento arraigado.* **2** (~ {**in**}) basado, fundamentado (en). ◆ **3 to be/stand ~,** (fig.) quedarse helado (de miedo, de sorpresa). **4 ~ to the spot,** (fig.) inmovilizado, helado (por el miedo, por la sorpresa).

rootless [ru:tlɪs] *adj.* desarraigado (una persona).

rope [rəup] *s. c.* e *i.* **1** cuerda. **2** soga. **3** lazo. **4** MAR. maroma. • *v. t.* **5** (~ {**to/ together**}) amarrar, atar (con una cuerda). **6** DEP. encordar (en alpinismo). ◆ **7 to give someone plenty of ~/enough ~,** dar a alguien libertad de acción. **8 to know/learn the ropes,** (fig.) conocer el tema, estar al día en el asunto. **9 money for old ~,** dinero fácil. **10 on the ropes,** contra las cuerdas, en una situación desesperada. **11 to ~ in,** (fam.) embaucar, liar, persuadir. **12 to ~ off,** cercar con cuerdas; acordonar. **13 ropes,** DEP. cuerdas (en boxeo, lucha libre, etc.). **14 to show/teach someone the ropes,** poner a alguien al día en algo.

rope-ladder ['rəup,lædər] (también **rope ladder**) *s. c.* escalera de cuerdas, escala.

ropey [rəupɪ] (también **ropy**) *adj.* **1** (fam.) malo, de mala calidad: *a ropey meal = una comida mala.* **2** malo, enfermo.

ropy *adj.* ⇒ **ropey.**

rosary ['rəuzərɪ] *s. c.* **1** REL. rosario. **2** rosaleda.

rose [rəuz] *pret.* de **rise.**

rose [rəuz] *s. c.* **1** BOT. rosa: *a red rose = una rosa roja.* **2** rosal. **3** alcachofa (de regadera, manguera, etc.). • *adj.* **4** color de rosa. ◆ **5 a bed of roses/all roses,** (fig.) camino de rosas. **6 to put the roses back in someone's cheeks,** (fig.) devolver el color a las mejillas de alguien. **7 rambling ~,** BOT. rosal trepador. **8 ~ garden,** BOT. rosaleda. **9 ~ window,** ARQ. rosetón. **10 to see things through ~ -coloured spectacles/~ -tinted spectacles,** (fig.) verlo todo de color de rosa, ver el lado bueno de las cosas.

rosé ['rəuzeɪ] *s. i.* GAST. rosado (vino).

roseate ['rəuzɪɪt] *adj.* (form.) rosado (color).

rosebud ['rəuzbʌd] *s. c.* BOT. pimpollo, capullo de rosa.

rosebush ['rəuzbuʃ] *s. c.* BOT. rosal.

rose-hip ['rəuzhɪp] (también **rose hip**) *s. c.* BOT. escaramujo.

rosemary ['rəuzmərɪ] *s. i.* BOT. romero.

rosette [rəu'zet] *s. c.* **1** escarapela (insignia). **2** roseta, rosetón (adorno).

rosewood ['rəuzwud] *s. i.* BOT. palisandro.

roster ['rɒstər] *s. c.* lista (de personas que van a realizar un trabajo).

rostra ['rɒstrə] *pl.* de **rostrum.**

rostrum ['rɒstrəm] (*pl.* **rostrums** o **rostra**) *s. c.* **1** tribuna (de un orador). **2** (form.) ZOOL. pico.

rosy ['rəuzɪ] *adj.* **1** rosado, rosáceo (color). **2** sonrosado: *a rosy face = un rostro sonrosado.* **3** (fig.) prometedor, halagüeño: *a rosy future = un futuro prometedor.*

rot [rɒt] *v. i.* **1** pudrirse: *the apples rotted = las manzanas se pudrieron.* **2** (fig.) pudrirse: *he will rot in jail = se pudrirá en la cárcel.* • *v. t.* **3** pudrir. **4** pudrir, corromper (la madera). • *s. i.* **5** podredumbre, putrefacción. **6** (fig. y fam.) tonterías, estupideces: *don't talk rot = no digas tonterías.* ◆ **7 to ~ away,** descomponerse, corromperse; pudrirse. **8 the ~ set in,** (fig.) comenzó la decadencia.

rota ['rəutə] *s. c.* (brit.) lista (de personas que van a realizar un trabajo).

rotary ['rəutərɪ] *adj.* **1** rotativo; giratorio. • *s. c.* **2** (EE UU) glorieta, rotonda. ◆ **3 ~ press,** TEC. rotativa.

rotate [rəu'teɪt] *v. t.* **1** hacer girar. **2** AGR. alternar (cosechas). **3** distribuir por turno, alternar (el trabajo). • *v. i.* **4** girar: *the wheels rotate = las ruedas giran.*

rotation [rəu'teɪʃn] *s. c.* e *i.* **1** rotación: *crop rotation = rotación de cultivos.* • *s. c.* **2** giro, vuelta; revolución. • *s. i.* **3** rotación: *the rotation of the earth = la rotación de la tierra.* **4** alternancia. ◆ **5 in ~,** por turnos.

rote [rəut] *adj.* **1** maquinal. ◆ **2 by ~,** de memoria, maquinalmente: *he did it by rote = lo hizo maquinalmente.*

rotor ['rəutər] *s. c.* **1** TEC. rotor. ◆ **2 ~ blades,** palas giratorias (de un helicóptero).

rotten ['rɒtn] *adj.* **1** podrido (alimentos, madera). **2** (fam.) malísimo, de mala calidad: *a rotten book = un libro malísimo.* **3** (fam.) lamentable, desagradable: *a rotten situation = una situación lamentable.* **4** cariado (un diente, una muela). **5** (fam.) vil, asqueroso, despreciable. **6** (fam.) malo, pachucho. **7** (fig.) corrompido. **8** malo, pésimo: *a rotten day = un día pésimo.* **9** (fam.) maldito: *a rotten dollar = un maldito dólar.* ◆ **10 to smell ~,** (fig.) oler a podrido, oler a chamusquina.

rotter ['rɒtər] *s. c.* (p.u. y fam.) sinvergüenza, canalla.

rotund [rəu'tʌnd] (form.) *adj.* rechoncho, regordete.

rotunda [rəu'tʌndə] *s. c.* ARQ. rotonda.

rouble ['rubəl] *s. c.* rublo.

roué ['ru:eɪ] *s. c.* libertino, calavera.

rouge [ru:ʒ] *s. c.* **1** colorete. • *v. t.* **2** poner colorete.

rough [rʌf] *adj.* **1** áspero; rugoso: *rough hands = manos ásperas.* **2** basto: *a rough material = una tela basta.* **3** escabroso, desigual (un terreno). **4** burdo, basto, tosco: *rough manners = modales toscos.* **5** alborotado, revuelto (el tiempo, el mar, el pelo). **6** DEP. duro, fuerte, violento: *a rough action = una acción violenta.* **7** (~ {**on**}) (fam.) duro, difícil: *a rough time = una época difícil.* **8** aproximado: *rough calculation = cálculo aproximado.* **9** severo; rudo: *he was rough with her = fue rudo con ella.* **10** grosero, basto (una persona). **11** fuerte, violento (el viento). **12** brutal, brusco, violento (una acción). **13** gruesa (la mar, en parte meteorológico). **14** impreciso, superficial (una descripción, una traducción). **15** chapucero, mal acabado: *a rough job = un trabajo chapucero.* **16** duro (una travesía, un viaje). **17** baldío (terreno). **18** afilado (lengua). **19** peligroso (una zona de una ciudad). **20** (fam.) discordante (un sonido). **21** áspero (una voz). ◆ **22 to cut up ~,** (fam.) irritarse, enfadarse. **23 in ~,** en sucio. **24 ~ and ready, a)** mal acabado, tosco; **b)** provisional. **25 ~ and tumble, a)** pelea; **b)** agitación, movimiento. **26 ~ diamond,** diamante en bruto. **27 ~ draft,** borrador. **28 to ~ it,** pasar dificultades. **29 ~ justice,** castigo merecido. **30 to ~ out,** bosquejar, esbozar. **31 to ~ someone up,** (fam.) dar una paliza a alguien. **32 to ~ things up,** (fam.) alborotar, revolver. **33 to sleep ~,** dormir al raso. **34 to take the ~ with the smooth,** (fig.) estar a las duras y a las maduras.

roughage ['rʌfɪdʒ] *s. i.* QUÍM. fibra (de los alimentos).

roughcast ['rʌfkɑ:st] *s. i.* mezcla gruesa.

roughen ['rʌfən] *v. t.* **1** poner áspero. **2** agrietar (la piel). • *v. i.* **3** ponerse áspero. **4** agrietarse.

rough-hewn [,rʌf'hju:n] *adj.* **1** sin desbastar (un trozo de madera, una piedra). **2** labrado toscamente.

roughly ['rʌflɪ] *adv.* **1** bruscamente; violentamente, brutalmente. **2** duramente, severamente. **3** aproximadamente, más o menos. **4** groseramente. **5** por encima, superficialmente. **6** toscamente.

roughness ['rʌfnɪs] *s. i.* **1** aspereza. **2** rudeza, brusquedad. **3** grosería. **4** inclemencia (del tiempo). **5** agitación: *the roughness of the sea = la agitación del mar.* **6** violencia.

roughshod ['rʌfʃɒd] *adj.* **1** herrado con ramplones (un caballo). ◆ **2 to ride ~ over,** hacer caso omiso de, hacer oídos sordos a (algo); tratar sin ningún miramiento a.

roulette [ruː'let] *s. i.* ruleta (juego).

Roumanian *adj. / s. c.* e *i.* ⇒ **Romanian.**

round [raʊnd] *adj.* **1** redondo, circular: *a round bath = una bañera redonda.* **2** desorbitados, como platos, muy abiertos (ojos). **3** redondo, esférico: *the earth is round = la tierra es esférica.* **4** rotundo, categórico (una afirmación, una negativa). **5** redondo, regordete: *round cheeks = mejillas regordetas.* **6** clara; suave (una voz). **7** completo: *a round dozen = una docena completa.* • *prep.* **8** alrededor de; en torno a: *she had a necklace round her neck = llevaba un collar alrededor del cuello.* **9** a la vuelta de: *round the corner = a la vuelta de la esquina.* **10** sobre, a eso de: *they will arrive round three o'clock = llegarán a eso de las tres.* **11** por, por todo (una ciudad, un país, etc.): *we travelled round the world = viajamos por todo el mundo.* **12** cerca de, por: *there were many people round the building = había mucha gente cerca del edificio.* **13** aproximadamente: *he owned round forty acres = poseía aproximadamente cuarenta acres.* **14** (fig.) en torno a, sobre: *she wrote a book round the murder = escribió un libro en torno al asesinato.*
OBS. **Round** como *prep.* se puede sustituir por **around,** excepto en algunas expresiones idiomáticas. • *adv.* **15** alrededor: *the house had a wall all round = la casa tenía un muro alrededor.* **16** de circunferencia: *the tree was twenty feet round = el árbol tenía veinte pies de circunferencia.* **17** a la redonda: *two miles round = dos millas a la redonda.* **18** de un lado para otro: *they walked round the village = dieron una vuelta por el pueblo.*
OBS. **Round** como *adv.* posee además otros significados: **19** idea de que algo está por todas partes: *there are people all round = hay gente por todas partes.* **20** idea de dar(se) la vuelta: *he turned round and looked at me = se volvió y me miró.* **21** idea de pasar de mano en mano o de distribuir: *the tape passed round = la cinta pasó de mano en mano.* **22** idea de acercarse por casa de alguien (de visita): *come round tonight = acércate por mi casa esta noche.* **23** idea de volver: *summer will soon come round = pronto volverá el verano.* **24** idea de duración: *all the year round = durante todo el año.* **25** idea de dar un rodeo: *we had to go five miles round = tuvimos que dar un rodeo de cinco millas.*
OBS. **Round** como *adv.* se puede sustituir por **around,** excepto en algunas expresiones idiomáticas. • *s. c.* **26** serie, sucesión. **27** visita (comercial o médica). **28** DEP. recorrido (en golf, equitación, etc.). **29** ronda (de un juego de cartas). **30** DEP. asalto (de boxeo o lucha libre). **31** DEP. vuelta, ronda. **32** MÚS. canon. **33** ronda (de bebidas). **34** recorrido (de un cartero, lechero, etc.). **35** ronda (de un vigilante, de un médico, de negociaciones). **36** salva (de aplausos). **37** POL. ronda, vuelta (electoral). **38** tiro, disparo; descarga. **39** ciclo: *yearly round = ciclo anual.* **40** rodaja: *a round of beef = una rodaja de carne de vaca.* **41** ART. danza en corro. • *v. t.* **42** (form.) rodear: *we rounded the mountain = rodeamos la montaña.* **43** redondear: *she rounded her lips = ella redondeó los labios.* **44** (fig.) doblar (una esquina). ◆ **45 a way ~,** una forma de esquivar (un problema, dificultad, etc.). **46 to do the rounds/to make the rounds, a)** hacer las visitas obligadas; **b)** recorrer las ofertas de trabajo. **47 to go the rounds, a)** ir de boca en boca; **b)** pasar de una persona a otra. **48 to move something ~,** cambiar algo de sitio. **49 ~ about, a)** cerca de; **b)** más o menos, aproximadamente. **50 ~ and ~,** de un lado a otro (haciendo círculos). **51 to go ~ and ~ in one's head,** (fig.) dar vueltas en la cabeza. **52 ~ number/figure,** número redondo. **53 to ~ something off,** (fam.) terminar algo, rematar algo (satisfactoriamente). **54 to ~ on,** (fam.) arremeter contra, atacar. **55 ~ up, a)** juntar, reunir (personas, animales); **b)** redondear (una cifra, un precio). **56 ~ sum,** cuenta redonda. **57 the other way ~,** al revés.
OBS. La partícula **round** acompaña a muchos verbos modificando su significado. Hay que buscar los verbos para su correspondiente traducción.

roundabout ['raʊndəbaʊt] *s. c.* (brit.) **1** tiovivo. **2** glorieta, rotonda. • *adj.* **3** indirecto, con rodeos: *he spoke in a roundabout way = habló de forma indirecta* o *dando rodeos.*

rounded ['raʊndɪd] *adj.* redondeado.

rounders ['raʊndəz] *s. i.* DEP. juego muy parecido al béisbol.

round-eyed ['raʊnd,aɪd] *adj.* con los ojos desorbitados o como platos, con los ojos muy abiertos (por el miedo o la sorpresa): *he looked at her round-eyed = la miró con los ojos desorbitados.*

roundly ['raʊndlɪ] (form.) **1** duramente: *he was roundly criticized = fue duramente criticado.* **2** categóricamente; rotundamente; terminantemente. **3** sin rodeos, con franqueza: *I told him roundly that I would not go = le dije sin rodeos que yo no iría.*

roundness ['raʊndnɪs] *s. i.* redondez.

round-robin [,raʊnd'robɪn] *s. c.* **~ tournament,** liguilla.

round-shouldered [,raʊnd'ʃəʊldəd] *adj.* encorvado, cargado de espaldas.

round-table [raʊnd'teɪbəl] *s. c.* **~ conference,** mesa redonda.

round-the-clock ['raʊndðə'klɒk] (también **round the clock**) *adj.* **1** permanente, que dura 24 horas. ◆ **2 to sleep/work/etc. ~ the clock,** dormir/trabajar /etc. día y noche.

round-trip ['raʊndtrɪp] (también **round trip**) *s. c.* **1** viaje de ida y vuelta. **2** gira.

roundup ['raʊndʌp] (también **round-up**) *s. c.* **1** resumen: *a news roundup = un resumen informativo.* **2** rodeo (del ganado). **3** (fig.) redada (policial).

rouse [raʊz] *v. t.* e *i.* **1** (form.) despertar(se): *everybody was roused by the noise = el ruido despertó a todos.* • *v. t.* **2** (~ {**to**}) incitar, animar: *his words roused me to action = sus palabras me animaron a la acción.* **3** (~ {**to**}) provocar: *she is terrible when roused = es terrible cuando se la provoca.* **4** suscitar, provocar, despertar (sentimientos, pasiones, deseos). ◆ **5 to ~ oneself (to do something), a)** animarse (a hacer algo); **b)** levantarse (para hacer algo).

rousing [raʊzɪŋ] *adj.* **1** conmovedor: *a rousing scene = una escena conmovedora.* **2** incitante. **3** enardecido; *a rousing speech to the House = un enardecido discurso ante la Cámara.* **4** caluroso: *a rousing welcome = una calurosa bienvenida.* **5** resplandeciente (fuego).

rout [raʊt] *v. t.* **1** arrollar, aplastar, derrotar fácilmente (a un enemigo, a un oponente). **2** MIL. poner en fuga. • *s. c.* e *i.* **3** derrota arrolladora o aplastante. **4** MIL. desbandada. ◆ **5 to ~ out, a)** sacar, hacer salir: *he was routed out of bed at three o'clock in the morning = lo sacaron de la cama a las tres de la mañana;* **b)** descubrir, encontrar.

route [ruːt] *s. c.* **1** ruta, camino. **2** itinerario, recorrido, trayecto: *the procession route = el trayecto de la procesión.* **3** rumbo (de un barco o avión). **4** (fig.) vía, camino. • *v. t.* **5** (normalmente en pasiva): enviar (por una determinada ruta); encaminar. ◆ **6 sea ~,** MAR. vía marítima.
OBS. **Route** se utiliza en EE UU seguido de un número para indicar las carreteras generales entre las ciudades más importantes.

route-march ['ruːtmɑːtʃ] (también **route march**) *s. c.* MIL. marcha de entrenamiento.

routine [ruː'tiːn] *adj.* **1** rutinario, de rutina: *routine procedure = procedimiento rutinario.* • *s. c.* e *i.* **2** rutina: *daily routine = rutina diaria.* • *s. c.* **3** número (de bailarín, humorista).

routinely [ruː'tiːnlɪ] *adv.* rutinariamente.

rove [rəʊv] *v. t.* e *i.* **1** (lit.) vagar (por), errar (por): *they rove the streets = vagan por las calles.* • *v. i.* **2** recorrer (con la mirada): *her eyes roved around the room = sus ojos recorrieron la habitación.* • *v. i.* **3** mirar en todas direcciones (los ojos).

rover ['rəʊvər] *s. c.* **1** (lit.) vagabundo; trotamundos. **2** (arc.) MAR. pirata.

roving ['rəʊvɪŋ] *adj.* **1** (lit.) errante. **2** itinerante. ◆ **3 he has a ~ eye,** (fig.)

se le van los ojos detrás de unas faldas.

row [rəʊ] *s. c.* **1** fila, hilera: *a row of trees = una hilera de árboles.* **2** fila (en un teatro, cine, etc.): *he was sitting in the front row = estaba sentado en primera fila.* **3** (fam.) bronca, pelotera, riña. **4** (fam.) disputa, discusión: *a political row = una discusión política.* **5** (fam.) escándalo, alboroto, ruido. • *v. i.* **6** remar: *we rowed against the current = remábamos contra corriente.* **7** (~ {**with**}) (fam.) pelear, discutir. • *v. t.* **8** hacer avanzar a remo. **9** llevar en barca de remo. ◆ **10 to go for a ~,** ir a remar, ir a dar un paseo en barca. **11 in a ~, a)** seguidos: *five days in a row = cinco días seguidos;* **b)** en fila. **12 to make/kick up a ~,** armar un escándalo; armar camorra.
OBS. En los significados **3, 4, 5, 7** y **12** la pronunciación es [raʊ].

rowboat ['rəʊbəʊt] *s. c.* (EE UU) bote de remos.

rowdiness ['raʊdɪnɪs] *s. i.* **1** gamberrismo. **2** alboroto.

rowdy ['raʊdɪ] *adj.* **1** camorrista; alborotador: *rowdy children = niños alborotadores.* **2** ruidoso: *a rowdy party = una fiesta ruidosa.* • *s. c.* **3** gamberro, alborotador, camorrista.

rower ['rəʊər] *s. c.* remero.

rowing ['rəʊɪŋ] *s. i.* DEP. remo.

rowing-boat ['rəʊɪŋbəʊt] (también **rowing boat**) *s. c.* (brit.) bote de remos.

rowlock ['rɒlək] *s. c.* MAR. escálamo.

royal ['rɔɪəl] *adj.* **1** real: *royal palace = palacio real.* **2** (fig.) regio, magnífico, espléndido: *a royal entertainment = una diversión magnífica.* ◆ **3 Royal,** real: *the Royal Academy = la Real Academia.* **4 Royal Assent,** ⇒ **assent. 5 ~ blue,** azul oscuro. **6 ~ eagle,** ZOOL. águila real. **7 ~ family,** familia real. **8 Royal Highness,** Alteza Real. **9 royals,** (fam.) realeza, (miembros de la) familia real.

royalist ['rɔɪəlɪst] *s. c.* y *adj.* monárquico.

royally ['rɔɪəlɪ] *adv.* (fig.) magníficamente, fantásticamente, espléndidamente.

royalty ['rɔɪəltɪ] *s. i.* **1** realeza. ◆ **2 royalties, a)** derechos de autor; **b)** derechos de patente.

rpm [ɑːrpiː'em] (*abrev.* de **revolutions per minute**) *s. pl.* rpm, revoluciones por minuto.

rub [rʌb] *v. t.* **1** (~ {**together**}) frotar(se): *he rubbed his hands = se frotó las manos.* **2** friccionar. **3** rozar. **4** sacar brillo a. **5** fregar, limpiar frotando. • *v. i.* **6** rozar: *I rubbed against the wire = me rocé con el alambre.* **7** frotarse, friccionarse. • *s. sing.* **8** (p.u. y lit.) dificultad, pega, impedimento. • *s. c.* **9** friega, restregón. **10** roce, rozadura. ◆ **11 not to have two pennies to ~ together,** ⇒ **penny. 12 to ~ along,** (fam.) **a)** llevarse bien, hacer buenas migas; **b)** ir tirando. **13 to ~ down, a)** lijar; **b)** secar (frotando con una toalla, balleta, etc.). **14 to ~ hard,** restregar, frotar. **15 to ~ in, a)** (fam.) recordar: *don't rub it in! = ¡no me lo recuerdes!;* **b)** machacar, insistir; **c)** frotar (una superficie con una sustancia). **16 to ~ off, a)** quitar frotando; **b)** (fig. y fam.) (**to ~ on someone**) pegársele a alguien (hábitos, etc., de otra persona). **17 to ~ out, a)** borrar; **b)** (EE UU) (vulg.) matar, liquidar. **18 to ~ salt into someone's wounds,** ⇒ **salt. 19 to ~ shoulders with,** ⇒ **shoulder. 20 to ~ up,** pulir, sacar brillo a. **21 to ~ up the wrong way,** (fam.) contrariar, irritar.

rubber ['rʌbər] *s. i.* **1** goma, caucho: *rubber industry = industria del caucho.* • *s. c.* **2** goma de borrar. **3** (vulg.) goma, condón. **4** partida decisiva (en algunos juegos de naipes). • *adj.* **5** de goma: *rubber soles = suelas de goma.* ◆ **6 ~ band,** goma elástica (para sujetar objetos o fajos). **7 ~ plant,** BOT. caucho, gomero. **8 ~ ring,** flotador. **9 rubbers,** chanclas.

rubber-stamp [ˌrʌbə'stæmp] (también **rubber stamp** cuando es *s. c.*) *s. c.* **1** tampón, sello, estampilla. • *v. t.* **2** sellar, estampillar. **3** (fig.) aprobar de modo oficial. **4** (fig.) aprobar a ciegas.

rubbery ['rʌbərɪ] *adj.* parecido a la goma; elástico.

rubbing ['rʌbɪŋ] *s. sing.* **1** roce (de los zapatos, de la ropa, etc.). • *s. c.* **2** fricción, friega. **3** dibujo hecho frotando con tiza, carboncillo, etc. sobre un relieve.

rubbish ['rʌbɪʃ] *s. i.* **1** basura: *rubbish bin = cubo de basura.* **2** (fig.) basura, porquería: *this magazine is rubbish = esta revista es una porquería.* **3** (fam.) tonterías, sandeces, bobadas. • *v. t.* **4** (fam.) censurar, criticar.

rubbishy ['rʌbɪʃɪ] *adj.* (fam.) malo, de mala calidad.

rubble ['rʌbl] *s. i.* **1** escombros: *their house was reduced to rubble = su casa quedó reducida a escombros.* **2** ripio, escombros de albañilería, cascotes.

rubella [ru'belə] *s. i.* MED. rubéola.

rubicund ['ruːbɪkənd] *adj.* (arc. y lit.) rubicundo.

rubric ['ruːbrɪk] *s. c.* (form.) **1** rúbrica. **2** advertencia (en un documento oficial).

ruby ['ruːbɪ] *s. c.* **1** rubí. • *adj.* **2** del color del rubí.

ruck [rʌk] *s. c.* **1** (p.u.) DEP. pelotón (en una carrera). **2** (p.u.) TEC. melé espontánea. **3** arruga, pliegue, frunce (en la ropa). **4** (brit.) refriega, trifulca, bronca. ◆ **5 to ~ up,** arrugarse, fruncirse.

rucksack ['rʌksæk] *s. c.* mochila.

ruction ['rʌkʃn] *s. c.* (fam.) follón, jaleo, lío.

rudder ['rʌdər] *s. c.* TEC. timón (de un barco o avión).

ruddy ['rʌdɪ] *adj.* **1** rubicundo (una persona). **2** colorado, encendido (un rostro, unas mejillas). **3** (lit.) rojizo. **4** (vulg.) maldito, puñetero.

rude [ruːd] *adj.* **1** descortés, maleducado. **2** grosero, indecente: *a rude joke = un chiste indecente.* **3** (lit.) brusco, repentino. **4** (lit.) rudimentario: *rude methods = métodos rudimentarios.* **5** tosco, basto, sin refinar. **6** (fig.) violento: *rude passions = pasiones violentas.* ◆ **7 in ~ health,** con una salud estupenda.

rudely ['ruːdlɪ] *adv.* **1** de forma descortés, groseramente. **2** bruscamente, repentinamente. **3** toscamente. **4** rudimentariamente.

rudeness ['ruːdnɪs] *s. i.* **1** descortesía, falta de educación. **2** tosquedad. **3** brusquedad. **4** grosería. **5** (fig.) violencia.

rudimentary [ˌruːdɪ'mentərɪ] *adj.* (form.) **1** rudimentario, primitivo. **2** elemental, muy sencillo (conocimientos).

rudiments ['ruːdɪments] *s. pl.* rudimentos, nociones elementales: *rudiments of astronomy = rudimentos de astronomía.*

rue [ruː] *v. t.* **1** (lit.) lamentar, sentir, arrepentirse de: *you shall rue it = lo lamentarás.* • *s. c.* **2** (arc.) compasión, lástima. **3** BOT. ruda.

rueful ['ruːful] *adj.* (lit.) **1** triste, lastimoso. **2** arrepentido.

ruefully ['ruːfəlɪ] *adv.* (lit.) tristemente.

ruff [rʌf] *s. c.* **1** gola, gorguera, lechuguilla. **2** ZOOL. collar (de plumas o de pelos). **3** fallo (en un juego de cartas). • *v. t.* e *i.* **4** fallar (en un juego de cartas).

ruffian ['rʌfɪən] *s. c.* (p.u.) matón, rufián, canalla.

ruffle ['rʌfl] *v. t.* **1** alborotar (el pelo). **2** pasar rápidamente (las páginas, las hojas). **3** encrespar (las plumas). **4** (lit.) agitar (una superficie). **5** perturbar, molestar. **6** rizar, fruncir, arrugar. • *s. c.* **7** frunce, pliegue; volante. **8** gola, lechuguilla. • *s. i.* **9** agitación. **10** enojo.

ruffled ['rʌfld] *adj.* **1** agitado, nervioso, alterado. **2** molesto. **3** turbado, confundido. **4** desaliñado, alborotado. **5** agitado (una superficie). **6** fruncido: *a ruffled dress = un vestido fruncido.*

rug [rʌg] *s. c.* **1** alfombra. **2** (brit.) manta de viaje. ◆ **3 to sweep something under the ~,** ⇒ **sweep.**

rugby ['rʌgbɪ] *s. i.* DEP. rugby.

rugged ['rʌgɪd] *adj.* **1** (lit.) accidentado, escabroso; rocoso (un terreno). **2** abrupto (una roca). **3** áspero (una superficie). **4** fuerte, recio: *a rugged man = un hombre recio.* **5** austero, duro: *a rugged life = una vida dura.* **6** tosco, basto: *rugged manners = modales toscos.* **7** fuerte, resistente (una máquina).

rugger ['rʌgər] *s. i.* (p.u.) DEP. rugby.

ruin ['rʊɪn] *v. t.* **1** arruinar, estropear, echar a perder: *tobacco ruined his health = el tabaco arruinó su salud.* **2** destruir, asolar (un sitio). **3** estropear: *you ruined my umbrella = me estropeaste el paraguas.* **4** arruinar (económicamente): *gambling debts ruined me = las deudas de juego me* *arruinaron.* • *s. i.* **5** ruina, destrucción. **6** ruina, miseria, bancarrota. **7** (fig.) ruina, perdición. • *s. c.* **8** (normalmente el *pl.*) ruina, resto: *the ruins of a city = las ruinas de una ciudad.* ◆ **9 to go to rack and ~, ⇒ rack. 10 in ruins,** en ruinas: *a building in ruins = un edificio en ruinas.*

ruination [rʊɪ'neɪʃn] *s. i.* **1** ruina, destrucción. **2** perdición.

ruined ['rʊɪnd] *adj.* **1** arruinado, destruido, echado a perder. **2** arruinado (económicamente). **3** en ruinas: *a ruined building = un edificio en ruinas.* **4** estropeado.

ruinous ['rʊɪnəs] *adj.* **1** ruinoso: *ruinous expenses = gastos ruinosos.* **2** desastroso. **3** en ruinas, ruinoso: *a ruinous old factory = una vieja fábrica en ruinas.*

ruinously ['rʊɪnəslɪ] *adv.* de modo ruinoso.

rule [ruːl] *s. c.* **1** regla, norma. **2** reglamento. **3** pauta. **4** precepto. **5** regla (objeto). • *s. sing.* **6** (**the ~**) lo normal, la regla general: *sunny weather is the rule here = el tiempo soleado es lo normal aquí.* • *s. i.* **7** control, mando: *under the rule of Mussolini = bajo el mando de Mussolini.* **8** dominio, imperio: *under British rule = bajo dominio británico.* **9** (fig.) gobierno: *the rule of the people = el gobierno del pueblo.* • *v. t.* **10** (~ {**over**}) gobernar, regir: *who ruled the country? = ¿quién gobernaba el país?* **11** (~ {**over**}) controlar; dominar: *computers will rule the world = las computadoras dominarán el mundo.* **12** (normalmente en *pasiva*) influenciar: *her words were ruled by hate = sus palabras estaban influenciadas por el odio.* **13** trazar (con una regla). **14** dirigir, regir: *my father rules the company = mi padre dirige la compañía.* • *v. i.* **15** gobernar. **16** (fig.) imperar, reinar: *violence ruled = imperaba la violencia.* **17** DER. dictaminar; sentenciar. **18** mantenerse (los precios). ◆ **19 as a ~/as a general ~,** por regla general. **20 to bend/stretch the rules,** pasar por alto el reglamento. **21 by the ~ book,** (fam.) como Dios manda, según las reglas. **22 to make a ~/to make it a ~,** tomar por costumbre. **23 ~ book,** (libro de) reglamento. **24 to ~ off,** trazar una línea de división (en un párrafo, sección, etc.). **25 ~ of law, (the ~)** (form.) el imperio de la ley. **26 ~ of thumb, ⇒ thumb. 27 to ~ out, a)** excluir, descartar; **b)** imposibilitar. **28 ... rules OK, etc.,** (fam.)... es el mejor. **29 to ~ the roost, ⇒ roost.**

ruled [ruːld] *adj.* rayado (papel).

ruler [ruːlər] *s. c.* **1** gobernante, dirigente. **2** regla (objeto).

ruling [ruːlɪŋ] *adj.* **1** gobernante, dirigente: *the ruling class = la clase dirigente.* **2** predominante, principal (sentimiento, ideas). **3** actual (precio). • *s. c.* **4** DER. fallo, sentencia, decisión.

rum [rʌm] *s. i.* **1** ron. • *adj.* **2** (brit.) (fam.) extraño: *a rum fellow = un tipo extraño.*

Rumanian *adj./s. c.* e *i.* ⇒ **Romanian.**

rumble ['rʌmbl] *s. c.* **1** rumor, murmullo: *rumble of voices = murmullo de voces.* **2** estruendo: *rumble of thunder = estruendo del trueno.* • *v. t.* **3** (fam.) calar, descubrir, darse cuenta de. • *v. i.* **4** sonar, hacer ruidos (el estómago). **5** retumbar. **6** pasar haciendo un ruido sordo (un vehículo). **7** hablar con voz sorda.

rumbling ['rʌmblɪŋ] *s. c.* **1** rumor, murmullo. **2** estruendo. ◆ **3 rumblings,** señales, muestras (de que ocurre algo desagradable).

ruminant ['ruːmɪnənt] *s. c.* y *adj.* rumiante.

ruminate ['ruːmɪneɪt] *v. i.* **1** (form.) reflexionar, meditar, cavilar. **2** ZOOL. rumiar.

rumination [ˌruːmɪ'neɪʃn] *s. c.* (lit.) reflexión, cavilación.

ruminative ['ruːmɪnətɪv] *adj.* (lit.) pensativo, meditabundo.

ruminatively ['ruːmɪnətɪvlɪ] *adv.* (lit.) pensativamente.

rummage ['rʌmɪdʒ] *v. i.* **1** (~ {**among /in/through**}) hurgar, revolver, rebuscar: *he rummaged in the drawer = rebuscó en el cajón.* • *s. i.* **2** (EE UU) prendas usadas: *rummage sale = venta de prendas usadas (con fines benéficos).* • *s. sing.* **3** registro desordenado (revolviéndolo todo). ◆ **4 to ~ through,** registrar a fondo.

rummy ['rʌmɪ] *s. i.* juego de cartas.

rumour ['ruːmər] (en EE UU **rumor**) *s. c.* e *i.* **1** rumor, habladuría: *it was only a rumour = sólo era un rumor.* ◆ **2 to be rumoured,** rumorearse, correr el rumor: *she is rumoured to be pregnant = se rumorea que está embarazada.* **3 ~ has it that,** se rumorea que, se dice que.

rump [rʌmp] *s. c.* **1** (hum.) trasero, culo. **2** ZOOL. anca. **3** ZOOL. rabadilla. • *s. i.* **4** grupo remanente (de una organización, especialmente un partido). ◆ **5 ~ steak,** GAST. filete de cadera.

rumple ['rʌmpl] *v. t.* (fam.) **1** arrugar. **2** despeinar. **3** chafar, estrujar.

rumpled ['rʌmpld] *adj.* (fam.) **1** arrugado. **2** despeinado.

rumpus ['rʌmpəs] *s. c.* (fam.) **1** barullo, jaleo, revuelo. ◆ **2 to have a ~ with someone,** tener una pelea con alguien.

run [rʌn] (*pret.* **ran**, *p. p.* **run**) *v. i.* **1** (~ {**to**}) correr: *why is he running? = ¿por qué corre?* **2** correr, competir (en una carrera). **3** escapar, huir. **4** (~ {**to**}) acudir (a) (alguien). **5** POL. presentarse (como candidato en unas elecciones): *he ran for the presidency = se presentó a la presidencia.* **6** nadar río arriba (los salmones). **7** funcionar (una máquina, un aparato). **8** ir a dar una vuelta (en un coche). **9** circular (trenes, autobuses). **10** marchar, rodar: *that car runs well = ese coche rueda bien.* **11** fluir, correr: *the river runs through fields of maize = el río corre entre maizales.* **12** moquear (la nariz). **13** desteñirse (una tela, un color). **14** derretirse (mantequilla, helado, etc.). **15** deslizarse: *it ran through his fingers = se deslizó entre sus dedos.* **16** (**to ~ into**) desembocar en (un río, una calle, etc.). **17** correr, deslizarse (un cajón, una puerta corredera, etc.). **18** manar, fluir. **19** chorrear: *I am running with sweat = estoy chorreando sudor.* **20** extenderse (una planta, una raíz). **21** recorrer: *a shiver ran through my body = un estremecimiento recorrió mi cuerpo.* **22** supurar (una herida). **23** tratar, girar (una conversación). **24** estar en cartel (una obra de teatro, una ópera). **25** correrse (pintura, tinta, etc.). **26** (~ {**to/in**}) concentrarse (los pensamientos). **27** decir, rezar: *the document runs as follows = el documento dice lo siguiente.* **28** extenderse: *the road runs along the coast = la carretera se extiende a lo largo de la costa.* **29** (~ **to/into**) alcanzar: *this magazine has run to four editions = esta revista ha alcanzado cuatro ediciones.* **30** durar: *the talk ran for two hours = la charla duró dos horas.* **31** extenderse (una noticia). **32** transcurrir: *life ran smoothly = la vida transcurría tranquilamente.* **33** darse con frecuencia (en la familia): *green eyes run in the family = los ojos verdes se dan con frecuencia en la familia.* **34** encontrarse (una característica, un defecto). **35** hacerse una carrera (en una media). **36** estar vigente (un contrato, un documento legal). **37** MAR. navegar: *the ship ran before the wind = el barco navegaba viento en popa.* • *v. t.* **38** DEP. participar en, tomar parte en (una carrera). **39** presentar en una carrera (un caballo, un perro). **40** pasar ilegalmente (contrabando, personas). **41** pasar, deslizar: *he ran his fingers through her hair = le deslizó los dedos por el pelo.* **42** dirigir (una empresa, una organización, una escuela). **43** llevar (un negocio, una casa, un asunto). **44** dar (un servicio). **45** manejar (una máquina). **46** llevar a cabo (un experimento, un proceso). **47** INF. ejecutar (un programa). **48** poseer, tener: *his son runs his own computer = su hijo tiene su propio ordenador.* **49** llevar en coche (a alguien). **50** poner; meter; llevar (un vehículo): *he ran the car into the garage = metió el coche en el garaje.* **51** llevar (mensajes, recados). **52** hacer correr (un líquido de un grifo, manguera, etc.). **53** llenar (una bañera). **54** PER. publicar: *the magazine ran your article = la revista publicó tu artículo.* **55** (fig.) manejar (a alguien). **56** POL. proponer, presentar (a un candidato). **57** correr, perseguir, acosar (a un animal). **58** apacentar (al ganado). **59** (~ {**at**}) (form.) ascender a (una cantidad).

60 MIL. romper (un bloqueo). **61** organizar (una campaña). **62** introducir, meter: *she ran a splinter into her finger = se metió una astilla en el dedo.* • *s. sing.* **63** carrera (acción de correr). **64** (~ {**for**}) (fig.) carrera, lucha (por) (un objetivo): *his run for power = su lucha por el poder.* **65** (~ {**on**}) demanda extraordinaria (de) (fondos bancarios, de un artículo). **66** desarrollo (de un partido, etc.). **67** hilo (de un discurso, de una conversación). • *s. c.* **68** carrera. **69** vuelta, paseo (en coche). **70** carrera (en una media). **71** DEP. carrera de fondo. **72** DEP. recorrido, pista (de esquí). **73** viaje, recorrido: *a long run = un largo recorrido.* **74** trayecto (de un autobús, coche, etc.). **75** MIL. vuelo de bombardeo. **76** racha: *a run of good luck = una racha de buena suerte.* **77** ART. período en cartelera (de una obra teatral, de una ópera). **78** PER. tirada. **79** lote de producción (de una fábrica). **80** MÚS. escala. **81** permiso para disponer libremente: *he gave me the run of his house = me dio permiso para disponer libremente de su casa.* **82** DEP. carrera, punto (en críquet y béisbol). **83** ZOOL. banco (de peces en movimiento). **84** AGR. terreno de pasto. **85** corral (para animales de granja). ◆ **86 at a ~,** a la carrera, corriendo. **87 average/usual /common ~ of,** (fam.) el común de: *the common run of mankind = el común de las gentes.* **88 to cut and ~,** ⇒ **cut. 89 day's ~,** MAR. singladura, recorrido. **90 to give someone a ~ for his/her money,** poner a alguien las cosas difíciles; hacer que alguien se esfuerce por lograr algo. **91 to go on the ~,** fugarse, escaparse. **92 have a good ~ for one's money,** dar buena cuenta de sí. **93 in the long ~,** a la larga, a largo plazo. **94 in the short ~,** a corto plazo. **95 to make a ~ for it/to ~ for it,** escapar corriendo (de un sitio, de una situación). **96 to make one's blood ~ cold,** ⇒ **blood. 97 on the ~, a)** fugado, evadido; **b)** (fam.) de acá para allá, en constante ajetreo; **c)** en desventaja, perdiendo: **d)** MIL. en fuga. **98 to ~ about,** andar de un lado para otro (en busca de algo o alguien). **99 to ~ across,** encontrarse con, topar con, tropezar con (alguien). **100 to ~ after, a)** perseguir (un objetivo, etc.); **b)** (fam. y fig.) andar detrás de (alguien). **101 ~ along,** (fam.) márchate, lárgate. **102 to ~ a mile** (fig.) echar a correr. **103 to ~ amok,** ⇒ **amok. 104 to ~ an errand,** ⇒ **errand. 105 to ~ around, a)** andar de un lado para otro (en busca de algo o alguien); **b)** (~ {**with/together**}) juntarse. **106 to ~ ashore,** MAR. encallar, varar (un barco). **107 to ~ a temperature/fever,** tener fiebre. **108 to ~ away, a)** escapar, huir: *she ran away from home = se escapó de casa;* **b)** evadirse, escapar (un prisionero); **c) to ~ from** eludir (una responsabilidad, un compromiso); **d)** (~ **from**) librarse de (algo desagradable); **e)** (normalmente imperativo) (fam.) marcharse, largarse: *run away, children = marchaos niños.* **109 to ~ away with, a)** ganar fácilmente (un premio, una competición, etc.); **b)** dejarse llevar por (una idea, por una opinión); **c)** dominar (un sentimiento muy fuerte): *don't let your emotions run away with you = no dejes que tus emociones te dominen.* **110 to ~ cold,** helarse (la sangre). **111 to ~ down, a)** criticar, hablar mal de; **b)** pararse (un reloj, un mecanismo); **c)** descargarse (una batería); **d)** atropellar (con un vehículo); **e)** encontrar, dar con; **f)** coger, capturar (a un fugitivo, a un criminal, etc.); **g)** MAR. colisionar (una embarcación); **h)** enumerar rápidamente. **112 to ~ dry, a)** secarse (un río, pozo, etc.); **b)** (fig.) terminarse. **113 to ~ in,** (fam.) detener, arrestar. **114 to ~ into, a)** enfrentarse con; **b)** tropezar con (alguien); **c)** elevarse a, llegar a (una cantidad determinada); **d)** chocarse con (un vehículo); **e)** clavar, meter. **115 to ~ into debt,** endeudarse. **116 to ~ its course,** ⇒ **course. 117 to ~ off, a)** huir, fugarse; **b)** (fam.) imprimir, sacar (copias); **c)** (fam.) marcharse, largarse; **d)** dejar salir (un líquido); **e)** DEP. decidirse (una eliminatoria). **118 to ~ on, a)** (fam.) enrollarse, hablar sin parar; **b)** alargarse, prolongarse. **119 to ~ one's eye over something,** echar un vistazo a algo. **120 to ~ out, a)** (~ {**of**}) quedarse sin: *they ran out of petrol = se quedaron sin gasolina;* **b)** agotarse, acabarse: *my patience has run out = se me agotó la paciencia;* **c)** vencer, caducar (un documento); **d)** expirar (un contrato); **e)** (~ {**on**}) dejar, abandonar: *his wife has run out on him = su esposa le ha abandonado.* **121 to ~ out of steam,** ⇒ **steam. 122 to ~ over, a)** atropellar, pillar (con un vehículo); **b)** derramarse (un líquido); **c)** rebosar, desbordarse: *the bowl is running over = el recipiente está rebosando;* **d)** repasar, echar un vistazo; **e)** ensayar, practicar. **123 to ~ riot,** ⇒ **riot. 124 runs,** (**the** ~) (vulg.) diarrea. **125 to ~ short,** ⇒ **short. 126 to ~ the gamut of,** ⇒ **gamut. 127 to ~ the risk,** ⇒ **risk. 128 to ~ through, a)** extenderse (una noticia, una emoción, etc., entre un grupo de personas); **b)** estar presente en; **c)** practicar, ensayar; **d)** enumerar rápidamente; **e)** dilapidar, despilfarrar; **f)** hojear, leer por encima. **g)** (arc.) atravesar, traspasar (con una espada, con una bala, etc.). **129 to ~ to, a)** alcanzar, ascender a (una cantidad); **b)** tender hacia, inclinarse por (un gusto): *her tastes run to love stories = sus gustos se inclinan por las novelas de amor;* **c)** alcanzar para (un sueldo): *my salary doesn't run to a flat = mi sueldo no alcanza para un piso;* **d)** poder permitirse (comprar algo): *she doesn't run to a car = ella no puede permitirse un coche.* **130 to ~ to earth,** ⇒ **earth. 131 to ~ to ground,** dar con algo. **132 to ~ up, a)** permitir que suba (una cuenta); **b)** acumular (deudas); **c)** coser rápidamente; **d)** DEP. tomar impulso. **133 to ~ up against,** enfrentarse con, tropezar con (problemas, dificultades). **134 to ~ wild,** ⇒ **wild. 135 to take a ~,** DEP. tomar carrerilla, tomar impulso (para saltar).

runabout ['rʌnəbaut] *s. c.* utilitario, coche pequeño.

runaway ['rʌnəweɪ] *s. c.* y *adj.* **1** fugitivo. • *adj.* **2** desbocado (un caballo). **3** incontrolado (un vehículo). **4** secreto, clandestino: *a runaway marriage = un matrimonio clandestino.* **5** inmediato, rápido: *a runaway success = un éxito inmediato.* • *s. c.* **6** caballo desbocado. **7** huida, fuga.

run-down ['rʌn'daun] (también **run down**) *adj.* **1** (fam.) agotado. **2** ruinoso (un edificio). **3** en decadencia: *a run-down industry = una industria en decadencia.* • *s. sing.* **4** declive, decadencia (de una industria, compañía, etc.).

rundown ['rʌndaun] *s. c.* (~ {**on**}) informe (sobre).

rung [rʌŋ] *s. c.* **1** escalón, peldaño, barrote (de escalera de mano). **2** (**the** ~ {**of**}) (fig.) escalón, grado (en una escala de importancia).

rung [rʌŋ] *p. p.* de **ring.**

run-in ['rʌnɪn] *s. c.* **1** (fam.) riña, discusión. **2** ART. ensayo general.

runner ['rʌnər] *s. c.* **1** DEP. corredor: *long distance runner = corredor de fondo.* **2** recadero. **3** contrabandista. **4** tapete (de mesa). **5** corredera (en un mueble, ventana, etc.). **6** patín (de un trineo). **7** alfombra (para pasillo o escaleras). **8** caballo de carrera. **9** BOT. estolón. ◆ **10 ~ bean,** BOT. alubia roja.

runner-up [ˌrʌnə'ʌp] (*pl.* **runners-up**) *s. c.* DEP. subcampeón; finalista.

running ['rʌnɪŋ] *s. i.* **1** DEP. atletismo; el correr. **2** dirección, manejo, gestión (de una organización, de un negocio). **3** marcha, funcionamiento; manejo (de una máquina). • *adj.* **4** consecutivo, seguido: *for three months running = durante tres meses seguidos.* **5** corriente: *running water = agua corriente.* **6** con mocos (la nariz). **7** supurante (una herida). **8** corredizo (un nudo). **9** corrida (letra hecha a mano). ◆ **10 to be in the ~ (for),** tener posibilidades (de) (ganar o de conseguir algo). **11 to be out of the ~ (for), a)** tener muy poca (o ninguna) posibilidad (de) (ganar o de conseguir algo): **b)** estar fuera de combate. **12 to come ~,** (fig.) venir enseguida (dispuesto a obedecer). **13 in ~ order,** en buen estado. **14 to make the ~,** ir por delante, ir a la cabeza. **15 record ~/long ~,** récord de permanencia (en cartel, en emisión). **16 ~ about,** correteo. **17 ~ board,** estribo (de un vehículo). **18 ~**

commentary, RAD. y TV. comentario en directo. **19** ~ **fire,** MIL. fuego ininterrumpido. **20** ~ **in,** rodaje (de un vehículo). **21** ~ **mate,** (EE UU) POL. candidato a la vicepresidencia.

runny ['rʌnɪ] *adj.* (fam.) **1** demasiado aguado, demasiado líquido (especialmente un alimento). **2** que moquea (nariz). **3** lloroso (ojos).

run-off ['rʌnɒf] *s. c.* DEP. carrera de desempate.

run-of-the-mill [,rʌnəvðə'mɪl] *adj.* del montón, corriente y moliente: *a run-of-the-mill lawyer* = *un abogado corriente y moliente.*

runt [rʌnt] *s. sing.* **1** (**the** ~) el más pequeño de una camada de animales. • *s. c.* **2** (fam.) hombrecillo; enano.

run-through ['rʌnθru:] *s. c.* ensayo, prueba.

run-up ['rʌnʌp] *s. sing.* **1** (**the** ~ {**to**}) tiempo anterior (a) (un acontecimiento): *during the run-up to the trial* = *durante el tiempo anterior al juicio.* • *s. c.* **2** DEP. impulso, carrerilla.

runway ['rʌnweɪ] *s. c.* pista de aterrizaje.

rupture ['rʌptʃər] *s. c.* **1** (form.) ruptura (de una relación). **2** MED. hernia. **3** MED. rotura. • *v. t.* **4** (form.) romper (una relación). • *v.r.* **5** herniarse, causarse una hernia.

ruptured ['rʌptʃəd] *adj.* MED. herniado.

rural ['rʊərəl] *adj.* rural.

ruse [ru:z] *s. c.* e *i.* (form.) estratagema, ardid.

rush [rʌʃ] *v. t.* **1** hacer deprisa, despachar con prisa: *she rushed her homework* = *hizo deprisa sus deberes.* **2** meter prisa, apresurar. **3** lanzarse sobre: *they rushed the stage* = *se lanzaron sobre el escenario.* **4** MIL. tomar al asalto. **5** llevar rápidamente: *rush him to hospital* = *llévenle rápidamente al hospital.* **6** (vulg.) sacar (a alguien una cantidad exagerada de dinero por algo). **7** enviar sin demora. • *v. i.* **8** darse prisa: *she rushed to open her present* = *se dio prisa en abrir su regalo.* **9** precipitarse, lanzarse: *they rushed towards the exit* = *se precipitaron hacia la salida.* **10** (**to** ~ {**at**}) abalanzarse: *he rushed at her* = *se abalanzó sobre ella.* **11** apresurarse; ir a gran velocidad. • *s. sing.* **12** prisa: *are you in a rush?* = *¿llevas prisa?* **13** momento de mayor actividad. **14** (~ {**for/on**}) gran demanda: *a rush for imported goods* = *una gran demanda de bienes de importación.* **15** bullicio, ajetreo: *what a rush!* – *¡qué ajetreo!* **16** arranque, arrebato (de una emoción, de un sentimiento). **17** torrente (de agua, de palabras). **18** afluencia, tropel. **19** ímpetu: *the rush of the ocean current* = *el ímpetu de la corriente marina.* **20** MIL. acometida. • *s. c.* **21** BOT. junco. ♦ **22 in a** ~, deprisa, con prisas. **23 rushes,** TEC. primeras pruebas (de una película). **24 to** ~ **in,** meterse en (un asunto o compromiso, sin meditarlo). **25 to** ~ **out,** lanzar a toda prisa (un producto al mercado). **26 to** ~ **through,** despachar con prontitud. **27 the blood rushes to one's head/to have a** ~ **of blood to the head,** (fig.) perder el control sobre sí mismo.

rushed [rʌʃt] *adj.* **1** ajetreado, ocupado. **2** hecho a toda prisa: *a rushed job* = *un trabajo hecho a toda prisa.* ♦ **3 to be** ~ **off one's feet,** estar muy ajetreado.

rush hour ['rʌʃ,aʊər] *s. c.* hora punta, hora de mayor afluencia de tráfico.

rusk [rʌsk] *s. c.* especie de galleta crujiente (especialmente para bebés).

russet ['rʌsɪt] *adj.* **1** (lit.) rojizo. • *s. i.* **2** color rojizo.

Russia ['rʌʃə] *s. sing.* GEOG. Rusia.

Russian ['rʌʃən] *adj.* **1** ruso. • *s. c.* **2** ruso. • *s. i.* **3** ruso (idioma).

rust [rʌst] *s. i.* **1** herrumbre, óxido, orín. **2** oxidación. • *adj.* **3** (lit.) rojizo. • *v. i.* **4** oxidarse. ♦ **5 to** ~ **away,** oxidarse.

rusted ['rʌstɪd] *adj.* oxidado.

rustic ['rʌstɪk] *adj.* **1** rústico, sencillo, sin afectaciones. **2** (desp.) tosco, basto, paleto. **3** rústico: *a rustic chair* = *una silla rústica.* • *s. c.* **4** paleto, palurdo.

rustle ['rʌsl] *v. t.* e *i.* **1** susurrar (las hojas). **2** crujir (tejido, hojas secas, papel, etc.). • *v. t.* **3** (EE UU) robar (ganado, caballos). • *s. c.* e *i.* **4** susurro. **5** crujido. ♦ **6 to** ~ **up,** (fam.) improvisar, preparar rápidamente (una comida).

rustling ['rʌslɪŋ] *s. c.* **1** susurro. **2** crujido.

rusty ['rʌstɪ] *adj.* **1** oxidado. **2** rojizo. **3** (fig.) oxidado (por falto de uso, falto de práctica). **4** (fig.) desentrenado.

rut [rʌt] *s. c.* **1** rodada (señal que deja la rueda de un vehículo). **2** (fig.) rutina: *you have to get out of the rut* = *tienes que salir de la rutina.* • *s. sing.* **3** celo (de un animal macho).

ruthless ['ru:θlɪs] *adj.* despiadado, cruel; implacable.

ruthlessly ['ru:θlɪslɪ] *adv.* implacablemente; de forma despiadada.

ruthlessness ['ru:θlɪsnɪs] *s. i.* **1** crueldad. **2** fiereza.

rutted ['rʌtɪd] *adj.* lleno de baches: *a rutted road* = *una carretera llena de baches.*

rye [raɪ] *s. i.* **1** BOT. centeno. ♦ **2** ~ **bread,** GAST. pan de centeno. **3** ~ **whisky,** whisky de centeno.

ryegrass ['raɪgrɑ:s] (también **rye grass**) *s. i.* BOT. ballico (especie de hierba para pasto).

s, S [es] *s. c.* s, S (decimonovena letra del alfabeto inglés).

S & L ['esən'del] *s. c.* (Savings and loan) caja de ahorros.

Sabbath ['sæbəθ] *s. sing.* (**the** ~) REL. el Sábado, el día del Señor.

sabbatical [sə'bætɪkl] *adj.* **1** (form.) REL. sabatino. **2** sabático (período de tiempo libre para la investigación). ● *s. c.* **3** permiso sabático (de duración distinta). ◆ **4 on** ~, de período sabático.

saber ⇒ *s. c.* **sabre.**

sable ['seɪbl] (*pl.* **sables** o **sable**) *s. c.* e *i.* **1** ZOOL. marta (animal o piel). ● *adj.* **2** (arc.) lúgubre, oscuro, tenebroso.

sabotage ['sæbətɑːʒ] *s. i.* **1** sabotaje. ● *v. t.* **2** sabotear (reunión o construcciones como puentes, ferrocarriles, etc.).

saboteur [ˌsæbə'təːr] *s. c.* saboteador.

sabre ['seɪbər] (en EE UU **saber**) *s. c.* **1** sable. **2** DEP. espada ligera (en la esgrima).

sac [sæk] *s. c.* BIOL. saco, bolsa (parte anatómica de animales o plantas).

saccharin ['sækərɪn] *s. i.* QUÍM. sacarina.

saccharine ['sækəriːn] *adj.* (desp. y fig.) empalagoso, sentimentaloide (historia, película, etc.).

sachet ['sæʃeɪ] *s. c.* **1** (brit.) sobre (con medicina); saquito, bolsita. **2** perfumador, ambientador (puesto en un saquito).

sack [sæk] *s. c.* **1** saco, costal, talego. ● *s.sing.* **2** saqueo (después de una derrota). **3** (**the** ~) (EE UU) (fam.) la cama. ● *v. t.* **4** despedir (del trabajo). **5** saquear. ◆ **6 to get the** ~, ser despedido (del trabajo). **7 to give the** ~, (fam.) despedir, echar (del trabajo).

sackcloth [sækklɒθ] *s. i.* **1** arpillera, tela de saco. ◆ **2** ~ **and ashes,** (p.u.) penitencia pública, penitencia exterior pública (con vestido de tela de saco y cenizas en la cabeza). **3 to wear** ~ **and ashes,** arrepentirse públicamente y de forma exagerada.

sacking ['sækɪŋ] *s. i.* **1** arpillera (tejido o material). ● *s. c.* **2** despido (del trabajo). **3** saqueo (de una ciudad).

sackload ['sækləʊd] *s. c.* saco (contenido).

sacrament ['sækrəmənt] *s. c.* **1** REL. sacramento. ◆ **2 the Blessed/Holy Sacrament,** el sacramento de la Comunión; la Eucaristía.

sacred ['seɪkrɪd] *adj.* **1** REL. sagrado, consagrado. **2** (fig.) sagrado, solemne. ◆ **3 a** ~ **cow,** (desp.) vaca sagrada, tema intocable, persona intocable.

sacredly ['seɪkrɪdlɪ] *adj.* **1** REL. sagradamente. **2** (fig.) solemnemente.

sacredness ['seɪkrɪdnɪs] *s. i.* **1** REL. santidad, carácter sagrado. **2** (fig.) solemnidad; inviolabilidad.

sacrifice ['sækrɪfaɪs] *s. c.* e *i.* **1** sacrificio, inmolación. **2** (fig.) renuncia, sacrificio. ● *v. t.* **3** sacrificar, inmolar (animal, víctima propiciatoria, etc.). **4** (fig.) renunciar, sacrificar: *her parents sacrificed everything to give her a career = sus padres renunciaron a todo para darle una carrera.*

sacrificial [ˌsækrɪ'fɪʃl] *adj.* de sacrificio, inmolador, sacrificador.

sacrilege ['sækrɪlɪdʒ] *s. i.* sacrilegio, profanación.

sacrilegious [ˌsækrɪ'lɪdʒəs] *adj.* sacrílego; irreverente.

sacrilegiously [ˌsækrɪ'lɪdʒəslɪ] *adv.* sacrílegamente.

sacristy ['sækrɪstɪ] *s. c.* (normalmente *sing.*) REL. sacristía.

sacrosanct ['sækrəʊsæŋkt] *adj.* sacrosanto, inviolable.

sad [sæd] (*comp.* **sadder,** *super.* **saddest**) *adj.* **1** triste, abatido. **2** deplorable, lamentable (estado, condición, situación, etc.): *this once prosperous town is now in a sad state = esta ciudad antaño próspera está ahora en un estado lamentable.* **3** desgraciado, desdichado (historia, suceso, noticia, etc.). ◆ **4** ~ **to say,** lamentablemente, por desgracia, la triste verdad es que (especialmente al principio de una frase). **5 sadder but wiser,** escarmentado (después de una desgracia o similar).

sadden ['sædn] *v. t.* entristecer, afligir, apenar.

saddened ['sædnd] *adj.* entristecido, afligido, apenado.

saddening ['sædənɪŋ] *adj.* triste, doloroso, acongojante.

saddle ['sædl] *s. c.* **1** silla de montar, montura. **2** sillín, asiento (de bicicleta o moto). **3** GEOL. puerto, paso (entre dos montañas). ● *s. c.* e *i.* **4** (~ **of**) lomo, cuarto trasero (de un animal, para comer). ● *v. t.* **5** ensillar (caballo). **6** (**to** ~ **+** *o.* **+ with**) cargar con (un problema, responsabilidad, obligación, etc.): *he saddled me with the whole thing = me cargó con todo el asunto.* ◆ **7 in the** ~, **a)** a caballo, montado, en la silla; **b)** (fig.) en el poder, en situación de control, en el puesto de mando. **8 to** ~ **up,** ensillar, poner la montura a.

saddle-bag ['sædlbæg] *s. c.* alforja, maletín de grupa.

saddler ['sædlər] *s. c.* talabartero, sillero, especialista en monturas.

sadism ['seɪdɪzəm] *s. i.* PSIC. sadismo.

sadist ['seɪdɪst] *s. c.* sádico.

sadistic [sə'dɪstɪk] *adj.* sádico, depravado; perverso.

sadistically [sə'dɪstɪklɪ] *adv.* sádicamente, depravadamente; perversamente.

sadly ['sædlɪ] *adv.* **1** tristemente, abatidamente. **2** deplorablemente, lamentablemente.

sadness ['sædnɪs] *s. i.* **1** tristeza, abatimiento. **2** desdicha, desgracia (suceso triste).

safari [sə'fɑːrɪ] *s. c.* **1** safari. ◆ **2 on** ~, de safari. **3** ~ **park,** parque de animales, "safari park".

safe [seɪf] *adj.* **1** (~ {**from**}) a salvo, seguro, fuera de peligro, exento de daño: *thank God everybody is safe = gracias a Dios todos están a salvo.* **2** inofensivo, inocuo (algo). **3** ileso, indemne: *she arrived back safe from her trip = llegó ilesa del viaje.* **4** (~ {**with**}) a salvo, seguro: *don't worry, your secret is safe with me = no te preocupes, tu secreto está seguro conmigo.* **5** prudente, cauteloso (forma de comportarse): *a safe way to deal with toxic waste = una forma prudente de tratar con vertidos tóxicos.* **6** sin daños; adecuado (entrega de algún producto). **7** seguro, digno de credibilidad (comentario). ● *s. c.* **8** caja fuerte; (Am.) caja de hierro. ● **9 a** ~ **seat,** (brit.) POL. un escaño seguro. **10 to be on the** ~ **side,** para mayor seguridad. **11 in** ~ **hands,** en manos seguras. **12 to play (it)** ~, (fam.) actuar con precaución. **13 ~ and sound,** totalmente a salvo, sano y salvo. **14 ~ deposit,** cámara de seguridad (normalmente en un banco). **15 ~ house,** piso franco (especialmente para criminales que escapan de la justicia).

safe-conduct [ˌseɪf'kɒndʌkt] *s. c.* e *i.* salvoconducto.

safeguard ['seɪfgɑːd] *s. c.* **1** (~ {**against**}) salvaguardia, protección, garantía (regla, ley, etc.). • *v. t.* **2** salvaguardar, proteger, garantizar.

safekeeping [seɪf'kiːpɪŋ] *s. i.* custodia, protección.

safely ['seɪflɪ] *adv.* **1** sin ningún daño, sin percances: *they arrived safely = llegaron sin percances.* **2** sin desperfectos, sin ningún obstáculo (envío de productos). **3** con seguridad, con total seguridad, totalmente a salvo: *my money is kept safely = mi dinero está guardado con total seguridad.* **4** sin posibilidad de error (comentario). **5** inocuamente, sin peligro, inofensivamente (especialmente para la salud). **6** irremediablemente, definitivamente (expresando la irreversibilidad de una situación).

safety ['seɪftɪ] *s. i.* **1** seguridad (estado). **2** asilo, refugio, abrigo (lugar). **3** inocuidad, cualidad de inofensivo (de un producto). **4** de seguridad (sistema, medidas, aspectos, etc.). ◆ **5 ~ curtain,** cortina de seguridad, telón de seguridad, cortina a prueba de fuego. **6 ~ device,** dispositivo de seguridad. **7 ~ glass,** cristal de seguridad. **8 ~ lamp,** lámpara de seguridad (en minería). **9 ~ match,** cerilla de seguridad. **10 ~ razor,** cuchilla de seguridad.

safety belt ['seɪftɪbelt] *s. c.* cinturón de seguridad.

safety-catch ['seɪftɪkætʃ] *s. c.* **1** seguro (de un arma). **2** dispositivo de seguridad (en una ventana, puerta, etc.).

safety net ['seɪftɪnet] *s. c.* **1** red de seguridad. **2** (fig.) protección, garantía, red.

safety pin ['seɪftɪpɪn] *s. c.* **1** imperdible. **2** anilla (de una granada).

safety-valve ['seɪftɪvælv] *s. c.* **1** válvula de seguridad, válvula de escape (en una máquina o similar). **2** (fig.) escape (de sentimientos, pasiones, etc.).

saffron ['sæfrən] *s. i.* **1** BOT. azafrán. • *adj.* **2** azafranado, amarillo, color azafrán.

sag [sæg] (*ger.* **sagging,** *pret.* y *p. p.* **sagged**) *v. i.* **1** combarse, hundirse. **2** flaquear, aflojarse, ceder (ánimo, precio, etc.). • *s. c.* **3** hundimiento (físicamente).

saga ['sɑːgə] *s. c.* **1** LIT. saga (nórdica), epopeya. **2** (fig.) saga, historia interminable.

sagacious [sə'geɪʃəs] *adj.* (form.) sagaz, astuto, perspicaz.

sagaciously [sə'geɪʃəslɪ] *adv.* (form.) sagazmente, astutamente, perspicazmente.

sagacity [sə'gæsətɪ] *s. i.* (form.) sagacidad, astucia, perspicacia.

sage [seɪdʒ] *s. c.* **1** (lit.) sabio (hombre). • *adj.* **2** (lit.) sabio. • *s. c.* **3** BOT. salvia.

sagely ['seɪdʒlɪ] *adv.* sabiamente.

Sagittarius [ˌsædʒə'teriːəs ‖ ˌsædʒɪ'tərian] *s. sing.* **1** ASTR. Sagitario. • *s. c.* **2** Sagitario, sagitario (persona de este signo).

sago ['seɪgəu] *s. i.* BOT. sagú.

sahib ['sɑːhɪb] *s. c.* sahib, señor (título reverencial de la India).

said [sed] *pret.* y *p. p. irreg.* de **say.**

sail [seɪl] *s. c.* **1** MAR. vela (de barco). **2** aspa (de un molino). • *s. sing.* **3** viaje en barco, paseo en barco. • *v. t.* e *i.* **4** viajar en barco, viajar por el mar, navegar por. • *v. i.* **5** navegar, viajar (por el mar). **6** deslizarse, moverse suavemente, desplazarse. ◆ **7 to ~ close to the wind,** ⇒ **wind. 8 to ~ through,** hacer algo sin dificultad alguna: *the interview for the job was difficult, but she sailed through it = la entrevista para el trabajo era difícil, pero la hizo sin dificultad alguna.* **9 to set ~,** MAR. zarpar. **10 to take the wind out of someonebody's,** ⇒ **wind. 11 under ~,** en barco con velas, a vela.

sailcloth ['seɪlklɒθ] *s. i.* **1** lona (de tiendas de campaña, velas, etc.). **2** lona ligera (para ropa).

sailing ['seɪlɪŋ] *s. c.* **1** viaje en barco, travesía. • *s. i.* **2** DEP. vela, navegación a vela. ◆ **3 plain ~,** coser y cantar, facilísimo. **4 ~ club,** club de vela.

sailing boat ['seɪlɪŋbəut] *s. c.* MAR. barco de vela.

sailing ship ['seɪlɪŋʃɪp] *s. c.* MAR. velero, buque de vela.

sailor ['seɪlər] *s. c.* **1** marinero. ◆ **2 a good/bad ~,** (fig.) persona que no se marea/persona que se marea. **3 ~ hat,** sombrero de marinero. **4 ~ suit,** traje de marinero (de niños).

saint [seɪnt] *s. c.* **1** REL. santo. **2** (fig.) santo, persona pacientísima, bendito.

sainted ['seɪntɪd] *adj.* (p.u. o hum.) santo, bendito.

sainthood ['seɪnthud] *s. i.* santidad.

saintliness ['seɪntlɪnɪs] *s. i.* santidad (como virtud).

saintly ['seɪntlɪ] *adj.* piadoso, santo, virtuoso.

sake [seɪk] *s. c.* **1 for God's/heaven's ~,** por el amor de Dios, por lo que más quieras, por Dios. **2 for its own ~,** por su valor en sí mismo, porque sí. **3 for someone's ~,** a causa de alguien, por el bien de alguien, para beneficio de alguien, para mejora de alguien. **4 for the ~ of,** por motivo de, por el bien de.

salaam [sə'lɑːm] *s. c.* **1** reverencia (típica del mundo musulmán). • *v. i.* **2** hacer reverencias. • *interj.* **3** la paz contigo, paz.

salable *adj.* ⇒ **saleable.**

salacious [sə'leɪʃəs] *adj.* (desp.) salaz, obsceno, escabroso, indecente.

salaciously [sə'leɪʃəslɪ] *adv.* (desp.) escabrosamente, indecentemente.

salaciousness [sə'leɪʃəsnɪs] *s. i.* (desp.) obscenidad, escabrosidad, indecencia.

salad ['sæləd] *s. c.* e *i.* **1** ensalada; lechuga. **2** GAST. comida fría a base de ensalada. ◆ **3 one's ~ days,** (lit.) juventud inexperta, período de inexperiencia juvenil. **4 ~ dressing,** GAST. aliño para ensaladas.

salamander ['sæləmændər] *s. c.* ZOOL. salamandra.

salami [sə'lɑːmɪ] *s. i.* GAST. embutido, salami.

salaried ['sælərɪd] *adj.* asalariado, con salario.

salary ['sælərɪ] *adj.* **1** asalariado, con salario. ◆ **2** *s. c.* e *i.* salario (mensual).

sale [seɪl] *s. c.* **1** venta. **2** rebajas, liquidación, venta de oportunidades. **3** subasta. • *s. pl.* **4** COM. volumen de ventas. **5** COM. ventas, sección de ventas (en una empresa). ◆ **6 for ~/up for ~,** en venta, a la venta. **7 ~,** a la venta (en tiendas). **8 sales force,** personal de ventas, equipo de vendedores. **9 sales forecast,** previsión de ventas. **10 sales promotion,** promoción de ventas. **11 sales representative,** representante, vendedor. **12 sales talk,** argumento de venta, palabrería de ventas, animación típica de una venta.

saleable ['seɪləbl] (también **salable**) *adj.* fácil de vender, vendible.

saleroom ['seɪlrum] *s. c.* sala de subastas.

sales clerk ['seɪlsklɑːk] *s. c.* (EE UU) vendedor, dependiente.

salesgirl ['seɪlsgəːl] *s. c.* dependienta.

salesman ['seɪlsmən] (*pl. irreg.* **salesmen**) *s. c.* vendedor (especialmente viajante).

salesmanship ['seɪlsmənʃɪp] *s. i.* arte de la venta, arte de vender.

salesmen ['seɪlsmən] *pl. irreg.* de **salesman.**

salesperson ['seɪlspəːsn] (*pl.* **salespersons** o **salespeople**) *s. c.* vendedor (como dependiente o viajante).

saleswoman ['seɪlswumən] (*pl. irreg.* **saleswomen**) *s. c.* dependienta, vendedora (especialmente en una tienda).

saleswomen ['seɪlswɪmɪn] *pl. irreg.* de **saleswoman.**

salient ['seɪlɪənt] *adj.* **1** (form.) sobresaliente, destacado, notable. • *s. c.* **2** ARQ. saliente.

saline ['seɪlaɪn ‖ 'seɪliːn] *adj.* (form.) salino.

salinity [sə'lɪnɪtɪ] *s. i.* (form.) salinidad.

saliva [sə'laɪvə] *s. i.* saliva.

salivary ['sælɪvərɪ ‖ 'sæləverɪ] *adj.* **1** de la saliva. ◆ **2 ~ gland,** ANAT. glándula salival.

salivate ['sælɪveɪt] *v. i.* (form.) salivar, producir saliva.

sallow ['sæləu] *adj.* **1** amarillento, pálido, descolorido (de apariencia). • *s. c.* **2** BOT. sauce cabruno.

sallowness ['sæləunɪs] *s. i.* palidez, amarillez.

sally ['sælɪ] *s. c.* **1** (p.u.) MIL. salida, salida sorpresa (ataque). **2** (lit.)

chiste, gracia. ◆ **3 to ~ forth/out,** (p.u.) salir decididamente, salir enérgicamente: *we sallied forth into the cold night = salimos decididamente en la fría noche.*
salmon ['sæmən] (*pl.* **salmon**) *s. c.* e *i.* ZOOL. salmón.
salmonella [,sælmə'nelə] *s. i.* MED. salmonela.
salon ['sælɒn || sə'lɒn] *s. c.* **1** salón (de belleza, peluquería, etc.). **2** tienda, boutique (especialmente de ropa de última moda). **3** salón (en una casa señorial). **4** HIST. reunión literaria, tertulia literaria.
saloon [sə'lu:n] *s. c.* **1** turismo. **2** MAR. bar, salón. **3** (EE UU) bar. ◆ **4 ~ bar,** (brit.) bar (parte de un "pub" muy cómoda y cuidada).
salt [sɔ:lt] *s. i.* **1** sal. ● *adj.* **2** salino. ● *v. t.* **3** GAST. salar. **4** echar sal (en las carreteras, contra la nieve). ● *s. pl.* **5** sales (medicinales). ◆ **6 to rub ~ into someone's wounds,** echar sal en la herida de alguien, poner sal en la llaga de alguien; empeorar la situación de alguien. **7 to ~ away,** (fam.) atesorar, acumular en secreto (dinero). **8 ~ marsh,** salina, laguna salada. **9 to take something with a pinch/grain of ~,** (fam.) aceptar algo con muchas reservas; tener fuertes dudas sobre algo. **10 the ~ of the earth,** (fig.) la sal de la tierra, los mejores.
salt-cellar ['sɔ:lt,selər] *s. c.* salero.
salted ['sɔ:ltɪd] *adj.* salado, con sal.
saltiness ['sɔ:ltɪnɪs] *s. i.* sabor a sal, salinidad, salobridad.
saltpeter *s. i.* ⇒ **saltpetre.**
saltpetre [sɔ:lt'pi:tər] (en EE UU **saltpeter**) *s. i.* salitre.
saltwater ['sɔ:ltwɔ:tər] *s. i.* **1** agua salada, agua de mar. ● *adj.* **2** de mar, de agua salada (especialmente referido a animales).
saltworks ['sɔ:ltwə:ks] *s. c.* salinas.
salty ['sɔ:ltɪ] *adj.* salado, salobre.
salubrious [sə'lu:brɪəs] *adj.* (form.) sano, saludable, salubre (especialmente el clima).
salubriousness [sə'lu:brɪəsnɪs] *s. i.* (form.) salubridad (especialmente el clima).
salutary ['sæljʊtrɪ || 'sæljʊterɪ] *adj.* beneficioso, provechoso; saludable: *salutary exercise = ejercicio saludable.*
salutation [,sælju:'teɪʃn] *s. c.* e *i.* **1** (form. o p.u.) saludo (acción o palabra). ● *s. c.* **2** saludo introductorio, saludo de encabezamiento (de una carta).
salute [sə'lu:t] *s. c.* **1** MIL. saludo. **2** (~ **to**) (form.) tributo a, homenaje a; elogio de. ● *v. t.* e *i.* **3** MIL. saludar. ● *v. t.* **4** tributar un homenaje, homenajear; elogiar. ◆ **5 to take the ~,** pasar revista, presidir un desfile militar.
salvage ['sælvɪdʒ] *v. t.* **1** rescatar, recuperar, salvar (cosas o situaciones). ● *s. i.* **2** salvamento, rescate (de cosas). **3** objetos salvados, objetos recuperados; material reutilizable (de un desastre).
salvation [sæl'veɪʃn] *s. i.* **1** REL. salvación. **2** salvación, rescate: *you are my salvation = eres mi salvación.* ◆ **3 Salvation Army,** REL. Ejército de Salvación (organización cristiana de ayuda a los pobres).
salve [sælv || sæv] *s. i.* **1** ungüento, pomada, bálsamo. ◆ **2 to ~ one's conscience,** (form.) tranquilizar la conciencia de uno, apaciguar la conciencia de uno.
salver ['sælvər] *s. c.* bandeja (normalmente de plata y utilizada para traer cartas, mensajes, bebidas, etc.).
salvo ['sælvəʊ] *s. c.* **1** MIL. salva. **2** (~ **of**) (fig.) salva de, estallido de (risas, aplausos, etc.).
Samaritan [sə'mærɪtən] *s. c.* samaritano, persona compasiva.
samba ['sæmbə] *s. c.* MÚS. samba.
same [seɪm] *adj.* **1** (**the ~** (**as**)) el mismo, la misma, los mismos, las mismas: *the same face as her mother = la misma cara que su madre.* ● *pron.* **2** (**the ~** (**as**)) el mismo, la misma, lo mismo, los mismos, las mismas: *I'll do the same = yo haré lo mismo.* **3** (form.) el mismo, lo mismo, la misma, los mismos, las mismas: *painting of the doors and polishing of same, 50 dollars = pintar las puertas y una capa de abrillantador en las mismas, 50 dólares.* ◆ **4 all the ~/just the ~,** a pesar de todo, no obstante, con todo. **5 at the ~ time,** ⇒ **time. 6 by the ~ token,** ⇒ **token. 7 in the ~ boat,** ⇒ **boat. 8 in the ~ breath,** ⇒ **breath. 9 in the ~ way,** ⇒ **way. 10 it's all the ~ to me,** (fam.) a mí me da lo mismo, me da igual, no tengo una especial preferencia. **11 not to be the ~** (**as**), no ser lo mismo (que), no ser igual (a): *frozen food is not the same as food cooked at home = la comida congelada no es lo mismo que la comida hecha en casa.* **12 one and the ~,** exactamente el mismo, exactamente lo mismo: *the person you and I are talking about is one and the same = la persona de la que estamos hablando los dos es exactamente la misma.* **13 ~ again,** (fam.) lo mismo (repitiendo la consumición). **14 ~ difference,** (fam.) qué más da, es igual, no hay ninguna diferencia (después de haber sido corregido en una conversación). **15 ~ here,** (fam.) yo digo lo mismo, pienso igual, lo mismo digo. **16 ~ to you,** (fam.) y tú igual, y tú más (contestando a un insulto). **17 thanks all the ~,** gracias de todas formas, gracias de todos modos. **18 the ~/the very ~,** (form.) el mismo, la misma (confirmando la identidad sobre una persona): *is she the famous writer? the very same = ¿es ella la famosa escritora? la misma.* **19 the ~ old story,** ⇒ **story. 20 the ~ as,** (fam.) igual que, lo mismo que: *Spain is having financial troubles the same as England is finding it difficult to repay debts = España está sufriendo problemas financieros igual que Inglaterra ve difícil poder hacer frente a las deudas.*
sameday service ['seɪm'deɪ'sə:vɪs] *s. i.* servicio inmediato (en el mismo día).
sameness ['seɪmnɪs] *s. i.* (desp.) monotonía, igualdad repetitiva.
samovar ['sæməʊvɑ:r] *s. c.* samovar (instrumento para hacer té en Rusia).
sampan ['sæmpæn] *s. c.* MAR. sampán (barco chino).
sample ['sɑ:mpl || 'sæmpl] *s. c.* **1** muestra, ejemplar, espécimen; modelo. **2** muestreo (entre personas, para estadísticas). ● *v. t.* **3** catar (comida o bebida). **4** probar, comprobar (un lugar, situación, etc.): *my students need to sample life in an English-speaking country = mis estudiantes necesitan probar la vida real en un país de habla inglesa.* ◆ **5 ~ book,** muestrario.
sampler ['sɑ:mplər] ['sæmplə] *s. c.* **1** dechado (bordado). **2** muestra (producto). **3** MÚS. mezclador.
sampling ['sɑ:mplɪŋ] *s. i.* muestreo.
samurai ['sæmʊraɪ] (*pl.* **samurai**) *s. c.* samurai.
sanatoria [,sænə'tɔ:rɪə] *pl.* de **sanatorium.**
sanatorium [,sænə'tɔ:rɪəm] (EE UU **sanitarium**) (*pl.* **sanatoriums** o **sanatoria**) *s. c.* sanatorio.
sanctify ['sæŋktɪfaɪ] *v. t.* **1** santificar; declarar santo, declarar sagrado. **2** (fig.) sancionar, aprobar totalmente (una práctica, costumbre, etc.).
sanctimonious [,sæŋktɪ'məʊnɪəs] *adj.* (desp.) beato, santurrón, mojigato.
sanctimoniously [,sæŋktɪ'məʊnɪəslɪ] *adv.* (desp.) a la manera de un santurrón, de un beato, con mojitería.
sanctimoniousness [,sæŋktɪ'məʊnɪəsnɪs] *s. i.* (desp.) beatería, santurronería.
sanction ['sæŋkʃn] *v. t.* **1** sancionar, autorizar, aprobar (especialmente cuando ocurre de manera oficial). ● *s. c.* **2** medida, remedio, arma (de castigo): *is a fine the best sanction against reckless driving? = ¿es una multa la mejor medida contra la conducción temeraria?* ● *s. i.* **3** autorización, sanción, aprobación (especialmente oficial). ● *s. pl.* **4** (~ {**on/against**}) sanciones contra, medidas disuasorias contra.
sanctity ['sæŋktɪtɪ] *s. i.* (~ {**of**}) inviolabilidad; santidad: *the sanctity of human life = la inviolabilidad de la vida humana.*
sanctuary ['sæŋktʃʊərɪ || 'sæŋktʃʊerɪ] *s. c.* **1** santuario, refugio sagrado, refugio seguro. **2** BIOL. santuario, área de protección animal. ● *s. i.* **3** asilo, santuario, refugio.
sand [sænd] *s. i.* **1** arena. ● *s. pl.* **2** arenal. ● *v. t.* **3** lijar. ◆ **4 to ~ down,** lijar totalmente, dejar liso a base de lijar.
sandal ['sændl] *s. c.* sandalia.
sandalwood ['sændlwʊd] *s. i.* sándalo.
sandbag ['sændbæg] *s. c.* **1** saco de arena (especialmente como defensa militar). ● (*ger.* **sandbagging,** *pret.* y

p. p. **sandbagged**) *v. t.* **2** proteger con sacos de arena.
sandbank ['sændbæŋk] *s. c.* GEOL. banco de arena.
sandcastle ['sændkɑːsəl] *s. c.* castillo de arena.
sander ['sændər] *s. c.* lijadora (aparato).
sandiness ['sændɪnɪs] *s. i.* arenosidad.
sandpaper ['sændpeɪpər] *s. i.* **1** lija, papel de lija. • *v. t.* **2** lijar con papel lija.
sandpit ['sændpɪt] *s. c.* (brit.) cuadro de arena.
sandstone ['sændstəun] *s. i.* GEOL. piedra arenisca.
sandstorm ['sændstɔːm] *s. c.* tormenta de arena.
sandwich ['sænwɪdʒ || 'sænwɪtʃ] *s. c.* **1** bocadillo, sandwich. **2** (~ **of**) (fig.) capa pequeña de, tira de, panel mínimo de (entre dos cosas). • *v. t.* **3** meter en medio, insertar, intercalar. **4** apretujar, aplastar (entre dos elementos): *I was sandwiched between two fat girls = quedé aplastado entre dos chicas gordas.* ◆ **5** ~ **board,** cartelón doble, anuncio de dos tablones. **6** ~ **course,** curso de combinación de prácticas con el estudio, curso de clases y prácticas consecutivas. **7** ~ **man,** hombre anuncio.
sandy ['sændɪ] *adj.* **1** arenoso, lleno de arena. **2** rojizo (color del pelo).
sane [seɪn] *adj.* **1** cuerdo, en su sano juicio. **2** sensato, razonable.
sanely ['seɪnlɪ] *adv.* **1** cuerdamente. **2** sensatamente, razonablemente.
sang [sæŋ] *pret. irreg.* de **sing.**
sang-froid [ˌsɒŋ'frwɑː] *s. i.* (form.) sangre fría, serenidad, autodominio.
sanguinary ['sæŋgwɪnərɪ || 'sæŋgwɪnerɪ] *adj.* **1** (form. y p.u.) sanguinario (persona). **2** sangriento (hecho).
sanguine ['sæŋgwɪn] *adj.* **1** (form.) optimista, entusiasta, lleno de esperanza. **2** rojo, colorado (en la cara).
sanguinely ['sæŋgwɪnlɪ] *adv.* (form.) de forma optimista, entusiástica.
sanguineness ['sæŋgwɪnnɪs] *s. i.* (form.) **1** optimismo, entusiasmo. **2** apariencia rojiza (de la cara).
sanitarium [ˌsænə'teərɪəm] *s. c.* ⇒ **sanatorium.**
sanitary ['sænɪtrɪ || 'sænɪtərɪ] *adj.* **1** sanitario, higiénico. **2** sanitario, de la salud, de la sanidad. ◆ **3** ~ **napkin,** (EE UU) compresa. **4** ~ **towel/pad,** compresa.
sanitation [ˌsænɪ'teɪʃn] *s. i.* **1** higiene. **2** sanidad, sanidad pública. **3** instalación sanitaria.
sanity ['sænɪtɪ] *s. i.* **1** cordura, sanidad mental. **2** sensatez, moderación, buen juicio.
sank [sæŋk] *pret. irreg.* de **sink.**
Sanskrit ['sænskrɪt] *s. i.* sánscrito (idioma clásico de la India).
Santa Claus ['sæntəklɔːz] *s. sing.* Santa Claus, Papá Noel.
sap [sæp] (*ger.* **sapping,** *pret.* y *p. p.* **sapped**) *v. t.* **1** agotar, consumir, debilitar, socavar, minar (fuerzas, energías, confianza, seguridad, etc.). • *s. i.* **2** BOT. savia. • *s. c.* **3** MIL. zapa.
sapling ['sæplɪŋ] *s. c.* BOT. árbol joven.
sapphire ['sæfaɪər] *s. c.* **1** MIN. zafiro. • *s. i.* **2** color zafiro.
sarcasm ['sɑːkæzəm] *s. i.* sarcasmo.
sarcastic [sɑː'kæstɪk] *adj.* sarcástico.
sarcastically [sɑː'kæstɪklɪ] *adv.* sarcásticamente.
sarcophagi [sɑː'kɒfəgaɪ] *pl.* de **sarcophagus.**
sarcophagus [sɑː'kɒfəgəs] (*pl.* **sarcophaguses** o **sarcophagi**) *s. c.* sarcófago.
sardine [sɑː'diːn] *s. c.* **1** ZOOL. sardina. ◆ **2 packed like sardines,** (fam.) apretujados como sardinas.
sardonic [sɑː'dɒnɪk] *adj.* burlón, sarcástico, irónico (con desprecio).
sardonically [sɑː'dɒnɪklɪ] *adv.* burlonamente, sarcásticamente, irónicamente (con cierto desprecio).
sartorial [sɑː'tɔːrɪəl] *adj.* (form.) elegante (especialmente hombres).
sartorially [sɑː'tɔːrɪəlɪ] *adv.* (form.) con elegancia.
sash [sæʃ] *s. c.* **1** fajín, faja (especialmente militar). **2** marco (de ventana de guillotina). ◆ **3** ~ **cord,** cuerda de contrapeso de ventana (de guillotina). **4** ~ **window,** ventana de guillotina.
sat [sæt] *pret.* y *p. p. irreg.* de **sit.**
Satan ['seɪtn] *s. sing.* REL. Satanás.
satanic [sə'tænɪk || seɪ'tænɪk] *adj.* **1** REL. satánico. **2** diabólico, lleno de maldad.
satchel ['sætʃəl] *s. c.* cartera (del colegio).
sated [seɪtɪd] *adj.* (form.) saciado, lleno, harto (de comida, placer, etc.).
satellite ['sætəlaɪt] *s. c.* **1** ASTR. satélite. **2** ELECTR. satélite. **3** POL. satélite, país satélite. ◆ **4 by** ~, vía satélite, mediante satélite. **5** ~ **dish,** (antena) parabólica. **6** ~ **television,** televisión por satélite.
satiate ['seɪʃɪeɪt] *v. t.* (form.) saciar, hartar, hastiar, saturar.
satiety [sə'taɪətɪ] *s. i.* (form.) saciedad, hartura.
satin ['sætɪn || 'sætn] *s. i.* **1** satén, raso. • *adj.* **2** de satén, de raso.
satire ['sætaɪər] *s. i.* **1** LIT. sátira. **2** sátira.
satirical [sə'tɪrɪkl] *adj.* satírico.
satirically [sə'tɪrɪklɪ] *adv.* satíricamente.
satirise ⇒ *v. t.* **satirize.**
satirist ['sætərɪst] *s. c.* escritor satírico.
satirize ['sætəraɪz] (también **satirise**) *v. t.* satirizar.
satisfaction [ˌsætɪs'fækʃn] *s. i.* **1** satisfacción, contento. **2** compensación económica, indemnización (por alguna injusticia). ◆ **3 to someone's** ~, a gusto de alguien, para contento de alguien: *the maid didn't do everything to my satisfaction = la criada no lo hizo todo a mi gusto.*
satisfactorily [ˌsætɪs'fæktərɪlɪ] *adv.* satisfactoriamente, adecuadamente, de modo satisfactorio.
satisfactory [ˌsætɪs'fæktərɪ] *adj.* satisfactorio, adecuado.
satisfied ['sætɪsfaɪd] *adj.* **1** satisfecho, contento. **2** convencido: *I'm satisfied that you've done your best = estoy convencido de que has hecho todo lo posible.*
satisfy ['sætɪsfaɪ] *v. t.* **1** satisfacer, llenar (comida, diversión, etc.). **2** (normalmente *pasiva*) convencer; complacer: *I'm satisfied with what you've said = lo que has explicado me convence.* **3** llenar, cumplir (requisitos). • *v. pron.* **4** convencerse; quedar convencido.
satisfying ['sætɪsfaɪɪŋ] *adj.* satisfactorio, que satisface.
satisfyingly ['sætɪsfaɪɪŋlɪ] *adv.* satisfactoriamente.
saturate ['sætʃəreɪt] *v. t.* **1** llenar hasta arriba, colmar, saturar. **2** (normalmente *pasiva*) saturar, empapar (con líquido). **3** QUÍM. disolver.
saturation [ˌsætʃə'reɪʃn] *s. i.* **1** saturación. **2** QUÍM. disolución. **3** MIL. saturación (forma de bombardear). ◆ **4** ~ **point,** punto de saturación.
Saturday ['sætədɪ] *s. c.* e *i.* sábado.
saturnine ['sætənaɪn] *adj.* (form.) triste, melancólico.
satyr ['sætər] *s. c.* (lit.) sátiro.
sauce [sɔːs] *s. i.* **1** salsa (culinaria). • *s. sing.* **2** (fam.) caradura, frescura: *he had the sauce to insult me = tuvo la caradura de insultarme.*
sauce-boat ['sɔːsbəut] *s. c.* salsera.
saucepan ['sɔːspən || 'sɔːspæn] *s. c.* cacerola, cazuela, cazo.
saucer ['sɔːsər] *s. c.* **1** platillo (acompañante de taza). **2** TV. platillo (cualquier objeto con esa forma).
saucily ['sɔːsɪlɪ] *adv.* (fam.) descaradamente, insolentemente, impertinentemente, con frescura.
sauciness ['sɔːsɪnɪs] *s. i.* (fam.) descaro, insolencia, frescura, impertinencia.
saucy ['sɔːsɪ] *adj.* (fam.) descarado, insolente, fresco, impertinente.
Saudi ['saudɪ] *s. c.* **1** saudí, saudita. • *adj.* **2** saudí, saudita.
Saudi Arabia [ˌsaudɪə'reɪbɪə] *s. sing.* Arabia Saudita.
Saudi Arabian [ˌsaudɪə'reɪbɪən] *s. c.* **1** saudí, saudita. • *adj.* **2** saudí, saudita.
sauerkraut ['sauəkraut] *s. i.* GAST. chucrut, col en salmuera.
sauna ['sɔːnə] *s. c.* sauna (la acción y el baño).
saunter ['sɔːntər] *v. i.* **1** pasear tranquilamente, pasear despacio. • *s. c.* **2** paseo tranquilo, paseo relajado.
sausage ['sɒsɪdʒ || 'sɔːsɪdʒ] *s. c.* e *i.* **1** salchicha, embutido, salchichón. ◆ **2** ~ **dog,** (fam.) perro salchicha, perro tejonero. **3** ~ **roll,** GAST. empanada de salchicha.
sauté ['səuteɪ || səu'teɪ] (*pret.* y *p. p.* **sautéd** o **sautéed**) *v. t.* GAST. saltear.
sautéed ['səuteɪd] *adj.* GAST. salteado: *sautéed potatoes = patatas salteadas.*
savage ['sævɪdʒ] *s. c.* **1** salvaje, bruto. **2** salvaje, primitivo. • *adj.* **3** salvaje, brutal, violento. **4** salvaje, fiero (animal). • *v. t.* **5** atacar mortalmente, herir gravemente. **6** criticar salvajemente.

savagely ['sævɪdʒlɪ] *adv.* salvajemente, brutalmente, violentamente.
savagery ['sævɪdʒrɪ] *s. i.* salvajismo, violencia.
savannah [sə'vænə] (también **savanna**) *s. c.* e *i.* GEOG. sabana.
save [seɪv] *v. t.* **1** salvar, rescatar: *to save from death = salvar de la muerte.* **2** guardar, conservar, reservar (cosas): *save some beer for later = guarda algo de cerveza para más tarde.* **3** ahorrar (trabajo a alguien). • *v. t.* e *i.* **4** ahorrar (dinero, energía, tiempo, etc.). **5** REL. salvar. **6** DEP. parar, hacer una parada (el portero). • *v. i.* **7** (**to ~ on**) ahorrar, economizar: *we must save on petrol = debemos ahorrar gasolina.* • *s. c.* **8** DEP. parada. • *prep.* **9** (form.) salvo, menos, con la excepción de, excepto. ◆ **10 ~ for,** con la excepción de. **11 to ~ one's life,** (fam.) ni aunque tuviera que hacerlo para salvar la vida de uno, aunque le pusieran a uno una pistola en la sien: *he can't play chess to save his life = no sabe jugar al ajedrez ni aunque tuviera que hacerlo para salvar su vida.* **12 to ~ up,** ahorrar mucho, hacer grandes economías.
saver ['seɪvər] *s. c.* **1** ahorrador. ◆ **2 -saver,** que ahorra (en compuestos): *the microwave is a real time-saver = el microondas ahorra mucho tiempo.*
saving ['seɪvɪŋ] *s. c.* **1** ahorro, economización. • *s. pl.* **2** ahorros (de dinero). ◆ **3 -saving,** ahorro de (en compuestos): *energy-saving = ahorro de energía.* **4 savings & loan,** caja de ahorros. **5 ~ grace,** virtud, valor (de algo negativo): *the novel's only saving grace is the style = la única virtud de la novela es el estilo.*
saviour ['seɪvjər] *s. c.* **1** salvador. ◆ **2 Saviour,** REL. Salvador (referido a Jesucristo).
savoir-faire [,sævwɑː'feər] *s. i.* (form.) saber estar (en sociedad).
savor *v. t.* ⇒ **savour.**
savory *adj.* ⇒ **savoury.**
savour ['seɪvər] (en EE UU **savor**) *v. t.* **1** paladear, saborear. **2** (fig.) saborear (una experiencia placentera). • *s. c.* e *i.* **3** sabor, gusto. ◆ **4 to ~ of,** (p.u.) tener un regusto de, tener resabios de, oler a (algo negativo).
savoury ['seɪvərɪ] (en EE UU **savory**) *adj.* **1** sabroso, apetitoso. **2** (con negativa) moral, decente. • *s. pl.* **3** platitos salados.
saw [sɔː] *pret. irreg.* **1** de **see.** • *s. c.* **2** sierra. **3** (arc.) proverbio, adagio, refrán, dicho. • (*pret.* **sawed,** *p. p. irreg.* **sawn**) *v. t.* **4** serrar, aserrar, cortar con sierra. • *i.* **5** cortar con sierra. **6** (**to ~ away**) mover repetidamente, mover continuamente (el brazo en un movimiento sistemático, como el de tocar el violín, por ejemplo). ◆ **7 to ~ off,** cortar con sierra (un trozo de algo). **8 to ~ up,** cortar en trozos con una sierra.
sawdust ['sɔːdʌst] *s. i.* serrín.
sawhorse ['sɔːhɔːs] *s. c.* caballete.
sawmill ['sɔːmɪl] *s. c.* aserradero.
sawn [sɔːn] *p. p. irreg.* **1** de **saw.** ◆ **2 sawn-off shotgun,** escopeta con los cañones recortados.
sax [sæks] *s. c.* (fam.) MÚS. saxo.
Saxon ['sæksn] *s. c.* **1** HIST. sajón (persona). • *adj.* **2** HIST. sajón.
saxophone ['sæksəfəun] *s. c.* MÚS. saxofón.
saxophonist [sæk'sɒfənɪst] *s. c.* MÚS. saxofonista.
say [seɪ] (*pret.* y *p. p. irreg.* **said**) *v. t.* **1** decir: *he said that he was going to London soon = dijo que iba a Londres pronto; he said: "shut up!" = él dijo: "¡cállate!".* **2** expresar, señalar, decir: *I want to say that I am grateful for everything = quiero señalar que estoy agradecido por todo.* **3** recitar, decir (de una manera un poco mecánica): *say your prayers = recitad vuestras oraciones.* **4** afirmar, admitir: *I must say I'm tired = debo admitir que estoy cansado.* **5** hablar, decir, expresar (palabras o sonidos): *I couldn't think what to say = no podía pensar qué decir.* **6** decir (una carta, cartel, letrero, etc.). **7** expresar (un sentimiento o similar mediante la expresión de la cara). **8** decir, expresar, comunicar (mediante el arte). • *interj.* **9** (EE UU) oye, oiga, eh (llamando la atención). • *s. sing.* **10** (~ {**in**}) capacidad de intervención, capacidad de decisión; parecer: *I didn't have a say in anything = no tuve capacidad de decisión en nada.* • **11 enough said/~ no more,** (fam.) vale, basta, no hace falta decir más. **12 to have a lot to be said for it,** tener todas las ventajas, tener mucho a su favor. **13 to have one's ~,** tener derecho a la opinión de uno. **14 to have something to ~ for oneself,** tener que explicar algo, tener que justificar algo. **15 it goes without saying,** ni que decir tiene, huelga decir, es obvio. **16 I will ~ this for him/her/etc.,** debo reconocer esto a su favor, debo decir a su favor (algo). **17 I wouldn't ~ no,** (fam.) no rechazaría, no diría que no a (tomar, sugerir, etc., algo). **18 needless to ~,** por supuesto, ni que decir tiene. **19 not to ~,** por no decir. **20 ~, a)** por ejemplo, como ejemplo; **b)** más o menos, aproximadamente. **21 to ~ a lot about/to ~ something about,** decir mucho de/sobre: *her forlorn look says a lot about her = su aspecto melancólico dice mucho sobre ella.* **22 to ~ a lot for,** estar a favor de, decir mucho a favor de. **23 to ~ nothing of,** por no decir, y no digamos, sin mencionar. **24 to ~ something to oneself,** decir algo a uno mismo, decir para sí mismo. **25 to ~ the least,** por no decir más; siendo conservadores en el cálculo. **26 ~ the word,** sólo tienes que decirlo, sólo tienes que pedirlo. **27 ~ what you like,** dirás que no, vas a decir que no. **28 that is to ~,** es decir. **29 there is no saying,** no hay manera de saber, no hay forma de saber. **30 well said,** bien dicho, muy bien. **31 what would you ~ to a cup of tea/etc.?,** (fam.) ¿qué te parece la idea de tomar una taza de té/etc.? **32 you can ~ that again!/you said it!,** (fam.) ¡ya lo creo que es así!, ¡sí señor! (expresando acuerdo total). **33 you don't ~,** (fam.) no me digas (expresando sorpresa, normalmente sarcástica).
saying ['seɪɪŋ] *s. c.* dicho, refrán.
say-so ['seɪsəu] *s. sing.* (fam.) permiso, autorización: *nothing can be done here without Jim's say-so = aquí no se puede hacer nada sin el permiso de Jim.*
scab [skæb] *s. c.* **1** costra (de una herida). **2** (desp.) esquirol.
scabbard ['skæbəd] *s. c.* vaina (de espada).
scabby ['skæbɪ] *adj.* lleno de costras.
scabies ['skeɪbiːz] *s. i.* MED. sarna.
scads [skædz] *s. pl.* (EE UU) (fam.) montones, porrones (de algo).
scaffold ['skæfəuld] *s. c.* **1** (normalmente *sing.*) patíbulo, cadalso. **2** andamio.
scaffolding ['skæfəldɪŋ] *s. i.* andamiaje.
scald [skɔːld] *v. t.* **1** quemar, escaldar (con líquido o vapor). **2** escaldar, calentar hasta el punto de ebullición (especialmente en recetas). **3** meter en agua/vapor hirviendo (para limpiar o esterilizar). ◆ **4** quemadura (causada por líquido o vapor).
scalding ['skɔːldɪŋ] *adj.* **1** hirviendo. ◆ **2 ~ hot,** ardiendo, que quema, hirviendo.
scale ['skeɪl] *s. sing.* **1** escala, dimensión, alcance, magnitud: *the scale of the disaster = la magnitud del desastre.* **2** escalafón, jerarquía: *the social scale = la jerarquía social.* • *s. c.* **3** escala, gradación (numérica). **4** escála salarial. **5** MÚS. escala. **6** (normalmente *pl.*) escama (de pez o reptil). **7** platillo (de la balanza). • *s. pl.* **8** balanza, báscula: *a pair of scales = una balanza.* • *s. i.* **9** capa de óxido (que se forma en cacerolas o similar). **10** sarro (en los dientes). • *s. c.* e *i.* **11** escala, proporción (en mapas, maquetas, etc.). • *v. t.* **12** escalar, subir, trepar (montañas). • *adj.* **13** a escala (mapas, maquetas, etc.). ◆ **14 on a large/small ~,** a gran/pequeña escala. **15 out of ~,** sin proporción, sin escala adecuada. **16 to ~ down,** disminuir la fuerza, disminuir, debilitar: *we have to scale down the military operations = tenemos que disminuir la fuerza de las operaciones militares.* **17 to ~,** según escala, siguiendo unas dimensiones exactas.
scallop ['skɒləp] *s. c.* **1** (normalmente *pl.*) festón (de adorno en la ropa). **2** (normalmente *pl.*) ZOOL. venera (molusco).
scalloped ['skɒləpt] *adj.* festoneado (en ropa).
scallywag ['skælɪwæg] *s. c.* (fam.) tunante, bribón, pillo.

scalp [skælp] *s. c.* **1** ANAT. cuero cabelludo. **2** cabellera (cortada). • *v. t.* **3** cortar la cabellera (práctica de los indios).
scalpel ['skælpəl] *s. c.* bisturí, escalpelo.
scaly ['skeɪlɪ] *adj.* escamoso (piel).
scamp [skæmp] *s. c.* (fam.) tunante, diablillo, pícaro (niño).
scamper ['skæmpər] *v. i.* correr a toda prisa, corretear desenfrenadamente.
scampi ['skæmpɪ] *s. i.* (brit.) GAST. gambas rebozadas.
scan [skæn] (*ger.* **scanning,** *pret.* y *p. p.* **scanned**) *v. t.* e *i.* **1** examinar, escudriñar, mirar con gran atención y cuidado. **2** echar un vistazo general (a algo escrito). **3** LIT. medir, escandir (poemas). • *v. t.* **4** leer a gran velocidad (mediante un láser, normalmente). **5** explorar, registrar (un radar). • *s. c.* **6** (normalmente *sing.*) exploración, registro (de radar).
scandal ['skændl] *s. c.* **1** escándalo. • *s. i.* **2** murmuración escandalosa, cotilleo, habladurías. • *s. sing.* **3** (**a** ~) un escándalo, una desgracia nacional, una pena: *their behaviour was a scandal = su comportamiento fue un escándalo.*
scandalise *v. t.* ⇒ **scandalize.**
scandalize ['skændəlaɪz] (también **scandalise**) *v. t.* escandalizar, indignar.
scandalmonger ['skændlmʌŋgər] *s. c.* (desp.) chismoso, murmurador, propagador de habladurías.
scandalous ['skændələs] *adj.* **1** escandaloso, inmoral, indignante. **2** vergonzoso, ignominioso: *it's scandalous to have such a situation in your own city = es vergonzoso tener una situación tal en tu propia ciudad.*
scandalously ['skændələslɪ] *adv.* **1** escandalosamente, inmoralmente, indignantemente. **2** vergonzosamente, ignominiosamente.
Scandinavia [ˌskændɪ'neɪvɪə] *s. sing.* Escandinavia.
Scandinavian [ˌskændɪ'neɪvɪən] *adj.* **1** escandinavo. • *s. c.* **2** escandinavo.
scandiun [ˌskændəm] *s. i.* escandio.
scanner ['skænər] *s. c.* **1** MED. escáner. **2** ELECTR. antena direccional giratoria, antena de exploración.
scant [skænt] *adj.* escaso, exiguo.
scantily ['skæntɪlɪ] *adv.* escasamente, insuficientemente.
scantiness ['skæntɪnɪs] *s. i.* escasez, insuficiencia.
scanty ['skæntɪ] *adj.* escaso, insuficiente.
scapegoat ['skeɪpgəʊt] *s. c.* cabeza de turco, chivo expiatorio..
scapula ['skæpjʊlə] *s. c.* ANAT. escápula (hueso).
scar [skɑːr] *s. c.* **1** cicatriz (en el cuerpo). **2** señal, señal de destrucción (en cosas). **3** (fig.) cicatriz mental, herida en el alma. • (*ger.* **scarring,** *pret.* y *p. p.* **scarred**) *v. t.* **4** dejar una cicatriz, dejar señal (en el cuerpo). **5** dejar huellas de un desperfecto, dejar una señal (en una cosa). **6** (fig.) dejar una herida mental, dejar una cicatriz en el alma, marcar. ◆ **7 to be scarred,** tener una cicatriz: *his chin is scarred = tiene una cicatriz en la barbilla.*
scarce [skeəs] *adj.* **1** raro, escaso, poco frecuente. ◆ **2 to make oneself ~,** (fam.) esfumarse, desaparecer, darse el piro.
scarcely ['skeəslɪ] *adv.* **1** apenas, casi no: *there was scarcely any time left = apenas quedaba tiempo.* **2** probablemente no, casi seguro que no: *I need scarcely add that I wouldn't do it again = probablemente no necesito añadir que no lo haría otra vez.*
scarcity ['skeəsətɪ] *s. i.* escasez, falta: *the scarcity of food = la escasez de alimentos.*
scare [skeər] *v. t.* **1** asustar, espantar. • *v. i.* **2** (**to ~ +** *adv.*) asustarse, amilanarse, amedrentarse. • *s. c.* **3** (normalmente *sing.*) susto, espanto; sobresalto. **4** alarma, pánico (especialmente generalizado). ◆ **5 to ~ away/off,** alejar, ahuyentar (físicamente). **6 ~ story,** rumores de historias alarmistas, historia alarmista. **7 to ~ the life/hell out of somebody,** aterrar a alguien, aterrorizar a alguien, dar un susto de muerte a alguien.
scarecrow ['skeəkrəʊ] *s. c.* espantapájaros.
scared [skeəd] *adj.* **1** (~ {*inf.*/**of**}) asustado, atemorizado: *I'm scared to look at the screen = estoy atemorizado de mirar a la pantalla.* **2** (~ {**of**}) inquieto, nervioso, con aprensión. • **3 ~ to death/stiff,** (fam.) muerto de miedo.
scaremonger ['skeəmʌŋgər] *s. c.* alarmista.
scarf [skɑːf] (*pl.* **scarfs** o **scarves**) *s. c.* bufanda.
scarlatina [ˌskɑːlə'tiːnə] *s. i.* MED. escarlatina.
scarlet ['skɑːlɪt] *adj.* **1** escarlata. • *s. c.* **2** escarlata (color). ◆ **3 ~ fever,** MED. escarlatina.
scarper ['skɑːpər] *v. i.* (brit. y fam.) salir corriendo, salir pitando.
scarves [skɑːvz] *pl.* de **scarf.**
scary ['skeərɪ] *adj.* (fam.) que da miedo; espantoso, pavoroso.
scathing ['skeɪðɪŋ] *adj.* mordaz, cáustico; agresivo.
scathingly ['skeɪðɪŋlɪ] *adv.* mordazmente, cáusticamente; agresivamente.
scatter ['skætər] *v. t.* **1** esparcir, desparramar. **2** dispersar, desperdigar (personas). • *v. i.* **3** dispersarse, desperdigarse (personas). • *s. sing.* **4** grupo esparcido, montón esparcido: *there was a scatter of rocks on the hillside = había un montón de rocas esparcidas por la ladera.* ◆ **5 ~ diagram,** gráfica de dispersión.
scatterbrain ['skætəbreɪn] *s. c.* (fam.) cabeza de chorlito, casquivano.
scatterbrained ['skætəbreɪnd] *adj.* (fam.) olvidadizo, atolondrado.
scattered ['skætəd] *adj.* **1** disperso, esparcido, desparramado: *lots of scattered boulders = montones de cantos rodados dispersos.* **2** aislado, apartado (física y figurativamente). **3** (~ {**with**}) cubierto, sembrado (de manera profusa): *his desk was scattered with books = su escritorio estaba cubierto de libros.*
scattering ['skætərɪŋ] *s. c.* puñado, manojo, salpicadura: *a scattering of small trees = un puñado de arbolitos.*
scattily ['skætɪlɪ] *adv.* (brit. y fam.) atontadamente, con gran despiste.
scattiness ['skætɪnɪs] *s. i.* (brit.) (fam.) atontamiento, despiste.
scatty ['skætɪ] *adj.* (brit.) (fam.) atontado, despistado.
scavenge ['skævɪndʒ] *v. t.* e *i.* **1** (**to ~** {**for**}) rebuscar para comer, buscar entre la basura. **2** (**to ~** {**for**}) buscar carroña (animales).
scavenger ['skævɪndʒər] *s. c.* **1** ZOOL. animal carroñero. **2** persona que rebusca entre la basura.
scenario [sɪ'nɑːrɪəʊ] *s. c.* **1** argumento, trama (de un libro, película, etc.). **2** (form.) escenario, serie de acontecimientos: *we can see a very interesting scenario developing in the Middle East = podemos ver una serie de acontecimientos muy interesantes desarrollándose en Oriente Medio.*
scene [siːn] *s. c.* **1** escena (de película, teatro, etc.). **2** decorado. **3** lugar, sitio, escena: *the scene of the incident = el lugar del incidente.* **4** vista, perspectiva, paisaje. **5** escenario, marco (para una película o similar). **6** escándalo, escena, arrebato: *what a scene he made = vaya escándalo armó.* • *s. sing.* **7** (**the ~**) la escena, la situación, el panorama (político, social, etc.). • *s. c.* e *i.* **8** escena, ambiente: *a change of scene = un cambio de ambiente.* ◆ **9 behind the scenes, a)** detrás del telón, entre bastidores; **b)** (fig.) secretamente, entre bastidores. **10 to disappear from the ~,** desaparecer de escena/de delante. **11 not to be one's ~,** (fam.) no ser el ambiente de uno, no ser el mundo de uno. **12 on the ~,** en escena. **13 to set the ~ (for), a)** crear el ambiente (para), crear el escenario (para); **b)** describir la situación (a alguien).
scenery ['siːnərɪ] *s. i.* **1** paisaje, vista. **2** escenario, tramoya, decorado (en un teatro).
scene-shifter ['siːnʃɪftər] *s. c.* tramoyista.
scenic ['siːnɪk] *adj.* **1** escénico, de la escena (teatral). **2** paisajístico; pintoresco.
scent [sent] *s. c.* **1** fragancia, aroma, olor agradable. **2** rastro, pista. • *s. i.* **3** perfume. • *s. c.* e *i.* **4** rastro, olor (que deja un animal). • *v. t.* **5** olfatear, oler (animales o personas). **6** sospechar, tener sospecha de algo: *to scent a crime = tener sospecha de un crimen.*
scented ['sentɪd] *adj.* perfumado.
scepter *s. c.* ⇒ **sceptre.**
sceptic ['skeptɪk] (en EE UU **skeptic**) *s. c.* escéptico.

sceptical ['skeptɪkl] (en EE UU **skeptical**) *adj.* escéptico, incrédulo.
sceptically ['skeptɪklɪ] (en EE UU **skeptically**) *adv.* escépticamente, incrédulamente.
scepticism ['skeptɪsɪzəm] (en EE UU **skepticism**) *s. i.* escepticismo.
sceptre ['septər] (en EE UU **scepter**) *s. c.* cetro.
schedule ['ʃedju:l ‖ 'skedʒul] *s. c.* **1** programa, plan. **2** horario: *train schedule = horario de trenes.* **3** inventario, lista, relación. ◆ **4 ahead of ~,** con anterioridad, por delante del horario previsto. **5 behind ~,** retrasado, más tarde de lo previsto. **6 to be scheduled,** (+ *inf.*/**for**) estar previsto, tener previsto, estar ya planeado, tener proyectado: *the President is scheduled to arrive at 5 = está previsto que el Presidente llegue a las 5.* **7 on ~,** a su hora, en el momento previsto. **8 to ~/according to ~,** según lo previsto, según el horario previsto, de acuerdo con el programa previsto.
schema ['ski:mə] (*pl.* **schemata**) *s. c.* (form.) esquema, proyecto, plan, diagrama.
schemata ['ski:mətə] *pl.* de **schema.**
schematic [ski:'mætɪk] *adj.* (form.) esquemático, de diagrama.
schematically [ski:'mætɪklɪ] *adv.* (form.) esquemáticamente, en forma de diagrama.
scheme [ski:m] *s. c.* **1** plan, proyecto (especialmente a gran escala): *the present pension scheme = el plan de jubilación actual.* **2** (a veces desp.) estratagema, ardid, plan. ● *v. i.* **3** (desp.) urdir, tramar. ◆ **4 somebody's ~ of things,** el plan de alguien, el proyecto de alguien. **5 the ~ of things,** la situación general, la organización de las cosas.
schemer ['ski:mər] *s. c.* (desp.) maquinador, conspirador.
scheming ['ski:mɪŋ] *s. i.* **1** (desp) intrigas. ● *adj.* **2** intrigante, astuto.
schism ['sɪzəm] *s. c.* e *i.* cisma, ruptura, escisión (especialmente de carácter ideológico).
schizoid ['skɪtsɔɪd] *adj.* esquizoide.
schizophrenia [,skɪtsəu'fri:nɪə] *s. i.* **1** PSIQ. esquizofrenia. **2** (fig.) incoherencia, inconsistencia, inconsecuencia.
schizophrenic [,skɪtsəu'frenɪk] *adj.* **1** PSIQ. esquizofrénico. **2** (fig.) incoherente, inconsistente, inconsecuente. ● *s. c.* **3** PSIQ. esquizofrénico (persona que sufre de esquizofrenia).
scholar ['skɒlər] *s. c.* **1** erudito, experto (intelectual). **2** becado. **3** (p.u.) alumno, estudiante.
scholarly ['skɒləlɪ] *adj.* **1** erudito, docto. **2** académico, intelectual (discusión, asunto, actividad, etc.).
scholarship ['skɒləʃɪp] *s. c.* **1** (~ {**to**}) beca. ● *s. i.* **2** erudición, saber, cultura.
scholastic [skə'læstɪk] *adj.* (form.) **1** académico, escolar. **2** intelectual, escolástico.

school [sku:l] *s. c.* e *i.* **1** escuela, colegio. **2** escuela superior, facultad. ● *s. c.* **3** escuela, corriente (de una misma opinión): *the Velázquez school = la escuela de Velázquez.* **4** BIOL. banco (de peces). **5** cursillo para adultos. ● *s. i.* **6** (EE UU) y fam.) Universidad, estudios superiores. ◆ **7 to be schooled in,** estar versado en, estar instruido en, estar entrenado en. **8 of the old ~,** de la vieja escuela, chapado a la antigua. **9 ~ age,** edad escolar. **10 the old ~ tie,** (desp.) los enchufes entre alumnos de las mismas escuelas privadas (cuando están en el mundo profesional).
schoolbook ['sku:lbuk] *s. c.* libro de texto.
schoolboy ['sku:lbɔɪ] *s. c.* **1** alumno, colegial. ● *adj.* **2** (desp.) de colegial, infantil (comportamiento).
schoolchild ['sku:ltʃaɪld] (*pl.* **schoolchildren**) *s. c.* colegial, alumno pequeño.
schoolchildren ['sku:ltʃɪldrən] *pl.* de **scoolchild.**
schooldays ['sku:ldeɪz] *s. pl.* años escolares, años de escuela.
schoolfriend ['sku:lfrend] *s. c.* amigo de la escuela.
schoolgirl ['sku:lgə:l] *s. c.* alumna, colegiala.
schoolhouse ['sku:lhaus] *s. c.* escuela (especialmente pequeña).
schooling ['sku:lɪŋ] *s. i.* **1** escolarización. **2** educación, estudios.
school-leaver ['sku:lli:vər] *s. c.* joven que finaliza los estudios obligatorios.
schoolmaster ['sku:lmɑ:stər] *s. c.* maestro (especialmente de colegio privado).
schoolmate ['sku:lmeɪt] *s. c.* compañero de escuela, compañero de clase.
schoolmistress ['sku:lmɪstrɪs] *s. c.* maestra (especialmente de colegio privado).
schoolroom ['sku:lru:m] *s. c.* clase (especialmente pequeña).
schoolteacher ['sku:lti:tʃər] *s. c.* profesor, maestro.
schoolteaching ['sku:lti:tʃɪŋ] *s. i.* enseñanza, magisterio.
schoolwork ['sku:lwə:k] *s. i.* tarea escolar, trabajo escolar (del alumno).
schooner ['sku:nər] *s. c.* **1** MAR. goleta. **2** (brit.) vaso de jerez.
sciatica [saɪ'ætɪkə] *s. i.* MED. ciática.
science ['saɪəns] *s. i.* **1** ciencia (en general). ● *s. c.* e *i.* **2** ciencia, especialidad científica. ◆ **3 ~ fiction,** LIT. ciencia ficción.
scientific [,saɪən'tɪfɪk] *adj.* **1** científico, de la ciencia. **2** metódico, serio, científico, sistemático (manera).
scientifically [,saɪən'tɪfɪklɪ] *adv.* **1** científicamente. **2** metódicamente, seriamente, sistemáticamente (manera de hacer).
scientist ['saɪəntɪst] *s. c.* científico.
sci-fi ['saɪfaɪ] *s. i.* (fam.) ciencia ficción.

scimitar ['sɪmɪtər] *s. c.* cimitarra.
scintillating ['sɪntɪleɪtɪŋ] *adj.* ingenioso, brillante (conversación o humor).
scion ['saɪən] *s. c.* (lit.) (~ **of**) vástago de, descendiente de.
scissors ['sɪzəz] *s. pl.* tijeras: *a pair of scissors = unas tijeras.*
sclerosis [sklə'rəusɪs] *s. i.* MED. esclerosis.
scoff [skɒf ‖ skɔ:f] *v. i.* **1** (**to** ~ {**at**}) mofarse, burlarse; decir con befa. ● *v. t.* **2** (brit.) (fam.) devorar, arramblar con (comida).
scold [skəuld] *v. t.* e *i.* regañar, reprender; decir en tono de reprimenda.
scolding ['skəuldɪŋ] *s. c.* regañina, reprimenda.
scone [skɒn ‖ skəun] *s. c.* GAST. bollo que se suele servir con el té y se come con nata y mermelada.
scoop [sku:p] *s. c.* **1** cazo, cucharón (especialmente para el grano). **2** MEC. pala, paleta. **3** PER. exclusiva, notición, primicia informativa. ● *v. t.* **4** adelantarse en una exclusiva periodística a (otros periódicos). **5** coger con un cazo. **6** coger con las dos manos: *scoop a few handfuls of sand into the bucket = coge con las dos manos varios montones de arena y mételos en el cubo.* ◆ **7 to ~ out,** quitarlo de enmedio (de un volumen, dejándolo hueco). **8 to ~ up,** coger con las dos manos, recoger a manos llenas.
scoopful ['sku:pful] *s. c.* cazo (cantidad que cabe en él).
scoot [sku:t] *v. i.* (fam.) escabullirse, largarse.
scooter ['sku:tər] *s. c.* **1** motocicleta. **2** patinete (de niños).
scope [skəup] *s. i.* **1** campo, espacio (como oportunidad para hacer algo): *there's a lot of scope for new ideas here = hay mucho campo para ideas nuevas aquí.* **2** alcance, ámbito: *within the scope of my film = dentro del ámbito de mi película.*
scorch [skɔ:tʃ] *v. t.* **1** quemar un poco, chamuscar. **2** quemar, abrasar (el sol). **3** agostar ● *v. i.* **4** (brit.) (fam.) ir a toda velocidad, ir a toda pastilla. ● *s. c.* **5** quemadura (de una plancha). ◆ **6 scorched-earth policy,** MIL. estrategia militar de arrasar con todo lo que puede servirle al enemigo. **7 ~ mark,** chamuscado, quemadura (especialmente de plancha).
scorcher ['skɔ:tʃər] *s. c.* (fam.) día abrasador, día sofocante.
scorching ['skɔ:tʃɪŋ] *adj.* (fam.) abrasador, sofocante.
score [skɔ:] *v. t.* e *i.* **1** DEP. marcar, hacer un gol, ganar un punto. **2** ganar, lograr (éxito, victoria, puntuación, etc.): *the government scored a few points in the education debate = el gobierno ganó unos puntos en el debate sobre educación.* ● *v. t.* **3** DEP. hacer, conseguir (tantos, puntuación, etc.). **4** MÚS. instrumentar, orquestar. **5** hacer una muesca a, hacer una

marca en. • *v. i.* **6** DEP. llevar el tanteo, llevar la puntuación (de un encuentro). **7** (argot) comprar droga. • *s. c.* **8** (normalmente *sing.*) DEP. tanteo, marcador. **9** puntuación (de examen). **10** MÚS. partitura. **11** marca, muesca. **12** (p.u.) veintena. ◆ **13 by the ~,** en gran número. **14 to know the ~,** conocer el percal, estar al tanto de la situación. **15 on this/that ~,** por esta/esa razón, por ello. **16 to ~ off,** responder con la misma moneda, responder igualmente. **17 to ~ off/out/through,** tachar, borrar. **18 scores of,** montones de, muchísimos. **19 to settle a ~/to settle old scores,** ajustar una cuenta/ajustar cuentas.

scoreboard ['skɔːbɔːd] *s. c.* DEP. marcador, tablero de puntuación.

scorecard ['skɔːkɑːd] *s. c.* DEP. tarjeta (especialmente en golf).

scorer ['skɔːrər] *s. c.* **1** DEP. goleador, tanteador. **2** encargado del marcador, encargado del tablero del marcador.

scorn [skɔːn] *s. i.* **1** desprecio, desdén, menosprecio. • *v. t.* **2** despreciar, menospreciar. **3** (form.) negarse a. ◆ **4 to heap/pour ~ on,** vituperar, llenar de insultos. **5 to laugh to ~,** ridiculizar, poner en ridículo total.

scornful ['skɔːnfl] *adj.* desdeñoso, menospreciativo, despectivo.

scornfully ['skɔːnfəlɪ] *adv.* desdeñosamente, despectivamente.

Scorpio ['skɔːrpiəu || 'skɔːpiəu] *s. sing.* **1** ASTR. Escorpión. • *s. c.* **2** Escorpión, escorpión (persona de este signo).

scorpion ['skɔːpɪən] *s. c.* ZOOL. escorpión.

Scot [skɒt] *s. c.* escocés (persona).

scotch [skɒtʃ] *v. t.* **1** frustrar, anular (plan); desmentir (rumor). ◆ **2 Scotch, a)** whisky escocés; **b)** (desp.) escocés. **3 Scotch broth,** (brit.) GAST. sopa escocesa. **4 Scotch egg,** (brit.) GAST. huevo duro envuelto en carne y empanado.. **5 Scotch tape,** (EE UU) cinta adhesiva (marca registrada). **6 Scotch whisky,** whisky escocés.

scot-free [ˌskɒt'friː] *adj.* impune, sin castigo.

Scotland ['skɒtlənd] *s. sing.* Escocia.

Scots [skɒts] *s. i.* **1** escocés (dialecto, acento). • *adj.* **2** escocés.

Scotsman ['skɒtsmən] (*pl. irreg.* **Scotsmen**) *s. c.* escocés.

Scotsmen ['skɒtsmən] *pl. irreg.* de **Scotsman.**

Scotswoman ['skɒtswumən] (*pl. irreg.* **Scotswomen**) *s. c.* escocesa.

Scotswomen ['skɒtswɪmɪn] *pl. irreg.* de **Scotswoman.**

Scotticism ['skɒtɪsɪzəm] *s. c.* expresión en dialecto escocés.

Scottish ['skɒtɪʃ] *adj.* **1** escocés. ◆ **2 the ~,** los escoceses.

scoundrel ['skaundrəl] *s. c.* canalla, sinvergüenza, truhán.

scour ['skauər] *v. t.* **1** buscar por todos los sitios, batir en busca de, rebuscar (en una zona, libro, documento, etc.): *I have scoured the library, but I haven't found it = he buscado en toda la biblioteca, pero no lo he encontrado.* **2** restregar, limpiar a base de restregones, fregotear. **3 (to ~ {away})** GEOL. derrubiar. • *s. sing.* **4 (a ~)** un buen restregón, una limpieza a fondo. ◆ **5 scouring powder,** limpiador en polvo.

scourer ['skauərər] *s. c.* estropajo.

scourge [skɔːdʒ] *v. t.* **1** (arc.) azotar, flagelar. **2** (fig.) hostigar, azotar (una calamidad o similar). • *s. c.* **3** flagelo. • *s. sing.* **4 (~ {of})** (fig.) azote, flagelo.

scout ['skaut] *s. c.* **1** muchacho explorador, "boy scout". **2** MIL. explorador; aparato de reconocimiento. • *v. t.* e *i.* **3** MIL. reconocer, explorar; reconocer el terreno, hacer una incursión de reconocimiento. ◆ **4 boy ~,** muchacho explorador, "boy scout". **5 to ~ around (for),** buscar con afán, dar vueltas buscando: *I spent the morning scouting around for people to help me = me pasé la mañana dando vueltas buscando alguien que me ayudara.*

scoutmaster ['skautmɑːstər] *s. c.* jefe de chicos exploradores, capitán de muchachos exploradores.

scowl [skaul] *v. i.* **1 (to ~ {at})** fruncir el ceño, poner mala cara, mirar con aspecto amenazante. • *s. c.* **2** mirada amenazadora, gesto poco amigable.

scrabble ['skræbl] *v. i.* **1 (to ~ {at/against})** escarbar; rascar (con manos o pies). **2 (to ~ {round/around})** rebuscar, buscar nerviosamente (sin poder ver muy bien). • **3 Scrabble,** juego de palabras (marca registrada).

scragginess ['skrægɪnɪs] *s. i.* flaqueza extrema.

scraggy ['skrægɪ] *adj.* flacucho, esquelético.

scram [skræm] *v. i.* (fam.) darse el bote, largarse a toda pastilla, poner pies en polvorosa.

scramble ['skræmbl] *v. i.* **1** gatear, trepar, moverse a gatas (especialmente a gran velocidad). **2 (to ~ +** *prep.*) ponerse en pie con mucha dificultad o prisa: *they all scrambled to their feet = todos se pusieron en pie de prisa.* **3 (to ~ for/***inf.*) pelearse por algo: *all the students scrambled for the best seats = todos los estudiantes se pelearon por los mejores asientos.* • *v. t.* **4** GAST. revolver (especialmente huevos). **5** RAD. desmodular (mensaje, conversación telefónica, etc.). • *v. t.* e *i.* **6** MIL. despegar por una emergencia; tener una emergencia aérea. • *s. c.* **7** subida a gatas, movimiento a gatas. **8** movimiento a gran velocidad (normalmente por tener prisa, pelea): *I hate the typical scramble to get a seat on the underground in the morning = no me gusta nada la típica pelea por consequir un asiento en el metro por las mañanas.* **9** DEP. carrera de motocross. **10 (~ {for})** pelea, lucha. • **11 scrambled egg/eggs,** GAST. huevos revueltos.

scrambler ['skræmblər] *s. c.* RAD. desmodulador.

scrambling ['skræmblɪŋ] *s. i.* DEP. motocross.

scrap [skræp] *s. c.* **1 (~ {of})** trozo, fragmento, pedazo (de tela, papel, metal, etc.). **2** (fam.) pelea, bronca, riña (especialmente cuando no es muy seria o violenta). • *s. pl.* **3** sobras, desperdicios, migajas (de comida). • *s. i.* **4** chatarra. • (*ger.* **scrapping,** *pret.* y *p. p.* **scrapped**) *v. t.* **5** (fam.) desechar, descartar (plan, proyecto, etc.). **6** convertir en chatarra, desguazar para chatarra. • *v. i.* **7** (fam.) pelearse, tener una bronca (especialmente no muy seria). • **8 not a ~,** ni una pizca, ni un trocito, ni un mísero pedazo. **9 ~ metal,** MET. chatarra.

scrapbook ['skræpbuk] *s. c.* álbum de recortes, colección de recortes.

scrape ['skreɪp] *v. t.* **1** raspar, limpiar raspando, quitar la corteza raspando (con un cuchillo o similar). **2** rozar, raspar (haciéndose daño). • *v. i.* **3** ahorrar muchísimo, hacer unas economías impresionantes. **4** restregarse, rozarse (haciendo un ruido desagradable). **5** rozarse, rasparse, hacerse una raspadura (herida). • *s. sing.* **6** rozamiento, ruido de raspamiento. ◆ **7 to bow and ~,** (desp.) comportarse como un despreciable pelota (con alguien). **8 in/into a ~,** (p.u.) en una buena, en un follón, en un lío. **9 to ~ the bottom of the barrel,** ⇒ **barrel. 10 to ~ through,** aprobar muy justo, aprobar por los pelos. **11 to ~ together/up,** hacerse con la cantidad justa, conseguir por los pelos un mínimo de (dinero, amigos, objetos, etc.).

scrap heap ['skræphiːp] *s. c.* **1** montón de chatarra. ◆ **2 on the ~,** (fig.) en el montón de chatarra, en el montón de desperdicios, en el montón de basura.

scraping ['skreɪpɪŋ] *s. i.* **1** ruido desagradable de rozamiento. • *s. pl.* **2** desperdicios, restos (de comida).

scrappily ['skræpɪlɪ] *adv.* incompletamente, desorganizadamente; deslavazadamente.

scrappiness ['skræpɪnɪs] *s. i.* desorganización; estructura incompleta, estructura deslavazada.

scrappy ['skræpɪ] *adj.* **1** incompleto, a trozos, desorganizado; deslavazado: *a scrappy film = una película deslavazada.* **2** (EE UU) (fam.) camorrista.

scratch [skrætʃ] *v. t.* **1** rascar, rascarse (cuerpo). **2** rayar, marcar (un objeto). **3** escarbar (animales, normalmente en el suelo). **4** hacer un rasguño, hacer una pequeña herida: *the wire scratched my skin = el alambre me hizo un rasguño en la piel.* • *v. i.* y *r.* **5** rascarse (cuerpo). • *s. c.* **6** arañazo; rasguño. **7** raya, marca (en un objeto). ◆ **8 to be up to/to come up to ~,** estar en un buen estado, tener buena calidad. **9 from ~,** desde cero, desde el principio; desde la primera lección. **10 to ~ one's head,** (fig.) quedarse perplejo, no saber a qué carta quedarse, estar totalmente desconcertado. **11 to ~ the surface,** (desp. y fig.) quedarse en la superficie de las cosas, no penetrar, no profundizar nada (un libro, proyecto, conferencia, artículo, etc.). **12 you ~ my back and I'll ~ yours,** favor con favor se paga.

scratchcard ['skrætʃkɑːd] *s. c.* tarjeta de rasca y gana.

scrawl [skrɔːl] *v. t.* e *i.* **1** pintarrajear, garabatear; hacer garabatos. • *s. c.* **2** garabato.

scrawny [skrɔːnɪ] *adj.* (desp.) escuchimizado, esquelético, descarnado, escuálido.

scream [skriːm] *v. i.* **1** chillar, gritar desaforadamente (persona). **2** hacer un ruido horripilante, emitir un sonido fuerte y agudo. **3** (fig.) ser demasiado llamativo (cualquier cosa). • *v. t.* **4** lanzar, arrojar (chillido); decir chillando: *he screamed the order at the soldiers = lanzó la orden con un chillido a los soldados.* **5** (fig.) lanzar demasiado llamativamente, señalar chillonamente. • *s. c.* **6** chillido, grito desaforado. **7** ruido fuerte y agudo, ruido horripilante. • *s. sing.* **8** (fam.) persona que te provoca un estallido de risa, incidente que hace morir de risa. ◆ **9 to be a ~,** ser algo divertidísimo, ser la monda.

scree [skriː] *s. c.* e *i.* GEOL. pedregal (en una ladera).

screech [skriːtʃ] *v. i.* **1** chillar, lanzar chillidos. **2** chirriar (neumáticos). • *v. t.* **3** decir a gritos, decir chillando. • *s. c.* **4** (normalmente *sing.*) chillido, grito. • *s. i.* **5** chirrido (típico de ruedas).

screen [skriːn] *s. c.* **1** TV. pantalla. **2** biombo, panel de separación (de habitaciones). **3** red metálica, tamiz, criba (para distintos usos). **4** FOT. retícula. **5** (fig.) protección, pantalla de protección: *use the towels as a screen against the sun = utiliza las toallas como protección contra el sol.* • *s. sing.* **6** (**the** ~) la pantalla, las películas, el mundo de la pantalla. • *v. t.* **7** (normalmente *pasiva*) echar, poner, exhibir (película). **8** hacer de pantalla para, proteger físicamente (a alguien). **9** cribar, pasar por la criba; investigar (a personas por razones de seguridad). **10** examinar, hacer una comprobación de (personas, por si padecen ciertas enfermedades). ◆ **11 to ~ off,** tapar; hacer un pequeño cubículo (dentro de una habitación). **12 ~ saver,** salvapantallas. **13 ~ test,** prueba cinematográfica (para comprobar si alguien es buen actor).

screening ['skriːnɪŋ] *s. c.* **1** exhibición, proyección (de película). *s. c.* e *i.* **2** criba; investigación (por razones de seguridad). **3** MED. examen, comprobación, chequeo (para ver si una persona tiene una determinada enfermedad).

screenplay ['skriːnpleɪ] *s. c.* guión cinematográfico.

screen print ['skriːnprɪnt] *s. c.* serigrafía.

screen-print ['skriːnprɪnt] *v. t.* serigrafiar.

screenwriter ['skriːnraɪtər] *s. c.* guionista cinematográfico.

screw [skruː] *s. c.* **1** MEC. tornillo de rosca, clavo de rosca. **2** (fam.) funcionario de prisiones, guarda de prisión. • *v. t.* e *i.* **3** atornillar(se), unir(se) mediante tornillos, sujetar(se) con tornillos. **4** enroscar(se) (cualquier objeto con una tapa o mecanismo que se ajusta dando vueltas). **5** (vulg.) joder, follar; echar un polvo. • *v. t.* **6** (fam.) engañar; sacar (dinero de otra persona engañándola). ◆ **7 to have a ~ loose,** (fam.) faltarle un tornillo. **8 to have one's head screwed on,** (fam.) tener la cabeza sobre los hombros. **9 to put the screws on someone,** (fam.) apretarle las clavijas a alguien. **10 to ~ up, a)** estrujar (objeto); distorsionar (cara); casi cerrar (ojos), apretar (cambiando la forma de lo que se aprieta): *she screwed up her eyes because of the glare = casi cerró los ojos por causa del resplandor*; **b)** (fam.) estropear; (vulg. y argot) joder, hacer cisco, hacer polvo (algo); **c)** (fam.) dejar desencajado, estropear los nervios (de alguien). **11 to ~ up one's courage,** armarse de valor.

screwball ['skruːbɔːl] *adj.* (fam.) majara, (fam.) majareta.

screwdriver ['skruːdraɪvər] *s. c.* MEC. destornillador.

screwed-up [ˌskruːd'ʌp] *adj.* **1** apretado (parte del cuerpo); hecho una bola, apretujado (papel o similar). **2** mal de los nervios, hecho un manojo de nervios.

screw top ['skruːtɒp] *adj.* **1** tapa de rosca. ◆ **2 screw-top,** con tapa de rosca.

screwy ['skruːɪ] *adj.* (fam.) chiflado, medio loco, chalado; descabellado.

scribble ['skrɪbl] *v. t.* e *i.* **1** garabatear, hacer garabatos. • *v. i.* **2** pintarrajear, garabatear (haciendo figuras fantásticas). • *s. c.* e *i.* **3** garabato; escritura ilegible, escritura incomprensible.

scribe [skraɪb] *s. c.* **1** HIST. copista, amanuense (de la época cuando no había imprenta). **2** REL. escriba.

scrimmage ['skrɪmɪdʒ] *s. c.* pelea, melé.

scrimp [skrɪmp] *v. i.* (**to ~** {**on**}) economizar muchísimo; vivir como un monje, gastar poquísimo dinero.

script [skrɪpt] *s. c.* **1** guión (las palabras que se dicen en una película o similar). **2** (brit.) examen (entregado por un alumno). • *s. c.* e *i.* **3** sistema de escritura, escritura (de un idioma). • *s. i.* **4** manuscrito. **5** letra, forma de escribir (de una persona).

scripted ['skrɪptɪd] *adj.* con ayuda de un escrito (discurso, programa, etc.).

scriptural ['skrɪptʃərəl] *adj.* REL. escriturario; bíblico.

scripture ['skrɪptʃər] REL. *s. c.* e *i.* **1** escritura, libro religioso (de cualquier religión). ◆ **2 Scripture,** Religión (como asignatura). **3 the Scriptures,** las Santas Escrituras.

scriptwriter ['skrɪptraɪtər] *s. c.* guionista (de películas, televisión, etc.).

scroll [skrəʊl] *s. c.* **1** HIST. pergamino, rollo de pergamino. **2** ARQ. voluta (como adorno). ◆ **3 ~ bar,** INF. barra de desplazamiento.

scrota ['skrəʊtə] *pl.* de **scrotum.**

scrotum ['skrəʊtəm] (*pl.* **scrotums** o **scrota**) *s. c.* ANAT. escroto.

scrounge ['skraʊndʒ] *v. t.* e *i.* **1** (fam.) gorronear, ir de gorra por la vida. ◆ **2 on the ~,** de gorra, de balde.

scrounger ['skraʊndʒər] *s. c.* (fam. y desp.) gorrón.

scrub [skrʌb] (*ger.* **scrubbing,** *pret.* y *p. p.* **scrubbed**) *v. t.* e *i.* **1** fregar, fregotear, limpiar a base de fregoteo. • *v. t.* **2** quitar a base de fregar (una mancha o parecido). **3** cancelar (plan, proyecto, etc.). • *s. sing.* **4** (**a** ~) un buen fregoteo, una sesión de limpieza a base de fregar. • *s. i.* **5** BOT. matorral.

scrubby ['skrʌbɪ] *adj.* lleno de matorrales.

scrubland ['skrʌblnd] *s. i.* GEOG. área de matorrales, tierra de matorrales.

scruff [skrʌf] **1** *s. c.* (fam. y brit.) guarro. ◆ **2 by the ~ of the/one's neck,** (fam.) por el pescuezo (normalmente forma de agarrar).

scruffily ['skrʌfɪlɪ] *adv.* (fam.) desaliñadamente, con vestidos sucios.

scruffiness ['skrʌfɪnɪs] *s. i.* (fam.) desaliño; roña.

scruffy ['skrʌfɪ] *adj.* (fam.) desaliñado, mal vestido, desharrapado.

scrum [skrʌm] *s. c.* DEP. melé (del rugby).

scrumptious ['skrʌmpʃəs] *adj.* (fam.) de rechupete (comida).

scrunch [skrʌntʃ] *v. t.* e *i.* **1** estrujar(se); hacer crujir (como de apretujar papel). • *s. c.* **2** ruido de estrujar, ruido de apretujar, ruido de crujido (papel, arena, etc.). ◆ **3 to ~ up,** estrujar por completo, hacer una bola.

scruple ['skruːpl] *s. c.* (normalmente *pl.*) escrúpulo.

scrupulous ['skruːpjʊləs] *adj.* **1** escrupuloso. **2** detallista, minucioso, puntilloso.

scrupulously ['skruːpjʊləslɪ] *adv.* **1** escrupulosamente. **2** con gran minuciosidad/detalle, minuciosamente, puntillosamente.

scrutinise *v. t.* ⇒ **scrutinize.**

scrutinize ['skruːtɪnaɪz || 'skruːtənaɪz] (también **scrutinise**) *v. t.* mirar con gran atención, observar cuidadosamente, examinar con detalle.

scrutiny ['skruːtɪnɪ || 'skruːtənɪ] *s. i.* **1** observación atenta, examen cuidadoso, mirada atenta. ◆ **2 under ~,** bajo observación cuidadosa, bajo la mirada atenta (de un guardián, periodista, etc.).

scuba ['sku:bə] *s. c.* **1** equipo de buceo/submarinismo. ◆ **2** ~ **diver,** buceador, submarinista. **3** ~ **diving,** DEP. submarinismo, pesca submarina.
scud [skʌd] (*ger.* **scudding,** *pret.* y *p. p.* **scudded**) *v. i.* (lit.) moverse, deslizarse (especialmente las nubes).
scuff [skʌf] *v. t.* **1** arrastrar (los pies al andar). **2** desgastar, hacer rozadura (especialmente en los zapatos).
scuffed [skʌft] *adj.* desgastado, lleno de rozaduras (especialmente zapatos).
scuffle ['skʌfl] *s. c.* **1** reyerta, refriega (normalmente corta). ● *v. i.* **2** enzarzarse en una pelea, meterse en una reyerta. **3** hacer un ruido de rozamiento, hacer ruido continuado de rozamiento.
scuffling ['skʌflıŋ] *s. i.* ruido de rozamiento continuado.
scull [skʌl] *s. c.* **1** espadilla, remo corto. ● *v. t.* e *i.* **2** remar con espadilla.
scullery ['skʌlərı] *s. c.* **1** fregadero. **2** trascocina (habitación junto a la cocina).
sculpt [skʌlpt] *v. t.* ART. esculpir.
sculptor ['skʌlptər] *s. c.* escultor.
sculptural ['skʌlptʃərəl] *adj.* de la escultura, escultural.
sculpture ['skʌlptʃər] *s. c.* **1** ART. escultura. ● *s. i.* **2** ART. escultura (como arte). ● *v. t.* **3** ART. esculpir. **4** (fig.) hacer con gran detalle, fabricar con sumo cuidado (como si se tratase de una escultura artística).
scum [skʌm] *s. c.* e *i.* **1** espuma sucia, telilla, capa de suciedad (sobre la superficie de líquidos). ● *s. pl.* **2** (fam.) desechos, heces, escoria (refiriéndose a gente): *the scum of our society = la escoria de nuestra sociedad.*
scupper ['skʌpər] *s. c.* **1** (normalmente *pl.*) MAR. imbornal. ● *v. t.* **2** (fam. y brit.) meter en una buena; fastidiar (un plan o similar).
scurrility [skə'rılıtı] *s. i.* (lit.) procacidad, grosería; infamia.
scurrilous ['skʌrıləs] *adj.* procaz, grosero; infame.
scurrilously ['skʌrıləslı] *adv.* procazmente, groseramente; infamemente.
scurry ['skʌrı] *v. i.* **1** correr a toda prisa, ir apresuradamente; escabullirse rápidamente. ● *s. sing.* **2** movimiento/acción de correr a toda prisa; huida veloz.
scurvy ['skə:vı] *s. i.* MED. escorbuto.
scuttle ['skʌtl] *v. i.* **1** correr a pasos cortos; escabullirse. ● *v. t.* **2** MAR. barrenar, echar a pique. ● *s. c.* **3** cubo para carbón.
scythe [saıð] *s. c.* **1** guadaña. ● *v. t.* e *i.* **2** cortar con guadaña. ● *v. i.* **3** (**to** ~ {**through**}) (fig.) hacer un movimiento parabólico: *the ball scythed through the air = el balón hizo un movimiento parabólico en el aire.*
sea [si:] *s. c.* **1** mar. **2** GEOG. mar (concreto). ● *s. sing.* **3** (**the** ~) el mar, la costa: *a holiday by the sea = unas vacaciones junto al mar.* **4** (**the** ~) el mar (como trabajo de un marinero). **5** (~ **of**) mar de (gente); montón de (cosas). ● *atr.* **6** marino, marítimo, del mar: *sea crossing = travesía marítima.* ◆ **7 at** ~, **a)** en el mar, en alta mar; **b)** en el mar, en los barcos (vida profesional); **c)** desconcertado, sin saber qué hacer. **8 by** ~, por mar, por vía marítima (viaje, envío, etc.). **9 to get/find one's** ~ **legs,** hacerse al movimiento del barco; no marearse ya más. **10 on the high seas,** en alta mar. **11 out to** ~, hacia mar, mar adentro. **12** ~ **anemone,** ZOOL. anémona de mar. **13** ~ **breeze,** brisa marina. **14** ~ **lane,** pasadizo marítimo, ruta marítima. **15** ~ **level,** nivel del mar. **16** ~ **power, a)** MIL. poderío naval; **b)** POL. potencia naval. **17** ~ **urchin,** ZOOL. erizo de mar.
sea air [,si:'eə] *s. i.* brisa marina, aire de mar.
seabed ['si:bed] *s. sing.* (**the** ~) GEOL. lecho marino.
seabird ['si:bə:d] *s. c.* pájaro marino, ave marina.
seaboard ['si:bɔ:d] *s. c.* (normalmente *sing.*) GEOG. litoral, costa.
seaborne ['si:bɔ:n] *adj.* transportado por mar.
sea dog ['si:dɒg] *s. c.* (a veces hum.) lobo de mar.
seafaring ['si:feərıŋ] *adj.* marítimo, marinero, que transcurre en el mar (especialmente profesional): *a seafaring life = una vida en el mar.*
seafood ['si:fu:d] *s. i.* marisco.
seafront ['si:frʌnt] *s. c.* paseo marítimo.
seagoing ['si:gəuıŋ] *adj.* de altura (tipo de embarcación).
seagull ['si:gʌl] *s. c.* ZOOL. gaviota.
sea horse ['si:hɔ:s] *s. c.* ZOOL. caballito de mar.
seal [si:l] *s. c.* **1** sello, precinto. **2** sello (objeto). **3** sello (en cartas). **4** MEC. cierre hermético (para gases, líquidos, etc.). **5** ZOOL. foca. ● *v. t.* **6** sellar (carta, paquete, caja, etc.). **7** sellar, cerrar (conductos). ◆ **8 to give something one's** ~ **of approval,** dar a algo la aprobación oficial. **9 my lips are sealed,** soy una tumba, mis labios están cerrados totalmente. **10 to put/set the** ~ **on,** sellar definitivamente (una amistad, relación, período de tiempo, etc.). **11 to** ~ **in,** cerrar herméticamente, sellar herméticamente (especialmente líquidos). **12 to** ~ **off,** separar, aislar (un espacio). **13 to** ~ **one's fate/doom,** sellar el destino de uno; poner la puntilla a uno.
sealing ['si:lıŋ] *s. i.* caza de focas.
sealing wax ['si:lıŋwæks] *s. i.* lacre.
sea lion ['si:laıən] *s. c.* ZOOL. león marino.
sealskin ['si:lskın] *s. i.* piel de foca.
seam [si:m] *s. c.* **1** costura (de la ropa). **2** juntura (entre dos cosas). **3** GEOL. filón, veta. ◆ **4 to burst/bulge at the seams,** ser demasiados; no caber, sobrepasar la capacidad. **5 to come/fall apart at the seams,** deshacerse, desintegrarse (objeto, relación personal, etc.).
seaman ['si:mən] (*pl. irreg.* **seamen**) *s. c.* marinero, hombre de mar.
seamanship ['si:mənʃıp] *s. i.* náutica, navegación.
seamed [si:md] *adj.* lleno de costuras (ropa); lleno de arrugas (cara); veteado (terreno).
seamen ['si:mən] *pl. irreg.* de **seaman.**
seamless ['si:mlıs] *adj.* **1** sin costuras (ropa). **2** (fig.) uniforme, sin divisiones visibles.
seamstress ['semstrıs] (brit. también **sempstress**) *s. c.* costurera, modista.
seamy ['si:mı] *adj.* sórdido, miserable, vil (forma de vivir): *a seamy nightclub = un sórdido club nocturno.*
seance ['seıɑ:ns] (también **séance**) *s. c.* sesión de espiritismo.
seaplane ['si:pleın] *s. c.* AER. hidroavión.
seaport ['si:pɔ:t] *s. c.* puerto de mar.
sear [sıər] *v. t.* **1** quemar, chamuscar (parte del cuerpo u objeto). **2** MED. cauterizar. **3** GAST. soasar, freír a fuego intenso brevemente.
search [sə:tʃ] *v. t.* e *i.* **1** (**to** ~ {**for**}) buscar: *I searched for the gun = busqué la pistola.* **2** explorar, rebuscar, examinar (en la mente): *I searched my mind for an answer = rebusqué en mi mente para hallar una respuesta.* ● *v. t.* **3** registrar, cachear. ● *s. c.* **4** (~ {**for**}) búsqueda, busca. **5** registro. ● **6** INF. ~ **engine,** motor de búsqueda, página de búsqueda. **7 in** ~ **of,** en búsqueda de, a la búsqueda de. **8** ~ **me,** ni idea, y yo qué sé. **9 to** ~ **out,** descubrir algo después de una larga búsqueda.
searching ['sə:tʃıŋ] *adj.* penetrante, interrogante (mirada, gesto, pregunta, etcétera).
searchingly ['sə:tʃıŋlı] *adv.* penetrantemente, con una interrogación (en la mirada, gesto, etc.).
searchlight ['sə:tʃlaıt] *s. c.* reflector.
search-party ['sə:tʃ,pɑ:tı] *s. c.* grupo de rescate, grupo de salvamento.
search warrant ['sə:tʃ,wɒrənt] *s. c.* DER. orden de registro.
searing ['sıərıŋ] *adj.* **1** abrasador, ardiente, punzante (dolor, calor, etc.). **2** demoledor (crítica, artículo, etc.).
seascape ['si:skeıp] *s. c.* ART. escena marítima, marina.
seashell ['si:ʃel] *s. c.* concha marina, caracol marino.
seashore ['si:ʃɔ:] *s. c.* **1** litoral, costa, playa. **2** DER. zona costera (entre la pleamar y la bajamar).
seasick ['si:sık] *adj.* mareado.
seasickness ['si:sıknıs] *s. i.* mareo.
seaside ['si:saıd] *s. sing.* **1** playa, costa (especialmente desde el punto de vista de las vacaciones). ● *adj.* **2** costero.
season ['si:zn] *s. c.* **1** estación (del año). **2** temporada (de vacaciones, deporte, caza, etc.): *this is the low season = esta es la temporada baja.* **3** AGR. época, temporada (de algún tipo de planta). ● *v. t.* **4** sazonar, condimentar (comida). **5** curar (ma-

dera). ◆ **6 in ~, a)** en sazón (frutos); **b)** con la veda abierta; **c)** en su temporada álgida; **d)** en celo. **7 out of ~, a)** fuera de temporada (frutos); **b)** en temporada baja; **c)** en veda. **8 ~ ticket,** abono.

seasonable ['si:znəbl] *adj.* **1** oportuno (tiempo). **2** normal, normal para la época del año (tiempo atmosférico).

seasonal ['si:zənl] *adj.* **1** de temporada, estacional (especialmente trabajo). ◆ **2 ~ affective disorder,** trastorno afectivo estacional. **3 ~ unemployment,** paro estacional.

seasonally ['si:zənəlɪ] *adv.* temporalmente, por temporada.

seasoned ['si:znd] *adj.* experimentado, veterano, aguerrido.

seasoning ['si:zənɪŋ] *s. c.* e *i.* GAST. condimento.

seat [si:t] *s. c.* **1** asiento: *take a seat* = *toma asiento.* **2** fondo, sillín, asiento (parte donde se sienta uno). **3** POL. escaño. **4** sede (de una organización); casa solariega (de una familia de abolengo). ● *s. sing.* **5 (the ~ of)** el fondillo de, el trasero de (ropa). ● *v. pron.* **6** sentarse. ● *v. t.* **7** tener cabida para, tener aforo para. ◆ **8 by the ~ of one's pants,** de oído, por intuición. **9 to take a back ~,** tomar una posición secundaria, dejar el primer plano (para otros).

seat belt ['si:tbelt] *s. c.* cinturón de seguridad.

seated ['si:tɪd] *adj.* **1** sentado. ◆ **2 be ~,** (form.) siéntese.

-seater ['si:tər] *sufijo* de ...asientos, de ...plazas: *my aeroplane is a two-seater* = *mi avioneta es de dos plazas.*

seating ['si:tɪŋ] *s. i.* **1** asientos, acomodo. **2** arreglo de asientos, distribución de asientos (en un acto social, por ejemplo).

seawards ['si:wədz] (también **seaward**) *adj.* y *adv.* hacia el mar, en dirección al mar, del mar.

seawater ['si:ˌwɔ:tər] *s. i.* agua salada, agua de mar.

seaweed ['si:wi:d] *s. c.* e *i.* BIOL. alga marina.

sec [sek] *s. c.* (fam.) momento, segundo.

secateurs ['sekətə:z ‖ ˌsekə'tə:z] *s. pl.* tijeras de podar: *a pair of secateurs* = *unas tijeras de podar.*

secede [sɪ'si:d] *v. i.* (**to** ~ {**from**}) (form.) separarse, secesionarse (especialmente una parte de una nación); darse de baja (en una organización).

secession [sɪ'seʃn] *s. c.* e *i.* (~ {**from**}) secesión; baja.

seclude [sɪ'klu:d] *v. t.* y *pron.* (form.) retirar(se), apartar(se), aislar(se).

secluded [sɪ'klu:dɪd] *adj.* apartado, retirado, aislado (lugar).

seclusion [sɪ'klu:ʒn] *s. i.* aislamiento, retiro (normalmente una casa): *I love the seclusion of my life* = *me encanta el aislamiento de mi vida.*

second ['sekənd] *s. c.* **1** segundo. **2** momento, momentito, segundo. **3** (normalmente *pl.*) artículos de mediana calidad; resto (en una tienda). **4** MÚS. intervalo de segunda. **5** padrino (en un duelo). **6** (brit.) notable (nota de clase). ● *num. ord.* **7** segundo; dos (en fechas). ● *adj.* **8** segundo. ● *adv.* **9** en segundo lugar. ● *s. pl.* **10** (fam.) postre; segunda porción (del mismo plato). ● *v. t.* **11** secundar, apoyar (protesta, sugerencia, etc.). **12** (fam.) decir (lo mismo), estar de acuerdo con. ◆ **13 at ~ hand,** de segunda mano (una experiencia o información). **14 to have ~ thoughts (about),** tener dudas (sobre) (una decisión ya tomada). **15 on ~ thoughts,** pensándolo otra vez, al pensarlo otra vez. **16 ~ childhood,** segunda infancia (una persona mayor). **17 ~ cousin,** primo segundo. **18 ~ hand,** manilla de los segundos, segundero. **19 ~ language,** segundo idioma. **20 ~ lieutenant,** MIL. alférez. **21 ~ nature,** hábito muy arraigado. **22 ~ only to,** solamente es inferior a, sólo es menos que, sólo puede compararse con: *as a businessman John was second only to his father* = *como hombre de negocios, John sólo podía compararse con su padre.* **23 ~ opinion,** segunda opinión. **24 ~ person,** GRAM. segunda persona. **25 ~ sight,** clarividencia. **26 ~ thought,** pensar algo dos veces: *I didn't give it a second thought* = *no me lo pensé dos veces.* **27 ~ to none,** sin par, no inferior a nadie, no a la zaga de nadie: *as a teacher Mary is second to none* = *como profesora, Mary no va a la zaga de nadie.* **28 ~ wind,** un segundo impulso, una segunda fuerza, una segunda infusión de energía.

second [sɪ'kɒnd] *v. t.* (brit.) trasladar, asignar temporalmente (especialmente en el mundo de la política y el ejército.).

secondary ['sekəndrɪ ‖ 'sekənderɪ] *adj.* **1** (~ {**to**}) secundario (menos importante). **2** secundario (efecto). **3** secundario (nivel de enseñanza). ● *s. c.* **4** (p.u.) escuela secundaria. ● **5 ~ education,** enseñanza secundaria. **6 ~ school,** escuela secundaria.

second-best [ˌsekənd'best] *adj.* **1** segundo mejor: *his second-best score* = *su segundo mejor tanto.* **2** inferior. ● *s. sing.* **3 second best,** el segundo mejor. **4** sustito. **5** lo inferior. ◆ **6 to come off ~,** quedar en segundo lugar.

second-class [ˌsekənd'klɑ:s] *adj.* **1** de segunda clase (billete, ciudadano, artículos). **2** de franqueo normal (correo). **3** con nota media de notable (licenciatura universitaria). ● *adv.* **4** en segunda (viajar). **5** por correo normal. ● *s. i.* **6** segunda clase. **7** correo de franqueo normal. ● *s. c.* **8 second class,** (normalmente *sing.*) notable (nota universitaria). ◆ **9 ~ degree,** título de notable.

seconder ['sekəndər] *s. c.* persona que apoya (propuesta, moción, etc.).

second-hand [ˌsekənd'hænd] *adj.* y *adv.* de segunda mano (tienda, noticias).

second in command [ˌsekəndɪnkə'mɑ:nd] *s. c.* segundo de a bordo, segundo en el mando (especialmente en lo militar).

secondly ['sekəndlɪ] *adv.* en segundo lugar.

secondment [sɪ'kɒndmənt] *s. c.* e *i.* (brit.) traslado temporal.

second-rate [ˌsekənd'reɪt] *adj.* mediocre, inferior, de segunda categoría.

secrecy ['si:krəsɪ] *s. i.* secreto, discreción.

secret ['si:krɪt] *adj.* **1** secreto. **2** secreto, encubierto, oculto (bebedor, admirador, etc.). ● *s. c.* **3** secreto. **4** (normalmente *pl.*) secreto, misterio: *the secrets of life* = *los misterios de la vida.* ● *s. sing.* **5 (the ~ (of))** el secreto, la clave, la solución. ◆ **6 in ~,** en secreto. **7 to keep a ~,** mantener un secreto, guardar un secreto. **8 ~ agent,** agente secreto. **9 ~ police,** policía secreta. **10 ~ service,** servicio secreto, servicio de espionaje.

secretarial [ˌsekrə'teərɪəl] *adj.* de oficinista, de secretariado.

secretariat [ˌsekrə'teərɪət] *s. c.* secretariado (de una organización).

secretary ['sekrətrɪ ‖ 'sekrəterɪ] *s. c.* **1** secretario, oficinista. **2** secretario (de una organización o asociación). **3** (brit.) POL. secretario de Estado, jefe de Departamento. **4** (EE UU) POL. ministro. ◆ **5 Secretary of State, a)** (brit.) secretario de Estado (para algún Departamento); **b)** (EE UU) secretario de Estado (equivalente a ministro de Asuntos Exteriores).

secretary-general [ˌsekrətrɪ'dʒenrəl] *s. c.* secretario general (de una organización internacional).

secrete [sɪ'kri:t] *v. t.* **1** BIOL. (form.) secretar, segregar (glándulas, plantas, etc.). **2** (form.) ocultar, guardar.

secretion [sɪ'kri:ʃn] *s. c.* **1** BIOL. secreción, segregación. ● *s. i.* **2** (form.) sustancia secretada.

secretive ['si:krətɪv] *adj.* reservado, callado.

secretively ['si:krətɪvlɪ] *adv.* reservadamente, calladamente.

secretly ['si:krɪtlɪ] *adv.* **1** secretamente. **2** confidencialmente, ocultamente.

sect [sekt] *s. c.* REL. secta.

sectarian [sek'teərɪən] *adj.* (form.) sectario.

sectarianism [sek'teərɪənɪzəm] *s. i.* (form.) sectarismo.

section ['sekʃn] *s. c.* **1** sección. **2** DER. sección (de una ley). **3** GEOM. sección, corte.

sectional ['sekʃənl] *adj.* particular, minoritario (intereses, objetivos, etc.).

sector ['sektər] *s. c.* **1** sector (de la economía). **2** sector, parte (de un todo). **3** sector, zona (en el espacio). **4** MAT. sector.

secular ['sekjulər] *adj.* **1** secular, laico (no religioso). **2** REL. secular (clero).

secularise *v. t.* ⇒ **secularize.**

secularism ['sekjulərɪzəm] *s. i.* laicismo.

secularize ['sekjʊləraɪz] (también **secularise**) *v. t.* secularizar.
secure [sɪ'kjʊər] *adj.* **1** seguro, fijo; estable: *a secure position = un puesto seguro.* **2** seguro, estable (casa). **3** sujeto, fijo (no suelto). **4** seguro, a salvo, confiado. **5** sólido, seguro: *a secure foundation = un fundamento sólido.* • *v. t.* **6** asegurar, proteger (contra algo). **7** sujetar, fijar (físicamente). **8** obtener, conseguir, asegurarse.
securely [sɪ'kjʊəlɪ] *adv.* **1** seguramente, fijamente; establemente. **2** fijamente, con sujeción.
security [sɪ'kjʊərətɪ] *s. i.* **1** seguridad (nacional). **2** seguridad, estabilidad (en empleo, vida, etc.). **3** seguridad, confianza (sin preocupaciones). • *s. c.* e *i.* **4** FIN. garantía, fianza (para un préstamo o similar). • *s. c.* **5** título, valor, obligación. ◆ **6** ~ **guard,** guarda jurado, guarda de seguridad. **7** ~ **risk,** riesgo para la seguridad (persona o cosa).
sedan [sɪ'dæn] *s. c.* **1** sedán, turismo (coche). ◆ **2** ~ **chair,** HIST. silla de manos.
sedate [sɪ'deɪt] *adj.* **1** tranquilo, sosegado (persona). **2** tranquilo (paso). • *v. t.* **3** sedar, administrar un sedante a.
sedately [sɪ'deɪtlɪ] *adv.* tranquilamente, sosegadamente.
sedateness [sɪ'deɪtnɪs] *s. i.* tranquilidad, sosiego.
sedation [sɪ'deɪʃn] *s. i.* MED. tratamiento con calmantes, tratamiento con sedantes.
sedative ['sedətɪv] *s. c.* **1** MED. sedante, calmante. • *adj.* **2** sedante, calmante.
sedentary ['sedntrɪ ‖ 'sednterɪ] *adj.* sedentario (trabajo, ocupación, persona, etc.).
sedge [sedʒ] *s. c.* BOT. juncia.
sediment ['sedɪmənt] *s. c.* e *i.* **1** poso (en cualquier líquido). **2** GEOL. sedimento.
sedimentary [ˌsedɪ'mentrɪ] *adj.* GEOL. sedimentario.
sedition [sɪ'dɪʃn] *s. i.* sedición.
seditious [sɪ'dɪʃəs] *adj.* sedicioso.
seduce [sɪ'djuːs] *v. t.* **1** inducir, tentar, seducir. **2** seducir (sexualmente).
seduction [sɪ'dʌkʃn] *s. c.* e *i.* **1** seducción (sexual). • *s. c.* **2** (normalmente *pl.*) tentación, seducción: *the seductions of high society = las tentaciones de la alta sociedad.*
seductive [sɪ'dʌktɪv] *adj.* **1** tentador, seductor. **2** seductor (persona).
seductively [sɪ'dʌktɪvlɪ] *adv.* **1** tentadoramente, seductoramente. **2** seductoramente (connotación sexual).
seductiveness [sɪ'dʌktɪvnɪs] *s. i.* atractivo, capacidad de seducción.
see [siː] (*pret.* **saw,** *p. p.* **seen**) *v. i.* **1** ver (en sentido general): *I can hardly see because of the glare of the sun = apenas puedo ver por el resplandor del sol.* **2** darse cuenta, ver, ser capaz de ver, captar: *I could see she was worried = pude captar que estaba preocupada.* **3** entender, comprender. • *v. t.* **4** ver (algo, a alguien): *I can see the mountains from my window = puedo ver las montañas desde la ventana.* **5** acompañar, llevar: *after the film I saw her home = después de la película la acompañé a casa.* **6** detectar, ver, darse cuenta (visualmente): *I saw my chance when he went into the bar. = me di cuenta de mi oportunidad cuando él entró el bar.* **7** ser testigo de: *we'll see great changes in the future = seremos testigos de grandes cambios en el futuro.* **8** imaginar, ver en la mente de uno; visualizar: *can you see James as the future headmaster? = ¿puedes imaginarte a James de director en el futuro?* **9** comprobar: *I'll see that the job is done properly = comprobaré que el trabajo se haga adecuadamente.* **10** asegurarse de: *see that the doors are locked = asegúrate de que las puertas estén bien cerradas.* **11** considerar: *I saw it was my duty to help = consideré que era mi deber ayudar.* **12** cubrir la apuesta, seguir la apuesta (especialmente en cartas). **13** tener una relación de noviazgo con, tener una relación amorosa con, salir con: *Mary is seeing an American = Mary sale con un americano.* • *v. pron.* **14** verse, imaginarse: *I can't see myself going out with her = no puedo imaginarme saliendo con ella.* • *s. c.* **15** (form.) REL. sede (de un obispado). ◆ **16 to be seeing things,** estar viendo visiones. **17 to be seen dead,** ⇒ **dead. 18 I'll ~/we'll ~,** ya veré, ya veremos, quizás. **19 I ~, a)** ya veo, entiendo, comprendo; **b)** ya veo (expresando insatisfacción o desencanto). **20 it remains to be seen,** ⇒ **remain. 21 let me ~/let's ~,** veamos (comprobando algo). **22 ~?,** ¿de acuerdo?, ¿no ves? (con cierto matiz de agresividad). **23 to ~ about,** acordar, ponerse de acuerdo sobre; preparar, atender: *I want to see about the transfer = quiero atender al tema del traslado.* **24 to ~ eye to eye,** ⇒ **eye. 25 to ~ fit,** ⇒ **fit. 26 to ~ if,** comprobar si, ver si. **27 seeing as/that,** dado que, en vista de que. **28 to ~ off,** despedir, decir adiós, acompañar para despedir (a alguien). **29 to ~ red,** ⇒ **red. 30 to ~ life,** ver mundo. **31 to ~ the light,** ⇒ **light. 32 to ~ the light of day,** hacerse público. **33 to ~ the Old Year out/the New Year in,** recibir al año nuevo, dar la bienvenida al nuevo año, despedir el año. **34 to ~ through, a)** (fam.) calar (a alguien), darse cuenta de las ocultas intenciones de (alguien); **b)** sacar de apuros, echar una mano (normalmente con dinero). **35 to ~ to,** ocuparse de, atender, encargarse: *I'll see to the whole matter = me ocuparé de todo el tema.* **36 to ~ to it,** asegurarse de que (algo) se hace. **37 to ~ what one can do/what can be done,** ver lo que uno puede hacer/se puede hacer. **38 ~ you/~ later/be seeing you,** (fam.) hasta luego, hasta más ver, hasta la vista. **39 to wait and ~,** ⇒ **wait. 40 we'll ~ about that,** ya veremos si te atreves (amenazante). **41 you'll ~,** ya lo verás, ya lo comprobarás en el futuro, ya verás (que tengo razón). **42 you ~,** mira, intenta entender, fíjate.
seed [siːd] *s. c.* **1** AGR. semilla. **2** DEP. tenista clasificado/considerado/evaluado según un determinado criterio; cabeza de serie (tenis): *he's the number three seed = es el tenista considerado número 3 en la clasificación general.* • *s. i.* **3** AGR. simiente. **4** (form. y p.u.) descendencia (persona). • *v. t.* **5** (**to ~ + o. + (with)**) sembrar con semilla. **6** DEP. catalogar/clasificar/evaluar a un tenista según un determinado criterio; poner de cabeza de serie. ◆ **7 to go/run to ~,** granar, dar en grana. **8 to go to ~,** (fam.) ir a menos, perder facultades (físicas o mentales). **9 to plant/sow the seeds of,** (fig.) sembrar, poner el germen de, sembrar el germen de: *he sowed the seeds of fear in her heart = sembró el germen del miedo en su corazón.*
seedbed ['siːdbed] *s. c.* **1** AGR. semillero. **2** (fig.) semillero, terreno abonado: *this place has been a seedbed of revolutionary ideas = este lugar ha sido un terreno abonado para las ideas revolucionarias.*
seedcake ['siːdkeɪk] *s. c.* e *i.* GAST. torta de alcaravea, torta de semillas.
seediness ['siːdɪnɪs] *s. i.* estado desaseado (personal); estado destartalado; sordidez (lugar).
seedless ['siːdlɪs] *adj.* sin pepitas (fruta).
seedling ['siːdlɪŋ] *s. c.* BOT. plantón, plántula.
seedy ['siːdɪ] *adj.* **1** desaseado (persona), destartalado; sórdido (lugar). **2** (p.u.) pachucho, indispuesto. **3** lleno de pepitas (fruta).
seek [siːk] (form.) (*pret.* y *p. p. irreg.* **sought**) *v. t.* **1** buscar (algo). **2** buscar, querer (venganza, paz, contestación, solución, etc.). **3** solicitar, pedir (consejo, ayuda, etc.). **4** (**to ~ + *inf.***) intentar, procurar, tratar de. • *i.* **5** (**to ~ for**) buscar. **6** (**to ~ for**) solicitar, pedir (consejo, ayuda, etc.). ◆ **7 to ~ one's fortune,** (p.u.) buscar fortuna, ir en busca de fortuna. **8 to ~ out,** buscar afanosamente, perseguir (a alguien).
seem [siːm] *v. i.* **1** (**to ~ + *adj./adv./inf.***) parecer: *he seems to be fed up = parece que está harto; it seems essential to start now = parece importantísimo empezar ahora.* **2** (**to ~ + *inf.***) parecer (que): *you seem to forget everything he did = pareces olvidar todo lo que hizo.* ◆ **3 can't/couldn't ~ to,** no parecer posible que (alguien) pueda/pudiera: *I can't seem to get the hang of computers = no parece posible que pueda coger el tranquillo a los ordenadores.*

seeming ['si:mɪŋ] *adj.* (form.) aparente, supuesto: *his seeming willingness to cooperate* = *su aparente disponibilidad a ayudar.*
seemingly ['si:mɪŋlɪ] *adv.* **1** aparentemente, supuestamente. **2** al parecer, por lo que se ve.
seemliness ['si:mlɪnɪs] *s. i.* (p.u. o form.) decoro, decencia, corrección (en el comportamiento, forma de vestir, etcétera).
seemly ['si:mlɪ] *adj.* (p.u. o form.) decoroso, apropiado (conducta, estilo, forma de vestir, etc.).
seen [si:n] *p. p. irreg.* de **see.**
seep [si:p] *v. i.* **1** (**to** ~ {**through**}) filtrarse, fluir poco a poco, fluir muy gradualmente, rezumar: *the rain seeped through the ceiling* = *la lluvia se filtró a través del techo.* **2** penetrar poco a poco, filtrarse (humo, gas, etc.). **3** (fig.) filtrarse (una noticia, fuera de un lugar).
seer ['sɪə] *s. c.* (p.u. o lit.) vidente, profeta, visionario.
seesaw ['si:sɔ:] *s. c.* **1** columpio de sube y baja. ● *v. i.* **2** hacer un vaivén, hacer un movimiento de sube y baja. **3** (fig.) fluctuar (precios, por ejemplo).
seethe [si:ð] *v. i.* **1** hervir, bullir, borbotar (líquidos). **2** estar agitado, estar colérico, estar furioso (sin mostrarlo). **3** (**to** ~ **with**) ser un hervidero de, estar lleno de (gente, animales o cosas).
see-through ['si:θru:] *adj.* transparente, que se ve lo de debajo (ropa).
segment ['segmənt] *s. c.* **1** sección, parte, segmento (de un todo). **2** gajo (de fruta). **3** GEOM. segmento.
segmentation [ˌsegmen'teɪʃn] *s. i.* BIOL. segmentación, división (de células).
segmented [seg'mentɪd] *adj.* segmentado, dividido.
segregate ['segrɪgeɪt] *v. t.* separar (especialmente razas).
segregated ['segrɪgeɪtɪd] *adj.* de un único, de un solo (sexo, religión o raza).
segregation [ˌsegrɪ'geɪʃn] *s. i.* segregación, separación (especialmente racial).
seismic ['saɪzmɪk] *adj.* GEOL. sísmico.
seismograph ['saɪzməgrɑ:f || 'saɪzməgræf] *s. c.* MEC. sismógrafo.
seismology [saɪz'mɒlədʒɪ] *s. i.* sismología.
seize [si:z] *v. t.* **1** agarrar, sujetar con fuerza, coger fuertemente: *the policeman seized the thief by the collar* = *el policía agarró al ladrón por el cuello.* **2** tomar (el poder en un país), dominar (una parte del mundo), capturar (terreno o personas). **3** embargar (propiedades); incautarse de (productos de contrabando). **4** (normalmente pasiva) detener, apoderarse de (personas). **5** coger, no dejar escapar (una oportunidad). **6** (normalmente *pasiva*) embargar, apoderarse de (un sentimiento fuerte): *I was seized by panic when I saw the frightening situation* = *el pánico se apoderó de mí al ver la horrible situación.* ◆ **7 to** ~ **on/upon,** aprovechar al máximo, no dejar escapar, valerse de (una oportunidad, una posibilidad de mejora, etc.). **8 to** ~ **up,** pararse completamente, agarrotarse, atascarse (un músculo, vehículo, etcétera).
seizure ['si:ʒər] *s. i.* **1** MED. ataque (epiléptico, de corazón), convulsión, crisis. ● *s. c.* e *i.* **2** (~ **of**) captura de, toma de, incautación (poder, lugar, contrabando, etc.): *seizures of drugs are on the increase* = *las incautaciones de droga están aumentando.*
seldom ['seldəm] *adv.* rara vez, raras veces, con poca frecuencia.
select [sɪ'lekt] *v. t.* **1** seleccionar, escoger, elegir. ● *adj.* **2** selecto, escogido. **3** exclusivista, para la flor y nata (club, zona de viviendas, etc.). ◆ **4** ~ **committee,** (brit.) POL. comisión parlamentaria.
selected [sɪ'lektɪd] *adj.* seleccionado, escogido: *carefully selected produce* = *producto cuidadosamente seleccionado.*
selection [sɪ'lekʃn] *s. i.* **1** selección. ● *s. c.* **2** COM. surtido, gama (de productos). **3** selección (de literatura, música, etc.). ◆ **4** ~ **committee,** jurado, comité de selección (de personas o cosas).
selective [sɪ'lektɪv] *adj.* **1** selectivo (proceso o característica personal). ◆ **2** ~ **service,** (EE UU) servicio militar obligatorio, reclutamiento obligatorio.
selectively [sɪ'lektɪvlɪ] *adv.* selectivamente.
selector [sɪ'lektər] *s. c.* **1** DEP. seleccionador. **2** ELECTR. selector (en televisión, radio, etc.).
self [self] (*pl.* **selves**) *s. c.* **1** (form.) uno mismo (desde un punto de vista psicológico, filosófico, etc.). **2** personalidad, ser: *my whole self shakes at the idea* = *todo mi ser tiembla ante la idea.* ● *s. i.* **3** uno mismo (desde el punto de vista egoísta). ◆ **4 self-,** auto, en uno mismo (en compuestos): *self-critical* = *autocrítico; self-image* = *imagen de uno mismo.*
self-absorbed [ˌselfəb'sɔ:bd] *adj.* absorto en uno mismo.
self-addressed [ˌselfə'drest] *adj.* con el nombre y dirección de uno mismo (un sobre).
self-adhesive [ˌselfəd'hi:sɪv] *adj.* autoadhesivo.
self-appointed [ˌselfə'pɔɪntɪd] *adj.* autoproclamado, autonombrado, que se nombra a sí mismo: *a self-appointed saviour* = *un salvador que se nombra a sí mismo.*
self-assertion [ˌselfə'sɜ:ʃn] *s. i.* autoafirmación, energía, convencimiento, firmeza (en la defensa de las propias ideas, creencias, opiniones, etcétera).
self-assertive [ˌselfə'sɜ:tɪv] *adj.* enérgico, convencido, firme (en las propias ideas, creencias, opiniones, etc.); autoritario.
self-assurance [ˌselfə'ʃɔ:rəns || ˌselfə'ʃʊərəns] *s. i.* confianza en uno mismo, seguridad en uno mismo.
self-assured [ˌselfə'ʃʊəd || ˌselfə'ʃʊərd] *adj.* seguro en uno mismo, confiado en las fuerzas de uno mismo.
self-catering [ˌself'keɪtərɪŋ] *s. i.* donde uno tiene que o puede hacerse su propia comida (apartamento, piso, aparthotel, etcétera).
self-centered *adj.* ⇒ **self-centred.**
self-centred [ˌself'sentəd] (en EE UU **self-centered**) egoísta, egocéntrico, que piensa sólo en sí mismo.
self-confessed [ˌselfkən'fest] *adj.* confeso, reconocido por uno mismo, admitido.
self-confidence [ˌself'kɒnfɪdəns] *s. i.* confianza en uno mismo, seguridad en uno mismo.
self-confident [ˌself'kɒnfɪdənt] *adj.* que confía en sus propias fuerzas, que está seguro de sí mismo.
self-congratulation [ˌselfkənˌgrætʃʊ'leɪʃn] *s. i.* autocomplacencia.
self-conscious [ˌself'kɒnʃəs] *adj.* **1** cohibido, tímido, inseguro (al tener que hablar, relacionarse, etc. con otros). **2** poco natural.
self-consciously [ˌself'kɒnʃəslɪ] *adv.* **1** tímidamente, cohibidamente, de forma insegura. **2** de forma afectada.
self-consciousness [ˌself'kɒnʃəsnɪs] *s. i.* **1** timidez, inseguridad, encogimiento. **2** falta de naturalidad.
self-contained [ˌselfkən'teɪnd] *adj.* **1** autosuficiente, que cuenta con sus propios recursos. **2** independiente, autosuficiente, con entrada propia (piso que no comparte cocina o baño con otro piso).
self-contradictory [ˌselfˌkɒntrə'dɪktərɪ] *adj.* que lleva implícita una contradicción, contradictorio.
self-control [ˌselfkən'trəʊl] *s. i.* autocontrol, serenidad, autodominio.
self-controlled [ˌselfkən'trəʊld] *adj.* sereno, autocontrolado.
self-defeating [ˌselfdɪ'fi:tɪŋ] *adj.* contraproducente.
self-defence [ˌselfdɪ'fens] (en EE UU **self-defense**) *s. i.* **1** autodefensa, defensa propia. ◆ **2 in** ~**,** en defensa propia.
self-defense ⇒ *s. i.* **self-defence.**
self-denial [ˌselfdɪ'naɪəl] *s. i.* autonegación, sacrificio, abnegación.
self-determination [ˌselfdɪtɜ:mɪ'neɪʃn] *s. i.* **1** POL. autodeterminación. **2** independencia personal.
self-discipline [ˌself'dɪsɪplɪn] *s. i.* autodisciplina, autodominio.
self-drive [ˌself'draɪv] *adj.* de alquiler sin chófer (coches).
self-educated [ˌself'edʒʊkeɪtɪd] *adj.* autodidacto.
self-effacing [ˌselfɪ'feɪsɪŋ] *adj.* modesto, humilde.
self-employed [ˌselfɪm'plɔɪd] *adj.* autónomo, que trabaja por cuenta propia.

self-esteem [ˌselfɪ'stiːm] *s. i.* amor propio, autoestima.
self-evident [ˌself'evɪdənt] *adj.* patente, clarísimo, evidente.
self-evidently [ˌself'evɪdəntlɪ] *adv.* patentemente, clarísimamente, evidentemente.
self-examination [ˌselfɪgzæmɪ'neɪʃn] *s. i.* autoexamen, introspección, examen de uno mismo (en cuanto a acciones y forma de pensar de uno).
self-explanatory [ˌselfɪk'splænɪtrɪ] *adj.* que se explica por sí mismo, obvio.
self-expression [ˌselfɪk'spreʃn] *s. i.* autoexpresión.
self-governing [ˌself'gʌvənɪŋ] *adj.* autónomo, independiente (organización, país, etc.).
self-government [ˌself'gʌvənmənt] *s. i.* autogobierno, autonomía, independencia.
self-help [ˌself'help] *s. i.* ayuda propia, esfuerzo propio: *a self-help group* = *un grupo que sólo se basa en su propio esfuerzo.*
self-importance [ˌselfɪm'pɔːtəns] *s. i.* presunción, engreimiento, vanidad.
self-important [ˌselfɪm'pɔːtənt] *adj.* presumido, engreído, vanidoso.
self-imposed [ˌselfɪm'pəuzd] *adj.* autoimpuesto, voluntario.
self-indulgence [ˌselfɪn'dʌldʒəns] *s. i.* autocomplacencia, satisfacción excesiva de los propios apetitos o deseos; sibaritismo.
self-indulgent [ˌselfɪn'dʌldʒənt] *adj.* autocomplaciente, comodón, sibarita.
self-inflicted [ˌselfɪn'flɪktɪd] *adj.* autoinfligido, que uno mismo se inflige (herida).
self-interest [ˌself'ɪntrɪst] *s. i.* interés propio, egoísmo.
self-interested [ˌself'ɪntrɪstɪd] *adj.* de interés propio, egoísta.
selfish ['selfɪʃ] *adj.* egoísta, interesado.
selfishly ['selfɪʃlɪ] *adv.* de forma egoísta, interesadamente.
selfishness ['selfɪʃnɪs] *s. i.* egoísmo, interés en lo propio de uno.
selfless ['selflɪs] *adj.* desinteresado, desprendido.
selflessly ['selflɪslɪ] *adv.* desinteresadamente, desprendidamente.
selflessness ['selflɪsnɪs] *s. i.* desinterés, desprendimiento.
self-made [ˌself'meɪd] *adj.* que se ha hecho a sí mismo.
self-motivated [ˌself'məutɪveitɪd] *adj.* automotivado, con motivación propia.
self-opinionated [ˌselfə'pɪnjəneɪtɪd] *adj.* dogmático, terco (ideas, opiniones).
self-pity [ˌself'pɪtɪ] *s. i.* autocompasión, lástima de uno mismo.
self-portrait [ˌself'pɔːtreɪt] *s. c.* ART. autorretrato.
self-possessed [ˌselfpə'zest] *adj.* sereno, dueño de uno mismo.
self-possession [ˌselfpə'zeʃn] *s. i.* serenidad, dominio de uno mismo, aplomo.
self-preservation [ˌselfprezə'veɪʃn] *s. i.* autoconservación (instinto).
self-propelled [ˌselfprə'peld] *adj.* autopropulsado.
self-raising flour [ˌselfreɪzɪŋ'flauər] (en EE UU **self-rising flour**) *s. i.* harina con levadura.
self-reliance [ˌselfrɪ'laɪəns] *s. i.* independencia, confianza en uno mismo.
self-reliant [ˌselfrɪ'laɪənt] *adj.* independiente, confiado en uno mismo.
self-respect [ˌselfrɪ'spekt] *s. i.* amor propio, autorrespeto, dignidad.
self-respecting [ˌselfrɪ'spektɪŋ] *adj.* **1** digno, digno de respeto, consciente de la dignidad personal. **2** digno del nombre, que se precie: *no self-respecting actor would take part in his films* = *ningún actor que se precie actuaría en sus películas.*
self-righteous [ˌself'raɪtʃəs] *adj.* farisaico, santurrón.
self-righteously [ˌself'raɪtʃəslɪ] *adv.* farisaicamente, santurronamente.
self-righteousness [ˌself'raɪtʃəsnɪs] *s. i.* fariseísmo, santurronería.
self-rising flour [ˌselfraɪsɪŋ'fləuər] *s. i.* ⇒ **self-raising flour.**
self-sacrifice [ˌself'sækrɪfaɪs] *s. i.* abnegación, sacrificio de los gustos de uno.
self-sacrificing [ˌself'sækrɪfaɪsɪŋ] *adj.* abnegado, sacrificado.
self-same ['selfseɪm] *adj.* mismo, mismísimo.
self-satisfaction [ˌselfˌsætɪs'fækʃn] *s. i.* autosatisfacción, suficiencia, complacencia.
self-satisfied [ˌself'sætɪsfaɪd] *adj.* autosatisfecho, suficiente, complaciente.
self-seeking [ˌself'siːkɪŋ] *adj.* **1** egoísta. ● *s. i.* **2** egoísmo.
self-service [ˌself'səːvɪs] *s. i.* **1** autoservicio. ● *adj.* **2** de autoservicio.
self-starter [ˌself'stɑːtər] *s. c.* **1** MEC. motor de arranque. **2** persona con ideas propias para progresar en su vida.
self-styled [ˌself'staɪld] *adj.* supuesto.
self-sufficiency [ˌselfsə'fɪʃənsɪ] *s. i.* autarquía, autosuficiencia.
self-sufficient [ˌselfsə'fɪʃənt] *adj.* **1** (~ {**in**}) autárquico, autosuficiente (especialmente un país, su economía). **2** autónomo (persona).
self-supporting [ˌselfsə'pɔːtɪŋ] *adj.* autofinanciado.
self-taught [ˌself'tɔːt] *adj.* autodidacto.
self-willed [ˌself'wɪld] *adj.* (desp.) terco, cabezota.
sell [sel] (*pret.* y *p. p. irreg.* **sold**) *v. t.* **1** vender. **2** (fam.) convencer de: *did he sell you that stupid idea?* = *¿te convenció de esa idea tonta?* **3** vender, traicionar (principio, valores, honor, etc.). ● *v. i.* **4** vender, hacer ventas, venderse. **5** venderse, tener atractivo, ser aceptable (para el público). ● *v. pron.* **6** (fam.) comunicar bien, presentar una atrayente personalidad (para conseguir un trabajo, ser votado, etc.). ◆ **7 to ~ off,** liquidar (existencias). **8 to ~ oneself short,** hacerse uno de menos, subestimarse. **9 to ~ out, a)** quedarse sin existencias (de algún producto); **b)** quedarse sin billetes (para un espectáculo). **10 to ~ out (to)**, (fam.) venderse a, entregarse a: *he's sold out to the competition* = *se ha vendido a la competencia.* **11 to ~ someone down the river,** (fam.) traicionar. **12 to ~ up,** venderlo todo, quedarse sin nada.
seller ['selər] *s. c.* **1** vendedor. ◆ **2 to be a good/poor ~,** tener mucha/poca demanda, venderse bien/mal.
selling ['selɪŋ] *s. i.* **1** venta. ◆ **2 ~ point,** punto a su favor, aspecto ventajoso, atractivo para el comprador. **3 ~ price,** precio de venta.
Sellotape ['seləuteɪp] (marca registrada) *s. i.* **1** celo, cinta adhesiva. ● *v. t.* **2** pegar con celo.
sell-out ['selaut] *s. c.* **1** (normalmente *sing.*) éxito de taquilla. **2** (fam.) traición.
selves [selvz] *pl.* de **self.**
semantic [sɪ'mæntɪk] *adj.* FILOL. semántico.
semantics [sɪ'mæntɪks] *s. i.* semántica.
semaphore ['seməfɔː] *s. i.* comunicación por banderines.
semblance ['sembləns] *s. sing.* (~ **of**) señal mínima de, mínima apariencia de: *there wasn't a semblance of truth in what he said* = *no había la más mínima apariencia de verdad en lo que dijo.*
semen ['siːmen] *s. i.* BIOL. semen.
semester [sɪ'mestər] *s. c.* (EE UU) semestre (división del período universitario).
semi ['semɪ] *s. c.* **1** (brit.) (fam.) chalet adosado. ◆ **2 semi-,** semi (en compuestos): *semi-darkness* = *semioscuridad.*
semibreve ['semɪbriːv] *s. c.* (brit.) MÚS. semibreve.
semicircle ['semɪsəːkl] *s. c.* GEOM. semicírculo.
semicircular [ˌsemɪ'səːkjulər] *adj.* semicircular.
semicolon [ˌsemɪ'kəulən] *s. c.* punto y coma.
semiconductor [ˌsemɪkən'dʌktər] *s. c.* ELECTR. semiconductor.
semi-conscious [ˌsemɪ'kɒnʃəs] *adj.* semiconsciente.
semi-detached [ˌsemɪdɪ'tætʃt] *adj.* **1** ARQ. adosado, semiseparado. ● *s. c.* **2** chalet adosado.
semifinal [ˌsemɪ'faɪnl] DEP. *s. c.* **1** semifinal. ● *s. pl.* **2** (**the ~**) las semifinales.
semifinalist [ˌsemɪ'faɪnəlɪst] *s. c.* DEP. semifinalista.
seminal ['semɪnl] *adj.* (form.) fundamental, básico, importantísimo (trabajo, novela, etc.).
seminar ['semɪnɑːr] *s. c.* seminario, clase de discusión, clase práctica (en una universidad).
seminary ['semɪnərɪ ‖ 'semɪnerɪ] *s. c.* REL. seminario.
semiotics [ˌsemɪ'ɒtɪks] *s. i.* semiótica.
semiprecious [ˌsemɪ'preʃəs] *adj.* semipreciosa (joya).

semiquaver ['semɪkweɪvər] *s. c.* (brit.) MÚS. semicorchea.
Semite ['si:maɪt] *s. c.* semita.
Semitic [sɪ'mɪtɪk] *adj.* semítico.
semitone ['semɪtəʊn] *s. c.* MÚS. semitono.
semitropical [,semɪ'tropɪkəl] *adj.* ⇒ **subtropical.**
semolina [,semə'li:nə] *s. i.* sémola.
sempstress *s. c.* ⇒ **seamstress.**
SEN [,esɪ:'en] (*abrev.* de **State Enrolled Nurse**) *s. c.* enfermero diplomado.
Senate ['senɪt] *s. sing.* **1** (**the** ~) POL. el Senado, la Cámara Alta. **2** (**the** ~) la junta directiva, el consejo universitario (órgano directivo en algunas universidades).
senator ['senətər] *s. c.* POL. senador.
senatorial [,senə'tɔ:rɪəl] *adj.* (form.) senatorial.
send [send] (*pret.* y *p. p. irreg.* **sent**) *v. t.* **1** enviar, mandar, despachar. **2** transmitir, enviar (por radio). **3** poner (en un estado); hacer (llegar a un estado): *his way of talking sends me to sleep = su forma de hablar me hace dormirme.* **4** expulsar, lanzar: *the grenade sent everybody running in all directions = la granada hizo que todo el mundo se lanzara a correr en todas las direcciones.* ◆ **5 to** ~ **down,** (brit.) expulsar (de una universidad). **6 to** ~ **for, a)** hacer llamar, hacer venir, llamar; **b)** pedir, hacer un pedido de. **7 to** ~ **forth,** producir; echar (olor, hojas, etc.). **8 to** ~ **in, a)** presentar (documento, solicitud, etc.); **b)** enviar (tropas o policía, especialmente). **9 to** ~ **off, a)** DEP. expulsar (del juego); **b)** enviar por correo. **10 to** ~ **on,** hacer seguir, enviar a nueva dirección (desde la antigua). **11 to** ~ **someone packing,** (fam.) mandar a alguien a freír espárragos, mandar a alguien a hacer puñetas. **12 to** ~ **up,** (fam.) parodiar, imitar satíricamente. **13 to** ~ **word,** enviar aviso, enviar recado.
sender ['sendər] *s. c.* remitente.
send-off ['sendɒf] *s. c.* (fam.) despedida.
send-up ['sendʌp] *s. c.* (fam.) parodia, imitación sarcástica.
Senegal [,senɪ'gɔ:l] *s. sing.* Senegal.
Senegalese [,senɪgə'li:z] (*pl.* **Senegalese**) *s. c.* **1** senegalés. ● *adj.* **2** senegalés.
senile ['si:naɪl] *adj.* senil.
senility [sɪ'nɪlɪtɪ] *s. i.* senilidad.
senior ['si:nɪər] *adj.* **1** de mayor categoría, de categoría más alta (en un trabajo, organización, etc.). **2** (~ {**to**}) mejor, mayor, superior (en experiencia, rango, etc.). ● *s. sing.* **3** (*adj.pos.* ~) mayor (en edad): *I'm four years his senior = soy cuatro años mayor que él.* ● *s. c.* **4** alumno mayor, chico mayor (en la escuela). **5** (EE UU) alumno de COU, alumno del curso preuniversitario. ● **6** ~ **citizen,** (euf.) jubilado, persona de la tercera edad. **7** ~ **lecturer,** profesor titular (de universidad).
seniority [,si:nɪ'ɒrɪtɪ || ,si:nɪ'ɔ:rətɪ] *s. i.* **1** antigüedad (en el trabajo, especialmente). **2** mayor categoría; mayor edad.
sensation [sen'seɪʃn] *s. i.* **1** sensación, sensación física; tacto. ● *s. c.* **2** sensación física (concreta). **3** sensación (anímica): *I had the strange sensation of being spied on = tuve la extraña sensación de estar siendo espiado.* **4** sensación, clamor; escándalo. ● *s. sing.* **5** bomba: *what a sensation! = ¡vaya bomba!*
sensational [sen'seɪʃənl] *adj.* **1** sensacional, clamoroso. **2** (desp.) sensacionalista. **3** (fam.) sensacional, magnífico, insuperable.
sensationalism [sen'seɪʃənəlɪzəm] *s. i.* (desp.) sensacionalismo (especialmente periodístico).
sensationalist [sen'seɪʃənəlɪst] (desp.) *s. c.* **1** sensacionalista. ● *adj.* **2** sensacionalista.
sensationally [sen'seɪʃənəlɪ] *adv.* **1** sensacionalmente, clamorosamente. **2** (desp.) con grandes dosis de sensacionalismo. **3** (fam.) sensacionalmente, magníficamente, insuperablemente.
sense [sens] *s. c.* **1** sentido: *the five senses = los cinco sentidos.* **2** (~ **of**) significado, sentido (de una palabra). ● *s. sing.* **3** sentido (del deber, de la justicia, de lo bueno y lo malo, etc.). **4** talento, instinto, aptitud (para negocios, el humor, la oportunidad de una acción, etc.). **5** (~ **of**) sensación de (algo inmaterial): *a wonderful sense of freedom = una sensación maravillosa de libertad.* **6** (**the** ~ (**of**)) lo fundamental, lo sustancial, lo básico; la impresión general: *I could understand the sense of what he said = pude entender lo sustancial de lo que dijo.* ● *s. i.* **7** inteligencia, sentido común, capacidad mental, capacidad de razonamiento. ● *v. t.* **8** percibir, captar, barruntar (casi inconscientemente). ◆ **9 to come to/to be brought to one's senses,** entrar en razón, recobrar el buen sentido, recobrar el juicio. **10 in a** ~**,** hasta cierto punto, hasta cierto grado. **11 in a very real** ~**,** de una manera muy real, de modo evidente (enfatizando la verdad de algo). **12 in no** ~**,** de ninguna manera, de ninguna forma, en ningún sentido (enfatizando la falsedad de algo). **13 to make** ~**, a)** tener sentido, tener lógica; ser comprensible, ser natural; **b)** decir cosas sensatas, hablar con sensatez; **c)** parecer razonable, parecer bien (un proceso, actividad, etc.). **14 to make** ~ (**of**), sacar en claro (de), entender, comprender el sentido (de). **15 no/little** ~**,** ningún sentido, ninguna lógica. **16** ~ **of direction,** ⇒ **direction. 17 to take leave of one's senses,** perder el juicio, perder la capacidad de razonar; volverse loco. **18 to talk** ~**,** hablar con lógica, hablar razonablemente.
senseless ['senslɪs] *adj.* **1** sin sentido, inconsciente: *the blow left him senseless = el golpe lo dejó sin sentido.* **2** (desp.) insensato, estúpido, inconsciente, necio.
senselessly ['senslɪslɪ] *adv.* (desp.) insensatamente, inconscientemente, neciamente.
senselessness ['senslɪsnɪs] *s. i.* (desp.) insensatez, inconsciencia, falta de seriedad.
sensibility [,sensə'bɪlɪtɪ] *s. i.* **1** sensibilidad (artística, literaria, etc.). **2** sensibilidad, susceptibilidad (a lo que otros opinen de nosotros).
sensible ['sensəbl] *adj.* **1** sensato, juicioso, prudente. **2** práctico, funcional (manera de vestir).
sensibly ['sensəblɪ] *adv.* con gran sensatez, con buen juicio, prudentemente.
sensitise *adj.* ⇒ **sensitize.**
sensitive ['sensɪtɪv] *adj.* **1** (~ {**to**}) sensible, delicado (normalmente una parte del cuerpo). **2** delicado, difícil (asunto, cuestión, conflicto, etc.). **3** (~ {**to**}) sensible (para lo artístico, los problemas de otros, etc.). **4** sensible (aparato). **5** (~ {**about/to**}) susceptible: *he's too sensitive to criticism = es demasiado susceptible ante la crítica.*
sensitively ['sensətɪvlɪ] *adv.* con susceptibilidad.
sensitivity [,sensə'tɪvɪtɪ] *s. c.* e *i.* **1** susceptibilidad. **2** sensibilidad (artística, literaria, etc.). ● *s. i.* **3** precisión (de aparatos). **4** sensibilidad, lo delicado (normalmente de una parte del cuerpo). **5** dificultad, lo delicado (de un problema, asunto, conflicto, etc.).
sensitize ['sensɪtaɪz] (también **sensitise**) *v. t.* **1** sensibilizar (material fotográfico o similar). **2** (form.) sensibilizar (a personas ante un problema).
sensor ['sensər] *s. c.* MEC. sensor.
sensory ['sensərɪ] *adj.* (form.) sensorio, sensorial.
sensual ['senʃuəl] *adj.* sensual.
sensuality [,senʃu'ælɪtɪ] *s. i.* sensualidad.
sensually ['senʃuəlɪ] *adv.* sensualmente.
sensuous ['senʃuəs] *adj.* sensual, placentero.
sensuously ['senʃuəslɪ] *adv.* sensualmente, placenteramente.
sensuousness ['senʃuəsnɪs] *s. i.* sensualidad, placer.
sent [sent] *pret.* y *p. p. irreg.* de **send.**
sentence ['sentəns] *s. c.* **1** GRAM. oración. ● *s. c.* e *i.* **2** DER. sentencia, fallo. ● *v. t.* **3** DER. sentenciar, condenar. **4** (fig.) condenar, destinar: *he was sentenced to a life of solitude = fue destinado a una vida de soledad.* ◆ **5** ~ **adverb,** GRAM. oración adverbial.
sententious [sen'tenʃəs] *adj.* (form.) sentencioso, ampuloso (especialmente en el lenguaje).
sententiously [sen'tenʃəslɪ] *adv.* (form.) sentenciosamente, ampulosamente.
sententiousness [sen'tenʃəsnɪs] *s. i.* (form.) estilo sentencioso, ampulosidad.

sentient ['senʃnt] *adj.* (form.) sensible, sensitivo (físicamente): *a sentient being = un ser sensible.*
sentiment ['sentɪmənt] *s. i.* **1** sentimiento. **2** sentimentalismo. • *s. c.* **3** opinión, sentir.
sentimental [ˌsentɪ'mentl] *adj.* **1** (normalmente desp.) sentimental, sentimentaloide, sensiblero. **2** emocional, sentimental; romántico.
sentimentalise *v. t.* e *i.* ⇒ **sentimentalize.**
sentimentality [ˌsentɪmen'tælɪtɪ] *s. i.* (desp.) sensiblería.
sentimentalize [ˌsentɪ'mentəlaɪz] (también **sentimentalise**) *v. t.* e *i.* (form.) sentimentalizar, hablar demasiado emocionalmente.
sentimentally [ˌsentɪ'mentəlɪ] *adv.* **1** (normalmente desp.) sentimentalmente, sensibleramente. **2** emocionalmente, sentimentalmente; románticamente.
sentinel ['sentɪnl] *s. c.* (p.u.) centinela.
sentry ['sentrɪ] *s. c.* **1** MIL. centinela. ♦ **2** ~ **box,** garita (de centinela).
separable ['sepərəbl] *adj.* separable, divisible.
separably ['sepərəblɪ] *adv.* separablemente, divisiblemente.
separate ['sepəreɪt] *v. t.* **1** separar, dividir (física y figurativamente). **2** (**to** ~ + *o.* + **from**) distinguir de, diferenciar de. **3** separar la clara de la yema (de un huevo). • *v. i.* **4** (**to** ~ {**from**}) separarse (una pareja). **5** separarse, alejarse; despedirse (momentáneamente). **6** cortarse; hacerse grumos (leche, mayonesa, etc.). • ['seprət] *adj.* **7** (~ {**from**}) separado, desunido (físicamente). **8** distinto, diferente, diferenciado, suelto (que se nota individualmente). • *s. pl.* **9** ropas sueltas, prendas sueltas. • **10 to go one's** ~ **ways,** separarse, ir cada uno por su lado.
separated ['sepəreɪtɪd] *adj.* **1** separado (como pareja).
separately ['seprɪtlɪ] *adv.* **1** separadamente, por separado. **2** de manera suelta, diferentemente, distintamente.
separateness ['seprətnɪs] *s. i.* estado de separación.
separation [ˌsepə'reɪʃn] *s. i.* **1** separación de: *the separation of legislative powers = la separación de los poderes legislativos.* • *s. c.* **2** separación, división, pared. • *s. c.* e *i.* **3** separación (de la pareja). **4** separación, tiempo de separación. **5** separación, distinción, diferenciación.
separatism ['sepərətɪzəm] *s. i.* POL. separatismo.
separatist ['sepərətɪst] *s. c.* **1** POL. separatista. • *atr.* **2** separatista.
sepia ['siːpɪə] *adj.* **1** sepia (color). • *s. i.* **2** sepia (color). **3** QUÍM. sepia.
September [sep'tembər] (*abrev.* **Sept.**) *s. i.* septiembre.
septic ['septɪk] *adj.* **1** MED. infectado, con infección: *a septic wound = una herida infectada.* ♦ **2** ~ **tank,** pozo séptico.
septuagenarian [ˌseptjuədʒɪ'neərɪən] *s. c.* (form.) septuagenario.
sepulcher *s. c.* ⇒ **sepulchre.**
sepulchral [sɪ'pʌlkrəl] *adj.* (lit.) sepulcral, fúnebre, tétrico, funesto.
sepulchre ['seplkər] (en EE UU **sepulcher**) *s. c.* (lit.) sepulcro.
sequel ['siːkwəl] *s. c.* **1** (~ {**to**}) continuación (de una novela, película, etc.). **2** (~ {**to**}) consecuencia, resultado posterior, desenlace.
sequence ['siːkwəns] *s. c.* **1** secuencia (de película). **2** (~ **of**) secuencia de, serie de, sucesión de. **3** secuencia temporal. ♦ **4 in/out of** ~, en/sin secuencia, en/sin secuencia temporal. **5** ~ **of tenses,** GRAM. secuencia temporal, secuencia de tiempos verbales.
sequential [sɪ'kwenʃl] *adj.* (form.) secuencial, serial.
sequentially [sɪ'kwenʃəlɪ] *adv.* (form.) secuencialmente.
sequester [sɪ'kwestər] *v. t.* DER. secuestrar, confiscar (propiedad).
sequestered [sɪ'kwestəd] *adj.* (lit.) aislado, remoto (lugar).
sequestrate ['siːkwestreɪt] *v. t.* DER. secuestrar, confiscar (propiedad).
sequestration [ˌsiːkwe'streɪʃn] *s. i.* DER. secuestro, confiscación.
sequin ['siːkwɪn] *s. c.* lentejuela (para adorno en la ropa).
sequinned ['siːkwɪnd] (en EE UU **sequined**) *adj.* con lentejuelas.
seraph ['serəf] (*pl.* **seraphim** o **seraphs**) *s. c.* REL. serafín.
seraphim ['serəfɪm] *pl.* de **seraph.**
Serbo-Croat [ˌsɜːbəʊ'krəuæt] *s. i.* serbocroata (idioma).
serenade [ˌserə'neɪd] *s. c.* MÚS. **1** serenata. **2** pieza para pequeña orquesta. • *v. t.* **3** dar una serenata.
serendipity [ˌserən'dɪpɪtɪ] *s. i.* hallazgo afortunado.
serene [sɪ'riːn] *adj.* sereno, tranquilo, compuesto.
serenely [sɪ'riːnlɪ] *adv.* serenamente, tranquilamente.
serenity [sɪ'renɪtɪ] *s. i.* serenidad, tranquilidad.
serf [sɜːf] *s. c.* HIST. siervo (medieval).
serfdom ['sɜːfdəm] *s. i.* **1** HIST. sistema de siervos de la gleba. **2** (fig.) servidumbre.
serge [sɜːdʒ] *s. i.* estameña, sarga (tipo de tejido).
sergeant ['sɑːdʒənt] *s. c.* MIL. sargento.
sergeant-major [ˌsɑːdʒənt'meɪdʒər] *s. c.* MIL. sargento mayor.
serial ['sɪərɪəl] *adj.* **1** serial, en serie; consecutivo. • *s. c.* **2** serial (novela, programa, etc.).
serialise *v. t.* ⇒ **serialize.**
serialization [ˌsɪərɪəlaɪ'zeɪʃn ‖ ˌsɪərɪəlɪ'zeɪʃn] (también **serialisation**) *s. c.* e *i.* **1** serialización (en televisión). **2** publicación por entregas (en revistas).
serialize ['sɪərɪəlaɪz] (también **serialise**) *v. t.* **1** poner en forma serial. **2** publicar/televisar por entregas.
series ['sɪəriːz] (*pl.* **series**) *s. sing.* **1** (~ {**of**}) serie, sucesión. • *s. c.* **2** serie, ciclo (de conferencias, libros, etc.). **3** TV. serie. • **4 in** ~, ELEC. en serie.
serious ['sɪərɪəs] *adj.* **1** serio (carácter y comportamiento). **2** serio, difícil, comprometido, grave (asunto, situación, etc.). **3** grave (enfermedad).
seriously ['sɪərɪəslɪ] *adv.* **1** seriamente. **2** seriamente, difícilmente, comprometidamente, gravemente. **3** gravemente (enfermo). **4** en serio, de verdad, no en broma. ♦ **5 to take** ~, tomar en serio.
seriousness ['sɪərɪəsnɪs] *s. i.* **1** seriedad (de carácter o comportamiento). **2** seriedad, gravedad, dificultad (de una situación). **3** gravedad (de una enfermedad).
sermon ['sɜːmən] *s. c.* **1** REL. sermón. **2** (desp.) sermón, rollo.
sermonise *v. t.* ⇒ **sermonize.**
sermonize ['sɜːmənaɪz] (también **sermonise**) *v. t.* (desp.) dar un sermón, soltar un rollo, sermonear.
sermonizing ['sɜːmənaɪzɪŋ] (también **sermonising**) (desp.) *adj.* **1** sermoneante. • *s. i.* **2** sermoneo.
serpent ['sɜːpənt] *s. c.* (p.u. o lit.) serpiente.
serpentine ['sɜːpəntaɪn] *adj.* (lit.) serpentino, sinuoso.
serrated [sɪ'reɪtɪd ‖ 'sereɪtɪd] *adj.* serrado, dentellado, dentado (objeto).
serried ['serɪd] *adj.* (lit.) apretado, pegado (unos contra otros).
serum ['sɪərəm] *s. i.* **1** FISIOL. suero (de la sangre). • *s. c.* e *i.* **2** QUÍM. suero (para vacunas).
servant ['sɜːvənt] *s. c.* **1** criado, sirviente. **2** (fig.) servidor: *the Pope is the servant of all Catholics = el Papa es el servidor de todos los católicos.*
serve [sɜːv] *v. t.* e *i.* **1** servir (comida o bebida). **2** DEP. sacar, tener el saque (tenis, bádminton, etc.). **3** servir, atender (especialmente a un cliente en una tienda). • *v. t.* **4** servir (al país, familia, comunidad, etc.). **5** suministrar, dar; haber (un servicio): *the area used to be served by public transport = solía haber un servicio de transporte público en esta zona.* **6** GAST. ser suficiente para, tener... porciones (en las recetas). **7** (**to** ~ + *o.* + **with/on**) DER. entregar (notificación judicial). **8** cumplir (sentencia de cárcel), servir un tiempo de (aprendiz). • *v. i.* **9** servir (en el ejército o administración pública). **10** (**to** ~ **as/for/***inf.*) servir de/para, hacer la función de, hacer el servicio de, valer para: *this serves as a knife and tin-opener = esto sirve de cuchillo y abridor de latas.* • *s. sing.* **11** DEP. servicio, saque. ♦ **12 to** ~ **a purpose,** servir para un propósito, servir para el caso. **13 to** ~ **out/up,** servir, ir por las mesas sirviendo (comida). **14 to** ~ **someone right,** tenerlo merecido, merecerlo. **15 to** ~ **time,** (fam.) cumplir una condena.
server ['sɜːvər] *s. c.* **1** DEP. jugador con el servicio. **2** pala, bandeja (para servir ciertos platos).

service ['sɜːvɪs] *s. c.* **1** servicio (de correos, de información, de transportes, etc.). **2** servicio (como trabajo): *the library doesn't charge anything for this service = la biblioteca no cobra nada por este servicio.* **3** MIL. servicio, ejército: *I spent twenty years in the service = pasé veinte años en el ejército.* **4** REL. culto, oficio, misa. **5** mantenimiento, revisión (de un vehículo o máquina). **6** vajilla, juego, servicio de mesa: *a lovely dinner service = una vajilla preciosa.* • *s. i.* **7** servicio doméstico, trabajo doméstico. **8** tiempo de servicio (tiempo de trabajo). **9** funcionamiento (cualquier tipo de maquinaria): *in service = en funcionamiento.* **10** servicio, atención (al cliente). **11** MIL. batalla, acción de guerra. • *s. sing.* **12** DEP. servicio, servicio de saque (tenis o juego similar). **13** tiempo de servicio (tiempo de trabajo). • *s. pl.* **14** servicios (trabajo): *am I to understand my services are no longer needed? = ¿debo entender que mis servicios ya no son necesarios?* **15** ECON. servicios, sector de servicios, sector terciario. **16** área de servicios (autopista). • *adj.* **17** de servicio, para empleados sólo (no para el público): *service doors = puertas de servicio.* • *v. t.* **18** revisar, hacer el mantenimiento de (maquinaria). **19** dar un servicio a, prestar un servicio a (especialmente en infraestructura y cosas necesarias para el mantenimiento). **20** FIN. hacer frente a los intereses, pagar intereses (de una deuda). ◆ **21 at the ~ of,** a disposición de, al servicio de. **22 at your ~,** a su disposición, a su servicio (ofreciéndose a otra persona). **23 to do someone a ~,** prestar un servicio a alguien; hacer un favor a alguien. **24 of ~,** útil, de utilidad. **25 to press into ~,** echar mano de; hacer prestar un servicio, obligar a tener una cierta utilidad. **26 ~ area,** zona de descanso, área de servicios (junto a autopista). **27 ~ charge,** servicio, recargo de servicio (en restaurante o similar). **28 ~ flat,** (brit.) piso que incluye en su renta los servicios de jardinero, portero, etc. **29 ~ lift,** montacargas, ascensor de carga. **30 ~ provider,** proveedor. **31 ~ road,** camino de acceso (a una casa, bloque de oficinas, etc.). **32 ~ station,** estación de gasolina. **33 the services,** MIL. los tres ejércitos.

serviceable ['sɜːvɪsəbl] *adj.* **1** útil, práctico. **2** servible, en funcionamiento, utilizable.

serviceman ['sɜːvɪsmən] (*pl. irreg.* **servicemen**) *s. c.* soldado, militar (de cualquier ejército).

servicemen ['sɜːvɪsmən] *pl. irreg.* de **serviceman.**

serviette [ˌsɜːvɪ'et] *s. c.* (brit.) servilleta.

servile ['sɜːvaɪl ‖ 'sɜːvl] *adj.* (desp.) servil, de lacayo; rastrero.

servility [sɜː'vɪlɪtɪ] *s. i.* (desp.) servilismo.

serving ['sɜːvɪŋ] *s. c.* **1** ración. • *adj.* **2** de servir (cuchara, plato, etc.).

servitude ['sɜːvɪtjuːd] *s. i.* servidumbre, esclavitud, vasallaje.

sesame [sesəmɪ] *s. i.* **1** BOT. ajonjolí, sésamo. ◆ **2 open ~,** (fig.) abrepuertas, especie de santo y seña.

session ['seʃn] *s. c.* **1** sesión, período de sesiones (de cualquier organismo). **2** sesión (como período de tiempo): *a recording session = una sesión de grabación.* **3** año académico; período académico (en universidades americanas y escocesas). ◆ **4 in ~,** en sesión.

set [set] (*ger.* **setting,** *pret.* y *p. p. irreg.* **set**) *v. t.* **1** poner, colocar. **2** estar asentado, estar situado, estar colocado: *the house is set away from the road = la casa está situada bastante lejos de la carretera.* **3** poner (la mesa, una trampa, etc.). **4** fijar, señalar, determinar (un precio, un tiempo, un mínimo, etc.). **5** poner en hora (reloj); ajustar (cualquier máquina). **6** sentar (una tendencia); poner como ejemplo: *he set the fashion trends in the 60's = sentó la tendencia de la moda en los años sesenta.* **7** marcar (pelo). **8** MED. asentar, colocar (un hueso roto). **9** sentar (precedente); dar (ejemplo). **10** establecer, dar (importancia, valor, etc., a algo). **11** poner (música a un poema o similar). **12** ambientar (una novela, película, etc.). **13** apretar (los dientes, especialmente demostrando gran determinación). **14** montar, encasar (una joya en un brazalete, una ventana en una pared, etc.). **15** asignar, poner (una tarea, examen, obligación, etc.). **16** establecer, fijar, poner (un objetivo). **17** ponerse, tener (una expresión facial). **18** (**to ~ + *o* + *ger.***) hacer, causar: *his opinions set me thinking = sus opiniones me hicieron pensar.* • *v. i.* **19** ponerse, ocultarse (el sol). **20** solidificarse, endurecerse, cuajar (cualquier sustancia). **21** MED. asentarse, colocarse (hueso). • *v. pron.* **22** (**to ~ + *inf.***) decidirse firmemente, ponerse a... con firmeza: *I set myself to earn money to fulfil my dreams = me decidí firmemente a ganar dinero para hacer realidad mis sueños.* • *s. c.* **23** juego, colección, serie (de llaves, libros, ropa, etc.). **24** MAT. conjunto. **25** aparato (de radio o televisión). **26** DEP. set (tenis). **27** decorado (de teatro, cine, etc.). **28** MÚS. serie de piezas, repertorio. • *s. sing.* **29** marcado (del pelo). **30** (**the ~ of**) la postura de, la forma de, la apariencia de, la expresión de, el porte de (la cara o el cuerpo). **31** (a veces desp.) círculo, ambiente, grupo (de personas). • *adj.* **32** fijo, determinado, fijado, establecido: *a set fee = unos honorarios fijos.* **33** del día (menú). **34** obligatorio, establecido (programa de lecturas, trabajo escolar, etc.). **35** (**~ on**) decidido a, resuelto a. **36** (**~ + *inf.*/for**) preparado para, dispuesto a. **37** invariable, inmovible, establecido: *a set timetable = un horario invariable.* **38** forzado, rígido (expresión o postura). ◆ **39 to be ~ in one's ways,** tener costumbres muy arraigadas, ser una persona de hábitos fijos. **40 on ~,** en el plató, en escena. **41 to ~ about,** (+ *inf.*) ponerse a, comenzar a (hacer algo). **42 to ~ against, a)** contrastar, comparar; **b)** contrarrestar (impuestos); **c)** lanzar contra, enemistar (especialmente a personas que son amigas). **43 to ~ apart,** reservar, guardar (para algo especial). **44 to ~ apart (from),** distinguir (de), diferenciar (de): *his kindness sets him apart from the rest of the staff = su amabilidad le diferencia del resto del personal.* **45 to ~ aside, a)** poner a un lado, dejar en reserva, guardar; **b)** DER. anular, declarar nulo; **c)** rechazar, apartar (un sentimiento, principio, valor moral, etc.). **46 to ~ back, a)** (fam.) retrasar, retardar (proyecto, plan, etc.); **b)** (fam.) pegar un susto (en el sentido económico); costar un pico. **47 to ~ down, a)** dejar (un vehículo a una persona en algún sitio); **b)** poner por escrito. **48 to ~ eyes on,** (fam.) ver/ver el pelo a. **49 to ~ fire to,** ⇒ **fire. 50 to ~ foot,** ⇒ **foot. 51 to ~ forth, a)** (form.) exponer (ideas, teorías, etc.); **b)** (lit.) ponerse en camino, partir. **52 to ~ great store by,** conceder mucha importancia a. **53 to ~ in,** comenzar (algo malo): *in October the bad weather set in = en octubre comenzó el mal tiempo.* **54 to ~ off, a)** ponerse en camino, partir, empezar un viaje; **b)** hacer estallar, hacer explotar; **c)** hacer resaltar, hacer sobresalir (por fuerte contraste de color u otro); **d)** causar, hacer empezar: *the attack set off a wave of reprisals = el ataque desencadenó una ola de represalias.* **55 to ~ off (on),** hacer (a alguien) hablar (sobre). **56 to ~ on/upon,** atacar, echarse encima (animales o personas contra personas). **57 to ~ one's face against,** ⇒ **face. 58 to ~ one's heart on,** ⇒ **heart. 59 to ~ one's mind on,** concentrarse en, empeñarse en. **60 to ~ out, a)** partir, ponerse en camino; **b)** ordenar, arreglar, disponer con cierto gusto; **c)** presentar, exponer (en un discurso, libro, debate, etc.); **d)** (+ *inf.*) intentar, tratar de; planear (hacer algo). **61 ~ piece, a)** movimiento estudiado (en el mundo del deporte o de la guerra); **b)** escena estudiada, escena precisa (en teatro, cine, etc.). **62 to ~ sail,** ⇒ **sail. 63 ~ square,** escuadra. **64 ~ theory,** MAT. teoría de conjuntos. **65 to ~ the stage for,** ⇒ **stage. 66 to ~ to,** ponerse a ello resueltamente, fajarse y empezar, aplicarse con vigor. **67 to ~ to work,** ponerse a trabajar con ahínco. **68 to ~ up, a)** colocar, erigir, levantar (algún tipo de estructura); **b)** establecer, crear (una empresa o similar); **c)** poner en marcha, hacer funcionar (aparato); **d)** organizar, convocar: *they set up a meeting with the committee = convocaron una reunión con el comité;* **e)** (fam.) engañar, tomar el pelo; **f)** poner bien, dejar en buen estado (de salud, económico, etc.); **g)** establecerse, hacer vida por su cuenta; **h)** producir, causar: *our arrival set up a tremendous racket = nuestra llegada produjo un ruido tremendo.* **69 to ~ up home/house,** montar casa, poner casa (propia). **70 to ~ up shop,** establecerse por su cuenta (con el propio negocio).

OBS. Este verbo aparece en expresiones que expresan lo siguiente; **71** causación de algún estado o situación: *they set me free = me pusieron en libertad; he set the whole idea in motion = puso en marcha la idea completa; some youngsters set the buses alight = algunos jóvenes prendieron fuego a los autobuses.*

setback ['setbæk] *s. c.* contratiempo, revés.

settee [se'tiː] *s. c.* sofá.

setter ['setər] *s. c.* ZOOL. perro inglés, setter.

setting ['setɪŋ] *s. c.* **1** escena, escenario, ambientación, decorado (de una historia). **2** cubierto (comensal). **3** marco, situación, ambiente: *the park is the perfect setting for the sculpture = el parque es el marco perfecto para la escultura.* **4** graduación, ajuste (de una máquina). **5** MÚS. arreglo, versión. **6** (normalmente *sing.*) ocaso, puesta (del sol). **7** engaste, montura (de una joya). ◆ **8 the ~ up of,** el establecimiento de, la creación de (una empresa, cuerpo especial, comité de investigación, etc.).

settle ['setl] *v. t.* e *i.* **1** colocar(se), asentar(se), poner(se): *he settled the child on his knee = colocó al niño sobre sus rodillas.* **2** posar(se) (la mirada). • *v. t.* **3** resolver, solucionar, poner en orden (problema, asunto, etc.). **4** (normalmente *pasiva*) dejar sentado, dejar acordado, quedar acordado: *fine, everything is settled = estupendo, todo ha quedado acordado.* **5** colonizar, asentarse en: *the Germans originally settled these regions = en un principio los alemanes se asentaron en estas tierras.* **6** pagar, liquidar, saldar: *to settle a bill = pagar una factura.* **7** (**to ~** + *o.* + **on**) (form.) dejar en herencia a (especialmente dinero). **8** (normalmente *pasiva*) asentarse, hacerse a (una nueva casa): *come and see us when we are settled = ven a vernos cuando estemos hechos a la nueva casa.* • *v. i.* **9** ponerse cómodo, relajarse. **10** quedarse en un sitio fijo, asentarse, establecerse. **11** descender sobre (un sentimiento, por ejemplo, sobre unas personas o un sitio). **12** llegar a un arreglo, alcanzar un acuerdo. **13** reposarse; digerirse (comida). **14** hundirse, posarse, asentarse (polvo, arena o parecido). **15** posarse (desde una posición superior a una inferior). **16** (**to ~** {**with**}) echar las cuentas (de dinero). **17** (**to ~ on**) decidirse por: *they settled on a restaurant in the city centre = se decidieron por un restaurante en el centro de la cuidad.* • *v. pron.* **18** relajarse, ponerse cómodo. • *s. c.* **19** banco (parecido a un sofá). • **20 to allow the dust to ~,** ⇒ **dust. 21 to ~ a score/account,** ajustar las cuentas. **22 to ~ down, a)** calmarse, apaciguarse; relajarse; **b)** sentar la cabeza. **23 to ~ down** (**to**), prepararse cuidadosamente, concentrarse bien (ante una tarea, pasatiempo, actividad, etc.). **24 to ~ for,** conformarse con. **25 to ~ in,** adaptarse, hacerse (a un nuevo lugar). **26 to ~ on,** aceptar: *we all settled on the first proposal = todos aceptamos la primera propuesta.* **27 to ~ somebody's hash,** (fam.) dar a alguien para el pelo, cansarse de alguien y decirle todo lo que le sale a uno. **28 to ~ up,** hacer las cuentas definitivas (de dinero).

settled ['setld] *adj.* **1** HIST. sedentario. **2** establecido, asentado, fijo (físicamente). **3** asentado (en una casa o un sitio).

settlement ['setlmənt] *s. c.* **1** asentamiento (donde viven personas). **2** acuerdo, arreglo, ajuste, satisfacción, solución (de un problema, deuda, etc., especialmente cuando se lleva a cabo amigablemente, sin ir a juicio). • *s. i.* **3** pago (de una deuda). **4** colonización (de tierras). • *s. c.* e *i.* **5** DER. contrato, convenio (oficial). ◆ **6 in ~** (**of**), como pago (de).

settler ['setlər] *s. c.* colonizador, colono.

set-to [ˌset'tuː] *s. c.* pelea, lucha, bronca.

set-up ['setʌp] *s. c.* **1** (normalmente *sing.*) montaje, tinglado. ◆ **2 well ~,** (p.u.) fornido, bien plantado (hombre).

seven ['sevn] *num. card.* siete.

seventeen [sevn'tiːn] *num.card.* diecisiete.

seventeenth [sevn'tiːnθ] *num. ord.* decimoséptimo.

seventh ['sevnθ] *num. ord.* **1** séptimo. • *s. c.* **2** (**~ of**) séptima parte de. **3** MÚS. séptima, intervalo de séptima.

seventieth ['sevntɪɪθ] *num. ord.* septuagésimo.

seventy ['sevntɪ] *num. card.* setenta.

sever ['sevər] *v. t.* (form.) **1** cortar, partir, dividir (por completo): *the machine severed the tree's branches = la máquina cortó las ramas del árbol.* **2** (fig.) romper (una relación o similar).

several ['sevrəl] *adj.* y *pron. indef.* varios, unos cuantos, diversos, algunos: *several friends came = vinieron varios amigos.*

severance ['sevərəns] *s. i.* **1** (**~** {**of/from**}) ruptura, rompimiento (de relaciones o similar). • **2 ~ pay,** indemnización por cese, compensación por despido.

severe [sɪ'vɪər] *adj.* **1** severo, adusto (de carácter). **2** austero (de apariencia, estilo, etc.). **3** grave, serio (problema, accidente, etc.).

severely [sɪ'vɪəlɪ] *adv.* **1** severamente, adustamente (comportarse). **2** austeramente (vivir). **3** gravemente, seriamente (con problemas).

severity [sɪ'verɪtɪ] *s. i.* **1** severidad, (de carácter). **2** austeridad (de estilo de vida). **3** gravedad, seriedad (de un problema, accidente, etc.).

sew [səʊ] (*pret.* **sewed,** *p. p. irreg.* **sewn**) *v. t.* e *i.* **1** coser. ◆ **2 to ~ up, a)** coser, unir mediante costura; **b)** (fam.) arreglar, amañar (asunto).

sewage ['suːɪdʒ || 'sjuːɪdʒ] *s. i.* **1** aguas residuales, aguas negras. ◆ **2 ~ farm,** estación depuradora de aguas.

sewer ['suːə] *s. c.* cloaca, alcantarilla.

sewerage ['suːərɪdʒ || sjuːərɪdʒ] *s. i.* alcantarillado.

sewing ['səʊɪŋ] *s. i.* **1** labor, costura (habilidad manual). **2** labor (ropa para coser).

sewing-machine ['səʊɪŋməʃiːn] *s. c.* máquina de coser.

sewn [səʊn] *p. p. irreg.* de **sew.**

sex [seks] *s. i.* **1** sexo. • *s. c.* **2** sexo (masculino o femenino): *both sexes = ambos sexos.* • *v. t.* **3** BIOL. encontrar el sexo de (un animal). ◆ **4 to have ~** (**with**), irse a la cama (con). **5 ~ act,** acto sexual. **6 ~ appeal,** atractivo sexual. **7 ~ education,** educación sexual. **8 ~ life,** vida sexual. **9 ~ object,** objeto sexual. **10 ~ shop,** tienda de objetos sexuales.

sexiness ['seksɪnɪs] *s. i.* atractivo sexual.

sexism ['seksɪzəm] *s. i.* (desp.) sexismo.

sexist ['seksɪst] (desp.) *s. c.* **1** sexista. • *adj.* **2** sexista.

sexless ['sekslɪs] *adj.* **1** asexuado, sin sexo. **2** sin atractivo sexual (una persona).

sextant ['sekstənt] *s. c.* MEC. sextante.

sextet [seks'tet] *s. c.* MÚS. sexteto.

sexton ['sekstən] *s. c.* REL. sacristán; sepulturero (del camposanto de una iglesia).

sexual ['sekʃʊəl] *adj.* **1** sexual. ◆ **2 ~ intercourse,** coito, contacto sexual. **3 ~ politics,** política en materia de sexos.

sexuality [ˌsekʃʊ'ælɪtɪ] *s. i.* sexualidad.

sexually ['sekʃʊəlɪ] *adv.* sexualmente.

sexy ['seksɪ] *adj.* **1** atractivo sexualmente (persona, ropa). **2** con deseos de contacto sexual. **3** erótico (libro, película).

sh [ʃ] *interj.* chis (para que alguien se calle).

shabbily ['ʃæbɪlɪ] *adv.* **1** miserablemente, pobrísimamente (de un lugar). **2** andrajosamente, con harapos (vestimenta). **3** (fig.) vilmente, ruinmente, mezquinamente.

shabbiness ['ʃæbɪnɪs] *s. i.* **1** estado empobrecido, condición miserable (de un lugar). **2** forma de vestir zarrapastrosa. **3** (fig.) vileza, mezquindad.

shabby ['ʃæbɪ] *adj.* **1** miserable, en un estado muy deteriorado (lugar). **2** zarrapastroso, andrajoso, harapiento. **3** (fig.) vil, ruin, mezquino.

shack [ʃæk] *s. c.* **1** chabola (hecha con trozos de cartón, metal, etc.). ◆ **2 to ~ up (with/together)**, (fam.) vivir juntos; vivir con (alguien sin casarse).

shackle ['ʃækl] *v. t.* **1** poner grilletes, encadenar con grilletes, sujetar con grilletes. **2** (fig.) impedir, estorbar, poner trabas (especialmente en casos en que la convención social tradicional estorba a uno). ● *s. pl.* **3** grilletes, argollas: *a pair of shackles = unas argollas.* **4** (fig.) trabas, impedimentos, obstáculos (de tipo convencional o social): *the shackles of tradition = las trabas de la tradición.*

shade [ʃeɪd] *s. i.* **1** sombra, umbría. **2** ART. parte oscura, sombra (de una pintura). ● *s. sing.* **3** (**the ~**) la sombra, la zona de sombra (donde no da el sol). ● *s. c.* **4** pantalla (de una lámpara). **5** matiz (de significado, ideología, etc.). **6** (lit.) espíritu, espectro. **7** (EE UU) persiana, celosía. **8** tono, tonalidad (de color). ● *s. pl.* **9** (fam.) gafas de sol. ● *v. t.* **10** (normalmente *pasiva*) dar sombra, proveer de sombra. **11** sombrear (en pintura). ● *v. i.* **12** (**to ~ into**) (lit.) mezclarse con, difuminarse en. **13** (**to ~ in**) sombrear (en pintura). ◆ **14 a ~,** (fam.) una pizca, un poquito: *a shade too bright = una pizca demasiado brillante.* **15 to put in the ~,** eclipsar, hacer sombra (a algo o alguien). **16 to ~ one's eyes,** protegerse los ojos con la mano, hacer visera con las manos. **17 shades of,** me recuerda a, se parece a; justo igual que. **18 window ~,** (EE UU) persiana, celosía.

shadily ['ʃeɪdɪlɪ] *adv.* sospechosamente, dudosamente (hablando de una persona o actividad).

shading ['ʃeɪdɪŋ] *s. i.* **1** ART. sombreado (en pintura). ● *s. c.* **2** (normalmente *pl.*) matiz, matiz de color; escala sutil (en la sociedad, por ejemplo).

shadiness ['ʃeɪdɪnɪs] *s. i.* actividad sospechosa, carácter dudoso (de actividad o persona).

shadow ['ʃædəʊ] *s. c.* **1** sombra (que proyecta algo o alguien). **2** (hum.) sombra (niño que no se aparta nunca de su madre o guardián). **3** (fig.) sombra, persona que sigue (a alguien) a todas horas. ● *s. i.* **4** sombra, oscuridad: *the place was in shadow = el lugar estaba en la oscuridad.* ● *s. sing.* **5** (*neg.* + **~ of**) sombra de, indicio de, huella de (duda, sospecha, etc.). ● *adj.* **6** (brit.) POL. de la oposición (mencionando la persona que probablemente ocuparía tal o cual ministerio de ganar las elecciones): *the shadow cabinet = el gobierno de la oposición.* ● *v. t.* **7** seguir muy de cerca, ir tras los pasos de. **8** (lit.) sombrear, dar sombra (a un lugar). ◆ **9 to be afraid/frightened of one's own ~,** tener miedo de la propia sombra de uno. **10 to be a ~ of one's former self,** ser uno la sombra de uno mismo, ser uno la sombra de lo que era; haber quedado mal (especialmente después de operación, enfermedad, etc.).

shadowy ['ʃædəʊɪ] *adj.* **1** sombreado, oscuro (lugar). **2** apenas visible, vago, indefinido (figura o forma). **3** misteriosa, oscura (actividad o persona).

shady ['ʃeɪdɪ] *adj.* **1** lleno de sombra, sombreado, protegido (del sol). **2** que dan sombra (árboles). **3** sospechosa, dudosa (actividad o persona).

shaft [ʃɑːft || ʃæft] *s. c.* **1** fuste, asta (de cualquier objeto). **2** pozo (de mina, ascensor, luz, etc.). **3** MEC. eje, árbol. **4** (~ {**of**}) haz (de luz). **5** (normalmente *pl.*) lanza (de un carro). **6** (~ {**of**}) (lit.) destello, dardo (de ingenio, ironía, etc.). **7** ARQ. fuste, caña (de una columna).

shag [ʃæg] (*ger.* **shagging,** *pret.* y *p. p.* **shagged**) *v. t.* **1** (vulg.) follar, joder. ● *interj.* **2** (vulg.) a la mierda con. ● *s. c.* **3** ZOOL. cormorán (ave). ● *s. i.* **4** tabaco picado, caldo. ● *adj.* **5** de felpa (alfombras o similar).

shagged [ʃægd] (también **shagged out**) *adj.* (vulg.) jodido, machacado (de cansancio).

shaggily ['ʃægɪlɪ] *adv.* lleno de pelos, peludo (persona o cosa).

shagginess ['ʃægɪnɪs] *s. i.* vellosidad.

shaggy ['ʃægɪ] *adj.* **1** desgreñado; peludo. **2** con pelos (abrigo, tejido, etc.). ◆ **3 shaggy-dog story,** chiste de nunca acabar, anécdota de nunca acabar (especialmente cuando no tiene gracia).

shah [ʃɑː] *s. c.* sha (rey de Persia o del Irán).

shake [ʃeɪk] (*pret. irreg.* **shook,** *p. p. irreg.* **shaken**) *v. t.* **1** agitar, sacudir: *they shook the reeds to frighten the birds = agitaron los juncos para asustar a los pájaros.* **2** (**to ~** + *prep.*) quitar/desprender/etc. mediante sacudidas o movimiento de agitar: *he shook the snow off his shoes = se sacudió la nieve de los zapatos.* **3** sacudir, agitar (alfombras, ropas, etc., para limpiarlas de polvo o suciedad). **4** conmover, chocar (a causa de algo negativo). **5** debilitar, disminuir, hacer flaquear (creencias, ideas, etc.). ● *v. i.* **6** agitar, sacudir: *shake before use = agítese antes de usar.* **7** temblar (la voz, el cuerpo, etc., por el miedo, frío, etc.). **8** temblar, menearse (movimiento físico). ● *s. c.* **9** (**a ~**) una sacudida, un golpe, un meneo. ● *s. sing.* **10** temblor, tremor (en la voz). ◆ **11 to be no great shakes,** (fam.) no ser gran cosa, no ser nada del otro mundo. **12 to get/have the shakes,** ponerse nervioso; darle a uno los temblores (especialmente por el alcohol). **13 in a couple of shakes/in two shakes,** (fam.) en un abrir y cerrar los ojos, en menos que canta un gallo. **14 to ~ a leg,** (fam.) moverse, ponerse en marcha. **15 to ~ down,** (fam.) quedarse a dormir transitoriamente, dormir en cualquier sitio. **16 to ~ hands (with)/to ~ someone's hand/to ~ someone by the hand,** dar la mano (a), darse la mano (con). **17 to ~ off,** quitarse, deshacerse de (algo o alguien). **18 to ~ on,** acordar mediante un apretón de manos. **19 to ~ one's fist,** agitar el puño de uno amenazadoramente, amenazar con el puño. **20 to ~ one's head,** negar con la cabeza, mover la cabeza negando. **21 to ~ out,** sacudir, agitar (tejidos, alfombras, paraguas, etc.). **22 to ~ up, a)** agitar bien; remover todo, remover bien; **b)** perturbar; desconcertar, dejar trastornado: *the news shook him up = la noticia le dejó trastornado.*

shaken ['ʃeɪkən] *p. p. irreg.* **1** de **shake.** ● *adj.* **2** conmocionado, desconcertado; perturbado (emocionalmente).

shake-out *s. c.* ⇒ **shake-up.**

shaker ['ʃeɪkər] *s. c.* **1** coctelera. **2** cubilete. **3** salero.

shake-up ['ʃeɪkʌp] (también **shake-out**) *s. c.* conmoción; reorganización completa (en algún grupo social o profesional); infusión de nuevas ilusiones (en la vida personal).

shakily ['ʃeɪkɪlɪ] *adv.* **1** temblorosamente. **2** inciertamente, dudosamente, precariamente.

shakiness ['ʃeɪkɪnɪs] *s. i.* **1** estado tembloroso, condición temblorosa. **2** incertidumbre, duda; precariedad.

shaky ['ʃeɪkɪ] *adj.* **1** tembloroso. **2** incierto, dudoso; precario: *your arguments are shaky = tus argumentos son precarios.*

shale [ʃeɪl] *s. i.* GEOL. esquisto, pizarra.

shall [ʃæl] (forma relajada [ʃəl]) *v. i.* **1** (solamente *interr.*) qué te parece si, te parece que (en sugerencias): *shall we go to the cinema? = ¿qué te parece si nos vamos al cine?*
OBS. Este es un verbo auxiliar, que, principalmente, se utiliza para los siguientes significados de índole gramatical: **2** futuro: *I shall go tomorrow = iré mañana.* **3** futuro con gran dosis de énfasis: *they shall not pass = no pasarán.*
OBS. Normalmente este verbo auxiliar sirve para el futuro de las primeras personas, menos en el punto **3** en que específicamente se debe solamente utilizar con la segunda y terceras personas.

shallot [ʃə'lɒt] *s. c.* BOT. chalote, escalona.

shallow ['ʃæləʊ] *adj.* **1** poco profundo (zona de agua). **2** superficial, frívolo (idea, argumento, teoría, etc.). **3** poco profunda (respiración). ● *s. pl.* **4** bajíos, aguas poco profundas.

shallowly ['ʃæləʊlɪ] *adv.* **1** superficialmente, frívolamente (para hablar de ideas, argumentos, teorías, etc.). **2** con poca profundidad, sin casi fuerzas (respirar).

shallowness ['ʃæləunɪs] *s. i.* **1** poca profundidad (de agua, en un río, lago, mar, etc.). **2** superficialidad, frivolidad (en ideas o similar). **3** poca profundidad, poca fuerza (en la respiración).

sham [ʃæm] *s. c.* **1** (desp.) impostor, farsante. **2** farsa, imitación, falsificación. • *adj.* **3** postizo, fingido. • (*ger.* **shamming,** *pret.* y *p. p.* **shammed**) *v. t.* **4** fingir, simular, aparentar.

shamble ['ʃæmbl] *v. i.* andar arrastrando los pies.

shambles ['ʃæmblz] *s. sing.* (fam.) follón, caos, confusión (escena).

shame [ʃeɪm] *s. i.* **1** vergüenza, deshonra. • *s. sing.* **2** (**a** ~) una lástima, una pena: *what a shame!* = *¡qué lástima!* • *v. t.* **3** avergonzar; deshonrar. **4** (**to** ~ + *o.* + **into/out of**) obligar a (actuar) por vergüenza: *she shamed us into contributing to the fight against poverty* = *ella nos obligó a contribuir a la lucha contra la pobreza.* ♦ **5 to put to** ~, dejar chico, dejar pequeño; superar con mucho. **6** ~ **on you,** debería darte vergüenza, qué vergüenza. **7 to one's** ~, para vergüenza de uno. **8 to the** ~ **of,** para vergüenza de.

shamefaced [ʃeɪm'feɪst] *adj.* avergonzado, vergonzoso (con sentimiento de vergüenza).

shamefacedly [ʃeɪm'feɪstlɪ] *adv.* avergonzadamente, vergonzosamente, con mucha vergüenza.

shameful ['ʃeɪmfl] *adj.* (desp.) vergonzoso; escandaloso, indecoroso.

shamefully ['ʃeɪmfəlɪ] *adv.* (desp.) vergonzosamente; escandalosamente, indecorosamente.

shamefulness ['ʃeɪmflnɪs] *s. i.* (desp.) descaro; escándalo, falta de decoro.

shameless ['ʃeɪmlɪs] *adj.* (desp.) desvergonzado; impudente, insolente.

shamelessly ['ʃeɪmlɪslɪ] *adv.* (desp.) desvergonzadamente; impudentemente, insolentemente.

shamelessness ['ʃeɪmlɪsnɪs] *s. i.* (desp.) desvergüenza; impudencia, insolencia.

shampoo [ʃæm'puː] *s. c.* e *i.* **1** champú. **2** limpiador de alfombras. • *s. c.* **3** lavado con champú (en peluquería). • *v. t.* **4** lavar con champú (el pelo). **5** limpiar (la alfombra).

shamrock ['ʃæmrɒk] *s. c.* BOT. trébol.

shandy ['ʃændɪ] *s. c.* e *i.* clara (cerveza con gaseosa).

shank [ʃæŋk] *s. c.* **1** astil (de objetos). **2** enfranque (de zapato a tacón). **3** presilla (para botones). **4** pantorrilla. • *s. pl.* **5** (hum.) patas (piernas).

shan't [ʃaːnt] *contr.* de **shall** y **not.**

shanty ['ʃæntɪ] *s. c.* **1** chabola; (Am.) bohío. **2** MÚS. canción de trabajo del mar, saloma. ♦ **3** ~ **town,** suburbio de chabolas, barrio de chabolas.

shape [ʃeɪp] *s. c.* e *i.* **1** forma, figura. • *s. c.* **2** silueta, forma borrosa (de persona u objeto). • *s. sing.* **3** estructura interna, forma organizativa (de un plan, proyecto, asociación, etc.). • *v. t.* **4** moldear, dar forma (física). **5** configurar, determinar (una situación). ♦ **6 to come in all shapes and sizes,** haber de todos los tipos, existir de todos los tipos imaginables. **7 in any** ~ **or form,** en cualquier forma; de ningún modo. **8 in good/bad** ~, en buen/mal estado, en buena/mala forma. **9 in** ~, en forma, en buena forma física. **10 in the** ~ **of,** en forma de: *aid to the refugees in the shape of food parcels* = *ayuda a los refugiados en forma de paquetes de comida.* **11 to lick/knock into** ~, (fam.) llevar a (alguien) por donde uno quiere. **12 out of** ~, desentrenado, con falta de forma física. **13 to** ~ **up,** (fam.) **a)** salir, resultar, perfilarse (de manera positiva); **b)** afinar, ponerse a funcionar, ponerse en serio. **14 to take** ~, tomar forma, definirse. **15 the** ~ **of things to come,** la posibilidad futura, la posible configuración del futuro.

shaped [ʃeɪpt] *adj.* **1** con la forma de. ♦ **2 -shaped,** con forma de (en palabras compuestas): *an L-shaped room* = *una habitación con forma de ele.*

shapeless ['ʃeɪplɪs] *adj.* **1** informe, sin forma (física y visible). **2** impreciso, informe, indefinido (emoción, pasión, plan, etc.).

shapelessly ['ʃeɪplɪslɪ] *adv.* **1** de manera informe (física y visible). **2** imprecisamente, indefinidamente (en emociones, planes, etc.).

shapelessness ['ʃeɪplɪsnɪs] *s. i.* **1** falta de forma física definida. **2** imprecisión, indefinición (en emociones, pasiones, planes, etc.).

shapeliness ['ʃeɪplɪnɪs] *s. i.* belleza en formas físicas (del cuerpo).

shapely ['ʃeɪplɪ] *adj.* bien formado, de bellas proporciones (persona, objeto, etcétera).

shard [ʃaːd] *s. c.* (form.) fragmento (de cristal, metal, porcelana, etc.).

share [ʃeər] *v. t.* **1** (**to** ~ + *o.* + **with**) compartir con. **2** repartir (tareas, trabajos, etc.). **3** compartir, comunicar (ideas, creencias, etc.). **4** repartir, compartir (regalos, caramelos, etc.). • *v. i.* **5** compartir (como síntoma de generosidad). **6** (**to** ~ **in**) repartirse (tareas). **7** (**to** ~ **in**) participar en, poner la aportación de uno en. **8** repartir, compartir (cosas). • *s. c.* **9** FIN. acción (de una empresa). • *s. sing.* **10** (~ {**in/of**}) porción, parte: *I'm doing my share* = *estoy haciendo mi parte.* **11** (~ {**in/of**}) proporción, parte proporcional. • **12 to have one's** ~ **of,** tocarle a uno en parte (algo); tener la parte de uno: *my family has had its share of problems* = *mi familia ha tenido su parte de problemas.* **13** ~ **and** ~ **alike,** participemos a partes iguales, todo a partes iguales. **14** ~ **capital,** capital social. **15** ~ **certificate,** título de acciones, certificado de acciones. **16** ~ **option,** opción de compraventa de acciones. **17 to** ~ **out,** distribuir a cada uno una parte, repartir a partes iguales.

sharecopper ['ʃeəkrɒpə] *s. c.* aparcero.

shareholder ['ʃeəhəuldər] *s. c.* FIN. accionista.

share-out ['ʃeəraut] *s. c.* (~ {**of**}) repartición, reparto, distribución.

shareware ['ʃeəweə] *s. i.* INF. software de libre distribución, shareware.

shark [ʃaːk] *s. c.* **1** ZOOL. tiburón. **2** (desp.) estafador (especialmente de altos vuelos).

sharp [ʃaːp] *adj.* **1** afilado: *a sharp knife* = *un cuchillo afilado.* **2** puntiagudo, con punta. **3** vivo, penetrante, agudo (de pensamiento). **4** definido, claro, marcado (con las líneas precisas en un objeto). **5** rápido, inmediato (cambio, fluctuación, etc.). **6** pronunciada (curva en la carretera). **7** tajante, cortante (forma de actuar o hablar). **8** (*num.* + ~) en punto, exactamente: *at 8 sharp* = *a las 8 en punto.* **9** agudo (sonido o ruido). **10** agudo, penetrante (dolor, frío, etc.). **11** anguloso (en rasgos faciales). **12** fuerte, picante, pungente (sabor). **13** vehemente, violento (golpe o acción enérgica). **14** (desp.) sin escrúpulos (especialmente en los negocios). **15** (fam.) elegantón, bien puesto (en forma de vestir). • *adv.* **16** pronunciadamente; abruptamente (movimiento físico). **17** con tono agudo, con voz estridente. • *s. c.* **18** MÚS. sostenido. ♦ **19 to look** ~, darse prisa, moverse más rápidamente. **20** ~ **as a needle,** más listo que el hambre; más avispado que nadie. **21** ~ **practice,** forma de actuar poco honesta (especialmente en los negocios).

sharpen ['ʃaːpən] *v. t.* **1** afilar, sacar filo; sacar punta. ♦ **2 to** ~ **up,** sacar buena punta; hacer un buen filo.

sharpener ['ʃaːpnər] *s. c.* sacapuntas; afiladora.

sharp-eyed [ʃaːp'aɪd] *adj.* con vista; de vista aguda.

sharpish ['ʃaːpɪʃ] *adv.* **1** (fam.) rápidamente, prontito, a todo meter. • *adj.* **2** rápido.

sharply ['ʃaːplɪ] *adv.* **1** agudamente, con mucha punta; con mucho filo. **2** con gran interés; penetrantemente, agudamente (en pensamiento). **3** con gran definición; claramente, marcadamente (en su forma, silueta, figura, etc.). **4** vehementemente, violentamente (forma de golpear o actuar). **5** tajantemente, cortantemente (forma de hablar). **6** pronunciadamente (forma de tomar las curvas). **7** rápidamente, inmediatamente (forma de cambiar o fluctuar).

sharpness ['ʃaːpnɪs] *s. i.* **1** agudeza, filo, condición afilada. **2** agudeza, astucia, viveza (de ingenio). **3** acritud, pungencia (de olor o sabor). **4** angulosidad (de los rasgos faciales).

shat [ʃæt] *pret.* y *p. p. irreg.* de **shit.**

shatter ['ʃætər] *v. t.* e *i.* **1** hacer(se) añicos, romper(se), destrozar(se). **2** destrozar(se), destruir(se) (esperanzas, creencias, etc.). • *v. t.* **3** (fam.) agotar, dejar muerto (de cansancio). ◆ **4 to be shattered,** quedar destrozado mentalmente, estar destrozado anímicamente.

shattering ['ʃætərɪŋ] *adj.* **1** agotador, que agota. **2** demoledor (tragedia o similar).

shave [ʃeɪv] *v. t.* e *i.* **1** afeitar(se). • *v. t.* **2** afeitar. **3** cortar por completo, afeitar (todo el pelo de una parte del cuerpo). **4** reducir, recortar: *the shop had to shave its prices = la tienda tuvo que recortar los precios.* **5** cortar una capa fina de (madera u otro material). • *s. c.* **6** afeitado. ◆ **7 a close ~,** (fam.) un accidente/incidente del que uno escapa por los pelos.
OBS. En casi todos los significados verbales de este verbo también puede utilizarse la preposición **off**: *to shave my beard off = rasurarme por completo la barba.*

shaven ['ʃeɪvn] *adj.* afeitado, rasurado (alguna parte del cuerpo).

shaver ['ʃeɪvər] *s. c.* afeitadora, rasuradora (normalmente maquinilla eléctrica).

shaving ['ʃeɪvɪŋ] *atr.* **1** de afeitar (crema, loción, etc.). • *s. pl.* **2** virutas.

shawl [ʃɔːl] *s. c.* chal, mantón.

she [ʃiː] *pron. pers.* **1** ella (persona del sexo femenino). **2 ~ who,** la que, aquella que, quien. • *s. sing.* **3** hembra: *the dog is not a he, but a she = el perro no es un macho sino una hembra.* ◆ **4 she-,** hembra (en compuestos, para animales): *a she-wolf = una loba.*

sheaf [ʃiːf] (*pl.* **sheaves**) *s. c.* **1** haz, fajo (de papel). **2** manojo, gavilla (de alguna clase de cereal).

shear [ʃɪər] (*pret.* **sheared,** *p. p. irreg.* **shorn**) *v. t.* **1** trasquilar (ovejas). **2** (lit.) cortar (el pelo de una persona). • *s. pl.* **3** tijeras de trasquilar (ovejas). **4** tijeras de jardinería: *a pair of shears = unas tijeras de jardinería.* ◆ **5 to ~ off,** cortarse (especialmente el metal).

sheath [ʃiːθ] *s. c.* **1** vaina (de cuchillo). **2** funda (de diversos objetos). **3** preservativo. • *s. sing.* **4** (**the ~**) el método de contracepción mediante preservativo. ◆ **5 ~ knife,** cuchillo grande con vaina.

sheathe [ʃiːð] *v. t.* **1** envainar (cuchillo). **2** meter en su funda (cualquier objeto).

sheaves [ʃiːvz] *pl.* de **sheaf.**

shed [ʃed] (*ger.* **shedding,** *pret.* y *p. p. irreg.* **shed**) *v. t.* **1** desprenderse de, despojarse de (ropa, especialmente). **2** mudar (piel, por parte de un animal). **3** derramar (lágrimas). **4** derramar, desprender (un líquido, poco a poco). • *s. c.* **5** cobertizo, nave. **6** cobertizo de protección (para bicicletas). **7** barracón (de posibles distintos usos). ◆ **8 to ~ blood,** derramar sangre. **9 to ~ its load,** dejar caer su carga (un camión). **10 to ~ light on,** iluminar, alumbrar, prestar luz.

she'd [ʃiːd] *contr.* **1** de **she** y **had.** **2** de **she** y **would.**

sheen [ʃiːn] *s. c.* lustre, brillo; resplandor.

sheep [ʃiːp] (*pl.* **sheep**) *s. c.* **1** oveja. ◆ **2 a wolf in sheep's clothing,** ⇒ **wolf.** **3 like ~,** como ovejas, como corderos (haciendo todos lo mismo). **4 to make sheep's eyes (at),** mirar con ojos de carnero (a), mirar con adoración (a), mirar amorosamente (a). **5 to separate the ~ from the goats,** separar a las ovejas de los cabritos.

sheep-dip ['ʃiːpdɪp] *s. i.* **1** desinfectante para ovejas. • *s. c.* **2** baño desinfectante para ovejas.

sheepdog ['ʃiːpdɒg] *s. c.* ZOOL. perro pastor, perro ovejero.

sheepfold ['ʃiːpfəuld] *s. c.* redil, aprisco, corral de ovejas.

sheepish ['ʃiːpɪʃ] *adj.* tímido, vergonzoso, pusilánime.

sheepishly ['ʃiːpɪʃlɪ] *adv.* tímidamente, vergonzosamente, pusilánimemente.

sheepishness ['ʃiːpɪʃnɪs] *s. i.* timidez, vergüenza, pusilanimidad.

sheepskin ['ʃiːpskɪn] *s. c.* e *i.* piel de oveja.

sheer [ʃɪər] *adj.* **1** absoluto, puro, verdadero (siempre como énfasis): *this is sheer madness = esto es pura locura.* **2** fino, transparente, diáfano (telas, especialmente la seda). **3** abrupto, casi vertical, escarpado (precipicio, paso de montaña, etc.). • *adv.* **4** abruptamente, casi verticalmente, escarpadamente. • *v. i.* **5** desviarse, irse a un lado, cambiar de dirección abruptamente (físicamente, hablando o similar).

sheet [ʃiːt] *s. c.* **1** sábana (de cama). **2** lámina (de algún material). **3** hoja, lámina (de papel). **4** extensión, capa (de agua, hielo o fuego): *a sheet of flame = una gran extensión de llamas.* **5** hoja, panfleto (de algún tema informativo). **6** pliego (de sellos). **7** MAR. escota. ◆ **8 ~ anchor, a)** MAR. ancla de la esperanza; **b)** último recurso, última posibilidad, áncora. **9 to ~ down,** llover a mares. **10 ~ ice,** capa de hielo resbaladiza (especialmente en carreteras). **11 ~ lightning,** relámpago. **12 ~ metal,** MET. metal laminado. **13 ~ music,** MÚS. música en partituras sueltas.

sheeting ['ʃiːtɪŋ] *s. i.* **1** lencería de sábanas. **2** material laminado (metal, plásticos, etc.).

sheik *s. c.* ⇒ **sheikh.**

sheikdom *s. c.* ⇒ **sheikhdom.**

sheikh [ʃeɪk] (también **sheik**) *s. c.* jeque (árabe).

sheikhdom ['ʃeɪkdəm] (también **sheikdom**) *s. c.* dominio del jeque, zona bajo la influencia de un jeque, nación encabezada por un jeque.

shekels ['ʃeklz] *s. pl.* (fam. y hum.) pasta, parné.

shelf [ʃelf] (*pl.* **shelves**) *s. c.* **1** estante, balda, repisa, anaquel. **2** GEOL. plataforma, zócalo submarino, plataforma submarina, plataforma continental. ◆ **3 to be left on the ~,** (p.u.) quedarse para vestir santos (soltera). **4 to leave on the ~,** archivar, no atender, dejar para más tarde. **5 off the ~,** directamente en la tienda, al otro lado del mostrador, ya hecho (producto que se puede comprar en la tienda aunque parezca un poco complicado o sofisticado).

shelf-life ['ʃelflaɪf] *s. sing.* durabilidad, tiempo antes de caducar (de un producto).

shell [ʃel] *s. c.* e *i.* **1** cáscara, cascarón (de muchos tipos de frutos secos o de huevos). **2** concha (de moluscos o similar). **3** caparazón (de tortugas o similar). • *s. c.* **4** estructura desnuda, parte exterior (de un edificio, coche, etc., especialmente después de haber quedado medio destrozado). **5** MIL. proyectil, obús, bomba. • *v. t.* **6** quitar la cáscara. **7** MIL. bombardear. ◆ **8 to come/crawl/be brought out of one's ~,** salir del cascarón; abrirse a la gente, abrirse al mundo que rodea a uno. **9 to retire /crawl into one's ~,** meterse en su cascarón, cerrarse al mundo que rodea a uno. **10 to ~ out,** (fam.) soltar, acoquinar, aflojar (dinero). **11 ~ shock,** MED. estado nervioso grave debido a la continuidad bajo fuego enemigo.

she'll [ʃiːl] *contr.* de **she** y **will.**

shellfish ['ʃelfɪʃ] (*pl.* **shellfish**) *s. c.* e *i.* marisco.

shelling ['ʃelɪŋ] *s. i.* MIL. bombardeo.

shell-shocked ['ʃelʃɒkt] *adj.* **1** MED. que podece neurosis de guerra.. **2** (fig.) exhausto, destrozado (especialmente después de algo de cierta trascendencia y dificultad).

shelter ['ʃeltər] *s. c.* **1** refugio (antiaéreo, contra la lluvia, de montaña, etc.). • *s. i.* **2** refugio, asilo, protección: *these poor people are looking for shelter = esta pobre gente está buscando protección.* **3** (fig.) techo (vivienda como necesidad básica). • *v. t.* **4** proteger, refugiar (a algo o alguien). **5** dar asilo, dar refugio (a personas huyendo de la policía o casos parecidos). ◆ **6** refugiarse, buscar protección (de una tormenta, peligro, etc.).

sheltered ['ʃeltəd] *adj.* **1** protegido (lugar). **2** superprotegida (vida de una persona). **3** vigilada (residencia); con acomodo especial (trabajo, en el caso de personas con alguna minusvalía).

shelve ['ʃelv] *v. t.* **1** archivar, dejar a un lado, aparcar, aplazar indefinidamente (plan, proyecto, idea, etc.). • *v. i.* **2** hacer declive, estar en cuesta; bajar suavemente.

shelves ['ʃelvz] *pl.* de **shelf.**

shelving ['ʃelvɪŋ] *s. i.* estanterías.

shepherd ['ʃepəd] *s. c.* **1** pastor. • *v. t.* **2** conducir, guiar, ayudar de manera solícita (especialmente a alguien que no puede arreglárselas solo). ◆ **3 shepherd's pie,** GAST. pastel de carne picada con puré de patatas.

shepherdess ['ʃepədɪs] *s. c.* pastora.

sherbet ['ʃəːbət] *s. i.* **1** polvos de picapica (dulce). • *s. c.* e *i.* **2** (EE UU) sorbete, helado.

sheriff ['ʃerɪf] *s. c.* **1** (EE UU) jefe de policía del condado. **2** oficial mayor (para ceremonias) de Inglaterra y Gales. **3** juez de condado (en Escocia).

sherry ['ʃerɪ] *s. c.* e *i.* jerez.

she's [ʃiːz] *contr.* **1** de **she** e **is.** **2** de **she** y **has.**

shibboleth ['ʃɪbələθ] *s. c.* (form.) palabra grandiosa, lema anticuado, doctrina pasada de moda.

shield [ʃiːld] *s. c.* **1** escudo. **2** escudo (como trofeo, en general, deportivo). **3** (~ {**against**}) escudo, protección, defensa. • *v. t.* **4** proteger, servir de escudo para, defender.

shift [ʃɪft] *v. t.* e *i.* **1** mover(se), cambiar(se) de sitio. **2** cambiar(se), variar(se) (de idea, actitud, creencia, etc.): *she slowly shifted towards my point of view = ella varió lentamente hacia mi punto de vista.* **3** (EE UU) cambiar (de marcha en un vehículo). **4** quitar(se), desaparecer (mancha). • *v. t.* **5** transferir, echar (la culpa, responsabilidad, etc. a otra parte). • *s. c.* **6** cambio, variación, desplazamiento, movimiento (de una persona o cosa). **7** cambio de opinión, cambio de postura (mental). **8** tanda, turno (de trabajo). **9** turno (como período de tiempo). **10** (arc.) enagua. **11** FILOL. cambio, variación (en vocales o consonantes). ◆ **12** ~ **key,** tecla de mayúsculas.

shiftily ['ʃɪftɪlɪ] *adv.* con trampa, furtivamente, taimadamente; evasivamente.

shiftiness ['ʃɪftɪnɪs] *s. i.* trampa, carácter furtivo, carácter taimado; condición evasiva (alguien).

shifting ['ʃɪftɪŋ] *adj.* cambiante, en movimiento continuo, en cambio continuo: *the shifting crowds downtown = las multitudes en movimiento continuo en el centro de la ciudad.*

shiftless ['ʃɪftlɪs] *adj.* (desp.) vago, ocioso, pasivo; inútil.

shiftlessness ['ʃɪftlɪsnɪs] *s. i.* (desp.) vaguería, ociosidad, pasividad; inutilidad (como persona).

shifty ['ʃɪftɪ] *adj.* tramposo, furtivo, taimado; evasivo (carácter personal).

shilling ['ʃɪlɪŋ] *s. c.* **1** chelín (moneda inglesa que se dejó de utilizar en 1971, equivalente a 5 peniques de hoy). **2** chelín (moneda de países como Tanzania, Kenia, Uganda).

shilly-shally ['ʃɪlɪʃælɪ] *v. i.* (fam.) titubear, vacilar, no decidirse, no saber qué hacer.

shimmer ['ʃɪmər] *v. i.* **1** rielar, brillar tenuemente. • *s. sing.* **2** luz trémula, resplandor tenue, reflejo débil.

shin [ʃɪn] *s. c.* **1** ANAT. espinilla. **2** jarrete (de animales, especialmente para alimentación humana). ◆ **3 to** ~ **up,** trepar, encaramarse (especialmente utilizando las rodillas vigorosamente).

shindig ['ʃɪndɪg] *s. c.* (fam.) jarana, algazara, guateque.

shine [ʃaɪn] (*pret.* y *p. p. irreg.* **shone**) *v. i.* **1** brillar, dar luz, despedir luz, resplandecer: *the sun shone on the peaks = el sol brillaba en las cimas.* **2** brillar, resplandecer (los ojos, la cara, objetos diversos, etc.). **3** (**to** ~ {**at**}) brillar, ser excelente, destacar (en alguna habilidad o actividad). **4** traslucirse (un sentimiento o virtud personal, especialmente en la expresión facial de una persona). • *v. t.* **5** iluminar, dirigir la luz: *shine the torch on the floor = ilumina el suelo con la linterna.* • *s. sing.* **6** brillo, resplandor; lustre. ◆ **7 to take a** ~ **to,** (fam.) caer fenomenalmente, tener una enorme simpatía hacia (una persona).

shine [ʃaɪn] *v. t.* **1** sacar brillo, hacer relucir, limpiar hasta que brille (un objeto). • *s. sing.* **2** (**a** ~) un lustre notable, una buena limpieza, un brillo magnífico.

shiner ['ʃaɪnər] *s. c.* (fam.) un ojo a la funerala, un ojo a la turuleta.

shingle ['ʃɪŋgl] *s. pl.* **1** guijarros (junto al agua). • *s. c.* **2** ARQ. ripia. **3** (EE UU) (fam.) rótulo, placa (de una oficina o similar). • *s. pl.* **4** MED. herpes.

shining ['ʃaɪnɪŋ] *adj.* **1** brillante, reluciente. **2** (fig.) sobresaliente, extraordinario, magnífico (logro, victoria, virtud, etc.).

shiny ['ʃaɪnɪ] *adj.* brillante, reluciente (después de limpiar o pulir).

ship [ʃɪp] *s. c.* **1** MAR. barco, buque, navío (grande). **2 ship's papers,** patente de navegación. • (*ger.* **shipping,** *pret.* y *p. p.* **shipped**) *v. t.* **3** enviar por barco, remitir por transporte marítimo. ◆ **4 by** ~, por barco, por transporte marítimo, en barco.

shipboard ['ʃɪpbɔːd] *adj.* **1** típico de barco, normal en un barco (tarea o similar). ◆ **2 on** ~, a bordo.

shipbuilder ['ʃɪpbɪldər] *s. c.* **1** constructor de buques. **2** astilleros (empresa).

shipbuilding ['ʃɪpbɪldɪŋ] *s. i.* construcción de buques, construcción naval.

shipmate ['ʃɪpmeɪt] *s. c.* compañero de tripulación, camarada de a bordo.

shipment ['ʃɪpmənt] *s. c.* transporte, envío (en cualquier medio de transporte).

shipping ['ʃɪpɪŋ] *s. i.* **1** transporte marítimo. **2** flota, conjunto de la flota (de un país, organización internacional, etc.).

shipshape ['ʃɪpʃeɪp] *adj.* en regla, en orden (un lugar, por ejemplo).

shipwreck ['ʃɪprek] *s. c.* e *i.* **1** naufragio. • *s. c.* **2** MAR. barco naufragado. ◆ **3 to be shipwrecked,** naufragar.

shipwrecked ['ʃɪprekt] *adj.* naufragado, que ha naufragado.

shipyard ['ʃɪpjaːd] *s. c.* astillero (lugar).

shire ['ʃaɪər] *s. c.* **1** HIST. condado, feudo, provincia (antigua división provincial de Gran Bretaña). ◆ **2** ~ **horse,** caballo de carga, caballo de tiro. **3 the shires/the** ~ **counties,** GEOG. parte central, región central de Inglaterra.

shirk [ʃɜːk] *v. t.* e *i.* (desp.) escaquearse de, eludir, rehuir (trabajo, responsabilidad, obligación, etc.); hacer el vago.

shirt [ʃɜːt] *s. c.* **1** camisa (especialmente de caballero). ◆ **2 to put one's** ~ **on something,** (fam.) arriesgar todo en algo (sea dinero, sea reputación, etc.).

shirtfront ['ʃɜːtfrʌnt] *s. c.* pechera (de una camisa, especialmente de un traje muy formal).

shirtsleeve ['ʃɜːtsliːv] *s. c.* **1** manga de camisa. ◆ **2 in one's shirtsleeves,** en mangas de camisa.

shirt-tail ['ʃɜːtteɪl] *s. c.* (normalmente *pl.*) faldón (parte de la camisa que cubren los pantalones).

shirty ['ʃɜːtɪ] *adj.* (fam.) molesto, enfadado.

shish kebab *s. c.* ⇒ **kebab.**

shit [ʃɪt] (*ger.* **shitting,** *pret.* y *p. p. irreg.* **shat;** también **shitted**) *v. i.* (vulg.) **1** cagar. • *s. sing.* **2** cagada (acción). • *s. c.* **3** mierda, asco (insulto personal). • *s. i.* **4** mierda, heces, caca. **5** mierda, caca (algo que uno considera de mala calidad o negativamente). • *interj.* **6** joder, mierda. ◆ **7 to beat/kick/knock the** ~ **out of someone,** dar una paliza de miedo a alguien, dejar a alguien machacado/jodido de una paliza. **8 in the** ~, en un asunto muy jodido, en un problema muy serio. **9 not to give a** ~ (**about**), importar una mierda. **10 to** ~ **oneself,** cagarse de miedo, acojonarse de miedo. **11 the shits,** cagalera, diarrea. **12 tough** ~, mala suerte, no hay más remedio que apechar con ello.

shitty ['ʃɪtɪ] *adj.* (vulg.) de mierda, una mierda de: *a shitty friend = un amigo de mierda.*

shiver ['ʃɪvər] *v. i.* **1** temblar, estremecerse (de miedo); tiritar (de frío). • *s. c.* **2** estremecimiento, escalofrío, temblor (de miedo o frío). ◆ **3 to give someone the shivers,** (fam.) dar a alguien escalofríos, dar a alguien dentera (de miedo).

shivery ['ʃɪvərɪ] *adj.* (fam.) tembloroso, temblando (de miedo o frío).

shoal [ʃəul] *s. c.* **1** BIOL. banco (de peces). **2** (fig.) montón, multitud (de personas).

shock [ʃɒk] *s. i.* **1** MED. trauma, choque, conmoción. • *s. c.* **2** conmoción, disgusto, trastorno (mental): *I got a shock when I heard of her death = tuve un disgusto cuando supe de su muerte.* **3** (fam.) calambre (eléctrico). **4** choque, golpetazo, colisión (físico): *a sudden shock = un golpetazo repentino.* • *s. c.* e *i.* **5** masa (de pelo en una persona). • *v. t.* e *i.* **6** escandalizar, disgustar, ofender (por su estilo, contenido, etc.). • *v. t.* **7** conmover, causar una impresión, sobresaltar. ◆ **8** ~ **absorber,** MEC. amortiguador. **9** ~ **tactics,** táctica de golpes sorpresa (especialmente en un contexto de guerra). **10 ~ therapy/treatment,** PSIQ. tratamiento por electrochoque. **11 ~ troops,** MIL. tropas de choque.

shocked [ʃɒkt] *adj.* **1** escandalizado, ofendido, disgustado (por el contenido, estilo, etc.). **2** conmovido, sobresaltado, conmocionado (física o mentalmente).

shocker ['ʃɒkər] *s. c.* (fam. y hum.) cosa que sobresalta, tema que asombra, acontecimiento que causa un fuerte sobresalto.

shocking ['ʃɒkɪŋ] *adj.* **1** espantoso, escandaloso, ofensivo, vergonzoso. **2** (fam.) horrible, malísimo, fatal. ◆ **3 ~ pink,** de un rosa chillón.

shockingly ['ʃɒkɪŋlɪ] *adv.* **1** espantosamente, escandalosamente, ofensivamente, vergonzosamente. **2** (fam.) horriblemente, malísimamente, fatalmente.

shockproof ['ʃɒkpruːf] *adj.* a prueba de golpes/choques.

shock wave ['ʃɒkweɪv] *s. c.* **1** onda expansiva, onda de choque (de una explosión, objeto a gran velocidad, etc.). **2** (fig.) consecuencia, resultado (de un acontecimiento, cambio social, etc.).

shod [ʃɒd] *pret.* y *p. p. irreg.* **1** de **shoe.** ● *adj.* **2** (form.) vestido, ataviado.

shoddily ['ʃɒdɪlɪ] *adv.* (desp.) burdamente, con mala calidad, chapuceramente.

shoddiness ['ʃɒdɪnɪs] *s. i.* (desp.) mala calidad, chapuza, mala fabricación.

shoddy ['ʃɒdɪ] *adj.* (desp.) de mala calidad, burdo, de pura chapuza.

shoe [ʃuː] *s. c.* **1** zapato. **2** herradura. ● (*pret.* y *p. p. irreg.* **shod**) *v. t.* **3** herrar (a un caballo). ◆ **4 to fill someone's shoes/step into someone's shoes,** ocupar el puesto de alguien, ocupar el sitio de alguien (especialmente en un contexto profesional). **5 in someone's shoes,** en el pellejo de alguien, en el lugar de alguien.

shoehorn ['ʃuːhɔːn] *s. c.* calzador.

shoelace ['ʃuːleɪs] *s. c.* (normalmente *pl.*) (brit.) cordón (de zapato).

shoemaker ['ʃuːmeɪkər] *s. c.* zapatero.

shoestring ['ʃuːstrɪŋ] *s. c.* **1** (normalmente *pl.*) (EE UU) cordón (de zapato). ● *adj.* **2** reducido, corto, restrictivo (presupuesto financiero). ◆ **3 on a ~,** (fam.) con escasos medios, con poquísimo dinero.

shoe-tree ['ʃuːtriː] *s. c.* horma (de madera, plástico o metal).

shone [ʃɒn || ʃəun] *pret.* y *p. p. irreg.* de **shine.**

shoo [ʃuː] *v. t.* **1** ahuyentar, alejar, asustar (animales o niños con movimiento de brazos y gritos). ● *interj.* **2** fuera, fuera de aquí.

shook [ʃuk] *pret. irreg.* de **shake.**

shoot [ʃuːt] (*pret.* y *p. p. irreg.* **shot**) *v. i.* **1** (**to ~** {**at**}) disparar, hacer fuego. **2** (brit.) cazar, ir de caza. **3** DEP. chutar, disparar a gol. **4** rodar, llevar a cabo el rodaje (de una película). **5** (**to ~** {**along**}) ir a gran velocidad, ir corriendo a gran velocidad, lanzarse a gran velocidad. **6** BOT. brotar (capullo o parecido). ● *v. t.* **7** disparar; matar, herir: *he was shot in the leg = le hirieron en la pierna.* **8** (brit.) cazar, dar caza. **9** disparar, lanzar, soltar (una flecha). **10** rodar, filmar (una película). **11** (**to ~** + *prep.*) lanzar, enviar a gran velocidad, arrojar con fuerza: *the blast shot him through the window = la explosión le lanzó por la ventana.* **12** echar, lanzar (una mirada). ● *s. c.* **13** BOT. brote (vegetal). **14** (brit.) caza. ● **15 to ~ down, a)** derribar (avión); **b)** matar, matar sin misericordia (especialmente a alguien desarmado); **c)** (fam.) rechazar, rebatir (argumento). **16 to ~ one's mouth off,** (fam.) hablar demasiado, pasarse de la cuenta hablando. **17 to ~ the lights,** saltarse un semáforo a toda velocidad. **18 to ~ up, a)** crecer muchísimo, subir muchísimo; **b)** chutarse (droga).

shooting ['ʃuːtɪŋ] *s. c.* e *i.* **1** tiroteo; (Am.) balacera. ● *s. i.* **2** (brit.) caza. ◆ **3 ~ gallery,** galería de tiro al blanco. **4 ~ star,** estrella fugaz. **5 ~ stick,** bastón taburete.

shoot-out ['ʃuːtaut] *s. c.* tiroteo, tiroteo a muerte.

shop [ʃɒp] *s. c.* **1** tienda. **2** taller: *repair shop = taller de reparaciones.* ● (*ger.* **shopping,** *pret.* y *p. p.* **shopped**) *v. i.* **3** hacer compras, comprar. ● *v. t.* **4** (fam.) engañar, traicionar. ◆ **5 all over the ~,** (fam.) de cualquier modo, por cualquier sitio (en desorden). **6 to set up ~,** establecer un negocio, establecer su propio negocio. **7 to ~ around, a)** ir de tienda en tienda, dar vueltas de tienda en tienda; **b)** buscar al mejor postor, buscar la mejor oferta, buscar la mejor oportunidad. **8 ~ assistant,** dependiente. **9 ~ steward,** vocal sindical, representante sindical. **10 to shut up ~,** cerrar, dejar la tarea (en tienda, oficina, etc.). **11 to talk ~,** hablar de temas del trabajo (personas que trabajan en un mismo sitio).

shop floor [ʃɒp'flɔːr] *s. sing.* (**the ~**) los obreros, los trabajadores de planta (en una fábrica).

shopfront ['ʃɒpfrʌnt] *s. c.* delantera de la tienda, fachada de la tienda (incluyendo puerta y escaparates).

shopkeeper ['ʃɒpkiːpər] *s. c.* tendero, comerciante, gerente de una tienda.

shoplifter ['ʃɒplɪftər] *s. c.* ratero de tiendas, ladrón de tiendas (escondiendo lo robado en un bolso).

shoplifting ['ʃɒplɪftɪŋ] *s. i.* robo en tiendas, ratería en tiendas.

shopper ['ʃɒpər] *s. c.* comprador.

shopping ['ʃɒpɪŋ] *s. i.* **1** compras. ● *s. sing.* **2** (**the ~**) los recados, las compras, lo comprado. ◆ **3 ~ centre,** centro comercial. **4 ~ list,** lista de compras.

shop-soiled ['ʃɒpsɔɪld] *adj.* sucio por haber estado en el escaparate.

shop-worn ['ʃɒpwɔːn] *adj.* (EE UU) sucio por haber estado en el escaparate.

shore [ʃɔː] *s. c.* **1** orilla, ribera. ● *s. pl.* **2** (lit.) tierras, confines (de un país). ◆ **3 on ~,** en tierra (lo contrario de a bordo). **4 to ~ up,** reforzar (física y figurativamente).

shoreline ['ʃɔːlaɪn] *s. c.* costa, orilla.

shorn [ʃɔːn] *p. p. irreg.* **1** de **shear.** ● *adj.* **2** cortado al cero (pelo); pelado, muy cortado (terreno). ◆ **3 ~ of,** desprovisto de, despojado de: *shorn of her legitimate powers = despojada de sus poderes legítimos.*

short [ʃɔːt] *adj.* **1** corto, breve (tiempo). **2** bajo (de estatura). **3** corto, pequeño, diminuto. **4** abrupto, brusco, seco (movimiento o sonido). **5** corta, pequeña (distancia). **6** brusco, seco (de carácter): *he has a very short temper = tiene un genio muy brusco.* **7** (**~ with**) impaciente con, brusco con, hosco con. **8** (**~** {**of**}) falto, carente (algo, como dinero o similar). **9** GAST. quebradizo (pasteles, masa). ● *s. c.* **10** corto, cortometraje. **11** (fam.) cortocircuito eléctrico. **12** copa (de licor). ● *s. pl.* **13** pantalones cortos. **14** (EE UU) calzoncillos. ● **15 a ~ word/a few ~ words,** unas palabras, una breve conversación, un diálogo breve. **16 at ~ notice,** con poco tiempo de aviso, con poca antelación. **17 to be ~ for,** ser el diminutivo de, ser la forma acortada de (un nombre). **18 to be taken ~/caught ~,** (fam.) tener unas ganas horrendas de orinar, sentir fuertes deseos de ir al baño (especialmente cuando no hay baño cerca). **19 to bring/pull up ~,** dejar parado, interrumpir, parar (lo que se esté haciendo). **20 to cut a long story ~, ⇒ story. 21 to cut ~,** interrumpir, cortar, dejar a la mitad: *the war cut short his promising career as a journalist = la guerra interrumpió su prometedora carrera de periodista.* **22 to draw/get the ~ straw, ⇒ straw. 23 for ~,** como diminutivo, abreviado. **24 to give someone ~ weight,** vender a alguien productos con peso insuficiente, engañar a alguien en el peso. **25 to go ~ (of),** empezar a pasarse (sin), no tener lo suficiente (de), ir quedándose (sin). **26 in ~,** en una palabra, en pocas palabras, resumiendo. **27 in ~ order,** prontamente, sin ninguna demora, sin pararse en nada. **28 in ~ supply,** escaso, sin existencias de ello. **29 in the ~ term, ⇒ term. 30 little ~ of /nothing ~ of,** nada menos que, nada que no sea, ninguna otra cosa que: *he would accept nothing short of a total surrender = no quería aceptar nada que no fuera una rendición total.* **31 to make ~ work of,** (fam.) despachar en un minuto (asunto); consumir en menos que canta un gallo (algo). **32 to run ~ of,** agotarse, quedarse sin (algo, muy gradualmente): *we are running short of money = nos estamos quedando sin dinero.* **33 ~ and sweet,** corto y al tema, breve y al grano (normalmente una conversación). **34 ~ back-and-sides,** muy corto atrás y a los lados (tipo de corte de pelo especialmente militar). **35 ~ of, a)** casi, muy cerca de (normalmente con cantidades); **b)** dejando de lado, con la excepción de, excepto, menos: *short of killing him, what can I do? = ¿con la excepción de darle muerte, qué puedo hacer?* **36 ~ of breath,** sin aliento, con falta de aire, ahogado. **37 ~ on,** con poco, con falta de (una emoción o virtud). **38 ~ shrift,** ⇒ **shrift. 39 ~ story,** LIT. historia corta, novela corta. **40 to stop ~,** quedarse clavado, parar repentinamente. **41 to stop ~ of, a)** casi, estar en un tris de, casi llegar a: *I stopped short of calling her a murderess = estuve en un tris de llamarla asesina;* **b)** casi llegar, casi alcanzar (cierto nivel de algo). **42 the long and the ~ of it,** ⇒ **long.**

shortage ['ʃɔːtɪdʒ] *s. c.* falta, escasez, insuficiencia (de algo).

shortbread ['ʃɔːtbred] (también **shortcake**) *s. i.* GAST. torta hecha con harina, azúcar y mantequilla.

shortcake ['ʃɔːtkeɪk] *s. i.* ⇒ **shortbread.**

short-change [ʃɔːt'tʃeɪndʒ] *v. t.* **1** dar mal el cambio, dar de menos en el cambio. **2** (fam.) engañar, tomar el pelo.

short circuit [ʃɔːt'sɜːkɪt] *s. c.* **1** ELEC. cortocircuito. • *v. t.* e *i.* **2 short-circuit,** haber un cortocircuito; causar un cortocircuito en. • *v. t.* **3** estropear en sus inicios, frustrar (plan o similar). **4** pasar por alto, tirar por el atajo, evitar (partes aburridas de un proceso).

shortcoming ['ʃɔːtkʌmɪŋ] *s. c.* (normalmente *pl.*) deficiencia, defecto, imperfección, fallo (especialmente en el carácter de alguien).

shortcrust ['ʃɔːtkrʌst] *adj.* GAST. quebradizo, de pasta quebrada.

short cut ['ʃɔːtkʌt] *s. c.* **1** atajo (camino). **2** (fig.) atajo, vía rápida, forma expeditiva (de hacer algo más rápidamente).

shorten ['ʃɔːtn] *v. t.* e *i.* acortar(se), abreviar(se).

shortening ['ʃɔːtnɪŋ] *s. i.* (EE UU) GAST. manteca (de cocinar).

shortfall ['ʃɔːtfɔːl] *s. c.* déficit: *a shortfall of teachers of Russian = un déficit de profesores de ruso.*

shorthand ['ʃɔːthænd] *s. i.* **1** taquigrafía. **2** forma rápida, forma taquigráfica (de hablar o expresar algo). ◆ **3 ~ typist,** secretario, taquígrafo.

short-handed [ʃɔːt'hændɪd] (también **short-staffed**) *adj.* con falta de personal, falto de mano de obra.

short-haul ['ʃɔːthɔːl] *adj.* de corto recorrido (transporte).

shortie ['ʃɔːtɪ] (también **shorty**) *s. c.* (fam.) bajito, pequeñín.

shortish ['ʃɔːtɪʃ] *adj.* tirando a bajo, bajito, más bien bajo.

shortlist ['ʃɔːtlɪst] *s. c.* **1** (normalmente *sing.*) preselección, lista de los aspirantes favoritos. • *v. t.* **2** preseleccionar, poner en la lista de candidatos con más posibilidades.

short-lived [ʃɔːt'lɪvd] *adj.* efímero, poco duradero.

shortly ['ʃɔːtlɪ] *adv.* **1** en poco tiempo, inmediatamente, prontamente. **2** bruscamente, hoscamente, con mala educación (forma de hablar o dirigirse a otra persona).

short-range [ʃɔːt'reɪndʒ] *adj.* de cerca, de corto alcance, de radio pequeño (aparato, arma, etc.).

short-sighted [ʃɔːt'saɪtɪd] *adj.* **1** miope, corto de vista. **2** (desp.) de poca vista, de poca inteligencia, (fig.) miope.

short-sightedness [ʃɔːt'saɪtɪdnɪs] *s. i.* MED. miopía.

short-staffed [ʃɔːt'staːft] *adj.* ⇒ **short-handed.**

short-tempered [ʃɔːt'tempəd] *adj.* de mal genio, de mal carácter.

short-term [ʃɔːt'tɜːm] *adj.* **1** de corto plazo, inmediato. • *adv.* **2** a corto plazo.

short wave ['ʃɔːtweɪv] *s. c.* **1** onda corta. • *adj.* **2** RAD. de onda corta.

short-weight [ʃɔːt'weɪt] *v. t.* pesar mal, pesar de menos.

shorty *s. c.* ⇒ **shortie.**

shot [ʃɒt] *pret.* y *p. p. irreg.* **1** de **shot.** • *s. c.* **2** disparo. **3** DEP. disparo, tiro a gol. **4** (*adj.* ~) tirador: *a magnificent shot = un tirador muy bueno.* **5** DEP. peso (objeto). **6** FOT. fotografía, foto. **7** lanzamiento (de un cohete espacial). **8** toma, escena (en una película). **9** inyección. **10** (~ {**at**}) intento, prueba, tentativa: *I had a shot at using the camera = hice una tentativa de utilizar la cámara.* **11** (fam.) copazo (de bebida fuertemente alcohólica). • *s. i.* **12** perdigones, balines. • *adj.* **13** tornasolado (especialmente la seda). **14** (~ **through/with**) saturado de, cargado de: *the air is shot with light = el aire está saturado de luz.* • **15 a long ~,** probabilidad remota, posibilidad remota. **16 a ~ in the arm,** un buen empujón, un estímulo potente, una dosis de energía. **17 a ~ in the dark,** una conjetura, una suposición totalmente al azar. **18 to get ~ of,** (fam.) quitarse de encima, deshacerse de, librarse de (algo que uno no quiere). **19 like a ~,** (fam.) como un relámpago, a toda velocidad, como una bala.

shotgun ['ʃɒtgʌn] *s. c.* escopeta (de caza).

shot-put ['ʃɒtput] *s. sing.* DEP. lanzamiento de peso.

shot-putter ['ʃɒtputə] *s. c.* DEP. lanzador de peso.

should [ʃud] (forma relajada [ʃəd]) *v. mod.* **1** debería, deber (moral, de consejo, de instrucción, de recomendación, etc.): *I should go now, it's very late = me debo ir ahora, es demasiado tarde.* ◆ **2 I ~,** yo que tu... (dando un consejo): *I should put all that money in a bank, not in your safe = yo que tú pondría todo ese dinero en un banco, no en la caja fuerte.* **3 you ~,** tenías que (expresando sorpresa, extrañeza, etc.): *you should have heard him shouting when I insulted Tom, his beloved friend = tenías que haberle oído gritar cuando insulté a Tom, su queridísimo amigo.*

OBS. Este verbo es en gran medida un verbo auxiliar que no tiene un significado semántico, sino gramatical en los siguientes casos: **a)** funciona como auxiliar de condicional con matiz (form.) y sólo para las primeras personas: *I should say it is a touchy issue = yo diría que es un tema difícil;* **b)** en oraciones condicionales (form.) indica una posibilidad remota: *should you see him, tell him about it = si por un casual lo vieras, cuéntaselo;* **c)** señala sorpresa enfática: *when I got on the bus, who should I see but Mary sitting on my seat = cuando subí al autobús, a quién me iba a encontrar sino a Mary sentada en mi asiento;* **d)** aparece en oraciones completivas con un significado subjuntivo: *it's been suggested that you should step down = se ha sugerido que abandones tu puesto.*

shoulder ['ʃəuldər] *s. c.* **1** ANAT. hombro. **2** hombrera (de una prenda de vestir). **3** cuarto delantero, espalda (carne de animal para consumo). **4** lomo (de una colina o similar). **5** (EE UU) arcén, bordillo. • *s. pl.* **6** espaldas, hombros (donde recaen problemas, responsabilidades, cargas, etc.). • *v. t.* **7** golpear con el hombro, dar un codazo. **8** llevar sobre los hombros, cargar sobre la espalda. **9** acarrear, aguantar, sufrir, soportar (responsabilidad o similar). ◆ **10 a ~ to cry on,** un hombro sobre el que llorar, un consuelo. **11 head and shoulders (above), a)** mucho más alto (que); **b)** muy por encima (de), muchísimo mejor (que). **12 over one's ~,** por encima del hombro (mirada). **13 to put one's ~ to the wheel,** arrimar el hombro. **14 to rub shoulders with,** (fam.) codearse con, tener contacto con. **15 to ~ one's way,** abrirse camino a base de codazos, abrirse camino a empellones. **16 ~ to ~, a)** hombro con hombro, juntos (físicamente); **b)** juntos, cooperando juntos.

shoulder bag ['ʃəuldəbæg] *s. c.* bolso de bandolera.

shoulder blade ['ʃəuldəbleɪd] *s. c.* ANAT. omóplato.

shoulder-high ['ʃəuldəhaɪ] *adj.* y *adv.* a la altura de los hombros.

shoulder-length ['ʃəuldəleŋθ] *adj.* hasta los hombros.

shoulder pad ['ʃəuldəpæd] *s. c.* hombrera.

shoulder strap ['ʃəuldəstræp] *s. c.* **1** bandolera, cinta (para llevar objetos colgando). **2** tirante (de vestido).

shouldn't ['ʃudnt] (forma relajada ['ʃədnt]) *contr.* de **should** y **not.**

should've ['ʃudəv] (forma relajada ['ʃədəv]) *contr.* de **should** y **have.**

shout [ʃaut] *v. i.* **1** gritar, chillar. **2** (to ~ {**at**}) hablar en voz demasiado alta. • *v. t.* **3** decir a gritos, decir a voces. • *s. c.* **4** grito, chillido. • *s. sing.* **5** (fam.) turno (de invitar una ronda). • **6 all over bar the shouting,** se puede dar por terminado, el tema está prácticamente acabado. **7 to ~ down,** acallar a voces, no dejar hablar a base de gritar más. **8 to ~ oneself hoarse,** quedarse ronco de tanto gritar. **9 to ~ out,** pegar un grito fuerte, dar un fuerte grito.

shove [ʃʌv] *v. t.* **1** empujar, apartar de un empujón, dar un empellón. **2** meter, poner, colocar (rápida y descuidadamente): *I shoved the banknotes into the box = metí los billetes dentro de la caja.* • *v. i.* **3** empujar, empellar. • *s. c.* **4** (normalmente *sing.*) empujón, empellón. ◆ **5 to ~ off,** (fam.) irse al quinto pino, largarse a freír monas.

shovel ['ʃʌvl] *s. c.* **1** pala; (Am.) palana. **2** MEC. pala, pala mecánica. • (*ger.* **shovelling,** *pret.* y *p. p.* **shovelled**) *v. t.* **3** cavar con una pala. **4** (to ~ {**into**}) meter a montones en: *the child was shovelling fruit into his mouth = el crío se estaba metiendo la fruta a montones en la boca.*

shovelful ['ʃʌvlful] *s. c.* palada.

show [ʃəu] (*pret.* **showed,** *p. p. irreg.* **shown**) *v. t.* **1** mostrar, enseñar, exhibir, exponer: *I showed her my books = le enseñé mis libros.* **2** indicar (un instrumento, una medida). **3** demostrar: *this shows he's a criminal = esto demuestra que es un criminal.* **4** poner (película o programa). **5** mostrar, evidenciar (una característica o rasgo): *small children show a dislike of order = los niños pequeños evidencian una aversión al orden.* **6** mostrar, enseñar, revelar (sentimiento, deseo, objetivo, etc.). **7** descubrir, destapar (para que se vea): *show your back to me = descúbrase la espalda.* **8** acompañar, llevar a: *will you show this gentleman to the door, Joan? = ¿quiere hacer el favor de acompañar a este caballero a la puerta, Joan?* **9** (**to ~** + *o.* + **how**) enseñar (para que otra persona aprenda): *show me how to play "mus" = enséñame a jugar al mus.* **10** comportarse con, mostrar (respeto, admiración, etc., hacia otro). **11** COM. arrojar (déficit, pérdidas, etc. por parte de una empresa). **12** dejar ver fácilmente (suciedad, unos zapatos o tela). • *v. i.* **13** verse, notarse (un sentimiento, realidad, etc.). **14** descubrirse, destaparse. **15** señalar (una preferencia en una votación). **16** (EE UU) aparecer, presentarse, llegar (una persona a algún acontecimiento social). • *r.* **17** dejarse ver (saliendo de la oscuridad, por ejemplo). **18** (**to ~** +*inf.*) mostrarse (poseedor de una determinada característica): *she showed herself to be too shy to speak = se mostró demasiado tímida para hablar.* • *s. c.* **19** ostentación, espectáculo: *he put on a show for the minister = organizó un espectáculo para el ministro.* **20** programa (de televisión o radio). **21** espectáculo (artístico). **22** exposición (de cualquier tema artístico o habilidoso, e incluso comercial). • *s. sing.* **23** (fam.) asunto, cosa, organización: *don't ask me, it's your show = no me preguntes, es cosa tuya.* ◆ **24 a ~ of hands,** a mano alzada (forma de votación). **25 for ~,** por boato, por ostentación, para impresionar. **26 good ~/jolly good ~,** (p.u.) estupendo, magnífico. **27 to have something to ~ for,** sacar algo de, sacar algún beneficio de, sacar algún resultado positivo de. **28 I'll ~ you,** ya te enseñaré yo, ya te haré ver. **29 it just goes to ~/it just shows,** esto muestra rotundamente, esto es buena prueba de. **30 let's get this ~ on the road,** vamos a poner manos a la obra, vamos a ponernos a ello. **31 on ~,** expuesto, en exposición. **32 to put up a good/poor ~,** hacer un buen/mal papel. **33 to ~ around/round,** enseñar los sitios que merece la pena ver, enseñar las cosas que hay alrededor. **34 to ~ off, a)** (desp.) hacer alarde, jactarse; **b)** hacer resaltar, destacar (algo en contraste con otra cosa); **c)** enseñar orgullosamente, lucir. **35 to ~ one's face,** ⇒ **face. 36 to ~ one's hand,** ⇒ **hand. 37 to ~ someone the ropes,** ⇒ **rope. 38 to ~ up, a)** (fam.) aparecer, llegar, acudir, presentarse; **b)** avergonzar (por el mal comportamiento); **c)** revelar, hacer aparecer, resaltar, destacar: *the light suddenly showed up her damaged face = la luz repentinamente reveló su cara dañada;* **d)** aparecer, notarse, hacerse patente. **39 to steal the ~,** llevarse los aplausos, hacerse con el centro de la atención.

showbiz ['ʃəubɪz] *s. i.* (fam.) mundo del espectáculo.

show business ['ʃəubɪznɪs] *s. i.* mundo del espectáculo.

showcase ['ʃəukeɪs] *s. c.* **1** vitrina (de exposición de objetos). **2** (fig.) escaparate: *this project is one of the most important showcases for European efficiency = este proyecto es uno de los más importantes escaparates de la eficacia europea.*

showdown ['ʃəudaun] *s. c.* (normalmente *sing.*) (fam.) confrontación, enfrentamiento.

shower ['ʃauər] *s. c.* **1** ducha (objeto). **2** ducha (acción). **3** chubasco, aguacero. **4** (fig.) torrente, cascada: *a shower of postcards = un torrente de tarjetas postales.* • *v. i.* **5** darse una ducha. • *v. t.* **6** (**to ~** + *o.* + **with**) colmar de, llenar de: *they showered him with all sorts of presents = le colmaron de todo tipo de regalos.* **7** tirar, desparramar (cosas sobre alguien).

showerproof ['ʃauəpru:f] *adj.* impermeable (tela, prenda de vestir, etc.).

showery ['ʃauərɪ] *adj.* de frecuentes chaparrones, de frecuentes chubascos; intermitentemente lluvioso.

showily ['ʃəuɪlɪ] *adv.* (a menudo desp.) llamativamente, vistosamente, ostentosamente.

showiness ['ʃəuɪnɪs] *s. i.* (a menudo desp.) vistosidad, ostentación.

showing ['ʃəuɪŋ] *s. c.* proyección (de una película).

showjumping ['ʃəudʒʌmpɪŋ] *s. i.* DEP. hípica, modalidad de saltos.

showman ['ʃəumən] (*pl. irreg.* **showmen**) *s. c.* **1** empresario de espectáculos. **2** "showman", comediante, hombre del espectáculo.

showmanship ['ʃəumənʃɪp] *s. i.* brillantez para el espectáculo, talento para el espectáculo.

showmen ['ʃəumən] *pl. irreg.* de **showman.**

shown [ʃəun] *p. p. irreg.* de **show.**

show-off ['ʃəuɒf] *s. c.* (fam. y desp.) chulo, fantoche, farolero.

showpiece ['ʃəupi:s] *s. c.* ejemplo sobresaliente, objeto de gran valor.

showplace ['ʃəupleɪs] *s. c.* lugar sobresaliente, lugar de gran interés.

showroom ['ʃəurum] *s. c.* salón de demostraciones (especialmente de coches).

showy ['ʃəuɪ] *adj.* (a menudo desp.) llamativo, vistoso, ostentoso.

shrank [ʃræŋk] *pret. irreg.* de **shrink.**

shrapnel ['ʃræpnəl] *s. i.* MIL. metralla.

shred [ʃred] (*ger.* **shredding,** *pret.* y *p. p.* **shredded**) *v. t.* **1** desmenuzar, fragmentar, triturar, hacer pedacitos. • *s. c.* **2** (normalmente *pl.*) pedacito, fragmento, tira (especialmente de papel). **3** (fig.) pizca, fragmento, trocito (indicando pequeñez de algo): *there is not a shred of truth in his declaration = no hay ni una pizca de verdad en su declaración.*

shredder ['ʃredər] *s. c.* trituradora de papel.

shrew [ʃru:] *s. c.* **1** ZOOL. musaraña. **2** (desp.) fiera, fierecilla, bravía (mujer).

shrewd [ʃru:d] *adj.* astuto, sagaz, perspicaz, penetrante.

shrewdly ['ʃru:dlɪ] *adv.* astutamente, sagazmente, perspicazmente; penetrantemente.

shrewdness ['ʃru:dnɪs] *s. i.* astucia, sagacidad, perspicacia; penetración (de pensamiento).

shrewish ['ʃru:ɪʃ] *adj.* fierecilla, valentona, indomable (mujer de carácter fuerte).

shriek [ʃri:k] *v. i.* **1** chillar, aullar (de dolor, pavor o similar). • *v. t.* **2** decir chillando, decir aullando. • *s. c.* **3** (~ **of**) chillido, aullido, grito destemplado.

shrift [ʃrɪft] **to give someone/something short ~,** prestar poca atención a alguien/algo, no hacer caso alguno a alguien/algo, hacer caso omiso de alguien/algo.

shrill [ʃrɪl] *adj.* **1** chillón, estridente, agudo (sonido). **2** destemplada, exagerada, estridente (protesta, petición, etc.). • *v. i.* **3** emitir un sonido desagradable, emitir un sonido estridente. • *v. t.* **4** decir con voz aguda, decir con voz estridente.

shrillness ['ʃrɪlnɪs] *s. i.* **1** estridencia, agudeza excesiva (de sonido). **2** estridencia, exageración (de una protesta, petición, etc.).

shrilly ['ʃrɪlɪ] *adv.* **1** chillonamente, estridentemente, de modo ensordecedor. **2** destempladamente, exageradamente, estridentemente (forma de protestar, demandar servicios, exigir derechos, etc.).

shrimp [ʃrɪmp] *s. c.* **1** ZOOL. gamba. **2** (fig.) flaco, esmirriado.

shrimping ['ʃrɪmpɪŋ] *s. c.* pesca de gambas.

shrine [ʃraɪn] *s. c.* **1** santuario, lugar sagrado. **2** relicario. **3** sepulcro, tumba (de un santo importante). **4** (fig.) santuario, lugar más importante (de un hecho histórico, personalidad artística o similar).

shrink [ʃrɪŋk] (*pret. irreg.* **shrank,** *p. p. irreg.* **shrunk**) *v. t.* e *i.* **1** encoger(se). **2** disminuir de tamaño, hacer(se) más pequeño. • *v. i.* **3** retroceder, apartarse, alejarse. **4** (**to** ~ **from**) acobardarse ante (una tarea o responsabilidad). • *s. c.* **5** (fam.) psiquiatra.

shrinkage ['ʃrɪŋkɪdʒ] *s. i.* encogimiento (especialmente en prendas de vestir); reducción, disminución (en peso, medida, etc.).

shrivel ['ʃrɪvl] (*ger.* **shrivelling,** *pret.* y *p. p.* **shrivelled**) *v. t.* e *i.* (también **shrivel up**) arrugarse, resecarse.

shrivelled ['ʃrɪvld] (EE UU **shriveled**) *adj.* arrugado, reseco.

shroud [ʃraud] *s. c.* **1** mortaja. **2** (~ **of**) (fig.) velos (de misterio o similar). • *v. t.* **3** (normalmente *pasiva*) ocultar, cubrir, envolver (en algo tangible o intangible): *the valley was shrouded in thick fog = el valle estaba cubierto de una niebla espesa.*

shrub [ʃrʌb] *s. c.* BOT. arbusto.

shrubbery ['ʃrʌbərɪ] *s. c.* e *i.* BOT. zona de arbustos, maleza.

shrug [ʃrʌg] (*ger.* **shrugging,** *pret.* y *p. p.* **shrugged**) *v. t.* e *i.* **1** encogerse (de hombros); encoger (los hombros). • *s. c.* **2** (normalmente *sing.*) encogimiento de hombros, gesto de encoger los hombros. ◆ **3 to** ~ **off,** quitar importancia (a algo, con ese gesto característico de encogerse de hombros).

shrunk [ʃrʌŋk] *p. p. irreg.* de **shrink.**

shrunken ['ʃrʌŋkən] *adj.* encogido, disminuido, empequeñecido (de tamaño, peso, medida, etc.).

shucks [ʃʌks] *interj.* (EE UU) caramba, vaya (expresando enfado, vergüenza o desilusión).

shudder ['ʃʌdər] *v. i.* **1** temblar, estremecerse, tener un escalofrío (de miedo, horror, asco, etc.). **2** estremecerse, hacer un movimiento repentino (físicamente). • *s. c.* **3** (normalmente *sing.*) estremecimiento, escalofrío, temblor (de miedo o similar). **4** (normalmente *sing.*) movimiento súbito, movimiento repentino. ◆ **5 to give someone the shudders,** (fam.) dar a alguien escalofríos (de miedo). **6 to** ~ **to think,** temblar al pensar, temblar al pasársele a uno por la cabeza (algo).

shuffle ['ʃʌfl] *v. i.* **1** andar con los pies a rastras, caminar arrastrando los pies. • *v. t.* e *i.* **2** barajar (las cartas). **3** mover los pies nerviosamente, no estarse quieto en un sitio (moviendo los pies o cambiando de postura sentado). • *v. t.* **4** desordenar, entremezclar, poner patas arriba. • *s. sing.* **5** (**a** ~) una acción de barajar. **6** forma de andar arrastrando los pies. ◆ **7 to** ~ **off,** evadir, dar rodeos (a un tema). **8 to** ~ **out/out of,** salirse de, rechazar (una tarea desagradable).

shun [ʃʌn] (*ger.* **shunning,** *pret.* y *p. p.* **shunned**) *v. t.* esquivar, rehuir (a alguien o algo).

shunt [ʃʌnt] *v. t.* **1** llevar, mover, trasladar, trajinar (cosas de un sitio a otro o personas). • *v. t.* e *i.* **2** hacer maniobras, maniobrar, cambiar de vía (ferrocarril).

shush [ʃuʃ] *interj.* **1** calla, chis, silencio. • *v. t.* e *i.* **2** hacer callar, callar.

shut [ʃʌt] (*ger.* **shutting,** *pret.* y *p. p. irreg.* **shut**) *v. t.* e *i.* **1** cerrar(se) (objeto o establecimiento). • *v. t.* **2** cerrar (la boca, los ojos, etc.). • *adj.* **3** cerrado (objeto, establecimiento, ojos, boca, etc.). ◆ **4 to keep one's mouth/trap** ~**,** mantener la boca/boquita/etc. cerrada. **5 to** ~ **away,** guardar, guardar bajo llave, guardar en un sitio apartado. **6 to** ~ **down,** cerrar (negocio o similar). **7 to** ~ **in,** encerrar (en prisión). **8 to** ~ **off, a)** cortar el suministro de, interrumpir el envío de; **b)** apagar, parar (máquina o similar); **c)** tapar (la visión). **9 to** ~ **oneself in,** encerrarse, aislarse (en una habitación). **10 to** ~ **one's eyes (to),** (desp.) cerrar los ojos de uno (ante) (la evidencia o realidad). **11 to** ~ **one's mouth/face,** callarse, cerrar la boca, dejar de hablar. **12 to** ~ **out, a)** excluir, no dejar entrar, no dejar participar (a algo o alguien); **b)** rechazar, no dar cabida (a un pensamiento, sentimiento, etc.). **13 to** ~ **up, a)** (fam.) callarse, cerrar la boca; **b)** (fam.) silenciar, dejar sin posibilidad de decir nada; **c)** encerrar, confinar (en manicomio, prisión, etc.).

shutdown ['ʃʌtdaun] *s. c.* cierre (de negocio).

shut-eye ['ʃʌtaɪ] *s. i.* (fam.) sueñecito (dormir): *you'd better get some shut-eye, you're too tired = será mejor que eches un sueñecito, estás demasiado cansado.*

shutter ['ʃʌtər] *s. c.* **1** (normalmente *pl.*) contraventana. **2** FOT. obturador. **3** cerrador, cierre (de objeto o mecanismo).

shuttered ['ʃʌtəd] *adj.* **1** con contraventanas (casa). **2** con las contraventanas cerradas.

shuttle ['ʃʌtl] *s. c.* **1** puente, enlace (normalmente aéreo). **2** avión que hace el puente aéreo, puente aéreo. **3** lanzadera (de un telar). **4** lanzadera, jugadera (en máquinas de coser). **5** pelota de bádminton. • *v. t.* **6** transportar, enlazar, trasladar: *the troops were shuttled to the Gulf = las tropas fueron trasladadas al Golfo.* • *v. i.* **7** viajar a modo de puente o enlace (de manera regular), hacer el trayecto de ida y vuelta casi sin parar. ◆ **8** ~ **diplomacy,** POL. diplomacia de puente aéreo (entre dos países). **9** ~ **service,** servicio de puente aéreo, servicio regular de enlace.

shuttlecock ['ʃʌtlkɒk] *s. c.* pelota de bádminton.

shy [ʃaɪ] *adj.* **1** tímido, retraído, vergonzoso, huraño. **2** asustadizo (animal). **3** (~ **of**) miedo de, temeroso de, asustado de: *she was shy of going to meetings = tenía miedo de ir a las reuniones.* • *v. i.* **4** espantarse (caballo). • *v. t.* **5** (p.u.) tirar, lanzar (piedras o una pelota). • *s. c.* **6** (normalmente *sing.*) (p.u.) tirada (de piedra o pelota). ◆ **7 to** ~ **away from,** alejarse de; apartar de sí, rechazar hacer (por falta de confianza en uno mismo).

Siamese [,saɪə'mi:z] (*pl.* **Siamese**) *s. c.* **1** (arc.) tailandés. **2** (fam.) gato siamés. • *adj.* **3** (arc.) tailandés. ◆ **4** ~ **cat,** gato siamés. **5** ~ **twins,** hermanos siameses.

sibilant ['sɪbɪlənt] *adj.* **1** silbante, sibilante (sonido). • *s. c.* **2** FON. silbante, sibilante.

sibling ['sɪblɪŋ] *s. c.* (form.) hermano, hermana.

sic [sɪk] *adv.* fórmula latina que indica que se está citando textualmente, a pesar de que se repita un error gráfico o de significado o construcción gramatical (siempre va entre paréntesis).

sick [sɪk] *adj.* **1** enfermo. **2** mareado, con náuseas (como a punto de devolver). **3** triste, entristecido; (fig.) enfermo, malo (ante algo injusto o parecido). **4** (desp.) mórbido, morboso (película, historia, chiste, etc.). **5** (~ **of**) harto de, hasta las narices de, insatisfecho de: *I am sick of him = estoy harto de él.* • *s. i.* **6** (brit.) (fam.) vómito. ◆ **7 to be** ~**,** vomitar, devolver, arrojar. **8 to fall** ~**,** (lit.) caer en cama, caer enfermo. **9 to make someone** ~**,** poner a alguien malo, poner a alguien enfermo, sacar a alguien de sus casillas: *his macho attitude makes me sick = su actitud machista me pone enferma.* **10 off** ~**,** con la baja, con permiso por enfermedad. **11** ~ **and tired (of),** hasta la coronilla (de), hasta las narices (de), con un hartazgo (de). **12** ~ **bay,** enfermería (especialmente en un buque). **13** ~ **leave,** permiso por enfermedad. **14 the ~,** los enfermos. **15 worried ~,** (fam.) enfermo de preocupación, preocupadísimo, que no vive de preocupación.

sickbed ['sɪkbed] *s. c.* (normalmente *sing.*) lecho de enfermo, lecho de enfermedad.

sicken ['sɪkən] *v. t.* **1** enfermar, sacar de quicio, enfadar, poner malo. • *v. i.* **2** (p.u.) enfermar, caer enfermo.

sickening ['sɪkənɪŋ] *adj.* **1** desagradable, nauseabundo, repugnante. **2** (fam.) que pone malo, que pone furioso, irritante: *a sickening attitude = una actitud irritante.*

sickeningly ['sɪkənɪŋlɪ] *adv.* **1** desagradablemente, nauseabundamente, repugnantemente. **2** (fam.) de forma irritante, asquerosamente (que causa enfado).

sickle ['sɪkl] *s. c.* hoz.

sickly ['sɪklɪ] *adj.* **1** enfermizo, enclenque. **2** pálido, demacrado, descolorido (rostro). **3** nauseabundo, asqueroso, repugnante (olor o vista).

sickness ['sɪknɪs] *s. i.* **1** enfermedad, dolencia. **2** mareo, náusea. • *s. c.* e *i.* **3** enfermedad (concreta). ♦ **4 ~ benefit,** (brit.) subsidio por enfermedad.

sickroom ['sɪkrʊm] *s. c.* (normalmente *sing.*) cuarto de enfermo, habitación del enfermo.

side [saɪd] *s. c.* **1** lado, parte (posición): *the left side of the house = el lado derecho de la casa.* **2** lado, costado (del cuerpo). **3** lado, cara (de un objeto). **4** lado, posición ideológica (en una discusión o parecido). **5** lado, borde (de un espacio). **6** lado, carril (de una carretera). **7** orilla (de un lago o río). **8** ladera (de montaña). **9** (~ **of**) mitad de (carne). **10** lado, equipo (en cualquier clase de competición). **11** parte, grupo (de un acuerdo comercial, especialmente). **12** lado, aspecto, enfoque (de un asunto, personalidad de alguien, etc.). **13** lado, parte, línea (de familia). **14** lado, vera (de alguien): *I want to spend all my life by your side = quiero pasar toda mi vida a tu vera.* **15** arcén (de carretera, especialmente cuando tiene hierba). • *adj.* **16** secundaria (calle o carretera). **17** lateral (puerta, entrada, etc.). ♦ **18 to be on the safe ~, ⇒ safe. 19 to be on the ~ of the angels, ⇒ angel. 20 to err on the ~ of something, ⇒ err. 21 to get out of bed on the wrong ~, ⇒ bed. 22 from ~ to ~,** de derecha a izquierda, de lado a lado. **23 to know which ~ one's bread is buttered on, ⇒ bread. 24 leaving to one ~,** dejando a un lado, sin hacer caso de, olvidando, sin mencionar para nada. **25 to let the ~ down,** desacreditar a la propia familia, avergonzar a la propia familia. **26 to look on the bright ~, ⇒ bright. 27 on every ~/on all sides,** por todas las partes, por todos los lados. **28 on one's ~,** de parte de uno, del lado de uno: *everything but money is on our side = todo menos el dinero está de nuestra parte.* **29 on someone's ~,** de parte de alguien, del lado de alguien, apoyando a alguien: *I am on the Americans' side = estoy de parte de los americanos.* **30 on the large/small/etc. ~,** un poco demasiado grande, un poco demasiado pequeño, etc. **31 on the right ~ of,** (fig.) en plan simpático con, de manera amigable con, en plan complaciente con. **32 on the ~, a)** de manera adicional, para negocio extra, aparte de la ocupación principal; **b)** como negocio añadido, como actividad secreta e ilegal extra. **33 on the ~ of,** a favor de, en apoyo de, del lado de. **34 on the wrong ~ of,** en plan problemático con, de manera poco amigable con, en plan peligroso con: *don't get on the wrong side of him, he can be very nasty = no te enzarzes de manera poco amigable con él, puede ser muy desagradable.* **35 to ~ against,** agruparse contra, unirse todos contra, acordar ir todos contra (alguien). **36 ~ by ~, a)** hombro con hombro, pegados, juntos (físicamente); **b)** conjuntamente, codo con codo (trabajando, colaborando, etc.); **c)** al mismo tiempo, simultáneamente (dos acontecimientos). **37 ~ issue,** tema secundario, asunto de menor importancia. **38 ~ order,** (EE UU) plato adicional, plato de acompañamiento (de la comida principal). **39 ~ to ~,** en un constante balanceo, con un constante balanceo. **40 to ~ with,** ponerse del lado de, apoyar el lado de, tomar partido por. **41 somebody's ~ of the story/picture,** lo que cuenta uno de algún tema, el lado de quien cuenta la feria según le va en ella. **42 to take sides/to take someone's ~,** tomar partido, tomar partido por alguien. **43 to take someone on one ~,** coger a alguien aparte, hablar con alguien privadamente. **44 the other ~ of,** al otro extremo de, al otro lado de, más allá de (la ciudad, nación, mundo, etc.). **45 the other ~ of the coin, ⇒ coin. 46 the wrong ~ of,** pasar de, ser ya mayor de (con edad). **47 this ~ of,** (fam.) antes de, antes de que llegue (un tiempo): *this side of Easter = antes de que llegue la Semana Santa.* **48 to one ~,** a un lado (empujar, moverse, etc.). **49 to one ~/on one ~,** aparte, para más tarde (dejar). **50 to one ~ (of)/on one ~ (of),** a un lado (de), de lado (de).

sideboard ['saɪdbɔːd] *s. c.* **1** aparador. • *s. pl.* **2** patillas (de pelo).

sidecar ['saɪdkaːr] *s. c.* sidecar.

side effect ['saɪdɪfekt] *s. c.* **1** (normalmente *pl.*) efecto secundario. **2** (~ {**of**}) consecuencia, resultado, resultado secundario.

sidekick ['saɪdkɪk] *s. c.* (fam.) compañero de trabajo (especialmente de categoría inferior)

sidelight ['saɪdlaɪt] *s. c.* luz de posición.

sideline ['saɪdlaɪn] *s. c.* **1** trabajo extra, empleo suplementario. **2** (normalmente *pl.*) línea de demarcación, línea lateral, línea de banda (en muchos deportes marcando los límites del campo). ♦ **3 on the sidelines, a)** desde la barrera, sin comprometerse; **b)** en los laterales (esperando tomar parte).

sidelong ['saɪdlɒŋ] *adj.* y *adv.* de soslayo, de reojo (mirada); oblicuo, oblicuamente.

side-saddle ['saɪdsædl] *adj. y adv.* a sentadillas, a lo amazona.

sideshow ['saɪdʃəʊ] *s. c.* barraca de feria.

side-splitting ['saɪdsplɪtɪŋ] *adj.* (fam.) de partirse de risa.

sidestep ['saɪdstep] (*ger.* **sidestepping,** *pret.* y *p. p.* **sidestepped**) *v. t.* e *i.* **1** eludir, soslayar (tema, asunto, etc.). **2** dar un paso a un lado, echarse a un lado.

sidestepping ['saɪdstepɪŋ] *s. i.* evitación, elusión, soslayo (de un tema o similar).

sideswipe ['saɪdswaɪp] *s. c.* golpe de refilón, puñetazo de refilón.

sidetrack ['saɪdtræk] *v. t.* apartar de su finalidad, distraer de su cometido.

sidewalk ['saɪdwɔːk] *s. c.* (EE UU) acera.

sideways ['saɪdweɪz] *adj.* y *adv.* **1** de lado, hacia un lado, al lado. **2** sin progresar, con la marcha del cangrejo (en una actividad o similar). ♦ **3 to knock someone ~,** (fam.) dejar a alguien estupefacto, dejar a alguien con la boca abierta.

siding ['saɪdɪŋ] *s. c.* apartadero; vía muerta (de ferrocarril).

sidle ['saɪdl] *v. i.* **1** moverse cautelosamente, andar furtivamente. ♦ **2 to ~ up to,** acercarse sigilosamente.

siege [siːdʒ] *s. c.* e *i.* **1** MIL. sitio, cerco, asedio. **2** bloqueo, asedio (policial o similar). ♦ **3 to lay ~ (to),** poner sitio (a), sitiar, asediar, cercar.

siesta [sɪ'estə] *s. c.* e *i.* siesta.

sieve [sɪv] *s. c.* **1** tamiz, colador. • *v. t.* **2** tamizar, cribar, pasar por un colador.

sift [sɪft] *v. t.* **1** tamizar, cribar. **2** examinar, escudriñar. • *v. i.* **3 (to ~ through)** examinar, repasar: *I have to sift through all these papers = tengo que examinar todos estos papeles.*

sigh [saɪ] *v. t.* e *i.* **1** suspirar. • *v. i.* **2** susurrar, quejarse (el viento). • *s. c.* **3** suspiro. ♦ **4 to heave a ~,** dar un suspiro, lanzar un suspiro, suspirar.

sight [saɪt] *s. i.* **1** vista (potencia física). • *s. c.* **2** vista, escena, paisaje. • *s. sing.* **3** (~ {**of**}) vista, visión (concreta): *he cried at the sight of his dead mother = lloró al ver a su madre muerta.* **4** (**a ~**) un adefesio, un espantajo (negativo): *what a sight! = ¡qué adefesio!* • *s. pl.* **5** las vistas, las cosas dignas de ver (en una ciudad). **6** mira (de un fusil o aparato). • *v. t.* **7** ver: *the missing child was sighted yesterday in Liverpool = la niña perdida fue vista ayer en Liverpool.* • **8 a ~,** (fam.) muchísimo, un montón, un potosí: *that's a* *sight better than what you did yesterday = eso es muchísimo mejor que lo que hiciste ayer.* **9 at first ~,** a primera vista. **10 to catch ~ of,** ver, vislumbrar, avistar. **11 in ~,** visible, a la vista. **12 in ~/within ~, a)** a la vista, que se puede ver; **b)** (fig.) a la vista, acercándose, a la mano (un resultado). **13 to know someone by ~,** conocer a alguien de vista. **14 to lose ~ of,** perder de vista, no tener presente el hecho de. **15 on ~,** sin más, a primera vista (disparar, por ejemplo). **16 out of ~,** fuera de la vista. **17 to set one's sights on,** decidirse por, decidir adquirir, desear adquirir. **18 ~ unseen,** sin ver, sin examinar (por ejemplo, comprar algo).

sighted ['saɪtɪd] *adj.* que tiene vista, que puede ver (no ciego).

sighting ['saɪtɪŋ] *s. c.* ocasión de observación, observación.

sightless ['saɪtlɪs] *adj.* sin visión, sin vista, ciego.

sight-read ['saɪtri:d] *v. t.* e *i.* MÚS. repentizar.

sightseeing ['saɪtsi:ɪŋ] *s. i.* visita a lugares de interés.

sightseer ['saɪtsi:ər] *s. c.* turista, persona que visita lugares de interés turístico.

sign [saɪn] *s. c.* **1** signo, símbolo (con un significado concreto). **2** señal, gesto (con alguna parte del cuerpo). **3** señal, indicación (de algo que va a ocurrir). **4** señal, letrero. **5** signo (del zodíaco). **6** señal, prueba, muestra, manifestación (de algo): *she showed no signs of being tired = no dio muestras de estar cansada.* • *v. t.* e *i.* **7** firmar. ◆ **8 a ~ of the times,** un signo de los tiempos, una señal de los tiempos. **9 to make the ~ of the cross,** REL. santiguarse, hacer la señal de la cruz. **10 no ~ of,** ni señal de, ningún indicio de (alguien). **11 to ~ away,** ceder, entregar (algo mediante firma). **12 signed and sealed,** firmado y sellado, firmado y lacrado (documentos oficiales). **13 to ~ for, a)** aceptar, acordar (mediante documento firmado); **b)** firmar (la recepción). **14 to ~ in, a)** firmar la entrada, registrarse (en un hotel); **b)** invitar (a una persona a un club o similar del que uno es miembro). **15 ~ language,** lenguaje por señas, lenguaje mímico. **16 to ~ off,** finalizar, acabar (una carta). **17 to ~ on, a)** apuntarse, inscribirse (en un cursillo); firmar el contrato de trabajo; **b)** registrarse (en algún organismo oficial para tener derecho a lo que sea). **18 to ~ out, a)** salir (de un hotel, club, asociación, etc.); **b)** sacar (un libro de una biblioteca). **19 to ~ over,** firmar la cesión de, ceder oficialmente (una propiedad o similar). **20 to ~ up, a)** firmar un contrato por; inscribirse, apuntarse; **b)** reclutar (a alguien para un trabajo o puesto militar).

signal ['sɪgnəl] *s. c.* **1** señal, seña; contraseña. **2** señal, aviso, indicación. **3** TV. señal (de emisión). **4** señal (aparato como semáforo del ferrocarril). • (*ger.* **signalling,** *pret.* y *p. p.* **signalled**) *v. t.* **5** hacer una señal, hacer señas: *he signalled me to stop = me hizo señas para que parara.* **6** indicar, señalizar (algo que puede ocurrir). • *adj.* **7** (form.) señalado, notable, insigne, memorable.

signal box ['sɪgnəlbɒks] *s. c.* garita de señales (de ferrocarril).

signally ['sɪgnəlɪ] *adv.* (form.) señaladamente, notablemente, insignemente, memorablemente.

signalman ['sɪgnəlmən] (*pl. irreg.* **signalmen**) *s. c.* **1** guardavía (de ferrocarril). **2** MIL. soldado del cuerpo de señales.

signalmen ['sɪgnəlmən] *pl. irreg.* de **signalman.**

signatory ['sɪgnətrɪ ‖ 'sɪgnətɔ:rɪ] *s. c.* signatario, firmante (persona, país, etc.).

signature ['sɪgnətʃər] *s. c.* e *i.* **1** firma, rúbrica: *the papers are ready for your signature = los papeles están listos para su firma.* • *s. c.* **2** (fig.) marca, característica (de una persona o animal). ◆ **3 to put one's ~ to,** firmar, estampar la firma de uno en. **4 ~ tune,** sintonía (de un programa).

signboard ['saɪnbɔ:d] *s. c.* letrero, tablero de anuncio.

signet ['sɪgnɪt] *s. c.* **1** sello, sello personal. ◆ **2 ~ ring,** anillo de sello.

significance [sɪg'nɪfɪkəns] *s. i.* **1** significación, importancia, trascendencia. **2** significado, implicación, sentido.

significant [sɪg'nɪfɪkənt] *adj.* **1** significante, importante, trascendente. **2** significativo, lleno de significado, lleno de sentido propio. **3** apreciable, marcado, importante (por su tamaño o cantidad): *a significant rise = una subida apreciable.*

significantly [sɪg'nɪfɪkəntlɪ] *adv.* **1** de gran significación, de suma importancia, trascendentemente. **2** significativamente, con gran sentido propio. **3** apreciablemente, marcadamente (en su cantidad o tamaño).

signify ['sɪgnɪfaɪ] *v. t.* **1** significar, indicar (algo). • *v. i.* **2** (form.) tener importancia, importar.

signpost ['saɪnpəust] *s. c.* **1** poste indicador. **2** (fig.) guía, faro, señal (normalmente de algo futuro). • *v. t.* **3** (fig. y lit.) ser guía de, servir de faro para.

signposted ['saɪnpəustɪd] *adj.* señalizada (carretera).

Sikh [si:k] REL. *s. c.* **1** sij. • *adj.* **2** sij.

Sikhism ['si:kɪzəm] *s. i.* REL. la religión sij.

silage ['saɪlɪdʒ] *s. i.* AGR. ensilaje.

silence ['saɪləns] *s. c.* e *i.* **1** silencio. • *s. i.* **2** silencio, quietud. **3** el hecho de que alguien se calle, silencio (de alguien sobre un tema): *his silence surprised the police = su silencio sorprendió a la policía.* • *v. t.* **4** hacer callar, acallar. ◆ **5 ~ is golden,** en boca cerrada no entran moscas.

silencer ['saɪlənsər] *s. c.* **1** MEC. silenciador. **2** (brit.) silenciador (de coche).

silent ['saɪlənt] *adj.* **1** silencioso, callado (estado). **2** taciturno, callado (carácter personal). **3** mudo, que no dice nada: *the police are silent about the crime = la policía no dice nada sobre el crimen.* **4** FON. que no se pronuncia, muda (letra). **5** muda (película). **6** sin palabras, sin expresión verbal (oración, sentimiento, pensamiento, etc). ◆ **7 the ~ majority,** POL. la mayoría silenciosa.

silently ['saɪləntlɪ] *adv.* **1** silenciosamente, calladamente. **2** sin expresar nada, sin decir nada, sin que se oiga: *he was praying silently = estaba rezando sin que se oyera.*

silhouette [,sɪlu:'et] *s. c.* **1** silueta, figura, forma. ◆ **2 in ~,** en perfil.

silhouetted [,sɪlu:'etɪd] *adj.* (**~ against**) destacado sobre, señalado (un fondo).

silica ['sɪlɪkə] *s. i.* MIN. sílice.

silicon ['sɪlɪkən] *s. i.* **1** QUÍM. silicio. ◆ **2 ~ chip,** INF. chip de silicio.

silicone ['sɪlɪkəun] *s. i.* QUÍM. silicona.

silk [sɪlk] *s. c.* e *i.* **1** seda. • *s. i.* **2** BIOL. seda natural. • *s. pl.* **3** (p.u.) ropa de seda, prendas de seda.

silken ['sɪlkən] *adj.* **1** de seda. **2** (fig.) sedoso, como seda.

silkiness ['sɪlkɪnɪs] *s. i.* suavidad, calidad como de seda.

silk screen [,sɪlk'skri:n] *s. c.* **1** serigrafía. ◆ *adj.* **2** de serigrafía. • *v. t.* **3** **silk-screen** serigrafiar. ◆ **4 ~ printing,** serigrafía.

silkworm ['sɪlkwə:m] *s. c.* ZOOL. gusano de seda.

silky ['sɪlkɪ] *adj.* suave, sedoso, como de seda.

sill [sɪl] *s. c.* alféizar (de ventana); umbral (de puerta).

silliness ['sɪlɪnɪs] *s. i.* ridiculez, bobada, tontería.

silly ['sɪlɪ] *adj.* **1** tonto, bobo; ridículo. ◆ **2 to drink/laugh oneself ~,** (fam.) beber/ reír hasta parecer tonto, beber/reír hasta no poder más.

silo ['saɪləu] *s. c.* **1** AGR. silo. **2** MIT. silo (de armas atómicas).

silt [sɪlt] *s. i.* **1** GEOL. sedimento, aluvión. ◆ **2 to ~ up,** bloquearse con sedimentos, obstruirse por la acumulación de sedimentos (río).

silting ['sɪltɪŋ] *s. i.* obstrucción por sedimentos, bloqueo por excesiva sedimentación (río).

silver ['sɪlvər] *s. i.* **1** MIN. plata. **2** monedas de plata; dinero en metálico. **3** cubertería de plata; cubertería. • *s. i.* **4** color de la plata. • *adj.* **5** de plata. **6** de color de la plata, plateado. **7** como de plata, brillante, refulgente. ◆ **8 to be born with a ~ spoon in one's mouth,** nacer de familia de rancio abolengo, nacer con sangre azul. **9 ~ birch,** BOT. abedul. **10 ~ jubilee,** vigésimo quinto aniversario (de algún acontecimiento importante). **11 ~ lining,** toque de valor, resquicio de esperanza (dentro de una situación comprometida). **12 ~ medal,** medalla de plata (especialmente en el deporte). **13 ~**

paper, papel de plata, papel de estaño. **14** ~ **wedding,** bodas de plata. **15 the** ~, la cubertería; la cubertería de plata.
silvered ['sɪlvəd] *adj.* (lit.) plateado.
silverfish ['sɪlvəfɪʃ] (*pl.* **silverfish**) *s. c.* ZOOL. pez plateado, lepisma.
silver-plated [ˌsɪlvə'pleɪtɪd] *adj.* chapado en plata.
silversmith ['sɪlvəsmɪθ] *s. c.* platero.
silverware ['sɪlvəweər] *s. i.* vajilla de plata; (Am.) platería.
silvery ['sɪlvərɪ] *adj.* **1** plateado, como de plata (pelo, vestimenta, etc.). **2** argentino (sonido).
simian ['sɪmɪən] *adj.* **1** BIOL. característico de los simios, símico. **2** (fig.) de mono, como un mono (aspecto o similar).
similar ['sɪmɪlər] *adj.* **1** (~ {**to**}) similar, parecido, semejante. **2** GEOM. semejante.
similarity [ˌsɪmɪ'lærɪtɪ] *s. i.* **1** semejanza, parecido, similitud. • *s. c.* **2** cosa parecida, rasgo semejante, parecido: *there are many similarities between Urdu and Hindi = hay muchos rasgos semejantes entre el urdu y el hindú.*
similarly ['sɪmɪləlɪ] *adv.* **1** de manera parecida, de modo semejante. **2** igualmente, del mismo modo, asimismo.
simile ['sɪmɪlɪ] *s. c.* LIT. símil.
simmer ['sɪmər] *v. t.* e *i.* **1** GAST. cocer/hervir a fuego lento. • *v. i.* **2** hervir, estar a punto de estallar (la violencia). **3** (fam.) cocerse (de calor). ◆ **4 to** ~ **down,** (fam.) calmarse, tranquilizarse.
simper ['sɪmpər] *v. i.* **1** sonreír con expresión bobalicona, sonreír tontamente. • *s. c.* **2** sonrisa bobalicona, sonrisa tonta.
simpering ['sɪmpərɪŋ] *adj.* con expresión tonta en la sonrisa, sonriente de un modo bobalicón.
simple ['sɪmpl] *adj.* **1** sencillo, fácil, nada complicado. **2** sencillo, simple, natural (que no es elaborado). **3** sencillo, natural, inocente (carácter). **4** simple, cándido, ingenuo. **5** sencillo, puro; nada más que un (como énfasis): *that's a simple fact = eso no es más que un hecho.* ◆ **6 pure and** ~, puro y simple (como énfasis). **7** ~ **interest,** FIN. interés simple.
simple-minded [ˌsɪmpl'maɪndɪd] *adj.* (desp.) inocentón, ingenuo, mentecato.
simple-mindedness [ˌsɪmpl'maɪndɪdnɪs] *s. i.* (desp.) inocencia excesiva, ingenuidad, embobamiento.
simpleton ['sɪmpltən] *s. c.* (p.u.) inocentón, simplón.
simplicity [sɪm'plɪsɪtɪ] *s. i.* **1** simplicidad, sencillez. **2** sencillez, llaneza, naturalidad (en el comportamiento, vestir, etc.). • *s. c.* **3** (normalmente *pl.*) (lit.) simplicidad, cosa fácil. ◆ **4 to be** ~ **itself,** ser la cosa más sencilla del mundo, ser de lo más sencillo.
simplification [ˌsɪmplɪfɪ'keɪʃn] *s. c.* e *i.* simplificación.
simplified ['sɪmplɪfaɪd] *adj.* simplificado.
simplify ['sɪmplɪfaɪ] *v. t.* simplificar.
simplistic [sɪm'plɪstɪk] *adj.* (desp.) simplista.
simply ['sɪmplɪ] *adv.* **1** sólo, únicamente, exclusivamente: *it's simply a question of hard work = es exclusivamente una cuestión de trabajar duro.* **2** sencillamente, fácilmente. **3** (también **quite simply**), sin duda alguna, sin más. **4** sólo, sin más (con abreviaturas de nombres): *they called him simply Ed = le llamaban Ed, sin más.* **5** sencillamente (como énfasis): *you simply must finish = sencillamente tienes que acabar.* **6** con sencillez, sencillamente; sin grandes medios, con pocos recursos (económicos).
simulate ['sɪmjʊleɪt] *v. t.* **1** fingir, simular. **2** querer sugerir, querer indicar: *those paintings simulate human forms = esas pinturas quieren indicar formas humanas.* **3** TEC. reproducir las condiciones lo mejor posible (en distintos tipos de experimentos).
simulated ['sɪmjʊleɪtɪd] *adj.* **1** fingido, simulado. **2** de imitación (material, sonido, etc.).
simulation [ˌsɪmjʊ'leɪʃn] *s. c.* e *i.* **1** fingimiento, simulación. **2** TEC. creación/reproducción de las condiciones (reales o teóricas para un experimento). **3** ~ **software,** programas de simulación.
simulator ['sɪmjʊleɪtər] *s. c.* MEC. simulador (especialmente con pilotos o astronautas).
simultaneous [ˌsɪml'teɪnɪəs ‖ ˌsaɪml'teɪnɪəs] *adj.* simultáneo.
simultaneously [ˌsɪml'teɪnɪəslɪ ‖ ˌsaɪml'teɪnɪəslɪ] *adv.* simultáneamente.
sin [sɪn] *s. c.* e *i.* **1** REL. pecado. • *s. c.* **2** (fig.) mal, pecado. • (*ger.* **sinning,** *pret.* y *p. p.* **sinned**) *v. i.* **3** (**to** ~ {**against**}) pecar, cometer pecado. ◆ **4 to cover/hide a multitude of sins,** ⇒ **multitude. 5 to live in** ~, (p.u. o hum.) vivir en pecado (una pareja, sin casarse).
since [sɪns] *prep.* **1** desde: *I have lived here since last spring = vivo aquí desde la primavera pasada.* • *conj.* **2** desde que: *you haven't done anything since I told you = no has hecho nada desde que te lo mandé.* **3** ya que, puesto que, dado que: *since you're here, help me = puesto que estás aquí, ayúdame.* • *adv.* **4** subsiguientemente, desde entonces, desde ese momento: *she had a lovely girl in 1980 and she has since had two more children = tuvo una niña preciosa en 1980 y desde entonces ha tenido dos niños más.* ◆ **5 ever** ~, desde entonces, desde aquel momento. **6 long** ~, desde hace mucho tiempo, desde hace largo tiempo.
sincere [sɪn'sɪər] *adj.* sincero, franco, veraz.
sincerely [sɪn'sɪəlɪ] *adv.* **1** sinceramente, francamente. **2** verdaderamente, en verdad. ◆ **3** ~**/yours** ~**/yours very** ~, atentamente (despedida de carta formal).
sincerity [sɪn'serɪtɪ] *s. i.* sinceridad, franqueza, veracidad.
sinecure ['saɪnɪkjʊər ‖ 'sɪnɪkjʊə] *s. c.* canonjía, sinecura (trabajo poco exigente).
sine qua non [ˌsɪneɪkwɑː'nəʊn] *s. sing.* (form.) sine qua non.
sinew ['sɪnjuː] *s. c.* **1** ANAT. tendón. • *s. i.* **2** (lit.) nervio, fibra (energía o fuerza física). ◆ **3 the sinews of war,** (fig.) los medios materiales para la guerra, los elementos necesarios para la guerra.
sinewy ['sɪnjuːɪ] *adj.* musculoso; vigoroso (corporalmente).
sinful ['sɪnfl] *adj.* pecaminoso, malo, inmoral.
sing [sɪŋ] (*pret. irreg.* **sang,** *p. p. irreg.* **sung**) *v. t.* e *i.* **1** cantar. **2** cantar (animales); trinar, gorjear (pájaros). • *v. t.* **3** cantar (ópera, rock, etc.). • *v. i.* **4** (**to** ~ {**of**}) (p.u. o lit.) cantar, recitar (canturreando un poema). **5** silbar (balas, tetera, el viento, etc.). **6** zumbar (oídos). • **7 to** ~ **someone's praises,** alabar a alguien, poner a alguien por las nubes. **8 to** ~ **someone to sleep,** adormecer a alguien, cantándole. **9 to** ~ **someone's worries/problems away,** quitarle a alguien las preocupaciones/problemas/etc., cantándole. **10 to** ~ **up,** cantar más alto, cantar con más fuerza.
Singapore [ˌsɪŋə'pɔː] *s. sing.* Singapur.
Singaporean [ˌsɪŋə'pɔːrɪən] *s. c.* **1** habitante de Singapur. • *adj.* **2** de Singapur.
singe [sɪndʒ] (*ger.* **singeing**) *v. t.* e *i.* **1** chamuscar(se), quemar(se) ligeramente. • *s. c.* **2** quemadura leve (especialmente en pelo o ropa).
singer ['sɪŋər] *s. c.* **1** cantante. **2** cantador, cantarín (animal).
Singhalese *adj.* y *s. i.* ⇒ **Sinhalese.**
singing ['sɪŋɪŋ] *s. i.* **1** canto (como un arte o profesión). **2** canturreo, canto (de animales), gorgojeo (de pájaros). **3** canciones, canto (en general). • *s. sing.* **4** zumbido (en el oído). • *adj.* **5** para cantar (voz): *he has a lovely singing voice = tiene una preciosa voz para cantar.*
single ['sɪŋgl] *adj.* **1** único, solo: *there wasn't a single face I recognized = no había un solo rostro que yo reconociera.* **2** soltero (no casado). **3** concreto, individual: *give me a single example of it = dame un ejemplo concreto de eso.* **4** sencilla, individual (cama, habitación, etc.). **5** sólo de ida (billete). • *s. c.* **6** MÚS. sencillo, disco sencillo. **7** billete de ida, billete sencillo. **8** habitación individual. **9** DEP. un solo golpe (en el críquet). • *s. pl.* **10** DEP. partidos individuales (tenis). ◆ **11 in** ~ **figures,** no más de diez, en cifras de menos de dos dígitos. **12 in** ~ **file,** en fila india, en fila de a uno. **13** ~ **combat,** combate singular. **14** ~ **cream,** (brit.) GAST. nata líquida. **15** ~ **honours,** estudio

de una sola asignatura. **16 to ~ out,** singularizar, escoger (entre muchos). **17 single-parent,** de un solo progenitor, monoparental: *single-parent families = familias monoparentales.* **18 singles bar,** (EE UU) bar para solteros y solteras únicamente.

single-breasted [ˌsɪŋgl'brestɪd] *adj.* de abotonadura sencilla, sin cruzar (chaqueta).

single-decker [ˌsɪŋgl'dekər] *s. c.* autobús de un solo piso, autobús normal.

single-handed [ˌsɪŋgl'hændɪd] *adj.* y *adv.* sin ayuda de nadie, sólo.

single-handedly [ˌsɪŋgl'hændɪdl] *adv.* sin ayuda de nadie.

single-minded [ˌsɪŋgl'maɪndɪd] *adj.* resuelto, con un solo propósito, firme.

single-mindedly [ˌsɪŋgl'maɪndɪdlɪ] *adv.* resueltamente, decididamente, sin otro objetivo en la mente.

single-mindedness [ˌsɪŋgl'maɪndɪdnɪs] *s. i.* resolución, decisión, firmeza (en llevar a cabo un objetivo y no otro).

singlet ['sɪŋglɪt] *s. c.* **1** (brit.) camiseta. **2** camiseta sin mangas.

singly ['sɪŋglɪ] *adv.* individualmente, por separado.

sing-song ['sɪŋsɒŋ] *adj.* **1** cantarín (sonido de la voz). • *s. c.* **2** reunión con canciones, ocasión social donde se canta.

singular ['sɪŋgjulər] *adj.* **1** GRAM. singular. **2** (form.) único, extraordinario, sobresaliente. **3** (form.) raro, extraño, peculiar. • *s. sing.* **4** GRAM. forma singular, singular.

singularity [ˌsɪŋgju'lærɪtɪ] *s. i.* (form.) **1** lo extraordinario, lo sobresaliente. **2** extrañeza, peculiaridad, rareza.

singularly ['sɪŋgjuləlɪ] *adv.* (form.) extraordinariamente, de manera sobresaliente.

Sinhalese [ˌsɪnhə'liːz] (también **Singhalese**) *adj.* **1** cingalés, ceilanés (de Sri Lanka). • *s. i.* **2** cingalés (idioma).

sinister ['sɪnɪstər] *adj.* siniestro, avieso, aciago.

sink [sɪŋk] (*pret. irreg.* **sank,** *p. p. irreg.* **sunk**) *v. i.* **1** hundirse (bajo el agua). **2** hundirse, descender (movimiento físico). **3** dejarse caer (especialmente por agotamiento). **4** descender, bajar (el tono de la voz). **5** decaer, debilitarse a ojos vistas (en la salud, normalmente presagiando un desenlace fatal). **6** deprimirse, entristecerse; caer a los suelos (el ánimo). **7** (**to ~ into**) sumirse en: *they sank into a deep sleep = se sumieron en un sueño profundo.* • *v. t.* **8** hundir (barco). **9** DEP. meter (la bola en un agujero, en golf o billar). **10** excavar, hacer (pozos, minas o similar). **11** (**to ~ +** *o.* **+ into**) hincar en, clavar en: *the dog sank its teeth into my leg = el perro me clavó los dientes en la pierna.* **12** (**to ~ +** *o.* **+ in/into**) meter (dinero) a raudales en, invertir mucho en. **13** (fam. y brit.) hacer desaparecer, tragarse, beber. • *s. c.* **14** pila, fregadero (en la cocina). **15** lavabo. ◆ **16 to be sunk,** (fam.) ir dado, estar perdido: *get that money or you are sunk = consigue ese dinero o estás perdido.* **17 to ~ in,** caer, darse cuenta, entender; hacer mella, surtir efecto: *what you told him sank in = lo que dijiste surtió efecto.* **18 to ~ or swim,** hundirse o salir a flote de una vez por todas, salvarse o hundirse para siempre.

sinker ['sɪŋkər] *s. c.* plomo, plomada (en la caña de pescar).

sinking ['sɪŋkɪŋ] *adj.* **1** que se hunde, hundiéndose. • *s. i.* **2** hundimiento. ◆ **3 ~ fund,** COM. fondo de amortización (de deudas). **4 that ~ feeling,** ese sentimiento de que todo se hunde, esa sensación de que todo se va a pique.

sinner ['sɪnər] *s. c.* pecador.

sinuous ['sɪnjuəs] *adj.* sinuoso, ondulado; tortuoso.

sinus ['saɪnəs] *s. c.* ANAT. seno (nasal).

sip [sɪp] (*ger.* **sipping,** *pret.* y *p. p.* **sipped**) *v. t.* e *i.* **1** beber a sorbos, beber dando sorbitos. • *s. c.* **2** sorbo, sorbito.

siphon ['saɪfn] (también **syphon**) *s. c.* **1** tubo, tubo de sifón. **2** botella de sifón, sifón. • *v. t.* (también **siphon off**). **3** sacar mediante sifón (un líquido). **4** malversar, defraudar, desviar (dinero hacia objetivos para los que no estaba destinado).

sir [səːr] *s. c.* **1** señor (también para los militares). ◆ **2 Sir,** Sir (título nobiliario).

sire [saɪər] *v. t.* **1** (arc.) engendrar (un hijo). **2** ser el padre de (con animales). • *s. c.* **3** (arc.) padre. **4** BIOL. padre (de un animal).

siren ['saɪərən] *s. c.* **1** sirena, bocina, alarma. **2** sirena (mujer pez). **3** (fig.) mujer fatal, mujer atractiva pero peligrosa, seductora. **4** (fig.) hechizo, encantamiento (lugar u objeto). ◆ **5 ~ call/song,** canto de sirena: *he was not deaf to the siren call of the jet-set = no estaba sordo ante el canto de sirena de la alta sociedad.*

sirloin ['səːlɔɪn] *s. c.* e *i.* solomillo.

sisal ['saɪsl] *s. i.* BOT. sisal, pita.

sissy ['sɪsɪ] (también **cissy**) *s. c.* (fam. y desp.) **1** cobarde, gallina. **2** marica, mariquita.

sister ['sɪstər] *s. c.* **1** hermana. **2** REL. sor, hermana. **3** (brit.) enfermera jefe. **4** (fig.) hermana, compañera (especialmente en una misma causa). **5** (EE UU) (fam.) amiga, compañera, tía. **6** hermano, hermana (sitio, casa, máquina, etc. muy similar al que se hace referencia): *this university is much better than its sister = esta universidad es mucho mejor que su hermana* (otra universidad similar). • *adj.* **7** hermano, hermana (⇒ **6**). ◆ **8 big ~,** hermana mayor. **9 little ~,** hermana pequeña.

sisterhood ['sɪstəhud] *s. i.* hermandad, compañerismo (entre mujeres).

sister-in-law ['sɪstəinlɔː] (*pl.* **sisters-in-law**) *s. c.* cuñada.

sisterly ['sɪstəlɪ] *adj.* de hermana (sentimientos, trato, etc.).

sit [sɪt] (*ger.* **sitting,** *pret.* y *p. p. irreg.* **sat**) *v. i.* **1** sentarse, tomar asiento. **2** sentarse, acurrucarse, descansar (animales). **3** (**to ~ for**) hacer de modelo para, posar para. **4** (**to ~ on/in**) ser miembro de (un comité, comisión, etc.). **5** (form.) estar en sesión, celebrar sesión (Corte, Parlamento u otro organismo oficial). **6** (lit.) encontrarse, asentarse (un edificio en un sitio). **7** (**to ~ on**) encubar, empollar (los huevos por parte de un ave). • *v. t.* **8** sentar, hacer sentar (a alguien). **9** (brit.) participar, hacer, tomar parte (en un examen). ◆ **10 to be sitting and...,** estar sentado y (hacer algo que no se supone que uno deba hacer): *you shouldn't be sitting and playing cards now = no deberías estar sentado y jugando a las cartas en este momento.* **11 to ~ around/about,** (fam.) estar sentado sin hacer nada, estar sentado por ahí sin hacer nada. **12 to ~ back,** (fam.) relajarse, cruzarse de brazos, sentarse cómodamente. **13 to ~ by,** estar sin tomar partido, dejar que ocurra lo que ocurra (especialmente cuando es una actividad ilegal). **14 to ~ down, a)** sentarse, tomar asiento; sentar (a alguien); **b)** tomarse todo el tiempo, sentarse tranquilamente sin prisas. **15 to ~ in on,** asistir, tomar parte en (reunión, discusión, etc.). **16 to ~ on,** (fam. y desp.) no dar curso a, no hacer ninguna gestión sobre, retrasar aposta. **17 to ~ on the fence,** ⇒ **fence. 18 to ~ out,** aguantar, aguantar hasta el final (una charla aburrida, por ejemplo). **19 to ~ through,** quedarse hasta el final (especialmente cuando no es muy interesante). **20 to ~ tight,** no arriesgarse para nada, sentarse y esperar (a ver el posterior curso de los acontecimientos). **21 to ~ up, a)** incorporarse, ponerse en una posición vertical (sentado); **b)** quedarse levantado, no acostarse; **c)** prestar atención (impresionado por algo): *we want to make people sit up and take notice = queremos que la gente preste atención y mire.*

sitar ['sɪtɑːr] *s. c.* MÚS. sitar (instrumento hindú).

sitcom ['sɪtkɒm] *s. c.* TV. serie humorística (sobre asuntos de todos los días).

sit-down ['sɪtdaun] *s. sing.* **1** (**a ~**) una sentada. • *adj.* **2** de sentarse, con todos sentados (comida). ◆ **3 ~ strike,** huelga con sentadas.

site [saɪt] *s. c.* **1** solar (para viviendas); sitio, zona (que se puede dedicar a distintas finalidades). **2** lugar, escena, sitio (en que algo importante tuvo lugar). **3** yacimiento (arqueológico). • *v. t.* **4** (normalmente *pasiva*) situar, poner, localizar.

sit-in ['sɪtɪn] *s. c.* encierro (protesta).

sitter ['sɪtər] *s. c.* (fam.) chica canguro.

sitting ['sɪtɪŋ] *adj.* **1** sentado (postura). **2** actual, en funciones (miembro de algún organismo o institución). • *s. i.*

3 sesión (de un juzgado, Parlamento, etc.). 4 turno (de comida). ◆ 5 **a ~ duck,** una presa fácil, un blanco fácil. 6 **at one ~,** de una sentada, de una sola sentada. 7 **~ pretty,** (fam.) en una posición ventajosa. 8 **~ tenant,** inquilino que ocupa una casa.

sitting-room ['sɪtɪŋrum] *s. c.* cuarto de estar.

situate ['sɪtjueɪt || 'sɪtʃueɪt] *v. t.* (form.) colocar, situar.

situated ['sɪtjueɪtɪd || 'sɪtʃueɪtɪd] *adj.* (form.) situado: *a pleasantly situated house = una casa situada en un lugar agradable.*

situation [ˌsɪtʃu'eɪʃn] *s. c.* **1** situación, circunstancias. **2** (form.) posición, situación (física). **3** (fig.) situación problemática: *what a situation! = ¡qué situación!* **4** (p.u. o form.) empleo en el servicio doméstico. ◆ **5 ~ comedy,** comedia en serie, telecomedia. **6 Situations Vacant,** ofertas de empleo.

six [sɪks] *num.card.* **1** seis. ● *s. c.* **2** DEP. seis (seis carreras en críquet). ◆ **3 at sixes and sevens,** (fam.) **a)** patas arriba, en un total desorden; **b)** confuso, desorganizado (de pensamiento). **4 ~ of one and half a dozen of the other,** (fam.) tanto monta, monta tanto; da lo mismo.

sixpence ['sɪkspəns] *s. c.* seis peniques, moneda de seis peniques.

sixteen [sɪk'stiːn] *num. card.* dieciséis.

sixteenth [sɪk'stiːnθ] *num. ord.* **1** decimosexto. ◆ **2 ~ note,** (EE UU) MÚS. semicorchea.

sixth [sɪksθ] *num. ord.* **1** sexto. ● *s. c.* **2** (~ {**of**}) sexto de, sexta parte de. ● **3 a ~ sense,** un sexto sentido. **4 ~ form,** (brit.) curso de bachillerato. **5 ~ former,** (brit.) alumno de bachillerato.

sixtieth ['sɪkstɪəθ] *num. ord.* sexagésimo.

sixty ['sɪkstɪ] *num. card.* sesenta.

sizable *adj.* ⇒ **sizeable.**

size [saɪz] *s. i.* **1** tamaño, magnitud, dimensiones. ● *s. c.* **2** talla, número (de zapatos, ropa, etc.). ◆ **3 to cut someone down to ~,** poner a alguien en su sitio, bajarle a alguien los humos. **4 for ~,** para comprobar si le sienta bien. **5 -size/-sized,** de tamaño (en palabras compuestas): *a fair-sized dinner = una comida de un tamaño adecuado.* **6 to ~ up,** medir intuitivamente, evaluar (a algo o alguien a simple vista). **7 to ~,** a un tamaño adecuado, a una medida idónea.

sizeable ['saɪzəbl] (también **sizable**) *adj.* considerable, importante (tamaño o cantidad).

sizzle ['sɪzl] *v. i.* crepitar, churruscar, chisporrotear.

skate [skeɪt] *s. c.* **1** patín (de ruedas o para hielo). **2** ZOOL. raya (pez). ● *v. i.* **3** patinar (sobre patines o hielo). ◆ **4 to get one's skates on,** (fam.) darse prisa, apurarse. **5 to ~ around/round/over,** evitar, esquivar (un problema, asunto, etc.).

skateboard ['skeɪtbɔːd] **1** *s. c.* monopatín. ◆ *v. i.* **2** ir en monopatín.

skateboarding ['skeɪtbɔːdɪŋ] *s. i.* deporte del monopatín.

skater ['skeɪtər] *s. c.* patinador.

skein [skeɪn] *s. c.* **1** madeja. **2** bandada (de gansos).

skeletal ['skelɪtl] *adj.* **1** del esqueleto, esquelético. **2** delgadísimo, esquelético. **3** (form.) en esqueleto, en su estructura básica.

skeleton ['skelɪtn] *s. c.* **1** ANAT. esqueleto. **2** (fig.) tipo delgadísimo, esqueleto. **3** esqueleto, estructura básica (de un edificio). **4** esqueleto, líneas maestras (de un escrito, ensayo, etc.). ● *adj.* **5** mínimo (personal, infraestructura, etc.). ◆ **6 a ~ in the cupboard/closet,** un secreto vergonzoso de familia. **7 ~ key,** llave maestra.

skeptic *s. c.* ⇒ **sceptic.**

skeptical *adj.* ⇒ **sceptical.**

skeptically *adv.* ⇒ **sceptically.**

sketch [sketʃ] *s. c.* **1** bosquejo, esbozo, boceto (dibujo). **2** sketch (pieza corta cómica). **3** (normalmente *sing.*) resumen, esbozo (de un tema). ● *v. t.* e *i.* **4** hacer un bosquejo, esbozar (dibujo). ● *v. t.* **5** esbozar, trazar las grandes líneas (de un tema). ◆ **6 to ~ in,** añadir detalles, añadir información supletoria. **7 to ~ out,** dar los grandes trazos de (un tema).

sketchbook ['sketʃbuk] (también **sketchpad**) *s. c.* bloc o cuaderno de bosquejos.

sketchily ['sketʃɪlɪ] *adv.* a grandes rasgos, superficialmente.

sketchiness ['sketʃɪnɪs] *s. i.* estilo a grandes rasgos, forma s superficial. (de esbozar algo).

sketchpad ['sketʃpæd] *s. c.* ⇒ **sketchbook.**

sketchy ['sketʃɪ] *adj.* superficial, impreciso.

skew [skjuː] *v. i.* **1** torcerse, desviarse; ponerse al sesgo. ● *adj.* **2** sesgado, torcido. ● *adv.* **3** sesgadamente, torcidamente.

skewed [skjuːd] *adj.* **1** torcido, sesgado (físicamente). **2** torcido, sesgado (de pensamiento).

skewer [skjuːər] *s. c.* **1** brocheta, broqueta (de cocina). ● *v. t.* **2** poner en brocheta, poner en un pincho.

skew-whiff [ˌskjuː'wɪf] *adj.* y *adv.* (fam.) torcido, mal puesto.

ski [skiː] *v. i.* **1** DEP. esquiar. ● *s. c.* **2** esquí. ● *adj.* **3** de esquiar (equipo, lugar, etc.). ◆ **4 ~ jump,** DEP. salto de esquí. **5 ~ lift,** telesilla.

skid [skɪd] (*ger.* **skidding**, *pret.* y *p. p.* **skidded**) *v. i.* **1** derrapar, patinar. ● *s. c.* **2** patinazo, derrape. ◆ **3 ~ row,** (EE UU) (fam.) barrio de mala muerte, barrio de mala vida.

skier ['skiːər] *s. c.* esquiador.

skiff [skɪf] *s. c.* MAR. esquife.

skilful ['skɪlfl] (en EE UU **skillful**) *adj.* habilidoso, hábil, diestro (manual e intelectualmente).

skilfully ['skɪlfəlɪ] (en EE UU **skillfully**) *adv.* habilidosamente, hábilmente, diestramente.

skill [skɪl] *s. i.* **1** habilidad, destreza. ● *s. c.* **2** técnica, arte manual.

skilled [skɪld] *adj.* **1** experto, cualificado. **2** especialista (obrero, trabajo, etc.).

skillet ['skɪlɪt] *s. c.* sartén plana.

skillful *adv.* ⇒ **skilful.**

skillfully *adv.* ⇒ **skilfully.**

skim [skɪm] (*ger.* **skimming**, *pret.* y *p. p.* **skimmed**) *v. t.* **1** rozar, pasar rozando (una superficie). **2** descremar, espumar (de la parte superior de la superficie). **3** echar un vistazo, leer por encima, hojear. **4** tirar (piedras) rozando la superficie del agua, tirar (piedras) haciendo el salto de la rana. ● *v. i.* **5** (**to ~ through**) hojear, echar un rápido vistazo. ◆ **6 skimmed milk,** leche desnatada.

skimp [skɪmp] *v. t.* **1** ahorrar muchísimo, escatimar, economizar mucho. ● *v. i.* **2** (**to ~ on**) hacer grandes ahorros en, escatimar.

skimpily ['skɪmpɪlɪ] *adv.* escasamente, limitadamente; con gran pequeñez.

skimpiness ['skɪmpɪnɪs] *s. i.* escasez, limitación; pequeñez.

skimpy ['skɪmpɪ] *adj.* escaso, limitado; pequeño.

skin [skɪn] *s. c.* e *i.* **1** piel, cutis. **2** piel, pellejo (de animal). **3** piel, cáscara (de fruta). **4** capa espesa, nata (sobre líquidos). ● (*ger.* **skinning,** *pret.* y *p. p.* **skinned**) *v. t.* **5** rozarse (la piel haciéndose una herida). **6** despellejar, quitar la piel (a un animal). ◆ **7 by the ~ of one's teeth,** a duras penas, por los pelos, por poco. **8 to get under one's ~,** (fam.) irritar, poner malo, sacar de quicio. **9 it's no ~ off my nose,** (fam.) a mí no me afecta para nada, no es asunto mío en absoluto. **10 to jump/leap out of one's ~,** sufrir un susto tremendo, llevarse un susto del demonio. **11 to save/protect one's own ~,** salvar el pellejo de uno. **12 ~ and bone/~ and bones,** en los puros huesos, en los mismísimos huesos. **13 -skinned,** de piel (en palabras compuestas): *white-skinned = de piel blanca.*

skin-deep [ˌskɪn'diːp] *adj.* superficial, epidérmico.

skin-diver ['skɪndaɪvər] *s. c.* buceador (de superficie).

skin-diving ['skɪndaɪvɪŋ] *s. i.* DEP. submarinismo (de superficie).

skinflint ['skɪnflɪnt] *s. c.* (fam.) avaro, agarrado, cicatero.

skinhead ['skɪnhed] *s. c.* (juv.) cabeza rapada.

skinny ['skɪnɪ] *adj.* (fam. y desp.) delgaducho, flacucho, en los huesos.

skint [skɪnt] *adj.* (fam.) sin blanca, sin una perra, sin un céntimo.

skin-tight [ˌskɪn'taɪt] *adj.* muy apretado, ajustado, ceñido.

skip [skɪp] (*ger.* **skipping**, *pret.* y *p. p.* **skipped**) *v. i.* **1** dar saltitos, moverse a base de saltitos. **2** saltar, saltar a la comba. **3** no centrarse, ir de tema en tema (sin parar en ninguno). ● *v. t.* **4** omitir, saltar (en la lectura). **5** (fam.) saltarse, fumarse, no hacer, no tomar: *I am going to skip tomorrow's class = me voy a fumar la clase de*

mañana. • *s. c.* **6** saltito, salto, brinco. **7** (brit.) contenedor (especialmente para escombros o similar).
skipper ['skɪpər] *s. c.* (fam.) **1** MAR. capitán. **2** DEP. capitán.
skipping-rope ['skɪpɪŋrəup] *s. c.* cuerda de saltar, comba.
skirmish ['skɜːmɪʃ] *v. i.* **1** MIL. pelear en escaramuzas. **2** (fig.) entrar en una refriega, pelearse (verbalmente). • *s. c.* **3** MIL. escaramuza. **4** (fig.) pelea, refriega (verbal).
skirt [skɜːt] *s. c.* **1** falda; (Am.) pollera. **2** falda (de vestido). **3** cubierta, cubierta de protección (que se pone en ciertas máquinas). • *s. i.* **4** (vulg.) plan, filete, tías (en sentido sexual). • *v. t.* **5** rodear, ir alrededor de (una zona). **6** evitar, dar rodeos a (un tema o un obstáculo). • *v. i.* **7** (**to** ~ **around/round**) evitar, dar rodeos a (tema o físicamente a un obstáculo).
skirting ['skɜːtɪŋ] (también **skirting board**) *s. c.* e *i.* (brit.) rodapié, zócalo.
skit [skɪt] *s. c.* LIT. sátira, parodia (teatral).
skitter ['skɪtər] *v. i.* dar rápidos saltos, dar brincos, deslizarse a saltitos.
skittish ['skɪtɪʃ] *adj.* **1** caprichoso; juguetón. **2** nervioso, juguetón (animal).
skittishly ['skɪtɪʃlɪ] *adv.* caprichosamente; juguetonamente.
skittishness ['skɪtɪʃnɪs] *s. i.* capricho; carácter juguetón.
skittle ['skɪtl] *s. c.* **1** bolo. • *s. pl.* **2** bolos (juego).
skive [skaɪv] *v. i.* (fam. y brit.) racanear, gandulear.
skulduggery [skʌl'dʌgərɪ] *s. i.* (p.u.) embustes, trampas, tretas, artimañas.
skulk [skʌlk] *v. i.* merodear, moverse furtivamente.
skull [skʌl] *s. c.* **1** ANAT. cráneo. **2** cabeza, cabecita (inteligencia). ♦ **3** ~ **and crossbones,** calavera (símbolo pirata).
skullcap ['skʌlkæp] *s. c.* casquete, solideo (típico de obispos).
skunk [skʌŋk] *s. c.* **1** ZOOL. mofeta; (Am.) zorrillo. **2** (desp.) canalla.
sky [skaɪ] *s. sing.* **1** (**the** ~) el cielo, el firmamento. ♦ **2 pie in the** ~, ⇒ **pie. 3 to praise someone to the skies,** poner a alguien por las nubes.
sky-blue [,skaɪ'bluː] *s. i.* y *adj.* azul celeste.
skydiver ['skaɪdaɪvər] *s. c.* paracaidista de caída libre.
skydiving ['skaɪdaɪvɪŋ] *s. i.* paracaidismo de caída libre.
sky-high [,skaɪ'haɪ] *adj.* **1** de gran altitud, de gran altura (edificio). **2** hasta arriba, por las nubes (precios, salarios, etc.). ♦ **3 to blow something** ~, destrozar por completo, hacer añicos, hacer pedazos.
skylark ['skaɪlɑːk] *s. c.* ZOOL. alondra (ave).
skylight ['skaɪlaɪt] *s. c.* tragaluz, claraboya.
skyline ['skaɪlaɪn] *s. c.* horizonte, línea del horizonte.
skyscraper ['skaɪskreɪpər] *s. c.* rascacielos.
skywards ['skaɪwədz] (también **skyward**) *adj.* y *adv.* (lit.) hacia el cielo.
slab [slæb] *s. c.* losa, bloque.
slack [slæk] *adj.* **1** flojo (algo): *a slack rope = una cuerda floja.* **2** flojo, inactivo (negocio). **3** flojo, vago, perezoso (característica personal). **4** descuidado, negligente (en su trabajo). • *s. i.* **5** flojedad. **6** recesión, período flojo (en los negocios). • *s. pl.* **7** pantalones. • *v. i.* **8** holgazanear. ♦ **9 to take up the** ~, **a)** tensar (cuerda); **b)** avivar, reanimar, reactivar (la economía).
slacken ['slækən] *v. t.* **1** disminuir, aflojar (velocidad). **2** aflojar(se) (fuerza).
slacker ['slækər] *s. c.* (fam.) vago, gandul.
slackness ['slæknɪs] *s. i.* **1** flojedad (física). **2** inactividad, flojeza (en el movimiento comercial). **3** descuido, negligencia (en el trabajo). **4** pereza (característica personal).
slag [slæg] *s. i.* **1** escoria. ♦ **2 basic** ~, escoria básica. **3** ~ **heap,** escombrera, escorial. **4 to** ~ **off,** (fam.) criticar, hablar mal de alguien.
slain [sleɪn] *p. p. irreg.* de **slay.**
slake [sleɪk] *v. t.* apagar (la sed).
slam [slæm] (*ger.* **slamming,** *pret.* y *p. p.* **slammed**) *v. t.* **1** golpear, cerrar de un golpe, hacer golpear. **2** poner verde a alguien (criticar). • *v. i.* **3** cerrarse de golpe (puerta). • *s. c.* **4** golpe. **5** portazo. **6 to** ~ **the door,** cerrar la puerta de golpe. **7 to** ~ **something down on something,** arrojar violentamente algo sobre algo, poner algo de golpe sobre algo.
slammer ['slæmər] *s. c.* (fam.) cárcel, prisión.
slander ['slɑːndər] *s. c.* **1** calumnia, difamación. • *v. t.* **2** calumniar, difamar. **3** hablar mal de. ♦ **4 to sue someone for** ~, demandar a uno por calumnias.
slanderer ['slɑːndərər] *s. c.* calumniador, difamador.
slanderous ['slɑːndərəs] *adj.* calumnioso, difamatorio.
slanderously ['slɑːndərəslɪ] *adv.* calumnioсamente, difamatoriamente.
slang [slæŋ] *s. i.* **1** argot, jerga. • *adj.* **2** palabra de argot, vulgarismo. • *v. t.* **3** llenar de insultos. **4** criticar duramente, poner como un trapo, emprenderla con. ♦ **5** ~ **word,** palabra muy coloquial.
slangily ['slæŋɪlɪ] *adv.* vulgarmente.
slangy ['slæŋgɪ] *adj.* **1** lleno de vulgarismos. **2** que emplea muchos vulgarismos, que habla en argot.
slant [slænt] *v. t.* **1** inclinar, sesgar. • *v. i.* **2** inclinarse, sesgarse. • *s. c.* **3** inclinación, sesgo. **4** (fig.) punto de vista, modo de ver una cosa, modo de enfocar un problema. ♦ **5 to be on the** ~, estar inclinado. **6 to get a** ~ **on a topic,** pedir parecer sobre un asunto. **7 to** ~ **a report,** escribir un informe parcial, escribir un informe desde un punto de vista determinado.
slant-eyed [,slɑːnt'aɪd] *adj.* (desp.) de ojos almendrados.
slanting ['slɑːntɪŋ] *adj.* inclinado, oblicuo, sesgado.
slantwise ['slɑːntwaɪz] *adj.* **1** oblicuo, sesgado. • *adv.* **2** oblicuamente, al sesgo.
slap [slæp] (*ger.* **slapping,** *pret.* y *p. p.* **slapped**) *v. t.* **1** dar una palmada a. **2** pegar, golpear. • *s. c.* **3** palmada, manotada. • *adv.* **4** de lleno, de plano. **5** directamente. • *interj.* **6** ¡zas! ♦ **7 to fall** ~ **in the middle,** caer exactamente en el centro. **8 to run** ~ **into something,** dar de lleno contra algo. **9 to** ~ **someone around,** abofetear varias veces a alguien. **10** ~ **in the face, a)** bofetada; **b)** (fig.) palmetazo, golpe duro, desaire. **11** ~ **on the back,** espaldarazo. **12 to** ~ **someone down, a)** derribar de una bofetada; **b)** (fig.) aplastar, apabullar a alguien. **13 to** ~ **someone's face/to** ~ **someone on the face,** dar una bofetada, pegar un tortazo a uno. **14 to** ~ **someone on the back,** dar un espaldarazo a alguien. **15 to** ~ **one's knees,** palmotearse las rodillas. **16 to** ~ **something on something,** arrojar violentamente sobre; añadir, aumentar.
slap-bang ['slæpbæŋ] *adv.* **1** ruidosamente, violentamente. **2** directamente, exactamente.
slapdash ['slæpdæʃ] *adj.* **1** descuidado, despreocupado (persona). **2** chapucero (trabajo).
slap-happy ['slæp'hæpɪ] *adj.* **1** alegre y despreocupado. **2** totalmente inconsciente.
slapstick ['slæpstɪk] *s. i.* **1** payasadas. **2** pequeña comedia llena de payasadas.
slap-up ['slæpʌp] *adj.* (fam.) **a slap-up meal,** un banquetazo, una comilona.
slash [slæʃ] *v. t.* **1** acuchillar. **2** rasgar. **3** azotar. **4** machacar, quemar. **5** atacar, criticar severamente. **6** reducir radicalmente (estimación). **7** abreviar sensiblemente (texto, charla). • *s. c.* **8** cuchillada, latigazo. ♦ **9 to go to have a** ~, (vulg.) ir a mear. **10 to** ~ **at someone,** tirar tajos a uno, tratar de acuchillar a alguien.
slashing ['slæʃɪŋ] *adj.* fulminante.
slat [slæt] *s. c.* tablilla, hoja.
slate [sleɪt] *s. i.* **1** pizarra. • *s. c.* **2** trozos de pizarra. **3** pizarras (usadas por los niños antiguamente para escribir en la escuela). **4** (EE UU) lista de candidatos. • *v. t.* **5** cubrir de pizarras. **6** (brit.) censurar, criticar severamente. • *adj.* **7** de pizarra. **8** de color pizarra. ♦ **9** (EE UU) **to be slated** estar programado. **10** (brit.) **to be put on the** ~, comprado a plazos. **11 to wipe the** ~ **clean,** hacer borrón y cuenta nueva.
slate-blue ['sleɪt'bluː] *adj.* de color azul pizarra.
slate-coloured ['sleɪt,kʌləd] *adj.* de color pizarra.
slate-pencil ['sleɪt'pensl] *s. c.* pizarrín.
slate quarry ['sleɪt,kwɒrɪ] *s. c.* pizarral.
slater ['sleɪtər] *s. c.* pizarrero.

slattern ['slætən] *s. c.* mujer dejada, mujer sucia.
slatternly ['slætənlɪ] *adj.* sucio, puerco, desaseado.
slaty ['sleɪtɪ] *adj.* **1** parecido a la pizarra. **2** de color pizarra.
slaughter ['slɔːtər] *v. t.* **1** matar, sacrificar en gran número. **2** hacer una carnicería de. **3** (fam. y fig.) engañar. ● *s. i.* **4** matanza, sacrificio, masacre. **5** mortandad. ◆ **6 like a lamb to the ~,** como un cordero al sacrificio.
slaughterer ['slɔːtərər] *s. c.* jifero, matarife.
slaughterhouse ['slɔːtəhaus] *s. c.* matadero.
Slav [slɑːv] *s. c.* **1** eslavo. ● *adj.* **2** eslavo.
slave [sleɪv] *s. c.* **1** esclavo. ● *v. i.* **2** trabajar como un esclavo. **3** sudar tinta. ◆ **4 to be a ~ to,** ser esclavo de: *I'm a slave to tobacco = soy un esclavo del tabaco.* **5 to ~ away,** matarse a trabajar.
slave-driver ['sleɪvˌdraɪvər] *s. c.* **1** negrero. **2** (fig.) déspota, tirano.
slave-labor ['sleɪvˌleɪbər] *s. i.* ⇒ **slave labour.**
slave-labour ['sleɪvˌleɪbər] (en EE UU **slave labor**) *s. i.* **1** trabajo de esclavos. **2** trabajadores forzados.
slaver [sleɪvər] *s. c.* **1** negrero. **2** barco negrero.
slaver [slævər] *v. i.* **1** babear. ● *s. i.* **2** baba.
slavery [sleɪvrɪ] *s. i.* **1** esclavitud. ◆ **2 to sell someone into ~,** vender a alguien como esclavo.
slave-trade ['sleɪvˌtreɪd] *s. sing.* **1** comercio de esclavos, tráfico de esclavos. ◆ **2 white ~,** trata de blancas.
slave-trader ['sleɪvˌtreɪdər] *s. c.* traficante de esclavos, negrero.
slavey ['sleɪvɪ] *s. c.* fregona.
Slavic ['slævɪc] *adj.* eslavo.
slavish ['sleɪvɪʃ] *adj.* servil.
slavishly ['sleɪvɪʃlɪ] *adv.* servilmente.
slavishness ['sleɪvɪʃnɪs] *s. i.* servilismo.
Slavonic [slə'vɒnɪk] *adj.* **1** eslavo. ● *s. c.* **2** eslavo.
slaw [slɔː] *s. c.* (EE UU) ensalada de col.
slay [sleɪ] (*pret. irreg.* **slew,** *p. p. irreg.* **slain**) *v. t.* **1** matar, asesinar. **2** (fam.) hacer morir de risa.
slayer ['sleɪər] *s. c.* asesino.
sleaze [sliːz] *s. i.* corruptelas.
sleazy ['sliːzɪ] *adj.* **1** desaseado, desaliñado. **2** asqueroso, de mala fama (lugar).
sled [sled] *s. c./v. t.* e *i.* ⇒ **sledge.**
sledge [sledʒ] (también **sleigh,** en EE UU **sled**) *s. c.* **1** trineo. ● *v. t.* **2** transportar por trineo, llevar en trineo. ● *v. i.* **3** ir en trineo. ◆ **4 ~ hammer,** mazo.
sleek [sliːk] *adj.* **1** liso y brillante, lustroso (pelo). **2** pulcro, muy aseado (aspecto). **3** gordo y de buen aspecto (animal). ● (también **slick**) *v. t.* **4** alisar; pulir. ◆ **5 to ~ one's hair down,** alisarse el pelo.
sleekness ['sliːknɪs] *s. i.* **1** lisura y brillantez, lustre (del pelo). **2** pulcritud, aseo (de aspecto). **3** gordura (de animal).
sleep [sliːp] *s. i.* **1** sueño. ● (*pret.* y *p. p. irreg.* **slept**) *v. i.* **2** dormir. ◆ **3 deep /heavy ~,** sueño profundo. **4 to drop off to ~, to go to ~,** dormirse, quedarse dormido. **5 to have a ~,** dormir; descabezar un sueño (brevemente). **6 to get to ~,** conciliar el sueño. **7 to have a good night's ~,** dormir bien (durante la noche). **8 to put someone to ~,** acostar a alguien. **9 to put an animal to ~,** sacrificar a un animal. **10 to send someone to ~,** dormir a alguien. **11 to ~ around,** acostarse con todo el mundo, acostarse con cualquiera. **12 to ~ the hours away,** pasar las horas durmiendo. **13 to ~ in,** dormir hasta tarde, seguir durmiendo. **14 to ~ heavily, to ~ soundly,** dormir profundamente. **15 to ~ like a log, to ~ like a top,** dormir como un tronco, dormir profundamente. **16 to ~ it off, to ~ off a hangover,** dormir la mona. **17 to ~ on,** dormir hasta tarde, seguir durmiendo. **18 to ~ on something,** (fig.) consultar algo con la almohada. **19 to ~ out,** dormir fuera de casa. **20 to ~ the ~ of the just,** dormir a pierna suelta, dormir con la conciencia tranquila. **21 to ~ with someone,** acostarse con alguien. **22 to walk in one's ~,** ser sonámbulo, pasearse dormido.
sleeper ['sliːpər] *s. c.* **1** durmiente, persona dormida. **2** traviesa (de vía de ferrocarril). **3** coche-cama (tren). ◆ **4 to be a heavy ~,** tener el sueño profundo. **5 to be a light ~,** tener el sueño ligero.
sleepily ['sliːpɪlɪ] *adv.* soñolientamente.
sleepiness ['sliːpinɪs] *s. i.* **1** somnolencia. **2** (fig.) letargo, carácter soporífero.
sleeping ['sliːpɪŋ] *adj.* **1** durmiente, dormido. **2** para dormir (pastillas, etc.). ● *s. i.* **3** sueño, el dormir. ◆ **4 between ~ and walking,** entre duerme y vela. **5 Sleeping Beauty,** la Bella Durmiente. **6 ~ policeman,** resalto (para moderar la velocidad).
sleeping-bag ['sliːpɪŋbæg] (también **sleeping bag**) *s. c.* **1** saco de dormir. **2** camiseta de dormir (para bebé).
sleeping-car ['sliːpɪŋkɑːr] *s. c.* cochecama.
sleeping-draught ['sliːpɪŋdrɑːft] *s. c.* somnífero (bebida).
sleeping-partner ['sliːpɪŋpɑːtnər] *s. c.* (brit.) socio capitalista.
sleeping-pill ['sliːpɪŋpɪl] *s. c.* somnífero, pastilla para dormir.
sleeping-quarters ['sliːpɪŋˌkwɔːtəz] *s. pl.* dormitorio, espacio para dormir.
sleeping-sickness ['sliːpɪŋˌsɪknɪs] *s. i.* enfermedad del sueño, encefalitis letárgica.
sleeping-tablet ['sliːpɪŋˌtæblɪt] *s. c.* somnífero, pastilla para dormir.
sleepless ['sliːplɪs] *adj.* **1** insomne, desvelado. **2** pasada en vela, sin dormir (noche).
sleeplessness ['sliːplɪsnɪs] *s. i.* insomnio.
sleepwalker ['sliːpwɔːkər] *s. c.* sonámbulo.
sleepwalking ['sliːpˌwɔːkɪŋ] *s. i.* sonambulismo.
sleepy ['sliːpɪ] *adj.* **1** soñoliento. **2** soporífero (lugar). ◆ **3 to be ~,** tener sueño. **4 to feel ~,** empezar a tener sueño.
sleepyhead ['sliːpɪhed] *s. c.* dormilón.
sleet [sliːt] *s. i.* **1** nevisca, aguanieve. ◆ **2 it is sleeting,** cae aguanieve.
sleeve [sliːv] *s. c.* **1** manga. **2** MEC. manguito. **3** cubierta, funda (de un disco). ◆ **4 to have something up one's ~,** guardar algo en la manga. **5 to laugh up one's ~,** reírse con disimulo.
sleeved [sliːvd] *adj.* **1** con mangas. ◆ **2 long-sleeved,** de manga larga.
sleeveless ['sliːvlɪs] *adj.* sin mangas.
sleigh [sleɪ] *s. c.* ⇒ **sledge.**
sleight [slaɪt] *s. i.* **1 ~ of hand,** escamoteo, prestidigitación. **2** destreza. **3 by ~ of hand,** (fig.) con maña, mañosamente.
slender ['slendər] *adj.* **1** delgado, tenue. **2** esbelto (figura). **3** escaso, limitado, reducido (fuentes, recursos). **4** pequeño (oportunidad); escasas (posibilidades). **5** poco convicente (excusa).
slenderize ['slendəraɪz] (también **slenderise**) *v. t.* (EE UU) adelgazar.
slenderly ['slendəlɪ] *adv.* **1 ~ built,** delgado, esbelto. **2 ~ made,** de construcción delicada.
slenderness ['slendənɪs] *s. i.* **1** delgadez, tenuidad. **2** esbeltez. **3** escasez, lo limitado, lo reducido (de un recurso). **4** lo remoto (de una posibilidad).
slept [slept] *pret.* y *p. p. irreg.* de **sleep.**
sleuth [sluːθ] *s. c.* (fam.) sabueso, detective.
slew [sluː] *pret.* **1** de **slay.** ◆ *v. t.* **2** torcer. ● *v. i.* **3** torcerse.
slice [slaɪs] *s. c.* **1** raja (de melón, de queso, etc.); trozo, pedazo (de tarta). **2** rebanada(de pan). **3** tajada (de carne). **4** rodaja (de límon, naranja). **5** parte (de un mercado, de la historia, etc.). **6** paleta (de cocina). ● *v. t.* **7** cortar, tajar. **8** cortar en rodajas. **9** rebanar (pan). **10** torcer. ◆ **11 a ~ of life,** un trozo de vida tal y como es. **12 to ~ in two,** cortar en dos. **13 to ~ off,** cercenar.
slicer ['slaɪsər] *s. c.* rebanadora, máquina de cortar.
slick [slɪk] *adj.* **1** hábil, diestro. **2** rápido. **3** astuto, mañoso (peyorativo). **4** meloso, zalamero. ● *s. i.* **5** mancha flotante: *an oil slick = una marea negra.* ● *v. t.* **6** ⇒ **sleek.**
slicker ['slɪkər] *s. c.* (EE UU) **1** embaucador, tramposo. ◆ **2 city ~,** hombre urbano y astuto.
slickly ['slɪklɪ] *adv.* **1** hábilmente, diestramente. **2** rápidamente. **3** astutamente, mañosamente.

slickness ['slɪknɪs] *s. i.* **1** habilidad, destreza. **2** rapidez, maña. **3** melosidad, zalamería.

slid [slɪd] *pret.* y *p. p.* de **slide.**

slide [slaɪd] (*pret.* y *p. p. irreg.* **slid**) *v. t.* **1** correr, pasar. **2** deslizar. ● *v. i.* **3** resbalar, deslizarse. ● *s. c.* **4** resbaladero, deslizadero. **5** tobogán. **6** resbalón. **7** desprendimiento (de tierra). **8** diapositiva. ◆ **9 colour ~,** diapositiva en color. **10 to let things ~,** no ocuparse de las cosas. **11 to ~ down,** bajar deslizándose. **12 the ~ in share prices,** el descenso generalizado de las cotizaciones. **13 the ~ in temperature,** el descenso de las temperaturas. **14 to ~ into a habit,** caer en un hábito (sin darse cuenta).

slide-holder ['slaɪdhəuldər] *s. c.* portadiapositivas.

slide-projector ['slaɪdprə,dʒektər] *s. c.* proyector de diapositivas.

slide-rule ['slaɪdruːl] *s. c.* regla de cálculo.

sliding ['slaɪdɪŋ] *adj.* **1** deslizante; corredizo. **2** (de) corredera (puerta). ◆ **3 ~ scale,** escala móvil.

slight [slaɪt] *adj.* **1** delgado, fino. **2** pequeño, menudo (de constitución). **3** débil, frágil, delicado (apariencia). **4** leve, ligero; insignificante, de poca importancia. ● *s. c.* **5** desaire. ● *v. t.* **6** desairar. ◆ **7 to a ~ extent,** de escasa importancia.

slighting ['slaɪtɪŋ] *adj.* despreciativo, menospreciativo, despectivo.

slightingly ['slaɪtɪŋlɪ] *adv.* con desprecio, despectivamente.

slightly ['slaɪtlɪ] *adv.* **1** ligeramente, un poco. ◆ **2 ~ built,** pequeño, menudo.

slightness ['slaɪtnɪs] *s. i.* **1** delgadez, finura. **2** pequeñez, menudez. **3** fragilidad. **4** insignificancia, poca importancia.

slim [slɪm] *adj.* **1** delgado, esbelto. **2** escaso (recurso); pequeña, remota (posibilidad). ● *v. i.* **3** adelgazar. ◆ **4 to get ~,** adelgazar.

slime [slaɪm] *s. i.* **1** cieno, lodo. **2** baba (caracol).

sliminess [slaɪmɪnɪs] *s. i.* **1** lo limoso. **2** lo baboso. **3** lo rastrero, zalamería.

slimming [slɪmɪŋ] *s. i.* **1** adelgazamiento. ◆ **2 to be on a ~ diet,** seguir un régimen para adelgazar.

slimness ['slɪmnɪs] *s. i.* delgadez.

sling [slɪŋ] (*pret.* y *p. p. irreg.* **slung**) *v. t.* **1** lanzar, tirar, arrojar. **2** colgar, suspender. **3** alzar. **4** MAR. eslingar. ● *s. c.* **5** honda. **6** portafusil. **7** MED. cabestrillo. **8** MAR. eslinga. ◆ **9 to have one's arm in a ~,** llevar un brazo en cabestrillo. **10 to ~ something away,** tirar algo. **11 to ~ something over to someone,** tirar algo a alguien.

slingshot ['slɪŋʃɒt] *s. c.* **1** honda; tirachinas. **2** hondazo.

slink [slɪŋk] (*pret.* y *p. p. irreg.* **slunk**) *v. i.* **1** esconderse, ir sin ser visto. ◆ **2 to ~ along,** andar furtivamente. **3 to ~ away, to ~ off,** escabullirse.

slinky ['slɪŋkɪ] *adj.* (fam.) seductor, provocativo.

slip [slɪp] *v. t.* **1** meter (algo en un sitio); deslizar (algo por un sitio). **2** soltarse de. ● *v. i.* **3** declinar, decaer. **4** resbalar (al caminar); escurrirse (un objeto, de las manos, etc.); irse, moverse (a un sitio con rapidez). ● *s. c.* **5** resbalón. **6** traspié, tropezón. **7** caída corriente. **8** GEOL. dislocación. **9** estaca, plantón. **10** falta, error, equivocación. **11** desliz (moral). **12** ficha. **13** funda (almohada). **14** combinación (ropa interior). ◆ **15 to let ~,** revelar inadvertidamente. **16 to let a secret ~,** revelar un secreto. **17 to let a chance ~,** dejar escapar una oportunidad. **18 to ~ away, to ~ off,** largarse, escabullirse. **19 to ~ something to someone,** pasar algo a alguien. **20 to ~ an arm round someone's waist,** pasar el brazo por la cintura de alguien. **21 to ~ back,** regresar con sigilo. **22 to ~ by,** pasar inadvertido. **23 to ~ a cable,** MAR. soltar amarras. **24 to ~ a coin into a slot,** introducir una moneda en una ranura. **25 to ~ into bed,** meterse en la cama. **26 to ~ off,** quitarse (rápidamente). **27 to ~ on,** ponerse (rápidamente). **28 to ~ one over on someone,** jugar una mala pasada a alguien. **29 to ~ out for a moment,** salir un momento. **30 to ~ through,** colarse por. **31 to ~ up,** (fig.) equivocarse, cometer un error.

slipcase ['slɪpkeɪs] *s. c.* estuche.

slipcover ['slɪpkʌvər] *s. c.* (EE UU) funda.

slipknot ['slɪpnɒt] *s. c.* nudo corredizo.

slip-on ['slɪpɒn] *adj.* sin cordones ni botones (ropa y zapatos).

slipover ['slɪpəuvər] *s. c.* chaleco (de lana).

slipped disc [,slɪpt'dɪsk] *s. c.* ANAT. hernia discal.

slipper ['slɪpər] *s. c.* zapatilla.

slippery ['slɪpərɪ] *adj.* **1** resbaladizo. **2** viscoso. **3** astuto (persona). **4** poco fiable (peyorativo). ◆ **5 to be as ~ as an eel, to be as ~ as they come,** no ser de fiar.

slippy ['slɪpɪ] *adv.* (fam.) **to be ~, to look ~,** darse prisa.

slip road ['slɪprəud] *s. c.* (brit.) vía de acceso o incorporación; vía de salida (en autopistas).

slipshod ['slɪpʃɒd] *adj.* **1** descuidado, chapucero. **2** (fam.) metepatas.

slipstream ['slɪpstriːm] *s. i.* AER. estela.

slip-up ['slɪpʌp] *s. c.* (fam.) **1** falta, error, equivocación. **2** desliz (moral). **3** descuido.

slipway ['slɪpweɪ] *s. c.* MAR. grada, gradas.

slit [slɪt] (*pret.* y *p. p. irreg.* **slit**) *v. t.* **1** hender, rajar. ● *s. c.* **2** hendidura, raja. ◆ **3 to make a ~ in something,** hacer un corte a algo. **4 to ~ a sack open,** abrir un saco rajándolo. **5 to ~ someone's throat,** degollar a alguien.

slither ['slɪðər] *v. i.* **1** deslizarse (por una cuerda). **2** ir rodando (por una pendiente). ◆ **3 to ~ about,** ir resbalando.

sliver ['slɪvər] *s. c.* **1** raja. **2** astilla (madera, etc.).

slob [slɒb] *s. c.* **1** perezoso. **2** desordenado. **3** (fig.) odioso, detestable. ◆ **4** (fam.) **you ~!,** ¡bestia!

slobber ['slɒbər] *v. i.* **1** babear. ● *s. i.* **2** baba. ◆ **3 to ~ over something,** (fig.) babear con algo.

slobbery ['slɒbərɪ] *adj.* baboso.

sloe [sləu] *s. c.* **1** BOT. endrina (fruta). **2** endrino (árbol).

slog [slɒg] *v. i.* **1** afanarse, sudar tinta. **2** caminar penosamente. ● *v. t.* **3** golpear sin arte (balón). ● *s. i.* **4** trabajo duro. ◆ **5 it was a ~,** me costó mucho trabajo. **6 it's a hard ~ to the top,** cuesta mucho trabajo llegar a la cumbre. **7 to ~ away at something,** afanarse por hacer algo, trabajar como un negro para terminar algo. **8 to ~ it out,** luchar con denuedo, enfrentarse hasta el final.

slogan ['sləugən] *s. c.* eslogan.

sloop [sluːp] *s. c.* MAR. balandro, corbeta.

slop [slɒp] *v. t.* **1** derramar. ● *v. i.* **2** derramarse. ● *s. c.* **3** parte extremadamente sentimental o romántica de una obra teatral o película. ● *s. i.* **4** bazofia, líquido de desecho con sobras de comida para alimentar a los animales. ◆ **5 to ~ about in the mud,** chapotear en el lodo. **6 to ~ over,** derramarse. **7 the water was slopping about in the bucket,** el agua chapoteaba en el cubo.

slop-basin ['slɒp,beɪsn] *s. c.* **1** recipiente para agua sucia. **2** taza para las hojas de té utilizadas.

slope [sləup] *s. c.* **1** inclinación. **2** cuesta, pendiente (hacia arriba). **3** declive (hacia abajo). **4** falda, vertiente, ladera (de la montaña). ● *v. t.* **5** inclinar, sesgar. ● *v. i.* **6** inclinarse, estar inclinado. **7** declinar, estar en declive. ◆ **8 ~ arms!,** ¡armas al hombro! **9 to ~ down,** estar en declive, bajar: *the swimming pool slopes down to the sea = la piscina baja hacia el mar.* **10 to ~ forwards,** estar inclinado hacia delante. **11** (fam.) **to ~ off,** largarse. **12 to ~ up,** estar en pendiente.

sloping ['sləupɪŋ] *adj.* **1** inclinado. ◆ **2 ~ up,** en pendiente. **3 ~ down,** en declive.

slop-pail ['slɒppeɪl] *s. c.* cubeta para agua sucia.

sloppily ['slɒpɪlɪ] *adv.* **1** descuidadamente, chapuceramente. **2** de manera sentimentaloide, sensibleramente. ◆ **3 to dress ~,** vestir con desaliño.

sloppiness ['slɒpɪnɪs] *s. i.* **1** descuido, chapucería; desorganización. **2** falta de elegancia, desaseo. **3** sentimentalismo, sensiblería.

sloppy ['slɒpɪ] *adj.* **1** descuidado, chapucero. **2** desaliñado (vestido). **3** nada elegante, desaseado (apariencia). **4** sentimental, sensiblero. **5** poco sólido, casi líquido. **6** lleno de charcos, lleno de barro (carretera).

slops [slɒps] *s. pl.* **1** GAST. gachas. **2** agua sucia.

slop-shop ['slɒpʃɒp] *s. c.* (EE UU) (vulg.) bazar de ropa barata, tienda de pacotilla.
slosh [slɒʃ] *v. i.* **1** derramarse, salirse de un recipiente. • *v. t.* **2** (fam.) pegar a alguien. ◆ **3 to ~ about,** (fam.) derramar, chapotear. **4 to ~ some water over something,** echar agua sobre algo.
sloshed [slɒʃt] *adj.* (fam.) borracho, bebido.
slot [slɒt] *s. c.* **1** muesca. **2** ranura. **3** hueco, espacio (en horario, programación). • *v. t.* **4** introducir, meter. ◆ **5 to ~ a part into another part,** encajar una pieza dentro de otra.
sloth [sləuθ] *s. c.* **1** pereza. **2** ZOOL. perezoso.
slothful ['sləuθful] *adj.* perezoso.
slothfully ['sləuθfəlɪ] *adv.* perezosamente.
slot-machine ['slɒtməʃi:n] *s. c.* **1** máquina automática, máquina expendedora. **2** máquina tragaperras.
slouch [slautʃ] *v. i.* **1** andar desgarbadamente. **2** tumbarse a la bartola. ◆ **3 to ~ about/along,** caminar arrastrando los pies. **4** (fig.) **to ~ about,** gandulear, golfear. **5 to ~ off,** irse cabizbajo, alejarse con las orejas gachas. **6 to walk with a ~,** andar arrastrando los pies.
slouch hat ['slautʃˌhæt] *s. c.* sombrero de plato.
slough [slau] *s. c.* **1** fangal, cenagal. **2** abismo, abatimiento. **3** ZOOL. camisa, piel vieja que muda la serpiente. **4** MED. escara. • [slʌf] *v. t.* **5** mudar, echar de sí. • *v. i.* **6** desprenderse, caerse. ◆ **7 to ~ off,** deshacerse de.
Slovak ['sləuvæk] *adj.* **1** eslovaco. • *s. c.* **2** eslovaco.
Slovakia [sləu'vækɪə] *s. c.* Eslovaquia.
Slovakian [sləu'vækɪən] *adj.* eslovaco.
sloven ['slʌvn] *s. c.* **1** persona desaliñada (de aspecto). **2** vago (en el trabajo).
Slovene ['sləuvi:n] *adj.* **1** esloveno. • *s. c.* **2** esloveno.
Slovenia [sləu'vi:nɪə] *s. c.* Eslovenia.
slovenliness ['slʌvnlɪnɪs] *s. c.* falta de aseo, dejadez.
slovenly ['slʌvnlɪ] *adj.* **1** desaliñado, desaseado (apariencia). **2** dejado, descuidado (persona). **3** chapucero (trabajo).
slow [sləu] *adj.* **1** lento. **2** atrasado (reloj). **3** torpe, lerdo (carácter). **4** aburrido. **5** lenta (superficie, en tenis). • *adv.* **6** despacio, lentamente. • *v. t.* **7** retardar. **8** reducir la velocidad de (máquina, motor). • *v. i.* **9** ir más despacio, aflojar el paso (caminando, etc.). **10** moderar la marcha, reducir la velocidad. ◆ **11 to be ~ to do something,** tardar en hacer algo. **12 to be ~ to anger,** tener mucho aguante. **13 business is very ~,** el negocio está flojo. **14 to go ~,** ir despacio, trabajar a ritmo lento. **15 to ~ down/up,** ir más despacio, reducir la velocidad; entorpecer: *that car slows up the traffic = ese coche entorpece la circulación.* **16 ~ but sure,** lento pero seguro.
slow-burning [ˌsləu'bə:nɪŋ] *adj.* que se quema lentamente.
slowcoach ['sləukəutʃ] *s. c.* (brit.) (fam.) perezoso, vago.
slowdown ['sləudaun] *s. c.* (EE UU) reducción (en actividad o velocidad).
slowly ['sləulɪ] *adv.* despacio, lentamente, poco a poco.
slow-match ['sləumætʃ] *s. c.* mecha tardía.
slow-motion [ˌsləu'məuʃɪən] (también **slow motion**) *s. i.* cámara lenta.
slowness ['sləunɪs] *s. i.* **1** lentitud. **2** torpeza. **3** aburrimiento.
slowpoke ['sləupəuk] *s. c.* (EE UU) (fam.) perezoso, vago.
slow-witted [ˌsləu'wɪtɪd] *adj.* torpe, lerdo.
slow worm ['sləuwə:m] *s. c.* culebra.
sludge [slʌdʒ] *s. i.* **1** lodo, fango. **2** sedimento fangoso. **3** aguas residuales.
slug [slʌg] *s. c.* **1** ZOOL. babosa. **2** (EE UU) (fam.) posta. **3** lingotazo (bebida). • *v. t.* **4** (vulg.) pegar, aporrear.
sluggard ['slʌgəd] *s. c.* haragán.
sluggish ['slʌgɪʃ] *adj.* **1** perezoso, lento. **2** inactivo, inerte. **3** flojo (negocio).
sluggishly ['slʌgɪʃlɪ] *adv.* perezosamente, lentamente.
sluggishness ['slʌgɪʃnɪs] *s. i.* **1** pereza, lentitud. **2** inactividad, inercia.
sluice [slu:s] *s. c.* **1** compuerta, exclusa, dique de contención. • *v. t.* **2 to ~ something down,** echar agua sobre algo. • *v. i.* **3 to ~ out,** salir a borbotones. ◆ **4 to give something a ~ down,** echar agua sobre algo para lavarlo. **5 to ~ someone down,** dar una ducha a alguien.
sluice gate ['slu:sgeɪt] *s. c.* compuerta.
sluiceway ['slu:sweɪ] *s. c.* canal.
slum [slʌm] *s. c.* **1** barrio bajo, barrio pobre. **2** casucha, tugurio. • *v. i.* **3** visitar los barrios pobres.
slumber ['slʌmbər] *s. i.* LIT. **1** sueño profundo. **2** (fig.) inactividad, inercia. • *v. i.* **3** dormir, estar profundamente dormido. **4** (fig.) permanecer inactivo, estar inerte.
slumberous ['slʌmbərəs] (también **slumbrous**) *adj.* **1** soñoliento. **2** (fig.) inactivo, inerte.
slumbrous ['slʌmbrəs] *adj.* ⇒ **slumberous.**
slummy ['slʌmɪ] *adj.* pobre, en malas condiciones (área de una ciudad).
slump [slʌmp] *v. i.* **1** hundirse, bajar repentinamente (precio). **2** bajar estrepitosamente (producción). **3** sufrir un bajón (moral). **4** desplomarse, dejarse caer pesadamente (sobre una silla, sillón, etc.). • *s. c.* **5** depresión, crisis económica.
slung [slʌŋ] *pret.* y *p. p. irreg.* de **sling.**
slunk [slʌŋk] *pret.* y *p. p. irreg.* de **slink.**
slur [slə:r] *s. c.* **1** calumnia, infamia. **2** borrón, mancha. **3** MÚS. ligadura. • *v. t.* y *v. i.* **4** difamar, calumniar. **5** pronunciar con poca corrección (palabra). **6** MÚS. ligar. ◆ **7 to cast a ~ on someone,** calumniar a alguien.
slurp [slə:p] *v. t.* y *v. i.* **1** sorber haciendo mucho ruido. • *s. c.* **2** ruido que se hace al sorber.
slurred [slə:d] *adj.* indistinto, poco claro (pronunciación).
slurry [slʌrɪ] *s. i.* barro, barrizal.
slush ['slʌʃ] *s. i.* **1** nieve a medio derretir. **2** fango, lodo. **3** (fam.) cursilería, sentimentalismo excesivo.
slushy ['slʌʃɪ] *adj.* **1** a medio derretir (nieve). **2** casi líquido. **3** fangoso. **4** (fam.) cursi, sentimental.
slut [slʌt] *s. c.* (insulto). **1** marrana, guarra. **2** ramera, furcia, fulana.
sluttish [slʌtɪʃ] *adj.* puerco, desaliñado.
sly [slaɪ] *adj.* **1** disimulado, furtivo, sigiloso. **2** astuto, taimado. **3** malicioso, guasón. ◆ **4 on the ~,** a hurtadillas; disimuladamente, sigilosamente.
slyly ['slaɪlɪ] *adv.* **1** astutamente, furtivamente. **2** disimuladamente. **3** maliciosamente.
slyness ['slaɪnɪs] *s. i.* **1** astucia. **2** disimulo, sigilo. **3** malicia, guasa.
smack [smæk] *v. t.* **1** dar un manotazo a, pegar con la mano. • *v. i.* **2** (**~ of**) apestar a. • *s. c.* **3** tortazo, manotazo. **4** palmada. **5** chasquido. **6** MAR. queche, barco de pesca. **7** (fam.) caballo, heroína (droga). ◆ **8** *adv.* exactamente. ◆ **9 to ~ one's lips,** relamerse, chuparse los dedos.
smacker ['smækər] *s. c.* (fam.) **1** beso sonoro. **2** golpe ruidoso. **3** (EE UU) dólar.
smacking ['smækɪŋ] *s. c.* zurra, paliza.
small [smɔ:l] *adj.* **1** pequeño. **2** bajo, pequeño (persona). **3** escaso, corto, exiguo. **4** menor. **5** insignificante (importancia). **6** minúsculo (letra impresa). **7** humilde (voz). • *s. pl.* **8** (arc. y brit.) paños menores. ◆ **9 to be a ~ eater,** comer poco. **10 to feel ~,** sentirse humillado, tener vergüenza. **11 it makes me feel pretty ~,** me da vergüenza. **12 to make someone look ~,** dar vergüenza a alguien. **13 to make oneself ~,** agacharse. **14 the ~ of the back,** los riñones. **15 ~ hours,** altas horas. **16 ~ wonder,** poco sorprendente: *it is small wonder that... = no es de sorprender que..., con razón...*
small-ad ['smɔ:læd] *s. c.* anuncio por palabras (periódico).
small-arms ['smɔ:lˌɑ:mz] *s. pl.* armas cortas.
small-change [ˌsmɔ:l'tʃeɪndʒ] *s. i.* cambio, suelto, calderilla.
small-fry [ˌsmɔ:l'fraɪ] *s. i.* gente del montón.
smallholder ['smɔ:lhəuldər] *s. c.* minifundista, pequeño granjero.
smallholding ['smɔ:lhəuldɪŋ] *s. c.* minifundio, granja pequeña.
smallish ['smɔ:lɪʃ] *adj.* más bien pequeño.
small-minded [ˌsmɔ:l'maɪndɪd] *adj.* de miras estrechas; mezquino.

small-mindedness [ˌsmɔːlˈmaɪndɪdnɪs] *s. i.* estrechez de miras; mezquindad.

smallness [ˈsmɔːlnɪs] *s. i.* **1** pequeñez. **2** tamaño reducido. **3** escasez. **4** insignificancia.

smallpox [ˈsmɔːlpɒks] *s. i.* viruela.

small-scale [ˌsmɔːlˈskeɪl] *adj.* en pequeña escala.

small-screen [ˌsmɔːlˈskriːn] *s. c.* pequeña pantalla, televisión.

small talk [ˈsmɔːltɔːk] *s. i.* **1** banalidades. ◆ **2 to swap ~ with someone,** hablar de banalidades con alguien.

small-time [ˈsmɔːltaɪm] *adj.* **1** de escasa importancia. **2** en pequeña escala. **3** de poca monta.

small-town [ˈsmɔːltaʊn] *adj.* provinciano; pueblerino.

smarm [smɑːm] *v. t.* **to ~ one's hair down,** alisarse el pelo.

smarmy [ˈsmɑːmɪ] *adj.* (fam.) pelota, cobista.

smart [smɑːt] *adj.* **1** elegante, distinguido. **2** pulcro, aseado. **3** de buen tono, elegante (sociedad). **4** (fig.) listo, vivo, inteligente. **5** ladino, astuto, cuco (sentido peyorativo). **6** pronto, rápido (paso, movimiento). **7** repentino (ataque). ● *s. i.* **8** escozor. **9** (fig.) resentimiento, dolor. ● *v. i.* **10** MED. escocer, picar. ◆ **11 to look ~ about it,** darse prisa. **12 to ~ under/to ~ with,** sufrir bajo, resentirse de. **13 to ~ under criticism,** resentirse de una crítica. **14 you shall ~ for this!,** ¡me las pagarás! **15 ~ card,** tarjeta inteligente.

smarten [smɑːtn] *v. t.* **1** arreglar, mejorar el aspecto de. ● *v. pron.* **2 to ~ oneself up,** arreglarse, acicalarse.

smartly [ˈsmɑːtlɪ] *adv.* **1** elegantemente; pulcramente. **2** (fig.) inteligentemente. **3** astutamente (peyorativo). **4** prontamente, rápidamente. **5** repentinamente.

smartness [ˈsmɑːtnɪs] *s. i.* **1** elegancia, distinción. **2** pulcritud, aseo. **3** buen tono. **4** (fig.) viveza, inteligencia. **5** astucia (peyorativo). **6** rapidez, prontitud.

smarty [ˈsmɑːtɪ] *s. c.* (fam.) sabelotodo.

smash [smæʃ] *v. t.* **1** romper (haciendo el ruido del cristal al romperse). **2** hacer pedazos. **3** destruir. **4** golpear violentamente. **5** echar por tierra (esperanzas). **6** aplastar (oponente). ● *v. i.* **7** romperse. **8** hacerse pedazos. **9** chocar (contra). **10** estrellarse. **11** quebrar (finanzas). ● *s. c.* **12** choque, colisión. **13** encontronazo. **14** accidente. **15** rotura. **16** quiebra, depresión, crisis económica (finanzas). **17** mate (tenis). ◆ **18 ~ down,** tirar abajo (puerta). **19 to ~ one's fist into someone's face,** partir la cara a alguien. **20 to ~ up,** destruir completamente.

smash-and-grab raid [ˈsmæʃənˈgræbˌreɪd] *s. c.* robo relámpago (en joyería, etc.).

smashed [ˈsmæʃt] *adj.* **1** (fam.) bebido, borracho. **2** (fam.) colocado, drogado (hachís, marihuana). **3** roto en mil pedazos (objeto).

smasher [ˈsmæʃər] *s. c.* (fam.) bombón.

smashing [ˈsmæʃɪŋ] *adj.* (fam.) fenomenal bárbaro, estupendo: *we had a smashing time = lo pasamos de miedo.*

smash-up [ˈsmæʃʌp] *s. c.* (fam.) accidente grave, colisión violenta.

smattering [ˈsmætərɪŋ] *s. c.* conocimientos elementales, nociones elementales.

smear [smɪər] *s. c.* **1** mancha. **2** (fig.) calumnia, difamación. **3** MED. frotis. ● *v. t.* **4** manchar; untar. **5** (fig.) calumniar, difamar. ◆ **6 ~ campaign,** campaña difamatoria. **7 cervical ~,** citología.

smeary [ˈsmɪərɪ] *adj.* manchado.

smell [smel] (*pret.* y *p. p. irreg.* **smelt**) *v. t.* **1** oler, olfatear. ● *v. i.* **2** oler. ● *s. c.* **3** olor. ● *s. i.* **4** olfato (sentido del). ◆ **5 to have a keen sense of ~,** tener buen olfato. **6 to ~ out,** olfatear, husmear.

smelling-bottle [ˈsmelɪŋˌbɒtl] *s. c.* frasco de sales.

smelling-salts [ˈsmelɪŋsɔːlts] *s. pl.* sales aromáticas.

smelly [ˈsmelɪ] *adj.* maloliente, hediondo.

smelt [smelt] *pret.* y *p. p.* **1** de **smell.** ● *v. t.* **2** fundir. ● *s. c.* **3** ZOOL. eperlano.

smelter [ˈsmeltər] (también **smelting furnace**) *s. c.* fundición, horno de fundición.

smelting [ˈsmeltɪŋ] *s. c.* fundición.

smelting furnace [ˈsmeltɪŋˌfɜːnɪs] ⇒ **smelter.**

smile [smaɪl] *s. c.* **1** sonrisa. ● *v. i.* **2** sonreír. ● *v. t.* **3** expresar con una sonrisa. ◆ **4 to be all smiles,** ser feliz. **5 fortune smiles on someone,** la fortuna le sonríe a alguien. **6 to give someone a ~,** sonreír a alguien. **7 to knock the ~ off someone's face,** quitar la sonrisa a alguien a golpes. **8 to raise a ~,** forzar una sonrisa. **9 to ~ on someone,** mirar con buenos ojos a alguien.

smiling [ˈsmaɪlɪŋ] *adj.* sonriente, risueño.

smilingly [ˈsmaɪlɪŋlɪ] *adv.* sonriendo, con cara risueña, con una sonrisa.

smirch [smɜːtʃ] *v. t.* LIT. mancillar, desdorar.

smirk [smɜːk] *v. i.* **1** sonreír satisfecho, sonreír afectadamente. ● *s. c.* **2** sonrisa de satisfacción, sonrisa afectada.

smirkingly [ˈsmɜːkɪŋlɪ] *adv.* con una sonrisa afectada.

smite [smaɪt] (*pret. irreg.* **smote,** *p. p. irreg.* **smitten**) *v. t.* **1** golpear. **2** castigar. **3** doler, afligir. **4** herir.

smith [smɪθ] *s. c.* herrero.

smithereens [ˌsmɪðəˈriːnz] *s. pl.* **1 to smash something to ~,** hacer añicos algo. **2 it was in ~,** estaba hecho añicos.

smithy [ˈsmɪðɪ] *s. c.* herrería.

smitten [ˈsmɪtn] *p. p.* **1** de **smite.** ● *adj.* **2** cautivado, entusiasmado. ◆ **3 to be ~ with,** entusiasmarse con, estar cautivado por. **4 to be ~ by the urge to** (+ *inf.*), arder en deseos de.

smock [smɒk] *s. c.* **1** guardapolvo corto (especie de blusón). **2** delantal. **3** bata corta. ● *v. t.* **4** fruncir, adornar con frunces.

smocking [ˈsmɒkɪŋ] *s. c.* adorno de frunces.

smog [smɒg] *s. i.* niebla espesa con humo (sólo en ciudades industriales).

smoke [sməʊk] *s. i.* **1** humo. ● *s. c.* **2** (fam.) cigarrillo, pitillo. ● *v. t.* **3** fumar (tabaco). **4** ahumar. ● *v. i.* **5** humear, echar humo (la chimenea). ◆ **6 holy ~!,** ¡caramba! **7 to go up in ~, a)** quedar destruido en un incendio, quemarse; **b)** (fam.) subirse por las paredes. **8 to have a ~,** echar un pitillo, fumar un cigarrillo. **9 there's no ~ without fire,** cuando el río suena, agua lleva. **10 to ~ like a chimney,** fumar como un carretero.

smoke bomb [ˈsməʊkbɒm] *s. c.* bomba de humo.

smoked [sməʊkt] *adj.* ahumado.

smoke-dried [ˈsməʊkdraɪd] *adj.* ahumado, curado al humo.

smokeless [ˈsməʊklɪs] *adj.* **1** sin humo. ◆ **2 ~ fuel,** combustible sin humo. **3 ~ zone,** zona libre de humo.

smoker [ˈsməʊkər] *s. c.* **1** fumador. **2** vagón para fumadores (tren).

smokeroom [ˈsməʊkrʊm] *s. c.* sala de fumadores.

smokescreen [ˈsməʊkskriːn] *s. c.* **1** cortina de humo. ◆ **2 to put up a ~,** tender una cortina de humo para despistar.

smoke signal [ˈsməʊkˌsɪgnl] *s. c.* señal de humo.

smokestack [ˈsməʊkˌstæk] *s. c.* chimenea.

smoking [ˈsməʊkɪŋ] *s. i.* **1** el hábito de fumar, el tabaco. ● *adj.* **2** humeante, que humea. **3** de fumar; de fumador, para fumador.

smoking-compartment [ˈsməʊkɪŋkəmˌpɑːtmənt] *s. c.* **1** compartimento de fumadores (tren). ◆ **2 ~ car,** (EE UU) vagón de fumadores (tren).

smoking-jacket [ˈsməʊkɪŋˌdʒækɪt] *s. c.* batín.

smoking-room [ˈsməʊkɪŋˌrʊm] *s. c.* salón de fumar.

smoky [ˈsməʊkɪ] *adj.* **1** humeante, que humea (chimenea, fuego). **2** lleno de humo (habitación). **3** ahumado. **4** sucio. **5** medio gris.

smolder [ˈsməʊldər] *v. i.* ⇒ **smoulder.**

smooch [smuːtʃ] *v. i.* **1** (fam.) acariciarse, abrazarse amorosamente. ● *s. c.* **2** (fam.) abrazo amoroso.

smoochy [smuːtʃɪ] *adj.* (fam.) romántico.

smooth [smuːð] *adj.* **1** liso, llano, uniforme, suave (superficie). **2** terso, suave (piel). **3** sin arrugas (ceño). **4** tranquilo, en calma (mar). **5** suave (voz). **6** fluido (estilo). **7** tranquilo, sin novedad (viaje). **8** afable (persona). **9** meloso, zalamero (peyorativo). ● *v. t.* **10** alisar, allanar, igualar (superficie). **11** suavizar (estilo). ◆ **12 to ~ the way for someone,** allanar el camino para alguien. **13 to ~ over difficulties,** limar asperezas.

smooth-chinned ['smu:ð,tʃɪnd] *adj.* barbilampiño.
smooth-faced ['smu:ð,feɪst] *adj.* bien afeitado.
smoothie ['smu:ðɪ] (también **smoothy**) *s. c.* (fam.) persona que no pierde la compostura (peyorativo).
smoothing iron ['smu:ðɪŋ,arən] *s. c.* plancha.
smoothly ['smu:ðlɪ] *adv.* **1** lisamente. **2** suavemente. **3** de modo uniforme. **4** tranquilamente. **5** afablemente. ◆ **6 everything went ~,** todo fue sobre ruedas.
smoothness ['smu:ðnɪs] *s. c.* **1** lisura, suavidad, igualdad , uniformidad. **2** tranquilidad, calma. **3** fluidez. **4** afabilidad. **5** zalamería (peyorativo).
smooth-running ['smu:ð,rʌnɪŋ] *adj.* que funciona bien.
smooth-spoken ['smu:ð,spəʊkn] (también **smooth-talking**) *adj.* **1** afable. **2** zalamero, meloso (peyorativo).
smooth-talking ['smu:ð,tɔ:kɪŋ] *adj.* ⇒ **smooth-spoken.**
smooth-tongued ['smuð,tʌngd] *adj.* zalamero, meloso (peyorativo).
smoothy *s. c.* ⇒ **smoothie.**
smote [sməut] *pret. irreg.* de **smite.**
smother ['smʌðər] *v. t.* **1** ahogar, asfixiar, sofocar. **2** sofocar, apagar (fuego). **3** contener (bostezo). **4** eliminar, desterrar (duda). ● *v. i.* **5** ahogarse, asfixiarse, sofocarse. ◆ **6 fruit smothered in cream,** fruta cubierta de crema.
smoulder ['sməuldər] (en EE UU **smolder**) *v. i.* **1** arder sin llama, arder lentamente. **2** (fig.) estar latente, no apagarse: *her love for him still smoulders after fifty years = todavía está latente su amor por él después de cincuenta años.*
smouldering ['sməulderɪŋ] (en EE UU **smoldering**) *adj.* **1** que arde lentamente. **2** (fig.) latente.
smudge ['smʌdʒ] *s. c.* **1** mancha, tizón. ● *v. i.* **2** mancharse.
smudgy ['smʌdʒɪ] *adj.* **1** manchado, lleno de manchas. **2** borroso (contorno, etc.).
smug [smʌg] *adj.* **1** orgulloso de sí mismo, autosuficiente. **2** presumido, creído. ◆ **3 to be ~,** presumir.
smuggle ['smʌgl] *v. t.* **1** pasar de contrabando. ● *v. i.* **2** hacer contrabando, dedicarse a pasar cosas de contrabando. ◆ **3 to ~ goods in,** introducir artículos de contrabando. **4 to ~ something past/through the customs,** pasar algo por la aduana sin declararlo. **5 to ~ someone out,** hacer que alguien salga sin ser visto.
smuggled ['smʌgld] *adj.* de contrabando.
smuggler ['smʌglər] *s. c.* contrabandista.
smuggling ['smʌglɪŋ] *s. i.* contrabando.
smugly ['smʌglɪ] *adv.* **1** con aire satisfecho, con suficiencia. **2** con presunción.
smugness ['smʌgnɪs] *s. i.* **1** satisfacción de uno mismo, autosuficiencia. **2** presunción.
smut [smʌt] *s. c.* **1** tizne, mancha. **2** mota de carbonilla (ojo). **3** tiznón (papel). **4** BOT. tizón. **5** (fig.) obscenidades. ◆ **6 to talk ~,** decir obscenidades.
smuttiness ['smʌtɪnɪs] *s. i.* obscenidades.
smutty ['smʌtɪ] *adj.* **1** tiznado, manchado. **2** (fig.) obsceno.
Smyrna ['smə:nə] *s. sing.* Esmirna.
snack [snæk] *s. c.* **1** aperitivo; tentempié, piscolabis. ◆ **2 to have a ~,** tomar un aperitivo o tentempié o piscolabis, picar algo.
snack bar ['snækbɑ:r] *s. c.* cafetería, bar.
snaffle ['snæfl] *s. c.* **1** bridón (de caballo). ● *v. t.* **2** (fam.) afanar.
snafu ['snæfu:] *adj.* (EE UU) **1** confuso, complicadísimo. **2** arruinado, estropeado. ● *s. c.* **3** equivocación grande. **4** situación confusa, asunto enmarañado, lío.
snag [snæg] *s. c.* **1** pega, dificultad; estorbo. **2** nudo (madera). **3** tocón (árbol). **4** raigón (diente). ● *v. t.* **5** rasgar (vestido). ◆ **6 there's a ~,** hay una pega o dificultad. **7 to hit/to run into a ~,** encontrar un pero, tropezar con una dificultad.
snail [sneɪl] *s. c.* **1** ZOOL. caracol. ◆ **2 edible ~,** caracol comestible. **3 at a snail's pace,** a paso de tortuga.
snake [sneɪk] *s. c.* **1** ZOOL. serpiente; culebra. ◆ **2 to be a ~ in the grass,** ser un traidor. **3 a hand snaked out,** se extendió de repente una mano. **4 to ~ about, to ~ along,** serpentear.
snakebite ['sneɪk,baɪt] (también **snake-bite**) *s. c.* mordedura de serpiente.
snake-charmer ['sneɪk,tʃɑ:mər] *s. c.* encantador de serpientes.
snaky [sneɪkɪ] *adj.* serpentino, tortuoso.
snap [snæp] *v. t.* **1** chasquear, castañear. **2** romper, quebrar, hacer saltar. ● *s. c.* **3** chasquido, castañeo (dedos). **4** estallido (noticia). **5** golpe, ruido seco. **6** rotura. **7** (fam.) vigor, energía. **8** cierre (cremallera). **9** foto instantánea. ● *adj.* **10** repentino. **11** *adv.* crac. ● (con exclamación). ◆ **12 cold ~,** ola de frío. **13 to go ~,** hacer crac. **14 to put some ~ into it,** menearse. **15 to ~ at someone, a)** querer morder a alguien (perro); **b)** contestar bruscamente a alguien. **16 to ~ something into place,** encajar algo en su sitio de un golpe seco. **17 to ~ someone's head off,** echar un rapapolvo a alguien. **18 to ~ off,** romper. **19 ~ out of it!,** (fig.) ¡alegra esa cara, hombre!. **20 to ~ up a bargain,** no dejar escapar una ganga.
snapdragon ['snæpdrægn] *s. c.* BOT. cabeza de dragón.
snap-fastener ['snæpfɑ:stnər] *s. c.* corchete de presión.
snappish ['snæpɪʃ] *adj.* brusco, seco, irritable.
snappishness ['snæpɪʃnɪs] *s. c.* brusquedad, sequedad, irritabilidad.
snappy ['snæpɪ] *adj.* **1** que viste a la última. **2** (fam.) rápido, enérgico, vigoroso. ◆ **3 to be ~ about something,** hacer algo con toda rapidez. **4 and be ~ about it!,** ¡y date prisa! **5 make it ~!,** ¡rápido!
snapshot ['snæpʃɒt] *s. c.* foto instantánea.
snare [sneər] *s. c.* **1** lazo, trampa. **2** (fig.) trampa, engaño. ● *v. t.* **3** coger con trampas. **4** (fig.) hacer caer en la trampa.
snarl [snɑ:l] *v. i.* **1** gruñir. **2** (fig.) gruñir (persona enfadada). ● *s. c.* **3** gruñido. ◆ **4 to ~ at someone,** gruñir a alguien. **5 to ~ up,** enmarañar, enredar; enmarañarse, enredarse.
snatch [snætʃ] *v. t.* **1** asir, coger, agarrar. **2** arrebatar. **3** coger al vuelo. **4** (fam.) robar; secuestrar. ● *s. c.* **5** arrebatamiento. **6** (fam.) robo; secuestro. **7** MÚS. fragmento. ◆ **8 to ~ a meal,** comer algo a toda prisa. **9 to ~ an opportunity,** aprovechar una oportunidad. **10 to ~ an hour of happiness,** procurarse (a pesar de todo) una hora de felicidad. **11 to ~ up,** asir. **12 to ~ up a child,** coger a un niño en brazos. **13 to whistle snatches of...,** silbar trocitos de (canción, compositor).
snazzy ['snæzɪ] *adj.* (fam.) de lo más elegante.
sneak [sni:k] *v. t.* **1** llevar/pasar con sumo cuidado. **2** (fam.) robar a hurtadillas, afanar, birlar. ● *s. c.* **3** soplón. ◆ **4 to ~ about,** ir a hurtadillas, moverse furtivamente. **5 to ~ away, to ~ off,** escabullirse. **6 to ~ in,** entrar a hurtadillas, entrar sin ser visto. **7 to ~ on someone,** soplarse de alguien, chivarse de alguien. **8 to ~ off with something,** largarse con algo. **9 ~ preview,** pase de preestreno.
sneakers ['sni:kəz] *s. pl.* (fam.) zapatillas de tela.
sneaking ['sni:kɪŋ] *adj.* **1** furtivo, sigiloso. ◆ **2 to have a ~ regard for someone,** respetar a alguien sin querer confesarlo abiertamente.
sneak preview ['sni:k,pri:vju:] *s. c.* pase de preestreno.
sneak thief ['sni:kθi:f] *s. c.* ratero.
sneaky ['sni:kɪ] *adj.* **1** furtivo, sigiloso. **2** soplón.
sneer [snɪər] *v. i.* **1** hacer una expresión de burla y desprecio. ● *s. c.* **2** expresión de burla y desprecio, sonrisa de desprecio. **3** burla, mofa (comentario). ◆ **4 to ~ at someone,** mofarse de alguien, hablar con desprecio de alguien.
sneerer ['snɪərər] *s. c.* socarrón.
sneering ['snɪərɪŋ] *adj.* socarrón, lleno de desprecio.
sneeringly ['snɪərɪŋglɪ] *adv.* **1** en tono socarrón. **2** con una sonrisa de desprecio.
sneeze [sni:z] *v. i.* **1** estornudar. ● *s. c.* **2** estornudo. ◆ **3 an offer not to be sneezed at,** una oferta que no es de despreciar.
snick [snɪk] *v. t.* **1** cortar (un poco). **2** desviar ligeramente (balón). ● *s. c.* **3** corte; tijeretazo.

snicker ['snɪkər] *v. i.* **1** reírse con disimulo. • *s. c.* **2** risa disimulada.
snide [snaɪd] *adj.* despreciativo, sarcástico.
sniff [snɪf] *v. i.* **1** olfatear; esnifar; sorber por la nariz. **2** husmear, olfatear (perro, etc.). • *v. t.* **3** oler. **4** olfatear (perro). • *s. c.* **5** olfateo. ◆ **6 to go out for a ~ of air,** salir a tomar el fresco. **7 to ~ at,** oler. **8 to ~ at something,** (fig.) despreciar algo, tratar algo con desprecio. **9 an offer not to be sniffed at,** una oferta que no es de despreciar.
sniffer dog ['snɪfədɒg] *s. c.* perro (policía) rastreador.
sniffle ['snɪfl] *v. i.* **1** respirar con ruido, hacer ruido con la nariz (como cuando se llora o se tiene un resfriado). **2** gangosear (hablando). • *s. c.* **3** ruido de la nariz. **4** gangueo. ◆ **5 to have the sniffles,** (fam.) tener un ligero resfriado.
sniffy ['snɪflɪ] *adj.* (fam.) estirado, desdeñoso.
snifter ['snɪftər] *s. c.* **1** (fam.) trago (bebida alcohólica). **2** (EE UU) copa para el coñac. ◆ **3 to have a ~,** echarse un trago.
snigger ['snɪgər] *v. i.* **1** reírse con disimulo. • *s. c.* **2** risa disimulada.
snip [snɪp] *v. t.* e *i.* **1** dar un tijeretazo (a). • *s. c.* **2** tijeretazo. **3** recorte. **4** (fam.) ganga. ◆ **5 to ~ off,** recortar.
snipe [snaɪp] *v. i.* **1** (~ {at}) disparar (a/sobre). **2** (~ {**at**}) criticar, atacar verbalmente (a) (sobre todo cuando la persona atacada no puede defenderse). • *s. c.* **3** ZOOL. agachadiza.
sniper ['snaɪpər] *s. c.* francotirador.
snippet ['snaɪpɪt] *s. c.* **1** retazo, trozo. **2** retal (tela). **3** noticias breves (información).
snitch [snɪtʃ] *v. i.* (fam.) **1** (~ {**on**}) acusar (a); dar el soplo (de). • *s. c.* **2** napias. **3** soplón, chivato.
snivel ['snɪvl] *v. i.* **1** (EE UU) lloriquear. • *s. c.* **2** lloriqueo.
snivelling ['snɪvlɪŋ] *adj.* llorón.
snob [snɒb] *s. c.* esnob (aquel que se esfuerza por imitar la conducta de la alta sociedad o por seguir siempre la moda llamativa para darse importancia), pretencioso.
snobbery ['snɒbərɪ] *s. i.* esnobismo.
snobbish ['snɒbɪʃ] *adj.* esnob.
snobbishness ['snɒbɪʃnɪs] *s. i.* esnobismo.
snog [snɒg] *v. i.* **1** (fam.) darse el lote, abrazarse y besarse. • *s. c.* **2** lote, besuqueo.
snood [snu:d] *s. c.* **1** cintillo. **2** redecilla.
snook [snu:k] *s. c.* (fam.) **to cock a ~ at someone,** sacar la lengua a alguien, hacer una señal grosera a alguien.
snooker [snu:kər] *s. c.* **1** snooker (modalidad de billar de troneras en mesa grande). • *v. t.* **2 to ~ someone,** (fig.) poner a alguien en un aprieto.
snoop [snu:p] *v. i.* **1** curiosear, fisgonear. • *s. c.* **2** fisgón.
snooper ['snu:pər] *s. c.* fisgón.
snooty ['snu:tɪ] *adj.* **1** (fam.) creído, presumido. ◆ **2 there's no call to be ~ about it,** usted no tiene motivo para presumir.
snooze [snu:z] *s. c.* **1** cabezada, siestecita, sueñecito. • *v. i.* **2 to have a ~,** dormitar, echar una siestecita.
snore [snɔ:] *v. i.* **1** roncar. • *s. c.* **2** ronquido.
snoring [snɔ:rɪŋ] *s. pl.* ronquidos.
snorkel ['snɔ:kl] *s. c.* **1** tubo de respiración. • *v. i.* **2** bucear con un tubo.
snort [snɔ:t] *v. i.* **1** bufar. • *s. c.* **2** bufido. ◆ **3 with a ~ of rage,** con un bufido de enojo.
snorter ['snɔ:tər] *s. c.* (fam.) cosa fina.
snot [snɒt] *s. c.* (vulg.) moco.
snotty ['snɒtɪ] *adj.* **1** (fam.) mocoso. **2** (fig.) creído, presumido. **3** enojado.
snout [snaut] *s. c.* hocico, morro (animal).
snow [snəu] *s. i.* **1** nieve. **2** (argot) coca, nieve, cocaína. • *v. i.* **3** nevar. ◆ **4 to be ~ ed in, to be ~ ed up,** estar bloqueado/aprisionado por la nieve. **5 to be ~ed under,** (fig.) estar inundado.
snowball ['snəubɔ:l] *s. c.* **1** bola de nieve. • *v. i.* **2** (fig.) aumentar progresivamente, aumentar rápidamente.
snow-blind ['snəublaɪnd] *adj.* cegado por los reflejos de la nieve.
snow blindness ['snəu,blaɪndnɪs] *s. i.* ceguera causada por la nieve.
snowboard ['snəubɔ:d] *s. c.* snowboard.
snow-bound ['snəubaund] *adj.* bloqueado/aprisionado por la nieve.
snow-capped ['snəukæpt] *adj.* coronado de nieve.
snow-covered ['snəukʌvəd] *adj.* cubierto de nieve, nevado.
snowdrift ['snəudrɪft] *s. c.* **1** ventisca de nieve. **2** montón de nieve, nieve amontonada. **3** nevero, ventisquero.
snowdrop ['snəudrɒp] *s. c.* BOT. campanilla de febrero, campanilla blanca.
snowfall ['snəufɔ:l] *s. c.* **1** nevada. • *s. i.* **2** cantidad de nieve registrada en un período determinado.
snow fence ['snəufens] *s. c.* valla paranieves.
snowfield ['snəufi:ld] *s. c.* campo de nieve.
snowflake ['snəufleɪk] *s. c.* copo de nieve.
snow line ['snəulaɪn] *s. c.* límite de las nieves perpetuas.
snowman ['snəumæn] *s. c.* muñeco de nieve.
snowplough ['snəuplau] (en EE UU **snowplow**) *s. c.* quitanieves.
snowplow *s. c.* ⇒ **snowplough.**
snowshoe ['snəuʃu:] *s. c.* raqueta para la nieve.
snowslide ['snəuslaɪd] *s. c.* (EE UU) alud de nieve.
snowstorm ['snəustɔ:m] *s. c.* tormenta de nieve.
Snow White [,snəu'waɪt] **1** Blancanieves. ◆ **2 "~ and the Seven Dwarfs",** "Blancanieves y los siete enanitos".
snow-white ['snəuwaɪt] *adj.* **1** blanco como la nieve. **2** níveo, cándido.
snowy ['snəuɪ] *adj.* **1** que tiene mucha nieve, de mucha nieve. **2** cubierto de nieve. **3** blanco como la nieve. **4** níveo, cándido.
snub [snʌb] *v. t.* **1** desairar. **2** rechazar con desdén (oferta). • *s. c.* **3** desaire.
snub-nosed ['snʌb,nəuzd] *adj.* chato.
snuff [snʌf] *s. i.* **1** rapé, tabaco en polvo. • *v. t.* **2** apagar (una vela). ◆ **3 to take ~,** tomar rapé. **4 to ~ out,** apagar; (fig.) extinguir. **5 to ~ it,** (fam.) estirar la pata. **6 ~ movie,** película pornográfica con torturas y asesinatos reales.
snuffbox ['snʌfbɒks] *s. c.* tabaquera.
snuffers ['snʌfəz] *s. pl.* despabiladeras (para velas).
snuffle ['snʌfl] *v. i.* **1** respirar con ruido, hacer ruido con la nariz. **2** ganguear (hablando). • *s. c.* **3** ruido de la nariz. **4** gangueo.
snug [snʌg] *adj.* **1** cómodo y bien caliente; acogedor. **2** abrigado, al abrigo. **3** ajustado (vestido). **4** respetable, nada despreciable (ingresos).
snuggery ['snʌgərɪ] *s. c.* despacho particular.
snuggle ['snʌgl] *v. i.* **1** acomodarse. ◆ **2 to ~ up to someone,** arrimarse a alguien, apretarse contra alguien.
snugly ['snʌglɪ] *adv.* **1** cómodamente. ◆ **2 it fits ~,** se ajusta perfectamente.
so [səu] *adv.* **1** (~ + *adj./adv.*) tan: *don't be so stupid = no seas tan estúpido.* **2** así, de esta manera, de este modo: *why are you shouting so? = ¿por qué gritas así?* **3** (~ + *verbo auxiliar* + *suj.*) también, otro tanto, igualmente: *she goes there often and so do I = ella va allí a menudo y yo también.* **4** así que, por lo tanto, por consiguiente (para comprobar que algo está claro): *so it wasn't him who phoned? = ¿así que no fue él quien telefoneó?* **5** (~ + *pron.suj.* + *verbo auxiliar*) sí, claro que sí, efectivamente, ciertamente: *"I gave you the money yesterday." "So you did" = "te di el dinero ayer." "Sí, señor".* **6** (form.) muy, mucho, tan: *I'm so glad you arrived! = ¡me alegro mucho de que hayas llegado!* **7** aproximadamente, más o menos: *10p or so = 10 peniques aproximadamente.* • *conj.* **8** por (lo) tanto; así que: *she didn't tell me anything, so I couldn't go = ella no me dijo nada, por tanto no pude ir.* **9** de modo que, así que: *I'm in a hurry, so I'll speak to you tomorrow = tengo prisa, así que hablaré contigo mañana.* **10** conque, así que: *so you've been here since then! = ¡conque has estado aquí desde entonces!* **11** y qué si, qué importa que: *so, I didn't want to go! = ¡y qué si no quería ir!* • *s. i.* **12** MÚS. sol. ◆ **13 and ~ on/forth,** etcétera. **14 ever ~,** ⇒ **ever. 15 every ~ often,** ⇒ **often. 16 in ~ far as/~ far as,** ⇒ **far. 17 just ~,** ⇒ **just. 18 not in ~ many words,** ⇒ **word. 19 that is not ~,** eso no es cierto, eso no es así. **20**

not ~ much, no tanto por: *it's not the time it takes so much as the work = no es tanto por el tiempo que lleva, como por el trabajo.* **21 oh ~?** (lit.) tan, hasta tal punto, hasta tal extremo. **22 or ~,** aproximadamente, más o menos. **23 ~?/~ what?** ¿y qué? **24 ~/~ that,** de modo que. **25 ~ far ~ good,** ⇒ **far. 26 ~ help me God,** ⇒ **help. 27 ~ long,** ⇒ hasta luego. **28 ~ long as,** ⇒ **long. 29 ~ many,** tantos. **30 ~ much, a)** tanto; **b)** hasta este punto, hasta aquí. **31 ~ much for,** ⇒ **much. 32 ~ much the better,** ⇒ **better. 33 ~ as (to)/that, a)** para que, a fin de que, de suerte que; **b)** tan... que. **34 ~ there,** ⇒ **there. 35 ~ to speak,** ⇒ **speak.**

soak [səʊk] *v. t.* **1** (**to ~ {in}**) remojar, poner en remojo, sumergir (algo en líquido). **2** calar, empapar; penetrar, mojar: *the rain soaked us = nos empapamos con la lluvia.* **3** (**to ~** + *o.* + *adv./prep.*) absorber, empapar, embeber. **4** (EE UU) (fam. y desp.) clavar, cobrar en exceso, desplumar: *they soaked them at the hotel = les clavaron en el hotel.* • *v. i.* **5** estar en remojo. **6** (~ {+ *adv./prep.*}) calar. • *s. c.* **7** remojo, remojón. **8** mojadura, caladura, empapadura. **9** líquido para remojo, líquido para empapar. **10** (argot) borrachín, borrachuzo. • **11 to ~ up, a)** absorber, empapar, embeber (un líquido); **b)** (fig.) absorber, empaparse de (información, de sol).

soaked [səʊkt] *adj.* **1** (~ **{through}**) calado, empapado, mojado. **2** (~ **{in/with}**) versado, empapado, documentado (en una materia); lleno, saturado, repleto: *soaked in memories = lleno de recuerdos.* • **3 ~ to the skin,** calado hasta los huesos, hecho una sopa.

soaking ['səʊkɪŋ] *adj.* **1** calado, empapado, mojado. ◆ **2 ~ wet,** totalmente calado, hecho una sopa, calado hasta los huesos.

so-and-so ['səʊənsəʊ] *s. i.* **1** (fam.) fulano de tal, mengano, uno: *Mr. so-and-so = don fulano de tal.* **2** (fam. y desp.) pelmazo, plomo, pesado. **3** hijo de tal.

soap [səʊp] *s. i.* **1** jabón. **2** (EE UU y argot) dinero (para soborno). • *s. c.* **3** (fam.) TV. culebrón, serial, telenovela. • *v. t.* **4** enjabonar, jabonar, dar jabón. ◆ **5 ~ bubble,** pompa de jabón.**6 ~ flakes,** escamas de jabón. **7 ~ opera,** TV. culebrón, serial, telenovela.

soapbox ['səʊpbɒks || 'səʊpbɑːks] *s. c.* **1** caja vacía usada como plataforma improvisada, tribuna improvisada. **2** caja vacía (para embalar jabón). ◆ **3 to get on one's ~,** (fig.) ponerse a hablar largo y tendido. **4 to get off one's ~,** (fig.) dejar el tema.

soapiness ['səʊpɪnɪs] *s. i.* consistencia jabonosa.

soapsuds ['səʊpsʌds] *s. pl.* burbujas, espuma de jabón.

soapy ['səʊpɪ] *adj.* **1** jabonoso, lleno de jabón: *soapy water = agua jabonosa.* **2** (desp.) jabonoso, a jabón (un sabor). **3** (fam. y desp.) zalamero, congraciador, cobista.

soar [sɔː] *v. i.* **1** remontarse, cernerse, elevarse (un ave). **2** AER. planear. **3** (fig.) subir vertiginosamente, elevarse (la temperatura, el tono de voz, la música). **4** dispararse, ponerse por las nubes (un precio). **5** elevarse, descollar (un edificio).

soaring ['sɔːrɪŋ] *adj.* **1** altísimo, elevadísimo (un edificio). **2** por las nubes, elevadísimo, altísimo (un precio). • *s. i.* **3** AER. planeo.

sob [sɒb] (*pret.* y *p. p.* **sobbed,** *ger.* **sobbing**) *v. i.* **1** sollozar. • *v. t.* **2** (**to ~ {out}**) decir sollozando. • *s. c.* **3** sollozo. • **4 to ~ one's heart out,** (fam.) llorar a mares, deshacerse en llanto. **5 ~ story,** (fam. y desp.) historia lacrimógena, historia sensiblera.

sobbing ['sɒbɪŋ] *s. i.* sollozos.

sobbingly ['sɒbɪŋglɪ] *adv.* con voz sollozante, con la voz entrecortada por los sollozos.

sober ['səʊbər] *adj.* **1** sobrio, sereno, no embriagado. **2** moderado, templado (en la bebida). **3** (form.) serio, sobrio; sensato, juicioso; solemne. **4** (form.) sobrio, sencillo, discreto. • *v. i.* **5** (**to ~ {down}**) volverse serio, sentar la cabeza; calmarse, sosegarse. • **6 as ~ as a judge,** completamente sereno. **7 to ~ up,** pasársele a uno la borrachera, despejarse, espabilar la borrachera.

sobering ['səʊbərɪŋ] *adj.* que invita a reflecionar (idea, pensamiento).

soberly ['səʊbəlɪ] *adv.* **1** sobriamente; juiciosamente, sensatamente; moderadamente. **2** sobriamente, discretamente, con sencillez.

sobriety [səʊ'braɪətɪ] *s. i.* (form.) seriedad, sensatez, cordura, juicio, discreción.

so-called [ˌsəʊ'kɔːld] *adj.* (generalmente desp.) **1** denominado, supuesto, presunto, así llamado: *her so-called friends = sus supuestos amigos.* **2** mal llamado, falsamente denominado.

soccer ['sɒkər] (también **football**) *s. i.* DEP. fútbol.

sociable ['səʊʃəbl] *adj.* **1** sociable, afable, amistoso, agradable. • *s. c.* **2** (EE UU) reunión informal; velada; fiesta; tertulia (en un club).

sociability [ˌsəʊʃə'bɪlɪtɪ] *s. i.* sociabilidad, afabilidad, cordialidad.

social ['səʊʃl] *adj.* **1** social, de la sociedad. **2** ZOOL. gregario. **3** social (clase, estamento, club). **4** (fam.) sociable, amistoso, afable. • *s. c.* **5** reunión informal; fiesta; velada; tertulia (en un club, en una institución). ◆ **6 ~ climber,** (desp.) advenedizo, trepador. **7 ~ club,** club social. **8 ~ democracy,** POL. socialdemocracia. **9 ~ democrat,** POL. socialdemócrata. **10 ~ democratic party,** POL. partido social-demócrata. **11 ~ disease,** enfermedad venérea. **12 ~ drinker,** persona que sólo bebe en reuniones sociales. **13 ~ drinking,** práctica de la bebida sólo en reuniones sociales. **14 ~ engineering,** política social. **15 ~ life,** vida social. **16 ~ order,** POL. orden social, régimen. **17 ~ outcast,** marginado, paria. **18 ~ science/studies,** ciencias sociales (antropología, economía, política). **19 ~ scientist,** especialista en ciencias sociales. **20 ~ security,** (brit.) seguridad social. **21 ~ services,** servicios sociales, asistencia social. **22 ~ studies,** (brit.) ciencias sociales (asignatura escolar que incluye sociología, economía y política). **23 ~ work,** asistencia social, servicio social. **24 ~ worker,** asistente social.

socialism ['səʊʃəlɪzəm] *s. i.* socialismo.

socialist ['səʊʃəlɪst] *s. c.* **1** socialista. • *adj.* **2** socialista.

socialistic [ˌsəʊʃə'lɪstɪk] *adj.* socialista.

socialite ['səʊʃəlaɪt] *s. c.* (desp.) persona de la alta sociedad, persona mundana, persona muy conocida en los círculos sociales.

socialization [ˌsəʊʃəlaɪ'zeɪʃn || ˌsəʊʃəlɪ'zeɪʃn] (también **socialisation**) *s. i.* **1** TEC. socialización, adaptación al medio social. **2** socialización (de los medios de producción).

socialize ['səʊʃəlaɪz] (también **socialise**) *v. i.* **1** (**to ~ {with}**) alterar, hacer vida social, mezclarse, hacer amistades. **2** (generalmente *pasiva*) adaptar al medio. **3** (generalmente *pasiva*) socializar (los medios de producción).

socializing ['səʊʃəlaɪzɪŋ] (también **socialising**) *s. i.* reuniones sociales.

socially ['səʊʃəlɪ] *adv.* **1** socialmente, a la sociedad (orientado). **2** socialmente, sociablemente, de modo amistoso, en reuniones sociales: *we never meet socially = nunca nos vemos fuera del trabajo.*

society [sə'saɪətɪ] *s. i.* **1** sociedad. **2** vida social. **3** (form.) compañía. • *s. c.* **4** sociedad, asociación, club; gremio, consorcio: *cooperative society = sociedad cooperativa; the local Drama Society = el Club de Teatro local.* • *s. c.* e *i.* **5** sociedad: *multi-racial societies = las sociedades multirraciales.*

socio- ['səʊsɪəʊ] *prefijo* (~ + *adj./s.*) socio-, social: *socio-economic = socioeconómico.*

sociological [ˌsəʊsɪə'lɒdʒɪkl] *adj.* sociológico.

sociologically [ˌsəʊsɪə'lɒdʒɪklɪ] *adv.* sociológicamente.

sociologist [ˌsəʊsɪ'ɒlədʒɪst] *s. c.* sociólogo.

sociology [ˌsəʊsɪ'ɒlədʒɪ] *s. i.* sociología.

sock [sɒk] *s. c.* **1** calcetín. **2** (fam.) puñetazo, tortazo, golpe. **3** coturno (en las comedias griegas). **4** comedia. **5** manga de tela indicadora de la existencia y dirección del viento. • *v. t.* **6** (fam.) golpear, pegar, pegar un puñetazo a. **7** poner los calcetines a. ◆ **8 to pull one's socks up,** (brit.) (fam.) esforzarse más, hacer un esfuerzo, tratar de mejorar. **9 to put a**

~ **in it,** (brit. y hum.) callarse la boca, cerrar el pico. **10 to ~ away,** (EE UU) (fam. y fig.) ahorrar. **11 to ~ in,** (EE UU) cerrar al tráfico aéreo. **12 to ~ it to someone,** (fam. y fig.) dejar a alguien con la boca abierta.

socket ['sɒkɪt] *s. c.* **1** ELEC. enchufe hembra. **2** ANAT. cuenca, órbita (del ojo). **3** ANAT. fosa, cavidad (ósea). **4** ANAT. alveolo (dental). **5** MEC. encaje, manguito, casquillo.

socking ['sɒkɪŋ] *adv.* (brit.) (fam.) extremadamente, enormemente.

sod [sɒd] *s. i.* **1** (lit.) césped, tepe, suelo herboso. ● *s. c.* **2** (brit. y vulg.) cabrón; bestia, bruto; maricón. **3** infeliz, desgraciado (para mostrar simpatía hacia un hombre). **4** cabronada: *a sod of a job = un trabajo pesadísimo.* ● *v. t.* **5** cubrir de hier ba, cubrir de césped. ◆ **6 I don't give/care a ~,** me importa un rábano. **7 ~ all,** nada de nada (para mostrar enfado). **8 ~ it,** (brit. y vulg.) maldita sea. **9 to ~ off,** (brit., vulg. y argot) largarse, irse al diablo: *she told him to sod off = le dijo que se fuera al diablo.*

soda ['səʊdə] *s. c.* e *i.* **1** soda, agua de soda, agua de seltz, sifón. ● *s. i.* **2** (EE UU) bebida gaseosa (de naranja, de limón). **3** QUÍM. sosa. ● *s. c.* **4** (EE UU) refresco (a base de agua de soda y helado). ◆ **5 ~ fountain,** (EE UU) bar de helados y bebidas no alcohólicas (generalmente en una tienda). **6 ~ siphon/syphon,** sifón, botella de agua de seltz. **7 ~ water,** soda, agua de seltz.

sodden ['sɒdn] *adj.* empapado, calado.

sodding ['sɒdɪŋ] *adj.* (brit.) (vulg.) maldito, cabrón, endemoniado: *the sodding car won't start = el cabrón del coche no arranca.*

sodium ['səʊdɪəm] *s. i.* **1** QUÍM. sodio. ◆ **2 ~ bicarbonate,** QUÍM. bicarbonato sódico. **3 ~ chloride,** QUÍM. cloruro de sodio. **4 ~ hydroxide,** QUÍM. hidróxido de sodio.

sodomite ['sɒdəmaɪt] *s. c.* (form.) sodomita.

sodomy ['sɒdəmɪ] *s. i.* sodomía.

sofa ['səʊfə] *s. c.* **1** sofá. ◆ **2 ~ bed,** sofá cama.

soft [sɒft] *adj.* **1** blando, suave (un objeto, una materia): *a soft cushion = un cojín blando.* **2** dúctil (un metal). **3** suave, delicada, tersa (la piel). **4** suave, tranquilo, sosegado: *soft music = música suave.* **5** tenue, suave (una luz, un color). **6** de trazo suave, de contorno delicado. **7** ligero, leve, suave (un movimiento, el viento): *a soft breeze = una suave brisa.* **8** (fam. y desp.) fácil, sencillo (un trabajo). **9** (~ {**with**}) (fam. y desp.) blando, poco severo: *they are too soft with the kids = son poco severos con los críos.* **10** (~ {**on**}) indulgente, tolerante. **11** débil, flojo, fofo, sin fuerza. **12** (fam.) social, de las ideas (una ciencia). **13** blanda (una droga, pornografía). **14** no alcohólica (una bebida). **15** FON. suave, silbante (un sonido). **16** blanda (el agua). **17** (fam.) tonto, loco, estúpido. **18** FIN. blando (crédito). **19** FIN. débil, blando (moneda). ● *adv.* **20** suavemente, delicadamente. ● **21 to be ~ on someone, a)** (fam.) estar colado por alguien, estar enamorado de alguien; **b)** ser muy tolerante con alguien, ser muy indulgente con alguien. **22 to have a ~ spot for someone,** (fam.) tener especial predilección por alguien, querer mucho a alguien. **23 ~ coal,** hulla grasa. **24 ~ currency,** ECON. moneda débil. **25 ~ drink,** bebida no alcohólica. **26 ~ focus,** FOT. difuminado. **27 ~ fruit,** fruta blanda (sin hueso). **28 ~ furnishings,** (brit.) telas decorativas (para cortinajes, cojines y edredones). **29 ~ in the head,** (fam.) tocado, mal de la cabeza, tonto. **30 ~ palate,** ANAT. velo del paladar. **31 ~ porn,** pornografía blanda. **32 ~ sciences,** ciencias sociales (psicología, sociología). **33 ~ sell,** arte de vender persuadiendo con sutileza. **34 ~ soap, a)** jabón líquido; **b)** (fig.) jabón, halago, adulación, lisonja. **35 ~ touch,** (fam.) incauto, persona que se deja convencer fácilmente (especialmente para prestar dinero).

softball ['sɒftbɔːl] *s. i.* **1** DEP. variedad de béisbol (con pelota más blanda). ● *s. c.* **2** pelota blanda de béisbol.

soft-boiled ['sɒftbɔɪld] *adj.* pasado por agua (un huevo).

soften ['sɒfn || 'sɔːfn] *v. t.* **1** deshacer, ablandar, reblandecer. **2** suavizar, dulcificar. **3** debilitar, ablandar (una actitud). **4** mitigar, aliviar (un golpe, un disgusto). **5** suavizar, poner tersa (la piel). ● *v. i.* **6** deshacerse, ablandarse, reblandecerse. **7** suavizarse, dulcificarse. **8** debilitarse, ablandarse. **9 to ~ up, a)** MIL. debilitar las posiciones, debilitar la resistencia; **b)** (fam.) comer el coco, ablandar (a una persona para convencerla).

softener ['sɒfnər] *s. c.* suavizante (para la ropa).

soft-headed ['sɒft,hedɪd] *adj.* poco juicioso, estúpido, tonto, de pocas luces.

soft-hearted [,sɒft'hɑːtɪd] *adj.* bondadoso, de buen corazón, compasivo, tierno.

softie *s. c.* ⇒ **softy.**

softly ['sɒftlɪ] *adv.* **1** suavemente, delicadamente. **2** suavemente, tenuemente. **3** con dulzura, con ternura.

softly-softly ['sɒftlɪsɒftlɪ] *adj.* cauto, cauteloso, precavido, cuidadoso.

softness ['sɒftnɪs] *s. i.* **1** blandura, suavidad. **2** suavidad, delicadeza, finura. **3** dulzura, ternura. **4** ductilidad. **5** indulgencia, tolerancia.

soft-pedal [,sɒft'pedl] (*ger.* **soft-pedalling,** *pret.* y *p. p.* **soft-pedalled;** en EE UU **soft-pedaling,** *pret.* y *p. p.* **soft-pedaled**) *v. t.* restar importancia a.

soft-soap ['sɒft,səʊp] *v. t.* (fam.) dar jabón a, adular, halagar, lisonjear, dorar la píldora a.

soft-spoken ['sɒft,spəʊkən] *adj.* de voz dulce, de tono suave, de voz agradable.

software ['sɒftweər || 'sɑːftweər] *s. i.* **1** INF. soporte lógico, software, programas. ◆ **2 ~ piracy,** piratería informática, pirateo de programas.

softwood ['sɒftwud || 'sɑːftwud] *s. i.* **1** madera blanda. ● *s. c.* **2** árbol de madera blanda.

softy ['sɒftɪ || 'sɔːftɪ] (también **softie**) *s. c.* **1** sentimental, sensiblero. **2** llorica, blandengue. **3** alfeñique, poca cosa. **4** cobardica, gallina.

soggy ['sɒgɪ] *adj.* mojado, empapado.

soh [səʊ] (también **sol**) *s. i.* MÚS. sol.

soil [sɔɪl] *s. c.* e *i.* **1** tierra, suelo; terreno. **2** (**the** ~) (lit.) el campo, la tierra: *a man of the soil = un hombre del campo.* ● *s. i.* **3** país, suelo patrio, tierra, patria: *when she arrived in her native soil = cuando llegó a su patria.* ● *v. t.* **4** (form.) manchar, ensuciar. ◆ *v. i.* **5** mancharse, ensuciarse. **6 ~ science,** edafología aplicada.

soiled ['sɔɪld] *adj.* sucio, manchado.

soiree ['swɑːreɪ || swɑː'reɪ] (también **soirée**) *s. c.* (form.) velada, reunión social.

sojourn ['sɒdʒən || səʊ'dʒɜːrn] *s. c.* **1** (lit.) estancia temporal, permanencia, temporada: *a sojourn by the sea = una temporada en la playa.* ● *v. i.* **2** (lit.) pasar una temporada, permanecer, morar, residir temporalmente.

sol [səul || sɒl] *s. i.* ⇒ **soh.**

solace ['sɒlɪs] *s. c.* e *i.* **1** (form.) desahogo, alivio, consuelo, confortamiento. ● *v. t.* **2** (lit.) reconfortar, confortar, consolar, aliviar.

solar ['səʊlər] *adj.* **1** solar (del sistema). **2** de energía solar. ◆ **3 ~ cell,** ASTR. pila de energía solar. **4 ~ panel,** panel solar. **5 ~ plexus,** ANAT. plexo solar. **6 ~ system,** ASTR. sistema solar.

solaria [səʊ'leərɪə] *pl.* de **solarium.**

solarium [səʊ'leərɪəm] (*pl.* **solaria** o **solariums**) *s. c.* solario, solana.

sold [səuld] *pret.* y *p. p.* de **sell.**

solder ['səʊldər || 'sɑːldər] *s. i.* **1** soldadura. ● *v. t.* **2** soldar.

soldering iron ['səʊldərɪŋ,aɪən] *s. c.* soldador.

soldier ['səʊldʒər] *s. c.* **1** soldado; militar. ● *v. i.* **2** servir como soldado, ser militar. ◆ **3 ~ of fortune,** mercenario; aventurero. **4 to ~ on,** (brit.) continuar a pesar de las dificultades, seguir bregando.

soldierly ['səʊldʒəlɪ] *adj.* militar, marcial, de soldado.

sole [səʊl] *s. c.* **1** suela, piso. **2** ANAT. planta (del pie). ● *s. c.* e *i.* **3** ZOOL. lenguado; suela. ● *v. t.* **4** (generalmente *pasiva*) poner suelas (a) (calzado). ● *adj.* **5** solo, único: *the sole person = la única persona.* **6** exclusivo: *sole distributor = distribuidor exclusivo o en exclusiva.*

solecism ['sɒlɪsɪzəm] *s. c.* **1** GRAM. solecismo, error de dicción. **2** error, incongruencia, despropósito. **3** falta de educación, incorrección (social).

-soled [səʊld] *sufijo* de suela, de piso: *rubber-soled shoes = zapatos de suela de goma.*
solely [səʊllɪ] *adv.* solamente, únicamente, exclusivamente.
solemn ['sɒləm] *adj.* **1** solemne, formal (una promesa). **2** solemne, serio, grave. **3** solemne, suntuoso, grandioso.
solemnity [sə'lemnɪtɪ] *s. i.* **1** solemnidad, formalidad, seriedad. • *s. c.* **2** fiesta solemne, ceremonia.
solemnly ['sɒləmlɪ] *adv.* solemnemente.
solicit [sə'lɪsɪt] *v. t.* **1** (form.) solicitar, pedir, requerir, demandar. • *v. i.* **2** DER. ejercer la prostitución (abordando a la gente en la calle).
soliciting [sə'lɪsɪtɪŋ] *s. i.* práctica de la prostitución.
solicitor [sə'lɪsɪtər] *s. c.* **1** (brit.) DER. abogado defensor, procurador (en tribunales locales). ◆ **2 Solicitor General, a)** (brit.) Subfiscal de la Corona; **b)** (EE UU) subsecretario de Justicia; procurador general del Estado.
solicitous [sə'lɪsɪtəs] *adj.* (form.) **1** solícito, atento, preocupado. **2** meticuloso, esmerado, cuidadoso.
solicitously [sə'lɪsɪtəslɪ] *adv.* (form.) solícitamente, atentamente.
solicitude [sə'lɪsɪtjuːd] *s. i.* (form.) solicitud; preocupación.
solid ['sɒlɪd] *adj.* **1** sólido, consistente. **2** macizo (un metal, una rueda). **3** compacto, duro, denso. **4** resistente, firme, fuerte: *solid walls = paredes resistentes.* **5** firme, sólido, bien fundado (un argumento). **6** TEC. tridimensional, cúbico. **7** serio, formal, de fiar. **8** (~ {**against/for**}) unánime, general, total: *they gave us solid support = nos apoyaron unánimemente.* **9** (fam.) continuo, seguido; completo, entero; ininterrumpido; inseparable (una línea, un período de tiempo, una palabra). **10** densa, apiñada (una multitud). • *s. c.* **11** sólido, materia sólida, substancia sólida. **12** GEOM. cuerpo, sólido. • **13 to be/go ~ for,** apoyar unánimemente a. **14 solids, a)** alimentos sólidos; **b)** QUÍM. sólidos. **15 ~ fuel,** combustible pirotécnico.
solidarity [ˌsɒlɪ'dærɪtɪ] *s. i.* (~ {**with**}) solidaridad, (con), adhesión (a).
solidify [sə'lɪdɪfaɪ] *v. i.* **1** solidificarse, cristalizarse, convertirse en sólido. **2** (fig. y form.) consolidarse, afianzarse, afirmarse, fortalecerse (un sistema, una opinión). • *v. t.* **3** solidificar, cristalizar.
solidity [sə'lɪdɪtɪ] (también **solidness**). *s. i.* **1** solidez, consistencia, resistencia, fortaleza, firmeza. **2** fiabilidad, dignidad, respetabilidad (moral). **3** solidez, cohesión (de un argumento, de una idea).
solidly ['sɒlɪdlɪ] *adv.* **1** sólidamente, firmemente, consistentemente. **2** ininterrumpidamente, sin parar. **3** respetablemente, de fiar. **4** unánimemente, firmemente: *they were solidly behind her = estaban unánimemente con ella.*
solidness *s. i.* ⇒ **solidity.**
solid-state ['sɒlɪdˌsteɪt] *adj.* FÍS. transistorizado, de estado sólido.
soliloquy [sə'lɪləkwɪ] *s. c.* e *i.* soliloquio, monólogo.
solitaire [ˌsɒlɪ'teər ‖ 'sɑːlɪ-teər] *s. c.* **1** solitario (anillo). • *s. i.* **2** (EE UU) solitario, (juego de naipes).
solitarily ['sɒlɪtrəlɪ ‖ ˌsɑːlɪ-'terəlɪ] *adv.* solitariamente.
solitariness ['sɒlɪtərɪnɪs] *s. i.* soledad.
solitary ['sɒlɪtrɪ ‖ 'sɑːlɪterɪ] *adj.* **1** solitario, sin compañía, solo, retirado (por elección). **2** (lit.) solitario, solo: *a solitary tree by the river = un árbol solitario al lado del río.* **3** solitario, deshabitado, remoto, apartado (un lugar). **4** (en frases *interrogativas* y *negativas*) solo, único: *he didn't give me a solitary look = no me dirigió una sola mirada.* • *s. i.* **5** (argot) incomunicación, aislamiento penal. • *s. c.* **6** (lit.) solitario, ermitaño, eremita, anacoreta. ◆ **7 ~ confinement,** incomunicación carcelaria, aislamiento penal.
solitude ['sɒlɪtjuːd ‖ 'sɑːlɪtuːd] *s. i.* (form.) soledad, aislamiento, apartamiento, retiro.
solo ['səʊləʊ] *s. c.* **1** MÚS. solo. **2** AER. vuelo en solitario, vuelo de un solo aviador. • *s. i.* **3** variedad del whist que no se juega por parejas (juego de naipes). • *adj.* **4** solo, sin compañía. **5** MÚS. para solista, para un solo. • *adv.* **6** a solas, solo.
soloist ['səʊləʊɪst] *s. c.* MÚS. solista.
solstice ['sɒlstɪs] *s. c.* ASTR. solsticio: *winter solstice = solsticio de invierno.*
soluble ['sɒljʊbl] *adj.* **1** (~ {**in**}) soluble: *soluble in water = soluble en agua.* **2** (form.) soluble (un problema).
solution [sə'luːʃn] *s. c.* **1** (~ {**to**}) solución, respuesta (a un problema, a una pregunta). **2** MAT. solución, resolución. • *s. c.* e *i.* **3** QUÍM. solución. • **4 in ~,** disuelto.
solvable ['sɒlvəbl] *adj.* soluble (un problema).
solve [sɒlv ‖ sɔːlv] *v. t.* **1** resolver, solucionar (un asunto, un problema). **2** descifrar, adivinar, aclarar: *he couldn't solve the mystery = no pudo aclarar el misterio.*
solvency ['sɒlvənsɪ] *s. i.* (form.) solvencia.
solvent ['sɒlvənt ‖ 'sɔːlvənt] *adj.* (form.) **1** solvente. **2** QUÍM. soluble, disolvente. • *s. c.* e *i.* **3** QUÍM. disolvente. ◆ **4 ~ abuse,** (form.) acción de inhalar pegamento.
Somali [səʊ'mɑːlɪ] *adj.* **1** somalí. • *s. c.* **2** somalí.
Somalia [sə'mɑːlɪə] *s. sing.* Somalia.
somber *adj.* ⇒ **sombre.**
somberly *adj.* ⇒ **sombrely.**
somberness *adj.* ⇒ **sombreness.**
sombre ['sɒmbər] (en EE UU **somber**) *adj.* **1** sombrío, grave, pesimista (una persona, un punto de vista). **2** sombrío, oscuro (un lugar, un color).
sombrely ['sɒmbəlɪ] (en EE UU **somberly**) *adv.* sombríamente, de forma pesimista, gravemente.
sombreness ['sɒmbənɪs] (en EE UU **somberness**) *s. i.* **1** aspecto sombrío, gravedad, pesimismo. **2** lobreguez, oscuridad.
sombrero [sɒm'breərəʊ] *s. c.* sombrero mexicano o mejicano.
some [sʌm] *adj.* **1** (+ *s. c.*) algunos; (+ *s. i.*) algo de, un poco de: *some people came = algunos vinieron; have you got some money? = ¿tienes algo de dinero?* **2** un, una, cierto: *some lady phoned = llamó una señora, cierta dama llamó.* **3** mucho, bastante (tiempo); unos cuantos, varios (días): *for some time she kept calling me Sue = durante mucho tiempo siguió llamándome Sue.* **4** (fam.) (~ + *s.*) valiente, vaya (para mostrar irritación, sarcasmo): *some friend he is! = ¡vaya amigo que tienes!* **5** (fam.) un gran, todo un (para intensificar): *that was some speech! = ¡fue todo un discurso!* • *pron.* **6** un poco, algo; algunos, unos pocos: *you'll see some in Madrid = verás algunos en Madrid.* **7** (~ {**of**}) algunos, una parte: *some of her friends were quite rich = algunos de sus amigos eran bastante ricos.* • *adv.* **8** aproximadamente, cerca de, más o menos: *in some 2 hours = dentro de 2 horas aproximadamente.* **9** (EE UU) (fam.) bastante, un poco, algo: *I think of him some = pienso bastante en él.* • **10 and then ~,** (EE UU) (fam.) y algunos más. **11 ~ day,** algún día. **12 ~ little/few,** bastante, mucho: *I hope it doesn't hurt for some little time = espero que no me duela durante bastante tiempo.* **13 ~ ... or (an)other,** algún ... que otro: *some friends or other = algún amigo que otro.*
OBS. **Some** no se utiliza generalmente en frases *negativas.*
somebody ['sʌmbədɪ ‖ 'sʌmbɒdɪ] *pron. ind.* ⇒ **someone.**
somehow ['sʌmhaʊ] *adv.* **1** de algún modo, de alguna manera, por algún medio: *I'll bring him here somehow = de algún modo lo traeré hasta aquí.* **2** por alguna razón: *I knew I'd get the job somehow = por alguna razón sabía que conseguiría el trabajo.*
someone ['sʌmwʌn] (también **somebody**) *pron. ind.* **1** alguien, alguno, alguna persona: *someone informed me about it = alguien me informó de ello.* **2** alguien importante, un personaje: *he thinks he's someone = se cree un personaje.* ◆ **3 or ~,** o alguien de ese tipo.
someplace ['sʌmpleɪs] *adv.* (EE UU) (fam.) en alguna parte; a otra parte.
somersault ['sʌməsɔːlt] *s. c.* **1** voltereta (en el suelo); vuelta de campana (con el coche); salto mortal (en el aire). **2** (fig.) cambio de actitud, cambio de chaqueta. • *v. i.* **3** dar una voltereta; dar una vuelta de campana; dar un salto mortal.
something ['sʌmθɪŋ] *pron.* **1** algo, alguna cosa: *I've got something for you = tengo algo para ti.* • *adv.* **2** algo, casi, un poco: *she looks something*

like her mother = se parece un poco a su madre. **3** (fam.) muy, extremadamente, sumamente: *this cheese smells something diabolical = este queso huele a rayos.* **4** aproximadamente, más o menos, cerca de, casi: *it was something like 300 dollars = valía cerca de 300 dólares.* ◆ **5 to be ~/really ~,** (fam.) ser de importancia, ser mucho, ser demasiado (para mostrar sorpresa): *what she said was really something! = ¡lo que dijo ya es mucho!* **6 you've got ~ there,** ¡ahí le duele!, ¡has dado en el clavo!. **7 to have ~ to do with,** tener que ver con, tener cierta conexión con, estar relacionado con. **8 or ~,** (fam.) o algo así, o algo por el estilo: *I'd like it pink or something = lo quiero en rosa o algo por el estilo.* **9 ~ for nothing, ⇒ nothing. 10 ~ like, ⇒ like. 11 ~ of a/an,** medio, un poco, casi, en cierto modo: *he's something of a poet = es un poco poeta.* **12 there is ~ in it,** hay algo de verdad en ello.
OBS. **Something** no suele ir en frases *negativas.*

sometime ['sʌmtaɪm] *adv.* **1** algún día, alguna vez, en alguna ocasión (en el pasado o en el futuro): *ring me sometime next week = llámame por teléfono algún día de la semana que viene.* **2** (arc.) antaño, anteriormente, en otros tiempos, antiguamente. ● *adj.* **3** (form.) anterior, ex: *the sometime headmaster of our school = el ex director de nuestra escuela.*

sometimes ['sʌmtaɪmz] *adv.* **1** a veces, algunas veces, de vez en cuando. **2** (arc.) antaño, en otros tiempos, antiguamente.

somewhat ['sʌmwɒt ‖ 'sʌmhwɑːt] *adv.* **1** (form.) algo, un tanto, un poco: *they were somewhat tired = estaban algo cansados.* ◆ **2 more than ~,** (form.) en extremo, extremadamente. **3 ~ of,** (form.) bastante, en gran medida.

somewhere ['sʌmweər ‖ 'sʌmhweər] (en EE UU **someplace**) *adv.* **1** en algún lugar, en alguna parte; a alguna parte. **2** aproximadamente, más o menos: *somewhere about 20 miles = aproximadamente 20 millas.* ● *s. c.* **3** lugar, sitio (sin determinar). ◆ **4 to be getting ~,** estar progresando, hacer progresos, estar avanzando. **5 or ~,** o algún sitio por el estilo, o algún otro lugar.

somnambulist [sɒm'næmbjulɪst] *s. c.* (form.) sonámbulo.

somnolent ['sɒmnələnt] *adj.* **1** soñoliento. **2** soporífero.

son [sʌn] *s. c.* **1** hijo. **2** (generalmente *pl.*) hijo, descendiente. **3** hijo (apelativo cariñoso para un joven). ◆ **4 like father like son,** de tal palo tal astilla. **5 ~ et lumière,** luz y sonido (espectáculo). **6 ~ of a bitch,** (EE UU) (fam.) hijo de puta. **7 ~ of a gun,** (euf. y vulg.) hijo de perra; hijo de mala madre. **8 the Son,** el Hijo de Dios, Cristo. **9 the Son of God/Man,** el Hijo de Dios, Jesucristo.

sonar ['səunɑːr] *s. i.* sonar, sonda de ultrasonido.

sonata [sə'nɑːtə] *s. c.* MÚS. sonata.

song [sɒŋ] *s. c.* **1** canción. ● *s. i.* **2** canto, canción (el arte, un festival). ● *s. c.* e *i.* **3** canto, trino (de los pájaros). ◆ **4 for a ~,** (fam.) por cuatro perras, medio regalado. **5 to make a ~ and dance,** (fam.) armar la marimorena, poner el grito en el cielo. **6 to sing a different ~/tune,** no sintonizar con, no opinar lo mismo. **7 ~ and dance,** espectáculo de música y danza. **8 wine, women and ~,** la vida padre.

songbird ['sɒŋbɜːrd] *s. c.* pájaro cantor, ave canora.

songbook ['sɒŋbuk] *s. c.* cancionero.

songwriter ['sɒŋraɪtər] *s. c.* letrista.

sonic [sɒnɪk] *adj.* **1** sónico. ◆ **2 ~ barrier,** barrera del sonido. **3 ~ boom,** AER. explosión sónica.

son-in-law ['sʌnɪnlɔː] (*pl.* **sons-in-law**) *s. c.* yerno, hijo político.

sonnet ['sɒnɪt] *s. c.* LIT. soneto.

sonny ['sʌnɪ] *s. c.* (fam.) hijito, hijo.

sonority [sə'nɒrɪtɪ] *s. i.* sonoridad.

sonorous [sɒ'nɔːrəs ‖ 'sɒnərəs] *adj.* (form.) **1** sonoro, vibrante. **2** sonoro, imponente, impresionante (la voz, el lenguaje).

soon [suːn] *adv.* **1** pronto, dentro de poco, en seguida, en breve. **2** pronto; temprano; rápidamente: *come back soon = vuelve pronto; Sunday is too soon = el domingo es muy pronto.*◆ **3 as ~ as,** tan pronto como, en cuanto, así que: *as soon as I arrive I'll write = en cuanto llegue te escribo.* **4 as ~ as possible/as you/he, etc. can,** tan pronto como sea posible, lo antes posible, cuanto antes, en cuanto puedas/pueda, etc. **5 I/you, etc. would just as ~,** (fam.) preferiría/preferirías, sería preferible, me/se quedaría más a gusto si: *I'd just as soon not go = preferiría no ir.*

sooner [suːnər] *adv.comp.* **1** más pronto, mucho antes. ◆ **2 I/you/etc. would ~ (do),** prefiero/prefieres (hacer) algo, antes (haría) algo: *I'd sooner do it myself = preferiría hacerlo yo misma.* **3 no ~ ... than,** apenas ... cuando, inmediatamente después de: *no sooner had he finished, than he collapsed = apenas hubo terminado, cuando se derrumbó.* **4 no ~ said than done,** dicho y hecho. **5 ~ or later,** tarde o temprano. **6 the ~ the better,** cuanto antes mejor.

soot [sut] *s. i.* **1** hollín, carbonilla, tizne. ● *v. t.* **2** (**to ~ up**) manchar de hollín, cubrir de carbonilla, tiznar.

soothe [suːð] *v. t.* **1** (**to ~ {down}**) calmar, serenar, tranquilizar, sosegar, aplacar (a una persona). **2** calmar, aliviar, mitigar.

soothing ['suːðɪŋ] *adj.* **1** tranquilizador, conciliador. **2** calmante, mitigante, sedante (de un dolor).

soothingly ['suːðɪŋlɪ] *adv.* tranquilizadoramente, en tono conciliador, dulcemente.

sooty [sutɪ] *adj.* lleno o manchado de hollín, tiznado.

sop [sɒp] *s. c.* **1** (desp.) regalo, obsequio, dádiva; soborno; compensación, contrapartida (para ganarse a alguien). **2** sopa (de pan). ● *v. t.* **3** (**to ~ up**) (fam.) absorber, empapar. ● *v. i.* **4** empaparse, remojarse.

sophisticated [sə'fɪstɪkeɪtɪd] *adj.* **1** sofisticado, refinado, elegante. **2** sofisticado, complejo, avanzado: *sophisticated machinery = aparatos sofisticados.*

sophistication [sə,fɪstɪ'keɪʃn] *s. i.* **1** sofisticación, refinamiento, elegancia. **2** sofisticación, complejidad.

sophistry ['sɒfɪstrɪ] *s. i.* (desp.) sofismo.

sophomore ['sɒfəmɔː] *s. c.* (EE UU) estudiante de segundo año (de secundaria o de Universidad).

soporific [,sɒpə'rɪfɪk] *adj.* **1** soporífico, soporífero, inductor del sueño. **2** soporífero, tedioso, aburrido.

sopping ['sɒpɪŋ] *adj.* (fam.) empapado, calado, como una sopa.

soppy ['sɒpɪ] *adj.* (brit.) (desp. y fam.) **1** sentimentaloide, sensiblero, empalagoso. **2** (~ **{about}**) tonto, loco: *soppy about cats = loco por los gatos.*

soprano [sə'prɑːnəu ‖ sə'prænəu] *s. c.* MÚS. **1** soprano. ● *adj.* **2** de soprano, para soprano. ● *adv.* **3** con voz de soprano.

sorbet ['sɔːrbɪt ‖ 'sɔːbeɪ] (en EE UU **sherbet**) *s. c.* e *i.* sorbete.

sorcerer ['sɔːsərər] *s. c.* brujo, hechicero.

sorceress ['sɔːsəres] *s. c.* bruja, hechicera.

sorcery ['sɔːsərɪ] *s. i.* brujería, hechicería.

sordid ['sɔːdɪd] *adj.* **1** sórdido, despreciable, miserable, vil. **2** sórdido, inmundo, asqueroso, deprimente.

sore [sɔː] *adj.* **1** dolorido; inflamado, hinchado; que escuece. **2** (fam.) doloroso, penoso, serio, grave, delicado. **3** (EE UU) (fam.) disgustado, ofendido, herido, enfadado. **4** mucho, enorme, gran, serio: *they were in sore need of attention = les hacía falta mucha atención, adolecían de una enorme falta de atencion.* ● *s. c.* **5** herida, llaga, úlcera. ◆ **6 a ~ point,** un asunto delicado. **7 like a bear with a ~ head, ⇒ bear. 8 to stick out like a ~ thumb,** (fam.) llamar mucho la atención, dar el cante. **9 you're a sight for ~ eyes,** da gusto verte.

sorely ['sɔːlɪ] *adv.* (form.) **1** enormemente, muchísimo, en extremo, indeciblemente. **2** gravemente, seriamente: *sorely hurt = gravemente herido.*

sorrel ['sɒrəl] *s. i.* **1** BOT. acedera. **2** ZOOL. caballo alazán. **3** color alazán.

sorrow ['sɒrəu ‖ 'sɔːrəu] *s. c.* e *i.* **1** (~ **{at/for/over}**) pena, aflicción, sufrimiento, tristeza, pesar. ● *v. i.* **2** (**to ~ {at/for/over}**) (lit.) apenarse, afligirse, sufrir, entristecerse, apesadumbrarse. ◆ **3 to drown one's sorrows,** (fam.)

ahogar las penas en alcohol, emborracharse para olvidar las penas.

sorrowful ['sɒrəufʊl] *adj.* apenado, afligido, triste, pesaroso: *a sorrowful expression = una expresión pesarosa.*

sorrowfully ['sɒrəufʊlɪ] *adv.* con pena, con pesar, con aflicción, tristemente.

sorry ['sɒrɪ || 'sɔːrɪ] *adj.* **1** (~ {**about/for**}) apenado, triste, afligido: *he looked extremely sorry = parecía enormemente apenado.* **2** (~ {**about/for**}) avergonzado, arrepentido: *she was sorry for what she'd done = estaba arrepentida de lo que había hecho.* **3** lastimoso, penoso: *after the fight he was in a sorry state = después de la pelea estaba en un estado lastimoso.* **4** poco convincente: *a sorry excuse = una excusa poco convincente.* • **5 to be /feel ~ for,** sentirlo por, tener lástima de, compadecerse de; arrepentirse por. **6 better safe than ~,** más vale prevenir que curar. **7 to cut a ~ figure, ⇒ figure. 8 I'm ~,** lo siento. **9 I'm ~ to say,** me temo, lo siento, lo lamento (para expresar decepción, desaprobación). **10 I really am ~,/I'm ~/~,** lo siento mucho, lo siento muchísimo (para pedir disculpas ante algo que ha disgustado a otra persona). **11 ~, a)** (brit.) ¿perdón?, ¿cómo (dice)? (para que repitan algo que no se ha oído); **b)** perdón, lo siento (expresa desacuerdo de forma educada): *sorry, but you can't leave now = lo siento pero no puedes irte ahora;* **c)** quiero decir, digo (para corregirse uno mismo): *it's on the right, sorry, on the left of the road = está a la derecha, digo, a la izquierda de la carretera.*

sort [sɔːt] *s. c.* **1** (~ {**of**}) tipo, clase, especie, género, variedad: *he prefers this sort of food = prefiere ese tipo de comida.* **2** forma, modo, manera. **3** (generalmente *sing.*) (fam.) persona, tipo: *he's an honest sort = es una persona honrada.* **4** carácter, temperamento, naturaleza, índole. **5** tipo (en imprenta). • *v. t.* **6** (**to ~** {**out/through**}) clasificar, ordenar, organizar: *sorting all the bills = clasificando las facturas.* **7** arreglar, reparar, ajustar. • **8 all sorts of,** todo tipo de, gran número de. **9 it takes all sorts** (**to make a world**), de todo hay en la viña del Señor, tiene que haber de todo en este mundo. **10 nothing of the ~/kind, ⇒ nothing. 11 of sorts,/a ~,** una especie de, algo así como, algo parecido a (pero de clase inferior): *it was a comfort of a sort = era una especie de consuelo.* **12 out of sorts,** (fam.) molesto, enfadado, de mal humor. **13 ~ of,** (fam.) más bien, algo así, más o menos, en parte, en cierto modo, en cierta medida: *the boy is sort of fair = el chico es más bien rubio.* **14 to ~ out,** (**from**), **a)** separar, apartar, escoger, seleccionar: *we can sort the good ones out = podemos separar las buenas;* **b)** arreglar, organizar, limpiar (un lugar). **15 to ~ the men from the boys, ⇒ man. 16 to ~ somebody out,** (fam.) ajustar las cuentas a alguien.

sortie [sɔːtiː] *s. c.* **1** MIL. salida, misión, ataque. **2** MIL. vuelo en misión de combate. **3** (fam.) salida, excursión, viaje (a un lugar desconocido).

sorting office ['sɔːtɪŋ,ɒfɪs] *s. c.* oficina de clasificación y distribución del correo.

sort-out ['sɔːtaut] *s. c.* (brit.) (fam.) limpieza, arreglo (de una casa, de una habitación).

SOS [,esəu'es] *s. sing.* **1** RAD. s.o.s. (llamada internacional de socorro en código morse). **2** (fig.) llamada de socorro, llamada de auxilio.

so-so ['səusəu] *adj.* **1** (fam.) normal, corriente, del montón, así así, no demasiado bueno. • *adv.* **2** así así, regular, no muy bien.

sot [sɒt] *s. c.* (lit.) borracho.

sotto voce [,sɒtəu'vəutʃɪ] *adj.* **1** en voz baja. • *adv.* **2** en voz baja, por lo bajo.

souffle ['suːfleɪ || suː'fleɪ] (también **soufflé**) *s. c.* e *i.* suflé, soufflé.

sough [sau || səf] *v. i.* **1** (lit.) susurrar. • *s. c.* **2** susurro, murmullo.

sought [sɔːt] *pret.* y *p. p.* de **seek.**

sought-after ['sɔːt,ɑːftər] *adj.* solicitado, buscado: *a sought-after painter = un pintor solicitado.*

soul [səul] *s. c.* **1** alma, espíritu. **2** (arc. o lit.) alma, persona: *a town of about 2,000 souls = una población de unas 2.000 personas.* **3** ánima, espíritu (de los muertos). **4** (~ {**of**}) esencia, naturaleza, eje central (de un movimiento, de un grupo). • *s. i.* **5** alma, sentimiento, emoción; moralidad, decencia, honestidad; vitalidad, energía: *a man of great soul = un hombre con mucha alma o de nobles sentimientos.* **6** MÚS. música soul, música popular negra. **7** (EE UU) (fam.) orgullo de pertenecer a la cultura negra americana con características raciales africanas. • *adj.* **8** (EE UU) propio de los negros, característico de la cultura negra. • **9 to bare one's ~,** desnudar el alma, confesar los más íntimos sentimientos. **10 to be the ~ of,** ser la personificación de. **11 to keep body and ~ together,** tener suficiente para vivir, arreglárselas económicamente. **12 to sell one's soul,** vender el alma. **13 ~ music,** MÚS. música soul, música popular negra. **14 the life and ~ of the party, ⇒ life. 15 upon my ~!,** (arc.) ¡Dios mío!, ¡Dios me valga!, ¡caramba!

soul-destroying [,səuldɪ'strɔɪɪŋ] *adj.* (desp.) muy aburrido, tedioso (una actividad).

soulful ['səulfʊl] *adj.* lleno de sentimiento, conmovedor, sentimental.

soulless ['səullɪs] *adj.* **1** (desp.) sin alma, desalmado, falto de sentimientos (una persona). **2** sin interés, aburrido, monótono, tedioso, mecánico (un trabajo, una vida).

soul-searching ['səul,sɜːtʃɪŋ] *s. i.* examen profundo, examen de conciencia.

sound [saund] *s. c.* e *i.* **1** sonido. **2** ruido. **3** impresión, implicación: *cutbacks? I don't like the sound of that = ¿recortes? me no gusta cómo suena eso o eso no me da buena espina.* **4** GEOG. brazo de mar; estrecho. **5** GEOG. ensenada, rada. **6** vejiga natatoria (de los peces). • *s. i.* **7** TV. sonido. **8** sonido, volumen (de un aparato). **9** sonda. • *v. i.* **10** sonar, parecer: *his voice sounded angry = por la voz parecía estar enfadado.* **11** sumergirse (especialmente una ballena). **12** sonar, tocar, tañer: *the bells sounded at three = las campanas tañeron a las tres.* • *v. t.* **13** hacer sonar, tocar, anunciar, avisar, comunicar: *they sounded the retreat = tocaron a retirada.* **14** celebrar, dar a conocer. **15** (form.) pronunciar, articular (un sonido). **16** NAUT. sondar. **17** MED. auscultar (con estetoscopio); sondar (con sonda). **18** (fig.) sondear, tantear. • *adj.* **19** firme, sólido, seguro (un edificio). **20** sano, fuerte, saludable, robusto. **21** sensato, razonable, correcto (un consejo, un argumento). **22** seguro, fiable (una inversión, un negocio). **23** completo, total, sólido: *a sound training = una preparación sólida.* **24** fuerte, severo (castigo): *a sound beating = una severa paliza.* **25** profundo (el sueño). **26** conservador (de ideas). **27** DER. legal, válido. • *adv.* **28** profundamente, completamente. ◆ **29 as ~ as a bell,** completamente sano, en perfecto estado de salud. **30 of ~ mind,** en su sano juicio, mentalmente sano. **31 safe and ~, ⇒ safe. 32 ~ asleep,** profundamente dormido. **33 ~ barrier,** barrera del sonido. **34** INF. **~ card,** tarjeta de sonido. **35 ~ effects,** TV. efectos de sonido. **36 ~ engineer,** ingeniero de sonido. **37 ~ wave,** onda acústica. **38 to ~ off, a)** (fam. y desp.) protestar, refunfuñar, quejarse; **b)** MIL. gritar un, dos, un dos... (en un desfile). **39 to ~ out,** indagar, comprobar, averiguar, enterarse.

soundbite ['saundbaɪt] *s. c.* cita lapidaria (fuera de contexto).

sounding ['saundɪŋ] *s. sing.* **1** sonido: *the sounding of the horn = el sonido del claxon.* • *s. c.* **2** (generalmente *pl.*) GEOL. sondeo, sondaje, cala. **3** (generalmente *pl.*) sondeo, indagación, comprobación, investigación. • *sufijo* **4 -sounding,** de tono, en tono, de resonancia: *an important-sounding title = un título que suena importante, un título rimbombante.* ◆ **5 ~ board, a)** MÚS. caja de resonancia; **b)** portavoz; **c)** (fig.) caja de resonancia, reacción.

soundless ['saundlɪs] *adj.* insonoro; silencioso; sin ruido; sigiloso; mudo.

soundlessly ['saundlɪslɪ] *adv.* silenciosamente; sigilosamente; sin ruido.

soundly ['saundlɪ] *adv.* **1** totalmente, completamente; severamente: *soundly punished = severamente castigados.* **2** profundamente (dormir).

soundproof ['saʊndpruːf] *adj.* **1** insonorizado, a prueba de ruidos: *a soundproof room = una habitación insonorizada.* • *v. t.* **2** insonorizar.
soundtrack ['saʊndtræk] *s. c.* banda sonora.
soup [suːp] *s. c.* e *i.* **1** sopa. • *v. t.* **2** (**to ~ up**) (fam.) aumentar la potencia de (un motor). ◆ **3 from ~ to nuts,** (EE UU) (fam.) de principio a fin. **4 in the ~,** (fam.) en apuros, en un aprieto. **5 ~ kitchen,** comedor de beneficencia, auxilio social (para los necesitados).
souped-up ['suːptʌp] *adj.* preparado, trucado (un motor).
soupçon ['suːpsɒn || suːp'sɒn] *s. sing.* pizca, pellizco, poquito, pelín: *a soupçon of sage = una pizca de salvia.*
sour ['saʊər] *adj.* **1** agrio, ácido, avinagrado, acre: *sour apples = manzanas agrias.* **2** agria, cortada, fermentada (la leche). **3** agrio, malhumorado, desabrido, desagradable (el carácter). • *v. t.* **4** enrarecer, agriar (una relación); amargar (la vida). • *v. i.* **5** agriarse (el vino); cortarse (la leche). ◆ **6 to go/turn ~,** fastidiarse (un asunto). **7 ~ cream,** crema o nata agria (usada en cocina). **8 ~ grapes,** celos, envidia.
source [sɔːs] *s. c.* **1** (~ {**of**}) fuente, medio de abastecimiento. **2** causa, razón, motivo; origen; foco: *the source of the infection was unknown = se desconocía el foco de la infección.* **3** fuente, manantial, venero. **4** fuente, origen, procedencia (de información). • **5 at ~,** en origen, desde el principio.
sourly ['saʊəlɪ] *adv.* agriamente, amargamente, de modo acre.
south [saʊθ] *s. sing.* o *i.* **1** (**the ~**) el sur (dirección, parte de un país). • *adj.* **2** meridional, del sur, sureño. • *adv.* **3** hacia el sur; al sur; desde el sur. ◆ **4 down ~,** (fam.) hacia el sur; en el sur. **5 South Africa,** Sudáfrica, África del Sur. **6 South America,** Sudamérica, América del Sur. **7 South Pole,** GEOG. Polo Sur.
southbound ['saʊθ,baʊnd] *adj.* hacia el sur, con rumbo al sur: *south-bound trains = trenes con rumbo al sur.*
south-east [,saʊθ'iːst] *s. sing.* o *i.* **1** (**the ~**) el sudeste. • *adj.* **2** del sudeste; al sudeste. • *adv.* **3** hacia el sudeste. ◆ **4 South-east Asia,** el sureste asiático.
south-easterly [,saʊθ'iːstəlɪ] *adj.* hacia el sudeste, con rumbo al sudeste; del sudeste.
south-eastern [,saʊθ'iːstən] *adj.* del sudeste; sudeste.
southerly ['sʌðəlɪ] *adj.* meridional, austral, del sur.
southern ['sʌðən] *adj.* (no *comp.*) meridional, austral, sureño, del sur.
southerner ['sʌðənər] *s. c.* habitante del sur, sureño.
southernmost ['sʌðənməʊst] *adj.* al extremo sur, más meridional, situado en el extremo sur.
southward ['saʊθwəd] *adj.* **1** hacia el sur; al sur. • *adv.* (también **southwards**). **2** hacia el sur, en dirección al sur.
south-west [,saʊθ'west] *s. sing.* o *i.* **1** (**the ~**) el sudoeste, el suroeste (dirección, parte de un país). • *adj.* **2** del sudoeste, del suroeste. • *adv.* **3** hacia el suroeste.
south-westerly [,saʊθ'westəlɪ] *adj.* hacia el suroeste; en el suroeste; del suroeste.
south-western [,saʊθ'westən] *adj.* suroeste; en el suroeste; del sudoeste.
souvenir [,suːvə'nɪər || 'suːvənɪər] *s. c.* recuerdo, objeto de recuerdo.
sou'wester [,saʊ'westər] *s. c.* **1** sueste, sombrero impermeable de marinero. **2** viento suroeste; tormenta del suroeste.
sovereign ['sɒvrɪn] *s. c.* **1** (form.) soberano, monarca, rey. **2** soberano (moneda británica antigua). • *adj.* **3** soberano (el poder). **4** soberano, independiente (un país). **5** (arc.) efectivo, eficaz: *a sovereign remedy = un remedio eficaz.*
sovereignty ['sɒvrəntɪ] *s. i.* **1** (form.) soberanía, poder soberano. **2** soberanía, independencia.
Soviet ['səʊvɪət] *s. c.* **1** ciudadano soviético. • *adj.* **2** soviético, de la Unión Soviética. ◆ **3 soviet,** soviet (antiguo consejo de gobierno en países comunistas).
sow [səʊ] (*pret.* **sowed,** *p. p.* **sown** o **sowed**) *v. t.* e *i.* **1** sembrar, plantar. ◆ *v. t.* **2** (fig.) sembrar, esparcir, propagar (sospechas, sentimientos). • [saʊ] *s. c.* **3** ZOOL. cerda, puerca, marrana. ◆ **4 to ~ one's wild oats,** correrse muchas juergas de joven. **5 to ~ the seeds of,** (fig.) sembrar la semilla de, comenzar el proceso de.
sown [səʊn] *p. p. irreg.* de **sow.**
soy [sɔɪ] *s. i.* ⇒ **soya**.
soya ['sɔɪə] (en EE UU **soy**) *s. i.* soja.
soya bean ['sɔɪəbiːn] (en EE UU **soybean**) *s. c.* soja, semilla de soja.
soya sauce [,sɔɪə'sɔːs] *s. i.* ⇒ **soy sauce.**
soybean ['sɔɪbiːn] *s. c.* ⇒ **soya bean.**
soy sauce [,sɔɪ'sɔːs] (también **soya sauce**) *s. i.* salsa de soja.
sozzled ['sɒzld] *adj.* (brit. y hum.) borracho, trompa, como una cuba.
spa [spɑː] (también **watering place**) *s. c.* balneario.
space [speɪs] *s. i.* **1** espacio, sitio: *enough space to put an armchair = espacio suficiente para poner un sillón.* **2** espacio; distancia; infinito; vacío. **3** espacio, universo (cósmico). **4** GEOM. espacio. • *s. c.* **5** espacio, hueco (entre palabras, letras): *in the blank spaces = en los espacios en blanco.* • *s. c.* e *i.* **6** espacio, zona, área (verde, cerrado, vacío). **7** espacio, período, intervalo: *in the space of two hours = en un intervalo de dos horas.* **8** rato, instante, momento: *for a space = durante un rato.* **9** RAD. espacio. **10** MÚS. espacio (entre las líneas del pentagrama). • *v. t.* **11** (**to ~ + o.** (**+ out**)) espaciar, separar, distanciar: *the chairs were quite spaced = las sillas estaban bastante separadas.* ◆ **12 into ~,** al infinito, al vacío: *looking into space = mirando al infinito.* **13 to make ~ for,** hacer un hueco para, hacer sitio para. **14 ~ age, a)** era espacial; **b)** futurista, de la era espacial. **15 ~ capsule,** cápsula espacial. **16 Space Invaders,** máquinas de marcianitos (en bares, salas de juego), juegos de marcianitos (para ordenador). **17 ~ probe,** sonda espacial. **18 ~ shuttle,** transbordador espacial (de pasajeros, suministros). **19 ~ station,** estación espacial.
space-bar ['speɪsbɑːr] *s. c.* barra espaciadora.
spacecraft ['speɪskrɑːft] *s. c.* nave espacial, astronave.
-spaced [speɪst] *sufijo* espaciado, separado: *the lines were closely spaced = las líneas estaban muy juntas.*
spaced out ['speɪstaʊt] *adj.* (fam.) colocado, flipado, colgado (por efecto de una droga).
spaceman ['speɪsmæn] (*pl. irreg.* **spacemen**) *s. c.* astronauta, cosmonauta, piloto espacial.
spacemen [speɪsmən] *pl. irreg.* de **spaceman.**
spaceship ['speɪʃʃɪp] *s. c.* nave espacial, astronave.
spacesuit ['speɪssuːt] *s. c.* traje espacial, escafandra espacial.
space-time ['speɪstaɪm] *s. i.* espacio-tiempo.
space-walk ['speɪswɔːk] *s. c.* **1** paseo espacial. • *v. i.* **2** pasear por el espacio.
spacing ['speɪsɪŋ] *s. i.* espaciado, espacio, separación (interlinear).
spacious ['speɪʃəs] *adj.* espacioso, amplio.
spade [speɪd] *s. c.* **1** pala. **2** (~ {**of**}) palada, pala. **3** (desp.) negro. • *s. c.* e *i.* **4** pica; palo de picas (en juegos de naipes). • **5 to call a ~ a ~,** llamar al pan pan y al vino vino, hablar con franqueza.
spadework ['speɪdwɔːk] *s. i.* (fig.) trabajo preliminar, trabajo preparatorio.
spaghetti [spə'getɪ] *s. i.* **1** espaguetis. **2** ELEC. macarrón, tubo aislante. ◆ **3 ~ western,** espagueti western, película del oeste hecha en Europa con director italiano.
Spain [speɪn] *s. sing.* España.
spake [speɪk] (arc.) *pret. irreg.* de **speak.**
span [spæn] *pret. irreg.* **1** de **spin.** • *s. c.* **2** período, lapso, intervalo (de tiempo). **3** ARQ. ojo, luz: *a bridge in a single span = un puente de un solo ojo.* **4** palmo, cuarta (medida). **5** vano (de un tejado). **6** AER. envergadura (de las alas). • *v. t.* (*pret.* y *p. p.* **spanned,** *ger.* **spanning**) **7** cruzar, pasar sobre, extenderse sobre: *the river is spanned by a single bridge = un solo puente cruza el río.* **8** abarcar, cubrir, incluir (un tiempo, un es-

pacio): *it spans the last part of the war* = *abarca la parte final de la guerra.* • *adj.* **9** ⇒ **spick-and-span.**
spangle ['spæŋgl] *s. c.* **1** lentejuela, adorno brillante. • *v. t.* **2** (**to** ~ {**with**}) decorar, cubrir, sembrar (de lentejuelas, de adornos brillantes). • *v. i.* **3** brillar, centellear, relucir.
spangled ['spæŋgld] *adj.* decorado, sembrado, cubierto (de adornos brillantes): *a glitter-spangled T-shirt* = *una camiseta decorada con polvo de purpurina.*
Spaniard ['spænjəd] *s. c.* español.
spaniel ['spænjəl] *s. c.* **1** ZOOL. spaniel, perro de aguas. **2** persona servil, persona dócil.
Spanish ['spænɪʃ] *adj.* **1** español; hispano (nacionalidad). **2** español, castellano (la lengua). • *s. pl.* **3** (**the** ~) los españoles.
spank [spæŋk] *v. t.* **1** dar una azotaina a, zurrar, dar una zurra a. • *v. i.* **2** (**to** ~ + {**along**}) ir muy deprisa, ir volando. • *s. c.* **3** azotaina, zurra, paliza.
spanking ['spæŋkɪŋ] *adj.* **1** rápido, veloz; airoso (el paso). **2** fresca, fuerte (la brisa). **3** (fam.) asombroso, fenomenal, excelente. • *adv.* **4** (fam.) muy, extremadamente: *a spanking clean dress* = *un vestido limpísimo.* • *s. i.* **5** azotaina, zurra, paliza.
spanner ['spænər] (en EE UU **wrench**) *s. c.* **1** MEC. llave de tuercas, llave inglesa. **2** ZOOL. variedad de oruga. ◆ **3 to throw a** ~ **in the works,** (brit.) (fam.) fastidiarlo todo, echarlo todo a perder.
spar [spɑːr] *s. c.* **1** MAR. palo, mástil, verga. **2** AER. viga, larguero. **3** pelea de gallos con espolones. **4** DEP. boxeo (un partido, ejercicios). • *s. i.* **5** MIN. espato. • *v. i.* **6** DEP. hacer prácticas de boxeo, entrenarse con un sparring. **7** disputar, reñir, discutir. **8** pelear con espolones (los gallos). • *v. t.* **9** MAR. equipar con palos, poner mástiles a. **10** (arc.) apretar con tuercas.
spare [speər] *v. t.* **1** prescindir de, conceder (tiempo); prestar, dejar (dinero): *can you spare 5 minutes?* = *¿tienes 5 minutos?* **2** (en frases *negativas* e *interrogativas*) escatimar, economizar, regatear: *they spared no effort* = *no escatimaron esfuerzos.* **3** evitar, ahorrar (una mala noticia, una necesidad, un problema): *he spared her the details* = *le ahorró los detalles.* **4** (lit.) salvar, perdonar (la vida); perdonar, eximir de (un castigo). • *adj.* **5** de repuesto, de recambio; de sobra, suplementario, de más. **6** libre; de ocio (tiempo). **7** enjuto; delgado. **8** frugal, pobre, escaso, parco. • *s. c.* **9** pieza de repuesto. **10** rueda de recambio, neumático de repuesto. ◆ **11 to drive someone** ~, enfadar mucho a alguien, encolerizar a alguien. **12 to go** ~, (brit. y jerga) encolerizarse, poner el grito en el cielo. **13 to have a** ~ **tyre,** (brit. y hum.) tener michelines. **14 to** ~ **no expense,** no reparar en gastos. **15** ~ **part,** pieza de repuesto, pieza de recambio. **16** ~ **ribs,** costilla de cerdo (con poca carne). **17** ~ **room,** habitación de invitados. **18 to** ~ **the rod and spoil the child,** niño mimado, niño malcriado. **19 to** ~ **someone's blushes,** ⇒ **blush. 20** ~ **time,** tiempo libre. **21** ~ **tyre/wheel,** rueda de recambio o de repuesto.
sparing ['speərɪŋ] *adj.* **1** frugal, ahorrativo, mesurado, parco. **2** poco generoso, tacaño.
spark [spɑːk] *s. c.* **1** chispa, chispazo, centella. **2** (fig.) chispa: *the spark of rebellion* = *la chispa que hace estallar la rebelión.* **3** destello, resplandor, fulgor. **4** (~ {**of**}) chispa, pizca, gota: *a spark of honesty* = *una pizca de honestidad.* **5** ELEC. chispazo, descarga eléctrica. **6** lechuguino, petimetre. **7** enamorado, cortejador, pretendiente. • *v. i.* **8** echar chispas, chispear. • *v. t.* **9** (**to** ~ {**off**}) hacer estallar, desatar, desencadenar: *the incident sparked off the demonstrations* = *el incidente desencadenó las manifestaciones.* **10** (EE UU) estimular, despertar, alentar, incitar: *the book sparked her enthusiasm about the trip* = *el libro estimuló su entusiasmo por el viaje.* **11** cortejar, galantear, pretender, hacer la corte a. • **12 bright** ~, ⇒ **bright. 13** ~ **plug,** (EE UU) MEC. bujía. **14 sparks, a)** (fam.) radiotelegrafista (de barco); **b)** electricista; **c)** MEC. encendido de bujías. **15 the sparks flew,** se armó la marimorena. **16 to strike sparks off each other,** ayudarse, estimularse mental y mutuamente (dos personas).
sparking plug ['spɑːkɪŋplʌg] *s. c.* (brit.) MEC. bujía.
sparkle [spɑːkl] *v. i.* **1** centellear, brillar, relucir. **2** (fig.) estar animado, ser muy divertido, ser muy movido. **3** (fig.) brillar, ser ingenioso. **4** hacer burbujas. • *s. c.* e *i.* **5** centelleo, brillo, destello, chispa. **6** (fig.) brillantez, esplendor, brillo: *a ceremony lacking sparkle* = *una ceremonia deslucida* o *sin brillo..*
sparkler ['spɑːklər] *s. c.* bengala.
sparkling ['spɑːklɪŋ] *adj.* **1** centelleante, brillante, reluciente, resplandeciente. **2** (fig.) ingenioso, chispeante, brillante. **3** (fig.) animado, movido, vivaz. **4** espumoso, burbujeante, efervescente (una bebida). ◆ **5** ~ **wine,** vino espumoso.
sparring match ['spɑːrɪŋmætʃ] *s. c.* pelea en broma.
sparring partner ['spɑːrɪŋpɑːtnər] *s. c.* **1** DEP. sparring, pareja de entrenamiento (en boxeo). **2** (fig.) contertulio (distendidas y humorísticas).
sparrow ['spærəʊ] *s. c.* ZOOL. gorrión.
sparse [spɑːs] *adj.* escaso, esparcido, poco denso, ralo: *sparse black hair* = *pelo negro ralo.*
sparsely ['spɑːslɪ] *adv.* escasamente.
spartan ['spɑːtən] *adj.* espartano, austero.
spasm ['spæzəm] *s. c.* e *i.* **1** espasmo, convulsión, contracción (muscular). **2** (~ {**of**}) acceso, ataque (de ira, de dolor).
spasmodic [spæz'mɒdɪk] *adj.* **1** intermitente, ocasional, irregular. **2** espasmódico, convulso.
spasmodically [spæz'mɒdɪkəlɪ] *adv.* **1** intermitentemente, ocasionalmente, irregularmente. **2** espasmódicamente, convulsamente.
spastic ['spæstɪk] *s. c.* **1** MED. espástico, persona con parálisis espástica. **2** (desp. y jerga) retrasado mental.
spat [spæt] *pret.* y *p. p.* **1** de **spit.** • *s. c.* **2** polaina corta. **3** (fam.) riña (intranscendente). **4** (fam.) bofetada, sopapo. **5** ZOOL. freza, larva de ostra, ostra joven. • *v. i.* **6** ZOOL. desovar, frezar (los moluscos). **7** abofetear, dar un sopapo a. **8** discutir, reñir (por cosas intranscendentes).
spate [speɪt] *s. sing.* **1** (~ {**of**}) (brit.) serie; montón; avalancha: *a spate of new books* = *un montón de libros nuevos.* • **2 in** ~, crecido (un río). **3 in full** ~, (fig.) sin parar de hablar, como una cotorra.
spatial ['speɪʃl] *adj.* espacial, del espacio.
spatter ['spætər] *v. t.* **1** salpicar; rociar; manchar (un líquido). **2** (fig.) difamar, manchar la reputación de. • *v. i.* **3** salpicar: *the blood spattered on the wall* = *la sangre salpicó la pared.* • *s. sing.* **4** salpicadura, mancha. **5** lluvia: *a spatter of rain* = *unas gotas de lluvia.*
spattered ['spætəd] *adj.* manchado, salpicado, rociado.
spatula ['spætjʊlə ‖ 'spætʃələ] *s. c.* espátula.
spawn [spɔːn] *v. t.* **1** ZOOL. frezar, desovar, depositar (peces, ranas).**2** (fam.) producir, crear, engendrar (hijos, objetos): *the new administration has spawned lots of new departments* = *la nueva administración ha creado cientos de departamentos nuevos.* • *v. i.* **3** frezar, desovar. • *s. i.* **4** ZOOL. freza, hueva (de peces, ranas). **5** crías, prole, descendencia. **6** engendro. **7** producto, fruto, resultado. **8** BOT. micelio del hongo.
spay [speɪ] *v. t.* esterilizar (a un animal hembra).
spaying ['speɪɪŋ] *s. i.* esterilización (de animales).
speak [spiːk] (*pret. irreg.* **spoke,** *p. p. irreg.* **spoken**) *v. i.* **1** (**to** ~ {**about/ to/with**}) hablar (de/a/con): *speak slowly, please* = *háblame despacio, por favor.* **2** (**to** ~ {**about/ on/to**}) hablar, pronunciar un discurso (sobre/a/ante). **3** (**to** ~ {**of**}) revelar, mostrar, decir mucho, dar a entender: *her eyes spoke of a great yearning* = *su mirada revelaba un profundo anhelo.* **4** hablarse, estar en buenos términos. **5** sonar, producir un sonido: *the cannons spoke* = *sonaron los cañones.* • *v. t.* **6** decir, articular: *he just spoke a few words* = *sólo articuló unas palabras.* **7** hablar, saber: *do you speak Chinese?* =

¿habla Vd. chino? **8** revelar, mostrar, demostrar (una evidencia). **9** MAR. ponerse al habla con (otro barco). • *sufijo* **10** (se añade al final de un *s.*) (fam. y desp.) lenguaje característico de, jerga de (una persona, una ciencia, etc...): *computer speak = jerga informática.* • **11 actions ~ louder than words,** obras son amores y no buenas razones, del dicho al hecho va un trecho. **12 to be speaking to,/to be on speaking terms with,** llevarse bien con, tener buenas relaciones con. **13 to be spoken for,** estar reservado, estar apalabrado (un objeto). **14 the facts ~ for themselves,** los hechos hablan por sí mismos. **15 nobody/nothing to ~ of,** nadie/nada digno de mención, nadie/nada de importancia. **16 not to ~ a word,** no decir ni pío, no decir una palabra, no decir ni mu. **17 not to ~ of,** sin mencionar a, y no digamos: *it delighted her, not to speak of her parents = ella estaba encantada, y no digamos sus padres.* **18 so to ~,** como quien dice, por así decirlo. **19 to ~ for, a)** hablar en nombre de, representar a; **b)** dar una idea de, hablar acerca de. **20 to ~ for itself,** ser evidente, hablar por sí mismo. **21 to ~ for oneself,** hablar por sí mismo, hablar en nombre de uno mismo. **22 to ~/talk of the devil,** ⇒ **devil. 23 to ~ one's mind,** hablar con franqueza, decir lo que se piensa. **24 to ~ out,** hablar claro, atreverse a hablar, hablar con valentía. **25 to ~ the truth,** decir la verdad. **26 to ~ the same language as,** (fam.) tener los mismos gustos que, entenderse muy bien con. **27 to ~ to,** (fam.) hablar seriamente con, reñir a. **28 to ~ up, a)** hablar más alto, levantar la voz; **b)** hablar claro, atreverse a hablar, hablar con valentía. **29 to ~ volumes,** (fam.) ser muy significativo.

speaker ['spi:kər] *s. c.* **1** orador, conferenciante. **2** (~ {of}) hablante (de una lengua): *a Spanish speaker = un hispanohablante.* **3** RAD. altavoz, pantalla acústica. • **4 Speaker,** POL. Presidente (del Parlamento).

speaking ['spi:kɪŋ] *adj.* **1** hablante, parlante: *a speaking clock = un servicio telefónico de información horaria.* **2** expresivo, elocuente. **3** vivo, exacto, fiel: *a speaking likeness = un vivo parecido.* • *s. c.* e *i.* **4** discurso, charla, conferencia. • *sufijo* **5** (se añade a nombres de lenguas) de habla, hablante: *a French-speaking country = un país de habla francesa, un país francófono.* ♦ **6 to be within ~ distance,** estar lo suficientemente cerca como para hablar. **7 broadly ~,** ⇒ **broadly. 8 in a manner of ~,** ⇒ **manner. 9 ~!,** al habla, soy yo, al aparato (al teléfono).

spear [spɪər] *s. c.* **1** lanza; pica; arpón. **2** BOT. hoja (puntiaguda de hierba); brote, tallo (de espárrago, de bróculi). • *v. t.* **3** pinchar, atravesar. **4** cazar con lanza; herir con lanza; arponear, pescar con arpón.

spearhead ['spɪəhed] *s. sing.* **1** (~ {of}) (fig.) punta de lanza, vanguardia. **2** punta de lanza; extremo de pica. • *v. t.* **3** lanzar, iniciar (un ataque). **4** dirigir, encabezar (una campaña).

spearmint ['spɪəmɪnt] *s. i.* **1** BOT. menta verde. • *s. c.* **2** caramelo de menta, pastilla de menta.

spec [spek] **on ~,** (brit.) (fam.) **a)** para especular, como especulación; **b)** por probar suerte, a ver qué pasa: *she went there on spec, although she didn't have much chance = fue allí por probar suerte, aunque no tenía muchas posibilidades.*

specs [speks] *s. pl.* (fam.) gafas.

special ['speʃl] *adj.* **1** especial, excepcional, único: *a special offer = una oferta especial.* **2** (form.) especial, íntimo (un amigo). **3** especial, enorme, mucho: *he took special care = puso mucho cuidado.* **4** especial, específico: *you need a special permit to enter = necesitas un pase especial para entrar.* **5** urgente (correo). **6** principal, fundamental, esencial: *her special interest was painting = su interés principal era la pintura.* **7** especial, adicional, extra: *a special train = un tren especial.* **8** especial, especializado (una institución, un centro). • *s. c.* **9** programa especial; edición especial; número extraordinario. **10** tren especial. **11** (EE UU) (fam.) ganga, oferta especial. **12** (EE UU) plato del día. ♦ **13 to be on ~,** estar de oferta. **14 (the) Special Branch,** (brit.) (el) Cuerpo de Seguridad del Estado. **15 ~ delivery,** correo urgente. **16 ~ effects,** efectos especiales (en el cine).

specialise *v. t.* e *i.* ⇒ **specialize.**

specialism ['speʃəlɪzəm] *s. c.* **1** especialidad. • *s. i.* **2** especialización.

specialist ['speʃəlɪst] *s. c.* **1** especialista, técnico, experto. **2** MED. especialista.

speciality [,speʃɪ'ælɪtɪ] (en EE UU **specialty**) *s. c.* **1** especialidad, especialización, campo de trabajo. **2** especialidad; producto especial; plato especial.

specialization [,speʃəlaɪ'zeɪʃn ‖ ,speʃəlɪ'zeɪʃn] *s. c.* e *i.* especialización.

specialize ['speʃəlaɪz] (también **specialise**) *v. i.* **1** (**to** ~ {**in**}) especializarse, concentrarse. • *v. t.* **2** particularizar, mencionar en particular.

specialized ['speʃəlaɪzd] (también **specialised**) *adj.* especializado.

specially ['speʃəlɪ] *adv.* **1** especialmente. **2** particularmente, sobre todo, especialmente.

specialty ['speʃltɪ] *s. c.* ⇒ **speciality.**

species ['spi:ʃi:z] (*pl.* **species**) **1** *s. c.* BIOL. especie. **2** (~ {**of**}) (fam.) clase, tipo, modelo. **3** (arc.) metálico, efectivo.

specific [spɪ'sɪfɪk] *adj.* **1** específico, claro, explícito, preciso. **2** específico, determinado. **3** (~ **to**) específico de, limitado a, que se encuentra especialmente en: *smallpox is specific to man = la viruela es específica del hombre.* • *s. c.* **4** MED. tratamiento específico. ♦ **5 ~ gravity,** FÍS. peso específico. **6 specifics,** datos específicos, detalles específicos.

specifically [spɪ'sɪfɪkəlɪ] *adv.* **1** específicamente, particularmente, expresamente. **2** específicamente, taxativamente, exactamente. **3** en especial, para ser más exactos.

specification [,spesɪfɪ'keɪʃn] *s. i.* **1** especificación; requisito. ♦ **2 specifications, a)** descripción técnica, características (para una máquina, un edificio); **b)** presupuesto detallado.

specify ['spesɪfaɪ] *v. t.* especificar, detallar, precisar, explicar, mencionar.

specimen ['spesɪmɪn] *s. c.* **1** (~ {**of**}) espécimen, ejemplar, modelo. **2** muestra (para analizar). **3** (fam. y desp.) espécimen, individuo, tipo: *a strange specimen = un tipo raro.*

specious ['spi:ʃəs] *adj.* (form. y desp.) engañoso, especioso, falaz: *a specious argument = un argumento engañoso.*

speck [spek] *s. c.* (~ {**of**}) **1** mota, partícula. **2** manchita, marca. **3** (fig.) punto (en el horizonte). **4** pizca, poquito, ápice: *a speck of truth = un ápice de verdad.*

speckle ['spekl] *s. c.* **1** mancha, mota. • *v. t.* **2** motear, salpicar.

speckled ['spekld] *adj.* moteado; pinto; salpicado; manchado: *a speckled hen = una gallina pinta.*

spectacle ['spektəkl] *s. c.* **1** espectáculo. **2** (~ {**of**}) (fig.) espectáculo, situación lamentable: *that was an awful spectacle = eso fue un espectáculo lamentable.* • *s. c.* e *i.* **3** espectáculo, vista, panorama. • **4 to make a ~ of oneself,** dar el espectáculo, hacer el ridículo. **5 spectacles,** (form.) gafas, lentes, anteojos.

spectacular [spek'tækjulər] *adj.* **1** espectacular, impresionante, grandioso. • *s. c.* **2** espectáculo, obra espectacular (musical, teatral, etc.).

spectacularly [spek'tækjuləlɪ] *adv.* espectacularmente, de forma espectacular.

spectator [spek'teɪtər ‖ 'spekteɪtər] *s. c.* espectador.

spectra ['spektrə] *pl.* de **spectrum.**

spectral ['spektrəl] *adj.* **1** (lit.) espectral, fantasmal. **2** FÍS. espectral.

spectre ['spektər] (en EE UU **specter**) *s. c.* **1** espectro, fantasma, aparición. **2** (fig.) fantasma, amenaza: *the spectre of a nuclear war = el fantasma de una guerra nuclear.*

spectrum [spektrəm] (*pl.* **spectra** o **spectrums**) *s. sing.* **1** espectro, gama. **2** FÍS. espectro.

speculate ['spekjuleɪt] *v. i.* **1** especular, hacer conjeturas. **2** COM. especular, negociar, comerciar.

speculation [,spekju'leɪʃn] *s. c.* e *i.* **1** especulación, conjetura. **2** COM. especulación.

speculative ['spekjulətɪv] *adj.* **1** especulativo. **2** (no *comp.*) teórico, basado en la razón. **3** COM. especulativo.

speculatively ['spekjulətɪvlɪ] *adv.* especulativamente; inquisitivamente.

speculator ['spekjuleɪtər] *s. c.* COM. especulador.

sped [sped] *pret.* y *p. p. irreg.* de **speed.**

speech [spiːtʃ] *s. i.* **1** habla, palabra: *the faculty of speech = la facultad de hablar.* **2** lenguaje; lengua, idioma; dialecto; habla (de un grupo, de una región). • *s. c.* **3** (~ {**to**}) discurso, conferencia, disertación, alocución. **4** parlamento, recitado (en el teatro). • **5 to give/make/deliver a** ~, pronunciar un discurso, dar una conferencia. **6** ~ **day,** acto de fin de curso, día de la entrega de premios (en la escuela). **7** ~ **recognition,** INF. reconocimiento de voz. **8** ~ **therapist,** MED. logopeda. **9** ~ **therapy,** MED. logopedia.

speechless ['spiːtʃlis] *adj.* (~ {**with**}) mudo, sin habla, atónito.

speed [spiːd] *s. c.* e *i.* **1** FÍS. velocidad: *at a speed of 90 Km an hour = a una velocidad de 90 km por hora.* • *s. i.* **2** velocidad, rapidez. **3** (jerga) anfetamina. • *s. c.* **4** FOT. velocidad de obturación; sensibilidad (de la película). • (*pret.* y *p. p.* **speeded** o **sped**) *v. i.* **5** pasar a gran velocidad, ir deprisa, correr a toda velocidad. **6** correr mucho, conducir deprisa. • *sufijo* **7** de velocidades, de marchas: *a five-speed car = un coche de 5 velocidades.* ◆ **8 a turn of** ~, una gran velocidad. **9 at** ~, deprisa, rápidamente. **10 at full** ~, a toda velocidad. **11 to be speeding,** rebasar el límite de velocidad. **12 more haste, less** ~, vísteme despacio que tengo prisa. **13 to pick up/gather** ~, acelerar, cobrar velocidad. **14** ~ **bump,** resalto (para moderar la velocidad). **15** ~ **limit,** límite de velocidad. **16 to** ~ **someone on their way,** despedir a alguien, desear un feliz viaje a alguien. **17** ~ **trap,** zona de control policial de velocidad. **18 to** ~ **up,** darse prisa, ir más deprisa; acelerar (un proceso, la marcha). **19 with all** ~**/haste,** tan pronto como sea posible. **20 with lightning** ~, como un relampago.

speedboat ['spiːdbəut] *s. c.* motora, lancha rápida.

speedily ['spiːdɪlɪ] *adv.* rápidamente, velozmente.

speeding ['spiːdɪŋ] *s. i.* exceso de velocidad.

speedometer [spiː'dɒmɪtər] *s. c.* velocímetro.

speedway ['spiːdweɪ] *s. i.* **1** DEP. carrera de motocicletas. • *s. c.* **2** pista de carreras (para motocicletas). **3** (EE UU) autopista.

speedwell ['spiːdwel] *s. c.* BOT. verónica.

speedy ['spiːdɪ] *adj.* **1** rápido, veloz. **2** pronta (una respuesta). **3** (jerga) estimulante, anfetamínico.

speleologist [ˌspelɪ'ɒlədʒɪst] (también **spelaeologist**) *s. c.* espeleólogo.

speleology [ˌspelɪ'ɒlədʒɪ] (también **spelaeology**) *s. i.* espeleología (ciencia, deporte).

spell [spel] (brit. *pret. irr.* y *p. p.* **spelt,** en EE UU **spelled**) *v. t.* e *i.* **1** escribir correctamente. • *v. t.* **2** (no *pasiva*) deletrear, formar, componer (palabras): *O–U–T spells "out" = O–U–T forma "out".* **3** (fam.) querer decir, significar, traer consigo, presagiar: *that spelt bad news = eso presagiaba malas noticias.* **4** sustituir, reemplazar, relevar. • *s. c.* **5** período, racha, fase, temporada: *a short spell of cold weather = una corta temporada de frío.* **6** ataque, acceso: *a flu spell = un acceso de gripe.* **7** relevo, sustitución. **8** turno, tanda. **9** encantamiento, conjuro, palabras mágicas. • *s. sing.* **10** encanto, hechizo (fig.) encanto, fascinación. **11** trance. ◆ **12 to** ~ **out, a)** deletrear; **b)** explicar detalladamente, definir claramente. **13 under someone's** ~, cautivado por alguien, fascinado por alguien.

spellbinding ['spelbaɪndɪŋ] *adj.* fascinante, cautivador, encantador.

spellbound ['spelbaund] *adj.* fascinado, encantado, hechizado, cautivado, embelesado.

speller ['spelər] *s. c.* **1 to be a bad** ~, tener mala ortografía. **2** (EE UU) abecedario, silabario.

spelling ['spelɪŋ] *s. i.* **1** deletreo; escritura. • *s. c.* **2** ortografía. ◆ **3 a** ~ **mistake,** una falta de ortografía.

spelt [spelt] *pret.* y *p. p.* de **spell.**

spend [spend] (*pret. irr.* y *p. p.* **spent**) *v. t.* e *i.* **1** (**to** ~ {**on**}) gastar (dinero). • *v. t.* **2** pasar, emplear (tiempo). **3** (lit.) consumir, agotar (la fuerza). **4** despilfarrar, derrochar, malgastar. **5** sacrificar, arriesgar. • **6 to** ~ **a penny,** ⇒ **penny. 7 to** ~ **the night with,** pasar la noche con, acostarse con.

spender ['spendər] *s. c.* derrochador: *he's a big spender = es un derrochador.*

spending ['spendɪŋ] *s. i.* **1** gasto; dispendio; desembolso. ◆ **2** ~ **money,** dinero para gastos personales.

spendthrift ['spendθrɪft] *s. c.* **1** (desp.) derrochador, despilfarrador, manirroto. • *adj.* **2** derrochador, de despilfarro.

spent [spent] *pret.* y *p. p.* **1** de **spend.** • *adj.* **2** gastado, consumido, agotado, terminado. **3** viejo, pasado. **4** viciado (el aire). ◆ **5 a** ~ **force,** algo pasado de moda; una vieja gloria. **6 to be** ~, (lit.) estar exhausto, estar agotado.

sperm [spɜːm] (*pl.* **sperm** o **sperms**) *s. c.* **1** BIOL. espermatozoide. • *s. i.* **2** esperma, semen. ◆ **3** ~ **count,** recuento espermático. **4** ~ **whale,** ZOOL. cachalote.

spermatozoa [ˌspɜːmətəu'zəuə] *pl.* de **spermatozoon.**

spermatozoon [ˌspɜːmətəu'zəuɒn] (*pl.* **spermatozoa**) *s. i.* BIOL. espermatozoide.

spew [spjuː] *v. i.* **1** fluir, brotar, salir. • *v. t.* **2** lanzar, arrojar, escupir: *a volcano spewing lava = un volcán arrojando lava.* • *v. t.* e *i.* **3** (**to** ~ {**up**}) (jerga) vomitar, devolver.

sphere [sfɪər] *s. c.* **1** GEOM. esfera. **2** bola, globo. **3** planeta, globo. **4** (lit.) cielo, esfera celeste. **5** (fig.) esfera, campo (de conocimiento, de acción). **6** esfera, clase, círculo, posición (social). ◆ **7** ~ **of influence,** POL. área de influencia.

spherical ['sferɪkl] *adj.* esférico, redondo.

sphinx [sfɪŋks] *s. c.* **1** esfinge. **2** (fig.) esfinge, persona enigmática.

spice [spaɪs] *s. c.* e *i.* **1** especia. • *s. i.* **2** interés, salsa, chispa; placer, deleite. • *v. t.* **3** (**to** ~ {**up/with**}) añadir (interés, humour); dar cierto sabor picante (a una historia): *she spiced it with humour = le añadió humor.* **4** (**to** ~ {**with**}) (generalmente *pasiva*) sazonar, condimentar, poner especias a: *spice it with coriander = sazónalo con cilantro.* • **5 variety is the** ~ **of life,** en la variedad está el gusto, la variedad es la sal de la vida.

spiced [spaɪst] *adj.* especiado, sazonado, condimentado.

spick-and-span ['spɪkən'spæn] *adj.* impecable, limpísimo, reluciente, como un jaspe, hecho un primor (una habitación, una casa).

spicy ['spaɪsɪ] *adj.* **1** especiado, aromático, fuerte (un sabor, un olor). **2** picante, sabroso, atrevido: *spicy details = detalles sabrosos.*

spider ['spaɪdər] *s. c.* **1** ZOOL. araña. **2** trébedes. **3** trípode.

spidery ['spaɪdərɪ] *adj.* **1** semejante a las patas de araña, fina, alargada y angular (la letra). **2** lleno de arañas.

spiel [ʃpiːl ‖ spiːl] *s. c.* e *i.* (argot y desp.) perorata, discurso (para convencer a alguien).

spike [spaɪk] *s. c.* **1** pincho, púa; punta; flecha; barrote rematado en punta. **2** DEP. clavo, tachuela (de una bota). **3** TEC. vértice, cúspide (de un gráfico). **4** BOT. espiga. **5** clavo largo. **6** ZOOL. cuerno, asta (no ramificado). • *v. t.* **7** clavar un pincho en, atravesar con un pincho. **8** empalar; perforar. **9** (**to** ~ {**with**}) (EE UU) (fam.) añadir alcohol: *she spiked my coffee with rum = añadió ron a mi café.* **10** impedir (una publicación). • **11 to** ~ **someone's guns,** (fam.) frustrar los planes de alguien.

spiked [spaɪkt] *adj.* **1** con púas. **2** de clavos, claveteada (una bota).

spiky ['spaɪkɪ] *adj.* **1** en punta, puntiagudo, erizado: *spiky hair = pelo en punta.* **2** (fam. y fig.) irritable, irascible, malhumorado.

spill [spɪl] (*pret.* y *p. p. irr.* **spilt,** (en EE UU **spilled**) *v. t.* **1** derramar, verter, volcar. **2** tirar, arrojar (a un jinete). **3** MAR. quitar viento a (la vela). • *v. i.* **4** derramarse, verterse, volcarse (un líquido, etc.); desperdigarse (una multitud). • *s. c.* **5** (también **spillage**) derramamiento, derrame, vertido (de líquido). **6** (fam.) caída, accidente (de caballo, de bicicleta). **7** mecha, astilla (para encender un fuego, un cigarrillo). ◆ **8 to cry over spilt milk,** ⇒ **milk. 9 to ~ out,** divulgar, difundir, revelar (un secreto). **10 to ~ the beans,** ⇒ **bean. 11 to ~ someone's blood,** (lit.) matar a alguien, derramar la sangre de alguien. **12 thrills and spills,** ⇒ **thrill.**

spillage ['spɪlɪdʒ] *s. c.* e *i.* vertido, derramamiento, derrame (de petróleo de un barco en el mar).

spillway ['spɪlweɪ] *s. c.* aliviadero.

spilt [spɪlt] *pret.* y *p. p.* de **spill.**

spin [spɪn] (*ger.* **spinning,** *pret. irr.* **span** o **spun,** *p. p.* **spun**) *v. i.* **1** girar, rotar, dar vueltas. **2** rodar, bailar. **3** (fig.) dar vueltas (la cabeza). **4** AER. descender en barrena. **5** (fam.) rodar velozmente, ir muy deprisa (en un vehículo). **6** hilar. ● *v. t.* **7** hacer girar. **8** echar a cara o cruz. **9** tejer, producir en forma de hilo (una araña, un gusano). **10** centrifugar (en la lavadora, en la secadora). ● *s. c.* **11** vuelta, giro. **12** (fam.) vuelta, paseo. **13** AER. barrena. ● *s. sing.* **14** rotación, movimiento giratorio. **15** centrifugado (de ropa). **16** DEP. efecto (en tenis, en billar). **17** AER. barrena, caída en espiral. **18** (fam.) caída súbita, caída en picado. **19** (fam.) pánico, estado de ansiedad, nerviosismo. ◆ **20 to be in a ~,/in a flat ~,** estar completamente aturdido, estar muy confuso, estar totalmente despistado. **21 to ~ a story/yarn,** contar un cuento, narrar una aventura. **22 to ~ off, a)** producir un resultado secundario, producir un derivado; **b)** (EE UU) derivar, segregar (una compañía). **23 to ~ out, a)** (brit. y desp.) alargar, extender, prolongar (una actividad); **b)** hacer durar (el dinero).

spina bifida [ˌspaɪnə'bɪfɪdə] *s. i.* MED. espina bífida.

spinach ['spɪnɪdʒ] *s. i.* BOT. espinacas.

spinal ['spaɪnl] *adj.* **1** ANAT. espinal. ◆ **2 ~ column,** (form.) ANAT. columna vertebral, espina dorsal. **3 ~ cord,** ANAT. médula espinal.

spindle ['spɪndl] *s. c.* **1** MEC. perno, eje. **2** huso.

spindly ['spɪndlɪ] *adj.* (fam. y desp.) larguirucho, delgaducho: *spindly legs = piernas delgaduchas.*

spin doctor [ˌspɪn'dɒktər [*s. c.* consejero político (para proyectar una buena imagen).

spin-drier) [ˌspɪn'draɪər] (también **spin-dryer**) *s. c.* centrifugadora, secadora por centrifugación.

spin-dry [ˌspɪn'draɪ] *v. t.* centrifugar (la ropa).

spin-dryer *s. c.* ⇒ **spin-drier.**

spine [spaɪn] *s. c.* **1** (también **backbone, spinal column**) ANAT. columna vertebral, espina dorsal, espinazo. **2** BOT. espina, pincho. **3** ZOOL. púa, aguijón. **4** lomo (de un libro).

spine-chilling ['spaɪnˌtʃɪlɪŋ] *adj.* escalofriante, de terror, de miedo: *a spine-chilling film = una película de terror.*

spineless ['spaɪnlɪs] *adj.* **1** (fig. y desp.) cobarde, miedoso; pusilánime, débil, sin temple (una persona). **2** invertebrado (un animal). **3** sin espinas, sin púas.

spinelessly ['spaɪnlɪslɪ] *adv.* cobardemente; débilmente.

spinelessness ['spaɪnlɪsnɪs] *s. i.* cobardía; falta de voluntad, debilidad.

spinet [spɪ'net] *s. c.* MÚS. espineta.

spinner ['spɪnər] *s. c.* **1** hilandero, hilador. **2** DEP. bola con efecto (en críquet). **3** DEP. jugador que envía la bola con efecto (de críquet). **4** cucharilla, cebo artificial giratorio (para pescar). **5** aguja giratoria (en juegos de azar). **6** AER. ojiva (de la hélice).

spinney ['spɪnɪ] *s. c.* (brit.) matorral, maleza, bosquecillo.

spinning ['spɪnɪŋ] *s. i.* **1** hila, hilado, arte de hilar, hilanza. ● *adj.* **2** de hilar. ◆ **3 ~ jenny,** MEC. hiladora con varios husos. **4 ~ mill,** hilandería. **5 ~ wheel,** rueca.

spin-off ['spɪnɒf] *s. c.* e *i.* **1** subproducto, producto secundario, derivado. **2** consecuencia, secuela.

spinster ['spɪnstər] *s. c.* **1** (form. y arc.) soltera, solterona. **2** hilandera.

spinsterhood ['spɪnstəhʊd] *s. i.* soltería (de una mujer).

spiny ['spaɪnɪ] *adj.* **1** espinoso, puntiagudo. **2** con púas, erizado de púas.

spiral ['spaɪərəl] *adj.* **1** espiral, en espiral. **2** de caracol (una escalera). ● *s. c.* **3** espiral. **4** (fig.) espiral, aceleración creciente o decreciente: *a spiral of inflation = una espiral inflacionista.* ● (*ger.* **spiralling,** *pret.* y *p. p.* **spiralled;** en EE UU *ger.* **spiraling,** *pret.* y *p. p.* **spiraled**) *v. i.* **5** (**to ~ +** *adv./prep.*) moverse en espiral, dar vueltas en espiral: *the paper spiralled to the street = el papel cayó en espiral hacia la calle.* **6** subir vertiginosamente (los precios). ◆ **7 to ~ downwards,** caer en picado, bajar vertiginosamente (los precios).

spire ['spaɪər] *s. c.* **1** ARQ. aguja, chapitel. **2** BOT. brizna. **3** cúspide, pináculo, cima.

spirit ['spɪrɪt] *s. c.* **1** espíritu, alma. **2** ser, persona, individuo: *a brave spirit = una persona valiente.* **3** espíritu, fantasma, aparecido; hada. ● *s. i.* **4** energía, brío; ánimo, valor, coraje. **5** espíritu: *he's got team spirit = tiene espíritu de equipo.* ● *s. sing.* **6** (~ {**of**}) espíritu, esencia (de una ley, de un acuerdo). **7** (~ {**of**}) estado de ánimo, humor; alegría, animación. **8** actitud, disposición. ● *v. t.* **9** (**to ~ +** *o.* **+** *adv./prep.*) llevarse deprisa y en secreto, llevarse misteriosamente: *the singer was spirited through the back door = el cantante fue sacado en secreto por la puerta trasera.* **10** animar, alentar. ● **11 to enter into the ~ of,** meterse de lleno en. **12 high spirits,** muy buen humor. **13 in ~,** en espíritu: *we'll be there in spirit = estaremos allí en espíritu.* **14 kindred ~,** ⇒ **kindred. 15 ~ level,** nivel de burbuja, nivel de aire. **16 spirits, a)** estado de ánimo, humor; **b)** bebidas alcohólicas, licores fuertes; **c)** QUÍM. alcohol; gasolina. **17 that's the ~!,** ¡ánimo!, ¡anímate! **18 the ~ of the age /time,** el espíritu de los tiempos/de la época.

spirited ['spɪrɪtɪd] *adj.* **1** animoso, voluntarioso, brioso. **2** fogoso, enérgico (una pelea, un animal).

spiritless ['spɪrɪtlɪs] *adj.* **1** apocado, falto de ánimo. **2** deprimido, triste.

spiritual ['spɪrɪtjuəl] *adj.* **1** espiritual, anímico. **2** espiritual, religioso: *a spiritual adviser = un consejero espiritual.* **3** (form.) eclesiástico. **4** incorpóreo, sobrenatural. ● *s. c.* **5** MÚS. espiritual, canción religiosa (de los negros). ◆ **6 ~ home,** patria espiritual, patria de adopción.

spiritualism ['spɪrɪtjuəlɪzəm] *s. i.* **1** espiritismo. **2** FIL. espiritualismo.

spiritualist ['spɪrɪtjuəlɪst] *s. c.* **1** espiritista. **2** FIL. espiritualista.

spirituality [ˌspɪrɪtju'ælɪtɪ] *s. i.* espiritualidad.

spiritually ['spɪrɪtjuəlɪ] *adv.* espiritualmente.

spit [spɪt] (*ger.* **spitting,** *pret. irr.* y *p. p.* **spat;** en EE UU **spit**) *v. t.* e *i.* **1** escupir. ● *v. t.* **2** (**to ~** {**out**}) (fig.) escupir, arrojar, bufar, desembuchar (una respuesta). **3** espetar, pinchar, clavar (carne para asar). ● *v. i.* **4** lloviznar, caer unas gotas: *it's spitting with rain = están cayendo unas gotas.* **5** chisporrotear, saltar (el fuego, una fritura). ● *s. i.* **6** saliva. **7** (**the ~** {**of**}) la viva imagen (de), el vivo retrato (de): *she's the spitting image of her mother = es el vivo retrato de su madre.* ● *s. c.* **8** espetón, asador, pincho (para asar carne). **9** GEOG. punta de tierra, lengua de tierra; banco de arena. ● **10 ~ it out!,** (fam.) ¡desembucha!, ¡dilo de una vez!, ¡di lo que tengas que decir! **11 ~ and polish,** (fam.) limpieza profunda (de una casa). **12 the spitting image of/the ~ and image/the dead ~ of,** la viva imagen de, el vivo retrato de. **13 within spitting distance,** (fam.) muy cerca, a tiro de piedra.

spite [spaɪt] *s. i.* **1** rencor, despecho, ojeriza, resentimiento. ● *v. t.* **2** fastidiar, molestar, incomodar, herir, mortificar: *she did that just to spite me = lo hizo sólo para molestarme.* ◆ **3 to cut off one's nose to ~ one's face,** vengarse de alguien a costa de uno mismo, fastidiar a alguien a pesar del daño que uno mismo se hace. **4 in ~ of,** a pesar de, pese a.

spiteful ['spaɪtful] *adj.* rencoroso, despechado, resentido.

spitefully ['spaɪtfəlɪ] *adv.* rencorosamente, con despecho, con resentimiento.

spitfire ['spɪtˌfaɪər] *s. c.* fiera, salvaje, cascarrabias (una mujer).

spittle ['spɪtl] *s. i.* saliva.

spittoon [spɪ'tuːn] (en EE UU **cuspitor**) *s. c.* escupidera.
splash [splæʃ] *v. i.* **1** (**to** ~ {**against/on**}) caer ruidosamente (agua, barro): *the waves splashed against the window = las olas rompían contra la ventana.* **2** salpicar. **3** chapotear, chapalear (en el agua, en el barro): *splashing through the street puddles = chapoteando en los charcos de la calle.* ● *v. t.* **4** (**to** ~ {**with**}) rociar, salpicar, manchar (con agua): *falling down he splashed us with water = al caer nos salpicó de agua.* **5** (fam.) publicar con grandes titulares (una noticia). *s. c.* **6** chapoteo, chapaleo; ruido sordo (al caer en el agua): *she fell with a splash = cayó produciendo un ruido sordo en el agua.* **7** mancha, manchón; salpicadura, rociada: *a splash of milk on the floor = una mancha de leche en el suelo.* **8** (fam.) sensación, éxito. **9** (brit.) gota, chorrito, poquito: *just a splash of milk in my tea = sólo un chorrito de leche en mi té.* ● *adv.* **10** (~ + *prep.*) con un chapoteo; con un ruido sordo: *and the book fell splash into the water = y el libro cayó con un ruido sordo al agua.* ● **11 to be splashed with colour/light,** tener manchas de color/luz. **12 to make a ~,** causar sensación, asombrar, impresionar. **13 to ~ down,** AER. amarar, amerizar, posarse en el mar. **14 to ~ out** (**on**), (fam.) derrochar (en).
splashdown ['splæʃdaʊn] *s. c.* e *i.* AER. amaraje, amerizaje (de una cápsula espacial).
splat [splæt] *s. sing.* **1** (fam.) ruido sordo; chapoteo (de algo húmedo). ● (*pret.* y *p. p.* **splatted,** *ger.* **splatting**) *v. i.* **2** (**to** ~ {**against**}) (fam.) golpear sordamente; caer con ruido sordo (como de algo húmedo): *the egg splatted against the wall = el huevo se estrelló en la pared con un ruido sordo.*
splatter ['splætər] *v. t.* e *i.* **1** salpica; rociar; manchar. ● *s. c.* **2** salpicadura; chapoteo (ruido): *the splatter of the rain against the roof = el chapoteo de la lluvia contra el tejado.*
splay [spleɪ] *v. t.* **1** abrir, separar. **2** dislocar(se) (un hueso un animal). ● *adj.* **3** abierto, extendido, desplegado. ● *s. i.* **4** extensión, expansión. **5** bisel, chaflán.
spleen [spliːn] *s. c.* **1** ANAT. bazo. ● *s. i.* **2** (lit.) mal humor, bilis. ◆ **3 to vent one's ~,** (fig.) descargar la bilis.
splendid ['splendɪd] *adj.* **1** espléndido, suntuoso, impresionante, magnífico, grandioso: *splendid jewels = joyas impresionantes.* **2** excelente, estupendo, maravilloso, fantástico, espléndido: *a splendid day = un día maravilloso.*
splendidly ['splendɪdlɪ] *adv.* **1** espléndidamente, suntuosamente. **2** excelentemente, estupendamente, maravillosamente, fantásticamente.
splendiferous [splen'dɪfərəs] *adj.* (brit.), (fam. y hum.) espléndido, magnífico, maravilloso, grandioso.
splendour ['splendər] (en EE UU **splendor**) *s. i.* **1** esplendor, vistosidad, magnificencia, grandiosidad. ● *s. sing.* **2** grandeza, esplendor, pompa.
splenetic [splɪ'netɪk] *adj.* **1** (form.) irritable, malhumorado, destemplado, enfadadizo, hosco, gruñón. **2** del bazo; cercano al bazo.
splice [splaɪs] *v. t.* **1** (**to** ~ {**to/onto/together**}) empalmar, unir, juntar, pegar (una cinta, una película, una cuerda). ● *s. c.* **2** empalme, unión. ● **3 to get spliced,** (brit.) (fam.) unirse en matrimonio, casarse.
splint [splɪnt] *s. c.* **1** tablilla (para impedir el movimiento). **2** varilla (para el entramado de un cesto). **3** ZOOL. sobrehueso (de un caballo). ● *v. t.* **4** entablillar (un hueso).
splinter ['splɪntər] *s. c.* **1** astilla, esquirla (de madera, cristal, hueso). ● *v. t.* **2** astillar, hacer astillas, romper en esquirlas. ● *v. i.* **3** astillarse, hacerse astillas. ◆ **4** ~ **group,** facción o grupúsculo disidente (de una organización, de un partido).
splintery ['splɪntərɪ] *adj.* astilloso, que se puede astillar: *a splintery surface = una superficie astillosa.*
split [splɪt] (*ger.* **splitting,** *pret.* y *p. p. irr.* **split**) *v. t.* **1** partir; romper; rasgar; quebrar; rajar. **2** (**to** ~ {**up/into**}) dividir, fraccionar (en grupos, partes). **3** dividir, repartir, distribuir: *they split the money = repartieron el dinero.* ● *v. i.* **4** partirse; romperse; rasgarse; quebrarse; rajarse. **5** dividirse, fraccionarse: *the team split into two groups = el equipo se dividió en dos grupos.* **6** (**to** ~ **up/with**) separarse, romper relaciones (amorosas): *they split up last year = se separaron el año pasado.* **7** (**to** ~ **on**) (brit.) (fam.) chivarse de. **8** (arc. y jerga) largarse, marcharse, irse. ● *s. c.* **9** (~ {**in**}) grieta; raja; hendidura; fisura; ranura; rendija; brecha. **10** (~ {**in**}) escisión, división, cisma. **11** ruptura, separación (entre personas). **12** tiras de mimbre (para cestería). **13** división, partición, parcelación, repartición. **14** copa de frutas cortadas en dos con helado (postre). **15** media botella (de una bebida). ● *adj.* **16** dividido, separado, fragmentado, cuarteado, rajado. ● **17 to ~ hairs,** (desp.) pararse en los más nimios detalles, ser muy puntilloso, ser muy pejiguero. **18** ~ **infinitive,** GRAM. infinitivo con una o más palabras interpuestas entre **to** y el verbo, por ejemplo: *to easily win = ganar fácilmente.* **19 to ~ off, a)** resquebrajarse, separarse, desprenderse; **b)** escindirse, separarse (de un grupo). **20 to ~ one's sides,** (fam.) partirse de risa, troncharse de risa. **21** ~ **pea,** arveja seca (dividida en mitades). **22** ~ **personality,** PSIQ. doble personalidad. **23** ~ **second,** fracción de segundo; (fig.) abrir y cerrar de ojos. **24 splits,** DEP. **a)** espagat, tijera, despatarrada (postura acrobática, en que se abren las piernas en línea recta); **b)** posición de bolos (en que es imposible derribarlos todos). **25 to ~ the difference,** (fam.) partir la diferencia.
split-level ['splɪt,levl] *adj.* a desnivel, construida sobre dos niveles (una casa, generalmente construida sobre un terreno inclinado).
split-screen ['splɪt,skriːn] *s. i.* **1** TV. proceso por el que dos tomas se muestran al mismo tiempo, una a la derecha y otra a la izquierda. **2** INF. pantalla dividida, pantalla partida.
splitting ['splɪtɪŋ] *adj.* muy fuerte, terrible, agudo: *a splitting headache = un dolor de cabeza muy fuerte.*
splodge [splɒdʒ] (en EE UU **splotch**) *s. c.* **1** (~ {**of**}) (fam.) manchón, borrón. ● *v. t.* **2** manchar, llenar de borrones.
splodgy ['splɒdʒɪ] *adj.* manchado, emborronado: *a splodgy paper = un papel emborronado.*
splotch [splɒtʃ] *s. c.* (EE UU) ⇒ **splodge.**
splurge [splɜːdʒ] *v. t.* **1** (**to** ~ {**on**}) (fam.) derrochar, despilfarrar. ● *s. c.* **2** derroche, despilfarro, exceso.
splutter ['splʌtər] *s. c.* **1** chisporroteo, crepitación (del fuego). ● *v. t.* e *i.* **2** tartamudear, farfullar, balbucear. ● *v. i.* **3** chisporrotear, crepitar (el fuego).
spoil [spɔɪl] *v. t.* (*pret.* y *p. p. irreg.* **spoiled** o **spoilt**) **1** estropear, echar a perder, arruinar. **2** dañar, deteriorar, perjudicar. **3** mimar, consentir, malcriar. **4** POL. rellenar mal, estropear (una papeleta de voto para inutilizarla). **5** despojar, empobrecer. ● *v. i.* **6** echarse a perder, deteriorarse (una comida). ◆ **7 to be spoiling for a fight,** tener ganas de pelea, estar buscando pelea. **8 to be spoilt for choice,** tener mucho donde elegir. **9 to spare the rod and ~ the child,** ⇒ **spare. 10 spoils,** (lit.) despojos, botín; recompensa, trofeos. **11 too many cooks ~ the broth,** ⇒ **cook.**
spoilage ['spɔɪlɪdʒ] *s. i.* (form.) desperdicios, desechos, residuos.
spoiled [spɔɪld] (también **spoilt**) *adj.* mimado, malcriado, consentido.
spoiler ['spɔɪlər [*s. c.* spoiler.
spoilsport ['spɔɪlspɔːt] *s. c.* (fam.) aguafiestas.
spoilt [spɔɪlt] *pret.* y *p. p. irreg.* de **spoil.**
spoke [spəʊk] *pret.* **1** de **speak.** ● *s. c.* **2** radio (de una rueda). **3** MAR. cabilla (del timón). **4** peldaño, barra (de una escalera de mano). ◆ **5 to put a ~ in someone's wheel,** (fam.) ponerle la zancadilla a alguien, poner obstáculos a alguien, poner trabas a alguien.
spoken ['spəʊkən] *p. p.* **1** de **speak.** ● *adj.* **2** hablado, oral: *spoken English = inglés hablado.* ● *sufijo* **3** (*adv.* + ~) hablado: *badly-spoken = malhablado.* ◆ **4** ~ **for,** (fam.) **a)** reservado, vendido; **b)** comprometido, prometido (una persona).

spokesman ['spəʊksmən] *s. c.m.* portavoz (de un grupo, de una organización).
spokesperson ['spəʊkspɜːsn] *s. c.* portavoz (no indica si es femenino o masculino).
spokeswoman ['spəʊks,wʊmən] *s. c.f.* portavoz.
sponge [spʌndʒ] *s. c.* **1** ZOOL. esponja. **2** gorrón, parásito (una persona). • *s. c.* e *i.* **3** esponja, material esponjoso. **4** (brit.) bizcocho. **5** (jerga) borracho, gran bebedor; glotón. • *v. t.* **6** (**to** ~ {**down/off/out**}) limpiar con esponja; lavar con paño húmedo. **7** (**to** ~ {**up**}) absorber con esponja, quitar (una mancha) con esponja. • *v. i.* **8** (fam. y desp.) vivir de gorra, gorronear. • **9** ~ **cake,** bizcocho. **10 to throw in the** ~**,** tirar la toalla, rendirse, darse por vencido.
spongebag ['spʌndʒbæg] *s. c.* (brit.) bolsa de aseo, neceser.
sponger ['spʌndʒər] *s. c.* (fam. y desp.) gorrón, parásito, sablista, sanguijuela.
spongy ['spʌndʒɪ] *adj.* esponjoso.
sponsor ['spɒnsər] *s. c.* **1** patrocinador, promotor. **2** financiador, promotor. **3** padrino, madrina (de bautismo, de confirmación). **4** FIN. fiador, gerente. • *v. t.* **5** patrocinar, costear, financiar: *the concert was sponsored by Coca-Cola = Coca-Cola patrocinó el concierto.* **6** promover, fomentar, apoyar (un programa, una actividad, un plan). **7** apadrinar, actuar como padrino de, actuar como madrina de.
sponsorship ['spɒnsəʃɪp] *s. i.* patrocinio.
spontaneity [,spɒntə'neɪtɪ] (también **spontaneousness**). *s. i.* espontaneidad.
spontaneous [spɒn'teɪnɪəs] *adj.* **1** espontáneo, natural. **2** espontáneo, instintivo, no premeditado. **3** BOT. espontáneo.
spontaneously [spɒn'teɪnɪəslɪ] *adv.* espontáneamente, voluntariamente de forma natural.
spontaneousness [spɒn'teɪnɪəsnəs] *s. i.* ⇒ **spontaneity.**
spoof [spuːf] *s. c.* **1** (~ {**of/on**}) (fam.) parodia, copia burda. **2** truco, tomadura de pelo, broma. • *v. t.* **3** tomar el pelo a, burlarse de, engañar a.
spook [spuːk] *s. c.* **1** (fam.) fantasma, espectro, aparecido. **2** (en EE UU) (fam.) espía, agente secreto. • *v. t.* **3** (EE UU) (fam.) meter miedo a, atemorizar, asustar a: *she liked spooking people at night = le gustaba meter miedo a la gente por la noche.*
spooky ['spuːkɪ] *adj.* (fam.) **1** aterrador, espeluzante; fantasmal, espectral, misterioso. **2** inquieto, agitado, alterado, nervioso.
spool [spuːl] *s. c.* **1** carrete (de película, de una cámara). **2** (EE UU) bobina (de hilo). • *v. t.* **3** enrollar en carrete (una película, hilo).
spoon [spuːn] *s. c.* **1** cuchara. **2** (~ {**of**}) cucharada: *one spoon of tea leaves = una cucharada de hojas de té.* **3** DEP. cucharilla, anzuelo de cuchara (para pescar). **4** MAR. remo de punta curva. **5** DEP. cuchara, cucharilla (palo de golf). • *v. t.* **6** (**to** ~ + *o.* + *adv./prep.*) recoger con cuchara, sacar con cuchara; servir (con cuchara). • **7 to be born with a silver** ~ **in one's mouth,** ser de familia rica, haber nacido en buena cuna.
spoonerism ['spuːnərɪzəm] *s. c.* retruécano, juego de palabras, trastocamiento de letras, de sonidos o de palabras (que produce un efecto gracioso como en "I'll sew you to a sheet" en lugar de "I'll show you to a seat").
spoon-feed ['spuːnfiːd] (*pret.* y *p. p. irr.* **spoon-fed**) *v. t.* **1** alimentar con cuchara (a un bebé, a un enfermo). **2** (desp.) dar masticado (conocimientos, conceptos, etc.); facilitar las cosas en exceso, poner las cosas demasiado fáciles a (los alumnos): *you shouldn't spoon-feed the students = no deberías ponerles las cosas tan fáciles a los alumnos.*
spoonful ['spuːnfʊl] (*pl.* **spoonfuls** o **spoonsful**) *s. i.* (~ {**of**}) cucharada (cantidad).
spoor [spʊər] *s. sing.* rastro, pista, pisadas (de un animal).
sporadic [spə'rædɪk] *adj.* esporádico, ocasional: *sporadic visits = visitas esporádicas.*
sporadically [spə'rædɪkəlɪ] *adv.* esporádicamente, ocasionalmente.
spore [spɔː] *s. c.* **1** BIOL. espora. • *v. i.* **2** producir esporas, formar esporas.
sporran ['spɒrən] *s. c.* faltriquera, escarcela (que llevan los escoceses a la cintura).
sport [spɔːt] *s. c.* e *i.* **1** deporte: *I'm not very fond of winter sports = los deportes de invierno no me atraen mucho.* • *s. c.* **2** (fam.) buen perdedor, buena persona: *she's a good sport = es una buena chica.* **3** BIOL. mutación. • *s. i.* **4** (form.) diversión, broma, chanza. • *v. t.* **5** lucir (ropa, joyas): *she was sporting a new diamond ring = lucía un nuevo anillo de diamantes.* • *v. i.* **6** (lit.) juguetear, retozar. ◆ **7 to make** ~ **of someone,** ridiculizar a alguien, mofarse de alguien, burlarse de alguien. **8 sports car,** coche deportivo. **9 sports day,** día escolar del deporte. **10 sports jacket,** chaqueta deportiva, chaqueta de "sport" (de caballero).
sporting ['spɔːtɪŋ] *adj.* **1** deportivo, caballeroso (en el juego). **2** generoso, justo, equitativo (un gesto, una posibilidad, una oferta). **3** (no *comp.*) deportivo; para el deporte; del deporte; dedicado al deporte: *a sporting evening = una tarde dedicada al deporte.* ◆ **4 a** ~ **chance,** una posibilidad de éxito.
sportsman ['spɔːtsmən] (*pl. irreg.* **sportsmen**) *s. c.m.* **1** deportista. **2** buen perdedor, caballero.
sportsmanlike ['spɔːtsmənlaɪk] *adj.* deportivo, caballeroso, noble (el comportamiento).
sportsmanship ['spɔːtsmənʃɪp] *s. i.* deportividad, caballerosidad, nobleza.
sportsmen ['spɔːtsmən] *pl. irreg.* de **sportsman.**
sportswear ['spɔːtsweər] *s. i.* ropa de deporte.
sportswoman ['spɔːts,wʊmən] (*pl. irreg.* **sportswomen**) *s. c.f.* deportista.
sportswomen ['spɔːts,wɪmɪn] *pl. irreg.* de **sportswoman.**
sporty ['spɔːtɪ] *adj.* (fam.) **1** (brit.) deportista, aficionado al deporte. **2** deportiva, informal (especialmente la ropa). **3** alegre, despreocupado. **4** rápido, veloz (un coche).
spot [spɒt] *s. c.* **1** (~ {**of**}) lunar, pinta, mancha: *a white blouse with navy-blue spots = una blusa blanca de lunares azul marino; you've got a spot of egg on your tie = llevas una mancha de huevo en la corbata.* **2** MED. grano (en la piel). **3** (fig.) mancha, tacha (en la reputación). **4** lugar, sitio, parte: *a nice holiday spot = un agradable lugar de vacaciones.* **5** aspecto, característica, rasgo. **6** (fam.) aprieto, apuro, situación difícil. **7** RAD. espacio, programa. **8** (fam.) posición, categoría, rango (en una organización). **9** (fam.) punto de luz, foco. • *s. sing.* **10** punto, tema: *John's weak spot = el punto flaco de John.* **11** (~ {**of**}) (brit.) (fam.) poquitín, poquito, pequeña cantidad, algo: *a spot of dinner = algo de cenar.* • *s. i.* **12** gota (de lluvia). • *v. t.* (*ger.* **spotting,** *pret.* y *p. p.* **spotted**) **13** ver, descubrir, detectar, localizar: *we spotted a few strange objects = descubrimos algunos objetos extraños.* **14** (**to** ~ {**with**}) (generalmente *pasiva*) manchar, motear, salpicar. **15** decorar, estampar: *a piece of material spotted with blue = un trozo de tela estampado con lunares azules.* **16** (EE UU) (fam.) dar ventaja, dejar la delantera (en el juego). • *v. i.* **17** (brit.) lloviznar, chispear: *it's spotting with rain = está chispeando.* • *adj.* **18** COM. al contado, contante y sonante (el dinero). **19** COM. de entrega inmediata (género). **20** al instante, en el momento (realizado, fabricado). **21** TV. publicitario, de publicidad: *a spot announcement = un anuncio publicitario.* • *adv.* **22** (~ + *prep.*) (brit.) (fam.) justo, exactamente, precisamente. • **23 to change one's spots,** ir contra la naturaleza de uno mismo. **24 to have a soft** ~ **for someone,** ⇒ **soft. 25 in a (tight)** ~**,** en un brete, en un aprieto, en un apuro. **26 to knock spots off,** (brit.) (fam.) ser infinitamente mejor que, darle cien vueltas a. **27 on the** ~**, a)** en el sitio preciso, allí mismo; **b)** en ese preciso instante, en el momento, en el acto, inmediatamente; **c)** en apuros, en un aprieto. **28 rooted to the** ~**,** ⇒ **rooted. 29** ~ **check,** comprobación, reconocimiento.

spotless ['spɒtlɪs] *adj.* **1** como un jaspe, sin mancha, inmaculado. **2** intachable (la reputación).

spotlessly ['spɒtlɪslɪ] *adv.* inmaculadamente.

spotlight ['spɒtlaɪt] *s. c.* **1** foco, reflector. **2** (**the** ~) la fama, la notoriedad, la prominencia. ● (*pret.* y *p. p. irreg.* **spotlighted** o **spotlit**) *v. t.* **3** llamar la atención sobre, destacar, subrayar. ◆ **4 to be in the** ~, estar en el candelero.

spotlit ['spɒtlɪt] *adj.* iluminado.

spot-on ['spɒtɒn] *adj.* **1** (brit.) (fam.) totalmente correcto, muy acertado, totalmente exacto: *a spot-on analysis = un análisis correcto.* ● *adv.* **2** correctísimamente, muy acertadamente, con total exactitud.

spotted ['spɒtɪd] *adj.* **1** de lunares, a lunares. **2** (~ {**with**}) manchado, salpicado (de).

spotter ['spɒtər] *s. c.* **1** localizador, descubridor, observador. **2** (fam.) persona cuyo trabajo consiste en detectar actos deshonestos (en un banco). **3** MIL. vigilante, centinela, observador. **4** RAD. locutor de deportes (que identifica fielmente a los jugadores en el campo). **5** DEP. vigilante (de prácticas deportivas). **6** empleado de tintorería (que se encarga de quitar manchas en las prendas). ● *adj.* **7** MIL. de vigilancia, de observación.

spotty ['spɒtɪ] *adj.* **1** (brit.) (fam.) lleno de granos (en la piel). **2** (EE UU) irregular, desigual. **3** estampado, de lunares.

spouse [spaʊz] *s. c.* (form.) **1** esposo, cónyuge. ● *v. t.* **2** (arc.) desposar, casarse con.

spout [spaʊt] *v. i.* **1** (**to** ~ {**out**}) salir a borbotones (líquido). **2** llamear, salir a llamaradas. **3** lanzar agua a chorro, expulsar agua en forma de surtidor (las ballenas). ● *v. t.* **4** (fam. y desp.) hablar incansablemente, enrollarse como las persianas, hablar tediosamente. **5** echar a chorro (humo, agua). **6** soltar (bobadas). ● *s. c.* **7** espita, canilla. **8** pico, pitorro (de una jarra, de una cafetera). **9** surtidor, chorro (de agua). ● **10 up the** ~, (fam.) **a)** (brit) con bombo, embarazada; **b)** (brit.) (fam.) echado a perder, a hacer puñetas: *the plan has gone up the spout = el plan se ha ido a hacer puñetas.*

sprain [spreɪn] *v. t.* MED. **1** dislocar, torcer (un tobillo). ● *s. c.* **2** torcedura, esguince, dislocación.

sprang [spræŋ] *pret. irreg.* de **spring.**

sprat [spræt] *s. c.* ZOOL. sardineta, arenque pequeño.

sprawl [sprɔːl] *v. i.* **1** repantingarse, repanchingarse, arrellanarse: *sprawled out in an armchair = repanchingado en un sillón.* **2** desmadejarse, despatarrarse: *I lost balance and fell sprawling = perdí el equilibrio y caí cuan larga era.* **3** desparramarse de forma irregular, extenderse de manera desordenada (una ciudad, casas). ● *s. sing.* **4** postura desgarbada. **5** desparramamiento, extensión poco uniforme (de una ciudad, no planificado).

sprawled [sprɔːld] *adj.* repantigado, repanchingado; desmadejado, despatarrado; tumbado.

sprawling [sprɔːlɪŋ] *adj.* **1** desparramada irregularmente, extendida de forma desordenada (una ciudad). **2** irregular y grande (la letra).

spray [spreɪ] *v. i.* **1** (**to** ~ + *adv./prep.*) salir, esparcirse (un líquido). ● *v. t.* **2** pulverizar, rociar, atomizar. **3** pintar con pistola pulverizadora. **4** diseminar, esparcir (objetos). ● *s. i.* **5** rociada, pulverización, aspersión. **6** espuma (de mar). ● *s. c.* **7** pulverizador, atomizador. **8** ramo, ramaje (de flores, una joya con ese diseño): *a spray of flowers = un ramo de flores.* ◆ **9** ~ **can,** pulverizador, atomizador.

sprayer ['spreɪər] *s. c.* pulverizador, atomizador (persona o aparato).

spraygun ['spreɪgʌn] *s. c.* pistola pulverizadora.

spread [spred] (*pret.* y *p. p. irreg.* **spread**) *v. t.* **1** extender, expandir, dispersar, desarrollar. **2** desplegar, extender; estirar, alargar. **3** extender, diseminar, propagar (la alarma, una enfermedad). **4** (**to** ~ {**around**}) difundir, divulgar, propalar (noticias, rumores). **5** untar, extender, esparcir (una crema, la mantequilla). **6** (**to** ~ {**over/among**}) distribuir, dividir (el coste, el trabajo). **7** compartir, repartir (un riesgo). **8** (arc.) poner, preparar (la mesa). ● *v. i.* **9** extenderse, diseminarse, propagarse. **10** (**to** ~ + *adv./prep.*) extenderse, cubrir (un tiempo, un área): *the village spreads as far as the mill = el pueblo se extiende hasta el molino.* ● *s. sing.* **11** (**the**) ~ {**of**}) diseminación, propagación, expansión, proliferación, difusión. **12** extensión, espacio (de tiempo). ● *s. c.* **13** gama: *a wide spread of subjects = una amplia gama de materias.* **14** doble página; anuncio a doble página (en una revista, en un periódico); despliegue a toda página: *she paid for a double-page spread = pagó por un anuncio a doble página.* **15** (fam.) comilona, banquetazo, merendola. **16** (EE UU) rancho, granja (generalmente de gran tamaño). ● *s. i.* **17** crema para untar (queso, mermelada o paté para untar). ● *s. c.* e *i.* **18** gordura, michelines (típicos de la mediana edad). ● **19 to** ~ **like wildfire,** (fig.) correr como la pólvora (una noticia, un rumor). **20 to** ~ **one's net,** (fig.) tender las redes para cazar a alguien, extender toda su influencia para pescar a alguien. **21 to** ~ **one's wings,** coger alas, quitar el miedo. **22 to** ~ **oneself, a)** ponerse cómodo, ponerse a sus anchas; **b)** explayarse, hablar mucho. **23 to** ~ **out,** separarse, esparcirse, distanciarse, aislarse.

spread-eagled [,spred'iːgld] *adj.* extendido.

spreadsheet ['spredʃiːt] *s. c.* INF. hoja de cálculo.

spree [spriː] *s. c.* **1** juerga, parranda, jolgorio. **2** período de gran actividad; gasto excesivo: *they went on a shopping spree = fueron de compras a gastárselo todo.*

sprig [sprɪg] *s. c.* **1** (~ {**of**}) ramita (para cocinar, como decoración). **2** joven, retoño, chaval. **3** punta sin cabeza, clavo sin cabeza.

sprightliness ['spraɪtlɪnɪs] *s. i.* animación, alegría, vivacidad, energía (en personas de edad).

sprightly ['spraɪtlɪ] *adj.* animado, alegre, lleno de vida, enérgico (especialmente una persona de edad).

spring [sprɪŋ] (*pret.* **sprang** o **sprung,** *p. p.* **sprung**) *v. i.* **1** (**to** ~ + *adv./prep.*) saltar, brincar. **2** saltar con pértiga. **3** (**to** ~ + *adv./prep.*) levantarse (el viento). **4** surgir, nacer (una ciudad, una idea). **5** brotar (las lágrimas). **6** (fam.) aparecer, salir: *where did you spring from? = ¿de dónde sales?* **7** combarse, torcerse; resquebrajarse, rajarse (la madera). **8** saltar, salir despedido (como por resorte). ● *v. t.* **9** hacer saltar, soltar (un resorte). **10** (**to** ~ {**on**}) revelar, comunicar, divulgar (una noticia). **11** (fam.) ayudar a escapar (de prisión). ● *s. c.* e *i.* **12** primavera. ● *s. c.* **13** manantial, fuente. **14** resorte, muelle. **15** salto, brinco. ● *s. i.* **16** elasticidad. **17** vigor, energía, fuerza. ● **18 to** ~ **a leak,** empezar a hacer agua (en un barco, una vasija). **19** ~ **chicken, a)** pollo tomatero; **b)** jovencito, pollo. **20 to** ~ **from,** resultar de, producirse a partir de, tener su origen en. **21** ~ **onion,** (EE UU) **scallion,** cebolleta, cebolla de primavera. **22** ~ **roll,** rollito de primavera (se toma en restaurantes chinos). **23 to** ~ **up,** surgir, aparecer repentinamente. **24 with a** ~ **in one's step,** con alegría, con ganas, con entusiasmo.

springboard ['sprɪŋbɔːd] *s. c.* **1** trampolín. ◆ **2** ~ **for/to,** (fig.) trampolín hacia (el éxito).

springbok ['sprɪŋbɒk] *s. c.* ZOOL. gacela, especie de antílope de África del Sur.

spring-clean ['sprɪŋkliːn] ◆ *v. t.* **1** limpiar a fondo (una casa). ◆ *v. i.* **2** hacer limpieza general.

spring-cleaning [sprɪŋ'kliːnɪŋ] *s. sing.* limpieza general, limpieza a fondo (de la casa).

springtime ['sprɪŋtaɪm] *s. i.* primavera.

springy ['sprɪŋɪ] *adj.* **1** elástico: *a springy mattress = un colchón elástico.* **2** lleno de manantiales, con abundantes manantiales.

sprinkle ['sprɪŋkl] *v. t.* **1** rociar, salpicar, asperjar, esparcir, espolvorear (líquido, arena). **2** (fig.) sembrar, llenar, salpicar: *the book is sprinkled with examples = el libro está lleno de ejemplos.* ● *s. sing.* **3** llovizna, gotas, sirimiri. **4** pizca, poquito: *a sprinkle of salt = un poquito de sal.*

sprinkler ['sprɪŋklər] *s. c.* **1** aspersor, irrigador. **2** aparato de aspersión automática (en un edificio, contra el fuego).

sprinkling ['sprɪŋklɪŋ] *s. sing.* **1** (~ {**of**}) pizca, poquito, gota. **2** pequeño número, cantidad insignificante, pocos: *a sprinkling of visitors = un pequeño número de visitantes.*

sprint [sprɪnt] *v. i.* **1** correr a gran velocidad; esprintar (especialmente en distancias cortas). ● *s. sing.* **2** carrera a toda velocidad; esprint.

sprinter ['sprɪntər] *s. c.* DEP. corredor de velocidad, esprinter.

sprite [spraɪt] *s. c.* **1** hada, duende, trasgo. **2** fantasma, aparición. **3** (arc.) alma. **4** INF. sombra (producida en la pantalla por líneas para dar efecto real al dibujo).

sprocket ['sprɒkɪt || 'sprɑːkɪt] (también **sprocket wheel**) *s. c.* **1** rueda dentada; piñón (en una bicicleta). **2** diente de engranaje (de una rueda, de un carrete).

sprout [spraut] *v. t.* **1** BOT. echar, dar (hojas). **2** dejarse crecer (barba, bigote). ● *v. i.* **3** surgir, aparecer (edificios). **4** brotar, germinar. **5** BOT. echar retoños, echar yemas, retoñar (las patatas). ● *s. c.* **6** BOT. brote, retoño, yema, botón, pimpollo. **7** BOT. (brit.) col de Bruselas.

spruce [spruːs] *s. c.* e *i.* **1** BOT. abeto, picea. ● *adj.* **2** pulcro, aseado. ◆ **3 to ~ up,** (fam.) emperifollar, engalanar.

sprucely ['spruːslɪ] *adv.* pulcramente, aseadamente.

spruceness ['spruːsnɪs] *s. i.* pulcritud, aseo.

sprung [sprʌŋ] *p. p.* y (en EE UU) *pret.* **1** de **spring.** ● *adj.* **2** de muelles, flexible, con resortes: *a sprung seat = un asiento de muelles.*

spry [spraɪ] *adj.* ágil, activo, dinámico, enérgico (una persona mayor): *although he's 80 he's still quite spry = a pesar de tener 80 años aún está bastante ágil.*

spud [spʌd] *s. c.* **1** (fam.) patata, (Am.) papa. **2** escarda (para quitar malas hierbas). ● *v. t.* **3** escardar, entresacar (malas hierbas).

spume [spjuːm] *s. i.* **1** (lit.) espuma (de mar). ● *v. i.* **2** hacer espuma.

spun [spʌn] *pret.* y *p. p. irreg.* de **spin.**

spunk [spʌŋk] *s. i.* **1** (fam.) agallas, valor, coraje, ánimo. **2** (brit.) semen.

spunky [spʌŋkɪ] *adj.* (arc. y fam.) con agallas, valeroso, valiente, animoso: *a spunky young girl = una jovencita con agallas.*

spur [spəː] *s. c.* **1** espuela. **2** (fig.) acicate, estímulo, incentivo. **3** GEOG. estribación, espolón, ramal (de montañas). **4** bifurcación, ramificación, vía secundaria. **5** vía muerta (de tren). **6** ZOOL. espolón, garrón. **7** BOT. cornezuelo (del centeno). **8** garfio, trepadera, pincho. **9** rama, brazo, vástago (de un árbol). **10** ARQ. puntal, contrafuerte, machón. **11** BOT. espolón, espuela. ● *v. t.* **12** (**to** ~ {**on**}) espolear, picar con espuelas. **13** (fig.) espolear, estimular. ● **14 on the ~ of the moment,** impulsivamente, sin reflexionar, sin pensar. **15 to win one's spurs,** (fig.) demostrar lo que uno vale, distinguirse.

spurious ['spjuərɪəs] *adj.* **1** falso, incorrecto, inexacto (un argumento). **2** falso, simulado (un gesto). **3** TEC. falsificado (un producto).

spuriously ['spjuərɪəslɪ] *adv.* **1** falsamente, incorrectamente, inexactamente. **2** falsamente, simuladamente.

spuriousness ['spjuərɪəsnɪs] *s. i.* **1** falsedad, inexactitud. **2** simulación. **3** ilegitimidad.

spurn [spəːn] *v. t.* (form.) rechazar, desdeñar, despreciar.

spur-of-the-moment [ˌspəːəfðə'məumənt] *adj.* repentino, inesperado, espontáneo: *a spur-of-the-moment decision = una decisión repentina.*

spurt [spəːt] *v. i.* **1** salir a borbotones, salir a chorro, salir con fuerza (agua, llamas). **2** (**to** ~ {**for**}) hacer un esfuerzo, acelerar. ● *v. t..* **3** arrojar a chorro. ● *s. c.* **4** impulso, arrebato: *a spurt of anger = un arrebato de ira.* **5** (~ {**of**}) chorro, borbotón; llamarada.

sputter ['spʌtər] *v. i.* **1** chisporrotear (el fuego). **2** zumbar, hacer explosiones repetidas (un motor). **3** hablar despidiendo saliva, echar perdigones. ● *v. t.* **4** farfullar, barbotear, tartamudear. ● *s. c.* **5** chisporroteo. **6** farfulleo, barboteo. **7** chispeo de saliva.

sputum ['spjuːtəm] *s. i.* flemas.

spy [spaɪ] *s. c.* **1** espía. ● *s. i.* **2** espionaje. ● *v. i.* **3** (**to** ~ {**on/upon**}) espiar. **4** (**to** ~ {**into/on**}) espiar, trabajar como espía, ser espía. **5** (**to** ~ {**into/on**}) espiar, escudriñar, acechar. ● *v. t.* **6** (lit.) observar, divisar, distinguir, columbrar, notar. ● **7 to ~ out,** espiar, husmear, fisgonear (una actividad ilegal). **8 to ~ out the land,** (fig.) reconocer el terreno, explorar.

sq. [es kjuː] *abreviatura* de **1 square,** cuadrado (en medidas): *20 sq. metres = 20 metros cuadrados.* **2 square,** plaza, Pl. (en planos, direcciones): *Trafalgar Sq. = plaza* o *Pl. de Trafalgar.*

squabble ['skwɒbl] *v. i.* **1** (**to** ~ {**about/over**}) discutir, pelearse, reñir. ● *s. c.* **2** discusión, pelea, riña.

squad [skwɒd] *s. c.* **1** (~ + *v. sing./pl.*) brigada, equipo, cuadrilla: *a fire-fighting squad = una brigada contra incendios.* **2** MIL. escuadrón, pelotón, patrulla. **3** DEP. equipo. ◆ **4 ~ car,** (EE UU) coche patrulla.

squadron ['skwɒdrən || skwɑːdrən] *s. c.* **1** (~ + *v. sing./pl.*) MIL. escuadrón, escuadrilla, escuadra (militar, naval, del aire). ◆ **2 ~ leader,** (brit.) **a)** MIL. jefe de escuadrón; **b)** AER. comandante de aviación.

squalid ['skwɒlɪd] *adj.* **1** miserable, sórdido, sucio. **2** perverso, vil, asqueroso, repulsivo.

squall [skwɔːl] *s. c.* **1** vendaval, temporal, tempestad (de aire). **2** (fig.) discusión, pelea: *domestic squalls = peleas domésticas.* ● *v. i.* **3** gritar, berrear, chillar.

squalor ['skwɒlər] *s. i.* miseria, penuria, escasez.

squander ['skwɒndər] *v. t.* **1** (**to** ~ {**on**}) despilfarrar, dilapidar, derrochar, malgastar. **2** (arc.) desparramar, diseminar, esparcir.

square [skweər] *s. c.* **1** GEOM. cuadrado. **2** cuadro: *the squares are blue and white = los cuadros son azules y blancos.* **3** plaza: *it's in Washington Square = está en la plaza Washington.* **4** (~ {**of**}) MAT. cuadrado, segunda potencia: *36 is the square of 6 = 36 es el cuadrado de 6.* **5** casilla, escaque (en un tablero de ajedrez). **6** (fam.) conservador, anticuado, persona chapada a la antigua, persona pasada de moda. **7** TEC. escuadra. ● *adj.* **8** (no *comp.*) cuadrado; cuadriculado: *a square box = una caja cuadrada.* **9** cuadrado, rectangular, en escuadra, en ángulo recto: *his square chin = su mandíbula cuadrada.* **10** (no *comp.*) MAT. cuadrado: *143 square metres = 143 metros cuadrados.* **11** (*s.* + ~) en cuadro: *6 metres square = 6 metros en cuadro.* **12** (~ {**with**}) a nivel, nivelado, recto, derecho, paralelo. **13** saldada, pagada, liquidada (una deuda). **14** colocado, arreglado, limpio (un lugar). **15** justo, equitativo (un trato). **16** rotunda, directa (una respuesta, una negativa). **17** fornido, fuerte, robusto. **18** (fam.) carca, anticuado, pasado de moda, chapado a la antigua, conservador. **19** DEP. empatado, igualado (en puntos). **20** MAR. cuadrado, de cruz. **21** DEP. en escuadra, en ángulo recto (respecto al bateador en críquet). ● *v. t.* **22** (**to** ~ {**off/up**}) arreglar, colocar, ajustar, enderezar. **23** (generalmente *pasiva*) MAT. cuadrar, elevar al cuadrado. **24** cuadricular, dividir en cuadros. **25** DEP. igualar, empatar. **26** (fam.) saldar, pagar, arreglar (cuentas). **27** (fam.) sobornar, comprar (a alguien). ● *v. i.* **28** (**to** ~ {**with**}) cuadrar, encajar, ajustarse. ● **29 a ~ peg in a round hole,** (fam.) una persona poco apta (para una actividad). **30 fair and ~,** ⇒ **fair. 31 to go back to ~ one/start again from ~ one,** (fam.) empezar por el principio, volver al punto de partida. **32 on the ~, a)** (fam. y arc.) honestamente, honradamente; **b)** a escuadra, en escuadra. **33 out of ~,** fuera de escuadra, desnivelado, no en ángulo recto. **34 ~ bracket,** corchete. **35 ~ deal,** trato justo; juego limpio. **36 ~ meal,** comida en toda regla, comida completa. **37 ~ root,** MAT. raíz cuadrada. **38 to ~ the circle,** cuadrar el círculo, intentar lo imposible. **39 to ~ up (with),** (fam.) ajustar cuentas (con), saldar cuentas (con), liquidar cuentas (con). **40 to ~ up to, a)** hacer frente con valentía a, enfrentarse con determinación a (un problema, una situación); **b)** ponerse en posición de defensa frente a, enfrentarse a (con los puños en alto).

squared [skweəd] *adj.* **1** recto, derecho, en paralelo. **2** cuadrado. **3** cuadriculado.

squarely ['skweəlɪ] *adv.* **1** directamente en medio, totalmente en el centro: *squarely on top of the house = directamente centrado encima de la casa.* **2** directamente, sin ambages, de lleno: *we had to look squarely at the problem = tuvimos que tratar el problema sin ambages.*

squash [skwɒʃ || skwɔːʃ] *v. t.* **1** aplastar, machacar, despachurrar. **2** acallar (rumores); sofocar (una rebelión). • *v. i.* **3** apretarse, apiñarse, apretujarse: *we all squashed into the car = todos nos apretujamos dentro del coche.* • *s. sing.* **4** apiñamiento, apretujamiento, aplastamiento. • *s. i.* **5** (también **squash rackets**) (fam.) squash (juego parecido al frontón que se practica en pista cerrada y pequeña). **6** (brit.) refresco de naranja o limón; limonada; naranjada (concentrado que se mezcla con agua). • *s. c.* e *i.* **7** (EE UU) BOT. calabaza; calabacín; chayote; cidra.

squashy ['skwɒʃɪ] *adj.* blando, blandengue, fofo: *squashy fruit = fruta blandengue.*

squat [skwɒt] (*ger.* **squatting,** *pret.* y *p. p.* **squatted**) *v. i.* **1** (**to** ~ {**down/on**}) agacharse, ponerse en cuclillas. **2** agazaparse (un animal). **3** (**to** ~ {**in/on**}) ocupar sin pagar renta, establecerse ilegalmente (en un terreno, en una vivienda). • *s. sing.* **4** postura de una persona en cuclillas, postura de una persona agachada. • *s. c.* **5** (brit.) propiedad ocupada ilegalmente. **6** guarida, madriguera. • *adj.* **7** achaparrado (una persona, un edificio).

squatter ['skwɒtər] *s. c.* **1** ocupante ilegal, (fam.) okupa (de una vivienda vacía). **2** DER. usucapiente, persona que se establece en terreno público para establecer derecho sobre éste.

squaw [skwɔː] *s. c.* india norteamericana.

squawk [skwɔːk] *v. i.* **1** graznar, chillar (un ave). **2** (fam.) quejarse, protestar. • *s. c.* **3** graznido, chillido (de un ave): *the squawks of the parrot = los graznidos del loro.* **4** protesta, queja.

squeak [skwiːk] *v. i.* **1** chillar (un ratón). **2** chirriar, crujir, rechinar (una puerta). **3** (**to** ~ **+ by/through**) (fam.) pasar de milagro, pasar por los pelos. • *s. c.* **4** chillido. **5** chirrido, crujido.

squeaky ['skwiːkɪ] *adj.* **1** chirriante, que cruje, que rechina (una puerta). **2** chillona (la voz). ◆ **3** ~ **clean,** (EE UU) (fam.) **a)** limpio como una patena, como un sol; **b)** (hum.) inmaculado, puro (moralmente).

squeal [skwiːl] *v. i.* **1** chillar, gritar agudamente, dar alaridos. **2** chirriar; crujir. **3** (**to** ~ {**on**}) (jerga) cantar, confesar (información a la policía). • *s. c.* **4** chillido, grito agudo, alarido. **5** chirrido (de frenos).

squeamish ['skwiːmɪʃ] *adj.* **1** melindroso, remilgado. **2** delicado, propenso a la náusea. **3** susceptible, suspicaz.

squeeze [skwiːz] *v. t.* **1** apretar; comprimir; prensar. **2** (**to** ~ **+** *o.* **+** *adv./prep.*) exprimir, chafar, estrujar: *squeeze the juice out of these lemons = exprime el zumo de estos limones.* **3** meter, encajar, hacer un hueco a (de tiempo, de espacio): *I can squeeze you in at 2.30 = te puedo hacer un hueco a las 2.30.* **4** acosar, agobiar (con demandas, impuestos). **5** exprimir, extorsionar, exigir (dinero). **6** obligar a descartarse (a un adversario en bridge). **7** (**to** ~ **+** *adv./prep.*) introducir a presión, meter a la fuerza: *we were squeezed inside = nos metieron a presión.* • *v. i.* **8** (~ **+** *adv./prep.*) introducirse a presión, meterse a la fuerza. • *s. c.* **9** compresión; estrujamiento; presión. **10** apretón (de mano). **11** (~ {**of**}) gotas: *add a squeeze of orange juice = añade unas gotas de zumo de naranja.* **12** ECON. restricción (de suministros, de créditos). • **13 to put the** ~ **on,** (fam.) presionar, apretar las clavijas.

squelch [skweltʃ] *v. i.* **1** chapotear, caminar chapoteando. • *v. t.* **2** despachurrar, aplastar, pisotear. **3** acallar por la fuerza, apabullar. • *s. sing.* **4** chapoteo. **5** réplica grosera, respuesta desconcertante.

squib [skwɪb] *s. c.* **1** petardo, buscapiés (explosivo). **2** pasquín, escrito satírico, libelo (para atacar a un político). ◆ **3 damp** ~, (fam.) desastre, ruina, calamidad (un espectáculo).

squid [skwɪd] *s. c.* ZOOL. calamar.

squiffy ['skwɪfɪ] *adj.* (brit.) (fam. y arc.) achispado, alegre.

squiggle ['skwɪgl] *s. c.* (fam.) garabato (sobre un papel).

squint [skwɪnt] *v. i.* **1** mirar entrecerrando los ojos, cerrar casi los ojos, forzar la vista: *he squinted at the name on the door = forzó la vista para ver el nombre escrito sobre la puerta.* **2** bizquear, ser estrábico. **3** mirar de lado, mirar de soslayo, mirar por el rabillo del ojo. • *s. c.* **4** estrabismo, bizquera. **5** mirada de soslayo, mirada de lado. **6** mirada forzada, mirada entrecerrando los ojos. • *adj.* **7** (fam.) de lado, de soslayo, torcido. **8** bizco, estrábico. • *adv.* **9** de forma ladeada. ◆ **10 to have/take a** ~ **at,** (fam.) echar una ojeada a, echar un vistazo a.

squire ['skwaɪər] *s. c.* **1** (arc.) propietario, señor, hacendado. **2** (arc.) escudero. **3** (brit.) (fam.) señor, caballero (apelativo cariñoso que se da a alguien de clase social superior de quien no se conoce su nombre).

squirm [skwɜːm] *v. i.* **1** retorcerse, revolverse (de dolor). **2** sentirse violento, avergonzarse. **3** culebrear, serpear (un reptil, un pez). • *s. c.* **4** sufrimiento. **5** contorsión; serpenteo; retorcimiento. **6** vergüenza, bochorno; mal rato.

squirrel ['skwɪrəl || 'skwɜːrl] *s. c.* ZOOL. ardilla.

squirt [skwɜːt] *v. i.* **1** salir a presión, salir a chorro. • *v. t.* **2** arrojar a chorro: *he squirted water at us = nos lanzaba chorros de agua.* • *s. c.* **3** (~ {**of**}) chorro. **4** (fam. y desp.) presumido, engreído, presuntuoso.

Sr. ['esɑː] *abreviatura* de **1 Senior,** padre (para distinguirlo del hijo del mismo nombre): *Mike Clayton, Sr. = Mike Clayton, padre.* **2** REL. **Sister,** Hermana. **3** QUÍM. **strontium,** estroncio. **4** señor (en Sudamérica).

Sri Lanka [ˌsriː'læŋkə] *s. sing.* Sri Lanka.

Sri Lankan [ˌsriː'læŋkən] *adj.* **1** de Sri Lanka. • *s. c.* **2** habitante de Sri Lanka.

SRN [ˌesɑːr'en] (*abrev.* de **State Registered Nurse**) *s. c.* **1** enfermera cualificada (en títulos): *Susan Fuller, SRN = enfermera Susan Fuller.* **2** (generalmente *sing.*) título de enfermería, carrera de enfermería: *he got his SRN last year = obtuvo su título de enfermero el año pasado.*

ST [ˌes'tiː] *s. c.* (*abrev.* de **sanitary towel**), compresa.

St [sənt] *s. c.* **1** abreviatura de **Street,** calle, c/ (en direcciones). **2 Saint,** santo, san, S.: *St. Martin = San Martín.* **3 stone,** 14 libras (medida de peso).

stab [stæb] (*ger.* **stabbing,** *pret.* y *p. p.* **stabbed**) *v. t.* **1** apuñalar, clavar. • *v. i.* **2** (~ {**at**}) empujar, hundir, marcar, hurgar; indicar, señalar (con el dedo, con un objeto): *she stabbed at the ground with her finger = señaló hacia el suelo con el dedo.* • *s. c.* **3** puñalada; cuchillada. **4** (~ {**of**}) punzada, pinchazo: *a stab of pain = un dolor agudo.* **5** (~ {**at**}) (fam.) intento, tentativa, prueba. • **6 to** ~ **someone in the back,** apuñalar a alguien por la espalda, traicionar a alguien. **7** ~ **in the back,** puñalada por la espalda, puñalada trapera, traición. **8 to have /make a** ~, hacer un intento, hacer la prueba. **9** ~ **wound,** puñalada.

stabbing ['stæbɪŋ] *s. c.* **1** apuñalamiento, muerte a puñaladas. ◆ *adj.* **2** punzante, agudo (un dolor).

stability [stə'bɪlɪtɪ] *s. i.* **1** estabilidad, firmeza, equilibrio. **2** integridad, fiabilidad. **3** REL. voto que une de por vida a un monasterio.

stabilization [ˌsteɪbəlaɪ'zeɪʃn] (también **stabilisation**) *s. i.* estabilización, normalización.

stabilize ['steɪbɪlaɪz] (también **stabilise**) *v. t.* **1** estabilizar, normalizar. • *v. i.* **2** estabilizarse, normalizarse.

stabilizer ['steɪbɪlaɪzər] (también **stabiliser**) *s. c.* MEC. **1** estabilizador, plano estabilizador. **2** amortiguador. **3** QUÍM. estabilizador.

stable ['steɪbl] *adj.* **1** estable, constante, fijo, no cambiante: *a stable relationship = una relación estable.* **2** estable, firme, seguro. **3** estable, sereno, juicioso (el carácter). **4** QUÍM. estable. • *s. c.* **5** establo, cuadra, caballeriza. **6** cuadra (organización, grupo de caballos): *he owns one of the best stables = posee una de las mejores cuadras.* **7** (~ {**of**}) (fig.) grupo (de deportistas, de artistas): *a stable of prizefighters = un grupo de boxeadores profesionales.* • *v. t.* **8** guardar en establo, encerrar en establo, albergar en cuadra. • **9 to shut/close the ~ door after the horse has bolted,** ser demasiado tarde para prevenir, muerto el burro, la cebada al rabo.

stable-boy ['steɪblbɔɪ] (también **stable-lad**) *s. c.* mozo de cuadra, mozo de caballeriza.

staccato [stə'kɑːtəu] *adj.* **1** MÚS. staccato. **2** entrecortado, quebrado (un ruido, un sonido). • *adv.* **3** en staccato. • *s. pl.* **4** staccato.

stack [stæk] *s. c.* **1** montón, pila: *a stack of plates = un rimero de platos.* **2** AGR. almiar (de mieses). **3** (~ {**of**}) (fam.) montón, mogollón: *stacks of work = montones de trabajo.* **4** estante, balda (de una librería). **5** INF. pila, lote. **6** MIL. pabellón de fusiles. **7** chimenea (de una casa, de un buque); humero, cañón (de chimenea). **8** (brit.) 108 pies cúbicos (unidad de medida para carbón y madera). • *v. t.* **9** (**to** ~ {**up**}) apilar, amontonar. **10** (**to** ~ {**with**} y generalmente *pasiva*) llenar de montones, apilar: *the pavement was stacked with bricks = en la acera se apilaban montones de ladrillos.* **11** (**to** ~ {**against**}) (fam.) hacer trampas con, preparar, colocar fraudulentamente (los naipes para tener ventaja). • *v. i.* **12** apilarse, amontonarse. **13** (**to** ~ {**up**}) AER. volar en grupo (a la espera de aterrizar un avión). • **14 to ~ up (against),** (fam.) compararse con. **15 the odds/cards are stacked against,** las circunstancias son desfavorables, la suerte está en contra.

stadia ['steɪdjə] *pl.* de **stadium.**

stadium ['steɪdɪəm] (*pl.* **stadiums** o **stadia**) *s. c.* DEP. estadio.

staff [stɑːf || stæf] *s. c.* **1** (~ + *v. sing./pl.*) plantilla, personal, empleados (de una escuela, de una empresa). **2** MIL. plana mayor, estado mayor. **3** (*pl.* **staves**) bastón, vara. **4** báculo; bastón de mando; cayado. **5** asta, mástil (de la bandera). **6** MÚS. pentagrama. • *v. t.* **7** (**to** ~ {**with**} y generalmente *pasiva*) dotar de personal, proveer de personal. **8** (generalmente *pasiva*) trabajar en plantilla, trabajar, tener un puesto en (una empresa). • **9 ~ nurse,** enfermera (con rango inferior a la jefa de enfermeras).

staffing ['stɑːfɪŋ] *s. i.* empleo; plantilla, personal: *staffing restrictions = restricciones de plantilla.*

stag [stæg] *s. c.* **1** ZOOL. ciervo, venado. **2** ZOOL. (animal) castrado. **3** soltero (varón que asiste solo a reuniones sociales). **4** fiesta de solteros. **5** (brit.) especulador (en bolsa). • *adj.* **6** sólo para hombres, de solteros. ◆ **7 ~ party,** despedida de soltero.

stage [steɪdʒ] *s. c.* **1** escenario (en un teatro). **2** (**the** ~) (fig.) el teatro, las tablas; la farándula. **3** plataforma, estrado, tablado. **4** andamio. **5** portaobjeto (de un microscopio). **6** (fig.) escena, acción, acontecimientos: *at the centre of the stage = en el centro de los acontecimientos.* **7** estadio, etapa, fase: *at this first stage = en esta primera fase.* **8** parada de postas, estación. **9** diligencia. **10** etapa, jornada (de un viaje, de una carrera): *he dropped out during the first stage of the cycle race = abandonó en la primera etapa de la vuelta ciclista.* **11** piso, planta (de un edificio). **12** nivel (del agua). **13** AER. módulo, parte (de un cohete). • *v. t.* **14** poner en escena, representar, escenificar, montar (una obra teatral, un espectáculo). **15** organizar, llevar a cabo: *they staged a demonstration to complain = organizaron una manifestación de protesta.* ◆ **16 on ~/on the ~,** actuando, en escena, en el escenario. **17 to set the ~ for,** preparar el terreno, sentar las bases. **18 ~ by ~,** paso a paso, poco a poco, gradualmente. **19 ~ direction,** acotación, indicación escénica (en una obra teatral). **20 ~ door,** entrada de actores. **21 ~ fright,** miedo escénico, miedo al público. **22 ~ whisper,** aparte (para que se oiga).

stagecoach ['steɪdʒkəutʃ] *s. c.* diligencia.

stagehand ['steɪdʒhænd] *s. c.* tramoyista.

stage-manage [ˌsteɪdʒ'mænɪdʒ] *v. t.* **1** (fam.) preparar, urdir, orquestar (de cara al público): *they stage-managed the campaign against the reforms = orquestaron la campaña contra las reformas.* **2** dirigir (una obra teatral), ser regidor.

stage-manager [ˌsteɪdʒ'mænɪdʒər] *s. c.* director de escena.

stage-struck ['steɪdʒstrʌk] *adj.* enamorado del teatro, loco por el teatro.

stagger ['stægər] *v. i.* **1** (**to** ~ + *adv./prep.*) tambalearse. • *v. t.* **2** asombrar, dejar atónito, dejar perplejo. **3** escalonar (las horas de trabajo, las vacaciones). • *s. c.* **4** tambaleo.

staggered ['stægəd] *adj.* asombrado, atónito, perplejo, pasmado.

staggering ['stægərɪŋ] *adj.* asombroso, chocante, pasmoso.

staggeringly ['stægərɪŋlɪ] *adv.* asombrosamente, de forma chocante, de forma pasmosa: *he finished staggeringly early = terminó asombrosamente pronto.*

stagnant ['stægnənt] *adj.* **1** estancado, infecto: *a stagnant pool = una charca infecta.* **2** estancado, inactivo.

stagnate [stæg'neɪt || 'stæg-neɪt] *v. i.* **1** estancarse. **2** Anquilosarse paralizarse, quedar estancado.

stagnation [stæg'neɪʃn] *s. i.* paralización, estancamiento.

stagy ['steɪdʒɪ] *adj.* (desp.) teatral, teatrero, dramático: *a stagy gesture = un gesto teatral.*

staid [steɪd] *adj.* austero, sobrio, formal, serio; carca, conservador (en apariencia, gustos, comportamiento).

stain [steɪn] *v. t.* **1** manchar, ensuciar. **2** teñir, manchar: *the pen stained her fingers blue = el bolígrafo le tiñó o manchó los dedos de azul.* **3** (generalmente *pasiva*) (form. y fig.) manchar, mancillar (la reputación). • *v. i.* **4** mancharse, ensuciarse. • *s. c.* **5** mancha; lamparón: *blood stains = manchas de sangre.* **6** (fig.) estigma, mancha. • *s. c.* e *i.* **7** tinte, tintura; colorante.

stained [steɪnd] *adj.* **1** manchado. **2** teñido. • *sufijo* **3 ~ stained,** (*s.* + ~ para formar *adj.*) manchado de, sucio de: *an ink-stained carpet = una alfombra manchada de tinta.* ◆ **4 ~ glass,** vidrio de colores. ◆ **5 ~ glass window,** vidriera.

stainless ['steɪnlɪs] *adj.* **1** inoxidable. **2** (lit.) inmaculado, sin mancha, sin tacha. ◆ **3 ~ steel,** acero inoxidable.

stair [steər] *s. c.* **1** (lit.) escalera; escalinata. **2** peldaño, escalón. **3** tramo de escalera (de una vivienda). ◆ **4 above stairs,** (arc.) arriba, parte de la casa donde viven los dueños. **5 below stairs,** (arc.) zona del servicio (en una casa). **6 flight of stairs,** tramo de escalera. **7 stairs,** escaleras.

staircase ['steəkeɪs] (también **stairway**) *s. c.* escaleras; escalinata.

stairway ['steəweɪ] *s. c.* ⇒ **staircase.**

stairwell ['steəwel] *s. c.* hueco de la escalera.

stake [steɪk] *s. c.* **1** estaca, poste, palo, puntal. **2** (arc.) hoguera, pira (de ejecución). **3** (~ {**in**}) interés, participación (en un negocio o asunto). **4** puesta, apuesta (a los caballos). **5** guía (para sujetar plantas). **6** (EE UU) avío, adelanto (de dinero que se entrega a un buscador de oro). • *v. t.* **7** (**to** ~ {**on**}) apostar, arriesgar, jugarse (dinero, bienes). **8** arriesgar, comprometer (la reputación, la credibilidad). **9** (**to** ~ {**up**}) sujetar o enderezar con guías, guiar: *they had to stake the rose trees = tuvieron que sujetar los rosales con guías.* **10** (**to** ~ {**off /out**}) marcar con estacas, cercar con estacas. **11** ECON. inyectar dinero en, financiar (una empresa). • **12 at ~,** en juego. **13 burned at the ~,** quemado en la hoguera. **14 to go to the ~ for something,** arriesgarse por algo, ir al fin del mundo por algo. **15 to ~ a claim,** hacer una reclamación, reclamar un derecho, afirmar un derecho (sobre un terreno, área de estudio). **16 stakes, a)** premio (de una carrera, una actividad); **b)** (~ + *v. sing./pl.*) carrera de caballos en que el dinero del premio se pone entre los dueños de estos a partes iguales. **17 to ~ out, a)** (EE UU) (fam.) vigilar, tener vigilado; **b)** delimitar, establecer los límites de. **18 to ~ somebody to,** (EE UU) regalar a alguien, proveer a alguien de (dinero para una adquisición).

stakeholder ['steɪkhəuldər] *s. c.* custodio del dinero (de una apuesta); interesado, participante (en una empresa).

stalactite ['stæləktaɪt || stə'læktaɪt] *s. c.* GEOL. estalactita.

stalagmite ['stæləgmaɪt || stə'lægmaɪt] *s. c.* GEOL. estalagmita.

stale [steɪl] *adj.* **1** rancio, pasado (un alimento); duro (el pan). **2** viciado (el aire). **3** aburrido; gastado; anticuado. **4** estancado; pasado de moda; falto de originalidad, cansado (mentalmente, corporalmente). • *v. i.* **5** ponerse rancio; ponerse duro. **6** estar anticuado, estar pasado de moda.

stalemate ['steɪlmeɪt] *s. c.* e *i.* **1** tablas (en ajedrez). **2** punto muerto, estancamiento, paralización: *the talks have reached a stalemate = las conversaciones han llegado a un punto muerto.*

staleness [steɪlnɪs] *s. i.* **1** enranciamiento, ranciedad. **2** decadencia, antigüedad.

stalk [stɔːk] *s. c.* **1** BOT. tallo, troncho. **2** BOT. peciolo, pedúnculo, rabillo. **3** pie (de una copa). • *v. t.* **4** acechar, cazar al acecho, seguir los pasos a (un animal). • *v. i.* **5** (**to** ~ + *adv./prep.*) caminar dándose aires, caminar dándose importancia: *she stalked out of the room = salió con aires de ofendido de la habitación.* • *v. t.* **6** (lit.) rondar, acechar: *famine stalked the town = el hambre rondaba la ciudad.* • *v. i.* **7** (lit.) estar al acecho.

stall [stɔːl] *s. c.* **1** (brit.) puesto; caseta (de venta en el mercado, en la calle): *fruit stalls along the street = puestos de fruta a lo largo de la calle.* **2** cuadra; establo; pesebre. **3** silla del coro, sitial (en una iglesia, catedral). **4** cabina, compartimento, cubículo. **5** dedil (para coser). • *s. i.* **6** pérdida de velocidad, pérdida de fuerza, ahogo (de una máquina). • *v. t.* **7** calar (un motor). **8** AER. hacer entrar en pérdida. **9** (fam.) dejar a un lado, posponer, dar largas (a un asunto, etc.); entretener, distraer (a una persona). **10** guardar en establo, estabular. • *v. i.* **11** calarse (un moto). **12** entrar en pérdida, caer sin control. **13** (fam.) andar con rodeos o evasivas, rehuir. ◆ **14 (the) stalls,** (brit.) (la) platea, (el) patio de butacas.

stallholder ['stɔːlhəuldər] *s. c.* dueño de un puesto (de mercado).

stallion ['stælɪən] *s. c.* ZOOL. semental, garañón, (Am.) padrillo.

stalwart ['stɔːlwət] *adj.* **1** (arc. y form.) incondicional, leal. **2** resuelto, decidido (una persona). **3** robusto, vigoroso, fornido, fuerte. • *s. c.* **4** partidario acérrimo, incondicional: *the stalwarts of the team = los incondicionales del equipo.*

stalwartly ['stɔːlwətlɪ] *adv.* **1** incondicionalmente, lealmente. **2** firmemente, resueltamente. **3** vigorosamente.

stalwartness ['stɔːlwətnɪs] *s. i.* **1** lealtad, fidelidad. **2** resolución, decisión, determinación. **3** fortaleza, vigor.

stamen ['steɪmen] (*pl.* **stamens** o **stamina**) *s. c.* BOT. estambre.

stamina ['stæmɪnə] *s. i.* **1** resistencia, energía, aguante, vigor. **2** *pl. de* **stamen.**

stammer ['stæmər] *v. t.* e *i.* **1** tartamudear. • *s. sing.* **2** tartamudeo. ◆ **3 to ~ out,** decir tartamudeando.

stammerer ['stæmərər] *s. c.* tartamudo.

stammeringly ['stæmərɪŋlɪ] *adv.* con tartamudeo, tartamudeando.

stamp [stæmp] *v. t.* e *i.* **1** (**to** ~ + *adv./prep.*) pisotear, patear. • *v. t.* **2** sellar, poner un sello en: *he stamped my passport = me selló el pasaporte.* **3** franquear; poner un sello (de correos) en; timbrar. **4** (**to** ~ {**as**}) identificar (como); caracterizar (como); señalar, destacar (como). **5** troquelar, acuñar. • *s. c.* **6** (también **postage stamp**) sello (de correos), (Am.) estampilla. **7** póliza. **8** (también **trading stamp**) cupón. **9** tampón; cuño, troquel: *a date stamp = un tampón con la fecha.* **10** sello, marca: *I've got several stamps in my passport = llevo varios sellos en el pasaporte.* **11** (fig. y form.) marca, sello, signo. **12** pateo; pisotón. **13** (form.) clase, carácter, calaña. • **14 ~ album,** álbum de sellos. **15 ~ collecting,** coleccionismo de sellos, filatelia (actividad). **16 to ~ down,** pisotear, hollar, aplastar. **17 stamped addressed envelope,** sobre con sello y dirección (que se envía al pedir información a una organización para no tener que pagar gastos de envío). **18 stamping ground,** coto privado, lugar favorito. **19 to ~ out, a)** erradicar, eliminar, suprimir; **b)** acuñar; elaborar con molde, sacar a partir de un molde.

stampede [stæm'piːd] *s. c.* **1** estampida, desbandada. **2** (fig.) estampida, pánico, carrera alocada: *a stampede down the stairs = una estampida escaleras abajo.* • *v. i.* **3** (**to** ~ {**into**}) salir de estampida. • *v. t.* **4** espantar (animales); hacer huir alocadamente (a personas).

stance [stæns] *s. sing.* **1** DEP. posición, postura. **2** (~ {**on**}) posición, punto de vista, postura: *a rigid stance on the death penalty = una postura rígida sobre la pena de muerte.*

stanch ['stɔːntʃ] *v. t.* ⇒ **staunch.**

stanchion ['stænʃən || 'stæntʃən] *s. c.* puntal, poste, soporte.

stand [stænd] (*pret.* y *p. p. irreg.* **stood**) *v. i.* **1** estar de pie; mantenerse de pie; levantarse; estar derecho. **2** levantarse, erguirse; tener una altura: *some rose trees stand in the garden = unos rosales se yerguen en el jardín.* **3** (**to** ~ + *adv./prep.*) estar, quedarse, permanecer (realizando una actividad): *we stood talking for hours = permanecimos hablando horas.* **4** permanecer, estar; encontrarse, hallarse (sin ser usado, en cierta posición, a cierto nivel): *the bus stood there for months = el autobús permaneció allí durante meses.* **5** reposar, estancarse (un líquido): *leave the cream to stand = deja que la crema repose.* **6** (EE UU) detenerse, pararse (por poco tiempo un vehículo). **7** (**to** ~ + *adv./prep.*) permanecer, mantenerse (unidos, firmes, etc.). **8** (**to** ~ + *adv./prep.*) estar, ir (las cosas): *as things stand nowadays = tal y como están las cosas hoy en día.* **9** ser válido, seguir en pie: *her offer still stands = su oferta aún es válida* o *todavía sigue en pie.* **10** (**to** ~ + *inf.*) tener posibilidades de: *if you pass, you stand to get the job = si apruebas, tienes posibilidades de conseguir el puesto.* **11** (brit.) **to ~ for,** también (EE UU) **run**) ser candidato en, presentarse a (unas elecciones). **12** MAR. mantener rumbo; poner rumbo. • *v. t.* **13** (generalmente en *interr.* y *negativas;* **not to** ~ + *s./o.* + *ger./ger.*) soportar, aguantar, tolerar: *I can't stand alcohol = no aguanto el alcohol; she couldn't stand gossiping = no soportaba el cotilleo.* **14** (**to** ~ + *o.indirecto* + *o.directo*) invitar a, pagar: *I'll stand you a drink = te invito a tomar algo.* **15** pasar (una prueba). **16** colocar, poner: *we stood the ladder against the wall = colocamos la escalera contra la pared.* **17** levantar, elevar, alzar. • *s. c.* **18** puesto (callejero). **19** caseta (en una feria). **20** quiosco (de periódicos). **21** stand (de exposición). **22** (generalmente en combinación) pedestal, atril, pie (para colocar algo): *an umbrella stand = un paragüero; a lamp stand = un pie de lámpara.* **23** MIL. resistencia. **24** oposición, antagonismo, resistencia: *a determined stand against nuclear weapons = una oposición firme a las armas nucleares.* **25** (~ {**on**}) posición, postura (sobre). **26** parada (de taxis). **27** (EE UU) DER. estrado, tribuna (de testigos). **28** (también *pl.*) graderío, gradas (en un estadio). • **29 how/where people ~ on,** qué piensa la gente sobre: *where do people stand on this subject? = ¿qué piensa la gente sobre este asunto?* **30 it stands to reason,** (fam.) es de cajón, salta a la vista, está claro, es obvio. **31 to know where one stands,** saber lo que uno piensa. **32 to leave someone standing,** dejar a alguien atrás/parado (en la salida de una carretera, etc.) **33 to make one's hair ~ on end,** ⇒ **hair. 34 not to have a leg to ~ on,** ⇒ **leg. 35 to ~ a chance/hope,** tener alguna posibilidad. **36 to ~ corrected,** admitir la equivocación, retractarse, desdecirse, confesar el error. **37 ~ and deliver!,** (arc.) ¡manos arriba! (decían los ladrones de diligencias). **38 to ~ by, a)** estar al lado de, estar cerca de (en la adversidad); **b)** mantener, ser fiel a (una promesa); **c)** mantenerse pasivo, no intervenir. **39 to ~ by for,** estar atento a, estar alerta a, mantenerse preparado para. **40 to ~ down, a)** dimitir; dimitir en favor de; **b)** DER. abandonar el estrado, retirarse del estrado; **c)** (brit.) MIL. salir de guardia; dar permiso (después de un servicio). **41 to ~ for, a)** representar; simbolizar; ser la abreviatura de; **b)** permitir, consentir, tolerar; **c)** defender, luchar por (ideas). **42 to ~ in (for)**, sustituir, reemplazar (a). **43 to ~ on ceremony, ⇒ ceremony. 44 to ~ on one's dignity,** (desp.) mantenerse digno, ponerse digno (en una discusión). **45 to ~ on one's own feet,** (fam.) ser independiente. **46 to ~ one's ground, ⇒ ground. 47 to ~ on one's head/hands,** hacer el pino, ponerse con los pies en alto. **48 to ~ or fall by,** depender enteramente del éxito o del fracaso. **49 to ~ out,** resaltar, destacarse. **50 to ~ out a mile,** verse a la legua. **51 to ~ out against,** oponerse a, mantenerse firme contra. **52 to ~ out from,** sobresalir, destacarse, descollar. **53 to ~ to,** (brit.) MIL. ocupar un puesto de guardia; enviar a hacer una guardia. **54 to ~ someone in good stead, ⇒ stead. 55 to ~ trial,** ser juzgado. **56 standing on one's head,** (fam.) con los ojos cerrados, a ojos cerrados. **57 to ~ up, a)** levantarse, ponerse en pie; **b)** ser resistente, durar mucho (un objeto); **c)** sostenerse, mantenerse; **d)** (fam.) dar plantón, dejar plantado. **58 to ~ up and be counted,** decir lo que se piensa (aunque sea peligroso). **59 to ~ up for,** dar la cara por, ponerse del lado de, defender a. **60 to ~ up to,** hacer frente a, enfrentarse a. **61 to take a ~ on,** pronunciarse sobre, dar la opinión sobre.

stand-alone ['stændələun] *adj.* INF. autónomo, independiente.

standard ['stændəd] *s. c.* **1** nivel, grado. **2** regla, norma, criterio. **3** pauta, patrón, modelo (moral). **4** patrón (medida de peso, pureza, valor): *gold standard = patrón oro.* **5** estandarte, pabellón, pendón, enseña. **6** soporte, pie, base. **7** BOT. planta/árbol sin guías. **8** norma: *the procedure has become a standard = el procedimiento se ha convertido en la norma.* **9** MÚS. clásico, canción popular (que cantan muchos cantantes). • *adj.* **10** estándar, normal, corriente (medida, precio, peso). **11** recomendado, clásico (una obra, un texto). **12** estándar, correcto (la pronunciación). ♦ **13 ~ bearer, a)** (fig.) abanderado, adalid (de una organización); **b)** MIL. portaestandarte. **14 ~ deviation,** desviación típica. **15 ~ lamp,** (brit.) lámpara de pie. **16 ~ of living/living ~,** nivel de vida.

standardization [,stændədaɪ'zeɪʃn] (también **standardisation**) *s. c.* estandarización, normalización, unificación.

standardize ['stændədaɪz] (también **standardise**) *v. t.* estandarizar, uniformizar, regularizar, normalizar: *mass media standardize habits = los medios de comunicación normalizan* o *uniformizan las costumbres.*

standby ['stændbaɪ] *s. c.* **1** recurso, reserva, repuesto: *tins of food are a good standby = las latas de conserva son un buen recurso.* **2** persona de confianza, persona fiel, paño de lágrimas. ♦ **3 to be on ~,** estar de reserva; estar listo, estar preparado: *they had some people on standby = tenían gente de reserva.* **4 ~ ticket,** billete de lista de espera, entrada de última hora (que sobra y se compra a precio más barato justo antes de partir, de que empiece una obra).

stand-in ['stændɪn] *s. c.* **1** doble (de un actor en escenas peligrosas, durante una enfermedad). **2** sustituto, suplente.

standing ['stændɪŋ] *adj.* **1** continuo, permanente, invariable; establecido, arraigado. **2** válido, efectivo. **3** de pie, en pie: *a standing ovation = una ovación en pie.* **4** erguido, recto, vertical. **5** estacionario, estancado, inamovible. • *s. i.* **6** estatus, rango, clase, posición (social). **7** reputación, importancia, categoría. **8** duración; antigüedad. ♦ **9 of long ~/of five, etc... years' ~,** de larga duración/de hace cinco, etc. años. **10 ~ order/banker's order, a)** (brit.) FIN. domiciliación de pago (de una cantidad fija mensual); **b)** POL. reglamento vigente. **11 ~ room,** espacio para permanecer de pie, localidades de pie (en un teatro, en un autobús).

stand-offish [,stænd'ɒfɪʃ] *adj.* (fam. y desp.) estirado, reservado, frío, con aires de superioridad.

standpipe ['stændpaɪp] *s. c.* depósito vertical de agua, torre depósito de alimentación de agua (público).

standpoint ['stændpɔɪnt] *s. c.* punto de vista, posición.

standstill ['stændstɪl] *s. sing.* **1** parada, alto, parón. ♦ **2 to bring to a ~,** parar, detener (un vehículo, una máquina, una industria). **3 to come to a ~,** pararse, detenerse, quedar paralizado.

stand-up ['stændʌp] *adj.* **1** que se hace o se toma de pie (una actividad, una comida, una pelea). **2** (espectáculo) de un solo cómico en escena contando chistes. **3** alto, rígido: *a stand-up collar = un cuello alto.*

stank [stæŋk] *pret. irreg.* de **stink.**

stanza ['stænzə] *s. c.* LIT. estrofa.

staple ['steɪpl] *s. c.* **1** grapa, (Am.) corchete (para sujetar papel). **2** cibica, laña, patilla. **3** producto de primera necesidad, producto básico. **4** materia prima. **5** tema central; elemento esencial. • *v. t.* **6** grapar. • *adj.* **7** básico, principal: *oil is our staple product = el aceite es nuestro principal producto.* **8** común, corriente, cotidiano, establecido. ♦ **9 ~ diet,** dieta básica. **10 ~ gun,** grapadora industrial.

stapler ['steɪplər] *s. c.* grapadora, (Am.) corchetera.

star [stɑːr] *s. c.* **1** estrella, astro. **2** estrella, condecoración, insignia. **3** estrella (que indica forma, categoría, calidad). **4** asterisco (en imprenta). **5** (fig.) estrella, celebridad (del espectáculo). **6** (generalmente *sing.*) (lit.) estrella, suerte. • (*ger.* **starring,** *pret.* y *p. p.* **starred**) **7** *v. t.* presentar como estrella, presentar en el papel principal (en cine, teatro). **8** marcar con asterisco: *we've starred the non available items = hemos marcado con asterisco los productos que no están disponibles.* **9** (generalmente *pasiva.*) decorar con estrellas, adornar con estrellas. • *v. i.* **10** (**to ~** {**in**}) protagonizar, hacer el papel protagonista (en), ser la estrella (de) (una película, obra de teatro). • *sufijo* **11** de... estrellas (un hotel): *a three-star hotel = un hotel de tres estrellas; four-star petrol = gasolina súper.* • **12 to be born under a lucky ~,** nacer con buena estrella. **13 to reach for the stars,** aspirar a las estrellas. **14 stars,** horóscopo. **15 Stars and Stripes,** (fam.) barras y estrellas (nombre popular de la bandera norteamericana). **16 ~ sign,** signo del Zodíaco. **17 to see stars,** (fam.) ver las estrellas (a causa de un golpe). **18 to thank one's lucky stars,** (fam.) dar gracias a Dios, estar agradecido a la suerte de uno.

starboard ['stɑːbɔːd] *adj.* MAR. **1** estribor. • *adj.* **2** a estribor, de estribor. • *adv.* **3** a estribor. • *v. t.* **4** poner a estribor, mover a estribor.

starch [stɑːtʃ] *s. c.* e *i.* **1** almidón, fécula, hidratos de carbono (en alimentos). **2** almidón (para la ropa). • *v. t.* **3** almidonar.

starched [stɑːtʃt] *adj.* almidonado.

starchy ['stɑːtʃɪ] *adj.* **1** feculento (un alimento). **2** (fam.) estirado, serio, formalista (una persona).

stardom ['stɑːdəm] *s. i.* estrellato.

stare [steər] *v. i.* **1** (**to ~** {**at**}) mirar fijamente (a), fijar la vista (en). **2** (**to ~ +** *adv./prep.*) saltar a la vista. • *s. c.* **3** mirada fija. • **4 to ~ out,** hacer bajar la vista a. **5 to ~ someone in the face,** (fam.) **a)** saltar a la vista, ser obvio, estar claro; **b)** ser inminente, estar a punto de suceder.

starfish ['stɑːfɪʃ] *s. c.* ZOOL. estrella de mar.

stark [stɑːk] *adj.* **1** estricto, puro, riguroso (una verdad). **2** (fig.) simple, escueto (los hechos). **3** desolado, yermo, pelado (un lugar). **4** total, completo, absoluto: *they lived in stark* *poverty = vivían en absoluta pobreza.* • *adv.* **5** totalmente, completamente, absolutamente. ◆ **6** ~ **naked,** (fam.) en cueros, completamente desnudo. **7** ~ **raving/staring mad,** (fam. y hum.) como una cabra, loco de atar.

starkers ['stɑːkəz] *adj.* (brit.) (hum. y fam.) en cueros, como Dios lo trajo al mundo.

starkly ['stɑːklɪ] *adv.* **1** estrictamente, rigurosamente. **2** escuetamente, al desnudo, claramente, llanamente: *to put it starkly, we have to leave = por decirlo llanamente, tenemos que irnos.* **3** totalmente, completamente.

starkness ['stɑːknɪs] *s. i.* desnudez, desolación (de un paraje).

starlet ['stɑːlɪt] *s. c.* **1** aspirante a estrella, estrella joven (de cine, teatro). **2** estrellita, estrella pequeña.

starlight ['stɑːlaɪt] *s. i.* luz de las estrellas.

starling ['stɑːlɪŋ] *s. c.* ZOOL. estornino.

starlit ['stɑːlɪt] *adj.* iluminado por las estrellas.

starry ['stɑːrɪ] *adj.* **1** estrellado, tachonado de estrellas, plagado de estrellas. **2** en forma de estrella. **3** brillante, rutilante; titilante. **4** estelar.

starry-eyed [ˌstɑːrɪ'aɪd] *adj.* (fam. y desp.) romántico, idealista; ingenuo, cándido; soñador; lleno de esperanzas; emocionado: *starry-eyed about the trip = emocionado con el viaje.*

star-studded [ˌstɑː'stʌdɪd] *adj.* plagado de famosos, lleno de estrellas célebres, estelar: *a star-studded film = una película con un reparto estelar.*

start [stɑːt] *v. t.* e *i.* **1** (**to** ~ + *s./inf./ger.*) empezar, comenzar, emprender, iniciar(se) (una acción, un viaje). **2** (**to** ~ {**up**}) fundar(se), montarse (un negocio): *she started the family business = ella montó el negocio familiar.* **3** iniciar(se), originar(se) (un asunto, rumor). **4** arrancar, poner(se) en marcha: *the car wouldn't start = el coche no se ponía en marcha.* • *v. i.* **5** (**to** ~ {**in/on**}) empezar a trabajar: *can you start next month? = ¿puede empezar a trabajar el mes próximo?* **6** (**to** ~ {**for/off/out**}) partir, salir, ponerse en camino: *we don't have to start early = no tenemos que ponernos en camino temprano.* **7** DEP. tomar parte (en una competición). **8** (fam.) ponerse pesado, empezar a molestar, empezar a dar la vara: *don't start again! = ¡no empieces a dar la vara otra vez!* **9** (**to** ~ {**at**}) sobresaltarse, asustarse. **10** (**to** ~ + *adv./prep.*) (lit.) saltar, ponerse de pie bruscamente: *starting to her feet = poniéndose bruscamente de pie.* • *v. t.* **11** empezar, comenzar, iniciar (un producto, una nueva vida, un tema de conversación). **12** causar, provocar (una desgracia). • *s. c.* **13** salida, partida, marcha. **14** comienzo, inicio, salida, principio. **15** (**the** ~) DEP. la salida, la línea de salida. **16** (generalmente *sing.*) sobresalto, susto. **17** impulso, arranque, pronto. • *s. c.* e *i.* **18** (~ {**on/over**}) ventaja, delantera (sobre). • **19 false** ~, **a)** DEP. salida nula; **b)** (fig.) comienzo en falso, mal comienzo. **20 for a** ~, en primer lugar, para empezar. **21 from** ~ **to finish,** de principio a fin. **22 to get off to a good/bad** ~, empezar con buen/mal pie, tener un buen/mal comienzo. **23 to get off to a flying** ~, ⇒ **flying. 24 to keep/**~ **the ball rolling,** ⇒ **ball. 25 in fits and starts,** ⇒ **fit. 26 to make a** ~, empezar, ponerse manos a la obra. **27 to** ~ **a family,** crear una familia, fundar un hogar. **28 to** ~ **from scratch,** empezar de la nada; empezar desde cero. **29 starting point,** punto de partida (en una discusión, de un viaje). **30 to** ~ **off, a)** ponerse en camino, empezar un viaje, partir; **b)** poner a hacer algo (a alguien), poner en marcha, iniciar (en una actividad). **31 to** ~ **on,** emprender, comenzar (una actividad). **32 to** ~ **out,** partir, salir. **33 to** ~ **something,** (fam.) buscar problemas, buscar pelea. **34 to** ~ **with, a)** en primer lugar, para empezar; **b)** al principio, en un principio.

starter ['stɑːtər] *s. c.* **1** DEP. competidor, participante. **2** DEP. juez de salida. **3** MEC. motor de arranque. **4** (brit.) (fam.) entrante, entrada, primer plato (de una comida). ◆ **5 for starters,** (fam.) lo primero, para empezar.

startle ['stɑːtl] *v. t.* alarmar, sobresaltar, asustar, sobrecoger: *I was startled by the news = me alarmaron las noticias.*

startled ['stɑːtld] *adj.* alarmado, sobrecogido, asustado, sobresaltado.

startling ['stɑːtlɪŋ] *adj.* **1** alarmante, sobrecogedor; asombroso. **2** chocante, llamativo; chillón; exagerado.

startlingly ['stɑːtlɪŋlɪ] *adv.* alarmantemente; sorprendentemente, asombrosamente.

starvation [stɑː'veɪʃn] *s. i.* **1** inanición, hambre. **2** (fig.) hambre, privación: *a starvation diet = una dieta de pasar hambre.* ◆ **3** ~ **wages,** sueldo mísero.

starve [stɑːv] *v. i.* **1** morir de hambre, morir de inanición; sufrir hambre. **2** (**to** ~ {**of**}) tener grandes carencias (de): *children starving for affection = niños privados de cariño.* • *v. t.* **3** matar de hambre o inanición; hacer pasar hambre a. **4** (~ {**of**}) privar (de). **5 to be starving,** (fig.) estar hambriento, morirse de hambre.

stash [stæʃ] *v. t.* **1** (**to** ~ + *o.* + *adv./prep.*) (fam.) esconder, ocultar. • *s. c.* **2** (fam.) escondite, escondrijo. **3** objeto oculto, cosa escondida; alijo (de drogas).

state [steɪt] *s. c.* **1** (~ {**of**}) estado, condición, situación. **2** aspecto, apariencia, naturaleza. **3** POL. estado, país. **4** estado, departamento, cantón. • *s. i.* **5** ((**the**) ~) el Estado, el gobierno. **6** magnificencia, gala, fasto, pompa. **7** posición social, rango, dignidad. • *v. t.* **8** declarar, manifestar: *please, state whether you were there or not = por favor, manifieste si Vd. estaba allí o no.* **9** especificar, establecer, fijar: *he left the country on the stated date = dejo el país en la fecha establecida.* • *adj.* **10** estatal, del Estado, público; de estado: *state secrets = secretos de estado.* **11** ceremonial, de gala, lujoso. • **12 to be in a** ~**/to get into a** ~, (brit.) (fam.) estar/ponerse nervioso. **13 in** ~, ceremonialmente, con gran pompa, con gran boato, muy lujosamente. **14 in a** ~ **of nature,** (hum.) en cueros, totalmente desnudo. **15 to lie in** ~, estar de cuerpo presente, yacer en la capilla ardiente. **16 not to be in a fit** ~, no estar en condiciones, no estar preparado. **17 State Department,** (EE UU) Departamento de Estado, Ministerio de Asuntos Exteriores. **18 State Enrolled Nurse,** ⇒ **SEN. 19** ~ **of affairs,** situación, circunstancias. **20** ~ **of mind,** humor, estado de ánimo. **21 State Registered Nurse,** ⇒ **SRN. 22 the States,** los Estados Unidos de Norteamérica.

statecraft ['steɪtkrɑːft] *s. i.* política, arte de gobernar.

stateless ['steɪtlɪs] *adj.* apátrida, sin nacionalidad.

stateliness ['steɪtlɪnɪs] *s. i.* majestad, grandeza, esplendor, dignidad.

stately ['steɪtlɪ] *adj.* **1** imponente, impresionante, majestuoso, sublime, grandioso, formidable. ◆ **2** ~ **home,** (brit.) mansión, casa solariega (generalmente de interés histórico-artístico).

statement ['steɪtmənt] *s. c.* **1** declaración, afirmación, manifestación. **2** DER. testimonio, declaración. **3** FIN. extracto (bancario), estado de cuenta. • *s. i.* **4** (form.) expresión, exposición.

stateroom ['steɪtrʊm] *s. c.* **1** MAR. camarote. **2** salón de recepciones (en un palacio).

statesman ['steɪtsmən] (*pl.* **statesmen**) *s. c.* estadista, hombre de estado.

statesmanship ['steɪtsmənʃɪp] *s. i.* habilidad de estadista, arte de gobernar.

statesmen ['steɪtsmən] *pl. irreg.* de **statesman.**

static ['stætɪk] *adj.* **1** estático; estancado; estacionario; fijo. **2** inactivo, inmóvil. **3** (no *comp.*) ELEC. estático. • *s. i.* **4** RAD. interferencia. ◆ **5 statics,** FÍS. estática.

station ['steɪʃn] *s. c.* **1** estación (de ferrocarril, de autobuses, de metro). **2** observatorio (de investigación). **3** comisaría (de policía); parque, cuartel (de bomberos). **4** gasolinera. **5** MIL. puesto (fronterizo, naval). **6** colegio (electoral). **7** RAD. emisora. **8** rancho de ovejas, granja de ovino, dehesa de ovejas (en Australia). **9** (arc.) clase social, posición social, rango, condición social. • *s. i.* **10** MAR. puesto de servicio (en un buque de guerra). • *v. t.* **11** (**to** ~ + *o.* +

adv./prep. y generalmente *pas.*) MIL. estacionar, apostar: *the soldiers were stationed on the border = los soldados fueron estacionados en la frontera.* ◆ **12** ~ **house,** (EE UU) **a)** comisaría de policía; **b)** cuartel de bomberos. **13** ~ **wagon,** ranchera, (Am.) furgoneta, (Am.) rubia. **14 stations of the Cross,** REL. estaciones del Viacrucis.

stationary ['steɪʃənrɪ || 'steɪʃənerɪ] *adj.* parado, inmóvil; fijo: *a stationary vehicle = un vehículo parado.*

stationer ['steɪʃnər] *s. c.* **1** dueño de papelería, papelero. ◆ **2 the** ~**/stationer's shop,** la papelería.

stationery ['steɪʃənrɪ || 'steɪʃənerɪ] *s. i.* **1** (útiles de) papelería, efectos de escritorio, material de oficina. **2** papel de escribir y sobres.

stationmaster ['steɪʃn,mɑːstər] *s. c.* jefe de estación (de ferrocarril).

statistic [stə'tɪstɪk] *s. c.* **1** dato, número, cifra (en una estadística). ◆ **2 statistics,** MAT. **a)** estadística (ciencia); **b)** estadísticas, datos estadísticos.

statistical [stə'tɪstɪkl] *adj.* estadístico.

statistically [stə'tɪstɪklɪ] *adv.* estadísticamente, según las estadísticas.

statistician [,stætɪ'stɪʃn] *s. c.* estadístico.

statuary ['stætjuərɪ] *s. i.* ART. **1** estatuas (grupo, colección). **2** escultura. ● *s. c.* **3** escultor.

statue ['stætʃuː] *s. c.* estatua, escultura, figura.

statuesque [,stætju'esk] *adj.* escultural (una mujer).

statuette [,stætju'et] *s. c.* estatuilla, figurilla.

stature ['stætʃər] *s. c.* e *i.* **1** (fig.) estatura, talla, prominencia, nivel: *a scientist of great stature = un científico de gran prominencia.* **2** estatura, altura: *of tall stature = de estatura alta.*

status ['steɪtəs || 'stætəs] *s. c.* e *i.* **1** DER. estado, condición: *marital status = estado civil.* ● *s. i.* **2** rango, categoría, posición, nivel (social, profesional): *social status = posición social.* ● *s. c.* **3** estado, situación: *the status of the negotiations doesn't seem very promising = el estado de las negociaciones no parece muy prometedor.* ◆ **4** ~ **quo,** statu quo, estado de las cosas. **5** (form.) ~ **symbol,** símbolo de prestigio o posición social.

statute ['stætjuːt] *s. c.* **1** (form.) ley. **2** estatuto, reglamento. ◆ **3 (the)** ~ **book,** DER. código de leyes. ◆ **4 on the** ~ **book,** en vigor (una ley).

statutorily ['stætjutərɪlɪ] *adv.* legalmente, estatutariamente.

statutory ['stætjutərɪ || 'stætʃutɔːrɪ] *adj.* **1** estatutario, estatuido, legal, establecido por ley. **2** nominal, elegido a dedo: *there were some statutory members on the committee = había algunos miembros en el comité elegidos a dedo.*

staunch [stɔːntʃ] *adj.* **1** incondicional, leal, fiel: *a staunch believer = un fiel creyente.* ● *v. t.* **2** (en EE UU **stanch**) detener, contener (la sangre); restañar, taponar (una herida).

staunchly ['stɔːntʃlɪ] *adv.* incondicionalmente, fielmente, lealmente, firmemente.

stave [steɪv] *s. c.* **1** (también **staff**) MÚS. pentagrama. **2** duela (de un barril). **3** peldaño (de una escalera de mano). **4** garrote, estaca, porra. **5** LIT. estrofa. ● (*pret.* y *p. p.* **staved** o **stove**) *v. t.* **6** romper (las duelas). ◆ **7 to** ~ **in, a)** romper, abrir un agujero en, abrir un boquete en; **b)** MAR. desfondarse. **8 to** ~ **off,** mantener alejado; evitar; repeler; impedir; detener. **9 staves,** *pl.* ⇒ **staff.**

stay [steɪ] *v. i.* **1** quedar(se), permanecer, estar. **2** (**to** ~ + *adv./prep.*) permanecer, continuar, seguir, proseguir: *will you stay in teaching? = ¿seguirás como profesor?* **3** (**to** ~ {**at/with**}) hospedarse, alojarse, estar, residir (poco tiempo, como visitante, invitado): *I stayed at the Cork Hotel for a week = me hospedé en el Hotel Cork durante una semana.* **4** (generalmente *imperativo*) (arc.) esperar, parar: *stay! = ¡un momento!, ¡espera!* **5** aguantar, soportar, resistir. **6** quedarse (en el póker). ● *v. t.* **7** parar, detener, frenar, poner freno: *the doctors stayed the disease = los médicos pusieron freno a la epidemia.* **8** posponer, retrasar, demorar, retardar. **9** DER. aplazar, suspender, prorrogar. **10** calmar, apaciguar, serenar (los ánimos). **11** sujetar, sostener, apuntalar. **12** (fig.) resistir, aguantar. ● *s. sing.* **13** estancia, visita, permanencia. **14** MAR. estay. **15** soporte, puntal, riostra. ● *s. c.* e *i.* **16** DER. aplazamiento, prórroga, suspensión. **17** parada, detención. ● *s. i.* **18** (fig.) sostén, alivio, apoyo. ● **19 to have come to** ~**/to be here to** ~, (fam.) haberse establecido, generalizarse (una moda, un hábito). **20 to** ~ **in,** quedarse en casa, no salir. **21** ~ **of execution,** DER. aplazamiento de sentencia. **22** ~ **of proceedings,** DER. sobreseimiento. **23 to** ~ **on,** continuar, quedarse. **24 to** ~ **out, a)** quedarse fuera de casa, pasar la noche fuera de casa; **b)** permanecer en huelga. **25 to** ~ **put,** (fam.) estarse quieto, no moverse. **26 to** ~ **the course,** aguantar hasta el final (a pesar de las dificultades). **27 to** ~ **up,** quedarse levantado, permanecer despierto.

stay-at-home ['steɪəthəum] *s. c.* (fam. y desp.) persona casera, persona hogareña.

staying power ['steɪɪŋ,pauər] *s. i.* aguante, resistencia.

STD [,es tiː 'diː] (*abrev.* de **subscriber trunk dialling**) *s. i.* sistema telefónico directo de larga distancia.

stead [sted] *s. c.* **1** lugar, posición. ◆ **2 in someone's** ~, en lugar de alguien. **3 to stand someone in good** ~, ser de utilidad a alguien, servir a alguien.

steadfast ['stedfɑːst || 'stedfæst] *adj.* (form.) **1** fiel, leal, incondicional. **2** determinado, resuelto, firme.

steadfastly ['stedfɑːstlɪ] *adv.* **1** resueltamente, con determinación. **2** fielmente, incondicionalmente.

steadfastness ['stedfɑːstnɪs] *s. i.* **1** fidelidad, lealtad. **2** resolución, determinación.

steadily ['stedɪlɪ] *adv.* **1** firmemente. **2** uniformemente, regularmente; sin parar, continuamente, constantemente: *prices have increased steadily = los precios han subido sin parar.* **3** fijamente; serenamente, tranquilamente; imperturbablemente.

steadiness ['stedɪnɪs] *s. i.* **1** firmeza; estabilidad; seguridad; resistencia. **2** uniformidad, regularidad; constancia.

steady ['stedɪ] *adj.* **1** firme; seguro; resistente. **2** uniforme, regular; continuo, constante: *at a steady rate = a un ritmo constante.* **3** estable, seguro, fijo: *a steady job = un trabajo estable.* **4** sensato, prudente, juicioso. **5** tranquilo, sereno, sosegado. ● *v. t.* **6** estabilizar, hacer estable, regularizar. **7** tranquilizar, serenar, calmar. ● *v. i.* **8** estabilizarse, hacerse estable, regularizarse. **9** tranquilizarse, serenarse, calmarse. ● *adv.* **10** regularmente. ◆ **11 to be going** ~, salir, ser novios (formales). **12** ~**!/**~ **on!,** ¡cuidado!, ¡calma!, ¡tranquilo! **13** ~ **as a rock,** más firme que una roca.

steady-state ['stedɪ'steɪt] *adj.* de estado estacionario.

steak [steɪk] *s. c.* e *i.* **1** filete, bistec. ● *s. i.* **2** (brit.) carne en trozos, carne para guisar.

steal [stiːl] (*irr. pret.* **stole,** *p. p.* **stolen**) *v. t.* e *i.* **1** (**to** ~ {**from**}) robar. ● *v. t.* **2** (**to** ~ {**from**}) (fig.) robar (a), conseguir (de) (por sorpresa, con rapidez): *to steal a kiss from a girl = robarle un beso a una chica.* ● *v. i.* **3** (**to** ~ + *adv./ prep.*) escabullirse, deslizarse disimuladamente. ● *s. sing.* **4** (EE UU) (fam.) ganga, chollo. ● **5 to** ~ **a glance (at),** mirar de soslayo, mirar disimuladamente. **6 to** ~ **a march on,** ganar por la mano a, anticiparse a. **7 to** ~ **someone's thunder,** (fam.) adelantarse a alguien robándole una idea. **8 to** ~ **the show,** ⇒ **show.**

stealth [stelθ] *s. i.* **1** (form.) cautela, sigilo. ◆ **2 by** ~, cautelosamente, sigilosamente; a hurtadillas, furtivamente, subrepticiamente.

stealthily ['stelθɪlɪ] *adv.* (form.) cautelosamente, sigilosamente; furtivamente, subrepticiamente, a hurtadillas.

stealthy ['stelθɪ] *adj.* (form.) cauteloso, sigiloso; furtivo, clandestino.

steam [stiːm] *s. i.* **1** vapor. **2** (fig.) energía, rapidez. **3** vaho: *the room was full of steam = la habitación estaba llena de vaho.* ● *v. i.* **4** humear, exhalar vapor. **5** (**to** ~ + *adv./prep.*) avanzar a vapor, andar a vapor (un medio de transporte). ● *v. t.* **6** cocer al vapor. **7** (**to** ~ + *o.* + *adj./ adv./prep.*) abrir al vapor, despegar al vapor (un sobre). ● *adj.* **8** (no *comp.*) a vapor, de vapor: *a steam* *car* = *un coche a vapor.* **9** (brit.) (hum.) pasado de moda, del año catapún: *she was wearing a steam dress* = *llevaba un vestido del año catapún.* ◆ **10** ~ **engine,** maquina de vapor. **to get/pick up** ~, **a)** tomar velocidad, coger velocidad (un vehículo); **b)** cobrar importancia (un plan, un proyecto); **c)** reunir energías (una persona). **11 to let off** ~, **a)** descargar vapor; **b)** (fam. y fig.) desahogarse. **12 to run out of** ~, (fam.) estar agotado, quedarse sin fuerzas. **13** ~ **iron,** plancha de vapor. **14 to** ~ **up, a)** empañar(se) (un cristal); **b)** (fam.) ponerse hecho un basilisco, enfadarse mucho, ponerse furioso. **15 under one's own** ~, (fam.) por su propia cuenta, por sus propios medios, sin ayuda.

steamer ['sti:mər] *s. c.* **1** buque de vapor, barco de vapor. **2** rejilla, cesta metálica de red (para cocer alimentos al vapor).

steamroller ['sti:m,rəulər] *s. c.* **1** apisonadora. **2** (fam.) fuerza arrolladora, fuerza incontenible, poder irresistible. ● *v. t.* **3** (fam.) arrollar, arrasar, aplastar (para conseguir algo): *he used to steamroller all his oponents* = *solía arrollar a todos sus rivales.*

steamy ['sti:mɪ] *adj.* **1** lleno de vapor, empañado por el vapor: *she entered that steamy kitchen* = *entró en aquella cocina llena de vapor.* **2** (fam.) erótico, picante (una película, un libro).

steed [sti:d] *s. c.* (lit.) corcel, alazán.

steel [sti:l] *s. i.* **1** acero: *steel cutlery* = *una cubertería de acero.* **2** industria del acero, sector del acero; producción de acero: *the steel negotiations* = *las negociaciones de la industria del acero.* **3** (fig.) acero: *she has nerves of steel* = *tiene nervios de acero.* **4** (lit.) arma (blanca), acero; puñal; espada. **5** chaira, piedra de afilar; eslabón (para sacar fuego del pedernal). **6** color gris oscuro. ● *v. t.* **7** (**to** ~ **+ oneself + to** *inf.*) armarse de valor, cobrar ánimo: *he steeled himself to talk to her* = *se armó de valor para hablar con ella.* ● *adj.* **8** de acero; como el acero. **9** de color gris oscuro, gris azulado. ◆ **10** ~ **band,** MÚS. banda de percusión caribeña que utiliza bidones de metal. **11** ~ **wool,** estropajo metálico.

steelworker ['sti:lwə:kər] *s. c.* obrero del metal, obrero de la siderurgia.

steelworks ['sti:lwə:ks] *s. c.* (~ + *v. sing./pl.*) planta siderúrgica, fábrica de acero, acería.

steely ['sti:lɪ] *adj.* **1** (fig.) fría, dura, severa (una mirada). **2** inflexible, duro, firme. **3** como el acero, acerado, metálico.

steep [sti:p] *adj.* **1** escarpado, empinado, abrupto. **2** en picado, fuerte (una subida, una bajada de precios). **3** (fam.) exagerado, excesivo, exorbitante (un precio, una demanda). **4** (fam.) ambiciosa, difícil (una tarea). ● *v. t.* e *i.* **5** marinar, adobar: *steep the meat in oil, vinegar and mustard* = *adobar la carne en aceite, vinagre y mostaza.* **6** poner en remojo, empapar, impregnar. ◆ **7 a bit** ~ **a)** poco razonable; **b)** muy caro.

steeped [sti:pt] *adj.* (~ {**in**}) (fig.) impregnado (de) (ideas, cualidades); empapado (de) (conocimientos, un tema): *a place steeped in prejudice* = *un lugar impregnado de prejuicios.*

steeple ['sti:pl] *s. c.* **1** aguja, chapitel. **2** torre, campanario.

steeplechase ['sti:pltʃeɪs] *s. c.* DEP. carrera de obstáculos, carrera de vallas.

steeplejack ['sti:pldʒæk] *s. c.* reparador de torres, tejados y chimeneas.

steeply ['sti:plɪ] *adv.* **1** abruptamente, escarpadamente. **2** fuertemente, exageradamente.

steepness ['sti:pnɪs] *s. i.* lo escarpado, lo abrupto, empinamiento.

steer [stɪər] *v. t.* **1** guiar, conducir, manejar (un vehículo). **2** (fig.) llevar, guiar, conducir (a una persona). **3** (fig.) encauzar, encaminar (una conversación). **4** seguir, tomar (un camino, el rumbo): *they steered a dangerous way* = *tomaron una ruta peligrosa.* ● *v. i.* **5** responder: *the car doesn't steer well* = *el coche no responde bien.* ● *s. c.* **6** buey, novillo. **7** (EE UU) consejo, aviso, recomendación. ◆ **8 to** ~ **clear of,** (fam.) mantenerse alejado de, evitar el contacto con.

steering ['stɪərɪŋ] *s. i.* **1** MEC. dirección (de un vehículo). ◆ **2** ~ **wheel,** volante.

stellar ['stelər] *adj.* (form.) **1** estelar, astral. **2** estelar, de estrella de cine. **3** notable, sobresaliente, principal.

stem [stem] *s. c.* **1** BOT. tallo; tronco; peciolo, pedúnculo. **2** pie (de una copa). **3** cañón (de una pipa, de una pluma). **4** FILOL. raíz (de una palabra). ● (*ger.* **stemming,** *pret.* y *p. p.* **stemmed**) *v. t.* **5** (form.) contener, detener (el flujo). **6** (fig.) frenar, detener: *they'll have to stem the tide of protest somehow* = *tendrán que detener la avalancha de protestas de algún modo.* ◆ **7 from** ~ **to stern,** de proa a popa. **8 to** ~ **from,** surgir de, proceder de, provenir de.

-stemmed [stemd] *sufijo* (*adj.* + ~) de (cierto) tallo; de (cierto) pie; de (cierto) cañón: *a thick-stemmed glass* = *una copa de pie ancho.*

stench [stentʃ] *s. sing.* (form.) hedor, fetidez, hediondez.

stencil ['stensl] *s. c.* **1** estarcido; plantilla; patrón picado. **2** cliché (para multicopista). ● (*ger.* **stencilling,** *pret.* y *p. p.* **stencilled;** en EE UU, **stenciling, stenciled**) *v. t.* **3** estarcir; dibujar o pintar con plantilla o patrón picado. **4** sacar un cliché de, hacer un cliché de.

stenographer [stə'nɒgrəfər] *s. c.* (EE UU) taquígrafo.

stenography [stə'nɒgrəfɪ] *s. c.* taquigrafía.

stentorian [sten'tɔ:rɪən] (form. y lit.) *adj.* estentóreo.

step [step] *s. c.* **1** paso: *three steps forward* = *tres pasos adelante.* **2** paso, pisada, huella. **3** paso: *the house was a few steps from the beach* = *la casa estaba a unos pasos de la playa.* **4** peldaño, escalón; grada. **5** paso, medida: *phoning her should be the first step* = *llamarla por teléfono debería ser la primera medida.* **6** categoría, grado. **7** paso (de baile). **8** (EE UU) MÚS. intervalo. **9** MAR. carlinga. **10** INF. paso, instrucción. ● (*ger.* **stepping,** *pret.* y *p. p.* **stepped**) *v. i.* **11** dar un paso; dar pasos. **12** caminar, andar, ir. **13** (**to** ~ **on**) pisar; tropezar con. **14** (**to** ~ **on**) tratar con indiferencia, mirar por encima del hombro. ● *v. t.* **15** poner, echar, plantar (el pie): *to step foot on land* = *echar pie a tierra.* **16** medir con pasos (una distancia). **17** escalonar. **18** INF. dar una sola instrucción a. **19** MAR. plantar (el mástil). ◆ **20 to break** ~, perder el paso (en una marcha). **21 to fall into** ~, empezar a marcar el paso. **22 in** ~, **a)** marcando el paso, al paso; **b)** en la misma línea, de acuerdo, conforme (con alguien). **23 out of** ~, **a)** sin llevar el paso, de forma desordenada; **b)** no en la misma línea, en desacuerdo, disconforme. **24 to** ~ **aside/down,** apartarse, echarse a un lado, hacerse a un lado. **25 to** ~ **back, a)** retroceder, dar un paso atrás; **b)** quedar al margen, quedar a un lado. **26** ~ **by step,** paso a paso, poco a poco, por partes. **27 to** ~ **in,** intervenir, tomar parte, meterse (en una discusión, en una situación problemática). **28 to** ~ **into the breach,** (fam.) echar una mano (sustituyendo a alguien ausente). **29 to** ~ **into someone's shoes,** ⇒ **shoe. 30 to** ~ **on, a)** (fam. y fig.) pisar, pisotear (a alguien de menor importancia); **b)** pisar el acelerador, acelerar. **31 to** ~ **on it/** (EE UU) **to** ~ **on the gas,** (fam.) acelerar, darse prisa. **32 to** ~ **out, a)** (arc.) ir deprisa, acelerar el paso; **b)** (EE UU) salir, ir de juerga. **33 to** ~ **out of line,** ⇒ **line. 34 steps,** escalera de mano. **35 to** ~ **up,** intensificar, aumentar. **36 to take steps,** tomar medidas, dar los pasos necesarios. **37 to watch one's** ~, tener cuidado.

stepbrother ['step,brʌðər] *s. c.* hermanastro.

stepchild ['steptʃaɪld] (*pl.* **stepchildren**) *s. c.* hijastro.

stepchildren ['step,tʃɪldrən] *pl. irreg.* de **stepchild.**

stepdaughter ['step,dɔ:tər] *s. c.* hijastra.

stepfather ['step,fɑ:ðər] *s. c.* padrastro.

stepladder ['step,lædər] *s. c.* escalera de mano, escalera plegable, escalera de tijera.

stepmother ['step,mʌðər] *s. c.* madrastra.

stepparent ['step,peərənt] *s. c.* padrastro, madrastra.

steppe [step] *s. c.* (generalmente *pl.*) GEOG. estepa.

stepped-up ['steptʌp] *adj.* intensificado, intenso, acelerado: *stepped-up production = producción acelerada.*

stepping stone ['stepɪŋstəun] *s. c.* **1** pasadera, saltana, piedra (para pasar un río). **2** (~ {**to**}) (fig.) escalón, peldaño, paso adelante (para progresar): *a stepping stone in his career = un paso adelante en su carrera.*

stepsister ['step,sɪstər] *s. c.* hermanastra.

stepson ['stepsʌn] *s. c.* hijastro.

stereo ['sterɪəu || 'stɪərɪəu] *s. c.* **1** equipo estereofónico. • *s. i.* **2** sonido estereofónico. • *adj.* (también **stereophonic**). **3** estereofónico.

stereophonic [,sterɪə'fɒnɪk] *adj.* (form.) estereofónico.

stereotype ['stɪərɪətaɪp] *s. c.* **1** (~ {**of**}) (desp.) estereotipo, cliché: *the stereotype of a Spaniard dancing flamenco = el cliché de un español bailando flamenco.* • *v. t.* **2** (desp.) estereotipar, encasillar. **3** imprimir, estereotipar.

sterile ['steraɪl] *adj.* **1** (no *comp.*) estéril, improductivo, infecundo. **2** árido, yermo, baldío. **3** aséptico, esterilizado, desinfectado. **4** (desp. y fig.) estéril, superfluo, vacío, falto de imaginación (el discurso, la vida).

sterility [ste'rɪlɪtɪ] *s. i.* esterilidad, improductividad, infecundidad.

sterilization [,sterɪlaɪ'zeɪʃn] (también **sterilisation**) *s. i.* esterilización.

sterilize ['sterəlaɪz] (también **sterilise**) *v. t.* **1** esterilizar. **2** esterilizar, desinfectar.

sterilized ['sterəlaɪzd] (también **sterilised**) *adj.* esterilizado, desinfectado, aséptico.

sterling ['stəːlɪŋ] *s. i.* **1** libra esterlina (sistema monetario): *sterling is going down = está bajando la libra esterlina.* • *adj.* **2** (no *comp.*) (form.) excelente. **3** de ley (la plata, el oro): *sterling silver = plata de ley.*

stern [stəːn] *adj.* **1** severo, duro, estricto, férreo, inflexible (una persona, la disciplina, una mirada). **2** desagradable, difícil, laborioso, duro (un trabajo). • *s. c.* **3** MAR. popa. **4** (fam. y hum.) trasero, nalgas. ◆ **5 to be made of sterner stuff,** ser de hierro, tener mucho carácter. **6 from stem to ~,** ⇒ **stem.**

sterna ['stəːnə] *pl.* de **sternum.**

sternly ['stəːnlɪ] *adv.* severamente, duramente.

sternness ['stəːnɪs] *s. i.* severidad, austeridad, firmeza, dureza, inflexibilidad.

sternum ['stəːnm] (*pl.* **sternums** o **sterna**) *s. c.* ANAT. esternón.

steroid ['stɪərɔɪd] *s. c.* QUÍM. esteroide.

stertorous ['stəːtərəs] *adj.* (lit.) estertoroso, con estertores.

stethoscope ['steθəskəup] *s. c.* MED. estetoscopio.

stetson ['stetsn] *s. c.* sombrero de vaquero.

stevedore ['stiːvɪdɔː] *s. c.* estibador, trabajador portuario.

stew [stjuː || stuː] *v. t.* **1** guisar, estofar, hacer a fuego lento. • *v. i.* **2** guisarse, estofarse, hacerse a fuego lento. **3** (fam.) cocerse, sofocarse, acalorarse, sudar la gota gorda. **4** preocuparse, inquietarse. • *s. c.* e *i.* **5** estofado, guiso, (Am.) puchero. • *s. sing.* **6** (fam.) ansiedad, inquietud, agitación mental. **7** lío, follón, apuro. ◆ **8 in a ~,** en apuros, muy nervioso, muy preocupado. **9 to let someone ~ in his own juice,** (fam. y fig.) dejar que alguien sufra un poco. **10 stewing steak,** carne para guisar. **11 stews,** (arc.) burdel, lupanar.

steward [stjuəd || 'stuːərd] *s. c.m.* **1** AER. auxiliar de vuelo. **2** organizador, director. **3** (arc.) encargado, gerente, administrador, mayordomo.

stewardess [,stjuə'des || 'stuːərdəs] *s. c.f.* AER. azafata.

stewardship [,stjuəd'ʃɪp || 'stuːərdʃɪp] *s. i.* (~ {**of**}) (form.) gerencia, dirección, administración.

stick [stɪk] *s. c.* **1** palo; vara; astilla: *sticks for a fire = astillas para el fuego.* **2** bastón; cayado; vara. **3** palo; porra; garrote; tranca. **4** (~ {**of**}) trozo, barra; rama (de apio): *a stick of chalk = una tiza.* **5** DEP. palo; bate. **6** cartucho (de dinamita). **7** (brit., arc. y fam.) tipo, tío: *a boring stick = un tipo aburrido.* **8** (fam.) trasto, telar, pieza, mueble sin valor. **9** (argot) porro de marihuana. **10** AER. palanca de mando. **11** MAR. mástil, palo, verga. **12** MIL. bombas en serie (sobre un objetivo). **13** pinchazo, punzada. **14** dificultad, obstáculo, inconveniente, impedimento. • *s. i.* **15** (brit.) (fam.) paliza, leña; rapapolvo, bronca, regañina. • (*pret.* y *p. p. irreg.* **stuck**) *v. t.* **16** pegar, adherir. **17** (**to ~ +** *o.* **+** *adv./prep.*) clavar, pinchar, hincar: *sticking the peas with her fork = pinchando los guisantes con el tenedor.* **18** (**to ~ +** *o.* **+** *adv./prep.*) (fam.) poner, colocar: *stick the record on the shelf = coloca el disco en el estante.* **19** (generalmente en *interr.* y *negativa*) (brit.) (fam.) soportar, aguantar: *I can't stick him = no le puedo soportar.* **20** (brit. y jerga) quedarse con: *you can stick your awful son! = ¡te puedes quedar con el monstruo de tu hijo!* • *v. i.* **21** atascarse, quedar atascado; trabarse; engancharse; bloquearse. **22** prenderse (un alfiler). **23** pegarse, quedarse: *the tune easily sticks = la melodía es pegadiza.* **24** (fam.) sostenerse: *they can't make the charges stick = las pruebas no se sostienen.* **25** pegarse, adherirse. • **26 to get/get hold of the wrong end of the ~,** coger el rábano por las hojas. **27 to give someone ~,** (fam.) poner verde a alguien. **28 more than one can shake a ~ at,** a montones. **29 to ~ about/around,** (fam.) esperar cerca, esperar por ahí. **30 to ~ at,** continuar con, persistir en, no abandonar. **31 to ~ at nothing,** no tener escrúpulos, no pararse en barras. **32 to ~ by,** (fam.) apoyar, defender, ser fiel a. **33 ~'em up!,** (fam.) ¡manos arriba! **34 to ~ in your throat,** ⇒ **throat. 35 ~ insect,** ZOOL. insecto palo. **36 to ~ out, a)** proyectarse, asomar, sobresalir; **b)** verse a distancia, verse a la legua, ser evidente; **c)** continuar hasta el fin, persistir, no cejar. **37 to ~ out a mile,** verse a la legua, ser evidente, ser obvio, estar claro. **38 to ~ out for,** insistir en, no cejar en el empeño de (conseguir algo). **39 to ~ out like a sore thumb,** ⇒ **thumb. 40 to ~ to,** seguir fiel a, continuar con, quedarse con. **41 to ~ to one's guns,** no dar el brazo a torcer, mantenerse en sus trece. **42 to ~ together,** (fam.) mantenerse unidos, ser fieles el uno al otro. **43 sticks,** (fam. y desp.) lugar apartado de la civilización, zona rural. **44 to ~ up, a)** pegar, fijar (un cartel); **b)** sobresalir, apuntar hacia arriba; **c)** (fam.) atracar, robar. **45 to ~ up for,** defender a, dar la cara por. **46 to ~ with,** estar al lado de, apoyar a, ser leal a. **47 ~ with it,** continúa, sigue. **48 to ~ your neck out,** ⇒ **neck.**

sticker [stɪkər] *s. c.* **1** pegatina. **2** etiqueta. **3** (fam.) persona determinada, persona perseverante, persona aplicada. **4** espino, pincho, púa.

stickiness ['stɪkɪnɪs] *s. i.* viscosidad.

sticking plaster ['stɪkɪŋ,plɑːstər] *s. c.* tirita, esparadrapo.

stick-in-the-mud ['stɪkɪnðəmʌd] *s. c.* (fam. y desp.) anticuado, conservador, carca, reaccionario.

stickleback ['stɪklbæk] *s. c.* ZOOL. pez espinoso.

stickler ['stɪklər] *s. c.* **1** (~ {**for**}) (fam.) maniático, quisquilloso: *a stickler for discipline = un maniático de la disciplina.* **2** dificultad, problema serio.

stick-on ['stɪkɒn] *adj.* adhesivo, engomado.

stickpin ['stɪkpɪn] *s. c.* (EE UU) alfiler de corbata.

stick-up ['stɪkʌp] *s. c.* (fam. y arc.) atraco, robo, asalto.

sticky ['stɪkɪ] *adj.* **1** pegajoso; viscoso: *sticky sweets = caramelos pegajosos.* **2** adhesivo, engomado. **3** bochornoso (el tiempo). **4** (fam.) embarazosa (una situación). **5** (~ {**about**}) (fam.) reacio (a prestar ayuda). • **6 to come to a ~ end/to meet a ~ end,** (fam.) acabar mal. **7 to have ~ fingers,** (fam. y fig.) tener la mano muy larga, tener tendencia al robo. **8 on a ~ wicket,** (fam.) en un brete, en un apuro.

stiff [stɪf] *adj.* **1** rígido, duro, tieso. **2** agarrotado, tenso, rígido (un músculo, una articulación). **3** denso, espeso, compacto, consistente. **4** estirado, frío. **5** (fam.) fuerte, cargado (una bebida alcohólica). **6** fuerte (un viento). **7** duro, severo: *a stiff sentence = una sentencia dura.* **8** laboriosa, ardua (una actividad). **9** tenaz, firme (una resistencia). **10** (fam.) excesivo, exorbitante, desmedido (un precio). • *adv.* **11** extremadamente, enormemente: *bored stiff = extremadamente aburrido.* • *s. c.* **12** (jerga) fiambre, muerto, cadáver. **13** estirado. ♦ **14 to show/keep a ~ upper lip,** conservar la calma, no amilanarse.

stiffen ['stɪfn] *v. t.* e *i.* **1** endurecer(se), poner(se) rígido. **2** fortalecer(se): *stiffen her resolve = fortalecer su decisión.* • *v. i.* **3** ponerse tieso, ponerse rígido, hacerse el duro: *when she entered the room, he stiffened = cuando ella entró en la habitación él se puso rígido.*

stiffener ['stɪfənər] *s. c.* varilla: *collar stiffeners = varillas para endurecer el cuello.*

stiffening ['stɪfənɪŋ] *s. i.* entretela, refuerzo.

stiffly ['stɪflɪ] *adv.* **1** rígidamente. **2** agarrotadamente, tensamente, rígidamente. **3** fríamente.

stiff-necked [ˌstɪf'nekt] *adj.* obstinado, terco, testarudo.

stiffness ['stɪfnɪs] *s. i.* **1** agarrotamiento, rigidez (de músculos, articulaciones). **2** estiramiento, frialdad. **3** densidad, consistencia.

stifle ['staɪfl] *v. t.* e *i.* **1** asfixiar(se), ahogar(se), sofocar(se). • *v. t.* **2** sofocar, evitar, reprimir: *stifling a cry = ahogando un grito.*

stifling ['staɪflɪŋ] *adj.* sofocante, asfixiante: *a stifling day = un día sofocante.*

stigma ['stɪgmə] (*pl.* **stigmas** o **stigmata**) *s. c.* **1** estigma, deshonor, tacha. **2** BOT. estigma. ♦ **3 stigmata,** estigmas (como Cristo).

stigmata ['stɪgmətə] *pl.* de **stigma.**

stigmatize ['stɪgmətaɪz] (también **stigmatise**) *v. t.* estigmatizar, tachar de.

stile [staɪl] *s. c.* peldaño, zanja (en la portilla de un prado para evitar que salga o entre el ganado).

stiletto [stɪ'letəu] *s. c.* **1** estilete, punzón. **2** (también **stiletto shoe**) zapato de tacón de aguja.

still [stɪl] *adv.* **1** aún, todavía: *is he still at school? = ¿está aún en el colegio?* **2** sin embargo, con todo, aun así, no obstante: *it was quite cold, still not enough to take a jacket = hacía bastante frío, sin embargo* o *aun así no lo suficiente para llevar chaqueta.* **3** (para hacer más fuerte la *comp.*) aún: *she came up with still more lies = salió con más mentiras aún.* **4** (lit.) constantemente, siempre, habitualmente. • *adj.* **5** inmóvil, quieto. **6** apacible, en calma: *it was a still night = era una noche apacible.* **7** tranquilo, silencioso, callado. **8** sin gas, sin burbujas (una bebida). • *v. t.* **9** (lit.) silenciar, acallar; calmar, sosegar: *his arrival stilled her cries = la llegada de él acalló sus gritos.* **10** aliviar, mitigar, apaciguar (temores, dudas). • *s. c.* **11** FOT. foto fija, fotografía de escena cinematográfica. **12** (**the ~ of**) (lit.) quietud, calma, serenidad, paz. **13** alambique, destilador. **14** destilería. ♦ **15 ~ life,** ART. naturaleza muerta, bodegón. **16 ~ waters run deep,** del agua mansa me libre Dios (que de la brava me libro yo). **17 the ~ small voice of conscience,** la voz de la conciencia.

stillbirth ['stɪlbɜːθ ‖ ˌstɪl'bɜːrθ] *s. c.* e *i.* parto de un niño muerto, nacimiento de un feto sin vida.

stillborn ['stɪlbɔːn ‖ ˌstɪl'bɔːn] *adj.* **1** nacido muerto (un niño). **2** (fig.) malogrado, fracasado (un plan, una idea).

stillness ['stɪlnɪs] *s. i.* **1** inmovilidad. **2** calma, silencio, quietud.

stilt [stɪlt] *s. c.* (generalmente *pl.*) **1** zanco. **2** ARQ. pilar, pilote, soporte. **3** ZOOL. cigoñuela. • *v. t.* **4** poner en zancos. **5** levantar sobre pilares, elevar sobre pilotes.

stilted ['stɪltɪd] *adj.* forzado, artificial, afectado (el lenguaje, el comportamiento).

stimulant ['stɪmjulənt] *s. c.* **1** estimulante, excitante (una droga, una bebida). **2** (~ {**to**}) (fig.) estímulo, incentivo, aliciente.

stimulate ['stɪmjuleɪt] *v. t.* (form.) **1** estimular, activar, provocar. **2** inspirar, animar, avivar.

stimulating ['stɪmjuleɪtɪŋ] *adj.* **1** estimulante. **2** sugerente, sugestivo.

stimulation [ˌstɪmju'leɪʃn] *s. i.* **1** estímulo, acicate. **2** estimulación, excitación.

stimuli ['stɪmjulaɪ] *pl.* de **stimulus.**

stimulus ['stɪmjuləs] (*pl.* **stimuli**) *s. c.* **1** PSIC. estímulo. • *s. c.* e *i.* **2** estímulo, incentivo, acicate.

sting [stɪŋ] (*pret. irreg.* y *p. p.* **stung**) *v. t.* e *i.* **1** picar. **2** escocer: *alcohol makes a wound sting = el alcohol hace que las heridas escuezan.* **3** (fig.) escocer, herir: *her criticism stung = sus críticas escocían.* • *v. t.* **4** remorder (la conciencia). **5** atormentar, torturar. **6** aguijonear, espolear. **7** (**to ~** {**for**}) (jerga) estafar, clavar: *they stung me for 3,000 pounds = me estafaron 3.000 libras.* • *s. c.* **8** ZOOL. aguijón. **9** pelillo urticante, sustancia que escuece: *some plants have a sting = algunas plantas tienen una sustancia que escuece.* **10** picazón, escozor. **11** picadura: *the sting of a jellyfish = la picadura de una medusa.* • **12 a ~ in the tail,** final inesperado (de una historia, de un chiste); gato encerrado: *their promises had a sting in the tail = sus promesas tenían gato encerrado.* **13 to take the ~ out,** (fig.) sacarse la espina.

stinginess ['stɪndʒɪnɪs] *s. i.* **1** cicatería, tacañería. **2** miseria, pequeñez, insuficiencia.

stinging ['stɪŋɪŋ] *adj.* **1** mordaz, punzante, que escuece (una crítica). ♦ **2 ~ nettle,** BOT. ortiga.

stingray ['stɪŋreɪ] *s. c.* ZOOL. pastinaca, raya con púa.

stingy ['stɪndʒɪ] *adj.* **1** (~ {**with**}) (fam.) tacaño, cicatero. **2** miserable, escaso, pequeño, insuficiente: *a stingy portion = una ración miserable.*

stink [stɪŋk] (*pret. irreg.* **stank,** *p. p.* **stunk**) *v. i.* **1** (**to ~** {**of**}), heder, apestar (a). **2** (fam. y fig.) ser horrible, ser un asco: *your idea stinks! = ¡tu idea es espantosa!* **3** (fig.) tener mala fama, tener mala reputación. • *s. c.* **4** hedor, peste, tufo, mal olor. • **5 to make/create/kick up/raise a ~,** armar gresca, armar un alboroto, armar un escándalo. **6 ~ bomb,** bomba fétida. **7 to ~ out,** (fam.) **a)** llenar de mal olor, atufar; **b)** ahuyentar (de un lugar) con malos olores.

stinking ['stɪŋkɪŋ] *adj.* **1** fétido, hediondo, apestoso. **2** (fam.) desagradable, horrible, espantoso, repugnante. • *adv.* **3** (fam. y desp.) muy, enormemente. ♦ **4 ~ rich,** (fam.) asquerosamente rico.

stint [stɪnt] *v. t.* e *i.* **1** (generalmente en *negativa*) escatimar: *don't stint the sugar = no escatimes azúcar.* **2** (arc.) detener, poner fin a. • *s. c.* **3** trabajo, tarea; turno. **4** limitación, restricción. ♦ **5 without ~,** generosamente, sin limitación, sin restricción.

stipend ['staɪpend] *s. c.* estipendio, salario, sueldo, remuneración.

stipendiary [staɪ'pendɪərɪ ‖ staɪ'pendɪerɪ] *adj.* **1** estipendiario, asalariado, remunerado. • *s. c.* **2** (también **stipendiary magistrate**) estipendiario (un magistrado, un clérigo).

stippled ['stɪpld] *adj.* granulado, moteado.

stipulate ['stɪpjuleɪt] *v. t.* (form.) estipular, fijar como condición.

stipulation [ˌstɪpju'leɪʃn] *s. c.* e *i.* estipulación, cláusula, requisito, condición.

stir [stɜː] (*ger.* **stirring,** *pret.* y *p. p.* **stirred**) *v. t.* **1** remover, dar vueltas a: *stir the soup = remueve la sopa.* **2** atizar, remover (el fuego). **3** (**to ~** {**to**}) despertar, provocar (un sentimiento). **4** conmover: *stirred by the beauty of the passage = conmovido por la belleza del pasaje.* • *v. t.* **5** (lit.) agitar, mover: *the breeze stirred the grass = la brisa agitaba la hierba.* **6** despertar, levantar. • *v. i.* **7** agitarse, moverse. **8** despertarse, levantarse. **9** (fam. y desp.) encizañar, meter cizaña. • *s. c.* **10** movimiento, meneo, vuelta. **11** (~ {**of**} y generalmente *sing.*) revuelo, agitación: *she caused a stir as she entered = causó (un) revuelo al entrar.* **12** conmoción; júbilo (públicos). • *s. i.* **13** (arc. y jerga) prisión, chirona, maco, trena, trullo, talego. • **14 to ~ in/into,** añadir y remover. **15 to ~ one's stumps,** (fam.) darse prisa, ir a toda prisa. **16 to ~ the blood,** hacer bullir la sangre. **17 to ~ up, a)** remover, revolver; **b)** (desp.) despertar, suscitar (pasiones), instigar (rebeliones), armar (problemas).

stir-fry ['stɜːfraɪ] *v. t.* **1** rehogar, sofreír. • *adj.* **2** rehogado, sofrito: *stir-fry rice = arroz rehogado.*

stirrer ['stɜːrər] *s. c.* agitador, liante.

stirring ['stɜːrɪŋ] *adj.* **1** conmovedor, emotivo. **2** incitador. **3** turbulento, agitado. • *s. c.* e *i.* **4** movimiento, alteración, conmoción.

stirrup ['stɪrəp || 'stɜːrəp] *s. c.* **1** estribo. **2** MAR. estribo de marchapié.

stitch [stɪtʃ] *s. c.* **1** puntada (de costura). **2** punto (en un tejido): *then, drop the stitch = luego, suelta el punto.* **3** MED. punto de sutura. • *s. c.* e *i.* **4** punto (estilo de costura o tejido): *I used two different stitches = utilicé dos puntos diferentes.* • *s. sing.* **5** punzada, pinchazo. **6** (generalmente en *negativa*) (fam.) ropa. • *v. t.* e *i.* **7** coser. **8** MED. (to ~ {up}) suturar. • **9 a ~ in time/a ~ in time saves nine,** más vale prevenir que curar. **10 to be in stitches,** morirse de risa, desternillarse de risa. **11 not to have a ~ on,** (fam.) estar en cueros, estar completamente desnudo. **12 to ~ up,** rematar.

stitching ['stɪtʃɪŋ] *s. i.* costura.

stoat [stəut] *s. c.* ZOOL. armiño.

stock [stɒk] *s. c.* **1** (~ {of} y generalmente *pl.*) provisión, suministro; surtido; existencias. **2** (fig.) colección, acopio: *a stock of good books = una colección de buenos libros.* **3** BOT. tallo; tronco; cepa. **4** BOT. patrón (en que se injerta una planta). **5** culata (del fusil). **6** mango. **7** BOT. alhelí. • *s. c.* e *i.* **8** FIN. capital; valores; papel: *government stock = papel del Estado.* **9** caldo concentrado, extracto (de carne). **10** linaje, estirpe, raza, casta. **11** cálculo, cómputo, estimación. • *s. i.* **12** reputación, popularidad, fama, notoriedad. **13** confianza, credibilidad. **14** ganado, ganadería (de una granja). **15** materia prima. • *v. t.* **16** almacenar, tener almacenado, tener en existencia. **17** (to ~ {with}) proveer, abastecer, surtir (de): *a well stocked pantry = una despensa bien abastecida.* • *adj.* **18** (desp.) manido, trillado (un argumento, una respuesta). **19** en existencia, disponible: *all the stock sizes = todas las tallas en existencia.* • **20 to be stocked,** estar lleno de peces (un río, un lago). **21 in ~,** en existencia, disponible. **22 lock, ~ and barrel,** ⇒ **lock. 23 on the stocks,** (fig.) en preparación, entre manos. **24 out of ~,** agotado. **25 to put ~,** dar importancia, valorar. **26 ~ control,** control de existencias. **27 ~ cube,** pastilla de caldo de carne, cubito de caldo de carne. **28 ~ exchange,** FIN. bolsa de valores. **29 ~ market,** FIN. mercado de valores. **30 stocks, a)** MAR. astillero (de construcción); **b)** cepo (de castigo); **c)** potro (que sujeta a un caballo para herrarlo, marcarlo). **31 to ~ up (on/with),** proveerse (de), abaastecerse (de). **32 to take ~ (of), a)** evaluar, considerar, analizar (una situación); **b)** inventariar, hacer inventario.

stockade [stɒ'keɪd] *s. c.* **1** empalizada, vallado, estacada. • *v. t.* **2** proteger con una empalizada, vallar con estacas, fortificar.

stockbroker ['stɒk,brəukər] *s. c.* FIN. corredor de bolsa, agente de bolsa.

stock-car ['stɒkkɑːr] *s. c.* **1** coche de carreras de obstáculos (generalmente uno antiguo y modificado). **2** (EE UU) vagón para transportar ganado.

stockholder ['stɒk,həuldər] *s. c.* (EE UU) FIN. accionista.

Stockholm ['stɒkhəum] *s. sing.* Estocolmo.

stocking ['stɒkɪŋ || 'stɑːkɪŋ] *s. c.* **1** media. **2** (arc.) calcetín de caballero. ◆ **3 in one's ~ feet,** sólo con las medias.

stockinged ['stɒkɪŋd] *adj.* con medias; con calcetines.

stock-in-trade [,stɒkɪn'treɪd] *s. i.* o *sing.* **1** (fig.) recursos, repertorio: *gesture is part of an actor's stock-in-trade = el gesto forma parte de los recursos de un actor.* **2** útiles, herramientas de trabajo.

stockist ['stɒkɪst] *s. c.* (brit.) COM. distribuidor, representante.

stock-keeping unit ['stɒk,kiːpɪŋ'juːnɪt] *s. c.* referencia.

stockpile ['stɒkpaɪl || 'stɑːkpaɪl] *s. c.* **1** (~ {of}) reserva, provisión, acopio, acumulación. • *v. t.* **2** almacenar, hacer acopio de, acumular.

stockroom ['stɒkrum] *s. c.* almacén, depósito.

stock-still [,stɒk'stɪl] *adv.* inmóvil, completamente quieto.

stocktaking ['stɒk,teɪkɪŋ] *s. i.* **1** balance, inventario. **2** (fig.) revisión, examen, análisis.

stocky ['stɒkɪ] *adj.* robusto.

stodge [stɒdʒ || stɑːdʒ] *s. i.* **1** (fam. y desp.) comida indigesta, comida pesada. **2** (fig.) literatura aburrida.

stodgy ['stɒdʒɪ] *adj.* **1** indigesto, pesado (un alimento). **2** pesada, aburrida, (una obra). **3** corriente, vulgar (una persona). **4** pomposo, pedante. **5** rechoncho, regordete.

stoic ['stəuɪk] (también **stoical**) *s. c.* **1** estoico, impasible. **2** FIL. estoico.

stoical ['stəuɪklɪ] *adv.* estoicamente, impasiblemente.

stoically ['stəuɪcəl] *adj.* ⇒ **stoic.**

stoicism ['stəuɪsɪzəm] *s. i.* **1** estoicismo, impasibilidad. **2** FIL. estoicismo.

stoke [stəuk] *v. t.* **1** (to ~ {up/with}) atizar, avivar (un fuego, un horno). **2** cargar, llenar (una caldera, un depósito). • **3 to ~ up, a)** atizar avivar (un fuego); **b)** (fig.) atiborrarse, cebarse (una persona); **c)** (fig.) echar leña al fuego; avivar (un sentimiento).

stole [stəul] *pret. irreg.* **1** de **steal.** • *s. c.* **2** estola.

stolen ['stəulən] *p. p. irreg.* de **steal.**

stolid ['stɒlɪd] *adj.* (generalmente desp.) impasible, flemático, imperturbable.

stolidly ['stɒlɪdlɪ] *adv.* impasiblemente, flemáticamente, imperturbablemente.

stomach ['stʌmək] *s. c.* **1** ANAT. estómago. **2** abdomen, barriga, vientre. • *s. i.* **3** (~ **for,** generalmente en *negativa*) ganas de, ánimo para, disposición para, humor para. **4** (arc.) orgullo, altanería, arrogancia. • *v. t.* **5** (en *interr.* y *negativa*) (fig.) aceptar, soportar, aguantar, tragar. **6** comer, tragar, digerir (alimentos). ◆ **7 to have butterflies in one's ~** ⇒ **butterfly. 8 to have no ~ for,** no tener ganas de, no estar dispuesto a, no tener ánimo o humor para. **9 ~ pump,** bomba estomacal. **10 to turn one's ~/to make one's ~ turn,** revolver el estómago a uno, dar asco a uno.

stomach-ache ['stʌməkeɪk] *s. c.* dolor de estómago.

stomp [stɒmp || stɔːmp] *v. i.* **1** (to ~ *adv./prep.*) (fam.) pisar fuerte, dar pasos ruidosos. **2** (EE UU) pisar, pisotear, dar un pisotón.

stone [stəun] *s. c.* **1** piedra; canto; guijarro; roca. **2** lápida, losa (de una tumba). **3** muela, piedra de moler. **4** piedra de afilar. **5** mojón, hito. **6** gema, piedra preciosa. **7** (*pl.* **stone** o **stones**) (brit.) 14 libras (medida de peso). **8** (en EE UU **pit**) BOT. hueso; pepita: *a cherry stone = un hueso de cereza.* **9** MED. cálculo, piedra. **10** mesa de componer, piedra (en imprenta). • *s. i.* **11** piedra (material de construcción). • *v. t.* **12** apedrear, lapidar. **13** (EE UU **to pit**) deshuesar; despepitar (una fruta). • *adj.* **14** de piedra; pétreo: *a stone pot = un tiesto de piedra.* ◆ **15 a rolling ~ gathers no moss,** ⇒ **gather. 16 to get blood from a ~,** ⇒ **blood. 17 to kill two birds with one ~,** ⇒ **bird. 18 to leave no ~ unturned,** revolver Roma con Santiago, no dejar piedra sin mover. **19 Stone Age,** Edad de Piedra. **20 ~ deaf,** sordo como una tapia. **21 ~ the crows/me!,** (brit. y jerga) ¡figúrate!, ¡qué horror!, ¡qué susto! (para expresar sorpresa, susto, disgusto). **22 a stone's throw,** a tiro de piedra, una corta distancia, unos pasos.

stonebreaker ['stəun,breɪkər] *s. c.* máquina apisonadora.

stone-cold [,stəun'kəuld] *adj.* **1** completamente helado, extremadamente frío. ◆ **2 ~ sober,** (fam.) completamente sobrio.

stoned ['stəund] *adj.* (fam.) **1** borracho, ajumado. **2** (argot) colocado, colgado (por drogas).

stone-ground ['stəun,graund] *adj.* molido en molino (grano, harina).

stonemason ['stəun,meɪsn] *s. c.* cantero; mampostero; albañil.

stonewall [,stəun'wɔːl] *v. i.* (brit.) **1** utilizar tácticas dilatorias, practicar el obstruccionismo (en una discusión, en el Parlamento); responder con evasivas, evitar contestar directamente, (fam.) echar o lanzar balones fuera. **2** DEP. jugar a la defensiva, emplear la táctica del cerrojo.

stoneware ['stəunweər] *s. i.* vasijas de gres, cacharros de barro.

stonework ['stəunwɜːk] *s. i.* cantería; mampostería; obra de sillería.

stony ['stəunɪ] *adj.* **1** pedregoso; de piedra; pétreo. **2** (fig.) de piedra; cruel, despiadado, desalmado. **3** fría, glacial: *a stony look* = *una mirada glacial*. **4** rígido, impasible. **5** paralizante: *stony fear* = *un temor paralizante*.

stony-broke ['stəunɪ,brəuk] *adj*. (brit.) (fam.) sin blanca, sin un duro, sin un céntimo.

stood [stud] *pret*. y *p. p. irreg*. de **stand.**

stooge [stu:dʒ] *s. c.* **1** comparsa, actor que ayuda a un humorista y que es objeto de los chistes de éste en escena. **2** (brit., fam. y desp.) hombre de paja, paniaguado.

stool [stu:l] *s. c.* **1** taburete, banqueta. **2** escabel. **3** inodoro. **4** (form.) MED. heces, deposición. **5** BOT. cepa, planta madre. ◆ **6 to fall between two stools,** nadar entre dos aguas.

stoolpigeon ['stu:lpɪdʒən] (en EE UU **stoolie**) *s. c.* (jerga y desp.) soplón, delator.

stoop [stu:p] *v. i.* **1** inclinarse, agacharse, encorvarse: *stooping over the ironing board* = *inclinándose sobre la tabla de planchar*. **2** caminar encorvado: *she used to stoop when she was a child* = *solía caminar encorvada cuando era niña*. **3** bajar en picado, abatirse, arrojarse sobre su presa (un ave de rapiña). ● *s. c.* **4** encorvamiento. **5** concesión, humillación. **6** (EE UU) pórtico, porche. ◆ **7 to ~ to,** (desp.) rebajarse a, degradarse a, condescender a.

stooping ['stu:pɪŋ] *adj*. encorvado, cargado de espaldas, inclinado.

stop [stɒp] (*ger*. **stopping,** *pret*. y *p. p.* **stopped**) *v. t.* **1** parar, detener. **2** finalizar, terminar, interrumpir. **3** (**to ~** {**from**}) impedir; prohibir. **4** (**to ~** {**up**}) tapar (un orificio); atascar, cegar (una cañería); bloquear, obstruir, cortar (una carretea). **5** (fig.) tapar, callar: *we'll have to stop his mouth with money* = *tendremos que taparle la boca con dinero*. **6** empastar (una muela). **7** retener, cancelar, suspender, suprimir (un pago). **8** MÚS. pisar, presionar (las cuerdas); tapar (los agujeros de un instrumento). **9** MAR. amarrar. ● *v. i.* **10** pararse, detenerse. **11** finalizar, terminarse, interrumpirse. **12** parar, hacer una pausa,: *we stopped for tea* = *paramos para tomar el té*. **13** (brit.) quedarse, permanecer: *I'm stopping home tonight* = *esta noche me quedo en casa*. ● *s. c.* **14** parada, alto; interrupción; pausa. **15** parada (de autobús); apeadero (de tren). **16** estancia, visita. **17** obstrucción. **18** taco, tope, retén. **19** (brit.) GRAM. punto. **20** FOT. abertura (del objetivo). **21** MÚS. registro (de un órgano); llave, tecla; agujero (de flauta); traste (de guitarra). **22** (también **plosive**). FON. consonante oclusiva. **23** MAR. amarra. ◆ **24 the buck stops here,** ⇒ **buck. 25 to know where/when to ~,** saber controlarse, saber dónde o cuándo parar. **26 to pull out all the stops,** (fam. y fig.) hacer todo lo posible, desplegar todos los recursos. **27 to put a ~ to,** acabar con, poner fin a. **28 to ~ at nothing,** no pararse en barras, no detenerse ante nada, no reparar en nada. **29 to ~ by,** entrar a hacer una visita, pasar por casa, dejarse caer. **30 to ~ dead/in one's tracks,** parar en seco, frenar en seco. **31 to ~ down,** FOT. obstruir el objetivo. **32 to ~ in/** (EE UU) **over, a)** (brit.) (fam.) quedarse en casa, no salir; **b)** (fam.) dejarse caer, pasarse. **33 to ~ off,** (fam.) hacer una breve parada, interrumpir el viaje. **34 to ~ out,** (brit.) (fam.) quedarse fuera hasta tarde, regresar tarde a casa. **35 to ~ over,** pernoctar, pasar la noche, hacer escala. **36 ~ press,** PER. noticias de última hora. **37 to ~ short,** ⇒ **short. 38 ~ thief!,** ¡al ladrón! **39 to ~ up,** rellenar, **a)** obturar; empastar; **b)** (brit.) (fam.) quedarse hasta tarde, irse tarde a la cama.

stopcock ['stɒpkɒk] (brit. **turncock**) *s. c.* llave de paso, robinete, grifo, válvula.

stopgap ['stɒpgæp] *s. c.* sustituto temporal (persona); recurso provisional, parche (cosa).

stopover ['stɒpəuvər] *s. c.* escala; interrupción de un viaje; parada: *a two-day stopover in Paris* = *una escala de dos días en París*.

stoppage ['stɒpɪdʒ] *s. c.* **1** paro, huelga. **2** interrupción, detención, alto. ● *s. c.* e *i.* **3** deducción, retención: *he doesn't get much money after all stoppages* = *no gana mucho dinero una vez hechas todas las deducciones*. **4** suspensión, cancelación (de pagos, de vacaciones). **5** obstrucción, bloqueo, atasco.

stopper ['stɒpər] *s. c.* **1** (en EE UU **plug**) tapón; obturador. ● *v. t.* **2** tapar, taponar; obturar.

stopwatch ['stɒpwɒtʃ] *s. c.* cronómetro.

storage ['stɔ:rɪdʒ] *s. i.* **1** almacenamiento, almacenaje: *storage capacity* = *capacidad de almacenamiento*. **2** almacén, depósito (espacio, coste): *most of the furniture is in storage* = *la mayor parte de los muebles están en un almacén*. ◆ **3 ~ heater,** acumulador de calor.

store [stɔ:] *v. t.* **1** (**to ~** {**up**}) almacenar (suministros). **2** (**to ~** {**away**}) guardar, poner a buen recaudo. **3** INF. archivar (información). ● *s. c.* **4** (~ {**of**}) almacenamiento, provisión, reserva. **5** (EE UU) tienda, comercio; (brit.) almacén. **6** (~ {**of**}) montón, abundancia, acopio: *a store of old magazines* = *abundancia de revistas antiguas*. ● **7 in ~,** aguardando: *lots of surprises in store for you* = *montones de sorpresas te aguardan*. **8 to put great ~ on/by,** conceder gran importancia a, valorar al máximo. **9 stores,** MIL. provisiones, suministros. **10 to ~ up,** almacenar, acumular, guardar (para mejor ocasión).

storefront ['stɔ:frʌnt] *s. c.* (EE UU) fachada de una tienda, parte frontal de una tienda.

storehouse ['stɔ:haus] *s. c.* **1** (~ {**of**}) (fig.) fuente inagotable, mina (un lugar, una persona): *a storehouse of information* = *una fuente inagotable de información*. **2** (EE UU) almacén, depósito.

storekeeper ['stɔ:,ki:pər] *s. c.* **1** (EE UU) tendero. **2** MIL. jefe de almacén. **3** MAR. encargado de pañol, pañolero.

storeroom ['stɔ:rum] *s. c.* **1** almacén. **2** despensa, bodega. **3** MAR. pañol.

storey ['stɔ:rɪ] (en EE UU **story**) *s. c.* piso, planta.

stork [stɔ:k] *s. c.* ZOOL. cigüeña.

storm [stɔ:m] *s. c.* **1** tormenta, tempestad, temporal. **2** (~ {**of**}) (fig.) torrente, vendaval: *a storm of protest* = *un torrente de protestas*. **3** (~ **of**) polvareda, escándalo, alboroto, revuelo. **4** MIL. ataque, lluvia: *a storm of bullets* = *una lluvia de balas*. **5** MIL. ataque, asalto. ● *v. t.* **6** MIL. asaltar, atacar, tomar al asalto. ● *v. i.* **7** (**to ~** + *adv./prep.*) estallar en cólera, enfurecerse; vociferar: *he stormed out of the house* = *salió de casa bramando*. ● **8 any port in a ~,** ⇒ **port. 9 a storm in a teacup,** una tormenta en un vaso de agua. **10 the calm before the ~,** la calma que precede a la tormenta. **11 the eye of the ~,** el ojo del huracán. **12 to ride out/weather the ~,** MAR. capear el temporal. **13 ~ cloud,** nubarrón. **14 ~ trooper,** MIL. miliciano nazi. **15 to take by ~, a)** MIL. tomar al asalto; **b)** cautivar, conquistar: *the play took the audience by storm* = *la obra cautivó a la audiencia*.

stormbound ['stɔ:mbaund] *adj*. detenido por el temporal (un avión, un barco, los pasajeros).

storming ['stɔ:mɪŋ] *s. i.* MIL. conquista, asalto, toma: *the storming of the Bastille* = *la toma de la Bastilla*.

stormy ['stɔ:mɪ] *adj*. **1** tormentoso, borrascoso (el tiempo). **2** tempestuoso, turbulento (una relación).

story ['stɔ:rɪ] *s. c.* **1** (~ {**about**}) historia; cuento, relato; anécdota; chiste. **2** biografía, historia. **3** argumento, trama. **4** historia, rumor, chisme, habladuría. **5** (~ {**on**}) artículo, noticia (en un periódico). **6** (fam. y euf.) mentira, cuento, embuste. **7** (EE UU) piso, planta. ● **8 but that's another ~,** pero ese es otro tema, pero eso es harina de otro costal. **9 a cock-and-bull ~,** un cuento chino. **10 a hard-luck ~,** un dramón. **11 to cut a long ~ short,** para abreviar, resumiendo, en resumidas cuentas. **12 so the ~ goes,** la gente dice, andan diciendo que. **13 that's only part of the ~/that's not the whole ~,** eso no es todo, no le han contado todos los detalles. **14 the same old ~/the old old ~,** lo de siempre, la misma historia de siempre.

storyboard ['stɔ:rɪbɔ:d] *s. c.* secuencia en viñetas, story board.

story-book ['stɔ:rɪbuk] *s. c.* **1** (lit.) libro de cuentos. ● *adj*. **2** (fig.) de cuento de hadas, de novela, romántico: *a story-book romance = un amor romántico.*

stout [staʊt] *adj.* **1** (euf.) corpulento, fuerte, robusto, gordo. **2** (lit.) sólido, firme: *a stout table = una mesa sólida.* **3** valiente. **4** tenaz, decidido, resuelto. **5** vigoroso, enérgico, potente. • *s. i.* **6** cerveza negra.

stout-hearted [ˌstaʊt'hɑːtɪd] *adj.* (lit.) valiente, resuelto, decidido.

stoutly ['staʊtlɪ] *adv.* **1** firmemente; tenazmente; decididamente. **2** sólidamente; fuerte; firme.

stove [stəʊv] *pret.* y *p. p. irreg.* **1** de **stave.** • *s. c.* **2** (EE UU) hornillo; cocina; fuego. **3** estufa.

stow [stəʊ] *v. t.* **1** (**to** ~ {**away**}) guardar, almacenar. **2** MAR. estibar. **3** colocar, instalar, alojar, poner. **4** (fig.) engullir, zampar. • **5 to** ~ **away,** MAR. viajar de polizón, viajar clandestinamente, (Am.) viajar de pavo.

stowaway ['stəʊəweɪ] *s. c.* polizón, (Am.) pavo.

straddle ['strædl] *v. t.* **1** sentarse a horcajadas en. **2** situarse a ambos lados de, extenderse a un lado y otro de, caer a ambos lados de: *the village straddles the river = el pueblo está situado a uno y otro lado del río.* **3** extenderse por, atravesar: *roads straddling the country = carreteras que se extienden por el país.* • *v. i.* **4** nadar entre dos aguas (en una discusión entre dos partes). • *s. c.* **5** postura a horcajadas. **6** posición ambigua (en una discusión). **7** COM. opción de compra y venta (de acciones en bolsa). ◆ **8 to** ~ **the fence,** ser neutral (en una discusión).

strafe [strɑːf] *v. t.* **1** bombardear; ametrallar (desde un avión en vuelo rasante). • *s. c.* **2** bombardeo; ametrallamiento.

straggle ['strægl] *v. i.* (**to** ~ + *adv./prep.*) (desp.) **1** extenderse sin orden ni concierto, desparramarse. **2** rezagarse (de un grupo principal).

straggly ['stræglɪ] *adj.* disperso, diseminado, desordenado: *straggly hair = cabello despeinado.*

straight [streɪt] *adj.* **1** recto, derecho. **2** lacio, liso (el pelo). **3** recto, vertical: *the painting isn't straight = el cuadro no está vertical.* **4** erguido, derecho, recto. **5** ordenado, en orden, arreglado: *you should leave the room straight = deberías dejar la habitación en orden.* **6** (~ {**with**}) honrado, recto; franco, directo. **7** claro: *I'll put it straight = lo diré claro.* **8** simple, sencillo, sin ambages. **9** consecutivo; seguido: *watching TV for 3 straight hours = viendo la televisión tres horas seguidas.* **10** solo, sin mezcla, sin agua: *a straight whisky = un whisky solo.* **11** serio (el teatro, la expresión). **12** (fam.) en orden, en regla (los asuntos, las cuentas). **13** (jerga) heterosexual. **14** (jerga) abstemio; no consumidor de drogas. **15** convencional, conservador. **16** fijo, sin descuento (un precio). • *adv.* **17** (~ + *adv./prep.*) directamente, en línea recta: *straight in front of him = directamente delante de él.* **18** (~ + *adv./prep.*) directamente, derecho: *I went straight home = me fui directamente a casa.* **19** claramente, con claridad, francamente. **20** sin interrupción; de un tirón; seguido: *she read the whole book straight through = se leyó el libro de un tirón.* • *s. sing.* **21** línea recta, recta. **22** (jerga) heterosexual. **23** (jerga) abstemio; persona que no toma drogas. • **24 a** ~ **face,** una cara seria. **25 to go** ~, regenerarse (un criminal). **26 on the** ~ **and narrow,** por el buen camino, por el camino recto. **27 to put the record** ~**/to get something** ~, poner las cosas en su lugar, hablar claramente. **28** ~ **back,** inmediatamente, directamente. **29** ~ **from the shoulder,** (fam.) sin rodeos, sin ambages. **30** ~ **out,** francamente, sin rodeos. **31** ~ **up,** (brit.) (fam.) de verdad; sí, claro que sí (en preguntas o respuestas).

straightaway ['streɪtəweɪ] *adv.* enseguida, ahora mismo, inmediatamente, al instante.

straighten ['streɪtn] *v. t.* **1** enderezar, poner recto. **2** alisar (el cabello, una tela). • *v. i.* **3** enderezarse, ponerse recto. ◆ **4 to** ~ **out, a)** resolver, solucionar (un asunto); **b)** (fam.) aclarar. **5 to** ~ **up, a)** enderezarse, ponerse recto; **b)** arreglar, colocar, poner en orden (una habitación).

straight-faced ['streɪtˌfeɪst] *adj.* serio, inexpresivo, con cara de palo.

straightforward [ˌstreɪt'fɔːwəd] *adj.* **1** honrado; franco. **2** simple, sencillo, fácil (una pregunta). **3** total, completo: *a straightforward refusal = un rechazo total.*

straight-laced *adj.* ⇒ **strait-laced.**

straightway ['streɪtweɪ] *adv.* (arc.) enseguida, ahora mismo, inmediatamente, al instante.

strain [streɪn] *v. t.* **1** hacer daño en, dañar; forzar (a causa de esfuerzo excesivo). **2** distender (un músculo). **3** forzar, cansar (la vista). **4** colar: *strain the beans before serving them = cuela las alubias antes de servirlas.* **5** (**to** ~ + *o.* + **to** *inf.*) aguzar (el oído). • *v. i.* **6** esforzarse, hacer grandes esfuerzos. **7** (**to** ~ {**against**}) (lit.) aferrarse, asirse. • *s. c.* e *i.* **8** tensión, tirantez (de una cuerda). **9** tensión, agotamiento nervioso; fatiga, cansancio. **10** crispación, tensión, tirantez (en una relación). **11** MED. torcedura. • *s. c.* **12** (~ {**of**}) variedad (de animales, plantas). • *s. sing.* **13** (~ {**of**}) (lit.) MÚS. son, tonada, melodía. **14** (~ {**of**}) rasgo, característica, peculiaridad. **15** (~ {**of**}) vena (de locura). **16** (fam.) línea, camino, orientación. • **17 to put a great** ~ **on,** exigir un esfuerzo enorme a. **18 to** ~ **at,** tirar con fuerza de. **19 straining at the leash,** (fam.) exigiendo libertad, deseoso de libertad. **20 to** ~ **every nerve,** (lit.) esforzarse al máximo. **21 under the** ~, bajo presión.

strained ['streɪnd] *adj.* **1** tenso, poco amistoso, forzado (risa, tono de voz). **2** tenso, tirante, crispado (relación). **3** cansado, agotado, fatigado.

strainer ['streɪnər] *s. c.* **1** colador. **2** filtro, tamiz.

strait [streɪt] (también **straits**) *s. c.* **1** GEOG. estrecho. • *adj.* **2** estrecho, angosto, reducido. **3** encerrado, confinado. **4** rígido, estricto, riguroso. ◆ **5 in desperate/dire/financial straits,** en apuros económicos, pasando muchas estrecheces.

straitened ['streɪtnd] *adj.* **1** (form. y euf.) apurada, difícil, de necesidad (una situación económica). ◆ **2 in** ~ **circumstances,** falto de dinero, en un apuro económico.

straitjacket ['streɪtˌdʒækɪt] *s. c.* **1** camisa de fuerza. **2** (desp.) restricción, limitación, cortapisa: *the straitjacket of poverty = las limitaciones de la pobreza.*

strait-laced [ˌstreɪt'leɪst] (también **straight-laced**) *adj.* **1** (desp.) puritano, remilgado, moralista, gazmoño. **2** (arc.) ceñido, apretado, ajustado.

strand [strænd] *s. c.* **1** (~ {**of**}) hebra, cabo, hilo, filamento. **2** mechón (de cabello). **3** sarta (de perlas). **4** (fig.) hilo, cabo, elemento (de una discusión, de una historia). **5** (lit.) playa, costa, ribera. • *v. t.* **6** MAR. varar, encallar. **7** trenzar, retorcer, unir (cabos para hacer una cuerda). **8** romper un cabo (de una cuerda). • *v. t.* e *i.* **9** abandonar, dejar en la estacada, dejar colgado (en un lugar).

stranded ['strændɪd] *adj.* abandonado, en situación poco favorable, desamparado, colgado (en un lugar): *they were left stranded in Rome = les dejaron colgados en Roma.*

strange [streɪndʒ] *adj.* **1** extraño, raro, incomprensible, inusual, sorprendente, peculiar, exótico. **2** (~ {**to**}) desconocido, poco familiar, extraño (un lugar). **3** (~ **to**) (form.) no acostumbrado, poco experto, nuevo: *strange to that task = no acostumbrado a esa tarea.* **4** raro, mal, mareado; incómodo, con una sensación extraña: *she felt strange after dinner = se sintió mal después de la cena.* • **5** ~ **to say,** aunque parezca extraño, aunque parezca mentira.

strangely ['streɪndʒlɪ] *adv.* **1** extrañamente, incomprensiblemente, sorprendentemente, peculiarmente. ◆ **2** ~ **enough,** aunque parezca mentira, sorprendentemente.

strangeness ['streɪndʒnɪs] *s. i.* extrañeza, rareza, peculiaridad, exotismo, novedad.

stranger ['streɪndʒər] *s. c.* **1** extraño, desconocido: *it was forbidden to talk to strangers = estaba prohibido hablar con desconocidos.* **2** forastero, nuevo (en un lugar). ◆ **3 to be no** ~ **to,** conocer bien, estar acostumbrado a, ser experto en: *he was no stranger to those problems* = *conocía bien esos problemas*.

strangle ['stræŋgl] *v. t.* **1** estrangular, ahogar, asfixiar. **2** (fig.) sofocar, arruinar, ahogar, restringir, inhibir: *financial cuts are strangling development* = *las restricciones financieras están arruinando el desarrollo*.

strangled ['stræŋgld] *adj.* sofocado, reprimido, apagado (un grito).

stranglehold ['stræŋglhəuld] *s. c.* **1** DEP. llave estranguladora, collar de fuerza (en lucha). **2** (fig.) control, dominio, influencia opresiva.

strangler ['stræŋglər] *s. c.* estrangulador.

strangulate ['stræŋgjuleɪt] *v. t.* estrangular.

strangulation [ˌstræŋgju'leɪʃn] *s. i.* **1** estrangulamiento. **2** control, dominio (generalmente financiero, político).

strap [stræp] *s. c.* **1** correa, banda, tira, trabilla. **2** hombrera, tirante (de un vestido). **3** asidero (en un autobús). **4** (**the** ~) castigo a base de correazos, azotamiento con correa. **5** asentador (de navaja de afeitar). • (*ger.* **strapping**, *pret.* y *p. p.* **strapped**) *v. t.* **6** (**to** ~ + *o.* + *adv./prep.*) atar con correa, sujetar con correa, asegurar con cinturón. **7** (**to** ~ {**up**}, generalmente *pasiva*) vendar, poner vendajes, fajar.

strapless ['stræplɪs] *adj.* sin tirantes, sin hombreras (un vestido).

strapping ['stræpɪŋ] *adj.* **1** (fam.) corpulento, fuerte, fornido, robusto. • *s. i.* **2** correaje.

strata ['strɑːtə] *pl.* de **stratum.**

stratagem ['strætɪdʒəm] *s. c.* (form.) estratagema, artimaña, treta.

strategic [strə'tiːdʒɪk] (también **strategical**) *adj.* **1** estratégico, táctico. ◆ **2** ~ **management,** dirección estratégica.

strategically [strə'tiːdʒɪkəlɪ] *adv.* estratégicamente, tácticamente.

strategist ['strætɪdʒɪst] *s. c.* estratega.

strategy ['strætɪdʒɪ] *s. i.* **1** MIL. estrategia. • *s. c.* **2** estrategia, táctica política, plan: *a strategy to pass the exam* = *un plan para aprobar el examen*.

stratification [ˌstrætɪfɪ'keɪʃn] *s. i.* estratificación.

stratified ['strætɪfaɪd] *adj.* estratificado, en capas, por estratos.

stratify ['strætɪfaɪ] *v. t.* **1** estratificar. ◆ *v. i.* **2** estratificarse.

stratosphere ['strætəuˌsfɪər] *s. sing.* estratosfera.

stratum ['strɑːtəm] (*pl.* **strata**) *s. c.* **1** GEOL. estrato. **2** (~ {**of**}) (fig.) estrato, capa, nivel (social).

straw [strɔː] *s. c.* e *i.* **1** paja: *a straw hat* = *un sombrero de paja*. • *s. c.* **2** pajita (para beber). **3** (generalmente *sing.* y en *negativa* o *interr.*) (fig.) paja, insignificancia, bagatela, tontería. ◆ **4 a man of** ~, testaferro, un hombre de paja. **5 a** ~ **in the wind,** un indicio de lo que puede suceder, una señal de lo que puede pasar. **6 to clutch/grasp at straws,** agarrarse a un clavo ardiendo, echar mano de cualquier cosa. **7 to draw/get the short** ~, tocarle a uno la china. **8 to make bricks without** ~, no tener los medios adecuados para trabajar. **9 not to care/give a** ~, importar un comino. **10** ~ **poll/vote,** votación de tanteo, encuesta pre-electoral. **11 the last/final** ~, el colmo. **12 the** ~ **that broke the camel's back,** la gota que colmó el vaso.

strawberry ['strɔːbərɪ || 'strɔːberɪ] *s. c.* **1** fresa, fresón. **2** color fresa, color rosa oscuro. ◆ **3** ~ **mark,** antojo, mancha de nacimiento.

straw-coloured ['strɔːˌkʌləd] *adj.* amarillo claro, pajizo, de color paja.

stray [streɪ] *v. i.* **1** (**to** ~ {**from**}) extraviarse, perderse, descarriarse, apartarse. **2** (fig.) desviarse, apartarse (de un tema, del buen camino). **3** vagar, errar, deambular. • *s. c.* **4** animal callejero. **5** niño abandonado, niño sin hogar, niño vagabundo. **6** (fam.) descarriado, perdido. • *adj.* **7** errante, perdido, extraviado, abandonado. **8** aislado, raro, disperso, esporádico: *stray moments of happiness* = *momentos esporádicos de felicidad*.

streak [striːk] *s. c.* **1** (~ {**of**}) línea, banda, tira, raya, lista. **2** (~ {**of**}) vena (de color). **3** (~ {**of**}) rayo (de luz). **4** (~ {**of**}) vena, traza, elemento, rasgo (de locura, de carácter). **5** racha (de suerte). • *v. i.* **6** (**to** ~ + *adv./prep.*) pasar como un rayo, pasar a gran velocidad. **7** relampaguear. **8** correr desnudo a gran velocidad en un lugar público. • *v. t.* **9** marcar, surcar, cubrir, vetear: *marble streaked with grey* = *mármol veteado de gris*. • **10 a lucky/winning** ~, una racha de suerte/éxito. **11 an unlucky** ~, una racha de mala suerte. **12 to have a yellow** ~, ser un gallina. **13 like a** ~ **of lightning,** (fam.) como un rayo, a gran velocidad.

streaker ['striːkər] *s. c.* persona que corre desnuda en un lugar público (para atraer la atención).

streaky ['striːkɪ] *adj.* **1** a rayas, listado, veteado. **2** inestable, variable (de carácter). **3** con suerte, afortunado. ◆ **4** ~ **bacon,** tocino de veta.

stream [striːm] *s. c.* **1** arroyo, riachuelo. **2** (~ {**of**}) corriente, flujo, chorro (de líquido, de humo). **3** (generalmente *sing.*) corriente, dirección: *we let ourselves go along with the stream* = *nos dejamos llevar por la corriente*. **4** (fig.) riada, desfile, oleada, caravana (de gente, de tráfico). **5** (fig.) torrente: *a stream of insults* = *un torrente de insultos*. **6** (brit.) nivel, clasificación (escolar de un grupo de alumnos). **7** curso (de la historia). • *v. i.* **8** (**to** ~ + *adv./prep.*) brotar, fluir, correr, manar (a borbotones). **9** (**to** ~ + *adv./prep.*) salir o entrar en tropel, moverse en oleadas (la gente). **10** (**to** ~ + *adv./prep.*) ondear, flotar (al viento). **11** (**to** ~ {**with**}) llorar, lagrimear. • *v. t.* **12** (brit.) clasificar, colocar por niveles (a los niños en la escuela). • **13 to go/swim against the** ~, (fig.) ir contra corriente, ser inconformista. **14 to go/swim with the** ~, (fig.) ir con la corriente, ser conformista. **15 on** ~, TEC. en funcionamiento: *there'll be a new factory on stream in June* = *una nueva fábrica entrará en funcionamiento en junio*.

streamer ['striːmər] *s. c.* **1** serpentina. **2** gallardete, banderola. **3** rayo, franja (de luz en el horizonte). **4** PER. titular a toda plana.

streaming ['striːmɪŋ] *s. i.* (brit.) clasificación por niveles (en la escuela).

streamline ['striːmlaɪn] *v. t.* **1** aerodinamizar, perfilar. **2** modernizar, perfeccionar, hacer más eficaz: *it seems difficult to streamline administration* = *parece difícil modernizar la administración*. **3** perfilar, simplificar (un texto).

streamlined ['striːmlaɪnd] *adj.* **1** aerodinámico, perfilado. **2** modernizado, perfeccionado, eficiente, útil.

street [striːt] *s. c.* **1** calle. **2** (**the** ~) la calle, afuera, el exterior: *lots of noise in the street* = *mucho ruido afuera*. ◆ **3 to be streets ahead of,** (fam. y fig.) ser superior a, sacar gran ventaja a, ser más aventajado que, ser infinitamente mejor que. **4 to be streets apart,** (fam.) ser totalmente diferentes, no tener nada en común. **5 to be up one's** ~**/right up one's** ~, saber mucho sobre el tema, conocer bien el tema, interesar el tema a uno. **6 to be on/walk the streets,** hacer la calle, ser una prostituta. **7 not to be in the same** ~ (**as**), (fam.) no estar a la misma altura que. **8** ~ **credibility/cred,** (fam.) aceptación, imagen, credibilidad (entre la gente joven). **9** ~ **value,** valor de venta en la calle (de una droga ilegal). **10 the man in the** ~**/the man or woman in the** ~, el hombre de la calle, la gente corriente. **11 walking the streets,** en la calle, sin un lugar en que vivir.

streetcar ['striːtkɑːr] *s. c.* (EE UU) tranvía.

streetlamp ['striːtlæmp] (también **streetlight**) *s. c.* farol (de alumbrado público).

streetlight ['striːtlaɪt] *s. c.* ⇒ **streetlamp.**

streetwalker ['striːtˌwɔːkər] *s. c.* prostituta callejera.

streetwise ['striːtwaɪz] *adj.* (fam.) que domina la calle, experimentado en vivir en la calle (en grandes ciudades).

strength [streŋθ] *s. c.* e *i.* **1** fuerza, energía, fortaleza, vigor, resistencia. **2** confianza, resolución, coraje. **3** intensidad, potencia, fuerza (del viento, la luz, etc.). • *s. c.* **4** (~ {**of**}) eficacia, fundamento, base, firmeza (de un plan, de un argumento). • *s. i.* **5** número, fuerza numérica, efectivos. **6** poder, influencia. • **7 at full** ~**/up to full** ~, con todos sus componentes presentes, a pleno rendimiento, con el número de gente requerida. **8 to be below/under ~,** estar bajo mínimos, tener poco personal. **9 to go from ~ to ~,** prosperar, mejorar, ir cada vez mejor. **10 in ~/great ~,** en gran número. **11 on the ~,** (fam.) miembro (de una organización, del ejército). **12 on the ~ of,** en base a, en virtud de, influido por, confiado en. **13 with all your ~,** con toda su fuerza, duramente, fuertemente.

strengthen ['streŋθən ‖ 'strenθən] *v. t.* e *i.* **1** reforzar(se), fortalecer(se), robustecer(se), hacer(se) más fuerte. **2** incrementar, intensificar.

strenuous ['strenjuəs] *adj.* **1** extenuante, agotador, fatigoso, penoso, arduo: *a strenuous climb = una subida extenuante.* **2** enérgico, vigoroso, activo.

stress [stres] *s. c.* e *i.* **1** estrés, tensión, presión, ansiedad: *she suffers from nervous stress = padece tensión nerviosa.* **2** FÍS. fuerza, carga, presión, esfuerzo. **3** (~ {**on**}) FON. acento. **4** acento, énfasis. • *v. t.* **5** subrayar, dar importancia a, dar énfasis a, recalcar. **6** acentuar.

stressed [strest] *adj.* **1** estresado, en tensión, nervioso. **2** FÍS. forzado, tenso. **3** FON. acentuado.

stressful ['stresfəl] *adj.* estresante, lleno de tensión, agitado, inquieto: *a stressful day = un día estresante.*

stretch [stretʃ] *v. t.* e *i.* **1** ensanchar(se), dilatar(se), agrandar(se), expandir(se), dar(se) de sí: *wool tends to stretch = la lana tiende a ensancharse.* • *v. t.* **2** (**to** ~ {**out**}) extender, tender, estirar, alargar: *he stretched his arm to catch it = alargó el brazo para cogerlo.* **3** (fam.) adaptar, hacer una concesión, ir más allá del límite: *let's stretch the rules = adaptemos las reglas.* **4** forzar, exagerar, distorsionar: *to stretch the truth = exagerar (la realidad).* **5** exigir, requerir (mucho en el trabajo). **6** esforzar, batallar, pugnar. **7** (fam.) caer al suelo por un golpe. • *v. i.* **8** (**to** ~ **+** *adv./prep.*) extenderse, abarcar, llegar, prolongarse: *the story stretches over generations = la historia abarca generaciones.* **9** (**to** ~ {**out**}) estirarse, desperezarse, desentumecerse. • *s. c.* **10** estiramiento, estirón, desperezamiento, desentumecimiento. **11** (~ {**of**}) extensión, zona, parte, paisaje. **12** (generalmente *sing.*) DEP. tramo, recta, trecho, etapa (de una carrera). **13** (~ {**of**}) período, intervalo: *a two-hour stretch = un intervalo de dos horas.* **14** (generalmente *sing.*) (jerga) condena, pena (en prisión). • *s. i.* **15** elasticidad. • **16 at a ~,** sin parar, con continuidad, continuamente, todo seguido. **17 at full ~, a)** completamente estirado; **b)** a la máxima potencia, con la mayor energía, con todo el esfuerzo. **18 by any ~ of the imagination,** con enorme imaginación, con un esfuerzo de la imaginación. **19 to ~ a point,** hacer una excepción, romper la regla, hacer una concesión. **20 to ~ one's legs,** estirar las piernas, dar un paseo. **21 to ~ one's wings,** (fig.) extender alas, hacer algo diferente.

stretcher ['stretʃər] *s. c.* **1** camilla, parihuelas. **2** MEC. tensor, ensanchador. **3** bastidor. **4** viga, tirante. **5** ARQ. soga, ladrillos al hilo.

stretcher-bearer ['stretʃəˌbeərər] *s. c.* camillero.

stretchy ['stretʃɪ] *adj.* elástico, estirable.

strew [stru:] (*p. p.* **strewed** o **strewn**) *v. t.* **1** (lit.) desparramar, esparcir, sembrar, extender, derramar. **2** (fig.) saturar, colmar: *a piece of writing strewn with swear words = un escrito saturado de palabras soeces.*

strewn [stru:n] *p. p.* de **strew.**

strewth [stru:θ] *interj.* (brit.) (fam. y arc.) ¡Santo Cielo!, ¡que horror! (expresa sorpresa, alarma).

stricken ['strɪkən] *adj.* (form.) **1** acongojado, angustiado, destrozado, afligido: *stricken by fear = acongojado de temor.* **2** herido, afectado (por una enfermedad). **3** afectado, debilitado, maltrecho (un negocio, una industria). • *sufijo* **4** (*s. i.* **+ -stricken**) afectado: *terror-stricken = aterrado.*

strict [strɪkt] *adj.* **1** (~ {**with**}) estricto, riguroso, severo, firme. **2** estricto, preciso, claro, definido, exacto: *very strict rules = reglas muy claras.* **3** terminante, (una orden). **4** escrupuloso, absoluto, total: *a strict vegetarian = un vegetariano absoluto.*

strictly ['strɪktlɪ] *adv.* **1** estrictamente, severamente, rígidamente. **2** rigurosamente, terminantemente: *strictly forbidden = terminantemente prohibido.* **3** exclusivamente, solamente: *strictly for members = exclusivamente para socios.* **4** estrictamente, escrupulosamente. ◆ **5 ~ speaking,** rigurosamente, en rigor.

strictness ['strɪktnɪs] *s. i.* **1** severidad, rigor, rigidez. **2** exactitud.

stricture ['strɪktʃər] *s. c.* (form.) **1** (~ {**on**} y generalmente *pl.*) condena, censura, reprobación, reproche, crítica, reparo. **2** limitación, restricción. **3** MED. estrechez, constricción.

stridden ['strɪdn] *p. p. irreg.* de **stride.**

stride [straɪd] (*pret. irreg.* **strode,** *p. p.* **stridden**) *v. i.* **1** (**to** ~ **+** *adv./prep.*) andar a zancadas, dar zancadas, caminar a trancos. • *s. c.* **2** zancada, paso largo, tranco. ◆ **3 to get into one's ~,** empezar a funcionar bien, alcanzar un buen ritmo, tomar confianza (en una actividad). **4 to make strides in,** hacer progresos, avanzar, progresar. **5 to take something in one's ~,** tomarse algo bien, hacer algo sin esfuerzo, salir del paso sin esfuerzo.

stridency ['straɪdənsɪ] *s. i.* estridencia, estrépito.

strident ['straɪdnt] *adj.* **1** (desp.) estridente, chillona, chirriante. **2** (fig.) clamorosa, fuerte, enérgica, potente (una protesta).

stridently ['straɪdntlɪ] *adv.* **1** (desp.) estridentemente, de forma chillona, de forma chirriante. **2** clamorosamente, con fuerza, enérgicamente.

strife [straɪf] *s. i.* **1** disensión, desacuerdo, rivalidad, conflicto. **2** pelea, lucha, batalla.

strike [straɪk] (*pret.* y *p. p. irreg.* **struck**) *v t.* **1** (form.) golpear, pegar, dar una bofetada, asestar (un golpe), recibir (un impacto). **2** atacar, asaltar. **3** afligir con, herir en, atacar (una enfermedad). **4** caer sobre (un rayo, una luz): *lightning struck the tree = un rayo cayó sobre el árbol.* **5** MÚS. tocar, tañer. **6** (**to** ~ **+** *o.* **+** *adv./prep.* y generalmente *pas.*) quedarse de repente, convertirse, dejar: *he was struck dumb = se quedó mudo de repente.* **7** (**to** ~ **+** *o.* **+** *adv./prep.*) provocar, causar, penetrar profundamente (un sentimiento). **8** encender, prender, frotar, friccionar: *strike a match = enciende una cerilla.* **9** (**to** ~ **+** *o.* **+** *adv./prep.*) (form.) eliminar, borrar, quitar (oficialmente). **10** encontrar, descubrir, hallar, dar con (un material, un lugar, una dificultad). **11** alcanzar, conseguir, lograr (un acuerdo). **12** (**to** ~ {**as**}) parecer, afectar, impresionar: *it struck me as rather strange = me pareció bastante extraño.* **13** ocurrir(le), parecer(le): *it struck her that he might have left her = se le ocurrió que quizá la había abandonado.* **14** asumir, tomar, adoptar (una postura). **15** TEC. acuñar, imprimir (moneda, una medalla). • *v. i.* **16** (**to** ~ {**out**}) atacar, golpear, dar golpes. **17** (**to** ~ {**for**}) ir a la huelga, declararse en huelga. **18** MAR. tocar fondo, encallar (un barco). **19** penetrar, atravesar, entrar, pinchar. **20** BOT. echar raíces, arraigar. • *v. t.* e *i.* **21** dar la hora, indicar la hora (por campanadas): *the clock has just struck five = el reloj acaba de dar las cinco.* **22** morder, picar (una serpiente). **23** enganchar(se) en el anzuelo, morder la carnada (un pez). **24** chocar (con), estrellar(se) (contra), colisionar. **25** arriar, bajar (la bandera). • *s. c.* **26** huelga, paro. **27** ataque aéreo, bombardeo. **28** descubrimiento, hallazgo (de petróleo). **29** mordedura (del pez a la carnada). **30** emisión (de moneda). **31** DEP. lanzamiento, pasada (en béisbol). **32** DEP. golpe (que derriba 10 bolos de una vez). ◆ **33 to be struck dumb/blind,** quedarse mudo, quedarse ciego. **34 to ~ a balance,** COM. hacer balance. **35 to ~ a bargain,** cerrar un trato. **36 to ~ a blow for,** actuar en favor de, luchar por (un ideal, una causa). **37 to ~ a chord, a)** identificarse con, causar simpatía, causar buena impresión; **b)** sonarle a uno, recordarle a alguien. **38 to ~ a note,** dar la impresión. **39 to ~ at the heart of,** (fig.) golpear directamente al corazón, perjudicar enormemente. **40 to ~ down,** llevar a la muerte, desaparecer, ser afligido por. **41 to ~ fear/terror into people/someone's hearts,** sobrecoger de terror a la gente. **42 to ~ home,** dar en el blanco, producir efecto. **43 to ~ it rich,** tocar el gordo, descubrir un buen filón, hacerse rico. **44 to ~ lucky/oil,** (fam.) tener un golpe de suerte, ser muy afortunado. **45 to ~ off,** borrar, quitar, tachar (de una lista oficial); expulsar (de un colegio profesional por conducta poco ética). **46 to ~ on/upon, a)** dar con, descubrir, ocurrírsele (una respuesta, una idea); **b)** quedar impresionado (por un plan). **47 to ~ out, a)** tachar con una raya, borrar con una línea; **b)** moverse resueltamente, caminar a grandes zancadas; nadar con gran energía; **c)** independizarse, obrar por cuenta propia. **48 ~ pay,** subsidio de huelga (que pagan los sindicatos a los huelguistas). **49 to ~ the eye,** llamar la atención, impresionar. **50 to ~ up, a)** iniciarse la música, comenzar a tocar; **b)** trabar, comenzar (una amistad, una conversación). **51 to ~ while the iron is hot, ⇒ iron.**

strike-bound ['straɪkbaund] *adj.* paralizado por la huelga.

strike-breaker ['straɪkˌbreɪkər] *s. c.* esquirol.

striker ['straɪkər] *s. c.* **1** huelguista. **2** DEP. delantero (en fútbol). **3** badajo (de campana), percutor, macillo (en relojería). **4** arpón. **5** arponero.

striking ['straɪkɪŋ] *adj.* **1** sorprendente, increíble, chocante: *a striking effect = un efecto sorprendente.* **2** impresionante, imponente, escultural, llamativa (una persona). ◆ **3 within ~ distance,** a tiro de piedra, muy cercano.

strikingly ['straɪkɪŋlɪ] *adv.* **1** sorprendentemente, increíblemente, de modo chocante. **2** impresionantemente, imponentemente, llamativamente: *a strikingly beautiful girl = una chica llamativamente bella.*

string [strɪŋ] *s. c.* e *i.* **1** cuerda, bramante, cordel. • *s. c.* **2** MÚS. cuerda. **3** sarta (de perlas, de mentiras). **4** ristra (de ajos). **5** reata (de animales). **6** procesión, desfile, fila, hilera (de gente). **7** retahíla, serie, montón: *a string of swear words = una retahíla de tacos.* **8** INF. cadena, serie. **9** BOT. fibra, nervio. **10** condición, restricción. • (*pret.* y *p. p. irreg.* **strung**) *v. t.* **11** encordar, ensartar. **12** atar, apretar, colgar (con cuerda). **13** (fig.) ensartar, unir (una frase con otra). **14** extender, colocar (una cuerda). **15** MÚS. tensar (cuerdas). **16** quitar las fibras (a las judías verdes). • *adj.* **17** de cuerda, hecho de cuerda: *a string bag = un bolso de cuerda.* **18** MÚS. de cuerda: *a string quartet = un cuarteto de cuerda.* ◆ **19 to have got someone on a ~,** tener a alguien en sus manos, tener a alguien en un puño, hacer lo que se quiere de alguien. **20 to have two strings/more than one ~ to one's bow,** tener varias posibilidades, tener más de una alternativa. **21 to pull strings,** tocar resortes, tocar todos los hilos. **22 to ~ along,** engañar, embaucar, traer al retortero. **23 to ~ along with,** (fam.) acompañar, pegarse a, seguir a. **24 ~ bean,** judía, alubia, vaina. **25 to ~ out,** extender en fila, poner en una hilera, colocar en fila. **26 strings,** MÚS. **a)** instrumentos de cuerda; **b)** orquesta de cuerda, grupo de músicos de cuerda. **27 to ~ together,** unir, combinar, ensamblar. **28 to ~ up, a)** colgar, suspender, enganchar; **b)** (fam.) colgar, ahorcar. **29 with no strings attached,** sin condiciones previas, sin condiciones establecidas.

stringed instrument ['strɪŋdɪnstrumənt] *s. c.* MÚS. instrumento de cuerda.

stringency ['strɪndʒənsɪ] *s. i.* **1** dificultad, escasez, estrechez (económica). **2** severidad, rigor, rigurosidad (en el cumplimiento de las leyes).

stringent ['strɪndʒənt] *adj.* **1** severa, rigurosa, estricta (una ley, una regla): *a stringent ban = una prohibición rigurosa.* **2** difícil, estrecho (un período económico).

stringently ['strɪndʒəntlɪ] *adv.* rigurosamente, severamente, estrictamente.

stringy ['strɪŋɪ] *adj.* (desp.) **1** fibroso, correoso (un alimento). **2** estropajoso, ratonil (el pelo). **3** largo y delgado (un brazo).

strip [strɪp] (*ger.* **stripping**, *pret.* y *p. p.* **stripped**) *v. t.* **1** (**to ~** {**from/of/off**}) despojar, despellejar, desollar. **2** (**to ~** {**from/of/off**}) arrancar, quitar, descortezar: *to strip the bark off a tree = descortezar un árbol.* **3** arrancar, raspar, lijar (la pintura, el papel de una pared). **4** (**to ~** {**down**}) desmantelar, desmontar (una máquina). **5** MEC. estropear (la caja de cambios). **6** MEC. pasarse de rosca (un tornillo). • *v. t.* e *i.* **7** desnudar(se), desvestir(se), despojar(se) de ropa, quitar(se) la ropa. • *s. c.* **8** franja, zona (de tierra). **9** tira, banda, lista (de material). **10** tira cómica, tira de dibujos. **11** lámina, fleje (de metal). **12** espectáculo de "strip-tease". **13** (brit.) traje, ropa, colores (de un equipo de fútbol). **14** AER. pista de aterrizaje. • **15 to ~ away/of, a)** despojarse, dejar de lado (hábitos); **b)** desmantelar, despojar de, arrebatar, privar de (objetos de valor, galones). **16 ~ cartoon,** (brit.) tira cómica, tira de dibujos. **17 ~ club,** club de "strip-tease". **18 ~ joint,** (EE UU) (fam.) club de "strip-tease". **19 ~ lighting,** ELEC. alumbrado de tubos fluorescentes, alumbrado de banda. **20 to tear a ~ off,** (fam.) dar una buena regañina, echar una buena reprimenda.

stripe [straɪp] *s. c.* **1** raya, franja, lista, banda: *she wore a skirt with blue stripes = llevaba una falda de rayas azules.* **2** MIL. galón. **3** clase, tipo, calaña. • *s. i.* **4** material de rayas. ◆ **5 stripes,** (fam.) traje a rayas (de prisionero).

striped [straɪpt] *adj.* de rayas, a rayas, listado.

stripling ['strɪplɪŋ] *s. c.* (hum.) muchacho, joven, imberbe, mozuelo.

stripper ['strɪpər] *s. c.* **1** (fam.) bailarina de "strip-tease", artista de "striptease". **2** espátula, raspador (para quitar pinturas). • *s. i.* **3** QUÍM. disolvente. **4** QUÍM. decapante.

striptease ['strɪptiːz] *s. c.* e *i.* "striptease", espectáculo en que una bailarina o un bailarín se despoja de la ropa al son de la música.

stripy ['straɪpɪ] *adj.* de rayas, de listas.

strive [straɪv] (*pret. irreg.* **strove,** *p. p.* **striven**) *v. i.* (**to ~** {**after/against/for**}) (lit.) esforzarse, afanarse, luchar, batallar, porfiar.

striven ['strɪvn] *p. p. irreg.* de **strive.**

striving ['straɪvɪŋ] *s. i.* lucha, esfuerzo, batalla, porfía.

strobe [strəub] (también **strobe lighting**) *s. i.* luz estroboscópica, iluminación estroboscópica (usada en discotecas).

strode [strəud] *pret. irreg.* de **stride.**

stroke [strəuk] *v. t.* **1** acariciar, pasar la mano por. **2** DEP. ser el primer remero. **3** DEP. golpear, dar a (la pelota). • *s. c.* **4** golpe, azote, latigazo. **5** MED. apoplejía, ataque apopléjico. **6** DEP. golpe, jugada, lance, hoyo (en críquet, golf). **7** tacada (en billar). **8** trazo, rasgo, plumazo, pincelada. **9** palada, remada. **10** DEP. brazada; estilo (en natación). **11** campanada, tañido. **12** oblicua, raya oblicua: *seven stroke two = siete, raya oblicua, dos (= 7/2).* **13** DEP. primer remero, remero mayor. **14** MEC. carrera (de pistón). • *s. sing.* **15** (~ {**of**}) golpe, racha: *a stroke of luck = un golpe de suerte.* **16** (~ {**of**}) vena, rasgo, golpe de intuición (de ingenio). • **17 at a single ~/in one ~,** de un solo golpe, de una sola vez. **18 not to do a ~/a ~ of work,** (fig.) no dar ni golpe, no pegar un palo al agua. **19 to put someone off their ~,** distraer a alguien, no dejar concentrarse a alguien.

stroll [strəul] *v. i.* **1** pasear, andar, vagar. • *s. c.* **2** paseo, vuelta: *a stroll in the park = un paseo por el parque.*

stroller ['strəulər] *s. c.* **1** paseante, caminante. **2** (EE UU) cochecito de niño, sillita de niño.

strong [strɒŋ] *adj.* **1** fuerte, recio, vigoroso. **2** potente, fuerte, poderoso, influyente (un país, un grupo). **3** resistente, sólido, duro, consistente: *a strong table = una mesa resistente.* **4** fervoroso, ferviente, ardiente, acérrimo (partidario). **5** sano, fuerte, robusto (de constitución): *a strong heart = un corazón sano.* **6** fuerte, impetuoso, violento (el viento, una corriente de agua). **7** intenso, fuerte (un olor, un sabor, una luz, un color, una emoción). **8** fuerte, chillona (una voz). **9** marcado, intenso (un parecido). **10** firme, persuasivo, convincente (un argumento). **11** importante, extraordinario, excepcional, considerable (reparto cinematográfico, una influencia). **12** respetable, con buenas posibilidades (un candidato). **13** marcado, acusado (un rasgo, el acento). **14** fuerte (una droga); cargada, alcohólica (una bebida). **15** franca, definitiva (posibilidad). **16** (*s.* + ~) de cierto número (generalmente no se traduce al castellano): *a club of 50 strong = un club de 50 socios.* **17** (~ **on**) bueno, hábil, diestro (en alguna materia). **18** (fam.) severo, duro, exagerado, inaceptable. **19** (no *comp.*) GRAM. fuerte, irregular (un verbo). **20** ECON. próspero, en alza, firme. ◆ **21 to come on ~, a)** (fam. y desp.) entrar directamente, no andarse por las ramas (en la relación sexual); **b)** ir demasiado lejos, actuar con excesiva severidad. **22 still going ~,** (fam.) **a)** en perfecto funcionamiento, en buenas condiciones; **b)** aún popular, en pleno éxito; **c)** con buena salud.

strong-arm ['strɒŋɑːm] *adj.* de mano dura, represivo, violento (un método, una táctica).

stronghold ['strɒŋhəuld] *s. c.* **1** (arc.) fuerte, bastión, fortaleza. **2** (~ **of**) baluarte de, bastión de (actitudes, creencias).

strongly [strɒŋlɪ] *adv.* **1** sólidamente, resistentemente. **2** considerablemente, enormemente. **3** apasionadamente, fervientemente, firmemente: *strongly convinced = fervientemente convencido.* **4** marcadamente, acusadamente: *a strongly American accent = un acento marcadamente americano.* **5** intensamente, fuertemente: *it smelled strongly of gas = olía intensamente a gas.*

strong-minded [,strɒŋ'maɪndɪd] *adj.* decidido, independiente, resuelto, determinado (de carácter).

strong-willed [,strɒŋ'wɪld] *adj.* (desp.) terco, de voluntad fuerte, obstinado, terco.

stroppy ['strɒpɪ] *adj.* (brit.) (fam.) malhumorado, desabrido, obstinado, de trato difícil (una persona).

strove [strəuv] *pret. irreg.* de **strive.**

struck [strʌk] *pret.* y *p. p. irreg.* de **strike.**

structural ['strʌktʃərəl] *adj.* **1** estructural, de estructura. **2** GEOL. estructural.

structuralism ['strʌktʃərəlɪzm] *s. i.* estructuralismo.

structuralist ['strʌktʃərəlɪst] *s. c.* estructuralista.

structurally ['strʌktʃərəlɪ] *adv.* estructuralmente.

structure ['strʌktʃər] *s. i.* **1** estructura, organización, disposición. **2** GEOM. estructura. ● *s. c.* **3** estructura, armazón, esqueleto. **4** construcción. **5** entramado, sistema. ● *v. t.* **6** estructurar, organizar, diseñar, disponer.

structured ['strʌktʃəd] *adj.* estructurado, organizado, diseñado: *the company was perfectly structured = la compañía estaba perfectamente estructurada.*

struggle ['strʌgl] *v. i.* **1** luchar, forcejear, pugnar, batallar, bregar. **2** esforzarse, afanarse, desvivirse, hacer lo imposible. ● *s. c.* **3** lucha, pelea, pugna, contienda. **4** (euf.) guerra. **5** esfuerzo, forcejeo: *her struggle to control her tears was obvious = sus esfuerzos por dominar las lágrimas eran patentes.* ◆ **6 to ~ along/on,** avanzar con dificultad, continuar penosamente, sobrevivir con dificultad.

strum [strʌm] (*ger.* **strumming,** *pret.* y *p. p.* **strummed**) *v. t.* e *i.* MÚS. **1** rasguear, tocar distraídamente. ● *s. c.* **2** rasgueo.

strumpet ['strʌmpɪt] *s. c.* (arc. y desp.) meretriz, ramera, prostituta.

strung [strʌŋ] *pret.* y *p. p. irreg.* de **string.**

strung-out [,strʌŋ'aut] *adj.* (~ {**on**}) (argot) enganchado (a una droga).

strung-up [,strʌŋ'ʌp] *adj.* nervioso, tenso, excitado, preocupado, agitado, alterado.

strut [strʌt] (*ger.* **strutting,** *pret.* y *p. p.* **strutted**) *v. i.* **1** (desp.) pavonearse, contonearse, presumir, darse importancia: *she passed by strutting like a peacock = pasó contoneándose como un pavo real.* ● *v. t.* **2** apuntalar, reforzar, acodar. ● *s. c.* **3** puntal, poste, soporte. **4** pavoneo, contoneo.

strychnine ['strɪkniːn || 'strɪknaɪn] *s. i.* QUÍM. estricnina.

stub [stʌb] *s. c.* **1** trozo, resto, fragmento, cabo (de lápiz, de vela). **2** tocón, cepa. **3** colilla, (Am.) pucho (de cigarro). **4** matriz (de un talonario). ● (*ger.* **stubbing,** *pret.* y *p. p.* **stubbed**) *v. t.* **5** hacerse daño al tropezar, dar un tropezón, tropezar. **6** arrancar, quitar (malas hierbas). **7** desarraigar (un árbol). ◆ **8 to ~ out,** apagar aplastando (una colilla).

stubble ['stʌbl] *s. i.* **1** rastrojo. **2** barba de días.

stubborn ['stʌbən] *adj.* **1** (desp.) terco, testarudo, porfiado: *a stubborn child = un niño terco.* **2** obstinado, tenaz, resuelto, determinado. **3** firme, arraigado. **4** persistente, difícil de sacar: *a stubborn stain = una mancha difícil de sacar.* **5** dificultoso, duro: *stubborn soil = terreno duro.*

stubbornly ['stʌbənlɪ] *adv.* **1** (desp.) tercamente, con testarudez, porfiadamente, obstinadamente. **2** resueltamente, tenazmente, determinadamente. **3** persistentemente, de forma arraigada.

stubbornness ['stʌbənnɪs] *s. i.* **1** (desp.) terquedad, testarudez, rebeldía, porfía. **2** obstinación, tenacidad, resolución. **3** persistencia.

stubby [stʌbɪ] *adj.* (desp.) regordete, corto, grueso y romo: *stubby fingers = dedos regordetes.*

stucco ['stʌkəu] *s. i.* **1** estuco. ● *v. t.* **2** estucar. ● *adj.* **3** de estuco.

stuck [stʌk] *pret.* y *p. p.* **1** de **stick.** ● *adj.* **2** atascado, atollado, pillado. **3** obstruido, atrancado. **4** (fam.) estancado, atascado, paralizado (en un asunto). **5** (~ **with**) (fam.) atrapado por, cargado con (algo no deseado): *we couldn't leave because we were stuck with the animals = no podíamos irnos a causa de los animales.* **6** abandonado/dejado a su suerte: *they were stuck in Kuwait = estaban en Kuwait abandonados a su suerte.* **7** (~ **on**) (fam.) enamorado de, loco por, encantado con. ● **8 to get ~ in** (**to**), (brit.) (fam.) empezar con grandes ánimos, entusiasmarse con, embelesarse con, ilusionarse con.

stuck-up [,stʌk'ʌp] *adj.* (fam. y desp.) engreído, presumido, vanidoso, ensoberbecido.

stud [stʌd] *s. c.* **1** botón de cuello; gemelo. **2** taco, tachuela (en botas, zapatos). **3** taco (de separación en carreteras). **4** tachón, clavo (de adorno). **5** pendiente. **6** yeguada, recua de caballos. **7** (fig. y vulg.) semental (hombre muy activo sexualmente). ● (*ger.* **studding,** *pret.* y *p. p.* **studded**) *v. t.* **8** (**to ~** {**with**}) poner tacos, poner tachuelas. **9** tachonar, adornar con clavos. **10** (fig.) tachonar, sembrar: *the sky was studded with stars = el cielo estaba tachonado de estrellas.* ● **11 ~ farm,** caballerizas, cuadra de caballos.

studded ['stʌdɪd] *adj.* **1** tachonado, decorado con clavos. **2** adornado con piedras preciosas.

student ['stjuːdnt] *s. c.* **1** estudiante (de Universidad). **2** alumno, escolar (de secundaria). **3** estudioso, investigador. ◆ **4 students' union,** asociación de estudiantes (la organización y el edificio).

studentship ['stjuːdntʃɪp] *s. c.* beca.

studied ['stʌdɪd] *adj.* (generalmente desp.) estudiado, calculado, deliberado (un comportamiento).

studio ['stjuːdɪəu] *s. c.* **1** TV. estudio. **2** estudio, taller (de un pintor, de un fotógrafo, etc.). **3** academia de baile. ◆ **4 ~ audience,** audiencia de un programa (de radio, de TV). **5** (brit.) **~ flat/**(EE UU) **~ apartment,** apartamento de una sola habitación, estudio. **6 studios,** estudios cinematográficos.

studious ['stjuːdɪəs || 'stuːdjəs] *adj.* **1** estudioso, aplicado, amante del estudio. **2** (form.) deliberado, cuidadoso, esmerado: *studious in his way of speaking = esmerado en su modo de hablar.*

studiously ['stjuːdɪəslɪ] *adv.* cuidadosamente, diligentemente, esmeradamente, deliberadamente.

study ['stʌdɪ] *s. i.* **1** (form.) estudio, observación. **2** meditación, ensimismamiento. ● *s. c.* **3** (~ {**of**}) estudio, trabajo, análisis, examen, investigación: *a study of the country's economy = un análisis de la economía del país.* **4** asignatura, materia. **5** estudio, despacho, gabinete. **6** (~ {**of**}) ART. boceto, bosquejo: *a study of the mansion = un boceto de la mansión.*

7 MÚS. estudio, ejercicio. • *v. t.* e *i.* 8 estudiar, cursar estudios. • *v. t.* 9 analizar, examinar, observar atentamente, estudiar concienzudamente. • 10 **in a brown ~,** (fam.) absorto en la meditación.

stuff [stʌf] *s. i.* 1 (fam.) cosa, materia, material, sustancia, líquido, elemento, ingrediente: *you can use some cleaning stuff = puedes usar algún producto de limpieza.* 2 pertenencias, efectos, objetos, bienes (personales). 3 (lit.) esencia, aspecto, cualidad. 4 (arc.) paño, tela, género, tejido. 5 (jerga) tontería, disparate, estupidez, jerigonza. 6 (jerga) arte, maña, habilidad. 7 (jerga) dinero. 8 (jerga) droga dura (heroína, cocaína). • *v. t.* 9 (**to ~** {**with**}) rellenar, llenar, atestar, atiborrar. 10 (**to ~** {**into**}) meter en desorden, empaquetar deprisa. 11 rellenar (en cocina): *what did you stuff the chicken with? = ¿con qué has rellenado el pollo?* 12 disecar (animales). 13 introducir votos fraudulentos, dar pucherazo. 14 enlustrar, lustrar, encerar (el cuero). 15 (fam. y vulg.) tirarse a (sexualmente). • *v. t.* e *i.* 16 (fam.) atiborrar(se), llenar(se), atracar(se) (de comida). • 17 **to do one's ~,** mostrar lo que uno sabe, actuar como uno sabe. 18 **get stuffed!,** (brit. y jerga) ¡vete a la porra!, ¡que te den morcilla! 19 **to know one's ~,** conocer perfectamente el oficio de uno, saber lo que uno se trae entre manos. 20 **~ and nonsense!,** ¡tonterías!, ¡bobadas!, ¡basura!, ¡necedades! 21 **to ~ up,** bloquear, obstruir, atascar. 22 **that's the ~!,** (fam.) ¡eso es!, ¡exactamente!, ¡claro!

stuffed [stʌft] *adj.* 1 relleno, lleno, atiborrado. ◆ 2 **~ shirt,** (fam. y desp.) persona anticuada, persona rimbombante, persona pomposa.

stuffed-up ['stʌft,ʌp] *adj.* entaponada, congestionada (la nariz a causa del catarro).

stuffing ['stʌfɪŋ] *s. i.* 1 material para relleno, relleno: *feather stuffing = relleno con plumas.* 2 relleno, mezcla para relleno (en cocina): *bread, egg and onion stuffing = relleno a base de pan, huevo y cebolla.* ◆ 3 **to knock the ~ out of someone,** (fam.) **a)** bajarle a uno los humos; **b)** debilitar, estar bajo de ánimos.

stuffy [stʌfɪ] *adj.* (desp.) 1 cargado, mal ventilado, sofocante (un lugar). 2 congestionada, entaponada (la nariz a causa del catarro). 3 formalista, engolado, chapado a la antigua, remilgado (una persona, una institución).

stultify ['stʌltɪfaɪ] *v. t.* 1 entontecer, idiotizar, embrutecer. 2 (form.) ridiculizar, hacer parecer estúpido. 3 invalidar, inutilizar. 4 DER. alegar locura.

stultifying ['stʌltɪfaɪɪŋ] *adj.* entontecedor, idiotizante, embrutecedor: *the stultifying effect of television = el efecto idiotizante de la televisión.*

stumble ['stʌmbl] *v. i.* 1 (**to ~** {**on /over**}) tropezar, dar un traspié. 2 (**to ~** + *adv./prep.* (**along**)) tambalearse, oscilar, vacilar. 3 (**to ~** {**at/over**}) trabarse la lengua, vacilar, titubear (al leer, al hablar). • *s. c.* 4 tropezón, traspié, paso en falso. 5 desliz, titubeo, vacilación. • 6 **to ~ across/on/upon,** tropezarse con, encontrarse inesperadamente con, toparse con.

stumbling block ['stʌmblɪŋblɒk] *s. c.* obstáculo, tropiezo, dificultad, inconveniente.

stump [stʌmp] *s. c.* 1 tocón, cepa, resto, gancho (de árbol). 2 muñón (de extremidad). 3 DEP. estaca, palo (en críquet). 4 fragmento, pedazo, segmento, fracción. 5 raigón (de diente). 6 colilla, (Am.) pucho (de cigarro). 7 cabo, resto, trozo (de vela). 8 ART. difumino, esfumino. 9 muñón. • *v. i.* 10 (**to ~** + *adv./prep.*) caminar pesadamente, andar pisando fuerte. 11 cojear, renquear. • *v. t.* 12 (fam.) confundir, aturdir, dejar perplejo, asombrar, dejar sin palabras: *you've got me stumped! = ¡me has dejado perplejo!* 13 DEP. eliminar (a un bateador) derribando las estacas con la pelota (en críquet). 14 cortar, cercenar, reducir a un tocón (un árbol). 15 limpiar de tocones, quitar tocones, desarraigar cepas. 16 (EE UU) POL. recorrer (una zona) pronunciando discursos. 17 ART. difuminar. 18 (fam.) retar, desafiar. ◆ 19 **on the ~,** POL. en campaña, por el país pronunciando discursos. 20 **stir your stumps,** (fam.) espabílate. 21 **to ~ up,** (brit.) (fam.) apoquinar, soltar pasta.

stumpy ['stʌmpɪ] *adj.* (fam. y desp.) regordete, pequeño y gordo, achaparrado: *stumpy legs = piernas regordetas.*

stun [stʌn] (*ger.* **stunning,** *pret.* y *p. p.* **stunned**) *v. t.* 1 MED. atontar, dejar inconsciente, aturdir, dejar sin sentido. 2 dejar pasmado, asombrar, sorprender, desconcertar, anonadar: *they were stunned by the news about the war = estaban desconcertados por las noticias de guerra.*

stung [stʌŋ] *pret.* y *p. p.* 1 de **sting.** • *adj.* 2 ofendido, irritado, picado: *she seemed stung by his remarks = parecía irritada por sus comentarios.*

stunk [stʌŋk] *p. p. irreg.* de **stink.**

stunned [stʌnd] *adj.* 1 sorprendido, anonadado, pasmado, asombrado. 2 atontado, aturdido, inconsciente, sin sentido.

stunner ['stʌnər] *s. c.* (arc. y fam.) belleza, maravilla; persona muy atractiva.

stunning ['stʌnɪŋ] *adj.* 1 bellísimo, espléndido, magnífico, maravilloso, fantástico. 2 sorprendente, inesperado, chocante, pasmoso: *stunning revelations = revelaciones sorprendentes.*

stunningly ['stʌnɪŋlɪ] *adv.* 1 espléndidamente, magníficamente, fenomenalmente, maravillosamente. 2 sorprendentemente, inesperadamente, de un modo pasmoso.

stunt [stʌnt] *v. t.* 1 atrofiar, impedir el crecimiento, impedir el desarrollo. • *v. i.* 2 realizar acrobacias. • *s. c.* 3 proeza, acrobacia, malabarismo (generalmente realizado por un doble en una película). 4 truco, treta, ardid (publicitario). ◆ 5 **to pull a ~,** hacer una tontería, cometer una imprudencia. 6 **~ man/woman,** especialista (hombre o mujer que realiza los trabajos peligrosos en una película).

stunted ['stʌntɪd] *adj.* raquítico, enano: *a stunted child = un niño raquítico.*

stupefaction [,stjuːpɪ'fækʃn ‖ ,stuːpɪ'fækʃn] *s. i.* 1 estupefacción, cansancio, agotamiento, aburrimiento. 2 tropiezo, estupefacción, sorpresa, asombro, pasmo.

stupefy ['stjuːpɪfaɪ ‖ 'stuːpɪfaɪ] *v. t.* (generalmente *pasiva*) 1 dejar estupefacto, quedar atónito, sorprender, pasmar, asombrar. 2 entontecer, embrutecer, atontar: *stupefied with drugs = atontado por las drogas.*

stupendous [stjuː'pendəs ‖ stuː'pendəs] *adj.* estupendo, impresionante, asombroso, prodigioso.

stupendously [stjuː'pendəslɪ ‖ stuː-'pendəslɪ] *adv.* estupendamente, impresionantemente, asombrosamente, prodigiosamente.

stupid ['stjuːpɪd ‖ 'stuːpɪd] *adj.* 1 estúpido, imbécil, tonto, infantil, de locos. 2 atontado, adormecido, cansado. 3 (fam.) molesto, fastidioso, dichoso (un objeto): *the stupid door wouldn't open = la dichosa puerta no se abría.*

stupidity [stjuː'pɪdɪtɪ ‖ stuː'pɪdɪtɪ] *s. i.* 1 estupidez, locura (comportamiento). • *s. c.* e *i.* 2 estupidez, idiotez, tontería (un acto): *they weren't ideas but stupidities = no eran ideas sino estupideces.*

stupidly ['stjuːpɪdlɪ ‖ 'stuːpɪdlɪ] *adv.* estúpidamente.

stupor ['stjuːpər ‖ 'stuːpə] *s. c.* e *i.* estupor, atontamiento, aturdimiento, sopor, letargo.

sturdy ['stəːdɪ] *adj.* 1 robusto, vigoroso, fuerte, saludable (una persona). 2 fuerte, sólido (un objeto). 3 tenaz, terco, resuelto, firme, decidido: *a sturdy resistance = una resistencia firme.*

sturdily ['stəːdɪlɪ] *adv.* 1 robustamente, vigorosamente, fuertemente. 2 tenazmente, firmemente, decididamente, tercamente.

sturdiness ['stəːdɪnɪs] *s. i.* 1 robustez, vigor, fuerza, salud. 2 solidez. 3 tenacidad, resolución, firmeza, decisión.

sturgeon ['stəːdʒən] *s. c.* (*pl.* **sturgeon**) ZOOL. esturión, sollo.

stutter ['stʌtər] *v. t.* e *i.* 1 tartamudear, trastabillar, tartajear. • *v. i.* 2 andar a saltitos, cojear; moverse espasmódicamente, funcionar a golpes (una persona, un motor). •

s. c. **3** tartamudeo, trastabilleo, tartajeo.
stutterer ['stʌtərə] *s. c.* tartamudo.
stuttering ['stʌtərɪŋ] *s. i.* tartamudeo.
sty [staɪ] *s. c.* **1** pocilga, cochiquera, porqueriza. **2** (también **stye**) MED. orzuelo. • *v. t.* **3** meter en una pocilga. • *v. i.* **4** vivir en una pocilga.
stye [staɪ] (también **sty**) *s. c.* MED. orzuelo.
style [staɪl] *s. c.* e *i.* **1** estilo (literario, pictórico, etc.). **2** estilo, moda (en el vestir). **3** estilo (reglas de puntuación, redacción). • *s. c.* **4** estilo, diseño, clase, modelo: *every style of paper = toda clase de papel.* **5** (p.u.) tratamiento, título: *the style of "Lady" = el tratamiento de "Lady".* **6** estilo, punzón. **7** estilo, varilla (de un reloj de sol). **8** (lit.) pluma. **9** MED. sonda, cánula. **10** BOT. pistilo. **11** ZOOL. púa, pincho. • *s. sing.* **12** estilo, práctica, costumbre, forma de ser. • *s. i.* **13** elegancia, distinción, gracia, garbo, finura. • *v. t.* **14** diseñar, hacer a la moda, cortar a la moda. **15** dar estilo, dar forma (a un escrito). **16** (**to** ~ + *o.* + *s.*) (p.u.) intitular, dar título de, nombrar: *the Queen styled him Duke = la reina lo nombró duque.* • *sufijo* **17 -style,** al estilo: *American-style = al estilo americano.* ◆ **18 to cramp someone's ~,** ⇒ **cramp. 19 in ~, a)** a la moda; **b)** con gran lujo, elegantemente, a todo confort.
styling ['staɪlɪŋ] *s. i.* línea, diseño (de un objeto, vehículo); peinado, moldeado (de cabello).
stylised ['staɪlaɪzd] *adj.* ⇒ **stylized.**
stylish ['staɪlɪʃ] *adj.* elegante, a la moda, chic, con clase.
stylishly ['staɪlɪʃlɪ] *adv.* elegantemente, a la moda, con clase.
stylist ['staɪlɪst] *s. c.* **1** estilista. **2** diseñador (ropa). **3** peluquero: *hair stylist = peluquero.* **4** LIT. estilista.
stylistic [staɪ'lɪstɪk] *adj.* ART. estilístico, de estilo.
stylistically [staɪ'lɪstɪkəlɪ] *adv.* estilísticamente, en cuanto al estilo.
stylistics [staɪ'lɪstɪks] *s. i.* estilística, estudio del estilo.
stylized ['staɪlaɪzd] (también **stylised**) *adj.* estilizado, convencional, artificial.
stylus ['staɪləs] *s. c.* **1** ELECTR. aguja (de tocadiscos). **2** (arc.) estilete, estilo, punzón.
stymie ['staɪmɪ] *v. t.* **1** (fam.) dificultar, obstaculizar, bloquear. • *s. c.* **2** obstáculo, obstrucción, dificultad, impedimento. **3** DEP. obstrucción de la línea de juego por la bola del oponente (en golf).
suave [swɑːv] *adj.* **1** encantador, amable, agradable, zalamero. **2** cortés, educado, fino, sofisticado.
suavely ['swɑːvlɪ] *adv.* **1** encantadoramente, de forma zalamera. **2** cortésmente, con finura.
sub [sʌb] *s. c.* (fam.) **1** submarino. **2** DEP. sustituto. **3** (brit.) suscripción. **4** (brit.) adelanto de sueldo. **5** PER. redactor, corrector de pruebas. **6** subordinado, subalterno. • (*ger.* **subbing,** *pret.* y *p. p.* **subbed**) *v. i.* **7** (**to** ~ {**for**}) DEP. sustituir, tomar el puesto de. • *v. t.* **8** pagar un adelanto. **9** PER. corregir, preparar para la prensa. • *prefijo* **10** (**sub-** + *s.*) sub: *subsection = subsección; subway = paso subterráneo;* (EE UU) *metro.* **11** (**sub-** + *adj.*) sub, por debajo de, inferior a: *subnormal = subnormal.* • **12** ~ **judice,** sub judice, bajo conocimiento judicial, estudiado por los jueces.
subaltern ['sʌbltən || sə'bɔːltərn] *s. c.* **1** (brit.) MIL. alférez. **2** subalterno, subordinado. **3** LOG. proposición particular. • *adj.* **4** (brit.) MIL. alférez. **5** subalterno, subordinado. **6** particular (una proposición).
subatomic [ˌsʌbə'tɒmɪk] *adj.* FÍS. subatómica (una partícula).
subcommittee ['sʌbkəˌmɪtɪ] *s. c.* (~ + *v. sing./pl.*) subcomisión, subcomité.
subconscious [ˌsʌb'kɒnʃəs] *adj.* **1** (no *comp.*) subconsciente. • *s. sing.* **2** (también **unconscious**) (**the** ~) el subconsciente.
subconsciously [ˌsʌb'kɒnʃəslɪ] *adv.* inconscientemente, de forma subconsciente.
subcontinent [ˌsʌb'kɒntɪnənt] *s. c.* GEOG. subcontinente.
subcontract [ˌsʌbkɒn'trækt] *v. t.* **1** subcontratar. • *s. c.* **2** subcontrato.
subcontracting [ˌsʌbkɒn'træktɪŋ] *adj.* subcontratante: *a subcontracting firm = una compañía subcontratante.*
subcontractor [ˌsʌbkɒn'træktər] *s. c.* subcontratista.
subculture ['sʌbkʌltʃər] *s. c.* **1** subcultura, contracultura. **2** AGR. subcultivo.
subdivide [ˌsʌbdɪ'vaɪd] *v. t.* e *i.* (**to** ~ {**into**}) subdividir(se).
subdivision ['sʌbdɪˌvɪʒn] *s. c.* subdivisión.
subdue [səb'djuː || səb'duː] *v. t.* **1** someter, reprimir, reducir, controlar (una rebelión). **2** vencer, conquistar, dominar, avasallar. **3** calmar, apaciguar, pacificar, serenar (los ánimos, las emociones). **4** suavizar, moderar, amortiguar (la claridad, la voz, el color).
subdued [səb'djuːd || səb'duːd] *adj.* **1** suave, discreto, apagado (un color, una voz). **2** tenue (una luz). **3** deprimido, melancólico, apagado, poco animado, serio.
subeditor [ˌsʌb'edɪtər] (también **sub**) *s. c.* (brit.) PER. corrector de pruebas, redactor.
subgroup ['sʌbgruːp] *s. c.* subgrupo, subdivisión.
subheading ['sʌbˌhedɪŋ] *s. c.* subtítulo, título secundario: *the article had several subheadings = el artículo tenía varios subtítulos.*
subhuman [ˌsʌb'hjuːmən || ˌsʌb'juːmən] *adj.* infrahumano.
subject ['sʌbdʒɪkt] *s. c.* **1** tema, materia, asunto, contenido (de una obra). **2** tema, tópico, conversación. **3** asignatura, materia: *English is my favourite subject = el inglés es mi asignatura favorita.* **4** GRAM. sujeto. **5** súbdito, ciudadano. **6** (~ {**for/of**}) (form.) causa, razón, motivo: *the subject of her emotions = la causa de sus emociones.* **7** sujeto, material (de un experimento). **8** MED. caso (de estudio). **9** MÚS. tema, frase. • *adj.* **10** (~ **to**) propenso a, expuesto a, dispuesto a. **11** (~ **to**) sujeto a, supeditado a, dependiente de, sometido a: *subject to changes in schedule = sujeto a cambios de horario.* **12** (no *comp.*) (lit.) sometido, subyugado, bajo dominación (un territorio, una persona). • [səb'dʒekt] *v. t.* **13** (lit.) someter, dominar, sojuzgar, subyugar. • **14 to change the ~,** cambiar de conversación, cambiar de tema. **15** ~ **matter,** contenido, tema, materia, asunto, tópico. **16** ~ **to,** sujeto a, dependiente de, supeditado a. **17 to** ~ **to,** someter a, exponer a, poner a prueba a.
subjection [səb'dʒekʃn] *s. i.* sometimiento, sojuzgamiento, dominación, dependencia.
subjective [səb'dʒektɪv] *adj.* **1** (desp.) subjetivo, personal: *a subjective opinion = una opinión subjetiva.* **2** (no *comp.*) subjetivo, imaginario. **3** GRAM. del sujeto.
subjectively [səb'dʒektɪvlɪ] *adv.* subjetivamente.
subjoin [sʌb'dʒɔɪn] *v. t.* adjuntar.
subjugate ['sʌbdʒugeɪt] *v. t.* **1** subyugar, someter, conquistar, avasallar (a un pueblo). **2** someter, subordinar, dominar (un deseo).
subjugation [ˌsʌbdʒu'geɪʃn] *s. i.* subyugación, sometimiento, dominación, conquista, avasallamiento.
subjunctive [səb'dʒʌŋktɪv] *s. sing.* **1** (también **subjunctive mood**) GRAM. modo subjuntivo, subjuntivo. • *adj.* **2** subjuntivo.
sublet [ˌsʌb'let] (*ger.* **subletting,** *pret.* y *p. p.* **sublet**) *v. t.* e *i.* subarrendar.
sub-lieutenant [ˌsʌblef'tenənt] *s. c.* MIL. subteniente, alférez.
sublimate ['sʌblɪmeɪt] *v. t.* **1** sublimar, suplir, sustituir. **2** FÍS. sublimar. • ['sʌblɪmət] *s. c.* FÍS. sublimado. • *adj.* **3** sublimado.
sublimation [ˌsʌblɪ'meɪʃn] *s. i.* sublimación.
sublime [sə'blaɪm] *adj.* **1** sublime, admirable, incomparable. **2** (fam.) excelente, excepcional, magnífico, maravilloso. **3** (fam. y desp.) completo, absoluto, extremo: *sublime indifference = indiferencia absoluta.* **4** (arc.) arrogante, altivo, altanero. • *s. sing.* **5** (**the** ~) lo sublime. • *v. t.* **6** sublimar, exaltar. • *v. i.* **7** FÍS. sublimar. ◆ **8 to go from the ~ to the ridiculous,** pasar de lo sublime a lo ridículo.
sublimely [sə'blaɪmlɪ] *adv.* **1** sublimemente. **2** completamente, totalmente, absolutamente, extremadamente.
subliminal [ˌsʌb'lɪmɪnl] *adj.* subliminal.

sub-machine gun [ˌsʌbmə'ʃi:ngʌn] *s. c.* metralleta, pistola ametralladora.

submarine [ˌsʌbmə'ri:n || 'sʌbməri:n] *adj.* **1** TEC. submarino. • *s. c.* **2** (también **sub**) submarino.

submerge [səb'mɜ:dʒ] *v. t.* e *i.* **1** sumergir(se), introducir(se), hundir(se). • *v. t.* **2** ocultar, esconder, tapar. **3** (fig.) sumir, estar concentrado en, estar inmerso en: *he was submerged in work all summer* = *estuvo todo el verano sumido en el trabajo.*

submerged [səb'mɜ:dʒd] *adj.* **1** sumergido, bajo el agua. **2** empobrecido, sumido en la miseria. **3** escondido, oculto, tapado.

submergence [səb'mɜ:dʒəns] (también **submersion**) *s. i.* sumersión, sumergimiento, hundimiento.

submersion [səb'mɜ:ʃn || səb'mɜ:rʒn] *s. i.* ⇒ **submergence.**

submission [səb'mɪʃn] *s. c.* e *i.* **1** sumisión, rendimiento. **2** presentación (de una solicitud). • *s. i.* **3** (form.) proposición, teoría, opinión. **4** (~ {**to**}) (form.) obediencia. • *s. c.* **5** petición, proposición, sometimiento a arbitraje.

submissive [səb'mɪsɪv] *adj.* sumiso, obediente, dócil.

submissively [səb'mɪsɪvlɪ] *adv.* sumisamente, obedientemente, dócilmente.

submissiveness [səb'mɪsɪvnɪs] *s. i.* sumisión, docilidad, obediencia.

submit [səb'mɪt] (*ger.* **submitting,** *pret.* y *p. p.* **submitted**) *v. i.* **1** (**to** ~ {**to**}) rendirse, someterse, resignarse. **2** aceptar, conformarse, dar el brazo a torcer. • *v. t.* **3** (**to** ~ {**to**}) someter, exponer, presentar (a consideración). **4** (**to** ~ {**that**}/*o.*) DER. aducir, sugerir. **5** (**to** ~ {**to**}) (form.) aceptar, someterse (a): *I will submit to your orders* = *me someteré a tus órdenes.*

subnormal [ˌsʌb'nɔ:ml] *adj.* **1** (desp.) subnormal, deficiente (mental). **2** anormal, por debajo de lo normal: *subnormal temperatures* = *temperaturas por debajo de lo normal.*

subordinate [sə'bɔ:dnɪt || sə'bɔ:rdənɪt] *adj.* **1** (~ {**to**}) subordinado, inferior, de menor importancia, secundario. **2** (~ {**to**}) subordinado, subalterno. • *s. c.* **3** subordinado, subalterno. • [sə'bɔ:dɪneɪt || sə'bɔ:rdəneɪt] *v. t.* **4** (**to** ~ {**to**}) subordinar, someter, sojuzgar. ◆ **5** ~ **clause,** GRAM. oración subordinada.

subordination [səˌbɔ:dɪ'neɪʃn || səˌbɔ:rdə'neɪʃn] *s. i.* (~ {**of/to**}) subordinación, sometimiento.

subpoena [səb'pi:nə || sə'pi:nə] *s. c.* **1** DER. citación. • *v. t.* **2** DER. citar, emplazar.

subscribe [səb'skraɪb] *v. i.* (**to** ~ {**to**}) **1** donar, hacer una donación, contribuir con dinero. **2** suscribirse, abonarse. • *v. t.* **3** contribuir, dar, entregar (dinero). **4** (form.) firmar, subscribir, poner la firma. • **5 to** ~ **for,** (form.) subscribirse (a algo antes de su emisión). **6 to** ~ **to,** (generalmente en *interr.*) aprobar, estar de acuerdo con, suscribir (una opinión).

subscriber [səb'skraɪbər] *s. c.* **1** subscriptor. **2** abonado, usuario. **3** firmante, el que suscribe.

subscription [səb'skrɪpʃn] *s. c.* (también **sub**) subscripción, cuota, abono.

subsection ['sʌbˌsekʃn] *s. c.* apartado, subdivisión.

subsequent ['sʌbsɪkwənt] *adj.* **1** subsiguiente, siguiente, posterior: *in subsequent years* = *en años posteriores.* ◆ **2** ~ **to,** después de, con posterioridad a.

subsequently ['sʌbsɪkwəntlɪ] *adv.* con posterioridad, posteriormente, más tarde.

subservience [səb'sɜ:vjəns] *s. i.* subordinación, sometimiento, servilismo.

subservient [səb'sɜ:vɪənt] *adj.* **1** servil, lacayuno. **2** subordinado, inferior.

subside [səb'saɪd] *v. i.* **1** hundirse, bajar, asentarse, irse al fondo (un edificio). **2** (fig.) dejarse caer, desplomarse. **3** amainar, calmarse (una tempestad). **4** bajar, descender (el nivel del agua, el ruido). **5** disminuir, serenarse, sosegarse (las protestas).

subsidence [səb'saɪdns || 'sʌbsɪdəns] *s. c.* e *i.* **1** hundimiento, descenso, asentamiento (de un edificio). **2** disminución, calma, apaciguamiento (de una tempestad).

subsidiarity [səbsɪdɪ'ærɪtɪ] *s. i.* subsidiariedad.

subsidiary [səb'sɪdɪərɪ] *adj.* **1** (~ {**to**}) subsidiario, secundario, de menor importancia. **2** auxiliar, suplementario. • *s. c.* **3** (también **subsidiary company**) COM. compañía subsidiaria, filial, sucursal. **4** MÚS. tema secundario, tema subordinado.

subsidise *v. t.* ⇒ **subsidize.**

subsidised *adj.* ⇒ **subsidized.**

subsidize ['sʌbsɪdaɪz] (también **subsidise**) *v. t.* subvencionar (un producto, una empresa).

subsidized ['sʌbsɪdaɪzd] (también **subsidised**) *adj.* subvencionado (un producto, una empresa).

subsidy ['sʌbsɪdɪ] *s. c.* e *i.* subvención (estatal a un producto, a una empresa).

subsist [səb'sɪst] *v. i.* (**to** ~ {**on**}) subsistir, sobrevivir, sustentarse.

subsistence [səb'sɪstəns] *s. i.* **1** subsistencia, sustentación, supervivencia. **2** sustento, víveres, alimentos, subsistencias.

subsoil ['sʌbsɔɪl] *s. sing.* **1** subsuelo. • *v. t.* **2** remover el subsuelo, quebrar el subsuelo.

subsonic [ˌsʌb'sɒnɪk] *adj.* FÍS. subsónico.

subspecies ['sʌbˌspi:ʃi:z] *s. c.* (*sing./ pl.*) BOT. subespecie.

substance ['sʌbstəns] *s. c.* **1** sustancia, material: *a substance for removing stains* = *una sustancia contra las manchas.* • *s. i.* **2** verdad, evidencia, autenticidad, solidez: *rumours without substance* = *rumores sin evidencia.* **3** (**the** ~ {**of**}) (form.) la esencia, la parte esencial, lo sustancioso. **4** (form.) importancia, significación: *matters of substance* = *asuntos de importancia.* **5** (form.) riqueza, fortuna, bienes. ◆ **6 a man/ woman of** ~**,** un hombre/una mujer acaudalado, importante, influyente. **7 in** ~**,** esencialmente, sustancialmente.

substandard [ˌsʌb'stændəd] *adj.* inferior, deficiente, de bajo nivel.

substantial [səb'stænʃl] *adj.* **1** sólido, firme, fuerte: *a substantial piece of furniture* = *un mueble sólido.* **2** sustancial, cuantioso, copioso. **3** sustancial, considerable, importante: *a substantial improvement* = *una mejora considerable.* **4** (form.) acaudalado, acomodado, rico. **5** esencial, sustancial: *in substantial agreement* = *de acuerdo en lo esencial.*

substantially [səb'stænʃəlɪ] *adv.* **1** sustancialmente, esencialmente, principalmente. **2** enormemente, considerablemente, en gran medida: *substantially changed* = *considerablemente cambiado.*

substantiate [səb'stænʃɪeɪt] *v. t.* (form.) confirmar, verificar, probar.

substantive ['sʌbstəntɪv] *s. c.* **1** GRAM. sustantivo. • ['sʌbstəntɪv || səb'stæntɪv] *adj.* (form.) **2** significativo, importante, real, actual. **3** GRAM. sustantivo. **4** MIL. permanente, fijo (un rango).

substitute ['sʌbstɪtju:t || 'sʌbstɪtu:t] *s. c.* **1** (~ {**for**}) sustituto, suplente. **2** sucedáneo. • *v. t.* e *i.* **3** (**to** ~ {**for**}) sustituir, reemplazar, suplir. **4** actuar como suplente, hacer de sustituto, ocupar el puesto. • *adj.* **5** suplente, sustituto. **6** sucedáneo. • **7 to be no** ~**/a poor** ~ **for,** no valer como sustituto de, no poderse sustituir por, no tener nada que hacer al lado de (otra cosa).

substitution [ˌsʌbstɪ'tju:ʃn || ˌsʌbstɪ'tu:ʃn] *s. c.* e *i.* (~ {**for**}) sustitución, suplencia, reemplazo, cambio.

substratum [sʌb'strɑ:təm] *s. c.* sustrato.

substructure ['sʌbˌstrʌktʃər] *s. c.* subestructura, infraestructura.

subsume [səb'sju:m || səb'su:m] *v. t.* (**to** ~ {**under**}) (form.) subsumir, incluir (en un grupo, en una categoría).

subsystem ['sʌbsɪstəm] *s. c.* subsistema, subdivisión.

subtenancy [ˌsʌb'tenənsɪ] *s. c.* e *i.* subarriendo, realquiler.

subtenant [ˌsʌb'tenənt] *s. c.* subarrendado, subarrendador, realquilado.

subterfuge ['sʌbtəfju:dʒ] *s. c.* e *i.* subterfugio, evasiva.

subterranean [ˌsʌbtə'reɪnɪən] *adj.* (form.) subterráneo.

subtitle ['sʌbˌtaɪtl] *s. c.* **1** subtítulo. • *v. t.* **2** subtitular. ◆ **3 subtitles,** subtítulos (en una película).

subtle ['sʌtl] *adj.* **1** sutil, delicado, etéreo, tenue, exquisito (un sabor, un olor). **2** leve, liviano, ligero: *a subtle change* = *un leve cambio.* **3** sutil, astuto, artero, insidioso (un plan). **4** sutil, inteligente, perspicaz, penetrante (una mente).

subtlety ['sʌtltɪ] *s. i.* **1** sutileza, delicadeza, exquisitez, finura, sensibilidad. **2** sagacidad, astucia, argucia, picardía. • *s. c.* **3** (generalmente *pl.*) sutileza, matiz, detalle intrincado.

subtly ['sʌtlɪ] *adv.* **1** imperceptiblemente, levemente, ligeramente, apenas. **2** sutilmente, astutamente, ingeniosamente.

subtract [səb'strækt] *v. t.* (**to** ~ {**from**}) sustraer, restar, deducir.

subtraction [,səb'strækʃn] *s. c.* e *i.* sustracción, resta, deducción.

subtropical [,sʌb'trɒpɪkl] (también **semitropical**) *adj.* subtropical.

suburb ['sʌbəːb] *s. c.* periferia, barrio exterior, zona, afueras (especialmente residencial): *she lives in a new suburb* = *vive en un barrio nuevo.*

suburban [sə'bəːbən] *adj.* **1** (generalmente desp.) de barrio. **2** suburbano. **3** de cercanías (un tren). **4** (fig.) de miras estrechas, provinciano.

suburbia [sə'bəːbɪə] *s. i.* (generalmente desp.) suburbios, afueras, barrios.

subversion [səb'vəːʃn] *s. i.* subversión, alteración.

subversive [səb'vəːsɪv] *adj.* **1** subversivo. • *s. c.* **2** elemento subversivo.

subvert [sʌb'vəːt] *v. t.* (form.) subvertir, minar, demoler, destruir, trastornar (un sistema).

subway ['sʌbweɪ] *s. c.* **1** pasaje subterráneo, subterráneo. **2** (EE UU) metro, (Am.) subte.

succeed [sək'siːd] *v. i.* **1** (**to** ~ {**in**}) triunfar, salir bien, tener éxito, conseguir. **2** triunfar, hacerse rico, lograr una posición. • *v. t.* e *i.* **3** suceder, seguir en el puesto; acceder a, heredar (un título); subir (al trono): *she was the one to succeed her father* = *ella era quien iba a suceder a su padre.* • *v. t.* **4** (form.) suceder, seguir, continuar, proseguir: *a murmur succeeded his words* = *a sus palabras sucedió un murmullo.*

succeeding [sək'siːdɪŋ] *adj.* **1** subsiguiente, sucesivo, seguido. **2** futuro, próximo.

success [sək'ses] *s. c.* e *i.* **1** (~ {**in**}) éxito, logro, triunfo. • *s. i.* **2** prosperidad, progreso. • **3 a** ~ **story,** historia de un triunfo. **4 to make a** ~ **of something,** tener éxito en algo, conseguir un éxito en algo. **5 nothing succeeds like** ~, después de un éxito vienen otros.

successful [sək'səsful] *adj.* **1** (~ {**in**}) afortunado, victorioso, (Am.) exitoso: *a successful person* = *una persona afortunada.* **2** triunfador, próspero, con fortuna: *a successful young man* = *un joven triunfador.*

successfully [sək'səsfəlɪ] *adv.* con éxito, prósperamente.

succession [sək'seʃn] *s. i.* **1** sucesión, continuación, secuencia. **2** (~ {**to**}) sucesión, herencia; descendencia. • *s. sing.* **3** (~ {**of**} + *v. sing./pl.*) sucesión, procesión, desfile, serie: *after a succession of facts* = *después de una serie de hechos.* • **4 in** ~, sucesivamente, en serie.

successive [sək'sesɪv] *adj.* sucesivo, consecutivo, siguiente: *during two successive days* = *durante dos días consecutivos.*

successively [sək'sesɪvlɪ] *adv.* sucesivamente.

successor [sək'sesər] *s. c.* sucesor.

succinct [sək'sɪŋkt] *adj.* sucinto, conciso, breve.

succinctly [sək'sɪŋktlɪ] *adv.* sucintamente, concisamente, brevemente.

succor. *s. i.* y *v. t.* ⇒ **succour.**

succour ['sʌkər] (en EE UU **succor**) *s. i.* **1** (lit.) socorro, auxilio, ayuda, asistencia. • *v. t.* **2** (lit.) socorrer, auxiliar, ayudar, prestar asistencia.

succulence ['sʌkjuləns] *s. i.* suculencia, jugosidad, exquisitez, delicia.

succulent ['sʌkjulənt] *adj.* **1** suculento, sabroso, jugoso, delicioso. **2** BOT. suculento. • *s. c.* **3** BOT. planta suculenta (como el cactus).

succumb [sə'kʌm] *v. i.* (**to** ~ {**to**}) (form.) **1** sucumbir, rendirse. **2** sucumbir, morir.

such [sʌtʃ] *adj.* **1** tal, parecido, semejante, análogo: *I wouldn't write such a story* = *yo no escribiría semejante historia.* **2** tal, tan: *such a good person* = *tan buena persona.* • *pron.* **3** (form.) tal, tal cosa, ese, eso, aquello: *the book was boring; such was his opinion* = *el libro era aburrido; eso era lo que pensaba.* ◆ **4 and** ~, (fam.) y asuntos similares, y gente de ese tipo, y cosas así. **5 as** ~, como tal, per se, en sí mismo. **6 or some** ~, o algo parecido, o algo similar: *a parrot, a parakeet or some such* = *un loro, un periquito o algo similar.* **7** ~ **as/**~ **... as,** tales como ..., por ejemplo ... (para introducir ejemplos). **8** ~ **... that/as,** tal ... que: *in such a way that* = *de tal modo que.* **9** ~ **and** ~, tal o cual (lugar, fecha, etc.). **10** ~ **as it is/there is,** con todos sus inconvenientes, con todos sus problemas, tal y como es.

suchlike ['sʌtʃlaɪk] *adj.* **1** tal, semejante, similar, por el estilo. • *pron.* **2** (fam.) gente o cosas por el estilo, cosas o personas semejantes: *literature, cinema and suchlike* = *literatura, cine y cosas por el estilo.*

suck [sʌk] *v. t.* e *i.* **1** chupar, sorber, libar. **2** mamar. • *v. t.* **3** (**to** ~ + *o.* + *adv./prep.*) succionar (un remolino). **4** (fig.) absorber, atraer, captar: *sucked into a luxurious lifestyle* = *atraído a una vida de lujo.* • *s. c.* **5** succión, chupada, sorbo. **6** calada (a un cigarro). ◆ **7 to** ~ **up,** (brit.) (fam.) hacer la pelota, dar jabón, lisonjear. **8 sucking pig,** lechón, cochinillo.

sucker ['sʌkər] *s. c.* **1** succionador, chupador, chupón. **2** mamón. **3** ZOOL. ventosa. **4** ventosa, émbolo. **5** BOT. retoño, serpollo. **6** (fam.) incauto, ingenuo, primo, bobo. **7** (EE UU) chupa-chups, piruleta, pirulí, caramelo. ◆ **8 to be a** ~ **for,** no poder resistirse ante, caer fácilmente en: *I'm a real sucker for Indian food* = *no puedo resistirme fácilmente ante la comida hindú.*

suckle ['sʌkl] *v. t.* e *i.* **1** amamantar, dar de mamar, dar el pecho, criar. **2** mamar.

suction ['sʌkʃn] *s. i.* succión, aspiración.

Sudan [suː'dæn] *s. sing.* (**the**) **Sudan,** el Sudán.

Sudanese [,suːdə'niːz] *adj.* **1** sudanés, del Sudán. • *s. c.* (*sing.* y *pl.*) **2** sudanés.

sudden ['sʌdn] *adj.* **1** repentino, súbito, inesperado, imprevisto, precipitado: *a sudden drop in temperature* = *una caída repentina de la temperatura.* ◆ **2 all of a** ~, de repente, repentinamente. **3** ~ **infant death syndrome,** muerte súbita infantil.

suddenness ['sʌdnnɪs] *s. i.* premura, precipitación, imprevisión, brusquedad.

suds [sʌdz] (también **soapsuds**) *s. pl.* espuma de jabón, pompas de jabón, jabonaduras.

sue [sjuː] *v. t.* e *i.* **1** DER. demandar, entablar un pleito, presentar demanda. ◆ **2 to** ~ **for,** (form.) pedir, rogar, suplicar: *they are suing for peace* = *están pidiendo un armisticio.*

suede [sweɪd] *s. i.* ante, gamuza.

suet [sjuɪt] *s. i.* sebo.

suffer ['sʌfər] *v. i.* **1** (**to** ~ {**for**}) sufrir, padecer (enfermedad, pérdida o dificultades): *he didn't suffer much* = *no sufrió mucho.* **2** deteriorarse, estropearse, sufrir daño. • *v. t.* **3** sufrir, soportar, aguantar (algo desagradable, doloroso): *he suffered an awful defeat* = *sufrió una terrible derrota.* **4** (form.) tolerar, aguantar, soportar, aceptar sin protestar. **5** (**to** ~ + *o.* + **to** *inf.*) (arc.) permitir, consentir, autorizar, dejar. • **6 not to** ~ **fools gladly,** no tener mucha paciencia con la gente que dice tonterías. **7 to** ~ **from,** padecer, sufrir, adolecer; ser víctima de.

sufferance ['sʌfərəns] *s. i.* **1** capacidad de sufrimiento, tolerancia. **2** paciencia, tolerancia, indulgencia, resignación. **3** permiso, consentimiento. ◆ **4 on** ~, por indulgencia, por tolerancia.

sufferer ['sʌfərər] *s. c.* **1** MED. enfermo, víctima. **2** damnificado, perjudicado.

suffering ['sʌfərɪŋ] *adj.* **1** doliente, sufridor, sufrido. • *s. i.* **2** sufrimiento, dolor, padecimiento. ◆ **3 sufferings,** sufrimientos, aflicciones, tormentos.

suffice [sə'faɪs] *v. t.* e *i.* **1** (form.) ser suficiente, ser bastante, bastar, alcanzar, llegar. ◆ **2** ~ **it to say,** (form.) basta decir.

sufficiency [sə'fɪʃnsɪ] *s. i.* (form.) **1** suficiencia. • *s. sing.* **2** (~ {**of**}) cantidad suficiente.

sufficient [sə'fɪʃnt] *adj.* (~ {**for**}) (form.) suficiente, bastante, adecuado.

sufficiently [sə'fɪʃntlɪ] *adv.* suficientemente, adecuadamente, bastante.

suffix ['sʌfɪks] *s. c.* **1** GRAM. sufijo. • *v. t.* **2** GRAM. añadir un sufijo a.

suffocate ['sʌfəkeɪt] *v. t.* e *i.* **1** sofocar(se), asfixiar(se), ahogar(se). **2** (fig.) sofocar, dominar, maniatar, impedir: *bureaucracy suffocated commerce = la burocracia impedía el comercio.*

suffocating ['sʌfəkeɪtɪŋ] *adj.* **1** sofocante, asfixiante. **2** (fig.) sofocante, dominador, que pone impedimentos.

suffocation [ˌsʌfə'keɪʃn] *s. i.* sofocación, sofoco, asfixia, ahogo.

suffrage ['sʌfrɪdʒ] *s. i.* **1** sufragio, voto. **2** oración, súplica, preces. ◆ **3 by universal ~,** por sufragio universal.

suffragette [ˌsʌfrə'dʒet] *s. c.* sufragista.

suffuse [sə'fju:z] *v. t.* (lit.) bañar, inundar, sumergir, cubrir (de luz, color).

sugar ['ʃugər] *s. i.* **1** azúcar. • *s. c.* **2** TEC. azúcar, sacarosa, sacarina. **3** (en *vocativo*) (EE UU) (fam.) cariño, corazón, amor, encanto. • *v. t.* **4** azucarar, poner azúcar en, endulzar, almibarar, garrapiñar. ◆ **5 oh ~!,** (fam.) ¡maldita sea!, ¡qué horror! (cuando algo va mal). **6 ~ beet,** remolacha azucarera. **7 ~ cane,** caña de azúcar. **8 ~ daddy,** (arc. y fam.) amante viejo y rico, protector viejo y rico (de una joven). **9 ~ lump,** terrón de azúcar. **10 to ~ the pill,** dorar la píldora.

sugar-coated ['ʃugəˌkəutɪd] *adj.* **1** confitado, recubierto de azúcar. **2** (fig.) azucarada, endulzada (una promesa, unas palabras).

sugared ['ʃugəd] *adj.* **1** (fig.) azucarado, endulzado, agradable (pero poco sincero). ◆ **2 ~ almond,** almendra garrapiñada.

sugary ['ʃugərɪ] *adj.* **1** azucarado, dulce. **2** (desp.) dulzón, meloso, almibarado, sensiblero (pero poco sincero).

suggest [sə'dzest ‖ səg'dʒest] *v. t.* **1** sugerir, proponer, aconsejar, insinuar, plantear. **2** indicar, implicar, mostrar, manifestar: *her words suggested happiness = sus palabras mostraban felicidad.* **3** sugerir, evocar, venir a la mente, ocurrirse (una idea). ◆ **4 I ~,** diría yo, pienso yo.

suggestible [sə'dʒestɪbl ‖ səg'dʒestəbl] *adj.* sugestionable.

suggestion [sə'dʒestʃən ‖ səg'dʒestʃən] *s. c.* **1** sugerencia, proposición, planteamiento, insinuación. • *s. i.* **2** sugerencia, sugestión. **3** PSIC. sugestión. • *s. sing.* **4** (~ {**of/that**); generalmente en *interr.* y *negativas*) sombra, traza, indicación: *I never saw a suggestion of disagreement = nunca vi una sombra de desacuerdo.*

suggestive [sə'dʒestɪv ‖ səg'dʒestɪv] *adj.* **1** sugerente, insinuante (sexualmente). **2** (~ **of**) (form.) sugerente, indicativo.

suggestively [sə'dʒestɪvlɪ ‖ səg'dʒestɪvlɪ] *adv.* sugerentemente, insinuantemente, indecentemente.

suicidal [suɪ'saɪdl ‖ su:ɪ'saɪdl] *adj.* **1** (no *comp.*) suicida, con tendencias suicidas. **2** suicida, peligroso, aventurado, expuesto: *a suicidal race = una carrera suicida.* **3** destructivo.

suicide ['suɪsaɪd ‖ 'su:ɪsaɪd] *s. c.* e *i.* **1** suicidio. • *s. c.* **2** DER. suicida. • *s. i.* **3** (fig.) suicidio, ruina, destrucción: *economic suicide = ruina económica.* ◆ **4 ~ pact,** pacto suicida.

suit [su:t ‖ sju:t] *s. c.* **1** traje, terno, traje sastre (de hombre o mujer), conjunto (de mujer). **2** armadura. **3** palo (de la baraja). **4** juego (de fichas). **5** vasallaje. **6** galanteo, cortejo. **7** DER. juicio, pleito, litigio. **8** (arc.) pedida, petición de mano (de matrimonio). • *v. t.* **9** convenir, venir bien, satisfacer, agradar: *the time doesn't suit me = la hora no me viene bien.* **10** (no *pasiva*) favorecer, sentar bien, caer bien (un color, una prenda). **11** convenir a, ser apropiado para, acomodarse a, adaptarse a (ciertos requerimientos): *the climate doesn't suit this type of food = el clima no es apropiado para ese tipo de alimentos.* ◆ **12 to file/bring a ~,** entablar una demanda, poner un pleito. **13 to follow ~,** (fig.) hacer lo mismo; jugar al mismo palo, seguir el palo (en naipes). **14 in one's birthday ~,** (fam.) completamente desnudo, como Dios trajo a uno al mundo. **15 one's strongest ~,** el punto más fuerte de uno, la mejor cualidad de uno. **16 to ~ oneself,** (fam.) hacer lo que a uno le da la gana, hacer lo que uno quiere. **17 to ~ someone down to the ground,** venirle a uno como anillo al dedo, caerle al pelo. **18 to ~ someone's book,** (fam.) convenir a los planes de uno, ser apropiado para uno. **19 to ~ to,** (form.) adaptar a, acomodar a, ajustar a.

suitability [ˌsu:tə'bɪlɪtɪ ‖ ˌsju:tə'bɪlətɪ] *s. i.* adecuación, idoneidad.

suitable ['su:təbl ‖ 'sju:təbl] *adj.* (~ {**for/to**}) adecuado, apropiado, conveniente, idóneo.

suitably ['su:təblɪ ‖ 'sju:təblɪ] *adv.* convenientemente, apropiadamente, adecuadamente.

suitcase ['su:tkeɪs ‖ 'sju:tkeɪs] *s. c.* maleta.

suite [swi:t] *s. sing.* **1** mobiliario, juego de muebles: *a bedroom suite = un dormitorio.* **2** (~ {**of**}) suite, apartamento, conjunto de habitaciones (en un hotel). **3** MÚS. suite. **4** (~ + *v. sing./pl.*) (p.u.) séquito, comitiva: *the singer's suite = el séquito de la cantante.* **5** (~ {**of**}) INF. serie, colección (de programas, de módulos).

suited ['su:tɪd ‖ 'sju:tɪd] *adj.* adecuado, conveniente, apropiado.

suiting ['su:tɪŋ ‖ 'sju:tɪŋ] *s. i.* tela, paño (para trajes de caballero).

suitor ['su:tər ‖ 'sju:tər] *s. c.* **1** pretendiente, enamorado, galán. **2** DER. demandante. **3** peticionario, aspirante.

sulfur *s. c.* e *i.* ⇒ **sulphur.**

sulk [sʌlk] *v. i.* **1** estar enfurruñado, estar de mal humor, estar de morros, estar enfadado, estar enrabietado (un niño). • *s. c.* **2** malhumor, enfado, rabieta. ◆ **3 to have the sulks,** tener una rabieta, estar de malhumor, estar enfurruñado.

sulkily ['sʌlkɪlɪ] *adv.* malhumoradamente, con resentimiento.

sulkiness ['sʌlkɪnɪs] *s. i.* malhumor, resentimiento, enfurruñamiento.

sulky ['sʌlkɪ] *adj.* **1** malhumorado, enrabietado, mohíno, enfurruñado, resentido. **2** oscuro, nublado, desagradable (el tiempo).

sullen ['sʌlən] *adj.* **1** malhumorado, hosco, insociable, reservado, taciturno. **2** (lit.) desagradable, oscuro, plomizo (el tiempo, el cielo). **3** lento, pausado, perezoso: *with a sullen march = con paso lento.*

sullenly ['sʌlənlɪ] *adv.* malhumoradamente, hoscamente, con resentimiento.

sullenness ['sʌlənnɪs] *s. i.* malhumor, hosquedad, resentimiento, reserva.

sully ['sʌlɪ] *v. t.* (form.) **1** manchar, ensuciar. **2** (fig. y lit.) mancillar, manchar (la reputación). • *s. c.* **3** mancha. **4** mancilla, desdoro, deshonra.

sulphur ['sʌlfər] (en EE UU **sulfur**) *s. i.* **1** azufre. • *s. c.* **2** ZOOL. mariposa anaranjada.

sultan ['sʌltən] *s. c.* sultán.

sultana [səl'tɑ:nə] *s. c.* **1** pasa de Esmirna, uva pasa (usada en cocina). **2** sultana (mujer).

sultry ['sʌltrɪ] *adj.* **1** bochornoso, sofocante, tórrido (el tiempo). **2** seductor, insinuante, voluptuoso, provocativo, sensual.

sum [sʌm] *s. c.* **1** (~ {**of**}) suma, cantidad, cuantía. **2** MAT. problema de aritmética, cálculo aritmético. • *s. sing.* **3** (**the ~** {**of**}) la suma, el monto, el total: *the sum of it all was $120 = la suma de todo ello ascendía a 120 dólares.* **4** (**the ~** {**of**}) el conjunto, la totalidad, la meta: *the sum of her experiences = el conjunto de sus experiencias.* • (*ger.* **summing,** *pret.* y *p. p.* **summed**) *v. t.* **5** sumar, totalizar. • **6 in ~,** en suma, en resumen. **7 greater/more than the ~ of its parts,** mejor que la suma de todas sus partes, mejor en conjunto de lo que cabría esperar individualmente. **8 ~ total,** total, totalidad, monto. **9 to ~ up, a)** resumir, compendiar, hacer un resumen; **b)** hacerse una opinión, darse cuenta; **c)** DER. recapitular.

summarily ['sʌmərɪlɪ] *adv.* sumariamente, brevemente, sucintamente.

summarise *v. t.* e *i.* ⇒ **summarize.**

summarize ['sʌməraɪz] (también **summarise**) *v. t.* e *i.* resumir, compendiar, hacer un resumen (de), abreviar.

summary ['sʌmərɪ] *s. c.* **1** (~ {**of**}) resumen, síntesis, sumario, esquema. • *adj.* **2** (form.) sumario, breve, sucinto. • **3 in ~,** en resumen.

summat ['sʌmət] *pron.* (brit.) (fam.) algo, alguna cosa (dialectal).

summation [sə'meɪʃən] *s. c.* (form.) **1** resumen, compendio, sumario, síntesis, esquema. **2** suma, adición, resultado, total.

summer ['sʌmər] *s. c.* e *i.* **1** verano, estío. • *s. c.* **2** (lit.) primavera, abril (año de vida): *a woman of 60 summers = una mujer de 60 abriles.* **3** ARQ. viga maestra; dintel. • *v. i.* **4** veranear, pasar el verano. • *v. i.* **5** llevar a pastar, poner a pastar (al ganado durante el verano). • *adj.* **6** de verano, estival, veraniego. ◆ **7** ~ **school,** curso de verano. **8** ~ **time,** horario de verano, hora de verano (para conseguir más largo período de luz).

summerhouse ['sʌməhaus] *s. c.* cenador.

summertime ['sʌmətaɪm] *s. i.* verano, estío.

summery ['sʌmərɪ] *adj.* veraniego, de verano, estival.

summing-up [ˌsʌmɪŋ'ʌp] *s. c.* DER. recapitulación, resumen.

summit ['sʌmɪt] *s. c.* **1** (~ {**of**}) cima, cumbre (de una montaña). **2** (**the** ~ (**of**}) (form. y fig.) cima, cumbre, cúspide (de la fama). **3** conferencia, cima, cumbre (de jefes de gobierno, cargos importantes): *a summit to discuss oil prices = una cumbre para discutir los precios del petróleo.*

summon ['sʌmən] *v. t.* **1** convocar, requerir, invitar, llamar (oficialmente, a una reunión). **2** (generalmente *pasiva*) DER. citar, notificar. **3** cobrar, reunir (fuerzas, coraje). ◆ **4 to** ~ **up, a)** cobrar, reunir (fuerzas, ayuda, recursos); **b)** evocar, despertar (recuerdos).

summons ['sʌmənz] *s. c.* **1** DER. citación, notificación, requerimiento. **2** orden, invitación, llamamiento. • *v. t.* **3** (generalmente *pasiva*) DER. notificar, entregar una citación.

sump [sʌmp] *s. c.* **1** (brit.) cárter, depósito de aceite, colector de aceite (en un vehículo). **2** sumidero, pozo negro, letrina.

sumptuous ['sʌmptjuəs] *adj.* suntuoso, lujoso, opulento, magnífico.

sun [sʌn] *s. sing.* **1** sol (astro). **2** (**the** ~) sol (calor, luz); *sitting in the sun = sentado al sol.* **3** astro, estrella. • (*ger.* **sunning,** *pret.* y *p. p.* **sunned**) *v. t.* **4** tomar el sol, estar al sol, asolear. ◆ **5 to catch the** ~, **a)** tomar el sol, broncearse ligeramente; **b)** recibir sol, darle el sol (a un lugar). **6 everything under the** ~, todo, absolutamente de todo: *he called her everything under the sun = le llamó de todo.* **7 nothing under the** ~, absolutamente nada. **8 Sun,** *abreviatura* de **Sunday,** domingo. **9** ~ **lamp,** lámpara de rayos ultravioleta. **10** ~ **lounge/**(EE UU) **parlor,** mirador, solana, galería.

sun-baked ['sʌnbeɪkt] *adj.* agostado, endurecido al sol.

sunbathe ['sʌnbeɪð] *v. i.* tomar el sol.

sunbather ['sʌnbeɪðər] *s. c.* persona que toma el sol: *there were many sunbathers on the grass = había muchas personas tomando el sol en la hierba.*

sunbathing ['sʌnbeɪðɪŋ] *s. i.* baños de sol: *she spends her time sunbathing = pasa su tiempo tomando el sol.*

sunbeam ['sʌnbiːm] *s. c.* rayo de sol.

sunbed ['sʌnbed] *s. c.* **1** tumbona, hamaca (para tomar el sol). **2** cama de rayos ultravioleta.

sunblock ['sʌnblɒk] *s. c.* loción solar de protección total.

sunbonnet ['sʌnˌbɒnɪt] *s. c.* gorra o sombrero para el sol, de tela y ala corta.

sunburn ['sʌnbəːn] *s. i.* **1** quemadura de sol, eritema solar. • *v. t.* e *i.* **2** quemar(se) al sol.

sunburnt ['sʌnbəːnt] *adj.* **1** quemado por el sol. **2** (brit.) bronceado, tostado por el sol.

sundae ['sʌndeɪ] *s. c.* copa de helado (con frutas, nueces, crema).

Sunday ['sʌndɪ] *s. c.* e *i.* **1** domingo. ◆ **2** ~ **best,** las mejores ropas, traje de domingo. **3** ~ **school,** catequesis, escuela dominical.

sun deck ['sʌndek] *s. c.* **1** cubierta superior (de un barco). **2** terraza, balcón, terrado (para tomar el sol).

sundial ['sʌndaɪəl] *s. c.* reloj de sol.

sundown ['sʌndaun] *s. i.* (EE UU) puesta de sol, anochecer, ocaso.

sun-drenched ['sʌndrentʃt] *adj.* inundado de sol, muy soleado.

sundry ['sʌndrɪ] *adj.* **1** (form.) varios, variados, diversos, múltiples. • *s. pl.* **2** géneros diversos, varios, otros (en una factura). ◆ **3 all and** ~, todos y cada uno.

sunflower ['sʌnˌflauər] *s. c.* **1** BOT. girasol, mirasol. • *s. i.* y *adj.* **2** color amarillo fuerte. • *adj.* **3** de girasol: *sunflower oil = aceite de girasol.*

sung [sʌŋ] *p. p. irreg.* de **sing.**

sunglasses ['sʌnˌglɑːsɪz ‖ 'sʌnˌglæsɪz] *s. pl.* gafas de sol.

sunhat ['sʌnhæt] *s. c.* sombrero de sol, pamela.

sunk [sʌŋk] *p. p. irreg.* de **sink.**

sunken [sʌŋkən] *adj.* **1** hundido, sumergido: *a sunken ship = un barco hundido.* **2** hundido, sumido, metido: *her sunken eyes = sus ojos hundidos.* **3** a nivel más bajo, a nivel inferior: *a sunken garden = un jardín a un nivel inferior.*

sunless ['sʌnlɪs] *adj.* sin sol, oscuro.

sunlight ['sʌnlaɪt] *s. i.* luz del sol, luz solar.

sunlit ['sʌnlɪt] *adj.* iluminado por el sol.

sunny ['sʌnɪ] *adj.* **1** soleado, de sol (el tiempo, un día). **2** iluminado por el sol, soleado (habitación, etc.). **3** alegre, jovial, optimista.

sunrise ['sʌnraɪz] (también fam. **sun-up**) *s. c.* e *i.* salida del sol, alba.

sunroof ['sʌnruːf] *s. c.* techo corredizo (en un automóvil).

sunscreen ['sʌnskriːn] *s. c.* (crema de) protección solar, pantalla solar.

sunset ['sʌnset] *s. i.* (brit.) puesta de sol, anochecer, ocaso.

sunshade ['sʌnʃeɪd] *s. c.* **1** sombrilla, parasol, quitasol. **2** toldo, marquesina. **3** cortina, persiana.

sunshine ['sʌnʃaɪn] *s. i.* **1** (**the** ~) el sol (rayos o calor del sol). **2** alegría, jovialidad, optimismo.

sunstroke ['sʌnstrəuk] *s. i.* MED. insolación.

suntan ['sʌntæn] (también **tan**) *s. c.* **1** bronceado, color moreno, color tostado (por el sol). ◆ **2** ~ **lotion,** crema bronceadora, loción bronceadora.

sun-tanned ['sʌntænd] *adj.* bronceado, tostado, moreno.

suntrap ['sʌntræp] *s. c.* solana, zona muy soleada.

sun-up ['sʌnʌp] *s. i.* (EE UU) (fam.) salida del sol.

sup [sʌp] (*ger.* **supping,** *pret.* y *p. p.* **supped**) *v. t.* e *i.* **1** beber a sorbitos, dar pequeños sorbos. • *v. i.* **2** (**to** ~ {**on/off**}) (arc.) cenar. • *s. c.* **3** sorbo, trago.

super ['suːpər ‖ 'sjuːpər] *adj.* **1** (fam.) super, maravilloso, fantástico, excelente, bárbaro: *it's a super idea = es una idea fantástica.* **2** superior, mayor, mejor. • *s. c.* **3** (brit.) (fam.) inspector de policía. **4** (fam.) extra, figurante, comparsa (actor). **5** COM. calidad superior, talla extra grande. • *prefijo.* **6** (~ **+** *s./adj.*) super-, sobre-: *superabundant = sobreabundante.*

superabundance [ˌsuːpərə'bʌndəns ‖ ˌsjuːpərə'bʌndəns] *s. sing.* (~ {**of**}) (form.) sobreabundancia, superabundancia, exceso.

superabundant [ˌsuːpərə'bʌndənt ‖ ˌsjuːpərə'bʌndənt] *adj.* (form.) sobreabundante, superabundante, excesivo.

superannuated [ˌsuːpər'ænjueɪtɪd ‖ ˌsjuːpər'ænjueɪtɪd] *adj.* (form.) **1** jubilado. **2** obsoleto, anticuado, pasado de moda (un objeto).

superannuation [ˌsuːpərænju'eɪʃn ‖ ˌsjuːpərænju'eɪʃn] *s. i.* (form.) pensión, jubilación (paga).

superb [sjuː'pəːb ‖ suː'pəːrb] *adj.* excelente, maravilloso, fantástico, espléndido: *a superb house = una casa fantástica.*

superbly [sjuː'pəːblɪ ‖ suː'pəːrblɪ] *adv.* excelentemente, maravillosamente, fantásticamente, espléndidamente.

supercilious [ˌsuːpə'sɪlɪəs ‖ ˌsjuːpə'sɪlɪəs] *adj.* (form. y desp.) desdeñoso, arrogante, altanero.

superciliously [ˌsuːpə'sɪlɪəslɪ ‖ ˌsjuːpə'sɪlɪəslɪ] *adv.* (form. y desp.) desdeñosamente, arrogantemente, altaneramente.

superciliousness [ˌsuːpə'sɪlɪəsnɪs ‖ ˌsjuːpə'sɪlɪəsnɪs] *s. i.* desdén, arrogancia, altanería.

superego [ˌsuːpər'iːgəu ‖ ˌsuːpər'egəu] *s. c.* PSIC. superego, conciencia.

superficial [ˌsuːpə'fɪʃəl ‖ ˌsjuːpə'fɪʃəl] *adj.* **1** (no *comp.*) superficial, de superficie, externo. **2** superficial, somero, ligero. **3** (desp.) superficial, poco profundo, frívolo, vano.

superficiality [ˌsuːpəfɪʃɪ'ælɪtɪ ‖ sjuːpəfɪʃɪ'ælətɪ] *s. i.* superficialidad, frivolidad.

superficially [ˌsuːpə'fɪʃəlɪ ‖ ˌsjuːpə'fɪʃəlɪ] *adv.* superficialmente, aparentemente.

superfluity [ˌsu:pə'flu:ɪtɪ || ˌsju:pə'flu:ɪtɪ] *s. sing.* (form.) superfluidad, demasía, exceso: *a superfluity of details = un exceso de detalles.*

superfluous [su:'pə:fluəs || sju:'pə:fluəs] *adj.* superfluo, excesivo, sobrante, demasiado.

superhuman [ˌsu:pə'hju:mən || ˌsju:pə'hju:mən] *adj.* sobrehumano.

superimpose [ˌsu:pərɪm'pəuz || ˌsju:pərɪm'pəuz] *v. t.* (**to** ~ {**on**}) **1** superponer, sobreponer: *you can see this is bigger if you superimpose it on the other = si lo superpones, verás que este es mayor.* **2** superponer, añadir.

superintend [ˌsu:pərɪn'tend || ˌsju:pərɪn'tend] *v. t.* (form.) inspeccionar, supervisar, estar al cargo de.

superintendent [ˌsu:pərɪn'tendənt || ˌsju:pərɪn'tendənt] *s. c.* **1** inspector, subjefe (de policía). **2** superintendente, supervisor, encargado, capataz, vigilante.

superior [su:'pɪərɪər || sju:'pɪərɪər] *adj.* **1** (~ {**to**}) superior, de arriba, más importante: *a superior rank = un rango superior.* **2** (~ {**to**}) superior, mejor (en calidad, precio, etc.). **3** (desp.) superior, arrogante, desdeñoso, altivo: *with a superior smile = con una sonrisa desdeñosa.* **4** REL. superior, prior (en títulos). • *s. c.* **5** superior, jefe. **6** REL. superior, prior.

superiority [su:ˌpɪərɪ'ɒrɪtɪ || sju:ˌpɪərɪ'ɒrɪtɪ] *s. i.* **1** superioridad, ventaja. **2** superioridad, supremacía, suficiencia, altanería, arrogancia. ◆ **3** ~ **complex,** (fam.) PSIC. complejo de superioridad.

superlative [su:'pə:lətɪv || sju:'pə:rlətɪv] *adj.* **1** (no *comp.*) GRAM. superlativo. **2** superlativo, soberbio, supremo: *superlative quality = calidad suprema.* **3** notable, distinguido, excelente (una persona). • *s. c.* **4** (**the** ~) GRAM. el superlativo. **5** superlativo, exagerado, ponderado.

superlatively [su:'pə:lətɪvlɪ || sju:'pə:lətɪvlɪ] *adv.* extremadamente, en grado sumo: *superlatively beautiful = extremadamente guapa.*

superman ['su:pəmæn || 'sju:pəmæn] (*pl. irreg.* **supermen**) *s. c.* superhombre.

supermen [su:pəmen || sju:pəmən] *pl. irreg.* de **superman.**

supernatural [ˌsu:pə'nætʃərəl || ˌsju:pə'nætʃərəl] *adj.* **1** sobrenatural. • *s. sing.* **2** (**the** ~) lo sobrenatural, lo oculto.

superpower ['su:pəˌpauər || 'sju:pəˌpauər] *s. c.* superpotencia (un país).

supersede [ˌsu:pə'si:d || ˌsju:pə'si:d] *v. t.* (generalmente *pasiva*) sustituir, reemplazar, suplantar, desplazar, dejar a un lado: *vinyl has been superseded by compact discs = los discos compactos han reemplazado a los de vinilo.*

supersonic [ˌsu:pə'sɒnɪk || ˌsju:pə'sɒnɪk] *adj.* supersónico.

superstar ['su:pəstɑ:r || 'sju:pəstɑ:r] *s. c.* super estrella, celebridad.

superstition [ˌsu:pə'stɪʃən || ˌsju:pə'stɪʃən] *s. c.* e *i.* superstición.

superstitious [ˌsu:pə'stɪʃəs || ˌsju:pə'stɪʃəs] *adj.* supersticioso.

superstore ['su:pəstɔ:] *s. c.* hipermercado, gran superficie (comercial).

superstructure ['su:pəˌstrʌktʃər || 'sju:pəˌstrʌktʃər] *s. c.* MAR. superestructura.

supervise ['su:pəvaɪz || 'sju:pəvaɪz] *v. t.* e *i.* supervisar, atender, vigilar, inspeccionar.

supervision [ˌsu:pə'vɪʒn || ˌsju:pə'vɪʒn] *s. i.* **1** supervisión, atención, vigilancia, inspección. ◆ **2 under** ~, bajo supervisión, bajo vigilancia: *working under his father's supervision = trabajando bajo la supervisión de su padre.*

supervisory ['su:pəvaɪzərɪ || 'sju:pəvaɪzərɪ || ˌsu:pə'vaɪzərɪ] *adj.* supervisor, de vigilancia, de supervisión: *supervisory tasks = tareas de supervisión.*

supine ['su:paɪn || 'sju:paɪn] *adj.* (form.) **1** supina (posición). **2** débil, falto de carácter, indolente.

supper ['sʌpər] *s. c.* e *i.* cena.

supplant [sə'plɑ:nt || sə'plænt] *v. t.* suplantar, reemplazar, sustituir (generalmente con malas artes).

supple ['sʌpl] *adj.* **1** flexible, ágil, en forma: *she keeps supple with exercise = se mantiene ágil a base de ejercicio.* **2** flexible, elástico, plegable, dúctil (un material).

supplement ['sʌplɪmənt] *s. c.* **1** suplemento, complemento, extra. **2** suplemento, separata, apéndice (de una revista, de un libro). **3** (brit.) suplemento, subsidio, complemento, paga complementaria (del Estado, para gente de renta muy baja, ancianos, desempleados): *family supplement = subsidio familiar.* • *v. t.* **4** (**to** ~ {**by/with**}) complementar, añadir.

supplementary [ˌsʌplɪ'mentərɪ] *adj.* (~ {**to**}) **1** suplementario, adicional. **2** GEOM. suplementario (un ángulo). • **3** ~ **benefit,** (brit.) subsidio (del Estado, para gente con rentas muy bajas, ancianos, desempleados).

suppleness ['sʌplnɪs] *s. i.* **1** flexibilidad, agilidad. **2** flexibilidad, elasticidad, ductilidad.

supplicant ['sʌplɪkənt] *s. c.* (form.) suplicante, persona que ruega.

supplicate ['sʌplɪkeɪt] *v. t.* e *i.* suplicar, rogar, implorar, hacer súplicas.

supplication [ˌsʌplɪ'keɪʃn] *s. c.* e *i.* súplica, ruego.

supplier [sə'plaɪər] (también **suppliers**) *s. c.* proveedor, suministrador, distribuidor, abastecedor.

supply [sə'plaɪ] *v. t.* **1** (**to** ~ {**to/with**}) proveer, suministrar, abastecer, distribuir. **2** (**to** ~ {**to/with**}) aprovisionar, surtir, equipar. **3** (form.) satisfacer, saldar, llenar, compensar (una necesidad, una deficiencia). **4** suplir, sustituir, reemplazar (a un cura). • *s. c.* **5** (~ {**of**} generalmente *sing.*) provisión, suministro, surtido. **6** sustituto, suplente (un cura). • *s. i.* **7** (~ {**of**}) aprovisionamiento, abastecimiento. **8** COM. oferta. • *adj.* **9** de suministro, de abastecimiento. • **10 in short** ~, escaso, poco. **11 supplies, a)** provisiones, víveres, alimentos; **b)** equipo, equipamiento, pertrechos; **c)** COM. artículos; **d)** POL. presupuestos. **12** ~ **teacher,** profesor suplente, profesor de apoyo.

supply-side [sə'plaɪsaɪd] *adj.* de la oferta.

support [sə'pɔ:t] *v. t.* **1** sostener, sustentar, apoyar, descansar sobre (un peso). **2** sustentar, sostener, mantener, ayudar: *her son supports the family = su hijo mantiene a la familia.* **3** pagar, aguantar, soportar (un gasto): *a lot of money to support all that luxury = un montón de dinero para pagar ese lujo.* **4** apoyar, secundar, respaldar (una decisión, a un equipo, una teoría). **5** (form.) (**can/cannot** ~) soportar, sufrir, aguantar, tolerar. • *s. i.* **6** soporte, apoyo, sujeción: *those flower pots need support = esas macetas necesitan soporte.* **7** aprobación, respaldo, apoyo, ayuda, simpatía: *the idea has all my support = la idea tiene todo mi apoyo.* **8** mantenimiento, sustento, ayuda (económica). **9** soporte, evidencia, pruebas (para una teoría). • *s. c.* **10** soporte, pilar, pilastra, puntal. ◆ **11 in** ~, en defensa, en apoyo. **12 means of** ~, medios de vida, medios económicos. **13 moral** ~, ⇒ **moral.**

supporter [sə'pɔ:tər] *s. c.* **1** POL. partidario, afiliado, adicto. **2** DEP. hincha, seguidor. **3** defensor, partidario.

supporting [sə'pɔ:tɪŋ] *adj.* **1** de apoyo, que apoya: *supporting evidence = testimonio de apoyo.* **2** secundario, corto (un actor, una película): *supporting actors = actores secundarios.*

supportive [sə'pɔ:tɪv] *adj.* de apoyo, de ayuda, que da ánimo (a otros en la desgracia).

suppose [sə'pəuz] *v. t.* **1** (**to** ~ {**that**}/*o.*) suponer, imaginar, asumir, figurarse: *I suppose (that) he'll pass his exams = me figuro que aprobará los exámenes.* **2** (**to** ~ + *o.* + **to** *inf./adj.* y generalmente en *pasiva*) (form.) presumir, creer, pensar, dar por sentado: *he was supposed to be in England = se le creía en Inglaterra.* **3** (form.) suponer, presuponer, requerir: *the financial plan supposes a lot of saving = el plan económico presupone mucho ahorro.* • *conj.* **4** (también **supposing**) si solamente, y si, que (sucedería) si (al considerar una situación, al introducir una sugerencia): *suppose he doesn't arrive on time = y si no llega a tiempo.* • **5 you don't** ~, crees, no creerás, piensas que (cuando se requiere una opinión): *you don't suppose she is coming after all that's happened? = ¿tú crees que vendrá después de todo lo que ha pasado?* **6 who/what do you** ~ **...?,** ¿quién o qué crees que...? (al contar una historia que requiere imaginación por parte del oyente).

supposed [sə'pəuzd] *adj.* **1** (desp.) supuesto, hipotético, atribuido, imaginado, pretendido: *her supposed connection with organized crime = su supuesta relación con el crimen organizado* . ◆ **2 to be ~ to, a)** deber, tener por deber, tener como cometido, tocar (hacer algo): *you are supposed to open the door at 3.00 = tu deber es abrir la puerta a las 3; te toca abrir la puerta a las 3;* **b)** tener fama de, tener reputación de, decir que: *it's supposed to be a good novel = dicen que es una buena novela.* **3 what's that ~ to mean?,** ¡pero que quiere decir eso! (para mostrar enfado, sorpresa).

supposedly [sə'pəuzɪdlɪ] *adv.* supuestamente, según cabe suponer, tal y como parece, hipotéticamente, presuntamente.

supposition [ˌsʌpə'zɪʃn] *s. i.* **1** suposición, presuposición: *it's just mere supposition = sólo es mera suposición.* ● *s. c.* **2** (generalmente *sing.*) (form.) suposición, conjetura, sospecha, hipótesis.

suppress [sə'pres] *v. t.* **1** suprimir (un partido, derechos, etc.). **2** reprimir, acallar, sofocar (una rebelión). **3** reprimir, ahogar, ocultar, contener, disimular: *she tried to suppress her anger = intentó reprimir su ira.* **4** suprimir, prohibir, contener, impedir (una publicación). **5** ocultar (información, un escándalo). **6** contener (una hemorragia).

suppression [sə'preʃn] *s. i.* (~ {**of**}) **1** supresión, represión, prohibición (de actividades, derechos). **2** ocultamiento, contención, disimulación (de los sentimientos). **3** ocultación (de información, datos). **4** PSIQ. represión, inhibición, eliminación.

suppressor [sə'presər] *s. c.* **1** represor. **2** RAD. dispositivo antiparasitario.

suppurate ['sʌpjuəreɪt] *v. i.* supurar.

suppurating ['sʌpjuəreɪtɪŋ] *adj.* supurante, que supura.

supremacy [su'preməsɪ] *s. i.* supremacía, hegemonía, superioridad.

supreme [suː'priːm || sjuː'priːm] *adj.* **1** supremo, máximo sumo, más alto (en rango, autoridad, poder). **2** supremo, máximo: *a supreme effort = un esfuerzo supremo.* **3** magnífico, brillante (una persona). ◆ **4 Supreme Being,** (lit.) Ser Supremo, Dios. **5 Supreme Court,** DER. Tribunal Supremo.

supremely [suː'priːmlɪ] *adv.* sumamente.

Supt. *abreviatura* de **Superintendent,** comisario, superintendente (parte de un título en la policía).

surcharge ['səːtʃɑːdʒ] *v. t.* **1** (**to** ~ {**on**}) sobrecargar, recargar. ● *s. c.* **2** sobrecarga, recargo, sobretasa.

sure [ʃuər] *adj.* **1** seguro, cierto, convencido. **2** (~ + **to** + *inf.*) seguro, infalible, inevitable. **3** confiado, seguro. **4** firme, total, absoluto. ● *adv.* **5** (EE UU) (fam.) claro, seguro, por supuesto. ◆ **6 to be ~,** admitámoslo, aceptémoslo, efectivamente. **7 be ~ to,** no te olvides de, no dejes de, recuerda. **8 for ~,** (fam.) seguro, con toda seguridad. **9 to make ~,** comprobar, cerciorarse, verificar, asegurarse. **10 ~/~ thing,** claro, naturalmente, sin lugar a dudas. **11 ~ as/as ~ as,** cierto como, tan cierto como. **12 ~ enough,** naturalmente, ciertamente, efectivamente. **13 ~ of oneself,** seguro de sí mismo.

sure-fire ['ʃuəfaɪə] *adj.* (fam.) garantizado, de éxito asegurado, seguro, infalible: *a sure-fire success = un éxito seguro.*

sure-footed [ˌʃuə'futɪd] *adj.* **1** seguro, de pie firme. **2** (fig.) certero, infalible.

surely [ʃuəlɪ] *adv.* **1** seguramente, seguro que, por supuesto, sin duda, indudablemente, con toda certeza. **2** con seguridad, de forma segura. **3** (fam.) si, naturalmente, claro. ◆ **4 slowly but ~,** lento pero seguro, despacio pero seguro. **5 ~ to God/goodness,** (fam.) con toda seguridad, lo juro, lo juro por Dios.

surety ['ʃuərətɪ] *s. c.* e *i.* **1** DER. fiador, garante, avalista. **2** fianza, aval. **3** garantía.

surf [səːf] *s. i.* **1** espuma (de las olas), oleaje. ● *v. i.* **2** DEP. hacer surf, practicar con tabla hawaiana. ● *v. t.* **3** INF. navegar (Internet).

surface ['səːfɪs] *s. c.* **1** superficie, exterior, faz. **2** firme (de la carretera). **3** superficie (de un líquido). **4** (**the** ~) (fig.) la superficie, aspecto superficial, exterior. **5** GEOM. superficie. ● *v. i.* **6** emerger, salir a la superficie. **7** (fam. y hum.) levantarse, aparecer, asomar la cara: *he always surfaces at 3.00 = siempre aparece a las tres.* ● *v. t.* **8** recubrir, revestir (una superficie). **9** alisar, allanar, pulir. ● *adj.* **10** exterior, externo, de superficie. **11** de tierra, por tierra; marítimo (el correo). **12** superficial, poco profundo. ◆ **13 below/beneath the ~,** bajo la superficie, oculto, encubierto. **14 to come /rise to the ~,** salir a la superficie, aflorar, hacerse patente, ser obvio.

surface-to-air [ˌsəːfɪstə'eər] *adj.* MIL. tierra-aire (un misil).

surfboard ['səːfbɔːd] *s. c.* DEP. tabla de surf, acuaplano, tabla hawaiana.

surfeit ['səːfɪt] *s. sing.* **1** (~ {**of**}) (form.) exceso, exageración, demasía, sobreabundancia. **2** empacho, indigestión. **3** saciedad, hartazgo, hartura. ● *v. t.* e *i.* **4** (**to** ~ {**with**}) (form.) saciar(se), hartar(se), atracar(se).

surge [səːdʒ] *s. sing.* **1** (~ {**of**}) avalancha, oleada (de gente). **2** (fig.) oleada, arrebato (de ira, de alegría, de entusiasmo). **3** MAR. oleaje, marejada, ola. ● *v. i.* **4** (**to** ~ + *adv./prep.*) abalanzarse, irrumpir en avalancha, entrar en tropel. **5** (**to** ~ {**up**}) bullir, afluir, surgir, brotar, llenarse: *joy surged within us = nos llenamos de contento.* **6** agitarse, encresparse, embravecer(se) (el mar).

surgeon ['səːdʒən] *s. c.* MED. cirujano.

surgery ['səːdʒərɪ] *s. i.* MED. **1** cirugía, operación. ● *s. c.* e *i.* **2** consultorio, gabinete de consulta, clínica, quirófano. ● *s. c.* **3** consulta, sesión de consulta. **4** (brit.) POL. hora de visita parlamentaria (en que los votantes de un distrito electoral pueden visitar a su representante).

surgical ['səːdʒɪkl] *adj.* **1** quirúrgico (instrumental, tratamiento). ◆ **2 ~ spirit,** desinfectante quirúrgico.

surging ['səːdʒɪŋ] *adj.* encrespado, agitado, embravecido, amenazante: *the surging crowd = la multitud amenazante.*

surly ['səːlɪ] *adj.* malhumorado, hosco, áspero, rudo, desabrido.

surmise ['səːmaɪz] *v. t.* **1** (**to** ~ + *o.* (**that**)) (form.) suponer, presumir, deducir, inferir, sospechar, conjeturar: *I surmise that her help is important = presumo que su ayuda es importante.* ● *s. c.* e *i.* **2** (form.) suposición, conjetura, presunción, deducción, inferencia, sospecha.

surmount [səː'maunt] *v. t.* (form.) **1** superar, salvar, vencer (un obstáculo). **2** (generalmente *pasiva*) remontar, coronar (una altura).

surmountable [səː'mauntəbl] *adj.* superable, batible, remontable.

surname ['səːneɪm] *s. c.* **1** (también **family name**) apellido. **2** sobrenombre, mote. ● *v. t.* **3** apellidar.

surpass [sə'pɑːs] *v. t.* **1** (form.) sobrepasar, superar, exceder, eclipsar, ser superior. **2** superar, salvar, vencer (un obstáculo).

surpassing [sə'pɑːsɪŋ] *adj.* (form.) insuperable, incomparable, excelente, sin par.

surplice ['səːplɪs] *s. c.* roquete, sobrepelliz.

surplus ['səːpləs] *s. c.* e *i.* **1** exceso, excedente, superávit, sobrante: *a surplus of wheat = un excedente de trigo.* ● *adj.* **2** sobrante, excedente, superfluo.

surprise [sə'praɪz] *s. i.* **1** sorpresa, asombro, desconcierto. ● *s. c.* **2** sorpresa, susto, sobresalto: *it was a nice surprise = fue una agradable sorpresa.* **3** sorpresa (regalo). ● *v. t.* **4** sorprender, asombrar, desconcertar. **5** sorprender, coger por sorpresa, pillar, pescar: *they were surprised entering the house = les sorprendieron entrando en la casa.* **6** MIL. atacar por sorpresa. ● *adj.atr.* **7** sorpresa, de sorpresa: *a surprise attack = un ataque sorpresa.* ◆ **8 to take by ~,** coger por sorpresa.

surprised [sə'praɪzd] *adj.* sorprendido, asombrado, desconcertado.

surprising [sə'praɪzɪŋ] *adj.* sorprendente, asombroso, desconcertante, inesperado.

surprisingly [sə'praɪzɪŋlɪ] *adv.* sorprendentemente, asombrosamente, desconcertantemente, inesperadamente.

surreal [sə'rɪəl] *adj.* surreal, surrealista, extraño, raro.
Surrealism [sə'rɪəlɪzəm] *s. i.* ART. surrealismo.
surrealist [sə'rɪəlɪst] *s. c.* **1** ART. surrealista. • *adj.* **2** ART. surrealista.
surrealistic [sə,rɪə'lɪstɪk] *adj.* **1** ART. surrealista. **2** surreal, extraño, raro.
surrender [sə'rendər] *v. t.* e *i.* **1** rendir(se), entregar(se), capitular. **2** (fig.) ceder, entregar(se), abandonar(se). • *v. t.* **3** abandonar, renunciar a (una tentación, un derecho). **4** entregar, dar, dejar: *you must surrender your passport at the reception desk = debe dejar su pasaporte en recepción.*
surreptitious [,sʌrəp'tɪʃəs] *adj.* subrepticio, secreto, clandestino, furtivo.
surreptitiously [,sʌrəp'tɪʃəslɪ] *adv.* subrepticiamente, en secreto, clandestinamente, furtivamente.
surrogate ['sʌrəgeɪt || 'sɜːrəgeɪt] *s. c.* (form.) **1** sustituto, suplente. **2** (EE UU) DER. juez de testamentaría. **3** REL. vicario, coadjutor. • *adj.* **4** sustituto, suplente. ♦ **5** ~ **mother,** madre de alquiler (en beneficio de otra, incapaz de engendrar).
surround [sə'raʊnd] *v. t.* **1** rodear, cercar, encerrar, circundar: *the house is surrounded by trees = la casa está rodeada por árboles.* **2** (fig.) asediar, acorralar. **3** (fig.) concernir, atañer: *many problems surround us = muchos problemas nos atañen.* **4** MIL. sitiar, asediar; acorralar. • *s. c.* **5** marco, reborde, borde (decorativo).
surrounding [sə'raʊndɪŋ] *adj.* **1** circundante, de alrededor. ♦ **2 surroundings,** alrededores, vecindad, cercanías, vecindario.
surtax ['sɜːtæks] *s. i.* impuesto adicional, recargo tributario, sobretasa (por ingresos elevados).
surveillance [sɜː'veɪləns] *s. i.* vigilancia, observación (continua).
survey [sə'veɪ] *v. t.* **1** observar, examinar, mirar, contemplar. **2** examinar, estudiar, considerar, meditar sobre (una situación). **3** peritar, inspeccionar, examinar, reconocer (una vivienda antes de comprarla). **4** TEC. deslindar, medir (de un área, de una tierra), levantar el plano (de una ciudad). **5** (generalmente *pasiva*) hacer una encuesta, hacer un estudio (de opinión). • ['sɜːveɪ] *s. c.* **6** encuesta (de opinión). **7** estudio, investigación. **8** vista de conjunto, visión panorámica (de una situación, de un tema, de un lugar). **9** peritación, inspección, examen, estudio (de una vivienda). **10** TEC. medición, deslinde, apeo.
surveyor [sə'veɪər] *s. c.* perito, agrimensor, topógrafo.
survival [sə'vaɪvl] *s. i.* **1** supervivencia. • *s. c.* **2** reliquia, vestigio: *a survival from another age = una reliquia de otra época.* ♦ **3** ~ **kit,** equipo de emergencia.
survive [sə'vaɪv] *v. i.* **1** sobrevivir, subsistir, permanecer. • *v. t.* **2** sobrevivir a, aguantar, durar: *they didn't survive the expedition = no sobrevivieron a la expedición.* ♦ **3 to** ~ **on,** sobrevivir, subsistir.
survivor [sə'vaɪvər] *s. c.* superviviente.
susceptibility [sə,septə'bɪlɪtɪ] *s. c.* e *i.* **1** (~ {to}) susceptibilidad, sensibilidad. • **2 susceptibilities,** susceptibilidades, puntos sensibles.
susceptible [sə'septəbl] *adj.* **1** susceptible, influenciable. **2** (~ **to**) susceptible a, sensible a, propenso a (la enfermedad). **3** impresionable, susceptible. **4** (~ **of**) DER. susceptible de, sujeto a: *susceptible of change = susceptible de cambio.*
suspect [sə'spekt] *v. t.* **1** sospechar, temer, pensar: *I suspect he is trying to cheat = me temo que está intentando hacer trampa.* **2** (**to** ~ {**of**}) sospechar (de), desconfiar (de), recelar (de). • ['sʌspekt] *s. c.* **3** sospechoso. • *adj.* **4** sospechoso, bajo sospecha. **5** sospechoso, cuestionable, dudoso.
suspend [sə'spend] *v. t.* **1** suspender, cesar, interrumpir, finalizar. **2** (**to** ~ {**from**}) suspender, cesar (en un cargo). **3** (**to** ~ + *o.* + *adv./prep.*) (form.) suspender, colgar. **4** (generalmente *pasiva*) retirar el carnet. **5** (generalmente *pasiva*) QUÍM. tener en suspensión, estar en suspensión, dispersar.
suspended [sə'spendɪd] *adj.* **1** suspendido, interrumpido. **2** cesado. **3** suspendido, colgado. **4** sin carnet de conducir. **5** QUÍM. disperso, en suspensión. ♦ **6** ~ **animation,** muerte aparente, estado de hibernación. **7** ~ **sentence,** DER. condena condicional (que no se cumple a menos que el criminal reincida).
suspender [sə'spendər] *s. c.* **1** (brit.) liga. ♦ **2** ~ **belt,** liguero, portaligas. **3 suspenders,** (brit.) ligas; (EE UU) tirantes (de pantalón).
suspense [sə'spens] *s. i.* **1** suspense, incertidumbre, tensión, duda. **2** suspensión. ♦ **3 to keep someone in** ~**,** mantener a alguien en la incertidumbre.
suspension [sə'spenʃn] *s. i.* **1** suspensión. **2** privación, retirada (del carnet de conducir). • *s. c.* **3** QUÍM. suspensión. ♦ **4** ~ **bridge,** puente colgante.
suspicion [sə'spɪʃn] *s. c.* e *i.* **1** sospecha, indicio, recelo, reticencia. **2** sospecha, suposición, conjetura, hipótesis. • *s. sing.* **3** (~ {**of**}) pizca, fragmento, traza, poquito. • **4 above/beyond** ~**,** por encima de toda sospecha, libre de sospecha. **5 under** ~**,** bajo sospecha, sospechoso.
suspicious [sə'spɪʃəs] *adj.* **1** (~ {**about/of**}) sospechoso, receloso, suspicaz, desconfiado. **2** sospechoso, dudoso.
suspiciously [sə'spɪʃəslɪ] *adv.* **1** recelosamente, desconfiadamente, suspicazmente. **2** sospechosamente: *acting suspiciously = actuando sospechosamente.*
suspiciousness [sə'spɪʃəsnɪs] *s. i.* recelo, desconfianza, suspicacia.
suss [sʌs] *v. t.* **1** (**to** ~ + (**that**)/*o.*) (brit. y jerga) descubrir, darse cuenta. ♦ **2 to** ~ **out,** (brit.) descubrir, averiguar (algo); calar, desenmascarar: *I've sussed him out = ya le he calado.*
sustain [sə'steɪn] *v. t.* **1** mantener, sustentar, nutrir. **2** mantener, sostener (el ánimo, el interés). **3** (form.) sufrir, padecer, recibir (daño). **4** (form.) sostener, cargar, soportar (un peso). **5** DER. aceptar. **6** MÚS. sostener.
sustained [sə'steɪnd] *adj.* sostenido, prolongado, ininterrumpido.
sustenance ['sʌstɪnəns] *s. i.* (form.) sustento, alimento.
suture ['suːtʃər] *s. c.* **1** MED. sutura. • *v. t.* **2** MED. suturar, coser.
svelte [svelt] *adj.* esbelto, delgado, grácil.
SW *s. sing.* o *i.* SO. **1** *abrev.* de **southwest,** suroeste. • *s. c.* **2** OC, onda corta.
swab [swɒb || swɑːb] *s. c.* **1** MED. algodón, tapón, torunda. **2** MED. muestra (recogida en una torunda). **3** estropajo, trapo. • (*ger.* **swabbing,** *pret.* y *p. p.* **swabbed**) *v. t.* **4** (**to** ~ {**down**}) MED. limpiar con algodón. **5** fregar, limpiar con estropajo.
swaddle ['swɒdl] *v. t.* **1** envolver en mantillas, empañar, fajar (a un bebé). **2** envolver, enrollar, vendar.
swaddling ['swɒdlɪŋ] *adj.* **1** de empañar, de fajar. ♦ **2** ~ **clothes,** (lit.) mantillas, pañales, fajas.
swagger ['swægər] *v. i.* **1** contonearse, pavonearse, caminar dándose aires. • *s. sing.* **2** pavoneo, contoneo, aires de grandeza.
swain ['sweɪn] *s. c.* (lit.) **1** mozo, zagal. **2** cortejador, pretendiente, enamorado.
swallow ['swɒleʊ] *v. t.* **1** tragar, comer, ingerir, pasar. **2** (fam. y fig.) tragar, aceptar pacientemente, tolerar (una impertinencia). **3** (fig.) tragar, contener (el orgullo). • *v. i.* **4** tragar saliva. • *s. c.* **5** trago; bocado. **6** ZOOL. golondrina. ♦ **7 to be swallowed up,** ser absorbido. **8 to** ~ **one's pride,** ⇒ **pride. 9 to** ~ **one's words,** (fig.) tragarse las palabras.
swam ['swæm] *pret. irreg.* de **swim.**
swamp [swɒmp] *s. c.* e *i.* **1** ciénaga, zona pantanosa, marisma. • *v. t.* **2** inundar, agobiar, abrumar (de trabajo). **3** inundar, sumergir, llenar de agua, hacer naufragar.
swampy [swɒmpɪ] *adj.* pantanoso, cenagoso.
swan [swɒn] *s. c.* **1** ZOOL. cisne. • (*ger.* **swanning,** *pret.* y *p. p.* **swanned**) *v. i.* **2** (**to** ~ + *adv./prep.*) (fam.) vagar, deambular, pasear, viajar (sin un punto fijo). ♦ **3** ~ **song,** (fig.) canto del cisne.
swank [swæŋk] *v. i.* **1** (fam.) presumir, darse tono, fanfarronear, farolear, pavonearse. • *s. i.* **2** (fam.) ostentación, fanfarroneo, faroleo. • *s. c.* **3** farolero, fanfarrón. • *adj.* **4** (también **swanky**) lujoso, elegante y caro, ostentoso: *a swank club = un club lujoso.*

swap [swɒp] (también **swop**) (*ger.* **swapping,** *pret.* y *p. p.* **swapped**) *v. t.* e *i.* **1** (fam.) intercambiar, cambiar, cambalachear, canjear. **2** cambiar, sustituir. • *s. c.* (fam.) **3** cambio, canje, trueque, cambalache (acto, objeto). ◆ **4 to ~ over/round,** intercambiar el lugar, ocupar el lugar del otro.

swarm [swɔːm] *s. c.* **1** (~ + *v. sing./pl.*) ZOOL. enjambre. **2** (también **swarms**) (~ {**of**}) enjambre, muchedumbre, gentío, multitud. • *v. i.* **3** (**to ~ +** *adv./prep.*) ir en tropel, salir o entrar en masa, pulular. **4** ZOOL. enjambrar (una colmena). **5** (**to ~ +** *adv./prep.*) (p.u.) trepar, encaramarse, escalar. • **6 to ~ with,** bullir de, ser un hervidero de, estar plagado de: *the stadium was swarming with fans = el estadio era un hervidero de admiradores.*

swarthy ['swɔːðɪ] *adj.* moreno, aceitunado, oscuro.

swashbuckling ['swɒʃ,bʌklɪŋ] *adj.* bravucón, baladrón, valentón, fanfarrón.

swastika ['swɒstɪkə ‖ 'swɑːstɪkə] *s. c.* esvástica, cruz gamada.

swat [swɒt ‖ swɑːt] (*ger.* **swatting,** *pret.* y *p. p.* **swatted**) *v. t.* **1** aplastar con palmeta, matar de un palmetazo, aplastar de un golpe (a un insecto). • *s. c.* **2** palmetazo, golpe. **3** palmeta (para matar moscas).

swath [swɒθ] *s. c.* y *v. t.* ⇒ **swathe.**

swathe [sweɪð] (también **swath**) *s. c.* **1** hilera, ringlera (segada). **2** franja, línea, tira: *burnt swathes of land = franjas de tierra quemadas.* **3** tira, lazo, faja, venda (de tela). • *v. t.* **4** (**to ~ in** y generalmente *pas.*) (lit.) envolver, rodear, vendar, fajar.

swathed [sweɪðd] *adj.* envuelto, cubierto.

sway [sweɪ] *v. t.* e *i.* **1** mecer(se), balancear(se), bambolear(se), oscilar, mover(se): *branches swaying = ramas que se mecían.* • *v. t.* **2** (generalmente *pasiva.*) inclinar, decidir, influir, persuadir. • *s. c.* **3** vaivén, bamboleo, balanceo, oscilación. • *s. i.* **4** (lit.) poder, mando, dominio. **5** (lit.) influencia, ascendiente. ◆ **6 to hold ~,** tener influencia, dominar, ser preponderante.

swear [sweər] (*pret. irreg.* **swore,** *p. p.* **sworn**) *v. i.* **1** (**to ~** {**at**}) maldecir, decir tacos, blasfemar, decir juramentos. • *v. t.* **2** jurar, prometer, dar palabra, hacer voto. • *v. t.* e *i.* **3** (**to ~** {**on**}) jurar, prestar (juramento). • **4 to ~ blind,** ⇒ **blind. 5 to ~ by,** (fam.) tener confianza absoluta en, creer ciegamente en. **6 to ~ somebody in,** tomar juramento a alguien, hacer prestar juramento. **7 to ~ to, a)** hacer prometer, hacer jurar; **b)** jurar, decir con certeza.

swear word ['sweəwɜːd] *s. c.* palabrota, taco, blasfemia, maldición.

sweat [swet] *v. i.* **1** sudar, transpirar. **2** resudar, rezumar, fermentar (un producto, una pared). **3** (fam.) sudar, estar nervioso. • *v. t.* **4** (brit.) rehogar en mantequilla, freír en mantequilla lentamente. **5** explotar (a los obreros). • *s. i.* **6** sudor, transpiración. • *s. sing.* **7** (fam.) nervios, apuro, sudor. **8** (fam.) sudor, trabajo aburrido, trabajo penoso. • *s. c.* **9** (arc. y fam.) currante, trabajador experimentado; (brit.) soldado viejo. ◆ **10 to be in a ~/to be in a cold ~,** estar muy nervioso, estar angustiado. **11 no ~!,** sin problemas, no hay problema. **12 to ~ blood,** (fam.) sudar sangre, sudar la gota gorda. **13 ~ gland,** ANAT. glándula sudorípara. **14 to ~ it out, a)** (fam.) sudar la gota gorda, trabajar duro; **b)** aguantarlo, soportarlo (algo desagradable). **15 to ~ out,** sudar (un catarro).

sweatband ['swetbænd] *s. c.* **1** badana, tafilete (en el interior del sombrero). **2** banda, tira (que se lleva en la frente o la muñeca contra el sudor).

sweater [swetər] *s. c.* jersey, suéter, (Am.) chompa.

sweatshirt ['swetʃɜːt] *s. c.* camiseta de deporte, sudadera.

sweatshop ['swetʃɒp] *s. c.* (desp.) fábrica en que se explota a los obreros, tallerucho.

sweaty ['swetɪ] *adj.* **1** sudoroso, empapado en sudor. **2** sofocante, que hace sudar (el tiempo).

swede [swiːd] *s. c.* e *i.* **1** BOT. rutabaga, nabo sueco.

Swede [swiːd] *s. c.* sueco (persona).

Swedish ['swiːdɪʃ] *adj.* **1** sueco, de Suecia. • *s. i.* **2** sueco (lengua).

sweep [swiːp] (*pret.* y *p. p. irreg.* **swept**) *v. t.* **1** barrer, limpiar; deshollinar (una chimenea). **2** empujar, despejar, limpiar (de un golpe). **3** examinar, escudriñar, recorrer (un espacio con la vista). • *v. t.* e *i.* **4** (**to ~ +** (*o.*) **+** *adv./prep.*) barrer, arrastrar, transportar, llevar(se): *all the papers were swept away by the wind = el viento se llevó todos los papeles.* • *v. i.* **5** precipitarse, entrar o salir precipitadamente, moverse majestuosamente. **6** (**to ~ +** *adv./prep.*) extenderse, llegar hasta, pasar por: *his land sweeps down to the river = sus tierras se extienden hasta el río.* • *s. c.* **7** barrido, barredura, escobazo. **8** golpe, movimiento, vuelo (de un brazo, de un arma). **9** extensión, envergadura, paisaje. **10** (fig.) envergadura, alcance (de un argumento). **11** gama, serie, montón. **12** barrido, recorrido, redada. **13** (fam.) lotería en la que una persona gana todo el dinero apostado (generalmente a un caballo). **14** (fam.) deshollinador. ◆ **15 to make a clean ~,** DEP. barrer, ganar todos los partidos. **16 to ~ aside,** dejar a un lado, apartar, no prestar atención, quitar de en medio. **17 to ~ away, a)** suprimir, eliminar, borrar (privilegios, vestigios); **b)** (fig.) convencer, persuadir, arrastrar. **18 to ~ someone off their feet, a)** enamorar, volver loco de amor; **b)** arrastrar, convencer plenamente, persuadir totalmente. **19 to ~ something under the carpet/rug,** mantener en secreto, esconder (algo vergonzoso). **20 to ~ the board,** ⇒ **board.**

sweeper [swiːpər] *s. c.* **1** escoba mecánica; aspiradora de mano. **2** barrendero. **3** (brit.) DEP. líbero, defensa libre.

sweeping [swiːpɪŋ] *adj.* **1** abierta (una curva). **2** extenso, amplio, vasto, enorme, significativo. **3** (desp.) general, generalizado, que analiza el detalle (un análisis). ◆ **4 sweepings,** barreduras, basura, polvo.

sweepstake ['swiːpsteɪk] (también **sweep**) *s. c.* lotería en la que una persona gana todo el dinero apostado (generalmente a un caballo).

sweet [swiːt] *adj.* **1** dulce, azucarado. **2** dulce, melodiosa, romántica (música). **3** suave (un sonido). **4** fresco, limpio, sano, fragante (un olor). **5** dulce, encantador, simpático, agradable, amable, generoso (una persona). **6** mono, majo, lindo, atractivo (una cosa, una persona). • *s. c.* **7** (brit.) caramelo, dulce, bombón, golosina. • *s. c.* e *i.* **8** (brit.) postre. **9** (p.u.) querido, cariño, amor, cielo (usado cariñosamente como vocativo). ◆ **10 to be ~ on,** (arc. y fam.) estar enamorado de. **11 to go one's own ~ way,** hacer lo que a uno le da la gana. **12 to have a ~ tooth,** ser muy goloso. **13 to keep someone ~,** asegurarse la amistad de un (por medio de regalos, lisonjas). **14 my ~,** cariño, mi amor. **15 ~ chestnut,** castaño. **16 sweetcorn,** (también **corn**) (EE UU) maíz tierno. **17 ~ nothings,** (hum.) galanterías, palabras cariñosas, zalamerías (susurradas al oído). **18 ~ pea,** BOT. guisante de olor. **19 ~ pepper,** pimienta dulce. **20 ~ potato,** batata, boniato. **21 ~ shop,** confitería, quiosco.

sweet-and-sour [,swiːtən'sauər] *adj.* agridulce (sabor típico de la cocina china).

sweetbread ['swiːtbred] *s. c.* mollejas (de cordero, de ternera).

sweeten ['swiːtn] *v. t.* e *i.* **1** endulzar, azucarar. • *v. t.* **2** (fig.) endulzar, dulcificar, suavizar. **3** (**to ~** {**up**}) (fam.) sobornar (con regalos). • **4 to ~ the pill,** ⇒ **pill.**

sweetener ['swiːtnər] *s. i.* **1** endulzador, dulcificante (una sustancia). **2** (fam.) soborno, regalo, obsequio (para convencer a alguien).

sweetheart ['swiːthɑːt] *s. c.* (p.u.) **1** novio, amor. **2** cariño, cielo, encanto, amor (usado como vocativo cariñoso).

sweetie ['swiːtɪ] *s. c.* **1** (brit.) (fam.) caramelito, dulce (usado por y con los niños). **2** (fam.) encanto, monería, cielo, amor: *isn't she a sweetie? = ¿no es un encanto?* **3** cariño, cielo, amor (usado como vocativo cariñoso).

sweetish ['swiːtɪʃ] *adj.* dulzón, dulzarrón, algo dulce.

sweetly ['swi:tlɪ] *adv.* **1** dulcemente, melodiosamente. **2** dulcemente, encantadoramente, como un cielo. **3** dulcemente, agradablemente, con dulzura. **4** suavemente, silenciosamente.

sweetmeat ['swi:tmi:t] *s. c.* (arc.) dulce, pasta; golosina, caramelo; bombón.

sweetness ['swi:tnɪs] *s. i.* **1** dulzura, dulzor. **2** dulzura, suavidad, encanto, agrado. **3** fragancia.

swell [swel] (*pret.* **swelled,** *p. p. irreg.* **swollen** o **swelled**) *v. i.* **1** (**to ~ {up}**) hincharse, inflamarse, entumecerse, dilatarse. **2** (fig.) henchirse (de orgullo). **3** agitarse, encresparse, embravecerse (el mar). • *v. t.* **4** hinchar, abultar, acrecentar, aumentar, engrosar (una cantidad). • *v. t.* e *i.* **5** (**to ~ {out}**) hinchar, expandir, llenar de aire. • *s. c.* **6** marejada, mar de fondo, mar tendida, oleaje. • *s. sing.* **7** MÚS. crescendo. **8** hinchazón, bulto, prominencia. • *s. c.* **9** (arc. y fam.) moderno, persona a la última, personaje, personalidad. • *adj.* **10** (EE UU) (fam.) fantástico, excelente, estupendo, bárbaro.

swelling ['swelɪŋ] *s. c.* **1** hinchazón, bulto, prominencia. • *s. i.* **2** inflamación, hinchazón.

swelter ['sweltər] *v. i.* pasar calor, asarse, abrasarse, sudar.

sweltering ['sweltərɪŋ] *adj.* caluroso, bochornoso, sofocante.

swept [swept] *pret.* y *p. p. irreg.* de **sweep.**

swerve [swə:v] *v. i.* **1** esquivar, echarse a un lado, desviarse bruscamente, virar con rapidez: *he swerved to avoid the cyclist = se desvió bruscamente para no atropellar al ciclista.* **2** (**to ~ {from}**, generalmente en *negativas*) cambiar de idea. • *v. t.* **3** DEP. desviar, torcer. • *s. c.* **4** viraje, desvío.

swift [swɪft] *adj.* **1** (lit.) rápido, veloz, acelerado. **2** rápido, diligente, repentino, presto: *a swift reaction = una reacción rápida.* • *s. c.* **3** ZOOL. vencejo, avión.

swiftly [swɪftlɪ] *adv.* **1** rápidamente, velozmente. **2** diligentemente, con presteza, con rapidez; repentinamente, pronto.

swiftness ['swɪftnɪs] *s. i.* rapidez, velocidad.

swig [swɪg] (*ger.* **swigging,** *pret.* y *p. p.* **swigged**) *v. t.* **1** (fam.) beber a tragantonas, tragar grandes tragos. • *s. c.* **2** (fam.) tragantona, trago.

swill [swɪl] *v. t.* **1** (**to ~ {down/out}**) limpiar con agua, echar cubos de agua. • *v. t.* e *i.* **2** (desp.) beber a tragantonas, beber a gran velocidad. • *s. i.* **3** bazofia, aguachirle (que comen los cerdos).

swim [swɪm] (*ger.* **swimming,** *pret. irreg.* **swam,** *p. p.* **swum**) *v. i.* **1** nadar, bañarse. **2** (**to ~ {in/with}**) nadar, inundarse, flotar: *they gave us some chips swimming in oil = nos dieron unas cuantas patatas flotando en aceite.* **3** dar vueltas, flotar (la cabeza). • *v. t.* **4** cruzar a nado, pasar a nado, cubrir a nado (una distancia). **5** DEP. nadar (a braza, etc...). • *s. sing.* **6** baño, nadada: *we went for a swim = fuimos a nadar.* • **7 in the ~,** (fam.) al corriente, enterado. **8 to sink or ~,** ⇒ **sink. 9 to ~ with/against the tide,** (fig.) ir con o contra corriente.

swimmer ['swɪmər] *s. c.* nadador, bañista.

swimming ['swɪmɪŋ] *s. i.* **1** DEP. natación. ◆ **2 ~ bath,** (brit.) piscina municipal (generalmente cubierta). **3 ~ costume,** traje de baño, bañador (de señora). **4 ~ pool,** piscina. **5 ~ trunks,** traje de baño, bañador (de caballero).

swimmingly ['swɪmɪŋlɪ] *adv.* (arc. y fam.) **1** como la seda, sobre ruedas, a las mil maravillas. ◆ **2 to go ~,** ir como la seda.

swimsuit ['swɪmsu:t] *s. c.* traje de baño, bañador (de señora).

swindle ['swɪndl] *v. t.* **1** (**to ~ {out of}**) timar, estafar, engañar. • *s. c.* **2** timo, estafa.

swindler ['swɪndlər] *s. c.* estafador, timador.

swine [swaɪn] *s. c.* **1** (*pl.* **swine**) (arc.) TEC. cerdo, puerco. **2** (*pl.* **swine** o **swines**) (jerga y fig.) cerdo, asqueroso, canalla.

swing [swɪŋ] (*pret.* y *p. p.* **swung**) *v. t.* e *i.* **1** balancear(se), bambolear(se), oscilar, mover(se). **2** columpiar(se), mecerse. **3** (**to ~ +** *adv./prep./o.* + *adv./prep.*) girar, virar, hacer una curva. **4** (**to ~ +** *adv./prep./o.* + *adv./prep.*) suspender(se), colgar(se). **5** (**to ~ +** *adv./prep./o.* + *adv./prep.*) dar(se) la vuelta, girar, volver: *he swung round and looked at her = se dio la vuelta y la miró.* **6** (fig.) cambiar, invertir (de opinión, de carácter). • *v. i.* **7** (**to ~ +** *adv./prep.*) caminar airosamente, andar garbosamente. **8** (fam.) MÚS. tocar con mucho ritmo. **9** (**to ~ {for}**) (arc. y fam.) ser ahorcado, ser colgado. • *v. t.* **10** (fam.) arreglar, colar, solucionar (por medios deshonestos). • *s. c.* **11** balanceo, bamboleo, oscilación, vaivén. **12** columpio. **13** giro, cambio, desplazamiento, viraje. **14** DEP. swing (en golf). **15** DEP. golpe, gancho lateral (en boxeo). • *s. sing.* **16** MÚS. swing, ritmo agradable, ritmo sincopado. • *s. i.* **17** música swing (de los años 30 y 40). • **18 to get into the ~,** (fam.) meterse de lleno, meterse en harina. **19 to go with a ~,** (fam.) ir sobre ruedas, marchar bien. **20 in full ~,** en pleno desarrollo, en plena actividad. **21 ~ door,** puerta giratoria. **22 there isn't room to ~ a cat,** (fig.) haber poquísimo sitio, haber muy poco espacio. **23 to ~ into action,** ponerse en acción, ponerse en marcha. **24 to ~ the lead,** (brit.) (fam.) escurrir el bulto, hacerse el loco (para no trabajar). **25 what you lose on the swings you gain on the roundabouts/swings and roundabouts,** (brit.) (fam.) lo que se pierde por un lado se gana por otro, lo comido por lo servido.

swingeing ['swɪndʒɪŋ] *adj.* enorme, exorbitante, desmesurado, abrumador.

swinger ['swɪŋər] *s. c.* (arc. y fam.) **1** persona mundana, persona a la moda, juerguista. **2** desinhibido.

swinging ['swɪŋɪŋ] *adj.* (fam.) **1** alegre, divertido, lleno de vida. **2** desinhibido.

swipe [swaɪp] *s. c.* **1** golpe, manotazo. • *v. t.* e *i.* **2** golpear, asestar un golpe, dar un manotazo. **3** (fam.) birlar, guindar. ◆ **4 to take a ~ at,** (fig.) dar un palo, echar por tierra.

swirl [swə:l] *v. t.* e *i.* **1** formar remolinos, arremolinar(se), girar en desorden. • *s. c.* **2** vuelta, giro, viraje. **3** remolino, torbellino.

swish [swɪʃ] *v. t.* e *i.* **1** zumbar, silbar, hacer sonar (como un látigo). • *v. i.* **2** crujir, sonar (las ropas). • *s. c.* **3** zumbido, silbido, crujido. • *adj.* **4** (fam.) elegante, moderno, caro.

Swiss [swɪs] *adj.* **1** suizo, de Suiza. • *s. c.* **2** suizo.

switch [swɪtʃ] *s. c.* **1** ELEC. interruptor, llave, conmutador. **2** cambio, giro (en un plan). **3** vara, varilla, látigo. **4** postizo, trenza postiza. **5** punta de la cola (de una vaca, de un caballo). **6** agujas, cambio de vía (de un ferrocarril). • *v. t.* e *i.* **7** cambiar, variar, pasar(se) a. • *v. t.* **8** ELEC. conectar, desconectar; conmutar, encender. **9** (fig.) cambiar (de idea, de interés). **10** intercambiar (el puesto, el lugar). ◆ **11 to ~ off, a)** ELEC. apagar, desconectar; **b)** (fig.) desconectar, dejar de prestar atención. **12 to ~ on, a)** ELEC. encender, enchufar, conectar; **b)** (fig.) conectar, atraer (la atención). **13 to ~ over, a)** pasar de un extremo al otro, cambiar totalmente; **b)** ELEC. cambiar de emisora.

switchback ['swɪtʃbæk] *s. c.* **1** carretera con muchas subidas, camino de fuertes altibajos. **2** montaña rusa.

switchboard ['swɪtʃbɔ:d] *s. c.* **1** centralita telefónica. **2** ELEC. cuadro de distribución.

Switzerland ['swɪtsələnd] *s. sing.* Suiza.

swivel ['swɪvl] *v. t.* e *i.* **1** girar, rotar, dar vueltas. • *s. c.* **2** pivote, eslabón giratorio. • *adj.* **3** giratorio, rotatorio.

swizzle stick ['swɪzlˌstɪk] *s. c.* palillo para remover cócteles.

swollen ['swəʊlən] *p. p.* **1** de **swell.** • *adj.* **2** hinchado, inflamado, entumecido, dilatado.

swollen-headed [ˌswəʊlən'hedɪd] *adj.* (brit.) engreído, vanidoso, presumido.

swoon [swu:n] *v. i.* **1** (lit. y fig.) caer, desmayarse (de felicidad): *she swooned into his arms = cayó en sus brazos.* **2** (arc.) desmayarse, desvanecerse, perder el conocimiento. • *s. c.* **3** desmayo, desvanecimiento, pérdida de conocimiento.

swoop [swu:p] *v. i.* **1** bajar en picado, lanzarse, saltar, arrojarse. **2** (to ~

{**on**}) (fam.) arremeter, coger, pillar, caer (sobre alguien). • *s. c.* **3** arremetida, lanzamiento, descenso, calada. **4** redada.

swop [swɒp] ⇒ **swap.**

sword [sɔːd] *s. c.* **1** espada. ♦ **2 to cross swords,** reñir, habérselas (con alguien). **3 to put to the ~,** (arc. y lit.) pasar a cuchillo.

swordfish [sɔːdfɪʃ] (*pl.* **swordfish** o **swordfishes**) *s. c.* ZOOL. pez espada.

swordplay [sɔːdpleɪ] *s. i.* DEP. esgrima.

swore [swɔː] *pret.* de **swear.**

sworn [swɔːn] *p. p.* **1** de **swear.** • *adj.* **2** jurado, dado bajo juramento. ♦ **3 ~ enemies,** enemigos implacables.

swot [swɒt ‖ swɑːt] *s. c.* **1** (fam. y desp.) empollón. • (*ger.* **swotting,** *pret.* y *p. p.* **swotted**) *v. t.* **2** (**to ~** {**up**}) (fam. y desp.) empollar.

swum [swʌm] *p. p.* de **swim.**

swung [swʌŋ] *pret.* y *p. p. irreg.* de **swing.**

swung dash [swʌŋ'dæʃ] *s. c.* tilde.

sycamore ['sɪkəmɔː] *s. c.* BOT. sicomoro.

sycophantic [ˌsɪkəʊ'fæntɪk] *adj.* obsequioso, adulador, servil.

syllable ['sɪləbl] *s. c.* **1** sílaba. ♦ **2 in words of one ~,** simple y llanamente, muy claramente.

syllabus ['sɪləbəs] *s. c.* programa de estudios (de un curso).

sylvan ['sɪlvən] *adj.* (lit.) selvático, silvestre, arbolado.

symbiosis [ˌsɪmbaɪ'əʊsɪs] *s. i.* BIOL. simbiosis.

symbiotic [ˌsɪmbaɪ'ɒtɪk] *adj.* simbiótico.

symbol [sɪmbl] *s. c.* (~ {**of**}) símbolo.

symbolic [sɪm'bɒlɪk] *adj.* **1** simbólico. ♦ **2 ~ logic,** lógica de simbolos.

symbolically [sɪm'bɒlɪkəlɪ] *adj.* simbólicamente.

symbolise ⇒ **symbolize.**

symbolism ['sɪmbəlɪzəm] *s. i.* simbolismo.

symbolize ['sɪmbəlaɪz] (también **symbolise**) *v. t.* simbolizar, representar, encarnar.

symmetrical [sɪ'metrɪkl] (también **symmetric**) *adj.* simétrico.

symmetrically [sɪ'metrɪkəlɪ] *adv.* simétricamente.

symmetry ['sɪmɪtrɪ] *s. i.* simetría.

sympathetic [ˌsɪmpə'θetɪk] *adj.* **1** amable, compasivo. **2** (~ {**to/towards**}) comprensivo, solidario. **3** simpático, agradable, encantador. **4** simpático (un nervio, la tinta).

sympathetically [ˌsɪmpə'θetɪkəlɪ] *adv.* **1** compasivamente, amablemente. **2** comprensivamente.

sympathise *v. i.* ⇒ **sympathize.**

sympathize ['sɪmpəθaɪz] (también **sympathise**) *v. i.* (**to ~** {**with**}) **1** compadecerse, condolerse. **2** simpatizar, identificarse, solidarizarse, congeniar.

sympathizer ['sɪmpəθaɪzər] *s. c.* simpatizante, partidario.

sympathy ['sɪmpəθɪ] *s. i.* **1** lástima, pena, compasión, condolencia. **2** comprensión, simpatía, afinidad. ♦ **3 in ~,** en solidaridad.

symphonic [sɪm'fɒnɪk] *adj.* sinfónico.

symphony ['sɪmfənɪ] *s. c.* **1** MÚS. sinfonía. **2** (fig.) sinfonía, armonía. ♦ **3 ~ orchestra,** orquesta sinfónica.

symposia [sɪm'pəʊzjə] *pl.* de **symposium.**

symposium [sɪm'pəʊzɪəm] (*pl.* **symposia**) *s. c.* **1** simposio, congreso. **2** recolección, recopilación (de artículos, ensayos).

symptom ['sɪmptəm] *s. c.* **1** síntoma. **2** indicio, indicación, señal.

symptomatic [ˌsɪmptə'mætɪk] *adj.* sintomático, indicativo.

synagogue ['sɪnəgɒg ‖ 'sɪnəgɑːg] *s. c.* sinagoga.

synapse ['saɪnæps] *s. c.* sinapsis.

sync [sɪŋk] (también **synch**) *s. i.* (fam.) **1** sincronía. ♦ **2 in ~,** en sincronización. **3 out of ~,** sin sincronización, desincronizados.

synchronise *v. t.* e *i.* ⇒ **synchronize.**

synchronization [ˌsɪŋkrənaɪ'zeɪʃn ‖ ˌsɪŋkrənə'zeɪʃn] *s. i.* sincronización.

synchronize ['sɪŋkrənaɪz] (también **synchronise**) *v. t.* e *i.* (form.) sincronizar(se), ir sincrónicamente, coincidir.

syncopate ['sɪŋkəpeɪt] *v. t.* MÚS. sincopar.

syncopation [ˌsɪŋkə'peɪʃn] *s. i.* MÚS. síncopa.

syncope ['sɪŋkəpɪ] *s. i.* **1** MED. síncope. **2** MÚS. síncopa.

syndicate ['sɪndɪkɪt] *s. c.* **1** (~ + *v. sing./pl.*) agrupación, grupo (de empresas para fines comunes). **2** agencia periodística. • ['sɪndɪkeɪt] *v. t.* **3** vender por agencia, distribuir por agencia (un artículo, una fotografía). • *v. t.* e *i.* **4** agruparse, asociar(se) (varias empresas). **5** FIN. concertar (un préstamo).

syndrome ['sɪndrəʊm] *s. c.* síndrome.

synergy ['sɪnədʒɪ] *s. c.* sinergia.

synod ['sɪnəd] *s. c.* REL. sínodo.

synonym ['sɪnənɪm] *s. c.* sinónimo.

synonymous [sɪ'nɒnɪməs ‖ sɪ'nɑːnɪməs] *adj.* (~ {**with**}) sinónimo.

synopses [sɪ'nɒpsiːz] *pl.* de **synopsis.**

synopsis [sɪ'nɒpsɪs ‖ sɪ'nɑːpsɪs] (*pl.* **synopses**) *s. c.* sinopsis, resumen, síntesis.

syntactic [sɪn'tæktɪk] (también **syntactical**) *adj.* GRAM. sintáctico.

syntactical [sɪn'tæktɪkl] ⇒ **syntactic.**

syntax ['sɪntæks] *s. i.* GRAM. sintaxis.

syntheses ['sɪnθɪsiːz] *pl.* de **synthesis.**

synthesis ['sɪnθəsɪs] (*pl.* **syntheses**) *s. i.* (~ {**of**}) **1** síntesis, resumen, sinopsis. **2** QUÍM. síntesis. • *s. c.* **3** síntesis, amalgama.

synthesise *v. t.* ⇒ **synthesize.**

synthesize ['sɪnθəsaɪz] (también **synthesise**) *v. t.* sintetizar.

synthesizer ['sɪnθɪsaɪzər] *s. c.* MÚS. sintetizador.

synthetic [sɪn'θetɪk] *adj.* **1** sintético. **2** MÚS. electrónico. **3** artificial, poco natural (de carácter).

syphilis ['sɪfɪlɪs] *s. i.* MED. sífilis.

syphon ['saɪfn] *s. c.* y *v. t.* ⇒ **siphon.**

Syrian ['sɪrɪən] *adj.* **1** sirio. • *s. c.* **2** sirio.

syringe [sɪ'rɪndʒ] *s. c.* **1** jeringuilla, jeringa. • *v. t.* **2** hacer un lavado, inyectar una lavativa (con jeringuilla).

syrup ['sɪrəp] *s. i.* almíbar, jarabe.

syrupy ['sɪrəpɪ ‖ 'səːrəpɪ] *adj.* **1** almibarado. **2** (fig.) almibarado, dulzón, sentimentaloide.

system ['sɪstəm] *s. c.* **1** sistema, organización, método: *you have to get familiar with the school system = tienes que familiarizarte con el sistema escolar.* **2** MED. organismo. **3** INF. sistema (operativo). **4** ELEC. instalación. • *s. i.* **5** sistema, método, orden, disciplina. • *s. sing.* **6** (fam.) POL. sistema. ♦ **7 ~ analyst,** analista de sistemas.

systematic [ˌsɪstɪ'mætɪk] *adj.* sistemático, metódico.

systematically [ˌsɪstɪ'mætɪklɪ] *adv.* sistemáticamente.

systematise ⇒ *v. t.* **systematize.**

systematize ['sɪstɪmətaɪz] (también **systematise**) *v. t.* sistematizar, ordenar, organizar.

t, T [ti:] *s. c.* **1** t, T (vigésima letra del alfabeto inglés). ◆ **2 to cross the t's,** ser preciso, meticuloso; dar los últimos toques. ◆ **3 to a ~/to a tee, a)** así es (él, ella), es típico de (él, ella): *that behaviour is him to a T = ese es su modo de actuar, es típico de él;* **b)** ser el vivo retrato de, ser clavado a; **c)** que ni pintado, ni hecho a medida, de perlas: *it suits me to a T! = ¡es que ni hecho a la medida!*
OBS. Se usa como abreviatura de palabras o nombres que empiezan por "t": *T.V., T.O., T.N.T., ton, tense;* para designar objetos con esa forma o sección: *a T-branch, a T-joint, a T-rail.*

ta [tɑ:] *interj.* (fam. y brit.) gracias.

tab [tæb] *s. c.* **1** etiqueta, trilla, letrero, rótulo. **2** anilla, lengüeta (para abrir una lata de bebida). **3** (fam.) tabulador (teclado). ◆ **4 to keep tabs on someone/something,** vigilar, mantener controlado, llevar cuenta de. **5 to pick up the ~,** hacerse cargo del gasto, correr con los gastos.

Tabasco [tə'bæskəu] *s. i.* GAST. Tabasco (marca registrada).

tabby ['tæbɪ] *s. c.* gato atigrado.

tabernacle ['tæbənækl] *s. c.* **1** REL. tabernáculo, sanctasanctórum. **2** tabernáculo, sagrario, trono. **3** templo, tabernáculo, (lugar de culto de los noconformistas y mormones).

table ['teɪbl] *s. c.* **1** mesa: *dining table = mesa de comedor; kitchen table = mesa de cocina.* **2** comensales: *the whole table laughed at his jokes = todos los comensales se rieron de sus bromas.* **3** (p.u.) alimento, comida: *they always enjoy a good table = siempre disfrutan con una buena comida.* **4** gráfico, tabla, cuadro (de datos): *there's a table of contents at the end of the book = hay un gráfico con los contenidos al final del libro.* **5** tabla de multiplicar. ● *adj.* **6** de mesa: *a table lamp = una lámpara de mesa.* ● *v. t.* **7** proponer, hacer una propuesta, plantear un tema, poner sobre la mesa. **8** (EE UU) posponer, archivar, aparcar, retrasar. ◆ **9 to drink someone under the table,** ganar a beber a alguien. **10 on the ~, a)** (brit.) (poner) sobre el tapete; **b)** (EE UU) quedar sobre el tapete. **11 ~ manners,** modales en la mesa, formas de comportamiento en la mesa. **12 ~ wine,** vino de mesa, común, corriente. **13 to turn the tables on someone,** invertir la situación, darle la vuelta a la tortilla, volver las tornas. **14 under the ~, a)** bajo mano, soborno; **b)** borracho como una cuba.

tableau ['tæbləu] *s. c.* (*pl.* **tableaux** o **tableaus**) **1** retablo, paso, representación teatral. **2** escena: *tableau vivant = escena viviente.* **3** cuadro, espectáculo: *what a tableau! = ¡vaya escenita!*

tableaux *pl.* de **tableau.**

table-centre ['tæɪbl,sentər] *s. c.* centro de mesa.

tablecloth ['teɪblklɒθ] *s. c.* mantel, tapete.

table d'hôte [,tɑ:bl'dəut] *s. c.* menú del día, menú turístico.

table-knife ['teɪblnaɪf] *s. c.* cuchillo de mesa.

table-lamp ['teɪbllæmp] *s. c.* lámpara de mesa.

table-land ['teɪbllænd] *s. c.* altiplano, meseta.

table-linen ['teɪbllɪnɪn] *s. i.* mantelería.

table-mat ['teɪblmæt] *s. c.* salvamantel.

tablespoon ['teɪblspu:n] *s. c.* **1** cuchara (grande). **2** cucharada (medida).

tablespoonful ['teɪblspu:nful] *s. c.* cucharada.

tablet ['tæblɪt] *s. c.* **1** MED. tableta, píldora, pastilla, comprimido. **2** pastilla, barra: *a tablet of soap = una pastilla de jabón; a tablet of chocolate = una pastilla de chocolate.* **3** HIST. tablilla: *laws were effected in cuneiform on a clay tablet = se promulgaba la ley en escritura cuneiforme en tablillas de arcilla.* **4** lápida, placa conmemorativa.

table-tennis ['teɪbl,tenɪs] *s. i.* tenis de mesa, ping-pong.

tableware ['teɪblweər] *s. i.* servicio de mesa.

tabloid ['tæblɔɪd] *s. c.* **1** tabloide, prensa sensacionalista. **2** sustancia medicamentosa. **3** comprimido, tableta.

taboo [tə'bu:] *s. c.* **1** creencia, tabú: *taboos connected with animals are part of totemism = los tabús que tienen que ver con animales son parte del animismo.* **2** (fig.) prohibición por prejuicios o superstición, tabú. ● *adj.* **3** tabú, prohibido, intocable.

tabular ['tæbjulər] *adj.* tabular, en forma de tabla o cuadro.

tabulate ['tæbjuleɪt] *v. t.* tabular; poner, esquematizar, resumir, organizar en forma de cuadro o tabla.

tabulation [,tæbju'leɪʃn] *s. i.* tabulación.

tabulator ['tæbjuleɪtər] *s. c.* **1** tabulador. **2** ⇒ **tab.**

tachograph ['tækəgrɑ:f] *s. c.* tacógrafo, tacómetro.

tacit ['tæsɪt] *adj.* tácito, sobreentendido, callado, no verbal o expreso: *a tacit agreement = acuerdo tácito.*

tacitly ['tæsɪtlɪ] *adv.* tácitamente, de manera tácita.

taciturn ['tæsɪtə:n] *adj.* taciturno, callado, reticente, silencioso.

taciturnity [,tæsɪ'tə:nɪtɪ] *s. i.* taciturnidad.

tack [tæk] *s. c.* **1** tachuela, chincheta. **2** hilván, pespunte, puntada. **3** curso oblicuo, de bolina. **4** modo, método, aproximación, línea de acción; táctica, política. ● *v. t.* e *i.* **5** tachonar, clavetear, sujetar con chinchetas. **6** hilvanar, hacer un pespunte. **7** ir de bolina, navegar en zigzag. ◆ **8 to be on the right/wrong ~,** seguir la actuación correcta/equivocada, ir por el buen/mal camino. **9 to ~ something on to something,** (fam.) agregar, incluir, colar de rondón, añadir un cargo extra.

tackle ['tækl] *s. i.* **1** MAR. aparejo, jarcia de labor. **2** DEP. equipo de deporte, aparejo, aperos, instrumental: *fishing tackle = aparejo de pesca.* **3** presa, blocaje, bloqueo. ● *v. t.* **4** abordar, emprender, atreverse, hacer frente a, vérselas con, arreglárselas con, enfrentarse a. **5** regatear, blocar, interceptar. **6** agarrar y detener, apresar. ◆ **7 to ~ somebody about/over something,** hablar con alguien (de un asunto espinoso).

tacky ['tækɪ] *adj.* **1** (brit.) pegajoso, húmedo: *the varnish is still tacky = la laca todavía está pegajosa.* **2** (EE UU) (vulg.) raído, viejo, gastado, ajado. ⇒ **shabby.**

tact [tækt] *s. i.* tacto, delicadeza, discreción, prudencia, diplomacia.
tactful ['tæktfl] *adj.* cuidadoso, prudente, discreto, diplomático.
tactfully ['tæktfəlɪ] *adv.* cuidadosamente, prudentemente, discretamente, delicadamente.
tactic ['tæktɪk] *s. i.* **1** táctica, procedimiento, estratagema. **2** MIL. **tactics,** táctica: *tactics are always largely governed by weapons = la táctica está en su mayor parte regida por las armas.*
tactical ['tæktɪkl] *adj.* **1** táctico, planificado, estratégico: *it was a clear tactical error = fue un claro error táctico.* **2** MIL. táctico, de corto alcance. ◆ **3 ~ voting,** voto táctico, voto útil.
tactically ['tæktɪklɪ] *adv.* tácticamente.
tactician [tæk'tɪʃn] *s. c.* **1** táctico, estratega. **2** experto.
tactile ['tæktaɪl ‖ 'tæktəl] *adj.* táctil.
tactless ['tæktlɪs] *adj.* **1** falto de tacto, insensible, indiscreto. **2** improcedente, impertinente: *a tactless question = una pregunta impertinente.*
tactlessly ['tæktlɪslɪ] *adv.* de modo indiscreto, sin tacto.
tactlessness ['tæktlɪsnɪs] *s. i.* indiscreción, carencia de tacto.
tadpole ['tædpəul] *s. c.* renacuajo.
taffeta ['tæfɪtə] *s. i.* tafetán.
tag [tæg] *s. c.* **1** etiqueta, marbete, letrero: *a price tag = la etiqueta (con el precio).* **2** herrete, protector al extremo de un cabo. **3** placa de identificación. **4** cliché, cita, frase hecha, lugar común. **5** andrajo, trapo, harapo. **6** tu-la-llevas (juego infantil). ● (*ger.* **tagging,** *pret.* y *p. p.* **tagged**) *v. t.* e *i.* **7** marcar (un animal mediante una placa). **8** seguir de cerca, pisar los talones. **9** etiquetar. **10** calificar de, tachar de, motejar, colgar el sambenito de: *he was tagged as incompetent = se le colgó el sambenito de incompetente.* ◆ **11 to ~ along,** proceder con calma. **12 to ~ on,** añadir, agregar. **13 ~ question,** pregunta con coletilla. **14 question ~,** muletilla.
OBS. Las **question tags** se añaden al final de una oración aseverativa bien para confirmar una información, usando entonación ascendente; o con una mera función enfática, entonación descendente. Se usa forma negativa con oraciones afirmativas, y viceversa; si la oración contiene un verbo auxiliar éste se usa en la coletilla, en caso contrario se usa **do.** Hay algunos casos especiales, a saber: **a) I am** tiene como **question tag aren't I; b)** los imperativos usan **will, would, can** o **could; c)** los indefinidos referidos a persona aparecen como **they,** los referidos a cosas, como **it; d)** si el indefinido es negativo la coletilla está en forma afirmativa.
tail [teɪl] *s. c.* **1** ZOOL. cola, rabo, aleta caudal. **2** estela, cola (de un cometa, de un avión, etc.), extremo final, trasera, faldones de la camisa. **3** vigilante. **4** chaqué, frac. **5** cruz (en una moneda). ⇒ **head or tails. 6** trasero, culo. ● *v. t.* **7** seguir de cerca, pisar los talones a, vigilar. ● *v. i.* **8** cortar los tallos de una fruta. **9** disminuir progresivamente, desaparecer lentamente, agotarse (las excusas), apagarse: *as we drove off, the music tailed away = a medida que nos alejábamos la música se fue apagando.* ◆ **10 head or tails,** ⇒ **head. 11 with one's ~ between one's legs,** con el rabo entre las piernas, derrotado y humillado, avergonzado. **12 the ~ is wagging the dog,** estar al capricho del último comparsa, el último mono está moviendo los hilos de la situación. **13 to turn ~,** volver la espalda, huir.
tailback ['teɪlbæk] *s. c.* atasco de tráfico, fila del atasco, caravana de coches.
tail end [ˌteɪl'end] *s. sing.* la parte final.
tailgate ['teɪlgeɪt] *s. c.* (EE UU) puerta de carga y descarga, portón del maletero, puerta trasera, quinta puerta.
taillight ['teɪllaɪt] *s. c.* pilotos traseros, luces traseras.
tail-off ['teɪlɒf] *s. sing.* bajada, descenso, retroceso, depreciación.
tailor ['teɪlər] *s. c.* **1** sastre. ◆ **2 the ~ makes the man,** el hábito hace al monje. ● *v. t.* **3** ajustar, adaptar, confeccionar, remodelar: *the contract will be tailored to meet your requirements = el contrato se hará según sus deseos.* ◆ **4 the tailor's,** la sastrería.
tailored [teɪləd] *adj.* de sastre, a medida, que ajusta bien.
tailor-made ['teɪləmaɪd] *adj.* (**~ to/for**) **1** adaptado a, a la medida de, a propósito, hecho especial para. **2** hecho a medida.
tailpipe ['teɪlpaɪp] *s. c.* tubo de escape.
tailwind ['teɪlwɪnd] *s. c.* viento de cola.
taint [teɪnt] *s. sing.* **1** mancha, estigma, rasgo, vena de: *a taint of madness = una vena de locura.* ● *v. t.* **2** contaminar, corromper, viciar, inficionar. **3** estropear, echar a perder.
tainted ['teɪntɪd] *adj.* **1** pasado: *tainted meat = carne pasada.* ◆ **2** contaminado, teñido, viciado, corrompido, marcado por: *behaviour tainted with selfishness = una conducta marcada por el egoísmo.*
taintless ['teɪntlɪs] *adj.* puro, sin mancha, incólume.
take [teɪk] (*pret. irreg.* **took,** *p. p. irreg.* **taken**) *v. t.* **1** acompañar, llevar (a alguien a algún sitio): *I took the children to the cinema yesterday = ayer llevé a los niños al cine.* **2** transportar, coger, llevar (algo a algún sitio): *will you take these chairs to the garden, please? = llevad estas sillas al jardín, por favor.* **3** coger, agarrar, asir: *he took her by the hand = la cogió de la mano.* **4** sacar, tomar: *she took a handkerchief out of her handbag = sacó un pañuelo del bolso; the idea was taken from a well-known novel = tomaron la idea de una conocida novela.* **5** llevarse, coger, retirar: *who's taken my pen? = ¿quién ha cogido mi pluma?* **6** restar, sustraer. **7** ganar, conquistar, capturar, tomar, comer (en un juego de tablero: ajedrez...): *the town was taken by the enemy = la ciudad fue tomada por el enemigo.* **8** aceptar, admitir, recibir, seguir (un consejo): *take my advice = sigue mi consejo; will you take a cheque? = ¿acepta un cheque?* **9** caber, tener lugar o cabida para. **10** aceptar, sufrir, soportar, pasar por: *I won't take that behaviour any more = no aceptaré más ese comportamiento.* **11** tomar, tomarse, reaccionar: *she took it badly = se lo tomó a mal.* **12** entender, interpretar, tomar, asumir, suponer, considerar. **13** alquilar, tomar. **14** elegir, comprar. **15** tomar, consumir, comer, beber. **16** llevar, durar, costar (en tiempo): *it takes me half an hour to get there = me lleva media hora llegar allí.* **17** necesitar, ser necesario, requerir: *it took six men to move it = se necesitaron seis hombres para moverlo.* **18** presentarse, hacer un examen; obtener, conseguir, sacar una calificación; estudiar, hacer, seguir: *she took a course in pottery = hizo un curso de cerámica.* **19** anotar, tomar notas, escribir. **20** subirse (a un medio de transporte); tomar, coger (una dirección, un medio de transporte). **21** tomar, hacer, sacar (una fotografía). **22** oficiar (un servicio religioso), dar (una clase), hacerse cargo de: *who takes you for History? = ¿quién os da Historia?* **23** actuar, tomar, resultar eficaz, servir: *the vaccination took = la vacuna hizo su efecto.* **24** picar (un pez). **25** dar, tomar, echar (más un sustantivo que exprese una acción): *to take a shower = darse una ducha, ducharse; to take a walk = dar un paseo; to take a look = echar una mirada.* ⇒ **have 43. 26** jurar, hacer voto: *they took an oath = hicieron juramento.* **27** usar, ocupar: *take a seat = siéntese.* **28** atraer, encantar, deleitar, interesar: *the novel really took my fancy = la novela me encantó.* **29** (p.u.) tener relaciones sexuales con, poseer (una mujer). **30** GRAM. regir, llevar: *it takes a singular verb = concuerda en singular.* ● *s. c.* **31** toma, vista, escena, secuencia (en una película). **32** parte, porción, cantidad, participación. ◆ **33 hard to ~,** demasiado, difícil de aguantar: *his points of view on the subject are rather hard to take = sus opiniones sobre el asunto me parecen difíciles de aguantar.* **34 I ~ it,** imagino, supongo, entiendo que, doy por sabido que. **35 ~ my word/~ my word for it/~ it from me,** ¡palabra!, ¡lo que yo te diga!, ¡créeme, que es así! **36 to ~ aback,** sorprender mucho, sorprenderse: *I was taken aback at his suggestion = su sugerencia me sorprendió.* **37 to ~ account of/to ~ something into account,** tener en cuenta, tomar en consideración. **38 to ~ after,** parecerse (a los miembros de

la propia familia): *she takes after her father = se parece a su padre.* **39 to ~ against,** estar en contra, ponerse en contra. **40 to ~ a lot out of somebody/to ~ it out of somebody,** exigir demasiado, ser mucho esfuerzo. **41 to ~ apart, a)** desarmar, desmontar, desensamblar; **b)** desmenuzar, analizar cuidadosamente. **42 to ~ away, a)** hacer perder, retirar, quitar; **b)** restar, sustraer; **c)** restar méritos, quitar importancia; **d)** llevarse a uno a algún sitio, arrestar, encarcelar, encerrar. **43 to ~ back, a)** devolver, admitir devoluciones; **b)** retirar (lo dicho), disculparse (por un comentario); **c)** recordar, traer a la memoria. **44 to ~ care,** tener cuidado, prestar atención, cuidar, cuidarse. **45 to ~ down, a)** bajar; quitar, retirar (de un lugar alto); desmontar (una estructura): *I wonder when that scaffolding is being taken down = me pregunto cuándo van a quitar ese andamio;* **b)** tomar por escrito, anotar. **46 to ~ in, a)** recibir, admitir, aceptar a alguien como huésped; **b)** engañar, hacer creer: *a gullible person can be easily taken in = un simplón es fácil de engañar;* **c)** entender, captar: *she saw it but did not really take it in = lo vio pero no entendió de qué iba;* **d)** encoger, ajustar, meter: *after his illness all his clothes had to be taken in = tras su enfermedad hubieron de ajustarle toda la ropa.* **47 to ~ off, a)** despegar (un avión); marcharse repentinamente; (fig.) tener éxito; **b)** deducir o retener dinero; reducir, cancelar un servicio; retirar de cartel, quitar un espectáculo; **c)** quitarse (una prenda de vestir); **d)** imitar. **48 to ~ on, a)** aceptar, asumir (una responsabilidad, un trabajo, un reto, una apuesta); **b)** desarrollar, cambiar: *that word has taken on a new meaning = esa palabra ha cambiado de significado;* **c)** cargar (pasajeros, combustible); **d)** enfadarse, tomárselo a pecho: *I don't know why you take on so about it = no entiendo por qué te lo tomas tan a pecho.* **49 to ~ out, a)** sacar (algo de algún sitio); obtener, conseguir (un permiso, un préstamo...); **b)** tomarla con: *if you are angry, it is not fair to take it out on your children = si estás enfadado, no es justo que lo paguen tus hijos;* **c)** invitar a salir, sacar a pasear, acompañar. **50 to ~ over, a)** apoderarse de, tomar el control de, asaltar; **b)** hacerse responsable de, suceder en un cargo. **51 to ~ part in,** tomar parte en, participar en. **52 to ~ place,** tener lugar, ocurrir, suceder. **53 to ~ somebody by surprise,** sorprender, tomar por sorpresa. **54 to ~ somebody down a peg or two,** bajarle los humos a alguien, hacer variar a alguien su exagerada opinión de sí mismo. **55 to ~ somebody out of himself/herself,** hacer que alguien se olvide de, hacer que alguien se sienta bien. **56 to ~ something as read,** aceptar, dar por hecho, tomar literalmente. **57 to ~ something seriously,** tomarse algo en serio. **58 to ~ to,** gustar, aficionarse, interesarse, caer bien: *everyone takes to him immediately = enseguida le cae bien a todo el mundo.* **59 to ~ up, a)** interesarse por, decidirse por; **b)** profundizar en un tema; **c)** coger un trabajo, aceptar una oferta; **d)** ocupar (un lugar, etc.), reclamar (tiempo, energías...), adoptar una actitud; **e)** continuar (una tarea donde fue interrumpida por otros); **f)** afincarse, tomar resistencia, instalarse. **60 to ~ up on,** tomar la palabra, aceptar (una oferta o invitación); pedir explicaciones. **61 to ~ upon,** actuar bajo la propia responsabilidad. **62 to ~ up with, a)** comenzar una amistad; **b)** ocupar completamente.

takeaway ['teɪk,əweɪ] *s. c.* **1** (brit.) comida para llevar, preparada. **2** establecimiento que vende comida para llevar.

take-home pay ['teɪkhəumpeɪ] *s. i.* salario neto, líquido a percibir (en una nómina), salario en mano, en limpio.

taken ['teɪkən] *p. p.* **1** de **take.** • *adj.* **2** (~ **with**) interesado, atraído, encantado con (una idea, una persona, un proyecto).

take off ['teɪkɒf] *s. i.* **1** despegue (de un avión). **2** (fig.) despegue (de un proyecto, de una situación). • *s. c.* **3** (~ **of**) imitación de.

takeover ['teɪk,əuvər] *s. c.* e *i.* **1** absorción, compra, toma de control (de una compañía, de acciones). **2** toma del poder: *a military takeover = golpe militar.* **3** toma, ocupación (de un organismo). ♦ **4 ~ bid,** OPA, oferta pública de adquisición.

taker ['teɪkər] *s. c.* tomador (de una oferta, de una transacción).

take-up ['teɪkʌp] *s. i.* tasa de cambio, tasa de compra.

takings ['teɪkɪŋz] *s. pl.* ingresos, recaudación.

talc [tælk] *s. i.* (fam.) ⇒ **talcum powder.**

talcum powder ['tælkəm,pəudər] (también **talc**) *s. i.* polvos de talco.

tale [teɪl] *s. c.* **1** cuento, narración breve, historia. **2** cuento, mentira, chisme. ♦ **3 to live to tell the ~,** vivir para contarlo, poder contarlo. **4 to tell a ~,** decir algo, significar algo: *such silence tells a tale = tanto silencio es muy significativo.* **5 to tell its own ~,** hablar por sí solo. **6 to tell tales, a)** andarse con cuentos, contar chismes, historias: *don't tell tales out of school = no saques los trapos sucios a relucir;* **b)** contar mentiras, contar cuentos: *she was always telling her parents tales = siempre iba con historias a sus padres.*

talent ['tælənt] *s. i.* **1** talento, aptitud, inteligencia natural. **2** talento (personas). **3** (vulg.) tía buena. **4** HIST. talento (moneda). • *s. c.* **5 ~ scout/~ spotter,** buscador de talentos, cazatalentos.

talented ['tæləntɪd] *adj.* dotado, de talento, talentoso.

talisman ['tælɪzmən] *s. c.* talismán.

talk [tɔːk] *v. i.* **1** hablar, comunicar, charlar, contar, confiarse a, discutir: *we must talk seriously about that = debemos discutir eso seriamente.* **2** (**to ~ to/with**) hablar (con alguien). **3** (~ **of/about**) decir, hablar de, mencionar: *talk of the devil and he is sure to appear = en nombrando al ruin de Roma, asoma.* **4** cantar, soltar la lengua, irse de la lengua, largar. **5** dar que hablar, murmurar, cotillear. • *v. t.* **6** (fam.) hablar, conocer: *he talks Greek = habla griego.* **7** hablar de, tratar un tema: *they were talking politics = hablaban de política.* • *s. i.* **8** conversación, tema, comentario. **9** ganas de hablar, ganas de darse aires, pompas de jabón. • *s. c.* **10** (~ **on/about**) ponencia, charla, conferencia. ♦ **11 ~ about...,** como para hablar de que: *talk about Spanish people being fond of eating, the English party beat all I had ever seen = y es como para que digan que los españoles son buenos comedores, el grupo inglés batió todas las marcas.* **12 now you are talking,** ahora empezamos a entendernos, eso ya es más razonable, eso ya es hablar, eso ya es otro cantar. **13 ~ show,** programa de entrevistas, programa-coloquio. **14 talking of...,** hablando de, a propósito de. **15 talks,** negociaciones, conversaciones. **16 to ~ back,** responder, contestar de malos modos, replicar. **17 to ~ down, a)** hacer callar, no dejar hablar; **b)** dar instrucciones, dirigir el aterrizaje de un avión; **c)** ponerse al nivel de (un niño...); hablar con superioridad. **18 to ~ into,** persuadir, convencer (de que haga algo). **19 to ~ nonsense/ rubbish,** decir tonterías. **20 to ~ out,** discutir a fondo. **21 to ~ out of,** disuadir, convencer (de que no se haga algo). **22 to ~ over,** tratar, hablar un tema. **23 to ~ round,** darle la vuelta, persuadir, convencer. **24 to ~ sense,** hablar con sentido, decir algo sensato. **25 to ~ up,** alabar. **26 you can talk,** ¡mira quién fue a hablar!, ¡pues anda que tú!

talkativeness ['tɔːkətɪvnəs] *s. i.* locuacidad.

talkative ['tɔːkətɪv] *adj.* hablador, locuaz, que le gusta hablar.

talker ['tɔːkər] *s. c.* **1** hablador, conversador: *what a poor talker he is! = ¡qué mal conversador es!* ♦ **2 to be a smooth ~,** tener un pico de oro.

talkie [tɔːkɪ] *s. c.* (arc.) película sonora.

talking book ['tɔːkɪŋbuk] *s. c.* libro grabado en un casete.

talking head ['tɔːkɪŋ,hed] *s. c.* busto parlante.

talking-point ['tɔːkɪŋpɔɪnt] *s. c.* tema de conversación.

tall [tɔːl] *adj.* **1** alto: *he was quite a tall man = era un hombre bastante alto; how tall is he? = ¿qué estatura tiene?/ ¿cuánto mide?* ♦ **2 ~ order,** trabajo difícil, petición excesiva. **3 ~ story,** un cuento, historia difícil de creer, una de indios. **4 to talk ~,** jactarse, fanfarronear. **5 to walk ~,** caminar con la cabeza bien alta, sentirse orgulloso.

tallish ['tɔːlɪʃ] *adj.* (fam.) alto, más bien alto, tirando a alto.

tallow ['tæləʊ] *s. i.* sebo, grasa animal.

tally ['tælɪ] *s. c.* **1** cuenta, puntuación, marcador; registro de puntuaciones, cantidades: *I'll keep the tally = ya apunto yo.* **2** etiqueta, letrero. • *v. i.* **3** (**to ~ with**) ajustarse a, concordar con, corresponder a, casar con, coincidir con: *the amounts tallied = las cantidades coincidían.* **4** calcular, contar.

Talmud ['tælmʊd] *s. sing.* (**the ~**) el Talmud.

talon ['tælən] *s. c.* ZOOL. garra, garras (de un ave de presa).

tamarind ['tæmərɪnd] *s. c.* BOT. tamarindo.

tamarisk ['tæmərɪsk] *s. c.* BOT. tamarisco.

tambour ['tæmbʊər] *s. c.* **1** ARQ. y MÚS. tambor. **2** bastidor para bordar. **3** tapa, persiana, cierre articulado de un escritorio.

tambourine [ˌtæmbə'riːn] *s. c.* pandereta.

tame [teɪm] *adj.* **1** domado, domesticado, amansado (un animal). **2** sumiso, condescendiente, complaciente, sin espíritu, dócil (una persona). **3** apagado, aburrido, soso, insulso: *it was a tame play = la obra fue insulsa.* • *v. t.* **4** domar, domesticar, amansar, entrenar. **5** someter, conquistar, apoderarse, ocupar, civilizar: *the wasteland was tamed in a short time = en poco tiempo se ocuparon las tierras baldías.* **6** controlar, contener, dominar, domeñar, reprimir (pasiones, sentimientos...).

tamely ['teɪmlɪ] *adv.* sumisamente, dócilmente.

tameness ['teɪmnɪs] *s. i.* mansedumbre, insipidez.

tamer ['teɪmər] *s. c.* domador: *elephant-tamer = domador de elefantes.*

tammy ['tæmɪ] *s. c.* bonete, boina de lana con un pompón.

tam o'shanter [ˌtæmə'ʃæntər] *s. c.* boina escocesa.

tamp [tæmp] *v. t.* (**to ~ down**) **1** apisonar, retacar, aplastar, asentar. **2** cubrir (un explosivo para aumentar su efecto).

tamper ['tæmpər] *v. t.* **1** interferir, interceptar, entrometerse, modificar. **2** (fig.) sobornar, (un jurado, un testigo...).

tampon ['tæmpən] *s. c.* tampón (elemento de higiene femenina).

tan [tæn] *s. sing.* **1** bronceado, moreno. • *s. i.* **2** color tostado, color canela. *adj.* **3** de color tostado, de color canela. **4** bronceado, moreno. • *v. i.* **5** broncearse, ponerse moreno, tostarse. **6** curtir. ◆ **7 to ~ somebody's hide,** zurrar la badana, zurrar de lo lindo, dar una paliza a alguien.

tandem ['tændəm] *s. c.* **1** tándem (bicicleta). ◆ **2 in ~,** a la vez, juntos, simultáneo. **3 in ~ with,** en cooperación, conjuntamente, al alimón. **4 to ride ~,** circular uno detrás de otro, ir a la zaga.

tandoori [tæn'dʊrɪ] *s. i.* tanduri, forma india de cocinar carne (sobre carbón vegetal en horno de arcilla).

tang [tæŋ] *s. c.sing.* **1** olor penetrante, característico, vaharada: *the tang of the sea = olor a mar.* **2** sabor fuerte, ácido.

tangent ['tændʒənt] *s. c.* **1** GEOM. tangente. ◆ **2 to go off at a ~,** salirse, escaparse por la tangente, eludir un tema.

tangential [tæn'dʒenʃl] *adj.* tangencial.

tangentially [tæn'dʒenʃəlɪ] *adv.* tangencialmente.

tangerine [ˌtændʒe'rɪːn] *s. c.* **1** mandarina (fruta). • *s. i.* y *adj.* **2** color mandarina.

tangible ['tændʒəbl] *adj.* **1** tangible, palpable, que puede ser tocado, percibible por el tacto. **2** material, concreto, claro, real. ◆ **3 ~ assets,** bienes muebles e inmuebles, propiedades materiales, elementos patrimoniales físicos.

tangibly ['tændʒeblɪ] *adv.* tangiblemente, obviamente.

tangle ['tæŋgl] *s. c.* **1** enredo, rebullo, lío, nudo, maraña. **2** caos, confusión, desorden. **3** escaramuza, enfrentamiento. • *v. i.* **4** enredar, enmarañar, liar. **5** (pasiva) enredarse, engancharse; estar o quedar atrapado: *the hedges were tangled with wild rose bushes = los setos estaban enredados con rosales silvestres.* **6** discutir, pelearse con. ◆ **7 to ~ up,** arrugar, arrebullar, arrebujar, enredar.

tangled ['tæŋgld] *adj.* **1** enredado, enmarañado, liado: *tangled hair = pelo enredado.* **2** complicado, liado, confuso.

tango ['tæŋgəʊ] *s. c.* **1** tango. • *v. i.* **2** bailar el tango.

tangy ['tæŋɪ] (*comp.* **tangier,** *super.* **tangiest**) *adj.* fuerte, picante, ácido: *a tangy flavour = un sabor ácido.*

tank [tæŋk] *s. c.* **1** tanque, cisterna, depósito de combustible, contenedor, aljibe. **2** MIL. carro de combate, tanque de guerra. • *v. i.* **3 to ~ up** llenar el depósito, repostar. ◆ **4 ~ truck,** (EE UU) camión cisterna de gran tonelaje. **5 ~ wagon,** vagón cisterna. **5 septic ~,** pozo ciego.

tankard ['tæŋkəd] *s. c.* pichel.

tanked up ['tæŋktʌp] *adj.* **1** borracho, beodo. ◆ **2 to be/get ~ on,** estar borracho de/emborracharse con.

tanker ['tæŋkər] *s. c.* **1** avión o buque cisterna: *an oil tanker = petrolero.* **2** camión cisterna. ⇒ **tank 4.**

tanner ['tænər] *s. c.* **1** curtidor. **2** (fam. y arc.) moneda de seis peniques.

tannery ['tænərɪ] (*pl.* **tanneries**) *s. c.* tenería, curtiduría.

tannic acid ['tænɪkˌæsɪd] *s. i.* ácido tánico.

tannin ['tænɪn] *s. i.* tanino.

tanning ['tænɪŋ] *s. i.* bronceado (de la piel); curtido (de pieles).

tansy ['tænzɪ] *s. c.* **1** BOT. atanasia, hierba de Santa María, tanaceto, lombriguera. • *s. i.* **2** MED. hojas de estas plantas.

tantalise *v. i.* ⇒ **tantalize.**

tantalize ['tæntəlaɪz] (también **tantalise**) *v. i.* atormentar, tentar, incitar, martirizar, hacer sufrir el suplicio de Tántalo.

tantalizing ['tæntəlaɪzɪŋ] *adj.* atormentador, seductor, tentador.

tantalizingly ['tæntəlaɪzɪŋlɪ] *adv.* atormentadoramente, tentadoramente: *the fulfilment of his hopes was tantalizingly close = la realización de sus esperanzas estaba tentadoramente cerca.*

tantamount ['tæntəmaʊnt] *adj.* **1** equivalente, igual. ◆ **2 to be ~ to,** equivaler, suponer, venir a ser.

tantrum ['tæntrəm] *s. c.* rabieta, berrinche, pataleta.

Taoism ['tɑːəʊɪsm] *s. i.* taoísmo.

tap [tæp] *s. c.* **1** grifo, espita. **2** ELEC. derivación, escucha (telefónica). **3** golpe, golpecito, palmada. • *s. i.* **4** zapateado. ⇒ **tap-dancing.** • (*ger.* **tapping,** *pret.* y *p. p.* **tapped**) *v. t.* **5** golpear repetidamente; tamborilear, llevar el ritmo (golpeando con los dedos, o los pies). **6** aprovechar, explotar (recursos). **7** sonsacar (información), dar un sablazo a. **8** intervenir, interceptar, poner una escucha telefónica en. **9** sangrar (un árbol). ◆ **10 on ~, a)** en el grifo, de barril: *beer on tap = cerveza de barril;* **b)** a mano, al alcance, listo, disponible. **11 taps,** MIL. (EE UU) toque de silencio. **12 tapped out,** sin blanca, ni un duro. **13 to ~ out,** vaciar, sacar dando golpes; enviar (mensajes en morse), escribir a máquina.

tap-dancer ['tæpdɑːnsər] *s. c.* bailarín de claqué.

tap-dancing ['tæpdɑːnsɪŋ] *s. i.* claqué.

tape [teɪp] *s. c.* **1** casete. **2** grabación magnetofónica. **3** cinta, tirilla. **4** (sing.) cinta de llegada (en una carrera). • *s. i.* **5** cinta magnetofónica, de casete; cinta de tela: *twenty metres of green tape = veinte metros de cinta verde.* **6** cinta adhesiva, esparadrapo. • *v. t.* **7** grabar, impresionar. **8** pegar, adherir, sujetar con cinta adhesiva. ◆ **9 ~ deck,** grabadora, consola de grabación, pletina. **10** TEC. **~ drive,** lector de cintas de ordenador. **11 to be taped,** comprender perfectamente. **12 to have someone/something taped,** tener a alguien/algo bajo control, tener calado a alguien.

tape-measure ['teɪpˌmeʒər] *s. c.* cinta métrica.

taper ['teɪpər] *s. c.* **1** vela, cirio, bujía. **2** disminución, estrechamiento gradual. • *v. i.* **3** estrecharse, reducirse, disminuir de anchura. ◆ **4 to ~ off,** estrecharse, disminuir, reducirse, decrecer, extinguirse.

tape-record ['teɪprɪkɔːd] *v. t.* grabar en cinta.

tape-recorder ['teɪprɪˌkɔːdər] *s. c.* magnetófono, grabadora.
tape-recording ['teɪprɪˌkɔːdɪŋ] *s. c.* grabación.
tapestried ['tæpɪstrɪd] *adj.* **1** tapizado, cubierto o decorado con tapices. **2** representado, bordado en un tapiz.
tapestry ['tæpɪstrɪ] *s. c.* e *i.* **1** tapiz. **2** tapicería. **3** (fig.) cuadro, imagen, visión: *the book is a tapestry of life in a big city = el libro es un abigarrado cuadro de la vida en una gran ciudad.*
tapeworm ['teɪpwəːm] *s. c.* tenia, solitaria.
tapioca [tæpɪ'əukə] *s. i.* tapioca.
tapir ['teɪpər] *s. c.* ZOOL. tapir.
tappet ['tæpɪt] *s. c.* MEC. alzaválvulas, varilla de levantamiento, varilla de empuje, pulsador.
tar [tɑːr] *s. i.* **1** alquitrán, brea. • *v. t.* (*ger.* **tarring,** *pret.* y *p. p.* **tarred**) **2** alquitranar, embrear. ◆ **3 jack** ~, marinero. **4 to** ~ **and feather,** emplumar.
taramasalata ['tærəməsə'lɑːtə] *s. i.* GAST. paté de huevas de pescado.
tarantula [tə'ræntjulə] *s. c.* ZOOL. tarántula.
tardily ['tɑːdɪlɪ] *adv.* (lit.) tarde, con retraso, con tardanza, tardíamente.
tardiness ['tɑːdɪnɪs] *s. i.* (lit.) tardanza, retraso, lentitud.
tardy ['tɑːdɪ] *adj.* **1** (lit.) tardío, lento, tardo, atrasado. ◆ **2 to be** ~, (EE UU) llegar tarde.
tare [teə] *s. c.* tara.
target ['tɑːgɪt] *s. c.* **1** blanco, diana, objetivo. **2** objetivo, meta: *production target = objetivo de producción.* **3** objeto, blanco: *he became the target of scorn = se convirtió en blanco del desprecio.* **4** HIST. rodela, escudo redondo. ◆ **5 on** ~, en el punto de mira, en el rumbo previsto.
tariff ['tærɪf] *s. c.* tarifa, arancel.
tarmac ['tɑːmæk] (también **tarmacadam**) *s. i.* **1** alquitrán. **2** pista de aterrizaje. • *v. t.* **3** alquitranar.
tarmacadam ['tɑːməkædəm] *s. i.* y *v. t.* ⇒ **tarmac.**
tarn [tɑːn] *s. c.* lago de montaña, ibón.
tarnish ['tɑːnɪʃ] *v. i.* **1** empañar, manchar, deslustrar, enturbiar, deslucir, volverse opaco (un espejo), opacar, perder el brillo. **2** (fig.) manchar, dañar (una reputación). • *s. c.* e *i.* **3** mancha, mácula, opacidad, pátina.
tarnished ['tɑːnɪʃt] *adj.* empañado, manchado, dañado, borroso.
tarot ['tærəu] *s. sing.* (**the** ~) el Tarot.
tarpaulin [tɑː'pɔːlɪn] *s. c.* e *i.* lona, lona alquitranada, tela asfáltica.
tarragon ['tærəgən] *s. i.* BOT. estragón.
tarred [tɑːd] *adj.* **1** alquitranado, cubierto de alquitrán. ⇒ **tarry.** ◆ **2** ~ **with the same brush,** cortado con el mismo patrón, de tal palo tal astilla, ser tal para cual.
tarry ['tærɪ] *v. i.* **1** quedarse, retrasarse, dilatar. • ['tɑːrɪ] *adj.* **2** alquitranado, embreado. ⇒ **tarred.**
tart [tɑːt] *adj.* **1** ácido, agrio, de sabor fuerte. **2** sarcástico, agresivo, cáustico, desabrido, hiriente. • *s. c.* e *i.* **3** pastel (de frutas), tarta: *apple tart = tarta de manzanas.* **4** (vulg.) coqueta, casquivana, ligera de cascos, furcia. ◆ **5 to** ~ **oneself up,** (fam.) emperifollar(se), periponer(se), acicalar(se), arreglar(se). **6 to** ~ **up,** reformar con mal gusto (un local, una habitación).
tartan ['tɑːtən] *s. i.* **1** tartán (tela con un diseño de cuadros). • *s. c.* **2** tartán (diseño emblemático de un determinado clan escocés).
tartar ['tɑːtər] *s. i.* **1** sarro, tártaro. • *s. c.* **2** tirano, fiera. ◆ **3** ~ **sauce,** salsa tártara. **4 to catch a** ~, toparse con la horma de su zapato.
tartly ['tɑːtlɪ] *adv.* ásperamente.
task [tɑːsk] *s. c.* **1** tarea, trabajo, faena. **2** misión, cometido, deber. ◆ **3 to take someone to** ~, llamar la atención, reprender.
task force ['tɑːskfɔːs] *s. c.* **1** MIL. fuerza de choque, destacamento, grupo especial de operaciones. **2** comisión (para solucionar un problema concreto).
taskmaster ['tɑːskˌmɑːstər ‖ 'tæskˌmæstər] (*f.* **taskmistress**) *s. c.* **1** amo, capataz, supervisor, encargado. ◆ **2 a hard** ~, severo, tirano: *my teacher is a hard taskmaster = mi profesor es un tirano.*
taskmistress ['tɑːskˌmɪstrɪs] *s. c.* supervisora, encargada.
tassel ['tæsl] *s. c.* borla.
tasselled ['tæsld] (en EE UU **tasseled**) *adj.* con borlas.
taste [teɪst] *s. i.* **1** gusto (sentido). **2** gusto estético. • *s. c.* **3** sabor, gusto. **4** muestra, degustación, pizca, sorbo. **5** experiencia, conocimiento. **6** (**a** ~ **for**) interés por, gusto por, afición, inclinación. • *v. t.* **7** probar, saborear, degustar, catar. **8** experimentar, saborear, conocer, sufrir. • *v. i.* **9** saber, tener sabor a, notar un sabor. ◆ **10 an acquired** ~, gusto adquirido. **11 a** ~ **of one's own medicine,** un poco de la propia medicina. **12 each to his own** ~, sobre gustos no hay nada escrito. **13 in bad** ~, con mal gusto, de mal gusto. **14 in good** ~, con mucho gusto, de buen gusto. **15 leave a bad/ bitter/nasty** ~ **in the/someone's mouth,** dejar mal sabor de boca. **16 tastes differ/ there is no accounting for** ~, sobre gustos no hay nada escrito. **17 to** ~, al gusto, a voluntad: *add salt to taste = añadir sal al gusto.*
taste bud ['teɪstˌbʌd] *s. c.* ANAT. papila gustativa.
tasteful ['teɪstful] *adj.* elegante, de buen gusto.
tastefully ['teɪstfəlɪ] *adv.* con buen gusto, con elegancia, elegantemente: *a tastefully furnished flat = un piso amueblado con buen gusto.*
tasteless ['teɪstlɪs] *adj.* **1** sin sabor, insípido, soso. **2** de mal gusto, sin gusto, vulgar, pobre, poco atractivo.
tastelessly ['teɪstlɪslɪ] *adv.* con mal gusto, sosamente.
tastelessness ['teɪstlɪsnɪs] *s. i.* falta de gusto, mal gusto.
taster ['teɪstər] *s. c.* **1** catador. **2** catavino, instrumento para catar.
tastily ['teɪstɪlɪ] *adv.* sabrosamente, apetitosamente.
tastiness ['teɪstɪnɪs] *s. i.* sabor, gusto.
tasting ['teɪstɪŋ] *s. c.* **1** degustación: *a wine tasting = una degustación de vino.* • *adj.* **2** de sabor: *sweet-tasting = de sabor dulce.*
tasty ['teɪstɪ] *adj.* **1** sabroso, apetitoso. **2** (vulg.) sexualmente atractivo, apetecible, apetitoso.
tat [tæt] *s. i.* **1** trastos, chismes, cachivaches, quincalla, morralla. • (*ger.* **tatting,** *pret.* y *p. p.* **tatted**) *v. i.* **2** hacer encaje. **3 tit for** ~. ⇒ **tit.**
ta-ta [tæ'tɑː] *interj.* (fam. y brit.) adiós, abur, hasta luego.
tattered ['tætəd] *adj.* **1** andrajoso, harapiento. **2** desastrado, desaliñado, descuidado. **3** ajetreado, baqueteado.
tatters ['tætəz] *s. i.* **1** andrajos, jirones, harapos. ◆ **2 in tatters, a)** desgarrado, andrajoso, harapiento; **b)** frustrado, dañado, destrozado, hecho trizas. **3 to be in rags and** ~, ir desastrado, desaliñado. **4 tattle,** ⇒ **tittle-tattle.**
tattler ['tætlər] *s. c.* **1** charlatán, chismoso, hablador. ◆ **2 avoid a questioner, for he's also a** ~, no dar tres cuartos al pregonero.
tattoo [tə'tuː] *s. c.* **1** MIL. retreta, desfile militar. **2** redoble, repique de tambor. **3** tatuaje. • *v. t.* **4** tatuar. **5** tamborilear. **6** redoblar, repicar. ◆ **7 to beat the devil's** ~, tamborilear con los dedos.
tattooed [tə'tuːd] *adj.* tatuado.
tattooist [tə'tuːɪst] *s. c.* tatuador.
tatty ['tætɪ] *adj.* ajado, raído, gastado, desaseado, en mal estado.
taught [tɔːt] *pret.* y *p. p. irreg.* de **teach.**
taunt [tɔːnt] *s. c.* **1** burla, insulto, mofa, pulla, sarcasmo. • *v. t.* **2** mofarse, insultar. ◆ **3 to** ~ **for/with,** echar en cara, escarnecer: *they taunted him for being a coward = le echaron en cara que era un cobarde.*
Taurus ['tɔːrəs] *s. sing.* **1** ASTR. Tauro. • *s. c.* **2** Tauro, tauro (persona de este signo).
taut [tɔːt] *adj.* **1** tenso, tirante. **2** (fig.) sobrio, tenso.
tauten ['tɔːtən] *v. t.* e *i.* tensar(se).
tautly ['tɔːtlɪ] *adv.* **1** con tensión, tensamente. **2** (fig.) sobriamente.
tautness ['tɔːtnɪs] *s. i.* **1** tensión, tirantez. **2** (fig.) sobriedad.
tautological [ˌtɔːtə'lɒdʒɪkl] *adj.* tautológico.
tautologically [ˌtɔːtə'lɒdʒɪklɪ] *adv.* tautológicamente.
tautology [tɔː'tɒlədʒɪ] *s. i.* **1** (desp.) tautología, redundancia, repetición, retórica: *that villanous tautology of lawyers = esa vil retórica de los abogados.* • *s. c.* **2** pleonasmo, redundancia, tautología.
tavern ['tævən] *s. c.* taberna, venta.
tawdrily ['tɔːdrɪlɪ] *adv.* ostentosamente, con cursilería.
tawdriness ['tɔːdrɪnɪs] *s. i.* ostentosidad, indignidad, vulgaridad.

tawdry ['tɔːdrɪ] *adj.* **1** cursi, de relumbrón, de oropel, muy ostentoso: *tawdry jewellery = bisutería.* **2** indigno, vergonzoso.

tawny ['tɔːnɪ] *adj.* leonado (color).

tax [tæks] *s. c.* **1** impuesto, contribución, tributo, arancel, derecho. **2** carga, esfuerzo, prueba: *a tax on one's patience = una prueba para la paciencia.* • *adj.* **3** tributario. • *v. t.* **4** imponer contribuciones, poner impuestos, gravar, tasar. **5** cargar, abrumar, poner a prueba: *he's taxing my patience = está poniendo a prueba mi paciencia.* **6** (p.u.) acusar, tachar de, interrogar: *I was taxed with negligence = se me acusó de negligente.* ◆ **7** ~ **avoidance,** evasión legal de impuestos. **8** ~ **break,** desgravación fiscal, beneficio fiscal. **9** ~ **burden,** carga fiscal, presión impositiva. **10** ~ **disc,** (brit.) pegatina del impuesto de circulación. **11** ~ **evasion,** evasión fiscal. **12** ~ **haven,** paraíso fiscal. **13** ~ **relief,** desgravación fiscal. **14** ~ **return,** declaración de la renta. **15 to** ~ **with, a)** cargar el sambenito, cargar con las culpas, actuar; **b)** tener una grave responsabilidad. **16** ~ **year,** año fiscal.

taxable ['tæksəbl] *adj.* imponible, impositivo, sujeto a impuestos: *taxable income = renta imponible.*

taxation [tæk'seɪʃn] *s. i.* **1** impuestos: *direct taxation = impuestos directos.* ◆ **2** ~ **system,** sistema tributario.

tax-collector ['tækskəˌlektər] (también **taxman**) *s. c.* recaudador de impuestos, inspector de hacienda.

tax-deductible ['tæksdɪˌdʌktɪbl] *adj.* desgravable.

tax-free [ˌtæks'friː] *adj.* libre de impuestos.

taxi ['tæksɪ] *s. c.* **1** taxi. • *v. t.* **2** llevar en taxi. ◆ *v. i.* **3** rodar (un avión por la pista). ◆ **4** ~ **rank/**~ **stand,** parada de taxis.

taxicab ['tæksɪkæb] *s. c.* taxi.

taxidermist ['tæksɪˌdəːmɪst] *s. c.* taxidermista.

taxidermy ['tæksɪˌdəːmɪ] *s. i.* taxidermia.

taxi-driver ['tæksɪˌdraɪvər] *s. c.* taxista.

taxi-man ['tæksɪˌmən] *s. c.* taxista.

taxing ['tæksɪŋ] *adj.* difícil, complejo, que exige gran esfuerzo.

taxman ['tæksmən] (*pl.* **taxmen**) *s. c.* ⇒ **tax-collector.**

taxonomy [tæk'sɒnəmɪ] *s. i.* taxonomía.

taxpayer ['tæksˌpeɪər] *s. c.* contribuyente.

TB [ˌtiː'biː] *s. i.* tuberculosis.

tea [tiː] *s. i.* **1** té, infusión: *camomile tea = infusión de manzanilla.* **2** planta del té. **3** merienda, cena: *high tea = merienda cena.* ◆ **4 not for all the** ~ **in China,** ni por todo el oro del mundo, por nada del mundo. **5 it's not my cup of** ~**,** no es plato de mi gusto.

tea-bag ['tiːbæg] *s. c.* bolsa de té.

tea-break ['tiːbreɪk] *s. c.* hora del té, descanso (para el té, para el café).

tea-caddy ['tiːˌkædɪ] (*pl.* **tea-caddies**) *s. c.* bote para el té.

teacake ['tiːkeɪk] *s. c.* bollo, pastel (para tomar con el té).

teach [tiːtʃ] (*pret.* y *p. p. irreg.* **taught**) *v. t.* **1** enseñar, dar clases. • *v. i.* **2** enseñar, dedicarse a la enseñanza, ser profesor. ◆ **3 to** ~ **someone a lesson,** (fig.) darle a uno una lección. **4 that'll** ~ **you,** ¡así irás aprendiendo!, ¡a ver si así aprendes!

teachable ['tiːtʃəbl] *adj.* educable, fácil de enseñar, que aprende fácilmente.

teacher ['tiːtʃər] *s. c.* profesor, enseñante, maestro, preceptor: *experience is the best teacher = la experiencia es el mejor maestro.*

tea-chest ['tiːtʃest] *s. c.* caja (para transportar el té).

teach-in ['tiːtʃɪn] *s. c.* reunión, seminario.

teaching ['tiːtʃɪŋ] *s. i.* **1** enseñanza. • *adj.* **2** docente, pedagógico. ◆ **3** ~ **hospital,** clínico, hospital universitario. **4** ~ **practice,** período de prácticas, práctica docente, docencia.

teachings [tiːtʃɪŋz] *s. i.* enseñanzas, doctrinas.

teacloth ['tiːklɒθ] (también **tea-towel**) *s. c.* paño de cocina.

tea-cosy ['tiːkəuzɪ] *s. c.* (también **tea-cozy**) cubretetera.

teacup ['tiːkʌp] *s. c.* **1** taza para té. ◆ **2 a storm in a** ~**,** una tormenta en un vaso de agua.

teak [tiːk] *s. i.* teca, madera de teca.

teal [tiːl] *s. c.* ZOOL. cerceta.

tea-leaf ['tiːliːf] (*pl.* **tea-leaves**) *s. i.* hoja de té, poso.

team [tiːm] *s. c.* **1** equipo, grupo: *away team = equipo visitante; home team = equipo de casa.* **2** yunta, tronco, tiro. • *adj.* **3** de equipo, en equipo, en colaboración. • *v. t.* **4** trabajar en equipo, combinar, acompañar. **5** enganchar, uncir. ◆ **6** ~ **spirit,** espíritu de equipo, compañerismo. **7 to** ~ **up, a)** agruparse, formar equipo, trabajar en equipo; **b)** conjuntar, ir bien, encajar, combinar: *the tie and the shirt team up very well with your socks = la corbata y la camisa combinan muy bien con tus calcetines.*

team-mate ['tiːmˌmeɪt] *s. c.* compañero de equipo.

teamster ['tiːmstər] *s. c.* camionero.

teamwork ['tiːmwəːk] *s. i.* labor de equipo, trabajo en equipo, colaboración, cooperación.

tea-party ['tiːˌpɑːtɪ] *s. i.* reunión, tertulia con té.

teapot ['tiːpɒt] *s. c.* tetera.

tear [teər] *s. c.* **1** rasgón, desgarro, rotura. • [tɪər] *s. c.* **2** lágrima. • [teər] *v. t.* (*pret. irreg.* **tore,** *p. p. irreg.* **torn**). **3** rasgar, desgarrar, romper, arrancar. ◆ **4 to** ~ **around/ about,** dar vueltas sin parar, correr como un loco, moverse continuamente. **5 to** ~ **across, a)** rasgar, partir en dos; **b)** cruzar rápidamente. **6 to** ~ **along,** correr a toda velocidad a lo largo de. **7 to** ~ **apart, a)** separar, apartar, revolver, registrar, desmontar; **b)** desgarrar, echar por tierra; **c)** reprender, regañar, discutir. **8 to** ~ **at, a)** afectar, impresionar; **b)** abrir impacientemente, rasgar un envoltorio. **9 to** ~ **away, a)** quitar violentamente, arrancar con violencia; **b)** marcharse precipitadamente, salir disparado; **c)** separarse de, apartarse de, librarse de; **d)** descubrir, desenmascarar. **10 to be bored to tears,** estar muerto de aburrimiento. **11 to be in tears,** llorar. **12 to** ~ **between,** dudar entre dos opciones, estar en duda entre dos cosas. **13 to burst into tears,** romper a llorar, estallar en llanto. **14 to** ~ **down, a)** correr por; **b)** derribar, demoler; **c)** desmontar, desarmar; **d)** difamar, denigrar. **15 to** ~ **from,** apartar violentamente, separar sin contemplaciones. **16 to** ~ **in, a)** partir en; **b)** entrar precipitadamente. **17 to** ~ **loose,** liberarse, soltarse, escapar. **18 to** ~ **off, a)** arrancar, quitar desgarrando; **b)** marcharse apresuradamente, salir disparado; **c)** mostrar la falsedad de; **d)** escribir improvisando. **19 to** ~ **one's hair out,** estar nervioso, mesarse los cabellos. **20 to** ~ **open,** abrir desgarrando. **21 to** ~ **out, a)** arrancar; **b)** marcharse a toda prisa. **22 to shed bitter tears,** derramar lágrimas amargas. **23 to** ~ **someone off a strip,** recriminar, regañar, echar la bronca. **24 to** ~ **someone's heart out,** conmover, impresionar, afectar. **25 to** ~ **someone to pieces/shreds,** criticar despiadadamente, destrozar, ir a por todas. **26 to** ~ **up, a)** destrozar, arrancar, hacer pedazos, despedazar; **b)** anular, incumplir, romper (un contrato, acuerdo...); **c)** sacar de raíz, desarraigar.

tearaway ['teərəweɪ] *s. c.* (brit.) rebelde, gamberro, marginado.

teardrop ['tɪədrɒp] *s. c.* lágrima.

tear-duct ['tɪədʌkt] *s. c.* conducto lacrimal.

tearful ['tɪəful] *adj.* lloroso, lacrimoso, quejumbroso.

tearfully ['tɪəfəlɪ] *adv.* con lágrimas en los ojos.

tear-gas ['tɪəgæs] *s. i.* MIL. **1** gas lacrimógeno. ◆ **2** ~ **bomb,** bomba de gas lacrimógeno, bomba lacrimógena.

tearing ['teərɪŋ] *adj.* **1** desgarrador, lacerante, violento. **2 to be in a** ~ **hurry,** tener una prisa loca.

tear-jerker ['tɪəˌdʒəːkər] *s. c.* obra sentimentaloide, lacrimógena.

tea-room ['tiːrum] *s. c.* salón de té.

tease [tiːz] *s. c.* **1** bromista, burlón, guasón. **2** broma, chanza, pulla. **3** provocativa, provocadora, insinuante. • *v. i.* **4** burlarse, mofarse, reírse, meterse con. **5** incitar, insinuarse, provocar, poner los dientes largos. **6** cardar, perchar, cepillar, cepillar a contrapelo. ◆ **7 to** ~ **out,** desenredar, separar, peinar, desenmarañar. **8 to** ~ **something out of someone,** entresacar, sonsacar, tirar de la lengua, hacer hablar.

teasel ['ti:zl] (también **teazel** o **teazle**) *s. c.* **1** BOT. cardencha. • *v. i.* **2** cardar.
teaser ['ti:zər] *s. c.* **1** pregunta difícil, con truco; problema difícil; rompecabezas. **2** burlón, bromista, guasón.
tea-service ['ti:ˌsə:vɪs] (también **tea-set**) *s. c.* servicio de té.
tea-set ['ti:set] *s. c.* ⇒ **tea-service.**
tea-shop ['ti:ʃɒp] *s. c.* (brit.) salón de té.
teasing ['ti:zɪŋ] *s. i.* **1** bromas pesadas, burlas, guasa. • *adj.* **2** bromista, burlón, de broma, de guasa.
teasingly ['ti:zɪŋlɪ] *adv.* en broma, bromeando.
Teasmaid ['ti:zmeɪd] *s. c.* tetera con temporizador (marca registrada).
teaspoon ['ti:spu:n] *s. c.* **1** cucharilla (cubierto). **2** cucharadita (medida).
tea-strainer ['ti:ˌstreɪnər] *s. c.* colador de té.
teat [ti:t] *s. c.* **1** ANAT. pezón, tetilla, teta. **2** tetina de biberón, boquilla, pezón de goma.
tea-table ['ti:ˌteɪbl] *s. c.* mesa de té.
teatime ['ti:taɪm] *s. i.* hora del té.
tea-towel ['ti:tauəl] *s. c.* paño de cocina, paño de secar.
teazel *s.c.* y *v. i.* ⇒ **teasel.**
teazle *s.c.* y *v. i.* ⇒ **teasel.**
tech [tek] *s. c.* (fam.) colegio técnico.
technical ['teknɪkl] *adj.* **1** técnico: *technical language = lenguaje técnico.* ◆ **2** ~ **author,** redactor técnico. **3** ~ **college,** escuela técnica.
technicality [ˌteknɪ'kælɪtɪ] *s. c.* **1** tecnicismo, aspecto técnico, tecnicidad. ◆ **2 technicalities,** detalles técnicos, procesos técnicos.
technically ['teknɪkəlɪ] *adv.* técnicamente, estrictamente, en teoría, desde un punto de vista técnico.
technician [tek'nɪʃn] *s. c.* técnico, especialista.
technique [tek'ni:k] *s. c.* e *i.* técnica, habilidad.
technocracy [tek'nɒkrəsɪ] *s. c.* tecnocracia, élite.
technocrat ['teknəukræt] *s. c.* tecnócrata.
technocratic [ˌteknə'krætɪk] *adj.* tecnocrático.
technological [ˌteknə'lɒdʒɪkl] *adj.* tecnológico, técnico.
technologically [ˌteknə'lɒdʒɪkəlɪ] *adv.* tecnológicamente.
technologist [tek'nɒlədʒɪst] *s. c.* tecnólogo.
technology [tek'nɒlədʒɪ] *s. i.* **1** tecnología. ◆ **2** ~ **transfer,** transferencia de tecnología.
Ted [ted] *s. c.* ⇒ **Teddy-boy.**
teddy ['tedɪ] (también **teddy-bear**) *s. c.* osito, osito de peluche.
teddy-bear ['tedɪbeər] *s. c.* ⇒ **teddy.**
Teddy-boy ['tedɪbɔɪ] (también **Ted**) *s. c.* (brit. años 50) joven rebelde, roquero.
tedious ['ti:dɪəs] *adj.* tedioso, aburrido.
tediously ['ti:dɪəslɪ] *adv.* tediosamente, aburridamente.
tediousness ['ti:dɪəsnɪs] *s. i.* ⇒ **tedium.**
tedium ['ti:dɪəm] (también **tediousness**) *s. i.* tedio, aburrimiento, fastidio, apatía, desgana.
tee [ti:] *s. c.* **1** tee, soporte de la pelota de golf. **2** área del campo de golf donde se inicia el juego, salida. ◆ **3** ~ **off, a)** empezar, comenzar (en golf); **b)** ponerse en marcha, iniciar una actividad; **c)** (~ **on**) (EE UU) quejarse, expresar enfado: *they are always teeing off on the same subject = siempre están quejándose de lo mismo.* **4 teed off,** (EE UU) (vulg.) enfadado, cabreado. **5** ~ **up, a)** colocar la pelota en posición de salida (golf); **b)** organizar, arreglar, estar en orden: *if everything has been teed up, let's go = si está todo en orden, vámonos.*
teem [ti:m] *v. i.* **1** abundar, pulular, hormiguear, hervir, rebosar. ◆ **2 to** ~ **(down),** caer en cantidad, llover a cántaros, diluviar: *it's teeming down = está diluviando.* **3 to be teeming with,** estar lleno de: *the place was teeming with flies = el sitio estaba lleno de moscas.*
teeming ['ti:mɪŋ] *adj.* abundante, que bulle, que hierve, plagado, abarrotado, lleno de, numerosísimo: *teeming streets = calles abarrotadas.*
teenage ['ti:nˌeɪdʒəl] (también **teenaged**) *adj.* joven, adolescente: *teenage fashion = moda joven.*
teenaged ['ti:nˌeɪdʒt] *adj.* ⇒ **teenage.**
teenager ['ti:nˌeɪdʒər] *s. c.* joven, adolescente.
teens ['ti:nz] *s. i.* **1** adolescencia. ◆ **2 to be in one's** ~, estar en la adolescencia, entre los 13 y los 19 años.
teensy ['ti:nzɪ] *adj.* ⇒ **teeny.**
teensy-weensy ['ti:nzɪˌwi:nzɪ] *adj.* ⇒ **teeny.**
teeny ['ti:nɪ] (también **teensy, teeny-weeny** o **teensy-weensy**) *adj.* (fam.) pequeño, diminuto, chiquitín, minúsculo.
teeny-bopper ['ti:nɪˌbɒpər] *s. c.* (fam.) jovencita, joven adolescente.
teeny-weeny [ti:nɪwi:nɪ] *adj.* ⇒ **teeny.**
teepee ['ti:pi:] *s. c.* ⇒ **tepee.**
tee-shirt *s. c.* ⇒ **T-shirt.**
teeter ['ti:tər] *s. c.* **1** balanceo, vaivén. • **2** *v. i.* balancearse, oscilar, vacilar, titubear. **3** (EE UU) columpiarse. ◆ **4 to** ~ **on the edge/on the brink of,** bambolearse, tambalearse al borde de.
teeth [ti:θ] *pl. irreg.* de **tooth.**
teethe [ti:ð] *v. i.* echar los dientes, dentar, endentecer.
teething [ti:ðɪŋ] *s. i.* **1** dentición. ◆ **2** ~ **ring,** mordedor, chupador. **3** ~ **troubles,** problemas iniciales.
teetotal [ti:'təutl ‖ 'ti:təutl] *adj.* **1** abstemio, antialcohol. **2** (EE UU) (fam.) total, completo.
teetotaler [ti:'təutlər] *s.c.* ⇒ **teetotaller.**
teetotalism [ti:'təutlɪzəm] *s. i.* abstinencia.
teetotaller [ti:'təutlər] (en EE UU **teetotaler**) *s. c.* abstemio.
TEFL [tefl] (siglas de **Teaching English as a Foreign Language**) *s. i.* Enseñanza de Inglés como Lengua Extranjera. ⇒ **TESL.**
Tegucigalpa [teˌgu:si:'gʌlpə] *s. sing.* Tegucigalpa.
telecommunications ['telɪkəˌmju:nɪ'keɪʃnz] *s. i.* telecomunicaciones, comunicación a distancia.
telefilm ['telɪfɪlm] *s. c.* telefilm.
telegram ['telɪgræm] *s. c.* e *i.* telegrama: *let them know by telegram = házselo saber por telegrama.*
telegraph ['telɪgrɑ:f ‖ 'telɪgræf] *s. c.* e *i.* **1** telégrafo. • *adj.* **2** telegráfico. • *v. i.* **3** telegrafiar. ◆ **4 bush** ~, radio macuto.
telegrapher [tɪ'legrəfər] *s. c.* telegrafista.
telegraphese [ˌtelɪgrɑ:f'ɪ:z] *s. i.* estilo telegráfico.
telegraphic [ˌtelɪ'græfɪk] *adj.* telegráfico.
telegraphically [ˌtelɪ'græfɪkəlɪ] *adv.* telegráficamente.
telegraphist [tɪ'legrəfɪst] *s. c.* telegrafista.
telegraphy [tɪ'legrəfɪ] *s. i.* telegrafía.
telemarketing [ˌtelɪ'mɑ:kətɪŋ] *s. i.* telemarketing, marketing telefónico.
telemetry [tɪ'lemɪtrɪ] *s. i.* telemetría.
teleology [ˌtelɪ'ɒlədʒɪ] *s. i.* teleología.
telepathic [ˌtelɪ'pæθɪk] *adj.* telepático.
telepathically [ˌtelɪ'pæθɪkəlɪ] *adv.* telepáticamente.
telepathy [tɪ'lepəθɪ] *s. i.* telepatía.
telephone ['telɪfəun] *s. c.* e *i.* (también fam. **phone**) **1** teléfono. • *adj.* **2** telefónico, de teléfono. • *v. i.* **3** telefonear, llamar por teléfono. ◆ **4 to be on the** ~, tener teléfono; estar al teléfono. **5** ~ **banking,** banca telefónica, telebanca. **6** ~ **book/directory,** guía de teléfonos. **7** ~ **booth/box,** cabina telefónica, locutorio. **8** ~ **call,** llamada telefónica. **9** ~ **exchange,** central telefónica, central de teléfonos, centralita. **10** ~ **number,** número de teléfono. **11** ~ **operator,** telefonista. **12** ~ **selling,** televenta.
telephonist [tɪ'lefənɪst] *s. c.* telefonista.
telephony [tɪ'lefəni:] *s. i.* telefonía.
telephoto lens [ˌtelɪ'fəutəu'lenz] *s. c.* teleobjetivo, objetivo telefotográfico.
teleprinter ['telɪˌprɪntər] *s. c.* teletipo, teleimpresor.
teleprompter [ˌtelɪ'prɒmtə] *s. c.* teleprompter, reproductor de texto situado frente al presentador de televisión.
telesales ['telɪseɪls] *s. pl.* televenta.
telescope ['telɪskəup] *s. c.* **1** telescopio catalejo. • *v. t.* **2** encajar, enchufar; resumir, abreviar, condensar. • *v. i.* **3** encajarse, plegarse como un telescopio, empotrarse.
telescopic [ˌtelɪ'skɒpɪk] *adj.* telescópico.
teletype ['telɪtaɪp] *s. c.* teletipo.
televise ['telɪvaɪz] *v. t.* televisar.
television ['telɪˌvɪʒn] *s. c.* e *i.* **1** televisión, televisor. • *adj.* **2** de televisión, televisivo. ◆ **3 on** ~, en la televisión. **4** ~ **set,** aparato de televisión, televisor. **5 to watch** ~, ver la televisión.

teleworker ['telɪwɜːkər] *s. c.* teletrabajador.
telex ['teleks] *s. c.* **1** télex. • *v. i.* **2** enviar por télex.
tell [tel] (*pret.* y *p. p. irreg.* **told**) *v. t.* **1** decir, contar, referir, narrar, informar, comunicar. **2** divulgar, revelar. **3** decir, anunciar, advertir, avisar. **4** indicar, marcar, mostrar, señalar. **5** ordenar, mandar, dirigir. **6** distinguir, diferenciar, identificar, conocer, ver, notar, reconocer. **7** saber, descubrir, deducir. **8** contar, numerar. • *v. i.* **9** notarse, causar efecto, hacer mella, influir, dejarse notar: *words that tell = palabras que hacen mella.* ◆ **10 all told,** en total, mirándolo bien, contando todo, todo incluido. **11 I ~ you/I can ~ you,** te lo aseguro. **12 I can't ~ you,** no encuentro palabras para decir. **13 I'll ~ you what,** ¿sabes qué...? **14 I told you so,** ¡te lo dije! **15 ~ me another,** ¡vaya!, ¡ésta sí que es buena!, ¡venga ya! **16 time will ~,** el tiempo dirá, si no al tiempo. **17 to ~ a joke,** contar un chiste. **18 to ~ a lie,** mentir, decir una mentira. **19 to ~ about, a)** denunciar, dar parte; **b)** contar, decir acerca de. **20 to ~ against,** tener algo en contra de alguien, obrar en contra, perjudicar: *your behaviour will tell against you = tu conducta obrará en tu contra.* **21 to ~ apart,** diferenciar, distinguir. **22 to ~ between,** diferenciar, distinguir entre (dos cosas). **23 to ~ by, a)** notarse por, distinguirse por, reconocer por: *it could be told by his face = se le notaba en la cara;* **b)** decir la hora por el reloj, saber la hora. **24 to ~ from, a)** ⇒ **to ~ by a); b)** ⇒ **to ~ apart. 25 to hear ~ of,** tener oído, tener noticias, se dice que. **26 to ~ of,** ⇒ **to ~ about. 27 to ~ off, a)** echar la bronca, reprender, reñir; **b)** contar (el número de); **c)** dar órdenes, informar de un cometido, designar para un trabajo. **28 to ~ on, a)** dejarse notar, afectar, hacer mella; **b)** informar, denunciar, acusar, chivarse. **29 to ~ over,** contar una y otra vez. **30 to ~ someone something to his/her face,** decirle algo a alguien a la cara. **31 to ~ the time,** decir la hora, dar la hora. **32 to ~ the truth,** decir la verdad. **33 to ~ to,** decir, hacer saber. **34 you never can ~,** no se puede saber, puede ser tanto lo uno como lo otro, no se puede estar seguro. **35 you're telling me,** ¡qué me vas a decir!, ¡a mí me lo vas a decir!, ¡a quién se lo vas a contar!
teller ['telər] *s. c.* **1** narrador. **2** cajero. **3** escrutador (persona que cuenta los votos en el Parlamento, en una elección, etc.).
telling ['telɪŋ] *s. i.* **1** narración, relato, recuento (de votos). • *adj.* **2** eficaz, efectivo, contundente, fuerte, enérgico. **3** expresivo, revelador. ◆ **4 a tale never loses in the ~,** las historias son para contarlas. **5 that would be ~,** eso sería hablar de más. **6 there's no ~,** no se puede saber, es imposible saberlo.
telling-off ['telɪŋɒf] *s. c.* reprimenda, regañina, bronca.
telltale ['telteɪl] *adj.* **1** revelador, delator, indicador. • *s. c.* **2** chivato, soplón, cuentista. **3** MAR. aciómetro.
telly ['telɪ] *s. c.* e *i.* (fam.) tele.
temerity [tɪ'merɪtɪ] *s. i.* (form.) temeridad, atrevimiento, osadía.
temp ['temp] *s. c.* **1** sustituto. • *v. i.* **2** hacer sustituciones, trabajar con un contrato eventual.
temper ['tempər] *s. c.* e *i.* **1** temple, genio, humor: *quick temper = genio vivo.* **2** cólera, rabia, furia, ira, mal genio. • *v. t.* **3** atemperar, moderar, suavizar, hacer tolerable. **4** ART. templar, afinar. ◆ **5 to lose one's ~/to fly into a ~,** perder el control, salirse de sus casillas, enfadarse, montar en cólera. **6 to ~ with,** atemperar con, mitigar.
temperament ['tempərəmənt] *s. c.* e *i.* carácter, disposición, temperamento, manera de ser, excitabilidad.
temperamental [,tempərə'mentl] *adj.* temperamental, caprichoso, excitable, inestable, inconstante.
temperamentally [,tempərə'mentəlɪ] *adv.* temperamentalmente, por temperamento, por naturaleza.
temperance ['tempərəns] *s. i.* **1** moderación, templanza, sobriedad, autocontrol. **2** abstinencia de bebidas alcohólicas.
temperate ['tempərɪt] *adj.* **1** GEOG. templado, moderado (clima). **2** autocontrolado, equilibrado, moderado, morigerado.
temperature ['temprɪtʃər] *s. i.* **1** temperatura. • *s. c.* **2** fiebre, calentura, temperatura. **3** (fig.) ánimos, ambiente, temperatura: *they were trying to cool down the temperature in the meeting = intentaban apaciguar los ánimos en la reunión.* ◆ **4 to run/have got a ~,** tener fiebre. **5 to take someone's ~,** tomar la temperatura a alguien.
tempest ['tempɪst] *s. c.* (lit.) tempestad.
tempestuous [tem'pestjuəs] *adj.* **1** (fig.) tempestuoso, agitado, violento: *a tempestuous life = una vida agitada.* **2** tormentoso, como de tormenta, tempestuoso (climatología).
tempestuously [tem'pestjuəslɪ] *adv.* tempestuosamente.
tempi ['tempiː] *s. i.* ⇒ **tempo.**
template ['templɪt] *s. c.* plantilla, escantillón.
temple ['templ] *s. c.* **1** REL. templo. **2** ANAT. sien, pulso. ◆ **3 the Knights of the Temple,** caballeros templarios. ◆ **4 The Temple,** Colegio de Abogados (en Londres).
tempo ['tempəu] (*pl.* **tempos** o **tempi**) *s. i.* **1** (fig.) tempo, ritmo, paso. **2** MÚS. compás, tiempo, tempo, ritmo.
temporal ['tempərəl] *adj.* **1** temporal, sometido al paso del tiempo. **2** temporal, coyuntural, perecedero, transitorio, limitado a un tiempo. **3** secular, laico, temporal. **4** ANAT. temporal.
temporarily ['tempərərɪlɪ] *adv.* temporalmente, transitoriamente.
temporary ['tempərərɪ] *adj.* **1** provisional, temporal. **2** no permanente, transitorio. **3** interino.
temporise *v. i.* ⇒ **temporize.**
temporize ['tempəraɪz] (también, **temporise**) *v. i.* **1** contemporizar, acomodarse. **2** temporizar, ganar tiempo, dilatar, diferir, retrasar.
tempt [tempt] *v. t.* **1** tentar, atraer, seducir. **2** incitar, inducir, persuadir. **3** poner a prueba, tentar. ◆ **4 to be/feel tempted,** sentirse tentado, tener ganas de. **5 to ~ from,** apartar, convencer para dejar. ◆ **6 tempting fate/providence,** tentar a Dios, tentar al destino, la suerte. **7 to ~ into,** inducir, ofrecer, convencer.
temptation [temp'teɪʃn] *s. i.* **1** tentación, incitación, atracción. • *s. c.* **2** impulso, tentación, aliciente, tendencia.
tempting ['temptɪŋ] *adj.* tentador, atractivo, seductor, apetitoso.
temptingly ['temptɪŋlɪ] *adv.* atractivamente, tentadoramente, de modo seductor, apetitosamente.
ten [ten] *num. card.* **1** diez. ◆ **2 tens,** decenas: *to count in tens = contar de diez en diez.* **3 ~ to one,** doble contra sencillo, muy probable.
tenable ['tenəbl] *adj.* **1** defendible, plausible, sostenible. **2** ocupable, dispuesto para ser utilizado.
tenacious [tɪ'neɪʃəs] *adj.* **1** tenaz, firme, porfiado, tozudo, determinado, resuelto. **2** enraizada, arraigada (una idea).
tenaciously [tɪ'neɪʃəslɪ] *adv.* tenazmente, porfiadamente.
tenacity [tɪ'næsɪtɪ] *s. i.* tenacidad, porfía.
tenancy ['tenənsɪ] *s. i.* **1** inquilinato (de pisos, casas). **2** arrendamiento (de tierras).
tenant ['tenənt] *adj.* **1** inquilino, ocupante, habitante. **2** arrendatario. • *v. t.* **3** alquilar, tener arrendada, pagar renta de alquiler.
tench [tentʃ] *s. c.* ZOOL. tenca.
tend [tend] *v. i.* **1** tender, inclinarse, tener tendencia, encaminarse, dirigirse, tirar a. • *v. t.* **2** atender, cuidar, ocuparse de, guardar, manejar. **3** cultivar. ◆ **4 I ~ towards,** estoy por, me siento inclinado a. **5** (EE UU) servir. **6 to ~ to,** cuidar de, cuidar a.
tendency ['tendənsɪ] *s. i.* tendencia, inclinación, propensión.
tendentious [ten'denʃəs] *adj.* tendencioso.
tender ['tendər] *s. c.* **1** oferta, propuesta, proposición. **2** cuidador, vigilante. **3** ténder (tren), bote de embarque y suministros. • *adj.* **4** tierno, blando, delicado; afectuoso, cariñoso; sensible, frágil, inmaduro. **5** dolorido, irritado: *the wound is still tender = la herida aún está dolorida.* **6** escrupuloso, espinoso, difícil. • *v. t.* **7** ofrecer, presentar, dar; entregar. • *v. i.* **8** ofertar, hacer una oferta. ◆ **9 legal ~,** moneda de curso legal.
tenderfeet ['tendəfiːt] *pl.* de **tenderfoot.**

tenderfoot ['tendəfʊt] (*pl.* **tenderfoots** o **tenderfeet**) *s. c.* **1** principiante, inexperto, novato. **2** (EE UU) recién llegado.
tender-hearted [,tendə'hɑːtɪd] *adj.* amable, cariñoso, tierno, de buen corazón, compasivo, bondadoso.
tenderise *v. i.* ⇒ **tenderize.**
tenderize ['tendəraɪz] (también **tenderise**) *v. i.* macerar, ablandar.
tenderloin ['tendəlɔɪŋ] *s. i.* filete.
tenderly ['tendəlɪ] *adv.* tiernamente, con ternura.
tenderness ['tendənɪs] *s. i.* ternura, afecto, delicadeza.
tendon ['tendən] *s. c.* e *i.* ANAT. tendón.
tendril ['tendrəl] *s. i.* **1** BOT. zarcillo, guedeja. **2** jirón, mechón.
tenement ['tenəmənt] *s. i.* **1** propiedad. ● *s. c.* **2** vivienda, casa, piso: *tenement building = bloque de viviendas.*
tenet ['tenɪt] *s. i.* principio, creencia, dogma, precepto.
tenner ['tenər] *s. c.* (fam.) billete de diez libras.
tennis ['tenɪs] *s. i.* **1** DEP. tenis. ◆ **2** ~ **ball,** pelota de tenis. **3** ~ **court,** pista de tenis, cancha. **4** ~ **elbow,** codo de tenista, sinovitis.
tenon ['tenən] *s. c.* **1** TEC. espiga, almilla, macho, barbilla, muesca. ● *v. i.* **2** espigar, ensamblar, entallar, machihembrar.
tenor ['tenər] *s. c.* **1** curso, contenido, tenor, tono, significado general: *the tenor of the speech = el tono del discurso.* **2** DER. copia conforme, plazo. **3** MÚS. tenor. ● *adj.* **4** de tenor, tenor: *a tenor saxophone = un saxofón tenor.*
tenpence ['tenpəns] *s. c.* diez peniques.
tenpin ['tenpɪn] *s. i.* **1** bolos. ● *s. c.* **2** bolo. ◆ **3** ~ **bowling,** (brit.)/**tenpins,** (EE UU) juego de bolos.
tense [tens] *adj.* **1** tenso, nervioso, ansioso. **2** rígido, tieso, tirante, tenso. **3** cargado, tenso, tirante. ● *s. c.* **4** GRAM. tiempo verbal (pasado, presente, futuro). ● *v. t.* **5** poner en tensión, tensar, tesar. ◆ **6 tensed up,** tenso, nervioso, en tensión.
tensely ['tenslɪ] *adv.* tensamente.
tenseness ['tensnɪs] *s. i.* tensión, ansiedad.
tensile ['tensaɪl] *adj.* extensible, resistencia, tensor, de tensión.
tension ['tenʃn] *s. i.* **1** FÍS., MED. tensión, tracción, tirantez, voltaje. **2** incomodidad, fastidio, conflicto, tensión, aprensión.
tent [tent] *s. c.* **1** tienda de campaña. **2** MED. mecha. ● *v. t.* **3** alojar en tiendas, suministrar tiendas, cubrir con un toldo. ◆ **4 to pitch one's** ~, asentarse, poner casa, instalarse. **5** ~ **peg,** clavija.
tentacle ['tentəkl] *s. c.* **1** ZOOL. tentáculo. ◆ **2 tentacles,** influencia, ascendiente, dominio, tentáculos.
tentative ['tentətɪv] *adj.* **1** provisional, de tanteo, indeciso, experimental, vacilante. ● *s. c.* **2** tentativa, intento, prueba.
tentatively ['tentətɪvlɪ] *adv.* tentativamente, provisionalmente, interinamente, dubitativamente, de tanteo, de prueba.
tenterhooks ['tentəhʊks] *s. c.* **1** gancho de bastidor. ◆ **2 to be on** ~, estar sobre ascuas, ansioso.
tenth [tenθ] *num. ord.* décimo, décima parte, diez (día).
tenuous ['tenjuəs] *adj.* tenue, fino, sutil, insustancial, ligero.
tenuously ['tenjuəslɪ] *adv.* de modo tenue, ligeramente.
tenure ['tenjuər] *s. i.* **1** derecho, dominio. **2** tenencia, posesión, ocupación. **3** (EE UU) cargo vitalicio, plaza en propiedad.
tepee ['tiːpiː] (también **teepee**) *s. c.* tipi, tienda india.
tepid ['tepɪd] *adj.* templado, tibio; poco entusiasmado.
tercentenary [,tɜːsen'tiːnərɪ] (también **tercentennial**) *adj.* **1** de tres siglos. ● *s. c.* **2** tricentenario.
tercentennial *adj.* y *s. c.* ⇒ **tercentenary.**
term [tɜːm] *s. c.* **1** término, expresión, palabra. **2** sesión, temporada, período, trimestre. **3** período de validez, plazo, mandato, término, finalización, cumplimiento: *born before term = prematuro.* **4** MAT. término numérico, término de una ecuación. ● *v. t.* **5** ser llamado, nombrar, denominar, definir, dar nombre a, calificar. ◆ **6 to come to terms with,** aceptar, adaptarse, llegar a un acuerdo. **7 in no uncertain terms,** de modo vehemente, de forma inequívoca, claramente. **8 in someone's terms,** según, de acuerdo con: *in her terms = según ella dice.* **9 in... terms, a)** en el terreno; por lo que se refiere a, en términos...: *in economic terms = por lo que respecta a la economía;* **b)** en términos..., de forma...: *in strong terms = de forma contundente.* **10 in terms of,** por lo que se refiere a, en cuanto a... se refiere. **11 in the long/short/medium** ~, a largo/corto/medio plazo: *long-term transaction = operación a largo plazo.* **12 on... terms, a)** con condiciones: *I'll do it on my own terms = lo haré poniendo mis condiciones;* **b)** situación, relaciones: *we are on friendly terms = tenemos buenas relaciones.* **13 on the same terms/on equal terms,** en igualdad, sin favoritismos, con justicia, equitativamente. **14 on unfair terms/on unequal terms,** de modo desigual, injustamente, con favoritismos, tendenciosamente. **15 terms,** términos, condiciones, requisitos. **16 terms of reference,** límite de competencias, margen de actuación, margen de maniobra, mandato.
terminal ['tɜːmɪnl] *adj.* **1** MED. terminal, fatal, incurable. **2** trimestral, final. **3** de demarcación, fronterizo. ● *s. c.* **4** terminal, término, final de trayecto. **5** terminal eléctrico, borne, polo, puntos de luz. **6** INF. terminal, teclado y pantalla.
terminally ['tɜːmɪnəlɪ] *adv.* fatalmente, terminal.
terminate ['tɜːmɪneɪt] *v. t.* e *i.* **1** terminar, acabar, concluir. ● *v. i.* **2** llegar hasta, tener parada final en. ● *v. t.* **3** MED. interrumpir.
termini ['tɜːmɪniː] *s. c.* ⇒ **terminus.**
terminological [,tɜːmɪnə'lɒdʒɪkl] *adj.* terminológico, lingüístico.
terminology [,tɜːmɪ'nɒlədʒɪ] *s. c.* e *i.* terminología, lenguaje.
terminus ['tɜːmɪnəs] (*pl.* **termini** o **terminuses**) *s. c.* terminal, estación término, parada final, final de línea.
termite ['tɜːmaɪt] *s. c.* ZOOL. termita, comején.
tern [tɜːn] *s. c.* ZOOL. golondrina marina.
terrace ['terəs] *s. c.* **1** fila de casas adosadas. **2** balcón, terraza, galería, azotea, patio. **3** bancal, rellano, arriate. **4** gradas, graderío. ● *v. t.* **5** formar terrazas, arrellanar, aterrazar, disponer en bancales.
terraced ['terəst] *adj.* **1** en terrazas, formando terrazas, terraplenado, colgante. ◆ **2** ~ **house,** parcela, casa de planta baja, vivienda unifamiliar adosada.
terracotta [,terə'kɒtə] *s. i.* **1** terracota, arcilla marrón rojizo sin barnizar. ● *adj.* **2** color terracota.
terra firma [,terə'fɜːmə] *s. i.* tierra firme.
terrain [te'reɪn] *s. i.* terreno.
terrapin ['terəpɪn] *s. c.* ZOOL. tortuga de agua.
terrestrial [tə'restrɪəl] *adj.* **1** terrestre. ● *s. c.* **2** terrícola.
terrible ['terəbl] *adj.* terrible, malo, desagradable, tremendo, atroz, fatal, malísimo: *his English is terrible = su inglés es muy malo.*
terribly ['terəblɪ] *adv.* terriblemente, espantosamente, tremendamente, muy, enormemente, extremadamente.
terrier ['terɪər] *s. c.* terrier.
terrific [te'rɪfɪk] *adj.* **1** terrorífico, terrible. **2** excelente, tremendo, estupendo, fabuloso, bárbaro. **3** enorme, grande.
terrifically [te'rɪfɪklɪ] *adv.* terriblemente, tremendamente, enormemente, muy bien, maravillosamente.
terrified ['terɪfaɪd] *adj.* aterrorizado, asustado, petrificado.
terrify ['terɪfaɪ] *v. t.* **1** aterrorizar, asustar, aterrar, petrificar. ◆ **2 to** ~ **somebody into doing something,** aterrorizar a alguien para obligarle a hacer algo: *he was terrified into telling everything = lo aterrorizaron para que lo contara todo.*
terrifying ['terɪfaɪɪŋ] *adj.* terrible, aterrador, horrible, que horroriza, espantoso: *a terrifying experience = una terrible experiencia.*
terrifyingly ['terɪfaɪɪŋlɪ] *adv.* espantosamente, horriblemente: *death was terrifyingly close = la muerte estuvo terriblemente cerca.*
territorial [,terɪ'tɔːrɪəl] *adj.* **1** territorial, regional, zonal. **2** jurisdiccional.

• *s. c.* **3** MIL. soldado reservista. ◆ **4 Territorial Army,** (también **Territorial Force**), MIL. (brit.) segunda reserva, ejército de reservistas. **5 territorial waters,** aguas jurisdiccionales, aguas territoriales.

territoriality [ˌterɪtɔːrɪ'ælɪtɪ] *s. i.* territorialidad.

territory ['terɪtərɪ] *s. i.* **1** territorio, dominio. **2** zona, área, región, campo, terreno. **3** competencia, esfera, materia conocida. • *s. c.* **4** provincia, territorio. **5** (EE UU) (HIST) territorio de colonización: *the North Western Territories = los territorios del noroeste.*

terror ['terər] *s. i.* **1** terror, pánico, miedo, aprensión, espanto. • *s. c.* **2** terror, incordio, molestia, pesadez: *he is a terror of a child = es un incordio de niño.* ◆ **3 to be/live in ~ of one's life,** temer por la propia vida. **4 to go/live in ~ of,** tener miedo de, vivir aterrorizado por. **5 reign of ~, ⇒ reign. 6 to strike ~ into someone's heart, ⇒ strike. 7 The Terror,** HIST. el Período del Terror (Revolución Francesa).

terrorisation *s. i.* **⇒ terrorization.**

terrorise *v. t.* **⇒ terrorize.**

terrorism ['terərɪzəm] *s. i.* terrorismo.

terrorist ['terərɪst] *s. c.* terrorista.

terrorization [ˌterəraɪ'zeɪʃən] (también **terrorisation**) *s. i.* intimidación.

terrorize ['terəraɪz] (también **terrorise**) *v. t.* aterrorizar, aterrar, llenar de terror, horrorizar, espantar.

terror-stricken ['terəˌstrɪkən] *adj.* aterrorizado, espantado, preso de un terror incontrolable, petrificado.

terry ['terɪ] *s. i.* felpa.

terse [tɜːs] *adj.* abrupto, lacónico, seco, cortante, conciso, sucinto.

tersely ['tɜːslɪ] *adv.* lacónicamente, con sequedad, de modo cortante, concisamente, bruscamente.

terseness ['tɜːsnɪs] *s. i.* **1** sequedad, concisión, laconismo, brevedad. **2** brusquedad, aspereza.

tertiary ['tɜːʃərɪ] *adj.* **1** terciario, en tercer lugar. **2** superior, universitaria: *tertiary education = educación superior.* **3** MED. de tercer grado, severo, grave: *tertiary burns = quemaduras de tercer grado.* ◆ **4 The Tertiary,** GEOL. el Terciario.

Terylene ['terəliːn] *s. i.* terilene (tipo de tejido).

TESL [ˌtiːes'el ‖ tesl] (siglas de **Teaching English as a Second Language**) *s. i.* (fam.) Enseñanza de Inglés como Segunda Lengua. **⇒ TEFL.**

tessellated ['tesɪleɪtɪd] (en EE UU **tesselated**) *adj.* **1** teselado, hecho con teselas, de mosaico. ◆ **2 ~ pavement,** mosaico.

test [test] *s. c.* **1** prueba, experimento, ensayo. **2** prueba, examen, test. **3** prueba, demostración. **4** MED. pruebas, análisis, examen médico. • *v. t.* **5** probar, experimentar, ensayar. **6** probar, examinar, comprobar. **7** probar, intentar. **8** examinar, analizar, estudiar, graduar (la vista). ◆ **9 to put something to the ~,** poner algo a prueba, someter algo a prueba. **10 to stand/withstand the ~ of time,** resistir el paso del tiempo, pasar la prueba del tiempo. **11 ~ match,** ronda, partido. **12 to ~ the waters,** sondear opiniones, tantear el terreno, tomar el pulso a la situación.

testament ['testəment] *s. c.* **1** testimonio, demostración. **2** testamento. ◆ **3 New/Old Testament,** Nuevo/Viejo Testamento. **4 last will and ~,** últimas voluntades.

testamentary [ˌtestə'mentəriː] *adj.* testamentario.

test-case ['testkeɪs] *s. c.* DER. precedente legal, juicio que sienta jurisprudencia; juicio de ensayo (para la interpretación de una nueva ley).

testicle ['testɪkl] *s. c.* ANAT. testículo.

testify ['testɪfaɪ] *v. i.* **1** (**~ for/against/to**) testificar, declarar, prestar declaración, dar fe, atestiguar. **2** (**~ to**) apoyar, demostrar, atestiguar, atestar, ser prueba de, testimoniar.

testimonial [ˌtestɪ'məunɪəl] *s. c.* **1** referencias, certificado, testimonios, recomendación. **2** homenaje, regalo, obsequio testimonial.

testimony ['testɪmənɪ] *s. c.* e *i.* **1** evidencia, declaración, testimonio. **2** prueba, demostración, testimonio.

testing ['testɪŋ] *adj.* difícil, arduo, duro (período, prueba, etc.).

test-pilot ['testˌpaɪlət] *s. c.* AER. piloto de pruebas.

testily ['testɪlɪ] *adv.* con irritación, irritadamente, de mal humor.

test-tube ['testˌtjuːb] *s. c.* **1** QUÍM. probeta, tubo de ensayo. ◆ **2 ~ baby,** niño probeta.

testy ['testɪ] *adj.* irritable, impaciente.

tetanus ['tetənəs] (también fam. **lockjaw**) *s. i.* tétanos.

tetchy ['tetʃɪ] *adj.* irritable, irascible, malhumorado, susceptible.

tether ['teðər] *s. c.* **1** correa de sujeción, ronzal, atadura, traba. • *v. t.* **2** atar del ronzal, atar con una cuerda. ◆ **3 to be at the end of one's ~,** estar al límite de las propias fuerzas, estar harto.

tethered ['teðəd] *adj.* atado, sujeto.

Teutonic [tɪu'tɒnɪk] *adj.* teutón.

text [tekst] *s. c.* **1** texto, tema, escrito, lectura. **2** libro, texto, ejemplar, volumen. **3** extracto, texto. ◆ **4 to stick to one's ~,** ceñirse al tema.

textbook [tekstbuk] *s. c.* **1** libro de texto. • *adj.* **2** de texto, de libro, perfecto.

textile ['tekstaɪl] *s. c.* **1** tejido, tela. • *adj.* **2** textil.

textiles ['tekstaɪlz] *s. pl.* industrias textiles.

textual ['tekstjuəl] *adj.* textual, literal.

texture ['tekstʃər] *s. i.* **1** textura, tacto. **2** contextura, estructura, fábrica. **3** ART. coherencia, combinación, textura.

Thai [taɪ] *s. c.* **1** tailandés, habitante de Tailandia. • *s. i.* **2** tailandés, idioma de Tailandia. • *adj.* **3** de Tailandia, tailandés.

Thailand ['taɪlænd] *s. sing.* GEOG. Tailandia.

Thalidomide [θə'lɪdəmaɪd] *s. i.* QUÍM. talidomida (marca registrada).

Thames [temz] *s. sing.* **1** GEOG. el Támesis. ◆ **2 to set the ~ on fire,** (fam. y p.u.) hacer algo grande, hacer algo que se vea.

than [ðæn] *prep.* y *conj.* **1** que: *my brother is older than me = mi hermano es mayor que yo.* **2** de, del que, de la que, de lo que: *I waited for more than half an hour = esperé más de media hora.* **3** cuando: *hardly had he said it than they arrived = apenas lo había dicho cuando llegaron.* ◆ **4 easier said ~ done, ⇒ easy. 5 less ~, ⇒ less. 6 more ~/no more ~, ⇒ more. 7 more often ~ not, ⇒ often.**

thank [θæŋk] *v. i.* **1** agradecer, dar las gracias. **2** sí, gracias; no, gracias: *shall I give you a lift? thank you = ¿te llevo en mi coche? sí, gracias.* ◆ **3 to ~ for,** dar las gracias por, agradecer que: *the blind man thanked me for seeing him across the street = el ciego me agradeció que le ayudase a cruzar la calle.* **4 to give thanks,** dar gracias a Dios. **5 to have someone to ~ for,** (desp.) tener que agradecer a alguien, ser alguien la causa de algo, culpar, echar la culpa. **6 ~ God/~ goodness/~ heavens etc.** (interj.) ¡gracias a Dios!/¡al cielo!, ¡a Dios gracias!, ¡santo cielo!, ¡Dios mío! **7 to ~ one's lucky stars, ⇒ star. 8 thanks to,** gracias a, por causa de, debido a. **9 ~ you/~ you very much/etc.,** no, (muchas) gracias.

thankful ['θæŋkful] *adj.* **1** agradecido, contento, feliz por. ◆ **2 to be ~,** alegrarse. ◆ **3 to be ~ for small mercies,** (fam.) dar las gracias por las cosas pequeñas, por los pequeños favores cotidianos.

thankfully ['θæŋkfəlɪ] *adv.* **1** con agradecimiento, satisfactoriamente, felizmente. **2** gracias a Dios, afortunadamente.

thankfulness ['θæŋkfulnɪs] *s. i.* agradecimiento, gratitud.

thankless ['θæŋklɪs] *adj.* ingrato, desagradecido, desagradable.

thanksgiving ['θæŋksˌgɪvɪŋ] *s. i.* **1** acción de gracias. ◆ **2 Thanksgiving Day,** (EE UU) día de acción de gracias (cuarto jueves de noviembre).

thankyou ['θæŋkju] *s. c.* agradecimiento, acto de agradecimiento.

that [ðæt ‖ ðət] (*pl.* **those** [ðəuz]) *adj.* y *pron. dem.* **1** ese, ése; esa, ésa; eso, aquel, aquél; aquella, aquélla; aquello. **2** el que, la que, lo que, el de, la de. **3** esos que, aquellos que: *those people who... = aquellos que...* • *adv.* **4** tan, así de: *if he's that intelligent, why didn't he pass? = si es tan listo, ¿cómo no aprobó?* • *pron. rel.* **5** que, quien, cual. • *conj.* **6** que: *I said that it was good = dije que era bueno.* **7** para que: *she put the lights out so that he could sleep = apagó las luces para que pudiera dormir.* **8** de que: *I'm happy that you did it = estoy contento de que lo hicieras.* ◆ **9 and all ~/and ~,** y todo eso, y demás, y tal, y cosas por el estilo. **10 at ~,** pero, sin embargo, además de. **11 don't give me ~, ⇒ give. 12 if it comes to ~, ⇒ come. 13 that is/~ is to say,** es decir. **14 ~ is it,** así es, exacto; ya está, es todo. **15 ~ is ~,** eso es todo, no hay más, ya está. **16 that'll be the day, ⇒ day. 17 that's (just) the ticket, ⇒ ticket. 18 that's the stuff! ⇒ stuff. 19 that's torn it!,** ¡ya está echado a perder!, **20 ~ would be telling, ⇒ telling. 21 this and ~, ⇒ this.**

OBS. Como demostrativo representa tanto el 2.º como el 3.er grado de proximidad del correspondiente español; puede asociarse a palabras tales como **there, over there,** para matizar el concepto de distancia. Se usa con las oraciones de relativo especificativas, puede suprimirse si no funciona como sujeto, no puede ir regido por una preposición y es especialmente común después de superlativos, indefinidos, cuantificadores, etc. En las oraciones subordinadas nominales y en estilo indirecto puede suprimirse, excepto detrás de verbos poco comunes y formales. En oraciones finales suele ir con **so,** siendo más frecuente que **in order that.**

thatch [θætʃ] *s. c.* **1** techo de paja, de bálago. **2** mata de pelo. ● *s. i.* **3** paja, bálago. ● *v. t.* **4** cubrir, techar con bálago.

thatched [θætʃt] *adj.* de paja, techado con bálago.

thatcher ['θætʃər] *s. c.* techador.

thatching ['θætʃɪŋ] *s. i.* paja, bálago.

that's [ðæts] forma contracta de **that is.**

thaw [θɔː] *s. c.* **1** deshielo. ● *v. i.* **2** fundirse, derretirse. ◆ **3 to ~ out, a)** deshelar, descongelar; **b)** (fam.) quitarse el frío, templarse; **c)** (fam.) sentirse cómodo, coger confianza, encontrarse a gusto, relajarse.

the [ðə] ante consonantes; [ðɪ] ante vocales; [ðiː] uso enfático. *art.* **1** el, la, lo; los, las. ● *adv.* **2** suficiente, bastante: *he hasn't got the strength to move it = no tiene bastante fuerza como para moverlo.* **3** cuanto...: *the more, the merrier = cuantos más, mejor.*

OBS. El artículo determinado no se utiliza al hablar de cosas en plural en sentido general, en caso contrario particularizamos; ahora bien, en singular se usa el artículo para generalizar: *lions are dangerous animals, the lion is a dangerous animal.* Se usa para referirnos a un grupo como un todo; y cuando nos referimos a un nombre especificado por el contexto.

theater ['θɪətə(r)] *s. c.* ⇒ **theatre.**

theatergoer *s. c.* ⇒ **theatregoer.**

theatre ['θɪətər] (en EE UU, **theater**) *s. c.* **1** teatro. **2** quirófano, sala de operaciones. **3** MIL. teatro de operaciones, arena, escenario. **4** aula, sala de conferencias. ● *s. sing.* **5** el teatro (profesión, medio de vida...). ● *s. i.* **6** ART. drama, teatro, representación.

theatregoer ['θɪətə,gəuər] (en EE UU **theatergoer**) *s. c.* aficionado al teatro.

theatrical [θɪ'ætrɪkl] *adj.* **1** teatral, de teatro, dramático: *theatrical company = compañía de teatro.* **2** histriónico, teatral, exagerado.

theatrically [θɪ'ætrɪkəlɪ] *adv.* dramáticamente, melodramáticamente, histriónicamente, de modo exagerado.

theatricals [θɪ'ætrɪklz] *s. pl.* representaciones teatrales.

Thebes [θiːbz] *s. sing.* Tebas.

thee [ðiː] *pron. pers.* **1** (arc.) te. ◆ **2 with ~,** contigo.

OBS. Forma pronominal objetiva arcaica. ⇒ **thou, thy, thine.**

theft [θeft] *s. c.* e *i.* robo, hurto, sustracción.

their [ðeər] *adj. pos.* **1** su, sus (de ellos): *their friend = su amigo.* **2** Su (con títulos).

theirs [ðeəz] *pron. pos.* **1** (el) suyo, (la) suya; (los) suyos, (las) suyas (de ellos): *it is theirs = es suyo.* ◆ **2 of ~,** de ellos, suyo: *a friend of theirs = un amigo suyo.*

theism ['θiːɪzəm] *s. i.* teísmo.

theist ['θiːɪst] *s. c.* teísta.

them [ðem] *pron. pers.* **1** los, las; les; ellos, ellas: *I saw them two days ago = los vi hace dos días.* **2** ellos, ellas (tras preposición o verbo **to be**): *these must be them = ésos deben ser ellos.*

thematic [θɪ'mætɪk] *adj.* temático.

theme [θiːm] *s. c.* **1** tema, disertación. **2** MÚS. tema, motivo.

themselves [ðəm'selvz] *pron. r. pl.* **1** se, a sí mismos, a sí mismas. **2** ellos mismos, ellas mismas; sí mismos, sí mismas. ◆ **3 by ~,** solos, sin ayuda. **4 in ~,** en sí mismos.

then [ðen] *adv.* **1** entonces, de entonces, en ese momento, en aquel entonces, en aquella época. **2** luego, después. ● *adj.* **3** de entonces. ● *conj.* **4** pues, en ese caso, por tanto, entonces, así que. ◆ **5 now and ~, ⇒ now. 6 there and ~, ⇒ there.**

thence [ðens] *adv.* **1** de allí, desde allí. **2** por eso, por consiguiente.

thenceforth [,ðens'fɔːθ] (también **thenceforward**) *adv.* desde entonces, de allí en adelante, a partir de entonces.

thenceforward [,ðens'fɔːwəd] *adv.* ⇒ **thenceforth.**

theocracy [θɪ'ɒkrəsɪ] *s. c.* teocracia.

theocratic [θɪə'krætɪk] *adj.* teocrático.

theodolite [θɪ'ɒdəlaɪt] *s. c.* teodolito.

theologian [θɪə'ləudʒjən] *s. c.* teólogo.

theologic [θɪə'ləudʒɪk] *adj.* ⇒ **theological.**

theological [θɪə'lɒdʒɪkl] (también **theologic**) *adj.* teológico, teologal; religioso: *theological virtues = virtudes teologales.*

theology [θɪ'ɒlədʒɪ] *s. i.* teología, doctrina.

theorem ['θɪərəm] *s. c.* teorema.

theoretic [θɪə'retɪk] *adj.* ⇒ **theoretical.**

theoretical [θɪə'retɪkl] (también **theoretic**) *adj.* **1** teórico. **2** supuesto, imaginario.

theoretically [θɪə'retɪkəlɪ] *adv.* teóricamente, en teoría.

theoretician [,θɪərə'tɪʃn] *s. c.* teórico.

theorise *v. i.* ⇒ **theorize.**

theorist ['θɪərɪst] *s. c.* teórico.

theorize ['θɪəraɪz] (también **theorise**) *v. i.* **1** teorizar. ◆ **2 to ~ about,** especular, formar teorías, sugerir una idea acerca de algo.

theory ['θɪərɪ] *s. c.* **1** teoría, hipótesis. **2** principios básicos, filosofía. **3** idea, noción, opinión, suposición. ◆ **4 in ~,** en teoría, teóricamente.

therapeutic [,θerə'pjuːtɪk] *adj.* ⇒ **therapeutical.**

therapeutical [,θerə'pjuːtɪkl] (también **therapeutic**) *adj.* terapéutico.

therapist ['θerəpɪst] *s. c.* terapeuta.

therapy ['θerəpɪ] *s. i.* **1** terapia, terapéutica. ◆ **2 occupational ~,** terapia ocupacional.

there [ðeər] *adv.* **1** allí, allá; ahí. **2** en eso, en ese punto. ● *interj.* **3** ¡vaya!, ¡venga!, ¡vamos!: *there, there, take it easy = venga, venga, tranquilo.* ◆ **4 ~ again,** otra vez, hete aquí que. **5 ~ and then,** aquí y ahora, enseguida, inmediatamente. **6 ~ is/~ are,** hay. **7 not all ~/not quite ~,** no exactamente al tanto. **8 so ~,** así pues. **9 ~ you are, a)** ahí está, es todo, eso es lo que hay; **b)** ¿lo ves?, eso es lo que te decía, ahí lo tienes; **c)** toma, aquí tienes. **10 ~ you go/~ you go again,** ¡ya estamos otra vez!, ¡siempre lo mismo!

thereabouts [,ðeərə'bauts] *adv.* **1** por ahí, allí cerca. **2** más o menos, alrededor de, aproximadamente.

thereafter [,ðeər'ɑːftər] *adv.* después de, en lo sucesivo, más tarde.

thereby [,ðeəbaɪ] *adv.* por eso, de ese modo, por esa razón.

therefore ['ðeəfɔːr] *adv.* por tanto, por lo tanto, por consiguiente: *I think, therefore I am = pienso, luego existo.*

therein [,ðeər'ɪn] *adv.* **1** allí dentro, en eso, en ese sentido. ◆ **2 ~ lies,** ahí está el asunto, ahí está el quid.

thereof [,ðeər'ɒv] *adv.* de eso, de esto, de lo mismo.

thereupon [,ðeərə'pɒn] *adv.* **1** en eso, con eso; acto seguido, en seguida. **2** por consiguiente, por lo tanto.

therm [θəːm] *s. c.* termia, unidad térmica.

thermal ['θəːml] *adj.* **1** termal. **2** FÍS. térmico, calorífico.

thermodynamics [,θəːməudaɪ'næmɪks] *s. i.* termodinámica.

thermometer [θə'mɒmɪtər] *s. c.* termómetro.

thermonuclear [,θəːməu'njuːklɪər] *adj.* termonuclear, atómico.

thermoplastic [,θəːməu'plæstɪk] *s. c.* termoplástico.

Thermos ['θəːmɒs] *s. c.* **1** termo. ◆ **2 Thermos bottle,** (EE UU) ⇒ **Thermos. 3 Thermos flask, ⇒ Thermos.**

thermostat ['θəːməustæt] *s. c.* termostato.

thesaurus [θɪ'sɔːrəs] (*pl.* **thesauruses** o **thesauri**) *s. c.* **1** diccionario ideológico. **2** tesoro.

these [ðiːz] *pl.* de **this.**

theses ['θiːsiːz] *pl.* de **thesis.**

thesis ['θiːsɪs] (*pl.* **theses**) *s. c.* **1** argumento, tesis. **2** tesis de licenciatura, disertación, trabajo de investigación.

thespian ['θespɪən] *s. c.* **1** (p.u., hum.) actor, actriz. ● *adj.* **2** dramático, teatral, trágico. **3** de Tespis.

they [ðeɪ] *pron.pers.* ellos, ellas: *they arrived = llegaron; they are both stewardesses = las dos son azafatas.*
OBS. El pronombre personal no se puede omitir en inglés.

they'd [ðeɪd] *contr.* **1 they had. 2 they would.**

they'll [ðeɪəl] *contr.* **they shall/will.**

they're [ðeər] *contr.* **they are.**

they've [ðeɪv] *contr.* **they have.**

thick [θɪk] *adj.* **1** espeso, grueso, ancho. **2** de ancho, ancho, de espesor, de grueso, de grosor. **3** espeso, cubierto de, apretado, tupido, impenetrable, poblado. **4** en cantidad, montón, espeso. **5** corto, estúpido, tonto, espeso. **6** grueso, de abrigo, gordo. **7** viscoso, condensado, consistente, espeso, denso. **8** oscuro, intenso, nublado, cerrado. **9** cargado, viciado, lleno de. **10** pesado, torpe. **11** oscura, pastosa, inteligible (voz). **12** marcado, claro, cerrado, inequívoco. **13** íntimos, uña y carne. ◆ **14 as ~ as thieves,** uña y carne, inseparables, muy amigos. **15 as ~ as two short planks,** tonto de remate, idiota perdido, más corto que las mangas de un chaleco. **16 a ~ ear,** tirón de orejas, golpe, coscorrón. **17 blood is thicker than water,** los lazos familiares son los más fuertes. **18 in the ~ of,** de lleno, de pleno, en pleno, en medio, en el ajo, en el fragor de. **19 it's a bit ~/that's a bit ~,** inaceptable, difícil de tragar, se pasa un poco, se pasa de castaño oscuro, ¡es el colmo! **20 to lay it on ~,** alabar, agradecer en exceso. **21 ~ and fast,** uno detrás de otro, en cantidad, seguidos, en avalancha. **22 ~ on the ground,** a cientos, a montones. **23 ~ with,** lleno de, cargado de, a tope de, hasta los topes. **24 through ~ and thin,** a las crudas y a las maduras, contra viento y marea.

thicken ['θɪkən] *v. i.* **1** crecer, incrementarse, espesarse. **2** hacerse más denso, aumentar. **3** endurecer, espesar, engordar, trabar. ◆ **4 the plot thickens,** aumentar en complejidad, complicarse, embrollarse, hacerse enrevesado, liarse. **5 to ~ up,** espesar.

thickener ['θɪkənər] *s. c.* e *i.* espesante, trabador.

thicket ['θɪkɪt] *s. c.* bosquecillo, espesura.

thickly ['θɪklɪ] *adv.* **1** espesamente, densamente. **2** en cantidad. **3** ásperamente, torpemente, con voz poco clara.

thickness ['θɪknɪs] *s. i.* espesor, espesura, densidad.

thickset [ˌθɪk'set] *adj.* **1** robusto, recio. **2** muy poblado, denso.

thick-skinned [ˌθɪk'skɪnd] *adj.* **1** insensible, duro, de piel de elefante. **2** de piel gruesa, de pellejo grueso.

thief [θiːf] (*pl.* **thieves**) *s. c.* **1** ladrón, ratero. ◆ **2 procrastination is the ~ of time,** la dilación es el ladrón del tiempo. **3 to set a ~ to catch a ~,** la mejor cuña es la de la misma madera; a un pillo, otro pillo.

thieve [θiːv] *v. t.* robar, hurtar.

thieves [θiːvz] *pl.* de **thief.**

thieving [θiːvɪŋ] *s. i.* **1** robo, hurto, latrocinio. ◆ **2** *adj.* ladrón.

thigh [θaɪ] *s. c.* **1** ANAT. muslo. ◆ **2 to smite hip and ~,** dar una paliza. **3 thighbone,** fémur.

thimble ['θɪmbl] *s. c.* dedal.

thimbleful ['θɪmblfʊl] *s. c.* e *i.* una gota, un dedal, un chorrito, un sorbo, un dedo, una pequeña cantidad.

thin [θɪn] *adj.* **1** delgado, estrecho. **2** delgado, flaco. **3** fino, ligero. **4** escaso, ralo, poco numeroso. **5** débil, flojo, poco consistente. **6** con poca sustancia, aguado. ● *v. t.* **7** disminuir, reducir. **8** diluir, aclarar. **9** adelgazar, hacer adelgazar. ● *v. i.* **10** dispersarse, reducirse, disiparse. ◆ **11 as ~ as a rake,** en los huesos, como una raspa, como la caña de la doctrina. **12 a ~ time,** momento difícil, época de fracasos. **13 to be thinning/to be getting ~ on top,** quedarse calvo, perder pelo, clarear el cabello. **14 to be wearing ~,** aburrir, perder interés, tener poco interés, agotarse. **15 to disappear/vanish into ~ air,** ⇒ **air. 16 to ~ down,** rebajar, aguar; disminuir en espesor o número. **17 to stake on ~ ice,** ⇒ **ice. 18 ~ on the ground,** escasos, contados. **19 the ~ end of the wedge,** el principio de algo peor, el primer paso hacia algo serio. **20 the ~ red line,** la vanguardia, la primera fila, el frente.

thine [ðaɪn] *pron. pos. sing.* (arc.) tu, tuyo, tuya. ⇒ **thou, thee, thy.**

thing [θɪŋ] *s. c.* **1** cosa. **2** asunto, negocio. **3** chisme, objeto, artículo. **4** cosas, propiedades, ropas, bienes. **5** equipo, algo, nada: *I couldn't say a thing = no pude decir nada.* **6** criatura, ser, monstruo, cosa. ◆ **7 a close ~,** casi igual, igualada, justo, por los pelos. **8 a ~ of the past,** agua pasada. **9 a ~ or two,** un par de cosas, unas cuantas cosas, algo: *I can still teach him a thing or two = aún tengo algo que enseñarle.* **10 all/other things being equal,** ⇒ **equal. 11 to be all things to all men,** ponerse a la altura de, ponerse en el lugar de, estar para todos y para todo, dar gusto a todos. **12 to be one ~ (...quite another),** una cosa es (...otra muy diferente), una cosa es predicar (...otra dar trigo). **13 to do one's own ~,** hacer lo que a uno le apetece, actuar libremente. **14 to do the... ~,** actuar de modo...: *they did the democratic thing = hicieron lo que era democrático.* **15 first ~,** ⇒ **first. 16 for one ~ (...and for another...),** por una razón (...y por otra...), por una parte (...y por otra...), en primer lugar. **17 greatest/best ~ since sliced bread,** la octava maravilla, el no va más. **18 to have/get a ~ (about),** tener una fijación/obsesión acerca de, tener manía/ tirria a. **19 in all things,** en todo momento. **20 it is just one of those things,** son cosas que pasan, las cosas son así. **21 just the ~/the very ~,** justo lo que quería, exactamente lo que necesitaba. **22 to know a ~ or two,** saber de qué va la cosa. **23 last ~,** ⇒ **last. 24 little things please little minds,** si se entretienen con eso, no les da para más. **25 to make a ~ (out of/of),** hacer un monte de. **26 a near ~,** ⇒ **near. 27 not to know the first ~ about,** no tener ni noción, no saber por dónde le da a uno el aire. **28 (not) quite the ~, a)** (no) es lo adecuado, (no) está bien, (no) es lo que se hace; **b)** el último grito, lo último. **29 of all things,** ⇒ **all. 30 one ~ leads to another,** ⇒ **lead. 31 such a ~/no such ~,** tal cosa como. **32 the done ~,** lo que se hace, lo correcto. **33 the real ~,** ⇒ **real. 34 the ~ is...,** lo que ocurre, lo que pasa.

thingamabob *s. c.* ⇒ **thingummy.**

thingummy ['θɪŋəmɪ] *s. c.* **1** chisme, cosa, trasto, el-como-se-llame. **2** fulano.

thingy ['θɪŋɪ] *s. c.* ese como-se-llame.

think [θɪŋk] (*pret.* y *p. p.* **thought**) *v. t.* e *i.* **1** pensar, considerar, reflexionar, meditar. ◆ *v. t.* **2** creer(se), imaginar(se). ◆ *v. i.* **3 (to ~ about)** razonar, ponderar, sopesar. **4 (to ~ of)** acordarse: *can you think of her name? = ¿te acuerdas cómo se llama?* **5** concebir, ocurrirse. **6** parecer, opinar. ◆ **7 to ~ about,** pensar en, considerar, tener en cuenta, opinar. **8 to ~ again,** reconsiderar. **9 to ~ ahead,** anticipar, adelantarse. **10 to ~ aloud,** pensar en voz alta. **11 anybody would ~/you would have thought,** cualquiera pensaría. **12 to ~ away,** pasar meditando. **13 to ~ back,** acordarse, recordar. **14 to ~ before,** pensar antes de. **15 to ~ better of it,** reconsiderar, pensárselo mejor. **16 to ~ big,** ⇒ **big. 17 can't hear oneself ~,** ⇒ **hear. 18 come to ~ of it/when you ~ about it/thinking about it,** dar en pensar, ocurrirse, pasarse por la cabeza. **19 to ~ fit,** considerar adecuado. **20 to ~ for,** pensar. **21 to ~ for oneself,** tener pensamiento propio, ser independiente. **22 if you ~ that, you've got another ~ coming,** si piensas eso, ya puedes ir pensando otra cosa. **23 I wasn't thinking,** no estaba en lo que hacía, no me daba cuenta. **24 just ~,** imagina, piensa en que. **25 that's what you ~,** esas son tus intenciones. **26 to ~ nothing of,** no ser nada, no considerar, no parecer. **27 to ~ of,** pensar, considerar, imaginar, recordar, sugerir, inventar, tener una opinión. **28 to ~ on,** recordar. **29 to ~ out,** elaborar, planificar, pensar de antemano. **30 to ~ over,** considerar, examinar detenidamente, reconsiderar, sopesar. **31 to ~ the best of,** tener plena confianza, tener la mejor opinión de. **32 to ~ the world of,** ⇒ **world. 33 to ~ the worst of,** no tener confianza, tener la peor opinión de. **34 to ~ through,** pensar hasta los últimos detalles. **35 to ~ twice,** reconsiderar: *don't think twice, it's alright = no lo pienses más, es así.* **36 to ~ up,** elaborar, inventar, diseñar, confeccionar, tramar. **37 what was I/were you/etc. thinking of,** ¿en qué estaba/estabas/etc. pensando?

thinker ['θɪŋkər] *s. c.* pensador.

thinking ['θɪŋkɪŋ] *adj.* **1** racional, que piensa, inteligente. • *s. i.* **2** pensamiento, consideración, pensar. ◆ **3 to my way of ~,** a mi modo de ver, en mi opinión.

think-tank ['θɪŋktæŋk] *s. c.* grupo de expertos, reunión de cerebros.

thinner [θɪnər] *s. i.* disolvente.

thin-skinned [ˌθɪn'skɪnd] *adj.* muy sensible, que se afecta fácilmente, susceptible.

third [θəːd] *num. ord.* **1** tercero. • *s. c.* **2** tercio, tres (día). **3** aprobado. **4** MÚS. tercera. • *s. i.* **5** MEC. tercera (marcha). ◆ **6 ~ degree,** tercer grado, tortura. **7 ~ degree burn,** quemadura de tercer grado. **8 ~ party,** tercero, contra terceros, tercera persona: *third party insurance = seguro contra terceros.* **9 ~ person,** GRAM., DER. tercera persona. **10 ~ time lucky,** a la tercera va la vencida. **11 Third World,** el Tercer Mundo. **12 ~ year,** curso tercero, tercer año (escuela).

third-class [ˌθəːd'klɑːs] *s. c.* **1** aprobado, apto. • *adj.* **2** tercera clase.

thirdly ['θəːdlɪ] *adv.* en tercer lugar.

third-rate [θəːd'reɪt] *adj.* de tercera, de baja calidad.

thirst [θəːst] *s. i.* **1** sed. **2** deseo, afán, pasión, sed. • *v. i.* **3** tener sed, estar sediento. ◆ **4 to ~ for/after,** desear (ansiosamente), necesitar.

thirstily ['θəːstɪlɪ] *adv.* con mucha sed.

thirsty ['θəːstɪ] *adj.* **1** sed, sediento, árido: *to be thirsty = tener sed.* **2** que da sed. **3 to be ~ for,** estar deseoso, estar sediento de.

thirteen [θəː'tiːn] *num. card.* trece.

thirteenth [θəː'tiːnθ] *num. ord.* treceavo, decimotercero, decimotercio, trece (siglo).

thirtieth ['θəːtɪɪθ] *num. ord.* trigésimo, treintavo, treinta (día).

thirty ['θəːtɪ] *num. card.* **1** treinta: *the thirties = los años treinta.* ◆ **2 to be in one's thirties,** estar en la treintena.

this [ðɪs] (*pl.* **these**) *adj.* y *pron. dem.* **1** este, esta, esto; éste, ésta. **2** dicho, dicha: *he sent me a note, this note... = me envió una nota, dicha nota...* **3** el próximo: *this Sunday = el próximo domingo, este domingo.* • *adv.* **4** tan: *this far = así de lejos.* ◆ **5 ~ and that/~, that and the other,** esto, lo otro y lo de más allá. **6 ~ is...,** éste es..., le presento a.... **7 ~ is it, a)** así es; **b)** y aquí estamos, y eso es todo. **8 like ~,** así, de este modo. **9 what's all ~?,** ¿qué pasa?, ¿qué es esto?

thistle ['θɪsl] *s. c.* BOT. cardo.

thistledown ['θɪsldaʊn] *s. i.* BOT. vilano.

thither ['ðɪðər] *adj.* (arc.) **1** allá. ◆ **2 hither and ~,** ⇒ **hither.**

tho [ðəʊ] *conj.* y *adv.* ⇒ **though.**

thong [θɒŋ] *s. c.* tira, correa.

thoracic [θɔː'ræsɪk] *adj.* torácico.

thorax ['θɔːræks] *s. c.* (*pl.* **thoraces/thoraxes**) MED. tórax, pecho.

thorn [θɔːn] *s. c.* BOT. **1** espina. **2** espino. ◆ **3 to be a ~ in one's flesh/side,** ser una espina que alguien tiene clavada.

thorny ['θɔːnɪ] *adj.* **1** espinoso, cubierto de espinas. **2** difícil, espinoso, peliagudo: *a thorny matter = un asunto peliagudo.*

thorough ['θʌrə] *adj.* **1** exhaustivo, completo, profundo, total, a fondo, minucioso. **2** meticuloso, concienzudo. **3** correcto, perfecto, adecuado. **4** empedernido, redomado.

thoroughbred ['θʌrəbred] *s. c.* y *adj.* pura sangre.

thoroughfare ['θʌrəfeər] *s. c.* **1** calle principal ◆ **2 no ~,** calle de circulación prohibida, prohibido el paso.

thoroughgoing ['θʌrəˌgəʊɪŋ] *adj.* profundo, total, completo, exhaustivo, perfecto: *a thoroughgoing democrat = todo un demócrata.*

thoroughly ['θʌrəlɪ] *adv.* profundamente, completamente, concienzudamente, minuciosamente, perfectamente.

thoroughness ['θʌrənɪs] *s. i.* profundidad, perfección, minuciosidad, meticulosidad, escrupulosidad.

those [ðəʊz] *pl.* **1** de **that.** ◆ **2 one of ~ days,** uno de esos días (en que todo sale mal). **3 ~ were the days!,** ¡qué tiempos aquellos!

thou [ðaʊ] *pron. pers.* **1** (arc.) tú, vos. ◆ **2 holier-than-thou attitude,** aires de superioridad (estar por encima del bien y del mal). ⇒ **thee, thy, thine.**

though [ðəʊ] (también, **although, tho**) *conj.* **1** aunque, aun, a pesar de que, no obstante que. • *adv.* **2** aun con todo, a pesar de todo, sin embargo. ◆ **3 as ~,** como si. **4 ~ I say it myself/~ I say so myself,** aunque no está bien que lo diga.

OBS. **Though** es más común que **although** en lenguaje coloquial, **even** suele acompañarlo para enfatizar, mientras que no se puede utilizar con **although;** puede colocarse al final de la oración con el significado de "sin embargo"; en frases largas puede aparecer en otras posiciones, con valor adverbial, y función enfática.

thought [θɔːt] *pret.* y *p. p.* **1** de think. • *s. c.* **2** pensamiento, idea, intención, opinión, consideración. ◆ **3 a penny for your thoughts,** ⇒ **penny. 4 as quick as ~,** rápido como el pensamiento. **5 food for ~,** materia de reflexión, algo que da que pensar. **6 perish the ~!,** ¡tiemblo de pensarlo! **7 second thoughts,** ⇒ **second. 8 the wish is father to the ~,** creer lo que uno quiere creer, creer lo que a uno le conviene.

thoughtful ['θɔːtfʊl] *adj.* **1** pensativo, meditabundo, serio, absorto. **2** cuidadoso, atento, pensado. **3** considerado, solícito.

thoughtfully ['θɔːtfəlɪ] *adv.* **1** pensativamente, seriamente. **2** atentamente, cuidadosamente. **3** solícitamente, amablemente.

thoughtfulness ['θɔːtfʊlnɪs] *s. i.* **1** meditación, seriedad. **2** atención, cuidado. **3** solicitud, amabilidad.

thoughtless ['θɔːtlɪs] *adj.* **1** irreflexivo. **2** falto de atención, descuidado. **3** desconsiderado, egoísta.

thoughtlessly ['θɔːtlɪslɪ] *adv.* **1** irreflexivamente. **2** descuidadamente. **3** desconsideradamente, egoístamente.

thoughtlessness ['θɔːtlɪsnɪs] *s. i.* **1** irreflexión. **2** descuido, inconsciencia. **3** desconsideración, egoísmo.

thousand ['θaʊznd] *num. card.* **1** mil. • *s. c.* **2** mil: *by the thousand = a millares.* ◆ **3 a ~ and one, one in a thousand,** ⇒ **one.**

thousandth ['θaʊzntθ] *num. ord.* **1** milésimo. • *s. c.* **2** milésima parte. **3** número mil: *I was the thousandth = yo hacía el número mil.*

thrall [θrɔːl] *s. c.* **1** esclavo. • *s. i.* **2** esclavitud. • *v. t.* **3** esclavizar. ◆ **4 to be in ~ (to), a)** estar en manos de, bajo el poder de, bajo la influencia de estar esclavizado por; **b)** en vilo, pendiente.

thrash [θræʃ] *s. c.* **1** movimiento. • *v. t.* **2** pegar, golpear, azotar, dar una paliza a. **3** derrotar, dar una paliza a. • *v. i.* **4** (**~ about**) moverse, agitarse, sacudirse. **5** (**~ out**), discutir en detalle, dar vueltas a un problema.

thrashing ['θræʃɪŋ] *s. c.* **1** paliza, tunda, varapalo, zurra, azotaina. **2** paliza, derrota aplastante.

thread [θred] *s. i.* **1** hebra, hilo. **2** voluta. **3** rosca, filete de una tuerca. **4** hilo de una argumentación. • *v. i.* **5** enhebrar, ensartar, enristrar, insertar, hacer pasar. **6** pasar entre, sortear, colarse por. ◆ **7 to hang by a ~,** colgar de un hilo, estar pendiente de un hilo. **8 to lose /miss the ~,** perder el hilo (de una argumentación). **9 to pick/take/gather up the threads,** retomar, recomenzar, atar cabos. **10 threads,** cabos, tendencias, aspectos.

threadbare ['θredbeər] *adj.* **1** deshilachado, desgastado, ajado, raído. **2** trillado, flojo, pasado: *a threadbare joke = un chiste viejo.*

threat [θret] *s. c.* **1** amenaza, seria advertencia. **2** riesgo, peligro.

threaten [θretn] *v. t.* **1** amenazar, proferir amenazas, advertir. **2** poner en peligro, hacer peligrar, correr el riesgo. **3** estar amenazado, estar bajo/ante la amenaza de. • *v. i.* **4** amenazar.

threatened ['θretnd] *adj.* amenazado, en peligro.

threatening ['θretnɪŋ] *adj.* amenazador, amenazante.
threateningly ['θretnɪŋlɪ] *adv.* amenazadoramente.
three [θriː] *num. card.* **1** tres. **2** tri-, de tres: *a three-ring circus = un circo de tres pistas.* • *s. c.* **3** el tres. ◆ **4** ~ **Rs,** las tres disciplinas básicas: **reading,** lectura; **writing,** escritura; **arithmetic,** aritmética.
three-cornered ['θriː,kɔːnəd] *adj.* triangular, de tres picos: *a three-cornered hat = un sombrero de tres picos.*
three-dimensional [,θriːdɪ'menʃənl] (también, **3-D**) *adj.* **1** tridimensional, de tres dimensiones, sólido. **2** real, auténtico, veraz, creíble (los personajes de una obra, novela, etc.).
three-legged race [,θriː'legd,reɪs] *s. c.* carrera de tres piernas, carrera en que los competidores van atados de dos en dos por una pierna.
three-line whip ['θriːlaɪn'wɪp] *s. c.* (brit.) nota del líder del partido recordando la obligación de asistir y la disciplina de voto.
three-ply ['θriːplaɪ] *adj.* contrachapado de tres capas, de tres hebras.
three-point turn ['θriːpɔɪnt'tɜːn] *s. c.* cambio de sentido en la marcha de un vehículo mediante tres maniobras de giro.
three-quarter [θriː'kwɔːtəz] *adj.* tres cuartos.
threesome ['θriːsəm] *s. c.* trío, grupo de tres, terceto.
three-wheeler ['θriːwiːlər] *s. c.* coche de tres ruedas.
thresh [θreʃ] *v. t.* e *i.* AGR. trillar, machacar, triturar.
threshold ['θreʃhəuld] *s. c.* **1** umbral, umbrales. **2** punto de partida, puertas. **3** límite, nivel mínimo, nivel umbral. ◆ **4 on the** ~ **of,** estar en los umbrales, estar en la antesala de, estar a las puertas de.
threshing ['θreʃɪŋ] *s. i.* AGR. **1** trilla. ◆ **2** ~ **floor,** era.
threw [θruː] *pret.* de **throw.**
thrice [θraɪs] *adv.* (form.) por tres veces, tres veces.
thrift [θrɪft] *s. i.* **1** economía, frugalidad, ahorro. • *s. c.* **2** ~ **institution,** entidad de ahorro.
thrifty ['θrɪftɪ] *adj.* económico, frugal, ahorrativo.
thrill [θrɪl] *s. c.* **1** emoción, temblor, escalofrío, estremecimiento, excitación. **2** experiencia excitante, sensación. • *v. t.* **3** emocionar, conmover, hacer ilusión, estremecer, temblar de emoción, excitar. ◆ **4 to** ~ **at/to,** emocionarse, estremecerse por/a causa de. **5 big** ~, (desp.) ¡que emoción! **6 thrills and spills,** los avatares, los imprevistos, los sobresaltos. **7 to** ~ **with,** emocionar con/por medio de, electrizar.
thrilled [θrɪld] *adj.* **1** emocionado, arrobado, embelesado, excitado. ◆ **2** ~ **to bits,** extasiado, cautivado, fuera de sí por la emoción.
thriller ['θrɪlər] *s. c.* novela, película, etc., de intriga y misterio.
thrilling ['θrɪlɪŋ] *adj.* emocionante, escalofriante, sensacional.
thrive [θraɪv] (*pret. reg.,* **thrived;** *irreg.,* **throve,** *p. p. reg.* **thrived;** *irreg.* **thriven**) *v. i.* **1** crecer, desarrollarse. **2** florecer, prosperar, medrar. ◆ **3 to** ~ **on/upon,** alimentarse de; disfrutar con, realizarse con: *he thrives on hard work = se siente realizado con mucho trabajo.*
thriven ['θrɪvn] *p. p.* de **thrive.**
throat [θrəut] *s. c.* **1** ANAT. garganta. **2** cuello, gaznate, pescuezo. **3** GEOG. paso, desfiladero, garganta. ◆ **4 to be at each other's throats,** estar zarpa a la greña, discutir violentamente. **5 to clear one's** ~, ⇒ **clear. 6 to cut/slit one's own** ~, crearse/buscarse la propia ruina, (fig.) suicidarse. **7 to have a frog in one's** ~, ⇒ **frog. 8 to have a lump in one's** ~, ⇒ **lump. 9 to jump down someone's** ~, ⇒ **jump. 10 to lie in one's** ~, mentir descaradamente. **11 to ram/force/push/thrust something down somebody's** ~, forzar a aceptar, hacer tragar, obligar a comulgar con ruedas de molino, imponer algo a uno. **12 to stick in someone's** ~, tener atragantado, no poder soportar, ser inaceptable, tener cruzado.
throaty ['θrəuti] *adj.* gutural, ronca (voz).
throb [θrɒb] *s. c.* **1** latido, pulsación, palpitación. **2** vibración, ruido. • *v. i.* **3** latir, pulsar, palpitar. **4** vibrar. **5** bullir, hervir de actividad (un lugar). ◆ **6 to** ~ **away,** doler constantemente.
throbbing ['θrɒbɪŋ] *s. c.* **1** latido, palpitación, pulsación, vibración. • *adj.* **2** palpitante, vibrante, muy activo, que bulle de actividad.
throes [θrəuz] *s. pl.* **1** dolores de parto. **2** estertores de agonía. ◆ **3 to be in the** ~ **of,** estar de lleno en, en pleno; sufrir la incomodidad de.
thromboses [θrɒm'bəusiːz] *pl.* de **thrombosis.**
thrombosis [θrɒm'bəusɪs] (*pl.* **thromboses**) *s. c.* e *i.* MED. trombosis.
throne [θrəun] *s. c.* **1** trono, solio, sede, sitial. • *s. sing.* **2** el trono, la realeza, el poder real, la dignidad real.
throng [θrɒŋ] *s. c.* **1** multitud, gentío, tropel, muchedumbre, masa. • *v. t.* **2** atestar, llenar, ocupar. • *v. i.* **3** acudir en masa, venir en tropel. ◆ **4 to** ~ **in/into,** entrar en masa. **5 to** ~ **out,** salir en masa, abandonar en tropel.
throttle ['θrɒtl] *s. c.* e *i.* **1** ANAT. gaznate, cuello. **2** MEC. válvula de admisión. • *v. t.* **3** estrangular, sofocar, ahogar. ◆ **4 to** ~ **back/down,** reducir la velocidad, disminuir la marcha, decelerar.
through [θruː] (en EE UU **thru**) *prep.* **1** a través de, por, de parte a parte de, de un lado a otro de. **2** al otro lado de, por enmedio de, entre. **3** a lo largo y ancho de, por todo. ⇒ **throughout. 4** hasta, durante, a: *Monday through Friday = de lunes a viernes.* **5** a causa de, gracias a, mediante, por medio de. • *adj.* **6** directo, con prioridad: *a through train = tren directo.* **7** acabado, terminado. • *adv.* **8** de parte a parte, totalmente, completamente, de principio a fin: *all the way through = hasta el final; half-way through = hacia la mitad.* ◆ **9 to be** ~ **with,** haber terminado con. **10 to get** ~, **a)** superar, rebasar, pasar; **b)** pasar una llamada, conectar por teléfono. **11 to go** ~, **a)** cruzar, atravesar, recorrer; **b)** aprobar, pasar (una propuesta); **c)** revisar, repasar. **12** ~ **and** ~, completamente.
throughout [θruː'aut] *prep.* **1** durante todo, a lo largo de todo. **2** por todo, en todo: *throughout the world = en todo el mundo.* ◆ *adv.* **3** desde el principio hasta el fin, de principio a fin. **4** completamente.
throughput ['θruːput] *s. sing.* cantidad de material utilizado o cantidad de información procesada en una unidad de tiempo.
throve [θrəuv] *pret.* de **thrive.**
throw [θrəu] *s. c.* **1** tiro, tirada, jugada. **2** derribo. • *v. t.* (*pret.* **threw,** *p. p.* **thrown**) **3** lanzar, arrojar, tirar. **4** empujar, meter. **5** poner, hacer llegar. **6** echar, proyectar. **7** dar, celebrar. **8** encender, apagar. **9** producir, fabricar, tender. **10** sacar. ◆ **11 to** ~ **about/around, a)** tirar por ahí, lanzar alrededor, esparcir; **b)** mover, agitar brazos y piernas; **c)** rodear, envolver, echar alrededor. **12 to** ~ **a fit,** tener un ataque. **13 to** ~ **aside,** echar a un lado, dejar de lado, despreciar. **14 to** ~ **a spanner in the works,** estropear a propósito. **15 a stone's** ~, ⇒ **stone. 16 to** ~ **at,** tirar contra, tirar a dar, dirigir. **17 to** ~ **away, a)** librarse de; **b)** desaprovechar, desperdiciar; **c)** deponer. **18 to** ~ **back, a)** devolver, retroceder; **b)** retirar, descorrer; **c)** retrasar; **d)** parecerse, tirar a, recordar a. **19 to** ~ **back at,** echar en cara, recordarle algo a alguien. **20 to** ~ **back on /upon,** hacer depender de, verse forzado a depender de. **21 to** ~ **cold water over,** echar un jarro de agua fría, desanimar. **22 to** ~ **down, a)** tirar, dejar caer. **23 a)** arrojar, tirarse al suelo; **b)** derrotar, destruir, derrocar. **24 to** ~ **down one's arms,** deponer las armas, rendirse. **25 to** ~ **the gauntlet,** ⇒ **gauntlet. 26 to** ~ **dust in someone's eyes,** engañar, hacer creer. **27 to** ~ **in, a)** tirar de cualquier manera, añadir como regalo; añadir, intercalar un comentario; **b)** dejar, abandonar, sacar de banda. **28 to** ~ **someone in at the deep end,** poner a alguien en un brete. **29 to** ~ **in one's lot with,** unirse a, juntarse con. **30 to** ~ **in someone's teeth,** acusar, echar la culpa. **31 to** ~ **in the towel,** abandonar, aceptar la derrota. **32 to** ~ **into, a)** echar dentro de, arrojar dentro de; **b)** poner, hacer ponerse a alguien en; **c)** meter baza, añadir palabra. **33 to** ~ **light on,** ⇒

light. **34 to ~ mud at,** insultar, hablar ofensivamente. **35 to ~ off, a)** quitarse de encima, librarse, renunciar, abandonar; **b)** derrotar; **c)** escribir con facilidad, hablar descuidadamente. **36 to ~ off his balance, a)** hacer perder el equilibrio; **b)** confundir, sorprender. **37 to ~ on, a)** ponerse rápidamente, echarse encima; **b)** poner, hacer caer o llegar; **c)** culpar, hacer caer la culpa, acusar; **d)** hacerse depender de, crearse una dependencia. **38 to ~ oneself at someone's head,** hacerse notar, darse a entender. **39 to ~ oneself at the feet of,** arrojarse a los pies de, pedir perdón humildemente. **40 to ~ one's hand in,** abandonar todo intento; dejar de jugar. **41 to ~ one's hat in the air,** estar contento, mostrar alegría. **42 to ~ one's hat in the ring,** declarar la intención de, tomar parte, manifestarse. **43 to ~ one's mind back,** recordar, rememorar, traer a la mente. **44 to ~ one's money about/around,** malgastar, despilfarrar, derrochar. **45 to ~ one's weight about,** ⇒ **weight. 46 to ~ open,** abrir violentamente; abrir a todo el mundo, participar libremente. **47 to ~ out, a)** sacar, dirigir hacia afuera, librarse de algo, expulsar, hacer salir; **b)** rehusar aceptar, echar a perder; **c)** confundir, provocar errores, causar preocupación; **d)** construir. **48 to ~ over, a)** echar; **b)** poner fin a, terminar, abandonar; **c)** cubrir, tapar. **49 to ~ overboard,** caer al mar, tirar por la borda, abandonar. **50 to ~ to,** pasar, echar, lanzar. **51 to ~ sideways,** sorprender, confundir, tener un efecto negativo. **52 to ~ someone for a loop,** (EE UU) (fam.) derrotar, confundir, dejar sin argumentos. **53 to ~ stones,** atacar, criticar. **54 to ~ the baby out with the bath water,** ⇒ **baby. 55 to ~ the book (of rules) at,** acusar de una falta, amenazar con un castigo. **56 the die is thrown/cast,** ⇒ **die. 57 to ~ to the dogs,** desperdiciar, echar a perder, tirar a los perros, ceder una parte. **58 to ~ to the lions,** echar a los leones, a las fieras. **59 to ~ caution to the wind,** ⇒ **wind. 60 to ~ together,** reunir apresuradamente, componer sin cuidado; juntar, unir. **61 to ~ up, a)** lanzar hacia arriba, tirar al aire; **b)** echar a perder, dejar de intentar; **c)** vomitar. **62 to ~ up one's hands,** perder toda esperanza, admitir la derrota. **63 people who live in glass houses should not ~ stones,** no se deben tirar piedras contra el propio tejado.

throwaway ['θrəʊəˌweɪ] *adj.* **1** de usar y tirar, desechable. • *s. c.* **2** prospecto, folleto.

throwback ['θrəʊbæk] *s. c.* recuerdo, retroceso, salto atrás.

throw-in ['θrəʊɪn] *s. c.* DEP. saque de banda.

thrown [θrəʊn] *p. p.* **1** de **throw.** ♦ **2 ~ to jump in at the deep end,** ⇒ **deep.**

thru *adv.* y *prep.* ⇒ **through.**

thrum [θrʌm] *v. t.* e *i.* teclear, rasguear, tamborilear.

thrush [θrʌʃ] *s. c.* **1** ZOOL. tordo, zorzal. • *s. i.* **2** MED. afta.

thrust [θrʌst] *s. i.* **1** impulso, propulsión, empuje, ímpetu, empujón. **2** estocada, puñalada, cuchillada. • *s. sing.* **3** tendencia, dirección, corriente. • *v. t.* (*pret.* y *p. p. irreg.* **thrust**) **4** empujar, impeler, impulsar. **5** clavar, hincar. • *v. i.* **6** seguir, proseguir, avanzar. **7** dar un empujón, abrirse paso, lanzar una estocada. **8** darse importancia, entrometerse, ofrecerse inmodestamente. ♦ **9 to ~ against,** apretarse contra. **10 to ~ aside, a)** rechazar, apartar; **b)** hacer sitio. **11 to ~ at, a)** asestar un golpe, lanzar una estocada a; **b)** arrojar, poner delante. **12 to ~ away,** rechazar. **13 to ~ back,** hacer retroceder. **14 to ~ down, a)** bajar, lanzar hacia abajo; **b) to ~ something down someone's throat,** ⇒ **throat. 15 to ~ forward, a)** avanzar, empujar hacia adelante; **b)** ponerse en evidencia. **16 to ~ from,** rechazar, retirar, apartar. **17 to ~ home,** hacer sentir el peso de. **18 to ~ an/one's advantage home,** aprovechar una oportunidad. **19 to ~ in/into,** hacer entrar, arrojar al interior, encajar, meter en. **20 to ~ on/upon,** pegarse a, unirse a. **21 to ~ out,** sacar, despedir. **22 to ~ past,** empujar a alguien para pasar, apartar. **23 to ~ through,** abrirse paso, atravesar. **24 to ~ towards,** empujar en una dirección, avanzar contra una fuerte oposición. **25 to ~ up,** crecer.

thud [θʌd] *s. c.* **1** ruido, golpe, sonido sordo. • *v. i.* **2** caer con ruido sordo, producir un ruido sordo, sonar. ♦ **3 to ~ against,** chocar contra algo.

thuggery ['θʌgərɪ] *s. i.* gamberrismo, bandidaje, brutalidad.

thumb [θʌm] *s. c.* **1** pulgar, dedo pulgar, dedo gordo. • *v. t.* **2** hojear, manosear. **3** hacer auto-stop. ♦ **4 all fingers and thumbs/all thumbs,** manazas, torpe. **5 to ~ one's nose at,** ⇒ **nose. 6 rule of ~,** de modo empírico, a la buena de Dios. **7 to stick out like a sore ~,** ⇒ **sore. 8 to ~ through,** buscar en un libro, pasar las hojas. **9 to twiddle one's thumbs,** ⇒ **twiddle. 10 to be under someone's ~,** estar dominado por.

thumbnail ['θʌmneɪl] *s. c.* **1** uña del dedo pulgar. • *adj.* **2** breve.

thumbscrew ['θʌmskruː] *s. c.* empulgueras.

thumbs-down ['θʌmsdaʊn] *s. i.* desaprobación.

thumbs-up ['θʌmsʌp] *s. i.* aprobación, luz verde.

thumbtack ['θʌmtæk] *s. c.* (EE UU) chincheta.

thump [θʌmp] *s. c.* **1** puñetazo, golpe. **2** ruido sordo. • *v. t.* **3** golpear, dar una paliza a, arrojar. • *v. i.* **4** dar golpes, hacer ruido. **5** latir desbocado. ♦ **6 to ~ out a tune,** tocar música aporreando el piano.

thumping ['θʌmpɪŋ] *adj.* aplastante, abrumador, tremendo.

thunder ['θʌndər] *s. i.* **1** trueno. **2** ruido atronador. • *v. i.* **3** tronar, atronar, rugir, resonar. • *v. t.* **4** vociferar, hablar a gritos. ♦ **5 to be like ~/as black as ~,** estar enfadado, estar que trina. **6 to steal someone's ~,** robar una idea, atraer la atención apropiándose de las ideas de otros.

thunderbolt ['θʌndəbəʊlt] *s. c.* rayo.

thunderclap ['θʌndəklæp] *s. c.* trueno.

thundercloud ['θʌndəklaʊd] *s. c.* nube de tormenta.

thundering ['θʌndərɪŋ] *adj.* de trueno, estruendoso, tremendo: *thundering voice* = *voz de trueno.*

thunderous ['θʌndərəs] *adj.* **1** ensordecedor, atronador. **2** tremendo, arrollador, violento: *a thunderous attack* = *un violento ataque.*

thunderstorm ['θʌndəstɔːm] *s. c.* tormenta.

thunderstruck ['θʌndəstrʌk] *adj.* (form. o lit.) sorprendido, atónito, pasmado, asombrado, estupefacto.

thundery ['θʌndərɪ] *adj.* tormentoso.

Thursday ['θəːzdɪ] *s. c.* jueves.

thus [ðʌs] *adv.* **1** así, de esta manera. **2** por eso, así que, por lo tanto, en consecuencia. ♦ **3 ~ far,** ⇒ **far.**

thwack [θwæk] *s. c.* **1** golpe fuerte, porrazo. **2** tentativa, intento. • *v. t.* **3** golpear, pegar una paliza a, derrotar. **4** (EE UU) compartir.

thwart [θwɔːt] *v. t.* frustrar, desbaratar, impedir, estorbar.

thy [ðaɪ] *adj.pos.* (arc.) tu. ⇒ **thou, thee, thine.**

thyme [taɪm] *s. i.* BOT. tomillo.

thyroid ['θaɪrɔɪd] *s. c.* **1** ANAT. tiroides. ♦ **2 ~ gland,** glándula tiroides.

thyself [ðaɪ'self] *pron.r.* (arc.) te, ti mismo, tú mismo.

tiara [tɪ'ɑːrə] *s. c.* **1** tiara. **2** diadema.

Tibet [tɪ'bet] *s. sing.* GEOG. el Tibet.

Tibetan [tɪ'betən] *adj.* **1** tibetano. • *s. c.* **2** tibetano, persona del Tibet.

tibia ['tɪbɪə] (*pl.* **tibias** o **tibiae**) *s. c.* ANAT. tibia.

tic [tɪk] *s. c.* MED. tic.

tick [tɪk] *s. c.* **1** marca, señal. **2** el tictac del reloj. **3** un segundo, un ratito, un poquitín. **4** ZOOL. garrapata, parásito. • *v. t.* **5** marcar, hacer una señal en, señalar. • *v. i.* **6** hacer tictac. **7** motivar: *I'd like to know what makes you tick* = *querría saber qué te motiva.* ♦ **8 to ~ by/away,** pasar el tiempo, transcurrir el tiempo. **9 on ~,** a crédito. **10 to ~ off, a)** marcar; **b)** reprender, echar un rapapolvo; **c)** (EE UU) enfadar, hacer enfadar. **11 to ~ off on one's fingers,** contar con los dedos, enumerar contando con los dedos. **12 to ~ over, a)** funcionar a marcha lenta, a ralentí; **b)** funcionar despacio con baja producción, hacer lo justo, andar falto de ideas.

ticker ['tɪkər] *s. c.* (p.u. y fam.) corazón.

ticker-tape ['tɪkəteɪp] *s. i.* cinta perforada.

ticket ['tɪkɪt] *s. c.* **1** entrada, billete, tiquet. **2** etiqueta, tarjeta: *ration ticket = tarjeta de racionamiento.* **3** multa, comunicación oficial. **4** tema, programa, etiqueta política. ◆ **5 that's the ~/that's just the ~,** (p.u., fam.) eso es lo que hacía falta. **6 to work one's ~,** escurrir el bulto.

ticking ['tɪkɪŋ] *s. i.* **1** tictac (de reloj). **2** cutí, cotí (tela de colchones). ◆ **3 ~ off,** reprimenda, regañina.

tickle ['tɪkl] *s. sing.* **1** cosquilleo, escozor, picor. ● *v. t.* **2** hacer cosquillas a, picar. **3** irritar, molestar. **4** entretener, divertir, regalar. ◆ **5 to be tickled pink/to death,** estar encantado, entusiasmado. **6 to ~ one's fancy/vanity,** divertir, halagar, atraer.

ticklish ['tɪklɪʃ] *adj.* **1** que tiene cosquillas. **2** quisquilloso, picajoso, irritable. **3** difícil, delicado, espinoso.

tidal ['taɪdl] *adj.* **1** riada, subida del nivel del agua, marea. **2** mareo-motriz, de marea. **3** cíclico, oleada. **4 ~ wave,** maremoto.

tidbit *s. c.* ⇒ **titbit.**

tiddler ['tɪdlər] *s. c.* (brit.) (fam.) pececito.

tiddly ['tɪdlɪ] *adj.* **1** (brit.) (fam.) achispado, entonado. **2** diminuto.

tiddlywink ['tɪdlɪwɪŋk] *s. i.* **1** juego de la pulga. ● *s. c.* **2** ficha del juego de la pulga.

tide [taɪd] *s. sing.* **1** marea, corriente. **2** tendencia, corriente de opinión. **3** oleada, flujo, multitud, cantidad. ◆ **4 to swim/go against the ~,** nadar/ir contra corriente. **5 to ~ over,** sacar de un apuro, ayudar a sobrevivir por un tiempo. **6 there is a ~ in the affairs of men,** hay un momento para cada cosa, la ocasión nunca llega dos veces. **7 time and ~ wait for no man,** no dejes para mañana lo que puedas hacer hoy, la ocasión la pintan calva.

tideline ['taɪdlaɪn] (también **tidemark**) *s. c.* línea de la marea.

tidemark ['taɪdmɑːk] *s. c.* ⇒ **tideline.**

tidily ['taɪdɪlɪ] *adv.* ordenadamente, pulcramente, aseadamente.

tidiness ['taɪdɪnɪs] *s. i.* limpieza, pulcritud, aseo, orden.

tidings ['taɪdɪŋz] *s. pl.* (p.u. y form.) nuevas, noticias.

tidy ['taɪdɪ] *adj.* **1** limpio, ordenado, organizado, arreglado. **2** grande, considerable, notable. **3** lógico, metódico. ● *s. c.* **4** cajón de sastre, cajón para cacharros. ● *v. t.* **5** ordenar, poner en orden, recoger. ◆ **6 to ~ away,** recoger, retirar, poner en su sitio. **7 to ~ out,** clasificar, reorganizar, desechar y ordenar. **8 to ~ up,** arreglar, limpiar, asear(se).

tie [taɪ] *s. c.* **1** corbata, atadura. **2** unión, enlace, lazo. **3** limitación, atadura, restricción. **4** DEP. empate, partido, ronda. ● *v. t.* (*ger.* **tying**) **5** atar, ligar, reunir, rodear, anudar. **6** anudarse, atarse (los zapatos...). **7** unir, vincular. **8** limitar, restringir, atar. ● *v. i.* **9** atarse, empatar. ◆ **10 my/his/etc. hands are tied,** no puedo/puede/etc. hacer nada. **11 to ~ down,** estar sometido a, estar atado, limitado. **12 to ~ up, a)** asegurar, atar, anudar, amarrar; **b)** inmovilizar, acaparar, retener; **c)** resolver, solucionar; **d)** ir juntos, estar unidos.

tie-break ['taɪbreɪk] *s. c.* DEP. juego de desempate en tenis.

tie-breaker ['taɪbreɪkər] *s. c.* pregunta de desempate.

tied [taɪd] *adj.* anejo.

tied-up ['taɪdʌp] *adj.* **1** ocupado, atareado. **2** relacionado, implicado.

tie-dye ['taɪdaɪ] *v. t.* teñir ropa anudada (para obtener varios tonos).

tie-in ['taɪən] *s. c.* relación, conexión, enlace; producto relacionado.

tie-pin ['taɪpɪn] *s. c.* alfiler de corbata.

tier [tɪər] *s. c.* **1** gradas; fila; hilera. **2** sección, nivel.

tiff [tɪf] *s. c.* riña, disputa, pelea.

tiger ['taɪgər] *s. c.* **1** ZOOL. tigre. ◆ **2 ~ lily,** BOT. tigridia.

tight [taɪt] *adj.* **1** ajustado (ropa); estrecho, apretado, justo (zapatos). **2** prieto (un nudo); fuerte, firme (apretón). **3** tirante, tenso, estirado (la piel, una cuerda). **4** nutrido, compacto (un grupo). **5** ajustado (calendario, presupuesto). **6** cerrado (curva): *a tight turn = un giro cerrado.* **7** estricto, severo, riguroso (medidas, normas). **8** mal, justo (de dinero). **9** difícil, comprometida (una situación). ◆ **10 to keep a ~ rein on,** ⇒ **rein. 11 to sit ~,** ⇒ **sit. 12 sleep ~,** que descanses, que duermas bien. **13 tights,** medias.

tighten ['taɪtn] *v. t.* **1** apretar; asegurar; tensar; agarrar. **2** tensar, endurecer, atirantar. **3** endurecer, estrechar, hacer más riguroso. ◆ **4 to ~ one's belt,** ⇒ **belt. 5 to ~ up, a)** apretar, asegurar; **b)** controlar estrictamente.

tight-fisted ['taɪtfɪstɪd] *adj.* (fam.) tacaño, roñoso, agarrado.

tightlipped ['taɪtlɪpt] *adj.* **1** de labios apretados. **2** callado, hermético: *a tightlipped silence = silencio absoluto.*

tightly ['taɪtlɪ] *adv.* **1** estrechamente; apretadamente; firmemente. **2** de modo compacto, hermético. **3** rigurosamente.

tightness ['taɪtnɪs] *s. i.* **1** estrechez; tensión; tirantez. **2** tacañería.

tightrope ['taɪtrəup] *s. c.* **1** cuerda floja, alambre (circo). ◆ **2 to walk a ~,** (fig.) estar en la cuerda floja, pasar por una situación difícil. **3 ~ walker,** equilibrista, funámbulo.

tigress ['taɪgrɪs] *s. c.* ZOOL. tigresa.

tilde [tɪld] *s. c.* tilde, vírgula.

tile [taɪl] *s. c.* **1** cubrimiento, plancha. **2** teja (en tejado); baldosa (en suelo), azulejo (en paredes, alicatados). ● *v. t.* **3** tejar, entejar; embaldosar; poner azulejos en, alicatar. ◆ **4 to have a ~ loose,** tener flojo un tornillo.

tiled [taɪld] *adj.* embaldosado (suelo); de teja, tejado (tejado); alicatado (pared, etc.).

till [tɪl] *prep.* **1** hasta ⇒ **until.** ● *conj.* **2** hasta que. ● *s. c.* **3** caja, caja registradora. ● *v. t.* **4** labrar, arar, cultivar. ◆ **5 to catch someone with his/her fingers in the ~,** coger a alguien con las manos en la masa.

tiller [tɪlər] *s. c.* **1** caña del timón. **2** labrador, agricultor.

tilt [tɪlt] *s. c.* **1** inclinación, ladeo. **2** justa, torneo. ● *v. t.* e *i.* **3** inclinar, ladear. **4** influenciar, modificar. ● *v. i.* **5** inclinarse, ladearse. ◆ **6 at full ~,** a toda velocidad.

timber ['tɪmbər] *s. i.* **1** madera de construcción. ● *s. c.* **2** viga de madera. ● *v. t.* **3** enmaderar, entibar. ◆ **4 ~!,** ¡árbol va!, ¡tronco va!

timbered ['tɪmbəd] *adj.* **1** con vigas de madera, enmaderado, entibado. **2** arbolado, poblado de árboles, boscoso.

timbre ['tɪmbə] *s. i.* MÚS. timbre.

time [taɪm] *s. c.* e *i.* **1** tiempo; hora; momento; plazo. **2** período, época, estación, temporada. **3** horas de trabajo, jornada. ● *pl.* **4** MAT. por, multiplicado por. **5** MÚS. tiempo, duración, compás. **6** hora; rato; vez, ocasión. ● *v. t.* **7** escoger el momento de (hacer algo). **8** fijar la hora de. **9** cronometrar; calcular el tiempo de, poner en hora. ◆ **10 it's about ~,** ya es hora de que. **11 about ~ too/not before ~/etc.,** ya era hora, ya iba siendo hora, ya está bien. **12 ~ after ~/~ and again/~ and ~ again,** una y otra vez, continuamente. **13 ~ and motion study,** estudio de rendimientos. **14 ahead of ~,** antes de la hora. **15 ahead of one's ~/in advance of one's ~/etc.,** por delante de su tiempo, de ideas avanzadas. **16 all in good ~,** a su debido tiempo, en su momento. **17 all the ~,** siempre, todo el rato, todo el tiempo. **18 at all times,** en todo momento. **19 at any ~,** en cualquier momento. **20 at a ~,** a la vez, al mismo tiempo, de una vez. **21 at one ~,** en cierta época. **22 at one ~/at any one ~,** de una vez. **23 at the best of times,** en todo momento, en ningún momento, con todo a favor, en los mejores momentos. **24 at the same ~, a)** a la vez, al mismo tiempo; **b)** aunque, sin embargo, también. **25 to beat ~,** ⇒ **beat. 26 to be doing ~,** cumplir condena, estar en prisión. **27 before one's ~, a)** antes de nacer uno, antes de lo que uno pueda recordar; **b)** antes de hora, antes de lo que corresponde, muy pronto. **28 behind the times,** anticuado, pasado de moda. **29 behind ~,** tarde, retrasado, con retraso, mal de tiempo. **30 ~ and motion study,** estudio de desplazamientos y tiempos; estudio de racionalización de tareas laborales. **31 ~ capsule,** recipiente con objetos típicos de una época que queda enterrado o preservado para futuras generaciones. **32 for all ~,** para siempre, eternamente, permanentemente. **33 for the ~ being,** de momento, por ahora. **34 from ~ to ~,** de vez en cuando. **35 half the ~,** (desp.) la mitad del tiempo, casi siempre. **36 to have no ~ for,** no poder perder el tiempo con. **37 high ~, ⇒ high.** **38 in a week's ~/in a month's ~/etc.**, en una semana, en un mes, dentro de una semana, dentro de un mes. **39 in good ~**, a tiempo, a su debido tiempo. **40 in no ~/in next to no ~/etc.**, en nada, en un momento, inmediatamente, en seguida; de repente. **41 in one's own time,** en horas libres, en el tiempo libre, fuera del trabajo. **42 it is only a matter of ~/it is only a question of ~,** es sólo cuestión de tiempo. **43 to keep ~, a)** ir en punto, ir bien (el reloj); **b)** llevar el ritmo, llevar el compás. **44 ~ deposit,** imposición a plazo. **45 ~ machine,** máquina del tiempo. **46 to make good/bad/etc. ~,** hacer/sacar un buen/mal promedio, llevar más/menos de la cuenta. **47 to make the ~ up,** recuperar horas. **48 to make up for lost ~,** recuperar el tiempo perdido. **49 to mark ~, ⇒ mark.** **50 to move with the times,** marchar al ritmo de los tiempos, estar al día, actualizarse. **51 nine times out of ten/ninety times out of a hundred,** nueve veces de cada diez/ noventa veces de cada cien; la mayor parte de las veces. **52 no ~ to lose/no ~ to be lost/etc.,** sin tiempo que perder, no hay tiempo que perder. **53 of all times,** de todos los tiempos. **54 old times,** los viejos tiempos; de otras épocas. **55 once upon a ~, ⇒ once.** **56 on ~,** a tiempo, a la hora, en punto, puntualmente, con puntualidad. **57 our ~/our times,** de nuestros días, de hoy en día, del momento. **58 ~ out,** tiempo muerto (en baloncesto); pausa, descanso, intermedio; tiempo libre. **59 out of ~,** fuera de compás, desacompasado. **60 to pass the ~,** pasar el tiempo, pasar el rato. **61 to pass the ~ of day,** echar una parrafada, charlar un rato. **62 to play for ~, ⇒ play.** **63 ~ signal,** señal horaria. **64 ~ signature,** MÚS. compás. **65 someone's ~ is drawing near/is approaching/is up,** acercarse/llegar la hora de uno, tener los días contados. **66 ~ switch,** temporizador. **67 to take one's ~,** tomárselo con calma, tomarse el tiempo que se necesita. **68 ~ series,** MAT. serie temporal. **69 ~ signature,** MÚS. compás. **70 ~ travel,** viaje en el tiempo. **71 ~ warp,** detención del tiempo. **72 to take ~,** llevar (un) tiempo, costar tiempo. **73 to tell the ~, ⇒ tell.** **70 to have the ~ of one's life,** pasarlo en grande/bomba/estupendamente, etc. **74 -time,** tiempo, jornada, hora de: *full-time job = trabajo a tiempo completo/en dedicación exclusiva; lunch time = hora de comer.* **75 ~ will tell, ⇒ tell.** **76 ~ zone,** huso horario.

time-bomb ['taɪmbɒm] *s. c.* bomba de relojería.

time-consuming ['taɪmkən'sju:mɪŋ] *adj.* que requiere/consume mucho tiempo, que cuesta/dura mucho.

timed [taɪmd] *adj.* calculado: *his comments were so badly timed! = ¡sus comentarios estaban fuera de lugar!*

time-honoured ['təɪm,ɒnəd] *adj.* avalado por el tiempo, tradicional, consagrado, clásico, establecido.

timekeeper ['taɪm,ki:pər] *s. c.* **1** cronómetro; cronometrador. **2 to be a good/bad ~,** ser/no ser puntual.

time-lag ['taɪmlæg] *s. c.* intervalo.

time-lapse photography ['taɪmlæpsfə'tɒgrəfi:] *s. i.* fotografía fija de un proceso lento repetida muchas veces y luego proyectada cinematográficamente para ver su desarrollo, como el paso de las nubes.

timeless ['taɪmlɪs] *adj.* eterno, intemporal.

time-limit ['taɪmlɪmɪt] *s. c.* fecha tope, límite; plazo máximo.

timely ['taɪmlɪ] *adv.* oportuno.

timepiece ['taɪmpi:s] *s. c.* (form. y p.u.) reloj.

timer ['taɪmər] *s. c.* **1** cronometrador. **2** temporizador; cronómetro. **3** MEC. distribuidor de encendido. ◆ **4 -timer, a)** trabajador (por horas): *full/part-timer = trabajador a tiempo completo/parcial;* **b)** medidor del tiempo de: *egg-timer = medidor del tiempo de cocción de huevos.*

time-scale ['taɪmskeɪl] *s. c.* período de tiempo, espacio de tiempo, lapso de tiempo.

timeserver ['taɪmsə:vər] *s. c.* (desp.) contemporizador, chaquetero, acomodaticio, veleta.

time-share ['taɪmʃeər] *s. c.* multipropiedad.

time-sharing ['taɪmʃeərɪŋ] *s. i.* sistema de multipropiedad.

timesheet ['taɪmʃi:t] *s. c.* registro de horas trabajadas, ficha de trabajo.

timetable ['taɪmteɪbl] *s. c.* **1** horario; programa; guía de transportes. ● *v. t.* **2** planificar, organizar según un horario.

timeworn ['taɪmwɔ:n] *adj.* desgastado, gastado, trillado, deteriorado.

timid ['tɪmɪd] *adj.* **1** tímido, timorato. **2** asustadizo, apocado.

timidity [tɪ'mɪdɪtɪ] *s. i.* timidez.

timidly ['tɪmɪdlɪ] *adv.* tímidamente, apocadamente.

timing ['taɪmɪŋ] *s. i.* **1** oportunidad; ritmo, compás. **2** cálculo de tiempos; cronometraje. ● *s. sing.* **3** TEC. encendido, distribución, reglaje.

timorous ['tɪmərəs] *adj.* timorato, apocado, temeroso.

timpani ['tɪmpənɪ] *s. pl.* MÚS. timbales.

timpanist ['tɪmpənɪst] *s. c.* MÚS. timbalista.

tin [tɪn] *s. i.* **1** estaño, hojalata. ● *s. c.* **2** lata. **3** molde. ● *adj.* **4** de estaño, de hojalata, de plomo: *tin soldier = soldadito de plomo.* ● *v. t.* (*ger.* **tinning,** *pret.* y *p. p.* **tinned**) **5** enlatar. ◆ **6 a little ~ god,** creído, engreído, diosecillo. **7 to put the ~ lid on,** poner fin a. **8 ~ hat,** MIL. casco de acero. **9 Tin Pan Alley,** mundo de los compositores de música moderna.

tincture ['tɪŋktʃər] *s. c.* **1** MED. tintura, disolución. **2** tinte, barniz, matiz. ● *v. t.* **3** (**to ~ with**) teñir de.

tinder ['tɪndər] *s. i.* yesca.

tinderbox ['tɪndəbɒks] *s. c.* yesquero, chisquero.

tine [taɪn] *s. c.* punta, púa, diente (de peine, o tenedor).

tinfoil ['tɪnfɔɪl] *s. i.* papel de aluminio.

ting [tɪŋ] *s. c.* **1** tintineo. **2** tin, clin, tilín, (onomatopeya). ● *v. i.* **3** sonar (una campana), tintinear.

ting-a-ling [,tɪŋə'lɪŋ] *adv.* tilín (onomatopeya).

tinge ['tɪndʒ] *s. c.* **1** tinte, matiz, tono, toque: *with a tinge of regret = con un tono de arrepentimiento.* ● *v. t.* **2** (**to ~ with**) teñir de.

tinged ['tɪndʒt] *adj.* (**~ with**) **1** teñido. **2** afectado, tocado: *his voice was tinged with remorse = había un cierto remordimiento en su voz.*

tingle ['tɪngl] *s. i.* **1** pinchazos; hormigueo; estremecimiento. ● *v. i.* **2** doler, dar pinchazos. **3** (**to ~ with**) reventar de, estar lleno de, morirse de; estremecerse de; temblar de: *she was tingling with excitement = no cabía en sí de emoción.*

tingling ['tɪŋglɪŋ] *s. i.* hormigueo.

tinker ['tɪŋkər] *s. c.* **1** calderero, hojalatero, quincallero; gitano. **2** pícaro, pillo. **3** un arreglo, un repaso, una revisión. ● *v. i.* **4** (**to ~ with**) jugar con, entretenerse con, tocar. **5** (**to ~ about/ around**) enredar con, juguetear con, andar a vueltas con: *to tinker with machines = andar a vueltas con máquinas.* ◆ **6 I don't give/care a tinker's cuss/damn,** no me importa un bledo/comino.

tinkle ['tɪŋkl] *s. c.* **1** tintineo. ● *v. i.* **2** tintinear. ◆ **3 to give someone a ~,** (fam.) llamar por teléfono a alguien, dar un toque a alguien, dar un telefonazo a alguien.

tinned [tɪnd] *adj.* enlatado: *tinned food = comida en lata.*

tinny ['tɪnɪ] *adj.* **1** de estaño, de hojalata. **2** metálico (sonido). **3** poco sólido, desvencijado.

tin-opener ['tɪn,əupənər] *s. c.* abrelatas.

tinpot ['tɪnpɒt] *adj.* insignificante, de pacotilla.

tinsel ['tɪnsl] *s. i.* **1** oropel.◆ **2 Tinsel Town,** Hollywood.

tint [tɪnt] *s. c.* **1** tinte, tono, matiz. **2** teñido. ● *v. t.* **3** teñir.

tinted ['tɪntɪd] *adj.* coloreado, teñido.

tiny ['taɪnɪ] *adj.* **1** diminuto, minúsculo. **2** pequeño.

tip [tɪp] *s. c.* **1** punta, extremo, extremidad. **2** advertencia, consejo. **3** propina. **4** pronóstico; confidencia. **5** basurero, vertedero, escombrera. **6** pocilga. ● *v. t.* **7** inclinar, ladear; tocar ligeramente. **8** tirar (basura). **9** pronosticar, recomendar, elegir. **10** verter, vaciar, desparramar, volcar. **11** dar propina a, dejar una propina a. ◆ **12 to be tipped** (+ *inf.* **as/for**) ser favorito para. **13 it is tipping down,** (fam.) está lloviendo a cántaros. **14 on the ~ of one's tongue,** en la punta de la lengua. **15 to ~ off,** advertir, avisar, dar una información a, informar, prevenir. **16 to ~ over,** volcar, vaciar, verter; caerse. **17 the ~ of the iceberg,** la punta del iceberg. **18 to ~ someone the wink,** hacer una señal a alguien. **19 to ~ the scales/to ~ the balance, a)** inclinar la balanza, decidir el resultado; **b)** pesar. **20 to ~ up,** inclinar, ladear; verter.

tip-off ['tɪpɒf] *s. c.* soplo, confidencia.

tipped [tɪpt] *adj.* **1** con contera, con punta. **2** con filtro, emboquillado.

tippet ['tɪpɪt] *s. c.* esclavina.

tipple ['tɪpl] *s. c.* **1** bebida, bebida habitual. **2** (EE UU) vertedero. • *v. i.* **3** beber más de la cuenta, empinar el codo, soplar.

tippler ['tɪplər] *s. c.* bebedor, borracho.

tipster ['tɪpstər] *s. c.* pronosticador.

tipsy ['tɪpsɪ] *adj.* alegre, achispado, piripi.

tiptoe ['tɪptəu] *s. i.* **1** punta del pie, puntillas. • *v. i.* **2** andar de puntillas, ir de puntillas. ◆ **3 on ~,** de puntillas, sigilosamente.

tip-top [,tɪp'tɒp] *adj.* **1** estupendo, excelente, de primera. ◆ **2 on ~ form,** en plena forma.

tirade [taɪ'reɪd] *s. c.* diatriba, perorata.

tire ['taɪər] *v. i.* **1** cansarse. • *v. t.* **2** cansar. • *s. c.* **3** (EE UU) ⇒ **tyre.**

tired ['taɪəd] *adj.* **1** cansado, fatigado. **2** (~ {**of**}) harto, aburrido, cansado. **3** trillado, manido: *a tired cliché = un tópico de lo más manido.* **4** • **5 sick and ~,** ⇒ **sick. 5 ~ out,** agotado, exhausto.

tiredness ['taɪədnɪs] *s. i.* cansancio, fatiga.

tireless ['taɪəlɪs] *adj.* incansable, infatigable.

tirelessly ['taɪəlɪslɪ] *adv.* incansablemente, infatigablemente.

tiresome ['taɪəsəm] *adj.* cargante, pesado.

tiring ['taɪərɪŋ] *adj.* pesado, cansado.

tiro *s. c.* ⇒ **tyro.**

tissue ['tɪʃu:] *s. i.* **1** BIOL. tejido. • *s. c.* **2** pañuelo de papel. ◆ **3 ~ of lies,** sarta de mentiras. **4 ~ paper,** papel de seda.

tit [tɪt] *s. c.* **1** ZOOL. herrerillo, paro: *blue tit = herrerillo común.* **2** estúpido, gili. **3** (vulg.) teta. ◆ **4 ~ for tat,** donde las dan las toman.

titan ['taɪtn] *s. c.* titán.

titanic [taɪ'tænɪk] *adj.* titánico, monumental.

titanium [taɪ'teɪnɪəm] *s. i.* titanio.

titbit ['tɪtbɪt] (también **tidbit**) *s. c.* **1** chisme, cotilleo. **2** golosina, bocado de cardenal, manjar exquisito.

titchy ['tɪtʃɪ] *adj.* (fam.) diminuto, minúsculo, pequeñísimo.

titfer ['tɪtfər] *s. c.* (brit.) (p. u.) sombrero.

tithe [taɪð] *s. c.* diezmo.

titillate ['tɪtɪleɪt] *v. t.* excitar, estimular.

titillation [,tɪtɪ'leɪʃn] *s. i.* estímulo, excitación.

title ['taɪtl] *s. c.* **1** título, nombre, letrero. **2** título, publicación, obra publicada. **3** título, tratamiento. **4** escritura, título de propiedad. **5** título, campeonato. • *s. i.* **6** derecho. • *v. t.* **7** poner título a, titular; poner subtítulos a, subtitular. ◆ **8 ~ part/ role,** papel estelar.

titled ['taɪtld] *adj.* con título de nobleza.

title-holder ['taɪtl,həuldər] *s. c.* campeón, poseedor del título.

titter ['tɪtər] *s. c.* **1** risita, risa disimulada. • *v. i.* **2** reírse con disimulo.

tittle-tattle ['tɪt,ltætl] *s. i.* cotilleo.

titular ['tɪtjulər] *adj.* nominal, titular.

tizzy ['tɪzɪ] *s. i.* **1** excitación, nerviosismo. ◆ **2 to get in/into a ~,** ponerse nervioso, liarse, armarse un lío.

TNT [,ti:en'ti:] (*abrev.* de **trinitroluene**) *s. i.* T.N.T.

to [tu:] pronunciación relajada [tə] *prep.* **1** a, para, con destino a. **2** a, hacia, contra: *cheek to cheek = con las mejillas juntas.* **3** en. **4** hasta. **5** menos, para las (reloj): *it's ten to eight = son las ocho menos diez.* **6** con: *kind to her = amable con ella.* **7** por, en honor de: *let's drink to them = bebamos a su salud, brindemos por ellos.* **8** por: *twenty kilometres to the litre = veinte kilómetros por litro.* • *adv.* **9** cerca: *he pulled the door to = entornó la puerta.* • *conj.* **10** a, para. ◆ **11 from... ~ ...,** de... a, desde... hasta; de un... a otro, de... en. **12 there's nothing ~ it/not much ~ it,** no es nada, no tiene importancia. **13 ~ and fro,** de un lado a otro, arriba y abajo.

toad [təud] *s. c.* **1** sapo. ◆ **2 toad-in-the-hole,** salchicha rebozada.

toadstool ['təudstu:l] *s. c.* **1** BOT. seta. **2** hongo venenoso.

toady ['təudɪ] *s. c.* adulador, pelotillero, lameculos.

toast [təust] *s. i.* **1** tostada. • *s. c.* **2** brindis. • *s. sing.* **3** el orgullo, el héroe. • *v. t.* **4** tostar. **5** brindar por. • *v. i.* **6** tostarse.

toaster ['təustər] *s. c.* tostadora.

toasting-fork ['təustɪŋfɔ:k] *s. c.* tenedor largo para tostar.

toastmaster ['təust,mɑ:stər] *s. c.* maestro de ceremonias.

toast-rack ['təustræk] *s. c.* portatostadas.

tobacco [tə'bækəu] *s. i.* tabaco.

tobacconist [tə'bækənɪst] *s. c.* **1** estanquero, tabaquero. ◆ **2 tobacconist's,** estanco, tabaquería.

toboggan [tə'bɒgən] *s. c.* **1** trineo. • *v. i.* **2** (EE UU) ir en trineo, deslizarse. **3** (brit.) hacer carreras deslizándose por la nieve.

toccata [tə'kɑ:tə] *s. c.* MÚS. tocata.

tod [tɒd] *s. sing.* (brit.) (fam.) **on one's ~,** solo.

today [tə'deɪ] *s. c.* **1** hoy: *today is Monday = hoy es lunes.* • *adv.* **2** hoy: *he's coming today = viene hoy.* **3** hoy, hoy en día, actualmente. ◆ **4 here ~ gone tomorrow,** visto y no visto. **5 never put off till tomorrow what you can do ~,** no dejes para mañana lo que puedas hacer hoy.

toddle ['tɒdl] *v. i.* andar tambaleándose.

toddler ['tɒdlər] *s. c.* niño que empieza a andar.

toddy ['tɒdɪ] *s. c.* e *i.* ponche.

to-do [tə'du:] *s. sing.* (fam.) lío, follón, jaleo.

toe [təu] *s. c.* **1** dedo (del pie). **2** puntera, punta (del zapato, del calcetín...). • *v. t.* **3** golpear con la punta del pie. ◆ **4 to keep someone on his/her toes,** mantener atento o alerta a alguien. **5 to ~ the line/the party line,** aceptar las normas, someterse. **6 to tread on someone's toes,** ⇒ **tread.**

toecap ['təukæp] *s. c.* puntera.

toehold ['təuhəuld] *s. c.* **1** DEP. punto de apoyo para el pie (en escalada). **2** (fig.) proyección, trampolín, pedestal.

toenail ['təuneɪl] *s. c.* **1** uña del pie **2** clavo oblicuo.

toff [tɒf] *s. c.* (p.u. y fam.) rico, noble.

toffee ['tɒfɪ ‖ 'tɑ:fɪ] (también **toffy**) *s. c.* e *i.* **1** tofe, caramelo. ◆ **2 for ~,** en absoluto, en modo alguno; ni idea.

toffee-apple ['tɒfɪ,æpl] *s. c.* manzana con caramelo, pirulí.

toffee-nosed ['tɒfɪnəuzd] *adj.* engreído, presuntuoso.

toffy *s. c.* e *i.* ⇒ **toffee.**

tog [tɒg] *s. c.* **1** caloría (medida oficial del calor que proporciona una manta...). ◆ **2 to ~ up,** vestirse, ataviarse, emperifollarse. **togs,** ropa, vestidos.

toga ['təugə] *s. c.* toga.

together [tə'geðər] *adv.* **1** junto; juntos; juntamente; a la vez, al mismo tiempo. **2** ininterrumpidamente, sin parar: *for eight hours together = durante ocho horas seguidas.* ◆ **3 ~ with,** junto con.

togetherness [tə'geðənɪs] *s. i.* camaradería, compañerismo, solidaridad.

togged [tɒgd] *adj.* **~ up/out,** perfectamente equipado.

toggle ['tɒgl] *s. c.* **1** pasador, alamar, cierre. • *s. c.* **2** botón, muletilla (de trenca).

toil [tɔɪl] *s. i.* **1** trabajo duro, esfuerzo agotador. • *v. i.* **2** trabajar duro. **3** andar penosamente. ◆ **4 to ~ at/over,** trabajar mucho en. **5 to ~ away,** trabajar como un esclavo. **6 to ~ and moil,** (p.u., fam.) descornarse, dejarse la piel. **7 to ~ up,** escalar con gran esfuerzo.

toilet ['tɔɪlɪt] *s. c.* **1** taza de retrete, inodoro. **2** retrete, lavabo, baño, servicios. **3** arreglo, aseo. • *adj.* **4** de aseo, de tocador. ◆ **5 to go to the ~,** ir al servicio o al lavabo. **6 ~ paper,** papel higiénico. **7 ~ roll,** rollo de papel higiénico. **8 ~ set,** juego de tocador. **9 ~ soap,** jabón de tocador. **10 ~ water,** agua de colonia.

toilet-bag ['tɔɪlɪtbæg] *s. c.* bolsa de aseo.

toiletries ['tɔɪlɪtrɪz] *s. i.* artículos de tocador.

toilet-train ['tɔɪlɪttreɪn] *v. t.* enseñar a ir al lavabo solo.

token ['təukən] *s. c.* **1** ficha; vale. **2** prueba, muestra. • *adj.* **3** simbólico, nominal. ◆ **4 by the same ~,** por la misma razón.

Tokyo ['təukjəu] *s. sing.* Tokio.

told [təuld] *pret. p. p. irreg.* **1** de **tell.** ◆ **2 all ~,** contando todo, en total.
tolerable ['tɒlərəbl] *adj.* **1** tolerable, soportable, aceptable, admisible, llevadero. **2** adecuado, razonable, regular, pasable.
tolerably ['tɒlərəblɪ] *adv.* tolerablemente, aceptablemente.
tolerance ['tɒlərəns] *s. i.* **1** tolerancia, paciencia, indulgencia. **2** resistencia, aguante. ● *s. c.* **3** TEC. resistencia (de un material). **4** MAT. tolerancia, variación, margen de confianza.
tolerant ['tɒlərənt] *adj.* **1** tolerante, indulgente. **2** (**~ of**) resistente a.
tolerantly ['tɒlərəntlɪ] *adv.* con tolerancia, con indulgencia.
tolerate ['tɒləreɪt] *v. t.* **1** tolerar, aceptar, admitir. **2** soportar, aguantar, sufrir.
toleration [,tɒlə'reɪʃn] *s. i.* tolerancia.
toll [təul] *s. c.* **1** peaje. **2** bajas, número de víctimas. ● *v. i.* **3** (**to ~** {**for**}) tañer, tocar, doblar (por) (las campanas): *the bell tolls for thee = las campanas doblan por ti.* ◆ **4 to take a heavy ~,** cobrar un alto precio en vidas, ocasionar muchas bajas. **5 to take a ~/to take its ~,** cobrarse su precio. **6 ~ plaza,** peaje.
tollhouse ['təulhaus] *s. c.* estación de peaje.
tom [tɒm] *s. c.* gato macho.
tomahawk ['tɒməhɔːk] *s. c.* hacha de guerra.
tomato [tə'mɑːtəu ‖ tə'meɪtəu] (*pl.* **tomatoes**) *s. c.* tomate.
tomb [tuːm] *s. c.* tumba, sepulcro.
tombola [tɒm'bəulə] *s. c.* e *i.* tómbola, lotería.
tomboy ['tɒmbɔɪ] *s. c.* chicazo, marimacho.
tombstone ['tuːmstəun] *s. c.* lápida sepulcral.
tomcat ['tɒmkæt] *s. c.* gato macho.
tome [təum] *s. c.* **1** (form.) volumen. **2** (fam.) librote, libraco.
tomfoolery [,tɒm'fuːlərɪ] *s. i.* tonterías, payasadas, estupideces.
tommyrot ['tɒmɪrɒt] *s. i.* (fam.) disparates, tonterías, bobadas.
tomorrow [tə'mɒrəu] *adv.* **1** mañana. **2** el mañana, el porvenir. ● *s. c.* **3** mañana: *tomorrow is Wednesday = mañana es miércoles.* ◆ **4 like there is no ~,** como si le fuera la vida en ello. **5 never put off till ~ what you can do today, ⇒ today. 6 ~ is another day,** mañana será otro día. **7 ~ never comes,** mañana es nunca jamás.
tomtit ['tɒmtɪt] *s. c.* ZOOL. paro carbonero, carbonero común.
tom-tom ['tɒmtɒm] *s. c.* tam-tam.
ton [tʌn] (también **tonne**) *s. c.* **1** tonelada. ◆ **2 tons of,** (fam.) montones de. **3 to come down on someone like a ~ of bricks,** echar una bronca a alguien de mil pares de narices. **4 to do a ~,** (fam.) ir a toda pastilla, ir a cien. **5 to weigh a ~,** (fam.) pesar mucho, pesar un quintal.
tonal ['təunl] *adj.* tonal.
tonality [təu'nælɪtɪ] *s. i.* tonalidad.
tone [təun] *s. c.* **1** tono; tonalidad; matiz; modo. **2** MÚS. tono, intervalo. ● *s. i.* **3** tono, carácter, estilo. ● *s. sing.* **4** distinción, buen tono, elegancia. ● *v. i.* **5** (**to ~ with**) armonizar con, ir bien con: *do the socks tone with the tie? = ¿le van los calcetines a la corbata?* ● *v. t.* **6** entonar, tonificar. **7** matizar, modificar. **8** FOT. virar. **9** MÚS. afinar, templar. ◆ **10 to ~ down,** suavizar, rebajar, amortiguar, atenuar. **11 to ~ up,** poner a tono.
tone-deaf [,təun'def] *adj.* falto de sentido musical, que no tiene oído.
toneless ['təunlɪs] *adj.* monótono, carente de matices, apagado.
tonelessly ['təunlɪslɪ] *adv.* sin matices, apagadamente.
tongs [tɒŋz] *s. pl.* **1** pinzas, tenacillas: *a pair of tongs = unas pinzas.* **2** TEC. tenazas. ◆ **3 hammer and ~, ⇒ hammer.**
tongue [tʌŋ] *s. c.* **1** ANAT. lengua. **2** lengua, idioma. **3** (fig.) lengua, modo de hablar: *he's too free with his tongue = tiene la lengua muy suelta.* **4** lengüeta (de zapato...); badajo (de campana). ◆ **5 to feel the rough side/edge of someone's ~,** sentir la lengua afilada de alguien, recibir una buena bronca de alguien. **6 to find one's ~,** atreverse a hablar, soltar la lengua. **7 not to get one's ~ round,** trabarse. **8 to give someone the rough side of one's ~,** ser desagradable o descortés con alguien. **9 with one's ~ in one's cheek,** irónicamente, burlonamente. **10 to hold/bite one's ~,** callarse, morderse la lengua, reprimirse. **11 to keep a civil ~ in one's head,** ser cortés, mantener las formas. **12 have you lost your ~/has the cat has got your ~?,** ¿te ha comido la lengua el gato?. **13 on the tip of one's ~, ⇒ tip. 14 to set tongues wagging,** dar que hablar. **15 slip of the ~,** lapsus linguae, error, desliz.
tongue-in-cheek [,tʌŋɪn'tʃiːk] *adj.* jocoso, irónico, burlón.
tongue-tied ['tʌŋtaɪd] *adj.* tímido, que no se atreve a hablar.
tongue-twister ['tʌŋtwɪstər] *s. c.* trabalenguas.
tonic ['tɒnɪk] *s. c.* **1** tónico. **2** MÚS. tónica. ● *s. i.* **3** tónica, agua tónica. **4** MED. tónico, tonificante, revigorizante: *hair tonic = tónico capilar.* ◆ **5 ~ water,** tónica, agua tónica.
tonight [tə'naɪt] *adv.* **1** esta noche, hoy por la noche. ● *s. c.* **2** esta noche: *tonight is New Year's Eve = esta noche es nochevieja.*
tonnage ['tʌnɪdʒ] *s. c.* e *i.* tonelaje.
tonne *s. c.* **⇒ ton 1.**
tonsil ['tɒnsl] *s. c.* ANAT. amígdala.
tonsillitis [,tɒnsɪ'laɪtɪs] *s. i.* MED. amigdalitis, anginas.
tonsure ['tɒnʃər] *s. c.* **1** tonsura. ● *v. t.* **2** tonsurar.
too [tuː] *adv.* **1** también. **2** a la vez, al mismo tiempo: *it was nice, and sad too = era agradable y triste a la vez.* **3** es más, y lo que es más: *it's very expensive and it's fragile too = es muy caro y encima endeble.* **4** por cierto, además: *and very good it was too = y estuvo muy bueno por cierto.* **5** ya está bien, ya era hora. **6** extremadamente, muy: *it's too kind of you = muy amable por su parte.* ● *adv./cuant.* **7** demasiado. ◆ **8 all ~.../only ~...,** demasiado, muy, totalmente. **9 none ~, ⇒ none. 10 ~ bad, ⇒ bad. 11 ~... by half, ⇒ half.**
OBS. Colocación: como advervio se coloca al final de la frase; con artículo indefinido la siguiente estructura es posible: *it's too warm a day to go out.* Se coloca delante de los adjetivos, y para reforzar su significado puede usarse, **a bit, a little, rather, a lot, much,** o **far;** pero no: **very, fairly, pretty,** o **quite.** Se usa con adjetivo + infinitivo: *too old to travel.* A menudo se utiliza una estructura con **for** después de **too:** *it's too high for you to reach it.* Como cuantificador junto con **much** y **many** para indicar exceso referido a sustantivos incontables y contables respectivamente. **Too much,** puede usarse sin sustantivo con valor adverbial: *that's too much = es demasiado.*
took [tuk] *pret. irreg.* de **take.**
tool [tuːl] *s. c.* **1** herramienta; útil de trabajo; máquina herramienta; utensilio. **2** (fig.) instrumento. **3** (fig.) marioneta, compañero de viaje. ◆ **4 to down tools,** hacer huelga de brazos caídos. **5 ~ bar,** INF. barra de herramientas. **6 the tools of the trade/the tools of one's trade,** el equipo de trabajo, las herramientas del oficio.
tool-box ['tuːlbɒks] *s. c.* caja de herramientas.
tool-kit ['tuːlkɪt] *s. c.* juego de herramientas.
tool-shed ['tuːlʃed] *s. c.* cobertizo para las herramientas.
toot [tuːt] *s. c.* **1** bocinazo, toque de bocina. ● *v. i.* **2** tocar la bocina.
tooth [tuːθ] (*pl.* **teeth**) *s. c.* **1** ANAT. diente; muela. **2** diente, púa, pico. ◆ **3 a kick in the teeth,** una gran humillación. **4 armed to the teeth,** armado hasta los dientes. **5 to have a sweet ~, ⇒ sweet. 6 by the skin of one's teeth, ⇒ skin. 7 to cut one's teeth on,** ganar experiencia en. **8 fed up to the teeth/fed up to the back teeth,** estar harto, estar hasta las narices, estar hasta la coronilla. **9 to fight ~ and nail,** luchar con uñas y dientes, luchar a brazo partido, defenderse como gato panza arriba. **10 to get one's teeth into something,** hincarle el diente a algo. **11 to get/take the bit between one's teeth, ⇒ bit. 12 to gnash one's teeth at/over,** enfadarse, rechinar los dientes. **13 to grind one's teeth,** rechinar a alguien los dientes. **14 to grit one's teeth, ⇒ grit. 15 in the teeth of, a)** en pleno, en medio de; **b)** a pesar de. **16 to lie through one's teeth,** mentir descaradamente, mentir como un bellaco. **17 to be long in the ~,** ser viejo, tener muchos años. **18 to set somebody**

teeth on edge, ⇒ edge. **19 to show one's teeth,** enseñar los dientes. **20 to throw/fling/cast something in someone's teeth /face,** echar en cara algo a alguien. **21 ~ decay,** caries.
toothache ['tu:θeɪk] *s. i.* dolor de muelas.
toothbrush ['tu:θbrʌʃ] *s. c.* cepillo de dientes.
toothless ['tu:θlɪs] *adj.* **1** desdentado. **2** (fig.) inoperante.
toothpaste ['tu:θpeɪst] *s. i.* pasta de dientes, dentífrico, pasta dentífrica.
toothpick ['tu:θpɪk] *s. c.* palillo de dientes, mondadientes.
toothpowder ['tu:θ,paudər] *s. i.* polvos dentífricos.
toothy ['tu:θɪ] *adj.* dentón, dentudo: *he gave me a toothy smile = me dedicó una sonrisa todo dientes.*
tootle ['tu:tl] *v. t.* **1** tocar (un instrumento). • *v. i.* **2** andar sin prisa, ir con calma.
tootsie ['tu:tsɪ] (también **tootsy**) *s. c.* **1** (EE UU) chica, nena, gachí. **2** (fam.) piececito; dedito del pie.
top [tɒp] *s. c.* **1** (**the ~**), la parte superior, la parte de arriba, la parte alta. **2** extremo; final; tejado; techo. **3** tapa; tape; capuchón; capota; tablero. **4** chaqueta, blusa, parte de arriba: *the tracksuit top = la parte de arriba* o *la chaqueta del chándal.* **5** peonza, trompo. **6** cima, cumbre; copa. • *s. i.* **7** MEC. la larga, la directa, la marcha más alta. • *adj.* **8** más alto; de arriba; último; extremo; máximo; alto; mejor, más importante: *top executives = altos ejecutivos.* • *v. t.* **9** alcanzar la cima de, coronar; exceder, sobrepasar. **10** superar, mejorar; rematar. **11** cubrir, tapar. ◆ **12 at the ~ of one's voice,** ⇒ **voice. 13 at the ~ of the tree,** ⇒ **tree. 14 to be on ~ of,** dominar. **15 to blow one's ~,** (fam.) ponerse hecho una furia. **16 to come out on ~,** vencer. **17 ~ dressing,** capa de mantillo/abono/estiércol. **18 from ~ to bottom,** completamente, totalmente. **19 from ~ to toe,** de la cabeza a los pies. **20 to get on ~ of,** superar; desquiciar. **21 off the ~ of one's head,** ⇒ **head. 22 on ~,** encima. **23 on ~/over the ~,** por encima, cubriendo. **24 on ~ of,** además de. **25 on ~ of the world,** ⇒ **world. 26 over the ~,** exagerado. **27 thin on ~,** ⇒ **thin. 28 to ~ and tail,** despuntar, cortar los extremos de. **29 tops/the tops,** los mejores, los primeros. **30 up ~:** *he hasn't got much up top = tiene la cabeza* o *la sesera hueca.*
topaz ['təupæz] *s. c.* topacio.
topcoat ['tɒpkəut] *s. c.* abrigo.
top-drawer [,tɒp'drɔ:ər] *adj.* de primera; de la alta sociedad.
top-hat [,tɒp'hæt] *s. c.* sombrero de copa, chistera.
top-heavy [,tɒp'hevɪ] *adj.* **1** inestable, mal equilibrado, con mucho peso arriba. **2** con demasiados mandos o altos cargos.
topiary ['təupɪərɪ] *s. i.* poda artística de setos y arbustos.
topic ['tɒpɪk] *s. c.* tema, asunto.
topical ['tɒpɪkl] *adj.* actual, de actualidad.
topicality [,tɒpɪ'kælɪtɪ] *s. i.* actualidad.
top-knot ['tɒpnɒt] *s. c.* moño; copete.
topless ['tɒplɪs] *adj.* sin sujetador, con el busto desnudo.
top-level ['tɒplevl] *adj.* del más alto nivel, importante.
topmost ['tɒpməust] *adj.* más alto.
top-notch [,tɒp'nɒtʃ] *adj.* de primera clase, de primera categoría.
topographical [,tɒpə'græfɪkl] *adj.* topográfico.
topography [tə'pɒgrəfɪ] *s. i.* topografía.
topped [tɒpt] *adj.* (~ **with**) coronado (por/con).
topper ['tɒpər] *s. c.* (fam.) sombrero de copa, chistera.
topping ['tɒpɪŋ] *s. i.* **1** cobertura: *the cake had a topping of cream = el pastel tenía una capa de nata encima.* • *adj.* **2** (brit.) (p.u. y fam.) estupendo, fantástico, bárbaro, extraordinario.
topple ['tɒpl] *v. t.* **1** hacer caer, derribar, derrocar. • *v. i.* **2** volcarse; venirse abajo; tambalearse, derrumbarse. ◆ **3 to ~ down,** caerse. **4 to ~ from,** caer desde. **5 to ~ over,** derrumbarse.
top-ranking [,tɒp'ræŋkɪŋ] *adj.* dirigente; de alto rango: *top-ranking officials = altos cargos.*
top-secret [,tɒp'si:krɪt] *adj.* alto secreto, confidencial.
topside ['tɒpsaɪd] *s. i.* filete de ternera.
topsoil ['tɒpsɔɪl] *s. i.* capa superficial del suelo.
topsy-turvy [,tɒpsɪ'tə:vɪ] *adj.* patas arriba, revuelto.
top-up ['tɒpʌp] *s. c.* otra copa, otro trago, otra ronda (servida en el mismo vaso): *would you like a top-up? = ¿quieres otra de lo mismo?.*
torch [tɔ:tʃ] *s. c.* **1** linterna eléctrica. **2** antorcha, tea. ◆ **3 to carry a ~ for,** estar secretamente enamorado de.
torchlight ['tɔ:tʃlaɪt] *s. i.* luz de linterna o antorcha.
tore [tɔ:r] *pret. irreg.* de **tear.**
torment ['tɔ:ment] *s. c.* **1** tortura, tormento, suplicio. • *s. i.* **2** angustia, agonía. • *v. t.* **3** atormentar, martirizar, torturar. **4** fastidiar, molestar.
tormentor [tɔ:'mentər] *s. c.* torturador, atormentador.
torn [tɔ:n] *p. p. irreg.* de **tear.**
tornado [tɔ:'neɪdəu] (*pl.* **tornados** o **tornadoes**) *s. c.* tornado.
torpedo [tɔ:'pi:dəu] (*pl.* **torpedoes**) *s. c.* **1** torpedo. • *v. t.* **2** torpedear, atacar con torpedos. **3** (fig.) torpedear, entorpecer, sabotear.
torpid ['tɔ:pɪd] *adj.* letárgico, aletargado; apático.
torpor ['tɔ:pər] *s. i.* letargo; apatía; sopor.
torque [tɔ:k] *s. i.* TEC. par de torsión.
torrent ['tɒrənt] *s. c.* **1** torrente. **2** torrente, montón, avalancha.
torrential [tə'renʃl] *adj.* torrencial.
torrid ['tɒrɪd] *adj.* **1** tórrido. **2** apasionado, ardiente.
torsion ['tɔ:ʃn] *s. i.* torsión.
torso ['tɔ:səu] *s. c.* torso.
tort [tɔ:t] *s. c.* e *i.* DER. agravio, daño.
tortilla [tɔ:'ti:ə] *s. c.* torta de maíz, (Am.) tortilla, tortita.
tortoise ['tɔ:təs] *s. c.* ZOOL. tortuga.
tortoiseshell ['tɔ:təsʃel] *s. c.* concha, carey.
tortuous ['tɔ:tʃuəs] *adj.* tortuoso; retorcido.
tortuously ['tɔ:tʃuəslɪ] *adv.* tortuosamente; retorcidamente.
torture ['tɔ:tʃər] *s. c.* **1** tortura, atrocidad. • *s. i.* **2** tormento, tortura. • *v. t.* **3** torturar, atormentar, martirizar.
torturer ['tɔ:tʃərər] *s. c.* torturador.
Tory ['tɔ:rɪ] *s. c.* conservador, miembro del partido Conservador.
toss [tɒs ‖ tɔ:s] *s. c.* **1** movimiento, sacudida, caída. **2** lanzamiento, vuelta. • *v. t.* **3** (**to ~ {about/ around}**) tirar, lanzar, echar descuidadamente. **4** sacudir, echar hacia atrás (la cabeza). • *v. i.* **5** moverse, removerse, dar vueltas. **6 to argue the ~,** andar en dimes y diretes. **7 to ~ a coin,** echarlo a cara o cruz, lanzar una moneda al aire. **8 to ~ around,** considerar. **9 to ~ aside, a)** echar a un lado; **b)** dar de lado. **10 to ~ away,** desaprovechar. **11 to ~ back,** beber de un trago. **12 to ~ down,** derribar. **13 to ~ for,** competir. **14 to ~ in/into, a)** añadir, agregar; **b)** meter, echar dentro de. **15 I don't give a ~,** no me importa un comino. **16 to ~ off, a)** hacerlo rápidamente, quitárselo de enmedio; **b)** (vulg.) hacerse una paja, masturbarse. **17 to ~ one's money about/around,** tirar el dinero, gastar a lo loco. **18 to ~ one's weight about/ around,** dar órdenes innecesarias, hacer valer la propia autoridad. **19 to ~ out,** expulsar, librarse de. **20 to ~ together,** reunir, juntar, formar. **21 to ~ up,** lanzar hacia arriba; desperdiciar, tirar por la borda.
toss-up ['tɒsʌp] *s. sing.* **1** (**to have a ~**) echarlo a cara o cruz. **2** (fig.) incertidumbre, duda.
tot [tɒt] *s. c.* **1** nene, crío. • *s. i.* **2** trago, lingotazo, latigazo. ◆ **3 to ~ up,** sumar, totalizar, calcular.
total ['təutl] *s. c.* **1** total. • *adj.* **2** global, de conjunto, total. **3** completo, total. • *v. t.* **4** sumar, totalizar, ascender a.
totally ['təutəlɪ] *adv.* totalmente, completamente.
totalitarian [,təutælɪ'teərɪən] *adj.* totalitario.
totalitarianism [,təutælɪ'teərɪənɪzəm] *s. i.* totalitarismo.
totality [təu'tælɪtɪ] *s. i.* totalidad.
tote [təut] *s. sing.* **1** totalizador. **2** (fam., brit.) sistema de apuestas. • *v. t.* **3** (fam.) acarrear, llevar, cargar.
totem ['təutəm] *s. c.* tótem.
totem-pole ['təutəmpəul] *s. c.* tótem, poste totémico.
totter ['tɒtər] *v. i.* tambalearse.
toucan ['tu:kən] *s. c.* tucán.
touch [tʌtʃ] *s. i.* **1** tacto. • *s. c.* **2** toque; roce; contacto. **3** toque, detalle. **4**

enfoque, nota, aproximación. **5** toque, pincelada. • *s. sing.* **6** (**a ~ of**) una pizca de. • *v. t.* **7** tocar; rozar. **8** acariciar. **9** dar un sablazo a. **10** afectar, conmover, emocionar. **11** tomar, probar. **12** alcanzar, igualar. **13** trastornar, herir, hacer mella en. • *v. i.* **14** tocarse; rozarse; lindar. ◆ **15 finishing ~, ⇒ finish. 16 a ~ ...,** en parte, hasta cierto punto. **17 to be ~ and go,** ser dudoso. **18 to be in ~,** estar en contacto. **19 to get in ~,** ponerse en contacto. **20 in ~,** en contacto. **21 to keep in ~,** mantenerse en contacto, mantener relaciones. **22 to lose ~,** perder contacto. **23 to ~ off,** provocar. **24 to ~ on/upon,** aludir. **25 out of ~,** sin contacto. **26 to put someone in ~,** poner en contacto a alguien. **27 the common ~, ⇒ common. 28 ~ screen,** pantalla táctil. **29 to ~ wood,** tocar madera.

touchdown ['tʌtʃdaun] *s. c.* e *i.* **1** AER. aterrizaje. **2** ensayo (en fútbol americano).

touché ['tu:ʃeɪ] *interj.* ¡tocado!

touched [tʌtʃt] *adj.* **1** conmovido, emocionado. **2** (fam.) tocado, ido, chiflado.

touchiness ['tʌtʃɪnɪs] *s. i.* susceptibilidad, irritabilidad.

touching ['tʌtʃɪŋ] *adj.* conmovedor.

touchingly ['tʌtʃɪŋlɪ] *adv.* conmovedoramente.

touch-paper ['tʌtʃpeɪpər] *s. sing.* mecha, rascador.

touchstone ['tʌtʃstəun] *s. c.* piedra de toque, criterio.

touch-type ['tʌtʃtaɪp] *v. i.* mecanografiar a ciegas, mecanografiar al tacto.

touchy ['tʌtʃɪ] *adj.* susceptible, irritable.

tough ['tʌf] *s. c.* **1** duro, gamberro. • *adj.* **2** resistente, fuerte. **3** violento, duro, rudo. **4** correoso, áspero, difícil. ◆ **5 as ~ as old boots,** duro como una piedra, más basto que la lija. **6 ~/~ luck,** mala suerte.

toughen ['tʌfn] *v. t.* **1** endurecer. **2** curtir. • *v. i.* **3** endurecerse.

toughened ['tʌfnd] *adj.* endurecido.

toughness ['tʌfnɪs] *s. i.* fuerza; dureza; resistencia.

toupee ['tu:peɪ] *s. c.* tupé.

tour [tuər] *s. c.* **1** viaje; excursión; circuito. **2** visita turística, recorrido turístico. **3** gira. • *v. t.* **4** viajar por, recorrer. • *v. i.* **5** ir de viaje; hacer una gira. ◆ **6 ~ de force, a)** obra maestra; actuación magistral; **b)** proeza, hazaña.

tourism [tuərɪzəm] *s. i.* turismo.

tourist ['tuərɪst] *s. c.* **1** turista. • *adj.* **2** turístico, para turistas: *tourist industry = sector turístico.* ◆ **3 ~ class,** clase turista, segunda.

touristy ['tuərɪstɪ] *adj.* (fam. y desp.) turístico, para turistas.

tournament ['tɔ:nəmənt] *s. c.* competición, concurso, torneo.

tourniquet ['tuənɪkeɪ ‖ 'tɜ:rnɪkət] *s. c.* torniquete.

tousled ['tauzld] *adj.* alborotado, despeinado.

tout [taut] *s. c.* **1** revendedor. • *v. t.* **2** revender (ilegalmente). **3** acosar, importunar. • *v. i.* **4 to ~ (for)**, solicitar.

tow [təu] *s. c.* **1** remolque. • *v. t.* **2** remolcar, llevar a remolque; arrastrar, llevar a cuestas. ◆ **3 in ~,** (fam., fig.) a cuestas; a remolque; a rastras. **4 on ~,** a remolque.

towards [tə'wɔ:dz ‖ tɔ:rdz] (también **toward**) *prep.* **1** hacia, a, cerca de. **2** para con, en relación con, con respecto a. **3** a eso de, aproximadamente a las, hacia las, alrededor de. **4** para: *they gave some money towards medical equipment = dieron dinero para equipamiento médico.*

towel ['tauəl] *s. c.* **1** toalla. • *v. t.* **2** secar con una toalla. ◆ **3 to throw/chuck in the ~,** tirar la toalla, darse por vencido.

towelling ['tauəlɪŋ] (en EE UU **toweling**) *s. i.* tejido de toalla.

tower ['tauər] *s. c.* **1** torre: *church tower = campanario.* • *v. i.* **2** (**to ~ {above /over}**) elevarse (sobre/por encima de). • **3 a ~ of strength,** una gran ayuda. **4 ~ block,** bloque de pisos.

towering ['tauərɪŋ] *adj.* elevado, altísimo.

town [taun] *s. c.* **1** ciudad; población; pueblo. **2** (fig.) gente, ciudadanos. **3** el centro. • *adj.* **4** urbano, de la ciudad. ◆ **5 to go to ~,** tirar la casa por la ventana, no reparar en gastos; poner mucho entusiasmo. **6 to go out on the ~,** ir de juerga, salir a divertirse. **7 ~ council,** ayuntamiento, gobierno municipal. **8 ~ crier,** pregonero. **9 ~ hall,** ayuntamiento. **10 ~ house,** casa de ciudad, residencia en la ciudad. **11 ~ planning,** urbanismo.

townie ['taunɪ] *s. c.* (desp.) alguien de ciudad, señorito de ciudad.

townsfolk ['taunsfəuk] *s. i.* ciudadanos, gente de la ciudad.

township ['taunʃɪp] *s. c.* **1** antiguo gueto sudafricano. **2** municipio, término municipal.

townspeople ['taunspi:pl] *s. i.* ciudadanos, gente de la ciudad.

towpath ['təupɑ:θ] *s. c.* camino de sirga, camino de arrastre.

towrope ['təurəup] *s. i.* cable de remolque, sirga.

toxic ['tɒksɪk] *adj.* tóxico.

toxicological [ˌtɒksɪkə'lɒdʒɪkl] *adj.* toxicológico.

toxicologist [ˌtɒksɪ'kɒlədʒist] *s. c.* toxicólogo.

toxicology [ˌtɒksɪ'kɒlədʒɪ] *s. i.* toxicología.

toxin ['tɒksɪn] *s. c.* e *i.* MED. toxina.

toy [tɔɪ] *s. c.* **1** juguete. • *adj.* **2** de juguete. • *v. i.* (**to ~ with**) **3** jugar con, juguetear con, acariciar. **4** considerar, acariciar (una idea). **5** jugar con, divertirse con, utilizar a (una persona).

trace [treɪs] *s. c.* **1** prueba; pista; huella; rastro. **2** vestigio, señal, resto, indicio. **3** dibujo, diseño. • *v. t.* rastrear, localizar. **4** descubrir; trazar; averiguar; remontar. **5** describir. **6** buscar, tratar de localizar. **7** calcar. ◆ **8 without ~,** sin (dejar) rastro.

trachea [trə'kɪə] *s. c.* MED. tráquea.

tracing ['treɪsɪŋ] *s. c.* **1** calco. ◆ **2 ~ paper,** papel de calco.

track [træk] *s. c.* **1** sendero, senda; camino; pista. **2** vía; estela; ruta; rumbo; curso; trayectoria. **3** rastro; huella; vestigio. **4** pista (de carreras, de disco, de cinta de cassette...). • *v. t.* **5** rastrear, seguir la pista de. **6** seguir la trayectoria. ◆ **7 to hide/cover one's tracks,** eliminar las huellas, no dejar rastro. **8 to keep ~ of,** seguir la pista de, mantenerse informado sobre, mantenerse al tanto de. **9 to lose ~ of,** perder la pista de, perder de vista, no estar al tanto de. **10 to make tracks,** ponerse en camino, marcharse. **11 off the beaten ~,** apartado, perdido. **12 on the right ~,** por buen camino. **13 on the ~ of,** detrás de, sobre la pista de. **14 on the wrong ~,** por mal camino, equivocado. **15 to stop dead in one's tracks,** quedarse helado, pararse en seco, quedarse clavado. **16 to ~ down,** encontrar, localizar. **17 tracking station,** estación de seguimiento. **18 ~ record,** historial.

tracker ['trækər] *s. c.* rastreador.

tracker ball ['trækəbɔ:l] INF. esfera de rastreo, trackball.

tracksuit ['træksu:t] *s. c.* chándal.

tract [trækt] *s. c.* **1** panfleto, octavilla; tratado; folleto. **2** territorio, extensión; región, zona. **3** ANAT. aparato; vías; sistema.

tractable ['træktəbl] *adj.* manejable, tratable.

traction ['trækʃn] *s. i.* **1** MED. tracción. **2** MEC. fricción, adherencia, tracción. ◆ **3 ~ engine,** máquina de tracción.

tractor ['træktər] *s. c.* tractor.

trad [træd] *s. i.* MÚS. jazz tradicional.

trade [treɪd] *s. i.* **1** comercio. • *s. c.* **2** oficio. • *adj.* **3** comercial, de negocios. ◆ *v. t.* e *i.* **4** comerciar. ◆ **5 a trick of the ~,** un truco del oficio. **6 ~ fair,** feria de muestras. **7 to ~ in,** dar como entrada. **8 to ~ on,** aprovecharse de, explotar, abusar de. **9 to ~ off,** trocar. **10 ~ route,** ruta comercial. **11 ~ secret, a)** secreto comercial; fórmula secreta; **b)** secreto profesional. **12 ~ union,** sindicato. **13 ~ unionism,** sindicalismo. **14 ~ unionist,** sindicalista, afiliado a un sindicato. **15 to ~ with,** tener negocios con.

trade-in ['treɪdɪn] *s. c.* (EE UU) intercambio, entrega a cuenta.

trademark ['treɪdmɑ:k] *s. c.* **1** marca comercial, marca registrada. **2** (fig.) sello característico, característica.

trade-name ['treɪdneɪm] *s. c.* nombre comercial, razón social.

trader ['treɪdər] *s. c.* comerciante, negociante.

tradesman ['treɪdzmən] (*pl.* **tradesmen**) *s. c.* **1** tendero, comerciante. ◆ **2 tradesmen's entrance,** entrada de servicio.

tradesmen ['treɪdzmən] *pl. irreg.* de **tradesman.**

tradespeople ['treɪdzpiːpl] *s. pl.* comerciantes.
trading ['treɪdɪŋ] *s. i.* **1** comercio. • *adj.* **2** comercial. ♦ **3** ~ **estate,** polígono industrial. **4** ~ **stamp,** vale, bono, cupón, punto.
tradition [trə'dɪʃn] *s. c.* **1** tradición, costumbre. • *s. i.* **2** tradición, costumbres. ♦ **3 in the** ~ **of,** a la manera de, como, según la tradición de, al estilo de.
traditional [trə'dɪʃənl] *adj.* tradicional.
traditionalism [trə'dɪʃənəlɪzəm] *s. i.* tradicionalismo.
traditionalist [trə'dɪʃənəlɪst] *s. c.* y *adj.* tradicionalista, conservador.
traditionally [trə'dɪʃənəlɪ] *adv.* tradicionalmente, según la tradición, de acuerdo con la tradición.
traduce [trə'djuːs] *v. t.* (form.) difamar, calumniar.
traffic ['træfɪk] *s. i.* **1** tráfico, circulación. **2** tráfico, negocio, comercio. • *adj.* **3** de la circulación, del tráfico. ♦ **4** ~ **circle,** (EE UU) glorieta, plazoleta, rotonda. **5** ~ **jam,** atasco, embotellamiento: *a three-kilometre traffic jam = una cola de coches de tres kilómetros, una caravana de tres kilómetros.* **6** ~ **light,** semáforo. **7** ~ **warden,** agente de tráfico.
trafficker ['træfɪkər] *s. c.* traficante.
tragedy ['trædʒɪdɪ] *s. c.* **1** tragedia, desgracia, drama. **2** tragedia, obra trágica. • *s. i.* **3** LIT. género trágico, tragedia.
tragic ['trædʒɪk] *adj.* trágico.
tragically ['trædʒɪklɪ] *adv.* trágicamente, dramáticamente.
tragicomedy [,trædʒɪ'kɒmɪdɪ] *s. c.* LIT. tragicomedia.
tragicomic [,trædʒɪ'kɒmɪk] (también **tragicomical**) *adj.* tragicómico.
tragicomical *adj.* ⇒ **tragicomic.**
trail [treɪl] *s. c.* **1** pista forestal, senda, sendero, camino. **2** ruta, circuito, trayecto. **3** pista, rastro, huella, indicios. • *v. t.* **4** seguir el rastro de, perseguir, rastrear. **5** arrastrar, tirar de. • *v. i.* **6** (**to** ~ **by**) ir por detrás, a la zaga (en una competición, elección, etc.). ♦ **7 to blaze a** ~, ⇒ **blaze. 8 on someone's/ something's** ~, (ir) tras la pista de (alguien/algo), a la caza de algo/alguien. **9 to** ~ **behind, a)** quedar por detrás de, quedar rezagado; seguir (a alguien) lentamente; **b)** quedar o estar por debajo de. **10 to** ~ **off/away, a)** perder fuerza gradualmente, desvanecerse, apagarse; **b)** marcharse poco a poco, desfilar.
trailer ['treɪlər] *s. c.* **1** trailer, remolque. **2** avance, trailer. **3** caravana, casa-remolque. ♦ **4** ~ **park,** camping para caravanas.
trailing ['treɪlɪŋ] *adj.* BOT. trepador, colgante.
train [treɪn] *s. c.* **1** tren. **2** fila; séquito, cortejo; recua. **3** ;hilo (de pensamiento), serie, sucesión. **4** cola (de un vestido). • *v. t.* **5** entrenar; adiestrar; amaestrar; educar, enseñar, instruir. **6** apuntar, dirigir. • *v. i.* **7** entrenarse; prepararse, formarse; ejercitarse. ♦ **8 in** ~, en marcha, en curso. **9 in its** ~, en consecuencia, consigo, en su desarrollo. **10 the gravy** ~, ⇒ **gravy.**
trained [treɪnd] *adj.* **1** cualificado, diplomado, especializado, experto. **2** entrenado, preparado, educado, adiestrado.
trainee [treɪ'niː] *s. c.* aprendiz, becario.
trainer ['treɪnər] *s. c.* **1** entrenador, preparador. **2** (EE UU) recluta. ♦ **3 trainers,** zapatillas de deporte.
training ['treɪnɪŋ] *s. i.* **1** entrenamiento; educación física. **2** formación; instrucción; enseñanza; adiestramiento; preparación. ♦ **3 in** ~, en período de formación. **4** ~ **camp,** campo de instrucción. **5** ~ **shoe,** zapatilla de deporte, ⇒ **trainers.**
traipse [treɪps] *v. i.* **1** andar tranquilamente, deambular, vagar. ♦ **2 to** ~ **round,** hacer un recorrido largo y fatigoso.
trait [treɪt] *s. c.* rasgo, característica.
traitor ['treɪtər] *s. c.* traidor.
traitorous ['treɪtərəs] *adj.* traidor, traicionero.
traitress ['treɪtrɪs] *s. c.* traidora.
trajectory [trə'dʒektərɪ] *s. c.* **1** trayectoria. **2** evolución, desarrollo.
tramcar ['træmkɑːr] *s. c.* ⇒ **tram.**
tram [træm] (también **tramcar**) *s. c.* tranvía. ⇒ **streetcar.**
tramline ['træmlaɪn] *s. c.* **1** vía del tranvía, carriles del tranvía, línea del tranvía. ♦ *pl.* **2** líneas laterales, líneas de dobles (en tenis).
trammel ['træml] *s. c.* **1** restricción, traba, obstáculo. • *v. t.* **2** poner trabas a, obstaculizar, dificultar, impedir.
tramp [træmp] *s. c.* **1** vago, vagabundo. **2** (fam. y desp.) cualquiera, fulana. **3** buque mercante, barco de carga: *a tramp steamer = vapor de carga sin línea regular.* **4** caminata. • *v. i.* **5** andar, caminar. ♦ **6 to go for a** ~, ir a dar un largo paseo, hacer una excursión.
trample ['træmpl] *v. t.* **1** (**to** ~ {**down**}) pisar, pisotear, aplastar pisando. **2** (**to** ~ **on/upon**) (fig.) ignorar, despreciar, pisotear, pasar por encima de. **3 to** ~ **out,** apagar pisando. **4 to** ~ **someone to death,** pisotear a alguien hasta matarlo.
trampled ['træmpld] *adj.* aplastado, escachado, pisoteado.
trampoline ['træmpəliːn] *s. c.* DEP. cama elástica.
tramway ['træmweɪ] *s. c.* vía del tranvía, carriles del tranvía.
trance [trɑːns ‖ træns] *s. c.* **1** trance. ♦ **2 in a** ~, en trance.
tranquil ['træŋkwɪl] *adj.* tranquilo, sereno.
tranquility *s. i.* ⇒ **tranquillity.**
tranquilize *v. t.* ⇒ **tranquillize.**
tranquilizer *s. c.* ⇒ **tranquillizer.**
tranquillity [træŋ'kwɪlɪtɪ] (en EE UU **tranquility**) *s. i.* tranquilidad.
tranquillize ['træŋkwɪlaɪz] (también **tranquillise;** en EE UU **tranquilize**) *v. t.* **1** tranquilizar, sedar, calmar, relajar. **2** aplacar, reconciliar.
tranquillizer ['træŋkwɪlaɪzər] (también **tranquilliser;** en EE UU **tranquilizer**) *s. c.* MED. tranquilizante, sedante, calmante.
trans- [trænz] *pref.* tras-.
transact [træn'zækt] *v. t.* llevar a cabo, realizar, negociar, despachar, tramitar, tratar: *I've got some business to transact with him = tengo asuntos que tratar con él.*
transaction [træn'zækʃn] *s. c.* **1** transacción, operación; negociación, tramitación. ♦ **2 transactions,** actas, memorias.
transatlantic [,trænzət'læntɪk] *adj.* trasatlántico.
transcend [træn'send] *v. t.* trascender; ir más allá de; exceder; sobrepasar; estar por encima de; superar; rebasar.
transcendence [træn'sendəns] *s. i.* FIL. y REL. trascendencia.
transcendent [træn'sendənt] *adj.* FIL. y REL. trascendente.
transcendental [,trænsen'dentl] *adj.* **1** FIL. y REL. trascendental. ♦ **2** ~ **meditation,** meditación trascendental.
transcribe [træn'skraɪb] *v. t.* **1** transcribir, copiar. **2** MÚS. transcribir, arreglar, adaptar. **3** RAD. grabar.
transcript ['trænskrɪpt] *s. c.* transcripción, copia, trasunto.
transcription [træn'skrɪpʃn] *s. c.* **1** transcripción, trasunto, copia. **2** RAD. difusión, grabación. ♦ **3 phonetic** ~, transcripción fonética.
transept ['trænsept] *s. c.* ARQ. crucero.
transfer [træns'fəːr] *s. c.* **1** traslado; trasbordo. **2** calcomanía. **3** transferencia bancaria. **4** trasmisión, traspaso, transferencia de titularidad. **5** cambio, entrega de poder. • *s. i.* **6** transporte, traslado. • *v. t.* **7** trasladar. **8** transferir. **9** grabar, transcribir. **10** transmitir, transferir la propiedad. **11** entregar (el poder). **12** cambiar, desplazar. • *v. i.* **13** trasladarse, desplazarse.
transferable [træns'fəːrəbl] *adj.* transferible, transportable, trasladable, transmisible: *non transferable = intransferible, inalienable.*
transference ['trænsfərəns] *s. i.* transferencia, traspaso, traslado.
transfigure [træns'fɪɡər] *v. t.* transformarse, transfigurarse.
transfix [træns'fɪks] *v. t.* **1** paralizar, dejar paralizado. **2** atravesar, traspasar, pasar de parte a parte.
transform [træns'fɔːm] *v. t.* (**to** ~ {**into**}) transformar, convertir.
transformation [,trænsfə'meɪʃn] *s. c.* e *i.* transformación, conversión.
transformer [træns'fɔːmər] *s. c.* ELECTR. transformador.
transfusion [træns'fjuːʒn] *s. c.* **1** MED. transfusión. ♦ **2 to give someone a blood** ~, hacer una transfusión de sangre a alguien.
transgenic [trɑns'dʒenɪk] *adj.* transgénico.
transgress [trænz'gres] *v. t.* **1** traspasar, exceder. **2** infringir, violar, quebrantar, transgredir. • *v. i.* **3** pecar; cometer una transgresión.

transgression [trænz'greʃn] *s. c.* e *i.* transgresión; infracción; pecado.
transience ['trænzɪəns] *s. i.* brevedad, transitoriedad.
transient ['trænzɪənt] *s. c.* **1** (EE UU) transeúnte. • *adj.* **2** transitorio, pasajero, efímero, fugaz, de transición, temporal.
transistor [træn'zɪstər] *s. c.* **1** transistor. ◆ **2** ~ **radio,** transistor, radio de transistores.
transistorized [tran'sɪstəraɪzd] *adj.* transistorizado.
transit ['trænzɪt] *s. i.* **1** tránsito, paso, transición. ◆ **2 in** ~, de paso, de tránsito. **3** ~ **visa,** visado de tránsito.
transition [træn'zɪʃn] *s. c.* e *i.* transición, paso, evolución.
transitional [træn'zɪʃənl] *adj.* de transición, transitorio.
transitive ['trænzɪtɪv] *adj.* GRAM. transitivo.
transitory ['trænzɪtrɪ] *adj.* transitorio.
translate [trænz'leɪt] *v. t.* **1** (**to** ~ {**from /into**}) traducir (de/a). **2** (**to** ~ {**into**}) convertir, transformar (en). **3** poner en práctica, llevar a cabo, hacer realidad. **4** (**to** ~ {**as**}) tomar, interpretar, entender.
translation [trænz'leɪʃn] *s. c.* **1** traducción. **2** ejercicio de traducción. **3** transformación, conversión.
translator [trænz'leɪtər] *s. c.* traductor.
translucent [trænz'lu:snt] (también, **translucid**) *adj.* traslúcido.
translucid *adj.* ⇒ **translucent.**
transmission [trænz'mɪʃn] *s. i.* **1** traslado, transmisión. **2** traspaso. **3** emisión, retransmisión. • *s. c.* **4** retransmisión. **5** MEC. transmisión.
transmit [trænz'mɪt] *v. t.* **1** transmitir, emitir. **2** distribuir, contagiar. **3** ser conductor de, conducir, propagar. **4** comunicar (ideas).
transmitter [trænz'mɪtər] *s. c.* transmisor; emisora.
transmutation [,trænzmju:'teɪʃn] *s. c.* e *i.* **1** transmutación. **2** MAT. transformación.
transmute [trænz'mju:t] *v. t.* (**to** ~ {**into**}) transmutar (en).
transparency [træns'pærənsɪ] *s. i.* **1** transparencia. • *s. c.* **2** FOT. transparencia (para retroproyector).
transparent [træns'pærənt] *adj.* **1** transparente; diáfano, claro, limpio. **2** obvio, que se ve a las claras. **3** que no engaña, patente.
transparently [træns'pærəntlɪ] *adv.* transparentemente.
transpire [træn'spaɪər] *v. i.* **1** BOT. transpirar. **2** revelarse, divulgarse, llegarse a saber. **3** ocurrir, suceder, tener lugar.
transplant ['trænsplɑ:nt] *s. c.* **1** MED., AGR. transplante. • [træns'plɑ:nt] *v. t.* **2** MED., AGR. transplantar. **3** trasladar, llevar.
transport ['trænspɔ:t] *s. c.* **1** transporte, vehículo. • *s. i.* **2** acarreo. **3** transporte, servicio de transportes. • [træn'spɔ:t] *v. t.* **4** transportar, llevar, acarrear. **5** HIST. deportar. **6** arrebatar, extasiar, embelesar. ◆ **7** ~ **cafe,** restaurante de carretera.
transportation [,trænspɔ:'teɪʃn] *s. i.* **1** transporte. **2** HIST. deportación.
transporter [træns'pɔ:tər] *s. c.* **1** transportista. **2** camión de transporte. ◆ **3** ~ **bridge,** puente transportador.
transpose [træn'spəuz] *v. t.* **1** transponer, cambiar. **2** MÚS. transportar.
transverse ['trænzvə:rs] *s. c.* **1** ANAT. músculo transverso. • *adj.* **2** transversal.
transvestism [trænz'vestɪzəm] *s. i.* travestismo.
transvestite [trænz'vestaɪt] *s. c.* travestido.
trap [træp] *s. c.* **1** trampa, lazo, celada. **2** ART. escotillón, trampa. **3** ratonera. **4** TEC. sifón, bombillo. • *v. t.* **5** coger en una trampa. **6** coger, cazar (un animal). **7** rodear, cercar (a una persona). ◆ **8 to shut one's** ~**/to keep one's** ~ **shut,** (fam.) cerrar el pico, mantener la boca cerrada.
trapdoor ['træpdɔ:r] *s. c.* **1** trampilla, trampa. **2** ART. escotillón.
trapeze [trə'pi:z ‖ træ'pi:z] *s. c.* trapecio.
trapper ['træpər] *s. c.* trampero, cazador.
trappings ['træpɪŋz] *s. i.* **1** adornos, atavíos, galas. **2** jaeces, arreos.
trash [træʃ] *s. i.* **1** (EE UU) basura. **2** baratijas, trastos viejos. **3** porquería. **4** gentuza. • *v. t.* **5** tirar a la basura. **6** (fam.) criticar, poner por los suelos.
trashcan ['træʃkæn] *s. c.* (EE UU) cubo de la basura.
trashy ['træʃɪ] *adj.* malo, de baja calidad.
trauma ['trɔ:mə ‖ 'traumə] *s. c.* MED. trauma.
traumatic [trɔ:'mætɪk] *adj.* traumático.
travel ['trævl] *s. i.* **1** viajar, viajes. **2** TEC. recorrido, trayecto. • *v. i.* **3** viajar. • *v. t.* **4** recorrer, cubrir (una distancia). ◆ **5** ~ **agency,** agencia de viajes. **6** ~ **agent,** agente de viajes. **7** ~ **bureau,** agencia de viajes.
travelled ['trævld] *adj.* viajero, que ha viajado mucho.
traveller ['trævlər] (en EE UU **traveler**) *s. c.* **1** viajero. **2** viajante (de comercio). **3** puente de grúa. ◆ **4 traveller's cheque,** (EE UU **traveler's check**) cheque de viaje.
travelling ['trævlɪŋ] *s. c.* **1** viajar. **2** ART. travelín. • *adj.* **3** de viaje, ambulante, móvil. ◆ **4** ~ **expenses,** gastos de viaje. **5** ~ **salesman,** viajante de comercio.
travelog ['trævəlʌg] *s. c.* ⇒ **travelogue.**
travelogue ['trævəlɒg] (en EE UU, **travelog**) *s. c.* documental de viajes, conferencia ilustrada sobre viajes.
travel-sick ['trævlsɪk] *adj.* mareado.
travel-sickness ['trævlsɪknɪs] *s. i.* mareo, propensión al mareo.
traverse [træ'və:s] *s. c.* **1** travesía, recorrido; ruta sinuosa; travesaño. **2** MAT. línea quebrada; transversal; traslación. • *adj.* **3** transversal. • *v. t.* **4** atravesar, cruzar, viajar a través de, recorrer. **5** examinar detenidamente. • *v. i.* **6** pivotar, girar sobre el eje.
travesty ['trævəstɪ] *s. c.* **1** parodia, farsa. • *v. t.* **2** parodiar.
trawl [trɔ:l] *s. c.* **1** red de arrastre, (red) barredera. **2** selección. **3** (EE UU) palangre. • *v. t.* **4** rastrear, dragar. • *v. i.* **5** pescar al arrastre. ◆ **6** ~ **net,** red de arrastre.
trawler ['trɔ:lər] *s. c.* trainera, barco de arrastre.
trawling ['trɔ:lɪŋ] *s. i.* pesca de arrastre.
tray [treɪ] *s. c.* **1** bandeja; platillo. **2** FOT., cubeta, cajón.
treacherous ['tretʃərəs] *adj.* **1** traidor, traicionero; falso; infiel; engañoso; incierto. **2** peligroso.
treacherously ['tretʃərəslɪ] *adv.* **1** traicioneramente; falsamente; infielmente; engañosamente; inciertamente. **2** peligrosamente.
treachery ['tretʃərɪ] *s. i.* traición; perfidia; falsedad; deslealtad.
treacle ['tri:kl] *s. i.* melaza.
treacly ['tri:klɪ] *adj.* meloso.
tread [tred] *s. c.* **1** paso; pisada; peldaño. **2** andares, modo de andar. **3** huella. **4** banda de rodadura, dibujo de la llanta. • *v. i.* (*pret. irreg.* **trod,** *p. p. irreg.* **trodden**) **5** (**to** ~ **in/on**) pisar; andar. **6** (fig.) andar con tiento. • *v. t.* **7** aplastar, pisar. ◆ **8 to** ~ **on someone's toes/corns,** (fig.) herir la sensibilidad de alguien, pisotear a alguien. **9 to** ~ **the path of,** seguir el camino de. **10 to** ~ **water,** flotar, mantenerse a flote.
treadle ['tredl] *s. c.* **1** pedal. • *v. i.* **2** pedalear.
treadmill ['tredmɪl] *s. c.* **1** rueda de molino, **2** rutina, monotonía.
treason ['tri:zn] *s. i.* traición.
treasonable ['tri:zənəbl] *adj.* traicionero, traidor, desleal.
treasonous ['tri:zənɪs] *adj.* traidor, traicionero.
treasure ['treʒər] *s. i.* **1** tesoro; joya. • *v. t.* **2** valorar, estimar, atesorar.
treasurer ['treʒərər] *s. c.* tesorero.
treasure-trove ['treʒətrəuv] *s. c.* tesoro descubierto, hallazgo.
treasury ['treʒərɪ] *s. i.* **1** tesoro, tesorería. **2** antología. ◆ **3 The Treasury,** el Ministerio de Hacienda, el Tesoro, el Erario. **4 Treasury Bench,** escaños del gobierno, primera fila de la Cámara de Diputados. **5** ~ **bond/note,** bono del tesoro.
treat [tri:t] *s. i.* **1** invitación; convite; regalo: *this is my treat = invito yo, esta ronda la pago yo.* • *v. t.* **2** tratar. **3** comprar, regalar: *he treated his son to a new football = regaló a su hijo un balón de fútbol nuevo.* **4** invitar, convidar: *he treated us to a good dinner = nos invitó a una buena cena.* **5** MED. tratar. • *v. i.* **6** (**to** ~ **with**) (form.) tratar. ◆ **7 a Dutch** ~, cada uno paga lo suyo. **8 ...a** ~, una maravilla, estupendamente.
treatise ['tri:tɪz] *s. c.* tratado.
treatment ['tri:tmənt] *s. i.* **1** tratamiento, trato. **2** MÚS. interpretación, adaptación. **3** MED. tratamiento.

treaty ['tri:tɪ] *s. c.* tratado, acuerdo.
treble ['trebl] *s. c.* **1** MÚS. triple; soprano. • *adj.* **2** triple. **3** de triple; de soprano. **4** de sol: *treble clef = clave de sol.* • *v. t.* **5** triplicar, multiplicar por tres. • *v. i.* **6** triplicarse, multiplicarse por tres.
tree [tri:] *s. c.* **1** árbol. **2** horma. • *v. t.* **3** poner la horma a. ◆ **4 at the top of the ~,** en la cumbre, en la cima del éxito. **5 to bark up the wrong ~,** ⇒ **bark. 6 money doesn't grow on trees,** no se atan los perros con longaniza. **7 out of one's ~,** loco. **8 up a gum ~,** en un aprieto.
treeless ['tri:lɪs] *adj.* sin árboles, desarbolado, pelado.
tree-lined ['tri:laɪnd] *adj.* flanqueado de árboles.
treetop ['tri:tɒp] *s. c.* copa del árbol.
tree-trunk ['tri:trʌŋk] *s. c.* tronco del árbol.
trefoil ['trefɔɪl] *s. i.* **1** BOT. trébol. **2** ARQ. trifolio.
trek [trek] *s. c.* **1** viaje difícil; expedición; caminata; jornada; migración. • *v. i.* **2** hacer un viaje largo; caminar penosamente.
trellis ['trelɪs] *s. c.* **1** enrejado, soporte para plantas trepadoras, espalderas. • *v. t.* **2** poner un enrejado a, emparrar.
tremble ['trembl] *s. c.* **1** temblor, estremecimiento. • *v. i.* **2** estremecerse, temblar. **3** sacudirse.
trembling ['tremblɪŋ] *adj.* tembloroso.
tremendous [trɪ'mendəs] *adj.* **1** tremendo, enorme, vasto, inmenso. **2** formidable, extraordinario, maravilloso.
tremendously [trɪ'mendəslɪ] *adv.* tremendamente.
tremolo ['tremələʊ] *s. c.* e *i.* MÚS. trémolo.
tremor ['tremər] *s. c.* temblor; estremecimiento; vibración.
tremulous ['tremjʊləs] *adj.* trémulo, tembloroso; febril; tímido.
tremulously ['tremjʊləslɪ] *adv.* temblorosamente, trémulamente.
trench [trentʃ] *s. c.* **1** zanja, foso. **2** MIL. trinchera. **3** AGR. acequia. • *v. t.* **4** abrir zanjas o trincheras.
trenchant ['trentʃənt] *adj.* mordaz, cáustico, penetrante, incisivo.
trench-coat ['trentʃkəʊt] *s. c.* trinchera.
trend [trend] *s. i.* **1** tendencia; moda; dirección, orientación. • *v. i.* **2** tender; dirigirse, orientarse. ◆ **3 to set a ~,** marcar la pauta.
trend-setter ['trendsetər] *s. c.* líder, que impone una pauta.
trendy ['trendɪ] *s. c.* **1** moderno, persona que vive según las últimas tendencias de la moda. • *adj.* **2** elegante, a la última, muy moderno.
trepidation [,trepɪ'deɪʃn] *s. i.* (form.) trepidación, inquietud, agitación.
trespass ['trespəs] *s. c.* **1** transgresión, entrada ilegal, intrusión. • *v. i.* **2** entrar ilegalmente. **3** REL. pecar. ◆ **4 to ~ upon,** (fig.) abusar de.
trespasser ['trespəsər] *s. c.* intruso, pecador.
tress [tres] *s. i.* mechón; rizo; trenza; cabellera, melena.
trestle ['tresl] *s. c.* **1** caballete, borriqueta. ◆ **2 ~ table,** mesa de caballetes o borriquetas.
tri- [traɪ] *prefijo* **tri-.**
triad ['traɪəd] *s. c.* tríada.
trial ['traɪəl] *s. c.* e *i.* **1** prueba, ensayo, experimento. **2** dificultad, aflicción, adversidad, sufrimiento. **3** DER. vista, juicio, proceso. • *adj.* **4** de prueba. ◆ **5 on ~,** procesado; a prueba. **6 to stand ~,** ⇒ **stand. 7 ~ and error,** acierto y error. **8 ~ period,** período de prueba. **9 ~ run,** carrera campo a través. **10 trials,** competición de habilidad.
triangle ['traɪæŋgl] *s. c.* **1** GEOM. triángulo. **2** escuadra; cartabón. **3** MÚS. triángulo. **4** conflicto a tres bandas.
triangular [traɪ'æŋgjʊlər] *adj.* triangular; tripartito.
tribal ['traɪbl] *adj.* tribal, de tribu.
tribalism ['traɪbəlɪzəm] *s. i.* sistema tribal, organización en tribus.
tribe [traɪb] *s. c.* **1** tribu. **2** manada, bandada. **3** masa, ralea, tropel.
tribesman ['traɪbzmən] (*pl. irreg.* **tribesmen**) *s. c.* miembro de una tribu.
tribesmen ['traɪbzmən] *pl. irreg.* de **tribesman.**
tribulation [,trɪbjʊ'leɪʃn] *s. i.* tribulación.
tribunal [traɪ'bju:nl] *s. c.* tribunal.
tributary ['trɪbjʊtrɪ] *s. c.* **1** afluente; tributario. • *adj.* **2** tributario.
tribute ['trɪbju:t] *s. i.* **1** tributo, homenaje. **2** mérito. **3** tributo, contribución.
trice [traɪs] *v. t.* **1** MAR. (**to ~ up**) izar las velas. ◆ **2 in a ~,** en un abrir y cerrar de ojos, en un dos por tres, en un santiamén.
triceps ['traɪseps] *s. c.* ANAT. tríceps.
trick [trɪk] *s. c.* **1** truco, ardid, engaño, trampa, treta, triquiñuela. **2** astucia, habilidad, maña. **3** tranquillo, truco. **4** broma, travesura, faena. **5** estafa, timo. • *v. t.* **6** engañar, embaucar, estafar, timar. ◆ **7 to do the ~,** servir, resolver el problema. **8 never to miss a ~,** no perder la oportunidad. **9 ~ of the light,** ilusión, espejismo. **10 to be up to one's tricks,** hacer de las suyas. **11 you can't teach an old dog new tricks,** ⇒ **dog. 12 ~ photography,** trucaje fotográfico.
trickery ['trɪkərɪ] *s. i.* engaño, astucia, superchería, fraude.
trickster ['trɪkstər] *s. c.* embaucador, embustero, timador.
tricky ['trɪkɪ] *adj.* **1** difícil, complicado, delicado. **2** hábil, mañoso, astuto, tramposo.
tricolor *adj.* ⇒ **tricolour.**
tricolour ['trɪkələr] (en EE UU **tricolor**) *adj.* tricolor.
tricycle ['traɪsɪkl] *s. c.* triciclo.
tried [traɪd] *pret.* y *p. p.* **1** de **try.** • *adj.* **2** probado, experimentado, de confianza, seguro, de garantía.
trier ['traɪər] *s. c.* persona dispuesta a intentarlo todo.
trifle ['traɪfl] *s. i.* **1** nadería, fruslería, bagatela, pequeñez, insignificancia. **2** GAST. tarta. • *v. t.* **3** (**to ~ away**) perder (el tiempo); malgastar (dinero). • *v. i.* **4** (**to ~ with**) jugar con.
trifling ['traɪflɪŋ] *s. i.* **1** frivolidad, trivialidad. • *adj.* **2** insignificante, sin importancia. **3** ligero, frívolo, trivial.
trigger ['trɪgər] *s. c.* gatillo.
trigger-happy ['trɪgə,hæpɪ] *adj.* de gatillo ligero, dispuesto a disparar.
trigonometry [,trɪgə'nɒmɪtrɪ] *s. i.* MAT. trigonometría.
trike [traɪk] *s. c.* (fam.) triciclo.
trilby ['trɪlbɪ] *s. c.* sombrero flexible.
trill [trɪl] *s. i.* **1** trino, gorjeo. **2** GRAM. vibración. • *v. i.* **3** trinar, gorjear. **4** vibrar, producir una vibración.
trillion ['trɪlɪən] *num. card.* **1** trillón. **2** (EE UU) billón.
trilogy ['trɪlədʒɪ] *s. c.* trilogía.
trim [trɪm] *s. i.* **1** estado, orden, arreglo. **2** marco. **3** orientación, equilibrio. • *adj.* **4** elegante, aseado, cuidado. • *v. t.* **5** arreglar, asear, adornar. **6** recortar, cortar, desbastar, guillotinar. **7** equilibrar, asentar, ordenar, orientar. • *v. i.* **8** ser oportunista. ◆ **9 in ~/in good ~,** en forma; en perfecto estado.
trimmed [trɪmd] *adj.* decorado.
trimming ['trɪmɪŋ] *s. i.* **1** arreglo, orden, adorno, recorte. **2** desbastado, cepillado. **3** orientación, estiba. **4** oportunismo.
trinity ['trɪnɪtɪ] *s. c.* **1** trío, trinidad. ◆ **2 the Trinity/the Holy Trinity,** REL. la Santísima Trinidad.
trinket ['trɪnkɪt] *s. c.* dije, baratija, chuchería.
trio ['tri:əʊ] *s. c.* trío.
trip [trɪp] *s. c.* **1** viaje; excursión. **2** tropezón, traspié, zancadilla. **3** desliz, tropiezo, error. **4** TEC. disparador. **5** (fam.) viaje (efecto de estupefacientes). • *v. t.* **6** poner la zancadilla a, hacer caer. **7** confundir, coger en falta. • *v. i.* **8** MAR. levar anclas, izar. **9** dar un traspié, tropezar, caer. **10** equivocarse, cometer un error.
tripartite [,traɪ'pɑ:taɪt] *adj.* tripartito.
tripe [traɪp] *s. i.* **1** GAST. callos. **2** (fam.) tonterías, bobadas.
triple ['trɪpl] *s. c.* **1** triple. • *adj.* **2** triple. **3** MÚS. ternario. • *v. t.* **4** triplicar. • *v. i.* **5** triplicarse. ◆ **6 ~ jump,** triple salto.
triplet ['trɪplɪt] *s. c.* **1** trío; terceto; trillizo. **2** LIT. terceto. **3** MÚS. tresillo.
triplicate ['trɪplɪkət] *adj.* **1** triplicado: *in triplicate = por triplicado.* • *v. t.* **2** triplicar, hacer por triplicado.
triplicity [trɪ'plɪsɪtɪ] *s. c.* triplicidad
tripod ['traɪpɒd] *s. c.* trípode.
tripper ['trɪpər] *s. c.* **1** turista, excursionista. **2** TEC. disparador.
triptych ['trɪptɪk] *s. c.* ART. tríptico.
tripwire ['trɪpwaɪər] *s. c.* cable de una trampa.
trite [traɪt] *adj.* trivial, trillado, vulgar.
triumph ['traɪʌmf] *s. c.* **1** triunfo, éxito. • *v. i.* **2** triunfar, vencer. **3** alegrarse, regocijarse.
triumphal [traɪ'ʌmfl] *adj.* triunfal.

triumphant [traɪ'ʌmfnt] *adj.* triunfante, victorioso.
triumphantly [traɪ'ʌmfntlɪ] *adv.* triunfantemente.
triumvirate [traɪ'ʌmvɪrət] *s. c.* triunvirato.
trivia ['trɪvɪə] *pl. irreg.* **1** de **trivium.** • *s. pl.* **2** trivialidades, banalidades.
trivial ['trɪvɪəl] *adj.* trivial, banal, insignificante, superficial.
triviality [ˌtrɪvɪ'ælɪtɪ] *s. i.* trivialidad, banalidad.
trivialize ['trɪvɪəlaɪz] (también **trivialise**) *v. t.* trivializar.
trivium ['trɪvɪəm] (*pl.* **trivia**) *s. c.* (form.) trívium, trivio.
trod [trɒd] *pret. irreg.* de **tread.**
trodden ['trɒdn] *p. p.* **1** de **tread.** • *adj.* **2** pisoteado, hollado.
troglodyte ['trɒglədaɪt] *s. c.* troglodita.
Trojan ['trəudʒən] *s. c. adj.* **1** troyano. ♦ **2 to work like a ~,** trabajar como un negro, trabajar mucho.
troll [trəul] *s. c.* **1** DEP. cucharilla, anzuelo de cuchara. **2** LIT. trol. • *v. i.* **3** pescar con cucharilla.
trolley ['trɒlɪ] *s. c.* **1** carrito. **2** carretilla. **3** vagoneta. **4** teleférico. **5** (EE UU) tranvía.
trolley-bus ['trɒlɪbʌs] *s. c.* trolebús.
trollop ['trɒləp] *s. c.* (fam. y desp.) furcia, ramera, puta.
trombone [trɒm'bəun] *s. c.* MÚS. trombón.
trombonist [trɒm'bəunɪst] *s. c.* trombonista.
troop [tru:p] *s. i.* **1** banda, grupo. **2** manada, bandada. **3** MIL. tropa, compañía, escuadrón. • *v. i.* **4** ir en grupo. ♦ **5 to ~ the colour,** (brit.) MIL. ceremonia militar de homenaje a la bandera.
trooper ['tru:pər] *s. c.* **1** MIL. soldado de caballería; policía montado. **2** barco de transporte militar. **3 to swear like a ~,** jurar como un carretero.
trophy ['trəufɪ] *s. c.* trofeo.
tropical ['trɒpɪkl] *adj.* tropical.
tropic ['trɒpɪk] *s. i.* **1** GEOG. trópico. ♦ **2 the Tropics,** el trópico.
trot [trɒt] *s. i.* **1** trote. • *v. t.* **2** hacer trotar. • *v. i.* **3** trotar, correr. ♦ **4 on the ~,** seguidos, uno tras otro: *for two weeks on the trot = dos semanas seguidas.*
troth [trəuθ] *s. c.* **1** palabra, promesa. ♦ **2 to plight one's ~,** dar palabra de matrimonio.
Trotskyist ['trɒtskɪɪst] (también **Trotskyite**) *s. c.* trotskista.
Trotskyite *s. c.* ⇒ **Trotskyist.**
trotter ['trɒtər] *s. c.* **1** trotón. **2** GAST. manita, mano (de cerdo).
troubadour ['tru:bədɔ:r] *s. c.* trovador, juglar.
trouble ['trʌbl] *s. i.* **1** problemas, preocupaciones, inquietudes. **2** apuro, aprieto, dificultad. ♦ *s. c.* **3** disgusto, aflicción, pena, angustia; molestia; conflicto; engorro. • *v. t.* **4** afligir, preocupar, perturbar, trastornar, molestar, incomodar, importunar. **5** afectar, aquejar. **6** enturbiar. ♦ **7 in ~,** en un apuro. **8 it is more ~ than it is worth,** no merece la pena molestarse (por ello). **9 to take the ~,** tomarse la molestia.
troubled ['trʌbld] *adj.* **1** preocupado, agitado. **2** revuelto, turbulento. ♦ **3 to pour oil on ~ waters,** apaciguar los ánimos.
trouble-free ['trʌblfri:] *adj.* libre de problemas, sin problemas.
troublemaker ['trʌblˌmeɪkər] *s. c.* alborotador, camorrista.
troublemaking ['trʌblˌmeɪkɪŋ] *s. i.* crear problemas.
troubleshooter ['trʌblˌʃu:tər] *s. c.* (EE UU) localizador de problemas.
troublesome ['trʌblsəm] *adj.* molesto, fastidioso, importuno.
trouble-spot ['trʌblspɒt] *s. c.* lugar conflictivo.
troubling ['trʌblɪŋ] *adj.* preocupante.
trough [trɒf] *s. c.* **1** pesebre; abrevadero; comedero; bebedero. **2** artesa, amasadera. **3** depresión, zona de bajas presiones. **4** MAT. mínimo.
trounce [trauns] *v. t.* **1** dar una paliza a, pegar, zurrar. **2** derrotar.
troupe [tru:p] *s. c.* compañía de teatro, "troupe".
trouper ['tru:pər] *s. c.* actor, miembro de una compañía de teatro.
trousers ['trauzərs] *s. pl.* **1** pantalón. ♦ **2 a pair of ~,** un pantalón, unos pantalones.
trouser-suit ['trauzəsu:t] *s. c.* traje pantalón.
trousseau ['tru:səu] (*pl.* **trousseaus, trousseaux**) *s. c.* ajuar, equipo de novia.
trousseaux *pl.* de **trousseau.**
trout [traut] *s. c.* ZOOL. trucha.
trowel ['trauəl] *s. c.* **1** paleta, llana. **2** desplantador, trasplantador. • *v. t.* **3** allanar, pasar la llana por.
truancy ['tru:ənsɪ] (fam.) *s. i.* novillos (en la escuela).
truant ['tru:ənt] (fam.) *s. c.* **1** alumno que hace novillos, vago, haragán. • *adj.* **2** que hace novillos, vago, perezoso. ♦ **3 to play ~,** hacer novillos.
truce [tru:s] *s. c.* tregua.
truck [trʌk] *s. c.* **1** trueque, cambio. **2** trato, pago. **3** vagoneta, carreta; carrito, mesita con ruedas. **4** (EE UU) camión. • *v. t.* e *i.* **5** trocar, cambiar. **6** transportar en camión. ♦ **7 to have no ~ with,** no tener tratos con, no tener relaciones con. **8 ~ farm,** huerta. **9 ~ jockey,** camionero.
trucker ['trʌkər] *s. c.* **1** (EE UU) transportista; camionero. **2** hortelano.
truckle ['trʌkl] *s. c.* **1** rueda, ruedecita. • *v. i.* **2** (**to ~ to**) ser servil con, someterse servilmente a.
truckle-bed ['trʌklbed] *s. c.* cama de ruedas, carriola.
truckload ['trʌkˌləud] *s. c.* camión.
truculence ['trʌkjuləns] *s. i.* agresividad.
truculent ['trʌkjulənt] *s. c.* agresivo.
trudge [trʌdʒ] *s. c.* **1** caminata, paseo. • *v. t.* **2** recorrer con dificultad.
true [tru:] *adj.* **1** verdadero; de verdad; genuino; verídico; real; auténtico. **2** MÚS. afinado. **3** exacto, centrado, alineado. • *v. t.* **4** corregir, rectificar. **5** centrar. ♦ **6 to come ~,** cumplirse, realizarse, hacerse realidad. **7 out of ~,** descentrado, no alineado, no aplomado. **8 ~ north,** norte exacto. **9 ~ to one's word/promise,** fiel a su palabra.
true-blue [ˌtru:'blu:] *adj.* fiel, leal; legal.
true-to-life [ˌtru:tu:'laɪf] *adj.* como la vida misma, fiel a la realidad.
truffle ['trʌfl] *s. c.* trufa.
trug [trʌg] *s. c.* cesta para herramientas de jardinería.
truism ['tru:ɪzəm] *s. i.* perogrullada.
truly ['tru:lɪ] *adv.* **1** verdaderamente, realmente. ♦ **2 well and ~,** ⇒ **well. 3 yours ~,** suyo afectísimo; (fam.) mi menda, un servidor.
trump [trʌmp] *s. c.* **1** triunfo (en naipes). **2** (fam.) buena persona. • *v. t.* **3** fallar a (una carta). ♦ **4 ~ card,** triunfo (en naipes). **5 to turn/come up trumps,** resultar bien, salir bien.
trumped-up ['trʌmptʌp] *adj.* imaginado, inventado, forjado.
trumpet ['trʌmpɪt] *s. c.* **1** MÚS. trompeta, trompetista. **2** trompetilla. • *v. i.* **3** barritar, bramar. • *v. t.* **4** anunciar. ♦ **6 to blow one's own ~,** darse bombo.
trumpeter ['trʌmpɪtər] *s. c.* trompetista.
truncate [trʌŋ'keɪt] *v. t.* truncar.
truncheon ['trʌntʃən] *s. c.* porra.
trundle ['trʌndl] *s. c.* **1** ruedecita. **2** cama con ruedas. **3** carretilla. • *v. t.* **4** hacer rodar. **5** empujar, llevar. ♦ *v. i.* **6** rodar.
trunk [trʌŋk] *s. c.* **1** BOT. tronco. **2** ANAT. tórax, tronco. **3** ZOOL. trompa. **4** baúl. **5** TEC. conducto, cañería. **6** (EE UU) maletero, portaequipajes. ♦ **7 ~ call,** conferencia, llamada interurbana. **8 trunks,** traje de baño, bañador.
truss [trʌs] *s. c.* **1** MED. braguero. **2** BOT. racimo. **3** ARQ. modillón. • *v. t.* **4** atar, liar, espetar. **5** ARQ. apuntalar.
trust [trʌst] *s. i.* **1** confianza, cargo. **2** deber, obligación. **3** depósito. • *v. t.* **4** confiar en, fiarse de. **5** esperar. ♦ **6 in ~,** en fideicomiso. **7 to take on ~,** aceptar, creer a ojos cerrados. **8 ~ fund,** depósito de confianza. **9 to ~ someone to do something,** encomendar algo a alguien.
trustee [trʌ'sti:] *s. c.* **1** fideicomisario. **2** administrador, síndico.
trustful ['trʌstfl] *adj.* confiado.
trusting ['trʌstɪŋ] *adj.* confiado.
trustingly ['trʌstɪŋlɪ] *adv.* confiadamente.
trustworthy ['trʌstˌwə:θɪ] *adj.* digno de confianza; fidedigno.
trusty ['trʌstɪ] *adj.* digno de confianza, fiel, leal.
truth [tru:θ] *s. i.* **1** verdad; veracidad; sinceridad. **2** exactitud. ♦ **3 in ~/in all ~,** en verdad. **4 to tell you the ~** a decir verdad.
truthful ['tru:θfl] *adj.* **1** veraz, verídico. **2** parecido (retrato).
truthfully ['tru:θfəlɪ] *adv.* verdaderamente, fielmente.

truthfulness ['tru:θflnɪs] *s. i.* **1** veracidad, verdad. **2** parecido.
try [traɪ] *s. c.* **1** prueba, intento, tentativa. **2** DEP. ensayo. • *v. t.* **3** probar, intentar, tratar. **4** ensayar, poner a prueba. **5** probar; saborear; catar. **6** hacer sufrir, afligir, fatigar, cansar. • *v. i.* **7** esforzarse, hacer un intento. ◆ **8 to ~ one's hand at, ⇒ hand. 9 to ~ one's luck/to ~ one's fortunes,** probar, probar suerte. **10 to ~ someone's patience,** poner a prueba la paciencia de alguien.
trying ['traɪɪŋ] *adj.* molesto, penoso, cansado, difícil.
try-out ['traɪaut] *s. c.* **1** prueba de aptitud. **2** ART. audición.
tryst [trɪst] *s. c.* **1** cita. **2** lugar de la cita.
tsar [zɑ:r] (también **tzar**) *s. c.* zar.
tsarina [zɑ:'ri:nə] (también **tzarina**) *s. c.* zarina.
tsarist ['zɑ:rɪst] (también **tzarist**) *s. c.* zarista.
tsetse-fly ['tsetsɪflaɪ] (también **tztetze-fly**) *s. c.* ZOOL. mosca tse-tsé.
T-shirt ['ti:ʃə:t] (también **tee-shirt**) *s. c.* camiseta.
tub [tʌb] *s. c.* **1** bañera, baño. **2** tina, cubo, barreño.
tuba ['tju:bə] *s. c.* MÚS. tuba.
tubby ['tʌbɪ] *adj.* rechoncho.
tube [tju:b] *s. c.* **1** tubo. **2 (the ~)** (brit.) el metro. **3** ANAT. trompa, tubo. **4** (EE UU) lámpara, válvula. **5** cámara neumática. ◆ **6 Fallopian ~,** ANAT. trompa de Falopio.
tubeless ['tju:blɪs] *adj.* sin cámara (neumáticos).
tuber ['tju:bər] *s. c.* **1** ANAT. y MED. tubérculo, tuberosidad. **2** BOT. tubérculo.
tubercular [tju:'bə:kjulər] *s. c. adj.* tubercular, tuberculoso.
tuberculosis [tju:,bə:kju'ləusɪs] *s. i.* MED. tuberculosis.
tubing ['tju:bɪŋ] *s. i.* **1** tubería, tubos. **2** MED. y TEC. entubado.
tubular ['tju:bjulər] *adj.* tubular.
tuck [tʌk] *s. i.* **1** pliegue, alforza. **2** chucherías, golosinas. **3** comida. • *v. t.* **4** meter, remeter. ◆ **5 to ~ in, a)** comer con apetito; **b)** arropar.
tuck-shop ['tʌkʃɒp] *s. c.* confitería, bombonería.
Tuesday ['tju:zdɪ] *s. c.* martes: *on Tuesday = el martes.*
tuft [tʌft] *s. c.* **1** penacho (de plumas); mechón (de pelo); cresta (de ave); mata (de pelo, de hierba). **2** borla, copo (de algodón).
tufted ['tʌftɪd] *adj.* copetudo.
tug [tʌg] *s. c.* **1** tirón, estirón; tracción. **2** tirante. **3** remolcador. • *v. t.* **4** tirar de, arrastrar; remolcar. • *v. i.* **5** tirar, dar un estirón fuerte. **6** MAR. remolcar. ◆ **7 ~ boat,** remolcador.
tug-of-love [,tʌgəv'lʌv] *adj.* intento de conseguir la custodia de un hijo, rapto del hijo bajo la custodia del otro cónyuge (en un divorcio).
tug-of-war [,tʌgəv'wɔ:r] (*pl.* **tugs-of-war**) *s. c.* **1** juego de la cuerda. **2** lucha. **3** tira y afloja.
tuition [tju:'ɪʃn] *s. i.* **1** enseñanza, instrucción, educación. **2** clases particulares. **3** (EE UU) matrícula.
tulip ['tju:lɪp] *s. c.* BOT. tulipán.
tulle [tju:l] *s. i.* tul.
tumble ['tʌmbl] *s. c.* **1** caída, voltereta. **2** revoltijo. • *v. t.* **3** derribar, abatir, tumbar, desordenar; arrugar; deshacer. • *v. i.* **4** caerse; dar volteretas; retozar; tropezar; tambalearse. ◆ **5 to ~ down,** derribar; venirse abajo, derrumbarse. **6 to ~ into,** tropezar con; echarse en. **7 to ~ on,** dar con, tropezarse con. **8 to ~ to,** caer en, darse cuenta de, caer en la cuenta de, comprender.
tumbled ['tʌmbld] *adj.* revuelto, desordenado.
tumbledown ['tʌmbldaun] *adj.* ruinoso, destartalado.
tumble-dryer ['tʌmbl,draɪər] (también **tumble-drier**) *s. c.* centrifugador.
tumbler ['tʌmblər] (también **tumbler-drier**) *s. c.* **1** vaso. **2** acróbata. **3** TEC. tambor. **4** MEC. balancín.
tumbler-dryer ['tʌmblə,draɪər] *s. c.* tambor secador.
tumbling ['tʌmblɪŋ] *s. i.* acrobacia.
tumbrel ['tʌmbrəl] *s. c.* volquete, carreta.
tumescent [tju:'mesnt] *adj.* MED. tumefacto.
tummy ['tʌmɪ] *s. c.* (fam.) barriga, tripa, vientre.
tumour ['tju:mər] *s. c.* MED. tumor.
tumult ['tju:mʌlt] *s. c.* tumulto.
tumultuous [tju:'mʌltʃuəs] *adj.* tumultuoso.
tun [tʌn] *s. c.* cuba, tonel.
tuna [tju:nə] *s. c.* **1** ZOOL. atún. **2** tuna, nopal, chumbera.
tundra ['tʌndrə] *s. i.* GEOG. tundra.
tune [tju:n] *s. c.* **1** MÚS. aire; melodía; tono; armonía. • *v. t.* **2** MÚS. afinar. **3** RAD. sintonizar. ◆ **3 to call the ~,** pedir la canción; (fig.) llevar la voz cantante. **4 to change one's ~/to sing a different ~,** cambiar de opinión. **5 to dance to someone's ~,** bailar al son que tocan. **6 in ~,** sintonizado, afinado. **7 out of ~,** desafinado. **8 to the ~ of,** por la cantidad de, por la friolera de. **9 tuned in,** sintonizado.
tuneful ['tju:nfl] *adj.* melodioso, armonioso, sonoro.
tuneless ['tju:nlɪs] *adj.* discordante, disonante.
tunelessly ['tju:nlɪslɪ] *adv.* discordantemente.
tuner ['tju:nər] *s. c.* **1** afinador. **2** RAD. sintonizador.
tungsten ['tʌŋstən] *s. i.* QUÍM. tungsteno.
tunic ['tju:nɪk] *s. c.* ANAT. túnica.
tuning ['tju:nɪŋ] *s. i.* afinación (de instrumento musical); sintonización (de radio, emisora); puesta a punto (de motor, automóvil).
tuning fork ['tju:nɪŋfɔ:k] *s. c.* diapasón.
Tunisia [tju:'nɪzɪə] *s. sing.* Túnez.
Tunisian [tju:'nɪzɪən] *s. c.* y *adj.* tunecino.
tunnel ['tʌnl] *s. c.* **1** túnel. **2** MIN. galería. • *v. i.* **3** cavar un túnel, hacer un túnel. **4** hacer galerías. ◆ **5 to see (the) light at the end of the ~, ⇒ light. 6 ~ vision,** (fig.) ceguera, cerrazón.
tuppence ['tʌpəns] *s. c.* **1** dos peniques. ◆ **2 I don't care ~,** me importa un comino, me da igual.
tuppenny ['tʌpənɪ] *adj.* de dos peniques.
turban ['tə:bən] *s. c.* turbante.
turbaned ['tə:bənd] *adj.* con turbante.
turbid ['tə:bɪd] *adj.* denso, espeso; turbio.
turbine ['tə:baɪn] *s. c.* TEC. turbina.
turbo- ['tə:bəu] *prefijo* turbo-.
turbocharged [,tə:bəu'tʃɑ:dʒt] *adj.* equipado con turbo.
turbot ['tə:bət] *s. c.* ZOOL. rodaballo (pez).
turbulence ['tə:bjuləns] *s. c.* **1** turbulencia, desorden, disturbios. **2** GEOG. turbulencia.
turbulent ['tə:bjulənt] *adj.* **1** turbulento, tumultuoso. **2** revoltoso.
turbulently ['tə:bjuləntlɪ] *adv.* **1** turbulentamente, tumultuosamente. **2** revoltosamente.
turd [tə:d] *s. c.* **1** (vulg.) cagarruta, mierda. **2** cerdo, indeseable.
tureen [tə'ri:n] *s. c.* sopera.
turf [tə:f] (*pl.* **turfs** o **turves**) *s. c.* **1** césped. **2** turba. **3** carreras de caballos. • *v. t.* **4** cubrir con césped. ◆ **5 ~ accountant,** corredor de apuestas hípicas.
turgid ['tə:dʒɪd] *adj.* **1** MED. turgente, túrgido, hinchado. **2** (fam.) ampuloso, hinchado.
Turk [tə:k] *s. c.* **1** turco. **2** tirano.
turkey ['tə:kɪ] *s. c.* **1** ZOOL., GAST. pavo. ◆ **2 to talk ~,** (fam.) no andarse con rodeos, no tener pelos en la lengua.
Turkey ['tə:kɪ] *s. sing.* Turquía.
Turkish ['tə:kɪʃ] *adj.* **1** turco. ◆ **2 ~ bath,** baño turco. **3 ~ coffee,** café turco. **4 ~ delight,** delicia turca.
turmeric ['tə:mərɪk] *s. i.* BOT. cúrcuma.
turmoil ['tə:mɔɪl] *s. i.* confusión, desorden, alboroto, tumulto.
turn [tə:n] *s. c.* e *i.* **1** vuelta; revolución; viraje; giro. **2** curva; recodo; espira. **3** turno; vez. **4** cambio; sesgo, cariz, aspecto. **5** susto; vahído, desmayo; crisis, ataque. • *v. t.* **6** hacer girar, dar vueltas a; dar la vuelta a. **7** volver; torcer; doblar. **8** desviar, apartar; desechar; eludir. **9** rechazar; rebasar. **10** echar a perder; agriar; poner rancio; cortar. **11** tornear, moldear, labrar. • *v. i.* **12** girar; volver; regresar; torcer; virar. **13** volverse, ponerse. **14** echarse a perder, cortarse. **15** dedicarse; recurrir. ◆ **16 a bad ~,** una faena, una jugarreta, una mala pasada. **17 a good ~,** un favor, una buena acción. **18 at every ~,** a cada paso. **19 by turns,** por turnos. **20 done to a ~,** en su punto. **21 to give someone a ~,** dar un susto a alguien. **22 in ~,** uno tras otro; a su vez. **23 to be on the ~,** estar cambiando (la marea). **24 out of ~,** fuera de turno. **25 to take turns/to take it in turns,** turnarse, alternarse. **26 to ~ about,** dar la vuelta. **27 to ~**

a blind eye, ⇒ blind. 28 to ~ against, poner en contra, enemistar. 29 to turn and turn about, dar vueltas y más vueltas. 30 to ~ around, dar la vuelta a, desvirtuar. 31 to ~ aside, apartar. 32 to ~ away, volver, apartar (la vista). 33 to ~ back, volver; volverse. 34 to ~ down, bajar; rechazar. 35 to ~ from, apartarse de; apartar. 36 to ~ in, entregar. 37 to ~ into, transformar en, convertir en. 38 ~ of events, curso de los acontecimientos. 39 to ~ off, cerrar; apagar; quitar. 40 to ~ on, encender; poner; abrir; conectar. 41 to ~ out, apagar; cerrar; volver hacia fuera. 42 turned out, vestido. 43 to ~ one's back on, ⇒ back. 44 to ~ one's hand to, ⇒ hand. 45 to ~ over, dar la vuelta a; volverse; volcar. 46 to ~ round, dar la vuelta a; volverse. 47 to ~ tail, ⇒ tail. 48 to ~ the tables on someone, ⇒ table. 49 to ~ to, empezar. 50 to ~ up, poner más fuerte, subir; aparecer. 51 to ~ ...upside down, dar la vuelta, poner cabeza abajo.

turnabout ['tɜːnəbaʊt] (también **turnaround**) *s. c.* **1** cambio radical. **2** (EE UU) tiovivo.

turnaround ['tɜːnəraʊnd] *s. c.* ⇒ **turnabout.**

turncoat ['tɜːnkəʊt] *s. c.* chaquetero, renegado, veleta.

turning ['tɜːnɪŋ] *s. c.* bocacalle, curva, viraje.

turning-point ['tɜːnɪŋpɔɪnt] *s. c.* punto de inflexión, momento crucial, hito, coyuntura, punto decisivo.

turnip ['tɜːnɪp] *s. c.* **1** nabo. **2** reloj de bolsillo.

turnkey ['tɜːnkiː] *adj.* **1** carcelero. **2** llaves en mano.

turn-off ['tɜːnɒf] *s. c.* **1** desvío. **2** (EE UU) bocacalle.

turn-on ['tɜːnɒn] *s. c.* alguien o algo que excita sexualmente.

turnout ['tɜːnaʊt] *s. i.* **1** asistentes, concurrencia; público; entrada. **2** atuendo.

turnover ['tɜːnəʊvər] *s. c.* volumen de venta, facturación.

turnpike ['tɜːnpaɪk] *s. c.* **1** barrera. **2** (EE UU) autopista de peaje.

turnround ['tɜːnraʊnd] *s. i.* período de carga y descarga.

turnstile ['tɜːnstaɪl] *s. c.* torno, torniquete.

turntable ['tɜːnteɪbl] *s. c.* **1** plataforma giratoria. **2** plato giradiscos.

turn-up ['tɜːnʌp] *s. c.* **1** vuelta. **2** (fam.) pelea, trifulca. ● *adj.* **3** respingona (nariz). **4** alto. ◆ **5 to be a ~ for the book/books,** ser algo inesperado.

turpentine ['tɜːpəntaɪn] *s. i.* trementina.

turpitude ['tɜːpɪtjuːd] *s. i.* bajeza, infamia, vileza.

turps [tɜːps] *s. i.* trementina.

turquoise ['tɜːkwɔɪz] *s. i.* y *adj.* **1** GEOL. turquesa. ◆ **2 ~ blue,** azul turquesa.

turret ['tʌrɪt] *s. c.* **1** ARQ. torreón, torre, torrecilla. **2** MIL. torreta. **3** TEC. portaherramientas.

turtle ['tɜːtl] *s. c.* **1** ZOOL. tortuga marina. ● *v. i.* **2** cazar tortugas. ◆ **3 to turn ~,** dar una vuelta de campana, zozobrar.

turtledove ['tɜːtldʌv] *s. c.* ZOOL. tórtola.

turtleneck ['tɜːtlnek] *s. c.* cuello alzado, cuello vuelto.

tusk [tʌsk] *s. c.* **1** colmillo. **2** TEC. espiga.

tussle ['tʌsl] *s. c.* **1** pelea, agarrada, riña. ● *v. i.* **2** pelearse.

tussock ['tʌsək] *s. c.* mata de hierba.

tut [tʌt] *interj.* **1** ¡vaya!, ¡vamos! ● *v. i.* **2** hacer un gesto de desaprobación o de disgusto.

tutelage ['tjuːtɪlɪdʒ] *s. i.* tutela.

tutor ['tjuːtər] *s. c.* **1** tutor, preceptor, profesor particular. **2** ayo. **3** método de aprendizaje. **4** DER. tutor. ● *v. i.* **5** dar clases particulares, enseñar, instruir. ● *v. t.* **6** ser tutor de, tutelar.

tutorial [tjuː'tɔːrɪəl] *s. c.* **1** clases prácticas. ● *adj.* **2** tutorial, tutelar.

tutti-frutti [ˌtuːtɪ'fruːtɪ] *s. i.* **1** tuttifrutti. ◆ **2 ~ ice-cream,** helado de tuttifrutti.

tut-tut [ˌtʌt'tʌt] *interj.* **1** ¡vaya! ¡vamos!. ● *v. i.* **2** quejarse, mostrar desaprobación.

tutu ['tuːtuː] *s. c.* tutú.

tuxedo [tʌk'siːdəʊ] *s. c.* (EE UU) esmoquin.

TV [ˌtiː'viː] *s. c.* TV, televisión.

twaddle ['twɒdl] *s. i.* **1** tonterías. ● *v. i.* **2** decir tonterías.

twain [tweɪn] *s. c.* **1** dos. ◆ **2 and never the ~ shall meet,** sin que el uno se acerque al otro, sin que tengan nada en común.

twang [twæŋ] *s. i.* **1** tañido; punteado; sonido de cuerda. ● *v. t.* **2** MÚS. puntear. **3** disparar (una flecha).

tweak [twiːk] *s. c.* **1** pellizco. ● *v. t.* **2** pellizcar.

twee [twiː] *adj.* (brit.) cursi.

tweed [twiːd] *s. i.* tejido de lana, tweed.

tweedy ['twiːdɪ] *adj.* de tweed.

tweet [twiːt] *v. i.* piar.

tweeter ['twiːtər] *s. c.* altavoz (de agudos).

tweezers ['twiːzəz] *s. pl.* pinzas.

twelfth [twelfθ] *num. ord.* **1** duodécimo, decimosegundo, dozavo; duodécima parte. ◆ **2 Twelfth Night,** Epifanía, Noche de Reyes.

twelve [twelv] *num. card.* doce.

twelve-month ['twelvmʌnθ] *s. c.* año.

twentieth ['twentɪəθ] *num. ord.* **1** vigésimo, veinteavo; vigésima parte. **2** veinte (día).

twenty ['twentɪ] *num. card.* **1** veinte. ◆ **2 ~ odd,** veintitantos.

twenty-first ['twentɪfɜːst] *num. ord.* **1** vigésimoprimero. ● *s. sing.* **2** veintiún cumpleaños.

twerp [twɜːp] (también **twire**) *s. c.* (vulg.) imbécil.

twice [twaɪs] *adj.* **1** dos veces. ◆ **2 once or ~,** ⇒ **once. 3 to think ~,** ⇒ **think. 4 ~ over,** ⇒ **over.**

twiddle ['twɪdl] *s. i.* **1** vuelta. ● *v. t.* **2** girar, hacer girar, jugar con, dar vueltas a. ◆ **3 to ~ one's thumbs,** dar vueltas a los pulgares.

twig [twɪg] *s. c.* **1** ramita. **2** ANAT. vaso capilar. ● *v. i.* **3** (fam.) comprender, caer en la cuenta.

twilight ['twaɪlaɪt] *s. c.* **1** crepúsculo, medialuz, ocaso. ● *adj.* **2** crepuscular. **3** decadente.

twilit ['twaɪlɪt] *adj.* **1** oscuro, grisáceo. **2** sombrío.

twill [twɪl] *s. i.* sarga.

twin [twɪn] *adj.* **1** gemelo; mellizo. ● *s. c.* **2** gemelo, hermano gemelo, doble. ● *v. t.* **3** hermanar, ligar, vincular. ● *v. i.* **4** dar a luz mellizos. ◆ **5 ~ beds,** camas separadas, camas gemelas. **6 ~ tub,** lavadora centrifugadora.

twin-bedded [ˌtwɪn'bedɪd] *adj.* doble (habitación en un hotel).

twine [twaɪn] *s. i.* **1** guita; hilo; bramante. **2** torcimiento, enmarañamiento, enredo. **3** GEOG. meandro. ● *v. t.* **4** retorcer, torcer; trenzar; tejer, enrollar; ceñir, rodear. ● *v. i.* **5** enroscarse, enrollarse; trepar; entrelazarse; serpentear.

twinge [twɪndʒ] *s. i.* **1** punzada, dolor agudo. **2** arrebato, acceso, remordimiento.

twinkle ['twɪŋkl] *s. i.* **1** centelleo, parpadeo, brillo, guiño. ● *v. i.* **2** titilar, centellear, parpadear, brillar.

twinkling ['twɪŋklɪŋ] *adj.* **1** centelleante, titilante. **2** risueño; brillante; rápido. ● *s. i.* **3** centelleo, parpadeo, brillo. ◆ **4 in the ~ of an eye,** en un abrir y cerrar de ojos, en un santiamén.

twin-set ['twɪnset] (también **twinset**) *s. c.* conjunto.

twirl [twɜːl] *s. i.* **1** vuelta, giro; rasgo; pirueta. ● *v. t.* **2** girar rápidamente, dar vueltas rápidas a, voltear. ● *v. i.* **3** hacer piruetas.

twirp *s. c.* ⇒ **twerp.**

twist [twɪst] *s. c.* **1** vuelta; pliegue; trenza. **2** movimiento giratorio. **3** giro, cambio, variación. **4** twist (baile). ● *v. t.* **5** girar, torcer, retorcer, contorsionar. **6** enrollar. **7** distorsionar. ● *v. i.* **8** girar, torcerse. **9** dar vueltas, serpentear. **10 round the ~,** (fam., brit.) chalado, fuera de sus cabales. **11 twists and turns,** vueltas y revueltas. **12 to ~ someone round one's little finger,** tener dominado a alguien, tener en el bolsillo a alguien. **13 to ~ someone's arm,** apretar las clavijas a alguien.

twisted ['twɪstɪd] *adj.* **1** retorcido, contorsionado. **2** de mente retorcida, de malas intenciones, perverso.

twister ['twɪstər] *s. c.* **1** deshonesto, defraudador, embaucador, tramposo, estafador. **2** (fam.) rompecabezas, problema difícil. **3** (EE UU) tornado.

twisty ['twɪstɪ] *adj.* serpenteante, retorcido.

twit [twɪt] *s. c.* **1** (fam.) rollo, pesado, plomo: *he's a twit = es un rollo.* ● *v. t.* **2** tomar el pelo a, gastar bromas a, burlarse de.

twitch [twɪtʃ] *s. c.* **1** tirón; punzada; sacudida; contracción. ● *v. t.* **2** dar un tirón a, crispar. ● *v. i.* **3** crisparse, dar un tirón.

twitchy ['twɪtʃɪ] *adj.* nervioso, ansioso, excitado.

twitter ['twɪtər] *s. i.* **1** gorjeo. **2** inquietud, nerviosismo. • *v. i.* **3** gorjear. **4** ponerse nervioso. **5** temblar, agitarse.
two [tuː] *num. card.* **1** dos. • *s. c.* **2** dos (cartas,...). ◆ **3 to kill ~ birds with one stone,** ⇒ **bird. 4 to put ~ and ~ together,** atar cabos. **5 ~ a penny,** ⇒ **penny. 6 two's company, three's a crowd,** ⇒ **company.**
two-dimensional [ˌtuːdaɪ'menʃənəl] *adj.* bidimensional.
two-edged [ˌtuː'edʒt] *adj.* de doble filo.
two-faced [ˌtuː'feɪst] *adj.* **1** de dos caras. **2** (fig.) falso, hipócrita.
twofold ['tuːfəuld] *adj.* **1** doble. • *adv.* **2** dos veces.
two-handed [ˌtuː'hændɪd] *adj.* de dos manos; ambidextro.
two-piece [ˌtuː'piːs] *adj.* de dos piezas.
two-ply ['tuːplaɪ] *adj.* de dos capas.
twosome ['tuːsəm] *s. c.* pareja.
two-tier ['tuːtɪər] *adj.* de dos niveles (organización).
two-way [ˌtuː'weɪ] *adj.* **1** de doble sentido, de doble dirección. **2** TEC. de doble paso.
tycoon [taɪ'kuːn] *s. c.* magnate.
tyke [taɪk] *s. c.* **1** niño travieso, pícaro. **2** (fam.) chucho.
type [taɪp] *s. c.* **1** tipo, clase. • *v. t.* **2** mecanografiar. ◆ **3 he's/she's not my ~,** no es mi tipo. **4 to ~ away,** escribir a máquina mucho rato. **5 to ~ up,** escribir a máquina, mecanografiar.
typecast ['taɪpkɑːst] *adj.* **1** encasillado. • *v. t.* **2** encasillar.
typeface ['taɪpfeɪs] *s. i.* TEC. tipo (de letra).
typescript ['taɪpskrɪpt] *s. c.* e *i.* texto mecanografiado.
typesetter ['taɪpsetər] *s. c.* compositor (de textos).
typesetting ['taɪpsetɪŋ] *s. i.* composición (de textos).
typewriter ['taɪpˌraɪtər] *s. c.* máquina de escribir.
typewritten ['taɪpˌrɪtn] *adj.* mecanografiado, escrito a máquina.
typhoid ['taɪfɔɪd] *s. i.* **1** MED. fiebre tifoidea. • *adj.* **2** tifoideo.
typhoon [taɪ'fuːn] *s. c.* GEOG. tifón.
typical ['tɪpɪkl] *adj.* típico, característico.
typically ['tɪpɪklɪ] *adv.* típicamente.
typify ['tɪpɪfaɪ] *v. t.* **1** simbolizar. **2** tipificar, caracterizar.
typing ['taɪpɪŋ] *s. i.* mecanografía.
typist ['taɪpɪst] *s. c.* mecanógrafo.
typographical [ˌtaɪpə'græfɪkl] *adj.* tipográfico.
typography [taɪ'pɒgrəfɪ] *s. i.* tipografía.
tyrannical [tɪ'rænɪkl] *adj.* tiránico.
tyrannize ['tɪrənaɪz] (también **tyrannise**) *v. t.* tiranizar.
tyranny ['tɪrənɪ] *s. c.* e *i.* tiranía.
tyrant ['taɪərənt] *s. c.* tirano.
tyre ['taɪər] (en EE UU **tire**) *s. c.* neumático.
tyro ['taɪrəu] (también **tiro**) *s. c.* aprendiz, principiante.
tzar *s. c.* ⇒ **tsar.**
tzarina *s. c.* ⇒ **tsarina.**
tzarist *s. c.* ⇒ **tsarist.**
tzetze-fly *s. c.* ⇒ **tsetse-fly.**

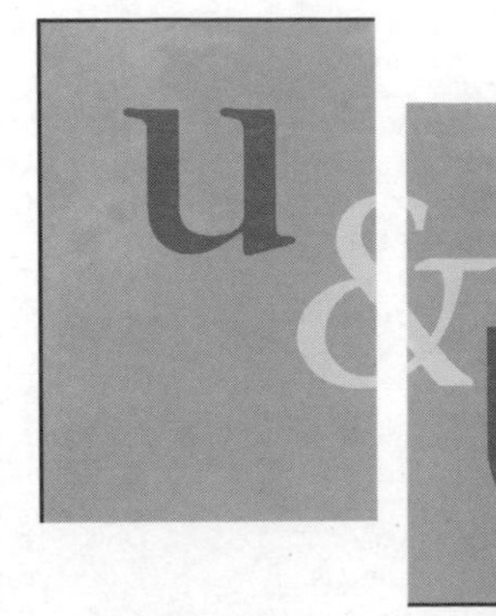

u, U [juː] *s. c.* **1** u, U (vigésima primera letra del alfabeto inglés). **2** abreviatura de **uranium, unit, united, University.** **3** cualquier objeto en forma de U: *a U-shaped kitchen = una cocina en forma de U.* • *adj.* **4** (brit) (p.u.) propio de clase alta, típico de clase social alta (lenguaje, comportamiento). **5** en forma de U.

UAE [ˌjuːeɪ'iː] (siglas de **United Arab Emirates**) *s. sing.* EAU, Emiratos Árabes Unidos.

ubiquitous [juː'bɪkwɪtəs] *adj.* ubicuo, omnipresente.

ubiquity [juː'bɪkwɪtɪ] *s.i.* ubicuidad, omnipresencia.

U-boat ['juːbəut] *s. c.* MAR. submarino alemán.

udder ['ʌdər] *s. c.* ubre, mama (de un animal).

UFO [ˌjuːef'əu] *s. c.* (*abrev.* de **unidentified flying object**) *s. c.* OVNI, objeto volador no identificado.

Uganda [juː'gændə] *s. sing.* Uganda.

Ugandan [juː'gændən] *adj.* **1** ugandés. • *s. c.* **2** ugandés.

ugh! [ʊx ‖ əg] *interj.* ¡uf!, ¡puf! (indica asco, horror).

ugli ['ʌglɪ] *s. c.* ugli (cítrico tropical caribeño, híbrido de pomelo y mandarina).

ugliness ['ʌglɪnɪs] *s. i.* fealdad; monstruosidad; repugnancia.

ugly ['ʌglɪ] *adj.* **1** feo, repulsivo, horrible: *an ugly face = un rostro repulsivo.* **2** fea, desagradable, peligrosa (una situación). **3** ofensivo, desagradable, violento, amenazador, peligroso. **4** malo, perverso (moralmente). **5** desapacible, horrible: *an ugly morning = una mañana desapacible.* ◆ **6 an ~ duckling,** (fam.) un patito feo (persona que va mejorando en belleza, inteligencia, etc.). **7 as ~ as a sin,** (fam.) feísimo.

UHF [ˌjuːeɪtʃ'ef] (*abrev.* de **ultra high frequency**) *s. i.* UHF, frecuencia ultraelevada.

uh-huh [ʌˌhʌ] *interj.* (fam.) ¡ajá!, ¡sí! (sonido que se utiliza para afirmar).

UK [ˌjuː'keɪ] (siglas de **United Kingdom**) *s. sing.* Reino Unido.

ukelele [ˌjuːkə'leɪlɪ] *s. c.* MÚS. ukelele, guitarra hawayana.

ulcer ['ʌlsər] *s. c.* MED. úlcera; llaga.

ulcerated ['ʌlsəreɪtɪd] *adj.* MED. ulcerado; llagado.

ulceration [ˌʌlsə'reɪʃn] *s. i.* MED. ulceración.

ulcerous ['ʌlsərəs] *adj.* MED. ulceroso.

ulna ['ʌlnə] (*pl.* **ulnae** o **ulnas**) *s. c.* ANAT. cúbito.

ulnae ['ʌlnɪː] *pl.* de **ulna.**

ulterior [ʌl'tɪərɪər] *adj.* **1** oculto: *ulterior motives = motivos ocultos.* **2** ulterior, posterior, subsiguiente. **3** ulterior, remoto, lejano (lugar).

ultimate ['ʌltɪmɪt] *adj.* **1** último, final (de una serie): *the ultimate part = la parte final.* **2** fundamental, básico, elemental, primordial. **3** (fam.) máximo, mayúsculo, superlativo: *it was the ultimate mistake = fue un error mayúsculo.* ◆ **4 the ~ in,** lo último en, lo más avanzado en: *the ultimate in technology = lo último en tecnología.*

ultimately ['ʌltɪmɪtlɪ] *adv.* **1** finalmente, por último, a la larga. **2** básicamente, fundamentalmente.

ultimata [ˌʌltɪ'meɪtə] *s. c.* ⇒ **ultimatum.**

ultimatum [ˌʌltɪ'meɪtəm] (*pl.* **ultimatums** o **ultimata**) *s. c.* (form.) ultimátum.

ultramarine [ˌʌltrəmə'riːn] *adj.* **1** (form.) azul ultramarino, azul fuerte. **2** ultramarino, del otro lado del mar. • *s. i.* **3** color azul fuerte, color azul ultramarino.

ultrasonic [ˌʌltrə'sɒnɪk] *adj.* ultrasónico.

ultrasound ['ʌltrəˌsaund] *s. i.* **1** ultrasonido. ◆ **2 ~ scan,** ecografía.

ultraviolet [ˌʌltrə'vaɪəlɪt] *adj.* FÍS. ultravioleta.

ululate ['juːljuleɪt] *v. i.* ulular, aullar.

ululation [ˌjuːlju'leɪʃn] *s. i.* ululato, aullido.

um [ʌm ‖ əm] *interj.* esto..., hummm... (muestra indecisión, duda).

umber ['ʌmbər] *adj.* **1** ocre oscuro, marrón oscuro, pardo oscuro. • *s. i.* **2** tierra de sombra (en pintura). **3** color ocre oscuro.

umbilical [ʌm'bɪlɪkl] *adj.* **1** ANAT. umbilical. ◆ **2 ~ cord, a)** ANAT. cordón umbilical; **b)** ASTRON. conexión eléctrica de un proyectil antes del lanzamiento; cable de conexión de un astronauta con la nave nodriza.

umbilicus [ʌm'bɪlɪkəs] *s. c.* ANAT. ombligo.

umbra ['ʌmbrə] (*pl.* **umbrae** o **umbras**) *s. i.* **1** ASTR. cono de sombra, (en un eclipse total). **2** sombra.

umbrae ['ʌmbriː] *pl.* de **umbra.**

umbrage ['ʌmbrɪdʒ] *s. i.* **1** resentimiento, ofensa, agravio. ◆ **2 to give/ take ~,** (form.) ofenderse.

umbrella [ʌm'brelə] *s. c.* **1** paraguas; sombrilla, parasol. **2** (fig.) protección, amparo; patrocinio: *under the umbrella of NATO = bajo la protección de la OTAN; under the umbrella of the United Nations = bajo la protección de las Naciones Unidas.* **3** MIL. cobertura aérea. **4** ZOOL. umbrela (de una medusa).

umlaut ['umlaut] *s. c.* **1** diéresis. **2** FON. metafonía, cambio de sonido vocálico. • *v. t.* **3** modificar un sonido vocálico. **4** poner diéresis a.

umpire ['ʌmpaɪər] *s. c.* **1** DEP. juez de silla (en tenis); árbitro (en críquet, etc.). **2** árbitro, juez (de una discusión). **3** DER. juez. • *v.t.* e *i.* **4** DEP. arbitrar.

umpteen [ˌʌmp'tiːn] *adj.* (fam.) innumerables, incontables, muchísimos: *he told me umpteen times = me lo dijo muchísimas veces.*

umpteenth [ˌʌmp'tiːnθ] *adj.* enésimo: *for the umpteenth time = por enésima vez.*

'un [ʌn] *pron.* (fam.) uno, ejemplar, sujeto, tipo: *a bad 'un = un mal tipo.*

UN [ˌjuː'en] (siglas de **United Nations**) *s. sing.* ONU, Naciones Unidas.

unabashed [ˌʌnə'bæʃt] *adj.* desenvuelto, desenfadado, confiado en sí mismo, sereno.

unabated [ˌʌnə'beɪtɪd] *adj.* (form.) intenso, sin disminución, sin cambios: *the wind continued unabated = el viento continuó con la misma intensidad.*

unable [ʌn'eɪbl] *adj.* **1** incapaz. ◆ **2 to be ~ to do something,** no poder hacer algo.

unabridged [ˌʌnə'brɪdʒd] *adj.* íntegro, completo, no resumido.

unacceptable [ˌʌnək'septəbl] *adj.* inaceptable, intolerable.

unacceptably [ˌʌnək'septəblɪ] *adv.* inaceptablemente, intolerablemente.

unaccompanied [ˌʌnəˈkʌmpənɪd] *adj.* **1** solo, sin compañía: *she was unaccompanied = estaba sola.* **2** MÚS. sin acompañamiento.

unaccountable [ˌʌnəˈkauntəbl] *adj.* **1** inexplicable, incomprensible, inaudito; desconocido, misterioso. **2** (form.) falto de responsabilidad, falto de compromiso.

unaccountably [ˌʌnəˈkauntəblɪ] *adv.* inexplicablemente, incomprensiblemente; misteriosamente.

unaccounted [ˌʌnəˈkauntɪd] *adj.* **1** inexplicado, incomprensible, no encontrado. ◆ **2** ~ **for,** perdido, extraviado, sin noticias: *two of the boys were unaccounted for = no se tenían noticias de dos de los chicos, dos de los chicos se habían extraviado.*

unaccustomed [ˌʌnəˈkʌstəmd] *adj.* **1** no habituado, poco familiarizado. **2** poco común, inusitado, insólito, inusual.

unacknowledged [ˌʌnəkˈnɒlɪdʒd] *adj.* despreciado, no tomado en cuenta, no reconocido, ignorado: *as a poet he was unacknowledged = no fue reconocido como poeta.*

unacquainted [ˌʌnəˈkweɪntɪd] *adj.* (~ {**with**}) poco familiarizado (con), poco versado (en), desconocedor (de): *unacquainted with technology = poco familiarizado con la tecnología.*

unadopted [ˌʌnəˈdɒptɪd] *adj.* (brit.) que es de responsabilidad vecinal y no de las autoridades locales (una carretera).

unadorned [ˌʌnəˈdɔːnd] *adj.* sin adornos, sencillo, simple.

unadulterated [ˌʌnəˈdʌltəreɪtɪd] *adj.* **1** puro, sin aditivos, natural. **2** (fig. y fam.) completo, puro, total: *unadulterated rubbish = pura basura.*

unaffected [ˌʌnəˈfektɪd] *adj.* **1** no afectado, no influido, insensible, indiferente: *unaffected by the war = no afectados por la guerra.* **2** sin afectación, sincero, franco.

unafraid [ˌʌnəˈfreɪd] *adj.* sin temor, sin miedo, seguro de sí, impertérrito.

unaided [ˌʌnˈeɪdɪd] *adj.* **1** sin ayuda, solo. ● *adv.* **2** sin ayuda.

unalloyed [ˌʌnəˈlɔɪd] *adj.* (lit.) puro, sin mezcla.

unalterable [ʌnˈɔːltərəbl] *adj.* inalterable, invariable, inmutable.

unalterably [ʌnˈɔːltərəblɪ] *adv.* inalterablemente, inmutablemente, invariablemente.

unaltered [ʌnˈɔːltəd] *adj.* inalterado, sin cambio.

unambiguous [ˌʌnæmˈbɪgjuəs] *adj.* sin ambigüedad, claro, inequívoco.

unambiguously [ˌʌnæmˈbɪgjuəslɪ] *adv.* inequívocamente, con claridad, sin ambigüedades.

unambitious [ˌʌnæmˈbɪʃəs] *adj.* falto de ambición, poco ambicioso, poco emprendedor, falto de aspiraciones.

un-American [ˌʌnəˈmerɪkən] *adj.* antiamericano.

unanimity [ˌjuːnəˈnɪmɪtɪ] *s. i.* unanimidad.

unanimous [juːˈnænɪməs] *adj.* unánime.

unanimously [juːˈnænɪməslɪ] *adv.* unánimemente.

unannounced [ˌʌnəˈnaunst] *adj.* no anunciado, no avisado, no notificado: *an unannounced visit = una visita no anunciada.*

unanswerable [ˌʌnˈɑːnsərəbl] *adj.* **1** incontestable, sin respuesta. **2** irrefutable, irrebatible (un argumento).

unanswered [ˌʌnˈɑːnsəd] *adj.* sin respuesta, sin contestación.

unappealing [ˌʌnəˈpiːlɪŋ] *adj.* poco atractivo, desagradable.

unappetizing [ˌʌnˈæpɪtaɪzɪŋ] (también **unappetising**) *adj.* poco apetecible, poco apetitoso, repugnante.

unapproachable [ˌʌnəˈprəutʃəbl] *adj.* inaccesible, inasequible, intratable (persona).

unarguable [ˌʌnˈɑːgjuəbl] *adj.* indiscutible, incuestionable, irrefutable, irrebatible.

unarguably [ˌʌnˈɑːgjuəblɪ] *adv.* (form. y lit.) indiscutiblemente, incuestionablemente.

unarmed [ˌʌnˈɑːmd] *adj.* **1** desarmado, sin armas. **2** BIOL. inerme. ◆ **3** ~ **combat,** combate sin armas.

unashamed [ˌʌnəˈʃeɪmd] *adj.* desvergonzado, descarado.

unashamedly [ˌʌnəˈʃeɪmdlɪ] *adv.* desvergonzadamente, descaradamente.

unasked [ˌʌnˈɑːskt ‖ ˌʌnˈæskt] *adj.* **1** no mencionado; no solicitado; no preguntado, no formulado: *unasked questions = preguntas que no han sido formuladas.* **2** no invitado, no querido: *they came unasked = vinieron sin ser invitados.* ● *adv.* **3** voluntariamente, espontáneamente. ◆ **4** ~ **for,** no solicitado, no requerido, voluntario: *unasked for help = ayuda no requerida.*

unassailable [ˌʌnəˈseɪləbl] *adj.* **1** inexpugnable, inatacable. **2** (fig.) irrebatible, incuestionable, claro (un argumento).

unassisted [ˌʌnəˈsɪstɪd] *adj.* sin ayuda, sin asistencia, por sí mismo.

unassuming [ˌʌnəˈsjuːmɪŋ] *adj.* modesto; discreto; recatado.

unassumingly [ˌʌnəˈsjuːmɪŋlɪ] *adv.* modestamente; discretamente; recatadamente.

unattached [ˌʌnəˈtætʃt] *adj.* **1** sin compromiso, sin pareja. **2** (~ {**to**}) independiente (de). **3** DER. no pignorado, no embargado.

unattainable [ˌʌnəˈteɪnəbl] *adj.* inalcanzable, inasequible, imposible, irrealizable: *unattainable aims = objetivos inalcanzables.*

unattended [ˌʌnəˈtendɪd] *adj.* **1** desatendido, sin vigilancia, descuidado, solo: *unattended belongings = pertenencias desatendidas.* **2** sin personal, solo, desatendido (un negocio).

unattractive [ˌʌnəˈtræktɪv] *adj.* poco atractivo, desagradable, feo.

unauthorized [ˌʌnˈɔːθəraɪzd] (también **unauthorised**) *adj.* sin autorización, desautorizado.

unavailable [ˌʌnəˈveɪləbl] *adj.* **1** agotado (un producto en el mercado). **2** inasequible, que no puede atender a uno: *she was unavailable when I arrived = no pudo atenderme cuando llegué.*

unavailing [ˌʌnəˈveɪlɪŋ] *adj.* (lit.) inútil, vano, infructuoso (un intento).

unavoidable [ˌʌnəˈvɔɪdəbl] *adj.* inevitable, ineludible.

unavoidably [ˌʌnəˈvɔɪdəblɪ] *adv.* inevitablemente, ineludiblemente.

unaware [ˌʌnəˈweər] *adj.* (~ {**of**}) ignorante (de), inconsciente, desconocedor (de), ajeno (a): *he was unaware of the problems = no era consciente de los problemas.*

unawareness [ˌʌnəˈweənɪs] *s. i.* (~ {**of**}) desconocimiento de.

unawares [ˌʌnəˈweəz] *adv.* **1** inesperadamente, por sorpresa, de improviso. **2** (form.) inconscientemente, inopinadamente, sin darse cuenta. ◆ **3 to catch/take somebody ~,** coger a alguien desprevenido.

unbalance [ˌʌnˈbæləns] *v. t.* **1** desequilibrar, volver loco, trastornar. **2** desequilibrar, desestabilizar, perturbar, alterar. ● *s. i.* **3** desequilibrio, perturbación, alteración.

unbalanced [ˌʌnˈbælənst] *adj.* **1** desequilibrado, trastornado, perturbado. **2** COM. desequilibrado, que no cuadra (cuentas). **3** parcial, sesgado, poco objetivo (un comentario).

unbar [ˌʌnˈbɑːr] *v. t.* **1** desatrancar, quitar la tranca o barra a (una puerta). **2** (form. y fig.) abrir, franquear: *to unbar the way to dialogue = abrir camino al diálogo.*

unbearable [ʌnˈbeərəbl] *adj.* insoportable, inaguantable, intolerable.

unbearably [ʌnˈbeərəblɪ] *adv.* insoportablemente, inaguantablemente, intolerablemente.

unbeatable [ˌʌnˈbiːtəbl] *adj.* imbatible, inigualable, inmejorable.

unbeaten [ˌʌnˈbiːtn] *adj.* **1** imbatido, invicto (récord, ejército, equipo). **2** poco frecuentado (lugar).

unbecoming [ˌʌnbɪˈkʌmɪŋ] *adj.* (form.) **1** poco elegante, que sienta mal (la ropa). **2** impropio, indigno, incorrecto (el comportamiento).

unbelief [ˌʌnbɪˈliːf] *s. i.* (form.) incredulidad, descreimiento, escepticismo (generalmente religioso).

unbelievable [ˌʌnbɪˈliːvəbl] *adj.* **1** increíble, inverosímil, inaudito, extraño. **2** increíble, sorprendente, extraordinario.

unbelievably [ˌʌnbɪˈliːvəblɪ] *adv.* increíblemente, sorprendentemente, extraordinariamente.

unbeliever [ˌʌnbɪˈliːvər] *s. c.* no creyente, ateo, descreído.

unbelieving [ˌʌnbɪˈliːvɪŋ] *adj.* incrédulo, escéptico.

unbend [ʌnˈbənd] (*pret.* y *p. p.* **unbent**) *v. i.* **1** suavizarse, ablandarse. **2** (fig.) relajarse, tranquilizarse. ◆ *v. t.* **3** enderezar, desencorvar.

unbending [ˌʌnˈbendɪŋ] *adj.* **1** (desp.) inflexible, inamovible (actitud, creencia). **2** poco afable.

unbent [ˌʌn'bedn] *pret.* y *p. p.* de **unbend.**
unbiased [ˌʌn'baɪəst] (también **unbiassed**) *adj.* imparcial, justo, objetivo, neutral.
unbidden [ˌʌn'bɪdn] *adj.* (lit.) inesperado, espontáneo, no solicitado.
unbind [ˌʌn'baɪnd] (*pret.* y *p. p.* **unbound**) *v. t.* **1** desatar, desanudar, desligar, soltar, desamarrar. **2** liberar, dejar libre.
unblemished [ˌʌn'blemɪʃt] *adj.* inmaculado, sin tacha.
unblinking [ˌʌn'blɪŋkɪŋ] *adj.* imperturbable, sin pestañear.
unblinkingly [ˌʌn'blɪŋkɪŋlɪ] *adv.* imperturbablemente, sin pestañear.
unblushing [ˌʌn'blʌʃɪŋ] *adj.* (form.) desvergonzado, insolente.
unblushingly [ˌʌn'blʌʃɪŋlɪ] *adv.* (form.) desvergonzadamente, descaradamente, insolentemente.
unbolt [ˌʌ'boult] *v. t.* desatrancar, descorrer el cerrojo..
unborn [ˌʌn'bɔːn] *adj.* **1** nonato, aún no nacido (niño, animal). **2** futuro, venidero (generaciones).
unbound [ˌʌn'baund] *pret.* y *p. p.* **1** de **unbind.** • *adj.* **2** suelto, desatado. **3** sin encuadernar, en hojas sueltas (un libro).
unbounded [ˌʌn'baundɪd] *adj.* (lit.) ilimitado, infinito, inmenso, incalculable.
unbowed [ˌʌn'baud] *adj.* orgulloso, no vencido.
unbreakable [ˌʌn'breɪkəbl] *adj.* irrompible, indestructible, inquebrantable.
unbridled [ˌʌn'braɪdld] *adj.* (lit.) desenfrenado, incontrolado, desatado.
unbroken [ˌʌn'brəukən] *adj.* **1** intacto, entero; perfecto, íntegro. **2** inviolada, no infringida (una ley). **3** continuo, ininterrumpido. **4** indómito (espíritu, animal). **5** imbatido, no sobrepasado (récord).
unbuckle [ˌʌn'bʌkl] *v. t.* aflojar la hebilla de, deshebillar.
unburden [ˌʌn'bəːdn] *v. t.* **1** (form. y fig.) desahogar. ◆ **2 to ~ oneself,** confiarse, abrirse, liberarse, confesar: *she unburdened herself of the secret = confesó el secreto.*
unbusinesslike [ˌʌn'bɪznɪslaɪk] *adj.* poco práctico, poco metódico; inexperto, ineficaz (en los negocios).
unbutton [ˌʌn'bʌtn] *v. t.* desabotonar, desabrochar.
unbuttoned [ˌʌn'bʌtnd] *adj.* **1** desabrochado, abierto, suelto. **2** (fig.) relajado, afable.
uncalled-for [ˌʌn'kɔːldfɔː] *adj.* impertinente, gratuito, injustificado, innecesario.
uncannily [ʌn'kænɪlɪ] *adv.* de forma extraña, misteriosamente, extraordinariamente.
uncanny [ʌn'kænɪ] *adj.* **1** extraño, inexplicable, misterioso, extraordinario. **2** pavoroso, horripilante, espantoso.
uncared-for [ˌʌn'keədfɔːr] *adj.* abandonado, descuidado, desamparado.
uncaring [ʌn'keərɪŋ] *adj.* insensible, indiferente, frío, poco afectuoso.
unceasing [ʌn'siːsɪŋ] *adj.* incesante, constante, persistente, continuo.
unceasingly [ʌn'siːsɪŋlɪ] *adv.* incesantemente, constantemente, persistentemente, continuamente.
unceremonious ['ʌnˌserɪ'məunɪəs] *adj.* **1** seco, brusco, abrupto. **2** informal, sin ceremonia, familiar.
unceremoniously ['ʌnˌserɪ'məunɪəslɪ] *adv.* **1** descortésmente, bruscamente. **2** informalmente, familiarmente.
uncertain [ʌn'səːtn] *adj.* **1** (~ {**of**}) inseguro, dudoso, sin certeza: *he's uncertain of the results = no está seguro de los resultados.* **2** indeciso, vacilante, dubitativo. **3** incierto, poco seguro: *uncertain plans = planes inciertos.* **4** variable, cambiante: *uncertain weather = tiempo variable.* **5** fluctuante, intermitente: *an uncertain light = una luz intermitente.* ◆ **6 in no ~ terms, ⇒ term.**
uncertainly [ʌn'səːtnlɪ] *adv.* con dudas, de forma vacilante, con titubeos, inciertamente.
uncertainty [ʌn'səːtntɪ] *s. c.* e *i.* **1** incertidumbre, inseguridad, duda. ◆ **2 ~ principle,** FÍS. principio de incertidumbre, principio de indeterminación.
unchain [ˌʌn'tʃeɪn] *v. t.* desencadenar, libertar.
unchallenged [ˌʌn'tʃælɪndʒd] *adj.* **1** indisputable, incuestionable. ◆ **2 to go ~,** no ser puesto en tela de juicio, no cuestionarse, ser aceptado sin más.
unchangeable [ˌʌn'tʃeɪndʒəbl] *adj.* inmutable, inalterable, invariable (porque no admite variación).
unchanged [ˌʌn'tʃeɪndʒd] *adj.* inalterado, estable, fijo.
unchanging [ˌʌn'tʃeɪndʒɪŋ] *adj.* constante, inalterable, invariable, inmutable.
uncharacteristic [ˌʌŋkærəktər'ɪstɪk] *adj.* atípico, poco característico, inusual, poco común, poco corriente: *an uncharacteristic strength = una fuerza inusual.*
uncharacteristically ['ʌŋkærəktər'ɪstɪklɪ] *adv.* inusualmente: *uncharacteristically violent = inusualmente violento.*
uncharitable [ˌʌn'tʃærɪtəbl] *adj.* desconsiderado, poco amable, severo, áspero, duro.
uncharitably [ˌʌn'tʃærɪtəblɪ] *adv.* sin benevolencia, severamente, ásperamente, duramente.
uncharted [ˌʌn'tʃɑːtɪd] *adj.* **1** (lit.) ignoto, inexplorado, desconocido: *uncharted lands = tierras inexploradas.* ◆ **2 ~ waters,** (fig.) terreno desconocido, situación extraña.
unchecked [ˌʌn'tʃekt] *adj.* **1** libre, sin restricción: *unchecked growth = un crecimiento sin restricción.* **2** no comprobado, no examinado: *unchecked results = resultados no comprobados.* • *adv.* **3** libremente, sin restricción: *expenses went on unchecked = los gastos continuaron sin restricción.*
unchristian [ˌʌn'krɪstɪən] *adj.* poco cristiano, poco caritativo, poco generoso, poco amable.
uncivil [ˌʌn'sɪvl] *adj.* maleducado, grosero, descortés.
uncivilised *adj.* ⇒ **uncivilized.**
uncivilized [ˌʌn'sɪvəlaɪzd] (también **uncivilised**) *adj.* **1** incivilizado, salvaje, primitivo. **2** bárbaro, inhumano (comportamiento). **3** (fam.) excesivamente temprana: *an uncivilized hour = una hora excesivamente temprana.*
uncivilly [ˌʌn'sɪvəlɪ] *adv.* groseramente, descortésmente.
unclaimed [ˌʌn'kleɪmd] *adj.* sin reclamar, sin dueño, no reclamado.
unclasp [ˌʌn'klɑːsp] *v. t.* separar, soltar (las manos entrelazadas).
unclassified [ˌʌn'klæsɪfaɪd] *adj.* sin clasificar, no clasificado.
uncle ['ʌŋkl] *s. c.* **1** tío (pariente). **2** (argot) prestamista. ◆ **3 bob's your ~, ⇒ bob. 4 to cry/say ~,** (EE UU) (fam.) rendirse, darse por vencido. **5 to talk (to someone) like a Dutch ~,** decirle (a alguien) cuatro verdades, cantar (a alguien) las cuarenta. **6 Uncle Sam,** el Tío Sam, los Estados Unidos. **7 Uncle Tom,** (EE UU) (fam. y desp.) Tío Tom (negro que se comporta servilmente con los blancos).
unclean [ˌʌn'kliːn] *adj.* **1** sucio, inmundo. **2** impuro, poco casto (moralmente).
unclear [ˌʌn'klɪər] *adj.* **1** poco claro, oscuro. **2** confuso, ininteligible, incomprensible. ◆ **3 to be ~ about,** no estar seguro de.
unclothed [ˌʌn'kləuðd] *adj.* (form.) desnudo.
uncluttered [ˌʌn'klʌtəd] *adj.* despejado, libre de estorbos, desocupado, abierto.
uncoil [ˌʌn'kɔɪl] *v.t* **1** desenroscar; desenrollar. • *v. i.* **2** desenroscarse; desenrollarse.
uncolored [ˌʌn'kʌlərd] *adj.* ⇒ **uncoloured.**
uncoloured [ˌʌn'kʌləd] (en EE UU **uncolored**) *adj.* **1** sin color, no coloreado. **2** (fig.) objetivo, imparcial: *an uncoloured opinion = una opinión objetiva.*
uncombed [ˌʌn'kəumd] *adj.* despeinado.
uncomfortable [ʌn'kʌmfətəbl ‖ ʌn'kʌmfərtəbl] *adj.* **1** incómodo (físicamente, en una situación). **2** preocupado, intranquilo, inquieto. **3** embarazosa, desagradable, difícil (una situación). **4** penoso, desagradable (un hecho).
uncomfortably [ʌn'kʌmfətəblɪ] *adv.* **1** incómodamente. **2** con inquietud, con preocupación; embarazosamente.
uncommitted [ˌʌnkə'mɪtɪd] *adj.* no comprometido, sin tomar partido, neutral.
uncommon [ʌn'kɒmən] *adj.* **1** poco común, poco frecuente, inusual, raro. **2** (form.) excepcional, extraordinario, notable.

uncommonly [ʌn'kɒmənlɪ] *adv.* (form.) notablemente, extraordinariamente, enormemente.
uncommunicative [ˌʌnkə'mju:nɪkətɪv] *adj.* poco comunicativo, reservado.
uncomplaining [ˌʌnkəm'pleɪnɪŋ] *adj.* resignado, impasible, paciente.
uncomplainingly [ˌʌnkəm'pleɪnɪŋlɪ] *adv.* resignadamente, pacientemente, impasiblemente.
uncomplicated [ˌʌn'kɒmplɪkeɪtɪd] *adj.* sencillo, simple, fácil.
uncomprehending [ʌnˌkɒmprɪ'hendɪŋ] *adj.* desconcertado, confuso.
uncomprehendingly [ʌnˌkɒmprɪ'hendɪŋlɪ] *adv.* desconcertadamente.
uncompromising [ʌn'kɒmprəmaɪzɪŋ] *adv.* intransigente, inflexible, firme.
uncompromisingly [ʌn'kɒmprəmaɪzɪŋlɪ] *adv.* intransigentemente, inflexiblemente, firmemente.
unconcealed [ˌʌnkən'si:ld] *adj.* indisimulado, abierto.
unconcern [ˌʌnkən'sə:n] *s. i.* (desp.) desinterés, indiferencia, despreocupación.
unconcerned [ˌʌnkən'sə:nd] *adj.* indiferente, falto de interés, despreocupado.
unconcernedly [ˌʌnkən'sə:nɪdlɪ] *adv.* indiferentemente, despreocupadamente.
unconditional [ˌʌnkən'dɪʃənl] *adj.* incondicional, sin condiciones.
unconditionally [ˌʌnkən'dɪʃnəlɪ] *adv.* incondicionalmente.
unconditioned [ˌʌnkən'dɪʃnd] *adj.* **1** PSIC. no condicionado, no aprendido, instintivo, espontáneo. **2** incondicional.
unconfirmed [ˌʌnkən'fə:md] *adj.* no confirmado (rumor).
uncongenial [ˌʌnkən'dʒi:nɪəl] *adj.* **1** inhóspito, desagradable (lugar). **2** hosco, antipático (persona).
unconnected [ˌʌnkə'nektɪd] *adj.* **1** (~ {**with**}) desconectado, desligado, desunido (de). **2** inconexo, incoherente.
unconscionable [ʌn'kɒnʃnəbl] *adj.* **1** (form.) desmedido, excesivo. **2** falto de escrúpulos.
unconscionably [ʌn'kɒnʃnəblɪ] *adv.* **1** (form.) desmedidamente, excesivamente. **2** sin escrúpulos.
unconscious [ʌn'kɒnʃəs] *adj.* **1** inconsciente, sin conocimiento, sin sentido, desmayado. **2** (~ {**of**}) ignorante (de). **3** no intencionado, involuntario. • *s. sing.* **4** (**the** ~) PSIC. el inconsciente.
unconsciously [ʌn'kɒnʃəslɪ] *adv.* **1** inconscientemente, sin darse cuenta. **2** involuntariamente, sin intención.
unconsciousness [ʌn'kɒnʃəsnɪs] *s. i.* inconsciencia, pérdida del conocimiento.
unconsidered [ˌʌnkən'sɪdəd] *adj.* **1** irreflexivo, impulsivo. **2** (form.) descuidado, inadvertido.
unconstitutional ['ʌnˌkɒnstɪ'tju:ʃənl] *adj.* inconstitucional.
uncontrollable [ˌʌnkən'trəuləbl] *adj.* **1** incontrolable, incontenible, irrefrenable. **2** incontrolable, ingobernable, indomable.
uncontrollably [ˌʌnkən'trəuləblɪ] *adv.* incontrolablemente, inconteniblemente, irrefrenablemente.
uncontrolled [ˌʌnkən'trəuld] *adj.* incontrolado.
unconventional [ˌʌnkən'venʃənl] *adj.* poco convencional, extravagante.
unconverted [ˌʌnkən'və:tɪd] *adj.* no convertido.
unconvinced [ˌʌnkən'vɪnst] *adj.* poco convencido, dudoso.
unconvincing [ˌʌnkən'vɪnsɪŋ] *adj.* poco convincente, poco creíble.
unconvincingly [ˌʌnkən'vɪnsɪŋlɪ] *adv.* de forma poco convincente, sin convencer.
uncooked [ˌʌn'kukt] *adj.* sin cocer, crudo, sin hacer (un alimento).
uncooperative [ˌʌnkəu'ɒpərətɪv] *adj.* poco cooperativo, poco colaborador.
uncoordinated [ˌʌnkəu'ɔ:dɪneɪtɪd] *adj.* descoordinado.
uncork [ˌʌn'kɔ:k] *v. t.* descorchar.
uncount noun [ˌʌn'kauntˌnaun] *s. c.* GRAM. sustantivo incontable, nombre incontable.
uncouple [ˌʌn'kʌpl] *v. t.* desenganchar, separar (vagones de tren).
uncouth [ʌn'ku:θ] *adj.* grosero, basto.
uncouthness [ʌn'ku:θnɪs] *s. i.* grosería, mala educación, falta de refinamiento.
uncover [ʌn'kʌvər] *v. t.* **1** descubrir, destapar, dejar al descubierto. **2** descubrir, revelar, dejar patente: *uncover the truth = descubrir la verdad.* **3** desenterrar, excavar.
uncovered [ʌn'kʌvəd] *adj.* **1** descubierto, expuesto, destapado. **2** COM. descubierto.
uncritical [ˌʌn'krɪtɪkl] *adj.* (desp.) acrítico, falto de sentido crítico.
uncritically [ˌʌn'krɪtɪkəlɪ] *adv.* (desp.) sin sentido crítico, sin cuestionar nada.
uncrossed [ˌʌn'krɒst ‖ ˌʌn'krɔ:st] *adj.* (brit.) sin cruzar (un cheque).
uncrowned [ˌʌn'kraund] *adj.* **1** no coronado, sin corona. ◆ **2 the ~ king/queen of,** (fig.) el rey/la reina de.
unction ['ʌŋkʃn] *s. i.* **1** REL. extremaunción; unción. **2** halago, adulación; zalamería; devoción (fingido). **3** ungüento, bálsamo.
unctuous ['ʌŋktjuəs] *adj.* (form.) adulador, zalamero, untuoso.
unctuously ['ʌŋktjuəslɪ] *adv.* aduladoramente, zalameramente, hipócritamente.
unctuousness ['ʌŋktjuəsnɪs] *s. i.* untuosidad, zalamería, adulación, halago (fingido).
uncultivated [ˌʌn'kʌltɪveɪtɪd] *adj.* **1** no cultivado, yermo, baldío. **2** inculto, (Am.) adocenado.
uncultured [ˌʌn'kʌltʃəd] *adj.* (desp.) inculto, (Am.) adocenado.
uncurl [ˌʌn'kə:l] *v. t.* **1** enderezar, estirar, desrizar. ◆ *v. i.* **2** enderezarse, estirarse, desrizarse.
uncut [ˌʌn'kʌt] *adj.* **1** íntegro, completo, sin censurar (libro). **2** con los bordes sin recortar (en imprenta). **3** sin cortar, sin segar (hierba). **4** en bruto, sin tallar (piedra).
undamaged [ˌʌn'dæmɪdʒd] *adj.* intacto, indemne, sin desperfectos.
undated ['ʌndeɪtɪd] *adj.* sin fecha.
undaunted [ˌʌn'dɔ:ntɪd] *adj.* no desanimado, inmutable, impertérrito.
undeceive [ˌʌndɪ'si:v] *v. t.* (form.) desengañar, sacar de su engaño a.
undecided [ˌʌndɪ'saɪdɪd] *adj.* indeciso.
undeclared [ˌʌndɪ'kleəd] *adj.* no declarado (en aduana).
undemanding [ˌʌndɪ'mɑ:ndɪŋ] *adj.* **1** que requiere poco esfuerzo (trabajo). **2** fácil de agradar, poco exigente (persona).
undemocratic [ʌnˌdemə'krætɪk] *adj.* antidemocrático.
undemonstrative [ˌʌndɪ'mɒnstrətɪv] *adj.* poco efusivo, poco expresivo, reservado.
undeniable [ˌʌndɪ'naɪəbl] *adj.* **1** innegable, irrefutable, indiscutible. **2** excelente, sobresaliente.
undeniably [ˌʌndɪ'naɪəblɪ] *adv.* innegablemente, indiscutiblemente.
under ['ʌndər] *prep.* **1** debajo de, bajo: *under the cupboard = debajo del armario; a walk under the trees = un paseo bajo los árboles; under the water = bajo el agua, dentro del agua.* **2** por debajo de, menos de, inferior a: *it costs under £ 10 = cuesta menos de 10 libras; people under 26 = gente de menos de 26 años.* **3** bajo, por debajo de (un control, una autoridad): *the workers under him = los trabajadores bajo su control.* **4** bajo, durante, en la época de, en tiempos de: *under the Republic = en tiempos de la República.* **5** por, bajo, en: *check under "M" = comprueba en la "M".* **6** conforme a, con arreglo a, según: *under the contract = según el contrato.* **7** bajo, en (proceso de): *under construction = en construcción; under examination = en proceso de examen.* • *adv.* **8** debajo, abajo: *she stayed under = permaneció abajo.* **9** menos: *if you are 18 or under = si tienes 18 años o menos.* **10** (fam.) inconsciente; drogado; anestesiado. • *prefijo.* **11** (~ *adj.*) insuficientemente, poco, sub-: *underdeveloped = subdesarrollado.* **12** (~ *s.*) bajo, sub: *undercurrent = corriente submarina.* **13** (~ *s.*) inferior, subalterno: *undercook = pinche de cocina.*
underachieve [ˌʌndərə'tʃi:v] *v. i.* rendir menos de lo esperado, rendir por debajo de sus posibilidades (un estudiante).
underachiever [ˌʌndrə'tʃi:vər] *s. c.* alumno de bajo rendimiento escolar.
underact [ˌʌndər'ækt] *v. i.* actuar mal, representar mal, no dar el papel (en teatro).
underarm ['ʌndərɑ:m] *adj.* **1** para las axilas: *underarm deodorants = desodorantes para las axilas.* **2** DEP. por debajo del brazo, ejecutado por debajo del hombro (movimiento). • *adv.* **3** por debajo del hombro. • *s. c.* **4** axila, sobaco.

underbelly ['ʌndə,belɪ] *s. c.* **1** (the ~ of|) (lit.) la parte más débil, la parte más vulnerable. **2** parte inferior (de un animal).

underbid [,ʌndə'bɪd] (*ger.* **underbidding,** *pret. irreg.* y *p.p.* **underbid**) *v. t.* **1** ofrecer menor precio que (en una subasta). • *v. i.* **2** declarar menos de lo que uno tiene (en bridge).

underbrush ['ʌndəbrʌʃ] *s. i.* (EE UU) maleza, broza, monte bajo.

undercarriage ['ʌndə,kærɪdʒ] *s. c.* **1** AER. tren de aterrizaje. **2** MEC. chasis, estructura metálica, bastidor.

undercharge [,ʌndə'tʃɑːdʒ] *v. t.* **1** cobrar de menos. **2** MIL. cargar con poca pólvora, meter insuficiente carga a (un arma). • *s. i.* **3** precio menor, precio insuficiente. **4** MIL. carga insuficiente.

underclass ['ʌndəklɑːs] *s. c.* clase inferior.

underclothes ['ʌndəkləuðz] (también **underclothing**) *s. pl.* **1** ropa interior. ◆ **2 in one's ~,** en paños menores.

underclothing ['ʌndə,kləuðɪŋ] *s. i.* ⇒ **underclothes.**

undercoat ['ʌndəkəut] *s. c.* e *i.* primera capa, base (de pintura).

undercover ['ʌndə,kʌvər] *adj.* **1** secreto, clandestino (trabajo, método). ◆ **2 ~ agent,** agente secreto, espía.

undercurrent ['ʌndə,kʌrənt] *s. c.* **1** corriente submarina; corriente subfluvial. **2** (~ {**of**}) tendencia solapada.

undercut [,ʌndə'kʌt] (*ger.* **undercutting,** *pret. irreg.* y *p. p.* **undercut**) *v. t.* **1** vender a menor precio que (un competidor); rebajar (los precios). **2** socavar, minar (esfuerzos, popularidad). **3** cincelar, grabar, tallar, burilar. **4** DEP. dar un golpe oblicuo (en golf, béisbol); cortar (en tenis).

underdeveloped [,ʌndədɪ'veləpt] *adj.* subdesarrollado.

underdog ['ʌndə,dɒg] *s. c.* **1** desfavorecido, desamparado (persona, país). **2** DEP. el que tiene las de perder.

underdone [,ʌndə'dʌn] *adj.* poco hecho, soasado (alimento).

underemployed [,ʌndərɪm'plɔɪd] *adj.* **1** subempleado (trabajador). **2** infrautilizado (objeto, fábrica).

underemployment [,ʌndərɪm'plɔɪmənt] *s. i.* **1** subempleo. **2** infrautilización (de un objeto).

underestimate [,ʌndər'estɪmɪt] *v. t.* **1** infravalorar, tasar por debajo de su precio, presupuestar en menos de lo que vale (un coste). **2** subestimar, menospreciar, tener en menos de lo que es (a una persona). • *s. i.* **3** valoración inferior al coste, infravaloración.

underestimation [,ʌndər,estɪ'meɪʃn] *s. c.* e *i.* **1** valoración inferior al coste, infravaloración, presupuesto bajo. **2** menosprecio, subestimación.

underexpose [,ʌndərɪk'spəuz] *v. t.* (generalmente pasiva) exponer insuficientemente (en fotografía).

underexposure [,ʌndərɪk'spəuʒər] *s. i.* exposición insuficiente (en fotografía).

underfed [,ʌndə'fed] *adj.* desnutrido, subalimentado, famélico.

underfelt ['ʌndəfelt] *s. i.* fieltro (que va bajo la moqueta).

underfloor [,ʌndə'flɔːr] *adj.* oculto bajo el suelo, situado bajo el suelo (calefacción, cables).

underfinanced [,ʌndəfaɪ'nænst] *adj.* infradotada económicamente (institución, organización).

underfoot [,ʌndə'fut] *adv.* **1** debajo de los pies, en el suelo: *the surface underfoot was soft = la superficie bajo los pies era blanda.* **2** en medio, molestando, estorbando: *they are always underfoot = siempre están estorbando.* ◆ **3 to trample /crush ~,** pisotear, pisar.

undergarment ['ʌndə,gɑːmənt] *s. c.* (form.) prenda de ropa interior.

undergo [,ʌndə'gəu] (*pret. irr.* **underwent,** *p. p.* **undergone**) *v. t.* **1** someterse a, pasar por (algo desagradable): *she is undergoing treatment = la están sometiendo a tratamiento.* **2** experimentar, sufrir (cambios, reparaciones).

undergone [,ʌndə'gɒn] *p. p.* de **undergo.**

undergrad [,ʌndə'graed] *s. c.* ⇒ **undergraduate.**

undergraduate [,ʌndə'grædjuɪt] (también **undergrad**) *s. c.* estudiante universitario (no licenciado).

underground [,ʌndə'graund] *adv.* **1** bajo tierra. **2** (fig.) clandestinamente; secretamente; confidencialmente. • ['ʌndəgraund] *adj.* **3** subterráneo. **4** ART. de vanguardia, vanguardista, underground. **5** POL. clandestino, ilegal. • *s. sing.* **6** (**the** ~) (también brit. y fam. **tube,** en EE UU **subway**) metro, suburbano. **7** (**the** ~ *v. sing./pl.*) vanguardia, movimiento underground (en los años 60-70). **8** POL. movimiento de resistencia, movimiento clandestino.

undergrowth ['ʌndəgrəuð] *s. i.* maleza, broza.

underhand [,ʌndə'hænd] *adj.* **1** (desp.) deshonesto, fraudulento (negocio, persona). **2** DEP. ejecutado con la mano por debajo del hombro (un movimiento). • *adv.* **3** bajo cuerda, solapadamente, secretamente. **4** DEP. con la mano por debajo del hombro.

underlain ['ʌndəleɪn] *p. p.* de **underlie.**

underlay ['ʌndəleɪ] *pret.* **1** de **underlie.** • *s. c.* e *i.* **2** material de base, material aislante (debajo de la moqueta). • *v. t.* **3** colocar una base en, colocar un aislante en. **4** reforzar, realzar (en imprenta).

underlie [,ʌndə'laɪ] (*pret.* **underlay,** *p. p.* **underlain**) *v. t.* **1** subyacer a, ser la base de, ser el fundamento de. **2** estar debajo de, extenderse por debajo de. • *v. i.* **3** subyacer. **4** estar por debajo.

underline ['ʌndəlaɪn] (también **underscore**) *v. t.* **1** subrayar. **2** (fig.) acentuar, recalcar, enfatizar, subrayar. • *s. c.* **3** raya, línea.

underling ['ʌndəlɪŋ] *s. c.* (desp.) subalterno, subordinado.

underlip ['ʌndəlɪp] *s. c.* ANAT. labio inferior.

underlying [,ʌndə'laɪɪŋ] *adj.* **1** subyacente, implícito. **2** (form.) inferior, del suelo. **3** FIN. subyacente (inflación).

undermanned [,ʌndə'mænd] *adj.* infradotado de personal, falto de personal (empresa); falto de tripulación (barco).

undermentioned [,ʌndə'menʃnd] *adj.* (brit.) (form.) **1** abajo mencionado, abajo citado: *please send the undermentioned items = por favor, envíen los artículos abajo citados.* • *s. pl.* **2** (**the** ~) lo abajo citado, lo abajo mencionado.

undermine [,ʌndə'maɪn] *v. t.* **1** minar, socavar, desgastar. **2** (fig.) socavar, minar, destruir, debilitar.

underneath [,ʌndə'niːθ] *prep.* **1** por debajo de, bajo: *underneath the blanket = bajo la manta.* • *adv.* **2** debajo, bajo, por dentro: *she was wearing a jumper underneath = llevaba un jersey debajo.* • *s. sing.* **3** (**the** ~) (fam.) la parte inferior, la superficie inferior.

undernourished [,ʌndə'nʌrɪʃt] *adj.* desnutrido.

undernourishment [,ʌndə'nʌrɪʃmənt] *s. i.* desnutrición.

underpaid [,ʌndə'peɪd] *pret.* y *p. p.* **1** de **underpay.** • **2** *adj.* mal pagado, mal retribuido.

underpants ['ʌndəpænts] *s. pl.* **1** calzoncillos. ◆ **2 in one's ~,** en paños menores.

underpass ['ʌndəpɑːs] || 'ʌndəpæs] *s. c.* paso subterráneo.

underpay [,ʌndə'peɪ] (*pret.* y *p. p.* **underpaid**) *v. t.* pagar mal, pagar un sueldo bajo a.

underpin [,ʌndə'pɪn] *v. t.* **1** apuntalar, asegurar, afianzar, sujetar (una pared). **2** (fig.) sostener, sustentar, dar fuerza a (un argumento, una teoría).

underpinning [,ʌndə'pɪnɪŋ] *s. c.* e *i.* **1** base, soporte, sustento (de una teoría). **2** apuntalamiento, sujeción (de un edificio). ◆ **3 underpinnings,** (fam.) piernas.

underplay [,ʌndə'pleɪ] *v. t.* **1** minimizar, dar poca importancia a, quitar importancia a. • *v. t.* **2** hacer una interpretación comedida de (en teatro). ◆ **3 to ~ one's hand,** (fig.) esconder cartas en la manga.

underpopulated [,ʌndə'pɒpjuleɪtɪd] *adj.* con poca densidad de población.

underprice [,ʌndə'praɪs] *v. t.* vender por debajo de su precio real.

underprivileged [,ʌndə'prɪvɪlɪdʒd] *adj.* **1** necesitado, desamparado, menesteroso. • *s. pl.* **2** (**the** ~) los desamparados, los menesterosos, los necesitados.

underrate [,ʌndə'reɪt] *v. t.* minusvalorar, infravalorar, menospreciar, subestimar.

underrated [ˌʌndə'reɪtɪd] *adj.* subestimado, infravalorado, minusvalorado, menospreciado.
underscore [ˌʌndə'skɔː] *v. t.* ⇒ **underline.**
undersea ['ʌndəsiː] *adj.* **1** submarino. • *adv.* **2** bajo la superficie del mar.
underseal ['ʌndəsiːl] (en EE UU **undercoat**) *s. i.* petroleado (de protección para motores).
under-secretary [ˌʌndə'sekrətərɪ] *s. c.* POL. subsecretario.
undersell [ˌʌndə'sel] (*pret.* y *p. p.* **undersold**) *v. t.* malvender, vender a bajo precio.
undersexed [ˌʌndə'sekst] *adj.* inapetente sexual, sexualmente frío.
undershirt [ˌʌndəʃəːt] *s. c.* (EE UU) camiseta.
underside ['ʌndəsaɪd] *s. c.* parte baja, parte inferior, lado de abajo.
undersigned [ˌʌndə'saɪnd] *adj.* **1** (form.) abajo firmado, subscrito. • *s. pl.* **2** (**the** ~) los abajo firmantes, quienes subscriben.
undersized [ˌʌndə'saɪzd] (también **undersize**) *adj.* más pequeño de lo normal, mínimo, muy pequeño.
underslung [ˌʌndə'slʌŋ] *adj.* **1** colgante, suspendido, colgado. **2** suspendido del eje (el chasis de un vehículo).
undersold [ˌʌndə'səuld] *pret.* y *p. p.* de **undersell.**
understaffed [ˌʌndə'stɑːft] *adj.* infradotado, falto de personal.
understand [ˌʌndə'stænd] (*pret.* y *p. p.* **understood**) *v. t.* **1** entender, comprender. **2** comprender, saber, entender: *I understand how you feel = te comprendo, sé cómo te sientes.* **3** (form.) suponer, presumir, tener entendido: *I understand you are divorced = tengo entendido que está usted divorciado.* • *v. i.* **4** entender, comprender. ♦ **5 to give someone to** ~, dar a entender a alguien. **6 it is understood,** se sobreentiende, se da por supuesto. **7 to make oneself understood,** hacerse entender, hacerse comprender. **8** ~**?/you** ~**?/is that understood?,** ¿vale?, ¿comprendido?
understandable [ˌʌndə'stændəbl] *adj.* **1** comprensible, que se comprende. **2** comprensible, razonable, natural.
understandably [ˌʌndə'stændəblɪ] *adv.* comprensiblemente, razonablemente, naturalmente.
understanding [ˌʌndə'stændɪŋ] *s. i.* **1** entendimiento, inteligencia, raciocinio. **2** conocimiento, noción: *little understanding of maths = pocas nociones de matemáticas.* **3** (~ {**of**}) interpretación, análisis. **4** comprensión. • *s. c.* (generalmente *sing.*) **5** acuerdo, pacto, convenio, arreglo. • *adj.* **6** comprensivo; tolerante; compasivo. ♦ **7 on the** ~ **that,** a condición de que.
understate [ˌʌndə'steɪt] *v. t.* **1** disminuir, quitar importancia a, aminorar, reducir: *understating his age = quitándose años.* **2** exponer modestamente, expresar sin énfasis.
understated [ˌʌndə'steɪtɪd] *adj.* **1** subestimado, atenuado, que se le ha quitado importancia (a un problema). **2** modesto, recatado.
understatement [ˌʌndə'steɪtmənt] *s. c.* e *i.* juicio modesto, declaración sin énfasis, estimación insuficiente: *it's an understatement to say that the book is bad = decir que el libro es malo es un juicio benévolo o es quedarse corto.*
understood [ˌʌndə'stud] *pret.* y *p. p.* de **understand.**
understudy ['ʌndəˌstʌdɪ] *s. c.* **1** actor suplente, actor sustituto (en teatro). **2** suplente, sustituto. • *v. t.* **3** aprender (un papel para suplir a un actor). **4** actuar como actor suplente de (un actor).
undertake [ˌʌndə'teɪk] (*pret.* **undertook,** *p. p.* **undertaken**) *v. t.* **1** acometer, emprender, iniciar (una tarea). **2** (**to** ~ {**to** + *inf.*}) prometer, comprometerse a: *he undertook to do it = se ofreció a hacerlo.*
undertaken [ˌʌndə'teɪkən] *p. p.* de **undertake.**
undertaker ['ʌndəˌteɪkər] *s. c.* dueño de una funeraria, director de pompas fúnebres.
undertaking [ˌʌndə'teɪkɪŋ] *s. c.* **1** tarea, empresa; responsabilidad; exigencia. **2** (form.) promesa, compromiso. • *s. i.* **3** profesión de empresario de funeraria; pompas fúnebres.
underthings ['ʌndəˌθɪŋz] *s. pl.* (fam.) ropa interior.
undertone ['ʌndətəun] *s. c.* **1** voz baja, sonido suave. **2** (~ {**of**}) matiz de fondo, tono, tendencia subyacente. **3** color apagado, tono mortecino.
undertook [ˌʌndə'tuk] *pret.* de **undertake.**
undertow ['ʌndətəu] *s. c.* e *i.* MAR. resaca, corriente de fondo.
underused [ˌʌndə'juːzd] *adj.* infrautilizado.
under-utilized [ˌʌndə'juːtɪlaɪzd] *adj.* (form.) infrautilizado.
undervalue [ˌʌndə'væljuː] *v. t.* infravalorar, subestimar, menospreciar.
underwater [ˌʌndə'wɔːtər] *adj.* **1** subacuático, submarino. • *adv.* **2** bajo el agua.
underway [ˌʌndə'weɪ] *adj.* en movimiento, iniciado, comenzado.
underwear ['ʌndəweər] (también **under-clothes,** (form.) **underclothing**) *s. i.* ropa interior.
underweight [ˌʌndə'weɪt] *adj.* bajo de peso, de poco peso; por debajo del peso legal.
underwent [ˌʌndə'went] *pret.* de **undergo.**
underworld ['ʌndəwəːld] *s. sing.* **1** infierno, inframundo. ♦ **2** (**the Underworld**) el Hades (en la mitología griega). **3** (**the** ~) el hampa, los bajos fondos.
underwrite ['ʌndəraɪt] *v. t.* **1** FIN. asegurar, avalar, garantizar (pérdidas, generalmente marítimas). **2** respaldar, apoyar, avalar (financieramente un proyecto).
underwriter ['ʌndəˌraɪtər] *s. c.* FIN. asegurador, empresa aseguradora.
undeserved [ˌʌndɪ'zəːvd] *adj.* inmerecido, injustificado.
undeservedly [ˌʌndɪ'zəːvɪdlɪ] *adv.* inmerecidamente, injustificadamente.
undesirable [ˌʌndɪ'zaɪərəbl] *adj.* **1** indeseable. **2** inaguantable, desagradable (persona). • *s. c.* **3** (form. y desp.) indeseable.
undesirably [ˌʌndɪ'zaɪərəblɪ] *adv.* de forma no deseada.
undetected [ˌʌndɪ'tektɪd] *adj.* no detectado, inadvertido, no descubierto.
undeterred [ˌʌndɪ'təːd] *adj.* no intimidado, no asustado, no amilanado.
undeveloped [ˌʌndɪ'veləpt] *adj.* **1** subdesarrollado, no desarrollado (país). **2** inmaduro (persona). **3** verde, poco madura (fruta). **4** FOT. no revelada, sin revelar.
undid [ˌʌn'dɪd] *pret.* de **undo.**
undies ['ʌndɪz] *s. pl.* (fam. y hum.) prendas íntimas, paños menores (especialmente de mujer).
undignified [ʌn'dɪgnɪfaɪd] *adj.* **1** poco digno, indecoroso (postura). **2** embarazoso, vergonzoso (acto).
undiluted [ˌʌndaɪ'ljuːtɪd] *adj.* **1** puro (sentimiento). **2** sin diluir, no diluido.
undischarged [ˌʌndɪs'tʃɑːdʒd] *adj.* **1** no pagado, no liquidado, no cargado en cuenta (deuda). **2** incumplido (deber). **3** endeudado. **4** no descargado, no desembarcado.
undisciplined [ʌn'dɪsɪplɪnd] *adj.* indisciplinado.
undisguised [ˌʌndɪs'gaɪzd] *adj.* abierto, franco, indisimulado.
undismayed [ˌʌndɪs'meɪd] *adj.* (lit.) impávido, imperturbable, impertérrito.
undisputed [ˌʌndɪ'spjuːtɪd] *adj.* indisputable, incuestionable.
undistinguished [ˌʌndɪ'stɪŋgwɪʃt] *adj.* poco distinguido, mediocre, vulgar, común.
undisturbed [ˌʌndɪ'stəːbd] *adj.* **1** tranquilo, sin ruidos, sosegado (lugar). **2** no molestado, no interrumpido, en paz. **3** no tocado, no movido, no usado.
undivided [ˌʌndɪ'vaɪdɪd] *adj.* **1** entero; completo, íntegro. **2** total, entero, todo. ♦ **3 to give somebody one's** ~ **attention,** escuchar a alguien con toda atención.
undo [ˌʌn'duː] (*pret.* **undid,** *p. p.* **undone**) *v. t.* **1** desatar, desabrochar, desabotonar. **2** abrir, desenvolver, deshacer (un paquete). **3** anular, eliminar, invalidar, destruir.
undoing [ˌʌn'duːɪŋ] *s. i.* (form.) **1** ruina, perdición, destrucción, fracaso. **2** anulación, cancelación. **3** aflojamiento, acto de desabrochar.
undone [ˌʌn'dʌn] *p. p.* **1** de **undo.** • *adj.* **2** desatado, desabrochado, desabotonado. **3** no hecho, pendiente, no realizado. **4** (lit.) perdido, arruinado, destruido, asolado (persona).
undoubted [ʌn'dautɪd] *adj.* indudable, evidente, innegable, incuestionable.

undoubtedly [ʌn'daʊtɪdlɪ] *adv.* indudablemente, evidentemente, innegablemente.

undreamed-of [ʌn'dri:mdɒv] (también **undreamt-of**) *adj.* inimaginado, no soñado, jamás pensado: *an undreamed-of joy = una dicha jamás imaginada.*

undreamt-of [ʌn'dremtɒv] *adj.* ⇒ **undreamed-of.**

undress [ˌʌn'dres] *v. t.* **1** desvestir, desnudar. • *v. i.* **2** devestirse, desnudarse. • *s. i.* **3** desnudez, falta de ropa. **4** ropa de casa, ropa informal. ◆ **5 in a state of ~,** desnudo, sin ropa.

undressed [ˌʌn'drest] *adj.* **1** desnudo, sin vestir, sin ropa. ◆ **2 to get ~,** desnudarse, desvestirse.

undrinkable [ˌʌn'drɪŋkəbl] *adj.* **1** no potable. **2** imbebible, no bebible.

undue [ˌʌn'dju: ‖ ˌʌn'du:] *adj.* excesivo, desmedido, inmoderado, innecesario.

undulate ['ʌndjʊleɪt ‖ 'ʌndʒʊleɪt] *v. i.* (form.) ondular, ondear.

undulation [ˌʌndju'leɪʃn ‖ ˌʌndʒʊ'leɪʃn] *s. c.* e *i.* ondulación, ondeo.

unduly [ˌʌn'dju:lɪ] *adv.* excesivamente, inmoderadamente, desmedidamente, innecesariamente.

undying [ʌn'daɪɪŋ] *adj.* eterno, imperecedero, indestructible.

unearned [ˌʌn'ɜ:nd] *adj.* **1** no devengado, no ganado. **2** inmerecido. ◆ **3 ~ income,** renta de capital.

unearth [ˌʌn'ɜ:θ] *v. t.* **1** desenterrar; exhumar; excavar. **2** (form. y fig.) desvelar, sacar a la luz, descubrir.

unearthly [ˌʌn'ɜ:θlɪ] *adj.* **1** no terrenal, sobrenatural, misterioso. **2** (fam.) intempestivo (hora). **3** (fam.) horrible, estruendoso (ruido).

unease [ʌn'i:z] *s. i.* (lit.) ansiedad, nerviosismo, preocupación, inquietud.

uneasily [ʌn'i:zɪlɪ] *adv.* ansiosamente, nerviosamente, inquietamente.

uneasiness [ʌn'i:zɪnɪs] *s. i.* inquietud, preocupación, desasosiego, intranquilidad.

uneasy [ʌn'i:zɪ] *adj.* **1** angustiado, intranquilo, tenso, nervioso. **2** inquietante, desasosegante, perturbador. **3** desasosegado, inquieto, agitado.

uneatable [ˌʌn'i:təbl] *adj.* incomible; no comestible.

uneconomic ['ʌnˌi:kə'nɒmɪk] *adj.* antieconómico, poco lucrativo (negocio).

uneconomical ['ʌnˌɪ:kə'nɒmɪkl] *adj.* ineficiente, poco rentable (método).

uneconomically ['ʌnˌɪ:kə'nɒmɪklɪ] *adv.* ineficientemente, sin rentabilidad.

uneducated [ˌʌn'edjʊkeɪtɪd] *adj.* inculto, ignorante.

unemotional [ˌʌnɪ'məʊʃənl] *adj.* frío, indiferente.

unemotionally [ˌʌnɪ'məʊʃənəlɪ] *adv.* fríamente, indiferentemente.

unemployable [ˌʌnɪm'plɔɪəbl] *adj.* inútil para un trabajo, incapacitado para desempeñar un empleo.

unemployed [ˌʌnɪm'plɔɪd] *adj.* **1** desempleado, parado, en paro. • *s. pl.* **2** (**the ~**) los parados, los desempleados.

unemployment [ˌʌnɪm'plɔɪmənt] *s. i.* **1** desempleo, paro. ◆ **2 ~ benefit,** subsidio de desempleo.

unending [ʌn'endɪŋ] *adj.* que no tiene fin, interminable, eterno, inacabable.

unendurable [ˌʌnɪn'djʊərəbl] *adj.* intolerable, insoportable, inaguantable.

unenviable [ʌn'envɪəbl] *adj.* nada envidiable.

unequal [ˌʌn'i:kwəl] *adj.* **1** (~ {**to**}) desigual, distinto, diferente. **2** discriminatorio, injusto: *unequal wages = sueldos discriminatorios.* **3** (~ {**to**}) (form.) incapacitado (para) (un trabajo).

unequalled [ˌʌn'i:kwəld] *adj.* inigualable, sin par, sin parangón.

unequally [ˌʌn'i:kwəlɪ] *adv.* desigualmente, de manera diferente, desproporcionadamente.

unequivocal [ˌʌnɪ'kwɪvəkl] *adj.* **1** inequívoco, claro, indudable. **2** categórico, terminante.

unequivocally [ˌʌnɪ'kwɪvəklɪ] *adv.* **1** inequívocamente, indudablemente. **2** categóricamente, terminantemente.

unerring [ˌʌn'ɜ:rɪŋ] *adj.* infalible, seguro.

unerringly [ˌʌn':ɜ:rɪŋlɪ] *adv.* infaliblemente, con toda seguridad.

UNESCO [ju:'neskəʊ] (siglas de **United Nations Educational, Scientific and Cultural Organization**) *s. sing.* Organización de las Naciones Unidas para la Educación, la Ciencia y la Cultura (UNESCO).

unescorted [ˌʌnɪ'skɔ:tɪd] *adj.* sin compañía, sin acompañante; sin escolta.

unethical [ʌn'eθɪkl] *adj.* poco ético, inmoral.

unethically [ʌn'eθɪklɪ] *adv.* de forma poco ética, inmoralmente.

uneven [ˌʌn'i:vn] *adj.* **1** desigual, irregular: *an uneven surface = una superficie irregular.* **2** irregular, inconstante. **3** irregular, con altibajos: *a very uneven period of his life = un período de su vida con muchos altibajos.* **4** desequilibrado, desigual: *an uneven match = un partido desigual.*

unevenness [ˌʌn'i:vnnɪs] *s. i.* **1** desigualdad, irregularidad. **2** inconstancia. **3** desequilibrio, desigualdad.

uneventful [ˌʌnɪ'ventfʊl] *adj.* sin acontecimientos, sin novedad, sin incidentes, tranquilo.

uneventfully [ˌʌnɪ'ventfəlɪ] *adv.* plácidamente, tranquilamente.

unexceptionable [ˌʌnɪk'sepʃnəbl] *adj.* irreprochable, intachable.

unexceptionably [ˌʌnɪk'sepʃnəblɪ] *adv.* irreprochablemente, intachablemente.

unexceptional [ˌʌnɪk'sepʃənl] *adj.* (form.) ordinario, común, vulgar.

unexceptionally [ˌʌnɪk'sepʃənlɪ] *adv.* ordinariamente, vulgarmente.

unexciting [ˌʌnɪk'saɪtɪŋ] *adj.* aburrido, tedioso, trivial.

unexpected [ˌʌnɪk'spektɪd] *adj.* **1** inesperado, imprevisto; casual, accidental. • *s. i.* **2** (**the ~**) lo imprevisto, lo inesperado.

unexpectedly [ˌʌnɪk'spektɪdlɪ] *adv.* inesperadamente; casualmente, accidentalmente.

unexpectedness [ˌʌnɪk'spektɪdnɪs] *s. i.* casualidad.

unexplained [ˌʌnɪk'spleɪnd] *adj.* inexplicado, poco claro.

unfailing [ʌn'feɪlɪŋ] *adj.* (form.) **1** continuo, constante, incesante. **2** infalible. **3** inagotable.

unfailingly [ʌn'feɪlɪŋlɪ] *adv.* **1** continuamente, constantemente, incesantemente. **2** infaliblemente. **3** inagotablemente.

unfair [ˌʌn'feər] *adj.* **1** injusto; inmerecido; indebido. **2** injusto, parcial (comentario). **3** injusto, no equitativo, desigual (sistema). **4** desleal (competencia). **5** sucio (juego). **6** improcedente (despido).

unfairly [ˌʌn'feəlɪ] *adv.* **1** injustamente; inmerecidamente; indebidamente. **2** injustamente, parcialmente. **3** suciamente. **4** de forma poco ética, poco honestamente, de forma contraria a las reglas.

unfairness [ˌʌn'feənɪs] *s. i.* **1** injusticia, desigualdad, falta de equidad. **2** deshonestidad, suciedad, incorrección.

unfaithful [ˌʌn'feɪθfʊl] *adj.* **1** infiel, adúltero: *he's an unfaithful lover = es un amante infiel.* **2** (p.u.) desleal.

unfaithfully [ˌʌn'feɪθfəlɪ] *adv.* **1** infielmente, adúlteramente. **2** deslealmente.

unfaithfulness [ˌʌn'feɪθfʊlnɪs] *s. i.* infidelidad.

unfamiliar [ˌʌnfə'mɪljər] *adj.* **1** poco familiar, desconocido, extraño: *his name is unfamiliar to me = su nombre no me resulta familiar.* **2** (~ {**with**}) (form.) desconocedor (de), poco familiarizado (con): *I'm unfamiliar with the topic = estoy poco familiarizado con el tema.*

unfamiliarity ['ʌnfəˌmɪlɪ'ærɪtɪ] *s. i.* desconocimiento.

unfashionable [ˌʌn'fæʃnəbl] *adj.* pasado de moda, anticuado.

unfasten [ˌʌn'fɑ:sn] *v. t.* e *i.* desabrochar; soltar; aflojar; desatar: *you can unfasten your seat-belts = pueden desabrocharse los cinturones de seguridad.*

unfathomable [ʌn'fæðəməbl] *adj.* (lit.) insondable, indescifrable.

unfavorable [ˌʌn'feɪvərəbl] *adj.* **unfavourable.**

unfavorably [ˌʌn'feɪvərəbl] *adj.* **unfavourably.**

unfavourable [ˌʌn'feɪvərəbl] (en EE UU **unfavorable**) *adj.* (~ {**for/to**}) desfavorable, adverso.

unfavourably [ˌʌn'feɪvərəblɪ] (en EE UU **unfavorably**) *adv.* desfavorablemente, adversamente.

unfeeling [ʌn'fi:lɪŋ] *adj.* insensible; cruel, desalmado, despiadado.

unfeelingly [ʌn'fi:lɪŋlɪ] *adv.* insensiblemente; cruelmente, despiadadamente.

unfeigned [ʌn'feɪnd] *adj.* genuino, sincero, verdadero, auténtico.
unfeignedly [ʌn'feɪnɪdlɪ] *adv.* genuinamente, sinceramente, verdaderamente, auténticamente.
unfettered [ˌʌn'fetəd] *adj.* (form.) libre, sin trabas.
unfinished [ˌʌn'fɪnɪʃt] *adj.* inacabado, inconcluso, por terminar.
unfit [ˌʌn'fɪt] *adj.* **1** en baja forma, en malas condiciones. **2** (~ {**for**}) poco cualificado, inadecuado, no apto, inapropiado.
unflagging [ˌʌn'flægɪŋ] *adj.* incansable, infatigable, incesante.
unflaggingly [ˌʌn'flægɪŋlɪ] *adv.* incansablemente, infatigablemente, incesantemente.
unflappable [ˌʌn'flæpəbl] *adj.* (brit) (fam.) imperturbable, impasible, flemático.
unflattering [ˌʌn'flætərɪŋ] *adj.* poco atractivo, poco halagador: *an unflattering image = una imagen poco halagadora.*
unflinching [ʌn'flɪntʃɪŋ] *adj.* (lit.) firme, resuelto, determinado; impávido.
unflinchingly [ʌn'flɪntʃɪŋlɪ] *adv.* (lit.) sin temor, firmemente, resueltamente, con determinación.
unfocused [ʌn'fəukəst] (también **unfocussed**) *adj.* **1** perdida, vaga, abstraída (mirada). **2** no centrado, no específico (deseo, objetivo).
unfold [ʌn'fəuld] *v. t.* **1** desdoblar; desplegar; desenrollar (algo doblado). **2** desvelar, dar a conocer, descubrir (un plan, un secreto). • *v. i.* **3** desdoblarse; desplegarse; desenrollarse. **4** revelarse, descubrirse.
unforeseen [ˌʌnfɔː'siːn] *adj.* inesperado, imprevisto, repentino.
unforgettable [ˌʌnfə'getəbl] *adj.* inolvidable.
unforgettably [ˌʌnfə'getəblɪ] *adv.* inolvidablemente.
unforgivable [ˌʌnfə'gɪvəbl] *adj.* imperdonable, inexcusable.
unforgiving [ˌʌnfə'gɪvɪŋ] *adj.* implacable.
unformed [ˌʌn'fɔːmd] *adj.* **1** inmaduro (carácter). **2** informe.
unfortunate [ʌn'fɔːtʃnɪt] *adj.* **1** infortunado, desgraciado, infeliz, desdichado. **2** desafortunado, deplorable, lamentable. **3** (euf.) inoportuno, torpe, falto de tacto (comentario). • *s. c.* **4** desgraciado, infeliz, desdichado.
unfortunately [ʌn'fɔːtʃnɪtlɪ] *adv.* desgraciadamente, desafortunadamente.
unfounded [ˌʌn'faundɪd] *adj.* **1** infundado, sin fundamento, sin base. **2** no fundado, no establecido.
unfreeze [ˌʌn'friːz] (*pret.* **unfroze,** *p. p.* **unfrozen**) *v. t.* **1** descongelar. **2** FIN. liberar (la economía). **3** descongelar (salarios, precios). ♦ *v. i.* **4** descongelarse.
unfrequented [ˌʌnfrɪ'kwentɪd] *adj.* poco frecuentado, solitario.
unfriendly [ˌʌn'frendlɪ] *adj.* **1** poco amistoso, hostil. **2** poco propicio, desfavorable.
unfrock [ʌn'frɒk] (también **defrock**) *v. t.* (generalmente pasiva) expulsar, privar de sus funciones (a un sacerdote).
unfrocked [ʌn'frɒkt] *adj.* destituido, expulsado, privado (de sus funciones un sacerdote).
unfroze [ˌʌn'frəuz] *pret.* de **unfreeze.**
unfrozen [ˌʌn'frəuz] *p. p.* de **unfreeze.**
unfruitful [ˌʌn'fruːtful] *adj.* **1** infructuoso, improductivo, ineficaz. **2** sin fruto, yermo, infecundo.
unfulfilled [ˌʌnful'fɪld] *adj.* **1** incumplido, no cumplido: *unfulfilled promises = promesas incumplidas.* **2** insatisfecho, frustrado.
unfurl [ˌʌn'fəːl] *v. t.* desenrollar (banderas); desplegar (velas); desplegar, desdoblar (mapas).
unfurnished [ˌʌn'fəːnɪʃt] *adj.* sin amueblar, desamueblado.
ungainliness [ʌn'geɪnlɪnɪs] *s. i.* torpeza, falta de garbo.
ungainly [ʌn'geɪnlɪ] *adj.* torpe, patoso, desmañado, desgarbado.
ungenerous [ˌʌn'dʒenərəs] *adj.* (form.) **1** poco generoso, egoísta, cicatero, avariento. **2** falto de tacto, desconsiderado.
ungetatable [ˌʌnget'ætəbl] *adj.* (fam.) inaccesible, de difícil acceso.
ungodly [ˌʌn'gɒdlɪ] *adj.* **1** (lit.) impío, irreligioso, blasfemo. **2** (fam.) inverosímil, atroz, poco razonable, nefasto. **3** pecaminoso, malvado, vil.
ungovernable [ˌʌn'gʌvənəbl] *adj.* ingobernable, incontrolable.
ungracious [ˌʌn'greɪʃəs] *adj.* **1** desagradable, descortés, maleducado, grosero. **2** poco atractivo.
ungraciously [ˌʌn'greɪʃəslɪ] *adv.* descortésmente, groseramente.
ungrammatical [ˌʌngrə'mætɪkl] *adj.* gramaticalmente incorrecto.
ungrammatically [ˌʌngrə'mætɪkəlɪ] *adv.* incorrectamente, sin corrección.
ungrateful [ʌn'greɪtful] *adj.* **1** desagradecido, ingrato: *an ungrateful person = una persona desagradecida.* **2** (form.) desagradable, ingrato, fastidioso (trabajo).
unguarded [ˌʌn'gɑːdɪd] *adj.* **1** inoportuno, de descuido (momento). **2** franco, sincero, sin ambages. **3** desprotegido, vulnerable (lugar, objeto).
unhampered [ˌʌn'hæmpəd] *adj.* libre, sin trabas, sin estorbo.
unhappily [ʌn'hæpɪlɪ] *adv.* **1** tristemente, desconsoladamente. **2** desgraciadamente, lamentablemente.
unhappiness [ʌn'hæpɪnɪs] *s. i.* infelicidad, desdicha.
unhappy [ʌn'hæpɪ] *adj.* **1** infeliz, desgraciado, desdichado, triste. **2** (~ {**about/ at**}) preocupado, intranquilo, inquieto (por). **3** (form.) inoportuno, desacertado (momento, elección). **4** desgraciado, desafortunado: *an unhappy accident = un desafortunado accidente.*
unharmed [ˌʌn'hɑːmd] *adj.* ileso; indemne, intacto.
unhealthily [ʌn'helθɪlɪ] *adv.* sin salud, enfermizamente, insalubremente.
unhealthiness [ʌn'helθɪnɪs] *s. i.* insalubridad, falta de salud.
unhealthy [ʌn'helθɪ] *adj.* **1** enfermizo, poco sano (persona). **2** insalubre, insano, nocivo, perjudicial (condiciones, un lugar). **3** (desp.) morboso, malsano, enfermizo (interés).
unheard [ˌʌn'həːd] *adj.* **1** desatendido, desoído. ♦ **2** ~ **of, a)** inaudito, sin precedentes; **b)** ofensivo, chocante; **c)** desconocido, sin fama.
unheeded [ˌʌn'hiːdɪd] *adj.* desoído, desatendido.
unhelpful [ʌn'helpful] *adj.* **1** inútil, inservible. **2** nada servicial, nada atento.
unhelpfulness [ʌn'helpfulnɪs] *s. i.* **1** inutilidad. **2** falta de servicialidad.
unheralded [ʌn'herəldɪd] *adj.* no anunciado, sin previo aviso.
unhesitating [ʌn'hezɪteɪtɪŋ] *adj.* decidido, resuelto, firme.
unhesitatingly [ʌn'hezɪteɪtɪŋlɪ] *adv.* decididamente, resueltamente, firmemente.
unhinge [ˌʌn'hɪndʒ] *v. t.* perturbar, trastornar (la mente).
unhinged [ˌʌn'hɪndʒd] *adj.* desequilibrado, perturbado, trastornado.
unholiness [ˌʌn'həulɪnɪs] *s. i.* maldad, impiedad, perversidad.
unholy [ˌʌn'həulɪ] *adj.* **1** perverso, malvado, impío. **2** (fam.) terrible, espantoso, atroz. **3** preocupante, no deseable (alianza, unión).
unhook [ˌʌn'huk] *v. t.* **1** desenganchar, descolgar. **2** desabrochar (un vestido).
unhoped-for [ʌn'həuptfɔːr] *adj.* inesperado, imprevisto, casual.
unhurried [ʌn'hʌrɪd] *adj.* pausado, tranquilo, relajado, parsimonioso.
unhurriedly [ʌn'hʌrɪdlɪ] *adv.* pausadamente, tranquilamente, relajadamente, parsimoniosamente.
unhurt [ˌʌn'həːt] *adj.* ileso, indemne.
unhygienic [ˌʌnhaɪ'dʒiːnɪk] *adj.* antihigiénico.
unicellular [ˌjuːnɪ'seljulər] *adj.* BIOL. unicelular.
UNICEF ['juːnɪsef] (siglas de **United Nations Children's Fund**) *s. sing.* Fondo de las Naciones Unidas para la Infancia (UNICEF).
unicorn ['juːnɪkɔːn] *s. c.* unicornio.
unidentifiable [ˌʌnaɪ'dentɪfaɪəbl] *adj.* no identificable, difícil de identificar.
unidentified [ˌʌnaɪ'dentɪfaɪd] *adj.* **1** no identificado, sin identificar, poco familiar. **2** no identificado, anónimo. ♦ **3** ~ **flying object,** ⇒ **UFO.**
unification [ˌjuːnɪfɪ'keɪʃn] *s. i.* unificación.
uniform ['juːnɪfɔːm] *s. c.* e *i.* **1** uniforme. • *adj.* **2** uniforme; regular. • *v. t.* **3** uniformar.
uniformed ['juːnɪfɔːmd] *adj.* uniformado.
uniformity [ˌjuːnɪ'fɔːmɪtɪ] *s. i.* uniformidad; regularidad.
uniformly ['juːnɪfɔːmlɪ] *adv.* uniformemente; regularmente.
unify ['juːnɪfaɪ] (*pret.* y *p. p.* **unified**) *v. t.* **1** unificar, unir. **2** uniformar, igualar.

unifying ['juːnɪfaɪɪŋ] *adj.* unificador.
unilateral [ˌjuːnɪ'lætərəl] *adj.* **1** unilateral. ◆ **2** ~ **disarmament,** desarme unilateral.
unilaterally [ˌjuːnɪ'lætərəlɪ] *adv.* unilateralmente.
unilateralism [ˌjuːnɪ'lætərəlɪsm] *s. i.* unilateralidad.
unimaginable [ˌʌnɪ'mædʒɪnəbl] *adj.* inimaginable, inconcebible.
unimaginative [ˌʌnɪ'mædʒɪnətɪv] *adj.* poco imaginativo, falto de imaginación.
unimpaired [ˌʌnɪm'peəd] *adj.* intacto.
unimpeachable [ˌʌnɪm'piːtʃəbl] *adj.* (form.) indudable, incuestionable; intachable, irreprochable.
unimpeachably [ˌʌnɪm'piːtʃəblɪ] *adv.* (form.) indudablemente, incuestionablemente; intachablemente, irreprochablemente.
unimpeded [ˌʌnɪm'piːdɪd] *adj.* ininterrumpido; libre.
unimportant [ˌʌnɪm'pɔːtənt] *adj.* poco importante, insignificante, trivial, menor.
unimpressed [ˌʌnɪm'prest] *adj.* poco impresionado, no sorprendido.
unimpressive [ˌʌnɪm'presɪv] *adj.* poco impresionante, insignificante, trivial.
uninformed [ˌʌnɪn'fɔːmd] *adj.* **1** desinformado. **2** ignorante, inculto.
uninhabitable [ˌʌnɪn'hæbɪtəbl] *adj.* inhabitable.
uninhabited [ˌʌnɪn'hæbɪtɪd] *adj.* deshabitado, despoblado, desierto.
uninhibited [ˌʌnɪn'hɪbɪtɪd] *adj.* desinhibido, sin inhibiciones.
uninitiated [ˌʌnɪ'nɪʃɪəɪtɪd] *adj.* **1** no acostumbrado, desconocedor, sin experiencia. ● *s. pl.* **2** (**the** ~) (form.) los no iniciados, los profanos.
uninspired [ˌʌnɪn'spaɪəd] *adj.* sin inspiración, tedioso, soso, aburrido.
uninspiring [ˌʌnɪn'spaɪərɪŋ] *adj.* poco interesante, poco imaginativo.
unintelligent [ˌʌnɪn'telɪdʒənt] *adj.* poco inteligente, estúpido.
unintelligible [ˌʌnɪn'telɪdʒəbl] *adj.* ininteligible, incomprensible.
unintelligibly [ˌʌnɪn'telɪdʒəblɪ] *adv.* ininteligiblemente, incomprensiblemente.
unintended [ˌʌnɪn'tendɪd] *adj.* no intencionado, involuntario.
unintentional [ˌʌnɪn'tenʃənl] *adj.* sin intención, sin querer, involuntario.
unintentionally [ˌʌnɪn'tenʃənəlɪ] *adv.* sin querer, involuntariamente.
uninterested [ˌʌn'ɪntrɪstɪd] *adj.* **1** (~ {**in**}) no interesado, desinteresado. **2** falto de interés, indiferente, sin prestar atención.
uninteresting [ˌʌn'ɪntrɪstɪŋ] *adj.* poco interesante, aburrido, soso, insípido.
uninterrupted ['ʌnˌɪntə'rʌptɪd] *adj.* sin interrupción, ininterrumpido, continuo.
uninvited [ˌʌnɪn'vaɪtɪd] *adj.* no invitado, sin invitación.
uninviting [ˌʌnɪn'vaɪtɪŋ] *adj.* **1** desagradable, poco atractivo. **2** poco apetitoso (un alimento).
union ['juːnjən] *s. c.* **1** (+ *v. sing./pl.*) unión, sociedad, asociación. **2** (+ *v. sing./pl.*) sindicato. **3** unión, alianza (de estados, partidos). **4** MEC. unión, tuerca de unión. **5** emblema (en una bandera). ● *s. i.* **6** unión, cohesión, armonía. **7** (lit.) unión, enlace, matrimonio. ◆ **8 the Union,** la Unión, los Estados Unidos de América. **9 the Union Jack,** la bandera del Reino Unido.
unionism ['juːnjənɪzəm] *s. i.* **1** sindicalismo. ◆ **2 Unionism,** POL. unionismo (principios de los partidarios de la pertenencia de Irlanda del Norte al Reino Unido).
unionist ['juːnjənɪst] *adj.* **1** sindicalista. ◆ **2 Unionist,** POL. unionista (de Irlanda del Norte).
unionization [ˌjuːnjənaɪ'zeɪʃən] *s. i.* sindicación.
unionize ['juːnjənaɪz] (también **unionise**) *v. t.* **1** sindicar. ◆ *v. i.* **2** sindicarse.
unique [juː'niːk] *adj.* (no *comp.*) **1** único (en su especie). **2** (fam.) poco corriente, inusual, excepcional, extraordinario. **3** (~ **to**) exclusivo de: *problems unique to teachers = problemas exclusivos de los profesores.*
uniquely [juː'niːklɪ] *adv.* **1** excepcionalmente, extraordinariamente. **2** exclusivamente, especialmente.
uniqueness [juː'niːknɪs] *s. i.* singularidad, originalidad.
unisex ['juːnɪseks] *adj.* unisex, unisexual, para ambos sexos (ropas, peinados).
unison ['juːnɪzn] *s. i.* **1** armonía, uniformidad, concordancia. **2** MÚS. unisonancia. ◆ **3 in** ~, **a)** simultáneamente, al unísono, al mismo tiempo; **b)** de acuerdo, en armonía.
unit [juːnɪt] *s. c.* **1** (+ *v. sing./pl.*) unidad (grupo de cosas, personas): *the family unit = la unidad familiar.* **2** (~ {**of**}) unidad: *a unit of length = una unidad de longitud.* **3** módulo, elemento, mueble: *kitchen units = muebles de cocina.* **4** unidad didáctica, lección, tema. **5** MEC. unidad, grupo (de máquinas). **6** MAT. unidad. ◆ **7** ~ **trust**/(EE UU) **mutual fund,** ECON. fondo de inversiones.
unite [juː'naɪt] *v. t.* **1** unir, juntar. **2** casar, unir en matrimonio. **3** (**to** ~ {**in/for/ against**}) unir, asociar, aliar (en, para o contra un propósito, interés). **4** (**to** ~ {**with**}) reunir, combinar: *he unites intelligence with humour = reúne inteligencia y humor.* ● *v. i.* **5** unirse. **6** casarse. **7** unirse, aliarse.
united [juː'naɪtɪd] *adj.* **1** unido. ◆ **2 the United Kingdom,** el Reino Unido. **3 the United Nations,** las Naciones Unidas. **4 the United States,** Estados Unidos.
unity ['juːnɪtɪ] *s. c.* e *i.* **1** unidad. ● *s. i.* **2** unión; unanimidad; armonía, concordia. **3** cohesión, coherencia. **4** MAT. unidad, número uno.
universal [ˌjuːnɪ'vɜːsl] *adj.* **1** universal, global, cósmico. **2** general, absoluto, total: *a universal rejection = un rechazo general.* ● *s. c.* **3** FIL. (concepto) universal, principio general. **4** LÓG. proposición universal. ◆ **5** ~ **joint/coupling,** MEC. junta/empalme universal.
universality [ˌjuːnɪvɜː'sælɪtɪ] *s. i.* universalidad.
universally [ˌjuːnɪ'vɜːsəlɪ] *adv.* **1** universalmente, generalmente, unánimemente. **2** mundialmente, en todas partes.
universe ['juːnɪvɜːs] *s. c.* **1** (**the** ~) el universo, el cosmos, el orbe, el mundo. **2** MAT. universo.
university [ˌjuːnɪ'vɜːsɪtɪ] *s. c.* e *i.* universidad.
unjust [ˌʌn'dʒʌst] *adj.* **1** (desp.) injusto, arbitrario, parcial. **2** (arc.) deshonesto, desleal.
unjustly [ˌʌn'dʒʌstlɪ] *adv.* injustamente; arbitrariamente.
unjustifiable [ʌn'dʒʌstɪfaɪəbl] *adj.* injustificable, inexcusable.
ujustifiably [ʌn'dʒʌstɪfaɪblɪ] *adv.* injustificadamente, inexcusablemente.
unjustified [ʌn'dʒʌstɪfaɪd] *adj.* injustificado, infundado.
unkempt [ˌʌn'kempt] *adj.* **1** sucio, desaseado, mugriento. **2** despeinado, desgreñado. **3** (arc.) maleducado, grosero.
unkind [ʌn'kaɪnd] *adj.* **1** desagradable, poco amable; duro, cruel. **2** malo, riguroso, inclemente (el tiempo).
unkindly [ʌn'kaɪndlɪ] *adv.* poco amablemente, desagradablemente; duramente, cruelmente.
unkindness [ʌn'kaɪndnɪs] *s. i.* falta de amabilidad; crueldad, dureza.
unknowable [ˌʌn'nəʊəbl] *adj.* inescrutable, difícil de conocer, insondable, impenetrable.
unknowing [ˌʌn'nəʊɪŋ] *adj.* desconocedor, ignorante.
unknowingly [ˌʌn'nəʊɪŋlɪ] *adv.* (lit.) sin darse cuenta, sin saberlo, inconscientemente.
unknown [ˌʌn'nəʊn] *adj.* **1** (~ {**to**}) desconocido, ignorado. ● *s. c.* **2** desconocido. **3** (**the** ~) lo misterioso, lo desconocido. ◆ **4** ~ **quantity, a)** (fig.) incógnita: *the new system is still an unknown quantity = el nuevo sistema es aún una incógnita;* **b)** MAT. incógnita, x.
unlace [ˌʌn'leɪs] *v. t.* desatar (un cordón).
unladen [ˌʌn'leɪdn] *adj.* sin carga, descargado, vacío.
unlawful [ˌʌn'lɔːful] *adj.* **1** ilegal, ilícito, contra la ley. **2** ilegítimo (un hijo).
unlawfully [ˌʌn'lɔːfəlɪ] *adv.* ilegalmente, ilícitamente.
unlearn [ˌʌn'lɜːn] *v. t.* desaprender, olvidar.
unleash [ʌn'liːʃ] *v. t.* **1** (**to** ~ {**on/upon**}) (fig.) desatar, desencadenar, liberar (un sentimiento). **2** desatar, aflojar, dejar libre.
unleavened [ˌʌn'levnd] *adj.* ácimo, sin levadura.
unless [ən'les] *conj.* **1** a menos que, a no ser que: *don't do it unless you're told = no lo hagas a menos que te lo digan.*

unlettered [ˌʌn'letəd] *adj.* (form.) **1** iletrado, ignorante, inculto. **2** analfabeto. **3** sin letras, desprovisto de letras.
unlike [ˌʌn'laɪk] *prep.* **1** a diferencia de, no como: *unlike him, she didn't leave = a diferencia de él, ella no se fue.* **2** no característico de, impropio de: *it's unlike her to say so = no es propio de ella decir eso.* • *adj.* **3** (form.) diferente, distinto.
unlikely [ʌn'laɪklɪ] *adj.* **1** improbable, poco probable: *it's unlikely to happen = es poco probable que suceda.* **2** inverosímil, poco creíble (una historia).
unlimited [ʌn'lɪmɪtɪd] *adj.* ilimitado.
unlined [ʌn'laɪnd] *adj.* **1** sin forrar, sin forro. **2** sin rayar, sin rayas (el papel). **3** sin arrugas, terso (el rostro).
unlisted [ˌʌn'lɪstɪd] *adj.* **1** FIN. no cotizable (acciones). **2** (EE UU) no registrado, que no figura en la guía (telefónica).
unlit [ˌʌn'lɪt] *adj.* **1** apagado, no encendido (el fuego). **2** oscuro, sin luz, sin alumbrado.
unload [ˌʌn'ləud] *v. t.* **1** descargar (de peso). **2** (**to** ~ {**on**}) (fam.) deshacerse de. ◆ **3** desembarcar, descargar. **4** descargar, vaciar (un arma, una cámara fotográfica). • *v. i.* **5** descargar.
unloading [ˌʌn'ləudɪŋ] *s. i.* descarga.
unlock [ˌʌn'lɒk] *v. t.* **1** abrir (con llave). **2** (fig.) descubrir, revelar, resolver (problemas, secretos). **3** dejar en libertad, liberar, desencadenar.
unlooked-for [ʌn'lʊktfɔːr] *adj.* inesperado, imprevisto, casual.
unloose [ˌʌn'luːs] *v. t.* **1** (fig.) desencadenar, liberar, desatar, descargar (un sentimiento). **2** soltar, aflojar, liberar, desatar.
unlovable [ʌn'lʌvəbl] *adj.* antipático.
unlovely [ʌn'lʌvlɪ] *adj.* poco atractivo, feo, desagradable.
unluckily [ʌn'lʌkɪlɪ] *adv.* desgraciadamente, desafortunadamente.
unlucky [ʌn'lʌkɪ] *adj.* **1** desafortunado, infortunado, con mala suerte. **2** de mal agüero, nefasto, aciago. **3** decepcionante, desilusionante.
unmade [ˌʌn'meɪd] *adj.* **1** deshecha, sin hacer (cama). **2** (brit.) sin terminar, sin acabar (carretera).
unman [ˌʌn'mæn] *v. t.* **1** (lit. y arc.) acobardar. **2** castrar, emascular.
unmanageable [ʌn'mænɪdʒəbl] *adj.* incontrolable, ingobernable.
unmanly [ˌʌn'mænlɪ] *adj.* **1** afeminado. **2** cobarde, miedoso. **3** degradante.
unmanned [ˌʌn'mænd] *adj.* **1** AER. no tripulado, sin tripulación. **2** no entrenado (un halcón).
unmannerly [ʌn'mænəlɪ] *adv.* (form. y desp.) rudo, tosco, maleducado, grosero.
unmarked [ˌʌn'mɑːkt] *adj.* **1** sin marcas, ileso. **2** sin letrero, sin distintivo, sin identificación.
unmarried [ˌʌn'mærɪd] *adj.* soltero.
unmask [ˌʌn'mɑːsk ‖ ˌʌn'mæsk] *v. t.* **1** desenmascarar, quitar la máscara a. **2** (fig.) desenmascarar, revelar, descubrir. • *v. i.* **3** desenmascararse, quitarse la máscara.
unmatched [ˌʌn'mætʃt] *adj.* único, incomparable, sin par, sin igual.
unmentionable [ʌn'menʃnəbl] *adj.* **1** inmencionable, indescriptible, inenarrable. ◆ **2 unmentionables,** (arc. euf. y hum.) prendas íntimas, bragas.
unmerciful [ʌn'məːsɪfʊl] *adj.* despiadado, cruel, desalmado.
unmercifully [ʌn'məːsɪfʊlɪ] *adv.* despiadadamente, brutalmente, cruelmente.
unmindful [ʌn'maɪndfʊl] *adj.* (form.) desconsiderado; descuidado; olvidadizo.
unmistakable [ˌʌnmɪ'steɪkəbl] (también **unmistakeable**) *adj.* inconfundible.
unmistakably [ˌʌnmɪ'steɪkəblɪ] *adv.* inconfundiblemente.
unmistakeable [ˌʌnmɪ'steɪkəbl] *adj.* **unmistakable.**
unmistakeably [ˌʌnmɪ'steɪkəblɪ] *adj.* **unmistakably.**
unmitigated [ʌn'mɪtɪgeɪtɪd] *adj.* **1** total, absoluto, completo. **2** no aliviado, no mitigado.
unmolested [ˌʌnməu'lestɪd] *adj.* sin interferencias, sin ser molestado.
unmoved [ˌʌn'muːvd] *adj.* **1** impasible, indiferente, frío. **2** tranquilo, sin preocupaciones, inalterado.
unmusical [ˌʌn'mjuːzɪkl] *adj.* **1** falto de oído para la música, falto de gusto musical. **2** MÚS. discordante, inarmónico.
unnamed [ˌʌn'neɪmd] *adj.* **1** no mencionado, no nombrado. **2** sin nombre.
unnatural [ʌn'nætʃrəl] *adj.* **1** inusual, inesperado, raro, peculiar. **2** (desp.) antinatural, anómalo, anormal. **3** forzado, afectado, falto de naturalidad.
unnaturally [ʌn'nætʃrəlɪ] *adv.* **1** inusualmente, peculiarmente, extrañamente. **2** afectadamente, de forma forzada. ◆ **3 not** ~**,** naturalmente, de forma natural.
unnecessarily [ʌn'nesəsərɪlɪ] *adv.* innecesariamente.
unnecessary [ʌn'nesɪsərɪ] *adj.* innecesario.
unnerve [ˌʌn'nəːv] *v. t.* asustar; desconcertar; acobardar.
unnerving [ˌʌn'nəːvɪŋ] *adj.* alarmante; desconcertante; perturbador.
unnervingly [ˌʌn'nəːvɪŋlɪ] *adv.* alarmantemente, desconcertantemente.
unnoticed [ˌʌn'nəutɪst] *adj.* inadvertido, desapercibido.
unnumbered [ˌʌn'nʌmbəd] *adj.* **1** sin número, sin numeración, no numerado. **2** innumerable, incontable.
UNO ['juːnəu] (siglas de **United Nations Organization**) *s. sing.* Organización de las Naciones Unidas (ONU).
unobserved [ˌʌnəb'zəːvd] *adj.* desapercibido, inadvertido.
unobtainable [ˌʌnəb'teɪnəbl] *adj.* inasequible, imposible de conseguir.
unobtrusive [ˌʌnəb'truːsɪv] *adj.* discreto, prudente.
unobtrusively [ˌʌnəb'truːsɪvlɪ] *adv.* discretamente, prudentemente, de forma poco llamativa.
unoccupied [ˌʌn'ɒkjʊpaɪd] *adj.* **1** desocupado, vacío, vacante. **2** despoblado, deshabitado. **3** MIL. no ocupado (un país, un territorio). **4** ocioso, inactivo, sin ocupación (persona).
unofficial [ˌʌnə'fɪʃl] *adj.* **1** extraoficial, no oficial. **2** informal, privado.
unofficially [ˌʌnə'fɪʃəlɪ] *adv.* **1** extraoficialmente. **2** informalmente, en privado.
unopened [ˌʌn'əupənd] *adj.* cerrado, sin abrir.
unorthodox [ˌʌn'ɔːθədɒks] *adj.* poco ortodoxo, poco convencional, heterodoxo.
unpack [ˌʌn'pæk] *v. t.* **1** deshacer, vaciar; desembalar, desempacar. **2** INF. desempaquetar (un formato). • *v. i.* **3** deshacer el equipaje.
unpaid [ˌʌn'peɪd] *adj.* **1** no retribuido (una persona, un trabajo). **2** no pagado, sin pagar: *an unpaid bill = una cuenta sin pagar.*
unpalatable [ʌn'pælɪtəbl] *adj.* **1** incomible, intragable. **2** (fig.) desagradable, inaceptable, difícil de asimilar (una idea).
unpalatably [ʌn'pælətəblɪ] *adv.* desagradablemente, inaceptablemente.
unparalleled [ʌn'pærəleld] *adj.* inigualable, incomparable, sin par.
unpardonable [ʌn'pɑːdˌnəbl] *adj.* imperdonable, inexcusable.
unparliamentary ['ʌnˌpɑːlə'mentərɪ] *adj.* antiparlamentario, contrario a las normas parlamentarias.
unpick [ˌʌn'pɪk] *v. t.* descoser.
unplaced [ˌʌn'pleɪst] *adj.* DEP. no colocado (fuera de tiempo en una carrera).
unplayable [ˌʌn'pleɪəbl] *adj.* **1** MÚS. intocable, difícil de tocar. **2** DEP. difícil de golpear, imposible de devolver (una pelota). **3** impracticable (un terreno deportivo).
unpleasant [ʌn'pleznt] *adj.* **1** desagradable, repugnante. **2** antipático, grosero.
unpleasantly [ʌn'plezntlɪ] *adv.* **1** desagradablemente, repugnantemente. **2** de forma antipática, groseramente.
unpleasantness [ʌn'plezntnɪs] *s. c.* e *i.* desagrado; antipatía; molestia; grosería.
unplug [ˌʌn'plʌg] *v. t.* desenchufar, desconectar.
unplugged [ˌʌn'plʌgd] *adj.* MÚS. acústico, básico.
unpolluted [ˌʌnpə'luːtɪd] *adj.* no contaminado.
unpopular [ˌʌn'pɒpjʊlər] *adj.* impopular.
unpopularity ['ʌnˌpɒpjʊ'lærɪtɪ] *s. i.* impopularidad.
unpractised [ʌn'præktɪst] *adj.* inexperto.
unprecedented [ʌn'presɪdəntɪd] *adj.* sin precedentes, inaudito.
unpredictability [ˌʌnprɪˌdɪktə'bɪlɪtɪ] *s. i.* imprevisibilidad.
unpredictable [ˌʌnprɪ'dɪktəbl] *adj.* **1** imprevisible, impredecible. **2** caprichoso, voluble: *an unpredictable person = una persona voluble.*

unpredictably [ˌʌnprɪ'dɪktəblɪ] *adv.* **1** imprevisiblemente. **2** caprichosamente, de forma voluble.
unprejudiced [ˌʌn'predʒudɪst] *adj.* sin prejuicios; imparcial.
unpremeditated [ˌʌnprɪ'medɪteɪtɪd] *adj.* no premeditado, inpremeditado, no deliberado.
unprepared [ˌʌnprɪ'peəd] *adj.* no preparado, desprevenido.
unprepossessing ['ʌnˌpriːpə'zesɪŋ] *adj.* poco atractivo.
unpretentious [ˌʌnprɪ'tenʃəs] *adj.* sencillo, modesto.
unprincipled [ʌn'prɪnsɪpld] *adj.* sin principios, inmoral, sin escrúpulos.
unprintable [ˌʌn'prɪntəbl] *adj.* impublicable, imposible de reproducir (lenguaje).
unproductive [ˌʌnprə'dʌktɪv] *adj.* improductivo; infructuoso.
unprofessional [ˌʌnprə'feʃənl] *adj.* (desp.) poco profesional.
unprofessionally [ˌʌnprə'feʃnəlɪ] *adv.* poco profesionalmente.
unprofitable [ˌʌn'prɒfɪtəbl] *adj.* **1** improductivo, poco lucrativo. **2** poco constructiva, inútil (una conversación).
unprompted [ˌʌn'prɒmptɪd] *adj.* (form.) espontáneo.
unpronounceable [ˌʌnprə'naunsəbl] *adj.* impronunciable, difícil de pronunciar.
unprotected [ˌʌnprə'tektɪd] *adj.* **1** desprotegido, indefenso. **2** descubierto, sin protección.
unprovided [ˌʌnprə'vaɪdɪd] *adj.* **1** (~ **with**) (form.) desprovisto de. **2** (~ **for**) desamparado, desvalido.
unprovoked [ˌʌnprə'vəukt] *adj.* no provocado.
unpublished [ˌʌn'pʌblɪʃt] *adj.* inédito.
unpunished [ˌʌn'pʌnɪʃt] *adj.* impune.
unputdownable [ˌʌnput'daunəbl] *adj.* (fam.) imposible de dejar, muy absorbente: *an unputdownable novel* = *una novela muy absorbente.*
unqualified [ˌʌn'kwɒlɪfaɪd] *adj.* **1** sin título. **2** incompetente, inepto. **3** incondicional, total, completo: *my unqualified approval* = *mi aprobación incondicional.*
unquestionable [ʌn'kwestʃənəbl] *adj.* incuestionable, indiscutible.
unquestionably [ʌn'kwestʃənəblɪ] *adv.* incuestionablemente, indiscutiblemente.
unquestioned [ʌn'kwestʃənd] *adj.* **1** indiscutible, indiscutido. **2** no interrogado.
unquestioning [ʌn'kwestʃənɪŋ] *adj.* incondicional, total, ciego: *unquestioning faith* = *fe ciega.*
unquestioningly [ʌn'kwestʃənɪŋlɪ] *adv.* incondicionalmente, ciegamente.
unquiet [ʌn'kwaɪət] *adj.* (lit.) **1** alterado, inquieto. **2** turbulento, agitado, desordenado (época).
unquote [ʌn'kwəut] *adv.* **1** fin de la cita, se cierran las comillas (palabra utilizada al final de una cita). • *v. t.* **2** cerrar comillas a.
unravel [ʌn'rævl] *v. t.* **1** deshilar, deshilachar (los hilos de un tejido). **2** desentrañar, descifrar (un misterio). • *v. i.* **3** deshilarse, deshilacharse.
unread [ˌʌn'red] *adj.* **1** sin leer, no leído (un libro). **2** poco leído, ignorante (persona).
unreadable [ˌʌn'riːdəbl] *adj.* **1** (desp.) que no merece la pena leerse, malo. **2** ilegible. **3** incomprensible, oscuro, difícil de leer.
unreal [ˌʌn'rɪəl] *adj.* **1** irreal; imaginario; ficticio; ilusorio. **2** (fam.) estupendo, guay, (Am.) macanudo, (Am.) chévere.
unrealistic [ˌʌnrɪə'lɪstɪk] *adj.* poco realista, poco práctico.
unrealistically [ˌʌnrɪə'lɪstɪklɪ] *adv.* de forma poco realista, de forma poco práctica.
unreality [ˌʌnrɪ'ælɪtɪ] *s. i.* irrealidad.
unreasonable [ʌn'riːznəbl] *adj.* **1** irrazonable, injusto, exagerado. **2** abusivo, excesivo (un precio).
unreasonably [ʌn'riːznəblɪ] *adv.* **1** irrazonablemente, injustamente, exageradamente. **2** abusivamente, excesivamente.
unreasoning [ʌn'riːznɪŋ] *adj.* (form.) irracional, ilógico (un sentimiento, una creencia).
unrecognizable [ˌʌn'rekəgnaɪzəbl] *adj.* irreconocible.
unrecognized [ˌʌn'rekəgnaɪzd] *adj.* **1** no reconocido, ignorado (persona, cosa). **2** no reconocido, no apreciado (obra).
unrecorded [ˌʌnrɪ'kɔːdɪd] *adj.* no registrado, no anotado, no inscrito.
unreel [ˌʌn'riːl] *v. t.* **1** desenrollar. • *v. i.* **2** desenrollarse.
unrefined [ˌʌnrɪ'faɪnd] *adj.* **1** sin refinar (producto). **2** (desp.) poco refinado, vulgar, tosco (persona).
unrehearsed [ˌʌnrɪ'həːst] *adj.* improvisado, no planeado.
unrelated [ˌʌnrɪ'leɪtɪd] *adj.* sin conexión, inconexo.
unrelenting [ˌʌnrɪ'lentɪŋ] *adj.* imparable, implacable, inexorable.
unrelentingly [ˌʌnrɪ'lentɪŋlɪ] *adv.* sin parar, implacablemente, inexorablemente.
unreliability ['ʌnrɪˌlaɪə'bɪlɪtɪ] *s. i.* informalidad, poca fiabilidad, falta de seriedad (de persona); falta de fiabilidad (de máquina).
unreliable [ˌʌnrɪ'laɪəbl] *adj.* **1** poco fiable, poco serio, informal (persona). **2** poco fiable, que funciona mal (máquina).
unrelieved [ˌʌnrɪ'liːvd] *adj.* continuo, constante: *unrelieved anxiety* = *ansiedad constante.*
unremarkable [ˌʌnrɪ'mɑːkəbl] *adj.* ordinario, vulgar, corriente.
unremarked [ˌʌnrɪ'mɑːkt] *adj.* desapercibido, inadvertido.
unremitting [ˌʌnrɪ'mɪtɪŋ] *adj.* (form.) continuo, incesante.
unremittingly [ˌʌnrɪ'mɪtɪŋlɪ] *adv.* continuamente, incesantemente.
unrepeatable [ˌʌnrɪ'piːtəbl] *adj.* irrepetible.
unrepentant [ˌʌnrɪ'pentənt] *adj.* impenitente, empedernido, contumaz.
unrepresentative [ˌʌnreprɪ'zentətɪv] *adj.* poco representativo, atípico.
unrepresented [ˌʌnreprɪ'zentɪd] *adj.* no representado.
unrequited [ˌʌnrɪ'kwaɪtɪd] *adj.* (lit.) no correspondido (amor).
unreserved [ˌʌnrɪ'zəːvd] *adj.* **1** (form.) incondicional, total, absoluto, completo. **2** no reservado, sin reserva, libre (una plaza, un asiento). **3** abierto, poco reservado.
unreservedly [ˌʌnrɪ'zəːvɪdlɪ] *adv.* **1** incondicionalmente, absolutamente, completamente. **2** abiertamente, francamente.
unresolved [ˌʌnrɪ'zɔlvd] *adj.* (form.) no resuelto, pendiente de resolución.
unresponsive [ˌʌnrɪ'spɒnsɪv] *adj.* (desp.) indiferente, insensible.
unrest [ˌʌn'rest] *s. i.* **1** desasosiego, desazón, intranquilidad, inquietud. **2** disturbios, desórdenes.
unrestrained [ˌʌnrɪ'streɪnd] *adj.* desenfrenado, incontrolado.
unrestrainedly [ˌʌnrɪ'streɪnɪdlɪ] *adv.* desenfrenadamente, incontroladamente.
unrestricted [ˌʌnrɪ'strɪktɪd] *adj.* sin restricción, ilimitado.
unrewarded [ˌʌnrɪ'wɔːdɪd] *adj.* no recompensado, sin recompensa.
unrewarding [ˌʌnrɪ'wɔːdɪŋ] *adj.* poco gratificante.
unripe [ˌʌn'raɪp] *adj.* verde, sin madurar (una fruta).
unrivalled [ʌn'raɪvld] *adj.* sin igual, sin par, incomparable.
unroll [ˌʌn'rəul] *v. t.* **1** desenrollar. **2** (fig.) desplegar (ante los ojos). • *v. i.* **3** desenrollarse. **4** (fig.) desplegarse (ante los ojos).
unruffled [ˌʌn'rʌfld] *adj.* tranquilo, sereno.
unruly [ʌn'ruːlɪ] *adj.* **1** revoltoso, díscolo, rebelde. **2** rebelde, incontrolable (el pelo).
unsaddle [ˌʌn'sædl] *v. t.* **1** desensillar (a un animal). **2** derribar, descabalgar, desarzonar (a un jinete).
unsafe [ˌʌn'seɪf] *adj.* **1** peligroso, inseguro (edificio, lugar). **2** peligroso (persona).
unsaid [ˌʌn'sed] *adj.* sin decir: *lots of things were left unsaid* = *muchas cosas quedaron sin decir.*
unsaleable [ˌʌn'seɪləbl] (en EE UU **unsalable**) *adj.* invendible.
unsanitary [ˌʌn'sænɪtərɪ] *adj.* insalubre, antihigiénico.
unsatisfactory ['ʌnˌsætɪs'fæktərɪ] *adj.* insatisfactorio.
unsatisfied [ˌʌn'sætɪsfaɪd] *adj.* insatisfecho.
unsatisfying [ˌʌn'sætɪsfaɪɪŋ] *adj.* poco satisfactorio.
unsaturated [ʌn'sætʃəreɪtɪd] *adj.* no saturado.
unsavoury [ˌʌn'seɪvərɪ] (en EE UU **unsavory**) *adj.* **1** despreciable, repugnante, repulsivo, inmoral (una persona). **2** desagradable, insípido.

unsay [ˌʌn'seɪ] *v. t.* desdecirse de, retractarse de.

unscathed [ˌʌn'skeɪθd] *adj.* ileso, sano y salvo.

unscheduled [ˌʌn'ʃedjuːld] *adj.* imprevisto, no planeado.

unscientific [ʌnˌsaɪən'tɪfɪk] *adj.* (desp.) acientífico, poco científico.

unscramble [ˌʌn'skræmbl] *v. t.* **1** descifrar (un mensaje). **2** desenredar, desenmarañar.

unscrew [ˌʌn'skruː] *v. t.* **1** desatornillar, destornillar. **2** desenroscar, quitar (un tapón).

unscripted [ʌn'skrɪptɪd] *adj.* improvisado, sin guión (charla).

unscrupulous [ʌn'skruːpjʊləs] *adj.* (desp.) sin escrúpulos, desaprensivo.

unscrupulously [ʌn'skruːpjʊləslɪ] *adv.* sin escrúpulos.

unscrupulousness [ʌn'skruːpjʊləsnɪs] *s. i.* falta de escrúpulos, falta de principios.

unseasonable [ʌn'siːznəbl] *adj.* **1** fuera de temporada, impropio para la época del año (tiempo, ropa, comida). **2** a destiempo, inoportuno.

unseasonably [ʌn'siːznəblɪ] *adv.* **1** inapropiadamente. **2** inoportunamente.

unseat [ˌʌn'siːt] *v. t.* **1** (también **unsaddle**) derribar, descabalgar, desarzonar (a un jinete). **2** destituir, deponer (de un puesto).

unseeing [ˌʌn'siːɪŋ] *adj.* (lit.) abstraída, vaga, perdida (la mirada).

unseeingly [ˌʌn'siːɪŋlɪ] *adv.* abstraídamente, de forma vaga, con la mirada perdida.

unseemliness [ʌn'siːmlɪnɪs] *s. i.* (form.) indecencia, falta de decoro.

unseemly [ʌn'siːmlɪ] *adj.* indecoroso, indigno, indecente.

unseen [ˌʌn'siːn] *adj.* **1** invisible, que no se ve. **2** oculto, misterioso, secreto. **3** inadvertido, desapercibido. **4** hecho a primera vista (traducción). • *s. c.* **5** traducción a primera vista: *a German unseen = una traducción a primera vista del alemán.* ◆ **6 sight ~,** ⇒ **sight.**

unselfish [ˌʌn'selfɪʃ] *adj.* generoso, desinteresado, altruista.

unselfishly [ˌʌn'selfɪʃlɪ] *adv.* generosamente, desinteresadamente, de forma altruista.

unselfishness [ˌʌn'selfɪʃnɪs] *s. i.* generosidad, desinterés, altruismo.

unsentimental ['ʌnˌsentɪ'mentl] *adj.* poco sentimental, poco afectivo, falto de sentimientos.

unserviceable [ˌʌn'səːvɪsəbl] *adj.* (form.) inservible, inútil (un objeto).

unsettle [ˌʌn'setl] *v. t.* **1** desazonar, inquietar. **2** desordenar, descomponer.

unsettled [ˌʌn'setld] *adj.* **1** pendiente, sin resolver, en suspenso. **2** incierto, indeterminado (un plan). **3** variable, inestable (el tiempo). **4** intranquilo, inquieto, alterado, agitado. **5** revuelto (el estómago). **6** pendiente, no pagado (cuenta). **7** despoblado, no colonizado (territorio). **8** que no ha sentado cabeza (persona).

unsettling [ˌʌn'setlɪŋ] *adj.* inquietante, perturbador.

unshaded [ˌʌn'ʃeɪdɪd] *adj.* sin pantalla, desnuda (bombilla).

unshakable [ʌn'ʃeɪkəbl] (también **unshakeable**) *adj.* inquebrantable, firme.

unshakably [ˌʌn'ʃeɪkəblɪ] (también **unshakeably**) *adv.* inquebrantablemente, firmemente.

unshaken [ˌʌn'ʃeɪkən] *adj.* firme, sólido (una idea, una creencia).

unshaven [ˌʌn'ʃeɪvn] *adj.* sin afeitar; sin depilar.

unshockable [ʌn'ʃɒkəbl] *adj.* difícil de escandalizar.

unsightliness [ʌn'saɪtlɪnɪs] *s. i.* fealdad, repugnancia.

unsightly [ʌn'saɪtlɪ] *adj.* desagradable, feo, repugnante, repulsivo.

unsigned [ˌʌn'saɪnd] *adj.* sin firma.

unskillful [ˌʌn'skɪlfəl] *adj.* torpe.

unskilled [ˌʌn'skɪld] *adj.* no cualificado, inexperto.

unsmiling [ʌn'smaɪlɪŋ] *adj.* serio, grave, seco.

unsmilingly [ʌn'smaɪlɪŋlɪ] *adv.* seriamente, gravemente, secamente.

unsociable [ʌn'səʊʃəbl] *adj.* (desp.) insociable, reservado, huraño.

unsocial [ʌn'səʊʃl] *adj.* **1** insociable, huraño. **2** poco conveniente, de noche: *he works unsocial hours = trabaja de noche.*

unsold [ˌʌn'səuld] *adj.* no vendido.

unsolicited [ˌʌnsə'lɪsɪtɪd] *adj.* no solicitado, no pedido.

unsolved [ˌʌn'sɒlvd] *adj.* sin resolver, no resuelto.

unsophisticated [ˌʌnsə'fɪstɪkeɪtɪd] *adj.* poco sofisticado, sencillo, simple; infantil, cándido.

unsound [ˌʌn'saund] *adj.* **1** poco saludable, débil, enfermizo (persona). **2** poco sólido, poco resistente. **3** falso, erróneo, falaz; insostenible (sistema, conclusión). ◆ **4 of ~ mind,** demente, que no está en su sano juicio.

unsparing [ʌn'speərɪŋ] *adj.* **1** generoso, espléndido, pródigo. **2** incansable, infatigable. **3** despiadado, desalmado, cruel.

unsparingly [ʌn'speərɪŋlɪ] *adv.* **1** generosamente, espléndidamente. **2** despiadadamente, cruelmente.

unspeakable [ʌn'spiːkəbl] *adj.* indecible, inenarrable; espantoso, terrible.

unspeakably [ʌn'spiːkəblɪ] *adv.* inenarrablemente; espantosamente.

unspecified [ˌʌn'spesɪfaɪd] *adj.* sin especificar, sin determinar.

unspectacular [ˌʌnspek'tækjələ] *adj.* poco espectacular, corriente, normal.

unspoiled, unspoilt [ˌʌn'spɔɪlt] *adj.* **1** intacto. **2** sin mimos (un niño).

unspoken [ˌʌn'spəukən] *adj.* **1** no expresado (un pensamiento). **2** tácito (un acuerdo).

unsporting [ˌʌn'spɔːtɪŋ] *adj.* antideportivo, falto de deportividad.

unstable [ˌʌn'steɪbl] *adj.* **1** inestable, inseguro, poco firme. **2** inestable, desequilibrado (psicológicamente). **3** imprevisible, fluctuante. **4** QUÍM. inestable. **5** FÍS. radiactivo.

unstated [ˌʌn'steɪtɪd] *adj.* no mencionado, no especificado.

unsteadily [ˌʌn'stedɪlɪ] *adv.* inestablemente, con inseguridad; de forma desequilibrada.

unsteadiness [ˌʌn'stedɪnɪs] *s. i.* inestabilidad, inseguridad; desequilibrio.

unsteady [ʌn'stedɪ] *adj.* **1** inseguro, tambaleante, inestable, poco firme. **2** tembloroso, irregular (un movimiento). **3** fluctuante, inconstante.

unstick [ˌʌn'stɪk] (*pret. irreg.* y *p. p.* **unstuck**) *v. t.* despega (algo pegado).

unstinting [ˌʌn'stɪntɪŋ] *adj.* (form.) generoso, desinteresado, abundante.

unstintingly [ˌʌn'stɪntɪŋlɪ] *adv.* generosamente, desinteresadamente.

unstop [ˌʌn'stɒp] (*p. p.* **unstopped,** *ger.* **unstopping**) *v. t.* **1** destapar, destaponar. **2** descorchar, destapar, abrir (una botella).

unstoppable [ˌʌn'stɒpəbl] *adj.* imparable, incontenible.

unstrap [ˌʌn'stræp] (*p. p.* **unstrapped,** *ger.* **unstrapping**) *v. t.* desabrochar, soltar, quitar (correas, cinturones).

unstructured [ʌn'strʌktʃəd] *adj.* no estructurado.

unstuck [ˌʌn'stʌk] *adj.* **1** despegado; flojo, suelto; separado. ◆ **2 to come ~,** (fam.) **a)** despegarse; soltarse; aflojarse; **b)** fracasar, venirse abajo.

unstudied [ˌʌn'stʌdɪd] *adj.* (form.) sin afectación, natural: *unstudied charm = encanto natural.*

unsubstantiated [ˌʌnsəb'stænʃɪəɪtɪd] *adj.* no confirmado, no probado (historia, acusación).

unsuccessful [ˌʌnsək'sesful] *adj.* sin éxito; fracasado; desafortunado, vano, infructuoso.

unsuccessfully [ˌʌnsək'sesfəlɪ] *adv.* sin éxito; infructuosamente; desafortunadamente.

unsuitable [ˌʌn'suːtəbl] *adj.* inadecuado, inconveniente; inservible, poco apto.

unsuitably [ˌʌn'suːtəblɪ] *adv.* inadecuadamente, inconvenientemente; sin validez, sin aptitud.

unsuited [ˌʌn'suːtɪd] *adj.* **1** impropio, inadecuado. **2** incompatible, opuesto: *they are unsuited to each other = no están hechos el uno para el otro.*

unsullied [ˌʌn'sʌlɪd] *adj.* (lit.) puro, no corrompido, impoluto.

unsung [ˌʌn'sʌŋ] *adj.* desconocido, anónimo: *an unsung hero = un héroe anónimo.*

unsupported [ˌʌnsə'pɔːtɪd] *adj.* **1** sin respaldo: *an unsupported party = un partido sin respaldo.* **2** infundado, sin fundamentos.

unsure [ˌʌn'ʃuəːr] *adj.* **1** inseguro (de sí mismo). **2** inseguro, indeciso.

unsurpassed [ˌʌnsə'pɑːst] *adj.* insuperado, sin par, sin igual.

unsurprising [ˌʌnsə'praɪsɪŋ] *adj.* poco sorprendente, previsible.

unsurprisingly [ˌʌnsə'praɪsɪŋlɪ] *adv.* de manera poco sorprendente, previsiblemente.

unsuspected [ˌʌnsə'spektɪd] *adj.* insospechado.
unsuspecting [ˌʌnsə'spektɪŋ] *adj.* confiado, incauto.
unsweetened [ˌʌn'swi:tnd] *adj.* sin azúcar, no azucarado.
unswerving [ʌn'swɜ:vɪŋ] *adj.* firme, incondicional, inquebrantable.
unsympathetic ['ʌnˌsɪmpə'θetɪk] *adj.* **1** indiferente. **2** (~ **to**) enemigo de, hostil a, contrario a.
untamed [ˌʌn'teɪmd] *adj.* indomado, salvaje.
untangle [ˌʌn'tæŋgl] *v. t.* **1** desenredar, desenmarañar. **2** (fig.) desentrañar, descifrar, resolver.
untapped [ˌʌn'tæpt] *adj.* **1** sin explotar, no utilizado: *untapped resources = recursos sin explotar.* **2** sin descorchar, sin abrir (botella).
untenable [ˌʌn'tenəbl] *adj.* **1** insostenible, indefendible. **2** inhabitable, difícil de ocupar.
untested [ʌn'testɪd] *adj.* no probado, no comprobado.
unthinkable [ˌʌn'θɪŋkəbl] *adj.* **1** impensable, inconcebible, inimaginable. ◆ **2 the ~,** lo impensable.
unthinking [ˌʌn'θɪŋkɪŋ] *adj.* irreflexivo, inconsciente, alocado, imprudente, impulsivo, irresponsable.
unthinkingly [ˌʌn'θɪŋkɪŋlɪ] *adv.* irreflexivamente, inconscientemente, imprudentemente, de forma impulsiva, irresponsablemente.
untidily [ʌn'taɪdɪlɪ] *adv.* **1** descuidadamente, desaliñadamente. **2** en desorden, desorganizadamente.
untidiness [ʌn'taɪdɪnɪs] *s. i.* **1** desaliño, desaseo. **2** desorden, desorganización.
untidy [ʌn'taɪdɪ] *adj.* **1** desaliñado, desaseado. **2** desordenado, desorganizado.
untie [ˌʌn'taɪ] *v. t.* desatar.
untied [ˌʌn'taɪd] *adj.* desatado.
until [ən'tɪl] (también **till**) *prep.* **1** hasta (un tiempo, un lugar): *we waited until 7.00 = esperamos hasta las siete.* ● *conj.* **2** hasta que: *wait until I arrive = espera hasta que yo llegue.* ◆ **3 up ~,** (fam.) hasta: *up until Saturday = hasta el sábado.*
untimeliness [ʌn'taɪmlɪnɪs] *s. i.* inoportunidad, inconveniencia.
untimely [ʌn'taɪmlɪ] *adj.* **1** prematuro, anticipado, intempestivo. **2** inapropiado, inoportuno. ● *adv.* **3** prematuramente, con anticipación, intempestivamente. **4** inoportunamente, inapropiadamente.
untiring [ʌn'taɪərɪŋ] *adj.* incansable, infatigable.
untiringly [ʌn'taɪərɪŋlɪ] *adv.* incansablemente, infatigablemente.
unto ['ʌntu] *prep.* (arc. y lit.) **1** a; hacia; para: *speaking unto me = hablándome.* **2** hasta: *unto her arrival = hasta su llegada.*
untold [ˌʌn'təuld] *adj.* (lit.) **1** innumerable, incalculable, incontable. **2** no contado, jamás dicho, jamás revelado.
untouchable [ʌn'tʌtʃəbl] *adj.* (no *comp.*) **1** intocable, inatacable, imposible de criticar. **2** imposible de conseguir. **3** desagradable al tacto. **4** intocable (casta inferior del sistema hindú). ● *s. c.* **5** intocable (casta hindú).
untouched [ˌʌn'tʌtʃt] *adj.* **1** intacto, indemne; íntegro, entero. **2** inconmovible, insensible.
untoward [ˌʌntə'wɔ:d ‖ ʌn'tɔ:d] *adj.* **1** (form.) adverso, infortunado, desfavorable. **2** obstinado, incontrolable, ingobernable. **3** (arc.) impropio, inadecuado.
untrained [ˌʌn'treɪnd] *adj.* **1** no cualificado, sin formación. **2** no entrenado, no acostumbrado, no adiestrado. **3** que no ha sido amaestrado (un animal).
untrammelled [ʌn'træməld] (en EE UU **untrammeled**) *adj.* (lit.) libre, sin trabas.
untreated [ʌn'tri:tɪd] *adj.* **1** no tratado, que no ha sido tratado (una enfermedad). **2** que no ha sido tratado, natural (un producto).
untried [ˌʌn'traɪd] *adj.* **1** DER. no juzgado (un preso, una causa). **2** no probado, no experimentado.
untroubled [ˌʌn'trʌbld] *adj.* tranquilo, sereno, relajado.
untrue [ˌʌn'tru:] *adj.* **1** falso, incorrecto, inexacto. **2** desleal, infiel.
untrustworthy [ˌʌn'trʌstˌwɜ:θɪ] *adj.* poco fiable, indigno de confianza.
untruth [ˌʌn'tru:θ] *s. c.* **1** (euf.) mentira, infundio, calumnia. **2** infidelidad, deslealtad.
untruthful [ˌʌn'tru:θful] *adj.* mentiroso, calumniador, falso, mendaz.
untruthfully [ˌʌn'tru:θfəlɪ] *adv.* falsamente.
unturned [ˌʌn'tɜ:nd] *adj.* **1** no vuelto, que no se le ha dado la vuelta (a algo). ◆ **2 to leave no stone ~,** ⇒ **leave.**
untutored [ˌʌn'tju:təd ‖ ˌʌn'tʃu:təd] *adj.* (form.) poco instruido, poco sofisticado, poco refinado, ineducado.
unusable [ʌn'ju:zəbl] *adj.* inservible, inútil.
unused [ˌʌn'ju:zd] *adj.* **1** sin usar, nuevo. ● [ˌʌn'ju:st] **2 to be ~ to,** no estar acostumbrado o habituado a.
unusual [ʌn'ju:ʒuəl] *adj.* raro, insólito, poco común, extraordinario.
unusually [ʌn'ju:ʒuəlɪ] *adv.* extraordinariamente, sorprendentemente, excepcionalmente.
unutterable [ʌn'ʌtərəbl] *adj.* (form.) increíble, indecible.
unutterably [ʌn'ʌtərəblɪ] *adv.* increíblemente, indeciblemente.
unvarnished [ˌʌn'vɑ:nɪʃt] *adj.* **1** sin barnizar. **2** sencillo, simple y llano, sin adornos (la verdad, una historia).
unvarying [ʌn'veərɪɪŋ] *adj.* invariable, constante.
unveil [ˌʌn'veɪl] *v. t.* **1** quitar el velo a. **2** (fig.) desvelar, descubrir, revelar.
unveiling [ˌʌn'veɪlɪŋ] *s. i.* **1** ceremonial al descubrir una estatua, una placa, etc. **2** revelación.
unversed [ˌʌn'vɜ:st] *adj.* (**to be ~ in**) (form.) no estar versado en, estar poco ducho en.
unvoiced [ˌʌn'vɔɪst] *adj.* **1** no expresado. **2** FON. sordo.
unwaged [ˌʌn'weɪdʒd] *adj.* (brit.) (euf.) en paro, parado, desempleado.
unwanted [ˌʌn'wɒntɪd] *adj.* no querido, no deseado.
unwarrantable [ʌn'wɒrəntəbl ‖ ʌn'wɔ:rəntəbl] *adj.* (form.) injustificable, insostenible.
unwarranted [ʌn'wɒrəntɪd ‖ ʌn'wɔ:rəntɪd] *adj.* (form.) **1** injustificado; no provocado. **2** no garantizado, sin garantía.
unwarily [ʌn'weərɪlɪ] *adv.* imprudentemente, incautamente.
unwariness [ʌn'weərɪnɪs] *s. i.* imprudencia, falta de precaución, falta de cautela.
unwary [ʌn'weərɪ] *adj.* **1** imprudente, falto de precaución. ◆ **2 the unwary,** los ingenuos, los incautos.
unwavering [ʌn'weɪvərɪŋ] *adj.* inquebrantable, firme.
unwelcome [ʌn'welkəm] *adj.* **1** inoportuno. **2** embarazoso, inconveniente, molesto, desagradable (una situación).
unwelcoming [ʌn'welkəmɪŋ] *adj.* **1** frío, poco amistoso, hostil. **2** poco acogedor, inhóspito (un lugar).
unwell [ˌʌn'wel] *adj.* enfermo, malo, indispuesto.
unwholesome [ˌʌn'həulsəm] *adj.* **1** malsano, perjudicial, nocivo. **2** indecente, desagradable, indeseable.
unwieldiness [ʌn'wi:ldɪnɪs] *s. i.* aparatosidad, dificultad de manejo.
unwieldy [ʌn'wi:ldɪ] *adj.* **1** aparatoso, difícil de manejar. **2** ineficiente, desorganizado (un sistema).
unwilling [ˌʌn'wɪlɪŋ] *adj.* reacio, reticente.
unwillingly [ˌʌn'wɪlɪŋlɪ] *adv.* reticentemente, de mala gana.
unwillingness [ˌʌn'wɪlɪŋnɪs] *s. i.* reticencia, renuencia, mala gana.
unwind [ˌʌn'waɪnd] (*pret. irreg.* y *p. p.* **unwound**) *v. t.* **1** desenrollar. ● *v. i.* **2** desenrollarse. **3** (fam.) relajarse, tranquilizarse, serenarse.
unwise [ˌʌn'waɪz] *adj.* imprudente, insensato, desatinado, poco aconsejable.
unwisely [ˌʌn'waɪzlɪ] *adv.* imprudentemente, insensatamente, desatinadamente.
unwitting [ʌn'wɪtɪŋ] *adj.* (form.) inconsciente, sin intención, involuntario.
unwittingly [ʌn'wɪtɪŋlɪ] *adv.* inconscientemente, no intencionadamente, inadvertidamente.
unwonted [ʌn'wəuntɪd] *adj.* **1** (form.) raro, insólito, anormal, desacostumbrado. **2** (arc.) no acostumbrado, poco familiarizado.
unworkable [ˌʌn'wɜ:kəbl] *adj.* impracticable, imposible de hacer.
unworldliness [ˌʌn'wɜ:ldlɪnɪs] *s. i.* **1** espiritualidad. **2** ingenuidad, simplicidad.

unworldly [ˌʌn'wəːldlɪ] *adj.* **1** espiritual, poco mundano. **2** ingenuo, simple.

unworthily [ʌn'wəːθɪlɪ] *adv.* indignamente.

unworthiness [ʌn'wəːθɪnɪs] *s. i.* indignidad, falta de mérito.

unworthy [ʌn'wəːθɪ] *adj.* **1** indigno, que no tiene mérito. **2** inaceptable, innoble, vil. ◆ **3 to be ~ of,** no ser digno de.

unwound [ˌʌn'waund] *pret.* y *p. p.* de **unwind.**

unwritten [ˌʌn'rɪtn] *adj.* **1** no escrito. **2** oral. **3** tácito, sobreentendido. ◆ **4 ~ law/rule,** derecho consuetudinario; ley tácita, ley no escrita.

unyielding [ʌn'jiːldɪŋ] *adj.* inflexible, firme.

unzip [ʌn'zɪp] (*pret. irreg.* y *p. p.* de **unzipped,** *ger.* **unzipping)** *v. t.* bajar una cremallera de, (Am.) abrir un cierre relámpago de (una prenda).

up [ʌp] *adv.* **1** hacia arriba, para arriba; allá, hacia el norte (posición): *come up and tell me = sube y dímelo; up in Scotland = allá en Escocia.* **2** en pie, de pie, derecho: *can you stand up? = ¿puedes ponerte de pie?* **3** arriba, hacia arriba (un precio, una cantidad): *prices have gone up = los precios han subido.* **4** (**to be ~**) estar levantado, estar en pie: *we were up at 7.00 = nos levantamos a las siete.* **5** hasta (un punto): *we walked up to the shop = fuimos andando hasta la tienda.* **6** más alto, en alto, más fuerte (en sonido, en peso): *speak up = habla más alto.* **7** totalmente, enteramente, completamente; bien; todo: *eat it all up = cómetelo todo.* **8** firmemente, fuertemente: *she fastened up her laces = se ató fuertemente los cordones.* **9** en total: *add these figures up = suma estos números.* **10** en consideración, sobre la mesa, a relucir: *he brought up a delicate subject = sacó a relucir un tema delicado.* ● *prep.* **11** hacia arriba de, en lo alto de, encima de: *the cat's up the tree = el gato se ha subido al árbol* o *está en lo alto del árbol.* **12** subiendo, a lo largo de: *up the road on the left = subiendo la calle a la izquierda.* **13** contra (la corriente, el viento). **14** (brit.) a; hasta; hacia; en: *he's up Mary's = está en casa de Mary.* ● *adj.* (no *comp.*) **15** ascendente, que sube (una escalera); que va hacia el norte (un tren). **16** en reparación, en obras; en mal estado (una carretera). **17** INF. en funcionamiento, en uso. **18** levantado (de la cama); erecto, erguido. **19** (fam.) DER. inculpado, acusado, en los tribunales. **20** (fam.) eufórico, excitado, muy animado. **21** agitado, acelerado. **22** (**~ in/on**) (fam.) informado sobre, al tanto de (una materia). **23** acabado, terminado (un período de tiempo). ● (*p. p.* **upped,** *ger.* **upping)** *v. t.* **24** (fam.) subir, elevar, incrementar. ● *v. i.* **25** (**to ~ and do something**) ir y hacer algo, ponerse de repente a hacer algo: *she upped and hit him = ella fue y le pegó.* ◆ **26 it's all ~ with,** todo ha terminado entre. **27 not ~ to much,** (fam.) no muy bueno, nada especial: *the film is not up to much = la película no es ninguna maravilla.* **28 on the ~ and ~,** (fam.) cada vez mejor, subiendo como la espuma. **29 something is ~,** (fam.) algo está pasando, algo va mal, algo marcha mal. **30 to be ~ against,** tener que hacer frente a, tener que vérselas con. **31 ups and downs,** altibajos, vicisitudes. **32 ~ yours!,** (vulg.) ¡tu madre!, ¡que te den morcilla!, ¡vete al cuerno! **33 what's ~?,** ¿qué pasa?, ¿qué ocurre?

up-and-coming [ˌʌpən'kʌmɪŋ] *adj.* prometedor, halagüeño.

upbeat ['ʌpbiːt] *adj.* (fam.) alegre, optimista, feliz.

upbraid [ʌp'breɪd] *v. t.* (form.) recriminar, reprender, reñir.

upbringing ['ʌpˌbrɪŋɪŋ] *s. i.* educación, crianza.

upcountry [ˌʌp'kʌntrɪ] *adv.* **1** hacia/en el interior, tierra adentro: *they travelled upcountry = viajaron hacia el interior.* ● *adj.* **2** del interior, de tierra adentro (lugar). **3** pueblerino, del campo.

update [ˌʌp'deɪt] *v. t.* **1** modernizar, renovar; actualizar; poner al día. ● ['ʌpdeɪt] *s. c.* **2** modernización, renovación; actualización; puesta al día.

upend [ˌʌp'end] *v. t.* **1** poner boca abajo, volcar, poner al revés. **2** (fam.) derribar, tirar al suelo (de un puñetazo).

up-front [ˌʌp'frʌnt] *adj.* (fam.) directo, franco.

upgrade [ˌʌp'greɪd] *v. t.* **1** ascender, subir (de rango); promover. **2** mejorar (una raza por medio de selección). ● ['ʌpgreɪd] *s. c.* **3** rampa, pendiente, cuesta. ● *adj.* **4** ascendente, pendiente, en cuesta. ● *adv.* **5** cuesta arriba. ◆ **6 on the ~,** mejorando, prosperando.

upheaval [ʌp'hiːvl] *s. c.* e *i.* **1** cataclismo; confusión, trastorno. **2** agitación, turbulencia (político). **3** GEOL. levantamiento (de la corteza terrestre).

upheld [ʌp'held] *pret.* y *p. p.* de **uphold.**

uphill [ˌʌp'hɪl] *adj.* **1** pendiente, en cuesta, ascendente. **2** arduo, difícil, laborioso, penoso. ● *adv.* **3** cuesta arriba. **4** penosamente, arduamente, con dificultad.

uphold [ʌp'həuld] (*pret. irreg.* y *p. p.* **upheld)** *v. t.* **1**(form.) mantener, sostener, defender (un derecho, un principio). **2** apoyar, confirmar, ratificar.

upholder [ʌp'həuldər] *s. c.* defensor, protector.

upholster [ʌp'həulstər] *v. t.* tapizar (muebles).

upholstered [ʌp'həulstəd] *adj.* **1** tapizado. ◆ **2 well ~,** (fig. y hum.) gordinflón, cebón.

upholstery [ʌp'həulstərɪ] *s. i.* tapicería, tapizado.

upkeep ['ʌpkiːp] *s. i.* mantenimiento, conservación (de un edificio).

upland ['ʌplənd] *s. c.* **1** meseta, (Am.) altiplano. ● *adj.* **2** mesetario, (Am.) del altiplano. ◆ **3 the uplands,** las tierras altas.

uplift [ʌp'lɪft] *v. t.* **1** (form.) elevar, edificar, exaltar (social o moralmente). **2** elevar, subir, alzar. ● ['ʌplɪft] *s. i.* **3** elevación. **4** exaltación, encumbramiento, edificación. **5** GEOL. levantamiento.

uplifted [ʌp'lɪftɪd] *adj.* elevado, en alto, alzado, prominente: *uplifted hands = manos en alto.*

uplifting [ʌp'lɪftɪŋ] *adj.* edificante, enriquecedor.

upmarket [ʌp'mɑːkɪt] *adj.* **1** de gama alta, de alta calidad (producto, hotel); de alta categoría (barrio); caro (tienda). ◆ **2 to go ~,** revalorizarse, ganar (en) categoría, ganar (en) calidad.

upmost ['ʌpməust] *adj.* ⇒ **uppermost.**

upon [ə'pɒn] *prep.* (form.) **1** en, sobre, encima de: *it is upon the table = está encima de la mesa.* **2** después de: *upon opening the envelope = al abrir el sobre.* **3** por: *upon his advice = por consejo suyo.* **4** y: *miles upon miles = millas y millas, muchísimas millas.*

upper ['ʌpər] *adj.* **1** superior, de arriba (de posición, rango). **2** GEOG. alto: *the upper Nile = el Alto Nilo.* **3** interior; del norte. ● *s. c.* **4** pala, cara (del calzado). **5** (fam.) litera superior (de un camarote, de un coche cama). **6** (argot) droga estimulante (especialmente anfetamina). ◆ **7 to be on one's uppers,** (arc. y fam.) estar sin blanca, no tener un duro. **8 the ~ hand,** el control; la ventaja, la delantera. **9 ~ case,** caja alta, mayúscula (en imprenta). **10 ~ class,** clase alta. **11 ~ crust,** (fam.) clase alta. **12 ~ lip,** ANAT. labio superior. **13 uppers,** (fam.) dentadura postiza superior.

upper-cut ['ʌpəkʌt] *s. c.* DEP. gancho de abajo a arriba (en boxeo).

uppermost o **upmost** ['ʌpəməust] *adj.* **1** más alto, más elevado. **2** preponderante, sobresaliente, principal. ● *adv.* **3** en primer lugar, en primera posición. **4** principalmente, predominantemente. ◆ **5 ~ in one's mind,** lo primero y principal para uno.

uppish ['ʌpɪʃ] *adj.* (desp. y arc.) orgulloso, soberbio, altanero, arrogante, presumido.

uppity ['ʌpətɪ] *adj.* ⇒ **uppish.**

upraised [ʌp'reɪzd] *adj.* levantado, en alto, elevado, izado.

upright ['ʌpraɪt] *adj.* **1** erecto, erguido, recto, derecho. **2** vertical, de pie: *an upright freezer = un congelador vertical.* **3** (fig.) honrado, recto. ● *adv.* **4** verticalmente. **5** rectamente. ● *s. c.* **6** poste, montante (de apoyo). ◆ **7 ~ piano,** piano vertical.

uprightness ['ʌpˌraɪtnɪs] *s. i.* rectitud, honradez.

uprising ['ʌpˌraɪzɪŋ] *s. c.* levantamiento, rebelión, revuelta.

up-river [ˌʌp'rɪvər] *adv.* río arriba, aguas arriba, contra corriente.

uproar ['ʌprɔːr] *s. i.* **1** alboroto, algarabía, bulla, vocerío, escándalo. **2** controversia, polémica.

uproarious [ʌp'rɔːrɪəs] *adj.* **1** ruidoso, escandaloso, bullicioso. **2** divertidísimo, hilarante.

uproariously [ʌp'rɔːrɪəslɪ] *adv.* **1** ruidosamente, escandalosamente, bulliciosamente. ◆ **2** ~ **funny,** para morirse de risa.

uproot [ʌp'ruːt] *v. t.* **1** arrancar de raíz, desarraigar, sacar de cuajo. **2** erradicar, suprimir, extirpar. **3** (fig.) desarraigar, separar, arrancar: *she was uprooted from her home = fue separada de su hogar.*

upset [ʌp'set] (*pret. irreg.* y *p. p.* **upset**) *v. t.* **1** volcar, hacer caer, derramar: *he upset a glass of wine = derramó un vaso de vino.* **2** trastocar, trastornar, desbaratar (un plan). **3** disgustar; entristecer; enfadar; molestar. **4** MED. alterar, afectar a, revolver, poner fatal (el estómago): *drinks upset my stomach = las bebidas me ponen el estómago fatal.* **5** MEC. recalcar, achatar (con martillo). ● ['ʌpset] *s. c.* e *i.* **6** trastorno estomacal, alteración del estómago. **7** DEP. resultado inesperado. **8** MEC. recalco, tas. ● [ʌp'set] *adj.* **9** disgustado; triste; enfadado; molesto. **10** MED. alterado, mal (el estómago). ◆ **11 to** ~ **the apple cart,** ⇒ **apple cart. 12** ~ **price,** precio mínimo, precio de salida (en subasta).

upsetting [ʌp'setɪŋ] *adj.* tremendo, terrible.

upshot ['ʌpʃɒt] *s. sing.* resultado, balance, conclusión.

upside-down [ˌʌpsaɪd'daʊn] *adj.* **1** al revés, invertido. **2** desordenado, confuso, hecho un lío; patas arriba. ● *adv.* **3** con lo de arriba abajo, boca abajo; patas arriba.

upstage [ˌʌp'steɪdʒ] *adj.* **1** localizado al fondo del escenario. **2** (fam.) arrogante, engreído. ● *adv.* **3** hacia el fondo del escenario. ● *v. t.* **4** robar la escena a (un actor más importante). **5** (fam.) tratar con arrogancia a.

upstairs [ˌʌp'steəz] *adv.* **1** arriba, en el o al piso de arriba: *go upstairs = vete arriba.* **2** a nivel superior, a un puesto superior: *promoted upstairs = ascendido a un puesto.* ● *adj.* **3** de arriba, del piso: *an upstairs bedroom = una habitación de arriba.* ● *s. i.* **4** (**the** ~) el piso de arriba, el piso superior.

upstanding [ˌʌp'stændɪŋ] *adj.* **1** (form. y hum.) respetable, honrado, íntegro. **2** buen mozo, gallardo, garboso.

upstart ['ʌpstɑːt] *s. c.* **1** (desp.) arribista, advenedizo. ● *adj.* **2** arribista, advenedizo. **3** presuntuoso, fatuo, jactancioso.

upstream [ˌʌp'striːm] *adv.* contra corriente, aguas arriba, río arriba.

upsurge ['ʌpsəːdʒ] *s. sing.* **1** ascenso, incremento, aumento, subida vertiginosa. ● [ʌp'səːdʒ] *v. i.* **2** (lit.) subir vertiginosamente, incrementar.

upswing ['ʌpswɪŋ] *s. c.* **1** (~ {**in**}) subida, recuperación. **2** COM. mejora, alza, curva ascendente.

uptake ['ʌpteɪk] *s. sing.* **1** entendimiento, comprensión. ● *s. c.* e *i.* **2** captación, aceptación. ● *s. c.* **3** tubo de ventilación, chimenea. ◆ **4 quick on the** ~, muy listo, inteligente. **5 slow on the** ~, torpe.

uptight ['ʌptaɪt] *adj.* **1** (argot) tenso, nervioso, inquieto. **2** molesto, enojado, enfadado. **3** indigente, menesteroso. **4** (EE UU) convencional, formalista, ceremonioso.

up-to-date [ˌʌptə'deɪt] *adj.* **1** moderno, de última hora. **2** muy al día, puesto al día, actualizado. **3** informado, muy al corriente.

up-to-the-minute [ˌʌptəðə'mɪnɪt] *adj.* **1** muy moderno, a la última moda. **2** con la más reciente información, muy al día.

uptown [ˌʌp'taʊn] *adj.* **1** (EE UU) de las afueras, de la zona residencial. ● *adv.* **2** (EE UU) hacia las afueras, hacia la zona residencial.

upturn ['ʌptəːn] *s. c.* **1** alza, mejora. ● [ʌpt'əːn] *v. t.* **2** volver hacia arriba. **3** volcar, derramar. ● *v. i.* **4** volverse hacia arriba.

upturned [ʌp'təːnd] *adj.* **1** respingona (nariz). **2** volcado.

upward ['ʌpwəd] *adj.* **1** ascendente, hacia arriba: *an upward movement = un movimiento ascendente.* **2** ascendente, en alza (un precio). ● *adv.* **3** ⇒ **upwards** . ◆ **4** ~ **mobility,** progresión hacia una clase social más alta.

upwards ['ʌpwədz] (en EE UU **upward**) *adv.* **1** hacia arriba, para arriba: *facing upwards = mirando hacia arriba.* ◆ **2** ~ **of,** (fam.) más de: *upwards of 30 = más de 30.*

upwardly ['ʌpwədlɪ] *adv.* **1** ascendentemente. ◆ **2** ~ **mobile,** trepador, con posibilidad para el ascenso a otra clase social.

upwind [ʌp'wɪnd] *adj.* **1** contrario al viento. ● *adv.* **2** contra el viento.

uranium [jʊ'reɪnɪəm] *s. i.* QUÍM. uranio.

urban ['əːbən] *adj.* **1** urbano, de ciudad. ◆ **2** ~ **guerrilla,** guerrillero urbano. **3** ~ **myth,** creencia popular.

urbane [əː'beɪn] *adj.* educado, cortés, urbano.

urbanity [əː'bænɪtɪ] *s. i.* urbanidad, corrección, cortesía.

urbanization [ˌəːbənaɪ'ʒeɪʃn] *s. i.* urbanización.

urbanize ['əːbənaɪz] (brit. **urbanise**) *v. t.* (generalmente pasiva) urbanizar.

urchin ['əːtʃɪn] *s. c.* **1** (arc.) pilluelo, golfillo. **2** travieso, diablillo. **3** ZOOL. erizo de mar; erizo.

Urdu ['ʊəduː] *s. i.* **1** urdu (lengua oficial de Pakistán). ● *adj.* **2** urdu.

urea ['jʊərɪə ‖ 'jʊrɪə] *s. i.* BIOQ. urea.

ureter [ˌjʊə'riːtər] *s. c.* ANAT. uréter.

urethra [ˌjʊə'riːθrə] (*pl.* **urethrae** o **urethras**) *s. c.* ANAT. uretra.

urge [əːdʒ] *v. t.* **1** (**to** ~ + *o.* + *inf.*) instar; apremiar, acuciar (a hacer algo). **2** (**to** ~ + *o.* + **on**) alentar, incitar, exhortar (a alguien). **3** recomendar encarecidamente, abogar por, propugnar (medidas). **4** (**to** ~ + *o.* + *adv.*) empujar. ● *s. c.* **5** deseo, impulso.

urgency ['əːdʒənsɪ] *s. i.* urgencia, prontitud, premura.

urgent ['əːdʒənt] *adj.* **1** urgente, apremiante. **2** insistente, desesperado.

urgently ['əːdʒəntlɪ] *adv.* **1** urgentemente, apremiantemente. **2** insistentemente, desesperadamente.

urinal [jʊə'raɪnl ‖ 'jʊərɪnl]*s. c.* **1** orinal. **2** urinario.

urinary [jʊə'raɪnərɪ ‖ 'jʊərɪnerɪ] *adj.* urinario, de las vías urinarias.

urinate ['jʊərɪneɪt] *v. i.* orinar.

urine ['jʊərɪn] *s. i.* orina, orines.

urn [əːn] *s. c.* **1** urna. **2** cafetera, tetera (para grandes cantidades y utilizada en bares).

us [ʌs ‖ əs] *pron.* (*o.* de **we**). **1** nos, a nosotros: *he told us to go = (nos) dijo que nos fuéramos.* **2** (brit) (fam.) me, a mí: *give us a biscuit = dame una galleta.*

US [ˌjuː'es] (siglas de **United States**) *s. sing.* Estados Unidos, EE UU.

USA [ˌjuːes'eɪ] (siglas de **United States of America**) *s. sing.* Estados Unidos de América, EE UU.

usable ['juːzəbl] *adj.* utilizable, aprovechable.

usage ['juːsɪdʒ ‖ 'juːzɪdʒ] *s. c.* e *i.* **1** uso (de la lengua, de una palabra). **2** manejo, empleo, uso (de un objeto). **3** costumbre, usanza.

use [juːz] *v. t.* **1** usar, utilizar, emplear. **2** (fam.) tomar: *I could use a cup of tea = me tomaría una taza de té, no me vendría mal una taza de té.* **3** consumir, gastar: *we are using a lot of paint = estamos consumiendo mucha pintura.* **4** utilizar, explotar, aprovecharse de (una persona, una situación). **5** (**to** ~ + *o.* + *adv./prep.*) (form.) tratar, portarse con: *she had been badly used = la habían tratado muy mal.* ● *v. i.* (sólo se usa en pret. y la contracción negativa es **usedn't**; expresa hábitos pasados) [juːst] **6** acostumbrar, soler: *I used to drive to work = solía ir en coche a trabajar.* ● *s. i.* **7** (~ {**of**}) uso, utilización, empleo. **8** DER. usufructo, derecho de utilización: *I've got the use of her boat = tengo el usufructo de su barco.* **9** utilidad, provecho, ventaja, finalidad: *was it any use? = ¿te sirvió de algo?* ● *s. c.* e *i.* **10** uso, aplicación: *the machine has many uses = la máquina tiene muchas aplicaciones.* **11** costumbre, práctica, usanza, uso. **12** liturgia, culto, rito. ◆ **13 for ...** ~**/for** ~ **as,** para usar como..., para usar de... **14 for the** ~ **of,** para uso de (alguien en particular). **15 to have its uses,** tener sus ventajas. **16 in** ~, en uso, funcionando. **17 it is no** ~**/there is no** ~, no vale la pena, no sirve de nada. **18 to make** ~ **of,** utilizar, hacer uso de, valerse de. **19 of** ~, útil, válido, aprovechable. **20 out of** ~, fuera de uso, en desuso. **21 to** ~ **up,** agotar, terminar, gastar. **22 what is the**

~?/what ~ is there?, ¿para qué sirve?, ¿de qué vale?
used [ju:st] *adj.* **1** usado; desgastado; de segunda mano. **2** habituado, acostumbrado. ♦ **3 to be ~ to,** estar acostumbrado a, estar habituado a. **4 to get ~ to,** acostumbrarse a, habituarse a.
useful ['ju:sfʊl] *adj.* **1** útil; ventajoso; provechoso. **2** servicial, competente, capaz. **3** (brit. y fam.) satisfactorio, excelente. ♦ **4 to come in ~,** venir bien, hacer el avío.
usefully ['ju:sfəlɪ] *adv.* útilmente; ventajosamente; provechosamente.
usefulness ['ju:sfʊlnɪs] *s. i.* utilidad; provecho; ventaja.
useless ['ju:slɪs] *adj.* **1** inútil, inservible. **2** vano, ineficaz (un esfuerzo). **3** incompetente, torpe, inepto.
uselessly ['ju:slɪslɪ] *adv.* inútilmente; ineficazmente, vanamente.
uselessness ['ju:slɪsnɪs] *s. i.* ineficacia; inutilidad; ineptitud.
user ['ju:zər] *s. c.* usuario.
user-friendly ['ju:zə'frendlɪ] *adj.* de fácil manejo (una máquina).
usher ['ʌʃər] *s. c.* **1** ujier; portero, conserje; alguacil (en un juzgado). **2** acomodador. **3** anunciador, presentador (en actos oficiales). **4** (arc.) profesor auxiliar. ● *v. t.* **5** (**to ~** *o.* **+** *adv./prep.*) acomodar; acompañar. **6** (**to ~ in**) (fig.) anunciar, pronosticar, ser el comienzo de.
usherette [,ʌʃə'ret] *s. c.* acomodadora.
USSR [,ju:eses'ɑ:] *s.* (siglas de **Union of Soviet Socialist Republics**) *s. sing.* HIST. Unión de Repúblicas Socialistas Soviéticas, URSS.
usual ['ju:ʒʊəl] *adj.* **1** usual, habitual, acostumbrado. ♦ **2 as ~,** como de costumbre, como siempre. **3 business as ~,** todo sigue igual, todo va como de costumbre. **4 the ~,** lo de costumbre, lo de siempre.
usually ['ju:ʒʊəlɪ] *adv.* **1** habitualmente, normalmente, por lo general, por regla general. ♦ **2 more than ~,** más que nunca, increíblemente.
usurer ['ju:ʒərər] *s. c.* usurero.
usurp [ju:'zə:p] *v. t.* (form.) usurpar.
usurpation [,ju:zə:'peɪʃn] *s. i.* usurpación.
usurper [ju:'zə:pər] *s. c.* usurpador.
usury ['ju:ʒʊrɪ] *s. i.* usura.
utensil [ju:'tensl] *s. c.* (form.) utensilio, implemento.
uterine ['ju:təraɪn] *adj.* uterino, del útero.
uterus ['ju:tərəs] (*pl.* **uteri** o **uteruses**) *s. c.* ANAT. útero.
utilise *v. t.* ⇒ **utilize.**
utilitarian [,ju:tɪlɪ'teərɪən] *adj.* **1** (desp.) funcional (un mueble). **2** FIL. utilitarista.
utility [ju:'tɪlɪtɪ] *s. i.* **1** (form.) utilidad. ● *s. c.* **2** servicio, prestación (público). **3** INF. utilidad. **4** empresa de servicios públicos. ♦ **5 ~ room,** cuarto de lavado y plancha, despensa.
utilization [,ju:tɪlaɪ'zeɪʃn] *s. i.* utilización, explotación, aprovechamiento.
utilize ['ju:tɪlaɪz] (también **utilise**) *v. t.* (form.) usar, utilizar, explotar, aprovechar.
utmost ['ʌtməʊst] (también **uttermost**) *adj.* (form.) **1** sumo, supremo, máximo: *of the utmost importance = de suma importancia.* ● *s. sing.* **2** (**the ~**) lo máximo: *the utmost we could to help = lo máximo que pudimos para ayudar.*
utopia [ju:'təʊpɪə] *s. c.* e *i.* utopía.
utopian [ju:'təʊpɪən] *adj.* **1** utópico, idealista. ● *s. c.* **2** utópico, idealista.
utter ['ʌtər] *adj.* **1** completo, absoluto, total: *that's utter rubbish! = ¡eso no son más que tonterías!* ● *v. t.* **2** (form.) articular, pronunciar. **3** poner en circulación (moneda falsa). **4** publicar, editar (un libro). **5** (arc.) vender, repartir (mercancía).
utterance ['ʌtərəns] *s. i.* **1** (form.) pronunciación, articulación, expresión. ● *s. c.* **2** declaración, expresión, opinión. **3** fin, muerte, último suspiro.
utterly ['ʌtəlɪ] *adv.* absolutamente, totalmente, completamente.
uttermost ['ʌtəməʊst] *adj.* ⇒ **utmost.**
U-turn ['ju:tə:n] *s. c.* **1** giro de 180 grados; cambio de sentido. **2** (fam. y desp.) cambio radical, viraje total: *he has done a U-turn = ha dado un cambio radical.*
uvula ['ju:vjələ] (*pl.* **uvulae** o **uvulas**) *s. c.* ANAT. úvula.
uxorious [ʌk'sɔ:rɪəs] *adj.* (form. y hum.) demasiado amoroso con la propia esposa.

v, V [viː] *s. c.* **1** v, V (vigésimosegunda letra del alfabeto inglés). **2** abreviatura de **verse, very, verb, versus, volt** y **volume.** • *número romano* **3** cinco.
vac [væk] (brit.) (fam.) *abreviatura* **1** de **vacation. 2** de **vacuum.**
vacancy ['veɪkənsɪ] *s. c.* **1** plaza libre, habitación disponible (hostelería): *no vacancies = completo* (hotel, etc.). **2** empleo, puesto vacante (oferta): *vacancy for receptionist = puesto de recepcionista vacante.* • *s.i.* **3** vacío, ausencia, vaguedad (de mente, mirada, ideas, etc.).
vacant ['veɪkənt] *adj.* **1** libre, desocupado, disponible (lavabo, puesto de trabajo, habitación, etc.). **2** vacío, en blanco, distraído, perdido, necio (mirada, mente, etc.). **3** libre, sin hacer nada (tiempo). ◆ **4** ~ **possession,** (casa, piso, etc.) lista para ocupar; llave en mano (lenguaje publicitario).
vacantly ['veɪkəntlɪ] *adv.* distraídamente, vagamente, neciamente.
vacate [və'keɪt ‖ 'veɪkeɪt] *v. t.* (form.) **1** dejar libre (empleo, puesto). **2** desalojar, evacuar, desocupar (lugar, posición).
vacation [və'keɪʃn ‖ veɪ'keɪʃn] *s. c.* **1** vacaciones (en la universidad, magistratura, etc.). **2** (EE UU) vacaciones: *to take a vacation = tomarse unas vacaciones.* • *s.i.* **3** (form.) desalojo, evacuación (de un lugar o posición). • *v. i.* **4** (EE UU) pasar las vacaciones, estar de vacaciones: *vacationing in the mountains = estar de vacaciones en la sierra.*
vaccinate ['væksɪneɪt] *v. t.* (**to** ~ {**against**}) vacunar.
vaccination [ˌvæksɪ'neɪʃn] *s. c.* e *i.* vacunación.
vaccine ['væksiːn ‖ vaek'siːn] *s. c.* e *i.* vacuna.
vacillate ['væsɪleɪt] *v. i.* (**to** ~ {**between**}) (form.) vacilar, dudar, oscilar.
vacillating ['væsɪleɪtɪŋ] *adj.* vacilante, dudoso, indefinido.
vacillation [ˌvæsɪ'leɪʃn] *s. c.* e *i.* (form.) vacilación, duda.
vacuity [væ'kjuːɪtɪ] *s.i.* (form.) vacío, vacuidad, vaguedad, banalidad (de expresión, mirada, ideas, etc.).
vacuous ['vækjuəs] *adj.* (form.) vacuo, vago, superficial, banal, inconsistente (expresión, ideas, etc.).
vacuously ['vækjuəslɪ] *adv.* (form.) vagamente, superficialmente.
vacuum ['vækjuəm] *s. sing.* **1** vacío, ausencia, hueco: *power vacuum = vacío de poder.* **2** FÍS. vacío. • *s. c.* **3** (fam.) aspiradora. **4** (fam.) pasada (de aspiradora). • *v. t.* e *i.* **5** limpiar con aspiradora, pasar la aspiradora. ◆ **6 in a** ~, en el vacío, aislado.
vacuum bottle ['vækjuəmˌbɒtl] *s. c.* (EE UU) termo.
vacuum cleaner ['vækjuəmˌkliːnər] *s. c.* aspiradora.
vacuum flask ['vækjuəmflɑːsk] *s. c.* (brit.) termo.
vacuum-packed ['vækjuəmpækt] *adj.* envasado al vacío.
vacuum pump ['vækjuəmpʌmp] *s. c.* bomba neumática.
vacuum tube ['vækjuəmtjuːb] *s. c.* tubo al vacío.
vade-mecum [ˌveɪdɪ'miːkum] *s. c.* vademécum.
vagabond ['vægəbɒnd] *s. c.* (arc.) vagabundo; (Am.) lambarero.
vagary ['veɪgərɪ] *s. c.* (form.) capricho, variación, extravagancia.
vagina [və'dʒaɪnə] *s. c.* ANAT. vagina.
vaginal [və'dʒaɪnl] *adj.* vaginal.
vagrancy ['veɪgrənsɪ] *s.i.* vagancia, vagabundeo; (Am.) vagabundería.
vagrant ['veɪgrənt] *s. c.* **1** vagabundo, vago, holgazán; (Am.) perdido. • *adj.* **2** errante, nómada: *vagrant tribes = tribus nómadas.*
vague [veɪg] *adj.* **1** vago, superficial, inconcreto (respuesta, petición, noción, etc.). **2** vago, impreciso, inexacto, confuso, ambiguo (descripción, exposición, etc.). **3** vago, inseguro, indeciso, incierto (necesidad, intención, etc.). **4** vago, ausente, distraído (expresión, mirada, gesto). **5** borroso, oscuro, confuso, indeterminado: *vague figures in the shadows = figuras borrosas en la oscuridad.* **6** ligero, inconcreto (sensaciones, sentimientos): *vague pains all over the body = ligeros dolores en todo el cuerpo.*
vaguely ['veɪglɪ] *adv.* vagamente, indecisamente, ligeramente.
vagueness ['veɪgnɪs] *s. i.* vaguedad, imprecisión, indecisión, indeterminación.
vain [veɪn] *adj.* **1** vano, inútil: *a vain attempt = un intento vano.* **2** vanidoso, presumido, presuntuoso, creído; (Am.) entonado. **3** (lit.) vano, vacuo: *vain promises = vanas promesas.* ◆ **4 in** ~, en vano. **5 to take someone's name in** ~, tomar el nombre de alguien en vano, hablar de alguien con poco respeto (estando ausente el aludido).
vainglorious [ˌveɪn'glɔːrɪəs] *adj.* (lit.) presumido, presuntuoso.
vainglory [veɪn'glɔːrɪ] *s.i.* (lit.) vanagloria, vanidad, presunción.
vainly ['veɪnlɪ] *adv.* **1** vanidosamente, presuntuosamente. **2** vanamente, inútilmente.
vainness ['veɪnnɪs] *s.i.* vanidad, inutilidad, presuntuosidad.
valance ['væləns] (también **valence**) *s. c.* cenefa, doselera, faldilla.
vale [veɪl] *s. c.* (lit.) valle: *vale of tears = valle de lágrimas.*
valediction [vælɪ'dɪkʃn] *s. c.* (form.) discurso de despedida, palabras de adiós.
valedictorian [ˌvælɪdɪk'tɔːrɪən] *s. c.* (EE UU) universitario recién graduado (pronunciando el discurso de despedida).
valedictory [ˌvælɪ'dɪktərɪ] *atr.* **1** (form.) de despedida, de adiós: *a valedictory gift = regalo de despedida.* • *s. c.* **2** (EE UU) discurso de despedida (de un graduado universitario).
valence ['veɪləns] *s.i.* **1** QUÍM. valencia. • *s. c.* **2** ⇒ **valance.**
valency ['veɪlənsɪ] *s. c.* (brit.) QUÍM. valencia.
valentine ['væləntaɪn] *s. c.* **1** novio, destinatario de una tarjeta de San Valentín. **2** tarjeta de San Valentín. ◆ **3** ~ **card,** tarjeta de San Valentín. **4 Valentine's day,** día de San Valentín.
valerian [və'lɪərɪən] *s.i.* BOT. valeriana
valet ['vælɪt] *s. c.* **1** ayuda de cámara, mozo. • *v. t.* **2** limpiar, cepillar, reparar (ropa, tapicería), • *v. i.* **3** servir como ayuda de cámara.
valetudinarian ['vælɪˌtjuːdɪ'neərɪən] *s. c.* (form.) aprensivo, hipocondríaco.

valiant ['vælɪənt] *adj.* valiente, bravo, arrojado, decidido, (Am.) chirote, (Am.) agalludo.
valiantly ['vælɪəntlɪ] *adv.* valientemente, bravamente, decididamente.
valid ['vælɪd] *adj.* **1** válido, legal (documento, contrato, etc.). **2** válido, lógico, razonable, firme, serio (argumento, razón, exusa, etc.).
validate ['vælɪdeɪt] *v. t.* (form.) validar, ratificar, corroborar, confirmar.
validation [ˌvælɪ'deɪʃn] *s.i.* validación, ratificación, confirmación.
validity [və'lɪdɪtɪ] *s. i.* **1** validez, legalidad (de un documento, contrato, etc.). **2** lógica, seriedad, firmeza (de un argumento, razón, excusa, etc.).
valise [və'li:z] *s. c.* (EE UU) maletín.
Valium ['vælɪəm] (*pl.* **Valium**) *s. c.* e *i.* Valium (marca registrada).
valley ['vælɪ] *s. c.* valle.
valor *s. i.* ⇒ **valour.**
valour ['vælər] (en EE UU **valor**) *s. i.* **1** (lit.) valor, valentía, coraje. ◆ **2 discretion is the better part of ~,** la prudencia no está reñida con el valor.
valuable ['væljuəbl] *adj.* **1** valioso, precioso, estimable, útil (ayuda, consejo, etc.). **2** valioso, costoso, de mucho valor (objetos). ◆ **3 valuables,** objetos de valor (joyas, principalmente).
valuation [ˌvælju'eɪʃn] *s. c.* e *i.* **1** (~ {**on/of**}) valoración, tasación (de bienes). **2** juicio, valoración, estima (de personas o cosas). ● **3 to take/accept someone at their own ~,** fiarse de lo que alguien dice de sí mismo.
value ['vælju:] *s. i.* **1** valor, ayuda, importancia, utilidad: *the value of regular exercise = el valor del ejercicio constante.* **2** valor, precio: *the value of the dollar = el valor del dólar.* **3** valor (especificado): *the news value of a royal romance = el valor noticiable de un romance real.* ● *s. c.* **4** MAT. valor. **5** MÚS. valor (de una nota). ● *v. t.* **6** valorar, apreciar, estimar: *to value health above all else = valorar la salud por encima de todo.* **7** valorar, tasar (objetos). ◆ **8 to be/give good ~/~ for money,** estar muy bien de precio. **9 of ~,** de valor, de interés, de importancia. **10 to put/place a high ~ on something,** darle a algo mucho valor o importancia. **11 to take something at face ~,** aceptar algo sin pararse en mientes. **12 ~ added tax,** ⇒ **VAT. 13 ~ judgement,** (desp.) opinión, juicio de valor (basado en el crédito de alguien, no en hechos probados). **14 values,** valores, principios morales (de un individuo o de una comunidad).
valued ['vælju:d] *adj.* apreciado, estimado.
valueless ['væljulɪs] *adj.* inútil, sin valor.
valuer ['væljuər] *s. c.* tasador.
valve [vælv] *s. c.* **1** ANAT. válvula. **2** MEC. válvula.
vamoose [və'mu:s] *v. i.* (EE UU) (fam.) largarse, desaparecer (usado en imperativo, principalmente).
vamp [væmp] *s. c.* **1** (arc.) vampiresa. **2** empella (de zapato). ● *v. t.* **3** engatusar, conseguir (sirviéndose una mujer de su encanto femenino). ◆ **4 to ~ something up,** (fam.) renovar, actualizar, hacer una nueva versión (literatura, música, etc.).
vampire ['væmpaɪər] *s. c.* **1** vampiro (en relatos o películas de terror). **2** (fam.) vampiro, aprovechado, chupón. **3** (también **vampire bat**) ZOOL. vampiro (murciélago de América del Sur).
van [væn] *s. c.* **1** furgoneta. **2** vagón, furgón (de ferrocarril destinado al correo, equipaje, etc.). ● *abreviatura* **3** (form.) de **vanguard.** ◆ **4 in the ~,** a la vanguardia, a la cabeza.
vandal ['vændl] *s. c.* vándalo, gamberro.
vandalise *v. t.* ⇒ **vandalize.**
vandalism ['vændəlɪzəm] *s. i.* vandalismo.
vandalize ['vændəlaɪz] (también **vandalise**) *v. t.* destruir, destrozar, arrasar, saquear.
vane [veɪn] *s. c.* **1** veleta. **2** MEC. aspa, aleta, álabe.
vanguard ['vænga:d] *s. sing.* **1** vanguardia (de un ejército). **2** vanguardia, cabeza (de progreso, movimiento, revolución, etc.): *in the vanguard of industrial progress = a la cabeza del desarrollo industrial.*
vanilla [və'nɪlə] *s. i.* vainilla.
vanish ['vænɪʃ] *v. i.* **1** desaparecer, extinguirse, dejar de existir. ◆ **2 vanishing point, a)** punto en el infinito (donde dos paralelas parecen juntarse); **b)** punto, estadio en que algo se da por perdido.
vanity ['vænɪtɪ] *s. i.* **1** vanidad, presuntuosidad, orgullo. **2** (form.) trivialidad, insignificancia, caducidad, lo trivial, lo caduco, etc.: *the vanity of worldly goods = lo caduco de los bienes mundanos.* ◆ **3 ~ bag/case,** neceser de maquillaje.
vanquish ['væŋkwɪʃ] *v. t.* (lit.) vencer, batir, derrotar.
vantage ['vɑ:ntɪdʒ ‖ 'vaentɪdʒ] *s. i.* **1** situación de ventaja, posición de superioridad. ● *s. c.* **2** DEP. ventaja (en tenis). ◆ **3 ~ point, a)** lugar estratégico, mirador, atalaya; **b)** situación de ventaja, perspectiva.
vapid ['væpɪd] *adj.* (form.) insípido, insustancial, soso, superficial (persona, cosa).
vapidly ['væpɪdlɪ] *adv.* (form.) insípidamente, sin vida.
vapidity [væ'pɪdɪtɪ] *s. i.* (form.) **1** sosería, aburrimiento, superficialidad. ● *s. c.* **2** estupidez, banalidad.
vapor ['veɪpər] *v. t.* e *i.* ⇒ **vapour.**
vaporise *v. t.* e *i.* ⇒ **vaporize.**
vaporize ['veɪpəraɪz] (también **vaporise**) *v. t.* e *i.* vaporizar, volatilizar, evaporar.
vaporization [ˌveɪpəraɪ'zeɪʃn] *s. i.* vaporización, evaporación.
vaporous ['veɪpərəs] *adj.* (lit.) vaporoso, brumoso.
vapour ['veɪpər] (en EE UU **vapor**) *s. i.* **1** vapor. **2** FÍS. estado gaseoso. ◆ **3 the vapours,** (arc.) sensación repentina de mareo.
vapour-trail ['veɪpətreɪl] *s. c.* estela de vapor (producida por un reactor).
variability [ˌveərɪə'bɪlɪtɪ] *s. i.* variabilidad.
variable ['veərɪəbl] *adj.* **1** variable, inestable, irregular. **2** variable, adaptable, ajustable. ● *s. c.* **3** variable, factor (con influencia en una situación o proyecto). **4** MAT. variable.
variance ['veərɪəns] *s. c.* **1** disparidad. ◆ **2 to be at ~ (with someone/ something),** (form.) estar en desacuerdo con alguien o algo.
variant ['veərɪənt] *s. c.* **1** variante, forma distinta, alternativa. ● *adj.* **2** distinto, diferente, alternativo, otro.
variation [ˌveərɪ'eɪʃn] *s. c.* e *i.* **1** (~ {**in/of**}) variación, cambio. **2** MÚS. (~(**on**}) variación.
varicose ['værɪkəʊs] *adj.* **1** varicoso. ◆ **2 ~ veins,** MED. varices.
varied ['veərɪd] *pret.* y *p. p.* **1** de **vary.** ● *adj.* **2** variado, diverso.
variegated ['veərɪgeɪtɪd] *adj.* **1** jaspeado, abigarrado, variopinto, multicolor. **2** (form.) diversificado, complejo (producto, sistema).
variegation [ˌveərɪ'geɪʃn] *s. i.* coloración irregular, abigarramiento.
variety [və'raɪətɪ] *s. i.* **1** variedad, diferencia, diversidad. **2** (brit.) variedades, revista (espectáculo). ● *s. c.* **3** (~ {**of**}) tipo, especie, clase. **4** variedad, gama, surtido. **5** BIOL. variedad, gama, subespecie. ◆ **6 ~ store,** (EE UU) tienda barata que vende de todo.
various ['veərɪəs] *adj.* **1** vario, diverso, diferente: *ties in various designs = corbatas con diferente dibujo.* **2** bastante, múltiple: *for various reasons = por múltiples razones.*
variously ['veərɪəslɪ] *adv.* (form.) diversamente, de distinto modo.
varnish ['vɑ:nɪʃ] *s. i.* **1** barniz. **2** (brit.) esmalte (de uñas). ● *v. t.* **3** barnizar, esmaltar. ◆ **4 to ~ something over,** disimular el lado negativo de algo.
varnished ['vɑ:nɪʃt] *adj.* barnizado, esmaltado.
varsity ['vɑ:sɪtɪ] *s. c.* **1** (brit.) (fam.) universidad (Oxford y Cambridge, generalmente). **2** (EE UU) equipo, selección (de un centro docente, en competiciones deportivas).
vary ['veərɪ] *v. t.* e *i.* **1** variar, diferir: *opinions vary on this point = las opiniones difieren en este punto.* **2** variar, cambiar, alterarse: *prices vary with the seasons = los precios cambian según la temporada.* ● *v. t.* **3** cambiar, alterar (hábitos de conducta, programas, etc.).
vascular ['væskjulər] *adj.* ANAT. vascular.
vase [vɑ:z ‖ veɪs] *s. c.* florero, jarrón.
vasectomy [væ'sektəmɪ] *s. c.* MED. vasectomía.

Vaseline® ['væsɪli:n] *s. i.* vaselina®, crema.

vassal ['væsl] *s. c.* **1** vasallo (en la sociedad feudal). **2** (fig.) vasallo (persona o nación sometida a otra).

vassalage ['væsəlɪdʒ] *s. i.* vasallaje.

vast [vɑ:st] *adj.* vasto, amplio, extenso, grande, inmenso, enorme.

vastly ['vɑ:stlɪ] *adv.* ampliamente, enormemente, inmensamente, sumamente.

vastness ['vɑ:stnɪs] *s. i.* amplitud, inmensidad, enormidad.

vat [væt] *s. c.* barrica, cuba, tonel.

VAT [,vi: eɪ 'ti: ‖ væt] (siglas de **value added tax**) *s. i.* IVA, Impuesto sobre el Valor Añadido.

Vatican ['vætɪkən] *s. sing.* **1** Vaticano. ● *adj.* **2** vaticano.

vatman ['vætmæn] *s. sing.* (brit.) (fam.) el hombre del IVA (negociado administrativo que controla el IVA).

vaudeville ['vɔ:dəvɪl] *s. i.* (EE UU) variedades, revista, comedia.

vault [vɔ:lt] *s. c.* **1** cámara acorazada (de un banco). **2** cripta, panteón, tumba. **3** bóveda. **4** sótano, bodega. **5** salto (de pértiga). ● *v. t.* e *i.* **6** (to ~ {**over**}) saltar (sirviéndose de las manos o pértiga).

vaulted ['vɔ:ltɪd] *adj.* abovedado.

vaulting ['vɔ:ltɪŋ] *s. i.* **1** techo de bóveda, abovedado. ● *adj.* **2** (lit.) dirigido a lo más alto, desmedido, sin límites: *vaulting ambition = ambición sin límites.* ◆ **3** ~ **horse,** plinto, potro (instrumento gimnástico).

vaunt [vɔ:nt] *v. t.* (form.) jactarse, alardear, presumir, hacer ostentación: *to vaunt one's success = alardear de éxito.*

vaunted ['vɔ:ntɪd] *adj.* alardeado, cacareado.

VC [,vi: 'si:] (siglas de **Victoria Cross**) *v. i.* (brit.) cruz de la Reina Victoria (medalla al valor en combate).

VCR [,vi: si: 'ɑ:] (siglas de **video cassette recorder**) *s. c.* aparato de vídeo.

VD [,vi: 'di:] (siglas de **venereal disease**) *s.i* enfermedad venérea.

VDU [,vi: di: 'ju:] (siglas de **visual display unit**) *s.c* INF. pantalla, monitor.

've [əv ‖ v] *abreviatura* de **have,** como verbo auxiliar (lenguaje informal hablado y escrito).

veal [vi:l] *s. i.* carne de ternera.

vector ['vektər] *s. c.* **1** FÍS. vector. **2** AER. rumbo.

veer [vɪər] *v. i.* **1** virar, girar, torcer (vehículos). **2** cambiar, variar (de opinión, conversación, postura, etc.). **3** cambiar (la dirección del viento).

veg [vedʒ] *s. pl.* (*abrev.* de **vegetable**) (brit.) (fam.) verduras, legumbres, hortalizas: *he sells fruit and veg = vende fruta y hortalizas.*

vegan ['vi:gən] *s. c.* **1** vegetariano que no come ni huevos ni productos lácteos. ● *adj.* **2** vegetariano: *a vegan diet = una dieta vegetariana estricta.*

vegetable ['vedʒtəbl] *s. c.* **1** hortaliza, legumbre, verdura. **2** (fam.) vegetal (persona que ha perdido toda actividad cerebral). ● *adj.* **3** vegetal (reino, origen, etc.). ◆ **4** ~ **marrow,** BOT. tipo de calabaza alargada. **5** ~ **plot,** huerto.

vegetarian [,vedʒɪ'teərɪən] *s. c.* **1** vegetariano. ● *adj.* **2** vegetariano.

vegetarianism [,vedʒɪ'teərɪənɪzəm] *s. i.* vegetarianismo.

vegetate ['vedʒɪteɪt] *v. i.* vegetar, no hacer nada.

vegetated ['vedʒɪteɪtɪd] *adj.* que tiene vegetación.

vegetation [,vedʒɪ'teɪʃn] *s. i.* vegetación.

vehemence ['vi:ɪməns] *s. i.* vehemencia, pasión, ferocidad.

vehement ['vi:ɪmənt] *adj.* vehemente, apasionado, enérgico, violento.

vehemently ['vi:ɪməntlɪ] *adv.* vehementemente, apasionadamente, violentamente.

vehicle ['vi:ɪkl] *s. c.* **1** (form.) vehículo (de motor). **2** vehículo, medio, instrumento: *a vehicle of communication = un medio de comunicación.*

vehicular [vɪ'hɪkjulər] *adj.* (form.) de vehículos, rodado (tráfico).

veil [veɪl] *s. c.* **1** velo. **2** velo, halo, bruma, oscuridad, niebla (que oculta o desfigura la realidad). ● *v. t.* **3** ocultar, disimular (una situación, sentimientos, etc.). ◆ **4 to draw a** ~ **over something,** (form.) correr un tupido velo sobre algo. **5 to take the** ~**,** (lit.) tomar el hábito, meterse a monja. **6 under a** ~ **of secrecy,** (form.) en el mayor secreto.

veiled [veɪld] *adj.* **1** cubierto con velo: *a veiled Muslim woman = una musulmana cubierta con velo.* **2** velado, indirecto (comentario, crítica, excusa, etc.). **3** (lit.) oculto, escondido, disimulado (expresión, pensamientos, sentimientos, etc.).

vein [veɪn] *s. c.* **1** vena. **2** veta, filón (de mineral). **3** fibra, hebra, vena (madera). **4** (fig.) rasgo, sombra, toque, tendencia (como característica diferencial): *a vein of melancholy = un toque de melancolía.* **5** vena, sentido, clave (estilo de discurso o escrito): *in a humorous vein = en clave de humor.* **6** BIOL. vena.

veined ['veɪnd] *adj.* **1** de venas muy marcadas. **2** (~ {**with**}) veteado, jaspeado.

velar ['vi:lər] *adj.* FON. velar.

veld *s. sing.* ⇒ **veldt.**

veldt [velt] (también **veld**) *s. sing.* llanura, páramo, sabana (en Sudáfrica).

vellum ['veləm] *s. i.* vitela, pergamino.

velocity [vɪ'lɒsɪtɪ] *s. c.* e *i.* velocidad.

velour [və'luər] *s. i.* fieltro, veludillo.

velvet ['velvɪt] *s. i.* **1** terciopelo. ◆ **2 to have an iron fist/hand in a** ~ **glove,** esconder un carácter muy fuerte bajo suaves maneras.

velvety ['velvɪtɪ] *adj.* **1** aterciopelado. **2** (fig.) suave, dulce (voz).

venal ['vi:nl] *adj.* (form.) venal, sobornable, corrupto.

venality [vi:'nælɪtɪ] *s. i.* venalidad, corrupción.

venally ['vi:nəlɪ] *adv.* venalmente.

vend [vend] *v. t.* **1** (form.) vender (pequeños artículos en lugares públicos). **2** DER. vender (fincas, inmuebles, etc.).

vendetta [ven'detə] *s. c.* vendetta, venganza.

vending-machine ['vendɪŋ mə'ʃi:n] *s. c.* máquina expendedora.

vendor ['vendər] *s. c.* **1** vendedor (en puesto callejero, quiosco, etc.). **2** DER. vendedor (de fincas, inmuebles, etc.).

veneer [və'nɪər] *s. sing.* **1** (fig.) barniz, apariencia, máscara, fachada: *a veneer of respectability = un barniz de respetabilidad.* ● *s. i.* **2** chapeli, contrachapado.

venerable ['venərəbl] *adj.* **1** venerable, respetable, digno (persona). **2** venerable, admirable, histórico (objetos). **3** REL. venerable.

venerate ['venəreɪt] *v. t.* (form.) venerar, respetar, reverenciar.

veneration [,venə'reɪʃn] *s. i.* (form.) veneración, reverencia.

venereal [və'nɪərɪəl] *adj.* **1** venéreo. ◆ **2** ~ **disease** (también **VD**), enfermedad venérea.

Venetian blind [ve,ni:ʃn'blaɪnd] *s. c.* persiana veneciana, persiana de láminas.

vengeance ['vendʒəns] *s. i.* **1** venganza. ◆ **2 to take** ~ **on someone,** vengarse de alguien. **3 with a** ~**,** (fam.) (producirse algo) con una fuerza o proporción inusual.

vengeful ['vendʒful] *adj.* (lit.) vengativo.

vengefully ['vendʒfəlɪ] *adv.* (lit.) vengativamente.

venial ['vi:nɪəl] *adj.* (form.) venial, perdonable.

venison ['venɪzn] *s. i.* carne de venado.

venom ['venəm] *s. i.* **1** veneno (de serpientes, escorpiones, arañas, etc.). **2** (fig.) veneno, malicia, intención (en dicho).

venomous ['venəməs] *adj.* **1** venenoso. **2** (fig.) envenenado, malintencionado, maligno (expresión, conducta, etc.).

venomously ['venəməslɪ] *adv.* envenenadamente, maliciosamente.

venous ['vi:nəs] *adj.* BIOL. venoso.

vent [vent] *s. c.* **1** respiradero, salida (de gas, humo, etc.). **2** orificio, grieta, escape (de lava, gas, etc.). **3** BIOL. cloaca. ◆ **4 to give (full)** ~ **to something, a)** expresar algo (sentimientos) con toda libertad; **b)** desahogarse.

ventilate ['ventɪleɪt] *v. t.* **1** ventilar. **2** (fig.) (form.) airear, soltar, tratar en público (las propias ideas, sentimientos, etc.).

ventilation [,ventɪ'leɪʃn] *s. i.* ventilación, sistema de ventilación.

ventilator ['ventɪleɪtər] *s. c.* ventilador.

ventricle ['ventrɪkl] *s. c.* ANAT. ventrículo.

ventriloquism [ven'trɪləkwɪzəm] *s. i.* ventriloquia.

ventriloquist [ven'trɪləkwɪst] *s. c.* ventrílocuo.

venture ['ventʃər] *s. c.* **1** aventura (empresa difícil, negocio nuevo, viaje arriesgado, etc.). ● *v. t.* e *i.* **2** aventurarse, arriesgarse: *to venture into the water* = *aventurarse a meterse en el agua.* **3** aventurar (una opinión, un juicio, etc.). **4** aventurarse, arriesgarse, atreverse (a hacer algo desagradable): *to venture to visit the doctor* = *aventurarse a visitar al médico.* **5** aventurar, hacer (una apuesta). ◆ **6 nothing ventured, nothing gained,** quien no se arriesga no pasa la mar. **7 to ~ on/upon something,** embarcarse en algo, emprender algo arriesgado.

venturesome ['ventʃəsəm] *adj.* (lit.) arriesgado, atrevido, audaz.

venue ['venju:] *s. c.* lugar (de un acontecimiento, reunión, etc.).

veracious [və'reɪʃəs] *adj.* (form.) veraz, sincero.

veraciously [və'reɪʃəslɪ] *adv.* (form.) verazmente.

veracity [və'ræsɪtɪ] *s. i.* (form.) veracidad, sinceridad.

veranda [və'rændə] (también **verandah**) *s. c.* porche, terraza.

verb [və:b] *s. c.* GRAM. verbo.

verbal ['və:bl] *adj.* **1** verbal (referido a las palabras): *a verbal reasoning test* = *prueba de razonamiento verbal.* **2** verbal, de palabra: *a verbal attack* = *una agresión verbal.* **3** literal, palabra por palabra: *a verbal translation* = *una traducción literal.* **4** GRAM. verbal, del verbo: *the verbal group* = *el grupo verbal.*

verbally ['və:bəlɪ] *adv.* verbalmente, de palabra.

verbalise *v. t.* e *i.* ⇒ **verbalize.**

verbalize ['və:bəlaɪz] (también **verbalise**) *v. t.* e *i.* (form.) expresar, decir (con palabras).

verbatim [və:'beɪtɪm] *adv.* **1** palabra por palabra, al pie de la letra, literalmente. ● *adj.* **2** literal, palabra por palabra: *a verbatim quotation* = *una cita literal.*

verbiage ['və:bɪɪdʒ] *s. i.* (form.) verbosidad, palabrería, (Am.) palabrerío.

verbose [və:'bəʊs] *adj.* (form.) verboso, prolijo, farragoso.

verbosity [və:'bɒsɪtɪ] *s. i.* (form.) verbosidad; (Am.) palabrerío.

verdant ['və:dənt] *adj.* (lit.) frondoso, verde, fresco.

verdict ['və:dɪkt] *s. c.* **1** veredicto, sentencia, fallo (de un jurado). **2** (fig.) opinión, juicio, resolución (tras ponderado examen, experimentación, etc.).

verdigris ['və:dɪgrɪs] *s. i.* cardenillo, verdete.

verdure ['və:dʒər] *s. c.* (lit.) verdor, verdura.

verge [və:dʒ] *s. c.* **1** borde, margen; orilla; arcén: *he parked his car on the verge* = *aparcó el coche en el arcén.* ◆ **2 on the ~ of,** a punto de, a un paso de. **3 to ~ on/upon something,** bordear, rayar, estar cercano, rozar: *the situation verges on the chaotic* = *la situación roza lo caótico.*

verger ['və:dʒər] *s. c.* **1** sacristán (en la Iglesia Anglicana). **2** (brit.) macero.

verifiable ['verɪfaɪəbl] *adj.* verificable, comprobable.

verification [,verɪfɪ'keɪʃn] *s. i.* comprobación, verificación, confirmación.

verify ['verɪfaɪ] *v. t.* comprobar, verificar, confirmar.

verily ['verəlɪ] *adv.* (arc.) verdaderamente, ciertamente.

verisimilitude [,verɪsɪ'mɪlɪtju:d] *s. i.* (form.) verosimilitud.

veritable ['verɪtəbl] *adj.* (form.) auténtico, verdadero: *a veritable disaster* = *un auténtico desastre.*

verity ['verɪtɪ] *s. i.* **1** (arc.) verdad. ● *s. c.* **2** (form.) verdad, fundamento, principio básico (admitido como cierto): *the eternal verities* = *las verdades eternas.*

vermicelli [,və:mɪ'selɪ] *s. i.* fideos.

vermilion [və'mɪlɪən] *s. i.* **1** bermellón. ● *adj.* **2** bermejo.

vermin ['və:mɪn] *s. pl.* **1** bichos, alimañas. **2** (fig.) sabandijas, peste (personas): *football hooligans are vermin* = *los hinchas alborotadores son una peste.*

verminous ['və:mɪnəs] *adj.* infestado (de parásitos), piojoso, pulgoso.

vermouth ['və:məθ] *s. i.* vermut.

vernacular [və'nækjulər] *s. c.* **1** lengua vernácula, idioma local. **2** arquitectura popular, construcción sencilla. ● *adj.* **3** vernáculo, local, ordinario, corriente, vulgar.

vernal ['və:nl] *adj.* (lit.) primaveral, de primavera.

veronica [və'rɒnɪkə] *s. c.* e *i.* BOT. verónica.

verruca [və'ru:kə] *s. c.* verruga, papiloma.

versatile ['və:sətaɪl] *adj.* **1** versátil, polifacético, habilidoso, flexible. **2** multiuso, polivalente, adaptable (máquina, objeto).

versatility [,və:sə'tɪlɪtɪ] *s. i.* versatilidad, polivalencia, habilidad, multiuso.

verse [və:s] *s. i.* **1** verso, poesía. ● *s. c.* **2** verso, línea (de un poema o canción). **3** versículo (de la Biblia).

versed [və:st] *adj.* (~ {in}) (form.) versado, entendido, experto.

versification [,və:sɪfɪ'keɪʃn] *s. i.* versificación.

versifier ['və:sɪfaɪər] *s. c.* versificador.

versify ['və:sɪfaɪ] *v. t.* e *i.* versificar, poner en verso.

version ['və:ʃn] *s. c.* **1** versión, copia, variante: *the original version of a play* = *la versión original de una comedia.* **2** versión, adaptación: *the film version of a novel* = *la versión cinematográfica de una novela.* **3** versión, descripción (de un hecho): *contradictory versions of an event* = *versiones contradictorias de un hecho.* **4** traducción, versión.

verso ['və:səʊ] *s. c.* (form.) verso, página par.

versus ['və:səs] *prep.* contra, en oposición a, frente a.

vertebra ['və:tɪbrə] (*pl.irreg.* **vertebrae**) *s. c.* ANAT. vértebra.

vertebrae ['və:tɪbri:] *pl. irreg.* de **vertebra.**

vertebral ['və:tɪbrəl] *adj.* vertebral.

vertebrate ['və:tɪbrɪt] *s. c.* **1** BIOL. vertebrado. ● *adj.* **2** vertebrado.

vertex ['və:teks] *s. c.* (*pl.* **vertexes** o **vertices**) GEOM. vértice.

vertical ['və:tɪkl] *adj.* **1** vertical. **2** vertical, jerárquico, autoritario (estructura, organización, etc.). ● *s. c.* **3** vertical. ◆ **4 ~ integration,** integración vertical.

vertically ['və:tɪkəlɪ] *adv.* verticalmente.

vertices ['və:tɪsi:z] *pl. irreg.* de **vertex.**

vertiginous [və:'tɪdʒɪnəs] *adj.* (form.) vertiginoso, de vértigo, que causa vértigo: *vertiginous heights* = *alturas de vértigo.*

vertigo ['və:tɪgəʊ] *s. i.* vértigo.

verve [və:v] *s. i.* brío, vigor, fuerza (de obra artística).

very ['verɪ] *adv.* **1** muy. **2** muy, realmente: *he seemed very English* = *parecía realmente inglés.* **3** (~ *super.*) (para dar énfasis): *the very best quality* = *la mejor calidad.* ● *adj.* **4** absoluto, exacto, mismo, del todo: *from the very top* = *desde arriba del todo.* **5** exacto, preciso, mismo, textual: *they're his very words* = *son sus mismas palabras.* ◆ **6 not ~,** no en absoluto, ni mucho menos. **7 of one's ~ own,** de uno mismo, auténticamente suyo. **8 (someone) cannot ~ well do something, a)** no poder realmente hacer una cosa; **b)** no estar bien hacer una cosa. **9 the ~ thing,** justo lo que se buscaba, necesitaba, etc. **10 ~ good,** (form.) muy bien, de acuerdo. **11 ~ high frequency,** ⇒ **VHF. 12 ~ much so,** así es, pues sí. **13 ~ well,** muy bien, de acuerdo, como usted quiera.

vesicle ['vesɪkl] *s. c.* MED. vesícula, ampolla.

vespers ['vespəz] *s. pl.* REL. vísperas.

vessel ['vesl] *s. c.* **1** (form.) barco, buque, embarcación. **2** (lit.) vaso, cuenco, vasija. **3** vaso (sanguíneo o de savia).

vest [vest] *s. i.* **1** (brit.) camiseta. **2** chaleco (EE UU). ● *v. t.* **3 (to ~ in)** pertenecer (por derecho): *that power vested in the Church* = *esa potestad perteneció a la Iglesia.* ● *v. i.* **4** REL. ponerse los ornamentos sagrados.

vestal ['vestl] *adj.* **1** vestal. ◆ **2 ~ virgin, a)** vestal; **b)** (fam. y desp.) mujer que renuncia al sexo.

vested ['vestɪd] *adj.* **1** (~ {in}) concedido, depositado, encomendado (derecho, autoridad, responsabilidad): *the authority vested in him by the government* = *la autoridad que le tiene encomendada el gobierno.* ● **2 ~ interest(s),** intereses creados.

vestibule ['vestɪbju:l] *s. c.* vestíbulo, zaguán.

vestige ['vestɪdʒ] *s. c.* (dorm.) vestigio, rastro, resto.

vestigial [ve'stɪdʒɪəl] *adj.* (form.) **1** preservado, residual. **2** atrofiado, rudimentario, inútil.

vestments ['vestmənts] *s. pl.* ornamentos (sagrados).
vestry ['vestrɪ] *s. c.* sacristía.
vet [vet] *s. c.* **1** (también **veterinary surgeon**) (brit.) (fam.) veterinario. **2** (EE UU) (fam.) veterano (de guerra). ● (*ger.* **vetting,** *pret.* y *p. p.* **vetted**) *v. t.* **3** revisar, examinar, comprobar. **4** someter a prueba (para funciones militares o políticas).
vetch [vetʃ] *s. i.* BOT. arveja, algarroba, (Am.) guisante.
veteran ['vetərən] (también en EE UU **vet**) *s. c.* **1** veterano, licenciado (de guerra o de las fuerzas armadas), ex combatiente. **2** veterano, experimentado, avezado: *a veteran politician = político experimentado.* ◆ **3** ~ **car,** (brit.) coche antiguo (fabricado antes de 1916).
veterinarian [ˌvetərɪ'neərɪən] *s. c.* (EE UU) veterinario.
veterinary ['vetərɪnərɪ] *adj.* **1** veterinario: *veterinary studies = estudios veterinarios.* ◆ **2** ~ **surgeon,** (form.) veterinario.
veto ['viːtəu] (*pl. irreg.* **vetoes**) *s. c.* e *i.* **1** veto, derecho de veto. ● (*pret.* y *p. p.* **vetoed,** *ger.* **vetoing**) *v. t.* **2** vetar, prohibir.
vetting ['vetɪŋ] *s. i.* examen, prueba (para ejercer funciones de seguridad).
vex [veks] *v. t.* (form.) molestar, irritar, contrariar.
vexation [vek'seɪʃn] *s. c.* e i. (form.) molestia, irritación, aflicción.
vexed [vekst] *adj.* **1** molesto, enfadado, contrariado. **2** difícil, controvertido, inquietante (problema, pregunta, etc.).
vexing ['veksɪŋ] *adj.* molesto, desagradable, sorprendente.
v.g. [viː 'dʒiː] (*abrev.* de **very good**) muy bien (en ejercicios escolares escritos).
VHF [ˌviː eɪtʃ 'ef] (siglas de **very high frequency**) *s. i.* RAD. VHF, frecuencia muy alta.
via ['vaɪə] *prep.* vía, a través de, por medio de.
viable ['vaɪəbl] *adj.* **1** viable, posible, realizable. **2** BIOL. viable (feto, embrión, etc.).
viability [ˌvaɪə'bɪlɪtɪ] *s. i.* viabilidad, posibilidad.
viaduct ['vaɪədʌkt] *s. c.* viaducto.
vial ['vaɪəl] *s. c.* (form.) frasco, ampolla, redoma.
viands ['vaɪəndz] *s. pl.* (arc.) viandas.
vibes [vaɪbz] *s. pl.* **1** (fam.) vibraciones, emociones, sensaciones (de uno consigo mismo o con lo que le rodea): *to have got good/bad vibes = tener buenas/malas vibraciones* (sentirse bien). **2** vibráfono (jazz).
vibrancy ['vaɪbrənsɪ] *s. i.* brío, vitalidad, energía, empuje.
vibrant ['vaɪbrənt] *adj.* **1** vibrante, vivo, dinámico, apasionante. **2** vibrante, resonante (voz, sonido). **3** vibrante, vivo, brillante (luz, color).
vibraphone ['vaɪbrəfəun] *s. c.* MÚS. vibráfono.
vibrate [vaɪ'breɪt || 'vaibreit] *v. i.* vibrar.
vibration [vaɪ'breɪʃn] *s. c.* e *i.* vibración.
vibrato [vɪ'brɑːtəu] *s. c.* e *i.* MÚS. vibrato.
vibrator [vaɪ'breɪtər] *s. c.* vibrador.
vicar ['vɪkər] *s. c.* **1** párroco, cura (Iglesia Anglicana). **2** vicario, delegado, representante.
vicarage ['vɪkərɪdʒ] *s. c.* casa del cura, vicaría.
vicarious [vɪ'keərɪəs || vai'keəriəs] *adj.* **1** delegado, indirecto, experimentado por otro, sucedáneo: *vicarious pleasure = placer sentido ante el que otro experimenta.* **2** dado, sentido, experimentado, sufrido, etc. (en el lugar de otra persona): *vicarious punishment = castigo sufrido por otro.*
vicariously [vɪ'keərɪəslɪ] *adv.* indirectamente, de rebote, en lugar de otro, por cuenta ajena.
vice [vaɪs] *s. i.* **1** vicio, corrupción, inmoralidad: *a campaign against vice and corruption = campaña contra el vicio y la corrupción.* ● *s. c.* **2** vicio, falta, debilidad: *her main vice is smoking = su mayor vicio es fumar.* **3** (en EE UU **vise**) MEC. tornillo de banco. ◆ **4 vice-,** vice- (seguido de un rango, título, cargo, etc.). **5** ~ **squad,** brigada antivicio. **6** ~ **versa,** viceversa, al revés.
vice-chancellor [ˌvaɪs'tʃɑːnsələr] *s. c.* rector (de una universidad británica).
vicereine ['vaɪsrəɪn] *s. c.* virreina.
viceroy ['vaɪsrɔɪ] *s. c.* virrey.
vicinity [vɪ'sɪnɪtɪ] *s. sing.* **1** vecindad, proximidad, cercanía, alrededores, barrio. ◆ **2 in the** ~ **of,** (form.) cerca de, entorno a.
vicious ['vɪʃəs] *adj.* **1** cruel, violento, desalmado, malintencionado (acción, mirada, comentario, etc.). **2** vicioso, depravado: *a vicious life = una vida depravada.* **3** salvaje, fiero, feroz, peligroso (animales). **4** (fam.) violento, terrible, severo: *a vicious wind = un viento terrible.* ◆ **5** ~ **circle,** círculo vicioso. **6** ~ **spiral,** espiral (de violencia, de inflación, etc.).
viciously ['vɪʃəslɪ] *adv.* viciosamente, cruelmente, violentamente, salvajemente.
viciousness ['vɪʃəsnɪs] *s. i.* crueldad, violencia, depravación, perversidad.
vicissitudes [vɪ'sɪsɪtjuːdz || vɪ'sɪsɪtuːdz] *s. pl.* (form.) vicisitudes, peripecias, altibajos.
victim ['vɪktɪm] *s. c.* **1** víctima (de un accidente, agresión, etc.). ◆ **2 to fall** ~ **to something,** caer víctima de algo, sucumbir.
victimisation *s. i.* ⇒ **victimization.**
victimise *v. t.* ⇒ **victimize.**
victimization [ˌvɪktɪmaɪ'zeɪʃn] *s. i.* persecución, castigo, malos tratos.
victimize ['vɪktɪmaɪz] (también **victimise**) *v. t.* hacer víctima, castigar, perseguir, tomarla con alguien.
victor ['vɪktər] *s. c.* (arc.) vencedor, héroe (de guerra).
Victorian [vɪk'tɔːrɪən] *adj.* **1** victoriano. ● *s. c.* **2** victoriano.
Victoriana [vɪkˌtɔːrɪ'ɑːnə] *s. i.* objetos de la época victoriana.
victorious [vɪk'tɔːrɪəs] *adj.* victorioso, vencedor, triunfante.
victoriously [vɪk'tɔːrɪəslɪ] *adv.* victoriosamente, triunfantemente.
victory ['vɪktərɪ] *s. c.* e *i.* victoria (en batalla, competición, juego).
victual ['vɪtl] *v. t.* e *i.* **1** abastecer, avituallar. ◆ **2 victuals,** (arc.) víveres, provisiones, vitualla.
video ['vɪdɪəu] *s. i.* **1** vídeo, grabación, proyección (de material de vídeo). ● *s. c.* **2** vídeo, aparato de vídeo, cinta de vídeo. ● *v. t.* **3** grabar en vídeo. ◆ **4** ~ **cassette,** videocasete. **5** ~ **recorder/**~ **cassette recorder,** aparato de vídeo, grabadora de vídeo. **6** ~ **game,** videojuego. **7** ~ **nasty,** (fam.) vídeo con imágenes violentas.
videoconference ['vɪdɪəuˌkɒnfərəns] *s. c.* videoconferencia.
videoconferencing ['vɪdɪəuˌkɒnfərənsɪŋ] *s. i.* videoconferencias.
videodisc ['vɪdɪəudɪsk] *s. c.* videodisco.
videotape ['vɪdɪəuˌteɪp] *s. c.* e *i.* **1** cinta de vídeo. ● *v. t.* **2** grabar en vídeo.
vie [vaɪ] (*ger.* **vying**) *v. i.* (**to** ~ {**with**}) (form.) competir, disputar: *rivals vying with each other for first place = rivales disputándose el primer puesto.*
view [vjuː] *s. i.* **1** vista, visión: *the sun disappeared from view = el sol desapareció de la vista.* ● *s. c.* **2** vista, panorama, paisaje: *a marvellous view from the window = una vista preciosa desde la ventana.* **3** opinión, parecer, sentir, visión: *that's my view on the problem = ésa es mi opinión.* **4** visión, observación, inspección: *a private view of the jewels = una visión privada de las joyas.* ● *v. t.* **5** (form.) ver, considerar, mirar, contemplar: *he views the future with interest = ve el futuro con interés.* **6** mirar, observar: *he viewed the battle from the top = observó la batalla desde lo alto.* **7** ver, inspeccionar (con idea de comprar). **8** (form.) ver (un programa de televisión, un vídeo, etc.). ◆ **9 to come into** ~, ponerse a la vista, aparecer. **10 in full** ~, bien visible. **11 in my** ~, (form.) en mi opinión. **12 in** ~, **a)** a la vista, visible; **b)** en perspectiva, en proyecto; **c)** como objetivo, pensando en. **13 in** ~ **of,** a la vista de, considerando. **14 on** ~, expuesto. **15 to take a dim/poor** ~ **of something,** (fam.) desaprobar, condenar algo. **16 to take the long** ~, mirar a largo plazo. **17 to take the** ~ **that,** creer, dar por cierto que. **18 with a** ~ **to (doing something),** (form.) con la intención/la esperanza de (hacer algo).
viewer [vjuːər] *s. c.* **1** televidente, espectador, observador. **2** visor de aumento (para diapositivas).
viewfinder ['vjuːˌfaɪndər] *s. c.* visor de imagen.

viewpoint ['vjuːpɔɪnt] *s. c.* **1** punto de vista, opinión. **2** mirador.
vigil ['vɪdʒɪl] *s. c.* vigilia, vela, guardia.
vigilance ['vɪdʒɪləns] *s. i.* (form.) vigilancia.
vigilant ['vɪdʒɪlənt] *adj.* (form.) vigilante, alerta.
vigilante [ˌvɪdʒɪ'læntɪ] *s. c.* vigilante, patrullero (espontáneo).
vignette [vɪ'njet] *s. c.* **1** descripción muy breve, estampa. **2** viñeta, ilustración. **3** retrato de medio cuerpo con el fondo difuminado.
vigor *s. i.* ⇒ **vigour.**
vigorous ['vɪgərəs] *adj.* **1** vigoroso, decidido, enérgico (acción). **2** activo, vivo, entusiasta, acalorado (actividad, campaña, etc.). **3** fuerte, robusto (persona). **4** entusiasta, convencido, apasionado (persona).
vigorously ['vɪgərəslɪ] *adv.* enérgicamente, decididamente, con vigor.
vigour ['vɪgər] (en EE UU **vigor**) *s. i.* energía, vigor, entusiasmo, vitalidad.
Viking ['vaɪkɪŋ] *s. c.* **1** vikingo. ● *adj.* **2** vikingo.
vile [vaɪl] *adj.* vil, horrible, detestable, asqueroso.
vilely ['vaɪlɪ] *adv.* vilmente, horriblemente, detestablemente.
vilification [ˌvɪlɪfɪ'keɪʃn] *s. i.* (form.) vilipendio, difamación.
vilify ['vɪlɪfaɪ] *v. t.* (form.) vilipendiar, difamar.
villa ['vɪlə] *s. c.* chalet, quinta, casa de campo, villa.
village ['vɪlɪdʒ] *s. c.* pueblo, aldea.
villager ['vɪlɪdʒər] *s. c.* aldeano.
villain ['vɪlən] *s. c.* **1** villano, malvado. **2** (fam.) malhechor, criminal (lenguaje policial). **3** (fam.) canalla, bribón. **4** malo, villano, antagonista (novela, teatro, etc.). ◆ **5 the ~ of the piece,** (hum.) el malo de la película.
villainous ['vɪlənəs] *adj.* malvado, perverso, vil, horrible.
villainously ['vɪlənəslɪ] *adv.* malvadamente, vilmente, horriblemente.
villainy ['vɪlənɪ] *s. c.* e *i.* villanía, maldad, vileza, perversidad.
villein ['vɪlɪn] *s. c.* villano (medieval).
vim [vɪm] *s. i.* (arc.) energía, vigor.
vinaigrette [ˌvɪneɪ'gret] *s. i.* vinagreta.
vindicate ['vɪndɪkeɪt] *v. t.* (form.) vindicar, justificar, resarcir.
vindication [ˌvɪndɪ'keɪʃn] *s. i.* vindicación, justificación.
vindictive [vɪn'dɪktɪv] *adj.* vengativo, rencoroso.
vindictively [vɪn'dɪktɪvlɪ] *adv.* vengativamente, rencorosamente.
vindictiveness [vɪn'dɪktɪvnɪs] *s. i.* deseo de venganza, rencor.
vine [vaɪn] *s. c.* **1** vid, parra. **2** parra, planta (de tallos trepadores).
vinegar ['vɪnɪgər] *s. i.* vinagre.
vinegary ['vɪnɪgərɪ] *adj.* **1** avinagrado. **2** irritable, colérico, malhumorado; malhablado.
vineyard ['vɪnjəd] *s. c.* viña, viñedo, majuelo.
vintage ['vɪntɪdʒ] *s. c.* **1** vendimia. **2** cosecha, añada: *a rare vintage = cosecha extraordinaria.* ● *adj.* **3** selecto, de buena añada, de crianza (vino). **4** (fig.) de solera, típico, clásico, de lo mejor: *a vintage Chaplin film = una película de lo mejor de Chaplin.* **5** (brit.) antiguo, de época (coche fabricado entre 1917 y 1930).
vintner ['vɪntnər] *s. c.* vinatero.
vinyl ['vaɪnɪl] *s. i.* **1** vinilo. ● *adj.* **2** de vinilo.
viola [vɪ'əulə] *s. c.* MÚS. viola.
violate ['vaɪəleɪt] *v. t.* **1** violar, quebrantar, infringir (acuerdo, ley, promesa, etc.). **2** violar, invadir, perturbar (paz, privacidad, etc.). **3** violar, violentar, saquear (tumbas). **4** (form.) violar (a una persona).
violation [ˌvaɪə'leɪʃn] *s. c.* e *i.* violación, infracción, perturbación.
violator ['vaɪəleɪtər] *s. c.* violador.
violence ['vaɪələns] *s. i.* **1** violencia (acciones que matan o hieren). **2** violencia, furia, rabia (dichos o hechos motivados por el enfado). **3** violencia, daño, agresión (de palabra o hecho). ◆ **4 to do ~ to something,** (form.) violentar, ser contrario a algo: *it would do violence to my principles = sería contrario a mis principios.*
violent ['vaɪələnt] *adj.* **1** violento, agresivo, brutal. **2** violento, doloroso, anormal (muerte). **3** violento, vehemente, apabullante (discurso, argumentación). **4** violento, repentino, paralizante, sobrecogedor. **5** violento, fuerte, intenso, brutal (sensación, emoción, etc.). **6** violento, radical, drástico (cambio). **7** chillón (color). **8** desapacible, tormentoso (tiempo).
violently ['vaɪələntlɪ] *adv.* violentamente, brutalmente.
violet ['vaɪəlɪt] *s. i.* **1** violeta, violado, violáceo (color). ● *s. c.* **2** BOT. violeta. ● *adj.* **3** violeta, violado, violáceo. ◆ **4 a shrinking ~,** (fam.) mosquita muerta (mujer, generalmente).
violin [ˌvaɪə'lɪn] *s. c.* violín.
violinist [ˌvaɪə'lɪnɪst] *s. c.* violinista.
VIP [ˌviː aɪ 'piː] (siglas de **very important person**) *s. c.* VIP, persona famosa o influyente.
viper ['vaɪpər] *s. c.* **1** víbora. **2** (form.) víbora, traidor.
viperish ['vaɪpərɪʃ] *adj.* viperino, malvado (lengua, dicho).
virago [vɪ'rɑːgəu] *s. c.* (arc.) arpía, fiera.
viral ['vaɪərəl] *adj.* vírico.
virgin ['vəːdʒɪn] *s. c.* **1** virgen (mujer, generalmente). **2** REL. (la) Virgen. ● *adj.* **3** virgen. **4** virgen, nuevo, original, natural, puro (lana, nieve, etc.). **5** virgen, salvaje, sin explorar, sin cultivar (tierra).
virginal ['vəːdʒɪnl] *adj.* **1** virginal, puro, casto, incólume. **2** prístino, nuevo, intacto. ● *s. c.* **3** MÚS. virginal.
Virgo ['vəːgəu ‖ 'vaːgəu] *s. sing.* **1** ASTR. Virgo. ● *s. c.* **2** Virgo, virgo (persona de este signo).
virile ['vɪraɪl ‖ 'vɪrəl] *adj.* **1** viril. **2** varonil, fuerte, enérgico, de hombres.
virility [vɪ'rɪlɪtɪ] *s. i.* virilidad, hombría.
virology [ˌvaɪə'rɒlədʒɪ] *s. i.* virología.
virtual ['vəːtʃuəl] *adj.* **1** virtual, efectivo. ◆ **2 ~ reality,** realidad virtual.
virtually ['vəːtʃuəlɪ] *adv.* virtualmente, prácticamente, casi.
virtue ['vəːtjuː ‖ 'vəːtʃuː] *s. i.* **1** virtud, bondad, moralidad. **2** (hum.) castidad, reputación (femenina). ● *s. c.* **3** virtud, ventaja, tanto a favor. ◆ **4 by ~ of,** (form.) en virtud de, debido a. **5 to make a ~ of necessity,** hacer de tripas corazón. **6 ~ is its own reward,** la virtud es suficiente recompensa.
virtuosi [ˌvəːtju'əuziː] *pl.* de **virtuoso.**
virtuoso [ˌvəːtju'əuzəu] (pl. **virtuosos** o **virtuosi**) *s. c.* virtuoso, experto, maestro (de un instrumento musical, principalmente).
virtuosity [ˌvəːtju'ɒsɪtɪ] *s. i.* virtuosismo.
virtuous ['vəːtʃuəs] *adj.* **1** virtuoso, bueno, justo. **2** (desp.) virtuoso (pagado de su virtud). **3** (arc.) virtuoso, casto, púdico (mujer).
virulence ['vɪruləns] *s. i.* **1** (form.) virulencia, hostilidad. **2** arraigo, fortaleza, pervivencia (para seguir causando daño). **3** virulencia, agresividad, gravedad (enfermedad, veneno, etc.).
virulent ['vɪrulənt] *adj.* **1** virulento, hostil, enconado (acción, dicho o sentimiento). **2** virulento, maligno, grave (enfermedad, veneno, etc.). **3** agresivo, fuerte, llamativo, desagradable (color).
virulently ['vɪruləntlɪ] *adv.* virulentamente, hostilmente, gravemente.
virus ['vaɪərəs] *s. c.* **1** virus. **2** (fig.) virus (idea, escrito, etc. que puede causar daño).
visa ['viːzə] *s. c.* visado.
visage ['vɪzɪdʒ] *s. c.* (form.) semblante, rostro.
vis-à-vis ['viːzəːviː] *prep.* con relación a, respecto de.
viscera ['vɪsərə] *s. pl.* ANAT. vísceras.
visceral ['vɪsərəl] *adj.* instintivo, irracional, visceral (sentimiento).
viscose ['vɪskəuz] *s. i.* QUÍM. viscosa.
viscosity [vɪ'skɒsɪtɪ] *s. i.* viscosidad.
viscount ['vaɪkaunt] *s. c.* vizconde.
viscountess ['vaɪkauntɪs] *s. c.* vizcondesa.
viscous ['vɪskəs] *adj.* viscoso, espeso, glutinoso.
vise [vaɪs] *s. c.* ⇒ **vice.**
visibility [ˌvɪzɪ'bɪlɪtɪ] *s. i.* visibilidad.
visible ['vɪzəbl] *adj.* visible, detectable, evidente, obvio.
visibly ['vɪzəblɪ] *adv.* visiblemente, evidentemente, obviamente.
vision ['vɪʒn] *s. i.* **1** vista. **2** visión, perspectiva (de futuro). **3** visión, imagen (televisión). ● *s. c.* **4** visión, idea, imagen: *the vision of a new nation = la visión de una nación nueva.* **5** visión, aparición, alucinación. **6** (lit.) persona, paisaje bello.
visionary ['vɪʒnərɪ] *s. c.* **1** visionario, sabio. ● *adj.* **2** imaginativo, carismático. **3** fantástico, etéreo, soñado.

visit ['vɪzɪt] *v. t.* **1** visitar (lugares, personas). **2** visitar, consultar (a profesionales). **3** visitar (pacientes, clientes, etc.). **4** visitar, inspeccionar, examinar (de forma oficial). **5** (pasiva) (arc.) afectar, atormentar: *he was visited by a terrible dream* = *le atormentó un sueño espantoso.* **6** (pasiva) (arc.) recaer, afectar (como herencia negativa). • *s. c.* **7** visita, consulta. **8** viaje, visita: *a brief visit to the U.S.* = *un rápido viaje a EE UU.* **9** (EE UU) (fam.) charla. ♦ **10 visiting card,** (brit.) tarjeta de visita. **11 visiting hours,** horas de visita (hospital). **12 visiting professor,** profesor visitante. **13 to ~ with someone,** (EE UU) visitar a alguien y quedarse algún tiempo.

visitation [ˌvɪzɪ'teɪʃn] *s. c.* **1** (form.) visita, inspección. **2** (fam.) visita (no deseada). **3** (form.) castigo (por los pecados).

visitor ['vɪzɪtər] *s. c.* visitante, turista, huésped.

visor ['vaɪzər] *s. c.* visera (de motorista, de coche, etc.).

vista ['vɪstə] *s. c.* **1** (lit.) visita, panorama. **2** visión, perspectiva, horizonte, posibilidad.

visual ['vɪzjuəl] *adj.* **1** visual: *visual arts* = *artes visuales.* ♦ **2 ~ aid(s),** material de apoya visual (para transmitir información). **3 ~ display unit,** ⇒ **VDU.**

visualisation *s. i.* ⇒ **visualization.**

visualise *v. t.* ⇒ **visualize.**

visualization [ˌvɪzjuəlaɪ'zeɪʃn ‖ ˌvɪzjuəlɪ'zeɪʃn] (también **visualisation**) *s. i.* visualización.

visualize ['vɪzjuəlaɪz] *v. t.* (también **visualise**) visualizar.

visually ['vɪzjuəlɪ] *adv.* visualmente.

vital ['vaɪtl] *adj.* **1** vital, crucial, esencial, trascendental, decisivo. **2** activo, dinámico, vital. ♦ **3 the vitals,** (arc.) **a)** partes vitales (del cuerpo); **b)** genitales. **4 ~ statistics, a)** estadísticas demográficas; **b)** (brit.) (fam.) medidas corporales (de una mujer).

vitality [vaɪ'tælɪtɪ] *s. i.* **1** vitalidad, energía, vigor. **2** vida, existencia, continuidad (de una institución).

vitally ['vaɪtəlɪ] *adv.* vitalmente, crucialmente, esencialmente.

vitamin ['vɪtəmɪn ‖ 'vaɪtəmɪn] *s. c.* vitamina.

vitiate ['vɪʃɪeɪt] *v. t.* (form.) **1** viciar, debilitar, rebajar (calidad, eficacia). **2** quitar valor, dejar sin efecto (contratos, reclamaciones, teorías, etc.).

viticulture ['vɪtɪkʌltʃər] *s. i.* viticultura.

vitreous ['vɪtrɪəs] *adj.* vítreo.

vitrify ['vɪtrɪfaɪ] *v. t.* e *i.* vitrificar.

vitriol ['vɪtrɪəl] *s. i.* **1** (arc.) QUÍM. vitriolo. **2** (fig.) comentario corrosivo, crítica mordaz.

vitriolic [ˌvɪtrɪ'ɒlɪk] *adj.* vitriólico, hostil, corrosivo, mordaz.

vituperate [vɪ'tjuːpəreɪt ‖ vaɪ'tuːpəreɪt] *v. i.* (**to ~** {**against**}) (form.) vituperar, hacer comentarios injuriosos.

vituperation [vɪˌtjuːpə'reɪʃn ‖ vaɪˌtuːpə'reɪʃn] *s. i.* (form.) vituperio, baldón, afrenta.

vituperative [vɪ'tjuːpərətɪv ‖ vaɪ'tuːpərətɪv] *adj.* (form.) injurioso, insultante.

viva ['vaɪvə] (también **viva voce**) *s. c.* **1** examen oral (en universidad). • ['viːvə] *interj.* **2** ¡viva!

vivacious [vɪ'veɪʃəs] *adj.* vivaz, atractivo, alegre, animoso (mujer).

vivaciously [vɪ'veɪʃəslɪ] *adv.* vivazmente, alegremente, animosamente.

vivacity [vɪ'væsɪtɪ] *s. i.* vivacidad, animación, atractivo.

vivid ['vɪvɪd] *adj.* **1** fuerte, brillante, deslumbrante (luz, color). **2** vivo, brillante, portentoso (memoria, imaginación). **3** intenso, vivo, gráfico.

vividly ['vɪvɪdlɪ] *adv.* vivamente, intensamente, brillantemente.

vividness ['vɪvɪdnɪs] *s. i.* vivacidad, intensidad.

vivisection [ˌvɪvɪ'sekʃn] *s. i.* vivisección.

vivisectionist [ˌvɪvɪ'sekʃnɪst] *s. c.* **1** viviseccionador. **2** partidario de la experimentación en animales.

vixen ['vɪksn] *s. c.* **1** ZOOL. zorra. **2** (fig. y arc.) arpía.

viz [vɪz] (*abrev.* del latín *videlicet*) *loc.* a saber.

vizier [vɪ'zɪər] *s. c.* visir.

V-neck [viː'nek] *s. c.* **1** cuello de pico (jersey). • *adj.* **2** de cuello de pico.

vocabulary [vəʊ'kæbjʊlərɪ] *s. c.* e *i.* vocabulario.

vocal ['vəʊkl] *adj.* **1** vocal, de la voz: *the vocal organs* = *los órganos vocales.* **2** chillón, gritón, ruidoso: *a small but vocal minority* = *una exigua pero ruidosa minoría.* **3** de voz, vocal: *the vocal range of a singer* = *la extensión de voz de un cantante.* • *s. c.* **4** voz, canto, parte cantada: *who's singing lead vocals?* = *¿quién canta la voz principal?* **5 ~ cords/chords,** cuerdas vocales.

vocalise *v. t.* e *i.* ⇒ **vocalize.**

vocalist ['vəʊkəlɪst] *s. c.* cantante, vocalista.

vocalize ['vəʊkəlaɪz] (también **vocalise**) *v. t.* e *i.* (form.) decir, vocalizar, pronunciar.

vocally ['vəʊkəlɪ] *adv.* vocalmente, ruidosamente, a voces.

vocation [vəʊ'keɪʃn] *s. c.* e *i.* **1** vocación (sentimiento de llamada, aptitud para una actividad): *she has a vocation for teaching* = *tiene vocación para la enseñanza.* **2** vocación, profesión, carrera: *you've missed your vocation* = *te has equivocado de carrera.*

vocational [vəʊ'keɪʃənl] *adj.* profesional, técnico.

vocationally [vəʊ'keɪʃnəlɪ] *adv.* profesionalmente.

vocative ['vɒkətɪv] *s. c.* GRAM. vocativo.

vociferate [vəʊ'sɪfəreɪt] *v. t.* e *i.* (form.) vociferar.

vociferous [vəʊ'sɪfərəs] *adj.* vociferante, vocinglero, ruidoso, chillón.

vociferously [vəʊ'sɪfərəslɪ] *adv.* a gritos, clamorosamente.

vodka ['vɒdkə] *s. i.* vodka.

vogue [vəʊg] *s. c.* **1** boga, moda, actualidad, aceptación popular. ♦ **2 to be all the ~,** (fam.) estar de moda. **3 in ~,** en boga, de actualidad.

vogue word ['vəʊgwɜːd] *s. c.* palabra de moda.

voice [vɔɪs] *s. c.* **1** voz. **2** voz, habla (capacidad de hablar). **3** voz (calidad musical). **4** voz, opinión, parecer. **5** voz, derecho a opinar. **6** voz, autoridad, influencia. **7** (lit.) voz, murmullo, ruido (del mar, del viento). **8** GRAM. voz. • *v. t.* **9** expresar (una emoción, opinión, etc.). ♦ **10 at the top of one's ~,** gritando todo lo que uno puede. **11 to find one's ~,** vencer los obstáculos (miedo, nervios, etc.) que impiden hablar. **12 to have no ~ in a matter,** no tener voz en un asunto. **13 to give ~ (to something),** (form.) manifestar (sentimientos, preocupación) en voz alta. **14 to keep one's ~ down,** hablar bajo. **15 to lower one's ~,** bajar la voz (para no ser oído). **16 to raise one's ~, a)** elevar la voz (por enfado, generalmente); **b)** hacer pública una opinión. **17 ~ mail,** correo de voz. **18 ~ recognition,** reconocimiento de voz. **19 ~ synthesizer,** sintetizador de voz. **20 with one ~,** (form.) a una voz, unánimemente, todos de acuerdo.

voiced [vɔɪst] *adj.* FON. sonoro.

voiceless ['vɔɪslɪs] *adj.* **1** sin voz, mudo, afónico. **2** FON. sordo.

voice-over ['vɔɪsəʊvər] *s. c.* voz en off (en películas).

void [vɔɪd] *s. c.* **1** vacío, hueco, espacio. **2** vacío, desolación, tristeza (por pérdida, muerte, etc.). • *adj.* **3** vacío, desocupado, desprovisto. **4** DER. sin valor, sin efecto, nulo (contrato, acuerdo, etc.). • *v. t.* **5** (form.) evacuar (el intestino). **6** DER. invalidar, anular.

voile [vɔɪl] *s. i.* gasa.

vol [vɒl] (*abrev.* de **volume**) *s. i.* vol., volumen.

volatile ['vɒlətaɪl] *adj.* **1** inestable, mudable, volátil (situación). **2** inconstante, imprevisible, volátil, voluble (persona). **3** QUÍM. volátil.

volatility [ˌvɒlə'tɪlɪtɪ] *s. i.* volatilidad, mudabilidad, inestabilidad.

vol-au-vent ['vɒləʊvɑːŋ] *s. c.* pastelillo de hojaldre relleno de carne, pescado, etc.

volcanic [vɒl'kænɪk] *adj.* **1** volcánico. **2** (fig.) violento, repentino.

volcano [vɒl'keɪnəʊ] (*pl.* **volcanoes**) *s. c.* volcán.

vole [vəʊl] *s. c.* ZOOL. campañol.

volition [vəʊ'lɪʃn] *s. i.* **1** (form.) voluntad, deseo. ♦ **2 of one's own ~,** por propia voluntad.

volley ['vɒlɪ] *s. c.* **1** descarga, ráfaga, salva. **2** salva, lluvia (de objetos lanzados). **3** torrente, retahíla (de palabras, preguntas, etc.). **4** DEP. volea (tenis, fútbol). • *v. t.* **5** DEP. golpear de volea, volear.

volleyball ['vɒlɪbɔːl] *s. i.* balonvolea, voleibol.

volt [vəʊlt] *s. c.* voltio.

voltage ['vəʊltɪdʒ] *s. c.* e *i.* voltaje.

volte-face [ˌvɒlt'fɑːs] *s. sing.* (lit.) cambio total (de parecer).
volubility [ˌvɒlju'bɪlɪtɪ] *s. i.* fluidez, locuacidad, palabrería.
voluble ['vɒljʊbl] *adj.* **1** locuaz, palabrero, parlanchín, (Am.) labioso. **2** entusiasta, fogoso, atropellado (discurso).
volubly ['vɒljʊblɪ] *adv.* locuazmente, fogosamente, con soltura.
volume ['vɒljuːm ‖ 'vɒljəm] *s. c.* **1** volumen, tomo. **2** volumen (colección de revistas o periódicos encuadernados). ● *s. i.* **3** volumen, espacio. **4** volumen, cantidad, nivel, amplitud (de protesta, adhesión, etc.). **5** volumen, cantidad, monto (de exportación, importación, ventas, etc.). **6** RAD. volumen (control de sonido). ◆ **7 to speak volumes,** aportar abundante información.
voluminous [və'ljuːmɪnəs] *adj.* (form.) **1** amplio, holgado, de talla superior (prendas). **2** voluminoso, abundante, largo, prolijo (correspondencia, escrito, obra, etc.).
voluminously [və'ljuːmɪnəslɪ] *adv.* voluminosamente, abundantemente.
voluntarily ['vɒləntərɪlɪ ‖ ˌvɒlən'terəlɪ] *adv.* voluntariamente, libremente, sin remunerar.
voluntary ['vɒləntərɪ] *adj.* **1** voluntario, espontáneo, libre. **2** voluntario, no remunerado, desinteresado (trabajo, colaboración, etc.). **3** voluntario, de iniciativa privada, no subvencionado (institución). **4** voluntario, controlado (movimiento de músculos). ● *s. c.* **5** MÚS. solo (generalmente de órgano, anterior o posterior al servicio religioso).
volunteer [ˌvɒlən'tɪər] *s. c.* **1** voluntario, trabajador voluntario, colaborador desinteresado. **2** MIL. voluntario. ● *adj.* **3** voluntario, de voluntarios: *volunteer groups = grupos de voluntarios.*
voluptuary [və'lʌptʃʊərɪ] *adj.* (form.) hedonista, voluptuoso.
voluptuous [və'lʌptʃʊəs] *adj.* **1** voluptuoso, sensual, atractivo, excitante (persona, cosa). **2** (form.) sensual, placentero, hedonista (conducta, vida, etc.).
voluptuously [və'lʌptʃʊəslɪ] *adv.* voluptuosamente, sensualmente.
voluptuousness [və'lʌptʃʊəsnɪs] *s. i.* voluptuosidad, sensualidad.
vomit ['vɒmɪt] *v. t.* e *i.* **1** vomitar, devolver. ● *s. i.* **2** vómito.
vomiting ['vɒmɪtɪŋ] *s. i.* vómito, vomitona.
voodoo ['vuːduː] *s. i.* vudú.
voracious [və'reɪʃəs] *adj.* (lit.) **1** voraz, insaciable. **2** (fig.) ávido (de información, conocimiento, etc.).
voraciously [və'reɪʃəslɪ] *adv.* vorazmente, insaciablemente, ávidamente.
voraciousness [və'reɪʃəsnɪs] *s. i.* voracidad, insaciabilidad.
voracity [və'ræsɪtɪ] *s. i.* voracidad, insaciabilidad.
vortex ['vɔːteks] *s. c.* (*pl.* **vortexes** o **vortices**) **1** vórtice, remolino, torbellino. **2** (fig. y lit.) torbellino, vorágine.
vortices ['vɔːtɪsiːz] *pl. irreg.* de **vortex.**
vote [vəʊt] *s. c.* **1** voto, sufragio. **2** voto, votación (elección, decisión, expresión de voluntad): *to hold a vote on the motion = someter la propuesta a votación.* **3** voto, papeleta: *the votes in the ballot box = los votos de la urna.* **4** voto, votantes: *the opposition vote = el voto de la oposición.* **5** voto, derecho al voto: *when women got the vote = cuando la mujer logró el derecho al voto.* ● *v. t.* **6** (**to** ~ {**for/against**}) votar a favor/en contra. **7** votar, proponer. **8** votar (una opción): *to vote Liberal = votar a los liberales.* **9** nombrar/destituir cargos (por votación). **10** asignar, destinar, aprobar (presupuestos, fondos, obras, etc., por votación). **11** (fam.) proclamar, declarar, considerar (de forma unánime). ● *v. i.* **12** votar. ◆ **13 to be voted down,** ser rechazado en votación (personas, propuestas, etc.). **14 one man one vote,** un hombre un voto. **15 to** ~ **in,** elegir, dar el poder, decidir una votación: *pensioners can vote a party in = los pensionistas pueden dar el poder a un partido.* **16** ~ **of censure,** voto de censura. **17** ~ **of confidence/no confidence,** voto de confianza/desconfianza. **18** ~ **of thanks,** voto, expresión pública de agradecimiento. **19 to** ~ **out,** rechazar, retirar del poder (por votación). **20 to** ~ **with one's feet,** abandonar un lugar en señal de rechazo.
voter ['vəʊtər] *s. c.* votante.
votive ['vəʊtiv] *adj.* votivo.
vouch [vaʊtʃ] *v. t.* **1** confirmar, garantizar, atestiguar, hacerse responsable. ◆ **2 to** ~ **for someone,** responder por, hacerse responsable de alguien (o por la conducta de alguien). **3 to** ~ **for something,** garantizar, asegurar, atestiguar algo.
voucher ['vaʊtʃər] *s. c.* **1** (brit.) vale, bono. **2** comprobante, justificante, resguardo, factura.
vouchsafe [vaʊtʃ'seɪf] *v. t.* **1** (form.) regalar, ofrecer, otorgar. **2** asegurar, garantizar.
vow [vaʊ] *v. t.* **1** jurar, hacer votos, prometer solemnemente. ● *s. c.* **2** voto, promesa solemne. ◆ **3 vows,** votos (de casados o de religiosos).
vowel [vaʊəl] *s. c.* **1** vocal. ● *adj.* **2** vocálico.
voyage ['vɔɪɪdʒ] *s. c.* **1** viaje (más bien largo, por mar o por aire). ● *s. i.* **2** (form.) viajar (por mar).
voyager ['vɔɪədʒər] *s. c.* viajero (afrontando ciertos riesgos): *the first space voyagers = los primeros viajeros del espacio.*
voyeur [vwɑː'jəːr] *s. c.* voyeur, mirón.
vs *prep.* ⇒ **versus.**
V-sign ['viːsaɪn] *s. c.* **1** (brit.) signo de uve (con el interior de la mano hacia el propio ejecutor. Signo vulgar y ofensivo). **2** signo de la victoria (dorso de la mano hacia el ejecutor).
VSO [ˌviː es 'əʊ] (siglas de **Voluntary Service Overseas**) *s. sing.* (brit.) servicio de voluntarios en países en vías de desarrollo.
vulcanisation *s. i.* ⇒ **vulcanization.**
vulcanise *v. t.* ⇒ **vulcanize.**
vulcanite ['vʌlkənaɪt] *s. i.* QUÍM. vulcanita, ebonita.
vulcanization [ˌvʌlkənaɪ'zeɪʃn] (también **vulcanisation**) *s. i.* vulcanización, vulcanizado.
vulcanize ['vʌlkənaɪz] (también **vulcanise**) *v. t.* vulcanizar.
vulgar ['vʌlgər] *adj.* **1** vulgar, malo, feo, cursi, de mal gusto. **2** vulgar, desvergonzado, indecente, obsceno. **3** vulgar, ordinario, barriobajero. ◆ **4** ~ **fraction,** (EE UU) MAT. fracción, número quebrado.
vulgarity [vʌl'gærɪtɪ] *s. i.* **1** vulgaridad, cursilería, ordinariez, indecencia. ● *s. c.* **2** ordinariez, indecencia (acto o expresión).
vulgarly ['vʌlgəlɪ] *adv.* vulgarmente, de mal gusto, indecentemente.
vulnerability [ˌvʌlnərə'bɪlɪtɪ] *s. i.* vulnerabilidad, desprotección.
vulnerable ['vʌlnərəbl] *adj.* (~ {**to**}) vulnerable, débil, desprotegido.
vulnerably ['vʌlnərəblɪ] *adv.* vulnerablemente, débilmente.
vulpine ['vʌlpaɪn] *adj.* vulpino.
vulture ['vʌltʃər] *s. c.* **1** (fig.) buitre, carroñero, aprovechado. **2** ZOOL. buitre.
vulva ['vʌlvə] (*pl.* **vulvas** o **vulvae**) *s. c.* ANAT. vulva.
vulvae ['vʌlviː] *pl.* de **vulva.**
vying ['vaɪɪŋ] *ger.* de **vie.**

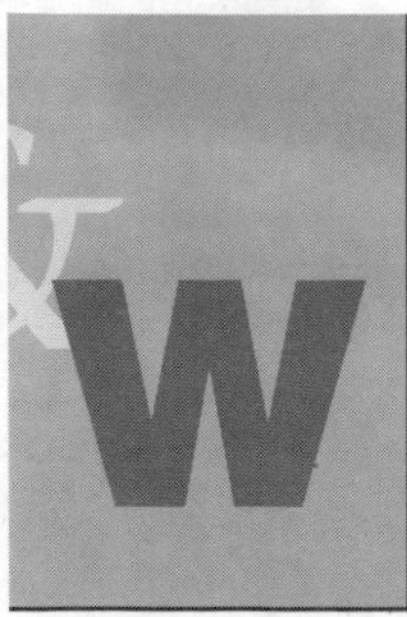

w, W ['dʌblju:] *s. c.* **1** w, W (vigésimotercera letra del alfabeto inglés). **2** abreviatura de **west** o **watt**, oeste, vatio.

wacky ['wækɪ] (también **whacky**) *adj.* (EE UU) (fam.) tonto, bobo, chiflado, disparatado, divertido.

wad [wɒd] *s. c.* **1** taco, rollo, tapón (de materia suave y blanda): *she put wads of cotton wool in her ears = se puso tapones de algodón en los oídos.* **2** fajo, paquete (de documentos o papeles): *a wad of bank notes = un fajo de billetes.* **3** (brit.) (fam.) bollo, pasta. ● (*ger.* **wadding,** *pret.* y *p. p.* **wadded**) *v. t.* **4** embalar, envolver, empaquetar, rellenar, proteger (con tacos o rollos de materia blanda). **5** enguatar, forrar (prendas de vestir con algodón o lana): *a wadded jacket = una chaqueta enguatada.*

wadding ['wɒdɪŋ] *s. i.* **1** guata, forro (de seda o lana). **2** relleno, acolchado, aislante, material de protección (en embalaje).

waddle ['wɒdl] *v. i.* **1** (**to** ~ + *prep.*) (desp.) andar, moverse (como un pato), contonearse: *she came waddling along = venía contoneándose.* ● *s. sing.* **2** contoneo, andares de pato.

wade [weɪd] *v. t.* e *i.* **1** vadear: *to wade across a river = vadear un río.* ◆ **2 to** ~ **in, a)** (fam.) iniciar con energía y determinación una tarea costosa, ponerse manos a la obra: *the job was hard, but they all waded in = la empresa era ardua, pero se pusieron manos a la obra.* **b)** interrumpir con energía (una argumentación): *he waded in with his opinion = interrumpió con su opinión.* **3 to** ~ **into,** (fam.) atacnérgicamente: *she really waded into her critics = atacó enérgicamente a sus críticos.* **4 to** ~ **through,** (fam.) leer sin interés: *to wade through pages of boring statistics = revisar páginas de aburridas estadísticas.* **5 wading bird,** ave zancuda. **6 wading pool,** (EE UU) piscina (de poco fondo, para niños).

wader ['weɪdər] *s. c.* **1** ave zancuda. ◆ **2 waders,** botas altas de goma (aptas para vadear).

wadi ['wɒdɪ] *s. c.* lecho de un río seco (en el Norte de África y Arabia).

WAF [ˌdʌblju:eɪ'ef]z ‖ wæf] (EE UU) (siglas de **Women in the Air Force**) mujeres en las Fuerzas Aéreas.

wafer ['weɪfər] *s. c.* **1** oblea, barquillo, cucurucho (de helado). **2** sello (de documento oficial). **3** REL. forma, hostia.

wafer-thin [ˌweɪfə'θɪn] *adj.* muy delgado, muy estrecho, de poco contenido: *a wafer-thin majority = una mayoría muy estrecha.*

waffle ['wɒfl] *s. c.* e *i.* **1** bollo, buñuelo. **2** palabrería, palabras, paja: *the report is only waffle = el informe es pura palabrería.* ● *v. i.* **3** (**to** ~ {**on**}) (brit.) (fam.) decir palabras y palabras, meter mucha paja, alargarse excesivamente (en discurso o escrito): *he waffled on but nobody was listening = siguió hablando pero nadie escuchaba.*

waft [wɑ:ft ‖ wæft] *v. i.* **1** (**to** ~ {**up/along**}) (lit.) moverse, avanzar, flotar en el aire: *cooking smells wafted up = flotaban en el aire olores de guiso.* ● *s. c.* **2** soplo, ráfaga, bocanada (de olor): *a waft of perfume = una bocanada de perfume.*

wag [wæg] (*ger.* **wagging,** *pret.* y *p. p.* **wagged**) *v. t.* e *i.* **1** menear, agitar, mover: *the dog wagged its tail = el perro meneaba la cola.* **2** (fig. y p.u.) hablar, murmurar. ● *s. c.* **3** meneo, movimiento rápido: *a wag of the tail = un meneo de la cola.* **4** (fam.) bromista, zumbón, guasón. ● **5 tongues** ~, dicen las malas lenguas.

wage [weɪdʒ] *s. c.* **1** salario, jornal, paga (semanal, generalmente): *wages are paid on Fridays = el salario se abona los viernes.* ● *v. t.* **2** realizar: *he waged a campaign against intolerance = realizó una campaña contra la intolerancia.* ◆ **3** ~ **freeze,** congelación salarial. **4** ~ **restraint,** moderación salarial. **5** ~ **rise,** subida salarial. **6** ~ **settlement,** acuerdo salarial. **7** ~ **slave,** (hum.) currito. **8 to** ~ **war (on/against)**, (lit. y fig.) declarar la guerra.

wage-claim ['weɪdʒkleɪm] *s. c.* demanda de mejoras salariales (promovida por los sindicatos).

wage-earner ['weɪdʒɜ:nər] *s. c.* asalariado, trabajador a sueldo.

wage-packet ['weɪdʒpækɪt] *s. c.* sobre de la paga.

wager ['weɪdʒər] *v. t.* e *i.* **1** (**to** ~ {**on**}) (form.) apostar, jugarse (dinero o cosas de valor): *to wager money on a horse = apostar dinero a un caballo.* **2** (form.) apuesta: *to take up a wager = aceptar una apuesta.*

waggish ['wægɪʃ] *adj.* (p.u.) divertido, chistoso, de broma, chusco: *a waggish remark = un comentario chusco.*

waggishly ['wægɪʃlɪ] *adv.* divertidamente, chistosamente, en broma.

waggishness ['wægɪʃnɪs] *s. i.* (p.u.) broma, guasa.

waggle ['wægl] *v. t.* e *i.* **1** mover, menear: *he can waggle his ears = sabe mover las orejas.* ● *s. c.* **2** movimiento, meneo.

waggon *s.c.* ⇒ **wagon.**

waggoner *s.c.* ⇒ **wagoner.**

wagon ['wægən] (también **waggon**) *s. c.* **1** carro, carreta, carromato. **2** (brit.) vagón de ferrocarril (abierto y de mercancías). **3** (EE UU) carro, carretilla (para el transporte de alimentos). ◆ **4 to be/go on the** ~, (fam.) estar resuelto a apartarse del alcohol.

wagoner ['wægənər] (también **waggoner**) *s. c.* carrero, carretero, guía.

wagon-lit [ˌvægɒn'li:] (*pl.* **wagons-lits**) *s. c.* coche-cama (en transporte de ferrocarril).

wagon-load ['wægənləud] *s. c.* carretada.

wagtail ['wægteɪl] *s. c.* ZOOL. aguzanieves, lavandera.

waif [weɪf] *s. c.* **1** (lit.) persona sin hogar, niño abandonado. **2** objeto o animal sin dueño. ◆ **3 waifs and strays,** niños desamparados.

wail [weɪl] *v. i.* **1** gemir, lamentarse: *she cried and wailed but nobody listened = lloró y se lamentó pero nadie la escuchaba.* ● *s. c.* **2** gemido, lamento.

wailing ['weɪlɪŋ] *s. i.* **1** gemido, lamento, lamentación. ◆ **2 the Wailing Wall,** el Muro de las Lamentaciones.

wainscot ['weɪnskət] *s. c.* zócalo, entablado, revestimiento de madera.

waist [weɪst] *s. c.* **1** cintura, talle. **2** talle (en prendas de vestir). **3** parte media, cintura (de aparatos, instrumentos musicales, etc.). **4** MAR. combés.

waistband ['weɪstbænd] *s. c.* cintura, cinturón, refuerzo de cintura (en prendas de vestir).

waistcoat ['weɪstkəut] *s. c.* chaleco.

waisted ['weɪstɪd] *adj.* entallado, ajustado (prendas de vestir).

-waisted [weɪstɪd] *adj.* de cintura o talle (determinados, según el *adj.* de la primera parte del compuesto): *slim-waisted = de cintura fina; high-waisted = de talle alto.*

waistline ['weɪstlaɪn] *s. c.* **1** línea, cintura, talle: *no sweets, I'm watching my waistline = nada de dulces, guardo la línea.* **2** talle, línea de talle (en prendas de vestir).

wait [weɪt] *v. i.* **1** (**to** ~ {**for**}) esperar, aguardar: *wait for me = espérame.* **2** (**to** ~ {**until**}) esperar, permanecer (sin efecto, inactivo o silenciado): *the news can't wait until tomorrow = la noticia no puede esperar a mañana.* **3** estar listo, a punto, servido: *your supper's waiting = tu cena está lista.* ● *v. t.* **4** esperar, aguardar: *just wait your turn = espere su turno.* **5** (fam.) retrasar, posponer: *don't wait supper for me, I'll be late = no retraséis la cena por mí, llegaré tarde.* ● *s. c.* **6** espera. ◆ **7 to** ~ **about/around,** esperar sin hacer nada, pasar el tiempo. **8** ~ **a moment/minute/second, a)** un momento, espere un momento; **b)** un momento (para interrumpir a alguien o detenerse a pensar). **9 to** ~ **and see,** esperar a ver qué pasa. **10 to** ~ **at table,** (brit. y form.) trabajar como camarero. **11 to** ~ **behind,** esperar (a que todos se vayan), quedarse el último: *he waited behind to speak to her in private = se quedó el último para hablar con ella a solas.* **12** ~ **for it, a)** quietos, atentos (al dar una señal de salida): *ready, steady, wait for it, –go! = preparados, listos, atentos, ¡ya!;* **b)** ¡te va a hacer reír!, por gracioso que parezca. **13 to** ~ **in,** quedarse en casa a la espera. **14 to** ~ **in the wings,** ⇒ **wing. 15 to** ~ **on, a)** (EE UU) servir comida (en restaurantes); **b)** estar a la espera: *we're still waiting on the results = estamos aún a la espera de los resultados.* **16 to** ~ **on someone hand and foot,** servir a alguien a cuerpo de rey. **17** ~ **until/just you** ~, espera y verás, ya verás lo que te espera. **18 to** ~ **up,** permanecer levantado (a la espera). **19 to** ~ **upon** (**someone**), (arc.) hacer una visita de cortesía.

waiter ['weɪtər] *s. c.* camarero.

waiting ['weɪtɪŋ] *adj.* **1** de espera, a la espera, esperando: *a waiting period of one month = un período de espera de un mes.* ◆ **2** ~ **game,** broma (de esperar), tiempo de espera deliberado: *the waiting game has ended = se acabó la broma de esperar.* **3** ~ **list,** lista de espera.

waiting-room ['weɪtɪŋrum] *s. c.* sala de espera.

waitress ['weɪtrɪs] *s. c.* camarera.

waive [weɪv] *v. t.* (form.) suspender, dejar sin efecto, renunciar, ignorar, no exigir (un derecho, el cumplimiento de una ley, etc.): *to waive a rule = dejar sin efecto una norma.*

waiver ['weɪvər] *s. c.* DER. documento de renuncia, de suspensión, de derogación, etc.

wake ['weɪk] (*pret.* **woke,** *p. p.* **woken**) *v. t.* e *i.* **1** (**to** ~ {**up**}) despertar, despertarse: *I usually wake up early = suelo despertarme temprano.* **2** (**to** ~ {**to**}) (fig.) despertar, abrir los ojos, tomar conciencia: *to wake to the dangers of a war = abrir los ojos a los peligros de guerra.* ● *s. c.* **3** estela: *the wake of a ship = la estela de un barco.* **4** velatorio. ◆ **5 in one's** ~, tras de sí, al paso de uno: *they left a trail of rubbish in their wake = dejaron un rastro de basura a su paso.* **6 in the** ~ **of,** como resultado de. **7 to** ~ **up, a)** despertar; **b)** despertar, espabilar, animar: *the exercises woke him up = el ejercicio físico le espabiló;* **c)** despertar, abrir los ojos, tomar conciencia.

wakeful ['weɪkful] *adj.* **1** despierto, desvelado, en vela, insomne. **2** (form.) vigilante, alerta.

wakefully ['weɪkfəlɪ] *adv.* sin dormir, desvelado, en vela.

wakefulness ['weɪkfulnɪs] *s. i.* desvelo, insomnio.

waken ['weɪkən] *v. t.* e *i.* (lit.) despertar.

wakey-wakey [ˌweɪkɪ'weɪkɪ] *interj.* (brit. y hum.) ¡despierta!

waking ['weɪkɪŋ] *adj.* despierto, de vigilia: *waking hours = las horas de vigilia (las no dedicadas al sueño).*

Wales [weɪlz] *s. sing.* Gales.

walk [wɔːk] *v. i.* **1** andar, caminar. **2** (p.u.) aparecer, salir a la luz, manifestarse (espíritus, fantasmas, etc.). ● *v. t.* **3** andar, recorrer a pie: *to walk the fields looking for flowers = recorrer los campos en busca de flores.* **4** acompañar (andando): *I'll walk you to the bus stop = te acompaño hasta la parada del autobús.* **5** pasear, sacar a pasear o a tomar el aire (animales): *she's walking the dog = está paseando al perro.* **6** (p.u.) mover (objetos). ● *s. c.* **7** paseo, caminata: *he's gone for a walk = se ha ido de paseo.* **8** ruta, sendero, paseo: *pleasant walks in the forest = deliciosos paseos en el bosque.* **9** actividad, condición, tipo: *people from every walk of life = gentes de toda condición.* ● *s. sing.* **10** paso, ritmo (al andar): *at a brisk walk = a paso rápido.* **11** distancia a pie: *the station is ten minutes' walk = la estación está a diez minutos (a pie).* **12** andar, andares: *she's got an odd walk = tiene andares raros.* **13** DEP. paso, marcha: *after running, he changed to the walk = tras el atletismo, se pasó a la marcha.* ◆ **14 to** ~ **away from someone/something, a)** salir ileso o con heridas sin importancia de un accidente; **b)** (EE UU) y (fam.) vencer con facilidad, distanciarse (en carreras, competiciones, etc.): *number 5 walked away from the others = el número 5 se distanció de los demás.* **15 to** ~ **on air,** ⇒ **air. 16 to** ~ **before one can run,** dominar lo fácil antes de acometer lo difícil. **17 to** ~ **into something,** (fam.) **a)** caer atrapado (por descuido): *he walked into the trap = cayó en la trampa;* **b)** conseguir algo sin esfuerzo alguno: *after graduating, she walked into the job = consiguió el empleo apenas graduarse;* **c)** chocar con algo o alguien por despiste. **18 to** ~ **off/ away with something,** (fam.) **a)** llevarse algo; **b)** ganar fácilmente (en competiciones). **19** ~ **of life,** ocupación, condición humana. **20 to** ~ **one's legs off,** (fam.) estar roto de tanto caminar. **21 to** ~ **out,** (fam.) **a)** abandonar (una sala, reunión, etc.); **b)** ponerse en huelga. **22 to** ~ **out on someone/something,** (fam.) dejar abandonado: *he walked out on his wife and children = dejó abandonados a su mujer e hijos.* **23** (p.u.) **to** ~ **out with someone,** salir, mantener relaciones con alguien. **24 to** ~ **over someone,** (fam.) **a)** derrotar totalmente a alguien (en competiciones); **b)** tratar mal a alguien: *don't let him walk over you like that = no le consientas que te trate así.* **25 to** ~ **someone off his/her feet,** (fam.) dejar a alguien exhausto de tanto caminar. **26 to** ~ **tall,** ⇒ **tall. 27 to** ~ **the plank,** ⇒ **plank. 28 to** ~ **a tightrope, a)** hacer ejercicio de, aplicarse al funambulismo; **b)** (fig.) verse en una situación delicada. **29** ~ **up!,** ~ **up!,** (fam.) pasen y vean (en espectáculos). **30 to** ~ **up** (**to someone/something**), llegar, acercarse: *a stranger walked up to her = un extraño se le acercó.*

walkabout ['wɔːkəbaut] *s. c.* **1** andanzas, correrías (de un aborigen australiano). **2** (brit.) (fam.) paseo (de una personalidad entre la gente). ◆ **3 to go** ~, patear (el campo, la ciudad, etc.). **4 to go** ~**/to do a** ~, dar un paseo (un personaje famoso entre el público).

walk-away ['wɔːkəweɪ] *s. c.* (EE.UU) (fam.) victoria fácil, paseo (en competiciones).

walker ['wɔːkər] *s. c.* **1** paseante, caminante, peatón, andarín. **2** pollera.

walkies ['wɔːkɪz] *s. pl.* (brit.) (fam.) paseo (del perro): *to go walkies with the dog = sacar de paseo al perro.*

walkie-talkie [ˌwɔːkɪ'tɔːkɪ] *s. c.* aparato emisor-receptor portátil.

walk-in ['wɔːkɪn] *adj.* **1** (EE UU) amplio, espacioso: *a walk-in wardrobe = un armario espacioso.* **2** fácil (victoria, éxito).

walking ['wɔːkɪŋ] *adj.* **1** de paseo, de marcha, de caminar: *walking shoes = zapatos de caminar.* **2** a pie, pedestre: *a walking tour = una excursión a pie.* **3** (fam.) humano, viviente, andante: *he is a walking encyclopae-*

dia = es una enciclopedia viviente. • *s. i.* **4** senderismo. ◆ **5** ~ **papers,** (EE UU) (fam.) despido (de un trabajo). **6** ~ **rein,** correa, guía de niño (para controlar sus pasos).

walking-stick ['wɔːkɪŋstɪk] *s. c.* bastón (de caminar).

Walkman ['wɔːkmən] *s. c.* casete personal con auriculares, walkman (marca registrada).

walk-on ['wɔːkɒn] *s. c.* **1** figurante (en teatro). • *adj.* **2** figurante: *a walk-on part = papel de figurante.*

walk-out ['wɔːkaut] *s. c.* **1** abandono, retirada (de una reunión u organización en señal de desaprobación). **2** huelga de trabajadores.

walkover ['wɔːkəuvər] *s. c.* **1** paseo triunfal, victoria fácil (en competiciones). **2** adelanto (de un programa deportivo por incomparecencia del rival).

walk-up ['wɔːkʌp] *s. c.* (EE UU) (fam.) **1** piso, oficina, etc. (en edificio alto y sin ascensor): *he lives in a fourth-floor walk-up = vive en un cuarto piso sin ascensor.* **2** edificio alto sin ascensor.

walkway ['wɔːkweɪ] *s. c.* pasadizo, pasaje peatonal.

wall [wɔːl] *s. c.* **1** pared, muro: *a stone wall = un muro de piedra.* **2** pared (interior): *a picture on the wall = un cuadro en la pared.* **3** muralla: *the city walls = las murallas de la ciudad.* **4** pared, cara interior (de envases, conductos, etc.): *the walls of a blood vessel = las paredes de un vaso sanguíneo.* **5** (fig.) muro, barrera: *a wall of silence = una barrera de silencio.* • *v. t.* **6** amurallar, cercar, poner una pared. ◆ **7 to bang one's head against a brick** ~, darse contra un muro, no avanzar pese al esfuerzo hecho. **8 to come up against a brick** ~, estancarse ante un obstáculo insalvable. **9 to drive/push someone to the** ~, poner a alguien contra la pared, en situación difícil. **10 to drive/send someone up the** ~, (fam.) enfadar, sacar de quicio a alguien. **11 to go to the** ~, ir al fracaso, a la ruina. **12 to go up the** ~, (fam.) subirse por las paredes, estar muy enfadado. **13 to have one's back to the** ~, (fam.) estar en apuros y no ver salida. **14 the writing is on the** ~, hay signos de que se aproxima el final (para un negocio, empresa, etc.). **15 to** ~ **in,** rodear, cercar, emparedar: *walled in by mountains = rodeado de montañas.* **16 to** ~ **off,** separar (con pared): *they walled off the living room from the kitchen = separaron con una pared el salón de la cocina* . **17 walls have ears,** (fam.) las paredes oyen. **18 Wall Street,** Wall Street (centro bursátil y financiero de Nueva York). **19 to** ~ **up,** cegar, tabicar: *they walled up the window = cegaron la ventana.*

wallaby ['wɒləbɪ] *s. c.* ZOOL. ualabí (Australia).

wall chart ['wɔːltʃɑːt] *s. c.* mural.

walled [wɔːld] *adj.* amurallado, cercado, pared que tiene una característica especial (determinado por la primera parte del compuesto): *a mud-walled hut = cabaña de paredes de barro.*

wallet ['wɒlɪt] *s. c.* **1** cartera, billetera. **2** (EE UU) monedero, portamonedas. **3** carpeta, cartera.

wall-eyed ['wɔːlaɪd] *adj.* de ojos desviados (hacia fuera).

wallflower ['wɔːl,flauər] *s. c.* **1** alhelí. **2** (fig.) persona que no baila (por ser tímida o porque nadie la saca).

wallop ['wɒləp] (fam.) *v. t.* **1** golpear contundentemente. **2** (**to** ~ {**at**}) derrotar abrumadoramente, barrer (en el juego): *she walloped him at chess = lo barrió al ajedrez.* • *s. c.* **3** golpe fuerte.

walloping ['wɒləpɪŋ] (fam.) *s. c.* **1** paliza, zurra, castigo. **2** derrota total. • *adj.* **3** grande, descomunal, colosal.

wallow ['wɒləu] *v. i.* **1** revolcarse, remozarse, sumirse (en la suciedad): *to wallow in the mud = revolcarse en el fango.* **2** sumirse, permanecer, quedarse (en un estado o situación negativos): *don't just wallow in self-pity = no te quedes ahí lamentándote.* **3** zozobrar (un barco). • *s. sing.* **4** inmersión, baño. • *s. c.* **5** barrizal, fango, lodazal, arroyo.

wallpaper ['wɔːl,peɪpər] *s. i.* **1** papel (de pared o de empapelar). • *v. t.* **2** empapelar (paredes).

wall-to-wall [,wɔːltə'wɔːl] *adj.* **1** de pared a pared: *wall-to-wall carpeting = enmoquetado de pared a pared.* **2** (fam.) continuo, intenso, envolvente, completo: *wall-to-wall stereo = sonido estéreo envolvente.*

wally ['wɒlɪ] *s. c.* (brit.) (fam.) estúpido, imbécil, inútil, (Am.) maleta, quiebra.

walnut ['wɔːlnʌt] *s. c.* e *i.* **1** nuez. **2** nogal (árbol y su madera). ◆ **3** ~ **tree,** BOT. nogal.

walrus ['wɔːlrəs] *s. c.* **1** ZOOL. morsa. • **2** ~ **moustache,** (fam.) bigote a lo morsa (con las guías hacia abajo).

waltz [wɔːls ‖ wɔːlts] *s. c.* **1** vals. • *v. t.* e *i.* **2** bailar el vals. **3** (**to** ~ {**up/over**}) moverse en una dirección (alegremente, como si no pasara nada): *she waltzed up to us and introduced herself = se nos acercó toda desenvuelta y se presentó.* ◆ **4 to** ~ **off,** (fam.) capturar, coger, echar el guante: *the police waltzed him off to jail = la policía lo cogió y lo encerró.* **5 to** ~ **off with something,** (fam.) **a)** robar, llevarse algo; **b)** ganar fácilmente (premios, competiciones, etc.).

wampum ['wɒmpəm] *s. i.* conchas en ristras o cinturones (usadas como dinero u ornamentación por tribus indias norteamericanas).

wan [wɒn] (*comp.* **wanner,** *super.* **wannest**) *adj.* (lit.) pálido, triste, débil, desmejorado, desvaído, tenue: *a wan smile = una débil sonrisa.*

wand [wɒnd] *s. c.* **1** varita mágica (de magos y brujas). **2** INF. lápiz fotoeléctrico (lector de código de barras).

wander ['wɒndər] *v. t.* e *i.* **1** (**to** ~ {**about**}) vagar, errar, deambular, andar de aquí para allá: *the child was wandering about = el niño andaba de aquí para allá.* **2** recorrer, patear: *nomadic tribes wander the desert = tribus nómadas recorren el desierto.* **3** (fig.) serpentear (ríos, caminos, etc.). **4** (**to** ~ {**from/off**}) apartarse, desviarse, distraerse: *don't wander off the point = no te desvíes del asunto.* **5** desvariar, delirar: *his mind often wanders = a menudo desvaría.*

wanderer ['wɒndərər] *s. c.* viajero, nómada, vagabundo.

wandering ['wɒndərɪŋ] *adj.* errante, nómada, ambulante: *wandering tribes = tribus nómadas.*

wanderings ['wɒndərɪŋz] *s. pl.* andanzas, correrías, viajes: *his experience comes from his wanderings = su experiencia le viene de sus andanzas.*

wanderlust ['wɒndəlʌst] *s. i.* pasión de viajar, inquietud viajera.

wane [weɪn] *v. i.* **1** disminuir, decaer, declinar, desfallecer, disiparse: *her enthusiasm often wanes = su entusiasmo decae con facilidad.* **2** menguar, estar en cuarto menguante (la luna): *a waning moon = luna en cuarto menguante.* ◆ **3 on the** ~, en declive, en retroceso: *unemployment is on the wane = el desempleo está en retroceso.* **4 to wax and** ~, ⇒ **wax.**

wangle ['wæŋgl] *v. t.* **1** (**to** ~ {**into/out of**}) (fam.) conseguir, agenciarse, convencer, persuadir: *he always wangles the easy jobs out of the manager = siempre consigue del encargado los trabajos fáciles.* ◆ **2 to** ~ **one's way (into/out of)**, conseguir algo ventajoso, superar una dificultad (gracias a la maña propia).

wank [wæŋk] *v. i.* **1** (brit.) (vulg.) masturbarse, meneársela. • *s. c.* **2** masturbación, paja, (Am.) puñeta.

wanker ['wæŋkər] *s. c.* **1** (brit.) (vulg.) estúpido, inútil. **2** persona que se masturba.

wanly ['wɒnlɪ] *adv.* (lit.) pálidamente, tristemente, débilmente.

wannabe(e) ['wɒnəbɪ] *s. c.* aprendiz (que quiere y no puede).

wanness ['wɒnnɪs] *s. i.* (lit.) palidez, languidez, tristeza, debilidad.

want [wɒnt] *v. t.* **1** querer, desear: *what do you want? = ¿qué quieres?* **2** querer ver, preguntar (por alguien) requerir (la presencia de alguien): *somebody wants the manager = alguien quiere ver al encargado.* **3** (**to** ~ {**for**}) (generalmente *pasiva*) buscar (por la policía): *he is wanted for murder = se le busca por asesinato.* **4** (fam.) necesitar, pedir, exigir: *this wants doing at once = hay que hacerlo en seguida.* **5** (fam.) deber, ser preciso: *you don't want to work so hard = no deberías trabajar tanto.* **6** (form.) carecer, sufrir carencia: *many people want food = mucha gente carece de alimento.* **7** (EE UU) (fam.) querer (entrar, salir): *the cat wants in* = *el gato quiere entrar.* **8** desear (sexualmente). • *s. c.* e *i.* **9** ausencia, carencia, insuficiencia, necesidad: *want of water* = *insuficiencia de agua.* **10** (form.) carestía absoluta, estado de necesidad, pobreza: *a policy fighting want and deprivation* = *una política que combata la pobreza.* ◆ **11 for ~ of,** a falta de: *for want of anything better to do* = *a falta de algo mejor que hacer.* **12 in ~ of,** (arc.) necesitar: *the house is in want of repair* = *la casa necesita un arreglo.* **13 ~ ads,** ((EE UU) (fam.) anuncios por palabras. **14 to ~ for nothing,** (lit.) no faltar de nada, tener todo lo necesario: *those children want for nothing* = *a esos niños no les falta de nada.* **15 to ~ out (of something)**, (EE UU) (fam.) cancelar compromisos, dejar de estar implicado (en planes, proyectos, etc.): *I was afraid and so I wanted out* = *tenía miedo y quise dejar de estar implicado.* **16 wants,** necesidades, las cosas que uno necesita para vivir: *a man of few wants* = *un hombre de pocas necesidades.*

wanting ['wɒntɪŋ] *adj.* **1** (form.) deficiente, defectuoso, inadecuado: *he found the test wanting* = *encontró la prueba inadecuada.* **2** (~ {in}) (form.) carente, falto: *he's wanting in team spirit* = *está falto de espíritu de equipo.* **3** (euf.) corto, torpe.

wanton ['wɒntən] *adj.* **1** injustificable, inexplicable (de una mala acción): *a wanton waste of money* = *un derroche de dinero injustificable.* **2** (form.) impropio, insinuante (actitud lasciva): *wanton glances* = *miradas insinuantes.* **3** incontrolado, desordenado: *wanton violence* = *violencia incontrolada.* **4** (lit.) extravagante, extraño (conducta).

wantonly ['wɒntənlɪ] *adv.* (form.) injustificablemente, sin recato, desordenadamente, extrañamente; sin motivo, gratuitamente.

wantonness ['wɒntənnɪs] *s. i.* (form.) injustificabilidad, descaro, extravagancia, descontrol.

war [wɔːr] *s. c.* e *i.* **1** guerra, conflicto bélico. **2** situación, época de guerra: *between the two World Wars* = *entre las dos guerras mundiales.* **3** guerra, lucha, batalla (entre fuerzas opuestas o por un fin determinado): *the war against inflation* = *la guerra contra la inflación.* • (*ger.* **warring,** *pret.* y *p. p.* **warred**) *v. i.* **4** guerrear, estar en guerra: *they warred in the past* = *estuvieron en guerra en el pasado.* ◆ **5 to be at ~,** estar en guerra. **6 to go to ~,** ir a la guerra, declarar la guerra, entrar en guerra. **7 to have been in the wars,** (fam.) haber participado en una situación donde se ha repartido leña: *you've been in the wars, haven't you?* = *ha habido leña, ¿eh?* **8 ~ chest,** (EE UU) fondos recogidos para la guerra. **9 ~ clouds,** amenaza de guerra. **10 ~ crime,** crimen de guerra. **11 ~ of nerves,** guerra psicológica. **12 ~ widow,** viuda de guerra.

warble ['wɔːbl] *v. i.* **1** trinar, gorjear. • *s. sing.* **2** trino, gorjeo.

warbler ['wɔːblər] *s. c.* **1** pájaro canoro. **2** (hum.) cantante femenina.

war cry ['wɔːkraɪ] *s. c.* grito de guerra, lema, eslogan.

ward [wɔːd] *s. c.* **1** sala, sección, ala (de un hospital): *maternity ward* = *sala de maternidad.* **2** distrito electoral urbano. **3** pupilo, protegido, niño en custodia (de un protector o institución). **4** diente, guarda (de una llave). ◆ **5 a ~ in chancery,** (brit.) niño dependiente del Tribunal Tutelar de Menores. **6 wards of court,** niños bajo la tutela del estado. **7 to ~ someone/something off,** ahuyentar, evitar, mantener a salvo (de peligros, enfermedades, etc.): *regular exercise may ward off heart disease* = *el ejercicio físico continuado puede evitar enfermedades de corazón.*

-ward [wəd] (también **-wards**) *sufijo* hacia, en la dirección (señalada en la primera parte del compuesto): *homeward* = *hacia casa.*

war dance ['wɔːdɑːns] *s. c.* danza de guerra (realizada por tribus guerreras antes de la batalla o tras la victoria).

warden ['wɔːdn] *s. c.* **1** guarda, guardián, supervisor. **2** presidente, director (de algunas instituciones académicas). **3** (EE UU) alcaide, director (de una prisión).

warder ['wɔːdər] *s. c.* (brit.) guardián, carcelero.

wardress ['wɔːdrɪs] *s. c.* guardiana, carcelera.

wardrobe ['wɔːdrəub] *s. c.* **1** armario, guardarropa. **2** guardarropía, ropa: *a winter wardrobe* = *ropa de invierno.* **3** vestuario (de actores de teatro). • **4 ~ master/mistress,** encargado/encargada del vestuario (en una compañía teatral).

ward-room ['wɔːdrum] *s. c.* MAR. sala de oficiales.

-wards [wədz] *sufijo* ⇒ **-ward.**

ware [weər] *s. i.* **1** productos, artículos (del tipo especificado en la primera parte del compuesto): *ironware* = *productos de hierro.* **2** cerámica, porcelana (del tipo o finalidad determinados): *earthenware* = *cerámica de barro cocido.*

warehouse ['weəhaus] *s. c.* almacén, depósito.

wares [weəz] *s. pl.* (lit.) baratijas, artículos de venta (en puestos callejeros o en mercados).

warfare ['wɔːfeər] *s. i.* **1** guerra (tipo, clase): *guerrilla warfare* = *guerra de guerrillas.* **2** guerra, confrontación (entre tribus, pandillas, etc.).

warhead ['wɔːhed] *s. c.* MIL. cabeza explosiva (de un misil o torpedo).

warhorse ['wɔːhɔːs] *s. c.* **1** caballo de combate. **2** (fig.) soldado o político veterano. **3** (fam.) algo muy visto.

warily ['weərəlɪ] *adv.* cautelosamente, precavidamente, cuidadosamente.

wariness ['weərɪnɪs] *s. i.* cautela, precaución.

warlike ['wɔːlaɪk] *adj.* belicoso, guerrero, agresivo, hostil.

warlock ['wɔːlɒk] *s. c.* brujo, mago (en literatura fantástica).

warlord ['wɔːlɔːd] *s. c.* (lit.) comandante en jefe.

warm [wɔːm] *adj.* **1** templado, caliente (sin exceso): *a baby's food should be warm, not hot* = *la comida de los niños debe estar caliente, pero sin quemar.* **2** caliente, que tiene o hace sentir calor: *are you warm enough?* = *¿tienes suficiente calor?* **3** de abrigo: *warm clothes* = *ropa de abrigo.* **4** sentido, sincero: *warm feelings of gratitude* = *sincero sentimiento de gratitud.* **5** cálido, entusiasta, de corazón: *warm applause* = *aplauso cálido.* **6** alegre, sugestivo, cálido (color, sonido, voz, etc.): *furnished in warm colours* = *amueblado en tonos alegres.* **7** fresco, reciente (rastro seguido en caza). **8** caliente (en adivinanzas y otros juegos infantiles). • *v. t.* **9 (to ~ {up})** calentar, hacer entrar en calor: *this will warm you up* = *esto te hará entrar en calor.* • *v. i.* **10** calentarse (cosas): *the soup is warming in the pot* = *la sopa se está calentando en la cazuela.* • *s. sing.* **11** calor, ambiente de calor: *come into the warm* = *ven al calor.* ◆ **12 as ~ as toast,** (fam.) bien calentito. **13 to get ~,** entrar en calor. **14 to keep someone's seat/post/etc. ~ (for him)**, (fam.) calentar la silla/el puesto a alguien. **15 to make it/things ~ for someone,** (fam.) **a)** crearle problemas a alguien; **b)** castigar a alguien. **16 ~ front,** FÍS. frente cálido. **17 to ~ up, a)** (brit.) recalentar (comida); **b)** calentar; **c)** motivar, cautivar el ánimo (de una audiencia, clase, etc.); **d)** (fam.) animar, dar vida (reuniones, fiestas, etc.); **e)** ponerse a punto (antes de entrar en competición). **18 to ~ something over,** (EE UU) **a)** calentar; **b)** recalentar (comida); **c)** repetir ideas, argumentos, etc. (sin añadir nada nuevo). **19 to ~ the cockles of one's heart,** ⇒ **cockle. 20 to ~ to/towards someone,** empezar a gustar o apreciar a alguien, caer bien: *they warmed to the new boss at once* = *el nuevo jefe les cayó bien al momento.* **21 to ~ to/towards something,** interesarse, entusiasmarse más por algo, hacerse a algo: *he eventually warmed to the idea* = *finalmente se hizo a la idea.*

warm-blooded [ˌwɔːm'blʌdɪd] *adj.* de sangre caliente, de temperatura corporal alta.

warm-hearted [ˌwɔːm'hɑːtɪd] *adj.* afectivo, cariñoso, atento, agradable.

warmly ['wɔːmlɪ] *adv.* cálidamente, con entusiasmo, con simpatía.

warmonger ['wɔːˌmʌŋgər] *s. c.* belicista, guerrero, agitador, pendenciero.

warmongering ['wɔːˌmʌŋgərɪŋ] *s. i.* **1** belicismo, agitación. • *adj.* **2** belicista.

warmth [wɔːmθ] *s. i.* **1** calor: *the warmth of the sun = el calor del sol.* **2** calor, abrigo, protección: *blankets of little warmth = mantas de poco abrigo.* **3** entusiasmo, calor: *he answered with no warmth = respondió sin entusiasmo.*

warm-up ['wɔːmʌp] *s. c.* preparación, puesta a punto, calentamiento (previos a una competición).

warn [wɔːn] *v. t.* e *i.* **1** (**to** ~ {**of/against**}) avisar, advertir, aconsejar, prevenir: *I warned you against going out at night = te advertí que no salieras de noche.* **2** avisar, informar: *warn the police if you're going away = avisa a la policía si te vas a ausentar.* ◆ **3 to** ~ **someone off/away,** advertir a alguien que se mantenga alejado: *his doctor warned him off drink = el médico le advirtió que se mantuviera alejado de la bebida.*

warning ['wɔːnɪŋ] *s. c.* **1** advertencia, aviso: *a warning against drugs = advertencia contra la droga.* **2** consejo (de no hacer algo): *the warning not to come back late = el consejo de no volver tarde.* **3** aviso previo, información: *she left without any warning = se marchó sin previo aviso.* ● *adj.* **4** de aviso: *to sound a warning signal = emitir una señal de aviso.*

warningly ['wɔːnɪŋlɪ] *adv.* como advertencia, en señal de aviso.

warp [wɔːp] *v. i.* **1** alabearse, torcerse, combarse, barquearse (madera): *this wood warps easily = esta madera se alabea fácilmente.* ● *v. t.* **2** (fig.) afectar, condicionar, influir: *warped by his bad experience = afectado por su experiencia negativa.* ● *s. sing.* **3** alabeo, comba, desnivel. **4** alteración, deformación (de carácter o personalidad). **5** urdimbre (tejido). **6** maroma, cable de arrastre (en barcos de pesca).

warpaint ['wɔːpeɪnt] *s. i.* **1** pintura, maquillaje de guerra (empleados por tribus primitivas antes de entrar en combate). **2** (hum.) maquillaje.

warpath ['wɔːpɑːθ] *s. c.* **1** senda de guerra. ◆ **2 on the** ~, **a)** en disposición de guerra (tribus indias norteamericanas); **b)** (fam.) enfadado, dispuesto a emprenderla con alguien.

warped [wɔːpt] *adj.* **1** alabeado, combado, barqueado: *a warped plank = una tabla alabeada.* **2** (fig.) retorcido, pervertido: *a warped mind = una mente retorcida.*

warrant ['wɒrənt ‖ 'wɔːrənt] *s. c.* e *i.* **1** (form.) justificación, derecho, autorización: *he had no warrant for doing that = no tenía derecho a hacerlo.* **2** DER. autorización, mandato, orden (escrita): *a search warrant = orden de registro.* **3** COM. título, garantía, derechos: *a warrant for dividends on shares = derechos para percibir dividendos.* ● *v. t.* **4** (form.) justificar, autorizar, dar derecho: *nothing warrants such punishment = nada justifica semejante castigo.* **5** (form.) garantizar: *to warrant that the product is authentic = garantizar que el producto es auténtico.* **6** (arc.) prometer, asegurar: *I warrant nobody will bother you = te aseguro que nadie te molestará.* ◆ **7 I** (**'ll**) ~ **you,** (arc.) te lo aseguro.

warranted ['wɒrəntɪd ‖ 'wɔːrəntɪd] *adj.* autorizado, garantizado, justificado.

warrantee [ˌwɒrən'tiː ‖ ˌwɔːrən'tiː] *s. c.* poseedor, titular, beneficiario (de una autorización, garantía o derecho).

warrant-officer ['wɒrəntˌɒfɪsər] *s. c.* **1** MIL. suboficial. **2** MAR. contramaestre.

warrantor ['wɒrəntɔːr] *s. c.* persona que otorga una autorización, garantía o derecho.

warranty ['wɒrəntɪ ‖ 'wɔːrəntɪ] *s. c.* e *i.* **1** (form.) autoridad, derecho (para hacer algo). **2** COM. garantía: *the car is still under warranty = el coche está en garantía todavía.*

warren ['wɒrən ‖ 'wɔːrən] *s. c.* **1** madriguera, conejera. **2** (fig.) colmena (humana), laberinto de calles.

warring ['wɔːrɪŋ] *adj.* enfrentado, en guerra, opuesto, contrario, encontrado: *warring families = familias enfrentadas; warring interests = intereses opuestos.*

warrior ['wɒrɪər ‖ 'wɔːrɪər] *s. c.* (form.) guerrero, combatiente.

warship ['wɔːʃɪp] *s. c.* barco, buque de guerra.

wart [wɔːt] *s. c.* **1** verruga. ◆ **2 warts and all,** (fam.) sin ocultar defectos o partes negativas: *the whole account of her life, warts and all = toda la historia de su vida, defectos incluidos.*

warthog ['wɔːthɒg] *s. c.* ZOOL. jabalí africano.

war-torn ['wɔːtɔːn] *adj.* asolado por la guerra.

warty ['wɔːtɪ] *adj.* cubierto de verrugas, verrugoso.

wartime ['wɔːtaɪm] *s. i.* guerra, tiempo de guerra.

wary ['weərɪ] *adj.* (~ {**of**}) cauto, cauteloso, desconfiado, receloso: *wary of strangers = desconfiado de los extraños.*

was [wɒz] (forma relajada [wəz]) *pret.* de **be.**

wash [wɒʃ ‖ wɔːʃ] *v. t.* e *i.* **1** lavar. **2** lavarse. **3** lavar (objetos): *this detergent washes well = este detergente lava bien.* **4** llevar, arrastrar (el agua): *to wash ashore = arrastrar hacia la orilla.* **5** (**to** ~ {**against/over**}) (lit.) avanzar, chapotear, romper, batir (el agua): *the waves washed against the boat = las olas chapotearon contra el barco.* **6** (**to** ~ {**with**}) (fam.) ser creíble, convencer, servir, colar: *that excuse won't wash with me = esa excusa no me sirve.* **7** lavar, cribar (arenas fluviales en busca de oro). **8** dar una capa de pintura líquida. ● *s. c.* **9** lavado (de uno mismo): *I'll have a wash = me lavaré.* **10** (EE UU) lavado, colada. **11** lugar, establecimiento de lavado (de coches): *car wash = lavado de coches.* **12** baño, chapoteo (de las olas). **13** capa de pintura (líquida y fina). ● *s. i.* **14** comida para cerdos (hecha de desperdicios). ● *adj.* **15** (EE UU) lavable: *wash cotton = algodón lavable.* ◆ **16 to come out in the** ~, (fam.) **a)** aparecer al final; **b)** hacerse público algo oculto y vergonzoso; **c)** resultar bien finalmente. **17 in the** ~, con la ropa sucia, dispuesto para ser lavado. **18 the** ~, **a)** lavado de ropa (el proceso): *all my shirts are in the wash = todas mis camisas se están lavando;* **b)** ropa para lavar: *there is a large wash = hay mucha ropa para lavar;* **c)** ruido de agua o viento (al chocar contra un vehículo en movimiento); **d)** olas y espuma (producidos por el paso de un barco). **19 to** ~ **away,** arrasar, destruir, arrastrar (el agua descontrolada): *the flood washed the bridge away = la crecida arrastró el puente.* **20 to** ~ **down (with something) a)** lavar (con manguera o chorro de agua): *to wash down a car = lavar un coche;* **b)** beber para pasar la comida, regar (la comida): *we washed our meal down with claret = regamos la comida con clarete.* **21 to** ~ **off,** limpiar, quitar, eliminar (manchas): *ink stains are hard to wash off = las manchas de tinta se quitan mal.* **22 to** ~ **one's dirty linen in public,** ⇒ **linen. 23 to** ~ **one's hands of something,** lavarse las manos de algo, no querer saber nada. **24 to** ~ **out, a)** limpiar, quitar manchas: *it will wash out in the rain = se quitará con la lluvia;* **b)** limpiar la parte interior de algo: *to wash out bottles = limpiar botellas;* **c)** interrumpir, suspender (acontecimientos a causa de la lluvia): *the match was completely washed out = el encuentro se suspendió a causa de la lluvia.* **25 to** ~ **over someone,** (fam.) resbalarle, no afectarle a uno: *the criticism seemed to wash over him = la crítica pareció resbalarle.* **26 to** ~ **up, a)** (brit.) fregar (los cacharros): *I hate washing up at night = odio fregar por la noche;* **b)** (EE UU) lavarse (el cuerpo); **c)** sacar a tierra (las olas del mar): *objects washed up from a wrecked ship = objetos de un naufragio sacados a tierra.*

washable ['wɒʃəbl] *adj.* lavable, que se lava fácilmente.

washbasin ['wɒʃˌbeɪsn] *s. c.* **1** lavabo. **2** palangana, jofaina.

washbowl ['wɒʃbəʊl] *s. c.* **1** (EE UU) lavabo. **2** (EE UU) palangana, jofaina.

washcloth ['wɒʃklɒθ] *s. c.* (EE UU) manopla, paño para lavarse.

washday ['wɒʃdeɪ] *s. c.* día de colada.

wash-drawing ['wɒʃˌdrɔːɪŋ] *s. c.* e *i.* dibujo (de pintura líquida y monocolor).

washed-out [ˌwɒʃt'aʊt] *adj.* **1** descolorido, gastado (tras varios lavados). **2** cansado, rendido, exhausto: *washed-out after hard work = rendido tras un duro trabajo.*

washed-up [ˌwɒʃt'ʌp] *adj.* (fam.) acabado, roto, arruinado, vencido, derrotado, fracasado: *their marriage was already washed-up = su matrimonio estaba ya roto.*

washer ['wɒʃər || 'wɔːʃər] *s. c.* **1** arandela, zapata. **2** (fam.) lavadora, lavandera. **3** lavadora.

washing ['wɒʃɪŋ || 'wɔːʃɪŋ] *s. c.* e *i.* **1** lavado: *it has shrunk after the first washing = ha encogido tras el primer lavado.* **2** ropa sucia, ropa para lavar o ya lavada y tendida, colada: *I have a pile of dirty washing = tengo un montón de ropa para lavar.* ◆ **3** ~ **powder,** jabón, detergente (para lavar la ropa). **4** ~ **soda,** carbonato sódico (para lavar la ropa). **5 to take in** ~, ser lavandera.

washing machine ['wɒʃɪŋməˌʃiːn] *s. c.* lavadora.

washing-up [ˌwɒʃɪŋ'ʌp] *s. i.* **1** (brit.) (fam.) fregado, fregar (los platos): *who is doing the washing-up? = ¿quién va a fregar los platos?* **2** platos sucios, cacharros sucios, fregadero. ◆ **3** ~ **liquid,** detergente lavavajillas, jabón líquido (de fregar).

washout ['wɒʃaut] *s. c.* (fam.) fracaso, ruina.

washroom ['wɒʃrum] *s. c.* (EE UU) lavabo, servicio, aseo.

washstand ['wɒʃstænd] *s. c.* (arc.) lavabo (mueble de dormitorio).

wasn't ['wɒznt] *pret.* de **to be,** (*contr.* de **was not**), ⇒ **be.**

wasp [wɒsp] *s. c.* ZOOL. avispa.

WASP o **Wasp** [wɒsp] (siglas de **White Anglo-Saxon Protestant**) *s. c.* y *adj.* (EE UU) (desp.) de origen anglosajón, blanco, protestante y de clase social privilegiada.

waspish ['wɒspɪʃ] *adj.* mordaz, sarcástico, puntilloso, irascible.

waspishness ['wɒspɪʃnɪs] *s. i.* mordacidad, sarcasmo, irascibilidad.

wastage ['weɪstɪdʒ] *s. i.* **1** derroche, despilfarro, dispendio, desperdicio: *wastage of energy = despilfarro de energía.* **2** bajas, pérdidas (por causas naturales).

waste [weɪst] *s. i.* **1** derroche, despilfarro, pérdida, dispendio: *a waste of time = una pérdida de tiempo; a waste of money = un derroche de dinero.* **2** residuos, desperdicios: *industrial waste = residuos industriales; radioactive waste = residuos radiactivos.* ● *v. t.* **3** (**to** ~ {**on**}) derrochar, despilfarrar, malgastar, tirar: *he's wasting his talents = está malgastando sus cualidades.* **4** desperdiciar, dejar pasar (oportunidades). **5** (form.) debilitar, consumir, perder, hacer perder (energía, vitalidad); atrofiar (cuerpo). **6** desaprovechar, hacer inútil, no saber apreciar: *fine clothes are wasted on her = ella no sabe apreciar la ropa elegante.* ● *adj.* **7** inútil, gastado, de tirar: *waste material = material inútil.* **8** de desagüe, de desecho: *waste pipes = tuberías de desagüe.* **9** perdido, abandonado, desolado: *waste ground = descampado, terreno abandonado.* ◆ **10 to go to** ~, desperdiciar, dejar sin aprovechar. **11 to lay to** ~**/to lay** ~ **to,** (lit.) aniquilar, destruir totalmente: *to lay waste to a civilization = aniquilar una civilización.* **12 to** ~ **away,** decaer, languidecer (la salud). **13 to** ~ **no time in doing something,** ponerse manos a la obra al momento. **14** ~ **not, want not,** quien no malgasta no pasa necesidades. **15 to** ~ **one's breath,** (fam.) gastar saliva inútilmente. **16** ~ **disposal,** tratamiento de residuos, eliminación de residuos. **17 wastes,** (lit.) perdidos, páramos salvajes e improductivos.

waste-basket ['weɪstbɑːskɪt] *s. c.* (EE UU) papelera.

wasted ['weɪstɪd] *adj.* **1** desaprovechado, echado a perder (una oportunidad). **2** innecesario, inútil: *a wasted journey = un viaje innecesario.* **3** cansado, débil, de aspecto enfermizo: *you look absolutely wasted = pareces muy cansado.*

wasteful ['weɪstful] *adj.* **1** derrochador, despilfarrador, manirroto, antieconómico (hábitos, métodos, procesos, etc.). **2** excesivo, pródigo, extravagante: *wasteful expenditure = gastos excesivos.*

wastefully ['weɪstfəlɪ] *adv.* derrochadoramente, pródigamente, antieconómicamente, excesivamente.

wastefulness ['weɪstfulnɪs] *s. i.* despilfarro, derroche, prodigalidad.

wasteland ['weɪstlænd] *s. c.* **1** yermo, tierra baldía: *an industrial wasteland = yermo a causa del desarrollo industrial.* **2** (fig.) experiencia inútil (cultural o espiritualmente).

waste paper [ˌweɪst'peɪpər] *s. i.* **1** papeles, basura. ◆ **2 waste-paper basket/bin,** papelera.

waster ['weɪstər] *s. c.* (desp.) **1** despilfarrador, derrochador, manirroto. **2** descuidado, vago, inútil.

wasting ['weɪstɪŋ] *adj.* que consume o debilita poco a poco, devastador, destructor: *a wasting disease = una enfermedad que consume poco a poco.*

wastrel ['weɪstrəl] *s. c.* (lit.) derrochador, despilfarrador, descuidado, manirroto.

watch [wɒtʃ] *v. t.* e *i.* **1** mirar, observar, contemplar: *we were just watching = sólo mirábamos.* **2** ver (televisión, deportes, etc.): *I never watch TV = nunca veo la televisión.* **3** vigilar, cuidar: *she watches her weight = ella vigila su peso.* **4** vigilar, ser responsable: *let her watch the baby = déjala que vigile al niño.* **5** cuidar, prestar atención: *watch what you say = cuida lo que dices.* **6** (**to** ~ {**at**}) (p.u.) estar despierto y vigilante. ● *s. c.* **7** reloj (de pulsera, de bolsillo). **8** guardia, vigilancia: *the sentry keeps watch = el centinela hace guardia.* **9** turno de servicio (en la tripulación de un buque). ● *s. sing.* **10** (arc.) ronda, patrulla de vigilancia nocturna. ● **11 to keep** ~ **(for someone/something),** vigilar, mantener vigilancia. **12 on the** ~ **(for someone/something),** en guardia. **13 on** ~, de servicio (la tripulación de un buque). **14 the watches,** horas de vigilia durante la noche. **15 under** ~, sometido a vigilancia (por razones de protección). **16 to** ~ **at someone/something,** (p.u.) permanecer en vela al cuidado de alguien o algo. **17 to** ~ **for,** esperar, buscar: *she watched for her chance to escape = esperó su oportunidad para escaparse.* **18 -watching,** observación de personas, animales, etc. (según determine la primera parte del compuesto) para su estudio: *bird-watching = observación de pájaros.* **19** ~ **it!,** (fam.) ¡ojo!, ¡cuidado!. **20 to** ~ **one's step,** (fam.) ir con tiento, andarse con cuidado. **21** ~ **out!,** ¡cuidado! **22 to** ~ **out for someone/something, a)** buscar; **b)** tener cuidado: *watch out for his temper = ten cuidado con su genio.* **23 to** ~ **over someone/something,** guardar, proteger. **24 to** ~ **the clock,** (fam.) estar deseando que algo acabe. **25 to** ~ **the time,** estar pendiente de la hora. **26** ~ **this space,** (fam.) espera nueva información, te mantendré informado. **27 to** ~ **the world go by,** observar lo que pasa alrededor. **28 you** ~, ya lo verás: *he'll be punished, you watch = le castigarán, ya lo verás.*

watchband ['wɒtʃbænd] *s. c.* (EE UU) correa, pulsera de reloj.

watch-chain ['wɒtʃtʃeɪn] *s. c.* cadena de reloj (de bolsillo).

watchdog ['wɒtʃdɒg] *s. c.* **1** perro guardián. **2** (fig.) vigilante, inspector, auditor.

watcher ['wɒtʃər] *s. c.* **1** espectador, observador, mirón. ◆ **2 -watcher,** observador, estudioso de personas o animales (según se determine en la primera parte del compuesto) para su estudio: *he is a serious bird-watcher = es un concienzudo estudioso de los pájaros.*

watchful ['wɒtʃful] *adj.* (~ {**for**}) vigilante, observador, atento: *he was watchful for any changes = se mantenía atento a cualquier cambio.*

watchfully ['wɒtʃfəlɪ] *adv.* vigilantemente, observadoramente, atentamente.

watchfulness ['wɒtʃfulnɪs] *s. i.* vigilancia, atención, desvelo.

watchmaker ['wɒtʃˌmeɪkər] *s. c.* relojero.

watchman ['wɒtʃmən] *s. c.* vigilante (de un edificio o área edificada).

watchmen ['wɒtʃmən] *pl.* de **watchman.**

watch-strap ['wɒtʃstræp] (*pl.* **watchmen**) *s. c.* correa, pulsera de reloj.

watch-tower ['wɒtʃˌtauər] *s. c.* atalaya, vigía.

watchword ['wɒtʃwəːd] *s. c.* consigna, lema.

water ['wɔːtər] *s. i.* **1** agua. **2** agua (corriente, doméstica): *turn the water off = cierra el agua.* **3** masa de agua (río, lago, etc.): *he fell in the water = cayó al agua.* **4** estado de la marea (pleamar, bajamar): *the boat left at high water = el barco partió en pleamar.* • *v. t.* **5** regar: *to water the plants = regar las plantas.* **6** abrevar, dar de beber (a animales): *to water the horses = abrevar los caballos.* **7** aguar, añadir agua: *to water the wine = aguar el vino.* **8** surcar, regar (ríos). • *v. i.* **9** llorar (los ojos): *the smoke makes my eyes water = el humo me hace llorar los ojos.* **10** hacerse agua (la boca): *the smell of food made his mouth water = el olor a comida le hizo la boca agua.* ◆ **11 above** ~, (fam.) fuera de graves dificultades (económicas). **12 to be in/get into hot** ~, (fam.) estar/meterse en dificultades. **13 to break waters,** romper aguas. **14 like a fish out of** ~, ⇒ **fish. 15 to hold** ~, (fam.) ser sólido, válido, capaz de someterse a prueba (argumentos, teorías, excusas, etc.). **16 in deep** ~, en graves dificultades. **17 to keep one's head above,** no tener deudas, aunque no sobre el dinero. **18 like** ~, (fam.) a manos llenas: *to spend money like water = gastar dinero a manos llenas.* **19 (like)** ~ **off a duck's back,** ⇒ **duck. 20 to make/pass** ~, (fam.) orinar. **21 to make** ~, hacer agua (barcos). **22 of the first** ~, de lo mejor, de primerísima calidad. **23 to pour/ throw cold** ~ **on** (**suggestions/ideas/ plans**), echar un jarro de agua fría, mostrar tibia acogida. **24 to pour oil on troubled waters,** tratar de apaciguar una desavenencia o disputa acalorada. **25 still waters run deep,** las apariencias engañan; hondas emociones se esconden a menudo detrás de una apariencia de tranquilidad. **26 to take to something like a duck to** ~, ⇒ **duck. 27 to test the water(s)**, tantear el terreno antes de aventurarse en mayores complicaciones. **28 under** ~, **a)** bajo el agua: *to swim under water = nadar bajo el agua;* **b)** inundado: *the field is under water = la parcela está inundada.* **29** ~ **on the brain/on the knee,** líquido en el cerebro, la rodilla, etc., como resultado de enfermedad. **30** ~ **under the bridge,** agua pasada (no mueve molino).

water-bed ['wɔːtəbed] *s. c.* colchón de agua.

water bird ['wɔːtəbəːd] *s. c.* ave acuática.

water biscuit ['wɔːtə,bɪskɪt] *s. c.* galleta de harina y agua (para ser acompañada de mantequilla y queso).

water blister ['wɔːtə,blɪstər] *s. c.* ampolla de agua.

waterborne ['wɔːtəbɔːn] *adj.* **1** transportado por barco (mercancía). **2** fluvial, marítimo (tráfico). **3** contagiado, transmitido por el agua (enfermedad).

water bottle ['wɔːtə,bɒtl] *s. c.* **1** botella de vidrio (para beber agua). **2** (brit.) cantimplora.

water-buffalo ['wɔːtə,bʌfələu] *s. c.* ZOOL. búfalo asiático (empleado como animal de labor).

water-butt ['wɔːtəbʌt] *s. c.* tubo, cañón (para recoger el agua del tejado).

water cannon ['wɔːtə,kænən] *s. c.* propulsor de agua (usado para dispersar grupos de personas).

water chestnut ['wɔːtə,tʃesnʌt] *s. c.* castaña de agua (empleada como ingrediente culinario).

water-closet ['wɔːtə,klɒzɪt] *s. c.* (arc.) lavabo, aseo, retrete, servicio.

watercolour ['wɔːtə,kʌlər] (en EE UU **watercolor**) *s. c.* **1** acuarela. ◆ **2 watercolours,** pinturas para ser mezcladas con agua.

watercourse ['wɔːtəkɔːs] *s. c.* conducto de agua, canal, cauce.

watercress ['wɔːtəkres] *s. i.* BOT. berro, mastuerzo.

watered-down ['wɔːtəd,daun] *adj.* (desp.) aguado, rebajado, devaluado.

waterfall ['wɔːtəfɔːl] *s. c.* cascada, catarata, salto de agua.

waterfowl ['wɔːtəfaul] *s. pl.* aves acuáticas.

waterfront ['wɔːtəfrʌnt] *s. c.* muelle, puerto, dársenas.

water-hole ['wɔːtəhəul] *s. c.* charco, charca.

water-ice ['wɔːtəraɪs] *s. c.* e *i.* (brit.) sorbete, helado.

watering-can ['wɔːtərɪŋkæn] *s. c.* regadera.

watering-hole ['wɔːtərɪŋhəul] *s. c.* **1** charco. **2** (hum.) taberna.

water jump ['wɔːtədʒʌmp] *s. c.* DEP. obstáculo con agua (competiciones deportivas).

waterless ['wɔːtəlɪs] *adj.* árido, seco, sediento.

water lily ['wɔːtə,lɪlɪ] *s. c.* BOT. nenúfar.

water-line ['wɔːtəlaɪn] *s. c.* **1** línea de flotación (de embarcaciones). ◆ **2 the light** ~, línea de flotación en vacío. **3 the load** ~, línea de flotación con carga.

waterlogged ['wɔːtəlɒgd ‖ 'wɔːtəlɔːgd] *adj.* empapado, saturado, inundado, anegado.

water main ['wɔːtəmeɪn] *s. c.* tubería principal (del abastecimiento de agua).

watermark ['wɔːtəmɑːk] *s. c.* **1** filigrana, marca del papel (visible al contraluz). **2** marca, señal del nivel del agua.

water-meadow ['wɔːtə,medəu] *s. c.* vega.

watermelon ['wɔːtə,melən] *s. c.* e *i.* sandía.

water-mill ['wɔːtəmɪl] *s. c.* molino de agua.

water-pistol ['wɔːtə,pɪstl] *s. c.* pistola de agua.

water polo ['wɔːtə,pəuləu] *s. i.* DEP. waterpolo.

water-power ['wɔːtə,pauər] *s. i.* energía hidráulica.

waterproof ['wɔːtəpruːf] *adj.* **1** impermeable, a prueba de agua. • *s. c.* **2** impermeable. • *v. t.* **3** impermeabilizar.

water-rat ['wɔːtəræt] *s. c.* ZOOL. rata de agua.

water-rate ['wɔːtə,reɪt] *s. c.* (brit.) tarifa del agua.

water-resistant ['wɔːtərɪ,zɪstənt] *adj.* resistente al agua, a prueba de agua.

waters ['wɔːtəz] *s. pl.* **1** aguas territoriales: *fishing in Spanish waters = pescando en aguas territoriales españolas.* **2** aguas fluviales: *the waters of the Thames = las aguas del Támesis.* **3** aguas medicinales: *to take the waters = tomar las aguas.*

watershed ['wɔːtəʃed] *s. c.* **1** vertiente, línea divisoria de aguas. **2** (fig.) cambio profundo, punto decisivo.

waterside ['wɔːtəsaɪd] *s. sing.* **1** orilla, ribera. • *adj.* **2** ribereño.

water-ski ['wɔːtəskiː] *s. c.* **1** esquí acuático. ◆ *v. i.* **2** hacer esquí acuático.

water-skiing ['wɔːtə,skiːɪŋ] *s. i.* DEP. esquí acuático.

water-softener ['wɔːtə,sɒfnər] *s. c.* e *i.* suavizador de agua.

water-soluble ['wɔːtə,sɒljubl] *adj.* soluble, diluible en agua.

waterspout ['wɔːtəspaut] *s. c.* tromba marina.

water-supply ['wɔːtəsə,plaɪ] *s. c.* e *i.* **1** abastecimiento de agua. **2** agua embalsada, reserva de agua (para abastecer una población).

water-table ['wɔːtə,teɪbl] *s. c.* nivel de los acuíferos subterráneos.

watertight ['wɔːtətaɪt] *adj.* **1** hermético, seguro, de cierre perfecto. **2** (fig.) irrecusable, lógico, cuidadoso, minucioso (plan, coartada, excusa, etc.).

water-tower ['wɔːtə,tauər] *s. c.* depósito de agua elevado.

water-vole ['wɔːtə,vəul] *s. c.* ZOOL. rata de agua.

waterway ['wɔːtəweɪ] *s. c.* vía fluvial, canal navegable.

water-wheel ['wɔːtəwiːl] *s. c.* rueda hidráulica.

water-wings ['wɔːtə,wɪŋz] *s. pl.* flotadores, nadaderas.

waterworks ['wɔːtəwɔːks] *s. pl.* **1** sistema de abastecimiento de agua. **2** (brit. y euf.) sistema urinario humano. ◆ **3 to turn on the** ~, (fam.) romper a llorar.

watery ['wɔːtərɪ] *adj.* **1** (desp.) aguado, acuoso, ligero, claro: *watery coffee = café ligero.* **2** de color pálido: *a watery sun = un sol pálido.* **3** húmedo, que amenaza lluvia: *a watery sky = cielo que amenaza lluvia.* **4** (lit.) en el agua, ahogado: *a watery grave = muerte en el agua (ahogado).*

watt [wɒt] *s. c.* vatio.

wattage ['wɒtɪdʒ] *s. i.* vataje.

wattle ['wɒtl] *s. c.* e *i.* **1** zarzo. **2** carúncula, barba (del pavo o del gallo). **3** BOT. acacia australiana.

wattle-and-daub [,wɒtlən'dɔːb] *s. i.* mezcla de zarzo y barro (usada antiguamente en la construcción de paredes).

wave [weɪv] *s. c.* **1** ola. **2** ademán, movimiento de mano (de saludo, despedida, etc.). **3** (~ {**of**}) oleada, corriente (de algún tipo de sentimiento, conducta, etc.): *a wave of enthusiasm = ola de entusiasmo; a cold wave = ola de frío.* **4** onda (de transmisión de energía): *sound waves = ondas sonoras.* **5** cabello ondulado (natural o artificialmente). • *v. t.* e *i.* **6** (**to** ~ {**at**}) agitar la mano (en señal de saludo, despedida, etc.): *he waved at us as he left = nos saludó con la mano al partir.* **7** expresar saludo/despedida (moviendo la mano): *she waved us goodbye = nos decía adiós con la mano.* **8** dirigir, ordenar, organizar (con la mano). **9** ondear (la bandera). **10** ondular, ser/crecer ondulado (el pelo): *her hair waves naturally = su pelo es ondulado.* ♦ **11 in waves**, en oleadas: *the invaders came in waves = los invasores llegaron en oleadas.* **12 the waves,** (form.) el mar. **13 to ~ along/away/ on/etc.**, indicar con la mano, hacer señas para que alguien o algo siga, avance, etc.: *he waved them away = les indicó que se retiraran; the policeman waved the car on = el policía hizo señas para que el coche avanzara.* **14 to ~ aside,** rechazar (ideas, sugerencias, etc.) como irrelevantes: *his plan was waved aside = rechazaron su plan.* **15 to ~ down,** indicar a alguien con la mano que se detenga: *he waved the driver down = indicó al conductor que detuviera el coche.*

waveband ['weɪvbænd] *s. c.* FÍS. banda de onda.

wavelength ['weɪvleŋθ] *s. c.* **1** FÍS. longitud de onda. ♦ **2 on the same ~**, en la misma longitud de onda, en sintonía.

waver ['weɪvər] *v. i.* **1** desfallecer, flaquear, debilitarse: *his courage never wavered = su valor nunca flaqueó.* **2** vacilar, dudar, oscilar: *to waver between two points of view = dudar entre dos puntos de vista.* **3** debilitarse, parpadear (luz, llama, etc.).

wavering ['weɪvərɪŋ] *adj.* indeciso, vacilante, inseguro, irresoluto, tembloroso (personas, pasos, voz, etc.).

wavily ['weɪvɪlɪ] *adv.* onduladamente, ondulantemente.

waviness ['weɪvɪnɪs] *s. i.* ondulación.

wavy ['weɪvɪ] *adj.* ondulado, ondulante, curvo: *a wavy line = línea curva.*

wax [wæks] *s. i.* **1** cera, cerumen. • *v. t.* **2** encerar, dar cera. • *v. i.* **3** (lit.) estar en cuarto creciente (la luna). **4** (**to** ~ **+** *adj.*) (arc.) ponerse, convertirse, hacerse: *to wax lyrical = ponerse poético.* ♦ **5 to ~ and wane,** crecer y decrecer en importancia, brillar y extinguirse: *empires have waxed and waned = los imperios han brillado para luego extinguirse.* **6 wax(ed) paper,** papel encerado.

waxen ['wæksən] *adj.* **1** (form.) pálido: *a waxen complexion = aspecto pálido.* **2** (arc.) de cera.

waxwork ['wækswɜːk] *s. c.* **1** figura de cera (de tamaño y aspecto naturales). ♦ **2 waxworks,** museo de cera.

waxy ['wæksɪ] *adj.* pálido, como la cera: *waxy skin = piel pálida.*

way [weɪ] *s. c.* **1** camino, ruta (a seguir): *is this the way out? = ¿es ésta la salida?* **2** dirección: *which way is the station? = ¿en qué dirección cae la estación?; come this way = por aquí.* **3** manera, modo, forma (de hacer algo): *cook it this way = cocínalo de este modo (así).* **4** distancia (cerca, lejos, etc.): *a long way from home = lejos de casa.* **5** forma, estilo, aire (característico de conducta): *he smiles in a superior way = sonríe con aires de superioridad.* **6** aspecto, punto de vista, ángulo: *there are two ways to look at it = hay dos aspectos a considerar.* **7** opción (entre dos o más alternativas): *they're deciding which way to cast their vote = están decidiendo a qué opción votar.* **8** opinión, actitud: *she still feels the same way = mantiene la misma opinión.* ♦ **9 across/over the ~**, cerca, en frente, al otro lado de la calle: *we live just across the way = vivimos ahí enfrente.* **10 all the~/ most of the ~/half the ~**, todo/la mayor parte/la mitad del camino o trecho. **11 a long ~/quite a ~/a little ~**, lejos/bastante lejos/un poco lejos. **12 always the ~**, (fam.) como siempre, para no variar (de algo negativo). **13 as is the ~/that's the ~**, típico, como suele suceder. **14 to be on one's ~**, estar de camino, haber comenzado ya el viaje. **15 to be on the ~/on its ~**, estar a punto de llegar, estar próximo a aparecer: *the book is on its way = el libro va a aparecer próximamente.* **16 to be well on one's ~** (**to something**), tener mucho camino andado, estar ya cerca de conseguir algo. **17 by a long ~**, con mucho, sin comparación: *that's my favourite programme by a long way = ése es con mucho mi programa favorito.* **18 by the ~**, a propósito. **19 by ~ of,** a modo de, a guisa de: *he gave us his visiting card by way of an introduction = nos dió su tarjeta de visita a modo de presentación.* **20 to come one's ~**, encontrarse con algo sin esfuerzo, salirle a uno al paso: *opportunities came my way = las oportunidades me salieron al paso.* **21 either ~**, de una u otra forma, en cualquier caso. **22 to get/have one's ~**, salirse con la suya, conseguir hacer las cosas de la manera que uno quiere: *he always gets his way = siempre consigue hacer las cosas a su manera.* **23 to get in the ~**, estar en medio, estorbar, obstaculizar. **24 to get into/out of the ~ of (doing) something,** habituarse/perder el hábito de hacer algo. **25 to give ~**, romperse, hundirse, ceder (por efecto del peso). **26 to give ~** (**to someone/something**), **a)** ceder el paso (tráfico): *give way to traffic from the right = ceda el paso al tráfico de la derecha;* **b)** ceder, rendirse: *to give way to despair = rendirse a la desesperación;* **c)** hacer concesiones, ceder; **d)** dar paso, abrirse: *the storm gave way to bright sunshine = la tormenta dio paso a un sol brillante.* **27 to go one's own ~**, hacer lo que uno quiere al margen de los demás. **28 to go on one's ~**, continuar el viaje de uno. **29 to go out of one's ~ to do something,** desvivirse por hacer algo. **30 to have a ~ of doing something,** hacer algo frecuentemente. **31 to have a ~ with one,** tener el don de atraer o persuadir a otros. **32 to have a ~ with someone/something,** tener una mano especial, dársele bien a uno: *she has a way with difficult children = tiene una mano especial con los niños difíciles.* **33 to have it all/everything one's own ~**, resultar todo como uno quiere. **34 to have it one's (own) ~**, salirse con la suya, hacer algo como a uno le gusta (aunque lo acepten mal): *have it your way = hazlo como te plazca.* **35 to have one's evil/wicked ~ with a woman,** (arc. y fam.) seducir y acostarse con una mujer. **36 in a big/small ~**, a gran/pequeña escala: *he went into business in a big way = se introdujo en los negocios a lo grande.* **37 in a good/bad ~**, en buen/mal estado. **38 in a ~/in some ways/in many ways/in every ~**, en uno/algunos/muchos/todos los aspectos. **39 in more ways than one,** en más de un sentido. **40 in no ~/not in any ~**, en absoluto: *I wasn't put off in any way = en absoluto me hicieron desistir.* **41 in one's (own) ~**, a su manera, sólo en algún aspecto: *in his own way he tried to be a good father = a su manera, intentó ser un buen padre.* **42 in the same ~**, del mismo modo. **43 in the ~ of,** en concepto de, en cuanto, a : *he got very little in the way of wages = consiguió muy poco en concepto de sueldo.* **44 in the ~ that/in a ~ that,** de forma tal, como: *it affected her in a way that nothing else had done = le afectó como nada lo había hecho.* **45 to keep out of someone's ~**, evitar a alguien. **46 to know/to have learned one's ~ about/around,** saber por dónde anda uno. **47 to lose one's ~**, perderse. **48 to make one's ~ (somewhere)**, (form.) ir, dirigirse, trasladarse. **49 to make ~**, ceder/dejar sitio, ahuecar. **50 no two ways about it,** sin duda alguna al respecto. **51 no ~**, (fam.) no, ni hablar. **52 one ~ or another/the other,** de todas formas, en cualquier caso. **53 on one's ~**, en el camino o viaje, durante el camino o viaje: *they spoke very little on their way back = hablaron muy poco en su viaje de vuelta.* **54 on the ~/along the ~**, **a)** durante el viaje; **b)** en el transcurso, durante el proceso (de un acontecimiento, gestión, aventura, etc.): *of course, there were* *some problems along the way = por supuesto, surgieron problemas durante el proceso.* **55 on the ~ out,** pronto a desaparecer o ser reemplazado (personas, cargos). **56 out of one's ~,** a trasmano. **57 to see one's ~ clear,** (fam.) ver la manera de llevar algo a cabo. **58 to see/realize the error of one's ways,** admitir los errores propios. **59 (something is) out of the ~/to have something out of the ~,** quedar algo resuelto, no constituir problema. **60 to take the easy ~ out,** hacer lo fácil y no lo que es debido. **61 that's the ~,** estupendo, me alegro (de que estés bien o de que te vayan bien las cosas). **62 that's the ~ the cookie crumbles,** (EE UU) (fam.) así es la vida. **63 that ~/this ~,** así, de esa/esta manera. **64 the other ~ (a)round,** al revés. **65 there's no ~/there isn't any ~,** no hay manera, no hay posibilidad alguna. **66 the ~ of the world,** así es la vida. **67 to go the ~ of all flesh,** morir como todo el mundo. **68 to my ~ of thinking,** en mi opinión. **69 under ~,** en proceso, realizándose. **70 ~ of life, a)** estilo de vida (de una persona, grupo, etc.): *the American way of life = el estilo de vida de los norteamericanos;* **b)** vocación: *teaching is more a way of life than a job = la enseñanza es más una vocación que una profesión.* **71 -way,** dirección, banda, parte, etc. (según determine el numeral de la primera parte del compuesto): *a two-way radio = radio de doble dirección; a three-way conversation = conversación a tres bandas; a four-way split = división en cuatro partes.* **72 ways, a)** destinos, vidas, trayectorias, caminos: *their ways parted = sus destinos se separaron;* **b)** partes, porciones: *the money was divided three ways = se dividió el dinero en tres partes;* **c)** costumbres, manías: *we all have our funny little ways = todos tenemos nuestras pequeñas manías;* **d)** (EE UU) camino, trecho, distancia: *we've a long way to go yet = todavía nos queda un buen trecho.* **73 you can't have it both ways,** o una cosa o la otra.

wayfarer ['weɪˌfeərər] *s. c.* (lit.) caminante.

waylay [weɪ'leɪ] *v. t.* (*pret.* y *p. p.irreg.* **waylaid**) **1** salir al paso de, abordar (personas): *to waylay somebody on the street = abordar a alguien en la calle.* ◆ **2 to get waylaid,** entretenerse.

waylaid [weɪ'leɪd] *pret.* y *p. p. irreg.* **waylay.**

way-out [weɪ'aʊt] *adj.* (fam.) ultramoderno, raro: *way-out clothes = ropa ultramoderna.*

wayside ['weɪsaɪd] (arc.) *s. c.* **1** lado, borde de la carretera. ◆ **2 to fall by the ~,** fracasar en el intento de conseguir algo.

wayward ['weɪwəd] *adj.* voluble, egoísta, porfiado, díscolo.

w.c. [ˌdʌblju:'si:] (*abrev.* de **water closet**) *s. c.* servicio, lavabo, aseo (usado en publicidad de viviendas, principalmente).

we [wi:] *pron. pers.* **1** nosotros (hablante y otro/otros): *we study English = (nosotros) estudiamos inglés; we went by car = (nosotros) fuimos en coche.* **2** nosotros (el escritor y sus lectores, el profesor y sus alumnos, etc.): *we saw in chapter I... = vimos en el capítulo I...* **3** (form.) nos (mayestático). **4** (form.) nosotros (los humanos, la gente, en general): *do we have the right to spoil the environment? = ¿tenemos derecho a deteriorar el medio ambiente?* **5** (fam.) nosotros (referido a niños, enfermos, ancianos, etc.): *and how are we feeling today? = ¿qué, cómo estamos hoy?*

OBS. El sujeto pronominal, **we** en este caso, va siempre expreso en la frase inglesa, por carecer el verbo inglés de marca de persona en la mayoría de sus tiempos. En español, por el contrario, el pronombre personal en funciones de sujeto no suele ir expreso, a no ser que esté enfatizado.

weak [wi:k] *adj.* **1** débil, flojo: *weak after illness = débil tras una enfermedad.* **2** débil, blando (de carácter): *a weak leader = un líder blando.* **3** claro, poco cargado: *weak tea = té poco cargado.* **4** flojo, deficiente, imperfecto, defectuoso (sentidos): *weak eyesight = vista deficiente.* **5** tenue, mortecino: *a weak light = una luz mortecina.* **6** inconsistente, poco convincente (excusas, argumentos, etc.): *weak evidence = prueba inconsistente.* **7** limitado, corto, sin éxito, sin atractivo (ideas, movimientos, corrientes, etc.): *the movement proved weak internationally = el movimiento no tuvo éxito internacional.* ◆ **8 a ~ moment,** un momento de debilidad o descuido. **9 the ~,** los débiles: los pobres, enfermos, marginados, etc. (presas fáciles de explotación). **10 ~ at the knees,** (fam.) flojo en momentos en que hay que demostrar fortaleza. **11 ~ in the head,** (fam.) retrasado mental, bobo, ingenuo.

weaken ['wi:kən] *v. t.* e *i.* **1** debilitar, debilitarse, flaquear, desfallecer. **2** ablandarse, ceder (a ruegos, presiones, etc.). **3** bajar, perder valor (la moneda): *the dollar could weaken further = el dólar podría seguir bajando.* **4** debilitar, reducir (la fuerza de una postura o un argumento): *they tried to weaken the position of the strikers = trataron de debilitar la postura de los huelguistas.*

weakening ['wi:kənɪŋ] *s. i.* debilitamiento.

weak-kneed [ˌwi:k'ni:d] *adj.* (fam.) débil, inconstante, sin voluntad.

weakling ['wi:klɪŋ] *s. c.* **1** ser delicado, persona enfermiza. **2** cobarde.

weakly ['wi:klɪ] *adv.* débilmente, flojamente, tenuemente, deficientemente.

weakness ['wi:knɪs] *s. i.* **1** debilidad, inconsistencia, desvalorización. ● *s. c.* **2** punto flaco, debilidad: *food is one of her weaknesses = la comida es una de sus debilidades.*

weal [wi:l] *s. c.* contusión, moratón, verdugón, cicatriz, señal.

wealth [welθ] *s. i.* **1** riqueza, fortuna (dinero, propiedades, etc.): *a man of wealth = un hombre de gran fortuna.* ● *s. sing.* **2 (a ~ of)** (form.) riqueza de, abundancia de, profusión de: *a book with a wealth of illustrations = un libro con profusión de ilustraciones.*

wealthy ['welθɪ] *adj.* **1** rico, adinerado, acaudalado, hacendado (personas). **2** (~ {**in**}) rico, abundante, pródigo (lugares, pueblos, etc.): *a country wealthy in historic monuments = un país rico en monumentos históricos.* ● **3 the ~,** los ricos, (Am.) los amonedados.

wean [wi:n] *v. t.* **1** destetar (personas, animales). **2** (**to ~** {**from/off**}) desacostumbrar, deshabituar, apartar, alejar: *to wean from smoking = deshabituar del tabaco.* ◆ **3 to ~ someone on something,** crear/desarrollar una fuerte dependencia: *children are being weaned on TV = se está creando en los niños una fuerte dependencia de la televisión.*

weaning ['wi:nɪŋ] *s. i.* destete.

weapon ['wepən] *s. c.* **1** arma. **2** (fig.) arma, aliado, recurso, instrumento: *cunning is his best weapon = la astucia es su mejor arma.*

weaponry ['wepənrɪ] *s. i.* armamento, armas.

wear [weər] (*pret. irreg.* **wore,** *p. p. irreg.* **worn**) *v. t.* **1** llevar puesto, vestir, lucir (ropa, complementos, adornos, etc.): *he wears expensive clothes = viste ropa cara; she wore dark glasses = llevaba gafas oscuras.* **2** (lit.) lucir, manifestar, exteriorizar (determinadas expresiones): *she wore a bright look = lucía una expresión radiante.* **3** (brit.) (fam.) aceptar, tragar, aguantar, pasar por ello: *he wanted to buy the flat but his wife wouldn't wear it = él quería comprar el piso, pero su mujer no tragaba.* ● *v. i.* **4** gastarse, envejecer, llevar (mal) la edad: *he has worn badly = ha envejecido mucho.* **5** durar, aguantar (el tiempo): *this carpet wears well = esta moqueta aguanta bien.* ● *s. i.* **6** uso (de ropa): *a suit for everyday wear = un traje para uso diario.* **7** desgaste, deterioro (por el uso): *your trousers show signs of wear = tus pantalones ya se ven muy usados.* **8** vida, (capacidad de) uso: *there's still a lot of wear left in these tyres = aún les queda mucha vida a estas ruedas.* **9** ropa: *evening wear = ropa de noche.* ◆ **10 the worse for ~,** (fam.) **a)** cansado, desmejorado; gastado, deteriorado (por exceso de trabajo o uso); **b)** borracho, ebrio. **11 ~ and tear,** uso, desgaste por el uso. **12 to ~ off,** remitir, debilitarse, desaparecer progresivamente: (sentimientos, sensaciones, etc.): *eventually the pain wore off = finalmente desapareció el dolor.* **13 to ~ on,** transcurrir, alargarse, prolongarse: *the evening wore on = iba transcurriendo la tarde.* **14 to ~ one's heart on one's sleeve,** (fam.) dejar traslucir los sentimientos. **15 to ~ (something) away,** gastar, deteriorar, borrar, erosionar, desaparecer: *the inscription has worn away = la inscripción se ha borrado.* **16 to ~ something/someone down, a)** gastar; **b)** reducir, debilitar: *our insistence wore their opposition down = nuestra insistencia debilitó su oposición.* **17 to ~ something/someone out, a)** gastar, destrozar, dejar para el arrastre: *I wore out two pairs of shoes in a week = destrocé dos pares de zapatos en una semana;* **b)** cansar, dejar molido: *the children are wearing me out = los niños me están dejando molido.* **18 to ~ the trousers,** (fam.) llevar los pantalones, mandar. **19 to ~ thin,** estar a punto de acabarse, perder utilidad o interés, dejar de convencer: *his excuses are wearing a bit thin = sus excusas ya no convencen.*

wearable ['weərəbl] *adj.* que se puede llevar o poner, decente, en buen uso.

wearer ['weərər] *s. c.* usuario, el que viste (ropa, calzado, etc.).

wearied ['wɪərɪd] *adj.* (form.) muy cansado, harto.

wearily ['wɪərɪlɪ] *adv.* cansadamente, fatigadamente, aburridamente.

weariness ['wɪərɪnɪs] *s. i.* cansancio, fatiga, abatimiento, aburrimiento.

wearing ['weərɪŋ] *adj.* **1** cansado, pesado, agotador, molesto: *a wearing job = un trabajo agotador.* **2** perjudicial, nocivo (por debilitar, gastar, etc.): *it is wearing on the mechanism = es perjudicial para el mecanismo.*

wearisome ['wɪərɪsəm] *adj.* (form.) cansado, pesado, agotador, frustrante.

weary ['wɪərɪ] *adj.* **1** cansado, exhausto, agotado. **2** aburrido, desinteresado, harto. **3** (form.) cansado, fatigoso, agotador, pesado, fastidioso, aburrido. • (form.) *v. i.* **4** cansarse, hartarse, estar harto. *I was beginning to weary = comenzaba a estar harto.* • *v. t.* **5** cansar, fatigar, aburrir: *she wearies you with her questions = cansa con sus preguntas.*

weasel ['wiːzl] *s. c.* **1** ZOOL. comadreja. ◆ **2 to ~ out (of),** (EE UU) (fam.) eludir responsabilidades, escurrir el bulto.

weather ['weðər] *s. i.* **1** tiempo (atmosférico): *what's the weather like? = ¿qué tiempo hace?* • *v. t.* **2** aguantar, hacer frente, superar: *to weather a crisis = superar una crisis.* • *v. i.* **3** erosionarse. **4** curarse o secarse (la madera), curtirse (la piel): *wood weathers better if it is treated = la madera cura mejor si se la trata.* ◆ **5 in all weathers,** haga frío o haga sol. **6 to keep a ~ eye open,** estar ojo avizor. **7 to make heavy ~ (of something),** complicar las cosas, hacer algo más difícil de lo que es. **8 under the ~,** (fam.) ligeramente indispuesto. **9 ~ forecast,** pronóstico meteorológico. **10 ~ forecaster,** pronosticador del tiempo. **11 ~ station,** estación meteorológica.

weather-beaten ['weðəˌbiːtn] *adj.* curtido por el tiempo (la cara).

weathercock ['weðəkɒk] *s. c.* veleta.

weatherman ['weðəmæn] *s. c.* hombre del tiempo.

weathermen ['weðəmən] *pl.* de **weatherman.**

weatherproof ['weðəpruːf] *adj.* **1** resistente a la lluvia y a las bajas temperaturas, a prueba de intemperie. • **2 to be ~,** resistir a la lluvia y a las bajas temperaturas.

weathervane ['weðəveɪn] *s. c.* veleta.

weave [wiːv] (*pret.* **wove** o **weaved,** *p.p. irreg.* **woven**) *v. t.* **1** tejer. **2** urdir, tramar: *to weave a complicated plan = urdir un plan complicado.* **3** (**to ~ {together}**) entramar, entrelazar: *he wove some branches together for the roof = entrelazó unas ramas para hacer el techo.* **4** entretejer, trenzar: *when birds weave their nests = cuando los pájaros entretejen sus nidos.* • *v. i.* **5** abrirse paso, avanzar (sorteando obstáculos): *he weaved his way through the crowd = se abrió paso entre la multitud.* • *s. c.* **6** tejido, textura: *a tight weave = textura prieta.* • **7 to get weaving,** (brit.) (fam.) aplicarse a la tarea.

weaver ['wiːvər] *s. c.* tejedor.

weaving ['wiːvɪŋ] *s. i.* tejido, tejeduría.

web [web] *s. c.* **1** tela, tejido. **2** telaraña (de araña). **3** (fig.) red, entramado, sarta: *a complex web of lies = una compleja sarta de mentiras.* **4** membrana (palmípedos). ◆ **5 the Web,** la Telaraña (mundial), la Web. **6 Web page,** página Web. **7 Web site,** sitio (Web).

webbed [webd] *adj.* palmeado.

webbing ['webɪŋ] *s. i.* lona, cincha, correa, banda trenzada.

wed [wed] (*pret. y p.p.* **wedded** o **wed**) *v. t.* e *i.* (lit.) casarse, unirse en matrimonio: *they wed in April = se casaron en abril.*

we'd [wɪd] *contr.* **1 we had. 2 we would.**

wedded ['wedɪd] *adj.* (form.) **1** casado, legítimo. **2** (~ **{to}**) comprometido, empeñado: *wedded to her ideas = comprometida con sus ideas.* **3** (~ **{to}**) relacionado, vinculado, aferrado, inseparable: *beauty wedded to simplicity = la belleza inseparable de la sencillez.*

wedding ['wedɪŋ] *s. c.* boda, casamiento, enlace matrimonial.

wedge [wedʒ] *s. c.* **1** cuña, calce, calza. **2** tronco, porción, pedazo (de queso o tarta). • *v. t.* **3** acuñar, calzar, fijar con cuñas: *to wedge a window open = fijar una ventana con cuñas.* **4** meter a presión, encajar, apretarse: *he was wedged between two other passengers = estaba apretado entre otros dos pasajeros.* ◆ **5 to drive a ~ (between people),** enemistar a terceras personas entre sí para beneficio propio. **6 the thin end of the ~,** el principio de muchos males.

wedlock ['wedlɒk] *s. i.* **1** (form.) matrimonio, estado de casado. ◆ **2 born in ~,** nacido dentro del matrimonio, legítimo. **3 born out of ~,** nacido fuera del matrimonio, ilegítimo (hijo).

Wednesday ['wenzdɪ] *s. c.* e *i.* miércoles.

wee [wiː] *adj.* **1** (fam.) pequeño, diminuto, pequeñito (Escocia): *a wee fishing place = un pequeñito enclave pesquero.* • *s. i.* **2** (fam.) pipí. • *v. i.* **3** (fam.) hacer pipí.

weed [wiːd] *s. c.* **1** mala hierba. **2** ova. **3** (brit. y juv.) enclenque, pasmarote. **4** (fam.) tabaco, marihuana. • *v. t.* e *i.* **5** escardar. ◆ **6 weeds,** (arc.) (ropa de) luto: *she wears her widow's weeds = viste el luto de viuda.* **7 to ~ someone/something out,** deshacerse de los incompetentes o de otros obstáculos para que un negocio rinda más.

weeding ['wiːdɪŋ] *s. i.* escarda, desherbaje, limpieza de hierbas.

weedkiller ['wiːdˌkɪlər] *s. c.* herbicida.

weedy ['wiːdɪ] *adj.* **1** perdido, cubierto de hierbas. **2** escuálido, enclenque, inerte.

week [wiːk] *s. c.* **1** semana. **2** (fam.) semana laboral, días laborables: *I never cook during the week = nunca cocino en días laborables.* ◆ **3 a ~ last Monday/yesterday/etc.,** el lunes/ayer/etc. hizo ocho días. **4 for weeks on end,** durante largo tiempo. **5 from ~ to ~,** de una semana para otra, en cuestión de semanas. **6 today/tomorrow/Monday/etc. ~,** desde hoy/ mañana/el lunes/etc. en ocho días. **7 ~ after ~,** semana tras semana. **8 ~ by ~,** todas las semanas, continuamente. **9 ~ in, ~ out,** una semana sí y la otra también.

weekday ['wiːkdeɪ] *s. c.* día laborable, día entre semana.

weekend [ˌwiːk'end ‖ 'wiːkend] *s. c.* **1** fin de semana. • *v. i.* **2** pasar el fin de semana: *they're weekending in the country = están pasando el fin de semana en el campo.* ◆ **3 long ~,** puente.

weekender [ˌwiːk'endər] *s. c.* residente de fin de semana.

weekly ['wiːklɪ] *adj.* **1** semanal: *a weekly newspaper = periódico semanal; weekly earnings = haberes semanales.* • *adv.* **2** semanalmente, a la semana, por semana: *we meet weekly = nos reunimos semanalmente.* • *s. c.* **3** semanario, publicación semanal: *they control three weeklies = controlan tres semanarios.*

weeny ['wiːnɪ] *adj.* (fam.) pequeñito, diminuto; poquito.

weep [wiːp] (*pret.* y *p. p. irreg.* **wept**) *v. i.* (lit.) **1** llorar. **2** rezumar, supurar (heridas): *the wound is no longer* *weeping = la herida ya no supura.* • *v. t.* **3** llorar, derramar (lágrimas): *she was weeping tears of joy = lloraba de alegría.* • *s. sing.* **4** llanto, llantina: *they had a little weep together = compartieron el llanto un rato.* ◆ **5 weeping willow,** BOT. sauce llorón.

weepy ['wi:pɪ] *adj.* **1** lloroso, de lágrima fácil. • *s. c.* **2** (fam.) película o historia sentimental.

weevil ['wi:vɪl] *s. c.* ZOOL. gorgojo.

wee-wee ['wi:wi:] *s. i.* (fam.) pipí (balbuceo de niños).

weft [weft] *s. sing.* trama, red (tejido).

weigh [weɪ] *v. t.* e *i.* **1** pesar: *it weighs two tons = pesa dos toneladas.* **2** pesar (en báscula): *to weigh a baby = pesar a un niño.* **3** pesar, sopesar (los pros y los contras): *all the factors have to be weighed = hay que sopesar todos los puntos.* **4** pesar, importar, influir. ◆ **5 to be weighed down (by/with something), a)** estar rendido o vencido: *the branch was weighed down with the apples = la rama estaba vencida por las manzanas;* **b)** estar oprimido por algún tipo de dificultad: *weighed down by the burden of state secrets = oprimido por el peso de los secretos de estado.* **6 to ~ anchor,** ⇒ **anchor. 7 to ~ a ton,** (fam.) pesar mucho, pesar una tonelada: *these cases weigh a ton = estas maletas pesan una tonelada.* **8 to ~ in (at something),** dar un peso determinado (un jinete, un boxeador, etc., antes de una competición). **9 to ~ in (with something),** (fam.) terciar de forma convincente y eficaz en una discusión o argumentación. **10 to ~ one's words,** elegir cuidadosamente las palabras para expresarse con precisión. **11 to ~ on someone/something,** pesar sobre alguien/ algo: *the worries weigh heavily on him = las preocupaciones pesan sobre él.* **12 to ~ someone/something down,** impedir que alguien se mueva ágilmente por el exceso de peso: *the luggage weighed him down = el equipaje le impedía moverse con agilidad.* **13 to ~ something out,** pesar algo: *she weighed out a kilo of oranges = pesó un kilo de naranjas.* **14 to ~ someone up,** estudiar a alguien (para hacerse una idea cabal): *there they stood weighing each other up = allí estaban estudiándose mutuamente.* **15 to ~ something up,** sopesar los pros y los contras.

weighbridge ['weɪbrɪdʒ] *s. c.* báscula de puente.

weigh-in ['weɪɪn] *s. c.* pesaje (de deportistas antes de una competición).

weight [weɪt] *s. c.* e *i.* **1** peso: *ten kilos in weight = diez kilos de peso.* **2** pesa: *a five-kilo weight = una pesa de cinco kilos.* **3** peso, cosas pesadas: *you shouldn't lift heavy weights = no debes levantar cosas pesadas.* **4** peso (sistema convencional): *tables of weights and measures = tablas de pesos y medidas.* **5 (a ~ (on/off))** peso, carga, preocupación: *a weight on one's conscience = un carga de conciencia.* **6** peso, valor, importancia, influencia, relieve: *don't give much weight to rumours = no des mucho valor a los rumores.* **7** FÍS. peso, fuerza de atracción. • *v. t.* **8** poner, añadir peso: *fishing nets are weighted = a las redes de pesca se les añade peso.* ◆ **9 a ~ off one's mind,** ⇒ **mind. 10 to carry ~,** ⇒ **carry. 11 to lose ~,** perder peso. **12 to pull one's ~,** arrimar el hombro. **13 to put on/gain ~,** engordar, poner peso. **14 to take the ~ off one's feet,** (fam.) sentarse a descansar. **15 to throw one's ~ about,** actuar agresivamente y con abuso de autoridad. **16 to throw one's ~ behind (someone),** emplear todos los medios al alcance para apoyar a alguien. **17 to ~ someone/something down (with),** ir rendido por el peso, cargar de forma que dificulte el movimiento: *she was weighted down with parcels = iba rendida por el peso de los paquetes.* **18 worth one's ~ in gold,** (valer) su peso en oro, muy útil, inestimable.

weighted ['weɪtɪd] *adj.* **1 (~ in favour of)** inclinado, favorable, del lado de: *a law weighted in favour of the wealthy = una ley favorable a los ricos.* ◆ **2 ~ average,** media ponderada.

weightily ['weɪtɪlɪ] *adv.* pesadamente, gravosamente, seriamente.

weightiness ['weɪtɪnɪs] *s. i.* pesadez, gravosidad, seriedad, importancia.

weighting ['weɪtɪŋ] *s. i.* (brit.) gratificación, plus, bonificación (por trabajar en una ciudad cara): *a London weighting allowance = bonificación por trabajar en Londres.*

weightless ['weɪtlɪs] *adj.* ingrávido, muy liviano, no sometido a la gravedad: *in weightless conditions = en condiciones no sometidas a la gravedad.*

weightlessness ['weɪtlɪsnɪs] *s. i.* ingravidez.

weightlifter ['weɪtlɪftər] *s. c.* DEP. levantador de pesas.

weightlifting ['weɪtlɪftɪŋ] *s. i.* DEP. levantamiento de pesas.

weighty ['weɪtɪ] *adj.* **1** pesado, gravoso. **2** (form.) serio, grave, importante (asuntos, decisiones, etc.).

weir [wɪər] *s. c.* **1** vertedero, vertedor (de embalse). **2** dique, tapia de contención (para pequeñas recogidas de agua).

weird [wɪəd] *adj.* **1** extraño, peculiar, misterioso, inquietante. **2** (brit.) (fam.) raro, anormal, extravagante, llamativo: *he's certainly weird but not mad = es raro, ciertamente, pero no está loco.*

weirdie ['wɪədɪ] *s. c.* ⇒ **weirdo.**

weirdly ['wɪədlɪ] *adv.* extrañamente, misteriosamente, inquietantemente.

weirdness ['wɪədnɪs] *s. i.* rareza, peculiaridad, misterio, originalidad.

weirdo ['wɪədəu] (también **weirdie**) *s. c.* (fam.) persona excéntrica, ser extraño.

welch [welʃ] *v. i.* ⇒ **welsh.**

welcome ['welkəm] *v. t.* **1** dar la bienvenida, saludar, acoger, recibir. **2** aceptar, admitir: *we always welcome people from outside = siempre admitimos gente de fuera.* • *adj.* **3** bienvenido: *all suggestions are welcome = todas las sugerencias son bienvenidas.* **4** bienvenido, grato, agradable, deseable: *welcome news = noticias gratas.* • *s. c.* **5** bienvenida, recibimiento, acogida: *a warm welcome = un cálido recibimiento.* • *interj.* **6** ¡bienvenido!: *welcome back! = ¡bienvenido de vuelta!* ◆ **7 to make someone ~,** hacer que alguien se sienta bien recibido. **8 to outstay/overstay one's ~,** abusar de la hospitalidad (prolongando la estancia como invitado). **9 to ~ with open arms,** recibir con los brazos abiertos. **10 you're ~,** (EE UU) de nada, no hay de qué.

welcoming ['welkəmɪŋ] *adj.* acogedor, cordial.

weld [weld] *v. t.* **1** soldar. **2** (form. y fig.) unir, ensamblar, mantener unido (grupos, asociaciones, etc.): *we must weld different departments into a team = debemos unir los diferentes departamentos en uno.* • *s. c.* **3** soldadura.

welder ['weldər] *s. c.* soldador.

welfare ['welfeər] *s. i.* **1** bienestar, bien, prosperidad, confort, salud, felicidad: *a life devoted to the child's welfare = una vida dedicada al bienestar del niño.* **2** asistencia social, beneficencia pública: *welfare service = servicio de asistencia social.* **3** (EE UU) seguridad social: *to live on welfare = vivir de las prestaciones de la seguridad social.* ◆ **4 ~ state,** estado del bienestar, estado benefactor.

welkin ['welkɪn] *s. sing.* (lit.) firmamento, cielo.

well [wel] (*comp.* **better,** *super.* **best**) *adv.* **1** bien, satisfactoriamente: *the job was well done = se hizo bien el trabajo.* **2** bien, completamente, totalmente: *the eggs must be well beaten = los huevos han de estar bien batidos.* **3** bien, sabiamente, sensatamente, debidamente: *you did well to tell me = obraste debidamente diciéndomelo.* **4** (~ + *prep.*) bien, mucho, muy, bastante: *make your reservations well in advance = hagan sus reservas con bastante antelación.* **5** (~ + *p.p.*) bien, muy, en gran medida, a un nivel considerable: *a well-educated family = una familia muy culta.* **6 (how ~)** qué tal, cómo: *how well are they doing? = ¿qué tal les va?* **7** (~ + *adj.*) ciertamente, absolutamente, bien, muy: *well aware of our limitations = absolutamente conscientes de nuestras limitaciones.* **8** muy bien, posiblemente, probablemente: *their water supplies may well last several years = sus reservas de agua pueden muy bien durar años.* • *interj.* **9** bueno, vaya (expresión de asombro: *well, you do surprise me! =*

¡vaya!, realmente me sorprendes. **10** bueno (alivio): *well, here we are at last!* = *¡bueno!, por fin estamos aquí.* **11** bueno (resignación): *oh well, it can't be helped* = *bueno, es inevitable.* **12** bien, bueno, vale (acuerdo): *very well then, I'll take it* = *muy bien, me lo quedo.* **13** bien, bueno (tras pausa o cambiando de conversación): *well, as I was saying* = *bien, como iba diciendo.* **14** bueno (duda): *well, I'm not sure* = *bueno, no estoy seguro.* • *adj.* (*comp.* **better,** *super.* **best**) **15** bien, sano, saludable, de buena salud: *I'm well, thank you* = *estoy bien, gracias; he's not a well man* = *no es hombre de buena salud.* **16** (lit.) bien, correcto, satisfactorio: *all well at home, I hope?* = *en casa todo bien, supongo.* • *s. c.* **17** pozo: *well water* = *agua de pozo; oil well* = *pozo petrolífero.* **18** hueco (de la escalera, del ascensor, etc.). **19** (**a** ~ (**of**)) (form. y fig.) fuente: *a well of information* = *una fuente de información.* **20** (brit.) estrado de los abogados (en salas de juicios). • *v. i.* **21** (**to** ~ {**out/up**}) fluir, manar: *water was welling up from the hole* = *manaba agua del agujero.* ◆ **22 all is** ~**/(things are) going** ~, todo marcha bien. **23 all very** ~, ⇒ **all. 24 as** ~, también, asimismo: *her reading is good, and her writing as well* = *su lectura es buena, y también su escritura.* **25 as** ~ **as,** además de, tanto como, al igual que: *it has symbolic as well as economic significance* = *tiene una importancia tanto simbólica como económica.* **26 as** ~ **someone/something might/may,** y motivo hay para ello, y no es para menos: *he was puzzled, as well he might* = *estaba perplejo, y no era para menos.* **27 to be** ~ **in** (**with**), (fam.) llevarse muy bien, ser muy amigo: *they're well in with the people next door* = *se llevan muy bien con los de al lado.* **28 to be** ~ **out** (**of**), no tener ya nada que ver: *I'm glad to be well out of it* = *me alegro de no tener ya nada que ver con ello.* **29 to do** ~ **to** (**do something**), hacer bien al hacer algo. **30 perfectly/jolly** ~, bien, estupendamente, la mar de bien: *we managed perfectly well without you* = *nos las arreglamos estupendamente sin vosotros.* **31 pretty** ~, ⇒ **pretty. 32 someone may/might as** ~ (**do something**), también (aunque con reservas): *I might as well go* = *también podría ir yo.* **33** (**something**) **is just as** ~, por fortuna: *she doesn't have to do any typing, which is just as well* = *no tiene que escribir a máquina, por fortuna* (*para ella*). **34 to speak/think** ~ (**of**), manifestar/tener buena opinión (de personas o cosas). **35 very** ~, ⇒ **very. 36** ~ **and good,** estupendo, mejor que mejor: *if they turn up earlier, well and good* = *si se presentan antes, mejor que mejor.* **37** ~ **and truly,** del todo, completamente: *that way of thinking has well and truly disappeared* = *esa forma de pensar ha pasado a la historia.* **38** ~ **enough,** bastante, bastante bien: *I like it well enough* = *me gusta bastante.* **39 to** ~ **over,** rebasar.

we'll [wi:l] *contr.* de **we will** o **we shall** (lenguaje infomal hablado y escrito).

well-adjusted [ˌwelə'dʒʌstɪd] *adj.* integrado, a gusto (socialmente).

well-advised [ˌweləd'vaɪzd] *adj.* sensato, prudente, inteligente.

well-aimed [ˌwel'eɪmd] *adj.* certero, atinado.

well-appointed [ˌwelə'pɔɪntɪd] *adj.* (form.) bien amueblado, bien equipado.

well-balanced [ˌwel'bælənst] *adj.* **1** estable, sensato, equilibrado (persona). **2** equilibrado, variado (alimentación, dieta).

well-behaved [ˌwelbɪ'heɪvd] *adj.* **1** formal, educado. **2** manso, obediente, noble (animal).

well-being [ˌwel'bi:ɪŋ] *s. i.* bienestar, prosperidad, bien, felicidad.

well-born [ˌwel'bɔ:n] *adj.* de buena familia, de buena cuna.

well-bred [ˌwel'bred] *adj.* educado, cortés.

well-brought-up [ˌwel'brɔ:tʌp] *adj.* educado, respetuoso (niños).

well-built [ˌwel'bɪlt] *adj.* fuerte, robusto, fornido, bien construido.

well-chosen [ˌwel'tʃəuzn] *adj.* acertado, atinado, bien elegido (palabras).

well-connected [ˌwelkə'nektɪd] *adj.* bien relacionado.

well-defined [ˌweldɪ'faɪnd] *adj.* claro, preciso, bien definido.

well-disposed [ˌweldɪ'spəuzd] *adj.* favorable, entusiasta, bien dispuesto.

well-done [ˌwel'dʌn] *adj.* bien hecho, bien pasado (carne).

well-dressed [ˌwel'drest] *adj.* bien vestido.

well-earned [ˌwel'ə:nd] *adj.* merecido, bien ganado, bien trabajado.

well-established [ˌwele'stæblɪʃt] *adj.* firme, asentado, bien establecido.

well-fed [ˌwel'fed] *adj.* bien alimentado.

well-founded [ˌwel'faundɪd] *adj.* bien fundado, documentado, demostrable.

well-groomed [ˌwel'gru:md] *adj.* pulcro, acicalado, limpio.

well-grounded [ˌwel'graundɪd] *adj.* **1** bien fundado, acertado, documentado. **2** bien entrenado, bien instruido.

well-heeled [ˌwel'hi:ld] *adj.* (fam.) rico, acomodado, pudiente, (Am.) amonedado.

well-informed [ˌwelɪn'fɔ:md] *adj.* bien informado, enterado, instruido.

wellington ['welɪŋtən] *s. c.* bota de goma: *a pair of wellingtons* = *un par de botas de goma.*

well-intentioned [ˌwelɪn'tenʃnd] *adj.* bienintencionado, de buen corazón, noble.

well-kept [ˌwel'kept] *adj.* bien cuidado, bien conservado (lugar, edificio).

well-known [ˌwel'nəun] *adj.* muy conocido, famoso, célebre.

well-mannered [ˌwel'mænəd] *adj.* educado, cortés, culto.

well-meaning [ˌwel'mi:nɪŋ] *adj.* bienintencionado, de buen corazón, noble.

well-meant [ˌwel'ment] *adj.* bienintencionado.

well-nigh ['welnaɪ] *adv.* (form.) casi, prácticamente, poco menos que.

well-off [ˌwel'ɒf] (*comp.* **better-off,** *super.* **best-off**) *adj.* **1** rico, acomodado, pudiente. **2** (~ {**for**}) bien surtido: *we're well-off for shops here* = *estamos bien surtidos de tiendas aquí.* ◆ **3 not to know when one is** ~, ser feliz y no saberlo, no saber apreciar lo afortunado que uno es. **4 the** ~, los ricos.

well-oiled [ˌwel'ɔɪld] *adj.* (fam.) cargado, bebido, trompa.

well-paid [ˌwel'peɪd] *adj.* bien pagado, bien retribuido (personas, trabajos).

well-preserved [ˌwelprɪ'sə:vd] *adj.* bien conservado, de buen aspecto.

well-read [ˌwel'red] *adj.* muy leído, culto, instruido, documentado.

well-rounded [ˌwel'raundɪd] *adj.* **1** (euf.) gordito, rellenito. **2** amplio, variado, completo, rico (experiencia, formación): *a well-rounded education* = *una amplia formación.*

well-spoken [ˌwel'spəukən] *adj.* bienhablado, de habla culta.

well-thought-of [ˌwel'θɔ:təv] *adj.* admirado, respetado, considerado.

well-thought-out [ˌwel'θɔ:taut] *adj.* bien planificado, bien diseñado.

well-thumbed [ˌwel'θʌmd] *adj.* manoseado, muy usado, muy hojeado (libro, revista, etc.).

well-timed [ˌwel'taɪmd] *adj.* oportuno, a su debido tiempo.

well-to-do [ˌweltə'du:] *adj.* **1** rico, acomodado, pudiente. ◆ **2 the** ~, los ricos.

well-tried [ˌwel'traɪd] *adj.* experimentado, comprobado, de buenos resultados.

well-trodden [ˌwel'trɒdən] *adj.* muy trillado.

well-turned [ˌwel'tə:nd] *adj.* (p.u.) **1** escogido, agradable, favorable (comentario, juicio, etc.). **2** elegante, atractivo, bien hecho.

well-versed [ˌwel'və:st] *adj.* (~ {**in**}) versado, ducho, experimentado.

well-wisher ['welˌwɪʃər] *s. c.* persona amiga, leal y sincera.

well-worn [ˌwel'wɔ:n] *adj.* **1** gastado, viejo, pasado, impresentable (objetos, prendas de vestir, etc.). **2** visto, poco original, repetido, trillado (comentario, frase, etc.).

welly ['welɪ] *s. c.* (brit.) (fam.) bota de goma.

Welsh [welʃ] *adj.* **1** galés. • *s. i.* **2** galés (lengua). ◆ **3 the** ~, los galeses. **4** ~ **rarebit** (también ~ **rabbit**), pan tostado con queso derretido.

welsh [welʃ] (también **welch**) *v. i.* (desp.) **1** (**to** ~ {**on**}) no pagar deudas (de juego, principalmente): *to welsh on one's debts* = *no pagar las propias deudas.* **2** dejar de cumplir promesas.

welsher ['welʃər] *s. c.* deudor, incumplidor.
Welshman ['welʃmən] *s. c.* (*pl. irreg.* **Welshmen**) galés.
Welshmen ['welʃmən] *pl. irreg.* de **Welshman.**
Welshwoman ['welʃwumən] *s. c.* (*pl. irreg.* **Welshwomen**) galesa.
Welshwomen ['welʃwɪmɪn] *pl. irreg.* de **Welshwoman.**
welt [welt] *s. c.* **1** verdugo, verdugón, herida, roncha. **2** vira (de zapato).
welter ['weltər] *s. sing.* (form.) mezcla, revoltijo, mescolanza.
welterweight ['weltəweɪt] *s. c.* DEP. wélter, peso wélter.
wench [wentʃ] *s. c.* (p.u.) **1** chica, moza, sirvienta. **2** puta, fulana. • *v. i.* **3** acostarse con putas.
wend [wend] *v. i.* (lit.) **1** encaminarse. • **2 to ~ one's way,** (hum.) dirigir los pasos, irse, avanzar (lentamente).
went [went] *pret. irreg.* de **go.**
wept [wept] *pret.* y *p. p. irreg.* de **weep.**
were [wɜːr] (forma relajada [wə]) *pret. irreg.* de **be.**
we're [wɪə] *contr.* de **we are** (lenguaje informal hablado y escrito).
weren't [wɜːnt] *contr.* de **were not** (lenguaje informal hablado y escrito).
werewolf ['wɪəwulf] *s. c.* (*pl. irreg.* **werewolves**) hombre lobo.
werewolves ['wɪəwulvz] *pl. irreg.* de **werewolf.**
Wesleyan ['wezlɪən] *s. c.* y *adj.* metodista.
Wesleyanism ['wezlɪənɪʒəm] *s. c.* metodismo.
west [west] (también **West**) *s. sing.* **1** oeste, occidente, poniente: *the west of the country = el oeste del país.* • *adj.* **2** oeste, occidental: *the west side of the city = el lado occidental de la ciudad.* **3** de poniente (viento): *a west wind = un viento de poniente.* • *adv.* **4** hacia el oeste, dirección oeste: *they're travelling west = viajan en dirección oeste.* ◆ **5 to go ~,** (hum.) **a)** morirse; **b)** malograrse, irse al garete. **6 the West, a)** Occidente (Europa occidental y América); **b)** Occidente (Europa en contraste con los países orientales); **c)** las tierras del oeste norteamericano. **7 West Country,** (brit.) el suroeste de Inglaterra. **8 West End,** (brit.) centro comercial y de entretenimiento de Londres. **9 West Indian,** antillano.
westbound ['westbaund] *adj.* hacia el oeste, en dirección oeste, con destino al oeste: *westbound traffic = tráfico en dirección oeste.*
westerly ['westəlɪ] *adj.* **1** oeste, occidental (localización, dirección, etc.): *the most westerly point of the country = el punto más occidental del país.* **2** del oeste, de poniente (viento): *a westerly breeze = una brisa de poniente.*
western ['westən] (también **Western**) *adj.* **1** occidental, del oeste (localización geográfica): *the western regions = las regiones occidentales.* **2** occidental (mundo occidental): *the impact of western technology = el impacto de la tecnología occidental.* • *s. c.* **3** película o novela del oeste (norteamericano).
westerner ['westənər] (también **Westerner**) *s. c.* **1** occidental: *westerners in Japan = occidentales en Japón.* **2** (EE UU) habitante o nativo del oeste norteamericano.
westernise *v. t.* ⇒ **westernize.**
westernization [ˌwestənaɪ'zeɪʃn] (también **westernisation**) *s. i.* occidentalización.
westernize ['westənaɪz] (también **westernise**) *v. t.* occidentalizar (formas de ser, comportamientos, etc.).
westernmost ['westənməust] *adj.* más occidental, más al oeste: *the westernmost tip of the island = el punto más occidental de la isla.*
West Indies ['westˌɪndiːz] *s. pl.* Indias Occidentales, Antillas.
westward ['westwəd] (también **westwards**) *adj.* **1** oeste, hacia el oeste: *in a westward direction = en dirección oeste.* • *adv.* **2** hacia el oeste, rumbo oeste: *they sailed westward = navegaron rumbo oeste.*
westwards ['westwədz] *adj.* y *adv.* ⇒ **westward.**
wet [wet] *adj.* (*comp.* **wetter,** *super.* **wettest**) **1** húmedo, mojado: *my hair is still wet = tengo el pelo húmedo todavía.* **2** húmedo, lluvioso, de lluvia: *it was a wet day = hizo un día lluvioso.* **3** húmedo, fresco, reciente (pintura, tinta, cemento, etc.): *the paint is wet = la pintura está reciente.* **4** lloroso, cubierto de lágrimas, húmedo: *her eyes were red and wet = tenía los ojos rojos y llorosos.* **5** húmedo, mojado, cubierto de orines (bebés, ropa de bebé). **6** fresco (pescado). **7** (fam.) débil, flojo, apocado, inseguro (personas). • *s. c.* e *i.* **8** lluvia: *let's get in out of the wet = entremos y cobijémonos de la lluvia.* **9** (brit.) (fam.) moderado (políticamente): *the Tory wets = los conservadores moderados.* • (*pret.* y *p.p.* **wetted** o **wet**) *v. t.* **10** humedecer: *he wetted his lips = se humedeció los labios.* **11** mojar, humedecer, orinarse: *the child wet his bed = el niño mojó la cama.* ◆ **12 ~ behind the ears,** (fam.) novato, pipiolo, inexperto, pardillo. **13 ~ blanket,** (fam.) aguafiestas. **14 to ~ one's whistle,** ⇒ **whistle. 15 ~ through,** empapado: *your clothes are wet through = tienes la ropa empapada.*
wetland ['wetlənd] *s. c.* e *i.* terreno pantanoso.
wetly ['wetlɪ] *adv.* húmedo, húmedamente, débilmente, inseguramente.
wetness ['wetnɪs] *s. i.* humedad.
wet-nurse ['wetnɜːs] *s. c.* nodriza, ama de cría.
wet-suit ['wetsuːt] *s. c.* traje de submarinista.
we've [wiːv] *contr.* de **we have** (lenguaje hablado).
whack [wæk ‖ hw-] (fam.) *v. t.* **1** golpear, pegar, zurrar, (Am.) chicotear. • *s. c.* **2** golpe (seco y ruidoso): *I heard a sudden whack = oí un golpe seco.* **3** (~ {**at**}) tentativa, intentona: *let's have a whack at it = hagamos una intentona.* **4** parte, lo que corresponde: *you'll all have your whack = todos tendréis lo que os corresponde.*
whacked [wækt ‖ hw-] *adj.* (fam.) exhausto, roto, hecho polvo.
whacking ['wækɪŋ ‖ 'hw-] *s. c.* **1** (fam.) (arc.) zurra, paliza. • *adj.* **2** (fam.) enorme, descomunal, soberano: *a whacking lie = una enorme mentira.* • *adv.* **3** (fam.) enormemente, desmesuradamente.
whacky *adj.* ⇒ **wacky.**
whale [weɪl ‖ hw-] *s. c.* **1** ZOOL. ballena. • **2 to have a ~ of a time,** (fam.) pasarlo la mar de bien.
whalebone ['weɪlbəun ‖ 'hw-] *s. i.* (p.u.) ballena, barba de ballena.
whaler ['weɪlər ‖ 'hw-] *s. c.* ballenero (barco o persona dedicada a la captura de ballenas).
whaling ['weɪlɪŋ ‖ 'hw-] *s. i.* **1** pesca de ballena. • *atr.* **2** ballenero, de ballena: *the whaling industry = la industria ballenera.*
wham [wæm ‖ hw-] *interj.* **1** (fam.) ¡zas!: *wham! the car hit the wall = ¡zas! el coche chocó contra la pared.* • *s. c.* **2** estruendo, golpe.
wharf [wɔːf ‖ hw-] *s. c.* (*pl.* **wharfs** o **wharves**) muelle, embarcadero.
wharves [wɔːvz ‖ hw-] *pl.* de **wharf.**
what [wɒt ‖ hw-] *pron. interr.* **1** qué, cuál: *what do you think? = ¿qué piensas?* **2** qué (en preguntas indirectas): *not to know what to do = no saber qué hacer.* **3** (fam.) qué, sí, dime: *Dad? – what? – can I have your car? = papá – ¿qué? – ¿me dejas tu coche?* **4** (fam.) qué, cómo, ¿eh?: *more coffee? – what? – do you want more coffee? = ¿más café? – ¿eh? – ¿quieres más café?* • *pron. rel.* **5** lo que (al comienzo de frase): *what you need is rest = lo que necesitas es descanso.* **6** lo que (en referencias generales a la calidad, naturaleza, etc. de algo): *he mixes what is true with what is untrue = mezcla lo que es cierto con lo que no lo es.* • *adj. interr.* **7** qué (en preguntas): *what time is it? = ¿qué hora es?* **8** qué (en preguntas indirectas): *I didn't know what bus to get = no sabía qué autobús tomar.* • *adj.ind.* **9** cuanto, todo cuanto: *I've spent what money I had = he gastado cuanto dinero tenía.* • *interj.* **10** ¡cómo!, ¡vaya! (en expresiones de sorpresa, incredulidad, etc.): *what! another book about Cromwell? = ¡cómo! ¿otro libro sobre Cromwell?* **11** qué (para enfatizar opiniones, reacciones, etc.): *what a good question! = ¡qué buena pregunta!* **12** bueno, veamos (en expresiones de cálculo, tanteo, etc.): *he's been a member for, what, something like 20 years = lleva de socio, veamos, unos veinte años.* •

adv. **13** qué: *and what does it matter?* = *¿y qué importa?* ◆ **14 and I don't know ~/and God knows ~,** y quién sabe qué: *the chickens are injected with antibiotics and God knows what* = *a los pollos se les inyecta antibióticos y Dios sabe qué.* **15 to give someone ~ for,** echar una regañina a alguien. **16 guess ~/do you know ~,** ¿sabes qué?, ¿te imaginas? (como introducción a una noticia sorprendente): *guess what, she's got the prize* = *¿te lo imaginas? ha alcanzado el premio.* **17 I'll tell you ~/I know ~,** (fam.) escucha lo que digo, tengo una idea/ya sé: *tell you what, we'll start again* = *ya sé, comenzaremos de nuevo.* **18 or ~?,** (fam.) o qué: *do you want to come or what?* = *¿quieres venir o qué?* **19 so ~?/~ of it?,** (fam.) ¿y qué? (para restar importancia a un hecho): *yes, I wrote it. What of it?* = *sí, yo lo escribí, ¿y qué?* **20 ~ about/~ of...?,** y qué hay de/qué pasa con...: *and what about your promise?* = *y ¿qué hay de tu promesa?* **21 ~ have you,** y demás: *the needs, physical, cultural, what have you, of those people* = *las necesidades, físicas, culturales y demás, de esas gentes.* **22 ~ if...?,** y si...: *what if nobody's waiting?* = *¿y si nadie está esperando?* **23 ~ is it?/what's the matter?,** (fam.) ¿cuál es el problema?/¿qué pasa? **24 ~ is called/~ amounts to...,** (form.) lo que se ha dado en llamar/lo equivalente a...: *we're here during what amounts to our holidays* = *estaremos aquí lo equivalente a nuestras vacaciones.* **25 what's more,** ⇒ **more. 26 what's his/her name,** (fam.) como quiera que se llame: *where's what's his name?* = *¿dónde está como quiera que se llame?* **27 what's ~,** (fam.) lo principal, lo importante, lo que hay que...: *she certainly knows what's what* = *sabe ciertamente lo que hay que saber.* **28 ~ with (something),** entre (una cosa) y (la otra): *what with the weather and my poor health...* = *entre el mal tiempo y mi mala salud...* **29 you/he/she/etc. what?,** ¿qué? (sorpresa, incredulidad): *I'm going to be an actor. –You what?* = *voy a ser actor. –¿Qué?*

whatever [wɒt'evər || hwɒt'evər] *pron. ind.* **1** todo lo que, cualquier cosa que: *I read whatever I could find* = *leí todo lo que pillé.* **2** lo que (pase lo que pase, en cualquier circunstancia, etc.): *I'll call you whatever happens* = *te llamaré pase lo que pase.* **3** lo que (sea lo que sea, por no conocerse o no importar la identidad, el significado, el valor, etc.): *she wants to have "cocido", whatever that is* = *quiere comer cocido, sea lo que sea.* ● *pron. interr.* **4** qué, cuál (con expresión de sorpresa y énfasis): *whatever is the matter?* = *pero ¿qué es lo que pasa?* ● *adj. ind.* **5** todo, cualquier: *he gave up whatever hopes he might have had* = *abandonó cualquier esperanza que pudiera tener.* **6** cualquiera, no importa cómo: *he's always there, whatever the weather* = *siempre está ahí haga el tiempo que haga.* ● *adv.* **7** absolutamente, en absoluto (en expresión de énfasis en una proposición negativa): *there can be no doubt whatever about it* = *no puede haber absolutamente ninguna duda.* ◆ **8 or ~,** (fam.) o algo parecido/por el estilo: *take any sport: basketball, tennis, swimming or whatever* = *coge un deporte cualquiera: baloncesto, tenis, natación o alguno por el estilo.* **9 ~ you say/~ you think/etc.,** lo que usted diga, como a usted le parezca, a mandar.

whatnot ['wɒtnɒt || 'hw-] *s. c.* e *i.* **1** chisme, cualquier cosa: *she puts those whatnots in her hair* = *se pone todos esos chismes en el pelo.* **2** (p.u.) estante, estantería. ◆ **3 and/or ~,** (fam.) y tal, o cosas por el estilo.

what's [wɒts || hw-] *contr.* de **what is** o **what has,** siendo **has,** en el segundo caso, verbo auxiliar, generalmente (lenguaje informal hablado y escrito).

whatsoever [,wɒtsəʊ'evər || 'hw-] *adv.* absolutamente, en absoluto (en expresión de énfasis en una proposición negativa): *he has no social life whatsoever* = *no hace vida social en absoluto.*

wheat [wi:t || hw-] *s. i.* **1** trigo (grano, cereal, planta). ◆ **2 (to separate) the ~ from the chaff,** (separar) el trigo de la paja.

wheatgerm ['wi:tdʒɜ:m || 'hw-] *s. i.* germen de trigo.

wheatmeal ['wi:tmi:l || 'hw-] *s. i.* harina de trigo.

wheedle ['wi:dl || 'hw-] *v. t.* **1** (**to ~ {out of/into}**) sonsacar, conseguir (con halagos): *she wheedled money out of him* = *le sonsacó el dinero.* **2** (**to ~ {into}**) engatusar, convencer.

wheedling ['wi:dlɪŋ || 'hw-] *adj.* halagador, engatusador, zalamero, mimoso, (Am.) pechichoso.

wheel [wi:l || hw-] *s. c.* **1** rueda. **2** volante (de un vehículo). **3** timón (de una embarcación). **4** torno (de alfarero). **5** (lit.) rueda, ciclo (de la moda, fortuna, etc.). **6** MIL. vuelta (instrucción de orden cerrado). ● *v. t.* **7** rodar, llevar, empujar (un carro, una silla de ruedas, etc.): *to wheel a trolley* = *llevar un carrito.* ● *v. i.* **8** girar, virar, volverse. **9** volar en círculo (pájaros). ◆ **10 at/behind the ~,** al volante (de un vehículo). **11 Ferris ~,** noria (de feria o parque de atracciones). **12 to oil the wheels,** ⇒ **oil. 13 on wheels,** (provisto) de ruedas para un fácil desplazamiento. **14 to put one's shoulder to the ~,** ⇒ **shoulder. 15 to take/grab the ~,** ponerse al volante (haciendo turnos). **16 wheeling and dealing,** (desp.) intrigas, trapicheos que preceden a negocios importantes: *there was a lot of wheeling and dealing before the agreement* = *abundaron las intrigas antes del acuerdo.* **17 wheels, a)** (fam.) coche, (Am.) carro: *these are my new wheels, man* = *aquí mi nuevo carro, tío;* **b)** maquinaria, engranaje (de un reloj). **18 to ~ something out,** (brit.) (fam.) emprender negocios, acciones, etc. generalmente censurables. **19 wheels within wheels,** influencias, circunstancias, entresijos, etc., generalmente desconocidas, que pesan negativamente en una situación.

wheelbarrow ['wi:l,bærəʊ || 'hw-] *s. c.* carretilla.

wheelbase ['wi:lbeɪs] *s. c.* distancia entre ejes (en vehículos).

wheelchair [,wi:l'tʃeər || ,hw-] *s. c.* silla de ruedas.

wheeled ['wi:ld || 'hw-] *adj.* **1** (provisto) de ruedas: *wheeled vehicles* = *vehículos de ruedas.* **2** rodado: *wheeled transport* = *transporte rodado.* ◆ **3 -wheeled,** de un número determinado de ruedas (según se concrete en el numeral de la primera parte del compuesto): *a sixteen-wheeled lorry* = *un camión de dieciséis ruedas.*

wheeler-dealer [,wi:lə'di:lər || ,hw-] *s. c.* (desp.) ventajista, trapichero, (Am.) mazamorrero.

wheelhouse ['wi:lhaʊs || 'hw-] *s. c.* timonera, cabina del timonel.

wheelwright ['wi:lraɪt || 'hw-] *s. c.* carretero, ruedero.

wheeze [wi:z || hw-] *v. i.* **1** respirar con dificultad, resollar, jadear (por vejez o enfermedad). ● *s. c.* **2** resuello, jadeo, respiración ruidosa. **3** (brit.) (fam.) treta, truco, golpe de ingenio.

wheezily ['wi:zɪlɪ || 'hw-] *adv.* jadeantemente, sibilantemente.

wheeziness ['wi:zɪnɪs || 'hw-] *s. i.* jadeo, dificultad respiratoria.

wheezy ['wi:zɪ || 'hw-] *adj.* jadeante, ruidoso, pesado (respiración).

whelk [welk || hw-] *s. c.* ZOOL. buccino, caracol de mar.

whelp [welp || hw-] *s. c.* **1** cachorro (de la especie canina). **2** (arc.) trasto (niño o joven travieso). ● *v. i.* **3** (form.) parir (animal).

when [wen || hw-] *adv. interr.* **1** cuándo: *when did she come?* = *¿cuándo ha llegado?; I don't know when he died* = *no sé cuándo murió.* ● *adv. rel.* **2** (**time/day/month/etc. ~**) cuando, en que: *it is the day when nobody comes* = *es el día en que nadie viene.* **3** cuando, coincidiendo con, con ocasión de (añadiendo más información): *years ago, when the war broke out* = *años atrás, cuando estalló la guerra.* ● *conj.* **4** cuando: *he left school when he was eleven* = *dejó el colegio cuando tenía once años.* **5** cuando, siempre que: *when visiting London I like to travel by bus* = *cuando voy a Londres me gusta desplazarme en autobús.* **6** cuando, si, considerando que (como explicación de una opinión): *how can I get the job when I've forgotten everything?* = *¿cómo puedo conseguir el empleo cuando lo he olvidado todo?*

whence [wens || hw-] *adv., pron., conj.* (arc. y form.) **1** de donde: *he returned to the land whence he came = volvió a la tierra de donde vino.* **2** de dónde: *whence came the stranger? = ¿de dónde vino el forastero?*

whenever [wen'evər || hw-] *conj.* **1** siempre que, cuando, cada vez que, cuando quiera que: *it leaks whenever it rains = se hacen goteras siempre que llueve.* • **2 or ~,** (fam.) o así, o por ahí: *I started work in June or whenever = comencé a trabajar en junio o así.*

where [weər || hw-] *adv. interr.* **1** dónde: *where do you live? = ¿dónde vives?; ask him where he comes from = pregúntale de dónde es.* • *adv. rel.* **2** donde (en oración especificativa): *that's where I last saw him = ahí es donde lo vi por última vez.* **3** donde (en oración explicativa): *that was in Chester, where we lived for ten years = eso fue en Chester, donde vivimos durante diez años.* • *conj.* **4** donde: *put it where we can all see it = póngalo donde todos podamos verlo.*

whereabouts ['weərəbauts || 'hw-] *s. c.* **1** localización, paradero, por donde uno anda, lugares que uno frecuenta: *nobody knows her whereabouts = nadie sabe su paradero.* • *adv. interr.* **2** dónde, por dónde: *whereabouts are you going in the U.S.A.? = ¿por dónde andarás en los EE.UU.?*

whereas [weər'æz || hw-] *conj.* (form.) **1** pero, por el contrario, mientras: *they want a flat, whereas we're looking for a house = ellos quieren un piso, nosotros, por el contrario, buscamos una casa.* **2** DER. considerando que (principio de párrafo).

whereby [weə'baɪ || hw-] *adv. rel.* (form.) por donde, con el que, de acuerdo con el cual: *a plan whereby they might save money = un plan con el que ahorrarían dinero.*

wherefore ['weəfɔːr || 'hw-] (form.) *adv.interr.* **1** por qué. • *conj.* **2** de ahí que, en consecuencia. ◆ **3 the whys and wherefores,** las razones, el por qué y el para qué.

wherein [weər'ɪn || hw-] (arc.) *adv. interr.* **1** dónde, en qué: *wherein lies the problem? = ¿dónde está el problema?* • *adv. rel.* **2** en donde, en el que: *a forest wherein dangers lurk = un bosque en donde el peligro acecha.*

whereof [weər'ɒv || hw-] *adv. rel.* (arc.) del que, de los cuales, de donde: *ten cats, six whereof were black = diez gatos, seis de los cuales eran negros.*

whereupon [weərʌp'ɒn || hw-] (form.) *conj.* después de lo cual, como consecuencia de lo cual: *he went to bed late, whereupon he overslept next morning = se acostó tarde, como consecuencia de lo cual se despertó tarde.*

wherever [weər'evər || hw-] *conj.* **1** dondequiera que, no importa dónde: *find him, wherever he may be = encuéntrenlo dondequiera que se halle.* • *adv. interr.* **2** dónde (diablos): *wherever have you been? = ¿dónde (diablos) te has metido?* ◆ **3 or ~,** (fam.) o donde sea: *a house in Ealing or wherever = una casa en Ealing o donde sea.*

wherewithal ['weəwɪðɔːl || 'hw-] *s. sing.* (fam.) medios, recursos: *I need a new car, but I haven't got the wherewithal = necesito un coche nuevo, pero no tengo medios.*

whet [wet || hw-] (*ger.* **whetting,** *pret.* y *p. p.* **whetted**) *v. t.* **1** estimular, despertar, avivar (apetito, interés, etc.): *good books whet one's appetite for reading = los buenos libros avivan el deseo de leer.* **2** (form.) afilar, amolar (cuchillos, armas, etc.).

whether ['weðər || 'hw-] *conj.* **1** si (en expresiones de duda o alternativas): *I'm not sure whether I like it or not = no estoy seguro de si me gusta o no.* **2** si (como introducción de preguntas indirectas): *he was asked whether he agreed = se le preguntó si estaba de acuerdo.* **3** si, tanto si, aunque (en enunciados que se cumplirán al margen de variables o en todas ellas): *we'll play on Saturday whether it rains or not = jugaremos el sábado tanto si llueve como si no.*

whetstone ['wetstəun || 'hw-] *s. i.* piedra de afilar.

whew [hwjuː] (también **phew**) *interj.* ¡uf!, ¡vaya!

whey [weɪ || hw-] *s. i.* suero (derivado lácteo).

which [wɪtʃ || hw-] *adj. interr.* **1** qué, cuál (al principio de frases interrogativas, estableciendo elección entre un número determinado de posibilidades): *which way is quicker, by bus or by train? = ¿cómo (qué medio) es más rápido, en autobús o en tren?* **2** qué, cuál (en interrogativas indirectas, y estableciendo elección): *ask him which bus is the right one = pregúntale qué autobús es el apropiado.* • *pron. interr.* **3** qué, cuál, quién (en frases interrogativas, estableciendo elección entre un número limitado de posibilidades): *which of the boys is tallest? = ¿cuál de los chicos es el más alto?* **4** qué, cuál, quién (en interrogativas indirectas): *I don't know which fits better = no sé cuál sienta mejor.* • *pron. rel.* **5** que, el cual, la cual (en oraciones especificativas): *the awful conditions which exist in some prisons = las malas condiciones que se dan en algunas cárceles.* **6** que, el cual, la cual (en oraciones explicativas): *his best film, which won several awards, was about Gandhi = su mejor película, que ganó varios premios, trataba de Gandhi.* **7** lo cual (referido a lo previamente dicho o sugerido): *it takes me an hour, which is not bad = tardo una hora, lo cual no está nada mal.* • *adj. rel.* **8** (form.) que, cuyo: *he comes back at 6 in the morning, at which time I am asleep = llega a las seis de la mañana, hora en que yo estoy dormida.*

whichever [wɪtʃ'evər || hw-] *adj.ind.* **1** el que, la que (entre un número limitado de posibilidades): *take whichever seat you like = tome el asiento que quiera.* • *pron. ind.* **2** cualquiera que: *whichever of you comes first will get a prize = cualquiera de vosotros que llegue el primero se llevará un premio.*

whiff [wɪf || hw-] *s. c.* **1** (~ {**of**}) soplo, bocanada; chupada, calada; olorcillo: *a little whiff of perfume = una bocanada de perfume.* **2** (fig.) indicio, señal, pista (de peligro, escándalo, sospecha, etc.).

Whig [wɪg] *s. c.* (brit.) Whig (partido político británico que propugnaba mayores poderes para el Parlamento y que se convertiría en el Partido Liberal).

while [waɪl || hw-] *s. sing.* **1** rato, tiempo: *we had no news of him for a long while = no supimos nada de él durante bastante tiempo.* • *conj.* (también **whilst**). **2** mientras, cuando: *she arrived while we were out shopping = llegó mientras estábamos de compras.* **3** (form.) aunque, aun cuando: *while I admit that I did it, I don't agree it was on purpose = aunque admito que lo hice yo, no estoy conforme en que fuera aposta.* **4** mientras que, pero: *some children were working, while others were playing = algunos niños trabajaban, pero otros jugaban.* • *v. t.* **5** (**to ~ away**) pasar, entretener (el tiempo). ◆ **6 all the ~/the whole ~,** todo el tiempo, mientras tanto. **7 to make it worth someone's ~,** ⇒ **worth. 8 once in a ~,** ⇒ **once. 9 ~ one is about it,** ⇒ **about.**

whilst [waɪlst || hw-] (form.) *conj.* ⇒ **while.**

whim [wɪm || hw-] *s. c.* e *i.* capricho, antojo, (Am.) retobo.

whimper ['wɪmpər || 'hw-] *v. i.* **1** lloriquear, gemir, sollozar, quejarse (niños, animales, etc.). • *v. t.* **2** decir lloriqueando. • *s. c.* **3** lloriqueo, gemido, sollozo.

whimsey ['wɪmzɪ || 'hw-] *adj. ind.* ⇒ **whimsy.**

whimsical ['wɪmzɪkl || 'hw-] *adj.* caprichoso, original, curioso, extraño.

whimsy ['wɪmzɪ || 'hw-] (también **whimsey**) *s. c.* e *i.* capricho, antojo, (Am.) retobo.

whine [waɪn || hw-] *v. i.* **1** gañir (animales), chirriar, silbar: *the dog was whining in pain = el perro gañía de dolor.* **2** (desp.) gimotear, lloriquear, quejarse (por causas triviales). • *s. c.* **3** gañido, chirrido, silbido, gemido, lloriqueo, queja.

whinge [wɪndʒ || hw-] *v. i.* (fam.) quejarse.

whining ['waɪnɪŋ || 'hw-] *s. i.* gimoteo, gemido, lloriqueo.

whinny ['wɪnɪ || 'hw-] *s. c.* **1** relincho (suave). • *v. i.* **2** relinchar (suavemente).

whip [wɪp || hw-] *s. c.* **1** látigo, fusta, zurriago. **2** (brit.) llamada a los diputados (para votación). **3** batido dulce de huevos y fruta. • (*ger.* **whipping,** *pret.* y *p.p.* **whipped**) *v. t.* **4** dar latigazos, azotar; fustigar. **5** batir (salsas, pastas, huevos, etc.). **6** (fam.) batir, derrotar, barrer (en competiciones deportivas). **7** (brit.) (fam.) quitar, afanar, birlar. **8** golpear, sacudir (el viento, principalmente): *the wind whipped my face = el viento me sacudía en la cara.* **9** mover, excitar, empujar, despertar (sentimientos de emoción, odio, etc.): *he whipped his men into excitement = despertó en sus hombres el entusiasmo.* • *v. i.* **10** ondear, blandir, agitarse (por acción del viento): *flags whipping in the wind = banderas ondeando al viento.* ◆ **11 a fair crack of the ~,** ⇒ **crack. 12 to have/get the ~ hand (over someone)**, tener dominado a alguien. **13 to ~ up, a)** comunicar, despertar (sentimientos de entusiasmo, pasión, odio, etc.); **b)** levantar, producir (polvo, olas, etc.); **c)** batir (huevos, salsas, etc.); **d)** (fam.) preparar (una comida, por ejemplo) en un santiamén.

whiplash ['wɪplæʃ || 'hw-] *s. c.* **1** tralla. • **2 ~ injury,** lesión cervical (por sacudida brusca del cuello).

whipped [wɪpt || hw-] *adj.* batido: *whipped cream = nata montada.*

whippersnapper ['wɪpə,snæpər || 'hw-] *s. c.* (fam. y desp.) carota, mequetrefe.

whippet ['wɪpɪt || 'hw-] *s. c.* perro lebrel.

whipping ['wɪpɪŋ || 'hw-] *s. c.* **1** flagelación, azotaina, paliza, derrota. • **2 a ~ boy,** cabeza de turco, el que paga los platos rotos. **3 ~ cream,** nata para montar. **4 ~ top,** peonza, trompo.

whippy ['wɪpɪ || 'hw-] *adj.* flexible, elástico.

whip-round ['wɪpraund || 'hw-] *s. c.* (brit.) (fam.) colecta.

whir [wəːr || hw-] *v. t.* y *s. c.* ⇒ **whirr.**

whirl [wəːl || hw-] *v. i.* **1** girar, dar vueltas, rotar: *the leaves whirled as they fell = las hojas giraban al caer.* **2** (lit.) estar confuso o excitado (la mente, el ánimo): *my head's whirling = me da vueltas la cabeza* . • *v. t.* **3** (~ {**away/off**}) llevar, arrancar (a toda velocidad): *the car whirled them off = el coche se los llevó a toda velocidad.* • *s. c.* **4** giro, vuelta, rotación. **5** ritmo vertiginoso: *we got into a whirl of activity = nos metimos en un vertiginoso ritmo de trabajo.* • **6 to give it a ~,** (fam.) hacer una prueba, someter algo a experimentación. **7 in a ~,** (lit.) confuso, conturbado, excitado.

whirlpool ['wəːlpuːl || 'hw-] *s. c.* remolino, torbellino (en aguas fluviales o marinas).

whirlwind ['wəːlwɪnd || 'hw-] *s. c.* **1** torbellino, manga (en tierra o en mar). • *adj.* **2** muy rápido, relámpago: *a whirlwind love affair = un romance relámpago.*

whirr [wəːr || hw-] (también **whir**) *v. i.* **1** zumbar, runrunear, rechinar, batir alas. • *s. c.* **2** zumbido (de insectos o de motores eléctricos), aleteo (de aves).

whisk [wɪsk || hw-] *v. t.* **1** mover, sacudir (con energía): *the horse whisked its tail = el caballo sacudió la cola.* **2** agitar, batir (huevos). **3** (**to ~ {away/off}**) llevar, trasladar, retirar (con un objetivo preciso): *the waiter whisked our dishes away = el camarero se llevó nuestros platos.* • *s. c.* **4** batidor (de huevos). **5** sacudida, movimiento (de la cola de un animal). **6** escobilla (para sacudir las moscas).

whisker ['wɪskər || 'hw-] *s. c.* **1** barba, bigote (de gatos, ratones, etc.). **2** patilla. ◆ **3 by a ~,** (fam.) por un pelo, por muy poco. **4 whiskers, a)** bigotes (de gatos, ratones, etc.); **b)** patillas.

whiskered ['wɪskəd || 'hw-] *adj.* **1** bigotudo (animal). **2** patilludo, de abundantes patillas (persona).

whiskery ['wɪskərɪ || 'hw-] *adj.* bigotudo, barbudo, patilludo.

whiskey *s. c.* e *i.* ⇒ **whisky.**

whisky ['wɪskɪ || 'hw-] (en EE UU e Irlanda **whiskey**) *s. i.* **1** whisky. • *s. c.* **2** whisky (vaso o copa).

whisper ['wɪspər || 'hw-] *v. i.* **1** susurrar, cuchichear. **2** (lit.) susurrar, murmurar (el viento, las hojas de los árboles, etc.). • *v. t.* **3** susurrar. **4** insinuar, comunicar (información secreta). • *s. c.* **5** susurro, cuchicheo, voz baja: *to speak in whispers = hablar en voz baja.* **6** susurro, murmullo (viento, hojas, etc.). **7** rumor: *the whisper that he's resigning = el rumor de que va a dimitir.*

whist [wɪst || hw-] *s. i.* **1** whist (juego de naipes similar al bridge). • **2 ~ drive,** competición de whist.

whistle ['wɪsl || 'hw-] *s. c.* **1** silbido, silbo. **2** pito, silbato: *the referee blew his whistle = el árbitro tocó su silbato.* • *v. t.* e *i.* **3** silbar (una melodía, o como expresión de asombro). **4** silbar, zumbar (el viento, el tren de vapor, las balas, etc.): *the wind whistled through a crack = el viento silbaba por una rendija.* **5** silbar, piar (algunos pájaros). **6** pitar: *the referee whistled for the end of the match = el árbitro pitó el final del partido.* ◆ **to blow the ~ (on someone/something)**, denunciar, informar de algo incorrecto. **8 he/she/etc. can ~ for it,** (fam.) (él/ella/etc.) puede esperar sentado: *if he expects to get his money back, he can whistle for it = si espera recuperar el dinero, puede esperar sentado.* **9 to wet one's ~,** (fam.) remojar el gaznate, echar un trago. **10 to ~ in the dark,** tratar de vencer el miedo o la indecisión en una situación comprometida.

whistle-stop ['wɪslstɒp || 'hw-] *s. c.* **1** (EE UU) localidad de poca monta (donde el tren no tiene parada fija). **2** (fig.) recalada de un político en campaña electoral. • **3 ~ tour,** excursión relámpago (visitando muchos lugares).

whit [wɪt || hw-] *s. sing.* **1** (arc.) lo más mínimo, en absoluto, ápice: *the place hasn't changed a whit = el lugar no ha cambiado lo más mínimo.* ◆ **2 not a ~/no ~,** (arc.) nada, ni un ápice. **3 Whit Sunday,** Pentecostés.

white [waɪt || hw-] *adj.* **1** blanco. **2** blanco (raza, color de piel). **3** (~ {**with**}) pálido, lívido: *he was white with anger = estaba pálida de ira.* **4** con leche (café, té): *two white coffees = dos cafés con leche.* **5** blanco (vino). • *s. c.* e *i.* **6** blanco: *a woman dressed in white = mujer vestida de blanco.* **7** blanco (raza, color de piel). **8** clara (de huevo). **9** blanco (del ojo). ◆ **10 as ~ as a sheet,** pálido como el papel. **11 to bleed (someone) ~,** ⇒ **bleed. 12 ~ blood cell,** ANAT. glóbulo blanco. **13 ~ Christmas,** Navidades blancas (nevadas). **14 whited sepulchre,** (lit.) sepulcro blanqueado (persona hipócrita). **15 ~ elephant,** algo costoso e inútil. **16 ~ ensign,** (brit.) enseña blanca (que ondea en los buques de la Armada Británica). **17 ~ goods,** electrodomésticos de línea blanca. **18 ~ horses,** ⇒ **whitecaps. 19 White House, a)** la Casa Blanca (residencia oficial del Presidente de EE UU); **b)** el Presidente de EE UU y sus colaboradores. **20 ~ lie,** mentirijilla, mentira piadosa. **21 ~ meat,** carne blanca (pollo, cerdo, etc.). **22 White Paper,** proyecto de ley (del gobierno). **23 ~ pepper,** pimienta blanca. **24 whites,** vestimenta deportiva blanca (como la exigida en la práctica del críquet y otros deportes). **25 ~ sauce,** bechamel. **26 ~ spirit,** (brit.) sustituto del aguarrás. **27 ~ wedding,** boda por lo eclesiástico con novia vestida de blanco.

whitebait ['waɪtbeɪt || 'hw-] *s. pl.* pescaditos variados, morralla.

whitecaps ['waɪtkæps || 'hw-] *s. c.* olas de cresta blanca.

white-collar [,waɪt'kɒlər || ,hw-] *adj./atr.* de oficina, de cuello blanco; *white-collar work = trabajo de oficina.*

white-haired [,waɪt'heəd || ,hw-] *adj.* de pelo blanco, canoso.

Whitehall ['waɪthɔːl || ,hw-] *s. sing.* **1** calle londinense donde se asienta gran parte del aparato administrativo. **2** (fig.) el gobierno británico.

white-hot [,waɪt'hɒt || ,hw-] *adj.* candente, incandescente.

whiten ['waɪtn || 'hw-] *v. t.* e *i.* blanquear.

whiteness ['waɪtnɪs || 'hw-] *s. i.* blancura, claridad (deslumbrante).

whitening ['waɪtnɪŋ || 'hw-] *s. i.* blanqueador, blanco (de zapatos).

whiteout ['waɪtaut || 'hw-] *s. c.* nevada, luminosidad de nieve.

whitewash ['waɪtwɒʃ || 'hw-] *s. i.* **1** cal (líquida), jalbegue. **2** maquillaje, encubrimiento (de acciones erróneas).

• *v. t.* **3** encalar, enjalbegar. **4** encubrir, maquillar, disculpar (errores).

whither ['wɪðər ‖ 'hw-] *adv.* (arc.) adónde, hacia donde.

whiting ['waɪtɪŋ ‖ 'hw-] *s. c.* e *i.* **1** blanqueador, blanco (de zapatos). **2** ZOOL. pescadilla.

whitish ['waɪtɪʃ ‖ 'hw-] *adj.* blanquecino, blancuzco.

Whitsun ['wɪtsn ‖ 'hw-] *s. i.* REL. Pentecostés.

whittle ['wɪtl ‖ 'hw-] *v. t.* **1** modelar, rebajar, cortar (madera con una navaja). ◆ **2 to** ~ **(something) away/to** ~ **away (at something)**, reducir, debilitar, llevarse: *inflation whittled their savings away = la inflación se llevó sus ahorros.* **3 to** ~ **(something) down, a)** achicar, desgastar (con navaja); **b)** acortar, reducir (gradualmente).

whiz ⇒ **whizz.**

whizz [wɪz ‖ 'hw-] (también **whiz**) *v. i.* **1** (fam.) zumbar, silbar, pasar zumbando: *the cars whizzed past = los coches pasaban zumbando.* • *s. c.* **2** zumbido. **3** (~ {**at**}) (fam.) diestro, especialista, experto, genio: *he's a whizz at computers = es un genio en informática.*

whizz-kid ['wɪzkɪd ‖ 'hw-] *s. c.* (fam.) joven de éxito, triunfador, ganador.

who [hu:] *pron.interr.* **1** quién (en preguntas directas): *who told you? = ¿quién te lo dijo?; who was he with? = ¿con quién estaba?* **2** quién (en preguntas indirectas): *he didn't know who I was = él no sabía quién era yo.* • *pron.rel.* **3** que, quien (en función especificativa): *the people who live next door = las personas que viven al lado.* **4** que, quien, el cual (en función explicativa): *my wife, who is out at the moment, will phone you later = mi mujer, que ahora no está, le llamará más tarde.*

WHO [ˌdʌblju:eɪtʃ'əu] (siglas de **World Health Organization**) *s. sing.* OMS, Organización Mundial de la Salud.

whoa [wəu] *interj.* ¡so!

who'd [hu:d] *contr.* de **who had** (**had** en función de *v. auxiliar,* generalmente) o **who would** (lenguaje informal hablado y escrito).

whodunit [ˌhu:'dʌnɪt] (también **whodunnit**) *s. c.* (fam.) historia policíaca (narración, película o comedia, donde la intriga se centra en la identificación del criminal).

whoever [hu:'evər] *pron. ind.* **1** quienquiera que, cualquiera que, el que: *whoever says that is a liar = quienquiera que diga eso es un mentiroso.* **2** quienquiera que sea el que, sea quien sea quien: *whoever wants me on the phone, tell them I'm busy = quienquiera que sea el que me llame por teléfono, dile que estoy ocupado.* **3** no importa quién, independientemente de quién: *whoever wins this war, the conflict will not be resolved = no importa quién gane esta guerra, el conflicto no quedará resuelto.* • *pron.interr.* **4** quién (en expresión de sorpresa): *whoever heard of such a thing! = ¡y quién ha oído tal cosa!* • **5 or** ~, (fam.) o quien sea: *I spoke to the director or manager or whoever = hablé con el director, o con el encargado o con quien fuera.*

whole [həul] *adj.* **1** todo, completo: *he ate the whole cake = se comió toda la tarta.* **2** todo, todo a lo largo de: *he slept the whole way back = estuvo dormido todo el camino de vuelta.* **3** completo, intacto, sano: *there wasn't a glass left whole after the party = no quedó un vaso sano tras la fiesta.* • *s. sing.* **4** todo: *the whole of the morning was wasted = se perdió toda la mañana.* • *s. c.* **5** todo, conjunto: *the three parts make a whole = las tres partes hacen un todo.* • *adv.* **6** entero, enteramente, completamente: *a snake can swallow a small rat whole = una serpiente puede tragarse entera una rata pequeña.* ◆ **7 as a** ~, **a)** como un todo: *the collection is sold as a whole = la colección se vende como un todo;* **b)** en general: *the country as a whole is in favour = el país en general está a favor.* **8 on the** ~, en general, en conjunto. **9** ~ **milk,** leche entera. **10** ~ **note,** (EE UU) MÚS. redonda. **11** ~ **number,** MAT. número entero. **12 the** ~ **world,** el mundo entero.

wholefood ['həulfu:d] *s. c.* e *i.* **1** alimentos integrales, alimentos naturales. • *atr.* **2** integral, basado en alimentos naturales: *a wholefood diet = una dieta integral.*

wholehearted [ˌhəul'hɑ:tɪd] *adj.* entusiasta, incondicional, total, sin reservas: *wholehearted support = apoyo incondicional.*

wholeheartedly [ˌhəul'hɑ:tɪdlɪ] *adv.* de todo corazón, incondicionalmente, totalmente, sin reservas.

wholemeal ['həulmi:l] *s. i.* **1** harina integral. • *atr.* **2** integral (pan, harina, etc.): *wholemeal bread = pan integral.*

wholeness ['həulnɪs] *s. i.* (form.) totalidad, integridad, unidad.

wholesale ['həulseɪl] *atr.* **1** al por mayor: *wholesale trade = comercio al por mayor; wholesale price = precio al por mayor.* **2** (desp.) masivo, indiscriminado, a gran escala, desmedido: *a wholesale slaughter of innocent people = una matanza masiva de inocentes.* • *adv.* **3** al por mayor: *to buy wholesale = comprar al por mayor.*

wholesaler ['həulˌseɪlər] *s. c.* mayorista.

wholesome ['həulsəm] *adj.* **1** sano, saludable, positivo, consciente: *to have a wholesome appearance = tener aspecto saludable.* **2** sano, nutritivo (alimento).

wholewheat ['həulwi:t] *s. i.* **1** (EE UU) harina integral. ◆ **2** integral (pan, harina, etc.): *wholewheat bread = pan integral.*

who'll [hu:l] *contr.* de **who will** (lenguaje informal hablado y escrito).

wholly ['həulɪ] *adv.* totalmente, completamente, del todo, absolutamente.

whom [hu:m] (form.) *pron.interr.* **1** a quién: *whom do you represent? = ¿a quién representa usted?* **2** (*prep.* + ~) quién (precedido de *prep.*): *to whom should I deliver the message? = ¿a quién he de enviar el recado?* • *pron.rel.* **3** a quien, al cual (en función especificativa): *the writer whom we admire so much = el escritor a quien tanto admiramos.* **4** a quien, al cual (en función explicativa): *my parents, whom you have already met = mis padres, a quienes ya conoces.* **5** (*prep.* –) quien, el cual (precedido de *prep.*, en función especificativa o explicativa): *the women to whom we had just talked = las mujeres con las que acabamos de hablar.*

OBS. **Whom** queda fuera del uso ordinario de la lengua, siendo **who** la forma más empleada en funciones de *o.d.*, principalmente en preguntas: *who do you represent? = ¿a quién representa usted?* Gramaticalmente se haría necesario el uso del *interr.* **whom,** precedido de *prep.*: *to whom should I give the message? = ¿a quién he de dar el recado?,* pero se impone una fórmula más familiar: *who should I give the message to?*

whoop [hu:p ‖ hw-] *v. i.* **1** gritar (de alegría). • *s. c.* **2** (lit.) grito (de alegría). • **3 to** ~ **it up,** (fam.) divertirse o celebrarlo ruidosamente. ◆ **whoops,** (fam.) **a)** ¡uf!, ¡vaya!, ¡menos mal! **b)** ¡ay! lo siento (tras decir algo indebido).

whoopee ['wupi: ‖ 'hw-] *interj.* **1** (fam.) ¡yupi! • *s. i.* **2** fiesta, celebración ruidosa.

whooping-cough ['hu:pɪŋkɒf] *s. i.* tos ferina.

whoosh [wuʃ] (fam.) *s. sing.* **1** zumbido, bufido (de aire o agua a presión). • *v. i.* **2** pasar zumbando. • *interj.* **3** ¡buf!, ¡zas!

whop [wɒp ‖ hw-] *v. t.* (EE UU) (fam.) golpear, castigar, derrotar.

whopper ['wɒpər ‖ 'hw-] (fam.) *s. c.* **1** gran mentira, trola, (Am.) bolada. **2** pieza, ejemplar: *You caught that fish? What a whopper! = ¿Pescaste ese pez? ¡Menuda pieza!*

whopping ['wɒpɪŋ ‖ 'hw-] *adj.* (fam.) enorme, descomunal.

whore [hɔ:r] *s. c.* (desp.) puta, prostituta.

whorehouse ['hɔ:haus] *s. c.* (fam.) casa de putas, burdel.

whorl [wə:l ‖ hw-] *s. c.* **1** (lit.) espiral, espira. **2** BOT. verticilo.

who's [hu:z] *contr.* de **who has** (**has** como auxiliar generalmente) o **who is;** (lenguaje informal hablado y escrito).

whose [hu:z] *pron. interr.* **1** de quién: *whose book is this? = ¿de quién es este libro?; I don't know whose fault it is = no sé de quién es la culpa.* • *pron. rel.* **2** cuyo (en función especificativa): *the people whose situation is desperate = la gente cuya situación es* *desesperada.* **3** cuyo (en función explicativa): *he reads aloud to his mother, whose eyesight is poor = lee en voz alta a su madre, cuya vista es defectuosa.*

whosoever [ˌhuːsəʊ'evər] *pron. ind.* (arc.) (form.) quienquiera que, cualquiera que, todo el que.

who've [huːv] *contr.* de **who have** (**have** como auxiliar, generalmente); (lenguaje hablado).

why [waɪ ‖ hw-] *adv.* **1** por qué: *Why were you late? = ¿por qué llegaste tarde?* **2** (~ {**not**}) por qué (no) (en sugerencias): *why don't we all go? = ¿por qué no vamos todos?* ● *conj.* **3** por qué: *tell me why you did it = dime por qué lo hiciste.* ● *pron. rel.* **4** (**reason** ~) (razón) por la que: *the reasons why the measures were taken = las razones por las que se tomaron las medidas.* ● *interj.* **5** (EE UU) cómo, toma, si: *why, there were five of us! = ¡si éramos cinco!* ● *s. c.* **6** porqué: *there are so many whys = hay tantos porqués.* ◆ **7 the whys and wherefores,** ⇒ **wherefores. 8** ~ **not,** por qué no, claro.

WI [ˌdʌbljuː'aɪ] *s. sing.* **1** siglas de **West Indies,** Indias Occidentales, Antillas. **2** (brit.) siglas de **Women's Institute,** Instituto de la Mujer.

wick [wɪk] *s. c.* **1** mecha, pábilo (de una vela, antorcha, candil, etc.). ● **2 to get on someone's** ~, (brit.) (fam.) fastidiar continuamente a alguien.

wicked ['wɪkɪd] *adj.* **1** malo, malvado, inicuo, perverso, malintencionado. **2** (fig.) mordaz, cruel, retorcido (ingenio, comentario, etc.). **3** (fam.) horrible, desagradable, molesto, mortificante, inaguantable (situación).

wickedly ['wɪkɪdlɪ] *adv.* mal, malintencionadamente, maliciosamente, cruelmente, horriblemente.

wickedness ['wɪkɪdnɪs] *s. i.* malicia, perversidad, iniquidad, crueldad.

wicker ['wɪkər] *s. i.* **1** mimbre. ● *atr.* **2** de mimbre: *a wicker chair = silla de mimbre.*

wickerwork ['wɪkəwəːk] *s. i.* **1** cestería, artesanía del mimbre, artículos de mimbre. ● *atr.* **2** de mimbre: *wickerwork furniture = muebles de mimbre.*

wicket ['wɪkɪt] DEP. *s. i.* **1** rastrillo (juego de palos hacia donde se lanza la pelota en críquet). **2** zona de hierba entre los dos rastrillos (críquet). ● **3** ~ **gate,** (arc.) postigo, portillo.

wicketkeeper ['wɪkɪtˌkiːpər] *s. c.* DEP. jugador de críquet colocado tras el rastrillo (encargado de detener la pelota).

wide [waɪd] *adj.* **1** ancho: *a wide river = un río ancho.* **2** amplio, vasto, extenso: *a man with wide experience of industry = hombre de amplia experiencia en la industria.* **3** de ancho: *a plank five inches wide = una tabla de cinco pulgadas de ancho.* **4** completamente abierto (ojos): *to watch with wide eyes = mirar con ojos completamente abiertos (de sorpresa, terror, etc.).* **5** amplio, grande, general, extenso (situación, aspecto, estado, etc.): *the wider political issues = los asuntos políticos más generales.* **6** errado, fallido, desatinado (tiro, golpe): *the shot went wide = el tiro salió errado.* ● *adv.* **7** completamente, del todo: *legs wide apart = piernas completamente abiertas; eyes wide open = ojos completamente abiertos (como platos).* **8** (~ {**of**}) lejos, desviado: *it went wide of the target = fue lejos del blanco.* ● *s. c.* **9** DEP. pelota desviada (lejos del rastrillo, en cricket). ◆ **10 far and** ~, por todas partes. **11 -wide,** todo a lo ancho de, en todo el (según el significado de la otra parte del compuesto): *a worldwide influence = influencia en todo el mundo (mundial).* **12** ~ **of the mark,** ⇒ **mark.**

wide-angle [ˌwaɪd'æŋgl] *adj.* **1** de amplio espectro, de gran ángulo (objetivo, lente, etc.). ● **2** ~ **lens,** ⇒ **lens.**

wide-awake [ˌwaɪdə'weɪk] *adj.* despierto, avisado, consciente, despabilado.

wide-eyed [ˌwaɪd'aɪd] *adj.* **1** con los ojos como platos, muy abiertos (de sorpresa o pánico). **2** inexperto, ingenuo, sin malear.

widely ['waɪdlɪ] *adv.* ampliamente, extensamente, considerablemente.

widen ['waɪdn] *v. t.* **1** ensanchar, ampliar, extender: *to widen a road = ensanchar una carretera.* **2** abrir, aumentar. ● *v. i.* **3** ensancharse. **4** abrirse: *the gap between the rich and the poor widens = la diferencia entre ricos y pobres aumenta.*

wide-ranging [ˌwaɪd'reɪndʒɪŋ] *adj.* amplio, variado, de amplio alcance, importante, trascendente.

widespread ['waɪdspred] *adj.* amplio, extenso, generalizado, difundido.

widow ['wɪdəʊ] *s. c.* **1** viuda. ● *v. t.* **2** (en *pas.* generalmente) enviudar, quedar viuda: *she was widowed at an early age = enviudó muy joven.*

widowed ['wɪdəʊd] *adj.* viudo: *his widowed mother = su viuda madre.*

widower ['wɪdəʊər] *s. c.* viudo.

widowhood ['wɪdəʊhʊd] *s. i.* viudez.

width [wɪdθ] *s. i.* **1** anchura, extensión, amplitud, envergadura. ● *s. c.* **2** ancho (de una ventana, piscina, etc.): *she can swim a width = puede nadar un ancho.*

widthways ['wɪdθweɪz] *adv.* a lo ancho.

wield [wiːld] *v. t.* **1** manejar, empuñar, blandir, enarbolar (herramientas, armas, etc.). **2** ejercer (el poder).

wife [waɪf] (*pl. irreg.* **wives**) *s. c.* esposa, mujer.

wifely ['waɪflɪ] *adj.* de mujer casada, de esposa: *wifely duties = obligaciones de esposa.*

wig [wɪg] *s. c.* peluca.

wigged [wɪgd] *adj.* con peluca, que lleva peluca, tocado de peluca.

wigging ['wɪgɪŋ] *s. sing.* (brit.) (fam.) regañina, reprimenda.

wiggle ['wɪgl] *v. t.* **1** mover, menear: *he can wiggle his ears = es capaz de mover las orejas.* ● *s. c.* **2** meneo, movimiento (rápido).

wigwam ['wɪgwæm] *s. c.* tienda de indio norteamericano (de piel animal).

wild [waɪld] *adj.* **1** salvaje, en libertad: *wild animals = animales salvajes.* **2** silvestre: *wild flowers = flores silvestres.* **3** salvaje, deshabitado, agreste, sin cultivar (tierra): *the wilder parts of Scotland = las regiones más agrestes de Escocia.* **4** salvaje, sin civilizar (cultura, persona, etc.): *wild tribes = tribus salvajes.* **5** revuelto, desapacible, tormentoso, bravo (mar, tiempo, etc.): *a wild February day = un día desapacible de febrero.* **6** largo, descuidado (pelo). **7** fiero, feroz, desencajado, fuera de sí (mirada, aspecto). **8** frenético, loco: *the audience went wild = el público se volvió loco.* **9** (fam.) furioso, descontrolado, fuera de sí (conductas, sentimientos, etc.). **10** (fam.) estupendo, insuperable: *it was a really wild party = fue una fiesta insuperable.* **11** (~ **about**) loco por: *he's wild about racing cars = está loco por los coches de carreras.* **12** descabellado, fantasioso, original (idea, proyecto, etc.). **13** impulsivo, desesperado, enérgico (reacción, movimiento, ataque, etc.). **14** irracional, ilógico, improbable (cálculo, conjetura, etc.). ● *s. sing.* **15** ambiente, entorno, hábitat natural (de los animales salvajes). ◆ **16 beyond one's wildest dreams,** del todo imprevisto, fuera de toda lógica. **17 in the** ~, en su entorno natural, salvaje, en libertad. **18 not to be** ~ **about,** (fam.) no gustarle a uno, molar poco. **19 to run** ~, **a)** vivir como salvajes (niños); **b)** campar por sus respetos. **20 to sow one's** ~ **oats, a)** llevar una vida disoluta; **b)** echar una canita al aire. **21** ~ **boar,** ZOOL. jabalí. **22** ~ **flower,** flor silvestre. **23 wilds,** tierra virgen, lugares remotos apartados de la civilización, yermo. **24 the Wild West,** el salvaje Oeste americano (antes de que imperase la ley).

wildcat ['waɪldkæt] *s. c.* **1** ZOOL. gato montés. ● *adj.* **2** salvaje, repentino, ilegal (huelga). **3** osado, arriesgado, loco (plan, proyecto, negocio).

wildebeest ['waɪldbiːst ‖ 'wɪldə] (*pl.* **wildebeest** o **wildebeests**) *s. c.* ZOOL. ñu.

wilderness ['wɪldənɪs] *s. c.* **1** desierto, tierra salvaje, yermo: *the arctic wilderness = el desierto ártico.* ◆ **2 in the** ~, retirado a su vida privada (político o persona pública).

wildfire ['waɪldfaɪər] *s. sing.* **1** fuego incontrolado. ◆ **2 to spread like** ~, propagarse como la pólvora.

wildfowl ['waɪldfaʊl] *s. pl.* aves salvajes (patos, generalmente).

wild-goose chase [ˌwaɪld'guːstʃeɪs] *s. c.* esfuerzo inútil, pérdida de tiempo, búsqueda de algo inexistente.

wildlife ['waɪldlaɪf] *s. i.* **1** vida salvaje (animales y plantas en su entorno natural). • **2** ~ **sanctuary,** reserva natural.

wildly ['waɪldlɪ] *adv.* salvajemente, violentamente, frenéticamente, locamente, desordenadamente, insensatamente, totalmente.

wildness ['waɪldnɪs] *s. i.* turbulencia, desenfreno, descontrol, furia, frenesí.

wiles [waɪlz] *s. pl.* tretas, estratagemas, engaños, ardides.

wilful ['wɪlful] (en EE UU **willful**) *adj.* **1** intencionado, deliberado, premeditado. **2** testarudo, de ideas fijas.

wilfully ['wɪlfəlɪ] (en EE UU **willfully**) *adv.* intencionadamente, deliberadamente, a posta.

wilfulness ['wɪlfulnɪs] (en EE UU **willfulness**) *s. i.* intencionalidad, voluntariedad, testarudez.

will [wɪl] *v. modal* **1** (como auxiliar para construir el futuro): *it will be good for you = será bueno para ti.* **2** (**I/we** ~) (intencionalidad, determinación del hablante): *I will never betray you = nunca te traicionaré.* **3** (en preguntas sobre el futuro): *where will you be tomorrow? = ¿dónde estará usted mañana?* **4** (en preguntas sobre la intencionalidad del interlocutor): *will you be coming to the party? = ¿vendrás a la fiesta?* **5** (en peticiones): *will you do me a favour? = ¿me quiere hacer un favor?* **6** (en órdenes): *you will forget this conversation = ni una palabra de esta conversación.* **7** (en expresión de capacidad): *the car won't go = el coche no va.* **8** (para expresar que una situación suele repetirse): *don't worry, these things will happen = no te preocupes, suele suceder.* **9** (para enfatizar una conducta reprochable): *he will always leave the door open = siempre tiene que dejar la puerta abierta.* **10** (en expresión de presunción, suposición, sospecha, etc.): *I suspect you will already have told her = sospecho que ya se lo habrás dicho.* • *v. t.* **11** hacer, conseguir (que algo suceda): *he willed his trembling legs to walk straight = consiguió caminar recto con sus vacilantes piernas.* **12** (form.) querer, desear: *I never willed this outcome = nunca deseé este resultado.* **13** legar, dejar en herencia: *he willed all his money to charities = legó todo su dinero a obras de caridad.* • *s. c.* e *i.* **14** voluntad, ganas: *the team lacked will and ambition = el equipo careció de ganas y ambición.* **15** fuerza de voluntad, carácter, amor propio: *she has a will of her own = tiene mucha voluntad.* **16** deseo, voluntad (de alguien investido de poder o autoridad): *the will of the majority = el deseo de la mayoría.* **17** testamento, últimas voluntades, legado. ♦ **18 against one's** ~, contra la voluntad de uno. **19 at** ~, libremente, como a uno le plazca. **20 where there's a** ~**, there's a way,** querer es poder. **21 with a** ~, con mucho entusiasmo y energía.

willful ['wɪlful] *adj.* (EE UU) ⇒ **wilful.**

willie ['wɪlɪ] *s. c.* ⇒ **willy.**

willing ['wɪlɪŋ] *adj.* **1** dispuesto, resuelto, listo: *willing to help = dispuesto a ayudar.* **2** voluntarioso, entusiasta, diligente, aplicado, favorable: *willing students = estudiantes aplicados.*

willingly ['wɪlɪŋlɪ] *adv.* voluntariamente, de buena gana, diligentemente.

willingness ['wɪlɪŋnɪs] *s. i.* buena disposición, buena gana, diligencia.

will-o'-the-wisp [,wɪləðə'wɪsp] *s. c.* quimera, ilusión, fuego fatuo.

willow ['wɪləu] *s. c.* **1** BOT. sauce. • **2** ~ **tree,** sauce.

willowy ['wɪləuɪ] *adj.* esbelto, espigado, juncal, grácil.

will-power ['wɪl,pauər] *s. i.* fuerza de voluntad, carácter, amor propio.

willy ['wɪlɪ] (también **willie**) *s. c.* **1** (fam.) colita, pilila, pito. ♦ **2 to give someone the willies,** (fam.) causarle horror a alguien.

willy-nilly [,wɪlɪ'nɪlɪ] *adv.* a la fuerza, se quiera o no se quiera.

wilt [wɪlt] *v. i.* **1** marchitarse, debilitarse, decaer, ponerse mustio (plantas). **2** languidecer, perder la contextura, perder la moral, perder el ánimo, desanimarse.

wily ['waɪlɪ] *adj.* astuto, mañoso, artero, taimado.

wimp [wɪmp] *s. c.* (fam.) cagueta, gallina, pasmarote.

wimpish ['wɪmpɪʃ] *adj.* (fam.) cortado, tímido, cobarde.

wimple ['wɪmpl] *s. c.* toca, griñón.

win [wɪn] (*pret.* y *p. p. irreg.* **won**) *v. t.* **1** ganar (competiciones, batallas, disputas, apuestas, etc.). **2** obtener, ganar, conseguir, alcanzar (premios, medallas, escaños, apoyo, libertad, etc.). • *v. i.* **3** ganar. • *s. c.* **4** victoria, triunfo (competiciones, apuestas, etc.). ♦ **5 you can't** ~, (fam.) tienes la batalla perdida. **6 to** ~ **hands down,** (fam.) vencer fácilmente. **7 to** ~ **someone over/round,** ganarse, convencer, persuadir a alguien. **8 to** ~ **something back,** recuperar, volver a ganar algo (mediante el propio esfuerzo). **9 to** ~ **the day,** ⇒ **day. 10 to** ~ **through/out,** (fam.) alcanzar al fin el triunfo. **11 you** ~, tú ganas (para terminar una discusión o porfía).

wince [wɪns] *v. i.* **1** (**to** ~ {**at**}) estremecerse, quedarse pasmado, retroceder, (ante algo desagradable). • *s. c.* **2** estremecimiento, mueca de dolor.

winch [wɪntʃ] *s. c.* **1** cabrestante, torno (de rescate). • *v. t.* **2** rescatar, levantar (con cabrestante).

wind [wɪnd] *s. c.* e *i.* **1** viento. **2** aliento, respiración, resuello: *he needed to regain his wind = necesitaba recuperar su aliento.* **3** (fam.) gases, flatulencia. **4** (lit.) aire, viento (de cambio, novedad, etc.). **5** rastro. **6** (fam.) palabrería. **7** MÚS. viento, sección de viento (de una orquesta). • *v. t.* **8** (pasiva) dejar sin respiración: *I was winded by a blow to the stomach = un golpe en el estómago me dejó sin respiración.* **9** olfatear, seguir el rastro. ♦ **10 to break** ~, (form.) ventosear. **11 to get the** ~ **up,** (fam.) entrarle a uno miedo, amilanarse. **12 to get** ~ **of,** (fam.) llegar a enterarse de algo. **13 to be in the** ~, (fam.) estar en preparación, estarse cociendo. **14 to put the** ~ **up someone,** (fam.) meterle a uno el miedo en el cuerpo. **15 to sail close to the** ~, correr demasiados riesgos. **16 to take the** ~ **out of somebody's sails,** hacer que alguien pierda la seguridad en sí mismo. **17 to throw caution to the** ~, ignorar los riesgos (de una acción). **18 which way the** ~ **is blowing,** qué cariz tomarán las cosas. **19** ~ **instrument,** MÚS. instrumento de viento.

wind [waɪnd] (*pret.* y *p. p. irreg.* **wound**) *v. i.* **1** serpentear, zigzaguear: *the river winds down the valley = el río serpentea en el valle.* • *v. t.* **2** enrollar, envolver, liar, bobinar. **3** dar cuerda (reloj), girar (llave, mango). **4** (lit.) soplar, hacer sonar (cuerno). • *s. c.* **5** giro, vuelta. ♦ **6 to** ~ **back,** rebobinar (cintas). **7 to** ~ **down, a)** bajar (la ventanilla de un coche). **b)** reducir la marcha hasta pararse (aparatos mecánicos); **c)** reducir (volumen de negocio, plantilla laboral, etc.); **d)** (fam.) relajarse, descansar. **8 to** ~ **forward,** avanzar (cintas). **9 to** ~ **up, a)** terminar, concluir (una actividad); **b)** acabar en (una situación o lugar); **c)** dar cuerda (reloj), girar (llave, mango, etc.); **d)** levantar (la ventanilla de un coche); **e)** (fam.) injuriar, ofender (de palabra y deliberadamente); **f)** (fam.) burlarse, quedarse con alguien; **g)** liquidar (una empresa). **10 wound up,** tenso, rígido, agarrotado, nervioso.

windbag ['wɪndbæg] *s. c.* **1** saco de aire. **2** (fam.) charlatán, cencerro, (Am.) lengüeta.

wind-blown ['wɪnd,bləun] *adj.* **1** arrastrado por el viento. **2** azotado por el viento (lugar). **3** despeinado por el viento (pelo, persona).

windbreak ['wɪndbreɪk] *s. c.* barrera, protección contra el viento.

windbreaker ['wɪnd,breɪkər] *s. c.* (EE UU) cazadora.

winded ['wɪndɪd] *adj.* falto de aire, sin respiración, sin resuello.

windfall ['wɪndfɔːl] *s. c.* **1** lluvia de dinero, golpe de fortuna, herencia inesperada. **2** fruta caída del árbol. • **3** ~ **profit,** beneficios imprevistos.

winding ['waɪndɪŋ] *adj.* **1** tortuoso, sinuoso, serpenteante, zigzagueante. **2** de caracol (escalera).

windlass ['wɪndləs] *s. c.* polea, cabrestante.

windless ['wɪndlɪs] *adj.* (lit.) sin viento, calmoso, sereno.

windmill ['wɪnmɪl] *s. c.* molino de viento.

window ['wɪndəu] *s. c.* **1** ventana, ventanilla. **2** escaparate. ♦ **3 out of the window,** desaparecido completamente.

window-box ['wɪndəubɒks] *s. c.* jardinera (de ventana).
window-dresser ['wɪndəu,dresər] *s. c.* escaparatista.
window-dressing ['wɪndəu,dresɪŋ] *s. i.* **1** escaparatismo. **2** (desp.) fachada, maquillaje, falsedad.
window-frame ['wɪndəu,freɪm] *s. c.* marco de ventana.
window-pane ['wɪndəu,peɪn] *s. c.* cristal, panel de cristal (de ventana).
window-seat ['wɪndəu,si:t] *s. c.* asiento de ventana (tren, autocar, avión).
window-shop ['wɪndəu,ʃɒp] (*ger.* **window-shopping,** *pret.* y *p. p.* **window-shopped**) *v. i.* mirar escaparates.
window-sill ['wɪndəu,sɪl] *s. c.* alféizar.
windpipe ['wɪndpaɪp] *s. c.* ANAT. tráquea.
windscreen ['wɪndskri:n] (brit.) *s. c.* **1** parabrisas. ◆ **2** ~ **wiper,** limpiaparabrisas.
windshield ['wɪndʃi:ld] *s. c.* **1** protector transparente (en motocicletas). **2** (EE UU) parabrisas.
windsock ['wɪndsɒk] *s. c.* indicador de viento.
windstorm ['wɪndstɔ:m] *s. c.* tormenta de viento, huracán.
windsurfer ['wɪnd,sə:fər] *s. c.* windsurfista (persona).
windsurfing ['wɪnd,sə:fɪŋ] *s. i.* **1** DEP. windsurf. ◆ **2 to go** ~, hacer windsurf.
windswept ['wɪndswept] *adj.* **1** barrido por el viento, abierto, desprotegido (lugar). **2** desaseado (persona).
wind-up ['waɪndʌp] *atr.* **1** de cuerda, que se da cuerda (mecanismo). **2** (fam.) provocador. ● *s. c.* **3** (fam.) provocación. **4** tomadura de pelo, burla.
windward ['wɪndwəd] *adj./adv.* **1** contra el viento, con el viento de cara. **2** MAR. de barlovento. ● *s. i.* **3** MAR. barlovento.
windy ['wɪndɪ] *adj.* **1** ventoso, desapacible, azotado por el viento. **2** (fam.) pomposo, inflado, huero (discurso, escrito). **3** que produce gases (en el estómago). **4** (brit.) (fam.) asustado, nervioso.
wine [waɪn] *s. i.* **1** vino. **2** vino, licor (de fruta): *apple wine = licor de manzana.* ◆ **3 to** ~ **and dine somebody,** invitar o agasajar a alguien en un buen restaurante. **4** ~ **red,** del color del vino tinto. **5 wining and dining,** buena mesa.
wine-bar ['waɪnbɑ:r] *s. c.* (brit.) bar.
wine-glass ['waɪnglɑ:s] *s. c.* vaso para vino.
wing [wɪŋ] *s. c.* **1** ala (de aves, insectos o aeroplanos). **2** ala, extensión (de un edificio). **3** ala, sector, facción (de un grupo o partido político). **4** (brit.) guardabarros. **5** DEP. ala, alero (jugador que juega por las alas). ● *v. t.* **6** (**to** ~ **one's way**) volar (aeroplano). **7** herir en brazo o ala. ◆ **8 on the** ~, (lit.) en vuelo, mientras vuela (pájaro). **9 to spread one's wings, a)** remontar el vuelo; **b)** acometer empresas más difíciles. **10 to take** ~, (lit.) echar a volar, emprender el vuelo. **11 to wait in the wings,** estar listo y a la espera. **12** ~ **commander,** (brit.) teniente coronel de aviación. **13 wings, a)** bastidores (escenario teatral); **b)** alas (insignia de piloto).
winged [wɪŋd] *adj.* alado, con alas.
winger ['wɪŋər] *s. c.* **1** DEP. ala, alero, extremo. ◆ **2 -winger,** perteneciente al ala especificada en la primera parte del compuesto.
wingspan ['wɪŋspæn] *s. c.* e *i.* envergadura (de avión, aves, insectos, etc.).
wink [wɪŋk] *v. i.* **1** guiñar, hacer guiños, parpadear, pestañear. **2** (lit.) centellear, parpadear, titilar, hacer reflejos (la luz). ● *s. c.* **3** guiño, parpadeo, pestañeo. ◆ **4 a nod is as good as a** ~, a buen entendedor pocas palabras bastan. **5 to have/take forty winks,** (fam.) echar una cabezadita, descabezar un sueño. **6 not to sleep/get a** ~, no pegar ojo. **7 to tip someone the** ~, ⇒ **tip. 8 to** ~ **at something,** (arc.) hacer la vista gorda (a actos reprochables).
winkle ['wɪŋkl] *s. c.* **1** ZOOL. bigarro, litorina. ◆ **2 to** ~ **(information) out of someone,** (fam.) arrancar información de alguien. **3 to** ~ **someone out,** (fam.) echar a alguien (de algún lugar).
winner ['wɪnər] *s. c.* **1** ganador, vencedor, triunfador. **2** (fam.) éxito.
winning ['wɪnɪŋ] *adj.* **1** ganador, vencedor, victorioso (competidor, equipo, etc.). **2** atractivo, decisivo, irresistible, determinante (acciones o cualidades de personas). ◆ **3 winnings,** ganancias (de competiciones o apuestas).
winnow ['wɪnəu] *v. t.* aventar.
winsome ['wɪnsəm] *adj.* (lit.) atractivo, fascinante, encantador.
winter ['wɪntər] *s. c.* e *i.* **1** invierno. ● *v. i.* **2** (form.) invernar. ◆ **3** ~ **sports,** deportes de invierno.
wintertime ['wɪntətaɪm] *s. i.* invierno, estación invernal.
wintry ['wɪntrɪ] *adj.* **1** invernal, frío, glacial. **2** frío, distante, adusto (expresión o trato de una persona).
wipe [waɪp] *v. t.* **1** limpiar, pasar un paño. **2** secar, enjugar (con un paño, con la mano, etc.): *to wipe the dishes = secar los platos; to wipe one's tears = secarse las lágrimas.* **3** borrar, grabar encima (cintas). ● *s. c.* **4** lavado, fregado. ◆ **5 to** ~ **at something,** limpiar algo. **6 to** ~ **away/off,** quitar, limpiar (con un paño). **7 to** ~ **down,** limpiar, secar completamente (superficies). **8 to** ~ **out,** (fam.) barrer, eliminar, destruir violentamente (lugares, gente). **9 to** ~ **the floor with someone,** (fam.) derrotar a alguien (en competición o disputa). **10 to** ~ **the grin/smile/ etc. off someone's face,** (fam.) cortar en seco el regocijo de alguien. **11 to** ~ **up, a)** limpiar la suciedad (con un paño); **b)** (brit. y arc.) secar (la vajilla con un paño).
wiper ['waɪpər] *s. c.* limpiaparabrisas.
wire [waɪər] *s. c.* e *i.* **1** alambre. **2** cable (electricidad, teléfono, etc.). **3** (EE UU) telegrama. ● *v. t.* **4** unir, atar (con alambre). **5** (**to** ~ **[up]**) conectar, instalar (un sistema electrónico). **6** (EE UU) enviar un telegrama. **7** (EE UU) girar dinero (telegráficamente). ◆ **8** ~ **wool,** estropajo metálico.
wired [waɪəd] *adj.* **1** protegido, reforzado (con alambre). **2** provisto de alarma, conectado a alarma. **3** vigilado microfónicamente.
wireless ['waɪəlɪs] *s. c.* e *i.* **1** (arc.) radio, radiofonía. ● *atr.* **2** por radio, radiofónico. ◆ **3** ~ **(set), a)** aparato de radio; **b)** equipo de radiofonía.
wire-tap ['waɪətæp] *v. t.* **1** espiar, pinchar (teléfono). ● *s. c.* **2** pinchado de teléfono.
wire-tapping ['waɪə,tæpɪŋ] *s. i.* escucha telefónica (mediante pinchado).
wiring ['waɪərɪŋ] *s. i.* cableado, instalación eléctrica (de un edificio).
wiry ['waɪərɪ] *adj.* **1** enjuto y fuerte (persona). **2** nervudo (brazo). **3** tieso, áspero (pelo).
wisdom ['wɪzdəm] *s. i.* **1** sabiduría, conocimiento (por tradición, experiencia o estudio). **2** rectitud de juicio, sensatez, prudencia. **3** (form.) opinión, parecer, sentir (de un grupo o casta autorizados): *The prevailing Wall Street wisdom is that... = el sentir de Wall Street se decanta por...* ◆ **4** ~ **tooth,** muela del juicio.
wise [waɪz] *adj.* **1** sabio, juicioso, prudente (persona, acción, dicho, etc.). ● **2 to get** ~ **to,** (EE UU) (fam.) descubrir, averiguar algo secreto. **3 in no** ~, (p.u.) de ninguna manera, en absoluto. ◆ **to be no/none the/not any the wiser,** seguir sin entender algo: *even after his explanation I'm none the wiser = aun con su explicación, sigo sin entenderlo.* **5 to put someone** ~ **to,** (EE UU) (fam.) poner a alguien al tanto. **6 ...would be** ~ **to,** habría que, lo mejor es. **7 -wise, a)** en el sentido de, según, conforme a (lo especificado en la primera parte del compuesto): *start clockwise = comiéncese en el sentido de las manillas del reloj;* **b)** en cuanto a: *we're at a disadvantage profitwise = estamos en desventaja en cuanto a beneficios.* **8 to** ~ **up,** (EE UU) (fam.) caer en la cuenta (de algo desagradable).
wisecrack ['waɪzkræk] (fam.) *s. c.* **1** broma, chiste, cuchufleta. ● *v. i.* **2** bromear, hacerse el gracioso.
wish [wɪʃ] *s. c.* **1** deseo, esperanza. **2** deseo (objeto de deseo): *she got her wish = alcanzó su deseo.* **3** deseo (expresión de deseo): *close your eyes and make three wishes = cierra los ojos y formula tres deseos.* ● *v. t.* e *i.* **4** (form.) desear, querer: *they wish to marry = desean casarse.* **5** desear (expresar el deseo de felicidad, bienestar, que alguien cumpla años, etc.). **6** (**to** ~ + *v.* en *pret.*) desear (algo

improbable o imposible), ojalá (algo se realizara): *I wish I knew = ojalá lo supiera yo.* • *v. i.* **7** (**to** ~ {**for**}) expresar deseos (en forma ritual): *she closed her eyes and wished for a new doll = cerró los ojos y expresó el deseo de tener una nueva muñeca.* ◆ **8 I don't ~ to be rude/to interrupt/etc. but...,** no quiero ser descortés/interrumpir/etc. pero... **9 not to ~ something on (a person),** (fam.) no desear algo (desagradable) a alguien: *I wouldn't wish it on my worst enemy = no se lo desearía ni a mi peor enemigo.* **10 wishes (for), a)** saludos (en cartas); **b)** votos, deseos (de bienestar, felicidad, etc.).

wishbone ['wɪʃbəun] *s. c.* hueso de los deseos (hueso de ave que tiene forma de uve).

wishful thinking [ˌwɪʃful'θɪŋkɪŋ] *s. i.* buenos deseos, ilusiones.

wishy-washy ['wɪʃɪˌwɒʃɪ] *adj.* **1** ligero, aguado, sin consistencia (caldo, bebida, etc.). **2** (fam.) sin convicción, sin entusiasmo, indeciso (ideas, creencias, etc.).

wisp [wɪsp] *s. c.* **1** brizna, matojo (de hierba), mechón, mata (de pelo). **2** columna (de humo), jirón (de nube). **3** (lit.) rastro, pista, eco, sombra (de algo que apenas se ve, oye o percibe).

wispy ['wɪspɪ] *adj.* **1** delgado, ralo (pelo). **2** tenue, sutil, disperso (humo, nube, etc.).

wisteria [wɪ'stɪərɪə] *s. i.* BOT. glicina, vistaria.

wistful ['wɪstful] *adj.* triste, melancólico, meditabundo.

wistfully ['wɪstfəlɪ] *adv.* tristemente, melancólicamente, pensativamente.

wistfulness ['wɪstfulnɪs] *s. i.* tristeza, melancolía, indolencia.

wit [wɪt] *s. c.* e *i.* **1** ingenio, gracia, agudeza. **2** persona ingeniosa: *his reputation as a wit = su fama de persona ingeniosa.* **3** inteligencia, talento. **4** intuición, agilidad mental: *her wits to bluff her enemies = su agilidad mental para confundir a sus enemigos.* ◆ **5 at one's wits' end,** para volverse loco. **6 battle of wits,** ⇒ **battle. 7 to collect/gather one's wits,** tratar de recuperar el control de uno mismo (tras una experiencia traumática). **8 to have/keep one's wits about oneself,** estar alerta para controlar una situación difícil. **9 to live by/on one's wits,** ⇒ **live. 10 to pit one's wits,** ⇒ **pit. 11 to scare/terrify someone out of their wits/to frighten the wits out of someone,** dar a alguien un susto de muerte. **12 to sharpen one's wits,** avivar el ingenio. **13 to wit,** (form.) a saber.

witch [wɪtʃ] *s. c.* **1** bruja, maga, hechicera. **2** bruja (mujer de aspecto desagradable).

witchcraft ['wɪtʃkrɑːft] *s. i.* brujería.

witch-doctor ['wɪtʃˌdɒktər] *s. c.* hechicero.

witch-hazel ['wɪtʃˌheɪzl] *s. i.* solución de hamamélide de Virginia.

witch-hunt ['wɪtʃhʌnt] *s. c.* **1** caza de brujas. **2** persecución de personas subversivas.

witch-hunting ['wɪtʃˌhʌntɪŋ] *s. i.* caza de brujas, represión de personas subversivas.

with [wɪð ‖ wɪθ] *prep.* **1** con (compañía): *she's with her parents = está con sus padres.* **2** con (acuerdo, asociación, etc.): *a treaty with the U.S.A. = un tratado con EE.UU.* **3** con (lucha, riña, competición): *an argument with my sister = una discusión con mi hermana.* **4** con (proximidad, complemento, guarnición): *meat with potatoes = carne con patatas.* **5** con, a (relación estrecha): *risks associated with nuclear power = riesgos asociados a la energía nuclear.* **6** con (medio, instrumento): *to cut with a knife = cortar con un cuchillo.* **7** con, de (en posesión de ciertas características personales): *the man with a beard = el hombre de barba.* **8** con (detalles que matizan una acción): *she greeted us with a smile = nos saludó con una sonrisa.* **9** con (dando detalle de una conversación): *she broke in with, "I don't agree" = saltó con un "no estoy de acuerdo".* **10** con (forma de realizar una acción): *done with great accuracy = hecho con gran precisión.* **11** de, a causa de: *he was turning blue with cold = se estaba volviendo morado del frío.* **12** con, con respecto a, en cuanto a: *he's very careful with his things = es muy cuidadoso con sus cosas.* **13** con (simultaneidad de acciones): *she went out, with the dog following her = salió, con el perro siguiéndola.* **14** con, a la vista de (punto de argumentación en discurso): *with unemployment growing, work conditions... = con un desempleo en aumento, las condiciones laborales...* **15** con, protagonizado por (películas). **16** con, aquejado de: *in bed with flu = en cama con gripe.* **17** con, a favor de, en el sentido de: *sailing with the wind = navegando a favor del viento; swimming with the tide = nadando siguiendo la corriente.* **18** con, de, etc. (como régimen de algunos verbos): *to agree with = estar de acuerdo con; fill the bowl with water = llena el cuenco de agua; to break with someone = romper con alguien.* **19** con, de, en, etc. (como régimen de algunos adjetivos): *busy with her homework = enfrascada en sus deberes; unhappy with the results = insatisfecho de los resultados.* **20** de (en algunas expresiones muy comunes): *fed up with washing up = harta de fregar; in love with a diplomat = enamorada de un diplomático.* ◆ **21 to be ~ someone,** (fam.) seguir, entender una explicación: *I'm not quite with you = no le sigo.* **22 to get ~ it,** (fam.) ponerse a la última. **23 in ~,** ⇒ **in. 24 to start ~,** ⇒ **start. 25 what ~,** ⇒ **what. 26 to be ~ it,** (fam.) estar espabilado.

withdraw [wɪð'drɔː] (*pret.* **withdrew,** *p. p.* **withdrawn**) *v. t.* **1** retirar, sacar (dinero del banco). **2** (form.) retirar (tropas de una posición). **3** retirar (algo dicho previamente). • *v. i.* **4** marcharse, abandonar un lugar. **5** retirarse (tropas). ◆ (**to** ~ {**from**}) abandonar, causar baja (competición, programa conjunto, etc.).

withdrawal [wɪð'drɔːəl] (form.) *s. c.* e *i.* **1** retirada, renuncia, abandono (de una actividad o lugar). **2** retirada (de comentario, juicio, etc.). **3** reintegro, retirada de fondos (del banco). **4** retiro, aislamiento (voluntario o por enfermedad). **5** retirada (de tropas). ◆ **6 ~ symptoms,** síndrome de abstinencia.

withdrawn [wɪð'drɔːn] *p.p.* **1** de **withdraw.** • *adj.* **2** introvertido, reservado, callado.

withdrew [wɪð'druː] *pret.* de **withdraw.**

wither ['wɪðər] *v. i.* **1** (**to** ~ {**away**}) debilitarse, decrecer, difuminarse, desaparecer. **2** debilitarse, marchitarse, secarse (plantas). ◆ **3 withers,** cruz (de algunos animales).

withered ['wɪðəd] *adj.* **1** seco, muerto (plantas, hojas, etc.). **2** arrugado, viejo, ajado (aspecto de persona). **3** deformado, tullido, débil, marchito (brazo, pierna, etc.).

withering ['wɪðərɪŋ] *adj.* **1** desdeñoso, mordaz, humillante (comentario). **2** fulminante (mirada).

withheld [wɪð'həld] *pret.* y *p. p. irreg.* de **withhold.**

withhold [wɪð'həuld] (*pret.* y *p. p. irreg.* **withheld**) *v. t.* negar, denegar, rehusar, mantener para sí.

withholding tax [wɪθ'həuldɪŋtæks] *s. c.* e *i.* retención (impositiva).

within [wɪ'θɪn] *prep.* **1** dentro de: *within the city walls = dentro del recinto amurallado.* **2** dentro de (una sociedad, sistema, grupo, etc.): *the main forces within society = las fuerzas principales dentro de la sociedad.* **3** dentro de (unos límites establecidos): *to keep within the budget = mantenerse dentro del presupuesto.* **4** dentro de (una distancia determinada): *within ten miles around = dentro de diez millas a la redonda.* **5** dentro de (una distancia convencional): *within sight = hasta donde alcanza la vista.* **6** dentro de (un espacio de tiempo): *within the stipulated period = dentro del plazo estipulado.* **7** dentro de (otra cosa similar): *a play within a play = una obra de teatro dentro de otra.* • *adv.* **8** dentro: *the noise came from within = el ruido venía de dentro.* **9** (lit.) internamente: *he felt a sort of hatred within = sintió internamente una suerte de odio.* ◆ **10 inquire ~,** infórmese dentro.

without [wɪ'ðaut] *prep.* **1** sin (la cosa o cualidad mencionada): *two long days without food = dos interminables días sin alimento.* **2** sin (un tipo de sentimientos o conducta concretos): *without any ambition = sin ambi-*

ción alguna. **3** sin (una persona o cosa concreta, algo negativo se derivaría): *without a leader, the team would not work = sin un líder, el equipo no rendiría.* **4** (~ {-ing}) sin (la acción que se especifica): *without making mistakes = sin cometer errores.* **5** (arc.) fuera: *without the city walls = fuera de las murallas.* • *adv.* **6** sin: *if there's no sugar, we'll have to manage without = si no hay azúcar, tendremos que pasar sin él.* ◆ **7 to do ~,** ⇒ **do. 8 to go ~,** ⇒ **go. 9 ~ so much as,** sin siquiera: *off he went, without so much as a goodbye = partió sin un adiós siquiera.*

withstand [wɪð'stænd] (*pret.* y *p. p.irreg.* **withstood**) *v. t.* (form.) aguantar, resistir.

withstood [wɪð'stʊd] *pret.* y *p. p. irreg.* de **withstand.**

witless ['wɪtlɪs] (form.) *adj.* **1** estúpido, tonto, (Am.) nefasto. • **2 to scare someone ~,** darle a uno un susto de muerte.

witness ['wɪtnɪs] *s. c.* **1** testigo (de un hecho, ante un tribunal, etc.). **2** (~ {to}) (form.) testigo, testimonio, signo: *her smile is a witness to her happiness = su sonrisa es testimonio de su dicha.* • *v. t.* **3** (form.) observar, ser testigo: *two people witnessed the accident = dos personas fueron testigos del accidente.* **4** ver, presenciar, vivir: *we are witnessing deep political changes = estamos viviendo profundos cambios políticos.* **5** firmar como testigo (un documento oficial). **6** (form.) considerar, tener en cuenta (como apoyo de una argumentación): *witness the number of mistakes... = téngase en cuenta la cantidad de errores...* • *v. i.* **7** (to ~ {to}) ser testigo, hacer de testigo. ◆ **8 to bear ~ to,** dar testimonio. **9 to be ~ to something,** (form.) ver, presenciar algo.

witness-box ['wɪtnɪsbɒks] (también **witness-stand**) *s. c.* tribuna de testigos (en el juzgado).

witness-stand ['wɪtnɪsˌstænd] *s. c.* ⇒ **witness-box.**

witter ['wɪtər] *v. i.* (fam.) decir tonterías, gastar saliva.

witticism ['wɪtɪsɪzəm] *s. c.* (form.) agudeza, gracia, ocurrencia.

wittily ['wɪtɪlɪ] *adv.* ingeniosamente, agudamente, con gracia, sutilmente.

wittingly ['wɪtɪŋlɪ] *adv.* (form.) a sabiendas, conscientemente.

witty ['wɪtɪ] *adj.* ingenioso, agudo, sutil, gracioso, salado.

wives [waɪvz] *pl.* de **wife.**

wizard ['wɪzəd] *s. c.* **1** mago (literatura fantástica). **2** genio, experto.

wizardry ['wɪzədrɪ] **1** *s. i.* magia, brujería. **2** ingenio, talento.

wizened ['wɪznd] *adj.* **1** seco, ajado, marchito. **2** arrugado.

woad [wəʊd] *s. i.* tinte azul (usado en la antigüedad como maquillaje).

wobble ['wɒbl] *v. i.* tambalear, bambolear, vacilar, balancear.

wobbly ['wɒblɪ] *adj.* inestable, inseguro, tembloroso, torcido.

wodge [wɒdʒ] *s. c.* (brit.) (fam.) buen trozo, porción grande.

woe [wəʊ] (lit.) *s. c.* e *i.* **1** pesar, aflicción, infortunio, desgracia, cuita. • *interj.* **2** ay, oh, horror. • **3 ~ betide/~ to (someone),** ¡ay de...!

woebegone ['wəʊbɪgɒn] *adj.* (form.) triste, angustiado, apesadumbrado.

woeful ['wəʊfʊl] (form.) *adj.* **1** triste, afligido, angustiado (persona). **2** horrible, indeseable, lamentable (cosa, acción, etc.).

woefully ['wəʊfəlɪ] *adv.* tristemente, angustiadamente, horriblemente.

wog [wɒg] *s. c.* (desp.) negro.

wok [wɒk] *s. c.* sartén (cocina china).

woke [wəʊk] *pret.irreg.* de **wake.**

woken [wəʊkən] *p.p.irreg.* de **wake.**

wolf [wʊlf] (*pl. irreg.* **wolves**) *s. c.* **1** ZOOL. lobo. • *v. t.* **2** devorar, zampar, comer vorazmente. ◆ **3 to cry ~,** gritar el lobo, pedir auxilio sin necesidad (de forma que cuando aquél es necesario nadie lo presta). **4 to keep the ~ from the door,** (fam.) ganar lo necesario. **5 lone ~,** persona solitaria. **6 to throw someone to the wolves,** cortar un traje a alguien, poner a alguien de vuelta y media (o permitir que esto suceda). **7 ~ cub,** lobezno. **8 ~ in sheep's clothing,** lobo con piel de cordero. **9 to ~ something down,** devorar, zamparse algo.

wolfhound ['wʊlfhaʊnd] *s. c.* ZOOL. perro lobo.

wolfram ['wʊlfrəm] *s. i.* QUÍM. volframio.

wolf-whistle ['wʊlfˌwɪsl] *v. t.* **1** silbar admirativamente a (especialmente a una mujer que pasa cerca). • *s. c.* **2** silbido de admiración (dirigido a mujeres, principalmente).

wolves [wʊlvz] *pl.* de **wolf.**

woman ['wʊmən] (*pl. irreg.* **women**) *s. c.* **1** mujer. **2** (fam.) mujer (en afirmaciones de carácter genérico): *only a woman can stand it = sólo una mujer puede soportarlo.* **3** (delante de sustantivos de profesiones, principalmente, para expresar el femenino): *women drivers = las conductoras; a woman teacher = profesora.* **4** (p.u.) mujer, esposa, amante. **5** señora (mujer de determinada profesión o cometido): *the publicity woman told me = la señora de la publicidad me lo dijo.* **6** (fam.) mujer (en determinadas órdenes): *for God's sake, woman, be quiet! = ¡por Dios, mujer, cállate!* • **7 as one ~,** como una sola mujer, todas a la vez. ◆ **to be one's own ~,** ser una mujer independiente. **9 my good ~,** (arc.) mi dócil mujer. **10 to a ~,** como una sola mujer. **11 -woman, a)** mujer de una determinada nacionalidad o procedencia (según la primera parte del compuesto): *Welshwoman = galesa; Yorkshirewoman = mujer de Yorkshire;* **b)** de un número determinado de mujeres (según el numeral que precede): *a four-woman band = una banda de cuatro mujeres.* **12 ~ to ~,** de mujer a mujer, sin tapujos.

womanhood ['wʊmənhʊd] *s. i.* **1** ser mujer, madurez de la mujer. **2** las mujeres, el mundo femenino.

womanise *v. i.* ⇒ **womanize.**

womaniser *s. c.* ⇒ **womanizer.**

womanish ['wʊmənɪʃ] *adj.* (desp.) afeminado.

womanising *s. i.* ⇒ **womanizing.**

womanize ['wʊmənaɪz] (también **womanise**) *v. i.* (desp.) tener relaciones sexuales con muchas mujeres (un hombre).

womanizer ['wʊmənaɪzər] (también **womaniser**) *s. c.* (desp.) mujeriego, conquistador, ligón.

womanizing ['wʊmənaɪzɪŋ] (también **womanising**) *s. i.* (desp.) promiscuidad, caza de mujeres.

womankind ['wʊmənkaɪnd] *s. i.* (form.) las mujeres, el sexo femenino.

womanly ['wʊmənlɪ] *adj.* de mujer, femenino.

womb [wuːm] *s. c.* ANAT. matriz, útero.

wombat ['wɒmbæt] *s. c.* ZOOL. wombat (marsupial australiano).

women ['wɪmɪn] *pl. irreg.* **1** de **woman.** ◆ **2 women's group,** grupo de mujeres (que se reúnen con cierta regularidad). **3 Women's Lib,** (fam.) Liberación de la Mujer. **4 Women's Libber,** (fam.) militante del Movimiento de la Liberación de la Mujer. **5 Women's Liberation,** Liberación de la Mujer, Feminismo. **6 women's movement,** movimiento feminista.

won [wʌn] *pret.* y *p. p. irreg.* de **win.**

wonder ['wʌndər] *v. t.* **1** preguntarse: *I wondered where to go = me preguntaba adónde ir.* **2** (to ~ {if/whether}) preguntarse (petición muy cortés): *I wonder if you'd mind speaking louder? = ¿podría usted quizá hablar más alto?* **3** (to ~ {that}) sorprenderse: *I don't wonder that she didn't come = no me sorprende que no viniera.* • *v. i.* **4** (to ~ {at}) maravillarse, extrañarse: *I wondered at his slowness = me extrañó su lentitud.* **5** dudar, poner en duda: *do you mean it? I just wonder = pongo en duda que sea ésa tu intención.* • *s. i.* **6** extrañeza, sorpresa, admiración: *they gazed at the snow in wonder = miraron con sorpresa la nieve.* • *s. c.* **7** maravilla: *the seven wonders of the world = las siete maravillas del mundo.* **8** prodigio, portento, maravilla (persona o cosa): *the wonders of modern medicine = los prodigios de la medicina moderna.* ◆ **9 nine days' ~,** interés o importancia pasajera. **10 no ~/little ~/small ~/etc.,** poco/nada/etc. es de extrañar. **11 wonders will never cease,** (fam.) bienvenida la sorpresa. **12 to work/do wonders, a)** hacer maravillas; **b)** sentar muy bien (al cuerpo).

wonderful ['wʌndəfʊl] *adj.* maravilloso, admirable, impresionante, estupendo.

wonderfully ['wʌndəfəlɪ] *adv.* maravillosamente, admirablemente, estupendamente.

wonderland ['wʌndəlænd] *s. c.* e *i.* **1** país de las maravillas (literatura fantástica). **2** mundo maravilloso.

wonderment ['wʌndəmənt] *s. i.* sorpresa, admiración.

wondrous ['wʌndrəs] *adj.* (lit.) maravilloso, sorprendente, fascinante.

wonky ['wɒŋkɪ] *adj.* **1** flojo, desajustado, inseguro. **2** cojo (mesa).

wont [wəunt] (arc.) *adj.* **1** (~ {**to**}) habituado, acostumbrado. • **2 as is one's ~,** como de costumbre.

won't [wəunt] *contr.* de **will not** (lenguaje informal hablado y escrito).

woo [wu:] *v. t.* **1** atraer, ganarse (apoyo, votos, amistad, etc.). **2** (arc.) pretender, cortejar.

wood [wud] *s. i.* **1** madera, leña. **2** madera, barrica, barril (proceso de elaboración del vino). • *s. c.* **3** bosque, monte, soto. **4** cualquiera de los bastones de cabeza de madera (golf). ♦ **5 ... can't see the ~ for the trees,** las ramas impiden ver el bosque. **6 we're not out of the woods yet,** (fam.) aún no estamos a salvo, queda algún peligro, dificultad etc. **7 to touch ~, ⇒ touch. 8 ~ pulp,** pulpa de madera, lignocelulosa.

wood-carving ['wudkɑ:vɪŋ] *s. c.* e *i.* tallado de madera, escultura de madera, talla de madera.

woodcock ['wudkɒk] *s. c.* ZOOL. chocha (perdiz), becada.

woodcutter ['wud,kʌtər] *s. c.* leñador.

wooded ['wudɪd] *adj.* arbolado, boscoso.

wooden ['wudn] *adj.* **1** de madera, de palo. **2** (desp.) inexpresivo, rutinario, desanimado, soso, aburrido (expresión, actitud, etc.). ♦ **3 to get the ~ spoon,** (fam.) llegar el último (en una competición). **4 ~ spoon,** cuchara de madera (usada para cocinar).

wooden-headed [,wudn'hedɪd] *adj.* (fam.) estúpido, abobado, descerebrado.

woodenly ['wudnlɪ] *adv.* inexpresivamente, aburridamente, sin vida.

woodland ['wudlənd] *s. c.* e *i.* **1** bosque, monte, soto, zona boscosa. • *adj.* **2** de los bosques, silvestre.

woodlice ['wudlaɪs] *pl. irreg.* de **woodlouse.**

woodlouse ['wudlaus] (*pl. irreg.* **woodlice**) *s. c.* ZOOL. cochinilla.

woodpecker ['wud,pekər] *s. c.* ZOOL. pito, pájaro carpintero.

woodpile ['wudpaɪl] *s. c.* montón de madera, hacina de leña.

woodshed ['wudʃed] *s. c.* leñera, almacén de leña.

woodwind ['wudwɪnd] *s. c.* **1** instrumento musical de madera y viento. **2** sección de madera y viento (en una orquesta).

woodwork ['wudwə:k] *s. i.* **1** (brit.) carpintería, ebanistería, trabajo de madera. **2** (fam.) carpintería (puertas, ventanas, etc.). ♦ **3 to crawl out of the ~,** (desp.) salir a flote, dar la cara.

woodworm ['wudwə:m] *s. i.* **1** carcoma. • *s. c.* **2** ZOOL. carcoma.

woody ['wudɪ] *adj.* leñoso.

wooer [wuər] *s. c.* (arc.) pretendiente.

woof [wu:f] *s. c.* **1** (fam.) guau-guau, perro (lenguaje infantil). **2** trama (tejido).

wool [wul] *s. i.* **1** lana, material de lana. • **2 to pull the ~ over someone's eyes,** (fam.) sacar ventaja mediante engaño.

woolen ['wulən] *adj.* ⇒ **woollen.**

wool-gathering [wul'gæðərɪŋ] *s. i.* **to be ~,** soñar despierto, estar en Babia.

woollen ['wulən] (en EE UU **woolen**) *adj.* **1** de lana, de punto. ♦ **2 woollens,** ropa de lana, géneros de punto.

woolly ['wulɪ] (en EE UU **wooly**) *adj.* **1** de lana. **2** (desp.) oscuro, confuso, vago (ideas, planes, etc.). • *s. c.* **3** (fam.) prenda de lana, jersey.

woolly-minded [,wulɪ'maɪndɪd] *adj.* (desp.) vago, oscuro, confuso (ideas, planes, etc.).

wooly ['wulɪ] *adj.* y *s.c.* ⇒ **woolly.**

woozy ['wu:zɪ] *adj.* (fam.) débil, mareado, aturdido, indispuesto.

wop [wɒp] *s. c.* (desp.) italiano (insulto).

word [wə:d] *s. c.* **1** palabra. **2** (fam.) palabras, conversación: *I had a little word with him = tuve una pequeña conversación con él.* **3** palabra, cualquier cosa dicha, comentario, frase: *I didn't say a word = no dije palabra.* **4** palabra, consejo, aviso, advertencia: *here's a word in your ear = he aquí mi consejo para ti.* **5** palabra, mensaje (no entendido): *he didn't understand a word = no entendió ni palabra.* **6** palabra, noticia, anuncio: *he brought them word of her visit = les llevó el anuncio de su visita.* **7** palabra dada, promesa: *to keep one's word = cumplir la palabra.* **8** palabra, orden: *he gave the word to move on = dio la orden de avanzar.* **9** REL. palabra, mensaje, enseñanza (contenidos en la Biblia). • *v. t.* **10** expresar con palabras, redactar. ♦ **11 a man/woman of few words,** hombre/mujer de pocas palabras. **12 a man/woman of his/her ~,** hombre/mujer de palabra. **13 to be as good as one's ~,** cumplir uno lo prometido. **14 to bandy words with someone, ⇒ bandy. 15 by/through ~ of mouth,** de palabra (no escrito). **16 to get a ~ in edgeways, ⇒ edgeways. 17 to have/exchange a few words (with),** mantener una breve conversación. **18 to have to eat one's words,** tenerse que tragar uno las palabras (por cometer imprudencia en lo dicho). **19 to have words with someone,** mantener una conversación acalorada. **20 in a ~,** en una palabra. **21 in one's own words,** en las mismas palabras de uno, en sus propias palabras. **22 in other words,** con otras palabras. **23 in so many words,** lisa y llanamente. **24 mark my words,** (fam.) fíjate bien lo que te digo. **25 my ~!/upon my ~!,** (arc.) ¡santo cielo! (sorpresa y maravilla). **26 never to have a good ~ to say for someone/something,** no salirle jamás a uno una palabra de elogio. **27 not in so many words,** de forma indirecta, con rodeos. **28 not to know the meaning of the ~,** no saber lo que alguien se dice, no tener ni idea. **29 not to mince one's words, ⇒ mince. 30 to pass the ~,** pasar el recado que uno ha recibido. **31 to put in a ~/good ~ for someone, a)** hablar favorablemente de alguien; **b)** recomendar a alguien. **32 to put words into someone's mouth,** poner cosas no dichas en la boca de alguien. **33 to say the ~,** dar aprobación (para que algo comience). **34 to send ~, ⇒ send. 35 take my ~ for it,** puedes fiarte de mi palabra. **36 to take someone at their ~,** tomar literalmente lo que alguien dice (cuando el sentido puede ser distinto). **37 to take the words out of someone's mouth,** adelantarse a lo que otro va a decir, adivinar el pensamiento. **38 the last ~,** la última palabra (que termina una discusión, porfía, etc.). **39 the operative ~, ⇒ operative. 40 the printed ~, ⇒ print. 41 there's no other ~ for it/that's the only ~ for it,** ésa es la palabra exacta (por extraño que parezca). **42 too silly/stubborn/etc. for words,** de lo más estúpido/cabezota/etc. **43 ~ class,** GRAM. clase de palabra, parte de la oración. **44 ~ for ~,** palabra por palabra, literalmente. **45 words, a)** palabras (dichas o escritas en una ocasión concreta): *my father's words ring in my head = tengo grabadas las palabras de mi padre;* **b)** hablar, expresión de ideas, sentimientos, etc.: *there is no need for words = no se necesita hablar;* **c)** palabras (por oposición a hechos): *words, words... we want results = palabras, palabras... resultados es lo que queremos;* **d)** letra (de una canción). **46 words fail me,** no tengo palabras, la emoción/la sorpresa/el dolor/etc. me embarga.

word-blind ['wə:dblaɪnd] *adj.* (brit.) disléxico.

word-blindness ['wə:d,blaɪndnɪs] *s. i.* (brit.) dislexia.

wordbook ['wə:dbuk] *s. c.* vocabulario.

wording ['wə:dɪŋ] *s. i.* redacción, estilo.

wordless ['wə:dlɪs] (lit.) *adj.* **1** callado, silencioso, mudo; sin palabras. **2** inarticulado, ininteligible (sonido, ruido).

wordlist ['wə:dlɪst] *s. c.* lista de palabras.

word-perfect [,wə:d'pə:fɪkt] *adj.* que sabe perfectamente su papel.

wordplay ['wə:dpleɪ] *s. i.* juego de palabras.

word-processing ['wə:d,prəusesɪŋ] *s. i.* INF. procesamiento de texto.

word-processor ['wə:d,prəusesər] *s. c.* INF. procesador de texto.

wordy ['wɜːdɪ] *adj.* prolijo, farragoso.

wore [wɔːr] *pret.* de **wear.**

work [wɜːk] *s. i.* **1** trabajo, empleo, ocupación. **2** trabajo (tipo, actividad, etc.): *what work do you do?* = *¿qué trabajo haces?* **3** trabajo (lugar): *I can't leave work till 8* = *no puedo dejar el trabajo hasta las ocho.* **4** trabajo (objeto concreto, material, etc.): *I often take some work home* = *con frecuencia me llevo trabajo a casa.* **5** obra (resultado del trabajo): *that must be the work of a madman* = *debe de ser obra de un loco.* **6** trabajo, estudio, investigación: *a lot of work is being done on this subject* = *se está realizando mucha investigación en esta disciplina.* **7** trabajo, actividad, esfuerzo (no impuesto): *that work on the car has given me an appetite* = *de tanto trabajar en el coche se me ha abierto el apetito.* **8** FÍS. trabajo. • *s. c.* **9** obra (literario, musical, etc.. • *v. i.* **10** trabajar (en empleo o actividad remunerada). **11** funcionar (máquinas): *it works by electricity* = *funciona por electricidad.* **12** funcionar, tener éxito (ideas, sistemas, espectáculos, etc.): *I don't think that plan will work* = *no creo que ese plan funcione.* **13** hacer efecto, surtir efecto (medicamentos): *let's hope the medicine works* = *esperemos que la medicina surta efecto.* **14** (**to** ~ {**in/with**}) trabajar (en/con materiales): *to work with steel* = *trabajar con acero.* **15** (**to** ~ {**with**}) trabajar (con) (en ayuda de necesitados): *to work with the handicapped* = *trabajar con disminuidos.* **16** operar, jugar (a favor, en contra): *those factors may work against you* = *esos factores pueden jugar en tu contra.* **17** (**to** ~ {*adj.*}) quedarse (el efecto señalado por el adjetivo): *the ropes worked loose* = *las sogas se fueron aflojando.* **18** moverse (el cuerpo, parte del cuerpo): *his eyes worked expressively* = *sus ojos se movieron expresivamente.* • *v. t.* **19** poner en funcionamiento, hacer que funcione (una máquina): *the boy who works the milking machine* = *el mozo que trabaja en la ordeñadora.* **20** exigir, hacer trabajar: *they work us very hard here* = *aquí nos hacen trabajar mucho.* **21** trabajar (materiales: metal, piedra, piel, etc.): *I watched him work the stone* = *vi cómo trabajaba la piedra.* **22** trabajar, cubrir (una zona: vendedores, repartidores, etc.): *who works that area?* = *¿quién cubre esa zona?* **23** trabajar, cultivar (la tierra). **24** hacer, abrir (camino o paso, con esfuerzo): *he worked his way through the jungle* = *se abrió camino en la selva.* **25** calcular: *to work a percentage* = *calcular un porcentaje.* ◆ **26 it's all in a day's** ~, forma parte del trabajo. **27 to be at** ~, **a)** estar en el trabajo; **b)** influir, intervenir, estar en juego. **28 to give someone/something the works,** (fam.) **a)** entregar o decir todo; **b)** dar el mejor trato; **c)** (hum.) despedir con cajas destempladas. **29 to go/set/get to** ~, ponerse manos a la obra. **30 to gum up the works/to bung up the works,** evitar que algo se produzca en la forma prevista. **31 to have one's** ~ **cut out (to do something)**, tenerlo muy difícil (para poder hacer algo). **32 to make short/light** ~ **of something,** realizar algo sin grandes dificultades. **33 to put/set someone to** ~, dar trabajo a alguien. **34 to throw a spanner in the works,** ⇒ **spanner. 35 -work,** trabajo, obra, artículo, etc. (hechos de una materia concreta o de la forma especificada en la primera parte del compuesto): *wicker-work* = *artículo de mimbre; wood-work* = *trabajo en madera; needlework* = *costura, bordado.* **36** ~ **basket,** costurero. **37 to** ~ **like a Trojan,** ⇒ **Trojan. 38** ~ **of art,** obra de arte. **39 to** ~ **one's fingers to the bone,** ⇒ **bone. 40 to** ~ **on someone,** tratar de convencer a o influir en alguien. **41 to** ~ **out, a)** resultar, desarrollarse (de un modo determinado); **b)** entrenar, hacer ejercicio físico. **42 to** ~ **out at (something)**, sumar, ascender a, dar como resultado. **43 works, a)** obras (de un artista); **b)** mecanismo, piezas (de un reloj, motor, etc.); **c)** (fam.) de todo (lo relacionado con un objeto o situación): *we had coffee, bacon, eggs... the works!* = *tomamos café, bacon, huevos... ¡de todo!;* **d)** fábrica (donde se fabrica algo determinado o se desarrolla un proceso industrial): *brick works* = *fábrica de ladrillos; printing works* = *imprenta;* **e)** obras (civiles o públicas): *road works* = *obras de carretera.* **44 to** ~ **someone out,** entender el carácter de alguien. **45 to** ~ **someone over,** (fam.) atizar bien a alguien. **46 to** ~ **something in/into, a)** añadir algo a; **b)** incluir o insertar algo en (olvidado antes). **47 to** ~ **something off, a)** saldar (un préstamo) con esfuerzo; **b)** descargar en los demás (el mal humor, el enfado, etc.). **48 to** ~ **something out, a)** calcular algo; **b)** resolver (un problema), descifrar (un código), etc.; **c)** concebir, diseñar (planes, proyectos, etc.): *a well worked-out plan* = *un plan bien concebido;* **d)** agotar (construcción pasiva): *a worked-out gold mine* = *una mina de oro agotada.* **49 to** ~ **something up, a)** despertar, causar (sentimientos, reacciones, etc.); **b)** desarrollar o mejorar algo gradualmente; **c)** revisar, completar, perfeccionar (un escrito, una destreza, etc.). **50** ~ **surface,** ⇒ **worktop. 51 to** ~ **to something,** seguir algo, atenerse a algo (un plan, un programa, etc.): *to work to the budget* = *atenerse al presupuesto.* **52 to** ~ **towards something,** esforzarse, afanarse (por conseguir un objetivo).

workable ['wɜːkəbl] *adj.* práctico, factible.

workaday ['wɜːkədeɪ] *adj.* ordinario, rutinario, prosaico, gris.

workaholic [ˌwɜːkə'hɒlɪk] *s. c.* (fam.) adicto al trabajo.

workbook ['wɜːkbʊk] *s. c.* libro de ejercicios.

workday ['wɜːkdeɪ] *s. c.* **1** (EE UU) jornada laboral. **2** (EE UU) día laborable.

worker ['wɜːkər] *s. c.* **1** trabajador, empleado, obrero, operario. **2** trabajador especializado (que realiza un trabajo concreto): *a research worker* = *un investigador.* **3** obrera (de la especie de las abejas o avispas): *a worker bee* = *una abeja obrera.*

workforce ['wɜːkfɔːs] *s. c.* **1** población en edad laboral. **2** mano de obra, personal asalariado (de una empresa).

workhorse ['wɜːkhɔːs] *s. c.* **1** caballo de tiro. **2** (fig.) burro de carga, esclavo (persona que hace el trabajo que otros eluden).

workhouse ['wɜːkhaʊs] *s. c.* asilo (de menesterosos, que tenían que trabajar para recibir a cambio sustento y cobijo).

work-in ['wɜːkɪn] *s. c.* ocupación y gestión de una empresa por los obreros (como medida de protesta contra el cierre).

working ['wɜːkɪŋ] *adj.* **1** trabajador, laboral: *working mothers* = *madres trabajadoras; working conditions* = *condiciones laborales.* **2** laborable, de trabajo (día): *working day* = *día laborable.* **3** laboral (edad, situación); activo (población). **4** de trabajo, de faena (ropa). **5** laboral (relación). **6** de explotación, por negocio (actividad empresarial, granja, etc.). **7** suficiente, práctico, básico (conocimiento, v.g. de idiomas). **8** provisional, práctico, funcional (teoría, definición, etc.). ◆ **9 in** ~ **order,** en pleno funcionamiento. **10** ~ **capital,** capital en efectivo, capital disponible, fondo de maniobra. **11** ~ **class,** clase obrera. **12** ~ **group/**~ **party,** comisión de investigación (sobre un problema o situación). **13 workings, a)** mecánica, forma de operar (una organización, un sistema, etc.); **b)** trabajos de excavación (en una mina).

workload ['wɜːkləʊd] *s. c.* volumen de trabajo (a personas o máquinas).

workman ['wɜːkmən] (*pl. irreg.* **workmen**) *s. c.* trabajador, obrero.

workmanlike ['wɜːkmənlaɪk] *adj.* eficiente, profesional (trabajo).

workmanship ['wɜːkmənʃɪp] *s. i.* hechura, realización, acabado, obra; destreza, habilidad.

workmate ['wɜːkmeɪt] *s. c.* (fam.) compañero de trabajo, colega.

workmen ['wɜːkmən] *pl. irreg.* de **workman.**

workout ['wɜːkaʊt] *s. c.* entrenamiento, ejercicio físico.

workpeople ['wɜːkˌpiːpl] *s. pl.* personal, trabajadores (de una empresa o negocio).

workshop ['wɜːkʃɒp] *s. c.* **1** taller (de carpintería o metalurgia, principalmente). **2** taller, grupo de trabajo o estudio (con intercambio de experiencias).

work-shy ['wɜːkʃaɪ] *adj.* perezoso, vago, holgazán, gandul.

workstation ['wɜːkˌsteɪʃən] *s. c.* estación de trabajo.

worktop ['wɜːktɒp] *s. c.* encimera (de muebles de cocina).

work-to-rule [ˌwɜːktə'ruːl] *s. c.* huelga de celo.

world [wɜːld] *s. sing.* **1** mundo, tierra, planeta: *to travel round the world = viajar por todo el mundo.* **2** mundo (de cosas vivientes): *the animal world = el mundo animal.* **3** mundo, países, naciones (con una característica común): *the industrialized world = el mundo industrializado.* **4** mundo (sección o faceta dentro de la actividad humana): *the world of show business = el mundo del espectáculo.* **5** mundo, gente: *the world waited for the outcome = el mundo estaba pendiente del resultado.* **6** mundo, vida: *she doesn't know much about the world = sabe poco de la vida.* **7** (form.) mundo (por oposición al espíritu): *to renounce the world = renunciar al mundo.* **8** mundo, sociedad: *she left the world to enter a convent = dejó el mundo para entrar en un convento.* • *s. c.* **9** mundo, planeta, galaxia: *strange creatures from another world = seres extraños de otro mundo.* **10** mundo, esfera, reino, plano: *a world of hypothesis and speculation = un mundo de hipótesis y especulación.* • *adj.* **11** mundial, de primer orden: *a world power = una potencia mundial; a world figure = una personalidad mundial.* ◆ **12 a man/woman of the ~,** un hombre/una mujer de mundo. **13 to be all the ~ (to someone)/to mean the ~ (to someone)**, ser lo más importante y querido del mundo (para alguien). **14 to bring children into the ~,** (form.) traer hijos al mundo. **15 to come into the ~,** (lit.) venir al mundo. **16 dead to the ~,** ⇒ **dead. 17 to do someone a/the ~ of good,** (fam.) hacer a alguien sentirse mucho mejor (una medicina, una buena noticia). **18 for all the ~ as if/like (something was the case)**, (fam.) exactamente como si (algo fuera el caso): *he bosses everyone about, for all the world as if he owns the company = va dando órdenes a todo el mundo como si fuera el amo.* **19 to go/come down in the ~,** venir a menos. **20 to go/come up in the ~,** prosperar, mejorar, subir de posición, ascender. **21 in the ~, a)** en el mundo, en absoluto, absolutamente: *nothing in the world will stop him = absolutamente nada le detendrá;* **b)** demonios (en preguntas con expresión de sorpresa, enfado, etc.): *what in the world were you doing there? = ¿qué demonios hacías allí?* **c)** del mundo (con superlativos): *the best in the world = lo mejor del mundo;* **d)** del mundo (enfatizando una expresión de cantidad): *to have all the time in the world = tener todo el tiempo del mundo.* **22 to live in a ~ of one's own,** vivir encerrado en el mundo de uno. **23 (not to do something) for the ~,** (fam.) (no hacer algo) por nada del mundo. **24 on top of the ~,** (fam.) inmensamente feliz. **25 out of this ~,** (fam.) estupendo, sensacional. **26 to set the ~ on fire,** (fam.) comerse el mundo, tener mucho éxito. **27 the (John Smiths/ etc.) of this ~,** (fam.) los tipos como (J. Smith etc.): *the Ben Pitts of this world always do well = a los tipos como Ben Pitts siempre les va bien.* **28 there is a ~ of difference,** hay un abismo, ni punto de comparación. **29 to think the ~ (of someone/ something)**, apreciar o admirar mucho (a alguien/algo). **30 the ~ is someone's oyster,** ⇒ **oyster. 31 the ~ over,** en todas partes: *speculators are the same the world over = los especuladores son iguales en todas partes.* **32 worlds apart,** completamente distinto, como de la noche al día (dos personas o cosas). **33 ~ affairs,** situación mundial, coyuntura internacional. **34 ~ war,** guerra mundial. **35 World Wide Web,** Telaraña Mundial, Web.

world-class [ˌwɜːld'klɑːs] *adj.* de primera clase, de categoría mundial.

world-famous [ˌwɜːld'feɪməs] *adj.* mundialmente conocido, famoso en el mundo entero.

worldliness ['wɜːldlɪnɪs] *s. i.* mundo, conocimiento práctico, experiencia.

worldly ['wɜːldlɪ] *adj.* **1** mundano, terrenal. **2** (form.) material: *wordly goods = bienes materiales.* **3** mundano, experimentado, práctico (persona).

worldly-wise [ˌwɜːldlɪ'waɪz] *adj.* de mucho mundo, experimentado.

world-weary [ˌwɜːld'w] *adj.* cansado de la vida, hastiado.

worldwide [ˌwɜːld'waɪd] **1** *adj.* mundial, universal. • *adv.* **2** en todo el mundo.

worm [wɜːm] *s. c.* **1** gusano, lombriz. **2** (desp.) gusano, canalla. **3** rosca (de un tornillo). • *v. t.* **4** purgar, desinfectar (de gusanos o lombrices). • *v. i.* **5** arrastrarse, deslizarse, trepar. **6** (desp.) introducirse (con malas artes). ◆ **7 the ~ in the apple/bud,** (lit.) el gusano en la manzana. **8 the ~ will turn,** el más dócil se rebela cuando está harto. **9 ~ cast,** agujero de gusano (en la superficie de la tierra). **10 to ~ one's way (along/ forward)**, avanzar lentamente (con cautela o por la dificultad). **11 to ~ one's way into (someone's confidence, affection)**, (desp.) ganarse astutamente (la confianza, el afecto, etc. de alguien). **12 to ~ something out (of someone)**, sonsacar algo (a alguien) (con paciencia o con estratagemas).

worm-eaten ['wɜːmˌiːtn] *adj.* carcomido (mueble); apolillado (ropa); podrido (fruta, etc.).

wormwood ['wɜːmwud] *s. i.* **1** (fig.) hiel, amargura, pesar, resentimiento. **2** BOT. ajenjo.

wormy ['wɜːmɪ] *adj.* lleno de gusanos; infectado de gusanos; carcomido.

worn [wɔːn] *p. p.* **1** de **wear.** • *adj.* **2** gastado (por ser viejo o por el uso). **3** viejo, demacrado, cansado.

worn-out [ˌwɔːn'aut] *adj.* **1** gastado, estropeado, inservible, para tirar: *a worn-out sofa = un sofá gastado.* **2** muy cansado, exhausto, rendido, roto, para el arrastre.

worried ['wʌrɪd] *adj.* **1** preocupado, inquieto, desasosegado. • **2 to have someone ~,** (fam.) asustar a alguien (por error o por broma): *oh good, you had me worried = ah bueno, me habías asustado.* **3 not ~,** (fam.) da igual (en una situación de elección).

worriedly ['wʌrɪdlɪ] *adv.* desasosegadamente.

worrier ['wʌrɪər] *s. c.* aprensivo, pesimista, sufridor.

worrisome ['wʌrɪsəm] *adj.* preocupante, inquietante, alarmante.

worry ['wʌrɪ] *v. t.* **1** preocupar, alarmar: *that's what worries me most = eso es lo que más me preocupa.* **2** molestar: *why worry her when it's all over? = ¿para qué molestarla cuando todo ha pasado ya?* **3** molestar, desagradar: *his bossiness didn't worry her unduly = su afán de mando no la molestaba en exceso.* **4** asustar, perseguir, ladrar (el perro a las ovejas). • *v. i.* **5** (**to ~ {about/over}**) preocuparse, inquietarse: *don't worry about my diet = no te preocupes de* o *por mi régimen.* • *s. i.* **6** preocupación, inquietud, desasosiego. **7** responsabilidad, problema, deber (aceptado por una persona): *sorry, but that's my worry = perdone pero ése es problema mío.* • *s. c.* **8** problema, preocupación: *I don't have any worries = no tengo preocupación alguna.* ◆ **9 to have enough to ~ about,** tener ya bastantes problemas. **10 nothing to ~ about,** nada de que preocuparse, todo bajo control. **11 not to ~,** tranquilo, no te preocupes. **12 to ~ at something, a)** darle vueltas a algo (a un problema); **b)** estar ocupado con algo (el perro con un hueso).

worryguts ['wʌrɪgʌts] *s. c.* angustias, persona que con nada se angustia.

worrying ['wʌrɪɪŋ] *adj.* preocupante, inquietante.

worryingly ['wʌrɪɪŋlɪ] *adv.* inquietantemente.

worse [wɜːs] (*comp.* de **bad**) *adj.* **1** peor: *his marks are getting worse = sus notas son cada vez peores.* **2** peor, más enfermo: *stay in bed or you'll get worse = quédate en cama o te pondrás peor.* • *adv.* (*comp.* de **badly**) **3** peor: *some children swam worse = algunos niños nadaban* *peor.* • **4 for better or ~,** ⇒ **better. 5 for the ~,** a peor (cambios). **6 to go from bad to ~,** ⇒ **bad. 7 to make matters ~,** ⇒ **matter. 8 ... might do ~ than,** no estaría mal que..., sería bueno que... **9 none the ~** (**for something**), sin ser peor (por ello). **10 someone's bark is ~ than their bite,** ⇒ **bark. 11 the ~ for wear,** ⇒ **wear. 12 ~ luck,** ⇒ **luck. 13 ~ off,** menos rico, en peor situación económica.

worsen ['wɔːsn] *v. t.* e *i.* empeorar.

worsening ['wɔːsnɪŋ] *s. i.* empeoramiento, agravamiento, deterioro.

worship ['wɔːʃɪp] *s. i.* **1** culto, adoración, veneración (de Dios): *freedom of worship = libertad de culto.* **2** culto, veneración, adoración (de personas o cosas): *an object of worship = objeto de veneración.* • (*ger.* **worshipping,** *pret.* y *p. p.* **worshipped**) *v. t.* **3** (brit.) adorar, venerar, rendir culto a (Dios). **4** adorar, rendir culto a, venerar, admirar (personas o cosas): *a society that worships money = una sociedad que rinde culto al dinero.* ◆ **5 Worship,** (brit.) (form.) Señoría, Excelencia (tratamiento de alcaldes o magistrados).

worshipful ['wɔːʃɪpful] *adj.* reverente, respetuoso, devoto, ferviente.

worshipper ['wɔːʃɪpər] (en EE UU **worshiper**) *s. c.* **1** creyente, fiel, devoto, adorador. **2** devoto, admirador, adorador (de personas o cosas).

worst [wɔːst] *adj.* (*sup.* de **bad**). **1** peor (persona, cosa, situación): *the worst winter for years = el peor invierno en mucho tiempo.* **2** peor (persona o cosa): *I was the worst swimmer = yo era el peor nadador.* **3** peor, más afectado (en una situación desfavorable): *the handicapped are the worst victims = los minusválidos son las víctimas más afectadas.* • *adv.* (*sup.* de **badly**) **4** peor: *foreigners are the worst treated = los extranjeros son los peor tratados.* • *s. c.* **5** peor (persona, cosa, situación, etc.): *the worst is over = lo peor ha pasado.* • *v. t.* **6** (arc.) vencer, derrotar (en competición). ◆ **7 at ~/at the ~,** en el peor de los casos, a lo peor. **8 if the ~ comes to the ~,** si las cosas se ponen muy feas.

worsted [wustɪd] *s. i.* estambre.

worth [wɔːθ] *adj.* **1** de un valor (determinado), valorado: *the red car is worth a lot more = el coche rojo vale mucho más.* **2** valorado (la fortuna de una persona): *he's worth at least £1,000,000 = su fortuna está valorada en un millón de libras como poco.* **3** que merece, que vale (la pena, el esfuerzo, etc.): *the city is well worth a visit = la ciudad bien merece una visita.* • *s. i.* **4** (form.) valía, mérito, importancia, valor (que se atribuye a personas o cosas): *to judge people for their worth = juzgar a las personas por su valía.* ◆ **5 to be ~ it,** valer la pena. **6 to be ~ someone's while,** merecerle a alguien la pena. **7 for all I/he/she etc. was ~,** con todo el esfuerzo de que yo fui/él fue/ella fue etc. capaz: *I tried for all I was worth = puse mi mayor esfuerzo.* **8 for what it's ~,** por si sirve de algo: *I've brought the report, for what it's worth = he traído el informe, por si sirve de algo.* **9 to get one's money's- ~,** ⇒ **money. 10 to make it ~ someone's while,** hacer que a alguien le valga la pena, compensar a alguien. **11 to make life ~ living,** hacer la vida agradable. **12 not to be ~ the paper it's written on,** ⇒ **paper. 13 the game is not ~ the candle,** ⇒ **candle. 14 to be ~ one's weight in gold,** valer su peso en oro.

OBS. Desde el punto de vista gramatical, se puede considerar a **worth** como preposición, en lugar de como adjetivo, y así se trata en numerosas gramáticas, sin que su significado se vea alterado.

worthily [wɔːðɪlɪ] *adv.* dignamente, merecedoramente, respetablemente.

worthiness [wɔːðɪnɪs] *s. i.* dignidad, respetabilidad, merecimiento.

worthless [wɔːθlɪs] *adj.* carente de valor, despreciable, inútil (cosas, personas).

worthlessly [wɔːθlɪslɪ] *adv.* inútilmente, sin valor.

worthlessness [wɔːθlɪsnɪs] *s. i.* inutilidad, carencia de valor.

worthwhile ['wɔːθwaɪl] *adj.* bueno, valioso, útil, que vale la pena.

worthy ['wɔːðɪ] *adj.* **1** (~ {**of**}) digno, meritorio, justo: *a worthy winner = un digno ganador.* **2** digno, respetable, honrado, meritorio, esforzado. • *s. c.* **3** (form.) personalidad, notable.

wot [wɒt] *pron.interr.* **1** (fam.) qué (usado en lenguaje escrito para representar **what**). • *v. i.* **2** (**to ~** {**of**}) (arc.) saber, conocer.

would [wud ‖ wəd] *v. modal* **1** (en lugar de **will** en enunciados de estilo indirecto): *he said he would come later = dijo que vendría más tarde.* **2** (en expresiones de condiciones improbables): *I would be surprised if he came = me sorprendería que viniera.* **3** (en expresiones de actitud favorable/desfavorable): *some would do more for a dog than for a fellow = algunos harían más por un perro que por el prójimo.* **4** (referido a una actitud contraria y continuada): *she wouldn't go, though she was asked to = no se marchó, aunque se lo pidieron.* **5** (referido al deseo de que algo suceda): *I wouldn't mind having a day off = no me importaría tener un día libre.* **6** (en ofertas corteses): *Would you like a drink? = ¿te apetece tomar algo?* **7** (en peticiones corteses): *would you do me a favour? = ¿me quieres hacer* o *me harías un favor?* **8** (para expresar una opinión no del todo segura): *you'd expect it to happen, wouldn't you? = era de esperar que pasara ¿no?* **9** (fam.) (sugiriendo un consejo): *I wouldn't take it, if I were you = yo en tu lugar* o *yo que tú no lo aceptaría.* **10** (para expresar acciones repetidas en el pasado): *she would often go without a word = se iba muchas veces sin decir palabra.* **11** (referido a circunstancias que pudieran haberse dado): *it would have been useless to complain = de nada hubiera servido quejarse.* **12** (referido al deseo de que algo hubiera sucedido de distinta forma): *I would have liked to stay longer = me hubiera gustado estar más tiempo.* **13** (en expresión de suposiciones o deducciones referidas al pasado): *he wouldn't have heard it: he was a bit deaf = no lo habría oído: estaba un poco sordo.* ◆ **14 ~ rather,** ⇒ **rather. 15 ~ that** (**something were the case**), (form.) ojalá (que fuera así).

OBS. El verbo **would** no tiene correspondencia directa con ningún verbo castellano. Como verbo modal, ayuda a formar el condicional de los verbos y a expresar muchos de los matices referidos a tiempos pasados, algunos de los cuales se expresan en castellano mediante el subjuntivo.

would-be ['wudbiː] *adj.* futuro, en ciernes, aspirante.

wouldn't ['wudnt] *contr.* de **would not** (lenguaje hablado).

would've ['wudəv] *contr.* de **would have,** siendo **have** verbo auxiliar (lenguaje hablado).

wound [waund] *pret.* y *p. p.irreg.* de **wind.**

wound [wuːnd] *s. c.* **1** herida (producida por arma blanca, armas de fuego, etc.). **2** (lit.) herida, daño, mal (producidos por una mala experiencia). • *v. t.* **3** herir (con arma blanca, armas de fuego, etc.). **4** (pasiva) herir (sentimientos, reputación, etc.): *she felt wounded by his words = se sintió herida por sus palabras.* ◆ **5 to lick one's wounds,** ⇒ **lick. 6 to open old wounds,** (lit.) abrir viejas heridas. **7 to rub salt into someone's wounds,** ⇒ **salt. 8 wound up,** ⇒ **wind.**

wounded [wuːndɪd] *adj.* **1** herido (por arma blanca, de fuego, etc.). **2** herido (en sentimientos, reputación, etc.). • **3 the ~,** los heridos (de guerra, generalmente).

wounding ['wuːndɪŋ] *adj.* hiriente, mordaz, cruel.

wove [wəuv] *pret. irreg.* de **weave.**

woven ['wəuvən] *p. p.i rreg.* de **weave.**

wow [wau] *interj.* (fam.) ¡huau! (expresión de sorpresa o regocijo).

wrack [ræk] *v. t.* ⇒ **rack.**

wraith [reɪθ] *s. c.* (lit.) fantasma, aparición, espectro.

wrangle ['ræŋgl] *v. i.* **1** (**to ~** {**over**}) discutir, reñir (por): *he was wrangling with another boy over a toy = reñía con otro niño por un juguete.* • *s. c.* **2** riña, disputa.

wrangling ['ræŋglɪŋ] *s. i.* riña, disputa, discusión.

wrap [ræp] (*ger.* **wrapping,** *pret.* y *p. p.* **wrapped**) *v. t.* **1** (**to ~** {**in**}) envolver: *she wrapped the book in brown pa-*

per = envolvió el libro en papel de estraza. **2** (**to** ~ {**round**}) enrollar, poner alrededor: *a bandage was wrapped around his arm = tenía una venda alrededor del brazo.* **3** arropar, abrigar: *they were wrapped in thick clothes = se abrigaban con ropa gruesa.* **4** rodear; poner, echar alrededor (brazos, piernas, etc.): *he wrapped his arms round her = la rodeó con sus brazos.* • *s. c.* **5** (arc.) prenda (sobre los hombros: bufanda, chal, bata, etc.). ◆ **6 to keep something under wraps,** (fam.) mantener algo bien guardado. **7 the wraps come off,** se acaban los secretos, se descubren los secretos. **8 to** ~ **(it) up,** (fam.) callarse, cerrar el pico (en imperativos, generalmente). **9 wrapped up (in something),** absorto, dedicado completamente: *we're wrapped up in the baby = estamos absortos en el niño.* **10 to** ~ **(oneself) up,** abrigarse, arrebujarse. **11 to** ~ **(something) up, a)** envolver bien; **b)** (fam.) cerrar (un trato); dar por terminado (un trabajo, un debate, etc.); **c)** desviar, complicar, enmarañar (con palabras).

wrap-around ['ræpəˌraund] *adj.* abierto, superpuesto (falda); de una pieza (gafas).

wrapper ['ræpər] *s. c.* envoltorio; sobrecubierta.

wrapping ['ræpɪŋ] *s. i.* **1** envoltorio; envase. • **2** ~ **paper,** papel de envolver (artículos de regalo).

wrath [rɒθ] *s. i.* (form.) ira, cólera.

wreak [riːk] (form.) *v. t.* **1** causar, provocar, desencadenar (catástrofes, desastres, etc.). **2** tomar (venganza).

wreath [riːθ] *s. c.* corona de flores, guirnalda.

wreathe [riːð] (lit.) *v. t.* **1** envolver, rodear, cubrir (de neblina, humo, etc.): *the sun was wreathed in mist = el sol aparecía envuelto en neblina.* **2** decorar (con flores, guirnaldas, etc.). • *v. i.* **3** subir, elevarse (en espirales: humo, niebla, etc.). ◆ **4 wreathed in smiles,** radiante de felicidad.

wreck [rek] *v. t.* **1** romper, destruir, estropear, arruinar. **2** (pasiva) hundir, naufragar (barcos): *the vessels were wrecked on the rocks = las naves naufragaron contra las rocas.* • *s. c.* **3** siniestro, accidente (de aeroplanos, automóviles, etc.). **4** vehículo afectado en un siniestro. **5** naufragio, hundimiento (de un barco). **6** (fam.) ruina, carcamal. ◆ **7 wrecking service,** (EE UU) servicio de grúa (para vehículos averiados).

wreckage ['rekɪdʒ] *s. i.* **1** restos (de un accidente aéreo o de vehículos, hundimiento de un edificio, etc.). **2** restos, despojos (de planes, ideas, etc. fracasados).

wrecker ['rekər] *s. c.* **1** destructor, destrozón, ruina. **2** (EE UU) grúa, remolcador (de vehículos averiados).

wren [ren] *s. c.* ZOOL. chochín, reyezuelo.

wrench [rentʃ] *v. t.* **1** soltar, liberar (mediante tirón o giro violento). **2** torcer, retorcer (brazo, pierna, articulación). **3** retirar, apartar, arrancar (la vista, la mente, etc., con gran esfuerzo). • *s. c.* **4** tirón, sacudida (para abrir, coger o liberar algo). **5** pena, lástima, dolor (de desprenderse de alguien o algo). **6** MEC. (EE UU) llave de tuercas.

wrest [rest] *v. t.* (form.) **1** arrancar, arrebatar, llevarse. **2** usurpar, llevarse (con esfuerzo).

wrestle ['resl] *v. i.* **1** (**to** ~ {**with**}) luchar (físicamente). **2** luchar, esforzarse (con problemas, en situaciones complicadas). **3** luchar, tener dificultades (para manejar, controlar, etc. cosas demasiado voluminosas): *he was wrestling with the map = luchaba por controlar el mapa.*

wrestler ['reslər] *s. c.* DEP. luchador (de lucha libre).

wrestling ['reslɪŋ] *s. i.* DEP. lucha libre.

wretch [retʃ] *s. c.* **1** desgraciado, malvado, canalla. **2** infeliz, pobre diablo: *a poor half-starved wretch = un pobre infeliz muerto de hambre.*

wretched ['retʃɪd] *adj.* **1** pobre, desgraciado, miserable, desdichado (personas). **2** horrible, malo, enfermo: *I was in bed feeling wretched = estaba en cama y me encontraba fatal.* **3** malo, infame, impresentable (cosas): *the house was wretched = la casa era infame.* **4** (fam.) maldito, dichoso, de las narices: *he's always ready to tell his wretched story = siempre está dispuesto a largar su maldita historia.*

wretchedly ['retʃɪdlɪ] *adv.* pobremente, miserablemente, horriblemente.

wretchedness ['retʃɪdnɪs] *s. i.* miseria, desgracia, desdicha, decaimiento, abatimiento.

wriggle ['rɪgl] *v. t.* **1** menear. • *v. i.* **2** menearse. **3** deslizarse, colarse: *we wriggled under the fence = nos deslizamos por debajo de la tapia.* • *s. c.* **4** meneo, movimiento ligero. • **5 to** ~ **out of something/doing something,** (fam.) evitar o eludir algo/hacer algo (con excusas).

wring [rɪŋ] (*pret.* y *p.p.* **wrung**) *v. t.* **1** sacar, extraer; lograr, conseguir (con esfuerzo): *to wring the utmost from a situation = sacar el máximo partido de una situación.* **2** escurrir (ropa húmeda). **3** retorcer(se) (las manos con ansiedad). **4** (p.u.) estrechar, apretar fuerte (al saludar). **5** retorcer (el pescuezo de un ave para sacrificarla). ◆ **6 wringing wet,** (fam.) empapado (persona, cosa). **7 to** ~ **one's heart/soul/etc.,** encoger el corazón/el alma/etc., dar mucha pena. **8 to** ~ **someone's neck,** (hum.) retorcer el cuello a alguien (amenaza). **9 to** ~ **something out,** estrujar algo.

wringer ['rɪŋər] *s. c.* **1** escurridor. • **2 to put someone through the** ~, (fam.) poner a alguien en aprietos.

wrinkle ['rɪŋkl] *s. c.* **1** arruga (en la piel). **2** arruga, pliegue (en tela, papel, etc.). **3** (fam.) sugerencia, indicación, dato práctico. • *v. i.* **4** arrugarse. • *v. t.* **5** arrugar (la cara, la frente, etc.).

wrinkled ['rɪŋkld] *adj.* arrugado.

wrist [rɪst] *s. c.* ANAT. muñeca.

wristwatch ['rɪstwɒtʃ] *s. c.* reloj de pulsera.

writ [rɪt] *s. c.* **1** orden judicial, mandato judicial. • **2** ~ **large,** (form.) **a)** claro y evidente; **b)** en versión corregida y aumentada: *the old conservatism writ large = el viejo conservadurismo en versión corregida y aumentada.*

write [raɪt] (*pret.* **wrote,** *p. p.* **written**) *v. t.* e *i.* **1** escribir: *learning to read and write = aprendiendo a leer y escribir.* **2** escribir, ser escritor, dedicarse a escribir: *she said she wanted to write = dijo que quería dedicarse a escribir.* • *v. t.* **3** escribir (cartas, libros, etc.): *she wrote me a letter = me escribió una carta.* **4** (EE UU) escribir (a alguien): *write me soon = escríbeme pronto.* **5** escribir, poner por escrito: *to write a report = escribir un informe.* **6** rellenar (documentos, impresos, etc.). **7** hacer, extender (cheques, facturas, prescripciones, etc.). ◆ **8 nothing to** ~ **home about,** ⇒ **home. 9 to** ~ **away/off (to someone for something),** escribir (a alguien pidiendo algo). **10 to** ~ **back (to someone),** escribir a vuelta de correo (a alguien), contestar carta (a alguien). **11 to** ~ **in (to someone),** escribir (a alguien) dando una opinión. **12 to** ~ **in (to someone for something),** hacer un pedido (de algo a alguien) por escrito. **13 to** ~ **someone out (of something),** retirar a alguien (de algo). **14 to** ~ **someone/something off, a)** considerar a alguien/algo un fracaso; **b)** satisfacer, cancelar una deuda; **c)** declarar a algo como siniestro total: *the car was completely written off = declararon al coche como siniestro total.* **15 to** ~ **someone/something off as,** despachar a alguien como: *it's easy to write him off as an old bore = es fácil despacharle como un aburrido.* **16 to** ~ **something down, a)** apuntar algo, tomar nota de algo; **b)** COM. reducir el valor nominal de algo. **17 to** ~ **something into something,** incluir algo como parte de algo (un acuerdo, contrato, etc.). **18 to** ~ **something out, a)** escribir (un informe, un trabajo, etc.); extender (un cheque); **b)** copiar algo (como castigo, también). **19 to** ~ **something up, a)** redactar un escrito (a partir de notas); **b)** poner al día (un diario); **c)** hacer la reseña, crítica, etc. de una obra (para un periódico, por ejemplo).

write-down ['raɪtdaun] *s. c.* saneamente, amortización.

write-in ['raɪtɪn] *s. c.* (EE UU) voto por correo (elecciones).

write-off ['raɪtɒf] *s. c.* (brit.) siniestro total.

writer ['raɪtər] *s. c.* **1** escritor. **2** escritor, autor (de un determinado escrito). ◆ **3 writer's block,** bloqueo mental (del escritor). **4 writer's cramp,** agujetas de mano (de tanto escribir).

write-up ['raɪtʌp] *s. c.* crítica, reseña (de un hecho cultural, producto comercial, etc.).

writhe [raɪð] *v. i.* retorcerse, agitarse, debatirse (de dolor).

writing ['raɪtɪŋ] *s. i.* **1** escritura, escrito. **2** escritura, oficio de escritor. **3** texto literario. **4** letra, escritura a mano. ◆ **5 in ~,** por escrito: *can I have what you say in writing? = ¿puede darme lo que usted dice por escrito?* **6 the ~ is on the wall,** ⇒ **wall. 7 ~ materials,** material de escritura, recado de escribir. **8 writings,** obras (de un escritor, o de varios escritores sobre una disciplina).

writing-desk ['raɪtɪŋ,desk] *s. c.* escritorio.

writing-paper ['raɪtɪŋ,peɪpər] *s. i.* papel de escribir.

written ['rɪtn] *p. p.* **1** de **write.** ● *adj.* **2** escrito (examen, trabajo, acuerdo, garantía, confirmación, ley, norma, etc.). ◆ **3 the ~ word, a)** la palabra escrita: *the power of the written word = el peso de la palabra escrita;* **b)** la literatura. **4 ~ all over one's face,** escrito en la cara.

wrong [rɒŋ] *adj.* **1** malo, fuera de lo normal, extraño, chocante: *it was in a mess; something was wrong = estaba todo revuelto; algo malo pasaba.* **2** (~ {**with**}) defectuoso, que falla, que no va bien: *what's wrong with the engine? = ¿qué pasa con el motor?, ¿qué le falla al motor?* **3** inaceptable, inadecuado (en una situación): *the timing is wrong = el tiempo registrado es inaceptable.* **4** incorrecto, erróneo: *the information he got was wrong = la información que tenía era errónea.* **5** desacertado, equivocado: *I still have to be proved wrong = está por demostrar que no tengo razón.* **6** equivocado (en una situación dada): *you were wrong not to let me know first = hiciste mal en no decírmelo a mí primero.* **7** mal: *it is wrong to steal = robar es un delito.* **8** erróneo, equivocado, confundido: *they took the wrong bus = cogieron un autobús equivocado, se confundieron de autobús.* **9** inconveniente, inadecuado (socialmente): *they took her to the wrong school = la llevaron a un colegio inadecuado.* **10** del revés (en prendas de vestir): *the wrong side of a jumper = el revés de un jersey.* ● *adv.* **11** mal, erróneamente, equivocadamente, inadecuadamente, por error. ● *s. i.* **12** mal, lo malo, lo que está mal, lo injusto: *he can't tell the difference between right and wrong = no sabe distinguir lo que está bien de lo que está mal.* ● *s. c.* **13** error, injusticia: *the rights and wrongs of their policy = los aciertos y los errores de su política.* ● *v. t.* **14** tratar injustamente: *he felt he had been wronged = tenía la sensación de haber sido injustamente tratado.* ◆ **15 to bark up the ~ tree,** ⇒ **bark. 16 to be the ~ side of** (**a particular age**), superar (la edad mencionada). **17 to be wronged,** ser tratado injustamente. **18 don't get me ~,** no me malinterprete. **19 to get hold of the ~ end of the stick,** ⇒ **stick. 20 to get something ~,** entender mal algo. **21 to go ~, a)** equivocarse (en lo que uno está haciendo); **b)** salir mal; **c)** dejar de funcionar adecuadamente (motor, mecanismo, etc.); **d)** (arc.) actuar inmoralmente. **22 to have/get the ~ number,** marcar el número de teléfono equivocado. **23 in the ~,** culpable, responsable. **24 to say the ~ thing,** decir lo que no se debe. **25 to start off on the ~ foot,** ⇒ **foot. 26 the ~ way round,** al revés (lo de atrás adelante). **27 two wrongs don't make a right,** de nada sirve pagar con la misma moneda (dicho popular).

wrongdoer ['rɒŋdu:ər] *s. c.* malhechor, facineroso.

wrongdoing ['rɒŋdu:ɪŋ] *s. c.* e *i.* maldad, perversidad, fechoría.

wrong-foot [,rɒŋ'fut] *v. t.* **1** sorprender, pillar en un renuncio a. **2** DEP. sorprender, pillar a contrapié.

wrongful ['rɒŋfəl] *adj.* injusto; ilegal; inmoral.

wrongfully ['rɒŋfulɪ] *adv.* injustamente; ilegalmente.

wrong-headed [,rɒŋ'hedɪd] *adj.* errado, obstinado.

wrongly ['rɒŋlɪ] *adv.* mal, equivocadamente, erróneamente, injustamente.

wrote [rəut] *pret.irreg.* de **write.**

wrought [rɔ:t] *pret.* y *p. p.* **1** (arc.) de **work.** ● *v. t.* **2** (en pasado) (lit.) producir, causar: *the change that time has wrought = el cambio que el tiempo ha producido.* ● *adj.* **3** labrado, hecho a mano, decorado (metal): *wrought silver = plata labrada.*

wrought-iron [,rɔ:t'aɪən] *s. i.* hierro forjado.

wrung [rʌŋ] *pret.* y *p. p.* de **wring.**

wry [raɪ] *adj.* **1** burlón, malicioso, avieso (gesto, aspecto). **2** irónico, retorcido, zumbón (humor).

wryly ['raɪlɪ] *adv.* burlonamente, maliciosamente, irónicamente.

x, X [eks] *s. c.* **1** x, X (vigesimocuarta letra del alfabeto inglés). **2** x (lugar, persona, etc. desconocidos o mantenidos en secreto). **3** x (número indeterminado de cosas). **4** x (señal de localización en un mapa). **5** (símbolo de beso al final de una carta o mensaje). **6** X (número romano: 10). **7** MAT. x (incógnita). ◆ **8 X chromosome,** BIOL. cromosoma X.

xenophobia [ˌzenə'fəubɪə] *s. i.* xenofobia.

xenophobic [ˌzenə'fəubɪk] *adj.* xenófobo.

Xerox® ['zɪərɒks] *s. c.* **1** fotocopiadora, máquina xerográfica. **2** fotocopia. • *v. t.* **3** fotocopiar, sacar o hacer fotocopias de.

Xmas ['krɪsməs ‖ 'eksməs] *abreviatura* de **Christmas** (fam.) Navidad (en tarjetas, principalmente).

X-ray ['eksreɪ] *s. c.* **1** rayo X. **2** radiografía. **3** (fam.) rayos (exploración médica por medio de rayos X). • *atr.* **4** de rayos X, radiológico: *an X-ray examination = una exploración radiológica; an X-ray treatment = un tratamiento de rayos X.* • *v. t.* **5** radiografiar, mirar por rayos X, hacer radiografías a/de: *he was X-rayed = le hicieron radiografías.* OBS. Como sustantivo, **X-ray** suele usarse en plural, excepto en función atributiva.

xylophone ['zaɪləfəun] *s. c.* MÚS. xilófono.

y ,Y [waɪ] *s. c.* y, **1** y, Y (vigesimoquinta letra del alfabeto inglés). **2** MAT. y (incógnita). ◆ **3 Y chromosome,** BIOL. cromosoma Y.

yacht [jɒt] *s. c.* **1** yate. **2** balandro.

yachting ['jɒtɪŋ] *s. i.* **1** navegación en yate. **2** DEP. vela, balandrismo.

yachtsman ['jɒtsmən] *s. c.* (*pl. irreg.* **yachtsmen**) navegante de yate; aficionado al deporte de la vela.

yachtswoman ['jɒtswumən] (*pl. irreg.* **yachtswomen**) *s. c.* mujer navegante de yate; aficionada al deporte de la vela.

yack [jæk] *v. i.* (fam.) **1** charlar, parlotear, rajar. ● *s. c.* (fam.) **2** charla, parrafada, cháchara.

yackety-yack [,jækətɪ'jæk] *s. i.* (fam.) cháchara.

yahoo [jɑː'huː] *s. c.* bruto, patán.

yak [jæk] *s. c.* ZOOL. yac.

yam [jæm] *s. c.* BOT. batata, ñame.

yammer ['jæmər] *v. i.* (fam.) **1** lloriquear, gemir. **2** aullar, dar alaridos (el perro).

yank [jæŋk] *s. c.* **1** (brit.) (fam.) yanqui. **2** tirón. ● *v. t.* e *i.* **3** (fam.) tirar, dar un tirón: *he yanked on the rope and it broke = dio un tirón a la soga y se rompió.*

Yankee ['jæŋkɪ] *s. c.* **1** (brit.) (fam.) yanqui. **2** (fam.) (EE UU) yanqui (del Noreste de EE UU principalmente). **3** yanqui (soldado federal en la guerra civil estadounidense). ● *adj.* **4** yanqui.

yap [jæp] *v. i.* **1** gañir, aullar (el perro). **2** (fam.) darle a la lengua, no parar de hablar.

yard [jɑːd] *s. c.* **1** yarda (91,4 cm.). **2** patio; taller; almacén; corral. **3** MAR. verga.

yardage ['jɑːdɪdʒ] *s. c.* e *i.* medida en yardas.

yardarm ['jɑːdɑːm] *s. c.* MAR. verga, penol.

yardstick ['jɑːdstɪk] *s. c.* criterio, norma, canon.

yarn [jɑːn] *s. i.* **1** hilo, hilaza. ● *s. c.* **2** (fam.) cuento, historia (de viajes, a veces exagerados o inventados). ● *v. i.* **3** (fam.) contar historias. ◆ **4 to spin someone a ~,** (fam.) venir a alguien con cuentos.

yarrow ['jærəu] *s. c.* e *i.* BOT. milenrama.

yashmak ['jæʃmæk] *s. c.* velo (de mujer musulmana).

yaw [jɔː] MAR. *v. i.* **1** guiñar, hacer una guiñada, desviar el rumbo. ● *s. c.* **2** guiñada.

yawl [jɔːl] *s. c.* yola.

yawn [jɔːn] *v. i.* **1** bostezar. **2** estar abierto. ● *s. c.* **3** bostezo. **4** (fam.) aburrimiento, bodrio, ladrillo (libro, película, etc.).

yd *abreviatura de* **yard.**

ye [jiː || jɪ] *pron. pers.* **1** (arc.) vosotros, vosotras (lenguaje poético o religioso). ● *art.* (arc.) **2** el, la, los, las (en nombres de tiendas o establecimientos públicos).

yea [jeɪ] *adv.* **1** (form.) sí, de acuerdo. **2** (arc.) sí, en efecto (forma bíblica de yes). ◆ **3 ~ or nay,** sí o no, de acuerdo o en desacuerdo (al solicitar respuesta a una oferta).

yeah [jeə] *adv.* (fam.) **1** sí (variante gráfica y prosódica de yes). ◆ **2 oh ~?,** ¿ah sí? (con sentido de incredulidad).

year [jɪər || jɜː] *s. c.* **1** año. **2** año, curso académico (en centros escolares): *his final year at University = su último curso en la universidad.* **3** alumno (del curso especificado): *she teaches the first years = da clase a los alumnos de primero.* **4** año, ejercicio (en los negocios, finanzas, etc.). ◆ **5 all (the) ~ round,** durante todo el año. **6 donkey's years,** ⇒ **donkey. 7 for a man of his years/for a woman of her years,** para un hombre/ mujer de sus años (estableciendo comparación con la edad). **8 to put years on someone,** (fam.) ponerle a alguien años encima, hacerle a alguien parecer más viejo (ropa, sufrimiento, trabajo, etc.). **9 to take years off someone,** (fam.) quitarle a alguien años de encima (forma de vestir, fin de penalidades, etc.). **10 ~ after ~,** año tras año, de forma regular y continuada. **11 ~ by ~,** progresivamente, cada año más (en relación con cosas que cambian a un ritmo determinado). **12 ~ in ~ out,** año tras año, un año sí y el otro también. **13 -year-old/-year-olds,** de los años o edad (señalados por el numeral con el que forma compuesto): *a class of eight-year-olds = una clase de niños de ocho años.* **14 years, a)** años, mucho tiempo: *I haven't seen her for years = hace años que no la veo;* **b)** años (transcurridos en una actividad o en un lugar señalados): *no accident in all my years with lions = ningún accidente en todos mis años entre leones.* **15 years old/years of age,** años (de edad o de existencia): *rocks over 600 million years old = rocas de más de seiscientos millones de años.*

yearbook ['jɪəbuk] *s. c.* anuario.

yearling ['jɪəlɪŋ] *s. c.* potro (de entre uno y dos años).

year-long [,jɪə'lɒŋ] *adj.* que dura todo el año, de duración anual: *a year-long course = un curso de duración anual.*

yearly ['jɪəlɪ] *adj.* **1** anual. ● *adv.* **2** anualmente, todos los años.

yearn [jɜːn] *v. i.* (**to ~ {for}**) suspirar, ansiar, anhelar: *she yearned for home = suspiraba por volver a casa.*

yearning ['jɜːnɪŋ] *s. c.* e *i.* ansia, anhelo: *yearning for power = ansia de poder.*

yearningly ['jɜːnɪŋlɪ] *adv.* **1** ansiosamente, anhelantemente. **2** tiernamente.

year-round [,jiə'raund] *adj.* de todo el año, continuo.

yeast [jiːst] *s. i.* levadura.

yeasty ['jiːstɪ] *adj.* amargo, fermentado (olor, sabor).

yell [jel] *v. i.* **1** (**to ~ {at}**) gritar, vociferar. **2** chillar, quejarse, protestar (un niño pequeño). ● *v. t.* **3** decir a gritos. ● *s. c.* **4** grito, chillido, alarido. **5** (EE UU) grito de ánimo (de colegiales hacia su equipo). ◆ **6 to ~ out,** gritar, decir a gritos, vociferar.

yellow ['jeləu] *adj.* **1** amarillo (color). **2** amarillo (chino, japonés). **3** (fam.) cobarde, cortado, (Am.) vilote. ● *s. i.* **4** amarillo. ● *v. i.* **5** amarillear, volverse amarillo. ◆ **6 ~ card,** tarjeta amarilla (en fútbol). **7 ~ fever,** MED. fiebre amarilla. **8 ~ flag,** bandera amarilla (barco, hospital, etc., en cuarentena). **9 ~ line(s),** línea o líneas amarillas (para regular el aparcamiento en el lateral de la calzada). **10 ~ pages,**

páginas amarillas. **11** ~ **press,** prensa amarilla (sensacionalista).

yellowed ['jeləud] *adj.* amarilleado, amarillento.

yellowing ['jeləuɪŋ] *adj.* amarillento, descolorido.

yellowish ['jeləuɪʃ] *adj.* amarillento, tirando a amarillo.

yellowness ['jeləunɪs] *s. i.* amarillez.

yellowy ['jeləuɪ] *adj.* amarillento, tirando a amarillo.

yelp [jelp] *v. i.* **1** gañir, aullar (el perro). **2** gritar (de miedo o dolor). • *s. c.* **3** gañido, grito.

Yemen ['jemən] *s. sing.* Yemen (del Norte o del Sur).

Yemeni ['jeməni] *adj.* **1** yemenita, del Yemen. • *s. c.* **2** yemenita.

yen [jen] (*pl.* **yen**) *s. c.* **1** yen (unidad monetaria japonesa). **2** (~ **to** *inf.*/**for**) (fam.) deseo, anhelo, ilusión: *the yen to visit far-off countries = el anhelo de visitar países lejanos.*

yeoman ['jəumən] (*pl. irreg.* **yeomen**) *s. c.* **1** (brit.) (hist.) terrateniente, dueño de su tierra. **2** (brit.) (HIST.) voluntario (al servicio de un noble: Edad Media). ◆ **3 Yeoman of the Guard,** alabardero de la Casa Real. **4** ~ **service,** (lit.) largo y meritorio esfuerzo.

yeomanry ['jəumənrɪ] *s. c.* (brit.) (hist.) **1** terratenientes. **2** fuerza de caballería (reclutada entre campesinos voluntarios: Edad Media).

yeomen ['jəumən] *pl. irreg.* de **yeoman.**

yes [jes] *adv.* **1** sí (en respuesta a una pregunta). **2** sí (en aceptación de una oferta). **3** sí (respuesta a una petición). **4** sí (como acuerdo con lo dicho). **5** sí (como disposición positiva a responder a la puerta, el teléfono, etc.). **6** sí, por favor/gracias (como respuesta a una invitación). **7** sí (como muestra de atención y seguimiento en la conversación). **8** ¿sí? (como respuesta a una interpelación). **9** ¿sí? (en el sentido de "¿en qué puedo servirle?"). **10** ¿sí? (para sugerir al interlocutor que continúe informando). **11** sí, pero (para introducir cortésmente una objeción). **12** sí, por supuesto (para señalar lo erróneo de una negación o sugerencia). **13** ¿ah sí? (muestra de duda o desacuerdo con lo escuchado). **14** sí, bueno (para responder avanzando una opinión). **15** ah, sí (al recordar súbitamente lo que uno iba a decir). **16** sí, eso es (para confirmar y enfatizar la idea expresada). • *s. c.* **17** sí (respuesta afirmativa, voto o persona que ha respondido afirmativamente). ◆ **18** ~ **and no,** sí y no, depende de cómo se mire.

yes-man ['jesmæn] (*pl. irreg.* **yes-men**) *s. c.* pelotillero, cobista, lameculos.

yes-men ['jesmən] *pl. irreg.* de **yes-man.**

yesterday ['jestədəɪ ‖ 'jestədeɪ] *adv.* **1** ayer: *he arrived yesterday = llegó ayer.* • *s. c.* **2** ayer: *this is yesterday's paper = éste es el periódico de ayer.* **3** ayer, pasado: *all our yesterdays = nuestro pasado (recuerdos del pasado).* ◆ **4 the day before** ~, anteayer. **5** ~ **afternoon,** ayer por la tarde. **6** ~ **morning,** ayer por la mañana. **7** ~ **week,** hace una semana.

yesteryear ['jestəjɪər] *s. i.* (arc.) antaño, viejos tiempos.

yet [jet] *adv.* **1** todavía, aún (en frases negativas): *he hasn't arrived yet = no ha llegado todavía.* **2** ya (en frases interrogativas): *have you had your breakfast yet? = ¿has desayunado ya?* **3** todavía, hasta ahora, de momento (en frase con superlativo): *he is the best yet = es el mejor hasta ahora.* **4** todavía, aún (quedan aún posibilidades de que algo determinado suceda): *your case may yet be revised again = es posible todavía que se revise su caso.* **5** todavía (para enfatizar la duración de una acción): *we'll have him around for a long while yet = lo tendremos que soportar bastante todavía.* **6** todavía, aún (con insinuación de sorpresa, lamentación, disgusto, etc.): *a just society has yet to be established = aún queda por instaurar una sociedad justa.* **7** todavía, aún (enfatizando a comparativos o superlativos): *the dole queues might grow longer yet = podría crecer más aún el número de desempleados.* **8** todavía, aún, encima (para enfatizar que algo rebasa lo esperado): *work, work and yet more work = trabajo, trabajo y más trabajo encima.* • *conj.* **9** sin embargo, no obstante, pero (para introducir un comentario de sorpresa): *they criticize the state, yet get money from it = critican al estado, y sin embargo reciben dinero de él.* ◆ **10 as** ~, (form.) todavía, hasta ahora, de momento (en frases negativas): *no one, as yet, is suspicious = nadie sospecha todavía.* **11 not** ~, todavía no. **12** ~ **again,** una vez más: *yet again we'll wait for the results = una vez más esperaremos los resultados.*

yeti ['jetɪ] *s. c.* yeti, abominable hombre de las nieves.

yew [ju:] (también **yew tree**) *s. c.* **1** BOT. tejo. • *s. i.* **2** madera de tejo.

YHA [,waɪ eitʃ 'eɪ] (siglas de **Youth Hostel Association**) *s. sing.* Organización de Albergues de Juventud.

yid [jɪd] *s. c.* (fam. y desp.) judío (palabra ofensiva).

Yiddish ['jɪdɪʃ] *s. i.* yiddish, lengua judía internacional (mezcla de hebreo y alemán).

yield [ji:ld] *v. t.* **1** producir, proporcionar (frutos, ganancias, resultados): *trees that no longer yield fruit = árboles que ya no producen.* **2** rendir, dejar (beneficios): *investment accounts yielding high interest = inversiones que rinden un alto interés.* **3** (form.) ceder, entregar, rendir (responsabilidad, control): *they yielded their position to the enemy = rindieron su posición al enemigo.* • *v. i.* **4** (**to** ~ {**to**}) ceder, entregarse, rendirse, someterse: *he yielded to public pressure = cedió ante la presión pública.* **5** (form.) dejar paso, sucumbir, ser sustituido: *will radio yield to television? = ¿sucumbirá la radio ante la televisión?* **6** ceder, vencerse, venirse abajo: *the shelf is beginning to yield = el estante está empezando a ceder.* **7** (EE UU) ceder el paso (tráfico). • *s. c.* **8** fruto, producción, producto, rendimiento: *a yield of 12% = un rendimiento del 12%; a high yield of wheat = alta producción de trigo.* ◆ **9 to** ~ **up secrets,** (form.) revelar secretos.

yielding ['ji:ldɪŋ] *adj.* **1** flexible, elástico, blando (material). **2** dócil, complaciente, flexible, (persona).

yieldingly ['ji:ldɪŋlɪ] *adv.* flexiblemente, dócilmente.

yippee ['jɪpi:] *interj.* ¡yupi!, ¡estupendo!

YMCA [,waɪ em si: 'eɪ] (siglas de **Young Men's Christian Association**). *s. sing.* **1** Asociación Cristiana de Jóvenes. **2** albergue de esta asociación.

yob [jɒb] (también **yobbo**) *s. c.* (brit.) (fam.) gamberro, alborotador, pendenciero, (Am.) rechelero.

yobbo ['jɒbəu] *s. c.* ⇒ **yob.**

yodel ['jəudl] (también **yodle**) *v. i.* **1** cantar a la manera tirolesa. • *s. c.* **2** canto tirolés.

yoga ['jəugə] *s. i.* yoga.

yoghurt ['jɒgət] (también **yogurt** o **yoghourt**) *s. i.* yogur.

yogi ['jəugɪ] *s. c.* yogui.

yogurt *s. i.* ⇒ **yoghurt.**

yoke [jəuk] *s. c.* **1** yugo. **2** (*pl.* **yoke**) yunta, pareja (de animales de tiro). **3** balancín (en cuyos extremos se puede transportar peso). **4** canesú. **5** (form.) yugo, dominio: *the yoke of tyranny = el yugo de la tiranía.* • *v. t.* **6** uncir, enganchar (animales de tiro). **7** (**to** ~ {**together/to**}) (form.) unir, ligar, vincular: *yoked together in marriage = unidos en matrimonio.*

yokel ['jəukl] *s. c.* (desp.) paleto, palurdo, patán.

yolk [jəuk] *s. c.* e *i.* yema (de huevo).

Yom Kippur [,jɒm'kɪpər] *s. sing.* Yom Kippur (festividad judía dedicada al ayuno y oración).

yon [jɒn] *adj* (arc.) ese, esa, esos, esas.

yonder ['jɒndər] *adv.* **1** (arc.) allí. • *adj.* **2** (arc.) aquel.

yonks [jɒŋks] *s. i.* (fam.) mucho tiempo, la tira (de tiempo): *I haven't seen her for yonks = hace la tira que no la veo.*

yore [jɔ:r] *s. i.* (arc.) pasado, antaño, épocas remotas: *in days of yore = en épocas muy remotas.*

Yorkshire pudding [,jɔ:kʃə'pudɪŋ] *s. c.* e *i.* pudin de Yorkshire (mezcla al horno de harina, leche y huevos, para servir con la ternera asada).

you [ju:] *pron. pers.* **1** tú; vosotros, vosotras; usted, ustedes (como sujeto en la frase): *you've come very early = habéis llegado muy pronto.* **2** te; os; usted; ustedes (como objeto): *he loves you = os quiere.* **3** ti; vosotros, vosotras; usted, ustedes (como objeto preposicional): *we do it for you* = *lo hacemos por ustedes.* **4** eh tú, vosotros, vosotras, usted, ustedes (en interpelaciones directas o con sustantivos o adjetivos): *you there!* = *¡eh! ¡usted!; you girls, stop giggling* = *¡eh! chicas, dejad de reíros.* **5** (fam.) se; tú; uno (referido impersonalmente a situaciones generales, forma de hacer cosas, etc.): *it's hard, but you get used to it* = *es duro pero uno se hace a ello.* ◆ **6 ~ and yours,** tú y los tuyos; usted y los suyos; vosotros y los vuestros.

you-all ['ju:ɔ:l] *pron. pers.* (EE UU) vosotros, vosotras, ustedes: *are you-all ready?* = *¿están ustedes listos?*

you'd [ju:d] *contr.* **1** de **you had** (siendo **'d** verbo auxiliar). **2** de **you would** (lenguaje hablado).

you'll [ju:l] *contr.* de **you will** (lenguaje hablado).

young [jʌŋ] *adj.* **1** joven (de poca edad). **2** joven, juvenil (de aspecto, movimientos, etc.): *she's very young in her tastes* = *es muy juvenil en sus gustos.* **3** joven, en sus comienzos: *the evening is still young* = *la noche es joven todavía.* **4** joven, juvenil, de jóvenes: *young fashion* = *moda joven.* **5** joven, hijo (precediendo a un nombre de persona que puede resultar impreciso): *young Bates is just like his father* = *Bates hijo es exacto al padre.* ◆ **6 to be with ~,** estar preñada (animal). **7 the young, a)** los jóvenes, la juventud, la gente joven. **b)** crías (de animal). **8 the younger,** (form.) el joven, el hijo (delante o detrás de nombre de persona que necesita mayor precisión): *the younger Pitt/Pitt the younger* = *Pitt el joven.* **9 ~ at heart,** de espíritu joven. **10 ~ in (something),** inexperto en (algo). **11 ~ lady, a)** señorita, joven: *a young lady wants to talk to you* = *una señorita quiere hablar con usted.* **b)** (arc.) novia. **12 ~ man, a)** joven; **b)** (arc.) novio.

youngish ['jʌŋɪʃ] *adj.* bastante joven, tirando a joven (en aspecto, modales, etc.).

youngster ['jʌŋstər] *s. c.* (fam.) joven, jovencito.

your [jʊər ‖ jɔ:r] *adj. pos.* **1** tu; tus; vuestro/s, vuestra/s; su, sus (de usted/es): *your book* = *su libro; your parents* = *tus padres.* **2** (fam.) tu, tus; vuestro, etc. (dentro de una apostilla de humor, ironía, etc.): *here's your English weather* = *éste es el tiempo en Inglaterra.* **3** (fam.) de uno; tu, tus (en sentido general y despersonalizado): *if you face north, east is on your right* = *mirando al norte, el este queda a la derecha (de uno).* **4** su, vuestra (con títulos y tratamientos). OBS: El adjetivo posesivo inglés, lo mismo que el pronombre, concuerda con el poseedor; no con el objeto poseído, como sucede en castellano.

you're [jʊər ‖ jɔ:r] *contr.* de **you are** (lenguaje hablado).

yours [jʊəz ‖ jʊərz ‖ jɔ:z] *pron. pos.* **1** tuyo/s, tuya/s; vuestro/s, vuestra/s; suyo/s (de usted/es): *the future is yours* = *el futuro es tuyo; is she a friend of yours?* = *¿es una amiga tuya?* **2** (form.) le saluda atentamente, suyo afectísimo, etc. (junto a **faithfully, sincerely** o **truly** en la despedida convencional de una carta). **3** (fam.) tuyo, un abrazo, etc. (como despedida de carta informal). ◆ **4 ~ truly,** (fam.) el menda, un servidor, el que suscribe.

yourself [jɔ:'self ‖ jʊər'self] *pron. r.* (*pl.* **yourselves**) **1** te, ti mismo/a; os, vosotros/as mismos/as; se, usted/es mismo/s (como objeto directo o preposicional): *stop torturing yourself* = *deja de atormentarte; help yourselves to cheese* = *servíos queso.* **2** tú mismo/a; vosotros/as mismos/as; etc. (en función de énfasis del sujeto de la frase): *you yourself told me* = *tú mismo me lo dijiste.* **3** tú solo, por ti mismo: *did you make them yourself?* = *¿los hiciste tú solo?* ◆ **4 by ~/yourselves, a)** solo/s, sola/s: *how long have you been by yourself?* = *¿cuánto tiempo llevas sola?* **b)** solo, sola, etc. (sin ayuda de nadie).

yourselves [jə:'selvz] *pl. irreg.* de **yourself.**

youth [ju:θ] *s. i.* **1** juventud (época): *I went there in my youth* = *fui allí en mi juventud.* **2** (form.) juventud (cualidad): *she's full of youth* = *rebosa juventud.* ● *s. c.* **3** joven, adolescente, chaval, chico. **4** juventud, jóvenes, gente joven, población joven: *the youth of the country* = *la gente joven del país.* ◆ **5 ~ club,** club juvenil. **6 ~ hostel,** albergue juvenil o de juventud. **7 ~ hostelling,** alojamiento en albergues juveniles o de juventud.

youthful ['ju:θful] *adj.* joven, juvenil, de aspecto joven.

youthfully ['ju:θfəlɪ] *adv.* juvenilmente.

youthfulness ['ju:θfulnɪs] *s. i.* juventud.

you've [ju:v] *contr.* de **you have** (siendo **'ve** verbo auxiliar) (lenguaje hablado).

yowl [jaʊl] *v. i.* **1** aullar, ulular, dar alaridos. ● *s. c.* e *i.* **2** aullido, alarido, ulular: *the yowl of emergency sirens* = *el ulular de las sirenas de emergencia.*

yowling ['jaʊlɪŋ] *s. i.* aullido, alarido.

yo-yo ['jəʊjəʊ] *s. c.* yo-yó.

yr (*pl.* **yrs**) abreviatura de **year.**

yuan [ju:'æn] (*pl.* **yuan**) *s. c.* yuan (unidad monetaria de la República Popular China).

yucca ['jʌkə] *s. c.* BOT. yuca.

Yugoslav [ˌju:gəʊ'slɑ:v] *adj.* **1** yugoslavo. ● *s. c.* **2** yugoslavo.

Yugoslavia [ˌju:gəʊ'slɑ:vɪə] *s. sing.* Yugoslavia.

Yugoslavian [ˌju:gəʊ'slɑ:vɪən] *adj.* yugoslavo.

yuk [jʌk] *interj.* (fam.) ¡puaj!

Yule [ju:l] *s. i.* **1** (arc.) Navidad. ◆ **2 ~ log,** tronco que se quema por Navidad y pastel navideño con esta forma.

Yuletide ['ju:ltaɪd] *s. i.* (arc.) Navidad, época de Navidad.

yummy ['jʌmɪ] *adj.* (fam.) de rechupete, de chuparse los dedos.

yuppie o **yuppy** ['jʌpɪ] (*pl.* **yuppies**) *s. c.* yuppy.

YWCA [ˌwaɪ dʌblju: si: 'eɪ] (siglas de **Young Women's Christian Association**) *s. sing.* **1** Asociación Cristiana de Jóvenes Mujeres. **2** albergue de esta asociación.

z, Z [zed ‖ ziː] *s. c.* **1** z, Z (vigesimosexta letra del alfabeto inglés). ♦ **2 from A to Z,** ⇒ **a.**

zany [zeɪnɪ] *adj.* (fam.) extraño, estrafalario, loco, disparatado.

zap [zæp] *v.t* **1** (fam.) liquidar, matar. • *v. i.* **2** (**to** ~ {**into/through**}) ir pitando.

zapping ['zæpɪŋ] *s. i.* zapping, zapeo.

zeal [ziːl] *s. i.* celo, ardor, pasión, fanatismo.

zealot [zelət] *s. c.* fanático, extremista, radical, intransigente.

zealous [zeləs] *adj.* apasionado, fanático, acérrimo, convencido.

zebra [ziːbrə] [ebrə] *s. c.* **1** ZOOL. cebra. ♦ **2** ~ **crossing,** (brit.) paso de cebra, paso de peatones.

Zen [zen] *s. i.* Zen (variante japonesa del budismo).

zenith [zenɪθ] *s.sing.* **1** cenit, cima, cúspide (de una civilización, país, carrera humana, etc.). **2** ASTR. cenit.

zephyr [zefər] *s. c.* (lit.) céfiro.

zero [zɪərəʊ] (*pl.* **zeros** o **zeroes**) *num.* **1** cero: *economic growth is at zero = el crecimiento económico está en cero.* **2** cero, punto de congelación: *ten below zero = diez grados bajo cero.* • *adj.* **3** (EE UU) (fam.) cero, ningún, nulo: *we went on in zero visibility = seguimos adelante con visibilidad nula.* ♦ **4** ~ **growth,** ECON. crecimiento cero. **5 to** ~ **in on** (**a target**), apuntar/dirigirse hacia (un blanco). **6 to** ~ **in on** (**a problem/subject/etc.**), centrar la atención en (un problema/asunto/etc.).

zero-hour ['zɪərəʊ 'aər] *s. c.* MIL. hora cero.

zero-rated ['zɪərəʊ 'reɪtɪd] *adj.* libre de impuestos (coste de bienes).

zest [zest] *s. i.* **1** (~ {**for**}) entusiasmo, gusto, ganas, interés: *her terrific zest for life = su tremendo interés por la vida.* **2** cáscara de naranja o limón (como ingrediente de tartas o bebidas).

zestful [zestfʊl] *adj.* entusiasta, apasionado.

zestfully [zestfəlɪ] *adv.* con ganas, con entusiasmo, apasionadamente.

zigzag [zɪgzæg] *s. c.* **1** zigzag, línea en zigzag. • *adj.* **2** zigzagueante, en zigzag, con curvas a derecha e izquierda (línea, ruta, etc.). • (*ger.* **zigzagging,** *pret.* y *p. p.* **zigzagged**) *v. i.* **3** zigzaguear, avanzar en zigzag.

zillion ['zɪljən] *s. c.* (EE UU) (fam.) cantidad enorme, tropecientos.

zinc [zɪŋk] *s. i.* QUÍM. cinc.

zing [zɪŋ] *s. i.* (fam.) chispa, garra, salero, marcha.

Zionism ['zaɪənɪzəm] *s. i.* sionismo.

Zionist ['zaɪənɪst] *s. c.* **1** sionista. • *adj.* **2** sionista.

zip [zɪp] *s. c.* **1** (brit.) cremallera. • *v. t.* **2** cerrar la cremallera de, echar la cremallera a, unir con cremallera. ♦ **3** ~ **code,** (EE UU) código postal. **4** ~ **fastener,** (brit.) (cierre de) cremallera. **5 to** ~ **someone up,** subirle la cremallera a alguien. **6 to** ~ **up,** subir la cremallera (en prendas de vestir).

zipper ['zɪpər] *s. c.* (EE UU) cremallera.

zippy [zɪpɪ] *adj.* (fam.) vivo, brioso, marchoso.

zither ['zɪðər] *s. c.* MÚS. cítara.

zodiac ['zəʊdɪæk] *s. sing.* zodiaco.

zombie ['zɒmbɪ] *s. c.* **1** zombi, cadáver resucitado. **2** (fig.) zombi, robot, autómata.

zonal ['zəʊnl] *adj.* zonal.

zone [zəʊn] *s. c.* **1** zona, región (con características distintas de las demás). **2** área, zona, enclave (con una peculiaridad propia): *a nuclear-free zone = zona desnuclearizada.* • *v. t.* **3** dividir en zonas. **4** (**to** ~ {**as/for**}) asignar, destinar, dedicar (una zona a un cometido concreto).

zoning ['zəʊnɪŋ] *s. i.* distribución en zonas.

zonked [zɒŋkt] *adj.* **1** (fam.) cansado, exhausto, roto, hecho polvo. **2** (fam.) colocado (debido al alcohol o las drogas).

zoo [zuː] *s. c.* zoo.

zoological [ˌzəʊə'lɒdʒɪkl] *adj.* **1** zoológico. ♦ **2** ~ **garden,** (form.) parque zoológico.

zoologically [ˌzəʊə'lɒdʒɪkəlɪ] *adv.* zoológicamente.

zoologist [zəʊ'ɒlədʒɪst] *s. c.* zoólogo.

zoology [zəʊ'ɒlədʒɪ] *s. i.* zoología.

zoom [zuːm] *v. i.* **1** ir zumbando. **2** (fam.) dispararse, subir muy deprisa (los precios). • *s. i.* **3** zumbido. **4** AER. subida vertical, empinadura. ♦ **5 to** ~ **in** (**on something**), FOT. agrandar (algo) mediante zoom. **6** ~ **lens,** FOT. zoom, objetivo de distancia focal variable. **7 to** ~ **out,** FOT. distanciar mediante zoom.

zooplankton [zəuə'plæŋktən] *s. i.* zooplancton.

zootechny [zəuə'təknɪ] *s. i.* zootecnia.

zucchini [zuː'kiːnɪ] (*pl.* **zucchini**) *s. c.* (EE UU) calabacín.

Zulu ['zuːluː] *s. c.* **1** zulú. • *s. i.* **2** zulú (lengua). • *adj.* **3** zulú.